中華古籍保護計劃

ZHONG HUA GU JI BAO HU JI HUA CHENG GUO

·成果·

民國時期文獻
保護計劃

成果

浙江圖書館

民國時期傳統裝幀書籍普查登記目録

（一）

國家圖書館出版社
National Library of China Publishing House

浙江省民國時期傳統裝幀書籍普查登記目録

圖書在版編目(CIP)數據

浙江圖書館民國時期傳統裝幀書籍普查登記目録:全五册/浙江圖書館編. --北京:國家圖書館出版社,2018. 12
(浙江省民國時期傳統裝幀書籍普查登記目録)
ISBN 978 - 7 - 5013 - 6462 - 6

Ⅰ. ①浙… Ⅱ. ①浙… Ⅲ. ①公共圖書館—圖書館目録—浙江—民國 Ⅳ. ①Z822. 1

中國版本圖書館 CIP 數據核字(2018)第 129213 號

書　　名　浙江圖書館民國時期傳統裝幀書籍普查登記目録(全五册)
著　　者　浙江圖書館　編
責任編輯　景　晶

出　　版　國家圖書館出版社(100034　北京市西城區文津街 7 號)
(原書目文獻出版社　北京圖書館出版社)
發　　行　010 - 66114536　66126153　66151313　66175620
66121706(傳真)　66126156(門市部)
E-mail　nlcpress@ nlc. cn(郵購)
Website　www. nlcpress. com→投稿中心
經　　銷　新華書店
印　　裝　河北三河弘翰印務有限公司
版　　次　2018 年 12 月第 1 版　2018 年 12 月第 1 次印刷

開　　本　787 × 1092(毫米)　1/16
印　　張　182
字　　數　3000 千字

書　　號　ISBN 978 - 7 - 5013 - 6462 - 6
定　　價　1600. 00 圓

《浙江省民國時期傳統裝幀書籍普查登記目録》

指導委員會

主　任： 褚子育

副主任： 葉　菁

委　員（按姓氏筆畫排序）：

呂振興　李儉英　金琴龍　倪　巍　徐兼明

徐　潔　陸深海　陳泉標　陳　浩　孫雍容

張純芳　張愛琴　褚樹青　樓　婷　鍾世杰

應　雄

《浙江省民國時期傳統裝幀書籍普查登記目録》

工作委員會

主　任：褚樹青

委　員（按姓氏筆畫排序）：

王以儉　毛　旭　占　劍　沈紅梅　季彤曦

胡海榮　莊立臻　徐益波　孫旭霞　孫國茂

劉　偉　應　暉

《浙江省民國時期傳統裝幀書籍普查登記目録》

編纂委員會

主　編： 徐曉軍

副主編： 曹海花　童聖江

統校和編纂工作小組組長： 曹海花（浙江圖書館）

統校和編纂工作小組成員（按姓氏筆畫排序）：

干亦鈴（寧波市圖書館）

吕　芳（浙江圖書館）

沈秋燕（嘉興市圖書館）

秦華英（浙江圖書館）

唐　微（紹興圖書館）

陳瑾淵（温州市圖書館）

《浙江省民國時期傳統裝幀書籍普查登記目録》

序　言

近代中國社會由封建王朝向民主政體蛹變的轉型時期，傳統思維與新思潮强烈衝突，書籍也隨之進入了重大變革時期，以綫裝書爲代表的傳統裝幀書籍日漸式微，傳統裝幀與現代裝幀進入了一個并存期。社會革命的發生并不意味着文化馬上就發生根本性的變化，文化的發展是有連續性的，它不會因朝代的突然更替而發生斷層式的變化。1912 年辛亥革命勝利後，中國傳統文化的發展依然繁榮，産生了一大批高質量的傳統裝幀書籍，這部分書籍也是中國傳統文化的重要組成部分。百年來，公共圖書館等公藏單位將這部分書籍跟古籍采取一樣的存放、管理、保護方式。浙江是文化大省，文化底蘊深厚，書籍刻印歷史悠久，前賢留下的著述浩如烟海，藏書雅閣及私人藏書爲數衆多，民國期間也刻印了大量典籍，民國時期傳統裝幀書籍在各藏書單位（尤其是基層單位）所藏歷史文獻中占據了相當大的比重。這些文獻形成了浙江文獻典藏的重要特色，是浙江傳統文化的重要組成部分。爲更加全面地掌握全省歷史文獻文化遺産現狀，揭示全省各地區文化脉絡，浙江省自古籍普查伊始就將民國時期傳統裝幀書籍納入古籍普查範圍。

按照《全國古籍普查登記手册》要求，登記每部古籍的基本項目，必登項目有索書號、題名卷數、著者、版本、册數、存（缺）卷數，選登項目有分類、批校題跋、版式、裝幀形式、叢書子目、書影、破損狀况等内容。“秉持浙江精神，幹在實處、走在前列、勇立潮頭”，浙江省的古籍普查工作一直高標準、嚴要求，自始至終堅持全國古籍普查登記平臺（以下簡稱古籍普查平臺）項目全著録，堅持文字信息和書影信息雙著録，登記每部書的索書號、分類、題名卷數、著者、卷數統計、版本、版式、裝幀、裝具、序跋、刻工、批校題跋、鈐印、叢書子目、定級及書影、定損及書影等 16 大項 74 小項的信息。普查統計顯示，截至 2017 年 4 月 30 日，全省 95 家單位共藏有中國傳統裝幀書籍 337405 部 2506633 册，其中民國時期傳統裝幀書籍 117543 部 751690 册，占全部傳統裝幀書籍的三分之一。

普查登記著録工作結束後，省古籍保護中心組織普查業務骨幹統校、編纂全省的普查登記目録。全省的普查登記目録是將古籍和民國數據分開的，由省古籍保護中心統一規劃，分别出版《浙江省古籍普查登記目録》和《浙江省民國時期傳統裝幀書籍普查登記目録》。古籍數據統校完成後，於 2017 年 3 月成立由浙江圖書館、寧波市圖書館、温州市圖書館、嘉興市圖書館、紹興圖書館 5 家單位的 7 名普查業務骨幹組成的《浙江省民國時期傳統裝幀書籍普查登記目録》統校和編纂工作小組,開展民國時期傳統裝幀書籍普查數據的統校和登記目録的編纂工作。

民國時期傳統裝幀書籍普查數據統校要求和登記目録編纂工作程序與古籍相同,省古籍保護中心制定的《浙江省古籍普查登記目録編纂工作方案》《浙江省古籍普查數據統校細則》,也適用於指導全省民國時期傳統裝幀書籍普查數據的統校和登記目録的編纂。統校和編纂工作程序如下:導出古籍普查平臺上的數據,切分出民國數據,按照設定的普查編號、索書號、分類、題名卷數、著者、版本、批校題跋、册數、存(缺)卷這幾項登記目録的出版款目對表格進行整理,整理後按照題名進行排列分給各統校員進行統校,統校結束後的數據按行政區域進行彙總,交由分區負責人進行覆核,覆核結束後由省古籍保護中心一一寄給各館進行修改確認,經各館確認後由分區負責人進行最後審定。

全省參與普查的共95家單位,其中94家有民國時期傳統裝幀書籍,進入本登記目録的有93家單位,總數達11萬餘部。根據分區域出版和達到一定條數可以單獨成書的原則,全省的民國時期傳統裝幀書籍普查登記目録大致分爲以下15種:浙江圖書館,浙江省博物館,中國美術學院圖書館等四家收藏單位,杭州圖書館等十一家收藏單位,寧波市天一閣博物館,寧波市圖書館等八家收藏單位,温州市圖書館,瑞安市博物館(玉海樓)等九家收藏單位、湖州市圖書館等七家收藏單位,嘉興市圖書館,嘉善縣圖書館等八家收藏單位,紹興圖書館,紹興市上虞區圖書館等九家收藏單位,金華市博物館等九家收藏單位,衢州市博物館等四家收藏單位、舟山市圖書館等二家收藏單位、麗水市圖書館等八家收藏單位,臨海市圖書館等八家收藏單位。爲保障普查編號的唯一性、終身有效性,各館數據以原普查編號從低到高的順序進行排列。由於浙江省古籍普查範圍包括古籍、民國傳統裝幀書籍、域外漢文古籍,著録時幾種文獻交替進行,而出版時是分開的,加之古籍普查平臺系統出現的跳號情况,所以會出現普查編號不連貫的現象,特此説明。

浙江省古籍普查工作得到了各方的關心和支持。感謝各兄弟省份古籍同行的熱情幫助,感謝李致忠、張志清、吴格、陳先行、陳紅彦、陳荔京、羅琳、王清原、唱春蓮、李德生、石洪運、賈秀麗、范邦瑾等專家學者的悉心指導。

條數多,分布廣,又出於衆手,儘管工作中我們一直争取做到最好,但無論是已經著録的古籍普查平臺數據還是即將付梓的登記目録,都難免存在紕漏,希望業界同仁不吝賜教,俾臻完善。

浙江省古籍保護中心
2018年3月

《浙江省民國時期傳統裝幀書籍普查登記目録》

編纂凡例

一、收録範圍爲浙江省圖書館、博物館等公共收藏機構所藏，産生於 1912 年到 1949 年 9 月，有關傳統學術并以綫裝爲主的具有傳統裝幀形式的漢文書籍。

二、以各收藏機構爲分册依據，篇幅較小者，適當合并出版。

三、一部書籍一條款目，複本亦單獨著録。

四、著録款目包括普查登記編號、索書號、分類、題名卷數、著者、版本、批校題跋、册數、存（缺）卷等。普查登記編號的組成方式是：省級行政區劃代碼—單位代碼—古籍普查登記順序號。

五、以普查登記編號順序排序。

六、編製各館藏目録書名筆畫索引附於書後，以便檢索。

《浙江圖書館民國時期傳統裝幀書籍普查登記目録》

工作委員會

主　任： 褚樹青

副主任： 徐　潔　李儉英

委　員（按姓氏筆畫排序）：

毛　慧　吕　波　朱力偉　朱小燕　朱國華

朱曄琛　李風梅　李華英　吴　荇　邱慧芳

胡　東　胡耿華　俞月麗　徐志庭　徐　進

陳　曄　梅　影　曹海花　婁海良　屠雷激

張曉俐　葛　瑶　童聖江　童慶松　馮軼宇

賈　鋒　詹利華　鄭宗南　劉　杭　謝貝妮

《浙江圖書館民國時期傳統裝幀書籍普查登記目録》

編纂委員會

主　　編： 徐曉軍

副 主 編： 曹海花　童聖江

執行主編： 曹海花　吕　芳　秦華英

委　　員（按姓氏筆畫排序）：

王巨安　王　敏　王清原　王皓浩　石洪運

杜惠芳　杜遠東　李　亞　吴　爽　沙文婷

沈雅君　范邦瑾　周聿丹　周會會　陳小詩

陳　誼　唱春蓮　章曉雲　張　丹　張素梅

張　群　張　瑶　董繼紅　童正倫　楊　帆

賈秀麗　褚　均　鄭宗南　樊　迪　劉　瑛

薛世良　謝　凱　謝　雷　蘆繼雯　蘇立峰

《浙江圖書館民國時期傳統裝幀書籍普查登記目録》

前　言

浙江圖書館是我國最早創辦的公共圖書館之一，其前身爲創建於1900年的杭州藏書樓。1903年杭州藏書樓擴充改建爲浙江藏書樓，1909年浙江官書局并入，成立浙江圖書館。1911年接收管理文瀾閣及《四庫全書》。1912年孤山路館舍白樓落成，1913年作爲總館開放。1931年大學路館舍落成，1932年正式開放并定爲總館。1937年抗日戰争爆發，總館遷至南田鎮(今屬温州市文成縣)，《文瀾閣四庫全書》遷至貴州地母洞等地。1945年底遷回復館，以孤山館舍爲總館。1951年接收著名藏書家劉承幹捐贈的南潯嘉業藏書樓及藏書。館名幾經變更，1953年確定使用"浙江圖書館"爲館名。1998年曙光路館舍總館開放至今。通過社會各界捐贈，歷代圖書館人采購、交换及傳抄複製等途徑，館藏歷史文獻典籍達82萬多册。其中大型典籍有《文瀾閣四庫全書》等，早期珍品有北魏及唐寫經和宋元精槧，并有大量明清民國官刻私鋟、稿抄批校。

爲搶救、保護我國的珍貴古籍，繼承和弘揚優秀傳統文化，國務院辦公廳印發《關於進一步加强古籍保護工作的意見》(國辦發[2007]6號)。全國古籍普查登記工作是全面瞭解古籍存藏情况、建立古籍總臺賬、開展全國古籍保護的基礎性工作。爲認真貫徹落實"國辦發[2007]6號"文件精神，切實加强本省古籍的搶救、保護，浙江省人民政府辦公廳印發《關於進一步加强古籍保護工作的意見》(浙政辦發[2009]54號)，提出2009年起要在全省範圍内開展古籍普查登記工作。2012年，浙江省古籍保護工作聯席會議下發《關於印發〈浙江省"中華古籍保護計劃"實施方案〉的通知》(浙文社[2012]30號)，提出在"十二五"末基本完成全省古籍普查工作的目標。浙江圖書館古籍普查工作始於2007年，作爲全國古籍普查與保護試點單位之一，積極開展普查試點工作，并派員參加國家古籍保護中心組織的相關業務培訓。隨後采取有效措施，制訂普查方案，編製普查手册，充實普查隊伍，在普查實踐中摸索和積纍經驗。在館領導的統一指揮、各部門的積極配合、古籍部和嘉業藏書樓管理部業務人員的不懈堅持下，克服既有人員相對短缺、古籍藏地分布不集中、原有基礎工作品質參差不齊、在全新的工作平臺上操作且無成熟的方式可參據等困難，經過幾年的努力，普查工作按時完成，也實現了包括15萬餘册未編書在内的編目數據處理，普查館藏歷史文獻典籍109153部822372册。普查標準爲文字信息和書影信息雙著録，包括索書號、分類、題名卷數、著者、卷數統計、版本、版式、裝幀、裝具、序跋、刻工、批校題跋、鈐印、叢書子目、定級及書影、定損及書影等16大項74小項的信息，全面徹底摸清了館藏歷史文獻典籍家底，從整體上掌握了館藏歷史文獻典籍的品種、數量以及大致的學術價值和文物價值。

民國是我國歷史上一個重要的時期。該時期傳統文化的發展依然繁榮，民國時期傳統裝幀書籍在整個中國圖書發展史上占有很重要的地位。浙江圖書館自建立以來，歷經幾代人的不懈努力，民國時期傳統裝幀書籍的收藏量十分豐富，在現存傳統裝幀書籍中占據了相當比重，有四分之一强。爲更加全面展示浙江圖書館的傳統裝幀書籍藏書現狀，民國時期傳統裝幀書籍自普查伊始就被納入普查範圍。

《浙江圖書館民國時期傳統裝幀書籍普查登記目録》是對浙江圖書館民國綫裝書等傳統裝幀書籍普查成果的一次全面展示。是書收録館藏民國傳統裝幀書籍38503部212083册，凡1912年以後至1949年建國前期間的刻本、稿抄本、活字本、套印本、鉛印本、石印本、鈐印本、影印本等皆在收録之列。著録款目有普查編號、索書號、分類、題名卷數、著者、版本、批校題跋、册數、存卷等内容。爲方便讀者使用，本目録後特附書名筆畫索引。

本目録歷經數年終得完成。它的問世，凝聚了歷代館員的集體智慧，浙江圖書館歷史上的編目工作從未間斷，并有毛春翔、夏定域、金天游、余子安等專家成果纍積，現今的普查及登記目録編纂，都是在前人的豐碩成果基礎之上開展的。它的問世，更包含了衆位普查員、審校員、書庫管理人員、技術人員等的辛勤汗水。付梓之際，我們要特别感謝爲普查工作付出辛勤勞動的衆位普查員、審校員、書庫管理人員、技術人員，他們是（按姓氏筆畫排序）：王巨安、王敏、王清原、王皓浩、石洪運、吕芳、杜惠芳、杜遠東、李亞、吴爽、沙文婷、沈雅君、范邦瑾、周聿丹、周會會、秦華英、徐曉軍、陳小詩、陳誼、曹海花、唱春蓮、章曉雲、張丹、張素梅、張群、張瑶、董繼紅、童正倫、童聖江、楊帆、賈秀麗、褚均、鄭宗南、樊迪、劉瑛、薛世良、謝凱、謝雷、蘆繼雯、蘇立峰等。其中曹海花、吕芳、秦華英負責本書的統校、覆核和審定工作。另外，寧波市圖書館干亦鈴、温州市圖書館陳瑾淵、嘉興市圖書館沈秋燕、紹興圖書館唐微參與了此目録前期的統校工作，國家圖書館出版社景晶編輯也對本目録的編審付出了大量的心血，謹向各位致以最誠摯的謝意。

數據浩繁，時間倉促，又囿於水平有限，謬誤難免，祈請方家和廣大讀者批評指正。

浙江圖書館
2018年3月

目　　録

第一册

第二册

第三册

第四册

第五册

330000－1701－0000014　善 000346　子部/宗教類/佛教之屬/經

一切如來心秘密全身舍利寶篋印陁羅尼經一卷　(唐)釋不空譯　民國刻本　一冊

330000－1701－0000019　善 000349　子部/宗教類/佛教之屬/經

一切如來心祕密全身舍利寶篋印陁羅尼經一卷　(唐)釋不空譯　民國刻本　陸維釗題簽並跋　劉慎旃跋　沈定盦題記　一冊

330000－1701－0000248　善 001427　史部/傳記類/別傳之屬/事狀

姚江四明黄氏老尹自敘一卷附錄三卷雜錄一卷　黄承乙撰　稿本　一冊

330000－1701－0000257　善 003907　集部/總集類/郡邑之屬

采若編八卷　(清)魏星杓輯　**續采若編六卷補遺一卷**　(清)吳光照輯　民國抄本　朱承傑跋　四冊

330000－1701－0000276　善 001482　史部/傳記類/日記之屬

越縵堂日記抄一卷　(清)李慈銘撰　民國抄本　一冊

330000－1701－0000286　善 003910　集部/總集類/氏族之屬

對牀吟二卷　(清)曹庭棟輯　民國二十二年(1933)平湖胡士瑩霜紅簃抄本　胡士瑩題記　二冊

330000－1701－0000300　善 003263　子部/術數類/相宅相墓之屬

董公地理秘書一卷　民國眠雲精舍抄本　一冊

330000－1701－0000349　民 811.18/1138/c1　集部/別集類

綠天簃詩集一卷詞集一卷　張汝釗撰　民國十四年(1925)鉛印本　一冊

330000－1701－0000393　善 001998　史部/地理類/雜志之屬

台州外書訂三卷　管世駿撰　王舟瑤補　民國抄本　三冊

330000－1701－0000418　善 002163　史部/目録類/總録之屬/私撰

絳雲樓書目不分卷　(清)錢謙益藏並撰　民國味經書屋抄本　七冊

330000－1701－0000419　善 002180　史部/目録類/總録之屬/私撰

朱衍廬舊藏鈔本書目一卷　(清)朱昌燕藏　費寅編　稿本　一冊

330000－1701－0000749　善 003447　類叢部/類書類/通類之屬

永樂大典二萬二千八百七十七卷　(明)解縉等輯　民國南潯劉氏嘉業堂影明內府抄本　二十二冊　存五十二卷(四百八十至四百八十一、五百五十一至五百五十三、八百九十五至八百九十六、八百九十九至九百、九百五至九百七、九百十七至九百十九、二千二百六十二至二千二百六十五、二千二百七十至二千二百七十一、二千三百六十七至二千三百六十九、二千四百六至二千四百八、二千六百五至二千六百七、二千九百七十八至二千九百八十、二千九百九十九至三千、三千一百三十三至三千一百三十四、三千一百五十五至三千一百五十六、七千五百十七至七千五百十八、一萬四百五十八至一萬四百五十九、一萬四千四百六十三至一萬四千四百六十四、一萬四千五百七十四至一萬四千五百七十六、一萬四千六百二十至一萬四千六百二十一、一萬四千六百二十四至一萬四千六百二十五)

330000－1701－0001099　善 003936　集部/總集類/郡邑之屬

西湖竹枝集一卷　(元)楊維楨等撰　民國王氏述廬抄本　一冊

330000－1701－0001201　善 000758　經部/群經總義類

十三經地名韻編今釋五卷　(清)龍繼棟輯　民國張宗祥抄本　張宗祥題記　三冊

330000－1701－0001215　善 003950　集部/

總集類/郡邑之屬

甬東詩括十三卷　(明)楊德周等輯　民國張壽鏞約園抄本　六册

330000－1701－0001240　善 000797　經部/小學類/訓詁之屬/方言

越言釋二卷　(清)茹敦和撰　民國勵德人抄本　一册

330000－1701－0001245　善 000795　經部/小學類/訓詁之屬/群雅

小爾雅廣注四卷　(清)莫栻撰　民國張宗祥抄本　張宗祥跋　一册

330000－1701－0001260　善 000818　經部/小學類/文字之屬/說文/傳說

說文窺管一卷　(清)周沐潤撰　民國錢玄同抄本　陸祖穀跋　一册

330000－1701－0001283　善 000831　史部/金石類/石之屬

周秦刻石釋音一卷　(元)吾丘衍撰　民國十二年(1923)葉渭清抄本　余紹宋校並跋　一册

330000－1701－0001285　善 000824　經部/小學類/文字之屬/說文/傳說

說文補例一卷說文解字索隱一卷　(清)張度撰　民國劉氏嘉業堂抄本　一册

330000－1701－0001317　善 003964　集部/總集類/郡邑之屬

石倉檇李明人詩選三十卷　民國抄本　十六册

330000－1701－0001340　善 003975　史部/傳記類/總傳之屬/郡邑

吳下冢墓遺文三卷　(明)都穆撰　民國元年(1912)虞山周氏鴿峰草堂抄本　周大輔題記　一册

330000－1701－0001341　善 003976　史部/傳記類/總傳之屬/郡邑

吳下冢墓遺文續五卷　(明)葉恭焕輯　民國元年(1912)虞山周氏鴿峰草堂抄本　周大輔題記　二册

330000－1701－0001348　善 003977　集部/總集類/郡邑之屬

當湖文繫續編二十四卷　張元善纂輯　民國抄本　十册

330000－1701－0001369　善 003986　集部/總集類/郡邑之屬

雷峰塔藏經卷題詞二卷　陳曾壽等撰　周大輔輯　稿本　一册

330000－1701－0001396　善 000944　史部/紀傳類/正史之屬

史記攷證七卷　(清)杭世駿撰　民國抄本　二册

330000－1701－0001404　善 000946　史部/紀傳類/正史之屬

史記校勘記不分卷　(清)錢泰吉撰　民國浙江省立圖書館抄本　二册

330000－1701－0001409　善 000956　史部/紀傳類/正史之屬

南北史合注一百九十一卷　(清)李清撰　**南史佚篇一卷**　民國六年(1917)余紹宋抄本　余紹宋批校並跋　三十册

330000－1701－0001432　善 004002　集部/楚辭類

離騷經講録一卷　(清)劉獻廷講　(清)黄曰瑚録　民國浙江圖書館抄本　一册

330000－1701－0001434　善 000981　史部/紀傳類/正史之屬

漢書校勘一卷　(清)惠士奇　(清)惠棟撰　民國抄本　單丕校　一册

330000－1701－0001441　普 081/5045　類叢部/叢書類/彙編之屬

四部備要　中華書局編　民國二十五年(1936)上海中華書局鉛印本　二千四百七十一册　缺二卷(集韻九至十)

330000－1701－0001449　善 001009　史部/紀傳類/正史之屬

金史補不分卷　(清)杭世駿撰　民國二十六年(1937)浙江圖書館抄本　陳訓慈跋　九册

330000－1701－0001468　普081/3144　類叢部/叢書類/彙編之屬
四部叢刊　張元濟等編　民國上海商務印書館影印本　二千一百十四册　存三百二十一種

330000－1701－0001516　善001090　史部/編年類/斷代之屬
國榷不分卷　(清)談遷撰　民國張宗祥抄本　張宗祥跋　八十三册

330000－1701－0001555　善000080　史部/地理類/方志之屬/郡縣志
[萬曆]新城縣志四卷　(明)溫朝祚修　(明)方廉纂　民國抄本　四册

330000－1701－0001574　善000100　史部/地理類/方志之屬/郡縣志
臨安縣志糾四卷臨安縣志補八卷臨安縣志餘六卷　姚祖義撰　稿本　九册

330000－1701－0001579　善000102　史部/地理類/方志之屬/郡縣志
義烏縣志稿不分卷　朱乾　馮煜　吳鏡元　趙士英　樓炳文　黄馥荃輯　稿本　七册

330000－1701－0001583　善000108　史部/地理類/方志之屬/郡縣志
[乾隆]莊浪志略二十卷　(清)邵陸纂修　(清)耿光文編　民國三十年(1941)抄本　勵乃驥跋　一册

330000－1701－0001588　善000114　史部/地理類/方志之屬/郡縣志
[嘉靖]觀海衛誌四卷　(明)周粟采　(明)王心采輯　(明)張訓編　民國浙江省立圖書館抄本　二册

330000－1701－0001671　善000264　集部/别集類/明别集
夏文忠公集五卷　(明)夏允彝撰　張孔瑛輯　**附錄一卷**　稿本　一册

330000－1701－0001765　善000414　經部/易類/傳說之屬
易史八卷首一卷　(清)胡世安述　民國抄本　四册

330000－1701－0001779　善000430　經部/易類/專著之屬
易鄭氏爻辰廣義一卷易章句異同一卷易經傳互卦卮言一卷　(清)朱駿聲撰　民國張宗祥抄本　一册

330000－1701－0001780　善000432　經部/易類/傳說之屬
學易劄記不分卷　(清)朱駿聲撰　民國抄本　朱師轍校　二册

330000－1701－0001813　善000470　經部/書類/專著之屬
古文尚書冤詞補正一卷　(清)周春撰　民國張宗祥抄本　張宗祥校並跋　一册

330000－1701－0001817　善000471　經部/群經總義類/授受源流之屬
傳經系表一卷　(清)周勳懋撰　民國張宗祥抄本　與330000－1701－0001813合册

330000－1701－0001833　善000508　經部/詩類/傳說之屬
讀詩偶筆一卷　(清)何元璜撰　民國平湖胡氏霜紅簃抄本　一册

330000－1701－0001847　善000522　經部/詩類/專著之屬
毛詩興體說六卷　(清)黄應嵩撰　民國張宗祥抄本　張宗祥跋　一册

330000－1701－0001887　善000579　經部/禮記類/傳說之屬
禮記參訂十六卷　(清)陳鱣撰　民國劉承幹嘉業堂抄本　四册

330000－1701－0001888　善000580　經部/禮記類/傳說之屬
禮記參訂十六卷　(清)陳鱣撰　民國張宗祥抄本　張宗祥跋　二册

330000－1701－0001948　善001148　史部/載記類
江南野史十卷　(宋)龍袞撰　民國張宗祥抄

本　張宗祥跋　一冊

330000－1701－0001972　善 001170　史部/雜史類/斷代之屬

拊膝録四卷　(明)劉琳撰　民國蟫隱廬抄本　四冊

330000－1701－0001989　善 001184　史部/雜史類/斷代之屬

國史唯疑十二卷　(明)黄景昉撰　民國張宗祥抄本　張宗祥題記　四冊

330000－1701－0001992　善 001195　史部/雜史類/斷代之屬

萬曆辛亥京察記事始末八卷　(明)周念祖纂　民國張宗祥抄本　張宗祥跋　八冊

330000－1701－0002002　善 001201　史部/雜史類/斷代之屬

明史南都大略三卷　(清)沈鳴撰　民國張宗祥抄本　張宗祥跋　一冊

330000－1701－0002004　善 001208　史部/雜史類/斷代之屬

崇禎遺録一卷　(明)王世德撰　民國張宗祥抄本　張宗祥跋　一冊

330000－1701－0002006　善 001204　史部/雜史類/斷代之屬

酌中志略不分卷　(明)劉若愚輯　民國張宗祥抄本　張宗祥跋　三冊

330000－1701－0002010　善 001205　史部/雜史類/斷代之屬

酌中志餘不分卷　民國張宗祥抄本　張宗祥跋　二冊

330000－1701－0002011　善 001210　史部/雜史類/斷代之屬

明季水西紀畧二卷　民國六年(1917)張宗祥抄本　張宗祥跋並題款　一冊

330000－1701－0002016　善 001223　史部/雜史類/斷代之屬

魯春秋一卷　(清)查繼佐撰　民國劉氏嘉業堂抄本　劉承幹批並跋　蔣文勳校　一冊

330000－1701－0002019　善 001229　史部/雜史類/斷代之屬

北狩蒙塵録二卷　民國張宗祥抄本　張宗祥跋　一冊

330000－1701－0002030　善 001238　史部/地理類/水利之屬

浙西水利書三卷　(明)姚文灝撰　民國張宗祥抄本　張宗祥跋　一冊

330000－1701－0002031　善 001239　史部/雜史類/斷代之屬

海寧倭寇始末一卷　(清)吳騫批註　張宗祥增補　民國張宗祥抄本　張宗祥跋　與330000－1701－0002030 合冊

330000－1701－0002033　善 001244　史部/雜史類/斷代之屬

明季甲乙兩年彙畧三卷　(清)許重熙隨筆　民國抄本　費寅跋　三冊

330000－1701－0002057　善 001264　史部/雜史類/斷代之屬

爝火錄三十二卷附記一卷　(清)李天根輯　民國劉氏嘉業堂抄本　十六冊

330000－1701－0002090　善 001301　史部/傳記類/職官録之屬/歷朝

歷代内侍考十四卷　(明)毛一公撰　民國抄本　七冊

330000－1701－0002110　善 001339　史部/傳記類/總傳之屬/儒林

宋元學案補遺四十二卷　(清)王梓材　(清)馮雲濠輯　民國單丕抄本　單丕批　四冊

330000－1701－0002113　善 001342　史部/傳記類/總傳之屬/斷代

元朝人物略四卷　(清)孫承澤輯　民國張宗祥抄本　張宗祥題記　一冊

330000－1701－0002123　善 001357　史部/史抄類

明史五傳十二卷　□□撰　民國余廬抄本　四冊

330000－1701－0002133　善 001364　史部/傳記類/總傳之屬/忠孝

崇禎忠節録三十二卷　(清)高承埏撰　(清)高佑釲訂補　民國張宗祥抄本　張宗祥跋　十冊

330000－1701－0002138　善 001372　史部/傳記類/總傳之屬/郡邑

句無幽芳集一卷　(清)章陶撰　民國何振岱抄本　何振岱跋　一冊

330000－1701－0002145　善 001380　史部/傳記類/總傳之屬/仕宦

本朝諸公傳二卷　(清)沈冰壺撰　民國偁山章氏翠微樓抄本　二冊

330000－1701－0002148　善 001381　史部/傳記類/總傳之屬/斷代

勝國遺獻諸人傳一卷　(清)沈冰壺撰　民國偁山章氏翠微樓抄本　一冊

330000－1701－0002184　善 001433　史部/傳記類/別傳之屬/年譜

玉谿生[李商隱]年譜會箋四卷首一卷　張采田撰　民國劉氏求恕齋刻求恕齋叢書本　陳漢章批校　四冊

330000－1701－0002188　善 001447　史部/傳記類/別傳之屬/年譜

查他山先生[慎行]年譜一卷　(清)陳敬璋纂　**續集人名攷一卷**　民國抄本　一冊

330000－1701－0002189　善 001444　史部/傳記類/別傳之屬/年譜

顧亭林[炎武]年譜校語一卷　繆荃孫撰　稿本　一冊

330000－1701－0002197　善 001452　史部/傳記類/別傳之屬/年譜

先府君北湖公[張朝晉]年譜一卷　(清)張京顏纂輯　民國管氏靜得樓抄本　一冊

330000－1701－0002202　善 001457　史部/傳記類/別傳之屬/年譜

宗室偶齋先生[寶廷]年譜一卷　夏震武編　稿本　一冊

330000－1701－0002211　善 001489　史部/傳記類/日記之屬

越縵堂日記壬集一卷　(清)李慈銘撰　民國抄本　一冊

330000－1701－0002213　善 001490　史部/傳記類/日記之屬

越縵堂詹詹録補編不分卷　(清)李慈銘撰　李文糺輯　民國抄本　一冊

330000－1701－0002218　善 001495　史部/傳記類/日記之屬

越縵堂日記鈔不分卷附雜鈔一卷　(清)李慈銘撰　民國楊越抄本　楊越批　四冊

330000－1701－0002248　善 001540　史部/傳記類/科舉録之屬/歷科登科録

乾隆十九年甲戌科會試錄一卷　民國長興王氏仁壽堂抄本　王修跋　一冊

330000－1701－0002310　善 001625　史部/政書類/通制之屬

宋會要四百六十卷　(宋)陳騤　(宋)京鏜等纂修　(清)徐松輯　稿本　繆荃孫、費恕皆校　四百六十一冊

330000－1701－0002336　善 001660　史部/職官類/官制之屬/專志

官爵志三卷　(明)徐石麒輯　民國八年(1919)張宗祥抄本　張宗祥跋　一冊

330000－1701－0002356　善 001677　史部/地理類/防務之屬/陸防

秦邊紀畧五卷　(清)梁份撰　民國抄本　四冊

330000－1701－0002390　善 001734　集部/別集類/清別集

林公迪臣奏議公文遺稿不分卷　(清)林啟撰　民國抄本　張宗祥校並題簽　一冊

330000－1701－0002417　善 001769　史部/地理類/方志之屬/郡縣志

臨平記再續六卷　陳棠蒐輯　姚景瀛編次　稿本　張宗祥跋　五冊

330000－1701－0002421　善001774　史部/地理類/方志之屬/郡縣志

海寧志略不分卷　(清)范驤纂　民國張宗祥抄本　張宗祥跋並過錄清周春跋、清管庭芬題記　一册

330000－1701－0002438　善001791　史部/地理類/方志之屬/郡縣志

[康熙]平湖縣志十卷　(清)朱維熊　(清)陸棻纂修　民國平湖陸氏求是齋抄本　陸惟鍌跋　八册　缺一卷(七)

330000－1701－0002441　善001792　史部/地理類/方志之屬/郡縣志

[乾隆]平湖縣志二十卷　(清)張力行修　(清)徐志鼎等纂　民國平湖陸氏求是齋抄本　十册

330000－1701－0002442　善001793　史部/地理類/方志之屬/郡縣志

嘉慶甲子平湖縣續志十卷　(清)路錞修　(清)張躍鱗等纂　民國平湖陸氏求是齋抄本　三册

330000－1701－0002443　善001794　史部/地理類/方志之屬/郡縣志

平湖縣舊志補遺四卷　(清)路錞修　(清)張躍鱗等纂　民國平湖陸氏求是齋抄本　二册

330000－1701－0002451　善001800　史部/地理類/方志之屬/郡縣志

[道光]武康縣志二十四卷首一卷　(清)疏筤修　(清)陳殿階等纂　民國二十二年(1933)抄本　余紹宋跋　十八册

330000－1701－0002456　善001802　史部/地理類/方志之屬/郡縣志

[康熙]武康縣志八卷　(清)馮聖澤修　(清)駱維恭纂　民國抄本　王修跋　八册

330000－1701－0002467　善001817　史部/地理類/方志之屬/郡縣志

[萬曆]會稽縣志十六卷　(明)楊維新修　(明)張元忭　(明)徐渭纂　民國抄本　五册

330000－1701－0002471　善001823　史部/地理類/方志之屬/郡縣志

[嘉定]剡錄十卷　(宋)高似孫撰　民國二十四年(1935)張宗祥抄本　張宗祥題記並過錄清黄丕烈、吴翌鳳跋　二册

330000－1701－0002482　善001832　史部/地理類/方志之屬/郡縣志

[正德]永康縣志八卷　(明)吴宜濟　(明)胡楷修　(明)陳泗等纂　民國抄本　吕公望題簽　二册

330000－1701－0002483　善001835　史部/地理類/方志之屬/郡縣志

[民國]衢縣志稿三十卷首一卷　民國二十三年(1934)浙江省立圖書館抄本　余紹宋題記並跋　三十册

330000－1701－0002486　善001836　史部/地理類/方志之屬/郡縣志

萬歷龍游縣志輯佚一卷　余紹宋校註　稿本　一册

330000－1701－0002487　善001834　史部/地理類/方志之屬/郡縣志

[嘉靖]衢州府志十六卷　(明)楊準　(明)趙鏜等纂修　民國抄本　葉渭清批校並跋　余紹宋題簽、批校並跋　六册　存十五卷(一至八、十至十六)

330000－1701－0002490　善001837　史部/地理類/方志之屬/郡縣志

[萬曆]龍游縣誌十卷　(明)萬廷謙修　(明)曹聞禮　(明)鍾相業纂　民國抄本　葉渭清校點　余紹宋校並跋　二册

330000－1701－0002494　善001844　史部/地理類/方志之屬/郡縣志

平陽縣志人物稾不分卷　民國浙江通志局抄本　七册

330000－1701－0002497　善001840　史部/地理類/方志之屬/郡縣志

[萬曆]續處州府志八卷　(明)許國忠修　(明)葉志淑等纂　民國影抄明萬曆三十一年(1603)刻本　三册

330000－1701－0002501　善 001850　史部/地理類/方志之屬/郡縣志

[光緒]開原縣志不分卷　(清)保清　(清)羅寶書纂修　民國抄本　四冊

330000－1701－0002516　善 001876　史部/地理類/方志之屬/郡縣志

[康熙]安慶府桐城縣志八卷首一卷　(清)姚琅　(清)胡靖　(清)何旅修　(清)胡必選纂　(清)劉槱等續纂　民國二十四年(1935)吳廕黎抄本　吳廕黎題記　八冊

330000－1701－0002530　善 001884　史部/地理類/方志之屬/郡縣志

[萬曆]閩大記五十五卷　(明)王應山纂　民國抄本　葉長青題簽、校並跋　一冊　存二卷(四十八、五十)

330000－1701－0002536　善 001886　史部/地理類/方志之屬/郡縣志

[嘉靖]建陽縣志十六卷　(明)馮繼科纂修　(明)閔橋等補遺　(明)胡子器編　民國抄本　四冊

330000－1701－0002586　善 001941　史部/地理類/專志之屬/古跡

小溪志八卷　(宋)柴望撰　民國四明張氏約園抄本　九冊

330000－1701－0002587　善 001945　史部/地理類/專志之屬/宮殿

三輔黃圖六卷校勘記一卷　張元濟撰　民國二十四年(1935)上海商務印書館影印四部叢刊本　張宗祥批校　一冊

330000－1701－0002588　民 342.224/32391/c3　史部/政書類/律令之屬

中華民國浙江省憲法一卷附施行法一卷　浙江省憲法會議編　民國十年(1921)鉛印本　一冊

330000－1701－0002593　善 001942　史部/地理類/專志之屬/宮殿

先秦宮殿考一卷　(清)牟庭撰　民國二十一年(1932)浙江省立圖書館抄本　一冊

330000－1701－0002596　善 001950　史部/地理類/專志之屬/寺觀

古鹽官安國寺志二卷　(明)董志稷重輯　(明)潘陳忠等編次　(明)翁汝進等參訂　民國六年(1917)抄本　朱尚批校並跋　一冊

330000－1701－0002598　善 001953　史部/地理類/專志之屬/寺觀

�山傜心寺志五卷　(清)趙甸　(清)章世法輯　(清)章錀　(清)章宏業參輯　(清)章崇望等補編　民國傜山章氏翠微樓抄本　一冊

330000－1701－0002618　善 001979　史部/地理類/雜志之屬

杭城坊巷志節要不分卷　(清)丁丙輯　(清)孫峻編　陸啓節要　民國浙江商報鉛印剪輯本　劉承幹題記　二冊

330000－1701－0002619　善 001975　史部/地理類/雜志之屬

杭城坊巷志引用書目韻編不分卷　孫峻輯　稿本　一冊

330000－1701－0002644　善 002006　史部/地理類/雜志之屬

勾章摭逸十卷勾章土物志一卷　(清)鄭辰撰　民國張氏約園抄本　三冊

330000－1701－0002645　善 002008　史部/地理類/雜志之屬

郭西小誌十七卷　(清)姚禮輯　民國張宗祥抄本　張宗祥跋　四冊

330000－1701－0002647　善 002009　史部/地理類/雜志之屬

海昌叢載二十卷續載七卷首一卷　(清)管庭芬輯　民國張宗祥抄本　張宗祥跋　八冊

330000－1701－0002660　善 002029　史部/地理類/山川之屬/合志

峽石山水志一卷　(清)蔣宏任撰　民國管氏靜得樓抄本　一冊

330000－1701－0002677　善 002046　史部/地理類/山川之屬/水志

水經注四十卷首一卷 （北魏）酈道元撰 民國八年（1919）張宗祥影宋抄本 張宗祥跋 六冊 存十二卷（五至八、十六至十九、三十四、三十八至四十）

330000－1701－0002686 善002189 史部/目録類/總録之屬/氏族

海寧州志著述備攷一卷 （清）鄒存淦附注 民國抄本 一冊

330000－1701－0002722 善002089 史部/金石類/郡邑之屬

越中金石録一卷 （清）沈復燦録 民國虞山周氏鴿峰草堂抄本 周大輔批校 一冊

330000－1701－0002724 善002091 史部/金石類/郡邑之屬/目録

吴興金石記目録一卷 民國抄本 一冊

330000－1701－0002726 善002092 史部/金石類/郡邑之屬/目録

東甌金石志目録一卷 民國抄本 一冊

330000－1701－0002734 善002106 史部/金石類/總志之屬/雜著

磊盦金石後編卅三卷 張祖翼輯 稿本 三冊

330000－1701－0002748 善002118 史部/金石類/石之屬/文字

栔亭金文斠釋初稿八卷拓本題跋一卷 張之綱撰 稿本 馬公愚跋 張珍懷批注 容庚校 九冊

330000－1701－0002750 善002186 史部/目録類/總録之屬/地方

廣西藝文畧十卷 民國查氏木漸齋抄本 三冊

330000－1701－0002761 善002133 史部/金石類/石之屬/目録

於越訪碑録一卷 （清）杜煦撰 民國虞山周氏鴿峰草堂抄本 周大輔過録佚名跋 一冊

330000－1701－0002771 善002156 史部/目録類/總録之屬/私撰

江陰李氏得月樓書目摘録一卷 （明）李鶚翀撰 民國抄本 一冊

330000－1701－0002772 善002157 史部/目録類/總録之屬/私撰

崑山徐氏傳是樓宋板書目一卷 （清）徐乾學藏 民國抄本 與330000－1701－0002771合冊

330000－1701－0002774 善002146 史部/目録類/通論之屬/藏書約

淡生堂藏書約一卷藏書訓略一卷 （明）祁熊撰 民國張宗祥抄本 張宗祥跋 一冊

330000－1701－0002776 善002165 史部/目録類/總録之屬/私撰

絳雲樓書目二卷補遺一卷 （清）錢謙益藏並撰 民國張宗祥抄本 張宗祥跋並過録清周鴻曆跋 二冊

330000－1701－0002779 善002158 史部/目録類/總録之屬/私撰

萬卷堂書目四卷 （明）朱睦㮮藏 民國長興王氏仁壽堂抄本 四冊

330000－1701－0002780 善002160 史部/目録類/總録之屬/私撰

天一閣見存書目十二卷 （清）劉喜海編 民國二十五年（1936）張鏡夫抄本 張鏡夫跋 三冊 存六卷（七至十二）

330000－1701－0002783 善002168 史部/目録類/總録之屬/私撰

延令季氏宋板書目一卷 （清）季振宜藏並撰 民國吴興沈氏萬卷樓抄本 一冊

330000－1701－0002788 善002171 史部/目録類/總録之屬/私撰

海源閣書目不分卷 （清）楊紹和撰 民國烏程沈氏萬卷樓抄本 一冊

330000－1701－0002789 善002162 史部/目録類/總録之屬/私撰

馬氏唫香館藏書目一卷 （清）馬瀛藏並撰 民國張氏適園抄本 費寅跋 一冊

330000－1701－0002791　善 002172　史部/目録類/總録之屬/私撰
蕭山汪氏環碧山房書目一卷　（清）汪輝祖藏並撰　民國拜魁紀公齋抄本　一冊

330000－1701－0002792　善 002175　史部/目録類/總録之屬/私撰
靜嘉堂秘籍志五十卷首一卷　（日本）河田羆編　民國抄本　四冊

330000－1701－0002793　善 002178　史部/目録類/總録之屬/私撰
書鈔閣行篋書目不分卷　（清）周星詒藏並撰　民國抄本　佚名過録費寅跋　二冊

330000－1701－0002794　善 002177　史部/目録類/總録之屬/私撰
結一廬書目一卷　（清）朱澂藏並撰　民國三年（1914）吳興劉氏求恕齋抄本　劉承幹題記　一冊

330000－1701－0002795　善 002181　史部/目録類/總録之屬/私撰
聚樂堂藝文目録不分卷　（明）朱睦㮮藏　民國張宗祥抄本　張宗祥批校並跋　二冊

330000－1701－0002796　善 002179　史部/目録類/總録之屬/私撰
書鈔閣行篋書目不分卷　（清）周星詒藏並撰　民國元年（1912）費寅抄本　費寅校、跋並過錄清蔣鳳藻批校　陳乃乾校　一冊

330000－1701－0002797　善 002184　史部/目録類/總録之屬/地方
四川經籍志六卷　（清）常明修　（清）楊芳燦纂　民國海寧查氏木漸齋抄本　四冊

330000－1701－0002800　善 002185　史部/目録類/總録之屬/地方
廣東藝文略十卷　民國查氏木漸齋抄本　三冊

330000－1701－0002801　善 002187　史部/目録類/總録之屬/地方
海寧經籍志備考一卷　（清）吳騫撰　民國浙江省立圖書館抄本　一冊

330000－1701－0002802　善 002188　史部/目録類/總録之屬/地方
海昌著錄續攷六卷　（清）蔣學堅撰　費寅校録　民國十五年（1926）童敬脩抄本　費寅跋　一冊

330000－1701－0002804　善 002193　史部/目録類/總録之屬/官修
各省進呈書目不分卷　民國張宗祥抄本　張宗祥校跋　十冊

330000－1701－0002808　善 002199　史部/目録類/總録之屬/史志
唐書藝文志注四卷　民國張宗祥抄本　張宗祥跋　四冊

330000－1701－0002812　善 002207　史部/目録類/書志之屬/提要
四部寓眼錄二卷　（清）周廣業撰　民國張宗祥抄本　張宗祥校並跋　一冊

330000－1701－0002813　善 002197　史部/目録類/總録之屬/史志
隋書經籍志四卷　（唐）長孫無忌等撰　民國張宗祥抄本　張宗祥跋　二冊

330000－1701－0002817　善 002205　史部/金石類/總志之屬/題跋
清儀閣題跋十卷　（清）張廷濟撰　**清儀閣題跋續録一卷**　（清）張廷濟撰　許榮勳編輯　民國四年（1915）鄭遺孫抄本（清儀閣題跋續録为稿本）　鄭遺孫校並跋　許榮勳跋　三冊

330000－1701－0002905　善 002334　子部/儒家類/儒學之屬/性理
榕村語録續集十六卷家書一卷奏對一卷　（清）李光地撰　（清）黃家鼎箋正　民國周氏鴿峰草堂抄本　十冊

330000－1701－0002920　善 002346　史部/金石類/石之屬/目録
莫高窟石室祕錄一卷　羅振玉述　民國誦芬室鉛印本　一冊

330000－1701－0002933　善 002367　子部/宗教類/道教之屬

老莊解七卷 （明）陶望齡撰 民國抄明萬曆四十三年（1615）劉廷元刻本 六册

330000－1701－0002969 善 002406 子部/法家類

管子二十四卷 （唐）房玄齡注 （明）劉績增注 民國十二年（1923）沔陽盧氏慎始基齋影印湖北先正遺書本 屈彊觀款並過録諸家批校 六册

330000－1701－0002992 善 002435 子部/兵家類/兵法之屬

七書參同七卷 （明）李贄編 民國張宗祥抄本 張宗祥跋 二册

330000－1701－0003035 善 002486 子部/農家農學類/農藝之屬/農曆農諺

卜歲恒言一卷 （清）吳鵠輯 民國五年（1916）王雲雪蕉山房抄本 王雲批校並跋 一册

330000－1701－0003064 善 002525 子部/醫家類/本草之屬/神農本草經

神農本草經新疏四卷 張宗祥撰 稿本 十二册

330000－1701－0003078 善 002545 子部/醫家類/方書之屬/單方驗方

串雅外編四卷 （清）趙學敏纂 民國費寅抄本 毛春翔校補 二册

330000－1701－0003091 善 002557 子部/醫家類/醫案之屬

吳鞠通先生醫案不分卷 （清）吳瑭撰 民國抄本 十六册

330000－1701－0003177 善 002661 子部/天文曆算類/曆法之屬

神道大編曆宗算會十五卷 （明）周述學撰 民國裘翰興抄本 八册

330000－1701－0003198 善 002681 子部/藝術類/書畫之屬/總論

高江村書畫目一卷 （清）高士奇撰 民國海虞周氏小螺山館抄本 周大輔題記 一册

330000－1701－0003211 善 002698 子部/藝術類/書畫之屬/書法書品

淳化閣帖考釋十卷十七帖考釋一卷書譜考釋一卷聖母帖考釋一卷自敘帖考釋一卷 （清）程穆衡撰 民國二十一年（1932）周氏鴿峰艸堂抄本 周大輔校並跋 四册

330000－1701－0003235 善 002733 子部/藝術類/篆刻之屬/印譜

明清名人刻印彙存十二卷 葛昌楹 胡洤編次 方約監拓 民國三十二年（1943）宣和印社鈐拓本 十二册

330000－1701－0003238 善 002734 子部/藝術類/篆刻之屬/印譜

吳趙印存不分卷 （清）吳熙載 （清）趙之謙篆刻 葛昌楹輯 民國二十年（1931）平湖葛氏傳樸堂鈐拓本 十册

330000－1701－0003239 善 002736 子部/藝術類/篆刻之屬/印譜

師慎軒印存不分卷 （清）吳熙載篆 民國林樹臣石廬鈐拓本 八册

330000－1701－0003268 善 002768 子部/農家農學類/農藝之屬/茶酒

酒經三卷 （宋）朱肱撰 民國張宗祥影宋抄本 張宗祥題記並過録清錢謙益跋 一册

330000－1701－0003294 善 002794 史部/金石類/錢幣之屬/圖像

泉譜一卷 民國抄本 一册

330000－1701－0003299 善 002800 子部/農家農學類/鳥獸蟲之屬

鴿經一卷 （明）張萬鍾撰 民國十七年（1928）王氏詒莊樓抄本 王修跋 一册

330000－1701－0003301 善 002799 子部/農家農學類/鳥獸蟲之屬

鷹論二卷附鵓子論一卷 （意大利）利類思纂譯 民國張宗祥抄本 張宗祥題記 一册

330000－1701－0003321 民 342.224/32391/c1 史部/政書類/律令之屬

中華民國浙江省憲法一卷附施行法一卷 浙

江省憲法會議編　民國十年(1921)鉛印本　一册

330000－1701－0003366　善 002880　子部/雜著類/雜説之屬

猗覺寮襍記二卷　(宋)朱翌撰　民國單丕抄本　單丕校並過録清鮑廷博、張宗祥跋　一册

330000－1701－0003371　善 002889　子部/雜著類/雜説之屬

習學記言序目五十卷　(宋)葉適撰　民國抄本　單丕校補　十册

330000－1701－0003405　善 002925　子部/雜著類/雜纂之屬

東巢雜著一卷策斷一卷　(明)倪復撰　民國抄本　張壽鏞題記　一册

330000－1701－0003406　善 002929　子部/雜著類/雜考之屬

困學紀聞補注二十卷　(清)張嘉祿撰　民國四明張氏約園刻四明叢書本　陳漢章批校　一册

330000－1701－0003415　善 002938　子部/雜著類/雜考之屬

三餘摭録三卷　(清)周廣業撰　民國抄本　二册

330000－1701－0003435　善 002969　子部/雜著類/雜考之屬

辨章三卷　(清)王棻撰　民國抄本　一册

330000－1701－0003436　善 002970　子部/雜著類/雜考之屬

讀書解義一卷　(清)朱毓楷撰　民國勵德人抄本　一册

330000－1701－0003446　善 002979　子部/小説家類/雜事之屬

世説新語三卷　(南朝宋)劉義慶撰　(南朝梁)劉孝標注　民國十一年(1922)張宗祥影抄田吴炤影宋抄本　張宗祥跋並過録羅振玉、田吴炤跋　三册

330000－1701－0003523　善 003075　子部/雜著類/雜纂之屬

鈍吟老人雜録十卷　(清)馮班輯　民國虞山周氏鴿峰草堂抄本　周大輔校　一册

330000－1701－0003524　善 003078　子部/雜著類/雜纂之屬

東僑雜録七卷　(清)馮楣輯　民國古香書屋項氏抄本　一册

330000－1701－0003545　善 003108　子部/小説家類/異聞之屬

燈下閑談二卷　民國八年(1919)張宗祥抄本　張宗祥跋　一册

330000－1701－0003553　善 003116　子部/小説家類/雜事之屬

皇明世説新語八卷　(明)李紹文撰　民國二十一年(1932)金濤花近樓抄本　金濤跋　四册

330000－1701－0003566　善 003135　子部/小説家類/瑣語之屬

祐山雜説一卷　(明)馮汝弼撰　民國抄本　一册

330000－1701－0003597　善 003181　子部/術數類/占候之屬

天文祕畧不分卷　(明)胡獻忠輯　民國抄本　四册

330000－1701－0003608　善 003186　子部/術數類/占卜之屬

易林十六卷　(漢)焦贛撰　民國張宗祥抄本　四册　存八卷(三至四、七至十、十三至十四)

330000－1701－0003610　善 003188　子部/術數類/占卜之屬

易林十六卷　(漢)焦贛撰　民國七年(1918)張宗祥影元抄本　張宗祥跋　十六册

330000－1701－0003628　善 003206　子部/術數類/雜術之屬

萬年歷歌節解一卷　(戰國)鬼谷子撰　(三國蜀)諸葛亮詮解　民國彩繪本　金述佺題簽　一册

330000－1701－0003698　善 003324　子部/宗教類/佛教之屬/經疏
般若波羅蜜多心經略疏小鈔三卷　(清)錢謙益輯　民國三年(1914)南洋佛經流通所刻本　余重耀批注　一冊

330000－1701－0003730　善 003359　子部/宗教類/佛教之屬/總録
内典文藏二十六卷　(清)錢謙益撰　民國十二年(1923)張宗祥影抄本(卷二十二原缺)　張宗祥跋　一冊

330000－1701－0003762　善 003399　子部/宗教類/道教之屬/雜著
抱朴子内篇校勘記一卷外篇校勘記一卷内篇佚文一卷外篇佚文一卷神仙金汋經三卷養生論一卷大丹問答一卷抱朴子别旨一卷　(晉)葛洪撰　民國十一年(1922)抄本　陳漢章批校並跋　一冊

330000－1701－0003907　善 003758　類叢部/叢書類/彙編之屬
密韻樓景宋本七種　蔣汝藻輯　民國烏程蔣汝藻樂地盦刻本　一冊　存一種

330000－1701－0003970　善 003841　集部/總集類/氏族之屬
午夢堂集十二種二十一卷　(明)葉紹袁編　民國吴興劉氏求恕齋抄本　褚德彝校　劉承幹題簽　十冊

330000－1701－0004020　善 003894　集部/總集類/郡邑之屬
海隅遺珠録五卷　(清)管庭芬輯　**渟溪雜詩一卷補遺一卷**　(清)管庭芬撰　民國管氏静得樓抄本　管元耀校並跋　五冊

330000－1701－0004022　善 003896　集部/總集類/氏族之屬
吴氏一家詩録六卷　吴慶坻輯　稿本　六冊

330000－1701－0004023　善 003897　集部/總集類/氏族之屬
吴氏一家詩不分卷　吴慶坻輯　稿本　一冊

330000－1701－0004027　善 003901　集部/總集類/氏族之屬
同根草三卷　屈茝纕　屈蕙纕撰　民國抄本　一冊

330000－1701－0004166　ZKS0148　集部/别集類/清别集
笠翁一家言全集十六卷　(清)李漁撰　民國上海會文堂書局石印本　十二冊

330000－1701－0004167　普 081/3144.2　類叢部/叢書類/彙編之屬
四部叢刊續編七十七種　張元濟等編　民國二十三年(1934)上海商務印書館影印本　五百十冊

330000－1701－0004190　ZKS0171　類叢部/叢書類/彙編之屬
涉聞梓舊二十五種　(清)蔣光煦輯　民國武林竹簡齋據清道光海昌蔣氏刻本影印本　二十四冊

330000－1701－0004196　普 081/3144.3　類叢部/叢書類/彙編之屬
四部叢刊三編七十一種　張元濟等編　民國二十四年至二十五年(1935－1936)上海商務印書館影印本　五百冊　缺六十一卷(禮記正義一至四、六至六十二)

330000－1701－0004301　ZKS0311　史部/地理類/山川之屬/山志
乍浦九山補志十二卷九山遊草一卷　(清)李確撰　民國五年(1916)刻本　二冊　存十二卷(一至十二)

330000－1701－0004302　ZKS0313　史部/傳記類/日記之屬
越縵堂日記補不分卷(清咸豐四年至同治元年)　(清)李慈銘撰　民國二十五年(1936)上海商務印書館影印本　十三冊

330000－1701－0004306　ZKS0289　史部/傳記類/日記之屬
秋荼日記一卷(民國十六年十月一日至十一月二十日)甌行日記一卷(民國十七年四月六日至九月四日)　何其樞撰　稿本　一冊

330000－1701－0004307　ZKS0290　集部/總

集類/郡邑之屬

蛟川詩繫三十一卷首一卷　(清)姚燮輯　**蛟川詩繫續編八卷首一卷**　范壽金編次　民國二年至三年(1913－1914)鉛印本　十冊

330000－1701－0004308　ZKS0291　史部/傳記類/別傳之屬/年譜

陳介石先生[黻宸]年譜一卷　陳謐編　民國二十三年(1934)甌風社鉛印本　二冊

330000－1701－0004309　ZKS0292　集部/別集類

屈巡按使出巡全浙文稿四卷　屈映光撰　民國鉛印本　二冊　存一卷(四)

330000－1701－0004310　ZKS0293　集部/別集類

回風堂詩七卷前錄二卷文五卷　馮幵撰　**婦學齋遺稿一卷**　俞因撰　民國三十年(1941)中華書局鉛印本　秦履平題簽、批校、圈點並跋　四冊

330000－1701－0004311　ZKS0294　類叢部/叢書類/郡邑之屬

安徽叢書六期二十五種　安徽叢書編審會輯　民國二十一年至二十五年(1932－1936)影印本　三冊　存第一期一種

330000－1701－0004312　ZKS0295　史部/目録類/總録之屬/私撰

東海藏書樓書目不分卷　徐則恂藏並編　民國十三年(1924)武林鉛印本　四冊

330000－1701－0004313　ZKS0296　子部/雜著類/雜考之屬

籀廎述林十卷　(清)孫詒讓撰　民國五年(1916)刻本　四冊

330000－1701－0004314　ZKS0297　集部/詩文評類/詩評之屬

石遺室詩話三十二卷　陳衍撰　民國十八年(1929)上海商務印書館鉛印本　秦從士題簽　四冊

330000－1701－0004315　ZKS0298　子部/宗教類/佛教之屬

佛學叢書□□種　民國上海商務印書館鉛印本　一冊　存一種

330000－1701－0004316　ZKS0299、ZKS0304　類叢部/叢書類/郡邑之屬

吳興叢書六十六種　劉承幹輯　民國吳興劉氏嘉業堂刻本　八冊　存二種

330000－1701－0004317　ZKS0300　經部/易類/傳說之屬

周易正言三卷讀易須知一卷　李郁撰　民國二十五年(1936)上海中國易學社鉛印本　二冊　缺一卷(二)

330000－1701－0004318　ZKS0301　史部/地理類/方志之屬/郡縣志

[民國]烏青鎮志四十四卷首一卷　盧學溥修　朱辛彝　張惟驤纂　民國二十五年(1936)杭州刻本　十二冊

330000－1701－0004319　ZKS0302　集部/總集類/郡邑之屬

四明清詩略三十二卷首三卷　(清)董沛輯　**續稿八卷**　忻江明輯　**姓氏韻編一卷**　民國十九年(1930)中華書局鉛印本　二十冊

330000－1701－0004322　ZKS0306　類叢部/叢書類/自著之屬

章氏叢書續編七種　章炳麟撰　民國二十二年(1933)北平刻本　四冊

330000－1701－0004323　ZKS0307　類叢部/叢書類/自著之屬

章氏叢書十三種　章炳麟撰　民國六年至八年(1917－1919)浙江圖書館刻本　二十四冊

330000－1701－0004324　ZKS0308　類叢部/叢書類/家集之屬

武林丁氏家集十三種　丁立誠　丁立中撰　民國錢塘丁氏嘉惠堂鉛印本　十四冊

330000－1701－0004325　ZKS0309　史部/地理類/方志之屬/郡縣志

[民國]臨海縣志稿四十二卷首一卷　張熙鼎修　張寅重修　何奏簧纂　蔣鳳鳴　洪鋭心繪　民國二十四年(1935)鉛印本　二十二冊

330000－1701－0004326　ZKS0310　類叢部/叢書類/自著之屬

樸學齋叢刊十一種　胡韞玉撰　民國十二年(1923)安吳胡氏鉛印本　四册

330000－1701－0004327　ZKS0312　史部/地理類/山川之屬/水志

西湖新志十四卷　胡祥翰輯　民國十年(1921)鉛印本　四册

330000－1701－0004329　ZKS0315　史部/傳記類/雜傳之屬

詩卷樓隨筆不分卷　何其樞撰　稿本　無競室主跋　四册

330000－1701－0004330　ZKS0316　史部/地理類/方志之屬/通志

續修浙江通志採訪稿一卷　浙江通志局輯　民國五年(1916)鉛印本　一册

330000－1701－0004331　ZKS0317　新學/全體學/附心靈學

心理建設論一卷附錄一卷　邵元沖撰　民國鉛印本　一册

330000－1701－0004332　ZKS0318　史部/地理類/方志之屬/通志

浙江通志釐金門稿三卷　顧家相纂　民國八年(1919)上海聚珍倣宋印書局鉛印本　二册

330000－1701－0004333　ZKS0319　集部/別集類

南豐劉先生文集四卷補遺一卷　劉孚京撰　民國十四年(1925)湘潭袁思亮鉛印本　四册

330000－1701－0004334　ZKS0320　類叢部/叢書類/彙編之屬

心園叢刻一集五種　徐珂輯　民國十四年(1925)杭縣徐氏鉛印本　二册

330000－1701－0004335　ZKS0321　類叢部/叢書類/彙編之屬

廣倉學宭叢書(學術叢編)甲類四十九種乙類十五種　姬佛陀編　民國五年至七年(1916－1918)上海倉聖明智大學鉛印本暨石印本　一册　存五種

330000－1701－0004336　ZKS0322　集部/別集類/清別集

汪穰卿遺著八卷　(清)汪康年撰　汪詒年輯　**汪穰卿先生年譜一卷**　汪詒年撰　民國九年(1920)錢塘汪詒年鉛印本　四册

330000－1701－0004337　ZKS0323　子部/雜著類/雜說之屬

捫燭脞存十二卷首一卷　(清)陳僅撰　民國三年(1914)鄞縣陳氏繼雅堂木活字印本　六册

330000－1701－0004338　ZKS0324　史部/傳記類/總傳之屬/家乘

錢塘沈氏家乘十卷　(清)沈紹勳輯　沈祖緜增輯　民國八年(1919)錢塘沈祖緜鉛印本　八册

330000－1701－0004339　ZKS0325　史部/目録類/總録之屬/官修

故宮殿本書庫現存目三卷附錄一卷　陶湘編　民國二十二年(1933)北平故宮博物院圖書館鉛印本　二册　缺二卷(下、附錄)

330000－1701－0004340　ZKS0326　史部/雜史類/斷代之屬

薜譜孟筆記二卷附錄一卷　(明)薜寀撰　民國二十八年(1939)薜秉初鉛印本　秦從士題記　二册

330000－1701－0004341　ZKS0327　史部/政書類/公牘檔册之屬

甌海觀政錄八卷　黄慶瀾編　民國十年(1921)鉛印本　八册

330000－1701－0004342　ZKS0331　集部/別集類/清別集

伊庵詩稿不分卷　(清)秦勲撰　民國二十六年(1937)秦氏抹雲樓抄本　秦祖澤跋　一册

330000－1701－0004343　ZKS0329　史部/傳記類/日記之屬

抹雲樓日記不分卷(民國二十五年一月一日至一九五〇年十二月三十一日)　秦祖澤撰　稿本　十五册

330000－1701－0004344　ZKS0330　子部/儒家類/儒學之屬/性理

凝道堂踐形編二卷　（清）秦遵宗著輯　民國二十六年(1937)秦氏抹雲樓抄本　秦祖澤跋　一冊

330000－1701－0004345　ZKS0332　經部/詩類/傳說之屬

詩經擬題不分卷　（清）秦祖襄撰　民國二十五年(1936)秦履平抄本　秦祖澤跋　一冊

330000－1701－0004346　ZKS0333　集部/別集類

抹雲樓雜鈔二卷　秦祖澤撰　民國二十六年(1937)稿本　一冊

330000－1701－0004347　ZKS0334　集部/總集類/酬唱之屬

抹雲樓贈言三卷續編一卷　秦祖澤輯　**抹雲樓雜鈔續編一卷**　秦祖澤撰　稿本　魏友棐題簽　二冊

330000－1701－0004348　ZKS0335　集部/別集類/明別集

林衣集八卷　（明）秦舜昌撰　（清）馮元仲輯　民國二十五年(1936)秦氏抹雲樓抄本　秦祖澤跋　四冊

330000－1701－0004349　ZKS0336　經部/四書類/總義之屬/傳說

凝道堂四書辨疑五十二卷　（清）秦遵宗著輯　（清）金永澍等編　民國秦氏抹雲樓抄本　十九冊

330000－1701－0004350　ZKS0337　類叢部/叢書類/郡邑之屬

仙居叢書第一集十二種　李鏡渠編　民國二十四年(1935)鉛印本　十二冊　存八種

330000－1701－0004351　ZKS0338　史部/地理類/方志之屬/郡縣志

[民國]新昌縣志二十卷附新昌農事調查一卷　金城修　陳畬纂　**沃州詩存一卷**　（宋）潘音撰　**沃州文存一卷**　（宋）徐霖撰　民國八年(1919)鉛印本　十二冊

330000－1701－0004352　ZKS0339　子部/宗教類/其他宗教之屬/基督教

超性學要二十六卷論天主降生四卷總目四卷　（意大利）聖多瑪斯原著　（意大利）利類思譯義　**復活論二卷**　（意大利）聖多瑪斯原著　（葡萄牙）安文思譯義　民國十九年(1930)上海土山灣印書館鉛印本　十八冊

330000－1701－0004353　ZKS0340　史部/地理類/方志之屬/郡縣志

[民國]湯溪縣志二十卷首一卷　丁燮　薛達修　戴鴻熙纂　民國二十年(1931)金震東石印局鉛印本　十六冊

330000－1701－0004354　ZKS0341　史部/傳記類/別傳之屬/事狀

蔣太夫人哀思錄不分卷　葉楚傖輯　民國十二年(1923)鉛印本　一冊

330000－1701－0004355　ZKS0342　集部/別集類/清別集

珍琴館寄生草不分卷　（清）秦豐岐撰　民國二十五年(1936)秦履平抄本　秦祖澤跋　一冊

330000－1701－0004356　ZKS0343　集部/別集類/清別集

斷山吟一卷　（清）秦祖襄撰　民國二十五年(1936)秦履平抄本　一冊

330000－1701－0004357　ZKS0344　集部/別集類/明別集

九華草九卷　（明）秦應鶩撰　民國二十八年(1939)秦氏抹雲樓抄本　秦祖澤跋　七冊

330000－1701－0004358　ZKS0345　子部/宗教類/佛教之屬/諸宗

印光法師嘉言錄不分卷　李圓淨編　民國十八年(1929)上海大中書局鉛印本　一冊

330000－1701－0004359　ZKS0346　類叢部/叢書類/彙編之屬

求恕齋叢書三十一種　劉承幹編　民國吳興劉氏嘉業堂刻本　四冊　存一種

330000－1701－0004361　ZKS0348　史部/傳

記類/總傳之屬/釋道

高僧傳初集節要二卷二集節要二卷三集節要二卷 梅光羲編 民國二十三年(1934)上海商務印書館鉛印本 三冊

330000－1701－0004362 ZKS0349 集部/總集類/郡邑之屬

諸暨詩英十一卷續編七卷 徐道政編 民國二十五年(1936)鉛印本 四冊

330000－1701－0004363 ZKS0350 集部/別集類/清別集

橫山文集十六卷詩集六卷 (清)裘璉撰 **橫山先生年譜一卷** (清)裘姚崇原編 (清)王家振節鈔 民國三年(1914)甬上旅遯軒鉛印本 一冊 存六卷(詩集一至六)

330000－1701－0004364 ZKS0351 集部/別集類/清別集

橫山文集十六卷詩集六卷 (清)裘璉撰 **橫山先生年譜一卷** (清)裘姚崇原編 (清)王家振節鈔 民國三年(1914)甬上旅遯軒鉛印本 一冊 存六卷(詩集一至六)

330000－1701－0004366 ZKS0353 新學/議論/通論

富強商榷論一卷 盛鴻燾撰 民國二十一年(1932)鉛印本 一冊

330000－1701－0004367 ZKS0354 史部/地理類/方志之屬/郡縣志

[乾隆]烏青鎮志十二卷 (清)董世寧纂修 民國七年(1918)鉛印本 二冊

330000－1701－0004368 ZKS0355 集部/總集類/氏族之屬

某石軒集四卷 林芝蔚編 民國十六年(1927)鉛印本 一冊

330000－1701－0004369 ZKS0356 類叢部/叢書類/彙編之屬

桐城吴先生羣書點勘 (清)吳汝綸點勘 吴闓生輯 民國九年(1920)深澤王氏都門鉛印本 四冊 存一種

330000－1701－0004370 ZKS0357 子部/小說家類/瑣語之屬

岐海瑣譚集十六卷 (明)姜準輯 民國二十五年(1936)浙江省永嘉區徵輯鄉先哲遺著委員會鉛印本 許蟠雲題款 四冊

330000－1701－0004371 ZKS0358 集部/詞類/詞譜之屬

詞譜四十卷 (清)王奕清等纂修 民國影印本 二十冊

330000－1701－0004372 ZKS0359 集部/詞類/詞譜之屬

詞律二十卷 (清)萬樹輯 **詞律拾遺八卷** (清)徐本立纂 **詞律補遺一卷詞人姓名錄一卷** (清)杜文瀾編 民國德記書局石印本 五冊 缺五卷(詞律十六至二十)

330000－1701－0004373 ZKS0360 類叢部/叢書類/彙編之屬

玄覽堂叢書續集二十一種 鄭振鐸輯 民國三十六年(1947)國立中央圖書館影印本 一百二十冊

330000－1701－0004374 ZKS0361 類叢部/叢書類/自著之屬

海寧王静安先生遺書四十三種 王國維撰 民國二十九年(1940)商務印書館長沙石印本 四十七冊 缺四卷(殷禮徵文、聯綿字譜一至三)

330000－1701－0004375 ZKS0362 類叢部/叢書類/郡邑之屬

敬鄉樓叢書三十八種 黄羣編 民國十七年至二十四年(1928－1935)永嘉黄氏鉛印本 十六冊 存第一輯九種

330000－1701－0004376 ZKS0363、ZKS0364、ZKS0365、ZKS0366、ZKS0367、ZKS0368、ZKS0369、ZKS0370、ZKS0371 集部/小說類/長篇之屬

繪圖歷朝通俗演義十一種 蔡東帆輯 民國上海會文堂新記書局石印本 八十八冊 存九種

330000－1701－0004377 ZKS0372 集部/小

說類/長篇之屬

歷朝史演義八卷四十八回　(清)吕撫輯　蔡成增訂　民國十五年(1926)上海大東書局石印本　八册

330000－1701－0004378　ZKS0373　集部/小說類/長篇之屬

清宫歷史演義十四卷一百二十回　許慕羲撰　民國十三年(1924)上海廣益書局石印本　十四册

330000－1701－0004379　ZKS0374　史部/雜史類/斷代之屬

清談十卷　胡懷琛編　民國十四年(1925)上海廣益書局鉛印本　六册

330000－1701－0004380　ZKS0375　類叢部/叢書類/自著之屬

詳註曾文正公全集十六種附四種　(清)曾國藩撰　(清)李瀚章編輯　雷瑨　倪錫恩註　民國二十一年(1932)上海普益書局石印本　二十六册　存一種

330000－1701－0004381　ZKS0376　集部/總集類/選集之屬/斷代

唐人八家詩四十二卷　(明)毛晉輯　民國十五年(1926)上海涵芬樓據明海虞毛氏汲古閣刻本影印本　八册

330000－1701－0004382　ZKS0377　集部/詩文評類/類編之屬

清詩話四十三種　丁福保輯　民國五年(1916)上海文明書局鉛印本　十册　存十八種

330000－1701－0004383　ZKS0378　集部/總集類/選集之屬/斷代

唐四名家集　(明)毛晉輯　民國十五年(1926)上海涵芬樓據明海虞毛氏汲古閣刻本影印本　四册

330000－1701－0004384　ZKS0379　集部/戲劇類/雜劇之屬

繪圖西厢記八卷唐六如先生文韻一卷　(明)祝枝山評定　(明)念菴居士手輯　**六才子西廂文一卷**　民國十九年(1930)上海掃葉山房石印本　四册

330000－1701－0004385　ZKS0380　集部/小說類/長篇之屬

繡像綠野仙踪八卷八十回　(清)李百川撰　民國十三年(1924)上海大成書局石印本　四册

330000－1701－0004386　ZKS0381　子部/雜著類/雜說之屬

薛子庸語十二卷　(明)薛應旂撰　(明)向程釋　民國二十八年(1939)薛秉初據明隆慶刻本影印本　四册

330000－1701－0004387　ZKS0382　集部/總集類/選集之屬/斷代

當代百家酬世文庫二十六卷　劉再蘇編輯　民國十四年(1925)上海世界書局石印本　十六册

330000－1701－0004388　ZKS0383　集部/總集類/選集之屬/斷代

宋詩鈔初集　(清)吕留良　(清)吴之振　(清)吴爾堯輯　民國三年(1914)上海商務印書館據清康熙吴氏刻本影印本(龍雲集鈔一卷、栟櫚集一卷、勉齋集一卷、鶴山集一卷、蛟峰集鈔一卷、雪巖集鈔一卷、縉雲集鈔一卷、玉楮集鈔一卷、滄浪吟鈔一卷、竹齋集鈔一卷、疊山集鈔一卷、仲安集鈔一卷、所南集鈔一卷、魯齊集鈔一卷、玉蟾集鈔一卷、斷腸集鈔一卷原缺)　張美翊跋　四十册

330000－1701－0004389　ZKS0384、ZKS0385　集部/總集類/選集之屬/斷代

宋詩鈔補八十六卷　(清)管庭芬　(清)蔣光煦編　民國四年(1915)上海商務印書館鉛印本　張美翊批　八册

330000－1701－0004390　ZKS0386　集部/別集類

澹盦幸草二卷　王鏡蓉撰　民國三十七年(1948)上海中華書局鉛印本　一册

330000－1701－0004391　ZKS0387　類叢部/

叢書類/彙編之屬

續古逸叢書四十七種 張元濟等編 民國十一年(1922)至一九五七年上海商務印書館影印本 三册 存一種

330000－1701－0004392 ZKS0388 類叢部/叢書類/彙編之屬

四部備要 中華書局編 民國二十五年(1936)上海中華書局鉛印本 九册 存一種

330000－1701－0004393 ZKS0389 經部/四書類/總義之屬/文字音義

注音字母四書白話句解十九卷 周覲光 吳穀民演譯 民國上海求古齋石印本 十四册

330000－1701－0004394 ZKS0390 集部/别集類/清别集

音注吳摯甫文一卷 (清)吳汝綸撰 陳適丞音注 民國十四年(1925)上海文明書局鉛印本 一册

330000－1701－0004395 ZKS0391 集部/詩文評類/文評之屬

文心雕龍補注十卷 (南朝梁)劉勰撰 (清)黄叔琳注 (清)紀昀評 (清)李詳補注 民國十五年(1926)上海中原書局鉛印本 姜鴻祺句讀並跋 四册

330000－1701－0004396 ZKS0392 集部/小説類/長篇之屬

增評加註全圖紅樓夢十五卷首一卷一百二十回 (清)曹霑 (清)高鶚撰 (清)王希廉 (清)張新之 (清)姚燮評 民國十四年(1925)石印本 十六册

330000－1701－0004398 ZKS0394 新學/史志/别國史

日本史講義六篇 吳鋭編 民國鉛印本 一册

330000－1701－0004399 ZKS0395 史部/雜史類/斷代之屬

南疆逸史十卷紀略四卷 (清)溫睿臨撰 **南疆逸史跋一卷** (清)楊鳳苞撰 民國四年(1915)上海國光書局鉛印本 張美翊批校並跋 六册

330000－1701－0004400 ZKS0397 集部/小説類/長篇之屬

繡像説唐征西全傳六卷九十回 民國石印本 一册

330000－1701－0004401 ZKS0396 類叢部/叢書類/彙編之屬

四部精華一百二十五種 陸翔選輯 民國上海世界書局石印本 二十八册 存一百二十種

330000－1701－0004402 ZKS0398、ZKS0399 集部/小説類/長篇之屬

南北宋全傳八卷 (明)研石山樵訂正 民國十三年(1924)上海江東書局石印本 二册

330000－1701－0004403 ZKS0422 新學/政治法律/政治

時事鱗爪不分卷 何其樞輯 稿本 一册

330000－1701－0004404 ZKS0400 子部/雜著類

玉歷至寶鈔勸世一卷附經驗神效良方一卷 王子達重編 民國上海文瑞樓書局石印本 一册

330000－1701－0004405 ZKS0401 集部/總集類/酬唱之屬

湖墅倡和詩一卷 鑑湖漁隱(楊晨)編 民國三年(1914)浙江瑞安廣明印刷所石印本 一册

330000－1701－0004406 ZKS0402 史部/地理類/專志之屬/古跡

蘭亭志四卷附錄近人題詠一卷 張若霞編 民國二十五年(1936)鉛印本 一册

330000－1701－0004407 ZKS0403 史部/傳記類/日記之屬

國難日記不分卷(民國二十六年八月一日至十二月七日) 何其樞撰 稿本 一册

330000－1701－0004408 ZKS0404 類叢部/叢書類/自著之屬

玩芳艸堂叢書　(清)王棻撰　民國上海國光書局鉛印本　八冊　存一種

330000-1701-0004409　ZKS0405　類叢部/叢書類/輯佚之屬
輯佚叢刊十一種十九卷　陶棟輯　民國三十七年(1948)上海中華書局鉛印本　一冊

330000-1701-0004410　ZKS0406、ZKS0407　子部/宗教類/佛教之屬/總録
覺世叢書　林旭高撰述　民國鉛印本　二冊　存二種

330000-1701-0004411　ZKS0423　史部/政書類/邦計之屬/賦稅
海關常關地址道里表一卷　黃錫銓等編纂　民國三年(1914)北京稅務處鉛印本　一冊

330000-1701-0004412　ZKS0408　史部/地理類/專志之屬/寺觀
靈峯寺志九卷首一卷　吳清修　葉向陽　王華纂　民國二十四年(1935)浙江正楷印書局鉛印本　一冊

330000-1701-0004413　ZKS0409　子部/儒家類/儒學之屬/經濟
抺畫齋統一分治芻議一卷附封建篇一卷法家篇一卷　孫輿撰　民國五年(1916)石印本　一冊

330000-1701-0004414　ZKS0410　集部/別集類
慎江草堂詩四卷　黃迂撰　民國十三年(1924)鉛印本　一冊　存二卷(一至二)

330000-1701-0004415　ZKS0411　集部/別集類
醉靈軒詩存十卷　陳蘧撰　民國十七年(1928)上海聚珍倣宋印書局鉛印本　二冊

330000-1701-0004416　ZKS0412　集部/別集類/清別集
萬八山房詩鈔八卷　(清)孫春澤撰　民國二十五年(1936)鉛印本　曹愷批校　一冊

330000-1701-0004417　ZKS0413　集部/總集類/郡邑之屬
台詩四錄二十九卷　王舟瑶輯　民國九年(1920)後凋草堂石印本　十四冊

330000-1701-0004418　ZKS0414　史部/傳記類/別傳之屬/年譜
含嘉室自訂年譜一卷　吳士鑑撰　民國鉛印本　張美翊校　一冊

330000-1701-0004419　ZKS0415　類叢部/叢書類/自著之屬
章氏遺書七種外編十種　(清)章學誠撰　民國十一年(1922)吳興劉氏嘉業堂刻本　十九冊　存十五種

330000-1701-0004420　ZKS0416　史部/地理類/方志之屬/郡縣志
[民國]鄞縣通志六志五十一編附圖一函　張傳保　汪煥章修　陳訓正　馬瀛纂　民國二十二年(1933)至一九五一年寧波鄞縣通志館鉛印本　五冊　存六編(輿地志庚、癸上、丑、己,食貨志己下、庚)

330000-1701-0004422　ZKS0418　史部/地理類/輿圖之屬/郡縣
修訂浙江全省輿圖並水陸道里記不分卷　(清)宗源瀚等纂　民國四年(1915)杭州武林印書館石印本　十二冊　存水陸道里記、府圖

330000-1701-0004423　ZKS0419　史部/地理類/山川之屬/山志
莫干山志十三卷　周慶雲撰　民國十五年至十六年(1926-1927)吳興周氏刻藍印本　四冊

330000-1701-0004424　ZKS0620　類叢部/叢書類/家集之屬
諸暨馮氏叢刻五種四十四卷　馮振音編　民國六年(1917)鉛印本　十冊

330000-1701-0004425　ZKS0420　集部/別集類
吹萬樓文集十八卷憤悱錄一卷　高燮撰　民國三十年(1941)金山高氏刻本　六冊

330000－1701－0004427　ZKS0424　子部/叢編

清代筆記叢刊四十一種　文明書局編　民國上海文明書局石印本　一百冊　存二十三種

330000－1701－0004428　ZKS0425　類叢部/叢書類/彙編之屬

別下齋叢書二十七種　（清）蔣光煦編　民國武林竹簡齋據清道光海昌蔣氏刻本影印本　二十四冊

330000－1701－0004429　ZKS0426　史部/紀傳類/正史之屬

百衲本二十四史　張元濟輯　民國上海商務印書館影印本　六百九十四冊　缺六百九卷（漢書一至三十四、五十九至一百，後漢書志十至三十，晉書七十一至一百三十，北齊書一至五十，隋書一至八十五，舊唐書一至二百，舊五代史八十至一百五十，遼史一至四十六）

330000－1701－0004430　ZKS0609　集部/別集類/宋別集

四明文獻集五卷　（宋）王應麟撰　（明）鄭真輯　**深寧先生文鈔摭餘編三卷**　（宋）王應麟撰　（清）葉熊輯　**深寧先生年譜一卷**　（清）錢大昕編　**王深寧先生年譜一卷**　（清）陳僅纂輯　（清）張恕編次　**王深寧先生年譜一卷**　（清）張大昌輯　民國五年（1916）仁和王存善鉛印本　四冊

330000－1701－0004431　ZKS0611　集部/總集類/選集之屬/斷代

近代名家詩鈔不分卷附抹雲樓感事詞藁不分卷　秦祖澤編　稿本　譚澤闓題簽　一冊

330000－1701－0004432　ZKS0610　史部/目錄類/總録之屬/私撰

鄞范氏天一閣書目内編十卷　馮貞羣編　民國二十六年至二十九年（1937－1940）寧波重修天一閣委員會鉛印本　四冊

330000－1701－0004433　ZKS0612　史部/傳記類/總傳之屬/家乘

[浙江奉化]武嶺蔣氏宗譜三十二卷首一卷　陳布雷等纂修　民國三十七年（1948）上海中華書局鉛印本　八冊　存二十三卷（七至十六、二十至三十二）

330000－1701－0004438　ZKS0619　類叢部/叢書類/郡邑之屬

續金華叢書六十種　胡宗楙編　民國十三年（1924）永康胡氏夢選樓刻本　一百十九冊　存五十六種

330000－1701－0004442　ZKS0624　經部/小學類/訓詁之屬/字詁

文始九卷　章炳麟撰　民國二年（1913）浙江圖書館據章炳麟手寫稿本影印本　一冊

330000－1701－0004444　ZKS0626　類叢部/叢書類/郡邑之屬

永嘉詩人祠堂叢刻十四種　冒廣生輯　民國四年（1915）如皋冒氏刻本　十冊

330000－1701－0004566　善004135　集部/別集類/唐五代別集

樊紹述集注二卷　（唐）樊宗師撰　（清）孫之騄輯　民國五年（1916）樊氏刻本　孫峻批校並跋　二冊

330000－1701－0004599　善004168　集部/別集類/唐五代別集

唐求詩集一卷　（唐）唐求撰　民國溫匋影宋臨安府陳宅書籍鋪抄本　王修跋　一冊

330000－1701－0004602　善004171　集部/別集類/唐五代別集

林寬詩集一卷　（唐）林寬撰　民國溫匋抄本　一冊

330000－1701－0004609　善004178　集部/別集類/唐五代別集

玉川子詩集五卷　（唐）盧仝撰　（清）孫之騄註　孫峻校　**玉川子詩注勘譌表一卷**　孫峻撰　稿本　盧永祥記　四冊

330000－1701－0004610　善004179　集部/別集類/唐五代別集

徐侍郎集二卷附錄一卷　（唐）徐安貞撰　民國三十二年（1943）東吳金石壽懷弟盦晉龍虎鉼室抄本　二冊

330000－1701－0004611　善 004180　集部/別集類/唐五代別集

秦韜玉詩集一卷　(唐)秦韜玉撰　民國九年(1920)溫匋抄本　王修跋　一冊

330000－1701－0004612　善 004181　集部/別集類/唐五代別集

殷文珪詩集一卷　(五代)殷文珪撰　民國九年(1920)溫匋抄本　與 330000－1701－0004611 合冊

330000－1701－0004658　HJL3404　集部/別集類

奇觚廎詩集三卷前集一卷補遺一卷遺詞一卷　葉昌熾撰　民國十五年(1926)刻本　五冊

330000－1701－0004659　HJH5140　集部/別集類

奇觚廎詩集三卷前集一卷補遺一卷遺詞一卷　葉昌熾撰　民國十五年(1926)刻本　五冊

330000－1701－0004671　善 004236　集部/別集類/宋別集

王荊公文集注八卷　(清)沈欽韓撰　民國吳興劉氏嘉業堂抄本　八冊

330000－1701－0004698　善 004263　集部/別集類/宋別集

東坡先生和陶淵明詩四卷　(宋)蘇軾撰　民國八年(1919)海寧張宗祥影宋抄本　張宗祥跋　一冊

330000－1701－0004741　善 004306　集部/別集類/宋別集

和靖尹先生文集八卷　(宋)尹焞撰　民國王修抄本　王修跋　四冊

330000－1701－0004743　善 004308　集部/別集類/宋別集

東萊先生詩集二十卷外集三卷　(宋)吕本中撰　民國八年(1919)張宗祥影宋抄本　張宗祥跋　二冊　存六卷(一至二、十一,外集一至三)

330000－1701－0004838　善 004404　集部/別集類/元別集

竹素山房詩集三卷補遺一卷　(元)吾丘衍撰　**竹素山房集附錄一卷**　民國抄本　葉渭清跋　余紹宋校點並題簽　一冊

330000－1701－0004851　善 004419　集部/別集類/元別集

弁山小隱吟錄二卷　(元)黄玠撰　民國吳興沈兆熊影抄本　沈兆熊題記　二冊

330000－1701－0004860　善 004426　集部/別集類/元別集

瓢泉吟稿五卷　(元)朱晞顔撰　民國長興王氏述廬抄本　二冊

330000－1701－0004873　善 004440　集部/別集類/元別集

桐山老農集四卷　(元)魯貞撰　民國抄本　余紹宋題簽、批校並跋　一冊

330000－1701－0004891　善 004457　集部/別集類/元別集

夷白集十五卷　(元)陳基撰　民國抄本　十四冊

330000－1701－0004909　善 004475　集部/別集類/明別集

白雲槀十二卷　(明)朱右撰　**附一卷**　章梫輯　民國八年(1919)章梫抄本　章梫校並跋　王舟瑶題記　一冊　存五卷(八至十二)

330000－1701－0004911　善 004477　集部/別集類/明別集

四梅軒集不分卷　(明)葉兊撰　民國章梫抄本　章梫校並跋　一冊

330000－1701－0004933　善 004499　集部/別集類/明別集

天台林公輔先生文集一卷　(明)林右撰　民國梅邨抄本　一冊

330000－1701－0004935　善 004501　集部/別集類/明別集

畏菴集十卷附錄一卷　(明)周旋撰　民國抄本　二冊

330000－1701－0004936　善 004502　集部/

別集類/明別集

南山黄先生家傳集五十六卷　(明)黄潤玉輯　民國四明張氏約園抄本　十册

330000－1701－0004953　善 004519　集部/別集類/明別集

土苴續集六卷集外詩一卷　(明)周鼎撰　民國抄本　一册

330000－1701－0004968　善 004535　集部/別集類/明別集

雁門勝跡詩集二卷　(明)王鑰撰　民國抄本　二册

330000－1701－0004972　善 004538　集部/別集類/明別集

雲松詩畧八卷　(明)魏偁撰　(明)蕭賛摘編　(明)歐陽鵬評點　民國四明張氏約園抄本　張壽鏞題簽並校　二册

330000－1701－0004975　善 004541　集部/別集類/明別集

屠康僖公文集六卷　(明)屠勳撰　(明)屠應埈等編　**附錄一卷**　民國雪廬抄本　十二册

330000－1701－0004980　善 004546　集部/別集類/明別集

石田稿不分卷　(明)沈周撰　民國十九年(1930)張宗祥抄本　張宗祥跋並過錄清繆曰藻、清陳鱣跋　三册

330000－1701－0004983　善 004549　集部/別集類/明別集

劉清惠公文集十二卷　(明)劉麟撰　民國長興王氏述廬抄本　二册　存四卷(一至四)

330000－1701－0004984　善 004550　集部/別集類/明別集

少石集十三卷　(明)陸釴撰　民國抄本　張壽鏞校　四册

330000－1701－0004998　HJL4935　集部/別集類/唐五代別集

杜詩註解節鈔一卷　(唐)杜甫撰　(清)顧淳慶輯注　民國十六年(1927)上海科學儀器館據顧氏抄本影印本　二册

330000－1701－0005009　善 004572　集部/別集類/明別集

徐水南先生遺稿一卷　(明)徐天民撰　民國龍游周之楨抄本　余紹宋題簽並批校　一册

330000－1701－0005010　善 004573　集部/別集類/明別集

石龍集二十八卷　(明)黄綰撰　民國江涵抄本　江涵校並題記　王舟瑤批　六册

330000－1701－0005012　善 004575　集部/別集類/明別集

余德甫先生集十四卷　(明)余曰德撰　民國十三年(1924)常熟周大輔小螺山館抄本　六册

330000－1701－0005018　善 004580　集部/別集類/明別集

劍溪謏語七卷　(明)管大勳撰　民國四明張氏約園抄本　張壽鏞校　二册

330000－1701－0005022　善 004584　集部/別集類/明別集

張文定公全集七十卷　(明)張邦奇撰　民國抄本　張壽鏞題簽　十八册

330000－1701－0005027　善 004589　集部/別集類/明別集

趙氏家藏集八卷　(明)趙文華撰　(明)徐階選　民國雪廬抄本　二册　存六卷(一至六)

330000－1701－0005030　善 004592　集部/別集類/明別集

盧月漁集一卷　(明)盧澐撰　(明)沈明臣選　**輓章一卷**　民國四明張氏約園抄本　張壽鏞校　一册

330000－1701－0005047　善 004609　集部/別集類/明別集

翠瀑閣詩集一卷　(明)錢文薦撰　民國四明張氏約園抄本　張壽鏞題簽並校　一册

330000－1701－0005054　善 004616　集部/別集類/明別集

綠鷁吟二卷　(明)錢文薦撰　民國四明張氏約園抄本　張氏約園題簽並校　一册

330000－1701－0005058　善004620　集部/別集類/明别集
東征漫稿二卷　(明)包大中撰　民國抄本　一册

330000－1701－0005059　善004621　集部/別集類/明别集
越吟一卷　(明)包大炣撰　民國四明張氏約園抄本　一册

330000－1701－0005077　善004639　集部/別集類/明别集
萬卷樓遺集六卷　(明)豐坊撰　(明)蔡獻臣選　民國四明張氏約園抄本　四册

330000－1701－0005080　善004642　集部/別集類/明别集
端簡鄭公文集十二卷　(明)鄭曉撰　(明)鄭履淳等訂訛　民國抄本　八册

330000－1701－0005083　善004645　集部/別集類/明别集
芝園集三十六卷　(明)張時徹撰　民國四明張氏約園抄本　佚名過錄王修跋　八册　存二十二卷(一至二十二)

330000－1701－0005168　善004731　集部/別集類/明别集
西清閣詩草十二卷　(明)楊承鯤撰　民國四明張氏約園抄本　二册

330000－1701－0005173　善004736　集部/別集類/明别集
甬東山人藁七卷　(明)吕時撰　民國抄本　一册　存四卷(一至四)

330000－1701－0005182　善004746　集部/別集類/明别集
童子鳴集六卷　(明)童珮撰　民國二十四年(1935)抄本　余紹宋跋　二册

330000－1701－0005183　善004747　集部/別集類/明别集
鳩兹集八卷　(明)徐時進撰　民國抄本　三册

330000－1701－0005185　善004749　集部/別集類/明别集
遊梁詩集六卷　(明)吳鐄撰　民國四明張氏約園抄本　三册

330000－1701－0005186　善004750　集部/別集類/明别集
蒯緱集二卷　(明)沈明臣撰　民國四明張氏約園抄本　一册

330000－1701－0005187　善004751　集部/別集類/明别集
明都督施公二華詩一卷　(明)施翰撰　民國四明張氏約園抄本　佚名過録清徐時棟跋　一册

330000－1701－0005189　善004753　集部/別集類/明别集
皆非集二卷　(明)萬達甫撰　**一枝軒吟草一卷**　(明)萬邦孚撰　民國四明張氏約園抄本　一册

330000－1701－0005191　善004755　集部/別集類/明别集
李山人詩二卷　(明)李生寅撰　(明)楊承鯤選　民國張氏約園抄本　一册

330000－1701－0005225　善004789　集部/別集類/明别集
王癸源詩一卷　(明)王歷昌撰　民國抄本　一册

330000－1701－0005281　善004844　集部/別集類/明别集
京寓稿一卷　(明)倪珣撰　民國四明張氏約園抄本　一册

330000－1701－0005283　善004846　集部/別集類/明别集
泠然草詩編二卷　(明)王嗣奭撰　民國四明張氏約園抄本　一册

330000－1701－0005284　善004847　集部/別集類/明别集
一經堂集二卷　(明)張次仲撰　民國海寧管氏静得樓抄本　一册

330000－1701－0005288　民 342.224/32391/c2　史部/政書類/律令之屬

中華民國浙江省憲法一卷附施行法一卷　浙江省憲法會議編　民國十年(1921)鉛印本　一册

330000－1701－0005293　善 004856　集部/別集類/明別集

陸敬身全集七十二卷　(明)陸寶撰　民國四明張氏約園抄本　十六册

330000－1701－0005308　善 004871　集部/別集類/明別集

遠山堂詩集不分卷　(明)祁彪佳撰　(清)祁理孫　(清)祁班孫編輯　民國二十八年(1939)抄本　沈鈞業題簽、跋並過錄清魏畊校　二册

330000－1701－0005341　善 004904　集部/別集類/明別集

九華草九卷　(明)秦應鶩撰　民國二十六年(1937)秦氏抹雲樓抄本　秦祖澤跋　七册

330000－1701－0005342　善 004905　集部/別集類/明別集

斷山吟一卷游二嶽草一卷　(明)秦祖襄撰　民國四明張氏約園抄本　佚名過錄清徐時棟跋　一册

330000－1701－0005344　善 004907　集部/別集類/明別集

寧遠堂詩集四卷　(明)陸宏定撰　民國海寧管元耀靜得樓抄本　一册

330000－1701－0005345　善 004908　集部/別集類/明別集

師陶閣集二卷　(明)吳文憲撰　民國二十一年(1932)平湖胡士瑩抄本　胡士瑩校並題記　一册

330000－1701－0005370　善 004933　集部/別集類/清別集

棗林集不分卷　(清)談遷撰　民國海寧管氏靜得樓抄本　管偉校並跋　四册

330000－1701－0005398　善 004961　集部/別集類/清別集

乾初先生別集四卷　(清)陳確撰　民國抄本　四册

330000－1701－0005416　善 004979　集部/別集類/清別集

留補堂文集三卷自訂詩選二卷杜詩選一卷留補堂纂乙酉以來忠義殉國十二傳一卷　(明)林時對撰　民國抄本　八册

330000－1701－0005421　善 004984　集部/別集類/清別集

朋鶴草堂詩文集十二卷　(清)林時躍撰　民國四明張氏約園抄本　十四册

330000－1701－0005436　善 004999　集部/別集類/清別集

盧遵義公文集二卷　(清)盧生甫撰　民國平湖胡士瑩等抄本　胡士瑩校點　四册

330000－1701－0005444　民 027.2/4846.91　史部/政書類/公牘檔册之屬

松坡圖書館紀事不分卷　松坡圖書館編　民國十七年(1928)鉛印本　一册

330000－1701－0005451　善 005014　集部/別集類/清別集

晴川集一卷　(清)查嗣庭撰　民國海寧管氏靜得樓抄本　一册

330000－1701－0005453　善 005016　集部/別集類/清別集

素賞樓稿八卷破涕吟一卷　(清)陳皖永撰　民國二十一年(1932)海寧管偉、管元耀抄本　管元耀批並跋　二册

330000－1701－0005564　善 005126　集部/別集類/明別集

孫夫人詩集一卷　(明)楊文儷撰　民國孫氏壽松堂抄本　一册

330000－1701－0005592　善 005154　集部/別集類/清別集

強恕齋文鈔五卷　(清)張庚撰　民國山陰樊氏拜魁紀公齋抄本　一册

330000－1701－0005641　善 005203　集部/別集類/明別集
蓉洲詩鈔一卷　(明)顧祖訓撰　民國四明張氏約園抄本　佚名過録清徐時棟跋　一冊

330000－1701－0005642　善 005204　集部/別集類/清別集
蟾齋吟稾一卷　(清)鄭從風撰　**蛟川竹枝詞一卷**　民國四明張氏約園抄本　清徐棟過録佚名校並題簽　一冊

330000－1701－0005666　善 005228　集部/別集類/清別集
澄觀集四卷　(清)錢儀吉撰　民國二十三年(1934)平湖胡士瑩抄本　胡士瑩跋　二冊

330000－1701－0005667　善 005229　集部/別集類/清別集
北郭集四卷　(清)錢儀吉撰　民國二十三年(1934)平湖胡士瑩抄本　胡士瑩跋　二冊

330000－1701－0005676　善 005238　集部/別集類/清別集
鐵橋詩悔一卷　(清)嚴可均撰　民國錢恂抄本　錢恂題記　一冊

330000－1701－0005726　善 005289　集部/別集類/清別集
綠浄山莊詩十卷　(清)章溥撰　民國二十五年(1936)祝廷錫抄本　祝廷錫批　祝廷錫過録吳受福、汪澍評並跋　張宗祥跋　一冊

330000－1701－0005729　善 005292　集部/別集類/清別集
楓江草堂詩集七卷　(清)朱紫貴撰　民國王氏述廬抄本　三冊

330000－1701－0005730　善 005293　集部/別集類/清別集
楓江草堂文集一卷　(清)朱紫貴撰　民國吳興劉氏求恕齋抄本　一冊

330000－1701－0005773　民 027.45/7766.1　史部/政書類/公牘檔冊之屬
隆昌縣公立圖書館概況不分卷　羅崇鈞撰　民國二十一年(1932)石印本　一冊

330000－1701－0005783　善 005346　集部/別集類/清別集
謝城遺稿一卷　(清)汪曰楨撰　民國吳興劉氏求恕齋抄本　劉承幹題簽　劉氏求恕齋校　一冊

330000－1701－0005789　民 029.97/1024　經部/小學類
王氏二四檢字法說明一卷　王德乾撰　民國油印本　一冊

330000－1701－0005854　善 005417　集部/別集類/清別集
蘋齋賸稿一卷　(清)李祖庚撰　民國六年(1917)長興王修抄本　王修跋　一冊

330000－1701－0005868　善 005431　集部/別集類/清別集
吟碧樓雜著始存□□卷　(清)王椿齡撰　民國抄本　一冊　存三卷(三至五)

330000－1701－0005872　善 005435　集部/別集類/清別集
黝曜室詩存一卷　(清)陳鼎撰　(清)吳士鑑編録　稿本　一冊

330000－1701－0005875　民 029.1/7347　新學/學校
學生讀書法不分卷　(日本)駿臺隱士撰　廣智書局譯　民國鉛印本　一冊

330000－1701－0005880　民 325.49024/5076　史部/政書類/公牘檔冊之屬
東陽縣政府三十六年度全省行政會議工作報告不分卷　東陽縣政府編　民國三十六年(1947)東陽縣政府油印本　一冊

330000－1701－0005888　善 005450　集部/別集類/清別集
朱衎廬先生遺稿八卷補編一卷　(清)朱昌燕撰　民國十八年(1929)張宗祥抄本　張宗祥跋　集升批　二冊

330000－1701－0005913　善 005474　集部/別集類/清別集
越縵堂駢散文類鈔二卷補鈔一卷　(清)李慈

銘撰　楊越輯　民國十六年(1927)手稿本　三册

330000－1701－0005932　善005493　集部/別集類

櫟木庵詩草一卷詩話一卷文草一卷　郭謙益撰　民國抄本　一册

330000－1701－0005979　善005540　集部/詞類/類編之屬

宜秋館詩餘叢鈔八卷　李之鼎編　稿本　況周頤批校並跋　朱祖謀批校　一册

330000－1701－0005986　善005547　集部/詞類/別集之屬

磻溪詞一卷　(元)丘處機撰　民國朱祖謀抄本　朱祖謀校並題記　與古籍普查登記編號330000－1701－0005985合册

330000－1701－0005988　善005549　集部/詞類/別集之屬

方舟詩餘一卷　(宋)李石撰　民國仁和吳昌綬雙照樓抄本　朱祖謀校並跋　一册

330000－1701－0005989　善005550　集部/詞類/別集之屬

康範詩餘一卷　(宋)汪晫撰　民國仁和吳昌綬雙照樓抄本　朱祖謀校　與330000－1701－0005988合册

330000－1701－0006001　善005562　集部/詞類/總集之屬

宋元詞選七種十三卷　朱祖謀編　稿本　一册

330000－1701－0006004　善005565　集部/詞類/總集之屬

清杭郡詞輯二十卷　鄭道乾輯　稿本　二十册

330000－1701－0006005　善005566　集部/詞類/別集之屬

吳波鷗語一卷　易順鼎等撰　民國朱祖謀抄本　龍榆生題簽並記　朱祖謀句讀圈點並校　一册

330000－1701－0006019　善005580　集部/詞類/別集之屬

樵歌三卷　(宋)朱敦儒撰　**樵歌校記一卷**　朱祖謀撰　民國十一年(1922)歸安朱氏刻本　朱祖謀校　一册

330000－1701－0006020　善005581　集部/詞類/別集之屬

褱碧齊詞□□卷　陳鋭撰　民國朱祖謀抄本　朱祖謀批校　一册　存一卷(三)

330000－1701－0006021　善005582　集部/詞類/別集之屬

松坡詞不分卷　(宋)京鏜撰　民國仁和吳昌綬雙照樓抄本　朱祖謀題簽並批校　一册

330000－1701－0006059　善005621　集部/詞類/別集之屬

煮夢詞一卷　(清)許增撰　民國仁和鄭氏師儉堂抄本　一册

330000－1701－0006088　善005650　集部/戲劇類/傳奇之屬

胭脂記傳奇二卷四十一齣　(明)□□撰　許之衡訂正　民國抄本　一册

330000－1701－0006098　善005660　集部/戲劇類/傳奇之屬

竹葉舟傳奇二卷二十八齣　(清)畢萬侯撰　民國抄本　一册

330000－1701－0006115　善005677　集部/戲劇類/傳奇之屬

詩扇記傳奇二卷三十三折　(清)汪柱撰　民國抄本　二册

330000－1701－0006144　民325.49024/6022　史部/政書類/公牘檔册之屬

昌化縣政府二十四年度行政實施計劃草案不分卷附經濟計劃大綱不分卷二十三年度工作概況報告不分卷　昌化縣政府編　民國二十三年至二十四年(1934－1935)昌化縣政府油印本暨復寫本　一册

330000－1701－0006146　善005708　集部/曲類/曲韻曲譜曲律之屬

納書楹西廂全譜二卷十七套續西廂記譜一卷四套　(清)葉堂訂譜　(清)朱駿聲訂正並評注　民國朱少懷抄本　朱師轍、張宗祥跋　二冊

330000－1701－0006149　善 005711　集部/曲類/曲韻曲譜曲律之屬
随盦新譜一卷　随盦撰　**風雅十二詩譜一卷**　(宋)趙彥肅傳　**姜堯章越九歌十篇一卷**　(宋)姜夔撰　稿本　一冊

330000－1701－0006150　善 005712　集部/曲類/曲韻曲譜曲律之屬
鏡圓記曲譜一卷　民國抄本　一冊

330000－1701－0006185　善 005747　史部/傳記類/别傳之屬/事狀
新鍥孔聖宗師出身全傳四卷　(明)□□撰　民國影明抄本　佚名過錄馮貞羣、胡適跋　四冊

330000－1701－0006193　善 005755　集部/小說類/長篇之屬
封神演義詮解十卷一百回首一卷　(清)俞景詮解　鄒存淦刪補　民國二十六年(1937)抄本　張崟跋　六冊

330000－1701－0006209　善 005770　集部/詩文評類/詩評之屬
吴禮部别集二卷　(元)吳師道撰　民國五年(1916)江陰繆氏薌香簃抄本　繆荃孫跋　一冊　存一卷(一)

330000－1701－0006231　善 005792　集部/詩文評類/詩評之屬
續唐詩話八十卷首十五卷末五卷　(清)沈丙巽輯　民國張宗祥抄本　張宗祥批校、跋並過錄王修跋　二十四冊

330000－1701－0006236　民 325.49024/8046　史部/政書類/公牘檔冊之屬
餘姚縣政府清丈處工作概況不分卷　餘姚縣政府清丈處編　民國二十五年(1936)餘姚縣政府油印本　一冊

330000－1701－0006237　民 325.49024/8022　史部/政書類/公牘檔冊之屬
義烏縣政府卅五年八月至卅六年十月工作報告不分卷　義烏縣政府編　民國三十六年(1947)義烏縣政府油印本　一冊

330000－1701－0006249　HJL5277、HJL5278、HJL5253　類叢部/叢書類/彙編之屬
四部叢刊　張元濟等編　民國上海商務印書館影印本　二十九冊　存三種

330000－1701－0006256　善 005815　類叢部/叢書類/彙編之屬
說郛一百卷　(元)陶宗儀編　張宗祥重校　稿本　趙楨校並跋　五十二冊

330000－1701－0006262　民 111.28/10201　子部/宗教類/道教之屬
莊子發微二卷　王傳燮撰　民國二十五年(1936)鉛印本　一冊

330000－1701－0006308　善 005867　集部/曲類/曲選之屬
變文八種　胡士瑩編　稿本　四冊

330000－1701－0006314　善 005872　子部/兵家類/兵法之屬
武經七書二十五卷　(宋)何去非輯　民國張宗祥影宋抄本　張宗祥校並跋　一冊　存十二卷(六韜一至六、黄石公三略一至三、孫子一至三)

330000－1701－0006320　普 610.9517/7220/2　子部/醫家類/綜合之屬/通論
醫學集成四卷　(清)劉仕廉纂輯　民國十年(1921)雙流李仲元刻本　四冊

330000－1701－0006336　普 615.52/3705　子部/醫家類/方書之屬/單方驗方
不知醫必要四卷　(清)梁廉夫撰　民國四年(1915)江山奇氣樓鉛印本　二冊

330000－1701－0006340　普 616.926/0036/2　類叢部/叢書類/彙編之屬
士禮居黄氏叢書十九種附四種　(清)黄丕烈輯　民國影印本　二冊　存一種

330000－1701－0006346　普 610.9516/2740　子部/醫家類/綜合之屬/通論

先醒齋醫學廣筆記四卷　(明)繆希雍原著　(明)丁元薦輯　民國八年(1919)上海集古閣石印本　二册

330000－1701－0006347　普 610.9/0033　子部/醫家類/綜合之屬/通論

中西醫判二卷　唐宗海撰　民國三年(1914)百草廬石印本　二册

330000－1701－0006377　普 811.1087/0909　類叢部/叢書類/郡邑之屬

武原先哲遺著初編十種　談文灯輯　民國十年(1921)海鹽談氏鉛印本　二册

330000－1701－0006385　普 016.17/3013.3/5　史部/目録類/總録之屬/官修

欽定四庫全書簡明目錄二十卷　(清)紀昀等撰　**四庫未收書目提要五卷**　(清)阮元撰　民國十二年(1923)上海掃葉山房石印本　四册

330000－1701－0006394　普 814.6/2148　集部/别集類/明别集

卓忠毅遺稿三卷首一卷　(明)卓敬撰　(清)林從炯編　林維喬補編　民國十八年(1929)陶社石印本　一册

330000－1701－0006395　普 814.6/0040.2　類叢部/叢書類/郡邑之屬

錫山先哲叢刊十二種　侯鴻鑑等輯　民國十一年至二十年(1922－1931)上海中華書局鉛印本　三册　存一種

330000－1701－0006398　普 921.512/1010.1　史部/傳記類/總傳之屬/家乘

[江蘇崑山]重刻明修王氏世譜二卷　(明)王胤玉纂修　民國十四年(1925)鉛印本　王新之題簽　一册

330000－1701－0006400　普 921.512/1010.6　史部/傳記類/總傳之屬/家乘

文安王氏宗譜六卷　王祖繹纂修　王祖彝編　民國二十五年(1936)鉛印本　一册

330000－1701－0006407　善 005892　史部/傳記類/别傳之屬/墓誌

誥贈通奉大夫二品封典民政部郎中施君[文臺]墓志銘一卷　楊鍾羲撰　民國四年(1915)伊立勳寫本　一册

330000－1701－0006408　善 005893　史部/傳記類/别傳之屬/事狀

皇贈通奉大夫二品封典民政部郎中施君[文臺]家傳一卷　陳光淞撰　民國三年(1914)伊立勳抄本　一册

330000－1701－0006432　善 005917　史部/金石類/陶之屬

詒莊樓磚録不分卷　王修輯　民國拓本　十册

330000－1701－0006631　HJL4022　類叢部/叢書類/郡邑之屬

義烏先哲遺書五種　黄侗編　民國二十二年至二十四年(1933－1935)義烏黄氏鉛印本　一册　存一種

330000－1701－0006718　善 006204　史部/目録類/總録之屬/地方

溫州經籍志三十三卷外編二卷辨誤一卷　(清)孫詒讓撰　民國吳興劉氏求恕齋抄本　二十四册

330000－1701－0006723　善 006209　史部/紀傳類/正史之屬

史記校勘記不分卷　(清)錢泰吉撰　民國抄本　一册

330000－1701－0006729　善 006215　史部/地理類/方志之屬/郡縣志

花溪志補遺一卷　(清)許良謨撰　民國十年(1921)管偉抄本　管偉批校、跋並過錄煦氏批、馮翼雲跋　管元耀校　一册

330000－1701－0006734　善 006220　史部/目録類/總録之屬/地方

海昌著錄續攷六卷　(清)蔣學堅撰　費寅校録　民國抄本　一册

330000－1701－0006736　善 006222　史部/

金石類/總志之屬/圖像

金石經眼録一卷 （清）褚峻摹 （清）牛運震補說 民國十二年(1923)抄文津閣四庫全書本 一冊

330000－1701－0006737 善006223 史部/紀傳類/正史之屬

謝氏後漢書補逸六卷 （三國吳）謝承撰 （清）姚之駰輯 （清）孫志祖增訂 孫峻補訂 稿本 一冊

330000－1701－0006746 善006232 史部/地理類/遊記之屬/紀行

越游小錄一卷 （清）管庭芬撰 民國二十一年(1932)管偉抄本 管偉校並跋 一冊

330000－1701－0006748 善006234 子部/醫家類

古今醫史七卷續增二卷附案一卷 （清）王宏翰撰輯 民國古越戴孟越抄本 王鑑民、陶鑄跋 王寶仁題簽 三冊

330000－1701－0006798 善006284 集部/别集類/清别集

辛齋稿一卷 （清）陸嘉淑撰 民國四年(1915)費寅抄本 佚名過錄費寅校並題記 一冊

330000－1701－0006802 善006288 子部/宗教類/佛教之屬/論

大乘起信論一卷 （南朝梁）釋真諦譯 民國影刻本 余重耀批並題簽 一冊

330000－1701－0006806 善006292 集部/别集類/漢魏六朝别集

蔡中郎集舉正二卷 （清）羅以智撰 民國浙江省立圖書館抄本 三冊

330000－1701－0006889 善006374 經部/春秋總義類/傳說之屬

春秋摘要不分卷 民國抄本 六冊

330000－1701－0007084 善006572 子部/工藝類/文房四寶之屬/墨

鑑古齋墨藪四卷附錄一卷 （清）汪近聖 （清）汪爾臧 （清）汪惟高製 （清）汪炳宇等輯 民國十七年(1928)武進陶氏六色影印本 三冊

330000－1701－0007102 SY00010 史部/金石類/璽印之屬

秦漢印譜不分卷 童大年輯 民國鈐印本 十二冊

330000－1701－0007104 SY00012 子部/藝術類/篆刻之屬/印譜

匋齋藏印不分卷 （清）端方藏 民國二十四年(1935)李漢鈐印本 二冊

330000－1701－0007109 SY00017 史部/金石類/璽印之屬

遯盦秦漢古銅印譜不分卷 吳隱輯 民國三年(1914)西泠印社鈐印本 八冊

330000－1701－0007111 SY00019 史部/金石類/璽印之屬

鉢苑二卷 田煥輯 民國武昌田氏鑒雅齋刻鈐拓本 二冊

330000－1701－0007112 SY00020 史部/金石類/璽印之屬

古印甄初集不分卷 周氏石言齋藏 民國二十一年(1932)鈐印本 四冊

330000－1701－0007113 SY00021 史部/金石類/金之屬/文字

古印輯存不分卷 □□輯 民國鈐印剪貼本 二冊

330000－1701－0007114 SY00022 子部/藝術類/篆刻之屬/印譜

伏廬鉢印十一卷 陳漢第藏 方約監拓 民國三十五年(1946)上海宣和印社鈐印本 十一冊

330000－1701－0007115 SY00023 子部/藝術類/篆刻之屬/印譜

伏廬藏印印槊一卷續集一卷 陳漢第藏並輯 民國十五年(1926)鈐印本 二冊

330000－1701－0007116 SY00024 子部/藝術類/篆刻之屬/印譜

伏廬考藏鉢印不分卷　陳漢第藏　邵裴子類次　民國二十八年(1939)鈐印本　十一冊

330000－1701－0007117　SY00025　史部/金石類/璽印之屬

玉刻辭室古官印拾不分卷　馮汝玠輯　民國鈐印本　二冊

330000－1701－0007118　SY00026　史部/金石類/璽印之屬

濱虹集古鉢印譜不分卷　黄賓虹藏　民國七年(1918)鈐印本　童大年題簽並記　四冊

330000－1701－0007119　SY00027　史部/金石類/璽印之屬

濱虹艸堂藏古鉢印不分卷　黄賓虹藏　民國鈐印本　六冊

330000－1701－0007120　SY00028　史部/金石類/璽印之屬

濱虹艸堂藏古鉢印不分卷　黄賓虹藏　民國九年(1920)鈐印本　六冊

330000－1701－0007122　SY00030　史部/金石類/璽印之屬

安昌里館璽存不分卷　宣哲輯　民國二十三年(1934)鈐印本　六冊

330000－1701－0007123　SY00031　史部/金石類/璽印之屬

樂只室古璽印存不分卷　高时敷輯　民國三十三年(1944)鈐印本　十冊

330000－1701－0007124　SY00032　史部/金石類/璽印之屬

鏡齋古銅印集不分卷　徐文鏡藏　民國十六年(1927)徐文鏡大雅社鈐印本　二冊

330000－1701－0007126　SY00034　史部/金石類/璽印之屬

榆園藏印一卷　(清)許增輯　民國鈐印本　高時顯題簽並記　一冊

330000－1701－0007127　SY00035　史部/金石類/璽印之屬

秦漢小私印選不分卷　張咀英輯　民國三十三年(1944)會稽王秀仁鈐印本　張咀英題記　二冊

330000－1701－0007128　SY00036　史部/金石類/璽印之屬

延壽室古印存一卷　民國鈐印本　一冊

330000－1701－0007129　SY00037　史部/金石類/璽印之屬

滌硯齋藏印不分卷　邵裴子輯並拓　民國八年(1919)鈐印本　邵裴子批並跋　六冊

330000－1701－0007134　SY00042　子部/藝術類/篆刻之屬/印譜

華延年室印集四卷　劍廬輯　民國三十一年(1942)鈐拓剪貼本　劍廬題簽並記　四冊

330000－1701－0007142　SY00050　子部/藝術類/篆刻之屬/印譜

西泠八家印選四卷　丁仁編　民國十四年(1925)鈐拓本　四冊

330000－1701－0007148　SY00056　子部/藝術類/篆刻之屬/印譜

宋元明犀象璽印留真六卷　當湖葛氏藏　民國十四年(1925)當湖葛氏傳樸堂刻鈐印本　六冊

330000－1701－0007149　SY00057　子部/藝術類/篆刻之屬/印譜

平湖葛氏傳樸堂藏印不分卷　葛昌楹藏並拓　民國十三年至十四年(1924－1925)鈐印本　葛昌楹批並跋　二冊

330000－1701－0007150　SY00058　子部/藝術類/篆刻之屬/印譜

吴趙印存不分卷　(清)吴熙載　(清)趙之謙篆刻　葛昌楹輯　民國三十二年(1943)平湖葛氏傳樸堂鈐拓本　六冊

330000－1701－0007151　SY00059　子部/藝術類/篆刻之屬/印譜

味菘盦藏印一卷　鄭全璧藏並輯　民國二十四年(1935)鈐拓本　鄭全璧題記　一冊

330000－1701－0007152　SY00060　子部/藝

術類/篆刻之屬/印譜

橫雲山民印聚不分卷　(清)胡遠篆刻　張魯盦(張咀英)輯　民國二十四年(1935)孝水張咀英望雲草堂鈐拓本　二册

330000－1701－0007153　普951.07099/6051.2、普951.07099/6051.3　史部/叢編

史料叢編　庫籍整理處編　民國二十四年(1935)石印本　十二册

330000－1701－0007155　SY00063　子部/藝術類/篆刻之屬/印譜

正脩堂集印一卷　民國鈐拓本　黄異庵題簽　一册

330000－1701－0007156　SY00064　子部/藝術類/篆刻之屬/印譜

志盧藏印不分卷　朱鴻達輯　民國十八年(1929)鈐拓本　四册

330000－1701－0007157　SY00065　子部/藝術類/篆刻之屬/印譜

荔盦印選二卷　俞人萃輯　民國二十九年(1940)俞人萃鈐拓本　二册

330000－1701－0007158　SY00066　子部/藝術類/篆刻之屬/印譜

荔盦印選二卷　俞人萃輯　民國二十九年(1940)俞人萃鈐拓本　二册

330000－1701－0007159　SY00067　子部/藝術類/篆刻之屬/印譜

古今名人印譜初集二卷二集二卷　宣和印社輯　民國宣和印社鈐拓本　四册

330000－1701－0007160　SY00068　子部/藝術類/篆刻之屬/印譜

樂石第十集不分卷　樂石社輯　民國鈐拓本　一册

330000－1701－0007161　SY00069　子部/藝術類/篆刻之屬/印譜

何雪漁印存不分卷　張咀英藏並編　民國三十三年(1944)孝水張咀英望雲草堂鈐拓本　二册

330000－1701－0007201　SY00109　子部/藝術類/篆刻之屬/印譜

師慎軒印存不分卷　(清)吳熙載篆　民國侯官林鈞鈐拓本　二册

330000－1701－0007202　SY00110　子部/藝術類/篆刻之屬/印譜

吳讓之印存一卷　(清)吳熙載篆　民國七年(1918)陳瀏鈐印本　陳瀏題簽並記　一册

330000－1701－0007206　SY00114　子部/藝術類/篆刻之屬/印譜

趙之謙印譜不分卷　(清)趙之謙篆　民國鈐印本　一册

330000－1701－0007217　SY00125　子部/藝術類/篆刻之屬/印譜

貴筑楊氏印存不分卷　楊通藏　民國鈐印本　二册

330000－1701－0007218　SY00126　子部/藝術類/篆刻之屬/印譜

麋研齋印存重輯本不分卷　王禔篆刻　宣和印社編　民國三十二年(1943)鈐拓本　四册

330000－1701－0007219　SY00127　子部/藝術類/篆刻之屬/印譜

麋研齋印存不分卷續集不分卷　王禔輯並刻　宣和印社輯　民國二十五年(1936)、二十七年(1938)鈐拓本　二十四册

330000－1701－0007220　SY00128　子部/藝術類/篆刻之屬/印譜

醒盦印存不分卷　童大年篆刻　民國鈐印剪貼本　二册

330000－1701－0007221　SY00129　子部/藝術類/篆刻之屬/印譜

童子彫瑑不分卷　童大年篆刻　王秀仁拓　民國三十二年(1943)鈐拓本　四册

330000－1701－0007222　SY00130　子部/藝術類/篆刻之屬/印譜

孺齋自刻印存不分卷　易孺篆　民國二十四年(1935)鈐拓本　四册

330000－1701－0007223　SY00131　子部/藝術類/篆刻之屬/印譜
石禪印存一卷　經亨頤篆並輯　民國二年(1913)鈐拓本　一冊

330000－1701－0007224　SY00132　子部/藝術類/篆刻之屬/印譜
石禪印存一卷　經亨頤篆並輯　民國二年(1913)鈐拓本　一冊

330000－1701－0007225　SY00133　子部/藝術類/篆刻之屬/印譜
吝飛館印留不分卷　吳澤遺製　秦康祥裒集　張咀英　秦康祥　高廷肅審拓　民國三十七年(1948)鈐拓本　二冊

330000－1701－0007226　SY00134　子部/藝術類/篆刻之屬/印譜
缶廬印存八卷　吳昌碩篆刻　張增熙輯　王秀仁拓　民國八年(1919)鈐拓本　八冊

330000－1701－0007227　SY00135　子部/藝術類/篆刻之屬/印譜
缶廬印存八卷　吳昌碩篆刻　張增熙輯　王秀仁拓　民國八年(1919)鈐拓本　八冊

330000－1701－0007228　SY00136　子部/藝術類/篆刻之屬/印譜
吳苦鐵爲閔園丁篆印一卷　吳昌碩篆　民國鈐印本　一冊

330000－1701－0007229　SY00137　子部/藝術類/篆刻之屬/印譜
旻庵印存不分卷　高迴篆刻　鍾臨輯　民國鈐印本　一冊

330000－1701－0007230　SY00138　子部/藝術類/篆刻之屬/印譜
高時顯自刻用印不分卷　高時顯篆刻　民國鈐印本　九冊

330000－1701－0007239　SY00147　子部/藝術類/篆刻之屬/印譜
寶史齋印存不分卷　陸樹基篆刻　民國鈐印本　陸樹基題記　一冊

330000－1701－0007240　SY00148　子部/藝術類/篆刻之屬/印譜
苦鐵刻印不分卷　吳昌碩篆刻　陸培之藏石　民國鈐拓本　陸樹基題記　二冊

330000－1701－0007241　SY00149　子部/藝術類/篆刻之屬/印譜
寶史齋印存不分卷　陸樹基篆刻　民國鈐拓本　一冊

330000－1701－0007242　SY00150　子部/藝術類/篆刻之屬/印譜
清官印集存不分卷　楊紹廉藏　民國鈐印剪貼本　楊紹廉題簽並記　二冊

330000－1701－0007245　SY00153　子部/藝術類/篆刻之屬/印譜
樂石社印存不分卷　夏丏尊等篆刻　李叔同藏　民國鈐拓本　胡維銓序　堵福詵題記　一冊

330000－1701－0007249　SY00157　子部/藝術類/篆刻之屬/印譜
趙悔盦印存一卷　趙宗抃篆　民國鈐印本　一冊

330000－1701－0007252　SY00160　子部/藝術類/篆刻之屬/印譜
鍾裔申印存不分卷　鍾以敬篆　張咀英輯　民國鈐拓本　四冊

330000－1701－0007254　SY00162　史部/金石類/璽印之屬
鄣齋宋元押印存不分卷　金祖同輯　民國鈐印本　二冊

330000－1701－0007255　SY00163　子部/藝術類/篆刻之屬/印譜
傳樸堂藏印菁華十二卷　葛昌楹　葛昌枌編　民國十四年(1925)鈐拓本　十二冊

330000－1701－0007258　SY00166　子部/藝術類/篆刻之屬/印譜
黟山人黃牧甫印存不分卷　(清)黃士陵篆　民國鈐拓本　二冊

330000－1701－0007260　SY00168　史部/金石類/璽印之屬
簠齋古鉩印譜不分卷　(清)陳介祺輯　民國鈐拓本　沈曾植題簽並記　一冊

330000－1701－0007265　SY00169　子部/藝術類/篆刻之屬/印譜
丁丑劫餘印存二十卷　丁仁等輯　民國二十八年(1939)鈐拓本　王禔題簽並記　二十冊

330000－1701－0007266　SY00170　史部/金石類/璽印之屬/雜著
續古印式二卷　(清)黄錫蕃述　民國抄鈐印本　二冊

330000－1701－0007269　SY00173　史部/金石類/璽印之屬
默菴集銅印譜不分卷　蔣汝苹藏　民國鉛印本　高時顯跋　一冊

330000－1701－0007270　SY00174　子部/藝術類/篆刻之屬/印譜
攘之刻印不分卷　(清)吳熙載篆刻　蔣雅初輯拓　民國鈐印本　一冊

330000－1701－0007271　SY00175　史部/金石類/璽印之屬
君子館古銅印譜不分卷　吳隱藏　高時敷拓　民國二年(1913)鈐印本　高時敷跋　一冊

330000－1701－0007272　SY00176　史部/金石類/璽印之屬
澂秋館藏古封泥不分卷　陳寶琛藏輯　周希丁傳拓　民國拓本　葉玉森題簽並記　五冊

330000－1701－0007273　SY00177　子部/藝術類/篆刻之屬/印譜
望雲軒印集不分卷　(清)吳熙載等篆　陳瀏輯　民國七年(1918)丹徒陳瀏鈐拓本　四冊

330000－1701－0007277　SY00181　史部/金石類/璽印之屬
清代縣印存譜不分卷　民國鈐印本　一冊

330000－1701－0007279　SY00183　史部/金石類/璽印之屬
秦漢印集不分卷　童大年輯　民國鈐印本　十三冊

330000－1701－0007280　SY00184　子部/藝術類/篆刻之屬/印譜
缶廬印存八卷　吳昌碩篆刻　張增熙輯　王秀仁拓　民國八年(1919)鈐拓本　八冊

330000－1701－0007281　普 010.021/1714/c2　史部/目録類/專録之屬
書目長編二卷補遺一卷補校一卷　邵瑞彭等輯　民國十七年(1928)京師鉛印本　張任政題記　一冊

330000－1701－0007284　普 010.1021/7703/c1　史部/目録類/書志之屬/提要
四部寓眼錄二卷　(清)周廣業撰　民國二十二年(1933)上虞羅振常蟫隱廬鉛印本　一冊

330000－1701－0007285　普 010.1021/7703/c2　史部/目録類/書志之屬/提要
四部寓眼錄二卷　(清)周廣業撰　民國二十二年(1933)上虞羅振常蟫隱廬鉛印本　一冊

330000－1701－0007286　普 010.10449/0070/c1　類叢部/叢書類/彙編之屬
四部備要　中華書局編　民國二十五年(1936)上海中華書局鉛印本　一冊　存一種

330000－1701－0007287　普 010.10449/0070/c2　類叢部/叢書類/彙編之屬
四部備要　中華書局編　民國二十五年(1936)上海中華書局鉛印本　一冊　存一種

330000－1701－0007288　普 010.10449/0070/c3　類叢部/叢書類/彙編之屬
四部備要　中華書局編　民國二十五年(1936)上海中華書局鉛印本　一冊　存一種

330000－1701－0007293　普 010.10449/4434/c2　史部/目録類/通論之屬/義例
校讐新義十卷　杜定友撰　民國十九年(1930)上海中華書局鉛印本　二冊

330000－1701－0007294　普 010.10449/4660/c1　類叢部/叢書類/自著之屬

崇雅堂叢書十四種　楊晨撰　民國二十五年(1936)楊紹翰鉛印本　一冊　存二種

330000－1701－0007295　普 010. 10449/4660/c2　類叢部/叢書類/自著之屬
崇雅堂叢書十四種　楊晨撰　民國二十五年(1936)楊紹翰鉛印本　一冊　存二種

330000－1701－0007296　普 010. 10449/4660/c3　類叢部/叢書類/自著之屬
崇雅堂叢書十四種　楊晨撰　民國二十五年(1936)楊紹翰鉛印本　一冊　存二種

330000－1701－0007300　普 010. 10449/7752/c1　史部/目録類/總録之屬/私撰
鄭堂讀書記七十一卷　(清)周中孚撰　民國十年(1921)吳興劉氏嘉業堂刻吳興叢書本　佚名批　二十四冊

330000－1701－0007301　普 010. 10449/7752/c2　類叢部/叢書類/郡邑之屬
吳興叢書六十六種　劉承幹編　民國吳興劉氏嘉業堂刻本　二十四冊　存一種

330000－1701－0007302　普 016. 171/3013　史部/目録類
文淵閣藏書全景不分卷　中國營造學社編輯　民國二十四年(1935)北平中國營造學社影印本　二冊

330000－1701－0007304　SY00186　史部/金石類/璽印之屬
明桂王玉璽印一葉　民國鈐印本　逵題記一葉

330000－1701－0007315　SY00197　史部/金石類/璽印之屬
周秦古鉥不分卷　民國鈐印本　一冊

330000－1701－0007316　SY00198　史部/金石類/璽印之屬
周秦古鉥不分卷　民國鈐印本　一冊

330000－1701－0007317　SY00199　史部/金石類/璽印之屬
周秦古鉥集存不分卷　民國鈐印本　四冊

330000－1701－0007319　SY00201　史部/金石類/璽印之屬
遯盦秦漢印選不分卷　吳隱輯　民國西泠印社鈐印本　十二冊

330000－1701－0007320　SY00202　子部/藝術類/篆刻之屬/印譜
秦漢百壽印聚不分卷　吳隱輯　民國西泠印社鈐印本　二冊

330000－1701－0007321　SY00203　子部/藝術類/篆刻之屬/印譜
秦漢百壽印聚不分卷　吳隱輯　民國六年(1917)西泠印社鈐印本　二冊

330000－1701－0007322　SY00204　史部/金石類/璽印之屬
周秦金玉古印譜不分卷　童大年輯　民國刻鈐印本　四冊

330000－1701－0007323　SY00205　子部/藝術類/篆刻之屬/印譜
秦漢丁氏印緒不分卷　丁仁輯　民國五年(1916)西泠印社鈐印本　二冊

330000－1701－0007324　SY00206　子部/藝術類/篆刻之屬/印譜
秦漢丁氏印緒不分卷　丁仁輯　民國五年(1916)西泠印社鈐印本　二冊

330000－1701－0007325　SY00207　子部/藝術類/篆刻之屬/印譜
丁藍朩先生手集漢印不分卷　(清)丁文蔚輯　民國二十八年(1939)鈐印剪貼本　一冊

330000－1701－0007326　SY00208　史部/金石類/璽印之屬
鉥苑二卷　田煥輯　民國十三年(1924)武昌田氏鑒雅齋刻鈐拓本　二冊

330000－1701－0007327　SY00209　史部/金石類/璽印之屬
夢坡室金玉印痕九卷　周慶雲輯　民國十三年(1924)周氏夢坡室鈐拓本　二冊　存二卷(金印二、石章)

330000－1701－0007330　SY00212　史部/金石類/璽印之屬

一粟山房藏印一卷　民國鈐印本　一册

330000－1701－0007331　SY00213　史部/金石類/璽印之屬

歷代古印大觀第一集不分卷　汪厚昌輯　民國六年(1917)鈐印本　四册

330000－1701－0007332　SY00214　史部/金石類/璽印之屬

歷代古印大觀第一集不分卷　汪厚昌輯　民國六年(1917)鈐印本　四册

330000－1701－0007333　SY00215　史部/金石類/璽印之屬

歷代古印大觀二集不分卷　汪厚昌輯　民國有正書局鈐印本　八册

330000－1701－0007334　SY00216　史部/金石類/璽印之屬

張氏藏印不分卷　張氏輯　民國鈐印本　三册

330000－1701－0007335　SY00217　子部/藝術類/篆刻之屬/印譜

印譜一卷　民國鈐印本　師陶題記　一册

330000－1701－0007339　普 010.10449/8380/c1　史部/目録類/書志之屬/提要

讀書敏求記四卷　(清)錢曾撰　民國三年(1914)上海掃葉山房石印本　四册

330000－1701－0007340　普 010.10449/8380/c2　史部/目録類/書志之屬/提要

讀書敏求記四卷　(清)錢曾撰　民國三年(1914)上海掃葉山房石印本　二册

330000－1701－0007341　普 010.10449/8380.06　史部/目録類/書志之屬/提要

錢遵王讀書敏求記校證四卷　(清)錢曾撰　(清)管庭芬輯　章鈺補輯　**錢遵王讀書敏求記佚文一卷序跋題記一卷附録一卷校證補遺一卷**　章鈺輯　民國十五年(1926)長洲章氏刻本　六册

330000－1701－0007349　普 010.10464/1047　史部/目録類/書志之屬/題跋

黄顧遺書六種十六卷　王大隆輯　民國二十二年至二十九年(1933－1940)秀水王氏學禮齋刻本　六册

330000－1701－0007350　普 010.10464/113/2　史部/史評類/考訂之屬

校史隨筆一卷　張元濟撰　民國二十七年(1938)商務印書館鉛印本　二册

330000－1701－0007356　SY00227　子部/藝術類/篆刻之屬/印譜

韞玉山館藏印不分卷　童大年輯　民國鈐印剪貼本　二册

330000－1701－0007360　普 010.10464/2343.5/c1　史部/目録類/書志之屬/題跋

藏園羣書題記八卷　傅增湘撰　民國三十二年(1943)企驎軒鉛印本　四册

330000－1701－0007361　普 010.10464/2343.5/c2　史部/目録類/書志之屬/題跋

藏園羣書題記八卷　傅增湘撰　民國三十二年(1943)企驎軒鉛印本　四册

330000－1701－0007362　普 010.10464/2343.6/c1　史部/目録類/書志之屬/題跋

藏園羣書題記續集六卷　傅增湘撰　民國二十七年(1938)江安傅增湘藏園鉛印本　三册

330000－1701－0007363　普 010.10464/2343.6/c2　史部/目録類/書志之屬/題跋

藏園羣書題記續集六卷　傅增湘撰　民國二十七年(1938)江安傅增湘藏園鉛印本　三册

330000－1701－0007364　普 010.10464/2343.8/c1　史部/目録類/總録之屬/私撰

雙鑑樓藏書續記二卷　傅增湘撰　民國十九年(1930)江安傅增湘藏園刻本　二册

330000－1701－0007365　普 010.10464/2343.8/c2　史部/目録類/總録之屬/私撰

雙鑑樓藏書續記二卷　傅增湘撰　民國十九年(1930)江安傅增湘藏園刻本　二册

330000－1701－0007366　普 010. 10464/2343. 8/c3　史部/目録類/總録之屬/私撰

雙鑑樓藏書續記二卷　傅增湘撰　民國十九年(1930)江安傅增湘藏園刻本　二册

330000－1701－0007370　普 010. 10464/2646、普 014. 37/4445/c3　類叢部/叢書類/彙編之屬

江氏聚珍版叢書四集二十八種　江杏溪輯　民國十三年(1924)蘇州文學山房木活字印本　七册

330000－1701－0007374　普 010. 10464/2764/c1、普 010. 10464/2764. 2　史部/目録類/通論之屬/考訂

古文舊書考四卷附訪餘錄一卷　(日本)島田翰撰　民國十六年(1927)深縣王雨藻玉堂鉛印本　五册

330000－1701－0007375　普 010. 10464/2764/c2　史部/目録類/通論之屬/考訂

古文舊書考四卷附訪餘錄一卷　(日本)島田翰撰　民國十六年(1927)深縣王雨藻玉堂鉛印本　四册　存四卷(一至四)

330000－1701－0007376　普 010. 10464/2764/c3　史部/目録類/通論之屬/考訂

古文舊書考四卷附訪餘錄一卷　(日本)島田翰撰　民國十六年(1927)深縣王雨藻玉堂鉛印本　四册　存四卷(一至四)

330000－1701－0007377　普 010. 10464/2764/c4　史部/目録類/通論之屬/考訂

古文舊書考四卷附訪餘錄一卷　(日本)島田翰撰　民國十六年(1927)深縣王雨藻玉堂鉛印本　五册

330000－1701－0007380　普 010. 10464/3104/c1　史部/目録類/書志之屬/題跋

思適齋書跋四卷　(清)顧廣圻撰　王大隆輯　民國二十四年(1935)秀水王大隆學禮齋刻藍印本　二册

330000－1701－0007381　普 010. 10464/3104/c2　史部/目録類/書志之屬/題跋

思適齋書跋四卷　(清)顧廣圻撰　王大隆輯　民國二十四年(1935)秀水王大隆學禮齋刻藍印本　二册

330000－1701－0007382　普 010. 10464/3104. 2/c1　史部/目録類/書志之屬/題跋

思適齋集外書跋輯存不分卷　(清)顧廣圻撰　蔣祖詒輯　民國二十四年(1935)吴縣鄒百耐百擁樓鉛印本　一册

330000－1701－0007383　普 010. 10464/3104. 2/c2　史部/目録類/書志之屬/題跋

思適齋集外書跋輯存不分卷　(清)顧廣圻撰　蔣祖詒輯　民國二十四年(1935)吴縣鄒百耐百擁樓鉛印本　一册

330000－1701－0007384　普 010. 10464/4031　史部/目録類/書志之屬/題跋

校經廎題跋二卷　(清)李富孫撰　民國山陰吴氏西泠印社木活字印本　一册

330000－1701－0007390　SY00236　子部/藝術類/篆刻之屬/印譜

伏廬集印不分卷　陳漢第藏並輯　民國鈐印本　一册

330000－1701－0007391　SY00237　子部/藝術類/篆刻之屬/印譜

蒲作英用印集存不分卷　宣和印社輯　民國宣和印社鈐拓本　二册

330000－1701－0007392　SY00238　子部/藝術類/篆刻之屬/印譜

印稿不分卷　沈倬章輯　民國十四年(1925)鈐拓剪貼本　一册

330000－1701－0007393　SY00239　子部/藝術類/篆刻之屬/印譜

遙雲樓印存不分卷　(清)汪泓篆刻　民國鈐拓本　四册

330000－1701－0007394　SY00240　子部/藝術類/篆刻之屬/印譜

二山印集不分卷　(清)錢松　(清)胡震篆　民國鈐印本　炅莽題簽　一册

330000－1701－0007396　SY00242　子部/藝術類/篆刻之屬/印譜

印叢不分卷　高時顯輯　民國鈐印本　四冊

330000－1701－0007398　SY00244　子部/藝術類/篆刻之屬/印譜

印譜一卷　民國鈐印本　一冊

330000－1701－0007399　SY00245　子部/藝術類/篆刻之屬/印譜

丁黄印存合冊不分卷　（清）丁敬　（清）黄易篆　民國有正書局鈐拓本　四冊

330000－1701－0007402　SY00246　子部/藝術類/篆刻之屬/印譜

蔣奚金三家印譜三卷補訂一卷　丁夢白輯　民國鈐印本　一冊

330000－1701－0007407　SY00248　子部/藝術類/篆刻之屬/印譜

董巴王胡會刻印集四卷　吳隱輯　民國六年（1917）西泠印社鈐印本　四冊

330000－1701－0007408　普 010. 10464/4411.02/c1　類叢部/叢書類/彙編之屬

冷雪盦叢書　李文裿輯　民國大興李文裿鉛印本　一冊　存一種

330000－1701－0007409　普 010. 10464/4411.02/c2　類叢部/叢書類/彙編之屬

冷雪盦叢書　李文裿輯　民國大興李文裿鉛印本　一冊　存一種

330000－1701－0007410　普 010. 10464/4411.2　史部/目録類/總録之屬/私撰

蕘圃藏書題識十卷補遺一卷刻書題識一卷補遺一卷　（清）黄丕烈撰　繆荃孫等輯　民國五年至八年（1916－1919）金陵書局刻本　十冊

330000－1701－0007411　SY00249　子部/藝術類/篆刻之屬/印譜

鐵書過眼錄不分卷　易忠籙輯　民國二十五年（1936）鈐印本　四冊

330000－1701－0007412　SY00250　子部/藝術類/篆刻之屬/印譜

宋元明犀象璽印留真六卷　當湖葛氏藏　民國十四年（1925）當湖葛氏傳樸堂刻鈐印本　六冊

330000－1701－0007413　普 010. 10464/4411.202/c1　史部/目録類/書志之屬/題跋

黄顧遺書六種十六卷　王大隆輯　民國二十二年至二十九年（1933－1940）秀水王氏學禮齋刻本　二冊　存二種

330000－1701－0007414　普 010. 10464/4411.202/c2　史部/目録類/總録之屬/私撰

蕘圃藏書題識續錄四卷蕘圃雜著一卷　（清）黄丕烈撰　王大隆輯　民國二十二年（1933）秀水王大隆學禮齋刻藍印本　二冊

330000－1701－0007415　普 010. 10464/4411.3/c1　史部/目録類/總録之屬/私撰

蕘圃藏書題識再續錄三卷　（清）黄丕烈撰　王大隆輯　民國二十九年（1940）秀水王大隆學禮齋刻藍印本　一冊

330000－1701－0007416　普 010. 10464/4411.3/c2　史部/目録類/總録之屬/私撰

蕘圃藏書題識再續錄三卷　（清）黄丕烈撰　王大隆輯　民國二十九年（1940）秀水王大隆學禮齋刻本　一冊

330000－1701－0007417　SY00251　子部/藝術類/篆刻之屬/印譜

名人印集四卷　葉爲銘輯　民國二十九年（1940）鈐印本　孫爾安題簽並記　四冊

330000－1701－0007418　SY00252　子部/藝術類/篆刻之屬/印譜

魯盦藏印不分卷　張咀英輯　民國張咀英孝水望雲草堂鈐印本　一冊

330000－1701－0007419　普 010. 10464/4411.4　史部/目録類/總録之屬/私撰

百宋一廛書錄一卷　（清）黄丕烈撰　民國烏程張鈞衡適園刻朱印本　一冊

330000－1701－0007420　SY00253　子部/藝術類/篆刻之屬/印譜

橫雲山民印聚不分卷　(清)胡遠篆刻　張魯盦(張咀英)輯　民國二十四年(1935)孝水張咀英望雲草堂鈐拓本　二冊

330000－1701－0007421　SY00254　子部/藝術類/篆刻之屬/印譜
頤樂齋印譜不分卷　民國鈐拓本　二冊

330000－1701－0007423　普 010.10464/4427/c1　史部/目録類/書志之屬/題跋
五十萬卷樓羣書跋文七卷　莫伯驥撰　民國三十七年(1948)廣州文光館鉛印本　七冊

330000－1701－0007424　普 010.10464/4427/c2　史部/目録類/書志之屬/題跋
五十萬卷樓羣書跋文七卷　莫伯驥撰　民國三十七年(1948)廣州文光館鉛印本　七冊

330000－1701－0007425　普 010.10464/4429/c1　史部/目録類/書志之屬/題跋
郋園讀書志十六卷　葉德輝撰　民國十七年(1928)上海澹園鉛印本　十六冊

330000－1701－0007426　普 010.10464/4429/c2　史部/目録類/書志之屬/題跋
郋園讀書志十六卷　葉德輝撰　民國十七年(1928)上海澹園鉛印本　十六冊

330000－1701－0007427　SY00256　子部/藝術類/篆刻之屬/印譜
靜厂集印不分卷　朱義方輯　民國鈐印本　二冊

330000－1701－0007428　民 793.8/4730/c2　子部/藝術類/遊藝之屬/雜藝
科學演義二卷　胡寄塵編輯　民國六年(1917)上海文明書局石印本　一冊

330000－1701－0007429　SY00258　子部/藝術類/篆刻之屬/印譜
印譜一卷　(明)文彭　(明)何震　(明)蘇宣篆刻　民國鈐拓本　一冊

330000－1701－0007430　普 010.10464/6051　史部/目録類/版本之屬/專考
雪堂校刊羣書敘錄二卷　羅振玉撰　民國七年(1918)上虞羅振玉鉛印本　章嶔題簽　二冊

330000－1701－0007431　SY00259　子部/藝術類/篆刻之屬/印譜
何雪漁印賸一卷　(明)何震篆刻　易忠籙輯拓　民國鈐拓本　弈墅題記　一冊

330000－1701－0007453　普 010.10766/0054/2　史部/目録類/通論之屬/義例
書林揚觶一卷　(清)方東樹撰　民國十四年(1925)中國書店木活字印本　一冊

330000－1701－0007455　普 010.021/1714　史部/目録類/專録之屬
書目長編二卷補遺一卷補校一卷　邵瑞彭等輯　民國十七年(1928)京師鉛印本　二冊

330000－1701－0007459　普 010.3/4279/3　史部/目録類/通論之屬/考訂
古今僞書考一卷　(清)姚際恒撰　民國十一年(1922)上海萬國圖書公司鉛印本　一冊

330000－1701－0007460　普 010.3/4279.01　類叢部/叢書類/彙編之屬
金陵大學中國文化研究所叢刊　金陵大學中國文化研究所編　民國金陵大學中國文化研究所刻本、鉛印本暨影印本　一冊　存一種

330000－1701－0007462　普 010.4/3140　史部/目録類/版本之屬/專考
宋元本行格表二卷附錄一卷補遺一卷　(清)江標輯　劉肇隅編並補　民國三年(1914)上海文瑞樓石印本　四冊

330000－1701－0007463　普 010.4/3140/2　史部/目録類/版本之屬/專考
宋元本行格表二卷附錄一卷補遺一卷　(清)江標輯　劉肇隅編並補　民國三年(1914)上海文瑞樓石印本　二冊

330000－1701－0007465　普 010.4/4429/2/c1　史部/目録類/通論之屬/掌故瑣記
書林清話十卷　葉德輝撰　民國九年(1920)葉德輝觀古堂刻本　四冊

330000－1701－0007466　普 010.4/4429/2/c2　史部/目録類/通論之屬/掌故瑣記
書林清話十卷　葉德輝撰　民國九年(1920)葉德輝觀古堂刻本　三册　存八卷(一至八)

330000－1701－0007468　SY00272　子部/藝術類/篆刻之屬/印譜
完白山人印譜不分卷　(清)鄧石如篆　吴隱輯　民國五年(1916)西泠印社鈐拓本　二册

330000－1701－0007471　普 010.4/4429.2/c1　史部/目録類/版本之屬/通論
書林餘話二卷　葉德輝撰　民國十七年(1928)滬上澹園劉肇隅鉛印本　梁留生題簽並記　二册

330000－1701－0007472　普 010.4/4429.2/c2　史部/目録類/版本之屬/通論
書林餘話二卷　葉德輝撰　民國十七年(1928)滬上澹園劉肇隅鉛印本　二册

330000－1701－0007473　普 010.4/4429.2/c3　史部/目録類/版本之屬/通論
書林餘話二卷　葉德輝撰　民國十七年(1928)滬上澹園劉肇隅鉛印本　二册

330000－1701－0007474　普 010.4/4429.2/c4　史部/目録類/版本之屬/通論
書林餘話二卷　葉德輝撰　民國十七年(1928)滬上澹園劉肇隅鉛印本　二册

330000－1701－0007477　普 010.4/7214　史部/目録類/版本之屬/書影
吴興劉氏嘉業堂善本書景五卷　劉承幹輯　民國十八年(1929)吴興劉氏嘉業堂影印本　五册

330000－1701－0007479　SY00276　子部/藝術類/篆刻之屬/印譜
曼生印譜不分卷　(清)陳鴻壽篆刻　民國鈐印本　二册

330000－1701－0007482　M002596　史部/政書類/公牘檔册之屬
上海市博物館徵集陳列品辦法不分卷　上海市博物館編　民國二十四年(1935)上海市博物館鉛印本　一册

330000－1701－0007491　普 010.64/3141/c3　史部/目録類/版本之屬/專考
宋元本行格表二卷附錄一卷補遺一卷　(清)江標輯　劉肇隅編並補　民國三年(1914)上海文瑞樓石印本　四册

330000－1701－0007492　普 010.66/0120/c1　史部/目録類/版本之屬/書影
明代版本圖錄初編十二卷　潘承弼　顧廷龍纂　民國三十年(1941)開明書店影印本暨鉛印本　四册

330000－1701－0007493　普 010.66/0120/c2　史部/目録類/版本之屬/書影
明代版本圖錄初編十二卷　潘承弼　顧廷龍纂　民國三十年(1941)開明書店影印本暨鉛印本　四册

330000－1701－0007494　普 010.66/0120/c3　史部/目録類/版本之屬/書影
明代版本圖錄初編十二卷　潘承弼　顧廷龍纂　民國三十年(1941)開明書店影印本暨鉛印本　四册

330000－1701－0007495　普 010.67/4074/c1　史部/目録類/版本之屬/書影
重整内閣大庫殘本書影一卷　故宫博物院文獻館輯　民國二十二年(1933)北平故宫博物院文獻館影印本　一册

330000－1701－0007496　普 010.67/4074/c2　史部/目録類/版本之屬/書影
重整内閣大庫殘本書影一卷　故宫博物院文獻館輯　民國二十二年(1933)北平故宫博物院文獻館影印本　一册

330000－1701－0007497　普 010.67/4074/c3　史部/目録類/版本之屬/書影
重整内閣大庫殘本書影一卷　故宫博物院文獻館輯　民國二十二年(1933)北平故宫博物院文獻館影印本　一册

330000－1701－0007498　普 010.67/4074/c4　史部/目録類/版本之屬/書影

重整内閣大庫殘本書影一卷 故宫博物院文獻館輯 民國二十二年(1933)北平故宫博物院文獻館影印本 一冊

330000－1701－0007501 普 010.67/3149/c1 史部/目録類/版本之屬/書影
盋山書影第一輯不分卷第二輯不分卷 柳詒徵編 民國十八年(1929)國學圖書館影印本 一冊 存第一輯

330000－1701－0007502 普 010.67/3149/c2、普 010.67/3149.2/c1 史部/目録類/版本之屬/書影
盋山書影第一輯不分卷第二輯不分卷 柳詒徵編 民國十八年(1929)國學圖書館影印本 三冊

330000－1701－0007503 普 010.67/3149/c3、普 010.67/3149.2/c2 史部/目録類/版本之屬/書影
盋山書影第一輯不分卷第二輯不分卷 柳詒徵編 民國十八年(1929)國學圖書館影印本 三冊

330000－1701－0007505 普 010.67/6004 史部/目録類/版本之屬/書影
故宫善本書影初編一卷 故宫博物院圖書館編 民國十八年(1929)故宫博物院圖書館影印本 一冊

330000－1701－0007509 普 010.67/7214/c1 史部/目録類/版本之屬/書影
吳興劉氏嘉業堂善本書景五卷 劉承幹輯 民國十八年(1929)吳興劉氏嘉業堂影印本 五冊

330000－1701－0007510 普 010.67/7214/c2 史部/目録類/版本之屬/書影
吳興劉氏嘉業堂善本書景五卷 劉承幹輯 民國十八年(1929)吳興劉氏嘉業堂影印本 五冊

330000－1701－0007517 普 010.67/7736/c2 史部/目録類/版本之屬/書影
涉園所見宋板書影第一輯不分卷第二輯不分卷 陶湘輯 民國二十六年(1937)陶湘影印本 四冊

330000－1701－0007518 普 010.67/7736/c3 史部/目録類/版本之屬/書影
涉園所見宋板書影第一輯不分卷第二輯不分卷 陶湘輯 民國二十六年(1937)陶湘影印本 二冊

330000－1701－0007526 普 012.7/2300 史部/目録類/總録之屬/私撰
雪泥屋遺書目録一卷補遺一卷 (清)牟庭撰 民國瑞安陳氏襃殷堂鉛印本 一冊

330000－1701－0007527 SY00298 子部/藝術類/篆刻之屬/印譜
趙撝叔印譜初集不分卷二集不分卷 (清)趙之謙篆刻 吳隱輯 民國六年(1917)西泠印社鈐印本 八冊

330000－1701－0007529 SY00299 子部/藝術類/篆刻之屬/印譜
趙撝叔印存不分卷 (清)趙之謙篆刻 民國鈐拓本 二冊

330000－1701－0007530 SY00300 子部/藝術類/篆刻之屬/印譜
趙撝叔印譜初集不分卷 (清)趙之謙篆刻 吳隱輯 民國六年(1917)西泠印社鈐印本 四冊

330000－1701－0007531 SY00301 子部/藝術類/篆刻之屬/印譜
悲盦印賸不分卷 (清)趙之謙篆 丁仁輯 民國三年(1914)西泠印社鈐拓本 三冊

330000－1701－0007532 M002597 集部/楚辭類
楚辭集註八卷後語六卷辯證二卷 (宋)朱熹撰 民國十九年(1930)上海掃葉山房石印本 四冊

330000－1701－0007533 普 013.3774/7132/c1 史部/目録類/總録之屬/彙刻
復性書院擬先刻諸書簡目五卷 馬浮編 民國三十四年(1945)復性書院刻本 一冊

330000－1701－0007534　普 013.3774/7132/c2　史部/目録類/總録之屬/彙刻
復性書院擬先刻諸書簡目五卷　馬浮編　民國三十四年(1945)復性書院刻本　一冊

330000－1701－0007538　普 014.3/1753/c1　史部/目録類/總録之屬/私撰
羣碧樓善本書錄六卷寒瘦山房鬻存善本書目七卷　鄧邦述撰　民國十九年(1930)江寧鄧邦述羣碧樓刻本　五冊

330000－1701－0007539　普 014.3/1753/c2　史部/目録類/總録之屬/私撰
羣碧樓善本書錄六卷寒瘦山房鬻存善本書目七卷　鄧邦述撰　民國十九年(1930)江寧鄧邦述羣碧樓刻本　五冊

330000－1701－0007540　普 014.3/2584/c1　史部/目録類/總録之屬/私撰
雙鑑樓善本書目四卷　傅增湘編　民國十八年(1929)江安傅增湘藏園刻本　二冊

330000－1701－0007541　普 014.3/2584/c2　史部/目録類/總録之屬/私撰
雙鑑樓善本書目四卷　傅增湘編　民國十八年(1929)江安傅增湘藏園刻本　二冊

330000－1701－0007542　普 014.3/2584/c3　史部/目録類/總録之屬/私撰
雙鑑樓善本書目四卷　傅增湘編　民國十八年(1929)江安傅增湘藏園刻本　二冊

330000－1701－0007546　普 014.3/3146/c1　史部/目録類/總録之屬/官修
江南圖書館善本書目五卷　江南圖書館編　民國南京江南圖書館鉛印本　一冊

330000－1701－0007547　SY00308　子部/藝術類/篆刻之屬/印譜
郘亭印存一卷　(清)莫友芝篆　吳載和輯　民國二十五年(1936)鈐印本　一冊

330000－1701－0007548　SY00309　子部/藝術類/篆刻之屬/印譜
郘亭印存一卷　(清)莫友芝篆　吳載和輯　民國二十五年(1936)鈐印本　一冊

330000－1701－0007549　SY00310　子部/藝術類/篆刻之屬/印譜
郘亭印存一卷　(清)莫友芝篆　吳載和輯　民國二十五年(1936)鈐印本　一冊

330000－1701－0007555　普 014.37/4445/c1　類叢部/叢書類/彙編之屬
江氏聚珍版叢書四集二十八種　江杏溪輯　民國十三年(1924)蘇州文學山房木活字印本　一冊

330000－1701－0007560　SY00313　子部/藝術類/篆刻之屬/印譜
胡匊鄰印存不分卷　(清)胡匊鄰(胡钁)篆刻　宣和印社輯　民國二十五年(1936)宣和印社鈐拓本　二冊

330000－1701－0007572　普 111.21/4490/c1　子部/宗教類/道教之屬
道德經註釋二卷　(清)黃裳撰　民國七年(1918)北京道德學社鉛印本　二冊

330000－1701－0007580　SY00325　子部/藝術類/篆刻之屬/印譜
張氏印譜不分卷　張鍾篆刻　民國鈐印本　一冊

330000－1701－0007581　SY00326　子部/藝術類/篆刻之屬/印譜
桴亭印存不分卷　民國鈐拓本　一冊

330000－1701－0007583　普 014.6/1003/c1　史部/目録類/書志之屬/題跋
文祿堂訪書記五卷　王文進撰　民國三十一年(1942)任邱王文進北京文祿堂書籍鋪鉛印本　五冊

330000－1701－0007584　普 014.6/1003/c2　史部/目録類/書志之屬/題跋
文祿堂訪書記五卷　王文進撰　民國三十一年(1942)任邱王文進北京文祿堂書籍鋪鉛印本　五冊

330000－1701－0007588　SY00331　子部/藝術類/篆刻之屬/印譜
楊龍石印存不分卷　(清)楊澥篆　民國鈐拓

本　二册

330000－1701－0007594　SY00337　子部/藝術類/篆刻之屬/印譜

金櫑山人印存不分卷　(清)徐三庚篆刻　吳隱輯　民國西泠印社鈐拓本　三册

330000－1701－0007597　SY00340　子部/藝術類/篆刻之屬/印譜

古瓶山房印譜不分卷　(清)姚寶侃篆刻　民國鈐印本　劉介玉題簽　吳受福並黄少楚跋　二册

330000－1701－0007601　普 014.5/4249.08/c1　史部/目録類/總録之屬/禁燬

清代禁燬書目四種索引四卷　民國二十年(1931)杭州抱經堂書局鉛印本　四册

330000－1701－0007602　普 014.5/4249.08/c2　史部/目録類/總録之屬/禁燬

清代禁燬書目四種索引四卷　民國二十年(1931)杭州抱經堂書局鉛印本　四册

330000－1701－0007603　普 014.5/4249.08/c3　史部/目録類/總録之屬/禁燬

清代禁燬書目四種索引四卷　民國二十年(1931)杭州抱經堂書局鉛印本　四册

330000－1701－0007604　普 014.5/4249.08/c4　史部/目録類/總録之屬/禁燬

清代禁燬書目四種索引四卷　民國二十年(1931)杭州抱經堂書局鉛印本　四册

330000－1701－0007605　普 014.6/1274　史部/目録類/總録之屬/私撰

販書偶記二十卷　孫殿起撰　民國二十五年(1936)冀縣孫殿起借閒居鉛印本　八册

330000－1701－0007606　SY00347　子部/藝術類/篆刻之屬/印譜

餐霞閣印藁一卷　吳載和篆　民國十六年(1927)鈐印本　一册

330000－1701－0007608　SY00348　子部/藝術類/篆刻之屬/印譜

餐霞閣印藁一卷　吳載和篆　民國十六年(1927)鈐印本　一册

330000－1701－0007613　SY00349　子部/藝術類/篆刻之屬/印譜

駐景軒印存不分卷　陳曾杰篆刻　民國鈐拓本　四册

330000－1701－0007616　SY00352　子部/藝術類/篆刻之屬/印譜

趙古泥印集不分卷　趙石篆刻　陳老秋輯　民國二十六年(1937)鈐拓本　二册

330000－1701－0007617　SY00353　子部/藝術類/篆刻之屬/印譜

小鉢彙存不分卷　吳樸篆刻　方約編拓　民國三十四年(1945)宣和印社鈐印本　四册

330000－1701－0007618　SY00354　子部/藝術類/篆刻之屬/印譜

小鉢彙存不分卷　吳樸篆刻　方約編拓　民國三十四年(1945)宣和印社鈐印本　吳樸題記　四册

330000－1701－0007619　SY00355　子部/藝術類/篆刻之屬/印譜

小鉢彙存不分卷　吳樸篆刻　方約編拓　民國三十四年(1945)宣和印社鈐印本　吳樸題記　四册

330000－1701－0007620　普 014.6/4444/2/c1　史部/目録類/總録之屬/私撰

郘亭知見傳本書目十六卷　(清)莫友芝撰　民國十二年(1923)上海掃葉山房石印本　八册

330000－1701－0007621　普 014.6/4444/c2　史部/目録類/總録之屬/私撰

郘亭知見傳本書目十六卷　(清)莫友芝撰　民國石印本　四册

330000－1701－0007623　普 014.6/4444/2/c2　史部/目録類/總録之屬/私撰

郘亭知見傳本書目十六卷　(清)莫友芝撰　民國十二年(1923)上海掃葉山房石印本　六册

330000－1701－0007624　SY00357　子部/藝術類/篆刻之屬/印譜
醒龕印存二卷　童大年摹刻並篆刻　民國鈐印本　一冊

330000－1701－0007625　普 014.6/4444/2(2)/c1　史部/目録類/總録之屬/私撰
郘亭知見傳本書目十六卷　(清)莫友芝撰　民國七年(1918)上海掃葉山房石印本　六冊

330000－1701－0007626　普 014.6/4444/2(2)/c2　史部/目録類/總録之屬/私撰
郘亭知見傳本書目十六卷　(清)莫友芝撰　民國七年(1918)上海掃葉山房石印本　六冊

330000－1701－0007627　普 014.6/4444/3　史部/目録類/總録之屬/私撰
郘亭知見傳本書目十六卷　(清)莫友芝撰　民國鉛印本　八冊

330000－1701－0007628　普 015.104/4949/c2　史部/目録類/總録之屬/彙刻
古佚書錄叢輯　民國二十二年(1933)國立北平圖書館中華圖書館協會鉛印本　一冊

330000－1701－0007629　SY00358　子部/藝術類/篆刻之屬/印譜
醒龕居士摹秦范漢印存不分卷　童大年篆刻　民國鈐印本　八冊

330000－1701－0007630　SY00359　子部/藝術類/篆刻之屬/印譜
大年印稿不分卷　童大年篆刻　民國鈐印本　五冊

330000－1701－0007635　SY00360　子部/藝術類/篆刻之屬/印譜
止止室印譜不分卷　江聲鑣篆刻　民國鈐印本　二冊

330000－1701－0007636　普 014.6/4452　史部/目録類/通論之屬/掌故瑣記
書舶庸譚九卷課花盦詞一卷　董康撰　民國二十八年(1939)、二十九年(1940)毘陵董康誦芬室刻本　五冊

330000－1701－0007637　SY00361　子部/藝術類/篆刻之屬/印譜
愛石軒印集不分卷　趙文卿篆　民國二十一年(1932)鈐拓本　二冊

330000－1701－0007638　SY00362　子部/藝術類/篆刻之屬/印譜
鏡齋印問不分卷　徐文鏡篆刻　民國十七年(1928)徐文鏡大雅社鈐印本　二冊

330000－1701－0007639　SY00363　子部/藝術類/篆刻之屬/印譜
齊白石印存不分卷　齊白石(齊璜)篆刻　民國鉛印本　一冊

330000－1701－0007648　普 016.14/7572、普 015.104/4949/cl　史部/目録類/總録之屬/彙刻
古佚書錄叢輯　民國二十二年(1933)國立北平圖書館中華圖書館協會鉛印本　四冊

330000－1701－0007649　普 015.1027/0033/2　史部/目録類/總録之屬/史志
隋經籍志考證十三卷　(清)章宗源撰　民國元年(1912)鄂官書處刻本　四冊

330000－1701－0007652　普 015.1021/4269/c2　史部/目録類/總録之屬/史志
漢書藝文志注解二卷　姚明煇撰　民國武昌高等師範學校鉛印本　二冊

330000－1701－0007661　普 015.107/4917/c1　史部/目録類/總録之屬/史志
清史藝文志四卷　趙爾巽編　民國鉛印本　一冊

330000－1701－0007664　普 015.1025/5099　史部/目録類/總録之屬/史志
補晉書藝文志四卷　(清)秦榮光纂　**顯考溫毅府君年譜一卷**　秦錫田撰　民國十九年(1930)秦之銜鉛印本　一冊

330000－1701－0007665　SY00365　子部/藝術類/篆刻之屬/印譜
缶廬印存初集不分卷二集不分卷三集不分卷四集不分卷　吳昌碩篆刻　民國西泠印社鈐

拓本　十二冊　缺一集(四)

330000－1701－0007666　普 015.104/4949/c3　史部/目録類/總録之屬/彙刻

古佚書錄叢輯　民國二十二年(1933)國立北平圖書館中華圖書館協會鉛印本　一冊

330000－1701－0007669　普 015.1021/4269/c1　史部/目録類/總録之屬/史志

漢書藝文志注解二卷　姚明煇撰　民國武昌高等師範學校鉛印本　二冊

330000－1701－0007670　普 015.1044/4429　史部/叢編

述窠雜纂　黄任恆撰　民國十四年(1925)南海黄氏鉛印本　一冊　存一種

330000－1701－0007671　SY00366　子部/藝術類/篆刻之屬/印譜

缶廬印存初集不分卷二集不分卷三集不分卷四集不分卷　吳昌碩篆刻　民國西泠印社鈐拓本　四冊　存一集(四)

330000－1701－0007673　SY00367　子部/藝術類/篆刻之屬/印譜

缶廬印存不分卷　吳昌碩篆刻　民國鈐拓本　胡佐卿題簽　二冊

330000－1701－0007675　SY00368　子部/藝術類/篆刻之屬/印譜

介堪印譜一卷　方巖篆　民國十六年(1927)鈐印本　方巖題記　一冊

330000－1701－0007676　SY00369　子部/藝術類/篆刻之屬/印譜

魯菴小印不分卷　張咀英篆刻　民國鈐印本　二冊

330000－1701－0007678　SY00370　子部/藝術類/篆刻之屬/印譜

張魯庵印存不分卷　張咀英篆刻　民國鈐印本　二冊

330000－1701－0007679　SY00371　子部/藝術類/篆刻之屬/印譜

張魯庵印存不分卷　張咀英篆刻　民國鈐印本　二冊

330000－1701－0007680　SY00372　子部/藝術類/篆刻之屬/印譜

魯盦仿完白山人印譜不分卷　(清)鄧石如篆　張咀英摹刻　民國三十四年(1945)張咀英孝水望雲草堂鈐印本　張咀英題記　二冊

330000－1701－0007683　SY00375　子部/藝術類/篆刻之屬/印譜

楊東山子秋寘用印集存不分卷　民國鈐印本　一冊

330000－1701－0007685　SY00384　子部/藝術類/篆刻之屬/印譜

醉石印集不分卷　唐源鄴篆刻　民國鈐印本　弈墅題簽　一冊

330000－1701－0007687　SY00377　子部/藝術類/篆刻之屬/印譜

石門范氏見秋印稿一卷　范錚篆　民國鈐印本　一冊

330000－1701－0007688　SY00378　子部/藝術類/篆刻之屬/印譜

太上感應篇印譜四卷　葉鴻翰篆　民國十年(1921)永嘉葉鴻翰懷古齋刻鈐印本　四冊

330000－1701－0007690　SY00379　子部/藝術類/篆刻之屬/印譜

芸花樓主人印存一卷　張知平篆　民國三十年(1941)鈐拓本　一冊

330000－1701－0007691　SY00380　子部/藝術類/篆刻之屬/印譜

紅樓夢人名西廂記詞句印玩不分卷　(清)趙穆　(清)葉銘篆刻　季厚燾輯　民國鈐印本　四冊

330000－1701－0007694　SY00383　子部/藝術類/篆刻之屬/印譜

半塘老人鈐印一卷　王序梅輯　民國二十四年(1935)桂林王氏鈐印本　章鈺題簽並記　一冊

330000－1701－0007699　SY00387　子部/藝

術類/篆刻之屬/印譜
自怡軒印集不分卷　民國鈐印本　十冊

330000－1701－0007702　普 015.102/4253/c1　史部/目録類
快閣師石山房叢書七種　(清)姚振宗撰　民國二十三年(1934)浙江省立圖書館鉛印本　八冊　存五種

330000－1701－0007703　普 015.102/4253/c2　史部/目録類
快閣師石山房叢書七種　(清)姚振宗撰　民國二十三年(1934)浙江省立圖書館鉛印本　八冊　存五種

330000－1701－0007705　SY00389　子部/藝術類/篆刻之屬/印譜
心香室印存一卷　盛光偉篆刻　民國鈐印本　一冊

330000－1701－0007706　SY00390　子部/藝術類/篆刻之屬/印譜
君偉所得師曼印存二卷　譚錫瓚篆刻　□君偉輯　民國鈐印本　二冊

330000－1701－0007708　SY00392　子部/藝術類/篆刻之屬/印譜
鋤月廬仿古印集二卷　周啟人篆　民國二十四年(1935)浙江正楷印書局鈐印本　二冊

330000－1701－0007709　SY00393　子部/藝術類/篆刻之屬/印譜
鋤月廬仿古印集二卷　周啟人篆　民國二十四年(1935)浙江正楷印書局鈐印本　二冊

330000－1701－0007718　普 915.111/3731　史部/地理類/方志之屬/通志
[民國]河南通志不分卷　河南通志館纂　民國三十二年(1943)鉛印本　十六冊

330000－1701－0007719　普 915.111/5144/c3　史部/地理類/專志之屬/古跡
河朔古蹟圖識二卷　范壽銘輯　顧燮光攝影　民國三十二年(1943)影印本　二冊

330000－1701－0007720　普 915.111/5144/c2　史部/地理類/專志之屬/古跡
河朔古蹟圖識二卷　范壽銘輯　顧燮光攝影　民國三十二年(1943)影印本　二冊

330000－1701－0007725　普 915.111/5177　史部/金石類/金之屬/圖像
河南金石志圖正編四集附編二集　關百益編　民國二十二年(1933)河南通志館影印本　一冊　存一集(正編第一集)

330000－1701－0007732　普 915.111/5144/c1　史部/地理類/專志之屬/古跡
河朔古蹟圖識二卷　范壽銘輯　顧燮光攝影　民國三十二年(1943)影印本　二冊

330000－1701－0007742　普 921.512/0040　類叢部/叢書類/彙編之屬
曲石叢書二十種　李根源編　民國十二年至二十一年(1923－1932)騰衝李氏蘇州刻本　一冊　存一種

330000－1701－0007744　普 921.512/00401.2　史部/傳記類/總傳之屬/家乘
[安徽績溪]績谿西關章氏續修族譜四十卷首二卷　章必訓等纂修　章尚志編　民國五年(1916)木活字印本　十八冊　缺三卷(二至三、十三)

330000－1701－0007745　普 921.512./00401.3　史部/傳記類/總傳之屬/家乘
[浙江黃巖]黃巖臨湖章氏宗譜十八卷首一卷　章育總纂　章成達協纂　民國二十九年(1940)鉛印本　八冊

330000－1701－0007748　普 921.512/00222.1　史部/傳記類/總傳之屬/家乘
[江西萬載]萬載譚溪廖氏族譜三十三卷首一卷末一卷祠記三卷　廖寶賢纂　廖文聲編　民國三十四年(1945)武威堂木活字印本　三十六冊

330000－1701－0007752　普 921.512/00401.7　史部/傳記類/總傳之屬/家乘
[上虞]會稽偁山章氏家乘不分卷　章大來纂修　稿本　一冊

330000－1701－0007754　普921.512/00401.4　史部/傳記類/總傳之屬/家乘

[浙江黄巖]黄巖臨湖章氏宗譜十八卷首一卷　章育纂　民國二十九年(1940)鉛印本　八册

330000－1701－0007755　普921.512/00221.3　史部/傳記類/總傳之屬/家乘

[湖南安化]高氏六修族譜八卷首二卷　高淑和等纂修　民國十七年(1928)南平堂木活字印本　四册　存四卷(三至六)

330000－1701－0007760　普921.512/0022.1　史部/傳記類/總傳之屬/家乘

[浙江鎮海]鎮海柏墅方氏族譜二十四卷首一卷　方仁海修　張美翊纂　民國四年(1915)六桂堂木活字印本　四册　存九卷(首,一、四至五、十八至十九、二十二至二十四)

330000－1701－0007762　普921.512/0010.1/c1、普921.512/0010.1/c2　史部/傳記類/總傳之屬/家乘

[浙江江山]桐溪童氏宗譜十六卷　民國七年(1918)桐溪木活字印本　十九册　存十五卷(二至十六)

330000－1701－0007764　普921.512/00401.5　史部/傳記類/總傳之屬/家乘

章氏會譜德慶初編三十卷二編四卷三編十六卷四編十卷　章貽賢撰　民國八年(1919)鉛印本　二十四册

330000－1701－0007767　普921.512/0026.1　史部/傳記類/總傳之屬/家乘

[四川蒼溪]唐氏五修族譜□□卷　民國晉陽堂木活字印本　一册　存一卷(六)

330000－1701－0007768　普921.512/00222.11　史部/傳記類/總傳之屬/家乘

[江西萬載]萬邑潭溪廖氏族譜二十八卷　廖熾昌纂修　民國五年(1916)武威堂木活字印本　廖先法題記　十七册　存十七卷(二、四、六、十至十八、二十至二十一、二十三、二十五至二十六)

330000－1701－0007769　普921.512/0022　史部/傳記類/總傳之屬/家乘

[浙江臨安]唐昌天水方氏宗譜四卷首一卷末一卷　潘秉哲　戴鴻文修　方蔭源纂　民國九年(1920)方氏積慶堂木活字印本　潘秉哲批　四册

330000－1701－0007771　普921.512/0026.11　史部/傳記類/總傳之屬/家乘

[湖南醴陵]湘潭淦田唐氏六修族譜醴南潼公裔譜七卷首一卷末一卷　唐升丙主修　唐德度纂修　民國二十三年至二十五年(1934－1936)修原堂木活字印本　三册

330000－1701－0007775　SY00396　子部/藝術類/篆刻之屬/印譜

竹廬集印不分卷　民國鈐拓本　四册

330000－1701－0007784　SY00399　子部/藝術類/篆刻之屬/印譜

印賞一卷　葉爲銘篆刻　民國鈐印本　一册

330000－1701－0007785　SY00400　子部/藝術類/篆刻之屬/印譜

龍石先生印存一卷　(清)楊澥篆刻　(清)邵松年輯　民國鈐拓本　趙不騫題簽並記　一册

330000－1701－0007786　SY00402　子部/藝術類/篆刻之屬/印譜

古印菁華不分卷　羅福成輯　民國七年(1918)鈐印本　二册

330000－1701－0007790　SY00405　子部/藝術類/篆刻之屬/印譜

高學治印譜一卷　(清)高學治篆刻　民國鈐印本　一册

330000－1701－0007792　SY00407　子部/藝術類/篆刻之屬/印譜

傳樸堂藏印菁華十二卷　葛昌楹　葛昌枌編　民國十四年(1925)鈐拓本　十二册

330000－1701－0007793　SY00408　子部/藝術類/篆刻之屬/印譜

名人印譜一卷　(清)楊澥等篆　民國鈐印本　一册

330000－1701－0007795　SY00410　子部/藝術類/篆刻之屬/印譜

荔龕印選二卷　俞人萃輯　民國二十九年(1940)俞人萃鈐拓本　二册

330000－1701－0007799　SY00413　子部/藝術類/篆刻之屬/印譜

二金蝶堂印譜(二金蜨堂印譜)不分卷　(清)趙之謙篆　民國侯官林樹臣鈐拓本　八册

330000－1701－0007800　SY00415　子部/藝術類/篆刻之屬/印譜

印譜一卷　陳錫鈞輯　民國鈐印本　二册

330000－1701－0007801　SY00416　子部/藝術類/篆刻之屬/印譜

名人印徵不分卷　高時顯　葛昌楹輯　民國二十八年(1939)鈐拓本　葛昌楹題記　高時顯題簽並記　七册

330000－1701－0007802　SY00417　子部/藝術類/篆刻之屬/印譜

黄賓虹藏印一卷　黄賓虹輯　民國鈐印本　一册

330000－1701－0007803　普951.07603/5330　史部/雜史類/斷代之屬

東氛聞記五卷　(清)梁廷枏撰　民國二十三年至二十四年(1934－1935)浙江省立圖書館抄本　夏定域校、跋並過録節叟跋　五册

330000－1701－0007804　SY00420　子部/藝術類/篆刻之屬/印譜

丁丑劫餘印存二十卷　丁仁等輯　民國二十八年(1939)鈐拓本　二十册

330000－1701－0007806　SY00422　子部/藝術類/篆刻之屬/印譜

伏廬藏印印榘二卷　陳漢第藏並輯　民國鈐印本　二册

330000－1701－0007809　SY00425　子部/藝術類/篆刻之屬/印譜

漢印不分卷　民國鈐印本　二袋

330000－1701－0007810　SY00426　子部/藝術類/篆刻之屬/印譜

錢叔蓋印譜不分卷　(清)錢松篆刻　民國鈐拓本　一袋

330000－1701－0007813　SY00438　子部/藝術類/篆刻之屬/印譜

無雙印譜一卷列僊印譜一卷劍俠印譜一卷　童大年篆刻　**瓦當印譜一卷**　(清)童宴篆刻　童大年輯　民國鈐印本　四册

330000－1701－0007814　SY00429　子部/藝術類/篆刻之屬/印譜

若園印存一卷　王邈達輯　民國五年(1916)鈐印本　一册

330000－1701－0007816　SY00431　子部/藝術類/篆刻之屬/印譜

四十八列僊印玩不分卷　葉爲銘輯　民國二十八年(1939)鈐印本　二册

330000－1701－0007817　SY00432　子部/藝術類/篆刻之屬/印譜

缾室印存一卷　民國鈐印本　一册

330000－1701－0007818　SY00433　子部/藝術類/篆刻之屬/印譜

鏡齋印賸不分卷　徐文鏡篆刻　民國十六年(1927)徐文鏡大雅社鈐拓本　二册

330000－1701－0007820　SY00435　子部/藝術類/篆刻之屬/印譜

肉佛闇印存不分卷　周冷吾篆　民國鈐印本　王俊、張兆鏞、錢崇威、屈彈民、程宗伊題記　一册

330000－1701－0007826　SY00441　史部/金石類/璽印之屬

濱虹艸堂藏古鉢印不分卷　黄賓虹藏　民國鈐印本　一袋

330000－1701－0007828　SY00443　子部/藝術類/篆刻之屬/印譜

宋元明犀象璽印留真六卷　當湖葛氏藏　民國十四年(1925)當湖葛氏傳樸堂刻鈐印本　六册

330000－1701－0007830　SY00445　子部/藝術類/篆刻之屬/印譜
雙王鉨齋集古鉨印不分卷　鄒安輯　稿本　褚德彝、蔡□、趙不騫題記　二册

330000－1701－0007832　SY00447　子部/藝術類/篆刻之屬/印譜
缶廬印存八卷　吳昌碩篆刻　張增熙輯　王秀仁拓　民國八年(1919)鈐拓本　八册

330000－1701－0007836　SY00451　子部/藝術類/篆刻之屬/印譜
集古印二卷　民國鈐印本　一册

330000－1701－0007844　SY00459　史部/金石類/璽印之屬
意園古今官印匀八卷　侯汝承編輯　民國十二年(1923)刻鈐印本　八册

330000－1701－0007845　SY00460　史部/金石類/璽印之屬
意園古今官印匀八卷　侯汝承編輯　民國十二年(1923)刻鈐印本　八册

330000－1701－0007851　SY00465　子部/藝術類/篆刻之屬/印譜
採珍舫印譜一卷　民國鈐印本　一册

330000－1701－0007852　SY00466　子部/藝術類/篆刻之屬/印譜
鍾喬申先生印存一卷　鍾以敬篆　民國鈐印本　一册

330000－1701－0007853　普 015.107/4917/c2　史部/目録類/總録之屬/史志
清史藝文志四卷　趙爾巽編　民國鉛印本　一册

330000－1701－0007854　普 015.112/2105/c1　史部/目録類/總録之屬/地方
四庫湖北先正遺書提要四卷存目四卷　盧弼輯　**四庫湖北先正遺書札記一卷**　盧弼撰　民國十一年(1922)沔陽盧氏慎始基齋刻本　四册

330000－1701－0007855　普 015.112/2105/c2　史部/目録類/總録之屬/地方
四庫湖北先正遺書提要四卷存目四卷　盧弼輯　**四庫湖北先正遺書札記一卷**　盧弼撰　民國十一年(1922)沔陽盧氏慎始基齋刻朱印本　二册　缺四卷(提要一至四)

330000－1701－0007856　普 015.112/2105/(2)　史部/目録類/總録之屬/地方
四庫湖北先正遺書提要四卷存目四卷　盧弼輯　**四庫湖北先正遺書札記一卷**　盧弼撰　民國十一年(1922)沔陽盧氏慎始基齋刻本　二册　缺四卷(提要一至四)

330000－1701－0007858　SY00467　子部/藝術類/篆刻之屬/印譜
十家印存不分卷　陳符卿等篆　民國鈐拓剪貼本　二册

330000－1701－0007859　SY00468　史部/金石類/璽印之屬/文字
長青熹室藏古銅印一卷　民國鈐印本　一册

330000－1701－0007867　SY00474　子部/藝術類/篆刻之屬/印譜
蝸廬印存不分卷　張延奐篆刻　民國五年(1916)鈐印本　四册

330000－1701－0007869　M002598　集部/總集類/酬唱之屬
鴻雪集一卷　胡元吉編　民國二十四年(1935)南京鉛印本　一册

330000－1701－0007876　民 631.158/0017　新學/農政
廣西各縣辦理鄉鎮農村倉庫須知不分卷　廣西省政府民政廳編　民國二十三年(1934)廣西省政府民政廳鉛印本　一册

330000－1701－0007877　SY00478　子部/藝術類/篆刻之屬/印譜
觀妙室印錄不分卷　邵裴子輯　民國鈐拓本　五册

330000－1701－0007878　SY00479　子部/藝術類/篆刻之屬/印譜
邵長光集印稿一卷　邵裴子輯　民國鈐印本

一册

330000－1701－0007880　普 015.1241/4088/c2　史部/目録類/總録之屬/地方

海昌藝文志二十四卷　（清）管庭芬撰　蔣學堅續輯　**海昌藝文志姓氏韻編一卷**　管元耀編　民國十年（1921）海昌管元耀鉛印本　四册

330000－1701－0007881　普 015.1241/4088/c3　史部/目録類/總録之屬/地方

海昌藝文志二十四卷　（清）管庭芬撰　蔣學堅續輯　**海昌藝文志姓氏韻編一卷**　管元耀編　民國十年（1921）海昌管元耀鉛印本　四册

330000－1701－0007882　普 015.1241/4088/c4　史部/目録類/總録之屬/地方

海昌藝文志二十四卷　（清）管庭芬撰　蔣學堅續輯　**海昌藝文志姓氏韻編一卷**　管元耀編　民國十年（1921）海昌管元耀鉛印本　四册

330000－1701－0007883　普 015.1241/4088/c5　史部/目録類/總録之屬/地方

海昌藝文志二十四卷　（清）管庭芬撰　蔣學堅續輯　**海昌藝文志姓氏韻編一卷**　管元耀編　民國十年（1921）海昌管元耀鉛印本　四册

330000－1701－0007887　普 015.1242/4039　史部/目録類/總録之屬/地方

鄉賢著述目錄一卷先世遺著目錄一卷舊藏之書目錄一卷　張元濟藏並録　民國浙江省立圖書館抄本　一册

330000－1701－0007891　SY00487　子部/藝術類/篆刻之屬/印譜

惠遠軒印譜不分卷　吕亦鴻鐫藏　民國鈐印本　三册

330000－1701－0007892　普 015.1242/0038　史部/目録類/總録之屬/地方

嘉郡先哲遺著一卷　張元濟藏並輯　民國抄本　一册

330000－1701－0007893　SY00488　子部/藝術類/篆刻之屬/印譜

山陰王小侯刻印一卷　王慧篆　民國鈐印本　一册

330000－1701－0007894　SY00490　子部/藝術類/篆刻之屬/印譜

芸花樓主人印存一卷　張知平篆　民國三十年（1941）鈐拓本　一册

330000－1701－0007896　SY00491　子部/藝術類/篆刻之屬/印譜

三橋印存一卷　（明）文彭篆　民國鈐拓本　一册

330000－1701－0007897　普 015.1242/6074/c1　史部/目録類/總録之屬/地方

平湖經籍志八卷　陸惟鍌纂　民國二十六年（1937）平湖陸惟鍌求是齋刻藍印本　二册

330000－1701－0007898　普 015.1242/6074/c2　史部/目録類/總録之屬/地方

平湖經籍志十六卷　陸惟鍌纂　民國二十六年（1937）平湖陸惟鍌求是齋刻三十年（1941）續刻藍印本　四册

330000－1701－0007901　普 015.1246/0037/c1　史部/目録類/總録之屬/地方

鴻遠樓所藏台州書目四卷附錄一卷　金嗣獻編　民國三年（1914）太平金氏鴻遠樓木活字印本　項士元題簽、批校並跋　二册

330000－1701－0007902　普 015.1246/0037/c2　史部/目録類/總録之屬/地方

鴻遠樓所藏台州書目四卷附錄一卷　金嗣獻編　民國三年（1914）太平金氏鴻遠樓木活字印本　二册

330000－1701－0007903　SY00494　子部/藝術類/篆刻之屬/印譜

福厂印稿不分卷　王禔篆刻　民國鈐印本　八册

330000－1701－0007905　SY00495　子部/藝術類/篆刻之屬/印譜

邵裴子長光所見各代印存一卷　邵裴子輯

民國鈐印本　一冊

330000－1701－0007906　SY00496　子部/藝術類/篆刻之屬/印譜

戴鶴皋自用印存一卷　戴振聲輯　民國鈐印本　一冊

330000－1701－0007908　SY00498　子部/藝術類/篆刻之屬/印譜

玉樹盦印存一卷　王德樹篆刻　民國鈐印本　一冊

330000－1701－0007909　普 015.1246/0038/c1　史部/目録類/總録之屬/地方

台州經籍志四十卷　項士元編　民國四年(1915)鉛印本　十六冊

330000－1701－0007910　普 015.1246/0038/c2　史部/目録類/總録之屬/地方

台州經籍志四十卷　項士元編　民國四年(1915)鉛印本　十六冊

330000－1701－0007911　普 015.1246/0038/c3　史部/目録類/總録之屬/地方

台州經籍志四十卷　項士元編　民國四年(1915)鉛印本　十六冊

330000－1701－0007912　普 015.1246/0038/c4　史部/目録類/總録之屬/地方

台州經籍志四十卷　項士元編　民國四年(1915)鉛印本　項士元題記　十六冊

330000－1701－0007915　SY00501　子部/藝術類/篆刻之屬/印譜

陳曼生陋室銘一卷　(清)陳鴻壽篆　民國鈐印本　一冊

330000－1701－0007916　SY00502　子部/藝術類/篆刻之屬/印譜

陳曼生陋室銘一卷　(清)陳鴻壽篆　民國鈐印本　一冊

330000－1701－0007917　普 015.1247/0037/c1　史部/目録類/總録之屬/地方

金華經籍志二十四卷外編一卷存疑一卷辨誤一卷　胡宗楙纂　民國十四年(1925)永康胡氏夢選樓刻本　八冊

330000－1701－0007918　普 015.1247/0037/c1/1　史部/目録類/總録之屬/地方

金華經籍志二十四卷外編一卷存疑一卷辨誤一卷　胡宗楙纂　民國十四年(1925)永康胡氏夢選樓刻本　八冊

330000－1701－0007919　普 015.1247/0037/c2　史部/目録類/總録之屬/地方

金華經籍志二十四卷外編一卷存疑一卷辨誤一卷　胡宗楙纂　民國十四年(1925)永康胡氏夢選樓刻本　八冊

330000－1701－0007920　普 015.1247/0037/c3　史部/目録類/總録之屬/地方

金華經籍志二十四卷外編一卷存疑一卷辨誤一卷　胡宗楙纂　民國十四年(1925)永康胡氏夢選樓刻本　八冊

330000－1701－0007921　普 015.12491/0025/c1　史部/目録類/總録之屬/地方

溫州經籍志三十三卷首一卷外編二卷辨誤一卷　(清)孫詒讓撰　民國十年(1921)浙江公立圖書館刻本　十六冊

330000－1701－0007922　普 015.12491/0025/c2　史部/目録類/總録之屬/地方

溫州經籍志三十三卷首一卷外編二卷辨誤一卷　(清)孫詒讓撰　民國十年(1921)浙江公立圖書館刻十五年(1926)補刻本　十六冊

330000－1701－0007923　普 015.12491/0025/c3　史部/目録類/總録之屬/地方

溫州經籍志三十三卷首一卷外編二卷辨誤一卷　(清)孫詒讓撰　民國十年(1921)浙江公立圖書館刻本　十六冊

330000－1701－0007924　普 015.12491/0025/c4　史部/目録類/總録之屬/地方

溫州經籍志三十三卷首一卷外編二卷辨誤一卷　(清)孫詒讓撰　民國十年(1921)浙江公立圖書館刻十五年(1926)補刻本　十六冊

330000－1701－0007933　普 015.242/3038　史部/目録類/總録之屬/地方

嘉善私家著述目錄一卷　嘉善縣立圖書館編　民國二十五年(1936)抄本　一册

330000－1701－0007935　普 016.17/3013/3　史部/目録類/書志之屬/提要

欽定四庫全書總目二百卷首一卷　(清)紀昀等撰　**四庫未收書目提要五卷**　(清)阮元撰　**四庫全書總目未收書目索引四卷**　陳乃乾編纂　民國十五年(1926)上海大東書局石印本暨鉛印本　四十册

330000－1701－0007937　SY00512　史部/金石類/璽印之屬

饔籀簃古鉩選不分卷　吳隱輯　民國六年(1917)西泠印社鈐印本　二册

330000－1701－0007938　SY00513　子部/藝術類/篆刻之屬/印譜

春艸廬印存一卷　謝光輯　民國鈐拓本　一册

330000－1701－0007941　普 016.16/1144　類叢部/叢書類/彙編之屬

適園叢書七十四種　張鈞衡編　民國二年至六年(1913－1917)烏程張氏刻本(唐大詔令集卷十四至二十四、八十七至九十八原缺)　四册　存一種

330000－1701－0007944　普 016.16/2860　類叢部/叢書類/彙編之屬

己卯叢編四種　趙詒琛　王大隆輯　民國二十八年(1939)鉛印本　一册　存一種

330000－1701－0007945　SY00518　子部/藝術類/篆刻之屬/印譜

雪樵軒留印不分卷　民國鈐印剪貼本　二册

330000－1701－0007947　SY00520　子部/藝術類/篆刻之屬/印譜

雪樵居士留印藏一卷　民國鈐印本　一册

330000－1701－0007948　普 016.17/1085　史部/目録類/總録之屬/官修

摛藻堂四庫薈要目不分卷　(清)于敏中等編　陶湘重編　民國二十二年(1933)故宫博物院圖書館鉛印本　一册

330000－1701－0007949　普 016.17/2131　史部/目録類/總録之屬/官修

故宫所藏觀海堂書目四卷　楊守敬藏　何澄一編　民國二十一年(1932)北平故宫博物院圖書館鉛印本　朱師轍批校　一册

330000－1701－0007952　SY00523　子部/藝術類/篆刻之屬/印譜

陳炯明印一卷　費龍丁篆　民國鈐拓剪貼本　一張

330000－1701－0007953　SY00524　子部/藝術類/篆刻之屬/印譜

漢十八矦印　成鐵穎摹　民國鈐印本　一張

330000－1701－0007955　SY00525　史部/金石類/璽印之屬

明御前密驗關防玉印　民國三十二年(1943)汪志莊鈐拓本　余紹宋跋　一張

330000－1701－0007958　SY00526　子部/藝術類/篆刻之屬/印譜

傳樸堂印屏一卷　葛昌楹輯　民國三十六年(1947)葛氏傳樸堂鈐拓本　葛昌楹題簽並記　六張

330000－1701－0007962　SY00527　子部/藝術類/篆刻之屬/印譜

般若波羅蜜多心經印譜　朱貫成篆刻　民國十四年(1925)石印本　一張

330000－1701－0007963　民 631.4/0022/2　子部/農家農學類/農藝之屬/作物種植

稻作區田甽田栽培不分卷　高維魏　童雪天編　民國油印本　一册

330000－1701－0007964　SY00529　子部/藝術類/篆刻之屬/印譜

登龕印存一卷　韓登安篆　民國三十四年(1945)鈐印本　一册

330000－1701－0007968　普 016.17/3013.023　史部/目録類/通論之屬/義例

四庫全書表解一卷　金步瀛(金天游)撰　民國十八年(1929)浙江省立圖書館鉛印本　一册

330000－1701－0007970　普 016. 17/3013. 04/c1　史部/目録類/總録之屬/官修

四庫目略四卷　楊立誠編　民國十八年(1929)浙江省立圖書館鉛印本　四册

330000－1701－0007971　普 016. 17/3013. 04/c2　史部/目録類/總録之屬/官修

四庫目略四卷　楊立誠編　民國十八年(1929)浙江省立圖書館鉛印本　四册

330000－1701－0007972　普 016. 17/3013. 04/c3　史部/目録類/總録之屬/官修

四庫目略四卷　楊立誠編　民國十八年(1929)浙江省立圖書館鉛印本　四册

330000－1701－0007973　普 016. 17/3013. 04/c4　史部/目録類/總録之屬/官修

四庫目略四卷　楊立誠編　民國十八年(1929)浙江省立圖書館鉛印本　四册

330000－1701－0007974　普 016. 177/3239. 2　史部/目録類/總録之屬/官修

文瀾閣目索引一卷　楊立誠編　民國十八年(1929)浙江省立圖書館鉛印本　一册

330000－1701－0007980　普 016. 17/3013. 08　史部/目録類/總録之屬/官修

四庫全書總目未收書目索引四卷　陳乃乾編　民國十五年(1926)上海大東書局鉛印本　三册

330000－1701－0007982　普 016. 17/3013. 082/c1　史部/目録類

四庫全書總目及未收書目引得不分卷　引得編纂處編　民國二十一年(1932)燕京大學圖書館鉛印本　二册

330000－1701－0007983　普 016. 17/3013. 082/c3　史部/目録類

四庫全書總目及未收書目引得不分卷　引得編纂處編　民國二十一年(1932)燕京大學圖書館鉛印本　二册

330000－1701－0007984　普 016. 17/3013. 082/c4　史部/目録類

四庫全書總目及未收書目引得不分卷　引得編纂處編　民國二十一年(1932)燕京大學圖書館鉛印本　二册

330000－1701－0007985　普 016. 17/3013. 082/c5　史部/目録類

四庫全書總目及未收書目引得不分卷　引得編纂處編　民國二十一年(1932)燕京大學圖書館鉛印本　二册

330000－1701－0007989　普 016. 17/3013. 09/3/c1　史部/目録類/總録之屬/官修

四庫未收書目提要五卷　(清)阮元撰　民國二十年(1931)雙流黄氏濟忠堂成都刻本　二册

330000－1701－0007991　普 016. 17/3013. 091/c1　類叢部/叢書類/彙編之屬

求恕齋叢書三十一種　劉承幹編　民國吳興劉氏嘉業堂刻本　四册　存一種

330000－1701－0007992　普 016. 17/3013. 091/c2　類叢部/叢書類/彙編之屬

求恕齋叢書三十一種　劉承幹編　民國吳興劉氏嘉業堂刻本　四册　存一種

330000－1701－0007993　普 016. 17/3013. 091/c3　類叢部/叢書類/彙編之屬

求恕齋叢書三十一種　劉承幹編　民國吳興劉氏嘉業堂刻本　四册　存一種

330000－1701－0007994　普 016. 17/3013. 091/c4　史部/目録類/通論之屬/義例

四庫全書表文箋釋四卷　林鶴年撰　民國四年(1915)吳興劉承幹求恕齋刻求恕齋叢書本　梁鼎芬題記　四册

330000－1701－0008037　普 016. 17/3013. 4/c1　史部/目録類/總録之屬/官修

欽定四庫全書提要一百十四卷補遺一卷　金毓黻編　民國二十四年(1935)偽滿國立奉天圖書館鉛印本　三十二册　缺一卷(一)

330000－1701－0008038　普 016. 17/3013. 4/c2　史部/目録類/總録之屬/官修

欽定四庫全書提要一百十四卷補遺一卷　金毓黻編　民國遼海書社鉛印本　三十二册

330000－1701－0008040　普 016.177/3239/c2　史部/目録類/總録之屬/官修
壬子文瀾閣所存書目五卷　錢恂編　民國元年(1912)浙江圖書館刻本　四册

330000－1701－0008041　普 016.177/3239/c3　史部/目録類/總録之屬/官修
壬子文瀾閣所存書目五卷　錢恂編　民國元年(1912)浙江圖書館刻本　章嶔題記　四册

330000－1701－0008043　普 016.177/3239/c4　史部/目録類/總録之屬/官修
壬子文瀾閣所存書目五卷　錢恂編　民國元年(1912)浙江圖書館刻本　四册

330000－1701－0008044　普 016.177/3239/c5　史部/目録類/總録之屬/官修
壬子文瀾閣所存書目五卷　錢恂編　民國元年(1912)浙江圖書館刻本　錢恂校　四册

330000－1701－0008045　普 016.177/3239/2/c2　史部/目録類/總録之屬/官修
壬子文瀾閣所存書目五卷　錢恂編　**文瀾閣目補一卷**　章箴編　民國元年(1912)浙江圖書館刻十二年(1923)補刻本　四册

330000－1701－0008046　普 016.177/3239/2/c3　史部/目録類/總録之屬/官修
壬子文瀾閣所存書目五卷　錢恂編　**文瀾閣目補一卷**　章箴編　民國元年(1912)浙江圖書館刻十二年(1923)補刻本　四册

330000－1701－0008047　普 016.177/3239/2/c4　史部/目録類/總録之屬/官修
壬子文瀾閣所存書目五卷　錢恂編　**文瀾閣目補一卷**　章箴編　民國元年(1912)浙江圖書館刻十二年(1923)補刻本　四册

330000－1701－0008052　普 016.177/3239.2/c2　史部/目録類/總録之屬/官修
文瀾閣目索引一卷　楊立誠編　民國十八年(1929)浙江省立圖書館鉛印本　一册

330000－1701－0008057　普 016.177/7701/c1　史部/目録類/專録之屬
補鈔文瀾閣四庫闕簡記錄不分卷　張宗祥撰　民國十五年(1926)刻本　張崟批　一册

330000－1701－0008058　普 016.177/7701/c2　史部/目録類/專録之屬
補鈔文瀾閣四庫闕簡記錄不分卷　張宗祥撰　民國十五年(1926)刻本　一册

330000－1701－0008059　普 016.177/7701/c3　史部/目録類/專録之屬
補鈔文瀾閣四庫闕簡記錄不分卷　張宗祥撰　民國十五年(1926)刻本　一册

330000－1701－0008060　普 016.177/7701/c4　史部/目録類/專録之屬
補鈔文瀾閣四庫闕簡記錄不分卷　張宗祥撰　民國十五年(1926)刻本　一册

330000－1701－0008061　普 016.177/7701/c6　史部/目録類/專録之屬
補鈔文瀾閣四庫闕簡記錄不分卷　張宗祥撰　民國十五年(1926)刻本　一册

330000－1701－0008062　普 016.177/7701/c7　史部/目録類/專録之屬
補鈔文瀾閣四庫闕簡記錄不分卷　張宗祥撰　民國十五年(1926)刻本　一册

330000－1701－0008063　普 016.177/7701/c8　史部/目録類/專録之屬
補鈔文瀾閣四庫闕簡記錄不分卷　張宗祥撰　民國十五年(1926)刻本　章嶔題簽並記　一册

330000－1701－0008064　普 016.177/7701/c9　史部/目録類/專録之屬
補鈔文瀾閣四庫闕簡記錄不分卷　張宗祥撰　民國十五年(1926)刻本　一册

330000－1701－0008065　普 016.177/7701/c10　史部/目録類/專録之屬
補鈔文瀾閣四庫闕簡記錄不分卷　張宗祥撰　民國十五年(1926)刻本　一册

330000－1701－0008083　普 016.196/3121.4/c1　史部/目録類/總録之屬/私撰
鄞范氏天一閣書目内編十卷　馮貞羣編　民

國二十六年至二十九年(1937－1940)寧波重修天一閣委員會鉛印本　四册

330000－1701－0008084　普 016.196/3121.4/c2　史部/目録類/總録之屬/私撰

鄞范氏天一閣書目内編十卷　馮貞羣編　民國二十六年至二十九年(1937－1940)寧波重修天一閣委員會鉛印本　四册

330000－1701－0008085　普 016.196/3121.4/c3　史部/目録類/總録之屬/私撰

鄞范氏天一閣書目内編十卷　馮貞羣編　民國二十六年至二十九年(1937－1940)寧波重修天一閣委員會鉛印本　四册

330000－1701－0008086　普 016.196/3121.4/c4　史部/目録類/總録之屬/私撰

鄞范氏天一閣書目内編十卷　馮貞羣編　民國二十六年至二十九年(1937－1940)寧波重修天一閣委員會鉛印本　四册

330000－1701－0008118　普 016.197/1182/c1　史部/目録類/書志之屬/提要

適園藏書志十六卷　張鈞衡撰　民國五年(1916)南林張氏家塾刻本　六册

330000－1701－0008119　普 016.197/1182/c2　史部/目録類/書志之屬/提要

適園藏書志十六卷　張鈞衡撰　民國五年(1916)南林張氏家塾刻本　六册

330000－1701－0008120　普 016.197/1490/c1　類叢部/叢書類/自著之屬

勵堂遺書八種　顧家相撰　民國八年至十九年(1919－1930)會稽顧氏鉛印本　一册　存一種

330000－1701－0008121　普 016.197/1490/c2　類叢部/叢書類/自著之屬

勵堂遺書八種　顧家相撰　民國八年至十九年(1919－1930)會稽顧氏鉛印本　一册　存一種

330000－1701－0008122　普 016.197/1490/c3　類叢部/叢書類/自著之屬

勵堂遺書八種　顧家相撰　民國八年至十九年(1919－1930)會稽顧氏鉛印本　一册　存一種

330000－1701－0008123　普 016.197/1490/c4　類叢部/叢書類/自著之屬

勵堂遺書八種　顧家相撰　民國八年至十九年(1919－1930)會稽顧氏鉛印本　一册　存一種

330000－1701－0008129　普 016.197/2025　史部/目録類/總録之屬/地方

焦山書藏書目六卷補遺一卷　焦山書藏委員會編　民國二十三年(1934)鎮江焦山書藏委員會石印本　四册

330000－1701－0008136　普 016.197/2029/(2)/c2　史部/目録類/總録之屬/私撰

千頃堂書目三十二卷　(清)黄虞稷撰　民國影印本　十六册

330000－1701－0008140　普 016.197/2029/(2)/c3　類叢部/叢書類/彙編之屬

適園叢書七十四種　張鈞衡編　民國二年至六年(1913－1917)烏程張氏刻本(唐大詔令集卷十四至二十四、八十七至九十八原缺)　十六册　存一種

330000－1701－0008141　普 016.197/2189/c1　史部/金石類/總志之屬

湫漻齋叢書十種　陳準輯　民國瑞安陳氏刻本　一册　存二種

330000－1701－0008142　普 016.197/2189/c2　史部/目録類/總録之屬/私撰

上善堂宋元板精鈔舊鈔書目一卷　(清)孫從添撰　民國十八年(1929)瑞安陳氏刻本　一册

330000－1701－0008151　普 016.197/2580/c1　史部/目録類/書志之屬/提要

繡谷亭薰習録經部一卷集部二卷　(清)吴焯撰　民國七年(1918)仁和吴氏雙照樓刻朱印本　二册

330000－1701－0008152　普 016.197/2564/c1、普 016.197/4049/c3　史部/目録類/總録

之屬
二徐書目合刻　王存善輯　民國四年(1915)仁和王存善鉛印本　六冊

330000－1701－0008153　普 016.197/2564/c2、普 016.197/4049/c2　史部/目録類/總録之屬
二徐書目合刻　王存善輯　民國四年(1915)仁和王存善鉛印本　六冊

330000－1701－0008154　普 016.197/2564/c3　史部/目録類/總録之屬
二徐書目合刻　王存善輯　民國四年(1915)仁和王存善鉛印本　四冊　存一種

330000－1701－0008155　普 016.197/2564/c4、普 016.197/4049/c1　史部/目録類/總録之屬
二徐書目合刻　王存善輯　民國四年(1915)仁和王存善鉛印本　六冊

330000－1701－0008158　普 016.197/2580/c2　史部/目録類/書志之屬/提要
繡谷亭薰習錄經部一卷集部二卷　(清)吳焯撰　民國七年(1918)仁和吳氏雙照樓刻朱印本　二冊

330000－1701－0008163　普 016.197/2741.2/c1　史部/目録類/總録之屬/私撰
藝風藏書再續記不分卷　繆荃孫撰　民國二十九年(1940)燕京大學圖書館鉛印本　一冊

330000－1701－0008164　普 016.197/2741.2/c2　史部/目録類/總録之屬/私撰
藝風藏書再續記不分卷　繆荃孫撰　民國二十九年(1940)燕京大學圖書館鉛印本　一冊

330000－1701－0008167　普 016.197/3040/c1　史部/目録類/書志之屬/提要
滂喜齋藏書記三卷　(清)潘祖蔭藏　葉昌熾撰　**滂喜齋宋元本書目一卷**　陳乃乾輯　民國十三年(1924)海寧陳乃乾慎初堂鉛印本　二冊

330000－1701－0008168　普 016.197/3040/c2　史部/目録類/書志之屬/提要
滂喜齋藏書記三卷　(清)潘祖蔭藏　葉昌熾撰　**滂喜齋宋元本書目一卷**　陳乃乾輯　民國十三年(1924)海寧陳乃乾慎初堂鉛印本　二冊

330000－1701－0008169　普 016.197/3040/c3　史部/目録類/書志之屬/提要
滂喜齋藏書記三卷　(清)潘祖蔭藏　葉昌熾撰　**滂喜齋宋元本書目一卷**　陳乃乾輯　民國十三年(1924)海寧陳乃乾慎初堂鉛印本　二冊

330000－1701－0008173　普 016.197/3040/2　史部/目録類/書志之屬/提要
滂喜齋藏書記三卷　(清)潘祖蔭藏　葉昌熾撰　潘承弼增編　民國三年(1914)吳縣潘仲午刻十七年(1928)潘承厚增刻印本　二冊

330000－1701－0008182　普 016.197/3234　史部/目録類/書志之屬/提要
滂喜齋藏書記三卷　(清)潘祖蔭藏　葉昌熾撰　潘承弼增編　民國三年(1914)吳縣潘仲午刻十七年(1928)潘承厚增刻印本　二冊

330000－1701－0008183　普 016.197/3837.2/c1　史部/目録類/專録之屬
海源閣宋元秘本書目四卷　楊保彝編　民國二十年(1931)山東省立圖書館鉛印本　一冊

330000－1701－0008184　普 016.197/3837.2/c2　史部/目録類/專録之屬
海源閣宋元秘本書目四卷　楊保彝編　民國二十年(1931)山東省立圖書館鉛印本　一冊

330000－1701－0008188　普 016.197/4427/c1　史部/目録類/總録之屬/私撰
雲間韓氏藏書目不分卷附書影　(清)韓應陛藏並編　民國十九年(1930)影印本　一冊

330000－1701－0008189　普 016.197/4427/c2　史部/目録類/總録之屬/私撰
雲間韓氏藏書目不分卷附書影　(清)韓應陛藏並編　民國十九年(1930)影印本　一冊

330000－1701－0008190　普 016.197/4427/c3　史部/目録類/總録之屬/私撰

雲間韓氏藏書目不分卷附書影　（清）韓應陛藏並編　民國十九年(1930)影印本　一冊

330000－1701－0008193　普 016.197/4429
史部/目録類/總録之屬/私撰
世德堂書目一卷　（清）施再盛撰　民國抄本　一冊

330000－1701－0008199　普 016.197/5724/c1　史部/目録類/書志之屬/提要
抱經樓藏書志六十四卷　沈德壽編　民國十三年(1924)美天印局鉛印本　二十冊

330000－1701－0008200　普 016.197/5724/c2　史部/目録類/書志之屬/提要
抱經樓藏書志六十四卷　沈德壽編　民國十三年(1924)美天印局鉛印本　二十冊

330000－1701－0008201　普 016.197/5724/c3　史部/目録類/書志之屬/提要
抱經樓藏書志六十四卷　沈德壽編　民國十三年(1924)美天印局鉛印本　二十冊

330000－1701－0008202　普 016.197/5724/c4　史部/目録類/書志之屬/提要
抱經樓藏書志六十四卷　沈德壽編　民國十三年(1924)美天印局鉛印本　二十冊

330000－1701－0008210　普 016.198/1027/c1　史部/目録類/總録之屬/私撰
詒莊樓書目八卷　王修藏並撰　民國十九年(1930)長興王修鉛印本　四冊

330000－1701－0008211　普 016.198/1027/c2　史部/目録類/總録之屬/私撰
詒莊樓書目八卷　王修藏並撰　民國十九年(1930)長興王修鉛印本　王修批校　四冊

330000－1701－0008212　普 016.198/1027/c3　史部/目録類/總録之屬/私撰
詒莊樓書目八卷　王修藏並撰　民國十九年(1930)長興王修鉛印本　四冊

330000－1701－0008214　普 016.198/3211
史部/目録類/總録之屬/私撰
番禺葉氏遐庵藏書目録一卷　葉恭綽藏　潘承弼編　顧廷龍重編並繕　民國三十七年(1948)上海合衆圖書館石印本　一冊

330000－1701－0008217　普 016.198/4427
史部/目録類/總録之屬/私撰
五十萬卷樓藏書目録初編二十二卷　莫伯驥撰　民國二十五年(1936)東莞莫氏鉛印本　二十二冊

330000－1701－0008218　普 016.198/5034/c1　史部/目録類/總録之屬/私撰
東海藏書樓書目不分卷　徐允中藏並編　民國十三年(1924)武林鉛印本　六冊

330000－1701－0008219　普 016.198/5034/c2　史部/目録類/總録之屬/私撰
東海藏書樓書目不分卷　徐允中藏並編　民國十三年(1924)武林鉛印本　六冊

330000－1701－0008220　普 016.198/5034/c3　史部/目録類/總録之屬/私撰
東海藏書樓書目不分卷　徐允中藏並編　民國十三年(1924)武林鉛印本　六冊

330000－1701－0008221　普 016.198/6090/c1　史部/目録類/總録之屬/私撰
章氏四當齋藏書目三卷書名通檢一卷　章鈺藏　顧廷龍編校　瞿潤緡助編　民國二十七年(1938)北平燕京大學圖書館鉛印本　五冊

330000－1701－0008222　普 016.198/6090/c2　史部/目録類/總録之屬/私撰
章氏四當齋藏書目三卷書名通檢一卷　章鈺藏　顧廷龍編校　瞿潤緡助編　民國二十七年(1938)北平燕京大學圖書館鉛印本　五冊

330000－1701－0008223　普 016.198/6090/c3　史部/目録類/總録之屬/私撰
章氏四當齋藏書目三卷書名通檢一卷　章鈺藏　顧廷龍編校　瞿潤緡助編　民國二十七年(1938)北平燕京大學圖書館鉛印本　五冊

330000－1701－0008224　普 016.198/8026
史部/目録類/總録之屬/官修
海鹽張氏涉園藏書目録四卷　張元濟藏　潘景鄭編纂　民國三十五年(1946)上海合眾圖

書館鉛印本　一冊

330000－1701－0008230　普 016.198/8733　史部/目録類/總録之屬

梁氏飲冰室藏書目錄五卷附錄二卷補遺一卷　國立北平圖書館編纂　民國二十二年(1933)國立北平圖書館鉛印本　四冊

330000－1701－0008232　普 017.31/1104.6　史部/目録類/總録之屬/官修

北京大學圖書館貴重書目一卷　黄文弼編　民國十一年(1922)國立北京大學圖書館鉛印本　一冊

330000－1701－0008237　普 017.41/1116　史部/目録類/專録之屬

國立北京圖書館由滬運回中文書籍金石拓本輿圖分類清冊一卷　北京圖書館輯　民國三十二年(1943)國立北京圖書館鉛印本　一冊

330000－1701－0008243　普 017.43/3239.4/c1　史部/目録類/總録之屬/官修

浙江省立圖書館出版木印書目一卷鉛印書目一卷　浙江省立圖書館編　民國二十五年(1936)浙江省立圖書館鉛印本　一冊

330000－1701－0008244　普 017.43/3239.4/c3　史部/目録類/總録之屬/官修

浙江省立圖書館出版木印書目一卷鉛印書目一卷　浙江省立圖書館編　民國二十五年(1936)浙江省立圖書館鉛印本　一冊

330000－1701－0008245　普 017.43/3239.4/c4　史部/目録類/總録之屬/官修

浙江省立圖書館出版木印書目一卷鉛印書目一卷　浙江省立圖書館編　民國二十五年(1936)浙江省立圖書館鉛印本　一冊

330000－1701－0008250　普 018.07/5129/c1　史部/目録類/總録之屬/私撰

振綺堂書目四卷　(清)汪曾唯輯　民國十六年(1927)鉛印本　二冊

330000－1701－0008251　普 018.07/5129/c2　史部/目録類/總録之屬/私撰

振綺堂書目四卷　(清)汪曾唯輯　民國十六年(1927)鉛印本　二冊

330000－1701－0008252　普 018.07/5129/c3　史部/目録類/總録之屬/私撰

振綺堂書目四卷　(清)汪曾唯輯　民國十六年(1927)鉛印本　一冊

330000－1701－0008259　普 019/1037/c1　史部/目録類/專録之屬

西泠印社金石印譜法帖藏書目一卷　西泠印社編　民國八年(1919)上海西泠印社石印本　一冊

330000－1701－0008260　普 019/1037/c2　史部/目録類/專録之屬

西泠印社金石印譜法帖藏書目一卷　西泠印社編　民國五年(1916)上海西泠印社石印本　一冊

330000－1701－0008261　普 026.02/7514/c1　史部/目録類

室名索引不分卷　陳乃乾輯　陶毓英編　民國二十二年(1933)海寧陳乃乾共讀樓鉛印本　一冊

330000－1701－0008262　普 026.02/7514/c2　史部/目録類

室名索引不分卷　陳乃乾輯　陶毓英編　民國二十二年(1933)海寧陳乃乾共讀樓鉛印本　一冊

330000－1701－0008263　普 026.02/7514/c3　史部/目録類

室名索引不分卷　陳乃乾輯　陶毓英編　民國二十二年(1933)海寧陳乃乾共讀樓鉛印本　一冊

330000－1701－0008274　普 026.092/4600/c2　史部/傳記類/總傳之屬/通代

中國藏書家攷略不分卷　楊立誠　金步瀛編　民國十八年(1929)浙江省立圖書館鉛印本　一冊

330000－1701－0008277　普 026.17/1027/c1　史部/政書類/公牘檔冊之屬

辦理四庫全書檔案二卷記過檔案一卷四庫館

職員記過統計表一卷　王重民編　民國二十三年(1934)國立北平圖書館鉛印本　二冊

330000－1701－0008278　普 026.17/1027/c2　史部/政書類/公牘檔冊之屬
辦理四庫全書檔案二卷記過檔案一卷四庫館職員記過統計表一卷　王重民編　民國二十三年(1934)國立北平圖書館鉛印本　二冊

330000－1701－0008280　普 026.17/3570　類叢部/叢書類/彙編之屬
古學彙刊第一集三十四種第二集二十七種　鄧實等編　民國元年至三年(1912－1914)上海國粹學報社鉛印本　四冊　存一種

330000－1701－0008281　普 026.17/4834/c1　史部/目録類/總録之屬/官修
故宫殿本書庫現存目三卷附錄一卷　陶湘編　民國二十二年(1933)北平故宫博物院圖書館鉛印本　三冊

330000－1701－0008282　普 026.17/4834/c2　史部/目録類/總録之屬/官修
故宫殿本書庫現存目三卷附錄一卷　陶湘編　民國二十二年(1933)北平故宫博物院圖書館鉛印本　三冊

330000－1701－0008283　普 026.17/4834/c3　史部/目録類/總録之屬/官修
故宫殿本書庫現存目三卷附錄一卷　陶湘編　民國二十二年(1933)北平故宫博物院圖書館鉛印本　三冊

330000－1701－0008294　普 026.197/1040　史部/目録類/總録之屬/私撰
宿遷王氏池東書庫簡目四卷　(清)王相藏　民國宿遷王氏鉛印本　張惠衣題記　一冊

330000－1701－0008297　普 026.197/2611　史部/目録類/總録之屬/私撰
揚州吴氏測海樓藏書目錄七卷　吳引孫藏　富晉書社編　民國二十年(1931)北平富晉書社石印本　四冊

330000－1701－0008298　普 026.197/3734　史部/目録類/總録之屬
梁氏飲氷室藏書目錄五卷附錄二卷補遺一卷　國立北平圖書館編纂　民國二十二年(1933)國立北平圖書館鉛印本　四冊

330000－1701－0008299　普 026.197/6621　史部/目録類/總録之屬/私撰
清吟閣書目四卷　(清)瞿世瑛撰　民國三年(1914)石印本　一冊

330000－1701－0008300　普 026.198/7242/c1　史部/目録類/總録之屬/私撰
劉大白先生藏書目二十一卷　劉靖裔藏　羅庸等編　王子澄重編　民國二十一年(1932)稿本　陳紹功校　四冊

330000－1701－0008301　普 026.198/7242/c2　史部/目録類/總録之屬/私撰
劉大白先生藏書目不分卷　劉靖裔藏　羅庸等編　民國二十一年(1932)稿本　二冊

330000－1701－0008318　普 029.1/2540/2/c1　類叢部/叢書類/彙編之屬
復性書院叢刊二十七種　馬浮編　民國二十九年至三十七年(1940－1948)復性書院刻本暨鉛印本　一冊　存一種

330000－1701－0008319　普 029.1/2540/2/c2　類叢部/叢書類/彙編之屬
復性書院叢刊二十七種　馬浮編　民國二十九年至三十七年(1940－1948)復性書院刻本暨鉛印本　一冊　存一種

330000－1701－0008320　普 029.1/2540/2/c3　子部/儒家類/儒學之屬/性理
朱子讀書法四卷　(宋)張洪　(宋)齊熈編　民國三十五年至三十六年(1946－1947)復性書院刻藍印本　一冊

330000－1701－0008321　普 029.1/2540/2/c4　子部/儒家類/儒學之屬/性理
朱子讀書法四卷　(宋)張洪　(宋)齊熈編　民國三十五年至三十六年(1946－1947)復性書院刻藍印本　一冊

330000－1701－0008322　普 029.1/2540/2/c5　子部/儒家類/儒學之屬/性理

朱子讀書法四卷　(宋)張洪　(宋)齊熙編　民國三十五年至三十六年(1946－1947)復性書院刻藍印本　一冊

330000－1701－0008342　普 029.3/1133/5　史部/目録類/總録之屬/彙刻
增輯書目畣問五卷別錄一卷清朝箸述諸家姓名略一卷　(清)張之洞撰　民國十年(1921)上海朝記書莊石印本　一冊

330000－1701－0008343　普 029.3/1133.02/c1　史部/目録類/總録之屬/私撰
書目答問補正五卷　范希曾編　民國二十年(1931)江蘇省立國學圖書館鉛印本　二冊

330000－1701－0008345　普 029.3/1133.02/c2　史部/目録類/總録之屬/私撰
書目答問補正五卷　范希曾編　民國二十年(1931)江蘇省立國學圖書館鉛印本　二冊

330000－1701－0008346　普 029.3/1133.02/c3　史部/目録類/總録之屬/私撰
書目答問補正五卷　范希曾編　民國二十四年(1935)江蘇省立國學圖書館鉛印本　二冊

330000－1701－0008349　普 029.3/1133.02/c3/1　史部/目録類/總録之屬/私撰
書目答問補正五卷　范希曾編　民國二十年(1931)江蘇省立國學圖書館鉛印本　一冊

330000－1701－0008352　普 029.3/7710　史部/目録類/總録之屬/私撰
書目舉要一卷　周貞亮　李之鼎編　民國九年(1920)南城李之鼎宜秋館刻本　張惠衣批、題簽並記　一冊

330000－1701－0008420　普 915.1241/9537/c2　史部/地理類/方志之屬/郡縣志
[民國]昌化縣志十八卷首一卷　陳培珽等修　許昌言等纂　民國十三年(1924)鉛印本　八冊

330000－1701－0008441　普 031.1/1144/4/c1　類叢部/類書類/通類之屬
淵鑑類函四百五十卷目録四卷　(清)張英　(清)王士禛等輯　民國十五年(1926)同文書局影印本　六十四冊

330000－1701－0008455　普 915.1241/9537/c3　史部/地理類/方志之屬/郡縣志
[民國]昌化縣志十八卷首一卷　陳培珽等修　許昌言等纂　民國十三年(1924)鉛印本　八冊

330000－1701－0008563　普 031.1/4240/4　類叢部/類書類
韻海大全角山樓類腋不分卷　(清)姚培謙原本　(清)趙克宜增輯　民國上海文瑞樓石印本　六冊

330000－1701－0008582　普 031.1/4400.02/2/c2　類叢部/類書類/通類之屬
增補事類統編九十三卷首一卷　(清)黄葆真增輯　民國十一年(1922)上海積山書局石印本　十二冊

330000－1701－0008585　普 031.1/4400.02/4/c1　類叢部/類書類/通類之屬
增補事類統編九十三卷首一卷　(清)黄葆真增輯　民國四年(1915)上海文盛書局石印本　十二冊

330000－1701－0008586　普 031.1/4400.02/4/c2　類叢部/類書類/通類之屬
增補事類統編九十三卷首一卷　(清)黄葆真增輯　民國四年(1915)上海文盛書局石印本　十二冊

330000－1701－0008587　普 031.1/4400.02/4/c3　類叢部/類書類/通類之屬
增補事類統編九十三卷首一卷　(清)黄葆真增輯　民國四年(1915)上海文盛書局石印本　十一冊　缺八卷(五十一至五十八)

330000－1701－0008591　普 031.1/4400.02/5　類叢部/類書類/通類之屬
增補事類統編九十三卷首一卷　(清)黄葆真增輯　民國十年(1921)上海錦章圖書局石印本　十二冊

330000－1701－0008603　普 031.1/4418/c1、普 031.1/4418.07/c1　類叢部/類書類/通類

之屬
欽定古今圖書集成一萬卷目錄四十卷　（清）蔣廷錫　（清）陳夢雷等輯　**古今圖書集成考證二十四卷**　民國二十三年（1934）中華書局影印本　六百八十八冊　缺一千四百九十九卷（文學典十三至二十一，字學典八十八至一百一，選舉典一至一百三十六，銓衡典一至一百二十，禮儀典一至三百四十八，樂律典一至一百三十六，戎政典一至三百，祥刑典一至一百八十，考工典一至二百五十二，考證十九上、二十二下至二十四）

330000－1701－0008605　普 031.1/4418/c2、普 031.1/4418.07/c2　類叢部/類書類/通類之屬
欽定古今圖書集成一萬卷目錄四十卷　（清）蔣廷錫　（清）陳夢雷等輯　**古今圖書集成考證二十四卷**　民國二十三年（1934）中華書局影印本　三百四十八冊　存四千三百六十六卷（目錄二十八至四十，乾象典一至十一、三十六至六十、七十五至八十六，歲功典十一至二十、三十二至四十一、五十四至六十四、七十六至九十，庶徵典二十七至六十四、一百五十至一百六十三，坤輿典一百二十九至一百四十，職方典一至六十九、一百九至一百四十八、一百六十五至二百九十二、三百四至三百四十二、三百七十一至四百十、六百四十七至八百五十、八百六十三至八百八十九、九百二十一至一千四十、一千二百四十六至一千二百八十四、一千三百三十三至一千三百五十六、一千三百八十三至一千四百二十二，山川典四十五至五十六、六十七至九十二、一百二十至一百五十八、二百八十五至二百九十七、三百九至三百二十，邊裔典十四至三十六、六十至六十九，皇極典八十三至九十四、二百八十六至三百，官常典四十九至七十、九十五至一百六、一百四十四至一百五十六、五百十六至五百二十七、五百四十一至五百五十三、七百三十三至七百四十二、七百六十五至七百七十三、七百八十三至七百九十，交誼典二十五至四十八、六十一至九十六，氏族典一至十三、二十七至五十三、八十一至九十三、一百二十二至一百三十三、一百四十七至一百六十、三百七十三至四百四十一、四百五十五至四百九十九、五百三十二至六百十九，人事典一至三十二、四十四至一百十二，閨媛典一至十二、七十六至三百五十九，藝術典一至八百二十四，神異典一至二百九十三，禽蟲典一至一百七十二、一百八十二至一百九十二，草木典一至三百二十，經籍典一至五百，學行典一至三百，考證十三至十八）

330000－1701－0008608　普 031.1/4418.07/c3　類叢部/類書類/通類之屬
欽定古今圖書集成一萬卷目錄四十卷　（清）蔣廷錫　（清）陳夢雷等輯　**古今圖書集成考證二十四卷**　民國二十三年（1934）中華書局影印本　八冊　存二十四卷（考證一至二十四）

330000－1701－0008730　普 031.2/2721/2/c1　史部/職官類/官制之屬/專志
元南臺備要二卷　（元）劉孟琛等撰　民國十五年（1926）江安傅增湘影印永樂大典本　一冊

330000－1701－0008731　普 031.2/2721/2/c2　史部/職官類/官制之屬/專志
元南臺備要二卷　（元）劉孟琛等撰　民國十五年（1926）江安傅增湘影印永樂大典本　一冊

330000－1701－0008732　普 031.2/2721/2/c3　史部/職官類/官制之屬/專志
元南臺備要二卷　（元）劉孟琛等撰　民國十五年（1926）江安傅增湘影印永樂大典本　一冊

330000－1701－0008733　普 031.2/2721/4　子部/宗教類/佛教之屬
金剛般若波羅蜜經一卷　（後秦）釋鳩摩羅什譯　（明）釋宗泐　（明）釋如玘註解　民國十八年（1929）影印永樂大典本　一冊

330000－1701－0008760　普 041/0090.2/3　類叢部/叢書類/自著之屬
章氏叢書十三種　章炳麟撰　民國六年至八

年(1917－1919)浙江圖書館刻本　三冊　存一種

330000－1701－0008768　普 040.5/2510　類叢部/叢書類/彙編之屬
半隱廬叢稿六卷　朱孔彰譔　民國二十五年(1936)成都華西協合大學哈佛燕京學社鉛印本　一冊

330000－1701－0008778　普 041/0090.2/4　類叢部/叢書類/自著之屬
章氏叢書初集十二種　章炳麟撰　民國上海右文社鉛印本　三冊　存一種

330000－1701－0008779　普 041.021/2620　史部/目録類/專録之屬
中國文學選讀書目不分卷　吳虞重訂　民國十四年(1925)成都茹古書局刻本　一冊

330000－1701－0008781　普 041.05/7580/2　子部/叢編
宋元人說部書　商務印書館輯　民國上海商務印書館鉛印本　二冊　存一種

330000－1701－0008782　普 041.021/4025/c1　史部/目録類/總録之屬/私撰
國學用書類述不分卷　支偉成編　民國十六年(1927)上海泰東圖書局鉛印本　二冊

330000－1701－0008783　普 041.021/4025/c2　史部/目録類/總録之屬/私撰
國學用書類述不分卷　支偉成編　民國十六年(1927)上海泰東圖書局鉛印本　二冊

330000－1701－0008784　普 041.021/4025/c3　史部/目録類/總録之屬/私撰
國學用書類述不分卷　支偉成編　民國十六年(1927)上海泰東圖書局鉛印本　二冊

330000－1701－0008788　普 041.0907/3334.3/c1　子部/雜著類
中國近三百年學術史不分卷　梁啓超撰　民國鉛印清華學校講義本　佚名批　一冊

330000－1701－0008789　普 041.0907/3334.3/c2　子部/雜著類
中國近三百年學術史不分卷　梁啓超撰　民國鉛印清華學校講義本　佚名校　一冊

330000－1701－0008791　普 041.1/1126　史部/史評類/史論之屬
史微八卷　張采田撰　民國元年(1912)孱守齋刻本　四冊

330000－1701－0008795　普 041.2/5014/2/c2　子部/小說家類/瑣語之屬
西青散記四卷　(清)史震林撰　民國古今書室石印本　四冊

330000－1701－0008810　普 041.22/8043.02　子部/雜著類/雜考之屬
古書疑義舉例續補二卷　楊樹達撰　民國十三年(1924)楊氏家塾刻本　一冊

330000－1701－0008812　普 041.22/8043.06/c2　子部/雜著類/雜考之屬
古書疑義舉例札迻一卷　馬敘倫撰　民國七年(1918)杭縣馬敘倫鉛印本　一冊

330000－1701－0008813　普 041.22/8043.06/c3　子部/雜著類/雜考之屬
古書疑義舉例札迻一卷　馬敘倫撰　民國七年(1918)杭縣馬敘倫鉛印本　一冊

330000－1701－0008814　普 041.22/8043.06/c3/1　子部/雜著類/雜考之屬
古書疑義舉例札迻一卷　馬敘倫撰　民國七年(1918)杭縣馬敘倫鉛印本　一冊

330000－1701－0008815　普 041.22/8043.062　子部/雜著類/雜考之屬
古書疑義舉例校錄一卷　馬敘倫撰　民國十三年(1924)刻本　馬敘倫題記　一冊

330000－1701－0008828　普 041.3/1081/7　子部/雜著類/雜考之屬
讀書雜志八十二卷餘編二卷　(清)王念孫撰　民國上海文瑞樓石印本　二十四冊

330000－1701－0008849　普 041.3/2864/c1　子部/雜著類/雜說之屬
煙嶼樓讀書志十六卷筆記八卷　(清)徐時棟

撰　民國十七年(1928)鄞縣徐方來蘧學齋鉛印本　六冊　缺八卷(筆記一至八)

330000－1701－0008850　普 041.3/2864/c2、普 041.5/2864　子部/雜著類/雜說之屬

煙嶼樓讀書志十六卷筆記八卷　(清)徐時棟撰　民國十七年(1928)鄞縣徐方來蘧學齋鉛印本　八冊

330000－1701－0008851　普 041.3/2864/c3　子部/雜著類/雜說之屬

煙嶼樓讀書志十六卷筆記八卷　(清)徐時棟撰　民國十七年(1928)鄞縣徐方來蘧學齋鉛印本　六冊　缺八卷(筆記一至八)

330000－1701－0008888　普 041.4/1000/8　子部/雜著類/雜考之屬

困學紀聞二十卷　(宋)王應麟撰　民國十五年(1926)江安傅增湘藏園據元刻本影印本　八冊

330000－1701－0008923　普 041.4/1029/c1　子部/雜著類/雜說之屬

鬱岡齋筆麈四卷　(明)王肯堂撰　民國十九年(1930)國立北平圖書館鉛印本　二冊

330000－1701－0008924　普 041.4/1029/c2　子部/雜著類/雜說之屬

鬱岡齋筆麈四卷　(明)王肯堂撰　民國十九年(1930)國立北平圖書館鉛印本　二冊

330000－1701－0008932　普 041.4/1000.013/c1　類叢部/叢書類/郡邑之屬

四明叢書一百六十七種　張壽鏞編　民國四明張氏約園刻本　二冊　存一種

330000－1701－0008933　普 041.4/1000.013/c2　類叢部/叢書類/郡邑之屬

四明叢書一百六十七種　張壽鏞編　民國四明張氏約園刻本　一冊　存一種

330000－1701－0008956　普 041.4/1200.2/c1　子部/雜著類/雜考之屬

籀廎述林十卷　(清)孫詒讓撰　民國五年(1916)刻本　四冊

330000－1701－0008957　普 041.4/1200.2/c2　子部/雜著類/雜考之屬

籀廎述林十卷　(清)孫詒讓撰　民國五年(1916)刻本　四冊

330000－1701－0008958　普 041.4/1200.2/c3　子部/雜著類/雜考之屬

籀廎述林十卷　(清)孫詒讓撰　民國五年(1916)刻本　四冊

330000－1701－0008959　普 041.4/1200.2/c4　子部/雜著類/雜考之屬

籀廎述林十卷　(清)孫詒讓撰　民國五年(1916)刻本　四冊

330000－1701－0009007　普 041.4/2632　史部/傳記類/日記之屬

桐城吳先生日記十六卷　(清)吳汝綸撰　吳闓生編　民國十七年(1928)蓮池書社刻本　十冊

330000－1701－0009015　普 041.4/3138/c1　子部/雜著類/雜說之屬

椶窗雜記四卷　汪兆鏞撰　民國三十二年(1943)鉛印本　汪希文題記　一冊

330000－1701－0009016　普 041.4/3138/c2　子部/雜著類/雜說之屬

椶窗雜記四卷　汪兆鏞撰　民國三十二年(1943)鉛印本　一冊

330000－1701－0009017　普 041.4/3138/c3　子部/雜著類/雜說之屬

椶窗雜記四卷　汪兆鏞撰　民國三十二年(1943)鉛印本　章梫題記　一冊

330000－1701－0009043　普 041.4/3191.01/7　子部/雜著類/雜考之屬

日知錄集釋三十二卷首一卷栞誤二卷續栞誤二卷　(清)黃汝成撰　民國十六年(1927)上海錦章圖書局石印本　六冊

330000－1701－0009046　普 041.4/3191.06　子部/雜著類/雜考之屬

日知錄校記一卷目次校記一卷　黃侃撰　民國二十二年(1933)國立中央大學出版組鉛印

本　一册

330000－1701－0009047　普 041.4/3191.06/2/c1　子部/雜著類/雜考之屬
日知錄校記一卷目次校記一卷　黄侃撰　民國二十五年(1936)南京量守廬刻藍印本　龍沐勛題記　一册

330000－1701－0009048　普 041.4/3191.06/2/c2　子部/雜著類/雜考之屬
日知錄校記一卷目次校記一卷　黄侃撰　民國二十五年(1936)南京量守廬刻藍印本　一册

330000－1701－0009073　普 041.4/3434/6　子部/雜著類/雜説之屬
容齋隨筆十六卷續筆十六卷三筆十六卷四筆十六卷五筆十卷首一卷　(宋)洪邁撰　民國十七年(1928)上海掃葉山房石印本　十册

330000－1701－0009082　普 041.4/4004/2/c1　子部/雜著類/雜考之屬
炳燭編四卷　(清)李賡芸撰　(清)潘祖蔭等編　民國古今圖書館影印本　四册

330000－1701－0009083　普 041.4/4004/2/c2　子部/雜著類/雜考之屬
炳燭編四卷　(清)李賡芸撰　(清)潘祖蔭等編　民國古今圖書館影印本　四册

330000－1701－0009086　普 041.4/4044　子部/雜著類/雜説之屬
移山簃隨筆一卷　袁嘉穀撰　民國三十七年(1948)鉛印本　周鍾嶽題簽　一册

330000－1701－0009126　普 041.4/4700/c1　子部/雜著類/雜説之屬
少室山房筆叢四十八卷　(明)胡應麟撰　民國十二年(1923)上海掃葉山房石印本　八册

330000－1701－0009127　普 041.4/4700/c2　子部/雜著類/雜説之屬
少室山房筆叢四十八卷　(明)胡應麟撰　民國十二年(1923)上海掃葉山房石印本　八册

330000－1701－0009143　普 041.4/4917/2/c1　子部/雜著類/雜考之屬
陔餘叢考四十三卷　(清)趙翼撰　民國上海文瑞樓石印本　十六册

330000－1701－0009144　普 041.4/4917/2/c2　子部/雜著類/雜考之屬
陔餘叢考四十三卷　(清)趙翼撰　民國上海文瑞樓石印本　十六册

330000－1701－0009153　普 041.4/7205/c1　子部/雜著類/雜説之屬
三餘札記二卷　劉文典撰　民國十七年(1928)上海商務印書館鉛印本　二册

330000－1701－0009154　普 041.4/7205/c2　子部/雜著類/雜説之屬
三餘札記二卷　劉文典撰　民國十七年(1928)上海商務印書館鉛印本　二册

330000－1701－0009155　普 041.4/7205/c3　子部/雜著類/雜説之屬
三餘札記二卷　劉文典撰　民國十七年(1928)上海商務印書館鉛印本　二册

330000－1701－0009160　普 041.4/7520　類叢部/叢書類/彙編之屬
煙畫東堂小品二十三種　繆荃孫編　民國九年(1920)江陰繆氏刻本　一册

330000－1701－0009181　普 041.4/8301/c1　子部/雜著類/雜考之屬
錢蘇齋述學一卷　(清)錢文霈譔　民國十三年(1924)蘇城錢氏仁壽堂刻本　一册

330000－1701－0009182　普 041.4/8301/c2　子部/雜著類/雜考之屬
錢蘇齋述學一卷　(清)錢文霈譔　民國十三年(1924)蘇城錢氏仁壽堂刻本　一册

330000－1701－0009194　普 041.41/3434　子部/雜著類/雜説之屬
止庵筆語一卷　(清)譚宗浚撰　民國十一年(1922)南海譚祖任京師刻本　一册

330000－1701－0009209　普 041.5/0763　子部/雜著類/雜説之屬

遯圃詹言十卷　郭則澐輯　民國二十五年(1936)郭則澐蟄園刻本　宋庚蔭題簽　二冊

330000－1701－0009212　普 041.5/1004/2　子部/雜著類/雜說之屬
柳南隨筆六卷　(清)王應奎撰　民國十五年(1926)掃葉山房石印本　二冊

330000－1701－0009215　普 041.5/1039/c1　集部/别集類
補讀書齋筆談不分卷　王守恂撰　民國鉛印本　一冊

330000－1701－0009216　普 041.5/1039/c2　集部/别集類
補讀書齋筆談不分卷　王守恂撰　民國鉛印本　一冊

330000－1701－0009221　普 041.5/1043/3　子部/雜著類/雜說之屬
池北偶談二十六卷　(清)王士禛撰　民國上海錦章圖書局石印本　六冊

330000－1701－0009252　普 041.5/1111　子部/雜著類/雜考之屬
四寸學六卷　(清)張雲璈撰　民國三十年(1941)燕京大學圖書館鉛印本　二冊

330000－1701－0009272　普 041.5/2144/c1　子部/雜著類/雜說之屬
梵天廬叢録三十七卷　柴萼撰　民國十五年(1926)上海中華書局石印本　十八冊

330000－1701－0009273　普 041.5/2144/c2　子部/雜著類/雜說之屬
梵天廬叢録三十七卷　柴萼撰　民國十五年(1926)上海中華書局石印本　十八冊

330000－1701－0009276　普 041.5/2170　類叢部/叢書類/郡邑之屬
南陵先哲遺書五種　徐乃昌輯　民國二十三年(1934)南陵徐乃昌影印本　一冊　存一種

330000－1701－0009277　普 041.5/2213　子部/宗教類/其他宗教之屬/基督教
辯學遺牘一卷　(意大利)利瑪竇撰　**大西利先生行蹟一卷**　(意大利)艾儒略述　**明浙西李之藻傳一卷**　陳垣撰　民國八年(1919)鉛印本　一冊

330000－1701－0009284　普 041.5/2637/2　子部/雜著類/雜說之屬
桐陰清話八卷　(清)倪鴻撰　民國十三年(1924)上海掃葉山房石印本　四冊

330000－1701－0009295　普 041.5/2712/c1　子部/小說家類/雜事之屬
三借廬筆談十二卷　鄒弢撰　民國二年(1913)國粹圖書社石印本　六冊

330000－1701－0009296　普 041.5/2712/c2　子部/小說家類/雜事之屬
三借廬筆談十二卷　鄒弢撰　民國二年(1913)國粹圖書社石印本　六冊

330000－1701－0009297　普 041.5/2810　類叢部/叢書類/自著之屬
康居筆記彙函十三種十四卷　徐珂撰　民國二十二年(1933)徐新六鉛印本　一冊　存七種

330000－1701－0009301　普 041.5/3141/c1　類叢部/叢書類/自著之屬
勱堂日記類鈔二卷　顧家相撰　顧燮光輯　民國十四年(1925)鉛印本　一冊

330000－1701－0009302　普 041.5/3141/c2　類叢部/叢書類/自著之屬
勱堂日記類鈔二卷　顧家相撰　顧燮光輯　民國十四年(1925)鉛印本　一冊

330000－1701－0009303　普 041.5/3141/c3　類叢部/叢書類/自著之屬
勱堂日記類鈔二卷　顧家相撰　顧燮光輯　民國十四年(1925)鉛印本　一冊

330000－1701－0009304　普 041.5/3141/c4　類叢部/叢書類/自著之屬
勱堂日記類鈔二卷　顧家相撰　顧燮光輯　民國十四年(1925)鉛印本　一冊

330000－1701－0009315　普 041.5/3442　類

叢部/叢書類/彙編之屬

又滿樓叢書十六種 趙詒琛編 民國九年至十四年(1920－1925)崑山趙氏又滿樓刻本 一冊 存一種

330000－1701－0009325 普 041.5/4000/c1 子部/雜著類/雜纂之屬

希言一卷 民國抄本 一冊

330000－1701－0009326 普 041.5/4000/c2 子部/雜著類/雜纂之屬

希言一卷 民國抄本 一冊

330000－1701－0009346 普 041.5/4048/3 類叢部/叢書類/自著之屬

隨園三十六種 (清)袁枚撰 民國十年(1921)上海中華圖書館鉛印本 四冊 存一種

330000－1701－0009347 普 041.5/4050/c1 子部/雜著類/雜說之屬

嶺雲軒瑣記四卷續選四卷 (清)李威撰 民國二十四年(1935)鉛印本 二冊

330000－1701－0009348 普 041.5/4050/c2 子部/雜著類/雜說之屬

嶺雲軒瑣記四卷續選四卷 (清)李威撰 民國二十四年(1935)鉛印本 二冊

330000－1701－0009351 普 041.5/4088/c1 史部/傳記類/日記之屬

越縵堂日記不分卷(清同治二年四月朔至光緒十五年七月初十) (清)李慈銘撰 民國九年(1920)北京浙江公會影印本 五十一冊

330000－1701－0009352 普 041.5/4088/c2 史部/傳記類/日記之屬

越縵堂日記不分卷(清同治二年四月朔至光緒十五年七月初十) (清)李慈銘撰 民國九年(1920)北京浙江公會影印本 五十一冊

330000－1701－0009353 普 041.5/4088/c3 史部/傳記類/日記之屬

越縵堂日記不分卷(清同治二年四月朔至光緒十五年七月初十) (清)李慈銘撰 民國九年(1920)北京浙江公會影印本 五十一冊

330000－1701－0009355 普 041.5/4088.04 史部/傳記類/日記之屬

越縵堂詹詹錄二卷 (清)李慈銘撰 李文糺輯 民國二十二年(1933)李文糺鉛印本 二冊

330000－1701－0009356 普 041.5/4088.2/c1 史部/傳記類/日記之屬

越縵堂日記補不分卷(清咸豐四年三月十四日至同治二年三月三十日) (清)李慈銘撰 民國二十五年(1936)上海商務印書館影印本 項士元題記 十三冊

330000－1701－0009357 普 041.5/4088.2/c2 史部/傳記類/日記之屬

越縵堂日記補不分卷(清咸豐四年三月十四日至同治二年三月三十日) (清)李慈銘撰 民國二十五年(1936)上海商務印書館影印本 十三冊

330000－1701－0009358 普 041.5/4088.2/c3 史部/傳記類/日記之屬

越縵堂日記補不分卷(清咸豐四年三月十四日至同治二年三月三十日) (清)李慈銘撰 民國二十五年(1936)上海商務印書館影印本 十三冊

330000－1701－0009362 普 041.5/4220.2 類叢部/叢書類/彙編之屬

涵芬樓祕笈五十一種 孫毓修等輯 民國五年至十五年(1916－1926)上海商務印書館影印本暨鉛印本 二冊 存一種

330000－1701－0009366 普 041.5/4411.2/c1、普 041.5/4411/2/c1 子部/雜著類/雜說之屬

鷗陂漁話六卷吹網錄六卷 (清)葉廷琯撰 民國上海埽葉山房石印本 六冊

330000－1701－0009367 普 041.5/4411.2/c2、普 041.5/4411/2/c2 子部/雜著類/雜說之屬

鷗陂漁話六卷吹網錄六卷 (清)葉廷琯撰 民國上海埽葉山房石印本 六冊

330000－1701－0009376　普 041.5/4430　史部/地理類/遊記之屬/紀勝
紅山碎葉不分卷　(清)黄濬撰　民國抄本　一冊

330000－1701－0009377　普 041.5/4447　子部/雜著類/雜纂之屬
夢餘贅筆六卷茶餘話異一卷　(清)范其駿撰　民國九年(1920)鉛印本　二冊

330000－1701－0009379　普 041.5/4461/c1　類叢部/叢書類/彙編之屬
嘉業堂叢書五十七種　劉承幹輯　民國吳興劉氏嘉業堂刻本　一冊　存一種

330000－1701－0009380　普 041.5/4461/c2　類叢部/叢書類/彙編之屬
嘉業堂叢書五十七種　劉承幹輯　民國吳興劉氏嘉業堂刻本　一冊　存一種

330000－1701－0009388　普 041.5/5042　子部/雜著類/雜說之屬
一漵研齋筆記八卷　王孝煃撰　民國二十三年(1934)鉛印本　樓桐孫批點並跋　六冊

330000－1701－0009389　普 041.5/5083　子部/雜著類/雜說之屬
弢園隨筆一卷　(清)史念祖撰　民國六年(1917)周肇祥刻本　一冊

330000－1701－0009453　普 041.5/7730/3　子部/雜著類/雜說之屬
齊東野語二十卷　(宋)周密撰　民國八年(1919)上海商務印書館鉛印本　六冊

330000－1701－0009461　普 041.5/8033/2/c1　子部/雜著類/雜說之屬
印雪軒隨筆四卷　(清)俞鴻漸撰　民國元年(1912)上海掃葉山房石印本　四冊

330000－1701－0009462　普 041.5/8033/2/c2　子部/雜著類/雜說之屬
印雪軒隨筆四卷　(清)俞鴻漸撰　民國元年(1912)上海掃葉山房石印本　四冊

330000－1701－0009463　普 041.5/8034/c1　子部/雜著類/雜說之屬
偕隱廡漫筆二卷　金濤撰　民國二十年至二十一年(1931－1932)浙江省立圖書館鉛印本　二冊

330000－1701－0009464　普 041.5/8034/c2　子部/雜著類/雜說之屬
偕隱廡漫筆二卷　金濤撰　民國二十年至二十一年(1931－1932)浙江省立圖書館鉛印本　二冊

330000－1701－0009465　普 041.5/8034/c3　子部/雜著類/雜說之屬
偕隱廡漫筆二卷　金濤撰　民國二十年至二十一年(1931－1932)浙江省立圖書館鉛印本　二冊

330000－1701－0009475　普 041.6/1730/c1、普 041.6/1730.2/c1　子部/雜著類/雜說之屬
骨董瑣記八卷續記四卷　鄧之誠輯　民國二十二年(1933)鉛印本　六冊

330000－1701－0009476　普 041.6/1730/c2、普 041.6/1730.2/c2　子部/雜著類/雜說之屬
骨董瑣記八卷續記四卷　鄧之誠輯　民國二十二年(1933)鉛印本　六冊

330000－1701－0009486　普 041.7/1031　史部/傳記類/總傳之屬/技藝
書林紀事四卷　馬宗霍撰　民國二十四年(1935)上海商務印書館鉛印本　一冊

330000－1701－0009493　普 041.7/1222/c1　子部/雜著類/雜纂之屬
益智編四十一卷　(明)孫能傳纂輯　民國據清光緒十七年(1891)杭州刻本影印本　十二冊

330000－1701－0009494　普 041.7/1222/c2　子部/雜著類/雜纂之屬
益智編四十一卷　(明)孫能傳纂輯　民國據清光緒十七年(1891)杭州刻本影印本　十二冊

330000－1701－0009495　普 041.7/1222/c3　子部/雜著類/雜纂之屬

益智編四十一卷　(明)孫能傳纂輯　民國據清光緒十七年(1891)杭州刻本影印本　十二冊

330000－1701－0009509　普 041.5/1740　子部/雜著類/雜說之屬

邵氏聞見後録三十卷　(宋)邵博撰　民國二十二年(1933)上海商務印書館鉛印本　三冊

330000－1701－0009527　普 041.7/4454　子部/小說家類/雜事之屬

西神叢語一卷　(清)黄蛟起撰　民國三年(1914)錫山俟學愈木活字印本　一冊

330000－1701－0009528　普 041.7/4481/c1　類叢部/叢書類/自著之屬

范聲山雜著八種　(清)范鍇撰輯　民國二十年(1931)北平富晉書社據清道光烏程范氏刻本影印本　四冊

330000－1701－0009529　普 041.7/4481/c2　類叢部/叢書類/自著之屬

范聲山雜著八種　(清)范鍇撰輯　民國二十年(1931)北平富晉書社據清道光烏程范氏刻本影印本　畿士題簽　圻士、史樹清題記　四冊

330000－1701－0009553　普 041.7/7182.1、普 041.7/7182/2　子部/雜著類/雜考之屬

讀書小記二卷續記五卷　馬敘倫撰　民國二十二年(1933)上海商務印書館鉛印本　三冊

330000－1701－0009554　普 041.7/7487/c1　類叢部/叢書類/彙編之屬

四部精華一百二十五種　陸翔選輯　民國上海世界書局石印本　三十冊

330000－1701－0009555　普 041.7/7487/c2　類叢部/叢書類/彙編之屬

四部精華一百二十五種　陸翔選輯　民國上海世界書局石印本　三十冊

330000－1701－0009560　普 041.7/7520　子部/雜著類/雜說之屬

捫燭脞存十二卷首一卷　(清)陳僅撰　民國三年(1914)鄞縣陳氏繼雅堂木活字印本　六冊

330000－1701－0009569　普 041.7/8045　史部/傳記類/總傳之屬/斷代

曲園瑣記二十卷　(清)俞樾撰　民國二年(1913)上海中華圖書館石印本　五冊　缺三卷(七至九)

330000－1701－0009571　普 041.9/7552　子部/小說家類/瑣語之屬

今雨談屑一卷　陳中嶽撰　民國二十一年(1932)鉛印本　一冊

330000－1701－0009572　普 080.211/1274/c1　史部/目録類/總録之屬/彙刻

叢書目録拾遺十二卷　孫殿起撰　民國二十三年(1934)鉛印本　四冊

330000－1701－0009576　普 080.211/1274/c2　史部/目録類/總録之屬/彙刻

叢書目録拾遺十二卷　孫殿起撰　民國二十三年(1934)鉛印本　四冊

330000－1701－0009587　普 080.211/3127.024　史部/目録類/總録之屬/彙刻

續彙刻書目十卷閏集一卷　羅振玉撰　民國三年(1914)連平范氏雙魚室刻本　八冊

330000－1701－0009588　普 080.211/3127.026　類叢部/叢書類/自著之屬

直介堂叢刻初編十種續編五種鼻烟叢刻四種　劉聲木撰　民國十八年(1929)廬江劉氏鉛印本　二冊　存一種

330000－1701－0009589　普 080.211/3441/c2　史部/目録類/總録之屬/彙刻

叢書書目彙編不分卷補遺一卷　沈乾一編纂　民國十八年(1929)上海醫學書局鉛印本　四冊

330000－1701－0009590　普 080.211/3441/c3　史部/目録類/總録之屬/彙刻

叢書書目彙編不分卷補遺一卷　沈乾一編纂　民國十七年(1928)上海醫學書局鉛印本

四册

330000－1701－0009591　普 080.211/4634/c1　史部/目録類/總録之屬/彙刻

叢書舉要六十卷附校誤記一卷徵刻南北宋人集啓一卷　楊守敬原編　李之鼎補編　民國三年(1914)南城李之鼎宜秋館南昌鉛印本　四十四册

330000－1701－0009592　普 080.211/4634/c2　史部/目録類/總録之屬/彙刻

叢書舉要六十卷附校誤記一卷徵刻南北宋人集啓一卷　楊守敬原編　李之鼎補編　民國三年(1914)南城李之鼎宜秋館南昌鉛印本　四十四册

330000－1701－0009605　民 017.43/3239.6/c2　史部/目録類/總録之屬/官修

浙江公立圖書館通常類圖書目錄五卷附保存類圖書目錄補遺一卷　浙江公立圖書館編　民國十四年(1925)浙江公立圖書館鉛印本　八册

330000－1701－0009606　普 080.211/4634/2　史部/目録類/總録之屬/彙刻

增訂叢書舉要八十卷附校誤記一卷徵刻南北宋人集啓一卷　楊守敬原編　李之鼎補編　民國七年(1918)宜秋館鉛印本　二十册　缺四十四卷(一至二十、四十二至六十五)

330000－1701－0009612　普 081/0079　類叢部/叢書類/彙編之屬

玄覽堂叢書三十三種　鄭振鐸輯　民國三十年(1941)上海影印本　一百二十册

330000－1701－0009613　普 081/0079.2/c1　類叢部/叢書類/彙編之屬

玄覽堂叢書續集二十一種　鄭振鐸輯　民國三十六年(1947)國立中央圖書館影印本　一百二十册

330000－1701－0009614　普 081/0079.2/c2　類叢部/叢書類/彙編之屬

玄覽堂叢書續集二十一種　鄭振鐸輯　民國三十六年(1947)國立中央圖書館影印本　一百二十册

330000－1701－0009639　普 081/1003/c1　類叢部/叢書類/彙編之屬

説庫一百七十種　王文濡編　民國四年(1915)上海文明書局石印本(浮生六記卷五至六原缺)　胡默莊批　六十册

330000－1701－0009640　普 081/1003/c2　類叢部/叢書類/彙編之屬

説庫一百七十種　王文濡編　民國四年(1915)上海文明書局石印本(浮生六記卷五至六原缺)　六十册

330000－1701－0009659　普 081/10031　類叢部/叢書類/彙編之屬

景印元明善本叢書十種　商務印書館編　民國二十六年至二十九年(1937－1940)上海商務印書館影印本　十四册　存一種

330000－1701－0009660　普 081/1047/c1　類叢部/叢書類/彙編之屬

辛巳叢編九種　趙詒琛　王大隆輯　民國三十年(1941)鉛印本　四册

330000－1701－0009661　普 081/1047/c2　類叢部/叢書類/彙編之屬

辛巳叢編九種　趙詒琛　王大隆輯　民國三十年(1941)鉛印本　四册

330000－1701－0009662　普 081/1047/c3　類叢部/叢書類/彙編之屬

辛巳叢編九種　趙詒琛　王大隆輯　民國三十年(1941)鉛印本　四册

330000－1701－0009668　普 081/1062/c1　類叢部/叢書類/彙編之屬

廣倉學窘叢書(學術叢編)甲類四十九種乙類十五種　姬佛陀編　民國五年至七年(1916－1918)上海倉聖明智大學鉛印本暨石印本　章嶔題記　三十二册　存甲類

330000－1701－0009669　普 081/1062/c3　類叢部/叢書類/彙編之屬

廣倉學窘叢書(學術叢編)甲類四十九種乙類十五種　姬佛陀編　民國五年至七年(1916－

1918)上海倉聖明智大學鉛印本暨石印本　三十二冊

330000－1701－0009670　普 081/1062.2　類叢部/叢書類/彙編之屬
廣倉學宭叢書(學術叢編)甲類四十九種乙類十五種　姬佛陀編　民國五年至七年(1916－1918)上海倉聖明智大學鉛印本暨石印本　十七冊　存十種

330000－1701－0009676　普 915.1241/7052.5/3/c1　史部/地理類/山川之屬/山志
西天目祖山志八卷首一卷末一卷補遺一卷　(明)釋廣賓撰　(清)釋際界增訂　民國十五年(1926)鉛印本　二冊

330000－1701－0009689　普 081/1003.2/c2　類叢部/叢書類/彙編之屬
古今說部叢書二百七十二種　國學扶輪社輯　民國四年(1915)中國圖書公司和記鉛印本　四冊　存三十八種

330000－1701－0009696　普 081/1124　類叢部/叢書類/彙編之屬
滄海叢書十六種附七種　張伯楨編　民國二年至二十四年(1913－1935)東莞張氏刻本　十七冊　存十五種

330000－1701－0009699　普 081/1137/c1　類叢部/叢書類/彙編之屬
借月山房彙鈔十六集一百三十五種　(清)張海鵬輯　民國九年(1920)上海博古齋據清虞山張氏刻本影印本　一百二十冊

330000－1701－0009703　普 081/1137/c2　類叢部/叢書類/彙編之屬
借月山房彙鈔十六集一百三十五種　(清)張海鵬輯　民國九年(1920)上海博古齋據清虞山張氏刻本影印本　一百二十冊

330000－1701－0009705　普 081/1137.2　類叢部/叢書類/彙編之屬
學津討原二十集一百七十三種　(清)張海鵬編　民國十一年(1922)上海商務印書館據清嘉慶十年(1805)虞山張氏照曠閣刻本影印本　一百九十九冊　缺六卷(演繁露續集一至六)

330000－1701－0009707　普 081/1137.3/c2　類叢部/叢書類/彙編之屬
墨海金壺一百十五種　(清)張海鵬輯　民國十年(1921)上海博古齋據清嘉慶虞山張氏刻本影印本　一百六十冊

330000－1701－0009727　HJH5376　集部/別集類/宋別集
增廣箋註簡齋詩集三十卷無住詞一卷外集一卷附錄一卷　(宋)陳與義撰　(宋)胡穉箋注　**胡學士續添簡齋詩箋正誤一卷**　(宋)胡穉撰　**簡齋先生年譜一卷**　(宋)胡穉編　**增廣箋註簡齋詩集校勘記一卷**　馮煦撰　民國九年(1920)蔣氏湖上草堂刻本　六冊

330000－1701－0009731　普 081/1182.3/c1　類叢部/叢書類/彙編之屬
適園叢書七十四種　張鈞衡編　民國二年至六年(1913－1917)烏程張氏刻本(唐大詔令集卷十四至二十四、八十七至九十八原缺)　一百九十二冊

330000－1701－0009732　普 081/1182.4　類叢部/叢書類/彙編之屬
適園叢書七十四種　張鈞衡編　民國二年至六年(1913－1917)烏程張氏刻本(唐大詔令集卷十四至二十四、八十七至九十八原缺)　三十六冊　存十五種

330000－1701－0009819　普 081/1262.2　類叢部/叢書類/彙編之屬
岱南閣叢書十九種　(清)孫星衍輯　民國十三年(1924)上海博古齋據清乾隆至嘉慶蘭陵孫氏刻本影印本　六十冊

330000－1701－0009837　普 081/1282/c2　類叢部/叢書類/彙編之屬
涵芬樓祕笈五十一種　孫毓修等輯　民國五年至十五年(1916－1926)上海商務印書館影印本暨鉛印本　八十冊

330000－1701－0009838　普 081/1282/c4

類叢部/叢書類/彙編之屬

涵芬樓祕笈五十一種　孫毓修等輯　民國五年至十五年(1916－1926)上海商務印書館影印本暨鉛印本　七十九册　存四十九種

330000－1701－0009839　普 081/1282/(2)c2　類叢部/叢書類/彙編之屬

涵芬樓祕笈五十一種　孫毓修等輯　民國五年至十五年(1916－1926)上海商務印書館影印本暨鉛印本　四十册　存二十四種

330000－1701－0009843　普 081/1288/c1　類叢部/叢書類/彙編之屬

高昌祕笈甲集四種　孫鑑輯　民國十六年(1927)上海孫氏影印本　六册

330000－1701－0009844　普 081/1288/c2　類叢部/叢書類/彙編之屬

高昌祕笈甲集四種　孫鑑輯　民國十六年(1927)上海孫氏影印本　五册　存三種

330000－1701－0009856　普 081/1730　類叢部/叢書類/彙編之屬

古學彙刊第一集三十四種第二集二十七種　鄧實等編　民國元年至三年(1912－1914)上海國粹學報社鉛印本　十六册　存第一集三十四種

330000－1701－0009867　普 081/2010　類叢部/叢書類/彙編之屬

津逮祕書十五集　(明)毛晉編　民國十一年(1922)上海博古齋據明汲古閣本影印本　張宗祥校跋並過錄吳嘉泰校　二百册

330000－1701－0009870　普 081/2101/c2　類叢部/叢書類/彙編之屬

抱經堂叢書十六種　(清)盧文弨編　民國十二年(1923)北京直隸書局據清乾隆至嘉慶盧氏刻本影印本　一百册

330000－1701－0009871　普 081/2101/c3　類叢部/叢書類/彙編之屬

抱經堂叢書十六種　(清)盧文弨編　民國十二年(1923)北京直隸書局據清乾隆至嘉慶盧氏刻本影印本　八十册　存十四種

330000－1701－0009916　普 081/2502　類叢部/叢書類/郡邑之屬

雪華館叢編二十種　牛誠修輯　民國五年(1916)定襄牛誠修鉛印本　三十二册

330000－1701－0009930　普 081/2562/c1　類叢部/叢書類/彙編之屬

寶彝室集刊八種　朱景彝編　民國十四年(1925)胥山朱氏鉛印本　五册

330000－1701－0009931　普 081/2562/c4　類叢部/叢書類/彙編之屬

寶彝室集刊八種　朱景彝編　民國十四年(1925)胥山朱氏鉛印本　四册　存六種

330000－1701－0009938　普 081/2613　類叢部/叢書類/彙編之屬

景印元明善本叢書十種　商務印書館編　民國二十六年至二十九年(1937－1940)上海商務印書館影印本　五十六册　存一種

330000－1701－0009939　普 081/2630/c1　類叢部/叢書類/彙編之屬

拜經樓叢書三十種　(清)吳騫原編　上海博古齋增編　民國十一年(1922)上海博古齋影印本　四十七册　存二十七種

330000－1701－0009940　普 081/2630/c3　類叢部/叢書類/彙編之屬

拜經樓叢書三十種　(清)吳騫原編　上海博古齋增編　民國十一年(1922)上海博古齋影印本　四十八册

330000－1701－0009943　善 007226　史部/政書類/邦計之屬/衡制

權衡度量實驗攷一卷　(清)吳大澂撰　民國四年(1915)上虞羅振玉刻本　一册

330000－1701－0009950　普 081/2699/c2　類叢部/叢書類/彙編之屬

漢魏叢書三十八種　(明)程榮輯　民國十四年(1925)上海商務印書館據明萬曆程氏刻本影印本　四十册

330000－1701－0009973　普 081/2706.2/c1　類叢部/叢書類/彙編之屬

續古逸叢書四十七種　張元濟等編　民國十一年(1922)至一九五七年上海商務印書館影印本　陳尚達題記　九十三册　存三十五種

330000－1701－0009974　普 081/2706.2/c2　類叢部/叢書類/彙編之屬
續古逸叢書四十七種　張元濟等編　民國十一年(1922)至一九五七年上海商務印書館影印本　謝國楨題記　四十五册　存二十二種

330000－1701－0009997　普 081/3632、普 081/3632.2　類叢部/叢書類/家集之屬
溫氏叢書七種　溫良儒輯　民國二十五年(1936)鉛印本　十八册

330000－1701－0010005　普 081/2714/2/c1　類叢部/叢書類/彙編之屬
知不足齋叢書一百九十五種　(清)鮑廷博輯　(清)鮑士恭續輯　民國十年(1921)上海古書流通處據清鮑氏刻本影印本　二百三十五册　存一百九十四種

330000－1701－0010006　普 081/2714/2/c4　類叢部/叢書類/彙編之屬
知不足齋叢書一百九十五種　(清)鮑廷博輯　(清)鮑士恭續輯　民國十年(1921)上海古書流通處據清鮑氏刻本影印本(游宦紀聞卷一至十補配清乾隆至道光長塘鮑氏刻本)　二百三十九册　缺三卷(道命錄一至三)

330000－1701－0010013　普 081/2741.3　類叢部/叢書類/彙編之屬
煙畫東堂小品二十三種　繆荃孫編　民國九年(1920)江陰繆氏刻本　十二册

330000－1701－0010016　普 081/2800/c1　類叢部/叢書類/家集之屬
天蘇閣叢刊十五種　徐新六輯　民國三年(1914)、十二年(1923)杭縣徐氏鉛印本　章嶔跋　一册　存五種

330000－1701－0010017　普 081/2800/c2　類叢部/叢書類/家集之屬
天蘇閣叢刊十五種　徐新六輯　民國三年(1914)、十二年(1923)杭縣徐氏鉛印本　一册　存五種

330000－1701－0010018　普 081/2800.2/c1　類叢部/叢書類/家集之屬
天蘇閣叢刊十五種　徐新六輯　民國三年(1914)、十二年(1923)杭縣徐氏鉛印本　六册　存十種

330000－1701－0010019　普 081/2800.2/c2　類叢部/叢書類/家集之屬
天蘇閣叢刊十五種　徐新六輯　民國三年(1914)、十二年(1923)杭縣徐氏鉛印本　六册　存十種

330000－1701－0010020　普 081/2800.2/c4　類叢部/叢書類/家集之屬
天蘇閣叢刊十五種　徐新六輯　民國三年(1914)、十二年(1923)杭縣徐氏鉛印本　六册　存十種

330000－1701－0010028　普 081/2811/c1　類叢部/叢書類/彙編之屬
心園叢刻一集五種　徐珂輯　民國十四年(1925)杭縣徐氏鉛印本　二册

330000－1701－0010029　普 081/2811/c2　類叢部/叢書類/彙編之屬
心園叢刻一集五種　徐珂輯　民國十四年(1925)杭縣徐氏鉛印本　二册

330000－1701－0010054　普 081/3028　類叢部/叢書類/彙編之屬
咫園叢書五種　宗惟恭編　民國三十七年(1948)合衆圖書館得版編中國書店印本　二册

330000－1701－0010055　普 081/3110　類叢部/類書類/專類之屬
廣四十家小說四十種　(明)顧元慶編輯　民國四年(1915)上海文明書局石印本　六册

330000－1701－0010068　普 081/3138/c1　類叢部/叢書類/彙編之屬
翠琅玕館叢書七十四種　黄任恒重編　民國五年(1916)刻並重編彙印劉氏藏修堂叢書本　八十册

330000 - 1701 - 0010069　普 081/3138/c2　類叢部/叢書類/彙編之屬

翠琅玕館叢書七十四種　黄任恒重編　民國五年(1916)刻並重編彙印劉氏藏修堂叢書本　七十九册　存七十三種

330000 - 1701 - 0010073　普 081/31441　類叢部/叢書類/彙編之屬

景印元明善本叢書十種　商務印書館編　民國二十六年至二十九年(1937 - 1940)上海商務印書館影印本　三百二十册

330000 - 1701 - 0010088　HJH5512　集部/別集類/唐五代別集

杜詩註解節鈔一卷　(唐)杜甫撰　(清)顧淳慶輯注　民國十六年(1927)上海科學儀器館據顧氏抄本影印本　一册

330000 - 1701 - 0010089　普 081/4073　類叢部/叢書類/彙編之屬

國立北平圖書館善本叢書第一集十二種　謝國楨輯　民國二十五年(1936)上海商務印書館影印本　七十册

330000 - 1701 - 0010093　民 017.43/3239.6/c4　史部/目録類/總録之屬/官修

浙江公立圖書館通常類圖書目錄五卷附保存類圖書目錄補遺一卷　浙江公立圖書館編　民國十四年(1925)浙江公立圖書館鉛印本　八册

330000 - 1701 - 0010129　普 081/3479/c1　類叢部/叢書類/輯佚之屬

經典集林三十種三十二卷　(清)洪頤煊撰錄　民國十五年(1926)海寧陳乃乾慎初堂據清嘉慶問經堂叢書本影印本　二册

330000 - 1701 - 0010130　普 081/3479/c2　類叢部/叢書類/輯佚之屬

經典集林三十種三十二卷　(清)洪頤煊撰錄　民國十五年(1926)海寧陳乃乾慎初堂據清嘉慶問經堂叢書本影印本　章嶔題記　二册

330000 - 1701 - 0010133　普 081/3499/c2　類叢部/叢書類/彙編之屬

靜園叢書十種　沈光瑩編　民國七年(1918)聚珍倣宋印書局鉛印本(籀史卷下原缺)　十六册

330000 - 1701 - 0010134　普 081/3499/c3　類叢部/叢書類/彙編之屬

靜園叢書十種　沈光瑩編　民國七年(1918)聚珍倣宋印書局鉛印本(籀史卷下原缺)　十六册

330000 - 1701 - 0010160　普 081/4013/c1　類叢部/叢書類/彙編之屬

佚存叢書六帙十七種　(日本)林衡編　民國十三年(1924)上海商務印書館據日本寬政至文化刻本影印本　三十册

330000 - 1701 - 0010161　普 081/4013/c2　類叢部/叢書類/彙編之屬

佚存叢書六帙十七種　(日本)林衡編　民國十三年(1924)上海商務印書館據日本寬政至文化刻本影印本　三十册

330000 - 1701 - 0010162　民 017.31/1334.3　史部/目録類/總録之屬/官修

國立武漢大學新編中文圖書目錄不分卷　武漢大學圖書館編　民國國立武漢大學鉛印本　一册

330000 - 1701 - 0010176　普 081/4040/c2　類叢部/叢書類/彙編之屬

百川學海一百一種　(宋)左圭輯　民國十年(1921)上海博古齋據明弘治華氏刻本影印本　四十册

330000 - 1701 - 0010177　普 081/4040/c3　類叢部/叢書類/彙編之屬

百川學海一百一種　(宋)左圭輯　民國十年(1921)上海博古齋據明弘治華氏刻本影印本　四十册

330000 - 1701 - 0010190　民 017.31/1104.2　史部/目録類/總録之屬/官修

北京大學漢文書目續編不分卷　張西曼編　民國九年(1920)北平國立北京大學圖書館油印本　一册

330000－1701－0010200　HJL3085　集部/別集類

嘯樓續集二卷　李大防撰　民國十四年(1925)鉛印本　一册

330000－1701－0010205　普 081/4347　類叢部/叢書類/家集之屬

錫山尤氏叢刊甲集六種　尤桐輯　民國二十四年(1935)鉛印本　二册

330000－1701－0010217　普 081/4411　類叢部/叢書類/彙編之屬

士禮居黄氏叢書十九種附四種　(清)黄丕烈輯　民國四年(1915)上海石竹山房據清黄氏刻本影印本　三十册

330000－1701－0010218　普 081/4411/2　類叢部/叢書類/彙編之屬

士禮居黄氏叢書十九種附四種　(清)黄丕烈輯　民國十一年(1922)上海博古齋據清黄氏刻本增輯影印本　三十九册

330000－1701－0010226　善 007380　經部/易類/傳説之屬

學易六卷周易筮考一卷　(清)李塨稿　民國張宗祥抄本　張宗祥跋　四册

330000－1701－0010230　民 785/3631/c1　子部/藝術類/音樂之屬

中國絲竹指南不分卷　祝湘石編　民國十五年(1926)上海大東書局石印本　一册

330000－1701－0010231　普 081/4422　類叢部/叢書類/彙編之屬

藜照廬叢書十五種　林集虚編　民國二十四年(1935)木活字印本　六册

330000－1701－0010236　民 741.5044/7529/c1　子部/藝術類/書畫之屬/總論

中國文人畫之研究不分卷　(日本)大邨西崖述　陳衡恪譯　民國十一年(1922)中華書局鉛印本　一册

330000－1701－0010238　善 007387　經部/書類/傳説之屬

同文尚書不分卷　(清)牟庭撰　民國萊陽孫氏夢書生花館抄本　余重耀批並跋　孫巍、王明倫校　六册

330000－1701－0010242　普 081/44291　類叢部/叢書類/彙編之屬

信古閣小叢書八種　黄任恒編　民國二十一年至二十三年(1932－1934)南海黄氏鉛印本　二册

330000－1701－0010252　善 007397　經部/群經總義類/傳説之屬

讀相臺五經隨筆四卷　(清)周廣業撰　民國吴興劉氏嘉業堂抄本　二册

330000－1701－0010253　善 007396　經部/春秋左傳類/專著之屬

左傳釋地三卷　(清)范士齡撰　民國勵乃驥抄本　一册

330000－1701－0010262　善 007402　經部/四書類/總義之屬/文字音義

四書虚字講義一卷　(清)丁守存撰　民國勵乃驥抄本　一册

330000－1701－0010267　善 007404　經部/小學類/文字之屬/説文/傳説

説文窺管一卷　(清)周沐潤撰　民國十六年(1927)陸祖穀抄本　陸祖穀跋　一册

330000－1701－0010271　善 007408　經部/群經總義類/傳説之屬

惜陰日記二卷　(清)宋咸熙撰　民國抄本　二册

330000－1701－0010273　善 007409　經部/小學類/文字之屬/字書/字體

字形聲辨一卷　(清)沈棠臣纂　民國吴興劉氏嘉業堂抄本　一册

330000－1701－0010274　善 007411　經部/小學類/音韻之屬/韻書

韻補五卷　(宋)吴棫撰　民國抄本　五册

330000－1701－0010277　普 081/4496/c1　類叢部/叢書類/彙編之屬

別下齋叢書二十七種　(清)蔣光煦編　民國

武林竹簡齋據道光海昌蔣氏刻本影印本　二十四册

330000－1701－0010278　普 081/4496/c3　類叢部/叢書類/彙編之屬

別下齋叢書二十七種　(清)蔣光煦編　民國武林竹簡齋據清道光海昌蔣氏刻本影印本　十八册　存十七種

330000－1701－0010279　普 081/4496/2　類叢部/叢書類/彙編之屬

別下齋叢書二十七種　(清)蔣光煦編　民國十二年(1923)上海商務印書館據清蔣氏刻本影印本　周念行題記　二十册

330000－1701－0010280　普 081/4496.2/c1　類叢部/叢書類/彙編之屬

涉聞梓舊二十五種　(清)蔣光煦輯　民國武林竹簡齋據清道光海昌蔣氏刻本影印本　二十四册

330000－1701－0010281　普 081/4496.2/c2　類叢部/叢書類/彙編之屬

涉聞梓舊二十五種　(清)蔣光煦輯　民國武林竹簡齋據清道光海昌蔣氏刻本影印本　二十四册

330000－1701－0010282　善 007413　經部/小學類/文字之屬

莊氏心法一卷　(清)莊述祖撰　民國抄本　邵瑞彭題記　一册

330000－1701－0010283　善 007414　經部/小學類/音韻之屬/韻書

韻辨附文五卷　(清)沈兆霖編　民國四年至五年(1915－1916)古杭高才抄本　高才題記　五册

330000－1701－0010284　善 007415　經部/小學類/音韻之屬/等韻

東塾初學編一卷　(清)陳澧撰　民國關來卿抄本　一册

330000－1701－0010286　善 007416　經部/小學類/音韻之屬/等韻

二十三母土音表都法一卷　(清)吴善述編　民國四明張氏約園抄本　一册

330000－1701－0010288　善 007418　史部/紀傳類/正史之屬

南宋大字史記集解殘本札記一卷　熊會貞撰　民國吳興劉氏求恕齋抄本　一册

330000－1701－0010290　普 081/4640　類叢部/叢書類/彙編之屬

墨香簃叢編六種　楊嘉編　民國石印本　二册

330000－1701－0010296　普 081/4834/c1　類叢部/叢書類/彙編之屬

選印宛委別藏四十種　故宫博物院編　民國二十四年(1935)國立北平故宫博物院影印本　一百四十九册

330000－1701－0010297　普 081/4834/c3　類叢部/叢書類/彙編之屬

選印宛委別藏四十種　故宫博物院編　民國二十四年(1935)國立北平故宫博物院影印本　一百四十九册　存三十九種

330000－1701－0010299　普 081/4834.2　類叢部/叢書類/彙編之屬

天祿琳琅叢書第一集十五種　故宫博物院輯　民國二十一年(1932)故宫博物院影印本　十二册　存九種

330000－1701－0010300　普 081/4834.2/1　史部/傳記類/科舉録之屬/歷科登科録

寶祐四年登科錄一卷　民國十二年(1923)據明嘉靖汀州刻本影刻本　勵乃驥校　二册

330000－1701－0010303　善 007421　史部/雜史類/斷代之屬

三朝要典二十四卷原始一卷　(明)徐紹吉等纂　民國抄本　佚名過録清沈德潛跋　十册

330000－1701－0010305　善 007423　史部/雜史類/斷代之屬

武王克殷日紀一卷滅國五十考一卷　(清)林春溥纂　民國勵乃驥抄本　一册

330000－1701－0010306　善 007424　史部/雜史類/斷代之屬

炎徼紀聞四卷　(明)田汝成撰　民國抄本

四册

330000－1701－0010307　普 081/4901.08　史部/目録類/總録之屬/私撰
峭帆樓叢書總目一卷　趙詒琛編　民國六年(1917)新陽趙氏刻本　一册

330000－1701－0010311　普 081/4901.2　類叢部/叢書類/彙編之屬
甲戌叢編二十種　趙詒琛　王保譿輯　民國二十三年(1934)鉛印本　四册

330000－1701－0010312　普 081/4901.22/c1　類叢部/叢書類/彙編之屬
乙亥叢編十六種　趙詒琛　王保譿　王大隆編　民國二十四年(1935)鉛印本　四册

330000－1701－0010313　普 081/4901.22/c2　類叢部/叢書類/彙編之屬
乙亥叢編十六種　趙詒琛　王保譿　王大隆編　民國二十四年(1935)鉛印本　四册

330000－1701－0010315　普 081/4901.3/c1　類叢部/叢書類/彙編之屬
藝海一勺二十三種　趙詒琛編　民國二十二年(1933)鉛印本　四册

330000－1701－0010316　普 081/4901.3/c2　類叢部/叢書類/彙編之屬
藝海一勺二十三種　趙詒琛編　民國二十二年(1933)鉛印本　二册

330000－1701－0010318　普 081/4914/c2　類叢部/叢書類/彙編之屬
東萊趙氏楹書叢刊十一種　趙琪編　民國二十四年(1935)東來趙氏永厚堂鉛印本　十二册

330000－1701－0010319　普 081/4914/c3　類叢部/叢書類/彙編之屬
東萊趙氏楹書叢刊十一種　趙琪編　民國二十四年(1935)東來趙氏永厚堂鉛印本　十二册

330000－1701－0010322　善 007433　史部/詔令奏議類/詔令之屬
光緒庚子辛丑上諭一卷　民國滋蘭室抄本　一册

330000－1701－0010323　善 007432　史部/雜史類
太平天國書兩種二卷　民國平湖胡士瑩霜紅簃抄本　胡士瑩跋並題記　一册

330000－1701－0010326　普 081/4930/2/c1　類叢部/叢書類/彙編之屬
仰視千七百二十九鶴齋叢書四集三十一種　(清)趙之謙編　民國十八年(1929)紹興墨潤堂書苑據清光緒六年(1880)會稽趙氏刻本影印本　二十四册

330000－1701－0010327　普 081/4930/2/c4　類叢部/叢書類/彙編之屬
仰視千七百二十九鶴齋叢書四集三十一種　(清)趙之謙編　民國十八年(1929)紹興墨潤堂書苑據清光緒六年(1880)會稽趙氏刻本影印本　二十二册　存二十九種

330000－1701－0010328　普 081/5045.04　史部/目録類/版本之屬/書影
重印聚珍倣宋版五開大本四部備要樣本不分卷　中華書局編　民國二十三年(1934)中華書局鉛印本　一册

330000－1701－0010329　普 081/5045.2　類叢部/叢書類/彙編之屬
袖珍古書讀本三十種　中華書局編　民國十九年(1930)上海中華書局鉛印本　一百九十册　存二十六種

330000－1701－0010330　普 081/5056.08、普 081/5056/c1　類叢部/叢書類/彙編之屬
四庫全書珍本初集二百三十種　中央圖書館籌備處輯　民國二十三年至二十四年(1934－1935)上海商務印書館據文淵閣本影印本　一千九百五十五册　存二百二十九種

330000－1701－0010331　普 081/5056/c3　類叢部/叢書類/彙編之屬
四庫全書珍本初集二百三十種　中央圖書館籌備處輯　民國二十三年至二十四年(1934－

1935)上海商務印書館據文淵閣本影印本　一千九百六十冊

330000－1701－0010332　善 007437　史部/詔令奏議類/奏議之屬

光緒朝奏摺雜鈔不分卷　民國吳興劉氏嘉業堂抄本　五冊

330000－1701－0010334　普 081/5530/c1　類叢部/叢書類/彙編之屬

楝亭(楝亭藏書)十二種六十九卷　(清)曹寅編　民國十年(1921)上海古書流通處據清康熙四十五年(1706)揚州詩局刻本影印本　二十冊

330000－1701－0010335　普 081/5530/c2　類叢部/叢書類/彙編之屬

楝亭(楝亭藏書)十二種六十九卷　(清)曹寅編　民國十年(1921)上海古書流通處據清康熙四十五年(1706)揚州詩局刻本影印本　二十冊

330000－1701－0010337　普 081/5533/c1　類叢部/叢書類/彙編之屬

學海類編四百三十種　(清)曹溶編　(清)陶越增訂　民國九年(1920)上海涵芬樓據清道光十一年(1831)六安晁氏木活字印本影印本　一百二十冊

330000－1701－0010342　善 007438　史部/傳記類/別傳之屬/事狀

東家雜記二卷　(宋)孔傳編　民國抄本　二冊

330000－1701－0010344　善 007440　史部/傳記類/別傳之屬/事狀

東山(查繼佐)外紀二卷　(清)劉振麟　(清)周驤輯　民國抄本　二冊

330000－1701－0010345　善 007441　史部/傳記類/別傳之屬

周公年表一卷　(清)牟廷相撰　民國抄本　一冊

330000－1701－0010346　善 007442　史部/傳記類/別傳之屬/年譜

王雅宜年譜一卷　(清)翁方綱撰　民國吳興劉氏嘉業堂抄本　一冊

330000－1701－0010348　善 007444　史部/傳記類/雜傳之屬

御製紀非錄一卷　(明)太祖朱元璋撰　民國常熟周大輔抄本　一冊

330000－1701－0010350　普 081/6051/c1　類叢部/叢書類/彙編之屬

雪堂叢刻(國學叢刊)五十二種　羅振玉編　民國四年(1915)上虞羅氏鉛印本　章嶔題記　二十冊

330000－1701－0010353　普 081/6051.12/c1　類叢部/叢書類/彙編之屬

鳴沙石室古籍叢殘三十種　羅振玉編　民國六年(1917)上虞羅氏影印本　六冊

330000－1701－0010354　普 081/6051.12/c2　類叢部/叢書類/彙編之屬

鳴沙石室古籍叢殘三十種　羅振玉編　民國六年(1917)上虞羅氏影印本　六冊

330000－1701－0010355　普 081/6051.122　類叢部/叢書類/彙編之屬

鳴沙石室佚書(鳴沙石室古佚書)續編四種　羅振玉編　民國六年(1917)上虞羅氏據唐寫本影印本　一冊

330000－1701－0010356　普 081/6051.13　類叢部/叢書類/彙編之屬

貞松堂藏西陲祕籍叢殘三十四種　羅振玉輯　民國上虞羅氏影印本　六冊

330000－1701－0010357　善 007447　史部/傳記類/總傳之屬/人表

明鄞獻表二卷　(明)薛岡編　民國四明張氏約園抄本　一冊

330000－1701－0010358　善 007448　史部/雜史類/斷代之屬

蜀碧四卷附記一卷　(清)彭遵泗撰　民國抄本　二冊

330000－1701－0010361　普 081/6051/c2

類叢部/叢書類/彙編之屬

雪堂叢刻(國學叢刊)五十二種　羅振玉編　民國四年(1915)上虞羅氏鉛印本　十九册　存四十六種

330000－1701－0010363　普 081/6051.14　類叢部/叢書類/彙編之屬

敦煌零拾七種　羅振玉輯　民國上虞羅氏鉛印本　一册

330000－1701－0010364　普 081/6051.2/c1　類叢部/叢書類/彙編之屬

國學叢刊五十二種　國學叢刊社編　民國三年至四年(1914－1915)上海國學叢刊社鉛印本　二十册

330000－1701－0010365　普 081/6051.2/c2　類叢部/叢書類/彙編之屬

國學叢刊五十二種　國學叢刊社編　民國三年至四年(1914－1915)上海國學叢刊社鉛印本　四册　存十二種

330000－1701－0010366　普 081/6051.2/c3　類叢部/叢書類/彙編之屬

國學叢刊五十二種　國學叢刊社編　民國三年至四年(1914－1915)上海國學叢刊社鉛印本　四册　存十二種

330000－1701－0010369　善 007473　史部/地理類/山川之屬/水志

武陟縣河防志一卷　民國抄本　一册

330000－1701－0010372　民 017.43/3239.7　史部/目録類/總録之屬/官修

浙江公立圖書館保存類目錄四卷　浙江公立圖書館編　民國十年(1921)浙江公立圖書館石印本　二册

330000－1701－0010373　民 017.43/3239.702/c1、民 017.43/3239.702/c3　史部/目録類/總録之屬/官修

浙江公立圖書館保存類目錄續編四卷通常類目錄續編四卷補遺附錄一卷勘誤表一卷　浙江公立圖書館編　民國七年(1918)浙江公立圖書館鉛印本　二册

330000－1701－0010377　善 007455　史部/傳記類/總傳之屬/家乘

錢氏先正事略不分卷　民國抄本　一册

330000－1701－0010386　民 017.43/3239.702/c2　史部/目録類/總録之屬/官修

浙江公立圖書館保存類目錄續編四卷通常類目錄續編四卷補遺附錄一卷勘誤表一卷　浙江公立圖書館編　民國七年(1918)浙江公立圖書館鉛印本　二册

330000－1701－0010387　民 017.43/3239.93/c2　史部/目録類/總録之屬/官修

浙江省立圖書館善本書目甲編四卷　毛春翔編　民國二十五年(1936)浙江省立圖書館鉛印本　一册

330000－1701－0010388　民 377.409/9044　史部/政書類/公牘檔册之屬

私立光華大學成都十年記不分卷　光華大學成都分部結束辦事處輯　民國三十六年(1947)光華大學成都分部結束辦事處鉛印本　一册

330000－1701－0010393　善 007461　史部/載記類

南唐書合訂二十五卷　(清)李清撰　民國余氏寒柯堂抄四庫全書本　六册

330000－1701－0010394　HJH5577　集部/別集類/清別集

琴鶴山房遺稿八卷　(清)趙銘撰　金兆蕃輯　民國十一年(1922)金兆蕃刻本　二册

330000－1701－0010396　善 007463　史部/地理類/方志之屬/郡縣志

[萬曆]新城縣志四卷　(明)溫朝祚修　(明)方廉纂　民國二十六年(1937)夏定域抄本　夏定域校並題記　四册

330000－1701－0010397　善 007464　史部/地理類/方志之屬/郡縣志

[萬曆]會稽縣志十六卷　(明)楊維新修　(明)張元忭　(明)徐渭纂　民國抄本　四册

330000－1701－0010398　善 007465　史部/

地理類/方志之屬/郡縣志

[乾隆]長洲縣志三十四卷首一卷 (清)李光祚修 (清)顧詒祿等纂 民國抄本 十冊

330000－1701－0010399 善007466 史部/地理類/方志之屬/郡縣志

[雍正]分建南匯縣志十六卷 (清)欽璉等纂修 民國長興王氏述廬抄本 四冊 存六卷(一至二、六、十一至十三)

330000－1701－0010401 普081/5533/c2 類叢部/叢書類/彙編之屬

學海類編四百三十種 (清)曹溶編 (清)陶越增訂 民國九年(1920)上海涵芬樓據清道光十一年(1831)六安晁氏木活字印本影印本 一冊 存五種

330000－1701－0010406 善007469 史部/地理類/方志之屬/郡縣志

呈貢縣志八卷 (清)朱若功等纂修 (清)李明鋆等續修 民國抄本 八冊

330000－1701－0010407 普081/6051.4 類叢部/叢書類/彙編之屬

雲窗叢刻十種十四卷 羅振玉輯 民國三年(1914)上虞羅氏日本京都東山僑舍影印本 十冊

330000－1701－0010408 普081/6051.5 類叢部/叢書類/彙編之屬

鳴沙石室佚書(鳴沙石室古佚書)初編十九種 羅振玉編 民國二年(1913)上虞羅氏據唐寫本影印本 十六冊

330000－1701－0010409 善007470 史部/地理類/方志之屬/郡縣志

[道光]宣威州志八卷 (清)劉沛霖 (清)朱光鼎等纂修 民國抄本 六冊

330000－1701－0010410 善007471 史部/地理類/雜志之屬

欽定滿洲源流考二十卷 (清)阿桂等纂修 民國抄本 八冊

330000－1701－0010411 善007472 史部/地理類/方志之屬/郡縣志

[道光]澂水新誌十二卷首一卷 (清)方溶纂修 民國抄本 四冊

330000－1701－0010413 善007475 史部/地理類

鄭開陽雜著十一卷 (明)鄭若曾撰 民國抄本 五冊

330000－1701－0010414 普081/6051.6/c1 類叢部/叢書類/彙編之屬

吉石庵叢書二十七種 羅振玉輯 民國上虞羅氏影印本 二十三冊 存二十六種

330000－1701－0010415 普081/6051.6/c2 類叢部/叢書類/彙編之屬

吉石庵叢書二十七種 羅振玉輯 民國上虞羅氏影印本 五冊 存六種

330000－1701－0010416 普081/6015.8/c2 類叢部/叢書類/彙編之屬

殷禮在斯堂叢書二十種 羅振玉編 民國十七年(1928)東方學會石印本暨鉛印本 十二冊

330000－1701－0010417 善007477 史部/地理類/雜志之屬

六朝事迹編類二卷 (宋)張敦頤編 民國抄本 一冊

330000－1701－0010421 善007478 史部/地理類/雜志之屬

益部談資三卷 (明)何宇度撰 民國抄本 一冊

330000－1701－0010425 普081/6051.9 類叢部/叢書類/彙編之屬

玉簡齋叢書十四種二集八種 羅振玉輯 民國石印本 二十冊

330000－1701－0010426 善007479 史部/地理類/方志之屬/郡縣志

[崇禎]天府廣紀四十四卷 (清)孫承澤纂 民國抄本 十二冊

330000－1701－0010429 普081/7214/c2 類叢部/叢書類/彙編之屬

嘉業堂叢書五十七種　劉承幹輯　民國吴興劉氏嘉業堂刻本　錢泰題記　一百四十冊　存四十種

330000－1701－0010432　善 007484　史部/地理類/雜志之屬
台州外書訂三卷　管世駿撰　稿本　三冊

330000－1701－0010435　普 081/7214.2/(2)　類叢部/叢書類/彙編之屬
求恕齋叢書三十一種　劉承幹編　民國吴興劉氏嘉業堂刻本　劉承幹校並跋　一百三十冊　存二十六種

330000－1701－0010437　善 007487　史部/地理類/遊記之屬/紀行
越游小録一卷　(清)管庭芬撰　民國抄本　一冊

330000－1701－0010440　善 007490　史部/地理類/外紀之屬
海録西南諸國二卷　(清)楊炳南述　民國抄本　一冊

330000－1701－0010441　普 081/7244.2　類叢部/叢書類/自著之屬
直介堂叢刻初編十種續編五種鼻烟叢刻四種　劉聲木撰　民國十八年(1929)廬江劉氏鉛印本　十五冊　存五種

330000－1701－0010443　善 007491　史部/地理類/外紀之屬
外夷考一卷　民國抄本　二冊

330000－1701－0010450　善 007496　史部/政書類/儀制之屬/典禮
明倫大典二十四卷　(明)楊一清　(明)熊浹等纂修　民國據明嘉靖七年(1528)内府刻本影抄本　八冊

330000－1701－0010451　普 915.1241/7052.5/3/c2　史部/地理類/山川之屬/山志
西天目祖山志八卷首一卷末一卷補遺一卷　(明)釋廣賓撰　(清)釋際界增訂　民國十五年(1926)鉛印本　二冊

330000－1701－0010452　善 007497　史部/目録類/通論之屬
劉向别錄一卷劉歆七畧一卷　(清)顧觀光校集　民國抄本　一冊

330000－1701－0010454　善 007499　史部/目録類/書志之屬/提要
精校補足鈔白衢本昭德先生郡齋讀書志二十卷　(宋)晁公武撰　(宋)姚應績編　民國抄本　十六冊

330000－1701－0010456　善 007501　史部/目録類/總録之屬/私撰
笠澤堂書目不分卷　(明)王道明編　民國抄本　二冊

330000－1701－0010458　善 007503　史部/目録類/總録之屬/私撰
絳雲樓書目不分卷　(清)錢謙益藏並撰　民國抄本　二冊

330000－1701－0010459　善 007504　史部/目録類/書志之屬/提要
讀書敏求記四卷　(清)錢曾撰　民國抄本　王修批並跋　四冊

330000－1701－0010461　善 007533　史部/金石類/總志之屬/圖像
三代兩漢之書一卷　民國拓本　童大年題簽並記　一冊

330000－1701－0010462　善 007534　史部/金石類/陶之屬
梅谷臧匋不分卷　民國拓本　四冊

330000－1701－0010465　善 007526　史部/金石類/總志之屬/目録
集貼目三卷　(清)惠兆壬錄　民國抄本　六冊

330000－1701－0010466　善 007507　史部/目録類/總録之屬/私撰
貴陽陳氏聽詩齋所藏明人集目錄一卷　民國抄本　一冊

330000－1701－0010467　善 007505　史部/

目録類/總録之屬/私撰

茹實齋藏書目錄不分卷　(清)□□編　民國抄本　三冊

330000－1701－0010469　善 007508　史部/目録類/總錄之屬/地方

廬江錢氏藝文略二卷　(清)錢儀吉撰　**附錄一卷**　金蓉鏡撰　胡士瑩輯注　民國平湖胡士瑩霜紅簃抄本　胡士瑩批並跋　王大隆跋　一冊

330000－1701－0010472　善 007511　史部/目録類/總録之屬/彙刻

彙刻書目續編不分卷　民國抄本　四冊

330000－1701－0010480　普 081/7446/4/c1　類叢部/叢書類/彙編之屬

古今說海一百三十五種一百四十二卷　(明)陸楫編　民國十二年(1923)上海進步書店石印本　十二冊

330000－1701－0010481　普 081/7446/4/c2　類叢部/叢書類/彙編之屬

古今說海一百三十五種一百四十二卷　(明)陸楫編　民國四年(1915)上海進步書店石印本　十一冊　存一百二十三種

330000－1701－0010483　善 007518　子部/藝術類/書畫之屬/題跋

鐵函齋書跋六卷　(清)楊賓撰　民國抄本　一冊

330000－1701－0010485　善 007520　史部/金石類/總志之屬/圖像

金石經眼録一卷　(清)褚峻摹　(清)牛運震補說　民國十二年(1923)抄文津閣四庫全書本　一冊

330000－1701－0010487　善 007522　史部/金石類/郡邑之屬/目録

興平縣金石志一卷　(清)黄樹穀輯　民國抄本　一冊

330000－1701－0010488　善 007523　史部/金石類/總志之屬/題跋

鐵橋金石跋四卷　(清)嚴可均撰　民國抄本　二冊

330000－1701－0010489　善 007524　史部/金石類/石之屬/目録

倦舫碑目六卷　(清)洪頤煊撰　**續增碑目一卷**　(清)洪瞻墉撰　民國浙江省立圖書館抄臨海洪氏蘭雪軒藏本　王舟瑤批　夏定域校並跋　一冊

330000－1701－0010490　善 007525　史部/金石類/總志之屬

八瓊室金石補正節録四卷袪偽一卷　(清)陸增祥撰　民國抄本　二冊

330000－1701－0010491　善 007527　史部/金石類/石之屬/文字

兩罍軒校漢碑録六卷　(清)吳雲撰　民國浙江省立圖書館抄本　一冊

330000－1701－0010492　善 007528　史部/金石類/郡邑之屬/文字

續兩浙金石志不分卷　沈曾植等纂修　民國抄本　六冊

330000－1701－0010493　普 081/7491　類叢部/叢書類/彙編之屬

奇晉齋叢書十六種　(清)陸烜編　民國元年(1912)冰雪山房據清陸氏刻本影印本　七冊

330000－1701－0010494　善 007529　史部/目録類

梯香庋襍箸四種　民國抄本　一冊

330000－1701－0010495　善 007535　史部/金石類/總志之屬/圖像

青蘿盦金陶文一卷　民國拓本　一冊

330000－1701－0010496　普 081/7491/(2)　類叢部/叢書類/彙編之屬

奇晉齋叢書十六種　(清)陸烜編　民國元年(1912)冰雪山房據清陸氏刻本影印本　八冊

330000－1701－0010498　善 007531　史部/金石類/總志之屬/目録

金石續編目錄一卷　民國抄本　一冊

330000－1701－0010499　善 007532　史部/

金石類/總志之屬/目録

金石文補遺目錄不分卷　民國抄本　一冊

330000－1701－0010500　普 081/7519、普 081/7519.2　類叢部/叢書類/彙編之屬

古書叢刊十六種　陳琰輯　民國十一年(1922)古書流通處影印本　四十冊

330000－1701－0010502　善 007536　史部/史評類/考訂之屬

舊聞證誤四卷　(宋)李心傳撰　民國抄本　一冊

330000－1701－0010503　善 007537　子部/儒家類/儒家之屬

晁氏儒言一卷　(宋)晁補之撰　民國抄本　一冊

330000－1701－0010509　普 081/7522/c1　類叢部/叢書類/彙編之屬

寶顏堂祕笈二百二十八種　(明)陳繼儒編　民國十一年(1922)上海文明書局石印本　四十八冊

330000－1701－0010510　普 081/7522/c2　類叢部/叢書類/彙編之屬

寶顏堂祕笈二百二十八種　(明)陳繼儒編　民國十一年(1922)上海文明書局石印本　三十九冊　存一百八十五種

330000－1701－0010511　善 007543　子部/兵家類/兵法之屬

兵經百篇三卷　(清)揭暄撰　民國抄本　一冊

330000－1701－0010517　善 007545　子部/農家農學類/總論之屬

農桑要略一卷　民國七年(1918)抄本　楙園題簽並記　一冊

330000－1701－0010520　普 081/7732/c1　類叢部/叢書類/彙編之屬

説郛一百卷　(元)陶宗儀編　張宗祥重校　民國十九年(1930)上海商務印書館鉛印本　四十冊

330000－1701－0010521　普 081/7732/c2　類叢部/叢書類/彙編之屬

説郛一百卷　(元)陶宗儀編　張宗祥重校　民國十六年(1927)上海商務印書館鉛印本　三十冊　存七十三卷(一至四十一、六十九至一百)

330000－1701－0010524　普 081/7736、普 081/7736.2　類叢部/叢書類/彙編之屬

百川書屋叢書六種續編五種　陶湘編　民國十九年至二十年(1930－1931)武進陶氏涉園影印本　五冊　存十種

330000－1701－0010525　善 007552　子部/醫家類/兒科之屬/通論

幼科彙訣直解十卷　(清)魏鑑彙編　民國五年(1916)周玉堂抄本　周玉堂題記　一冊　存六卷(一至六)

330000－1701－0010531　善 007554　子部/醫家類/醫案之屬

醫案輯錄一卷　(清)程文囿撰　(清)陳立觀校錄　民國抄本　一冊

330000－1701－0010536　善 007559　子部/醫家類/本草之屬/歷代綜合本草

綱目拾遺十卷正誤一卷　(清)趙學敏輯　民國抄本　二十冊

330000－1701－0010538　善 007561　子部/醫家類/針灸之屬/經絡腧穴

十二經脈一卷奇經八脈一卷　民國余重耀抄本　余重耀批點　一冊

330000－1701－0010542　普 081/7736.3　類叢部/叢書類/彙編之屬

喜咏軒叢書三十四種　陶湘編　民國十五年至二十年(1926－1931)武進陶氏涉園石印本　三十四冊　缺三種

330000－1701－0010545　民 017.43/3239.93/c3　史部/目録類/總録之屬/官修

浙江省立圖書館善本書目甲編四卷　毛春翔編　民國二十五年(1936)浙江省立圖書館鉛印本　一冊

330000－1701－0010546　善007566　子部/醫家類/傷科之屬
傷損全書一卷　民國抄本　一冊

330000－1701－0010547　善007567　子部/醫家類/婦科之屬/通論
竹林女科證治四卷　(清)竹林寺僧撰　民國抄本　三冊　缺一卷(四)

330000－1701－0010548　善007570　子部/醫家類/外科之屬/外科方
外科秘方一卷　民國抄本　一冊

330000－1701－0010549　善007568　子部/醫家類/傷科之屬
傷科備要一卷　民國抄本　一冊

330000－1701－0010550　善007569　子部/醫家類/外科之屬/外科方
秘傳外科方一卷　民國抄本　一冊

330000－1701－0010551　民017.43/3239.93/c4　史部/目録類/總録之屬/官修
浙江省立圖書館善本書目甲編四卷　毛春翔編　民國二十五年(1936)浙江省立圖書館鉛印本　一冊

330000－1701－0010552　民017.43/3239.93/c6　史部/目録類/總録之屬/官修
浙江省立圖書館善本書目甲編四卷　毛春翔編　民國二十五年(1936)浙江省立圖書館鉛印本　一冊

330000－1701－0010554　善007571　子部/醫家類/診法之屬/脈經脈訣
脈理會粲三卷　民國抄本　一冊

330000－1701－0010555　善007572　子部/醫家類/醫案之屬
醫案摘録不分卷　民國抄本　二冊

330000－1701－0010556　善007573　子部/醫家類/傷寒金匱之屬/傷寒論
傷寒治法一卷　民國抄本　一冊

330000－1701－0010557　善007574　子部/宗教類/道教之屬/神符
祝由科六卷　民國抄本　八冊

330000－1701－0010558　普081/7770　類叢部/叢書類/彙編之屬
景印元明善本叢書十種　商務印書館編　民國二十六年至二十九年(1937－1940)上海商務印書館影印本　四十八冊　存一種

330000－1701－0010559　善007575　子部/醫家類/方書之屬/歷代方書
應用良方一卷　民國抄本　一冊

330000－1701－0010560　善007576　子部/醫家類/方書之屬/單方驗方
擷要方書一卷　民國抄本　一冊

330000－1701－0010578　民017.43/7416/c1　史部/目録類/總録之屬/官修
陝西圖書館書目不分卷續編不分卷　高樹基等編　民國六年(1917)陝西圖書館鉛印本　六冊

330000－1701－0010579　善007590　子部/術數類/陰陽五行之屬
風水須知一卷　民國抄本　一冊

330000－1701－0010580　善007589　子部/術數類/相宅相墓之屬
陽宅撮要摘錄一卷　民國抄本　一冊

330000－1701－0010581　善007591　子部/術數類/相宅相墓之屬
疑龍要訣三卷　舜若氏撰　民國抄本　一冊

330000－1701－0010582　善007592　子部/術數類/相宅相墓之屬
地理點穴一卷　民國抄本　一冊

330000－1701－0010583　善007593　子部/術數類/相宅相墓之屬
地理陰陽經一卷　民國抄本　一冊

330000－1701－0010584　善007673　類叢部/類書類/專類之屬
古賢小字錄二卷　(宋)陳思纂次　民國四年(1915)費寅抄本　費寅題記　一冊

330000－1701－0010585　民017.43/7416/c2

史部/目録類/總録之屬/官修

陝西圖書館書目不分卷續編不分卷 高樹基等編 民國六年(1917)陝西圖書館鉛印本 六冊

330000－1701－0010588 善007596 子部/術數類/相宅相墓之屬

沈氏玄空學四卷 (清)沈紹勳撰 江志伊編 民國抄本 四冊

330000－1701－0010601 民010.10449/4434 史部/目録類/通論之屬/義例

校讎新義十卷 杜定友撰 民國十九年(1930)上海中華書局鉛印本 二冊

330000－1701－0010602 HJL4826、HJL5149、HJL5145 類叢部/叢書類/自著之屬

晨風廬叢刊十八種 周慶雲撰 民國吳興周氏夢坡室刻本 三冊 存三種

330000－1701－0010606 民010.3/7183 史部/目録類/通論之屬/考訂

僞書舉例四卷 馬念祖撰 民國二十二年(1933)北平螗吟社鉛印本 一冊

330000－1701－0010607 善007608 子部/術數類/占卜之屬

火珠林卦爻精究集二卷 民國抄本 四冊

330000－1701－0010609 民017.31/1104 史部/目録類/總録之屬/官修

北京大學圖書館書目不分卷 北京大學圖書館編 民國北京大學圖書館油印本 一冊

330000－1701－0010613 民017.31/1334.3/1 史部/目録類/總録之屬/官修

國立武漢大學中文圖書目錄增刊第三不分卷 武漢大學圖書館編 民國國立武漢大學鉛印本 一冊

330000－1701－0010616 民017.31/2004.2 史部/目録類/總録之屬/官修

四川省立重慶大學圖書館中文書籍目錄不分卷 重慶大學圖書館編 民國二十四年(1935)石印本 一冊

330000－1701－0010618 善007618 子部/術數類/雜術之屬

鬼靈經二卷 民國抄本 二冊

330000－1701－0010624 善007623 子部/術數類/陰陽五行之屬

六甲奇書三十八卷 (明)悟真子撰 (明)喬青纂 民國抄本 十二冊

330000－1701－0010625 善007624 子部/術數類/陰陽五行之屬

董公選書天臺秘法一卷 (明)董德彰撰 民國抄本 一冊

330000－1701－0010628 民071.31/3544.2/c2 史部/目録類/總録之屬/官修

國立清華大學圖書館中文書目不分卷 施廷鏞等編 民國二十年(1931)北平國立清華大學圖書館鉛印本 一冊

330000－1701－0010630 善007628 子部/藝術類/書畫之屬/書法書品

寒山帚談二卷 (明)趙宧光述 民國抄本 二冊

330000－1701－0010631 民071.31/3544.2/c3 史部/目録類/總録之屬/官修

國立清華大學圖書館中文書目不分卷 施廷鏞等編 民國二十年(1931)北平國立清華大學圖書館鉛印本 一冊

330000－1701－0010634 善007630 子部/藝術類/書畫之屬/總論

別下齋書畫録七卷 (清)蔣光煦輯 民國抄本 六冊

330000－1701－0010635 民017.31/3544.3 史部/目録類/總録之屬/官修

國立清華大學圖書館新編中文書目第一期一卷 國立清華大學圖書館編 民國二十一年(1932)北平國立清華大學圖書館鉛印本 一冊

330000－1701－0010636 民017.45/2147/c1 史部/目録類/總録之屬/官修

臨海縣立圖書館甲種書目四卷補編目錄一卷

乙種書目二卷丙種書目一卷丁種書目四卷
盧吉民編　民國三十三年(1944)臨海縣立圖書館油印本　二冊　存五卷(甲種一至四、補編)

330000－1701－0010638　民017.45/2147/c2
史部/目録類/總録之屬/官修
臨海縣立圖書館甲種書目四卷補編目錄一卷乙種書目二卷丙種書目一卷丁種書目四卷
盧吉民編　民國三十三年(1944)臨海縣立圖書館油印本　二冊　存五卷(甲種一至四、補編)

330000－1701－0010640　民017.31/5044
史部/目録類/總録之屬/官修
國立東南大學孟芳圖書館圖書目錄不分卷
洪有豐編　民國十三年(1924)國立東南大學孟芳圖書館鉛印本　二冊

330000－1701－0010641　善007632　子部/藝術類/音樂之屬/琴學
蓼懷堂琴譜不分卷　(清)雲志高撰　民國十八年(1929)永嘉馬壽洛春暉堂抄本　馬壽洛跋　三冊

330000－1701－0010643　民017.31/7294
類叢部/叢書類/自著之屬
煙霞草堂遺書十七種續刻四種附一種　(清)劉光蕡撰　民國八年至十四年(1919－1925)王典章思過齋蘇州刻本　一冊　存一種

330000－1701－0010645　民017.41/1116.5/c1　史部/目録類/專録之屬
國立北平圖書館書目目錄類不分卷　蕭璋編　民國二十三年(1934)國立北平圖書館鉛印本　二冊

330000－1701－0010647　民017.41/1116.5/c2　史部/目録類/專録之屬
國立北平圖書館書目目錄類不分卷　蕭璋編　民國二十三年(1934)國立北平圖書館鉛印本　二冊

330000－1701－0010650　民017.41/1116.5/c3　史部/目録類/專録之屬
國立北平圖書館書目目錄類不分卷　蕭璋編　民國二十三年(1934)國立北平圖書館鉛印本　二冊

330000－1701－0010655　民017.41/5056.3
史部/目録類/總録之屬/官修
國立中央圖書館善本書目初稿第二輯五卷
國立中央圖書館編　民國國立中央圖書館油印本　二冊

330000－1701－0010657　善007640　子部/雜著類/雜纂之屬
蟫菴類纂十二卷　(明)林時對編集　民國四明張氏約園抄本　十二冊

330000－1701－0010658　善007641　子部/雜著類/雜編之屬
過夏雜錄六卷續錄一卷　(清)周廣業撰　民國抄本　七冊

330000－1701－0010659　民017.43/2259/c2
史部/目録類/總録之屬/官修
山東圖書館書目九卷　袁紹昂編　民國六年(1917)山東圖書館石印本　八冊

330000－1701－0010663　善007644　子部/雜著類/雜說之屬
晁氏客語一卷　(宋)晁說之撰　民國抄本　一冊

330000－1701－0010664　民017.43/3118.2
史部/目録類/總録之屬
福建公立第一圖書館續到書目不分卷　民國六年(1917)抄本　一冊

330000－1701－0010665　民017.43/3149.2/c1　史部/目録類/總録之屬/官修
江南圖書館善本書目五卷　江南圖書館編
民國南京江南圖書館鉛印本　一冊

330000－1701－0010667　民017.43/3149.2/c2　史部/目録類/總録之屬/官修
江南圖書館善本書目五卷　江南圖書館編
民國南京江南圖書館鉛印本　一冊

330000－1701－0010669　民017.43/3149.2/

c3　史部/目録類/總録之屬/官修

江南圖書館善本書目五卷　江南圖書館編　民國南京江南圖書館鉛印本　一冊

330000－1701－0010670　善 007647　子部/雜著類/雜纂之屬

寓簡十卷　(宋)沈作喆纂　民國十年(1921)吳興劉氏嘉業堂抄本　劉承幹題簽　一冊

330000－1701－0010673　善 007649　子部/雜著類/雜說之屬

經鉏堂雜誌八卷　(宋)倪思撰　民國十年(1921)吳興劉氏嘉業堂抄本　劉承幹題簽　二冊

330000－1701－0010674　民 017.43/3149.5/c1　史部/目録類/總録之屬/官修

江蘇第一圖書館覆校善本書目四卷　胡宗武　曹掾梁編　民國七年(1918)南京江蘇第一圖書館鉛印本　四冊

330000－1701－0010678　善 007652　子部/雜著類/雜說之屬

閒居錄一卷　(元)吾衍撰　民國十二年(1923)葉渭清抄本　葉渭清跋　余紹宋題簽、校並跋　一冊

330000－1701－0010679　民 017.43/3149.5/c2　史部/目録類/總録之屬/官修

江蘇第一圖書館覆校善本書目四卷　胡宗武　曹掾梁編　民國七年(1918)南京江蘇第一圖書館鉛印本　四冊

330000－1701－0010680　民 017.43/3149.5/c3　史部/目録類/總録之屬/官修

江蘇第一圖書館覆校善本書目四卷　胡宗武　曹掾梁編　民國七年(1918)南京江蘇第一圖書館鉛印本　四冊

330000－1701－0010681　民 017.43/3149.5/c4　史部/目録類/總録之屬/官修

江蘇第一圖書館覆校善本書目四卷　胡宗武　曹掾梁編　民國七年(1918)南京江蘇第一圖書館鉛印本　四冊

330000－1701－0010682　民 017.45/2226　史部/目録類/總録之屬/官修

崑山圖書館圖書目錄續編五卷巡廻文庫圖書目錄一卷　崑山圖書館編　民國十一年(1922)崑山圖書館油印本　一冊

330000－1701－0010683　善 007653　子部/雜著類/雜說之屬

豢龍子一卷冥影契一卷　(明)董穀撰　民國海寧管元耀靜得樓抄本　一冊

330000－1701－0010686　民 017.43/3149.6/c1　史部/目録類/總録之屬/官修

江蘇省立國學圖書館圖書總目四十四卷補編十二卷　江蘇省立國學圖書館編　民國二十二年至二十五年(1933－1936)江蘇省立國學圖書館鉛印本　二十四冊　存四十四卷(一至四十四)

330000－1701－0010691　民 017.43/3149.6/c1/1　史部/目録類/總録之屬/官修

江蘇省立國學圖書館圖書總目四十四卷補編十二卷　江蘇省立國學圖書館編　民國二十二年至二十五年(1933－1936)江蘇省立國學圖書館鉛印本　四冊　存九卷(三十五至四十三)

330000－1701－0010692　普 915.1241/7052.6　史部/地理類/山川之屬/山志

天目山志四卷　(明)徐嘉泰撰　民國抄本　四冊

330000－1701－0010695　民 017.43/3149.6/c2、民 017.43/3149.61/又 c2　史部/目録類/總録之屬/官修

江蘇省立國學圖書館圖書總目四十四卷補編十二卷　江蘇省立國學圖書館編　民國二十二年至二十五年(1933－1936)江蘇省立國學圖書館鉛印本　二十一冊　缺七卷(三十五至四十一)

330000－1701－0010696　善 007661　子部/雜著類/雜考之屬

辨銀一卷　民國抄本　一冊

330000－1701－0010698　民 017.43/3149.

61/c2　史部/目録類/總録之屬/官修

江蘇省立國學圖書館圖書總目四十四卷補編十二卷　江蘇省立國學圖書館編　民國二十二年至二十五年(1933－1936)江蘇省立國學圖書館鉛印本　三十冊

330000－1701－0010700　善007664　子部/雜著類/雜說之屬

澄懷錄二卷　(宋)周密輯　民國十年(1921)劉氏嘉業堂抄本　劉承幹題簽　一冊

330000－1701－0010706　民017.45/4424/c1　史部/目録類/總録之屬/官修

黃巖九峯圖書館書目五卷　黃巖九峰圖書館編　民國七年(1918)黃巖九峰圖書館石印本　貞立題記　二冊

330000－1701－0010707　民017.45/4424/c2　史部/目録類/總録之屬/官修

黃巖九峯圖書館書目五卷　黃巖九峰圖書館編　民國黃巖九峰圖書館鉛印本　二冊

330000－1701－0010709　民017.45/4424/c3　史部/目録類/總録之屬/官修

黃巖九峯圖書館書目五卷　黃巖九峰圖書館編　民國黃巖九峰圖書館鉛印本　二冊

330000－1701－0010710　民017.45/4424.2　史部/目録類/總録之屬/官修

黃巖九峯圖書館書目五卷續編四卷三編五卷　黃巖九峰圖書館編　民國黃巖九峰圖書館鉛印本　一冊

330000－1701－0010711　民017.45/6387　史部/目録類/總録之屬/官修

黃巖九峯圖書館書目五卷　黃巖九峰圖書館編　民國七年(1918)黃巖九峰圖書館石印本　二冊

330000－1701－0010712　民017.45/7738　史部/目録類/總録之屬/官修

公立圖書館書目不分卷　周浦公立圖書館編　民國七年(1918)周浦公立圖書館鉛印本　樊漱圃題記　一冊

330000－1701－0010715　民017.45/8086.2　史部/目録類/總録之屬/官修

無錫縣立圖書館書目十六卷　嚴毓芬編　民國十五年(1926)無錫縣立圖書館鉛印本　五冊

330000－1701－0010717　善007681　類叢部/類書類/專類之屬

唐詩叩虛四卷　(清)陳僅撰　民國四明張氏約園抄本　四冊

330000－1701－0010718　民017.45/8086.3　史部/目録類/總録之屬/官修

無錫縣立圖書館鄉賢部書目一卷　劉君勛編　民國九年(1920)無錫縣立圖書館鉛印本　一冊

330000－1701－0010720　民017.45/8086.4　史部/目録類/總録之屬/官修

無錫縣立圖書館善本書目二卷　秦毓鈞編　民國十八年(1929)無錫縣立圖書館鉛印本　一冊

330000－1701－0010722　民017.45/9006　史部/目録類/總録之屬/官修

常熟縣圖書館藏書目錄四卷　瞿啟甲編　民國八年(1919)常熟圖書館鉛印本　二冊

330000－1701－0010724　善007685　類叢部/類書類/專類之屬

辨名小記一卷　(清)錢保塘錄　民國勵乃驥抄本　一冊

330000－1701－0010725　民017.45/9006.2　史部/目録類/總録之屬/官修

常熟縣立圖書續增舊書目錄不分卷　王紀玉編　民國十八年(1929)常熟縣圖書館鉛印本　一冊

330000－1701－0010730　善007690　子部/小說家類/雜事之屬

醉翁談録八卷　(宋)金盈之撰　民國抄本　沈兆熊校並題記　一冊

330000－1701－0010732　善007693　子部/小說家類/雜事之屬

蓮夢居筆記一卷　(清)祝咸章撰　民國十六

年(1927)管元耀抄本　管元耀跋　一冊

330000－1701－0010734　民019/4006　史部/目録類/總録之屬/官修

南京圖書局書畫目一卷　南京圖書局編　民國南京圖書局鉛印本　一冊

330000－1701－0010736　民026.092/4600/c3　史部/傳記類/總傳之屬/通代

中國藏書家攷略不分卷　楊立誠　金步瀛編　民國十八年(1929)浙江省立圖書館鉛印本　一冊

330000－1701－0010738　善007696　子部/小説家類/雜事之屬

南湖避暑錄二卷　(清)曹宗載輯　民國海寧管元耀靜得樓抄本　一冊

330000－1701－0010739　民026.092/4600/c4　史部/傳記類/總傳之屬/通代

中國藏書家攷略不分卷　楊立誠　金步瀛編　民國十八年(1929)浙江省立圖書館鉛印本　一冊

330000－1701－0010740　民026.092/4600/c5　史部/傳記類/總傳之屬/通代

中國藏書家攷略不分卷　楊立誠　金步瀛編　民國十八年(1929)浙江省立圖書館鉛印本　一冊

330000－1701－0010741　民026.092/4600/c6　史部/傳記類/總傳之屬/通代

中國藏書家攷略不分卷　楊立誠　金步瀛編　民國十八年(1929)浙江省立圖書館鉛印本　一冊

330000－1701－0010744　民027.2/4846.7/4　史部/政書類/公牘檔冊之屬

松坡圖書館二十年份報告不分卷　松坡圖書館編　民國二十一年(1932)松坡圖書館鉛印本　一冊

330000－1701－0010745　民027.81/3239.7　史部/政書類/公牘檔冊之屬

浙江省立公眾運動場附設通俗圖書館第一週年報告不分卷　浙江省立公眾運動場附設通俗圖書館編　民國浙江省立公眾運動場附設通俗圖書館鉛印本　一冊

330000－1701－0010746　善007699　子部/小說家類/異聞之屬

衍囈語五卷　(清)胡安撰　民國山陰樊氏拜魁紀公齋抄本　一冊

330000－1701－0010747　民027.43/3149.91/c2　史部/地理類/專志之屬

國立中央大學國學圖書館小史不分卷　國立中央大學國學圖書館編　民國十七年(1928)國立中央大學國學圖書館鉛印本　一冊

330000－1701－0010749　民027.43/3149.91/c3　史部/地理類/專志之屬

國立中央大學國學圖書館小史不分卷　國立中央大學國學圖書館編　民國十七年(1928)國立中央大學國學圖書館鉛印本　一冊

330000－1701－0010752　民031.1/8072　子部/儒家類/儒學之屬/禮教

人民須知不分卷　閻錫山頒　民國七年(1918)山西六政考核處政治實察所鉛印本　一冊

330000－1701－0010755　善007704　子部/宗教類/佛教之屬/諸宗

華嚴原人論合解二卷　(唐)釋宗密論　(元)釋圓覺解　(明)楊嘉祚刪合　民國上海有正書局鉛印本　余重耀批並跋　一冊

330000－1701－0010758　民041.021/2137　史部/目録類/書志之屬/提要

國學書目提要不分卷　上海醫學書局編　民國上海醫學書局鉛印本　一冊

330000－1701－0010760　民041.04/7132/c1　子部/儒家類/儒學之屬/性理

泰和會語一卷附錄一卷　馬一浮撰　民國二十七年(1938)鉛印本　一冊

330000－1701－0010761　民041.04/7132/c2　子部/儒家類/儒學之屬/性理

泰和會語一卷附錄一卷　馬一浮撰　民國二十七年(1938)鉛印本　一冊

330000－1701－0010762　民 041.04/7132.2/c1、民 041.04/7132/2/c1　類叢部/叢書類/彙編之屬

復性書院叢刊二十七種　馬浮編　民國二十九年至三十七年(1940－1948)復性書院刻本暨鉛印本　七冊　存二種

330000－1701－0010766　民 041.04/7132.2/c2、民 041.04/7132/2/c2　類叢部/叢書類/彙編之屬

復性書院叢刊二十七種　馬浮編　民國二十九年至三十七年(1940－1948)復性書院刻本暨鉛印本　七冊　存二種

330000－1701－0010767　善 007711　子部/宗教類/佛教之屬/諸宗

禪髓錄三卷　無心居士選輯　民國抄本　一冊

330000－1701－0010768　民 041.04/7132.2/c3　經部/群經總義類

復性書院講錄六卷　馬浮輯　民國三十一年(1942)刻本　謝幼偉題記　六冊

330000－1701－0010769　民 041.04/7132.2/c4、民 041.04/7132/2/c3　類叢部/叢書類/彙編之屬

復性書院叢刊二十七種　馬浮編　民國二十九年至三十七年(1940－1948)復性書院刻本暨鉛印本　七冊　存二種

330000－1701－0010770　善 007712　子部/宗教類/佛教之屬/諸宗

淨土生無生論親聞記二卷　(明)釋受教記　民國抄本　二冊

330000－1701－0010771　民 041.04/7132/2/c4　類叢部/叢書類/彙編之屬

復性書院叢刊二十七種　馬浮編　民國二十九年至三十七年(1940－1948)復性書院刻本暨鉛印本　一冊　存一種

330000－1701－0010774　善 007715　子部/宗教類/佛教之屬

開元釋教錄二十卷略出四卷續古今譯經圖紀一卷　(唐)釋智昇撰　**古今譯經圖記四卷**　(唐)釋靖邁撰　民國影抄嘉興藏本　十冊

330000－1701－0010776　善 007717　子部/宗教類/道教之屬

唐寫本老子一卷　民國十六年(1927)浙江圖書館抄蕭山單氏抄本　一冊

330000－1701－0010778　善 007719　子部/宗教類/道教之屬

太上黄庭内景玉經一卷外景經三卷　(唐)梁丘子註　**黄庭内景五臓六腑圖說一卷**　(唐)胡愔撰　民國抄本　四冊

330000－1701－0010779　善 007720　子部/宗教類/道教之屬

修真詩解一卷　(唐)馬湘撰　民國抄本　一冊

330000－1701－0010782　民 041.045/1148　集部/別集類

約園演講集一卷　張壽鏞撰　民國鉛印本　一冊

330000－1701－0010783　民 041.08/0024/c1　類叢部/叢書類/彙編之屬

國學彙編□□種　私立齊魯大學文學院國學研究所編集　民國二十一年(1932)、二十三年(1934)私立齊魯大學出版部鉛印本　二冊　存二冊(一至二)

330000－1701－0010784　善 007723　子部/宗教類/道教之屬/經文

太上玉清無極總真文昌大洞僊經二卷　民國抄本　二冊

330000－1701－0010786　民 041.08/0024/c2　類叢部/叢書類/彙編之屬

國學彙編□□種　私立齊魯大學文學院國學研究所編集　民國二十一年(1932)、二十三年(1934)私立齊魯大學出版部鉛印本　一冊　存一冊(一)

330000－1701－0010790　民 041.4/7182/c1　子部/雜著類/雜考之屬

讀書小記二卷　馬敘倫撰　民國二十二年

(1933)上海商務印書館鉛印本　一冊

330000－1701－0010791　民 041.4/7182/c2　子部/雜著類/雜考之屬

讀書小記二卷　馬敘倫撰　民國二十二年(1933)上海商務印書館鉛印本　一冊

330000－1701－0010792　善 007727　子部/宗教類/道教之屬

養真集二卷　民國抄本　管元耀校並跋　四冊

330000－1701－0010793　民 041.4/7182.1/c1　子部/雜著類/雜考之屬

讀書續記五卷　馬敘倫撰　民國二十年(1931)上海商務印書館鉛印本　二冊

330000－1701－0010795　民 041.4/7182.1/c2　子部/雜著類/雜考之屬

讀書續記五卷　馬敘倫撰　民國二十二年(1933)上海商務印書館鉛印本　二冊

330000－1701－0010796　民 041.5/0010　經部/群經總義類/授受源流之屬

今古學攷二卷　廖平撰　民國十七年(1928)北京資研社鉛印本　一冊

330000－1701－0010798　民 041.5/5010　子部/雜著類/雜說之屬

桂堂餘錄二卷　由雲龍撰　民國二十一年(1932)鉛印本　二冊

330000－1701－0010800　民 041.7/2050　子部/雜著類/雜說之屬

毛夷庚先生國學講述彙輯不分卷　毛夷庚撰　莊觀澄　孫浙生筆錄　民國三十年(1941)浙贛鐵路局鉛印本　一冊

330000－1701－0010803　善 007732　集部/別集類/漢魏六朝別集

陸士龍集四卷　(晉)陸雲撰　民國抄本　一冊

330000－1701－0010808　民 041.7/4448　史部/政書類/公牘檔冊之屬

草擬縣志目錄採訪條例徵求意見稿不分卷　丁謙　袁耀章　郭慶嵩撰　民國嵊縣油印本　一冊

330000－1701－0010809　善 007736　集部/別集類/唐五代別集

徐侍郎集二卷附錄一卷　(唐)徐安貞撰　民國抄本　一冊

330000－1701－0010813　民 041.9/4043/c1　子部/雜著類/雜說之屬

查氏擬言不分卷　查猛濟撰　民國三十四年(1945)油印本　查猛濟題記　一冊

330000－1701－0010814　民 041.9/4043/c2　子部/雜著類/雜說之屬

查氏擬言不分卷　查猛濟撰　民國三十四年(1945)油印本　一冊

330000－1701－0010815　民 041.9/4442　集部/別集類

遐庵彙稿第一輯三卷　葉恭綽撰　民國十九年(1930)鉛印本　四冊

330000－1701－0010817　民 061/1111.2　史部/傳記類/總傳之屬

國立北平研究院職員錄不分卷　國立北平研究院總務部秘書處編　民國二十二年(1933)國立北平研究院總務部秘書處鉛印本　一冊

330000－1701－0010818　民 069.09/4834　史部/地理類/專志之屬/宮殿

故宮博物院前後五年經過記二卷　吳瀛述　民國二十一年(1932)故宮博物院鉛印本　二冊

330000－1701－0010820　民 069.52/2130　史部/政書類/公牘檔冊之屬

上海市博物館徵集陳列品辦法不分卷　上海市博物館編　民國二十四年(1935)上海市博物館鉛印本　一冊

330000－1701－0010822　民 069.538/1114　史部/政書類/公牘檔冊之屬

國立北平故宮博物院工作報告不分卷(民國二十四年)　國立北平故宮博物院編　民國二十四年(1935)國立北平故宮博物院鉛印本

一冊

330000－1701－0010824　民 069.538/4834.2　史部/政書類/公牘檔冊之屬

故宫博物院報告(民國十九年)不分卷　北平故宫博物院編　民國十九年(1930)北平故宫博物院鉛印本　一冊

330000－1701－0010826　民 069.538/4834.3/c1　史部/政書類/公牘檔冊之屬

北平故宫博物院報告不分卷(民國二十年)　故宫博物院編　民國二十年(1931)故宫博物院鉛印本　一冊

330000－1701－0010827　民 069.538/4834.3/c2　史部/政書類/公牘檔冊之屬

北平故宫博物院報告不分卷(民國二十年)　故宫博物院編　民國二十年(1931)故宫博物院鉛印本　一冊

330000－1701－0010828　善 007744　集部/別集類/宋別集

徂徠文集二十卷　(宋)石介撰　民國單丕抄本　單丕録清劍舟居士題記並校　八冊

330000－1701－0010830　民 071/0274/c1　新學/報章

新聞報館三十年紀念冊不分卷　上海新聞報館編　民國十二年(1923)上海新聞報館鉛印本　一冊

330000－1701－0010831　民 071/0274/c2　新學/報章

新聞報館三十年紀念冊不分卷　上海新聞報館編　民國十二年(1923)上海新聞報館鉛印本　一冊

330000－1701－0010833　民 071/0274/c3　新學/報章

新聞報館三十年紀念冊不分卷　上海新聞報館編　民國十二年(1923)上海新聞報館鉛印本　一冊

330000－1701－0010835　民 071.71/4416.5　新學/報章

華西日報第一週年紀念專刊不分卷　華西日報社編輯部編輯　民國二十四年(1935)成都華西日報社鉛印本　一冊

330000－1701－0010837　普 081/8373.2/c3　類叢部/叢書類/彙編之屬

指海一百四十種　(清)錢熙祚編　(清)錢培讓　(清)錢培杰續編　民國二十四年(1935)上海大東書局據清錢氏重編借月山房彙鈔本影印本　一百六十冊

330000－1701－0010839　民 090.8811/0003/2　經部/叢編

十三經讀本　唐文治輯　民國十三年(1924)吴江施肇曾醒園刻本　一冊　存一種

330000－1701－0010840　善 007751　集部/別集類/宋別集

王荆公詩注五十卷勘誤補正一卷　(宋)李壁撰　(清)沈欽韓補　民國吴興劉氏嘉業堂抄本　王秉恩校　五冊

330000－1701－0010843　善 007752　集部/別集類/宋別集

王荆公文集注八卷　(清)沈欽韓撰　民國吴興劉氏嘉業堂抄本　王秉恩校　八冊

330000－1701－0010844　善 007754　集部/別集類/宋別集

羅赤城遺集一卷　(宋)羅適撰　章梫輯　**附編一卷**　章梫輯　稿本　一冊

330000－1701－0010849　善 007759　集部/別集類/宋別集

濟南集八卷　(宋)李廌撰　民國抄本　四冊

330000－1701－0010855　善 007763　集部/別集類/宋別集

北山小集四十卷　(宋)程俱撰　**校記一卷**　民國抄本　十二冊

330000－1701－0010857　普 081/8809/(2)　子部/小說家類

筆記小說大觀二百二十二種　進步書局輯　民國上海進步書局石印本　四百九十八冊　存二百六種

330000－1701－0010860　善 007767　集部/別集類/宋別集

鄱陽集四卷　（宋）洪皓撰　民國抄本　一冊

330000－1701－0010863　民 091.3838/1133/c1　經部/易類/傳說之屬

周易象理證不分卷　張承緒纂述　民國二十年（1931）新都大陸印書館鉛印本　二冊

330000－1701－0010866　善 007771　集部/別集類/宋別集

網山文集八卷　（宋）林亦之撰　民國影抄紅藥山房本　沈兆熊題記　二冊

330000－1701－0010868　普 921.512/00402　史部/傳記類/總傳之屬/家乘

［江西萬載］萬載辛氏幼房譜十四卷首一卷末二卷　辛際周纂修　民國三十五年（1946）木活字印本　十三冊　存十三卷（一至十一、末一至二）

330000－1701－0010870　普 921.512/00402/1　史部/傳記類/總傳之屬/家乘

［江西萬載］辛氏幼房譜藝文徵不分卷　辛際周編　民國三十五年（1946）木活字印本　一冊

330000－1701－0010871　普 921.512/0121/c1　史部/傳記類/總傳之屬/家乘

［湖南湘鄉］城南龍氏五修族譜三十二卷首五卷附錄一卷　龍振甲　龍顯昂主修　龍揚原等纂修　民國五年（1916）納言堂木活字印本　二十九冊　缺二卷（十三、三十一）

330000－1701－0010875　普 921.512/0121/c2　史部/傳記類/總傳之屬/家乘

［湖南湘鄉］城南龍氏五修族譜三十二卷首五卷附錄一卷　龍振甲　龍顯昂主修　龍揚原等纂修　民國五年（1916）納言堂木活字印本　二十九冊　存三十五卷（首一至四、二至三十二）

330000－1701－0010876　普 081.03/7537/2/c4　類叢部/叢書類/彙編之屬

唐人說薈（唐代叢書）一百六十五種　（清）陳世熙（一題王文誥）輯　民國二年（1913）上海掃葉山房石印本　十六冊　存一百六十三種

330000－1701－0010877　普 921.512/0121.1　史部/傳記類/總傳之屬/家乘

［江西萬載］龍偉公祠享冊不分卷　民國二十七年（1938）木活字印本　一冊

330000－1701－0010880　普 921.512/0164　史部/傳記類/總傳之屬/家乘

［湖南湘潭］中湘譚氏六修族譜二十卷　譚光祖纂修　民國十年（1921）本睦堂木活字印本　十九冊　存十九卷（二至二十）

330000－1701－0010881　普 081.04/8021　類叢部/叢書類/彙編之屬

儒學警悟七集四十卷　（宋）俞鼎孫　（宋）俞經編　民國十一年（1922）武進陶氏刻本　八冊

330000－1701－0010882　普 921.512/0164.1　史部/傳記類/總傳之屬/家乘

［湖南湘潭］譚氏五修族譜八卷　譚傳福　譚世富主修　譚傳玘等纂修　譚傳喜等編修　民國二十四年（1935）懷裕堂木活字印本　七冊　缺一卷（二）

330000－1701－0010883　普 081.04/8021/(2)/c1　類叢部/叢書類/彙編之屬

儒學警悟七集四十卷　（宋）俞鼎孫　（宋）俞經編　民國十一年（1922）武進陶氏刻本　十冊

330000－1701－0010888　普 921.512/0164.4　史部/傳記類/總傳之屬/家乘

［湖南湘潭］學前譚氏延慶堂八修族譜不分卷　民國八年（1919）延慶堂木活字印本　一冊

330000－1701－0010890　普 921.512/0180.3　史部/傳記類/總傳之屬/家乘

［湖南新化］龔氏十一修族譜三百二十八卷首一卷　龔南屏主修　龔漢輝纂修　民國二十七年（1938）木活字印本　四十一冊　存二百七十二卷（一至二、四、六至二十二、二十四至七十四、八十二至一百三十三、一百四十一至

一百六十四、一百六十六至一百七十二、一百七十四至一百九十三、一百九十六至二百四十二、二百四十九至二百九十、三百二十至三百二十八）

330000－1701－0010891　普081.02/4720/2、普081.06/0067/c1　類叢部/叢書類/彙編之屬
景印元明善本叢書十種　商務印書館編　民國二十六年至二十九年（1937－1940）上海商務印書館影印本　三十二冊　存二種

330000－1701－0010894　普081.06/0067/c2　類叢部/叢書類/彙編之屬
景印元明善本叢書十種　商務印書館編　民國二十六年至二十九年（1937－1940）上海商務印書館影印本　十冊　存一種

330000－1701－0010899　民091.3838/1133/c2　經部/易類/傳說之屬
周易象理證不分卷　張承緒纂述　民國二十年（1931）新都大陸印書館鉛印本　二冊

330000－1701－0010900　民091.3838/2727　經部/易類/傳說之屬
易學得間一卷附錄一卷　鄒嶧賢撰　民國九年（1920）車田敬齋書室刻本　一冊

330000－1701－0010901　民091.3838/4092/c1、民091.3838/4092.2/c1、民091.3838/4092.3/c1、民091.3838/4092.4　經部/易類
易藏叢書六種　杭辛齋撰　民國十一年（1922）上海研幾學社鉛印本　八冊

330000－1701－0010902　普921.512/0460　史部/傳記類/總傳之屬/家乘
［浙江餘姚］四門謝氏三房譜十二卷　謝桂蓀等纂修　民國十三年（1924）永思堂木活字印本　八冊

330000－1701－0010905　普921.512/0460.1　史部/傳記類/總傳之屬/家乘
［浙江上虞］蓋東謝氏族譜不分卷　謝炳賢修　謝秉初纂修　民國十四年（1925）寶樹堂木活字印本　十六冊

330000－1701－0010906　民091.3838/4092/c2、民091.3838/4092.2/c2、民091.3838/4092.3/c2　經部/易類
易藏叢書六種　杭辛齋撰　民國十一年（1922）上海研幾學社鉛印本　七冊　存四種

330000－1701－0010908　民091.3838/4092/c3、民091.3838/4092.2/c3、民091.3838/4092.3/c3　經部/易類
易藏叢書六種　杭辛齋撰　民國十一年（1922）上海研幾學社鉛印本　七冊　存四種

330000－1701－0010909　民091.3838/4092/c4　經部/易類
易藏叢書六種　杭辛齋撰　民國十一年（1922）上海研幾學社鉛印本　四冊　存一種

330000－1701－0010910　善007786　集部/別集類/元別集
還山遺稿二卷附錄一卷　（元）楊奐撰　（明）宋廷佐輯　**補遺一卷**　民國十八年（1929）鄒潤占抄本　鄒潤占題記　二冊

330000－1701－0010911　民091.3838/4419/c1　經部/易類/傳說之屬
學易隨筆二卷　黃元炳撰　民國十年（1921）無錫黃氏鉛印本　一冊

330000－1701－0010912　普921.512/0460.12/c1　史部/傳記類/總傳之屬/家乘
［湖南長沙］長沙白泉謝氏家譜二十二卷首一卷末一卷附譜一卷　謝基璠　謝基楨主修　謝基極　謝基櫄纂修　民國二十四年（1935）寶樹堂鉛印本　二十一冊

330000－1701－0010914　普921.512/0460.12/c2　史部/傳記類/總傳之屬/家乘
［湖南長沙］長沙白泉謝氏家譜二十二卷首一卷末一卷附譜一卷　謝基璠　謝基楨主修　謝基極　謝基櫄纂修　民國二十四年（1935）寶樹堂鉛印本　十二冊　存十五卷（首，四、七、九至十二、十四至十五、十八至二十二，末）

330000－1701－0010915　普081/8809/c2

子部/小說家類

筆記小說大觀二百二十二種 進步書局輯 民國上海進步書局石印本 二百二冊 存八十一種

330000－1701－0010916 普 921.512/0460.15 史部/傳記類/總傳之屬/家乘

[湖南]蘭村謝氏五修族譜□□卷 民國雍睦堂木活字印本 十三冊 存十三卷(四、六至十、十四至二十)

330000－1701－0010917 善 007787 集部/別集類/元別集

此山詩集四卷補遺一卷 (元)周權撰 (元)陳旅選 民國抄本 四冊

330000－1701－0010921 普 921.512/0460.19 史部/傳記類/總傳之屬/家乘

[湖南湘潭]湘潭福祖橋謝氏五修譜二十四卷 謝鳳超主修 謝作濤纂修 謝芳筠等編 民國九年(1920)寶樹堂木活字印本 二十二冊 缺二十二卷(一至十二、十四至十五、十七至二十四)

330000－1701－0010926 善 007792 集部/別集類/元別集

鯨背吟集一卷 (元)朱名世撰 民國抄本 與古籍普查登記編號 330000－1701－0010925 合冊

330000－1701－0010927 民 094.3838/4419/c2 經部/易類/傳說之屬

學易隨筆二卷 黃元炳撰 民國十年(1921)無錫黃氏鉛印本 一冊

330000－1701－0010928 民 091.3838/4419.2/c1 經部/易類/傳說之屬

易學入門一卷易學探原經傳解三卷 黃元炳撰 民國二十二年(1933)無錫黃氏觀蝶樓鉛印本 三冊 缺一卷(易學入門)

330000－1701－0010932 民 091.3838/4419.2/c2 經部/易類/傳說之屬

易學入門一卷易學探原經傳解三卷 黃元炳撰 民國二十二年(1933)無錫黃氏觀蝶樓鉛印本 三冊 缺一卷(易學入門)

330000－1701－0010933 民 091.463/2622/c1 經部/易類

易箴一卷 吳佩孚撰 民國十五年(1926)漢陽黃嗣艾石印本 一冊

330000－1701－0010934 民 091.463/2622/c2 經部/易類

易箴一卷 吳佩孚撰 民國十五年(1926)漢陽黃嗣艾石印本 一冊

330000－1701－0010935 民 091.8/2731 子部/儒家類/儒學之屬/禮教/家訓

吉祥錄一卷 (清)鄔寶珍纂 民國九年(1920)刻本 一冊

330000－1701－0010937 民 091.8/7784 經部/易類/傳說之屬

周易雜卦證解四卷 周善培撰 民國二十四年(1935)鉛印本 四冊

330000－1701－0010939 民 092.83/6064 經部/書類/分篇之屬

禹貢眞銓一卷 吳國圻編述 民國三十七年(1948)鉛印本 一冊

330000－1701－0010940 民 093.16/1148/c1 經部/詩類/專著之屬

詩史初稿十六卷首一卷 張壽鏞撰 民國三十一年(1942)鉛印本 二冊

330000－1701－0010941 民 093.16/1148/c2 經部/詩類/專著之屬

詩史初稿十六卷首一卷 張壽鏞撰 民國三十一年(1942)鉛印本 二冊

330000－1701－0010942 民 095.0381/7520 經部/春秋左傳類/釋例之屬

左氏春秋義例辨九卷綱要一卷闕疑錄一卷檢目一卷引書表一卷附錄二卷 陳槃撰 民國三十六年(1947)上海商務印書館鉛印本 五冊

330000－1701－0010943 民 096.44/2706/2/c2 類叢部/叢書類/彙編之屬

半帆樓叢書二十七種　鄔慶時輯　民國刻本　一冊　存一種

330000－1701－0010944　民 097.1/7581　經部/四書類/總義之屬/傳說
大學述義一卷中庸述義一卷　陳全三撰　民國三十三年(1944)北平道德學社經學講習班鉛印本　一冊

330000－1701－0010945　民 097.13837/1063　經部/四書類/大學之屬/傳說
大學新疏一卷附格致辯一卷中國文教論一卷　王恩洋撰　民國三十三年(1944)四川東方文教研究院鉛印本　謝幼偉題記　一冊

330000－1701－0010948　普 810.1/7246/5　類叢部/叢書類/彙編之屬
四部備要　中華書局編　民國二十五年(1936)上海中華書局鉛印本　四冊　存一種

330000－1701－0010949　普 081/8809/c2/1　子部/小說家類
筆記小說大觀二百二十二種　進步書局輯　民國上海進步書局石印本　六十六冊　存二十七種

330000－1701－0010958　民 097.13838/2824/c2　經部/四書類/大學之屬/傳說
讀大學法一卷　徐紹楨撰　民國十七年(1928)上海商務印書館鉛印本　一冊

330000－1701－0010959　普 810.1/7246/7　集部/詩文評類/文評之屬
文心雕龍十卷　(南朝梁)劉勰撰　(清)黄叔琳注　(清)紀昀評　民國四年(1915)埽葉山房石印本　張昭明題記　二冊

330000－1701－0010963　普 810.1/7246.015/2/c2　集部/詩文評類/文評之屬
文心雕龍注十卷　(南朝梁)劉勰撰　范文瀾注　民國二十五年(1936)上海開明書店鉛印本　七冊

330000－1701－0010964　普 810.1/7783/c2　集部/詩文評類
文學津梁十二種　周鍾游編　民國五年(1916)上海有正書局石印本　八冊

330000－1701－0010967　民 097.13838/2824/c3　經部/四書類/大學之屬/傳說
讀大學法一卷　徐紹楨撰　民國十七年(1928)上海商務印書館鉛印本　一冊

330000－1701－0010970　普 801.1/7246.015/2/c4　集部/詩文評類/文評之屬
文心雕龍注十卷　(南朝梁)劉勰撰　范文瀾注　民國三十六年(1947)上海開明書店鉛印本　七冊

330000－1701－0010974　普 810.1/7246.016/4　類叢部/叢書類/彙編之屬
四部備要　中華書局編　民國二十五年(1936)上海中華書局鉛印本　四冊　存一種

330000－1701－0010981　普 810.4/7274/3/c2　集部/詩文評類
藝槩六卷　(清)劉熙載撰　民國十六年(1927)北京富晉書社鉛印本　二冊

330000－1701－0010982　民 097.13838/3834/c4　經部/四書類/大學之屬/傳說
讀大學法一卷　徐紹楨撰　民國十七年(1928)上海商務印書館鉛印本　一冊

330000－1701－0010983　普 810.1/7783/c1　集部/詩文評類
文學津梁十二種　周鍾游編　民國上海有正書局石印本　八冊

330000－1701－0010985　普 801.08/4014　集部/詩文評類/文評之屬
修辭學講義不分卷　李孟楚輯　稿本　二冊

330000－1701－0010988　民 097.13838/7581　經部/四書類/大學之屬/傳說
大學述義一卷　陳全三撰　民國二十一年(1932)鉛印本　一冊

330000－1701－0010989　普 810.1/7246.016/5　集部/詩文評類/文評之屬
文心雕龍十卷　(南朝梁)劉勰撰　(清)黄叔琳注　(清)紀昀評　民國十三年(1924)上海

啓新書局石印本　四册

330000－1701－0010992　普 810.1/7246.015/2/c1　集部/詩文評類/文評之屬
文心雕龍注十卷　(南朝梁)劉勰撰　范文瀾注　民國二十五年(1936)上海開明書店鉛印本　七册

330000－1701－0010993　民 097.47/4497/c1　經部/四書類/孟子之屬/專著
讀孟備忘一卷　范熙煐撰　民國鉛印本　一册

330000－1701－0010994　民 097.47/4479/c2　經部/四書類/孟子之屬/專著
讀孟備忘一卷　范熙煐撰　民國鉛印本　一册

330000－1701－0010995　民 095.211/7540/c2　經部/春秋公羊傳類/專著之屬
公羊家哲學不分卷　陳柱撰　民國十八年(1929)上海中華書局鉛印本　二册

330000－1701－0010996　善 007801　集部/别集類/元别集
沈貞遺集一卷　(元)沈貞撰　民國抄本　一册

330000－1701－0010997　民 095.211/7540/c3　經部/春秋公羊傳類/專著之屬
公羊家哲學不分卷　陳柱撰　民國十八年(1929)上海中華書局鉛印本　二册

330000－1701－0010998　民 095.211/7540/c4　經部/春秋公羊傳類/專著之屬
公羊家哲學不分卷　陳柱撰　民國十八年(1929)上海中華書局鉛印本　二册

330000－1701－0010999　民 096.44/2706/2　經部/孝經類/傳説之屬
孝經通論四卷　郞慶時撰　民國十九年(1930)刻本　郝慶時題簽　一册

330000－1701－0011001　民 110.7/1148　子部/雜著類/雜説之屬
諸子大綱不分卷　張壽鏞講　民國三十三年(1944)鉛印本　一册

330000－1701－0011005　普 810.8/2144　類叢部/叢書類/彙編之屬
古今文藝叢書十集　何藻編　民國二年至四年(1913－1915)上海廣益書局鉛印本　三十六册　存第一至六集八十九種

330000－1701－0011006　民 110.7/3116/c1　子部/雜著類/雜説之屬
讀子巵言二卷　江瑔撰　民國六年(1917)上海商務印書館鉛印本　二册

330000－1701－0011008　普 810.9/5844　史部/史表類/通代之屬
中國文學年表第一編四卷　敖士英纂輯　民國二十四年(1935)北平立達書局鉛印本　三册

330000－1701－0011009　民 110.7/3116/c2　子部/雜著類/雜説之屬
讀子巵言二卷　江瑔撰　民國六年(1917)上海商務印書館鉛印本　二册

330000－1701－0011010　普 081.06/2672/c1　類叢部/叢書類/彙編之屬
遯盦叢編甲集四種乙集七種　吴隱編　民國二年至五年(1913－1916)西泠印社木活字印本　四册　存甲集四種

330000－1701－0011012　民 110.7/3116/c3　子部/雜著類/雜説之屬
讀子巵言二卷　江瑔撰　民國六年(1917)上海商務印書館鉛印本　二册

330000－1701－0011013　善 007803　集部/别集類/明别集
危太樸文續集十卷　(明)危素撰　民國吴興劉氏求恕齋抄本　劉承幹題簽並校　三册

330000－1701－0011015　普 810.9044/4429　史部/叢編
述窠雜纂　黄任恆撰　民國十四年(1925)南海黄氏鉛印本　一册　存一種

330000－1701－0011016　普 081.06/2672/c2

類叢部/叢書類/彙編之屬

遯盦叢編甲集四種乙集七種 吳隱編 民國二年至五年(1913－1916)西泠印社木活字印本 四冊 存甲集四種

330000－1701－0011017 民 110.7/3116/c4 子部/雜著類/雜說之屬

讀子巵言二卷 江瑔撰 民國六年(1917)上海商務印書館鉛印本 二冊

330000－1701－0011018 普 810.4/7274/3/c1 集部/詩文評類

藝槩六卷 (清)劉熙載撰 民國十六年(1927)北京富晉書社鉛印本 二冊

330000－1701－0011023 普 811.103/6138 集部/別集類

借澆集一卷 吳懷清撰 民國三年(1914)上海國光書局鉛印本 一冊

330000－1701－0011028 普 811.06/4030.5 集部/總集類/選集之屬/斷代

南社叢刻 南社編輯 民國鉛印本 一冊 存一種

330000－1701－0011033 普 007805 集部/別集類/明別集

白雲藁五卷 (明)朱右撰 民國臨海縣公立圖書館抄本 一冊 存二卷(一至二)

330000－1701－0011034 普 007806 集部/別集類/明別集

四梅軒集二卷 (明)葉兌撰 民國十五年(1926)孫□達抄本 孫□達題記 二冊

330000－1701－0011038 普 811.104/0054/c3 集部/詩文評類

昭昧詹言十卷續八卷續錄二卷附錄一卷陶詩附考一卷 (清)方東樹撰 民國七年(1918)上海亞東圖書館鉛印本 四冊

330000－1701－0011039 普 811.104/0441/2 集部/詩文評類/詩評之屬

唐詩紀事八十一卷 (宋)計有功撰 民國二年(1913)四川存古書局刻本 二十四冊

330000－1701－0011040 普 811.104/0441/c2 集部/詩文評類/詩評之屬

唐詩紀事八十一卷 (宋)計有功撰 民國六年(1917)上海文明書局鉛印本 十冊

330000－1701－0011041 普 081.06/3110/2 子部/小說家類

顧氏明朝四十家小說四十種 (明)顧元慶輯 民國四年(1915)上海國粹扶輪社石印本 八冊

330000－1701－0011042 民 110.7/7540.2 類叢部/叢書類/自著之屬

變風變雅賡叢書□□種 陳柱撰 民國北流陳氏十萬卷樓刻本 四冊 存一種

330000－1701－0011043 普 811.104/0441/又 c2 集部/詩文評類/詩評之屬

唐詩紀事八十一卷 (宋)計有功撰 民國六年(1917)上海文明書局鉛印本 十冊

330000－1701－0011044 普 811.104/0032 集部/別集類/清別集

薿薿室詩話一卷詩稿一卷雙鉤一卷 (清)童遜組撰 民國十一年(1922)慈谿嚴子均石印本 一冊 存一卷(詩話)

330000－1701－0011045 普 811.104/0054/c1 集部/詩文評類

昭昧詹言二十一卷 (清)方東樹撰 吳闓生評 民國七年(1918)武強賀氏刻本 陳光漢批 六冊

330000－1701－0011049 普 081.06/3485 類叢部/叢書類/彙編之屬

景印元明善本叢書十種 商務印書館編 民國二十六年至二十九年(1937－1940)上海商務印書館影印本 七十六冊 存一種

330000－1701－0011054 普 811.104/0761 集部/詩文評類/詩評之屬

十朝詩乘二十四卷 郭蜇雲撰 民國二十四年(1935)栩樓刻本 陳光漢批 十二冊

330000－1701－0011055 普 811.104/1032/2/c1 集部/詩文評類/類編之屬

清詩話四十三種　丁福保輯　民國十六年(1927)上海醫學書局鉛印本　五册　存二十五種

330000－1701－0011057　普 811.104/10111　集部/詩文評類/詩評之屬

閨秀詩話十六卷　雷瑨　雷瑊輯　民國十一年(1922)上海掃葉山房石印本　八册

330000－1701－0011058　普 081.06/4404　類叢部/叢書類/彙編之屬

紀録彙編選刊十種　燕京大學圖書館輯　民國二十四年(1935)燕京大學圖書館鉛印本　一册

330000－1701－0011062　普 811.104/1032/2/c2　集部/詩文評類/類編之屬

清詩話四十三種　丁福保輯　民國十六年(1927)上海醫學書局鉛印本　四册　存二十一種

330000－1701－0011066　民 111.1/3138　子部/雜著類/雜説之屬

孔學發微三卷　江瀚撰　民國五年(1916)鉛印本　一册

330000－1701－0011068　善 007809　集部/別集類/明別集

海叟詩集四卷集外詩一卷　(明)袁凱撰　民國抄本　四册

330000－1701－0011071　普 811.104/1040/c2　集部/詩文評類/詩評之屬

然脂餘韻六卷　王藴章輯　民國九年(1920)上海商務印書館鉛印本　三册

330000－1701－0011072　民 111.11/0043/c1　類叢部/叢書類/自著之屬

萬木草堂叢書　康有爲撰　民國刻本　五册　存一種

330000－1701－0011075　民 111.11/0043/c2　類叢部/叢書類/自著之屬

萬木草堂叢書　康有爲撰　民國刻本　六册　存一種

330000－1701－0011077　民 111.11/2630　子部/儒家類/儒學之屬/經濟

歷代尊孔記一卷孔教外論一卷　程淯輯　民國二十二年(1933)上海中國道德會鉛印本　一册

330000－1701－0011079　普 811.104/1040　集部/詩文評類/詩評之屬

然脂餘韻六卷　王藴章輯　民國九年(1920)上海商務印書館鉛印本　三册

330000－1701－0011081　民 111.21/3626　子部/宗教類/道教之屬

老子考證一卷　湯仰暉撰　民國二十八年(1939)鉛印本　一册

330000－1701－0011083　善 007812　集部/別集類/明別集

明盧爲已先生文集一卷　(明)盧儒撰　民國抄本　二册

330000－1701－0011085　民 111.21/4014.2　子部/宗教類/道教之屬

老子外書一卷附録老子三解一卷老子嚴遵注一卷　李孟楚輯　民國鉛印本　一册

330000－1701－0011086　民 111.21/4424　子部/宗教類/道教之屬

老子道德經會通二卷　黄維翰撰　民國三十七年(1948)石印本　一册

330000－1701－0011087　民 111.28/0090.2　子部/雜著類/雜説之屬

齊物論釋一卷　章炳麟撰　民國四年(1915)刻本　一册

330000－1701－0011090　善 007814　集部/別集類/明別集

東濱先生逸藁一卷　(明)陸淞撰　(明)陸錫恩輯　民國抄本　一册

330000－1701－0011092　普 921.512/0460.23　史部/傳記類/總傳之屬/家乘

[湖南]謝氏七修族譜二十八卷首二卷　謝家盛　謝聲揚　謝家治纂修　民國三十七年(1948)寶樹堂木活字印本　二十六册

330000－1701－0011093　民 111.28/0090.2/2、民 111.28/0090.2/3、民 111.51/0090/c1、民 118/0090.2/2/c3　類叢部/叢書類/自著之屬

章氏叢書十三種　章炳麟撰　民國六年至八年(1917－1919)浙江圖書館刻本　六冊　存三種

330000－1701－0011094　普 921.512/0460.4/c1　史部/傳記類/總傳之屬/家乘

[浙江]餘姚四門謝氏明代祖像不分卷　謝寶書輯　民國二十一年(1932)影印本　一冊

330000－1701－0011096　普 921.512/0821.3　史部/傳記類/總傳之屬/家乘

[浙江紹興]仁瀆施氏三修家譜不分卷　施煃輯　民國十八年(1929)抄本　一冊

330000－1701－0011098　普 921.512/0460.4/c2　史部/傳記類/總傳之屬/家乘

[浙江]餘姚四門謝氏明代祖像不分卷　謝寶書輯　民國二十一年(1932)影印本　一冊

330000－1701－0011099　普 921.512/0821.3/c2　史部/傳記類/總傳之屬/家乘

[浙江紹興]三修仁瀆施氏家譜稿不分卷　施煃輯　民國十八年(1929)抄本　一冊

330000－1701－0011102　民 111.51/0090/c4、民 118/0090.2/2/c2　類叢部/叢書類/自著之屬

章氏叢書十三種　章炳麟撰　民國六年至八年(1917－1919)浙江圖書館刻本　四冊　存二種

330000－1701－0011106　普 921.512/0821.2　史部/傳記類/總傳之屬/家乘

[浙江餘姚]餘姚豐溪大成施氏家譜四卷首一卷末一卷　施久義纂修　民國十三年(1924)志遠堂木活字印本　一冊

330000－1701－0011107　民 111.28/0090.2/4/c1　子部/雜著類/雜說之屬

齊物論釋一卷　章炳麟撰　民國元年(1912)上海頻伽精舍鉛印本　一冊

330000－1701－0011110　普 921.512/0864　史部/傳記類/總傳之屬/家乘

[浙江德清]德清許氏族譜不分卷　民國石印本　一冊

330000－1701－0011111　民 111.28/0090.2/4/c2　子部/雜著類/雜說之屬

齊物論釋一卷　章炳麟撰　民國元年(1912)上海頻伽精舍鉛印本　一冊

330000－1701－0011113　普 921.512/0864.16　史部/傳記類/總傳之屬/家乘

[湖南平江]許氏族譜六卷　許偉國纂修　民國十二年(1923)高陽堂木活字印本　六冊

330000－1701－0011114　普 921.512/0460.2　史部/傳記類/總傳之屬/家乘

[浙江餘姚]餘姚四門謝氏後塘河房簡明譜四卷補遺一卷　謝德運　謝聯璠纂修　民國四年(1915)存著堂木活字印本　四冊

330000－1701－0011115　普 921.512/0460.21　史部/傳記類/總傳之屬/家乘

[湖南長沙]長沙白泉謝氏家譜二十二卷首一卷末一卷附譜一卷　謝基璠　謝基楨主修　謝基極　謝基檍纂修　民國二十四年(1935)寶樹堂木活字印本　二十一冊

330000－1701－0011116　普 921.512/0821　史部/傳記類/總傳之屬/家乘

[浙江餘姚]餘姚大施巷施氏宗譜十二卷外譜一卷　施久義纂修　民國二十年(1931)木活字印本　十二冊

330000－1701－0011121　民 111.51/0090/c3、民 118/0090.2/2/c1　類叢部/叢書類/自著之屬

章氏叢書十三種　章炳麟撰　民國六年至八年(1917－1919)浙江圖書館刻本　四冊　存二種

330000－1701－0011122　民 111.51/0090/c2　類叢部/叢書類/自著之屬

章氏叢書十三種　章炳麟撰　民國六年至八年(1917－1919)浙江圖書館刻本　一冊　存

一種

330000－1701－0011124　普 921.512/0864.17　史部/傳記類/總傳之屬/家乘
[江西吉水]吉水城南許氏重修族譜不分卷　民國木活字印本　五冊

330000－1701－0011125　民 111.53/8850　子部/法家類
商君書箋正五卷　簡書撰　民國二十年(1931)上海民智書局鉛印本　一冊

330000－1701－0011129　普 921.512/0864.2　史部/傳記類/總傳之屬/家乘
[浙江上虞]虞東許氏宗譜七卷　許來法修　許光藻等輯　民國三十六年(1947)惠保堂木活字印本　八冊

330000－1701－0011132　普 921.512/0864.18　史部/傳記類/總傳之屬/家乘
[江西宜春][江西萬載]宜萬許氏族譜□□卷　民國光裕堂木活字印本　二冊　存二卷(八至九)

330000－1701－0011133　普 921.512/0864.3　史部/傳記類/總傳之屬/家乘
[浙江杭州]高陽許氏家譜四卷塋圖二卷　許引之修　許季湘　許閑纂　民國十年(1921)鉛印本　五冊　缺一卷(塋圖下)

330000－1701－0011137　普 921.512/0742　史部/傳記類/總傳之屬/家乘
[浙江蕭山]蕭山郭氏宗譜十二卷首一卷　郭元鑑　郭熊纂修　民國二十年(1931)蕭山敬愛堂木活字印本　十二冊

330000－1701－0011138　民 116.5/1032.3　史部/傳記類/别傳之屬/年譜
王文成[守仁]年譜一卷　張元善編　民國抄本　一冊

330000－1701－0011141　民 116.5/2738　子部/宗教類/佛教之屬/總録
公民修養叢書□□種　劉仁航編　民國十年(1921)上海公民書局鉛印本　二冊　存一種

330000－1701－0011142　普 921.512/0864.14　史部/傳記類/總傳之屬/家乘
[浙江蘭溪]滸溪高陽許氏家譜四卷　許庶炎等纂　民國十一年(1922)、十五年(1926)鉛印本　四冊

330000－1701－0011145　普 921.512/0460.9　史部/傳記類/總傳之屬/家乘
[江西萬載]萬載潭溪謝氏族譜不分卷　民國寶樹堂木活字印本　一冊

330000－1701－0011146　善 007822　集部/别集類/清别集
竹笑軒詩鈔一卷　(清)李因撰　民國抄本　一冊

330000－1701－0011149　民 813.18/1044.2　子部/小説家類/雜事之屬
奇案叢談二卷　王藝編輯　民國八年(1919)上海會文堂書局石印本　二冊

330000－1701－0011154　善 007825　集部/别集類/明别集
詠懷堂詩集四卷外集二卷　(明)阮大鋮撰　民國抄本　五冊

330000－1701－0011161　普 915.1111/6837　史部/地理類/方志之屬/郡縣志
[民國]鄞縣志十八卷首一卷　周秉彝修　劉瑞璘纂　民國五年(1916)刻二十三年(1934)重印本　十二冊

330000－1701－0011164　善 007827　集部/别集類/明别集
夏文忠公集五卷　(明)夏允彝撰　張孔瑛輯録　民國抄本　高圭校　一冊

330000－1701－0011177　普 915.1111/7837　史部/地理類/方志之屬/郡縣志
[民國]河陰縣志十七卷金石考二卷文徵三卷　高廷璋等修　蔣藩纂　民國十三年(1924)刻本　十二冊

330000－1701－0011179　普 915.1113/1031/(2)　史部/地理類/方志之屬/郡縣志
[嘉慶]安陽縣志二十八卷首一卷　(清)貴泰

修　(清)武穆淳纂　**安陽縣金石録十二卷**　(清)武億淳撰　民國二十二年(1933)北平文嵐簃古宋印書局鉛印本　八册

330000－1701－0011181　普915.1113/1031/c2/1　史部/地理類/方志之屬/郡縣志

[嘉慶]安陽縣志二十八卷首一卷　(清)貴泰修　(清)武穆淳纂　**安陽縣金石録十二卷**　(清)武億淳撰　民國二十二年(1933)北平文嵐簃古宋印書局鉛印本　八册

330000－1701－0011182　民118/0090.2　類叢部/叢書類/自著之屬

章氏叢書初集十二種　章炳麟撰　民國上海右文社鉛印本　三册　存一種

330000－1701－0011183　民785/3631/c2　子部/藝術類/音樂之屬

中國絲竹指南不分卷　祝湘石編　民國十五年(1926)上海大東書局石印本　一册

330000－1701－0011185　普915.1113/1037/c1　史部/地理類/方志之屬/郡縣志

[民國]續安陽縣志十六卷首一卷末一卷附金石録甲骨文　方策　王幼僑修　裴希度　李學鈞　董作賓纂　民國二十二年(1933)北平文嵐簃古宋印書局鉛印本　六册

330000－1701－0011187　善007831　集部/別集類/清別集

湖上草一卷　(清)柳隱(柳是)撰　民國崑山胡文楷抄本　胡文楷跋　一册

330000－1701－0011189　普915.1113/1037/c2　史部/地理類/方志之屬/郡縣志

[民國]續安陽縣志十六卷首一卷末一卷金石録一卷甲骨文一卷　方策　王幼僑修　裴希度　李學鈞　董作賓纂　民國二十二年(1933)北平文嵐簃古宋印書局鉛印本　六册

330000－1701－0011190　民138/6805　新學/格致總

空際格致二卷　(意大利)高一志撰　**地震解一卷**　(意大利)龍華民撰　民國上海聚珍倣宋印書局鉛印本　一册

330000－1701－0011193　民139.32/0024　新學/理學

人心能力論一卷　(德國)康德撰　(德國)尉禮賢譯　周暹譯　民國三年(1914)上海商務印書館鉛印本　一册

330000－1701－0011197　善007836　集部/別集類/清別集

天蓋樓詩集十三卷　(清)吕留良撰　民國抄本　三册　缺三卷(倀倀中下、夢覺集上)

330000－1701－0011198　民142/3821　子部/雜著類/雜説之屬

人心辯正論不分卷　道順子撰　民國二十七年(1938)鉛印本　一册

330000－1701－0011199　善007838　集部/別集類/清別集

桴亭詩集十卷治鄉三約一卷支更説一卷支更法一卷支更費一卷　(清)陸世儀撰　(清)許焜輯　民國抄本　石硯英批跋　石元鼎跋　五册

330000－1701－0011202　善007839　集部/別集類/清別集

適可軒詩文集八卷　(清)胡文學撰　民國四明張氏約園抄本　五册

330000－1701－0011204　民170/2397　子部/儒家類/儒學之屬/性理

振新集要一卷補遺一卷倫理學講義不分卷倫理語二卷倫理詩教一卷品性切磋録一卷蛉子隨筆一卷蕺山學案一卷　傅煥編述　**大學古本質言一卷**　(清)劉沅撰　傅煥述　**醫史講義不分卷**　(□)王斯撰　民國杭州浙江中醫專門學校鉛印本　三册

330000－1701－0011205　善007841　集部/別集類/清別集

薇水亭集五卷　(清)王澐撰　民國海寧管元耀靜得樓抄本　管元耀校並題記　一册

330000－1701－0011206　善007842　集部/別集類/清別集

東廬詩鈔一卷　(清)錢廉撰　民國四明張氏

約園抄本　一册

330000－1701－0011207　民 170.1/3121/c2　子部/儒家類/儒學之屬/俗訓

人道須知八卷　江衡　荊少英輯　民國十九年(1930)無錫榮宗銓鉛印本　一册

330000－1701－0011208　善 007843　集部/别集類/清别集

芍庭雪卷二卷　(清)錢中盛撰　民國四明張氏約園抄本　二册

330000－1701－0011209　善 007844　集部/别集類/清别集

蜜香慶集一卷　(清)陸樾撰　民國十一年(1922)費寅抄本　費寅跋　一册

330000－1701－0011210　民 170.1/3121/c3　子部/儒家類/儒學之屬/俗訓

人道須知八卷　江衡　荊少英輯　民國十九年(1930)無錫榮宗銓鉛印本　一册

330000－1701－0011212　民 170.1/3121/c4　子部/儒家類/儒學之屬/俗訓

人道須知八卷　江衡　荊少英輯　民國十九年(1930)無錫榮宗銓鉛印本　一册

330000－1701－0011215　善 007846　集部/别集類/清别集

耿巖文存十卷首一卷　(清)沈珩撰撰　管元耀重編　民國十八年(1929)稿本　五册

330000－1701－0011216　民 785/3631/c3　子部/藝術類/音樂之屬

中國絲竹指南不分卷　祝湘石編　民國十五年(1926)上海大東書局石印本　一册

330000－1701－0011217　善 007848　集部/别集類/清别集

范潞公集九卷　(清)范光文撰　民國抄本　一册

330000－1701－0011220　普 081.07/1130/c1　類叢部/叢書類/彙編之屬

娟鏡樓叢刻七種　張祖廉輯　民國九年(1920)嘉善張氏鉛印本　四册

330000－1701－0011221　善 007850　集部/别集類/清别集

孫宇台集四十卷　(清)孫治撰　(清)孫孝楨編　民國抄本　五册　存二十六卷(一至二十二、二十七至三十)

330000－1701－0011222　普 081.07/1130/c2　類叢部/叢書類/彙編之屬

娟鏡樓叢刻七種　張祖廉輯　民國九年(1920)嘉善張氏鉛印本　四册

330000－1701－0011229　民 171.2/4404/c1　子部/雜著類/雜説之屬

師古小言不分卷　黄文彬撰　民國二十三年(1934)杭州浙江印刷公司鉛印本　一册

330000－1701－0011231　民 171.2/4404/c2　子部/雜著類/雜説之屬

師古小言不分卷　黄文彬撰　民國二十三年(1934)杭州浙江印刷公司鉛印本　一册

330000－1701－0011233　民 171.2/4404/c3　子部/雜著類/雜説之屬

師古小言不分卷　黄文彬撰　民國二十三年(1934)杭州浙江印刷公司鉛印本　一册

330000－1701－0011234　民 171.3/1123　子部/宗教類/道教之屬

老莊派自然主義底人生觀不分卷　項委之撰　民國三十五年(1946)石印本　項委之題記　一册

330000－1701－0011237　民 172.2/1032　類叢部/叢書類/彙編之屬

進德叢書八種　丁福保編　民國上海醫學書局鉛印本　一册　存一種

330000－1701－0011238　民 172.2/7227　子部/儒家類/儒學之屬/禮教

青年修養之最要素不分卷　劉傳厚編輯　民國二十三年(1934)上海新醫藥刊社鉛印本　一册

330000－1701－0011239　民 172.7/2671/c1　新學/政治法律/制度

新生活運動之理論與實際不分卷　吳原編

民國二十三年(1934)杭州正中書店鉛印本 三册

330000－1701－0011241　民 172.7/2671/c2 新學/政治法律/制度

新生活運動之理論與實際不分卷　吳原編 民國二十三年(1934)杭州正中書店鉛印本 三册

330000－1701－0011242　民 172.7/2671/c3 新學/政治法律/制度

新生活運動之理論與實際不分卷　吳原編 民國二十三年(1934)杭州正中書店鉛印本 三册

330000－1701－0011243　民 0173/1144　子部/雜著類/雜説之屬

家庭模範三卷　張在茲撰　民國二十一年(1932)張在茲鉛印本　一册

330000－1701－0011246　民 173/6247/c1 子部/雜著類/雜説之屬

家庭寶筏不分卷　别樵居士(關絅之)編纂 民國上海中華書局鉛印本　一册

330000－1701－0011248　民 173/6247/c2 子部/雜著類/雜説之屬

家庭寶筏不分卷　别樵居士(關絅之)編纂 民國上海中華書局鉛印本　一册

330000－1701－0011249　民 173/6247/c3 子部/雜著類/雜説之屬

家庭寶筏不分卷　别樵居士(關絅之)編纂 民國上海中華書局鉛印本　一册

330000－1701－0011251　民 175.3/4415　新學/政治法律

林翼中告各縣縣長書不分卷　林翼中撰　民國二十三年(1934)鉛印本　一册

330000－1701－0011252　民 378.2/5371　子部/雜著類/雜説之屬

家庭教育必要不分卷　戈朋雲撰　民國十年(1921)上海戈朋雲鉛印本　一册

330000－1701－0011257　普 081.07/2024 類叢部/叢書類/彙編之屬

清代學術叢書五種　黄賓熙編　民國香山黄氏古愚室據刻本影印本　二十四册

330000－1701－0011260　善 007868　集部/别集類/清别集

南湖詩文集十卷　(清)陳美訓稿　民國抄本 張壽鏞跋　二册

330000－1701－0011261　善 007869　集部/别集類/清别集

師經堂集十八卷　(清)徐文駒撰　民國抄本 八册

330000－1701－0011263　善 007871　史部/史評類/詠史之屬

今樂府一卷　(清)潘檉章撰　(清)吳炎評 民國吳興劉氏求恕齋抄本　沈焜題記　一册

330000－1701－0011264　善 007872　史部/史評類/詠史之屬

今樂府一卷　(清)吳炎撰　(清)潘檉章評 民國吳興劉氏求恕齋抄本　一册

330000－1701－0011265　善 007873　集部/别集類/清别集

遂初堂外集四卷　(清)潘耒撰　民國抄本 四册

330000－1701－0011268　善 007875　集部/别集類/清别集

孟鄰堂文鈔十六卷　(清)楊椿撰　民國抄本(卷三至五原缺)　二册　存五卷(一至二、六至八)

330000－1701－0011270　善 007877　集部/别集類/清别集

褐夫先生文集補遺一卷　(清)戴名世撰　民國鄒夢禪抄本　一册

330000－1701－0011272　善 007879　集部/别集類/清别集

望雲詩藁二集一卷　(清)姜宸蕚撰　民國四明張氏約園抄本　一册

330000－1701－0011273　普 081.07/2207

類叢部/叢書類/彙編之屬

每得奇書叢鈔 岑齋居士輯 民國抄本 三冊

330000 - 1701 - 0011275 善 007881 集部/別集類/清別集

南谿偶刊四卷 (清)鄭性撰 民國抄本 張壽鏞題簽並記 四冊

330000 - 1701 - 0011277 善 007882 集部/別集類/清別集

缶堂學詩六卷 (清)董道權撰 民國四明張氏約園抄本 佚名過錄馮貞羣跋 一冊

330000 - 1701 - 0011278 善 007883 集部/別集類/清別集

官梅集一卷 (清)鄧漢儀撰 民國抄本 一冊

330000 - 1701 - 0011279 善 007884 集部/別集類/清別集

東阿倚劍樓詩草二卷 (清)葛泠撰 民國海寧管元耀靜得樓抄本 一冊

330000 - 1701 - 0011281 善 007886 集部/別集類/清別集

補刻摘句圖詩一卷 (清)童鈺撰 (清)盧世昌批點 民國抄本 一冊

330000 - 1701 - 0011288 善 007892 集部/別集類/清別集

翁比部詩鈔一卷 (清)翁樹培撰 民國吳興劉氏嘉業堂抄本 劉承幹、伯騤跋 沈焜校並題記 一冊

330000 - 1701 - 0011293 善 007897 集部/別集類/清別集

綠溪詩鈔二卷 (清)祝維誥撰 民國二十年(1931)胡士瑩抄清道光二十四年(1844)淳雅堂刻本 胡士瑩題記並過錄金兆蕃題記 一冊

330000 - 1701 - 0011294 善 007898 集部/別集類/清別集

笠芸詩瓢十二卷 (清)周昱撰 民國抄本 四冊

330000 - 1701 - 0011295 善 007899 集部/別集類/清別集

却病小草三卷 (清)施垂青撰 民國八年(1919)長興王氏詒莊樓抄本 王修校並跋 一冊 存二卷(一至二)

330000 - 1701 - 0011303 善 007902 集部/別集類/清別集

桐華吟館詩稿六卷詞稿二卷 (清)楊揆撰 民國抄本 一冊

330000 - 1701 - 0011310 善 007907 集部/別集類/清別集

北上紀行小草一卷 (清)寸式玉撰 民國抄本 一冊

330000 - 1701 - 0011312 普 081.07/2631 類叢部/叢書類/彙編之屬

遯盦叢編甲集四種乙集七種 吳隱編 民國二年至五年(1913 - 1916)西泠印社木活字印本 四冊 存甲集四種

330000 - 1701 - 0011313 普 081.07/2803/c1 類叢部/叢書類/彙編之屬

念劬廬叢刻初編八種 徐彥寬輯 民國二十年(1931)鉛印本 四冊

330000 - 1701 - 0011315 普 081.07/2803/c2 類叢部/叢書類/彙編之屬

念劬廬叢刻初編八種 徐彥寬輯 民國二十年(1931)鉛印本 四冊

330000 - 1701 - 0011317 善 007911 集部/別集類/清別集

西澗詩鈔四卷 (清)祝喆撰 民國二十二年(1933)陳穮抄本 陳穮校並題記 一冊

330000 - 1701 - 0011319 善 007912 集部/別集類/清別集

葯房偶存不分卷 (清)周恂撰 民國四明張氏約園抄本 一冊

330000 - 1701 - 0011320 善 007913 集部/別集類/清別集

籜坨詩稿一卷 (清)鄭大節撰 民國四明張氏約園抄本 一冊

330000－1701－0011322　善 007915　集部/别集類/清别集

彡石齋集一卷　(清)汪又辰撰　民國平湖胡士瑩霜紅簃抄本　一册

330000－1701－0011324　善 007916　集部/别集類/清别集

俞甘村先生詩稿三卷　(清)俞棠撰　民國八年(1919)管偉抄本　管偉題記　一册

330000－1701－0011330　善 007919　集部/别集類/清别集

敝帚集一卷　(清)許樹棠撰　民國二十一年(1932)管偉抄本　管偉題記　一册

330000－1701－0011331　善 007920　集部/别集類/清别集

誦舫詩鈔一卷　(清)潘蓉鏡撰　民國七年(1918)管偉抄本　管偉題記　一册

330000－1701－0011333　善 007922　集部/别集類/清别集

辛卯生詩四卷　(清)吴衡照撰　民國抄本　二册

330000－1701－0011336　善 007924　集部/别集類/清别集

夢髯文稿一卷　(清)張源撰　民國抄本　一册

330000－1701－0011338　普 081.07/3061　類叢部/叢書類/彙編之屬

文淵樓叢書五種　宋星五　周藹如編　民國十七年(1928)上海文瑞樓書局北平直隸書局影印本　六十册

330000－1701－0011351　善 007933　史部/地理類/遊記之屬/紀勝

谷湖百詠一卷　(清)張鳳綸撰　民國海寧管氏靜得樓抄本　一册

330000－1701－0011352　善 007934　集部/别集類/清别集

捧腹集二卷　(清)郭錫蕃撰　民國管偉靜得樓抄本　管偉跋　一册

330000－1701－0011356　善 007937　集部/别集類/清别集

蘇閣吟卷一卷　(清)吴壽暘撰　民國十一年(1922)海寧管元耀抄本　管元耀跋　一册

330000－1701－0011357　善 007938　集部/别集類/清别集

二田齋讀書絶句一卷詩餘一卷　(清)計光炘撰　民國海寧管氏靜得樓抄本　管元耀批並校　一册

330000－1701－0011359　善 007940　集部/别集類/清别集

白鵠山房初集三卷白鶴山房文鈔二卷　(清)徐熊飛撰　民國抄本　五册

330000－1701－0011363　善 007945　集部/别集類/清别集

方植之文鈔不分卷　(清)方東樹撰　民國抄本　余重耀題簽並跋　二册

330000－1701－0011364　善 007946　集部/别集類/清别集

伯山詩集二卷文稿一卷　(清)姚柬之撰　民國抄本　二册

330000－1701－0011367　普 081.07/3148　類叢部/叢書類/彙編之屬

食舊堂叢書(舊德堂叢書)二十一種　(清)汪大鈞編　民國十四年(1925)錢塘汪氏刻本　二十四册

330000－1701－0011370　善 007951　集部/别集類/清别集

且甌小隱詩集一卷　(清)戴咸弼撰　民國抄本　一册

330000－1701－0011372　善 007953　集部/别集類/清别集

繼志居詩集一卷有感擬古詩一卷　(清)朱修之撰　民國抄本　一册

330000－1701－0011374　善 007955　集部/别集類/清别集

鼎卿詩鈔四卷　(清)史承壂撰　民國抄本　一册

330000－1701－0011375　善 007956　集部/別集類/清別集

竹安居士詩稿一卷　（清）朱源慶撰　民國抄本　一冊

330000－1701－0011381　善 007960　集部/別集類/清別集

金粟山房吟草一卷　（清）管湘撰　民國管偉抄本　一冊

330000－1701－0011382　普 081.07/3528　子部/叢編

清代筆記叢刊四十一種　文明書局編　民國上海文明書局石印本　一百六十冊

330000－1701－0011386　善 007964　集部/別集類/清別集

拜石山巢詩鈔二卷　（清）陳光緒撰　民國抄本　一冊

330000－1701－0011394　普 081.07/4401　類叢部/叢書類/郡邑之屬

惜硯樓叢刊八種　林慶雲編　民國二十四年(1935)瑞安林氏鉛印本　二冊

330000－1701－0011399　善 007970　集部/別集類/清別集

庚庚石室近稿一卷　（清）朱至撰　**沈蘧翁壽杯歌一卷**　民國抄本　一冊

330000－1701－0011405　善 007973　集部/別集類/清別集

石厂詩草四卷　（清）朱英撰　民國抄本　四冊

330000－1701－0011410　普 081.07/6047　類叢部/叢書類/彙編之屬

顏李叢書三十二種　徐世昌等輯　民國十二年(1923)四存學會鉛印本　三十二冊

330000－1701－0011411　民 197.3/0048　子部/宗教類/道教之屬

南屏曉鐘一卷　孫福鏘編輯　民國十一年(1922)杭州城北重興慈濟老壇鉛印本　一冊

330000－1701－0011413　民 201.5/3049/2　子部/雜著類/雜說之屬

科學迷信鬥爭史不分卷　（美國）留伊斯撰　宋桂煌譯　稿本　一冊

330000－1701－0011416　民 220/1032/c2、民 220/1032.2/c2、民 220.25/1032.2/c2、民 220.3/1032/c2、民 234/1032/c2　子部/宗教類/佛教之屬

佛學叢書□□種　丁福保輯　民國上海醫學書局鉛印本暨影印本　二十冊　存五種

330000－1701－0011418　民 220/1032/c3、民 220/1032.3、民 220.25/1032.2/c3　子部/宗教類/佛教之屬

佛學叢書□□種　丁福保輯　民國上海醫學書局鉛印本暨影印本　三冊　存三種

330000－1701－0011419　民 220/1032/c4、民 220.25/1032.2/c4、民 220.3/1032/c4　子部/宗教類/佛教之屬

佛學叢書□□種　丁福保輯　民國上海醫學書局鉛印本暨影印本　十八冊　存三種

330000－1701－0011422　民 220.41/2041/c1　子部/宗教類/佛教之屬/總録

釋字談禪一卷　毛蒙正撰　民國二十五年(1936)鉛印本　一冊

330000－1701－0011423　善 007979　集部/別集類/清別集

荔影書屋詩鈔一卷　（清）薩大年撰　民國抄本　一冊

330000－1701－0011424　善 007981　集部/別集類/清別集

竹雪亭詩草一卷　（清）金師文撰　民國抄本　一冊

330000－1701－0011425　善 007980　集部/別集類/清別集

荔影堂詩鈔二卷　（清）薩大文撰　民國抄本　一冊

330000－1701－0011430　善 007986　集部/別集類/清別集

青來山房詩草一卷　（清）王貽棠撰　民國抄

本　一册

330000－1701－0011433　民 220.41/2041/c2　子部/宗教類/佛教之屬/總録

釋字談禪一卷　毛蒙正撰　民國二十五年(1936)鉛印本　一册

330000－1701－0011434　民 220.41/3108　集部/别集類

陽復齋詩偈集六卷　江謙撰　民國鉛印本　一册

330000－1701－0011435　民 221.16/2144　子部/宗教類/佛教之屬

因明大疏删注一卷　熊十力撰　民國十五年(1926)上海商務印書館鉛印本　一册

330000－1701－0011436　民 221.183/8058　子部/宗教類/佛教之屬/論疏

佛家哲學通論不分卷　(英國)邁格文撰　江紹原譯述　民國二十四年(1935)上海商務印書館鉛印本　一册

330000－1701－0011441　民 221.99/0823/c1　子部/宗教類/佛教之屬

觀世音菩薩本迹感應頌四卷首一卷　許止淨述　**金剛經功德頌一卷**　許止淨述　劉契淨注　民國十五年(1926)鉛印本　二册

330000－1701－0011442　善 007991　集部/别集類/清别集

快園詩鈔一卷詞鈔一卷　(清)凌霄撰　民國抄本　一册

330000－1701－0011443　善 007992　集部/别集類/清别集

竹亭詩鈔一卷　(清)吳壽民撰　民國抄本　與 330000－1701－0011442 合册

330000－1701－0011445　普 081.07/7244　類叢部/叢書類/自著之屬

直介堂叢刻初編十種續編五種鼻烟叢刻四種　劉聲木撰　民國十八年(1929)廬江劉氏鉛印本　五十册

330000－1701－0011447　民 221.99/0823/c2　子部/宗教類/佛教之屬

觀世音菩薩本迹感應頌四卷首一卷　許止淨述　**金剛經功德頌一卷**　許止淨述　劉契淨注　民國十五年(1926)鉛印本　二册

330000－1701－0011448　民 221.99/0823/c3　子部/宗教類/佛教之屬

觀世音菩薩本迹感應頌四卷首一卷　許止淨述　**金剛經功德頌一卷**　許止淨述　劉契淨注　民國十六年(1927)鉛印本　二册

330000－1701－0011450　民 221.99/4487/c2　子部/宗教類/佛教之屬

觀世音菩薩靈異紀二卷　萬鈞編　民國二十四年(1935)北京中央刻經院鉛印本　一册

330000－1701－0011451　善 007996　集部/别集類/清别集

青霞僊館詩鈔一卷　(清)汪曾本撰　民國抄本　一册

330000－1701－0011452　民 221.99/4487/2/c1　子部/宗教類/佛教之屬

觀世音菩薩靈異紀二卷　萬鈞編　民國十四年(1925)北京感化學校鉛印本　一册

330000－1701－0011454　民 221.99/4487/2/c2　子部/宗教類/佛教之屬

觀世音菩薩靈異紀二卷　萬鈞編　民國十四年(1925)北京感化學校鉛印本　一册

330000－1701－0011456　民 221.99/4487/2/c3　子部/宗教類/佛教之屬

觀世音菩薩靈異紀二卷　萬鈞編　民國十四年(1925)北京感化學校鉛印本　一册

330000－1701－0011457　善 008004　集部/别集類/清别集

鋤園吟草一卷附録一卷　(清)管鴻詞撰　民國抄本　一册

330000－1701－0011458　民 221.99/4487/2/c4　子部/宗教類/佛教之屬

觀世音菩薩靈異紀二卷　萬鈞編　民國十四年(1925)北京感化學校鉛印本　一册

330000－1701－0011459　善 007999　集部/別集類/清別集

有三味齋詩稿二卷　(清)高偉曾撰　民國抄本　一冊

330000－1701－0011460　善 008000　集部/別集類/清別集

蟄庵集一卷　(清)徐鴻鰲撰　民國海寧管氏靜得樓抄本　一冊

330000－1701－0011461　善 008001　集部/別集類/清別集

讀月樓詩草一卷　(清)江鎮東撰　民國十九年(1930)朱湛林抄本　朱湛林題記　一冊

330000－1701－0011464　善 008003　集部/別集類/清別集

守素齋詩鈔四卷　(清)張均撰　(清)孫灕選　民國抄本　一冊

330000－1701－0011465　善 008005　集部/別集類/清別集

慕親子憶存草一卷　(清)張鶴瑞撰　民國抄本　一冊

330000－1701－0011466　善 008006　集部/別集類/清別集

慕親子萍蹤草二卷　(清)張鶴瑞撰　民國抄本　二冊

330000－1701－0011468　民 222.021/7541　史部/目録類/專録之屬

敦煌劫餘錄不分卷　陳垣校錄　民國二十年(1931)北京國立中央研究院歷史語言研究所鉛印本　六冊

330000－1701－0011469　民 229.17/2343/c1　子部/宗教類/佛教之屬/律

外內密戒律手冊不分卷　(天竺)馬鳴菩薩等撰　民國鉛印本　一冊

330000－1701－0011472　民 229.17/2343/c2　子部/宗教類/佛教之屬/律

外內密戒律手冊不分卷　(天竺)馬鳴菩薩等撰　民國鉛印本　一冊

330000－1701－0011474　普 081.08/7514　類叢部/叢書類/彙編之屬

海寧陳氏景印善本叢書四種　民國影印本　四冊

330000－1701－0011475　民 229.3/4422　子部/宗教類/佛教之屬/總録

中國佛教史四卷　蔣維喬撰　民國十八年(1929)上海商務印書館鉛印本　三冊

330000－1701－0011479　民 229.32/0077/c1　子部/宗教類/佛教之屬

八識規矩頌講義附略釋百法一卷　釋諦閑撰　民國鉛印本　一冊

330000－1701－0011481　民 229.32/0077/c2　子部/宗教類/佛教之屬

八識規矩頌講義附略釋百法一卷　釋諦閑撰　民國鉛印本　一冊

330000－1701－0011483　善 008014　集部/總集類/選集之屬/斷代

四人詩初稿四卷　民國抄本　一冊

330000－1701－0011484　民 229.32/2144/2/c1　子部/雜著類/雜説之屬

新唯識論語體文本三卷　熊十力撰　民國三十六年(1947)鉛印本　四冊

330000－1701－0011487　民 229.32/2144/2/c2　子部/雜著類/雜説之屬

新唯識論語體文本三卷　熊十力撰　民國三十六年(1947)鉛印本　四冊

330000－1701－0011488　善 008019　集部/別集類/清別集

研香室吟草二卷　(清)葉蘭貞撰　民國抄本　一冊

330000－1701－0011489　民 229.32/2144/2/c3　子部/雜著類/雜説之屬

新唯識論語體文本三卷　熊十力撰　民國三十六年(1947)鉛印本　四冊

330000－1701－0011490　民 229.32/2144/3　子部/雜著類/雜説之屬

新唯識論一卷　熊十力撰　民國二十一年(1932)上海神州國光社鉛印本　一册

330000－1701－0011491　善 008020　集部/別集類/清別集

課餘草一卷　(清)姜本植撰　民國抄本　一册

330000－1701－0011492　普 081.08/8033.08/c1　史部/目録類/書志之屬/題跋

瓜圃叢刊敘録一卷　金梁輯　民國二十四年(1935)鉛印本　一册

330000－1701－0011493　民 229.32/2144/5　子部/雜著類/雜説之屬

新唯識論繙語體文稿一卷　熊十力撰　民國二十九年(1940)鉛印本　一册

330000－1701－0011494　普 081.08/8033.08/c2　史部/目録類/書志之屬/題跋

瓜圃叢刊敘録一卷　金梁輯　民國二十四年(1935)鉛印本　一册

330000－1701－0011496　善 008017　集部/別集類/清別集

譜唐詩稿一卷　(清)徐家佑撰　民國抄本　管元耀批校並跋　一册

330000－1701－0011497　普 081.08/8033.082/c1　史部/目録類/書志之屬/題跋

重印瓜圃叢刊敘録續編一卷　金梁撰　民國十七年(1928)鉛印本　一册

330000－1701－0011498　普 081.08/8033.082/c2　史部/目録類/書志之屬/題跋

瓜圃叢刊敘録續編一卷　金梁輯　民國二十四年(1935)鉛印本　一册

330000－1701－0011499　普 081.08/8033.082/c3　史部/目録類/書志之屬/題跋

重印瓜圃叢刊敘録續編一卷　金梁撰　民國十七年(1928)鉛印本　一册

330000－1701－0011500　善 008021　集部/別集類/清別集

古杼秋館文集一卷詩集一卷　(清)侯楨撰　民國抄本　一册

330000－1701－0011503　民 229.38/1600/c1　子部/宗教類/佛教之屬/諸宗

印光法師文鈔七卷附録一卷　釋聖量撰　民國十三年(1924)上海商務印書館鉛印本　四册

330000－1701－0011504　善 008024　集部/別集類/清別集

止庵詩集一卷　(清)孫鏘鳴撰　民國抄本　一册

330000－1701－0011505　善 008025　集部/別集類/清別集

芸香閣尺一書二卷續刻一卷　(清)朱蔭培撰　民國抄本　一册

330000－1701－0011506　民 229.38/1600/c2　子部/宗教類/佛教之屬/諸宗

印光法師文鈔七卷附録一卷　釋聖量撰　民國十三年(1924)上海商務印書館鉛印本　四册

330000－1701－0011507　民 229.38/1600/c3　子部/宗教類/佛教之屬/諸宗

印光法師文鈔七卷附録一卷　釋聖量撰　民國十三年(1924)上海商務印書館鉛印本　四册

330000－1701－0011508　民 229.38/1600/c4　子部/宗教類/佛教之屬/諸宗

印光法師文鈔七卷附録一卷　釋聖量撰　民國十三年(1924)上海商務印書館鉛印本　四册

330000－1701－0011509　善 008026　集部/別集類/清別集

一息偶存草一卷　(清)倪承祚撰　民國抄本　一册

330000－1701－0011511　普 081.11/7233　類叢部/叢書類/彙編之屬

龍潭精舍叢刻十五種　劉海涵編　民國十年至二十年(1921－1931)刻本　十九册

330000－1701－0011512　善 008028　集部/別集類/清別集

冰谿吟草一卷　(清)張芾撰　民國述鄭堂抄本　一冊

330000－1701－0011513　民 229.38/1600/2/c1　子部/宗教類/佛教之屬/諸宗

印光法師文鈔二卷附錄一卷　釋聖量撰　民國九年(1920)上海商務印書館鉛印本　李次九題記　二冊

330000－1701－0011516　民 229.38/1600/2/c2　子部/宗教類/佛教之屬/諸宗

印光法師文鈔二卷附錄一卷　釋聖量撰　民國十年(1921)上海商務印書館鉛印本　二冊

330000－1701－0011517　民 229.38/1600/2/c3　子部/宗教類/佛教之屬/諸宗

印光法師文鈔二卷附錄一卷　釋聖量撰　民國十年(1921)上海商務印書館鉛印本　二冊

330000－1701－0011518　民 229.38/1600/2/c4　子部/宗教類/佛教之屬/諸宗

印光法師文鈔二卷附錄一卷　釋聖量撰　民國九年(1920)上海商務印書館鉛印本　二冊

330000－1701－0011520　民 229.38/1600/3　子部/宗教類/佛教之屬/諸宗

印光法師文鈔初編一卷續編一卷　釋聖量撰　民國七年(1918)鉛印本　周承德題記　二冊

330000－1701－0011521　普 081.12/2105　類叢部/叢書類/郡邑之屬

湖北先正遺書七十二種七百二十七卷　盧靖編　民國十二年(1923)沔陽盧氏慎始基齋影印本　一百八十冊

330000－1701－0011524　民 229.38/1600/4/c1　子部/宗教類/佛教之屬/諸宗

印光法師文鈔四卷附錄一卷　釋聖量撰　民國十六年(1927)浙江印刷公司鉛印本　四冊

330000－1701－0011525　民 229.38/1600/4/c2　子部/宗教類/佛教之屬/諸宗

印光法師文鈔四卷附錄一卷　釋聖量撰　民國十八年(1929)上海中華書局鉛印本　四冊

330000－1701－0011526　善 008034　集部/別集類/清別集

鍾慈生唱和詩詞稿一卷　(清)鍾慈生撰　民國抄本　一冊

330000－1701－0011527　民 229.38/1600/4/c3　子部/宗教類/佛教之屬/諸宗

印光法師文鈔四卷附錄一卷　釋聖量撰　民國十六年(1927)浙江印刷公司鉛印本　四冊

330000－1701－0011528　民 229.38/1600/5　子部/宗教類/佛教之屬/諸宗

印光法師文鈔四卷附錄一卷　釋聖量撰　民國十二年(1923)揚州藏經院刻本　四冊

330000－1701－0011529　普 081.12/3134　史部/叢編

鄂故叢書二種　湖北通志館輯　民國三十六年(1947)湖北通志館鉛印本　三冊

330000－1701－0011532　善 008037　集部/別集類/清別集

抱膝廬吟稿四卷　(清)葛楙萱撰　**附錄題覆舟圖一卷**　民國管氏靜得樓抄本　一冊

330000－1701－0011533　民 229.38/3532/c1　子部/宗教類/佛教之屬

决定生西日課不分卷　歐陽柱撰　民國石印本　一冊

330000－1701－0011534　善 008038　集部/別集類/清別集

志遠齋集三卷　(清)楊以貞撰　金濤編　民國浙江省立圖書館抄本　三冊

330000－1701－0011538　民 229.38/3532/c2　子部/宗教類/佛教之屬

决定生西日課不分卷　歐陽柱撰　民國七年(1918)石印本　一冊

330000－1701－0011539　民 229.38/3532/c3　子部/宗教類/佛教之屬

决定生西日課不分卷　歐陽柱撰　民國七年(1918)石印本　一冊

330000－1701－0011541　民229.38/3532/c4　子部/宗教類/佛教之屬

決定生西日課不分卷　歐陽柱撰　民國七年(1918)石印本　一册

330000－1701－0011542　民230.92/5043　史部/傳記類/總傳之屬/釋道

中華道教總會理事監事會員名册不分卷　中華道教總會理事編　稿本　一册

330000－1701－0011543　善008042　集部/别集類/清别集

高少蕣詩鈔一卷　(清)高鎔撰　民國抄本　一册

330000－1701－0011544　民231.99/6420　子部/宗教類/道教之屬/雜著

南華集四卷　時化文社　逢化文社編　民國三十六年(1947)時化文社、逢化文社石印本　四册

330000－1701－0011545　普081.14/3023、普081.14/3023.2、普081.14/3023.3、普081.14/3023.4、普081.14/3023.5/c1、普081.14/3023.6　類叢部/叢書類/郡邑之屬

安徽叢書六期二十五種　安徽叢書編審會輯　民國二十一年至二十五年(1932－1936)影印本　劉祝群跋　一百三十五册　缺三卷(讀書求解、數度小記、修辭餘鈔)

330000－1701－0011547　民234/6061　子部/醫家類/養生之屬/導引、氣功

因是子静坐法不分卷續編不分卷　蔣維喬撰　民國三十七年(1948)商務印書館鉛印本　一册

330000－1701－0011548　善008044　集部/别集類/清别集

睫巢詩四卷　(清)吳廷楨撰　民國抄本　佚名過録清孫德祖跋　二册

330000－1701－0011550　民234/7553/c1　子部/宗教類/道教之屬

孫不二女功内丹次第詩註一卷　陳攖寧撰　民國二十三年(1934)上海翼化堂善書局刻本　一册

330000－1701－0011551　民234/7553/c2　子部/宗教類/道教之屬

孫不二女功内丹次第詩註一卷　陳攖寧撰　民國二十三年(1934)上海翼化堂善書局刻本　一册

330000－1701－0011552　民250.45/4692.07/c1　子部/宗教類/其他宗教之屬/基督教

不得已辯一卷　(意大利)利類思撰　民國十五年(1926)上海土山灣印書館鉛印本　一册

330000－1701－0011554　民250.45/4692.07/c2　子部/宗教類/其他宗教之屬/基督教

不得已辯一卷　(意大利)利類思撰　民國十五年(1926)上海土山灣印書館鉛印本　一册

330000－1701－0011555　民251.2/1011　子部/宗教類/其他宗教之屬/基督教

基督誡命不分卷　(英國)霍爾登撰　(英國)莫安仁譯述　民國十三年(1924)上海廣學會鉛印本　一册

330000－1701－0011556　善008047　集部/别集類/清别集

懶雲窩詩鈔一卷　(清)何福臻撰　民國二十年(1931)平湖胡士瑩霜紅簃抄本　胡士瑩批校並題記　一册

330000－1701－0011557　善008048　集部/别集類/清别集

惜花詞館吟草一卷　(清)胡廷楨撰　民國二十年(1931)平湖胡士瑩霜紅簃抄本　胡士瑩題記　與330000－1701－0011556合册

330000－1701－0011559　善008050　集部/别集類/清别集

高人鳳詩鈔一卷　(清)高人鳳撰　民國抄本　一册

330000－1701－0011560　善008051　集部/别集類

詩草一卷　民國抄本　一册

330000－1701－0011561　善008052　集部/

別集類/清別集

慎思齋詩鈔四卷文集二卷　(清)戴仁撰　(清)戴介石輯錄　民國抄本　三冊

330000－1701－0011562　善 008053　集部/別集類/清別集

三蓮堂詩鈔八卷情禪詞鈔一卷　(清)周元瑞撰　民國抄本　盛慶蕃題簽　四冊

330000－1701－0011566　善 008057　集部/別集類/清別集

聘棠仙館詩鈔偶存一卷　(清)陳逢春憶錄　民國抄本　一冊

330000－1701－0011567　善 008058　集部/別集類/清別集

擁翠廬詩草一卷　(清)高富年撰　民國抄本　一冊

330000－1701－0011568　普 081.14/3023.5/c2　類叢部/叢書類/郡邑之屬

安徽叢書六期二十五種　安徽叢書編審會輯　民國二十一年至二十五年(1932－1936)影印本　十六冊　存三種

330000－1701－0011569　民 251.2951/5007　子部/宗教類/其他宗教之屬/基督教

聖母行實三卷　(意大利)高一志撰　民國十七年(1928)上海土山灣印書館鉛印本　一冊

330000－1701－0011575　民 252.5/1483/5　子部/宗教類/其他宗教之屬/基督教

新約全書不分卷　民國四年(1915)上海大美國聖經會鉛印本　一冊

330000－1701－0011576　普 081.15/4764.082、普 081.15/4764　類叢部/叢書類/郡邑之屬

豫章叢書六十種附一種　胡思敬編　民國四年至九年(1915－1920)南昌豫章叢書編刻局刻本　二百六十六冊

330000－1701－0011577　民 270.9/2011　子部/宗教類/其他宗教之屬

回教考略不分卷　(英國)季理斐輯　民國九年(1920)上海廣學會鉛印本　一冊

330000－1701－0011578　民 271.25/5325　子部/宗教類/其他宗教之屬

回經中的麥西哈不分卷　(英國)戈德撒撰　(英國)梅益盛譯述　民國八年(1919)鉛印本　一冊

330000－1701－0011580　善 008064　集部/別集類/清別集

蛩吟草四卷　(清)胡鼎玉撰　民國抄本　一冊

330000－1701－0011581　民 304.4/7135　史部/政書類/公牘檔冊之屬

馬廳長講話彙錄不分卷　馬凌甫撰　民國二十三年(1934)安徽民政廳秘書室鉛印本　一冊

330000－1701－0011582　善 008065　集部/別集類/清別集

求在我齋詩略一卷　(清)張士鵠撰　民國抄本　一冊

330000－1701－0011584　善 008067　集部/總集類/氏族之屬

竇氏聯珠集一卷　(唐)竇常等撰　民國抄本　佚名過錄清錢大昕跋　二冊

330000－1701－0011585　善 008068　集部/總集類/酬唱之屬

至正庚辛唱和詩一卷　(元)繆思恭等撰　**名公手翰一卷**　(明)釋克新輯　**至正庚辛考世編一卷**　(明)郁嘉慶撰　民國抄本　一冊

330000－1701－0011588　善 008070　集部/總集類/酬唱之屬

黃葉庵無住持唱和集一卷　(明)周念祖　(明)戴宏祉　(明)駱雲程輯　民國抄本　二冊

330000－1701－0011590　善 008072　集部/別集類/清別集

古詩億一卷　(清)姜炳璋撰　民國抄本　陳漢章跋　一冊

330000－1701－0011593　善 008075　集部/總集類/酬唱之屬

南池唱和詩存一卷 (清)張海珊 (清)張履撰 **繪餘編一卷** (清)張履撰 民國抄本 一冊

330000－1701－0011594 善008076 集部/總集類/郡邑之屬

木瀆詩存十四卷 (清)汪正輯 民國抄本 四冊

330000－1701－0011598 善008080 集部/總集類/郡邑之屬

同岑初集十卷 (清)李令晳輯 民國抄本 劉承幹題簽並記 四冊

330000－1701－0011601 普081.226/3010、普081.226/3010.2 類叢部/叢書類/郡邑之屬

濰縣文獻叢刊 丁錫田編 民國濰縣丁氏鉛印本 二冊 存五種

330000－1701－0011605 善008086 集部/詩文評類/文法之屬/文法

詞學標準不分卷 (清)姚燮輯 民國張壽鏞約園抄本 一冊

330000－1701－0011608 善008088 集部/詩文評類/詩評之屬

罨畫樓詩話四卷 民國抄本 四冊

330000－1701－0011611 善008090 集部/詞類/別集之屬

凭西閣詩餘一卷 (明)陸宏定撰 (清)陸式熊輯存 民國海寧管氏靜得樓抄本 一冊

330000－1701－0011613 善008091 集部/詞類/別集之屬

夢香詞一卷 (明)周文爚撰 民國海寧管氏靜得樓抄本 一冊

330000－1701－0011614 善008092 集部/詞類/別集之屬

曠菴詞一卷詩一卷 (清)陸埜撰 民國抄本 一冊

330000－1701－0011615 善008093 集部/詞類/別集之屬

浣花詞一卷 (清)查容撰 民國金鑑堂抄本 一冊

330000－1701－0011616 普081.231/4080/c1、普081.231/4080.2、普081.231/4080.3、普081.231/4080.4 類叢部/叢書類/郡邑之屬

金陵叢書 翁長森 蔣國榜輯 民國三年至五年(1914－1916)上元蔣氏慎修書屋鉛印本 一百二十八冊

330000－1701－0011618 普081.231/4080/c2 類叢部/叢書類/郡邑之屬

金陵叢書 翁長森 蔣國榜輯 民國三年至五年(1914－1916)上元蔣氏慎修書屋鉛印木 三十二冊 存甲集六種

330000－1701－0011624 善008100 集部/詞類/別集之屬

鏗爾詞二卷 (清)彭貞隱撰 民國抄本 佚名過錄胡士瑩題記 一冊

330000－1701－0011625 普081.232/7537 類叢部/叢書類/郡邑之屬

虞山叢刻十一種 丁祖蔭編 民國常熟丁氏刻本 十三冊

330000－1701－0011630 善008106 集部/詞類/別集之屬

補松老人詞稿一卷 吳慶坻撰 民國鄭道乾抄本 鄭道乾跋 一冊

330000－1701－0011631 普081.233/7037 史部/地理類/雜志之屬

上海掌故叢書第一集 上海通社輯 民國二十四年(1935)上海通社鉛印本 十冊

330000－1701－0011632 善008107 集部/詞類/別集之屬

眉綠樓詞一卷 (清)顧文彬撰 民國抄本 一冊

330000－1701－0011634 善008109 集部/曲類/散曲之屬

金縷曲廿四疊均一卷 (清)俞樾撰 民國宋文蔚抄本 一冊

330000－1701－0011636　善 008110　集部/詞類/總集之屬
花草粹編六卷　(明)陳耀文輯　**樂府指迷一卷**　(宋)沈義父撰　民國抄本　六冊

330000－1701－0011640　善 008114　集部/曲類/曲藝之屬
蟄園五種曲五卷　(清)徐家禮撰　民國二十一年(1932)管偉抄本　管偉跋　一冊

330000－1701－0011642　善 008116　集部/曲類/曲韻曲譜曲律之屬
掃葉錄一卷　(清)董說撰　民國吳興劉氏嘉業堂抄本　一冊

330000－1701－0011644　民 378.9481/4254/c1　子部/兵家類/武術技巧之屬
形意拳譜五綱七言論不分卷　靳振起編著　民國十三年(1924)上海大東書局石印本　一冊

330000－1701－0011648　普 081.237/0037　類叢部/叢書類/郡邑之屬
揚州叢刻二十四種　陳恒和編　民國十九年至二十三年(1930－1934)揚州陳恒和書林刻本　十六冊

330000－1701－0011664　普 811.104/2528/2/c1　集部/詩文評類/詩評之屬
靜志居詩話二十四卷　(清)朱彝尊撰　(清)姚祖恩輯　民國二年(1913)上海文瑞樓石印本　十冊

330000－1701－0011665　民 378.9481/4254/c2　子部/兵家類/武術技巧之屬
形意拳譜五綱七言論不分卷　靳振起編著　民國十三年(1924)上海大東書局石印本　卓厚祥題記　一冊

330000－1701－0011666　普 811.104/2603/c2　集部/詩文評類/詩評之屬
詩人玉屑二十卷　(宋)魏慶之撰　民國三年(1914)上海掃葉山房石印本　六冊

330000－1701－0011667　普 811.104/26201　類叢部/叢書類/彙編之屬
借月山房彙鈔十六集一百三十五種　(清)張海鵬輯　民國九年(1920)上海博古齋據清虞山張氏刻本影印本　三冊　存一種

330000－1701－0011672　普 016.17/3013.04/c5　史部/目録類/總録之屬/官修
四庫目略四卷　楊立誠編　民國十八年(1929)浙江省立圖書館鉛印本　四冊

330000－1701－0011675　普 016.177/3239　史部/目録類/總録之屬/官修
壬子文瀾閣所存書目五卷　錢恂編　民國元年(1912)浙江圖書館刻本　四冊

330000－1701－0011676　普 016.177/3239/2　史部/目録類/總録之屬/官修
壬子文瀾閣所存書目五卷　錢恂編　**文瀾閣目補一卷**　章箴編　民國元年(1912)浙江圖書館刻十二年(1923)補刻本　四冊

330000－1701－0011677　普 016.177/3239.2/c4　史部/目録類/總録之屬/官修
文瀾閣目索引一卷　楊立誠編　民國十八年(1929)浙江省立圖書館鉛印本　一冊

330000－1701－0011678　普 016.177/7701/c5　史部/目録類/專録之屬
補鈔文瀾閣四庫闕簡記錄不分卷　張宗祥撰　民國十五年(1926)刻本　一冊

330000－1701－0011681　普 811.104/2528/2/c2　集部/詩文評類/詩評之屬
靜志居詩話二十四卷　(清)朱彝尊撰　(清)姚祖恩輯　民國二年(1913)上海文瑞樓石印本　十冊

330000－1701－0011691　善 008143　史部/傳記類/總傳之屬/家乘
[浙江海寧]畫橋吳氏支譜不分卷　(清)吳光第纂　民國抄本　四冊

330000－1701－0011692　民 377.470952/6055　新學/學校
日本東京大學規制攷異不分卷　民國鉛印本　一冊

330000－1701－0011693　普 081.242/0037、普 081.242/0037.2　類叢部/叢書類/郡邑之屬

檇李叢書九種　金兆蕃編　民國二十年至二十五年(1931－1936)嘉興金氏刻本　十六册　存五種

330000－1701－0011699　普 081.242/4024　類叢部/叢書類/彙編之屬

景印元明善本叢書十種　商務印書館編　民國二十六年至二十九年(1937－1940)上海商務印書館影印本　四十册　存一種

330000－1701－0011703　普 081.243/0037　類叢部/叢書類/郡邑之屬

吳興叢書六十六種　劉承幹編　民國吳興劉氏嘉業堂刻本　劉承幹題記並批校　一百四十三册　存四十種

330000－1701－0011709　普 081.244/0037/c2　類叢部/叢書類/郡邑之屬

四明叢書一百六十七種　張壽鏞編　民國四明張氏約園刻藍印本　六十册　存二十七種

330000－1701－0011720　普 081.245/0037/c3　集部/總集類/郡邑之屬

會稽郡故書雜集八種　周作人輯　民國四年(1915)會稽周氏刻本　一册

330000－1701－0011722　普 081.244/0037/c3　類叢部/叢書類/郡邑之屬

四明叢書一百六十七種　張壽鏞編　民國四明張氏約園刻本　五十二册　存二十七種

330000－1701－0011728　普 081.244/0037.03/c2　史部/目録類/書志之屬

四明叢書第一集總目序跋輯要一卷　張壽鏞撰　民國二十一年(1932)四明張氏約園刻藍印本　一册

330000－1701－0011729　普 081.244/0037.2/c2、普 081.244/0037.3/c2、普 081.244/0037.4/c2、普 081.244/0037.6/c1、普 081.244/0037.7/c1　類叢部/叢書類/郡邑之屬

四明叢書一百六十七種　張壽鏞編　民國四明張氏約園刻本　三百二十六册　存一百十八種

330000－1701－0011730　普 081.246/0025.3/c1　類叢部/叢書類/郡邑之屬

台州叢書後集十七種　楊晨輯　民國四年(1915)黄巖楊氏刻本　李鏡渠批校　十四册

330000－1701－0011731　普 081.246/0025.3/c2　類叢部/叢書類/郡邑之屬

台州叢書後集十七種　楊晨輯　民國四年(1915)黄巖楊氏刻本　九册　存十五種

330000－1701－0011732　普 081.246/0037　類叢部/叢書類/郡邑之屬

赤城遺書彙刊十六種　金嗣獻編　民國四年(1915)太平金氏木活字印本　十二册

330000－1701－0011733　普 081.246/4037/c3　類叢部/叢書類/郡邑之屬

仙居叢書第一集十二種　李鏡渠編　民國二十四年(1935)鉛印本　二十册

330000－1701－0011738　普 081.246/4037/c4　類叢部/叢書類/郡邑之屬

仙居叢書第一集十二種　李鏡渠編　民國二十四年(1935)鉛印本　十九册　缺七卷(湖山集一至七)

330000－1701－0011758　普 081.244/0037.8/c2　類叢部/叢書類/郡邑之屬

四明叢書一百六十七種　張壽鏞編　民國四明張氏約園刻藍印本　十五册　存八種

330000－1701－0011763　普 081.247/0037/c2　類叢部/叢書類/郡邑之屬

續金華叢書六十種　胡宗楙編　民國十三年(1924)永康胡氏夢選樓刻本　一百二十册

330000－1701－0011765　民 312/3087　史部/政書類/邦計之屬/戶政

戶口要義不分卷　戶籍股編　民國鉛印本　一册

330000－1701－0011767　普 081.247/0037/c3　類叢部/叢書類/郡邑之屬

續金華叢書六十種 胡宗楙編 民國十三年(1924)永康胡氏夢選樓刻本 單丕跋 八十九册 存四十八種

330000－1701－0011769 民 312.951248/0238 史部/政書類/邦計之屬/戶政
龍游縣卅四年保甲戶口編查統計不分卷 民國三十四年(1945)油印本 一册

330000－1701－0011777 民 320.1/1721 子部/雜著類/雜說之屬
耄言八篇一卷 翟衡璣撰 民國鉛印本 一册

330000－1701－0011782 民 320.119/2185/2 史部/政書類/通制之屬
王安石政略六卷首一卷附錄四卷 河南省政府王安石政略研究會編 民國二十五年(1936)鉛印本 二册

330000－1701－0011783 民 320.119/2185/2/c2 史部/政書類/通制之屬
王安石政略六卷首一卷附錄四卷 河南省政府王安石政略研究會編 民國二十五年(1936)鉛印本 許蟠雲題記 一册 缺七卷(四至六、附錄一至四)

330000－1701－0011784 民 320.119/2185/2/c3 史部/政書類/通制之屬
王安石政略六卷首一卷附錄四卷 河南省政府王安石政略研究會編 民國二十五年(1936)鉛印本 一册 缺七卷(四至六、附錄一至四)

330000－1701－0011785 民 320.44/3334 子部/雜著類/雜說之屬
中國魂二卷 梁啟超編輯 民國共合會社鉛印本 一册

330000－1701－0011787 民 323.2/3236 新學/政治法律/律例
人事應用法規不分卷 浙江田賦粮食管理處編 民國浙江田賦粮食管理處油印本 一册

330000－1701－0011791 民 323.302/1368 史部/傳記類/職官録之屬/總録
職員錄不分卷(民國九年第四期) 印鑄局編校科編纂 民國九年(1920)印鑄局鉛印本 四册

330000－1701－0011793 民 323.302/1368.2 史部/傳記類/職官録之屬/總録
職員錄不分卷(民國十年第三期) 印鑄局編校科編纂 民國十年(1921)印鑄局鉛印本 四册

330000－1701－0011799 民 323.38/6071 史部/政書類/公牘檔册之屬
國民政府政治工作總報告書不分卷(民國十九年三月至十月) 民國油印本 三册

330000－1701－0011801 民 323.38/7787 史部/傳記類/職官録之屬/總録
職員錄不分卷(民國二年第一期) 印鑄局編纂處編纂 民國二年(1913)印鑄局鉛印本 二册

330000－1701－0011803 民 323.407215/4664 集部/詩文評類/文法之屬/公文程式
公文處理概要不分卷 楊冕英編 **國際現勢教程不分卷附錄不分卷** 鄧梅羹講述 民國浙江省戰區政治幹部訓練團鉛印本 一册

330000－1701－0011804 民 323.48/4010 史部/傳記類/職官録之屬/總録
全國内務行政人員簡歷册不分卷 内政部民政司編 民國三十三年(1944)内政部民政司鉛印本 一册

330000－1701－0011806 民 323.48/4010/c2 史部/傳記類/職官録之屬/總録
全國内務行政人員簡歷册不分卷 内政部民政司編 民國三十三年(1944)内政部民政司鉛印本 一册

330000－1701－0011807 民 323.48/4010/c3 史部/傳記類/職官録之屬/總録
全國内務行政人員簡歷册不分卷 内政部民政司編 民國三十三年(1944)内政部民政司鉛印本 一册

330000－1701－0011808 民 323.48/6017

史部/政書類/公牘檔册之屬

民國行政統計彙報不分卷 國務院統計局編纂 民國五年至六年(1916－1917)北京國務院印鑄局鉛印本 令公題記 三册

330000－1701－0011816 民 323.5061/2707 新學/政治法律/制度

衆議院規則不分卷 民國二年(1913)鉛印本 一册

330000－1701－0011821 民 323.7029/5061 新學/政治法律/制度

現行監察法規輯要不分卷 中國國民黨浙江省監察委員會編 民國三十五年(1946)油印本 一册

330000－1701－0011824 民 323.88/7837.2 史部/傳記類/職官録之屬/總録

監察院職員錄不分卷 民國二十五年(1936)鉛印本 一册

330000－1701－0011825 民 323.88/7837.21 史部/傳記類/職官録之屬/總録

監察院職員錄不分卷 民國二十三年(1934)鉛印本 一册

330000－1701－0011829 民 325.3114/3029.4 史部/政書類/公牘檔册之屬

安徽省政府二十六年度行政計劃不分卷 安徽省政府編 民國二十五年(1936)安徽省政府鉛印本 一册

330000－1701－0011830 普 081.2491/0037/c1 類叢部/叢書類/郡邑之屬

敬鄉樓叢書三十八種 黄羣編 民國十七年至二十四年(1928－1935)永嘉黄氏鉛印本 章嶔題記 十八册 存第一輯十種

330000－1701－0011831 民 325.3114/3029.41 史部/政書類/公牘檔册之屬

安徽省政府二十八年度行政計劃不分卷 安徽省政府編 民國二十八年(1939)安徽省政府油印本 一册

330000－1701－0011832 普 081.2491/0037/c5、普 081.2491/0037.2/c1、普 081.2491/0037.4/c2 類叢部/叢書類/郡邑之屬

敬鄉樓叢書三十八種 黄羣編 民國十七年至二十四年(1928－1935)永嘉黄氏鉛印本 五十八册 存第一輯十種、第二輯八種、第四輯十種

330000－1701－0011833 民 325.3123/3149.21 史部/傳記類/職官録之屬/總録

江蘇省政府職員錄不分卷 江蘇省政府編 民國二十一年(1932)江蘇省政府鉛印本 一册

330000－1701－0011834 民 325.3124/3239.33 史部/政書類/公牘檔册之屬

浙江省第九區行政督察專員兼保安司令公署三十六年七至九月份工作報告不分卷 浙江省第九區行政督察專員兼保安司令公署編 民國三十六年(1947)浙江省第九區行政督察專員兼保安司令公署油印本 一册

330000－1701－0011835 民 325.3124/3239.34 史部/政書類/公牘檔册之屬

浙江省第九區行政督察專員兼保安司令公署三十六年四至六月份工作報告不分卷 浙江省第九區行政督察專員兼保安司令公署編 民國三十六年(1947)浙江省第九區行政督察專員兼保安司令公署油印本 一册

330000－1701－0011836 普 081.2491/0037.2/c2 類叢部/叢書類/郡邑之屬

敬鄉樓叢書三十八種 黄羣編 民國十七年至二十四年(1928－1935)永嘉黄氏鉛印本 二十册 存第二輯五種

330000－1701－0011837 民 325.3124/3237.7/c2 史部/政書類/公牘檔册之屬

浙江省民政廳考察專員調查報告特刊不分卷 陳萬里等編 民國十八年(1929)浙江省民政廳鉛印本 一册

330000－1701－0011838 普 081.2491/0037.3 類叢部/叢書類/郡邑之屬

敬鄉樓叢書三十八種 黄羣編 民國十七年至二十四年(1928－1935)永嘉黄氏鉛印本 十二册 存第三輯十種

330000－1701－0011839　民 325.3124/3239.21　史部/傳記類/職官録之屬/總録

浙江省職員錄不分卷　浙江省公署號房編　民國八年至十五年（1919－1926）浙江省公署鉛印本　六冊

330000－1701－0011840　普 081.2491/00371　類叢部/叢書類/郡邑之屬

永嘉詩人祠堂叢刻十四種　冒廣生輯　民國四年（1915）如皋冒氏刻本　九冊

330000－1701－0011841　民 325.3124/3239.22　史部/傳記類/職官録之屬/總録

浙江省政府職員錄不分卷　浙江省政府秘書處編　民國二十三年至二十六年（1934－1937）浙江省政府鉛印本　三冊

330000－1701－0011842　普 081.2492/0037/c1　類叢部/叢書類/郡邑之屬

括蒼叢書第一集八種　劉燿東編　民國二十七年（1938）鉛印本（滑疑集詩卷二原缺）　劉燿東題記　十六冊

330000－1701－0011843　民 325.3124/3239.743　史部/政書類/公牘檔冊之屬

浙江省政府工作報告不分卷　浙江省政府秘書處編　民國三十二年（1943）浙江省政府秘書處油印本　二冊

330000－1701－0011844　民 325.3124/3239.22/c2v5　史部/傳記類/職官録之屬/總録

浙江省政府職員錄不分卷　浙江省政府秘書處編　民國二十六年（1937）浙江省政府鉛印本　一冊

330000－1701－0011845　民 325.3821/1030.4　史部/政書類/公牘檔冊之屬

天津市政府二十四年度行政計劃不分卷　天津市政府編　民國二十四年（1935）鉛印本　一冊

330000－1701－0011846　民 325.3822/5020.2　史部/傳記類/職官録之屬/總録

青島市政府職員錄不分卷　青島市政府人事處編　民國三十六年（1947）鉛印本　一冊

330000－1701－0011847　普 081.2492/0037/c2　類叢部/叢書類/郡邑之屬

括蒼叢書第一集八種　劉燿東編　民國二十七年（1938）鉛印本（滑疑集詩卷二原缺）　十六冊

330000－1701－0011848　民 325.3823/4002.31/c1　新學/政治法律/律例

南京特別市市政法規彙編二集二卷　南京特別市政府祕書處編　民國十九年（1930）南京特別市政府祕書處鉛印本　二冊

330000－1701－0011849　民 325.3823/4002.31/c2　新學/政治法律/律例

南京特別市市政法規彙編二集二卷　南京特別市政府祕書處編　民國十九年（1930）南京特別市政府祕書處鉛印本　一冊　存一卷（上）

330000－1701－0011850　普 081.2492/0037.2　類叢部/叢書類/郡邑之屬

括蒼叢書第二集十二種　劉燿東編　民國三十七年（1948）鉛印本　鄭陳球題記　十四冊

330000－1701－0011851　普 081.3/3435　類叢部/叢書類/郡邑之屬

遼海叢書八十種附一種　金毓黻編　民國二十年至二十三年（1931－1934）遼海書社鉛印本（［康熙］廣寧縣志卷七至八原缺）　一百冊　缺一卷（黑龍江輿地圖）

330000－1701－0011852　民 325.392/4723.2　史部/政書類/律令之屬

最新區街村自治法不分卷　胡行之編述　民國十七年（1928）上海新學會社鉛印本　一冊

330000－1701－0011853　民 325.3824/4030.2　史部/傳記類/職官録之屬/總録

杭州市政府職員錄不分卷　杭州市政府編　民國二十四年（1935）杭州市政府鉛印本　一冊

330000－1701－0011855　民 325.3892/0032.2　史部/傳記類/職官録之屬/總録

廣州市政府僱員錄不分卷　廣州市政府編

民國二十四年(1935)鉛印本　一冊

330000－1701－0011856　民 325. 39024/0260. 2/c1　史部/地理類/方志之屬/郡縣志

新昌縣資料不分卷　民國油印本　二冊

330000－1701－0011857　民 325. 393/2519　史部/政書類/通制之屬

知行手冊不分卷　朱玖瑩編　民國二十八年(1939)河南第六區專員公署鉛印本　一冊

330000－1701－0011858　民 325. 39024/0260. 2/c2　史部/地理類/方志之屬/郡縣志

新昌縣資料不分卷　民國油印本　一冊

330000－1701－0011859　民 325. 39024/2777. 2　史部/政書類/公牘檔冊之屬

紹興臨時軍政分府收支徵信錄不分卷　民國浙東印書局鉛印本　一冊

330000－1701－0011860　民 325. 4124/3239. 541/c1　史部/政書類/公牘檔冊之屬

浙江省政府會議紀錄彙刊不分卷　浙江省政府秘書處編　民國十七年至十九年(1928－1930)浙江省政府秘書處鉛印本　七冊　存第一至七編

330000－1701－0011861　民 325. 39024/3000. 7　史部/政書類/公牘檔冊之屬

永康縣政府近六月來公務統計簡報不分卷　永康縣政府編　民國三十六年(1947)永康縣政府油印本　一冊

330000－1701－0011862　民 325. 39024/4060. 1　史部/政書類/公牘檔冊之屬

南田縣政府十九年度年刊不分卷　南田縣政府編　民國二十年(1931)鉛印本　一冊

330000－1701－0011863　民 325. 4124/3239. 541/c2　史部/政書類/公牘檔冊之屬

浙江省政府會議紀錄彙刊不分卷　浙江省政府秘書處編　民國十七年至十九年(1928－1930)浙江省政府秘書處鉛印本　三冊　存第一至三編

330000－1701－0011864　民 325. 4124/3239. 541/c3　史部/政書類/公牘檔冊之屬

浙江省政府會議紀錄彙刊不分卷　浙江省政府秘書處編　民國十七年至十九年(1928－1930)浙江省政府秘書處鉛印本　一冊　存第三編

330000－1701－0011865　民 325. 4123/3149　史部/政書類/公牘檔冊之屬

三年來江蘇省政述要不分卷　江蘇省政府祕書處編　民國二十五年(1936)江蘇省政府印刷局鉛印本　二冊

330000－1701－0011866　民 325. 4124/3239. 543　史部/政書類/公牘檔冊之屬

浙江省三十五年度全省行政會議第四區提案不分卷　浙江省第四區行政督察專員兼保安司令公署編　民國三十五年(1946)浙江省第四區行政督察專員兼保安司令公署油印本　一冊

330000－1701－0011867　民 325. 4124/3239. 61　史部/政書類/公牘檔冊之屬

浙江省臨時政治會議及中央政治會議浙江分會會議紀錄彙刊不分卷　浙江省政府秘書處編　民國十七年(1928)浙江省政府秘書處鉛印本　一冊

330000－1701－0011868　民 325. 4124/3231/c2　史部/政書類/公牘檔冊之屬

抗戰期間浙江省建設事業概況不分卷　浙江省政府建設廳技術室編　民國二十八年(1939)浙江省政府建設廳技術室鉛印本　徐世治觀款　一冊

330000－1701－0011869　民 325. 4181/1042　史部/政書類/通制之屬

雲南行政紀實不分卷　雲南行政紀實編纂委員會編纂　民國三十二年(1943)雲南財政廳印刷局鉛印本　趙宗翰題記　二十四冊

330000－1701－0011870　民 325. 4324/3239. 31　史部/政書類/公牘檔冊之屬

浙江省第九區行政督察專員兼保安司令公署政績報告書不分卷　浙江省第九區行政督察專員兼保安司令公署編　民國三十五年

(1946)浙江省第九區行政督察專員兼保安司令公署油印本　一冊

330000－1701－0011871　民 325.4324/5047　史部/政書類/公牘檔冊之屬

浙江省政府浙西行署施政報告不分卷(中華民國三十年度)　浙江省政府浙西行署編　民國三十年(1941)浙江省政府浙西行署油印本　一冊

330000－1701－0011872　民 325.4822/5020　新學/政治法律/律例

青島市市政法規彙編九編　青島市政府編　民國二十一年(1932)青島市政府鉛印本　二冊

330000－1701－0011873　民 325.4823/4000.4　史部/政書類/公牘檔冊之屬

南京市政府民國二十四年度行政計劃不分卷　南京市政府編　民國二十四年(1935)鉛印本　一冊

330000－1701－0011874　民 325.4824/3016　史部/政書類/公牘檔冊之屬

宣平縣政府三十五年度政情統計不分卷　宣平縣政府編　民國三十五年(1946)宣平縣政府油印本　一冊

330000－1701－0011875　民 325.49/3239.5　史部/政書類/邦計之屬

浙江省天台縣三十三年度地方歲出分預算書不分卷　天台縣政府編　民國三十三年(1944)天台縣政府油印本　一冊

330000－1701－0011876　民 325.49011/4434　史部/政書類/公牘檔冊之屬

痒臞錄一卷　黄壽慈撰　民國十二年(1923)鉛印本　黄壽慈題記　一冊

330000－1701－0011877　民 325.49024/1026.2　史部/政書類/公牘檔冊之屬

天台縣政府三十二年度各部門行政計劃不分卷　天台縣政府編　民國三十二年(1943)天台縣政府油印本　一冊

330000－1701－0011878　民 325.49024/1230.2　史部/政書類/公牘檔冊之屬

瑞安縣政府三十六年度工作計劃不分卷　瑞安縣政府編　民國三十六年(1947)瑞安縣政府油印本　一冊

330000－1701－0011879　普 081.52/3014　類叢部/叢書類/郡邑之屬

關中叢書五十三種　宋聯奎輯　民國二十三年至二十五年(1934－1936)陝西通志館鉛印本　八十四冊　存四十九種

330000－1701－0011880　民 325.49024/1026　史部/政書類/公牘檔冊之屬

天台縣政府三十三年度各部門施政計劃不分卷　天台縣政府編　民國三十三年(1944)天台縣政府油印本　一冊

330000－1701－0011881　普 081.6/2017/c1　史部/地理類

邊疆叢書甲集六種　禹貢學會輯　民國二十六年(1937)禹貢學會鉛印本　七冊

330000－1701－0011883　普 081.82/5033、普 081.82/5033.2、普 081.82/5033.3、普 081.82/5033.4、普 081.82/5033.5、081.82/5033.6、081.82/5033.7　類叢部/叢書類/郡邑之屬

黔南叢書六十一種　任可澄等編　民國十一年至三十二年(1922－1943)貴陽文通書局鉛印本暨刻本　七十冊

330000－1701－0011884　普 081.6/2017/c2　史部/地理類

邊疆叢書甲集六種　禹貢學會輯　民國二十六年(1937)禹貢學會鉛印本　六冊

330000－1701－0011885　普 081.6/2017/c2/1　史部/地理類

邊疆叢書續編六種　吳豐培輯　民國三十二年(1943)至一九五〇年吳江吳氏鉛印油印本　一冊　存一種

330000－1701－0011890　普 081.99/0164　類叢部/叢書類/家集之屬

嘉興譚氏遺書九種　譚新嘉編　民國元年至二十五年(1912－1936)嘉興譚氏承啟堂刻藍

印本　十二册

330000－1701－0011892　普 081.92/4040　類叢部/叢書類/彙編之屬

客人叢書三種　古直編　民國十九年至二十年(1930－1931)梅縣古氏鉛印本　三册

330000－1701－0011898　民 325.5124/3239/c1　史部/政書類/公牘檔冊之屬

浙江省議會要覽上編不分卷　浙江省議會編　民國六年(1917)鉛印本　一册

330000－1701－0011899　民 325.5124/3239/c2　史部/政書類/公牘檔冊之屬

浙江省議會要覽上編不分卷　浙江省議會編　民國六年(1917)鉛印本　一册

330000－1701－0011900　民 325.5124/3239/c3　史部/政書類/公牘檔冊之屬

浙江省議會要覽上編不分卷　浙江省議會編　民國六年(1917)鉛印本　一册

330000－1701－0011901　民 325.5124/3239.02　史部/政書類/公牘檔冊之屬

浙江省議會要覽續編二卷　浙江省議會編　民國七年(1918)鉛印本　二册

330000－1701－0011902　民 325.5124/3239.2/c2　史部/政書類/公牘檔冊之屬

浙江省臨時參議會第一屆常會會刊不分卷　浙江省臨時參議會編　民國二十八年(1939)浙江省臨時參議會鉛印本　一册

330000－1701－0011905　民 325.5124/3239.6/c1　史部/政書類/公牘檔冊之屬

浙江省議會第一屆常年會議事録不分卷浙江省議會第二屆常年會議事録不分卷　浙江省議會編　民國二年(1913)、五年(1916)鉛印本　三册

330000－1701－0011906　民 325.5124/3239.6/c2　史部/政書類/公牘檔冊之屬

浙江省議會第一屆常年會議事録不分卷浙江省議會第二屆第一年常年會議事録不分卷　浙江省議會編　民國二年(1913)、七年(1918)鉛印本　三册

330000－1701－0011907　普 081.99/10101　類叢部/叢書類/家集之屬

高郵王氏遺書七種　羅振玉輯　民國十四年(1925)上虞羅氏鉛印本　八册

330000－1701－0011908　民 325.5124/3239.61/c1　史部/政書類/公牘檔冊之屬

浙江省議會常年會議事録不分卷　浙江省議會編　民國八年至十四年(1919－1925)浙江省議會鉛印本　四册

330000－1701－0011909　民 325.5124/3239.61/c2　史部/政書類/公牘檔冊之屬

浙江省議會常年會議事録不分卷　浙江省議會編　民國八年至九年(1919－1920)浙江省議會鉛印本　二册

330000－1701－0011912　普 081.99/3112/c1　類叢部/叢書類/家集之屬

諸暨馮氏叢刻五種四十四卷　馮振音編　民國六年(1917)鉛印本　十册

330000－1701－0011913　普 081.99/3112/c2　類叢部/叢書類/家集之屬

諸暨馮氏叢刻五種四十四卷　馮振音編　民國六年(1917)鉛印本　十册

330000－1701－0011914　普 081.99/3128/c2　類叢部/叢書類/家集之屬

顧氏家集十種　顧燮光編　民國十八年(1929)會稽顧氏金佳石好樓鉛印本暨石印本　六册

330000－1701－0011915　普 081.99/31289(2)/c2　類叢部/叢書類/家集之屬

顧氏家集十種　顧燮光編　民國十八年(1929)會稽顧氏金佳石好樓鉛印本暨石印本　四册

330000－1701－0011917　普 081.99/4073　類叢部/叢書類/家集之屬

三代殘編　袁之球輯　民國六年(1917)鉛印本　袁之球題記　一册

330000－1701－0011918　普 081.99/1123.2/c1　集部/總集類/氏族之屬

海鹽張氏涉園叢刻續編六種　張元濟輯　民國十七年(1928)海鹽張氏鉛印本　八冊

330000－1701－0011919　普 081.99/5090　類叢部/叢書類/家集之屬

四休堂叢書十一種　秦枏編　民國三十三年(1944)臨海秦氏四休堂鉛印本　五冊

330000－1701－0011920　普 081.99/1123.2/c3　集部/總集類/氏族之屬

海鹽張氏涉園叢刻續編六種　張元濟輯　民國十七年(1928)海鹽張氏鉛印本　七冊　存五種

330000－1701－0011922　普 081.99/7421　集部/總集類/氏族之屬

松陵陸氏叢著　陸明桓輯　民國十六年(1927)蘇齋刻本　九冊

330000－1701－0011923　普 081.99/7529　類叢部/叢書類/家集之屬

聚德堂叢書十二種　陳伯陶輯　民國東莞陳氏刻本　二十四冊

330000－1701－0011924　普 081.99/7722　類叢部/叢書類/家集之屬

婁東周氏叢刊初輯四種　周愨編　民國二十六年(1937)婁東周氏冰壺堂影印本　周愨題記　二冊

330000－1701－0011926　普 081.99/9990　集部/總集類/氏族之屬

錫山榮氏繩武樓叢刊十三種　榮棣輝輯　民國二十二年(1933)鉛印本　六冊

330000－1701－0011930　民 325.5124/3239.63/c1　史部/政書類/公牘檔冊之屬

浙江省議會臨時會議事錄不分卷　浙江省議會編　民國六年至十四年(1917－1925)鉛印本　八冊

330000－1701－0011931　民 325.5124/3239.74/c1　史部/政書類/公牘檔冊之屬

浙江省議會常年會議決案不分卷　浙江省議會編　民國八年至十三年(1919－1924)浙江省議會鉛印本　六冊

330000－1701－0011932　民 325.5124/3239.71/c1　史部/政書類/公牘檔冊之屬

浙江省議會第二屆常年會議決案不分卷　浙江省議會編　民國五年(1916)鉛印本　一冊

330000－1701－0011933　民 325.5124/3239.74/c2　史部/政書類/公牘檔冊之屬

浙江省議會常年會議決案不分卷　浙江省議會編　民國八年至十一年(1919－1922)浙江省議會鉛印本　四冊

330000－1701－0011934　民 325.5124/3239.71/c2　史部/政書類/公牘檔冊之屬

浙江省議會第二屆常年會議決案不分卷　浙江省議會編　民國五年(1916)鉛印本　一冊

330000－1701－0011935　民 325.5124/3239.74/c3　史部/政書類/公牘檔冊之屬

浙江省議會常年會議決案不分卷　浙江省議會編　民國八年(1919)、十年(1921)浙江省議會鉛印本　二冊

330000－1701－0011936　民 325.5124/3239.63/c2　史部/政書類/公牘檔冊之屬

浙江省議會臨時會議事錄不分卷　浙江省議會編　民國六年至十一年(1917－1922)鉛印本　三冊

330000－1701－0011937　民 325.5124/3239.73　史部/政書類/公牘檔冊之屬

浙江省議會第二屆第一年常年會議決案不分卷　浙江省議會編　民國七年(1918)鉛印本　一冊

330000－1701－0011938　民 325.5124/3239.7/c1　史部/政書類/公牘檔冊之屬

浙江省議會第一屆常年會議決案不分卷　浙江省議會編　民國二年(1913)、五年(1916)、七年(1918)鉛印本　三冊

330000－1701－0011939　民 325.5124/3239.63/c3　史部/政書類/公牘檔冊之屬

浙江省議會臨時會議事錄不分卷　浙江省議會編　民國九年(1920)鉛印本　一冊

330000－1701－0011941　民 325.5124/3239.

7/c2　史部/政書類/公牘檔冊之屬
浙江省議會第一屆常年會議決案不分卷　浙江省議會編　民國二年(1913)、五年(1916)、七年(1918)鉛印本　三册

330000－1701－0011942　民 325.5124/3239.64　史部/政書類/公牘檔冊之屬
浙江省議會第二屆常年會議事錄不分卷浙江省議會第一屆第三年常年會議事錄不分卷　浙江省議會編　民國五年(1916)、七年(1918)鉛印本　二册

330000－1701－0011943　民 325.5124/3239.75/c1　史部/政書類/公牘檔冊之屬
浙江省臨時議會議決案不分卷浙江省第二次臨時議會議決案上編不分卷中編不分卷　浙江省臨時議會編　民國元年(1912)鉛印本　洪煥椿題記　榮觀款　三册

330000－1701－0011944　民 325.5124/3239.75/c2　史部/政書類/公牘檔冊之屬
浙江省臨時議會議決案不分卷浙江省第二次臨時議會議決案上編不分卷中編不分卷　浙江省臨時議會編　民國元年(1912)鉛印本　三册

330000－1701－0011945　民 325.5124/3239.751/c1　史部/政書類/公牘檔冊之屬
浙江省臨時議會第三屆開會議決案不分卷　浙江省臨時議會編　民國元年(1912)鉛印本　一册

330000－1701－0011946　民 325.5124/3239.751/c2　史部/政書類/公牘檔冊之屬
浙江省臨時議會第三屆開會議決案不分卷　浙江省臨時議會編　民國元年(1912)鉛印本　一册

330000－1701－0011947　民 325.5124/3239.76　史部/政書類/公牘檔冊之屬
浙江省議會第一屆第一次臨時會議決案二卷　浙江省議會編　民國二年(1913)鉛印本　一册　存一卷(上編)

330000－1701－0011948　民 325.5124/3239.77/c1　史部/政書類/公牘檔冊之屬
浙江省議會第二屆第一次臨時會議決案不分卷　浙江省議會編　民國六年(1917)鉛印本　一册

330000－1701－0011950　民 325.5124/3239.77/c2　史部/政書類/公牘檔冊之屬
浙江省議會第二屆第一次臨時會議決案不分卷　浙江省議會編　民國六年(1917)鉛印本　一册

330000－1701－0011951　民 325.5124/3239.77/c3　史部/政書類/公牘檔冊之屬
浙江省議會第二屆第一次臨時會議決案不分卷　浙江省議會編　民國六年(1917)鉛印本　一册

330000－1701－0011952　民 325.5124/3239.78/c1　史部/政書類/公牘檔冊之屬
浙江省議會第一屆第二年第二次臨時會議決案不分卷　浙江省議會編　民國六年(1917)鉛印本　一册

330000－1701－0011954　民 325.5124/3239.78/c2　史部/政書類/公牘檔冊之屬
浙江省議會第一屆第二年第二次臨時會議決案不分卷　浙江省議會編　民國六年(1917)鉛印本　一册

330000－1701－0011956　民 325.5124/3239.78/c3　史部/政書類/公牘檔冊之屬
浙江省議會第一屆第二年第二次臨時會議決案不分卷　浙江省議會編　民國六年(1917)鉛印本　一册

330000－1701－0011957　民 325.5124/3239.79/c1　史部/政書類/公牘檔冊之屬
浙江省議會臨時會議決案不分卷　浙江省議會編　民國八年至九年(1919－1920)鉛印本　二册

330000－1701－0011959　民 325.5124/3239.79/c2　史部/政書類/公牘檔冊之屬
浙江省議會臨時會議決案不分卷　浙江省議會編　民國八年至九年(1919－1920)鉛印本

二册

330000－1701－0011961　普082.7/0070/c2　類叢部/叢書類/自著之屬

章氏遺書十一種二十四卷　(清)章學誠撰　民國浙江圖書館鉛印本　十三册

330000－1701－0011963　普082.7/0070/c4　類叢部/叢書類/自著之屬

章氏遺書十一種二十四卷　(清)章學誠撰　民國浙江圖書館鉛印本　章嶔批校並記　十三册

330000－1701－0011974　民325.5124/3239.81/c1　史部/政書類/公牘檔册之屬

浙江省議會臨時會議決案不分卷　浙江省議會編　民國十一年至十三年(1922－1924)鉛印本　三册

330000－1701－0011975　民325.5124/3239.81/c2　史部/政書類/公牘檔册之屬

浙江省議會臨時會議決案不分卷　浙江省議會編　民國十一年至十二年(1922－1923)鉛印本　二册

330000－1701－0011976　民325.5124/3239.88/c1　史部/政書類/公牘檔册之屬

浙江省議會臨時會議員質問書不分卷　浙江省議會編　民國八年至十四年(1919－1925)鉛印本　八册

330000－1701－0011978　民325.5124/3239.88/c2　史部/政書類/公牘檔册之屬

浙江省議會臨時會議員質問書不分卷　浙江省議會編　民國八年至十四年(1919－1925)鉛印本　六册

330000－1701－0011979　民325.5124/3239.88/c3　史部/政書類/公牘檔册之屬

浙江省議會臨時會議員質問書不分卷　浙江省議會編　民國十年至十一年(1921－1922)鉛印本　三册

330000－1701－0011981　民325.5124/3239.82/c1　史部/政書類/公牘檔册之屬

浙江省議會第一屆常年會議員質問書不分卷　浙江省議會編　民國鉛印本　一册

330000－1701－0011983　民325.5124/3239.82/c2　史部/政書類/公牘檔册之屬

浙江省議會第一屆常年會議員質問書不分卷　浙江省議會編　民國鉛印本　一册

330000－1701－0011984　民325.5124/3239.83/c1　史部/政書類/公牘檔册之屬

浙江省議會第一屆第二年常會質問書不分卷　浙江省議會編　民國五年(1916)鉛印本　一册

330000－1701－0011985　民325.5124/3239.91/c1　史部/政書類/公牘檔册之屬

浙江省議會常年會文牘不分卷　浙江省議會編　民國二年至十三年(1913－1924)浙江省議會鉛印本　八册

330000－1701－0011986　民325.5124/3239.83/c2　史部/政書類/公牘檔册之屬

浙江省議會第二屆常年會質問書不分卷　浙江省議會編　民國五年(1916)鉛印本　一册

330000－1701－0011987　民325.5124/3239.91/c2　史部/政書類/公牘檔册之屬

浙江省議會常年會文牘不分卷　浙江省議會編　民國二年(1913)、五年(1916)、七年(1918)浙江省議會鉛印本　四册

330000－1701－0011988　民325.5124/3239.84/c1　史部/政書類/公牘檔册之屬

浙江省議會第二屆常年會質問書不分卷　浙江省議會編　民國五年(1916)鉛印本　一册

330000－1701－0011989　民325.5124/3239.91/c3　史部/政書類/公牘檔册之屬

浙江省議會第一屆常年會文牘不分卷　浙江省議會編　民國二年(1913)鉛印本　一册

330000－1701－0011990　民325.5124/3239.84/c2　史部/政書類/公牘檔册之屬

浙江省議會第二屆常年會質問書不分卷　浙江省議會編　民國五年(1916)鉛印本　一册

330000－1701－0011992　民325.5124/3239.

92/c1　史部/政書類/公牘檔冊之屬

浙江省議會臨時會文牘不分卷　浙江省議會編　民國二年至十年(1913－1921)鉛印本　六冊

330000－1701－0011994　民 325.5124/3239.92/c2　史部/政書類/公牘檔冊之屬

浙江省議會臨時會文牘不分卷　浙江省議會編　民國二年至九年(1913－1920)鉛印本　五冊

330000－1701－0011995　民 325.5124/3239.92/c3　史部/政書類/公牘檔冊之屬

浙江省議會臨時會文牘不分卷　浙江省議會編　民國二年(1913)、六年(1917)鉛印本　三冊

330000－1701－0011996　民 325.5124/3239.85/c1　史部/政書類/公牘檔冊之屬

浙江省議會常年會質問書不分卷　浙江省議會編　民國八年至九年(1919－1920)浙江省議會鉛印本　二冊

330000－1701－0011998　民 325.5124/3239.85/c2　史部/政書類/公牘檔冊之屬

浙江省議會民國九年常年會議員質問書不分卷　浙江省議會編　民國九年(1920)鉛印本　一冊

330000－1701－0011999　民 325.5124/3239.86　史部/政書類/公牘檔冊之屬

浙江省議會常年會議員質問書不分卷　浙江省議會編　民國十一年至十四年(1922－1925)浙江省議會鉛印本　四冊

330000－1701－0012000　民 325.5124/3239.87/c1　史部/政書類/公牘檔冊之屬

浙江省議會臨時會議員質問書不分卷　浙江省議會編　民國二年至五年(1913－1916)鉛印本　三冊

330000－1701－0012001　民 325.5824/4022　史部/政書類/公牘檔冊之屬

中華民國元年杭縣縣議會議決案不分卷　民國鉛印本　一冊

330000－1701－0012002　民 325.59013/3626.7　史部/政書類/公牘檔冊之屬

湘鄉縣議會第四期報告書不分卷　湘鄉縣議會編　民國十年(1921)湘鄉縣議會鉛印本　一冊

330000－1701－0012003　民 325.59024/2277/c1　史部/政書類/公牘檔冊之屬

浙江省仙居縣參議會第一屆第一次大會會刊不分卷　仙居縣參議會編　民國三十四年(1945)仙居參議會油印本　一冊

330000－1701－0012004　普 082.7/1098　類叢部/叢書類/自著之屬

望奎樓遺稿九種　(清)丁愷曾撰　民國二十四年(1935)青島趙永厚堂鉛印本　六冊

330000－1701－0012005　民 325.59024/2277/c2　史部/政書類/公牘檔冊之屬

浙江省仙居縣參議會第一屆第一次大會會刊不分卷　仙居縣參議會編　民國三十四年(1945)仙居參議會油印本　一冊

330000－1701－0012006　民 325.5124/3239.87/c2　史部/政書類/公牘檔冊之屬

浙江省議會臨時會議員質問書不分卷　浙江省議會編　民國二年至五年(1913－1916)鉛印本　三冊

330000－1701－0012007　民 325.5124/3239.87/c3　史部/政書類/公牘檔冊之屬

浙江省議會第一屆第一次臨時會議員質問書不分卷　浙江省議會編　民國二年(1913)鉛印本　一冊

330000－1701－0012013　普 082.7/1053/3　類叢部/叢書類/自著之屬

船山遺書六十六種附一種　(清)王夫之撰　民國二十二年(1933)上海太平洋書店鉛印本　七十三冊　存六十四種

330000－1701－0012016　普 082.7/2007　類叢部/叢書類/自著之屬

佳夢軒叢著十一種　(清)奕賡撰　民國二十四年(1935)北平燕京大學圖書館鉛印本

十册

330000－1701－0012023　普 082.7/2233/3/c3　類叢部/叢書類/自著之屬

崔東壁遺書前編十九種附一種　（清）崔述撰　民國十三年（1924）上海古書流通處據清道光陳氏刻本影印本　十册　存十一種

330000－1701－0012026　民 325.59024/27727　史部/政書類/公牘檔册之屬

紹興縣議會民國元年議决案不分卷　紹興縣議會編　民國元年（1912）紹興縣議會鉛印本　一册

330000－1701－0012028　普 082.7/2233/3/c4　類叢部/叢書類/自著之屬

崔東壁遺書前編十九種附一種　（清）崔述撰　民國十三年（1924）上海古書流通處據清道光陳氏刻本影印本　十册　存十一種

330000－1701－0012029　民 325.59024/30761　史部/政書類/公牘檔册之屬

富陽縣議會議决案不分卷　富陽縣議會編　民國元年（1912）富陽縣議會鉛印本　一册

330000－1701－0012031　民 325.59024/3122　史部/政書類/公牘檔册之屬

江山縣參議會第二屆第五、六次大會會刊不分卷　江山縣參議會編　民國三十六年（1947）江山縣參議會鉛印本　一册

330000－1701－0012033　民 325.59024/3622　史部/政書類/公牘檔册之屬

浙江省溫嶺縣參議會成立大會暨第一屆第一次大會會刊不分卷　溫嶺縣參議會編　民國三十五年（1946）溫嶺縣參議會鉛印本　一册

330000－1701－0012045　民 325.59024/3622/1　史部/政書類/公牘檔册之屬

浙江省溫嶺縣參議會第一屆大會會刊不分卷　溫嶺縣參議會編　民國三十六年（1947）溫嶺縣參議會油印本　二册

330000－1701－0012046　民 325.59024/3830/c1　史部/政書類/公牘檔册之屬

海寧縣議會民國元年議决案不分卷　海寧縣議會編　民國二年（1913）海寧縣議會鉛印本　一册

330000－1701－0012047　民 325.59024/3830/c2　史部/政書類/公牘檔册之屬

海寧縣議會民國元年議决案不分卷　海寧縣議會編　民國二年（1913）海寧縣議會鉛印本　一册

330000－1701－0012050　民 325.59024/4722　史部/政書類/公牘檔册之屬

鄞縣參議會第一屆第四次大會會刊不分卷　鄞縣參議會秘書室編　民國三十六年（1947）鄞縣參議會鉛印本　一册

330000－1701－0012051　民 325.59024/7832　史部/政書類/公牘檔册之屬

臨安縣議會第一屆常年會議决案不分卷　臨安縣議會編　民國臨安縣議會本活字印本　一册

330000－1701－0012053　民 325.59024/7838.2　史部/政書類/公牘檔册之屬

臨海縣第一屆參議會第二至八次大會會刊會議紀錄不分卷　臨海縣參議會編　民國臨海縣參議會鉛印本　一册

330000－1701－0012054　民 325.59024/8028　史部/政書類/公牘檔册之屬

慈谿縣議會議决案不分卷　慈谿縣議會編　民國十二年（1923）、十四年（1925）鉛印本　三册

330000－1701－0012056　民 325.59024/8840.17　史部/政書類/公牘檔册之屬

餘杭縣參議會第一屆第七次大會會刊不分卷　餘杭縣參議會編　民國三十七年（1948）餘杭縣參議會鉛印本　一册

330000－1701－0012057　民 325.6124/3239.2　史部/傳記類/職官録之屬

浙江省司法職員錄不分卷　浙江省司法部編　民國十八年至十九年（1929－1930）鉛印本　二册

330000－1701－0012062　民 327.511281/

87772　史部/政書類/公牘檔冊之屬

滇緬南段未定界調查報告書不分卷　周光倬撰　民國二十四年(1935)鉛印本　一册

330000－1701－0012063　民 327.511289/5056　史部/目録類/專録之屬

重慶各圖書館所藏西南問題聯合書目不分卷　國立中央圖書館籌備處編輯　民國二十八年(1939)重慶國立中央圖書館籌備處油印本　一册

330000－1701－0012066　民 325.59024/4422.12/c1　史部/政書類/公牘檔冊之屬

黄巖縣參議會第一屆第二次大會議決案報告書不分卷　黄巖縣參議會祕書處編　民國三十四年(1945)黄巖縣參議會鉛印本　一册

330000－1701－0012068　民 327.51189/2302/c1　史部/政書類/邦交之屬

分類編輯不平等條約六卷　外交委員會編　民國十五年(1926)外交委員會鉛印本　六册

330000－1701－0012069　民 325.59024/4422.13　史部/政書類/公牘檔冊之屬

黄巖縣參議會第一屆第三次大會決案報告書不分卷　黄巖縣參議會秘書室編　民國三十五年(1946)黄巖縣參議會石印本　一册

330000－1701－0012070　民 325.59024/4422.12/c2　史部/政書類/公牘檔冊之屬

黄巖縣參議會第一屆第二次大會議決案報告書不分卷　黄巖縣參議會祕書處編　民國三十四年(1945)黄巖縣參議會鉛印本　一册

330000－1701－0012071　民 327.51189/2302/c2　史部/政書類/邦交之屬

分類編輯不平等條約六卷　外交委員會編　民國十五年(1926)外交委員會鉛印本　六册

330000－1701－0012073　普 082.7/31441　類叢部/叢書類/彙編之屬

合眾圖書館叢書十五種　合眾圖書館編　民國二十九年至三十七年(1940－1948)鉛印本暨石印本　一册　存一種

330000－1701－0012075　民 327.51189/2302/c3　史部/政書類/邦交之屬

分類編輯不平等條約六卷　外交委員會編　民國十五年(1926)外交委員會鉛印本　六册

330000－1701－0012078　民 327.51234/2300.2　史部/傳記類/職官録之屬/總録

外交部職員錄不分卷　外交部總務司文書科編　民國二十六年(1937)外交部總務司文書科鉛印本　一册

330000－1701－0012079　民 327.5142/3426　史部/政書類/邦交之屬

英兵侵入江心坡上外部呈文不分卷　滇緬界務研究會撰　民國十八年(1929)雲南滇緬界務研究會刻本　一册

330000－1701－0012080　民 327.5142/5042　史部/政書類/邦交之屬

中英和約不分卷　民國上海申報館鉛印本　一册

330000－1701－0012082　民 328.5191/1050/c1　史部/政書類/邦交之屬

上海租界問題三卷　王揖唐撰　民國上海聚珍倣宋印書局鉛印本　一册

330000－1701－0012083　民 329.91198/12522　史部/傳記類/別傳之屬

孫中山先生奉安寫真册一卷　民國影印本　一册

330000－1701－0012085　民 328.5191/1050/c2　史部/政書類/邦交之屬

上海租界問題三卷　王揖唐撰　民國上海聚珍倣宋印書局鉛印本　一册

330000－1701－0012086　民 329.911/9080　新學/學校

黨義講義不分卷　俞葆濂　王維制　沈茂文編　民國鉛印本　一册

330000－1701－0012087　民 329.91198/2715/c1　史部/傳記類/別傳之屬

總理奉安實錄不分卷　總理奉安專刊編纂委員會編　民國十八年(1929)總理奉安專刊編纂委員會鉛印本　二册

330000－1701－0012089　民 329.911/90801
新學/雜著/雜編
黨義講義不分卷普通樂理不分卷工藝講義不分卷童子軍之歷史不分卷　錢宗洛撰　民國石印本　一册

330000－1701－0012090　民 329.91198/2715/c2　史部/傳記類/别傳之屬
總理奉安實録不分卷　總理奉安專刊編纂委員會編　民國十八年(1929)總理奉安專刊編纂委員會鉛印本　二册

330000－1701－0012092　民 329.91198/2715/c3　史部/傳記類/别傳之屬
總理奉安實録不分卷　總理奉安專刊編纂委員會編　民國十八年(1929)總理奉安專刊編纂委員會鉛印本　二册

330000－1701－0012094　民 329.914/5052.2
史部/政書類/公牘檔册之屬
中國國民黨各特别市、省、鐵路海員黨員總登記概況不分卷　中央組織部撰　民國十八年(1929)中央組織部油印本　一册

330000－1701－0012095　民 329.9116/4098
新學/政治法律/政治
總理四大建設述要不分卷　李粹龢撰　**國際現勢教程不分卷附録不分卷**　鄧梅羹講述　民國浙江省戰區政治幹部訓練團鉛印本　一册

330000－1701－0012096　民 329.915112/5054.2/c1　史部/政書類/公牘檔册之屬
中央執行委員會宣傳部十八年度部務一覽不分卷　中央執行委員會宣傳部編　民國十九年(1930)中央執行委員會宣傳部鉛印本　二册

330000－1701－0012097　民 329.91189/1200/c2　子部/藝術類/書畫之屬/法帖
總理遺墨不分卷　孫文書　民國二十二年(1933)中國國民黨執行委員會影印本　一册

330000－1701－0012098　民 329.91198/1251/c1、民 329.91198/1251/c2　史部/傳記類/别傳之屬/事狀
哀思録初編七卷二編四卷三編四卷　孫中山先生葬事籌備處編　民國孫中山先生葬事籌備處鉛印本　三册

330000－1701－0012099　民 329.915112/5054.2/c2　史部/政書類/公牘檔册之屬
中央執行委員會宣傳部十八年度部務一覽不分卷　中央執行委員會宣傳部編　民國十九年(1930)中央執行委員會宣傳部鉛印本　二册

330000－1701－0012100　民 329.9176/3119
史部/政書類/公牘檔册之屬
江西省會各界民衆協助剿匪會二期工作報告不分卷　江西省會各界民衆協助剿匪會編　民國二十四年(1935)江西省會各界民衆協助剿匪會鉛印本　一册

330000－1701－0012101　民 329.91198/1251/c3　史部/傳記類/别傳之屬/事狀
哀思録初編七卷二編四卷三編四卷　孫中山先生葬事籌備處編　民國孫中山先生葬事籌備處鉛印本　三册

330000－1701－0012102　民 329.9182/3239
史部/政書類/公牘檔册之屬
浙江省黨務指導委員會宣傳部工作報告不分卷　浙江省黨務指導委員會宣傳部編　民國浙江省黨務指導委員會宣傳部鉛印本　一册

330000－1701－0012106　普 082.7/31912
類叢部/叢書類/自著之屬
亭林遺書二十二種附三種　(清)顧炎武撰　(清)席威　(清)朱記榮編　民國上海文瑞樓石印本　六册　存十三種

330000－1701－0012111　普 082.7/3330　類叢部/叢書類/自著之屬
桂林梁先生遺書六種　梁濟撰　民國十四年(1925)梁煥鼐等鉛印本　四册

330000－1701－0012113　民 329.9183/3239
史部/政書類/公牘檔册之屬
浙江省黨務指導委員會民衆訓練委員會工作

報告不分卷　浙江省黨務指導委員會民眾訓練委員會編　民國十七年(1928)浙江省黨務指導委員會民眾訓練委員會鉛印本　一册

330000－1701－0012114　民 329.9183/5066.2　史部/政書類/公牘檔册之屬
中國國民黨浙江省執行委員會訓練特刊不分卷　民國鉛印本　一册

330000－1701－0012115　民 330.95112/7738.2　史部/政書類/公牘檔册之屬
膠濟鐵路經濟調查彙編不分卷　膠濟鐵路管理局車務處編　民國二十三年(1934)膠濟鐵路管理局車務處鉛印本　六册　存一種

330000－1701－0012118　民 329.918882/5039　史部/政書類/公牘檔册之屬
貴州黨務概況一卷　京滇公路週覽會貴州分會宣傳部編　民國二十六年(1937)中華印刷廠鉛印本　一册

330000－1701－0012119　民 332.092/3415/c1　史部/傳記類/總傳之屬
金融人物誌不分卷　中國金融年鑑社編訂　民國三十七年(1948)沈雷春鉛印本　一册

330000－1701－0012120　民 332.092/3415/c2　史部/傳記類/總傳之屬
金融人物誌不分卷　中國金融年鑑社編訂　民國三十七年(1948)沈雷春鉛印本　一册

330000－1701－0012122　民 332.11/3234　史部/政書類/公牘檔册之屬
浙江地方銀行總行通函彙編第一輯不分卷　浙江地方銀行總行總務科編　民國三十七年(1948)浙江地方銀行總行總務科鉛印本　一册

330000－1701－0012123　民 332.11/3234.02　史部/政書類/公牘檔册之屬
浙江地方銀行總行通函彙編續輯不分卷　浙江地方銀行總行總務科編　民國鉛印本　一册

330000－1701－0012126　民 332.11/3234.3　史部/政書類/公牘檔册之屬
浙江地方銀行行員服務待遇規程不分卷　民國鉛印本　一册

330000－1701－0012131　民 332.11/50681/c1　史部/傳記類/總傳之屬
中國銀行職員錄不分卷　民國三十年(1941)油印本　一册

330000－1701－0012132　民 332.11/50681/c2　史部/傳記類/總傳之屬
中國銀行職員錄不分卷　民國三十三年(1944)油印本　一册

330000－1701－0012134　民 332.17/3148　史部/政書類/公牘檔册之屬
江蘇全省典業公會第一年紀事錄不分卷　民國三年(1914)鉛印本　一册

330000－1701－0012135　民 332.17/3148.2　史部/政書類/公牘檔册之屬
江蘇全省典業公會記要不分卷　民國三年(1914)鉛印本　一册

330000－1701－0012136　民 330.951/4085　史部/政書類/邦計之屬
中國經濟史講稿不分卷　李劍農編著　民國三十二年(1943)湖南新中國書局鉛印本　一册

330000－1701－0012137　民 332.17/4093　史部/政書類/公牘檔册之屬
提議典當業條例法案經過報告不分卷　袁蓉叜　王錫榮撰　民國八年(1919)鉛印本　一册

330000－1701－0012139　民 332.17/4447　史部/政書類/公牘檔册之屬
舊杭屬典業公所第一年紀事録不分卷　民國五年(1916)鉛印本　一册

330000－1701－0012140　民 330.95122/7738　史部/政書類/公牘檔册之屬
膠濟鐵路經濟調查彙編不分卷　膠濟鐵路管理局車務處編　民國二十三年(1934)膠濟鐵路管理局車務處鉛印本　二册　存一種

330000－1701－0012141　民 332.17/8035　史部/政書類/公牘檔冊之屬
全浙典業公會第四年戊午紀事錄不分卷　民國八年(1919)鉛印本　一冊

330000－1701－0012142　民 332.7/2138　新學/商務
上海銀行業同業公會聯合準備委員會票據交換所一覽不分卷　上海銀行業同業公會聯合準備委員會編　民國二十三年(1934)上海光華印刷公司鉛印本　一冊

330000－1701－0012143　民 332.7/2138.2　新學/商務
上海銀行業同業公會聯合準備委員會票據交換所報告不分卷　上海銀行業同業公會聯合準備委員會編　民國二十三年(1934)上海光華印刷公司鉛印本　一冊

330000－1701－0012144　民 333.09124/8027/c1　史部/政書類/邦計之屬/地政
浙江省杭縣土地統計不分卷　俞俊民等編　民國二十三年(1934)浙江省民政廳鉛印本　一冊

330000－1701－0012145　民 333.09124/8027/c2　史部/政書類/邦計之屬/地政
浙江省杭縣土地統計不分卷　俞俊民等編　民國二十三年(1934)浙江省民政廳鉛印本　一冊

330000－1701－0012146　民 336.2/2130　史部/政書類/邦計之屬
經濟部資源委員會重工業建設基金所屬機關統一會計制度不分卷　經濟部資源委員會編　民國鉛印本　一冊

330000－1701－0012147　民 333.09144/3019　史部/政書類/邦計之屬/地政
寧夏省地政概況不分卷　寧夏省地政局編　民國三十一年(1942)寧夏省地政局石印本　一冊

330000－1701－0012148　民 336/0062　史部/政書類/邦計之屬/賦稅
財政學不分卷　(日本)高野岩三郎講授　李盛衔口譯　阮性存筆錄　民國抄本　一冊

330000－1701－0012149　民 336.2/6414　史部/政書類/邦計之屬
財務機關預算分配表、支付預算書、收入計算書、支出計算書章程格式不分卷　財政部所屬財務機關編製　民國十九年(1930)鎮江天章美記紙號鉛印本　一冊

330000－1701－0012150　民 336.09/4643　史部/政書類/邦計之屬
中國財政史輯要四十卷　楊志濂纂　民國二十五年(1936)無錫大公圖書館鉛印本　十冊

330000－1701－0012151　民 336.57/7811　史部/政書類/邦計之屬/鹽法
鹽務研究所日記不分卷　唐受潘等撰　民國抄本　一冊

330000－1701－0012153　民 336.57/7701/2　史部/政書類/邦計之屬/鹽法
鹽法通志一百卷首一卷　周慶雲纂　民國七年(1918)鉛印本　二十四冊

330000－1701－0012154　民 336.4/4737　史部/政書類/邦計之屬
浙江省桐廬縣三十五年度地方歲出入總分概算書不分卷　桐廬縣政府編　民國三十五年(1946)桐廬縣政府油印本　一冊

330000－1701－0012155　民 336.57/7770　史部/政書類/邦計之屬/鹽法
兩浙分區民國鹽政史不分卷　周次辛原編　陳牧緣修編　民國油印本　八冊

330000－1701－0012157　民 336.5/2722　史部/政書類/邦計之屬/貿易
修訂各貨名目稅率起稅量數表不分卷　民國石印本　一冊

330000－1701－0012158　民 336.892424/3239.2　史部/政書類/邦計之屬
浙江省各縣三十五年度歲入歲出預算書不分卷　浙江省政府會計處編　民國三十五年(1946)浙江省政府會計處油印本　三冊

330000－1701－0012159　民 336.892424/32391　史部/政書類/公牘檔冊之屬

浙江省各縣三十四年度地方預算不分卷　民國三十四年(1945)油印本　三冊

330000－1701－0012160　民 336.52/6410　史部/政書類/邦計之屬/賦稅

兩年來所得稅推行概況不分卷　財政部所得稅事務處編　民國二十七年(1938)財政部所得稅事務部鉛印本　一冊

330000－1701－0012161　民 336.892424/32391.2　史部/政書類/邦計之屬

中華民國三十年度浙江省各縣地方歲出入預算書不分卷　民國三十年(1941)油印本　三冊

330000－1701－0012162　民 336.521/3219　史部/政書類/邦計之屬/貿易

浙西燒酒專局整頓文稿及控案始末實錄不分卷　民國抄本　一冊

330000－1701－0012163　民 336.892424/32392/c1　史部/政書類/邦計之屬

浙江省地方歲出入預算書不分卷　浙江省議會編　民國浙江省議會鉛印本　九冊

330000－1701－0012165　民 336.54/32391　史部/政書類/公牘檔冊之屬

清理杭產押款函牘不分卷　民國鉛印本　一冊

330000－1701－0012166　民 336.57/1750　史部/政書類/邦計之屬/鹽法

兩浙鹽務彙編六卷　邵中等編　民國十二年(1923)兩浙鹽運使署鉛印本　十二冊

330000－1701－0012168　民 336.892424/32392/c2　史部/政書類/邦計之屬

浙江省地方歲出入預算書不分卷　浙江省議會編　民國浙江省議會鉛印本　五冊

330000－1701－0012169　民 336.892429/32392/c1　史部/政書類/公牘檔冊之屬

浙江省議會浙江省地方歲出入決算書不分卷　浙江省議會編　民國十年(1921)鉛印本　二冊

330000－1701－0012170　民 336.57/2694　史部/政書類/邦計之屬/鹽法

四川鹽政史十二卷　吳煒等編　民國二十一年(1932)四川鹽政史編輯處鉛印本　十二冊

330000－1701－0012171　民 336.892429/32392/c2(v6)　史部/政書類/公牘檔冊之屬

浙江省議會浙江省地方歲出入決算書不分卷　浙江省議會編　民國十年(1921)鉛印本　一冊

330000－1701－0012178　民 336.8924/3236　史部/政書類/邦計之屬

浙江最近財政說明書不分卷　張壽鏞編　民國四年(1915)武昌鉛印本　李次九題記　二冊

330000－1701－0012179　民 340.21/3480　史部/政書類/律令之屬

法令錄要不分卷　民國三十四年(1945)油印本　四冊

330000－1701－0012182　民 342.082/4041　新學/政治法律/政治

觀奕閒評不分卷　(日本)有賀長雄撰　民國二年(1913)鉛印本　一冊

330000－1701－0012183　民 342.1/50473　史部/政書類/律令之屬

中華民國訓政時期約法不分卷　民國二十年(1931)石印本　一冊

330000－1701－0012185　民 336.89241/3239　史部/政書類/邦計之屬

浙江省中華民國七年度省地方歲出入預算書不分卷　浙江省議會編　民國七年(1918)鉛印本　一冊

330000－1701－0012186　民 336.892429/32392　史部/政書類/邦計之屬

浙江省中華民國七年度省地方歲出入決算書不分卷　浙江省議會編　民國十二年(1923)鉛印本　一冊

330000－1701－0012190　民 347.5/2680/c2　史部/政書類/律令之屬/律例
審斷須知不分卷　魏頌唐輯　民國四年(1915)浙江印刷公司鉛印本　一册

330000－1701－0012191　民 347.5/2680/c3　史部/政書類/律令之屬/律例
審斷須知不分卷　魏頌唐輯　民國四年(1915)浙江印刷公司鉛印本　一册

330000－1701－0012192　民 347.5/2680/c4　史部/政書類/律令之屬/律例
審斷須知不分卷　魏頌唐輯　民國四年(1915)浙江印刷公司鉛印本　一册

330000－1701－0012193　民 347.35/4062　史部/政書類/公牘檔册之屬
杭縣律師公會要覽不分卷　吳華編輯　民國二十一年(1932)杭縣律師公會鉛印本　一册

330000－1701－0012194　民 347.7/3140　史部/政書類/公牘檔册之屬
江蘇高等法院文牘圖表刊要不分卷　江蘇高等法院文牘科編　民國二十九年(1940)鉛印本　二册

330000－1701－0012197　普 082.7/3435　類叢部/叢書類/自著之屬
沈寄簃先生遺書甲編二種乙編四種　沈家本撰　民國刻本　二十四册　存二種

330000－1701－0012198　民 348.224/32391/c2　史部/政書類/律令之屬
浙江省現行法規彙編不分卷　浙江省政府秘書處編輯　民國二十三年(1934)浙江省政府秘書處鉛印本　六册

330000－1701－0012200　民 348.282/5039　史部/政書類/律令之屬/律例
貴州省單行法規彙編第一輯不分卷　貴州省政府秘書處法制室編輯　民國二十四年(1935)貴州省政府秘書處法制室鉛印本　二册

330000－1701－0012201　民 348.224/32391/c3　史部/政書類/律令之屬
浙江省現行法規彙編不分卷　浙江省政府秘書處編輯　民國二十三年(1934)浙江省政府秘書處鉛印本　六册

330000－1701－0012202　民 348.282/5039.2　史部/政書類/律令之屬/律例
貴州省單行法規彙編第二輯不分卷　貴州省政府秘書處法制室編輯　民國二十五年(1936)貴州省政府秘書處法制室鉛印本　二册

330000－1701－0012204　民 350.21/7438　史部/目録類/專録之屬
歷代兵書目錄六卷　陸達節編輯　民國二十二年(1933)鉛印本　一册

330000－1701－0012205　民 351.3/3239　史部/政書類/公牘檔册之屬
浙江省軍管區司令部三十五年一至六月份中心工作報告不分卷　民國三十五年(1946)浙江省軍管區司令部石印本　一册

330000－1701－0012206　民 351.56/4723　史部/政書類/律令之屬
最新區街村自治法不分卷　胡行之編述　民國十七年(1928)上海新學會社鉛印本　一册

330000－1701－0012207　民 356.76/8847.041　新學/圖學
築城學要塞配置附圖不分卷　民國石印本　一册

330000－1701－0012208　民 356.792/7478　新學/電學
譯電密本不分卷　陸軍第四十六軍編訂　民國陸軍第四十六軍石印本　一册

330000－1701－0012209　民 353.5113/1046/c1　子部/兵家類/兵法之屬
孫子選注不分卷　夏壽田注　何鍵眉按　民國二十一年(1932)石印本　何鍵題記　二册

330000－1701－0012210　民 357.5/2142　史部/地理類/防務之屬
中國江海口岸海港深淺形勢錄不分卷　伍士修撰　雷啓中修　民國鉛印本　一册

330000－1701－0012211　民357.52/5366
新學/兵制/海軍
日本帝國海軍之危機不分卷　（日本）盛田曉撰　林汝魁等譯　民國四年(1915)鉛印本　二冊

330000－1701－0012218　民353.518/1846
新學/兵制
特工常識之研究不分卷　民國浙江省戰區政治幹部訓練團訓導組鉛印本　一冊

330000－1701－0012219　民356.0774/5057.9　新學/學校
中央陸軍軍官學校史稿不分卷　中央陸軍軍官學校編　民國二十五年(1936)鉛印本　五冊

330000－1701－0012221　民377.409/8074.2　史部/政書類/公牘檔冊之屬
金陵大學堂章程彙錄不分卷　民國元年(1912)南京印書局鉛印本　一冊

330000－1701－0012222　民336.57/7816
史部/政書類/邦計之屬/鹽法
鹽政彙覽一百二十三編　鹽務署總務處第二科編輯　民國六年至十六年(1917－1927)鹽務署鉛印本　一百二十三冊

330000－1701－0012223　民365/8076　史部/政書類/律令之屬/律例
人民團體組訓法規不分卷　民國浙江省社會處鉛印本　一冊

330000－1701－0012226　普811.104/1043.3/2　集部/詩文評類/詩評之屬
漁洋詩話二卷　（清）王士禛撰　民國上海同文圖書館石印本　梅隱題簽　一冊

330000－1701－0012228　普811.104/2109.022/c2　集部/詩文評類/類編之屬
清詩話四十三種　丁福保輯　民國五年(1916)上海文明書局鉛印本　二十冊

330000－1701－0012229　民370.952/1073
新學/學校
丙辰東遊視學記二卷　丙辰視學團編　民國五年(1916)丙辰視學團石印本　二冊

330000－1701－0012233　民371.0924/3491/c1　史部/政書類
浙江縣教育行政制度不分卷　沈光烈撰　民國二十六年(1937)杭州武林公司鉛印本　一冊

330000－1701－0012236　民371.0924/3491/c2　史部/政書類
浙江縣教育行政制度不分卷　沈光烈撰　民國二十六年(1937)杭州武林公司鉛印本　一冊

330000－1701－0012241　普811.104/2109/c1　集部/詩文評類/詩評之屬
歷代詩話二十七種五十七卷考索一卷　（清）何文煥輯　民國四年(1915)上海石印本　十六冊

330000－1701－0012243　民375.37071/7236　新學/學校
岳池縣立女子師範學校校志不分卷　楊承貞編　民國十六年(1927)岳池縣立女子師範學校刻本　一冊

330000－1701－0012244　民365.4/2133　史部/地理類/專志之屬
洞庭東山會館落成報告書不分卷洞庭東山會館報告書續編不分卷　許穎池編　民國上海商務印書館石印本　一冊

330000－1701－0012247　普811.104/2109.02/c1　集部/詩文評類/詩評之屬
歷代詩話續編二十九種　丁福保輯　民國五年(1916)無錫丁氏鉛印本　二十四冊

330000－1701－0012249　普811.104/2109.02/c2　集部/詩文評類/詩評之屬
歷代詩話續編二十九種　丁福保輯　民國五年(1916)無錫丁氏鉛印本　二十四冊

330000－1701－0012250　民369.84/3771
史部/政書類/邦計之屬/荒政
湖屬水災籌賑會徵信錄不分卷　民國九年(1920)鉛印本　一冊

330000－1701－0012251　民 377.26/0032/c1　子部/儒家類/儒學之屬/蒙學

蒙師箴言不分卷　方瀏生撰　民國四年(1915)上海商務印書館鉛印本　一冊

330000－1701－0012252　普 811.104/1241　集部/詩文評類/詩評之屬

餘墨偶談八卷續集八卷　(清)孫橒編　民國二年(1913)中華藝文社鉛印本　八冊

330000－1701－0012254　普 811.104/1241/3　集部/詩文評類/詩評之屬

餘墨偶談八卷續集八卷　(清)孫橒編　民國六年(1917)上海振民編輯社鉛印本　八冊

330000－1701－0012256　民 365.7/4412/c1　史部/雜史類

近代秘密社會史料六卷首一卷　蕭一山輯　民國二十四年(1935)國立北平研究院總辦事處出版課鉛印本　四冊

330000－1701－0012258　民 365.7/4412/c2　史部/雜史類

近代秘密社會史料六卷首一卷　蕭一山輯　民國二十四年(1935)國立北平研究院總辦事處出版課鉛印本　四冊

330000－1701－0012259　民 365.7/4412/c3　史部/雜史類

近代秘密社會史料六卷首一卷　蕭一山輯　民國二十四年(1935)國立北平研究院總辦事處出版課鉛印本　四冊

330000－1701－0012262　普 811.104/2109.022/c1　集部/詩文評類/類編之屬

清詩話四十三種　丁福保輯　民國五年(1916)上海文明書局鉛印本　二十冊

330000－1701－0012263　民 371.6/3239　史部/政書類/公牘檔冊之屬

浙江省二十一年度教育文化費歲出入概算書不分卷　民國二十一年(1932)油印本　一冊

330000－1701－0012268　民 377.26/0032/c2　子部/儒家類/儒學之屬/蒙學

蒙師箴言不分卷　方瀏生撰　民國四年(1915)上海商務印書館鉛印本　一冊

330000－1701－0012270　民 369.844/0832　史部/政書類/公牘檔冊之屬

旅滬台屬水災急振會報告書不分卷　旅滬台屬水災急振會編　民國九年(1920)鉛印本　二冊

330000－1701－0012272　民 924.4/3007　史部/傳記類/別傳之屬

多瑪先生紀念冊不分卷　國際勞工局中國分局輯　民國二十一年(1932)鉛印本　一冊

330000－1701－0012273　民 378.948/8022　子部/醫家類/養生之屬/導引、氣功

練軟硬功秘訣續編不分卷　金倜生編　民國上海武俠社石印本　一冊

330000－1701－0012278　民 377.371/3239　史部/政書類/公牘檔冊之屬

浙江省立處州初級中學二十三年二月份各項重要會議錄不分卷　浙江省立處州初級中學編　民國二十三年(1934)浙江省立處州初級中學油印本　一冊

330000－1701－0012280　民 369.844/2263　史部/政書類/邦計之屬/荒政

嵊縣被災區域圖不分卷　嵊縣水災籌賑會輯　民國十一年(1922)稿本　一冊

330000－1701－0012281　民 370.27/2776　新學/學校

紹興最近教育概況不分卷　紹興縣政府教育科編　民國三十年(1941)紹興縣政府教育科油印本　一冊

330000－1701－0012282　民 369.844/8843　史部/政書類/公牘檔冊之屬

籌募海甯賑捐會海甯壬申賑餘管理委員會徵信錄不分卷　民國二十四年(1935)鉛印本　一冊

330000－1701－0012283　民 377.309/32395　史部/政書類/儀制之屬/專志/科舉校規

浙江省立第五中學校現行規程一覽不分卷　方豪輯　民國十四年(1925)鉛印本　一冊

330000－1701－0012284　民 369.87/5064
史部/傳記類/總傳之屬
中國華安合羣保壽有限公司董事股東保戶姓氏錄不分卷　中國華安合羣保壽有限公司編　民國四年(1915)中國華安合羣保壽有限公司鉛印本　一冊

330000－1701－0012285　民 370.62/3724
史部/政書類/公牘檔冊之屬
通俗教育研究會第一次報告書不分卷　通俗教育研究會編　民國五年(1916)北京通俗教育研究會鉛印本　一冊

330000－1701－0012286　民 378.9481/3404
子部/兵家類/武術技巧之屬
少林拳術精義一卷　(北魏)釋達摩撰　(唐)釋般刺密諦譯　**服氣圖説一卷**　民國六年(1917)上海大聲圖書局石印本　一冊

330000－1701－0012288　普 811.104/2109/c2　集部/詩文評類/詩評之屬
歷代詩話二十七種五十七卷考索一卷　(清)何文煥輯　民國上海文寳公司石印本　十六冊

330000－1701－0012289　民 377.309/5321
史部/政書類/公牘檔冊之屬
輔仁紀念刊不分卷　輔仁校友會編輯　民國四年(1915)石印本　一冊

330000－1701－0012290　民 377.409/0410
史部/政書類/公牘檔冊之屬
私立光華大學成都十年記不分卷　光華大學成都分部結束辦事處輯　民國三十六年(1947)光華大學成都分部結束辦事處鉛印本　一冊

330000－1701－0012291　普 811.104/2109.02/c3　集部/詩文評類/詩評之屬
歷代詩話續編二十九種　丁福保輯　民國五年(1916)無錫丁氏鉛印本　二十四冊

330000－1701－0012292　普 811.104/2109.022/c3　集部/詩文評類/類編之屬
清詩話四十三種　丁福保輯　民國五年(1916)上海文明書局鉛印本　二十冊

330000－1701－0012293　民 377.409/1104.9
新學/學校
國立北京大學校史畧一卷　國立北京大學志編纂處編　民國二十二年(1933)國立北京大學志編纂處鉛印本　一冊

330000－1701－0012294　民 378.9481/4046/c2　子部/兵家類/武術技巧之屬
拳經四卷　大聲圖書局輯　民國十八年(1929)上海大聲圖書局石印本　二冊

330000－1701－0012296　民 378.9481/4046/c3　子部/兵家類/武術技巧之屬
拳經四卷　大聲圖書局輯　民國十八年(1929)上海大聲圖書局石印本　二冊

330000－1701－0012297　民 378.9481/4254/c3　子部/兵家類/武術技巧之屬
形意拳譜五綱七言論不分卷　靳振起編著　民國十八年(1929)上海大東書局石印本　一冊

330000－1701－0012298　普 811.104/2603/c1　集部/詩文評類/詩評之屬
詩人玉屑二十卷　(宋)魏慶之撰　民國三年(1914)上海掃葉山房石印本　六冊

330000－1701－0012299　民 378.9481/6613
子部/兵家類/武術技巧之屬
甘鳳池拳譜不分卷　(清)甘鳳池撰　民國十八年(1929)上海中西書局石印本　一冊

330000－1701－0012300　普 811.104/2603/c3　集部/詩文評類/詩評之屬
詩人玉屑二十卷　(宋)魏慶之撰　民國三年(1914)上海掃葉山房石印本　五冊

330000－1701－0012302　民 378.9481/7514
子部/兵家類/武術技巧之屬
南拳剛柔法不分卷　陳承根　鄭步周重編　民國十八年(1929)石印本　一冊

330000－1701－0012308　普 811.104/2664/c2　類叢部/叢書類/郡邑之屬

吳興叢書六十六種　劉承幹輯　民國吳興劉氏嘉業堂刻本　十六册　存一種

330000－1701－0012310　普 811.104/2664/c3　類叢部/叢書類/郡邑之屬
吳興叢書六十六種　劉承幹編　民國吳興劉氏嘉業堂刻本　十六册　存一種

330000－1701－0012312　普 811.104/2664/c1　類叢部/叢書類/郡邑之屬
吳興叢書六十六種　劉承幹輯　民國吳興劉氏嘉業堂刻本　十六册　存一種

330000－1701－0012315　普 811.104/2821/c2　類叢部/叢書類/郡邑之屬
吳興叢書六十六種　劉承幹編　民國吳興劉氏嘉業堂刻本　一册　存一種

330000－1701－0012317　普 811.104/2790　集部/詩文評類/詩評之屬
雲樵外史詩話二卷　(清)繆煥章撰　民國七年(1918)江陰繆氏藝風堂刻本　一册

330000－1701－0012318　普 811.104/2821/c1　類叢部/叢書類/郡邑之屬
吳興叢書六十六種　劉承幹編　民國吳興劉氏嘉業堂刻本　一册　存一種

330000－1701－0012320　普 915.1113/4037　史部/地理類/方志之屬/郡縣志
[民國]林縣志十八卷首一卷　王澤溥等修　李見荃纂　民國二十一年(1932)林縣華昌石印局石印本　十册

330000－1701－0012329　普 915.1114/3037　史部/地理類/方志之屬/郡縣志
[民國]獲嘉縣志十七卷首一卷　鄒古愚編　鄒鵠纂　民國二十四年(1935)鉛印本　四册

330000－1701－0012333　普 915.1114/2037　史部/地理類/方志之屬/郡縣志
[民國]新鄉縣續志六卷　韓邦孚等修　田芸生纂　民國十二年(1923)刻本　六册

330000－1701－0012338　普 915.1114/8037　史部/地理類/方志之屬/郡縣志
[民國]重修滑縣志二十卷首一卷藝文錄十二卷金石錄十二卷　王維垣等修　王蒲園等纂　民國二十一年(1932)鉛印本　十七册

330000－1701－0012344　民 377.609/32361　史部/傳記類/總傳之屬
浙江甲種工校同學錄一卷　許炳堃等編　民國石印本　一册

330000－1701－0012345　民 378.3/3403　新學/學校
社會教育白話宣講書第一編不分卷　國民教育實進會編　民國元年(1912)上海國民教育實進會鉛印本　一葉

330000－1701－0012350　民 378.9481/8022　子部/兵家類/武術技巧之屬
金台拳譜不分卷　(宋)金台撰　民國二十年(1931)上海中西書局石印本　一册

330000－1701－0012351　民 378.4073/4800　史部/政書類/公牘檔册之屬
各省市民眾教育館一覽表不分卷　教育部社會教育司編　民國三十六年(1947)教育部社會教育司油印本　一册

330000－1701－0012352　民 378.506/6074　史部/政書類/公牘檔册之屬
國民教育實進會章程不分卷　民國元年(1912)上海商務印書館鉛印本　一册

330000－1701－0012354　民 378.9482/8022　子部/兵家類/武術技巧之屬
臨機應鬭秘訣不分卷　金倜生編　民國二十一年(1932)上海中西書局石印本　一册

330000－1701－0012356　民 378.9476/3523　子部/醫家類/養生之屬/導引、氣功
鍊氣行功秘訣不分卷　張慶霖撰　**鍊氣行功秘訣外篇不分卷**　釋清虛口授　張慶霖撰述　民國十八年(1929)上海中西書局鉛印本　三農次郎題記　一册　存外篇

330000－1701－0012357　民 378.94832/8016　子部/兵家類/武術技巧之屬
六合槍不分卷　金一明撰　沈鴻馨繪圖　民

國十八年(1929)益新書社石印本　一册

330000－1701－0012361　普 921.512/1010.24　史部/傳記類/總傳之屬/家乘

[浙江蕭山]蕭山廟後王氏宗譜不分卷　王乃錫纂修　民國十六年(1927)三槐堂木活字印本　五册

330000－1701－0012364　民 379.743/1334.31　新學/學校

杭州市私立弘道女子中學學則不分卷　杭州市私立弘道女子中學編　民國二十一年(1932)杭州市私立弘道女子中學鉛印本　一册

330000－1701－0012367　普 921.512/1010　史部/傳記類/總傳之屬/家乘

[湖南湘潭]泉沖王氏五修族譜四十卷首一卷末一卷　(清)王道純纂修　民國二十三年(1934)槐蔭堂鉛印本　一册　存一卷(一)

330000－1701－0012368　普 921.512/1010.26　史部/傳記類/總傳之屬/家乘

[浙江]王氏家譜三卷　(清)王安中　(清)王贊中　(清)王會中修　王守和等增修　民國十七年(1928)鉛印本　一册

330000－1701－0012372　普 921.512/1010.11　史部/傳記類/總傳之屬/家乘

[浙江餘姚]三槐王氏分餘姚孝義官人宅王氏宗譜八卷　王慶堂　王金生輯　民國二年(1913)木活字印本　八册

330000－1701－0012373　民 380.9061/2132　史部/地理類/雜志之屬

上海特別市公用局一覽不分卷　上海特別市市政府秘書處編纂室編　民國十七年(1928)上海特別市市政府秘書處鉛印本　一册

330000－1701－0012375　民 378.9479/2114　子部/兵家類/操練之屬

騎射集成不分卷　何元杰編述　民國二十五年(1936)杭州浙江正楷印書局鉛印本　一册

330000－1701－0012378　普 921.512/1010.16　史部/傳記類/總傳之屬/家乘

[浙江黃巖]黃巖西橋王氏譜十二卷首一卷末一卷家集十卷　王舟瑤纂　民國六年(1917)木活字印本　十二册

330000－1701－0012379　民 378.948/7594/c1　子部/兵家類/武術技巧之屬

太極拳刀劍桿散手合編十卷附錄一卷　陳炎林撰　民國三十八年(1949)上海國光書局鉛印本　二册

330000－1701－0012380　普 921.512/1010.21　史部/傳記類/總傳之屬/家乘

[浙江紹興]紹興新河王氏族譜十卷　民國刻本　八册

330000－1701－0012381　普 921.512/1010.2　史部/傳記類/總傳之屬/家乘

[浙江黃巖]甯溪中宅王氏宗譜二卷　王佩韋修　王拱泉纂　民國二十四年(1935)木活字印本　二册

330000－1701－0012382　民 378.948/7594/c2　子部/兵家類/武術技巧之屬

太極拳刀劍桿散手合編十卷附錄一卷　陳炎林撰　民國三十八年(1949)上海國光書局鉛印本　二册

330000－1701－0012383　普 921.512/1010.28　史部/傳記類/總傳之屬/家乘

[浙江上虞]槎浦王氏宗譜不分卷　(清)王曰睿纂修　民國抄本　一册

330000－1701－0012386　普 921.512/1010.17　史部/傳記類/總傳之屬/家乘

[浙江雲和]箬溪中街王氏宗譜十六卷首一卷末一卷　王遇清　王以瀾修　陳堯纂　民國三年(1914)序倫堂木活字印本　十二册

330000－1701－0012389　普 921.512/1010.15　史部/傳記類/總傳之屬/家乘

[浙江餘姚]餘姚上塘王氏宗譜十四卷首一卷末一卷　王欽安等纂修　民國二十三年(1934)餘姚王氏嗣槐堂木活字印本　八册

330000－1701－0012391　普 921.512/1010.33　史部/傳記類/總傳之屬/家乘

[湖南益阳]王氏紫羅九脩支譜世系二卷世紀三十三卷首三卷 王斯博等纂修 民國三十七年(1948)太原堂木活字印本 六冊 存六卷(二十五至三十)

330000－1701－0012394 普 921.512/1010.5 史部/傳記類/總傳之屬/家乘
[浙江黄巖]黄巖西橋王氏譜十二卷首一卷末一卷家集十卷 王舟瑤篹 民國六年(1917)木活字印本 六冊 存十卷(首、一至九)

330000－1701－0012395 民 378.948/4412/c1 子部/醫家類/養生之屬
武術叢談不分卷 黄元秀編著 民國三十四年(1945)油印本 一冊

330000－1701－0012397 民 378.948/4412/c2 子部/醫家類/養生之屬
武術叢談不分卷 黄元秀編著 民國三十四年(1945)油印本 一冊

330000－1701－0012407 民 382.806/32392/c1 史部/傳記類/職官録之屬
浙江省電話局職員錄一卷 浙江省電話局總務科編 民國二十五年(1936)浙江省電話局總務科鉛印本 一冊

330000－1701－0012408 民 382.806/32392/c2 史部/傳記類/職官録之屬
浙江省電話局職員錄一卷 浙江省電話局總務科編 民國二十五年(1936)浙江省電話局總務科鉛印本 一冊

330000－1701－0012410 民 384/00301 史部/政書類/公牘檔冊之屬
民國十年郵政事務總論不分卷 中華民國交通部郵政總局編製 民國上海供應股鉛印本 一冊

330000－1701－0012417 普 082.7/44351/c1 類叢部/叢書類/自著之屬
袖海樓雜箸四種 (清)黄汝成撰 民國二十九年(1940)燕京大學圖書館據清道光本影印本 二冊

330000－1701－0012418 普 082.7/44351/c2 類叢部/叢書類/自著之屬
袖海樓雜箸四種 (清)黄汝成撰 民國二十九年(1940)燕京大學圖書館據清道光本影印本 二冊

330000－1701－0012419 民 386.86/3428.2 史部/傳記類/職官録之屬
交通部公路總局滇緬公路工務局職員錄一卷 交通部公路總局滇緬公路工務局編 民國三十三年(1944)鉛印本 一冊

330000－1701－0012421 民 387.0621/8830/c1 史部/政書類/公牘檔冊之屬
中華國有鐵路統計總報告不分卷 鐵道部總務司統計科編 民國鐵道部總務司統計科鉛印本 四冊

330000－1701－0012424 民 387.0621/8330/c2 史部/政書類/公牘檔冊之屬
中華國有鐵路統計總報告不分卷 鐵道部秘書廳研究室編 民國鐵道部秘書廳研究室鉛印本 一冊

330000－1701－0012426 民 387.0621/8330.02 史部/政書類/公牘檔冊之屬
中華國有鐵路統計總報告續編不分卷 鐵道部總務司統計科編 民國鐵道部總務司統計科鉛印本 一冊

330000－1701－0012428 民 387.0621/8330.2 史部/政書類/公牘檔冊之屬
中華國有鐵路會計統計總報告不分卷 鐵道部總務司統計科編 民國鐵道部總務司統計科鉛印本 二冊

330000－1701－0012440 普 082.7/7182 類叢部/叢書類/自著之屬
懷寧馬鍾山遺書 (清)馬鍾山(馬徵麟)撰 民國鉛印本 一冊

330000－1701－0012444 普 082.7/7294 類叢部/叢書類/自著之屬
煙霞草堂遺書十七種 (清)劉光蕡撰 民國八年至十年(1919－1921)王典章思過齋江蘇刻本 六冊

330000－1701－0012446　普 082.7/7510　類叢部/叢書類/自著之屬
陳榕門先生遺書十三種首一卷　(清)陳弘謀撰　民國三十三年(1944)廣西省鄉賢遺著編印委員會鉛印本　十册　存十一種

330000－1701－0012458　民 387.86/0038.3　史部/政書類/公牘檔册之屬
京漢鐵路規章彙覽不分卷　關賡麟編　民國四年(1915)鉛印本　十八册

330000－1701－0012469　民 387.86/1035.2　史部/傳記類/職官録之屬
交通部平津區鐵路管理局主管人員職名錄一卷　交通部平津區鐵路管理局編　民國三十六年(1947)交通部平津區鐵路管理局鉛印本　一册

330000－1701－0012470　民 387.86/3207.71　史部/政書類/公牘檔册之屬
浙贛鐵路局工作報告不分卷　浙贛鐵路局編　民國三十五年(1946)浙贛鐵路局油印本　一册

330000－1701－0012471　普 082.7/8718/c1　類叢部/叢書類/自著之屬
巢經巢全集十八種　(清)鄭珍撰　民國二十九年(1940)貴州省政府鉛印並據清刻板彙印本　三十五册

330000－1701－0012476　民 388.062/3242　史部/政書類/公牘檔册之屬
浙東船舶運輸司令部三十二年份工作報告書不分卷　民國油印本　一册

330000－1701－0012477　民 388.0726/3239　史部/政書類/公牘檔册之屬
浙江省溫台沿海護航委員會工作報告不分卷　浙江省溫台沿海護航委員編　民國鉛印本　一册

330000－1701－0012478　民 388.7916/3075　史部/政書類/律令之屬
富陽中沙義渡案卷不分卷　民國抄本　一册

330000－1701－0012481　普 082.7/8718/c2　類叢部/叢書類/自著之屬
巢經巢全集十八種　(清)鄭珍撰　民國二十九年(1940)貴州省政府鉛印並據清刻板彙印本　三十四册　存十七種

330000－1701－0012482　民 392.3/4045　史部/政書類/儀制之屬
國際賓禮概要不分卷　李世中編　民國十八年(1929)鉛印本　一册

330000－1701－0012483　民 392.3/4723　史部/政書類/儀制之屬
朝鮮迎接都監都廳儀軌一卷　北平故宮博物院編　民國二十一年(1932)北平故宮博物院鉛印本　一册

330000－1701－0012485　普 082.8/0022　類叢部/叢書類/自著之屬
天行草堂主人遺稾叢刊十一種　章嶔撰　民國二十四年(1935)鉛印本　章毓寄題記　二册

330000－1701－0012486　普 082.8/0090/c2　類叢部/叢書類/自著之屬
章氏叢書十三種　章炳麟撰　民國六年至八年(1917－1919)浙江圖書館刻本　十九册　存十一種

330000－1701－0012487　普 082.8/0090/c3　類叢部/叢書類/自著之屬
章氏叢書十三種　章炳麟撰　民國六年至八年(1917－1919)浙江圖書館刻本　二十四册

330000－1701－0012488　普 082.8/0090.2　類叢部/叢書類/自著之屬
章氏叢書續編七種　章炳麟撰　民國二十二年(1933)北平刻藍印本　四册

330000－1701－0012489　普 082.8/0090/2/c1　類叢部/叢書類/自著之屬
章氏叢書初集十二種　章炳麟撰　民國上海右文社鉛印本　二十二册　缺六卷(檢論四至九)

330000－1701－0012490　普 082.8/0090/2/c2　類叢部/叢書類/自著之屬

章氏叢書初集十二種　章炳麟撰　民國上海右文社鉛印本　二十四冊

330000－1701－0012491　普 082.8/0090.2/2　類叢部/叢書類/自著之屬

章氏叢書續編七種　章炳麟撰　民國三十二年(1943)成都薛氏崇禮堂刻本　四冊

330000－1701－0012493　普 082.8/1062、普 082.8/1062.2、普 082.8/1062.3、普 082.8/1062.4　類叢部/叢書類/自著之屬

海寧王忠慤公遺書四十四種　王國維撰　民國十六年至十七年(1927－1928)海寧王氏鉛印本暨石印本　四十二冊

330000－1701－0012494　民 411/7131　經部/小學類/文字之屬/字書/通論

文字學發凡三卷首一卷　馬宗霍撰　民國二十四年(1935)上海商務印書館石印本　一冊

330000－1701－0012495　民 411/7182/c1　經部/小學類/文字之屬/字書/通論

六書解例不分卷　馬敘倫撰　民國二十年(1931)上海商務印書館石印本　一冊

330000－1701－0012496　普 082.8/1062.5　類叢部/叢書類/自著之屬

王忠慤公遺箸十五種　王國維撰　民國十六年至十七年(1927－1928)石印二十一年(1932)彙編本　十四冊

330000－1701－0012497　民 392.5/1041　史部/政書類/儀制之屬/雜禮

三國時代薄葬考一卷　于世琦撰　民國二十二年(1933)青島聽濤樓鉛印本　一冊

330000－1701－0012498　民 411/7182/c2　經部/小學類/文字之屬/字書/通論

六書解例不分卷　馬敘倫撰　民國二十二年(1933)上海商務印書館石印本　一冊

330000－1701－0012499　民 411/7182/c3　經部/小學類/文字之屬/字書/通論

六書解例不分卷　馬敘倫撰　民國二十二年(1933)上海商務印書館石印本　一冊

330000－1701－0012501　民 411/7733/c1　經部/小學類/文字之屬/字書/通論

文字形義學不分卷　周兆沅述　民國二十四年(1935)上海商務印書館石印本　一冊

330000－1701－0012502　民 411/7733/c2　經部/小學類/文字之屬/字書/通論

文字形義學不分卷　周兆沅述　民國二十四年(1935)上海商務印書館石印本　一冊

330000－1701－0012503　民 411/7733/c3　經部/小學類/文字之屬/字書/通論

文字形義學不分卷　周兆沅述　民國二十四年(1935)上海商務印書館石印本　一冊

330000－1701－0012504　民 411.7/8321/c1　經部/小學類/文字之屬

研究拼形簡字母之一得不分卷　錢勉醒撰　民國二十年(1931)文字修正社鉛印本　一冊

330000－1701－0012505　民 409.6/1747　經部/小學類/音韻之屬/韻書

合音例證二卷　尹桐陽撰　民國十六年(1927)北京民國大學印刷部鉛印本　一冊

330000－1701－0012506　民 411/2831/c2　經部/小學類/文字之屬

中國文字學一卷　徐道政編　民國六年(1917)杭州武林印書館石印本　一冊

330000－1701－0012507　民 411.7/8321/c2　經部/小學類/文字之屬

研究拼形簡字母之一得不分卷　錢勉醒撰　民國二十年(1931)文字修正社鉛印本　一冊

330000－1701－0012508　民 411.7/8321/c3　經部/小學類/文字之屬

研究拼形簡字母之一得不分卷　錢勉醒撰　民國二十年(1931)文字修正社鉛印本　一冊

330000－1701－0012509　民 411.73/1044　經部/小學類/文字之屬

中國新文字方案不分卷　王士英擬　民國二十六年(1937)石印本　一冊

330000－1701－0012510　民 412.8/8033　經

部/小學類/文字之屬/說文/專著
文字樸識十四卷 姜亮夫撰 民國三十五年(1946)國立雲南大學文法學院叢書處石印本(卷二至十四原缺) 一册

330000－1701－0012511 民 414.8/4473/c1 經部/小學類/文字之屬/字書
文字系十五卷董理文字之我見不分卷 華學涑述 民國二十八年(1939)天津市教育文化振興委員會石印本 九册

330000－1701－0012512 民 413/7414/2 經部/小學類/文字之屬/字書/字典
新字典十二卷拾遺一卷檢字一卷附錄一卷勘誤一卷補編一卷 陸爾奎等編纂 民國三年(1914)上海商務印書館鉛印本 六册

330000－1701－0012513 民 414.8/4473/c2 經部/小學類/文字之屬/字書
文字系十五卷董理文字之我見不分卷 華學涑述 民國二十八年(1939)天津市教育文化振興委員會石印本 九册

330000－1701－0012514 民 414.8/4473.2/c1 經部/小學類/文字之屬/字書/通論
秦書八體原委不分卷 華學涑輯 民國十年(1921)天津博物院石印本 二册

330000－1701－0012515 民 414.8/4473.2/c2 經部/小學類/文字之屬/字書/通論
秦書八體原委不分卷 華學涑輯 民國十年(1921)天津博物院石印本 二册

330000－1701－0012516 民 411/3130/c1 類叢部/叢書類/彙編之屬
東南大學叢書□□種 民國上海商務印書館石印本 一册 存一種

330000－1701－0012517 民 411/3130/c2 類叢部/叢書類/彙編之屬
東南大學叢書□□種 民國上海商務印書館石印本 一册 存一種

330000－1701－0012518 民 411/3130/c3 類叢部/叢書類/彙編之屬
東南大學叢書□□種 民國上海商務印書館石印本 一册 存一種

330000－1701－0012519 民 411/3130/c4 類叢部/叢書類/彙編之屬
東南大學叢書□□種 民國上海商務印書館石印本 一册 存一種

330000－1701－0012520 民 414.8/7583/c1 經部/小學類/文字之屬/字書/字典
正草隸篆四體大字典十二集二十四卷部首檢查表一卷難字檢查表一卷 陳龢祥等編 **文字源流攷一卷** 王大錯纂述 民國十八年(1929)上海掃葉山房石印本 二十四册

330000－1701－0012521 民 414.8/7583/c2 經部/小學類/文字之屬/字書/字典
正草隸篆四體大字典十二集二十四卷部首檢查表一卷難字檢查表一卷 陳龢祥等編 **文字源流攷一卷** 王大錯纂述 民國十八年(1929)上海掃葉山房石印本 二十四册

330000－1701－0012522 普 414.9/8844 經部/小學類/文字之屬/字書
篆隸萬象名義三十卷 (日本)釋空海撰 民國二十五年(1936)據日本崇文叢書本影印本 四册

330000－1701－0012523 民 415/7228 集部/詩文評類/文法之屬
中國文法通論不分卷 劉復撰 民國十三年(1924)上海羣益書社鉛印本 一册

330000－1701－0012524 民 418.1/4722/2 新學/理學/文學
國語學草創不分卷 胡以魯撰 民國二年(1913)浙江教育司鉛印本 一册

330000－1701－0012525 民 416.8/8307 經部/小學類/音韻之屬
文字學音篇五章 錢玄同撰 民國七年(1918)北京大學出版部鉛印本 錢玄同題記 一册

330000－1701－0012526 民 418.492/8095/c1 經部/小學類/訓詁之屬/方言
潮汕方言十六卷 翁輝東撰 民國三十二年

(1943)弢盧鉛印本　二册

330000－1701－0012527　民417.2/4251　經部/小學類/文字之屬/字書
姚掄三全國識字法不分卷　姚掄三撰　民國九年(1920)廣東活版公司鉛印本　一册

330000－1701－0012528　民417.4/8052　子部/儒家類/儒學之屬/蒙學
中華故事讀本二卷　金聿修編　民國四年(1915)上海廣益書局石印本　二册

330000－1701－0012529　民418.492/8095/c2　經部/小學類/訓詁之屬/方言
潮汕方言十六卷　翁輝東撰　民國三十二年(1943)弢盧鉛印本　二册

330000－1701－0012530　民418.83/4675/c1　經部/小學類/訓詁之屬/譯語
新編藏漢小辭典不分卷　楊質夫編輯　民國二十一年(1932)青海省藏文研究社石印本　二册

330000－1701－0012531　民418.83/4675/c2　經部/小學類/訓詁之屬/譯語
新編藏漢小辭典不分卷　楊質夫編輯　民國二十一年(1932)青海省藏文研究社石印本　馬麟觀款　二册

330000－1701－0012533　民511.2/1040　子部/天文曆算類/算書之屬
精校增圖珠算課本大全不分卷　雲樵居士撰　民國三年(1914)上海天機書局石印本　一册

330000－1701－0012534　民540/1042　新學/化學/化學
化學講義不分卷　王斯撰　民國鉛印本　一册

330000－1701－0012535　民558.19/3239　新學/礦務
平陽縣礬礦業視察報告書不分卷　浙江省第四特區行政督察專員辦事處編　民國二十二年(1933)浙江省第四特區行政督察專員辦事處油印本　一册

330000－1701－0012536　民550.65/0038　新學/地學/地志學
地質研究所師弟修業記不分卷　章鴻釗　翁文灝纂　民國五年(1916)京華印書局鉛印本　翁文灝題記　一册

330000－1701－0012537　民558.2/2342　新學/礦務/礦學
地質學礦物鑑識表不分卷　傅士德繙譯　民國石印本　一册

330000－1701－0012538　民558.18/0038/c1　子部/工藝類/觀賞之屬/奇石
石雅三卷附錄一卷　章鴻釗撰　民國十年(1921)鉛印本　三册

330000－1701－0012539　民558.91/8017　新學/礦務
蘇浙皖鑛誌不分卷　第三區鑛務監督署編　民國三年(1914)鉛印本　一册

330000－1701－0012540　民558.18/0038/c2　子部/工藝類/觀賞之屬/奇石
石雅三卷附錄一卷　章鴻釗撰　民國十年(1921)鉛印本　三册

330000－1701－0012541　民577/7484/c1　新學/醫學
細菌學初編不分卷　(美國)李德撰　(美國)蓋儀貞　吳建庵譯述　民國二十二年(1933)上海廣學書局鉛印本　一册

330000－1701－0012542　民558.18/0038/2　子部/工藝類/觀賞之屬/奇石
石雅三編十二卷　章鴻釗撰　民國十六年(1927)鉛印本　三册

330000－1701－0012543　民577/7484/c2　新學/醫學
細菌學初編不分卷　(美國)李德撰　(美國)蓋儀貞　吳建庵譯述　民國二十三年(1934)上海廣協書局鉛印本　一册

330000－1701－0012546　民581.81/1044　新學/動植物學/植物學
雲南特種植物名實圖考不分卷　雲南地誌編

輯處繪　民國十三年(1924)雲南地誌編輯處抄本　一冊

330000-1701-0012548　民598.2/8051　子部/藝術類/書畫之屬/畫譜

全圖畫眉蟋蟀黄頭鶴鶉四生譜　金振武輯　民國七年(1918)上海沈鶴記書局石印本　四冊

330000-1701-0012549　民606.6/1034/c2　史部/政書類/公牘檔冊之屬

西湖博覽會總報告書不分卷　西湖博覽會編纂　民國二十年(1931)西湖博覽會鉛印本　六冊

330000-1701-0012550　民610.44/1147　子部/醫家類/醫話醫論之屬

醫論存稿不分卷　張壽頤撰　民國蘭谿醫校油印本　一冊

330000-1701-0012551　民610.44/2135　子部/醫家類/醫話醫論之屬

私立上海中醫專門學校各學生醫論國文彙錄不分卷　上海中醫專門學校編　民國鉛印本　一冊

330000-1701-0012552　民610/3460　子部/醫家類/醫話醫論之屬

醫學白話四卷　(清)洪壽曼編　民國十六年(1927)上海廣益書局石印本　四冊

330000-1701-0012553　民606.6/1034/c4　史部/政書類/公牘檔冊之屬

西湖博覽會總報告書不分卷　西湖博覽會編纂　民國二十年(1931)西湖博覽會鉛印本　一冊　存農業館研究報告

330000-1701-0012554　民522/9031/c1　新學/天學

天文儀器志略一卷　常福元撰　民國京華印書局鉛印本　常福元題記　一冊

330000-1701-0012555　民610/7773　子部/醫家類/醫話醫論之屬

學醫初步不分卷　民國鉛印本　一冊

330000-1701-0012556　民606.6/1034　史部/政書類/公牘檔冊之屬

西湖博覽會總報告書不分卷　西湖博覽會編纂　民國二十年(1931)西湖博覽會鉛印本　六冊

330000-1701-0012557　民522/9031/c2　新學/天學

天文儀器志略一卷　常福元撰　民國京華印書局鉛印本　一冊

330000-1701-0012558　民528/6071　子部/天文曆算類/曆法之屬

中華民國三十年國民曆一卷　國民政府行政院教育部編曆委員會編製　民國國民政府行政院内政部教育部鉛印本　一冊

330000-1701-0012559　民610.22/2323　子部/醫家類/醫話醫論之屬

嬾園醫語二卷　傅崇黻語錄　浙江中醫專門學校學生記錄　民國十年(1921)浙江中醫專門學校鉛印本　二冊

330000-1701-0012560　民610.21/2721　子部/醫家類/類編之屬

無患室叢書　民國二十五年(1936)上海中西醫藥研究社影印本　四冊　存一種

330000-1701-0012561　民528.39/5045　子部/天文曆算類/曆法之屬

百二十年陰陽合曆不分卷　中華書局編　民國元年(1912)上海中華書局石印本　一冊

330000-1701-0012562　民610.44/3128/c1　子部/醫家類/醫話醫論之屬

醫鏡一卷　汪崐羲輯　民國九年(1920)石印本　一冊

330000-1701-0012563　民528.39/6071/c1　子部/天文曆算類/曆法之屬

中華民國三十二年國民曆一卷中華民國三十三年國民曆一卷　國民政府行政院教育部編曆委員會編製　民國國民政府行政院内政部教育部鉛印本　二冊

330000-1701-0012564　民610.22/2323/c1

子部/醫家類/醫話醫論之屬

嬾園醫語二卷 傅崇黻語錄 浙江中醫專門學校學生記錄 民國十年(1921)浙江中醫專門學校鉛印本 一册 存一卷(一)

330000－1701－0012565 民 610.44/3128/c2 子部/醫家類/醫話醫論之屬

醫鏡一卷 汪崐羲輯 民國九年(1920)石印本 一册

330000－1701－0012566 民 610.44/3130 類叢部/叢書類/家集之屬

顧氏家集十種 顧燮光編 民國十八年(1929)會稽顧氏金佳石好樓鉛印本暨石印本 一册 存一種

330000－1701－0012567 民 610.22/2323/c2 子部/醫家類/醫話醫論之屬

嬾園醫語二卷 傅崇黻語錄 浙江中醫專門學校學生記錄 民國十年(1921)浙江中醫專門學校鉛印本 一册 存一卷(一)

330000－1701－0012568 民 528.39/6071/c2 子部/天文曆算類/曆法之屬

中華民國三十二年國民曆一卷 國民政府行政院教育部編曆委員會編製 **中華民國三十五年國民曆一卷** 國立中央研究院天文研究所編製 民國國民政府行政院內政部教育部鉛印本 二册

330000－1701－0012569 民 610.44/0820 子部/醫家類/類編之屬

勉齋醫學叢書 許勉齋撰 民國二十六年(1937)鉛印本 一册

330000－1701－0012570 民 528.951/4423 子部/天文曆算類/曆法之屬

殷曆譜上編四卷下編十卷 董作賓撰 民國三十四年(1945)國立中央研究院歷史語言研究所石印本 三册 缺七卷(下編四至十)

330000－1701－0012571 普 082.8/1062.6/c1 類叢部/叢書類/自著之屬

海寧王靜安先生遺書四十三種 王國維撰 民國二十九年(1940)商務印書館長沙石印本 四十八册

330000－1701－0012572 民 610.44/5077 子部/醫家類/醫話醫論之屬

秦氏同門集一卷 秦氏同門學會編輯 民國二十二年(1933)上海秦氏同門學會鉛印本 一册

330000－1701－0012573 民 610.44/7431 子部/醫家類/醫話醫論之屬

陸氏論醫集四卷 陸彭年撰 沈本琰編纂 民國二十二年(1933)上海陸淵雷醫室鉛印本 四册

330000－1701－0012574 普 082.8/1062.6/c2 類叢部/叢書類/自著之屬

海寧王靜安先生遺書四十三種 王國維撰 民國二十九年(1940)商務印書館長沙石印本 四十八册

330000－1701－0012575 民 610.44/7557 子部/醫家類/綜合之屬/通論

陽春集不分卷 陳春陽撰 民國二十七年(1938)鉛印本 一册

330000－1701－0012576 民 610.44/7565 子部/醫家類/醫話醫論之屬

醫政漫談一卷 陳果夫撰 民國三十三年(1944)國民出版社鉛印本 一册

330000－1701－0012577 民 610.44/8022 子部/醫家類/醫話醫論之屬

釋名病釋一卷 余巖撰 民國二十七年(1938)華豐印刷鑄字所鉛印本 一册

330000－1701－0012578 普 082.8/1140 類叢部/叢書類/自著之屬

南園叢稿十二種二十四卷 張相文撰 **泗陽張沌谷居士年譜一卷榮哀錄一卷** 張星烺撰輯 民國十八年至二十四年(1929－1935)北平中國地學會鉛印本 十五册

330000－1701－0012579 普 082.8/1220 類叢部/叢書類/自著之屬

孫隘堪所著書四種 孫德謙撰 民國十二年至十七年(1923－1928)元和孫氏四益宧刻本

五冊

330000－1701－0012580　普 082.8/1140/(2)　類叢部/叢書類/自著之屬

南園叢稿十二種二十四卷　張相文撰　**泗陽張沌谷居士年譜一卷榮哀錄一卷**　張星烺撰輯　民國十八年至二十四年(1929－1935)北平中國地學會鉛印本　十一冊　存十九卷(南園文存二、沌谷筆談一至四、帝賊譜一至二、中國地理沿革史一至二、佛學地理志一至三、萬法精理一至五、泗陽張沌谷居士年譜、榮哀錄)

330000－1701－0012581　普 082.8/1740.3　類叢部/叢書類/自著之屬

心史叢刊十六種　孟森撰　民國五年至六年(1916－1917)上海商務印書館鉛印本　一冊　存八種

330000－1701－0012582　普 082.8/2860　類叢部/叢書類/自著之屬

徐氏全書三十七種　徐昂撰　民國三十三年(1944)至一九五四年南通翰墨林書局鉛印本　十三冊

330000－1701－0012583　普 082.8/1740/2、普 082.8/1740.2/2、普 082.8/1740.3/2　類叢部/叢書類/自著之屬

心史叢刊十四種　孟森撰　民國二十五年(1936)上海大東書局鉛印本　三冊

330000－1701－0012585　普 082.8/1115　類叢部/叢書類/自著之屬

庸庵遺集十種　張可中撰　民國十六年(1927)京華印書局鉛印本　六冊

330000－1701－0012587　普 082.8/4990　類叢部/叢書類/自著之屬

趙柏巖集十三種　趙炳麟撰　民國十一年(1922)鉛印本　十五冊

330000－1701－0012588　普 082.8/5018　類叢部/叢書類/自著之屬

嬰闇所著書四種　秦更年撰　民國十七年(1928)至一九六〇年鉛印本暨油印本　六冊

330000－1701－0012589　普 082.8/6024　類叢部/叢書類/自著之屬

希山叢箸四種附一種　羅師揚撰　民國二十五年(1936)興寧羅氏鉛印本　八冊

330000－1701－0012590　普 082.8/6034　類叢部/叢書類/家集之屬

待時軒叢刊六種　羅福頤輯　民國二十二年至二十六年(1933－1937)上虞羅氏石印本　八冊　存五種

330000－1701－0012591　民 630.95123/2517　史部/地理類/雜志之屬

洞庭東山物產攷四卷首一卷　朱琛撰　民國九年(1920)鉛印本　一冊

330000－1701－0012592　普 082.8/6051/c2　類叢部/叢書類/自著之屬

永豐鄉人雜著八種續編六種附一種　羅振玉撰　民國十一年至十二年(1922－1923)上虞羅氏凝清室刻本　四冊

330000－1701－0012593　普 082.8/6051/c1、普 082.8/6051.2　類叢部/叢書類/自著之屬

永豐鄉人雜著八種續編六種附一種　羅振玉撰　民國十一年至十二年(1922－1923)上虞羅氏凝清室刻本　四冊

330000－1701－0012594　普 082.8/6051.3　類叢部/叢書類/自著之屬

永豐鄉人稿四種　羅振玉撰　民國上虞羅氏貽安堂刻本　六冊

330000－1701－0012595　民 610.9518/4420　子部/醫家類/類編之屬

華氏醫學心傳四卷　華秉麾撰　民國二十二年(1933)鉛印本　五冊

330000－1701－0012596　民 610.9518/8022　子部/醫家類/綜合之屬

余氏醫述六卷　余巖撰　民國十七年(1928)上海社會醫報館鉛印本　二冊

330000－1701－0012597　民 612/1147　子部/醫家類/醫理之屬/病源病機

英醫合信氏全體新論疏證二卷　張壽頤疏證

民國二十四年(1935)蘭谿邵寶仁鉛印本　一册

330000－1701－0012598　普 082.8/6051.4/c2　類叢部/叢書類/自著之屬
松翁居遼後所著書三種　羅振玉撰　民國十八年至二十年(1929－1931)上虞羅氏石印本　二册　存一種

330000－1701－0012600　民 612/7416、民 612/7421　類叢部/叢書類/彙編之屬
浙江中醫專校講義三十三種　浙江中醫專校編　民國二十七年(1938)浙江中醫專門學校鉛印本　三册　存二種

330000－1701－0012601　民 610.9/1127/c1　子部/醫家類/綜合之屬/通論
中國歷代醫學史略不分卷　張贊臣編纂　民國二十二年(1933)上海中國醫藥書局鉛印本　一册

330000－1701－0012602　民 610.9/1127/c2　子部/醫家類/綜合之屬/通論
中國歷代醫學史略不分卷　張贊臣編纂　民國二十二年(1933)上海中國醫藥書局鉛印本　張贊臣題記　一册

330000－1701－0012603　民 610.9/1127/c3　子部/醫家類/綜合之屬/通論
中國歷代醫學史略不分卷　張贊臣編纂　民國二十二年(1933)上海中國醫藥書局鉛印本　一册

330000－1701－0012604　民 610.951/7557/c1　子部/醫家類/綜合之屬/通論
中國醫學史十二章　陳邦賢編纂　民國十八年(1929)上海醫學書局鉛印本　一册

330000－1701－0012605　民 610.951/7557/c2　子部/醫家類/綜合之屬/通論
中國醫學史十二章　陳邦賢編纂　民國十八年(1929)上海醫學書局鉛印本　一册

330000－1701－0012606　民 610.951/7557/c3　子部/醫家類/綜合之屬/通論
中國醫學史十二章　陳邦賢編纂　民國九年(1920)上海醫學書局鉛印本　一册

330000－1701－0012607　民 612.6/2461　子部/醫家類/婦科之屬/廣嗣
續嗣珍寶一卷　民國二十一年(1932)鉛印本　一册

330000－1701－0012608　民 610.9517/7440/c1　子部/醫家類/醫話醫論之屬
醫學南針不分卷　陸士諤編輯　民國九年(1920)上海神州醫學編輯社石印本　一册

330000－1701－0012609　民 610.9517/7440/c2　子部/醫家類/醫話醫論之屬
醫學南針不分卷　陸士諤編輯　民國九年(1920)上海神州醫學編輯社石印本　一册

330000－1701－0012610　民 610.9517/7440.2　子部/醫家類/醫話醫論之屬
醫學南針二集不分卷　陸士諤編輯　民國十三年(1924)上海世界書局石印本　一册

330000－1701－0012612　民 610.9518/1152　子部/醫家類/醫話醫論之屬
唯識詮醫篇不分卷　張書勛撰　民國十六年(1927)北京京師融會中西醫學講習所石印本　一册

330000－1701－0012613　民 613/4076　類叢部/叢書類/自著之屬
潤德堂叢書　袁樹珊撰　民國江都袁氏潤德堂刻本　一册　存一種

330000－1701－0012614　普 082.8/6051.5/c2　類叢部/叢書類/自著之屬
遼居雜箸乙編十種　羅振玉撰　民國二十二年(1933)上虞羅氏遼東石印本　四册

330000－1701－0012615　民 610.45/9784/c1　子部/醫家類/綜合之屬/通論
惲鐵樵演講錄一卷　惲鐵樵撰　章巨膺編校　民國二十四年(1935)上海鐵樵醫藥事務所鉛印本　一册

330000－1701－0012616　民 610.45/9784/c2　子部/醫家類/綜合之屬/通論

惲鐵樵演講録一卷　惲鐵樵撰　章巨膺編校　民國二十四年(1935)上海鐵樵醫藥事務所鉛印本　一册

330000－1701－0012617　民 610.7947/5040　子部/醫家類/綜合之屬
中華護士會護士學校標準課程一卷　民國二十二年(1933)上海廣學書局鉛印本　一册

330000－1701－0012618　民 615.1/1153　子部/醫家類/本草之屬/本草藥性
草藥新纂一卷續編一卷　張拯滋輯　民國七年(1918)紹興天元堂藥局鉛印本　一册

330000－1701－0012619　民 610.8/6634　子部/醫家類/類編之屬
退思廬醫書四種合刻　嚴鴻志撰　民國十年(1921)寧波汲綆書莊石印本　八册

330000－1701－0012620　普 082.8/6051.6/c2　類叢部/叢書類/自著之屬
遼居雜箸丙編四種　羅振玉撰　民國二十三年(1934)上虞羅氏七經堪石印本　二册

330000－1701－0012621　民 613.74/4422/c1　子部/醫家類/養生之屬/導引、氣功
因是子静坐法不分卷附録不分卷　蔣維喬撰　民國十九年(1930)上海商務印書館鉛印本　一册

330000－1701－0012622　民 613.74/4422/c3　子部/醫家類/養生之屬/導引、氣功
因是子静坐法不分卷附録不分卷　蔣維喬撰　民國四年(1915)上海商務印書館鉛印本　一册

330000－1701－0012623　民 615.2/3039　子部/醫家類/方書之屬/成方藥目
京都永安堂參茸藥莊丸散膏丹一覽表一卷　京都永安堂編　民國二十二年(1933)天津河東地道外文興印字館鉛印本　一册

330000－1701－0012624　民 615/2107　子部/醫家類/本草之屬/本草藥性
實驗藥物學九卷　何廉臣撰　民國十三年(1924)鉛印本　四册

330000－1701－0012625　民 615.2/4708.2/c2　新學/醫學/藥品
胡慶餘堂雪記簡明丸散全集一卷　民國鉛印本　一册

330000－1701－0012626　普 082.8/7182/c1　類叢部/叢書類/自著之屬
天馬山房叢箸六種　馬敘倫撰　民國鉛印本　三册

330000－1701－0012627　民 615.1/44441.01　子部/醫家類/本草之屬/本草雜著
滇南本草圖譜一卷　經利彬等編　民國三十四年(1945)國立中國醫藥研究所、雲南省立藥物改進所石印本　一册

330000－1701－0012628　民 615.2/7440　子部/醫家類/方書之屬/成方藥目
丸散膏丹自製法不分卷　陸士諤編　民國十四年(1925)上海中華新教育社石印本　四册

330000－1701－0012629　普 082.8/7182/c2　類叢部/叢書類/自著之屬
天馬山房叢箸六種　馬敘倫撰　民國鉛印本　一册

330000－1701－0012630　民 615.5/7743　子部/醫家類/醫案之屬
醫學實驗一卷　周聲溢撰　民國十四年(1925)上海鉛印本　一册

330000－1701－0012631　普 082.8/7182/c3　類叢部/叢書類/自著之屬
天馬山房叢箸六種　馬敘倫撰　民國鉛印本　一册

330000－1701－0012632　民 615.51/2107　子部/醫家類/醫案之屬
當代全國名醫驗案類編十四卷　何廉臣評選　民國二十五年(1936)上海大東書局鉛印本　八册

330000－1701－0012633　普 082.8/7182/(2)/c1　類叢部/叢書類/自著之屬
天馬山房叢箸六種　馬敘倫撰　民國鉛印本　勵乃驥題記　一册

330000－1701－0012634　普 082.8/7182/(2)/c2　類叢部/叢書類/自著之屬

天馬山房叢箸六種　馬敘倫撰　民國鉛印本　一冊

330000－1701－0012635　普 082.8/7224/c1　類叢部/叢書類/自著之屬

劉申叔先生遺書七十四種　劉師培撰　民國二十五年(1936)寧武南氏鉛印本　七十四冊

330000－1701－0012636　普 082.8/7182/(2)/c3　類叢部/叢書類/自著之屬

天馬山房叢箸六種　馬敘倫撰　民國鉛印本　一冊

330000－1701－0012637　普 082.8/7182/(2)/c4　類叢部/叢書類/自著之屬

天馬山房叢箸六種　馬敘倫撰　民國鉛印本　一冊

330000－1701－0012638　民 615.51/2107.02　子部/醫家類/醫案之屬

當代全國名醫驗案類編續編二十六卷　郭奇遠評選　民國二十五年(1936)上海大東書局鉛印本　六冊

330000－1701－0012639　普 082.8/7530　類叢部/叢書類/自著之屬

綴學堂叢稿初集(見山樓叢書)十種　陳漢章撰　民國二十五年(1936)鉛印本　八冊

330000－1701－0012640　普 082.8/7541　類叢部/叢書類/自著之屬

勵耘書屋叢刻八種　陳垣撰　民國刻本　十六冊

330000－1701－0012641　普 082.8/8029/c1　類叢部/叢書類/自著之屬

遯廬叢書八種　余重耀撰　民國鉛印本　余重耀題記　七冊

330000－1701－0012642　普 082.8/7730/c1　類叢部/叢書類/自著之屬

鐵研㘸籛書五種　桑宣撰　民國八年(1919)宛平桑氏鉛印本　八冊

330000－1701－0012644　普 082.8/8202　類叢部/叢書類/自著之屬

湖濱補讀廬叢刻五種十三卷　鍾廣生撰　民國二十年(1931)鉛印本　五冊

330000－1701－0012645　普 082.8/7730/c2　類叢部/叢書類/自著之屬

鐵研㘸籛書五種　桑宣撰　民國八年(1919)宛平桑氏鉛印本　七冊　存四種

330000－1701－0012647　普 082.8/7224/c2　類叢部/叢書類/自著之屬

劉申叔先生遺書七十四種　劉師培撰　民國二十五年(1936)寧武南氏鉛印本　五十九冊　存五十五種

330000－1701－0012648　民 615.51/2743/c2　子部/醫家類/醫案之屬

松心醫案一卷　(清)繆遵義撰　民國四年(1915)張存存齋石印本　一冊

330000－1701－0012649　民 616.071/9784　子部/醫家類/診法之屬/脈經脈訣

脈學發微四卷　惲鐵樵撰　民國十七年(1928)華豐印刷鑄字所鉛印本　一冊

330000－1701－0012650　民 616.072/2732　子部/醫家類/診法之屬/其他診法

舌診學二卷　繆宏仁撰　民國二十六年(1937)浙江蘇園醫事改善社鉛印本　一冊

330000－1701－0012651　民 615.51/2760　子部/醫家類/醫案之屬

聖方治驗錄一卷　鄒趾痕撰　民國二十五年(1936)鄒趾痕鉛印本　一冊

330000－1701－0012652　普 082.8/7224/c3　類叢部/叢書類/自著之屬

劉申叔先生遺書七十四種　劉師培撰　民國二十五年(1936)寧武南氏鉛印本　七十四冊

330000－1701－0012653　民 615.52/4239　子部/醫家類/方書之屬/單方驗方

海上效方一卷　姚心源撰　民國十八年(1929)鉛印本　一冊

330000－1701－0012654　民 616.072/5590/c1　子部/醫家類/診法之屬/其他診法
彩圖辨舌指南六卷　曹炳章撰　民國十年(1921)上海大東書局石印本　六冊

330000－1701－0012655　民 616.922/2107　子部/醫家類/溫病之屬/瘟疫
濕温時疫治療法不分卷　何廉臣　陳樾喬撰　民國十七年(1928)鉛印本　一冊

330000－1701－0012656　民 615.52/4434　子部/醫家類/方書之屬/成方藥目
藥劑學講義一卷　浙江蘭谿藥業私立中醫專門學校編　民國浙江蘭谿藥業私立中醫專門學校鉛印本　吳湘題簽並批　一冊

330000－1701－0012658　民 616.072/5590/c3　子部/醫家類/診法之屬/其他診法
彩圖辨舌指南六卷　曹炳章撰　民國十年(1921)上海大東書局石印本　六冊

330000－1701－0012659　民 615.52/7731.2　子部/醫家類/方書之屬/單方驗方
良方彙選二卷　中華書局編輯　民國八年(1919)上海中華書局鉛印本　一冊

330000－1701－0012660　民 616.24/1032.3　新學/醫學/内科
肺病最經濟之療養法一卷　丁福保撰　民國二十九年(1940)上海醫學書局鉛印本　一冊

330000－1701－0012661　民 615.54/3167　子部/醫家類/方書之屬/單方驗方
三版增補單方大全十二卷　廣文書局編輯所編　民國十四年(1925)上海世界書局石印本　一冊

330000－1701－0012662　民 616.24/4918/c1　子部/醫家類/内科之屬/虚勞
虚癆真詮一卷　趙琀纂輯　民國二十三年(1934)東陽渼溪醫院鉛印本　一冊

330000－1701－0012663　民 615.815/3602　子部/醫家類/針灸之屬/通論
中國簡明鍼灸治療學一卷　溫主卿撰　民國二十年(1931)上海萬有書局石印本　一冊

330000－1701－0012664　民 616.81/1147　子部/醫家類/内科之屬/中風
重訂中風斠詮三卷　張壽頤輯　民國二十一年(1932)蘭谿中醫學校張山雷鉛印本　二冊

330000－1701－0012665　民 616.24/4918/c2　子部/醫家類/内科之屬/虚勞
虚癆真詮一卷　趙琀纂輯　民國二十三年(1934)東陽渼溪醫院鉛印本　一冊

330000－1701－0012668　普 090.111/4081/4/c1　類叢部/叢書類/自著之屬
師伏堂遺書□□種　(清)皮錫瑞撰　民國上海商務印書館影印本　四冊　存一種

330000－1701－0012669　普 090.111/4081/4/c2　類叢部/叢書類/自著之屬
師伏堂遺書□□種　(清)皮錫瑞撰　民國上海商務印書館影印本　五冊　存一種

330000－1701－0012670　民 617.87/5590　子部/醫家類/喉科口齒之屬/喉痧
喉痧證治要略不分卷　曹炳章撰　民國二十五年(1936)紹興和濟藥局鉛印本　一冊

330000－1701－0012671　民 615.815/5045/c1　子部/醫家類/針灸之屬/通論
針灸易知一卷　中華書局編輯　民國十一年(1922)上海中華書局鉛印本　一冊

330000－1701－0012672　民 615.815/5045/c2　子部/醫家類/針灸之屬/通論
針灸易知一卷　中華書局編輯　民國十一年(1922)上海中華書局鉛印本　一冊

330000－1701－0012673　民 616/1147　新學/醫學
病理學讀本二卷　浙江蘭谿中醫學校編　民國二十年(1931)浙江蘭谿中醫學校鉛印本　二冊

330000－1701－0012675　民 616.07/5033　子部/醫家類/類編之屬
國醫講義六種　秦之濟撰　民國十九年(1930)秦氏同學會鉛印本　一冊　存一種

330000－1701－0012676　民616.915/4060/c1　子部/醫家類/兒科之屬/痘疹
痲疹專論四卷　李明編箸　民國二十九年(1940)喚民書局鉛印本　一冊

330000－1701－0012677　民616.67/4080/c1　子部/醫家類/外科之屬/瘋症、黴瘡
花柳易知不分卷　李公彥撰　中華書局編輯　民國八年(1919)上海中華書局鉛印本　一冊

330000－1701－0012678　民616.67/4080/c2　子部/醫家類/外科之屬/瘋症、黴瘡
花柳易知不分卷　李公彥撰　文明書局編輯　民國十九年(1930)上海文明書局鉛印本　一冊

330000－1701－0012679　民616.8/1031　新學/醫學/内科
現代精神病學不分卷　丁福保編譯　民國二十九年(1940)上海醫學書局鉛印本　二冊

330000－1701－0012680　民616.915/4060/c2　子部/醫家類/兒科之屬/痘疹
痲疹專論四卷　李明編箸　民國二十九年(1940)喚民書局鉛印本　一冊

330000－1701－0012681　民616.924/4058　子部/醫家類/内科之屬/其他内科病證
流行性腦膜炎一夕談一卷　南振鏞筆述　民國二十二年(1933)永嘉國醫南宗景診所鉛印本　一冊

330000－1701－0012682　民616.8/7722　子部/醫家類/内科之屬/其他内科病證
精神病廣義二卷　周利川撰　民國二十年(1931)四明怡怡書屋鉛印本　二冊

330000－1701－0012683　民616.071/11471/c1　子部/醫家類/診法之屬/脈經脈訣
脈學正義六卷　張壽頤稿　民國二十年(1931)浙江蘭谿藥業私立中醫專門學校鉛印本　六冊

330000－1701－0012684　民616.071/11471/c2　子部/醫家類/診法之屬/脈經脈訣
脈學正義六卷　張壽頤稿　民國二十年(1931)浙江蘭谿藥業私立中醫專門學校鉛印本　六冊

330000－1701－0012685　民617/3165、民618.1/3165/c2　子部/醫家類/類編之屬
中西醫學叢書　顧鳴盛編　民國上海大東書局石印本　四冊　存二種

330000－1701－0012686　民543/1042　新學/化學/化學
分析化學大要不分卷　王斯編述　民國鉛印本　一冊

330000－1701－0012687　民618.1/3165/c1　子部/醫家類/類編之屬
中西醫學叢書　顧鳴盛編　民國上海大東書局石印本　二冊　存一種

330000－1701－0012690　民617.2/1147　子部/醫家類/外科之屬/通論
瘍科綱要二卷　張壽頤撰　民國十六年(1927)浙江蘭谿中醫專校石印本　二冊

330000－1701－0012693　民619/5045/c1　新學/醫學
獸醫易知不分卷　中華書局編　民國八年(1919)上海中華書局鉛印本　金善寶題記　一冊

330000－1701－0012694　民617.24/0007　子部/醫家類/外科之屬/癰疽、疔瘡
疔瘡緊要秘方二卷　民國十二年(1923)寧波華陞印局鉛印本暨石印本　一冊

330000－1701－0012696　民619/5045/c2　新學/醫學
獸醫易知不分卷　中華書局編　民國九年(1920)上海中華書局鉛印本　一冊

330000－1701－0012697　民617.24/3301　子部/醫家類/外科之屬/癰疽、疔瘡
治疔要書一卷　民國十六年(1927)上海宏大善書局石印本　一冊

330000－1701－0012698　民621.1/8343.2/

c1　史部/政書類/考工之屬/營造

錢塘江橋開工紀念刊不分卷　錢塘江橋工程處編　民國二十三年(1934)錢塘江橋工程處鉛印本　一册

330000－1701－0012699　民 621.1/8343.2/c2　史部/政書類/考工之屬/營造

錢塘江橋開工紀念刊不分卷　錢塘江橋工程處編　民國二十三年(1934)錢塘江橋工程處鉛印本　一册

330000－1701－0012700　民 621.1/8343.6　史部/政書類/考工之屬/營造

錢塘江大橋招標簡章及規範書不分卷　錢塘江橋工程處編　民國二十三年(1934)錢塘江橋工程處鉛印本　一册

330000－1701－0012701　民 617.87/7585　子部/醫家類/喉科口齒之屬/白喉

白喉警言一卷　陳知本編　民國六年(1917)南寧大昌印務局鉛印本　一册

330000－1701－0012703　民 623.1812/4038　新學/工藝/汽機總

杭州鐵路工程局機務股規範第 L101 號 2－6－2 式水櫃機車不分卷　杭州鐵路工程局機務撰　民國十九年(1930)杭州鐵路工程局機器務鉛印本　一册

330000－1701－0012704　民 618.1/1147　子部/醫家類/婦科之屬/通論

女科學講義二卷　張壽頤稿　浙江蘭谿中醫專門學校編纂　民國十七年(1928)浙江蘭谿中醫專門學校鉛印本　二册

330000－1701－0012705　民 624.3/1247　史部/政書類/邦計之屬

發起開闢三門灣報告書不分卷　徐春榮等撰　民國九年(1920)鉛印本　一册

330000－1701－0012706　民 624.19123/4421　史部/地理類/水利之屬

視察無錫江陰武進丹陽丹徒金壇宜興溧陽水利記錄一卷　林保元　華毓鵬　龔允文撰　民國鉛印本　一册

330000－1701－0012707　民 624.19/4411.2　史部/政書類/公牘檔册之屬

華北水利委員會技術工作報告不分卷　華北水利委員會編輯　民國二十一年(1932)天津華北水利委員會鉛印本　一册

330000－1701－0012708　民 618.2/7796/c1　子部/醫家類/婦科之屬/產科

臨產須知一卷　周憬選　周鎮纂集　民國九年(1920)上海中華書局石印本　一册

330000－1701－0012709　民 624.19124/3211　史部/政書類/公牘檔册之屬

浙西水利議事會各種規程不分卷　浙西水利議事會編　民國十二年(1923)浙西水利議事會鉛印本　一册

330000－1701－0012710　民 624.19171/4631　史部/地理類/水利之屬

最新川江圖説集成不分卷　楊寶珊編輯考訂　民國十二年(1923)重慶中西書局石印本　二册

330000－1701－0012711　民 616.92/5590/c1　子部/醫家類/温病之屬/瘟疫

秋瘟證治要略不分卷　曹炳章撰　民國十八年(1929)紹興和濟藥局鉛印本　一册

330000－1701－0012712　民 624.19124/3211.2　史部/政書類/公牘檔册之屬

浙西水利議事會各種規程不分卷　浙西水利議事會編　民國十二年(1923)浙西水利議事會鉛印本　一册

330000－1701－0012713　民 426.6/1018　史部/地理類/水利之屬

籌款疏河稟稿批示彙刊不分卷　王雨金撰　民國十四年(1925)石印本　一册

330000－1701－0012714　民 624.19124/3239.6　史部/政書類/公牘檔册之屬

浙江水利委員會創辦工人新法鑽井紀要一卷　浙江水利委員會編　民國八年(1919)浙江水利委員會鉛印本　一册

330000－1701－0012715　民 618.1/7722　子

部/醫家類/婦科之屬/通論

婦科不謝方一卷 周岐隱(周利川)纂録 民國二十年(1931)甬北寧波印刷公司鉛印本 一冊

330000－1701－0012716 民624.6/1034 史部/地理類/水利之屬

烏江之轟灘工程不分卷 雷鴻基等編著 民國二十九年(1940)四川導淮委員會烏江工程局石印本 王緗題記 一冊

330000－1701－0012717 民618.1/7727 子部/醫家類/婦科之屬/通論

婦科不謝方一卷 周岐隱(周利川)纂録 民國二十年(1931)甬北寧波印刷公司鉛印本 一冊

330000－1701－0012718 民624.19124/3239.7 史部/政書類/公牘檔冊之屬

浙江水利委員會章程及辦事細則不分卷 浙江水利委員會編 民國四年(1915)浙江水利委員會鉛印本 一冊

330000－1701－0012719 民624.191246/4426/c1 史部/地理類/水利之屬

黄巖縣興修水利報告書不分卷 章育等編 民國三十五年(1946)黄巖縣水利會鉛印本 二冊

330000－1701－0012720 民622.1768/2204 史部/政書類/公牘檔冊之屬

綏新公路察勘隊工作報告不分卷 尤寅照 龔繼成 陳宗器撰 民國二十四年(1935)鉛印本 一冊

330000－1701－0012721 民624.19124/7592/c1 史部/地理類/水利之屬

浦陽江測繪報告書一卷 陳愷 金建中 何杲報告 民國四年(1915)浙江水利委員會鉛印本 一冊

330000－1701－0012722 民624.6/2731 史部/地理類/水利之屬

烏江工程報告不分卷 民國二十九年(1940)石印本 一冊

330000－1701－0012723 民624.191246/4426/c2 史部/地理類/水利之屬

黄巖縣興修水利報告書不分卷 章育等編 民國三十五年(1946)黄巖縣水利會鉛印本 二冊

330000－1701－0012724 民624.19124/7592/c2 史部/地理類/水利之屬

浦陽江測繪報告書一卷 陳愷 金建中 何杲報告 民國四年(1915)浙江水利委員會鉛印本 公度題記 一冊

330000－1701－0012725 民624.6/3433 史部/地理類/水利之屬

修濬遼河報告書二卷附圖一卷 遼瀋道道尹公署編 民國四年(1915)遼瀋道道尹公署鉛印本 三冊

330000－1701－0012726 民616.92/5590/c2 子部/醫家類/溫病之屬/瘟疫

秋瘟證治要略不分卷 曹炳章撰 民國十八年(1929)紹興和濟藥局鉛印本 一冊

330000－1701－0012727 民624.3/3363 史部/政書類/公牘檔冊之屬

建築浦口商埠總計畫書不分卷 浦口港總工程司編 民國十年(1921)浦口港總工程司石印本 一冊

330000－1701－0012728 民624.191245/4412 史部/地理類/水利之屬

蕭山河蕩紀念録不分卷 莫廷贊 曹鼎新 樓鳳郊編 民國九年(1920)蕭山合義和書局鉛印本 一冊

330000－1701－0012729 民618.2/7796/c2 子部/醫家類/婦科之屬/產科

臨產須知一卷 周憬選 周鎮纂集 民國九年(1920)上海中華書局石印本 一冊

330000－1701－0012730 民618.9/2243/c1 新學/醫學

嬰孩護病學一卷 (英國)安陸循道會樂師姆撰 (英國)樂柯冰玉編輯 民國十七年(1928)上海廣學書局鉛印本 一冊

330000－1701－0012731　民 624.3/4030　史部/傳記類/職官録之屬

交通部塘沽新港工程局職員錄不分卷　塘沽新港工程局編　民國三十六年(1947)天津塘沽新港工程局鉛印本　一册

330000－1701－0012732　民 624.5/4718　史部/地理類/水利之屬

江浙水利聯合會審查員對於太湖局水利工程計畫大綱實地調查報告書一卷　胡雨人撰　民國鉛印本　一册

330000－1701－0012733　民 624.6/4411　史部/地理類/水利之屬

永定河治本計劃二卷附圖二卷　華北水利委員會編輯　民國二十二年(1933)天津華北水利委員會鉛印本　四册

330000－1701－0012734　民 624.68/6012　史部/地理類/水利之屬

東壩答問一卷　羅致勳撰　民國二十五年(1936)鉛印本　一册

330000－1701－0012735　民 624.8/3653.2　史部/地理類/水利之屬

渭渠工影第一集不分卷　陝西渭惠渠工程處編　民國二十五年(1936)陝西渭惠渠工程處石印本　一册

330000－1701－0012736　民 618.9/2243/c2　新學/醫學

嬰孩護病學一卷　(英國)安陸循道會樂師姆撰　(英國)樂柯冰玉編輯　民國二十九年(1940)上海廣協書局鉛印本　一册

330000－1701－0012737　民 618.9/4234　子部/醫家類/兒科之屬/通論

兒科輯要四卷婦女回生丹一卷　姚濟蒼編

經驗良方一卷　鍾明理撰　民國十八年(1929)北京天華館鉛印本　一册

330000－1701－0012738　民 624.8/6029.2　史部/地理類/水利之屬

都江堰水利述要不分卷附錄不分卷　四川省水利局編　民國二十七年(1938)四川省水利局鉛印本　一册

330000－1701－0012739　民 630.95191/3119/c1　類叢部/叢書類/郡邑之屬

閩政叢刊　福建省政府編　民國二十八年(1939)福建省政府鉛印本　一册　存一種

330000－1701－0012740　民 625.2/1030　新學/工藝/工學

天津市特別第一區自來水廠工程報告一卷　鄭世芬撰　民國二十三年(1934)鉛印本　一册

330000－1701－0012741　民 618.9/9072　子部/醫家類/兒科之屬/通論

小兒衛生總微論方二十卷　民國十三年(1924)蘭陵堂刻本　八册

330000－1701－0012742　普 090.21/2528.08　史部/目録類/專録之屬

經義考目錄八卷校記一卷　羅振玉錄　民國二十二年(1933)上虞羅振玉石印本　八册

330000－1701－0012743　民 630.95191/3119/c2　類叢部/叢書類/郡邑之屬

閩政叢刊　福建省政府編　民國二十八年(1939)福建省政府鉛印本　一册　存一種

330000－1701－0012744　民 630.95191/3119/c3　類叢部/叢書類/郡邑之屬

閩政叢刊　福建省政府編　民國二十八年(1939)福建省政府鉛印本　一册　存一種

330000－1701－0012745　民 630.1360136/0021/c1　新學/農政/農務

農村問題集不分卷　文詔雲講述　民國二十三年(1934)南昌新記合群印刷公司鉛印本　一册

330000－1701－0012746　民 625.2/40302　史部/政書類/邦計之屬

杭州市自來水廠收支報告一卷　杭州市自來水廠編　民國鉛印本　一册

330000－1701－0012747　民 630.1360136/0021/c2　新學/農政/農務

農村問題集不分卷　文詔雲講述　民國二十三年(1934)南昌新記合群印刷公司鉛印本　一册

330000－1701－0012748　民 630.13609115/3111　新學/農政/農務

江西省農村改進實驗事業概况第一期不分卷　江西省政府農村改進事業委員會編輯　民國二十六年(1937)江西省政府農村改進事業委員會鉛印本　一册

330000－1701－0012750　普 090.21/7701　史部/目録類/書志之屬/提要

通志堂經解提要四卷首一卷附錄一卷　關文瑛撰　民國二十三年(1934)鉛印本　二册

330000－1701－0012752　民 630.13609124/32394　史部/政書類/公牘檔册之屬

浙江省关于土地方面應報告各點不分卷　民國鉛印本、油印本暨石印本　一册

330000－1701－0012753　民 630.158/8084　史部/政書類/公牘檔册之屬

浙江省會積穀倉管理委員會收支各款報告不分卷　浙江省會積穀倉管理委員會撰　民國二十四年(1935)浙江省會積穀倉管理委員會鉛印本　一册

330000－1701－0012754　普 090.21/2528/3　類叢部/叢書類/彙編之屬

四部備要　中華書局編　民國二十五年(1936)上海中華書局鉛印本　三十六册　存一種

330000－1701－0012755　民 625.24/7231　史部/政書類/考工之屬/營造

鑿井經驗談不分卷　劉福編輯　民國十八年(1929)昌黎匯文中學劉福石印本　一册

330000－1701－0012756　民 630.736/32393　新學/農政/農務

浙江省地方農事試驗場一覽不分卷　浙江省農事試驗場編輯　民國九年(1920)鉛印本　一册

330000－1701－0012757　民 630.951/2804　新學/農政/農務

在民生主義經濟政策建立战後新農業体系不分卷　徐方幹撰　民國抄本　一册

330000－1701－0012758　民 630.23/2022.09　子部/農家農學類/總論之屬

耕織圖詩不分卷　金步瀛(金天游)編　稿本　一册

330000－1701－0012762　民 624.68/4411　史部/地理類/水利之屬

潮白河蘇莊水閘之養護與管理不分卷　華北水利委員會編　民國二十一年(1932)華北水利委員會鉛印本　一册

330000－1701－0012763　民 626.79/1348　史部/政書類/邦計之屬

股份有限公司武林鐵工廠第十二屆營業報告一卷　武林鐵工廠股份有限公司編　民國二十五年(1936)鉛印本　一册

330000－1701－0012771　民 630.95124/5033　子部/農家農學類/總論之屬

推進浙省農業生產建設實施方案不分卷　浙江省建設廳農業管理委員會撰　民國二十四年(1935)浙江省農業管理委員會鉛印本　一册

330000－1701－0012778　民 631.26/3234　新學/農政/農務

改良肥料淺說不分卷　國立浙江大學農學院撰　民國十三年(1924)浙江大學農學院農業推廣部貴州湄潭石印本　一册

330000－1701－0012779　民 631.4/0022　子部/農家農學類/農藝之屬/作物種植

稻作甽田區田栽培不分卷　高維魏　童雪天撰　許蟠雲撰並主編　民國三十年(1941)永康决勝書店鉛印本　一册

330000－1701－0012780　民 631.4/2215、民 635/2215、民 636/2215　新學/農政/農務

山西農學叢書　山西農學編輯會編　民國山西農學編輯會鉛印本　七册

330000－1701－0012781　普 090.32/1013/c1

經部/群經總義類/文字音義之屬
經傳釋詞十卷 (清)王引之撰 王時潤點勘 民國上海古書流通處影印本 四冊

330000－1701－0012783 民 631.4/32391 子部/農家農學類/農藝之屬/作物種植
稻作甽田區田栽培報告不分卷 浙江省動員委員會編 民國三十一年(1942)永康決勝印刷所鉛印本 一冊

330000－1701－0012785 民 632.1/3232 子部/農家農學類/農藝之屬/作物種植
農業叢刊 浙江省稻麥改良場編 民國二十五年(1936)杭州浙江省稻麥改良場鉛印本 一冊 存三種

330000－1701－0012787 普 090.32/1013/c2 經部/群經總義類/文字音義之屬
經傳釋詞十卷 (清)王引之撰 王時潤點勘 民國上海古書流通處影印本 四冊

330000－1701－0012788 普 090.32/1013/c3 經部/群經總義類/文字音義之屬
經傳釋詞十卷 (清)王引之撰 王時潤點勘 民國上海古書流通處影印本 四冊

330000－1701－0012789 普 090.32/1013.021/c2 經部/群經總義類/文字音義之屬
經詞衍釋十卷補遺一卷 (清)吳昌瑩撰 民國上海古書流通處影印本 一冊

330000－1701－0012791 民 632.14/4027 子部/農家農學類/農藝之屬/作物種植
麥作學不分卷 操家錫撰 民國油印本 一冊

330000－1701－0012794 民 632.18/7244 子部/農家農學類/農藝之屬/作物種植
旱稻政策不分卷 劉茂華撰 民國三十一年(1942)湖南經世文志社石印本 一冊

330000－1701－0012797 民 632.491/7184 子部/農家農學類/農藝之屬/作物種植
馬鈴薯(洋芋)栽培淺說一卷 民國三十年(1941)貴州湄潭國立浙江大學農學院農業推廣部油印本 一冊

330000－1701－0012798 民 632.72/3029.3 子部/農家農學類/農藝之屬/茶酒
祁門之茶業不分卷 安徽省立茶業改良場編 民國二十二年(1933)安徽省立茶業改良場鉛印本 一冊

330000－1701－0012799 普 090.32/7426.06/c1 經部/群經總義類/文字音義之屬
唐寫本經典釋文殘卷校語補正一卷 馬敘倫撰 民國鉛印本 一冊

330000－1701－0012801 民 632.72/32392 史部/政書類/公牘檔冊之屬
浙江省農業改進所二十八年度茶葉改進工作報告不分卷 民國二十八年(1939)油印本 一冊

330000－1701－0012802 民 632.95/7547 新學/工藝/工學
薄荷工業一卷 陳栩譯著 民國二十二年(1933)栩園編譯社鉛印本 一冊

330000－1701－0012805 普 090.32/7426.06/c2 經部/群經總義類/文字音義之屬
唐寫本經典釋文殘卷校語補正一卷 馬敘倫撰 民國鉛印本 一冊

330000－1701－0012806 普 090.32/7426.061/c1 經部/群經總義類/文字音義之屬
唐寫本經典釋文校語二卷 吳士鑑撰 民國六年(1917)鉛印本 一冊

330000－1701－0012807 普 090.32/7426.061/c2 經部/群經總義類/文字音義之屬
唐寫本經典釋文校語二卷 吳士鑑撰 民國六年(1917)鉛印本 一冊

330000－1701－0012809 民 633/3235 子部/農家農學類/園藝之屬/總志
園藝學不分卷 浙江農業教員講習所編 民國浙江官報兼印刷局鉛印本 一冊

330000－1701－0012811 普 090.32/7730 類叢部/叢書類/自著之屬
鐵研亝蕺書五種 桑宣撰 民國八年(1919)宛平桑氏鉛印本 三冊 存一種

330000－1701－0012824　民 633.29/4324　子部/農家農學類/農藝之屬/作物種植

四川食菌調查報告一卷　裘維蕃撰　民國二十七年(1938)油印本　一册

330000－1701－0012825　民 633.3/4440　新學/農政/樹藝

果樹園藝學不分卷　林森編　民國石印本　一册

330000－1701－0012827　民 633.4/0829　子部/農家農學類/園藝之屬/花卉

春暉堂花卉圖說十二卷　許衍灼撰　民國十二年(1923)上海新學會社石印本　四册

330000－1701－0012828　普 090.36/2612/c1　經部/小學類/音韻之屬/古今韻說

經籍舊音辨證七卷　吳承仕撰　民國十二年(1923)鉛印本　二册

330000－1701－0012829　普 090.36/2612/c2　經部/小學類/音韻之屬/古今韻說

經籍舊音辨證七卷　吳承仕撰　民國十二年(1923)鉛印本　二册

330000－1701－0012837　民 633.42/0829　子部/農家農學類/園藝之屬/花卉

菊說不分卷　許衍灼撰　民國十二年(1923)上海新學會社石印本　一册

330000－1701－0012838　民 633.42/4606　子部/藝術類/總論之屬

蘭言四種四卷　楊鹿鳴撰　民國十三年(1924)鉛印本　二册

330000－1701－0012839　民 634.2982/8234　新學/農政/樹藝

貴州省森林植物自然分布概况不分卷　鍾補勤編　民國三十年(1941)油印本　一册

330000－1701－0012840　民 633.42/4912　子部/農家農學類/園藝之屬/花卉

藝菊巵言一卷留題錄一卷　趙玟叔撰　民國二十二年(1933)趙守之等鉛印本　一册

330000－1701－0012841　民 636.33/3237.2　子部/農家農學類/蠶桑之屬

中華民國六年度浙江原蠶種製造場第二年實錄不分卷　浙江原蠶種製造場編　民國七年(1918)浙江原蠶種製造場鉛印本　一册

330000－1701－0012842　民 635/5572　新學/農政/畜牧

農用動物飼養法不分卷　民國油印本　一册

330000－1701－0012843　民 635.31/3237　新學/動植物學/動物學

健馬術不分卷　浙江兵事雜誌社編輯　民國四年(1915)杭州浙江兵事雜誌社鉛印本　一册

330000－1701－0012846　民 636/3239　新學/農政/蠶務

抗戰前後浙江省蠶業會要不分卷　浙江省蠶業推廣委員會編　民國三十五年(1946)浙江省蠶業推廣委員會油印本　一册

330000－1701－0012849　民 638/2224　史部/政書類/邦計之屬/鹽法

川鹺概略不分卷　繆秋杰編　民國二十七年(1938)美新印刷社鉛印本　一册

330000－1701－0012850　民 636.061/0033　子部/農家農學類/蠶桑之屬

調查貴州遵義橡蠶報告書一卷　文宗潞編　民國鉛印本　一册

330000－1701－0012851　民 741.5044/7529/c2　子部/藝術類/書畫之屬/總論

中國文人畫之研究不分卷　(日本)大邨西崖述　陳衡恪譯　民國十二年(1923)中華書局鉛印本　一册

330000－1701－0012852　民 636.1/2721　子部/農家農學類/蠶桑之屬

蠶業經濟學一卷　倪紹雯撰　民國油印本　一册

330000－1701－0012853　民 636.076/3239　史部/政書類/公牘檔冊之屬

浙江省立女子蠶業講習所第二期成績報告書不分卷　浙江省立女子蠶業講習所編輯　民

國十四年(1925)浙江省立女子蠶業講習所鉛印本　一冊

330000－1701－0012854　民 638/3767/c1　史部/政書類/邦計之屬/鹽法

駁張謇君改革全國鹽政計畫書條議一卷　通國鹽業聯合議會撰　民國元年(1912)通國鹽業聯合議會鉛印本　一冊

330000－1701－0012855　民 636/8321　子部/農家農學類/蠶桑之屬

蠶桑萬戶自力更生計劃草案不分卷　錢幼琢撰　民國二十九年(1940)石印本　一冊

330000－1701－0012856　民 638/3767/c2　史部/政書類/邦計之屬/鹽法

駁張謇君改革全國鹽政計畫書條議一卷　通國鹽業聯合議會撰　民國元年(1912)通國鹽業聯合議會鉛印本　一冊

330000－1701－0012858　民 636.06/3239　新學/農政/蠶務

抗戰前後浙江省蠶業會要不分卷　浙江省蠶業推廣委員會編　民國三十五年(1946)浙江省蠶業推廣委員會油印本　一冊

330000－1701－0012859　民 649.51/0829　子部/工藝類

中國工藝沿革史畧不分卷　許衍灼編譯　民國七年(1918)上海商務印書館鉛印本　一冊

330000－1701－0012860　民 638/4427　史部/政書類/邦計之屬/鹽法

黃巖場三十四年度工作報告不分卷　黃巖鹽場公署編　民國三十五年(1946)復寫本　一冊

330000－1701－0012861　民 650.764/1022　集部/總集類/尺牘之屬

工商業尺牘偶存不分卷補遺一卷公司注冊文件一卷　天虛我生(陳壽嵩)稿　民國十七年(1928)家庭工業社鉛印本　四冊

330000－1701－0012863　民 656.21/1049/c1　史部/政書類/邦計之屬

雲南對外貿易近況不分卷　雲南省公署樞要處第四課編印　民國十五年(1926)雲南省公署樞要處第四課石印本　一冊

330000－1701－0012864　民 656.21/1049/c2　史部/政書類/邦計之屬

雲南對外貿易近況不分卷　雲南省公署樞要處第四課編印　民國十五年(1926)雲南省公署樞要處第四課石印本　一冊

330000－1701－0012865　民 656.42/3239　新學/商務/商學

國貨調查錄不分卷　浙江省會各界服用國貨會編輯　民國二十三年(1934)浙江省會各界服用國貨會鉛印本　一冊

330000－1701－0012866　民 656.42/32393　新學/商務/商學

中華國貨調查錄不分卷　周榮生　范堯生編輯　民國九年(1920)浙江省城中等以上學校勸用國貨聯合會鉛印本　一冊

330000－1701－0012868　民 664.28/3239.6　史部/政書類/公牘檔冊之屬

浙江省油茶棉絲管理處茶葉部工作報告書不分卷(民國二十八年三月至二十一年二月)　浙江省油茶棉絲管理處茶葉部編　民國二十八年至二十九年(1939－1940)浙江省油茶棉絲管理處茶葉部油印本　十三冊

330000－1701－0012869　民 664.28/6003　史部/政書類/公牘檔冊之屬

恩施實驗茶廠調查報告不分卷　民國抄本　一冊

330000－1701－0012870　民 664.28/6023　子部/農家農學類/農藝之屬/茶酒

四川之茶不分卷　民國抄本　一冊

330000－1701－0012871　民 659.027/6071　史部/政書類/公牘檔冊之屬

重慶市七種日用品調查初步報告不分卷　國民政府主計處統計局編　民國三十年(1941)重慶國民政府主計處統計局油印本　一冊

330000－1701－0012872　民 666.1/1103　史部/政書類/公牘檔冊之屬

北京瓷業股份有限公司章程不分卷 民國鉛印本 一冊

330000－1701－0012873 民666.8/3722 史部/政書類/公牘檔冊之屬
湖北水泥廠股分公司自軍興以後與鄂省往來文件不分卷 民國鉛印本 一冊

330000－1701－0012874 民691.1/8292 子部/醫家類/本草之屬/食療本草
飲饌服食譜不分卷 （明）鍾惺輯 民國十八年（1929）上海千頃堂書局石印本 一冊

330000－1701－0012875 民636.4/8088 子部/農家農學類/蠶桑之屬
最新秋蠶飼育法不分卷 俞筠黼編述 民國油印本 一冊

330000－1701－0012877 民675/4427 子部/工藝類/日用器物之屬
織物原料不分卷 蔡經賢編述 民國石印本 一冊

330000－1701－0012879 民675.4/3132/c1 新學/農政/蠶務
江浙皖絲廠繭行同業錄不分卷 江浙皖絲廠繭業總公所編 民國六年（1917）江浙皖絲廠繭業總公所鉛印本 胡紹裘題記 一冊

330000－1701－0012880 民675.4/32391 史部/政書類/邦計之屬/貿易
浙江模範繅絲廠有限公司招股簡章一卷 浙江模範繅絲廠有限公司編 民國浙江模範繅絲廠有限公司石印本 一冊

330000－1701－0012881 民675.4/3132/c2 新學/農政/蠶務
江浙皖絲廠繭行同業錄不分卷 江浙皖絲廠繭業總公所編 民國四年（1915）江浙皖絲廠繭業總公所鉛印本 一冊

330000－1701－0012882 民675.4/3234 史部/政書類/邦計之屬
改良浙江綢業計畫書不分卷 浙江勸業公所編 民國浙江勸業公所鉛印本 一冊

330000－1701－0012883 民675.4/3239 史部/政書類/公牘檔冊之屬
浙江省油茶棉絲管理處絲繭部民國二十八年工作報告一卷 浙江省油茶棉絲管理處絲繭部編 **浙江省蠶業管理改進計劃書一卷** 蔣師琦擬 民國二十九年（1940）永康浙江省油茶棉絲管理處絲繭部鉛印本 一冊

330000－1701－0012884 民675.4/2495/c2 史部/政書類/公牘檔冊之屬
緯成股份有限公司報告不分卷 緯成股份有限公司編 民國鉛印本 九冊

330000－1701－0012885 民675.4/8032 子部/農家農學類/蠶桑之屬
中國生絲說明書不分卷 （美國）美洲絲業公會編 蔣桐蓀譯 **橫濱生絲市價漲落表不分卷** 華襄治譯 民國七年（1918）江浙皖絲繭業總公所鉛印本 一冊

330000－1701－0012886 民675.4/2495.2 史部/政書類/公牘檔冊之屬
緯成股份有限公司紅利分配清單不分卷 緯成股份有限公司編 民國鉛印本 四冊

330000－1701－0012887 民684/1021 子部/工藝類/日用器物之屬/雕刻
竹工講義不分卷 王伍編 民國石印本 一冊

330000－1701－0012888 民690/1003 新學/雜著
家庭須知四十八卷 王文濡編輯 民國十年（1921）大華書局石印本 十冊

330000－1701－0012889 民675.4/2495.3 史部/政書類/公牘檔冊之屬
緯成股份有限公司股東名號及股數清單不分卷 緯成股份有限公司編 民國鉛印本 一冊

330000－1701－0012890 民699.1/1231 子部/醫家類/兒科之屬/通論
育兒之模範不分卷 孫祖烈譯述 民國六年（1917）上海醫學書局鉛印本 一冊

330000－1701－0012891　民 675.4/2495.4　史部/政書類/公牘檔冊之屬

緯成股份有限公司甲子年股東名冊不分卷　緯成股份有限公司編　民國十三年(1924)鉛印本　一冊

330000－1701－0012892　民 637.095124/8846　史部/政書類/公牘檔冊之屬

餘姚縣漁鹽調查報告不分卷　民國二十四年(1935)油印本　一冊

330000－1701－0012893　民 726.1/2538　子部/工藝類/日用器物之屬/錦繡

存素堂絲繡録第一輯二卷　朱啓鈐撰　民國十七年(1928)存素堂鉛印本　一冊

330000－1701－0012894　民 741.5044/7529/c3　子部/藝術類/書畫之屬/總論

中國文人畫之研究不分卷　(日本)大邨西崖述　陳衡恪譯　民國十二年(1923)中華書局鉛印本　一冊

330000－1701－0012895　民 637.6/4064　子部/農家農學類/水產之屬

浙江漁業概況不分卷　李星頡　沈漁編　民國三十六年(1947)寧波魚市場油印本　一冊

330000－1701－0012896　民 741.5044/7529/c4　子部/藝術類/書畫之屬/總論

中國文人畫之研究不分卷　(日本)大邨西崖述　陳衡恪譯　民國十二年(1923)中華書局鉛印本　一冊

330000－1701－0012897　民 637.63/2721　子部/農家農學類/水產之屬

舟山群島烏賊漁業調查一卷　姚焕洲撰　民國油印本　一冊

330000－1701－0012898　民 726.1/2538.2/c1　子部/工藝類/日用器物之屬/錦繡

絲繡叢刊　朱啓鈐輯　民國存善堂鉛印本　一冊　存一種

330000－1701－0012899　民 726.1/2538.2/c2　子部/工藝類/日用器物之屬/錦繡

絲繡叢刊　朱啓鈐輯　民國存善堂鉛印本　一冊　存一種

330000－1701－0012900　民 638/1032　子部/農家農學類/水產之屬

兩浙各場場產調查報告書不分卷　稿本　二冊

330000－1701－0012901　民 736/2084　子部/藝術類/書畫之屬/畫録

小說士敏土之圖不分卷　(德國)梅斐爾德作　魯迅編錄　民國十九年(1930)三閒書屋影印本　一冊

330000－1701－0012902　民 638/1032.2　史部/政書類/公牘檔冊之屬

兩浙各場現有倉堆調查表不分卷　民國二十四年(1935)稿本　一冊

330000－1701－0012903　民 741.2/0031　子部/藝術類/書畫之屬/書法書品

書通不分卷　高道天撰　民國二十二年(1933)山東大中華仿宋印刷局鉛印本　煉真題記　一冊

330000－1701－0012904　民 741.508/8023/2/c1　子部/藝術類/書畫之屬/畫法畫品

畫法要錄十七卷首一卷　余紹宋撰　民國十九年(1930)上海中華書局鉛印本　四冊

330000－1701－0012905　民 741.2/1142　子部/藝術類/書畫之屬/書法書品

書法真詮不分卷　張樹侯撰　民國二十一年(1932)鉛印本　一冊

330000－1701－0012906　民 741.2/3640/c1　子部/藝術類/書畫之屬/書法書品

書學不分卷　祝嘉輯　民國二十四年(1935)上海正中書局鉛印本　一冊

330000－1701－0012907　民 741.508/8023/2/c2　子部/藝術類/書畫之屬/畫法畫品

畫法要錄十七卷首一卷　余紹宋撰　民國十九年(1930)上海中華書局鉛印本　四冊

330000－1701－0012908　民 741.2/3640/c2　子部/藝術類/書畫之屬/書法書品

書學不分卷　祝嘉輯　民國二十四年(1935)上海正中書局鉛印本　一冊

330000－1701－0012909　民741.508/8023/c1　子部/藝術類/書畫之屬/畫法畫品
畫法要錄六卷首一卷　余紹宋撰　民國十五年(1926)北京京城印書局鉛印本　二冊

330000－1701－0012910　民741.508/8023/2/c3　子部/藝術類/書畫之屬/畫法畫品
畫法要錄十七卷首一卷　余紹宋撰　民國二十四年(1935)上海中華書局鉛印本　四冊

330000－1701－0012911　民741.2044/1133/c1　子部/藝術類/書畫之屬/書法書品
書學源流論不分卷　張宗祥撰　民國十年(1921)上海聚珍倣宋印書局鉛印本　一冊

330000－1701－0012912　民741.508/8023/c2　子部/藝術類/書畫之屬/畫法畫品
畫法要錄六卷首一卷　余紹宋撰　民國十五年(1926)北京京城印書局鉛印本　二冊

330000－1701－0012913　民741.2044/1133/c3　子部/藝術類/書畫之屬/書法書品
書學源流論不分卷　張宗祥撰　民國十年(1921)上海聚珍倣宋印書局鉛印本　一冊

330000－1701－0012914　民741.35/4913.10　子部/藝術類/書畫之屬/法帖
趙文敏書急就篇附釋文不分卷　(元)趙孟頫書　民國二十二年(1933)上海商務印書館影印本　一冊

330000－1701－0012915　民751.7/7765　子部/藝術類/遊藝之屬/劇藝
幾禮居戲曲叢書四種　周明泰編　民國二十一年(1932)商務印刷館直隸書局鉛印本　一冊　存一種

330000－1701－0012916　民741.48/7186　史部/傳記類/別傳之屬/墓誌
二陳烈士碑銘不分卷　蔡元培撰　馬公愚書并篆額　民國三十年(1941)上海大東書局石印本　一冊

330000－1701－0012917　民752/0042.2、民753/0042.3、民752/0042.4　子部/藝術類/遊藝之屬/劇藝
齊如山劇學叢書　齊如山撰　民國北平國劇學會鉛印本　三冊　存三種

330000－1701－0012918　民752/1123　子部/藝術類/遊藝之屬/劇藝
唱戲指南不分卷　張德福撰　胡憨珠編　民國東亞書局鉛印本　一冊

330000－1701－0012919　民752/1123.2　子部/藝術類/遊藝之屬/劇藝
學戲百法不分卷　張德福口述　胡憨珠筆錄　民國十三年(1924)上海東亞書局鉛印本　一冊

330000－1701－0012920　民751.8/0042　子部/藝術類/遊藝之屬/劇藝
臉譜不分卷　齊如山撰　民國二十三年(1934)北平松竹梅商店鉛印本　一冊

330000－1701－0012921　民752.021/8710　子部/藝術類/遊藝之屬/劇藝
大戲考索引不分卷　鄭子褒　邵子藩撰　民國二十八年(1939)上海大聲無線電唱機行鉛印本　一冊

330000－1701－0012922　民781.1/4269　子部/天文曆算類/曆法之屬
天民臺律歷小記一卷　姚明輝撰　民國武昌高等師範學校鉛印本暨石印本　一冊

330000－1701－0012923　民780.9/8740　子部/藝術類/音樂之屬/總論
中國音樂史五卷附編二卷　鄭覲文撰　民國十八年(1929)上海大同樂會鉛印本　三冊　缺二卷(附編一至二)

330000－1701－0012924　民741.508/8023.2/c1　子部/藝術類/書畫之屬/畫法畫品
畫法要錄二編十卷首一卷末一卷初編補遺一卷　余紹宋撰　民國二十二年(1933)上海中華書局鉛印本　四冊

330000－1701－0012925　民780.951/8740

子部/藝術類/音樂之屬/總論
中國音樂史五卷附編二卷　鄭覲文撰　民國十八年(1929)上海大同樂會鉛印本　四冊

330000－1701－0012926　民784.6/7502　集部/曲類/曲韻曲譜曲律之屬
四郎探母曲譜一卷　陳彥衡撰　民國二十年(1931)潛樂社石印本　一冊

330000－1701－0012928　民741.508/8023.2/c2　子部/藝術類/書畫之屬/畫法畫品
畫法要錄二編十卷首一卷末一卷初編補遺一卷　余紹宋撰　民國二十四年(1935)上海中華書局鉛印本　四冊

330000－1701－0012930　民741.5092/2397　史部/傳記類/總傳之屬
嬾園畫梅科同學錄一卷　傅煥等編　民國六年(1917)武林印書館鉛印本　一冊

330000－1701－0012931　民785.6/3438　子部/藝術類/音樂之屬/樂譜
養正軒琵琶譜三卷附錄一卷　沈瀚編注　民國十八年(1929)南滙養正軒鉛印本　三冊

330000－1701－0012932　民785.5025/2842/c1　子部/藝術類/音樂之屬/琴學
鎮海塔峙圃藏琴錄一卷　徐桴撰　民國三十五年(1946)鎮海徐桴鉛印本　一冊

330000－1701－0012933　民746/5046　新學/圖學
應用圖案集一卷　中華圖案研究會編繪　民國三十六年(1947)上海大眾書局鉛印本　一冊

330000－1701－0012934　民785.5025/2842/c2　子部/藝術類/音樂之屬/琴學
鎮海塔峙圃藏琴錄一卷　徐桴撰　民國三十五年(1946)鎮海徐桴鉛印本　一冊

330000－1701－0012935　民785.5025/2842/c3　子部/藝術類/音樂之屬/琴學
鎮海塔峙圃藏琴錄一卷　徐桴撰　民國三十五年(1946)鎮海徐桴鉛印本　一冊

330000－1701－0012936　民789.1/2180　集部/曲類/曲韻曲譜曲律之屬
窺簾一卷　盧前撰　民國石印本　一冊

330000－1701－0012937　民789.1/2733/c1　集部/曲類/曲韻曲譜曲律之屬
幽閨記曲譜二卷　(清)殷溎深原稿　張芬校正兼繕底　民國十年(1921)上海朝記書莊石印本　四冊

330000－1701－0012938　民785.5025/2842/c4　子部/藝術類/音樂之屬/琴學
鎮海塔峙圃藏琴錄一卷　徐桴撰　民國三十五年(1946)鎮海徐桴鉛印本　一冊

330000－1701－0012939　民789.1/2733/c2　集部/曲類/曲韻曲譜曲律之屬
幽閨記曲譜二卷　(清)殷溎深原稿　張芬校正兼繕底　民國十年(1921)上海朝記書莊石印本　張芬跋　四冊

330000－1701－0012940　民789.1/2733/c3　集部/曲類/曲韻曲譜曲律之屬
春雪閣曲譜三記三卷　殷溎深原稿　張芬校正兼繕底　民國十年(1921)上海朝記書莊石印本　二冊

330000－1701－0012941　民789.1/8033、民784.6/8010　集部/曲類/曲韻曲譜曲律之屬
粟廬曲譜　俞振飛撰　民國三十四年(1945)率齋主人石印本　二冊　存三種

330000－1701－0012942　民789.4/3822/c1　集部/曲類/曲韻曲譜曲律之屬
道和曲譜荊釵記不分卷　蘇州道和俱樂部編著　民國十一年(1922)蘇州振新書社石印本　曼題記　四冊

330000－1701－0012943　民789.4/3470/c1　集部/曲類/曲韻曲譜曲律之屬
崑曲集净二卷　褚民誼編　民國石印本　二冊

330000－1701－0012944　民785.6/5532　子部/藝術類/音樂之屬/樂譜
文板十二曲工尺譜不分卷線譜不分卷　曹安

和　楊蔭瀏編　民國三十一年(1942)教育部音樂教育委員會石印本　一冊

330000－1701－0012945　民789.4/3470/c2　集部/曲類/曲韻曲譜曲律之屬
崑曲集净二卷　褚民誼編　民國石印本　二冊

330000－1701－0012946　民789.4/3822/c2　集部/曲類/曲韻曲譜曲律之屬
道和曲譜荊釵記不分卷　蘇州道和俱樂部編著　民國十一年(1922)蘇州振新書社石印本　四冊

330000－1701－0012947　民789.4/8010　集部/曲類/曲韻曲譜曲律之屬
度曲一隅不分卷　俞宗海撰　民國十年(1921)石印本　一冊

330000－1701－0012948　民789.4/9300/c1　集部/曲類/曲選之屬
繪圖精選崑曲大全四集五十卷　怡庵主人(張芬)編輯　民國十四年(1925)上海世界書局石印本　二十四冊

330000－1701－0012949　民789.1/2714　集部/曲類/曲韻曲譜曲律之屬
梅蘭芳歌曲譜不分卷五線譜不分卷　劉天華編　民國十八年(1929)石印本　一冊

330000－1701－0012950　民789.4/9300/c2　集部/曲類/曲選之屬
繪圖精選崑曲大全四集五十卷　怡庵主人(張芬)編輯　民國十四年(1925)上海世界書局石印本　胡通題記　二十四冊

330000－1701－0012951　民792.7/4442　子部/藝術類/遊藝之屬/謎語
燈謎叢錄一卷　蔡克仁輯　民國十年(1921)杭州楊耀松文元堂刻本　四冊

330000－1701－0012952　民792.7/7724/c1　子部/藝術類/遊藝之屬/謎語
亞泌謎稿一卷　周崢堯稿　白水謎社第二次常會擬　民國十七年(1928)白水謎社鉛印本　一冊

330000－1701－0012953　民792.7/7724/c2　子部/藝術類/遊藝之屬/謎語
亞泌謎稿一卷　周崢堯稿　白水謎社第二次常會擬　民國十七年(1928)白水謎社鉛印本　一冊

330000－1701－0012954　民792.8/8324　子部/藝術類/遊藝之屬
游戲科學不分卷附錄游戲談一卷　錢紹芬編　民國四年(1915)上海錦章圖書局石印本　一冊

330000－1701－0012955　普091.111/4444　經部/易類/傳說之屬
周易義例釋八卷　林錫光撰　民國二十七年(1938)求小得齋鉛印本　四冊

330000－1701－0012976　民091.3838/2727/c2　經部/易類/傳說之屬
易學得間一卷附錄一卷　鄒嶧賢撰　民國九年(1920)東田敬齋書室刻本　一冊

330000－1701－0012977　民793.1/0073　子部/藝術類/遊藝之屬/棋弈
奕隅通會一卷附官子著法一卷　久詒摹訂　民國三十二年(1943)抄本　一冊

330000－1701－0012978　民793.1/1134/c2　子部/藝術類/遊藝之屬/棋弈
東瀛圍棊精華一卷　陶審安編譯　民國十八年(1929)東京高橋印刷所鉛印本　一冊

330000－1701－0012979　民793.1/2740　子部/藝術類/遊藝之屬/棋弈
全圖百局象棋譜八卷　民國石印本　四冊

330000－1701－0012981　民793.1/6040/1/1　子部/藝術類/遊藝之屬/棋弈
日本第一國手圍棋譜四卷　民國上海有正書局石印本　二冊

330000－1701－0012982　民793.1/3130　子部/藝術類/遊藝之屬/棋弈
問秋吟社弈評初編一卷　汪耘豐評輯　民國六年(1917)北平中亞書局石印本　一冊

330000－1701－0012985　民 793.1/4743　子部/藝術類/遊藝之屬/棋弈

圍棋布局要則一卷　胡檢汝譯述　過旭初編校　民國三十年(1941)江西建設廳圖書館鉛印本　一册

330000－1701－0012988　普 090.3827/7110.08/c1　史部/目録類/書志之屬/提要

皇清經解提要二卷續編一卷附淵源録一卷外編一卷　(清)沈豫撰　民國慎初堂影印本　一册

330000－1701－0012990　普 090.3827/7110.08/c2　史部/目録類/書志之屬/提要

皇清經解提要二卷續編一卷附淵源録一卷外編一卷　(清)沈豫撰　民國慎初堂影印本　一册

330000－1701－0012991　普 090.3827/7110.08/c3　史部/目録類/書志之屬/提要

皇清經解提要二卷續編一卷附淵源録一卷外編一卷　(清)沈豫撰　民國慎初堂影印本　一册

330000－1701－0012996　民 793.1/6040/1　子部/藝術類/遊藝之屬/棋弈

掃葉山房新印棋譜　民國上海掃葉山房石印本　二册　存二種

330000－1701－0013007　普 921.512/1010.41　史部/傳記類/總傳之屬/家乘

[浙江山陰]三槐王氏宗譜二十八卷　王龍泉　王金泉輯　民國十六年(1927)三槐堂木活字印本　三十册

330000－1701－0013024　普 090.3832/1160/3　類叢部/叢書類/彙編之屬

隨盦徐氏叢書續編十種　徐乃昌輯　民國五年(1916)南陵徐氏刻本　二册　存一種

330000－1701－0013037　普 090.3837/0043/5　類叢部/叢書類/自著之屬

萬木草堂叢書　康有爲撰　民國刻本　五册　存一種

330000－1701－0013038　普 090.3834/4688　類叢部/叢書類/彙編之屬

復性書院叢刊二十七種　馬浮編　民國二十九年至三十七年(1940－1948)復性書院刻本暨鉛印本　二册　存一種

330000－1701－0013043　民 793.73/0240/c2　子部/藝術類/遊藝之屬/謎語

春謎大觀二卷　王文濡編輯　民國六年(1917)上海進步書局鉛印本　二册

330000－1701－0013044　民 793.73/3113　子部/藝術類/遊藝之屬/謎語

跬園謎稿六卷首一卷　顧震福撰　民國二十二年(1933)鉛印本　二册

330000－1701－0013046　民 793.9/8742　子部/藝術類/遊藝之屬/博戲

太任文房牙牌說一卷　鄭太任撰　民國十九年(1930)鉛印本　一册

330000－1701－0013047　民 793.73/4437　子部/藝術類/遊藝之屬/謎語

凡民謎存二卷首一卷補遺一卷　薛宜興撰　顧震福輯　民國二十二年(1933)鉛印本　一册

330000－1701－0013048　民 794.8/6611　子部/藝術類/遊藝之屬/雜藝

珍本蟋蟀譜二卷　嚴步雲撰　民國二十五年(1936)上海亞洲印刷所鉛印本　一册

330000－1701－0013050　民 801.8/1182　集部/詩文評類/文法之屬/文法

文章義法指南三卷　張翔鸞評選　民國六年(1917)上海有正書局鉛印本　五册

330000－1701－0013051　民 807.62/7590　類叢部/叢書類/自著之屬

獨見曉齋叢書□□種　陳懷撰　民國十四年(1925)潁川書舍刻本　一册　存一種

330000－1701－0013052　民 802.1/1177、民 802.1/1177.02、民 802.1/1177.03　史部/目録類

中華圖書館協會叢書　民國中華圖書館協會鉛印本　三册　存三種

330000－1701－0013053　民 808.3/4730　集部/小說類/短篇之屬

小說名畫大觀二百七十種　胡寄塵編輯　民國五年(1916)上海文明書局石印本　二十四冊

330000－1701－0013054　民 807.64/4234　集部/詩文評類/文評之屬

文學研究法四卷　姚永樸撰　民國三年(1914)京師京華印刷局鉛印本　章嶔題記　一冊

330000－1701－0013056　民 793.1/6058/c1　子部/藝術類/遊藝之屬/棋弈

日本第一國手圍棋譜四卷　民國上海有正書局石印本　二冊

330000－1701－0013057　民 808.4/4427　集部/詩文評類/文評之屬

春覺齋論文一卷　林紓撰　民國五年(1916)都門印書局鉛印本　章嶔題記　一冊

330000－1701－0013058　民 810.9/3420　史部/政書類/公牘檔冊之屬

文學蜜史八卷　褚傳誥輯著　民國八年(1919)鉛印本　一冊

330000－1701－0013059　民 793.1/6058/c2　子部/藝術類/遊藝之屬/棋弈

日本第一國手圍棋譜四卷　民國上海有正書局石印本　二冊

330000－1701－0013060　民 810.9/5844　史部/史表類/通代之屬

中國文學年表第一編四卷　敖士英纂輯　民國二十四年(1935)北平立達書局鉛印本　四冊

330000－1701－0013061　民 810.902/7224/c2　集部/詩文評類

中國中古文學史講義一卷　劉師培編　民國九年(1920)北京大學出版部鉛印本　章嶔觀款　一冊

330000－1701－0013062　民 810.9/5844/(2)　史部/史表類/通代之屬

中國文學年表第一編四卷　敖士英纂輯　民國二十四年(1935)北平立達書局鉛印本　三冊

330000－1701－0013063　民 810.902/7224/c3　集部/詩文評類

中國中古文學史講義一卷　劉師培編　民國二十三年(1934)北京大學出版部鉛印本　一冊

330000－1701－0013064　民 811.08/4791　集部/總集類/選集之屬/通代

評註歷代白話詩選五卷　胡懷琛選　民國十一年(1922)上海崇新書局鉛印本　四冊

330000－1701－0013065　民 811.104/80441　集部/詩文評類/詩評之屬

香奩詩話三卷　金燕輯　民國四年(1915)上海廣益書局鉛印本　一冊

330000－1701－0013066　民 793.1/7794　子部/藝術類/遊藝之屬/棋弈

周小松受子譜一卷　民國四年(1915)石印本　一冊

330000－1701－0013067　民 811.107/4084　集部/詩文評類/詩評之屬

詩法易簡錄十四卷錄餘緒論一卷　(清)李鍈撰　民國六年(1917)味經書屋鉛印本　二冊

330000－1701－0013068　民 811.104/8393　集部/總集類/選集之屬/通代

哀恨集二卷　(清)錢尚濠輯　民國元年(1912)上海藜光社石印本　一冊

330000－1701－0013069　民 810.992/7244.02、民 810.992/7244.02/c2　類叢部/叢書類/自著之屬

直介堂叢刻初編十種續編五種鼻烟叢刻四種　劉聲木撰　民國十八年(1929)廬江劉氏鉛印本　四冊　存一種

330000－1701－0013070　民 811.107/1114/c1　集部/詩文評類/詩評之屬

學詩初步三卷　張廷華　吴玉編　民國十七年(1928)上海文明書局鉛印本　一冊

330000－1701－0013071　民 811.107/4443/c1　集部/詩文評類/詩評之屬

宋詩研究一卷　莊蔚心編　民國十四年(1925)上海大東書局石印本　一册

330000－1701－0013072　民 811.107/1114/c2　集部/詩文評類/詩評之屬

學詩初步三卷　張廷華　吳玉編　民國上海文明書局鉛印本　一册

330000－1701－0013073　民 811.107/1114/c3　集部/詩文評類/詩評之屬

學詩初步三卷　張廷華　吳玉編　民國九年(1920)上海文明書局鉛印本　一册

330000－1701－0013074　民 811.107/4443/c2　集部/詩文評類/詩評之屬

宋詩研究一卷　莊蔚心編　民國十四年(1925)上海大東書局石印本　一册

330000－1701－0013075　民 811.107/4488　集部/詩文評類/詩評之屬

詩律六卷　黄節編　民國北京大學出版組鉛印本　一册

330000－1701－0013076　民 811.107/1114/c4　集部/詩文評類/詩評之屬

學詩初步三卷　張廷華　吳玉編　民國八年(1919)上海文明書局鉛印本　一册

330000－1701－0013077　民 811.088/0032/c1　集部/總集類/題詠之屬

松聲琴韻集不分卷　方濟川輯　民國三十八年(1949)鉛印本　一册

330000－1701－0013078　民 811.108/8324/c1　集部/總集類/酬唱之屬

陸放翁生日詩輯一卷　錢蔭喬輯　民國二十二年(1933)鉛印本　一册

330000－1701－0013079　民 811.108/8342/c2　集部/總集類/酬唱之屬

陸放翁生日詩輯一卷　錢蔭喬輯　民國二十二年(1933)鉛印本　一册

330000－1701－0013080　民 811.09/4488　集部/詩文評類/詩評之屬

詩學不分卷　黄節編　民國十八年(1929)國立北京大學出版部鉛印本　一册

330000－1701－0013081　民 811.088/0032/c2　集部/總集類/題詠之屬

松聲琴韻集不分卷　方濟川輯　民國三十八年(1949)鉛印本　一册

330000－1701－0013082　民 811.1088/7732　集部/總集類/酬唱之屬

浣溪漁唱和作一卷附錄一卷　周品梅輯　民國七年(1918)武林印刷局鉛印本　一册

330000－1701－0013083　民 811.088/0032/c3　集部/總集類/題詠之屬

松聲琴韻集不分卷　方濟川輯　民國三十八年(1949)鉛印本　一册

330000－1701－0013084　民 811.1084/7520/c1　集部/總集類/選集之屬/斷代

宋詩精華錄四卷　陳衍評點　民國二十六年(1937)上海商務印書館鉛印本　一册

330000－1701－0013085　民 811.1088/0043　集部/總集類/選集之屬/斷代

康梁詩鈔三卷　民國三年(1914)上海中華圖書館石印本　四册

330000－1701－0013086　民 811.1084/7520/c2　集部/總集類/選集之屬/斷代

宋詩精華錄四卷　陳衍評點　民國二十六年(1937)上海商務印書館鉛印本　一册

330000－1701－0013087　民 811.1088/0088　集部/總集類/酬唱之屬

弋石泳游集一卷　唐鑑編　民國七年(1918)鉛印本　朱承傑題記　一册

330000－1701－0013088　民 811.1087/4438　集部/別集類/清別集

二百八十峯草堂集一卷　(清)蔡鴻鑑撰　**餐霞僊館集一卷**　(清)蔡和霽撰　民國三十三年(1944)四明蔡氏墨海樓鉛印本　一册

330000－1701－0013089　民 811.1088/0044

集部/總集類/題詠之屬

盤龍兩遊詩錄二卷　方樹梅編次　民國十五年(1926)方氏誦芬樓鉛印本　一冊

330000－1701－0013090　民 811.1088/0099/c1　集部/總集類/選集之屬/斷代

三子游草不分卷　高變等撰　民國四年(1915)鉛印本　一冊

330000－1701－0013091　民 811.1088/00621/c1　集部/總集類/課藝之屬

講習詩錄一卷　應品仙等撰　民國四年(1915)石印本　一冊

330000－1701－0013092　民 811.1088/00621/c2　集部/總集類/課藝之屬

講習詩錄一卷　應品仙等撰　民國四年(1915)石印本　一冊

330000－1701－0013093　民 811.1088/0099.2/c1　集部/總集類/酬唱之屬

黄華集一卷　高變編　民國十三年(1924)閑閑山莊鉛印本　一冊

330000－1701－0013094　民 811.1088/10211　集部/總集類/酬唱之屬

三槐堂雙慶集不分卷　王燮陽編　民國八年(1919)石印本　一冊

330000－1701－0013095　民 811.1088/0099.2/c2　集部/總集類/酬唱之屬

黄華集一卷　高變編　民國十三年(1924)閑閑山莊鉛印本　一冊

330000－1701－0013096　民 811.1088/1024/c2　集部/總集類/彙編之屬

碧城仙館女弟子詩十種　吳隱輯　民國四年(1915)杭州西泠印社吳隱木活字印本　二冊

330000－1701－0013097　民 811.104/4411/c1　集部/別集類

仙溪雜俎初集十卷　林廷玉撰　民國十七年(1928)鉛印本　二冊

330000－1701－0013098　民 811.1088/1032　集部/總集類/酬唱之屬

退思園酬唱集不分卷　王寒川等撰　民國三十三年(1944)石印本　一冊

330000－1701－0013099　民 811.1088/0015　集部/總集類/酬唱之屬

蓉湖雙棲圖題詠集一卷水晶婚唱和集一卷　廉建中　惠泉編　民國三十四年(1945)鉛印本　一冊

330000－1701－0013100　民 811.1088/0099.2/c3　集部/總集類/酬唱之屬

黄華集一卷　高變編　民國十三年(1924)閑閑山莊鉛印本　一冊

330000－1701－0013101　民 811.104/4411/c2　集部/別集類

仙溪雜俎初集十卷　林廷玉撰　民國十七年(1928)鉛印本　二冊

330000－1701－0013102　民 811.104/4411/c3　集部/別集類

仙溪雜俎初集十卷　林廷玉撰　民國十七年(1928)鉛印本　二冊

330000－1701－0013103　民 811.1088/1033/c1　集部/總集類/彙編之屬

虎林同聲　民國八年(1919)鉛印本　一冊

330000－1701－0013104　民 811.1088/0099.3　集部/總集類/酬唱之屬

兩京同游草一卷　高變等撰　民國上海聚珍倣宋印書局鉛印本　一冊

330000－1701－0013106　民 811.1088/1033/c2　集部/總集類/彙編之屬

虎林同聲　民國八年(1919)鉛印本　一冊

330000－1701－0013107　民 811.1088/1034　集部/總集類/酬唱之屬

甲申春秋六集詩錄　民國鉛印本　一冊

330000－1701－0013108　民 811.1088/10032　集部/總集類/選集之屬/斷代

現代十大家詩鈔　進步書局編　民國四年(1915)文明書局、中華書局石印本　四冊

330000－1701－0013109　民 811.1088/0422

集部/總集類/酬唱之屬
華麓酬唱集一卷 謝山(謝廷昌)輯 民國六年(1917)謝廷昌鉛印本 一冊

330000－1701－0013110 民 811.1088/1044/c1 集部/總集類/酬唱之屬
旅次唱和集一卷附集一卷 王鎮瑞 黃雲英撰 張藻香編 民國二十四年(1935)鉛印本 一冊

330000－1701－0013111 民 811.1088/0034 集部/別集類
悔復堂詩一卷外錄一卷 應啟墀撰 **寥陽館詩草一卷附錄一卷** 姚壽祁撰 民國三十一年(1942)鉛印本 一冊

330000－1701－0013112 民 811.1088/0428 集部/總集類/選集之屬/斷代
三家集陶詩一卷 謝鼎鎔 吳聞元 繆九疇撰 民國七年(1918)上海鉛印本 一冊

330000－1701－0013113 民 811.1088/1044/c2 集部/總集類/酬唱之屬
旅次唱和集一卷附集一卷 王鎮瑞 黃雲英撰 張藻香編 民國二十四年(1935)鉛印本 一冊

330000－1701－0013114 民 811.1088/1044/c3 集部/總集類/酬唱之屬
旅次唱和集一卷附集一卷 王鎮瑞 黃雲英撰 張藻香編 民國二十四年(1935)鉛印本 一冊

330000－1701－0013115 民 811.1088/1044/c4 集部/總集類/酬唱之屬
旅次唱和集一卷附集一卷 王鎮瑞 黃雲英撰 張藻香編 民國二十四年(1935)鉛印本 一冊

330000－1701－0013116 民 811.1088/0763 集部/總集類/選集之屬/斷代
蟄園擊鉢吟二卷附錄擊鉢排律一卷 郭則澐輯 民國二十二年(1933)鉛印本 二冊

330000－1701－0013117 民 811.1088/0763.2 集部/總集類/選集之屬/斷代
蟄園律集前編一卷後編二卷 郭則澐輯 民國三十年(1941)鉛印本 二冊

330000－1701－0013118 民 811.1088/1083 集部/總集類/選集之屬
感忠聯吟錄不分卷 王銓運輯 民國二十一年(1932)鉛印本 一冊

330000－1701－0013119 民 811.1088/0814 集部/總集類/酬唱之屬
蜕塵吟社唱和詩第一集一卷 王鼎梅輯 民國四年(1915)鉛印本 一冊

330000－1701－0013120 民 811.1088/0830/c1 集部/總集類/酬唱之屬
鴉峯驪唱偶存一卷 許之龍編 民國十三年(1924)石印本 一冊

330000－1701－0013121 民 811.1088/0099/c2 集部/總集類/選集之屬/斷代
三子游草不分卷 高變等撰 民國四年(1915)鉛印本 一冊

330000－1701－0013122 民 811.1088/1008 集部/總集類/郡邑之屬
鹿山社二集不分卷 丁謙等撰 民國八年(1919)鉛印本 一冊

330000－1701－0013123 民 811.1088/0099/c3 集部/總集類/選集之屬/斷代
三子游草不分卷 高變等撰 民國四年(1915)鉛印本 一冊

330000－1701－0013124 民 811.1088/0099/c4 集部/總集類/選集之屬/斷代
三子游草不分卷 高變等撰 民國四年(1915)鉛印本 一冊

330000－1701－0013125 民 811.1088/0830/c2 集部/總集類/酬唱之屬
鴉峯驪唱偶存一卷 許之龍編 民國十三年(1924)石印本 一冊

330000－1701－0013126 民 811.1088/1046 集部/總集類/題詠之屬
詠菊詩輯一卷 丁壽田輯 民國鉛印本

一冊

330000－1701－0013127　民 811.1088/0038.2　集部/總集類/郡邑之屬
鹿山吟社第三集一卷　商寶慈編　民國二十年(1931)鉛印本　一冊

330000－1701－0013128　民 811.1088/0830/c3　集部/總集類/酬唱之屬
鵁峯驪唱偶存一卷　許之龍編　民國十三年(1924)石印本　一冊

330000－1701－0013129　民 811.1088/0833　集部/總集類/酬唱之屬
諸吟壇賜和庚申除夕辛酉元旦詩一卷　許滙祥編　民國十年(1921)鉛印本　一冊

330000－1701－0013131　民 811.1088/0833.2　集部/總集類/酬唱之屬
諸吟壇賜和重游頖水詩一卷　許滙祥編　民國六年(1917)鉛印本　一冊

330000－1701－0013132　民 811.1088/1237　集部/總集類/酬唱之屬
壯游詩存一卷　胡子松輯　民國五年(1916)胡子松鉛印本　一冊

330000－1701－0013133　民 811.1088/1144　集部/總集類/酬唱之屬
漫社集二卷　黄維翰編　民國十年(1921)鉛印本　一冊

330000－1701－0013134　民 811.1088/1240/c1　集部/總集類/選集之屬/斷代
落葉集四卷　孫雄輯　民國十五年(1926)鉛印本　一冊

330000－1701－0013135　民 811.1088/0833.3　集部/總集類/酬唱之屬
諸吟壇賜和重游頖水詩一卷　許滙祥編　民國六年(1917)鉛印本　一冊

330000－1701－0013136　民 811.1088/1173　集部/總集類/酬唱之屬
丹山驪唱集一卷　趙璋輯　民國二十三年(1934)平湖浙江印刷所鉛印本　一冊

330000－1701－0013137　民 811.1088/1240/c2　集部/總集類/選集之屬/斷代
落葉集四卷　孫雄輯　民國十五年(1926)鉛印本　一冊

330000－1701－0013138　民 811.1088/0865　集部/總集類/酬唱之屬
人日雅集詩録一卷任園修禊詩録一卷渝州錢春詩録一卷午日雅集詩録一卷七夕倡和詩録一卷王園登高詩録一卷　許昌威等撰　民國三十三年(1944)鉛印本　一冊

330000－1701－0013139　民 811.1088/1240/c3　集部/總集類/選集之屬/斷代
落葉集四卷　孫雄輯　民國十五年(1926)鉛印本　一冊

330000－1701－0013140　民 811.1088/196　集部/總集類/酬唱之屬
儒林盛事集一卷　張熾昌編　民國十五年(1926)石印本　一冊

330000－1701－0013141　民 811.1088/1240.3/c1　集部/總集類/酬唱之屬
漫社三集二卷補遺一卷　孫雄編　民國十二年(1923)鉛印本　二冊

330000－1701－0013142　民 811.1088/1090　集部/總集類/酬唱之屬
松竹聯吟一卷　丁懌諳　金子薪撰　民國八年(1919)鉛印本　一冊

330000－1701－0013143　民 811.1088/1211　集部/總集類/酬唱之屬
笙磬同音集初集一卷二集一卷　程宗伊等撰　民國八年(1919)鉛印本　一冊

330000－1701－0013144　民 811.1088/1240.3/c2　集部/總集類/酬唱之屬
漫社三集二卷補遺一卷　孫雄編　民國十二年(1923)鉛印本　二冊

330000－1701－0013145　民 811.1088/1088/c1　集部/總集類/酬唱之屬
海角潮音集不分卷　王善欽等撰　民國二十四年(1935)上海商務印書館鉛印本　一冊

330000－1701－0013146　民 811.1088/1240.4/c1　集部/總集類/酬唱之屬

蠅塵酬唱集八卷補遺一卷　孫雄編　民國十三年(1924)鉛印本　二冊

330000－1701－0013147　民 811.1088/1003　集部/總集類/選集之屬/斷代

金焦游草一卷　王慶祉編　民國十一年(1922)石印本　一冊

330000－1701－0013148　民 811.1088/1240.4/c2　集部/總集類/酬唱之屬

蠅塵酬唱集八卷補遺一卷　孫雄編　民國十三年(1924)鉛印本　二冊

330000－1701－0013149　民 811.1088/1240.4/c3　集部/總集類/酬唱之屬

蠅塵酬唱集八卷補遺一卷　孫雄編　民國十三年(1924)鉛印本　二冊

330000－1701－0013150　民 811.1088/1221　集部/總集類/選集之屬/斷代

雁後合鈔五卷　詹勵吾輯　民國三十六年(1947)鉛印本　一冊

330000－1701－0013151　民 811.1088/1240.4/c4　集部/總集類/酬唱之屬

蠅塵酬唱集八卷補遺一卷　孫雄編　民國十三年(1924)鉛印本　二冊

330000－1701－0013152　民 811.1088/1224　集部/總集類/酬唱之屬

夢園八十述懷酬唱集一卷　孫傳蕙等撰　民國二十二年(1933)鉛印本　一冊

330000－1701－0013153　民 811.1088/11181　集部/總集類/選集之屬/斷代

棠蔭詩社初集四卷二集六卷三集五卷　張天錫輯　民國九年至十五年(1920－1926)鉛印本　三冊

330000－1701－0013154　民 811.1088/1088/c2　集部/總集類/酬唱之屬

海角潮音集不分卷　王善欽等撰　民國二十四年(1935)上海商務印書館鉛印本　一冊

330000－1701－0013155　民 811.1088/1088/c3　集部/總集類/酬唱之屬

海角潮音集不分卷　王善欽等撰　民國二十四年(1935)上海商務印書館鉛印本　一冊

330000－1701－0013156　民 811.1088/1240.5　集部/總集類/題詠之屬

鄭齋感逝詩題詞彙錄一卷　孫雄輯　民國七年(1918)鉛印本　一冊

330000－1701－0013157　民 811.1088/1088/c4　集部/總集類/酬唱之屬

海角潮音集不分卷　王善欽等撰　民國二十四年(1935)上海商務印書館鉛印本　一冊

330000－1701－0013158　民 811.1088/1280　集部/總集類/酬唱之屬

𢎞餘詩社第四集一卷　𢎞餘詩社編　民國油印本　一冊

330000－1701－0013159　民 811.1088/1723　集部/總集類/酬唱之屬

羣碧樓留別吉林唱和詩一卷　鄧邦述等撰　民國鉛印本　一冊

330000－1701－0013160　民 811.1088/1734/c1　子部/藝術類/遊藝之屬/詩鐘

聊社詩鐘一卷即席詩鐘一卷　聊社編　民國二十一年(1932)鉛印本　一冊

330000－1701－0013161　民 811.1088/1734/c2　子部/藝術類/遊藝之屬/詩鐘

聊社詩鐘一卷即席詩鐘一卷　聊社編　民國二十一年(1932)鉛印本　一冊

330000－1701－0013162　民 811.1088/2044/c1　集部/總集類/選集之屬

五瓣一卷　毛莘等撰　民國二十二年(1933)鉛印本　一冊

330000－1701－0013163　民 811.1088/11181/2/c1　集部/總集類/選集之屬/斷代

棠蔭詩社初集四卷　張天錫輯　民國九年(1920)鉛印本　一冊

330000－1701－0013164　民 811.1088/

11181/2/c2　集部/總集類/選集之屬/斷代
棠蔭詩社初集四卷　張天錫輯　民國九年(1920)鉛印本　一册

330000－1701－0013165　民 811.1088/2540/c1　集部/總集類/選集之屬/斷代
戈亭風雨集二卷　朱希主編　朱粲選輯　民國三十三年(1944)鉛印本　何生題記　一册

330000－1701－0013166　民 811.1088/2841/c1　集部/總集類/題詠之屬
蘆花吟一卷　徐士琛輯　民國三年(1914)石印本　一册

330000－1701－0013167　民 811.1088/2815.2/c1　集部/總集類/酬唱之屬
同聲集二卷附錄一卷自集一卷　徐致青輯　民國八年(1919)同安石印本　二册

330000－1701－0013168　民 811.1088/2870/c1　集部/總集類/酬唱之屬
五旬酬唱集一卷　徐履謙編　民國七年(1918)鉛印本　一册

330000－1701－0013169　民 811.1088/2044/c2　集部/總集類/選集之屬
五瓣一卷　毛苹等撰　民國二十二年(1933)鉛印本　一册

330000－1701－0013170　民 811.1088/2060/c1　集部/總集類/酬唱之屬
重游泮水唱和集一卷　毛顯麟等撰　民國十八年(1929)鉛印本　一册

330000－1701－0013171　民 811.1088/2870/c2　集部/總集類/酬唱之屬
五旬酬唱集一卷　徐履謙編　民國七年(1918)鉛印本　一册

330000－1701－0013172　民 811.1088/2887　集部/總集類/題詠之屬
南通平潮市曹公亭詩一卷　費師洪輯　民國十年(1921)鉛印本　一册

330000－1701－0013173　民 811.1088/2815.2/c2　集部/總集類/酬唱之屬
同聲集二卷附錄一卷自集一卷　徐致青輯　民國八年(1919)同安石印本　二册

330000－1701－0013174　民 811.1088/2060/c2　集部/總集類/酬唱之屬
重游泮水唱和集一卷　毛顯麟等撰　民國十八年(1929)鉛印本　一册

330000－1701－0013175　民 811.1088/2060/c3　集部/總集類/酬唱之屬
重游泮水唱和集一卷　毛顯麟等撰　民國十八年(1929)鉛印本　一册

330000－1701－0013176　民 811.1088/2815.2/c3　集部/總集類/酬唱之屬
同聲集二卷附錄一卷自集一卷　徐致青輯　民國八年(1919)同安石印本　二册

330000－1701－0013177　民 811.1088/2815.2/c4　集部/總集類/酬唱之屬
同聲集二卷附錄一卷自集一卷　徐致青輯　民國八年(1919)同安石印本　二册

330000－1701－0013178　民 811.1088/2890　集部/總集類/題詠之屬
思危樓詩文彙鈔初集一卷　徐慎齋輯　民國二十一年(1932)鉛印本　一册

330000－1701－0013179　民 811.1088/2841/c2　集部/總集類/題詠之屬
蘆花吟一卷　徐士琛輯　民國三年(1914)石印本　一册

330000－1701－0013180　民 811.1088/2841/c3　集部/總集類/題詠之屬
蘆花吟一卷　徐士琛輯　民國三年(1914)石印本　一册

330000－1701－0013181　民 811.1088/2841/c4　集部/總集類/題詠之屬
蘆花吟一卷　徐士琛輯　民國三年(1914)石印本　一册

330000－1701－0013182　民 811.1088/2540/c2　集部/總集類/選集之屬/斷代
戈亭風雨集二卷　朱希主編　朱粲選輯　民

國三十三年(1944)鉛印本　一冊

330000－1701－0013183　民 811.1088/2060/c4　集部/總集類/酬唱之屬

重游泮水唱和集一卷　毛顯麟等撰　民國十八年(1929)鉛印本　一冊

330000－1701－0013184　民 811.1088/2581　集部/總集類/酬唱之屬

暮春唱和集一卷　朱鈺等撰　民國二十二年(1933)春潤廬鉛印本　朱潤生題記　一冊

330000－1701－0013190　民 811.1088/2128　集部/總集類/酬唱之屬

宜良二泉游詠彙鈔一卷　何秉智編次　民國十三年(1924)鉛印本　一冊

330000－1701－0013193　民 811.1088/2624　集部/總集類/酬唱之屬

津步聯吟集一卷附詞一卷　吳重憙　李葆恂撰　李放輯錄　民國五年(1916)李放京師刻義州李氏叢刻本　李大翀題記　一冊

330000－1701－0013194　民 811.1088/2847　集部/總集類/酬唱之屬

徐虞于喁集三卷　徐翻　虞和欽撰　民國十六年(1927)鉛印本　一冊

330000－1701－0013200　民 811.1088/2639　集部/總集類/彙編之屬

紅桂坡省墓圖詩集不分卷　吳寶炬輯　民國武昌印書館鉛印本　一冊

330000－1701－0013201　普 090.3837/1013/7、普 090.88381/4012/9　類叢部/叢書類/彙編之屬

四部備要　中華書局編　民國二十五年(1936)上海中華書局鉛印本　一百五冊　存三種

330000－1701－0013205　民 811.1088/2641/c1　集部/總集類/選集之屬/斷代

翦淞留影集一卷　吳芝瑛輯　民國八年(1919)鉛印本　一冊

330000－1701－0013208　民 811.1088/2641/c2　集部/總集類/選集之屬/斷代

翦淞留影集一卷　吳芝瑛輯　民國八年(1919)鉛印本　一冊

330000－1701－0013210　民 811.1088/2172　集部/總集類/選集之屬/斷代

擊鉢吟贛集二卷　何剛德等撰　民國十年(1921)刻本　二冊

330000－1701－0013215　民 811.1088/2641/c3　集部/總集類/選集之屬/斷代

翦淞留影集一卷　吳芝瑛輯　民國八年(1919)鉛印本　一冊

330000－1701－0013216　民 811.1088/2771/c1　集部/總集類/選集之屬/斷代

雁後合鈔五卷　詹勵吾輯　民國三十六年(1947)鉛印本　一冊

330000－1701－0013218　民 811.1088/2771/c2　集部/總集類/選集之屬/斷代

雁後合鈔五卷　詹勵吾輯　民國三十六年(1947)鉛印本　一冊

330000－1701－0013220　民 811.1088/2771/c3　集部/總集類/選集之屬/斷代

雁後合鈔五卷　詹勵吾輯　民國三十六年(1947)鉛印本　一冊

330000－1701－0013228　普 090.3827/4407/c1　經部/群經總義類/傳說之屬

師鄦齋經説二卷知悔齋詩文鈔一卷　(清)蔣方駿撰　民國十七年(1928)鉛印本　一冊

330000－1701－0013229　民 811.1088/2533　集部/總集類/酬唱之屬

岫雲酬唱集一卷　朱家寶等撰　民國鉛印本　一冊

330000－1701－0013230　民 811.1088/2537　集部/總集類/酬唱之屬

稀齡酬唱集不分卷　朱家駒編　民國十六年(1927)鉛印本　一冊

330000－1701－0013232　普 090.3827/4407/c2　經部/群經總義類/傳說之屬

師鄦齋經說二卷知悔齋詩文鈔一卷　(清)蔣方駿撰　民國十七年(1928)鉛印本　一册

330000－1701－0013233　普 090.3827/4407/c3　經部/群經總義類/傳說之屬
師鄦齋經說二卷知悔齋詩文鈔一卷　(清)蔣方駿撰　民國十七年(1928)鉛印本　一册

330000－1701－0013260　普 090.3837/8341/2　經部/叢編
錢氏四種　(清)錢坫撰　民國中國書店據清嘉慶擁萬堂本影印本　四册

330000－1701－0013261　普 090.3838/2811　經部/群經總義類/傳說之屬
闕里講經編一卷　徐天璋撰　民國八年(1919)刻本　一册

330000－1701－0013266　普 090.3837/7730/c1　類叢部/叢書類/自著之屬
鐵研厽莪書五種　桑宣撰　民國八年(1919)宛平桑氏鉛印本　一册　存一種

330000－1701－0013267　普 090.466/6051　集部/總集類/尺牘之屬
昭代經師手簡不分卷二編不分卷　羅振玉輯　民國七年(1918)影印本　一册　缺二編

330000－1701－0013268　普 090.3837/7730/c2　類叢部/叢書類/自著之屬
鐵研厽莪書五種　桑宣撰　民國八年(1919)宛平桑氏鉛印本　一册　存一種

330000－1701－0013270　普 090.466/6051.2　集部/總集類/尺牘之屬
昭代經師手簡不分卷二編不分卷　羅振玉輯　民國七年(1918)影印本　一册　存二編

330000－1701－0013289　民 811.1088/3017　集部/總集類/選集之屬/斷代
宗聖學報十年紀念詩錄一卷　宗聖學報社編　民國鉛印本　一册

330000－1701－0013290　普 090.815114/4081　經部/群經總義類/傳說之屬
駁五經異義疏證十卷　(清)皮錫瑞撰　民國二十三年(1934)河間李氏古鑑齋刻朱印本　二册

330000－1701－0013292　民 811.1088/3113　集部/總集類/選集之屬/斷代
鹿鳴社稿初集二卷　汪張黻　徐映璞編　民國三十五年(1946)鉛印本　徐鏡泉題記　一册

330000－1701－0013293　民 811.1088/3142/c1　集部/總集類/酬唱之屬
來臺集一卷　汪文溥編　民國九年(1920)鉛印本　一册

330000－1701－0013295　民 811.1088/3142/c2　集部/總集類/酬唱之屬
來臺集一卷　汪文溥編　民國九年(1920)鉛印本　一册

330000－1701－0013296　民 811.1088/3233　集部/總集類/選集之屬/斷代
浙江安定中學校課餘詩學社唫稿一卷　浙江安定中學校課餘詩學社編　民國四年(1915)鉛印本　一册

330000－1701－0013297　民 811.1088/3142/c3　集部/總集類/酬唱之屬
來臺集一卷　汪文溥編　民國九年(1920)鉛印本　一册

330000－1701－0013298　民 811.1088/3142/c4　集部/總集類/酬唱之屬
來臺集一卷　汪文溥編　民國九年(1920)鉛印本　一册

330000－1701－0013299　民 811.1088/3199　集部/總集類/酬唱之屬
甌江驪唱集三卷　汪瑩編　民國十年(1921)鉛印本　二册

330000－1701－0013300　民 811.1088/3481　集部/總集類/酬唱之屬
乾園唱和集不分卷　洪鍾元主編　民國十七年(1928)鉛印本　一册

330000－1701－0013301　民 811.1088/3131/

c1　集部/總集類/選集之屬/斷代
紅梵精舍女弟子集三卷　顧憲融選　民國十七年(1928)鉛印本　一冊

330000－1701－0013303　民811.1088/4088　集部/總集類/酬唱之屬
亦詩世界唱和集一卷　袁煉人輯　民國十年(1921)鉛印本　一冊

330000－1701－0013304　民811.1088/3131/c2　集部/總集類/選集之屬/斷代
紅梵精舍女弟子集三卷　顧憲融選　民國十七年(1928)鉛印本　一冊

330000－1701－0013305　民811.1088/3487/c1　集部/總集類/酬唱之屬
虎林銷夏集一卷　沈鈞輯　民國三年(1914)杭城興業印書局鉛印本　一冊

330000－1701－0013306　民811.1088/4431/c1　子部/藝術類/遊藝之屬/詩鐘
飯後社叢刻詩鐘之一一卷　阿亮撰　民國六年(1917)浙江印刷公司鉛印本　一冊

330000－1701－0013307　民811.1088/4163　集部/總集類/選集之屬/斷代
吟梅社員詩選合錄一卷古風一卷詞選一卷文選一卷　柯映濳主編　**憐香室隨談一卷**　柯映濳撰　民國二十一年(1932)柯俊石印本　一冊

330000－1701－0013309　民811.1088/4431/c2　子部/藝術類/遊藝之屬/詩鐘
飯後社叢刻詩鐘之一一卷　阿亮撰　民國六年(1917)浙江印刷公司鉛印本　一冊

330000－1701－0013310　民811.1088/44331/c1　集部/總集類/酬唱之屬
百日酬唱錄二卷　林襟宇編　民國三年(1914)永嘉林氏刻本　一冊

330000－1701－0013312　民811.1088/4414　集部/總集類/選集之屬/斷代
虞美人詩錄一卷　林爾嘉編　民國五年(1916)鉛印本　一冊

330000－1701－0013313　民811.1088/44331/c2　集部/總集類/酬唱之屬
百日酬唱錄二卷　林襟宇編　民國三年(1914)永嘉林氏刻本　一冊

330000－1701－0013314　民811.1088/44331/c3　集部/總集類/酬唱之屬
百日酬唱錄二卷　林襟宇編　民國三年(1914)永嘉林氏刻本　一冊

330000－1701－0013315　民811.1088/44331/c4　集部/總集類/酬唱之屬
百日酬唱錄二卷　林襟宇編　民國三年(1914)永嘉林氏刻本　一冊

330000－1701－0013316　民811.1088/4414.2　集部/總集類/選集之屬/斷代
黄牡丹詩錄一卷　林爾嘉編　民國六年(1917)鉛印本　一冊

330000－1701－0013317　民811.1088/4435　集部/總集類/酬唱之屬
宋臺秋唱三卷　蘇澤東編　民國六年(1917)刻本　一冊

330000－1701－0013318　民811.1088/4317　集部/總集類/酬唱之屬
問禮亭詩初集一卷　戴傳賢編　民國二十五年(1936)鉛印本　一冊

330000－1701－0013319　民811.1088/4414.3　集部/總集類/選集之屬/斷代
七夕四詠詩錄一卷閏七夕乞巧廻文詩錄一卷　林爾嘉編　民國八年(1919)鉛印本　一冊

330000－1701－0013320　民811.1088/3141/c1　集部/總集類/選集之屬/斷代
江南二仲詩　王蘧常　錢萼孫撰　民國十九年(1930)鉛印本　一冊

330000－1701－0013321　民811.1088/4414.4　集部/總集類/題詠之屬
菽莊三九雅集詩錄一卷　林爾嘉編　民國十一年(1922)鉛印本　一冊

330000－1701－0013325　民811.1088/4692

集部/總集類/酬唱之屬
因社集一卷　楊愷齡等編次　民國二十二年(1933)因社鉛印本　一冊

330000－1701－0013326　民 811.1088/4430/c1　集部/總集類/題詠之屬
羽山聽松圖題詠集一卷　蔡心齋等撰　民國二十四年(1935)鉛印本　一冊

330000－1701－0013328　民 811.1088/4433/c1　集部/別集類
橋梓詩林初集八卷　林家濬撰　**續集七卷**　林廷玉撰　民國十四年(1925)石印本　四冊

330000－1701－0013329　民 8411.1088/4723/c1　集部/總集類/酬唱之屬
書懷唱酬集一卷　胡行之編　民國二十三年(1934)鉛印本　一冊

330000－1701－0013330　民 811.1088/4522/c1　集部/總集類/選集之屬/斷代
樓幼靜張穆生詩詞合稿四卷　樓巍　張敬熙撰　民國二十一年(1932)鉛印本　一冊

330000－1701－0013331　民 811.1088/4430/c2　集部/總集類/題詠之屬
羽山聽松圖題詠集一卷　蔡心齋等撰　民國二十四年(1935)鉛印本　一冊

330000－1701－0013332　民 8411.1088/4723/c2　集部/總集類/酬唱之屬
書懷唱酬集一卷　胡行之編　民國二十三年(1934)鉛印本　一冊

330000－1701－0013333　民 8411.1088/4723/c3　集部/總集類/酬唱之屬
書懷唱酬集一卷　胡行之編　民國二十三年(1934)鉛印本　一冊

330000－1701－0013334　民 811.1088/4738/c1　集部/總集類/酬唱之屬
迷樓集一卷　柳遂輯　民國十年(1921)上海中華書局鉛印本　一冊

330000－1701－0013335　民 811.1088/3487/c2　集部/總集類/酬唱之屬
虎林銷夏集一卷　沈鈞輯　民國三年(1914)杭城興業印書局鉛印本　一冊

330000－1701－0013336　民 811.1088/4433/c2　集部/別集類
橋梓詩林初集八卷　林家濬撰　**續集七卷**　林廷玉撰　民國十四年(1925)石印本　四冊

330000－1701－0013337　民 811.1088/4433/c3　集部/別集類
橋梓詩林初集八卷　林家濬撰　**續集七卷**　林廷玉撰　民國十四年(1925)石印本　四冊

330000－1701－0013338　民 811.1088/3487/c3　集部/總集類/酬唱之屬
虎林銷夏集一卷　沈鈞輯　民國三年(1914)杭城興業印書局鉛印本　一冊

330000－1701－0013339　民 811.1088/4433/c4　集部/別集類
橋梓詩林初集八卷　林家濬撰　**續集七卷**　林廷玉撰　民國十四年(1925)石印本　四冊

330000－1701－0013341　民 811.1088/4738/c2　集部/總集類/酬唱之屬
迷樓集一卷　柳遂輯　民國十年(1921)上海中華書局鉛印本　一冊

330000－1701－0013342　民 811.1088/4738/c3　集部/總集類/酬唱之屬
迷樓集一卷　柳遂輯　民國十年(1921)上海中華書局鉛印本　一冊

330000－1701－0013343　民 811.1088/4741/c1　集部/總集類/選集之屬/斷代
京錫游草不分卷　胡韞玉　傅熊湘　高燮撰　民國八年(1919)鉛印本　一冊

330000－1701－0013345　民 811.1088/4741/c2　集部/總集類/選集之屬/斷代
京錫游草不分卷　胡韞玉　傅熊湘　高燮撰　民國八年(1919)鉛印本　一冊

330000－1701－0013346　民 811.1088/4522/c2　集部/總集類/選集之屬/斷代
樓幼靜張穆生詩詞合稿四卷　樓巍　張敬熙

撰　民國二十一年(1932)鉛印本　一册

330000－1701－0013347　民 811.1088/3700　集部/總集類/課藝之屬

逸廬詩社課藝初集一卷二集一卷三集一卷四集一卷　逸廬詩社編　民國十六年(1927)鉛印本　三册　缺一卷(四集)

330000－1701－0013348　民 811.1088/4637　集部/總集類/酬唱之屬

席蔭軒酬唱集一卷　吳承烜編　民國鉛印本　一册

330000－1701－0013349　民 811.1088/4745　集部/總集類/酬唱之屬

蘭禊集不分卷　郁葆青等撰　民國十六年(1927)鉛印本　一册

330000－1701－0013350　民 811.1088/5356　集部/總集類/酬唱之屬

壬社十老會紀盛錄一卷　孫汝懌等撰　民國二十五年(1936)鉛印本　一册

330000－1701－0013351　民 811.1088/5356/2　集部/總集類/酬唱之屬

壬社十老會紀盛錄一卷　孫汝懌等撰　民國二十五年(1936)鉛印本　一册

330000－1701－0013352　民 811.1088/5515　集部/總集類/選集之屬/斷代

滄社詩錄一卷　曹尹甫編輯　民國十一年(1922)上海滄社油印本　一册

330000－1701－0013353　民 811.1088/6090/c1　集部/總集類/題詠之屬

桐江肖園詩集四卷　羅燦麟編　民國五年(1916)鉛印本　二册

330000－1701－0013354　民 811.1088/6090/c2　集部/總集類/題詠之屬

桐江肖園詩集四卷　羅燦麟編　民國五年(1916)鉛印本　二册

330000－1701－0013355　民 811.1088/5523　集部/總集類/酬唱之屬

甲戌上巳玄武湖修禊詩草一卷甲戌重九鷄鳴寺豁蒙樓登高詩草一卷　程天放等撰　民國二十四年(1935)鉛印本　一册

330000－1701－0013356　民 811.1088/6090.2　集部/總集類/題詠之屬

桐江肖園詩集四卷　羅燦麟編　民國五年(1916)鉛印本　二册

330000－1701－0013357　民 811.1088/4032　集部/總集類/選集之屬/斷代

歡夏唫鈔一卷　仿古印書局編　民國二十六年(1937)南京仿古印書局鉛印本　一册

330000－1701－0013358　民 811.1088/5523.2/c1　集部/總集類/酬唱之屬

癸酉九日掃葉樓登高詩集一卷　夏敬觀等撰　民國二十三年(1934)鉛印本　一册

330000－1701－0013359　民 811.1088/4745/c2　集部/總集類/酬唱之屬

蘭禊集不分卷　郁葆青等撰　民國十六年(1927)鉛印本　一册

330000－1701－0013360　民 811.1088/5523.2/c2　集部/總集類/酬唱之屬

癸酉九日掃葉樓登高詩集一卷　夏敬觀等撰　民國二十三年(1934)鉛印本　一册

330000－1701－0013361　民 811.1088/5533　集部/總集類/選集之屬

南雅集一卷　鄭人瑞等撰　民國七年(1918)鉛印本　一册

330000－1701－0013362　民 811.1088/4032/1　集部/總集類/題詠之屬

握蘭簃裁曲圖詠二卷　李宣倜編　民國二十二年(1933)鉛印本　曼伽題記　一册

330000－1701－0013363　民 811.1088/4042　集部/總集類/酬唱之屬

圭塘倡和詩一卷　袁克文編　民國二年(1913)石印本　一册

330000－1701－0013364　民 811.1088/6084　集部/總集類/酬唱之屬

陽春白雪詞一卷　吕美蓀唱　路朝鑾等和

菀麗園詩再續一卷　呂美蓀撰　民國二十三年(1934)鉛印本　一冊

330000－1701－0013365　民 811.1088/4044　集部/總集類/郡邑之屬
東陸詩選初集二卷二集四卷　袁嘉穀編　民國十四年(1925)鉛印本　一冊

330000－1701－0013366　民 811.1088/7228　新學/理學/文學
初期白話詩稿一卷　劉復輯　民國二十二年(1933)北平星雲堂書店影印本　一冊

330000－1701－0013367　民 811.1088/7244　集部/總集類/課藝之屬
劉何二女子詩課二卷　許承堯評點　民國二十四年(1935)影印本　一冊

330000－1701－0013368　民 811.1088/7519/c1　集部/總集類/選集之屬
畱影社詩草初集一卷　陳建棠編　民國八年(1919)鉛印本　宋契禹題簽並題詞　于若題詞　一冊

330000－1701－0013369　民 811.1088/4774　集部/總集類/氏族之屬
郁氏三世吟稿三種三卷　郁屏翰　郁葆青　郁元英撰　民國十七年(1928)鉛印本　一冊

330000－1701－0013370　民 811.1088/6631/c1　集部/總集類/酬唱之屬
江上題襟集一卷　嚴廷楨輯　民國八年(1919)石印本　一冊

330000－1701－0013371　民 811.1088/4901　集部/總集類/酬唱之屬
幼幼集一卷　狄望雲編　民國二十七年(1938)黃巖友成局鉛印本　一冊

330000－1701－0013372　民 811.1088/7443　集部/總集類/選集之屬/斷代
友聲詩稿一卷　友聲詩社編纂　民國七年(1918)友聲詩社油印本　一冊

330000－1701－0013373　民 811.1088/6631/c2　集部/總集類/酬唱之屬
江上題襟集一卷　嚴廷楨輯　民國八年(1919)石印本　一冊

330000－1701－0013374　民 811.1088/7519/c2　集部/總集類/選集之屬
畱影社詩草初集一卷　陳建棠編　民國八年(1919)鉛印本　一冊

330000－1701－0013375　民 811.1088/7534　集部/總集類/選集之屬/斷代
宮閨懷古詩二卷　陳海梅編　**附環碧詩存五十首一卷**　陳文青撰　**補恨天戲詠一卷噴飯集一卷**　我園主人撰　民國十三年(1924)鉛印本　一冊

330000－1701－0013376　民 811.1088/6827/c1　集部/總集類/酬唱之屬
浦陽唱和錄初集一卷　喻信厚錄稿　民國十五年(1926)木活字印本　一冊

330000－1701－0013377　民 811.1088/7455　集部/總集類/選集之屬/斷代
引玉集三卷附錄一卷　陸擁書彙錄　民國四年(1915)上海振華印局鉛印本　一冊

330000－1701－0013378　民 811.1088/4925　集部/總集類/酬唱之屬
跛翁六十贈言一卷　趙種青編　民國十五年(1926)校經山房石印本　一冊

330000－1701－0013379　民 811.1088/7540/c1　集部/總集類/酬唱之屬
璧水春長集一卷附補錄　陳夔龍輯　民國二十二年(1933)鉛印本　一冊

330000－1701－0013380　民 811.1088/6827/c2　集部/總集類/酬唱之屬
浦陽唱和錄初集一卷　喻信厚錄稿　民國十五年(1926)木活字印本　一冊

330000－1701－0013381　民 811.1088/7540/c2　集部/總集類/酬唱之屬
璧水春長集一卷附補錄　陳夔龍輯　民國二十二年(1933)鉛印本　一冊

330000－1701－0013382　民 811.1088/7483/

c1　集部/總集類/酬唱之屬

寵兒編三卷五十自述一卷　陸鍾渭編　民國杭州浙江彙商印刷公司鉛印本　一冊

330000－1701－0013384　民 811.1088/6827/c3　集部/總集類/酬唱之屬

浦陽唱和錄初集一卷　喻信厚錄稿　民國十五年(1926)木活字印本　一冊

330000－1701－0013385　民 811.1088/7580.5　集部/總集類/選集之屬/斷代

花近樓逸社詩存一卷　陳夔龍等撰　民國九年(1920)上海聚珍倣宋印書局鉛印本　一冊

330000－1701－0013387　民 811.1088/6827/2　集部/總集類/酬唱之屬

浦陽唱酬錄百疊韻一卷　喻信厚撰　民國二十五年(1936)鉛印本　喻信厚題記　一冊

330000－1701－0013388　民 811.1088/7483/c2　集部/總集類/酬唱之屬

寵兒編三卷五十自述一卷　陸鍾渭編　民國杭州浙江彙商印刷公司鉛印本　一冊

330000－1701－0013389　民 811.1088/7483/c3　集部/總集類/酬唱之屬

寵兒編三卷五十自述一卷　陸鍾渭編　民國杭州浙江彙商印刷公司鉛印本　一冊

330000－1701－0013390　民 811.1088/7580.3　集部/總集類/選集之屬/斷代

逸社詩存第六集一卷　陳夔龍等撰　民國四年(1915)鉛印本　一冊

330000－1701－0013391　民 811.1088/7504/c1　集部/總集類/郡邑之屬

滬瀆同聲集不分卷　郁葆青輯　陳詩選　民國二十二年(1933)鉛印本　一冊

330000－1701－0013394　民 811.1088/7701/c1、民 811.1088/7701.02/c2、民 811.1088/7701.3、民 811.1088/7701.2/c1、民 811.1088/7701.5/c1　類叢部/叢書類/自著之屬

晨風廬叢刊十八種　周慶雲撰　民國吳興周氏夢坡室刻本　十四冊　存五種

330000－1701－0013395　民 811.1088/7700　集部/總集類/酬唱之屬

江亭修禊詩一卷　譚祖任等撰　民國十四年(1925)鉛印本　一冊

330000－1701－0013396　民 811.1088/7701.4　集部/總集類/酬唱之屬

其惇集二卷　周慶雲等撰　民國三年(1914)周氏夢坡室刻本　一冊

330000－1701－0013397　民 811.1088/7504/c3　集部/總集類/郡邑之屬

滬瀆同聲集不分卷　郁葆青輯　陳詩選　民國二十二年(1933)鉛印本　一冊

330000－1701－0013398　民 811.1088/7504/c2　集部/總集類/郡邑之屬

滬瀆同聲集不分卷　郁葆青輯　陳詩選　民國二十二年(1933)鉛印本　一冊

330000－1701－0013399　民 811.1088/7701/c2、民 811.1088/7701.02/c2、民 811.1088/7701.3/2/c2、民 811.1088/7701.2/c2、民 811.1088/7701.5/c2　類叢部/叢書類/自著之屬

晨風廬叢刊十八種　周慶雲撰　民國吳興周氏夢坡室刻本　十三冊　存四種

330000－1701－0013400　民 811.1088/7762　集部/總集類/酬唱之屬

春游酬唱集一卷　周昭德編　民國十年(1921)油印本　一冊

330000－1701－0013401　民 811.1088/7504/c4　集部/總集類/郡邑之屬

滬瀆同聲集不分卷　郁葆青輯　陳詩選　民國二十二年(1933)鉛印本　一冊

330000－1701－0013402　普 921.512/4762.11　史部/傳記類/總傳之屬/家乘

[湖南溆浦]胡氏九修族譜□□卷　民國二十四年(1935)安定堂木活字印本　五冊　存六卷(一至六)

330000－1701－0013403　民 811.1088/8018　集部/總集類/酬唱之屬

天南鴻雪一卷　姜可欽等撰　民國四年

(1915)木活字印本　一册

330000－1701－0013406　民 811.1088/8024/c1　集部/總集類/酬唱之屬

湖海唱酬一卷　金保權等撰　民國二十三年(1934)鉛印本　一册

330000－1701－0013407　民 811.1088/7770　集部/總集類/酬唱之屬

鷗隱廬七十壽詩彙編一卷　趙卓卿等撰　民國十二年(1923)石印本　一册

330000－1701－0013409　民 811.1088/7711/c1　集部/總集類/氏族之屬

晚香集五卷　周瑞玉輯　民國十七年(1928)鉛印本　一册

330000－1701－0013410　民 811.1088/8024/c2　集部/總集類/酬唱之屬

湖海唱酬一卷　金保權等撰　民國二十三年(1934)鉛印本　一册

330000－1701－0013411　民 811.1088/8024/c3　集部/總集類/酬唱之屬

湖海唱酬一卷　金保權等撰　民國二十三年(1934)鉛印本　一册

330000－1701－0013412　民 811.1088/7780　集部/總集類/酬唱之屬

陶令雪鴻集不分卷　陶鏞等撰　民國十二年(1923)定海寶記印書局石印本　一册

330000－1701－0013413　民 811.1088/7711/c2　集部/總集類/氏族之屬

晚香集五卷　周瑞玉輯　民國十七年(1928)鉛印本　一册

330000－1701－0013414　普 090.815381/10211/2　經部/叢編

仿宋相臺五經附考證相臺書塾刊正九經三傳沿革例一卷　(宋)岳珂撰　民國十三年(1924)奉新宋氏卷雨廔據清乾隆四十八年(1783)武英殿本影印本　四十四册

330000－1701－0013416　民 811.1088/7701.3/2/c1、民 811.1088/7701.02/c3、民 811.1088/7701.2/c3　類叢部/叢書類/自著之屬

晨風廬叢刊十八種　周慶雲撰　民國吳興周氏夢坡室刻本　八册　存三種

330000－1701－0013420　民 811.1088/7701.2/c4　類叢部/叢書類/自著之屬

晨風廬叢刊十八種　周慶雲撰　民國吳興周氏夢坡室刻本　二册　存一種

330000－1701－0013421　普 090.815381/7211　經部/叢編

仿宋相臺五經附考證相臺書塾刊正九經三傳沿革例一卷　(宋)岳珂撰　民國十三年(1924)奉新宋氏卷雨廔據清乾隆四十八年(1783)武英殿本影印本　四十四册

330000－1701－0013422　民 811.1088/7701.2/2、民 811.1088/7701.5/c3　類叢部/叢書類/自著之屬

晨風廬叢刊十八種　周慶雲撰　民國吳興周氏夢坡室刻本　二册　存二種

330000－1701－0013457　普 090.8711/1119/c1　經部/群經總義類/石經之屬

皕忍堂模刻唐開成石壁十二經　張宗昌編　民國十五年(1926)掖縣張宗昌皕忍堂摹刻本　五十四册　存十五種

330000－1701－0013458　普 090.8711/1119/c2　經部/群經總義類/石經之屬

皕忍堂模刻唐開成石壁十二經　張宗昌編　民國十五年(1926)掖縣張宗昌皕忍堂摹刻本　七十四册

330000－1701－0013483　普 090.883837/4980　經部/群經總義類/傳說之屬

十三經獨斷一卷　趙曾望撰　民國鉛印本　一册

330000－1701－0013484　普 090.92/0015　史部/傳記類/總傳之屬/儒林

兩漢三國學案十一卷　唐晏撰　民國三年(1914)潮陽鄭氏龍溪精舍刻朱印本　王舟瑤跋　十册

330000－1701－0013491　普 091/7760　經

部/易類/正文之屬
周易一卷　民國商務印書館鉛印本　一冊

330000－1701－0013511　普921.512/1010.61　史部/傳記類/總傳之屬/家乘
[浙江餘姚]餘姚蘭風王氏宗譜四卷首一卷末一卷　王爾耀修　洪曰湄纂　民國十八年(1929)思明堂木活字印本　四冊

330000－1701－0013512　普921.512/1010.7　史部/傳記類/總傳之屬/家乘
[福建閩侯]西清王氏重脩族譜不分卷　王孝綺增修　民國二十四年(1935)鉛印本　二冊

330000－1701－0013513　普921.512/1010.51　史部/傳記類/總傳之屬/家乘
[浙江嵊州]達溪王氏宗譜十二卷首一卷末一卷　王正初　王祖德纂修　民國八年(1919)淮澤堂木活字印本　十冊

330000－1701－0013514　普921.512/0026.13　史部/傳記類/總傳之屬/家乘
[湖南邵陵]唐氏三續族譜八十二卷首三卷　唐興沛等主修　唐光國等纂修　民國二年(1913)敦睦堂木活字印本　十一冊　存十九卷(首一至三,隆公房郁公柱一至五、七至十七)

330000－1701－0013515　普921.512/0026.14　史部/傳記類/總傳之屬/家乘
[湖南東安]唐氏族譜二十卷首二卷　唐桐奎主修　唐燦等編輯　民國十九年(1930)木活字印本　十八冊　存十七卷(首上,一至七、十、十二至十六、十八至二十)

330000－1701－0013516　普921.512/00401.9　史部/傳記類/總傳之屬/家乘
[湖南長沙]長沙章氏三修支譜□□卷首□□卷　民國河間堂木活字印本　一冊　存一卷(首下)

330000－1701－0013517　普921.512/0026.9　史部/傳記類/總傳之屬/家乘
[湖南湘潭]湘潭淦田唐氏六修族譜二十三卷首一卷末一卷附一卷　唐德度　唐德昆等主編　民國二十三年(1934)修原堂木活字印本　十六冊　存十四卷(二至五、七至八、十八至二十三,末,附)

330000－1701－0013518　普921.512/0026.4　史部/傳記類/總傳之屬/家乘
[湖南寧鄉]石灘唐氏六修通譜五卷首二卷末三卷　唐翹東主修　唐藻亭總纂　唐漢春　唐蔭寰纂修　民國二十年(1931)晉陽堂木活字印本　四十二冊

330000－1701－0013519　普921.512/0026.7　史部/傳記類/總傳之屬/家乘
唐氏五修宗譜□□卷　民國篤慶堂木活字印本　二冊　存二卷(二至三)

330000－1701－0013520　普921.512/1010.71　史部/傳記類/總傳之屬/家乘
[浙江餘姚]臧墅王氏家譜六卷首一卷　王德元　王傳豪編　民國三十六年(1947)油印本　王子敬題記　一冊

330000－1701－0013521　普921.512/1010.7/2/c1　史部/傳記類/總傳之屬/家乘
[福建閩侯]西清王氏族譜不分卷　王孝綺增修　民國二十三年(1934)鉛印本　一冊

330000－1701－0013522　普921.512/00227　史部/傳記類/總傳之屬/家乘
[湖南東安]東安席氏四修譜□□卷別錄一卷　民國木活字印本　六冊　存六卷(二、五、十至十一、十七,別錄)

330000－1701－0013524　普921.512/4411　史部/傳記類/總傳之屬/家乘
[浙江金華]古婺長山栗塘范氏宗譜□□卷　傅耀南編　民國三十五年(1946)木活字印本　十五冊　存十四卷(文集一至三、世系一至三、行傳六至十三)

330000－1701－0013525　普921.512/1010.81　史部/傳記類/總傳之屬/家乘
[浙江蕭山]浙紹蕭山縣車裏庄王氏家譜十二卷　王慶洛　王綸纂修　民國六年(1917)三槐堂木活字印本　十二冊

330000－1701－0013526　普 921.512/1010.82　史部/傳記類/總傳之屬/家乘
[浙江蕭山]苧蘿王氏宗譜四十八卷首二卷　王荇沚纂修　民國四年(1915)三槐堂木活字印本　五十三冊　缺一卷(首下)

330000－1701－0013527　普 921.512/1010.7/2/c2　史部/傳記類/總傳之屬/家乘
[福建閩侯]西清王氏族譜不分卷　王孝綺增修　民國二十三年(1934)鉛印本　一冊

330000－1701－0013528　普 921.512/1010.9　史部/傳記類/總傳之屬/家乘
[浙江義烏]鳳林蒲潭王氏宗譜二十七卷　王秉中纂修　民國二十五年(1936)木活字印本　二十七冊

330000－1701－0013529　普 921.512/1010.86　史部/傳記類/總傳之屬/家乘
[浙江慈溪]半奧王氏草譜□□卷　王善緗纂修　民國二十四年(1935)敦倫堂木活字印本　一冊　存行第詩句圖、世系圖

330000－1701－0013530　普 921.512/0026.5　史部/傳記類/總傳之屬/家乘
[湖南寧鄉]石灘唐氏六修通譜三卷首一卷　唐盛豐等纂修　民國二十年(1931)晉陽堂木活字印本　二冊

330000－1701－0013533　普 921.512/0026.6　史部/傳記類/總傳之屬/家乘
[湖南寧鄉]石灘唐氏六修通譜二卷末一卷　唐堯軒纂修　民國二十年(1931)晉陽堂木活字印本　一冊　存二卷(首、二)

330000－1701－0013534　普 921.512/1010.91　史部/傳記類/總傳之屬/家乘
[安徽績溪]績溪廟子山王氏譜二十卷首四卷末四卷　王集成纂修　民國二十五年(1936)敘倫堂鉛印本　四冊

330000－1701－0013535　普 921.512/1010.84　史部/傳記類/總傳之屬/家乘
[江西吉安]妙山王氏重修族譜不分卷　王大洪　王學程纂修　民國三年(1914)木活字印本　一冊

330000－1701－0013536　普 921.512/1010.92　史部/傳記類/總傳之屬/家乘
[浙江黃巖]柔橋王氏家譜八卷首一卷末一卷附編二卷　王元纂　民國十七年(1928)木活字印本　六冊

330000－1701－0013538　普 921.512/1010.97　史部/傳記類/總傳之屬/家乘
[江西興國]興邑王晉賢堂須知清冊不分卷　王有華纂修　民國十一年(1922)木活字印本　二冊

330000－1701－0013539　普 921.512/1010.96　史部/傳記類/總傳之屬/家乘
[浙江慈溪]慈谿半奧王氏宗譜十八卷首一卷末一卷　王善湘纂修　民國二十六年(1937)敦倫堂木活字印本　九冊　缺二卷(十五至十六)

330000－1701－0013540　普 921.512/1010.94　史部/傳記類/總傳之屬/家乘
[江西萬載]白水王氏族譜二十卷　王宏遠　王士魁督修　王炅輝　王澎甲輯修　民國四年(1915)太原堂木活字印本　二十冊

330000－1701－0013543　普 921.512/0026.8　史部/傳記類/總傳之屬/家乘
[湖南東安]一甲唐氏族譜□□卷首□□卷　唐榮等編　民國木活字印本　四冊　存四卷(首上,一、三至四)

330000－1701－0013545　普 921.512/0864.5　史部/傳記類/總傳之屬/家乘
[浙江天台]天台坡街許氏族譜四十七卷　許保和等纂修　民國二十四年(1935)木活字印本　十四冊

330000－1701－0013546　普 921.512/1010.992　史部/傳記類/總傳之屬/家乘
[湖南安化]王氏七修族譜□□卷首□□卷　民國太原堂木活字印本　七十五冊　存十七卷(首三至五、一至十四)

330000－1701－0013550　普 921.512/1020.

1/c1　史部/傳記類/總傳之屬/家乘
[浙江上虞]上虞夏溪丁氏宗譜二十一卷首一卷末一卷　丁渭封纂修　民國十三年(1924)瑞松堂木活字印本　二十册

330000－1701－0013552　普 921.512/1020.2　史部/傳記類/總傳之屬/家乘
[江西萬載]萬載沙橋丁氏族譜□□卷　民國三十六年(1947)濟陽堂木活字印本　十册　存十卷(一至四、七至十二)

330000－1701－0013553　普 921.512/1024.1　史部/傳記類/總傳之屬/家乘
[浙江上虞]上虞夏家埠夏氏宗譜四卷　夏良佐修　夏濟泰等纂　民國三十七年(1948)明德堂木活字印本　四册

330000－1701－0013554　普 921.512/1123.14　史部/傳記類/總傳之屬/家乘
[浙江磐安]樓下宅張氏宗譜十六卷首一卷　張國勳　張廷勳修　張錦彪　張兆琦纂　民國五年(1916)木活字印本　二十册

330000－1701－0013555　普 921.512/1123.1　史部/傳記類/總傳之屬/家乘
[浙江蕭山]蕭山張氏宗譜六卷　民國十七年(1928)宗德堂木活字印本　六册

330000－1701－0013558　普 921.512/1010.994　史部/傳記類/總傳之屬/家乘
[江西]王氏族譜十二卷末一卷　王冕周纂修　民國三十六年(1947)太原堂木活字印本　十一册　缺一卷(三)

330000－1701－0013560　普 921.512/1024　史部/傳記類/總傳之屬/家乘
[浙江天台]天台夏氏宗譜十六卷首一卷　夏賡雲纂修　民國十年(1921)木活字印本　十四册

330000－1701－0013563　普 921.512/1024.4　史部/傳記類/總傳之屬/家乘
[湖南桂陽]桂陽大灣夏氏譜九卷　夏萩軒纂修　民國崇校堂刻本　三册　存四卷(四至七)

330000－1701－0013566　普 921.512/1020.1/c2　史部/傳記類/總傳之屬/家乘
[浙江上虞]上虞夏溪丁氏宗譜二十一卷首一卷末一卷　丁渭封纂修　民國十三年(1924)瑞松堂木活字印本　二十册

330000－1701－0013567　普 921.512/1123.12　史部/傳記類/總傳之屬/家乘
[浙江紹興]金漁墺張氏宗譜六卷　張大昂修　張悌寶纂　民國八年(1919)孝友堂木活字印本　六册

330000－1701－0013568　普 921.512/1040　史部/傳記類/總傳之屬/家乘
[浙江樂清]蔗湖干氏宗譜十卷　干興瑞纂　民國丨四年(1925)木活字印本　十册

330000－1701－0013569　普 921.512/1123.13　史部/傳記類/總傳之屬/家乘
[浙江嵊州]剡源張氏宗譜五卷　張達賡纂修　民國十八年(1929)木活字印本　四册

330000－1701－0013577　普 921.512/1123.49　史部/傳記類/總傳之屬/家乘
[浙江寧波]甬上青石張氏家譜四卷　張美翊等修　民國十四年(1925)味芹堂鉛印本　四册

330000－1701－0013579　普 921.512/1123.2　史部/傳記類/總傳之屬/家乘
[浙江鄞縣]石路頭張氏宗譜四卷首一卷終一卷　張大同修　陳憲曾纂　民國二十四年(1935)名教堂木活字印本　四册

330000－1701－0013580　普 921.512/1123.5　史部/傳記類/總傳之屬/家乘
[浙江餘姚]姚江三墻門張氏宗譜二十八卷　張振鷺纂修　民國五年(1916)樹德堂木活字印本　二十八册

330000－1701－0013581　普 921.512/1123.52　史部/傳記類/總傳之屬/家乘
[福建長汀]清河郡張氏宗譜□□卷　民國三十六年(1947)木活字印本　一册　存一卷(三)

330000－1701－0013583　普 921.512/1123.53　史部/傳記類/總傳之屬/家乘
張氏族譜□□卷　民國十四年(1925)上東積慶祠木活字印本　一册　存一卷(三)

330000－1701－0013587　普 921.512/1123.56　史部/傳記類/總傳之屬/家乘
[浙江浦江]龍溪張氏十甲人房宗譜二十八卷　張時牛　張時立纂修　民國三年(1914)木活字印本　二十七册

330000－1701－0013589　普 921.512/1123.59　史部/傳記類/總傳之屬/家乘
[江西][湖南]張氏族譜十二卷首一卷末一卷　張貴英修　張俊儒　張俊卿纂　民國十二年(1923)孝友堂木活字印本　四册　存四卷(首,九、十二,末)

330000－1701－0013591　普 921.512/1123.65　史部/傳記類/總傳之屬/家乘
[福建永春]大崙張氏宗譜二十一卷首一卷末一卷　民國二十五年(1936)環山館木活字印本　八册

330000－1701－0013596　普 921.512/1123.8　史部/傳記類/總傳之屬/家乘
[浙江海寧]橫山張氏西支墓圖記一卷　張兆鏞輯　民國十九年(1930)鉛印本　一册

330000－1701－0013598　普 921.512/1123.71　史部/傳記類/總傳之屬/家乘
[江西宜春]袁州五眼井張祠三修祠册不分卷　張樹風等修　民國十四年(1925)孝友堂木活字印本　二册

330000－1701－0013600　普 921.512/1241　史部/傳記類/總傳之屬/家乘
[浙江衢州]孔氏南宗考略二卷　徐鏡泉纂輯　民國三十七年(1948)鉛印本　一册

330000－1701－0013602　普 921.512/1123.62　史部/傳記類/總傳之屬/家乘
[湖南瀏陽][江西]瀏陽張氏族譜□□卷首□□卷附一卷　張芾棠修　民國二十六年(1937)孝友堂木活字印本　六十七册　存六十卷(首二,一至十二、十四、十七至十九、二十三、二十五至三十三、三十五至四十二、四十四至四十五、四十七至五十八、六十二至七十一,附)

330000－1701－0013603　普 921.512/1123.9　史部/傳記類/總傳之屬/家乘
[浙江蕭山]山陰岳山張氏宗譜十六卷首一卷　張紹良纂修　民國十五年(1926)木活字印本　二十二册

330000－1701－0013609　普 921.512/1123.74　史部/傳記類/總傳之屬/家乘
[江西萬載]谷源張氏家廟牌册□□卷　民國三十年(1941)清河堂木活字印本　一册　存一卷(一)

330000－1701－0013611　普 921.512/1249.2　史部/傳記類/總傳之屬/家乘
[浙江蕭山]蕭山孫氏宗譜四卷附一卷　孫履華修　孫問卿纂　民國十三年(1924)守正堂木活字印本　五册

330000－1701－0013612　普 921.512/1249.8　史部/傳記類/總傳之屬/家乘
[浙江鄞縣]甬北孫氏宗譜三卷首一卷　孫柳馨纂修　民國二十三年(1934)裕彥堂木活字印本　一册　存一卷(首)

330000－1701－0013613　普 921.512/1249.9　史部/傳記類/總傳之屬/家乘
[浙江紹興]紹興孫氏宗譜六卷世系二十五卷　孫秉彝　孫德修修　孫紹曾纂　民國十三年(1924)垂裕堂木活字印本　十六册

330000－1701－0013615　普 921.512/1249.3　史部/傳記類/總傳之屬/家乘
[江蘇南通]孫氏宗譜圖詠七卷　孫匯灃編纂　民國十八年(1929)南通義生印刷所石印本　一册

330000－1701－0013616　普 921.512/1710.2　史部/傳記類/總傳之屬/家乘
[湖南漢壽]孟氏世家族譜□□卷　民國仁義堂木活字印本　三册　存三卷(一至二、五)

330000－1701－0013617　普 921.512/1732　史部/傳記類/總傳之屬/家乘
[浙江鄞縣]鄮氏重修族譜□□卷　民國三十七年(1948)木活字印本　一册　存一卷(鄮坊蒼然公位下世傳一)

330000－1701－0013618　普 921.512/1750　史部/傳記類/總傳之屬/家乘
[湖南常寧]天凹尹氏宗譜九卷　尹乾總纂　尹祥麟等纂修　民國十一年(1922)一經堂木活字印本　七册　存七卷(一、四至九)

330000－1701－0013624　普 921.512/1760　史部/傳記類/總傳之屬/家乘
[湖南益陽]習氏六修族譜十九卷首三卷末三卷　習德慶等主修　習達漢　習達仁等纂修　民國三十七年(1948)東陽堂木活字印本　十九册　存十九卷(首一至三,一至四、六至十、十二至十六、十八,末一)

330000－1701－0013626　普 921.512/2071.6/c1　史部/傳記類/總傳之屬/家乘
[浙江江山]清漾毛氏族譜内集六卷首一卷外集四卷天集八卷春集一卷夏集三卷秋集二卷冬集五卷地集三卷　毛夔臣　毛世卿等纂修　民國二十五年(1936)合敬堂、追遠堂木活字印本　十一册　存六卷(内集首、一至三,天集四、八)

330000－1701－0013627　普 921.512/1249.4　史部/傳記類/總傳之屬/家乘
[浙江富陽]龍門孫氏智七公派支譜四卷　孫秉壽等纂　民國二十八年(1939)餘慶堂木活字印本　四册

330000－1701－0013628　普 921.512/1249.5　史部/傳記類/總傳之屬/家乘
[浙江紹興]山陰亭川孫氏宗譜四卷　孫炳如纂　民國七年(1918)惟誠堂木活字印本　五册

330000－1701－0013630　普 921.512/2071.62　史部/傳記類/總傳之屬/家乘
[浙江江山]清漾毛氏族譜□□卷　民國十八年(1929)木活字印本　一册　存一卷(六)

330000－1701－0013631　普 921.512/2121.1　史部/傳記類/總傳之屬/家乘
[浙江餘姚]餘姚半霖盧氏宗譜十二卷首一卷　盧瀓清等纂修　民國三年(1914)緒新堂木活字印本　五册

330000－1701－0013632　普 921.512/2071.61　史部/傳記類/總傳之屬/家乘
[浙江江山]清漾毛氏族譜内集六卷首一卷外集四卷天集八卷春集一卷夏集三卷秋集二卷冬集五卷地集六卷　民國四年(1915)木活字印本　一册　存一卷(天集四)

330000－1701－0013633　普 921.512/2071.6/c2　史部/傳記類/總傳之屬/家乘
[浙江江山]清漾毛氏族譜内集六卷首一卷外集四卷天集八卷春集一卷夏集三卷秋集二卷冬集五卷地集三卷　毛夔臣　毛世卿等纂修　民國二十五年(1936)合敬堂、追遠堂木活字印本　二册　存一卷(天集四)

330000－1701－0013635　普 921.512/2122.1　史部/傳記類/總傳之屬/家乘
[浙江諸暨]暨陽和爨何氏宗譜三卷　何志翰等修　何夢蛟等纂　民國十九年(1930)木活字印本　三册

330000－1701－0013640　普 921.512/2122.5　史部/傳記類/總傳之屬/家乘
[浙江東陽]東陽何氏家譜不分卷　何紹韓纂　民國二十三年(1934)鉛印本暨石印本　一册

330000－1701－0013642　普 921.512/2122.6　史部/傳記類/總傳之屬/家乘
[湖南善化]何氏四修支譜十四卷　何承兑修　民國三年(1914)敦睦堂木活字印本　十三册　存十三卷(二至十四)

330000－1701－0013647　普 921.512/2133.2/c1　史部/傳記類/總傳之屬/家乘
[湖南沅江]沅江熊氏族譜三十五卷首一卷末三卷附長生譜一卷　熊誠仁　熊誠義修　熊誠鼒纂修　民國三十五年(1946)江陵堂木活字印本　四十册　缺一卷(九)

330000－1701－0013648　普 921.512/2133
史部/傳記類/總傳之屬/家乘
[湖南益陽]熊氏族譜二十四卷　民國三年(1914)益陽又三里木活字印本　六冊　存六卷(十七至十八、二十一至二十四)

330000－1701－0013652　普 921.512/1710
史部/傳記類/總傳之屬/家乘
[浙江松陽]栝松爨源孟氏宗譜十三卷　孟起信修　孟人信纂　民國五年(1916)木活字印本　十一冊　缺三卷(二至四)

330000－1701－0013654　普 921.512/2191
史部/傳記類/總傳之屬/家乘
[浙江上虞]上虞經氏宗譜四卷首一卷　經國寶修　經錫疇等纂　民國十三年(1924)尃聯堂木活字印本　五冊

330000－1701－0013655　普 921.512/2324.2
史部/傳記類/總傳之屬/家乘
[浙江紹興]山陰丁巷傅氏宗譜六卷　傅榮棠總纂　傅嘯穌　傅大寅協纂　民國七年(1918)百歲堂木活字印本　六冊

330000－1701－0013656　普 921.512/2221/c1　史部/傳記類/總傳之屬/家乘
[浙江海寧][浙江湖州]任氏宗譜九卷首三卷　任松年等纂修　民國二十二年(1933)鉛印本　十二冊

330000－1701－0013657　普 921.512/2190.1
史部/傳記類/總傳之屬/家乘
[湖南益陽]資陽柴氏支譜十卷末一卷　柴典璠　柴典鏡主修　柴典訓等纂修　民國二十八年(1939)平陽堂木活字印本　九冊

330000－1701－0013658　普 921.512/2324.3
史部/傳記類/總傳之屬/家乘
[浙江蕭山]蕭山傅氏宗譜二十一卷　傅欽衍　傅漢鉅纂修　民國十四年(1925)敦木堂木活字印本　二十四冊

330000－1701－0013659　普 921.512/2324
史部/傳記類/總傳之屬/家乘
[浙江義烏]義烏青巖傅氏宗譜二十三卷　傅典彝修　傅典藩等纂　民國三十六年(1947)木活字印本　二十三冊

330000－1701－0013661　普 921.512/2472
史部/傳記類/總傳之屬/家乘
[湖北黃梅]黃梅帥氏事略不分卷　嚴至仁編　民國二十年(1931)抄本　一冊

330000－1701－0013662　普 921.512/2221/c2　史部/傳記類/總傳之屬/家乘
[浙江海寧][浙江湖州]任氏宗譜九卷首三卷　任松年等纂修　民國二十二年(1933)鉛印本　十二冊

330000－1701－0013666　普 921.512/2590
史部/傳記類/總傳之屬/家乘
[浙江餘姚]餘姚長豐朱氏宗譜四卷首一卷　朱志炎修　朱志園等纂　民國十六年(1927)樹德堂木活字印本　四冊

330000－1701－0013669　普 921.512/2133.2/c2　史部/傳記類/總傳之屬/家乘
[湖南沅江]熊氏族譜三十五卷首一卷末三卷附長生譜一卷　熊誠仁　熊誠義修　熊誠蕭纂　民國三十五年(1946)江陵堂木活字印本　三十冊　缺十一卷(一、五至六、九至十一、十八、二十七、三十一、三十四,長生譜)

330000－1701－0013672　普 921.512/2590.19　史部/傳記類/總傳之屬/家乘
[浙江餘姚]餘姚朱氏宗譜二十卷首一卷　朱元樹等修　民國二十年(1931)一本堂木活字印本　二十冊

330000－1701－0013674　普 921.512/2590.2
史部/傳記類/總傳之屬/家乘
[浙江鄞縣]四明朱氏支譜内外編二十六卷　朱驤輯　民國二十五年(1936)慎德堂木活字印本　四冊

330000－1701－0013679　普 921.512/2590.41　史部/傳記類/總傳之屬/家乘
[江西萬載]萬載鈐溪朱氏族譜二十卷首一卷末一卷　朱慕雲修　朱敬輿　朱文士纂　民國二十六年(1937)理學堂木活字印本　十九

冊　存十九卷(首,二至十三、十五至十八、二十,末)

330000－1701－0013682　普921.512/2590.3/c2　史部/傳記類/總傳之屬/家乘
[浙江紹興]紹縣白洋朱氏宗譜三十二卷首一卷　朱衡清修　朱德齋　朱子方纂　民國十五年(1926)朱氏玉泉堂木活字印本　十三冊　存十七卷(首、一至十六)

330000－1701－0013683　普921.512/2590.7　史部/傳記類/總傳之屬/家乘
[浙江鎮海]鎮海朱氏運石浦支譜一卷　朱傳型編　民國二十三年(1934)鉛印本　一冊

330000－1701－0013685　普921.512/2590.5　史部/傳記類/總傳之屬/家乘
[浙江桐鄉]朱氏支譜二卷圖一卷　朱之榛編　朱景邁增補　民國刻本　二冊

330000－1701－0013686　普921.512/2133.2/c3　史部/傳記類/總傳之屬/家乘
[湖南沅江]沅江熊氏族譜三十五卷首一卷末三卷附長生譜一卷　熊誠仁　熊誠義修　熊誠蕭纂修　民國三十五年(1946)江陵堂木活字印本　九冊　存九卷(十三至十四、十七、十九、二十一、二十四、二十九,末中、下)

330000－1701－0013687　普921.512/2590.42　史部/傳記類/總傳之屬/家乘
[安徽太湖]太湖柘林朱氏宗譜二十三卷首二卷末一卷　朱氏柘林堂重修　民國八年(1919)柘林堂木活字印本　二十四冊　缺二十三卷(首上、一至二十一、末)

330000－1701－0013688　普921.512/2590.8　史部/傳記類/總傳之屬/家乘
[浙江海鹽]澉川朱氏宗乘不分卷　民國思成堂抄本　一冊

330000－1701－0013695　普921.512/2590.93　史部/傳記類/總傳之屬/家乘
[浙江金華]雙溪朱氏宗譜二卷　朱海清纂　民國二十年(1931)雍睦堂木活字印本　二冊

330000－1701－0013696　普921.512/2590.94　史部/傳記類/總傳之屬/家乘
[江西宜春]秀溪朱氏三修族譜不分卷　民國木活字印本　五冊

330000－1701－0013697　普921.512/2643　史部/傳記類/總傳之屬/家乘
[浙江紹興]山陰州山吳氏族譜三十一卷　吳善慶　吳邦樞纂修　民國十三年(1924)木活字印本　三十一冊

330000－1701－0013698　普921.512/2643.12　史部/傳記類/總傳之屬/家乘
[湖南醴陵]醴邑吳氏族譜十八卷首一卷末一卷　吳祖嵐　吳章彥纂修　民國二十九年(1940)載福堂木活字印本　十三冊　缺五卷(五至六、十四至十五、十七)

330000－1701－0013700　普921.512/2643.14/c1　史部/傳記類/總傳之屬/家乘
[湖南長沙]星沙冷木沆吳氏續修族譜三十四卷首一卷　吳正權等纂修　民國十七年(1928)渤海堂木活字印本　三十四冊　缺一卷(二十七)

330000－1701－0013704　普921.512/2643.14/c2　史部/傳記類/總傳之屬/家乘
[湖南長沙]星沙冷木沆吳氏續修族譜三十四卷首一卷　吳正權等纂修　民國十七年(1928)渤海堂木活字印本　三十四冊　缺一卷(三)

330000－1701－0013705　普921.512/2643.25　史部/傳記類/總傳之屬/家乘
[湖南湘潭]湘潭楊泉吳氏家書二十二卷　吳昭曙　吳昭嶙纂修　民國二十年(1931)張古香室木活字印本　十二冊

330000－1701－0013707　普921.512/2643.24　史部/傳記類/總傳之屬/家乘
[湖南沅江]沅邑吳氏四修族譜十卷首一卷　吳枝蔭　吳本楊主修　吳茂畲　吳愈泰纂修　民國十九年(1930)傳清河堂木活字印本　十四冊

330000－1701－0013711　普921.512/2643.4

史部/傳記類/總傳之屬/家乘
[浙江上虞]湯浦吴氏宗譜三十六卷 吴金璠等纂修 民國五年(1916)孝思堂刻本 二十四册

330000－1701－0013712 普 921.512/2643.26 史部/傳記類/總傳之屬/家乘
[湖南益陽]資陽吴氏七修族譜十七卷首三卷末三卷 吴邦偉等主修 吴名旂等纂修 民國二十三年(1934)延陵堂木活字印本 三册 存三卷(首上、中、下)

330000－1701－0013719 普 921.512/2643.7 史部/傳記類/總傳之屬/家乘
[浙江紹興]山陰州山吴氏支譜不分卷 吴善慶纂 民國八年(1919)鉛印本 一册

330000－1701－0013722 普 921.512/2691.6 史部/傳記類/總傳之屬/家乘
[安徽太湖]程氏宗譜十七卷首二卷 程畹香 程鳳佐纂修 民國五年(1916)四箴堂木活字印本 十六册 缺三卷(九、十二、十五)

330000－1701－0013723 普 921.512/2721 史部/傳記類/總傳之屬/家乘
[浙江上虞]上虞賀溪倪氏宗譜十八卷首一卷末一卷 倪煥標修 黄潤郁纂 民國十七年(1928)經鋤堂木活字印本 十二册

330000－1701－0013724 普 921.512/2721.1 史部/傳記類/總傳之屬/家乘
[浙江玉環]虹川倪氏宗譜九卷 倪可楝 倪騫修 倪逢庚編 民國十四年(1925)木活字印本 九册

330000－1701－0013725 普 921.512/27221/c1 史部/傳記類/總傳之屬/家乘
[湖南平江]向氏五修族譜四卷首十卷始二卷 向泰定 向泰傑等纂修 民國三年(1914)大耐堂木活字印本 二十六册 存十三卷(首一至十、一、始一至二)

330000－1701－0013727 普 921.512/2726 史部/傳記類/總傳之屬/家乘
[湖南益陽]詹氏六修族譜□□卷首□□卷 民國十二年(1923)木活字印本 二十八册 存二十九卷(首□、一至七、九、十一至十四、十六至二十、二十二、二十四至二十八、三十至三十一、三十三、三十六、三十八)

330000－1701－0013728 普 921.512/2731 史部/傳記類/總傳之屬/家乘
[浙江紹興]會稽鮑氏五思堂宗譜四卷首一卷 鮑德福纂修 民國二十一年(1932)五思堂鉛印本 三册

330000－1701－0013729 普 921.512/2712 史部/傳記類/總傳之屬/家乘
[江蘇常熟]京兆歸氏世譜十二卷 歸賡良主修 歸兆籛編纂 民國二年(1913)常熟歸氏義莊木活字印本 一册 存二卷(一至二)

330000－1701－0013730 普 921.512/2829.1 史部/傳記類/總傳之屬/家乘
[浙江餘姚]姚江徐氏續譜十一卷首一卷 (清)徐宗榮等修 (清)徐炎 (清)徐瓛編纂 民國五年(1916)木活字印本 三册

330000－1701－0013731 普 921.512/2760 史部/傳記類/總傳之屬/家乘
[浙江常山]常山西林魯氏宗譜十卷 民國三十五年(1946)敬愛堂木活字印本 七册 存五卷(一至五)

330000－1701－0013732 普 921.512/2829 史部/傳記類/總傳之屬/家乘
[浙江餘姚]餘姚江南徐氏宗譜八卷 (明)徐生祥纂修 民國五年(1916)木活字印本 三册

330000－1701－0013733 普 921.512/27221/c2 史部/傳記類/總傳之屬/家乘
[湖南平江]向氏五修族譜四卷首十卷始二卷 向泰定 向泰傑等纂修 民國三年(1914)大耐堂木活字印本 八册 存八卷(首一至二、五至十)

330000－1701－0013735 普 921.512/2829.12 史部/傳記類/總傳之屬/家乘
[浙江]西溪徐氏宗譜□□卷 民國木活字印

本　一册　存一卷(二)

330000 - 1701 - 0013736　普 921.512/2829.13　史部/傳記類/總傳之屬/家乘
[浙江浦江]浦陽徐氏宗譜七卷　徐紹琨纂修　民國二十年(1931)木活字印本　七册　缺一卷(七)

330000 - 1701 - 0013737　普 921.512/27221.1　史部/傳記類/總傳之屬/家乘
[湖南平江]向氏族譜□□卷首□□卷　民國三十三年(1944)大耐堂木活字印本　一册　存四卷(首十至十三)

330000 - 1701 - 0013738　普 921.512/2829.14　史部/傳記類/總傳之屬/家乘
[浙江金華]金華天師畈徐氏宗譜六卷　徐順寶纂　民國十八年(1929)成裕堂木活字印本　六册

330000 - 1701 - 0013741　普 921.512/2771　史部/傳記類/總傳之屬/家乘
[浙江上虞]古虞包氏宗譜四卷　杜霖編纂　民國四年(1915)木活字印本　四册

330000 - 1701 - 0013742　普 921.512/2829.3　史部/傳記類/總傳之屬/家乘
[浙江餘姚]姚江徐氏三續增修宗譜十卷首一卷　徐鼎鎬　徐華潤　徐懋桂纂　民國五年(1916)木活字印本　四册

330000 - 1701 - 0013744　普 921.512/2829.16　史部/傳記類/總傳之屬/家乘
[湖南湘潭]中湘徐氏四修族譜十三卷　徐萬笠等修　徐承億　徐億葵　徐億評纂修　民國十一年(1922)燦霞堂木活字印本　十册　存十卷(一、三至五、七、九至十三)

330000 - 1701 - 0013745　普 921.512/2829.4　史部/傳記類/總傳之屬/家乘
分修港南徐氏支譜四卷　徐賢唐修輯　民國二十四年(1935)石印本　三册

330000 - 1701 - 0013747　普 921.512/2829.2　史部/傳記類/總傳之屬/家乘
[浙江餘姚]姚江徐氏再續增修宗譜十卷首一卷　(清)徐坤　(清)徐景洙纂修　民國五年(1916)木活字印本　四册

330000 - 1701 - 0013748　普 921.512/2829.17　史部/傳記類/總傳之屬/家乘
[湖南長沙]泉井衝徐氏族譜七卷首三卷　徐繼遊　徐開華主修　徐繼鍔等纂修　民國十年(1921)東海堂木活字印本　十册　缺二卷(三、五)

330000 - 1701 - 0013749　普 921.512/2829.8　史部/傳記類/總傳之屬/家乘
[江蘇吴縣]徐氏家譜不分卷　徐鈞續修　民國二十一年(1932)油印本　一册

330000 - 1701 - 0013750　普 921.512/3077　史部/傳記類/總傳之屬/家乘
[浙江遂昌]柳川官氏重修宗譜五卷首一卷　官梧軒修　官俊馨　官志卿纂　民國三十五年(1946)刻本　一册　存一卷(一)

330000 - 1701 - 0013751　普 921.512/3022　史部/傳記類/總傳之屬/家乘
[湖南寧遠]房氏續修族譜六卷首一卷　房升甫　房藻軒主修　房愛軒等纂修　民國三十三年(1944)敦倫堂木活字印本　四册　存四卷(首,一、三至四)

330000 - 1701 - 0013752　普 921.512/2829.9　史部/傳記類/總傳之屬/家乘
[浙江平湖]平湖徐氏世系四卷　徐欽夔等纂　民國五年(1916)平湖綺春閣鉛印本　四册

330000 - 1701 - 0013754　普 921.512/3090　史部/傳記類/總傳之屬/家乘
[浙江上虞]重修古虞宋氏宗譜十卷首一卷　宋樹化修　宋崇德纂　民國三十七年(1948)賦梅堂木活字印本　十册

330000 - 1701 - 0013755　普 921.512/3090.4　史部/傳記類/總傳之屬/家乘
[湖南]宋氏族譜十六卷首□□卷　民國三十六年(1947)京兆堂木活字印本　十六册　存十六卷(一至十六)

330000 - 1701 - 0013756　普 921.512/3090.5

史部/傳記類/總傳之屬/家乘

[湖南]宋氏族譜□□卷 民國四年(1915)京兆堂木活字印本 四冊 存四卷(一至三、六)

330000－1701－0013760 普921.512/3090.1 史部/傳記類/總傳之屬/家乘

[浙江餘姚]餘姚宋氏重修宗譜二十二卷首一卷末一卷 宋子蘭等纂 民國七年(1918)善繼堂木活字印本 二十六冊

330000－1701－0013764 普921.512/3111.11/c1 史部/傳記類/總傳之屬/家乘

[浙江杭州]重修汪氏遷杭支譜四卷首一卷索引一卷 汪怡編纂 民國二十一年(1932)鉛印本 六冊

330000－1701－0013766 普921.512/3111.11/c2 史部/傳記類/總傳之屬/家乘

[浙江杭州]重修汪氏遷杭支譜四卷首一卷索引一卷 汪怡編纂 民國二十一年(1932)鉛印本 六冊

330000－1701－0013771 普921.512/3111.8 史部/傳記類/總傳之屬/家乘

[浙江蕭山]蕭山汪氏宗譜十二卷 汪汝榮修 汪震纂 民國二十三年(1934)集慶堂木活字印本 十四冊

330000－1701－0013772 普921.512/3111.4 史部/傳記類/總傳之屬/家乘

[浙江杭州]杭州汪氏振綺堂小宗譜七卷 汪玉年纂 民國十四年(1925)刻本 一冊 存三卷(一至三)

330000－1701－0013773 普921.512/3111.5 史部/傳記類/總傳之屬/家乘

[浙江江山]環山汪氏重修宗譜三十二卷 汪士富修 汪志貴等纂 民國十八年(1929)滋德堂木活字印本 三十二冊

330000－1701－0013775 普921.512/2829.61 史部/傳記類/總傳之屬/家乘

[浙江嵊州]剡東徐氏宗譜□□卷 民國萃裕堂木活字印本 一冊 存一卷(二)

330000－1701－0013778 普921.512/3111.91 史部/傳記類/總傳之屬/家乘

[浙江金華]珠山汪氏宗譜□□卷 汪德有等編 稿本 十四冊 存二卷(一至二)

330000－1701－0013784 普921.512/2829.7 史部/傳記類/總傳之屬/家乘

[浙江餘姚]姚江徐氏支譜三卷 徐伯英纂修 民國十年(1921)聚順堂木活字印本 一冊

330000－1701－0013785 普921.512/3112.4 史部/傳記類/總傳之屬/家乘

[浙江建德]始平馮氏宗譜二卷 郭鳳翔纂修 民國三十八年(1949)木活字印本 二冊

330000－1701－0013787 普921.512/3112 史部/傳記類/總傳之屬/家乘

[山西代縣]代州馮氏族譜四卷 馮曦纂修 民國二十二年(1933)鉛印本 馮鵬翥題記 四冊

330000－1701－0013792 普921.512/3390.3 史部/傳記類/總傳之屬/家乘

[江西萬載]萬邑梁氏享譜三卷 梁兆元等譔 民國三十五年(1946)安定堂石印本 三冊

330000－1701－0013793 普921.512/3213 史部/傳記類/總傳之屬/家乘

[浙江遂昌]栝昌琴溪濮氏宗譜七卷 濮行三等纂修 民國二十九年(1940)木活字印本 六冊 缺一卷(四)

330000－1701－0013794 普921.512/3216.2 史部/傳記類/總傳之屬/家乘

[浙江餘姚]餘姚道塘潘氏宗譜□□卷 民國三十年(1941)留餘堂木活字印本 一冊 存七卷(十至十六)

330000－1701－0013797 普921.512/3390 史部/傳記類/總傳之屬/家乘

[浙江新昌][浙江天台]新昌彩烟梁氏宗譜□□卷 民國五年(1916)木活字印本 八冊 存十卷(五、十四至十五、三十、三十三至三十六、四十二至四十三)

330000－1701－0013798 普921.512/3390.2

史部/傳記類/總傳之屬/家乘

[江西萬載][江西興國]梁國志公族譜不分卷 梁興鈺修 梁載瑞纂 民國六年(1917)安定堂木活字印本 四冊

330000－1701－0013801 普921.512/3411 史部/傳記類/總傳之屬/家乘

[浙江杭州]錢塘沈氏家乘十卷 (清)沈紹勳輯 沈組緜增輯 民國八年(1919)西泠印社木活字印本 四冊

330000－1701－0013812 普921.512/3411.7 史部/傳記類/總傳之屬/家乘

[浙江蕭山]蕭山汀頭沈氏宗譜十二卷 沈順根等纂修 民國三十六年(1947)承肅堂木活字印本 十二冊

330000－1701－0013817 普921.512/3418.4 史部/傳記類/總傳之屬/家乘

[湖南醴陵]醴西洪氏四修族譜八卷 民國三十五年(1946)義居堂木活字印本 六冊 存六卷(一、三至六、八)

330000－1701－0013819 普921.512/3530/c1 史部/傳記類/總傳之屬/家乘

[浙江上虞]上虞松夏連氏家乘十二卷首一卷 連光樞 連樹棻編 **[浙江上虞]上虞松夏連氏宗譜六卷首一卷** 連桐 連柱輯 民國十二年(1923)理本堂木活字印本 三冊

330000－1701－0013820 普921.512/3612 史部/傳記類/總傳之屬/家乘

[浙江蕭山]蕭山夏孝湯氏家譜十卷 湯聘之編 民國十八年(1929)良善堂木活字印本 十冊

330000－1701－0013821 普921.512/3612.3 史部/傳記類/總傳之屬/家乘

[浙江蘭溪]甘棠湯氏宗譜八卷 湯海耀修 湯海源等纂 民國二十七年(1938)敦敘堂木活字印本 二冊 存一卷(一)

330000－1701－0013822 普921.512/3621.1 史部/傳記類/總傳之屬/家乘

[浙江龍游]龍邑錦里河西祝氏宗譜五卷 祝來枝 祝春蘭等重修 民國八年(1919)世聞堂木活字印本 五冊

330000－1701－0013824 普921.512/3621.6 史部/傳記類/總傳之屬/家乘

[浙江江山]須江郎峰祝氏世譜二十七卷 祝景賢修 祝華年纂 民國二十七年(1938)木活字印本 五冊 存五卷(一、十三、十六、十八、二十二)

330000－1701－0013825 普921.512/3530/c2 史部/傳記類/總傳之屬/家乘

[浙江上虞]上虞松夏連氏家乘十二卷首一卷 連光樞 連樹棻編 **[浙江上虞]上虞松夏連氏宗譜六卷首一卷** 連桐 連柱輯 民國十二年(1923)理本堂木活字印本 三冊

330000－1701－0013826 普921.512/3612.4 史部/傳記類/總傳之屬/家乘

[湖南瀏陽]洲田湯氏三修族譜八卷 湯昭然 湯昭彰纂修 民國三十七年(1948)中山堂木活字印本 七冊 缺一卷(八)

330000－1701－0013827 普921.512/3612.5 史部/傳記類/總傳之屬/家乘

[湖南益陽]漢沅祝氏六修族譜□□卷 民國太原堂鉛印本暨石印本 十九冊 存十九卷(六、八、十、十二至十七、十九至二十、二十二至二十三、二十五、二十七、二十九至三十一、三十四)

330000－1701－0013829 普921.512/3612.2 史部/傳記類/總傳之屬/家乘

[湖南益陽]益陽湯氏五修族譜十二卷首二卷末二卷 湯鶴齡主修 湯伯華纂 民國廣通石印局石印本 十五冊

330000－1701－0013836 普921.512/4023.3 史部/傳記類/總傳之屬/家乘

[湖南瀏陽]瀏新溪袁氏二修支譜□□卷首一卷 袁學秦主修 袁學純等纂修 民國十八年(1929)譚志勤堂木活字印本 六冊 存六卷(首、二至六)

330000－1701－0013843 普921.512/4040.1

史部/傳記類/總傳之屬/家乘

[雲南騰衝]騰衝疊水河李氏家譜一卷坿錄一卷 李根源輯 民國十七年(1928)刻本 一册

330000-1701-0013844 普 921.512/4040.12 史部/傳記類/總傳之屬/家乘

[雲南]騰衝疊水河李氏家譜一卷坿錄一卷 李根源輯 民國刻本暨鉛印本 二册

330000-1701-0013845 普 921.512/4040.16 史部/傳記類/總傳之屬/家乘

李氏族譜□□卷 民國太原堂木活字印本 一册 存一卷(十一)

330000-1701-0013846 普 921.512/4040.18 史部/傳記類/總傳之屬/家乘

李氏宗譜二十八卷 民國木活字印本 二册 存二卷(一至二)

330000-1701-0013847 普 921.512/4040.17 史部/傳記類/總傳之屬/家乘

李氏族譜□□卷 民國木活字印本 二册 存二卷(十七、二十四)

330000-1701-0013853 普 921.512/4040.111 史部/傳記類/總傳之屬/家乘

[江西][湖南瀏陽]隴西李氏族譜三十二卷首一卷 李祖謙修 李邦懷等纂 民國二十六年(1937)篤慶堂木活字印本 二十八册 存二十八卷(首,三至十、十二至十六、十八至二十三、二十五至三十二)

330000-1701-0013855 普 921.512/4040.12/c1 史部/傳記類/總傳之屬/家乘

[湖南瀏陽]麻園李氏支譜六卷首三卷 李樸莪主修 李如仙等編纂 民國十三年(1924)隴西堂木活字印本 七册 缺一卷(六)

330000-1701-0013856 普 921.512/4040.62 史部/傳記類/總傳之屬/家乘

[湖南邵陽]邵東李氏四修族譜二十五卷首二卷末六卷 李邦漸 李定鐸纂修 民國三十年(1941)敦睦堂木活字印本 二十册 存二十一卷(首一至二,一、四至六、九至十六、十八、二十、二十二至二十三,末一至二、六)

330000-1701-0013857 普 921.512/4040.3 史部/傳記類/總傳之屬/家乘

[浙江黄巖]邑西教善巷李氏家譜六卷首一卷末一卷 李仲千輯 民國抄本 三册

330000-1701-0013858 普 921.512/4040.63 史部/傳記類/總傳之屬/家乘

[湖南益陽]李氏六修族譜□□卷 李隆禮 李遇萱主修 李盛梁 李遇芹編纂 民國十九年(1930)隴西堂木活字印本 八册 存八卷(二至七、九至十)

330000-1701-0013859 普 921.512/4040.6 史部/傳記類/總傳之屬/家乘

泊戈洋李氏宗譜六卷 李必坤修 王乃揖編輯 稿本 一册

330000-1701-0013861 普 921.512/4040.64/c1 史部/傳記類/總傳之屬/家乘

[湖南]李氏族譜□□卷 李章鳳等主修 李章曜等纂修 民國十一年(1922)木活字印本 八册 存八卷(一至二、四至五、七至十)

330000-1701-0013862 普 921.512/4040.66 史部/傳記類/總傳之屬/家乘

六甲李氏四修族譜□□卷 民國十七年(1928)隴西堂木活字印本 一册 存一卷(十一)

330000-1701-0013866 普 921.512/4064 史部/傳記類/總傳之屬/家乘

[浙江諸暨]暨陽墨城壽氏宗譜文傳四卷系圖十三卷行傳二十三卷 壽氏修譜委員會編 民國二十四年(1935)半山堂木活字印本 四十册

330000-1701-0013867 普 921.512/4040.61 史部/傳記類/總傳之屬/家乘

[湖南長沙]源頭李氏族譜三十八卷首一卷末一卷 李世燮 李克鑅纂修 李克襄等編輯 民國十四年(1925)樂文堂木活字印本 二十五册 缺一卷(十八)

330000-1701-0013868 普 921.512/4040.9

史部/傳記類/總傳之屬/家乘

[江西宜春]袁郡李氏三修牌位冊□□卷首一卷 李祖謙等纂修 民國三十二年(1943)篤慶祠木活字印本 一冊 存一卷(首)

330000－1701－0013870 普 921.512/4064.1 史部/傳記類/總傳之屬/家乘

[浙江紹興]山陰華舍壽氏宗譜十卷 壽嘉興等纂修 民國十四年(1925)洽祐堂木活字印本 十冊

330000－1701－0013871 普 921.512/4040.64/c2 史部/傳記類/總傳之屬/家乘

[湖南]李氏族譜□□卷 李章鳳等主修 李章曜等纂修 民國十一年(1922)木活字印本 一冊 存一卷(二)

330000－1701－0013872 普 921.512/4192 史部/傳記類/總傳之屬/家乘

[浙江黃巖]黃巖柯氏宗譜八卷家集五卷 柯玫主修 柯驊威纂 民國九年(1920)木活字印本 十四冊

330000－1701－0013873 普 921.512/4212.4 史部/傳記類/總傳之屬/家乘

[湖南長沙]青山彭氏增修徵信譜十五卷首一卷末一卷 彭覲圭等增修 民國三十六年(1947)中式堂木活字印本 十一冊 存八卷(首,一、十一至十五,末)

330000－1701－0013874 普 921.512/4212.2/c1 史部/傳記類/總傳之屬/家乘

[湖南平江]彭氏墳山案宗一卷 民國十四年(1925)用祖局木活字印本 一冊

330000－1701－0013876 普 921.512/4212.3 史部/傳記類/總傳之屬/家乘

[湖南益陽]資陽彭氏族譜□□卷首□□卷 彭風典主修 彭風仁等纂 民國二十年(1931)隴西堂木活字印本 五十二冊 存二十七卷(首一至二、一至二十五)

330000－1701－0013877 普 921.512/4212.2/c2 史部/傳記類/總傳之屬/家乘

[湖南平江]彭氏墳山案宗一卷 民國十四年(1925)用祖局木活字印本 一冊

330000－1701－0013879 普 921.512/4212.2/c3 史部/傳記類/總傳之屬/家乘

[湖南平江]彭氏墳山案宗一卷 民國十四年(1925)用祖局木活字印本 一冊

330000－1701－0013880 普 921.512/4040.12/c2 史部/傳記類/總傳之屬/家乘

[湖南瀏陽]麻園李氏支譜六卷首三卷 李樸莪主修 李如仙等編纂 民國十三年(1924)隴西堂木活字印本 五冊 存六卷(首一至三、二至四)

330000－1701－0013881 普 921.512/4212.2/c4 史部/傳記類/總傳之屬/家乘

[湖南平江]彭氏墳山案宗一卷 民國十四年(1925)用祖局木活字印本 一冊

330000－1701－0013882 普 921.512/4212 史部/傳記類/總傳之屬/家乘

[湖南平江]平江彭氏六修族譜一百三十九卷首一卷 彭澤霖纂修 民國二十二年(1933)述古堂木活字印本 三十四冊 存五十三卷(首,二至三十、四十二至四十三、四十六至四十七、五十一至五十二、五十四、五十九、六十二、七十七至七十八、九十至九十二、一百七至一百十一、一百二十五、一百三十至一百三十一、一百三十九)

330000－1701－0013883 普 921.512/4301.1/c1 史部/傳記類/總傳之屬/家乘

[江西玉山]懷玉尤氏宗譜首二卷系圖四卷紀實十卷末一卷附一卷 尤學乾修 尤學祿纂 民國二十一年(1932)木活字印本 十一冊 缺二卷(首一至二)

330000－1701－0013884 普 921.512/4241.3 史部/傳記類/總傳之屬/家乘

姚氏續修族譜□□卷 民國錦江堂木活字印本 十八冊 存十八卷(一至十二、十五至二十)

330000－1701－0013886 普 921.512/4373 史部/傳記類/總傳之屬/家乘

[浙江紹興]紹興裘氏宗譜總編四卷分編十四卷 裘宗椿修 汪謙纂 民國十七年(1928)思雲堂木活字印本 五冊

330000－1701－0013893 普921.512/4385.3 史部/傳記類/總傳之屬/家乘

[浙江]戴氏續修族譜□□卷 民國木活字印本 十四冊 存十七卷(一至十七)

330000－1701－0013894 普921.512/4385.12 史部/傳記類/總傳之屬/家乘

[湖南]戴氏續修通譜□□卷 民國十二年(1923)譙國堂木活字印本 三十三冊 存三十三卷(一至三十三)

330000－1701－0013895 普921.512/42414685.2 史部/傳記類/總傳之屬/家乘

[江西萬載]萬載東溪戴氏重修族譜五卷首一卷 戴大梁修 戴永有纂 民國三十一年(1942)註禮堂木活字印本 七冊

330000－1701－0013896 普921.512/4410 史部/傳記類/總傳之屬/家乘

[浙江鄞縣]鄞高塘董氏家譜十四卷補遺一卷 張琴纂修 民國二十四年(1935)種德堂木活字印本 十二冊

330000－1701－0013901 普921.512/4411.4 史部/傳記類/總傳之屬/家乘

[浙江天台]天台范氏宗譜世系圖不分卷首十四卷 范廉等纂修 民國三十一年(1942)孝義堂木活字印本 五十二冊 存十卷(首一至三,六、九至十四)

330000－1701－0013905 普921.512/4421 史部/傳記類/總傳之屬/家乘

[江蘇武進]毘陵莊氏增修族譜二十三卷首一卷末一卷 莊清華等纂修 民國二十四年(1935)鉛印本 二十二冊

330000－1701－0013906 普921.512/4301.1/c2 史部/傳記類/總傳之屬/家乘

[江西玉山]懷玉尤氏宗譜首二卷系圖四卷紀實十卷末一卷附一卷 尤學乾修 尤學祿纂 民國二十一年(1932)木活字印本 一冊 存一卷(附)

330000－1701－0013907 普921.512/4422 史部/傳記類/總傳之屬/家乘

[江西泰和]泰和高行鄉安平蕭氏五修族譜不分卷 民國木活字印本 二冊

330000－1701－0013908 普921.512/4422.1 史部/傳記類/總傳之屬/家乘

[湖南]社平蕭氏重脩族譜不分卷 邱耀樞纂修 民國八年(1919)木活字印本 三冊

330000－1701－0013910 普921.512/4424 史部/傳記類/總傳之屬/家乘

[浙江奉化]武嶺蔣氏先系考一卷附錄一卷 吳敬恒修 陳布雷 沙文若纂 民國三十七年(1948)上海中華書局鉛印本 一冊

330000－1701－0013911 普921.512/4424.1 史部/傳記類/總傳之屬/家乘

[浙江餘姚]餘姚蘭風蔣氏宗譜十卷 蔣國瑞纂修 民國八年(1919)餘姚蘭風蔣氏三徑堂木活字印本 六冊

330000－1701－0013913 普921.512/4424.2 史部/傳記類/總傳之屬/家乘

[浙江奉化]武嶺蔣氏宗譜三十二卷首一卷 吳敬恒修 陳布雷 沙文若纂 民國三十七年(1948)上海中華書局鉛印本 六冊

330000－1701－0013914 普921.512/4424.6 史部/傳記類/總傳之屬/家乘

[湖南安化]蔣氏族譜十六卷首二卷末一卷 蔣巨源 蔣先賢 蔣澤演主修 蔣澤韶 蔣隆勳纂修 民國十三年(1924)斯文堂木活字印本 十九冊

330000－1701－0013915 普921.512/4424.5 史部/傳記類/總傳之屬/家乘

[安徽潛山]潛山縣蔣氏九修宗譜三十七卷首一卷 民國二十三年(1934)木活字印本 三十三冊 缺五卷(二、十三、二十六、二十九、三十一)

330000－1701－0013916 普921.512/4424.7 史部/傳記類/總傳之屬/家乘

[湖南][廣東]湘粵蔣氏族譜四十二卷 民國十八年(1929)樂安堂木活字印本 二十四册 存二十四卷(十至十一、十三至十五、十九、二十四至三十四、三十六至四十二)

330000－1701－0013917 普921.512/4424.3 史部/傳記類/總傳之屬/家乘

[浙江諸暨]暨陽紫巖白瀝蔣氏宗譜二十二卷 蔣嘉隆 蔣堯燦纂修 民國十九年(1930)木活字印本 二十二册

330000－1701－0013918 普921.512/4424.11 史部/傳記類/總傳之屬/家乘

蔣氏續修族譜□□卷 民國木活字印本 二册 存二卷(三、十三)

330000－1701－0013919 普921.512/4424.8 史部/傳記類/總傳之屬/家乘

[湖南祁陽]三吾蔣氏宗譜□□卷 民國二十四年(1935)九侯世家木活字印本 十三册 存十三卷(一、三至五、六至七、十四、十八、二十至二十一、二十五至二十七)

330000－1701－0013920 普921.512/4440 史部/傳記類/總傳之屬/家乘

[湖南長沙]長沙艾氏族譜十卷 艾緒暘纂修 民國十一年(1922)子山堂木活字印本 十册

330000－1701－0013921 普921.512/4424.9 史部/傳記類/總傳之屬/家乘

[廣西全州]竹塘蔣氏通譜□□卷 蔣潤霖 蔣煉成等纂修 民國八年(1919)太和堂木活字印本 十七册 存二十四卷(一至二十三、二十六)

330000－1701－0013924 普921.512/4443 史部/傳記類/總傳之屬/家乘

[浙江紹興]紹興莫氏家譜十二卷首一卷末一卷 莫壽恒編 民國十六年(1927)木活字印本 五册

330000－1701－0013925 普921.512/4442.2 史部/傳記類/總傳之屬/家乘

[浙江上虞]萬氏三汊港支宗譜六卷首一卷末一卷 萬文熺修 萬士瑢等纂 民國四年(1915)世德堂木活字印本 四册

330000－1701－0013926 普921.512/4443.2/c1 史部/傳記類/總傳之屬/家乘

[湖南益陽]莫氏七修族譜三十四卷首七卷 莫壽森 莫德滋主修 莫汝思等編修 民國三十一年(1942)鉅鹿堂木活字印本 三十四册 存三十二卷(首一至七,二至五、七至十八、二十至二十一、二十五、二十八至三十三)

330000－1701－0013929 普921.512/4445.1 史部/傳記類/總傳之屬/家乘

[浙江蕭山]蕭山一都韓氏家譜十六卷 韓沛金 韓萬金纂修 民國十八年(1929)晝錦堂木活字印本 十六册

330000－1701－0013930 普921.512/4450 史部/傳記類/總傳之屬/家乘

[浙江蕭山]蕭山漁臨華氏宗譜八卷 華鶴榮等纂修 民國五年(1916)本仁堂木活字印本 八册

330000－1701－0013931 普921.512/44431.2 史部/傳記類/總傳之屬/家乘

[湖南益陽]樊氏族譜不分卷 樊忠貞主修 樊燦廷纂修 民國十年(1921)木活字印本 十七册

330000－1701－0013932 普921.512/4472 史部/傳記類/總傳之屬/家乘

[浙江上虞]古虞葛氏宗譜十三卷首一卷末一卷 葛震鏞 葛士正纂 民國五年(1916)誠意堂木活字印本 十二册

330000－1701－0013934 普921.512/4472.2 史部/傳記類/總傳之屬/家乘

[上海]上海葛氏家譜三卷 葛尚鈞等編纂 民國十七年(1928)敬睦堂鉛印本 三册

330000－1701－0013935 普921.512/44431 史部/傳記類/總傳之屬/家乘

[江西][湖南][湖北]樊氏續修族譜十二卷首一卷 樊純新等纂修 民國二十五年(1936)仁智堂木活字印本 十二册 缺一卷

(一)

330000-1701-0013936　普 921.512/4474　史部/傳記類/總傳之屬/家乘

[浙江山陰]松林薛氏宗譜十六卷　(清)薛培纂修　民國抄本　十六册

330000-1701-0013937　普 921.512/4472.1　史部/傳記類/總傳之屬/家乘

[上海]嘉定葛氏宗譜十卷首一卷　葛存悆續修　葛雪來輯　民國二十九年(1940)覃兮堂鉛印本　二册

330000-1701-0013938　普 921.512/4474.2/c1　史部/傳記類/總傳之屬/家乘

[安徽全椒]福星薛氏家譜二卷首一卷　薛蔭楨　薛葆樫纂修　民國十六年(1927)鉛印本　一册

330000-1701-0013939　普 921.512/4477　史部/傳記類/總傳之屬/家乘

[浙江麗水]丹陽甘氏宗譜一卷　夏雨金纂修　民國元年(1912)木活字印本　一册

330000-1701-0013941　普 921.512/4480.12　史部/傳記類/總傳之屬/家乘

[浙江上虞]會稽湯浦嶺下黄氏宗譜四卷　黄大堃等纂　民國六年(1917)望煙堂木活字印本　四册

330000-1701-0013942　普 921.512/4480.1　史部/傳記類/總傳之屬/家乘

[浙江蘭溪]龍巖黄氏宗譜十三卷首一卷末一卷　黄受謙纂　民國十一年(1922)春暉堂木活字印本　十六册

330000-1701-0013944　普 921.512/4474.2/c2　史部/傳記類/總傳之屬/家乘

[安徽全椒]福星薛氏家譜二卷首一卷　薛蔭楨　薛葆樫纂修　民國十六年(1927)鉛印本　一册

330000-1701-0013945　普 921.512/4480.16　史部/傳記類/總傳之屬/家乘

[安徽歙縣]虬川黄氏家譜□□卷　(清)黄開簇編纂　民國油印本　二册　存二卷(二至三)

330000-1701-0013946　普 921.512/4480.15　史部/傳記類/總傳之屬/家乘

[浙江餘姚]餘姚黄氏譜二十一卷首一卷末一卷　黄廷範纂修　民國十一年(1922)永思堂木活字印本　八册

330000-1701-0013948　普 921.512/4480.18　史部/傳記類/總傳之屬/家乘

[浙江金華]金華北山雙井黄氏宗譜三卷首一卷系圖五卷行傳七卷　黄繼明等纂　民國二十二年(1933)木活字印本　十四册　缺二卷(系圖五、行傳四)

330000-1701-0013949　普 921.512/4443.2/c2　史部/傳記類/總傳之屬/家乘

[湖南益陽]莫氏七修族譜三十四卷首七卷　莫壽森　莫德滋主修　莫汝思等編修　民國三十一年(1942)鉅鹿堂木活字印本　十二册　存十一卷(首三、五至七,十一、十三至十五、二十八、三十二至三十三)

330000-1701-0013950　普 921.512/4480.25　史部/傳記類/總傳之屬/家乘

[湖南長沙]善邑榨衝黄氏四修支譜二十四卷　黄積椿　黄積礽　黄恒禮主修　黄善信　黄恒祐纂修　民國三十五年(1946)忠孝堂木活字印本　七册　存十二卷(一至二、五至八、十一至十三、十六至十七、二十四)

330000-1701-0013952　普 921.512/4480.24　史部/傳記類/總傳之屬/家乘

[浙江蘭溪]姚江黄氏宗譜三卷首二卷末一卷　黄思槿等修　黄汝礪纂　民國九年(1920)永思堂木活字印本　六册

330000-1701-0013953　普 921.512/4480.19　史部/傳記類/總傳之屬/家乘

[江西萬載]萬載潭溪黄氏族譜三編一百四十三卷　黄澤春等纂修　民國六年(1917)江夏堂木活字印本　二十二册　存五十五卷(編一,正編楚公允振支一至二,正編城公景昇支一至二、八至九、二十二、三十五、四十四,又四十四至五十八、六十七至七十一、八十一至

八十七、八十九至九十六,正編城公景文支一,正編化公誥支又三至十,後編次)

330000－1701－0013956　普 921.512/4443.2/c3　史部/傳記類/總傳之屬/家乘
[湖南益陽]莫氏七修族譜三十四卷首七卷　莫壽森　莫德滋主修　莫汝思等編修　民國三十一年(1942)鉅鹿堂木活字印本　一冊　存一卷(首六)

330000－1701－0013957　普 921.512/4480.22　史部/傳記類/總傳之屬/家乘
[湖南長沙]黄洲黄氏族譜十四卷　黄國棟纂修　民國九年(1920)思敬堂木活字印本　五冊　存十一卷(一至二、四至十二)

330000－1701－0013958　普 921.512/4480.23　史部/傳記類/總傳之屬/家乘
[福建建甌]盧田黄氏宗譜二卷　民國三十五年(1946)木活字印本　二冊

330000－1701－0013959　普 921.512/4480.26　史部/傳記類/總傳之屬/家乘
[江西萬載]萬載潭溪黄氏族譜一卷首一卷　黄震清纂修　民國六年(1917)江夏堂木活字印本　一冊

330000－1701－0013962　普 921.512/4480.82　史部/傳記類/總傳之屬/家乘
黄氏宗譜不分卷　民國木活字印本　四冊

330000－1701－0013964　普 921.512/4480.81　史部/傳記類/總傳之屬/家乘
[浙江浦江]浦陽黄氏宗譜□□卷　民國五年(1916)木活字印本　一冊　存一卷(五)

330000－1701－0013965　普 921.512/4480.83　史部/傳記類/總傳之屬/家乘
[湖南湘潭]湘潭篛林黄氏四修族譜十八卷首一卷　黄家升　黄家復等纂修　民國二十八年(1939)爵公堂木活字印本　十七冊　缺二卷(四、十五)

330000－1701－0013968　普 921.512/4490.02　史部/傳記類/總傳之屬/家乘
[浙江杭州]新州葉氏家乘七卷首一卷　葉希明纂　民國十二年(1923)鉛印本　十冊

330000－1701－0013971　普 921.512/4490.14　史部/傳記類/總傳之屬/家乘
[江西萬載]葉本仁祠牌冊一卷　葉鴻鈞等纂修　民國三十一年(1942)南陽堂木活字印本　一冊

330000－1701－0013972　普 921.512/4443.2/c4　史部/傳記類/總傳之屬/家乘
[湖南益陽]莫氏七修族譜三十四卷首七卷　莫壽森　莫德滋主修　莫汝思等編修　民國三十一年(1942)鉅鹿堂木活字印本　一冊　存一卷(首六)

330000－1701－0013977　普 921.512/4490.13　史部/傳記類/總傳之屬/家乘
[江西][湖南]萬載葉氏四修族譜四十二卷首三卷　葉榮耀等纂修　民國三十一年(1942)南陽堂木活字印本　二十七冊　缺二卷(二十二至二十三)

330000－1701－0013978　普 921.512/4490.5　史部/傳記類/總傳之屬/家乘
池亭葉氏族譜世系表一卷　民國抄本　一冊

330000－1701－0013980　普 921.512/44901.4　史部/傳記類/總傳之屬/家乘
蔡氏家譜貳支不分卷　民國抄本　一冊

330000－1701－0013981　普 921.512/4490.3　史部/傳記類/總傳之屬/家乘
[浙江天台]天台藍田葉氏宗譜十二卷　葉福民纂修　民國三十七年(1948)木活字印本　八冊

330000－1701－0013985　普 921.512/44901.1　史部/傳記類/總傳之屬/家乘
[浙江德清]雙林蔡氏支乘不分卷　民國抄本　一冊

330000－1701－0013986　普 921.512/44901.5　史部/傳記類/總傳之屬/家乘
[浙江德清]雙林蔡氏宗譜不分卷　民國抄本　二冊

330000－1701－0013988　普 921.512/44901.8　史部/傳記類/總傳之屬/家乘

[湖南益陽]蔡氏西宗七修族譜二十七卷首一卷　蔡聲泉等主修　蔡士毅等纂修　民國三十七年(1948)仁讓堂刻本　二十四册　缺四卷(十九至二十一、二十六)

330000－1701－0013990　普 921.512/4499.2　史部/傳記類/總傳之屬/家乘

林氏譜各名目牌示列件錄一卷　林世榮纂修　民國二十年(1931)石印本　一册

330000－1701－0013992　普 921.512/4499　史部/傳記類/總傳之屬/家乘

[浙江象山]林氏象派宗譜稿不分卷　林永懷　林曾安纂　民國十八年(1929)稿本　二册

330000－1701－0013996　普 921.512/4499.11　史部/傳記類/總傳之屬/家乘

[湖南湘潭]中湘林氏四修支譜十卷　林海只等纂修　民國二十六年(1937)西河堂木活字印本　十册

330000－1701－0013997　普 921.512/4499.1　史部/傳記類/總傳之屬/家乘

[浙江黄巖]黄巖南安林氏支譜三卷首一卷　林丙修纂　民國六年(1917)一志書局石印本　一册　存二卷(首、上)

330000－1701－0014001　普 921.512/4499.7　史部/傳記類/總傳之屬/家乘

[湖南辰溪]林氏七修族譜□□卷　民國二十二年(1933)西可堂木活字印本　一册　存一卷(十四)

330000－1701－0014002　普 921.512/4499.8　史部/傳記類/總傳之屬/家乘

[江西上饒]饒陽林氏宗譜二十一卷末一卷　民國三十七年(1948)十德堂木活字印本　十七册　存十五卷(二至五、九至十、十二至十六、十八至十九、二十一,末)

330000－1701－0014003　普 921.512/4594.2　史部/傳記類/總傳之屬/家乘

[浙江義烏]義烏梅溪夏演樓氏宗譜□□卷　民國十一年(1922)木活字印本　一册　存一卷(十八)

330000－1701－0014005　普 921.512/4690　史部/傳記類/總傳之屬/家乘

[安徽旌德]旌德縣南鄉一都柏氏行傳丁譜一卷　民國十一年(1922)四本堂鉛印本　一册

330000－1701－0014006　普 921.512/4692.12　史部/傳記類/總傳之屬/家乘

[湖南益陽]益陽楊氏族譜四十卷首一卷末二卷　楊葛園纂修　民國三十七年(1948)木活字印本　四十一册　缺二卷(十五、二十二)

330000－1701－0014007　普 921.512/4692　史部/傳記類/總傳之屬/家乘

[浙江上虞]上虞瀝海楊氏續修宗譜十卷首一卷　楊苑　楊啟璜修　楊一放　程步青纂　民國十四年(1925)孝義堂木活字印本　三册

330000－1701－0014008　普 921.512/4594.1/c2　史部/傳記類/總傳之屬/家乘

[浙江義烏]義烏梅溪夏演樓氏宗譜□□卷　民國十一年(1922)木活字印本　二册　存二卷(三、十六)

330000－1701－0014014　普 921.512/4692.18　史部/傳記類/總傳之屬/家乘

[浙江松陽]弘農楊氏宗譜不分卷　楊嘉桂修　民國四年(1915)木活字印本　三册

330000－1701－0014015　普 921.512/4692.23　史部/傳記類/總傳之屬/家乘

[浙江江山]憲臺楊氏宗譜九卷　楊均榮等纂修　民國十二年(1923)木活字印本　四册　存四卷(一、四至五、七)

330000－1701－0014016　普 921.512/4692.31　史部/傳記類/總傳之屬/家乘

[湖南長沙]長沙水磯口楊氏家譜十一卷首一卷末一卷　楊詩容等主修　楊書堯等纂修　民國二年(1913)三鱣堂木活字印本　十三册　缺一卷(五)

330000－1701－0014018　普 921.512/4692.32　史部/傳記類/總傳之屬/家乘

[湖南長沙]長沙河西平山楊氏族譜二十八卷 民國二年(1913)本仁堂木活字印本　九册　存二十六卷(一至十五、十八至二十八)

330000－1701－0014020　普 921.512/4692.33/c1　史部/傳記類/總傳之屬/家乘

[湖南邵陽]楊氏創修族譜七卷首一卷　楊三鱣主修　楊春城纂修　民國三年(1914)四知堂木活字印本　七册　存七卷(首、二至七)

330000－1701－0014021　普 921.512/4692.36　史部/傳記類/總傳之屬/家乘

[湖南醴陵]醴南太障楊氏四修族譜五十卷 楊文藻主修　楊合甫纂修　民國二十二年(1933)忠武堂木活字印本　四十九册　存四十九卷(一至三十四、三十六至五十)

330000－1701－0014022　普 921.512/4692.14　史部/傳記類/總傳之屬/家乘

[湖南湘陰]楊氏支譜世系圖二卷世紀總錄□□卷墓圖二卷首一卷末三卷　楊宣俊主修　楊璨纂修　民國十三年(1924)清白堂木活字印本　十一册　存十一卷(首、世系圖上、世紀綜錄一至四、墓圖一至二、末一至三)

330000－1701－0014023　普 921.512/4692.33/c2　史部/傳記類/總傳之屬/家乘

[湖南邵陽]楊氏創修族譜七卷首一卷　楊三鱣主修　楊春城纂修　民國三年(1914)四知堂木活字印本　一册　存一卷(二)

330000－1701－0014024　普 921.512/4692.37　史部/傳記類/總傳之屬/家乘

[湖南醴陵]三洲楊氏七修族譜十九卷首一卷 民國二十六年(1937)道南堂木活字印本　二十一册　缺一卷(一)

330000－1701－0014029　普 921.512/4692.5　史部/傳記類/總傳之屬/家乘

[浙江餘姚]餘姚楊氏宗譜十卷首一卷　楊家儁等纂修　民國九年(1920)紹先堂木活字印本　八册

330000－1701－0014030　普 921.512/4692.15　史部/傳記類/總傳之屬/家乘

[湖南平江][湖南長沙]楊氏族譜世系正編四十二卷世系彙編三卷首七卷　楊宏溉主修　楊宏潤編纂　民國二十五年(1936)銅鈴堂木活字印本　三十九册　缺二卷(三十四、四十)

330000－1701－0014032　普 921.512/4692.34　史部/傳記類/總傳之屬/家乘

[湖南邵陽]楊氏創修族譜不分卷　楊三鱣主修　楊春城纂修　民國七年(1918)四知堂抄本　一册

330000－1701－0014033　普 921.512/4692.35　史部/傳記類/總傳之屬/家乘

[湖南邵陽]邵東新橋楊氏四修族譜六十八卷首一卷　楊坤梅等主修　楊鎮鎬等纂修　民國三十年(1941)三鱣堂木活字印本　六十九册

330000－1701－0014034　普 921.512/4692.93　史部/傳記類/總傳之屬/家乘

[湖南湘潭]涼傘橋楊氏六修族譜二十卷　楊立勳主修　楊紹東　楊紹凰協修　民國三十一年(1942)培本堂木活字印本　十八册　缺二卷(十、十七)

330000－1701－0014038　普 921.512/4722　史部/傳記類/總傳之屬/家乘

[上海]郁氏家乘不分卷　郁錫璜等纂修　民國二十二年(1933)上海中華書局鉛印本　一册

330000－1701－0014041　普 921.512/4762.12　史部/傳記類/總傳之屬/家乘

[湖南][江西]金巖胡氏族譜五十三卷首十一卷　胡遇文　胡忠有纂修　民國三十三年(1944)安定堂木活字印本　五十七册　存五十六卷(首一至七、九至十一,一至九、十二至十八、二十至二十二、二十五至四十、四十三至五十三)

330000－1701－0014047　普 921.512/4762.5　史部/傳記類/總傳之屬/家乘

[湖南沅江]沅江胡氏族譜四卷首六卷　胡靜安纂修　民國三十年(1941)安定堂木活字印

本　十八册　存六卷（首一、四，一之二至四、二之一至三、二之五、二之七、三之一至四、四之一、四之三至四）

330000－1701－0014048　普921.512/4792
史部/傳記類/總傳之屬/家乘
［浙江雲和］雲和司前柳氏宗譜十二卷首一卷末一卷　柳兆元修　柳培輯　民國二十年（1931）錫類堂木活字印本　六册

330000－1701－0014050　普921.512/4762.6
史部/傳記類/總傳之屬/家乘
［浙江金華］金華洞源胡氏宗譜四卷　胡家河纂　民國三十五年（1946）木活字印本　四册

330000－1701－0014051　普921.512/4980
史部/傳記類/總傳之屬/家乘
［浙江紹興］山陰華舍趙氏宗譜二十四卷　趙思林修　趙瑲　趙德基纂　民國五年（1916）萃渙堂木活字印本　二十四册

330000－1701－0014054　普921.512/4980.1/c1　史部/傳記類/總傳之屬/家乘
［浙江上虞］鎮龍趙氏宗譜十卷首一卷末一卷　趙長欽修　胡顯曾纂　民國十九年（1930）文杏堂木活字印本　十册

330000－1701－0014055　普921.512/4762.8
史部/傳記類/總傳之屬/家乘
［湖南］胡氏族譜二十八卷首四卷　胡宏元　胡純煦纂修　民國四年（1915）同心堂木活字印本　十八册　缺二卷（八至九）

330000－1701－0014056　普921.512/4980.1/c2　史部/傳記類/總傳之屬/家乘
［浙江上虞］鎮龍趙氏宗譜十卷首一卷末一卷　趙長欽修　胡顯曾纂　民國十九年（1930）文杏堂木活字印本　十册

330000－1701－0014058　普921.512/4762.9
史部/傳記類/總傳之屬/家乘
［湖南］胡氏合修通譜五卷首一卷　胡樹湘總修　胡瀾主修　胡鵬纂修　民國二十四年（1935）安定堂木活字印本　一册　存一卷（首）

330000－1701－0014059　普921.512/5000.3
史部/傳記類/總傳之屬/家乘
［江西會昌］史氏重修族譜不分卷　史傳作　史傳僅修　史盛編纂　民國二年（1913）美德堂木活字印本　二册

330000－1701－0014060　普921.512/5000
史部/傳記類/總傳之屬/家乘
［浙江蕭山］蕭山史氏宗譜二十四卷　史錦文纂修　民國七年（1918）八行堂木活字印本　十六册

330000－1701－0014061　普921.512/4980.5
史部/傳記類/總傳之屬/家乘
［湖南益陽］書堂趙氏七修族譜二十一卷首二卷末三卷　趙顯治纂修　民國十八年（1929）琴鶴堂木活字印本　十二册

330000－1701－0014063　普921.512/5000.1
史部/傳記類/總傳之屬/家乘
［浙江餘姚］餘姚史氏宗譜十二卷首二卷末三卷　史良書等纂修　民國三年（1914）木活字印本　十四册

330000－1701－0014064　普921.512/5000.4
史部/傳記類/總傳之屬/家乘
［江西會昌］史氏重修族譜不分卷　史傳作　史傳僅修　史盛編纂　民國二年（1913）美德堂木活字印本　一册

330000－1701－0014065　普921.512/5090
史部/傳記類/總傳之屬/家乘
［江蘇無錫］無錫陡門秦氏辛酉宗譜補遺五卷附徵信錄一卷　秦世銓纂修　民國十五年（1926）鉛印本　一册

330000－1701－0014066　普921.512/4980.8
史部/傳記類/總傳之屬/家乘
［湖南益陽］益陽鴻鶴壠趙氏支譜七卷末一卷　趙季榮等纂修　民國十九年（1930）木活字印本　八册

330000－1701－0014071　普921.512/5560.1
史部/傳記類/總傳之屬/家乘
［浙江餘姚］餘姚道塘曹氏續譜十六卷首一卷

末一卷　曹福春　曹振堯修　曹春菲纂　民國三十七年(1948)清慎堂木活字印本　六册

330000－1701－0014072　普921.512/5320　史部/傳記類/總傳之屬/家乘
[浙江上虞]古虞金罍觀橋成氏宗譜四卷　成彩桃　成同生修　張邦翰等纂　民國五年(1916)德本堂木活字印本　四册

330000－1701－0014073　普921.512/5560.5　史部/傳記類/總傳之屬/家乘
[湖南衡山]曹氏十修族譜七十七卷　曹先醲主修　曹希藻　曹述倬等纂修　民國二十八年(1939)譙國堂木活字印本　四十册　存六十五卷(一至四、六、九至十二、十五、二十至二十七、二十九至四十七、五十至七十七)

330000－1701－0014074　普921.512/5560.4　史部/傳記類/總傳之屬/家乘
[湖南益陽]益陽芭茅灘曹氏支譜十三卷首一卷末一卷　曹逸仙　曹印槼主修　曹承瓚等纂修　民國二十年(1931)譙國堂木活字印本　十三册　缺二卷(六、末)

330000－1701－0014076　普921.512/5798　史部/傳記類/總傳之屬/家乘
[江西萬載]株鎮賴祠族譜二卷　民國十三年(1924)潁川堂木活字印本　一册　存一卷(一)

330000－1701－0014077　普921.512/6022.2/c1　史部/傳記類/總傳之屬/家乘
[湖南邵陽][湖南邵東]易氏族譜二十二首一卷　民國二十五年(1936)瑞芝堂木活字印本　三十七册

330000－1701－0014078　普921.512/5560.3　史部/傳記類/總傳之屬/家乘
[湖南益陽]益陽曹氏彥祥房五修譜二十八卷　曹明毅等纂修　民國三十六年(1947)務滋堂鉛印本　二十八册

330000－1701－0014082　普921.512/6040　史部/傳記類/總傳之屬/家乘
[浙江上虞]上虞永豐鄉田氏宗譜十卷首一卷　張美翊等纂修　民國四年(1915)鳳翽堂木活字印本　十册

330000－1701－0014083　普921.512/6022.3　史部/傳記類/總傳之屬/家乘
[湖南醴陵]醴南鹿浦易氏族譜二十八卷　易著和等主修　易著筀等纂修　民國二十七年(1938)純孝堂木活字印本　十二册　存十二卷(三、六、九、十一、十三、十五、十七、二十、二十三、二十六至二十八)

330000－1701－0014085　普921.512/6091　史部/傳記類/總傳之屬/家乘
[浙江上虞]上虞羅氏譜二十四卷　(清)羅悅蘭修　羅繼傳等纂　民國十三年(1924)貽臺谷木活字印本　二十四册

330000－1701－0014086　普921.512/6091.11　史部/傳記類/總傳之屬/家乘
[湖南沅江]沅江羅氏族譜三十二卷　羅與賢　羅讓賢纂修　民國二十六年(1937)豫章堂木活字印本　十三册　存二十七卷(一至五、七至十五、十八至二十、二十三至三十二)

330000－1701－0014087　普921.512/6091.1　史部/傳記類/總傳之屬/家乘
[浙江慈溪]慈谿羅氏宗譜三十六卷首二卷　羅賢贊纂修　民國十二年(1923)嘉德堂木活字印本　三十八册

330000－1701－0014088　普921.512/6091.12　史部/傳記類/總傳之屬/家乘
[湖南]羅氏七修族譜三十卷　羅聯傑　羅聯𤄎主修　易聯涌纂修　民國三十六年(1947)豫章堂木活字印本　二十六册　存二十六卷(三至十八、二十一至三十)

330000－1701－0014089　普921.512/6091.13　史部/傳記類/總傳之屬/家乘
[湖南][江西]羅氏通譜前編二十一卷正編□□卷首一卷　羅教宣等主修　羅元鯤　羅聯燾等纂修　民國三十三年(1944)木活字印本　十四册　存十八卷(前編一至六、九至十五、十九至二十一,正編首、九十五)

330000－1701－0014093　普 921.512/6091.9　史部/傳記類/總傳之屬/家乘
[湖南茶陵]雲陽羅氏八修族譜不分卷　羅自謀　羅俊彥主修　羅文起等纂修　民國三十七年(1948)德裕堂木活字印本　九冊

330000－1701－0014094　普 921.512/6091.6　史部/傳記類/總傳之屬/家乘
[湖南]羅氏族譜十八卷首二卷　羅聲高　羅國馨等纂修　民國十四年(1925)敦睦堂木活字印本　十七冊　存十六卷(一至七、九至十三、十六至十七、十九至二十)

330000－1701－0014095　普 921.512/6091.8　史部/傳記類/總傳之屬/家乘
[湖南長沙][湖南茶陵]羅氏族譜四卷首一卷文傳不分卷　羅慕南　羅頂美等纂修　民國二年(1913)茶陵光裕堂、長沙勑惇堂、秀川堂、菊宗堂鉛印本　七冊　缺一卷(二)

330000－1701－0014096　普 921.512/6632　類叢部/叢書類/家集之屬
長沙瞿氏叢刊五種　瞿宣穎編　民國二十二年至二十四年(1933－1935)長沙瞿氏鉛印本　二冊　存一種

330000－1701－0014098　普 921.512/6650　史部/傳記類/總傳之屬/家乘
[湖南平江]單氏族譜不分卷　民國二十五年(1936)南安堂木活字印本　十九冊

330000－1701－0014099　普 921.512/7121　史部/傳記類/總傳之屬/家乘
[浙江紹興]越州阮氏宗譜二十二卷首一卷　阮彬華　阮廷藩修　陶念欽纂　民國十七年(1928)世懋堂木活字印本　十二冊

330000－1701－0014102　普 921.512/7210.1/c1　史部/傳記類/總傳之屬/家乘
[浙江上虞]劉氏宗譜十四卷首一卷末一卷　劉秉照修　劉守銘等纂　民國九年(1920)懷賢堂木活字印本　十二冊

330000－1701－0014104　普 921.512/6624　史部/傳記類/總傳之屬/家乘
[浙江上虞]上虞崧鎮嚴氏家乘八卷　嚴丙善修　嚴賡颺等纂　民國九年(1920)綏成堂木活字印本　八冊

330000－1701－0014108　普 921.512/7210.12/c1　史部/傳記類/總傳之屬/家乘
[江西萬載]萬邑高成劉祠族譜□□卷　民國三十年(1941)彭城堂木活字印本　十三冊　存十三卷(二至三、五至六、八至十一、十四、十七至十九、二十二)

330000－1701－0014110　普 921.512/7210.3　史部/傳記類/總傳之屬/家乘
[浙江紹興]水澄劉氏家譜十二卷　劉應桂　劉鋀鼐編　民國二十二年(1933)紹興大路廣文印書館鉛印本　十二冊

330000－1701－0014112　普 921.512/6022.2/c2　史部/傳記類/總傳之屬/家乘
[湖南邵陽][湖南邵東]易氏族譜二十二首一卷　民國二十五年(1936)瑞芝堂木活字印本　十二冊　存十卷(六、八至九、十一、十三至十七、十九)

330000－1701－0014113　普 921.512/7421.3　史部/傳記類/總傳之屬/家乘
陸氏滄浪下門派譜不分卷　民國抄本　二冊

330000－1701－0014114　普 921.512/6624.2　史部/傳記類/總傳之屬/家乘
[江蘇洞庭]六脩江蘇洞庭安仁里嚴氏族譜十二卷首一卷　嚴慶祺纂修　民國二十二年(1933)中華書局鉛印本　六冊

330000－1701－0014115　普 921.512/7210.1/c2　史部/傳記類/總傳之屬/家乘
[浙江上虞]劉氏宗譜十四卷首一卷末一卷　劉秉照修　劉守銘等纂　民國九年(1920)懷賢堂木活字印本　十二冊

330000－1701－0014116　普 921.512/7210.12/c2　史部/傳記類/總傳之屬/家乘
[江西萬載]萬邑高成劉祠族譜□□卷　民國三十年(1941)彭城堂木活字印本　三冊　存三卷(十七至十九)

330000－1701－0014118　普 921.512/7210.5/c1　史部/傳記類/總傳之屬/家乘

[湖南長沙]長沙河西楓梓塘劉氏三修族譜十五卷首一卷　劉彦遠纂修　民國三十五年(1946)俊德堂鉛印本　十四册　缺一卷(五)

330000－1701－0014119　普 921.512/6022.2/c3　史部/傳記類/總傳之屬/家乘

[湖南邵陽][湖南邵東]易氏族譜二十二首一卷　民國二十五年(1936)瑞芝堂木活字印本　六册　存六卷(八、十一、十三至十五、十七)

330000－1701－0014125　普 921.512/7210.7　史部/傳記類/總傳之屬/家乘

[江西萬載]萬載龍田劉氏支譜五卷附一卷　劉誠心纂修　民國二十六年(1937)彭城堂木活字印本　五册　存五卷(二至五、附)

330000－1701－0014126　普 921.512/7210.9　史部/傳記類/總傳之屬/家乘

[湖南瀏陽]瀏陽鍾甲塘劉氏宗譜□□卷　民國三十一年(1942)親睦堂木活字印本　三册　存三卷(一至二、末一)

330000－1701－0014128　普 921.512/7210.5/c2　史部/傳記類/總傳之屬/家乘

[湖南長沙]長沙河西楓梓塘劉氏三修族譜十五卷首一卷　劉彦遠纂修　民國三十五年(1946)俊德堂鉛印本　十五册

330000－1701－0014131　普 921.512/7529.1　史部/傳記類/總傳之屬/家乘

[浙江天台]天台妙山陳氏宗譜六十九卷　陳恩蓉編　民國十八年(1929)天官第鉛印本　五十七册　缺一卷(六十二)

330000－1701－0014133　普 921.512/7421/c1　史部/傳記類/總傳之屬/家乘

[浙江上虞]上虞雁埠陸氏宗譜六卷　陸榮泰纂　民國十五年(1926)思德堂鉛印本　六册

330000－1701－0014134　普 921.512/7210.92　史部/傳記類/總傳之屬/家乘

[江西萬載]萬邑大橋劉漢昌祠主譜不分卷　民國十三年(1924)木活字印本　一册

330000－1701－0014136　普 921.512/7421/c2　史部/傳記類/總傳之屬/家乘

[浙江上虞]上虞雁埠陸氏宗譜六卷　陸榮泰纂　民國十五年(1926)思德堂鉛印本　六册

330000－1701－0014139　普 921.512/7529.13　史部/傳記類/總傳之屬/家乘

[浙江上虞]上虞橫山九峯陳氏宗譜四卷首一卷　陳鏡溓修　陳善康纂　民國二十三年(1934)五本堂木活字印本　四册

330000－1701－0014142　普 921.512/7529.18　史部/傳記類/總傳之屬/家乘

[浙江上虞]上虞梁湖陳氏宗譜八卷首一卷　陳維孝修　陳星階　陳寅甫纂　民國十六年(1927)慶餘堂木活字印本　七册　存六卷(首、一至五)

330000－1701－0014146　普 921.512/7529.14　史部/傳記類/總傳之屬/家乘

[浙江上虞]陳氏縣前支宗譜二十四卷首一卷末一卷　陳禮法修　陳愚詩纂　民國十九年(1930)奉先堂木活字印本　二十二册　缺二卷(二十四、末)

330000－1701－0014149　普 921.512/7529.21　史部/傳記類/總傳之屬/家乘

[浙江鎮海]白龍洋陳氏樹德堂家譜八卷首一卷　陳培源纂修　民國十年(1921)樹德堂木活字印本　四册

330000－1701－0014162　普 921.512/7529.3　史部/傳記類/總傳之屬/家乘

[四川金堂]陳氏族譜不分卷　陳壽彤纂修　民國三年(1914)鉛印本　一册

330000－1701－0014164　普 921.512/7529.5　史部/傳記類/總傳之屬/家乘

[浙江紹興]東浦陳氏懷十房宗譜十二卷首一卷　陳燮樞纂修　民國五年(1916)鉛印本　六册

330000－1701－0014165　普 921.512/7529.35　史部/傳記類/總傳之屬/家乘

［浙江金華］金華北溪陳氏宗譜□□卷　陳自明等輯　民國三十七年（1948）時思堂木活字印本　二十七册　存十七卷（五至十、十二至十九、二十一至二十三）

330000－1701－0014166　普 921.512/7529.4　史部/傳記類/總傳之屬/家乘

［浙江上虞］虞南張村陳氏家譜三卷首一卷　陳金炎修　陳雲官纂　民國十三年（1924）寶德堂木活字印本　四册

330000－1701－0014167　普 921.512/7529.8　史部/傳記類/總傳之屬/家乘

［浙江紹興］越城江橋陳氏宗譜四卷　陳壬一修　陳戠等纂　民國二十一年（1932）德星堂木活字印本　四册

330000－1701－0014168　普 921.512/7529.6　史部/傳記類/總傳之屬/家乘

［浙江富陽］富春上館陳氏宗譜三卷　陳錫鏕修　陳正瀾纂　民國二十二年（1933）種德堂木活字印本　十册

330000－1701－0014169　普 921.512/7529.7　史部/傳記類/總傳之屬/家乘

［浙江富陽］富陽深里陳氏重修宗譜十二卷　陳侃修　陳觀瀾纂　民國二十二年（1933）暨陽存心堂木活字印本　十二册

330000－1701－0014171　普 921.512/7529.31　史部/傳記類/總傳之屬/家乘

［浙江浦江］閬浦桂源西方陳氏宗譜八卷　陳惟有纂修　民國二十二年（1933）木活字印本　六册　存六卷（一、四至八）

330000－1701－0014172　普 921.515/7529.83　史部/傳記類/總傳之屬/家乘

［湖南長沙］義門陳氏支譜二十六卷首一卷　陳均常纂修　民國九年（1920）德星堂木活字印本　七册　存二十四卷（首，一至十五、十九至二十六）

330000－1701－0014175　普 921.512/7529.84/c1　史部/傳記類/總傳之屬/家乘

［湖南沅江］陳氏四修族譜二十三卷　陳和坤等纂修　民國三十七年（1948）德星堂木活字印本　二十三册

330000－1701－0014176　普 921.512/7529.85　史部/傳記類/總傳之屬/家乘

［湖南益陽］陳氏六修支譜四卷　民國十八年（1929）木活字印本　二册　存二卷（二、四）

330000－1701－0014180　普 921.512/7529.89　史部/傳記類/總傳之屬/家乘

［湖南安化］義門陳氏五修族譜二十二卷首一卷　陳從煛主修　陳紹清　陳從熾纂修　民國十八年（1929）木活字印本　二十册

330000－1701－0014181　普 921.512/7529.91/c1　史部/傳記類/總傳之屬/家乘

［湖南］陳氏四修族譜□□卷　民國德星堂木活字印本　十一册　存十一卷（三、八、十一至十四、十六至十七、二十至二十二）

330000－1701－0014185　普 921.512/7529.84/c2　史部/傳記類/總傳之屬/家乘

［湖南沅江］陳氏四修族譜二十三卷　陳和坤等纂修　民國三十七年（1948）德星堂木活字印本　二十三册

330000－1701－0014189　普 921.512/7529.91/c2　史部/傳記類/總傳之屬/家乘

［湖南］陳氏四修族譜□□卷　民國德星堂木活字印本　三册　存三卷（十四、十七、二十二）

330000－1701－0014195　普 921.512/7529.95　史部/傳記類/總傳之屬/家乘

［江西興國］興國潁川郡陳氏族譜不分卷　民國木活字印本　十二册

330000－1701－0014196　普 921.512/7529.84/c3　史部/傳記類/總傳之屬/家乘

［湖南沅江］陳氏四修族譜二十三卷　陳和坤等纂修　民國三十七年（1948）德星堂木活字印本　十一册　存十一卷（四、六、十至十二、十五、十七至二十、二十三）

330000－1701－0014197　普 921.512/7529.94　史部/傳記類/總傳之屬/家乘

[湖南]陳氏宗譜一百三十九卷首三卷 陳道章修 陳陶賡 陳潤甘纂修 民國二十八年(1939)鍾蔚文堂木活字印本 四十冊 缺十卷(一至二、七十一至七十八)

330000－1701－0014198 普 921.512/7529.96 史部/傳記類/總傳之屬/家乘

[湖南湘鄉]陳氏四修族譜三十八卷首三卷 陳昌澍主修 陳家聰 陳昌仙纂修 民國三十三年(1944)德星堂木活字印本 三冊 存三卷(首一至三)

330000－1701－0014199 普 921.512/7529.97 史部/傳記類/總傳之屬/家乘

[湖南衡山][湖南常寧]陳氏四修族譜十六卷首三卷末一卷 陳厚儀等主修 陳貽芹等纂修 民國十九年(1930)敦睦堂木活字印本 十三冊 存十四卷(首一至三,一至三、五、九至十五)

330000－1701－0014200 普 921.512/7712.1 史部/傳記類/總傳之屬/家乘

[江西萬載]潭溪邱祠牌冊二卷 邱錦茂修 邱明亨等纂 民國九年(1920)明德堂木活字印本 二冊

330000－1701－0014202 普 921.512/7712.6 史部/傳記類/總傳之屬/家乘

[江西][湖南]邱氏族譜二十三卷 邱開富 邱昭祥修 邱一雋纂 民國二十八年(1939)河南堂木活字印本 二十三冊 存二十一卷(一至十八、二十、二十二至二十三)

330000－1701－0014203 普 921.512/7712 史部/傳記類/總傳之屬/家乘

[浙江鄞縣]萬齡邱氏名五房大宗譜不分卷 邱廷賚 邱廷芳修 周利川纂 民國三十七年(1948)詒穀堂木活字印本 三冊

330000－1701－0014209 普 921.512/7722.10 史部/傳記類/總傳之屬/家乘

[浙江象山]西瀛周氏宗譜不分卷 民國抄本 一冊

330000－1701－0014211 普 921.512/7722 史部/傳記類/總傳之屬/家乘

[浙江餘姚]餘姚開元周氏宗譜二十四卷首一卷 周錫貴修 周緝熙等纂 民國十五年(1926)大本堂木活字印本 二十四冊

330000－1701－0014213 普 921.512/7722.14 史部/傳記類/總傳之屬/家乘

[浙江杭州]汝南周氏信字支第七房小宗譜不分卷 民國抄本 一冊

330000－1701－0014214 普 921.512/7722.15 史部/傳記類/總傳之屬/家乘

西瀛周氏宗譜不分卷 周京元輯 民國抄本 一冊

330000－1701－0014217 普 921.512/7722.6 史部/傳記類/總傳之屬/家乘

[浙江蕭山]來蘇周氏後房五分宗譜六卷 周鼎 周杏仙 周柳喬編纂 民國五年(1916)木活字印本 六冊

330000－1701－0014220 普 921.512/7722.1 史部/傳記類/總傳之屬/家乘

周氏家譜不分卷 周建中纂輯 民國十五年(1926)木活字印本 十六冊

330000－1701－0014224 普 921.512/7722.93 史部/傳記類/總傳之屬/家乘

[浙江蕭山]蕭山湖頭周氏宗譜不分卷 民國愛蓮堂木活字印本 三冊

330000－1701－0014225 普 921.512/7722.7 史部/傳記類/總傳之屬/家乘

[浙江慈溪]慈谿周氏顯宗祠族譜二十一卷首一卷末一卷 周毓邠纂修 民國十五年(1926)世德堂木活字印本 一冊 存一卷(首)

330000－1701－0014229 普 921.512/7722.94 史部/傳記類/總傳之屬/家乘

[湖南益陽]益陽板橋周氏六修族譜四十卷附一卷 周繼浚 周繼勛主修 周祚銈等纂修 民國二十年(1931)鉛印本 四十冊 缺一卷(十六)

330000－1701－0014230 普 921.512/7722.

99　史部/傳記類/總傳之屬/家乘

[湖南益陽]周氏四修支譜二卷首一卷　周志鋒等纂修　民國三十六年(1947)汝南堂木活字印本　三册

330000－1701－0014231　普 921.512/7722.98　史部/傳記類/總傳之屬/家乘

[湖南沅江]周氏三修支譜三卷首二卷　周傑才主修　周開才等協修　周世泰編　民國三十七年(1948)汝南堂木活字印本　五册

330000－1701－0014232　普 921.512/7722.97　史部/傳記類/總傳之屬/家乘

[湖南益陽][湖南沅江]周氏四修支譜世系總表二卷世系表誌十四卷首二卷　(清)周京纂修　民國三十六年(1947)汝南堂木活字印本　十六册　存十四卷(首一至二,世系表誌二至十一、十三至十四)

330000－1701－0014233　普 921.512/7722.992　史部/傳記類/總傳之屬/家乘

[湖南益陽]周氏三修支譜二卷首一卷　周正環主修　周思慎纂修　民國三十六年(1947)汝南堂木活字印本　二册

330000－1701－0014234　普 921.512/7722.991　史部/傳記類/總傳之屬/家乘

[湖南沅江]周氏四修支譜一卷首一卷　周振炎纂修　民國三十六年(1947)汝南堂木活字印本　二册

330000－1701－0014236　普 921.512/7722.993　史部/傳記類/總傳之屬/家乘

[湖南沅江]周氏四修支譜二卷首二卷　周夢雲纂修　民國三十六年(1947)汝南堂木活字印本　四册

330000－1701－0014237　普 921.512/7722.941　史部/傳記類/總傳之屬/家乘

[湖南益陽]周氏六修族譜十四卷首一卷末二卷　周化潤　周著林等纂修　民國十八年(1929)益陽三塘街木活字印本　十二册　存十四卷(一至九、十二至十四,末一至二)

330000－1701－0014238　普 921.512/7722.994　史部/傳記類/總傳之屬/家乘

[湖南沅江]周氏四修支譜三卷首一卷　周與齡等纂修　民國三十六年(1947)汝南堂木活字印本　四册

330000－1701－0014242　普 921.512/7722.96　史部/傳記類/總傳之屬/家乘

[湖南湘潭][湖南善化]雙塘周氏三修族譜十卷　周利倓主修　周利棕等纂修　民國三年(1914)汝南堂木活字印本　九册　缺一卷(五)

330000－1701－0014243　普 921.512/7726.1　史部/傳記類/總傳之屬/家乘

[浙江上虞]屠氏宗譜四卷　屠載清修　屠國朝纂　民國十年(1921)茂延堂木活字印本　四册

330000－1701－0014250　普 921.512/7726　史部/傳記類/總傳之屬/家乘

[浙江寧波]甬上屠氏宗譜三十六卷首一卷末一卷　屠可全等主修　張美翊編纂　民國八年(1919)既勤堂木活字印本　十六册

330000－1701－0014258　普 921.512/7726/2　史部/傳記類/總傳之屬/家乘

[浙江寧波]甬上屠氏宗譜三十六卷　屠可全等主修　張美翊編纂　稿本　一册

330000－1701－0014262　普 921.512/7744/c1　史部/傳記類/總傳之屬/家乘

[全國]興田段氏族譜□□卷　劉斯盛修　段書紳纂　民國三十六年(1947)木活字印本　十九册

330000－1701－0014263　普 921.512/7736.1　史部/傳記類/總傳之屬/家乘

[浙江紹興]望村駱氏家譜不分卷　駱思欽纂修　民國十六年(1927)稿本　一册

330000－1701－0014264　普 921.512/7778.2　史部/傳記類/總傳之屬/家乘

[湖南寧鄉]寧鄉歐陽氏銘鑣鏞鐘譜三十七卷首一卷　歐陽勁筠等纂修　民國十九年(1930)渤海堂木活字印本　三十二册　缺三

卷(四、二十二、三十五)

330000－1701－0014265 普921.512/77782/c1 史部/傳記類/總傳之屬/家乘

[湖南]歐氏合修族譜四十卷首一卷 歐學熙等纂修 民國二十八年(1939)木活字印本 三冊 存二卷(首、三)

330000－1701－0014267 普921.512/7744/c2 史部/傳記類/總傳之屬/家乘

[全國]興田段氏族譜□□卷 劉斯盛修 段書紳纂 民國三十六年(1947)木活字印本 十五冊

330000－1701－0014268 普921.512/77782/c2 史部/傳記類/總傳之屬/家乘

[湖南]歐氏合修族譜四十卷首一卷 歐學熙等纂修 民國二十八年(1939)木活字印本 二冊 存一卷(三)

330000－1701－0014269 普921.512/8010.3 史部/傳記類/總傳之屬/家乘

[浙江紹興]紹興漁臨關金氏宗譜十六卷 金成洽修 金乙麟纂 民國二十年(1931)慶延堂木活字印本 十六冊

330000－1701－0014270 普921.512/7744/c3 史部/傳記類/總傳之屬/家乘

[全國]興田段氏族譜□□卷 劉斯盛修 段書紳纂 民國三十六年(1947)木活字印本 五冊

330000－1701－0014272 普921.512/7744/c4 史部/傳記類/總傳之屬/家乘

[全國]興田段氏族譜□□卷 劉斯盛修 段書紳纂 民國三十六年(1947)木活字印本 二冊

330000－1701－0014273 普921.512/8010.7 史部/傳記類/總傳之屬/家乘

[浙江紹興]山陰賢莊金氏家譜不分卷 (清)金烺編 (清)金兆瓏續編 民國抄本 金大白跋 一冊

330000－1701－0014274 普921.512/8010.4 史部/傳記類/總傳之屬/家乘

[浙江嘉興]金氏如心堂譜不分卷 金兆蕃纂 民國二十三年(1934)刻本 一冊

330000－1701－0014276 普921.512/7744/c5 史部/傳記類/總傳之屬/家乘

[全國]興田段氏族譜□□卷 劉斯盛修 段書紳纂 民國三十六年(1947)木活字印本 一冊

330000－1701－0014278 普921.512/7744/c6 史部/傳記類/總傳之屬/家乘

[全國]興田段氏族譜□□卷 劉斯盛修 段書紳纂 民國三十六年(1947)木活字印本 一冊

330000－1701－0014280 普921.512/8010.8 史部/傳記類/總傳之屬/家乘

[浙江富陽]富春王洲金氏宗譜三卷 民國五年(1916)懷德堂木活字印本 一冊

330000－1701－0014282 普921.512/8022.1 史部/傳記類/總傳之屬/家乘

[浙江上虞]百官俞氏家譜不分卷 俞毓棠等修 民國四年(1915)思成堂木活字印本 十冊

330000－1701－0014284 普921.512/8010.91 史部/傳記類/總傳之屬/家乘

[浙江紹興]湖南金氏族譜類集一卷 金縢 金安瀾纂修 民國十四年(1925)抄本 一冊

330000－1701－0014285 普921.512/8022.3 史部/傳記類/總傳之屬/家乘

[浙江諸暨]暨陽次峯俞氏宗譜不分卷 俞品芳修 俞汝諧纂 民國二十二年(1933)古邗堂木活字印本 三冊

330000－1701－0014288 普921.512/8060 史部/傳記類/總傳之屬/家乘

[浙江餘姚]餘姚谷氏宗譜六卷 谷肇成續修 民國三十八年(1949)木活字印本 六冊

330000－1701－0014291 普921.512/8040.1/c1 史部/傳記類/總傳之屬/家乘

[浙江餘姚]姜氏世譜十二卷 姜錫恒等纂修 民國六年(1917)敬勝堂刻本暨木活字印本

十二册

330000－1701－0014292 普 921.512/8040.3 史部/傳記類/總傳之屬/家乘
［浙江桐廬］分陽姜氏宗譜四卷 姜文裕修 徐阜陵纂 民國十七年(1928)永慶堂木活字印本 二册

330000－1701－0014296 普 921.512/8040.1/c2 史部/傳記類/總傳之屬/家乘
［浙江餘姚］姜氏世譜十二卷 姜錫恒等纂修 民國六年(1917)敬勝堂刻本暨木活字印本 十二册

330000－1701－0014300 普 921.512/8090.2 史部/傳記類/總傳之屬/家乘
［浙江寧波］鄞東冰廠跟余氏宗譜十五卷首一卷 余光紋修 李向榮 石聘玉纂 民國十八年(1929)錦樂堂木活字印本 六册

330000－1701－0014303 普 921.512/8090.1 史部/傳記類/總傳之屬/家乘
［安徽黟縣］古黟環山余氏宗譜二十二卷首一卷末一卷 民國七年(1918)木活字印本 十二册

330000－1701－0014304 普 921.512/8090.5 史部/傳記類/總傳之屬/家乘
［浙江常山］定陽余氏宗譜二卷 余京源修 徐斗寅 徐哲揚纂 民國二十二年(1933)餘慶堂木活字印本 二册

330000－1701－0014305 普 921.512/8090 史部/傳記類/總傳之屬/家乘
［浙江龍游］龍游高階余氏家譜十七卷首一卷 余紹宋纂修 民國二十二年(1933)達德堂木活字印本 一册 存一卷(首)

330000－1701－0014306 普 921.512/8211.1 史部/傳記類/總傳之屬/家乘
［浙江上虞］上虞鍾氏宗譜十卷首一卷 鍾士範 鍾駿良纂 民國十七年(1928)忠孝堂木活字印本 八册

330000－1701－0014307 普 921.512/8211 史部/傳記類/總傳之屬/家乘
［浙江紹興］會稽鍾氏宗譜十七卷 鍾志沆修 鍾榮纂修 民國十二年(1923)至德堂木活字印本 十七册

330000－1701－0014309 普 921.512/8090.6 史部/傳記類/總傳之屬/家乘
［江西］［湖南］余氏族譜不分卷 余遠樞纂修 民國三十二年(1943)木活字印本 十八册

330000－1701－0014311 普 921.512/8211.2 史部/傳記類/總傳之屬/家乘
［江西萬載］萬載昌田鍾氏福房支譜□□卷 民國孝思堂木活字印本 三册 存二卷(五、十)

330000－1701－0014312 普 921.512/8080.41/c1 史部/傳記類/總傳之屬/家乘
［湖南平江］碧潭余氏族譜二十五卷首十三卷附錄一卷 余鯤等纂修 民國二十二年(1933)體文閣木活字印本 三十二册 缺一卷(七)

330000－1701－0014315 普 921.512/8080.41/c2 史部/傳記類/總傳之屬/家乘
［湖南平江］碧潭余氏族譜二十五卷首十三卷附錄一卷 余鯤等纂修 民國二十二年(1933)體文閣木活字印本 一册 存一卷(附錄)

330000－1701－0014318 普 921.512/8315/c1 史部/傳記類/總傳之屬/家乘
［江蘇無錫］堠山錢氏丹桂堂家譜四卷 錢基博纂修 民國三十七年(1948)丹桂堂鉛印本 錢基博題記 一册

330000－1701－0014319 普 921.512/8315.1 史部/傳記類/總傳之屬/家乘
［浙江象山］吳越錢氏象派宗譜六十卷首一卷 錢鴻紀修 史翰章纂 民國十五年(1926)蓬萊山家祠木活字印本 二十册

330000－1701－0014320 普 921.512/8315/c2 史部/傳記類/總傳之屬/家乘
［江蘇無錫］堠山錢氏丹桂堂家譜四卷 錢基博纂修 民國三十七年(1948)丹桂堂鉛印本

錢基博題記　一册

330000－1701－0014321　普 921.512/8315.3/2　史部/傳記類/總傳之屬/家乘
［全國］錢氏家乘不分卷　錢文選輯　民國十四年(1925)鉛印本　六册

330000－1701－0014322　普 921.512/8211.9/c1　史部/傳記類/總傳之屬/家乘
［湖南益陽］鍾氏九修族譜三十一卷　鍾裕昆主修　鍾美軒等纂修　民國三十六年(1947)木活字印本　三十一册

330000－1701－0014323　普 921.512/8315.2　史部/傳記類/總傳之屬/家乘
［浙江上虞］重修上虞通明錢氏譜九卷首一卷末一卷　錢鎔修　錢純纂　民國五年(1916)通明支堂木活字印本　十二册

330000－1701－0014324　普 921.512/8211.62　史部/傳記類/總傳之屬/家乘
［全國］鍾氏三塘族譜不分卷　民國木活字印本　六册

330000－1701－0014325　普 921.512/8315.6　史部/傳記類/總傳之屬/家乘
［江蘇無錫］錢氏宗譜備要不分卷　錢宗濂纂修　民國十一年(1922)木活字印本　一册

330000－1701－0014326　普 921.512/8211.6/c1　史部/傳記類/總傳之屬/家乘
［江西袁州］鍾尚公祠牌譜五卷　鍾樂天等纂修　民國三十年(1941)本仁堂木活字印本　五册

330000－1701－0014328　普 921.512/8211.11　史部/傳記類/總傳之屬/家乘
［浙江］［江西］鍾氏宗譜十四卷首一卷　鍾文明　鍾明達修　陳際唐　鍾子毓等纂　民國二十六年(1937)木活字印本　十三册　缺三卷(六、十三至十四)

330000－1701－0014329　普 921.512/8315.5　史部/傳記類/總傳之屬/家乘
［江蘇無錫］堠山錢氏丹桂堂家譜四卷　錢基博纂修　民國三十七年(1948)丹桂堂鉛印本　陶鶴書題記　一册

330000－1701－0014331　普 921.512/8711　史部/傳記類/總傳之屬/家乘
［浙江嘉興］鈕氏鴛湖寺後港支家譜不分卷　鈕家鈞　鈕澤浩纂修　民國二十年(1931)鉛印本　二册

330000－1701－0014332　普 921.512/8742/c1　史部/傳記類/總傳之屬/家乘
［浙江鄞縣］殷灣鄭氏支譜四卷　鄭懷樫修　鄭世彬纂　民國二十六年(1937)繼序堂木活字印本　二册

330000－1701－0014333　普 921.512/8211.6/c2　史部/傳記類/總傳之屬/家乘
［江西袁州］鍾尚公祠牌譜五卷　鍾樂天等纂修　民國三十年(1941)本仁堂木活字印本　五册

330000－1701－0014335　普 921.512/8742/c2　史部/傳記類/總傳之屬/家乘
［浙江鄞縣］殷灣鄭氏支譜四卷　鄭懷樫修　鄭世彬纂　民國二十六年(1937)繼序堂木活字印本　二册

330000－1701－0014336　普 921.512/8742.4　史部/傳記類/總傳之屬/家乘
［浙江湖州］義門鄭氏家乘不分卷　(清)鄭訓慈纂　民國鉛印本　一册

330000－1701－0014337　普 921.512/8742.9　史部/傳記類/總傳之屬/家乘
［湖南瀏陽］鄭氏四修族譜九卷首一卷　鄭紹徵等主修　鄭寶璦等纂修　民國二十八年(1939)木活字印本　二十九册

330000－1701－0014338　普 921.512/8742.3　史部/傳記類/總傳之屬/家乘
［浙江黄巖］五部鄭氏房譜六卷首一卷　民國十八年(1929)木活字印本　四册

330000－1701－0014339　普 921.512/8742.5　史部/傳記類/總傳之屬/家乘
［浙江湖州］雙林鄭氏支乘不分卷　鄭坤颺纂　民國十八年(1929)孔安堂祠鉛印本　一册

330000－1701－0014342　普 921.512/8824.1　史部/傳記類/總傳之屬/家乘
[湖南益陽]修山符氏八修族譜二十三卷首二卷末三卷　符韶主修　符德恆等纂修　民國十四年(1925)敦本堂木活字印本　二十五册　存二十四卷(首一,二、四、六至二十三,末一至三)

330000－1701－0014344　普 921.512/9705　史部/傳記類/總傳之屬/家乘
惲氏家乘不分卷　惲寶惠輯　民國三十八年(1949)光裕堂鉛印本　一册

330000－1701－0014345　普 921.512/8824　史部/傳記類/總傳之屬/家乘
[浙江黃巖]黃巖符氏宗譜十五卷首一卷　符耀樞等纂修　民國十八年(1929)木活字印本　十五册　缺一卷(一)

330000－1701－0014346　普 921.512/8211.9/c2　史部/傳記類/總傳之屬/家乘
[湖南益陽]鍾氏九修族譜三十一卷　鍾裕昆主修　鍾美軒等纂修　民國三十六年(1947)木活字印本　二十一册　存二十一卷(一、三、五、七至十一、十三、十六、十九、二十一至二十八、三十至三十一)

330000－1701－0014357　普 921.514/6051/c1　史部/金石類/璽印之屬/通考
璽印姓氏徵二卷　羅振玉輯　民國十四年(1925)東方學會鉛印本　一册

330000－1701－0014358　普 921.514/6051/c2　史部/金石類/璽印之屬/通考
璽印姓氏徵二卷　羅振玉輯　民國十四年(1925)東方學會鉛印本　二册

330000－1701－0014367　普 915.1116/1037　史部/地理類/方志之屬/郡縣志
[嘉慶]洛陽縣志六十卷　(清)魏襄修　(清)陸繼輅纂　民國五年(1916)石印本　十六册

330000－1701－0014374　普 915.1116/1054/7　史部/地理類/專志之屬/寺觀
洛陽伽藍記注五卷　周延年撰　民國二十六年(1937)萬潔齋石印本　一册

330000－1701－0014376　普 915.1116.1054/3　類叢部/叢書類/彙編之屬
四部備要　中華書局編　民國二十五年(1936)上海中華書局鉛印本　一册　存二種

330000－1701－0014380　普 915.1116/65681　史部/地理類/遊記之屬/紀勝
嵩嶽遊記四卷　席書錦撰　民國八年(1919)鉛印本　二册

330000－1701－0014389　普 915.1116/1054/6/c1　史部/地理類/專志之屬/寺觀
洛陽伽藍記五卷　(北魏)楊衒之撰　民國四年(1915)武進董氏誦芬室據明如隱堂刻本影印本　趙不騫跋　二册

330000－1701－0014392　普 915.1117/0024.01　史部/地理類/方志之屬/郡縣志
明嘉靖南陽府志校注十二卷　(明)楊應奎纂修　(明)張霈補遺　張中孚校注　民國三十一年(1942)鉛印本　五册

330000－1701－0014395　普 915.1116/1054/6/c2　史部/地理類/專志之屬/寺觀
洛陽伽藍記五卷　(北魏)楊衒之撰　民國四年(1915)武進董氏誦芬室據明如隱堂刻本影印本　二册

330000－1701－0014400　普 915.1116/1054/6/c3　史部/地理類/專志之屬/寺觀
洛陽伽藍記五卷　(北魏)楊衒之撰　民國四年(1915)武進董氏誦芬室據明如隱堂刻本影印本　王修跋　二册

330000－1701－0014408　普 915.1118/2037/c1　史部/地理類/方志之屬/郡縣志
[民國]重修正陽縣志八卷首一卷末一卷　劉月泉修　陳全三纂　民國二十五年(1936)鉛印本　八册

330000－1701－0014412　普 915.1118/2037/c2　史部/地理類/方志之屬/郡縣志
[民國]重修正陽縣志八卷首一卷末一卷　劉

月泉修　陳全三纂　民國二十五年(1936)鉛印本　八册

330000－1701－0014413　普 915.1118/5037　史部/地理類/方志之屬/郡縣志
[民國]西平縣志四十卷首一卷末一卷附編八卷　李毓藻修　陳銘鑑纂　民國二十三年(1934)北平文華齋刻本　十册

330000－1701－0014422　普 915.11191/0037　史部/地理類/方志之屬/郡縣志
[民國]許昌縣志二十卷　王秀文修　張庭馥纂　民國十二年(1923)石印本　十二册

330000－1701－0014423　普 915.1119/3037　史部/地理類/方志之屬/郡縣志
[民國]西華縣續志十四卷首一卷　凌甲烺　吕應南修　張嘉謀等纂　民國二十七年(1938)鉛印本　四册

330000－1701－0014425　普 915.1119/6037　史部/地理類/方志之屬/郡縣志
[民國]太康縣志十二卷首一卷　杜鴻賓等修　劉盼遂纂　民國二十二年(1933)鉛印本　四册

330000－1701－0014426　普 915.1118/7037　史部/地理類/方志之屬/郡縣志
[民國]確山縣志二十四卷　張縉璜纂修　民國二十年(1931)漢口大豐印書館鉛印本　四册

330000－1701－0014431　普 915.11191/5037　史部/地理類/方志之屬/郡縣志
[民國]長葛縣志十卷首一卷末一卷　陳鴻疇修　劉盼遂　張蔚藍纂　民國十九年(1930)鉛印本　二册

330000－1701－0014435　普 915.11193/0037　史部/地理類/方志之屬/郡縣志
[民國]陝縣志二十六卷　歐陽珍編　韓嘉會纂　民國二十五年(1936)開封鉛印本　八册

330000－1701－0014441　普 915.11193/2037　史部/地理類/方志之屬/郡縣志
[民國]新修閿鄉縣志二十四卷首一卷　李質毅修　韓嘉會纂　民國二十一年(1932)鉛印本　六册　存十八卷(首、一至十七)

330000－1701－0014445　普 915.112/1234　史部/地理類/方志之屬/通志
湖北通志館採訪細目及表式一卷　湖北通志館編　民國鉛印本　一册

330000－1701－0014448　普 915.112/3660　史部/地理類/方志之屬/通志
[宣統]湖北通志一百七十二卷首一卷末一卷　吕調元　劉承恩修　張仲炘　楊承禧纂　民國十年(1921)刻本　一百八册

330000－1701－0014460　普 915.1121/1054　史部/地理類/專志之屬/寺觀
長春觀志四卷　李理安撰　民國二十五年(1936)鉛印本　四册

330000－1701－0014461　普 915.1121/2053/c1　史部/地理類/山川之屬/水志
沙湖志一卷　任桐輯　民國十五年(1926)油印本　一册

330000－1701－0014465　普 915.1121/2053/c2　史部/地理類/山川之屬/水志
沙湖志一卷　任桐輯　民國十五年(1926)油印本　二册

330000－1701－0014479　普 915.1122/2037　史部/地理類/方志之屬/郡縣志
[民國]夏口縣志二十二卷首一卷補遺一卷　候祖畲修　吕寅東纂　馮翔繪　民國九年(1920)刻本　十册

330000－1701－0014491　普 915.1123/1052　史部/地理類/雜志之屬
黄州赤壁集十二卷首一卷附録一卷　汪燊纂輯　民國二十一年(1932)黄岡汪氏鉛印本　六册

330000－1701－0014614　普 915.11291/1051/c1　史部/地理類/雜志之屬
施州考古錄二卷　鄭永禧撰　民國七年(1918)鉛印本　一册

330000－1701－0014618　普 915. 11291/1051/c2　史部/地理類/雜志之屬

施州考古錄二卷　鄭永禧撰　民國七年(1918)鉛印本　一冊

330000－1701－0014620　普 915. 113/3937/c1　史部/地理類/雜志之屬

湖南各縣調查筆記不分卷　曾繼梧編　民國二十年(1931)鉛印本　二冊

330000－1701－0014621　普 915. 113/3780　史部/地理類/雜志之屬

湖南各縣調查筆記不分卷　曾繼梧編　民國二十年(1931)鉛印本　二冊

330000－1701－0014625　普 915. 113/3937/c2　史部/地理類/雜志之屬

湖南各縣調查筆記不分卷　曾繼梧編　民國二十年(1931)鉛印本　二冊

330000－1701－0014638　普 915. 1131/3052/c1　史部/地理類/雜志之屬

嶽麓小志一卷　劉召圃編輯　民國二十三年(1934)湖南大學鉛印本　一冊

330000－1701－0014644　普 915. 1131/8024　史部/地理類/方志之屬/郡縣志

[民國]醴陵鄉土志不分卷　傅熊湘編　民國十五年(1926)醴泉小學鉛印本　一冊

330000－1701－0014645　普 915. 1131/8037　史部/地理類/方志之屬/郡縣志

[民國]醴陵縣志十卷　陳鯤修　劉謙纂　民國三十七年(1948)醴陵縣文獻委員會鉛印本　十冊

330000－1701－0014647　普 915. 1131/3052/c2　史部/地理類/雜志之屬

嶽麓小志一卷　劉召圃編輯　民國二十三年(1934)湖南大學鉛印本　一冊

330000－1701－0014648　普 915. 1132/0032　史部/地理類/方志之屬/郡縣志

[道光]寶慶府志一百四十三卷首二卷末三卷　(清)黄宅中等修　(清)鄧顯鶴等纂　民國二十三年(1934)陳植福堂鉛印本　四十冊

330000－1701－0014684　普 915. 1135/4066/c1　史部/地理類/山川之屬/山志

南嶽志二十六卷　(清)李元度輯　**增補南嶽志文集一卷詩集一卷**　李子榮編次　王香余　歐陽謙輯　**續增南嶽志文集一卷詩集一卷**　王香余補輯　民國十二年至十三年(1923－1924)衡山王香余、歐陽謙刻本　十八冊

330000－1701－0014699　普 915. 1135/4066/c2　史部/地理類/山川之屬/山志

南嶽志二十六卷　(清)李元度輯　**增補南嶽志文集一卷詩集一卷**　李子榮編次　王香余　歐陽謙輯　**續增南嶽志文集一卷詩集一卷**　王香余補輯　民國十二年至十三年(1923－1924)衡山王香余、歐陽謙刻本　十八冊

330000－1701－0014712　HJL0708　類叢部/叢書類/彙編之屬

百川學海一百一種　(宋)左圭編　民國十六年至十九年(1927－1930)武進陶氏影刻宋咸淳本(缺卷以明弘治間華氏覆宋本摹補,并依宋本目次編印)　三十冊

330000－1701－0014721　普 915. 1232/6554　史部/地理類/專志之屬/寺觀

常熟縣破山興福寺志四卷　(明)程嘉燧輯　民國八年(1919)鉛印本　一冊

330000－1701－0014746　普 915. 1137/5037/c1　史部/地理類/方志之屬/郡縣志

[民國]乾縣新志十四卷首一卷附四卷　續儉　田屏軒修　范凝績纂　民國三十年(1941)鉛印本　六冊

330000－1701－0014751　普 915. 1137/5037/c2　史部/地理類/方志之屬/郡縣志

[民國]乾縣新志十四卷首一卷附四卷　續儉　田屏軒修　范凝績纂　民國三十年(1941)鉛印本　六冊

330000－1701－0014760　HJL0999　類叢部/叢書類/彙編之屬

選印宛委別藏四十種　故宮博物院編　民國二十四年(1935)上海商務印書館影印本　一百五十一冊

330000－1701－0014761　普 915.11391/3037　史部/地理類/方志之屬/郡縣志
[民國]慈利縣志二十卷首一卷　田興奎等修　吳恭亨纂　民國十二年(1923)鉛印本　四册

330000－1701－0014765　普 915.11392/4037　史部/地理類/方志之屬/郡縣志
[民國]汝城縣志三十五卷首一卷末一卷　陳必聞修　盧純道等纂　民國二十一年(1932)鉛印本　十册

330000－1701－0014773　普 915.114/1175　史部/地理類/方志之屬/通志
皖志議畧二卷　陳澹然撰　民國鉛印本　一册

330000－1701－0014781　普 915.114/6913　史部/地理類/山川之屬/水志
[民國]安徽通志水系稿三卷　武同舉編　民國二十三年(1934)鉛印本　四册

330000－1701－0014788　普 915.1141/1037　史部/地理類/方志之屬/郡縣志
[民國]懷寧縣志三十四卷首一卷　朱之英修　舒景蘅等纂　民國四年(1915)鉛印本　四册　存十一卷(首,一至三、九至十三、二十七至二十八)

330000－1701－0014791　GP04802　史部/傳記類/總傳之屬/家乘
[浙江金華]永康李氏總祠主錄八卷　(清)李圭璧等纂修　民國十七年(1928)木活字印本　李德芳題記　八册

330000－1701－0014795　HJL0666　類叢部/叢書類/彙編之屬
煙畫東堂小品二十三種　繆荃孫編　民國九年(1920)江陰繆氏刻本　十二册

330000－1701－0014801　普 915.1142/1037/c1　史部/地理類/方志之屬/郡縣志
[民國]歙縣志十六卷　石國柱　樓文釗修　許承堯纂　民國二十六年(1937)歙縣旅滬同鄉會鉛印本　十六册

330000－1701－0014802　HJL0642　類叢部/叢書類/彙編之屬
楝亭(楝亭藏書)十二種六十九卷　(清)曹寅編　民國十年(1921)上海古書流通處據清康熙四十五年(1706)揚州詩局刻本影印本　二十册

330000－1701－0014808　普 915.1142/1052.3　史部/地理類/遊記之屬/紀勝
黃山游記一卷善卷庚桑二洞紀游一卷杭州白龍潭游記一卷游鳳陽明陵紀事一卷　錢文選編　民國二十六年(1937)鉛印本　一册

330000－1701－0014811　普 915.1142/1052.4　史部/地理類/遊記之屬/紀勝
黃山紀遊詩一卷　(清)曹文埴撰　民國二十五年(1936)黃山大都文物社鉛印本　一册

330000－1701－0014813　普 915.1142/1037/c2　史部/地理類/方志之屬/郡縣志
[民國]歙縣志十六卷　石國柱　樓文釗修　許承堯纂　民國二十六年(1937)歙縣旅滬同鄉會鉛印本　十六册

330000－1701－0014818　普 915.1142/5037　史部/地理類/方志之屬/郡縣志
[民國]黟縣四志十六卷首一卷末一卷　吳克俊等修　程壽保　舒斯笏纂　民國十一年(1922)刻本　十一册　存十三卷(五至十六、末)

330000－1701－0014823　HJL0647　類叢部/叢書類/郡邑之屬
楚州叢書第一集二十九種　冒廣生編　民國十年(1921)如皋冒氏刻本　八册　存十八種

330000－1701－0014825　普 915.1142/50522　史部/政書類/公牘檔册之屬
安徽黃山建設委員會會議錄不分卷　民國二十四年(1935)鉛印本　一册

330000－1701－0014828　普 915.1143/0031/c1　史部/地理類/方志之屬/郡縣志
[嘉慶]寧國府志三十六卷首一卷末一卷　(清)魯銓等修　(清)洪亮吉等纂　民國八年

(1919)涇縣翟鳳翔據清嘉慶二十年(1815)刻本影印本　三十二册

330000－1701－0014830　HJH0675　類叢部/叢書類/郡邑之屬
安徽叢書六期二十五種　安徽叢書編審會輯　民國二十一年至二十五年(1932－1936)影印本　十六册　存第一期十種

330000－1701－0014833　HJL0875　類叢部/叢書類/郡邑之屬
太崑先哲遺書首集九種　俞慶恩編　民國十七年至二十年(1928－1931)太倉俞氏世德堂鉛印本暨影印本　九册　存四種

330000－1701－0014837　普915.1143/0031/c2　史部/地理類/方志之屬/郡縣志
[嘉慶]寧國府志三十六卷首一卷末一卷　(清)魯銓等修　(清)洪亮吉等纂修　民國八年(1919)涇縣翟鳳翔據清嘉慶二十年(1815)刻本影印本　三十二册

330000－1701－0014839　普915.1143/0031/c3　史部/地理類/方志之屬/郡縣志
[嘉慶]寧國府志三十六卷首一卷末一卷　(清)魯銓等修　(清)洪亮吉等纂修　民國八年(1919)涇縣翟鳳翔據清嘉慶二十年(1815)刻本影印本　二十九册　缺四卷(二十六至二十七、二十九至三十)

330000－1701－0014840　普915.1143/2032　史部/地理類/方志之屬/郡縣志
[道光]涇縣續志九卷附一卷　(清)阮文藻修　(清)趙懋曜等纂　民國三年(1914)涇縣翟氏石印本　二册

330000－1701－0014841　普915.1143/0031/c4　史部/地理類/方志之屬/郡縣志
[嘉慶]寧國府志三十六卷首一卷末一卷　(清)魯銓等修　(清)洪亮吉等纂修　民國八年(1919)涇縣翟鳳翔據清嘉慶二十年(1815)刻本影印本　三十一册　存三十六卷(二至三十六、末)

330000－1701－0014843　普915.1143/3037/c1　史部/地理類/方志之屬/郡縣志
[民國]南陵縣志四十八卷首一卷末一卷　余誼密修　徐乃昌纂　民國十三年(1924)鉛印本　二十四册

330000－1701－0014845　普915.1143/5031　史部/地理類/方志之屬/郡縣志
[嘉慶]旌德縣志十卷　(清)陳柄德修　(清)趙良霨纂　**[道光]旌德縣續志十卷**　(清)王椿林修　(清)胡承珙纂　**兩江忠義錄旌德人物事傳二卷**　民國十四年(1925)石印本　十五册

330000－1701－0014851　普915.1143/2031　史部/地理類/方志之屬/郡縣志
[嘉慶]涇縣志三十二卷首一卷附二卷　(清)李德淦　(清)周鶴立修　(清)洪亮吉纂　民國三年(1914)涇縣翟氏石印本　十四册

330000－1701－0014853　普915.1143/3037/c2　史部/地理類/方志之屬/郡縣志
[民國]南陵縣志四十八卷首一卷末一卷　余誼密修　徐乃昌纂　民國十三年(1924)鉛印本　二十三册　缺一卷(末)

330000－1701－0014854　普915.1143/2032/2　史部/地理類/方志之屬/郡縣志
[道光]涇縣續志九卷附一卷　(清)阮文藻修　(清)趙懋曜等纂　民國三年(1914)涇縣翟氏石印本　二册

330000－1701－0014856　普915.1144/0052.2　史部/地理類/山川之屬/山志
九華山志八卷首一卷　釋德森編輯　許止淨鑑訂　民國二十七年(1938)蘇州弘化社鉛印本　二册

330000－1701－0014858　普915.1143/2031/2　史部/地理類/方志之屬/郡縣志
[嘉慶]涇縣志三十二卷首一卷附二卷　(清)李德淦　(清)周鶴立修　(清)洪亮吉纂　民國三年(1914)涇縣翟氏石印本　十三册　缺二卷(二十三至二十四)

330000－1701－0014863　普915.1144/4037

史部/地理類/方志之屬/郡縣志
[民國]石埭備志彙編五卷 陳惟壬纂 民國三十年(1941)鉛印本 三冊

330000－1701－0014865 HJL0645 類叢部/叢書類/郡邑之屬
續金華叢書六十種 胡宗楙編 民國十三年(1924)永康胡氏夢選樓刻本 一百二十冊

330000－1701－0014869 HJL0878 類叢部/叢書類/郡邑之屬
赤城遺書彙刊十六種 金嗣獻編 民國四年(1915)太平金氏木活字印本 十冊

330000－1701－0014871 普 915.1145/1042 史部/地理類/方志之屬/郡縣志
[光緒]當塗縣鄉土志二卷 (清)歐陽銈纂 民國五年(1916)南京美新印社石印本 二冊

330000－1701－0014872 普 915.1145/2037 史部/地理類/方志之屬/郡縣志
[民國]蕪湖縣志六十卷 余誼密 彭萃文 濮文波修 鮑寔纂 民國八年(1919)石印本 八冊

330000－1701－0014877 HJL0873 類叢部/叢書類/郡邑之屬
台州叢書後集十七種 楊晨輯 民國四年(1915)黃巖楊氏刻本 十四冊

330000－1701－0014880 HJL0872 類叢部/叢書類/郡邑之屬
台州叢書己集十二種 楊晨輯 民國八年(1919)黃巖楊氏石印本 十冊

330000－1701－0014883 普 915.1146/2052 史部/地理類/山川之屬/山志
冶父山志六卷首一卷 陳詩重編 民國二十五年(1936)木活字印本 陳寥士題記 二冊

330000－1701－0014885 普 915.1146/5054 史部/地理類/專志之屬/祠墓
安徽巢湖中廟廟誌一卷 李信孔續修 民國十二年(1923)石印本 一冊

330000－1701－0014886 HJL0890 類叢部/叢書類/郡邑之屬
仙居叢書第一集十二種 李鏡渠編 民國二十四年(1935)鉛印本 二十冊

330000－1701－0014902 普 915.1147/1037 史部/地理類/方志之屬/郡縣志
[民國]鳳陽縣志略一卷 易季和纂修 民國二十五年(1936)鉛印本 一冊

330000－1701－0014916 HJL0739 類叢部/叢書類/家集之屬
高郵王氏遺書七種 羅振玉輯 民國十四年(1925)上虞羅氏鉛印本 八冊

330000－1701－0014917 HJL0665 類叢部/叢書類/家集之屬
重印江都汪氏叢書十三種 陳乃乾 秦更年等編 民國十四年(1925)上海中國書店影印本 十六冊

330000－1701－0014918 HJH0802 類叢部/叢書類/家集之屬
重印江都汪氏叢書十三種 陳乃乾 秦更年等編 民國十四年(1925)上海中國書店影印本 十六冊

330000－1701－0014919 HJL0901 類叢部/叢書類/彙編之屬
續古逸叢書四十七種 張元濟等編 民國十一年(1922)至一九五七年上海商務印書館影印本 六冊 存二種

330000－1701－0014920 HJL0709 類叢部/叢書類/家集之屬
諸暨馮氏叢刻五種四十四卷 馮振音編 民國六年(1917)鉛印本 十冊

330000－1701－0014925 HJL0715 類叢部/叢書類/彙編之屬
儒學警悟七集四十卷 (宋)俞鼎孫 (宋)俞經編 民國十一年(1922)武進陶氏刻本 十冊

330000－1701－0014927 HJL0746 類叢部/叢書類/彙編之屬
東萊趙氏楹書叢刊十一種 趙琪編 民國二

十四年(1935)東來趙氏永厚堂鉛印本　十二冊

330000－1701－0014936　HJL0784　類叢部/叢書類/彙編之屬
嗚沙石室佚書(嗚沙石室古佚書)初編十九種　羅振玉編　民國二年(1913)上虞羅氏據唐寫本影印本　四冊　存十五種

330000－1701－0014937　HJL0713　類叢部/叢書類/彙編之屬
古學彙刊第一集三十四種第二集二十七種　鄧實等編　民國元年至三年(1912－1914)上海國粹學報社鉛印本　三十二冊

330000－1701－0014942　普 915.1148/4037　史部/地理類/方志之屬/郡縣志
[民國]亳縣志略不分卷　劉治堂纂修　民國二十五年(1936)鉛印本　一冊

330000－1701－0014948　HJL4674　集部/總集類/選集之屬/斷代
名賢生日詩十卷附名人生日表一卷　孫雄輯　民國十年(1921)鉛印本　六冊

330000－1701－0014949　普 915.1148/7037　史部/地理類/方志之屬/郡縣志
[民國]渦陽縣志十八卷首一卷　黄佩蘭修　王佩箴等纂　民國十四年(1925)鉛印本　八冊

330000－1701－0014951　普 915.1148/7037.3　史部/地理類/方志之屬/郡縣志
[民國]渦陽風土記十七卷首一卷　黄佩蘭修　王佩箴等纂　民國十三年(1924)木活字印本　八冊

330000－1701－0014961　普 915.1149/0052/c1　史部/地理類/山川之屬/山志
瑯琊山志八卷首一卷　章心培　釋達脩編纂　民國十八年(1929)鉛印本　四冊

330000－1701－0014962　普 915.1148/7037.2　史部/地理類/方志之屬/郡縣志
[民國]渦陽縣志略不分卷　朱國衡纂修　民國二十五年(1936)鉛印本　一冊

330000－1701－0014967　普 915.1149/0052/c2　史部/地理類/山川之屬/山志
瑯琊山志八卷首一卷　章心培　釋達脩編纂　民國十八年(1929)鉛印本　四冊

330000－1701－0014969　普 915.1149/0052/c3　史部/地理類/山川之屬/山志
瑯琊山志八卷首一卷　章心培　釋達脩編纂　民國十八年(1929)鉛印本　四冊

330000－1701－0014973　普 915.124/2823.2　史部/地理類/方志之屬/通志
[雍正]敕修浙江通志二百八十卷首三卷　(清)李衛　(清)嵇曾筠等修　(清)沈翼機　(清)傅王露等纂　民國抄本　一冊　存四十二卷(一至四、六、九、十四、二十二至二十三、二十五、二十七、三十至三十一、三十三、三十五、三十九、四十三、五十二、五十六、六十二至六十三、六十七至六十八、七十一至七十二、七十五、七十七、七十九至八十一、八十三、八十五至八十八、九十、九十三、九十五、九十七、九十九、一百一、一百三)

330000－1701－0014978　普 915.11492/0037/c1　史部/地理類/方志之屬/郡縣志
[民國]廣德縣志稿五十九卷首一卷末一卷　錢文選編　民國三十七年(1948)鉛印本　一冊

330000－1701－0014980　普 915.11492/0037/c2　史部/地理類/方志之屬/郡縣志
[民國]廣德縣志稿五十九卷首一卷末一卷　錢文選編　民國三十七年(1948)鉛印本　一冊

330000－1701－0014981　普 915.11492/0037/c3　史部/地理類/方志之屬/郡縣志
[民國]廣德縣志稿五十九卷首一卷末一卷　錢文選編　民國三十七年(1948)鉛印本　一冊

330000－1701－0014982　普 915.11492/0037/c4　史部/地理類/方志之屬/郡縣志
[民國]廣德縣志稿五十九卷首一卷末一卷　錢文選編　民國三十七年(1948)鉛印本

一册

330000－1701－0014990　HJL0879　類叢部/叢書類/郡邑之屬
虞山叢刻十一種　丁祖蔭編　民國常熟丁氏刻本　五册　存八種

330000－1701－0014996　HJL0906　類叢部/叢書類/郡邑之屬
錫山先哲叢刊十二種　侯鴻鑑等輯　民國十一年至二十年(1922－1931)上海中華書局鉛印本　十四册　存九種

330000－1701－0015005　HJL0818　類叢部/叢書類/彙編之屬
清代學術叢書五種　黄賓熙編　民國香山黄氏古愚室據刻本影印本　二十四册

330000－1701－0015006　HJH0688　類叢部/叢書類/郡邑之屬
錫山先哲叢刊十二種　侯鴻鑑等輯　民國十一年至二十年(1922－1931)上海中華書局鉛印本　六册　存四種

330000－1701－0015015　HJL0907　類叢部/叢書類/郡邑之屬
海陵叢刻二十三種　韓國鈞編　民國八年至十四年(1919－1925)鉛印本、刻本暨石印本　四十二册　存十三種

330000－1701－0015020　普915.115/3742　史部/地理類/方志之屬/通志
[民國]江西鄉土志不分卷　民國教育公報鉛印本　一册

330000－1701－0015024　HJL0898　類叢部/叢書類/郡邑之屬
惜硯樓叢刊八種　林慶雲編　民國二十四年(1935)瑞安林氏鉛印本　二册

330000－1701－0015025　普915.124/3780/c1　史部/地理類/方志之屬/通志
[民國]重修浙江通志初稿不分卷　浙江通志館修　余紹宋等纂　民國三十七年(1948)鉛印本　四册

330000－1701－0015026　普915.115/4640　史部/地理類/遊記之屬/紀勝
贛江歸櫂記一卷　李法章撰　民國九年(1920)鉛印本　一册

330000－1701－0015031　HJL0866　類叢部/叢書類/彙編之屬
儒學警悟七集四十卷　(宋)俞鼎孫　(宋)俞經編　民國十一年(1922)武進陶氏刻本　十册

330000－1701－0015033　HJL0912　類叢部/叢書類/彙編之屬
百川學海一百一種　(宋)左圭輯　民國十年(1921)上海博古齋據明弘治華氏刻本影印本　四十册

330000－1701－0015034　普915.124/3980/c1　史部/地理類/方志之屬/通志
[民國]浙江新志三卷　姜卿雲纂　民國二十五年(1936)杭州正中書局鉛印本　二册

330000－1701－0015038　普915.124/3980/c2　史部/地理類/方志之屬/通志
[民國]浙江新志三卷　姜卿雲纂　民國二十五年(1936)杭州正中書局鉛印本　二册

330000－1701－0015039　普915.124/3980/c3　史部/地理類/方志之屬/通志
[民國]浙江新志三卷　姜卿雲纂　民國二十五年(1936)杭州正中書局鉛印本　二册

330000－1701－0015040　普915.124/3980/c4　史部/地理類/方志之屬/通志
[民國]浙江新志三卷　姜卿雲纂　民國二十五年(1936)杭州正中書局鉛印本　二册

330000－1701－0015042　普915.124/3980/c5　史部/地理類/方志之屬/通志
[民國]浙江新志三卷　姜卿雲纂　民國二十五年(1936)杭州正中書局鉛印本　二册

330000－1701－0015046　普915.1151/1037　史部/地理類/方志之屬/郡縣志
[民國]南昌縣志六十卷首一卷　江召棠修　魏元曠纂　民國二十四年(1935)鉛印本　二

十六冊

330000－1701－0015048　普 915.124/3780/c2　史部/地理類/方志之屬/通志
[民國]重修浙江通志初稿不分卷　浙江通志館修　余紹宋等纂　民國三十七年(1948)鉛印本　四冊

330000－1701－0015054　普 915.124/3780/c3　史部/地理類/方志之屬/通志
[民國]重修浙江通志初稿不分卷　浙江通志館修　余紹宋等纂　民國三十七年(1948)鉛印本　一冊

330000－1701－0015059　普 915.1151/1051　史部/地理類/專志之屬/古跡
滕王閣考初編不分卷　楊綽庵輯　民國三十二年(1943)鉛印本　一冊

330000－1701－0015075　普 915.124/5132　史部/地理類/遊記之屬/紀勝
增廣浙江形勝詩彙編不分卷　民國石印本　一冊

330000－1701－0015077　HJL0984　類叢部/叢書類/郡邑之屬
金陵叢書　翁長森　蔣國榜輯　民國三年至五年(1914－1916)上元蔣氏慎修書屋鉛印本　一百二十八冊

330000－1701－0015090　普 915.124/6244　史部/地理類/遊記之屬/紀行
鄉國補游紀一卷　林甄宇撰　民國鉛印本　一冊

330000－1701－0015096　HJH0801　類叢部/叢書類/家集之屬
婁東周氏叢刊初輯四種　周慤編　民國二十六年(1937)婁東周氏冰壺堂影印本　二冊

330000－1701－0015099　HJL0761　類叢部/叢書類/彙編之屬
宸翰樓叢書八種　羅振玉編　民國三年(1914)上虞羅氏刻本　八冊

330000－1701－0015109　HJL0749　類叢部/叢書類/彙編之屬
雪堂叢刻(國學叢刊)五十二種　羅振玉編　民國四年(1915)上虞羅氏鉛印本　二十冊

330000－1701－0015110　HJL0778　類叢部/叢書類/彙編之屬
吉石庵叢書二十七種　羅振玉輯　民國上虞羅氏影印本　二十四冊　存二十六種

330000－1701－0015113　HJL0728　類叢部/叢書類/彙編之屬
殷禮在斯堂叢書二十種　羅振玉編　民國十七年(1928)東方學會石印本暨鉛印本　十二冊

330000－1701－0015118　HJL0958　類叢部/叢書類/郡邑之屬
敬鄉樓叢書三十八種　黄羣編　民國十七年至二十四年(1928－1935)永嘉黄氏鉛印本　七十八冊

330000－1701－0015122　HJL0698　類叢部/叢書類/彙編之屬
羅氏彙刻書　羅振玉編　民國上虞羅氏宸翰樓影印本　十九冊　存六種

330000－1701－0015130　普 811.17/0093/c2　集部/別集類/清別集
種學堂詹詹吟藁四卷　(清)章性良撰　民國十九年(1930)國學圖書館影印本　二冊

330000－1701－0015135　HJL0735　類叢部/叢書類/彙編之屬
墨香簃叢編六種　楊嘉編　民國石印本　二冊

330000－1701－0015139　HJL0716　類叢部/叢書類/彙編之屬
遯盦叢編甲集四種乙集七種　吴隱編　民國二年至五年(1913－1916)西泠印社木活字印本　四冊　存甲集四種

330000－1701－0015141　普 915.124/8410　史部/地理類/雜志之屬
浙江島嶼調查表二卷　王萼編　民國四年(1915)外海水上警察廳石印本　二冊

330000－1701－0015149　HJL1008　類叢部/叢書類/郡邑之屬

雲南叢書初編一百四十一種二編三十七種　趙藩　陳榮昌等輯　民國雲南叢書處刻本　十五册　存二種

330000－1701－0015152　HJL0982　類叢部/叢書類/彙編之屬

松鄰叢書二十種　吳昌綬編　民國六年至七年(1917－1918)仁和吳氏雙照樓刻本　十四册

330000－1701－0015161　HJL0743　類叢部/叢書類/彙編之屬

適園叢書七十四種　張鈞衡編　民國二年至六年(1913－1917)烏程張氏刻本(唐大詔令集卷十四至二十四、八十七至九十八原缺)　一百九十二册

330000－1701－0015162　HJL0948　類叢部/叢書類/彙編之屬

適園叢書七十四種　張鈞衡編　民國二年至六年(1913－1917)烏程張氏刻本(唐大詔令集卷十四至二十四、八十七至九十八原缺)　一百九十二册

330000－1701－0015163　HJL0828　類叢部/叢書類/彙編之屬

適園叢書七十四種　張鈞衡編　民國二年至六年(1913－1917)烏程張氏刻本(唐大詔令集卷十四至二十四、八十七至九十八原缺)　四十八册　存十六種

330000－1701－0015167　HJL0673　類叢部/叢書類/彙編之屬

廣倉學宭叢書(學術叢編)甲類四十九種乙類十五種　姬佛陀編　民國五年至七年(1916－1918)上海倉聖明智大學鉛印本暨石印本　六册　存十五種

330000－1701－0015173　HJL0738　類叢部/叢書類/彙編之屬

靜園叢書十種　沈光瑩編　民國七年(1918)聚珍倣宋印書局鉛印本(籀史卷下原缺)　十六册

330000－1701－0015176　HJH0699　史部/紀傳類/正史之屬

百衲本二十四史　張元濟輯　民國上海商務印書館影印本　六百十七册　存二十種

330000－1701－0015180　HJH0700　類叢部/叢書類/彙編之屬

四部叢刊續編七十七種　張元濟等編　民國二十三年(1934)上海商務印書館影印本　四百十三册　存六十九種

330000－1701－0015198　HJL0729　類叢部/叢書類/彙編之屬

古書叢刊十六種　陳琰輯　民國十一年(1922)古書流通處影印本　二十册　存八種

330000－1701－0015203　HJL0742　類叢部/叢書類/彙編之屬

食舊堂叢書(舊德堂叢書)二十一種　(清)汪大鈞編　民國十四年(1925)錢塘汪氏刻本　二十四册

330000－1701－0015204　HJL0744　類叢部/叢書類/彙編之屬

涵芬樓祕笈五十一種　孫毓修等輯　民國五年至十五年(1916－1926)上海商務印書館影印本暨鉛印本　七十九册

330000－1701－0015208　HJH0767　類叢部/叢書類/彙編之屬

龍潭精舍叢刻十五種　劉海涵編　民國十年至二十年(1921－1931)刻本　十九册

330000－1701－0015216　HJL0785　類叢部/叢書類/彙編之屬

託跋廛叢刻十種　陶湘編　民國十三年至十七年(1924－1928)武進陶氏涉園影刻本　八册

330000－1701－0015232　普915.1154/1052.7/c1　史部/地理類/遊記之屬/紀勝

廬山新導游不分卷　朱偰撰　民國二十四年(1935)廬山管理局鉛印本　一册

330000－1701－0015233　普915.1154/1052.2/c1　史部/地理類/山川之屬/山志

廬山志十二卷首一卷　吳宗慈編　民國二十二年(1933)鉛印本　十四册

330000－1701－0015237　HJL0783　類叢部/叢書類/彙編之屬

百川書屋叢書六種續編五種　陶湘編　民國十九年至二十年(1930－1931)武進陶氏涉園影印本　三册　存四種

330000－1701－0015239　HJL0736　類叢部/叢書類/彙編之屬

乙亥叢編十六種　趙詒琛　王保譿　王大隆編　民國二十四年(1935)鉛印本　四册

330000－1701－0015249　普915.1154/1052.9　史部/地理類/遊記之屬/紀勝

匡廬紀游一卷　(清)吳闌思撰　民國三年(1914)許榮勳抄本　許榮勳跋　一册

330000－1701－0015254　普915.1241/0035/c1　史部/地理類/方志之屬/郡縣志

[光緒]杭州府志一百七十八卷首八卷　(清)陳璚等修　(清)王棻等纂　屈映光續修　陸懋勳續纂　齊耀珊重修　吳廛坻重纂　民國十一年(1922)鉛印本　八十册

330000－1701－0015258　普915.1154/1052.2/c2　史部/地理類/山川之屬/山志

廬山志十二卷首一卷　吳宗慈編　民國二十二年(1933)鉛印本　十四册

330000－1701－0015262　HJL0902　類叢部/叢書類/自著之屬

心史叢刊十六種　孟森撰　民國五年至六年(1916－1917)上海商務印書館鉛印本　二册　存十三種

330000－1701－0015264　HJL0896　類叢部/叢書類/自著之屬

層冰草堂叢書九種附一種　古直撰　民國中華書局鉛印本　六册　存五種

330000－1701－0015265　普915.1154/1052.7/c2　史部/地理類/遊記之屬/紀勝

廬山新導游不分卷　朱偰撰　民國二十四年(1935)廬山管理局鉛印本　一册

330000－1701－0015266　普915.1154/1052.7/c3　史部/地理類/遊記之屬/紀勝

廬山新導游不分卷　朱偰撰　民國二十四年(1935)廬山管理局鉛印本　一册

330000－1701－0015278　普915.1154/1052.22/c1　史部/地理類/山川之屬/山志

廬山志副刊六種附圖一卷　吳宗慈輯注　民國二十三年(1934)鉛印本　十一册

330000－1701－0015290　普414.121/1239/c1　經部/小學類/文字之屬/說文

說文解字彙纂條例一卷最目一卷引用書目一卷　(清)孫禮煜撰　民國十七年(1928)長興印書局鉛印本　一册

330000－1701－0015292　普915.1241/0035/c2　史部/地理類/方志之屬/郡縣志

[光緒]杭州府志一百七十八卷首八卷　(清)陳璚等修　(清)王棻等纂　屈映光續修　陸懋勳續纂　齊耀珊重修　吳廛坻重纂　民國十一年(1922)鉛印本　八十册

330000－1701－0015296　HJL0946　類叢部/叢書類/郡邑之屬

湖南叢書九種　孫文昱等編　民國十四年至十五年(1925－1926)湖南叢書處刻本　三十二册　存八種

330000－1701－0015297　HJL0956　類叢部/叢書類/郡邑之屬

湖北先正遺書七十二種七百二十七卷　盧靖編　民國十二年(1923)沔陽盧氏慎始基齋影印本　一百八十册

330000－1701－0015303　普915.1154/1052.22/c2　史部/地理類/山川之屬/山志

廬山志副刊六種附圖一卷　吳宗慈輯注　民國二十三年(1934)鉛印本　十一册

330000－1701－0015305　HJL0773　類叢部/叢書類/彙編之屬

借月山房彙鈔十六集一百三十五種　(清)張海鵬輯　民國九年(1920)上海博古齋據清虞山張氏刻本影印本　希古居士跋　一百二

十册

330000－1701－0015308　HJH0724　類叢部/叢書類/彙編之屬

借月山房彙鈔十六集一百三十五種　(清)張海鵬輯　民國九年(1920)上海博古齋據清虞山張氏刻本影印本　一百四册　存一百三十種

330000－1701－0015313　普 915.1241/0035/c3　史部/地理類/方志之屬/郡縣志

[光緒]杭州府志一百七十八卷首八卷　(清)陳璚等修　(清)王棻等纂　屈映光續修　陸懋勳續纂　齊耀珊重修　吳廳坻重纂　民國十一年(1922)鉛印本　八十册

330000－1701－0015318　普 915.1241/0035/c5　史部/地理類/方志之屬/郡縣志

[光緒]杭州府志一百七十八卷首八卷　(清)陳璚等修　(清)王棻等纂　屈映光續修　陸懋勳續纂　齊耀珊重修　吳廳坻重纂　民國十一年(1922)鉛印本　七十九册　缺四卷(七十八至八十一)

330000－1701－0015320　HJL1010　類叢部/叢書類/彙編之屬

甲戌叢編二十種　趙詒琛　王保譿輯　民國二十三年(1934)鉛印本　四册

330000－1701－0015321　普 915.1241/0035/c6　史部/地理類/方志之屬/郡縣志

[光緒]杭州府志一百七十八卷首八卷　(清)陳璚等修　(清)王棻等纂　屈映光續修　陸懋勳續纂　齊耀珊重修　吳廳坻重纂　民國十一年(1922)鉛印本　七十九册　缺三卷(二至四)

330000－1701－0015328　普 915.1241/0035/c7　史部/地理類/方志之屬/郡縣志

[光緒]杭州府志一百七十八卷首八卷　(清)陳璚等修　(清)王棻等纂　屈映光續修　陸懋勳續纂　齊耀珊重修　吳廳坻重纂　民國十一年(1922)鉛印本　八十册

330000－1701－0015331　普 915.1241/0035/c9　史部/地理類/方志之屬/郡縣志

[光緒]杭州府志一百七十八卷首八卷　(清)陳璚等修　(清)王棻等纂　屈映光續修　陸懋勳續纂　齊耀珊重修　吳廳坻重纂　民國十一年(1922)鉛印本　八十册

330000－1701－0015348　HJH0990　類叢部/叢書類/自著之屬

崇雅堂叢書十四種　楊晨編　民國二十五年(1936)楊紹翰鉛印本　十二册　存十種

330000－1701－0015353　普 414.121/2720/c2　經部/小學類/文字之屬/說文/專著

許學考二十六卷　黎經誥輯　民國十六年(1927)鉛印本　十六册

330000－1701－0015373　普 811.14/4453/4　集部/別集類/宋別集

蘇東坡詩集注三十二卷　(宋)蘇軾撰　(宋)吕祖謙編　(宋)王十朋集注　**東坡先生年譜一卷**　(宋)王宗稷編　**失編一卷**　(清)王從延補注　民國十一年(1922)上海掃葉山房石印本　二十册

330000－1701－0015386　HJL0703　類叢部/叢書類/自著之屬

彊邨遺書六種外編二種附一種　朱祖謀撰　民國二十二年(1933)刻朱印本　八册　存四種

330000－1701－0015401　HJH0913　類叢部/叢書類/彙編之屬

進德叢書八種　丁福保編　民國上海醫學書局鉛印本　一册　存一種

330000－1701－0015402　普 915.1156/3037/c1　史部/地理類/方志之屬/郡縣志

[民國]南豐縣志三十六卷首一卷終一卷附錄一卷　包發鸞修　趙惟仁等纂　民國十三年(1924)鉛印本　十六册

330000－1701－0015404　普 915.1156/3037/c2　史部/地理類/方志之屬/郡縣志

[民國]南豐縣志三十六卷首一卷終一卷附錄一卷　包發鸞修　趙惟仁等纂　民國十三年

(1924)鉛印本　十六冊

330000－1701－0015407　HJL0740　類叢部/叢書類/彙編之屬
心園叢刻一集五種　徐珂輯　民國十四年(1925)杭縣徐氏鉛印本　二冊

330000－1701－0015433　HJL0682　類叢部/叢書類/彙編之屬
士禮居黄氏叢書十九種附四種　(清)黄丕烈輯　民國十一年(1922)上海博古齋據清黄氏刻本增輯影印本　四十冊

330000－1701－0015438　HJL0885　子部/宗教類/佛教之屬
佛學叢書□□種　丁福保輯　民國上海醫學書局鉛印本暨影印本　一冊　存一種

330000－1701－0015440　HJL0857　子部/宗教類/佛教之屬
佛學叢書□□種　丁福保輯　民國上海醫學書局鉛印本暨影印本　一冊　存一種

330000－1701－0015442　HJL0782　史部/金石類
百一廬金石叢書十種　陳乃乾編　民國十年(1921)海寧陳氏影印本　十冊

330000－1701－0015443　普 915.1241/1027/2　史部/地理類/方志之屬/郡縣志
[康熙]錢塘縣志三十六卷首一卷　(清)魏嵀修　(清)裘璉等纂　民國浙江省立圖書館抄本　十冊

330000－1701－0015451　HJL0791　史部/金石類
藝術叢編十七種　姬佛陀編　民國五年至九年(1916－1920)上海倉聖明智大學影印本　十冊　存十種

330000－1701－0015454　HJH0704　類叢部/叢書類/彙編之屬
顔李叢書三十二種　徐世昌等輯　民國十二年(1923)四存學會鉛印本　三十二冊　缺一卷(四書正誤五)

330000－1701－0015456　HJL0868　類叢部/叢書類/彙編之屬
涵芬樓祕笈五十一種　孫毓修等輯　民國五年至十五年(1916－1926)上海商務印書館影印本暨鉛印本　八冊　存四種

330000－1701－0015458　HJH0869　類叢部/叢書類/彙編之屬
涵芬樓祕笈五十一種　孫毓修等輯　民國五年至十五年(1916－1926)上海商務印書館影印本暨鉛印本　十五冊　存八種

330000－1701－0015466　普 915.1241/0035.04/c1　史部/地理類/方志之屬/郡縣志
杭州府志風俗物產單行本八卷　(清)陳璚等修　(清)王棻等纂　屈映光續修　陸懋勳續纂　齊耀珊重修　吴慶坻重纂　民國十三年(1924)鉛印本　二冊

330000－1701－0015475　普 915.1159/0054　史部/地理類/專志之屬/祠墓
吉安螺山宋文丞相祠志二卷　蕭賡韶等編　民國二十五年(1936)吉安縣志局鉛印本　二冊

330000－1701－0015478　普 915.1159/1037　史部/地理類/方志之屬/郡縣志
[民國]吉安縣志四十八卷首一卷末一卷　李正誼等修　鄒鵠纂　民國三十年(1941)鉛印本　二十冊

330000－1701－0015479　普 915.1241/0035.04/c2　史部/地理類/方志之屬/郡縣志
杭州府志風俗物產單行本八卷　(清)陳璚等修　(清)王棻等纂　屈映光續修　陸懋勳續纂　齊耀珊重修　吴慶坻重纂　民國十三年(1924)鉛印本　二冊

330000－1701－0015481　普 915.1159/1037.2　史部/地理類/方志之屬/郡縣志
[民國]吉安縣紀事五卷　李士梅修　王祐纂　民國十年(1921)木活字印本　二冊

330000－1701－0015482　HJL0852　類叢部/叢書類/彙編之屬

吉石庵叢書二十七種　羅振玉輯　民國上虞羅氏影印本　十八册　存十九種

330000－1701－0015484　普 915.1241/0035.06/c1　史部/地理類/方志之屬/郡縣志

［光緒］杭州府志校勘記十六卷　吳憲奎編　民國十五年(1926)鉛印本　一册

330000－1701－0015486　HJH0874　集部/別集類

龜城叟集輯一卷　(宋)龔開撰　冒廣生輯　**于役東陵記一卷扈從親耕記一卷風懷詩案一卷**　冒廣生撰　民國刻朱印本　三册

330000－1701－0015489　HJL0877　類叢部/叢書類/郡邑之屬

永嘉詩人祠堂叢刻十四種　冒廣生輯　民國四年(1915)如皋冒氏刻本　八册

330000－1701－0015490　HJL0897　類叢部/叢書類/彙編之屬

陶社叢書三十一種　祝廷華編　民國二十年(1931)上海中華書局鉛印本　二册　存十三種

330000－1701－0015494　HJH1016　子部/藝術類/書畫之屬/題跋

墨緣小錄一卷　(清)潘曾瑩撰　民國刻本　一册

330000－1701－0015495　普 915.1241/0035.06/c2　史部/地理類/方志之屬/郡縣志

［光緒］杭州府志校勘記十六卷　吳憲奎編　民國十五年(1926)鉛印本　一册

330000－1701－0015497　普 915.1241/0035.06/c3　史部/地理類/方志之屬/郡縣志

［光緒］杭州府志校勘記十六卷　吳憲奎編　民國十五年(1926)鉛印本　一册

330000－1701－0015499　普 915.1241/0035.06/c4　史部/地理類/方志之屬/郡縣志

［光緒］杭州府志校勘記十六卷　吳憲奎編　民國十五年(1926)鉛印本　一册

330000－1701－0015514　HJL1063　子部/藝術類/書畫之屬/畫譜

靈峰探梅圖一卷補梅圖一卷　周慶雲編　民國三年(1914)上海文明書局影印本　二册

330000－1701－0015519　普 915.1241/0035.06/c5　史部/地理類/方志之屬/郡縣志

［光緒］杭州府志校勘記十六卷　吳憲奎編　民國十五年(1926)鉛印本　一册

330000－1701－0015523　HJL1013　類叢部/叢書類/自著之屬

林氏五種　林金相撰　民國刻本　五册

330000－1701－0015525　HJL1155　子部/藝術類/音樂之屬/樂譜

棠湖塤譜一卷　(清)吳潯源撰　民國十二年(1923)退耕堂刻本　一册

330000－1701－0015534　HJH1029　子部/宗教類/道教之屬/雜著

真誥二十卷　(南朝梁)陶弘景撰　民國十六年(1927)上海倉學書院鉛印本　二册

330000－1701－0015537　HJL1046　子部/宗教類/道教之屬

太上感應篇註講證案彙編四卷首一卷　釋印光鑒定　民國十二年(1923)上海中華書局鉛印本　二册

330000－1701－0015539　HJL1099　子部/宗教類/道教之屬

太上感應篇箋注二卷　(清)惠棟撰　民國二十一年(1932)復禮堂刻本　一册

330000－1701－0015542　HJL1035　子部/宗教類/道教之屬/戒律

文昌帝君覺世鴻文圖說四卷　(清)沈維基撰　民國十九年(1930)據清乾隆三十一年(1766)東平州署刻本影印本　四册

330000－1701－0015559　HJL1047　子部/宗教類/道教之屬

玉定金科例誅輯要十卷首一卷末一卷特宥輯要十卷首一卷末一卷例賞輯要十卷首一卷末一卷　南天都劫司　桂宫武昌候輯　民國十二年(1923)北京金科流通處鉛印本　十五册

330000－1701－0015560　HJL1055　子部/兵家類/兵法之屬
重刻武經七書　民國十五年(1926)掖縣張氏皕忍堂刻藍印本　四冊

330000－1701－0015563　HJL4868　集部/總集類/選集之屬/通代
古文範上編二卷下編二卷　吴闓生輯　民國十六年(1927)文學社刻本　四冊

330000－1701－0015567　HJL1021　集部/小說類/長篇之屬
洞冥記十卷三十八回　(清)吕惟一輯　民國十八年(1929)上海影印本　五冊

330000－1701－0015575　HJL1023　子部/宗教類/道教之屬/雜著
毅一子三卷外篇一卷　楊覲東撰　民國十年(1921)滇垣高地巷可園刻本　三冊

330000－1701－0015576　HJL1034　子部/雜著類/雜說之屬
戒淫保壽錄一卷　陳參性撰　民國二十一年(1932)刻本　一冊

330000－1701－0015577　普915.1241/2057/c1　集部/總集類/酬唱之屬
徵題超山梅花小啓一卷　錢庚等編　民國鉛印本　一冊

330000－1701－0015578　HJH1025　子部/宗教類/道教之屬/雜著
滄縣志悟堂理道全集八卷　范清谷撰　民國二十年(1931)鉛印本　一冊

330000－1701－0015580　普915.11592/4037　史部/地理類/方志之屬/郡縣志
[民國]萬載縣志十二卷首一卷末一卷　張藥甫等修　龍賡言纂　民國二十九年(1940)木活字印本　十四冊

330000－1701－0015584　HJL0928　類叢部/叢書類/郡邑之屬
金陵叢書　翁長森　蔣國榜輯　民國三年至五年(1914－1916)上元蔣氏慎修書屋鉛印本　三十二冊　存甲集六種

330000－1701－0015587　HJH0684　類叢部/叢書類/郡邑之屬
敬鄉樓叢書三十八種　黄羣編　民國十七年至二十四年(1928－1935)永嘉黄氏鉛印本　四十冊　存第一輯十種、第二輯八種

330000－1701－0015588　普915.1241/2057/c2　集部/總集類/酬唱之屬
徵題超山梅花小啓一卷　錢庚等編　民國鉛印本　一冊

330000－1701－0015594　HJH1012　子部/工藝類/日用器物之屬/几案
存素堂校寫几譜三種　朱啓鈐編　民國二十三年(1934)中國營造學社石印本　一冊

330000－1701－0015599　普915.1241/3013　史部/地理類/雜志之屬
杭州地名檢查不分卷　鍾毓龍撰　民國杏軒抄本　二冊

330000－1701－0015600　HJL1102　經部/四書類/中庸之屬
中庸證釋不分卷　陸宗輿輯　民國十八年(1929)救世新教會刻本　四冊

330000－1701－0015601　HJL1167　子部/藝術類/書畫之屬
王氏書畫苑四十四種　(明)王世貞輯　(明)詹景鳳補　民國十一年(1922)泰東圖書局據明刻本影印本　三十二冊

330000－1701－0015605　HJL0997　子部/宗教類/佛教之屬
宋藏遺珍　上海影印宋版藏經會　北平三時學會輯　民國二十四年(1935)上海影印宋版藏經會、北平三時學會影印本暨鉛印本　一百二十一冊

330000－1701－0015611　HJL1031　子部/宗教類/其他宗教之屬/基督教
正宗經草擬一卷　李仲覃輯　民國二十一年(1932)鉛印本　一冊

330000－1701－0015615　HJL1030　子部/儒家類/儒學之屬/禮教/家訓

錫㫰堂家範一卷　（清）魯燾撰　民國八年（1919）鉛印本　一册

330000－1701－0015618　普 915.1241/3046/c1　史部/地理類/遊記之屬/紀行

游杭紀略二卷補編一卷三編一卷　楊祚昌輯　民國十三年（1924）杭州文元堂書莊鉛印本　一册

330000－1701－0015626　HJL0672　類叢部/叢書類/輯佚之屬

秘佚叢書　（清）李調元編　（清）徐慕韓重編　民國四年（1915）刻本　一百六十册

330000－1701－0015629　HJL1082　子部/醫家類/醫經之屬/内經

重廣補註黄帝内經素問二十四卷靈樞二十四卷　（唐）王冰注　（宋）林億等校正　（宋）孫兆改誤　（清）錢熙祚校　**内經素問校勘記一卷内經靈樞校勘記一卷**　（清）顧尚之撰　民國十七年（1928）中國學會據錢氏守山閣刻本影印本　十二册

330000－1701－0015631　普 915.1241/3044.8/c1　史部/地理類/雜志之屬

杭俗新年百詠二卷　（清）陳炎編輯　民國石印本　一册

330000－1701－0015636　HJH1089　子部/醫家類/溫病之屬

溫熱便讀一卷　鄒仲彝編　民國二十五年（1936）鉛印本　一册

330000－1701－0015637　普 915.1241/3044.8/c2　史部/地理類/雜志之屬

杭俗新年百詠二卷　（清）陳炎編輯　民國石印本　一册

330000－1701－0015638　HJL0646　集部/總集類/彙編之屬

詩史閣叢刊甲集六卷　孫雄輯　民國十六年（1927）鉛印本　二册

330000－1701－0015640　HJL0926　子部/儒家類/儒學之屬/俗訓

俗言一卷　（清）劉沅撰　民國北京道德學社鉛印本　一册

330000－1701－0015646　HJL1161　史部/金石類/總志之屬/文字

鮑少筠所藏金石文字一卷　金蓉鏡編　民國十二年（1923）石印本　一册

330000－1701－0015647　HJL0695　類叢部/叢書類/彙編之屬

楝亭（楝亭藏書）十二種六十九卷　（清）曹寅編　民國十年（1921）上海古書流通處據清康熙四十五年（1706）揚州詩局刻本影印本　十九册　存十種

330000－1701－0015649　普 915.1241/3044.3/c1　類叢部/叢書類/家集之屬

武林丁氏家集十三種　丁立誠　丁立中撰　民國錢塘丁氏嘉惠堂鉛印本　一册　存一種

330000－1701－0015650　HJL0747　類叢部/叢書類/彙編之屬

古學彙刊第一集三十四種第二集二十七種　鄧實等編　民國元年至三年（1912－1914）上海國粹學報社鉛印本　十六册　存第一集三十四種

330000－1701－0015653　普 915.1241/3044.3/c2　類叢部/叢書類/家集之屬

武林丁氏家集十三種　丁立誠　丁立中撰　民國錢塘丁氏嘉惠堂鉛印本　一册　存一種

330000－1701－0015656　普 915.1241/3046/c2　史部/地理類/遊記之屬/紀行

游杭紀略二卷　楊祚昌輯　民國十年（1921）杭州文元堂書莊鉛印本　一册

330000－1701－0015657　普 915.1241/3044.3/c3　類叢部/叢書類/家集之屬

武林丁氏家集十三種　丁立誠　丁立中撰　民國錢塘丁氏嘉惠堂鉛印本　一册　存一種

330000－1701－0015658　普 915.1241/3044.3/c4　類叢部/叢書類/家集之屬

武林丁氏家集十三種　丁立誠　丁立中撰　民國錢塘丁氏嘉惠堂鉛印本　一册　存一種

330000－1701－0015659　普 915.1241/3044.3/c5　類叢部/叢書類/家集之屬

武林丁氏家集十三種　丁立誠　丁立中撰　民國錢塘丁氏嘉惠堂鉛印本　一册　存一種

330000－1701－0015660　普 915.1241/3044.3/c6　類叢部/叢書類/家集之屬

武林丁氏家集十三種　丁立誠　丁立中撰　民國錢塘丁氏嘉惠堂鉛印本　一册　存一種

330000－1701－0015661　普 915.1241/3044.3/c7　類叢部/叢書類/家集之屬

武林丁氏家集十三種　丁立誠　丁立中撰　民國錢塘丁氏嘉惠堂鉛印本　一册　存一種

330000－1701－0015662　普 915.1241/3046/c4　史部/地理類/遊記之屬/紀行

游杭紀略二卷補編一卷　楊祚昌輯　民國十一年(1922)杭州文元堂書莊鉛印本　一册

330000－1701－0015664　HJH0674　集部/總集類/氏族之屬

海鹽張氏涉園叢刻續編六種　張元濟輯　民國十七年(1928)海鹽張氏鉛印本　八册

330000－1701－0015665　普 915.1241/3052.3　集部/總集類/題詠之屬

孤山放鶴圖徵詩彙刻一卷　林浮沚輯　民國七年(1918)永嘉林氏古西射堂刻本　一册

330000－1701－0015667　普 915.1241/3051.5/c1　集部/别集類

西湖即景四十詠不分卷　王家棟撰　民國十六年(1927)二右山房石印本　一册

330000－1701－0015668　HJL0750　集部/總集類/氏族之屬

錫山榮氏繩武樓叢刊十三種　榮棣輝輯　民國二十二年(1933)鉛印本　六册

330000－1701－0015669　普 915.1245/2057.2/c1　史部/地理類/專志之屬/古跡

蘭亭志四卷附録近人題詠一卷　張若霞編　民國二十五年(1936)鉛印本　一册

330000－1701－0015670　普 915.1241/3051.5/c2　集部/别集類

西湖即景四十詠不分卷　王家棟撰　民國十六年(1927)二右山房石印本　一册

330000－1701－0015671　HJL1156　子部/藝術類/書畫之屬/題跋

東坡題跋一卷山谷題跋一卷　徐世昌輯　民國十七年(1928)徐氏影印本　二册

330000－1701－0015673　普 915.1241/30521/c1　史部/地理類/山川之屬/山志

靈峰志四卷補遺一卷　周慶雲輯　民國元年(1912)周慶雲夢坡室刻本　二册

330000－1701－0015675　HJL1171　子部/雜著類/雜考之屬

困學紀聞二十卷　(宋)王應麟撰　民國十五年(1926)江安傅增湘藏園據元刻本影印本　八册

330000－1701－0015676　普 915.1241/30521/c2　史部/地理類/山川之屬/山志

靈峰志四卷補遺一卷　周慶雲輯　民國元年(1912)周慶雲夢坡室刻本　二册

330000－1701－0015678　普 915.1241/30521/c3　史部/地理類/山川之屬/山志

靈峰志四卷補遺一卷　周慶雲輯　民國元年(1912)周慶雲夢坡室刻本　二册

330000－1701－0015680　普 915.1241/30521/c4　史部/地理類/山川之屬/山志

靈峰志四卷補遺一卷　周慶雲輯　民國元年(1912)周慶雲夢坡室刻本　二册

330000－1701－0015683　普 915.1241/30521/c5　史部/地理類/山川之屬/山志

靈峰志四卷補遺一卷　周慶雲輯　民國元年(1912)周慶雲夢坡室刻本　二册

330000－1701－0015684　HJH1072　子部/雜著類/雜説之屬

煙嶼樓讀書志十六卷筆記八卷　(清)徐時棟撰　民國十七年(1928)鄞縣徐方來蘧學齋鉛印本　八册

330000－1701－0015685　普915.1241/3045.3　史部/地理類/遊記之屬/紀行
錢塘紀遊詩二卷　余光黄撰　民國二十四年(1935)鉛印本　一册

330000－1701－0015688　普915.1241/30521/c6　史部/地理類/山川之屬/山志
靈峰志四卷補遺一卷　周慶雲輯　民國元年(1912)周慶雲夢坡室刻本　二册

330000－1701－0015690　普915.1241/30521/c7　史部/地理類/山川之屬/山志
靈峰志四卷補遺一卷　周慶雲輯　民國元年(1912)周慶雲夢坡室刻本　二册

330000－1701－0015694　普915.1241/30524　史部/地理類/山川之屬/山志
玉皇山志不分卷　(清)卓炳森輯　民國抄本　孫明昂題簽並記　一册

330000－1701－0015703　普915.1241/3045.4　史部/地理類/遊記之屬/紀行
錢塘紀遊詩二卷　余光黄撰　民國二十四年(1935)鉛印本　一册

330000－1701－0015706　HJL1122　子部/宗教類/佛教之屬
金剛般若波羅蜜經一卷　(後秦)釋鳩摩羅什譯　**金剛呪一卷般若波羅蜜多心經一卷**　(唐)釋玄奘譯　**金剛證驗賦一卷**　(宋)釋智覺撰　民國十九年(1930)潮陽郭氏雙百鹿齋刻藍印本　一册

330000－1701－0015707　HJH1123　子部/宗教類/佛教之屬
金剛般若波羅蜜經一卷　(後秦)釋鳩摩羅什譯　**金剛呪一卷般若波羅蜜多心經一卷**　(唐)釋玄奘譯　**金剛證驗賦一卷**　(宋)釋智覺撰　民國十九年(1930)潮陽郭氏雙百鹿齋刻藍印本　一册

330000－1701－0015712　普811.17/2340　集部/别集類
綠陰山房詩稿四卷　臧槐撰　民國十六年(1927)木活字印本　四册

330000－1701－0015727　HJH0707　子部/儒家類/儒學之屬/禮教
聖道發凡一卷　段正元撰　民國北京道德學社印刷所鉛印本　二册

330000－1701－0015740　HJH1130　類叢部/叢書類/彙編之屬
丙子叢編十二種　趙詒琛　王大隆編　民國二十五年(1936)鉛印本　一册　存一種

330000－1701－0015745　HJH0731　子部/小説家類
筆記小説大觀二百二十二種　進步書局輯　民國上海進步書局石印本　三百五十一册　存一百五十種

330000－1701－0015751　HJL1053、HJL1054　類叢部/叢書類/自著之屬
長汀江先生箸書五種　江瀚撰　民國十三年(1924)太原鉛印本　四册　存三種

330000－1701－0015757　HJL1087　子部/宗教類/佛教之屬/經
妙法蓮華經七卷尊勝等靈異神咒二十道一卷　(後秦)釋鳩摩羅什譯　民國十二年(1923)海寧姚煜據秀州惠雲院藏宋刻本影印本　四册

330000－1701－0015760　普915.1241/3043.3/c1　類叢部/叢書類/自著之屬
晨風廬叢刊十八種　周慶雲撰　民國吴興周氏夢坡室刻本　一册　存一種

330000－1701－0015765　HJL0737　集部/總集類/彙編之屬
詩史閣叢刊甲集六卷　孫雄輯　民國十六年(1927)鉛印本　二册

330000－1701－0015766　HJL1026　子部/宗教類/道教之屬
老子道德經箋注一卷　丁福保撰　**老子道德經書目攷一卷**　周雲青撰　民國十六年(1927)上海醫學書局鉛印本　一册

330000－1701－0015772　普915.11594/2034/c1、普915.11594/2037/c1　史部/地理

類/方志之屬/郡縣志

[民國]南康縣志一編十一卷首一卷二編十三卷首一卷 邱自芸修 鄢榮治 郭選英纂 民國二十五年(1936)鉛印本 十冊

330000－1701－0015775 普 915.1241/3043.3/c2 類叢部/叢書類/自著之屬

晨風廬叢刊十八種 周慶雲撰 民國吳興周氏夢坡室刻本 一冊 存一種

330000－1701－0015780 普 915.1241/3043.3/c3 類叢部/叢書類/自著之屬

晨風廬叢刊十八種 周慶雲撰 民國吳興周氏夢坡室刻本 一冊 存一種

330000－1701－0015786 HJL1028 子部/宗教類/道教之屬

老子約四卷 張其淦撰 民國八年(1919)鉛印本 一冊

330000－1701－0015793 普 915.11594/2034/c2、普 915.11594/2037/c2 史部/地理類/方志之屬/郡縣志

[民國]南康縣志一編十一卷首一卷二編十三卷首一卷 邱自芸修 鄢榮治 郭選英纂 民國二十五年(1936)鉛印本 十冊

330000－1701－0015795 HJH0989 集部/總集類/彙編之屬

詩史閣叢刊甲集六卷 孫雄輯 民國十六年(1927)鉛印本 二冊

330000－1701－0015796 HJH1004 類叢部/叢書類/郡邑之屬

四明叢書第一集總目序跋輯要一卷第四集總目序跋輯要一卷 張壽鏞撰輯 民國四明張壽鏞約園刻本 二冊

330000－1701－0015807 HJH3954 類叢部/叢書類/家集之屬

天蘇閣叢刊十五種 徐新六輯 民國三年(1914)、十二年(1923)杭縣徐氏鉛印本 一冊 存五種

330000－1701－0015809 HJL2151 類叢部/叢書類/自著之屬

馬鍾山遺書二十種 (清)馬徵麐撰 民國八年至十二年(1919－1923)馬林鉛印本暨影印本 十冊

330000－1701－0015824 HJH4703 類叢部/叢書類/自著之屬

舜水遺書四種附錄一卷 (明)朱之瑜撰 民國二年(1913)山陰湯壽潛鉛印本 十二冊

330000－1701－0015832 HJL2219 類叢部/叢書類/自著之屬

義州李氏叢刻七種 李葆恂撰 民國五年(1916)李放京師刻本 四冊 存六種

330000－1701－0015838 HJH2607 類叢部/叢書類/自著之屬

費氏遺書三種 (清)費密撰 民國九年(1920)大關唐氏成都刻十六年(1927)渭南嚴式誨印本 三冊

330000－1701－0015846 HJH4359 類叢部/叢書類/自著之屬

最樂亭三種 (清)朱福清撰 民國六年至十二年(1917－1923)嘉興朱氏刻本 五冊

330000－1701－0015848 HJH5613 類叢部/叢書類/自著之屬

最樂亭三種 (清)朱福清撰 民國六年至十二年(1917－1923)嘉興朱氏刻本 五冊

330000－1701－0015849 普 915.1241/9537/(2) 史部/地理類/方志之屬/郡縣志

[民國]昌化縣志十八卷首一卷 陳培珽等修 許昌言等纂 民國十三年(1924)鉛印本 二冊

330000－1701－0015855 HJH3886 類叢部/叢書類/自著之屬

樊山全集六種 樊增祥撰 民國石印本 二十四冊

330000－1701－0015861 HJL3764、HJL3763 類叢部/叢書類/自著之屬

潛園二十四種續編二種全集四種 魏元曠撰 民國萬載辛述軒氏刻本 二十冊

330000－1701－0015868　普 915.1241/3053.202/c1　史部/地理類/山川之屬/水志
西湖新志補遺六卷　胡祥翰輯　民國十二年(1923)鉛印本　一冊

330000－1701－0015870　普 915.1241/3053.2/c1　史部/地理類/山川之屬/水志
西湖新志十四卷　胡祥翰輯　民國十年(1921)鉛印本　章嶔校並題記　四冊

330000－1701－0015879　普 915.1241/3053.2/c2　史部/地理類/山川之屬/水志
西湖新志十四卷　胡祥翰輯　民國十年(1921)鉛印本　四冊

330000－1701－0015881　HJL4109　類叢部/叢書類/自著之屬
樸學齋叢刊十一種　胡韞玉撰　民國十二年(1923)安吳胡氏鉛印本　四冊

330000－1701－0015886　普 915.1241/3053.2/(2)c1　史部/地理類/山川之屬/水志
西湖新志十四卷補遺六卷　胡祥翰輯　民國十年至十二年(1921－1923)鉛印本　五冊

330000－1701－0015891　普 915.1241/3053.2/(2)c2　史部/地理類/山川之屬/水志
西湖新志十四卷補遺六卷　胡祥翰輯　民國十五年(1926)鉛印本　五冊

330000－1701－0015892　普 915.1241/3053.202/c2　史部/地理類/山川之屬/水志
西湖新志補遺六卷　胡祥翰輯　民國十二年(1923)鉛印本　一冊

330000－1701－0015894　HJH4215　類叢部/叢書類/家集之屬
新安許氏先集四種　許同莘編　民國無錫許氏簡素堂刻本暨鉛印本　三冊　存三種

330000－1701－0015927　普 915.1241/3053.24/c1　史部/地理類/雜志之屬
西湖百絕二卷　許炳璈撰　民國十七年(1928)鉛印本　一冊

330000－1701－0015954　普 915.1241/3053.24/c3　史部/地理類/雜志之屬
西湖百絕二卷　許炳璈撰　民國十七年(1928)鉛印本　一冊

330000－1701－0015955　普 915.1241/3053.24/c2　史部/地理類/雜志之屬
西湖百絕二卷　許炳璈撰　民國十七年(1928)鉛印本　一冊

330000－1701－0015956　HJH4522　類叢部/叢書類/自著之屬
毘陵周氏三種　(清)周騰虎撰　民國二十四年(1935)周都俊鉛印並彙印清光緒三十一年(1905)刻本　二冊

330000－1701－0015980　普 915.121/4600　史部/地理類/遊記之屬/紀行
燕楚游驂錄甲編二十卷　京漢鐵路管理局編輯　民國鉛印本　八冊

330000－1701－0015982　HJL2321　集部/別集類
元八百遺民詩詠八卷　張其淦撰　祁正注　民國二十一年(1932)鉛印本　二冊

330000－1701－0015984　HJH4030　集部/別集類
元八百遺民詩詠八卷　張其淦撰　祁正注　民國二十一年(1932)鉛印本　二冊

330000－1701－0015985　HJH4896　集部/別集類
元八百遺民詩詠八卷　張其淦撰　祁正注　民國二十一年(1932)鉛印本　二冊

330000－1701－0015986　HJH4897　集部/別集類
元八百遺民詩詠八卷　張其淦撰　祁正注　民國二十一年(1932)鉛印本　二冊

330000－1701－0015990　HJL5563　類叢部/叢書類/自著之屬
張文襄公全集十五種二百三十一卷　(清)張之洞撰　民國十七年(1928)北平文華齋刻本　一百二十冊

330000－1701－0015997　HJH2307　集部/別集類
明代千遺民詩詠初編十卷二編十卷三編十卷　張其淦撰　民國十八年至二十一年(1929－1932)鉛印本　六册

330000－1701－0016000　HJH3905　集部/別集類
明代千遺民詩詠三編十卷　張其淦撰　民國二十一年(1932)鉛印本　二册

330000－1701－0016015　HJL0937　子部/醫家類/診法之屬
廣成先生玉函經一卷　(五代)杜光庭撰　(宋)黎民壽注　民國五年(1916)據宋本影刻朱印本　一册

330000－1701－0016016　普915.1211/1844/c1　史部/地理類
北京歷史風土叢書五種　瞿宣穎輯　民國十四年(1925)北京廣業書社鉛印本　二册

330000－1701－0016018　普915.1211/18491　史部/地理類/雜志之屬
北平導遊概況不分卷　北平市政府編　民國鉛印本　一册

330000－1701－0016031　HJH3130、HJH3131、HJH3132、HJH3155、HJH3159　類叢部/叢書類/自著之屬
晨風廬叢刊十八種　周慶雲撰　民國吳興周氏夢坡室刻本　十三册　存四種

330000－1701－0016032　普915.1211/1844/c2　史部/地理類
北京歷史風土叢書五種　瞿宣穎輯　民國十四年(1925)北京廣業書社石印本　二册

330000－1701－0016034　HJL5146　類叢部/叢書類/自著之屬
晨風廬叢刊十八種　周慶雲撰　民國吳興周氏夢坡室刻本　四册　存一種

330000－1701－0016037　HJL5476　類叢部/叢書類/自著之屬
周愨慎公全集十種　周馥撰　民國十一年(1922)秋浦周氏石印本　三十五册　缺一卷(首)

330000－1701－0016042　普915.1211/1844/c3　史部/地理類
北京歷史風土叢書五種　瞿宣穎輯　民國十四年(1925)北京廣業書社鉛印本　二册

330000－1701－0016043　HJH3979、HJH4053、HJH4059、HJH4062、HJH4066　類叢部/叢書類/自著之屬
晨風廬叢刊十八種　周慶雲撰　民國吳興周氏夢坡室刻本　五册　存五種

330000－1701－0016044　HJL3980、HJL4058、HJL4060、HJL4061、HJL4065　類叢部/叢書類/自著之屬
晨風廬叢刊十八種　周慶雲撰　民國吳興周氏夢坡室刻本　五册　存五種

330000－1701－0016046　HJH3981　集部/總集類/酬唱之屬
壬癸消寒集一卷　周慶雲輯　民國周氏夢坡室刻朱印本　一册

330000－1701－0016054　HJL3382　集部/別集類/唐五代別集
寒山子詩一卷　(唐)釋寒山撰　**豐干拾得詩一卷**　(唐)釋豐干　(唐)釋拾得撰　民國十三年(1924)建德周氏據宋本影刻藍印本　一册

330000－1701－0016055　HJL3383　集部/別集類/唐五代別集
寒山子詩一卷　(唐)釋寒山撰　**豐干拾得詩一卷**　(唐)釋豐干　(唐)釋拾得撰　民國十三年(1924)建德周氏據宋本影刻藍印本　一册

330000－1701－0016058　普915.1211/1851.3/c1　史部/地理類/雜志之屬
故都變遷記略十卷附錄一卷　余棨昌編　民國三十年(1941)鉛印本　二册

330000－1701－0016059　普915.1211/1854.2/c1　史部/地理類/專志之屬/寺觀

北平廟宇通檢二卷　許道齡撰　民國二十五年(1936)國立北平研究院總辦事處出版課鉛印本　二册

330000－1701－0016060　普 915.1211/1851.3/c2　史部/地理類/雜志之屬
故都變遷記略十卷附錄一卷　余棨昌編　民國三十年(1941)鉛印本　一册

330000－1701－0016063　普 915.1211/1854.2/c2　史部/地理類/專志之屬/寺觀
北平廟宇通檢二卷　許道齡撰　民國二十五年(1936)國立北平研究院總辦事處出版課鉛印本　二册

330000－1701－0016065　普 915.1211/1854.2/c3　史部/地理類/專志之屬/寺觀
北平廟宇通檢二卷　許道齡撰　民國二十五年(1936)國立北平研究院總辦事處出版課鉛印本　二册

330000－1701－0016066　民 814.8/1034/c1　集部/別集類
冬花遺集五卷　王家桂　陳鋭輯　民國九年(1920)鉛印本　一册

330000－1701－0016069　普 915.1211/1857.2　史部/地理類/專志之屬/宮殿
圓明園攷一卷　程演生輯　民國十七年(1928)上海中華書局鉛印本　一册

330000－1701－0016076　普 915.1211/1854.3　史部/時令類
北平歲時志十二卷　張江裁纂　民國二十五年(1936)國立北平研究院史學研究會鉛印本　二册

330000－1701－0016082　HJL3380　集部/別集類/唐五代別集
李長吉詩集四卷外集一卷　(唐)李賀撰　(清)吳汝綸評注　民國十一年(1922)賀氏都門刻本　一册

330000－1701－0016089　普 915.1235/1052.4　史部/地理類/山川之屬/山志
金山集三卷　(明)釋圓濟編次　民國二十六年(1937)影印本　一册

330000－1701－0016090　普 915.1211/1857.2/c1　史部/地理類/專志之屬/宮殿
圓明園攷一卷　程演生輯　民國十七年(1928)上海中華書局鉛印本　一册

330000－1701－0016091　普 915.1229/1064.4/2/c1　史部/地理類/山川之屬/山志
泰山道里記一卷　(清)聶鈫撰　民國鉛印本　一册

330000－1701－0016092　HJL4411　集部/別集類/明別集
自怡集一卷　(明)劉璉撰　民國九年(1920)劉燿東刻本　一册

330000－1701－0016097　普 915.1211/1857.2/c2　史部/地理類/專志之屬/宮殿
圓明園攷一卷　程演生輯　民國十七年(1928)上海中華書局鉛印本　一册

330000－1701－0016098　HJL4408　集部/總集類/氏族之屬
郁氏三世吟稿三種三卷　郁屏翰　郁葆青　郁元英撰　民國十七年(1928)鉛印本　一册

330000－1701－0016099　普 915.1211/18521/c1　集部/別集類
芬陀利館瓿稿五卷　周大封撰　民國八年(1919)鉛印本　一册　存一卷(西山遊記)

330000－1701－0016102　HJL4545　集部/別集類/明別集
遜志齋集三十卷拾遺十卷續拾遺一卷附錄一卷　(明)方孝孺撰　民國十七年(1928)寧海胡氏味善居刻本　十八册

330000－1701－0016103　HJL2555　集部/別集類/明別集
遜志齋集三十卷拾遺十卷續拾遺一卷附錄一卷　(明)方孝孺撰　民國十七年(1928)寧海胡氏味善居刻本　十七册　缺一卷(遜志齋集一)

330000－1701－0016106　HJH3880　集部/

別集類/明別集

石田先生集十三卷　(明)沈周撰　(明)陳仁錫編　民國三年(1914)掃葉山房石印本　六冊

330000 - 1701 - 0016115　普 915. 1211/18521/c2　集部/別集類

芬陀利館瓿稿五卷　周大封撰　民國八年(1919)鉛印本　一冊　存一卷(西山遊記)

330000 - 1701 - 0016116　HJH3881　類叢部/叢書類/自著之屬

六如居士全集四種　(明)唐寅撰　民國上海國學昌明社石印本　四冊

330000 - 1701 - 0016117　普 915. 1211/1857.4　史部/地理類/專志之屬/園林

勺園圖錄考不分卷　洪業撰　民國二十二年(1933)北平燕京大學引得編纂處鉛印本　一冊

330000 - 1701 - 0016118　HJL5282　類叢部/叢書類/自著之屬

六如居士全集四種　(明)唐寅撰　民國上海國學昌明社石印本　四冊

330000 - 1701 - 0016120　HJH4387　類叢部/叢書類/郡邑之屬

吳興叢書六十六種　劉承幹編　民國吳興劉氏嘉業堂刻本　二冊　存一種

330000 - 1701 - 0016122　HJL4414　集部/別集類/明別集

沈青門詩集一卷詩餘一卷青門山人文一卷　(明)沈仕撰　**沈青門詩集附錄一卷**　沈祖緜輯　民國七年(1918)西泠印社木活字印本　一冊

330000 - 1701 - 0016123　普 915. 1211/1857.6　史部/地理類/輿圖之屬/園林

頤和園簡明圖說一卷　北平市管理頤和園事務所編　民國二十四年(1935)北平市管理頤和園事務所鉛印本　一冊

330000 - 1701 - 0016131　HJL3379　集部/別集類/宋別集

東坡先生和陶淵明詩四卷　(宋)蘇軾撰　民國十一年(1922)黃藝錫等京師刻本　二冊

330000 - 1701 - 0016136　普 915. 1211/18593、普 915. 1211/18592/c1、普 915. 1211/18592.07　類叢部/叢書類/彙編之屬

求恕齋叢書三十一種　劉承幹編　民國吳興劉氏嘉業堂刻本　七冊　存二種

330000 - 1701 - 0016144　HJL4177　類叢部/叢書類/家集之屬

涵暉樓叢書　民國潮安翁氏弢廬鉛印本　二冊　存一種

330000 - 1701 - 0016149　普 915. 1211/18592/c2　類叢部/叢書類/彙編之屬

求恕齋叢書三十一種　劉承幹編　民國吳興劉氏嘉業堂刻本　五冊　存一種

330000 - 1701 - 0016151　HJL3592　集部/別集類/明別集

正氣堂集十六卷鎮閩議稿一卷續集七卷餘集四卷洗海近事二卷　(明)俞大猷撰　民國二十三年(1934)國學圖書館影印本　十二冊

330000 - 1701 - 0016153　HJH3709　集部/別集類/明別集

妙遠堂詩鈔五卷　(明)馬之駿撰　民國十九年(1930)南陽張氏陶然齋刻本　二冊

330000 - 1701 - 0016158　普 915. 1211/2037　史部/地理類/方志之屬/郡縣志

[民國]良鄉縣志八卷　周志中修　吕植　見之深纂　民國十三年(1924)鉛印本　四冊

330000 - 1701 - 0016166　HJH4427　集部/別集類/明別集

倪文貞公詩集二卷附錄一卷　(明)倪元璐撰　(清)倪會鼎訂正　民國二十四年(1935)南京襄社據王伯沆寫本影印本　一冊

330000 - 1701 - 0016169　HJH4401　集部/別集類/明別集

重編燼餘集六卷首一卷　(明)李魯撰　丘復輯　民國二十三年(1934)丘復鉛印本　子美題記　一冊

330000－1701－0016170　普 915.1211/18592/c3　類叢部/叢書類/彙編之屬
求恕齋叢書三十一種　劉承幹編　民國吳興劉氏嘉業堂刻本　五冊　存一種

330000－1701－0016171　HJH3965　集部/別集類/明別集
疑雲集四卷　（明）王彥泓撰　民國七年(1918)上海國學維持社石印本　二冊

330000－1701－0016175　HJL2237　類叢部/叢書類/自著之屬
晨風廬叢刊十八種　周慶雲撰　民國吳興周氏夢坡室刻本　六冊　存一種

330000－1701－0016176　普 915.1211/2538　史部/地理類/方志之屬/郡縣志
[民國]固安文獻志二十卷　徐世昌修　賈廷琳等纂　民國十七年(1928)鉛印本　八冊

330000－1701－0016181　HJL4335　集部/別集類/明別集
詠懷堂詩集四卷外集二卷丙子詩一卷戊寅詩一卷辛巳詩二卷　（明）阮大鋮撰　民國十七年(1928)國立中央大學國學圖書館鉛印本　四冊

330000－1701－0016182　HJL2911　集部/別集類/明別集
詠懷堂詩集四卷外集二卷丙子詩一卷戊寅詩一卷辛巳詩二卷　（明）阮大鋮撰　民國十七年(1928)國立中央大學國學圖書館鉛印本　四冊

330000－1701－0016184　HJL3271　類叢部/叢書類/彙編之屬
密韻樓景宋本七種　蔣汝藻輯　民國烏程蔣汝藻樂地盦刻本　一冊　存一種

330000－1701－0016196　HJH3866　集部/別集類/清別集
梅村詩集箋注十八卷　（清）吳偉業撰　（清）吳翌鳳箋注　民國中華圖書館石印本　八冊

330000－1701－0016199　HJL2691　集部/總集類/郡邑之屬
當湖詩文逸二十二卷　（清）張憲和編　民國十八年(1929)刻本　七冊　缺五卷(六至十)

330000－1701－0016202　HJL2117　集部/總集類/郡邑之屬
續甬上耆舊詩一百二十卷首一卷　（清）全祖望輯選　民國七年(1918)四明文獻社鉛印本　二十四冊

330000－1701－0016210　HJL3742　集部/別集類/元別集
新編翰林珠玉六卷　（元）虞集撰　民國刻藍印本　二冊

330000－1701－0016220　HJH3346　類叢部/叢書類/郡邑之屬
吳興叢書六十六種　劉承幹編　民國吳興劉氏嘉業堂刻本　二冊　存一種

330000－1701－0016224　HJL4162　集部/詞類/別集之屬
東江別集五卷集外詩一卷　（清）沈謙撰　民國九年(1920)上海聚珍倣宋印書局鉛印本　一冊

330000－1701－0016238　HJL4146　集部/別集類/清別集
秋水集十卷補遺一卷　（清）嚴繩孫撰　民國六年(1917)無錫縣圖書館木活字印本　四冊

330000－1701－0016264　普 915.1211/6837　史部/地理類/方志之屬/郡縣志
[民國]密雲縣志八卷首一卷　臧理臣等修　宗慶煦等纂　民國三年(1914)北平京華書局鉛印本　八冊

330000－1701－0016283　普 915.1211/7537　史部/地理類/方志之屬/郡縣志
[民國]涿縣志十八卷　宋大章　馮舜生　孫維善修　周存培　張星樓纂　民國二十五年(1936)鉛印本　四冊

330000－1701－0016298　HJL4973　集部/詩文評類/詩評之屬
初白菴詩評三卷詞綜偶評一卷　（清）查慎行撰　（清）張載華輯　民國上海六藝書局石印

本　八册

330000－1701－0016324　普 915. 1211/8537　史部/地理類/方志之屬/郡縣志

[民國]文安縣志十二卷首一卷末一卷補遺一卷　陳楨修　李蘭增　陳德沛纂　民國十一年(1922)天津源泰印字館鉛印本　十二册

330000－1701－0016332　普 915. 1211/8037　史部/地理類/方志之屬/郡縣志

[民國]霸縣志五卷首一卷　唐肯修　崔汝襄　章鈺纂　民國十二年(1923)鉛印本　八册

330000－1701－0016338　HJL2306　子部/雜著類/雜考之屬

籀廎述林十卷　(清)孫詒讓撰　民國五年(1916)刻本　四册

330000－1701－0016351　HJH5559　類叢部/叢書類/郡邑之屬

吴興叢書六十六種　劉承幹編　民國吴興劉氏嘉業堂刻本　四册　存一種

330000－1701－0016360　HJL4201　集部/别集類/清别集

陳石間詩三十卷附錄一卷　(清)陳景元撰　民國十七年(1928)懷德榮文祚雪石齋刻朱印本　四册

330000－1701－0016361　HJL3265　集部/别集類/清别集

陳石間詩三十卷附錄一卷　(清)陳景元撰　民國十七年(1928)懷德榮文祚雪石齋刻本　四册

330000－1701－0016372　HJL4230　集部/别集類/清别集

種學堂詹詹吟稿四卷　(清)章性良撰　民國十九年(1930)國學圖書館影印本　二册

330000－1701－0016407　普 915. 1212/1037　史部/地理類/方志之屬/郡縣志

[民國]清苑縣志六卷　金良驥　劉雲亭修　姚壽昌纂　民國二十三年(1934)鉛印本　六册

330000－1701－0016408　HJH4751　集部/詩文評類/詩評之屬

觀塵因室詩話一卷　陳景寔撰　民國二十五年(1936)陳惠羣鉛印本　一册

330000－1701－0016410　HJL5708　集部/詩文評類

文微一卷　林紓口授　朱羲胄纂述　**坿錄一卷**　民國十三年至十四年(1924－1925)潛江朱氏刻本　一册

330000－1701－0016413　HJL5354　集部/詩文評類/文評之屬

文學研究法四卷　姚永樸撰　民國十四年(1925)上海商務印書館鉛印本　四册

330000－1701－0016443　普 915. 1241/3053. 245/c1、普 915. 1241/3053. 244/c1　類叢部/叢書類/家集之屬

武林丁氏家集十三種　丁立誠　丁立中撰　民國錢塘丁氏嘉惠堂鉛印本　二册　存二種

330000－1701－0016447　普 915. 1212/6537　史部/地理類/方志之屬/郡縣志

[民國]雄縣新志不分卷　秦廷秀　褚保熙修　劉崇本纂　民國十九年(1930)鉛印本　十册

330000－1701－0016471　普 915. 1212/3037　史部/地理類/方志之屬/郡縣志

[民國]新城縣志二十四卷　張雨蒼等修　王樹枏等纂　民國二十四年(1935)新城縣政府鉛印本　八册

330000－1701－0016481　HJL4100　集部/别集類/清别集

一行居集八卷首一卷附一卷　(清)彭紹升撰　民國十年(1921)金陵刻經處刻本　四册

330000－1701－0016487　普 915. 1241/3053. 245/c2、普 915. 1241/3053. 244/c2　類叢部/叢書類/家集之屬

武林丁氏家集十三種　丁立誠　丁立中撰　民國錢塘丁氏嘉惠堂鉛印本　二册　存二種

330000－1701－0016501　普 915. 1241/3053.

245/c3、普 915.1241/3053.244/c3　類叢部/叢書類/家集之屬

武林丁氏家集十三種　丁立誠　丁立中撰　民國錢塘丁氏嘉惠堂鉛印本　二册　存二種

330000－1701－0016518　普 915.1213/5037　史部/地理類/方志之屬/郡縣志

[民國]昌黎縣志十二卷首一卷末一卷　金良驥　汪鴻孫修　張念祖　張錫恩纂　安慶雲續修　田如琇續纂　陶宗奇再續修　張鵬翱再續纂　民國二十二年(1933)鉛印本　八册

330000－1701－0016543　HJL4009　類叢部/叢書類/家集之屬

鈍公叢存□□種　劉達武編　民國二十二年(1933)長沙鉛印本　七册　存一種

330000－1701－0016551　HJL3941　集部/總集類

課選樓合稿　民國六年(1917)鮑氏刻本　二册　存三種

330000－1701－0016553　普 915.1241/3053.5/c1　史部/地理類/遊記之屬/紀行

西湖合記五種　楊元愷輯　民國十二年(1923)常熟楊旡恙拏雲精舍鉛印本　一册

330000－1701－0016561　HJH4418　集部/總集類/氏族之屬

荻溪章氏詩存不分卷　章奎輯　民國十七年(1928)鉛印本　四册

330000－1701－0016564　普 915.1241/3053.5/c2　史部/地理類/遊記之屬/紀行

西湖合記五種　楊元愷輯　民國十二年(1923)常熟楊旡恙拏雲精舍鉛印本　一册

330000－1701－0016565　HJL4402　集部/總集類/氏族之屬

問松里鄭氏詩存一卷　鄭之章輯　民國十二年(1923)鉛印本　一册

330000－1701－0016568　HJL4191　集部/總集類/氏族之屬

錫山秦氏文鈔十二卷首一卷　秦毓鈞輯　**校刊記一卷**　秦卓桴撰　民國十九年(1930)詠烈堂鉛印本　六册

330000－1701－0016572　HJL3949　類叢部/叢書類/家集之屬

三代殘編　袁之球輯　民國六年(1917)鉛印本　一册

330000－1701－0016573　HJH4874　類叢部/叢書類/家集之屬

三代殘編　袁之球輯　民國六年(1917)鉛印本　一册

330000－1701－0016575　HJH5139　類叢部/叢書類/家集之屬

三代殘編　袁之球輯　民國六年(1917)鉛印本　一册

330000－1701－0016579　HJH4196　集部/總集類/氏族之屬

西橋王氏家集内編五卷外編五卷　王舟瑤輯　民國六年(1917)鉛印本　五册

330000－1701－0016581　HJH4179　集部/總集類/氏族之屬

金氏二妙集二卷　陳詩輯　民國鉛印本　一册

330000－1701－0016585　普 915.1241/3053.245/c4、普 915.1241/3053.244/c4　類叢部/叢書類/家集之屬

武林丁氏家集十三種　丁立誠　丁立中撰　民國錢塘丁氏嘉惠堂鉛印本　二册　存二種

330000－1701－0016590　HJL4208　集部/總集類/酬唱之屬

小羅浮社唱和詩存四卷首一卷白門消寒分會詩一卷　楊芃棫輯　民國七年(1918)鉛印本　二册

330000－1701－0016593　HJH4447　集部/總集類/酬唱之屬

東齋酬唱集一卷附錄一卷　蔡晉鏞輯　民國二十五年(1936)刻本　一册

330000－1701－0016598　普 915.1241/3053.245/c5、普 915.1241/3053.244/c5　類叢部/

叢書類/家集之屬
武林丁氏家集十三種 丁立誠 丁立中撰 民國錢塘丁氏嘉惠堂鉛印本 二冊 存二種

330000－1701－0016599 HJL4180 集部/總集類/酬唱之屬
百日酬唱錄二卷 林襟宇編 民國三年(1914)永嘉林氏刻本 一冊

330000－1701－0016602 HJH3990 集部/總集類/酬唱之屬
丙辰唱和集一卷 龔耕廬等撰 民國五年(1916)鉛印本 一冊

330000－1701－0016604 HJL4000 集部/總集類/酬唱之屬
諸吟壇賜和重游頖水詩一卷 許淮祥編 民國六年(1917)鉛印本 一冊

330000－1701－0016605 普 915.1241/30542/c1 史部/地理類/專志之屬/寺觀
廣壽慧雲寺志七卷 (清)丁丙 (清)孫峻輯 民國十七年(1928)玉照堂刻藍印本 二冊

330000－1701－0016609 HJH4453 集部/總集類/酬唱之屬
辛未歲暮感懷唱和集一卷 黃端履等撰 民國二十一年(1932)鉛印本 一冊

330000－1701－0016610 HJL2544 集部/別集類/清別集
悔菴遺集一卷 (清)黃嗣翊撰 民國十一年(1922)黃慶曾刻本 一冊

330000－1701－0016615 普 915.1241/30531 史部/地理類/雜志之屬
南漳子二卷 (清)孫之騄撰 民國抄本 一冊

330000－1701－0016616 HJL2636 集部/別集類/清別集
魯叟詩存三卷 (清)黃嗣東撰 民國元年(1912)刻本 三冊

330000－1701－0016618 HJH4133、HJH4134、HJH4269 類叢部/叢書類/自著之屬
晨風廬叢刊十八種 周慶雲撰 民國吳興周氏夢坡室刻本 四冊 存三種

330000－1701－0016619 HJL4539 集部/別集類/清別集
魯叟詩存三卷 (清)黃嗣東撰 民國元年(1912)刻本 三冊

330000－1701－0016620 HJH4285、HJH4284、HJH4105 類叢部/叢書類/自著之屬
晨風廬叢刊十八種 周慶雲撰 民國吳興周氏夢坡室刻本 五冊 存三種

330000－1701－0016624 HJH4622 集部/詞類/類編之屬
滄江樂府七種 錢溯耆編 民國五年(1916)錢氏聽邠館刻本 二冊

330000－1701－0016625 普 915.1215/0027 史部/地理類/方志之屬/郡縣志
[康熙]新校天津衛志四卷首一卷 (清)薛柱斗修 (清)高必大纂 民國二十三年(1934)易社鉛印本 二冊

330000－1701－0016630 普 915.1241/30542/c2 史部/地理類/專志之屬/寺觀
廣壽慧雲寺志七卷 (清)丁丙 (清)孫峻輯 民國十七年(1928)玉照堂刻藍印本 二冊

330000－1701－0016634 HJL2209 集部/別集類/清別集
梯雲館詩鈔一卷 (清)張端撰 民國七年(1918)寓園刻本 一冊

330000－1701－0016636 普 915.1241/30542/c3 史部/地理類/專志之屬/寺觀
廣壽慧雲寺志七卷 (清)丁丙 (清)孫峻輯 民國十七年(1928)玉照堂刻藍印本 二冊

330000－1701－0016637 HJH4144 集部/詞類/類編之屬
滄江樂府七種 錢溯耆編 民國五年(1916)錢氏聽邠室刻本 二冊

330000－1701－0016638 HJH4143 集部/詞類/類編之屬

滄江樂府七種　錢溯耆編　民國五年(1916)錢氏聽邠室刻本　二册

330000－1701－0016640　HJL2262　集部/別集類/清別集
刻眉別集二卷　(清)朱作霖撰　民國十六年(1927)鉛印本　一册

330000－1701－0016641　普 915. 1241/30542/c5　史部/地理類/專志之屬/寺觀
廣壽慧雲寺志七卷　(清)丁丙　(清)孫峻輯　民國十七年(1928)玉照堂刻藍印本　二册

330000－1701－0016642　HJL4042　集部/總集類/題詠之屬
梅村雅集圖題詠一卷　顧忠宣輯　民國四年(1915)鉛印本　一册

330000－1701－0016644　普 915. 1215/2039. 2/c1　史部/地理類/方志之屬/郡縣志
[民國]天津市概要十三卷首一卷　天津市市志編纂處編　民國二十三年(1934)天津市政府鉛印本　二册

330000－1701－0016645　普 915. 1241/30541/c1　史部/叢編
西湖叢書　民國十三年(1924)杭州文元堂書莊鉛印本　一册　存一種

330000－1701－0016646　HJL4487　類叢部/叢書類/自著之屬
鳳臺山館著書□□種　潘宗鼎撰　民國鉛印本　一册　存一種

330000－1701－0016647　HJH4450　集部/總集類/題詠之屬
南通孫氏念蘐堂題詠集四卷　孫雄編　民國二十一年(1932)鉛印本　一册

330000－1701－0016655　HJL4410　集部/別集類/唐五代別集
王子安集佚文一卷　(唐)王勃撰　羅振玉輯　**王子安集校記一卷**　羅振玉撰　民國七年(1918)鉛印本　一册

330000－1701－0016656　HJH5117　類叢部/叢書類/自著之屬
彊邨遺書六種外編二種附一種　朱祖謀撰　民國二十二年(1933)刻朱印本　一册　存二種

330000－1701－0016657　HJL2292　集部/別集類/清別集
澗于集二十卷(澗于集奏議六卷電稿一卷譯署函稿一卷古今體詩四卷文集二卷書牘六卷)　(清)張佩綸撰　民國七年至十五年(1918－1926)張氏澗于草堂刻本　四册　存六卷(古今體詩一至四、文集一至二)

330000－1701－0016659　HJL5309　集部/別集類/清別集
澗于集二十卷(澗于集奏議六卷電稿一卷譯署函稿一卷古今體詩四卷文集二卷書牘六卷)　(清)張佩綸撰　民國七年至十五年(1918－1926)張氏澗于草堂刻本　二册　存四卷(古今體詩一至四)

330000－1701－0016661　HJL4676　集部/詞類/總集之屬
花間集十卷　(五代)趙崇祚輯　民國中國書店據清光緒十九年(1893)臨桂王氏家塾刻本影印本　一册

330000－1701－0016662　HJL5593　集部/別集類/清別集
澗于集二十卷(澗于集奏議六卷電稿一卷譯署函稿一卷古今體詩四卷文集二卷書牘六卷)　(清)張佩綸撰　民國七年至十五年(1918－1926)張氏澗于草堂刻本　二册　存二卷(文集一至二)

330000－1701－0016665　HJL5505　集部/詞類/總集之屬
花間集十卷　(五代)趙崇祚輯　民國三年(1914)吴昌綬據明正德仿宋本影刻朱印本　二册

330000－1701－0016666　HJL2304　集部/別集類
南豐劉先生文集四卷補遺一卷　劉孚京撰　民國十四年(1925)湘潭袁思亮鉛印本　劉鎬

題記　四冊

330000－1701－0016667　HJL3421　類叢部/叢書類/彙編之屬
四部備要　中華書局編　民國二十五年(1936)上海中華書局鉛印本　四冊　存一種

330000－1701－0016670　HJL4782　集部/詞類/總集之屬
南唐二主詞箋一卷　(五代)李璟　(五代)李煜撰　(清)劉繼增校箋　**南唐二主詞補遺一卷**　(清)劉繼增校補　民國七年(1918)無錫縣公立圖書館鉛印本　一冊

330000－1701－0016671　HJL2383　集部/別集類/清別集
陶樓文鈔十四卷　(清)黃彭年撰　民國十二年(1923)章鈺等刻本　六冊

330000－1701－0016679　HJL2728　集部/別集類/清別集
黛韻樓詩集四卷詞集二卷文集二卷　(清)薛紹徽撰　**陳孝女遺集(小黛軒詩集二卷論詩詩二卷)四卷**　(清)陳芸撰　**亡妻薛恭人傳略一卷**　陳壽彭撰　**先妣薛恭人年譜一卷**　陳鏘等編　民國三年(1914)刻本　六冊

330000－1701－0016682　HJH2736　集部/別集類/清別集
金粟齋遺集八卷首一卷附錄一卷　(清)蒯光典撰　民國十八年(1929)蒯壽樞等江寧刻本　四冊

330000－1701－0016685　HJL2794　集部/別集類/清別集
煙霞草堂文集十卷附錄一卷　(清)劉光蕡撰　民國七年(1918)三原王氏思過齋蘇州刻本　六冊

330000－1701－0016687　HJL5685　集部/詞類/類編之屬
滄江樂府七種　錢溯耆編　民國五年(1916)錢氏聽邠館刻本　二冊

330000－1701－0016690　HJL5662　集部/詞類/總集之屬
惜陰堂叢書　趙尊嶽輯　民國十三年至十五年(1924－1926)武進趙氏刻本　一冊　存一種

330000－1701－0016691　HJH4336　集部/別集類/唐五代別集
韓集箋正五卷昌黎先生詩文年譜一卷　(清)方成珪撰　民國十五年(1926)瑞安陳氏湫漻齋鉛印本　四冊

330000－1701－0016692　HJL4845　集部/別集類/唐五代別集
韓集箋正五卷昌黎先生詩文年譜一卷　(清)方成珪撰　民國十五年(1926)瑞安陳氏湫漻齋鉛印本　四冊

330000－1701－0016693　HJL4846　集部/別集類/唐五代別集
韓集箋正五卷昌黎先生詩文年譜一卷　(清)方成珪撰　民國十五年(1926)瑞安陳氏湫漻齋鉛印本　四冊

330000－1701－0016694　HJL4847　集部/別集類/唐五代別集
韓集箋正五卷昌黎先生詩文年譜一卷　(清)方成珪撰　民國十五年(1926)瑞安陳氏湫漻齋鉛印本　四冊

330000－1701－0016695　HJL3675　集部/詞類/總集之屬
惜陰堂叢書　趙尊嶽輯　民國十三年至十五年(1924－1926)武進趙氏刻本　一冊　存一種

330000－1701－0016696　HJH4848　集部/別集類/唐五代別集
韓集箋正五卷昌黎先生詩文年譜一卷　(清)方成珪撰　民國十五年(1926)瑞安陳氏湫漻齋鉛印本　四冊

330000－1701－0016697　HJL2388　集部/別集類/清別集
含光石室詩草四卷　(清)趙崧撰　民國七年(1918)貴陽陳夔龍花近樓刻本　一冊

330000－1701－0016699　HJL5331　集部/別

集類/唐五代别集

韓集箋正五卷昌黎先生詩文年譜一卷 （清）方成珪撰　民國十五年（1926）瑞安陳氏湫漻齋鉛印本　四册

330000－1701－0016701　HJL4694　集部/别集類/清别集

含光石室詩草四卷 （清）趙崧撰　民國七年（1918）貴陽陳夔龍花近樓刻本　一册

330000－1701－0016702　HJL5649　集部/詞類/類編之屬

鶯音集二種 孫德謙輯　民國七年（1918）元和孫氏四益宧鉛印本　一册

330000－1701－0016704　普915.1215/7039　史部/地理類/方志之屬/郡縣志

［民國］鹽山新志三十卷 賈恩紱纂　民國五年（1916）刻本　八册　缺二卷（十三至十四）

330000－1701－0016706　HJL2617　集部/别集類

程一夔詩甲集四卷乙集六卷 程先甲撰　民國十一年（1922）千一齋江寧石印本　二册

330000－1701－0016707　HJH4516　類叢部/叢書類/彙編之屬

邈園叢書二十六種 羅振常編　民國上海蟫隱廬謄寫版印三十三年（1944）吳興周延年彙編印本　一册

330000－1701－0016711　HJH3344　類叢部/叢書類/郡邑之屬

吳興叢書六十六種 劉承幹編　民國吳興劉氏嘉業堂刻本　一册　存一種

330000－1701－0016717　HJL2222　類叢部/叢書類/自著之屬

野棠軒全集五種 奭良撰　民國十八年（1929）吉林奭氏刻本暨鉛印本　二册　存二種

330000－1701－0016720　HJL3737、HJL3740、HJL3741　類叢部/叢書類/彙編之屬

密韻樓景宋本七種 蔣汝藻輯　民國烏程蔣汝藻樂地盦刻本　十册　存三種

330000－1701－0016724　HJL2319　史部/史評類/詠史之屬

邵村詠史詩鈔十八卷 張其淦撰　民國十六年（1927）刻本　五册

330000－1701－0016726　普915.1241/30541/c2　史部/叢編

西湖叢書 民國十三年（1924）杭州文元堂書莊鉛印本　一册　存一種

330000－1701－0016728　HJL2727　類叢部/叢書類/自著之屬

散溪遺書八種 蔡克猷撰　民國十年（1921）劉邦元等鉛印本　五册

330000－1701－0016731　HJL3684　集部/别集類/唐五代别集

羅昭諫集八卷 （唐）羅隱撰　民國二年（1913）常熟俞氏南郭艸堂刻本　二册

330000－1701－0016733　HJL2545　集部/别集類

初日樓稿一卷續稿一卷 羅莊撰　民國十年（1921）、十六年（1927）上虞羅氏鉛印本　一册

330000－1701－0016735　HJH4883　集部/别集類

初日樓續稿一卷 羅莊撰　民國十六年（1927）鉛印本　一册

330000－1701－0016736　HJL5086　類叢部/叢書類/彙編之屬

涉園叢刻 張元濟編　民國十五年（1926）海鹽張氏影印本　九册　存一種

330000－1701－0016741　HJL2549　集部/别集類

退園題畫詩六卷 徐世昌撰　民國十七年（1928）徐氏退耕堂刻本　二册

330000－1701－0016742　HJL2543　集部/别集類

退耕堂集六卷 徐世昌撰　民國天津徐氏刻本　二册

330000－1701－0016743　HJL3560　集部/別集類

退耕堂集六卷　徐世昌撰　民國天津徐氏刻本　二册

330000－1701－0016745　HJL2552　集部/別集類

退耕堂文存一卷硯銘一卷題跋四卷　徐世昌撰　民國十八年(1929)徐氏退耕堂刻本　四册

330000－1701－0016746　HJL4505　集部/別集類/宋別集

徐公文集三十卷　(宋)徐鉉撰　**徐公文集補遺一卷**　(宋)徐鉉撰　徐乃昌輯　**徐公文集校記一卷**　徐乃昌撰　民國八年(1919)南陵徐乃昌刻藍印本　九册

330000－1701－0016750　HJL2550　集部/別集類

歸雲樓題畫詩四卷　徐世昌撰　民國十七年(1928)徐氏退耕堂刻本　二册

330000－1701－0016755　普111.57/4411/4　類叢部/叢書類/彙編之屬

四部叢刊　張元濟等編　民國八年(1919)上海商務印書館影印本　三册　存一種

330000－1701－0016756　HJL5501　集部/詞類/別集之屬

醉翁琴趣外篇六卷　(宋)歐陽修撰　民國據宋吉州本影刻朱印本　一册

330000－1701－0016772　HJL3760　集部/別集類

缶廬詩□□卷　吳昌碩撰　民國刻本　一册　存一卷(十一)

330000－1701－0016773　HJL5448　集部/詞類/別集之屬

蘆川詞二卷　(宋)張元幹撰　民國元年(1912)據宋本影刻朱印本　二册

330000－1701－0016777　HJL5500　集部/詞類/別集之屬

放翁詞二卷　(宋)陸游撰　民國刻朱印本　一册

330000－1701－0016782　HJL2290　集部/別集類

舊京詩存八卷文存八卷　孫雄撰　民國二十年(1931)鉛印本　四册

330000－1701－0016787　HJH5578　集部/別集類

舊京文存八卷詩存八卷　孫雄撰　民國二十年(1931)鉛印本　四册

330000－1701－0016789　HJH4984　集部/別集類

舊京詩存八卷文存八卷　孫雄撰　民國二十年(1931)鉛印本　四册

330000－1701－0016790　HJH3904　集部/別集類

舊京詩存八卷文存八卷　孫雄撰　民國二十年(1931)鉛印本　四册

330000－1701－0016792　HJH3902　集部/別集類

舊京詩存八卷文存八卷　孫雄撰　民國二十年(1931)鉛印本　四册

330000－1701－0016795　普915.1215/2039.2/c2　史部/地理類/方志之屬/郡縣志

[民國]天津市概要十三卷首一卷　天津市市志編纂處編　民國二十三年(1934)天津市政府鉛印本　二册

330000－1701－0016802　HJL2254　集部/別集類

鄭學齋文存甲集二卷　孫雄撰　民國十年(1921)刻本　一册

330000－1701－0016803　HJL5509　類叢部/叢書類/自著之屬

彊邨遺書六種外編二種附一種　朱祖謀撰　民國二十二年(1933)刻本　一册　存一種

330000－1701－0016806　HJL2551　集部/別集類

達廬詩錄四卷　馮善徵撰　民國十六年

(1927)鉛印本　一冊

330000－1701－0016811　普 915.1215/2039.2/c3　史部/地理類/方志之屬/郡縣志
[民國]天津市概要十三卷首一卷　天津市市志編纂處編　民國二十三年(1934)天津市政府鉛印本　二冊

330000－1701－0016815　HJL2303　集部/別集類
墨庵二十以後古文一卷　宋慈裒撰　民國鉛印本　一冊

330000－1701－0016821　HJL5676　集部/詞類/別集之屬
玉琴齋詞不分卷　(清)余懷撰　民國十七年(1928)國學圖書館影印本　四冊

330000－1701－0016822　HJH4332　類叢部/叢書類/彙編之屬
四部叢刊　張元濟等編　民國八年(1919)上海商務印書館影印本　二十四冊　存一種

330000－1701－0016823　HJH5020　類叢部/叢書類/彙編之屬
四部叢刊　張元濟等編　民國八年(1919)上海商務印書館影印本　二十四冊　存一種

330000－1701－0016828　普 915.1216/8037　史部/地理類/方志之屬/郡縣志
[民國]晉縣志料二卷　劉東藩　傅國賢修　王召棠纂　民國二十四年(1935)晉縣修志局石印本　二冊

330000－1701－0016833　HJL2135　集部/別集類
達可齋文初集八卷　傅守謙撰　民國八年(1919)刻本　二冊

330000－1701－0016835　HJL2302　集部/別集類/清別集
黔輶集一卷　李哲明撰　民國十七年(1928)刻本　一冊

330000－1701－0016840　HJH2565　集部/別集類
誠齋詩鈔一卷　左念恒撰　民國鉛印本　一冊

330000－1701－0016841　普 915.1216/9035　史部/地理類/方志之屬
藁城縣志四種　民國二十二年(1933)鉛印本　十冊

330000－1701－0016846　HJH2669　集部/別集類
匏園詩集三十六卷　來裕恂撰　民國十三年(1924)鉛印本　二冊　存六卷(七至十二)

330000－1701－0016851　HJL2737　集部/別集類
癭庵詩集一卷外集一卷　羅惇曧撰　民國十七年(1928)葉恭綽刻本　一冊

330000－1701－0016852　HJH3862　集部/別集類/元別集
蘭雪集二卷附錄一卷　(元)張玉孃撰　**後附錄一卷**　(明)王詔撰　民國上海有正書局鉛印本　一冊

330000－1701－0016856　HJH2546　集部/別集類
天放樓詩續集五卷紅鶴山房詞一卷　金天羽撰　民國二十一年(1932)鉛印本　一冊

330000－1701－0016861　HJL2305　集部/別集類
厚莊文鈔三卷詩鈔二卷　劉紹寬撰　民國八年(1919)刻本　二冊

330000－1701－0016865　HJL5683　集部/詞類/別集之屬
玉壺山房詞選二卷　(清)改琦撰　民國九年(1920)聚珍倣宋印書局鉛印本　一冊

330000－1701－0016866　HJL2619　集部/別集類/清別集
寄漚文鈔二卷詩鈔四卷詞一卷　(清)劉繼增撰　民國十一年(1922)無錫縣圖書館鉛印本　三冊

330000－1701－0016871　HJH2667　集部/

別集類

玉谿碎錦集一卷 周慶雲撰 **西崑貫玉稿一卷** 嵩堃撰 民國二十二年(1933)夢坡室刻本 一册

330000－1701－0016873 HJL2798 集部/別集類

補過齋文牘初編三十二卷 楊增新撰 民國十年(1921)新疆駐京公寓刻本 三十二册

330000－1701－0016878 HJL2149 集部/別集類

稼溪詩草二卷 黄維翰撰 民國十年(1921)南昌刻本 二册

330000－1701－0016884 HJH2491 集部/別集類/清別集

雄白集一卷 (清)張宗瑛撰 民國六年(1917)都門刻本 一册

330000－1701－0016888 HJL2553 集部/別集類

弢樓遺集三卷 張士珩撰 民國十一年至十二年(1922－1923)合肥張氏京師刻本 三册

330000－1701－0016892 HJH2724 集部/別集類

瘦東詩鈔十卷 沈其光撰 民國十八年(1929)沈氏瓶粟齋刻本 四册

330000－1701－0016900 HJL4043 集部/詩文評類

昭昧詹言二十一卷 (清)方東樹撰 吴闓生評 民國七年(1918)武強賀氏刻朱印本 六册

330000－1701－0016902 HJL4038 集部/詩文評類/詩評之屬

通齋詩話二卷 (清)蔣超伯輯 民國四年(1915)李氏宜秋館鉛印本 劉承幹題記 二册

330000－1701－0016906 HJH3987 集部/詩文評類/詩評之屬

雲樵外史詩話二卷 (清)繆焕章撰 民國七年(1918)江陰繆氏藝風堂刻本 一册

330000－1701－0016907 HJL4034 集部/詩文評類/詩評之屬

雲樵外史詩話二卷 (清)繆焕章撰 民國七年(1918)江陰繆氏藝風堂刻本 一册

330000－1701－0016912 HJL4035 集部/詩文評類/詩評之屬

合肥詩話三卷 李家孚撰 民國十八年(1929)蘇州鉛印本 一册

330000－1701－0016916 HJH3884 集部/詩文評類/詩評之屬

閨秀詩話十六卷 雷瑨 雷瑊輯 民國五年(1916)上海掃葉山房石印本 八册

330000－1701－0016918 HJH3863 集部/詩文評類/詩評之屬

習靜齋詩話續編二卷論詩絶句百首一卷 方瘦坡撰 民國六年(1917)鉛印本 一册

330000－1701－0016919 HJH4010 集部/詩文評類/詩評之屬

雪橋詩話十二卷 楊鍾羲撰 民國二年(1913)南林劉氏求恕齋刻本 十二册

330000－1701－0016921 HJH4306、HJH4370 類叢部/叢書類/彙編之屬

求恕齋叢書三十一種 劉承幹編 民國吴興劉氏嘉業堂刻本 二十册 存一種

330000－1701－0016925 普 915.1219/0046 史部/地理類/遊記之屬/紀行

游行略記不分卷 朱全璣撰 民國十六年(1927)鉛印本 一册

330000－1701－0016926 普 915.1218/6037 史部/地理類/方志之屬/郡縣志

[民國]邯鄲縣志十七卷首一卷末一卷 畢星垣 張奉先修 王琴堂纂 民國二十二年(1933)邯鄲秀文齋刻本 八册

330000－1701－0016930 HJL4211 集部/詩文評類/詩評之屬

文鏡秘府論六卷 (日本)釋空海撰 民國影印本 六册

330000－1701－0016935　HJH4419　集部/詞類/總集之屬

漚社詞鈔二十卷附和作一卷　朱孝臧等撰　民國二十二年(1933)鉛印本　一冊

330000－1701－0016939　HJL4161　集部/詞類/總集之屬

衆香詞六卷　(清)徐樹敏　(清)錢岳輯　民國二十二年(1933)上海大東書局影印本　六冊

330000－1701－0016940　HJL3993　集部/總集類/酬唱之屬

陽春白雪詞一卷　吕美蓀唱　路朝鑾等和　**葂麗園詩再續一卷**　吕美蓀撰　民國二十三年(1934)鉛印本　一冊

330000－1701－0016950　HJH4488　集部/詞類/總集之屬

閩詞徵六卷　林葆恆輯　民國二十年(1931)林氏刻藍印本　六冊

330000－1701－0016951　HJH4589　集部/詞類/別集之屬

雙辛夷樓詞一卷　(清)李宗禕撰　**花影吹笙室詞一卷**　(清)李慎溶撰　民國九年(1920)鉛印本　一冊

330000－1701－0016952　HJH4590　集部/詞類/別集之屬

雙辛夷樓詞一卷　(清)李宗禕撰　**花影吹笙室詞一卷**　(清)李慎溶撰　民國九年(1920)鉛印本　一冊

330000－1701－0016953　HJH4591　集部/詞類/別集之屬

雙辛夷樓詞一卷　(清)李宗禕撰　**花影吹笙室詞一卷**　(清)李慎溶撰　民國九年(1920)鉛印本　一冊

330000－1701－0016956　HJH4592　集部/詞類/別集之屬

雙辛夷樓詞一卷　(清)李宗禕撰　**花影吹笙室詞一卷**　(清)李慎溶撰　民國九年(1920)鉛印本　一冊

330000－1701－0016957　HJH4593　集部/詞類/別集之屬

雙辛夷樓詞一卷　(清)李宗禕撰　**花影吹笙室詞一卷**　(清)李慎溶撰　民國九年(1920)鉛印本　一冊

330000－1701－0016958　HJH4594　集部/詞類/別集之屬

雙辛夷樓詞一卷　(清)李宗禕撰　**花影吹笙室詞一卷**　(清)李慎溶撰　民國九年(1920)鉛印本　一冊

330000－1701－0016959　HJH3652　集部/詞類/別集之屬

雙辛夷樓詞一卷　(清)李宗禕撰　**花影吹笙室詞一卷**　(清)李慎溶撰　民國九年(1920)鉛印本　一冊

330000－1701－0016972　HJL4457　集部/詞類/別集之屬

東虬草堂詞一卷　(清)陸豫撰　民國十九年(1930)石印本　一冊

330000－1701－0016974　HJH4425　集部/詞類/別集之屬

雙辛夷樓詞一卷　(清)李宗禕撰　**花影吹笙室詞一卷**　(清)李慎溶撰　民國九年(1920)鉛印本　一冊

330000－1701－0016977　HJL4436　集部/詞類/別集之屬

緜桐館詞一卷　(清)楊調元撰　民國三年(1914)木活字印本　一冊

330000－1701－0016985　HJH4181　集部/詞類/別集之屬

觀塵因室詞曲合鈔一卷聯語一卷　陳景寔撰　民國二十六年(1937)大中華印書局鉛印本　一冊

330000－1701－0016987　HJL4482　集部/別集類

初日樓稿一卷續稿一卷　羅莊撰　民國十年(1921)、十六年(1927)上虞羅氏鉛印本　一冊

330000－1701－0016990　HJH4106　類叢部/叢書類/自著之屬
飲流齋著叢書　許之衡撰　民國石印本暨刻本　一册　存一種

330000－1701－0016991　HJL3653　類叢部/叢書類/自著之屬
飲流齋著叢書　許之衡撰　民國石印本暨刻本　一册　存一種

330000－1701－0016995　HJL5673　類叢部/叢書類/自著之屬
飲流齋著叢書　許之衡撰　民國石印本暨刻本　一册　存一種

330000－1701－0016996　HJL2215　集部/總集類/氏族之屬
食舊德堂家集七種　(清)錢寶琛輯　民國五年(1916)聽邠館刻本　一册

330000－1701－0016997　HJL5215　集部/總集類/氏族之屬
食舊德堂家集七種　(清)錢寶琛輯　民國五年(1916)聽邠館刻本　一册

330000－1701－0016999　HJL4199　集部/詞類/别集之屬
香蘭詞一卷　袁毓麐撰　民國二十一年(1932)刻本　一册

330000－1701－0017000　普 915.12195/1024　史部/地理類/方志之屬/郡縣志
[嘉靖]南宫縣志五卷　(明)葉恒嵩修　(明)劉濂纂　民國二十二年(1933)南宫邢氏求己齋據明嘉靖三十八年(1559)刻本影印本　一册

330000－1701－0017001　HJL3914　集部/詞類/别集之屬
秀道人修梅清課一卷　況周頤撰　民國九年(1920)木活字印本　一册

330000－1701－0017004　HJL4229　集部/詞類/詞話之屬
聽秋聲館詞話二十卷　(清)丁紹儀撰　民國二十年(1931)上海醫學書局影印本　四册

330000－1701－0017005　普 915.12195/0037　史部/地理類/方志之屬/郡縣志
[民國]冀縣志二十卷　王樹枏纂修　民國十八年(1929)鉛印本　八册

330000－1701－0017008　HJL5495　集部/詞類/别集之屬
浪餘詞一卷　(清)馮履和撰　民國十五年(1926)刻本　一册

330000－1701－0017010　HJL3750　集部/戲劇類/雜劇之屬
新校注古本西廂記五卷　(元)王德信撰　(明)王驥德校注　(明)徐渭附解　(明)沈璟評　**古本西廂記考一卷**　(明)王驥德撰　民國十九年(1930)北平富晉書社、東來閣書莊據明萬曆四十二年(1614)王氏香雪居刻本影印本　六册

330000－1701－0017013　HJL5498　集部/詞類/别集之屬
碧雲詞一卷　董受祺撰　民國十一年(1922)董氏誦芬室刻本　一册

330000－1701－0017015　HJH4888　集部/詞類/别集之屬
碧雲詞一卷　董受祺撰　民國十一年(1922)董氏誦芬室刻本　一册

330000－1701－0017021　普 111.71/1747　類叢部/叢書類/彙編之屬
起聖齋叢書　民國二十一年(1932)鉛印本　一册　存一種

330000－1701－0017029　普 915.1241/30545/c2　史部/地理類/專志之屬/寺觀
湖隱禪院記事十卷　釋安仁輯　民國十年(1921)刻本　一册

330000－1701－0017035　HJL4195　集部/别集類/清别集
古藤書屋詩存一卷　(清)吴以諴撰　民國鉛印本　一册

330000－1701－0017037　HJH4449　類叢部/叢書類/彙編之屬

寶彝室集刊八種　朱景彝編　民國十四年(1925)胥山朱氏鉛印本　一册　存一種

330000－1701－0017044　HJL2721　集部/別集類/宋別集

橫浦先生文集二十卷　(宋)張九成撰　(宋)朗暐編　**無垢先生橫浦心傳錄三卷橫浦日新一卷**　(宋)于恕編　**施先生孟子發題一卷**　(宋)施操德撰　**橫浦先生家傳一卷**　(宋)張榕撰　民國十四年(1925)海鹽張氏據明萬曆刻本影印本　八册

330000－1701－0017047　普 915. 1241/30545/c3　史部/地理類/專志之屬/寺觀

湖隱禪院記事十卷　釋安仁輯　民國十年(1921)刻本　一册

330000－1701－0017054　HJL5478　集部/詞類/別集之屬

無長物齋詞存五卷　劉炳照撰　民國四年(1915)刻本　一册

330000－1701－0017059　HJL3895　集部/別集類/清別集

白香亭詩三卷　(清)鄧輔綸撰　民國四年(1915)刻本　二册

330000－1701－0017060　HJL5674　集部/詞類/別集之屬

問楳山館詞鈔五卷詞賸一卷　舒昌森撰　民國鉛印本　一册

330000－1701－0017063　HJH3651　集部/詞類/別集之屬

問楳山館詞鈔五卷詞賸一卷　舒昌森撰　民國鉛印本　一册

330000－1701－0017064　HJH3736　類叢部/叢書類/自著之屬

廣雅堂四種　(清)張之洞撰　民國南皮張氏刻本　三册　存三種

330000－1701－0017069　HJL4276　集部/別集類

望雲樓詩稿一卷續編一卷　褚成婉撰　民國二年(1913)石印本　一册

330000－1701－0017077　HJL5084　類叢部/叢書類/自著之屬

野棠軒全集五種　奭良撰　民國十八年(1929)吉林奭氏刻本暨鉛印本　一册　存一種

330000－1701－0017081　普 915. 1241/305451. 2/c1　史部/地理類/專志之屬/祠墓

吳山汪王廟志畧續編一卷　戴振聲　汪濂編　民國二十五年(1936)石印本　一册

330000－1701－0017083　HJL4470　集部/詞類/別集之屬

黃山樵唱一卷　朱師轍撰　民國二十一年(1932)燕京刻朱印本　一册

330000－1701－0017084　HJL5695　集部/詞類/別集之屬

蒿盦詞賸一卷　馮煦撰　民國十三年(1924)刻本　一册

330000－1701－0017089　HJL4879　類叢部/叢書類/自著之屬

晨風廬叢刊十八種　周慶雲撰　民國吳興周氏夢坡室刻本　一册　存一種

330000－1701－0017090　HJL4880、HJL5148、HJL5143　類叢部/叢書類/自著之屬

晨風廬叢刊十八種　周慶雲撰　民國吳興周氏夢坡室刻本　三册　存三種

330000－1701－0017094　HJL4624　集部/詞類/別集之屬

無長物齋詞存五卷　劉炳照撰　民國四年(1915)刻本　一册　存二卷(夢痕詞一至二)

330000－1701－0017097　HJH3002　集部/總集類/氏族之屬

午夢堂全集十種　(明)葉紹袁編　民國五年(1916)唐氏寧儉堂鉛印本　四册

330000－1701－0017099　HJL5682　集部/詞類/別集之屬

淥水餘音一卷　徐禮輔撰　民國十八年(1929)香山徐氏刻朱印本　一册

330000 - 1701 - 0017100 普 915. 1241/305451. 2/c2 史部/地理類/專志之屬/祠墓
吴山汪王廟志畧續編一卷 戴振聲 汪濂編 民國二十五年(1936)石印本 一册

330000 - 1701 - 0017102 HJH3003 集部/總集類/氏族之屬
午夢堂全集十種 (明)葉紹袁編 民國五年(1916)唐氏寧儉堂鉛印本 三册 存六種

330000 - 1701 - 0017103 普 915. 1241/30546. 2/c1 史部/地理類/專志之屬/祠墓
重修浙江西湖岳忠武王廟墓徵信録一卷 黄元秀輯 民國十二年(1923)鉛印本 二册

330000 - 1701 - 0017105 HJL5096 集部/詞類/别集之屬
吴漚煙語一卷 張上龢撰 民國四年(1915)刻本 一册

330000 - 1701 - 0017114 HJH5240 集部/詞類/别集之屬
無長物齋詞存五卷 劉炳照撰 民國四年(1915)刻本 一册 存三卷(焦尾詞一至二、春絲詞)

330000 - 1701 - 0017120 HJL5644 集部/詞類/别集之屬
彊邨語業三卷 朱祖謀撰 民國十三年(1924)歸安朱氏託鵑樓刻本 一册

330000 - 1701 - 0017122 HJL3929 集部/詞類/别集之屬
彊邨語業二卷 朱祖謀撰 民國十三年(1924)歸安朱氏託鵑樓刻本 一册

330000 - 1701 - 0017129 普 915. 1241/30546. 2/c2 史部/地理類/專志之屬/祠墓
重修浙江西湖岳忠武王廟墓徵信録一卷 黄元秀輯 民國十二年(1923)鉛印本 二册

330000 - 1701 - 0017130 普 915. 1241/30546. 2/c3 史部/地理類/專志之屬/祠墓
重修浙江西湖岳忠武王廟墓徵信録一卷 黄元秀輯 民國十二年(1923)鉛印本 二册

330000 - 1701 - 0017135 普 915. 1241/305482/c1 史部/地理類/專志之屬/寺觀
虎跑佛祖藏殿志十卷首一卷 虎跑纂志事務所纂 民國十年(1921)姚江齊雲壇鉛印本 四册

330000 - 1701 - 0017137 HJL3288 類叢部/叢書類/自著之屬
舜水遺書四種附録一卷 (明)朱之瑜撰 民國二年(1913)山陰湯壽潛鉛印本 十二册

330000 - 1701 - 0017143 HJH3349 集部/别集類/清别集
豐草菴詩集十一卷文前集三後集三卷寶雲詩集七卷禪樂府一卷 (清)董說撰 民國吴興劉氏嘉業堂刻朱印本 六册

330000 - 1701 - 0017146 HJH3350 類叢部/叢書類/郡邑之屬
吴興叢書六十六種 劉承幹編 民國吴興劉氏嘉業堂刻本 五册 存一種

330000 - 1701 - 0017151 HJL5699 集部/詞類/總集之屬
惜陰堂叢書 趙尊嶽輯 民國十三年至十五年(1924 - 1926)武進趙氏刻本 三册 存一種

330000 - 1701 - 0017156 HJL4028 集部/别集類/清别集
金粟山樓詩集五卷 (清)邵淵耀撰 **弢菴詩存一卷** (清)邵震亨撰 民國三年(1914)邵松年蘭雪齋鉛印本 二册

330000 - 1701 - 0017160 HJL3292 集部/别集類/明别集
詠懷堂詩補遺一卷 (明)阮大鋮撰 民國十八年(1929)國立中央大學國學圖書館鉛印本 一册

330000 - 1701 - 0017161 普 915. 1241/305482/c2 史部/地理類/專志之屬/寺觀
虎跑佛祖藏殿志十卷首一卷 虎跑纂志事務所纂 民國十年(1921)姚江齊雲壇鉛印本 四册

330000－1701－0017167　HJH2955　集部/別集類/宋別集

山谷詩集注内集二十卷外集十七卷别集二卷　(宋)黄庭堅撰　(宋)任淵　(宋)史容　(宋)史季溫注　民國四年(1915)上海著易堂據清光緒二十一年至二十五年(1895－1899)刻宣統二年(1910)印本影印本　十六册

330000－1701－0017194　HJH5076　類叢部/叢書類/彙編之屬

金陵大學中國文化研究所叢刊　金陵大學中國文化研究所編　民國金陵大學中國文化研究所刻本、鉛印本暨影印本　一册　存一種

330000－1701－0017196　普 915.12198/1033　史部/地理類/方志之屬/郡縣志

[咸豐]深澤縣志十卷　(清)王肇晉纂修　民國二十五年(1936)鉛印本　二册

330000－1701－0017197　HJL4039　類叢部/叢書類/彙編之屬

金陵大學中國文化研究所叢刊　金陵大學中國文化研究所編　民國金陵大學中國文化研究所刻本、鉛印本暨影印本　一册　存一種

330000－1701－0017208　普 915.1241/30549　史部/地理類/專志之屬/寺觀

招賢寺略記一卷　釋如幻輯　民國九年(1920)刻本　一册

330000－1701－0017210　普 915.1241/305496/2　史部/地理類/專志之屬/寺觀

武林梵志五卷　(明)吳之鯨撰　民國十六年(1927)刻本　四册

330000－1701－0017211　普 915.122/3546　史部/地理類/方志之屬/通志

[宣統]山東通志二百卷首九卷附錄一卷補遺一卷　(清)楊士驤等修　(清)孫葆田等纂　民國四年至七年(1915－1918)山東通志刊印局鉛印本　一百二十八册

330000－1701－0017212　HJH5102　集部/曲類

飲虹簃所刻曲三十種　盧前編　民國二十五年(1936)金陵盧氏刻本　二十一册　存二十八種

330000－1701－0017215　HJL2781　集部/别集類/宋别集

南湖集十卷附錄三卷　(宋)張鎡撰　民國十四年(1925)杭州廣壽慧雲禪寺刻藍印本　四册

330000－1701－0017223　普 915.1241/305491/c1　史部/地理類/山川之屬/山志

雲棲志十卷首一卷　項士元纂　民國二十三年(1934)新光印書館鉛印本　二册

330000－1701－0017226　HJL4755　集部/别集類/清别集

雲悦山房偶存稿六卷附存一卷　(清)楊維屏撰　民國元年(1912)福州鼓樓前陳良輔刻坊刻本　二册

330000－1701－0017228　普 114.092/4438/3/c1　類叢部/叢書類/彙編之屬

四部備要　中華書局編　民國二十五年(1936)上海中華書局鉛印本　三十三册　存一種

330000－1701－0017236　HJL4494　集部/曲類

飲虹簃所刻曲三十種　盧前編　民國二十五年(1936)金陵盧氏刻本　五册　存七種

330000－1701－0017238　HJL3263　集部/别集類/清别集

一硯齋詩集十六卷　(清)沈荃撰　民國十一年(1922)刻朱印本　四册

330000－1701－0017241　HJL5648　集部/戲劇類/總集之屬

奢摩他室曲叢　吳梅輯　民國十七年(1928)上海商務印書館影印本暨鉛印本　二十二册　存十三種

330000－1701－0017243　普 915.1241/305493/c1　史部/地理類/專志之屬/寺觀

蓮居庵志十卷補遺一卷　孫峻輯　釋瞻明增訂　民國十九年(1930)釋瞻明刻藍印本(補

遺配寫刻樣本） 二冊

330000－1701－0017248 HJH4050 集部/別集類/清別集
竹山堂詩稿二卷詞稿一卷 （清）潘祖同撰 民國七年（1918）吳縣潘氏刻本 一冊

330000－1701－0017249 HJL4982 集部/別集類/清別集
竹山堂詩稿二卷詞稿一卷 （清）潘祖同撰 民國七年（1918）吳縣潘氏刻本 一冊

330000－1701－0017251 HJL4885 集部/戲劇類/雜劇之屬
霜厓三劇 吳梅撰 民國二十二年（1933）刻本 二冊 缺一卷（惆悵爨）

330000－1701－0017252 HJH4049 集部/別集類/清別集
竹山堂文賸一卷詩補一卷 （清）潘祖同撰 民國二十五年（1936）潘承典等歲可堂刻本 一冊

330000－1701－0017254 普915.1221/1037 史部/地理類/方志之屬/郡縣志
［民國］續修歷城縣志五十四卷 毛承霖等纂修 民國十五年（1926）歷城縣志局鉛印本 二十冊

330000－1701－0017263 普915.1241/305493/c2 史部/地理類/專志之屬/寺觀
蓮居庵志十卷 孫峻輯 釋瞻明增訂 民國十九年（1930）釋瞻明刻藍印本 二冊

330000－1701－0017264 普915.1241/305494/c1 類叢部/叢書類/自著之屬
晨風廬叢刊十八種 周慶雲撰 民國吳興周氏夢坡室刻本 一冊 存一種

330000－1701－0017271 普915.1241/305493/c3 史部/地理類/專志之屬/寺觀
蓮居庵志十卷 孫峻輯 釋瞻明增訂 民國十九年（1930）釋瞻明刻藍印本 二冊

330000－1701－0017272 普915.1241/305494/c2 類叢部/叢書類/自著之屬
晨風廬叢刊十八種 周慶雲撰 民國吳興周氏夢坡室刻本 一冊 存一種

330000－1701－0017273 普915.1241/305493/c4 史部/地理類/專志之屬/寺觀
蓮居庵志十卷 孫峻輯 釋瞻明增訂 民國十九年（1930）釋瞻明刻藍印本 二冊

330000－1701－0017280 普915.1241/305494/c3 類叢部/叢書類/自著之屬
晨風廬叢刊十八種 周慶雲撰 民國吳興周氏夢坡室刻本 一冊 存一種

330000－1701－0017282 普915.1241/305494/c4 類叢部/叢書類/自著之屬
晨風廬叢刊十八種 周慶雲撰 民國吳興周氏夢坡室刻本 一冊 存一種

330000－1701－0017283 普915.1241/305494/c6 類叢部/叢書類/自著之屬
晨風廬叢刊十八種 周慶雲撰 民國吳興周氏夢坡室刻本 一冊 存一種

330000－1701－0017284 普915.1241/305491/c2 史部/地理類/山川之屬/山志
雲棲志十卷首一卷 項士元纂 民國二十三年（1934）新光印書館鉛印本 二冊

330000－1701－0017285 普915.1241/305491/c3 史部/地理類/山川之屬/山志
雲棲志十卷首一卷 項士元纂 民國二十三年（1934）新光印書館鉛印本 二冊

330000－1701－0017286 普915.1241/305494/c5 史部/地理類/專志之屬/寺觀
西溪秋雪庵志四卷 周慶雲輯 民國吳興周氏夢坡室刻晨風廬叢刊本 周慶雲題簽 一冊

330000－1701－0017287 普915.1221/4537/1 史部/地理類/方志之屬/郡縣志
［民國］重修新城縣志二十六卷首一卷 袁勵傑 張儒玉修 王寀廷纂 民國二十二年（1933）鉛印本 十冊

330000－1701－0017298 HJL5302 集部/戲

劇類/雜劇之屬
雜劇十段錦十集 (明)朱有燉撰 民國二年(1913)南蘭陵誦芬室據明嘉靖三十七年(1558)紹陶室刻本影印本 四冊

330000－1701－0017299 HJL2495 集部/別集類/元別集
滋溪文稿三十卷 (元)蘇天爵撰 民國二十年(1931)徐世昌刻本 十冊

330000－1701－0017301 普 915.1241/305491/c4 史部/地理類/山川之屬/山志
雲棲志十卷首一卷 項士元纂 民國二十三年(1934)新光印書館鉛印本 二冊

330000－1701－0017303 HJL5188 集部/戲劇類/總集之屬/傳奇
彙刻傳奇 民國西泠印社刻本 一冊 存一種

330000－1701－0017309 普 915.1221/4537/2 史部/地理類/方志之屬/郡縣志
[民國]新修桓臺縣志三卷 王元一纂修 民國二十三年(1934)鉛印本 二冊

330000－1701－0017313 HJL5087 類叢部/叢書類/自著之屬
勱堂遺書八種 顧家相撰 民國八年至十九年(1919－1930)會稽顧氏鉛印本 一冊 存一種

330000－1701－0017314 HJL4405 集部/別集類/清別集
莞爾堂吟草一卷即仙館雜詞詩一卷 (清)武新銘撰 常贊春選 **又農五言詩稿一卷** (清)武達材撰 民國六年(1917)京師京華印書局鉛印本 一冊

330000－1701－0017316 HJL2959 集部/別集類/元別集
不繫舟漁集十六卷補遺一卷 (元)陳高撰 民國十四年(1925)刻本 四冊

330000－1701－0017328 普 915.1221/5037 史部/地理類/方志之屬/郡縣志
[民國]齊河縣志三十四卷首一卷 楊豫修等修 郝金章 孫秀堃纂 民國二十二年(1933)鉛印本 十六冊

330000－1701－0017346 HJL4338 集部/別集類/清別集
壽愷堂集三十卷補編一卷 (清)周家祿撰 民國十年至十一年(1921－1922)海門周寶臣鉛印本 八冊

330000－1701－0017347 普 915.1221/7037 史部/地理類/方志之屬/郡縣志
[民國]續修臨邑縣志四卷首一卷 崔公甫修 王樹枬 王孟戌纂 民國二十五年(1936)鉛印本 五冊

330000－1701－0017350 HJL2578 集部/詞類/類編之屬
彊村叢書一百七十八種 朱祖謀輯並撰校記 民國六年(1917)歸安朱氏刻十一年(1922)校補印本 三十九冊 存一百七十三種

330000－1701－0017351 HJL4507 集部/別集類/清別集
三願堂遺墨不分卷 (清)趙彥偁撰 民國十九年(1930)影印本 二冊

330000－1701－0017352 HJH4448 集部/別集類/清別集
隱怡山房小詠一卷 (清)沈蘭徵撰 民國二十四年(1935)鉛印本 一冊

330000－1701－0017354 HJL4417 集部/別集類/清別集
團桂樓剩稿一卷 (清)陳金鑑撰 **醉月軒吟草二卷** (清)陸慧撰 民國十五年(1926)陳其謙鉛印本 一冊

330000－1701－0017355 HJH5569 集部/別集類/清別集
團桂樓剩稿一卷 (清)陳金鑑撰 **醉月軒吟草二卷** (清)陸慧撰 民國十五年(1926)陳其謙鉛印本 一冊

330000－1701－0017369 HJL4218 集部/別集類/清別集
繡貞吟草一卷 (清)張承明撰 民國鉛印本

一册

330000－1701－0017370　HJL4157　集部/别集類/清别集

鶴川醉尉詩存一卷　（清）趙玉德撰　徐公修選輯　民國四年（1915）上海希社鉛印本　一册

330000－1701－0017371　HJH4520　集部/别集類

屈翁詩稿十二卷泰西新史雜詠一卷　李世伸撰　民國十四年（1925）刻本　二册

330000－1701－0017377　HJL5507　集部/别集類/清别集

韞玉樓遺稿一卷　（清）徐咸安撰　民國二年（1913）南林張鈞衡適園刻本　一册

330000－1701－0017378　HJH4504　集部/别集類/清别集

韞玉樓遺稿一卷　（清）徐咸安撰　民國二年（1913）南林張鈞衡適園刻本　一册

330000－1701－0017388　HJH3869　集部/别集類

湘綺樓文集八卷詩集十四卷書牘八卷　王闓運撰　民國三年（1914）上海廣益書局鉛印本　十二册

330000－1701－0017393　普 915.1221/7537　史部/地理類/方志之屬/郡縣志

［民國］長清縣志十六卷首一卷末一卷　李起元修　王連儒纂　民國二十四年（1935）鉛印本　十二册

330000－1701－0017399　HJL5290　類叢部/叢書類/自著之屬

王文貞集七種附一種　王祖畬撰　民國刻本　一册　存一種

330000－1701－0017401　HJL5291　類叢部/叢書類/自著之屬

王文貞集七種附一種　王祖畬撰　民國刻本　一册　存一種

330000－1701－0017403　HJL4796　類叢部/叢書類/自著之屬

王文貞集七種附一種　王祖畬撰　民國刻本　一册　存一種

330000－1701－0017405　HJL3917　類叢部/叢書類/自著之屬

王文貞集七種附一種　王祖畬撰　民國刻本　一册　存一種

330000－1701－0017414　HJL4228　集部/别集類

文貞文集十卷别集四卷制義一卷　王祖畬撰　民國十年（1921）溪山書屋刻本　六册

330000－1701－0017415　HJL4489　類叢部/叢書類/家集之屬

新安許氏先集四種　許同莘編　民國無錫許氏簡素堂刻本暨鉛印本　二册　存一種

330000－1701－0017416　HJL5596　類叢部/叢書類/家集之屬

新安許氏先集四種　許同莘編　民國無錫許氏簡素堂刻本暨鉛印本　二册　存一種

330000－1701－0017428　HJL4029　集部/别集類

匡廬山居詩一卷　陳三立撰　民國石印本　一册

330000－1701－0017435　普 915.1222/2037　史部/地理類/方志之屬/郡縣志

［民國］續修曲阜縣志八卷　孫永漢修　李經野　孔昭曾纂　民國二十三年（1934）鉛印本　八册

330000－1701－0017436　HJL2956　類叢部/叢書類/彙編之屬

嘉草軒叢書十一種　羅振玉編　民國七年（1918）上虞羅氏日本影印本　十六册　存一種

330000－1701－0017444　普 915.1221/9537　史部/地理類/方志之屬/郡縣志

［民國］續修平原縣志十二卷首一卷　曹夢九修　趙祥俊　張元鈞纂　民國二十五年（1936）鉛印本　四册

330000－1701－0017446　普 915.1221/9529/c2　史部/地理類/方志之屬/郡縣志
[乾隆]平原縣志十卷首一卷　(清)黄懷祖修　(清)黄兆熊纂　民國二十五年(1936)鉛印本　四冊

330000－1701－0017447　HJL2922　集部/別集類
一山文存十二卷　章梫撰　民國七年(1918)吴興劉氏嘉業堂刻本　四冊

330000－1701－0017448　HJH4536　集部/別集類
一山文存十二卷　章梫撰　民國七年(1918)吴興劉氏嘉業堂刻本　四冊

330000－1701－0017458　HJL4014　類叢部/叢書類/家集之屬
武林丁氏家集十三種　丁立誠　丁立中撰　民國錢塘丁氏嘉惠堂鉛印本　一冊　存二種

330000－1701－0017467　HJL4415、HJL4416　類叢部/叢書類/家集之屬
武林丁氏家集十三種　丁立誠　丁立中撰　民國錢塘丁氏嘉惠堂鉛印本　二冊　存二種

330000－1701－0017470　HJH4550　類叢部/叢書類/家集之屬
武林丁氏家集十三種　丁立誠　丁立中撰　民國錢塘丁氏嘉惠堂鉛印本　五冊　存一種

330000－1701－0017473　HJL4983　類叢部/叢書類/自著之屬
寓園叢書七種　張其淦撰　民國十九年(1930)鉛印本　二冊　存一種

330000－1701－0017474　HJH4118　類叢部/叢書類/自著之屬
寓園叢書七種　張其淦撰　民國十九年(1930)鉛印本　二冊　存一種

330000－1701－0017475　HJH5515　類叢部/叢書類/自著之屬
寓園叢書七種　張其淦撰　民國十九年(1930)鉛印本　二冊　存一種

330000－1701－0017476　HJL2839　類叢部/叢書類/自著之屬
寓園叢書七種　張其淦撰　民國十九年(1930)鉛印本　二冊　存一種

330000－1701－0017481　HJL3945　集部/別集類
慈衛室詩一卷訒齋詩草一卷粤游集一卷非菴詩草一卷非翁詩稿一卷　譚延闓撰　民國二十年(1931)譚澤闓石印本　四冊

330000－1701－0017483　HJL2881　集部/總集類/選集之屬/斷代
宋詩鈔初集　(清)吕留良　(清)吴之振　(清)吴爾堯輯　民國三年(1914)上海商務印書館據清康熙吴氏刻本影印本(龍雲集鈔一卷、栟櫚集一卷、勉齋集一卷、鶴山集一卷、蛟峰集鈔一卷、雪巖集鈔一卷、縉雲集鈔一卷、玉楮集鈔一卷、滄浪吟鈔一卷、竹齋集鈔一卷、疊山集鈔一卷、仲安集鈔一卷、所南集鈔一卷、魯齊集鈔一卷、玉蟾集鈔一卷、斷腸集鈔一卷原缺)　四十冊

330000－1701－0017484　HJH3612　集部/別集類
乙丑重編飲冰室文集八十卷　梁啟超撰　民國十五年(1926)中華書局鉛印本　七十六冊　缺四卷(一至四)

330000－1701－0017486　普 915.1223/4038　史部/地理類/方志之屬/郡縣志
[民國]茌平縣志十二卷　牛占誠修　周之楨纂　民國二十四年(1935)鉛印本　八冊

330000－1701－0017487　HJL4426　集部/別集類
嘯虹生詩鈔四卷續鈔三卷　邱煒萲撰　民國十一年(1922)鉛印本　一冊

330000－1701－0017488　HJL4420　集部/別集類
嘯虹生詩鈔四卷續鈔三卷　邱煒萲撰　民國十一年(1922)鉛印本　一冊

330000－1701－0017492　HJL4541　集部/別

集類

左盦集八卷　劉師培撰　民國十七年(1928)北京陸福寺脩綆堂刻本　六冊

330000－1701－0017493　HJL4542　集部/別集類

左盦集八卷　劉師培撰　民國十七年(1928)北京陸福寺脩綆堂刻朱印本　六冊

330000－1701－0017498　普 915.1223/6037　史部/地理類/方志之屬/郡縣志

[民國]濟陽縣志二十卷首一卷　盧永祥等修　王嗣鋆纂　民國二十三年(1934)上海中華書局鉛印本　十二冊

330000－1701－0017499　HJL5605　集部/別集類

水竹邨人集十二卷　徐世昌撰　民國七年(1918)天津徐氏刻本　四冊

330000－1701－0017500　HJL3765　集部/別集類

水竹邨人集十二卷　徐世昌撰　民國七年(1918)天津徐氏刻本　四冊

330000－1701－0017503　HJL4424　集部/別集類

三借廬詩賸二卷駢文賸一卷詞賸一卷尺牘一卷　鄒弢撰　民國三年(1914)上海文瑞樓鉛印本　一冊　缺二卷(詩賸上、下)

330000－1701－0017504　HJH4582　集部/詩文評類

駢儷速成訣捷徑一卷　鄒弢編　民國七年(1918)上海文瑞樓石印本　一冊

330000－1701－0017506　HJH4853　集部/詩文評類

駢儷速成訣捷徑一卷　鄒弢編　民國七年(1918)上海文瑞樓石印本　一冊

330000－1701－0017508　HJL4178　集部/別集類

病驥五十無量刼反省詩一卷　侯鴻鑑撰　民國十年(1921)鉛印本　一冊

330000－1701－0017510　HJL4219　集部/別集類

戊午集一卷　張朝墉撰　民國七年(1918)上海聚珍倣宋印書局鉛印本　一冊

330000－1701－0017513　HJL4064　集部/總集類/彙編之屬

詩史閣叢刊甲集六卷　孫雄輯　民國十六年(1927)鉛印本　二冊

330000－1701－0017517　HJL3900　類叢部/叢書類/自著之屬

桂林梁先生遺書六種　梁濟撰　民國十六年(1927)上海商務印書館鉛印本　四冊

330000－1701－0017519　HJH4490　集部/別集類

耐庵詩存一卷　潘亨穀撰　**先府君行實一卷**　潘承厚等撰　民國十七年(1928)潘氏刻本　一冊

330000－1701－0017521　普 915.1223/7032　史部/地理類/方志之屬/郡縣志

[道光]冠縣志十卷　(清)梁永康修　(清)趙錫書纂　民國二十二年(1933)濟南逢源閣書店鉛印本　四冊

330000－1701－0017522　HJL3947　集部/別集類

碧湖集二卷　釋永光撰　溥儒輯　民國二十一年(1932)萃錦園刻本　一冊

330000－1701－0017524　HJH4051　集部/別集類

悲華經舍文存二卷附聯語一卷　洪允祥撰　民國二十五年(1936)鉛印本　一冊

330000－1701－0017527　HJH3932　類叢部/叢書類/彙編之屬

墨巢叢刻　李宣龔輯　民國鉛印本　一冊　存一種

330000－1701－0017528　普 915.1223/7024　史部/地理類/方志之屬/郡縣志

[萬曆]冠縣志六卷　(明)談自省修　(明)杜華先纂　民國抄本　一冊

330000－1701－0017529　HJL3926　類叢部/叢書類/彙編之屬

墨巢叢刻　李宣龔輯　民國鉛印本　一册　存一種

330000－1701－0017530　HJL4441　集部/别集類

聖遺詩四卷　楊鍾羲撰　民國十年(1921)石印本　二册

330000－1701－0017532　HJL3893　集部/别集類/清别集

文道希先生遺詩一卷　(清)文廷式撰　葉恭綽輯　民國十八年(1929)鉛印本　葉恭綽題記　一册

330000－1701－0017535　HJH4361　集部/别集類

醉園詩存二十六卷閏集一卷醉園齋臼詞一卷　蔣萼撰　**先考府君年譜一卷**　蔣兆蘭　蔣兆燮撰　民國鉛印本　四册　缺一卷(醉園齋臼詞)

330000－1701－0017537　HJH3913　集部/别集類

韋壽恒大令遺藁一卷　韋榮齡撰　民國十九年(1930)鉛印本　一册

330000－1701－0017538　HJH5612　集部/别集類

韋壽恒大令遺藁一卷　韋榮齡撰　民國十九年(1930)鉛印本　一册

330000－1701－0017546　HJH4467　集部/别集類

鳴原集十卷附五十三參樓吟草一卷　陳夔龍撰　民國十八年至二十六年(1929－1937)鉛印本　一册　存二卷(八、五十三參樓吟草)

330000－1701－0017547　HJL2874　集部/别集類

鳴原集十卷附五十三參樓吟草一卷　陳夔龍撰　民國十八年至二十六年(1929－1937)鉛印本　五册　存五卷(一至五)

330000－1701－0017550　HJH4551　集部/别集類

天放樓文言十一卷附錄一卷詩集九卷詩續鈔一卷　金天羽撰　民國六年至十六年(1917－1927)鉛印本　五册

330000－1701－0017551　HJL2660　集部/别集類

天放樓文言十一卷附錄一卷　金天羽撰　民國十六年(1927)蘇州文新印刷公司鉛印本　二册

330000－1701－0017553　普 111.14/1063　類叢部/叢書類/彙編之屬

東方文教研究院叢書□□種　民國三十二年至三十三年(1943－1944)四川東方文教研究院鉛印本　謝幼偉題記　三册　存一種

330000－1701－0017554　HJH3896　集部/别集類

天放樓詩續鈔一卷　金天羽撰　民國十六年(1927)鉛印本　一册

330000－1701－0017556　HJH4185　類叢部/叢書類/彙編之屬

履齋叢刻　民國鉛印本　一册　存一種

330000－1701－0017557　HJL4127、HJL5144　類叢部/叢書類/自著之屬

晨風廬叢刊十八種　周慶雲撰　民國吳興周氏夢坡室刻本　二册　存二種

330000－1701－0017558　HJH4128　類叢部/叢書類/自著之屬

晨風廬叢刊十八種　周慶雲撰　民國吳興周氏夢坡室刻本　一册　存一種

330000－1701－0017559　HJH4129　類叢部/叢書類/自著之屬

晨風廬叢刊十八種　周慶雲撰　民國吳興周氏夢坡室刻本　一册　存一種

330000－1701－0017561　HJL3944　集部/别集類/清别集

春雨樓雜文一卷採香詞二卷春雨樓詩一卷附錄一卷　(清)沈彩撰　民國十三年(1924)上虞羅氏蟫隱廬影印本　一册

330000－1701－0017562　HJL4194　集部/別集類/清別集
瓦鳴集一卷　（清）朱笏廷撰　民國十一年(1922)鉛印本　一冊

330000－1701－0017563　普 811. 17/2680　集部/別集類
白玉詩集八卷　吳鏞撰　民國二十一年(1932)木活字印本　一冊

330000－1701－0017570　普 915. 1224/2037　史部/地理類/方志之屬/郡縣志
[民國]續修博山縣志十五卷首一卷　王蔭桂修　張新曾纂　民國二十六年(1937)鉛印本　八冊

330000－1701－0017573　普 915. 1224/6037　史部/地理類/方志之屬/郡縣志
[民國]續修廣饒縣志二十八卷首一卷　潘萊峯等修　王寅山纂　民國二十四年(1935)廣饒縣志局濟南鉛印本　八冊

330000－1701－0017574　普 915. 1241/30554/c1　史部/地理類/專志之屬/祠墓
西湖朱文公祠崇祀錄二卷　朱承業纂輯　民國十五年(1926)刻本　二冊

330000－1701－0017576　普 915. 1241/30557/c1　史部/地理類/專志之屬/祠墓
錢王祠產補編一卷　錢文選編　民國二十六年(1937)鉛印本　一冊

330000－1701－0017577　普 915. 1241/30556　史部/地理類/專志之屬/祠墓
西湖白文公祠附祀樊紹述先生徵求詩文啟不分卷　吳士鑑等撰　民國刻本　一冊

330000－1701－0017578　普 915. 1224/7037　史部/地理類/方志之屬/郡縣志
[民國]壽光縣志十六卷首一卷　宋憲章修　鄒允中　崔亦文纂　民國二十五年(1936)鉛印本　十二冊

330000－1701－0017579　普 915. 1224/8038　史部/地理類/方志之屬/郡縣志
[嘉慶]昌樂縣志三十二卷首一卷　（清）魏禮焯　（清）時銘修　（清）閻學夏　（清）黄方遠纂　民國二十三年(1934)鉛印本　六冊

330000－1701－0017580　普 915. 1241/30554/c2　史部/地理類/專志之屬/祠墓
西湖朱文公祠崇祀錄二卷　朱承業纂輯　民國十五年(1926)刻本　二冊

330000－1701－0017581　普 915. 1224/80381　史部/地理類/方志之屬/郡縣志
[民國]昌樂縣續志三十八卷　王金嶽修　趙文琴　王景韓纂　民國二十三年(1934)鉛印本　六冊

330000－1701－0017584　普 915. 1241/30554/c3　史部/地理類/專志之屬/祠墓
西湖朱文公祠崇祀錄二卷　朱承業纂輯　民國十五年(1926)刻本　二冊

330000－1701－0017585　普 915. 1241/30557/c2　史部/地理類/專志之屬/祠墓
錢王祠產補編一卷　錢文選編　民國二十六年(1937)鉛印本　一冊

330000－1701－0017587　普 915. 1241/30554/c4　史部/地理類/專志之屬/祠墓
西湖朱文公祠崇祀錄二卷　朱承業纂輯　民國十五年(1926)刻本　二冊

330000－1701－0017588　普 915. 1241/30553/c2　史部/地理類/專志之屬/古跡
林社二十五年紀念冊一卷　杭州西湖蠶學館編　民國十四年(1925)鉛印本　陳敬第題簽　一冊

330000－1701－0017590　普 915. 1241/30557/c3　史部/地理類/專志之屬/祠墓
錢王祠產補編一卷　錢文選編　民國二十六年(1937)鉛印本　一冊

330000－1701－0017596　普 915. 1241/30558/c1　史部/地理類/專志之屬/祠墓
周元公祠志略十卷首一卷　周鳳歧等編　民國十八年(1929)鉛印本　二冊

330000－1701－0017597　普 915. 1241/

30558/c2　史部/地理類/專志之屬/祠墓
周元公祠志略十卷首一卷　周鳳歧等編　民國十八年(1929)鉛印本　一冊　缺五卷(六至十)

330000－1701－0017604　普 915.1225/3037　史部/地理類/方志之屬/郡縣志
[民國]福山縣志稿十卷釁門錄一卷民國志一卷　王陵基等修　于宗潼纂　民國二十年(1931)鉛印本　十四冊

330000－1701－0017609　普 915.1225/3099　史部/地理類/方志之屬/郡縣志
[民國]烟台要覽首編二十六卷　鄭千里編著　民國十二年(1923)山東烟台要覽編纂局鉛印本　二冊

330000－1701－0017610　普 915.1241/3059/c1　史部/地理類/專志之屬/書院
敷文書院志略不分卷　魏頌唐輯　民國二十四年(1935)浙江財務學校鉛印本　一冊

330000－1701－0017612　普 915.1241/30594　類叢部/叢書類/自著之屬
晨風廬叢刊十八種　周慶雲撰　民國吳興周氏夢坡室刻本　一冊　存一種

330000－1701－0017617　普 915.1241/3059/c2　史部/地理類/專志之屬/書院
敷文書院志略不分卷　魏頌唐輯　民國二十四年(1935)浙江財務學校鉛印本　一冊

330000－1701－0017618　普 915.1225/6037　史部/地理類/方志之屬/郡縣志
[民國]萊陽縣志三卷首一卷末一卷　梁秉錕修　王丕煦纂　民國二十四年(1935)鉛印本　十二冊

330000－1701－0017620　普 915.1241/3059/c3　史部/地理類/專志之屬/書院
敷文書院志略不分卷　魏頌唐輯　民國二十四年(1935)浙江財務學校鉛印本　一冊

330000－1701－0017626　普 915.1241/3059/c4　史部/地理類/專志之屬/書院
敷文書院志略不分卷　魏頌唐輯　民國二十四年(1935)浙江財務學校鉛印本　一冊

330000－1701－0017628　普 915.1225/7037　史部/地理類/方志之屬/郡縣志
[民國]牟平縣志十卷首一卷　宋憲章等修　于清泮纂　民國二十五年(1936)鉛印本　十冊

330000－1701－0017629　普 915.1241/3059/c5　史部/地理類/專志之屬/書院
敷文書院志略不分卷　魏頌唐輯　民國二十四年(1935)浙江財務學校鉛印本　一冊

330000－1701－0017630　普 915.1226/0024　史部/地理類/方志之屬/郡縣志
[萬曆]萊州府志八卷　(明)龍文明修　(明)趙燿　(明)董基纂　民國二十八年(1939)東萊趙琪永厚堂青島鉛印本　八冊

330000－1701－0017633　普 915.1241/3059/c6　史部/地理類/專志之屬/書院
敷文書院志略不分卷　魏頌唐輯　民國二十四年(1935)浙江財務學校鉛印本　一冊

330000－1701－0017637　普 915.1225/8035　史部/地理類/方志之屬/郡縣志
[光緒]文登縣志十四卷首一卷　李祖年修　于霖逢纂　民國二十二年(1933)鉛印本　十冊

330000－1701－0017651　普 915.1226/2037　史部/地理類/方志之屬/郡縣志
[民國]平度縣續志十二卷首一卷末一卷　丁世平　刁承襄修　尙慶翰纂　民國二十五年(1936)鉛印本　八冊

330000－1701－0017652　普 915.1226/5037　史部/地理類/方志之屬/郡縣志
[民國]增修膠志五十五卷首一卷　葉鍾英等修　匡超纂　民國二十年(1931)鉛印本　十六冊

330000－1701－0017660　普 915.1226/5095/c1　史部/地理類/方志之屬/郡縣志
[民國]膠澳志十二卷附一卷　趙琪修　袁榮叜纂　民國十七年(1928)山東膠澳商埠局鉛

印本　十冊

330000－1701－0017661　普915.1226/5095/c2　史部/地理類/方志之屬/郡縣志
[民國]膠澳志十二卷附一卷　趙琪修　袁榮叜纂　民國十七年(1928)山東膠澳商埠局鉛印本　十冊

330000－1701－0017662　普915.1226/5095/c3　史部/地理類/方志之屬/郡縣志
[民國]膠澳志十二卷附一卷　趙琪修　袁榮叜纂　民國十七年(1928)山東膠澳商埠局鉛印本　十冊　存十二卷(一至十二)

330000－1701－0017665　普915.1226/8052/c1　史部/地理類/山川之屬/山志
嶗山志八卷　(明)黄宗昌撰　(明)黄坦續
游嶗山指南一卷　周式坤輯　民國二十三年(1934)即墨黄敦復堂鉛印本　一冊

330000－1701－0017666　普915.1226/5095/c4　史部/地理類/方志之屬/郡縣志
[民國]膠澳志十二卷附一卷　趙琪修　袁榮叜纂　民國十七年(1928)山東膠澳商埠局鉛印本　沈鳴時題記　十冊

330000－1701－0017668　普915.1226/5095/c5　史部/地理類/方志之屬/郡縣志
[民國]膠澳志十二卷附一卷　趙琪修　袁榮叜纂　民國十七年(1928)山東膠澳商埠局鉛印本　十冊

330000－1701－0017671　普915.1226/8052/c2　史部/地理類/山川之屬/山志
嶗山志八卷　(明)黄宗昌撰　(明)黄坦續　民國五年(1916)即墨黄於斯堂鉛印本　一冊

330000－1701－0017675　普915.1227/2037　史部/地理類/方志之屬/郡縣志
[民國]青城續修縣志四卷　楊啟東修　趙梓湘纂　民國二十四年(1935)鉛印本　六冊

330000－1701－0017683　普915.1227/6037　史部/地理類/方志之屬/郡縣志
[民國]重修商河縣志十五卷首一卷　石毓嵩修　馬忠藩　路程謌纂　民國二十五年(1936)鉛印本　十六冊

330000－1701－0017687　HJL4227　集部/別集類
食破硯齋詩存二卷惜餘春館讀畫集一卷　張榮培撰　民國十七年(1928)鉛印本　二冊

330000－1701－0017688　HJH4103　史部/政書類/律令之屬
塔景亭案牘十卷　許文濬撰　民國十三年(1924)鉛印本　四冊

330000－1701－0017693　HJL4515　類叢部/叢書類/自著之屬
勱堂遺書八種　顧家相撰　民國八年至十九年(1919－1930)會稽顧氏鉛印本　一冊　存一種

330000－1701－0017696　HJL2938　集部/總集類/郡邑之屬
遼東三家詩鈔　劉承幹輯　民國吳興劉氏刻十七年(1928)奉天會館重印本　七冊

330000－1701－0017697　HJL4474　類叢部/叢書類/自著之屬
勱堂遺書八種　顧家相撰　民國八年至十九年(1919－1930)會稽顧氏鉛印本　一冊　存一種

330000－1701－0017702　HJL4413　類叢部/叢書類/自著之屬
勱堂遺書八種　顧家相撰　民國八年至十九年(1919－1930)會稽顧氏鉛印本　二冊　存一種

330000－1701－0017706　HJL2221　類叢部/叢書類/自著之屬
勱堂遺書八種　顧家相撰　民國八年至十九年(1919－1930)會稽顧氏鉛印本　二冊　存一種

330000－1701－0017710　HJL5288　集部/別集類
青郊六十自定稿四卷　梁煥奎撰　民國十六年(1927)鉛印本　二冊

330000－1701－0017714　HJL3998　集部/别集類

青郊六十自定稿四卷　梁煥奎撰　民國十六年(1927)鉛印本　二册

330000－1701－0017718　HJH4466　集部/别集類

拙齋文存一卷詩存一卷壽言集一卷　潘紳撰　民國二十五年(1936)鉛印本　一册

330000－1701－0017724　HJH4214　集部/别集類

嗚堅白齋詩存十二卷補遺一卷　沈汝瑾撰　民國十年(1921)刻本　四册

330000－1701－0017727　HJL4571　集部/别集類/清别集

拜經堂文集五卷　(清)臧庸撰　民國十九年(1930)宗舜年據漢陽葉氏寫本影印本　四册

330000－1701－0017728　HJH4217　集部/别集類/清别集

鎔經室集四卷　(清)張濬撰　民國六年(1917)鉛印本　二册

330000－1701－0017730　HJH5163　集部/别集類/清别集

拜經堂文集五卷　(清)臧庸撰　民國十九年(1930)宗舜年據漢陽葉氏寫本影印本　四册

330000－1701－0017733　HJL4158　集部/别集類

奎府樓詩草三卷　謝汝銓撰　民國二十年(1931)鉛印本　一册

330000－1701－0017736　HJL3935　集部/别集類

知稼軒詩六卷續刻五卷　張元奇撰　民國二年至七年(1913－1918)鉛印本　二册

330000－1701－0017737　HJH4446　集部/别集類

盤谷遺稿不分卷　袁壽康撰　民國八年(1919)鉛印本　一册

330000－1701－0017739　HJH4357　集部/别集類/清别集

次園詩存六卷　(清)蔣彬若撰　民國鉛印本　一册

330000－1701－0017743　HJL4204　集部/别集類

雙井堂詩集十卷　劉體蕃撰　民國十四年(1925)鉛印本　三册

330000－1701－0017744　HJL4497　集部/别集類

安樂鄉人詩四卷蘗夢詞二卷　金兆蕃撰　民國二十年(1931)刻本　一册

330000－1701－0017750　普 915. 1241/3054991　史部/地理類/專志之屬/寺觀

湖隱禪院記事十卷　釋安仁輯　民國十年(1921)刻本　一册

330000－1701－0017753　普 915. 1228/1037　史部/地理類/方志之屬/郡縣志

[民國]臨沂縣志十四卷首一卷　陳景星　沈兆禕　楊孝則修　王景祜纂　民國二十五年(1936)鉛印本　六册

330000－1701－0017757　HJH5198　集部/别集類/清别集

蕉聲館文集八卷首一卷詩集二十卷詩補遺四卷詩續補一卷　(清)朱爲弼撰　朱景邁輯　**常慊慊齋文集二卷**　(清)朱之榛撰　民國五年至九年(1916－1920)朱景邁東湖草堂刻本　十二册

330000－1701－0017762　HJL4707　集部/别集類/清别集

鐵硯室詩稿一卷　(清)陸榁撰　民國十六年(1927)鉛印本　一册

330000－1701－0017764　HJL4020　集部/别集類

觚庵詩存四卷　俞明震撰　民國九年(1920)上海聚珍倣宋印書局鉛印本　一册

330000－1701－0017768　HJL4225　集部/别集類

龍慧堂詩二卷　劉慎詒撰　民國十八年

(1929)刻本　一册

330000－1701－0017770　HJL3376　子部/宗教類/佛教之屬
歷史感應統紀四卷　許止淨編纂　民國二十一年(1932)刻本　九册

330000－1701－0017771　HJL3894　集部/別集類
蒼虬閣詩抄二卷　陳曾壽撰　陳三立評　民國十七年(1928)石印本　一册

330000－1701－0017773　HJH5556　類叢部/叢書類/郡邑之屬
吳興叢書六十六種　劉承幹編　民國吳興劉氏嘉業堂刻本　四册　存一種

330000－1701－0017774　HJH3049　類叢部/叢書類/郡邑之屬
吳興叢書六十六種　劉承幹編　民國吳興劉氏嘉業堂刻本　二册　存一種

330000－1701－0017775　HJL4226　集部/別集類
儀孝堂詩集二卷　何承徽撰　民國六年(1917)鉛印本　一册

330000－1701－0017778　HJH4454　集部/別集類/清別集
北萊遺詩三卷　(清)釋廣信撰　**天寥遺稿三卷**　(清)釋空明撰　民國二十四年(1935)煨芋草堂鉛印本　一册

330000－1701－0017782　HJL4018　集部/別集類
適廬求定稿一卷　張石卿撰　民國鉛印本　一册

330000－1701－0017784　HJL3685　史部/傳記類/總傳之屬/技藝
清畫家詩史二十卷　李濬之輯　民國十九年(1930)刻本　十册

330000－1701－0017786　HJL3729　集部/別集類
亭秋館詩鈔十卷詞鈔四卷外集一卷附錄一卷　許禧身撰　民國元年(1912)京師刻本　八册

330000－1701－0017792　HJH4995　集部/別集類
漪香山館文集不分卷　吳曾祺撰　民國四年(1915)上海商務印書館鉛印本　一册

330000－1701－0017804　HJH4173　集部/別集類
友古堂詩集二卷　李經鈺撰　民國十三年(1924)鉛印本　一册

330000－1701－0017805　HJH4023　集部/別集類
懺花詩存二卷　郭占舉撰　民國二年(1913)鉛印本　二册

330000－1701－0017806　HJH3891　集部/別集類
懺花詩存二卷　郭占舉撰　民國二年(1913)鉛印本　二册

330000－1701－0017807　普 915.1228/1037.02　史部/地理類/方志之屬/郡縣志
[民國]續修臨沂縣志十七卷首一卷　范築先修　李宗仁等纂　民國二十五年(1936)鉛印本　四册

330000－1701－0017810　HJL4024　集部/別集類/清別集
庸叟文稿彙編三卷　(清)陳熙春撰　民國十二年(1923)金陵壽山堂鉛印本　一册

330000－1701－0017812　HJH4432　集部/別集類
刪亭文集二卷續集二卷　周同愈撰　民國二十四年(1935)無錫周氏鉛印本　一册

330000－1701－0017815　HJL3922　集部/別集類/清別集
華蕊樓遺稿一卷　(清)徐熙珍撰　民國五年(1916)烏程周氏夢坡室刻本　一册

330000－1701－0017817　HJH4352　集部/別集類

染香室詩初集乙編一卷　徐雲撰　稿本　一冊

330000－1701－0017820　HJL3938　集部/別集類
桂馨室詩鈔一卷　朱壽延撰　民國十七年(1928)鉛印本　一冊

330000－1701－0017824　HJH5555　類叢部/叢書類/郡邑之屬
吳興叢書六十六種　劉承幹編　民國吳興劉氏嘉業堂刻本　四冊　存一種

330000－1701－0017825　HJL4102　集部/別集類
憐心集四卷　朱目撰　民國三年(1914)褒月龕刻本　四冊

330000－1701－0017826　HJH3864　集部/別集類
憐心集四卷　朱目撰　民國三年(1914)褒月龕刻本　四冊

330000－1701－0017828　HJL4122、HJL4123　類叢部/叢書類/自著之屬
鳳臺山館著書□□種　潘宗鼎撰　民國鉛印本　二冊　存二種

330000－1701－0017829　HJH5265　類叢部/叢書類
述廬叢刊　民國刻本　一冊　存一種

330000－1701－0017830　HJL4473　集部/別集類/清別集
立懦齋外集殘稿一卷　(清)顧壽楨撰　民國十六年(1927)科學儀器館影印本　一冊

330000－1701－0017831　HJL4493　集部/別集類
龍顧山房詩集十二卷詩餘三卷　郭則澐撰　民國十七年(1928)栩樓刻本　四冊

330000－1701－0017834　HJH4175　集部/別集類
東山先生詩一卷　張天爵撰　民國二十四年(1935)鉛印本　一冊

330000－1701－0017835　普 915.1228/5036　史部/地理類/方志之屬/郡縣志
[宣統]蒙陰縣志八卷首一卷　(清)沈巖清修　(清)陳尚仁纂　民國曬印本　四冊

330000－1701－0017836　HJL4495　類叢部/叢書類
蟄廬叢刊　民國十八年(1929)鉛印本　一冊　存一種

330000－1701－0017841　HJL4206　集部/別集類
椿蔭廬詩存一卷詞存一卷　楊延年撰　民國七年(1918)鉛印本　一冊

330000－1701－0017845　HJH4072　類叢部/叢書類/彙編之屬
渭南嚴氏孝義家塾叢書十一種　嚴式誨編　民國十九年至二十年(1930－1931)渭南嚴氏刻本　一冊　存一種

330000－1701－0017846　HJL3732、HJL4159　類叢部/叢書類/彙編之屬
渭南嚴氏孝義家塾叢書十一種　嚴式誨編　民國十九年至二十年(1930－1931)渭南嚴氏刻本　二冊　存二種

330000－1701－0017848　HJL3393　類叢部/叢書類/彙編之屬
渭南嚴氏孝義家塾叢書十一種　嚴式誨編　民國十九年至二十年(1930－1931)渭南嚴氏刻本　一冊　存一種

330000－1701－0017852　HJL3927　集部/別集類
匑厂文稿六卷　黃孝紓撰　民國二十四年(1935)江寧蔣氏刻本　黃孝紓題記　劉承幹題簽並記　二冊

330000－1701－0017853　HJL4444　集部/詞類/別集之屬
翰墨軒詩餘一卷　王文林撰　民國十二年(1923)刻本　一冊

330000－1701－0017855　HJH4354　集部/別集類

申江褉感百首一卷　江東位俠撰　民國石印本　一册

330000－1701－0017859　HJH4130　集部/别集類

潛廬近稿一卷　金蓉鏡撰　民國鉛印本　一册

330000－1701－0017860　HJH4131　集部/别集類

潛廬近稿一卷　金蓉鏡撰　民國鉛印本　一册

330000－1701－0017863　HJH5528　集部/别集類

潛廬近稿一卷　金蓉鏡撰　民國鉛印本　一册

330000－1701－0017864　HJL5028　集部/别集類

潛廬近稿一卷　金蓉鏡撰　民國鉛印本　一册

330000－1701－0017865　HJL4017　集部/别集類

百衲詩存一卷　袁克權撰　民國七年(1918)鉛印本　石舩居士題記　一册

330000－1701－0017881　HJL3378　集部/别集類/唐五代别集

韓翰林集三卷香奩集三卷補遺一卷　(唐)韓偓撰　(清)吳汝綸評注　民國十二年(1923)武強賀氏刻朱印本　一册

330000－1701－0017897　普 915.1241/4037/c1　史部/地理類/方志之屬/郡縣志

[民國]海寧州志稿四十一卷首一卷末一卷附志餘一卷藝文志補遺一卷　(清)李圭修　(清)許傳霈等纂　劉蔚仁續修　朱錫恩續纂　盧兆周繪圖　民國十一年(1922)鉛印本　二十四册　缺九卷(二十至二十八)

330000－1701－0017906　普 915.1241/4037/c4　史部/地理類/方志之屬/郡縣志

[民國]海寧州志稿四十一卷首一卷末一卷附志餘一卷藝文志補遺一卷　(清)李圭修　(清)許傳霈等纂　劉蔚仁續修　朱錫恩續纂　盧兆周繪圖　民國十一年(1922)鉛印本　三十二册

330000－1701－0017908　普 915.1229/1064.3/2/c1　史部/地理類/山川之屬/山志

泰山小史一卷附録一卷　(明)蕭協中撰　趙新儒校注　民國二十一年(1932)泰山趙氏鉛印本　一册

330000－1701－0017913　普 915.1241/4037/c5　史部/地理類/方志之屬/郡縣志

[民國]海寧州志稿四十一卷首一卷末一卷附志餘一卷藝文志補遺一卷　(清)李圭修　(清)許傳霈等纂　劉蔚仁續修　朱錫恩續纂　盧兆周繪圖　民國十一年(1922)鉛印本　十六册　存二十三卷(三、十二至二十六、三十四至三十五、三十八至三十九,末,志餘,藝文志補遺)

330000－1701－0017924　普 915.1241/4037/c2　史部/地理類/方志之屬/郡縣志

[民國]海寧州志稿四十一卷首一卷末一卷附志餘一卷藝文志補遺一卷　(清)李圭修　(清)許傳霈等纂　劉蔚仁續修　朱錫恩續纂　盧兆周繪圖　民國十一年(1922)鉛印本　三十二册

330000－1701－0017926　HJL2404　集部/别集類/明别集

内方先生集八卷附鈔一卷附録一卷　(明)童承敘撰　民國十二年(1923)沔陽盧氏慎始基齋刻朱印本　四册

330000－1701－0017930　普 915.1229/1064.3/2/c2　史部/地理類/山川之屬/山志

泰山小史一卷附録一卷　(明)蕭協中撰　趙新儒校注　民國二十一年(1932)泰山趙氏鉛印本　一册

330000－1701－0017934　普 915.1229/1064.3/2/c3　史部/地理類/山川之屬/山志

泰山小史一卷附録一卷　(明)蕭協中撰　趙新儒校注　民國二十一年(1932)泰山趙氏鉛印本　一册

330000－1701－0017936　普915.1241/4037/c3　史部/地理類/方志之屬/郡縣志

[民國]海寧州志稿四十一卷首一卷末一卷附志餘一卷藝文志補遺一卷　(清)李圭修　(清)許傳霈等纂　劉蔚仁續修　朱錫恩續纂　盧兆周繪圖　民國十一年(1922)鉛印本　二十一册　存二十六卷(首、一至二十五)

330000－1701－0017938　普915.1229/1064.6　史部/金石類

遯盦金石叢書十五種　吴隱輯　民國三年至十年(1914－1921)山陰吴氏西泠印社木活字印本　一册　存一種

330000－1701－0017939　普915.1229/1064.4/2/c2　史部/地理類/山川之屬/山志

泰山道里記一卷　(清)聶鈫撰　民國鉛印本　一册

330000－1701－0017946　普915.1241/4037/c6　史部/地理類/方志之屬/郡縣志

[民國]海寧州志稿四十一卷首一卷末一卷附志餘一卷藝文志補遺一卷　(清)李圭修　(清)許傳霈等纂　劉蔚仁續修　朱錫恩續纂　盧兆周繪圖　民國十一年(1922)鉛印本　三十二册

330000－1701－0017948　普915.1241/4037/c7　史部/地理類/方志之屬/郡縣志

[民國]海寧州志稿四十一卷首一卷末一卷附志餘一卷藝文志補遺一卷　(清)李圭修　(清)許傳霈等纂　劉蔚仁續修　朱錫恩續纂　盧兆周繪圖　民國十一年(1922)鉛印本　三十二册

330000－1701－0017952　HJL3041　集部/别集類/明别集

天目山齋歲編二十八卷　(明)吴維嶽撰　民國四年(1915)吴氏雍睦堂影印本　二册

330000－1701－0017956　HJL3006　集部/别集類/明别集

山海漫談五卷　(明)任環撰　民國二十一年(1932)國學圖書館影印本　二册

330000－1701－0017961　普915.1241/4039/c1　史部/地理類/方志之屬/郡縣志

[民國]海寧縣鄉土誌二卷　朱尚撰　民國七年(1918)石印本　一册　存一卷(乙編)

330000－1701－0017976　普915.1241/4039/c2　史部/地理類/方志之屬/郡縣志

[民國]海寧縣鄉土誌二卷　朱尚撰　民國七年(1918)石印本　一册

330000－1701－0017986　HJH5241　集部/總集類/選集之屬/斷代

百老吟後編一卷　錢溯耆輯　民國元年(1912)聽豳館刻本　一册

330000－1701－0018000　HJL2295　集部/别集類/明别集

崇相集十九卷　(明)董應舉撰　民國十七年(1928)林煥章石印本　六册

330000－1701－0018002　HJL3335　類叢部/叢書類/郡邑之屬

永嘉詩人祠堂叢刻十四種　冒廣生輯　民國四年(1915)如皋冒氏刻本　八册

330000－1701－0018021　HJH3156　類叢部/叢書類/自著之屬

晨風廬叢刊十八種　周慶雲撰　民國吴興周氏夢坡室刻本　一册　存一種

330000－1701－0018025　HJL4054　集部/總集類/酬唱之屬

其㝉集二卷　周慶雲等撰　民國三年(1914)周氏夢坡室刻本　一册

330000－1701－0018026　HJH4055　集部/總集類/酬唱之屬

其㝉集二卷　周慶雲等撰　民國三年(1914)周氏夢坡室刻本　一册

330000－1701－0018027　HJH3157　集部/總集類/酬唱之屬

其㝉集二卷　周慶雲等撰　民國三年(1914)周氏夢坡室刻本　一册

330000－1701－0018040　HJL4202　集部/别

集類/清別集

文木山房集四卷 （清）吳敬梓撰 **春華小草一卷靚粧詞鈔一卷** （清）吳烺撰 **吳敬梓年譜一卷** 胡適撰 民國二十年（1931）上海亞東圖書館鉛印本 二冊

330000－1701－0018059 普 915.1241/4044.2 史部/地理類/方志之屬/郡縣志

［民國］海寧縣鄉土志二卷 馮貽箴纂 民國抄本 一冊

330000－1701－0018060 普 915.12291/9032 史部/地理類/方志之屬/郡縣志

［道光］觀城縣志十卷首一卷 （清）孫觀纂修 民國二十二年（1933）濟南逢源閣書店鉛印本 四冊

330000－1701－0018066 HJL2194 類叢部/叢書類/彙編之屬

滄海叢書十六種附七種 張伯楨編 民國二年至二十四年（1913－1935）東莞張氏刻本 二冊 存一種

330000－1701－0018075 普 915.1241/4051/c1 史部/地理類/專志之屬/古跡

海昌勝蹟志八卷補綴一卷 管元耀輯 民國二十一年（1932）海寧管氏靜得樓刻本 四冊

330000－1701－0018087 普 915.1241/4051/c2 史部/地理類/專志之屬/古跡

海昌勝蹟志八卷補綴一卷 管元耀輯 民國二十一年（1932）海寧管氏靜得樓刻本 四冊

330000－1701－0018089 普 915.12293/2029 史部/地理類/方志之屬/郡縣志

［乾隆］夏津縣志十卷 （清）方學成修 （清）梁大鯤纂 民國二十三年（1934）鉛印本 六冊

330000－1701－0018090 HJL2439 類叢部/叢書類

懷舊樓叢書 民國十五年（1926）金山姚氏懷舊樓刻本 八冊 存一種

330000－1701－0018093 HJL5614 類叢部/叢書類

懷舊樓叢書 民國十五年（1926）金山姚氏懷舊樓刻本 八冊 存五種

330000－1701－0018094 普 915.12293/0037 史部/地理類/方志之屬/郡縣志

［民國］臨清縣志十六卷 徐子尚修 張樹梅 王貴笙纂 民國二十三年（1934）鉛印本 十四冊

330000－1701－0018095 普 915.1241/4051/c3 史部/地理類/專志之屬/古跡

海昌勝蹟志八卷補綴一卷 管元耀輯 民國二十一年（1932）海寧管氏靜得樓刻本 四冊

330000－1701－0018098 普 915.1241/4051/c4 史部/地理類/專志之屬/古跡

海昌勝蹟志八卷補綴一卷 管元耀輯 民國二十一年（1932）海寧管氏靜得樓刻本 四冊

330000－1701－0018101 普 915.12293/2037 史部/地理類/方志之屬/郡縣志

［民國］夏津縣志續編十卷首一卷 謝錫文修 許宗海纂 民國二十三年（1934）鉛印本 八冊

330000－1701－0018107 HJL2912 類叢部/叢書類/彙編之屬

寶彝室集刊八種 朱景彝編 民國十四年（1925）胥山朱氏鉛印本 一冊 存一種

330000－1701－0018132 HJL4614 集部/別集類/清別集

遵義鄭徵君遺著二十一卷 （清）鄭珍撰 **埛屈廬詩稿四卷** （清）鄭同知撰 民國三年至四年（1914－1915）陳夔龍花近樓刻本 八冊

330000－1701－0018137 HJL4309 集部/別集類/清別集

野雲詩鈔十二卷補遺一卷 （清）鮑文逵撰 民國二十四年（1935）上海鉛印本 一冊

330000－1701－0018139 普 915.1241/5035.06/c1 史部/地理類/方志之屬/郡縣志

［光緒］富陽縣新舊志校記二卷 （清）朱壽保纂 民國抄本 二冊

330000－1701－0018146　HJL2976　類叢部/叢書類/自著之屬

許文肅公集四種　(清)許景澄撰　盛沅編輯　民國七年(1918)鉛印本　劉承幹跋　六冊　存一種

330000－1701－0018150　普915.1241/5035.06/c2　史部/地理類/方志之屬/郡縣志

[光緒]富陽縣新舊志校記二卷　(清)朱壽保纂　民國抄本　二冊

330000－1701－0018151　HJL4502　史部/目録類/書志之屬/題跋

黄顧遺書六種十六卷　王大隆輯　民國二十二年至二十九年(1933－1940)秀水王氏學禮齋刻藍印本　一冊　存一種

330000－1701－0018160　HJL2915　史部/傳記類/別傳之屬/事狀

楊忠文先生實録四卷　(清)陳希恕輯　**補遺一卷**　陳去病輯　民國十六年(1927)鉛印本　一冊

330000－1701－0018165　HJL2831　集部/別集類/清別集

晚宜樓集十六卷補遺一卷　(清)毛瑩撰　民國十年(1921)勝谿柳氏鉛印本　二冊

330000－1701－0018172　普915.1241/5035.061　史部/地理類/方志之屬/郡縣志

[宣統]富陽縣新志補正二卷　(清)朱壽保纂　民國抄本　二冊

330000－1701－0018237　HJL5204　集部/別集類/清別集

秋蟪吟館詩鈔七卷　(清)金和撰　民國五年(1916)上元金氏刻本　五冊

330000－1701－0018254　普915.1241/5045/c1　集部/別集類

芬陀利館甌稿五卷　周大封撰　民國八年(1919)鉛印本　一冊　存二卷(富春三日遊記、問瀨集)

330000－1701－0018259　HJL3124　集部/別集類

竹居小牘十二卷　張士珩撰　民國三年(1914)竹居刻本　四冊

330000－1701－0018269　普915.1241/5045/c2　集部/別集類

芬陀利館甌稿五卷　周大封撰　民國八年(1919)鉛印本　一冊　存二卷(富春三日遊記、問瀨集)

330000－1701－0018271　普915.1241/5045/c3　集部/別集類

芬陀利館甌稿五卷　周大封撰　民國八年(1919)鉛印本　一冊　存二卷(富春三日遊記、問瀨集)

330000－1701－0018277　HJL4492　集部/曲類/散曲之屬

朝野新聲太平樂府九卷　(元)楊朝英輯　民國十二年(1923)武進陶氏影元刻本　四冊

330000－1701－0018292　HJH5251　類叢部/叢書類/彙編之屬

四部叢刊三編七十一種　張元濟等編　民國二十四年至二十五年(1935－1936)上海商務印書館影印本　一冊　存一種

330000－1701－0018296　HJL2269　集部/別集類/清別集

恕谷後集八卷　(清)李塨撰　民國刻朱印本　二冊

330000－1701－0018298　普915.1241/5051　史部/地理類/專志之屬/古跡

嚴陵釣臺志八卷　汪光沛編　稿本　八冊

330000－1701－0018302　HJH5252　類叢部/叢書類/彙編之屬

四部叢刊三編七十一種　張元濟等編　民國二十四年至二十五年(1935－1936)上海商務印書館影印本　一冊　存一種

330000－1701－0018304　HJL4552　集部/別集類/清別集

爾室文鈔二卷補編一卷惺葊焚餘稾一卷　(清)陳敬璋撰　民國十七年(1928)海寧陳大綸鉛印本　二冊

330000－1701－0018306　HJH5522　類叢部/叢書類/彙編之屬
續古逸叢書四十七種　張元濟等編　民國十一年(1922)至一九五七年上海商務印書館影印本　一册　存一種

330000－1701－0018308　HJL3936　集部/別集類/清別集
蘭芬齋詩集二卷　(清)秦鳳輝撰　民國十一年(1922)鉛印本　一册

330000－1701－0018312　HJL5646　集部/總集類/氏族之屬
竇氏聯珠集一卷　(唐)竇常等撰　(唐)褚藏言輯　民國十三年(1924)烏程蔣氏密韻樓據宋本影刻藍印本　一册

330000－1701－0018318　普915.1241/6031/2/c1　史部/地理類/方志之屬/郡縣志
[嘉慶]餘杭縣志四十卷　(清)張吉安修　(清)朱文藻纂　(清)崔應榴　(清)董作棟續纂　民國八年(1919)吳蘭孫鉛印本　八册

330000－1701－0018325　HJL4731　集部/總集類/彙編之屬
雲間兩何君集二種　姚光編　民國二十一年(1932)金山姚氏復廬據明嘉靖本影印本　八册

330000－1701－0018339　HJL3657　集部/總集類/氏族之屬
秦氏三府君集　秦毓鈞輯　民國十八年(1929)味經堂木活字印本　三册

330000－1701－0018348　普915.1241/6031/2/c2　史部/地理類/方志之屬/郡縣志
[嘉慶]餘杭縣志四十卷　(清)張吉安修　(清)朱文藻纂　(清)崔應榴　(清)董作棟續纂　民國八年(1919)吳蘭孫鉛印本　八册

330000－1701－0018354　HJL2935　集部/別集類/清別集
晴江閣文鈔一卷　(清)何絜撰　**晴江閣文鈔校勘記一卷**　柳詒徵撰　民國十九年(1930)國學圖書館影印本　一册

330000－1701－0018356　普915.1241/6031/2/c3　史部/地理類/方志之屬/郡縣志
[嘉慶]餘杭縣志四十卷　(清)張吉安修　(清)朱文藻纂　(清)崔應榴　(清)董作棟續纂　民國八年(1919)吳蘭孫鉛印本　四册　存二十卷(一至二十)

330000－1701－0018359　HJH5150　史部/傳記類/總傳之屬/家乘
趙氏清芬錄再續題辭一卷　民國十二年(1923)刻本　一册

330000－1701－0018375　普915.1241/6031/2/c4　史部/地理類/方志之屬/郡縣志
[嘉慶]餘杭縣志四十卷　(清)張吉安修　(清)朱文藻纂　(清)崔應榴　(清)董作棟續纂　民國八年(1919)吳蘭孫鉛印本　八册

330000－1701－0018376　HJL5016　類叢部/叢書類/彙編之屬
四部叢刊　張元濟等編　民國八年(1919)上海商務印書館影印本　一册　存一種

330000－1701－0018382　HJH2948　類叢部/叢書類/自著之屬
煙霞草堂遺書十七種續刻四種附一種　(清)劉光蕡撰　民國八年至十四年(1919－1925)王典章思過齋蘇州刻本　四册　存五種

330000－1701－0018388　HJL2828　集部/別集類
澹如軒詩鈔一卷詞鈔一卷　惲炳孫撰　民國十一年(1922)上海聚珍倣宋印書局鉛印本　一册

330000－1701－0018390　HJH5190　集部/別集類
澹如軒詩鈔一卷詞鈔一卷　惲炳孫撰　民國十一年(1922)上海聚珍倣宋印書局鉛印本　一册

330000－1701－0018391　普915.1241/6031/2/c5　史部/地理類/方志之屬/郡縣志
[嘉慶]餘杭縣志四十卷　(清)張吉安修　(清)朱文藻纂　(清)崔應榴　(清)董作棟

續纂　民國八年(1919)吳蘭孫鉛印本　八册

330000－1701－0018395　HJL2987　集部/別集類/清別集

滋樹室遺集二卷　(清)李經達撰　民國十二年(1923)鉛印本　一册

330000－1701－0018397　HJH4992　集部/總集類/酬唱之屬

蛻塵吟社唱和詩第一集一卷　王鼎梅輯　民國四年(1915)鉛印本　一册

330000－1701－0018399　HJL3418　集部/別集類/清別集

依舊草堂遺稿二卷　(清)費丹旭撰　(清)汪鉽編　民國十八年(1929)鉛印本　一册

330000－1701－0018400　HJH4993　集部/總集類/酬唱之屬

蛻塵吟社唱和詩第一集一卷　王鼎梅輯　民國四年(1915)鉛印本　一册

330000－1701－0018410　HJL3424　集部/別集類/清別集

汪穰卿遺著八卷　(清)汪康年撰　汪詒年輯　**汪穰卿先生年譜一卷**　汪詒年撰　民國九年(1920)錢塘汪詒年鉛印本　四册

330000－1701－0018413　HJH5571　集部/別集類/清別集

汪穰卿遺著八卷　(清)汪康年撰　汪詒年輯　**汪穰卿先生年譜一卷**　汪詒年撰　民國九年(1920)錢塘汪詒年鉛印本　四册

330000－1701－0018419　HJH4994　集部/總集類/酬唱之屬

滄海贈言集一卷　袁之球輯　民國鉛印本　一册

330000－1701－0018431　HJL5072　類叢部/叢書類/自著之屬

晨風廬叢刊十八種　周慶雲撰　民國吳興周氏夢坡室刻本　一册　存一種

330000－1701－0018434　HJL5073　類叢部/叢書類/自著之屬

晨風廬叢刊十八種　周慶雲撰　民國吳興周氏夢坡室刻本　一册　存一種

330000－1701－0018435　HJH4711　類叢部/叢書類/自著之屬

晨風廬叢刊十八種　周慶雲撰　民國吳興周氏夢坡室刻本　一册　存一種

330000－1701－0018438　HJH4712　類叢部/叢書類/自著之屬

晨風廬叢刊十八種　周慶雲撰　民國吳興周氏夢坡室刻朱印本　一册　存一種

330000－1701－0018457　HJL3023　集部/別集類

程一夔文甲集八卷續編四卷乙集續編四卷　程先甲撰　民國十二年(1923)千一齋木活字印本　八册

330000－1701－0018458　HJH5075　集部/總集類/題詠之屬

三希圖題詠一卷　沈守廉輯　民國三年(1914)石印本　一册

330000－1701－0018464　普 915.1241/6031/2/c6　史部/地理類/方志之屬/郡縣志

[嘉慶]餘杭縣志四十卷　(清)張吉安修　(清)朱文藻纂　(清)崔應榴　(清)董作棟續纂　民國八年(1919)吳蘭孫鉛印本　八册

330000－1701－0018468　HJH4649　類叢部/叢書類

述廬叢刊　民國刻本　一册　存一種

330000－1701－0018471　HJL4744　集部/總集類/題詠之屬

葛毓珊小象題詠一卷　葛詞蔚輯　民國影印本　一册

330000－1701－0018478　HJL2884　類叢部/叢書類/自著之屬

周愨慎公全集十種　周馥撰　民國十一年(1922)秋浦周氏石印本　三十六册

330000－1701－0018480　HJH5248　類叢部/叢書類/彙編之屬

繡詩樓叢書　陳步墀編　民國石印本　一冊　存一種

330000－1701－0018481　HJL3086　類叢部/叢書類/自著之屬

陳氏全書□□種　陳榮昌撰　民國刻本　八冊　存一種

330000－1701－0018486　HJL5525　子部/藝術類/書畫之屬

清代名人手札甲集六卷附小傳　吳長瑛輯　民國十五年(1926)華南印書社影印本　六冊

330000－1701－0018487　普112.14/7205/2/c2　子部/雜著類/雜說之屬

淮南鴻烈集解二十一卷　(漢)劉安撰　(漢)高誘注　劉文典集解　**淮南天文訓補注一卷**　(清)錢塘撰　民國十二年(1923)上海商務印書館鉛印本　六冊

330000－1701－0018490　普915.1231/4024.2/c1　史部/地理類/雜志之屬

金陵古今圖攷一卷　(明)陳沂撰　民國十八年(1929)中社影印本　一冊

330000－1701－0018492　HJL2815　集部/別集類

蒿盦類稿三十二卷　馮煦撰　民國二年(1913)刻本　十二冊

330000－1701－0018494　HJL3707　集部/別集類

蒿盦類稿三十二卷續稿三卷　馮煦撰　民國二年(1913)刻本　一冊　存三卷(續稿一至三)

330000－1701－0018496　HJL3706　集部/別集類

蒿盦賸稿十六卷　馮煦撰　民國刻本　一冊　存一卷(十一)

330000－1701－0018497　普915.1241/6031/2/c7　史部/地理類/方志之屬/郡縣志

[嘉慶]餘杭縣志四十卷　(清)張吉安修　(清)朱文藻纂　(清)崔應榴　(清)董作棟續纂　民國八年(1919)吳蘭孫鉛印本　八冊

330000－1701－0018498　普915.1231/4043.4　子部/小說家類/雜事之屬

秦淮廣紀三卷　繆荃孫撰　民國十三年(1924)上海商務印書館鉛印本　四冊

330000－1701－0018499　HJL3708　集部/別集類

蒿盦雜俎一卷　馮煦撰　民國十二年(1923)刻本　一冊

330000－1701－0018503　HJL2826　集部/別集類

瞿文慎公詩選遺墨不分卷　瞿鴻禨撰　瞿宣樸　瞿宣治　瞿宣穎編　民國八年(1919)長沙瞿氏超覽樓石印本　五冊

330000－1701－0018507　HJL2897　集部/別集類

亥既集一卷　郭曾炘撰　民國八年(1919)京華印書局鉛印本　一冊

330000－1701－0018510　HJL2824　集部/別集類

匏廬詩存九卷　郭曾炘撰　民國十六年(1927)刻本　四冊

330000－1701－0018513　普915.1231/4024.2/c2　史部/地理類/雜志之屬

金陵古今圖攷一卷　(明)陳沂撰　民國十八年(1929)中社影印本　一冊

330000－1701－0018521　普915.1241/7052/2　史部/地理類/遊記之屬/紀勝

天目山遊記一卷　郝國璽撰　民國二十一年(1932)上海商務印書館鉛印本　一冊

330000－1701－0018526　HJL3123　集部/別集類

澎湖遺老集四卷　金蓉鏡撰　民國十七年(1928)刻本　二冊

330000－1701－0018527　普915.1231/4024/c1　史部/地理類/專志之屬/古跡

洪武京城圖志一卷　(明)禮部撰　民國十八年(1929)南京中社影印本　一冊

330000－1701－0018532　普 915.1231/4024.2/c3　史部/地理類/雜志之屬
金陵古今圖攷一卷　(明)陳沂撰　民國十八年(1929)中社影印本　一冊

330000－1701－0018533　普 915.1231/4024.2/c4　史部/地理類/雜志之屬
金陵古今圖攷一卷　(明)陳沂撰　民國十八年(1929)中社影印本　一冊

330000－1701－0018538　普 915.1241/7052.2/c1　史部/地理類/遊記之屬/紀勝
天目山遊記一卷詩一卷　錢文選撰　民國二十三年(1934)鉛印本　一冊

330000－1701－0018544　HJH2954　集部/別集類/清別集
煙霞萬古樓文集六卷　(清)王曇撰　民國六年(1917)上海掃葉山房石印本　三冊

330000－1701－0018547　HJL2864　集部/別集類
說劍堂詩集三卷詞集一卷　潘飛聲撰　民國二十三年(1934)鉛印本　二冊

330000－1701－0018548　HJL5009　類叢部/叢書類/彙編之屬
四部叢刊　張元濟等編　民國八年(1919)上海商務印書館影印本　二冊　存一種

330000－1701－0018551　普 915.1231/4024/c2　史部/地理類/專志之屬/古跡
洪武京城圖志一卷　(明)禮部撰　民國十八年(1929)南京中社影印本　一冊

330000－1701－0018554　普 915.1241/7052.2/c2　史部/地理類/遊記之屬/紀勝
天目山游記一卷詩一卷和詩一卷金華北山游記一卷　錢文選撰　民國二十四年(1935)浙江正楷印書局鉛印本　一冊

330000－1701－0018559　普 915.1231/4051/c2　史部/地理類/專志之屬/古跡
金陵勝蹟志十卷　胡祥翰輯　民國十七年(1928)鉛印本　一冊

330000－1701－0018561　普 915.1231/4024/c3　史部/地理類/專志之屬/古跡
洪武京城圖志一卷　(明)禮部撰　民國十八年(1929)南京中社影印本　一冊

330000－1701－0018564　HJL3529　史部/政書類/公牘檔冊之屬
退耕堂政書五十五卷　徐世昌撰　民國三年(1914)刻本　二十八冊

330000－1701－0018569　普 915.1241/7052.3/c1、普 915.1231/4052.2　史部/地理類/遊記之屬
天目遊記一卷湯山脩褉日記一卷　周慶雲撰　民國吳興周氏夢坡室刻藍印本　二冊

330000－1701－0018573　普 915.1231/4024/c4　史部/地理類/專志之屬/古跡
洪武京城圖志一卷　(明)禮部撰　民國十八年(1929)南京中社影印本　一冊

330000－1701－0018574　普 915.1241/7052.2/c3　史部/地理類/遊記之屬/紀勝
天目山游記一卷詩一卷和詩一卷金華北山游記一卷　錢文選撰　民國二十四年(1935)浙江正楷印書局鉛印本　一冊

330000－1701－0018575　普 915.1231/4051/c3　史部/地理類/專志之屬/古跡
金陵勝蹟志十卷　胡祥翰輯　民國十七年(1928)鉛印本　一冊

330000－1701－0018576　HJL3552　集部/別集類
水竹邨人詩選二十七卷　徐世昌撰　曹秉章編　柯劭忞選　民國二十年(1931)天津徐氏退耕堂刻本　六冊

330000－1701－0018578　普 915.1231/4024/c5　史部/地理類/專志之屬/古跡
洪武京城圖志一卷　(明)禮部撰　民國十八年(1929)南京中社影印本　顧天樞題記　一冊

330000－1701－0018580　普 915.1231/4051/c4　史部/地理類/專志之屬/古跡

金陵勝蹟志十卷　胡祥翰輯　民國十七年(1928)鉛印本　一冊

330000－1701－0018581　HJH5266　集部/別集類

缶廬集五卷　吳昌碩撰　民國吳興劉承幹刻本　二冊

330000－1701－0018583　HJL3550　集部/別集類

缶廬集五卷　吳昌碩撰　民國吳興劉承幹刻本　二冊

330000－1701－0018585　普915.1231/4051/c5　史部/地理類/專志之屬/古跡

金陵勝蹟志十卷　胡祥翰輯　民國十七年(1928)鉛印本　一冊

330000－1701－0018587　HJL5502　集部/別集類

缶廬集四卷　吳昌碩撰　民國吳興劉承幹刻本　二冊

330000－1701－0018592　HJH3215　集部/別集類

何詩孫手書詩稿四卷　何維樸撰並書　民國十四年(1925)鹿川閣影印本　二冊

330000－1701－0018597　HJL2865　集部/別集類

寥天廬詩鈔四卷　宋慈襃撰　民國十八年(1929)刻朱印本　一冊

330000－1701－0018599　普915.1241/7052.3/c2　史部/地理類/遊記之屬

天目遊記一卷　周慶雲撰　民國吳興周氏夢坡室刻藍印本　一冊

330000－1701－0018609　普915.1231/4059.2　史部/地理類/專志之屬/祠墓

明孝陵志不分卷　王煥鑣輯　民國二十三年(1934)南京鍾山書局鉛印本　一冊

330000－1701－0018611　普915.1241/7052.3/c3　類叢部/叢書類/自著之屬

晨風廬叢刊十八種　周慶雲撰　民國吳興周氏夢坡室刻本　一冊　存三種

330000－1701－0018614　HJH2958　集部/別集類

燕子龕遺詩一卷　蘇玄瑛撰　王德鍾輯　民國九年(1920)柳亞子鉛印本　一冊

330000－1701－0018615　HJH2936　集部/別集類

自怡集三卷　董正撰　民國十二年(1923)刻本　一冊

330000－1701－0018619　HJL2838　集部/別集類

啟秀堂文集二卷　藍光策撰　民國八年(1919)鉛印本　二冊

330000－1701－0018621　普915.1241/7052.5/c1　史部/地理類/山川之屬/山志

西天目祖山志八卷首一卷末一卷補遺一卷　(明)釋廣賓撰　(清)釋際界增訂　民國二十年(1931)上海宏大善書局石印本　二冊

330000－1701－0018622　普915.1241/7052.3/c4　史部/地理類/遊記之屬

天目遊記一卷　周慶雲撰　民國吳興周氏夢坡室刻藍印本　一冊

330000－1701－0018624　HJL3022　集部/別集類

松客詩一卷　黃式敘撰　民國十六年(1927)鉛印本　一冊

330000－1701－0018626　HJL5349　類叢部/叢書類/彙編之屬

四部叢刊　張元濟等編　民國八年(1919)上海商務印書館影印本　一冊　存一種

330000－1701－0018628　普915.1231/4076　史部/地理類/山川之屬/水志

玄武湖志八卷　夏仁虎纂　民國二十一年(1932)刻本　二冊

330000－1701－0018630　普915.1241/7052.3/c5　史部/地理類/遊記之屬

天目遊記一卷　周慶雲撰　民國吳興周氏夢坡室

坡室刻藍印本　一冊

330000－1701－0018634　普 915.1241/7052.5/c2　史部/地理類/山川之屬/山志
西天目祖山志八卷首一卷末一卷補遺一卷　(明)釋廣賓撰　(清)釋際界增訂　民國二十年(1931)上海宏大善書局石印本　二冊

330000－1701－0018636　普 915.1241/7052.5/c3　史部/地理類/山川之屬/山志
西天目祖山志八卷首一卷末一卷補遺一卷　(明)釋廣賓撰　(清)釋際界增訂　民國二十年(1931)上海宏大善書局石印本　二冊

330000－1701－0018641　HJL5322　類叢部/叢書類/自著之屬
晨風廬叢刊十八種　周慶雲撰　民國吳興周氏夢坡室刻本　一冊　存一種

330000－1701－0018647　普 915.1241/7052.5/c4　史部/地理類/山川之屬/山志
西天目祖山志八卷首一卷末一卷補遺一卷　(明)釋廣賓撰　(清)釋際界增訂　民國二十年(1931)上海宏大善書局石印本　二冊

330000－1701－0018654　HJH3021　集部/別集類
倚劍樓詩稿一卷　王銓濟撰　民國鉛印本　一冊

330000－1701－0018659　HJL5542　集部/別集類/清別集
涵齋遺稿一卷附遺文一卷　(清)徐仁鑄撰　民國上海聚珍倣宋印書局鉛印本　一冊

330000－1701－0018660　HJL2695　集部/別集類/清別集
涵齋遺稿一卷附遺文一卷　(清)徐仁鑄撰　民國上海聚珍倣宋印書局鉛印本　一冊

330000－1701－0018664　HJH3286　集部/別集類
荃察余齋詩續存一卷　鄧鎔撰　民國十六年(1927)鉛印本　一冊

330000－1701－0018668　HJL2866　集部/別集類
稼溪文存二卷詩草一卷　黃維翰撰　民國十六年(1927)刻本　二冊

330000－1701－0018669　HJL5013　類叢部/叢書類/彙編之屬
四部叢刊　張元濟等編　民國八年(1919)上海商務印書館影印本　一冊　存一種

330000－1701－0018674　HJL3468　類叢部/叢書類
真賞樓叢刻　蔣國榜編　民國十年(1921)江寧蔣氏真賞樓鉛印本　一冊　存一種

330000－1701－0018675　HJL3197　集部/別集類
茹經堂文集六卷　唐文治撰　民國十五年(1926)刻本　三冊

330000－1701－0018677　HJL5299　集部/別集類/唐五代別集
少陵詩鈔一卷　(唐)杜甫撰　(清)顧廷綸編　民國十六年(1927)科學儀器館據顧氏手抄本影印本　一冊

330000－1701－0018678　HJL3285　集部/別集類
褱碧齋集四卷續集四卷　陳銳撰　民國十九年(1930)鉛印本　二冊

330000－1701－0018679　HJL5564　集部/別集類/唐五代別集
少陵詩鈔一卷　(唐)杜甫撰　(清)顧廷綸編　民國十六年(1927)科學儀器館據顧氏手抄本影印本　一冊

330000－1701－0018680　HJL3420　集部/別集類
褱碧齋詩一卷　陳銳撰　民國十九年(1930)鉛印本　一冊

330000－1701－0018683　HJL2849　集部/別集類
畸園第三次手定詩稿十七種三十二卷　陳遹聲撰　民國十一年(1922)影印本　二十三冊

330000－1701－0018684　HJL5607　集部/別集類
含嘉室詩集八卷　吴士鑑撰　民國十五年(1926)鉛印本　二册

330000－1701－0018685　普 915.1231/6599　史部/地理類/方志之屬/郡縣志
[民國]金村小志三卷　金鶴翀撰　民國十二年(1923)鉛印本　一册

330000－1701－0018686　HJH2904　集部/别集類
含嘉室詩集八卷　吴士鑑撰　民國十五年(1926)鉛印本　二册

330000－1701－0018688　普 915.1241/7052.5/3/c3　史部/地理類/山川之屬/山志
西天目祖山志八卷首一卷末一卷補遺一卷　(明)釋廣賓撰　(清)釋際界增訂　民國十五年(1926)鉛印本　二册

330000－1701－0018692　HJL5014　類叢部/叢書類/彙編之屬
四部叢刊　張元濟等編　民國八年(1919)上海商務印書館影印本　四册　存一種

330000－1701－0018714　HJL5019　類叢部/叢書類/彙編之屬
四部叢刊　張元濟等編　民國上海商務印書館影印本　十二册　存一種

330000－1701－0018721　普 915.1241/7054/c1　史部/地理類/專志之屬/寺觀
東天目山昭明禪寺志十二卷　釋慈壽輯　陳兆元編　民國三年(1914)杭州文粹印局鉛印本　二册

330000－1701－0018725　普 915.1241/8037　史部/地理類/方志之屬/郡縣志
[光緒]重修於潛縣志二十卷首一卷　(清)程兼善纂修　謝青翰增纂　民國二年(1913)謝青翰石印本　四册

330000－1701－0018731　HJL5012　類叢部/叢書類/彙編之屬
四部叢刊　張元濟等編　民國八年(1919)上海商務印書館影印本　二册　存一種

330000－1701－0018736　HJL5319　集部/别集類/唐五代别集
樊紹述集注二卷　(唐)樊宗師撰　(清)孫之騄輯　民國五年(1916)樊氏刻本　二册

330000－1701－0018739　HJH5532　集部/别集類/唐五代别集
樊紹述集注二卷　(唐)樊宗師撰　(清)孫之騄輯　民國五年(1916)樊氏刻本　二册

330000－1701－0018741　HJL5320　類叢部/叢書類/自著之屬
樊諫議集七家注五種附一種　(唐)樊宗師撰　樊鎮輯　民國紹興樊氏緜絳書屋刻本　一册　存一種

330000－1701－0018746　普 915.1241/7054/c2　史部/地理類/專志之屬/寺觀
東天目山昭明禪寺志十二卷　釋慈壽輯　陳兆元編　民國三年(1914)杭州文粹印局鉛印本　二册

330000－1701－0018750　普 915.1232/0022/2　類叢部/叢書類/彙編之屬
密韻樓景宋本七種　蔣汝藻輯　民國烏程蔣汝藻樂地盦刻本　二册　存一種

330000－1701－0018753　HJL5452　集部/别集類/唐五代别集
河東先生集四十五卷外集二卷外集補遺一卷龍城録二卷附録二卷集傳一卷　(唐)柳宗元撰　(宋)廖瑩中注　**廖藥洲事輯一卷**　羅振常撰　民國十二年(1923)蟫隱廬據宋世綵堂本影印本　二十册

330000－1701－0018756　HJL4905　集部/别集類/唐五代别集
河東先生集四十五卷外集二卷外集補遺一卷龍城録二卷附録二卷集傳一卷　(唐)柳宗元撰　(宋)廖瑩中注　**廖藥洲事輯一卷**　羅振常撰　民國十二年(1923)蟫隱廬據宋世綵堂本影印本　佚名過録陳寶琛等跋並批　二十册

330000－1701－0018757　普 915.1241/7054/c3　史部/地理類/專志之屬/寺觀
東天目山昭明禪寺志十二卷　釋慈壽輯　陳兆元編　民國三年(1914)杭州文粹印局鉛印本　二册

330000－1701－0018770　HJL5274　集部/別集類/唐五代別集
李長吉集四卷外卷一卷　(唐)李賀撰　(清)黄淳耀評點　民國中國詩畫會社影印本　四册

330000－1701－0018776　HJL5640　集部/別集類/唐五代別集
歌詩編四卷　(唐)李賀撰　民國刻本　一册

330000－1701－0018779　普 915.1241/9037/c1　史部/地理類/方志之屬/郡縣志
[民國]新登縣志二十卷首一卷附錄一卷　徐士瀛等修　張子榮　史錫永纂　白志恒繪圖　民國十一年(1922)鉛印本　八册

330000－1701－0018793　HJH4640　集部/別集類/明別集
熊魚山文集二卷擊筑餘音一卷　(明)熊開元撰　民國十三年(1924)鉛印本　劉承幹跋　二册

330000－1701－0018796　普 915.1241/9037/c2　史部/地理類/方志之屬/郡縣志
[民國]新登縣志二十卷首一卷附錄一卷　徐士瀛等修　張子榮　史錫永纂　白志恒繪圖　民國十一年(1922)鉛印本　八册

330000－1701－0018800　普 915.1241/9037/c3　史部/地理類/方志之屬/郡縣志
[民國]新登縣志二十卷首一卷附錄一卷　徐士瀛等修　張子榮　史錫永纂　白志恒繪圖　民國十一年(1922)鉛印本　八册

330000－1701－0018804　普 915.1241/9532　史部/地理類/方志之屬/郡縣志
[道光]昌化縣志二十卷首一卷　(明)于尚齡等修　(清)王兆杏纂　民國王氏詒莊樓抄本　十六册

330000－1701－0018806　HJL4909　集部/別集類/唐五代別集
豐溪始祖存稿一卷　(唐)吕從慶撰　民國十五年(1926)影印本　一册

330000－1701－0018807　普 915.1241/9037/c4　史部/地理類/方志之屬/郡縣志
[民國]新登縣志二十卷首一卷附錄一卷　徐士瀛等修　張子榮　史錫永纂　白志恒繪圖　民國十一年(1922)鉛印本　八册

330000－1701－0018809　普 915.1241/9037/c5　史部/地理類/方志之屬/郡縣志
[民國]新登縣志二十卷首一卷附錄一卷　徐士瀛等修　張子榮　史錫永纂　白志恒繪圖　民國十一年(1922)鉛印本　八册

330000－1701－0018818　HJL4772　集部/別集類/明別集
重訂祝子遺書六卷首一卷末一卷　(明)祝淵撰　祝廷錫輯　民國六年(1917)知非樓刻本　二册

330000－1701－0018825　HJL5015　類叢部/叢書類/彙編之屬
四部叢刊　張元濟等編　民國八年(1919)上海商務印書館影印本　六册　存一種

330000－1701－0018826　普 915.1241/9537/c1　史部/地理類/方志之屬/郡縣志
[民國]昌化縣志十八卷首一卷　陳培珽等修　許昌言等纂　民國十三年(1924)鉛印本　八册

330000－1701－0018841　HJH5074　集部/別集類/宋別集
王荆文公詩五十卷目錄三卷　(宋)王安石撰　(宋)李壁箋註　(宋)劉辰翁評點　**王荆文公年譜一卷**　(宋)詹大和撰　民國十一年(1922)海鹽張氏據元刻本影印本　十册

330000－1701－0018843　HJH5389　集部/別集類/宋別集
王荆文公詩五十卷目錄三卷　(宋)王安石撰　(宋)李壁箋註　(宋)劉辰翁評點　**王荆文**

公年譜一卷 （宋）詹大和撰 民國十一年(1922)海鹽張氏據元刻本影印本 十冊

330000－1701－0018848 HJL4969 集部/別集類/宋別集

鄖溪集二十八卷補遺一卷續補一卷 （宋）鄭獬撰 **鄖溪集校勘記一卷** 張國淦撰 民國八年(1919)張氏無倦齋刻本 四冊

330000－1701－0018849 普915.1232/0043 史部/地理類/雜志之屬

吳郡通典備稾十卷 吳昌綬撰 民國十七年(1928)雲在山房鉛印本 一冊

330000－1701－0018871 HJL3918 集部/別集類/清別集

澂園詩集十卷首一卷 （清）徐樹銘撰 徐慤立編 民國七年(1918)鉛印本 四冊

330000－1701－0018911 HJL5377 集部/總集類/彙編之屬

宋人集 李之鼎輯 民國南城李氏宜秋館刻本 二冊 存一種

330000－1701－0018933 HJL5524 類叢部/叢書類/郡邑之屬

豫章叢書六十種附一種 胡思敬編 民國四年至九年(1915－1920)南昌豫章叢書編刻局刻本 八冊 存一種

330000－1701－0018969 HJL4576 集部/別集類/清別集

桐埜詩集四卷 （清）周起渭撰 民國七年(1918)花近樓刻本 二冊

330000－1701－0018979 HJL4659 集部/別集類/清別集

李文忠公尺牘不分卷 （清）李鴻章撰 民國五年(1916)合肥李氏石印本 三十二冊

330000－1701－0018980 普915.1232/1054 史部/地理類/專志之屬/寺觀

鄧尉聖恩寺志十八卷 （明）周永年編 民國十九年(1930)影印本 四冊

330000－1701－0018983 HJL2666 集部/別集類/清別集

養浩樓詩鈔四卷 （清）朱庚撰 （清）朱太忙編 民國十六年(1927)鉛印本 一冊

330000－1701－0018985 HJL5194 集部/別集類/清別集

横山文集十六卷詩集六卷 （清）裘璉撰 **横山先生年譜一卷** （清）裘姚崇原編 （清）王家振節鈔 民國三年(1914)甬上旅遯軒鉛印本 四冊

330000－1701－0019008 HJL4974 集部/別集類/清別集

琴鶴山房遺稿八卷 （清）趙銘撰 金兆蕃輯 民國十一年(1922)金兆蕃刻本 二冊

330000－1701－0019011 普915.1232/10991 史部/地理類/方志之屬/郡縣志

[民國]相城小志六卷 陶惟坻修 施兆麟纂 民國十九年(1930)木活字印本 二冊

330000－1701－0019017 HJL2947 集部/別集類/清別集

定廬集四卷 （清）錢儀吉撰 民國四年(1915)刻本 一冊

330000－1701－0019032 HJL4760 集部/別集類/清別集

忘菴遺詩輯存一卷續輯一卷誦芬拾遺一卷 （清）王武撰 王季烈輯 民國十八年(1929)王氏刻本 一冊

330000－1701－0019037 普814.24/5544/3 集部/別集類/漢魏六朝別集

曹子建文集十卷 （三國魏）曹植撰 民國刻藍印本 二冊

330000－1701－0019039 HJH4827 類叢部/叢書類/自著之屬

晨風廬叢刊十八種 周慶雲撰 民國吳興周氏夢坡室刻本 一冊 存一種

330000－1701－0019040 HJL5070 類叢部/叢書類/自著之屬

晨風廬叢刊十八種 周慶雲撰 民國吳興周氏夢坡室刻本 一冊 存一種

330000－1701－0019041　HJL5071　類叢部/叢書類/自著之屬
晨風廬叢刊十八種　周慶雲撰　民國吳興周氏夢坡室刻本　一册　存一種

330000－1701－0019043　普 915.1232/4037　史部/地理類/方志之屬/郡縣志
[民國]吳縣志八十卷　曹允源等纂修　民國二十二年(1933)蘇州文新公司鉛印本　四十册

330000－1701－0019056　HJL5018　類叢部/叢書類/彙編之屬
四部叢刊　張元濟等編　民國八年(1919)上海商務印書館影印本　十二册　存一種

330000－1701－0019072　HJH3042　集部/別集類/宋別集
石湖居士詩集三十四卷　(宋)范成大撰　民國中國書畫會社石印本　八册

330000－1701－0019073　普 915.1232/4043　史部/地理類/雜志之屬
紅蘭逸乘四卷　(清)張霞房(張紫琳)撰　民國二十一年(1932)江蘇省立蘇州圖書館鉛印本　一册

330000－1701－0019078　HJH5568　集部/別集類/清別集
夬齋詩集七卷　(清)張爾耆撰　民國三年(1914)刻本　一册

330000－1701－0019096　普 915.1242/1055　史部/傳記類/總傳之屬/隱逸
槜李高士祠碑記傳略一卷　金蓉鏡等撰　民國五年(1916)鉛印本　一册

330000－1701－0019100　HJL4599　集部/別集類/清別集
補蘿書屋詩鈔四卷　(清)李飛英撰　陳樹鈞輯　民國四年(1915)南平陳氏刻本　二册

330000－1701－0019103　普 915.1232/4051　史部/地理類/專志之屬/古跡
宋平江城坊攷五卷首一卷附錄一卷補遺二卷吳中氏族志攷補一卷吳中氏族志一卷吳中故市攷一卷　王謇撰　民國十四年(1925)鉛印本　四册

330000－1701－0019113　普 915.1242/1076/c1　史部/地理類/山川之屬/水志
鴛鴦湖小志一卷　陶元鏞輯　民國二十四年(1935)鉛印本　一册

330000－1701－0019118　普 915.1232/40431/c1　史部/地理類/雜志之屬
洞庭東山物產考四卷首一卷　朱琛撰　民國九年(1920)鉛印本　一册

330000－1701－0019120　普 915.1242/1076/c2　史部/地理類/山川之屬/水志
鴛鴦湖小志一卷　陶元鏞輯　民國二十四年(1935)鉛印本　一册

330000－1701－0019123　普 915.1242/1099/c1　史部/地理類/方志之屬/郡縣志
[民國]梅里備志八卷首一卷　余霖纂　民國十一年(1922)閱滄樓刻本　三册

330000－1701－0019125　普 915.1232/4051.2/c1　史部/地理類/遊記之屬/紀行
吳郡西山訪古記五卷附鎮揚遊記一卷　李根源撰　民國十五年(1926)上海泰東圖書局鉛印本　一册

330000－1701－0019126　普 915.1232/40431/c2　史部/地理類/雜志之屬
洞庭東山物產考四卷首一卷　朱琛撰　民國九年(1920)鉛印本　一册

330000－1701－0019132　普 915.1242/1099/c2　史部/地理類/方志之屬/郡縣志
[民國]梅里備志八卷首一卷　余霖纂　民國十一年(1922)閱滄樓刻本　三册

330000－1701－0019134　普 915.1242/1099/c3　史部/地理類/方志之屬/郡縣志
[民國]梅里備志八卷首一卷　余霖纂　民國十一年(1922)閱滄樓刻本　三册

330000－1701－0019139　HJH5250　集部/別集類/宋別集

四明文獻集五卷 （宋）王應麟撰 （明）鄭真輯 **深寧先生文鈔摭餘編三卷** （宋）王應麟撰 （清）葉熊輯 **深寧先生年譜一卷** （清）錢大昕編 **王深寧先生年譜一卷** （清）陳僅纂輯 （清）張恕編次 **王深寧先生年譜一卷** （清）張大昌輯 民國五年(1916)仁和王存善鉛印本 四冊

330000－1701－0019141 HJL5622 集部/別集類/宋別集
草窗韻語六卷 （宋）周密撰 民國影印本 一冊

330000－1701－0019145 普915.1232/4051.2/c2 史部/地理類/遊記之屬/紀行
吴郡西山訪古記五卷附鎮揚遊記一卷 李根源撰 民國十五年(1926)上海泰東圖書局鉛印本 鄒夢禪題記 一冊

330000－1701－0019147 普915.1232/4051.2/2 史部/地理類/遊記之屬/紀行
吴郡西山訪古記五卷 李根源撰 民國十八年(1929)刻本 四冊

330000－1701－0019150 普915.1232/4051.2/c3 史部/地理類/遊記之屬/紀行
吴郡西山訪古記五卷附鎮揚遊記一卷 李根源撰 民國十五年(1926)上海泰東圖書局鉛印本 一冊

330000－1701－0019171 普915.1232/40521 史部/地理類/山川之屬/山志
靈巖記畧二卷 （明）釋弘儲述意 （清）釋殊致輯 民國石印本 一冊

330000－1701－0019176 普915.1232/4054/c1 史部/地理類/專志之屬/寺觀
寒山寺志三卷 葉昌熾撰 民國十一年(1922)吳縣潘氏刻本 一冊

330000－1701－0019180 普915.1242/10994 史部/地理類/方志之屬/郡縣志
[民國]新豐鎮志略初稿十九卷附錄一卷 梅元鼎纂 民國三十四年(1945)新豐鎮公所油印本 一冊

330000－1701－0019181 HJL4889 集部/別集類/元別集
此山先生詩集十卷 （元）周權撰 （元）陳旅選 民國吳興張氏刻朱印本 五冊

330000－1701－0019185 普915.1232/40521.2 史部/地理類/山川之屬/山志
靈巖志畧一卷 （清）王鎬輯 民國石印本 一冊

330000－1701－0019187 HJL5017 類叢部/叢書類/彙編之屬
四部叢刊 張元濟等編 民國八年(1919)上海商務印書館影印本 十二冊 存一種

330000－1701－0019189 普915.1232/4054/c2 史部/地理類/專志之屬/寺觀
寒山寺志三卷 葉昌熾撰 民國十一年(1922)吳縣潘氏刻本 二冊

330000－1701－0019190 普915.1242/10993/c1 史部/地理類/方志之屬/郡縣志
[民國]竹林八圩志十二卷首一卷 祝廷錫纂 民國二十一年(1932)石印本 四冊

330000－1701－0019191 普915.1242/10992/c1 史部/地理類/方志之屬/郡縣志
[民國]濮院志三十卷 夏辛銘纂 民國十六年(1927)刻本 六冊

330000－1701－0019192 普915.1232/40541 史部/地理類/專志之屬/寺觀
開元寺志不分卷 （清）潘曾沂撰 民國十一年(1922)武進馮嘉錫鉛印本 二冊

330000－1701－0019195 普915.1242/10992/c2 史部/地理類/方志之屬/郡縣志
[民國]濮院志三十卷 夏辛銘纂 民國十六年(1927)刻本 六冊

330000－1701－0019199 普915.1242/10992/c3 史部/地理類/方志之屬/郡縣志
[民國]濮院志三十卷 夏辛銘纂 民國十六年(1927)刻本 六冊

330000－1701－0019201 HJL5008 類叢部/

叢書類/彙編之屬

四部叢刊 張元濟等編 民國八年(1919)上海商務印書館影印本 四冊 存一種

330000－1701－0019204 HJL4160 集部/總集類/郡邑之屬

潮州文概四卷 翁輝東輯 民國二十一年(1932)鉛印本 二冊

330000－1701－0019205 HJH5032 類叢部/叢書類/彙編之屬

又滿樓叢書十六種 趙詒琛編 民國九年至十四年(1920－1925)崑山趙氏又滿樓刻本 一冊 存一種

330000－1701－0019212 HJH4898 類叢部/叢書類/彙編之屬

嘉業堂叢書五十七種 劉承幹輯 民國吳興劉氏嘉業堂刻本 一冊 存一種

330000－1701－0019213 普 915.1232/4057.3/c1 史部/地理類/專志之屬/園林

滄浪亭新志八卷 蔣瀚澄輯 民國十八年(1929)鉛印本 一冊

330000－1701－0019223 普 915.1242/2024/c1 史部/地理類/方志之屬/郡縣志

[萬曆]秀水縣志十卷 (明)李培修 (明)黄洪憲等纂 金蓉鏡校補 民國十四年(1925)金蓉鏡鉛印本 四冊

330000－1701－0019226 普 915.1232/4099 史部/地理類/方志之屬/郡縣志

[民國]木瀆小志六卷首一卷附光福諸山記一卷 張郁文輯 民國十七年(1928)利蘇印書社鉛印本 二冊

330000－1701－0019230 普 915.1242/10993/c2 史部/地理類/方志之屬/郡縣志

[民國]竹林八圩志十二卷首一卷 祝廷錫纂 民國二十一年(1932)石印本 四冊

330000－1701－0019234 HJL5643 集部/總集類/郡邑之屬

永嘉四靈詩四卷附徐道暉集徐致中集補闕一卷 (宋)徐照 (宋)徐璣撰 **重雕宋本永嘉四靈詩札記一卷** 徐乃昌撰 民國十四年(1925)南陵徐乃昌刻本 二冊

330000－1701－0019236 普 915.1242/10993/c3 史部/地理類/方志之屬/郡縣志

[民國]竹林八圩志十二卷首一卷 祝廷錫纂 民國二十一年(1932)石印本 四冊

330000－1701－0019238 普 915.1232/4057.3/c2 史部/地理類/專志之屬/園林

滄浪亭新志八卷 蔣瀚澄輯 民國十八年(1929)鉛印本 一冊

330000－1701－0019240 HJL4126 集部/總集類/郡邑之屬

四明清詩略三十二卷首三卷 (清)董沛輯 **續稿八卷** 忻江明輯 **姓氏韻編一卷** 民國十九年(1930)中華書局鉛印本 二十冊

330000－1701－0019241 普 915.1242/10993/c4 史部/地理類/方志之屬/郡縣志

[民國]竹林八圩志十二卷首一卷 祝廷錫纂 民國二十一年(1932)石印本 阮毅成題記 四冊

330000－1701－0019242 HJH5366 集部/總集類/郡邑之屬

四明清詩略三十二卷首三卷 (清)董沛輯 **續稿八卷** 忻江明輯 **姓氏韻編一卷** 民國十九年(1930)中華書局鉛印本 二十冊

330000－1701－0019244 普 915.1242/2024/c2 史部/地理類/方志之屬/郡縣志

[萬曆]秀水縣志十卷 (明)李培修 (明)黄洪憲等纂 金蓉鏡校補 民國十四年(1925)金蓉鏡鉛印本 四冊

330000－1701－0019246 普 915.1242/2024/(2) 史部/地理類/方志之屬/郡縣志

[萬曆]秀水縣志十卷 (明)李培修 (明)黄洪憲等纂 金蓉鏡校補 民國十四年(1925)金蓉鏡鉛印本 一冊

330000－1701－0019249 普 915.1242/10993/c5 史部/地理類/方志之屬/郡縣志

[民國]竹林八圩志十二卷首一卷 祝廷錫纂

民國二十一年(1932)石印本　四册

330000－1701－0019251　普915.1242/2024/c3　史部/地理類/方志之屬/郡縣志
[萬曆]秀水縣志十卷　(明)李培修　(明)黄洪憲等纂　金蓉鏡校補　民國十四年(1925)金蓉鏡鉛印本　四册

330000－1701－0019252　普915.1242/2024/c4　史部/地理類/方志之屬/郡縣志
[萬曆]秀水縣志十卷　(明)李培修　(明)黄洪憲等纂　金蓉鏡校補　民國十四年(1925)金蓉鏡鉛印本　四册

330000－1701－0019256　普915.1232/5023　史部/地理類/方志之屬/郡縣志
[至正]崑山郡志六卷　(元)楊譓纂　民國抄本　二册

330000－1701－0019279　普915.1242/2051　史部/地理類/雜志之屬
州東雜詠一卷　陶元鏞撰　民國十七年(1928)鉛印本　一册

330000－1701－0019280　HJL4040　集部/總集類/郡邑之屬
青浦閨秀詩存一卷　錢學坤輯　民國十九年(1930)雙影廬鉛印本　一册

330000－1701－0019289　HJH3650　集部/總集類/郡邑之屬
太倉十子詩選十卷　(清)吳偉業輯　民國二十二年(1933)太倉圖書館鉛印本　二册

330000－1701－0019291　HJL3997　集部/總集類/郡邑之屬
太倉十子詩選十卷　(清)吳偉業輯　民國二十二年(1933)太倉圖書館鉛印本　二册

330000－1701－0019293　HJL5572　集部/別集類/清別集
花隱盦遺稿一卷補一卷詩餘一卷補一卷　(清)潘希甫撰　民國八年(1919)潘志發刻本　一册

330000－1701－0019297　普915.1232/6554.1　史部/地理類/專志之屬/寺觀
維摩寺志二卷首一卷　屈如榦輯　民國十一年(1922)鉛印本　一册

330000－1701－0019300　普915.1242/2099/c1　史部/地理類/方志之屬/郡縣志
[民國]新塍鎮志二十六卷首一卷　朱士楷纂輯　民國十二年(1923)平湖綺春閣鉛印本　四册

330000－1701－0019304　HJH4765　集部/別集類/清別集
鍥不舍齋文集四卷詩一卷　(清)李祖望撰　李肇偁輯　民國十三年(1924)江都李氏半畝園刻本　四册

330000－1701－0019311　普915.1232/65541　史部/地理類/專志之屬/寺觀
常熟三峰清涼寺志十八卷首一卷末一卷　(清)王伊輯　民國三十年(1941)鉛印本　四册

330000－1701－0019313　HJH5161　集部/別集類/清別集
瓶廬詩補遺一卷校異一卷詞一卷　(清)翁同龢撰　張蘭思輯　民國十年(1921)上海聚珍倣宋印書局鉛印本　一册

330000－1701－0019317　普915.1242/2099/c2　史部/地理類/方志之屬/郡縣志
[民國]新塍鎮志二十六卷首一卷　朱士楷纂輯　民國十二年(1923)平湖綺春閣鉛印本　四册

330000－1701－0019322　普915.1242/2099/c3　史部/地理類/方志之屬/郡縣志
[民國]新塍鎮志二十六卷首一卷　朱士楷纂輯　民國十二年(1923)平湖綺春閣鉛印本　四册

330000－1701－0019323　普915.1232/8041　史部/地理類/方志之屬/郡縣志
[民國]吴江縣鄉土志不分卷　范烟橋撰　民國六年(1917)鉛印本　一册

330000－1701－0019327　普915.1242/2099/

c4　史部/地理類/方志之屬/郡縣志
[民國]新塍鎮志二十六卷首一卷　朱士楷纂輯　民國十二年(1923)平湖綺春閣鉛印本　四冊

330000－1701－0019331　HJH4616　集部/總集類/選集之屬/斷代
落葉集四卷　孫雄輯　民國十五年(1926)鉛印本　一冊

330000－1701－0019332　HJL4740　集部/總集類/選集之屬/斷代
落葉集四卷　孫雄輯　民國十五年(1926)鉛印本　一冊

330000－1701－0019334　普 915.1242/2099/c5　史部/地理類/方志之屬/郡縣志
[民國]新塍鎮志二十六卷首一卷　朱士楷纂輯　民國十二年(1923)平湖綺春閣鉛印本　四冊

330000－1701－0019335　HJH4182　集部/總集類/酬唱之屬
來臺集一卷　汪文溥編　民國九年(1920)鉛印本　一冊

330000－1701－0019337　HJL5527　類叢部/叢書類/自著之屬
晨風廬叢刊十八種　周慶雲撰　民國吳興周氏夢坡室刻本　一冊　存一種

330000－1701－0019338　HJL5545　類叢部/叢書類/自著之屬
晨風廬叢刊十八種　周慶雲撰　民國吳興周氏夢坡室刻本　一冊　存一種

330000－1701－0019339　HJL5544　類叢部/叢書類/自著之屬
晨風廬叢刊十八種　周慶雲撰　民國吳興周氏夢坡室刻本　一冊　存一種

330000－1701－0019340　普 915.1242/2099/c6　史部/地理類/方志之屬/郡縣志
[民國]新塍鎮志二十六卷首一卷　朱士楷纂輯　民國十二年(1923)平湖綺春閣鉛印本　四冊

330000－1701－0019342　HJH4723　集部/總集類/酬唱之屬
海角潮音集不分卷　王善欽等撰　民國二十四年(1935)上海商務印書館鉛印本　一冊

330000－1701－0019345　HJL4763　集部/總集類/酬唱之屬
璧水春長集一卷附補錄　陳夔龍輯　民國鉛印本　一冊

330000－1701－0019352　HJH4455　集部/總集類/彙編之屬
陳白沙湛甘泉先生南嶽詩文二卷　康和聲輯　民國二十五年(1936)南嶽圖書館鉛印本　一冊

330000－1701－0019353　HJH4978　集部/別集類
靜然齋雜著一卷　呂鳳岐撰　**附清映軒遺稿一卷**　呂賢鍾撰　**附季妹遺稿一卷**　呂賢滿撰　民國二十三年(1934)呂賢鈖鉛印本　呂賢鈖題記　一冊

330000－1701－0019354　HJL3999　集部/總集類/酬唱之屬
猶川驪唱集一卷　沈秉彝輯　民國九年(1920)鉛印本　一冊

330000－1701－0019355　HJL5611　集部/別集類
望雲樓詩稿一卷續編一卷　褚成婉撰　民國二年(1913)石印本　一冊

330000－1701－0019358　HJH4451　集部/總集類/選集之屬/斷代
鳴社丁卯選刊一卷　竺大炘等撰　民國鉛印本　一冊

330000－1701－0019359　HJH4452　集部/總集類/選集之屬/斷代
鳴社社作選刊一卷　鳴社編　民國鉛印本　一冊

330000－1701－0019360　HJH5597　集部/別集類/清別集
風月廬詩稿一卷　(清)徐煥謨撰　民國五年

(1916)桐鄉徐氏愛日館刻本　一冊

330000－1701－0019363　普 915.1242/3035.06　史部/地理類/方志之屬/郡縣志

[民國]校勘光緒嘉善縣志劄記一卷　孫傳樞　唐步雲纂　民國八年(1919)鉛印本　一冊

330000－1701－0019366　HJL5592　集部/別集類

潛廬詩存四卷　周善祥撰　民國八年(1919)鶴書堂維揚刻本　一冊

330000－1701－0019368　HJH5242　集部/總集類/選集之屬/斷代

百老吟三編一卷　錢溯耆輯　民國四年(1915)聽幽館刻本　一冊

330000－1701－0019371　HJH5243　集部/總集類/選集之屬/斷代

百老吟三編一卷　錢溯耆輯　民國四年(1915)聽幽館刻本　一冊

330000－1701－0019372　HJH5584　集部/別集類/清別集

石帆詩集八卷補遺一卷　(清)張曾撰　民國八年(1919)廣州刻本　二冊

330000－1701－0019373　HJH5244　集部/總集類/選集之屬/斷代

百老吟三編一卷　錢溯耆輯　民國四年(1915)聽幽館刻本　一冊

330000－1701－0019375　HJH5245　集部/總集類/選集之屬/斷代

百老吟三編一卷　錢溯耆輯　民國四年(1915)聽幽館刻本　一冊

330000－1701－0019376　HJL5286　集部/總集類/選集之屬/斷代

遺民詩十六卷　(清)卓爾堪輯　**近青堂詩一卷**　(清)卓爾堪撰　民國有正書局據清康熙刻本影印本　八冊

330000－1701－0019377　普 915.1232/80912/c1　史部/地理類/方志之屬/郡縣志

[同治]盛湖志十四卷首一卷末一卷　(清)仲廷機纂　**盛湖志補四卷**　(清)仲虎騰纂　民國十三年(1924)烏程周慶雲刻藍印本　八冊

330000－1701－0019382　HJH5565　集部/別集類/清別集

雲來山館詩鈔六卷　(清)張興烈撰　民國四年(1915)虎林張氏申江刻本　二冊

330000－1701－0019387　HJH5541　集部/別集類/清別集

幸草亭詩鈔二卷　(清)楊文瑩撰　民國八年(1919)錢塘楊氏勖采堂鉛印本　二冊

330000－1701－0019389　普 915.1242/30911/c1　集部/別集類

柳溪竹枝詞一卷續柳溪竹枝詞一卷　周斌撰　民國四年(1915)鉛印本　一冊

330000－1701－0019390　HJL4510　集部/總集類/選集之屬/斷代

擊鉢吟詩集十八卷　洪仁和輯　民國二十一年(1932)新竹德興書局石印本　十六冊

330000－1701－0019392　HJL5468　集部/別集類/清別集

黝曜室詩存一卷　(清)陳鼎撰　民國十七年(1928)鉛印本　一冊

330000－1701－0019394　HJH5400　集部/別集類/清別集

常慊慊齋文集二卷　(清)朱之榛撰　民國九年(1920)朱景邁東湖草堂刻本　二冊

330000－1701－0019401　HJL4764　集部/總集類/選集之屬/斷代

寄樓餘墨三卷　蔡竹銘輯　民國十三年(1924)鉛印本　一冊

330000－1701－0019406　HJH4423　集部/總集類/選集之屬/斷代

白蓮社梨雲集一卷　張是公輯　民國十年(1921)鉛印本　一冊

330000－1701－0019407　HJH4875　集部/總集類/選集之屬/斷代

白蓮社梨雲集一卷　張是公輯　民國十年

(1921)鉛印本　一册

330000－1701－0019409　HJH5151　集部/別集類/清別集
江甯府中學堂國文講義一卷　(清)侯巽健撰　民國鉛印本　一册

330000－1701－0019411　HJL4662　集部/詩文評類/詩評之屬
然脂餘韻六卷　王蘊章輯　民國七年(1918)上海商務印書館鉛印本　三册

330000－1701－0019412　HJH4710　集部/別集類/清別集
江甯府中學堂國文講義一卷　(清)侯巽健撰　民國鉛印本　一册

330000－1701－0019417　HJL4977　集部/別集類/清別集
大潛山房詩鈔一卷　(清)劉銘傳撰　民國元年(1912)鉛印本　一册

330000－1701－0019418　普 915.1232/80912/c2　史部/地理類/方志之屬/郡縣志
[同治]盛湖志十四卷首一卷末一卷　(清)仲廷機纂　**盛湖志補四卷**　(清)仲虎騰纂　民國十三年(1924)烏程周慶雲刻藍印本　八册

330000－1701－0019421　普 915.1232/80991　史部/地理類/方志之屬/郡縣志
[嘉慶]同里志二十四卷首一卷　(清)閻登雲修　(清)周之楨纂　民國六年(1917)葉嘉棣鉛印本　四册

330000－1701－0019423　普 915.1232/80912/c3　史部/地理類/方志之屬/郡縣志
[同治]盛湖志十四卷首一卷末一卷　(清)仲廷機纂　**盛湖志補四卷**　(清)仲虎騰纂　民國十三年(1924)烏程周慶雲刻藍印本　八册

330000－1701－0019425　HJL5404　集部/別集類/清別集
大潛山房詩鈔一卷　(清)劉銘傳撰　民國十一年(1922)上海刻本　一册

330000－1701－0019426　普 915.1242/30911/c2　集部/別集類
柳溪竹枝詞一卷續柳溪竹枝詞一卷　周斌撰　民國四年(1915)鉛印本　一册

330000－1701－0019427　HJL5645　類叢部/叢書類/彙編之屬
咫園叢書五種　宗惟恭編　民國三十七年(1948)合衆圖書館得版編印本　二册　存一種

330000－1701－0019428　普 915.1242/30911/c3　集部/別集類
柳溪竹枝詞一卷續柳溪竹枝詞一卷　周斌撰　民國四年(1915)鉛印本　一册

330000－1701－0019429　HJL2664　集部/別集類/清別集
薌莢詩鈔二卷附詞一卷　(清)閭邱德堅撰　朱惟公輯　民國十七年(1928)朱氏上海鉛印本　朱太忙題記　一册

330000－1701－0019432　HJL3994　集部/總集類/郡邑之屬
蓬山兩寓賢詩鈔　湯濬輯　民國十一年(1922)鉛印本　一册

330000－1701－0019435　普 915.1232/80912/c4　史部/地理類/方志之屬/郡縣志
[同治]盛湖志十四卷首一卷末一卷　(清)仲廷機纂　**盛湖志補四卷**　(清)仲虎騰纂　民國十三年(1924)烏程周慶雲刻藍印本　八册

330000－1701－0019445　HJH5263　集部/別集類/清別集
頤園書牘二卷　(清)李本方撰　民國十五年(1926)鉛印本　二册

330000－1701－0019449　HJL5287　類叢部/叢書類/自著之屬
千一齋全書　程先甲撰　民國鉛印本　二册　存一種

330000－1701－0019450　普 915.1232/90421/c1　史部/地理類/雜志之屬
盛湖竹枝詞二卷雜錄一卷　沈雲撰　民國七年(1918)鉛印本　一册

330000－1701－0019453　HJL5097　集部/詞類/别集之屬
程一夔詞一卷　程先甲撰　民國十二年(1923)千一齋石印本　一冊

330000－1701－0019456　HJH3974　集部/總集類/選集之屬/斷代
王章詩存合刻　劉承幹編　民國十五年(1926)吴興劉氏嘉業堂刻本　六冊

330000－1701－0019458　HJL3975　集部/總集類/選集之屬/斷代
王章詩存合刻　劉承幹編　民國十五年(1926)吴興劉氏嘉業堂刻本　六冊

330000－1701－0019460　HJH3976　集部/總集類/選集之屬/斷代
王章詩存合刻　劉承幹編　民國十五年(1926)吴興劉氏嘉業堂刻本　六冊

330000－1701－0019461　HJH3977　集部/總集類/選集之屬/斷代
王章詩存合刻　劉承幹編　民國十五年(1926)吴興劉氏嘉業堂刻本　六冊

330000－1701－0019468　普915.1232/90421/c2　史部/地理類/雜志之屬
盛湖竹枝詞二卷雜録一卷　沈雲撰　民國七年(1918)鉛印本　一冊

330000－1701－0019471　普915.1232/90421/c3　史部/地理類/雜志之屬
盛湖竹枝詞二卷雜録一卷　沈雲撰　民國七年(1918)鉛印本　一冊

330000－1701－0019484　HJH4877　集部/别集類
崇雅堂稿二卷詩稿一卷　楊晨撰　**漢臯遺什一卷**　李嘉瑛撰　民國四年(1915)石印本　二冊

330000－1701－0019485　HJH4878　集部/别集類
崇雅堂稿二卷詩稿一卷　楊晨撰　**漢臯遺什一卷**　李嘉瑛撰　民國四年(1915)石印本　劉承幹題記　二冊

330000－1701－0019489　HJL4789　類叢部/叢書類/自著之屬
張季子九録附一種　張謇撰　張怡祖編　民國二十一年(1932)上海中華書局鉛印本　二十九冊

330000－1701－0019491　HJH5196　集部/别集類
天台游草一卷　王舟瑤撰　民國路橋文林齋石印本　一冊

330000－1701－0019492　HJH5598　集部/别集類
茹荼軒文集十一卷　張錫恭撰　民國十二年(1923)華亭封氏簣進齋刻本　四冊

330000－1701－0019493　HJH5529　集部/别集類
茹荼軒文集十一卷　張錫恭撰　民國十二年(1923)華亭封氏簣進齋刻本　四冊

330000－1701－0019497　HJL5050　集部/别集類
未園集略八卷　沈修撰　民國二十四年(1935)石印本　二冊

330000－1701－0019498　HJH5051　集部/别集類
未園集略八卷　沈修撰　民國二十四年(1935)石印本　二冊

330000－1701－0019499　HJH4759　集部/别集類
雪園叢書文甲集一卷文乙集一卷　李坤撰　民國二年(1913)雲南開智公司鉛印本　一冊

330000－1701－0019504　HJL4768　集部/别集類
江山萬里樓詩鈔十三卷詞鈔四卷　楊圻撰　**飲露詞一卷**　(清)李道清撰　民國十五年(1926)中華書局鉛印本　二冊

330000－1701－0019506　HJL5503　集部/别集類
歸雲樓集十六卷　徐世昌撰　民國十六年(1927)天津徐氏刻本　六冊

330000－1701－0019512　普 915.1242/4099.1/c1、普 915.1242/4099.2/2/c1、普 915.1242/4099.3/c1、普 915.1242/4099.4/c1　史部/地理類/方志之屬/郡縣志

澉水志彙編四種　程煦元輯　民國二十四年(1935)鉛印本　六冊

330000－1701－0019513　HJL5629　集部/別集類/漢魏六朝別集

陶淵明詩箋注四卷　(晉)陶潛撰　丁福保編　民國十六年(1927)上海醫學書局鉛印本　一冊

330000－1701－0019514　HJL4393　集部/別集類

觀堂集林二十卷　王國維撰　民國十二年(1923)烏程蔣氏密韻樓鉛印本　六冊

330000－1701－0019516　HJL5042　集部/別集類

詩史閣壬癸詩存六卷補遺一卷　孫雄撰　民國十三年(1924)鉛印本　三冊

330000－1701－0019518　HJH5246　集部/別集類

寐叟乙卯稿一卷　沈曾植撰　民國六年(1917)四益宧寫刻本　一冊

330000－1701－0019519　普 915.1242/4099.1/c2、普 915.1242/4099.2/2/c2、普 915.1242/4099.3/c2、普 915.1242/4099.4/c2　史部/地理類/方志之屬/郡縣志

澉水志彙編四種　程煦元輯　民國二十四年(1935)鉛印本　六冊

330000－1701－0019522　HJH4729　集部/別集類

非儒非俠齋文集四卷外集一卷詩集二卷聯語偶存初集一卷　顧燮光撰　**福豔樓遺詩一卷**　陸珊撰　民國二十五年(1936)杭州顧廬石印本　三冊

330000－1701－0019526　HJL5609　集部/別集類

眠雲樓詩鈔二卷附文一卷　湯忠鑫撰　民國十五年(1926)鉛印本　一冊

330000－1701－0019527　HJL5703　集部/詞類/別集之屬

和小山詞一卷　趙尊嶽撰　民國十二年(1923)刻本　一冊

330000－1701－0019528　HJH4840　類叢部/叢書類/自著之屬

七經堪叢刊　羅振玉撰　民國二十六年(1937)上虞羅氏石印本　二冊　存一種

330000－1701－0019529　HJL4650　集部/別集類

傭廬文存四卷詩存四卷　袁金鎧撰　民國二十三年(1934)鉛印本　三冊

330000－1701－0019530　HJL5138　集部/總集類/酬唱之屬

陽春白雪詞一卷　吕美蓀唱　路朝鑾等和
葂麗園詩再續一卷　吕美蓀撰　民國二十三年(1934)鉛印本　一冊

330000－1701－0019536　HJL5696　集部/別集類

徵聲集一卷　羅振常撰　**初日樓稿一卷**　羅莊撰　民國十年(1921)上虞羅氏蟫隱廬鉛印本　一冊

330000－1701－0019537　HJH5239　集部/別集類

徵聲集一卷　羅振常撰　**初日樓稿一卷**　羅莊撰　民國十年(1921)上虞羅氏蟫隱廬鉛印本　二冊

330000－1701－0019538　HJH4758　集部/別集類

葂麗園詩一卷續一卷再續一卷陽春白雪詞一卷　吕美蓀撰　民國二十年至二十三年(1931－1934)鉛印本　吕美蓀題記　三冊

330000－1701－0019539　HJL5511　集部/別集類

葂麗園詩四續一卷　吕美蓀撰　民國二十四年(1935)鉛印本　一冊

330000－1701－0019541　HJH5259　集部/別集類

菀麗園詩四續一卷　吕美蓀撰　民國二十四年(1935)鉛印本　一冊

330000－1701－0019547　HJL5518　集部/別集類

花近樓詩存初編三卷續編二卷三編二卷四編二卷五編二卷六編二卷七編二卷八編二卷　陳夔龍撰　民國三年至十五年(1914－1926)上海刻本　六冊　缺二卷(八編一至二)

330000－1701－0019548　HJH3978　集部/別集類

天嬰室叢稿第一輯九卷　陳訓正撰　民國十四年(1925)鉛印本　三冊　缺三卷(四至六)

330000－1701－0019549　HJL2908　集部/別集類

花近樓詩存初編三卷續編二卷三編二卷四編二卷五編二卷六編二卷七編二卷八編二卷　陳夔龍撰　民國三年至十五年(1914－1926)上海刻本　五冊　缺六卷(六編一至二、七編一至二、八編二之一至二)

330000－1701－0019550　HJH3870　集部/總集類/選集之屬/斷代

遺民詩十六卷　(清)卓爾堪輯　**近青堂詩一卷**　(清)卓爾堪撰　民國有正書局據清康熙刻本影印本　八冊

330000－1701－0019552　HJL2909　集部/別集類

花近樓詩存初編三卷續編二卷三編二卷四編二卷五編二卷六編二卷七編二卷八編二卷　陳夔龍撰　民國三年至十五年(1914－1926)上海刻本　二冊　存四卷(續編一至二、三編一至二)

330000－1701－0019553　HJL5298　集部/總集類/選集之屬/斷代

宋詩選一卷　(清)顧廷倫輯　民國十七年(1928)科學儀器館據編者手寫本影印本　一冊

330000－1701－0019554　HJH4078　集部/別集類

花近樓詩存初編三卷續編二卷　陳夔龍撰　民國三年至五年(1914－1916)上海刻本　一冊　存二卷(續編一至二)

330000－1701－0019555　HJH4077　集部/別集類

花近樓詩存四編二卷　陳夔龍撰　民國九年(1920)上海刻本　一冊

330000－1701－0019556　HJL4989　集部/總集類/選集之屬/斷代

遺逸清音集四卷　延清輯　**錦官堂詩草一卷**　延清撰　民國五年(1916)北京商務印字館鉛印本　四冊

330000－1701－0019557　HJL4190　集部/總集類/選集之屬/斷代

遺逸清音集四卷　延清輯　**錦官堂詩草一卷**　延清撰　民國五年(1916)北京商務印字館鉛印本　四冊

330000－1701－0019560　HJL3411　集部/別集類

復禮堂文集十卷　曹元弼撰　民國六年(1917)刻本　六冊

330000－1701－0019561　HJL3117　集部/別集類

復禮堂文集十卷　曹元弼撰　民國六年(1917)刻本　六冊

330000－1701－0019563　HJH4745　集部/別集類

復禮堂文二集一卷述學詩二卷　曹元弼撰　民國六年(1917)刻朱印本　三冊

330000－1701－0019564　普915.1233/5024/c1　史部/地理類/方志之屬/郡縣志

松江府屬舊志二種　陳乃乾等輯　民國二十一年(1932)傳真社影印本　四冊　存一種

330000－1701－0019566　HJL4213　集部/總集類/選集之屬/斷代

清閨秀正始再續集初編四卷　單士釐輯　民

國歸安錢氏鉛印本　四册　存三卷(一至三)

330000－1701－0019573　普915.1233/5029/c1　史部/地理類/方志之屬/郡縣志
[乾隆]金山縣志二十卷首一卷　(清)常琬修　(清)焦以敬等纂　民國十八年(1929)據清乾隆十六年(1751)刻本影印本　四册

330000－1701－0019574　普915.1233/5091/c1　史部/地理類/方志之屬/郡縣志
[民國]重輯張堰志十二卷首一卷末一卷　姚裕廉　范炳垣纂修　民國九年(1920)金山姚氏松韻草堂鉛印本　二册

330000－1701－0019576　HJH3865　集部/總集類/選集之屬/通代
五百家香艷詩十卷　雷瑨輯　民國九年(1920)上海掃葉山房石印本　六册

330000－1701－0019577　HJL3991　集部/總集類/選集之屬/斷代
王蕉雪先生絕粒詞徵詩彙刊一卷　王左才輯　民國十六年(1927)鉛印本　一册

330000－1701－0019580　普915.1233/5092　史部/地理類/方志之屬/郡縣志
[嘉慶]朱涇志十卷　(清)朱棟纂　民國五年(1916)鉛印本　四册

330000－1701－0019584　普915.1233/5029/c2　史部/地理類/方志之屬/郡縣志
[乾隆]金山縣志二十卷首一卷　(清)常琬修　(清)焦以敬等纂　民國十八年(1929)據清乾隆十六年(1751)刻本影印本　四册

330000－1701－0019585　普915.1233/5029/c3　史部/地理類/方志之屬/郡縣志
[乾隆]金山縣志二十卷首一卷　(清)常琬修　(清)焦以敬等纂　民國十八年(1929)據清乾隆十六年(1751)刻本影印本　童谷龢題記　四册

330000－1701－0019586　普915.1233/5091/c2　史部/地理類/方志之屬/郡縣志
[民國]重輯張堰志十二卷首一卷末一卷　姚裕廉　范炳垣纂修　民國九年(1920)金山姚氏松韻草堂鉛印本　二册

330000－1701－0019588　普915.1233/5091/c3　史部/地理類/方志之屬/郡縣志
[民國]重輯張堰志十二卷首一卷末一卷　姚裕廉　范炳垣纂修　民國九年(1920)金山姚氏松韻草堂鉛印本　二册

330000－1701－0019591　普915.1242/5131　子部/藝術類/書畫之屬/畫譜
倦圃一卷　(清)周之恆繪　民國影印本　一册

330000－1701－0019594　HJH5587　集部/別集類
問楳山館詩鈔二卷豔體詩賸一卷　舒昌森撰　**凝香書屋詩鈔一卷**　舒昌洽撰　民國十六年(1927)鉛印本　一册

330000－1701－0019595　HJL5062　集部/別集類
泗水集二十編不分卷　俞印民撰　民國十三年(1924)上海大華文化社鉛印本　十册

330000－1701－0019597　普915.1233/5024/c2　史部/地理類/方志之屬/郡縣志
松江府屬舊志二種　陳乃乾等輯　民國二十一年(1932)傳真社影印本　四册　存一種

330000－1701－0019599　普915.1233/7024/c1　史部/地理類/方志之屬/郡縣志
松江府屬舊志二種　陳乃乾等輯　民國二十一年(1932)傳真社影印本　三册　存一種

330000－1701－0019600　HJL5540　集部/別集類
雪影軒賑餘吟集二卷　邱培源撰　民國十九年(1930)鉛印本　一册

330000－1701－0019601　HJL5068　類叢部/叢書類/自著之屬
晨風廬叢刊十八種　周慶雲撰　民國吳興周氏夢坡室刻本　一册　存一種

330000－1701－0019602　HJL5069　類叢部/叢書類/自著之屬

晨風廬叢刊十八種　周慶雲撰　民國吳興周氏夢坡室刻本　一冊　存一種

330000－1701－0019605　普 915.1233/6037/c1　史部/地理類/方志之屬/郡縣志
［民國］川沙縣志二十四卷首一卷　方鴻鎧 陸炳麟修　黄炎培纂　俞乃文　陸修澤　茅人駿測繪　民國二十六年(1937)上海國光書局鉛印本　十二冊

330000－1701－0019606　HJL3923　集部/別集類
素庵文藁二卷　王珏撰　民國九年(1920)刻本　一冊

330000－1701－0019608　HJH5321　集部/別集類
石蓮闇詩十卷　吳重憙撰　民國五年(1916)刻本(卷七至十原缺)　二冊

330000－1701－0019609　HJL5405　集部/別集類
石蓮闇詩十卷　吳重憙撰　民國五年(1916)刻本(卷七至十原缺)　二冊

330000－1701－0019612　HJH5300　集部/別集類
題梅百詠一卷續一卷　高振霄撰　民國二十四年(1935)朱孔陽影印本　二冊

330000－1701－0019614　HJH4728　史部/地理類/雜志之屬
盛湖竹枝詞二卷雜錄一卷　沈雲撰　民國七年(1918)鉛印本　一冊

330000－1701－0019615　HJL4725　集部/總集類/選集之屬/斷代
遼文續拾二卷補遺一卷彙目一卷　羅福頤輯　民國二十四年(1935)墨緣堂刻本　一冊

330000－1701－0019616　普 915.1233/6037/c2　史部/地理類/方志之屬/郡縣志
［民國］川沙縣志二十四卷首一卷　方鴻鎧 陸炳麟修　黄炎培纂　俞乃文　陸修澤　茅人駿測繪　民國二十六年(1937)上海國光書局鉛印本　十二冊

330000－1701－0019617　HJH5206　集部/別集類/宋別集
徐公文集三十卷　(宋)徐鉉撰　**徐公文集補遺一卷**　(宋)徐鉉撰　徐乃昌輯　**徐公文集校記一卷**　徐乃昌撰　民國南陵徐乃昌刻藍印本　一冊　缺三十卷(一至三十)

330000－1701－0019623　普 915.1233/7024.2　史部/地理類/方志之屬/郡縣志
［弘治］上海志八卷　(明)郭經修　(明)唐錦纂　民國二十九年(1940)昆明中華書局據明弘治十七年(1504)刻本影印本　二冊

330000－1701－0019624　普 915.1233/7020/c1　史部/地理類/方志之屬/郡縣志
［民國］上海市自治志不分卷　穆湘遙修　楊逸等纂　民國四年(1915)鉛印本　八冊

330000－1701－0019625　普 915.1233/7024/c2　史部/地理類/方志之屬/郡縣志
松江府屬舊志二種　陳乃乾等輯　民國二十一年(1932)傳真社影印本　三冊　存一種

330000－1701－0019632　普 915.1233/7020/c2　史部/地理類/方志之屬/郡縣志
［民國］上海市自治志不分卷　穆湘遙修　楊逸等纂　民國四年(1915)鉛印本　八冊

330000－1701－0019634　HJL4639　類叢部/叢書類/自著之屬
蘇齋叢書十八種　(清)翁方綱撰　民國鉛印本　一冊　存一種

330000－1701－0019636　HJL4475　集部/總集類/選集之屬/斷代
宋詩選一卷　(清)顧廷倫輯　民國十七年(1928)科學儀器館據編者手寫本影印本　一冊

330000－1701－0019638　HJL5432　集部/詞類/別集之屬
樵風樂府九卷　鄭文焯撰　民國二年(1913)仁和吳氏雙照樓刻大鶴山房全書本　劉承幹題記　一冊

330000－1701－0019642　HJH5044　集部/

別集類

藹廬詩草一卷　金城撰　民國十五年(1926)鉛印本　一册

330000－1701－0019644　HJH3885　集部/總集類/選集之屬/斷代

宋代五十六家詩集六卷　(清)坐春書塾編　民國石印本　六册

330000－1701－0019645　HJH4567　集部/別集類

藹廬詩草一卷　金城撰　民國十五年(1926)鉛印本　一册

330000－1701－0019651　HJH5427　集部/別集類

狷叟詩删存四卷續存一卷　許湝祥撰　民國十一年(1922)刻本　二册

330000－1701－0019654　HJL4168　集部/總集類/選集之屬/斷代

羣公吟稿戊集七卷　(宋)陳起輯　民國九年(1920)印鑄局影印本　四册

330000－1701－0019658　普 915.1233/7037.2/c1　史部/地理類/方志之屬/郡縣志

[民國]上海縣續志三十卷首一卷末一卷　吳馨等修　姚文枏等纂　曾廷芳繪圖　民國七年(1918)上海文廟南園志局刻本　十二册

330000－1701－0019661　HJH5543　集部/別集類

芝隱詩鈔二卷　周善敦撰　民國二十年(1931)刻本　一册

330000－1701－0019664　HJH4825　集部/別集類

芝隱詩鈔二卷　周善敦撰　民國二十年(1931)刻本　一册

330000－1701－0019665　HJH4019　集部/別集類

芝隱詩鈔二卷　周善敦撰　民國二十年(1931)刻本　一册

330000－1701－0019666　HJL5510　集部/總集類/彙編之屬

汲古閣景鈔南宋六十家小集　(宋)陳起輯　民國十年(1921)上海古書流通處據明汲古閣景鈔宋本影印本(安晚堂詩集卷一至五、十三至六十原缺)　五十册

330000－1701－0019667　HJL5067　集部/總集類/尺牘之屬

國民適用普通新尺牘六卷尺牘要語一卷往還詞科一卷　吳癡僧撰　民國十五年(1926)上海掃葉山房石印本　六册

330000－1701－0019670　普 915.1233/7037/c1　史部/地理類/方志之屬/郡縣志

民國上海縣志二十卷　吳馨等修　姚文枏等纂　民國二十五年(1936)鉛印本　六册

330000－1701－0019672　HJL5504　集部/別集類

覽盦詩錄四卷　李稷勳撰　民國十五年(1926)秀山李氏刻朱印本　二册

330000－1701－0019673　HJL5725　類叢部/叢書類/自著之屬

聽竹廬叢書　徐煥斗編　民國鉛印本　六册　存一種

330000－1701－0019676　普 915.1233/7037.2/(2)　史部/地理類/方志之屬/郡縣志

[民國]上海縣續志三十卷首一卷末一卷　吳馨等修　姚文枏等纂　曾廷芳繪圖　民國七年(1918)上海文廟南園志局刻本　二册

330000－1701－0019677　普 915.1242/6043.2/c1　史部/地理類/雜志之屬

蘆川竹枝詞一卷　柯志頤　柯培鼎撰　民國六年(1917)鉛印本　一册

330000－1701－0019679　普 915.1233/7037/c2　史部/地理類/方志之屬/郡縣志

民國上海縣志二十卷　吳馨等修　姚文枏等纂　民國二十五年(1936)鉛印本　六册

330000－1701－0019680　普 915.1233/7037.2/c2　史部/地理類/方志之屬/郡縣志

[民國]上海縣續志三十卷首一卷末一卷　吳

馨等修　姚文枏等纂　曾廷芳繪圖　民國七年(1918)上海文廟南園志局刻本　十二册

330000－1701－0019681　HJH5289　類叢部/叢書類/自著之屬

玩芳艸堂叢書　(清)王棻撰　民國上海國光書局鉛印本　八册　存一種

330000－1701－0019683　HJH4902　類叢部/叢書類/自著之屬

玩芳艸堂叢書　(清)王棻撰　民國上海國光書局鉛印本　八册　存一種

330000－1701－0019684　HJH4903　類叢部/叢書類/自著之屬

玩芳艸堂叢書　(清)王棻撰　民國上海國光書局鉛印本　八册　存一種

330000－1701－0019686　HJH4804　類叢部/叢書類/自著之屬

玩芳艸堂叢書　(清)王棻撰　民國上海國光書局鉛印本　八册　存一種

330000－1701－0019687　HJH4607　類叢部/叢書類/自著之屬

玩芳艸堂叢書　(清)王棻撰　民國上海國光書局鉛印本　八册　存一種

330000－1701－0019688　普915.1233/7037/c3　史部/地理類/方志之屬/郡縣志

民國上海縣志二十卷　吴馨等修　姚文枏等纂　民國二十五年(1936)鉛印本　六册

330000－1701－0019691　普915.1242/6043.2/c2　史部/地理類/雜志之屬

蘆川竹枝詞一卷　柯志頤　柯培鼎撰　民國六年(1917)鉛印本　一册

330000－1701－0019692　HJL4722　集部/總集類/郡邑之屬

濮川詩鈔三十四種四十四卷　(清)陳光裕　(清)沈堯咨輯　民國二十一年(1932)石印本　十二册

330000－1701－0019694　普915.1233/7099/c1　史部/地理類/方志之屬/郡縣志

[嘉慶]法華鄉志八卷首一卷末一卷　(清)王鍾纂　(清)胡人鳳續纂　民國十一年(1922)鉛印本　四册

330000－1701－0019695　普915.1233/7037.2/(3)　史部/地理類/方志之屬/郡縣志

[民國]上海縣續志三十卷首一卷末一卷　吴馨等修　姚文枏等纂　曾廷芳繪圖　民國七年(1918)上海文廟南園志局刻本　十一册　存三十卷(二至三十、末)

330000－1701－0019697　普915.1242/6043.2/c3　史部/地理類/雜志之屬

蘆川竹枝詞一卷　柯志頤　柯培鼎撰　民國六年(1917)鉛印本　一册

330000－1701－0019700　普915.1242/60431　史部/地理類/雜志之屬

乍浦竹枝詞一卷　(清)林中麒撰　民國二十二年(1933)高氏華雲閣鉛印本　一册

330000－1701－0019706　普915.1233/7099/c2　史部/地理類/方志之屬/郡縣志

[嘉慶]法華鄉志八卷首一卷末一卷　(清)王鍾纂　(清)胡人鳳續纂　民國十一年(1922)鉛印本　四册

330000－1701－0019709　普915.1233/8020　史部/地理類/雜志之屬

上海掌故叢書第一集　上海通社輯　民國二十五年(1936)上海中華書局鉛印本　二册　存二種

330000－1701－0019711　HJL5283　集部/總集類/選集之屬/通代

古文比四卷　陳曾則輯　民國十四年(1925)上海中華書局鉛印本　四册

330000－1701－0019715　普915.1242/6052/c1　史部/地理類/山川之屬/山志

乍浦九山補志十二卷　(清)李確撰　民國五年(1916)刻本　二册

330000－1701－0019718　普915.1233/7042/c1　史部/地理類/雜志之屬

上海縣竹枝詞一卷　(清)秦榮光撰　民國元

年(1912)鉛印本　一冊

330000－1701－0019719　HJL4407　集部/總集類/選集之屬/通代
小學諷詠助引一卷　許鼎臣輯　民國四年(1915)刻本　一冊

330000－1701－0019721　HJL4172　集部/詩文評類/文評之屬
甕雲緒語二卷　袁金鎧撰　民國二十三年(1934)鉛印本　一冊

330000－1701－0019724　HJL5561　集部/總集類/選集之屬/通代
明清八家文鈔二十卷　徐世昌輯　民國二十年(1931)天津徐氏刻本　十冊

330000－1701－0019726　HJL4612　集部/總集類/選集之屬/通代
古文範上編二卷下編二卷　吳闓生輯　民國十六年(1927)文學社刻本　二冊

330000－1701－0019728　普 915.1233/7042/c2　史部/地理類/雜志之屬
上海縣竹枝詞一卷　(清)秦榮光撰　民國元年(1912)鉛印本　一冊

330000－1701－0019737　HJL4442　集部/總集類/選集之屬/通代
國民古詩必讀不分卷　柯進明選　邱開駿　柯進修輯　民國二十三年(1934)鉛印本　一冊

330000－1701－0019738　HJL4750　集部/總集類/選集之屬/通代
小學弦歌選本一卷　(清)李元度輯　周子秀選　民國十六年(1927)刻本　一冊

330000－1701－0019739　HJL4613　集部/總集類/選集之屬/通代
古今詩範十六卷　吳闓生評選　民國十九年(1930)文學社刻本　四冊

330000－1701－0019742　HJH5558　類叢部/叢書類/郡邑之屬
吳興叢書六十六種　劉承幹編　民國吳興劉氏嘉業堂刻本　一冊　存一種

330000－1701－0019743　普 915.1242/6052/c2　史部/地理類/山川之屬/山志
乍浦九山補志十二卷　(清)李確撰　民國五年(1916)刻本　二冊

330000－1701－0019745　HJL4506　集部/總集類/選集之屬/通代
古詩鈔二十卷原目一卷附目四卷　(清)吳汝綸撰　民國十七年(1928)北平武彊賀氏刻本　十二冊

330000－1701－0019746　HJL5726　類叢部/叢書類/彙編之屬
滄海叢書十六種附七種　張伯楨編　民國二年至二十四年(1913－1935)東莞張氏刻本　四冊　存一種

330000－1701－0019747　普 915.1233/8043.31/c2　史部/地理類/雜志之屬
上海風俗大觀一卷　民國十一年(1922)鉛印本　一冊

330000－1701－0019754　HJL5508　集部/總集類/彙編之屬
沈刻四婦人集　(清)沈綺雲編　民國十二年(1923)海寧陳氏慎初堂據清嘉慶雲間古倪園沈氏刻本影印本　一冊

330000－1701－0019756　普 915.1242/6052/c3　史部/地理類/山川之屬/山志
乍浦九山補志十二卷　(清)李確撰　民國五年(1916)刻本　二冊

330000－1701－0019757　HJL5010　類叢部/叢書類/彙編之屬
四部叢刊　張元濟等編　民國八年(1919)上海商務印書館影印本　四冊　存一種

330000－1701－0019760　普 915.1233/9037　史部/地理類/方志之屬/郡縣志
[民國]南匯縣續志二十二卷首一卷　嚴偉　劉芷芬修　秦錫田纂　民國十八年(1929)刻本　一冊

330000－1701－0019763　HJL3522　集部/總集類/選集之屬/斷代

宋二十家集　李之鼎編　民國三年至四年(1914－1915)南城李氏宜秋館刻本　十六册

330000－1701－0019764　普915.1242/6052/c4　史部/地理類/山川之屬/山志

乍浦九山補志十二卷　(清)李確撰　民國五年(1916)刻本　二册

330000－1701－0019766　HJL5506　集部/總集類/選集之屬/通代

玉臺新詠十卷　(南朝陳)徐陵編　民國十一年(1922)南陵徐乃昌據明小宛堂本影刻藍印本　二册

330000－1701－0019769　普915.1242/6052/c5　史部/地理類/山川之屬/山志

乍浦九山補志十二卷　(清)李確撰　民國五年(1916)刻本　二册

330000－1701－0019775　HJH3882　子部/雜著類/雜纂之屬

漁洋說部精華十二卷　(清)王士禛撰　(清)劉堅輯　民國三年(1914)埽葉山房石印本　四册

330000－1701－0019787　普915.1233/9537　史部/地理類/方志之屬/郡縣志

[民國]青浦縣續志二十四卷首一卷末一卷　于定等修　金詠榴等纂　民國二十三年(1934)刻本　六册

330000－1701－0019800　HJL4971　子部/小說家類/雜事之屬

南亭筆記十六卷　(清)李伯元(李寶嘉)撰　民國八年(1919)上海大東書局石印本　劉承幹跋　四册

330000－1701－0019801　HJH4854　史部/傳記類/總傳之屬/斷代

清代名人軼事十六卷　葛虛存撰　民國九年(1920)上海會文堂書局石印本　六册

330000－1701－0019804　HJH3934　經部/詩類/三家詩之屬

詩攷補訂五卷　(宋)王應麟撰　(清)盧文弨增校　楊晨補訂　民國四年(1915)石印本　一册

330000－1701－0019805　普915.1242/7091.2/c1　史部/地理類/方志之屬/郡縣志

[民國]烏青鎮志四十四卷首一卷　盧學溥修　朱辛彝　張惟驤纂　民國二十五年(1936)刻藍印本　十二册

330000－1701－0019809　普915.1242/7091.2/c2　史部/地理類/方志之屬/郡縣志

[民國]烏青鎮志四十四卷首一卷　盧學溥修　朱辛彝　張惟驤纂　民國二十五年(1936)刻本　十二册

330000－1701－0019811　HJL5011　類叢部/叢書類/彙編之屬

四部叢刊　張元濟等編　民國八年(1919)上海商務印書館影印本　三十二册　存一種

330000－1701－0019813　普915.1242/7091/c1　史部/地理類/方志之屬/郡縣志

[乾隆]烏青鎮志十二卷　(清)董世寧纂修　民國七年(1918)鉛印本　二册

330000－1701－0019814　普915.1242/7091.2/c3　史部/地理類/方志之屬/郡縣志

[民國]烏青鎮志四十四卷首一卷　盧學溥修　朱辛彝　張惟驤纂　民國二十五年(1936)刻本　十二册

330000－1701－0019815　普915.1242/7091/c2　史部/地理類/方志之屬/郡縣志

[乾隆]烏青鎮志十二卷　(清)董世寧纂修　民國七年(1918)鉛印本　二册

330000－1701－0019817　普915.1242/7091/c3　史部/地理類/方志之屬/郡縣志

[乾隆]烏青鎮志十二卷　(清)董世寧纂修　民國七年(1918)鉛印本　二册

330000－1701－0019818　普915.1242/7091/c4　史部/地理類/方志之屬/郡縣志

[乾隆]烏青鎮志十二卷　(清)董世寧纂修　民國七年(1918)鉛印本　二册

330000－1701－0019819　普 915.1242/7091/c5　史部/地理類/方志之屬/郡縣志
［乾隆］烏青鎮志十二卷　（清）董世寧纂修　民國七年（1918）鉛印本　二册

330000－1701－0019821　普 915.1242/7091/c6　史部/地理類/方志之屬/郡縣志
［乾隆］烏青鎮志十二卷　（清）董世寧纂修　民國七年（1918）鉛印本　二册

330000－1701－0019822　普 915.1242/7091/（2）　史部/地理類/方志之屬/郡縣志
［乾隆］烏青鎮志十二卷　（清）董世寧纂修　民國七年（1918）鉛印本　四册

330000－1701－0019839　HJL5193　集部/總集類/彙編之屬
宋人集　李之鼎輯　民國南城李氏宜秋館刻本　十册　存七種

330000－1701－0019849　普 915.1234/4036.02　史部/地理類/方志之屬/郡縣志
［民國］錫金續識小録六卷　竇鎮編輯　民國十四年（1925）木活字印本　二册

330000－1701－0019852　普 915.1234/4051/c1　史部/地理類/專志之屬/古跡
清閟閣志十二卷　（清）楊殿奎纂輯　民國六年（1917）木活字印本　四册

330000－1701－0019872　普 915.1234/4051/c2　史部/地理類/專志之屬/古跡
清閟閣志十二卷　（清）楊殿奎纂輯　民國六年（1917）木活字印本　四册

330000－1701－0019874　HJH3043　經部/小學類/文字之屬/字書/字典
中華字典十二集三十六卷檢字一卷辯似一卷等韻一卷　（清）張玉書等纂修　民國文盛堂石印本　三册　存二十四卷（子集上中下、丑集上中下、寅集上中下、卯集上中下、辰集上中下、酉集上中下、戌集上中下，辯似，等韻，檢字）

330000－1701－0019881　普 915.1243/2031/c1、普 915.1243/3042/c1、普 915.1243/3024/c1、普 915.1243/3022/（2）　類叢部/叢書類/郡邑之屬
吴興叢書六十六種　劉承幹編　民國吴興劉氏嘉業堂刻本　二十二册　存四種

330000－1701－0019892　普 915.1234/6052.02　類叢部/叢書類/郡邑之屬
錫山先哲叢刊十二種　侯鴻鑑等輯　民國十一年至二十年（1922－1931）上海中華書局鉛印本　一册　存一種

330000－1701－0019893　HJL3916　集部/詞類/別集之屬
雲起軒詞一卷　（清）文廷式撰　民國二十三年（1934）南京王氏娱生軒影印本　一册

330000－1701－0019896　HJL5099　集部/詞類/總集之屬
松陵絶妙詞選四卷　（清）周銘輯　**華胥語業一卷**　（清）周銘撰　民國十五年（1926）薛氏邃漢齋鉛印本　一册

330000－1701－0019912　HJH3877　子部/雜著類/雜説之屬
隨園隨筆二十八卷　（清）袁枚撰　民國二年（1913）上海中華圖書館鉛印本　四册

330000－1701－0019925　HJL1032　子部/雜著類/雜説之屬
月蟬筆露二卷　（清）侯玄汸撰　民國二十一年（1932）鉛印本　一册

330000－1701－0019927　HJL2990　類叢部/叢書類/自著之屬
海寧王忠慤公遺書四十四種　王國維撰　民國十六年至十七年（1927－1928）海寧王氏鉛印本暨石印本　十六册　存十種

330000－1701－0019935　普 915.1243/3052/c1　史部/地理類/山川之屬/山志
東林山志二十四卷首一卷　（清）吴玉樹輯　民國十一年（1922）鉛印本　四册

330000－1701－0019939　普 915.1243/3052/c3　史部/地理類/山川之屬/山志
東林山志二十四卷首一卷　（清）吴玉樹輯

民國十一年(1922)鉛印本　四册

330000－1701－0019940　普915.1243/3052/c4　史部/地理類/山川之屬/山志
東林山志二十四卷首一卷　(清)吳玉樹輯　民國十一年(1922)鉛印本　四册

330000－1701－0019941　普915.1243/3052/c2　史部/地理類/山川之屬/山志
東林山志二十四卷首一卷　(清)吳玉樹輯　民國十一年(1922)鉛印本　四册

330000－1701－0019945　普915.1243/3052/c5　史部/地理類/山川之屬/山志
東林山志二十四卷首一卷　(清)吳玉樹輯　民國十一年(1922)鉛印本　四册

330000－1701－0019953　普915.1243/3022/c1　類叢部/叢書類/郡邑之屬
吳興叢書六十六種　劉承幹編　民國吳興劉氏嘉業堂刻本　六册　存一種

330000－1701－0019959　HJL1059　子部/藝術類/書畫之屬/畫法畫品
畫法要錄六卷首一卷　余紹宋撰　民國十五年(1926)北京京城印書局鉛印本　二册

330000－1701－0019962　HJL1033　子部/藝術類/書畫之屬/畫録
虛齋名畫續錄四卷補遺一卷　龐元濟撰　民國十三年(1924)吳興龐氏刻十四年(1925)補刻本　四册

330000－1701－0019963　普915.1235/0023/2　史部/地理類/方志之屬/郡縣志
至順鎮江志二十一卷首一卷附錄一卷　(元)脫因修　(元)俞希魯纂　**校勘記二卷**　(清)劉文淇撰　民國十二年(1923)如皋冒廣生刻本　八册

330000－1701－0019967　普915.1243/3099.2/c1　史部/地理類/方志之屬/郡縣志
[民國]南潯志六十卷首一卷　周慶雲纂　民國九年至十一年(1920－1922)刻藍印本　十六册

330000－1701－0019968　HJL5633　集部/楚辭類
陳蕭二家繪離騷圖不分卷　(明)陳洪綬　(清)蕭雲從繪　羅振常輯　民國十三年(1924)蟫隱廬影印本　四册

330000－1701－0019976　普915.1243/3022/c2、普915.1243/3024/c2、普915.1243/3042/c2、普915.1243/2031/c2　類叢部/叢書類/郡邑之屬
吳興叢書六十六種　劉承幹編　民國吳興劉氏嘉業堂刻本　二十四册　存四種

330000－1701－0019983　HJL1065　子部/工藝類/文房四寶之屬/硯
夢坡室藏硯三卷　周慶雲編　民國十二年(1923)拓本　三册

330000－1701－0019984　普915.1243/3022/(3)、普915.1243/3024/c3、普915.1243/2031/c3　類叢部/叢書類/郡邑之屬
吳興叢書六十六種　劉承幹編　民國吳興劉氏嘉業堂刻本　十九册　存三種

330000－1701－0019985　普915.1235/1035.02　史部/地理類/方志之屬/郡縣志
[民國]丹徒縣志摭餘二十一卷　(清)李恩綬纂　李丙榮續纂　民國七年(1918)刻本　十二册

330000－1701－0019987　HJL4117　類叢部/叢書類/彙編之屬
龍潭精舍叢刻十五種　劉海涵編　民國十年至二十年(1921－1931)刻本　二册　存一種

330000－1701－0019992　普915.1243/3099.2/c3　史部/地理類/方志之屬/郡縣志
[民國]南潯志六十卷首一卷　周慶雲纂　民國九年至十一年(1920－1922)刻藍印本　十六册

330000－1701－0019997　普915.1243/3099.2/c2　史部/地理類/方志之屬/郡縣志
[民國]南潯志六十卷首一卷附南潯擷秀錄一卷　周慶雲纂　民國八年至十一年(1919－

1922)刻本　十六册

330000－1701－0019998　普 915.1243/3099.3/c1、普 915.1243/3099.4/c1　類叢部/叢書類/郡邑之屬
南林叢刊正集五種次集七種　周延年編　民國二十五年(1936)、二十八年(1939)南林周氏鉛印本　二册　存二種

330000－1701－0020000　普 915.1243/30991/c1　史部/地理類/方志之屬/郡縣志
[民國]雙林鎮志三十二卷首一卷　(清)蔡蓉升纂　蔡蒙續纂　民國六年(1917)上海商務印書館鉛印本　四册

330000－1701－0020004　普 915.1235/1054/c1　史部/地理類/專志之屬/寺觀
金山龍遊禪寺志畧四卷首一卷附録一卷　(清)釋行海撰　民國二十五年(1936)金山江天寺影印本　二册

330000－1701－0020006　普 915.1243/30991/c2　史部/地理類/方志之屬/郡縣志
[民國]雙林鎮志三十二卷首一卷　(清)蔡蓉升纂　蔡蒙續纂　民國六年(1917)上海商務印書館鉛印本　四册

330000－1701－0020007　普 915.1243/30991/c3　史部/地理類/方志之屬/郡縣志
[民國]雙林鎮志三十二卷首一卷　(清)蔡蓉升纂　蔡蒙續纂　民國六年(1917)上海商務印書館鉛印本　四册

330000－1701－0020009　普 915.1235/1054/c2　史部/地理類/專志之屬/寺觀
金山龍遊禪寺志畧四卷首一卷附録一卷　(清)釋行海撰　民國二十五年(1936)金山江天寺影印本　二册

330000－1701－0020011　HJL1064　類叢部/叢書類/彙編之屬
續古逸叢書四十七種　張元濟等編　民國十一年(1922)至一九五七年上海商務印書館影印本　四册　存一種

330000－1701－0020012　普 915.1243/3099.3/c2、普 915.1243/3099.4/c2　類叢部/叢書類/郡邑之屬
南林叢刊正集五種次集七種　周延年編　民國二十五年(1936)、二十八年(1939)南林周氏鉛印本　二册　存二種

330000－1701－0020014　普 915.1235/1061.2/c2　類叢部/叢書類/郡邑之屬
京口掌故叢編八種　(清)陶駿保輯　民國抄本　六册

330000－1701－0020048　普 915.1235/5037/c1　史部/地理類/方志之屬/郡縣志
[民國]重修金壇縣志十二卷首一卷　馮煦等纂修　民國十五年(1926)上海商務印書館鉛印本　嚴慤題記　四册

330000－1701－0020049　普 915.1235/5037/c2　史部/地理類/方志之屬/郡縣志
[民國]重修金壇縣志十二卷首一卷　馮煦等纂修　民國十五年(1926)上海商務印書館鉛印本　四册

330000－1701－0020060　普 915.1236/1053　史部/地理類/雜志之屬
湖上留題録初編一卷續編一卷三編一卷四編一卷附江易園居士讀淨土書一卷　王琛等編　民國十二年(1923)刻本　一册

330000－1701－0020061　普 915.1243/5027/2　史部/地理類/方志之屬/郡縣志
[康熙]德清縣誌十卷　(清)侯元棐修　(清)王振孫等纂　民國元年(1912)德清縣續修縣志事務所石印本　三册

330000－1701－0020068　HJL0963　子部/宗教類/佛教之屬
般若波羅蜜多心經箋註一卷　丁福保撰　民國醫學書局佛學叢書鉛印本　一册

330000－1701－0020069　普 915.1243/5027/2(2)/c1　史部/地理類/方志之屬/郡縣志
[康熙]德清縣誌十卷　(清)侯元棐修　(清)王振孫等纂　民國元年(1912)德清縣續修縣志事務所石印本　四册

330000－1701－0020071　普 915.1248/2024/c2　史部/地理類/方志之屬/郡縣志
[萬曆]龍游縣誌十卷首一卷　(明)萬廷謙修　(明)曹聞禮　(明)鍾相業纂　民國十二年(1923)余紹宋鉛印本　一冊

330000－1701－0020072　HJL0942、HJL0944、HJL0940　子部/宗教類/佛教之屬
佛學叢書□□種　丁福保輯　民國上海醫學書局鉛印本暨影印本　三冊　存三種

330000－1701－0020074　普 915.1236/3037　史部/地理類/方志之屬/郡縣志
[民國]續修鹽城縣志十四卷首一卷　林懿均　李直夫修　應庚　陳鐘凡纂　民國二十五年(1936)鉛印本　四冊

330000－1701－0020077　普 915.1242/5031/c1　史部/地理類/方志之屬/郡縣志
[嘉慶]德清縣續志十卷　(清)周紹濂修　(清)許宗彥　(清)徐養原纂　民國元年(1912)石印本　三冊

330000－1701－0020078　普 915.1236/6037　史部/地理類/方志之屬/郡縣志
[民國]泗陽縣志二十五卷首一卷　李佩恩修　張相文　王聿望纂　民國十四年(1925)鉛印本　周旦跋　十一冊　缺三卷(二十三至二十五)

330000－1701－0020079　普 915.1236/4036/c1　史部/地理類/方志之屬/郡縣志
[民國]續纂清河縣志十六卷　劉檁壽等修　范冕纂　民國十七年(1928)刻本　四冊

330000－1701－0020080　普 915.1243/5027/2(2)/c2　史部/地理類/方志之屬/郡縣志
[康熙]德清縣誌十卷　(清)侯元棐修　(清)王振孫等纂　民國元年(1912)德清縣續修縣志事務所石印本　四冊

330000－1701－0020083　普 915.1236/4036/c2　史部/地理類/方志之屬/郡縣志
[民國]續纂清河縣志十六卷　劉檁壽等修　范冕纂　民國十七年(1928)刻本　四冊

330000－1701－0020084　普 915.1243/5027/2(2)/c3　史部/地理類/方志之屬/郡縣志
[康熙]德清縣誌十卷　(清)侯元棐修　(清)王振孫等纂　民國元年(1912)德清縣續修縣志事務所石印本　四冊

330000－1701－0020087　普 915.1236/5035/2　史部/地理類/方志之屬/郡縣志
[光緒]安東縣志十五卷首一卷　(清)金元烺修　(清)吳昆田　(清)魯蕡纂　民國二十一年(1932)鉛印本　一冊

330000－1701－0020091　普 915.1243/5031/c2　史部/地理類/方志之屬/郡縣志
[嘉慶]德清縣續志十卷　(清)周紹濂修　(清)許宗彥　(清)徐養原纂　民國元年(1912)石印本　三冊

330000－1701－0020092　普 915.1243/5031/c3　史部/地理類/方志之屬/郡縣志
[嘉慶]德清縣續志十卷　(清)周紹濂修　(清)許宗彥　(清)徐養原纂　民國元年(1912)石印本　四冊

330000－1701－0020094　普 915.1243/5031/(2)/c1　史部/地理類/方志之屬/郡縣志
[嘉慶]德清縣續志十卷　(清)周紹濂修　(清)許宗彥　(清)徐養原纂　民國元年(1912)石印本　二冊

330000－1701－0020097　普 915.1243/5031/3　史部/地理類/方志之屬/郡縣志
[嘉慶]德清縣續志十卷　(清)周紹濂修　(清)許宗彥　(清)徐養原纂　民國元年(1912)石印本　二冊

330000－1701－0020101　普 915.1243/5037/c1　史部/地理類/方志之屬/郡縣志
[民國]德清縣新志十四卷　吳翯皋　王任化修　程森纂　徐克芳　嚴明揚製圖　民國二十一年(1932)鉛印本　四冊

330000－1701－0020102　普 915.1243/5031/(2)/c2　史部/地理類/方志之屬/郡縣志
[嘉慶]德清縣續志十卷　(清)周紹濂修

(清)許宗彦　(清)徐養原纂　民國元年(1912)石印本　二册

330000－1701－0020113　普 915.1243/5037/c2　史部/地理類/方志之屬/郡縣志
[民國]德清縣新志十四卷　吴翯臯　王任化修　程森纂　徐克芳　嚴明揚製圖　民國二十一年(1932)鉛印本　四册

330000－1701－0020118　普 915.1243/5031/(2)/c3　史部/地理類/方志之屬/郡縣志
[嘉慶]德清縣續志十卷　(清)周紹濂修　(清)許宗彦　(清)徐養原纂　民國元年(1912)石印本　二册

330000－1701－0020123　HJL4781　史部/金石類
夢碧簃石言初集六卷　顧燮光撰　民國八年(1919)石印非儒非俠齋金石叢著本　顧鼎梅題記　三册

330000－1701－0020126　普 915.1243/6052　史部/地理類/雜志之屬
計籌山誌略一卷　真谷子輯　民國二十年(1931)抄本　一册

330000－1701－0020127　普 915.1243/5037/c3　史部/地理類/方志之屬/郡縣志
[民國]德清縣新志十四卷　吴翯臯　王任化修　程森纂　徐克芳　嚴明揚製圖　民國二十一年(1932)鉛印本　蔣渭水題記　四册

330000－1701－0020129　普 915.1243/6062/c1　史部/地理類/山川之屬/山志
莫干山志十三卷　周慶雲輯　民國吴興周氏夢坡室刻藍印本　四册

330000－1701－0020130　普 915.1243/6062/c4　類叢部/叢書類/自著之屬
晨風廬叢刊十八種　周慶雲撰　民國吴興周氏夢坡室刻本　四册　存一種

330000－1701－0020133　普 915.1243/6062/c2　類叢部/叢書類/自著之屬
晨風廬叢刊十八種　周慶雲撰　民國吴興周氏夢坡室刻本　四册　存一種

330000－1701－0020134　普 915.1243/6062/c5　類叢部/叢書類/自著之屬
晨風廬叢刊十八種　周慶雲撰　民國吴興周氏夢坡室刻本　四册　存一種

330000－1701－0020136　普 915.1243/6062/c3　史部/地理類/山川之屬/山志
莫干山志十三卷　周慶雲輯　民國吴興周氏夢坡室刻藍印本　四册

330000－1701－0020137　普 915.1243/6062/c6　類叢部/叢書類/自著之屬
晨風廬叢刊十八種　周慶雲撰　民國吴興周氏夢坡室刻本　四册　存一種

330000－1701－0020144　普 915.1243/6062/c7　史部/地理類/山川之屬/山志
莫干山志十三卷　周慶雲輯　民國吴興周氏夢坡室刻藍印本　四册

330000－1701－0020148　普 915.1237/1099　史部/地理類/方志之屬/郡縣志
嘉慶瓜洲志八卷首一卷　(清)吴耆德　(清)王養度等纂修　(清)馮錦輯　民國十二年(1923)瓜洲于氏凝暉堂鉛印本　四册

330000－1701－0020150　普 915.1237/1037/c1　史部/地理類/方志之屬/郡縣志
[民國]江都縣續志三十卷首一卷　錢祥保修　桂邦傑纂　民國十五年(1926)刻本　十册

330000－1701－0020157　普 915.1243/8054/c1　史部/地理類/專志之屬/寺觀
靈峯寺志九卷首一卷　吴清修　葉向陽　王華纂　民國二十四年(1935)浙江正楷印書局鉛印本　一册

330000－1701－0020160　普 915.1243/8054/c4　史部/地理類/專志之屬/寺觀
靈峯寺志九卷首一卷　吴清修　葉向陽　王華纂　民國四年(1915)鉛印本　一册

330000－1701－0020161　普 915.1237/1037/c2　史部/地理類/方志之屬/郡縣志
[民國]江都縣續志三十卷首一卷　錢祥保修　桂邦傑纂　民國十五年(1926)刻本　十册

330000－1701－0020162　普 915.1243/8054/c5　史部/地理類/專志之屬/寺觀

靈峯寺志九卷首一卷　吳清修　葉向陽　王華纂　民國二十四年(1935)浙江正楷印書局鉛印本　一冊

330000－1701－0020163　普 915.1243/8054/c2　史部/地理類/專志之屬/寺觀

靈峯寺志九卷首一卷　吳清修　葉向陽　王華纂　民國二十四年(1935)浙江正楷印書局鉛印本　一冊

330000－1701－0020164　普 915.1243/8054/c6　史部/地理類/專志之屬/寺觀

靈峯寺志九卷首一卷　吳清修　葉向陽　王華纂　民國二十四年(1935)浙江正楷印書局鉛印本　一冊

330000－1701－0020165　普 915.1243/8054/c3　史部/地理類/專志之屬/寺觀

靈峯寺志九卷首一卷　吳清修　葉向陽　王華纂　民國二十四年(1935)浙江正楷印書局鉛印本　一冊

330000－1701－0020169　普 915.1237/2037/c1　史部/地理類/方志之屬/郡縣志

[民國]甘泉縣續志二十九卷首一卷　錢祥保修　桂邦傑纂　民國十年(1921)刻本　八冊

330000－1701－0020173　普 915.1237/2037/c2　史部/地理類/方志之屬/郡縣志

[民國]甘泉縣續志二十九卷首一卷　錢祥保修　桂邦傑纂　民國十年(1921)刻本　八冊

330000－1701－0020192　普 915.1237/5037　史部/地理類/方志之屬/郡縣志

[民國]三續高郵州志八卷新志補遺一卷前志正誤一卷　胡爲和　盧鴻鈞修　高樹敏纂　民國十一年(1922)刻本　八冊

330000－1701－0020206　普 915.1237/7037　史部/地理類/方志之屬/郡縣志

[民國]寶應縣志三十二卷首一卷　戴邦楨　趙世榮修　馮煦　朱學程　朱葨生纂　民國二十一年(1932)鉛印本　十冊

330000－1701－0020209　普 915.1238/1037　史部/地理類/方志之屬/郡縣志

[民國]銅山縣志七十六卷　余家謨等修　王嘉詵等纂　民國十五年(1926)刻本　十冊　缺一卷(七十五)

330000－1701－0020210　普 915.1244/0024　類叢部/叢書類/郡邑之屬

四明叢書一百六十七種　張壽鏞編　民國四明張氏約園刻本　二冊　存一種

330000－1701－0020211　HJL1132　史部/傳記類/總傳之屬

柏堂師友言行記四卷　(清)方宗誠輯　民國十五年(1926)京華印書局鉛印本　一冊

330000－1701－0020217　HJL2274　史部/傳記類/別傳之屬/事狀

貴陽陳庸菴尚書七袠壽言不分卷　陳昌豫輯　民國十五年(1926)鉛印本　四冊

330000－1701－0020221　HJL4232　集部/總集類/酬唱之屬

庸庵尚書重賦鹿鳴集錄不分卷　陳夔龍輯　民國二十三年(1934)上海中華書局鉛印本　四冊

330000－1701－0020224　HJH4070　類叢部/叢書類/自著之屬

寓園叢書七種　張其淦撰　民國十九年(1930)鉛印本　一冊　存一種

330000－1701－0020229　HJH4174　類叢部/叢書類/彙編之屬

六經堪叢書十三種　羅振玉編　民國東方學會鉛印本　十冊　存一種

330000－1701－0020238　HJL1119　史部/政書類/律令之屬/律例

唐明律合編三十卷　(清)薛允升編　民國十一年(1922)退耕堂刻本　八冊

330000－1701－0020244　HJL3617　史部/政書類/公牘檔冊之屬

張文襄公奏稿五十卷首一卷公牘稿二十八卷函稿六卷函稿續編一卷電稿六十六卷　(清)

張之洞撰　民國七年至九年(1918－1920)鉛印本　四十九冊　缺五十三卷(奏稿一至五十、函稿一至三)

330000－1701－0020250　普 915.1244/0052/c1　史部/地理類/山川之屬/山志
飛龍山志六卷　干人俊輯　民國三十四年(1945)木活字印本　朱奇題簽　一冊

330000－1701－0020251　普 915.1244/0052/c2　史部/地理類/山川之屬/山志
飛龍山志六卷　干人俊輯　民國三十四年(1945)木活字印本　一冊

330000－1701－0020278　HJL3384　類叢部/叢書類/彙編之屬
密韻樓景宋本七種　蔣汝藻輯　民國烏程蔣汝藻樂地盦刻本　二冊　存一種

330000－1701－0020285　HJH3348　集部/別集類/唐五代別集
司空表聖詩三卷附録一卷　(唐)司空圖撰　民國三年(1914)吳興劉氏嘉業堂刻本　一冊

330000－1701－0020289　普 915.1238/7037　史部/地理類/方志之屬/郡縣志
[民國]宿遷縣志二十卷　嚴型修　馮煦纂　民國二十四年(1935)鉛印本　八冊

330000－1701－0020299　普 915.1244/1037/c1、普 915.1244/1037.02/c1　史部/地理類/方志之屬/郡縣志
[民國]鄞縣通志六志五十一編附圖一函　張傳保　汪煥章修　陳訓正　馬瀛纂　民國二十四年(1935)至一九五一年寧波鄞縣通志館鉛印本　三十六冊

330000－1701－0020302　普 915.1244/1037/c3、普 915.1244/1037.02/c3　史部/地理類/方志之屬/郡縣志
[民國]鄞縣通志六志五十一編附圖一函　張傳保　汪煥章修　陳訓正　馬瀛纂　民國二十四年(1935)至一九五一年寧波鄞縣通志館鉛印本　三十冊　缺十一編(輿地志甲、乙、丙、丁、戊、已、庚、辛、壬、癸、子)

330000－1701－0020305　普 915.1244/1037/c2、普 915.1244/1037.02/c2　史部/地理類/方志之屬/郡縣志
[民國]鄞縣通志六志五十一編附圖一函　張傳保　汪煥章修　陳訓正　馬瀛纂　民國二十四年(1935)至一九五一年鉛印本　三十六冊

330000－1701－0020308　普 915.1239/0036/c1　史部/地理類/方志之屬/郡縣志
[民國]太倉州志二十八卷首一卷末一卷鎮洋縣志十一卷末一卷附錄一卷　王祖畬纂修　民國八年(1919)刻本　三冊

330000－1701－0020309　普 915.1244/1037/c4、普 915.1244/1037.02/c4　史部/地理類/方志之屬/郡縣志
[民國]鄞縣通志六志五十一編附圖一函　張傳保　汪煥章修　陳訓正　馬瀛纂　民國二十四年(1935)至一九五一年寧波鄞縣通志館鉛印本　三十二冊　缺四編(文獻志戊下、已、庚,工程志已)

330000－1701－0020311　普 915.1239/0099/c1　史部/地理類/方志之屬/郡縣志
[道光]璜涇志稿八卷　(清)施若霖纂　民國二十九年(1940)鉛印本　二冊

330000－1701－0020313　普 915.1239/0036/c2　史部/地理類/方志之屬/郡縣志
[民國]太倉州志二十八卷首一卷末一卷鎮洋縣志十一卷末一卷附錄一卷　王祖畬纂修　民國八年(1919)刻本　二十冊

330000－1701－0020315　普 915.1239/0099/c2　史部/地理類/方志之屬/郡縣志
[道光]璜涇志稿八卷　(清)施若霖纂　民國二十九年(1940)鉛印本　二冊

330000－1701－0020320　普 915.1244/10543.02/c1　史部/地理類/專志之屬/寺觀
天童寺續志二卷首一卷　釋淨心修　釋蓮萍纂　民國九年(1920)天童寺刻本　二冊

330000－1701－0020321　普 915.1239/0036/

c3　史部/地理類/方志之屬/郡縣志

[民國]太倉州志二十八卷首一卷末一卷　王祖畬纂修　民國八年(1919)刻朱印本　六冊　存十五卷(一至三、五至六、八至九、十六至二十二、二十六)

330000－1701－0020330　HJH4727　類叢部/叢書類/彙編之屬

雪堂叢刻(國學叢刊)五十二種　羅振玉編　民國四年(1915)上虞羅氏鉛印本　一冊　存二種

330000－1701－0020332　普 915.1239/5099　史部/地理類/方志之屬/郡縣志

[乾隆]婁塘志九卷附婁塘風雅一卷　(清)陳曦纂　民國二十五年(1936)婁塘梅祖德鉛印本　二冊

330000－1701－0020336　普 915.1244/10543.02/c2　史部/地理類/專志之屬/寺觀

天童寺續志二卷首一卷　釋淨心修　釋蓮萍纂　民國九年(1920)天童寺刻本　二冊

330000－1701－0020339　普 915.1244/10543.02/c3　史部/地理類/專志之屬/寺觀

天童寺續志二卷首一卷　釋淨心修　釋蓮萍纂　民國九年(1920)天童寺刻本　二冊

330000－1701－0020340　普 915.1239/5037/c1　史部/地理類/方志之屬/郡縣志

[民國]嘉定縣續志十五卷首一卷末一卷附一卷　范鍾湘　陳傳德修　金念祖　黄世祚纂　民國十九年(1930)鉛印本　八冊

330000－1701－0020346　普 915.1244/10541/c1　史部/地理類/專志之屬/寺觀

七塔寺志八卷　陳寥士纂　民國二十六年(1937)鉛印本　一冊

330000－1701－0020348　普 915.1244/1053　史部/地理類/山川之屬/水志

東錢湖志四卷　王榮商纂　陸澍咸　戴彥編　民國五年(1916)刻本　五冊

330000－1701－0020349　普 915.1239/5037/c2　史部/地理類/方志之屬/郡縣志

[民國]嘉定縣續志十五卷首一卷末一卷附一卷　范鍾湘　陳傳德修　金念祖　黄世祚纂　民國十九年(1930)鉛印本　八冊

330000－1701－0020352　普 915.1244/10541/c2　史部/地理類/專志之屬/寺觀

七塔寺志八卷　陳寥士纂　民國二十六年(1937)鉛印本　一冊

330000－1701－0020354　普 915.1239/6037.2　史部/地理類/方志之屬/郡縣志

[民國]寶山縣再續志十七卷首一卷末一卷　吴葭修　王鍾琦纂　民國二十年(1931)鉛印本　二冊

330000－1701－0020355　普 915.1244/10541/c3　史部/地理類/專志之屬/寺觀

七塔寺志八卷　陳寥士纂　民國二十六年(1937)鉛印本　一冊

330000－1701－0020356　普 915.1239/6037　史部/地理類/方志之屬/郡縣志

[民國]寶山縣續志十七卷首一卷末一卷　張允高等修　錢淦　袁希濤纂　民國十年(1921)鉛印本　一冊

330000－1701－0020362　普 915.1244/1099　史部/地理類/方志之屬/郡縣志

[康熙]桃源鄉誌八卷　(清)臧麟炳　(清)杜德祥纂　民國二十三年(1934)汪煥章油印本　馮貞群校並跋　六冊

330000－1701－0020363　普 915.1239/60371　史部/地理類/方志之屬/郡縣志

[民國]寶山縣新志備稿十三卷　趙恩鉅修　王鍾琦纂　民國二十年(1931)鉛印本　一冊

330000－1701－0020372　普 915.1244/1037.02/c5　史部/地理類/方志之屬/郡縣志

[民國]鄞縣通志六志五十一編附圖一函　張傳保　汪煥章修　陳訓正　馬瀛纂　民國二十四年(1935)至一九五一年寧波鄞縣通志館鉛印本　二十六冊　存圖一函

330000－1701－0020374　普 915.1239/6099/2　史部/地理類/方志之屬/郡縣志

[嘉慶]南翔鎮志十二卷首一卷　(清)張承先纂　(清)程攸熙編　民國十三年(1924)南翔鳳翥樓鉛印本　四冊

330000－1701－0020378　普 915.1244/1037.02/c6　史部/地理類/方志之屬/郡縣志
[民國]鄞縣通志六志五十一編附圖一函　張傳保　汪煥章修　陳訓正　馬瀛纂　民國二十四年(1935)至一九五一年寧波鄞縣通志館鉛印本　二十二冊　存圖一函

330000－1701－0020380　普 915.1239/6099.2　史部/地理類/方志之屬/郡縣志
[民國]月浦里志十五卷首一卷附錄一卷　陳應康纂　民國二十三年(1934)鉛印本　二冊

330000－1701－0020396　普 915.12392/0052　史部/地理類/山川之屬/山志
狼五山志四卷　(明)王揚德撰　民國二十四年(1935)南通狼山廣教寺據明萬曆四十四年(1616)刻本影印本　二冊

330000－1701－0020406　普 915.1244/3035.02　史部/地理類/方志之屬/郡縣志
[民國]奉化縣補義志十卷　蔣堯裳纂　民國元年(1912)奉化趙氏剡曲草堂木活字印本　八冊

330000－1701－0020414　普 915.1244/3091/c1　史部/地理類/方志之屬/郡縣志
[光緒]剡源鄉志二十四卷首一卷　(清)趙霈濤纂　民國五年(1916)鉛印本　十冊

330000－1701－0020420　普 915.1244/3091/c2　史部/地理類/方志之屬/郡縣志
[光緒]剡源鄉志二十四卷首一卷　(清)趙霈濤纂　民國五年(1916)鉛印本　九冊　存二十一卷(四至二十四)

330000－1701－0020421　普 915.1244/3091/(2)/c2　史部/地理類/方志之屬/郡縣志
[光緒]剡源鄉志二十四卷首一卷　(清)趙霈濤纂　民國五年(1916)鉛印本　四冊

330000－1701－0020422　普 915.1244/3091/(2)/c3　史部/地理類/方志之屬/郡縣志
[光緒]剡源鄉志二十四卷首一卷　(清)趙霈濤纂　民國五年(1916)鉛印本　四冊

330000－1701－0020425　普 915.1244/3091/(2)/c1　史部/地理類/方志之屬/郡縣志
[光緒]剡源鄉志二十四卷首一卷　(清)趙霈濤纂　民國五年(1916)鉛印本　四冊

330000－1701－0020426　普 915.1244/3091/(2)/c4　史部/地理類/方志之屬/郡縣志
[光緒]剡源鄉志二十四卷首一卷　(清)趙霈濤纂　民國五年(1916)鉛印本　四冊

330000－1701－0020433　普 915.12392/5210　史部/地理類/山川之屬/山志
狼五山志四卷　(明)王揚德撰　民國二十四年(1935)南通狼山廣教寺據明萬曆四十四年(1616)刻本影印本　二冊

330000－1701－0020440　普 915.13/4250　史部/地理類/遊記之屬/紀行
東陲紀聞一卷　秦岱源撰　民國八年(1919)鉛印本　一冊

330000－1701－0020443　普 915.131/1143、普 915.131/0024、普 915.131/0024.2　類叢部/叢書類/郡邑之屬
遼海叢書八十種附一種　金毓黻編　民國二十年至二十三年(1931－1934)遼海書社鉛印本([康熙]廣寧縣志卷七至八原缺)　十一冊　存三種

330000－1701－0020446　普 915.1244/4037/c1　史部/地理類/方志之屬/郡縣志
[民國]鎮海縣志四十五卷首一卷　洪錫範　盛鴻燾修　王榮商　楊敏曾纂　**鎮海縣新志備稿二卷**　董祖羲纂　民國二十年(1931)上海蔚文印刷局鉛印本　二十四冊

330000－1701－0020449　普 915.1244/4037/c2　史部/地理類/方志之屬/郡縣志
[民國]鎮海縣志四十五卷首一卷　洪錫範　盛鴻燾修　王榮商　楊敏曾纂　**鎮海縣新志備稿二卷**　董祖羲纂　民國二十年(1931)上海蔚文印刷局鉛印本　二十四冊

330000－1701－0020450　普 915.13/4350
史部/雜史類/斷代之屬
僞滿現狀不分卷　中央設計局東北調查委員會編　民國三十四年(1945)中央設計局東北調查委員會油印本　一冊

330000－1701－0020451　普 915.1244/4037/(2)/c1　史部/地理類/方志之屬/郡縣志
[民國]鎮海縣志四十五卷首一卷　洪錫範　盛鴻燾修　王榮商　楊敏曾纂　民國二十年(1931)上海蔚文印刷局鉛印本　二十二冊

330000－1701－0020452　普 915.1244/4037/(2)/c3　史部/地理類/方志之屬/郡縣志
[民國]鎮海縣志四十五卷首一卷　洪錫範　盛鴻燾修　王榮商　楊敏曾纂　民國二十年(1931)上海蔚文印刷局鉛印本　二十一冊　缺五卷(三十一至三十五)

330000－1701－0020453　普 915.13/4627
史部/地理類/遊記之屬/紀行
病驥旅行記□□種　侯鴻鑑撰　民國無錫競志女學校鉛印本　一冊　存一種

330000－1701－0020454　普 915.1244/4037.02/c1　史部/地理類/輿圖之屬/郡縣
鎮海縣地圖不分卷　民國二十一年(1932)石印本　一冊

330000－1701－0020455　普 915.1244/4037.2/c1　史部/地理類/方志之屬/郡縣志
[民國]鎮海縣新志備稿二卷　董祖羲纂　民國二十年(1931)上海蔚文印刷局鉛印本　二冊

330000－1701－0020456　普 915.1244/4037/(2)/c2　史部/地理類/方志之屬/郡縣志
[民國]鎮海縣志四十五卷首一卷　洪錫範　盛鴻燾修　王榮商　楊敏曾纂　民國二十年(1931)上海蔚文印刷局鉛印本　二十二冊

330000－1701－0020457　普 915.1244/4037.2/c2　史部/地理類/方志之屬/郡縣志
[民國]鎮海縣新志備稿二卷　董祖羲纂　民國二十年(1931)上海蔚文印刷局鉛印本　二冊

330000－1701－0020458　普 915.131/0043
史部/地理類/雜志之屬
遼寧隨筆一卷　朱乃一纂輯　民國十八年(1929)鉛印本　一冊

330000－1701－0020459　普 915.131/1037
史部/地理類/方志之屬/郡縣志
[民國]瀋陽縣志十五卷首一卷　趙恭寅修　曾有翼等纂　民國六年(1917)鉛印本　六冊

330000－1701－0020461　普 915.131/00433
史部/地理類/雜志之屬
遼東文獻徵畧八卷校補一卷　金毓黻撰　民國十六年(1927)鉛印本　四冊

330000－1701－0020464　普 915.1244/4052/2　史部/地理類/山川之屬/山志
招寶山志二卷　(清)陳景沛　(清)周道遵纂　民國二十六年(1937)鉛印本　二冊

330000－1701－0020466　普 915.1244/5032/c1　史部/地理類/方志之屬/郡縣志
[道光]象山縣志二十二卷首一卷　(清)童立成　(清)吳錫疇修　(清)馮登府等纂　**象山文類二卷**　(清)邑人編　民國四年(1915)張鵬霄木活字印本　八冊

330000－1701－0020469　普 915.1244/4037.02/c2　史部/地理類/輿圖之屬/郡縣
鎮海縣地圖不分卷　民國二十一年(1932)石印本　一冊

330000－1701－0020470　普 915.131/1237
史部/地理類/方志之屬/郡縣志
[民國]鐵嶺縣志八卷　陳藝修　蔣齡益　鄭沛綸纂　**鐵嶺舊縣志二卷**　(清)董國祥等纂　民國六年(1917)鉛印本　一冊

330000－1701－0020473　普 915.1244/5032/c2　史部/地理類/方志之屬/郡縣志
[道光]象山縣志二十二卷首一卷　(清)童立成　(清)吳錫疇修　(清)馮登府等纂　**象山文類二卷**　(清)邑人編　民國四年(1915)張鵬霄木活字印本　八冊

330000－1701－0020474　普 915.1244/4037.02/c3　史部/地理類/輿圖之屬/郡縣

鎮海縣地圖不分卷　民國二十一年(1932)石印本　一册

330000－1701－0020475　普 915.131/3937　史部/地理類/方志之屬/郡縣志

[民國]興城縣志十五卷首一卷音義一卷　民國十六年(1927)鉛印本　四册

330000－1701－0020478　普 915.1244/5032/c3　史部/地理類/方志之屬/郡縣志

[道光]象山縣志二十二卷首一卷　(清)童立成　(清)吳錫疇修　(清)馮登府等纂　**象山文類二卷**　(清)邑人編　民國四年(1915)張鵬霄木活字印本　八册

330000－1701－0020480　普 915.131/2337　史部/地理類/方志之屬/郡縣志

[民國]遼中縣志二十九卷首一卷　徐維淮修　李植嘉等纂　民國十九年(1930)鉛印本　六册

330000－1701－0020481　普 915.131/4137　史部/地理類/方志之屬/郡縣志

[民國]綏中縣志十八卷首一卷　文鎰修　范炳勳等纂　民國十八年(1929)鉛印本　八册

330000－1701－0020483　普 915.131/4837　史部/地理類/方志之屬/郡縣志

[民國]興京縣志十五卷　沈國冕　蘇顯揚修　蘇民等纂　民國十四年(1925)鉛印本　四册

330000－1701－0020484　普 915.131/48371　史部/地理類/方志之屬/郡縣志

[光緒]奉天興京廳志十二卷首一卷末一卷　(清)馬俊顯修　(清)劉熙春纂　民國抄本　四册　存十一卷(三至十二、末)

330000－1701－0020485　普 915.131/4237　史部/地理類/方志之屬/郡縣志

[民國]錦西縣志六卷　劉煥文　張鑒唐修　郭逵纂　民國十八年(1929)鉛印本　六册

330000－1701－0020486　普 915.131/4637　史部/地理類/方志之屬/郡縣志

[民國]安東縣志八卷首一卷　關定保等修　于雲峰等纂　民國二十年(1931)鉛印本　六册

330000－1701－0020487　普 915.1244/5037/c1　史部/地理類/方志之屬/郡縣志

[民國]象山縣志三十二卷首一卷　李洣等修　陳漢章等纂　民國十六年(1927)寧波天勝印刷公司鉛印本　十九册　缺一卷(十一)

330000－1701－0020488　普 915.131/5637　史部/地理類/方志之屬/郡縣志

[民國]輯安縣志四卷　劉天成　俞榮慶　蘇顯揚修　張拱垣　于雲峰纂　民國二十年(1931)石印本　四册

330000－1701－0020489　普 915.1244/5037.08/c1　史部/地理類/方志之屬/郡縣志

象山縣志綱目説明書一卷　陳漢章撰　民國象城文華印制局石印本　一册

330000－1701－0020490　普 915.1244/5037/c3　史部/地理類/方志之屬/郡縣志

[民國]象山縣志三十二卷首一卷　李洣等修　陳漢章等纂　民國十六年(1927)寧波天勝印刷公司鉛印本　二十册

330000－1701－0020492　普 915.1244/5037.08/c2　史部/地理類/方志之屬/郡縣志

象山縣志綱目説明書一卷　陳漢章撰　民國象城文華印制局石印本　一册

330000－1701－0020493　普 915.1244/50371　史部/地理類/方志之屬/郡縣志

象山縣志志文存疑四卷　樊家楨編　民國三十六年(1947)鉛印本　一册

330000－1701－0020494　普 915.131/5133　史部/地理類/專志之屬/古跡

奉天古蹟攷一卷　金粱撰　民國四年(1915)奉天作新印刷局鉛印本　一册

330000－1701－0020495　普 915.1244/8035/c1　史部/地理類/山川之屬/山志

南田山雜誌一卷　(清)陳焯纂　民國石印本

張美翊跋　一冊

330000－1701－0020504　普 915.1244/8037/c1　史部/地理類/方志之屬/郡縣志

[民國]南田縣志三十五卷首一卷　吕耀鈐　厲家禎修　吕芝延　施仁緯纂　民國十九年(1930)鉛印本　二冊

330000－1701－0020506　普 915.1244/5037/c2　史部/地理類/方志之屬/郡縣志

[民國]象山縣志三十二卷首一卷　李洣等修　陳漢章等纂　民國十六年(1927)寧波天勝印刷公司鉛印本　十九冊　存三十一卷(二至三十二)

330000－1701－0020509　普 915.1244/8037/c3　史部/地理類/方志之屬/郡縣志

[民國]南田縣志三十五卷首一卷　吕耀鈐　厲家禎修　吕芝延　施仁緯纂　民國十九年(1930)鉛印本　二冊

330000－1701－0020510　普 915.132/0042　史部/地理類/雜志之屬

吉林地志一卷雞林舊聞録五卷　魏聲龢纂　民國二年(1913)吉長日報社鉛印本　章嶔題記　一冊

330000－1701－0020511　普 915.1244/8037/(2)　史部/地理類/方志之屬/郡縣志

[民國]南田縣志三十五卷首一卷　吕耀鈐　厲家禎修　吕芝延　施仁緯纂　民國十九年(1930)鉛印本　六冊

330000－1701－0020512　普 915.132/5337　史部/地理類/方志之屬/郡縣志

[民國]寧安縣志四卷　王世選修　梅文昭纂　民國十三年(1924)鉛印本　六冊

330000－1701－0020513　普 915.1244/8037/c2　史部/地理類/方志之屬/郡縣志

[民國]南田縣志三十五卷首一卷　吕耀鈐　厲家禎修　吕芝延　施仁緯纂　民國十九年(1930)鉛印本　二冊

330000－1701－0020514　普 915.132/1937　史部/地理類/方志之屬/郡縣志

[民國]農安縣志八卷　鄭士純修　朱衣點纂　民國十七年(1928)鉛印本　八冊

330000－1701－0020515　普 915.1244/8035/c2　史部/地理類/山川之屬/山志

南田山雜誌一卷　(清)陳焯纂　民國石印本　一冊

330000－1701－0020521　普 915.1244/9037/c1　史部/地理類/方志之屬/郡縣志

[民國]定海縣志十六卷首一卷　陳訓正　馬瀛纂修　施臯　顏聖介　張紀隆測繪　民國十三年(1924)旅滬同鄉會鉛印本　六冊

330000－1701－0020522　普 915.1244/9037/c4　史部/地理類/方志之屬/郡縣志

[民國]定海縣志十六卷首一卷　陳訓正　馬瀛纂修　施臯　顏聖介　張紀隆測繪　民國十三年(1924)旅滬同鄉會鉛印本　六冊

330000－1701－0020524　普 915.1244/9037/c5　史部/地理類/方志之屬/郡縣志

[民國]定海縣志十六卷首一卷　陳訓正　馬瀛纂修　施臯　顏聖介　張紀隆測繪　民國十三年(1924)旅滬同鄉會鉛印本　六冊

330000－1701－0020525　普 915.1244/9037/c2　史部/地理類/方志之屬/郡縣志

[民國]定海縣志十六卷首一卷　陳訓正　馬瀛纂修　施臯　顏聖介　張紀隆測繪　民國十三年(1924)旅滬同鄉會鉛印本　六冊

330000－1701－0020527　普 915.1244/9037/c3　史部/地理類/方志之屬/郡縣志

[民國]定海縣志十六卷首一卷　陳訓正　馬瀛纂修　施臯　顏聖介　張紀隆測繪　民國十三年(1924)旅滬同鄉會鉛印本　六冊

330000－1701－0020528　普 915.1244/9037/c6　史部/地理類/方志之屬/郡縣志

[民國]定海縣志十六卷首一卷　陳訓正　馬瀛纂修　施臯　顏聖介　張紀隆測繪　民國十三年(1924)旅滬同鄉會鉛印本　六冊

330000－1701－0020529　普 915.133/0037/c1　史部/地理類/方志之屬/通志

[民國]黑龍江志稿六十二卷首一卷附大事志四卷　萬福麟修　張伯英等纂　民國二十一年至二十二年(1932－1933)鉛印本　三十二冊

330000－1701－0020530　普 915. 133/00371/c1　史部/地理類/方志之屬/郡縣志
[民國]黑龍江通志綱要二卷　金梁纂修　民國十四年(1925)鉛印本　二冊

330000－1701－0020532　普 915. 133/0037/c2　史部/地理類/方志之屬/通志
[民國]黑龍江志稿六十二卷首一卷附大事志四卷　萬福麟修　張伯英等纂　民國二十一年至二十二年(1932－1933)鉛印本　三十二冊

330000－1701－0020537　普 915. 133/00371/c2　史部/地理類/方志之屬/通志
[民國]黑龍江通志綱要二卷　金梁纂修　民國十四年(1925)鉛印本　二冊

330000－1701－0020543　普 915. 133/1137　史部/地理類/雜志之屬
景星縣狀況不分卷　民國油印本　一冊

330000－1701－0020546　普 915. 1244/9052. 4/(2)　史部/地理類/山川之屬/山志
普陀洛迦新志十二卷首一卷　許止淨述　王亨彥輯　民國二十年(1931)鉛印本　四冊

330000－1701－0020547　普 915. 133/3937　史部/地理類/方志之屬/郡縣志
[民國]綏化縣志十二卷　常蔭廷修　胡鏡海　張海清纂　民國十年(1921)鉛印本　六冊

330000－1701－0020550　普 915. 1244/9052. 5/c1　史部/地理類/山川之屬/山志
普陀洛迦山志十二卷　王亨彥輯　民國十七年(1928)鉛印本　四冊

330000－1701－0020552　普 915. 133/4237　史部/地理類/方志之屬/郡縣志
[民國]呼蘭縣志八卷首一卷　廖飛鵬修　柯寅纂　民國十九年(1930)鉛印本　八冊

330000－1701－0020554　普 915. 134/00431　史部/地理類/雜志之屬
熱河內屬中國及行宮駐防始末記一卷　(清)曼殊逸叟撰　王松闕譯　民國二十一年(1932)石印本　一冊

330000－1701－0020557　普 915. 133/2137　史部/地理類/方志之屬/郡縣志
[民國]訥河縣志十二卷　崔福坤修　叢紹卿纂　民國二十年(1931)雙城縣精益書局鉛印本　六冊

330000－1701－0020559　普 915. 14/4640　史部/地理類/遊記之屬/紀行
北草地旅行記一卷附錄一卷　李德貽撰　民國二十五年(1936)鉛印本　一冊

330000－1701－0020560　普 915. 1244/9091/c1　史部/地理類/方志之屬/郡縣志
[民國]岱山鎮志二十卷首一卷　湯濬纂　沈立恭繪圖　民國十六年(1927)定海湯氏一某軒木活字印本　四冊

330000－1701－0020563　普 915. 14/4675/c2　史部/地理類/遊記之屬/紀行
塞外紀程一卷　(清)陳法撰　民國二十二年(1933)鉛印本　一冊

330000－1701－0020564　普 915. 1245/0022/c1　史部/地理類/方志之屬/郡縣志
嘉泰會稽志二十卷　(宋)沈作賓修　(宋)施宿等纂　民國十五年(1926)據清嘉慶十三年(1808)采鞠軒刻本影印本　九冊

330000－1701－0020566　普 915. 1245/0018　史部/地理類/雜志之屬
紹興史蹟風土叢談□□卷　錢伯華輯　稿本　二十五冊　存二十五卷(一至二十五)

330000－1701－0020567　普 915. 14/4675/c1　史部/地理類/遊記之屬/紀行
塞外紀程一卷　(清)陳法撰　民國二十二年(1933)鉛印本　一冊

330000－1701－0020568　普 915. 1245/0022/c2　史部/地理類/方志之屬/郡縣志

嘉泰會稽志二十卷 (宋)沈作賓修 (宋)施宿等纂 民國十五年(1926)據清嘉慶十三年(1808)采鞠軒刻本影印本 九冊

330000－1701－0020569 普915.1244/9091/c2 史部/地理類/方志之屬/郡縣志
[民國]岱山鎮志二十卷首一卷 湯濬纂 沈立恭繪圖 民國十六年(1927)定海湯氏一某軒木活字印本 四冊

330000－1701－0020571 普915.1244/9091/c3 史部/地理類/方志之屬/郡縣志
[民國]岱山鎮志二十卷首一卷 湯濬纂 沈立恭繪圖 民國十六年(1927)定海湯氏一某軒木活字印本 四冊

330000－1701－0020572 普915.14/8710 史部/地理類/雜志之屬
近邊建置概略一卷 王賡撰 民國二年(1913)鉛印本 一冊

330000－1701－0020573 普915.1245/0022.2/c1 史部/地理類/方志之屬/郡縣志
[寶慶]會稽續志八卷 (宋)張淏纂修 民國十五年(1926)據清嘉慶十三年(1808)刻本影印本 三冊

330000－1701－0020575 普915.1244/9052.5/c2 史部/地理類/山川之屬/山志
普陀洛迦山志十二卷 王亨彥輯 民國十七年(1928)鉛印本 四冊

330000－1701－0020576 普915.1245/0022.2/c2 史部/地理類/方志之屬/郡縣志
[寶慶]會稽續志八卷 (宋)張淏纂修 民國十五年(1926)據清嘉慶十三年(1808)刻本影印本 三冊

330000－1701－0020579 普915.141/6480 史部/地理類/山川之屬/山志
蒙古山脈志三卷 谷思慎撰 民國鉛印本 一冊

330000－1701－0020580 普915.1245/0022.2/c3 史部/地理類/方志之屬/郡縣志
[寶慶]會稽續志八卷 (宋)張淏纂修 民國十五年(1926)據清嘉慶十三年(1808)刻本影印本 三冊

330000－1701－0020582 普915.1244/9052.5/c3 史部/地理類/山川之屬/山志
普陀洛迦山志十二卷 王亨彥輯 民國十七年(1928)鉛印本 四冊

330000－1701－0020584 普915.141/3027 史部/地理類/雜志之屬
塞外見聞錄一卷 民國陳筱軒抄本 一冊

330000－1701－0020587 普915.1244/9052.5/c4 史部/地理類/山川之屬/山志
普陀洛迦山志十二卷 王亨彥輯 民國十七年(1928)鉛印本 四冊

330000－1701－0020591 普915.141/43102/c1 史部/叢編
蒙古史料校注四種附二種 王國維撰 民國十五年(1926)清華學校研究院鉛印本 四冊

330000－1701－0020593 普915.142/0037/c1 史部/地理類/方志之屬/通志
[民國]察哈爾省通志二十八卷首一卷 宋哲元等修 梁建章等纂 民國二十四年(1935)鉛印本 十二冊

330000－1701－0020596 普915.141/43102/c2 史部/叢編
蒙古史料校注四種附二種 王國維撰 民國十五年(1926)清華學校研究院鉛印本 四冊

330000－1701－0020598 普915.141/43102/c3 史部/叢編
蒙古史料校注四種附二種 王國維撰 民國十五年(1926)清華學校研究院鉛印本 四冊

330000－1701－0020600 普915.142/0037/c2 史部/地理類/方志之屬/通志
[民國]察哈爾省通志二十八卷首一卷 宋哲元等修 梁建章等纂 民國二十四年(1935)鉛印本 十二冊

330000－1701－0020601 普915.141/43102/c4 史部/叢編

蒙古史料校注四種附二種　王國維撰　民國十五年(1926)清華學校研究院鉛印本　四册

330000－1701－0020603　普915.1245/0029.06/c1　史部/地理類/方志之屬/郡縣志
乾隆紹興府志校記不分卷　(清)李慈銘撰　民國十八年(1929)鉛印本　一册

330000－1701－0020607　普915.1245/0029.06/c2　史部/地理類/方志之屬/郡縣志
乾隆紹興府志校記不分卷　(清)李慈銘撰　民國十八年(1929)鉛印本　一册

330000－1701－0020608　普915.142/5491　史部/地理類/方志之屬/郡縣志
[民國]居庸志畧一卷　程恩暄撰　民國二十四年(1935)石印本　一册

330000－1701－0020609　普915.1245/0029.06/c3　史部/地理類/方志之屬/郡縣志
乾隆紹興府志校記不分卷　(清)李慈銘撰　民國十八年(1929)鉛印本　一册

330000－1701－0020612　普915.1245/00421　史部/地理類/雜志之屬
紹興新年竹枝詞一卷　(清)錢蘿峰撰　**清明掃墓竹枝詞一卷**　(清)戴春波撰　民國抄本　一册

330000－1701－0020613　普915.1245/0029.06/c4　史部/地理類/方志之屬/郡縣志
乾隆紹興府志校記不分卷　(清)李慈銘撰　民國十八年(1929)鉛印本　一册

330000－1701－0020615　普915.143/5737　史部/地理類/方志之屬/郡縣志
[民國]臨河縣志三卷　吕咸　白保莊修　王文墀纂　民國二十年(1931)鉛印本　三册

330000－1701－0020617　普915.144/0037/c1　史部/地理類/方志之屬/郡縣志
[民國]朔方道志三十一卷首一卷　馬福祥　陳必淮修　王之臣纂　民國十六年(1927)天津華泰印書館鉛印本　八册

330000－1701－0020619　普915.143/1137/c1　史部/地理類/方志之屬/郡縣志
[民國]歸綏縣志不分卷　鄭植昌修　鄭裕孚纂　民國二十三年(1934)鉛印本　三册

330000－1701－0020621　普915.144/0037/(2)　史部/地理類/方志之屬/郡縣志
[民國]朔方道志三十一卷首一卷　馬福祥　陳必淮修　王之臣纂　民國十六年(1927)天津華泰印書館鉛印本　七册　缺四卷(十六至十九)

330000－1701－0020623　普915.144/0037/c2　史部/地理類/方志之屬/郡縣志
[民國]朔方道志三十一卷首一卷　馬福祥　陳必淮修　王之臣纂　民國十六年(1927)天津華泰印書館鉛印本　八册

330000－1701－0020625　普915.143/1137/c2　史部/地理類/方志之屬/郡縣志
[民國]歸綏縣志不分卷　鄭植昌修　鄭裕孚纂　民國二十三年(1934)鉛印本　三册

330000－1701－0020626　普915.144/0037/(3)　史部/地理類/方志之屬/郡縣志
[民國]朔方道志三十一卷首一卷　馬福祥　陳必淮修　王之臣纂　民國十六年(1927)天津華泰印書館鉛印本　二册

330000－1701－0020632　普915.1245/0029.06/c5　史部/地理類/方志之屬/郡縣志
乾隆紹興府志校記不分卷　(清)李慈銘撰　民國十八年(1929)鉛印本　一册

330000－1701－0020634　HJL0922　類叢部/叢書類/郡邑之屬
安徽叢書六期二十五種　安徽叢書編審會輯　民國二十一年至二十五年(1932－1936)影印本　十六册　存第一期十種

330000－1701－0020654　普081.245/0037　集部/總集類/郡邑之屬
會稽郡故書雜集八種　周作人輯　民國四年(1915)會稽周氏刻本　一册

330000－1701－0020669　普915.1512/2037　史部/地理類/方志之屬/郡縣志

[民國]襄陵縣新志二十四卷 李世祐修 劉師亮纂 民國十二年(1923)刻本 八册

330000－1701－0020670 普915.1245/1031/2/c4 史部/地理類/方志之屬/郡縣志
紹興縣志四種合刊 紹興縣修志委員會輯 民國二十五年(1936)紹興縣修志委員會鉛印本(道光會稽縣志稾卷二至五、十至十三、二十至二十二原缺) 七册 存一種

330000－1701－0020671 普915.1245/2027/3/c1、普915.1245/1031/2/c5、普915.1245/2032/c1、普915.1245/3012/c1 史部/地理類/方志之屬/郡縣志
紹興縣志四種合刊 紹興縣修志委員會輯 民國二十五年(1936)紹興縣修志委員會鉛印本(道光會稽縣志稾卷二至五、十至十三、二十至二十二原缺) 三十册

330000－1701－0020672 普915.1245/1031/c2 史部/地理類/方志之屬/郡縣志
紹興縣志四種合刊 紹興縣修志委員會輯 民國二十五年(1936)紹興縣修志委員會鉛印本(道光會稽縣志稾卷二至五、十至十三、二十至二十二原缺) 七册 存一種

330000－1701－0020674 普915.1245/2027/3/c3、普915.1245/2032/c3 史部/地理類/方志之屬/郡縣志
紹興縣志四種合刊 紹興縣修志委員會輯 民國二十五年(1936)紹興縣修志委員會鉛印本(道光會稽縣志稾卷二至五、十至十三、二十至二十二原缺) 七册 存二種

330000－1701－0020676 普915.1245/2027/3/c4、普915.1245/2032/c4 史部/地理類/方志之屬/郡縣志
紹興縣志四種合刊 紹興縣修志委員會輯 民國二十五年(1936)紹興縣修志委員會鉛印本(道光會稽縣志稾卷二至五、十至十三、二十至二十二原缺) 七册 存二種

330000－1701－0020677 普915.1245/1031.06/c1 史部/地理類/方志之屬/郡縣志
[嘉慶]山陰縣志校記一卷 (清)李慈銘撰 民國十九年(1930)鉛印本 一册

330000－1701－0020678 普915.1245/1031/2/c3 史部/地理類/方志之屬/郡縣志
紹興縣志四種合刊 紹興縣修志委員會輯 民國二十五年(1936)紹興縣修志委員會鉛印本(道光會稽縣志稾卷二至五、十至十三、二十至二十二原缺) 七册 存一種

330000－1701－0020679 普915.1245/1031/3 史部/地理類/方志之屬/郡縣志
[嘉慶]山陰縣志三十卷首一卷 (清)徐元梅修 (清)朱文翰等纂 民國二十四年(1935)紹興新聞日報社鉛印本 四册

330000－1701－0020683 普915.1245/1031.06/c4 史部/地理類/方志之屬/郡縣志
[嘉慶]山陰縣志校記一卷 (清)李慈銘撰 民國十九年(1930)鉛印本 一册

330000－1701－0020684 普915.1245/1031.06/c5 史部/地理類/方志之屬/郡縣志
[嘉慶]山陰縣志校記一卷 (清)李慈銘撰 民國十九年(1930)鉛印本 一册

330000－1701－0020687 普915.1512/7037 史部/地理類/方志之屬/郡縣志
[民國]新修曲沃縣志三十卷 鄔漢章等修 仇汝功纂 民國十七年(1928)鉛印本 六册

330000－1701－0020690 普915.1512/9037 史部/地理類/方志之屬/郡縣志
[民國]鄉寧縣志十六卷首一卷 趙祖抃修 吴庚 趙意空纂 民國六年(1917)刻本 六册

330000－1701－0020692 普915.1245/1031.06/c2 史部/地理類/方志之屬/郡縣志
[嘉慶]山陰縣志校記一卷 (清)李慈銘撰 民國十九年(1930)鉛印本 一册

330000－1701－0020694 普915.1245/1031.06/c3 史部/地理類/方志之屬/郡縣志
[嘉慶]山陰縣志校記一卷 (清)李慈銘撰 民國十九年(1930)鉛印本 一册

330000－1701－0020699　普915.1513/2037　史部/地理類/方志之屬/郡縣志
[民國]臨晉縣志十六卷附錄一卷　俞家驥　許鑑觀修　趙意空　于廷梁纂　民國十二年(1923)鉛印本　四册

330000－1701－0020700　普915.1245/2057.2/c2　史部/地理類/專志之屬/古跡
蘭亭志四卷附錄近人題詠一卷　張若霞編　民國二十五年(1936)鉛印本　一册

330000－1701－0020702　普915.1245/2057.2/c3　史部/地理類/專志之屬/古跡
蘭亭志四卷附錄近人題詠一卷　張若霞編　民國二十五年(1936)鉛印本　一册

330000－1701－0020703　普915.1245/2027/3/c2、普915.1245/1031/2/c6、普915.1245/2032/c1、普915.1245/3012/c1　史部/地理類/方志之屬/郡縣志
紹興縣志四種合刊　紹興縣修志委員會輯　民國二十五年(1936)紹興縣修志委員會鉛印本(道光會稽縣志稾卷二至五、十至十三、二十至二十二原缺)　三十册

330000－1701－0020704　普915.1245/2057.2/c4　史部/地理類/專志之屬/古跡
蘭亭志四卷附錄近人題詠一卷　張若霞編　民國二十七年(1938)鉛印本　一册

330000－1701－0020708　普915.1245/1054　史部/傳記類/總傳之屬/郡邑
龍山詩巢志略四卷　錢繩武輯　民國二十二年(1933)鉛印本　一册

330000－1701－0020712　普915.1245/2059　史部/地理類/專志之屬/祠墓
會稽山大禹陵廟攷略不分卷　賀揚靈輯　民國二十四年(1935)鉛印本　一册

330000－1701－0020718　普915.1245/3012/c3　史部/地理類/方志之屬/郡縣志
紹興縣志四種合刊　紹興縣修志委員會輯　民國二十五年(1936)紹興縣修志委員會鉛印本(道光會稽縣志稾卷二至五、十至十三、二十至二十二原缺)　十六册　存一種

330000－1701－0020725　普915.1245/3012/c4　史部/地理類/方志之屬/郡縣志
紹興縣志四種合刊　紹興縣修志委員會輯　民國二十五年(1936)紹興縣修志委員會鉛印本(道光會稽縣志稾卷二至五、十至十三、二十至二十二原缺)　十六册　存一種

330000－1701－0020728　普915.1245/3038/c1　史部/地理類/方志之屬/郡縣志
[民國]紹興地志述略不分卷　尹幼蓮纂　民國二十年(1931)鉛印本　一册

330000－1701－0020733　普915.1245/3038/c3　史部/地理類/方志之屬/郡縣志
[民國]紹興地志述略不分卷　尹幼蓮纂　民國二十年(1931)鉛印本　一册

330000－1701－0020736　普915.1245/3038/c4　史部/地理類/方志之屬/郡縣志
[民國]紹興地志述略不分卷　尹幼蓮纂　民國二十年(1931)鉛印本　一册

330000－1701－0020737　普915.1245/3038/c2　史部/地理類/方志之屬/郡縣志
[民國]紹興地志述略不分卷　尹幼蓮纂　民國二十年(1931)鉛印本　一册

330000－1701－0020740　普915.1245/3043　史部/政書類/邦計之屬/通紀
以紹興富國一卷　韓迪周撰　民國鉛印本　一册

330000－1701－0020745　普915.1245/3042　集部/別集類/清別集
鑑湖竹枝詞一卷　(清)魯忠撰　民國抄本　一册

330000－1701－0020751　普915.1517/3032/c1　史部/地理類/方志之屬/郡縣志
[道光]偏關志二卷　(明)盧承業修　(清)馬振文增修　王有宗纂　民國四年(1915)鉛印本　二册

330000－1701－0020755　普915.1245/3054/

2　史部/地理類/專志之屬/寺觀
雲門顯聖寺志十六卷　(清)趙甸編　民國三十五年(1946)抄本　董柏厓題記　三冊

330000－1701－0020758　普 915.1517/3032/c2　史部/地理類/方志之屬/郡縣志
[道光]偏關志二卷　(明)盧承業修　(清)馬振文增修　王有宗纂　民國四年(1915)鉛印本　二冊

330000－1701－0020767　普 915.1245/30542　史部/地理類/專志之屬/寺觀
倉帝廟志一卷　(清)劉正誼編　**續倉帝廟志一卷**　陳艮仙　周毅修輯　**臥龍山倉帝廟立石記一卷**　唐風撰　**西園雅集小約一卷**　王世裕撰　民國二十一年(1932)山陰周氏鉛印本　一冊

330000－1701－0020774　普 915.1245/30544/c1　史部/地理類/專志之屬/祠墓
越祠紀略一卷　曾厚章編　民國九年(1920)鉛印本　一冊

330000－1701－0020775　普 915.1245/30542.2　史部/地理類/專志之屬/寺觀
蒼祠春秋一卷　陳慶均　周智濬撰　民國二十五年(1936)鉛印本　一冊

330000－1701－0020777　普 915.15193/1062/c1　史部/地理類/山川之屬/山志
清涼山志八卷首一卷　(明)釋鎮澄修　釋印光增訂　民國二十二年(1933)鉛印本　二冊

330000－1701－0020780　普 915.1245/30544/c2　史部/地理類/專志之屬/祠墓
越祠紀略一卷　曾厚章編　民國十二年(1923)鉛印本　一冊

330000－1701－0020782　普 915.1245/30544/c3　史部/地理類/專志之屬/祠墓
越祠紀略一卷　曾厚章編　民國十二年(1923)鉛印本　一冊

330000－1701－0020783　普 915.15193/1062/c2　史部/地理類/山川之屬/山志
清涼山志八卷首一卷　(明)釋鎮澄修　釋印光增訂　民國二十二年(1933)鉛印本　二冊

330000－1701－0020795　普 915.1245/30542.3/c1　史部/地理類/專志之屬/祠墓
臥龍山倉帝廟立石記一卷　唐風撰　**西園雅集小約一卷**　王世裕撰　民國二十一年(1932)山陰周氏鉛印本　一冊

330000－1701－0020800　普 915.1245/4037/c1　史部/地理類/方志之屬/郡縣志
[民國]蕭山縣志稿三十三卷首一卷末一卷　彭延慶修　姚瑩俊纂　張宗海續修　楊士龍續纂　民國二十四年(1935)鉛印本　十六冊

330000－1701－0020801　普 915.1245/4037/c3　史部/地理類/方志之屬/郡縣志
[民國]蕭山縣志稿三十三卷首一卷末一卷　彭延慶修　姚瑩俊纂　張宗海續修　楊士龍續纂　民國二十四年(1935)鉛印本　十六冊

330000－1701－0020802　普 915.1245/30542.3/c2　史部/地理類/專志之屬/祠墓
臥龍山倉帝廟立石記一卷　唐風撰　**西園雅集小約一卷**　王世裕撰　民國二十一年(1932)山陰周氏鉛印本　一冊

330000－1701－0020805　普 915.1245/4037/c2　史部/地理類/方志之屬/郡縣志
[民國]蕭山縣志稿三十三卷首一卷末一卷　彭延慶修　姚瑩俊纂　張宗海續修　楊士龍續纂　民國二十四年(1935)鉛印本　十六冊

330000－1701－0020809　普 915.1245/4042　史部/地理類/水利之屬
蕭山河蕩紀念錄不分卷　莫延贊　曹鼎新　樓鳳郊編　民國九年(1920)蕭山合義和書局鉛印本　一冊

330000－1701－0020812　普 915.1245/4037/c4　史部/地理類/方志之屬/郡縣志
[民國]蕭山縣志稿三十三卷首一卷末一卷　彭延慶修　姚瑩俊纂　張宗海續修　楊士龍續纂　民國二十四年(1935)鉛印本　十六冊

330000－1701－0020815　普 915.1245/4076.2/c1　史部/地理類/山川之屬/水志

蕭山湘湖志八卷外編一卷續志一卷　周易藻編　民國十六年(1927)周氏鉛印本　二册

330000－1701－0020816　普915.1245/4076.2/c3　史部/地理類/山川之屬/水志
蕭山湘湖志八卷外編一卷續志一卷　周易藻編　民國十六年(1927)周氏鉛印本　五册

330000－1701－0020817　普915.1245/4076.2/c4　史部/地理類/山川之屬/水志
蕭山湘湖志八卷外編一卷續志一卷　周易藻編　民國十六年(1927)周氏鉛印本　五册

330000－1701－0020818　普915.1245/4076.2/c2　史部/地理類/山川之屬/水志
蕭山湘湖志八卷外編一卷續志一卷　周易藻編　民國十六年(1927)周氏鉛印本　五册

330000－1701－0020834　普915.152/3746　史部/地理類/方志之屬/郡縣志
[民國]續修陜西通志稿二百二十四卷首一卷　楊虎城　邵力子修　宋伯魯　吳廷錫纂　民國二十三年(1934)鉛印本　一百二十二册

330000－1701－0020843　普915.1245/5044/2　史部/地理類/雜志之屬
經野規畧二卷正卷一卷　(明)劉光復撰　民國鉛印本　四册

330000－1701－0020848　普915.152/4244　史部/叢編
鄉土志叢編第一集十種　燕京大學圖書館輯　民國二十六年(1937)燕京大學圖書館鉛印本　十册

330000－1701－0020852　普915.152/4632/c2　史部/傳記類/日記之屬
秦輶日記一卷　(清)潘祖蔭撰　民國三年(1914)西泠印社木活字印本　秦頌如批點、題簽並記　二册

330000－1701－0020853　普915.152/4632/c1　史部/傳記類/日記之屬
秦輶日記一卷　(清)潘祖蔭撰　民國三年(1914)西泠印社木活字印本　二册

330000－1701－0020855　普915.152/4623/c1　史部/地理類/遊記之屬/紀行
秦游日錄一卷登太華記一卷　傅增湘撰　民國二十二年(1933)藏園刻本　一册

330000－1701－0020858　普915.1245/60421　集部/别集類/清别集
步梅詩鈔續編二卷　(清)宋夢良撰　民國抄本　二册

330000－1701－0020859　普915.152/4623/c2　史部/地理類/遊記之屬/紀行
秦游日錄一卷登太華記一卷　傅增湘撰　民國二十二年(1933)藏園刻本　一册

330000－1701－0020865　普915.152/4632/c3　史部/傳記類/日記之屬
秦輶日記一卷　(清)潘祖蔭撰　民國三年(1914)西泠印社木活字印本　二册

330000－1701－0020868　普915.1245/5076/c2　史部/地理類/雜志之屬
經野規畧二卷正卷一卷　(明)劉光復撰　民國鉛印本　四册

330000－1701－0020872　普915.1512/1031/c1　史部/地理類/方志之屬/郡縣志
[嘉慶]長安縣志三十六卷　(清)張聰賢修　(清)董曾臣纂　民國二十五年(1936)鉛印本　六册

330000－1701－0020873　普915.1245/60991/c1　史部/地理類/方志之屬/郡縣志
[民國]餘姚六倉志四十四卷首一卷末一卷　楊積芳纂　杜志文　張德海測繪　民國九年(1920)鉛印本　八册

330000－1701－0020877　普915.1245/60991/c2　史部/地理類/方志之屬/郡縣志
[民國]餘姚六倉志四十四卷首一卷末一卷　楊積芳纂　杜志文　張德海測繪　民國九年(1920)鉛印本　八册

330000－1701－0020878　普915.1512/1031/c2　史部/地理類/方志之屬/郡縣志
[嘉慶]長安縣志三十六卷　(清)張聰賢修

(清)董曾臣纂　民國二十五年(1936)鉛印本　六冊

330000－1701－0020879　普 915.1512/1031/c3　史部/地理類/方志之屬/郡縣志
[嘉慶]長安縣志三十六卷　(清)張聰賢修　(清)董曾臣纂　民國二十五年(1936)鉛印本　六冊

330000－1701－0020880　普 915.1512/1031/c4　史部/地理類/方志之屬/郡縣志
[嘉慶]長安縣志三十六卷　(清)張聰賢修　(清)董曾臣纂　民國二十五年(1936)鉛印本　五冊　缺五卷(二十三至二十七)

330000－1701－0020884　普 811.104/4048.3/c1　集部/詩文評類/詩評之屬
批本隨園詩話十六卷補遺十卷附錄一卷　冒廣生撰　民國六年(1917)中國圖書公司和記鉛印本　二冊

330000－1701－0020890　普 915.1521/1037/c1　史部/地理類/方志之屬/郡縣志
[民國]咸寧長安兩縣續志二十二卷　翁檉修　宋聯奎纂　張綱維　樊思敬繪圖　民國二十五年(1936)鉛印本　朱惠清題記　六冊

330000－1701－0020892　普 915.1521/10511　史部/地理類/方志之屬/郡縣志
[熙寧]長安志二十卷　(宋)宋敏求纂　**長安志圖三卷**　(元)李好文撰　民國二十年(1931)長安縣志局鉛印本　一冊　存三卷(長安志圖一至三)

330000－1701－0020895　普 915.1521/1037/c2　史部/地理類/方志之屬/郡縣志
[民國]咸寧長安兩縣續志二十二卷　翁檉修　宋聯奎纂　張綱維　樊思敬繪圖　民國二十五年(1936)鉛印本　六冊

330000－1701－0020898　普 915.1245/7079　史部/政書類/公牘檔冊之屬
浙紹上虞石塘徵信錄不分卷　民國鉛印本　一冊

330000－1701－0020899　普 915.1521/1531/c1　史部/地理類/方志之屬/郡縣志
[嘉慶]咸寧縣志二十六卷首一卷　(清)高廷法　(清)沈琮修　(清)陸耀遹　(清)董祐誠纂　民國二十五年(1936)鉛印本　朱惠清題記　八冊

330000－1701－0020900　普 915.1245/7091/c1　史部/地理類/方志之屬/郡縣志
[民國]松夏志十二卷附上湖文鈔二卷首一卷松陵文略二卷首一卷　連光樞纂　民國二十年(1931)枕湖樓鉛印本　四冊

330000－1701－0020903　普 915.1521/1037/c3　史部/地理類/方志之屬/郡縣志
[民國]咸寧長安兩縣續志二十二卷　翁檉修　宋聯奎纂　張綱維　樊思敬繪圖　民國二十五年(1936)鉛印本　六冊

330000－1701－0020904　普 915.1521/1531/c2　史部/地理類/方志之屬/郡縣志
[嘉慶]咸寧縣志二十六卷首一卷　(清)高廷法　(清)沈琮修　(清)陸耀遹　(清)董祐誠纂　民國二十五年(1936)鉛印本　八冊

330000－1701－0020906　普 915.1245/7091/c2　史部/地理類/方志之屬/郡縣志
[民國]松夏志十二卷附上湖文鈔二卷首一卷松陵文略二卷首一卷　連光樞纂　民國二十年(1931)枕湖樓鉛印本　四冊

330000－1701－0020907　普 915.1245/7091/c3　史部/地理類/方志之屬/郡縣志
[民國]松夏志十二卷附上湖文鈔二卷首一卷松陵文略二卷首一卷　連光樞纂　民國二十年(1931)枕湖樓鉛印本　四冊

330000－1701－0020908　普 915.1521/1531/c3　史部/地理類/方志之屬/郡縣志
[嘉慶]咸寧縣志二十六卷首一卷　(清)高廷法　(清)沈琮修　(清)陸耀遹　(清)董祐誠纂　民國二十五年(1936)鉛印本　八冊

330000－1701－0020910　普 915.1521/1037/c4　史部/地理類/方志之屬/郡縣志
[民國]咸寧長安兩縣續志二十二卷　翁檉修

宋聯奎纂　張綗維　樊思敬繪圖　民國二十五年(1936)鉛印本　六册

330000－1701－0020912　普 915.1521/1531/c4　史部/地理類/方志之屬/郡縣志
[嘉慶]咸寧縣志二十六卷首一卷　(清)高廷法　(清)沈琮修　(清)陸耀遹　(清)董祐誠纂　民國二十五年(1936)鉛印本　八册

330000－1701－0020920　普 915.1521/2059/c1　史部/地理類/專志之屬/祠墓
周陵志十卷首一卷　吳廷錫等編　民國二十三年(1934)鉛印本　二册

330000－1701－0020925　普 915.1521/2059/c2　史部/地理類/專志之屬/祠墓
周陵志十卷首一卷　吳廷錫等編　民國二十三年(1934)鉛印本　二册

330000－1701－0020927　普 915.1521/2037　史部/地理類/方志之屬/郡縣志
[民國]重修咸陽縣志八卷　劉安國修　吳廷錫　馮光裕纂　民國二十一年(1932)鉛印本　五册

330000－1701－0020929　普 915.1521/2059/c3　史部/地理類/專志之屬/祠墓
周陵志十卷首一卷　吳廷錫等編　民國二十三年(1934)鉛印本　四册

330000－1701－0020934　普 915.1245/8037/c1　史部/地理類/方志之屬/郡縣志
[民國]嵊縣志三十二卷首一卷　牛蔭麐　羅毅修　丁謙　余重耀纂　民國二十四年(1935)鉛印本　二十册

330000－1701－0020935　普 915.1521/2537/c1　史部/地理類/方志之屬/郡縣志
[民國]興平縣志八卷　王廷珪修　張元際　徐懷璋　馮光裕纂　民國二十一年(1932)鉛印本　四册

330000－1701－0020936　普 915.1521/2537/c2　史部/地理類/方志之屬/郡縣志
[民國]興平縣志八卷　王廷珪修　張元際　徐懷璋　馮光裕纂　民國二十一年(1932)鉛印本　四册

330000－1701－0020938　普 915.1245/8037/c2　史部/地理類/方志之屬/郡縣志
[民國]嵊縣志三十二卷首一卷　牛蔭麐　羅毅修　丁謙　余重耀纂　民國二十四年(1935)鉛印本　二十册

330000－1701－0020939　普 915.1245/8037/c3　史部/地理類/方志之屬/郡縣志
[民國]嵊縣志三十二卷首一卷　牛蔭麐　羅毅修　丁謙　余重耀纂　民國二十四年(1935)鉛印本　二十册

330000－1701－0020940　普 915.1245/8037/c4　史部/地理類/方志之屬/郡縣志
[民國]嵊縣志三十二卷首一卷　牛蔭麐　羅毅修　丁謙　余重耀纂　民國二十四年(1935)鉛印本　二十册

330000－1701－0020944　普 915.1245/8037/c5　史部/地理類/方志之屬/郡縣志
[民國]嵊縣志三十二卷首一卷　牛蔭麐　羅毅修　丁謙　余重耀纂　民國二十四年(1935)鉛印本　十六册　缺七卷(六至十二)

330000－1701－0020947　普 915.1245/9037/c1　史部/地理類/方志之屬/郡縣志
[民國]新昌縣志二十卷附新昌農事調查一卷　金城修　陳畲纂　**沃州詩存一卷**　(宋)潘音撰　**沃州文存一卷**　(宋)徐霖撰　民國八年(1919)鉛印本　十二册

330000－1701－0020949　普 915.1245/9037/c4　史部/地理類/方志之屬/郡縣志
[民國]新昌縣志二十卷附新昌農事調查一卷　金城修　陳畲纂　**沃州詩存一卷**　(宋)潘音撰　**沃州文存一卷**　(宋)徐霖撰　民國八年(1919)鉛印本　十二册

330000－1701－0020950　普 915.1245/9037/c3　史部/地理類/方志之屬/郡縣志
[民國]新昌縣志二十卷附新昌農事調查一卷　金城修　陳畲纂　**沃州詩存一卷**　(宋)潘音撰　**沃州文存一卷**　(宋)徐霖撰　民國八

年(1919)鉛印本　十二册

330000－1701－0020951　普915.1521/3029/2/c1　史部/地理類/方志之屬/郡縣志
[乾隆]臨潼縣志九卷圖一卷　(清)史傳遠纂修　民國十一年(1922)鉛印本　六册

330000－1701－0020954　普915.1521/3029/2/c2　史部/地理類/方志之屬/郡縣志
[乾隆]臨潼縣志九卷圖一卷　(清)史傳遠纂修　民國十一年(1922)鉛印本　六册

330000－1701－0020956　普915.1245/9037/c2　史部/地理類/方志之屬/郡縣志
[民國]新昌縣志二十卷附新昌農事調查一卷　金城修　陳畬纂　**沃州詩存一卷**　(宋)潘音撰　**沃州文存一卷**　(宋)徐霖撰　民國八年(1919)鉛印本　十二册

330000－1701－0020957　普915.1521/4037/c1　史部/地理類/方志之屬/郡縣志
[民國]重修鄠縣志十卷首一卷　强雲程　趙葆真修　吴繼祖纂　民國二十二年(1933)西安西山書局鉛印本　八册

330000－1701－0020960　普915.1521/4537/c1　史部/地理類/方志之屬/郡縣志
[民國]續修藍田縣志二十二卷首一卷　郝兆先修　牛兆濂纂　民國三十年(1941)鉛印本　六册

330000－1701－0020966　普915.1521/4037/c2　史部/地理類/方志之屬/郡縣志
[民國]重修鄠縣志十卷首一卷　强雲程　趙葆真修　吴繼祖纂　民國二十二年(1933)西安西山書局鉛印本　八册

330000－1701－0020967　普915.1521/4537/c2　史部/地理類/方志之屬/郡縣志
[民國]續修藍田縣志二十二卷首一卷　郝兆先修　牛兆濂纂　民國三十年(1941)鉛印本　六册

330000－1701－0020975　普915.1521/5559　類叢部/叢書類/自著之屬
煙霞草堂遺書十七種續刻四種附一種　(清)劉光蕡撰　民國八年至十四年(1919－1925)王典章思過齋蘇州刻本　一册　存一種

330000－1701－0020984　普915.1246/0035/c1　史部/地理類/方志之屬/郡縣志
光緒台州府志一百卷首一卷　(清)趙亮熙　(清)郭式昌修　王舟瑶等纂　民國十五年(1926)台州旅杭同鄉會鉛印本　六十册

330000－1701－0020988　普915.1246/0035/c2　史部/地理類/方志之屬/郡縣志
光緒台州府志一百卷首一卷　(清)趙亮熙　(清)郭式昌修　王舟瑶等纂　民國十五年(1926)台州旅杭同鄉會鉛印本　四十册　存六十六卷(一至六十六)

330000－1701－0020991　普915.1246/0035/c3　史部/地理類/方志之屬/郡縣志
光緒台州府志一百卷首一卷　(清)趙亮熙　(清)郭式昌修　王舟瑶等纂　民國十五年(1926)台州旅杭同鄉會鉛印本　六十册

330000－1701－0020992　普915.1246/0035.09/c1　史部/地理類/方志之屬/郡縣志
續修台州府志芻議一卷　符璋撰　民國十五年(1926)刻本　一册

330000－1701－0020993　普915.1521/8037　史部/地理類/方志之屬/郡縣志
[民國]續修醴泉縣志稿十四卷　張道芷　胡銘荃修　曹驥觀纂　民國二十四年(1935)鉛印本　六册

330000－1701－0020994　普915.1246/0035/c4　史部/地理類/方志之屬/郡縣志
光緒台州府志一百卷首一卷　(清)趙亮熙　(清)郭式昌修　王舟瑶等纂　民國十五年(1926)台州旅杭同鄉會鉛印本　六十册

330000－1701－0020995　普915.1246/0035.2/c1　史部/地理類/方志之屬/郡縣志
[民國]台州府志一百四十卷首一卷　喻長霖等纂修　章梫繪圖　民國二十五年(1936)上海游民習勤所鉛印本　三十六册

330000－1701－0020997　普915.1246/0035.

09/c2　史部/地理類/方志之屬/郡縣志

續修台州府志芻議一卷　符璋撰　民國十五年(1926)刻本　一冊

330000－1701－0020999　普915.1521/9037　史部/地理類/方志之屬/郡縣志

[民國]同官縣志三十卷首一卷末一卷　余正東　田在養修　黎錦熙纂　民國三十三年(1944)鉛印本　四冊

330000－1701－0021000　普915.1246/0035.2/c2　史部/地理類/方志之屬/郡縣志

[民國]台州府志一百四十卷首一卷　喻長霖等纂修　章梫繪圖　民國二十五年(1936)上海游民習勤所鉛印本　三十六冊

330000－1701－0021001　普915.1246/0035.09/c3　史部/地理類/方志之屬/郡縣志

續修台州府志芻議一卷　符璋撰　民國十五年(1926)刻本　一冊

330000－1701－0021004　普915.1522/3042、普915.1522/6044、普915.1523/2044　史部/叢編

鄉土志叢編第一集十種　燕京大學圖書館輯　民國二十六年(1937)燕京大學圖書館鉛印本　三冊　存三種

330000－1701－0021005　普915.1246/0043　史部/地理類/雜志之屬

[民國]台州鄉土志一卷　陳瀚山撰　民國石印本　一冊

330000－1701－0021007　普915.1246/00431　史部/地理類/雜志之屬

浙東三郡紀略一卷　齊中嶔編　民國抄本　一冊

330000－1701－0021008　普915.1246/0035.2/c3　史部/地理類/方志之屬/郡縣志

[民國]台州府志一百四十卷首一卷　喻長霖等纂修　章梫繪圖　民國二十五年(1936)上海游民習勤所鉛印本　三十六冊

330000－1701－0021009　普915.1522/6037　史部/地理類/方志之屬/郡縣志

[民國]宜川縣志二十七卷首一卷末一卷　余正東纂修　民國三十三年(1944)鉛印本　四冊

330000－1701－0021022　普915.1523/2037/c1　史部/地理類/方志之屬/郡縣志

[民國]岐山縣志十卷　田惟均修　白岫雲等纂　民國二十四年(1935)西安西山書局鉛印本　傅肇仁、林翰題記　四冊

330000－1701－0021024　普915.1523/2037/c2　史部/地理類/方志之屬/郡縣志

[民國]岐山縣志十卷　田惟均修　白岫雲等纂　民國二十四年(1935)西安西山書局鉛印本　三冊　存八卷(一至八)

330000－1701－0021037　普915.1246/1037/c1　史部/地理類/方志之屬/郡縣志

[民國]臨海縣志稿四十二卷首一卷　張熙鼎修　張寅重修　何奏簧纂　蔣鳳鳴　洪鋭心繪　民國二十四年(1935)鉛印本　二十二冊

330000－1701－0021038　普915.1246/1037/c2　史部/地理類/方志之屬/郡縣志

[民國]臨海縣志稿四十二卷首一卷　張熙鼎修　張寅重修　何奏簧纂　蔣鳳鳴　洪鋭心繪　民國二十四年(1935)鉛印本　二十二冊

330000－1701－0021040　普915.1246/1037/c4　史部/地理類/方志之屬/郡縣志

[民國]臨海縣志稿四十二卷首一卷　張熙鼎修　張寅重修　何奏簧纂　蔣鳳鳴　洪鋭心繪　民國二十四年(1935)鉛印本　二十二冊

330000－1701－0021041　普915.1246/1037/c3　史部/地理類/方志之屬/郡縣志

[民國]臨海縣志稿四十二卷首一卷　張熙鼎修　張寅重修　何奏簧纂　蔣鳳鳴　洪鋭心繪　民國二十四年(1935)鉛印本　二十二冊

330000－1701－0021044　普915.1246/1039/c1　史部/地理類/雜志之屬

臨海要覽一卷　項元勛編　民國五年(1916)杭州武林印書館鉛印本　一冊

330000－1701－0021046　普915.1246/1039/

c2　史部/地理類/雜志之屬

臨海要覽一卷　項元勛編　民國五年(1916)杭州武林印書館鉛印本　一册

330000－1701－0021047　普 915.1246/1039/c3　史部/地理類/雜志之屬

臨海要覽一卷　項元勛編　民國五年(1916)杭州武林印書館鉛印本　一册

330000－1701－0021049　普 915.1246/1042/c1　類叢部/叢書類/自著之屬

崇雅堂叢書十四種　楊晨撰　民國二十五年(1936)楊紹翰鉛印本　一册　存二種

330000－1701－0021052　普 915.1246/1039/c4　史部/地理類/雜志之屬

臨海要覽一卷　項元勛編　民國五年(1916)杭州武林印書館鉛印本　一册

330000－1701－0021055　普 915.1246/1052　史部/地理類/山川之屬/山志

巾子山志八卷　項士元撰　民國抄本　二册

330000－1701－0021057　普 915.1246/1042/c2　類叢部/叢書類/自著之屬

崇雅堂叢書十四種　楊晨撰　民國二十五年(1936)楊紹翰鉛印本　一册　存二種

330000－1701－0021058　普 915.1246/10521　史部/地理類/山川之屬/山志

金鰲山志一卷　(清)黄端纂輯　民國抄本　一册

330000－1701－0021060　普 915.1246/1042/c3　類叢部/叢書類/自著之屬

崇雅堂叢書十四種　楊晨撰　民國二十五年(1936)楊紹翰鉛印本　一册　存二種

330000－1701－0021062　普 915.1246/1042/c4　類叢部/叢書類/自著之屬

崇雅堂叢書十四種　楊晨撰　民國二十五年(1936)楊紹翰鉛印本　一册　存二種

330000－1701－0021069　普 915.1246/1053　史部/地理類/山川之屬/水志

東湖新志二卷　項士元輯　民國抄本　一册

330000－1701－0021084　普 915.1246/1058/2　史部/地理類/山川之屬/山志

台南洞林志二卷首一卷　(清)馮賡雪撰　**台南洞林志校補一卷續一卷又續一卷**　(清)葉書撰　民國十五年(1926)碧峰山房抄本　一册

330000－1701－0021088　普 915.1525/2032　史部/地理類/方志之屬/郡縣志

[道光]增修懷遠縣志四卷　(清)蘇其炤纂修　(清)何丙勳增補　民國十七年(1928)横山縣志局石印本　四册

330000－1701－0021106　普 915.1246/2062/2　史部/地理類/山川之屬/山志

委羽山志六卷　(明)胡昌賢撰　民國抄本　一册

330000－1701－0021109　普 915.1246/20621/c1　史部/地理類/山川之屬/山志

九峯山志五卷首一卷　(清)王棻撰　民國二十年(1931)黄巖王氏鉛印本　一册

330000－1701－0021113　普 915.1246/20621/c2　史部/地理類/山川之屬/山志

九峯山志五卷首一卷　(清)王棻撰　民國二十年(1931)黄巖王氏鉛印本　一册

330000－1701－0021114　普 915.1246/20621/c3　史部/地理類/山川之屬/山志

九峯山志五卷首一卷　(清)王棻撰　民國二十年(1931)黄巖王氏鉛印本　一册

330000－1701－0021118　普 915.1527/1037　史部/地理類/方志之屬/郡縣志

[民國]大荔縣新志存稿十一卷首一卷足徵録四卷　聶雨潤修　李泰纂　民國二十六年(1937)陝西省印刷局鉛印本　三册

330000－1701－0021120　普 915.1246/2099/c1　史部/地理類/方志之屬/郡縣志

[民國]路橋志略二卷　楊晨編　民國四年(1915)石印本　二册

330000－1701－0021122　普 915.1527/1037/(2)　史部/地理類/方志之屬/郡縣志

[民國]大荔縣新志存稿十一卷首一卷足徵錄四卷　聶雨潤修　李泰纂　民國二十六年(1937)陝西省印刷局鉛印本　三册

330000－1701－0021123　普 915.1527/1037/(2)/1　史部/地理類/方志之屬/郡縣志
[民國]續修大荔縣舊志存稿十二卷首一卷足徵錄四卷　陳少岩修　張樹棩纂　民國二十六年(1937)陝西省印刷局鉛印本　三册

330000－1701－0021125　普 915.1246/2099/2/c4　類叢部/叢書類/自著之屬
崇雅堂叢書十四種　楊晨撰　民國二十五年(1936)楊紹翰鉛印本　二册　存一種

330000－1701－0021126　普 915.1246/2062.2/2　史部/地理類/山川之屬/山志
委羽山續志六卷首一卷　(清)王維翰撰　民國抄本　一册

330000－1701－0021127　普 915.1246/2099/c2　史部/地理類/方志之屬/郡縣志
[民國]路橋志略二卷　楊晨編　民國四年(1915)石印本　二册

330000－1701－0021128　普 915.1246/2099/2/c5　類叢部/叢書類/自著之屬
崇雅堂叢書十四種　楊晨撰　民國二十五年(1936)楊紹翰鉛印本　二册　存一種

330000－1701－0021129　普 915.1246/2099/2/c1　類叢部/叢書類/自著之屬
崇雅堂叢書十四種　楊晨撰　民國二十五年(1936)楊紹翰鉛印本　二册　存一種

330000－1701－0021130　普 915.1527/1037.2　史部/地理類/方志之屬/郡縣志
[民國]續修大荔縣舊志存稿十二卷首一卷足徵錄四卷　陳少岩修　張樹棩纂　民國二十六年(1937)陝西省印刷局鉛印本　三册

330000－1701－0021132　普 915.1246/2099/2/c2　類叢部/叢書類/自著之屬
崇雅堂叢書十四種　楊晨撰　民國二十五年(1936)楊紹翰鉛印本　二册　存一種

330000－1701－0021134　普 915.1246/2099/2/c3　類叢部/叢書類/自著之屬
崇雅堂叢書十四種　楊晨撰　民國二十五年(1936)楊紹翰鉛印本　二册　存一種

330000－1701－0021137　普 915.1246/2099/2/c6　類叢部/叢書類/自著之屬
崇雅堂叢書十四種　楊晨撰　民國二十五年(1936)楊紹翰鉛印本　二册　存一種

330000－1701－0021139　普 915.1246/3035/c1　史部/地理類/方志之屬/郡縣志
[宣統]天台縣志稿四十卷首一卷　金城等修　褚傳誥纂　民國四年(1915)油印本　十六册

330000－1701－0021150　普 915.1246/3035/c2　史部/地理類/方志之屬/郡縣志
[宣統]天台縣志稿四十卷首一卷　金城等修　褚傳誥纂　民國四年(1915)油印本　二册　存五卷(二至三、九至十一)

330000－1701－0021151　普 915.1527/7029　史部/地理類/方志之屬/郡縣志
[乾隆]華陰縣志二十二卷首一卷　(清)陸維垣　(清)許光基修　(清)李天秀等纂　民國十七年(1928)西安藝林印書社鉛印本　十八册

330000－1701－0021156　普 915.1246/3052/c1　史部/地理類/山川之屬/山志
天台山方外志三十卷　(明)釋傳燈撰　民國十一年(1922)上海集雲軒鉛印本　八册

330000－1701－0021159　普 915.1246/30451/c1　史部/地理類/遊記之屬/紀勝
天台山行記一卷後記一卷　范鑄撰　民國四年(1915)刻本　一册

330000－1701－0021160　普 915.1246/30451/c2　史部/地理類/遊記之屬/紀勝
天台山行記一卷後記一卷　范鑄撰　民國四年(1915)刻本　一册

330000－1701－0021161　普 915.1246/3052/c2　史部/地理類/山川之屬/山志

天台山方外志三十卷 （明）釋傳燈撰 民國十一年(1922)上海集雲軒鉛印本 八冊

330000－1701－0021165 普 915.1246/3052/c3 史部/地理類/山川之屬/山志
天台山方外志三十卷 （明）釋傳燈撰 民國十一年(1922)上海集雲軒鉛印本 八冊

330000－1701－0021169 普 915.1246/3052/c4 史部/地理類/山川之屬/山志
天台山方外志三十卷 （明）釋傳燈撰 民國十一年(1922)上海集雲軒鉛印本 八冊

330000－1701－0021175 普 915.1527/9527 史部/地理類/方志之屬/郡縣志
[康熙]潼關縣志三卷 （清）唐咨伯修 （清）楊端本纂 民國二十年(1931)鉛印本 二冊

330000－1701－0021178 普 915.1527/9531 史部/地理類/方志之屬/郡縣志
[嘉慶]續潼關縣志三卷 （清）向淮修 （清）王森文纂 民國二十年(1931)鉛印本 一冊 存二卷(二至三)

330000－1701－0021179 普 915.1246/4024/c3 類叢部/叢書類/郡邑之屬
仙居叢書第一集十二種 李鏡渠編 民國二十四年(1935)鉛印本 六冊 存一種

330000－1701－0021184 普 915.1246/3052.4/c1 史部/地理類/山川之屬/山志
天台山志目錄一卷 陳鍾祺撰 民國二十六年(1937)鉛印本 一冊

330000－1701－0021187 普 915.1246/3052.4/c2 史部/地理類/山川之屬/山志
天台山志目錄一卷 陳鍾祺撰 民國二十六年(1937)鉛印本 陳鍾祺題記 一冊

330000－1701－0021190 普 915.1246/3052.61 史部/地理類/山川之屬/山志
天台山指南補證一卷 陳甲林撰 民國抄本 一冊

330000－1701－0021201 普 915.15291/0029 史部/地理類/方志之屬/郡縣志
[乾隆]直隸邠州志二十五卷 （清）王朝爵 （清）王灼修 （清）孫星衍纂 民國三十三年(1944)石印本 四冊

330000－1701－0021207 普 915.1246/4024/c1 類叢部/叢書類/郡邑之屬
萬曆仙居縣志十二卷 （明）顧震宇等纂修 民國二十四年(1935)鉛印仙居叢書第一集本 陳訓慈跋 六冊

330000－1701－0021212 普 915.1246/4024/c2 類叢部/叢書類/郡邑之屬
仙居叢書第一集十二種 李鏡渠編 民國二十四年(1935)鉛印本 六冊 存一種

330000－1701－0021215 普 915.15292/1037 史部/地理類/方志之屬/郡縣志
[民國]洛川縣志二十六卷首一卷末一卷 余正東修 黎錦熙 吳致勳纂 民國三十三年(1944)鉛印本 四冊

330000－1701－0021217 普 915.1246/5043/c2 史部/地理類/雜志之屬
寧海漫記四卷 干人俊撰 民國二十二年(1933)木活字印本 一冊

330000－1701－0021218 普 915.1246/5043.2/c2 史部/地理類/雜志之屬
寧海六記一卷 干人俊撰 民國二十三年(1934)木活字印本 一冊

330000－1701－0021220 普 915.15292/2042 史部/叢編
鄉土志叢編第一集十種 燕京大學圖書館輯 民國二十六年(1937)燕京大學圖書館鉛印本 一冊 存一種

330000－1701－0021222 普 915.1246/5043.2/c3 史部/地理類/雜志之屬
寧海六記一卷 干人俊撰 民國二十三年(1934)木活字印本 一冊

330000－1701－0021225 普 915.153/1221.02 史部/目録類/專録之屬
隴右方志錄補一卷 張維纂 民國鉛印本

一册

330000－1701－0021234　普 915.153/1221/c1　史部/目録類/專録之屬
隴右方志錄一卷　張維纂　民國二十三年(1934)鉛印本　一册

330000－1701－0021238　普 915.153/1221/c2　史部/目録類/專録之屬
隴右方志錄一卷　張維纂　民國二十三年(1934)鉛印本　一册

330000－1701－0021245　普 915.1246/6052/c1　史部/地理類/山川之屬/山志
花山志九卷　趙佩茳纂　民國二十九年(1940)鉛印本　二册

330000－1701－0021249　普 915.1246/6052/c2　史部/地理類/山川之屬/山志
花山志九卷　趙佩茳纂　民國二十九年(1940)鉛印本　二册

330000－1701－0021254　普 915.1247/0045　史部/地理類/遊記之屬/紀行
金華洞天行紀一卷　(宋)方鳳撰　(明)張燧輯　**金華游錄注一卷**　(清)徐沁撰　**金華洞人物古蹟記一卷**　(宋)謝翱撰　民國二十三年(1934)金華何炳松鉛印本　一册

330000－1701－0021262　普 915.15393/0037　史部/地理類/方志之屬/郡縣志
[民國]天水縣志十四卷首一卷　莊以綏修　賈纘緒纂　民國二十八年(1939)鉛印本　四册

330000－1701－0021263　普 915.15394/2037　史部/地理類/方志之屬/郡縣志
[民國]新纂康縣縣志二十四卷首一卷　王士敏修　吕鍾祥纂　民國二十五年(1936)石印本　四册

330000－1701－0021267　普 915.15395/2037　史部/地理類/方志之屬/郡縣志
[民國]高臺縣志八卷首一卷　徐家瑞纂修　民國十四年(1925)鉛印本　四册

330000－1701－0021271　普 915.16/4631　史部/地理類/遊記之屬
西北考察日記一卷　顧頡剛撰　民國三十八年(1949)合衆圖書館油印本　一册

330000－1701－0021273　普 915.1247/1035/3/c1　史部/地理類/方志之屬/郡縣志
光緒金華縣志十六卷首一卷附咸同間金華殉難人姓名錄一卷　(清)鄧鍾玉等纂　民國二十三年(1934)金震東石印局鉛印本　王質園題記　八册

330000－1701－0021274　普 915.1247/1035/2/c1　史部/地理類/方志之屬/郡縣志
光緒金華縣志十六卷首一卷附咸同間金華殉難人姓名錄一卷　(清)鄧鍾玉等纂　民國四年(1915)錢人龍鉛印本　十册

330000－1701－0021281　普 915.1247/1035/3/c2　史部/地理類/方志之屬/郡縣志
光緒金華縣志十六卷首一卷附咸同間金華殉難人姓名錄一卷　(清)鄧鍾玉等纂　民國二十三年(1934)金震東石印局鉛印本　八册

330000－1701－0021284　普 915.1247/1035/4　史部/地理類/方志之屬/郡縣志
光緒金華縣志十六卷首一卷附咸同間金華殉難人姓名錄一卷　(清)鄧鍾玉等纂　民國二十三年(1934)金震東石印局鉛印本　八册

330000－1701－0021285　普 915.1247/1037.1　史部/地理類/方志之屬/通志
續修浙江通志採訪稿一卷　浙江通志局輯　民國五年(1916)鉛印本　唐炳坤題記　一册

330000－1701－0021289　普 915.1247/1051/c1　集部/總集類/題詠之屬
蒲塘十景詩一卷　王廷揚輯　民國十四年(1925)鉛印本　一册

330000－1701－0021293　普 915.1247/1051/c2　集部/總集類/題詠之屬
蒲塘十景詩一卷　王廷揚輯　民國十四年(1925)鉛印本　一册

330000－1701－0021295　普 915.1247/1052.

1/c1　史部/地理類/山川之屬/山志
金華赤松山志一卷　(宋)倪守約撰　民國二十三年(1934)金華金震東鉛印本　蔣蓮僧題記　一册

330000－1701－0021296　普915.1247/1035/2/c2　史部/地理類/方志之屬/郡縣志
光緒金華縣志十六卷首一卷附咸同間金華殉難人姓名錄一卷　(清)鄧鍾玉等纂　民國四年(1915)錢人龍鉛印本　十册

330000－1701－0021297　普915.1247/1052.1/c2　史部/地理類/山川之屬/山志
金華赤松山志一卷　(宋)倪守約撰　民國二十三年(1934)金華金震東鉛印本　一册

330000－1701－0021298　普915.161/0035　史部/地理類/方志之屬/通志
[宣統]新疆圖志一百十六卷首一卷　袁大化修　王樹枏　王學曾纂　民國十二年(1923)東方學會鉛印本　十五册　存五十六卷(六十一至一百十六)

330000－1701－0021299　普915.161/0038/c1　史部/地理類/方志之屬/郡縣志
[宣統]新疆志稿三卷　鍾廣生撰　民國二十年(1931)鉛印本　余紹宋題記　一册

330000－1701－0021302　普915.1247/1058/c1　史部/地理類/遊記之屬/紀勝
雙龍紀勝四卷首一卷　黄維時編　民國二十二年(1933)金華金震東鉛印本　二册

330000－1701－0021303　普915.1247/1067　史部/地理類/雜志之屬
清雍乾嘉修復金華通濟橋紀畧不分卷　民國十二年至十三年(1923－1924)汪達川抄本　汪達川題記　三册

330000－1701－0021304　普915.1247/1058/c2　史部/地理類/遊記之屬/紀勝
雙龍紀勝四卷首一卷　黄維時編　民國二十二年(1933)金華金震東鉛印本　黄維時題記　二册

330000－1701－0021312　普915.1247/3022/c1　史部/地理類/雜志之屬
東陽記拾遺一卷　(南朝宋)鄭緝之撰　胡宗楙輯　**東陽記攷一卷**　胡宗楙撰　民國十二年(1923)夢選樓刻本　一册

330000－1701－0021313　普915.1247/3022/c2　史部/地理類/雜志之屬
東陽記拾遺一卷　(南朝宋)鄭緝之撰　胡宗楙輯　**東陽記攷一卷**　胡宗楙撰　民國十二年(1923)夢選樓刻本　一册

330000－1701－0021314　普915.161/0038/c2　類叢部/叢書類/自著之屬
湖濱補讀廬叢刻五種十三卷　鍾廣生撰　民國二十年(1931)鉛印本　一册　存一種

330000－1701－0021315　普915.161/0038/c3　類叢部/叢書類/自著之屬
湖濱補讀廬叢刻五種十三卷　鍾廣生撰　民國二十年(1931)鉛印本　一册　存一種

330000－1701－0021317　普915.161/0043.8/c1　類叢部/叢書類/自著之屬
泉壽譯叢　錢稻孫譯　民國鉛印本　一册　存一種

330000－1701－0021318　普915.1247/3032/c1　史部/地理類/方志之屬/郡縣志
道光東陽縣志二十七卷首一卷　(清)党金衡修　(清)王恩注纂　民國三年(1914)東陽商務石印公司石印本　十册

330000－1701－0021319　普915.1247/3032/2　史部/地理類/方志之屬/郡縣志
道光東陽縣志二十七卷首一卷　(清)党金衡修　(清)王恩注纂　民國三年(1914)東陽商務石印公司石印本　二册

330000－1701－0021323　普915.1247/3032/(2)　史部/地理類/方志之屬/郡縣志
道光東陽縣志二十七卷首一卷　(清)党金衡修　(清)王恩注纂　民國三年(1914)東陽商務石印公司石印本　二十册

330000－1701－0021324　普915.1247/3032/c2　史部/地理類/方志之屬/郡縣志

道光東陽縣志二十七卷首一卷　(清)党金衡修　(清)王恩注纂　民國三年(1914)東陽商務石印公司石印本　十冊

330000－1701－0021325　普 915.161/0043.8/c2　類叢部/叢書類/自著之屬
泉壽譯叢　錢稻孫譯　民國鉛印本　一冊　存一種

330000－1701－0021326　普 915.161/0043.96/c1　史部/地理類/方志之屬/通志
[光緒]新疆建置志四卷　宋伯魯纂　民國二年(1913)海棠仙館鉛印本　四冊

330000－1701－0021328　普 915.161/0043.96/c2　史部/地理類/方志之屬/通志
[光緒]新疆建置志四卷　宋伯魯纂　民國二年(1913)海棠仙館鉛印本　一冊　存一卷(一)

330000－1701－0021329　普 915.161/0043.96/c3　史部/地理類/方志之屬/通志
[光緒]新疆建置志四卷　宋伯魯纂　民國二年(1913)海棠仙館鉛印本　四冊

330000－1701－0021332　普 915.161/0043.91/c1　類叢部/叢書類/彙編之屬
雙照樓叢書　民國雙照樓刻本　一冊　存一種

330000－1701－0021337　普 915.161/0043.91/c2　類叢部/叢書類/彙編之屬
雙照樓叢書　民國雙照樓刻本　一冊　存一種

330000－1701－0021338　普 915.1247/3052/c1　史部/地理類/山川之屬/山志
八華山志三卷首一卷　許鴻烈輯　民國二十七年(1938)木活字印本　三冊

330000－1701－0021339　普 915.1247/4031/c1　史部/地理類/方志之屬/郡縣志
[嘉慶]義烏縣志二十二卷首一卷　(清)諸自穀修　(清)程瑜　(清)李錫齡纂　(清)毛光焞繪圖　民國十八年(1929)灌聽圖書館石印本　十二冊

330000－1701－0021340　普 915.1247/3052/c2　史部/地理類/山川之屬/山志
八華山志三卷首一卷　許鴻烈輯　民國二十七年(1938)木活字印本　三冊

330000－1701－0021341　普 915.1247/4031/c2　史部/地理類/方志之屬/郡縣志
[嘉慶]義烏縣志二十二卷首一卷　(清)諸自穀修　(清)程瑜　(清)李錫齡纂　(清)毛光焞繪圖　民國十八年(1929)灌聽圖書館石印本　十二冊

330000－1701－0021342　普 915.1247/4031/c3　史部/地理類/方志之屬/郡縣志
[嘉慶]義烏縣志二十二卷首一卷　(清)諸自穀修　(清)程瑜　(清)李錫齡纂　(清)毛光焞繪圖　民國十八年(1929)灌聽圖書館石印本　十二冊

330000－1701－0021343　普 915.1247/4031/(2)　史部/地理類/方志之屬/郡縣志
[嘉慶]義烏縣志二十二卷首一卷　(清)諸自穀修　(清)程瑜　(清)李錫齡纂　(清)毛光焞繪圖　民國十八年(1929)灌聽圖書館石印本　一冊　存十三卷(首、一至十二)

330000－1701－0021347　普 915.1247/4042/c1　史部/雜史類/斷代之屬
義烏兵事紀略一卷附錄鄉先生詩詞一卷詩餘一卷　黄侗輯　民國二十一年(1932)石古山房鉛印本　一冊

330000－1701－0021351　普 915.171/0011　史部/地理類/方志之屬/通志
重修四川通志體例一卷　陳鍾信等編　民國十五年(1926)成都昌福公司鉛印本　一冊

330000－1701－0021354　普 915.1247/4042/c2　史部/雜史類/斷代之屬
義烏兵事紀略一卷附錄鄉先生詩詞一卷詩餘一卷　黄侗輯　民國二十二年(1933)駱允協鉛印本　一冊

330000－1701－0021360　普 915.162/3813　史部/地理類/方志之屬/郡縣志

採録大通縣乘帙稿不分卷　民國温州市圖書館油印本　一冊

330000－1701－0021363　普 915.171/0011.3　史部/地理類/方志之屬/通志

重修四川通志稿後案一卷　民國鉛印本　一冊

330000－1701－0021368　普 915.1247/4042/c3　史部/雜史類/斷代之屬

義烏兵事紀略一卷附録鄉先生詩詞一卷詩餘一卷　黄侗輯　民國二十一年(1932)石古山房鉛印本　一冊

330000－1701－0021378　普 915.171/0021.06　史部/雜史類/通代之屬

華陽國志校勘記一卷　(清)顧觀光撰　民國八年(1919)成都存古書局刻本　一冊

330000－1701－0021380　普 915.1247/5037　史部/地理類/方志之屬/郡縣志

纂修永康縣縣志敘目商榷書不分卷　盧旌賢等撰　民國二十六年(1937)永康縣纂修縣志籌備會鉛印本　一冊

330000－1701－0021382　普 915.1247/7035/c1　史部/地理類/方志之屬/郡縣志

光緒浦江縣志十五卷首一卷附咸同殉難録二卷　(清)善廣修　(清)張景青等纂　民國五年(1916)鉛印本　十六冊

330000－1701－0021384　普 915.1247/7035/(2)　史部/地理類/方志之屬/郡縣志

光緒浦江縣志十五卷首一卷附咸同殉難録二卷　(清)善廣修　(清)張景青等纂　民國五年(1916)鉛印本　十一冊　缺六卷(首,四、十至十二、十五)

330000－1701－0021388　普 915.1247/7035/c2　史部/地理類/方志之屬/郡縣志

光緒浦江縣志十五卷首一卷附咸同殉難録二卷　(清)善廣修　(清)張景青等纂　民國五年(1916)鉛印本　毛淳民題記　十六冊

330000－1701－0021389　普 915.1247/7035/c3　史部/地理類/方志之屬/郡縣志

光緒浦江縣志十五卷首一卷附咸同殉難録二卷　(清)善廣修　(清)張景青等纂　民國五年(1916)鉛印本　二十冊

330000－1701－0021390　普 915.171/2050　史部/雜史類/斷代之屬

蜀辛二卷　秦枬撰　民國三年(1914)鉛印本　一冊

330000－1701－0021397　普 915.1247/8037/c1　史部/地理類/方志之屬/郡縣志

[民國]湯溪縣志二十卷首一卷　丁燮　薛達修　戴鴻熙纂　民國二十年(1931)金震東石印局鉛印本　十二冊

330000－1701－0021398　普 915.1247/8037/c5　史部/地理類/方志之屬/郡縣志

[民國]湯溪縣志二十卷首一卷　丁燮　薛達修　戴鴻熙纂　民國二十年(1931)金震東石印局鉛印本　十二冊

330000－1701－0021399　普 915.1247/8037/c3　史部/地理類/方志之屬/郡縣志

[民國]湯溪縣志二十卷首一卷　丁燮　薛達修　戴鴻熙纂　民國二十年(1931)金震東石印局鉛印本　十二冊

330000－1701－0021400　普 915.1247/8037/c2　史部/地理類/方志之屬/郡縣志

[民國]湯溪縣志二十卷首一卷　丁燮　薛達修　戴鴻熙纂　民國二十年(1931)金震東石印局鉛印本　張新祥跋　十二冊

330000－1701－0021403　普 915.1247/8037/c4　史部/地理類/方志之屬/郡縣志

[民國]湯溪縣志二十卷首一卷　丁燮　薛達修　戴鴻熙纂　民國二十年(1931)金震東石印局鉛印本　十一冊　存十八卷(三至二十)

330000－1701－0021405　普 915.1247/8054　史部/地理類/專志之屬/祠墓

昭利廟誌六卷　(明)杜翔鳳輯　民國十六年(1927)木活字印本　一冊

330000－1701－0021410　普 915.171/0011.2　史部/目録類/專録之屬

[民國]重修四川通志目錄不分卷 宋育仁纂 民國鉛印本 一冊

330000－1701－0021417 普 915.171/4580/c1 史部/地理類/遊記之屬/紀行
蜀輶詩記二卷 俞陛雲撰 民國十年(1921)鉛印本 一冊

330000－1701－0021418 普 915.171/4580/c2 史部/地理類/遊記之屬/紀行
蜀輶詩記二卷 俞陛雲撰 民國十年(1921)鉛印本 一冊

330000－1701－0021420 普 915.171/4580/c3 史部/地理類/遊記之屬/紀行
蜀輶詩記二卷 俞陛雲撰 民國十年(1921)鉛印本 一冊

330000－1701－0021426 普 915.1248/1037/c1 史部/地理類/方志之屬/郡縣志
[民國]衢縣志三十卷首一卷 鄭永禧纂 民國二十六年(1937)鉛印本 虞仁山跋 二十冊

330000－1701－0021427 普 915.1248/1037/c2 史部/地理類/方志之屬/郡縣志
[民國]衢縣志三十卷首一卷 鄭永禧纂 民國二十六年(1937)鉛印本 二十冊

330000－1701－0021429 普 915.1248/1037/c4 史部/地理類/方志之屬/郡縣志
[民國]衢縣志三十卷首一卷 鄭永禧纂 民國二十六年(1937)鉛印本 二十冊

330000－1701－0021431 普 915.171/7250 史部/地理類/山川之屬/水志
峽江灘險志二卷 史錫永等編 蒲旅坤繪 民國九年至十一年(1920－1922)鉛印本 一冊

330000－1701－0021432 普 915.1248/1037.02 史部/地理類/方志之屬/郡縣志
[民國]衢縣志補遺一卷 衢山布衣撰 民國抄本 一冊

330000－1701－0021433 普 915.1248/1037/c3 史部/地理類/方志之屬/郡縣志
[民國]衢縣志三十卷首一卷 鄭永禧纂 民國二十六年(1937)鉛印本 二十冊

330000－1701－0021435 普 915.171/9401/c1 史部/地理類/方志之屬/通志
[民國]四川郡縣志十二卷 龔煦春撰 民國二十四年(1935)刻本 五冊

330000－1701－0021437 普 915.1248/2024/c1 史部/地理類/方志之屬/郡縣志
[萬曆]龍游縣誌十卷首一卷 (明)萬廷謙修 (明)曹聞禮 (明)鍾相業纂 民國十二年(1923)余紹宋鉛印本 一冊

330000－1701－0021439 普 915.1248/2024/c3 史部/地理類/方志之屬/郡縣志
[萬曆]龍游縣誌十卷首一卷 (明)萬廷謙修 (明)曹聞禮 (明)鍾相業纂 民國十二年(1923)余紹宋鉛印本 一冊

330000－1701－0021441 普 915.171/9401/c2 史部/地理類/方志之屬/通志
[民國]四川郡縣志十二卷 龔煦春撰 民國二十四年(1935)刻本 五冊 缺一卷(六)

330000－1701－0021444 普 915.1248/2037/c1 史部/地理類/方志之屬/郡縣志
[民國]龍游縣志初稿不分卷 余紹宋撰 民國十二年(1923)鉛印本 余紹宋題簽 四冊

330000－1701－0021447 普 915.1248/2037.2/c1 史部/地理類/方志之屬/郡縣志
[民國]龍游縣志四十卷首一卷末一卷 余紹宋撰 民國十四年(1925)北京京城印書局鉛印本 十六冊

330000－1701－0021448 普 915.1248/2037/c2 史部/地理類/方志之屬/郡縣志
[民國]龍游縣志初稿不分卷 余紹宋撰 民國十二年(1923)鉛印本 余紹宋題簽 一冊

330000－1701－0021449 普 915.1711/2037/c1 史部/地理類/方志之屬/郡縣志
[民國]華陽縣志三十六卷首一卷 葉大鏘等修 曾鑑 林思進纂 民國二十三年(1934)

刻本　十七册

330000－1701－0021450　普 915.1248/2037.2/c6　史部/地理類/方志之屬/郡縣志
[民國]龍游縣志四十卷首一卷末一卷　余紹宋撰　民國十四年(1925)北京京城印書局鉛印本　十六册

330000－1701－0021457　普 915.1248/2037.2/c3　史部/地理類/方志之屬/郡縣志
[民國]龍游縣志四十卷首一卷末一卷　余紹宋撰　民國十四年(1925)北京京城印書局鉛印本　十六册

330000－1701－0021460　普 915.1248/2037.2/c4　史部/地理類/方志之屬/郡縣志
[民國]龍游縣志四十卷首一卷末一卷　余紹宋撰　民國十四年(1925)北京京城印書局鉛印本　十六册

330000－1701－0021461　普 915.1711/3537　史部/地理類/方志之屬/郡縣志
[民國]溫江縣志十二卷首一卷　張驥修　曾學傳纂　民國十年(1921)溫江縣修志局刻本　王叔培批　八册

330000－1701－0021462　普 915.1711/2037/c2　史部/地理類/方志之屬/郡縣志
[民國]華陽縣志三十六卷首一卷　葉大鏘等修　曾鑑　林思進纂　民國二十三年(1934)刻本　十七册

330000－1701－0021464　普 915.1248/2037.2/c2　史部/地理類/方志之屬/郡縣志
[民國]龍游縣志四十卷首一卷末一卷　余紹宋撰　民國十四年(1925)北京京城印書局鉛印本　十六册

330000－1701－0021476　普 915.1711/5037　史部/地理類/方志之屬/郡縣志
[民國]新都縣志六編　陳習删等修　閔昌術等纂　民國十八年(1929)鉛印本　六册

330000－1701－0021478　普 915.1248/3052　史部/地理類/山川之屬/山志
景星山志六卷　王國治輯　民國毛以成抄本　毛以成題記　二册

330000－1701－0021479　普 915.1711/6037　史部/地理類/方志之屬/郡縣志
[民國]崇寧縣縣志八卷首一卷　陳邦倬修　易象乾等纂　民國十三年(1924)刻本　六册

330000－1701－0021483　普 915.1711/6552　史部/地理類/山川之屬/山志
青城山記補正二卷　羅元黼輯　民國十九年(1930)鉛印本　二册

330000－1701－0021489　普 915.1711/6552.2　史部/地理類/山川之屬/山志
新青城記不分卷　彭昭曠撰　民國三十年(1941)鉛印本　一册

330000－1701－0021495　普 915.1711/7537　史部/地理類/方志之屬/郡縣志
[民國]簡陽縣志二十四卷首一卷末一卷補遺考證續一卷詩文存八卷詩補遺一卷文補遺一卷考證補一卷詩文存續二卷　林志茂等修　汪金相　胡忠閥纂　民國十五年至十六年(1926－1927)鉛印本　十三册　缺九卷(五至八、十一至十四,詩文存續下)

330000－1701－0021496　普 915.1711/6552.2/2　史部/地理類/山川之屬/山志
新青城記不分卷　彭昭曠撰　民國三十四年(1945)鉛印本　一册

330000－1701－0021501　普 915.1711/7537.2　史部/地理類/方志之屬/郡縣志
[民國]簡陽縣續志十卷首一卷末一卷附簡陽詩文存又續二卷　李青廷修　汪金相　胡忠閥等纂　民國二十年(1931)鉛印本　六册

330000－1701－0021511　普 811.104/4032/c4　集部/詩文評類/詩評之屬
合肥詩話三卷　李家孚撰　民國十八年(1929)蘇州鉛印本　一册

330000－1701－0021512　普 811.104/3483/c1　集部/詩文評類/詩評之屬
名媛詩話八卷　(清)沈善寶撰　民國十二年(1923)沈敏元鉛印本　二册

330000－1701－0021516　普 915.1711/8037　史部/地理類/方志之屬/郡縣志
[民國]崇慶縣志十二卷附江原文徵四卷　謝汝霖等修　羅元黼等纂　民國十五年(1926)成都昌福公司鉛印本　十冊

330000－1701－0021520　普 915.1249/0022.3/c1　史部/地理類/方志之屬/郡縣志
[景定]新定續志十卷　(宋)方仁榮　(宋)鄭瑤纂　民國二十三年(1934)誦芬室刻本　四冊

330000－1701－0021522　普 811.104/3214　集部/詩文評類/詩評之屬
在山泉詩話四卷　潘飛聲撰　民國鉛印本　三冊

330000－1701－0021524　普 811.104/4048.3/4　集部/詩文評類/詩評之屬
隨園詩話十六卷補遺十卷　(清)袁枚撰　民國六年(1917)上海掃葉山房石印本　六冊

330000－1701－0021526　普 811.104/3483/c2　集部/詩文評類/詩評之屬
名媛詩話八卷　(清)沈善寶撰　民國十二年(1923)沈敏元鉛印本　二冊

330000－1701－0021529　普 811.104/3483/c4　集部/詩文評類/詩評之屬
名媛詩話八卷　(清)沈善寶撰　民國十二年(1923)沈敏元鉛印本　二冊

330000－1701－0021532　普 915.1249/1037/c2　史部/地理類/方志之屬/郡縣志
[民國]建德縣志十五卷首一卷附教育公產一卷慈善公產一卷　夏曰璈　張良楷修　王韌纂　民國八年(1919)金華朱集成堂鉛印本　十二冊

330000－1701－0021533　普 811.104/4032/c2　集部/詩文評類/詩評之屬
合肥詩話三卷　李家孚撰　民國十八年(1929)蘇州鉛印本　一冊

330000－1701－0021537　普 811.104/3483/c3　集部/詩文評類/詩評之屬
名媛詩話八卷　(清)沈善寶撰　民國十二年(1923)沈敏元鉛印本　二冊

330000－1701－0021541　普 811.104/4023/c1　集部/詩文評類/詩評之屬
合肥詩話三卷　李家孚撰　民國十八年(1929)蘇州鉛印本　一冊

330000－1701－0021542　普 915.1249/0022.3/c2　史部/地理類/方志之屬/郡縣志
[景定]新定續志十卷　(宋)方仁榮　(宋)鄭瑤纂　民國二十三年(1934)誦芬室刻本　四冊

330000－1701－0021550　普 811.104/4032/c3　集部/詩文評類/詩評之屬
合肥詩話三卷　李家孚撰　民國十八年(1929)蘇州鉛印本　一冊

330000－1701－0021571　普 915.1249/1037/c1　史部/地理類/方志之屬/郡縣志
[民國]建德縣志十五卷首一卷附教育公產一卷慈善公產一卷　夏曰璈　張良楷修　王韌纂　民國八年(1919)金華朱集成堂鉛印本　十二冊

330000－1701－0021575　普 915.1249/1037/c3　史部/地理類/方志之屬/郡縣志
[民國]建德縣志十五卷首一卷附教育公產一卷慈善公產一卷　夏曰璈　張良楷修　王韌纂　民國八年(1919)金華朱集成堂鉛印本　十二冊

330000－1701－0021576　普 915.1249/1037/c4　史部/地理類/方志之屬/郡縣志
[民國]建德縣志十五卷首一卷附教育公產一卷慈善公產一卷　夏曰璈　張良楷修　王韌纂　民國八年(1919)金華朱集成堂鉛印本　十一冊　缺二卷(十至十一)

330000－1701－0021579　普 915.1249/2035.12　史部/地理類/雜志之屬
淳安縣村里一覽表一卷　民國石印本　一冊

330000－1701－0021585　普 915.1249/3057　集部/總集類/題詠之屬

桐江釣臺集十二卷首一卷 嚴懋功輯 民國十五年(1926)無錫嚴氏鉛印本 四冊

330000－1701－0021588 普 915.1249/4029/c1 史部/地理類/方志之屬/郡縣志
[乾隆]遂安縣志十卷首一卷 (清)鄒錫疇修 (清)方引彥等纂 民國十七年(1928)羅柏麓木活字印本 八冊

330000－1701－0021589 普 915.1712/2032 史部/地理類/方志之屬/郡縣志
[道光]江北廳志八卷首一卷 (清)福珠朗阿修 (清)宋煊等纂 民國鉛印本 四冊

330000－1701－0021590 普 915.1712/1037 史部/地理類/方志之屬/郡縣志
[民國]巴縣志二十三卷附文徵四卷 朱之洪等修 向楚等纂 民國二十八年(1939)刻本 二十四冊

330000－1701－0021593 普 915.1249/4029/c2 史部/地理類/方志之屬/郡縣志
[乾隆]遂安縣志十卷首一卷 (清)鄒錫疇修 (清)方引彥等纂 民國十七年(1928)羅柏麓木活字印本 八冊

330000－1701－0021594 普 915.1712/1052 子部/宗教類/佛教之屬
世界佛學苑漢藏教理院叢書 民國重慶漢藏教理院刻本 一冊 存一種

330000－1701－0021597 普 915.1249/4037/c1 史部/地理類/方志之屬/郡縣志
[民國]遂安縣志十卷首一卷末一卷 羅柏麓 周樹美修 姚桓等纂 民國十九年(1930)鉛印本 八冊

330000－1701－0021598 普 915.1249/4037/c5 史部/地理類/方志之屬/郡縣志
[民國]遂安縣志十卷首一卷末一卷 羅柏麓 周樹美修 姚桓等纂 民國十九年(1930)鉛印本 孫科題簽 八冊

330000－1701－0021599 普 915.1249/4037/c2 史部/地理類/方志之屬/郡縣志
[民國]遂安縣志十卷首一卷末一卷 羅柏麓 周樹美修 姚桓等纂 民國十九年(1930)鉛印本 高德中題記 八冊

330000－1701－0021601 普 811.104/4044/c1 集部/詩文評類/詩評之屬
臥雪詩話八卷 袁嘉穀撰 民國十三年(1924)鉛印本 二冊

330000－1701－0021602 普 915.1249/4037/c4 史部/地理類/方志之屬/郡縣志
[民國]遂安縣志十卷首一卷末一卷 羅柏麓 周樹美修 姚桓等纂 民國十九年(1930)鉛印本 八冊

330000－1701－0021604 普 915.1249/5037/c1 史部/地理類/方志之屬/郡縣志
[民國]壽昌縣志十卷首一卷 陳煥 潘紹雋修 陳舉愷纂 方仰賢繪圖 民國十九年(1930)金華大同印務局鉛印本 八冊

330000－1701－0021605 HJH3227 集部/總集類/郡邑之屬
潯溪詩徵四十卷補遺一卷詞徵二卷 周慶雲輯 民國六年(1917)周氏夢坡室刻本 二十冊

330000－1701－0021608 普 915.1249/5037/c2 史部/地理類/方志之屬/郡縣志
[民國]壽昌縣志十卷首一卷 陳煥 潘紹雋修 陳舉愷纂 方仰賢繪圖 民國十九年(1930)金華大同印務局鉛印本 九冊

330000－1701－0021609 普 915.1249/5037/c3 史部/地理類/方志之屬/郡縣志
[民國]壽昌縣志十卷首一卷 陳煥 潘紹雋修 陳舉愷纂 方仰賢繪圖 民國十九年(1930)金華大同印務局鉛印本 九冊

330000－1701－0021610 普 915.1712/6037 史部/地理類/方志之屬/郡縣志
[民國]重修南川縣志十四卷首一卷 柳琅聲等修 韋麟書等纂 民國二十年(1931)鉛印本 十二冊

330000－1701－0021613 普 915.1712/6037/(2) 史部/地理類/方志之屬/郡縣志

[民國]重修南川縣志十四卷首一卷　柳琅聲等修　韋麟書等纂　民國二十年(1931)鉛印本　十三冊

330000－1701－0021619　普915.1249/6037/c1　史部/地理類/方志之屬/郡縣志
[民國]續修分水縣志十四卷首一卷　鍾詩傑修　臧承宣纂　王獅測繪　民國三十一年(1942)鉛印本　二冊

330000－1701－0021621　普915.1712/7039　史部/地理類/方志之屬/郡縣志
[民國]銅梁縣地理志八卷　張佐周纂　民國三十三年(1944)鉛印本　一冊

330000－1701－0021622　普915.1249/6035.04　史部/地理類/方志之屬/郡縣志
[光緒]分水志節略十卷首一卷末一卷　(清)陳常鏵　(清)馮圻修　(清)臧承宣等纂　民國抄本　一冊　存八卷(首,一至三、六至七、九至十)

330000－1701－0021624　普915.1249/6037/c2　史部/地理類/方志之屬/郡縣志
[民國]續修分水縣志十四卷首一卷　鍾詩傑修　臧承宣纂　王獅測繪　民國三十一年(1942)鉛印本　二冊

330000－1701－0021626　普915.12491/0022/c1　類叢部/叢書類/自著之屬
瑞安孫氏遺書　(清)孫詒讓撰　民國瑞安廣明社石印本　一冊　存一種

330000－1701－0021627　普915.12491/0015　類叢部/叢書類/彙編之屬
甌風雜誌二十四期　甌風雜誌社編　民國二十三年至二十四年(1934－1935)甌風雜志社鉛印本　十冊

330000－1701－0021628　普915.1249/6037/c3　史部/地理類/方志之屬/郡縣志
[民國]續修分水縣志十四卷首一卷　鍾詩傑修　臧承宣纂　王獅測繪　民國三十一年(1942)鉛印本　二冊

330000－1701－0021629　普811.104/4048.3/3　集部/詩文評類/詩評之屬
隨園詩話十六卷補遺十卷　(清)袁枚撰　民國上海掃葉山房石印本　六冊

330000－1701－0021635　普915.12491/0022/c2　類叢部/叢書類/自著之屬
瑞安孫氏遺書　(清)孫詒讓撰　民國瑞安廣明社石印本　一冊　存一種

330000－1701－0021641　普811.104/4048.3/c3　集部/詩文評類/詩評之屬
批本隨園詩話十六卷補遺十卷附錄一卷　冒廣生撰　民國十五年(1926)中國圖書公司和記鉛印本　允亮題記　二冊

330000－1701－0021642　普811.104/4044/c2　集部/詩文評類/詩評之屬
臥雪詩話八卷　袁嘉穀撰　民國十三年(1924)鉛印本　袁嘉穀跋　二冊

330000－1701－0021643　普811.104/4088/c1　集部/詩文評類/詩評之屬
越縵堂詩話三卷　(清)李慈銘撰　蔣瑞藻編　民國十五年(1926)上海商務印書館鉛印本　二冊

330000－1701－0021645　普811.104/4048.3/c2　集部/詩文評類/詩評之屬
批本隨園詩話十六卷補遺十卷附錄一卷　冒廣生撰　民國十六年(1927)中國圖書公司和記鉛印本　二冊

330000－1701－0021646　普811.104/4088/c2　集部/詩文評類/詩評之屬
越縵堂詩話三卷　(清)李慈銘撰　蔣瑞藻編　民國十九年(1930)上海商務印書館鉛印本　二冊

330000－1701－0021652　普811.104/4092/2　集部/詩文評類/詩評之屬
初白菴詩評三卷詞綜偶評一卷　(清)查慎行撰　(清)張載華輯　民國上海六藝書局石印本　六冊

330000－1701－0021654　普811.104/4092/2/c2　集部/詩文評類/詩評之屬

初白菴詩評三卷詞綜偶評一卷 (清)查慎行撰 (清)張載華輯 民國石印本 四冊

330000－1701－0021657 普 811.104/4048.4/c2 集部/詩文評類/詩評之屬

隨園詩法叢話八卷 (清)袁枚輯 民國七年(1918)上海碧梧山莊石印本 四冊

330000－1701－0021659 普 811.104/4420 集部/詩文評類/詩評之屬

黄白山載酒園詩話評二卷 (清)黄生撰 民國二十年(1931)神州國光社石印本 一冊

330000－1701－0021662 普 811.104/4442 集部/詩文評類/詩評之屬

通齋詩話二卷 (清)蔣超伯輯 民國四年(1915)李氏宜秋館鉛印本 劉家立校並跋 二冊

330000－1701－0021663 普 811.104/4300 集部/詩文評類/詩評之屬

重訂全唐詩話八卷 (宋)尤袤輯 (清)孫濤訂 民國十年(1921)掃葉山房石印本 李氏華題簽 四冊

330000－1701－0021666 普 811.104/4317/2 類叢部/叢書類/郡邑之屬

吴興叢書六十六種 劉承幹編 民國吴興劉氏嘉業堂刻本 四冊 存一種

330000－1701－0021672 普 811.104/4688/c1 集部/詩文評類/詩評之屬

雪橋詩話十二卷 楊鍾羲撰 民國二年(1913)南林劉氏求恕齋刻本 章嶔題簽並記 十二冊

330000－1701－0021673 普 811.104/4688.2/c1 類叢部/叢書類/彙編之屬

求恕齋叢書三十一種 劉承幹編 民國吴興劉氏嘉業堂刻本 八冊 存一種

330000－1701－0021674 普 811.104/4688/c2 集部/詩文評類/詩評之屬

雪橋詩話十二卷 楊鍾羲撰 民國二年(1913)南林劉氏求恕齋刻本 十二冊

330000－1701－0021675 普 811.104/4688/c3 集部/詩文評類/詩評之屬

雪橋詩話十二卷 楊鍾羲撰 民國二年(1913)南林劉氏求恕齋刻本 十二冊

330000－1701－0021676 普 811.104/4688/c4 集部/詩文評類/詩評之屬

雪橋詩話十二卷 楊鍾羲撰 民國二年(1913)南林劉氏求恕齋刻本 十二冊

330000－1701－0021678 普 811.104/4688.2/c2 類叢部/叢書類/彙編之屬

求恕齋叢書三十一種 劉承幹編 民國吴興劉氏嘉業堂刻本 八冊 存一種

330000－1701－0021679 普 811.104/4668.3/c2 類叢部/叢書類/彙編之屬

求恕齋叢書三十一種 劉承幹編 民國吴興劉氏嘉業堂刻本 八冊 存一種

330000－1701－0021680 普 811.104/4688.3/c1 類叢部/叢書類/彙編之屬

求恕齋叢書三十一種 劉承幹編 民國吴興劉氏嘉業堂刻本 八冊 存一種

330000－1701－0021684 普 811.104/4688.5/c1 類叢部/叢書類/彙編之屬

求恕齋叢書三十一種 劉承幹編 民國吴興劉氏嘉業堂刻本 十二冊 存一種

330000－1701－0021689 普 811.104/4688.5/c2 類叢部/叢書類/彙編之屬

求恕齋叢書三十一種 劉承幹編 民國吴興劉氏嘉業堂刻本 十一冊 存一種

330000－1701－0021698 普 811.104/4947/c2 集部/詩文評類/詩評之屬

平等閣詩話二卷 狄葆賢撰 民國六年(1917)上海有正書局鉛印本 二冊

330000－1701－0021701 普 811.104/5061/c1 集部/詩文評類/類編之屬

淮海先生詩詞叢話一卷補遺一卷 秦國璋輯 民國三年(1914)無錫秦氏嘉會堂刻本 一冊

330000－1701－0021704　普 811.104/5010 集部/詩文評類/詩評之屬

定厂詩話二卷　由雲龍撰　民國二十三年(1934)鉛印本　由雲龍跋　一冊

330000－1701－0021705　普 811.104/5061/c2　集部/詩文評類/類編之屬

淮海先生詩詞叢話一卷補遺一卷　秦國璋輯　民國三年(1914)無錫秦氏嘉會堂刻本　一冊

330000－1701－0021706　普 811.104/5061/c3　集部/詩文評類/類編之屬

淮海先生詩詞叢話一卷補遺一卷　秦國璋輯　民國三年(1914)無錫秦氏嘉會堂刻本　一冊

330000－1701－0021708　普 811.104/4947/c4　集部/詩文評類/詩評之屬

平等閣詩話二卷　狄葆賢撰　民國六年(1917)上海有正書局鉛印本　二冊

330000－1701－0021709　普 811.104/6617/c3　集部/詩文評類/詩評之屬

滄浪詩話註五卷　(宋)嚴羽撰　(清)胡鑑註　民國六年(1917)上海朝記書莊石印本　三冊

330000－1701－0021712　普 811.104/6672 集部/詩文評類/郡邑之屬

海虞詩話十六卷釣渚詩選一卷　(清)單學傅撰　民國四年(1915)銅華館鉛印本　四冊

330000－1701－0021715　普 811.104/7270/c2　集部/詩文評類/詩評之屬

杜工部詩話一卷　(清)劉鳳誥撰　民國四年(1915)石印本　一冊

330000－1701－0021716　普 811.104/7270/c3　集部/詩文評類/詩評之屬

杜工部詩話一卷　(清)劉鳳誥撰　民國十二年(1923)上海掃葉山房石印本　一冊

330000－1701－0021719　普 811.104/7270/c4　集部/詩文評類/詩評之屬

杜工部詩話一卷　(清)劉鳳誥撰　民國九年(1920)掃葉山房石印本　一冊

330000－1701－0021722　普 811.104/7521 集部/詩文評類/詩評之屬

石遺室詩話三十二卷　陳衍撰　民國二十四年(1935)上海商務印書館鉛印本　四冊

330000－1701－0021729　普 811.104/7521/2/c1　集部/詩文評類/詩評之屬

石遺室詩話十三卷　陳衍撰　民國四年(1915)廣益書局石印本　四冊

330000－1701－0021731　普 811.104/7522 類叢部/叢書類/郡邑之屬

雲南叢書初編一百四十一種二編三十七種　趙藩　陳榮昌等輯　民國雲南叢書處刻本　一冊　存一種

330000－1701－0021732　普 811.104/7521/2/c2　集部/詩文評類/詩評之屬

石遺室詩話十三卷　陳衍撰　民國四年(1915)廣益書局石印本　二冊　存七卷(一至七)

330000－1701－0021734　普 811.104/7521.3　集部/詩文評類/詩評之屬

遼詩紀事十二卷　陳衍輯　民國二十五年(1936)上海商務印書館鉛印本　二冊

330000－1701－0021736　普 811.104/7521.4　集部/詩文評類/詩評之屬

金詩紀事十六卷　陳衍輯　民國二十五年(1936)上海商務印書館鉛印本　四冊

330000－1701－0021737　普 811.104/7521.2/2/c1　集部/詩文評類/詩評之屬

元詩紀事四十五卷　陳衍輯　民國十年(1921)上海商務印書館鉛印本　章嶔題記　十二冊

330000－1701－0021739　普 811.104/7521.3/(2)　集部/詩文評類/詩評之屬

遼詩紀事十二卷　陳衍輯　民國二十五年(1936)上海商務印書館鉛印本　一冊

330000－1701－0021740　普 811.104/7521.

2/2/c2　集部/詩文評類/詩評之屬

元詩紀事四十五卷　陳衍輯　民國十四年(1925)上海商務印書館鉛印本　十二册

330000 - 1701 - 0021741　普 811.104/7521.2/2/c3　集部/詩文評類/詩評之屬

元詩紀事四十五卷　陳衍輯　民國十年(1921)上海商務印書館鉛印本　十二册

330000 - 1701 - 0021742　普 811.104/7521.5　集部/詩文評類/詩評之屬

陳石遺先生談藝錄一卷　陳衍撰　民國二十年(1931)上海中華書局鉛印本　一册

330000 - 1701 - 0021743　普 811.104/7563　集部/詩文評類/詩評之屬

觀塵因室詩話一卷　陳景寔撰　民國二十五年(1936)陳惠羣鉛印本　一册

330000 - 1701 - 0021748　普 811.104/7521/2(2)　集部/詩文評類/詩評之屬

石遺室詩話十三卷　陳衍撰　民國四年(1915)廣益書局石印本　一册

330000 - 1701 - 0021751　普 811.104/8229.01/2/c1　集部/詩文評類/詩評之屬

鍾嶸詩品集釋三卷　葉長青纂　民國二十二年(1933)上海華通書局鉛印本　一册

330000 - 1701 - 0021754　普 811.104/8229.01/2　類叢部/叢書類/彙編之屬

松柏長青館叢書　葉長青撰　民國鉛印本　一册　存一種

330000 - 1701 - 0021758　普 915.12491/1058/c1　史部/地理類/專志之屬/古跡

大若巖志一卷附錄一卷　劉景晨纂　民國三十六年(1947)鉛印本　一册

330000 - 1701 - 0021760　普 915.1712/7537/c1　史部/地理類/方志之屬/郡縣志

民國新修合川縣志八十三卷　鄭賢書等修　張森楷纂　民國十年(1921)刻本　樹藩題簽　三十册

330000 - 1701 - 0021766　普 915.1712/8037　史部/地理類/方志之屬/郡縣志

[民國]涪陵縣續修涪州志二十七卷首一卷附民國紀事一卷　王鑑清等修　施紀雲等纂　民國十七年(1928)鉛印本　五册

330000 - 1701 - 0021769　普 915.1712/7537/c2　史部/地理類/方志之屬/郡縣志

民國新修合川縣志八十三卷　鄭賢書等修　張森楷纂　民國十年(1921)刻本　二十九册　缺四卷(四十至四十二、六十九)

330000 - 1701 - 0021779　普 915.1713/9034　史部/地理類/方志之屬/郡縣志

[同治]劍州志十卷　(清)李溶　(清)余文煥修　(清)李榕等纂　民國十六年(1927)鉛印本　四册

330000 - 1701 - 0021785　普 915.1713/9037　史部/地理類/方志之屬/郡縣志

[民國]劍閣縣續志十卷　張政等纂修　民國十六年(1927)鉛印本　八册

330000 - 1701 - 0021793　普 915.1714/1037　史部/地理類/方志之屬/郡縣志

[民國]南充縣志十六卷附圖一卷　李良俊修　王荃善等纂　民國十八年(1929)刻本　十六册

330000 - 1701 - 0021796　普 915.1714/3035　史部/地理類/方志之屬/郡縣志

[光緒]蓬安舊志十五卷　(清)方旭修　(清)張禮杰等纂　民國二十四年(1935)蓬安縣益友石印社石印本　三册

330000 - 1701 - 0021797　普 915.12491/10431/c1　類叢部/叢書類/家集之屬

武林丁氏家集十三種　丁立誠　丁立中撰　民國錢塘丁氏嘉惠堂鉛印本　一册　存二種

330000 - 1701 - 0021799　普 915.12491/10431/c2　類叢部/叢書類/家集之屬

武林丁氏家集十三種　丁立誠　丁立中撰　民國錢塘丁氏嘉惠堂鉛印本　一册　存二種

330000 - 1701 - 0021801　普 915.12491/10431/c3　類叢部/叢書類/家集之屬

武林丁氏家集十三種　丁立誠　丁立中撰　民國錢塘丁氏嘉惠堂鉛印本　一册　存一種

330000－1701－0021804　普 915.12491/1052/c1　史部/地理類/山川之屬/山志
孤嶼志八卷首一卷　(清)陳舜咨輯　民國二十三年(1934)溫州新順發紙號刻本　四册

330000－1701－0021805　普 915.12491/1052/c2　史部/地理類/山川之屬/山志
孤嶼志八卷首一卷　(清)陳舜咨輯　民國二十三年(1934)溫州新順發紙號刻本　四册

330000－1701－0021820　普 915.1714/8037　史部/地理類/方志之屬/郡縣志
[民國]大竹縣志十六卷　鄭國翰　曾瀛藻修　陳步武　江三乘纂　民國十七年(1928)鉛印本　八册

330000－1701－0021827　普 915.12491/1054　史部/地理類/專志之屬/寺觀
江心志十卷首一卷末一卷　(清)釋元奇編　民國抄本　一册　存五卷(首、一至四)

330000－1701－0021830　普 915.12491/1058.2　史部/地理類/山川之屬/合志
永嘉小源大若巖誌一卷　陳時行編　民國十一年(1922)永嘉務本石印公司石印本　一册

330000－1701－0021831　普 915.12491/2024　史部/地理類/方志之屬/郡縣志
[嘉靖]瑞安縣志十卷　(明)劉畿修　(明)朱綽等纂　民國抄本　四册

330000－1701－0021836　普 915.12491/2031/c3　史部/地理類/方志之屬/郡縣志
[嘉慶]瑞安縣志十卷首一卷　(清)張德標修　(清)王殿金　(清)黄徵乂纂　民國六年(1917)溫州務本公司石印本　八册

330000－1701－0021840　普 915.1715/3037　史部/地理類/方志之屬/郡縣志
[民國]富順縣志十七卷首一卷　彭文治　陽濬　李永成修　盧慶家　高光照纂　民國二十年(1931)刻本　李永成題記　十二册

330000－1701－0021844　普 915.12491/2031/2/c1　史部/地理類/方志之屬/郡縣志
[嘉慶]瑞安縣志十卷首一卷　(清)張德標修　(清)王殿金　(清)黄徵乂纂　民國六年(1917)溫州務本公司石印本　八册

330000－1701－0021845　普 915.12491/1058/c2　史部/地理類/專志之屬/古跡
大若巖志一卷附録一卷　劉景晨纂　民國三十六年(1947)鉛印本　一册

330000－1701－0021846　普 915.12491/1058/c3　史部/地理類/專志之屬/古跡
大若巖志一卷附録一卷　劉景晨纂　民國三十六年(1947)鉛印本　一册

330000－1701－0021847　普 915.12491/2031/2/c2　史部/地理類/方志之屬/郡縣志
[嘉慶]瑞安縣志十卷首一卷　(清)張德標修　(清)王殿金　(清)黄徵乂纂　民國六年(1917)溫州務本公司石印本　八册

330000－1701－0021848　普 915.12491/2037/c1　史部/地理類/方志之屬/郡縣志
[民國]瑞安縣志稿不分卷　瑞安縣修志委員會纂　民國二十七年(1938)瑞安縣修志委員會鉛印本　十一册

330000－1701－0021849　普 915.12491/2037/c3　史部/地理類/方志之屬/郡縣志
[民國]瑞安縣志稿不分卷　瑞安縣修志委員會纂　民國二十七年(1938)瑞安縣修志委員會鉛印本　十册

330000－1701－0021850　普 915.12491/2037/c2　史部/地理類/方志之屬/郡縣志
[民國]瑞安縣志稿不分卷　瑞安縣修志委員會纂　民國二十七年(1938)瑞安縣修志委員會鉛印本　十一册

330000－1701－0021852　普 915.12491/2037.2　史部/地理類/方志之屬/郡縣志
[民國]瑞安縣志稿不分卷　瑞安縣修志委員會纂　民國二十六年(1937)瑞安縣修志委員會油印本　八册

330000 - 1701 - 0021853　普 915. 12491/20371　史部/地理類/方志之屬/郡縣志
瑞安鄉土史志二卷　民國石印本　一册

330000 - 1701 - 0021855　普 915. 12491/2052　史部/地理類/山川之屬/山志
瑞安集雲山志一卷　(清)金兆珍　(清)金兆奎編　民國二十五年(1936)油印本　金子蘭題記　一册

330000 - 1701 - 0021857　普 915. 12491/20521/c1　史部/地理類/山川之屬/山志
仙巖山志八卷　張揚纂　民國二十二年(1933)籀經樓鉛印本　張揚題記　四册

330000 - 1701 - 0021859　普 915. 12491/20521/c2　史部/地理類/山川之屬/山志
仙巖山志八卷　張揚纂　民國二十二年(1933)籀經樓鉛印本　項亨桂題記　四册

330000 - 1701 - 0021861　普 915. 12491/20521/c3　史部/地理類/山川之屬/山志
仙巖山志八卷　張揚纂　民國二十二年(1933)籀經樓鉛印本　張揚跋　四册

330000 - 1701 - 0021862　普 915. 12491/20521/c5　史部/地理類/山川之屬/山志
仙巖山志八卷　張揚纂　民國二十二年(1933)籀經樓鉛印本　張揚題記　四册

330000 - 1701 - 0021863　普 915. 12491/20521/c4　史部/地理類/山川之屬/山志
仙巖山志八卷　張揚纂　**仙巖近人詩録一卷**　姚琮等撰　民國二十二年(1933)籀經樓鉛印本　四册

330000 - 1701 - 0021864　普 915. 12491/3024/c1　史部/地理類/方志之屬/郡縣志
[隆慶]樂清縣志七卷　(明)胡用賓修　(明)侯一元纂　民國七年(1918)樂清張侯佐石印本　四册

330000 - 1701 - 0021865　普 915. 12491/20541　史部/地理類/專志之屬/祠墓
忠義廟記略不分卷　林熽　林維喬輯　民國十一年(1922)浙瑞敬業石印局石印本　一册

330000 - 1701 - 0021868　普 915. 12491/3024/c3　史部/地理類/方志之屬/郡縣志
[隆慶]樂清縣志七卷　(明)胡用賓修　(明)侯一元纂　民國七年(1918)樂清張侯佐石印本　四册

330000 - 1701 - 0021870　普 915. 12491/3024/c2　史部/地理類/方志之屬/郡縣志
[隆慶]樂清縣志七卷　(明)胡用賓修　(明)侯一元纂　民國七年(1918)樂清張侯佐石印本　四册

330000 - 1701 - 0021879　普 915. 1716/4042　史部/地理類/方志之屬/郡縣志
[光緒]萬縣鄉土志九卷　(清)□□纂　民國十五年(1926)嘉惠印刷館石印本　杜進高題記　二册

330000 - 1701 - 0021881　普 915. 12491/3039　史部/地理類/方志之屬/郡縣志
虹橋區志四卷續編四卷　金澹蟾編輯　民國二十七年(1938)抄本　八册

330000 - 1701 - 0021882　普 915. 12491/30391　史部/地理類/方志之屬/郡縣志
[民國]樂清縣鄉土誌稿二卷　高誼纂　民國抄本　二册

330000 - 1701 - 0021893　普 915. 12491/3062. 2/c1　史部/地理類/山川之屬/山志
南雁蕩山志十三卷首一卷　周喟編　民國七年(1918)瑞安戴氏詠古齋刻本　四册

330000 - 1701 - 0021896　普 915. 1718/2036　史部/地理類/方志之屬/郡縣志
[宣統]昭覺縣志稿四卷　(清)徐懷璋纂修　民國九年(1920)鉛印本　二册

330000 - 1701 - 0021899　普 915. 12491/3062. 2/c2　史部/地理類/山川之屬/山志
南雁蕩山志十三卷首一卷　周喟編　民國七年(1918)瑞安戴氏詠古齋刻本　四册

330000 - 1701 - 0021901　普 915. 12491/3062. 21/c1　史部/地理類/山川之屬/山志
雁蕩山圖一卷　羅覺清撰　民國十四年

(1925)急先學社石印本　一册

330000－1701－0021903　普 915.1717/3037　史部/地理類/方志之屬/郡縣志

[民國]北川縣志八卷末一卷　楊鈞衡等修　黄尚毅等纂　民國二十一年(1932)石印本　九册

330000－1701－0021905　普 915.12491/3062.2/c3　史部/地理類/山川之屬/山志

南雁蕩山志十三卷首一卷　周喟編　民國七年(1918)瑞安戴氏詠古齋刻本　四册

330000－1701－0021907　普 915.12491/3062.2/c4　史部/地理類/山川之屬/山志

南雁蕩山志十三卷首一卷　周喟編　民國七年(1918)瑞安戴氏詠古齋刻本　四册

330000－1701－0021910　普 915.12491/3062.21/c2　史部/地理類/山川之屬/山志

雁蕩山圖一卷　羅覺清撰　民國十四年(1925)急先學社石印本　一册

330000－1701－0021911　普 915.12491/3062.2/c5　史部/地理類/山川之屬/山志

南雁蕩山志十三卷首一卷　周喟編　民國七年(1918)瑞安戴氏詠古齋刻本　張揚題記　四册

330000－1701－0021915　普 915.1719/1037　史部/地理類/方志之屬/郡縣志

[民國]雅安縣志六卷　胡榮湛修　余良選等纂　民國十七年(1928)石印本　施恩溥題記　六册

330000－1701－0021917　普 915.12491/3062.5　史部/地理類/遊記之屬/紀勝

雁山行吟一卷附録抗風閣詩選　池滮撰　民國三十三年(1944)鉛印本　池滮題記　一册

330000－1701－0021918　普 915.12491/3062.2/c6　史部/地理類/山川之屬/山志

南雁蕩山志十三卷首一卷　周喟編　民國七年(1918)瑞安戴氏詠古齋刻本　四册

330000－1701－0021921　普 915.12491/3062.7　史部/地理類/遊記之屬/紀勝

北雁山遊記一卷　薛鍾斗撰　民國抄本　一册

330000－1701－0021924　普 915.12491/3062.8　史部/地理類/山川之屬/山志

雁蕩山志五十四卷首一卷　蔣叔南撰　民國抄本　六册

330000－1701－0021927　普 915.1719/1043　史部/地理類/方志之屬/郡縣志

[光緒]雅安歷史四卷　(清)賈鴻基撰　民國十四年(1925)石印本　二册

330000－1701－0021928　普 915.12491/306211　史部/地理類/山川之屬/山志

白龍山志四卷　(清)吳永佶撰　民國抄本　一册

330000－1701－0021930　普 915.12491/306211/2　史部/地理類/山川之屬/山志

白龍山志四卷　(清)吳永佶撰　民國抄本　一册

330000－1701－0021931　普 915.1719/3037　史部/地理類/方志之屬/郡縣志

[民國]滎經縣志二十卷首一卷　(清)賀澤等修　(清)張趙才等纂　民國四年(1915)刻十八年(1929)王琢增刻本　十册

330000－1701－0021933　普 915.1719/2037　史部/地理類/方志之屬/郡縣志

[民國]名山縣新志十六卷首一卷末一卷　胡存琮修　趙正和纂　民國十九年(1930)刻本　四册

330000－1701－0021939　普 915.17191/1051　集部/總集類/題詠之屬

烏尤山詩三卷　鄒祺輯　民國二十六年(1937)嘉定烏尤寺刻本　一册

330000－1701－0021940　普 915.17191/1037/c1　史部/地理類/方志之屬/郡縣志

[民國]樂山縣志十二卷　唐受潘修　黄鎔等纂　王畏巖補正　民國二十三年(1934)鉛印本　八册

330000 - 1701 - 0021942　普 915. 17191/1037/c2　史部/地理類/方志之屬/郡縣志

[民國]欒山縣志十二卷　唐受潘修　黄鎔等纂　王畏巖補正　民國二十三年(1934)鉛印本　八冊

330000 - 1701 - 0021945　普 915. 12491/4037/c1　史部/地理類/方志之屬/郡縣志

[民國]平陽縣志九十八卷首一卷　王理孚修　劉紹寬纂　民國十四年至十五年(1925 - 1926)刻本　三十冊

330000 - 1701 - 0021946　普 915. 12491/4037/c2　史部/地理類/方志之屬/郡縣志

[民國]平陽縣志九十八卷首一卷　王理孚修　劉紹寬纂　民國十四年至十五年(1925 - 1926)刻本　三十冊

330000 - 1701 - 0021947　普 915. 12491/4037/c3　史部/地理類/方志之屬/郡縣志

[民國]平陽縣志九十八卷首一卷　王理孚修　劉紹寬纂　民國十四年至十五年(1925 - 1926)刻本　三十冊

330000 - 1701 - 0021948　普 915. 12491/4037/c4　史部/地理類/方志之屬/郡縣志

[民國]平陽縣志九十八卷首一卷　王理孚修　劉紹寬纂　民國十四年至十五年(1925 - 1926)刻本　三十冊

330000 - 1701 - 0021949　普 915. 12491/4037/c5　史部/地理類/方志之屬/郡縣志

[民國]平陽縣志九十八卷首一卷　王理孚修　劉紹寬纂　民國十四年至十五年(1925 - 1926)刻本　三十冊

330000 - 1701 - 0021951　普 915. 12491/4037/c6　史部/地理類/方志之屬/郡縣志

[民國]平陽縣志九十八卷首一卷　王理孚修　劉紹寬纂　民國十四年至十五年(1925 - 1926)刻本　二十四冊　存八十卷(十九至九十八)

330000 - 1701 - 0021952　普 915. 17191/2052.6/c1　史部/地理類/山川之屬/山志

峨眉山志八卷首一卷　(清)蔣超纂　釋印光增訂　民國二十三年(1934)蘇州弘化社鉛印本　二冊

330000 - 1701 - 0021953　普 915. 17191/2052.2/c1　史部/地理類/遊記之屬/紀行

峨眉紀游一卷　樓藜然撰　民國元年(1912)成都刻本　一冊

330000 - 1701 - 0021955　普 915. 17191/2052.2/c2　史部/地理類/遊記之屬/紀行

峨眉紀游一卷　樓藜然撰　民國元年(1912)成都刻本　一冊

330000 - 1701 - 0021958　普 915. 17191/2052.2/c3　史部/地理類/遊記之屬/紀行

峨眉紀游一卷　樓藜然撰　民國元年(1912)成都刻本　一冊

330000 - 1701 - 0021959　普 915. 17191/2052.6/c2　史部/地理類/山川之屬/山志

峨眉山志八卷首一卷　(清)蔣超纂　釋印光增訂　民國二十三年(1934)蘇州弘化社鉛印本　二冊

330000 - 1701 - 0021960　普 915. 17191/2052.2/c4　史部/地理類/遊記之屬/紀行

峨眉紀游一卷　樓藜然撰　民國元年(1912)成都刻本　一冊

330000 - 1701 - 0021963　普 915. 17191/2052.6/c3　史部/地理類/山川之屬/山志

峨眉山志八卷首一卷　(清)蔣超纂　釋印光增訂　民國二十三年(1934)蘇州弘化社鉛印本　二冊

330000 - 1701 - 0021964　普 915. 17191/2052.8　史部/地理類/輿圖之屬/山圖

峨眉山景志圖不分卷　民國刻本　釋通禪題記　袁榮叜跋　一冊

330000 - 1701 - 0021967　普 915. 17191/2052.9　史部/地理類/山川之屬/山志

峨山圖志不分卷　(清)黄錫燾　(清)黄綬芙　(清)譚鍾嶽編　俞子丹繪圖　(美國)費爾樸英譯　民國二十五年(1936)成都華西大學

哈佛燕京學社鉛印本暨石印本　復之題記　一冊

330000－1701－0021968　普 915.12491/5042　史部/地理類/雜志之屬
泰順縣風俗志調查綱要一卷　民國抄本　一冊

330000－1701－0021975　普 915.17191/2052.92　史部/傳記類/日記之屬
旅峩日誌不分卷　石興全撰　民國三十年(1941)石印本　一冊

330000－1701－0021988　普 915.17191/5037/c1　史部/地理類/方志之屬/郡縣志
[民國]夾江縣志十二卷　羅國鈞修　劉作銘　薛志清纂　民國二十四年(1935)鉛印本　七冊　缺一卷(六)

330000－1701－0021993　普 915.17191/5037/c2　史部/地理類/方志之屬/郡縣志
[民國]夾江縣志十二卷　羅國鈞修　劉作銘　薛志清纂　民國二十四年(1935)鉛印本　陳行平題記　八冊

330000－1701－0022001　普 915.17191/7037　史部/地理類/方志之屬/郡縣志
[民國]滎縣志十七篇　廖世英等修　趙熙敘纂　俞緝光測繪　民國十八年(1929)刻本　八冊　缺一篇(十六)

330000－1701－0022010　普 915.12492/1037/c1　史部/地理類/方志之屬/郡縣志
[民國]麗水縣志十四卷　李鍾嶽　李郁芬修　孫壽芝纂　民國十五年(1926)麗水啓明印刷所鉛印本　十冊

330000－1701－0022012　普 915.12492/1037/c3　史部/地理類/方志之屬/郡縣志
[民國]麗水縣志十四卷　李鍾嶽　李郁芬修　孫壽芝纂　民國十五年(1926)麗水啓明印刷所鉛印本　葉明善題記　十冊

330000－1701－0022015　普 915.12492/1037/c2　史部/地理類/方志之屬/郡縣志
[民國]麗水縣志十四卷　李鍾嶽　李郁芬修　孫壽芝纂　民國十五年(1926)麗水啓明印刷所鉛印本　十冊

330000－1701－0022020　普 915.12492/1037/c5　史部/地理類/方志之屬/郡縣志
[民國]麗水縣志十四卷　李鍾嶽　李郁芬修　孫壽芝纂　民國十五年(1926)麗水啓明印刷所鉛印本　十冊

330000－1701－0022021　普 915.12492/1037/c4　史部/地理類/方志之屬/郡縣志
[民國]麗水縣志十四卷　李鍾嶽　李郁芬修　孫壽芝纂　民國十五年(1926)麗水啓明印刷所鉛印本　十冊

330000－1701－0022025　普 915.17192/4037　史部/地理類/方志之屬/郡縣志
[民國]中江縣志二十四卷首一卷　譚毅武等修　陳品全等纂　民國十九年(1930)鉛印本　八冊

330000－1701－0022031　普 915.17192/5037/c1　史部/地理類/方志之屬/郡縣志
[民國]遂寧縣志八卷首一卷　甘燾等修　王懋昭纂　民國十八年(1929)刻二十三年(1934)印本　四冊

330000－1701－0022032　普 915.12492/2035/2/c1　史部/地理類/方志之屬/郡縣志
[光緒]青田縣志十八卷首一卷　(清)雷銑修　(清)王棻纂　民國二十四年(1935)鉛印本　沈作炯題記　十冊

330000－1701－0022036　普 915.17192/5037/c2　史部/地理類/方志之屬/郡縣志
[民國]遂寧縣志八卷首一卷　甘燾等修　王懋昭纂　民國十八年(1929)刻本　七冊　缺一卷(六)

330000－1701－0022038　普 915.12492/2035/2/c3　史部/地理類/方志之屬/郡縣志
[光緒]青田縣志十八卷首一卷　(清)雷銑修　(清)王棻纂　民國二十四年(1935)鉛印本　十冊

330000－1701－0022040　普 915.12492/2056

史部/地理類/專志之屬/古跡
石門洞古蹟志畧六卷 陳六琦撰 民國十四年(1925)石印本 一冊

330000－1701－0022041 普 915.12492/2035/2/c2 史部/地理類/方志之屬/郡縣志
[光緒]青田縣志十八卷首一卷 (清)雷銑修 (清)王棻纂 民國二十四年(1935)鉛印本 十冊

330000－1701－0022043 普 915.12492/2062/c1 史部/地理類/山川之屬/山志
南田山志十四卷首一卷 劉燿東撰 民國二十四年(1935)啓後亭鉛印本 四冊

330000－1701－0022044 普 915.17192/9037 史部/地理類/方志之屬/郡縣志
[民國]樂至縣志又續四卷首一卷 楊祖唐等修 蔣德勳等纂 民國十八年(1929)刻本 四冊

330000－1701－0022045 普 915.12492/2062/c3 史部/地理類/山川之屬/山志
南田山志十四卷首一卷 劉燿東撰 民國二十四年(1935)啓後亭鉛印本 劉燿東題記 四冊

330000－1701－0022047 普 915.12492/2062/c2 史部/地理類/山川之屬/山志
南田山志十四卷首一卷 劉燿東撰 民國二十四年(1935)啓後亭鉛印本 四冊

330000－1701－0022050 普 915.17193/0037 史部/地理類/方志之屬/郡縣志
[民國]眉山縣志十五卷 王銘新等修 楊衛星 郭慶琳纂 民國十二年(1923)漢文石印社石印本 八冊

330000－1701－0022051 普 915.12492/2062/c4 史部/地理類/山川之屬/山志
南田山志十四卷首一卷 劉燿東撰 民國二十四年(1935)啓後亭鉛印本 四冊

330000－1701－0022052 普 915.12492/2062/c5 史部/地理類/山川之屬/山志
南田山志十四卷首一卷 劉燿東撰 民國二十四年(1935)啓後亭鉛印本 四冊

330000－1701－0022053 普 915.12492/2062.2 史部/地理類/山川之屬/山志
南田山談一卷 劉燿東撰 民國二十二年(1933)啓後亭鉛印本 一冊

330000－1701－0022056 普 915.12492/2062/c6 史部/地理類/山川之屬/山志
南田山志十四卷首一卷 劉燿東撰 民國二十四年(1935)啓後亭鉛印本 四冊

330000－1701－0022058 普 915.12492/20621/c1 集部/總集類/題詠之屬
石門題詠錄四卷 劉燿東輯 民國二十三年(1934)啓後亭鉛印本 一冊

330000－1701－0022060 普 915.12492/20621/c2 集部/總集類/題詠之屬
石門題詠錄四卷 劉燿東輯 民國二十三年(1934)啓後亭鉛印本 一冊

330000－1701－0022061 普 915.12492/20621/c3 集部/總集類/題詠之屬
石門題詠錄四卷 劉燿東輯 民國二十三年(1934)啓後亭鉛印本 一冊

330000－1701－0022063 普 915.12492/20621/c4 集部/總集類/題詠之屬
石門題詠錄四卷 劉燿東輯 民國二十三年(1934)啓後亭鉛印本 一冊

330000－1701－0022065 普 915.17194/0037 史部/地理類/方志之屬/郡縣志
[民國]邛崍縣志四卷首一卷 劉夐等修 甯緗等纂 王恩溥測繪 民國十一年(1922)鉛印本 四冊

330000－1701－0022066 普 915.12492/20621/c5 集部/總集類/題詠之屬
石門題詠錄四卷 劉燿東輯 民國二十三年(1934)啓後亭鉛印本 劉燿東題記 一冊

330000－1701－0022067 HJH3156/1 類叢部/叢書類/自著之屬
晨風廬叢刊十八種 周慶雲撰 民國吳興周

氏夢坡室刻本　一冊　存一種

330000－1701－0022068　HJH3157/1　集部/總集類/酬唱之屬

其㤖集二卷　周慶雲等撰　民國三年(1914)周氏夢坡室刻本　一冊

330000－1701－0022072　普915.12492/3052　史部/地理類/遊記之屬/紀行

仙都紀游一卷附栝蒼山行雜咏一卷　項士元撰　民國油印本　一冊

330000－1701－0022081　普915.12492/4037/c1　史部/地理類/方志之屬/郡縣志

[民國]松陽縣志十四卷首一卷末一卷　吕耀鈐　陳訓舒　秦豐元修　高煥然纂　高自珍測繪　丁光畫圖　民國十五年(1926)木活字印本　十冊

330000－1701－0022083　普915.17194/1037　史部/地理類/方志之屬/郡縣志

[民國]大邑縣志十四卷附文徵一卷詩徵二卷　王銘新　解汝襄修　鍾毓靈　龔維錡纂　民國十九年(1930)鉛印本　六冊

330000－1701－0022084　普915.17195/0037/c1　史部/地理類/方志之屬/郡縣志

[民國]瀘縣志八卷　王禄昌　裴綱修　高覲光　溫翰楨纂　蘇乾樞　高岑蓀　歐陽廷甗續補　民國二十七年(1938)久康鉛石印刷社鉛印本　八冊

330000－1701－0022086　普915.12492/4037/c2　史部/地理類/方志之屬/郡縣志

[民國]松陽縣志十四卷首一卷末一卷　吕耀鈐　陳訓舒　秦豐元修　高煥然纂　高自珍測繪　丁光畫圖　民國十五年(1926)木活字印本　十冊

330000－1701－0022087　普915.17195/0037/c2　史部/地理類/方志之屬/郡縣志

[民國]瀘縣志八卷　王禄昌　裴綱修　高覲光　溫翰楨纂　蘇乾樞　高岑蓀　歐陽廷甗續補　民國二十七年(1938)久康鉛石印刷社鉛印本　八冊

330000－1701－0022088　普915.12492/4037/c3　史部/地理類/方志之屬/郡縣志

[民國]松陽縣志十四卷首一卷末一卷　吕耀鈐　陳訓舒　秦豐元修　高煥然纂　高自珍測繪　丁光畫圖　民國十五年(1926)木活字印本　十冊

330000－1701－0022093　普915.12492/30521　集部/别集類/清别集

仙都百詠一卷　(清)王誥撰　民國二十年(1931)縉雲文華閣石印本　一冊

330000－1701－0022105　普915.17197/0037/c1　史部/地理類/方志之屬/郡縣志

[民國]綿陽縣志十卷首一卷　蒲殿欽等修　崔映棠等纂　民國二十一年(1932)刻本　十二冊

330000－1701－0022107　普915.17197/0043　史部/地理類/專志之屬/古跡

越王樓詩錄一卷　樊鎮輯　稿本　一冊

330000－1701－0022109　普915.17197/0037/c2　史部/地理類/方志之屬/郡縣志

[民國]綿陽縣志十卷首一卷　蒲殿欽等修　崔映棠等纂　民國二十一年(1932)刻本　十二冊

330000－1701－0022117　普915.12492/70392　史部/地理類/方志之屬/郡縣志

[民國]慶元縣志採訪錄二卷　史恩緒　史澄章等纂　民國抄本　二冊

330000－1701－0022125　普915.12492/9037/c1　史部/地理類/方志之屬/郡縣志

[民國]宣平縣志十四卷首一卷末一卷　何横　張高修　鄒家箴等纂　民國二十三年(1934)鉛印本　十冊

330000－1701－0022127　普915.12492/9037/c2　史部/地理類/方志之屬/郡縣志

[民國]宣平縣志十四卷首一卷末一卷　何横　張高修　鄒家箴等纂　民國二十三年(1934)鉛印本　陳振邦題記　十冊

330000－1701－0022128　普915.17197/1037

史部/地理類/方志之屬/郡縣志

[民國]德陽縣志五卷 熊卿雲 汪仲夔修 洪烈森等纂 民國二十八年(1939)鉛印本暨石印本 五册

330000 - 1701 - 0022131 普 915. 12492/70391 史部/地理類/方志之屬/郡縣志

慶元概述一卷 姚雋編著 民國三十二年(1943)油印本 一册

330000 - 1701 - 0022134 普 915. 12492/9037/c3 史部/地理類/方志之屬/郡縣志

[民國]宣平縣志十四卷首一卷末一卷 何横張高修 鄒家箴等纂 民國二十三年(1934)鉛印本 十册

330000 - 1701 - 0022137 普 915. 17197/3037 史部/地理類/方志之屬/郡縣志

[民國]安縣志六十四卷 夏時行 黄愷公修 劉公旭纂 成雲章續修 陳紹欽續纂 民國二十七年(1938)石印本 十二册 存六十卷(一至六十)

330000 - 1701 - 0022146 普 915. 17197/4037 史部/地理類/方志之屬/郡縣志

[民國]綿竹縣志十八卷 王佐 文顯謨修 黄尚毅等纂 民國九年(1920)刻本 十册

330000 - 1701 - 0022151 普 915. 12492/9537/c1 史部/地理類/方志之屬/郡縣志

[民國]景寧縣續志十七卷首一卷 吳吕熙修 柳景元纂 民國二十二年(1933)刻本 六册

330000 - 1701 - 0022152 普 915. 17198/1037 史部/地理類/方志之屬/郡縣志

[民國]汶川縣志七卷附録一卷 祝世德纂修 民國三十三年(1944)鉛印本 一册

330000 - 1701 - 0022153 普 915. 17197/3037.2 史部/地理類/方志之屬/郡縣志

[民國]安縣續志六卷 夏時行 黄愷公修 劉公旭纂 成雲章續修 陳紹欽續纂 民國二十七年(1938)石印本 一册

330000 - 1701 - 0022154 普 915. 12492/9537/c3 史部/地理類/方志之屬/郡縣志

[民國]景寧縣續志十七卷首一卷 吳吕熙修 柳景元纂 民國二十二年(1933)刻本 六册

330000 - 1701 - 0022156 普 915. 17199/5037/c1 史部/地理類/方志之屬/郡縣志

[民國]萬源縣志十卷首一卷末一卷 劉子敬修 賀維翰纂 民國二十一年(1932)鉛印本 六册

330000 - 1701 - 0022157 普 915. 12492/9537/c2 史部/地理類/方志之屬/郡縣志

[民國]景寧縣續志十七卷首一卷 吳吕熙修 柳景元纂 民國二十二年(1933)刻本 六册

330000 - 1701 - 0022158 普 915. 12492/9537/c4 史部/地理類/方志之屬/郡縣志

[民國]景寧縣續志十七卷首一卷 吳吕熙修 柳景元纂 民國二十二年(1933)刻本 六册

330000 - 1701 - 0022160 普 915. 17199/5037/c2 史部/地理類/方志之屬/郡縣志

[民國]萬源縣志十卷首一卷末一卷 劉子敬修 賀維翰纂 民國二十一年(1932)鉛印本 六册

330000 - 1701 - 0022161 普 915. 171991/0032 史部/地理類/方志之屬/郡縣志

[道光]忠州直隸州志八卷首一卷 (清)吳友篪修 (清)熊履青纂 民國二十一年(1932)鉛印本 八册

330000 - 1701 - 0022164 普 915. 171991/1037 史部/地理類/方志之屬/郡縣志

[民國]重修酆都縣志十四卷 黄光輝等修 郎承詵等纂 民國十六年(1927)鉛印本 四册

330000 - 1701 - 0022172 普 811. 107/3844/2 集部/詩文評類/詩評之屬

詩法入門四卷首一卷 (清)游藝輯 民國十

年(1921)上海雲記書莊石印本　二冊

330000－1701－0022177　普 811.107/3844/3/c1　集部/詩文評類/詩評之屬

詩法入門四卷首一卷　(清)游藝輯　民國三年(1914)上海千頃堂石印本　二冊

330000－1701－0022179　普 811.107/3844/3/c2　集部/詩文評類/詩評之屬

詩法入門四卷首一卷　(清)游藝輯　民國三年(1914)上海千頃堂石印本　二冊

330000－1701－0022183　普 915.171994/0037　史部/地理類/方志之屬/郡縣志

[民國]松潘縣志八卷首一卷　張典等修　徐湘等纂　民國十三年(1924)刻本　八冊

330000－1701－0022185　普 811.107/4048　集部/詩文評類/詩評之屬

詳註圈點詩學全書四卷　(清)袁枚撰　民國十四年(1925)上海華美書局石印本　四冊

330000－1701－0022197　普 915.172/0042　史部/地理類/方志之屬/通志

[民國]西康建省記三卷　傅嵩炑纂修　民國元年(1912)鉛印本　章嶔題記　一冊

330000－1701－0022212　普 811.108/0060.04　類叢部/叢書類/郡邑之屬

雲南叢書初編一百四十一種二編三十七種　趙藩　陳榮昌等輯　民國雲南叢書處刻本　六冊　存一種

330000－1701－0022214　普 915.173/3621/c2　史部/地理類/方志之屬/通志

[嘉慶]衛藏通志十六卷首一卷附校字記一卷　(清)和琳纂　(清)袁昶校　民國石印本　八冊

330000－1701－0022216　普 811.108/0060.041　集部/總集類/選集之屬/通代

桐城吳先生評選瀛奎律髓四十五卷　(清)吳汝綸撰　民國十七年(1928)南宮邢之襄刻本　余紹宋跋　四冊

330000－1701－0022218　普 811.108/0060/6　集部/總集類/選集之屬/通代

瀛奎律髓刊誤四十九卷　(元)方回輯　(清)紀昀批點　民國十一年(1922)上海掃葉山房石印本　八冊

330000－1701－0022235　普 811.108/0742/4　類叢部/叢書類/彙編之屬

四部備要　中華書局編　民國二十五年(1936)上海中華書局鉛印本　十六冊　存一種

330000－1701－0022243　普 811.108/1003/c1　集部/總集類/選集之屬/通代

古詩評註讀本三卷附教授法一卷　王文濡評選　民國六年(1917)上海進步書局鉛印本　二冊

330000－1701－0022244　普 811.108/1003/c2　集部/總集類/選集之屬/通代

古詩評註讀本三卷附教授法一卷　王文濡評選　民國六年(1917)上海進步書局鉛印本　二冊

330000－1701－0022245　普 811.108/1033.2/c1　集部/總集類/選集之屬/通代

宋元明詩評註讀本六卷　王文濡編　汪勁扶　沈鎔註　民國十八年(1929)上海文明書局鉛印本　二冊

330000－1701－0022246　普 811.108/1003/c3　集部/總集類/選集之屬/通代

古詩評註讀本三卷附教授法一卷　王文濡評選　民國八年(1919)上海文明書局鉛印本　二冊

330000－1701－0022247　普 811.108/1003/c4　集部/總集類/選集之屬/通代

古詩評註讀本三卷附教授法一卷　王文濡評選　民國五年(1916)上海進步書局鉛印本　二冊

330000－1701－0022248　普 915.173/46771　史部/地理類/遊記之屬/紀行

西藏紀游四卷　(清)周藹聯撰　民國二十五年(1936)石印本　二冊

330000－1701－0022251　普 811.108/1011/c1　集部/總集類/選集之屬/通代
美人千態詩一卷詞一卷　雷瑨輯　民國三年(1914)上海掃葉山房石印本　二冊

330000－1701－0022254　普 811.108/1011/c2　集部/總集類/選集之屬/通代
美人千態詩一卷詞一卷　雷瑨輯　民國九年(1920)上海掃葉山房石印本　二冊

330000－1701－0022255　普 811.108/1011/c3　集部/總集類/選集之屬/通代
美人千態詩一卷詞一卷　雷瑨輯　民國十九年(1930)上海掃葉山房石印本　二冊

330000－1701－0022256　普 811.108/1011.2/c1　集部/總集類/選集之屬/通代
五百家香艷詩十卷　雷瑨輯　民國三年(1914)上海掃葉山房石印本　六冊

330000－1701－0022257　普 811.108/1003.2/c2　集部/總集類/選集之屬/通代
宋元明詩評註讀本六卷　王文濡編　汪勁扶　沈鎔註　民國十四年(1925)上海文明書局鉛印本　二冊

330000－1701－0022259　普 811.108/1011.2/c2　集部/總集類/選集之屬/通代
五百家香艷詩十卷　雷瑨輯　民國三年(1914)上海掃葉山房石印本　五冊　缺一卷(一)

330000－1701－0022260　普 811.108/1003.2/c3　集部/總集類/選集之屬/通代
宋元明詩評註讀本六卷　王文濡編　汪勁扶　沈鎔註　民國五年(1916)上海文明書局鉛印本　二冊

330000－1701－0022261　普 811.108/1032　集部/總集類/選集之屬/通代
全漢三國晉南北朝詩五十四卷緒言一卷　丁福保輯　民國五年(1916)無錫丁氏鉛印本　二十冊

330000－1701－0022262　普 811.108/1003.2/2　集部/總集類/選集之屬/通代
宋元明詩評註讀本六卷　王文濡編　汪勁扶　沈鎔註　民國六年(1917)上海進步書局鉛印本　進之題記　二冊

330000－1701－0022269　普 915.181/3121/2/c2　類叢部/叢書類/郡邑之屬
雲南叢書初編一百四十一種二編三十七種　趙藩　陳榮昌等輯　民國雲南叢書處刻本　四十冊　存一種

330000－1701－0022275　普 915.181/3121/2/c3　類叢部/叢書類/郡邑之屬
雲南叢書初編一百四十一種二編三十七種　趙藩　陳榮昌等輯　民國雲南叢書處刻本　三十五冊　存一種

330000－1701－0022283　普 915.181/3701　史部/地理類/方志之屬/通志
[民國]新纂雲南通志二百六十六卷首一卷　龍雲　盧漢修　周鍾嶽纂　民國三十八年(1949)鉛印本　一百四十冊

330000－1701－0022286　普 915.181/4243　史部/地理類/雜志之屬
雲南銅志八卷　(清)戴瑞徵編　民國抄本　六冊

330000－1701－0022289　普 915.181/4240/c1　史部/地理類/雜志之屬
滇海虞衡志十三卷　(清)檀萃輯　民國雲南圖書館刻本　四冊

330000－1701－0022290　普 915.181/4240/c2　史部/地理類/雜志之屬
滇海虞衡志十三卷　(清)檀萃輯　民國雲南圖書館刻本　二冊

330000－1701－0022292　普 811.108/1043.2　集部/總集類/選集之屬/通代
古今詩選五十卷　(清)王士禛選　民國上海掃葉山房石印本　十冊

330000－1701－0022294　普 915.181/4340/c1　史部/地理類/雜志之屬
滇繹四卷　袁嘉穀撰　民國十二年(1923)鉛印本　一冊

330000－1701－0022299　普 915.181/4340/c2　史部/地理類/雜志之屬
滇繹四卷　袁嘉穀撰　民國十二年(1923)鉛印本　二册

330000－1701－0022300　普 915.181/4340/c3　類叢部/叢書類/彙編之屬
東陸大學叢書□□種　民國鉛印本　一册　存一種

330000－1701－0022302　普 915.181/43401　史部/地理類/雜志之屬
滇南文化論一卷　袁丕鈞撰　民國十三年(1924)鉛印本　一册

330000－1701－0022304　普 811.108/1073/2　集部/總集類/選集之屬/通代
八代詩選二十卷　王闓運輯　民國掃葉山房石印本　八册

330000－1701－0022311　普 811.108/1081/c1　集部/總集類/選集之屬/通代
童蒙養正詩選三卷附作者姓氏小傳三卷　(清)王錫元輯　王揖唐補輯　民國二十年(1931)合肥王氏刻本　一册

330000－1701－0022313　普 811.108/1081/c2　集部/總集類/選集之屬/通代
童蒙養正詩選三卷附作者姓氏小傳三卷　(清)王錫元輯　王揖唐補輯　民國二十年(1931)合肥王氏刻本　一册

330000－1701－0022314　普 811.108/1121　集部/總集類/選集之屬/通代
歷代平民詩集四卷　張任政輯　民國二十五年(1936)上海商務印書館鉛印本　一册

330000－1701－0022317　普 811.108/1081/c3　類叢部/叢書類/彙編之屬
今傳是樓刊著品　民國鉛印本　一册　存一種

330000－1701－0022320　普 811.108/1150/c1　集部/總集類/選集之屬/通代
歷代平民詩集四卷　張任政輯　民國二十五年(1936)上海商務印書館鉛印本　一册

330000－1701－0022322　普 811.108/1081/c4　集部/總集類/選集之屬/通代
童蒙養正詩選三卷附作者姓氏小傳三卷　(清)王錫元輯　王揖唐補輯　民國二十年(1931)合肥王氏刻本　一册

330000－1701－0022323　普 811.108/1150/c2　集部/總集類/選集之屬/通代
歷代平民詩集四卷　張任政輯　民國二十五年(1936)上海商務印書館鉛印本　一册

330000－1701－0022330　普 915.181/7100　史部/地理類/山川之屬/水志
雲南全省河流一覽表不分卷　民國抄本　一册

330000－1701－0022331　普 811.108/1180　集部/總集類/選集之屬/通代
變詩選一卷　張鈁編　民國二十一年(1932)河南官印刷局鉛印本　一册

330000－1701－0022332　普 915.181/6149/2、普 915.1811/5062/c1　類叢部/叢書類/郡邑之屬
雲南叢書初編一百四十一種二編三十七種　趙藩　陳榮昌等輯　民國雲南叢書處刻本　二册　存二種

330000－1701－0022333　普 915.181/8517.2/c1　史部/地理類/防務之屬/陸防
雲南北界勘察記八卷附錄二卷　尹明德等撰　民國二十二年(1933)鉛印本　一册

330000－1701－0022336　普 915.181/8517.2/c2　史部/地理類/防務之屬/陸防
雲南北界勘察記八卷附錄二卷　尹明德等撰　民國二十二年(1933)鉛印本　一册

330000－1701－0022338　普 811.108/1240　集部/總集類/選集之屬/斷代
名賢生日詩十卷附名人生日表一卷　孫雄輯　民國十年(1921)鉛印本　六册

330000－1701－0022339　普 915.181/4683/2/c1　史部/地理類/遊記之屬/紀行
游滇紀事一卷　錢文選撰　民國十九年

(1930)鉛印本　一冊

330000－1701－0022343　普915.181/4683/2/c4　史部/地理類/遊記之屬/紀行
游滇紀事一卷　錢文選撰　民國十九年(1930)鉛印本　一冊

330000－1701－0022345　普915.181/4683/2/c5　史部/地理類/遊記之屬/紀行
游滇紀事一卷　錢文選撰　民國十九年(1930)鉛印本　一冊

330000－1701－0022348　普811.108/2540/2/c1　集部/總集類/選集之屬/通代
註釋宋元明詩三百首六卷　(清)朱梓　(清)冷昌言編　民國中華書局鉛印本　一冊

330000－1701－0022349　普811.108/2540/2/c2　集部/總集類/選集之屬/通代
註釋宋元明詩三百首六卷　(清)朱梓　(清)冷昌言編　民國中華書局鉛印本　一冊

330000－1701－0022350　普811.108/2540/2/c3　集部/總集類/選集之屬/通代
註釋宋元明詩三百首六卷　(清)朱梓　(清)冷昌言編　民國中華書局鉛印本　一冊

330000－1701－0022351　普811.108/2540/2/c4　集部/總集類/選集之屬/通代
註釋宋元明詩三百首六卷　(清)朱梓　(清)冷昌言編　民國中華書局鉛印本　伯潛跋　一冊

330000－1701－0022355　普811.108/2540/4　集部/總集類/選集之屬/通代
宋元明詩三百首二卷　(清)朱梓　(清)冷昌言輯　民國十八年(1929)上海掃葉山房石印本　二冊

330000－1701－0022356　普915.181/9946/2　史部/地理類/雜志之屬
增訂南詔野史二卷　(明)楊慎輯　(清)胡蔚訂正　民國五年(1916)刻本　二冊

330000－1701－0022365　普915.1811/1037　史部/地理類/方志之屬/郡縣志
[民國]昆明縣志八卷　倪維欽　董廣布修　陳榮昌　顧視高纂　民國三十二年(1943)鉛印本　十六冊

330000－1701－0022370　普915.1811/1537　史部/地理類/方志之屬/郡縣志
高嶢志二卷附二卷　由雲龍纂　民國二十八年(1939)鉛印本　一冊　缺二卷(附一至二)

330000－1701－0022371　普811.108/2672　集部/總集類/選集之屬/通代
古今詩範十六卷　吳闓生評選　民國十九年(1930)文學社刻本　四冊

330000－1701－0022373　普915.1811/3037　史部/地理類/方志之屬/郡縣志
[民國]宜良縣志十卷首一卷　王槐榮修　許實纂　民國十年(1921)鉛印本　十二冊

330000－1701－0022375　普915.181/9983/c1　史部/地理類/雜志之屬
百夷傳一卷　(明)錢古訓編　民國十八年(1929)國學圖書館影印本　一冊

330000－1701－0022377　普915.1811/5062/c2　類叢部/叢書類/郡邑之屬
雲南叢書初編一百四十一種二編三十七種　趙藩　陳榮昌等輯　民國雲南叢書處刻本　一冊　存一種

330000－1701－0022378　普915.181/9983/c2　史部/地理類/雜志之屬
百夷傳一卷　(明)錢古訓編　民國十八年(1929)國學圖書館影印本　一冊

330000－1701－0022379　普915.181/9983/c3　史部/地理類/雜志之屬
百夷傳一卷　(明)錢古訓編　民國十八年(1929)國學圖書館影印本　一冊

330000－1701－0022384　普915.1811/7029　史部/地理類/方志之屬/郡縣志
[雍正]安寧州志二十卷　(清)楊若椿修　(清)段昕纂　民國抄本　四冊

330000－1701－0022388　普915.1811/8527

史部/地理類/方志之屬/郡縣志
[康熙]禄豐縣志四卷　(清)劉自唐纂修　民國抄本　四册

330000－1701－0022389　HJL3672　集部/詞類/總集之屬
景汲古閣鈔宋金詞七種　陶湘輯　民國陽湖陶氏據明毛氏汲古閣鈔本影刻本　二册

330000－1701－0022393　普 811.108/2874/2/c1　集部/總集類/選集之屬/通代
玉臺新詠十卷　(南朝陳)徐陵編　(清)吳兆宜注　(清)程琰删補　民國十三年(1924)上海掃葉山房石印本　六册

330000－1701－0022394　普 811.108/2874/2/c2　集部/總集類/選集之屬/通代
玉臺新詠十卷　(南朝陳)徐陵編　(清)吳兆宜注　(清)程琰删補　民國十五年(1926)上海掃葉山房石印本　張堯題記　六册

330000－1701－0022404　普 915.1812/3032　史部/地理類/方志之屬/郡縣志
[道光]陸涼州志八卷　(清)繆闐修　(清)施映衮等纂　民國抄本　三册

330000－1701－0022409　普 915.1812/3037　史部/地理類/方志之屬/郡縣志
[民國]陸良縣志稿八卷　劉潤疇　劉宗澤修　俞賡唐纂　民國四年(1915)石印本　八册

330000－1701－0022412　普 915.1812/4027　史部/地理類/方志之屬/郡縣志
[康熙]羅平州志四卷　(清)黄德巽纂修　(清)胡承灝等輯　民國抄本　四册

330000－1701－0022416　普 915.1812/7027/2　史部/地理類/方志之屬/郡縣志
[康熙]平彝縣志十卷　(清)任中宜纂修　民國抄本　二册

330000－1701－0022417　普 915.1812/7035　史部/地理類/方志之屬/郡縣志
[光緒]平彝縣志十卷　(清)韓再蘭修　(清)李恩光纂　民國抄本　三册　存六卷(一至二、七至十)

330000－1701－0022424　普 915.1813/1028　史部/地理類/方志之屬/郡縣志
[乾隆]建水州志十六卷　(清)祝宏修　(清)趙節等纂　民國二十二年(1933)漢口道新印書館鉛印本　十册

330000－1701－0022425　普 915.1812/8037　史部/地理類/方志之屬/郡縣志
[民國]宣威縣志稿十二卷首一卷　王鈞圖　陳其棟修　繆果章等纂　民國二十三年(1934)雲南開智印刷公司鉛印本　六册

330000－1701－0022427　普 915.1813/1038　史部/地理類/方志之屬/郡縣志
[民國]續修建水縣志稿十八卷　丁國樑修　梁家榮纂　民國九年(1920)鉛印本　十五册　缺三卷(三至四、十二)

330000－1701－0022429　普 915.1813/5038　史部/地理類/雜志之屬
雲南阿迷縣地誌資料不分卷　民國抄本　一册

330000－1701－0022432　普 811.108/3423/5/c1　集部/總集類/選集之屬/通代
古詩源十四卷　(清)沈德潛輯　民國上海商務印書館鉛印本　四册

330000－1701－0022436　普 811.108/3423/5/c2　集部/總集類/選集之屬/通代
古詩源十四卷　(清)沈德潛輯　民國上海商務印書館鉛印本　四册

330000－1701－0022437　普 811.108/3423/9　集部/總集類/選集之屬/通代
評選古詩源四卷　(清)沈德潛輯　民國上海掃葉山房石印本　四册

330000－1701－0022438　普 915.1813/8029/c1　史部/地理類/方志之屬/郡縣志
[乾隆]續修河西縣志四卷　(清)董樞　(清)官學詩修　(清)羅雲禧　(清)杜國英纂　民國抄本　四册

330000－1701－0022439　普 811.108/3423/5/c3　集部/總集類/選集之屬/通代

古詩源十四卷　(清)沈德潛輯　民國上海商務印書館鉛印本　四冊

330000－1701－0022440　普 811.108/3423/13　類叢部/叢書類/彙編之屬
四部備要　中華書局編　民國二十五年(1936)上海中華書局鉛印本　二冊　存一種

330000－1701－0022442　普 915.1813/7027　史部/地理類/方志之屬/郡縣志
[康熙]通海縣志八卷　(清)魏藎臣修　(清)闞禎兆纂　民國十二年(1923)石印本　二冊　存二卷(七至八)

330000－1701－0022444　普 915.1813/8029/c2　史部/地理類/方志之屬/郡縣志
[乾隆]續修河西縣志四卷　(清)董樞　(清)官學詩修　(清)羅雲禧　(清)杜國英纂　民國抄本　四冊

330000－1701－0022445　普 811.108/3423/7/c1　集部/總集類/選集之屬/通代
評選古詩源四卷　(清)沈德潛輯　民國六年(1917)上海會文堂書局石印本　四冊

330000－1701－0022446　普 811.108/3423/10　集部/總集類/選集之屬/通代
評選古詩源十四卷　(清)沈德潛輯　民國上海鴻章書局石印本　雁近跋　四冊

330000－1701－0022447　普 811.108/3423.011　集部/總集類/選集之屬/通代
評選古詩源箋註四卷　(清)沈德潛輯　王蒓父箋注　民國十七年(1928)上海崇古書社鉛印本　四冊

330000－1701－0022448　普 811.108/3423/7/c2　集部/總集類/選集之屬/通代
評選古詩源四卷　(清)沈德潛輯　民國六年(1917)上海會文堂書局石印本　四冊

330000－1701－0022449　普 915.1813/8537　史部/地理類/方志之屬/郡縣志
[民國]峨峨縣志七卷　徐振聲纂修　民國抄本　七冊

330000－1701－0022450　普 811.108/3423/11　集部/總集類/選集之屬/通代
評選古詩源四卷　(清)沈德潛輯　民國上海文華山房石印本　四冊

330000－1701－0022451　普 811.108/3423.2　集部/總集類/彙編之屬
五朝詩別裁集　(清)沈德潛等輯　民國掃葉山房石印本　二十四冊

330000－1701－0022452　普 915.1814/4037　史部/地理類/方志之屬/郡縣志
[民國]路南縣志十卷　馬標修　楊中潤纂　民國六年(1917)鉛印本　四冊

330000－1701－0022459　普 915.1818/1037　史部/地理類/方志之屬/郡縣志
[民國]昭通志稿十二卷　符廷銓修　楊履乾纂　民國十三年(1924)鉛印本　十冊

330000－1701－0022460　普 915.1818/1038　史部/地理類/方志之屬/郡縣志
[民國]昭通縣志稿九卷　盧金錫修　楊履乾　包鳴泉纂　民國二十七年(1938)鉛印本　九冊

330000－1701－0022465　普 811.108/4136　集部/總集類/選集之屬/通代
國民古詩必讀不分卷　柯進明選　邱開駿　柯進修輯　民國二十三年(1934)鉛印本　一冊

330000－1701－0022469　普 915.18192/7062/c1　史部/地理類/山川之屬/山志
雞足山志補四卷　趙藩　李根源輯　民國二年(1913)京師鉛印本　一冊

330000－1701－0022471　普 915.18192/7062/c2　史部/地理類/山川之屬/山志
雞足山志補四卷　趙藩　李根源輯　民國二年(1913)京師鉛印本　一冊

330000－1701－0022473　普 915.18192/8028　史部/地理類/方志之屬/郡縣志
[雍正]雲龍州志十二卷首一卷　(清)陳希芳修　(清)胡禹謨纂　民國抄本　三冊　缺五

卷(三至七)

330000－1701－0022474　普 915.18193/1038　史部/地理類/雜志之屬

雲南楚雄縣地誌資料不分卷　民國抄本　一册

330000－1701－0022478　普 811.108/5525/c1　集部/總集類/選集之屬/通代

滄社古今詩選甲集一卷　曹穎甫　王一仁等纂　上海滄社編輯部評註　民國十四年(1925)上海滄社鉛印本　一册

330000－1701－0022479　普 811.108/5525/c2　集部/總集類/選集之屬/通代

滄社古今詩選甲集一卷　曹穎甫　王一仁等纂　上海滄社編輯部評註　民國十四年(1925)上海滄社鉛印本　一册

330000－1701－0022480　普 811.108/5525/c3　集部/總集類/選集之屬/通代

滄社古今詩選甲集一卷　曹穎甫　王一仁等纂　上海滄社編輯部評註　民國十四年(1925)上海滄社鉛印本　一册

330000－1701－0022481　普 811.108/4662/c1　類叢部/叢書類/自著之屬

崇雅堂叢書十四種　楊晨撰　民國二十五年(1936)楊紹翰鉛印本　一册　存二種

330000－1701－0022484　普 811.108/4662/c2　類叢部/叢書類/自著之屬

崇雅堂叢書十四種　楊晨撰　民國二十五年(1936)楊紹翰鉛印本　一册　存二種

330000－1701－0022485　普 811.108/4662/c3　類叢部/叢書類/自著之屬

崇雅堂叢書十四種　楊晨撰　民國二十五年(1936)楊紹翰鉛印本　一册　存二種

330000－1701－0022486　普 811.108/4662/c4　類叢部/叢書類/自著之屬

崇雅堂叢書十四種　楊晨撰　民國二十五年(1936)楊紹翰鉛印本　一册　存二種

330000－1701－0022489　普 915.18193/8037/c1　史部/地理類/方志之屬/郡縣志

[民國]姚安縣志六十六卷首一卷末一卷　霍士廉等修　由雲龍纂　周德華繪圖　民國三十七年(1948)鉛印本　八册

330000－1701－0022490　普 915.18193/9537　史部/地理類/方志之屬/郡縣志

[民國]鹽豐縣志十二卷首一卷　郭燮熙纂修　民國十三年(1924)鉛印本　十册　缺一卷(二)

330000－1701－0022491　普 915.18193/8037/c2　史部/地理類/方志之屬/郡縣志

[民國]姚安縣志六十六卷首一卷末一卷　霍士廉等修　由雲龍纂　周德華繪圖　民國三十七年(1948)鉛印本　八册

330000－1701－0022497　普 915.18194/2037　史部/地理類/方志之屬/郡縣志

[民國]龍陵縣志十六卷首一卷　張鑑安　修名傳修　寸開泰纂　民國六年(1917)刻本　十二册　缺三卷(九至十一)

330000－1701－0022501　普 915.18197/0035.1　史部/地理類/方志之屬/郡縣志

[光緒]麗江府地理志一卷　(清)陳宗海修　(清)李福寶纂　民國七年(1918)抄本　一册

330000－1701－0022507　普 811.108/7555　史部/傳記類/別傳之屬/事狀

摧荊集三卷附一卷　陳邦忠編　民國七年(1918)鉛印本　一册

330000－1701－0022509　普 915.18198/1028　史部/地理類/方志之屬/郡縣志

[雍正]師宗州志二卷續編一卷　(清)管棆纂修　(清)夏治源增修　民國抄本　一册

330000－1701－0022511　普 915.18198/3037　史部/地理類/方志之屬/郡縣志

[民國]邱北縣志十二卷　徐孝喆修　繆雲章纂　民國十五年(1926)石印本　十册

330000－1701－0022516　普 915.181991/1032　史部/地理類/方志之屬/郡縣志

[道光]新平縣志八卷　(清)李誠　(清)羅

宗璉纂修　民國抄本　三册　缺一卷(八)

330000－1701－0022518　普 915.181991/1037　史部/地理類/方志之屬/郡縣志
[民國]新平縣志八卷首一卷　吳永立　王志高修　馬太元纂　民國二十三年(1934)石印本　二册

330000－1701－0022521　普 915.181991/1037/2　史部/地理類/方志之屬/郡縣志
[民國]續修新平縣志十一卷　符廷銓修　魏鏞纂　民國八年(1919)石印本　八册

330000－1701－0022524　普 915.181991/1037/3　史部/地理類/方志之屬/郡縣志
[道光]新平縣志八卷　(清)李誠　(清)羅宗璉纂修　民國三年(1914)鉛印本　四册

330000－1701－0022527　普 915.181991/4242　史部/地理類/方志之屬/郡縣志
元江鄉土韻言一卷　彭松森纂修　民國九年(1920)刻本　一册

330000－1701－0022530　普 811.108/8064/c3　集部/總集類/選集之屬/通代
三十家詩鈔六卷首一卷末一卷　(清)曾國藩輯　(清)王定安增輯　民國六年(1917)上海掃葉山房石印本　六册

330000－1701－0022541　普 811.108/8064.2/2/c1　集部/總集類/選集之屬/通代
十八家詩鈔二十八卷首一卷　(清)曾國藩輯　民國九年(1920)上海商務印書館鉛印本　十六册

330000－1701－0022542　普 811.108/8064.2/2/c2　集部/總集類/選集之屬/通代
十八家詩鈔二十八卷首一卷　(清)曾國藩輯　民國九年(1920)上海商務印書館鉛印本　十六册

330000－1701－0022543　普 811.108/8064.2/2/c3　集部/總集類/選集之屬/通代
十八家詩鈔二十八卷首一卷　(清)曾國藩輯　民國九年(1920)上海商務印書館鉛印本　十六册

330000－1701－0022554　普 811.1082/1032/c1　集部/總集類/選集之屬/通代
全漢三國晉南北朝詩五十四卷緒言一卷　丁福保輯　民國五年(1916)無錫丁氏鉛印本　章嶔觀款　二十册

330000－1701－0022557　普 811.1082/1032/c2　集部/總集類/選集之屬/通代
全漢三國晉南北朝詩五十四卷緒言一卷　丁福保輯　民國五年(1916)無錫丁氏鉛印本　二十册

330000－1701－0022558　普 811.1082/1032.2/c1　集部/總集類/選集之屬/通代
八代詩精華錄箋註四卷　丁福保編　民國五年(1916)上海文明書局鉛印本　二册

330000－1701－0022561　普 811.1082/2874/c1　類叢部/叢書類/彙編之屬
四部備要　中華書局編　民國二十五年(1936)上海中華書局鉛印本　四册　存一種

330000－1701－0022562　普 811.1082/1032.2/c2　集部/總集類/選集之屬/通代
八代詩精華錄箋註四卷　丁福保編　民國四年(1915)上海文明書局鉛印本　二册

330000－1701－0022565　普 811.1082/1044　集部/總集類/選集之屬/斷代
漢短簫鐃歌注一卷　夏敬觀編注　民國二十年(1931)鉛印本　一册

330000－1701－0022566　普 811.1082/2874/c2　類叢部/叢書類/彙編之屬
四部備要　中華書局編　民國二十五年(1936)上海中華書局鉛印本　四册　存一種

330000－1701－0022570　普 915.182/4226/c1　史部/地理類/雜志之屬
花谿閒筆初編一卷續編一卷　吳鼎昌撰　民國三十二年(1943)貴州企業股份有限公司印刷所鉛印本　二册

330000－1701－0022574　普 915.182/4226/c2　史部/地理類/雜志之屬
花谿閒筆初編一卷續編一卷　吳鼎昌撰　民

國三十二年(1943)貴州企業股份有限公司印刷所鉛印本　一册　存一卷(續編)

330000－1701－0022575　普 811.1082/2874.012/2/c1　集部/總集類/選集之屬/通代
玉臺新詠十卷　(南朝陳)徐陵編　(清)吳兆宜注　(清)程琰删補　民國四年(1915)掃葉山房石印本　六册

330000－1701－0022578　普 811.1082/4488　集部/總集類/選集之屬/通代
漢魏樂府風箋十五卷補遺一卷　黄節箋釋　民國十二年(1923)鉛印本　黄節題記　四册

330000－1701－0022584　普 811.1082/2874.012/2/c2　集部/總集類/選集之屬/通代
玉臺新詠十卷　(南朝陳)徐陵編　(清)吳兆宜注　(清)程琰删補　民國四年(1915)掃葉山房石印本　六册

330000－1701－0022586　普 915.1821/3027　史部/地理類/方志之屬/郡縣志
[民國]定番州志二十一卷　(清)年法堯修　(清)夏文炳纂　陳惠夫續修　尹石公續纂　民國三十四年(1945)鉛印本　一册

330000－1701－0022587　普 811.10823/8091　集部/别集類/清别集
古詩億一卷　(清)姜炳璋撰　民國鉛印本　一册

330000－1701－0022589　民 811.1088/1021　集部/總集類/選集之屬/斷代
王章詩存合刻　劉承幹編　民國十五年(1926)吳興劉氏嘉業堂刻本　六册

330000－1701－0022598　普 915.1246/3045　集部/别集類
天台游草五卷遊天台山十記一卷附錄一卷　干人俊撰　民國二十三年(1934)木活字印本　一册

330000－1701－0022601　普 811.1083/1003　集部/總集類/選集之屬/斷代
晚唐詩選八卷　王文濡編輯　民國二十二年(1933)中華書局鉛印本　四册

330000－1701－0022602　普 811.1083/1031/c1　集部/總集類/選集之屬/斷代
王荆公唐百家詩選二十卷　(宋)王安石輯　民國影印本　八册

330000－1701－0022603　普 915.1825/4027　史部/地理類/方志之屬/郡縣志
[康熙]天柱縣志二卷　(清)王復宗纂修　民國影印本　四册

330000－1701－0022604　普 811.1083/1031/c2　集部/總集類/選集之屬/斷代
王荆公唐百家詩選二十卷　(宋)王安石輯　民國影印本　程白苧題記　八册

330000－1701－0022605　普 811.1083/1031/c3　集部/總集類/選集之屬/斷代
王荆公唐百家詩選二十卷　(宋)王安石輯　民國影印本　八册

330000－1701－0022607　普 915.191/0037　史部/地理類/專志之屬
福建市舶提舉司志一卷　(明)高岐編　民國二十八年(1939)鉛印本　一册

330000－1701－0022608　普 915.191/1221/c1　史部/目録類/專録之屬
福建方志考略一卷　薩士武編　民國二十四年(1935)福建烏山圖書館鉛印本　一册

330000－1701－0022609　普 915.1246/5037.02　史部/地理類/雜志之屬
寧海續記二卷　干人俊撰　民國二十五年(1936)石印本　一册

330000－1701－0022611　普 811.1083/1003.2　集部/總集類/選集之屬/斷代
唐詩評註讀本六卷　王文濡評選　汪處廬金熙註釋　民國二十年(1931)上海文明書局鉛印本　二册

330000－1701－0022612　普 811.1083/1031/4/c1　集部/總集類/選集之屬/斷代
王荆公唐百家詩選二十卷　(宋)王安石輯　民國二十三年(1934)上海商務印書館鉛印本　三册

330000－1701－0022614　普 915. 191/1221/c2　史部/目録類/專録之屬
福建方志考略一卷　薩士武編　民國二十四年(1935)福建烏山圖書館鉛印本　一册

330000－1701－0022615　普 811. 1083/1031/4/c2　集部/總集類/選集之屬/斷代
王荆公唐百家詩選二十卷　(宋)王安石輯　民國十七年(1928)上海商務印書館鉛印本　三册

330000－1701－0022616　普 915. 191/2031　史部/政書類/公牘檔册之屬
福建十年三卷附錄一卷　福建省銀行經濟研究室編　民國三十四年(1945)福建省銀行總管理處鉛印本　福建省銀行題記　二册

330000－1701－0022617　普 915. 1246/5043/c1　史部/地理類/雜志之屬
寧海漫記四卷　干人俊撰　民國二十二年(1933)木活字印本　一册

330000－1701－0022619　普 811. 1083/1031/c4　集部/總集類/選集之屬/斷代
王荆公唐百家詩選二十卷　(宋)王安石輯　民國影印本　八册

330000－1701－0022621　普 915. 18295/2037　史部/地理類/方志之屬/郡縣志
[民國]桐梓縣志四十九卷　李世祚修　猶海龍纂　民國十八年(1929)鉛印本　二十册

330000－1701－0022622　普 915. 1246/5043. 2/c1　史部/地理類/雜志之屬
寧海六記一卷　干人俊撰　民國二十三年(1934)木活字印本　一册

330000－1701－0022627　普 811. 1085/2011　集部/總集類/彙編之屬
元人十種詩　(明)毛晉輯　民國十五年(1926)上海商務印書館據明毛氏汲古閣刻本影印本　二十册

330000－1701－0022633　普 811. 1083/1042/6　集部/總集類/選集之屬/通代
古唐詩合解十二卷古詩四卷　(清)王堯衢注　民國上海錦章圖書局石印本　二册　存四卷(古詩一至四)

330000－1701－0022640　普 811. 1083/1043. 4　集部/總集類/彙編之屬
名家選定詩文讀本　文明書局編　民國十九年(1930)上海文明書局鉛印本　一册　存一種

330000－1701－0022641　普 811. 1083/1047/3/c1　集部/總集類/選集之屬/斷代
桐城吳先生評點唐詩鼓吹十六卷　(清)吳汝綸撰　民國十四年(1925)南宫刑之襄刻本　二册

330000－1701－0022643　普 811. 1083/1043. 5　集部/總集類/選集之屬/斷代
十種唐詩選十七卷　(清)王士禛輯　民國中國詩畫會社石印本　四册

330000－1701－0022646　普 811. 1083/1047/3/c2　集部/總集類/選集之屬/斷代
桐城吳先生評點唐詩鼓吹十六卷　(清)吳汝綸撰　民國十四年(1925)南宫刑之襄刻本　邢詹庭題記　二册

330000－1701－0022654　普 915. 191/3708/c1　史部/地理類/方志之屬/通志
[民國]福建通志五十一總卷六百十一分卷　李厚基等修　沈瑜慶　陳衍等纂　民國二十七年(1938)刻本　一百册

330000－1701－0022658　普 915. 191/3708/c2　史部/地理類/方志之屬/通志
[民國]福建通志五十一總卷六百十一分卷　李厚基等修　沈瑜慶　陳衍等纂　民國二十七年(1938)刻本　一百册

330000－1701－0022659　普 915. 191/3708/c3　史部/地理類/方志之屬/通志
[民國]福建通志五十一總卷六百十一分卷　李厚基等修　沈瑜慶　陳衍等纂　民國二十七年(1938)刻三十六年(1947)補刻本　一百册

330000－1701－0022661　普 811. 1083/1235/

4　集部/總集類/選集之屬/斷代
唐詩三百首註疏二卷　(清)孫洙編　(清)章燮註　民國古香書屋鉛印本　二册

330000－1701－0022666　普 811.1083/1235/9/c1　集部/總集類/選集之屬/斷代
註釋唐詩三百首六卷　(清)蘅塘退士(孫洙)編　民國商務印書館鉛印本　二册

330000－1701－0022667　普 811.1083/1235/9/c2　集部/總集類/選集之屬/斷代
註釋唐詩三百首六卷　(清)蘅塘退士(孫洙)編　民國商務印書館鉛印本　二册

330000－1701－0022674　普 811.1083/1235/13　集部/總集類/選集之屬/斷代
唐詩三百首註疏六卷　(清)孫洙編　(清)章燮註　民國上海鴻寶齋書局石印本　六册

330000－1701－0022678　普 915.1911/0052　史部/地理類/方志之屬/郡縣志
[民國]閩江金山志十三卷　林其蓉纂　民國二十六年(1937)遠東書局鉛印本　三册

330000－1701－0022679　普 811.1083/1711/c1　集部/總集類/選集之屬/斷代
唐絕句選十二卷　邵裴子輯　民國二十五年(1936)上海商務印書館鉛印本　二册

330000－1701－0022680　普 811.1083/1711/c3　集部/總集類/選集之屬/斷代
唐絕句選十二卷　邵裴子輯　民國二十五年(1936)上海商務印書館鉛印本　邵裴子題記　一册

330000－1701－0022698　普 915.1911/3037/c1　史部/地理類/方志之屬/郡縣志
[民國]閩侯縣志一百六卷　歐陽英修　陳衍纂　民國二十二年(1933)刻補刻本　十六册

330000－1701－0022700　普 811.1083/3022　集部/總集類/選集之屬/斷代
合訂天台三聖二和詩集不分卷　(唐)釋寒山　(唐)釋豐干　(唐)釋拾得撰　(明)釋梵琦　(明)釋濟岳和　民國二十年(1931)上海法藏寺刻本　一册

330000－1701－0022702　普 915.1911/3037/c2　史部/地理類/方志之屬/郡縣志
[民國]閩侯縣志一百六卷　歐陽英修　陳衍纂　民國二十二年(1933)刻本　十五册　存九十七卷(十至一百六)

330000－1701－0022705　普 915.1911/40531　史部/地理類/山川之屬/水志
西湖志二十四卷圖表一卷　何振岱等纂　民國五年(1916)福建水利局鉛印本　十二册

330000－1701－0022711　普 915.1911/4046　史部/地理類/遊記之屬/紀行
福州旅行記一卷　侯鴻鑑撰　民國鉛印本　一册

330000－1701－0022713　普 915.1911/5037　史部/地理類/方志之屬/郡縣志
[民國]長樂縣志三十卷首一卷　孟昭涵修　李駒纂　民國六年(1917)福建印刷所鉛印本　十二册

330000－1701－0022722　普 915.1911/6054　史部/地理類/專志之屬/寺觀
黄檗山寺志八卷　(明)釋隆琦原本　(清)釋性幽等編　(清)釋清馥續修　民國十一年(1922)鉛印本　二册

330000－1701－0022728　普 811.1083/3423.2/10　集部/總集類/選集之屬/斷代
重訂唐詩別裁集二十卷　(清)沈德潛輯　民國二年(1913)上海文瑞樓石印本　六册

330000－1701－0022729　普 811.1083/3423.2/6/c1　集部/總集類/選集之屬/斷代
唐詩別裁集二十卷　(清)沈德潛輯　民國掃葉山房石印本　八册

330000－1701－0022733　普 811.1083/3423.2/6/c2　集部/總集類/選集之屬/斷代
唐詩別裁集二十卷　(清)沈德潛輯　民國掃葉山房石印本　六册

330000－1701－0022735　普 811.1083/3434/2　集部/總集類/選集之屬/斷代
唐人萬首絕句選七卷　(宋)洪邁選　(清)王

士禛輯　民國三年(1914)上海掃葉山房石印本　二冊

330000－1701－0022738　普 915.1911/6537
史部/地理類/方志之屬/郡縣志
[民國]平潭縣志三十四卷　黄履思等纂修　黄仰瓊測繪　民國十二年(1923)閩侯葉于飛鉛印本　八冊

330000－1701－0022750　普 915.1911/8532
史部/地理類/方志之屬/郡縣志
[道光]屏南縣志六卷　(清)梅鼎臣修　(清)陳之駒纂　民國抄本　六冊

330000－1701－0022763　普 915.1913/5037/c1　史部/地理類/方志之屬/郡縣志
[民國]同安縣志四十二卷首一卷　林學增等修　吳錫璜纂　民國十八年(1929)鉛印本　十二冊

330000－1701－0022766　普 811.1083/3547/4　集部/總集類/選集之屬/通代
御選唐宋詩醇四十七卷目錄二卷　(清)高宗弘曆輯　民國四年(1915)中華圖書館石印本　十冊

330000－1701－0022768　普 915.1913/5037/c2　史部/地理類/方志之屬/郡縣志
[民國]同安縣志四十二卷首一卷　林學增等修　吳錫璜纂　民國十八年(1929)鉛印本　十一冊　存四十卷(三至四十二)

330000－1701－0022773　普 915.1914/6029/c1　史部/地理類/方志之屬/郡縣志
[乾隆]長泰縣志十二卷首一卷　(清)張懋建修　(清)賴翰顒等纂　民國二十一年(1932)鉛印本　六冊

330000－1701－0022777　普 915.1913/6032
史部/地理類/方志之屬/郡縣志
[道光]厦門志十六卷　(清)周凱等纂修　民國抄本　十二冊

330000－1701－0022780　普 915.1914/6029/c2　史部/地理類/方志之屬/郡縣志
[乾隆]長泰縣志十二卷首一卷　(清)張懋建修　(清)賴翰顒等纂　民國二十一年(1932)鉛印本　六冊

330000－1701－0022787　普 915.1915/3027
史部/地理類/方志之屬/郡縣志
[康熙]漳浦縣志十九卷續志一卷　(清)陳汝咸修　(清)林登虎等纂　(清)陳夢林續纂
[光緒]再續志二卷　(清)施錫衛再續纂　民國十七年(1928)石印本　二冊

330000－1701－0022796　普 915.1915/4031
史部/地理類/方志之屬/郡縣志
[嘉慶]雲霄廳志二十卷附錄一卷　(清)薛凝度修　(清)吳文林纂　民國二十四年(1935)寧化雷壽彭鉛印本　徐芳庭題記　四冊

330000－1701－0022798　普 915.1915/8037
史部/地理類/方志之屬/郡縣志
[民國]詔安縣志上編十七卷首一卷　陳蔭祖修　吳名世纂　民國三十一年(1942)鉛印本　十一冊　缺一卷(十七)

330000－1701－0022800　普 811.1083/6047
集部/總集類/彙編之屬
民智藝文雜俎　民國二十二年(1933)上海民智書局鉛印本　一冊　存一種

330000－1701－0022804　普 915.1917/2037/c1　史部/地理類/方志之屬/郡縣志
[民國]順昌縣志二十四卷首一卷附文徵四卷　高登艇　潘先龍修　劉敬等纂　民國二十五年至二十七年(1936－1938)鉛印本　四冊

330000－1701－0022805　普 915.1917/2037/c2　史部/地理類/方志之屬/郡縣志
[民國]順昌縣志二十四卷首一卷附文徵四卷　高登艇　潘先龍修　劉敬等纂　民國二十五年至二十七年(1936－1938)鉛印本　四冊

330000－1701－0022810　普 915.1917/4037
史部/地理類/方志之屬/郡縣志
[民國]沙縣志十二卷　梁伯蔭修　羅克涵纂　林聯璞繪圖　民國十七年(1928)鉛印本　十二冊

330000－1701－0022822　普 811.1083/8081/

2　集部/總集類/選集之屬/斷代

貫華堂選批唐才子詩甲集七言律七卷聖歎尺牘一卷　(清)金人瑞輯　(清)金雍注　民國上海有正書局鉛印本　八册

330000－1701－0022824　普915.1918/3037　史部/地理類/方志之屬/郡縣志

[民國]建甌縣志三十七卷首一卷　詹宣猷　劉達潛修　蔡振堅等纂　民國十八年(1929)鉛印本　十二册

330000－1701－0022825　普915.1918/4037　史部/地理類/方志之屬/郡縣志

[民國]建陽縣志十二卷　趙模等修　王寶仁等纂　民國十八年(1929)建甌新明印刷所鉛印本　十二册

330000－1701－0022828　普915.1918/5037/c1　史部/地理類/方志之屬/郡縣志

[民國]崇安縣新志三十一卷首一卷　劉超然等修　鄭豐稔等纂　民國三十一年(1942)崇安縣志委員會鉛印本　二册

330000－1701－0022830　普915.1918/5037/c2　史部/地理類/方志之屬/郡縣志

[民國]崇安縣新志三十一卷首一卷　劉超然等修　鄭豐稔等纂　民國三十一年(1942)崇安縣志委員會鉛印本　吴石仙題記　二册

330000－1701－0022833　普915.1918/5037/c3　史部/地理類/方志之屬/郡縣志

[民國]崇安縣新志三十一卷首一卷　劉超然等修　鄭豐稔等纂　民國三十一年(1942)崇安縣志委員會鉛印本　二册

330000－1701－0022836　普811.1083/8095　集部/總集類/氏族之屬

唐明二翁詩集二卷　(唐)翁承贊　(明)翁萬達撰　翁輝東輯　民國十六年(1927)鉛印本　一册

330000－1701－0022839　普811.1084/1032　集部/總集類/選集之屬/斷代

聖宋九僧詩一卷　(宋)陳起輯　**補遺一卷**　(清)毛扆輯　**疇隱盧詩存一卷**　丁福保撰　民國十二年(1923)上海醫學書局鉛印本　一册

330000－1701－0022844　普811.1084/1032/2　集部/總集類/選集之屬/斷代

聖宋九僧詩一卷　(宋)陳起輯　**補遺一卷**　(清)毛扆輯　民國六年(1917)上海醫學書局木活字印本　一册

330000－1701－0022850　普915.1918/8037　史部/地理類/方志之屬/郡縣志

[民國]政和縣志三十五卷首一卷末一卷　錢鴻文　黄體震修　李熙等纂　民國八年(1919)鉛印本　十二册

330000－1701－0022851　普915.1918/7027　史部/地理類/方志之屬/郡縣志

[康熙]松溪縣志十卷首一卷　(清)潘拱辰纂修　(清)黄鑒補遺　民國十七年(1928)施樹模木活字印本　施樹模題記　五册

330000－1701－0022852　普811.1084/1166.2/2　集部/總集類/彙編之屬

五朝詩別裁集　(清)沈德潛等輯　民國掃葉山房石印本　二册　存一種

330000－1701－0022855　普811.1084/2182/c1　集部/總集類/選集之屬/斷代

宋人如話詩選六卷　熊念劬輯　民國十年(1921)念劬廬鉛印本　六册

330000－1701－0022857　普811.1084/2182/c2　集部/總集類/選集之屬/斷代

宋人如話詩選六卷　熊念劬輯　民國十年(1921)念劬廬鉛印本　六册

330000－1701－0022858　普915.1919/1037/c1　史部/地理類/方志之屬/郡縣志

[民國]重修邵武縣志三十七卷首一卷　秦振夫　張燦修　朱書田等纂　民國二十六年(1937)福建邵武永生堂鉛印本　四册

330000－1701－0022862　普915.1919/1037/c2　史部/地理類/方志之屬/郡縣志

[民國]重修邵武縣志三十七卷首一卷　秦振夫　張燦修　朱書田等纂　民國二十六年

(1937)福建邵武永生堂鉛印本　孫永年題記　四册

330000－1701－0022870　普 915.19191/6037　史部/地理類/方志之屬/郡縣志

[民國]上杭縣志三十六卷首一卷末一卷　張漢修　丘復等纂　民國二十七年至二十八年(1938－1939)上杭啓文書局鉛印本　十册

330000－1701－0022875　普 915.19192/0043　史部/地理類/雜志之屬

長溪瑣語一卷　(明)謝肇淛撰　民國抄本　陶穀跋　一册

330000－1701－0022883　普 915.19193/0037/c1　史部/地理類/方志之屬/郡縣志

[民國]永春縣志二十八卷　鄭翹松纂　民國十九年(1930)中華書局鉛印本　六册

330000－1701－0022884　普 915.19193/1037　史部/地理類/方志之屬/郡縣志

[民國]德化縣志十九卷　方清芳等修　王光張等纂　民國二十九年(1940)鉛印本　六册

330000－1701－0022885　普 811.1084/2635/2/c1　集部/總集類/選集之屬/斷代

宋詩鈔初集　(清)吕留良　(清)吴之振　(清)吴爾堯輯　民國三年(1914)上海商務印書館據清康熙吴氏刻本影印本(龍雲集鈔一卷、栟櫚集一卷、勉齋集一卷、鶴山集一卷、蛟峰集鈔一卷、雪巖集鈔一卷、縉雲集鈔一卷、玉楮集鈔一卷、滄浪吟鈔一卷、竹齋集鈔一卷、疊山集鈔一卷、仲安集鈔一卷、所南集鈔一卷、魯齊集鈔一卷、玉蟾集鈔一卷、斷腸集鈔一卷原缺)　劫庵跋　四十册

330000－1701－0022886　普 915.19193/0037/c2　史部/地理類/方志之屬/郡縣志

[民國]永春縣志二十八卷　鄭翹松纂　民國十九年(1930)中華書局鉛印本　六册

330000－1701－0022887　普 915.19191/1037　史部/地理類/方志之屬/郡縣志

[民國]霞浦縣志四十卷首一卷　劉以臧等修　徐友梧等纂　民國十八年(1929)鉛印本　八册

330000－1701－0022888　普 811.1084/2635/2/c2　集部/總集類/選集之屬/斷代

宋詩鈔初集　(清)吕留良　(清)吴之振　(清)吴爾堯輯　民國三年(1914)上海商務印書館據清康熙吴氏刻本影印本(龍雲集鈔一卷、栟櫚集一卷、勉齋集一卷、鶴山集一卷、蛟峰集鈔一卷、雪巖集鈔一卷、縉雲集鈔一卷、玉楮集鈔一卷、滄浪吟鈔一卷、竹齋集鈔一卷、疊山集鈔一卷、仲安集鈔一卷、所南集鈔一卷、魯齊集鈔一卷、玉蟾集鈔一卷、斷腸集鈔一卷原缺)　四十册

330000－1701－0022892　普 811.1084/2635/2/c3　集部/總集類/選集之屬/斷代

宋詩鈔初集　(清)吕留良　(清)吴之振　(清)吴爾堯輯　民國三年(1914)上海商務印書館據清康熙吴氏刻本影印本(龍雲集鈔一卷、栟櫚集一卷、勉齋集一卷、鶴山集一卷、蛟峰集鈔一卷、雪巖集鈔一卷、縉雲集鈔一卷、玉楮集鈔一卷、滄浪吟鈔一卷、竹齋集鈔一卷、疊山集鈔一卷、仲安集鈔一卷、所南集鈔一卷、魯齊集鈔一卷、玉蟾集鈔一卷、斷腸集鈔一卷原缺)　四十册

330000－1701－0022893　普 915.19194/1032　史部/地理類/方志之屬/郡縣志

[道光]漳平縣志十卷首一卷補編一卷　(清)蔡世鈸修　(清)林得震纂　民國二十四年(1935)永定翁贊平鉛印本　四册

330000－1701－0022894　普 811.1084/2635/2/c4　集部/總集類/選集之屬/斷代

宋詩鈔初集　(清)吕留良　(清)吴之振　(清)吴爾堯輯　民國三年(1914)上海商務印書館據清康熙吴氏刻本影印本(龍雲集鈔一卷、栟櫚集一卷、勉齋集一卷、鶴山集一卷、蛟峰集鈔一卷、雪巖集鈔一卷、縉雲集鈔一卷、玉楮集鈔一卷、滄浪吟鈔一卷、竹齋集鈔一卷、疊山集鈔一卷、仲安集鈔一卷、所南集鈔一卷、魯齊集鈔一卷、玉蟾集鈔一卷、斷腸集鈔一卷原缺)　三十九册　存八十一種

330000－1701－0022897　普 811.1084/2635.02/c1　集部/總集類/選集之屬/斷代

宋詩鈔補八十六卷　(清)管庭芬　(清)蔣光煦編　民國四年(1915)上海商務印書館鉛印本　章嶔題記　八册

330000－1701－0022899　普 811.1084/2635.02/c2　集部/總集類/選集之屬/斷代

宋詩鈔補八十六卷　(清)管庭芬　(清)蔣光煦編　民國四年(1915)上海商務印書館鉛印本　八册

330000－1701－0022901　普 811.1084/2635.02/c3　集部/總集類/選集之屬/斷代

宋詩鈔補八十六卷　(清)管庭芬　(清)蔣光煦編　民國四年(1915)上海商務印書館鉛印本　八册

330000－1701－0022903　普 811.1084/2635.02/c4　集部/總集類/選集之屬/斷代

宋詩鈔補八十六卷　(清)管庭芬　(清)蔣光煦編　民國四年(1915)上海商務印書館鉛印本　八册

330000－1701－0022908　普 811.1084/3112/c1　集部/總集類/選集之屬/斷代

宋詩選一卷　(清)顧廷倫輯　民國十七年(1928)科學儀器館據編者手寫本影印本　一册

330000－1701－0022912　普 811.1084/3112/c2　集部/總集類/選集之屬/斷代

宋詩選一卷　(清)顧廷倫輯　民國十七年(1928)科學儀器館據編者手寫本影印本　一册

330000－1701－0022913　普 811.1084/3112/c3　集部/總集類/選集之屬/斷代

宋詩選一卷　(清)顧廷倫輯　民國十七年(1928)科學儀器館據編者手寫本影印本　一册

330000－1701－0022914　普 811.1084/3112/c4　集部/總集類/選集之屬/斷代

宋詩選一卷　(清)顧廷倫輯　民國十七年(1928)科學儀器館據編者手寫本影印本　一册

330000－1701－0022922　普 811.1084/4377/c1　類叢部/叢書類/彙編之屬

盋山圖書館藏寫本書四種　柳詒徵編　民國十七年(1928)中社影印本　二册　存一種

330000－1701－0022924　普 811.1084/4377/c2　類叢部/叢書類/彙編之屬

盋山圖書館藏寫本書四種　柳詒徵編　民國十七年(1928)中社影印本　二册　存一種

330000－1701－0022926　普 811.1084/4377/c3　類叢部/叢書類/彙編之屬

盋山圖書館藏寫本書四種　柳詒徵編　民國十七年(1928)中社影印本　二册　存一種

330000－1701－0022929　普 811.1084/4620/2　集部/總集類/酬唱之屬

西崑酬唱集二卷　(宋)楊億輯　民國元年(1912)上海掃葉山房石印本　一册

330000－1701－0022930　普 811.1084/4377/c4　類叢部/叢書類/彙編之屬

盋山圖書館藏寫本書四種　柳詒徵編　民國十七年(1928)中社影印本　二册　存一種

330000－1701－0022940　普 811.1084/6676/c1　集部/總集類/選集之屬/斷代

千首宋人絕句十卷　(清)嚴長明輯　民國上海商務印書館鉛印本　章嶔題記　二册

330000－1701－0022943　普 811.1084/6676/c2　集部/總集類/選集之屬/斷代

千首宋人絕句十卷　(清)嚴長明輯　民國二十三年(1934)上海商務印書館鉛印本　二册

330000－1701－0022949　普 811.1084/6676/c3　集部/總集類/選集之屬/斷代

千首宋人絕句十卷　(清)嚴長明輯　民國上海商務印書館鉛印本　二册

330000－1701－0022953　普 811.1084/6676/c5　集部/總集類/選集之屬/斷代

千首宋人絕句十卷　(清)嚴長明輯　民國二

十三年(1934)上海商務印書館鉛印本　二冊

330000－1701－0022959　普 915.1921/3059　類叢部/叢書類/郡邑之屬
廣東叢書　廣東叢書編輯委員會編　民國商務印書館影印本暨鉛印本　六冊　存二種

330000－1701－0022968　普 811.1084/7732/4　集部/總集類/選集之屬/斷代
宋四名家詩鈔　(清)周之鱗　(清)柴升編　民國八年(1919)上海會文堂書局石印本　六冊

330000－1701－0022971　普 915.1921/7531/c1　史部/地理類/方志之屬/郡縣志
[嘉慶]三水縣志十六卷首一卷　(清)李友榕　(清)汪云任　(清)王履祥主修　(清)鄧雲龍等纂修　民國十二年(1923)三水黄恩榮據清嘉慶二十四年(1819)刻本影印本　八冊

330000－1701－0022978　普 811.10842/4030/c1、普 811.10842/4038　集部/總集類/彙編之屬
汲古閣景鈔南宋六十家小集　(宋)陳起輯　民國十年(1921)上海古書流通處據明汲古閣景鈔宋本影印本(安晚堂詩集卷一至五、十三至六十原缺)　五十二冊

330000－1701－0022980　普 811.10842/4030/c2　集部/總集類/彙編之屬
汲古閣景鈔南宋六十家小集　(宋)陳起輯　民國十年(1921)上海古書流通處據明汲古閣景鈔宋本影印本(安晚堂詩集卷一至五、十三至六十原缺)　四十九冊　存五十四種

330000－1701－0022981　普 915.1921/7531/c2　史部/地理類/方志之屬/郡縣志
[嘉慶]三水縣志十六卷首一卷　(清)李友榕　(清)汪云任　(清)王履祥主修　(清)鄧雲龍等纂修　民國十二年(1923)三水黄恩榮據清嘉慶二十四年(1819)刻本影印本　夏敬觀題記　八冊

330000－1701－0022987　普 811.10842/4030/c3　集部/總集類/彙編之屬
汲古閣景鈔南宋六十家小集　(宋)陳起輯　民國十年(1921)上海古書流通處據明汲古閣景鈔宋本影印本(安晚堂詩集卷一至五、十三至六十原缺)　十七冊　存二十一種

330000－1701－0022989　普 811.10842/4030/(2)、普 811.10842/4038/2/c1　集部/總集類/彙編之屬
汲古閣景鈔南宋六十家小集　(宋)陳起輯　民國十年(1921)上海古書流通處據明汲古閣景鈔宋本影印本(安晚堂詩集卷一至五、十三至六十原缺)　二十九冊

330000－1701－0022991　普 915.1922/3710　史部/地理類/方志之屬/郡縣志
[民國]赤溪縣志八卷首一卷　王大魯修　賴際熙等纂　民國十五年(1926)刻本　五冊

330000－1701－0022995　普 811.10842/4030/(3)　集部/總集類/彙編之屬
汲古閣景鈔南宋六十家小集　(宋)陳起輯　民國十年(1921)上海古書流通處據明汲古閣景鈔宋本影印本(安晚堂詩集卷一至五、十三至六十原缺)　二十四冊

330000－1701－0022996　普 915.1923/1054　史部/地理類/專志之屬/寺觀
曹溪通志八卷首一卷　(清)馬元　(清)釋真樸撰　民國二十一年(1932)刻本　四冊

330000－1701－0023001　普 811.10842/4038/3　集部/總集類/彙編之屬
汲古閣景鈔南宋六十家小集　(宋)陳起輯　民國十年(1921)上海古書流通處據明汲古閣景鈔宋本影印本(安晚堂詩集卷一至五、十三至六十原缺)　三冊　存一種

330000－1701－0023004　普 915.1923/2037　史部/地理類/方志之屬/郡縣志
[民國]樂昌縣志二十三卷首一卷　劉運鋒修　陳宗瀛纂　民國二十年(1931)鉛印本　夏敬觀題記　四冊

330000－1701－0023005　普 915.1923/2051/c1　史部/地理類/雜志之屬

白鵝洲小志一卷　鄔慶時撰　民國十八年(1929)刻本　鄔慶時題簽　一冊

330000－1701－0023007　普 915.1923/2051/c2　史部/地理類/雜志之屬
白鵝洲小志一卷　鄔慶時撰　民國十八年(1929)刻本　鄔慶時題簽　一冊

330000－1701－0023008　普 811.10844/7521　集部/詩文評類/詩評之屬
遼詩紀事十二卷　陳衍輯　民國二十五年(1936)上海商務印書館鉛印本　一冊

330000－1701－0023025　普 811.10842/4038/2/c2　集部/總集類/彙編之屬
汲古閣景鈔南宋六十家小集　(宋)陳起輯　民國十年(1921)上海古書流通處據明汲古閣景鈔宋本影印本(安晚堂詩集卷一至五、十三至六十原缺)　八冊　存一種

330000－1701－0023027　普 915.1926/2052/2　史部/地理類/山川之屬/山志
羅浮志十五卷　(明)陳槤撰　陳伯陶補　**羅浮指南一卷**　陳伯陶撰　民國九年(1920)刻本　四冊

330000－1701－0023029　普 811.1085/2011/2/c1　集部/總集類/彙編之屬
元人十種詩　(明)毛晉輯　民國十五年(1926)上海商務印書館據明毛氏汲古閣刻本影印本　十冊　存五種

330000－1701－0023030　普 915.1927/7037　史部/地理類/方志之屬/郡縣志
民國新修大埔縣志三十九卷首一卷　劉織超修　溫廷敬等纂　民國三十二年(1943)鉛印本　十五冊

330000－1701－0023032　普 915.1927/1052　類叢部/叢書類
小蓬萊叢書　民國七年(1918)鉛印本　一冊　存一種

330000－1701－0023043　普 811.1085/2011/2/c2　集部/總集類/彙編之屬
元人十種詩　(明)毛晉輯　民國十五年(1926)上海商務印書館據明毛氏汲古閣刻本影印本　十冊　存五種

330000－1701－0023045　普 811.1085/2623/c2　集部/總集類/酬唱之屬
敦交集一卷　(元)魏壽延輯　民國西泠印社木活字印本　一冊

330000－1701－0023049　普 811.1085/2623/c1　集部/總集類/酬唱之屬
敦交集一卷　(元)魏壽延輯　民國西泠印社木活字印本　一冊

330000－1701－0023059　普 915.1928/7537　史部/地理類/方志之屬/郡縣志
[民國]開平縣志四十五卷首一卷　余棨謀修　張啓煌等纂　伍其熾測繪　民國二十二年(1933)香港民聲印書局鉛印本　五冊　存二十六卷(二十至四十五)

330000－1701－0023073　普 915.19295/0032/c1　史部/地理類/方志之屬/郡縣志
[道光]瓊州府志四十四卷首一卷　(清)明誼修　(清)張岳崧纂　民國十二年(1923)海口海南書局鉛印本　十一冊

330000－1701－0023076　HJH2799　集部/別集類
悔餘生詩五卷　吳慶坻撰　民國十五年(1926)鉛印本　二冊

330000－1701－0023078　HJH2800　集部/別集類
復庵遺集二十四卷(奏議三卷出使公牘一卷佐軺牘存二卷禁煙牘存六卷文集四卷詩集二卷書劄五卷家書節鈔一卷)　許玨撰　許同范等輯　民國十一年(1922)無錫許氏鉛印本　八冊

330000－1701－0023080　普 915.19295/0032/c2　史部/地理類/方志之屬/郡縣志
[道光]瓊州府志四十四卷首一卷　(清)明誼修　(清)張岳崧纂　民國十二年(1923)海口海南書局鉛印本　十一冊

330000－1701－0023082　HJL2801　集部/別

集類/清別集
壽愷堂集三十卷補編一卷　(清)周家禄撰　民國十年至十一年(1921－1922)海門周寶臣鉛印本　八册

330000－1701－0023104　普 915.193/9444/c1　史部/地理類/雜志之屬
廣西郡邑建置沿革表五卷　黄誠沅撰　民國二十四年(1935)鉛印本　二册

330000－1701－0023106　普 915.193/9444/c2　史部/地理類/雜志之屬
廣西郡邑建置沿革表五卷　黄誠沅撰　民國二十四年(1935)鉛印本　二册

330000－1701－0023108　普 915.1931/4037　史部/地理類/方志之屬/郡縣志
[民國]陽朔縣志四卷　張岳靈等修　黎啟勳等纂　民國三十二年(1943)石印本　四册

330000－1701－0023117　普 915.1933/2037　史部/地理類/方志之屬/郡縣志
[民國]天河縣志九編　潘伍光纂修　民國三十一年(1942)石印本　一册

330000－1701－0023118　普 811.1086/2114/c1　集部/總集類/選集之屬/斷代
遺民詩十六卷　(清)卓爾堪輯　**近青堂詩一卷**　(清)卓爾堪撰　民國有正書局據清康熙刻本影印本　八册

330000－1701－0023119　普 915.1933/4037　史部/地理類/方志之屬/郡縣志
[民國]思恩縣志八編　梁杓修　吳瑜纂　民國二十四年(1935)鉛印本　一册　存四編(一至四)

330000－1701－0023120　HJH3883　集部/別集類/清別集
甌北詩鈔二十卷　(清)趙翼撰　民國十年(1921)掃葉山房石印本　七册　缺三卷(七言律二至四)

330000－1701－0023123　普 915.1939/4037　史部/地理類/方志之屬/郡縣志
[民國]武宣縣志八編　朱昌奎修　龐賡辛纂　民國二十三年(1934)鉛印本　六册

330000－1701－0023124　普 915.1937/4037　史部/地理類/方志之屬/郡縣志
[民國]賀縣志十卷　韋冠英修　梁培煐　龍先鈺纂　民國二十三年(1934)鉛印本　十册

330000－1701－0023127　普 811.1086/2114/c2　集部/總集類/選集之屬/斷代
遺民詩十六卷　(清)卓爾堪輯　**近青堂詩一卷**　(清)卓爾堪撰　民國有正書局據清康熙刻本影印本　余紹宋題記　八册

330000－1701－0023130　普 811.1086/2114/c3　集部/總集類/選集之屬/斷代
遺民詩十六卷　(清)卓爾堪輯　**近青堂詩一卷**　(清)卓爾堪撰　民國有正書局據清康熙刻本影印本　八册

330000－1701－0023146　普 915.194/4061　史部/地理類/雜志之屬
臺灣考察報告一卷　李時霖等輯　民國二十六年(1937)鉛印本　一册

330000－1701－0023148　HJH3875　子部/小說家類/雜事之屬
隨園軼事六卷附録一卷　(清)蔣敦復撰　民國元年(1912)上海國學扶輪社石印本　二册

330000－1701－0023172　普 915.194/2138/2/c1　史部/叢編
臺灣雜詠合刻三種　(清)楊希閔輯　民國三十六年(1947)何敬熚鉛印本　古升題記　一册

330000－1701－0023174　普 915.194/4634　類叢部/叢書類/郡邑之屬
惜硯樓叢刊八種　林慶雲編　民國二十四年(1935)瑞安林氏鉛印本　一册　存一種

330000－1701－0023182　普 915.194/2138/2/c2　史部/叢編
臺灣雜詠合刻三種　(清)楊希閔輯　民國三十六年(1947)何敬熚鉛印本　古升題記　一册

330000－1701－0023186　普 915.194/6035　史部/地理類/方志之屬/郡縣志

[光緒]苗栗縣志十六卷　(清)沈茂蔭纂修　民國抄本　三册

330000－1701－0023187　普 811.1086/4621　集部/總集類/選集之屬/斷代

明人絕句選三卷　楊睿聰選輯　民國二十五年(1936)潮安楊氏小嶙峋館鉛印本　一册

330000－1701－0023190　普 811.1086/5088　集部/總集類/氏族之屬

秦氏三府君集　秦毓鈞輯　民國十八年(1929)味經堂木活字印本　三册

330000－1701－0023195　普 811.1086/6602/c1　集部/總集類/氏族之屬

作朋集三卷附錄一卷　(明)嚴調御　(明)嚴武順　(明)嚴敕撰　民國八年(1919)上海聚珍仿宋印書局鉛印本　一册

330000－1701－0023198　普 110.8/0724　類叢部/類書類/專類之屬

新鐫校正詳註分類百子金丹全書十卷　(明)郭偉選注　(明)郭中吉編次　**任兆麟述記三卷**　(清)任兆麟撰　民國九年(1920)上海錦章圖書局石印本　八册

330000－1701－0023200　普 110.449/0021/2/c1　類叢部/叢書類/彙編之屬

四部備要　中華書局編　民國二十五年(1936)上海中華書局鉛印本　一册　存一種

330000－1701－0023201　普 110.449/0021/2/c2　類叢部/叢書類/彙編之屬

四部備要　中華書局編　民國二十五年(1936)上海中華書局鉛印本　一册　存一種

330000－1701－0023204　普 811.1086/6602/c2　集部/總集類/氏族之屬

作朋集三卷附錄一卷　(明)嚴調御　(明)嚴武順　(明)嚴敕撰　民國八年(1919)上海聚珍仿宋印書局鉛印本　一册

330000－1701－0023206　普 811.1086/6602/c3　集部/總集類/氏族之屬

作朋集三卷附錄一卷　(明)嚴調御　(明)嚴武順　(明)嚴敕撰　民國八年(1919)上海聚珍仿宋印書局鉛印本　一册

330000－1701－0023207　普 110.449/0021/2/c3　類叢部/叢書類/彙編之屬

四部備要　中華書局編　民國二十五年(1936)上海中華書局鉛印本　一册　存一種

330000－1701－0023208　普 110.449/0021/2/c4　類叢部/叢書類/彙編之屬

四部備要　中華書局編　民國二十五年(1936)上海中華書局鉛印本　一册　存一種

330000－1701－0023209　普 811.1087/0028　集部/總集類/氏族之屬

亂離吟草二卷　(清)唐穆愈　(清)唐穆增撰　民國九年(1920)鉛印本　一册

330000－1701－0023210　普 811.1086/6602/c4　集部/總集類/氏族之屬

作朋集三卷附錄一卷　(明)嚴調御　(明)嚴武順　(明)嚴敕撰　民國八年(1919)上海聚珍仿宋印書局鉛印本　一册

330000－1701－0023212　普 811.1086/6602/c5　集部/總集類/氏族之屬

作朋集三卷附錄一卷　(明)嚴調御　(明)嚴武順　(明)嚴敕撰　民國八年(1919)上海聚珍仿宋印書局鉛印本　一册

330000－1701－0023214　普 811.1086/6602/c6　集部/總集類/氏族之屬

作朋集三卷附錄一卷　(明)嚴調御　(明)嚴武順　(明)嚴敕撰　民國八年(1919)上海聚珍仿宋印書局鉛印本　一册

330000－1701－0023216　普 811.1086/6602/c7　集部/總集類/氏族之屬

作朋集三卷附錄一卷　(明)嚴調御　(明)嚴武順　(明)嚴敕撰　民國八年(1919)上海聚珍仿宋印書局鉛印本　一册

330000－1701－0023218　普 811.1087/0435/c1　集部/總集類/郡邑之屬

姚江詩錄八卷　謝寶書編　民國二十年

(1931)中華書局鉛印本　六冊

330000－1701－0023230　普 811.1087/0054/c1　集部/總集類/選集之屬/斷代
清代名媛詩錄一卷　童振藻輯　民國十七年(1928)木硯齋鉛印本　一冊

330000－1701－0023231　普 811.1087/0054/c2　集部/總集類/選集之屬/斷代
清代名媛詩錄一卷　童振藻輯　民國十七年(1928)木硯齋鉛印本　一冊

330000－1701－0023232　普 110.8/1727/c1　類叢部/叢書類/彙編之屬
景印元明善本叢書十種　商務印書館編　民國二十六年至二十九年(1937－1940)上海商務印書館影印本　十二冊　存一種

330000－1701－0023233　普 811.1087/1054/c3　集部/總集類/選集之屬/斷代
清代名媛詩錄一卷　童振藻輯　民國十七年(1928)木硯齋鉛印本　一冊

330000－1701－0023239　HJH3873　集部/別集類/唐五代別集
樊南文集箋註八卷　(唐)李商隱撰　(清)馮浩箋注　民國五年(1916)上海廣益書局、文瑞樓石印本　八冊

330000－1701－0023240　普 811.1087/0082/2　集部/總集類/酬唱之屬
齊太史移居倡酬集四卷首一卷尾一卷　(清)齊毓川輯　民國三年(1914)上海國學扶輪社石印本　一冊

330000－1701－0023241　普 811.1087/0435/c2　集部/總集類/郡邑之屬
姚江詩錄八卷　謝寶書編　民國二十年(1931)中華書局鉛印本　六冊

330000－1701－0023242　普 110.8/1727/c2　類叢部/叢書類/彙編之屬
景印元明善本叢書十種　商務印書館編　民國二十六年至二十九年(1937－1940)上海商務印書館影印本　十二冊　存一種

330000－1701－0023243　普 811.1087/0145/c1　集部/總集類/氏族之屬
錫山龔氏遺詩二種　龔穀成輯　民國文苑閣木活字印本　一冊

330000－1701－0023247　普 811.1087/0145/c2　集部/總集類/氏族之屬
錫山龔氏遺詩二種　龔穀成輯　民國文苑閣木活字印本　一冊

330000－1701－0023250　普 811.1087/0145/c3　集部/總集類/氏族之屬
錫山龔氏遺詩二種　龔穀成輯　民國文苑閣木活字印本　一冊

330000－1701－0023262　普 811.1087/0909/c2　集部/總集類/郡邑之屬
武原先哲遺著初編十種　談文灯輯　民國十年(1921)海鹽談氏鉛印本　二冊

330000－1701－0023268　普 811.1087/10031/c1　集部/總集類/選集之屬/通代
歷代詩文評註讀本　王文濡編　民國上海文明書局鉛印本　三冊　存一種

330000－1701－0023269　普 811.1087/1022/c1　集部/總集類/氏族之屬
雲和魏氏詩集五種九卷　(清)魏精　(清)魏文瀛撰　魏蘭輯　民國四年(1915)杭州明強印刷局鉛印本　一冊

330000－1701－0023270　普 811.1087/10031/c2　集部/總集類/選集之屬/斷代
清詩評註讀本七卷　王文濡編　民國十二年(1923)上海文明書局鉛印歷代詩文評註讀本本　周啟勇題記　三冊

330000－1701－0023271　普 811.1087/10031/c3　集部/總集類/選集之屬/斷代
清詩評註讀本七卷　王文濡編　民國九年(1920)上海文明書局鉛印歷代詩文評註讀本本　僅公題記　一冊

330000－1701－0023278　普 811.1087/1022/c2　集部/總集類/氏族之屬
雲和魏氏詩集五種九卷　(清)魏精　(清)魏

文瀛撰　魏蘭輯　民國四年(1915)杭州明強印刷局鉛印本　一冊

330000－1701－0023279　普 811.1087/1022/c3　集部/總集類/氏族之屬
雲和魏氏詩集五種九卷　(清)魏精　(清)魏文瀛撰　魏蘭輯　民國四年(1915)杭州明強印刷局鉛印本　一冊

330000－1701－0023284　普 110.8/1751/2/c1　子部/叢編
百子全書　(清)崇文書局編　民國四年(1915)上海掃葉山房石印本　八十冊

330000－1701－0023290　普 110.8/1751/2/c3　子部/叢編
百子全書　(清)崇文書局編　民國二十年(1931)上海掃葉山房石印本　八十冊

330000－1701－0023291　普 811.1087/1030/c1　集部/别集類/清别集
鈍吟集三卷　(清)馮班撰　**馮舍人遺詩六卷**　(清)馮廷櫆撰　民國三年(1914)上海集益書局石印本　四冊

330000－1701－0023293　普 110.8/1751/2/(2)　子部/叢編
百子全書　(清)崇文書局編　民國八年(1919)上海掃葉山房石印本　六十四冊

330000－1701－0023295　普 811.1087/1030/c2　集部/别集類/清别集
鈍吟集三卷　(清)馮班撰　**馮舍人遺詩六卷**　(清)馮廷櫆撰　民國三年(1914)上海集益書局石印本　四冊

330000－1701－0023298　普 811.1087/1042　集部/總集類/郡邑之屬
蓬山兩寓賢詩鈔　湯濬輯　民國十一年(1922)鉛印本　一冊

330000－1701－0023299　普 110.8/1751/2/c2　子部/叢編
百子全書　(清)崇文書局編　民國十四年(1925)上海掃葉山房石印本　八十冊

330000－1701－0023301　普 811.1087/10431/2　集部/總集類/選集之屬/斷代
感舊集十六卷　(清)王士禛選　(清)盧見曾補傳　民國鉛印本　八冊

330000－1701－0023304　普 110.8/4033/c2　子部/雜著類/雜纂之屬
諸子文粹六十二卷續編十卷　李寶淦纂　民國六年(1917)上海商務印書館鉛印本　二十冊

330000－1701－0023308　普 811.1087/10441　集部/總集類/選集之屬/斷代
王蕉雪先生絕粒詞徵詩彙刊一卷　王左才輯　民國十六年(1927)鉛印本　一冊

330000－1701－0023311　普 110.8/4033/c1　子部/雜著類/雜纂之屬
諸子文粹六十二卷續編十卷　李寶淦纂　民國十六年(1927)上海商務印書館鉛印本　二十冊

330000－1701－0023314　普 110.8/5045/2　類叢部/叢書類/彙編之屬
四部備要　中華書局編　民國二十五年(1936)上海中華書局鉛印本　二百四十冊　存六十五種

330000－1701－0023318　普 110.8/4033/c3　子部/雜著類/雜纂之屬
諸子文粹六十二卷續編十卷　李寶淦纂　民國十六年(1927)上海商務印書館鉛印本　十六冊　存六十二卷(一至六十二)

330000－1701－0023322　普 811.1087/1046.4/2　集部/總集類/選集之屬/通代
新註韻對五七言千家詩四卷　(清)王相選註　(清)任福祐重輯　**笠翁對韻二卷**　(清)李漁撰　民國十三年(1924)文富堂刻本　二冊

330000－1701－0023324　普 110.8/5067　子部/叢編
周秦諸子校注十種　陳乃乾輯　民國中國學會影印本　十冊

330000－1701－0023326　HJL3919　集部/别

集類
芬陀利室詩存二卷附録一卷　胡君復撰　民國二十一年(1932)鉛印本　一册

330000－1701－0023335　普 110.92/2167/c1　史部/傳記類/總傳之屬/儒林
學統五十六卷　(清)熊賜履撰　民國十二年(1923)靈峰精舍鉛印本　十册

330000－1701－0023338　普 110.92/2167/c2　史部/傳記類/總傳之屬/儒林
學統五十六卷　(清)熊賜履撰　民國十二年(1923)靈峰精舍鉛印本　十册

330000－1701－0023341　普 110.92/2167/c3　史部/傳記類/總傳之屬/儒林
學統五十六卷　(清)熊賜履撰　民國十二年(1923)靈峰精舍鉛印本　十册

330000－1701－0023342　普 110.92/2167/c4　史部/傳記類/總傳之屬/儒林
學統五十六卷　(清)熊賜履撰　民國十二年(1923)靈峰精舍鉛印本　十册

330000－1701－0023352　普 811.1087/1240　集部/總集類/酬唱之屬
蠅塵酬唱集八卷補遺一卷　孫雄編　民國十三年(1924)鉛印本　一册

330000－1701－0023353　普 111.1/4114/c1　子部/儒家類/儒學之屬/經濟
孔教十年大事八卷　柯璜編　民國十三年(1924)宗聖會鉛印本　八册

330000－1701－0023370　普 811.1087/1703　集部/總集類/酬唱之屬
己庚消寒倡和詩一卷　王闓運等撰　民國鉛印本　一册

330000－1701－0023381　普 811.1087/1932　集部/總集類/氏族之屬
耿氏家集彙鈔四編　耿兆豐輯　民國十一年(1922)鉛印本　四册

330000－1701－0023382　普 111.1092/7521　史部/傳記類/總傳之屬/儒林
東魯雜記不分卷　陳崇一撰　民國三十三年(1944)石印本　二册

330000－1701－0023384　普 111.1092/3084　史部/傳記類/總傳之屬/儒林
名儒言行録二卷附録一卷　竇鎮編　民國十二年(1923)無錫文苑閣木活字印本　二册

330000－1701－0023388　普 111.1/4114/c2　子部/儒家類/儒學之屬/經濟
孔教十年大事八卷　柯璜編　民國十三年(1924)宗聖會鉛印本　八册

330000－1701－0023414　普 111.1092/2544.02/c1　史部/政書類/儀制之屬/典禮
文廟續通考一卷　孫樹義輯　民國二十三年(1934)上海中華書局鉛印本　一册

330000－1701－0023416　普 111.1092/2544.02/c2　史部/政書類/儀制之屬/典禮
文廟續通考一卷　孫樹義輯　民國二十三年(1934)上海中華書局鉛印本　一册

330000－1701－0023419　普 111.1092/2544.02/c3　史部/政書類/儀制之屬/典禮
文廟續通考一卷　孫樹義輯　民國二十三年(1934)上海中華書局鉛印本　邵裴子題記　一册

330000－1701－0023422　普 111.1092/2544.02/c4　史部/政書類/儀制之屬/典禮
文廟續通考一卷　孫樹義輯　民國二十三年(1934)上海中華書局鉛印本　一册

330000－1701－0023425　普 811.1087/26721/c1　集部/總集類/選集之屬/斷代
晚清四十家詩鈔三卷　吴闓生評選　民國十三年(1924)文學社刻本　三册

330000－1701－0023432　普 811.1087/26721/c2　集部/總集類/選集之屬/斷代
晚清四十家詩鈔三卷　吴闓生評選　民國十三年(1924)文學社刻本　三册

330000－1701－0023482　普 811.1087/2846　集部/總集類/選集之屬/斷代

晚晴簃詩匯二百卷總目二卷匯目一卷姓氏韻編四卷　徐世昌輯　民國十八年(1929)徐世昌退耕堂刻本　八十冊

330000－1701－0023488　普 811.1087/3009.02　集部/總集類/選集之屬/斷代
清閨秀正始再續集初編四卷　單士釐輯　民國歸安錢氏鉛印本　四冊　存三卷(一至三)

330000－1701－0023495　普 111.11/4688/c1　類叢部/叢書類/彙編之屬
復性書院叢刊二十七種　馬浮編　民國二十九年至三十七年(1940－1948)復性書院刻本暨鉛印本　三冊　存一種

330000－1701－0023501　普 111.11/4688/c2　類叢部/叢書類/彙編之屬
復性書院叢刊二十七種　馬浮編　民國二十九年至三十七年(1940－1948)復性書院刻本暨鉛印本　三冊　存一種

330000－1701－0023502　普 111.11/4688/2/c1　類叢部/叢書類/郡邑之屬
四明叢書一百六十七種　張壽鏞編　民國四明張氏約園刻本　六冊　存一種

330000－1701－0023505　普 111.11/4688/2/c2　子部/儒家類/儒家之屬
先聖大訓六卷　(宋)楊簡撰　民國四明張氏約園刻藍印本　六冊

330000－1701－0023524　普 811.1087/3144/2　集部/總集類/郡邑之屬
江左三大家詩鈔九卷　(清)顧有孝　(清)趙澐編　民國九年(1920)上海進化書局石印本　八冊

330000－1701－0023529　普 111.12/4044/c1　史部/傳記類/總傳之屬/儒林
孔氏弟子籍一卷　袁嘉穀輯　民國二十年(1931)雲南崇文印書館石印本　一冊

330000－1701－0023530　普 111.12/4044/c2　史部/傳記類/總傳之屬/儒林
孔氏弟子籍一卷　袁嘉穀輯　民國二十年(1931)雲南崇文印書館石印本　一冊

330000－1701－0023538　普 811.1087/3202　集部/總集類/酬唱之屬
佛香酬唱初集一卷二集一卷三集一卷　(清)潘奕雋等撰　民國十一年(1922)刻朱印本　一冊

330000－1701－0023548　普 811.1087/3240　集部/總集類/題詠之屬
己未觴詠集六卷　民國刻本　一冊

330000－1701－0023554　普 111.17/1020/c2　子部/儒家類/儒家之屬
荀子集解二十卷首一卷　(唐)楊倞注　王先謙集解　民國二十二年(1933)上海商務印書館據清光緒十七年(1891)長沙王氏刻本影印本　六冊

330000－1701－0023555　普 811.1087/3423/4/c1　集部/總集類/選集之屬/斷代
清詩別裁集三十二卷　(清)沈德潛纂評　民國掃葉山房石印本　十冊

330000－1701－0023557　普 811.1087/3423/4/c2　集部/總集類/選集之屬/斷代
清詩別裁集三十二卷　(清)沈德潛纂評　民國掃葉山房石印本　十冊

330000－1701－0023560　普 811.1087/3443　集部/總集類/郡邑之屬
濮川詩鈔三十四種四十四卷　(清)陳光裕　(清)沈堯咨輯　民國二十一年(1932)石印本　十二冊

330000－1701－0023561　普 811.1087/3631　集部/總集類/郡邑之屬
蓬山兩寓賢詩鈔　湯濬輯　民國十一年(1922)鉛印本　一冊

330000－1701－0023564　普 811.1087/3632　集部/總集類/選集之屬/斷代
清名家古體詩鈔十六卷　湯汝和輯　民國八年(1919)鉛印本　十六冊

330000－1701－0023569　HJH0824　類叢部/叢書類/彙編之屬
四庫全書珍本初集二百三十種　中央圖書館籌

備處輯　民國二十三年至二十四年(1934－1935)上海商務印書館據文淵閣本影印本　一千九百五十册　存二百二十九種

330000－1701－0023571　普811.1087/40142　類叢部/叢書類/彙編之屬

茗香館叢鈔　李正墀輯　民國鉛印本暨石印本　六册　存六種

330000－1701－0023572　普811.1087/4014　集部/總集類/酬唱之屬

秋吟集一卷　(清)李雲楣輯　民國天津廣智館鉛印本　一册

330000－1701－0023574　普111.17/4428/2、普111.22/1740/3/c2、普111.25/0046/2/c2、普111.23/4437/2/c1　類叢部/叢書類/彙編之屬

四部備要　中華書局編　民國二十五年(1936)上海中華書局鉛印本　十一册　存四種

330000－1701－0023608　普111.21/0018/c1、普111.28/7546/2/c1　子部/宗教類/道教之屬

老莊正義合編　民國上海古書流通處據清光緒刻本影印本　六册

330000－1701－0023612　普111.21/0018/c2、普111.28/7546/2/c2　子部/宗教類/道教之屬

老莊正義合編　民國上海古書流通處據清光緒刻本影印本　六册

330000－1701－0023613　普111.21/0018/c3、普111.28/7546/2/c3　子部/宗教類/道教之屬

老莊正義合編　民國上海古書流通處據清光緒刻本影印本　六册

330000－1701－0023615　普111.21/1017/3　子部/宗教類/道教之屬

老子道德經二卷　(三國魏)王弼注　嚴復評點　民國二十年(1931)上海商務印書館鉛印本　一册

330000－1701－0023620　HJL4041　集部/總集類/選集之屬/通代

唐宋文舉要甲編八卷乙編四卷　高步瀛撰　民國二十四年(1935)北平直隸書局鉛印本　四册　存四卷(乙編一至四)

330000－1701－0023622　普811.1087/4147　集部/總集類/郡邑之屬

七家詩綜　柯志頤輯　民國十三年(1924)鉛印本　一册

330000－1701－0023627　普111.21/1032/c1　子部/宗教類/道教之屬

老子道德經箋注一卷　丁福保撰　**老子道德經書目攷一卷**　周雲青撰　民國十六年(1927)上海醫學書局鉛印本　一册

330000－1701－0023629　普111.21/1032/c2　子部/宗教類/道教之屬

老子道德經箋注一卷　丁福保撰　**老子道德經書目攷一卷**　周雲青撰　民國十六年(1927)上海醫學書局鉛印本　一册

330000－1701－0023638　普811.1087/4354/c1　集部/總集類/題詠之屬

春帆入蜀圖題詠詩一卷詞一卷附錄二卷　戴震聲輯　民國十九年(1930)戴氏鉛印本　一册

330000－1701－0023640　普811.1087/4354/c2　集部/總集類/題詠之屬

春帆入蜀圖題詠詩一卷詞一卷附錄二卷　戴振聲輯　民國十九年(1930)戴氏鉛印本　一册

330000－1701－0023644　普811.1087/4354/c3　集部/總集類/題詠之屬

春帆入蜀圖題詠詩一卷詞一卷附錄二卷　戴振聲輯　民國十九年(1930)戴氏鉛印本　一册

330000－1701－0023654　普111.21/2824/c1　子部/宗教類/道教之屬

道德經述義二卷　徐紹楨撰　民國十六年(1927)上海商務印書館鉛印本　一册

330000－1701－0023657　普 111. 21/2824/c2
子部/宗教類/道教之屬
道德經述義二卷　徐紹楨撰　民國十六年(1927)上海商務印書館鉛印本　一册

330000－1701－0023666　普 111. 21/2824/2
子部/宗教類/道教之屬
道德經述義二卷　徐紹楨撰　民國九年(1920)上海學壽堂鉛印本　謝善詒題記　一册

330000－1701－0023668　普 111. 21/2549/c1
子部/宗教類/道教之屬
老子述記二卷　朱芾煌撰　民國二十六年(1937)上海商務印書館鉛印本　一册

330000－1701－0023669　普 111. 21/4643/c1
子部/宗教類/道教之屬
老子古義三卷漢代老學者考一卷　楊樹達撰　民國十七年(1928)上海中華書局鉛印本　三册

330000－1701－0023670　普 111. 21/2549/c2
子部/宗教類/道教之屬
老子述記二卷　朱芾煌撰　民國二十五年(1936)上海商務印書館鉛印本　一册

330000－1701－0023677　普 811. 1087/4434
集部/總集類
墨緣室合刊　林永梣編　民國十四年(1925)鉛印本　一册

330000－1701－0023680　普 111. 21/4020. 1
子部/宗教類/道教之屬
老子考證一卷　湯仰暉撰　民國二十八年(1939)鉛印本　一册

330000－1701－0023681　普 111. 21/3141
子部/宗教類/道教之屬
新註道德經白話解說二卷　江希張注　民國九年(1920)上海明善書局石印本　一册

330000－1701－0023682　普 111. 21/4490/c2
子部/宗教類/道教之屬
道德經註釋二卷　(清)黄裳撰　民國七年(1918)北京道德學社鉛印本　二册

330000－1701－0023684　普 111. 21/3141/2
子部/宗教類/道教之屬
新註道德經白話解說二卷　江希張注　民國二十二年(1933)上海道德圖書館鉛印本　余成甫題記　一册

330000－1701－0023685　普 111. 21/3141/3
子部/宗教類/道教之屬
新註道德經白話解說二卷　江希張注　民國十一年(1922)上海萬國道德會籌備處石印本　一册

330000－1701－0023689　普 111. 21/4047/c1
子部/宗教類/道教之屬
老子古註二卷　李翹撰　民國十八年(1929)芬薰館鉛印本　二册

330000－1701－0023690　普 111. 21/4047/c2
子部/宗教類/道教之屬
老子古註二卷　李翹撰　民國十八年(1929)芬薰館鉛印本　一册　存一卷(上)

330000－1701－0023695　普 111. 21/4010
子部/宗教類/道教之屬
太上道德經一卷　民國二年(1913)杭州東壁齋刻本　一册

330000－1701－0023698　普 111. 21/4027/c1
類叢部/叢書類/彙編之屬
春暉叢書□□種　張天錫輯　民國鉛印本　一册　存一種

330000－1701－0023700　普 111. 21/4027/c2
類叢部/叢書類/彙編之屬
春暉叢書□□種　張天錫輯　民國鉛印本　一册　存一種

330000－1701－0023709　普 111. 21/4733
子部/宗教類/道教之屬
老子述義二卷　胡遠濬撰　民國二十二年(1933)南京鍾山書局鉛印本　一册

330000－1701－0023716　普 111. 21/6051
子部/宗教類/道教之屬
敦煌石室遺書三種　羅振玉輯　民國十三年(1924)上虞羅氏影印敦煌石室唐寫本　一册

330000－1701－0023717　普 111.21/4643/c2
子部/宗教類/道教之屬
老子古義三卷漢代老學者考一卷　楊樹達撰　民國十七年(1928)上海中華書局鉛印本　三冊

330000－1701－0023720　普 111.21/4643/c3
子部/宗教類/道教之屬
老子古義三卷漢代老學者考一卷　楊樹達撰　民國十七年(1928)上海中華書局鉛印本　三冊

330000－1701－0023721　普 111.21/7182/c1
子部/宗教類/道教之屬
老子覈詁四卷老子稱經及篇章考一卷老子失文一卷引用書目一卷　馬敘倫撰　民國十三年(1924)鉛印本　二冊

330000－1701－0023723　普 111.21/7182/c2
子部/宗教類/道教之屬
老子覈詁四卷老子稱經及篇章考一卷老子失文一卷引用書目一卷　馬敘倫撰　民國十三年(1924)鉛印本　二冊

330000－1701－0023724　普 111.21/4643/c4
子部/宗教類/道教之屬
老子古義三卷漢代老學者考一卷　楊樹達撰　民國十七年(1928)上海中華書局鉛印本　三冊

330000－1701－0023725　普 111.21/7182/c3
子部/宗教類/道教之屬
老子覈詁四卷老子稱經及篇章考一卷老子失文一卷引用書目一卷　馬敘倫撰　民國十三年(1924)鉛印本　二冊

330000－1701－0023726　普 111.21/7182/c4
子部/宗教類/道教之屬
老子覈詁四卷老子稱經及篇章考一卷老子失文一卷引用書目一卷　馬敘倫撰　民國十三年(1924)鉛印本　二冊

330000－1701－0023728　普 111.21/7242
子部/宗教類/道教之屬
新解老一卷　劉鼒和撰　民國八年(1919)上海善書會鉛印本　一冊

330000－1701－0023738　普 811.1087/4911
類叢部/叢書類/郡邑之屬
雲南叢書初編一百四十一種二編三十七種　趙藩　陳榮昌等輯　民國雲南叢書處刻本　六冊　存一種

330000－1701－0023741　普 111.22/1740/3/c1、普 111.25/0046/2/c1　類叢部/叢書類/彙編之屬
四部備要　中華書局編　民國二十五年(1936)上海中華書局鉛印本　四冊　存二種

330000－1701－0023748　普 811.1087/5086/c1　集部/總集類/郡邑之屬
梓鄉叢錄四卷　秦錫田輯　民國秦錫田鉛印本　二冊

330000－1701－0023754　普 811.1087/5086/c2　集部/總集類/郡邑之屬
梓鄉叢錄四卷　秦錫田輯　民國秦錫田鉛印本　二冊

330000－1701－0023756　普 811.1087/5089
集部/總集類/氏族之屬
友于集三種三卷　秦錫田編　民國十七年(1928)鉛印本　一冊

330000－1701－0023762　普 111.25/1134/2
子部/叢編
子書四十八種　五鳳樓主人輯　民國九年(1920)上海五鳳樓石印本　一冊　存一種

330000－1701－0023764　普 811.1087/6645/c1　集部/總集類/選集之屬/斷代
清閨秀正始再續集初編四卷　單士釐輯　民國歸安錢氏鉛印本　六冊

330000－1701－0023768　普 811.1087/6645/c2　集部/總集類/選集之屬/斷代
清閨秀正始再續集初編四卷　單士釐輯　民國歸安錢氏鉛印本　四冊　存三卷(一至三)

330000－1701－0023772　普 111.22/1740/3/c3、普 111.23/4437/2/c2　類叢部/叢書類/彙

編之屬

四部備要 中華書局編 民國二十五年(1936)上海中華書局鉛印本 四册 存二種

330000－1701－0023774 普 811.1087/6038 集部/總集類/氏族之屬

畢燕衍堂四世詩存四卷 (清)畢灝等撰 畢冶金編 民國二十二年(1933)上海宏大善書局石印本 一册

330000－1701－0023783 普 111.28/0704/2 子部/宗教類/道教之屬

莊子集釋十卷 (清)郭慶藩輯 民國上海埽葉山房石印本 十册

330000－1701－0023794 普 111.28/0727/5 子部/叢編

六子全書 (明)顧春輯 民國三年(1914)右文社據明嘉靖十二年(1533)吳郡顧氏世德堂刻本影印本 六册 存一種

330000－1701－0023795 普 111.28/0727/2 子部/叢編

子書三十二種 育文書局編 民國三年(1914)育文書局石印本 二册 存一種

330000－1701－0023799 普 111.28/0727/4 子部/叢編

子書四十八種 五鳳樓主人輯 民國九年(1920)上海五鳳樓石印本 四册 存一種

330000－1701－0023802 普 111.28/0727.2 子部/宗教類/道教之屬

南華真經評註十卷 (明)歸有光輯 (明)文震孟訂 民國六年(1917)中華圖書館石印本 五册

330000－1701－0023807 普 111.28/1020/2/c1 子部/宗教類/道教之屬

莊子集解八卷 王先謙撰 民國上海掃葉山房石印本 四册

330000－1701－0023808 普 811.1087/7210 類叢部/叢書類/彙編之屬

曲石叢書二十種 李根源編 民國鉛印本 一册 存一種

330000－1701－0023816 普 111.28/1020/2/c2 子部/宗教類/道教之屬

莊子集解八卷 王先謙撰 民國十四年(1925)上海掃葉山房石印本 仁則題記並批點 四册

330000－1701－0023819 普 111.28/0727/3 類叢部/叢書類/彙編之屬

續古逸叢書四十七種 張元濟等編 民國十一年(1922)至一九五七年上海商務印書館影印本 五册 存一種

330000－1701－0023821 普 111.28/1020/2/c3 子部/宗教類/道教之屬

莊子集解八卷 王先謙撰 民國上海掃葉山房石印本 四册

330000－1701－0023823 普 111.28/1020/4 子部/宗教類/道教之屬

莊子集解八卷 王先謙撰 民國上海涵芬樓影印本 三册

330000－1701－0023825 普 811.1087/7504 集部/總集類/郡邑之屬

廬州詩苑八卷 陳詩輯 民國十五年(1926)廬江陳氏鉛印本 四册

330000－1701－0023831 普 811.1087/7521/c1 集部/總集類/選集之屬/斷代

近代詩鈔不分卷 陳衍輯 民國十二年(1923)上海商務印書館鉛印本 二十四册

330000－1701－0023837 普 811.1087/7521/c2 集部/總集類/選集之屬/斷代

近代詩鈔不分卷 陳衍輯 民國十二年(1923)上海商務印書館鉛印本 二十四册

330000－1701－0023838 普 811.1087/7521/c3 集部/總集類/選集之屬/斷代

近代詩鈔不分卷 陳衍輯 民國十二年(1923)上海商務印書館鉛印本 二十四册

330000－1701－0023840 普 111.28/3021/3 子部/宗教類/道教之屬

南華真經解六卷 (清)宣穎撰 民國五年(1916)上海江左書林石印本 六册

330000－1701－0023841　普 811.1087/7521/c4　集部/總集類/選集之屬/斷代
近代詩鈔不分卷　陳衍輯　民國十二年(1923)上海商務印書館鉛印本　二十二冊　缺二冊(一至二)

330000－1701－0023845　普 811.1087/75411/c1　集部/總集類/選集之屬/斷代
清人絶句選一卷　陳友琴編　民國二十四年(1935)上海開明書店鉛印本　一冊

330000－1701－0023846　普 811.1087/7522/2/c1　集部/總集類/選集之屬/斷代
篋衍集十二卷　(清)陳維崧輯　民國上海國光書局印刷所鉛印本　四冊

330000－1701－0023849　普 811.1087/7522/2/c2　集部/總集類/選集之屬/斷代
篋衍集十二卷　(清)陳維崧輯　民國上海國光書局印刷所鉛印本　四冊

330000－1701－0023853　普 811.1087/75411/c2　集部/總集類/選集之屬/斷代
清人絶句選一卷　陳友琴編　民國二十四年(1935)上海開明書店鉛印本　一冊

330000－1701－0023855　普 811.1087/75411/c3　集部/總集類/選集之屬/斷代
清人絶句選一卷　陳友琴編　民國二十四年(1935)上海開明書店鉛印本　一冊

330000－1701－0023857　普 811.1087/7552　集部/總集類/選集之屬/斷代
清初三大詩家四卷　陳靜秋編　民國十三年(1924)鉛印本　二冊

330000－1701－0023872　普 811.1087/7723　集部/總集類/選集之屬/斷代
四子詩錄四卷　(清)陶福祖輯　民國二十八年(1939)鉛印本　一冊

330000－1701－0023875　普 111.28/7182.2/c1　子部/宗教類/道教之屬
莊子義證三十三卷附錄二卷校補記一卷　馬敘倫撰　民國十九年(1930)上海商務印書館鉛印本　六冊

330000－1701－0023879　普 111.28/71821　子部/宗教類/道教之屬
莊子集註三卷附莊子釋詞一卷莊子釋詞補遺一卷　阮毓崧輯　民國十九年(1930)上海中華書局影印本　四冊

330000－1701－0023882　普 111.28/7182.2/c2　子部/宗教類/道教之屬
莊子義證三十三卷附錄二卷校補記一卷　馬敘倫撰　民國十九年(1930)上海商務印書館鉛印本　毛春翔、郭沫若批　六冊

330000－1701－0023892　普 111.28/7182/c1　子部/宗教類/道教之屬
莊子外篇札記十五卷　馬敘倫撰　民國鉛印本　二冊

330000－1701－0023893　普 111.28/7182/c2　子部/宗教類/道教之屬
莊子外篇札記十五卷　馬敘倫撰　民國鉛印本　二冊

330000－1701－0023897　普 111.28/7728　子部/宗教類/道教之屬
南華通七卷　(清)屈復注　民國十一年(1922)京華印書局鉛印本　一冊

330000－1701－0023909　普 111.31/1200/3　子部/墨家類
墨子閒詁十五卷目録一卷附録一卷後語二卷　(清)孫詒讓撰　民國十六年(1927)上海校經山房石印本　八冊

330000－1701－0023915　普 111.31/0026　子部/墨家類
墨辯今注一卷大小取釋一卷　章士釗撰　民國東北大學鉛印本　一冊

330000－1701－0023917　普 111.31/1200.06/c1　子部/墨家類
定本墨子閒詁校補二卷附編一卷　李笠撰　民國十六年(1927)上海商務印書館鉛印本　二冊

330000－1701－0023919　普 111.31/1708/2　子部/墨家類

墨經新釋不分卷　鄧高鏡撰　民國鉛印本　一册

330000－1701－0023921　普 111.31/1200.06/c2　子部/墨家類

定本墨子閒詁校補二卷附編一卷　李笠撰　民國十四年(1925)上海商務印書館鉛印本　二册

330000－1701－0023922　普 111.31/1200.06/c3　子部/墨家類

定本墨子閒詁校補二卷附編一卷　李笠撰　民國十四年(1925)上海商務印書館鉛印本　二册

330000－1701－0023924　普 111.31/4438/c1　子部/墨家類

墨經詁義上編一卷　葉瀚撰　民國九年(1920)鉛印本　一册

330000－1701－0023925　普 111.31/1200.06/c4　子部/墨家類

定本墨子閒詁校補二卷附編一卷　李笠撰　民國十四年(1925)上海商務印書館鉛印本　二册

330000－1701－0023928　普 111.31/4438/c2　子部/墨家類

墨經詁義上編一卷　葉瀚撰　民國九年(1920)鉛印本　一册

330000－1701－0023932　普 111.31/4661　子部/墨家類

雪墨不分卷　楊踐形撰　民國三十三年(1944)易學會鉛印本　一册

330000－1701－0023939　普 111.31/6031/4　子部/墨家類

墨子十五卷目一卷篇目考一卷　(清)畢沅校注並撰　民國五年(1916)上海掃葉山房石印本　四册

330000－1701－0023941　普 111.31/6031/6　子部/叢編

子書四十八種　五鳳樓主人輯　民國四年至九年(1915－1920)上海五鳳樓石印本　三册　存一種

330000－1701－0023942　普 111.32/4430/2、普 111.41/1742/2/c4、普 111.42/1700/3/c4、普 111.31/6031/5/c1　類叢部/叢書類/彙編之屬

四部備要　中華書局編　民國二十五年(1936)上海中華書局鉛印本　十册　存四種

330000－1701－0023951　普 811.1087/8348　集部/總集類/酬唱之屬

廕葛廬主人珠臺九老會唱和詩一卷　錢世鍾編　民國六年(1917)平湖文治齋刻本　一册

330000－1701－0023952　普 811.1088/0090　集部/總集類/酬唱之屬

兩京同游草一卷　高夔等撰　民國上海聚珍倣宋印書局鉛印本　一册

330000－1701－0023953　普 811.1088/4407　集部/總集類/酬唱之屬

辛未歲暮感懷唱和集一卷　黄端履等撰　民國二十一年(1932)鉛印本　一册

330000－1701－0023962　普 811.1087/8730/c1　集部/總集類/氏族之屬

問松里鄭氏詩存一卷　鄭之章輯　民國十二年(1923)鉛印本　一册

330000－1701－0023965　普 811.1087/8730/c2　集部/總集類/氏族之屬

問松里鄭氏詩存一卷　鄭之章輯　民國十二年(1923)鉛印本　一册

330000－1701－0023971　普 111.41/1742/2/c2、普 111.42/1700/3/c2、普 111.31/6031/5/c2、普 111.44/0443/2　類叢部/叢書類/彙編之屬

四部備要　中華書局編　民國二十五年(1936)上海中華書局鉛印本　七册　存五種

330000－1701－0023972　普 111.41/1742/2/c3、普 111.42/1700/3/c1　類叢部/叢書類/彙編之屬

四部備要　中華書局編　民國二十五年(1936)上海中華書局鉛印本　二册　存二種

330000－1701－0023974　普 111.41/1742/2/c1　類叢部/叢書類/彙編之屬

四部備要　中華書局編　民國二十五年(1936)上海中華書局鉛印本　一冊　存一種

330000－1701－0023975　普 111.41/1742/2/c5、普 111.42/1700/3/c3　類叢部/叢書類/彙編之屬

四部備要　中華書局編　民國二十五年(1936)上海中華書局鉛印本　二冊　存二種

330000－1701－0023978　普 811.108914/7273　集部/總集類/郡邑之屬

居鄴詩徵十卷　(清)劉原道編　民國十年(1921)巢湖劉氏蟄園木活字印本　八冊

330000－1701－0023985　普 111.42/1063/c1　子部/雜家類

尹文子校錄二卷首一卷　王時潤撰　民國四年(1915)鉛印聞雞軒叢書本　王時潤題記　一冊

330000－1701－0023986　普 111.42/1063/c2　子部/雜家類

尹文子校錄二卷首一卷　王時潤撰　民國四年(1915)鉛印聞雞軒叢書本　王時潤題記　一冊

330000－1701－0023987　普 811.108914/7504　集部/總集類/郡邑之屬

廬江詩雋二卷　陳詩輯　民國鉛印本　一冊

330000－1701－0023988　普 111.42/1063/c3　子部/雜家類

尹文子校錄二卷首一卷　王時潤撰　民國四年(1915)鉛印聞雞軒叢書本　王時潤題記　一冊

330000－1701－0023991　普 111.44/1013/c1　子部/雜家類

公孫龍子懸解六卷事輯一卷敘錄一卷後錄一卷　王琯撰　民國十七年(1928)上海中華書局鉛印本　二冊

330000－1701－0023996　普 811.108922/4965　集部/總集類/郡邑之屬

青州明詩鈔四卷續編一卷　趙愚軒輯　民國二十九年(1940)壽光趙氏鉛印本　四冊

330000－1701－0023997　普 111.44/1013/c2　子部/雜家類

公孫龍子懸解六卷事輯一卷敘錄一卷後錄一卷　王琯撰　民國十七年(1928)上海中華書局鉛印本　毛春翔批　二冊

330000－1701－0024006　普 111.51/1122/c1　子部/法家類

管子學不分卷　(清)張佩綸撰　民國十七年(1928)張志潛據稿本影印本　十二冊

330000－1701－0024009　普 811.108923/2623/c1　集部/總集類/郡邑之屬

太倉十子詩選十卷　(清)吳偉業輯　民國二十二年(1933)太倉圖書館鉛印本　二冊

330000－1701－0024010　普 811.108923/2623/c2　集部/總集類/郡邑之屬

太倉十子詩選十卷　(清)吳偉業輯　民國二十二年(1933)太倉圖書館鉛印本　二冊

330000－1701－0024014　普 111.51/1122/c2　子部/法家類

管子學不分卷　(清)張佩綸撰　民國十七年(1928)張志潛據稿本影印本　八冊

330000－1701－0024020　普 811.108923/6664　集部/總集類/郡邑之屬

海藻二十八卷補遺一卷　嚴昌堉輯　民國三十二年(1943)海上嚴氏淵雷室鉛印本　八冊

330000－1701－0024021　普 811.108923/3194.02　集部/總集類/郡邑之屬

續梁溪詩鈔二十四卷　侯學愈輯　民國九年(1920)鉛印本　八冊

330000－1701－0024028　普 811.108923/7724/c1　類叢部/叢書類/彙編之屬

遊經樓叢書　民國丹徒陶氏遊經樓鉛印本　二冊　存一種

330000－1701－0024031　普 811.108923/3444　集部/總集類/郡邑之屬

淞南詩鈔合編四卷末一卷 （清）沈葵輯 民國九年(1920)刻本 一冊

330000－1701－0024034 普 811.108923/7724/c2 類叢部/叢書類/彙編之屬
遊經樓叢書 民國丹徒陶氏遊經樓鉛印本 二冊 存一種

330000－1701－0024037 普 811.108924/0038.03/c2 集部/總集類/郡邑之屬
鹿山吟社第三集一卷 商寶慈編 民國二十年(1931)鉛印本 一冊

330000－1701－0024038 普 111.51/3002/5 子部/法家類
管子二十四卷 （唐）房玄齡注 民國九年(1920)上海掃葉山房石印本 二冊

330000－1701－0024042 普 111.51/3002/6 類叢部/叢書類/彙編之屬
袖珍古書讀本三十種 中華書局編 民國十九年(1930)上海中華書局鉛印本 八冊 存一種

330000－1701－0024043 普 811.108924/0435/c1 集部/總集類/郡邑之屬
姚江詩錄八卷 謝寶書編 民國二十年(1931)中華書局鉛印本 六冊

330000－1701－0024044 普 811.108923/8304 集部/總集類/酬唱之屬
錢園唱酬集一卷潛園唱酬集一卷續集一卷 錢詩棣編 民國二十四年(1935)潛園鉛印本 一冊

330000－1701－0024048 普 811.108924/0435/c2 集部/總集類/郡邑之屬
姚江詩錄八卷 謝寶書編 民國二十年(1931)中華書局鉛印本 六冊

330000－1701－0024051 普 811.108924/0435/c3 集部/總集類/郡邑之屬
姚江詩錄八卷 謝寶書編 民國二十年(1931)中華書局鉛印本 六冊

330000－1701－0024055 普 111.51/4307 類叢部/叢書類/郡邑之屬
吳興叢書六十六種 劉承幹編 民國吳興劉氏嘉業堂刻本 四冊 存一種

330000－1701－0024058 HJH4107 類叢部/叢書類/自著之屬
飲流齋著叢書 許之衡撰 民國石印本暨刻本 一冊 存一種

330000－1701－0024060 普 811.108924/1021/c1 集部/總集類/郡邑之屬
台詩四錄二十九卷 王舟瑶輯 民國九年(1920)後凋草堂石印本 十四冊

330000－1701－0024061 普 811.108924/1021/c2 集部/總集類/郡邑之屬
台詩四錄二十九卷 王舟瑶輯 民國九年(1920)後凋草堂石印本 十四冊

330000－1701－0024062 普 811.108924/1118 類叢部/叢書類/彙編之屬
春暉叢書□□種 張天錫輯 民國鉛印本 二冊 存一種

330000－1701－0024064 普 811.108924/1021/c3 集部/總集類/郡邑之屬
台詩四錄二十九卷 王舟瑶輯 民國九年(1920)後凋草堂石印本 十四冊

330000－1701－0024066 普 811.108924/1027 集部/總集類/郡邑之屬
長興詩存四十卷 王修輯 民國九年(1920)長興王氏仁壽堂刻本 八冊

330000－1701－0024073 普 811.108924/1027/(2) 集部/總集類/郡邑之屬
長興詩存四十卷 王修輯 民國九年(1920)長興王氏仁壽堂刻本 六冊

330000－1701－0024081 普 111.51/4417 子部/法家類
管子編注六卷 黄鞏撰 民國三年(1914)長沙宏文圖書社鉛印本 章嶔題記 三冊

330000－1701－0024087 普 111.51/8014/c1 子部/法家類

管子參解三卷　金廷桂撰　民國十一年(1922)常熟金氏鉛印本　一冊

330000－1701－0024088　普 111.51/8014/c2　子部/法家類
管子參解三卷　金廷桂撰　民國十一年(1922)常熟金氏鉛印本　一冊

330000－1701－0024089　普 111.51/8014/c3　子部/法家類
管子參解三卷　金廷桂撰　民國十一年(1922)常熟金氏鉛印本　一冊

330000－1701－0024093　普 111.53/1063/2/c1　類叢部/叢書類/彙編之屬
四部備要　中華書局編　民國二十五年(1936)上海中華書局鉛印本　二冊　存一種

330000－1701－0024094　普 111.53/1063/c1　子部/法家類
商君書斠詮五卷首一卷附錄一卷　王時潤撰　民國四年(1915)宏文圖書社鉛印聞雞軒叢書本　王時潤題記　二冊

330000－1701－0024097　普 111.53/1063/2/c2　類叢部/叢書類/彙編之屬
四部備要　中華書局編　民國二十五年(1936)上海中華書局鉛印本　二冊　存一種

330000－1701－0024102　普 111.53/1063/c2　子部/法家類
商君書斠詮五卷首一卷附錄一卷　王時潤撰　民國四年(1915)宏文圖書社鉛印聞雞軒叢書本　王時潤題記　二冊

330000－1701－0024107　普 111.53/1063/c3　子部/法家類
商君書斠詮五卷首一卷附錄一卷　王時潤撰　民國四年(1915)宏文圖書社鉛印聞雞軒叢書本　王時潤題記　二冊

330000－1701－0024109　普 111.53/1063/c4　子部/法家類
商君書斠詮五卷首一卷附錄一卷　王時潤撰　民國四年(1915)宏文圖書社鉛印聞雞軒叢書本　王時潤題記　二冊

330000－1701－0024124　HJL4145　集部/總集類/彙編之屬
宋人集　李之鼎輯　民國南城李氏宜秋館刻本　二冊　存一種

330000－1701－0024125　普 811.108924/2801　集部/總集類/選集之屬/斷代
平川櫂歌一卷　(清)徐涵撰　**斜塘竹枝詞一卷**　(清)柯蘭錡撰　民國十一年(1922)鉛印本　一冊

330000－1701－0024126　普 811.108924/3046　集部/總集類/郡邑之屬
永嘉四靈詩四種四卷　民國六年(1917)上海醫學書局木活字印本　二冊

330000－1701－0024127　普 811.108924/2861　集部/總集類/選集之屬/斷代
鹿鳴社稿初集二卷　汪張黻　徐映璞編　民國三十五年(1946)鉛印本　一冊

330000－1701－0024128　普 811.108924/28311/c2　集部/總集類/選集之屬/斷代
平川櫂歌一卷　(清)徐涵撰　**斜塘竹枝詞一卷**　(清)柯蘭錡撰　民國十一年(1922)鉛印本　一冊

330000－1701－0024130　普 811.108924/3046/2　集部/總集類/郡邑之屬
永嘉四靈詩四卷附徐道暉集徐致中集補闕一卷　(宋)徐照　(宋)徐璣撰　**重雕宋本永嘉四靈詩札記一卷**　徐乃昌撰　民國十四年(1925)南陵徐乃昌刻本　二冊

330000－1701－0024131　普 811.108924/2831　集部/總集類/郡邑之屬
諸暨詩英十一卷續編七卷　徐道政編　民國二十五年(1936)鉛印本　四冊

330000－1701－0024134　普 811.108924/2831/2/c1　集部/總集類/郡邑之屬
諸暨詩英十一卷續編七卷　徐道政編　民國二十五年(1936)鉛印本　四冊

330000－1701－0024137　普 811.108924/2831/2/c2　集部/總集類/郡邑之屬

諸暨詩英十一卷續編七卷　徐道政編　民國二十五年(1936)鉛印本　四冊

330000－1701－0024138　普 811.108924/2831/2/c3　集部/總集類/郡邑之屬

諸暨詩英十一卷續編七卷　徐道政編　民國二十五年(1936)鉛印本　四冊

330000－1701－0024140　普 811.108924/2831/2/c5　集部/總集類/郡邑之屬

諸暨詩英十一卷續編七卷　徐道政編　民國二十五年(1936)鉛印本　四冊

330000－1701－0024146　普 112.11/1224/6/c1、普 111.56/9412/2/c1、普 111.71/2681/2/c1、普 111.86/7426/4/c1　類叢部/叢書類/彙編之屬

四部備要　中華書局編　民國二十五年(1936)上海中華書局鉛印本　四冊　存四種

330000－1701－0024149　普 811.108924/4016　類叢部/叢書類/郡邑之屬

吳興叢書六十六種　劉承幹編　民國吳興劉氏嘉業堂刻本　六冊　存一種

330000－1701－0024150　普 811.108924/4012/c1　集部/總集類/郡邑之屬

新溪詩初鈔六卷　(清)李元繡　(清)沈莘士輯　**新溪詩續鈔十卷**　(清)許楨輯　**新溪詩三鈔六卷**　(清)朱士楷輯　鄭綸章補輯　民國十五年(1926)鉛印本　六冊

330000－1701－0024152　普 111.56/9449　子部/雜家類

慎子三種合帙　陳乃乾輯　民國十七年(1928)中國學會影印本　一冊

330000－1701－0024156　普 811.108924/4032.02/c1　集部/總集類/郡邑之屬

竹里詩萃續編八卷　祝廷錫編　民國十一年(1922)刻本　二冊

330000－1701－0024159　普 811.108924/4012/c2　集部/總集類/郡邑之屬

新溪詩初鈔六卷　(清)李元繡　(清)沈莘士輯　**新溪詩續鈔十卷**　(清)許楨輯　**新溪詩三鈔六卷**　(清)朱士楷輯　鄭綸章補輯　民國十五年(1926)鉛印本　翁鳴岐題記　六冊

330000－1701－0024160　普 811.108924/4032.02/c2　集部/總集類/郡邑之屬

竹里詩萃續編八卷　祝廷錫編　民國十一年(1922)刻本　二冊

330000－1701－0024162　普 811.108924/4012/c3　集部/總集類/郡邑之屬

新溪詩初鈔六卷　(清)李元繡　(清)沈莘士輯　**新溪詩續鈔十卷**　(清)許楨輯　**新溪詩三鈔六卷**　(清)朱士楷輯　鄭綸章補輯　民國十五年(1926)鉛印本　六冊

330000－1701－0024165　普 111.57/3033/c1　類叢部/叢書類/彙編之屬

國立中央研究院歷史語言研究所單刊　國立中央研究院歷史語言研究所編　民國上海商務印書館鉛印本暨影印本　一冊　存一種

330000－1701－0024166　普 111.57/3033/c2　類叢部/叢書類/彙編之屬

國立中央研究院歷史語言研究所單刊　國立中央研究院歷史語言研究所編　民國上海商務印書館鉛印本暨影印本　一冊　存一種

330000－1701－0024167　普 111.57/3033/c3　類叢部/叢書類/彙編之屬

國立中央研究院歷史語言研究所單刊　國立中央研究院歷史語言研究所編　民國上海商務印書館鉛印本暨影印本　一冊　存一種

330000－1701－0024168　普 112.11/1224/6/c2、普 111.56/9412/2/c2、普 111.71/2681/2/c2、普 111.86/7426/4/c2　類叢部/叢書類/彙編之屬

四部備要　中華書局編　民國二十五年(1936)上海中華書局鉛印本　四冊　存四種

330000－1701－0024171　普 111.57/4411/5　子部/法家類

韓非子二十卷　(秦)韓非撰　**識誤三卷**　(清)顧廣圻撰　民國十四年(1925)上海掃葉山房石印本　六冊

330000－1701－0024173　普 811.108924/4299　集部/總集類/郡邑之屬

蛟川詩繫三十一卷首一卷　(清)姚燮輯　民國二年(1913)鉛印本　八册

330000－1701－0024181　普 111.57/4411.02　子部/法家類

韓非子補逸一卷　(日本)依田利用輯　民國元年(1912)鉛印本　一册

330000－1701－0024186　普 811.108924/4430/c1　集部/總集類/郡邑之屬

四明清詩略三十二卷首三卷　(清)董沛輯　**續稿八卷**　忻江明輯　**姓氏韻編一卷**　民國十九年(1930)中華書局鉛印本　二十册

330000－1701－0024188　普 112.11/1224/6/c3、普 111.56/9412/2/c3、普 111.86/7426/4/c3　類叢部/叢書類/彙編之屬

四部備要　中華書局編　民國二十五年(1936)上海中華書局鉛印本　三册　存三種

330000－1701－0024189　普 811.108924/44301　類叢部/叢書類/郡邑之屬

四明叢書一百六十七種　張壽鏞編　民國四明張氏約園刻本　一册　存二種

330000－1701－0024192　普 811.108924/4430/c2　集部/總集類/郡邑之屬

四明清詩略三十二卷首三卷　(清)董沛輯　**續稿八卷**　忻江明輯　**姓氏韻編一卷**　民國十九年(1930)中華書局鉛印本　二十册

330000－1701－0024196　普 811.108924/4430/c3　集部/總集類/郡邑之屬

四明清詩略三十二卷首三卷　(清)董沛輯　**續稿八卷**　忻江明輯　**姓氏韻編一卷**　民國十九年(1930)中華書局鉛印本　二十册

330000－1701－0024197　普 811.108924/4430/c4　集部/總集類/郡邑之屬

四明清詩略三十二卷首三卷　(清)董沛輯　**續稿八卷**　忻江明輯　**姓氏韻編一卷**　民國十九年(1930)中華書局鉛印本　二十册

330000－1701－0024200　普 111.88/6014/2　類叢部/叢書類/彙編之屬

桐城吴先生羣書點勘　(清)吳汝綸撰　民國蓮池書社鉛印本　三册　存一種

330000－1701－0024202　普 111.86/7426/4/c4　類叢部/叢書類/彙編之屬

四部備要　中華書局編　民國二十五年(1936)上海中華書局鉛印本　一册　存一種

330000－1701－0024204　普 811.108924/4412/2　集部/總集類/郡邑之屬

三台名媛詩輯一卷續一卷詞輯一卷　(清)黄瑞輯　民國抄本　一册

330000－1701－0024207　普 111.88/7182/c1　子部/雜家類

讀吕氏春秋記一卷　馬敘倫撰　民國二十年(1931)上海商務印書館鉛印本　一册

330000－1701－0024208　普 111.88/0823　類叢部/叢書類/彙編之屬

國立清華大學整理古籍叢刊　民國國立清華大學鉛印本　六册　存一種

330000－1701－0024213　普 811.108924/4707.02/c1　集部/總集類/郡邑之屬

續甬上耆舊詩一百二十卷首一卷　(清)全祖望輯選　民國七年(1918)四明文獻社鉛印本　二十四册

330000－1701－0024214　普 111.88/7182/c2　子部/雜家類

讀吕氏春秋記一卷　馬敘倫撰　民國二十年(1931)上海商務印書館鉛印本　一册

330000－1701－0024215　普 111.88/7182/c3　子部/雜家類

讀吕氏春秋記一卷　馬敘倫撰　民國二十年(1931)上海商務印書館鉛印本　一册

330000－1701－0024216　普 111.88/7182/c4　子部/雜家類

讀吕氏春秋記一卷　馬敘倫撰　民國二十年(1931)上海商務印書館鉛印本　一册

330000－1701－0024218　普 811.108924/

4707.02/c2　集部/總集類/郡邑之屬

續甬上耆舊詩一百二十卷首一卷　(清)全祖望輯選　民國七年(1918)四明文獻社鉛印本　二十四册

330000－1701－0024221　HJL2802　集部/別集類

茹經堂文集二編九卷　唐文治撰　民國十六年(1927)刻本　四册

330000－1701－0024223　普 811.108924/4707.02/c3　集部/總集類/郡邑之屬

續甬上耆舊詩一百二十卷首一卷　(清)全祖望輯選　民國七年(1918)四明文獻社鉛印本　二十四册

330000－1701－0024232　普 111.86/7426/5　子部/雜家類

鶡冠子三卷　(宋)陸佃解　(明)王宇評　(明)汪明際　(明)朱養純參評　民國石印本　一册

330000－1701－0024233　普 112.14/0002/6　子部/雜著類/雜説之屬

淮南鴻烈集解二十一卷　(漢)劉安撰　(漢)高誘注　劉文典集解　**淮南天文訓補注一卷**　(清)錢塘撰　民國十三年(1924)上海商務印書館鉛印本　五册　缺一卷(淮南天文訓補注)

330000－1701－0024237　普 112.17/5640/3/c3　類叢部/叢書類/彙編之屬

四部備要　中華書局編　民國二十五年(1936)上海中華書局鉛印本　二册　存一種

330000－1701－0024241　普 112.17/5640/3/c1、普 112.14/3473/2/c2　類叢部/叢書類/彙編之屬

四部備要　中華書局編　民國二十五年(1936)上海中華書局鉛印本　八册　存二種

330000－1701－0024246　普 112.17/5640/3/c2、普 112.13/1003/3、普 112.14/3473/2/c3　類叢部/叢書類/彙編之屬

四部備要　中華書局編　民國二十五年(1936)上海中華書局鉛印本　十册　存三種

330000－1701－0024254　普 112.17/4054/4、普 112.14/3473/2/c1　類叢部/叢書類/彙編之屬

四部備要　中華書局編　民國二十五年(1936)上海中華書局鉛印本　八册　存二種

330000－1701－0024290　普 811.108924/7701　集部/總集類/郡邑之屬

潯溪詩徵四十卷補遺一卷詞徵二卷　周慶雲輯　民國六年(1917)周氏夢坡室刻本　十九册　缺二卷(詞徵一至二)

330000－1701－0024291　普 811.108924/7701/(2)/c1　集部/總集類/郡邑之屬

潯溪詩徵四十卷補遺一卷詞徵二卷　周慶雲輯　民國六年(1917)周氏夢坡室刻本　二十册

330000－1701－0024293　普 811.108924/7701/(2)/c2　集部/總集類/郡邑之屬

潯溪詩徵四十卷補遺一卷詞徵二卷　周慶雲輯　民國六年(1917)周氏夢坡室刻本　二十册

330000－1701－0024297　普 811.108924/7701/(2)/c3　集部/總集類/郡邑之屬

潯溪詩徵四十卷補遺一卷詞徵二卷　周慶雲輯　民國六年(1917)周氏夢坡室刻本　二十册

330000－1701－0024299　普 112.14/7205/2/c1　子部/雜著類/雜説之屬

淮南鴻烈集解二十一卷　(漢)劉安撰　(漢)高誘注　劉文典集解　**淮南天文訓補注一卷**　(清)錢塘撰　民國十三年(1924)上海商務印書館鉛印本　六册

330000－1701－0024301　普 811.108924/7701/(3)　集部/總集類/郡邑之屬

潯溪詩徵四十卷補遺一卷詞徵二卷　周慶雲輯　民國六年(1917)周氏夢坡室刻本　二十册　缺二卷(詞徵一至二)

330000－1701－0024303　普 811.108924/

7780　集部/總集類/酬唱之屬
浣溪漁唱和作一卷附錄一卷　周品梅輯　民國七年(1918)武林印刷局鉛印本　一冊

330000 - 1701 - 0024305　普 112.14/7230/3　子部/叢編
子書四十八種　五鳳樓主人輯　民國九年(1920)上海五鳳樓石印本　四冊　存一種

330000 - 1701 - 0024309　普 811.108924/8720.021/c1　集部/總集類/郡邑之屬
剡川詩鈔續編十二卷首一卷末一卷　江五民輯　民國五年(1916)四明孫氏七千卷樓鉛印本　二冊

330000 - 1701 - 0024310　普 811.108924/8720.021/c2　集部/總集類/郡邑之屬
剡川詩鈔續編十二卷首一卷末一卷　江五民輯　民國五年(1916)四明孫氏七千卷樓鉛印本　二冊

330000 - 1701 - 0024311　普 811.108924/8720.021/c3　集部/總集類/郡邑之屬
剡川詩鈔續編十二卷首一卷末一卷　江五民輯　民國五年(1916)四明孫氏七千卷樓鉛印本　二冊

330000 - 1701 - 0024313　普 811.108924/8720.021/c4　集部/總集類/郡邑之屬
剡川詩鈔續編十二卷首一卷末一卷　江五民輯　民國五年(1916)四明孫氏七千卷樓鉛印本　二冊

330000 - 1701 - 0024315　普 112.14/72301　子部/雜著類/雜說之屬
淮南集證二十一卷　劉家立撰　民國十三年(1924)上海中華書局鉛印本　十冊

330000 - 1701 - 0024321　普 811.108924/8720.02/c1　集部/總集類/郡邑之屬
剡川詩鈔補編二卷補遺一卷　江五民輯　民國五年(1916)四明孫氏七千卷樓鉛印本　一冊

330000 - 1701 - 0024322　普 811.108924/8720.02/c2　集部/總集類/郡邑之屬
剡川詩鈔補編二卷補遺一卷　江五民輯　民國五年(1916)四明孫氏七千卷樓鉛印本　一冊

330000 - 1701 - 0024329　普 811.108924/8720.02/c3　集部/總集類/郡邑之屬
剡川詩鈔補編二卷補遺一卷　江五民輯　民國五年(1916)四明孫氏七千卷樓鉛印本　一冊

330000 - 1701 - 0024330　普 811.108967/2120　集部/總集類/郡邑之屬
嶺南詩存八卷　何藻翔編　民國十七年(1928)上海商務印書館鉛印本　八冊

330000 - 1701 - 0024331　普 811.108924/8720/c1　集部/總集類/郡邑之屬
剡川詩鈔十二卷　(清)彭祖訓選　(清)舒順方編　(清)董彥琦輯　民國四年(1915)四明孫氏七千卷樓鉛印本　二冊

330000 - 1701 - 0024332　普 811.108924/8720.02/c4　集部/總集類/郡邑之屬
剡川詩鈔補編二卷補遺一卷　江五民輯　民國五年(1916)四明孫氏七千卷樓鉛印本　一冊

330000 - 1701 - 0024333　普 811.108924/8720/c2　集部/總集類/郡邑之屬
剡川詩鈔十二卷　(清)彭祖訓選　(清)舒順方編　(清)董彥琦輯　民國四年(1915)四明孫氏七千卷樓鉛印本　二冊

330000 - 1701 - 0024337　普 811.108924/8720.02/c5　集部/總集類/郡邑之屬
剡川詩鈔補編二卷補遺一卷　江五民輯　民國五年(1916)四明孫氏七千卷樓鉛印本　一冊

330000 - 1701 - 0024346　普 112.17/3193.2　子部/儒家類/儒學之屬/經濟
法言義疏二十卷　汪榮寶撰　民國二十二年(1933)鉛印本　八冊

330000 - 1701 - 0024351　普 112.14/7205/2/c3　子部/雜著類/雜說之屬

淮南鴻烈集解二十一卷 （漢）劉安撰 （漢）高誘注 劉文典集解 **淮南天文訓補注一卷** （清）錢塘撰 民國十二年(1923)上海商務印書館鉛印本 六册

330000－1701－0024354 普112.33/1000/3 子部/雜著類/雜説之屬

論衡三十卷 （漢）王充撰 民國八年(1919)上海商務印書館影印四部叢刊本 章嶔題記 章毓寄觀款 八册

330000－1701－0024356 普811.108981/1097 集部/總集類/郡邑之屬

滇八家詩選 王燦輯 民國三十一年(1942)雲南印刷局鉛印本 四册

330000－1701－0024359 普811.108991/7228 集部/總集類/郡邑之屬

杭川新風雅集三十卷首一卷 丘復輯録 民國二十五年(1936)鉛印本 八册

330000－1701－0024361 普811.108999/00222 集部/總集類/酬唱之屬

黄華集一卷 高燮編 民國十三年(1924)閑閑山莊鉛印本 一册

330000－1701－0024363 普112.33/1000/5 子部/雜著類/雜説之屬

論衡三十卷 （漢）王充撰 民國十四年(1925)上海掃葉山房石印本 六册

330000－1701－0024369 普811.108991/8717 集部/總集類/郡邑之屬

莆風清籟集六十卷 （清）鄭王臣輯選 民國十三年(1924)刻本 二十册

330000－1701－0024370 普112.64/7246/3/c2、普112.33/1000/6/c1、普112.34/1088/2/c1、普112.64/7246/3/c1、普112.35/44981/2/c1 類叢部/叢書類/彙編之屬

四部備要 中華書局編 民國二十五年(1936)上海中華書局鉛印本 十三册 存六種

330000－1701－0024373 普811.108993/2712 集部/總集類/郡邑之屬

寧明耆舊詩輯九卷 農樾等輯 民國二十三年(1934)廣州鉛印本 一册

330000－1701－0024374 普112.33/1000/5(2) 子部/雜家類

新式標點評註論衡三十卷 （漢）王充撰 民國十六年(1927)上海掃葉山房石印本 八册

330000－1701－0024375 普811.108981/7596.02 類叢部/叢書類/郡邑之屬

雲南叢書初編一百四十一種二編三十七種 趙藩 陳榮昌等輯 民國雲南叢書處刻本 一册 存一種

330000－1701－0024376 普112.33/2120 子部/雜著類/雜説之屬

熊鍾陵無何集十四卷首一卷 （清）熊伯龍撰 民國十二年(1923)沔陽盧氏慎始基齋影印湖北先正遺書本 余紹宋題記 六册

330000－1701－0024378 普811.108999/0040/c1 類叢部/叢書類/郡邑之屬

雲南叢書初編一百四十一種二編三十七種 趙藩 陳榮昌等輯 民國雲南叢書處刻本 四册 存一種

330000－1701－0024380 普112.36/4450 子部/儒家類/儒家之屬

中論不分卷 （漢）徐幹撰 民國十八年(1929)泰東圖書局鉛印本 一册

330000－1701－0024381 普811.108999/0742 集部/總集類/氏族之屬

郭氏弈葉吟一卷 郭寶琮編輯 民國十四年(1925)鉛印本 王張威題記 一册

330000－1701－0024384 普811.108999/0040/c2 類叢部/叢書類/郡邑之屬

雲南叢書初編一百四十一種二編三十七種 趙藩 陳榮昌等輯 民國雲南叢書處刻本 四册 存一種

330000－1701－0024388 普811.108999/00401 集部/總集類/氏族之屬

荻溪章氏詩存不分卷 章奎輯 民國十七年(1928)鉛印本 二册

330000 - 1701 - 0024389 普 811. 108999/1118 集部/總集類/氏族之屬

項氏傳芳集初編一卷二編一卷 (清)項銘輯 項士元增訂 民國四年(1915)抄本 二冊

330000 - 1701 - 0024394 普 811. 108999/2121/c1 集部/總集類/氏族之屬

毘陵伍氏合集 伍璜等輯 民國二十四年(1935)武進伍氏鉛印本 四冊

330000 - 1701 - 0024395 普 112. 64/7246/3/c3、普 112. 33/1000/6/c2、普 112. 34/1088/2/c2、普 112. 35/44981/2/c2 類叢部/叢書類/彙編之屬

四部備要 中華書局編 民國二十五年(1936)上海中華書局鉛印本 十一冊 存四種

330000 - 1701 - 0024396 普 811. 108999/11181 集部/總集類/氏族之屬

平昌項氏篋中詩鈔八卷 (清)項椿業輯 民國四年(1915)石印本 一冊

330000 - 1701 - 0024398 普 811. 108999/1123 集部/總集類/氏族之屬

浙西張氏合集十卷 張宗儒輯 民國十年(1921)鉛印本 二冊

330000 - 1701 - 0024402 普 811. 108999/2121/c2 集部/總集類/氏族之屬

毘陵伍氏合集 伍璜等輯 民國二十四年(1935)武進伍氏鉛印本 四冊

330000 - 1701 - 0024405 普 811. 108999/2121/c3 集部/總集類/氏族之屬

毘陵伍氏合集 伍璜等輯 民國二十四年(1935)武進伍氏鉛印本 四冊

330000 - 1701 - 0024409 普 112. 38/2315/2 類叢部/叢書類/彙編之屬

展社叢書 民國鉛印本 一冊 存一種

330000 - 1701 - 0024417 普 112. 64/7246 子部/雜著類/雜說之屬

劉子十卷 (北齊)劉晝撰 (唐)袁孝政注 民國十三年(1924)海寧陳氏影印本 五冊

330000 - 1701 - 0024418 普 811. 108999/2725 集部/總集類/氏族之屬

耕道堂詩鈔七卷 伊玉彬編 民國十一年(1922)上海商務印書館鉛印本 一冊

330000 - 1701 - 0024423 普 112. 7/1037/2 類叢部/叢書類/彙編之屬

續古逸叢書四十七種 張元濟等編 民國十一年(1922)至一九五七年上海商務印書館影印本 一冊 存一種

330000 - 1701 - 0024425 普 811. 108999/2829 集部/總集類/氏族之屬

吳興徐氏遺稿三種 徐益彬編 民國七年(1918)上海聚珍倣宋印書局鉛印本 四冊

330000 - 1701 - 0024426 普 112. 68/7250/2 子部/雜著類/雜說之屬

劉子十卷 (北齊)劉晝撰 (唐)袁孝政注 民國十三年(1924)海寧陳氏影印本 五冊

330000 - 1701 - 0024427 普 811. 108999/2884 集部/總集類/氏族之屬

吳興徐氏遺稿三種 徐益彬編 民國七年(1918)上海聚珍倣宋印書局鉛印本 四冊

330000 - 1701 - 0024428 普 112. 7/1037. 01/3 子部/叢編

子書四十八種 五鳳樓主人輯 民國九年(1920)上海五鳳樓石印本 一冊 存一種

330000 - 1701 - 0024437 普 811. 108999/2590 集部/總集類/氏族之屬

徵遠堂遺稿四種六卷 民國九年(1920)華亭朱氏鉛印本 三冊

330000 - 1701 - 0024439 普 811. 108999/4040 類叢部/叢書類/郡邑之屬

雲南叢書初編一百四十一種二編三十七種 趙藩 陳榮昌等輯 民國雲南叢書處刻本 六冊 存一種

330000 - 1701 - 0024441 普 811. 108999/40401 集部/總集類/氏族之屬

槎溪李氏詩四種 李廷翰輯 民國十一年(1922)鉛印本 一冊

330000－1701－0024448　普811.108999/40731/c1　集部/總集類/氏族之屬

飲源集三卷　袁行泰　袁之京　袁可炳撰　民國二十二年(1933)鉛印本　一册

330000－1701－0024451　普811.108999/40731/c2　集部/總集類/氏族之屬

飲源集三卷　袁行泰　袁之京　袁可炳撰　民國二十二年(1933)鉛印本　一册

330000－1701－0024455　普811.108999/40731/c3　集部/總集類/氏族之屬

飲源集三卷　袁行泰　袁之京　袁可炳撰　民國二十二年(1933)鉛印本　一册

330000－1701－0024461　普811.108999/4422　集部/總集類/氏族之屬

二蕭集四卷　蕭有作輯　民國十八年(1929)邵陽蕭有作刻本　二册

330000－1701－0024464　普114.092/4438/3/c2　類叢部/叢書類/彙編之屬

四部備要　中華書局編　民國二十五年(1936)上海中華書局鉛印本　二十二册　存一種

330000－1701－0024466　普811.108999/4490　集部/總集類/題詠之屬

三壽百詠一卷　葉存養輯　民國七年(1918)刻本　一册

330000－1701－0024470　普114.1/5502/c1、普114.114/1143.01/c1、普114.2/7244/c1、普114.21/7211/c1　類叢部/叢書類/彙編之屬

復性書院叢刊二十七種　馬浮編　民國二十九年至三十七年(1940－1948)復性書院刻本暨鉛印本　四册　存六種

330000－1701－0024475　普114.1/5502/c2　類叢部/叢書類/彙編之屬

復性書院叢刊二十七種　馬浮編　民國二十九年至三十七年(1940－1948)復性書院刻本暨鉛印本　一册　存三種

330000－1701－0024477　普114.114/1143.01/c3、普114.21/7211/c2　類叢部/叢書類/彙編之屬

復性書院叢刊二十七種　馬浮編　民國二十九年至三十七年(1940－1948)復性書院刻本暨鉛印本　二册　存二種

330000－1701－0024479　普811.108999/6621　集部/總集類/氏族之屬

瞿氏遺著　瞿良士輯　民國二十五年(1936)常熟瞿氏刻藍印本　一册

330000－1701－0024480　普114.114/1143.01/c2、普114.2/7244/c2　類叢部/叢書類/彙編之屬

復性書院叢刊二十七種　馬浮編　民國二十九年至三十七年(1940－1948)復性書院刻本暨鉛印本　二册　存二種

330000－1701－0024483　普811.108999/8060/c1　類叢部/叢書類/彙編之屬

履齋叢刻　民國鉛印本　四册　存一種

330000－1701－0024485　普811.108999/8060/2/c1　集部/總集類/氏族之屬

鸎里曾氏十一世詩　(明)曾熙丙等撰　曾克耑輯　民國三十四年(1945)鉛印本　二册

330000－1701－0024488　普811.108999/8060/c2　類叢部/叢書類/彙編之屬

履齋叢刻　民國鉛印本　四册　存一種

330000－1701－0024490　普114.2/7244/2　類叢部/叢書類/彙編之屬

約園叢書　張壽鏞編　民國四明張氏約園影印本　一册　存一種

330000－1701－0024491　普811.108999/8315　集部/總集類/氏族之屬

食舊德堂家集七種　(清)錢寶琛輯　民國五年(1916)聽邠館刻本　一册

330000－1701－0024493　普811.108999/83151　集部/總集類/氏族之屬

吴越錢氏傳芳集一卷附錢王祠神像神位人名表一卷明清兩朝錢氏名人簡明表一卷　(清)錢泳輯　民國二十六年(1937)錢文選鉛印本　一册

330000－1701－0024498　普 811.108999/83152.2　集部/總集類/氏族之屬

廬江錢氏詩匯　(清)錢儀吉輯　民國平湖胡氏霜紅簃抄本　一冊　存二種

330000－1701－0024499　普 811.108999/8060/2/c2　集部/總集類/氏族之屬

鶚里曾氏十一世詩　(明)曾熙丙等撰　曾克耑輯　民國三十四年(1945)鉛印本　周汝漢題記　二冊

330000－1701－0024500　普 114.151/4647　類叢部/叢書類/彙編之屬

燕京大學圖書館叢書　燕京大學圖書館編　民國北平燕京大學圖書館鉛印本暨影印本　一冊　存二種

330000－1701－0024502　普 114.25/0040/c1　子部/儒家類/儒學之屬/性理

朱子節要十四卷　(明)高攀龍撰　民國二十年(1931)鉛印本　一冊

330000－1701－0024506　普 114.25/0040/c2　子部/儒家類/儒學之屬/性理

朱子節要十四卷　(明)高攀龍撰　民國二十年(1931)鉛印本　一冊

330000－1701－0024509　普 114.25/0040/c3　子部/儒家類/儒學之屬/性理

朱子節要十四卷　(明)高攀龍撰　民國二十年(1931)鉛印本　一冊

330000－1701－0024510　普 811.108999/8060.01　集部/總集類/氏族之屬

鶚里曾氏十一世詩增易各頁不分卷　(明)曾熙丙等撰　曾克耑輯　民國三十五年(1946)鉛印履齋叢刻本　曾克耑題簽　一冊

330000－1701－0024511　普 811.108999/8742/c1　集部/總集類/氏族之屬

問松里鄭氏詩存一卷　鄭之章輯　民國十二年(1923)鉛印本　一冊

330000－1701－0024513　普 811.108999/8742/c2　集部/總集類/氏族之屬

問松里鄭氏詩存一卷　鄭之章輯　民國十二年(1923)鉛印本　一冊

330000－1701－0024514　普 811.108999/8742/c3　集部/總集類/氏族之屬

問松里鄭氏詩存一卷　鄭之章輯　民國十二年(1923)鉛印本　一冊

330000－1701－0024515　普 811.108999/8742/c4　集部/總集類/氏族之屬

問松里鄭氏詩存一卷　鄭之章輯　民國十二年(1923)鉛印本　一冊

330000－1701－0024529　普 811.124/5544　類叢部/叢書類/彙編之屬

蒹葭樓叢書□□種　民國上海商務印書館鉛印本　一冊　存一種

330000－1701－0024531　民 811.1088/8071　類叢部/類書類

情見樓叢書　民國二十五年(1936)上海鉛印本　一冊　存三種

330000－1701－0024533　民 665.1/0011　類叢部/叢書類/彙編之屬

廣西工商叢書　廣西工商局編　民國二十四年(1935)廣西工商局鉛印本　一冊　存一種

330000－1701－0024539　民 811.125/7731.094　集部/別集類

知足齋和陶詩四卷附錄一卷　宋興周撰　民國十年(1921)新疆官報局鉛印本　一冊

330000－1701－0024540　民 811.1088/8337.2　集部/總集類/選集之屬/斷代

百老吟後編一卷　錢溯耆輯　民國元年(1912)聽𪊲館刻本　一冊

330000－1701－0024541　民 811.14/7438.42　集部/別集類/宋別集

音注陸放翁詩一卷　(宋)陸游撰　(宋)劉辰翁選本　王文濡音注　民國二十三年(1934)上海文明書局鉛印本　一冊

330000－1701－0024542　民 811.1088/8337.3　集部/總集類/選集之屬/斷代

百老吟三編一卷　錢溯耆輯　民國四年

(1915)聽幽館刻本　一册

330000－1701－0024545　民811.1088/8033/c1　集部/總集類/酬唱之屬

山居唱和集一卷　金泯瀾輯　民國石印本　一册

330000－1701－0024546　民811.1088/8033/c2　集部/總集類/酬唱之屬

山居唱和集一卷　金泯瀾輯　民國石印本　一册

330000－1701－0024547　民811.18/0009/c1　集部/別集類

庸謹堂詩鈔二卷　唐詠裳撰　民國十七年(1928)鉛印本　一册

330000－1701－0024548　民811.1088/8033/c3　集部/總集類/酬唱之屬

山居唱和集一卷　金泯瀾輯　民國石印本　一册

330000－1701－0024550　民811.1088/8033/c4　集部/總集類/酬唱之屬

山居唱和集一卷　金泯瀾輯　民國石印本　一册

330000－1701－0024551　民811.109/1028　集部/詩文評類/詩評之屬

詩學淵源八卷　丁儀撰　民國十九年(1930)鉛印本　三册

330000－1701－0024552　民811.18/0009/c2　集部/別集類

庸謹堂詩鈔二卷　唐詠裳撰　民國十七年(1928)鉛印本　一册

330000－1701－0024553　民811.18/0009/c3　集部/別集類

庸謹堂詩鈔二卷　唐詠裳撰　民國十七年(1928)鉛印本　一册

330000－1701－0024555　民811.18/0009/c4　集部/別集類

庸謹堂詩鈔二卷　唐詠裳撰　民國十七年(1928)鉛印本　一册

330000－1701－0024556　民811.18/0014　集部/別集類

民國新年越中竹枝詞一卷　章乃穀撰　民國元年(1912)上海文會書局鉛印本　一册

330000－1701－0024557　民811.125/7731.093　集部/別集類

和陶吟集一卷　孔中子撰　民國二十一年(1932)鉛印本　一册

330000－1701－0024562　民811.18/0021.2/c1　集部/別集類

五言樓詩草初集五卷　唐鼎元撰　**桐花僊館詩草一卷**　錢靖遠撰　民國二十年(1931)鉛印本　二册

330000－1701－0024563　民811.18/0015　集部/別集類

蓉湖詩鈔二集一卷　廉建中撰　民國三十四年(1945)上海大中華印務公司鉛印本　一册

330000－1701－0024564　民811.18/0021.2/2/c1　集部/別集類

五言樓詩草二卷續一卷翰林香一卷辛未秋中七詩一卷玉虯殘詞一卷春池館文録一卷唐荆川公年譜譜餘一卷玉虯醫話一卷　唐鼎元撰　**桐花僊館詩草一卷**　錢靖遠撰　民國三十七年(1948)鉛印本　一册　存二卷(一至二)

330000－1701－0024565　民811.18/00211　集部/別集類

高湛園詩稿一卷　高占元撰　民國六年(1917)江蘇省立官紙印刷廠鉛印本　一册

330000－1701－0024566　民811.18/0021.2/2/c2　集部/別集類

五言樓詩草二卷續一卷翰林香一卷辛未秋中七詩一卷玉虯殘詞一卷春池館文録一卷唐荆川公年譜譜餘一卷玉虯醫話一卷　唐鼎元撰　**桐花僊館詩草一卷**　錢靖遠撰　民國三十七年(1948)鉛印本　一册　存二卷(一至二)

330000－1701－0024568　普091.381/4643/c1　經部/易類/傳説之屬

周易古義七卷　楊樹達撰集　民國十八年

(1929)上海中華書局鉛印本　二册

330000－1701－0024569　民 811.18/0021.2/c2　集部/别集類

五言樓詩草初集五卷　唐鼎元撰　**桐花僊館詩草一卷**　錢靖遠撰　民國二十年(1931)鉛印本　二册

330000－1701－0024570　民 811.18/0018.2/c3　集部/别集類

西湖補詩一卷　六一翁撰　民國十九年(1930)鉛印本　一册

330000－1701－0024571　民 811.18/0021.2/c3　集部/别集類

五言樓詩草初集五卷　唐鼎元撰　**桐花僊館詩草一卷**　錢靖遠撰　民國二十年(1931)鉛印本　二册

330000－1701－0024572　民 811.18/0021.2/c4　集部/别集類

五言樓詩草初集五卷　唐鼎元撰　**桐花僊館詩草一卷**　錢靖遠撰　民國二十年(1931)鉛印本　二册

330000－1701－0024574　民 811.18/00221　集部/别集類

黑甜吟稿一卷　章紹齡撰　民國六年(1917)章祖銓鉛印本　一册

330000－1701－0024575　普 091.381/4643/c2　經部/易類/傳説之屬

周易古義七卷　楊樹達撰集　民國十八年(1929)上海中華書局鉛印本　二册

330000－1701－0024576　民 811.18/0018/c1　集部/别集類

西湖别三十首一卷　六一翁撰　民國鉛印本　一册

330000－1701－0024577　普 091.381/4643/c3　經部/易類/傳説之屬

周易古義七卷　楊樹達撰集　民國十八年(1929)上海中華書局鉛印本　二册

330000－1701－0024578　民 811.18/00212　集部/别集類

借山吟館詩草一卷　齊璜撰　民國十七年(1928)石印本　黎澤泰題記　一册

330000－1701－0024579　民 811.18/0018/c2　集部/别集類

西湖别三十首一卷　六一翁撰　民國十九年(1930)鉛印本　一册

330000－1701－0024582　民 811.18/0021　集部/别集類

入蜀稿五卷附録一卷國聲集一卷　唐鼎元撰　民國三十六年(1947)江鏡澄南京鉛印本　二册

330000－1701－0024583　民 811.18/0021.3　集部/别集類

五言樓詩草五卷　唐鼎元撰　民國十九年(1930)鉛印本　一册

330000－1701－0024588　民 811.18/00291/c1　集部/别集類

晴翠草堂詩集一卷子衛遺刻一卷　章以榮撰　民國三十五年(1946)鉛印本　一册

330000－1701－0024589　民 811.18/00291/c2　集部/别集類

晴翠草堂詩集一卷子衛遺刻一卷　章以榮撰　民國三十五年(1946)鉛印本　一册

330000－1701－0024591　民 811.18/0031/c1　集部/别集類

過江集一卷附讀書雜感一卷　高凌雯撰　民國十一年(1922)刻本　一册

330000－1701－0024593　民 811.18/0031/c2　集部/别集類

過江集一卷附讀書雜感一卷　高凌雯撰　民國十一年(1922)刻本　一册

330000－1701－0024595　民 811.18/00241　集部/别集類

翠岫盦詩一卷　應功九撰　**亞雲室詩一卷**　周志勤撰　民國二十一年(1932)鉛印本　應功九題記　一册

330000－1701－0024597　民 811.18/0032/c1　集部/别集類

五言樓詩草初集五卷　唐鼎元撰　**桐花僊館詩草一卷**　錢靖遠撰　民國二十年(1931)鉛印本　二册

330000－1701－0024598　普 091.3824/6030/c1　類叢部/叢書類/彙編之屬

復性書院叢刊二十七種　馬浮編　民國二十九年至三十七年(1940－1948)復性書院刻本暨鉛印本　一册　存一種

330000－1701－0024599　民 811.18/0032/c2　集部/别集類

五言樓詩草初集五卷　唐鼎元撰　**桐花僊館詩草一卷**　錢靖遠撰　民國二十年(1931)鉛印本　二册

330000－1701－0024600　普 091.3824/6030/c2　類叢部/叢書類/彙編之屬

復性書院叢刊二十七種　馬浮編　民國二十九年至三十七年(1940－1948)復性書院刻本暨鉛印本　一册　存一種

330000－1701－0024601　民 811.18/00321　集部/别集類

网舊聞齋調刁集二十卷　方守彝撰　**附録一卷**　潘田等撰　民國鉛印本　二册

330000－1701－0024602　民 811.18/0032/c3　集部/别集類

五言樓詩草初集五卷　唐鼎元撰　**桐花僊館詩草一卷**　錢靖遠撰　民國二十年(1931)鉛印本　二册

330000－1701－0024603　民 811.18/0032/c4　集部/别集類

五言樓詩草初集五卷　唐鼎元撰　**桐花僊館詩草一卷**　錢靖遠撰　民國二十年(1931)鉛印本　二册

330000－1701－0024604　民 811.18/0026/c1　集部/别集類

南湖東游草五卷　廉泉撰　民國七年(1918)上海聚珍倣宋印書局鉛印本　一册

330000－1701－0024606　民 811.18/00441/c1　集部/别集類

學山樓詩集十卷　方樹梅撰　民國三十七年(1948)鉛印本　二册

330000－1701－0024607　民 811.18/0026/c2　集部/别集類

南湖東游草五卷　廉泉撰　民國七年(1918)上海聚珍倣宋印書局鉛印本　一册

330000－1701－0024608　民 811.18/0034　集部/别集類

悔復堂詩一卷外録一卷　應敀墀撰　**寥陽館詩草一卷附録一卷**　姚壽祁撰　民國三十一年(1942)鉛印本　一册

330000－1701－0024610　普 091.38324/1017.2/2/c1　類叢部/叢書類/彙編之屬

四部備要　中華書局編　民國二十五年(1936)上海中華書局鉛印本　三册　存一種

330000－1701－0024611　民 811.18/0026.2　集部/别集類

潭柘紀游詩一卷南湖集古詩一卷　廉泉撰　吴芝瑛編　民國七年(1918)鉛印本　一册

330000－1701－0024613　民 811.18/0047　集部/别集類

束柴病叟詩二卷　龐樹階撰　民國二十五年(1936)吳門刻本　一册

330000－1701－0024614　民 811.18/0044/c1　集部/别集類

龐檗子遺集二卷　龐樹柏撰　民國六年(1917)王蘊章等鉛印本　遠年題記　一册

330000－1701－0024615　民 811.18/00441/c2　集部/别集類

學山樓詩集十卷　方樹梅撰　民國三十七年(1948)鉛印本　二册

330000－1701－0024617　民 811.18/0060　集部/别集類

海上嘉月樓詩稿一卷　唐晏撰　民國十年(1921)鉛印本　一册

330000－1701－0024619　民 811.18/0026.3/c1　集部/別集類
南湖東游草一卷　廉泉撰　民國八年(1919)上海聚珍倣宋印書局鉛印本　一册

330000－1701－0024620　普 091.38324/1017.2/2/c2　類叢部/叢書類/彙編之屬
四部備要　中華書局編　民國二十五年(1936)上海中華書局鉛印本　三册　存一種

330000－1701－0024622　民 811.18/0044/c2　集部/别集類
龐檗子遺集二卷　龐樹柏撰　民國六年(1917)王藴章等鉛印本　一册

330000－1701－0024623　民 811.18/0026.3/c2　集部/别集類
南湖東游草一卷　廉泉撰　民國八年(1919)上海聚珍倣宋印書局鉛印本　一册

330000－1701－0024625　民 811.18/0044/c3　集部/别集類
龐檗子遺集二卷　龐樹柏撰　民國六年(1917)王藴章等鉛印本　一册

330000－1701－0024627　民 811.18/0066　集部/别集類
浪游近稿一卷　應時暘撰　民國二十一年(1932)石印本　一册

330000－1701－0024628　民 811.18/00324　集部/總集類/題詠之屬
松聲琴韻集不分卷　方濟川輯　民國三十八年(1949)鉛印本　一册

330000－1701－0024629　民 811.18/0099/c1　集部/别集類
吹萬樓詩十八卷　高燮撰　民國三十六年(1947)袖海堂鉛印本　四册

330000－1701－0024634　民 811.18/0128　集部/别集類/清别集
峽源閣遺詩一卷　(清)譚信椝撰　民國三十二年(1943)日知編印所鉛印本　一册

330000－1701－0024636　普 091.3833/1223/c1　類叢部/叢書類/彙編之屬
嘉業堂叢書五十七種　劉承幹輯　民國吳興劉氏嘉業堂刻本　六册　存一種

330000－1701－0024640　民 811.18/0099/c2　集部/别集類
吹萬樓詩十八卷　高燮撰　民國三十六年(1947)袖海堂鉛印本　四册

330000－1701－0024641　普 091.3833/1223/c2　類叢部/叢書類/彙編之屬
嘉業堂叢書五十七種　劉承幹輯　民國吳興劉氏嘉業堂刻本　六册　存一種

330000－1701－0024642　普 091.3833/1223/c3　類叢部/叢書類/彙編之屬
嘉業堂叢書五十七種　劉承幹輯　民國吳興劉氏嘉業堂刻本　六册　存一種

330000－1701－0024643　普 091.3833/1223/c4　類叢部/叢書類/彙編之屬
嘉業堂叢書五十七種　劉承幹輯　民國吳興劉氏嘉業堂刻本　六册　存一種

330000－1701－0024644　普 091.3833/1223/c5　類叢部/叢書類/彙編之屬
嘉業堂叢書五十七種　劉承幹輯　民國吳興劉氏嘉業堂刻本　六册　存一種

330000－1701－0024646　民 811.18/0412　集部/别集類
南華小住山房詩選一卷　謝乃壬撰　**紫藤軒詩選一卷**　尹振雄撰　民國三十六年(1947)鉛印本　謝乃壬題記　一册

330000－1701－0024650　民 811.18/0404/c1　集部/别集類
藝橘園詩鈔一卷　諸文藝撰　民國三十年(1941)鉛印本　一册

330000－1701－0024652　民 811.18/0404/c2　集部/别集類
藝橘園詩鈔一卷　諸文藝撰　民國三十年(1941)鉛印本　一册

330000－1701－0024658　民 811.18/0721

集部/别集類
哀絃集一卷題詞一卷　郭先琢撰　民國五年(1916)刻本　一冊

330000－1701－0024660　民 811.18/0463
集部/别集類
歎逝游一卷　謝恩灝撰　民國鉛印本　一冊

330000－1701－0024661　民 811.18/0015.2
集部/别集類
蓉湖詩鈔二集一卷　廉建中撰　民國三十四年(1945)上海大中華印務公司鉛印本　一冊

330000－1701－0024662　民 811.18/0018.2/c1　集部/别集類
西湖補詩一卷　六一翁撰　民國十九年(1930)鉛印本　一冊

330000－1701－0024663　民 811.18/0734.4
集部/别集類
忍冬書屋詩續集八卷　郭家聲撰　民國三十一年(1942)鉛印本　一冊

330000－1701－0024664　民 811.18/0421
集部/别集類
敝帚集一卷　謝倬撰　民國二十一年(1932)鉛印本　一冊

330000－1701－0024665　民 811.18/0018.2/c2　集部/别集類
西湖補詩一卷　六一翁撰　民國十九年(1930)鉛印本　一冊

330000－1701－0024666　民 811.18/0431/c1
類叢部/叢書類/自著之屬
吾暇堂叢稿　諸宗元撰　民國十九年(1930)上海鉛印本　一冊　存一種

330000－1701－0024667　民 811.18/0812
集部/别集類
谷園詩鈔二卷　許正衡撰　民國十五年(1926)許爾馨鉛印本　鐵道人跋　一冊

330000－1701－0024668　民 811.18/0467
集部/别集類
睇厓遺稿一卷　謝睇厓撰　民國二十二年(1933)鉛印本　一冊

330000－1701－0024670　民 811.18/0820
集部/别集類
疑盦詩一卷　許承堯撰　民國抄本　一冊

330000－1701－0024672　民 811.18/0712
集部/别集類
丹隱詩存五卷　郭延撰　民國二十四年(1935)成都刻本　一冊

330000－1701－0024673　民 811.18/0431/c2
類叢部/叢書類/自著之屬
吾暇堂叢稿　諸宗元撰　民國十九年(1930)上海鉛印本　一冊　存一種

330000－1701－0024674　民 811.18/0431/c3
類叢部/叢書類/自著之屬
吾暇堂叢稿　諸宗元撰　民國十九年(1930)上海鉛印本　一冊　存一種

330000－1701－0024675　民 811.18/0832/c1
集部/别集類
亭秋館詩鈔六卷後集一卷　許禧身撰　民國鉛印本　二冊

330000－1701－0024676　民 811.18/0431/c4
類叢部/叢書類/自著之屬
吾暇堂叢稿　諸宗元撰　民國十九年(1930)上海鉛印本　一冊　存一種

330000－1701－0024677　民 811.18/0832/c2
集部/别集類
亭秋館詩鈔六卷後集一卷　許禧身撰　民國鉛印本　二冊

330000－1701－0024678　民 811.18/0431.2/c1　集部/别集類
大至閣詩一卷　諸宗元撰　民國二十三年(1934)鉛印爰居閣叢書本　孫世偉題記　一冊

330000－1701－0024679　民 811.18/0832/3
集部/别集類
亭秋館詩鈔十卷詞鈔四卷外集一卷附録一卷　許禧身撰　民國元年(1912)京師刻本

八册

330000－1701－0024680　民 811.18/0789　集部/别集類

匏廬詩存九卷　郭曾炘撰　民國十六年(1927)刻本　四册

330000－1701－0024681　民 811.18/0431.2/c2　類叢部/叢書類

爰居閣叢書　梁鴻志輯　民國二十三年(1934)鉛印本　一册　存一種

330000－1701－0024683　民 811.18/0431.2/c3　類叢部/叢書類

爰居閣叢書　梁鴻志輯　民國二十三年(1934)鉛印本　一册　存一種

330000－1701－0024684　民 811.18/0431.2/c4　類叢部/叢書類

爰居閣叢書　梁鴻志輯　民國二十三年(1934)鉛印本　一册　存一種

330000－1701－0024686　民 811.18/0833/c1　集部/别集類

狷叟詩删存四卷續存一卷　許湝祥撰　民國十一年(1922)刻本　二册

330000－1701－0024687　民 811.18/08441　集部/别集類

窺園留草一卷詞一卷自定年譜一卷附窺園先生詩傳一卷　許南英撰　民國二十二年(1933)北京和濟印書局鉛印本　許敦谷題記　一册

330000－1701－0024688　民 811.18/0801　集部/别集類

惟匑近年詩一卷附錄一卷　許文玉撰　民國十八年(1929)鉛印本　一册

330000－1701－0024689　民 811.18/0833/c2　集部/别集類

狷叟詩删存四卷續存一卷　許湝祥撰　民國十一年(1922)刻本　二册

330000－1701－0024692　民 811.18/0846/c1　集部/别集類

静觀軒詩鈔一卷　許觀撰　民國二十二年(1933)鉛印本　一册

330000－1701－0024693　民 811.18/0888/c1　集部/别集類

浣花軒詩集一卷　施毓敏撰　民國二十八年(1939)鉛印本　一册

330000－1701－0024694　民 811.18/0888/c2　集部/别集類

浣花軒詩集一卷　施毓敏撰　民國二十八年(1939)鉛印本　一册

330000－1701－0024695　民 811.18/0888/c3　集部/别集類

浣花軒詩集一卷　施毓敏撰　民國二十八年(1939)鉛印本　一册

330000－1701－0024696　民 811.18/0888/c4　集部/别集類

浣花軒詩集一卷　施毓敏撰　民國二十八年(1939)鉛印本　一册

330000－1701－0024705　民 811.18/0894　集部/别集類

運甓齋詩集一卷　許炳藜撰　民國十八年(1929)永嘉仲蘭印刷社石印本　一册

330000－1701－0024706　民 811.18/0844/c1　集部/别集類

道園詩稿六卷　許葆翰撰　民國二十四年(1935)鉛印本　二册

330000－1701－0024709　民 811.18/0844/c2　集部/别集類

道園詩稿六卷　許葆翰撰　民國二十四年(1935)鉛印本　二册

330000－1701－0024710　民 811.18/1015/c1　集部/别集類

吴山草堂詩鈔二卷　王廷揚撰　民國二十九年(1940)油印本　一册

330000－1701－0024712　民 811.18/0846/c2　集部/别集類

静觀軒詩鈔一卷　許觀撰　民國二十二年

(1933)鉛印本　沈仲圭題記　一冊

330000－1701－0024714　民 811.18/1015/c2　集部/别集類

吴山草堂詩鈔二卷　王廷揚撰　民國二十九年(1940)油印本　一冊

330000－1701－0024715　民 811.18/0846/c3　集部/别集類

静觀軒詩鈔一卷　許觀撰　民國二十二年(1933)鉛印本　一冊

330000－1701－0024717　民 811.18/1015/c3　集部/别集類

吴山草堂詩鈔二卷　王廷揚撰　民國二十九年(1940)油印本　一冊

330000－1701－0024719　民 811.18/1015/c4　集部/别集類

吴山草堂詩鈔二卷　王廷揚撰　民國二十九年(1940)油印本　一冊

330000－1701－0024720　民 811.18/0847/c1　集部/别集類

碧梧軒詩草一卷　許桐撰　民國十六年(1927)鉛印本　一冊

330000－1701－0024723　民 811.18/1002　集部/别集類

晚晴集不分卷　王縑撰　民國十九年(1930)石印本　一冊

330000－1701－0024724　民 811.18/1017　集部/别集類

止園雜詩一卷　雷飛鵬撰　民國八年(1919)鉛印本　一冊

330000－1701－0024725　民 811.18/0847/c2　集部/别集類

碧梧軒詩草一卷　許桐撰　民國十六年(1927)鉛印本　一冊

330000－1701－0024726　民 811.18/1004.02　集部/别集類

涵春館詩稿二編五卷　王慶芝撰　民國十三年(1924)鉛印本　一冊

330000－1701－0024728　民 811.18/1024/c1　集部/别集類

碧棲詩一卷補遺一卷碧棲詞一卷補遺一卷　王允晳撰　民國二十三年(1934)鉛印本　一冊

330000－1701－0024730　民 811.18/1022.2/c1　集部/别集類

臥月居自述詩草一卷詞一卷叢蘭館詩鈔一卷　雷以豐撰　民國元年(1912)鉛印本　一冊

330000－1701－0024731　民 811.18/0847/c3　集部/别集類

碧梧軒詩草一卷　許桐撰　民國十六年(1927)鉛印本　一冊

330000－1701－0024732　民 811.18/1024/c2　集部/别集類

碧棲詩一卷補遺一卷碧棲詞一卷補遺一卷　王允晳撰　民國二十三年(1934)鉛印本　一冊

330000－1701－0024735　民 811.18/1024/c3　集部/别集類

碧棲詩一卷補遺一卷碧棲詞一卷補遺一卷　王允晳撰　民國二十三年(1934)鉛印本　一冊

330000－1701－0024737　民 811.18/0847/c4　集部/别集類

碧梧軒詩草一卷　許桐撰　民國十六年(1927)鉛印本　一冊

330000－1701－0024738　民 811.18/1005/c1、民 811.18/1005.3/c1　類叢部/叢書類/家集之屬

武林丁氏家集十三種　丁立誠　丁立中撰　民國錢塘丁氏嘉惠堂鉛印本　三冊　存三種

330000－1701－0024739　民 811.18/1022.2/c2　集部/别集類

臥月居自述詩草一卷詞一卷叢蘭館詩鈔一卷　雷以豐撰　民國元年(1912)鉛印本　一冊

330000－1701－0024740　民 811.18/1028　集部/别集類

晚晴集不分卷　王縑撰　民國十九年(1930)石印本　一册

330000－1701－0024742　民811.18/1005/c2、民811.18/1005.3/c2　類叢部/叢書類/家集之屬

武林丁氏家集十三種　丁立誠　丁立中撰　民國錢塘丁氏嘉惠堂鉛印本　三册　存三種

330000－1701－0024744　民811.18/1023/c1　集部/别集類

葯園詩草一卷　王仁溥撰　民國十八年(1929)鉛印本　一册

330000－1701－0024746　民811.18/1023/c2　集部/别集類

葯園詩草一卷　王仁溥撰　民國十八年(1929)鉛印本　一册

330000－1701－0024747　民811.18/1023/c3　集部/别集類

葯園詩草一卷　王仁溥撰　民國十八年(1929)鉛印本　一册

330000－1701－0024748　民811.18/1005/c3、民811.18/1005.3/c3　類叢部/叢書類/家集之屬

武林丁氏家集十三種　丁立誠　丁立中撰　民國錢塘丁氏嘉惠堂鉛印本　三册　存三種

330000－1701－0024749　民811.18/1023/c4　集部/别集類

葯園詩草一卷　王仁溥撰　民國十八年(1929)鉛印本　樓壑元題記　一册

330000－1701－0024750　民811.18/10341/c1　集部/别集類

一行小集一卷　丁祖蔭撰　民國三年(1914)常熟丁氏淑照堂鉛印本　一册

330000－1701－0024751　民811.18/1005/c4　類叢部/叢書類/家集之屬

武林丁氏家集十三種　丁立誠　丁立中撰　民國錢塘丁氏嘉惠堂鉛印本　一册　存二種

330000－1701－0024753　普091.3834/8775　類叢部/叢書類/郡邑之屬

續金華叢書六十種　胡宗楙編　民國十三年(1924)永康胡氏夢選樓刻本　四册　存一種

330000－1701－0024754　民811.18/10341/c2　集部/别集類

一行小集一卷　丁祖蔭撰　民國三年(1914)常熟丁氏淑照堂鉛印本　一册

330000－1701－0024759　民811.18/1030　集部/别集類

心底笑一卷　覃之撰　民國三十四年(1945)天台海嘯出版社鉛印本　蔡志斌題記　一册

330000－1701－0024760　民811.18/1039　集部/别集類

杭州雜詩一卷續一卷　王守恂撰　民國鉛印本　一册

330000－1701－0024761　民811.18/1039/1　集部/别集類

杭州雜詩一卷　王守恂撰　民國鉛印本　一册

330000－1701－0024762　民811.18/1039/(2)/c1、民811.18/1039.2/c1　集部/别集類

杭州雜詩一卷續一卷　王守恂撰　民國鉛印本　二册

330000－1701－0024764　民811.18/1031　集部/别集類

惺園文鈔二卷詩鈔一卷　王式一撰　民國二十四年(1935)鉛印本　一册　存一卷(詩鈔)

330000－1701－0024765　民811.18/1039/(2)/c2、民811.18/1039.2/c2　集部/别集類

杭州雜詩一卷續一卷　王守恂撰　民國鉛印本　二册

330000－1701－0024766　民811.18/1039/(2)/c3、民811.18/1039.2/c3　集部/别集類

杭州雜詩一卷續一卷　王守恂撰　民國鉛印本　二册

330000－1701－0024768　民811.18/1041　集部/别集類

猛悔樓詩三卷　王世鼐撰　樊增祥評點　民國十九年(1930)鉛印本　一册

330000－1701－0024770　民 811.18/1032　集部/别集類
無離龕詩拾不分卷　王鴻兟撰　民國二十九年(1940)鉛印本　一册

330000－1701－0024773　民 811.18/1034　集部/别集類
默齋劫餘集一卷　王肇奎撰　**王府君家傳一卷**　王懋德撰　民國十三年(1924)雲南圖書館刻本　一册

330000－1701－0024774　普 111.51/3002/12/c1　子部/法家類
管子二十四卷　(唐)房玄齡注　民國二十六年(1937)據明刻本影印本　六册

330000－1701－0024776　普 111.51/3002/12/c2　子部/法家類
管子二十四卷　(唐)房玄齡注　民國二十六年(1937)據明刻本影印本　六册

330000－1701－0024777　民 811.18/1040　集部/别集類
養真室集九卷　王嘉詵撰　民國十三年(1924)彭城王氏刻本　雲奎題記　四册

330000－1701－0024779　民 811.18/1041.2　集部/别集類
猛悔樓詩五卷補遺一卷　王世鼐撰　民國三十三年(1944)鉛印本　一册

330000－1701－0024780　民 811.18/10431　集部/别集類
風沙集一卷　王越撰　民國二十一年(1932)鉛印本　一册

330000－1701－0024783　民 811.18/10441/c1　集部/别集類
攝堂詩選一卷　王蘧撰　民國三十三年(1944)鉛印本　陸丹林題記　一册

330000－1701－0024784　民 811.18/1044/c1　集部/别集類
長勿勿齋詩集五卷　王葆楨撰　民國五年(1916)杭州鉛印本　二册

330000－1701－0024785　民 811.18/10422/c1　集部/别集類
尚儉堂詩存一卷　王桐齡撰　民國十一年(1922)鉛印本　一册

330000－1701－0024788　民 811.18/10441/c2　集部/别集類
攝堂詩選一卷　王蘧撰　民國三十三年(1944)鉛印本　一册

330000－1701－0024789　民 811.18/10442/c1　集部/别集類
完巢賸稿一卷　王旭莊撰　民國十年(1921)上海聚珍倣宋印書局鉛印本　李尊嶽題記　一册

330000－1701－0024790　民 811.18/10442/c2　集部/别集類
完巢賸稿一卷　王旭莊撰　民國十年(1921)上海聚珍倣宋印書局鉛印本　一册

330000－1701－0024791　民 811.18/1044/c2　集部/别集類
長勿勿齋詩集五卷　王葆楨撰　民國五年(1916)杭州鉛印本　二册

330000－1701－0024794　民 811.18/1044/c3　集部/别集類
長勿勿齋詩集五卷　王葆楨撰　民國五年(1916)杭州鉛印本　二册

330000－1701－0024795　民 811.18/10442/c3　集部/别集類
完巢賸稿一卷　王旭莊撰　民國十年(1921)上海聚珍倣宋印書局鉛印本　一册

330000－1701－0024797　民 811.18/1044/c4　集部/别集類
長勿勿齋詩集五卷　王葆楨撰　民國五年(1916)杭州鉛印本　二册

330000－1701－0024798　民 811.18/10443　集部/别集類

忍古樓詩十五卷　夏敬觀撰　民國二十六年(1937)上海中華書局鉛印本　四冊

330000－1701－0024800　民 811.18/1070　類叢部/叢書類/自著之屬
宗敬堂叢刻　王履亨撰　民國鉛印本　一冊　存一種

330000－1701－0024801　民 811.18/10422/c2　集部/别集類
尚儉堂詩存一卷　王桐齡撰　民國十一年(1922)鉛印本　王桐齡題記　一冊

330000－1701－0024802　民 811.18/10444　集部/别集類
歲寒堂詩集二卷首一卷詩餘一卷　王慕蘭撰　民國十五年(1926)甬上鉛印本　孫汴環題記　一冊

330000－1701－0024805　民 811.18/10423/c1、民 811.18/10423.2/c2　集部/别集類
清臣詩紀一卷續一卷　石橋撰　民國天台麗美石印社石印本　唐默亭題記　二冊

330000－1701－0024806　民 811.18/1072/c1　集部/别集類
賓虹詩草一卷　黄賓虹撰　民國二十二年(1933)石印本　黄賓虹題記　一冊

330000－1701－0024807　民 811.18/1072/c2　集部/别集類
賓虹詩草一卷　黄賓虹撰　民國二十二年(1933)石印本　黄賓虹題記　一冊

330000－1701－0024808　民 811.18/1080　集部/别集類
渝江集八卷　王鏞撰　民國二十年(1931)石印本　四冊

330000－1701－0024810　民 811.18/10822　集部/别集類/清别集
晚香堂詩存五卷　(清)雷鍾德撰　民國十四年(1925)安康雷氏鉛印本　一冊

330000－1701－0024811　民 811.18/10423/c2、民 811.18/10423.2/c1　集部/别集類
清臣詩紀一卷續一卷　石橋撰　民國天台麗美石印社石印本　二冊

330000－1701－0024812　民 811.18/10801　集部/别集類
遯廬詩存一卷　王人文撰　民國天津大公報館鉛印本　一冊

330000－1701－0024814　民 811.18/10423/c3　集部/别集類
清臣詩紀一卷續一卷　石橋撰　民國天台麗美石印社石印本　一冊　存一卷(清臣詩紀)

330000－1701－0024815　民 811.18/1054　集部/别集類
蠖廬詩選一卷蚓篋词一卷　王掞墀撰　民國十二年(1923)鉛印本　一冊

330000－1701－0024817　民 811.18/10823　集部/詞類/别集之屬
波外樂章四卷　喬曾劬撰　民國二十九年(1940)成都茹古書局刻朱印本　二冊

330000－1701－0024818　民 811.18/1058/c1　集部/别集類
春生詩草一卷　王聿鑫撰　民國二十四年(1935)杭州鉛印本　一冊

330000－1701－0024819　民 811.18/1082/c1　集部/别集類
天台游草五卷遊天台山十記一卷附錄一卷　干人俊撰　民國二十三年(1934)木活字印本　一冊

330000－1701－0024820　普 091.3836/4082/6　經部/易類/傳說之屬
新刻來瞿唐先生易註十五卷首一卷末一卷圖一卷　(明)來知德撰　民國八年(1919)上海江東茂記書局石印本　八冊

330000－1701－0024821　民 811.18/1058/c2　集部/别集類
春生詩草一卷　王聿鑫撰　民國二十四年(1935)杭州鉛印本　一冊

330000－1701－0024822　民 811.18/1082.3

集部/别集類
笠屐吟草二卷 干人俊撰 民國油印本 干人俊題簽 一册

330000－1701－0024823 民 811.18/1058/c3 集部/别集類
春生詩草一卷 王聿鑫撰 民國二十四年(1935)杭州鉛印本 一册

330000－1701－0024824 民 811.18/1088/c1 集部/别集類
天台遊草一卷 王善欽撰 民國二十三年(1934)鉛印本 一册

330000－1701－0024826 民 811.18/10921 集部/别集類
鷗窗詩賸二卷 王光雋撰 王光集編 民國十九年(1930)鉛印本 一册

330000－1701－0024827 民 811.18/1058/c4 集部/别集類
春生詩草一卷 王聿鑫撰 民國二十四年(1935)杭州鉛印本 一册

330000－1701－0024828 民 811.18/1088/c2 集部/别集類
天台遊草一卷 王善欽撰 民國二十三年(1934)鉛印本 一册

330000－1701－0024829 民 811.18/1088/c3 集部/别集類
天台遊草一卷 王善欽撰 民國二十三年(1934)鉛印本 一册

330000－1701－0024830 民 811.18/1092/c1 集部/别集類
澹廬吟藁一卷 王恒德撰 民國十九年(1930)鉛印本 管元耀批 一册

330000－1701－0024831 民 811.18/1092/c2 集部/别集類
澹廬吟藁一卷 王恒德撰 民國十九年(1930)鉛印本 一册

330000－1701－0024832 民 811.18/1097 集部/别集類
寄廬詩鈔二卷 王炳辰撰 **悼亡集一卷** 王炳辰編 民國三十五年(1946)鉛印本 一册

330000－1701－0024834 普 091.3836/8843/c1 類叢部/叢書類/彙編之屬
復性書院叢刊二十七種 馬浮編 民國二十九年至三十七年(1940－1948)復性書院刻本暨鉛印本 一册 存二種

330000－1701－0024835 普 091.3836/8843/c2 類叢部/叢書類/彙編之屬
復性書院叢刊二十七種 馬浮編 民國二十九年至三十七年(1940－1948)復性書院刻本暨鉛印本 一册 存二種

330000－1701－0024836 民 811.18/1014/c1 集部/别集類
丁子居賸草一卷詩餘一卷 丁三在撰 民國十年(1921)丁氏鉛印本 一册

330000－1701－0024837 普 091.3836/8843/c3 類叢部/叢書類/彙編之屬
復性書院叢刊二十七種 馬浮編 民國二十九年至三十七年(1940－1948)復性書院刻本暨鉛印本 一册 存二種

330000－1701－0024841 民 811.18/10821 集部/别集類
養靜軒詩草四卷 丁錫綸撰 民國鉛印本 一册

330000－1701－0024843 普 091.3837/1097 類叢部/叢書類/自著之屬
王羲川先生遺書 (清)王尚槩撰 民國鉛印本 一册 存一種

330000－1701－0024844 民 811.18/1062 集部/别集類
韜園詩集八卷詩餘一卷 賈景德撰 民國三十年(1941)上海中華書局鉛印本 四册

330000－1701－0024846 民 811.18/1108 集部/别集類
舜若多齋吟草不分卷 張應銘撰 民國二十四年(1935)衢州平民工廠鉛印本 一册

330000－1701－0024847　民 811.18/1111 集部/别集類
江漢遨遊集一卷　張元群撰　民國二十一年(1932)國民印務公司鉛印本　一册

330000－1701－0024849　民 811.18/11121 集部/别集類
東山先生詩一卷　張天爵撰　民國二十四年(1935)鉛印本　一册

330000－1701－0024851　民 811.18/1014/c2 集部/别集類
丁子居賸草一卷詩餘一卷　丁三在撰　民國十年(1921)丁氏鉛印本　一册

330000－1701－0024852　民 811.18/1108.2/c1　集部/别集類
舜若多齋吟草不分卷　張應銘撰　民國二十五年(1936)衢州立達印刷社鉛印本　一册

330000－1701－0024853　民 811.18/1108.6 集部/别集類
蒙城遇險詩一卷　張應銘撰　稿本　一册

330000－1701－0024854　民 811.18/1014/c3 集部/别集類
丁子居賸草一卷詩餘一卷　丁三在撰　民國十年(1921)丁氏鉛印本　一册

330000－1701－0024855　民 811.18/1114 類叢部/叢書類
一漚閣叢刊　民國三十五年(1946)天津民國日報社鉛印本　一册　存一種

330000－1701－0024856　民 811.18/1014/c4 集部/别集類
丁子居賸草一卷詩餘一卷　丁三在撰　民國十年(1921)丁氏鉛印本　一册

330000－1701－0024857　民 811.18/1014/c5 集部/别集類
丁子居賸草一卷詩餘一卷　丁三在撰　民國十年(1921)丁氏鉛印本　一册

330000－1701－0024858　民 811.18/11141 集部/别集類
知稼軒詩六卷　張元奇撰　民國二年(1913)鉛印本　二册

330000－1701－0024860　民 811.18/1108.2/c2　集部/别集類
舜若多齋吟草不分卷　張應銘撰　民國二十五年(1936)衢州立達印刷社鉛印本　一册

330000－1701－0024861　民 811.18/1124 集部/别集類
東南紀行雜詠一卷　張維翰撰　民國三十三年(1944)京華印書館鉛印本　張維翰題記　一册

330000－1701－0024863　民 811.18/1108.2/c3　集部/别集類
舜若多齋吟草不分卷　張應銘撰　民國二十五年(1936)衢州立達印刷社鉛印本　一册

330000－1701－0024865　民 811.18/1138/c3 集部/别集類
綠天簃詩集一卷詞集一卷　張汝釗撰　民國十四年(1925)鉛印本　一册

330000－1701－0024866　民 811.18/1124.2/c1　集部/别集類
西北紀行雜詠一卷　張維翰撰　民國三十一年(1942)京華印書館鉛印本　張維翰題記　一册

330000－1701－0024868　民 811.18/1138/c4 集部/别集類
綠天簃詩集一卷詞集一卷　張汝釗撰　民國十四年(1925)鉛印本　張汝釗題記　一册

330000－1701－0024869　民 811.18/1124.2/c2　集部/别集類
西北紀行雜詠一卷　張維翰撰　民國三十一年(1942)京華印書館鉛印本　一册

330000－1701－0024870　民 811.18/1108.2/c4　集部/别集類
舜若多齋吟草不分卷　張應銘撰　民國二十五年(1936)衢州立達印刷社鉛印本　一册

330000－1701－0024871　民 811.18/1143

集部/別集類
元八百遺民詩詠八卷　張其淦撰　祁正注　民國二十一年(1932)鉛印本　二冊

330000－1701－0024872　民 811.18/1108.3　集部/別集類
舜若多齋吟草不分卷　張應銘撰　民國二十五年(1936)衢縣阜成紙莊印刷部鉛印本　一冊

330000－1701－0024875　民 811.18/1144.21/c1　集部/別集類
己未集一卷　張朝墉撰　民國八年(1919)上海聚珍倣宋印書局鉛印本　一冊

330000－1701－0024876　民 811.18/1108.4　集部/別集類
舜若多齋吟草不分卷　張應銘撰　民國二十五年(1936)衢州立達印刷社鉛印本　一冊

330000－1701－0024878　民 811.18/1144/c1　集部/別集類
丁巳集一卷　張朝墉撰　民國六年(1917)上海聚珍倣宋印書局鉛印本　一冊

330000－1701－0024880　民 811.18/1144.21/c2　集部/別集類
己未集一卷　張朝墉撰　民國八年(1919)上海聚珍倣宋印書局鉛印本　一冊

330000－1701－0024881　民 811.18/1144.21/c3　集部/別集類
己未集一卷　張朝墉撰　民國八年(1919)上海聚珍倣宋印書局鉛印本　一冊

330000－1701－0024882　民 811.18/1108.5/c1　集部/別集類
舜若多齋吟草不分卷　張應銘撰　民國二十五年(1936)衢州立達印刷社鉛印本　一冊

330000－1701－0024883　民 811.18/1144/c2　集部/別集類
丁巳集一卷　張朝墉撰　民國六年(1917)上海聚珍倣宋印書局鉛印本　一冊

330000－1701－0024884　民 811.18/1108.5/c2　集部/別集類
舜若多齋吟草不分卷　張應銘撰　民國二十五年(1936)衢州立達印刷社鉛印本　一冊

330000－1701－0024886　民 811.18/1144/c3　集部/別集類
丁巳集一卷　張朝墉撰　民國六年(1917)上海聚珍倣宋印書局鉛印本　一冊

330000－1701－0024887　民 811.18/1144.2/c1　集部/別集類
戊午集一卷　張朝墉撰　民國七年(1918)上海聚珍倣宋印書局鉛印本　一冊

330000－1701－0024888　民 811.18/1144.22　集部/別集類
庚申集一卷　張朝墉撰　民國九年(1920)上海聚珍仿宋印書局鉛印本　一冊

330000－1701－0024890　民 811.18/1130/c1　集部/別集類
張季子詩錄十卷　張謇撰　民國五年(1916)文藝雜志社石印本　二冊

330000－1701－0024893　民 811.18/1144.23　集部/別集類
辛酉集一卷　張朝墉撰　民國十年(1921)鉛印本　一冊

330000－1701－0024896　民 811.18/1130/c2　集部/別集類
張季子詩錄十卷　張謇撰　民國十三年(1924)文藝雜志社鉛印本　二冊

330000－1701－0024898　民 811.18/1144.25/c1　集部/別集類
癸亥集一卷　張朝墉撰　民國十三年(1924)鉛印本　一冊

330000－1701－0024899　民 811.18/1144.2/c2　集部/別集類
戊午集一卷　張朝墉撰　民國七年(1918)上海聚珍倣宋印書局鉛印本　一冊

330000－1701－0024900　民 811.18/1144.2/c3　集部/別集類

戊午集一卷　張朝墉撰　民國七年(1918)上海聚珍倣宋印書局鉛印本　一冊

330000－1701－0024902　民 811.18/1144.25/c2　集部/别集類
癸亥集一卷　張朝墉撰　民國十三年(1924)鉛印本　一冊

330000－1701－0024903　民 811.18/1144.2/c4　集部/别集類
戊午集一卷　張朝墉撰　民國七年(1918)上海聚珍倣宋印書局鉛印本　一冊

330000－1701－0024905　民 811.18/1144.25/c3　集部/别集類
癸亥集一卷　張朝墉撰　民國十三年(1924)鉛印本　一冊

330000－1701－0024907　民 811.18/1132　集部/别集類
鑾巢詩稿一卷詞稿一卷懷瓊詞一卷　張鴻撰　民國二十八年(1939)鉛印本　一冊

330000－1701－0024908　民 811.18/1144.2/c5　集部/别集類
戊午集一卷　張朝墉撰　民國七年(1918)上海聚珍倣宋印書局鉛印本　陶□題記　一冊

330000－1701－0024909　民 811.18/1144.24/c1　集部/别集類
壬戌集一卷　張朝墉撰　民國十一年(1922)鉛印本　顧思義題記　一冊

330000－1701－0024910　民 811.18/1144.26　集部/别集類
甲子集一卷　張朝墉撰　民國十三年(1924)鉛印本　一冊

330000－1701－0024912　民 811.18/11441.2　集部/别集類
養時軒詩稿二卷　張翥撰　民國六年(1917)木活字印本　張翥題記　一冊

330000－1701－0024913　民 811.18/1133/c1　集部/别集類
白石山房詩鈔三卷補遺一卷　張宗江撰　民國八年(1919)鉛印本　一冊

330000－1701－0024914　民 811.18/1149/c1　集部/詞類/别集之屬
艮廬詞一卷續集一卷外集一卷自述詩一卷　張茂炯撰　民國二十三年(1934)石印本　一冊　存一卷(自述詩)

330000－1701－0024915　民 811.18/1133/c2　集部/别集類
白石山房詩鈔三卷補遺一卷　張宗江撰　民國八年(1919)鉛印本　一冊

330000－1701－0024916　民 811.18/1133/c3　集部/别集類
白石山房詩鈔三卷補遺一卷　張宗江撰　民國八年(1919)鉛印本　一冊

330000－1701－0024917　民 811.18/1149/c2　集部/詞類/别集之屬
艮廬詞一卷續集一卷外集一卷自述詩一卷　張茂炯撰　民國二十三年(1934)石印本　一冊　存一卷(自述詩)

330000－1701－0024918　民 811.18/1133/c4　集部/别集類
白石山房詩鈔三卷補遺一卷　張宗江撰　民國八年(1919)鉛印本　張翃題記　一冊

330000－1701－0024919　民 811.18/1144.27/c1　集部/别集類
乙丑集一卷　張朝墉撰　民國十四年(1925)鉛印本　一冊

330000－1701－0024920　HJH0865　類叢部/叢書類/彙編之屬
四部備要　中華書局編　民國二十五年(1936)上海中華書局鉛印本　二千一百八十七冊　存三百二十種

330000－1701－0024921　民 811.18/1144.27/c2　集部/别集類
乙丑集一卷　張朝墉撰　民國十四年(1925)鉛印本　一冊

330000－1701－0024922　民 811.18/1150/c1

集部/别集類

靈璞閣詩二卷附孫言草一卷 張惠衣撰 民國三十三年(1944)鉛印本 張惠衣題記 一冊

330000－1701－0024923 民 811.18/1144.28 集部/别集類

丙寅集一卷 張朝墉撰 民國十五年(1926)鉛印本 一冊

330000－1701－0024925 民 811.18/1144.29 集部/别集類

丁卯集一卷 張朝墉撰 民國十七年(1928)鉛印本 一冊

330000－1701－0024926 民 811.18/1150/c2 集部/别集類

靈璞閣詩二卷附孫言草一卷 張惠衣撰 民國三十三年(1944)鉛印本 一冊

330000－1701－0024928 民 811.18/1150/c3 集部/别集類

靈璞閣詩二卷附孫言草一卷 張惠衣撰 民國三十三年(1944)鉛印本 一冊

330000－1701－0024929 民 811.18/1150/c4 集部/别集類

靈璞閣詩二卷附孫言草一卷 張惠衣撰 民國三十三年(1944)鉛印本 一冊

330000－1701－0024930 民 811.18/1144.24/c2 集部/别集類

壬戌集一卷 張朝墉撰 民國十一年(1922)鉛印本 一冊

330000－1701－0024931 民 811.18/1144.24/c3 集部/别集類

壬戌集一卷 張朝墉撰 民國十一年(1922)鉛印本 一冊

330000－1701－0024933 民 811.18/1144.3/c1 集部/别集類

戊辰集一卷 張朝墉撰 民國十七年(1928)鉛印本 一冊

330000－1701－0024935 民 811.18/1144.3/c2 集部/别集類

戊辰集一卷 張朝墉撰 民國十七年(1928)鉛印本 一冊

330000－1701－0024936 民 811.18/1153/c1 集部/别集類

天機樓詩一卷 張成撰 **善藏樓詩一卷** 胡尚煒撰 民國三十七年(1948)鉛印本 一冊

330000－1701－0024937 民 811.18/1161/c1 集部/别集類

正氣呼天集一卷 張嘿君撰 民國三十年(1941)重慶翼社籌備處鉛印本 一冊

330000－1701－0024938 民 811.18/11441/c1 集部/别集類

南歸集一卷 張翥撰 民國十三年(1924)鉛印本 一冊

330000－1701－0024939 民 811.18/1144.3/c3 集部/别集類

戊辰集一卷 張朝墉撰 民國十七年(1928)鉛印本 一冊

330000－1701－0024940 民 811.18/1161/c2 集部/别集類

正氣呼天集一卷 張嘿君撰 民國三十年(1941)重慶翼社籌備處鉛印本 一冊

330000－1701－0024942 民 811.18/1153/c2 集部/别集類

天機樓詩一卷 張成撰 **善藏樓詩一卷** 胡尚煒撰 民國三十七年(1948)鉛印本 一冊

330000－1701－0024943 民 811.18/1144.4 集部/别集類

庚午集一卷 張朝墉撰 民國十九年(1930)鉛印本 一冊

330000－1701－0024944 民 811.18/1153/c3 集部/别集類

天機樓詩一卷 張成撰 **善藏樓詩一卷** 胡尚煒撰 民國三十七年(1948)鉛印本 一冊

330000－1701－0024945 民 811.18/11441/c2 集部/别集類

南歸集一卷　張翥撰　民國十三年(1924)鉛印本　一册

330000－1701－0024947　普 091.3837/3421　經部/易類/傳說之屬

周易易解十卷示兒錄三卷說餘一卷　(清)沈紹勳撰　民國二十年(1931)鉛印本　六册

330000－1701－0024948　民 811.18/1161.2　集部/别集類

白華草堂詩六卷玉尺樓詩一卷　張昭漢撰　民國二十三年(1934)白下刻本　一册

330000－1701－0024949　民 811.18/11441/c3　集部/别集類

南歸集一卷　張翥撰　民國十三年(1924)鉛印本　一册

330000－1701－0024951　民 811.18/11441/c4　集部/别集類

南歸集一卷　張翥撰　民國十三年(1924)鉛印本　一册

330000－1701－0024958　民 811.18/1191　集部/别集類/清别集

如不及齋詩鈔四卷環山樓詞一卷　(清)項炳珩撰　民國三年(1914)鉛印本　二册

330000－1701－0024959　民 811.18/1170　集部/别集類

浴日樓詩選二卷　項驤撰　民國二十五年(1936)油印本　余紹宋題記　一册

330000－1701－0024961　民 811.18/1231　集部/别集類

度帆樓詩稿二卷　孔祥百撰　民國二十九年(1940)鶴和堂鉛印本　二册

330000－1701－0024962　民 811.18/1267　集部/别集類

龍吟草二卷梅邊樂府一卷附錄一卷　孫景賢撰　民國九年(1920)虹隱樓鉛印本　一册

330000－1701－0024964　民 811.18/1177.2　集部/别集類

非非室集外詩二卷　張鳳撰　民國三十六年(1947)訓字堂鉛印本　張鳳題簽並記　一册

330000－1701－0024965　民 811.18/1178　集部/别集類

若園詩稿六卷文略一卷　張學智撰　民國十七年(1928)張氏鉛印本　一册

330000－1701－0024966　民 811.18/11701　集部/别集類

神默齋詩鈔三卷　張同詠撰　民國二十二年(1933)鉛印本　一册

330000－1701－0024967　普 091.3837/4283　類叢部/叢書類/自著之屬

胡嶧陽先生遺著十一種附二種　(清)胡翔瀛撰　民國五年(1916)鉛印本　一册　存一種

330000－1701－0024969　民 811.18/1224　集部/别集類

慨翁詩錄一卷　孫保圻撰　民國三十五年(1946)石印本　一册

330000－1701－0024970　民 811.18/1232　集部/别集類

苦雨淒風集七卷歸來集二卷　孔憲虞撰　民國十五年(1926)成都聚昌公司鉛印本　一册

330000－1701－0024971　HJL4240　集部/别集類

默盦集十卷　王舟瑶撰　民國二年(1913)上海國光書局鉛印本　三册

330000－1701－0024972　民 811.18/1232/2　集部/别集類

苦雨淒風集七卷歸來集二卷　孔憲虞撰　民國十五年(1926)成都聚昌公司鉛印本　一册

330000－1701－0024975　民 811.18/1234　集部/别集類

簫心劍氣樓詩存辛未集一卷　孫肇圻撰　民國二十一年(1932)鉛印本　一册

330000－1701－0024977　民 811.18/1230/c1　集部/别集類

寒匡集一卷　孫道毅撰　民國十三年(1924)

上海中華書局鉛印本　一冊

330000－1701－0024979　民811.18/1171/c1　集部/别集類

息園詠物一卷聯珠吟一卷　項乃登撰　民國八年(1919)鉛印本　一冊

330000－1701－0024980　HJL4241　集部/别集類

葂麗園詩四續一卷　吕美蓀撰　民國二十四年(1935)鉛印本　一冊

330000－1701－0024981　民811.18/1230/c2　集部/别集類

寒厓集一卷　孫道毅撰　民國十三年(1924)上海中華書局鉛印本　一冊

330000－1701－0024983　民811.18/1272/c1　集部/别集類

培根書屋詩草九卷　孫熙鼎撰　民國十三年(1924)鉛印本　一冊

330000－1701－0024984　民811.18/1171/c2　集部/别集類

息園詠物一卷聯珠吟一卷　項乃登撰　民國八年(1919)鉛印本　一冊

330000－1701－0024985　HJL4242　集部/别集類

柳波舫集三卷補遺一卷　王守梧撰　方詒璋編校　民國十八年(1929)刻本　一冊

330000－1701－0024986　民811.18/12401.3　集部/别集類

舊京詩存八卷文存八卷　孫雄撰　民國二十年(1931)鉛印本　二冊　存八卷(詩存一至八)

330000－1701－0024987　民811.18/1272/c2　集部/别集類

培根書屋詩草九卷　孫熙鼎撰　民國十三年(1924)鉛印本　一冊

330000－1701－0024988　HJH4243　集部/别集類

觀塵因室詩鈔十二卷　陳景寔撰　民國二十六年(1937)安徽大中華印書局鉛印本　一冊

330000－1701－0024990　民811.18/1234.2/c1　集部/别集類

綴珍集一卷　孫肇圻撰　民國鉛印本　一冊

330000－1701－0024991　普091.3837/4433　經部/易類/傳説之屬

周易變通解六卷首一卷末一卷　(清)萬裕澐注　民國二十六年(1937)據清同治十二年(1873)刻本影印本　六冊

330000－1701－0024992　民811.18/1272/c3　集部/别集類

培根書屋詩草九卷　孫熙鼎撰　民國十三年(1924)鉛印本　一冊

330000－1701－0024995　HJH4245　集部/别集類

寥天廬詩續鈔二卷首一卷　宋慈襃撰　民國鉛印本　一冊

330000－1701－0024997　民811.18/1234.2/c2　集部/别集類

綴珍集一卷　孫肇圻撰　民國鉛印本　一冊

330000－1701－0025000　民811.18/1731/c1　集部/别集類

培風樓詩存一卷　邵祖平撰　民國十八年(1929)鉛印本　一冊

330000－1701－0025002　民811.18/1237/c1　集部/别集類

虛靜齋詩初定藁一卷　孫祖同撰　民國九年(1920)上海聚珍倣宋印書局鉛印本　一冊

330000－1701－0025003　民811.18/1241、民811.18/12411　集部/總集類/氏族之屬

歲寒集三卷　民國二十四年至二十五年(1935－1936)鉛印本　二冊

330000－1701－0025004　民811.18/1731/c2　集部/别集類

培風樓詩存一卷　邵祖平撰　民國十八年(1929)鉛印本　一冊

330000－1701－0025005　民811.18/1237/c2

集部/别集類
虛靜齋詩初定藁一卷　孫祖同撰　民國九年(1920)上海聚珍倣宋印書局鉛印本　一册

330000－1701－0025006　民 811.18/1731/c3
集部/别集類
培風樓詩存一卷　邵祖平撰　民國十八年(1929)鉛印本　邵祖平題記　一册

330000－1701－0025007　民 811.18/1237/c3
集部/别集類
虛靜齋詩初定藁一卷　孫祖同撰　民國九年(1920)上海聚珍倣宋印書局鉛印本　一册

330000－1701－0025008　民 811.18/1731/c4
集部/别集類
培風樓詩存一卷　邵祖平撰　民國十八年(1929)鉛印本　一册

330000－1701－0025009　民 811.18/1240
集部/别集類
從軍雜詠一卷續一卷　孔墉撰　民國十七年(1928)上海聚珍倣宋印書局鉛印本　王香禪題記　一册

330000－1701－0025011　民 811.18/1240/c2
集部/别集類
從軍雜詠一卷續一卷　孔墉撰　民國十七年(1928)上海聚珍倣宋印書局鉛印本　一册

330000－1701－0025012　民 811.18/12401/c1　集部/别集類
詩史閣壬癸詩存六卷補遺一卷　孫雄撰　民國十三年(1924)鉛印本　三册

330000－1701－0025013　民 811.18/2090
集部/别集類
息影園詩存二卷　喬尚謙撰　民國十九年(1930)鉛印本　一册

330000－1701－0025015　民 811.18/17471
集部/别集類
起聖齋詩集十一卷古韻闡微一卷　尹桐陽撰　民國十八年(1929)上海文明書局鉛印本　一册

330000－1701－0025016　民 811.18/12401/c2　集部/别集類
詩史閣壬癸詩存六卷補遺一卷　孫雄撰　民國十三年(1924)鉛印本　三册

330000－1701－0025018　民 811.18/12401/c3　集部/别集類
詩史閣壬癸詩存六卷補遺一卷　孫雄撰　民國十三年(1924)鉛印本　三册

330000－1701－0025021　民 811.18/2107
集部/别集類
頤淵詩集一卷　經亨頤撰　民國二十五年(1936)鉛印本　一册

330000－1701－0025022　普 091.3837/7231
經部/易類/傳說之屬
周易恒解五卷　(清)劉沅撰　民國七年(1918)北京道德學社印刷所鉛印本　五册

330000－1701－0025023　民 811.18/1774/c1
集部/别集類
春水草堂詩稿一卷　邵學翰撰　民國三十六年(1947)鉛印本　一册

330000－1701－0025024　民 811.18/1774/c2
集部/别集類
春水草堂詩稿一卷　邵學翰撰　民國三十六年(1947)鉛印本　一册

330000－1701－0025025　民 811.18/2134
集部/别集類
古腴齋詩稿一卷　何家翰撰　民國三年(1914)鉛印本　一册

330000－1701－0025026　民 811.18/2137
集部/别集類
海門旅行雜詩一卷　盧啟賢撰　民國十五年(1926)鉛印本　一册

330000－1701－0025027　民 811.18/1782
集部/别集類
天香室詩卷二卷附詩餘初稿一卷詩債一卷　邢錦生撰　民國二十二年(1933)成都天香室刻本　二册

330000－1701－0025030　民 811. 18/2138/c1 集部/别集類
弘道堂詩選一卷　伍造鑪輯　民國十七年(1928)湖北官紙印刷局鉛印本　一册

330000－1701－0025031　普 091. 3837/7730 類叢部/叢書類/自著之屬
鐵研厽齹書五種　桑宣撰　民國八年(1919)宛平桑氏鉛印本　一册　存一種

330000－1701－0025032　民 811. 18/2138/c2 集部/别集類
弘道堂詩選一卷　伍造鑪輯　民國十七年(1928)湖北官紙印刷局鉛印本　一册

330000－1701－0025033　民 811. 18/1933 集部/别集類
炊萸子松風集二卷　耿道沖撰　民國十三年(1924)鉛印本　一册

330000－1701－0025035　HJL4247　集部/别集類
延秋室詩稿一卷　嚴廷楨撰　民國八年(1919)西泠印社影印本　一册

330000－1701－0025037　HJH4249　集部/别集類/清别集
困學齋詩錄一卷　(清)鈕承棨撰　民國八年(1919)吳興金氏可讀廬鉛印本　一册

330000－1701－0025038　HJL4250　集部/總集類/酬唱之屬
江上題襟集一卷　嚴廷楨輯　民國八年(1919)石印本　一册

330000－1701－0025039　HJL4251　集部/别集類/清别集
詩契齋詩鈔五卷　(清)許玉瑑撰　民國元年(1912)刻本　二册

330000－1701－0025047　HJL4258　集部/總集類/郡邑之屬
滬瀆同聲集不分卷　郁葆青輯　陳詩選　民國二十二年(1933)鉛印本　一册

330000－1701－0025048　HJH4259　集部/别集類
陳仲權先生遺著一卷　陳以義撰　**倚雲樓唱和集一卷**　程雲修撰　**陳仲權烈士紀念集一卷**　陳乃和　陳乃斌輯　民國二十五年(1936)鉛印本　一册

330000－1701－0025050　HJL4262　集部/别集類
安樂鄉人詩四卷詩續一卷七十後詩一卷藥夢詞二卷詞續一卷七十後詞一卷　金兆蕃撰　民國二十年至二十八年(1931－1939)刻本　一册　存二卷(藥夢詞一至二)

330000－1701－0025056　民 811. 18/2142. 2 集部/别集類
水部居詩續稿一卷　何葆仁撰　民國油印本　一册

330000－1701－0025058　民 811. 18/2142 集部/别集類
水部居詩鈔二卷　何葆仁撰　民國二十三年(1934)麗水啓明印刷局鉛印本　二册

330000－1701－0025059　民 811. 18/2053 集部/别集類
關中懷舊吟初編一卷　焦振滄撰　民國鉛印本　一册

330000－1701－0025060　民 811. 18/2181 集部/别集類
亦園詩存一卷聯語一卷　熊舒長撰　民國木活字印本　賀昌群題記　一册

330000－1701－0025061　民 811. 18/2142/2 集部/别集類
水部居詩鈔二卷　何葆仁撰　民國二十三年(1934)麗水啓明印刷局鉛印本　一册

330000－1701－0025065　民 811. 18/2159 集部/别集類
惜青齋偶草一卷　卓掞撰　民國四年(1915)鉛印本　一册

330000－1701－0025066　民 811. 18/2188 集部/别集類
臥雲樓詩草二卷詞草一卷　盧敏撰　民國二

十三年(1934)溫州晏公殿巷文霞石印本　一册

330000－1701－0025068　民 811.18/2188.2　集部/別集類
嘯園雪鴻吟一卷　盧敏撰　民國二十四年(1935)溫州民智印書局鉛印本　一册

330000－1701－0025069　民 811.18/2168/c1　集部/別集類
小可居詩存一卷　何喻義撰　民國三十八年(1949)上海何若訥鉛印本　一册

330000－1701－0025070　民 811.18/2197　集部/別集類
餟鴻詩草三卷　何耀撰　民國二十二年(1933)上海大文印刷所鉛印本　一册

330000－1701－0025071　民 811.18/21881　集部/別集類
嘯園百詠二卷　盧敏撰　民國二十五年(1936)溫州麗麗鉛印本　一册

330000－1701－0025072　民 811.18/2168/c2　集部/別集類
小可居詩存一卷　何喻義撰　民國三十八年(1949)上海何若訥鉛印本　一册

330000－1701－0025073　民 811.18/2180.2　集部/別集類
烽火集一卷　盧前撰　民國二十七年(1938)獨立出版社鉛印本　一册

330000－1701－0025074　普 092.11/4543/c1　類叢部/叢書類/彙編之屬
鳴沙石室佚書(鳴沙石室古佚書)初編十九種　羅振玉編　民國十七年(1928)東方學會石印本　一册　存一種

330000－1701－0025075　民 811.18/2353/c1　集部/別集類
守梅山房詩稿四卷首一卷附錄一卷補遺一卷　傅振海撰　民國十四年(1925)鉛印本　二册

330000－1701－0025076　民 811.18/2323.2　集部/別集類
夢蘇吟草五卷　傅崇黻撰　**書學概要一卷**　蜩隱編　民國石印本　一册　缺四卷(夢蘇吟草一至四)

330000－1701－0025078　民 811.18/2231/c1　集部/別集類
壺隱詩鈔二卷詞鈔一卷　崔宗武撰　民國八年(1919)上海聚珍倣宋印書局鉛印本　一册

330000－1701－0025079　民 811.18/2330/c1　集部/別集類
山青雲白軒詩草二卷　傅宛撰　民國十一年(1922)鉛印本　二册

330000－1701－0025080　民 811.18/2353/c2　集部/別集類
守梅山房詩稿四卷首一卷附錄一卷補遺一卷　傅振海撰　民國十四年(1925)鉛印本　二册

330000－1701－0025081　普 092.11/9050　經部/書類/正文之屬
敦煌古寫本尚書殘卷一卷　民國七年(1918)影印本　一册

330000－1701－0025082　HJL4267　集部/戲劇類/傳奇之屬
重校埋劍記二卷三十六齣　(明)沈璟撰　民國十九年(1930)國立北平圖書館據明萬曆金陵陳氏繼志齋刻本影印本　二册

330000－1701－0025083　普 092.11/4543/c2　類叢部/叢書類/彙編之屬
鳴沙石室佚書(鳴沙石室古佚書)初編十九種　羅振玉編　民國十七年(1928)東方學會石印本　一册　存一種

330000－1701－0025084　民 811.18/2330/c2　集部/別集類
山青雲白軒詩草二卷　傅宛撰　民國十一年(1922)鉛印本　二册

330000－1701－0025088　民 811.18/2353/c3　集部/別集類
守梅山房詩稿四卷首一卷附錄一卷補遺一卷

傅振海撰　民國十四年(1925)鉛印本　二冊

330000－1701－0025089　民 811.18/2231/c2　集部/别集類
壺隱詩鈔二卷詞鈔一卷　崔宗武撰　民國八年(1919)上海聚珍倣宋印書局鉛印本　一冊

330000－1701－0025090　民 811.18/2527　集部/别集類
靜拱樓詩集一卷　朱紹陽撰　民國二十四年(1935)鉛印本　一冊

330000－1701－0025091　民 811.18/2330/c3　集部/别集類
山青雲白軒詩草二卷　傅宛撰　民國十一年(1922)鉛印本　二冊

330000－1701－0025092　民 811.18/2330/c4　集部/别集類
山青雲白軒詩草二卷　傅宛撰　民國十一年(1922)鉛印本　二冊

330000－1701－0025095　民 811.18/2533/c1　類叢部/叢書類/自著之屬
最樂亭三種　(清)朱福清撰　民國六年至十二年(1917－1923)嘉興朱氏刻本　一冊　存一種

330000－1701－0025096　民 811.18/2533/c2　類叢部/叢書類/自著之屬
最樂亭三種　(清)朱福清撰　民國六年至十二年(1917－1923)嘉興朱氏刻本　一冊　存一種

330000－1701－0025097　普 092.355/2233　類叢部/叢書類/自著之屬
任氏遺書八種　(清)任啟運撰　民國二十年(1931)刻本　余紹宋題記　六冊　存一種

330000－1701－0025101　民 811.18/25331　集部/别集類
紉秋蘭室詩鈔□□卷　民國二十四年(1935)鉛印本　一冊　存一卷(好歌集)

330000－1701－0025103　民 811.18/2502/c1　集部/别集類
郁樸齋詩二卷　朱辛彝撰　民國二十九年(1940)廈門風行印刷社鉛印本　一冊

330000－1701－0025106　民 811.18/2502/c2　集部/别集類
郁樸齋詩二卷　朱辛彝撰　民國二十九年(1940)廈門風行印刷社鉛印本　一冊

330000－1701－0025107　民 811.18/2525　集部/别集類
敉廬吟草二卷　朱允中撰　民國二十三年(1934)鉛印本　一冊

330000－1701－0025108　民 811.18/2549　集部/别集類
覺今是齋詩集三卷　朱桂榮撰　民國十年(1921)麻城朱氏鉛印本　一冊

330000－1701－0025110　民 811.18/2577.2　集部/别集類
雁蕩吟二卷　朱鵬撰　民國九年(1920)溫州務本石印本　張次鏐題記　一冊

330000－1701－0025112　民 811.18/2238　集部/别集類
百一齋詩賸藁一卷　任鴻年撰　民國重慶長安寺新記啟渝公司石印本　一冊

330000－1701－0025113　民 811.18/2245　集部/别集類
保閶詩集二卷　崔斯哲撰　民國二十七年(1938)鉛印本　一冊

330000－1701－0025115　民 811.18/2581　集部/别集類/清别集
瓦鳴集一卷　(清)朱笏廷撰　民國十一年(1922)鉛印本　一冊

330000－1701－0025117　民 811.18/25421　集部/别集類
朱執信先生自書詩遺墨一卷　朱執信撰　民國民智書局石印本　一冊

330000－1701－0025122　HJL4273　集部/詞類/總集之屬

三程詞鈔八卷　吕傳元編　民國十八年(1929)上海鉛印本　一冊

330000－1701－0025123　民 811.18/2584　集部/別集類

從心回溯草一卷天涯游草一卷　朱劍芝撰

東游紀略一卷　朱景彝述　民國二十六年(1937)鉛印本　一冊

330000－1701－0025124　民 811.18/2544　集部/別集類

龍江釣叟詩遺一卷　朱權撰　朱紹陽輯　民國石印本　一冊

330000－1701－0025126　民 811.18/2276　集部/別集類

岑學吕詩略一卷　岑學吕撰　民國三十七年(1948)順德容奇鎮耀昌鉛印本　一冊

330000－1701－0025127　民 811.18/25441　集部/別集類

悼何姬詩一卷　朱蘭撰　民國十四年(1925)鉛印本　一冊

330000－1701－0025131　民 811.18/2560　集部/別集類

憐心集四卷　朱目撰　民國三年(1914)褒月龕刻本　四冊

330000－1701－0025132　民 811.18/2601/c1　集部/別集類

佇興詩草二卷　魏調元撰　民國石印本　二冊

330000－1701－0025134　民 811.18/2601/c2　集部/別集類

佇興詩草二卷　魏調元撰　民國石印本　二冊

330000－1701－0025135　民 811.18/25441.2/c1　集部/別集類

寄靜草堂己未詩稿一卷　朱蘭撰　民國十五年(1926)鉛印本　一冊

330000－1701－0025136　普 092.381/2574　經部/書類/文字音義之屬

尚書古注便讀四卷　(清)朱駿聲撰　民國二十四年(1935)成都華西協合大學哈佛燕京學社鉛印本　朱師轍批校　三冊

330000－1701－0025137　民 811.18/25441.2/c2　集部/別集類

寄靜草堂己未詩稿一卷　朱蘭撰　民國十五年(1926)鉛印本　一冊

330000－1701－0025138　民 811.18/25441.2/c3　集部/別集類

寄靜草堂己未詩稿一卷　朱蘭撰　民國十五年(1926)鉛印本　一冊

330000－1701－0025139　民 811.18/2570　集部/別集類

西港漫藁一卷西林漫稿一卷囊齋文存一卷　朱驤撰　**師箴十則一卷囊齋題語一卷囊齋燕集詞一卷**　民國三十三年(1944)鉛印本　周采泉題記　一冊

330000－1701－0025140　民 811.18/25441.2/c4　集部/別集類

悼何姬詩一卷　朱蘭撰　民國十四年(1925)鉛印本　一冊

330000－1701－0025142　民 811.18/2605　集部/別集類

蛇足詩草一卷　吳望青撰　民國二年(1913)大元吳嗣德祠譜局木活字印本　一冊

330000－1701－0025143　民 811.18/2604　集部/別集類

韡珠仙館詩存七卷陶陶集一卷詞附一卷　吳慶燾撰　民國十五年(1926)鉛印本　四冊

330000－1701－0025145　HJL4277　集部/詞類/別集之屬

勺廬詞一卷　洪汝闓撰　民國刻本　一冊

330000－1701－0025147　民 811.18/2577/c1　集部/別集類

復翁吟草四卷　朱鵬撰　民國三十六年(1947)樂清宋文鉛石印刷所鉛印本　一冊

330000－1701－0025148　HJL4278　集部/別

集類
靜然齋雜著一卷　吕鳳岐撰　**附清映軒遺稿一卷**　吕賢鍾撰　**附季妹遺稿一卷**　吕賢滿撰　民國二十三年(1934)吕賢鈖鉛印本　一册

330000－1701－0025149　民 811.18/2610　集部/别集類
東遊甲稿一卷乙稿一卷　吴石撰　民國二十四年(1935)鉛印本　一册

330000－1701－0025150　民 811.18/26211　集部/别集類
秋水集一卷附悼亡妻香祖詩二十首一卷　吴虞撰　**朝華詞一卷**　陳碧秀錄　民國二年至五年(1913－1916)吴氏愛智廬刻成都茹古書局印本　一册

330000－1701－0025151　民 811.18/2577/c2　集部/别集類
復翁吟草四卷　朱鵬撰　民國三十六年(1947)樂清宋文鉛石印刷所鉛印本　一册

330000－1701－0025152　HJH4279　集部/詞類/别集之屬
寒翠詞二卷　李大防撰　民國十九年(1930)鉛印本　一册

330000－1701－0025153　民 811.18/2631/c1　集部/别集類
養復園詩集不分卷　程潛撰　民國三十七年(1948)上海中國詩學會鉛印本　鄭光世題記　一册

330000－1701－0025154　HJL4280　集部/别集類
借澆集一卷　吴懷清撰　民國三年(1914)上海國光書局鉛印本　一册

330000－1701－0025158　HJH4281　史部/叢編
滿清野史　□□輯　民國成都昌福公司鉛印本　一册　存一種

330000－1701－0025159　民 811.18/2631/c2　集部/别集類
養復園詩集不分卷　程潛撰　民國三十七年(1948)上海中國詩學會鉛印本　程潛題記　一册

330000－1701－0025160　民 811.18/2631/c3　集部/别集類
養復園詩集不分卷　程潛撰　民國三十七年(1948)上海中國詩學會鉛印本　程潛題記　一册

330000－1701－0025162　民 811.18/2622　集部/别集類
小瓶花齋詩集八卷　吴允徠撰　民國十四年(1925)鉛印本　一册

330000－1701－0025163　民 811.18/2620　集部/别集類
白采遺集□□種　白采撰　民國二十四年(1935)南昌獨學齋鉛印本　一册

330000－1701－0025165　民 811.18/2639　集部/别集類
紅桂坡詩集七卷　吴寶炬撰　民國十八年(1929)武昌察院坡蔚華軒石印館石印本　四册

330000－1701－0025167　民 811.18/2621　集部/别集類
北游吟草一卷　魏秉珪撰　民國十六年(1927)鉛印本　一册

330000－1701－0025172　民 811.18/2621.2　集部/别集類
寄廬詩草一卷　魏秉珪撰　民國鉛印本　一册

330000－1701－0025173　民 811.18/2644/c1　集部/别集類
端夷閣近三年詩詞一卷　魏友枋撰　民國二十三年(1934)菜緣社鉛印本　一册

330000－1701－0025174　民 811.18/2644/c2　集部/别集類
端夷閣近三年詩詞一卷　魏友枋撰　民國二十三年(1934)菜緣社鉛印本　一册

330000－1701－0025176　民 811.18/2627　集部/別集類
缶廬集五卷　吳昌碩撰　民國吳興劉承幹刻本　二册

330000－1701－0025177　民 811.18/2648/c1　集部/别集類
含嘉室詩集八卷　吳士鑑撰　民國十五年(1926)鉛印本　二册

330000－1701－0025178　民 811.18/2644/c3　集部/别集類
端夷閣近三年詩詞一卷　魏友枋撰　民國二十三年(1934)菜緣社鉛印本　一册

330000－1701－0025179　民 811.18/2644/c4　集部/别集類
端夷閣近三年詩詞一卷　魏友枋撰　民國二十三年(1934)菜緣社鉛印本　一册

330000－1701－0025183　民 811.18/26431/c1　集部/别集類
一芝草堂稿二卷雜稿一卷　吳懋祺撰　民國二年(1913)石印本　一册　存一卷(一)

330000－1701－0025185　民 811.18/2648/c2　集部/别集類
含嘉室詩集八卷　吳士鑑撰　民國十五年(1926)鉛印本　二册

330000－1701－0025186　民 811.18/26441　集部/别集類
浮雲集一卷　魏蘭撰　民國七年(1918)石印本　一册

330000－1701－0025187　民 811.18/2648/c3　集部/别集類
含嘉室詩集八卷　吳士鑑撰　民國十五年(1926)鉛印本　二册

330000－1701－0025189　民 811.18/2648/c4　集部/别集類
含嘉室詩集八卷　吳士鑑撰　民國十五年(1926)鉛印本　二册

330000－1701－0025190　民 811.18/26431/c2　集部/别集類
一芝草堂稿二卷雜稿一卷　吳懋祺撰　民國二年(1913)石印本　一册　存一卷(一)

330000－1701－0025192　民 811.18/26442　集部/别集類
困齋學詠録一卷　吳式彬撰　民國十六年(1927)鉛印本　一册

330000－1701－0025194　民 811.18/2643　集部/别集類
借澆集一卷　吳懷清撰　民國三年(1914)上海國光書局鉛印本　一册

330000－1701－0025195　民 811.18/26443　集部/别集類
端夷六十後詩詞一卷　魏友枋撰　民國三十五年(1946)菜緣社鉛印本　一册

330000－1701－0025197　民 811.18/26431/c3　集部/别集類
一芝草堂稿二卷雜稿一卷　吳懋祺撰　民國二年(1913)石印本　一册　存一卷(一)

330000－1701－0025201　HJL3093　類叢部/叢書類
中國學術叢書　民國十四年(1925)上海中國書店影印本　二十册　存一種

330000－1701－0025204　民 811.18/2648.2/c1　史部/叢編
滿清野史　□□輯　民國成都昌福公司鉛印本　一册　存一種

330000－1701－0025207　民 811.18/2648.2/c2　史部/叢編
滿清野史　□□輯　民國成都昌福公司鉛印本　一册　存一種

330000－1701－0025210　民 811.18/2648.2/c3　史部/叢編
滿清野史　□□輯　民國成都昌福公司鉛印本　一册　存一種

330000－1701－0025213　民 811.18/2648.2/c4　史部/叢編

滿清野史　□□輯　民國成都昌福公司鉛印本　一册　存一種

330000－1701－0025217　民 811.18/2648.2/2/c1　史部/史評類/詠史之屬
清宫詞一卷　吴士鑑撰　民國二十六年(1937)吴秉瀓鉛印本　一册

330000－1701－0025218　普 092.381/4434/9　經部/書類/傳說之屬
書經集傳六卷　(宋)蔡沈撰　民國十七年(1928)上海掃葉山房影印本　四册

330000－1701－0025220　民 811.18/2663/c1　集部/别集類
止廬詩存一卷附文一卷　吴昌祺撰　民國二十二年(1933)鉛印本　一册

330000－1701－0025222　民 811.18/2670　集部/别集類
城隱廬詩鈔一卷　吴興讓撰　民國二十三年(1934)刻本　一册

330000－1701－0025223　民 811.18/2648.2/2/c2　史部/史評類/詠史之屬
清宫詞一卷　吴士鑑撰　民國二十六年(1937)吴秉瀓鉛印本　一册

330000－1701－0025226　民 811.18/2663/c2　集部/别集類
止廬詩存一卷附文一卷　吴昌祺撰　民國二十二年(1933)鉛印本　一册

330000－1701－0025228　民 811.18/2668　集部/别集類
勤業廬吟稿六卷　吴昌年撰　民國十四年(1925)鉛印本　一册　存三卷(一至三)

330000－1701－0025229　民 811.18/2648.2/2/c3　史部/史評類/詠史之屬
清宫詞一卷　吴士鑑撰　民國二十六年(1937)吴秉瀓鉛印本　一册

330000－1701－0025230　民 811.18/2675　集部/别集類
蒹葭里館詩四卷　吴用威撰　**家傳一卷**　陳懋森撰　民國三十一年(1942)鉛印本　吴本鉞題記　二册

330000－1701－0025234　民 811.18/2648.2/2/c4　史部/史評類/詠史之屬
清宫詞一卷　吴士鑑撰　民國二十六年(1937)吴秉瀓鉛印本　一册

330000－1701－0025236　民 811.18/2668.2/c1　集部/别集類
勤業廬吟稿六卷　吴昌年撰　民國十四年(1925)鉛印本　二册

330000－1701－0025237　民 811.18/2668.2/c2　集部/别集類
勤業廬吟稿六卷　吴昌年撰　民國十四年(1925)鉛印本　二册

330000－1701－0025238　民 811.18/2679　集部/别集類
影史樓詩存八卷　程學恂撰　民國三十二年(1943)鉛印本　商笙伯題記　一册

330000－1701－0025239　民 811.18/2668.2/c3　集部/别集類
勤業廬吟稿六卷　吴昌年撰　民國十四年(1925)鉛印本　二册

330000－1701－0025240　民 811.18/2668.2/c4　集部/别集類
勤業廬吟稿六卷　吴昌年撰　民國十四年(1925)鉛印本　二册

330000－1701－0025244　民 811.18/2680　集部/别集類
白玉詩集八卷　吴鏞撰　民國二十一年(1932)木活字印本　吴鏞題記　二册

330000－1701－0025245　普 092.381/7231　經部/書類/傳說之屬
書經恒解六卷書序辨正一卷　(清)劉沅輯註　民國北京道德學社鉛印本　六册

330000－1701－0025252　民 811.18/2699　集部/别集類
吴君婉女士遺詩一卷　吴肖縈撰　民國桐城

光氏鉛印本　光大中題記　一冊

330000－1701－0025253　民 811.18/2693
集部/別集類/清別集
東陵詩艸十三卷首一卷末一卷　(清)吴性渾撰　民國十三年(1924)長沙羅博文堂刻本　四冊

330000－1701－0025254　民 811.18/27101
集部/別集類/清別集
綰紅軒詞鈔二卷附一卷　(清)郃長濬撰　民國十一年(1922)刻本　一冊

330000－1701－0025255　普 092.3832/1236/2、普 092.3832/1236/4、普 092.3838/1262/3/c1　類叢部/叢書類/彙編之屬
四部備要　中華書局編　民國二十五年(1936)上海中華書局鉛印本　十一冊　存三種

330000－1701－0025256　民 811.18/2719/c1　集部/別集類
汲修齋詩存二卷　鮑元輝撰　民國十九年(1930)鉛印本　香禪甫題記　一冊

330000－1701－0025258　民 811.18/2720
集部/別集類
澄廬詩集十二卷　鄒魯撰　民國二十八年(1939)鉛印本　鄒魯題記　一冊

330000－1701－0025259　民 811.18/2706
集部/別集類
鼎樓詩草二卷　鄔慶時撰　民國十六年(1927)刻半帆樓叢書本　鄔慶時題簽　一冊

330000－1701－0025260　民 811.18/2719/c2　集部/別集類
汲修齋詩存二卷　鮑元輝撰　民國十九年(1930)鉛印本　一冊

330000－1701－0025263　民 811.18/2731/c1　集部/別集類
柳谿詩稿一卷　向迪琮撰　民國十五年(1926)鉛印本　曹經沅題記　一冊

330000－1701－0025265　民 811.18/2732/c1　集部/別集類/清別集
鄒鏡棠遺詩二卷　(清)鄒寶僡撰　民國八年(1919)鉛印本　一冊

330000－1701－0025267　民 811.18/2778
集部/別集類
環溪草堂詩稿八卷補遺一卷　侯學愈撰　民國十六年(1927)鉛印本　二冊

330000－1701－0025268　民 811.18/2710/c1　集部/別集類
九天一草廬詩稿一卷大地永春閣詞草一卷　魯元撰　陳懿真纂編　張德真續編　民國三十六年(1947)鉛印本　魯元題記　一冊

330000－1701－0025270　民 811.18/2710/c2　集部/別集類
九天一草廬詩稿一卷大地永春閣詞草一卷　魯元撰　陳懿真纂編　張德真續編　民國三十六年(1947)鉛印本　魯元題記　一冊

330000－1701－0025272　民 811.18/2710/2/c1　集部/別集類
九天一草廬詩稿一卷大地永春閣詞草一卷　魯元撰　陳懿真纂編　張德真續編　民國三十七年(1948)鉛印本　魯元題記　一冊

330000－1701－0025273　民 811.18/2732/c2　集部/別集類/清別集
鄒鏡棠遺詩二卷　(清)鄒寶僡撰　民國八年(1919)鉛印本　與 330000－1701－0025265 合冊

330000－1701－0025276　民 811.18/2737
集部/別集類/清別集
龍山吟稿一卷　(清)鮑鴻撰　民國十三年(1924)石印本　一冊

330000－1701－0025277　民 811.18/2710/2/c2　集部/別集類
九天一草廬詩稿一卷大地永春閣詞草一卷　魯元撰　陳懿真纂編　張德真續編　民國三十七年(1948)鉛印本　魯元題記　一冊

330000－1701－0025278　民 811.18/2780
集部/別集類

毓麟文存一卷　向毓麟撰　高彤墀編　民國三十六年(1947)鉛印本　一冊

330000－1701－0025284　普 092.3834/6030/c1　經部/書類/傳說之屬
東萊先生書説十三卷禹貢圖説一卷　(宋)吕祖謙撰　民國十七年(1928)中社影印本(卷十至十三原缺)　二冊

330000－1701－0025286　普 092.3834/6030/c3　經部/書類/傳說之屬
東萊先生書説十三卷禹貢圖説一卷　(宋)吕祖謙撰　民國十七年(1928)中社影印本(卷十至十三原缺)　二冊

330000－1701－0025288　民 811.18/27801　集部/别集類
羈餘草一卷臺游草一卷　潘文安撰　民國鉛印本　仰弇題記　一冊

330000－1701－0025290　民 811.18/28101　集部/别集類
菼廬詩草二卷　鮑震撰　民國二十年(1931)石印本　一冊

330000－1701－0025291　民 811.18/2783　集部/别集類
繆金源詩詞集四卷　繆金源撰　民國十七年(1928)鉛印本　繆金源題記　一冊

330000－1701－0025293　民 811.18/2812/c1　集部/别集類
幽燕集一卷　徐瑞徵撰　民國有深味齋鉛印本　一冊

330000－1701－0025294　民 811.18/2814　集部/别集類/清别集
分綠軒詩集一卷　(清)徐聯蓉撰　民國三年(1914)南通翰墨林書局鉛印本　徐幼穆題記　一冊

330000－1701－0025295　普 092.3834/6030/c2　經部/書類/傳說之屬
東萊先生書説十三卷禹貢圖説一卷　(宋)吕祖謙撰　民國十七年(1928)中社影印本(卷十至十三原缺)　二冊

330000－1701－0025296　民 811.18/2812/c2　集部/别集類
幽燕集一卷　徐瑞徵撰　民國有深味齋鉛印本　一冊

330000－1701－0025299　民 811.18/2824/c1　集部/别集類
竹間唫榭集十卷　徐行恭撰　民國十八年(1929)杭州刻本　四冊

330000－1701－0025301　民 811.18/2824/2　集部/别集類
竹間唫榭集十卷　徐行恭撰　稿本　四冊

330000－1701－0025303　民 811.18/2824.2/c3　集部/别集類
竹間唫榭續集第一輯二卷　徐行恭撰　民國鉛印本　一冊

330000－1701－0025306　民 811.18/2824/c2　集部/别集類
竹間唫榭集十卷　徐行恭撰　民國十八年(1929)杭州刻本　四冊

330000－1701－0025308　民 811.18/2824.2/c4　集部/别集類
竹間唫榭續集第一輯二卷　徐行恭撰　民國鉛印本　一冊

330000－1701－0025309　民 811.18/2824/c3　集部/别集類
竹間唫榭集十卷　徐行恭撰　民國十八年(1929)杭州刻藍印本　四冊

330000－1701－0025310　民 811.18/28241.2　集部/别集類
東遊草一卷　徐紹楨撰　民國七年(1918)刻本　承熾題簽並記　一冊

330000－1701－0025312　民 811.18/2824/c4　集部/别集類
竹間唫榭集十卷　徐行恭撰　民國十八年(1929)杭州刻藍印本　四冊

330000－1701－0025313　民 811.18/2828/c1　集部/别集類/清别集

涵齋遺稿一卷附遺文一卷 (清)徐仁鑄撰 民國上海聚珍倣宋印書局鉛印本 一册

330000－1701－0025314 普 092.3837/1262/3/c2 類叢部/叢書類/彙編之屬

四部備要 中華書局編 民國二十五年(1936)上海中華書局鉛印本 四册 存一種

330000－1701－0025317 民 811.18/2828/c2 集部/别集類/清别集

涵齋遺稿一卷附遺文一卷 (清)徐仁鑄撰 民國上海聚珍倣宋印書局鉛印本 一册

330000－1701－0025320 民 811.18/2824/3 集部/别集類

竹間唫榭集十卷 徐行恭撰 民國十八年(1929)杭州刻藍印本 三册 缺二卷(七至八)

330000－1701－0025324 民 811.18/2831/c1 集部/别集類

弱歲吟稿一卷 徐祖武撰 民國二十一年(1932)鉛印本 徐祖武題記 一册

330000－1701－0025325 民 811.18/2831/c3 集部/别集類

弱歲吟稿一卷 徐祖武撰 民國二十一年(1932)鉛印本 一册

330000－1701－0025326 民 811.18/2831/c4 集部/别集類

弱歲吟稿一卷 徐祖武撰 民國二十一年(1932)鉛印本 一册

330000－1701－0025328 民 811.18/2831.2/c1 集部/别集類

祖武雜詩初稿三卷 徐祖武撰 民國二十二年(1933)鉛印本 徐祖武題記 三册

330000－1701－0025330 民 811.18/2831.4 集部/别集類

且食蛤蜊齋詩 徐祖武撰 民國鉛印本 一册 存一種

330000－1701－0025331 民 811.18/2831.2/c2 集部/别集類

祖武雜詩初稿三卷 徐祖武撰 民國二十二年(1933)鉛印本 三册

330000－1701－0025332 民 811.18/2831.2/c3 集部/别集類

祖武雜詩初稿三卷 徐祖武撰 民國二十二年(1933)鉛印本 三册

330000－1701－0025334 民 811.18/2831.2/c4 集部/别集類

祖武雜詩初稿三卷 徐祖武撰 民國二十二年(1933)鉛印本 徐祖武題記 三册

330000－1701－0025338 民 811.18/2831.5 集部/别集類

且食蛤蜊齋詩 徐祖武撰 民國鉛印本 一册 存一種

330000－1701－0025339 民 811.18/28311/c1 集部/别集類

東遊草一卷 徐道政撰 民國八年(1919)上海新學會社鉛印本 一册

330000－1701－0025342 民 811.18/28311/c2 集部/别集類

東遊草一卷 徐道政撰 民國八年(1919)上海新學會社鉛印本 一册

330000－1701－0025343 民 811.18/2887/c1 集部/别集類

嘯吟集四卷 徐舒撰 民國十七年(1928)鉛印本 一册

330000－1701－0025345 民 811.18/2848 集部/别集類

亣盦詩稿一卷詞稿一卷 徐壽茲撰 民國十一年(1922)鉛印本 一册

330000－1701－0025346 民 811.18/2833 集部/别集類

石雪齋詩稿四卷 徐宗浩撰 民國十五年(1926)鉛印本 一册

330000－1701－0025347 普 092.3838/1714 經部/書類/分篇之屬

太誓決疑一卷 邵瑞彭撰 民國二十二年

(1933)大梁刻朱印本　邵瑞彭題記　一冊

330000－1701－0025348　民 811.18/2887/c2
集部/别集類
嘯吟集四卷　徐舒撰　民國十七年(1928)鉛印本　一冊

330000－1701－0025351　民 811.18/2887/c3
集部/别集類
嘯吟集四卷　徐舒撰　民國十七年(1928)鉛印本　一冊

330000－1701－0025352　普 092.3838/7580
經部/書類/傳說之屬
書經簡明白話解六卷首一卷　陳善撰　民國二十三年(1934)上海群學書社石印本　一冊

330000－1701－0025354　民 811.18/2887/c4
集部/别集類
嘯吟集四卷　徐舒撰　民國十七年(1928)鉛印本　一冊

330000－1701－0025358　民 811.18/2840/2
集部/别集類
志摩的詩不分卷　徐志摩撰　民國鉛印本　一冊

330000－1701－0025359　民 811.18/2899
集部/别集類
甌栝紀遊草一卷　徐燮撰　民國八年(1919)鉛印本　一冊

330000－1701－0025360　民 811.18/2846/c1
集部/别集類
水竹邨人集十二卷　徐世昌撰　民國七年(1918)天津徐氏刻本　四冊

330000－1701－0025361　民 811.18/3040
史部/史評類/詠史之屬
三國志樂府一卷補遺一卷　宋慈襃撰　民國九年(1920)刻宋氏雜箸本　宋慈襃題記　一冊

330000－1701－0025362　民 811.18/2846/c2
集部/别集類
水竹邨人集十二卷　徐世昌撰　民國七年(1918)天津徐氏刻本　四冊

330000－1701－0025364　民 811.18/3060/c1
集部/别集類
冰雪寮詩鈔二卷　釋淡雲撰　民國十九年(1930)鉛印本　一冊

330000－1701－0025366　民 811.18/3060/c2
集部/别集類
冰雪寮詩鈔二卷　釋淡雲撰　民國十九年(1930)鉛印本　一冊

330000－1701－0025369　民 811.18/3060/c3
集部/别集類
冰雪寮詩鈔二卷　釋淡雲撰　民國十九年(1930)鉛印本　一冊

330000－1701－0025371　民 811.18/3060/c4
集部/别集類
冰雪寮詩鈔二卷　釋淡雲撰　民國十九年(1930)鉛印本　一冊

330000－1701－0025372　民 811.18/3042
集部/别集類
落落軒詩選一卷　宋嘉俊撰　民國三十六年(1947)鉛印本　一冊

330000－1701－0025373　民 811.18/3060/c5
集部/别集類
冰雪寮詩鈔二卷　釋淡雲撰　民國十九年(1930)鉛印本　釋淡雲題記　一冊

330000－1701－0025375　民 811.18/3077
集部/别集類
知足齋詩鈔八卷續集四卷　宋興周撰　民國八年(1919)、十三年(1924)新疆官報局鉛印本　二冊

330000－1701－0025376　普 092.83/2741
經部/書類/分篇之屬
禹貢古今注通釋六卷　(清)侯楨輯　民國三年(1914)古杼秋館木活字印本　二冊

330000－1701－0025379　民 811.18/3090
集部/别集類
碧湖集二卷　釋永光撰　溥儒輯　民國二十

一年(1932)萃錦園刻朱印本　一冊

330000－1701－0025380　民 811.18/3100/c1　集部/别集類
蜀遊草一卷　江庸撰　民國三十五年(1946)重慶大東書局鉛印本　江庸題記　一冊

330000－1701－0025381　民 811.18/3100/c2　集部/别集類
蜀遊草一卷　江庸撰　民國三十五年(1946)重慶大東書局鉛印本　一冊

330000－1701－0025382　民 811.18/3112　集部/别集類
碧鸚鵡軒詩存一卷　馮飛撰　民國十四年(1925)刻朱印本　一冊

330000－1701－0025386　民 811.18/3080/c1　類叢部/叢書類
宋氏雜箸　宋慈袌撰　民國刻本　一冊　存一種

330000－1701－0025387　民 811.18/3113　集部/别集類
跬園詩鈔六卷首一卷　顧震福撰　民國二十四年(1935)鉛印本　二冊

330000－1701－0025388　HJL4283　類叢部/叢書類/郡邑之屬
義烏先哲遺書五種　黄侗編　民國二十二年至二十四年(1933－1935)義烏黄氏鉛印本　一冊　存一種

330000－1701－0025389　民 811.18/3117/c1　集部/别集類
艮園詩集四卷首一卷後集四卷末一卷　江五民撰　民國五年(1916)上海鉛印本　二冊

330000－1701－0025390　民 811.18/3117/c3　集部/别集類
艮園詩集四卷首一卷後集四卷末一卷　江五民撰　民國五年(1916)上海鉛印本　江聖鈞題記　二冊

330000－1701－0025391　民 811.18/3080/c2　類叢部/叢書類
宋氏雜箸　宋慈袌撰　民國刻本　一冊　存一種

330000－1701－0025393　民 811.18/3117/c2　集部/别集類
艮園詩集四卷首一卷後集四卷末一卷　江五民撰　民國五年(1916)上海鉛印本　二冊

330000－1701－0025395　民 811.18/3080.2/c1　集部/别集類
寥天廬詩續鈔二卷首一卷　宋慈袌撰　民國鉛印本　一冊

330000－1701－0025396　民 811.18/3121/c1　集部/别集類
仁山詩鈔二卷鱗爪錄一卷　汪紹元撰　民國十六年(1927)富陽汪氏鉛印本　一冊

330000－1701－0025398　民 811.18/3080.2/c3　集部/别集類
寥天廬詩續鈔二卷首一卷　宋慈袌撰　民國鉛印本　一冊

330000－1701－0025399　民 811.18/3117/c4　集部/别集類
艮園詩集四卷首一卷後集四卷末一卷　江五民撰　民國五年(1916)上海鉛印本　二冊

330000－1701－0025400　民 811.18/3080.2/8/c2　集部/别集類
寥天廬詩續鈔二卷首一卷　宋慈袌撰　民國鉛印本　一冊

330000－1701－0025401　民 811.18/3121.2/c1　集部/别集類
仁山詩鈔續編　汪紹元撰　民國三十二年(1943)鉛印本　一冊

330000－1701－0025403　HJL4287　類叢部/叢書類/自著之屬
彊邨遺書六種外編二種附一種　朱祖謀撰　民國二十二年(1933)刻本　一冊　存一種

330000－1701－0025406　民 811.18/3121/c2　集部/别集類
仁山詩鈔二卷鱗爪錄一卷　汪紹元撰　民國

十六年(1927)富陽汪氏鉛印本　一冊

330000－1701－0025408　民811.18/3121.2/c2　集部/别集類

仁山詩鈔續編　汪紹元撰　民國三十二年(1943)鉛印本　一冊

330000－1701－0025409　普092.83/4736.04　經部/書類/分篇之屬

禹貢錐指節要一卷　(清)丁養元撰　民國抄本　一冊

330000－1701－0025410　民811.18/3121.2/c3　集部/别集類

仁山詩鈔續編　汪紹元撰　民國三十二年(1943)鉛印本　一冊

330000－1701－0025411　民811.18/31221/c1　集部/别集類

鶴影留痕集一卷　汪嶔撰　民國鉛印本　一冊

330000－1701－0025414　HJH4293　子部/宗教類/其他宗教之屬/基督教

玄機經二十卷　李仲覃撰　民國二十年(1931)鉛印本　一冊

330000－1701－0025416　民811.18/31211　集部/别集類

回風堂詩二卷　馮幵撰　民國蕭山朱氏别宥齋刻藍印本　一冊

330000－1701－0025418　HJL4295　類叢部/叢書類/彙編之屬

茗香館叢鈔　李正墀輯　民國鉛印本暨石印本　四冊　存二種

330000－1701－0025419　民811.18/3123/c1　集部/别集類

小亭林山館詩稿一卷　顧以溥撰　張宗祥寫　民國十八年(1929)石印本　一冊

330000－1701－0025421　普092.83/4097　類叢部/叢書類/郡邑之屬

豫章叢書六十種附一種　胡思敬編　民國四年至九年(1915－1920)南昌豫章叢書編刻局刻本　一冊　存一種

330000－1701－0025424　民811.18/31221/c2　集部/别集類

鶴影留痕集一卷　汪嶔撰　民國鉛印本　一冊

330000－1701－0025425　民811.18/31221/c3　集部/别集類

鶴影留痕集一卷　汪嶔撰　民國鉛印本　一冊

330000－1701－0025426　民811.18/3124　集部/别集類

山逕草堂詩存一卷　汪佑南撰　民國二十四年(1935)鉛印本　一冊

330000－1701－0025427　民811.18/31221/c4　集部/别集類

鶴影留痕集一卷　汪嶔撰　民國鉛印本　一冊

330000－1701－0025432　民811.18/3125　集部/别集類

還山草一卷　江峰青撰　民國八年(1919)刻本　一冊

330000－1701－0025433　民811.18/3133　集部/别集類

瘦梅館詩詞鈔二卷　汪浣澐撰　民國三十五年(1946)鉛印本　一冊

330000－1701－0025435　民811.18/3123/c2　集部/别集類

小亭林山館詩稿一卷　顧以溥撰　張宗祥寫　民國十八年(1929)石印本　一冊

330000－1701－0025436　普092.83/4269/2/c2　經部/書類/分篇之屬

禹貢注解一卷　姚明煇傳述　民國六年(1917)武昌高等師範學校鉛印本　一冊

330000－1701－0025437　民811.18/3126/c2　集部/别集類

大漠詩人集六卷　顧佛影撰　民國二十三年(1934)鉛印本　顧佛影題記　一冊

330000－1701－0025439　民 811.18/3134
集部/别集類
西征集一卷　顧祖彭撰　民國鉛印本　一册

330000－1701－0025440　民 811.18/3123/c3
集部/别集類
小亭林山館詩稿一卷　顧以溥撰　張宗祥寫
民國十八年(1929)石印本　一册

330000－1701－0025441　普 092.83/4269/2/c3　經部/書類/分篇之屬
禹貢注解一卷　姚明煇傳述　民國六年(1917)武昌高等師範學校鉛印本　一册

330000－1701－0025443　民 811.18/3132
集部/别集類/清别集
味菜堂疊次韻詩二卷　(清)汪淵撰　民國四年(1915)鉛印本　一册

330000－1701－0025445　民 811.18/3123/c4
集部/别集類
小亭林山館詩稿一卷　顧以溥撰　張宗祥寫
民國十八年(1929)石印本　一册

330000－1701－0025446　普 092.83/4269/2/c4　經部/書類/分篇之屬
禹貢注解一卷　姚明煇傳述　民國六年(1917)武昌高等師範學校鉛印本　一册

330000－1701－0025447　民 811.18/31341
集部/别集類
苦炎蒸室吟草一卷附詩餘一卷　江家瑂撰
民國三十二年(1943)油印本　江家瑂題簽並記　一册

330000－1701－0025450　民 811.18/3138.2
集部/别集類
微尚齋詩續槀三卷　汪兆鏞撰　民國二十九年(1940)鉛印本　一册　缺一卷(蟄居集)

330000－1701－0025451　民 811.18/31421/c1　集部/别集類
柳塘詩草一卷　江枕山撰　民國二十四年(1935)寄園木活字印本　一册

330000－1701－0025452　民 811.18/3144
集部/别集類
雞鳴集四卷附錄一卷補編一卷　馮壽梅撰
民國三十六年(1947)磬園木活字印本　一册

330000－1701－0025453　民 811.18/31421/c2　集部/别集類
柳塘詩草一卷　江枕山撰　民國二十四年(1935)寄園木活字印本　一册

330000－1701－0025456　民 811.18/3138.2/2　集部/别集類
微尚齋詩續槀三卷　汪兆鏞撰　民國二十九年(1940)鉛印本　一册　存一卷(紀遊集)

330000－1701－0025457　民 811.18/3151/c1
集部/别集類
自然室詩槀三卷　馮振撰　民國二十二年(1933)鉛印本　一册

330000－1701－0025459　民 811.18/3142/c1
集部/别集類
北溟詩稿二卷補遺一卷　江起鯤撰　民國二十二年(1933)寧波鈞和公司鉛印本　一册

330000－1701－0025461　民 811.18/3151/c2
集部/别集類
自然室詩槀三卷　馮振撰　民國二十二年(1933)鉛印本　一册

330000－1701－0025462　民 811.18/3142/c2
集部/别集類
北溟詩稿二卷補遺一卷　江起鯤撰　民國二十二年(1933)寧波鈞和公司鉛印本　一册

330000－1701－0025463　民 811.18/3142/c3
集部/别集類
北溟詩稿二卷補遺一卷　江起鯤撰　民國二十二年(1933)寧波鈞和公司鉛印本　一册

330000－1701－0025464　民 811.18/3151/c3
集部/别集類
自然室詩槀三卷　馮振撰　民國二十二年(1933)鉛印本　馮振題記　二册

330000－1701－0025465　民 811.18/3142/c4
集部/别集類

北溟詩稿二卷補遺一卷 江起鯤撰 民國二十二年(1933)寧波鈞和公司鉛印本 一册

330000－1701－0025466 民811.18/3164/c3 集部/别集類

海棠香館吟草初集一卷 汪國樹撰 民國二十五年(1936)杭州醫林新誌社鉛印本 一册

330000－1701－0025467 民811.18/3164/c1 集部/别集類

海棠香館吟草初集一卷 汪國樹撰 民國二十五年(1936)杭州醫林新誌社鉛印本 一册

330000－1701－0025470 民811.18/3164/c2 集部/别集類

海棠香館吟草初集一卷 汪國樹撰 民國二十五年(1936)杭州醫林新誌社鉛印本 一册

330000－1701－0025473 民811.18/3182 集部/别集類

悔盦詩鈔一卷詞鈔一卷 汪曾保撰 民國二十三年(1934)太倉汪象九養泉齋鉛印本 一册

330000－1701－0025476 HJL4297 集部/别集類

溉泉樓文集四卷詩集二卷詞一卷 凌學敓撰 民國十二年(1923)侯氏環溪草堂鉛印本 二册

330000－1701－0025482 民811.18/31821/c3 集部/别集類

達廬詩錄一卷 馮善徵撰 民國十四年(1925)費師洪鉛印本 一册

330000－1701－0025486 民811.18/31821/c1 集部/别集類

達廬詩錄一卷 馮善徵撰 民國十四年(1925)費師洪鉛印本 一册

330000－1701－0025488 民811.18/31821.2/c1 集部/别集類

達廬詩錄四卷 馮善徵撰 民國十六年(1927)鉛印本 一册

330000－1701－0025489 HJL4290 集部/詞類/别集之屬

閼伽壇詞一卷 劉肇隅繹 民國二十二年(1933)鉛印本 一册

330000－1701－0025491 民811.18/3184 集部/别集類

匏庵詩賸二卷詩餘一卷 汪曾蔭撰 民國二十二年(1933)太倉汪氏桐華館鉛印本 一册

330000－1701－0025494 民811.18/31821.2/c2 集部/别集類

達廬詩錄四卷 馮善徵撰 民國十六年(1927)鉛印本 一册

330000－1701－0025496 民811.18/31821.2/c3 集部/别集類

達廬詩錄四卷 馮善徵撰 民國十六年(1927)鉛印本 一册

330000－1701－0025497 民811.18/3214 集部/别集類

説劍堂詩集三卷詞集一卷 潘飛聲撰 民國二十三年(1934)鉛印本 二册

330000－1701－0025498 民811.18/3202 集部/别集類

小三松堂詩集四卷小三松堂雜著一卷 潘敦先撰 民國二十四年(1935)古吳潘氏鉛印本 二册

330000－1701－0025501 民811.18/31821.2/c4 集部/别集類

達廬詩錄四卷 馮善徵撰 民國十六年(1927)鉛印本 一册

330000－1701－0025504 民811.18/32141/c1 集部/别集類

聽天閣詩存二卷 潘天壽撰 民國三十三年(1944)鉛印本 潘天壽題記 一册

330000－1701－0025505 民811.18/3203 集部/别集類

仰苓近草一卷 潘文安撰 民國二十三年(1934)鉛印本 一册

330000－1701－0025506 民811.18/31821.

2/2　集部/別集類

達廬詩錄四卷　馮善徵撰　民國十六年(1927)南通馮氏景岫樓刻朱印本　一册

330000－1701－0025507　民 811.18/32141/c2　集部/别集類

聽天閣詩存二卷　潘天壽撰　民國三十三年(1944)鉛印本　潘天壽題記　一册

330000－1701－0025509　民 811.18/3204　集部/别集類

耐庵詩存一卷　潘亨穀撰　**先府君行實一卷**　潘承厚等撰　民國十七年(1928)潘氏刻本　一册

330000－1701－0025511　民 811.18/32141/c3　集部/别集類

聽天閣詩存二卷　潘天壽撰　民國三十三年(1944)鉛印本　潘天壽題記　一册

330000－1701－0025512　民 811.18/32141/c4　集部/别集類

聽天閣詩存二卷　潘天壽撰　民國三十三年(1944)鉛印本　羅雲題記　一册

330000－1701－0025515　民 811.18/3224　史部/地理類/遊記之屬/紀行

西南紀遊吟艸一卷　潘文安撰　民國二十七年(1938)鉛印本　一册

330000－1701－0025517　民 811.18/3231　集部/總集類/酬唱之屬

溧凌詩社唱和第一集一卷　濮良至等撰　民國十九年(1930)溧凌詩社鉛印本　一册

330000－1701－0025518　民 811.18/3241/c2　集部/别集類

秋廬詩賸一卷　潘葆延撰　民國六年(1917)鉛印本　一册

330000－1701－0025519　民 811.18/3324/c1　集部/别集類

節庵先生遺詩六卷　梁鼎芬撰　余紹宋輯　民國十二年(1923)沔陽盧氏慎始基齋武昌刻本　二册

330000－1701－0025520　民 811.18/3241/c3　集部/别集類

秋廬詩賸一卷　潘葆延撰　民國六年(1917)鉛印本　一册

330000－1701－0025522　民 811.18/3283/c1　集部/别集類

步月山房消閒詩集一卷　潘頌清撰　民國十九年(1930)木活字印本　一册

330000－1701－0025523　民 811.18/3324/c2　集部/别集類

節庵先生遺詩六卷　梁鼎芬撰　余紹宋輯　民國十二年(1923)沔陽盧氏慎始基齋武昌刻本　二册

330000－1701－0025524　民 811.18/3283/c2　集部/别集類

步月山房消閒詩集一卷　潘頌清撰　民國十九年(1930)木活字印本　一册

330000－1701－0025525　民 811.18/33240.02　集部/别集類

節庵先生遺詩續編一卷　梁鼎芬撰　葉恭綽輯　民國番禺葉恭綽鉛印本　余紹宋題記　一册

330000－1701－0025528　民 811.18/3334　集部/别集類

爰居閣詩十卷續一卷　梁鴻志撰　民國二十七年(1938)刻二十八年(1939)印本　梁鴻志題記　五册

330000－1701－0025530　民 811.18/3404/c1　集部/别集類

倚梅閣詩集四卷詩續集一卷詞鈔一卷詞續集一卷　沈韻蘭撰　民國五年(1916)鉛印本　一册

330000－1701－0025533　民 811.18/3412/c1　集部/别集類

雲石山房詩草一卷　沈廷傑撰　民國二十五年(1936)鉛印本　一册

330000－1701－0025534　民 811.18/3394/c1　集部/别集類

青郊六十自定稿四卷　梁煥奎撰　民國十六年(1927)鉛印本　二册

330000－1701－0025535　民 811.18/3404/c2
　集部/别集類

倚梅閣詩集四卷詩續集一卷詞鈔一卷詞續集一卷　沈韻蘭撰　民國五年(1916)鉛印本　一册

330000－1701－0025537　民 811.18/3334/2
　集部/别集類

爰居閣詩九卷　梁鴻志撰　民國二十六年(1937)中華書局鉛印本　三册

330000－1701－0025538　民 811.18/3412/c2
　集部/别集類

雲石山房詩草一卷　沈廷傑撰　民國二十五年(1936)鉛印本　一册

330000－1701－0025541　民 811.18/3410/c1
　集部/别集類

濤園詩集四卷　沈瑜慶撰　民國九年(1920)李宣龔鉛印本　二册

330000－1701－0025542　民 811.18/3394/c2
　集部/别集類

青郊六十自定稿四卷　梁煥奎撰　民國十六年(1927)鉛印本　二册

330000－1701－0025543　民 811.18/3412/c3
　集部/别集類

雲石山房詩草一卷　沈廷傑撰　民國二十五年(1936)鉛印本　一册

330000－1701－0025544　民 811.18/3394/c3
　集部/别集類

青郊六十自定稿四卷　梁煥奎撰　民國十六年(1927)鉛印本　二册

330000－1701－0025546　民 811.18/3394/c4
　集部/别集類

青郊六十自定稿四卷　梁煥奎撰　民國十六年(1927)鉛印本　二册

330000－1701－0025548　民 811.18/3410/c2
　集部/别集類

濤園詩集四卷　沈瑜慶撰　民國九年(1920)李宣龔鉛印本　二册

330000－1701－0025550　民 811.18/3412/c4
　集部/别集類

雲石山房詩草一卷　沈廷傑撰　民國二十五年(1936)鉛印本　一册

330000－1701－0025552　民 811.18/3410/c3
　集部/别集類

濤園詩集四卷　沈瑜慶撰　民國九年(1920)李宣龔鉛印本　二册

330000－1701－0025554　民 811.18/3413
類叢部/叢書類/自著之屬

琅玕館叢著　冼玉清撰　民國鉛印本　陳寅恪跋　一册　存一種

330000－1701－0025560　民 811.18/3416
集部/别集類

秋明集詩三卷詞一卷　沈尹默撰　民國十八年(1929)北京書局鉛印本　二册

330000－1701－0025562　HJL4301　集部/詞類/别集之屬

紅橋詞一卷　(清)何五雲撰　民國十九年(1930)李家恒繡月軒鉛印本　一册

330000－1701－0025565　民 811.18/3420
集部/别集類

無雙譜七律詩一卷　汝仁龍撰　民國十一年(1922)鉛印本　一册

330000－1701－0025566　民 811.18/3433
集部/别集類

壬癸詩集二卷客中吟草一卷詩餘一卷　洪祖邁撰　民國二十三年(1934)鉛印本　一册

330000－1701－0025568　民 811.18/34331
類叢部/叢書類/自著之屬

憶雲樓譯著叢書　凌啓鴻撰　民國二十年(1931)鉛印本　一册　存一種

330000－1701－0025569　民 811.18/3422
集部/别集類

鄮陽吟草一卷　沈秉彝撰　民國六年(1917)

鉛印本　一冊

330000－1701－0025572　民 811.18/34332
集部/别集類
宴池詩錄甲集三卷　凌宴池撰　民國二十一年(1932)夕薫齋鉛印本　一冊

330000－1701－0025574　民 811.18/3454/c1
集部/别集類
望雲樓詩稿一卷續編一卷　褚成婉撰　民國二年(1913)石印本　一冊

330000－1701－0025575　民 811.18/3423/c1
集部/别集類
悲華經舍詩存五卷　洪允祥撰　民國二十二年(1933)慈谿洪氏慎思軒鉛印本　一冊

330000－1701－0025577　民 811.18/3423/c1/1　集部/别集類
悲華經舍詩存五卷　洪允祥撰　民國二十二年(1933)慈谿洪氏慎思軒鉛印本　一冊

330000－1701－0025579　民 811.18/3423/c2
集部/别集類
悲華經舍詩存五卷　洪允祥撰　民國二十二年(1933)慈谿洪氏慎思軒鉛印本　一冊

330000－1701－0025580　HJH4302　集部/别集類/唐五代别集
溫飛卿詩集七卷别集一卷集外詩一卷附錄諸家詩評一卷　(唐)溫庭筠撰　(明)曾益注　(清)顧予咸補注　(清)顧嗣立續注　民國九年(1920)上海掃葉山房石印本　四冊

330000－1701－0025581　民 811.18/3423/c4
集部/别集類
悲華經舍詩存五卷　洪允祥撰　民國二十二年(1933)慈谿洪氏慎思軒鉛印本　一冊　存四卷(一至四)

330000－1701－0025582　民 811.18/3454/c2
集部/别集類
望雲樓詩稿一卷續編一卷　褚成婉撰　民國二年(1913)石印本　一冊

330000－1701－0025585　民 811.18/3454/c3
集部/别集類
望雲樓詩稿一卷續編一卷　褚成婉撰　民國二年(1913)石印本　劉傑生題記　一冊

330000－1701－0025586　民 811.18/3454.2
集部/别集類
望雲樓吟草續集一卷　褚成婉撰　民國二十年(1931)鉛印本　一冊

330000－1701－0025588　民 811.18/3454/c4
集部/别集類
望雲樓詩稿一卷續編一卷　褚成婉撰　民國二年(1913)石印本　一冊

330000－1701－0025594　民 811.18/3458
集部/别集類
復益草堂詩存一卷　褚成鈺撰　民國二十四年(1935)鉛印本　一冊

330000－1701－0025595　民 811.18/3467
集部/别集類
長公吟草四卷詞鈔一卷　沈昌眉撰　民國二十年(1931)鉛印本　一冊

330000－1701－0025598　民 811.18/3487/c1
集部/别集類
且寄廬吟草二卷　沈鈞撰　民國六年(1917)廣州刻本　一冊

330000－1701－0025599　民 811.18/3484
集部/别集類
養性軒詩集二卷　沈曾蔭撰　民國二十二年(1933)鉛印本　一冊

330000－1701－0025602　民 811.18/3487/c2
集部/别集類
且寄廬吟草二卷　沈鈞撰　民國六年(1917)廣州刻本　一冊

330000－1701－0025605　民 811.18/34841.2
集部/别集類
海日樓詩二卷　沈曾植撰　民國刻本　一冊

330000－1701－0025607　民 811.18/3497/c1
集部/别集類
逋居士集一卷平原村人詞一卷　沈惟賢撰

民國二十八年(1939)杭州刻本　一册

330000－1701－0025608　民811.18/3497/c2　集部/别集類

逋居士集一卷平原村人詞一卷　沈惟賢撰　民國二十八年(1939)杭州刻本　一册

330000－1701－0025610　民811.18/3624　集部/别集類

黛吟樓詩稿一卷詞稿一卷文稿一卷　温倩華撰　**哀輓集一卷**　鄧韌厂等撰　民國十年(1921)鉛印本　一册

330000－1701－0025612　普093.381/2811　經部/詩類/傳說之屬

詩經集解辨正不分卷　徐天璋撰　民國十二年(1923)鉛印本　四册

330000－1701－0025619　民811.18/3632　集部/别集類

嘯雪軒詩草十三卷　湯汝和撰　民國九年(1920)刻本　一册　存二卷(十二至十三)

330000－1701－0025620　普093.381/4488　經部/詩類/傳說之屬

詩旨纂辭五卷　黄節撰　民國鉛印本　黄節題記　一册　存三卷(一至三)

330000－1701－0025621　民811.18/3639、民811.18/3643　類叢部/叢書類/家集之屬

湯氏家刻　民國刻本　三册　存二種

330000－1701－0025622　民811.18/3875　集部/别集類

孕雲盦詩一卷　涂同軌撰　民國二十三年(1934)刻朱印本　涂公遂題記　一册

330000－1701－0025624　普093.381/6627/c2　類叢部/叢書類/彙編之屬

復性書院叢刊二十七種　馬浮編　民國二十九年至三十七年(1940－1948)復性書院刻本暨鉛印本　八册　存一種

330000－1701－0025628　民811.18/4014　集部/别集類

塘東樵唱一卷　李正墀撰　民國十四年(1925)石印本　一册

330000－1701－0025630　民811.18/4018　集部/别集類

十予草堂集四卷　李玉筍撰　李雪談編　民國二十三年(1934)靈峯分舍刻本　二册

330000－1701－0025633　普093.381/6627/c1　類叢部/叢書類/彙編之屬

復性書院叢刊二十七種　馬浮編　民國二十九年至三十七年(1940－1948)復性書院刻本暨鉛印本　八册　存一種

330000－1701－0025635　民811.18/4021　集部/别集類

潮音草舍詩存一卷　釋太虚撰　釋了空編　民國二十七年(1938)鉛印本　一册

330000－1701－0025636　民811.18/4028　集部/别集類

友古堂詩集二卷　李經鈺撰　民國十三年(1924)鉛印本　一册

330000－1701－0025639　民811.18/40281　集部/别集類

畫中詩二卷　李傳笏撰　民國鉛印本　一册

330000－1701－0025642　普093.3832/4490/c1　經部/詩類/傳說之屬

毛詩鄭箋平議十卷　黄焯撰　民國三十四年(1945)國立武漢大學鉛印本　一册

330000－1701－0025643　民811.18/4033　集部/别集類

杯湖吟草一卷附對聯一卷文集一卷　李鴻祥撰　王燦輯　民國三十五年(1946)鉛印本　李鴻祥題記　一册

330000－1701－0025644　民811.18/40331　集部/别集類

辛夷廬吟稿五卷　李啟沅撰　民國十七年(1928)鉛印本　一册

330000－1701－0025645　民811.18/4030　類叢部/叢書類/彙編之屬

墨巢叢刻　李宣龔輯　民國鉛印本　三册

存一種

330000－1701－0025647　民811.18/4030/(2)　類叢部/叢書類/彙編之屬
墨巢叢刻　李宣龔輯　民國鉛印本　二冊　存一種

330000－1701－0025648　民811.18/34841/c1　集部/別集類
寐叟乙卯稿一卷　沈曾植撰　民國六年(1917)四益宧寫刻本　淡雅批　一冊

330000－1701－0025650　普093.3832/4490/c2　經部/詩類/傳說之屬
毛詩鄭箋平議十卷　黄焯撰　民國三十四年(1945)國立武漢大學鉛印本　一冊

330000－1701－0025651　民811.18/4036/c1　集部/別集類
溈皓寱言一卷　李翰昌撰　民國九年(1920)杭州武林印書館鉛印本　一冊

330000－1701－0025652　民811.18/34841/c2　集部/別集類
寐叟乙卯稿一卷　沈曾植撰　民國六年(1917)四益宧寫刻本　一冊

330000－1701－0025653　民811.18/34841/c3　集部/別集類
寐叟乙卯稿一卷　沈曾植撰　民國六年(1917)四益宧寫刻本　一冊

330000－1701－0025654　普093.3832/4490/c3　經部/詩類/傳說之屬
毛詩鄭箋平議十卷　黄焯撰　民國三十四年(1945)國立武漢大學鉛印本　一冊

330000－1701－0025655　民811.18/34841/c4　集部/別集類
寐叟乙卯稿一卷　沈曾植撰　民國六年(1917)四益宧寫刻本　一冊

330000－1701－0025656　民811.18/4036/c2　集部/別集類
溈皓寱言一卷　李翰昌撰　民國九年(1920)杭州武林印書館鉛印本　一冊

330000－1701－0025658　民811.18/4039/c1　集部/別集類
始奏集一卷　李家煌撰　民國十七年(1928)鉛印本　一冊

330000－1701－0025660　民811.18/40391　集部/別集類
匏園詩集三十六卷　來裕恂撰　民國十三年(1924)鉛印本　六冊

330000－1701－0025661　民811.18/4039/c2　集部/別集類
始奏集一卷　李家煌撰　民國十七年(1928)鉛印本　一冊

330000－1701－0025662　民811.18/4039/c3　集部/別集類
始奏集一卷　李家煌撰　民國十七年(1928)鉛印本　一冊

330000－1701－0025663　普093.38322/7717　經部/詩類/專著之屬
毛詩品物圖攷七卷　(日本)岡元鳳纂輯　民國八年(1919)上海掃葉山房石印本　二冊

330000－1701－0025664　民811.18/40391/(2)/c1　集部/別集類
匏園詩集三十六卷　來裕恂撰　民國十三年(1924)鉛印本　十二冊

330000－1701－0025665　民811.18/4043、民811.18/4043.2　類叢部/叢書類/彙編之屬
曲石叢書二十種　李根源編　民國鉛印本　二冊　存四種

330000－1701－0025667　普093.3834/4099　類叢部/叢書類/彙編之屬
復性書院叢刊二十七種　馬浮編　民國二十九年至三十七年(1940－1948)復性書院刻本暨鉛印本　一冊　存一種

330000－1701－0025668　民811.18/40441　集部/別集類
紅藕軒遺稿一卷賸墨一卷　李培蓮撰　民國二十一年(1932)石印本　一冊

330000－1701－0025669　民 811.18/40391/(2)/c2　集部/别集類
匏園詩集三十六卷　來裕恂撰　民國十三年(1924)鉛印本　十二册

330000－1701－0025672　民 811.18/4044　集部/别集類
臥雪堂詩集十二卷　袁嘉穀撰　民國十六年(1927)雲南開智公司鉛印本　二册

330000－1701－0025673　民 811.18/40391/(2)/c3　集部/别集類
匏園詩集三十六卷　來裕恂撰　民國十三年(1924)鉛印本　十二册

330000－1701－0025675　普 093.383247/7412/2　經部/詩類/專著之屬
毛詩草木鳥獸蟲魚疏二卷　(三國吳)陸機撰　民國上海聚珍倣宋印書局鉛印本　一册

330000－1701－0025677　民 811.18/4049　類叢部/叢書類/自著之屬
義州李氏叢刻七種　李葆恂撰　民國五年(1916)李放京師刻本　一册　存二種

330000－1701－0025678　民 811.18/4056　集部/别集類
椿蔭廬詩存一卷詞存一卷　楊延年撰　民國七年(1918)鉛印本　一册

330000－1701－0025681　民 811.18/4063.2　集部/别集類
禮閼郵齋詩存一卷繭齋詩餘一卷　袁思永撰　民國三十一年(1942)民衆書局石印本　袁思永題記　徐禎立題簽並記　一册

330000－1701－0025683　民 811.18/4064　集部/别集類
問淞詩存一卷　李國樞撰　**輓詩一卷**　陳詩等撰　民國十五年(1926)鉛印本　一册

330000－1701－0025685　民 811.18/4110/c1　集部/别集類
蓼園詩鈔五卷　柯劭忞撰　廉泉編　**校勘記一卷**　廉泉撰　民國十三年(1924)上海中華書局鉛印本　一册

330000－1701－0025687　民 811.18/4070　類叢部/叢書類/彙編之屬
曲石叢書二十種　李根源編　民國十二年至二十一年(1923－1932)騰衝李氏蘇州刻本　四册　存一種

330000－1701－0025690　民 811.18/4175/c1　集部/别集類
小丹邱詩存十八卷附新樂府一卷　柯驊威撰　民國二十年(1931)石印本　四册

330000－1701－0025692　民 811.18/4110/c2　集部/别集類
蓼園詩鈔五卷　柯劭忞撰　廉泉編　**校勘記一卷**　廉泉撰　民國十三年(1924)上海中華書局鉛印本　一册

330000－1701－0025694　民 811.18/4200/c1　集部/别集類
訒菴詩鈔一卷　彭敦毅撰　民國十二年(1923)鉛印本　一册

330000－1701－0025695　民 811.18/40731　集部/别集類
恐高寒齋詩二卷　袁勵準撰　民國十九年(1930)刻朱印本　大樂題簽　松居士題記　二册

330000－1701－0025696　民 811.18/4175/c2　集部/别集類
小丹邱詩存十八卷附新樂府一卷　柯驊威撰　民國二十年(1931)石印本　四册

330000－1701－0025697　民 811.18/4200/c2　集部/别集類
訒菴詩鈔一卷　彭敦毅撰　民國十二年(1923)鉛印本　一册

330000－1701－0025698　民 811.18/4200/c3　集部/别集類
訒菴詩鈔一卷　彭敦毅撰　民國十二年(1923)鉛印本　一册

330000－1701－0025700　民 811.18/4200/c4　集部/别集類
訒菴詩鈔一卷　彭敦毅撰　民國十二年

(1923)鉛印本　一冊

330000－1701－0025701　普 093.3837/0013　類叢部/叢書類/郡邑之屬
雲南叢書初編一百四十一種二編三十七種　趙藩　陳榮昌等輯　民國雲南叢書處刻本　十冊　存一種

330000－1701－0025702　民 811.18/4085/c1　史部/史評類/詠史之屬
清史百詠一卷　李鈞鰲撰　民國二十四年(1935)鴻泥樓鉛印本　一冊

330000－1701－0025703　普 093.3837/0013/2　經部/詩類/傳說之屬
詩經原始十八卷首二卷　(清)方玉潤撰　民國十三年(1924)上海泰東圖書局石印本　八冊

330000－1701－0025704　民 811.18/4213　集部/别集類
味筍齋詩鈔一卷　姚琮撰　民國三十二年(1943)鉛印本　一冊

330000－1701－0025705　民 811.18/4085/c2　史部/史評類/詠史之屬
清史百詠一卷　李鈞鰲撰　民國二十四年(1935)鴻泥樓鉛印本　一冊

330000－1701－0025706　民 811.18/4175/c3　集部/别集類
小丹邱詩存十八卷附新樂府一卷　柯驊威撰　民國二十年(1931)石印本　四冊

330000－1701－0025707　民 811.18/4213.2/c1　集部/别集類
九山吟草一卷　姚琮撰　民國二十三年(1934)鉛印本　一冊

330000－1701－0025708　民 811.18/4213.2/c2　集部/别集類
九山吟草一卷　姚琮撰　民國二十三年(1934)鉛印本　一冊

330000－1701－0025712　民 811.18/4213.2/c3　集部/别集類
九山吟草一卷　姚琮撰　民國二十三年(1934)鉛印本　一冊

330000－1701－0025714　民 811.18/4213.2/c4　集部/别集類
九山吟草一卷　姚琮撰　民國二十三年(1934)鉛印本　一冊

330000－1701－0025716　民 811.18/4213.2/c5　集部/别集類
九山吟草一卷　姚琮撰　民國二十三年(1934)鉛印本　一冊

330000－1701－0025718　民 811.18/4240/c1　集部/别集類
北征集一卷　靳志撰　民國二十四年(1935)鉛印本　一冊

330000－1701－0025719　普 093.3837/0744　類叢部/叢書類/家集之屬
侯官郭氏家集彙刊十二種　郭則澐編　民國二十三年(1934)侯官郭氏刻本　一冊　存一種

330000－1701－0025722　民 811.18/4240/c2　集部/别集類
北征集一卷　靳志撰　民國二十四年(1935)鉛印本　一冊

330000－1701－0025724　民 811.18/4263/c1　集部/别集類
珍帚齋詩草一卷畫稿一卷　姚景瀛撰　**謇謇詩草一卷**　姚繼虺撰　民國三十五年(1946)影印本　一冊

330000－1701－0025727　民 811.18/4263/c2　集部/别集類
珍帚齋詩草一卷畫稿一卷　姚景瀛撰　**謇謇詩草一卷**　姚繼虺撰　民國三十五年(1946)影印本　一冊

330000－1701－0025728　民 811.18/4274　集部/别集類
浣花詩集一卷詞集一卷　彭駿聲撰　劉漢章　彭鳳聲輯　民國二十六年(1937)鉛印本　劉漢章題記　一冊

330000－1701－0025729　民811.18/4263/c3
集部/别集類
珍帚齋詩草一卷畫稿一卷　姚景瀛撰　**謇謇詩草一卷**　姚繼虺撰　民國三十五年(1946)影印本　一册

330000－1701－0025734　民811.18/4283/c1
集部/别集類
盟梅館詩初稿一卷　姚竹心撰　民國十三年(1924)姚後超鉛印本　一册

330000－1701－0025736　民811.18/4401
集部/别集類
蘇曼殊詩集一卷　蘇玄瑛撰　柳無忌輯　**校勘記一卷**　民國十六年(1927)柳無忌鉛印本　一册

330000－1701－0025737　民811.18/4283/c2
集部/别集類
盟梅館詩初稿一卷　姚竹心撰　民國十三年(1924)姚後超鉛印本　一册

330000－1701－0025739　民811.18/4283/c3
集部/别集類
盟梅館詩初稿一卷　姚竹心撰　民國十三年(1924)姚後超鉛印本　一册

330000－1701－0025740　普093.3837/3141
經部/詩類/傳説之屬
爾雅堂家藏詩説二卷　(明)顧起元撰　(明)顧起鳳等輯　民國抄本　二册

330000－1701－0025744　民811.18/4372/c1
集部/别集類
呻吟詩詞一卷附録一卷　裘岳撰　民國二十九年(1940)鉛印本　裘岳題記　一册

330000－1701－0025745　民811.18/4372/c2
集部/别集類
呻吟詩詞一卷附録一卷　裘岳撰　民國二十九年(1940)鉛印本　一册

330000－1701－0025747　民811.18/44011
集部/别集類
燕子龕遺詩一卷　蘇玄瑛撰　王德鍾輯　民國九年(1920)柳亞子鉛印本　一册

330000－1701－0025749　民811.18/4403
集部/别集類/清别集
石菖蒲館詩鈔四卷　(清)黄文達撰　黄文琛編　民國八年(1919)鉛印本　二册

330000－1701－0025752　民811.18/4404
集部/别集類
雅盦詩草五卷　黄文博撰　民國三十七年(1948)鉛印本　黄文博題記　一册

330000－1701－0025753　民811.18/4410
集部/别集類
榴花館詩存十卷　蕭瑞麟撰　民國二十五年(1936)昭通蕭氏鉛印本　五册

330000－1701－0025755　民811.18/4413
集部/别集類/清别集
自恥軒詩存一卷　(清)杜承沂撰　民國二十一年(1932)鹽城鼎新印務局鉛印本　一册

330000－1701－0025756　民811.18/4414/c1
集部/别集類
雙峯詩遺一卷　蔡聯芳撰　民國十三年(1924)德安惕安書屋鉛印本　一册

330000－1701－0025757　民811.18/4420
集部/别集類
退庵詩稿十卷年譜一卷　葉叔亮撰　民國七年(1918)鉛印本　謇齋題記　二册

330000－1701－0025758　民811.18/4410/2
集部/别集類
榴花館詩草四卷　蕭瑞麟撰　民國油印本　四册

330000－1701－0025759　民811.18/4414/c2
集部/别集類
雙峯詩遺一卷　蔡聯芳撰　民國十三年(1924)德安惕安書屋鉛印本　一册

330000－1701－0025760　民811.18/4424
集部/别集類
敬業草堂嚼蠟吟一卷詩餘一卷　基生蘭撰　民國二十四年(1935)鉛印本　一册

330000－1701－0025762　民811.18/44101

集部/别集類
自怡集三卷　董正撰　民國十二年(1923)刻本　一冊

330000－1701－0025764　民 811.18/4411.02
集部/别集類
橋梓詩林初集八卷　林家濬撰　**續集七卷**　林廷玉撰　民國十四年(1925)石印本　一冊　存三卷(續集一至三)

330000－1701－0025768　民 811.18/4417
集部/别集類
敬鄉樓詩三卷　黄羣撰　民國三十六年(1947)永嘉鄭樓黄氏石印本　一冊

330000－1701－0025769　民 811.18/44241/c1　集部/别集類
稼溪詩草二卷　黄維翰撰　民國十年(1921)南昌刻本　二冊

330000－1701－0025771　民 811.18/44241/c2　集部/别集類
稼溪詩草二卷　黄維翰撰　民國十年(1921)南昌刻本　二冊

330000－1701－0025772　民 811.18/44271/c1　集部/别集類
畏廬詩存二卷　林紓撰　民國十二年(1923)上海商務印書館鉛印本　一冊

330000－1701－0025773　民 811.18/44242/c1　集部/别集類
穉荃三十以前詩一卷　黄穉荃撰　民國三十一年(1942)成都茹古書局刻本　一冊

330000－1701－0025774　民 811.18/4428
集部/别集類
東籬集二卷　董復撰　民國十四年(1925)武進董憲謹鉛印本　一冊

330000－1701－0025776　民 811.18/44271/c2　集部/别集類
畏廬詩存二卷　林紓撰　民國二十三年(1934)上海商務印書館鉛印本　一冊

330000－1701－0025778　民 811.18/44271/c3　集部/别集類
畏廬詩存二卷　林紓撰　民國十二年(1923)上海商務印書館鉛印本　一冊

330000－1701－0025779　民 811.18/44242/c2　集部/别集類
穉荃三十以前詩一卷　黄穉荃撰　民國三十一年(1942)成都茹古書局刻本　酈亭題記　王伯尹批並跋　一冊

330000－1701－0025782　民 811.18/44291
集部/别集類
觀古堂詩錄六卷　葉德輝撰　民國二年(1913)郎園刻本　二冊

330000－1701－0025783　民 811.18/4429/c1
集部/别集類
潛厂零集四卷　民國十九年(1930)鉛印本　一冊

330000－1701－0025786　民 811.18/4429/c2
集部/别集類
潛厂零集四卷　民國十九年(1930)鉛印本　一冊

330000－1701－0025788　民 811.18/44251/c1　集部/别集類
秋螢集二卷　葉秉成撰　民國十九年(1930)王文翰等鉛印本　一冊

330000－1701－0025790　民 811.18/44251/c2　集部/别集類
秋螢集二卷　葉秉成撰　民國十九年(1930)王文翰等鉛印本　一冊

330000－1701－0025791　民 811.18/44251/c3　集部/别集類
秋螢集二卷　葉秉成撰　民國十九年(1930)王文翰等鉛印本　一冊

330000－1701－0025792　民 811.18/4431/c1
集部/别集類
慎江草堂詩四卷　黄迂撰　民國十三年(1924)鉛印本　二冊

330000－1701－0025793　普 093.3838/4044

經部/詩類/傳說之屬

毛詩評註三十卷 李九華撰 張斌 張國棣輯 民國十四年(1925)四存學校鉛印本 四冊

330000－1701－0025795 民 811.18/4434/c1 集部/別集類

翰林風月樓詩鈔一卷 萬宗乾撰 民國二十二年(1933)銅仁江村草堂鉛印本 一冊

330000－1701－0025796 民 811.18/4431/c2 集部/別集類

慎江草堂詩四卷 黄迂撰 民國十三年(1924)鉛印本 二冊

330000－1701－0025799 民 811.18/4431/c3 集部/別集類

慎江草堂詩四卷 黄迂撰 民國十三年(1924)鉛印本 鄭汝璋題記 二冊

330000－1701－0025800 普 093.3838/4498 經部/詩類/傳說之屬

詩經通解三十卷詩音韻通說一卷 林義光撰 民國十九年(1930)衣好軒鉛印本 五冊

330000－1701－0025801 民 811.18/4434/c2 集部/別集類

翰林風月樓詩鈔一卷 萬宗乾撰 民國二十二年(1933)銅仁江村草堂鉛印本 一冊

330000－1701－0025802 民 811.18/4438/c1 集部/別集類

觀復堂詩集八卷 蔡寶善撰 民國鉛印本 二冊

330000－1701－0025803 民 811.18/4434/c3 集部/別集類

翰林風月樓詩鈔一卷 萬宗乾撰 民國二十二年(1933)銅仁江村草堂鉛印本 一冊

330000－1701－0025804 民 811.18/4438/c2 集部/別集類

觀復堂詩集八卷 蔡寶善撰 民國鉛印本 蔡競平跋 張宗祥題記 二冊

330000－1701－0025805 普 093.3838/1091 經部/詩類/專著之屬

雙劍誃詩經新證四卷 于省吾撰 民國二十五年(1936)石印本 二冊

330000－1701－0025806 民 811.18/4431/c4 集部/別集類

慎江草堂詩四卷 黄迂撰 民國十三年(1924)鉛印本 二冊

330000－1701－0025807 民 811.18/4440/c1 集部/別集類

朿門草一卷 黄壽袞撰 民國二年(1913)越鐸印刷局鉛印本 一冊

330000－1701－0025809 民 811.18/4440/c2 集部/別集類

朿門草一卷 黄壽袞撰 民國二年(1913)越鐸印刷局鉛印本 一冊

330000－1701－0025811 民 811.18/44411/c1 集部/別集類

春綠山房詩集六卷 黄彬琳撰 民國二十一年(1932)鉛印本 二冊

330000－1701－0025812 民 811.18/44311 集部/別集類

泰芒賸稾一卷 蔣潤霖撰 **附錄一卷** 章乃羹撰 民國二十年(1931)鉛印本 一冊

330000－1701－0025814 普 093.4/1020 經部/詩類/三家詩之屬

詩三家義集疏二十八卷首一卷 王先謙撰 民國四年(1915)長沙王氏虚受堂刻本 十冊

330000－1701－0025815 民 811.18/44412 集部/別集類

逸園詩草五卷 林友石撰 民國十六年(1927)中華書局鉛印本 查猛濟題記 一冊

330000－1701－0025816 民 811.18/44411/c2 集部/別集類

春綠山房詩集六卷 黄彬琳撰 民國二十一年(1932)鉛印本 二冊

330000－1701－0025817 民 811.18/44411/c3 集部/別集類

春綠山房詩集六卷　黄彬琳撰　民國二十一年(1932)鉛印本　二册

330000－1701－0025820　HJH4726　集部/總集類/選集之屬/斷代

孔宅詩二卷　姚文棟輯　民國三年(1914)鉛印本　二册

330000－1701－0025822　民 811.18/44413/c1　集部/別集類

悲秋小草不分卷　黄志璠撰　民國二十五年(1936)鉛印本　一册

330000－1701－0025823　民 811.18/44481　集部/別集類

山與樓詩内集四卷外集一卷　林翰撰　民國十五年(1926)鉛印本　一册

330000－1701－0025824　普 093.41/4045　類叢部/叢書類/郡邑之屬

雲南叢書初編一百四十一種二編三十七種　趙藩　陳榮昌等輯　民國雲南叢書處刻本　一册　存一種

330000－1701－0025825　民 811.18/44413/c2　集部/別集類

悲秋小草不分卷　黄志璠撰　民國二十五年(1936)鉛印本　一册

330000－1701－0025826　民 811.18/4459　集部/別集類

勝莊詩鈔六卷　林揚光撰　**宜蘭室吟草一卷**　張姚芝撰　民國六年(1917)福建第一分監石印本　一册

330000－1701－0025827　民 811.18/4442　集部/別集類

紅蘭館詩鈔八卷　蘇大山撰　民國十七年(1928)鉛印本　二册

330000－1701－0025829　民 811.18/44482　集部/別集類

冬青室詩鈔二卷　董大年撰　民國三十六年(1947)董太沖鉛印本　一册

330000－1701－0025830　普 093.4/4495　經部/詩類/傳說之屬

放齋詩説四卷首一卷　(宋)曹粹中撰　張壽鏞輯　民國三十三年(1944)鉛印本　一册

330000－1701－0025831　民 811.18/4463　集部/別集類

吴游集一卷　林思進撰　民國二十四年(1935)成都沈氏梧龕刻本　一册

330000－1701－0025832　民 811.18/44483　集部/別集類

北雲集一卷　林志鈞撰　陳陶心注　民國十一年(1922)鉛印本　一册

330000－1701－0025833　民 811.18/44485　集部/別集類

松客詩一卷　黄式敘撰　民國十六年(1927)鉛印本　一册

330000－1701－0025835　民 811.18/4450　集部/別集類

如園詩草二卷　蔣夷文撰　民國木活字印本　一册

330000－1701－0025836　民 811.18/44771　集部/別集類

柴扉詩草二卷　杜關撰　民國二十二年(1933)岳池中興鉛石印社鉛印本　一册

330000－1701－0025839　民 811.18/44421　集部/別集類

遐庵詩稿一卷　葉恭綽撰　民國二十年(1931)鉛印本　余紹宋題記　一册

330000－1701－0025840　民 811.18/4483/c2　集部/別集類

桂伯華先生遺詩一卷　桂念祖撰　民國鉛印本　一册

330000－1701－0025841　民 811.18/4457　集部/別集類

留餘草堂詩課初編一卷二編一卷　蔡振堅撰　民國鉛印本　二册

330000－1701－0025846　民 811.18/4484/c1　集部/別集類

黄維時詩存四卷　黄維時撰　民國二十八年(1939)鉛印本　二冊

330000－1701－0025847　民 811. 18/44422/c1　集部/别集類
世徽樓詩稿四卷　葉楚傖撰　民國三十五年(1946)上海正中書局鉛印本　一冊

330000－1701－0025848　民 811. 18/4488　集部/别集類
違己齋詩草一卷　蔣錫曾撰　民國十六年(1927)鉛印本　一冊

330000－1701－0025849　民 811. 18/4484/c2　集部/别集類
黄維時詩存四卷　黄維時撰　民國二十八年(1939)鉛印本　二冊

330000－1701－0025850　民 811. 18/4484/c3　集部/别集類
黄維時詩存四卷　黄維時撰　民國二十八年(1939)鉛印本　二冊

330000－1701－0025852　民 811. 18/44422/c2　集部/别集類
世徽樓詩稿四卷　葉楚傖撰　民國三十五年(1946)上海正中書局鉛印本　一冊

330000－1701－0025853　民 811. 18/44881/c1　集部/别集類
蒹葭樓詩二卷　黄節撰　民國二十三年(1934)鉛印本　葉恭綽跋　一冊

330000－1701－0025854　民 811. 18/4484/c4　集部/别集類
黄維時詩存四卷　黄維時撰　民國二十八年(1939)鉛印本　黄維時題記　二冊

330000－1701－0025856　民 811. 18/44423　集部/别集類
一莖草堂詩鈔四卷附文稿一卷　林起貞撰　民國十八年(1929)鳳池林氏鉛印本　一冊

330000－1701－0025857　民 811. 18/44881/c2　集部/别集類
蒹葭樓詩二卷　黄節撰　民國二十三年(1934)鉛印本　一冊

330000－1701－0025858　民 811. 18/4444　集部/别集類
一舟詩草五卷　葉桐封撰　民國三十四年(1945)石印本　一冊

330000－1701－0025860　民 811. 18/44882　集部/别集類
華鈴詩集　華鈴撰　民國二十七年(1938)鉛印本　一冊　存一種

330000－1701－0025861　民 811. 18/44881/c3　集部/别集類
蒹葭樓詩二卷　黄節撰　民國二十三年(1934)鉛印本　一冊

330000－1701－0025862　民 811. 18/44442　集部/别集類
思闇詩集二卷　華世奎撰　民國三十二年(1943)石印本　一冊

330000－1701－0025863　民 811. 18/4490/c1　集部/别集類
凹園詩鈔二卷詞附一卷　黄榮康撰　民國十年(1921)刻本　一冊

330000－1701－0025865　民 811. 18/4644　集部/别集類
拙庵詩稿二卷　楊世楨撰　民國二十二年(1933)鉛印本　一冊

330000－1701－0025866　民 811. 18/4490/c2　集部/别集類
凹園詩鈔二卷詞附一卷　黄榮康撰　民國十年(1921)刻本　一冊

330000－1701－0025870　民 811. 18/46442/c1　集部/别集類
陋盦小草十卷畫梅百詠二卷　楊芃棫撰　民國二十五年(1936)鉛印本　二冊

330000－1701－0025872　民 811. 18/4654　集部/别集類
楊楚孫先生詩集三卷　楊壽枬撰　孫伯亮編訂　民國三十六年(1947)鉛印本　一冊

330000－1701－0025873　民 811.18/4657
集部/别集類
匏園詩存四卷　楊振驥撰　民國七年(1918)鉛印本　一册

330000－1701－0025880　民 811.18/46442/c2　集部/别集類
陋盦小草十卷畫梅百詠二卷　楊芃棫撰　民國二十五年(1936)鉛印本　二册

330000－1701－0025881　民 811.18/44901
集部/别集類
櫻島間吟一卷　黄光撰　民國二十四年(1935)石印本　一册

330000－1701－0025882　民 811.18/4649/c1　集部/别集類
楊昀谷先生遺詩八卷補録一卷　楊增犖撰　民國二十四年(1935)鉛印本　二册

330000－1701－0025883　民 811.18/44901.2/c1　集部/别集類
飛情閣集四卷　黄光撰　民國三十八年(1949)鉛印本　三册

330000－1701－0025885　民 811.18/44901.2/c2　集部/别集類
飛情閣集四卷　黄光撰　民國三十八年(1949)鉛印本　三册

330000－1701－0025886　民 811.18/4649/c2　集部/别集類
楊昀谷先生遺詩八卷補録一卷　楊增犖撰　民國二十四年(1935)鉛印本　二册

330000－1701－0025887　民 811.18/4522/c1　集部/别集類
樓幼静詩詞稿二卷　樓巍撰　民國十六年(1927)鉛印本　一册

330000－1701－0025888　民 811.18/4651/c1　集部/别集類
劈天集一卷詩餘一卷　賀揚靈撰　民國三十二年(1943)鉛印本　一册

330000－1701－0025889　民 811.18/4667
集部/别集類
抱璞軒詩存一卷　楊國頤撰　**桐陰閣詩選一卷**　劉鳳霄撰　民國二十八年(1939)上海鉛印本　一册

330000－1701－0025890　民 811.18/44443
集部/别集類/清别集
夢紅豆邨詩集十四卷　(清)黄大華撰　民國二十三年(1934)鉛印本　一册

330000－1701－0025891　民 811.18/4522/c2　集部/别集類
樓幼静詩詞稿二卷　樓巍撰　民國十六年(1927)鉛印本　一册

330000－1701－0025892　民 811.18/4618
集部/别集類
椿蔭廬詩存一卷詞存一卷　楊延年撰　民國七年(1918)鉛印本　一册

330000－1701－0025893　民 811.18/4651/c3　集部/别集類
劈天集一卷詩餘一卷　賀揚靈撰　民國三十二年(1943)鉛印本　一册

330000－1701－0025894　民 811.18/4674
集部/别集類
雪松軒詩鈔一卷　楊彤英撰　民國二十一年(1932)上海福興印務局鉛印本　一册

330000－1701－0025896　民 811.18/4618.2　集部/别集類
楊無恙和吴槎客哀蘭絶句十九首一卷　楊無恙撰　民國十七年(1928)拏雲精舍鉛印本　一册

330000－1701－0025898　民 811.18/44444
集部/别集類
閩縣林氏一鐙樓叢書　林華撰　民國二十六年(1937)鉛印本　一册　存一種

330000－1701－0025900　民 811.18/46761
集部/别集類
楊岐山詩集六卷拾遺一卷　楊鳳鳴撰　民國三十四年(1945)石印本　一册

330000－1701－0025901　民 811.18/4627
集部/別集類
唯不可俗齋黔遊草一卷　楊奐撰　民國八年(1919)鉛印本　二冊

330000－1701－0025902　民 811.18/4447/c1
集部/別集類
巢海棠巢壬戌集一卷二硯齋詩集一卷　葉堯階撰　民國十四年(1925)石印本　一冊

330000－1701－0025903　民 811.18/4684
集部/別集類
莪怨室吟草四卷首一卷　楊令茀撰　民國十六年(1927)鉛印本　一冊

330000－1701－0025904　民 811.18/4447/c2
集部/別集類
巢海棠巢壬戌集一卷二硯齋詩集一卷　葉堯階撰　民國十四年(1925)石印本　一冊

330000－1701－0025906　民 811.18/4688
集部/別集類
聖遺詩四卷　楊鍾羲撰　民國十年(1921)石印本　二冊

330000－1701－0025909　民 811.18/44471
集部/別集類
一舟詩草五卷　葉桐封撰　民國三十四年(1945)石印本　一冊

330000－1701－0025911　民 811.18/4630/c1
集部/別集類
焦尾集一卷　賀宗章撰　民國八年(1919)鉛印本　一冊

330000－1701－0025913　民 811.18/4630/c2
集部/別集類
焦尾集一卷　賀宗章撰　民國八年(1919)鉛印本　一冊

330000－1701－0025921　民 811.18/4723
集部/別集類
宜廬詩稿八卷　胡行之撰　民國三十七年(1948)鉛印本　一冊

330000－1701－0025923　民 811.18/4448
集部/別集類
壽雲堂詩集一卷　蔣蘭畬撰　民國鉛印本　一冊

330000－1701－0025924　民 811.18/4737
集部/別集類
不匱室詩鈔八卷詩餘一卷　胡漢民撰　民國二十五年(1936)國葬典禮委員會石印本　二冊

330000－1701－0025926　民 811.18/4875
集部/別集類
臥雲東遊詩鈔十二卷　釋靜圓撰　民國十二年至十三年(1923－1924)甌郡刻本　四冊

330000－1701－0025927　民 811.18/4734/c2、民 811.18/47341.2、民 811.18/47341.3
集部/別集類
履冰子吟草初編一卷二編一卷三編一卷　胡遠芬撰　民國二十一年(1932)鉛印本　唐默亭題記　三冊

330000－1701－0025930　民 811.18/4734/c1
集部/別集類
履冰子吟草初編一卷二編一卷三編一卷　胡遠芬撰　民國二十一年(1932)鉛印本　陳立樹跋　一冊　存一卷(初編)

330000－1701－0025932　民 811.18/4900
集部/別集類
蝶魂詩草二卷　趙敵文撰　民國十六年(1927)油印本　一冊

330000－1701－0025933　民 811.18/47341.4
集部/別集類
履冰子吟草續編一卷　胡遠芬撰　民國二十四年(1935)鉛印本　唐默亭題記　一冊

330000－1701－0025938　民 811.18/5522
集部/別集類
石倉詩集四卷　曹緣皋撰　民國十七年(1928)石倉山館鉛印本　二冊

330000－1701－0025939　民 811.18/4900.3
集部/別集類
蝶魂詩鈔第二集一卷　趙敵文撰　民國二十

三年(1934)南昌博文印務局鉛印本　趙敵文題記　一冊

330000－1701－0025941　民 811.18/5523　集部/別集類
半逸山人詩草六卷二珊遺畫題辭一卷　曹伯榮撰　民國十年(1921)雙柏軒刻本　三冊

330000－1701－0025942　民 811.18/4727/2　集部/別集類
不匱室詩鈔八卷　胡漢民撰　民國二十一年(1932)刻本　二冊

330000－1701－0025943　民 811.18/5560/c1　集部/別集類
冷巢集羽集二卷　曹昌麟撰　民國十四年(1925)永嘉鉛印本　一冊

330000－1701－0025944　民 811.18/4944　集部/別集類
桐花館夢緣集二卷附卷一卷　趙藩撰　趙式銘　周鍾嶽編　民國鉛印本　一冊

330000－1701－0025945　民 811.18/49441　集部/別集類
移華書屋詩存四卷　趙荃撰　民國十年(1921)雲南鉛印本　一冊

330000－1701－0025946　民 811.18/4990.2　類叢部/叢書類/自著之屬
趙柏巖集十三種　趙炳麟撰　民國十一年(1922)鉛印本　一冊　存二種

330000－1701－0025948　民 811.18/4792/c1　集部/別集類
聽雨樓詩鈔二卷　胡慶榮撰　民國二十一年(1932)鉛印本　一冊

330000－1701－0025949　民 811.18/4792/c2　集部/別集類
聽雨樓詩鈔二卷　胡慶榮撰　民國二十一年(1932)鉛印本　趙志游題簽　胡慶榮題記　一冊

330000－1701－0025950　民 811.18/4792/c3　集部/別集類
聽雨樓詩鈔二卷　胡慶榮撰　民國二十一年(1932)鉛印本　胡慶榮題記　一冊

330000－1701－0025951　民 811.18/5560.02/c1　集部/別集類
冷巢集羽續集二卷　曹昌麟撰　民國十五年(1926)永嘉鉛印本　一冊

330000－1701－0025952　民 811.18/5560.03　集部/別集類
冷巢集羽三集二卷　曹昌麟撰　民國十六年(1927)永嘉鉛印本　一冊

330000－1701－0025953　民 811.18/5560/c2　集部/別集類
冷巢集羽集二卷　曹昌麟撰　民國十四年(1925)永嘉鉛印本　一冊

330000－1701－0025954　普 094.138321/8700/6/c1　類叢部/叢書類/彙編之屬
四部備要　中華書局編　民國二十五年(1936)上海中華書局鉛印本　八冊　存一種

330000－1701－0025955　民 811.18/5560.02/c2　集部/別集類
冷巢集羽續集二卷　曹昌麟撰　民國十五年(1926)永嘉鉛印本　一冊

330000－1701－0025957　民 811.18/5011　集部/別集類
瓶花館詩賸一卷　秦乃歌撰　民國十九年(1930)鉛印本　一冊

330000－1701－0025959　民 811.18/4984　集部/別集類
麻埠茶謠一卷　趙曾槐撰　民國二十四年(1935)鉛印本　一冊

330000－1701－0025960　普 094.138321/8700/6/c2、普 094.138321/8700/10　類叢部/叢書類/彙編之屬
四部備要　中華書局編　民國二十五年(1936)上海中華書局鉛印本　十八冊　存二種

330000－1701－0025961　民 811.18/5025/c1

集部/别集類

秦伯未詩一卷詩餘一卷　秦之濟撰　民國十九年(1930)鉛印本　一册

330000－1701－0025962　民 811.18/4786　集部/别集類

西麓詩草甲集一卷詩鈔乙集二卷　胡介昌撰　民國二十二年(1933)美新印刷公司鉛印本　三册

330000－1701－0025963　民 811.18/5025/c2　集部/别集類

秦伯未詩一卷詩餘一卷　秦之濟撰　民國十九年(1930)鉛印本　一册

330000－1701－0025964　民 811.18/5038　集部/别集類

退思閣詩集二卷　史汝箴撰　**農游雜詠一卷**　史樹瑛撰　民國二十二年(1933)鉛印本　四册

330000－1701－0025965　民 811.18/6001/c1　集部/别集類

竢定堂詩鈔一卷　田文弨撰　民國六年(1917)石印本　一册

330000－1701－0025966　普 094.138321/8700/7　經部/周禮類/傳說之屬

周禮十二卷　(漢)鄭玄注　(唐)陸德明音義　民國二十三年(1934)北平文禄堂據宋刻本影印本　六册

330000－1701－0025967　民 811.18/4788/c1　集部/别集類

適可居詩集五卷鳳山牧笛譜二卷　胡善曾撰　民國五年(1916)鉛印本　高□雪題記　一册

330000－1701－0025968　民 811.18/6001/c2　集部/别集類

竢定堂詩鈔一卷　田文弨撰　民國六年(1917)石印本　一册

330000－1701－0025969　民 811.18/5041　集部/别集類

鳳儒詩草一卷　史樹璋撰　民國二十二年(1933)鉛印本　二册

330000－1701－0025970　普 094.138321/8700/9　經部/周禮類/傳說之屬

周禮十二卷　(漢)鄭玄注　(唐)陸德明音義　民國二十三年(1934)北平文禄堂據宋刻本影印本　六册

330000－1701－0025971　民 811.18/5388/c1　集部/别集類

慎園詩二卷　戈銘猷撰　民國十八年(1929)鉛印本　一册

330000－1701－0025972　民 811.18/4788/c2　集部/别集類

適可居詩集五卷鳳山牧笛譜二卷　胡善曾撰　民國五年(1916)鉛印本　一册

330000－1701－0025973　民 811.18/6001/c3　集部/别集類

竢定堂詩鈔一卷　田文弨撰　民國六年(1917)石印本　一册

330000－1701－0025974　民 811.18/5060/c1　集部/别集類

無題詩一卷　魏在田撰　民國鉛印本　一册

330000－1701－0025976　民 811.18/5060/c3　集部/别集類

無題詩一卷　魏在田撰　民國鉛印本　一册

330000－1701－0025977　民 811.18/4788/c3　集部/别集類

適可居詩集五卷鳳山牧笛譜二卷　胡善曾撰　民國五年(1916)鉛印本　一册

330000－1701－0025978　民 811.18/5060/c4　集部/别集類

無題詩一卷　魏在田撰　民國鉛印本　一册

330000－1701－0025979　民 811.18/5388/c2　集部/别集類

慎園詩二卷　戈銘猷撰　民國十八年(1929)鉛印本　一册

330000－1701－0025980　民 811.18/5060/c5　集部/别集類

無題詩一卷　魏在田撰　民國鉛印本　一册

330000－1701－0025981　民 811.18/6013　集部/别集類
藤花别館詩鈔一卷　羅球撰　民國二十二年(1933)曲江南洲印務局鉛印本　一册

330000－1701－0025982　普 094.138321/8700/6/c3　類叢部/叢書類/彙編之屬
四部備要　中華書局編　民國二十五年(1936)上海中華書局鉛印本　八册　存一種

330000－1701－0025983　民 811.18/4764　集部/别集類
味根室己卯海上感舊草二卷　胡國樑撰　民國二十八年(1939)鉛印本　一册

330000－1701－0025984　普 094.13837/1200.3/3/c1　類叢部/叢書類/彙編之屬
四部備要　中華書局編　民國二十五年(1936)上海中華書局鉛印本　二十八册　存一種

330000－1701－0025985　民 811.18/6021/c1　集部/别集類
雪嚼香吟一卷　羅傳珍撰　民國二十六年(1937)鉛印本　一册

330000－1701－0025986　民 811.18/6021/c3　集部/别集類
雪嚼香吟一卷　羅傳珍撰　民國二十六年(1937)鉛印本　一册

330000－1701－0025988　民 811.18/6021/c2　集部/别集類
雪嚼香吟一卷　羅傳珍撰　民國二十六年(1937)鉛印本　一册

330000－1701－0025989　民 811.18/6024　集部/别集類
一塵草一卷　吕白華撰　民國三十四年(1945)上海東方書店鉛印本　一册

330000－1701－0025991　民 811.18/6021/c4　集部/别集類
雪嚼香吟一卷　羅傳珍撰　民國二十六年(1937)鉛印本　一册

330000－1701－0025992　普 094.13837/1200.3/3/c2　類叢部/叢書類/彙編之屬
四部備要　中華書局編　民國二十五年(1936)上海中華書局鉛印本　二十七册　存一種

330000－1701－0025994　民 811.18/6042　集部/别集類
言馨草堂詩選三卷　易翰鼎撰　民國十七年(1928)鉛印本　一册

330000－1701－0025995　民 811.18/6022/c1　類叢部/叢書類/自著之屬
琴志樓叢書　易順鼎撰　民國鉛印本　四册　存二種

330000－1701－0025998　民 811.18/6051　集部/别集類
遼海吟一卷　羅振玉撰　民國二十四年(1935)石印本　一册

330000－1701－0026002　民 811.18/6073　集部/别集類
怡春閣詩草十卷　羅厚瀛撰　民國二十五年(1936)鉛印本　一册

330000－1701－0026003　民 811.18/6022/c2　類叢部/叢書類/自著之屬
琴志樓叢書　易順鼎撰　民國鉛印本　四册　存二種

330000－1701－0026004　民 811.18/6022/c3　類叢部/叢書類/自著之屬
琴志樓叢書　易順鼎撰　民國鉛印本　四册　存二種

330000－1701－0026007　民 811.18/60421　類叢部/叢書類/彙編之屬
曲石叢書二十種　李根源編　民國鉛印本　一册　存一種

330000－1701－0026009　民 811.18/6022.2/c1　類叢部/叢書類/自著之屬
琴志樓叢書　易順鼎撰　民國鉛印本　二册

存一種

330000－1701－0026010　民 811.18/6044/c1
集部/别集類
浣花集四卷　羅華撰　民國二十一年(1932)鉛印本　一册

330000－1701－0026012　民 811.18/6084
集部/别集類
菀麗園詩一卷　吕美蓀撰　民國二十年(1931)鉛印本　一册

330000－1701－0026013　民 811.18/6044/c2
集部/别集類
浣花集四卷　羅華撰　民國二十一年(1932)鉛印本　一册

330000－1701－0026014　民 811.18/6022.2/c2　類叢部/叢書類/自著之屬
琴志樓叢書　易順鼎撰　民國鉛印本　二册　存一種

330000－1701－0026015　民 811.18/6098
集部/别集類
南田竹枝詞一卷　吕耀鈐撰　民國九年(1920)油印本　一册

330000－1701－0026017　民 811.18/6022.2/c3　類叢部/叢書類/自著之屬
琴志樓叢書　易順鼎撰　民國鉛印本　二册　存一種

330000－1701－0026018　民 811.18/6044/c3
集部/别集類
浣花集四卷　羅華撰　民國二十一年(1932)鉛印本　一册

330000－1701－0026019　民 811.18/6614/c1
集部/别集類
延秋室詩稿一卷　嚴廷楨撰　民國八年(1919)西泠印社影印本　一册

330000－1701－0026020　民 811.18/6614/c2
集部/别集類
延秋室詩稿一卷　嚴廷楨撰　民國八年(1919)西泠印社影印本　一册

330000－1701－0026021　民 811.18/6614/c3
集部/别集類
延秋室詩稿一卷　嚴廷楨撰　民國八年(1919)西泠印社影印本　一册

330000－1701－0026022　民 811.18/6614/c4
集部/别集類
延秋室詩稿一卷　嚴廷楨撰　民國八年(1919)西泠印社影印本　一册

330000－1701－0026023　民 811.18/6633
類叢部/叢書類/家集之屬
長沙瞿氏叢刊五種　瞿宣穎編　民國二十二年至二十四年(1933－1935)長沙瞿氏鉛印本　二册　存一種

330000－1701－0026027　民 811.18/7132.3
集部/别集類
蠲戲齋詩編年集八卷避寇集一卷芳杜詞賸一卷　馬浮撰　**蠲戲齋詩前集二卷**　馬浮撰　張立民　楊蔭林輯録　民國二十九年(1940)、三十六年(1947)刻本　五册　缺二卷(避寇集、芳杜詞賸)

330000－1701－0026029　民 811.18/6640
集部/别集類
飛絮集詩草一卷　嚴敬文撰　民國二十八年(1939)鉛印本　一册

330000－1701－0026032　民 811.18/7140/c1
集部/别集類
竹平安館詩鈔二卷附詞一卷　阮堉撰　民國十九年(1930)杭州鉛印本　一册

330000－1701－0026034　民 811.18/6074
集部/别集類
晚秋堂詩集九卷蔗香館詞甲卷一卷　田興奎撰　民國二十年(1931)鉛印本　三册

330000－1701－0026035　民 811.18/7140/c2
集部/别集類
竹平安館詩鈔二卷附詞一卷　阮堉撰　民國十九年(1930)杭州鉛印本　一册

330000－1701－0026037　民 811.18/7140/c3
集部/别集類

竹平安館詩鈔二卷附詞一卷　阮堉撰　民國十九年(1930)杭州鉛印本　一册

330000－1701－0026038　民811.18/7183　集部/别集類

傷心詩稿一卷　馬念祖撰　董逸萍輯　民國鉛印本　一册

330000－1701－0026040　民811.18/7185　集部/别集類

京遊草一卷　馬敏中撰　民國三十六年(1947)鉛印本　一册

330000－1701－0026041　民811.18/7140/c4　集部/别集類

竹平安館詩鈔二卷附詞一卷　阮堉撰　民國十九年(1930)杭州鉛印本　一册

330000－1701－0026042　民811.18/7144　集部/别集類

龐檗子遺集二卷　龐樹柏撰　民國六年(1917)王蘊章等鉛印本　一册

330000－1701－0026047　民811.18/6673.2/c1　集部/别集類

初日樓詩一卷駐夢詞一卷　嚴既澄撰　民國二十一年(1932)鉛印本　一册

330000－1701－0026049　普094.238321/8700/3/c1　類叢部/叢書類/彙編之屬

四部備要　中華書局編　民國二十五年(1936)上海中華書局鉛印本　八册　存一種

330000－1701－0026051　民811.18/6673.2/c2　集部/别集類

初日樓詩一卷駐夢詞一卷　嚴既澄撰　民國二十一年(1932)鉛印本　一册

330000－1701－0026052　普094.238321/8700/3/c2　類叢部/叢書類/彙編之屬

四部備要　中華書局編　民國二十五年(1936)上海中華書局鉛印本　八册　存一種

330000－1701－0026054　民811.18/7214　集部/别集類/清别集

劉舍人遺集四卷　(清)劉子雄撰　民國二十年(1931)馬自翕鉛印本　馬自翕題記　一册

330000－1701－0026055　民811.18/6673.2/c3　集部/别集類

初日樓詩一卷駐夢詞一卷　嚴既澄撰　民國二十一年(1932)鉛印本　一册

330000－1701－0026057　民811.18/7150/c3　集部/别集類

西泠酬唱集二卷附東甌唱酬集一卷南湖唱酬集一卷北平唱酬集一卷　阮中立撰　民國石印本　一册

330000－1701－0026058　民811.18/7132/c1　集部/别集類

避寇集一卷　馬浮撰　民國二十九年(1940)嘉州刻本　樊潄圃題記　一册

330000－1701－0026059　民811.18/7150/c4　集部/别集類

西泠酬唱集二卷附東甌唱酬集一卷南湖唱酬集一卷北平唱酬集一卷　阮中立撰　民國石印本　一册

330000－1701－0026060　民811.18/72301　集部/别集類

廢墟詩詞三卷　劉治雍撰　民國二十八年(1939)雲南省財政廳印刷局鉛印本　一册

330000－1701－0026062　民811.18/7132/c2　集部/别集類

避寇集一卷　馬浮撰　民國二十九年(1940)嘉州刻本　一册

330000－1701－0026063　民811.18/7170　集部/别集類

軍餘詩存一卷　馬驤撰　民國十七年(1928)石印本　一册

330000－1701－0026064　民811.18/72302　集部/别集類

歲寒詩集一卷　劉騫撰　民國二十四年(1935)歲寒詩社鉛印本　一册

330000－1701－0026065　民811.18/7132/c3　集部/别集類

避寇集一卷芳杜詞賸一卷　馬浮撰　民國二十九年(1940)、三十六年(1947)嘉州刻本　一册

330000－1701－0026066　普 094. 238321/8700/4　類叢部/叢書類/彙編之屬
士禮居黄氏叢書十九種附四種　(清)黄丕烈輯　民國十一年(1922)上海博古齋據清黄氏刻本增輯影印本　二册　存一種

330000－1701－0026067　民 811. 18/7242. 7　集部/别集類
白屋遺詩七卷　劉大白撰　民國二十四年(1935)開明書店鉛印本　一册

330000－1701－0026068　民 811. 18/7204/c1　集部/别集類
噫餘室詩鈔一卷　劉韻芳撰　民國十年(1921)南昌百花洲銘記石印所石印本　一册

330000－1701－0026069　民 811. 18/7132. 2/c1　集部/别集類
蠲戲齋詩編年集八卷避寇集一卷芳杜詞賸一卷　馬浮撰　**蠲戲齋詩前集二卷**　馬浮撰　張立民　楊蔭林輯錄　民國二十九年(1940)、三十六年(1947)刻本　六册

330000－1701－0026070　民 811. 18/7132. 2/c2　集部/别集類
蠲戲齋詩編年集八卷避寇集一卷芳杜詞賸一卷　馬浮撰　**蠲戲齋詩前集二卷**　馬浮撰　張立民　楊蔭林輯錄　民國二十九年(1940)、三十六年(1947)刻本　六册

330000－1701－0026071　民 811. 18/7132. 2/c3　集部/别集類
蠲戲齋詩編年集八卷避寇集一卷芳杜詞賸一卷　馬浮撰　**蠲戲齋詩前集二卷**　馬浮撰　張立民　楊蔭林輯錄　民國二十九年(1940)、三十六年(1947)刻本　朱惠清題記　六册

330000－1701－0026073　民 811. 18/7287　集部/别集類
竹庵詩存一卷　丘竹屏撰　民國十三年(1924)石印本　一册

330000－1701－0026075　民 811. 18/7247　集部/别集類
嶺南吟一卷　劉大同撰　民國八年(1919)萊陽孫堯天鉛印本　一册

330000－1701－0026077　民 811. 18/7204/c2　集部/别集類
噫餘室詩鈔一卷　劉韻芳撰　民國十年(1921)南昌百花洲銘記石印所石印本　一册

330000－1701－0026078　民 811. 18/7288/c1　集部/别集類
分綠窗詩鈔三卷詞鈔一卷賦鈔一卷　劉鑑撰　民國三年(1914)長沙友善書局鉛印本　四册

330000－1701－0026079　民 811. 18/7204/2　集部/别集類
噫餘室詩鈔一卷　劉韻芳撰　民國十一年(1922)南昌臬司前擒華刷印公司石印本　一册

330000－1701－0026081　民 811. 18/7408/c1　集部/别集類
西村詩鈔二卷　陸文饒撰　民國十九年(1930)鉛印本　一册

330000－1701－0026082　民 811. 18/7288/c2　集部/别集類
分綠窗詩鈔三卷詞鈔一卷賦鈔一卷　劉鑑撰　民國三年(1914)長沙友善書局鉛印本　四册

330000－1701－0026084　民 811. 18/7288/c3　集部/别集類
分綠窗詩鈔三卷詞鈔一卷賦鈔一卷　劉鑑撰　民國三年(1914)長沙友善書局鉛印本　二册　存二卷(一至二)

330000－1701－0026085　民 811. 18/7408/c2　集部/别集類
西村詩鈔二卷　陸文饒撰　民國十九年(1930)鉛印本　一册

330000－1701－0026086　民 811.18/7290
集部/别集類
龍慧堂詩二卷　劉慎詒撰　民國十八年(1929)鉛印本　一冊

330000－1701－0026087　民 811.18/7408/c3
集部/别集類
西村詩鈔二卷　陸文鐃撰　民國十九年(1930)鉛印本　一冊

330000－1701－0026088　民 811.18/7256/c1
集部/别集類
適廬詩集一卷　劉春煦撰　民國二十四年(1935)漢口武漢印書館鉛印本　劉祖舜題記　一冊

330000－1701－0026090　民 811.18/7122
集部/别集類/清别集
希潛遺詩一卷　(清)阮德純撰　民國二十三年(1934)景曾篴鉛印本　一冊

330000－1701－0026092　民 741.2044/1133/c4　子部/藝術類/書畫之屬/書法書品
書學源流論不分卷　張宗祥撰　民國十年(1921)上海聚珍倣宋印書局鉛印本　一冊

330000－1701－0026094　民 811.18/7297
集部/别集類
栖碧山人吟稿三卷　劉煥撰　民國二十三年(1934)刻本　二冊

330000－1701－0026097　普 094.23837/2233/3　類叢部/叢書類/自著之屬
任氏遺書八種　(清)任啟運撰　民國二十年(1931)刻本　余紹宋題記　一冊　存一種

330000－1701－0026099　民 811.18/7256/c2
集部/别集類
適廬詩集一卷　劉春煦撰　民國二十四年(1935)漢口武漢印書館鉛印本　劉祖舜題記　一冊

330000－1701－0026100　民 811.18/7401/c1
集部/别集類
春暉草堂遺稿一卷　陸龍撰　民國九年(1920)鉛印本　一冊

330000－1701－0026101　民 811.18/7256/c3
集部/别集類
適廬詩集一卷　劉春煦撰　民國二十四年(1935)漢口武漢印書館鉛印本　一冊

330000－1701－0026102　民 811.18/72561/c1　集部/别集類
世載堂詩待刪稿二卷　劉成禺撰　民國三十四年(1945)京華印書館鉛印本　古杉題記　一冊

330000－1701－0026103　民 811.18/7401/c2
集部/别集類
春暉草堂遺稿一卷　陸龍撰　民國九年(1920)鉛印本　一冊

330000－1701－0026104　民 811.18/72561/c2　集部/别集類
世載堂詩待刪稿二卷　劉成禺撰　民國三十四年(1945)京華印書館鉛印本　劉成禺題記　一冊

330000－1701－0026111　民 811.18/7512
集部/别集類
身雲室詩錄一卷　陳元凱撰　民國十八年(1929)鉛印本　一冊

330000－1701－0026112　普 094.3349/1038/c1　類叢部/叢書類/自著之屬
王文貞集七種附一種　王祖畬撰　民國刻本　一冊　存一種

330000－1701－0026113　普 094.3349/1038/c2　類叢部/叢書類/自著之屬
王文貞集七種附一種　王祖畬撰　民國刻本　一冊　存一種

330000－1701－0026114　民 811.18/7517/c1
集部/别集類
翠樓吟草六卷附文稿一卷　陳琛撰　民國十八年(1929)鉛印本　一冊

330000－1701－0026116　民 811.18/7517/c2
集部/别集類
翠樓吟草六卷附文稿一卷　陳琛撰　民國十八年(1929)鉛印本　一冊

330000－1701－0026117　民 811.18/7517/c4　集部/别集類
翠樓吟草六卷附文稿一卷　陳琛撰　民國十八年(1929)鉛印本　一冊

330000－1701－0026118　民 811.18/7517/c5　集部/别集類
翠樓吟草六卷附文稿一卷　陳琛撰　民國十八年(1929)鉛印本　一冊

330000－1701－0026119　民 811.18/7520　集部/别集類
默齋詩稿十二卷　陳重慶撰　民國十一年(1922)揚州鉛印本　六冊

330000－1701－0026120　民 811.18/7517/2　集部/别集類
翠樓吟草六卷文草一卷曲稿一卷　陳琛撰　民國十六年(1927)上海著易堂鉛印本　劍吟題記　一冊

330000－1701－0026123　民 811.18/7521　集部/别集類
壽藻堂詩集八卷文續一卷　陳作霖撰　民國鉛印本　一冊

330000－1701－0026124　民 811.18/7518　集部/别集類
半隱廬詩草一卷　陳爾錫編　民國十七年(1928)鉛印本　絜毛題記　一冊

330000－1701－0026125　民 811.18/75211　集部/别集類
寧靜齋詩鈔四卷首一卷　陳經撰　民國三十二年(1943)鉛印本　陳綸題記　一冊

330000－1701－0026126　民 811.18/74271　集部/别集類
陸純夫先生遺詩一卷　陸繼周撰　民國十七年(1928)鉛印本　一冊

330000－1701－0026128　民 811.18/7523　集部/别集類
一暢樓詩集一卷　陳伯清撰　民國鉛印本　一冊

330000－1701－0026129　民 811.18/75181/c1　集部/别集類
陳烈士勒生遺集五卷　陳子範撰　民國六年(1917)南社鉛印本　一冊

330000－1701－0026130　民 811.18/75181/c2　集部/别集類
陳烈士勒生遺集五卷　陳子範撰　民國六年(1917)南社鉛印本　一冊

330000－1701－0026132　民 811.18/75241　集部/别集類
有竹居詩稿一卷　陳積馨撰　民國二十七年(1938)石印本　一冊

330000－1701－0026136　民 811.18/7529/c1　集部/别集類
陳師曾遺詩二卷補一卷　陳衡恪撰　民國十九年(1930)石印本　一冊

330000－1701－0026139　民 811.18/7505　集部/别集類
青蓮花館詩存一卷　陳康壽撰　**附錄一卷**　陳康瑞輯　民國九年(1920)青蓮花館鉛印本　一冊

330000－1701－0026140　民 811.18/7529/c2　集部/别集類
陳師曾遺詩二卷補一卷　陳衡恪撰　民國十九年(1930)石印本　一冊

330000－1701－0026141　民 811.18/7534/c2　集部/别集類
畸園第三次手定詩稿十七種三十二卷　陳遹聲撰　民國十一年(1922)影印本　二十三冊

330000－1701－0026146　民 811.18/7534/c1　集部/别集類
畸園第三次手定詩稿十七種三十二卷　陳遹聲撰　民國十一年(1922)影印本　二十三冊

330000－1701－0026148　民 811.18/7534/c3　集部/别集類
畸園第三次手定詩稿十七種三十二卷　陳遹聲撰　民國十一年(1922)影印本　二十三冊

330000－1701－0026150　民 811.18/7531　集部/别集類
滄趣樓詩集十卷聽水齋詞一卷　陳寶琛撰　民國二十七年(1938)陳氏刻本　四册

330000－1701－0026153　民 811.18/7510/(2)/c1　集部/别集類
散原精舍詩二卷續集三卷　陳三立撰　民國十一年(1922)上海商務印書館鉛印本　四册

330000－1701－0026154　民 811.18/7510/(2)/c2　集部/别集類
散原精舍詩二卷續集三卷　陳三立撰　民國十五年(1926)上海商務印書館鉛印本　章嶔題記　四册

330000－1701－0026155　民 811.18/7539/c1　集部/别集類
蠖齋詩三卷詩話三卷　陳寶熯撰　民國鉛印本　一册

330000－1701－0026156　民 811.18/75402　集部/别集類
靈犀小逸齋遺稿一卷　陳士麟撰　民國二十二年(1933)鉛印本　一册

330000－1701－0026157　民 811.18/7510.2　集部/别集類
散原詩鈔一卷　陳三立撰　**觚菴詩鈔一卷**　俞明震撰　**吷庵詩鈔一卷**　夏敬觀撰　**蒼虬閣詩鈔一卷**　陳曾壽撰　民國石印本　一册

330000－1701－0026158　民 811.18/7539/c2　集部/别集類
蠖齋詩三卷詩話三卷　陳寶熯撰　民國鉛印本　一册

330000－1701－0026161　民 811.18/7539/c3　集部/别集類
蠖齋詩三卷詩話三卷　陳寶熯撰　民國鉛印本　一册

330000－1701－0026162　民 811.18/7539/c4　集部/别集類
蠖齋詩三卷詩話三卷　陳寶熯撰　民國鉛印本　一册

330000－1701－0026164　民 811.18/7539/(2)/c1　集部/别集類
蠖齋文一卷詩三卷續一卷詩話三卷　陳寶熯撰　民國鉛印本　一册

330000－1701－0026166　民 811.18/75311　集部/别集類
退郛詩鈔二卷　馬爲瓏撰　民國五年(1916)石印本　二册

330000－1701－0026167　民 811.18/75401　集部/别集類
待焚詩稿十卷　陳柱撰　民國十八年(1929)無錫中國學術討論社鉛印本　二册

330000－1701－0026168　民 811.18/7539/(2)/c2　集部/别集類
蠖齋文一卷詩三卷續一卷詩話三卷　陳寶熯撰　民國鉛印本　一册

330000－1701－0026169　民 811.18/7539/(2)/c3　集部/别集類
蠖齋文一卷詩三卷續一卷詩話三卷　陳寶熯撰　民國鉛印本　一册

330000－1701－0026170　民 811.18/75401.2　集部/别集類
變風變雅樓待焚詩稾第二集五卷首一卷　陳柱撰　民國二十二年(1933)北流陳氏十萬卷樓刻朱印本　陳柱題記　三册

330000－1701－0026171　民 811.18/75404　集部/别集類
摹廬詩鈔一卷　陳直撰　民國鉛印本　一册

330000－1701－0026174　民 811.18/75431.2　集部/總集類/彙編之屬
湖月集三卷續集三卷　陳度　袁嘉穀　孫樂撰　民國二十五年(1936)、二十七年(1938)鉛印本　一册　存三卷(續集一至三)

330000－1701－0026177　民 811.18/7544　集部/别集類
鄂青存稿一卷　陳棣棻撰　民國二十年(1931)鉛印本　一册

330000－1701－0026178　民 811.18/75442/c1　集部/別集類

橫海樓詩集甲稿一卷　陳蔚撰　民國十四年(1925)鉛印本　一冊

330000－1701－0026179　民 811.18/75431/c2　集部/總集類/彙編之屬

湖月集三卷續集三卷　陳度　袁嘉穀　孫樂撰　民國二十五年(1936)、二十七年(1938)鉛印本　一冊　缺三卷(續集一至三)

330000－1701－0026180　民 811.18/7547.4　集部/別集類

耳順集一卷丁戊餘生草一卷丁戊餘生草補遺一卷　陳栩撰　民國二十六年(1937)鉛印本　一冊

330000－1701－0026182　民 811.18/75441/c1　集部/別集類

醉靈軒詩存十卷　陳蘧撰　民國十七年(1928)上海聚珍倣宋印書局鉛印本　二冊

330000－1701－0026183　民 811.18/75442/c2　集部/別集類

橫海樓詩集甲稿一卷　陳蔚撰　民國十四年(1925)鉛印本　一冊

330000－1701－0026184　民 811.18/75481　史部/傳記類/別傳之屬

三十六鴛吟草一卷　陳樹年撰　民國十四年(1925)鉛印本　一冊

330000－1701－0026185　民 811.18/75441/c2　集部/別集類

醉靈軒詩存十卷　陳蘧撰　民國十七年(1928)上海聚珍倣宋印書局鉛印本　二冊

330000－1701－0026186　民 811.18/75442/c3　集部/別集類

橫海樓詩集甲稿一卷　陳蔚撰　民國十四年(1925)鉛印本　一冊

330000－1701－0026187　民 811.18/75431/c1　集部/總集類/彙編之屬

湖月集三卷續集三卷　陳度　袁嘉穀　孫樂撰　民國二十五年(1936)、二十七年(1938)鉛印本　一冊　缺三卷(續集一至三)

330000－1701－0026188　民 811.18/75482　集部/別集類

適廬詩存一卷附三國宮詞一卷　陳翰撰　民國十九年(1930)鉛印本　陳甸題記　一冊

330000－1701－0026189　民 811.18/75442/c4　集部/別集類

橫海樓詩集甲稿一卷　陳蔚撰　民國十四年(1925)鉛印本　一冊

330000－1701－0026190　民 811.18/7580.4、民 811.18/7580、民 811.18/7580.3　集部/別集類

把芬廬存稿初編一卷續編一卷三編一卷　陳夔龍撰　民國二十八年至三十年(1939－1941)鉛印本　三冊

330000－1701－0026191　民 811.18/7552/c1　集部/別集類

轉蓬集一卷　陳中嶽撰　民國二十一年(1932)天津大公報館鉛印本　一冊

330000－1701－0026193　民 811.18/7552/c2　集部/別集類

轉蓬集一卷　陳中嶽撰　民國二十一年(1932)天津大公報館鉛印本　一冊

330000－1701－0026194　民 811.18/7547/c1　類叢部/叢書類/彙編之屬

一粟園叢書　民國杭州萃利公司鉛印本　一冊　存一種

330000－1701－0026195　民 811.18/7552.2/c1　集部/別集類

俠龕詩存一卷　陳中嶽撰　民國十五年(1926)鉛印本　黃維時題記　一冊

330000－1701－0026196　民 811.18/7580.5　集部/別集類

庸菴詩鈔二卷　陳夔龍撰　民國鉛印本　一冊

330000－1701－0026199　民 811.18/7552.2/c2　集部/別集類

俠龕詩存一卷　陳中嶽撰　民國十五年(1926)鉛印本　一册

330000－1701－0026201　民 811.18/7563　集部/别集類

觀塵因室詩鈔十二卷　陳景寔撰　民國二十六年(1937)安徽大中華印書局鉛印本　一册

330000－1701－0026202　普 094.3381/4441　經部/禮記類/傳説之屬

禮記集説四十九卷　(清)莊有可撰　民國二十四年(1935)上海商務印書館影印本　八册

330000－1701－0026203　民 811.18/7547/c2　類叢部/叢書類/彙編之屬

一粟園叢書　民國杭州萃利公司鉛印本　一册　存一種

330000－1701－0026205　民 811.18/7564/c1　集部/别集類

歸黔吟一卷　陳貽蓀撰　民國二十四年(1935)鉛印本　一册

330000－1701－0026208　民 811.18/7547/c3　類叢部/叢書類/彙編之屬

一粟園叢書　民國杭州萃利公司鉛印本　一册　存一種

330000－1701－0026209　民 811.18/7580.7　集部/别集類

花近樓詩存三編二卷四編二卷　陳夔龍撰　民國八年至九年(1919－1920)上海刻本　二册

330000－1701－0026210　普 811.18/7564/c2　集部/别集類

歸黔吟一卷　陳貽蓀撰　民國二十四年(1935)鉛印本　陳貽蓀題記　一册

330000－1701－0026214　民 811.18/7564/c3　集部/别集類

歸黔吟一卷　陳貽蓀撰　民國二十五年(1936)鉛印本　一册

330000－1701－0026219　民 811.18/7583　集部/别集類

妙山集六卷　陳鍾祺撰　民國二十二年(1933)鉛印本　一册

330000－1701－0026221　民 811.18/7584/c1　集部/别集類

石船詩存二卷　陳毓華撰　民國三十五年(1946)油印本　二册

330000－1701－0026225　民 811.18/7584/c2　集部/别集類

石船詩存二卷　陳毓華撰　民國三十五年(1946)油印本　二册

330000－1701－0026226　民 811.18/75841　集部/别集類

蒼虬閣詩十卷　陳曾壽撰　民國二十九年(1940)刻本　四册

330000－1701－0026229　民 811.18/7564/c4　集部/别集類

歸黔吟一卷　陳貽蓀撰　民國二十五年(1936)鉛印本　一册

330000－1701－0026232　民 811.18/75841/2　集部/别集類

蒼虬閣詩存九卷　陳曾壽撰　民國十年(1921)鉛印本　二册

330000－1701－0026234　民 811.18/7564.2/c1　集部/别集類

浙南遊草一卷　陳貽蓀撰　民國二十五年(1936)鉛印本　陳貽蓀題記　一册

330000－1701－0026238　民 811.18/7564.2/c2　集部/别集類

浙南遊草一卷　陳貽蓀撰　民國二十五年(1936)鉛印本　一册

330000－1701－0026242　普 094.33832/2626　經部/禮記類/傳説之屬

六朝寫本禮記子本疏義一卷　(南朝梁)皇侃撰　(南朝陳)鄭灼增益　民國五年(1916)影印本　一册

330000－1701－0026244　民 811.18/7571　集部/别集類

紫杖詩稿二卷附存一卷　陳欣撰　民國二十一年(1932)星洲南洋印務公司鉛印本　一冊

330000－1701－0026245　民 811.18/75841.3　集部/别集類

蒼虬閣詩存不分卷　陳曾壽撰　陳三立評　民國十年(1921)江寧蔣氏真賞樓鉛印真賞樓叢刻本　光澤題記　一冊

330000－1701－0026246　民 811.18/7575　集部/别集類

劍廬詩鈔一卷　陳閎慧撰　民國十三年(1924)美本公司鉛印本　陳閎慧題記　一冊

330000－1701－0026248　普 094.33832/8700/3/c1　經部/禮記類/傳說之屬

禮記二十卷　(漢)鄭玄注　(唐)陸德明音義　**禮記鄭注余本岳本對校札記二十卷**　楊彭齡撰　民國二十六年(1937)上海來青閣據宋余氏萬卷堂刻本影印本　十冊

330000－1701－0026249　民 811.18/7580.2　集部/别集類

鳴原集十卷附五十三參樓吟草一卷　陳夔龍撰　民國十八年至二十六年(1929－1937)鉛印本　六冊　存六卷(一至六)

330000－1701－0026250　民 811.18/7596　類叢部/叢書類/自著之屬

陳氏全書□□種　陳榮昌撰　民國刻本　永清跋　八冊　存一種

330000－1701－0026253　普 094.33832/8700/3/c2　經部/禮記類/傳說之屬

禮記二十卷　(漢)鄭玄注　(唐)陸德明音義　**禮記鄭注余本岳本對校札記二十卷**　楊彭齡撰　民國二十六年(1937)上海來青閣據宋余氏萬卷堂刻本影印本　十冊

330000－1701－0026256　普 094.33832/8700/6　類叢部/叢書類/彙編之屬

四部備要　中華書局編　民國二十五年(1936)上海中華書局鉛印本　八冊　存一種

330000－1701－0026258　民 811.18/7701　集部/别集類

海岸梵音一卷　周慶雲撰　民國八年(1919)夢坡室刻本　一冊

330000－1701－0026261　民 811.18/7701.2/c1　集部/别集類

東華塵夢一卷　周慶雲撰　民國八年(1919)夢坡室刻本　一冊

330000－1701－0026262　普 094.33837/2143　經部/禮記類/傳說之屬

禮記授讀十一卷　(清)熊松之撰　民國十九年(1930)高安熊氏據家塾藏原稿本影印本　十一冊

330000－1701－0026265　民 811.18/7701.2/c2　集部/别集類

東華塵夢一卷　周慶雲撰　民國八年(1919)夢坡室刻本　一冊

330000－1701－0026267　民 811.18/7701.3　集部/别集類

夢坡詩存十二卷　周慶雲撰　民國九年(1920)刻藍印本　四冊

330000－1701－0026268　普 094.33837/7231　經部/禮記類/傳說之屬

禮記恆解四十九卷　(清)劉沅輯注　民國豫誠堂刻本　十冊

330000－1701－0026270　民 811.18/7597/c1　集部/别集類

堇廬詩稿一卷　陳煥撰　民國二十年(1931)鉛印本　一冊

330000－1701－0026274　民 811.18/7597/c2　集部/别集類

堇廬詩稿一卷　陳煥撰　民國十七年(1928)壽昌余新泰石印局石印本　一冊

330000－1701－0026279　民 811.18/7727/c1　集部/别集類

彈山詩稾一卷　屈爔撰　民國二十九年(1940)鉛印本　一冊

330000－1701－0026284　民 811.18/7597/2　集部/别集類

堇廬詩稿一卷　陳煥撰　民國十七年(1928)壽昌余新泰石印局石印本　一册

330000－1701－0026285　民 811.18/7727/c2　集部/别集類
彈山詩槀一卷　屈㸌撰　民國二十九年(1940)鉛印本　一册

330000－1701－0026289　民 811.18/7730　集部/别集類
課花吟館詩鈔初集一卷二集一卷　周祥麟撰　**和韻附錄一卷**　朱劼丞等撰　民國十七年(1928)鉛印本　一册

330000－1701－0026294　普 094.4449/1200/c1　經部/大戴禮記類/傳說之屬
大戴禮記斠補三卷　(清)孫詒讓撰　民國三年(1914)瑞安廣明印刷所石印本　三册

330000－1701－0026296　普 094.4449/1200/c2　經部/大戴禮記類/傳說之屬
大戴禮記斠補三卷　(清)孫詒讓撰　民國三年(1914)瑞安廣明印刷所石印本　三册

330000－1701－0026298　普 094.4449/1200/c3　經部/大戴禮記類/傳說之屬
大戴禮記斠補三卷　(清)孫詒讓撰　民國三年(1914)瑞安廣明印刷所石印本　三册

330000－1701－0026299　普 094.4449/1200/c4　經部/大戴禮記類/傳說之屬
大戴禮記斠補三卷　(清)孫詒讓撰　民國三年(1914)瑞安廣明印刷所石印本　三册

330000－1701－0026300　民 811.18/7737/c1　集部/别集類
雛蟬賸稿二卷　周演巽撰　民國十四年(1925)鉛印本　一册

330000－1701－0026303　民 811.18/7737/c2　集部/别集類
雛蟬賸稿二卷　周演巽撰　民國十四年(1925)鉛印本　一册

330000－1701－0026306　民 811.18/7737/c3　集部/别集類
雛蟬賸稿二卷　周演巽撰　民國十四年(1925)鉛印本　一册

330000－1701－0026308　民 811.18/7703　集部/别集類
汾南漁俠游草三卷　周斌撰　民國五年(1916)鉛印本　一册

330000－1701－0026309　民 811.18/7737/c4　集部/别集類
雛蟬賸稿二卷　周演巽撰　民國十四年(1925)鉛印本　一册

330000－1701－0026311　民 811.18/7734/c1　集部/别集類
今覺盦詩四卷　周達撰　民國二十九年(1940)鉛印本　二册

330000－1701－0026315　民 811.18/7734/c2　集部/别集類
今覺盦詩四卷　周達撰　民國二十九年(1940)鉛印本　二册

330000－1701－0026317　民 811.18/7705　集部/别集類
笏園詩鈔四卷詞鈔一卷　周麟書撰　民國三十年(1941)吴江印務局鉛印本(卷四原缺)　一册

330000－1701－0026319　民 811.18/7734.2　集部/别集類
今覺盦詩續一卷　周達撰　民國三十一年(1942)鉛印本　一册

330000－1701－0026321　民 811.18/7706　集部/别集類
霞栖詩續鈔一卷詞續鈔一卷　周應昌撰　民國二十一年(1932)上海國光書局鉛印本　一册

330000－1701－0026323　民 811.18/7740　集部/别集類
椿花閣詩集八卷　段朝端撰　民國八年(1919)鉛印本　二册

330000－1701－0026324　民 811.18/77101

集部/别集類
行役吟一卷 居正撰 民國三十六年(1947)上海大東書局鉛印本 一册

330000－1701－0026332 民 811. 18/7741
集部/别集類
夕紅樓詩集八卷 周大烈撰 民國十九年(1930)北平文嵐簃鉛印本 一册

330000－1701－0026334 民 811. 18/7722
集部/别集類
松濤齋詩稿一卷 陶崇信撰 民國十四年(1925)嘉興綺春閣鉛印本 一册

330000－1701－0026336 民 811. 18/7743
集部/别集類
雪影軒賑餘吟集二卷 邱培源撰 民國十九年(1930)鉛印本 一册

330000－1701－0026337 民 811. 18/7726
集部/總集類/彙編之屬
歲寒集 民國鉛印本 一册 存一種

330000－1701－0026338 民 811. 18/7771
集部/别集類
南雷詩草二卷 歐陽武撰 民國十二年(1923)石印本 二册

330000－1701－0026345 民 811. 18/77831
集部/别集類
潛廬詩存四卷 周善祥撰 民國八年(1919)鶴書堂維揚刻本 一册

330000－1701－0026347 民 811. 18/7744
集部/别集類
芬陀利館瓻稿五卷 周大封撰 民國八年(1919)鉛印本 二册

330000－1701－0026348 民 811. 18/7784
集部/别集類
桐花館學吟草内編一卷外編一卷行橐珠璣一卷 周毓奇撰 民國四年(1915)木活字印本 松竹軒主人題記 一册

330000－1701－0026350 民 811. 18/7788/c1
類叢部/叢書類/自著之屬
周晉琦遺著三種 周曾錦撰 民國十年(1921)鉛印本 一册

330000－1701－0026352 民 811. 18/7749/c1
集部/别集類
甬山堂詩集六卷 周世棠撰 民國十九年(1930)鉛印本 一册

330000－1701－0026353 民 811. 18/7781
集部/别集類
碧藍蔚客游詩草一卷倦游詩草一卷補遺一卷 周錫瓚撰 **重游泮水唱和集一卷** 周錫瓚等撰 民國十一年(1922)鉛印本 一册

330000－1701－0026355 民 811. 18/7749/c2
集部/别集類
甬山堂詩集六卷 周世棠撰 民國十九年(1930)鉛印本 一册

330000－1701－0026356 民 811. 18/7788/c2
類叢部/叢書類/自著之屬
周晉琦遺著三種 周曾錦撰 民國十年(1921)鉛印本 一册

330000－1701－0026359 民 811. 18/7788/c3
類叢部/叢書類/自著之屬
周晉琦遺著三種 周曾錦撰 民國十年(1921)鉛印本 一册

330000－1701－0026360 民 811. 18/7782/c1
集部/别集類
惺盦詩稿十卷 周鍾嶽撰 民國二十三年(1934)上海中華書局鉛印本 一册

330000－1701－0026361 民 811. 18/7782/c2
集部/别集類
惺盦詩稿十卷 周鍾嶽撰 民國二十三年(1934)上海中華書局鉛印本 周鍾嶽題記 一册

330000－1701－0026369 民 811. 18/8004
集部/别集類
蘋風吟館詩集四卷 余庭楨撰 民國油印本 余庭楨題記 一册

330000－1701－0026370 民 811. 18/7749/c3

集部/别集類
甬山堂詩集六卷　周世棠撰　民國十九年(1930)鉛印本　一册

330000－1701－0026373　民 811.18/7749/c4　集部/别集類
甬山堂詩集六卷　周世棠撰　民國十九年(1930)鉛印本　一册

330000－1701－0026378　民 811.18/4222　集部/别集類
盟梅館詩初稿一卷　姚竹心撰　民國十三年(1924)姚後超鉛印本　一册

330000－1701－0026385　民 811.18/8011.2/c1　集部/别集類
天放樓詩續集五卷紅鶴山房詞一卷　金天羽撰　民國二十一年(1932)鉛印本　一册

330000－1701－0026386　民 811.18/8010　集部/别集類
東廬詩鈔六卷詩餘一卷　金震撰　民國二十五年(1936)鉛印本　一册

330000－1701－0026390　民 811.18/8011.2/c2　集部/别集類
天放樓詩續集五卷紅鶴山房詞一卷　金天羽撰　民國二十一年(1932)鉛印本　一册

330000－1701－0026394　民 811.18/8012.2/c1　集部/别集類
憶一卷　俞平伯撰　民國十四年(1925)北京樸社影印本　一册

330000－1701－0026397　民 811.18/8011/c1　集部/别集類
天放樓詩集九卷　金天羽撰　民國十一年(1922)上海有正書局鉛印本　二册

330000－1701－0026398　民 811.18/8011.2/c3　集部/别集類
天放樓詩續集五卷紅鶴山房詞一卷　金天羽撰　民國二十一年(1932)鉛印本　一册

330000－1701－0026400　民 811.18/8011.2/c4　集部/别集類
天放樓詩續集五卷紅鶴山房詞一卷　金天羽撰　民國二十一年(1932)鉛印本　一册

330000－1701－0026402　民 811.18/8011.2/c5　集部/别集類
天放樓詩續集五卷紅鶴山房詞一卷　金天羽撰　民國二十一年(1932)鉛印本　一册

330000－1701－0026403　民 811.18/8014/c1　集部/别集類
自娱吟草四卷　金廷桂撰　民國十年(1921)常熟金氏鉛印本　一册

330000－1701－0026404　普 095.0381/4411/5/c1　類叢部/叢書類/彙編之屬
四部備要　中華書局編　民國二十五年(1936)上海中華書局鉛印本　十二册　存一種

330000－1701－0026405　民 811.18/8014/c2　集部/别集類
自娱吟草四卷　金廷桂撰　民國十年(1921)常熟金氏鉛印本　一册

330000－1701－0026407　民 811.18/8011.3/c1　集部/别集類
天放樓詩集七卷紅鶴詞一卷　金天羽撰　**同翰遺詩一卷**　金同翰撰　**天放樓詩集定本校勘記一卷**　陳旭旦撰　民國三十六年(1947)鉛印本　一册

330000－1701－0026408　民 811.18/80141/c1　集部/别集類
西苕溪詩鈔二卷　俞礎撰　民國三十二年(1943)鉛印本　一册

330000－1701－0026409　普 095.0381/4411/5/c2　類叢部/叢書類/彙編之屬
四部備要　中華書局編　民國二十五年(1936)上海中華書局鉛印本　十二册　存一種

330000－1701－0026413　民 811.18/80141/c2　集部/别集類
西苕溪詩鈔二卷　俞礎撰　民國三十二年(1943)鉛印本　俞礎題記　一册

330000－1701－0026414　民 811.18/8011/c2　集部/别集類

天放樓詩集九卷　金天羽撰　民國十一年(1922)上海有正書局鉛印本　二册

330000－1701－0026415　民 811.18/80141/c3　集部/别集類

西苕溪詩鈔二卷　俞礎撰　民國三十二年(1943)鉛印本　一册

330000－1701－0026417　民 811.18/8023/c1　集部/别集類

寒柯堂詩四卷　余紹宋撰　民國三十六年(1947)鉛印本　余紹宋題記　一册

330000－1701－0026418　民 811.18/8011.3/c2　集部/别集類

天放樓詩集七卷紅鶴詞一卷　金天羽撰　**同翰遺詩一卷**　金同翰撰　**天放樓詩集定本校勘記一卷**　陳旭旦撰　民國三十六年(1947)鉛印本　一册

330000－1701－0026419　民 811.18/8011/c3　集部/别集類

天放樓詩集九卷　金天羽撰　民國十一年(1922)上海有正書局鉛印本　二册

330000－1701－0026422　民 811.18/8023/c2　集部/别集類

寒柯堂詩四卷　余紹宋撰　民國三十六年(1947)鉛印本　一册

330000－1701－0026423　民 811.18/8023/c3　集部/别集類

寒柯堂詩四卷　余紹宋撰　民國三十六年(1947)鉛印本　一册

330000－1701－0026424　民 811.18/8011.4　集部/别集類

天放樓詩續鈔一卷　金天羽撰　民國十六年(1927)鉛印本　一册

330000－1701－0026425　民 811.18/8011/c4　集部/别集類

天放樓詩集九卷　金天羽撰　民國十一年(1922)上海有正書局鉛印本　二册

330000－1701－0026428　民 811.18/80111　集部/别集類

客窗吟草一卷　俞琴撰　民國十二年(1923)江蘇常熟琴社鉛印本　一册

330000－1701－0026429　民 811.18/8023/c4　集部/别集類

寒柯堂詩四卷　余紹宋撰　民國三十六年(1947)鉛印本　余紹宋題記　一册

330000－1701－0026430　普 095.03834/4736/c1　類叢部/叢書類/彙編之屬

復性書院叢刊二十七種　馬浮編　民國二十九年至三十七年(1940－1948)復性書院刻本暨鉛印本　二册　存一種

330000－1701－0026431　民 811.18/8023/c5　集部/别集類

寒柯堂詩四卷　余紹宋撰　民國三十六年(1947)鉛印本　一册

330000－1701－0026437　民 811.18/8029.5/c1　集部/别集類

遯行小稿一卷　余重耀撰　民國三十二年(1943)日知編印所鉛印本　余重耀題簽並記　一册

330000－1701－0026438　民 811.18/8029.5/c2　集部/别集類

遯行小稿一卷　余重耀撰　民國三十二年(1943)日知編印所鉛印本　余重耀題簽並記　一册

330000－1701－0026440　民 811.18/8029.5/c3　集部/别集類

遯行小稿一卷　余重耀撰　民國三十二年(1943)日知編印所鉛印本　余重耀題簽並記　一册

330000－1701－0026443　普 095.03834/4736/c2　類叢部/叢書類/彙編之屬

復性書院叢刊二十七種　馬浮編　民國二十九年至三十七年(1940－1948)復性書院刻本暨鉛印本　二册　存一種

330000－1701－0026445　普 095.03834/

4736/c3 類叢部/叢書類/彙編之屬
復性書院叢刊二十七種 馬浮編 民國二十九年至三十七年(1940－1948)復性書院刻本暨鉛印本 二冊 存一種

330000－1701－0026453 民 811.18/80231 集部/别集類
萍鷗小舫詩鈔四卷 鍾熊祥撰 民國十六年(1927)鉛印本 四冊

330000－1701－0026454 普 095.03838/1097 類叢部/叢書類/自著之屬
王羲川先生遺書 (清)王尚槩撰 民國鉛印本 一冊 存一種

330000－1701－0026457 普 095.0449/0043/c1 類叢部/叢書類/自著之屬
萬木草堂叢書 康有爲撰 民國刻本 十冊 存一種

330000－1701－0026458 民 811.18/80232 集部/别集類
寒柯堂避寇詩草三卷 余紹宋撰 民國三十三年(1944)鉛印本 三冊

330000－1701－0026460 普 095.0449/0043/c2 經部/春秋總義類/專著之屬
春秋筆削大義微言考十一卷發凡一卷 康有爲撰 民國十五年(1926)刻朱印本 十冊

330000－1701－0026461 普 095.045/2844/c1 經部/春秋總義類/專著之屬
春秋中國夷狄辨三卷 徐勤撰 民國上海大同譯書局石印本 一冊

330000－1701－0026462 普 095.045/2844/c2 經部/春秋總義類/專著之屬
春秋中國夷狄辨三卷 徐勤撰 民國上海大同譯書局石印本 覺明題簽並記 一冊

330000－1701－0026464 民 811.18/8041 集部/别集類
漢當研室詩鈔八卷 俞壽璋撰 民國二十七年(1938)鉛印本 四冊

330000－1701－0026466 民 811.18/8024 集部/别集類
週甲詩記一卷 金保權撰 民國二十年(1931)鉛印本 金保權題記 一冊

330000－1701－0026471 民 811.18/8063 集部/别集類
侶琴詩鈔一卷 金國寶撰 民國油印本 金國寶題記 一冊

330000－1701－0026472 民 811.18/8034/c1 集部/别集類
安樂鄉人詩四卷藥夢詞二卷 金兆蕃撰 民國二十年(1931)刻本 一冊

330000－1701－0026473 民 811.18/8042/c1 集部/别集類
頌橘廬詩存十六卷 曾克耑撰 **毅父詩草一卷** 曾永閎撰 **樂父詩草一卷** 曾永闓撰 民國三十六年(1947)閩侯曾克耑成都刻本 二冊

330000－1701－0026476 民 811.18/8033/c1 史部/史評類/詠史之屬
息廬詠史一卷 金梁撰 民國二十六年(1937)鉛印本 一冊

330000－1701－0026477 民 811.18/8071.2 類叢部/叢書類/彙編之屬
中國社會建設協會叢書 民國大明出版社鉛印本 一冊 存一種

330000－1701－0026478 民 811.18/8034/c2 集部/别集類
安樂鄉人詩四卷詩續一卷七十後詩一卷藥夢詞二卷詞續一卷七十後詞一卷 金兆蕃撰 民國二十年至二十八年(1931－1939)刻本 一冊

330000－1701－0026479 民 811.18/8081 集部/别集類
亂世吟草六卷 曾今可撰 民國三十七年(1948)臺灣詩壇鉛印本 一冊

330000－1701－0026480 普 095.111/4426/5 經部/叢編
十三經讀本 唐文治輯 民國十三年(1924)

吳江施肇曾醒園刻本　十册　存一種

330000－1701－0026483　普 095.111/2683
經部/春秋左傳類/傳說之屬
左傳菁華錄二十四卷　吳曾祺評注　民國十八年(1929)商務印書館鉛印本　二册

330000－1701－0026484　民 811.18/8033/c2
史部/史評類/詠史之屬
息廬詠史一卷　金梁撰　民國二十六年(1937)鉛印本　一册

330000－1701－0026485　民 811.18/8034/c3
集部/别集類
安樂鄉人詩四卷詩續一卷七十後詩一卷藥夢詞二卷詞續一卷七十後詞一卷　金兆蕃撰　民國二十年至二十八年(1931－1939)刻本　一册

330000－1701－0026486　民 811.18/8083
集部/别集類
蕢香榭詩稿一卷詞稿一卷　俞鍾彥撰　民國三十六年(1947)郭湘鉛印本　俞鍾彥題記　一册

330000－1701－0026487　民 811.18/8042/c2
集部/别集類
頌橘廬詩存十六卷　曾克耑撰　**毅父詩草一卷**　曾永閎撰　**樂父詩草一卷**　曾永闓撰　民國三十六年(1947)閩侯曾克耑成都刻朱印本　曾克耑題記　二册

330000－1701－0026488　民 811.18/8034/2/c1　集部/别集類
安樂鄉人詩四卷詩續一卷七十後詩一卷藥夢詞二卷詞續一卷七十後詞一卷　金兆蕃撰　民國二十年至二十八年(1931－1939)刻本　一册

330000－1701－0026490　民 811.18/8034/2/c2　集部/别集類
安樂鄉人詩四卷詩續一卷七十後詩一卷藥夢詞二卷詞續一卷七十後詞一卷　金兆蕃撰　民國二十年至二十八年(1931－1939)刻本　一册

330000－1701－0026492　民 811.18/8034/2/c3　集部/别集類
安樂鄉人詩四卷詩續一卷七十後詩一卷藥夢詞二卷詞續一卷七十後詞一卷　金兆蕃撰　民國二十年至二十八年(1931－1939)刻本　一册

330000－1701－0026493　普 095.111/4444
經部/春秋左傳類/傳說之屬
春秋左傳句解六卷　(清)韓菼重訂　民國三年(1914)上海商務印書館鉛印本　六册

330000－1701－0026494　民 811.18/8223/c1
集部/别集類
萍鷗小舫詩鈔四卷　鍾熊祥撰　民國十六年(1927)鉛印本　四册

330000－1701－0026496　民 811.18/8223/c2
集部/别集類
萍鷗小舫詩鈔四卷　鍾熊祥撰　民國十六年(1927)鉛印本　四册

330000－1701－0026498　民 811.18/8038/c1
集部/别集類
沃洲散人漫吟二卷　俞濬鑑撰　民國十九年(1930)鉛印本　二册

330000－1701－0026499　民 811.18/8223/c3
集部/别集類
萍鷗小舫詩鈔四卷　鍾熊祥撰　民國十六年(1927)鉛印本　四册

330000－1701－0026500　民 811.18/8340
類叢部/叢書類/自著之屬
名山全集三十四種　錢振鍠撰　民國木活字印本暨鉛印本　一册　存二種

330000－1701－0026501　民 811.18/8223/c4
集部/别集類
萍鷗小舫詩鈔四卷　鍾熊祥撰　民國十六年(1927)鉛印本　四册

330000－1701－0026503　民 811.18/8038/c2
集部/别集類
沃洲散人漫吟二卷　俞濬鑑撰　民國十九年(1930)鉛印本　二册

330000－1701－0026505　民 811.18/8043
集部/别集類
藹廬詩草一卷　金城撰　民國十五年(1926)鉛印本　一册

330000－1701－0026506　民 811.18/8038/c3
集部/别集類
沃洲散人漫吟二卷　俞濬鑑撰　民國十九年(1930)鉛印本　二册

330000－1701－0026507　民 811.18/8709/c1
集部/别集類
大鶴山人詩集二卷　鄭文焯撰　民國十二年(1923)蘇州振新書社刻本　二册

330000－1701－0026508　民 811.18/8247
集部/别集類
滄州吟稿四集　鍾九撰　民國三十七年(1948)巴州鉛印本　二册

330000－1701－0026509　民 811.18/8038/c4
集部/别集類
沃洲散人漫吟二卷　俞濬鑑撰　民國十九年(1930)鉛印本　二册

330000－1701－0026511　民 811.18/8709/c2
集部/别集類
大鶴山人詩集二卷　鄭文焯撰　民國十二年(1923)蘇州振新書社刻本　二册

330000－1701－0026512　民 811.18/8038/c5
集部/别集類
沃洲散人漫吟二卷　俞濬鑑撰　民國十九年(1930)鉛印本　二册

330000－1701－0026514　民 811.18/8047
集部/别集類
逸園詩鈔二卷詩存四卷　金式陶撰　民國十四年(1925)鉛印本　四册

330000－1701－0026516　民 811.18/8735
集部/别集類
常來集一卷雙楓書屋詩餘一卷　鄭業本撰　民國十年(1921)刻本　一册

330000－1701－0026519　民 811.18/8303/c1
史部/史評類/詠史之屬
吴越紀事詩一百二十首一卷　錢文選撰　民國二十六年(1937)鉛印本　一册

330000－1701－0026520　民 811.18/8048
集部/别集類
澎湖遺老集四卷　金蓉鏡撰　民國十七年(1928)刻本　二册

330000－1701－0026522　民 811.18/8741/c1
集部/别集類
海藏樓詩十三卷　鄭孝胥撰　民國武昌影印本　四册

330000－1701－0026523　民 811.18/8741/c2
集部/别集類
海藏樓詩十三卷　鄭孝胥撰　民國武昌影印本　四册　存九卷(一至九)

330000－1701－0026524　民 811.18/8303/c2
史部/史評類/詠史之屬
吴越紀事詩一百二十首一卷　錢文選撰　民國二十六年(1937)鉛印本　一册

330000－1701－0026526　民 811.18/8303/c3
史部/史評類/詠史之屬
吴越紀事詩一百二十首一卷　錢文選撰　民國二十六年(1937)鉛印本　一册

330000－1701－0026527　民 811.18/8741/c3
集部/别集類
海藏樓詩十三卷　鄭孝胥撰　民國武昌影印本　四册

330000－1701－0026528　民 811.18/8345
集部/别集類
聽冰室詩稿二卷　錢大成撰　民國二十六年(1937)常熟錢大成鉛印本　一册

330000－1701－0026531　民 811.18/8303/c4
史部/史評類/詠史之屬
吴越紀事詩一百二十首一卷　錢文選撰　民國二十六年(1937)鉛印本　一册

330000－1701－0026532　民 811.18/8332/c1
集部/别集類

潛山詩存一卷　錢次郇撰　民國三年(1914)長沙石印本　一册

330000－1701－0026534　民 811.18/8358　集部/别集類
名山詩集五卷　錢振鍠撰　民國十五年(1926)浙江瑞安刻本　一册

330000－1701－0026537　民 811.18/8332/c2　集部/别集類
潛山詩存一卷　錢次郇撰　民國三年(1914)長沙石印本　一册

330000－1701－0026538　民 811.18/83321/c1　集部/别集類
間簃吟詩存六卷　錢宗岱撰　民國鉛印本　一册

330000－1701－0026540　民 811.18/8718　集部/别集類
覺廬遺詩一卷　鄭廷鑑撰　民國十年(1921)周毓邠木活字印本　一册

330000－1701－0026541　民 811.18/8051/c1　集部/别集類
謝樓詩草四卷　翁春孫撰　民國二十年(1931)鉛印本　一册

330000－1701－0026543　民 811.18/83321/c2　集部/别集類
間簃吟詩存六卷　錢宗岱撰　民國鉛印本　一册

330000－1701－0026544　民 811.18/83321/c3　集部/别集類
間簃吟詩存六卷　錢宗岱撰　民國鉛印本　一册

330000－1701－0026545　民 811.18/83321/c4　集部/别集類
間簃吟詩存六卷　錢宗岱撰　民國鉛印本　一册

330000－1701－0026547　民 811.18/8051/c2　集部/别集類
謝樓詩草四卷　翁春孫撰　民國二十年(1931)鉛印本　一册

330000－1701－0026549　普 095.1381/4411.2/7　經部/春秋左傳類/傳說之屬
春秋左傳五十卷　(晉)杜預　(宋)林堯叟註釋　(唐)陸德明音義　民國商務印書館石印本　十二册

330000－1701－0026550　民 811.18/8061/c1　集部/别集類
觚庵詩存四卷　俞明震撰　民國九年(1920)上海聚珍倣宋印書局鉛印本　一册

330000－1701－0026551　民 811.18/9044/2　集部/别集類
吟珠一卷　少華撰　民國鉛印本　一册

330000－1701－0026553　民 811.18/9071　集部/别集類
石莊小隱詩八卷　光開霽撰　民國二十三年(1934)桐城光大中鉛印本　二册

330000－1701－0026555　民 811.18/8061/c2　集部/别集類
觚庵詩存四卷　俞明震撰　民國九年(1920)上海聚珍倣宋印書局鉛印本　一册

330000－1701－0026557　民 811.18/8061/c3　集部/别集類
觚庵詩存四卷　俞明震撰　民國九年(1920)上海聚珍倣宋印書局鉛印本　一册

330000－1701－0026560　民 811.18/8061/c4　集部/别集類
觚庵詩存四卷　俞明震撰　民國九年(1920)上海聚珍倣宋印書局鉛印本　一册

330000－1701－0026561　民 811.18/8749　集部/别集類
南北游詩草一卷　鄭璘撰　民國十五年(1926)鉛印本　一册

330000－1701－0026562　民 811.18/8840　集部/别集類
讀書草堂明詩四卷　簡朝亮撰　民國鉛印本　王蘧題記　一册

330000－1701－0026563　民 811.18/9077/c1
集部/别集類
澳門雜詩一卷　汪兆鏞撰　民國七年(1918)鉛印本　一册

330000－1701－0026564　普 095.1381/4411.2/6/c1　經部/春秋左傳類/傳說之屬
春秋左傳五十卷　(晉)杜預　(宋)林堯叟註釋　(唐)陸德明音義　民國七年(1918)上海錦章圖書局石印本　十二册

330000－1701－0026566　普 095.13834/6030
類叢部/叢書類/郡邑之屬
續金華叢書六十種　胡宗楙編　民國十三年(1924)永康胡氏夢選樓刻本　二册　存一種

330000－1701－0026567　民 811.18/9747/c1
集部/别集類
辛臼簃詩讔三卷　葉昌熾撰　民國十二年(1923)刻本　一册

330000－1701－0026568　民 811.18/9077/c2
集部/别集類
澳門雜詩一卷　汪兆鏞撰　民國七年(1918)鉛印本　一册

330000－1701－0026569　民 811.18/9747/c2
集部/别集類
辛臼簃詩讔三卷　葉昌熾撰　民國十二年(1923)刻本　一册

330000－1701－0026571　民 811.3/3332　集部/詞類/詞話之屬
詞學二卷　梁啓勳撰　民國二十一年(1932)曼殊室鉛印本　二册

330000－1701－0026572　普 095.13837/3404/3　類叢部/叢書類/彙編之屬
四部備要　中華書局編　民國二十五年(1936)上海中華書局鉛印本　八册　存一種

330000－1701－0026574　普 095.1381/4411.2/6/c2　經部/春秋左傳類/傳說之屬
春秋左傳五十卷　(晉)杜預　(宋)林堯叟註釋　(唐)陸德明音義　民國七年(1918)上海錦章圖書局石印本　十二册

330000－1701－0026575　民 811.307/3131.2
集部/詞類/詞話之屬
無師自通填詞百法二卷　顧憲融編纂　民國十八年(1929)上海崇新書局鉛印本　二册

330000－1701－0026576　民 811.3088/2634
集部/詞類/總集之屬
梅景書屋詞集二卷附集句一卷　吳湖帆輯　民國二十八年(1939)吳氏四歐堂鉛印本　一册

330000－1701－0026577　民 811.308/7231、民 811.308/7231/1、民 811.308/7231/2　集部/詞類/類編之屬
寒杉館叢書　民國鉛印本　三册　存三種

330000－1701－0026580　民 811.3088/0064
集部/詞類/别集之屬
半舫齋詞集□□種　廖恩燾撰　民國鉛印本　一册　存二種

330000－1701－0026582　民 811.307/2334
集部/詞類/詞話之屬
最淺學詞法七章　傅汝楫編　民國十四年(1925)上海大東書局石印本　一册

330000－1701－0026583　民 811.3088/2648
集部/總集類/彙編之屬
瀞社彙刊二十集　吳梅編　民國二十五年(1936)鉛印本　楊文山題記　一册

330000－1701－0026587　民 811.3088/1000
集部/詞類/總集之屬
寄漚詞稿一卷　丁立棠撰　**止广詞鈔一卷**　楊世沅撰　民國二十九年(1940)刻本　楊本義題記　一册

330000－1701－0026588　民 811.307/2643/c1　集部/詞類/詞韻之屬
詞學初桄八卷　吳莽漢輯　民國九年(1920)上海朝記書莊鉛印本　八册

330000－1701－0026590　民 811.3088/2810
集部/詞類/總集之屬
樂府補題後集二卷　徐致章等撰　民國十七年(1928)白雪詞社刻本　二册

330000－1701－0026591　民 811.3076/2322/c1　集部/詞類/詞話之屬
學詞初步一卷　傅紹先編　民國十九年(1930)上海文明書局鉛印本　一冊

330000－1701－0026593　普 095.1444/6030　經部/春秋左傳類/傳說之屬
新體廣註東萊博議四卷　(宋)吕祖謙撰　世界書局編輯所編輯　民國二十一年(1932)上海世界書局石印本　一冊

330000－1701－0026594　民 811.3088/1723　集部/詞類/總集之屬
六一消夏詞十八卷附和作一卷　鄧邦述編　民國十八年(1929)石印本　一冊

330000－1701－0026596　民 811.3076/2322/c2　集部/詞類/詞話之屬
學詞初步一卷　傅紹先編　民國十五年(1926)上海文明書局鉛印本　一冊

330000－1701－0026597　民 811.3088/2530　集部/詞類/總集之屬
煙沽漁唱七卷　郭則澐輯　民國二十二年(1933)天津須社鉛印本　一冊　存一卷(一)

330000－1701－0026600　民 811.308/3627/c1　集部/詞類/總集之屬
長興詞存六卷　溫匋輯　民國十五年(1926)鉛印本　二冊

330000－1701－0026601　民 811.3088/2542/c1　集部/詞類/總集之屬
漚社詞鈔二十卷附和作一卷　朱孝臧等撰　民國二十二年(1933)鉛印本　一冊

330000－1701－0026603　民 811.3088/2831　集部/總集類/選集之屬/斷代
平川櫂歌一卷　(清)徐涵撰　**斜塘竹枝詞一卷**　(清)柯蘭錡撰　民國十一年(1922)鉛印本　一冊

330000－1701－0026605　民 811.3088/2542/c2　集部/詞類/總集之屬
漚社詞鈔二十卷附和作一卷　朱孝臧等撰　民國二十二年(1933)鉛印本　一冊

330000－1701－0026606　民 811.307/2643/c2　集部/詞類/詞韻之屬
詞學初桄八卷　吳莽漢輯　民國九年(1920)上海朝記書莊鉛印本　八冊

330000－1701－0026607　民 811.308/3627/c2　集部/詞類/總集之屬
長興詞存六卷　溫匋輯　民國十五年(1926)鉛印本　二冊

330000－1701－0026609　民 811.308/3627/c3　集部/詞類/總集之屬
長興詞存六卷　溫匋輯　民國十五年(1926)鉛印本　二冊

330000－1701－0026610　民 811.3088/7221/c1　集部/總集類/選集之屬/斷代
實君詞稿一卷　劉虛撰　**豐年詩草一卷**　林豐年撰　民國二十二年(1933)杭州虎林中學出版部鉛印本　一冊

330000－1701－0026611　民 811.308/3627/c4　集部/詞類/總集之屬
長興詞存六卷　溫匋輯　民國十五年(1926)鉛印本　二冊

330000－1701－0026613　民 811.3088/7575　集部/詞類/總集之屬
甌社詞鈔二卷　陳閎慧編　民國十年(1921)溫州同文印書館鉛印本　一冊

330000－1701－0026614　民 811.3088/7221/c2　集部/總集類/選集之屬/斷代
實君詞稿一卷　劉虛撰　**豐年詩草一卷**　林豐年撰　民國二十二年(1933)杭州虎林中學出版部鉛印本　一冊

330000－1701－0026615　普 095.1444/6030/7　經部/春秋左傳類/傳說之屬
東萊博議四卷　(宋)吕祖謙撰　**增補虛字註釋一卷**　(清)馮泰松點定　民國上海文明書局鉛印本　四冊

330000－1701－0026616　民 811.308/3627/c5　集部/詞類/總集之屬
長興詞存六卷　溫匋輯　民國十五年(1926)

鉛印本　二冊

330000－1701－0026618　民 811.3088/4030　類叢部/叢書類/自著之屬

野棠軒全集五種　奭良撰　民國十八年(1929)吉林奭氏刻本暨鉛印本　一冊　存一種

330000－1701－0026619　民 811.3088/7221/c3　集部/總集類/選集之屬/斷代

實君詞稿一卷　劉虛撰　**豐年詩草一卷**　林豐年撰　民國二十二年(1933)杭州虎林中學出版部鉛印本　一冊

330000－1701－0026621　民 811.3088/4522/c1　集部/總集類/選集之屬/斷代

樓幼靜張穆生詩詞合稿四卷　樓巍　張敬熙撰　民國二十一年(1932)鉛印本　一冊

330000－1701－0026622　民 811.3088/7221/c4　集部/總集類/選集之屬/斷代

實君詞稿一卷　劉虛撰　**豐年詩草一卷**　林豐年撰　民國二十二年(1933)杭州虎林中學出版部鉛印本　豪楚跋　一冊

330000－1701－0026624　民 811.3088/8022　集部/曲類

余君叔巖手錄譚本劇詞一卷　余叔岩抄　民國影印本　一冊

330000－1701－0026625　民 811.3088/7221/c5　集部/總集類/選集之屬/斷代

實君詞稿一卷　劉虛撰　**豐年詩草一卷**　林豐年撰　民國二十二年(1933)杭州虎林中學出版部鉛印本　一冊

330000－1701－0026626　普 095.148/1714/c1　經部/春秋左傳類/傳說之屬

劉炫規杜持平六卷　(清)邵瑛撰　民國四年(1915)邵啓賢贛南鉛印本　一冊

330000－1701－0026628　普 095.148/1714/c2　經部/春秋左傳類/傳說之屬

劉炫規杜持平六卷　(清)邵瑛撰　民國四年(1915)邵啓賢贛南鉛印本　周點題簽　一冊

330000－1701－0026629　民 811.3088/4522/c2　集部/總集類/選集之屬/斷代

樓幼靜張穆生詩詞合稿四卷　樓巍　張敬熙撰　民國二十一年(1932)鉛印本　一冊

330000－1701－0026634　民 811.3088/4522/c3　集部/總集類/選集之屬/斷代

樓幼靜張穆生詩詞合稿四卷　樓巍　張敬熙撰　民國二十一年(1932)鉛印本　一冊

330000－1701－0026641　民 811.309/7287　集部/詞類/詞話之屬

詞史十章　劉毓盤撰　民國二十年(1931)上海群衆圖書公司鉛印本　一冊

330000－1701－0026643　普 095.2/8080/4　類叢部/叢書類/彙編之屬

四部備要　中華書局編　民國二十五年(1936)上海中華書局鉛印本　六冊　存一種

330000－1701－0026646　民 811.38/0024　集部/詞類/別集之屬

鮮隱詞鈔一卷　高德馨撰　民國二十四年(1935)鉛印本　一冊

330000－1701－0026650　民 811.3087/2141　集部/別集類

我春室詞集一卷詩集一卷　何振岱撰　**天香室詩集一卷詞集一卷**　鄭淑端撰　民國油印本　二冊

330000－1701－0026652　民 811.38/0029　集部/別集類

廖仲愷先生自書詞稿一卷　廖仲愷撰　民國民智書局影印本　一冊

330000－1701－0026653　民 811.37/1036　集部/詞類/別集之屬

昔夢詞一卷　(清)王慶昌撰　民國三十年(1941)上海王氏鉛印本　一冊

330000－1701－0026655　民 811.38/1128/c1　集部/詞類/別集之屬

吴漚煙語一卷　張上龢撰　民國四年(1915)刻本　一冊

330000－1701－0026656　民 811.38/10241
集部/詞類/別集之屬
娛生軒詞一卷　王德楷撰　民國二十二年(1933)金陵盧氏飲虹簃刻本　一冊

330000－1701－0026657　民 811.38/0132/c1
集部/詞類/別集之屬
忍寒詞二卷　龍沐勛撰　民國三十七年(1948)鉛印本　龍沐勛題記　一冊

330000－1701－0026658　民 811.38/0132/c2
集部/詞類/別集之屬
忍寒詞二卷　龍沐勛撰　民國三十七年(1948)鉛印本　龍沐勛題記　一冊

330000－1701－0026659　普 095.238323/2124/8/c1　類叢部/叢書類/彙編之屬
四部備要　中華書局編　民國二十五年(1936)上海中華書局鉛印本　六冊　存一種

330000－1701－0026660　民 811.38/0712
集部/詞類/別集之屬
丹隱詞一卷　郭延撰　**滋蘭館詞一卷**　王德方撰　民國二十四年(1935)成都刻本　一冊

330000－1701－0026661　民 811.38/0009/c2
集部/詞類/別集之屬
鹹酸橋屋詞一卷附庸謹堂歲華紀感一卷　唐詠裳撰　民國十三年至十五年(1924－1926)鉛印本　唐詠裳校並題記　一冊

330000－1701－0026662　普 095.238323/2124/8/c2　類叢部/叢書類/彙編之屬
四部備要　中華書局編　民國二十五年(1936)上海中華書局鉛印本　六冊　存一種

330000－1701－0026664　普 095.24499/4428/c1　類叢部/叢書類/彙編之屬
四部備要　中華書局編　民國二十五年(1936)上海中華書局鉛印本　二冊　存一種

330000－1701－0026665　民 811.38/1128/c2
集部/詞類/別集之屬
吳漚煙語一卷　張上龢撰　民國四年(1915)刻本　一冊

330000－1701－0026667　民 811.38/1128/c3
集部/詞類/別集之屬
吳漚煙語一卷　張上龢撰　民國四年(1915)刻本　一冊

330000－1701－0026670　民 811.38/1149/c1
集部/詞類/別集之屬
艮廬詞一卷續集一卷外集一卷自述詩一卷
張茂炯撰　民國二十年(1931)石印本　一冊
存一卷(艮廬詞)

330000－1701－0026672　普 095.24499/4428/c2　類叢部/叢書類/彙編之屬
四部備要　中華書局編　民國二十五年(1936)上海中華書局鉛印本　二冊　存一種

330000－1701－0026674　民 811.38/1161/c1
類叢部/叢書類
南江邵氏叢刊　民國刻本　一冊　存一種

330000－1701－0026676　普 095.24499/4428/c3　類叢部/叢書類/彙編之屬
四部備要　中華書局編　民國二十五年(1936)上海中華書局鉛印本　二冊　存一種

330000－1701－0026677　普 095.24499/0043
類叢部/叢書類/自著之屬
萬木草堂叢書　康有爲撰　民國刻本　六冊
存一種

330000－1701－0026679　民 811.38/1161/c2
類叢部/叢書類
南江邵氏叢刊　民國刻本　慰儂題簽並記
一冊　存一種

330000－1701－0026680　民 811.38/1700/c1
集部/詞類/別集之屬
雲淙琴趣三卷　邵章撰　民國十九年(1930)邵氏倬盦刻二十四年(1935)增修本　一冊

330000－1701－0026686　民 811.38/0009/c3
集部/詞類/別集之屬
鹹酸橋屋詞一卷附庸謹堂歲華紀感一卷　唐詠裳撰　民國十三年至十五年(1924－1926)鉛印本　唐詠裳校並題記　一冊

330000－1701－0026688　民 811.38/0009/c4　集部/詞類/别集之屬
鹹酸橋屋詞一卷附庸謹堂歲華紀感一卷　唐詠裳撰　民國十三年至十五年(1924－1926)鉛印本　唐詠裳校並題記　一册

330000－1701－0026689　民 811.38/0009/c5　集部/詞類/别集之屬
鹹酸橋屋詞一卷附庸謹堂歲華紀感一卷　唐詠裳撰　民國十三年至十五年(1924－1926)鉛印本　唐詠裳校並題記　一册

330000－1701－0026690　民 811.38/1149/c3　集部/詞類/别集之屬
艮廬詞一卷續集一卷外集一卷自述詩一卷　張茂炯撰　民國二十年(1931)石印本　一册　存一卷(艮廬詞)

330000－1701－0026693　民 811.38/1149/c2、民 811.38/1149.2/c1　集部/詞類/别集之屬
艮廬詞一卷續集一卷外集一卷自述詩一卷　張茂炯撰　民國二十三年(1934)石印本　二册

330000－1701－0026696　民 811.38/1149.2/c2　集部/詞類/别集之屬
艮廬詞一卷續集一卷外集一卷自述詩一卷　張茂炯撰　民國二十三年(1934)石印本　一册

330000－1701－0026698　民 811.38/1700/c2　集部/詞類/别集之屬
雲淙琴趣二卷　邵章撰　民國十九年(1930)邵氏倬盦刻朱印本　一册

330000－1701－0026700　民 811.38/1190　集部/詞類/别集之屬
山中白雲二卷附録一卷　(宋)張炎撰　民國東南大學公孚印刷所鉛印本　一册

330000－1701－0026703　民 811.38/2525　集部/詞類/别集之屬
黄山樵唱一卷　朱師轍撰　民國二十一年(1932)燕京刻本　一册

330000－1701－0026705　民 811.38/2130　集部/詞類/别集之屬
官梅閣詩餘一卷　何適撰　民國二十四年(1935)鉛印本　一册

330000－1701－0026706　民 811.38/1194　集部/詞類/别集之屬
惜餘春館詞鈔一卷　張榮培撰　**耦園課存一卷**　彭慰曾撰　民國十六年(1927)蘇州觀西利蘇印書社鉛印本　一册

330000－1701－0026708　民 811.38/1700/c3　集部/詞類/别集之屬
雲淙琴趣二卷　邵章撰　民國十九年(1930)邵氏倬盦刻朱印本　一册

330000－1701－0026710　普 095.24499/0043/2　類叢部/叢書類/自著之屬
萬木草堂叢書　康有爲撰　民國刻本　十册　存一種

330000－1701－0026712　民 811.38/1700/c4　集部/詞類/别集之屬
雲淙琴趣三卷　邵章撰　民國十九年(1930)邵氏倬盦刻二十四年(1935)增修本　一册

330000－1701－0026713　普 095.33837/8201/3　類叢部/叢書類/彙編之屬
四部備要　中華書局編　民國二十五年(1936)上海中華書局鉛印本　四册　存一種

330000－1701－0026714　民 811.38/1714/c1　集部/詞類/别集之屬
山禽餘響一卷　邵瑞彭撰　民國二十五年(1936)壯學堂刻朱印本　一册

330000－1701－0026715　民 811.38/2442/c1　集部/詞類/别集之屬
鞠讌詞二卷　仇埰撰　民國三十六年(1947)鉛印本　仇良矩題記　一册

330000－1701－0026716　普 095.33838/4110　類叢部/叢書類/自著之屬
柯劭忞先生遺著三種　柯劭忞撰　民國十六年(1927)國立北京大學研究院文史部鉛印本　四册　存一種

330000－1701－0026717　民 811.38/1714/c2　集部/詞類/別集之屬
山禽餘響一卷　邵瑞彭撰　民國二十五年(1936)壯學堂刻朱印本　武福鼐題記　一册

330000－1701－0026720　民 811.38/17141　集部/詞類/別集之屬
揚荷集四卷　邵瑞彭撰　民國十九年(1930)雙玉蟬館刻朱印本　邵瑞彭跋　一册

330000－1701－0026722　民 811.38/2442/c2　集部/詞類/別集之屬
鞠讌詞二卷　仇埰撰　民國三十六年(1947)鉛印本　一册

330000－1701－0026727　普 096.11/4421　子部/藝術類/書畫之屬/法帖
黄石齋先生書孝經一卷　(明)黄道周書　民國上海有正書局影印本　一册

330000－1701－0026728　民 811.38/1734　集部/詞類/別集之屬
牟珠詞一卷補遺一卷　鄧潛撰　民國十一年(1922)刻本　一册

330000－1701－0026735　民 811.38/2442/c3　集部/詞類/別集之屬
鞠讌詞二卷　仇埰撰　民國三十六年(1947)鉛印本　仇良矩題記　一册

330000－1701－0026738　民 811.38/2442/c4　集部/詞類/別集之屬
鞠讌詞二卷　仇埰撰　民國三十六年(1947)鉛印本　一册

330000－1701－0026740　民 811.38/2527　集部/詞類/別集之屬
分春館詞一卷　朱奂撰　民國三十七年(1948)鉛印本　一册

330000－1701－0026744　民 811.38/2540　集部/詞類/別集之屬
長沙章先生桂游詞鈔一卷　章士釗撰　民國三十年(1941)青年書店桂林印刷所鉛印本　一册

330000－1701－0026747　普 096.11/00031　經部/孝經類/傳說之屬
孝經新讀本一卷　唐文治撰　民國六年(1917)鉛印本　一册

330000－1701－0026749　民 811.38/2542/3　集部/別集類
彊邨棄稾一卷語業三卷　朱祖謀撰　民國二十一年(1932)刻朱印本(語業卷一至二原缺)　一册

330000－1701－0026753　普 096.381/4424/c1　經部/叢編
尊經叢書　民國三十二年至三十六年(1943－1947)尊經會鉛印本　九册　存一種

330000－1701－0026754　民 811.38/2643　集部/詞類/別集之屬
寄榆詞一卷　魏僦撰　民國二十六年(1937)剡溪濟美堂袁氏刻本　一册

330000－1701－0026755　普 096.11/1282　經部/孝經類/正文之屬
至聖孝經一卷附古本大學一卷文昌帝君孝經一卷　民國十年(1921)兩浙節孝總祠鉛印本　一册

330000－1701－0026757　普 096.11/4421/2　經部/孝經類/正文之屬
孝經一卷　戴傳賢書　民國二十年(1931)影印本　一册

330000－1701－0026764　民 811.38/2735　集部/詞類/別集之屬
无盦詞一卷　詹安泰撰　民國二十六年(1937)鉛印本　詹安泰題記　一册

330000－1701－0026765　普 096.3833/0003　經部/孝經類/傳說之屬
孝經一卷附二十四孝圖說一卷　(唐)玄宗李隆基注　王震繪　民國據宋刻本影印本　一册

330000－1701－0026767　普 096.11/4269　經部/孝經類/傳說之屬
孝經讀本姚氏學一卷　姚明輝撰　民國十三

年(1924)上海吳興經讀會石印本　一册

330000－1701－0026768　民 811.38/2648/c1　集部/詞類/別集之屬

式谿詞一卷　吳士鑑撰　民國二十五年(1936)鉛印本　一册

330000－1701－0026769　民 811.38/2648/c2　集部/詞類/別集之屬

式谿詞一卷　吳士鑑撰　民國二十五年(1936)鉛印本　樊潄圃題記　一册

330000－1701－0026771　民 811.38/2648/c3　集部/詞類/別集之屬

式谿詞一卷　吳士鑑撰　民國二十五年(1936)鉛印本　一册

330000－1701－0026772　普 096.3833/0003/2　經部/孝經類/傳說之屬

孝經一卷附二十四孝圖說一卷　(唐)玄宗李隆基注　王震繪　民國據宋刻本影印本　一册

330000－1701－0026773　民 811.38/2648/c4　集部/詞類/別集之屬

式谿詞一卷　吳士鑑撰　民國二十五年(1936)鉛印本　一册

330000－1701－0026777　普 096.3833/0003/4　經部/孝經類/傳說之屬

孝經一卷　(唐)玄宗李隆基注　民國十七年(1928)建德周氏影刻宋相臺岳氏本　一册

330000－1701－0026781　民 811.38/3080　類叢部/叢書類

宋氏雜箸　宋慈衺撰　民國刻本　一册　存一種

330000－1701－0026785　民 811.38/3138　集部/詞類/別集之屬

雨屋深鐙詞三編一卷　汪兆鏞撰　民國二十九年(1940)鉛印本　一册

330000－1701－0026788　民 811.38/3174　集部/詞類/別集之屬

無病詞三卷　顧隨撰　民國十六年(1927)鉛印本　劉公純題記　一册

330000－1701－0026790　民 811.38/3324　集部/詞類/別集之屬

款紅樓詞一卷　梁鼎芬撰　民國二十一年(1932)葉恭綽刻本　一册

330000－1701－0026793　普 096.381/4424/c2　經部/叢編

尊經叢書　民國三十二年至三十六年(1943－1947)尊經會鉛印本　九册　存一種

330000－1701－0026794　民 811.38/3677　集部/詞類/總集之屬

惜陰堂叢書　趙尊嶽輯　民國十三年至十五年(1924－1926)武進趙氏刻本　一册　存一種

330000－1701－0026795　民 811.38/3484/c1　集部/詞類/別集之屬

曼陀羅寱詞一卷　沈曾植撰　民國十四年(1925)上海商務印書館鉛印本　一册

330000－1701－0026797　普 096.381/4424/c3　經部/叢編

尊經叢書　民國三十二年至三十六年(1943－1947)尊經會鉛印本　九册　存一種

330000－1701－0026800　民 811.38/4423　集部/詞類/別集之屬

碧雲詞一卷　董受祺撰　民國十一年(1922)董氏誦芬室刻本　一册

330000－1701－0026801　民 811.38/3677.1　集部/詞類/別集之屬

第一生修梅花館詞□□種　況周頤撰　民國刻本　一册　存一種

330000－1701－0026802　民 811.38/3484/c2　集部/詞類/別集之屬

曼陀羅寱詞一卷　沈曾植撰　民國十三年(1924)上海商務印書館鉛印本　一册

330000－1701－0026806　民 811.38/3484/2　集部/詞類/別集之屬

曼陀羅寱詞一卷　沈曾植撰　民國刻本

一册

330000－1701－0026813　民811.38/4426/c1
集部/詞類/别集之屬
纕華詞一卷　黄侃撰　民國元年(1912)鉛印本　一册

330000－1701－0026814　民811.38/4010
集部/詞類/别集之屬
八百里湖荷花漁唱二卷　袁天庚撰　民國二十三年(1934)鉛印本　一册

330000－1701－0026815　民811.38/3627/c1
集部/詞類/别集之屬
彝罍詞一卷　溫匋撰　民國二十年(1931)鉛印本　王修題簽並記　一册

330000－1701－0026819　民811.38/4426/c2
集部/詞類/别集之屬
纕華詞一卷　黄侃撰　民國元年(1912)鉛印本　黄衎題記　一册

330000－1701－0026821　民811.38/4017
集部/詞類/别集之屬
瓊瑤詞一卷　(五代)李珣撰　民國三十五年(1946)抄本　夢衡題簽、批並跋　一册

330000－1701－0026825　民811.38/3627/c2
集部/詞類/别集之屬
彝罍詞一卷　溫匋撰　民國二十年(1931)鉛印本　王修題簽並記　一册

330000－1701－0026827　民811.38/4426/c3
集部/詞類/别集之屬
纕華詞一卷　黄侃撰　民國元年(1912)鉛印本　蔡紹牧題記　一册

330000－1701－0026828　民811.38/3627/c3
集部/詞類/别集之屬
彝罍詞一卷　溫匋撰　民國二十年(1931)鉛印本　一册

330000－1701－0026829　普097.0381/2540/5/c1　經部/四書類/總義之屬/傳説
四書集註十九卷　(宋)朱熹撰　民國二十三年(1934)古閩吴航曾據清武英殿刻本影印本　曾文乾題記　五册

330000－1701－0026833　民811.38/4025
集部/詞類/别集之屬
聽風聽水詞一卷　李綺青撰　民國八年(1919)鉛印本　一册

330000－1701－0026834　民811.38/4432
集部/别集類
愛餘室文集一卷詩集一卷詞集一卷别集一卷　莫永貞撰　民國二十三年(1934)上海中華書局鉛印本　一册　缺二卷(文集、詩集)

330000－1701－0026836　民811.38/4030
類叢部/叢書類/彙編之屬
嘉草軒叢書十一種　羅振玉編　民國七年(1918)上虞羅氏日本影印本　一册　存一種

330000－1701－0026838　民811.38/4063/c1
集部/詞類/别集之屬
繭齋詩餘一卷　袁思永撰　民國鉛印本　一册

330000－1701－0026839　民811.38/3627/c4
集部/詞類/别集之屬
彝罍詞一卷　溫匋撰　民國二十年(1931)鉛印本　一册

330000－1701－0026840　民811.38/4063/c2
集部/詞類/别集之屬
繭齋詩餘一卷　袁思永撰　民國鉛印本　一册

330000－1701－0026842　民811.38/4064
集部/詞類/别集之屬
瘦蝶詞一卷　李國模撰　**哀輓録一卷**　李國楷等撰　民國二十二年(1933)蘇州毛上珍鉛印本　一册

330000－1701－0026843　民811.38/4080/c1
集部/詞類/别集之屬
香蘭詞一卷　袁毓麐撰　民國二十一年(1932)刻朱印本　一册

330000－1701－0026844　普097.0381/2540/5/c2　經部/四書類/總義之屬/傳説

四書集註十九卷　(宋)朱熹撰　民國二十三年(1934)古閩吳航曾據清武英殿刻本影印本　顯定題記　五冊

330000－1701－0026845　民 811.38/4080/c2　集部/詞類/別集之屬
香蘭詞一卷　袁毓麐撰　民國二十一年(1932)刻本　一冊

330000－1701－0026846　民 811.38/44381　集部/詞類/別集之屬
滄浪漁笛譜一卷　蔡寶善撰　民國二十五年(1936)鉛印本　一冊

330000－1701－0026847　民 811.38/4421　集部/詞類/別集之屬
松岡詩餘一卷　黄紹璟撰　民國二十二年(1933)同安舫山印刷社鉛印本　一冊

330000－1701－0026848　民 811.38/4442/c1　集部/詞類/別集之屬
遐菴詞甲稿一卷　葉恭綽撰　民國三十二年(1943)鉛印本　陸丹林題記　一冊

330000－1701－0026850　普 097.0381/2540/10/c1　類叢部/叢書類/彙編之屬
四部備要　中華書局編　民國二十五年(1936)上海中華書局鉛印本　六冊　存一種

330000－1701－0026851　民 811.38/4438.3/c1　集部/詞類/別集之屬
聽潮音館詞集三卷　蔡寶善撰　民國十九年(1930)鉛印本　一冊

330000－1701－0026852　民 811.38/4442/c2　集部/詞類/別集之屬
遐菴詞甲稿一卷　葉恭綽撰　民國三十二年(1943)鉛印本　余紹宋題記　一冊

330000－1701－0026853　普 881.16/1104　集部/別集類/清別集
感物吟五卷　(清)張亨梧撰　民國八年(1919)天台張燮木活字印本　一冊

330000－1701－0026854　民 811.38/4442/c3　集部/詞類/別集之屬
遐菴詞甲稿一卷　葉恭綽撰　民國三十二年(1943)鉛印本　一冊

330000－1701－0026855　普 097.0381/2540/10/c2　類叢部/叢書類/彙編之屬
四部備要　中華書局編　民國二十五年(1936)上海中華書局鉛印本　六冊　存一種

330000－1701－0026857　民 811.38/4438.3/c2　集部/詞類/別集之屬
聽潮音館詞集三卷　蔡寶善撰　民國十九年(1930)鉛印本　一冊

330000－1701－0026858　民 811.38/4438.3/c3　集部/詞類/別集之屬
聽潮音館詞集三卷　蔡寶善撰　民國十九年(1930)鉛印本　一冊

330000－1701－0026859　普 097.0381/2540/10/c3　類叢部/叢書類/彙編之屬
四部備要　中華書局編　民國二十五年(1936)上海中華書局鉛印本　六冊　存一種

330000－1701－0026861　民 811.38/4438.3/c4　集部/詞類/別集之屬
聽潮音館詞集三卷　蔡寶善撰　民國十九年(1930)鉛印本　一冊

330000－1701－0026863　民 811.38/4438.3/c5　集部/詞類/別集之屬
聽潮音館詞集三卷　蔡寶善撰　民國十九年(1930)鉛印本　一冊

330000－1701－0026864　民 811.38/4446/c1　集部/詞類/別集之屬
擊缶詞一卷　甘大昕撰　民國三十四年(1945)水周堂木活字印本　甘大昕題記　一冊

330000－1701－0026865　民 811.38/4468.3　集部/詞類/別集之屬
廣詠梅詞一卷　林鵾翔撰　民國鉛印本　一冊

330000－1701－0026866　普 097.0381/2540/10/c4　類叢部/叢書類/彙編之屬

四部備要 中華書局編 民國二十五年(1936)上海中華書局鉛印本 五冊 存一種

330000－1701－0026872 民 811.38/4446/c2 集部/詞類/别集之屬
擊缶詞一卷 甘大昕撰 民國三十四年(1945)水周堂木活字印本 方毓麒、甘大昕題記 一冊

330000－1701－0026873 普 097.0381/2540/20 經部/四書類/總義之屬/傳說
四書集註二十六卷 (宋)朱熹撰 **宋淳祐本**
四書考異一卷 胡宗楙撰 民國十五年(1926)壽春孫氏小墨妙亭翻刻清內府覆刻宋淳祐本 十四冊

330000－1701－0026877 民 811.38/4685.2 集部/詞類/别集之屬
雙樹居詞二卷 楊鐵夫撰 民國鉛印本 一冊

330000－1701－0026878 民 811.38/4685/c1 集部/詞類/别集之屬
抱香詞一卷 楊鐵夫撰 民國鉛印本 一冊

330000－1701－0026879 民 811.38/4749/c1 集部/詞類/别集之屬
霜紅詞一卷 胡士瑩撰 民國二十年(1931)揚州刻本 一冊

330000－1701－0026880 民 811.38/4449 集部/詞類/别集之屬
瀼谿漁唱一卷 林葆恒撰 民國二十七年(1938)閩縣林葆恒瀼谿精舍刻本 一冊

330000－1701－0026882 民 811.38/4749/c2 集部/詞類/别集之屬
霜紅詞一卷 胡士瑩撰 民國二十年(1931)揚州刻本 胡士瑩題記 一冊

330000－1701－0026884 民 811.38/4749/c3 集部/詞類/别集之屬
霜紅詞一卷 胡士瑩撰 民國二十年(1931)揚州刻本 一冊

330000－1701－0026885 普 097.0381/4019 經部/四書類/總義之屬/傳說
四書串釋六卷 李珮精編 民國二十年(1931)上海文明書局鉛印本 六冊

330000－1701－0026886 民 811.38/4685/c2 集部/詞類/别集之屬
抱香詞一卷 楊鐵夫撰 民國鉛印本 一冊

330000－1701－0026887 民 811.38/4944 集部/詞類/别集之屬
小鷗波館詞鈔一卷倚笛樓賸曲一卷 趙藩撰 民國三十二年(1943)陳受慈石印本 一冊

330000－1701－0026888 民 811.38/4450 史部/地理類/雜志之屬
乍浦竹枝詞一卷 (清)林中麒撰 民國二十二年(1933)高氏華雲閣鉛印本 一冊

330000－1701－0026890 民 811.38/6011/c1 集部/詞類/别集之屬
大厂詞稾九卷 易孺撰 民國二十四年(1935)上海商務印書館影印本 一冊

330000－1701－0026892 民 811.38/4977 集部/詞類/别集之屬
香宋詞三卷 趙熙撰 民國六年(1917)霜甘小閣成都刻本 一冊

330000－1701－0026894 民 811.38/4468/c1 集部/詞類/别集之屬
半櫻詞二卷 林鵾翔撰 民國十六年(1927)鉛印本 一冊

330000－1701－0026895 民 811.38/6011/c2 集部/詞類/别集之屬
大厂詞稾九卷 易孺撰 民國二十四年(1935)上海商務印書館影印本 一冊

330000－1701－0026896 普 097.0381/2540/16 經部/四書類/總義之屬/傳說
四書集註十九卷 (宋)朱熹撰 民國二十二年(1933)上海商務印書館鉛印本 五冊 缺二卷(孟子四至五)

330000－1701－0026897 民 811.38/4468/c2 集部/詞類/别集之屬

半櫻詞二卷　林鵾翔撰　民國十六年(1927)鉛印本　一册

330000－1701－0026898　普 097.0381/4921　類叢部/叢書類/彙編之屬

復性書院叢刊二十七種　馬浮編　民國二十九年至三十七年(1940－1948)復性書院刻本暨鉛印本　八册　存一種

330000－1701－0026900　民 811.38/4468/c3　集部/詞類/別集之屬

半櫻詞二卷　林鵾翔撰　民國十六年(1927)鉛印本　一册

330000－1701－0026902　民 811.38/6021　集部/詞類/別集之屬

琴思樓詞一卷補一卷　易順豫撰　民國三年(1914)長沙石印本　一册

330000－1701－0026904　民 811.38/4468/c4　集部/詞類/別集之屬

半櫻詞二卷　林鵾翔撰　民國十六年(1927)鉛印本　一册

330000－1701－0026906　普 097.0381/4921/2/c1　經部/四書類/總義之屬/傳說

四書纂疏二十六卷札記一卷　(宋)趙順孫撰　民國十四年(1925)聖風書苑據清康熙通志堂經解本影印本　八册

330000－1701－0026912　民 811.38/4468.2　集部/詞類/別集之屬

半櫻詞續二卷　林鵾翔撰　民國二十七年(1938)鉛印本　一册

330000－1701－0026913　普 097.0381/4921/2/c2　經部/四書類/總義之屬/傳說

四書纂疏二十六卷札記一卷　(宋)趙順孫撰　民國十四年(1925)聖風書苑據清康熙通志堂經解本影印本　八册

330000－1701－0026915　民 811.38/6064　集部/詞類/別集之屬

紉佩軒詩詞草一卷　吕景蕙撰　民國二十三年(1934)鉛印本　一册

330000－1701－0026916　普 097.0381/4921/2/c3　經部/四書類/總義之屬/傳說

四書纂疏二十六卷札記一卷　(宋)趙順孫撰　民國十四年(1925)聖風書苑據清康熙通志堂經解本影印本　八册

330000－1701－0026919　普 097.0381/4921/2/c4　經部/四書類/總義之屬/傳說

四書纂疏二十六卷札記一卷　(宋)趙順孫撰　民國十四年(1925)聖風書苑據清康熙通志堂經解本影印本　八册

330000－1701－0026921　民 811.38/7296/c1　集部/詞類/別集之屬

無長物齋詞存五卷　劉炳照撰　民國四年(1915)刻本　一册

330000－1701－0026924　民 811.38/7537　集部/詞類/別集之屬

海綃詞二卷　陳洵撰　民國二十二年(1933)刻彊邨遺書本　陳洵題簽並記　一册

330000－1701－0026929　民 811.38/7296/c2　集部/詞類/別集之屬

無長物齋詞存五卷　劉炳照撰　民國四年(1915)刻本　一册

330000－1701－0026930　民 811.38/7563　集部/詞類/別集之屬

觀塵因室詞曲合鈔一卷聯語一卷　陳景寔撰　民國二十六年(1937)大中華印書局鉛印本　一册

330000－1701－0026932　民 811.38/7580/c1　集部/詞類/別集之屬

慮尊詞一卷然脂詞一卷　陳夔撰　民國十一年(1922)鉛印本　一册

330000－1701－0026934　民 811.38/7183　集部/詞類/別集之屬

笳音詞鈔一卷　馬念祖撰　民國二十五年(1936)四維書局鉛印本　一册

330000－1701－0026935　普 097.03837/4026/c1　類叢部/叢書類/彙編之屬

蘭雪堂叢書　民國二十二年(1933)浙江印刷

公司鉛印本　二冊　存一種

330000 - 1701 - 0026936　民 811.38/7202
集部/詞類/別集之屬
春燈詞一卷　劉麟生撰　民國三十年(1941)鉛印本　一冊

330000 - 1701 - 0026938　民 811.38/7580/c2
集部/詞類/別集之屬
慮尊詞一卷然脂詞一卷　陳夔撰　民國十一年(1922)鉛印本　一冊

330000 - 1701 - 0026939　普 097.03837/7520/c3　類叢部/叢書類/郡邑之屬
義烏先哲遺書五種　黄侗編　民國二十二年至二十四年(1933 - 1935)義烏黄氏鉛印本　一冊　存一種

330000 - 1701 - 0026942　普 097.03837/4026/c2　類叢部/叢書類/彙編之屬
蘭雪堂叢書　民國二十二年(1933)浙江印刷公司鉛印本　李鏡渠題簽　二冊　存一種

330000 - 1701 - 0026943　民 811.38/7580/c3
集部/詞類/別集之屬
慮尊詞一卷然脂詞一卷　陳夔撰　民國十一年(1922)鉛印本　一冊

330000 - 1701 - 0026944　民 811.38/7211/c1
集部/詞類/別集之屬
鏤香樂府一卷　劉玉璠撰　民國二十四年(1935)鉛印本　一冊

330000 - 1701 - 0026945　普 097.03837/4026/c3　類叢部/叢書類/彙編之屬
蘭雪堂叢書　民國二十二年(1933)浙江印刷公司鉛印本　二冊　存一種

330000 - 1701 - 0026946　民 811.38/7211/c2
集部/詞類/別集之屬
鏤香樂府一卷　劉玉璠撰　民國二十四年(1935)鉛印本　一冊

330000 - 1701 - 0026947　普 097.03837/4026/c4　類叢部/叢書類/彙編之屬
蘭雪堂叢書　民國二十二年(1933)浙江印刷公司鉛印本　二冊　存一種

330000 - 1701 - 0026950　民 811.38/7580/c4
集部/詞類/別集之屬
慮尊詞一卷然脂詞一卷　陳夔撰　民國十一年(1922)鉛印本　一冊

330000 - 1701 - 0026953　民 811.38/7721
集部/詞類/別集之屬
二窗詞客全集□□種　周岸登撰　民國上海中華書局鉛印本　劉邦麟題記　二冊　存一種

330000 - 1701 - 0026956　普 097.03837/7231/2　經部/四書類/總義之屬/傳説
四書恆解十四卷　(清)劉沅輯注　民國二十三年(1934)致福樓刻本　十冊

330000 - 1701 - 0026959　民 811.38/7580.2
集部/詞類/別集之屬
詩餘口業一卷　陳夔撰　民國二十二年(1933)微志廬鉛印本　一冊

330000 - 1701 - 0026961　普 097.03837/7520/c4　類叢部/叢書類/郡邑之屬
義烏先哲遺書五種　黄侗編　民國二十二年至二十四年(1933 - 1935)義烏黄氏鉛印本　一冊　存一種

330000 - 1701 - 0026962　普 097.03837/7231/c1　經部/四書類/總義之屬/傳説
四書恆解十四卷　(清)劉沅輯注　民國九年(1920)北京道德學社鉛印本　八冊

330000 - 1701 - 0026964　普 097.03837/7520/c5　類叢部/叢書類/郡邑之屬
義烏先哲遺書五種　黄侗編　民國二十二年至二十四年(1933 - 1935)義烏黄氏鉛印本　一冊　存一種

330000 - 1701 - 0026965　普 097.03837/7520/c6　類叢部/叢書類/郡邑之屬
義烏先哲遺書五種　黄侗編　民國二十二年至二十四年(1933 - 1935)義烏黄氏鉛印本　一冊　存一種

330000－1701－0026966　民 811.38/8034　集部/别集類
安樂鄉人詩四卷詩續一卷七十後詩一卷藥夢詞二卷詞續一卷七十後詞一卷　金兆蕃撰　民國二十年(1931)、二十八年(1939)刻本　一册　存二卷(藥夢詞一至二)

330000－1701－0026967　普 097.03837/7231/c2　經部/四書類/總義之屬/傳說
四書恆解十四卷　(清)劉沅輯注　民國九年(1920)北京道德學社鉛印本　八册

330000－1701－0026968　普 097.091/7741/3　經部/四書類/總義之屬/專著
四書釋地一卷續一卷又續一卷三續一卷　(清)閻若璩撰　民國抄本　二册

330000－1701－0026969　民 812.04/1021　集部/曲類/曲評曲話曲目之屬
螾廬曲談四卷　王季烈撰　民國二十三年(1934)上海商務印書館石印本　二册

330000－1701－0026970　民 811.38/8073　集部/詞類/别集之屬
幻一卷　曾覺之撰　民國鉛印本　一册

330000－1701－0026971　民 811.38/8088　集部/詞類/别集之屬
秀道人修梅清課一卷　況周頤撰　民國九年(1920)木活字印本　一册

330000－1701－0026973　民 811.38/8020　集部/詞類/别集之屬
天淚盦詞一卷　姜繼襄撰　民國元年(1912)刻本　一册

330000－1701－0026974　普 097.111/0003、普 097.111/0003.2　經部/叢編
十三經讀本　唐文治輯　民國十三年(1924)吴江施肇曾醒園刻本　二册　存二種

330000－1701－0026976　民 812.07/1010　集部/曲類/曲韻曲譜曲律之屬
元詞斠律四卷　王玉章纂輯　民國二十五年(1936)上海商務印書館鉛印本　三册

330000－1701－0026979　民 811.5/7540　類叢部/叢書類/自著之屬
摩廬叢著　陳直撰　民國石印本　一册　存一種

330000－1701－0026981　民 812.48/1771　集部/戲劇類/傳奇之屬
紅樓真夢傳奇八折　郭則澐填曲　王季烈製譜　民國三十一年(1942)石印本　一册

330000－1701－0026982　民 812.07/2648/c2　集部/曲類/曲評曲話曲目之屬
詞餘講義十二章　吳梅撰　民國十八年(1929)北大學院出版部鉛印本　一册

330000－1701－0026984　民 811.68/3040　集部/别集類
墨庵駢文甲集一卷　民國十年(1921)刻宋氏雜箸本　民國刻本　宋慈裒題記　一册

330000－1701－0026987　普 097.111/2124/c1　類叢部/叢書類/自著之屬
潛廬叢書　何紹韓撰　民國二十五年(1936)東陽何紹韓杭州潛廬刻本　一册　存一種

330000－1701－0026988　民 812.58/0033　集部/戲劇類/傳奇之屬
衝冠怒傳奇殘稿一卷　章鴻賓撰　民國九年(1920)鉛印本　一册

330000－1701－0026989　普 097.111/2124/c2　類叢部/叢書類/自著之屬
潛廬叢書　何紹韓撰　民國二十五年(1936)東陽何紹韓杭州潛廬刻本　一册　存一種

330000－1701－0026990　普 097.111/2124/c3　類叢部/叢書類/自著之屬
潛廬叢書　何紹韓撰　民國二十五年(1936)東陽何紹韓杭州潛廬刻本　一册　存一種

330000－1701－0026991　民 812.58/0077　集部/戲劇類/傳奇之屬
中華第一女傑軒亭冤傳奇八齣　湘靈子撰　民國元年(1912)上海振新圖書社石印本　一册

330000－1701－0026992　民 812.58/1624 集部/戲劇類/傳奇之屬
幻緣記傳奇二卷　由雲龍撰　民國二十八年(1939)鉛印本　一冊

330000－1701－0026994　民 812.58/2180 集部/戲劇類/傳奇之屬
楚鳳烈傳奇十六齣　盧前撰　民國二十八年(1939)樸園刻本　一冊

330000－1701－0026995　民 812.58/4415/c1　集部/戲劇類/傳奇之屬
十年記一卷　莊一拂撰　朱堯文正譜　民國影印本　一冊

330000－1701－0026998　民 812.58/4415/c2　集部/戲劇類/傳奇之屬
十年記一卷　莊一拂撰　朱堯文正譜　民國影印本　一冊

330000－1701－0026999　民 811.68/4738 集部/別集類
壁經堂外集二卷　胡淦撰　民國三年(1914)刻本　一冊

330000－1701－0027000　民 812.58/4415/c3　集部/戲劇類/傳奇之屬
十年記一卷　莊一拂撰　朱堯文正譜　民國影印本　一冊

330000－1701－0027001　民 812.2648/2　集部/曲類/曲評曲話曲目之屬
曲學通論不分卷　吳梅撰　民國東南大學鉛印本　一冊

330000－1701－0027006　民 812.2648.02 集部/曲類/曲評曲話曲目之屬
曲學通論續編二卷　許之衡撰　民國十一年(1922)鉛印本　一冊　存一卷(上)

330000－1701－0027008　普 097.13837/7231/2　經部/四書類/大學之屬/傳說
大學古本質言一卷　(清)劉沅撰　民國五年(1916)石印本　一冊

330000－1701－0027009　普 097.13834/2540 經部/叢編
十三經讀本　唐文治輯　民國十三年(1924)吳江施肇曾醒園刻本　一冊　存一種

330000－1701－0027015　民 812.036/1120/c1　集部/曲類/曲評曲話曲目之屬
曲韻探驪二卷　項衡方撰　民國三十三年(1944)鉛印本　二冊

330000－1701－0027017　民 812.036/1120/c2　集部/曲類/曲評曲話曲目之屬
曲韻探驪二卷　項衡方撰　民國三十三年(1944)鉛印本　項衡方題記　二冊

330000－1701－0027019　普 097.13837/7231/4　經部/四書類/大學之屬/傳說
大學古本質言一卷　(清)劉沅撰　民國二十三年(1934)致福樓刻本　一冊

330000－1701－0027021　普 097.1381/4921/c1、普 097.2381/4921　類叢部/叢書類/彙編之屬
復性書院叢刊二十七種　馬浮編　民國二十九年至三十七年(1940－1948)復性書院刻本暨鉛印本　二冊　存一種

330000－1701－0027024　普 097.13837/7231/5　經部/四書類/大學之屬/傳說
大學古本質言一卷　(清)劉沅撰　民國八年(1919)杭州明德慈善社鉛印本　一冊

330000－1701－0027026　民 812.036/1127 集部/曲類/曲韻曲譜曲律之屬
二進宮劇譜一卷　張伯駒編　民國三十三年(1944)石印本　一冊

330000－1701－0027030　民 812.036/2648 集部/曲類/曲韻曲譜曲律之屬
南北詞簡譜四卷首一卷　吳梅撰　民國石印本　二冊

330000－1701－0027031　普 097.1381/4921/c2　類叢部/叢書類/彙編之屬
復性書院叢刊二十七種　馬浮編　民國二十九年至三十七年(1940－1948)復性書院刻本暨鉛印本　一冊　存一種

330000－1701－0027046　民 813.0449/4443　類叢部/叢書類

求是齋叢書　民國三十八年(1949)鎮原慕文雲蘭州石印本　二冊　存一種

330000－1701－0027047　民 813.18/0464　子部/小說家類/異聞之屬

江湖異聞四卷　謝畯喜編　民國十年(1921)上海會文堂書局石印本　四冊

330000－1701－0027052　民 813.18/1074　子部/小說家類/瑣語之屬

滿清官場百怪錄二卷　雷瑨撰　民國十四年(1925)上海掃葉山房石印本　四冊

330000－1701－0027053　民 813.18/4444　子部/小說家類/異聞之屬

藝術奇談四卷　葛栩存編　民國十一年(1922)上海會文堂書局石印本　四冊

330000－1701－0027058　民 813.18/3173　子部/小說家類/瑣語之屬

秘密濃情傳二卷　江陵漁隱撰　民國石印本　一冊

330000－1701－0027061　民 813.18/3438　子部/小說家類/雜事之屬

瀟湘館筆記四卷　鄒弢撰　民國上海中華圖書館石印本　一冊

330000－1701－0027063　民 813.18/4791/c1　史部/雜史類/斷代之屬

清談十卷　胡懷琛編　民國十年(1921)上海廣益書局鉛印本　六冊

330000－1701－0027065　民 813.18/3822　集部/小說類/長篇之屬

劍腥錄五十三章　林紓撰　民國二年(1913)北京平報社鉛印本　一冊

330000－1701－0027067　民 813.18/1118/c1　類叢部/叢書類/彙編之屬

春暉叢書□□種　張天錫輯　民國鉛印本　一冊　存一種

330000－1701－0027069　普 097.33837/7234/3　類叢部/叢書類/彙編之屬

四部備要　中華書局編　民國二十五年(1936)上海中華書局鉛印本　六冊　存一種

330000－1701－0027071　民 813.18/4791/c2　史部/雜史類/斷代之屬

清談十卷　胡懷琛編　民國五年(1916)上海廣益書局鉛印本　六冊

330000－1701－0027072　民 813.18/1118/c2　類叢部/叢書類/彙編之屬

春暉叢書□□種　張天錫輯　民國鉛印本　一冊　存一種

330000－1701－0027080　民 813.28/1044　集部/小說類/短篇之屬

女聊齋誌異四卷　(清)賈茗輯　民國二年(1913)中華圖書館石印本　四冊

330000－1701－0027081　普 097.3838/1011　經部/四書類/孟子之屬

孟子講義二卷　夏震武撰　民國十年(1921)開封新民社石印本　二冊

330000－1701－0027084　普 097.33838/7531/c1　經部/四書類/論語之屬/傳說

論語話解十卷　(清)陳濬撰　民國六年(1917)上海商務印書館鉛印本　四冊

330000－1701－0027088　普 097.33838/7531/c2　經部/四書類/論語之屬/傳說

論語話解十卷　(清)陳濬撰　民國六年(1917)上海商務印書館鉛印本　四冊

330000－1701－0027090　普 097.4381/2540.2/2/c1　經部/四書類/孟子之屬/傳說

孟子集註七卷　(宋)朱熹撰　民國上海商務印書館鉛印本　七冊

330000－1701－0027091　普 097.4381/2540.2/2/c2　經部/四書類/孟子之屬/傳說

孟子集註七卷　(宋)朱熹撰　民國上海商務印書館鉛印本　七冊

330000－1701－0027092　民 813.28/3030/c1　集部/小說類/短篇之屬

蹇安先生五記一卷　釋蹇安撰　民國二十三年(1934)懷寧潘氏甓止齋鉛印本　一冊

330000－1701－0027093　普 097.4381/4924/c1　類叢部/叢書類/彙編之屬
續古逸叢書四十七種　張元濟等編　民國十一年(1922)至一九五七年上海商務印書館影印本　七冊　存一種

330000－1701－0027096　普 097.4381/4924/c2　類叢部/叢書類/彙編之屬
續古逸叢書四十七種　張元濟等編　民國十一年(1922)至一九五七年上海商務印書館影印本　七冊　存一種

330000－1701－0027097　民 813.28/3030/c2　集部/小說類/短篇之屬
蹇安先生五記一卷　釋蹇安撰　民國二十三年(1934)懷寧潘氏甓止齋鉛印本　一冊

330000－1701－0027098　普 097.43837/2022/2/c1　類叢部/叢書類/彙編之屬
四部備要　中華書局編　民國二十五年(1936)上海中華書局鉛印本　八冊　存一種

330000－1701－0027099　普 097.43837/2022/2/c2　類叢部/叢書類/彙編之屬
四部備要　中華書局編　民國二十五年(1936)上海中華書局鉛印本　八冊　存一種

330000－1701－0027100　民 813.28/4021　子部/小說家類/雜事之屬
南亭筆記十六卷　(清)李伯元(李寶嘉)撰　民國八年(1919)上海大東書局石印本　四冊

330000－1701－0027101　民 813.38/4945/c1　子部/雜著類/雜纂之屬
平等閣筆記二卷　狄葆賢撰　民國二年(1913)上海有正書局鉛印本　二冊

330000－1701－0027105　民 813.38/4945/c2　子部/雜著類/雜纂之屬
平等閣筆記二卷　狄葆賢撰　民國二年(1913)上海有正書局鉛印本　二冊

330000－1701－0027107　民 813.58/0848.6/c2　集部/小說類/長篇之屬
清宮歷史演義十四卷一百二十回　許慕羲撰　民國十三年(1924)上海廣益書局石印本　十四冊

330000－1701－0027108　民 813.38/4945/c3　子部/雜著類/雜纂之屬
平等閣筆記二卷　狄葆賢撰　民國二年(1913)上海有正書局鉛印本　二冊

330000－1701－0027113　民 813.58/1010/c1　集部/小說類/長篇之屬
繡像神州光復志演義十五卷一百二十回　王雪菴編　民國元年(1912)上海神州圖書局石印本　十六冊

330000－1701－0027115　普 099/4440　經部/群經總義類/石經之屬
魏正始石經殘石附跋一卷　蔣藩　許鈞撰　民國十二年(1923)河南金石志修纂處影印本暨刻本　一冊

330000－1701－0027117　民 813.58/1010/c2　集部/小說類/長篇之屬
繡像神州光復志演義十五卷一百二十回　王雪菴編　民國元年(1912)上海神州圖書局石印本　十六冊

330000－1701－0027119　民 813.58/1010/c3　集部/小說類/長篇之屬
繡像神州光復志演義十五卷一百二十回　王雪菴編　民國十年(1921)上海民強書局石印本　十六冊

330000－1701－0027120　民 813.58/1010/c4　集部/小說類/長篇之屬
繡像神州光復志演義十五卷一百二十回　王雪菴編　民國十年(1921)上海民強書局石印本　十六冊

330000－1701－0027121　普 097.444/1038/c1　經部/叢編
十三經讀本　唐文治輯　民國十三年(1924)吳江施肇曾醒園刻本　一冊　存一種

330000－1701－0027122　普 099/1071　經

部/群經總義類/石經之屬
三體石經未裂本一卷　民國十三年(1924)上海文明書局影印本暨鉛印本　一冊

330000－1701－0027126　普 099/1163　經部/群經總義類/石經之屬/通考
歷代石經考不分卷　張國淦編　民國十九年(1930)燕京大學國學研究所鉛印本　三冊

330000－1701－0027127　普 097.444/1038/c2　經部/叢編
十三經讀本　唐文治輯　民國十三年(1924)吳江施肇曾醒園刻本　一冊　存一種

330000－1701－0027128　普 099.384/3056　經部/群經總義類/石經之屬
宋拓蜀石經殘本八卷　(清)劉體乾輯　民國十五年(1926)廬江劉氏影印本　八冊

330000－1701－0027129　民 813.58/1010/(2)　集部/小說類/長篇之屬
繡像神州光復志演義十五卷一百二十回　王雪菴編　民國元年(1912)上海神州圖書局石印本　六冊

330000－1701－0027130　民 813.38/4945/3　子部/雜著類/雜纂之屬
平等閣筆記六卷　狄葆賢撰　民國上海有正書局鉛印本　五冊

330000－1701－0027131　普 099/3412　經部/群經總義類/石經之屬/通考
漢石經殘石集一卷　白堅拓傳　民國十九年(1930)白堅鉛印本　一冊

330000－1701－0027135　GP00007　新學/雜著/小說
新日記故事一卷　陳春生輯　民國五年(1916)上海協和書局鉛印本　一冊

330000－1701－0027137　民 813.58/1182　集部/小說類/長篇之屬
女傑梁紅玉演義初集四卷十六回二集四卷十六回三集四卷十二回四集四卷十二回　張箇儂撰　民國十五年(1926)上海校經山房石印本　四冊

330000－1701－0027138　GP00005　子部/兵家類/兵法之屬
諸葛心書集注一卷　(三國蜀)諸葛亮撰　官道尊集注　民國十五年(1926)成都昌福公司鉛印本　官道尊題記　一冊

330000－1701－0027141　GP00011　經部/書類/專著之屬
尚書研究講義□□卷　顧頡剛撰　民國石印本暨鉛印本　三冊　存七卷(丙種一,戊種一至四,丁種三、附錄)

330000－1701－0027145　GP00015　經部/小學類/文字之屬/字書/通論
文字學發凡三卷首一卷　馬宗霍撰　民國二十四年(1935)上海商務印書館石印本　一冊

330000－1701－0027146　民 813.58/1192　集部/小說類/長篇之屬
繪圖平金川四卷三十二回　(清)張小山撰　民國二年(1913)上海錦章圖書局石印本　四冊

330000－1701－0027149　民 813.58/2628.2　集部/小說類/長篇之屬
續二十年目覩之怪現狀四卷三十六回　吳虞公撰　民國十三年(1924)上海世界書局石印本　四冊

330000－1701－0027156　GP00027　史部/政書類/通制之屬
王安石政略六卷首一卷附錄四卷　河南省政府王安石政略研究會編　民國二十五年(1936)鉛印本　二冊

330000－1701－0027158　GP00033　類叢部/叢書類/自著之屬
十力叢書　熊十力撰　民國三十六年(1947)鉛印本　謝幼偉題記　四冊　存一種

330000－1701－0027161　GP00030　子部/宗教類/佛教之屬/經
二課合解七卷首一卷　釋興慈撰　民國十年(1921)揚州藏經院刻本　三冊

330000－1701－0027166　GP00031　史部/目

録類/總録之屬/氏族
海寧渤海陳氏著錄二卷續編一卷補遺一卷 (清)陳敬璋編　陳其謙　陳大綸重輯　民國二十二年(1933)鉛印本　管元耀批　一册

330000－1701－0027167　GP00032　史部/傳記類/總傳之屬/家乘
清皇室四譜四卷　唐邦治輯　民國十二年(1923)上海聚珍仿宋印書局鉛印本　二册

330000－1701－0027169　GP00029　子部/宗教類/其他宗教之屬/基督教
道原精萃七種　(法國)倪懷綸輯　民國十三年至十五年(1924－1926)上海土山灣印書館鉛印本　八册

330000－1701－0027171　GP00040　類叢部/叢書類/自著之屬
鐵研厽葹書五種　桑宣撰　民國八年(1919)宛平桑氏鉛印本　二册　存一種

330000－1701－0027176　GP00018　子部/藝術類/遊藝之屬/詩鐘
雁湖社詩鐘一卷　金炳麟　王以銓選　民國鉛印本　一册

330000－1701－0027177　GP00047　史部/傳記類/總傳之屬/仕宦
百歲敘譜六卷　(清)丁文策　(清)陳師錫　(清)沈九如輯　民國十一年(1922)上海中華書局鉛印本　六册

330000－1701－0027179　GP00056　史部/傳記類/日記之屬
道光二十九年己酉三願堂日記一卷　(清)趙彦偁撰　民國十九年(1930)影印本　一册

330000－1701－0027185　民 813.58/2544/c1　集部/小說類/長篇之屬
清代十三朝演義初集四卷二十八回　朱壽基撰　民國五年(1916)上海東吳書局石印本　四册

330000－1701－0027188　GP00042　經部/詩類/文字音義之屬
毛詩古音諧讀五卷附反切詳論一卷考古音辨一卷　楊恭桓撰　民國十七年(1928)京華印書局鉛印本　二册

330000－1701－0027189　民 813.58/2544/c2　集部/小說類/長篇之屬
清代十三朝演義初集四卷二十八回　朱壽基撰　民國五年(1916)上海東吳書局石印本　四册

330000－1701－0027191　民 813.58/2544/c3　集部/小說類/長篇之屬
清代十三朝演義初集四卷二十八回　朱壽基撰　民國五年(1916)上海東吳書局石印本　四册

330000－1701－0027195　民 813.58/2601/c1　集部/小說類/長篇之屬
中國惡訟師演義四種　吳麟瑞編　民國十三年(1924)上海東陸圖書公司鉛印本　四册

330000－1701－0027196　GP00050　集部/別集類/清別集
寓庸室詩稿一卷　(清)余坤撰　民國七年(1918)余重耀南昌石印本　一册

330000－1701－0027197　民 813.58/2601/c2　集部/小說類/長篇之屬
中國惡訟師演義四種　吳麟瑞編　民國十三年(1924)上海東陸圖書公司鉛印本　一册　存一種

330000－1701－0027198　GP00060　子部/宗教類/佛教之屬/諸宗
傅大士集四卷　(南朝梁)傅翕撰　民國鉛印本　一册

330000－1701－0027202　GP00069　集部/別集類/清別集
水雲樓詞二卷燼餘蕖一卷　(清)蔣春霖撰　民國上海有正書局鉛印本　一册

330000－1701－0027206　GP00065　史部/金石類/總志之屬/目録
南京古物保存所古物品目說明書一卷　楊復明編　民國南京古物保存所鉛印本　一册

330000－1701－0027208　GP00072　類叢部/叢書類/自著之屬
章氏叢書補編七種　章炳麟撰　民國十三年(1924)鉛印本　一冊　存一種

330000－1701－0027209　GP00076　史部/雜史類/斷代之屬
武昌開國實錄二卷　胡祖舜撰　民國三十七年(1948)鉛印本　二冊

330000－1701－0027212　民813.58/2614/c1　集部/小說類/長篇之屬
吳三桂演義四卷四十回　民國上海華明書局石印本　四冊

330000－1701－0027215　民813.58/2614/2　集部/小說類/長篇之屬
吳三桂演義四卷四十回　民國上洋海左書局石印本　四冊

330000－1701－0027217　民813.58/2652　集部/小說類/長篇之屬
繪圖民國新漢演義四卷四十回　自由生編　民國元年(1912)上海書局石印本　四冊

330000－1701－0027218　GP00086　史部/傳記類/總傳之屬/家乘
瑯琊王氏宗譜八卷　王棨森等纂修　民國八年(1919)鉛印本　四冊

330000－1701－0027222　GP00088　史部/傳記類/總傳之屬/家乘
[浙江海寧]硤石蔣氏支譜不分卷　(清)蔣學培　(清)蔣學堅輯　蔣欽項增輯　蔣述彭編　民國十八年(1929)鉛印本　二冊

330000－1701－0027224　民813.58/2684/c1　集部/小說類/長篇之屬
繪圖白蓮教演義四卷二十回　吳公雄編輯　民國十一年(1922)上海世界書局石印本　一冊　存一卷(四)

330000－1701－0027225　民813.58/2684/c2　集部/小說類/長篇之屬
繪圖白蓮教演義四卷二十回　吳公雄編輯　民國十四年(1925)上海世界書局石印本　四冊

330000－1701－0027226　GP00061　子部/宗教類/佛教之屬/諸宗
傅大士集四卷　(南朝梁)傅翕撰　民國鉛印本　一冊

330000－1701－0027227　GP00089　史部/傳記類/總傳之屬/家乘
[浙江海寧]硤石蔣氏支譜不分卷　(清)蔣學培　(清)蔣學堅輯　蔣欽項增輯　蔣述彭編　民國十八年(1929)鉛印本　二冊

330000－1701－0027228　GP00090　史部/政書類/公牘檔冊之屬
上海四明公所大事記一卷附編一卷　葛恩元編　民國九年(1920)上海聚珍倣宋印書局鉛印本　一冊

330000－1701－0027231　GP00091　史部/目録類/總録之屬/氏族
干溪曹氏歷世所著書目一卷　民國二十四年(1935)鉛印本　一冊

330000－1701－0027232　GP00080　史部/傳記類/日記之屬
小滄桑記二卷(清咸豐十年至同治二年)　(清)姚濟撰　民國五年(1916)鉛印本　二冊

330000－1701－0027233　民813.58/2684.2　集部/小說類/長篇之屬
繪圖義和團演義二卷十六回　吳公雄編　民國十四年(1925)上海世界書局石印本　二冊

330000－1701－0027244　GP00103　子部/藝術類/遊藝之屬/詩鐘
寒山社詩鐘選乙集十卷　寒山詩社編輯　民國四年(1915)北京正蒙書局鉛印本　三冊

330000－1701－0027245　GP00111　經部/讖緯類/春秋緯之屬
春秋緯史集傳四十卷　(清)陳省欽撰　民國十三年(1924)陳鍾祺鉛印本　四冊

330000－1701－0027247　民813.58/2841　集部/小說類/長篇之屬

清宫濺血記八回　何士嵒述　徐枕亞撰　許廑父　鄭蕙珍評　民國十二年(1923)鉛印本　一冊

330000－1701－0027251　民 813.58/3032　集部/小說類/長篇之屬
新出繪圖安祿山全傳四卷四十回　民國二十年(1931)上海沈鶴記書局石印本　二冊

330000－1701－0027253　GP00112　子部/雜著類/雜說之屬
正信錄二卷　(清)羅聘撰　民國二十年(1931)潮陽郭氏雙百鹿齋刻藍印本　一冊

330000－1701－0027255　GP00121　經部/小學類/文字之屬/說文/專著
說文部首述義八卷六書辨一卷　徐紹楨撰　民國十九年(1930)上海中原書局石印本　一冊

330000－1701－0027256　民 813.58/3084　集部/小說類/長篇之屬
繪圖校正永樂演義五卷三十四回　(清)空谷老人編　民國四年(1915)上海自強書局北京學古堂石印本　二冊

330000－1701－0027259　GP00122　史部/傳記類/雜傳之屬
虞山妖亂志二卷附後一卷　(清)馮舒撰　民國鉛印本　斌父題記　一冊

330000－1701－0027262　GP00114　子部/雜著類/雜說之屬
觀墨草堂原書二卷　徐濳撰　民國十三年(1924)稿本　一冊

330000－1701－0027265　GP00106　史部/政書類/儀制之屬/通禮
祀天通禮一卷附理由說明書　政事堂禮制館編　民國三年(1914)政事堂禮制館石印本　一冊

330000－1701－0027267　GP00107　史部/政書類/儀制之屬/通禮
祀天通禮一卷附理由說明書　政事堂禮制館編　民國三年(1914)政事堂禮制館石印本　一冊

330000－1701－0027268　GP00138　類叢部/叢書類/自著之屬
孫谿堪所著書四種　孫德謙撰　民國十二年至十七年(1923－1928)元和孫氏四益宧刻本　一冊　存一種

330000－1701－0027269　GP00132　子部/術數類/雜術之屬
訂正不可錄一卷　(清)韓菊圃輯　傅煥訂正　民國十年(1921)武林印書館鉛印本　一冊

330000－1701－0027272　GP00116　子部/儒家類/儒學之屬/禮教/女範
訓女寶箴三卷　吕咸熙編　民國十八年(1929)北京天華館鉛印本　一冊　缺一卷(下)

330000－1701－0027273　民 813.58/3122/c1　集部/小說類/長篇之屬
繪圖洪秀全演義十集三十二卷　黄世仲撰　汪繼川編　民國十四年(1925)上海萃英書局石印本　二冊

330000－1701－0027275　民 813.58/3122/c2　集部/小說類/長篇之屬
繪圖洪秀全演義十集三十二卷　黄世仲撰　汪繼川編　民國十四年(1925)上海萃英書局石印本　二十四冊　存六集(五至十)

330000－1701－0027276　GP00133　子部/術數類/雜術之屬
訂正不可錄一卷　(清)韓菊圃輯　傅煥訂正　民國十年(1921)武林印書館鉛印本　一冊

330000－1701－0027277　GP00144　類叢部/叢書類/彙編之屬
保粹堂叢刊□□種　民國刻本　二冊　存一種

330000－1701－0027281　GP00126　類叢部/叢書類/自著之屬
小雙寂庵叢書十九種　張惟驤撰　民國武進張氏小雙寂庵刻本　二冊　存二種

330000－1701－0027282　GP00150　經部/小學類/文字之屬/字書/通論
蒼石山房文字談不分卷　石廣權撰　民國十八年(1929)上海商務印書館石印本　二册

330000－1701－0027283　GP00148　經部/小學類/文字之屬/字書/通論
文字學形義篇不分卷　朱宗萊撰　民國十一年(1922)國立北京大學出版部鉛印本　一册

330000－1701－0027287　GP00149　經部/小學類/文字之屬/字書/通論
蒼石山房文字談不分卷　石廣權撰　民國十八年(1929)上海商務印書館石印本　二册

330000－1701－0027288　GP00152　類叢部/叢書類/自著之屬
孫隘堪所著書四種　孫德謙撰　民國十二年至十七年(1923－1928)元和孫氏四益宧刻本　一册　存一種

330000－1701－0027291　GP00154　史部/編年類/通代之屬
明元清系通紀正編十卷前編一卷　孟森撰　民國二十三年(1934)國立北京大學出版組鉛印本　十一册

330000－1701－0027298　GP00162　史部/傳記類/别傳之屬
懷蘭集不分卷　馮肇桂編　民國二十三年(1934)桂秀蘭芬樓鉛印本　一册

330000－1701－0027300　GP00168　經部/小學類/音韻之屬/古今韻説
經籍舊音辨證七卷　吴承仕撰　民國十二年(1923)鉛印本　二册

330000－1701－0027304　GP00171　經部/群經總義類/文字音義之屬
十經文字通正書十四卷　(清)錢坫撰　民國中國書店據清嘉慶二年(1797)文章大吉樓刻本影印本　四册

330000－1701－0027309　GP00163　史部/政書類/儀制之屬/典禮
祭祀冠服圖一卷　政事堂禮制館編　民國三年(1914)政事堂禮制館石印本　一册

330000－1701－0027311　GP00164　史部/政書類/儀制之屬/典禮
相見禮一卷附説明書一卷　政事堂禮制館編　民國四年(1915)政事堂禮制館石印本　一册

330000－1701－0027313　GP00177　史部/傳記類/别傳之屬/事狀
歐司愛哈同先生榮哀錄不分卷　姬覺彌輯　民國二十一年(1932)愛儷園鉛印本　十二册

330000－1701－0027314　GP00165　史部/政書類/儀制之屬/典禮
關岳合祀典禮一卷附説明書一卷　政事堂禮制館編　民國四年(1915)政事堂禮制館鉛印本　一册

330000－1701－0027317　GP00181　類叢部/叢書類/郡邑之屬
吴興叢書六十六種　劉承幹編　民國吴興劉氏嘉業堂刻本　二册　存一種

330000－1701－0027320　GP00178　類叢部/叢書類/家集之屬
雙硯齋叢書六種　鄧邦述編　民國江寧鄧氏刻本　十二册

330000－1701－0027326　GP00187　經部/小學類/文字之屬
文字源流考一卷　廖平撰　**六變記一卷**　柏毓東撰　民國十年(1921)成都昌福公司鉛印本　一册

330000－1701－0027328　GP00196　經部/春秋總義類/文字音義之屬
春秋小學八卷　(清)莊有可撰　民國二十四年(1935)上海商務印書館影印本　四册

330000－1701－0027330　GP00189　集部/别集類
日濤雜著三集　李柏榮撰　民國二十三年至二十五年(1934－1936)邵陽日新鉛印局鉛印本　二册

330000－1701－0027332　GP00176　類叢部/叢書類/郡邑之屬

屏廬叢刻十五種二十四卷　金鉞編　民國十三年(1924)天津金氏刻本　十二册

330000－1701－0027341　GP00205　集部/別集類/明別集

薛中離先生全書二十卷首一卷　(明)薛侃撰　(明)鄭三極輯　曾彭年重輯　民國四年(1915)公昌印務局鉛印本　五册

330000－1701－0027342　GP00211　類叢部/叢書類/彙編之屬

抱經樓叢刊五種　沈德壽編　民國十五年至十六年(1926－1927)慈谿沈氏鉛印本　四册　存四種

330000－1701－0027350　GP00222　經部/小學類/訓詁之屬/爾雅

爾雅釋例五卷　(清)陳玉澍撰　民國十年(1921)南京高等師範學校鉛印本　一册

330000－1701－0027351　GP00229　史部/傳記類/總傳之屬/家乘

[浙江路橋]河西楊氏家譜不分卷　楊晨編　民國七年(1918)石印本　一册

330000－1701－0027353　GP00233　經部/小學類/文字之屬/字書/通論

文字學發凡三卷首一卷　馬宗霍撰　民國二十四年(1935)上海商務印書館石印本　一册

330000－1701－0027355　GP00223　經部/小學類/文字之屬/字書/古文

新集古文四聲韻五卷附錄一卷　(宋)夏竦撰　民國十四年(1925)上虞羅氏據清乾隆四十四年(1779)汪啟淑刻本影印本　四册

330000－1701－0027357　GP00234　經部/小學類/音韻之屬/古今韻說

音韻學通論八卷　馬宗霍撰　民國二十二年(1933)上海商務印書館鉛印本　三册

330000－1701－0027358　GP00219　經部/春秋公羊傳類/傳說之屬

公羊榷論一卷　徐震撰　民國十九年(1930)刻本　一册

330000－1701－0027359　GP00224　經部/小學類/音韻之屬/韻書

合音例證二卷　尹桐陽撰　民國十六年(1927)北京民國大學印刷部鉛印本　一册

330000－1701－0027360　GP00220　經部/小學類/文字之屬/字書/通論

文字通詮八卷　楊譽龍編　民國十二年(1923)上海中華書局石印本　四册

330000－1701－0027362　GP00240　集部/別集類

甓盦詩錄四卷　李稷勳撰　民國十五年(1926)秀山李氏刻本　二册

330000－1701－0027365　GP00227　經部/小學類/音韻之屬/古今韻說

古韻標準四卷詩韻舉例一卷　(清)江永撰　(清)戴震參定　民國十五年(1926)渭南嚴式誨成都賁園刻本　二册

330000－1701－0027366　GP00228　經部/小學類/音韻之屬/等韻

音學辨微一卷　(清)江永撰　**榕村等韻辨疑正誤一卷**　(清)李光地撰　**康熙字典等均圖辨惑一卷常孰黄廷鑑三十六字母辨一卷**　(清)黄廷鑑撰　民國十二年(1923)渭南嚴式誨孝義家塾成都敦睦堂刻本　一册

330000－1701－0027368　GP00241　經部/讖緯類/春秋緯之屬

春秋五行災異卦炁屬比考一卷　(清)王銘西撰　民國二十四年(1935)國學圖書館影印本　一册

330000－1701－0027369　GP00243　經部/小學類/音韻之屬/韻書

集韻聲類表四卷　黄侃撰　民國二十五年(1936)上海開明書店石印本　一册

330000－1701－0027370　GP00242　經部/春秋總義類/專著之屬

春秋屬比攷例二卷　(清)王銘西撰　民國二十四年(1935)國學圖書館陶風樓影印本

一册

330000－1701－0027372　GP00244　類叢部/叢書類/彙編之屬

笠園古農學叢書　民國鉛印本　八册　存一種

330000－1701－0027373　GP00217　經部/春秋左傳類/傳說之屬

左傳禮說十卷　張其淦撰　民國十五年(1926)鉛印本　二册

330000－1701－0027375　GP00246　經部/書類/傳說之屬

今文尚書正僞九卷　李泰棻撰　民國二十年(1931)北平琉璃廠萊薰閣刻本　二册

330000－1701－0027376　民 813.58/3129　集部/小說類/長篇之屬

繪圖袁世凱演義二卷四十四回　通俗小說社編輯　民國十二年(1923)上海中國第一書局石印本　二册

330000－1701－0027378　民 811.18/7718　集部/别集類

陶簃辛壬吟草一卷　陶元鏞撰　民國鉛印本　一册

330000－1701－0027379　民 813.58/3533/c4　集部/小說類/長篇之屬

繪圖東漢演義四卷六十四回　民國上海天寶書局石印本　二册

330000－1701－0027381　GP00251　經部/小學類/音韻之屬/韻書

中州音韻一卷　(清)張漢重校　**司馬溫公切韻一卷**　(宋)司馬光切韻　民國石印本　一册

330000－1701－0027382　GP00248　經部/春秋總義類/傳說之屬

春秋公法内傳十二卷首一卷　劉人熙撰　民國二年(1913)鉛印本　二册

330000－1701－0027383　民 813.58/40471　集部/小說類/長篇之屬

畫中人一卷二十四章　袁慕歐撰　民國二十五年(1936)紹興開文印刷局鉛印本　一册

330000－1701－0027384　民 813.58/4454.23/c1　集部/小說類/長篇之屬

繪圖歷朝通俗演義十一種　蔡東帆輯　民國上海會文堂新記書局石印本　八册　存一種

330000－1701－0027385　民 813.58/4454.31　集部/小說類/長篇之屬

繪圖歷朝通俗演義十一種　蔡東帆輯　民國上海會文堂新記書局石印本　六册　存一種

330000－1701－0027386　GP00249　經部/春秋穀梁傳類/傳說之屬

穀梁大義述補闕不分卷　張慰祖撰　民國二十四年(1935)國學圖書館陶風樓影印本　三册

330000－1701－0027387　民 813.58/4454.3　集部/小說類/長篇之屬

繪圖歷朝通俗演義十一種　蔡東帆輯　民國上海會文堂新記書局石印本　十册　存一種

330000－1701－0027388　GP00255　集部/總集類/彙編之屬

宋人集　李之鼎輯　民國南城李氏宜秋館刻本　二册　存一種

330000－1701－0027389　GP00252、GP00253、GP00254、GP00256、GP00257、GP00258、GP00259、GP00260　集部/總集類/彙編之屬

宋人集　李之鼎輯　民國南城李氏宜秋館刻本　十册　存十二種

330000－1701－0027390　民 813.58/4056　史部/雜史類/斷代之屬

新出直奉戰事紀吴佩孚初集一卷十二回　民國上海文益書局石印本　一册

330000－1701－0027391　GP00245　經部/詩類/文字音義之屬

詩聲類十二卷分例一卷　(清)孔廣森撰　民國十三年(1924)渭南嚴式誨成都賁園刻本　一册

330000－1701－0027392　民 813.58/4454.4/(2)　集部/小說類/長篇之屬
繪圖歷朝通俗演義十一種　蔡東帆輯　民國上海會文堂新記書局石印本　十冊　存一種

330000－1701－0027393　民 813.58/4454.23/c4　集部/小說類/長篇之屬
繪圖歷朝通俗演義十一種　蔡東帆輯　民國上海會文堂新記書局石印本　十冊　存一種

330000－1701－0027394　民 813.58/4454.6/(2)/c1　集部/小說類/長篇之屬
繪圖歷朝通俗演義十一種　蔡東帆輯　民國上海會文堂新記書局石印本　十冊　存一種

330000－1701－0027396　民 813.58/4454.5/(2)/c1　集部/小說類/長篇之屬
繪圖歷朝通俗演義十一種　蔡東帆輯　民國上海會文堂新記書局石印本　六冊　存一種

330000－1701－0027397　民 813.58/4454.6/(2)/c2　集部/小說類/長篇之屬
繪圖歷朝通俗演義十一種　蔡東帆輯　民國上海會文堂新記書局石印本　十冊　存一種

330000－1701－0027398　民 813.58/4454.6/(2)/c3　集部/小說類/長篇之屬
繪圖歷朝通俗演義十一種　蔡東帆輯　民國上海會文堂新記書局石印本　十冊　存一種

330000－1701－0027399　民 813.58/4270/2　集部/小說類/長篇之屬
繪圖新編劍俠艷情小說山東响馬傳初集四卷二十回　民國十七年(1928)上海求石齋書局石印本　二冊

330000－1701－0027401　民 813.58/4454.7/c1　集部/小說類/長篇之屬
繪圖歷朝通俗演義十一種　蔡東帆輯　民國上海會文堂新記書局石印本　十冊　存一種

330000－1701－0027403　民 813.58/4482　集部/小說類/長篇之屬
金屋夢六十回　夢筆生撰　民國五年(1916)鶯花雜誌社鉛印本　十二冊

330000－1701－0027404　GP00267　經部/孝經類/傳說之屬
孝經說三卷　陳伯陶撰　民國十六年(1927)香港鉛印本　一冊

330000－1701－0027405　民 813.58/4491　集部/小說類/長篇之屬
繡像洪秀全演義十集三十二卷一百七十四回　黃世仲撰　民國十四年(1925)上海萃英書局石印本　九冊　缺二卷(三集一至二)

330000－1701－0027406　GP00269　類叢部/叢書類/彙編之屬
國立中央研究院歷史語言研究所單刊　國立中央研究院歷史語言研究所編　民國上海商務印書館鉛印本暨影印本　一冊　存一種

330000－1701－0027407　民 813.58/4454.5/(2)/c2　集部/小說類/長篇之屬
繪圖歷朝通俗演義十一種　蔡東帆輯　民國上海會文堂新記書局石印本　六冊　存一種

330000－1701－0027408　民 813.58/4454.7/c2　集部/小說類/長篇之屬
繪圖歷朝通俗演義十一種　蔡東帆輯　民國上海會文堂新記書局石印本　八冊　存一種

330000－1701－0027410　民 813.58/4454.7/c3　集部/小說類/長篇之屬
繪圖歷朝通俗演義十一種　蔡東帆輯　民國上海會文堂新記書局石印本　六冊　存一種

330000－1701－0027411　GP00268　類叢部/叢書類/彙編之屬
國立中央研究院歷史語言研究所單刊　國立中央研究院歷史語言研究所編　民國上海商務印書館鉛印本暨影印本　一冊　存一種

330000－1701－0027414　GP00272　經部/小學類/文字之屬/說文/傳說
說文部首略注讀本二卷　(清)李天根撰　民國十九年(1930)雙江李氏念劬堂刻本　一冊

330000－1701－0027415　GP00271　經部/小學類/文字之屬/說文
說文理董後編六卷　(清)吳穎芳撰　民國十

八年(1929)中社影印本　二冊

330000－1701－0027417　GP00266　類叢部/叢書類/自著之屬

香雪崦叢書四種　(清)平步青撰　民國六年至十四年(1917－1925)刻本暨鉛印本　一冊　存一種

330000－1701－0027419　民 813.58/4492/c2　集部/小說類/長篇之屬

繡像繪圖彭公案初集四卷一百回二集四卷八十回三集四卷八十回四集四卷八十一回　民國上海進步書局石印本　八冊

330000－1701－0027420　民 813.58/5041　集部/小說類/長篇之屬

最新時事滑稽小說新天地二卷二十章　書帶子撰　民國元年(1912)集文書莊石印本　一冊

330000－1701－0027422　民 813.58/4491/2/c2　集部/小說類/長篇之屬

繡像洪秀全演義十集三十二卷一百七十四回　黄世仲撰　民國石印本　八冊　存八卷(初集一至二、二集一至二、三集一至二、四集一至二)

330000－1701－0027423　民 813.58/4606.5　集部/小說類/長篇之屬

繪圖老殘新遊記六卷十六章　楊塵因撰　民國十三年(1924)上海世界書局石印本　四冊

330000－1701－0027424　民 813.58/5512/c1　集部/小說類/長篇之屬

十里鶯花夢二十回　拂雲生撰　民國二十年(1931)三益書局鉛印本　二冊

330000－1701－0027427　民 813.58/4625　集部/小說類/長篇之屬

全圖貍貓换太子演義八卷八十回　民國十二年(1923)上海大同書局石印本　八冊

330000－1701－0027428　民 813.58/4454.8/2　集部/小說類/長篇之屬

繪圖歷朝通俗演義十一種　蔡東帆輯　民國上海會文堂新記書局石印本　四冊　存一種

330000－1701－0027429　GP00279、GP00280　經部/小學類/文字之屬

郋園小學四種　葉德輝撰　民國五年至十九年(1916－1930)長沙葉氏觀古堂刻彙印本　三冊　存二種

330000－1701－0027430　民 813.58/5512/c2　集部/小說類/長篇之屬

十里鶯花夢二十回　拂雲生撰　民國二十年(1931)三益書局鉛印本　二冊

330000－1701－0027433　民 813.58/6034　集部/小說類/長篇之屬

中華全史通俗演義八卷四十八回　(清)吕撫輯　蔡東藩增訂　民國八年(1919)上海大東書局石印本　八冊

330000－1701－0027434　GP00291　經部/小學類/文字之屬/字書/訓蒙

急就篇校正一卷　王國維撰　民國九年(1920)上海廣倉學窘鉛印本　一冊

330000－1701－0027435　民 813.58/7421.2/c1　集部/小說類/長篇之屬

江浙戰事演義二十回　陸律西撰　民國十四年(1925)上海宏文圖書館石印本　三冊

330000－1701－0027436　GP00281　經部/小學類/文字之屬

蒼石山房整理故籍文字學□□種　石廣權撰　民國上海商務印書館石印本　一冊　存一種

330000－1701－0027438　民 813.58/4920　集部/小說類/長篇之屬

清初劍俠遺聞馬鷂子全傳四卷七十回　趙紱章編輯　民國十五年(1926)上海競智圖書館石印本　四冊

330000－1701－0027439　民 813.58/7421/c1　集部/小說類/長篇之屬

繪圖中華民國史演義八卷四十二回　陸律西編　民國十一年(1922)上海中央圖書公司石印本　八冊

330000－1701－0027441　民 813.58/7421.2/

c2　集部/小說類/長篇之屬

江浙戰事演義二十回　陸律西撰　民國十四年(1925)上海宏文圖書館石印本　四冊

330000－1701－0027442　民 813.58/7421/c2　集部/小說類/長篇之屬

繪圖中華民國史演義八卷四十二回　陸律西編　民國十一年(1922)上海中央圖書公司石印本　七冊　缺一卷(七)

330000－1701－0027444　GP00292　經部/小學類/訓詁之屬/爾雅

爾雅約解九卷　(清)劉曾騄撰　民國油印本　二冊

330000－1701－0027448　民 813.58/7421/2　集部/小說類/長篇之屬

繪圖中華民國史演義八卷四十二回　陸律西編　民國二十年(1931)上海中央圖書公司石印本　八冊

330000－1701－0027449　民 813.58/5008　集部/小說類/長篇之屬

醒世小說多財寶鑑四卷三十六回　東方翁編輯　民國四年(1915)上海啟新書局石印本　四冊

330000－1701－0027450　GP00293　經部/小學類/文字之屬/字書/訓蒙

重輯倉頡篇二卷　(秦)李斯等撰　姬覺彌輯　民國九年(1920)上海廣倉學宭鉛印本　四冊

330000－1701－0027452　民 813.58/4454.25/(2)　集部/小說類/長篇之屬

繪圖歷朝通俗演義十一種　蔡東帆輯　民國上海會文堂新記書局石印本　十冊　存一種

330000－1701－0027453　GP00296　經部/小學類/音韻之屬/古今韻說

音韻學通論八卷　馬宗霍撰　民國二十年(1931)上海商務印書館鉛印本　三冊

330000－1701－0027455　民 813.58/7547　集部/小說類/長篇之屬

淚珠緣說傳初集十六回　陳栩撰　民國九年(1920)上海中華圖書館鉛印本　八冊

330000－1701－0027458　民 813.58/7530/1　集部/小說類/長篇之屬

歷代風流皇帝演義六種　陳蓮痕編輯　民國十四年(1925)上海東陸圖書公司鉛印本　六冊

330000－1701－0027459　民 813.58/7440/c1　集部/小說類/長篇之屬

清史演義初集四卷二十回二集四卷二十回　陸士諤撰　民國二年(1913)上海大聲圖書局石印本　八冊

330000－1701－0027460　GP00300　經部/小學類/文字之屬/說文/專著

說文古籀補補十四卷附錄一卷　丁佛言撰　民國十三年(1924)石印本　四冊

330000－1701－0027462　民 813.6/8376　集部/小說類/短篇之屬

事實小說當代名人之特殊愛情一卷　錢匡時編　民國十年(1921)種山草堂鉛印本　一冊

330000－1701－0027463　民 813.58/7440/c2　集部/小說類/長篇之屬

繪圖清史演義十二卷六十回　陸士諤撰　民國十一年(1922)上海江東茂記書局石印本　六冊

330000－1701－0027464　GP00298　史部/傳記類/總傳之屬/斷代

辛亥殉難記五卷首一卷辛亥殉難表不分卷　吳慶坻輯　民國五年(1916)鉛印本　二冊

330000－1701－0027465　民 814.088/0090　集部/總集類/彙編之屬

章譚合鈔二種　章炳麟　(清)譚嗣同撰　民國上海中華圖書館石印本　六冊

330000－1701－0027466　GP00302　經部/小學類/文字之屬/說文/專著

說文轉注攷四卷　姜忠奎撰　民國二十二年(1933)濟南東方書社石印本　二冊

330000－1701－0027469　GP00303　經部/小

學類/音韻之屬/古今韻說

切韻考六卷外篇三卷 (清)陳澧撰 民國十九年(1930)成都書局刻本 一册 存三卷(外篇一至三)

330000－1701－0027470 民 814.088/0276/c1 集部/總集類/選集之屬/斷代

新民國文粹一卷女革命文粹一卷 新黄氓編輯 民國元年(1912)鉛印本 一册

330000－1701－0027472 民 814.088/0276/c2 集部/總集類/選集之屬/斷代

新民國文粹一卷女革命文粹一卷 新黄氓編輯 民國二年(1913)上海廣益書局鉛印本 一册

330000－1701－0027478 民 813.58/8064 集部/小説類/長篇之屬

繪圖新漢演義四卷三十二回 鏡時子撰 民國石印本 四册

330000－1701－0027479 民 814.088/0833 集部/總集類/題詠之屬

輿誦録存四卷 施啓宇編 民國鉛印本 一册

330000－1701－0027481 民 813.7/44651 集部/小説類/長篇之屬

繪圖新情史一卷 世界書局編輯部編輯 民國二十年(1931)世界書局石印本 一册

330000－1701－0027482 民 813.7/4033/c1 集部/總集類/選集之屬/斷代

南社叢刻 南社編輯 民國鉛印本 一册 存一種

330000－1701－0027483 GP00317 類叢部/叢書類/彙編之屬

校友會叢刊 民國十年(1921)江蘇省立第二中學校校友會鉛印本 一册 存一種

330000－1701－0027485 民 813.58/9558 集部/小説類/長篇之屬

精忠義俠劍仙傳全傳四卷四十八回 民國上海大德書局石印本 六册

330000－1701－0027487 GP00309 經部/四書類/大學之屬/傳説

大學古本質言一卷 (清)劉沅撰 民國北京道德學社鉛印本 吴忠本題記 一册

330000－1701－0027489 民 813.7/4033/c2 集部/總集類/選集之屬/斷代

南社叢刻 南社編輯 民國鉛印本 一册 存一種

330000－1701－0027490 民 813.6/44441 集部/小説類/長篇之屬

歷代春艷秘史三集十三卷圖一卷 芸蘭女史撰 民國九年(1920)上海美術圖書社石印本 三册 缺一卷(圖)

330000－1701－0027491 民 814.088/1107/c1 類叢部/叢書類/彙編之屬

復性書院叢刊二十七種 馬浮編 民國二十九年至三十七年(1940－1948)復性書院刻本暨鉛印本 一册 存一種

330000－1701－0027493 民 813.7/4033/c3 集部/總集類/選集之屬/斷代

南社叢刻 南社編輯 民國鉛印本 一册 存一種

330000－1701－0027494 民 814.082/3603 集部/總集類/彙編之屬

國立浙江大學文學院集刊第二集 國立浙江大學文學院集刊編輯委員會編 民國貴州遵義國立浙江大學文學院石印本 一册 存一種

330000－1701－0027496 民 814.088/1107/c2 類叢部/叢書類/彙編之屬

復性書院叢刊二十七種 馬浮編 民國二十九年至三十七年(1940－1948)復性書院刻本暨鉛印本 一册 存一種

330000－1701－0027497 民 813.7/4033/c4 集部/總集類/選集之屬/斷代

南社叢刻 南社編輯 民國鉛印本 一册 存一種

330000－1701－0027498 GP00321 集部/别

集類/清別集
三百堂文集二卷 (清)陳奐撰 王大隆輯 民國二十四年(1935)鉛印本 一册

330000－1701－0027499 民 814.088/1240 集部/總集類/題詠之屬
南通孫氏念萲堂題詠集四卷 孫雄編 民國二十一年(1932)鉛印本 一册

330000－1701－0027500 民 814.088/1107/c3 類叢部/叢書類/彙編之屬
復性書院叢刊二十七種 馬浮編 民國二十九年至三十七年(1940－1948)復性書院刻本暨鉛印本 一册 存一種

330000－1701－0027502 民 814.088/1107/c4 類叢部/叢書類/彙編之屬
復性書院叢刊二十七種 馬浮編 民國二十九年至三十七年(1940－1948)復性書院刻本暨鉛印本 一册 存一種

330000－1701－0027503 民 813.7/4033/c5 集部/總集類/選集之屬/斷代
南社叢刻 南社編輯 民國鉛印本 平叔題記 一册 存一種

330000－1701－0027505 民 814.083/5045/c2 集部/總集類/選集之屬/斷代
唐文評註讀本二卷 王文濡評選 張廷華 沈鎔 郭希汾註釋 民國十年(1921)上海文明書局鉛印本 二册

330000－1701－0027506 民 813.7/44272 集部/小說類/短篇之屬
踐卓翁小說第一輯一卷 林紓撰 民國二年(1913)北京平報社鉛印本 一册

330000－1701－0027509 民 814.088/1162 集部/總集類/選集之屬/斷代
當代五百名家分類應酬文匯二十二卷首一卷 張鄂生編 民國十二年(1923)上海大東書局石印本 十二册

330000－1701－0027512 民 813.7/44272/1 集部/小說類/短篇之屬
踐卓翁小說第二輯一卷 林紓撰 民國五年(1916)北京都門印書局鉛印本 一册

330000－1701－0027513 民 814.088/1624/c1 集部/總集類/選集之屬/斷代
現代十大家文鈔 進步書局編 民國四年(1915)文明書局、中華書局石印本 二十册

330000－1701－0027514 民 814.088/1624/c2 集部/總集類/選集之屬/斷代
現代十大家文鈔 進步書局編 民國四年(1915)文明書局、中華書局石印本 十册 存六種

330000－1701－0027515 GP00326 子部/雜著類/雜說之屬
捫燭脞存十二卷首一卷 (清)陳僅撰 民國三年(1914)鄞縣陳氏繼雅堂木活字印本 六册

330000－1701－0027517 民 813.7/44272/1/1 集部/小說類/短篇之屬
踐卓翁小說第三輯一卷 林紓撰 民國六年(1917)北京都門印書局鉛印本 一册

330000－1701－0027518 民 813.7/4443 集部/小說類/長篇之屬
琴樓夢小說一卷 樊增祥撰 民國三年(1914)大共和日報石印本 一册

330000－1701－0027520 民 814.088/8002/c1 集部/總集類/選集之屬/斷代
苔岑叢書十一種 余端輯 民國九年(1920)鉛印本 六册

330000－1701－0027521 民 814.088/2577/c1 集部/總集類/選集之屬/斷代
濟陽文社文錄一卷 朱陶編 民國八年(1919)杭州又新石印書局石印本 一册

330000－1701－0027522 民 814.088/2621 集部/總集類/選集之屬/斷代
武進苔岑社叢編 余端編 民國八年(1919)鉛印本 一册

330000－1701－0027523 民 814.088/2577/c2 集部/總集類/選集之屬/斷代

濟陽文社文錄一卷 朱陶編 民國八年(1919)杭州又新石印書局石印本 一冊

330000－1701－0027524 民 814.088/4712 集部/總集類/彙編之屬
當代八家文鈔 胡君復輯 民國五年(1916)中國圖書公司和記鉛印本 二十冊

330000－1701－0027525 GP00335 新學/學校
印度哲學講義四篇 梁漱溟撰 民國七年(1918)北京大學出版部鉛印本 一冊 存二篇(一至二)

330000－1701－0027526 民 814.088/2875 集部/總集類/題詠之屬
思危樓詩文彙鈔初集一卷 徐慎齋輯 民國二十一年(1932)鉛印本 一冊

330000－1701－0027527 民 814.088/7487 集部/總集類/選集之屬/斷代
新文精華五卷 陸翔輯 民國十年(1921)上海世界書局石印本 四冊

330000－1701－0027528 GP00334 經部/小學類/訓詁之屬
通俗常言疏證四卷 孫錦標編 民國十四年(1925)南通翰墨林石印本 四冊

330000－1701－0027529 民 814.088/4888/c1 子部/雜著類/雜編之屬
通俗文叢二卷 民國鉛印本 一冊

330000－1701－0027530 GP00337 子部/宗教類/道教之屬
老子集解二卷 奚侗撰 民國十四年(1925)鉛印本 一冊

330000－1701－0027531 GP00328 子部/雜著類/雜說之屬
鼈湖草堂筆記四卷附錄一卷 左楨撰 民國十四年(1925)揚州作新印局鉛印本 二冊

330000－1701－0027534 普 738.8/9980 子部/藝術類/篆刻之屬/印論
篆刻學類要不分卷 勞健撰 民國二十七年(1938)思宜館鉛印本 一冊

330000－1701－0027538 民 814.088/4888/c2 子部/雜著類/雜編之屬
通俗文叢二卷 民國鉛印本 一冊

330000－1701－0027539 民 814.088/4741/c1 集部/總集類/選集之屬/斷代
南社叢選文選十卷詩選十二卷詞選二卷 胡韞玉選錄 民國十三年(1924)上海國學社鉛印本 十二冊

330000－1701－0027542 民 814.088/4442 集部/總集類/酬唱之屬
友聲集十卷 林鶴年編 民國八年(1919)茂名林氏居思草堂鉛印本 二冊

330000－1701－0027543 民 814.088/4741/c2 集部/總集類/選集之屬/斷代
南社叢選文選十卷詩選十二卷詞選二卷 胡韞玉選錄 民國十三年(1924)上海國學社鉛印本 十一冊 缺二卷(詩選九至十)

330000－1701－0027546 GP00354 集部/別集類
珍帚齋詩草一卷畫稿一卷 姚景瀛撰 **謇謇詩草一卷** 姚繼虺撰 民國三十五年(1946)影印本 一冊

330000－1701－0027547 民 814.088/4488 集部/總集類/選集之屬/斷代
寄樓餘墨三卷 蔡竹銘輯 民國十三年(1924)鉛印本 一冊

330000－1701－0027549 民 814.3/4480.91/c3 集部/詩文評類/文評之屬
韓文研究法一卷柳文研究法一卷 林紓撰 民國四年(1915)上海商務印書館鉛印本 一冊

330000－1701－0027552 民 814.088/8343/c1 集部/總集類/氏族之屬
誦芬堂課草二卷 錢若洋 錢若錦撰 錢文選輯 民國十八年(1929)鉛印本 一冊

330000－1701－0027554 普 738.9/2620 子

部/藝術類/篆刻之屬/印譜
程荔江印譜不分卷　(清)程從龍輯　民國十三年(1924)上海商務印書館影印本　二冊

330000－1701－0027557　民 814.088/8343/c2　集部/總集類/氏族之屬
誦芬堂課草二卷　錢若洋　錢若錦撰　錢文選輯　民國十八年(1929)鉛印本　一冊

330000－1701－0027558　民 814.8/0003　類叢部/叢書類
菇經堂叢書□□種　民國鉛印本　二冊　存一種

330000－1701－0027560　GP00362　史部/地理類/方志之屬/郡縣志
新修京山縣志草例一卷　李廉方撰　民國三十六年(1947)湖北通志館鉛印本　一冊

330000－1701－0027561　民 814.088/8343/c3　集部/總集類/氏族之屬
誦芬堂課草二卷　錢若洋　錢若錦撰　錢文選輯　民國十八年(1929)鉛印本　一冊

330000－1701－0027562　民 814.088/8343/c4　集部/總集類/氏族之屬
誦芬堂課草二卷　錢若洋　錢若錦撰　錢文選輯　民國十八年(1929)鉛印本　一冊

330000－1701－0027563　民 814.8/00031　集部/別集類
薏園續文鈔二卷　高誼撰　民國三十八年(1949)石印本　一冊

330000－1701－0027564　民 814.8/0018/c1　集部/別集類
觀山文稿十卷首一卷　章乃羹撰　民國二十四年(1935)鉛印本　二冊

330000－1701－0027565　民 814.088/8072/c1　類叢部/叢書類/彙編之屬
虞社叢書　俞鷗侶輯　民國十二年(1923)鉛印本　一冊　存二種

330000－1701－0027567　民 814.8/0018/c2　集部/別集類
觀山文稿十卷首一卷　章乃羹撰　民國二十四年(1935)鉛印本　二冊

330000－1701－0027568　民 814.8/0018/c3　集部/別集類
觀山文稿十卷首一卷　章乃羹撰　民國二十四年(1935)鉛印本　二冊

330000－1701－0027569　民 814.8/0018/c4　集部/別集類
觀山文稿十卷首一卷　章乃羹撰　民國二十四年(1935)鉛印本　二冊

330000－1701－0027570　民 814.8/0032　集部/別集類
春池館文稿一卷　唐淵撰　民國鉛印本　一冊

330000－1701－0027571　GP00364　經部/易類/傳說之屬
周易易解十卷示兒錄三卷說餘一卷　(清)沈紹勳撰　民國二十年(1931)鉛印本　六冊

330000－1701－0027573　民 814.088/8002/c2　集部/總集類/選集之屬/斷代
苔岑叢書十一種　余端輯　民國九年(1920)鉛印本　一冊

330000－1701－0027579　民 814.088/1734　集部/總集類/郡邑之屬
胥社文選一卷詩選一卷詞選一卷附錄一卷　胥社編　民國十五年(1926)鉛印本　一冊

330000－1701－0027582　民 814.8/0090.4/2　類叢部/叢書類/自著之屬
章氏叢書初集十二種　章炳麟撰　民國上海右文社鉛印本　五冊　存一種

330000－1701－0027586　GP00379　類叢部/叢書類/自著之屬
孫隘堪所著書四種　孫德謙撰　民國十二年至十七年(1923－1928)元和孫氏四益宧刻本　一冊　存一種

330000－1701－0027588　民 814.8/0442　集部/別集類

玉岑遺稿四卷　謝覲虞撰　民國三十八年(1949)王春渠鉛印本　陸丹林題記　一册

330000－1701－0027590　GP00381　子部/藝術類/書畫之屬/法帖
趙松雪手札墨蹟一卷　(元)趙孟頫書　民國九年(1920)上海有正書局影印本　一册

330000－1701－0027591　民814.8/0043　集部/別集類
不忍雜誌彙編八卷　康有爲撰　民國四年(1915)上海鍊石齋群學社石印本　八册

330000－1701－0027592　民814.8/0090.4　類叢部/叢書類/自著之屬
章氏叢書十三種　章炳麟撰　民國六年至八年(1917－1919)浙江圖書館刻本　五册　存一種

330000－1701－0027594　GP00404　新學/雜著
千奇萬妙不分卷　(比利時)赫爾瞻　(清)朱飛輯　民國十二年(1923)上海土山灣印書館鉛印本　二册

330000－1701－0027596　民814.088/7540/1　史部/傳記類/總傳之屬/姓名
重訂南社姓氏録二卷　南社編　民國五年(1916)鉛印本　一册

330000－1701－0027597　民814.8/0451　集部/別集類
暢園文稿一卷詩稿一卷　民國抄本　一册

330000－1701－0027598　GP00393　子部/雜著類/雜説之屬
改正湘山野録三卷續一卷　(宋)釋文瑩撰　民國六年(1917)上海有正書局鉛印本　一册

330000－1701－0027600　民814.8/0043.2　集部/別集類
不忍雜誌彙編八卷　康有爲撰　民國四年(1915)上海鍊石齋群學社石印本　八册

330000－1701－0027602　民814.8/0099/c1　集部/別集類
吹萬樓文集十八卷憤悱録一卷　高燮撰　民國三十年(1941)金山高氏刻本　六册

330000－1701－0027603　民814.8/0763　集部/別集類
龍顧山房駢體文鈔七卷詩集十二卷續集十卷詩餘八卷　郭則澐撰　**潛思盦詩草一卷**　郭可誠撰　民國十七年(1928)、二十一年(1932)、二十五年(1936)栩樓刻本　六册

330000－1701－0027606　普738.9/1113　子部/藝術類/篆刻之屬/印譜
清儀閣印存不分卷　(清)張廷濟篆　褚德彝輯　民國三年(1914)影印本　一册

330000－1701－0027607　GP00403　類叢部/叢書類/彙編之屬
浙江第一監獄教誨叢書　民國浙江第一監獄印刷科石印本　一册　存一種

330000－1701－0027609　民814.8/0090　集部/別集類
章太炎文鈔五卷　章炳麟撰　民國三年(1914)上海中華圖書館石印本　五册

330000－1701－0027610　民814.8/0099/c2　集部/別集類
吹萬樓文集十八卷憤悱録一卷　高燮撰　民國三十年(1941)金山高氏刻本　六册

330000－1701－0027611　民814.8/0099/c3　集部/別集類
吹萬樓文集十八卷憤悱録一卷　高燮撰　民國三十年(1941)金山高氏刻本　六册

330000－1701－0027612　GP00375　經部/易類/傳説之屬
周易通解三卷釋義一卷　(清)卞斌撰　民國七年(1918)卞氏石印本　三册

330000－1701－0027617　民814.8/0812/c1　集部/別集類
警According盦詩集一卷文集一卷　許元穎撰　民國二十六年(1937)黄巖友成局鉛印本　一册

330000－1701－0027619　民814.088/8072/

c2　類叢部/叢書類/彙編之屬

虞社叢書　俞鷗侶輯　民國十二年(1923)鉛印本　一冊　存二種

330000－1701－0027620　民814.8/0812/c2　集部/別集類

警㮮盦詩集一卷文集一卷　許元穎撰　民國二十六年(1937)黃巖友成局鉛印本　一冊

330000－1701－0027622　民814.8/0812/c3　集部/別集類

警㮮盦詩集一卷文集一卷　許元穎撰　民國二十六年(1937)黃巖友成局鉛印本　楊再森題記　一冊

330000－1701－0027625　GP00426　子部/儒家類/儒學之屬/禮教/鑑戒

人道實行錄十卷　金潛撰　民國八年(1919)鉛印本　二冊

330000－1701－0027626　GP00374　經部/易類/專著之屬

周易明義四卷序要二卷易外傳八卷　彭俞撰　民國六年(1917)油印本　六冊

330000－1701－0027627　民814.088/8086　集部/總集類/課藝之屬

無錫國學專修館文集初編不分卷　無錫國學專修館編　民國十二年(1923)無錫國學專修館鉛印本　四冊

330000－1701－0027628　GP00427　子部/儒家類/儒學之屬/禮教/鑑戒

人道實行錄十卷　金潛撰　民國八年(1919)鉛印本　二冊

330000－1701－0027629　民814.8/0812/c4　集部/別集類

警㮮盦詩集一卷文集一卷　許元穎撰　民國二十六年(1937)黃巖友成局鉛印本　許蟠雲題記　一冊

330000－1701－0027630　GP00430　子部/雜著類/雜說之屬

嶺雲軒瑣記四卷續選四卷　(清)李威撰　民國二十四年(1935)鉛印本　二冊

330000－1701－0027631　民814.8/0909/c1　類叢部/叢書類

夢庵雜著　民國鉛印本　一冊　存一種

330000－1701－0027633　民814.8/0909/c3　類叢部/叢書類

夢庵雜著　民國鉛印本　一冊　存一種

330000－1701－0027635　民814.8/0909/c2　類叢部/叢書類

夢庵雜著　民國鉛印本　一冊　存一種

330000－1701－0027637　民814.8/1024　集部/別集類

知非草堂集五卷　夏紹吉撰　民國二十五年(1936)鉛印本　一冊

330000－1701－0027638　民814.8/10311　集部/別集類

延爽集四卷　于定一撰　民國二十年(1931)振羣印刷所鉛印本　一冊

330000－1701－0027640　民814.8/1030/c1　集部/別集類

珠巖齋文初編九卷　王宇高撰　民國二十五年(1936)鉛印本　一冊　存五卷(一至五)

330000－1701－0027642　民814.8/1041/c1　集部/別集類

涉江先生文鈔一卷　唐晏撰　民國四年(1915)鉛印本　一冊

330000－1701－0027643　GP00439　史部/地理類/雜志之屬

滇海虞衡志十三卷　(清)檀萃輯　民國雲南圖書館刻本　四冊

330000－1701－0027644　民814.8/1011/c1　集部/別集類

靈峯先生詩文讀本十九卷　夏震武撰　民國二十二年(1933)山東周村靈峯第一分舍鉛印本　四冊

330000－1701－0027646　民814.8/1030/c2　集部/別集類

珠巖齋文初編九卷　王宇高撰　民國二十五

年(1936)鉛印本　一册　存五卷(一至五)

330000－1701－0027647　GP00440　新學/兵制

軍事常識八卷附年表一卷　蔣方震撰　民國鉛印本　二册

330000－1701－0027649　民 814.8/1030/c3　集部/别集類

珠巖齋文初編九卷　王宇高撰　民國二十五年(1936)鉛印本　陳寥士題記　一册　存五卷(一至五)

330000－1701－0027651　民 814.8/1043　集部/别集類

志盦文稿四卷詩稿六卷　王式通撰　民國二十七年(1938)刻本　四册

330000－1701－0027652　GP00435　子部/雜著類/雜考之屬

鬫毛先聲三卷附錄一卷　(清)蔣元撰　民國抄本　一册

330000－1701－0027654　民 814.8/1011/c2　集部/别集類

靈峯先生詩文讀本十九卷　夏震武撰　民國二十二年(1933)山東周村靈峯第一分舍鉛印本　四册

330000－1701－0027656　民 814.8/1030/c4　集部/别集類

珠巖齋文初編九卷　王宇高撰　民國二十五年(1936)鉛印本　一册　存五卷(一至五)

330000－1701－0027658　GP00445　類叢部/叢書類/自著之屬

煙霞草堂遺書十七種續刻四種附一種　(清)劉光蕡撰　民國八年至十四年(1919－1925)王典章思過齋蘇州刻本　一册　存一種

330000－1701－0027659　GP00429　集部/别集類/清别集

毓蘭軒遺著一卷　(清)陳昌垂撰　陳漢章輯錄　民國十年(1921)北京公記印書局鉛印本　一册

330000－1701－0027660　民 814.8/1030/(2)/c1　集部/别集類

珠巖齋文初編九卷　王宇高撰　民國二十五年(1936)鉛印本　二册

330000－1701－0027662　民 814.8/1041/c2　集部/别集類

涉江先生文鈔一卷　唐晏撰　民國四年(1915)鉛印本　一册

330000－1701－0027663　民 814.8/1011.2/c1　集部/别集類

靈峯先生集十一卷　夏震武撰　民國五年(1916)劉子民、何紹韓鉛印本　二册

330000－1701－0027664　民 814.8/1030/(2)/c2　集部/别集類

珠巖齋文初編九卷　王宇高撰　民國二十五年(1936)鉛印本　一册　存五卷(一至五)

330000－1701－0027666　民 814.8/1030/(2)/c2/1　集部/别集類

珠巖齋文初編九卷　王宇高撰　民國二十五年(1936)鉛印本　一册　存五卷(一至五)

330000－1701－0027668　民 814.8/1034/c2　集部/别集類

冬花遺集五卷　王家桂　陳鋭輯　民國九年(1920)鉛印本　一册

330000－1701－0027671　民 814.8/1011.2/c2　集部/别集類

靈峯先生集十一卷　夏震武撰　民國五年(1916)劉子民、何紹韓鉛印本　冷道人跋　二册

330000－1701－0027672　民 814.8/1011.2/c3　集部/别集類

靈峯先生集十一卷　夏震武撰　民國五年(1916)劉子民、何紹韓鉛印本　二册　存六卷(一至六)

330000－1701－0027675　民 814.088/8014/c2　子部/雜著類/雜説之屬

鳳溪聲不分卷　俞子英撰　民國七年(1918)嘉興鳳溪聲社鉛印本　一册

330000－1701－0027676　民 814.8/1062　集部/别集類

觀堂集林二十卷　王國維撰　民國十二年(1923)烏程蔣氏密韻樓鉛印本　六册

330000－1701－0027678　GP00489　子部/宗教類/道教之屬

性命微言一卷　伯陽子撰　(清)劉沅注　民國北京道德學社印刷所鉛印本　一册

330000－1701－0027680　民 814.8/1084　類叢部/叢書類/自著之屬

繼述堂全集四種　王毓英撰　民國十一年(1922)溫州務本石印本　二册　存一種

330000－1701－0027682　民 814.8/1062.2　集部/别集類

觀堂外集三卷　王國維撰　民國十六年(1927)海寧王氏鉛印本　一册

330000－1701－0027685　民 814.8/10841　集部/别集類

夏元成先生遺集一卷　夏善吉撰　民國三年(1914)鉛印本　一册

330000－1701－0027686　民 814.8/1054/c1　集部/别集類

海濱集四卷　王春林撰　民國二十四年(1935)崇明報館鉛印本　一册

330000－1701－0027687　民 814.8/1054/c2　集部/别集類

海濱集四卷　王春林撰　民國二十四年(1935)崇明報館鉛印本　一册

330000－1701－0027688　民 814.8/1070　類叢部/叢書類/自著之屬

宗敬堂叢刻　王履亨撰　民國鉛印本　一册　存一種

330000－1701－0027689　民 814.8/1054/c3　集部/别集類

海濱集四卷　王春林撰　民國二十四年(1935)崇明報館鉛印本　一册

330000－1701－0027690　民 814.8/1116　集部/别集類

遁堪文集二卷　張爾田纂　王鍾翰輯　民國三十七年(1948)鉛印本　一册

330000－1701－0027692　民 814.8/1096　集部/别集類

海芥集二卷　王熾昌撰　民國十九年(1930)鉛印本　一册

330000－1701－0027693　民 814.8/1054/c4　集部/别集類

海濱集四卷　王春林撰　民國二十四年(1935)崇明報館鉛印本　一册

330000－1701－0027694　民 814.8/1077　集部/别集類

尋源堂詩集四卷文集四卷　王同賢撰　民國二十四年(1935)湖南益陽瓊成石印局石印本　二册　存四卷(文集一至四)

330000－1701－0027696　民 814.8/1102/c1　集部/别集類

恕醉廬初稿一卷　張應皓撰　民國二十四年(1935)甬上華陞印局鉛印本　一册

330000－1701－0027698　民 814.8/1120　集部/别集類

居安軒存稿九卷　張紹价撰　民國十一年(1922)開封新民社石印本　四册

330000－1701－0027703　GP00494　經部/春秋總義類/傳說之屬

枕葄齋春秋問答十六卷首一卷末一卷　胡嗣運撰　民國四年(1915)績溪胡氏鵬南書屋木活字印本　二册

330000－1701－0027705　民 814.8/1134　集部/别集類

大孤文集二卷　張鴻藻撰　民國十三年(1924)山西范華印刷廠鉛印本　二册

330000－1701－0027706　民 814.8/1102/c2　集部/别集類

恕醉廬初稿一卷　張應皓撰　民國二十四年(1935)甬上華陞印局鉛印本　張應皓題記　一册

330000－1701－0027708　民 814.8/11301/c1　集部/別集類

鼓山集三卷　張寅撰　民國十四年(1925)鉛印本　一册

330000－1701－0027709　民 814.8/1083　集部/别集類

梅墅集三卷附錄一卷　王鏡寰撰　民國三十五年(1946)中華書局鉛印本　一册

330000－1701－0027711　民 814.8/1110/c1　集部/别集類

心太平室集十卷補遺一卷附錄一卷先德集二卷　張一麐撰　民國三十六年(1947)鉛印本　四册

330000－1701－0027712　民 814.8/1110/c2　集部/别集類

心太平室集十卷補遺一卷附錄一卷先德集二卷　張一麐撰　民國三十六年(1947)鉛印本　徐子爲題記　四册

330000－1701－0027714　民 814.8/1138/c1　集部/别集類

海漚集二卷　張汝釗撰　民國二十三年(1934)四明印局鉛印本　一册

330000－1701－0027715　民 814.8/11301/c2　集部/别集類

鼓山集三卷　張寅撰　民國十四年(1925)鉛印本　一册

330000－1701－0027716　民 814.8/11301/c4　集部/别集類

鼓山集三卷　張寅撰　民國十四年(1925)鉛印本　一册

330000－1701－0027717　民 814.8/11301/c5　集部/别集類

鼓山集三卷　張寅撰　民國十四年(1925)鉛印本　一册

330000－1701－0027719　民 814.8/1141　集部/别集類

弢樓遺集三卷　張士珩撰　民國十一年至十二年(1922－1923)合肥張氏京師刻本　三册

330000－1701－0027721　民 814.8/1138/c2　集部/别集類

海漚集二卷　張汝釗撰　民國二十三年(1934)四明印局鉛印本　一册

330000－1701－0027722　民 814.8/1138/c3　集部/别集類

海漚集二卷　張汝釗撰　民國二十三年(1934)四明印局鉛印本　一册

330000－1701－0027723　民 814.8/1138/c4　集部/别集類

海漚集二卷　張汝釗撰　民國二十三年(1934)四明印局鉛印本　一册

330000－1701－0027725　民 814.8/1143　集部/别集類

如法受持館文四卷　張克家撰　民國十一年(1922)鉛印本　二册

330000－1701－0027727　民 814.8/11431　集部/别集類

芷江詩文鈔五卷　張華瀾撰　民國三十六年(1947)鉛印本　一册

330000－1701－0027729　民 814.8/1797/c2　集部/别集類

景雲瓦室叢稿四卷　鄧燿撰　民國二十四年(1935)鉛印本　一册

330000－1701－0027730　民 814.8/1110/c3　集部/别集類

心太平室集十卷補遺一卷附錄一卷先德集二卷　張一麐撰　民國三十六年(1947)鉛印本　四册

330000－1701－0027731　GP00511　史部/目録類/專録之屬

説文目錄一卷存目一卷附説文解字詁林序及纂例一卷　丁福保編　民國十三年(1924)無錫丁氏鉛印本　一册

330000－1701－0027732　GP00508　經部/小學類/文字之屬/説文/專著

湖樓筆談説文經字一卷　(清)俞樾輯　(清)宋文蔚疏證　民國二十三年(1934)上海商務

印書館石印本　一册

330000－1701－0027733　民 814.8/1144　集部/别集類

西陘草堂文集七卷外集一卷詩集六集　張友桐撰　民國二十三年(1934)鉛印本　六册

330000－1701－0027737　民 814.8/1131/c1　集部/别集類/清别集

鎔經室集四卷　(清)張濬撰　民國六年(1917)鉛印本　二册

330000－1701－0027738　民 814.8/11481/c1　集部/别集類

約園雜箸八卷　張壽鏞撰　民國二十五年(1936)鉛印本　三册

330000－1701－0027739　民 814.8/1131/c2　集部/别集類/清别集

鎔經室集四卷　(清)張濬撰　民國六年(1917)鉛印本　二册

330000－1701－0027741　民 814.8/11482　集部/别集類

獨志堂叢稿四種　張其鍠撰　民國二十一年(1932)桂林張氏獨志堂鉛印本　一册

330000－1701－0027742　民 814.8/1131/c3　集部/别集類/清别集

鎔經室集四卷　(清)張濬撰　民國六年(1917)鉛印本　二册

330000－1701－0027746　民 814.8/1131/c4　集部/别集類/清别集

鎔經室集四卷　(清)張濬撰　民國六年(1917)鉛印本　二册

330000－1701－0027747　民 814.8/11481/c2　集部/别集類

約園雜箸八卷續編八卷三編八卷　張壽鏞撰　民國二十五年至三十四年(1936－1945)鉛印本　七册

330000－1701－0027748　民 814.8/1174　集部/别集類

闇齋文稿一卷詩稿一卷詞一卷　張學華撰　民國三十七年(1948)蔚興印刷場鉛印本　一册

330000－1701－0027750　民 814.8/11481/c3　集部/别集類

約園雜箸八卷　張壽鏞撰　民國二十五年(1936)鉛印本　三册

330000－1701－0027752　民 814.8/1178　集部/别集類

若園詩文續集五卷附聯語拾遺一卷　張學智撰　民國三十四年(1945)鉛印本　一册

330000－1701－0027756　民 814.8/1179/c1　集部/别集類

葑里賸稿四卷　張原煒撰　民國三十四年(1945)張氏鉛印本　一册

330000－1701－0027757　民 814.8/1797/c1　集部/别集類

景雲瓦室叢稿四卷　鄧燿撰　民國二十四年(1935)鉛印本　一册

330000－1701－0027758　民 814.8/1179/c2　集部/别集類

葑里賸稿四卷　張原煒撰　民國三十四年(1945)張氏鉛印本　一册

330000－1701－0027759　民 814.8/1179/c3　集部/别集類

葑里賸稿四卷　張原煒撰　民國三十四年(1945)張氏鉛印本　一册

330000－1701－0027760　民 814.8/2129/c1　集部/别集類

盤山集三卷　盧伯炎撰　民國三十四年(1945)鉛印本　一册

330000－1701－0027762　民 814.8/1179/c4　集部/别集類

葑里賸稿四卷　張原煒撰　民國三十四年(1945)張氏鉛印本　一册

330000－1701－0027764　民 814.8/1211/c1　集部/别集類

望雲廬遺稿二卷　孫元琅撰　民國二十一年

(1932)鉛印本　一冊

330000－1701－0027765　民814.8/2129/c2　集部/別集類
盤山集三卷　盧伯炎撰　民國三十四年(1945)鉛印本　盧伯炎題記　一冊

330000－1701－0027767　民814.8/1182　集部/別集類
榛輿遺稿一卷　張釗紘撰　民國二十三年(1934)鉛印本　一冊

330000－1701－0027768　民814.8/1211/c2　集部/別集類
望雲廬遺稿二卷　孫元琅撰　民國二十一年(1932)鉛印本　一冊

330000－1701－0027769　民814.8/2129/c3　集部/別集類
盤山集三卷　盧伯炎撰　民國三十四年(1945)鉛印本　盧伯炎題記　一冊

330000－1701－0027770　民814.8/2129/c4　集部/別集類
盤山集三卷　盧伯炎撰　民國三十四年(1945)鉛印本　一冊

330000－1701－0027772　GP00540　子部/藝術類/音樂之屬/琴學
晨風廬琴會記錄二卷　周慶雲編　民國十一年(1922)刻藍印本　一冊

330000－1701－0027773　民814.8/1211/c3　集部/別集類
望雲廬遺稿二卷　孫元琅撰　民國二十一年(1932)鉛印本　一冊

330000－1701－0027777　民814.8/1231/c1　集部/別集類
孫伯琴先生遺集九卷附靈峰答問一卷　孫迺瑶撰　民國四年(1915)新華印字館鉛印本　三冊

330000－1701－0027778　民814.8/2193/c1　集部/別集類
寒莊文編二卷外編一卷　虞輝祖撰　民國十年(1921)、十二年(1923)上海聚珍倣宋印書局鉛印本　一冊　存一卷(外編)

330000－1701－0027780　民814.8/2231　集部/別集類
梅窗風雪稿一卷　任淑雲撰　民國十七年(1928)鉛印本　一冊

330000－1701－0027781　民814.8/2193/c2　集部/別集類
寒莊文編二卷外編一卷　虞輝祖撰　民國十年(1921)、十二年(1923)上海聚珍倣宋印書局鉛印本　一冊　存一卷(外編)

330000－1701－0027784　民814.8/2193/2/c1　集部/別集類
寒莊文編二卷外編一卷　虞輝祖撰　民國十年(1921)、十二年(1923)上海聚珍倣宋印書局鉛印本　一冊

330000－1701－0027786　民814.8/2323　類叢部/叢書類/自著之屬
鈍安遺集五種　傅熊湘撰　民國二十一年(1932)鉛印本　六冊

330000－1701－0027789　民814.8/2330　集部/別集類
達可齋文初集八卷　傅守謙撰　民國八年(1919)刻本　二冊

330000－1701－0027790　民814.8/2193/2/c2　集部/別集類
寒莊文編二卷外編一卷　虞輝祖撰　民國十年(1921)、十二年(1923)上海聚珍倣宋印書局鉛印本　一冊

330000－1701－0027791　民814.8/2534/c1　集部/別集類
海抱樓文初編一卷續編一卷　朱浩撰　民國三十七年(1948)鉛印本　一冊

330000－1701－0027792　民814.8/1231/c2　集部/別集類
孫伯琴先生遺集九卷附靈峰答問一卷　孫迺瑶撰　民國四年(1915)新華印字館鉛印本　三冊

330000－1701－0027793　民814.8/2193/3 集部/别集類
寒莊文編二卷　虞輝祖撰　民國十年(1921)上海聚珍倣宋印書局鉛印本　一冊

330000－1701－0027794　民814.8/1290/c1 集部/别集類
東齋文鈔二卷詩鈔一卷　孫光庭撰　民國十三年(1924)曲石精廬李氏吳門刻朱印本　三冊

330000－1701－0027795　民814.8/2514/c1 集部/别集類
小林草堂文稿一卷附詩稿一卷　朱天存撰　民國二十年(1931)鉛印本　一冊

330000－1701－0027796　GP00553　子部/藝術類/書畫之屬/法帖
蘇東坡書洞庭春色賦一卷中山松醪賦一卷　(宋)蘇軾書　民國二十二年(1933)上海商務印書館石印本　一冊

330000－1701－0027797　民814.8/2193.2/c1　集部/别集類
寒莊文編二卷外編一卷　虞輝祖撰　民國十年(1921)、十二年(1923)上海聚珍倣宋印書局鉛印本　一冊

330000－1701－0027798　民814.8/2534/c2 集部/别集類
海抱樓文初編一卷續編一卷　朱浩撰　民國三十七年(1948)鉛印本　一冊

330000－1701－0027799　民814.8/2193.2/c2　集部/别集類
寒莊文編二卷外編一卷　虞輝祖撰　民國十年(1921)、十二年(1923)上海聚珍倣宋印書局鉛印本　一冊

330000－1701－0027800　GP00554　子部/藝術類/書畫之屬/法帖
蘇東坡書洞庭春色賦一卷中山松醪賦一卷　(宋)蘇軾書　民國二十二年(1933)上海商務印書館石印本　一冊

330000－1701－0027801　民814.8/2534/c3 集部/别集類
海抱樓文初編一卷續編一卷　朱浩撰　民國三十七年(1948)鉛印本　一冊

330000－1701－0027803　民814.8/2534/c4 集部/别集類
海抱樓文初編一卷續編一卷　朱浩撰　民國三十七年(1948)鉛印本　一冊

330000－1701－0027804　民814.8/2514/c2 集部/别集類
小林草堂文稿一卷附詩稿一卷　朱天存撰　民國二十年(1931)鉛印本　一冊

330000－1701－0027805　民814.8/1290/c2 集部/别集類
東齋文鈔二卷詩鈔一卷　孫光庭撰　民國十三年(1924)曲石精廬李氏吳門刻本　三冊

330000－1701－0027806　民814.8/1290/c3 集部/别集類
東齋文鈔二卷詩鈔一卷　孫光庭撰　民國十三年(1924)曲石精廬李氏吳門刻本　二冊　存二卷(文鈔一至二)

330000－1701－0027808　民814.8/1701　集部/别集類
雲溪文存一卷　鄧文瑗撰　民國天津文嵐簃印書局鉛印本　一冊

330000－1701－0027811　民814.8/2514/c3 集部/别集類
小林草堂文稿一卷附詩稿一卷　朱天存撰　民國二十年(1931)鉛印本　一冊

330000－1701－0027812　民814.8/2514/c4 集部/别集類
小林草堂文稿一卷附詩稿一卷　朱天存撰　民國二十年(1931)鉛印本　一冊

330000－1701－0027813　民814.8/2623　集部/别集類
貞孝先生遺墨五卷　吳受福撰　民國二十二年(1933)檇李郭氏刻本　二冊

330000－1701－0027814　民814.8/25341

集部/别集類
染雪庵遺稿五卷　朱兆蓉撰　陳栩編　民國六年(1917)中華圖書館石印本　一册

330000－1701－0027816　民 814.8/1721/c1　集部/别集類
曇影樓遺墨一卷　邵衡撰　民國七年(1918)常熟鑄新印刷社鉛印本　一册

330000－1701－0027817　民 811.18/8012.2/c2　集部/别集類
憶一卷　俞平伯撰　民國十四年(1925)北京樸社影印本　一册

330000－1701－0027818　GP00567　子部/農家農學類/園藝之屬/蔬菜
野菜博錄三卷　(明)鮑山撰　民國十一年(1922)新學會社石印本　三册

330000－1701－0027820　民 814.8/2681　集部/别集類
缶廬集四卷　吴昌碩撰　民國吴興劉承幹刻本　二册

330000－1701－0027821　民 814.8/1721/c2　集部/别集類
曇影樓遺墨一卷　邵衡撰　民國七年(1918)常熟鑄新印刷社鉛印本　一册

330000－1701－0027822　民 814.8/2683/c1　集部/别集類
漪香山館文集不分卷　吴曾祺撰　民國二十四年(1935)上海商務印書館鉛印本　一册

330000－1701－0027824　GP00568　子部/農家農學類/園藝之屬/蔬菜
野菜博錄三卷　(明)鮑山撰　民國十一年(1922)新學會社石印本　三册

330000－1701－0027825　民 814.8/2683/c2　集部/别集類
漪香山館文集不分卷　吴曾祺撰　民國二十四年(1935)上海商務印書館鉛印本　一册

330000－1701－0027826　民 814.8/2538　集部/别集類
蠖園文存三卷　朱啟鈐撰　民國二十五年(1936)紫江朱氏鉛印本　二册

330000－1701－0027827　民 814.8/26261.02　集部/别集類
程一夔文甲集八卷續編四卷乙集續編四卷　程先甲撰　民國十二年(1923)千一齋木活字印本　二册　存四卷(文甲集續編一至四)

330000－1701－0027830　民 814.8/25331　集部/别集類
藍川文鈔十二卷附鈔續一卷　牛兆濂撰　民國十一年(1922)芸閣鉛印本　二册　缺一卷(鈔續)

330000－1701－0027834　民 814.8/2683.2/c1　集部/别集類
漪香山館二集不分卷　吴曾祺撰　民國二十五年(1936)上海商務印書館鉛印本　一册

330000－1701－0027835　民 814.8/2570/c1　集部/别集類
西港漫藁一卷西林漫稿一卷囊齋文存一卷　朱驤撰　**師箴十則一卷囊齋題語一卷囊齋燕集詞一卷**　民國三十三年(1944)鉛印本　一册

330000－1701－0027838　民 814.8/2683.2/c2　集部/别集類
漪香山館文集不分卷　吴曾祺撰　民國三年(1914)上海商務印書館鉛印本　一册

330000－1701－0027839　GP00592　子部/儒家類/儒學之屬/禮教
格言錄一卷　黄元秀選　民國二十年(1931)鉛印本　一册

330000－1701－0027840　GP00591　子部/宗教類/佛教之屬/諸宗
真心直說一卷附一卷　(高麗)釋知訥撰　民國三年(1914)金陵刻經處刻本　一册

330000－1701－0027842　民 814.8/2570/c2　集部/别集類
西港漫藁一卷西林漫稿一卷囊齋文存一卷　朱驤撰　**師箴十則一卷囊齋題語一卷囊齋燕**

集詞一卷　民國三十三年(1944)鉛印本　一册

330000－1701－0027843　GP00593　子部/儒家類/儒學之屬/禮教

格言錄一卷　黄元秀選　民國二十年(1931)鉛印本　一册

330000－1701－0027844　民 814.8/2683.2/c3　集部/别集類

漪香山館文集不分卷　吳曾祺撰　民國三年(1914)上海商務印書館鉛印本　一册

330000－1701－0027845　民 814.8/2635　集部/别集類

抑抑堂集十五卷　吳涑撰　民國十二年(1923)清江碧山堂刻本　八册

330000－1701－0027846　民 814.8/2582　集部/别集類

補拙軒遺稿三卷　朱善佐撰　民國二十五年(1936)木活字印本　一册

330000－1701－0027847　民 814.8/2684　集部/别集類

莪慕室吟草二卷補遺一卷詩餘一卷文存一卷楊令茀南行省墓記一卷　楊令茀撰　民國二十一年(1932)鉛印本　一册

330000－1701－0027850　民 814.8/26401/c1　集部/别集類

悔晦堂文集六卷　吳恭亨撰　民國九年(1920)長沙縣對門鴻飛印刷局鉛印本　一册

330000－1701－0027851　民 814.8/2788/c1　集部/别集類

流霞書屋遺集四卷首一卷　鄒銓撰　民國二年(1913)上海國光書局鉛印本　一册

330000－1701－0027852　民 814.8/26401/c2　集部/别集類

悔晦堂文集六卷　吳恭亨撰　民國九年(1920)長沙縣對門鴻飛印刷局鉛印本　一册

330000－1701－0027854　民 814.8/2788/c2　集部/别集類

流霞書屋遺集四卷首一卷　鄒銓撰　民國二年(1913)上海國光書局鉛印本　一册

330000－1701－0027855　民 814.8/2815　集部/别集類

復駕説齋文初編四卷　徐震哲撰　民國十八年(1929)鉛印本　一册

330000－1701－0027856　民 814.8/2712　集部/别集類

三借廬詩賸二卷駢文賸一卷詞賸一卷尺牘一卷　鄒弢撰　民國三年(1914)上海文瑞樓鉛印本　二册

330000－1701－0027857　民 814.8/2644/c1　集部/别集類

吳白屋先生遺書二十卷　吳芳吉撰　吳宓編訂　**附錄一卷**　周光午編　民國二十三年(1934)長沙周光午刻本　六册

330000－1701－0027858　民 814.8/2842　集部/别集類

徐友白心血留痕一卷　徐友白撰　民國十八年(1929)上海宏大善書局石印本　一册

330000－1701－0027859　民 814.8/2875　集部/總集類/題詠之屬

思危樓詩文彙鈔初集一卷　徐慎齋輯　民國二十一年(1932)鉛印本　一册

330000－1701－0027860　民 814.8/2860　集部/别集類

意園遺稿不分卷　徐日堃撰　**意園唱和集一卷**　徐日堃等撰　民國十七年(1928)鉛印本　一册

330000－1701－0027861　民 814.8/2621/2　集部/别集類

吳虞文錄二卷别錄一卷　吳虞撰　民國二十五年(1936)成都吳氏愛智廬刻本　二册

330000－1701－0027863　民 814.8/30401　集部/别集類

墨庵二十以後古文一卷　宋慈褎撰　民國鉛印本　宋慈褎題記　一册

330000－1701－0027864　民 814.8/2712.2　集部/別集類

三借廬集五卷　鄒弢撰　民國二十一年(1932)常熟開文社印刷所鉛印本　二册

330000－1701－0027866　民 814.8/2719　集部/別集類

質野簃叢稿一卷　鮑元輝撰　民國鉛印本　一册

330000－1701－0027867　民 814.8/2719.2　集部/別集類

稽隱文存一卷附課兒淺説一卷　鮑元輝撰　民國十三年(1924)鉛印本　一册

330000－1701－0027870　GP00601　新學/政治法律/政治

勞乃宣共和解駁議一卷續一卷正續共和解後語駁議一卷　曾士瀛撰　民國四年(1915)杭州興業書局鉛印本　一册

330000－1701－0027871　GP00604　經部/小學類/文字之屬/説文/專著

説文體例四卷　何容心撰　民國九年(1920)石印本　一册

330000－1701－0027872　民 814.8/2644/c2　集部/別集類

吴白屋先生遺書二十卷　吴芳吉撰　吴宓編訂　**附録一卷**　周光午編　民國二十三年(1934)長沙周光午刻本　六册

330000－1701－0027873　民 814.8/3139/c1　類叢部/叢書類/家集之屬

顧氏家集十種　顧燮光編　民國十八年(1929)會稽顧氏金佳石好樓鉛印本暨石印本　一册　存一種

330000－1701－0027874　民 814.8/3130　子部/雜著類/雜説之屬

趨庭隨筆一卷　江庸撰　民國二十三年(1934)朝陽學院出版部鉛印本　一册

330000－1701－0027877　民 814.8/3042　集部/別集類

宋教仁先生文集不分卷　宋教仁撰　民國二年(1913)政新書局石印本　二册

330000－1701－0027878　民 814.8/3139/c2　類叢部/叢書類/家集之屬

顧氏家集十種　顧燮光編　民國十八年(1929)會稽顧氏金佳石好樓鉛印本暨石印本　一册　存一種

330000－1701－0027879　GP00603　類叢部/叢書類/彙編之屬

中國大學國學叢書　民國中國大學出版部鉛印本　一册　存一種

330000－1701－0027880　民 814.8/3117/c1　集部/別集類

民園文集十二卷　江五民撰　民國十九年(1930)寧波鉛印本　四册

330000－1701－0027881　民 814.8/3139/c3　類叢部/叢書類/家集之屬

顧氏家集十種　顧燮光編　民國十八年(1929)會稽顧氏金佳石好樓鉛印本暨石印本　一册　存一種

330000－1701－0027882　民 814.8/3199/2　集部/別集類

非儒非俠齋文集四卷外集一卷詩集二卷聯語偶存初集一卷　顧燮光撰　**福豔樓遺詩一卷**　陸珊撰　民國二十五年(1936)杭州顧廬石印本　二册　存五卷(文集一至四、外集)

330000－1701－0027883　民 814.8/3139/c4　類叢部/叢書類/家集之屬

顧氏家集十種　顧燮光編　民國十八年(1929)會稽顧氏金佳石好樓鉛印本暨石印本　一册　存一種

330000－1701－0027886　民 814.8/28011　集部/別集類

思悟軒草稿一卷　徐慶雲撰　民國遼陽文德山房鉛印本　一册

330000－1701－0027887　GP00608　經部/四書類/論語之屬/傳説

論語序説私攷一卷附録一卷　(日本)伊藤馨撰　民國鉛印本　一册

330000－1701－0027888　民 814.8/3117/c2　集部/别集類

艮園文集十二卷　江五民撰　民國十九年(1930)寧波鉛印本　四册

330000－1701－0027889　民 814.8/3117/c3　集部/别集類

艮園文集十二卷　江五民撰　民國十九年(1930)寧波鉛印本　四册

330000－1701－0027890　GP00612　史部/政書類/公牘檔册之屬

浙鴻爪印二卷　程龢撰　民國十三年(1924)鉛印本　一册

330000－1701－0027892　民 814.8/3334/c1　集部/别集類

飲冰室全集四十八卷　梁啓超撰　民國五年(1916)上海中華書局鉛印本　四十五册　缺三卷(五、八至九)

330000－1701－0027893　民 814.8/3199/3/c1　集部/别集類

非儒非俠齋文集四卷外集一卷詩集二卷聯語偶存初集一卷　顧燮光撰　**福豔樓遺詩一卷**　陸珊撰　民國二十五年(1936)杭州顧廬石印本　三册

330000－1701－0027894　民 814.8/3121/c1　集部/别集類

回風堂詩七卷前録二卷文五卷　馮幵撰　**婦學齋遺稿一卷**　俞因撰　民國三十年(1941)中華書局鉛印本　四册

330000－1701－0027895　民 814.8/3167/c1　集部/别集類

蒿盦類稿三十二卷續稿三卷　馮煦撰　民國二年(1913)刻本　十三册

330000－1701－0027899　民 814.8/3167/c2　集部/别集類

蒿盦類稿三十二卷　馮煦撰　民國二年(1913)刻本　十二册

330000－1701－0027900　民 814.8/3121/c2　集部/别集類

回風堂詩七卷前録二卷文五卷　馮幵撰　**婦學齋遺稿一卷**　俞因撰　民國三十年(1941)中華書局鉛印本　四册

330000－1701－0027902　民 814.8/3334/c2　集部/别集類

飲冰室全集四十八卷　梁啓超撰　民國五年(1916)上海中華書局鉛印本　四十八册

330000－1701－0027904　民 814.8/3199/3/c2　集部/别集類

非儒非俠齋文集四卷外集一卷詩集二卷聯語偶存初集一卷　顧燮光撰　**福豔樓遺詩一卷**　陸珊撰　民國二十五年(1936)杭州顧廬石印本　三册

330000－1701－0027905　民 814.8/3334/c3　集部/别集類

飲冰室全集四十八卷　梁啓超撰　民國五年(1916)上海中華書局鉛印本　四十八册

330000－1701－0027906　民 814.8/3199/c1　集部/别集類

非儒非俠齋文集三卷聯語偶存初集一卷詩集一卷詩續集一卷　顧燮光撰　**福豔樓遺詩一卷**　陸珊撰　民國十一年(1922)石印本　四册

330000－1701－0027908　民 814.8/3330　類叢部/叢書類/自著之屬

桂林梁先生遺書六種　梁濟撰　民國十六年(1927)上海商務印書館鉛印本　四册

330000－1701－0027909　民 814.8/3199/c2　集部/别集類

非儒非俠齋文集三卷聯語偶存初集一卷詩集一卷詩續集一卷　顧燮光撰　**福豔樓遺詩一卷**　陸珊撰　民國十一年(1922)石印本　四册

330000－1701－0027910　GP00621　類叢部/叢書類/家集之屬

侯官郭氏家集彙刊十二種　郭則澐編　民國二十三年(1934)侯官郭氏刻本　一册　存一種

330000－1701－0027912　GP00622　子部/術數類/相宅相墓之屬

陽宅造福全書一卷　(明)黄一鳳撰　暨省齋增輯　民國十五年(1926)鉛印本　一册

330000－1701－0027916　民814.8/3330/2　類叢部/叢書類/自著之屬

桂林梁先生遺書六種　梁濟撰　民國十四年(1925)梁煥鼐等鉛印本　四册

330000－1701－0027917　GP00626　史部/雜史類

歐戰後之中國三章　徐世昌撰　民國十年(1921)上海中華書局鉛印本　一册

330000－1701－0027919　民814.8/3334.2　集部/别集類

梁任公最近文集六卷　梁啓超撰　民國四年(1915)上海晉益書局石印本　八册

330000－1701－0027920　民814.8/31301　集部/别集類

慎所立齋存稿四卷　江瀚撰　民國鉛印本　一册

330000－1701－0027922　民814.8/3377　集部/别集類

自強文存十二卷　梁鳳撰　民國三十六年(1947)鉛印本　一册

330000－1701－0027923　民814.8/3199/3/c3　集部/别集類

非儒非俠齋文集四卷外集一卷詩集二卷聯語偶存初集一卷　顧燮光撰　**福豔樓遺詩一卷**　陸珊撰　民國二十五年(1936)杭州顧廬石印本　三册

330000－1701－0027924　GP00627　類叢部/叢書類/彙編之屬

又滿樓叢書十六種　趙詒琛編　民國九年至十四年(1920－1925)崑山趙氏又滿樓刻本　一册　存一種

330000－1701－0027927　民814.8/3423/c1　集部/别集類

悲華經舍文存二卷附聯語一卷　洪允祥撰　民國二十五年(1936)鉛印本　一册

330000－1701－0027928　民814.8/3423/c2　集部/别集類

悲華經舍文存二卷附聯語一卷　洪允祥撰　民國二十五年(1936)鉛印本　一册

330000－1701－0027929　GP00623　史部/傳記類/總傳之屬/家乘

分修港南徐氏支譜四卷　徐賢唐修輯　民國二十四年(1935)石印本　一册　存二卷(一至二)

330000－1701－0027930　民814.8/3423/c3　集部/别集類

悲華經舍文存二卷附聯語一卷　洪允祥撰　民國二十五年(1936)鉛印本　一册

330000－1701－0027931　GP00624　史部/叢編

述窠雜纂　黄任恒撰　民國十四年(1925)南海黄氏鉛印本　二册　存一種

330000－1701－0027932　民814.8/3423/c4　集部/别集類

悲華經舍文存二卷附聯語一卷　洪允祥撰　民國二十五年(1936)鉛印本　一册

330000－1701－0027934　民814.8/3334.3　子部/雜著類/雜説之屬

常識文範四卷　梁啓超撰　民國五年(1916)上海中華書局鉛印本　四册

330000－1701－0027937　民814.8/3334.8　集部/别集類

飲冰室文集十六卷　梁啓超撰　民國十四年(1925)鴻章書局石印本　十六册

330000－1701－0027938　民814.8/3692/c2　集部/别集類

祝佐平先生遺著不分卷　祝燮綱撰　民國十九年(1930)崇明崇民報館鉛印本　一册

330000－1701－0027939　民814.8/3692/c3　集部/别集類

祝佐平先生遺著不分卷　祝燮綱撰　民國十

九年(1930)崇明崇民報館鉛印本　一册

330000－1701－0027940　民 812.7/8826　集部/戲劇類
灘簧考第一集不分卷　笑伯等編　民國五年(1916)餘杭廻瀾社鉛印本　一册

330000－1701－0027942　民 814.8/3594　集部/别集類
獨醒居文稿二卷志稿三卷譜稿一卷乘稿二卷　連光樞撰　民國枕湖樓鉛印本　三册

330000－1701－0027943　民 814.8/3232.2　類叢部/叢書類/自著之屬
鳳臺山館著書□□種　潘宗鼎撰　民國鉛印本　一册　存一種

330000－1701－0027944　民 814.8/3637　集部/别集類
鶴君詩文集二卷　封祝祁撰　民國三十六年(1947)鉛印本　一册

330000－1701－0027945　GP00639　子部/藝術類/遊藝之屬/劇藝
幾禮居戲曲叢書四種　周明泰編　民國二十一年(1932)商務印刷館直隸書局鉛印本　一册　存一種

330000－1701－0027947　民 814.8/4013/c1　集部/别集類
清道人遺集二卷佚稿一卷攟遺一卷附録一卷　李瑞清撰　民國二十八年(1939)臨川李健鉛印本　三册

330000－1701－0027948　民 814.8/4032　集部/别集類
一粟樓遺稿二卷　李家孚撰　民國十七年(1928)鉛印本　一册

330000－1701－0027950　民 814.8/3812　子部/小説家類/雜事之屬
退醒廬筆記二卷　孫家振撰　民國十四年(1925)上海圖書館石印本　二册

330000－1701－0027951　民 814.8/3245/c1　集部/别集類
樵叟集八卷外集二卷　潘蔭東撰　民國十八年(1929)鉛印本　六册

330000－1701－0027952　民 814.8/4013/c2　集部/别集類
清道人遺集二卷佚稿一卷攟遺一卷附録一卷　李瑞清撰　民國二十八年(1939)臨川李健鉛印本　一飛題記　三册

330000－1701－0027953　民 814.8/3245/c2　集部/别集類
樵叟集八卷外集二卷　潘蔭東撰　**潘孝端先生年譜一卷**　潘肇元編　民國十八年(1929)鉛印本　三册

330000－1701－0027954　GP00648　史部/政書類/儀制之屬/雜禮
俗禮解六卷　(清)謝起龍撰　民國九年(1920)商務印書館鉛印本　一册

330000－1701－0027955　GP00652　子部/儒家類/儒學之屬/性理
彭養光先生益言録一卷　彭養光撰　民國七年(1918)萊陽孫堯天鉛印本　一册

330000－1701－0027956　民 814.8/4013/c3　集部/别集類
清道人遺集二卷佚稿一卷攟遺一卷附録一卷　李瑞清撰　民國二十八年(1939)臨川李健鉛印本　三册

330000－1701－0027957　民 814.8/4040/c1　集部/别集類
盤谷遺稿不分卷　袁壽康撰　民國八年(1919)鉛印本　一册

330000－1701－0027958　民 814.8/3254/c1　集部/别集類
鷗舫詩文鈔十卷　潘振華撰　民國二十四年(1935)潘抑強上海鉛印本　潘抑強題記　一册

330000－1701－0027959　民 814.8/4017　集部/别集類
肯堂遺稿一卷　查璥撰　**旭初遺稿一卷**　金大昇撰　民國十四年(1925)鉛印本　一册

330000－1701－0027962　民 814.8/3254/c2　集部/别集類
鷗舫詩文鈔十卷　潘振華撰　民國二十四年(1935)潘抑強上海鉛印本　一冊

330000－1701－0027963　GP00653　類叢部/叢書類/自著之屬
木硯齋叢書　童振藻撰　民國鉛印本　一冊　存一種

330000－1701－0027964　民 814.8/3919/c1　集部/别集類
志頤堂詩文集文篇三卷詩十二卷題跋文二卷　沙元炳撰　民國二十二年(1933)如皋沙志頤堂鉛印本　六冊

330000－1701－0027965　民 814.8/40431/c1　類叢部/叢書類/彙編之屬
曲石叢書二十種　李根源編　民國鉛印本　一冊　存一種

330000－1701－0027967　民 814.8/4018　集部/别集類
李子瑾文錄二卷附書一卷　李瑜撰　民國二十三年(1934)鉛印本　一冊

330000－1701－0027968　民 814.8/40431/c2　類叢部/叢書類/彙編之屬
曲石叢書二十種　李根源編　民國鉛印本　一冊　存一種

330000－1701－0027969　民 814.8/4040/c2　集部/别集類
盤谷遺稿不分卷　袁壽康撰　民國八年(1919)鉛印本　一冊

330000－1701－0027970　民 814.8/40431/c3　類叢部/叢書類/彙編之屬
曲石叢書二十種　李根源編　民國鉛印本　一冊　存一種

330000－1701－0027972　民 814.8/4043/c2　集部/别集類
寂齋文存一卷　查猛濟撰　民國十九年(1930)鉛印本　查猛濟題記　一冊

330000－1701－0027973　民 814.8/3919/c2　集部/别集類
志頤堂詩文集文篇三卷詩十二卷題跋文二卷　沙元炳撰　民國二十二年(1933)如皋沙志頤堂鉛印本　六冊

330000－1701－0027974　GP00654　類叢部/叢書類/自著之屬
木硯齋叢書　童振藻撰　民國鉛印本　一冊　存一種

330000－1701－0027976　民 814.8/40431.02　類叢部/叢書類/彙編之屬
曲石叢書二十種　李根源編　民國鉛印本　一冊　存一種

330000－1701－0027978　民 814.8/3919/c3　集部/别集類
志頤堂詩文集文篇三卷詩十二卷題跋文二卷　沙元炳撰　民國二十二年(1933)如皋沙志頤堂鉛印本　王煥鑣題記　六冊

330000－1701－0027979　民 814.8/4043/c3　集部/别集類
寂齋文存一卷　查猛濟撰　民國十九年(1930)鉛印本　查猛濟題記　一冊

330000－1701－0027980　民 814.8/4030　集部/别集類
梁溪旅稿二卷二編二卷　李法章撰　民國十一年(1922)恰恰堂鉛印本　李法章題記　二冊

330000－1701－0027982　民 814.8/4043/c4　集部/别集類
寂齋文存一卷　查猛濟撰　民國十九年(1930)鉛印本　方志超題記　一冊

330000－1701－0027985　民 814.8/4408　集部/别集類
胏山文存一卷　茅謙撰　民國二十一年(1932)丹徒茅氏鉛印本　一冊

330000－1701－0027986　民 814.8/40431.03　類叢部/叢書類/彙編之屬
曲石叢書二十種　李根源編　民國鉛印本

一册　存一種

330000－1701－0027989　民 814.8/4422　集部/别集類
小瀛壺文鈔一卷　蔡卓勳撰　民國十二年(1923)鉛印本　一册

330000－1701－0027991　民 814.8/4423/c1　集部/别集類
榕蔭草堂集二卷　林步瀛撰　民國二十四年(1935)南台大華印書局鉛印本　一册

330000－1701－0027992　民 814.8/4423/c2　集部/别集類
榕蔭草堂集二卷　林步瀛撰　民國二十四年(1935)南台大華印書局鉛印本　一册

330000－1701－0027997　民 814.8/44321/(2)　集部/别集類
愛餘室文集一卷詩集一卷詞集一卷别集一卷　莫永貞撰　民國二十三年(1934)上海中華書局鉛印本　余紹宋題記　一册

330000－1701－0027998　民 814.8/44321　集部/别集類
愛餘室文集一卷詩集一卷詞集一卷别集一卷　莫永貞撰　**安吉莫伯衡先生遺墨一卷附哀輓録一卷**　莫庸輯　民國二十三年(1934)上海中華書局鉛印本　二册

330000－1701－0028000　民 814.8/4443　集部/别集類
樊山詩詞文稿十二卷　樊增祥撰　民國十五年(1926)上海廣益書局鉛印本　六册

330000－1701－0028001　民 814.8/44321.2　集部/别集類
愛餘室文集一卷詩集一卷詞集一卷别集一卷　莫永貞撰　民國二十三年(1934)上海中華書局鉛印本　一册

330000－1701－0028004　民 814.8/4045　集部/别集類
雪園叢書文甲集一卷文乙集一卷　李坤撰　民國二年(1913)雲南開智公司鉛印本　一册

330000－1701－0028005　民 814.8/4427/c1　集部/别集類
畏廬文集一卷　林紓撰　民國二十三年(1934)上海商務印書館鉛印本　一册

330000－1701－0028006　民 814.8/44341　集部/别集類
賁園遺稿一卷　樊家楨撰　民國三十六年(1947)油印本　一册

330000－1701－0028007　民 814.8/4049　集部/别集類
雪野堂文稿三卷　袁惠常撰　民國三十八年(1949)鉛印本　一册

330000－1701－0028008　民 814.8/4441/c1　集部/别集類
兢生遺稿一卷　黄乾瑋撰　民國十一年(1922)鉛印本　一册

330000－1701－0028010　GP00732　經部/易類/傳説之屬
周易易解十卷示兒録三卷説餘一卷　(清)沈紹勳撰　民國二十年(1931)鉛印本　六册

330000－1701－0028012　民 814.8/4441/c2　集部/别集類
兢生遺稿一卷　黄乾瑋撰　民國十一年(1922)鉛印本　一册

330000－1701－0028013　民 814.8/4441/c3　集部/别集類
兢生遺稿一卷　黄乾瑋撰　民國十一年(1922)鉛印本　一册

330000－1701－0028014　民 814.8/4441/c4　集部/别集類
兢生遺稿一卷　黄乾瑋撰　民國十一年(1922)鉛印本　一册

330000－1701－0028016　民 814.8/44481/c1　類叢部/叢書類/自著之屬
散溪遺書八種　蔡克猷撰　民國十年(1921)劉邦元等鉛印本　五册

330000－1701－0028017　民 814.8/40671　集部/別集類
復齋文存一卷賦草一卷詩存四卷　李景驪撰　民國十七年(1928)鉛印本　二册

330000－1701－0028019　民 814.8/4403　集部/別集類
蝸寄廬文撮一卷　黄誠沅撰　民國南寧大成印書館鉛印本　一册

330000－1701－0028022　民 814.8/44421/c1　類叢部/叢書類
江寧蔣氏湖上草堂叢刻　民國江寧蔣氏湖上草堂鉛印本　二册

330000－1701－0028023　民 814.8/4421/c1　集部/別集類
蓍伯遺著不分卷附錄一卷　韓衍撰　韓雁門輯　民國二十四年(1935)上海華豐印刷鑄字所鉛印本　一册

330000－1701－0028026　GP00741　類叢部/叢書類/彙編之屬
東南大學叢書□□種　民國上海商務印書館石印本　一册　存一種

330000－1701－0028027　民 814.8/44481/c2　類叢部/叢書類/自著之屬
散溪遺書八種　蔡克猷撰　民國十年(1921)劉邦元等鉛印本　五册

330000－1701－0028028　民 814.8/44421/c2　類叢部/叢書類
江寧蔣氏湖上草堂叢刻　民國江寧蔣氏湖上草堂鉛印本　二册

330000－1701－0028029　民 814.8/4073　集部/別集類
夢雨集四卷　李長之撰　民國三十四年(1945)重慶商務印書館鉛印本　一册

330000－1701－0028030　GP00742　經部/小學類/文字之屬
中國文字學一卷　顧實撰　民國十七年(1928)商務印書館石印東南大學叢書本　任鍾亮題記　一册

330000－1701－0028031　民 814.8/4421/c2　集部/別集類
蓍伯遺著不分卷附錄一卷　韓衍撰　韓雁門輯　民國二十四年(1935)上海華豐印刷鑄字所鉛印本　一册

330000－1701－0028032　民 814.8/4421/c3　集部/別集類
蓍伯遺著不分卷附錄一卷　韓衍撰　韓雁門輯　民國二十四年(1935)上海華豐印刷鑄字所鉛印本　一册

330000－1701－0028033　民 814.8/44422/c1　集部/別集類
遐庵彙稿第一輯三卷　葉恭綽撰　民國十九年(1930)鉛印本　四册

330000－1701－0028034　民 814.8/4244　集部/別集類
弗堂類稿三十卷　姚華撰　民國十九年(1930)上海中華書局鉛印本　十二册

330000－1701－0028035　民 814.8/4421/c4　集部/別集類
蓍伯遺著不分卷附錄一卷　韓衍撰　韓雁門輯　民國二十四年(1935)上海華豐印刷鑄字所鉛印本　一册

330000－1701－0028037　民 814.8/44422/c2　集部/別集類
遐庵彙稿第一輯三卷　葉恭綽撰　民國十九年(1930)鉛印本　四册

330000－1701－0028038　民 814.8/44141/c1　集部/別集類
市隂叢稿一卷　薛元燕撰　民國二十四年(1935)鉛印本　一册

330000－1701－0028039　民 814.8/44422/c3　集部/別集類
遐庵彙稿第一輯三卷　葉恭綽撰　民國十九年(1930)鉛印本　二册

330000－1701－0028040　民 814.8/44141/c2　集部/別集類
市隂叢稿一卷　薛元燕撰　民國二十四年

(1935)鉛印本　薛元燕題記　一册

330000－1701－0028041　民 814.8/44141/c3　集部/别集類

市陰叢稿一卷　薛元燕撰　民國二十四年(1935)鉛印本　一册

330000－1701－0028042　民 814.8/44141/c4　集部/别集類

市陰叢稿一卷　薛元燕撰　民國二十四年(1935)鉛印本　一册

330000－1701－0028043　民 814.8/4345/c1　類叢部/叢書類/自著之屬

戴菊農遺稿□□種　戴菊農撰　朱壽潛輯　民國二十三年(1934)硤石報鉛印本　一册　存一種

330000－1701－0028044　民 814.8/44141/c5　集部/别集類

市陰叢稿一卷　薛元燕撰　民國二十四年(1935)鉛印本　一册

330000－1701－0028046　GP00761　集部/别集類

晚晴室家書三卷　馬惟廉撰　馬以愚等編　民國二十五年(1936)漢口中國印刷公司鉛印本　一册

330000－1701－0028048　民 814.8/4345/c2　類叢部/叢書類/自著之屬

戴菊農遺稿□□種　戴菊農撰　朱壽潛輯　民國二十三年(1934)硤石報鉛印本　一册　存一種

330000－1701－0028049　民 814.8/4427/c2　集部/别集類

畏廬文集一卷　林紓撰　民國二十三年(1934)上海商務印書館鉛印本　一册

330000－1701－0028050　民 814.8/44481(2)/c1　類叢部/叢書類/自著之屬

散溪遺書八種　蔡克猷撰　民國十年(1921)劉邦元等鉛印本　二册　存七種

330000－1701－0028052　民 814.8/4427/c3　集部/别集類

畏廬文集一卷　林紓撰　民國五年(1916)上海商務印書館鉛印本　一册

330000－1701－0028053　GP00762　集部/别集類

晚晴室家書三卷　馬惟廉撰　馬以愚等編　民國二十五年(1936)漢口中國印刷公司鉛印本　一册

330000－1701－0028054　民 814.8/4427/c4　集部/别集類

畏廬文集一卷　林紓撰　民國二十三年(1934)上海商務印書館鉛印本　一册

330000－1701－0028055　民 814.8/4464　集部/别集類

飲恨集一卷　蔣國榜撰　民國十一年(1922)了夢盦鉛印本　一册

330000－1701－0028056　民 814.8/44481(2)/c2　類叢部/叢書類/自著之屬

散溪遺書八種　蔡克猷撰　民國十年(1921)劉邦元等鉛印本　一册　存一種

330000－1701－0028058　民 814.8/4483　集部/别集類

拙齋學古文鈔一卷　薛鍾斗撰　民國六年(1917)油印本　一册

330000－1701－0028059　民 814.8/4427.2/c1　集部/别集類

畏廬續集一卷　林紓撰　民國二十三年(1934)上海商務印書館鉛印本　一册

330000－1701－0028060　民 814.8/4643　集部/别集類

積微居文錄三卷　楊樹達撰　民國二十三年(1934)上海商務印書館鉛印本　三册

330000－1701－0028061　民 814.8/4644　集部/别集類

湘潭楊莊詩文詞錄四卷詩附錄一卷詞附錄一卷　楊莊撰　民國二十九年(1940)湘潭楊敞鉛印本　楊敞題記　一册

330000－1701－0028062　民 814.8/4427.2/c2　集部/别集類

畏廬續集一卷　林紓撰　民國二十三年(1934)上海商務印書館鉛印本　一册

330000－1701－0028063　民 814.8/46441/c1　集部/别集類

黄林集一卷傳港集一卷　楊翰芳撰　**閒雲樓遺稿一卷**　楊炅撰　**閒雲樓唱酬一卷**　楊炅等撰　民國三十三年(1944)鉛印本　一册

330000－1701－0028064　民 814.8/4924/c1　集部/别集類

石芙蓉館集十卷首一卷　趙佩茳撰　民國三十六年(1947)鉛印本　三册

330000－1701－0028065　民 814.8/4427.2/c3　集部/别集類

畏廬續集一卷　林紓撰　民國五年(1916)上海商務印書館鉛印本　一册

330000－1701－0028066　民 814.8/46441/c2　集部/别集類

黄林集一卷傳港集一卷　楊翰芳撰　**閒雲樓遺稿一卷**　楊炅撰　**閒雲樓唱酬一卷**　楊炅等撰　民國三十三年(1944)鉛印本　一册

330000－1701－0028067　民 814.8/46441/c3　集部/别集類

黄林集一卷傳港集一卷　楊翰芳撰　**閒雲樓遺稿一卷**　楊炅撰　**閒雲樓唱酬一卷**　楊炅等撰　民國三十三年(1944)鉛印本　一册

330000－1701－0028068　民 814.8/46441/c4　集部/别集類

黄林集一卷傳港集一卷　楊翰芳撰　**閒雲樓遺稿一卷**　楊炅撰　**閒雲樓唱酬一卷**　楊炅等撰　民國三十三年(1944)鉛印本　一册

330000－1701－0028069　民 814.8/46441/c5　集部/别集類

黄林集一卷傳港集一卷　楊翰芳撰　**閒雲樓遺稿一卷**　楊炅撰　**閒雲樓唱酬一卷**　楊炅等撰　民國三十三年(1944)鉛印本　周采泉題記　一册

330000－1701－0028070　民 814.8/4427.2/c4　集部/别集類

畏廬續集一卷　林紓撰　民國十二年(1923)上海商務印書館鉛印本　一册

330000－1701－0028071　民 814.8/46441/c6　集部/别集類

黄林集一卷傳港集一卷　楊翰芳撰　**閒雲樓遺稿一卷**　楊炅撰　**閒雲樓唱酬一卷**　楊炅等撰　民國三十三年(1944)鉛印本　一册

330000－1701－0028073　民 814.8/4427.3/c1　集部/别集類

畏廬三集一卷　林紓撰　民國二十三年(1934)上海商務印書館鉛印本　一册

330000－1701－0028074　民 814.8/4427.3/c2　集部/别集類

畏廬三集一卷　林紓撰　民國二十三年(1934)上海商務印書館鉛印本　一册

330000－1701－0028075　民 814.8/4924/c2　集部/别集類

石芙蓉館集十卷首一卷　趙佩茳撰　民國三十六年(1947)鉛印本　三册

330000－1701－0028076　民 814.8/4427.3/c3　集部/别集類

畏廬三集一卷　林紓撰　民國二十三年(1934)上海商務印書館鉛印本　一册

330000－1701－0028078　民 814.8/4924/c3　集部/别集類

石芙蓉館集十卷首一卷　趙佩茳撰　民國三十六年(1947)鉛印本　三册

330000－1701－0028079　民 814.8/4687　集部/别集類

草堂之靈十六卷　楊鈞撰　民國十七年(1928)長沙成化書局鉛印本　四册

330000－1701－0028080　民 814.8/4734　集部/别集類

夢選樓文鈔二卷詩鈔二卷　胡宗楙撰　民國二十五年(1936)永康胡氏津門刻本　一册　存二卷(文鈔一至二)

330000－1701－0028081　民 814.8/4734.2/c1　集部/别集類
夢選樓文鈔二卷詩鈔二卷　胡宗楙撰　民國二十五年(1936)永康胡氏津門刻本　二册

330000－1701－0028082　民 814.8/4734.2/c2　集部/别集類
夢選樓文鈔二卷詩鈔二卷　胡宗楙撰　民國二十五年(1936)永康胡氏津門刻本　二册

330000－1701－0028085　GP00781　子部/藝術類/書畫之屬/法帖
王覺斯草書墨蹟一卷　(清)王鐸書　民國上海有正書局石印本　一册

330000－1701－0028086　民 814.8/46442　集部/别集類
雲在山房類稿十一種二十二卷　楊壽枏撰　民國刻本　六册

330000－1701－0028087　民 814.8/4990　類叢部/叢書類/自著之屬
趙柏巖集十三種　趙炳麟撰　民國十一年(1922)鉛印本　十四册

330000－1701－0028088　民 814.8/5086/c2　集部/别集類
享帚錄八卷前後漢書儒林傳搜遺一卷　秦錫田撰　民國二十年(1931)鉛印本　四册

330000－1701－0028089　民 814.8/4486　集部/别集類
蔡松坡先生遺集八卷首一卷末一卷　蔡鍔撰　劉達武輯　民國三十二年(1943)蔡公遺集編印委員會鉛印本　十二册

330000－1701－0028090　民 814.8/5010　集部/别集類
定厂文存八卷　由雲龍撰　民國二十一年(1932)鉛印本　四册

330000－1701－0028091　民 814.8/5017　集部/别集類
強齋存稿不分卷　史鼐撰　民國十年(1921)鉛印本　一册

330000－1701－0028092　民 814.8/5086/c1　集部/别集類
享帚錄八卷前後漢書儒林傳搜遺一卷　秦錫田撰　民國二十年(1931)鉛印本　四册

330000－1701－0028093　民 814.8/5317　集部/别集類
碧葡萄館遺集六卷　戈天驥撰　民國六年(1917)上海中華書局鉛印本　馮平題記　一册

330000－1701－0028096　普 708/1730/c1　子部/藝術類
美術叢書初集二集三集四集二百七十九種　鄧實輯　黄賓虹續輯　民國二十五年(1936)上海神州國光社鉛印本　一百六十册

330000－1701－0028097　民 814.8/5511　集部/别集類
復禮堂文集十卷　曹元弼撰　民國六年(1917)刻本　六册

330000－1701－0028098　民 814.8/5515　集部/别集類
箋經室遺集二十卷　曹元忠撰　王大隆編　民國三十年(1941)吴縣王氏學禮齋鉛印本　六册

330000－1701－0028099　民 814.8/5523　集部/别集類
半逸山人文集六卷　曹伯榮撰　民國十三年(1924)雙柏軒刻本　三册

330000－1701－0028101　民 814.8/5529　集部/别集類
南通費生遺稿一卷　費師恆撰　民國十一年(1922)淡遠樓鉛印本　一册

330000－1701－0028102　GP00782　子部/藝術類/書畫之屬/法帖
王虚舟篆書毛詩一卷　(清)王澍書　民國二十二年(1933)上海西泠印社石印本　施民樸題記　一册

330000－1701－0028103　GP00783　子部/藝術類/書畫之屬/法帖

王覺斯詩冊墨蹟一卷　(清)王鐸書　民國十三年(1924)上海文明書局石印本　一冊

330000－1701－0028105　民 814.8/5530/c1　集部/别集類

復齋先生遺集四卷　費寅撰　張宗祥寫定　民國二十三年(1934)張氏鐵如意館石印本　一冊

330000－1701－0028106　GP00784　子部/藝術類/書畫之屬/法帖

王覺斯詩冊墨蹟一卷　(清)王鐸書　民國二年(1913)上海文明書局石印本　一冊

330000－1701－0028108　民 814.8/6014.2　集部/别集類

吕碧城集五卷　吕碧城撰　民國十八年(1929)上海中華書局鉛印本　二冊

330000－1701－0028109　民 814.8/6042　子部/雜著類/雜説之屬

太平草木萌芽錄十六卷　易翰鼎撰　蔡培劼節錄　民國十年(1921)鉛印本　四冊

330000－1701－0028110　民 814.8/6051.2/c1　集部/别集類

松翁近稿一卷補遺一卷　羅振玉撰　民國十五年(1926)上虞羅氏鉛印本　一冊

330000－1701－0028111　民 814.8/5530/c2　集部/别集類

復齋先生遺集四卷　費寅撰　張宗祥寫定　民國二十三年(1934)張氏鐵如意館石印本　一冊

330000－1701－0028112　民 814.8/6051.2/c2　集部/别集類

松翁近稿一卷補遺一卷　羅振玉撰　民國十五年(1926)上虞羅氏鉛印本　一冊

330000－1701－0028113　民 814.8/6014　集部/别集類

信芳集詩一卷詞一卷文一卷　吕碧城撰　民國十四年(1925)上海中華書局鉛印本　一冊

330000－1701－0028114　民 814.8/6051.2/c3　集部/别集類

松翁近稿一卷補遺一卷　羅振玉撰　民國十五年(1926)上虞羅氏鉛印本　一冊

330000－1701－0028115　民 814.8/6051.3　類叢部/叢書類/自著之屬

貞松老人遺稿甲集八種　羅振玉撰　民國三十年(1941)上虞羅福頤鉛印本暨石印本　六冊

330000－1701－0028116　民 814.8/6042.2　集部/别集類

言馨草堂苹芽集六卷附錄一卷　易翰鼎撰　民國十七年(1928)長沙湘益公司鉛印本　一冊

330000－1701－0028117　民 814.8/6628.2　集部/别集類

嚴幾道文鈔五卷詩鈔一卷　嚴復撰　蔣貞金輯　貢少芹編　**吳摯甫先生致嚴幾道書一卷**　(清)吳汝綸撰　民國十一年(1922)上海國華書局鉛印本　劉慎甫題記　六冊

330000－1701－0028120　普 708/4429　子部/藝術類/總論之屬

藝術叢書　民國五年(1916)保粹堂據清光緒翠琅玕館版重編印本　二十二冊　存三十四種

330000－1701－0028121　民 814.8/6664　集部/别集類

寫憂賸稿一卷　嚴昌堉撰　民國十八年(1929)鉛印本　一冊

330000－1701－0028124　民 814.8/6051.4、民 814.8/6051.7　類叢部/叢書類/自著之屬

松翁居遼後所著書三種　羅振玉撰　民國十八年至二十年(1929－1931)上虞羅氏石印本　二冊　存一種

330000－1701－0028126　民 814.8/7133　集部/别集類

晦珠館文稿一卷詩詞稿一卷　馬汝鄴撰　民國十七年(1928)上海鉛印本　一冊

330000－1701－0028127　普 711/0453/c1

史部/政書類/考工之屬/營造
園冶三卷 (明)計成撰 民國二十二年(1933)中國營造學社鉛印本 一冊

330000－1701－0028128 民814.8/7152 集部/别集類
馬彦郇所著一卷 馬振儀撰 民國九年(1920)鉛印本 一冊

330000－1701－0028129 民814.8/6051.5、民814.8/6051.6 類叢部/叢書類/自著之屬
永豐鄉人續稿七種 羅振玉撰 民國十四年至十八年(1925－1929)上虞羅氏石印本暨鉛印本 二冊

330000－1701－0028130 普711/0453/c2 史部/政書類/考工之屬/營造
園冶三卷 (明)計成撰 民國二十一年(1932)中國營造學社鉛印本 一冊

330000－1701－0028131 民814.8/7153 集部/别集類/清别集
阮烈士遺稿不分卷 (清)阮式撰 民國二年(1913)鉛印本 一冊

330000－1701－0028132 普712/3137 類叢部/叢書類/彙編之屬
藝海一勺二十三種 趙詒琛編 民國二十二年(1933)鉛印本 一冊 存六種

330000－1701－0028133 民814.8/7203 集部/别集類
賸生存稿一卷 劉詠溱撰 民國二十七年(1938)吉安振興鉛印所鉛印本 一冊

330000－1701－0028134 民814.8/7214 集部/别集類
劉子遺書十一卷 劉可培撰 **師友贈言錄一卷哀思錄一卷** 民國十二年(1923)鉛印本 三冊

330000－1701－0028135 民814.8/7213 集部/别集類
若寄書屋文存一卷詩存一卷 劉引之撰 民國十二年(1923)京師鉛印本 陳立樹題簽並記 一冊

330000－1701－0028136 普726.1/2538/c1 子部/工藝類/日用器物之屬/錦繡
絲繡叢刊 朱啓鈐輯 民國無冰閣鉛印本 一冊 存一種

330000－1701－0028137 普723.9/4453 子部/工藝類/日用器物之屬/髹飾
髹飾錄二卷 (明)黄成撰 (明)楊明注 **髹飾錄箋證一卷** (日本)壽碌堂主人撰 闞鐸輯 民國十六年(1927)紫江朱啟鈐刻本 一冊

330000－1701－0028139 普723.9/4453/2/c1 子部/工藝類/日用器物之屬/髹飾
髹飾錄二卷 (明)黄成撰 (明)楊明注 **髹飾錄箋證一卷** (日本)壽碌堂主人撰 闞鐸輯 民國二十二年(1933)營造學社鉛印本 一冊

330000－1701－0028140 普723/2538/c1 子部/工藝類/日用器物之屬/几案
存素堂校寫几譜三種 朱啓鈐編 民國二十三年(1934)中國營造學社石印本 一冊

330000－1701－0028142 普723.9/4453/2/c2 子部/工藝類/日用器物之屬/髹飾
髹飾錄二卷 (明)黄成撰 (明)楊明注 **髹飾錄箋證一卷** (日本)壽碌堂主人撰 闞鐸輯 民國二十二年(1933)營造學社鉛印本 一冊

330000－1701－0028143 民814.8/7223.02/c1 集部/别集類
厚莊詩文續集文六卷文外二卷詩四卷 劉紹寬撰 民國二十六年(1937)鉛印本 六冊

330000－1701－0028144 普723/2538/c2 子部/工藝類/日用器物之屬/几案
存素堂校寫几譜三種 朱啓鈐編 民國二十三年(1934)中國營造學社石印本 一冊

330000－1701－0028145 普724/3062/2 子部/工藝類/日用器物之屬/陶瓷
匋雅二卷 陳瀏撰 民國十二年(1923)上海古瓷研究會石印本 四冊

330000－1701－0028146　普 724/3062/c1　子部/工藝類/日用器物之屬/陶瓷

匋雅二卷　陳瀏撰　民國上海朝記書莊石印本　四册

330000－1701－0028147　民 814.8/7223.02/c2　集部/別集類

厚莊詩文續集文六卷文外二卷詩四卷　劉紹寬撰　民國二十六年(1937)鉛印本　六册

330000－1701－0028148　民 814.8/7219/2　集部/別集類

果齋續集一卷　劉爾炘撰　民國刻果齋叢刻本　李仲侃題記　一册

330000－1701－0028149　民 814.8/7223.02/c3　集部/別集類

厚莊詩文續集文六卷文外二卷詩四卷　劉紹寬撰　民國二十六年(1937)鉛印本　六册

330000－1701－0028150　普 726.1/2538/c2　子部/工藝類/日用器物之屬/錦繡

絲繡叢刊　朱啓鈐輯　民國無冰閣鉛印本　一册　存一種

330000－1701－0028151　普 726.1/2538.1　子部/藝術類/書畫之屬/總論

清内府藏刻絲書畫錄一卷繡線書畫錄一卷　朱啓鈐輯　民國十九年(1930)無冰閣鉛印本　一册

330000－1701－0028152　普 724/3062/c2　子部/工藝類/日用器物之屬/陶瓷

匋雅二卷　陳瀏撰　民國上海朝記書莊石印本　四册

330000－1701－0028153　民 814.8/7223/c1　集部/別集類

厚莊文鈔三卷詩鈔二卷　劉紹寬撰　民國八年(1919)刻本　二册

330000－1701－0028154　普 724/3062/c2/1　子部/工藝類/日用器物之屬/陶瓷

匋雅二卷　陳瀏撰　民國上海朝記書莊石印本　四册

330000－1701－0028155　普 735.092/8018/c1　子部/工藝類/日用器物之屬/雕刻

竹人錄二卷　(清)金元鈺撰　民國二十七年(1938)鄞縣秦彥沖睿識閣鉛印本　秦彥沖題記　一册

330000－1701－0028156　普 735.092/8018/c2　子部/工藝類/日用器物之屬/雕刻

竹人錄二卷　(清)金元鈺撰　民國二十七年(1938)鄞縣秦彥沖睿識閣鉛印本　一册

330000－1701－0028157　普 735.092/8018.02/c1　子部/工藝類/日用器物之屬/雕刻

竹人續錄一卷竹尊宧竹刻脞語一卷　褚德彝撰　民國十九年(1930)鉛印本　一册

330000－1701－0028158　普 735.092/8018/c3　子部/工藝類/日用器物之屬/雕刻

竹人錄二卷　(清)金元鈺撰　民國二十七年(1938)鄞縣秦彥沖睿識閣鉛印本　一册

330000－1701－0028159　民 814.8/7223/c2　集部/別集類

厚莊文鈔三卷詩鈔二卷　劉紹寬撰　民國八年(1919)刻本　二册

330000－1701－0028160　普 735.092/8018/c4　子部/工藝類/日用器物之屬/雕刻

竹人錄二卷　(清)金元鈺撰　民國二十七年(1938)鄞縣秦彥沖睿識閣鉛印本　秦彥沖題記　一册

330000－1701－0028161　民 814.8/7224/c1　集部/別集類

左盦集八卷　劉師培撰　民國十七年(1928)北京陸福寺脩綆堂刻本　六册

330000－1701－0028162　普 735.092/8018/c5　子部/工藝類/日用器物之屬/雕刻

竹人錄二卷　(清)金元鈺撰　民國二十七年(1938)鄞縣秦彥沖睿識閣鉛印本　秦彥沖題記　一册

330000－1701－0028163　民 814.8/7223/c3　集部/別集類

厚莊文鈔三卷詩鈔二卷　劉紹寬撰　民國八

年(1919)刻本　二册

330000－1701－0028164　民 814.8/7223/c4　集部/别集類

厚莊文鈔三卷詩鈔二卷　劉紹寬撰　民國八年(1919)刻本　二册

330000－1701－0028165　普 735.092/8018.02/c2　子部/工藝類/日用器物之屬/雕刻

竹人續録一卷竹尊宧竹刻脞語一卷　褚德彝撰　民國十九年(1930)鉛印本　一册

330000－1701－0028166　民 814.8/7224/c2　集部/别集類

左盦集八卷　劉師培撰　民國十七年(1928)北京陸福寺脩綆堂刻本　六册

330000－1701－0028168　民 814.8/7224/c3　集部/别集類

左盦集八卷　劉師培撰　民國十七年(1928)北京陸福寺脩綆堂刻本　六册

330000－1701－0028170　民 814.8/7231　集部/别集類

贊育草堂遺稿四卷首一卷　丘實融撰　民國二十二年(1933)古潮州㫖還讀書之寄樓鉛印本　丘復題記　一册

330000－1701－0028172　民 814.8/7242/c1　集部/别集類

蔚岑遺稿四卷　劉蔚岑撰　民國二十一年(1932)鉛印本　一册

330000－1701－0028173　普 738.08/3136　子部/藝術類/篆刻之屬

篆學瑣著(篆學叢書)三十一種　(清)顧湘輯　民國七年(1918)上海文瑞樓石印本　十六册

330000－1701－0028174　民 814.8/7501/c2、民 814.8/7501.2/c2　集部/别集類

天嬰室叢稿第一輯九卷第二輯十卷　陳訓正撰　民國十四年(1925)、二十年(1931)鉛印本　六册

330000－1701－0028175　民 814.8/7242/c2　集部/别集類

蔚岑遺稿四卷　劉蔚岑撰　民國二十一年(1932)鉛印本　一册

330000－1701－0028177　民 814.8/7274/c1　集部/别集類

劉子遺稿上編二卷中編二卷下編二卷　劉巽權撰　**附録一卷**　民國十九年(1930)鉛印本　一册

330000－1701－0028178　民 814.8/7242/c3　集部/别集類

蔚岑遺稿四卷　劉蔚岑撰　民國二十一年(1932)鉛印本　一册

330000－1701－0028179　民 814.8/7242/c4　集部/别集類

蔚岑遺稿四卷　劉蔚岑撰　民國二十一年(1932)鉛印本　一册

330000－1701－0028180　民 814.8/7274/c2　集部/别集類

劉子遺稿上編二卷中編二卷下編二卷　劉巽權撰　**附録一卷**　民國十九年(1930)鉛印本　一册

330000－1701－0028181　民 814.8/7504/c1　集部/别集類

青戆文彙七卷首一卷　陳立樹撰　民國二十二年(1933)鉛印本　一册

330000－1701－0028182　民 814.8/7282　集部/别集類

濯絳宧文鈔一卷　劉毓盤撰　民國七年(1918)鉛印本　曹聚仁題記　一册

330000－1701－0028183　普 738.092/4474　史部/傳記類/總傳之屬/技藝

東皋印人傳二卷　(清)黄學圯輯　民國西泠印社鉛印本　一册

330000－1701－0028184　普 738.044/4437　類叢部/叢書類/彙編之屬

潛泉叢鈔　吳隱輯　民國西泠印社刻本暨石印本　一册　存一種

330000－1701－0028185　民 814.8/7504/c2　集部/别集類

青籟文彙七卷首一卷　陳立樹撰　民國二十二年(1933)鉛印本　一冊

330000－1701－0028187　民 814.8/7504/c3　集部/别集類

青籟文彙七卷首一卷　陳立樹撰　民國二十二年(1933)鉛印本　一冊

330000－1701－0028188　民 814.8/7501/c3、民 814.8/7501.2/c3　集部/别集類

天嬰室叢稿第一輯九卷第二輯十卷　陳訓正撰　民國十四年(1925)、二十年(1931)鉛印本　六冊

330000－1701－0028189　民 814.8/7508/c1　集部/别集類

横山鄉人類稿十三卷　陳慶年撰　民國横山草堂刻本　四冊

330000－1701－0028190　民 814.8/7504/c4　集部/别集類

青籟文彙七卷首一卷　陳立樹撰　民國二十二年(1933)鉛印本　一冊

330000－1701－0028191　民 814.8/75011　類叢部/叢書類/自著之屬

陳新政一集二種附一種　陳文圖撰　民國十九年(1930)鉛印本　二冊

330000－1701－0028193　民 814.8/7504.2　子部/雜著類/雜纂之屬

小兒戲三卷　陳立樹撰　民國十年(1921)迎瑞堂木活字印本　一冊

330000－1701－0028196　民 814.8/7508/c2　集部/别集類

横山鄉人類稿十三卷　陳慶年撰　民國横山草堂刻本　四冊

330000－1701－0028197　民 814.8/7501/c4、民 814.8/7501.2/c4　集部/别集類

天嬰室叢稿第一輯九卷第二輯十卷　陳訓正撰　民國十四年(1925)、二十年(1931)鉛印本　六冊

330000－1701－0028198　普 738.3/7544.2　史部/金石類/石之屬

選石一卷　(清)陳克恕撰　民國二年(1913)海鹽朱馨元抄本　一冊

330000－1701－0028200　民 814.8/7501/c5、民 814.8/7501.2/c5　集部/别集類

天嬰室叢稿第一輯九卷第二輯十卷　陳訓正撰　民國十四年(1925)、二十年(1931)鉛印本　六冊

330000－1701－0028201　民 814.8/7510/c1　集部/别集類

散原精舍文集十七卷　陳三立撰　民國三十八年(1949)上海中華書局鉛印本　二冊

330000－1701－0028202　民 814.8/7505　史部/傳記類/别傳之屬/事狀

陳謙夫先生紀念冊不分卷　胡繩繫編　民國三十六年(1947)鉛印本　一冊

330000－1701－0028203　民 814.8/7517　集部/别集類

妙山集二十卷　陳鍾祺撰　民國二十一年(1932)鉛印本　二冊

330000－1701－0028205　民 814.8/7510/c2　集部/别集類

散原精舍文集十七卷　陳三立撰　民國三十八年(1949)上海中華書局鉛印本　二冊

330000－1701－0028208　民 814.8/7510/c3　集部/别集類

散原精舍文集十七卷　陳三立撰　民國三十八年(1949)上海中華書局鉛印本　二冊

330000－1701－0028209　民 814.8/7507/c1　集部/别集類

郇廬遺文一卷　陳毅撰　民國二十五年(1936)松柏獨秀齋石印本　一冊

330000－1701－0028210　民 814.8/7507/c2　集部/别集類

郇廬遺文一卷　陳毅撰　民國二十五年(1936)松柏獨秀齋石印本　一冊

330000－1701－0028212　民 814.8/7540　集部/别集類
巢南雜著一卷　陳去病撰　民國元年(1912)紹興天覺報社鉛印本　一册

330000－1701－0028213　民 814.8/7519　集部/别集類
中隱居文存一卷　陳爾常撰　民國十四年(1925)木活字印本　陳爾常題簽並記　一册

330000－1701－0028214　民 814.8/75431　集部/别集類
泡影集十卷　陳度撰　民國十四年(1925)鉛印本　二册

330000－1701－0028215　民 814.8/7521　集部/别集類
壽藻堂文集二卷　陳作霖撰　民國七年(1918)鉛印本　一册

330000－1701－0028216　民 814.8/7547.2/c1　集部/别集類
栩園近稿四卷　陳栩撰　**翠樓近草二卷**　陳璻撰　民國二十二年(1933)鉛印本　一册

330000－1701－0028219　民 814.8/7547.3、民 814.8/7547.4　集部/别集類
栩園叢稿初編五卷二編四卷文稿一卷　陳栩撰　周之盛輯　民國十九年(1930)上海著易堂印書局鉛印本　十册

330000－1701－0028220　民 814.8/7547.2/c2　集部/别集類
栩園近稿四卷　陳栩撰　**翠樓近草二卷**　陳璻撰　民國二十二年(1933)鉛印本　一册

330000－1701－0028222　民 814.8/7524　集部/别集類
陳仲權先生遺著一卷　陳以義撰　**倚雲樓唱和集一卷**　程雲修撰　**陳仲權烈士紀念集一卷**　陳乃和　陳乃斌輯　民國二十五年(1936)鉛印本　一册

330000－1701－0028225　民 814.8/7580/c1　集部/别集類
俟廬文集續編八卷詩艸初集四卷續集四卷　陳錦文撰　陳傑編　民國十八年(1929)上海宏大書局石印本　三册

330000－1701－0028227　民 814.8/7530　集部/别集類
碧湘閣集詩一卷詞一卷文一卷　陳家慶撰　民國二十二年(1933)鉛印本　一册

330000－1701－0028228　普 738.9/0022　史部/金石類/璽印之屬
玉篆樓印學叢書　民國二十一年(1932)西泠印社石印本　一册　存一種

330000－1701－0028229　普 738.9/0022.2　子部/藝術類/篆刻之屬/印譜
介堪印存第七集不分卷　方巖篆　民國二十三年(1934)永嘉方節盦影印本　一册

330000－1701－0028230　民 814.8/7580/c2　集部/别集類
俟廬文集續編八卷詩艸初集四卷續集四卷　陳錦文撰　陳傑編　民國十八年(1929)上海宏大書局石印本　三册

330000－1701－0028231　民 814.8/7534　類叢部/叢書類/自著之屬
越綴四種六卷　陳祖培撰　民國九年(1920)紹興印刷所鉛印本　一册

330000－1701－0028235　民 814.8/7539/c1　集部/别集類
蠖齋文一卷詩一卷　陳寶烘撰　民國鉛印本　一册

330000－1701－0028236　民 814.8/7580.2　集部/别集類
俟廬詩艸六卷文集二卷　陳錦文撰　陳傑編　民國六年(1917)石印本　一册

330000－1701－0028237　民 814.8/7586　集部/别集類
海雲樓文集一卷　陳曾則撰　民國十四年(1925)鉛印本　笙伯題記　一册

330000－1701－0028239　普 738.9/2715　子部/藝術類/篆刻之屬/印譜

玉齋新書　倪玉書輯　民國三十一年(1942)文嵐簃影印本暨鉛印本　一册　存一種

330000－1701－0028240　民 814.8/7588　集部/别集類
嘯月山房文集初編六卷　陳銘鑑撰　民國七年(1918)華國印書局鉛印本　一册

330000－1701－0028241　普 738.9/2810　子部/藝術類/篆刻之屬/印譜
金壘山民手刻印存不分卷　(清)徐三庚篆刻　民國有正書局石印本　四册

330000－1701－0028242　民 814.8/7539/c2　集部/别集類
蠖齋文一卷詩一卷　陳寶焕撰　民國鉛印本　一册　存一卷(文)

330000－1701－0028243　民 814.8/7539/c3　集部/别集類
蠖齋文一卷詩一卷　陳寶焕撰　民國鉛印本　一册

330000－1701－0028244　民 814.8/7583　集部/别集類
妙山集二十卷　陳鍾祺撰　民國二十一年(1932)鉛印本　二册

330000－1701－0028245　民 814.8/7539/c4　集部/别集類
蠖齋文一卷詩一卷　陳寶焕撰　民國鉛印本　一册

330000－1701－0028246　普 738.9/2704　子部/藝術類/篆刻之屬/印譜
匋齋藏印初集不分卷二集不分卷　(清)端方藏　民國有正書局影印本　八册

330000－1701－0028247　民 814.8/7590/c1　類叢部/叢書類/自著之屬
彊本堂彙編三種　陳惟彦撰　徐建生編　民國十一年(1922)鉛印本　四册

330000－1701－0028248　民 814.8/7583.02　集部/别集類
妙山續集一卷　陳鍾祺撰　民國二十六年(1937)鉛印本　一册

330000－1701－0028249　普 738.9/2877　子部/藝術類/篆刻之屬/印譜
西京職官印錄二卷　(清)徐堅輯　民國二十四年(1935)上海商務印書館影印本　二册

330000－1701－0028250　普 738.9/0057/c1　子部/藝術類/篆刻之屬/印譜
交泰殿寶譜不分卷　故宫博物院文獻館輯　民國十八年(1929)故宫博物院文獻館影印本　一册

330000－1701－0028251　普 738.9/1012　子部/藝術類/篆刻之屬/印譜
甄古齋印譜一卷　王石經篆刻　民國十二年(1923)上海商務印書館影印本　一册

330000－1701－0028254　普 738.9/3030　子部/藝術類/篆刻之屬/印譜
寄寄廬印賞一卷　民國影印本　一册

330000－1701－0028256　民 814.8/7590/c2　類叢部/叢書類/自著之屬
彊本堂彙編三種　陳惟彦撰　徐建生編　民國十一年(1922)鉛印本　四册

330000－1701－0028257　民 814.8/7547.5　集部/别集類
栩園近稿六卷　陳栩撰　民國漢文書局鉛印本　一册

330000－1701－0028258　普 738.9/0057/c2　子部/藝術類/篆刻之屬/印譜
交泰殿寶譜不分卷　故宫博物院文獻館輯　民國十八年(1929)故宫博物院文獻館影印本　一册

330000－1701－0028259　民 814.8/7730　類叢部/叢書類/自著之屬
疢存齋集八種　周宗麟撰　民國十八年(1929)鉛印本　二册　存四種

330000－1701－0028260　普 738.9/0057/c3　子部/藝術類/篆刻之屬/印譜
交泰殿寶譜不分卷　故宫博物院文獻館輯

民國十八年(1929)故宫博物院文獻館影印本　一册

330000－1701－0028262　普 738.9/2643.2　子部/藝術類/篆刻之屬/印譜
續百家姓印譜一卷　(清)吳大澂輯　民國五年(1916)影印本　一册

330000－1701－0028263　普 738.9/3431　類叢部/叢書類/郡邑之屬
雲南叢書初編一百四十一種二編三十七種　趙藩　陳榮昌等輯　民國雲南叢書處刻本　一册　存一種

330000－1701－0028264　民 814.8/77301/c1　集部/别集類/清别集
無盡庵遺集九卷　(清)周實撰　民國元年(1912)上海國光印刷所鉛印本　一册　存五卷(文、詩一至四)

330000－1701－0028265　普 738.9/1164　子部/藝術類/篆刻之屬/印譜
魯盦仿完白山人印譜不分卷　(清)鄧石如篆　張咀英摹刻　民國三十四年(1945)張咀英孝水望雲草堂鈐印本　張咀英題記　二册

330000－1701－0028266　民 814.8/7746　集部/别集類
禪靈老人文集二卷　周樹昌撰　民國十四年(1925)石印本　一册

330000－1701－0028267　民 814.8/77301/c2　集部/别集類/清别集
無盡庵遺集九卷　(清)周實撰　民國元年(1912)上海國光印刷所鉛印本　一册　存五卷(文、詩一至四)

330000－1701－0028268　普 738.9/2661　子部/藝術類/篆刻之屬/印譜
吳昌碩印譜初集不分卷　吳昌碩篆　中國印學社編　民國二十六年(1937)中國印學社影印本　一册

330000－1701－0028270　民 814.8/7739　集部/别集類
琅峯遺稿詩一卷文一卷　周貞撰　民國十二年(1923)鉛印本　一册

330000－1701－0028271　普 738.9/1217　類叢部/叢書類/郡邑之屬
雲南叢書初編一百四十一種二編三十七種　趙藩　陳榮昌等輯　民國雲南叢書處刻本　一册　存一種

330000－1701－0028272　民 814.8/7761/c2　集部/别集類
芥軒詩文稿一卷　周冕群撰　民國二十五年(1936)鉛印本　一册

330000－1701－0028273　普 738.9/1162　史部/金石類/璽印之屬
西北古國印存一卷　張果約輯　民國二十六年(1937)影印本　一册

330000－1701－0028274　民 814.8/7743/c1　集部/别集類/清别集
惕齋遺集四卷續集二卷補遺一卷首一卷末一卷　(清)周藴良撰　民國二十四年(1935)會稽周氏誦清芬館刻本　一册　存五卷(首、一至四)

330000－1701－0028276　普 738.9/2643　子部/藝術類/篆刻之屬/印譜
周秦兩漢名人印攷一卷　(清)吳大澂輯　民國上虞羅氏石印本　一册

330000－1701－0028277　普 738.9/1252　子部/藝術類/篆刻之屬/印譜
讀雪齋印譜不分卷　(清)孫汝梅藏　孫壯輯　民國十三年(1924)上海商務印書館影印本　二册

330000－1701－0028278　普 738.9/11621　史部/金石類/璽印之屬
西北古國印存别集一卷　張果約輯　民國二十六年(1937)影印本　一册

330000－1701－0028279　民 814.8/7743/c2　集部/别集類/清别集
惕齋遺集四卷續集二卷補遺一卷首一卷末一卷　(清)周藴良撰　民國二十四年(1935)會稽周氏誦清芬館刻本　一册　存五卷(首、一

至四)

330000－1701－0028280　普 738.9/1038　子部/藝術類/篆刻之屬/印譜

王冰鐵印存不分卷　王大炘篆刻　民國十五年(1926)上海文明書局石印本　五册

330000－1701－0028281　民 814.8/7743/c3　集部/别集類/清别集

惕齋遺集四卷續集二卷補遺一卷首一卷末一卷　(清)周藴良撰　民國二十四年(1935)會稽周氏誦清芬館刻本　一册　存五卷(首、一至四)

330000－1701－0028282　普 708/1730/c2　子部/藝術類

美術叢書初集二集三集二百三十種　鄧實輯　民國十七年(1928)上海神州國光社鉛印本　一百二十册

330000－1701－0028283　民 814.8/7771/c1　集部/别集類

望虹樓遺箸三卷　陶熙孫撰　民國二十四年(1935)鉛印本　一册

330000－1701－0028284　普 738.9/1714/c1　子部/藝術類/篆刻之屬/印譜

鄧石如印存不分卷　(清)鄧石如篆　民國上海有正書局石印本　二册

330000－1701－0028285　普 738.9/1282　子部/藝術類/篆刻之屬/印譜

十瓶齋紅書一卷　孫鐳篆　民國四年(1915)影印本　一册

330000－1701－0028286　普 738.9/1714.2　子部/藝術類/篆刻之屬/印譜

完白山人印譜不分卷　(清)鄧石如篆　吴隱輯　民國五年(1916)西泠印社鈐拓本　二册

330000－1701－0028287　民 814.8/7771/c2　集部/别集類

望虹樓遺箸三卷　陶熙孫撰　民國二十四年(1935)鉛印本　一册

330000－1701－0028288　普 738.9/1714/c2　子部/藝術類/篆刻之屬/印譜

鄧石如印存不分卷　(清)鄧石如篆　民國上海有正書局石印本　二册

330000－1701－0028289　普 738.9/1702　史部/金石類/璽印之屬/文字

漢印分韻三集二卷　孟昭鴻纂摹　民國二十二年(1933)上海西泠印社石印本　二册

330000－1701－0028290　普 738.9/1714/c3　子部/藝術類/篆刻之屬/印譜

鄧石如印存不分卷　(清)鄧石如篆　民國上海有正書局石印本　二册

330000－1701－0028291　普 738.9/4412/c1　子部/藝術類/篆刻之屬/印譜

鉢印集林不分卷　林廷勳輯　民國二十七年(1938)長沙商務印書館石印本　二册

330000－1701－0028292　普 738.9/2603/c1　子部/藝術類/篆刻之屬/印譜

似鴻軒印稿一卷　(清)吴毓庭篆刻　吴仲珺輯　民國二十六年(1937)影印本　一册

330000－1701－0028293　普 741.025/2227　子部/藝術類/書畫之屬/總論

選學齋書畫寓目記續編三卷　崇彝輯　民國三十年(1941)選學齋鉛印本　一册

330000－1701－0028295　民 814.8/7778/c1　集部/别集類

删亭文集二卷續集二卷　周同愈撰　民國二十四年(1935)無錫周氏鉛印本　一册

330000－1701－0028296　普 738.9/2603/c2　子部/藝術類/篆刻之屬/印譜

似鴻軒印稿一卷　(清)吴毓庭篆刻　吴仲珺輯　民國二十六年(1937)影印本　一册

330000－1701－0028297　普 738.9/2603/c3　子部/藝術類/篆刻之屬/印譜

似鴻軒印稿一卷　(清)吴毓庭篆刻　吴仲珺輯　民國二十六年(1937)影印本　一册

330000－1701－0028298　民 814.8/7771/c3　集部/别集類

望虹樓遺箸三卷　陶熙孫撰　民國二十四年(1935)鉛印本　一册

330000－1701－0028299　民814.8/7771/c4　集部/别集類
望虹樓遺箸三卷　陶熙孫撰　民國二十四年(1935)鉛印本　一册

330000－1701－0028302　普738.9/6010　史部/金石類/璽印之屬
歷代古玉彙不分卷　(明)吕震編　民國抄繪本　一册

330000－1701－0028303　普738.9/4421/c1　子部/藝術類/篆刻之屬/印譜
玉蘭仙館印譜不分卷　(清)董熊篆　民國三年(1914)夢坡室影印本　二册

330000－1701－0028304　民814.8/8011.2、民814.8/8011.3　集部/别集類
天放樓續集　金天羽撰　民國二十二年(1933)鉛印本　三册　存二種

330000－1701－0028305　普738.9/4930　子部/藝術類/篆刻之屬/印譜
潛泉印叢　吴隱輯　民國西泠印社鈐印本　八册　存一種

330000－1701－0028306　普738.9/4421/c2　子部/藝術類/篆刻之屬/印譜
玉蘭仙館印譜不分卷　(清)董熊篆　民國三年(1914)夢坡室影印本　二册

330000－1701－0028308　普738.9/4421/c3　子部/藝術類/篆刻之屬/印譜
玉蘭仙館印譜不分卷　(清)董熊篆　民國三年(1914)夢坡室影印本　二册

330000－1701－0028309　民814.8/7778/c2　集部/别集類
删亭文集二卷續集二卷　周同愈撰　民國二十四年(1935)無錫周氏鉛印本　一册

330000－1701－0028310　民814.8/7778/c3　集部/别集類
删亭文集二卷續集二卷　周同愈撰　民國二十四年(1935)無錫周氏鉛印本　一册

330000－1701－0028311　民814.8/7778/c4　集部/别集類
删亭文集二卷續集二卷　周同愈撰　民國二十四年(1935)無錫周氏鉛印本　一册

330000－1701－0028312　普738.9/4460/c1　子部/藝術類/篆刻之屬/印譜
黄小松印存一卷　(清)黄易篆刻　民國上海神州國光社影印本　一册

330000－1701－0028313　普738.9/4460/c2　子部/藝術類/篆刻之屬/印譜
黄小松印存一卷　(清)黄易篆刻　民國上海神州國光社影印本　一册

330000－1701－0028316　普738.9/7538　子部/藝術類/篆刻之屬/印譜
伏廬藏印十二卷　陳漢第藏並輯　民國十四年(1925)上海商務印書館影印本　六册

330000－1701－0028317　民814.8/8012.3/c3　集部/别集類
燕知草一卷附重過西園碼頭殘稿一卷　俞平伯撰　民國十九年(1930)上海開明書店鉛印本　一册　缺一卷(重過西園碼頭殘稿)

330000－1701－0028318　民814.8/8029.2　集部/别集類
鐵山文稿一卷詩稿一卷　余重耀撰　民國鉛印本　一册

330000－1701－0028319　民814.8/8010　集部/别集類
誦芬樓天一方四卷　仌雪撰　民國鉛印本　一册

330000－1701－0028321　普738.9/7543　史部/金石類/璽印之屬
簠齋古印集不分卷　(清)陳介祺輯　民國神州國光社石印本　四册

330000－1701－0028322　普738.9/7538.2　子部/藝術類/篆刻之屬/印譜
伏廬選藏鉥印彙存不分卷　陳漢第藏並輯

民國二十九年(1940)上海西泠印社石印本　三册

330000－1701－0028325　民814.8/8029.3　集部/別集類
遯廬文稿一卷　余重耀撰　民國鉛印本　余重耀題簽並記　一册

330000－1701－0028326　民814.8/8011/c1　集部/別集類
天放樓文言十一卷附録一卷　金天羽撰　民國十六年(1927)蘇州文新印刷公司鉛印本　二册

330000－1701－0028327　民814.8/8012.3/c4　集部/別集類
燕知草一卷附重過西園碼頭殘稿一卷　俞平伯撰　民國十九年(1930)上海開明書店鉛印本　一册　缺一卷(重過西園碼頭殘稿)

330000－1701－0028328　普708/1730/c3　子部/藝術類
美術叢書初集二集三集二百三十種　鄧實輯　民國十七年(1928)上海神州國光社鉛印本　一百二十册

330000－1701－0028329　民814.8/80121/c1　集部/別集類
知學軒浪墨二卷　金一衡撰　民國十二年(1923)鉛印本　金一衡題記　一册

330000－1701－0028331　普738.9/2583　子部/藝術類/篆刻之屬/印譜
雅藏閣印譜不分卷　朱劍心摹刻　稿本　二册

330000－1701－0028332　民814.8/8011/c2　集部/別集類
天放樓文言十一卷附録一卷　金天羽撰　民國十六年(1927)蘇州文新印刷公司鉛印本　二册

330000－1701－0028333　民814.8/8029.3/2　集部/別集類
遯廬文稿六種　余重耀撰　民國鉛印遯廬叢書本　余重耀題記　一册　存一種

330000－1701－0028334　民814.8/8011/c3　集部/別集類
天放樓文言十一卷附録一卷　金天羽撰　民國十六年(1927)蘇州文新印刷公司鉛印本　二册

330000－1701－0028335　民814.8/80121/c2　集部/別集類
知學軒浪墨二卷　金一衡撰　民國十二年(1923)鉛印本　一册

330000－1701－0028336　民814.8/80121/c3　集部/別集類
知學軒浪墨二卷　金一衡撰　民國十二年(1923)鉛印本　一册

330000－1701－0028337　普740.9408/2634　史部/傳記類/總傳之屬/技藝
增廣歷代畫史彙傳補編四卷　吴心穀編　民國三十二年(1943)北京京城印書局鉛印本　一册

330000－1701－0028338　普739.9/4440　子部/工藝類/觀賞之屬/奇石
素園石譜四卷　(明)林有麟撰　民國二十二年(1933)故宫博物院圖書館影印本　四册

330000－1701－0028339　民814.8/8011/c4　集部/別集類
天放樓文言十一卷附録一卷　金天羽撰　民國十六年(1927)蘇州文新印刷公司鉛印本　二册

330000－1701－0028341　普738.9/7543.2/c1　史部/金石類/玉之屬
簠齋藏古玉印譜不分卷　(清)陳介祺輯　民國十九年(1930)上海神州國光社影印本　一册

330000－1701－0028342　民814.8/8029/c1　集部/別集類
函雅廬文稿三卷詩稿一卷　余重耀撰　民國十二年(1923)鉛印本　二册

330000－1701－0028343　民814.8/8030　類叢部/叢書類/彙編之屬

小桃花館叢書　民國鉛印本　一冊　存一種

330000 - 1701 - 0028344　普 740. 92242/1250/c1　史部/傳記類/總傳之屬/技藝

當湖歷代畫人傳九卷補遺一卷　孫振麟纂　民國二十四年(1935)當湖孫氏雪映廬武林刻本　二冊

330000 - 1701 - 0028345　民 814. 8/8029/c2　集部/别集類

函雅廬文稿三卷詩稿一卷　余重耀撰　民國十二年(1923)鉛印本　二冊

330000 - 1701 - 0028346　民 814. 8/8029/c3　集部/别集類

函雅廬文稿三卷詩稿一卷　余重耀撰　民國十二年(1923)鉛印本　二冊

330000 - 1701 - 0028347　普 740. 92242/1250/c2　史部/傳記類/總傳之屬/技藝

當湖歷代畫人傳九卷補遺一卷　孫振麟纂　民國二十四年(1935)當湖孫氏雪映廬武林刻朱印本　二冊

330000 - 1701 - 0028348　普 738. 9/7543. 2/c2　史部/金石類/玉之屬

簠齋藏古玉印譜不分卷　(清)陳介祺輯　民國十九年(1930)上海神州國光社影印本　一冊

330000 - 1701 - 0028349　民 814. 8/8029/(2)/c2　集部/别集類

函雅廬文稿三卷詩稿一卷　余重耀撰　民國十二年(1923)鉛印本　一冊　存二卷(一至二)

330000 - 1701 - 0028351　民 814. 8/8029/(2)/c3　集部/别集類

函雅廬文稿三卷詩稿一卷　余重耀撰　民國十二年(1923)鉛印本　一冊　存二卷(一至二)

330000 - 1701 - 0028352　民 814. 8/8029. 4/c1　集部/别集類

寥天一廬文稿一卷詩稿一卷　余重耀撰　民國鉛印本　一冊

330000 - 1701 - 0028354　民 814. 8/8029. 4/c2　集部/别集類

寥天一廬文稿一卷詩稿一卷　余重耀撰　民國鉛印本　一冊

330000 - 1701 - 0028355　普 740. 92242/1250/c3　史部/傳記類/總傳之屬/技藝

當湖歷代畫人傳九卷補遺一卷　孫振麟纂　民國二十四年(1935)當湖孫氏雪映廬武林刻本　二冊

330000 - 1701 - 0028356　民 814. 8/8043/c5　集部/總集類/氏族之屬

某石軒集四卷　林芝蔚編　民國十六年(1927)鉛印本　一冊

330000 - 1701 - 0028358　民 814. 8/80431　集部/别集類

友寬遺稿不分卷　金友寬撰　薛無競輯　**友寬哀逝錄不分卷**　楊鳳皋等撰　薛無競輯　民國二十一年(1932)上海中國仿古印書局鉛印本　一冊

330000 - 1701 - 0028360　普 741. 021/0476　子部/藝術類/書畫之屬/總論

内務部古物陳列所書畫目錄十四卷附三卷補遺二卷　何煜纂　謝剛國　吳瀛編　民國十四年(1925)北京京華印書局鉛印本　十冊

330000 - 1701 - 0028362　普 741. 025/0044/4　子部/藝術類/書畫之屬/總論

江村銷夏錄三卷　(清)高士奇撰　民國上海文瑞樓石印本　三冊

330000 - 1701 - 0028364　普 741. 021/2538　子部/藝術類/書畫之屬/總論

清内府藏刻絲書畫錄一卷繡線書畫錄一卷　朱啓鈐輯　民國十九年(1930)無冰閣鉛印本　一冊

330000 - 1701 - 0028365　民 814. 8/8048. 2/c1　集部/别集類

潛廬近稿一卷　金蓉鏡撰　民國鉛印本　一冊

330000 - 1701 - 0028366　民 814. 8/8063　集

部/别集類
白雲居士詩集一卷文集一卷　金恩溥撰　民國鉛印本　一册

330000－1701－0028367　普741.025/0044.2　子部/藝術類/書畫之屬
江村書畫目一卷　（清）高士奇編　民國十三年（1924）東方學會鉛印本　一册

330000－1701－0028369　民814.8/8048.2/c2　集部/别集類
潛廬近稿一卷　金蓉鏡撰　民國鉛印本　一册

330000－1701－0028370　普741.025/0814　子部/藝術類/書畫之屬/題跋
重威堂所藏書畫題記不分卷　許承堯撰　民國三十三年（1944）石印本　一册

330000－1701－0028371　民814.8/8083　集部/别集類
屏廬文稿四卷　金鉞撰　民國三十一年（1942）刻本　二册

330000－1701－0028372　普741.021/8023/c1　史部/目録類/專録之屬
書畫書錄解題十二卷　余紹宋撰　民國二十一年（1932）國立北平圖書館鉛印本　六册

330000－1701－0028374　普741.021/8023/c2　史部/目録類/專録之屬
書畫書錄解題十二卷　余紹宋撰　民國二十一年（1932）國立北平圖書館鉛印本　六册

330000－1701－0028375　民814.8/8202　類叢部/叢書類/自著之屬
湖濱補讀廬叢刻五種十三卷　鍾廣生撰　民國二十年（1931）鉛印本　四册　存四種

330000－1701－0028376　民814.8/8301　子部/雜著類/雜考之屬
錢蘇齋述學一卷　（清）錢文霈譔　民國十三年（1924）蘇城錢氏仁壽堂刻本　一册

330000－1701－0028377　普741.021/8023/c3　史部/目録類/專録之屬
書畫書錄解題十二卷　余紹宋撰　民國二十一年（1932）國立北平圖書館鉛印本　六册

330000－1701－0028381　民814.8/8302　集部/别集類
荔園樓續集四卷外集五卷　錢育仁撰　民國二十五年（1936）、二十六年（1937）鉛印本　二册

330000－1701－0028382　普741.025/0044/c1　子部/藝術類/書畫之屬/總論
江村銷夏録三卷　（清）高士奇撰　民國上海有正書局影印本　三册

330000－1701－0028383　民814.8/8303/c1　集部/别集類
誦芬堂文稿初編一卷續編一卷　錢文選撰　民國十九年（1930）鉛印本　二册

330000－1701－0028384　普741.025/0044/c2　子部/藝術類/書畫之屬/總論
江村銷夏錄三卷　（清）高士奇撰　民國上海有正書局影印本　三册

330000－1701－0028386　民814.8/8358.2、民814.8/8358.3　類叢部/叢書類/自著之屬
名山全集三十四種　錢振鍠撰　民國木活字印本暨鉛印本　四册　存二種

330000－1701－0028388　民814.8/8358　集部/别集類
丙子存稿四種　錢振鍠撰　民國刻本暨木活字印本　一册

330000－1701－0028389　普741.025/1163　子部/藝術類/書畫之屬/總論
壯陶閣書畫錄二十二卷附錄一卷　裴景福撰　民國二十六年（1937）上海中華書局鉛印本　二十二册

330000－1701－0028390　普741.025/1262　子部/藝術類/書畫之屬/總論
平津館鑒藏書畫記一卷　（清）孫星衍撰　民國鉛印本　一册

330000－1701－0028391　民814.8/8303/c2

集部/别集類
誦芬堂文稿初編一卷　錢文選撰　民國十三年(1924)鉛印本　一冊

330000－1701－0028393　民 814.8/8303/c3　集部/别集類
誦芬堂文稿初編一卷續編一卷　錢文選撰　民國十九年(1930)鉛印本　吕甲初題記　二冊

330000－1701－0028394　民 814.8/8486　集部/别集類
天嘯樓集五卷　饒鍔撰　民國二十三年(1934)鉛印本　一冊

330000－1701－0028395　普 741.025/1278/2　子部/藝術類/書畫之屬/總論
佩文齋書畫譜一百卷　(清)孫岳頒等輯　民國八年(1919)上海掃葉山房石印本　三十二冊

330000－1701－0028398　民 814.8/8810　集部/别集類
蛻龕賸稿六卷　符璋撰　民國三年(1914)甌江鉛印本　三冊

330000－1701－0028399　普 741.025/1127　子部/藝術類/書畫之屬/總論
叢碧書畫錄一卷補遺一卷　張伯駒撰　民國二十一年(1932)油印本　一冊

330000－1701－0028400　民 814.8/8721　集部/别集類
邃盦文稿二卷　鄭叔平撰　民國二十二年(1933)鉛印本　二冊

330000－1701－0028402　民 814.8/8303/c4　集部/别集類
誦芬堂文稿初編一卷續編一卷　錢文選撰　民國十九年(1930)鉛印本　二冊

330000－1701－0028404　民 814.8/8303.2/c1　集部/别集類
誦芬堂文稿三編八卷補遺一卷　錢文選撰　民國二十五年(1936)鉛印本　二冊

330000－1701－0028405　民 814.8/8832/c1　集部/别集類
管潔自遺集七卷　管潔撰　管彭輯　民國七年(1918)石印本　一冊

330000－1701－0028407　普 741.025/1142　子部/藝術類/書畫之屬
大風堂書畫錄一卷　張大千撰　民國三十二年(1943)鉛印本　一冊

330000－1701－0028408　民 814.8/8303.2/c2　集部/别集類
誦芬堂文稿三編八卷補遺一卷　錢文選撰　民國二十五年(1936)鉛印本　二冊

330000－1701－0028409　民 814.8/8303.2/c3　集部/别集類
誦芬堂文稿三編八卷補遺一卷　錢文選撰　民國二十五年(1936)鉛印本　二冊

330000－1701－0028410　民 814.8/9913　類叢部/叢書類/自著之屬
桐鄉勞先生遺稿四種　勞乃宣撰　民國十六年(1927)桐鄉盧氏刻朱印本　十二冊

330000－1701－0028411　民 814.8/8303.2/c4　集部/别集類
誦芬堂文稿三編八卷補遺一卷　錢文選撰　民國二十五年(1936)鉛印本　二冊

330000－1701－0028412　民 816.17/4484/c1　集部/别集類/清别集
曼殊沙盦三十六壺盧銘一卷　(清)葉金壽撰　(清)郭傳璞注　民國鉛印本　一冊

330000－1701－0028414　民 814.8/8832/c2　集部/别集類
管潔自遺集七卷　管潔撰　管彭輯　民國七年(1918)石印本　一冊

330000－1701－0028415　民 814.8/8832/c3　集部/别集類
管潔自遺集七卷　管潔撰　管彭輯　民國七年(1918)石印本　一冊

330000－1701－0028419　普 741.025/2190

子部/藝術類/書畫之屬/總論
內務部古物陳列所書畫目錄十四卷附三卷補遺二卷 何煜纂 謝剛國 吳瀛編 民國十四年(1925)北京京華印書局鉛印本 十冊

330000－1701－0028420 民 816.17/4484/c2 集部/别集類/清别集
曼殊沙盦三十六壺盧銘一卷 (清)葉金壽撰 (清)郭傳璞注 民國鉛印本 一冊

330000－1701－0028421 民 816.17/4484/c3 集部/别集類/清别集
曼殊沙盦三十六壺盧銘一卷 (清)葉金壽撰 (清)郭傳璞注 民國鉛印本 一冊

330000－1701－0028422 民 816.2/6611 類叢部/叢書類/家集之屬
長沙瞿氏叢刊五種 瞿宣穎編 民國二十二年至二十四年(1933－1935)長沙瞿氏鉛印本 一冊 存一種

330000－1701－0028423 普 741.025/3024/c1 子部/藝術類/書畫之屬/總論
墨緣彙觀四卷 (清)安岐撰 民國上海有正書局鉛印本 四冊

330000－1701－0028424 普 738.9/4412/c2 子部/藝術類/篆刻之屬/印譜
鉩印集林不分卷 林廷勳輯 民國二十七年(1938)長沙商務印書館石印本 四冊

330000－1701－0028425 民 816.4/4427/c1 史部/目録類/總録之屬/私撰
五十萬卷樓藏書目錄初編序一卷 莫伯驥撰 民國鉛印本 一冊

330000－1701－0028427 普 741.025/3024/c2 子部/藝術類/書畫之屬/總論
墨緣彙觀四卷 (清)安岐撰 民國上海有正書局鉛印本 勵乃驥跋 二冊

330000－1701－0028428 普 738.9/4412/c3 子部/藝術類/篆刻之屬/印譜
鉩印集林不分卷 林廷勳輯 民國二十七年(1938)長沙商務印書館石印本 四冊

330000－1701－0028429 民 816.68/1073 集部/别集類
湘綺樓書牘八卷 王闓運撰 民國十四年(1925)上海廣益書局鉛印本 四冊

330000－1701－0028430 普 741.025/3024/2 子部/藝術類/書畫之屬/總論
墨緣彙觀四卷 (清)安岐撰 民國九年(1920)上海廣雅書局石印本 四冊

330000－1701－0028431 民 816.4/4427/c2 史部/目録類/總録之屬/私撰
五十萬卷樓藏書目錄初編序一卷 莫伯驥撰 民國鉛印本 一冊

330000－1701－0028432 民 816.6088/1082 集部/總集類/尺牘之屬
女子書翰文二卷 包天笑編 民國五年(1916)上海有正書局石印本 一冊 存一卷(一)

330000－1701－0028433 民 816.6088/1082/1 集部/總集類/尺牘之屬
女子書翰文二卷 包天笑編 民國四年(1915)上海有正書局石印本 一冊 存一卷(二)

330000－1701－0028434 民 816.6088/1220 集部/總集類/尺牘之屬
晴梅館存牋一卷 孫伯亮編 民國三十七年(1948)無錫孫伯亮影印本 一冊

330000－1701－0028435 普 741.025/3202 類叢部/叢書類/彙編之屬
合眾圖書館叢書十五種 合眾圖書館編 民國二十九年至三十七年(1940－1948)鉛印本暨石印本 一冊 存一種

330000－1701－0028436 普 741.025/3547.02 子部/藝術類/書畫之屬
欽定秘殿珠林續編八卷欽定石渠寶笈續編八十八卷目錄二卷 (清)王杰等輯 民國三十七年(1948)開平譚氏區齋影印本 四十冊

330000－1701－0028437 民 816.6088/5584/c1 集部/總集類/尺牘之屬

淡遠樓存牋甲集一卷乙集一卷　費師洪編　民國二十四年(1935)南通費氏影印本　二册

330000－1701－0028438　普 741.025/3104.02/c1　子部/藝術類/書畫之屬/總論
過雲樓續書畫記六卷　顧麟士輯　民國十六年(1927)鉛印本　一册

330000－1701－0028439　普 741.025/3231　類叢部/叢書類/彙編之屬
合衆圖書館叢書十五種　合衆圖書館編　民國二十九年至三十七年(1940－1948)鉛印本暨石印本　一册　存二種

330000－1701－0028440　民 816.6088/5584/c2　集部/總集類/尺牘之屬
淡遠樓存牋甲集一卷乙集一卷　費師洪編　民國二十四年(1935)南通費氏影印本　二册

330000－1701－0028441　普 741.025/3540/c2　子部/藝術類/書畫之屬
欽定石渠寶笈三編總目不分卷　民國六年(1917)上虞羅振玉影印本　三册

330000－1701－0028442　民 814.8/8303.4/c1　集部/别集類
誦芬堂文稿五編三卷補遺一卷　錢文選撰　民國三十一年(1942)鉛印本　一册

330000－1701－0028443　普 741.025/3104.02/c2　子部/藝術類/書畫之屬/總論
過雲樓續書畫記六卷　顧麟士輯　民國十六年(1927)鉛印本　一册

330000－1701－0028445　普 741.025/3547　子部/藝術類/書畫之屬/總論
石渠寶笈四十四卷　(清)張照等編　民國七年(1918)上海商務印書館石印本　二十五册

330000－1701－0028446　民 816.6088/9945/c1　集部/總集類/尺牘之屬
締造共和英雄尺牘八卷　榮朝申輯　民國元年(1912)上海朝記書莊石印本　八册

330000－1701－0028447　普 741.025/4496、普 741.025/4626　類叢部/叢書類/彙編之屬
江氏聚珍版叢書四集二十八種　江杏溪輯　民國十三年(1924)蘇州文學山房木活字印本　八册

330000－1701－0028448　民 816.6088/9945/c3　集部/總集類/尺牘之屬
締造共和英雄尺牘八卷　榮朝申輯　民國元年(1912)上海朝記書莊石印本　八册

330000－1701－0028449　民 814.8/8303.4/c2　集部/别集類
誦芬堂文稿五編三卷補遺一卷　錢文選撰　民國三十一年(1942)鉛印本　一册

330000－1701－0028450　民 814.8/8303.5/c1　集部/别集類
誦芬堂文稿六編四卷補遺一卷　錢文選撰　民國三十二年(1943)鉛印本　一册

330000－1701－0028451　普 741.025/3174　類叢部/叢書類/彙編之屬
金陵大學中國文化研究所叢刊　金陵大學中國文化研究所編　民國金陵大學中國文化研究所刻本、鉛印本暨影印本　六册　存一種

330000－1701－0028452　民 816.6088/7214　集部/總集類/尺牘之屬
分類往還女子模範尺牘正編二卷續編二卷　劉再蘇等編　民國二十一年(1932)上海世界書局石印本　四册

330000－1701－0028453　民 816.68/0049　集部/總集類/尺牘之屬
近代十大家尺牘十種　文明書局編　民國十六年(1927)上海文明書局石印本　一册

330000－1701－0028454　普 741.025/4748.2　子部/藝術類/書畫之屬
胡氏書畫考三種八卷　(清)胡敬輯　民國十三年(1924)上海中國書畫保存會據清嘉慶胡氏刻本影印本　四册　存一種

330000－1701－0028457　民 814.8/8303.5/c2　集部/别集類
誦芬堂文稿六編四卷補遺一卷　錢文選撰　民國三十二年(1943)鉛印本　一册

330000－1701－0028458　民 814.8/8303.5/c3　集部/别集類
誦芬堂文稿六編四卷補遺一卷　錢文選撰　民國三十二年(1943)鉛印本　一册

330000－1701－0028459　民 814.8/8303.5/c4　集部/别集類
誦芬堂文稿六編四卷補遺一卷　錢文選撰　民國三十二年(1943)鉛印本　一册

330000－1701－0028462　民 816.68/2737　集部/别集類
魯迅書簡乙種不分卷　許廣平編　民國二十六年(1937)上海三閒書屋影印本　一册

330000－1701－0028464　民 816.68/75471　集部/别集類
難中竹報一卷桃源夢一卷　陳栩撰　民國三友實業社鉛印本　一册

330000－1701－0028465　民 816.68/3176　集部/别集類
安酒意齋尺牘一卷　顧印愚撰　民國十五年(1926)華陽王氏菊飲軒石印本　一册

330000－1701－0028466　民 814.8/8303.6/c1　集部/别集類
誦芬堂文稿七編三卷　錢文選撰　民國三十七年(1948)鉛印本　一册

330000－1701－0028467　普 741.025/4834　史部/目録類/總録之屬/官修
故宫已佚書畫目錄三種　國立北平故宫博物院編　民國二十年(1931)北平故宫博物院鉛印本　一册

330000－1701－0028468　民 816.68/4031　集部/總集類/酬唱之屬
滄海贈言集一卷　袁之球輯　民國鉛印本　一册

330000－1701－0028469　民 814.8/8303.6/c2　集部/别集類
誦芬堂文稿七編三卷　錢文選撰　民國三十七年(1948)鉛印本　一册

330000－1701－0028470　民 814.8/8303.6/c3　集部/别集類
誦芬堂文稿七編三卷　錢文選撰　民國三十七年(1948)鉛印本　一册

330000－1701－0028471　民 814.8/8303.6/c4　集部/别集類
誦芬堂文稿七編三卷　錢文選撰　民國三十七年(1948)鉛印本　一册

330000－1701－0028472　普 741.025/4834.2　史部/目録類/總録之屬/官修
故宫已佚書籍書畫目錄四種　國立北平故宫博物院編　民國二十三年(1934)北平故宫博物院鉛印本　一册

330000－1701－0028473　民 816.68/8303　集部/别集類
誦芬堂書札一卷　錢文選撰　民國二十四年(1935)廣德錢文選鉛印本　一册

330000－1701－0028474　民 816.68/4042　集部/别集類
袁世凱家書一卷　平襟亚編　民國十四年(1925)上海共和書局鉛印本　一册

330000－1701－0028476　普 741.025/5031/c1　子部/藝術類/書畫之屬/畫録
曝畫紀餘十二卷　秦潛輯　民國十九年(1930)梁溪秦氏鉛印本　四册

330000－1701－0028477　民 816.688/0017　集部/詩文評類/文法之屬/函牘格式
新撰普通尺牘二卷詳解一卷　商務印書館編譯所編纂　民國上海商務印書館鉛印本　二册　存二卷(一至二)

330000－1701－0028478　民 816.688/0065　集部/詩文評類/文法之屬/函牘格式
最新分類尺牘大觀不分卷　文明書局編　民國十年(1921)上海文明書局石印本　十六册

330000－1701－0028480　普 741.025/5031/c2　子部/藝術類/書畫之屬/畫録
曝畫紀餘十二卷　秦潛輯　民國十九年(1930)梁溪秦氏鉛印本　四册

330000－1701－0028481　民 816.688/5045　集部/詩文評類/文法之屬/函牘格式
詳註中華高等學生尺牘二卷　中華書局編　民國十八年(1929)上海中華書局石印本　二冊

330000－1701－0028482　普 741.025/7572　類叢部/叢書類/彙編之屬
合衆圖書館叢書十五種　合衆圖書館編　民國二十九年至三十七年(1940－1948)鉛印本暨石印本　二冊　存二種

330000－1701－0028483　民 816.688/7214　集部/總集類/尺牘之屬
分類廣註交際尺牘大觀不分卷　劉再蘇編輯　民國十七年(1928)上海世界書局石印本　十二冊

330000－1701－0028484　普 741.025/8033/2　子部/藝術類/書畫之屬/總論
盛京故宮書畫記一卷　金梁撰　民國二年(1913)大公報館鉛印本　一冊

330000－1701－0028485　民 816.688/0043　集部/詩文評類/文法之屬/函牘格式
增廣寫信必讀十卷　(清)唐芸洲撰　(清)施世守注　民國二年(1913)上海會文堂新記書局石印本　六冊

330000－1701－0028487　普 741.025/3540/c1　類叢部/叢書類/彙編之屬
嘉草軒叢書十一種　羅振玉編　民國七年(1918)上虞羅氏日本影印本　三冊　存一種

330000－1701－0028488　普 741.025/7728　子部/藝術類/書畫之屬
三秋閣書畫錄二卷　關冕鈞撰　民國抄本　二冊

330000－1701－0028489　民 816.8/5523　子部/藝術類/遊藝之屬/聯語
淡遠樓聯語一卷　費師洪撰　民國二十五年(1936)鉛印本　一冊

330000－1701－0028490　普 741.025/7580　子部/藝術類/書畫之屬
寶迂閣書畫錄四卷附錄一卷　陳夔麟撰　民國四年(1915)石印本　四冊

330000－1701－0028491　普 741.03/7724　史部/目録類/專録之屬
陶風樓藏書畫目不分卷　國學圖書館編　民國二十一年(1932)國學圖書館鉛印本　二冊

330000－1701－0028492　民 816.8/0134　子部/藝術類/遊藝之屬/聯語
蘭州楹聯彙存四卷　顏永楨輯　民國二十一年(1932)鉛印本　四冊

330000－1701－0028493　民 816.8/5742　經部/小學類/文字之屬/字書/字典
正草隸篆四體大字典十二集二十四卷部首檢查表一卷難字檢查表一卷　陳龢祥等編　**文字源流攷一卷**　王大錯纂述　**正草隸篆名人楹聯大觀不分卷**　民國十五年(1926)上海掃葉山房石印本　四冊　存四卷(名人楹聯大觀一至四)

330000－1701－0028496　普 741.03/7724.2　史部/目録類/專録之屬
陶風樓藏名人手札目不分卷　國學圖書館編　民國鉛印本　一冊

330000－1701－0028497　民 816.8/8034/c1　類叢部/叢書類/自著之屬
花近樓雜撰　金濤撰　民國浙江圖書館印行所鉛印本　一冊　存一種

330000－1701－0028498　民 816.8/1788　子部/藝術類/遊藝之屬/聯語
衲詞楹帖四卷附錄一卷　邵銳集　民國二十四年(1935)鉛印本　二冊

330000－1701－0028502　民 816.8/8034/c2　類叢部/叢書類/自著之屬
花近樓雜撰　金濤撰　民國浙江圖書館印行所鉛印本　一冊　存一種

330000－1701－0028505　民 816.8/8034/c3　類叢部/叢書類/自著之屬
花近樓雜撰　金濤撰　民國浙江圖書館印行所鉛印本　一冊　存一種

330000－1701－0028506　民817.1/7523　集部/總集類/謠諺之屬

繪圖童謠大觀不分卷　陳和祥編　民國十四年(1925)上海世界書局石印本　四冊

330000－1701－0028507　民816.8/2846　子部/藝術類/遊藝之屬/聯語

杞菊延年館聯語三十六卷　徐世昌撰　民國二十七年(1938)退畊堂鉛印本　六冊

330000－1701－0028510　民816.8/2847　子部/藝術類/遊藝之屬/聯語

澹廬楹語一卷　徐鋆撰　民國二十年(1931)鉛印本　一冊

330000－1701－0028511　普741.025/8023　史部/目録類/專録之屬

書畫書錄解題十二卷　余紹宋撰　民國二十一年(1932)國立北平圖書館鉛印本　六冊

330000－1701－0028512　民817.12/11141　集部/別集類

正芳民歌集一卷　張正芳撰　民國二十年(1931)上海文瑞樓書局石印本　一冊

330000－1701－0028513　民817.2/0163　集部/曲類/寶卷之屬

河南開封府花枷良願龍圖寶卷全集二卷　民國上海文益書局石印本　二冊

330000－1701－0028515　民816.8/3040　子部/藝術類/遊藝之屬/聯語

永嘉詞人祠謝康樂公祠甌社聯存一卷　林鵾翔等撰　民國務本石印本　一冊

330000－1701－0028516　普741.025/8033　子部/藝術類/書畫之屬/總論

盛京故宮書畫錄不分卷　金梁編　民國十三年(1924)鉛印本　八冊

330000－1701－0028517　普741.025/3006/c1　子部/藝術類/書畫之屬/總論

三虞堂書畫目二卷附碑帖目一卷論書畫詩二卷　(清)景賢撰　蘇宗仁編　民國二十二年(1933)北平蘇宗仁鉛印本　一冊

330000－1701－0028518　民817.2/0856　集部/曲類

新灘簧歎朝鮮一卷　許指嚴撰　民國九年(1920)上海國民圖書館鉛印本　一冊

330000－1701－0028519　普741.046/3408　子部/藝術類/書畫之屬/畫法畫品

畫髓室題畫詩詞選第一集二卷首一卷畫法撮要一卷　沈議編　民國二十二年(1933)上海中華書局鉛印本　一冊

330000－1701－0028520　民816.8/3113　子部/藝術類/遊藝之屬/聯語

小飛鴻堂徵聯紀念冊一卷　汪承啟選　民國鉛印本　一冊

330000－1701－0028521　民817.2/1016　集部/曲類

王天賜行東洋一卷　民國上海書局石印本　一冊

330000－1701－0028523　民817.2/1077　集部/曲類/寶卷之屬

慈悲普濟天醫寶卷全集一卷　民國十七年(1928)浙江普善堂刻本　一冊

330000－1701－0028524　普741.025/3006/c2　子部/藝術類/書畫之屬/總論

三虞堂書畫目二卷附碑帖目一卷論書畫詩二卷　(清)景賢撰　蘇宗仁編　民國二十二年(1933)北平蘇宗仁鉛印本　一冊

330000－1701－0028525　民817.15/6095　子部/藝術類/遊藝之屬/謎語

實用完備詩謎大全一卷分類詩謎辭典一卷　日省軒詩社編　民國十四年(1925)上海東陸圖書公司石印本　一冊

330000－1701－0028528　民817.2/1083　集部/曲類/寶卷之屬

雷公寶卷一卷　民國抄本　一冊

330000－1701－0028529　民816.8/4039　子部/藝術類/遊藝之屬/聯語

繡月軒集陸聯語二卷　李家恆撰　民國二十年(1931)鉛印本　一冊

330000－1701－0028532　民 817.2/1177　子部/雜著類
勸世不纏脚真話一卷　(清)硬骨閒人撰　民國刻本　一册

330000－1701－0028534　民 817.2/1543　集部/曲類/寶卷之屬
繪圖珍珠塔寶卷全集一卷　民國八年(1919)杭州聚元堂石印本　一册

330000－1701－0028537　民 817.2/1171/2　集部/曲類/寶卷之屬
張氏三娘賣花寶卷全集一卷　民國十三年(1924)杭州慧空經房釋守政刻本　一册

330000－1701－0028539　普 741.046/4934　子部/藝術類/書畫之屬/題跋
古歡室題畫詩二卷褋句一卷　(清)趙祖歡撰　民國抄本　一册

330000－1701－0028540　民 816.8/4644/c1　子部/藝術類/遊藝之屬/聯語
五沓山館聯語一卷集句一卷集字一卷　楊翰芳撰　民國三十四年(1945)鉛印本　一册

330000－1701－0028543　民 816.8/4644/c2　子部/藝術類/遊藝之屬/聯語
五沓山館聯語一卷集句一卷集字一卷　楊翰芳撰　民國三十四年(1945)鉛印本　一册

330000－1701－0028545　民 816.8/4644/c3　子部/藝術類/遊藝之屬/聯語
五沓山館聯語一卷集句一卷集字一卷　楊翰芳撰　民國三十四年(1945)鉛印本　周岐隱題記　一册

330000－1701－0028546　普 741.09/5384/c1　史部/傳記類/總傳之屬/技藝
清代畫史增編三十七卷補編一卷　盛鏸輯　民國十六年(1927)上海有正書局鉛印本　六册

330000－1701－0028547　普 741.092/1027　史部/傳記類/總傳之屬/技藝
箬溪藝人徵畧四卷附録一卷　王修輯　民國長興王氏刻本　四册

330000－1701－0028549　民 817.2/2014　集部/曲類/彈詞之屬
新出繪圖十把穿金扇四卷十六回　季子藍編　民國十年(1921)上海變記書局石印本　二册

330000－1701－0028550　普 741.09/5384/c2　史部/傳記類/總傳之屬/技藝
清代畫史增編三十七卷補編一卷　盛鏸輯　民國十六年(1927)上海有正書局鉛印本　六册

330000－1701－0028551　民 817.2/2014.2　集部/曲類/彈詞之屬
繪圖續穿金扇龍燈圖四卷二十八回　周緝莽編　民國十年(1921)上海變記書局石印本　二册

330000－1701－0028552　普 741.046/1167.02　類叢部/叢書類/彙編之屬
丙子叢編十二種　趙詒琛　王大隆編　民國二十五年(1936)鉛印本　趙學南題記　一册　存一種

330000－1701－0028557　民 817.2/2044/c1　集部/曲類/寶卷之屬
雙花寶卷二卷　民國石印本　一册

330000－1701－0028558　普 741.046/1167　子部/藝術類/書畫之屬/題跋
天瓶齋書畫題跋二卷　(清)張照撰　民國抄本　二册

330000－1701－0028560　普 741.046/3408/1　子部/藝術類/書畫之屬/畫法畫品
畫髓室題畫詩詞選第二集三卷　沈議編　民國二十三年(1934)上海中華書局鉛印本　一册

330000－1701－0028561　普 741.092/7503/3　史部/傳記類/總傳之屬/技藝
畫林新詠三卷補遺一卷　(清)陳文述撰　(清)碧螺山人編　民國四年(1915)西泠印社木活字印本　四册

330000－1701－0028562　民 817.2/4023　集

部/曲類/寶卷之屬

真修寶卷一卷 民國十三年(1924)海寧費有成刻本 一册

330000－1701－0028565 普 741.09207/3289 類叢部/叢書類/彙編之屬

江氏聚珍版叢書四集二十八種 江杏溪輯 民國十三年(1924)蘇州文學山房木活字印本 二册

330000－1701－0028571 普 741.09207/3182/2 史部/傳記類/總傳之屬/技藝

國朝畫識十七卷 (清)馮金伯纂輯 民國十二年(1923)上海中華書局鉛印本 四册

330000－1701－0028575 普 741.092/0810 史部/傳記類/總傳之屬/技藝

新纂墨林今話姓氏錄十八卷續編一卷 許可輯 民國抄本 一册

330000－1701－0028576 普 741.092/4432 史部/傳記類/總傳之屬/技藝

墨林今話十八卷 (清)蔣寶齡撰 **續編一卷** (清)蔣茝生撰 民國十四年(1925)上海中華書局鉛印本 六册

330000－1701－0028577 民 817.2/2044/c2 集部/曲類/寶卷之屬

雙花寶卷二卷 民國石印本 一册

330000－1701－0028581 普 741.09207/3830.2/c1 史部/傳記類/别傳之屬/年譜

石濤上人[釋道濟]年譜一卷 傅抱石編 民國三十七年(1948)京滬週刊社鉛印本 一册

330000－1701－0028582 普 741.09207/3084/c2 史部/傳記類/總傳之屬/技藝

清朝書畫家筆錄四卷 竇鎮輯 民國九年(1920)上海自強書局石印本 四册

330000－1701－0028584 普 741.09207/3830.2/c2 史部/傳記類/别傳之屬/年譜

石濤上人[釋道濟]年譜一卷 傅抱石編 民國三十七年(1948)京滬週刊社鉛印本 一册

330000－1701－0028585 民 817.2/4844 集部/曲類/寶卷之屬

湖廣荆州府永慶縣脩行梅氏花綢寶卷二卷 民國七年(1918)上海文益書局石印本 二册

330000－1701－0028587 普 741.09207/3084/2 類叢部/叢書類/彙編之屬

江氏聚珍版叢書四集二十八種 江杏溪輯 民國十三年(1924)蘇州文學山房木活字印本 八册

330000－1701－0028588 普 741.09207/4033 史部/傳記類/總傳之屬/技藝

清畫家詩史二十卷補編一卷 李濬之輯 民國十九年(1930)李氏刻二十七年(1938)增刻本 十一册

330000－1701－0028589 民 817.2/4944 集部/曲類/寶卷之屬

妙英寶卷全集一卷 民國上海姚文海書局石印本 一册

330000－1701－0028590 民 817.2/4043 集部/曲類/寶卷之屬

杏花寶卷一卷 民國四年(1915)文益書莊石印本 一册

330000－1701－0028591 民 817.2/6032 集部/曲類

田家樂歌一卷 民國慶記書局石印本 一册

330000－1701－0028593 普 741.092/4484 類叢部/叢書類/彙編之屬

合眾圖書館叢書十五種 合眾圖書館編 民國二十九年至三十七年(1940－1948)鉛印本暨石印本 三册 存一種

330000－1701－0028594 民 817.2/6016/c1 集部/曲類/曲藝之屬

昇平署岔曲一卷 國立北平故宫博物院文獻館編 民國二十四年(1935)國立北平故宫博物院文獻館鉛印本 一册

330000－1701－0028595 民 817.2/6044 集部/曲類/寶卷之屬

繪圖目蓮救母三世寶卷三卷 民國十一年(1922)上海宏大善書局石印本 一册

330000－1701－0028596　普 741.0923/0040　類叢部/叢書類/彙編之屬
蘭石軒叢刊　民國十九年(1930)蘭石軒鉛印本　一冊　存一種

330000－1701－0028597　民 817.2/4062　集部/曲類
新刻繡像南昌衛四卷　民國七年(1918)上海章福記書局石印本　四冊

330000－1701－0028598　民 817.2/6016/c2　集部/曲類/曲藝之屬
昇平署岔曲一卷　國立北平故宮博物院文獻館編　民國二十四年(1935)國立北平故宮博物院文獻館鉛印本　一冊

330000－1701－0028599　普 741.09207/4014/2　子部/藝術類/書畫之屬/總論
甌鉢羅室書畫過目攷四卷首一卷附卷一卷　(清)李玉棻輯　民國上海朝記書莊鉛印本　四冊

330000－1701－0028600　普 741.092/4637　史部/傳記類/總傳之屬/技藝
海上墨林四卷續印增錄一卷第二次續印增錄一卷　楊逸編輯　民國八年(1919)上海豫園書畫善會刻十年(1921)、十八年(1929)增刻本　二冊

330000－1701－0028603　普 741.092/6027　史部/傳記類/總傳之屬/技藝
墨香居畫識人名摘錄十卷　民國抄本　一冊

330000－1701－0028605　民 817.2/6813　集部/曲類/曲藝之屬
新編哈爾濱逆倫案說唱鼓詞四卷十六回　民國上海大成書局石印本　一冊

330000－1701－0028608　民 817.2/7532　集部/曲類/寶卷之屬
繪圖姊妹花寶卷二卷　民國上海惜陰書局石印本　一冊

330000－1701－0028609　民 818.83/7523/c1　集部/小說類
繪圖童話大觀三種　陳和祥　孫志勁編　民國十年(1921)上海世界書局石印本　九冊

330000－1701－0028619　普 741.2/7569　子部/藝術類/書畫之屬/書法書品
學書一隅□□卷　陳恩榮輯　民國七年(1918)注音字母書報社石印本　一冊　存一卷(上)

330000－1701－0028620　普 741.2041/3653/c1　子部/藝術類/書畫之屬/書法書品
君子館論書絕句一百二十首一卷　邊成撰　袁照注　民國三十三年(1944)君子館刻本　一冊

330000－1701－0028621　普 741.2092/7131.2　子部/藝術類/書畫之屬
書林藻鑑十二卷　馬宗霍輯　民國二十四年(1935)上海商務印書館鉛印本　四冊

330000－1701－0028622　普 741.2092/7131.3/c1　子部/藝術類/書畫之屬
書林藻鑑十二卷　馬宗霍輯　民國二十四年(1935)上海商務印書館鉛印本　四冊

330000－1701－0028625　普 741.2092/7131.3/c2　子部/藝術類/書畫之屬
書林藻鑑十二卷　馬宗霍輯　民國二十四年(1935)上海商務印書館鉛印本　四冊

330000－1701－0028626　民 818.83/7523/c2　集部/小說類
繪圖童話大觀三種　陳和祥　孫志勁編　民國十四年(1925)上海世界書局石印本　九冊

330000－1701－0028630　普 741.2021/7775/c1　子部/藝術類/書畫之屬/書法書品
集古求真十三卷首一卷末一卷　歐陽輔纂輯　民國十二年(1923)江西開智書局石印本　八冊

330000－1701－0028637　普 741.2021/7775/c2　子部/藝術類/書畫之屬/書法書品
集古求真十三卷首一卷末一卷　歐陽輔纂輯　民國十二年(1923)江西開智書局石印本　八冊

330000－1701－0028640　普 741.2041/3653/c2　子部/藝術類/書畫之屬/書法書品

君子館論書絕句一百二十首一卷　邊成撰　袁照注　民國三十三年(1944)君子館刻本　一册

330000－1701－0028641　民 887.33/0400/5　新學/幼學

伊索寓言不分卷　(希臘)伊索撰　林紓　嚴培南　嚴璩譯述　民國十六年(1927)上海商務印書館鉛印本　一册

330000－1701－0028643　普 741.291/6051　子部/藝術類/遊藝之屬/聯語

集殷虛文字楹帖不分卷　羅振玉輯　民國十年(1921)上虞羅氏貽安堂影印本　一册

330000－1701－0028645　民 891.4/3070.12/2/c1　集部/別集類

五言飛鳥集一卷　(印度)泰戈爾撰　姚華譯　民國二十年(1931)上海中華書局鉛印本　一册

330000－1701－0028646　普 741.2041/3653/c3　子部/藝術類/書畫之屬/書法書品

君子館論書絕句一百二十首一卷　邊成撰　袁照注　民國三十三年(1944)君子館刻本　一册

330000－1701－0028647　普 741.292/0754　經部/小學類/文字之屬/字書/字體

古篆考正不分卷　(宋)郭忠恕撰　(清)孫星衍書　民國上海碧梧山莊石印本　三册

330000－1701－0028650　民 891.4/3070.12/2/c2　集部/別集類

五言飛鳥集一卷　(印度)泰戈爾撰　姚華譯　民國二十年(1931)上海中華書局鉛印本　一册

330000－1701－0028651　普 741.294/4426/c1　子部/藝術類/書畫之屬/書法書品

標準行書之研究一卷　黄仲明撰　民國二十五年(1936)石印本　一册

330000－1701－0028653　民 891.4/3070.12/2/c3　集部/別集類

五言飛鳥集一卷　(印度)泰戈爾撰　姚華譯　民國二十年(1931)上海中華書局鉛印本　一册

330000－1701－0028655　普 741.294/4426/c2　子部/藝術類/書畫之屬/書法書品

標準行書之研究一卷　黄仲明撰　民國二十五年(1936)石印本　一册

330000－1701－0028656　普 741.294/5078/2　子部/藝術類/書畫之屬

行草大字典十二集　書學會編纂　民國上海有正書局石印本　六册

330000－1701－0028666　普 741.293/6044　子部/藝術類/書畫之屬/書法書品

國朝隸則一卷隸品一卷　(清)□□輯　民國東方學會石印本　一册

330000－1701－0028667　普 741.208/5338/2/c1　子部/藝術類/書畫之屬/書法書品

漢溪書法通解八卷　(清)戈守智撰　民國上海朝記書莊石印本　四册

330000－1701－0028668　普 741.208/5338/2/c2　子部/藝術類/書畫之屬/書法書品

漢溪書法通解八卷　(清)戈守智撰　民國八年(1919)上海朝記書莊石印本　四册

330000－1701－0028669　普 741.295/7544　子部/藝術類/書畫之屬/書法書品

草書秘訣二卷草訣百韻一卷　陳恭　汪穀詒編　民國十六年(1927)中華新教育社石印本　二册

330000－1701－0028671　普 741.295/4033　子部/藝術類/書畫之屬

玉煙堂帖本急就章草法攷九卷偏旁表二卷　李濱撰　民國三年(1914)石印本　三册

330000－1701－0028673　普 741.295/4431　子部/藝術類/書畫之屬/書法書品

草訣歌一卷附釋文　民國上海藝苑真賞社影印本　一册

330000－1701－0028677　民 895.74/4007/c2　集部/别集類

重編李益齋先生集十卷　(朝鮮)李齊賢撰　民國十二年(1923)南通翰墨林書局鉛印本　四册

330000－1701－0028678　民 895.63/3024.4/c1　集部/小說類/長篇之屬

繪圖楊貴妃一卷　(日本)宮崎繁吉撰　(清)詹憲茲譯述　民國上海理文軒書莊石印本　一册

330000－1701－0028679　普 741.3/5038　史部/金石類/金之屬/文字

秦漢金篆八種放大本不分卷　民國九年(1920)上海有正書局石印本　一册

330000－1701－0028681　普 741.295/5742　子部/藝術類/書畫之屬/法帖

歷代名人法帖彙輯草書大字典二十四卷拾遺一卷　掃葉山房主人編　民國十三年(1924)上海掃葉山房石印本　二十四册

330000－1701－0028683　民 895.63/3024.4/c2　集部/小說類/長篇之屬

繪圖楊貴妃一卷　(日本)宮崎繁吉撰　(清)詹憲茲譯述　民國上海理文軒書莊石印本　一册

330000－1701－0028686　普 741.292/4742　子部/藝術類/篆刻之屬/印論

篆法點畫辨訣一卷　(清)鞠履厚輯　民國二十五年(1936)上海中國印學社石印本　一册

330000－1701－0028687　普 741.3/5045/c1　子部/藝術類/書畫之屬/法帖

古今名人墨蹟大觀不分卷　高時顯輯　民國上海中華書局影印本　六十册

330000－1701－0028688　普 741.36/6722　子部/藝術類/書畫之屬/法帖

明代名人手跡第五集不分卷　民國上海有正書局石印本　一册

330000－1701－0028689　普 741.37/0121　子部/藝術類/書畫之屬/法帖

龔定庵墨蹟一卷　(清)龔自珍書　民國石印本　一册

330000－1701－0028690　普 741.293/4426/c1　經部/小學類/文字之屬/字書/字體

漢碑隸體舉要不分卷　(清)蔣和撰　潘浚書　民國二十四年(1935)上海商務印書館石印本　一册

330000－1701－0028691　普 741.37/2643　子部/藝術類/書畫之屬/法帖

名人真蹟　民國中華書局影印本　一册　存一種

330000－1701－0028693　普 741.37/7500　集部/總集類/尺牘之屬

冬暄草堂師友牋存不分卷　陳漢第　陳敬第輯　民國二十六年(1937)上海中華書局影印本　六册

330000－1701－0028694　普 741.293/4426/2/c1　經部/小學類/文字之屬/字書/字體

漢碑隸體舉要不分卷　(清)蔣和撰　潘浚書　民國十八年(1929)上海商務印書館石印本　一册

330000－1701－0028695　普 741.37/2671　子部/藝術類/書畫之屬

清代名人手札甲集六卷附小傳　吳長瑛輯　民國十五年(1926)華南印書社影印本　六册

330000－1701－0028696　普 741.293/4426/c2　經部/小學類/文字之屬/字書/字體

漢碑隸體舉要不分卷　(清)蔣和撰　潘浚書　民國七年(1918)上海商務印書館石印本　一册

330000－1701－0028698　普 741.293/4426/2/c2　經部/小學類/文字之屬/字書/字體

漢碑隸體舉要不分卷　(清)蔣和撰　潘浚書　民國十八年(1929)上海商務印書館石印本　一册

330000－1701－0028699　普 741.37/75341　子部/藝術類/書畫之屬/法帖

陳曼生手札墨迹一卷　(清)陳鴻壽書　民國

有正書局影印本　一冊

330000－1701－0028700　普741.38/1062/c1　子部/藝術類/書畫之屬/法帖
王忠慤公遺墨二卷　王國維書　民國十九年(1930)石印本　二冊

330000－1701－0028702　普741.38/1062/c2　子部/藝術類/書畫之屬/法帖
王忠慤公遺墨二卷　王國維書　民國十九年(1930)石印本　二冊

330000－1701－0028708　民895.64/4068　集部/別集類
吉田松陰遺墨三卷　(日本)吉田松陰撰　國民叢書社編輯　民國商務印書館鉛印本　一冊

330000－1701－0028710　民895.74/1093/c1　集部/總集類/域外之屬
麗韓十家文鈔十一卷　(朝鮮)王性淳輯　民國四年(1915)南通翰墨林書局鉛印本　二冊

330000－1701－0028712　普741.4/3723　史部/傳記類/別傳之屬/事狀
湖北安襄鄖荆兵備道盛公[植型]家傳一卷　陳三立撰　劉鳳起書　民國影印本　一冊

330000－1701－0028713　民895.74/1093/c2　集部/總集類/域外之屬
麗韓十家文鈔十一卷　(朝鮮)王性淳輯　民國四年(1915)南通翰墨林書局鉛印本　二冊

330000－1701－0028715　民895.74/1093/2/c1　集部/總集類/域外之屬
麗韓十家文鈔十一卷　(朝鮮)王性淳輯　民國十年(1921)南通翰墨林書局鉛印本　三冊

330000－1701－0028717　普741.4046/5365/c1　子部/藝術類/書畫之屬
元牘記二卷　(明)盛時泰撰　民國十八年(1929)國立中央大學國學圖書館鉛印本　一冊

330000－1701－0028719　民895.74/1093/2/c2　集部/總集類/域外之屬
麗韓十家文鈔十一卷　(朝鮮)王性淳輯　民國十年(1921)南通翰墨林書局鉛印本　三冊

330000－1701－0028720　民895.74/1093.2　集部/總集類/域外之屬
朝鮮五賢文鈔五卷　(朝鮮)王性淳輯　民國四年(1915)鉛印本　一冊

330000－1701－0028721　普741.4046/5365/c2　子部/藝術類/書畫之屬
元牘記二卷　(明)盛時泰撰　民國十八年(1929)國立中央大學國學圖書館鉛印本　一冊

330000－1701－0028722　普741.3/5045/c2　子部/藝術類/書畫之屬/法帖
古今名人墨蹟大觀不分卷　高時顯輯　民國上海中華書局影印本　五十三冊

330000－1701－0028723　普741.4046/5365/c3　子部/藝術類/書畫之屬
元牘記二卷　(明)盛時泰撰　民國十八年(1929)國立中央大學國學圖書館鉛印本　一冊

330000－1701－0028725　民895.71/4045　集部/別集類
李甘山詩選一卷　(朝鮮)李黄中撰　(朝鮮)金澤榮選　民國八年(1919)鉛印本　一冊

330000－1701－0028728　民895.74/4007/c1　集部/別集類
重編李益齋先生集十卷　(朝鮮)李齊賢撰　民國十二年(1923)南通翰墨林書局鉛印本　四冊

330000－1701－0028734　民895.74/4363/c1　集部/別集類
重編朴燕巖先生文集七卷　(朝鮮)朴趾源撰　(朝鮮)金澤榮批評　民國六年(1917)鉛印本　三冊

330000－1701－0028737　民895.74/4363/c2　集部/別集類
重編朴燕巖先生文集七卷　(朝鮮)朴趾源撰　(朝鮮)金澤榮批評　民國六年(1917)鉛印

本　三册

330000－1701－0028740　民 895.74/4724
集部/別集類
省齋先生文集六十卷首一卷　(朝鮮)柳重教撰　民國十七年(1928)寬甸晉字齋鉛印本　二十一册

330000－1701－0028744　普 741.46/0739
子部/藝術類/書畫之屬
鐵如意室題畫襍綴四卷　(清)郭容光撰　民國檇李吳藕汀抄本　二册

330000－1701－0028745　民 895.74/8039/c1
集部/別集類
韶濩堂集十五卷附刊一卷再附一卷　(朝鮮)金澤榮撰　民國五年(1916)淮南書局鉛印本　七册

330000－1701－0028746　民 895.74/8034/c1
集部/別集類
重編金堯泉先生集八卷補遺一卷　(朝鮮)金憲基撰　**堯泉先生年譜一卷**　民國十年(1921)鉛印本　四册

330000－1701－0028750　民 895.74/8034/c2
集部/別集類
重編金堯泉先生集八卷補遺一卷　(朝鮮)金憲基撰　**堯泉先生年譜一卷**　民國十年(1921)鉛印本　四册

330000－1701－0028752　民 895.74/8039/c2
集部/別集類
韶濩堂集十五卷附刊一卷再附一卷　(朝鮮)金澤榮撰　民國五年(1916)淮南書局鉛印本　七册

330000－1701－0028755　民 895.74/8039/c3
集部/別集類
韶濩堂集十五卷附刊一卷再附一卷　(朝鮮)金澤榮撰　民國五年(1916)淮南書局鉛印本　七册

330000－1701－0028757　民 895.74/8034/c3
集部/別集類
重編金堯泉先生集八卷補遺一卷　(朝鮮)金憲基撰　**堯泉先生年譜一卷**　民國十年(1921)鉛印本　四册

330000－1701－0028758　民 895.74/8039/2
集部/別集類
韶濩堂詩集定本六卷文集選本六卷(精刊韶濩堂集十二卷)　(朝鮮)金澤榮撰　民國九年(1920)南通翰墨林書局鉛印本　四册

330000－1701－0028760　民 895.74/8039.02
集部/別集類
韶濩堂全集十八卷補遺二卷　(朝鮮)金澤榮撰　民國十四年(1925)南通翰墨林書局鉛印本　一册　存二卷(補遺一至二)

330000－1701－0028762　普 741.5/7588　子部/藝術類/書畫之屬/畫法畫品
畫學秘旨要訣大觀四卷　陳敏編輯　**朗齋畫譜一卷**　陳敏繪　民國十一年(1922)四明還讀樓石印本　六册

330000－1701－0028763　民 895.74/8039.2
集部/別集類
韶濩堂文集定本九卷補編二卷(精刊韶濩堂集補十一卷)　(朝鮮)金澤榮撰　民國九年(1920)歙縣吳驤臣鉛印本　三册

330000－1701－0028765　民 909.011/1148
類叢部/叢書類/自著之屬
約園演講集　張壽鏞撰　民國鉛印本　一册　存一種

330000－1701－0028766　民 895.97/7197/c1
集部/別集類
南枝集三卷　(越南)阮尚贇撰　民國十四年(1925)鉛印本　一册

330000－1701－0028767　普 741.5/4026/c1
子部/藝術類/書畫之屬/畫法畫品
小蓬萊閣畫鑑七卷獵古集一卷　(清)李修易撰　(清)李厥猷編訂　民國二十三年(1934)上海商務印書館鉛印本　一册

330000－1701－0028768　民 895.97/7197/c2
集部/別集類
南枝集三卷　(越南)阮尚贇撰　民國十四年

(1925)鉛印本　一冊

330000－1701－0028769　普 741. 5/4026/c2　子部/藝術類/書畫之屬/畫法畫品

小蓬萊閣畫鑑七卷獵古集一卷　(清)李修易撰　(清)李厥猷編訂　民國二十三年(1934)上海商務印書館鉛印本　一冊

330000－1701－0028770　民 895. 97/7197/c3　集部/别集類

南枝集三卷　(越南)阮尚賢撰　民國十四年(1925)鉛印本　一冊

330000－1701－0028772　民 895. 97/7197/c4　集部/别集類

南枝集三卷　(越南)阮尚賢撰　民國十四年(1925)鉛印本　一冊

330000－1701－0028774　民 895. 97/7197/c5　集部/别集類

南枝集三卷　(越南)阮尚賢撰　民國十四年(1925)鉛印本　一冊

330000－1701－0028775　民 909. 017/4054　史部/史評類/史學之屬

史學研究法大綱三卷　李泰棻撰　民國十年(1921)武學書館鉛印本　一冊

330000－1701－0028776　民 895. 97/7197/c6　集部/别集類

南枝集三卷　(越南)阮尚賢撰　民國十四年(1925)鉛印本　一冊

330000－1701－0028778　民 895. 97/7197/c7　集部/别集類

南枝集三卷　(越南)阮尚賢撰　民國十四年(1925)鉛印本　一冊

330000－1701－0028779　民 895. 97/7197/c8　集部/别集類

南枝集三卷　(越南)阮尚賢撰　民國十四年(1925)鉛印本　一冊

330000－1701－0028782　民 895. 74/8039. 3　集部/别集類

滄江稿十四卷　(朝鮮)金澤榮撰　民國江蘇通州墨林書局鉛印本　六冊

330000－1701－0028785　民 910. 1/1133　新學/地學/地理學

地理學講義一卷　張宗祥編　民國中合印書公司鉛印本　二冊

330000－1701－0028787　民 911. 17/40401　史部/地理類/遊記之屬/紀行

環遊紀略不分卷　(英國)培志撰　(英國)瑞思義　(清)許家惺譯　民國七年(1918)上海廣學會鉛印本　一冊

330000－1701－0028789　普 741. 5044/4432/2　史部/傳記類/總傳之屬/技藝

墨林今話十八卷　(清)蔣寶齡撰　**續編一卷**　(清)蔣茝生撰　民國十四年(1925)上海掃葉山房石印本　六冊

330000－1701－0028792　普 741. 5044/8344/c2　子部/藝術類/書畫之屬/畫法畫品

松壺畫憶二卷　(清)錢杜撰　民國上海有正書局石印本　一冊

330000－1701－0028793　民 914. 2/1011. 2/c2　史部/雜史類/外紀之屬

戰時英國九章　王雲五撰　民國三十三年(1944)商務印書館鉛印本　王雲五題記　一冊

330000－1701－0028794　普 741. 5044/4432/3/c1　史部/傳記類/總傳之屬/技藝

墨林今話十八卷　(清)蔣寶齡撰　**續編一卷**　(清)蔣茝生撰　民國十四年(1925)上海中華書局鉛印本　六冊

330000－1701－0028795　普 741. 5044/8344/c1　子部/藝術類/書畫之屬/畫法畫品

松壺畫憶二卷　(清)錢杜撰　民國上海有正書局石印本　一冊

330000－1701－0028796　普 741. 5044/8344/c3　子部/藝術類/書畫之屬/畫法畫品

松壺畫憶二卷　(清)錢杜撰　民國上海有正書局石印本　一冊

330000－1701－0028798　民 915.1233/1010　史部/地理類/雜志之屬
二十年一瞥一卷　李平書撰　民國十四年(1925)中華書局鉛印本　一冊

330000－1701－0028799　普 741.5044/4432/3/c2　史部/傳記類/總傳之屬/技藝
墨林今話十八卷　(清)蔣寶齡撰　**續編一卷**　(清)蔣茝生撰　民國十四年(1925)上海中華書局鉛印本　六冊

330000－1701－0028805　民 915.1235/1046　史部/地理類/遊記之屬/紀行
京江避壽記一卷　周慶雲撰　民國二十二年(1933)刻本　一冊

330000－1701－0028807　民 915.199/2206　史部/雜史類/斷代之屬
陶杭縣白旗下語一卷　崔廣勛撰　民國十五年(1926)鉛印本　一冊

330000－1701－0028809　民 895.74/4016　集部/别集類
明美堂集二十卷　(朝鮮)李建昌撰　民國六年(1917)中華南通翰墨林書局鉛印本　八冊

330000－1701－0028810　普 741.5046/2606　子部/藝術類/書畫之屬/畫法畫品
篛盦畫塵二卷補遺一卷　(清)程庭鷺撰　民國十六年(1927)紫萸香館鉛印本　一冊

330000－1701－0028811　普 741.5046/1073　子部/藝術類/書畫之屬/畫法畫品
麓臺題畫藁一卷　(清)王原祁撰　**墨井畫跋一卷**　(清)吳歷撰　民國有正書局鉛印本　一冊

330000－1701－0028813　普 741.5046/2840　集部/總集類/題詠之屬
春波洗硯圖詩集四卷首一卷　徐式文編　民國二十四年(1935)鉛印本　一冊

330000－1701－0028814　普 741.5046/1240　子部/藝術類/書畫之屬/畫法畫品
菰里瞿氏四世畫卷題詞四卷　孫雄編　**補遺一卷**　徐兆瑋撰　民國十二年(1923)鉛印本　沈維鈞、勤題記　一冊

330000－1701－0028817　民 920.9/60041　史部/傳記類/雜傳之屬
浙江省立院杭州初級中學國文教本作者事略一卷　浙江省立院杭州初級中學國語教學研究會編　民國二十三年(1934)鉛印本　一冊

330000－1701－0028819　普 741.5046/4488　集部/别集類
違己齋題畫詩一卷　蔣錫曾撰　**附各家贈言一卷**　民國十六年(1927)鉛印本　一冊

330000－1701－0028820　民 920.9/8030/2　新學/史志/臣民傳記
泰西名人事略□□卷　(英國)季理斐撰　王臻善譯　民國三年(1914)上海廣學會鉛印本　一冊　存一卷(上)

330000－1701－0028822　民 815.2/1748　新學/史志/别國史
日本研究教程六章　鄧梅羹撰　民國二十八年(1939)浙江省戰區政治幹部訓練團鉛印鍛鍊叢書本　鄧梅羹題記　一冊

330000－1701－0028823　民 924.2/4171/c1　史部/傳記類/别傳之屬/事狀
戬壽堂百卅合慶壽言不分卷　姬覺彌編　民國十二年(1923)上海愛儷園鉛印本　八冊

330000－1701－0028825　普 741.5046/8323/c1　集部/總集類/題詠之屬
深山讀書圖題詠集不分卷　錢季寅編　民國十九年(1930)鉛印本　一冊

330000－1701－0028827　普 741.5046/4330/c1　集部/總集類/題詠之屬
春帆入蜀圖題詠詩一卷詞一卷附録二卷　戴振聲輯　民國十九年(1930)戴氏鉛印本　一冊

330000－1701－0028828　普 741.5046/8323/c2　集部/總集類/題詠之屬
深山讀書圖題詠集不分卷　錢季寅編　民國十九年(1930)鉛印本　一冊

330000－1701－0028829　普 741.5046/8323.2　集部/總集類/題詠之屬

深山讀書圖題詠二集不分卷　錢季寅編　民國二十年(1931)四明錢氏問菊軒鉛印本　二冊

330000－1701－0028831　普 741.5046/4330/c3　集部/總集類/題詠之屬

春帆入蜀圖題詠詩一卷詞一卷附錄二卷　戴振聲輯　民國十九年(1930)戴氏鉛印本　一冊

330000－1701－0028832　普 741.508/7146/c2　子部/藝術類/書畫之屬/畫法畫品

論畫輯要八種　馬克明輯　民國十七年(1928)上海商務印書館鉛印本　一冊

330000－1701－0028833　普 741.5046/4330/c4　集部/總集類/題詠之屬

春帆入蜀圖題詠詩一卷詞一卷附錄二卷　戴振聲輯　民國十九年(1930)戴氏鉛印本　一冊

330000－1701－0028834　普 741.5046/4330/c5　集部/總集類/題詠之屬

春帆入蜀圖題詠詩一卷詞一卷附錄二卷　戴振聲輯　民國十九年(1930)戴氏鉛印本　一冊

330000－1701－0028836　民 923/2644　史部/傳記類/總傳之屬

西洋先哲傳記集四卷　吳壽彭撰　民國二十五年(1936)鉛印本　陳訓慈跋　四冊

330000－1701－0028842　民 915.2/2532　史部/地理類/遊記之屬/紀行

東游隨筆一卷　朱鴻儒撰　民國三年(1914)石印本　一冊

330000－1701－0028846　民 925.10998/2648　史部/傳記類/總傳之屬/人表

旅吉三江同鄉錄不分卷　魏聲龢編　民國七年(1918)吉林吉東印刷社鉛印本　一冊

330000－1701－0028848　普 741.5092/1100/7　子部/藝術類/書畫之屬/畫録

清朝畫徵錄三卷明人附錄一卷續錄二卷　(清)張庚撰　民國十五年(1926)上海掃葉山房石印本　二冊

330000－1701－0028849　普 741.5092/1100/2　子部/藝術類/書畫之屬/畫録

清朝畫徵錄三卷明人附錄一卷續錄二卷浦山論畫一卷　(清)張庚撰　**清朝畫徵三錄一卷**　(清)張寅撰　民國上海朝記書莊鉛印本　二冊

330000－1701－0028850　民 895.74/8039.4　集部/別集類

借樹亭雜收四卷　(朝鮮)金澤榮撰　民國鉛印本　一冊

330000－1701－0028854　民 924.2/4171/c2　史部/傳記類/別傳之屬/事狀

戬壽堂百卅合慶壽言不分卷　姬覺彌編　民國十二年(1923)上海愛儷園鉛印本　七冊

330000－1701－0028855　普 741.5092/2502　子部/藝術類/書畫之屬/畫録

海鹽畫史一卷　朱端纂　民國二十五年(1936)幽芳簃鉛印本　一冊

330000－1701－0028856　民 925.10998/3348　史部/傳記類/別傳之屬/事狀

沈定一先生被難哀啟不分卷　沈定一先生雪憾治喪委員會編　民國十七年(1928)鉛印本　一冊

330000－1701－0028857　普 741.5092/1027　史部/傳記類/總傳之屬/技藝

箬溪藝人徵畧四卷附錄一卷　王修輯　民國長興王氏刻本　四冊

330000－1701－0028858　民 924.2/4171/c3　史部/傳記類/別傳之屬/事狀

戬壽堂百卅合慶壽言不分卷　姬覺彌編　民國十二年(1923)上海愛儷園鉛印本　八冊

330000－1701－0028860　普 741.5092/1027/(2)　史部/傳記類/總傳之屬/技藝

箬溪藝人徵畧四卷附錄一卷　王修輯　民國長興王氏刻本　二冊

330000－1701－0028862　民 925.10998/8077　史部/傳記類/别傳之屬

余覺沈壽夫婦痛史一卷附當代名人題詠一卷　余覺撰　民國十五年(1926)石印本　一册

330000－1701－0028863　民 924.4/2580/c1　史部/傳記類/别傳之屬/事狀

居禮斯克渥多斯喀夫人榮哀録一卷　中波文化協會編　民國二十四年(1935)中波文化協會鉛印本　一册

330000－1701－0028868　民 925.1099923/8011　史部/傳記類/總傳之屬/郡邑

蘇州五奇人傳一卷　金天翮撰　民國二十二年(1933)鉛印本　一册

330000－1701－0028870　民 924.4/2580/c2　史部/傳記類/别傳之屬/事狀

居禮斯克渥多斯喀夫人榮哀録一卷　中波文化協會編　民國二十四年(1935)中波文化協會鉛印本　一册

330000－1701－0028874　普 741.5092/1100/5/c1　子部/藝術類/書畫之屬/畫録

清朝畫徵録三卷明人附録一卷續録二卷浦山論畫一卷　(清)張庚撰　**清朝畫徵三録一卷**　(清)張寅撰　民國上海朝記書莊鉛印本　二册

330000－1701－0028878　普 741.5092/1100/5/c2　子部/藝術類/書畫之屬/畫録

清朝畫徵録三卷明人附録一卷續録二卷浦山論畫一卷　(清)張庚撰　**清朝畫徵三録一卷**　(清)張寅撰　民國上海朝記書莊鉛印本　二册

330000－1701－0028886　民 925.17/2631.3/c1　史部/傳記類/别傳之屬/事狀

程道初先生言行録不分卷　程承楝編　民國二十四年(1935)屯溪聚文堂印刷局石印本　一册

330000－1701－0028888　民 925.17/2631.3/c2　史部/傳記類/别傳之屬/事狀

程道初先生言行録不分卷　程承楝編　民國二十四年(1935)屯溪聚文堂印刷局石印本　一册

330000－1701－0028890　民 925.1099981/5091.2　史部/傳記類/總傳之屬/郡邑

明季滇南遺民録二卷補遺一卷　秦光玉輯　民國二十二年(1933)呈貢秦氏羅山樓刻本　一册

330000－1701－0028891　民 925.10986/4040　史部/傳記類/總傳之屬/隱逸

檇李高士祠碑記傳略一卷　金蓉鏡等撰　民國五年(1916)鉛印本　一册

330000－1701－0028893　普 741.508/7146/c1　子部/藝術類/書畫之屬/畫法畫品

論畫輯要八種　馬克明輯　民國十七年(1928)上海商務印書館鉛印本　一册

330000－1701－0028894　民 925.17/4276.4　史部/傳記類/别傳之屬/事狀

茶陵彭西原[鳳鳴]先生百歲冥壽徵詩文啟一卷彭西原先生别傳一卷　譚澤洋等撰　民國鉛印本　一册

330000－1701－0028897　民 925.17/7743.8　史部/傳記類/别傳之屬

會稽陶在寬先生紀念册不分卷　民國刻本　一册

330000－1701－0028898　民 925.17/4601.4　史部/傳記類/别傳之屬/事狀

楊龢甫先生家傳一卷　李岳瑞撰　民國石印本　一册

330000－1701－0028899　民 925.17/5086.8　史部/傳記類/别傳之屬/事狀

秦景容先生[裕伯]事蹟考一卷附上海縣城隍神靈異記一卷　秦錫田輯　民國二十二年(1933)鉛印本　一册

330000－1701－0028904　普 741.5092/7503　史部/傳記類/總傳之屬/技藝

畫林新詠三卷補遺一卷　(清)陳文述撰　(清)碧螺山人編　民國四年(1915)西泠印社木活字印本　二册

330000－1701－0028905　普 741.592/2323 子部/藝術類/書畫之屬/畫法畫品

畫梅辯難初編四卷二編四卷三編四卷　傅崇黻撰　傅煥等記述　民國三年(1914)興業印書局、四年(1915)武林印書館、八年(1919)武林印書館鉛印本　三冊

330000－1701－0028908　民 925.10995/4431/c1　史部/傳記類/總傳之屬/姓名

苗氏人物考不分卷　苗啓平編　民國三十八年(1949)南京務本堂鉛印本　一冊

330000－1701－0028910　民 925.18/0862.8　史部/傳記類/別傳之屬/墓誌

清故民政部諮議江蘇侯補道許君墓志銘不分卷　陳三立撰　李瑞清書　民國十年(1921)上海震亞圖書局石印本　一冊

330000－1701－0028911　民 925.18/1016.7/c1　史部/傳記類/別傳之屬/事狀

曇見錄一卷　丁盛氏撰　民國九年(1920)鉛印本　一冊

330000－1701－0028913　民 925.18/0883.2　史部/傳記類/別傳之屬/年譜

恬退老人自訂年譜一卷　許鉉撰　民國二十四年(1935)刻本　一冊

330000－1701－0028914　民 925.17/6013 集部/别集類/清别集

泣血緝存四卷　(清)羅長裿撰　(清)羅春馭輯　民國三年(1914)京華印書局鉛印本　一冊

330000－1701－0028916　民 925.10995/4431/c2　史部/傳記類/總傳之屬/姓名

苗氏人物考不分卷　苗啓平編　民國三十八年(1949)南京務本堂鉛印本　一冊

330000－1701－0028917　民 925.18/1005.8　史部/傳記類/別傳之屬/事狀

[丁立中]哀輓錄不分卷　民國十年(1921)鉛印本　一冊

330000－1701－0028919　民 925.18/1016.7/c2　史部/傳記類/別傳之屬/事狀

曇見錄一卷　丁盛氏撰　民國九年(1920)鉛印本　一冊

330000－1701－0028922　民 925.18/1016.7/c3　史部/傳記類/別傳之屬/事狀

曇見錄一卷　丁盛氏撰　民國九年(1920)鉛印本　一冊

330000－1701－0028925　民 925.18/1023.8/c1　史部/傳記類/別傳之屬/事狀

嵊縣王雲衢先生紀念冊不分卷　王珪孫輯　民國十七年(1928)上海中華書局鉛印本　一冊

330000－1701－0028927　民 925.18/1032/2/c1　史部/傳記類/別傳之屬/年譜

疇隱居士自訂年譜一卷　丁福保撰　民國二十八年(1939)無錫丁氏鉛印本　一冊

330000－1701－0028929　民 925.18/1039 類叢部/叢書類/郡邑之屬

杭州所著書三種附一種　王守恂撰　民國六年(1917)鉛印本　一冊

330000－1701－0028930　普 741.7/2714　子部/藝術類/書畫之屬/畫譜

論譜集刻　民國日西曬印本　一冊　存一種

330000－1701－0028931　民 925.18/1039.2/c1　類叢部/叢書類/郡邑之屬

杭州所著書三種附一種　王守恂撰　民國六年(1917)鉛印本　一冊

330000－1701－0028932　民 925.18/1039.2/c2　類叢部/叢書類/郡邑之屬

杭州所著書三種附一種　王守恂撰　民國六年(1917)鉛印本　一冊

330000－1701－0028933　民 925.18/1023.8/c2　史部/傳記類/別傳之屬/事狀

嵊縣王雲衢先生紀念冊不分卷　王珪孫輯　民國十七年(1928)上海中華書局鉛印本　一冊

330000－1701－0028934　民 925.18/1032/2/c2　史部/傳記類/別傳之屬/年譜

疇隱居士自訂年譜一卷　丁福保撰　民國二十八年(1939)無錫丁氏鉛印本　一册

330000－1701－0028935　民 925.18/1062.8　史部/傳記類/別傳之屬/事狀
王忠慤公哀挽録一卷海外追悼錄一卷華僑哀挽録一卷補遺一卷續補一卷　王高明等編　民國十六年(1927)鉛印本　一册

330000－1701－0028936　民 925.18/1023.8/c3　史部/傳記類/別傳之屬/事狀
嵊縣王雲衢先生紀念冊不分卷　王珪孫輯　民國十七年(1928)上海中華書局鉛印本　一册

330000－1701－0028938　民 925.18/1032/3　史部/傳記類/別傳之屬/年譜
疇隱居士自訂年譜一卷　丁福保撰　民國無錫丁氏鉛印本　一册

330000－1701－0028941　民 925.18/1033.8　史部/傳記類/別傳之屬/事狀
鋭廬思痛記四卷　王亨彦編　民國五年(1916)石印本　二册

330000－1701－0028942　民 925.18/1037　史部/傳記類/別傳之屬/事狀
王季高君行述一卷　謝震撰　民國五年(1916)鉛印本　一册

330000－1701－0028943　普 741.6025/0043　史部/目録類/總録之屬/私撰
萬木草堂藏畫目一卷　康有爲撰　民國七年(1918)上海長興書局石印本　一册

330000－1701－0028944　普 741.6025/4748　子部/藝術類/書畫之屬
南薰殿圖像攷二卷　(清)胡敬輯　民國五年(1916)上海有正書局影印本　一册

330000－1701－0028945　普 741.7/3189　子部/藝術類/書畫之屬/畫譜
百石齋叢畫八卷　汪鑠繪　民國十二年(1923)上海掃葉山房石印本　八册

330000－1701－0028946　民 925.18/1081　史部/傳記類/別傳之屬
王金發傳一卷　施伯侯撰　民國二十八年(1939)抄本　一册

330000－1701－0028947　普 741.6025/4748/2　子部/藝術類/書畫之屬
胡氏書畫考三種八卷　(清)胡敬輯　民國十三年(1924)上海中國書畫保存會據清嘉慶胡氏刻本影印本　二册　存一種

330000－1701－0028949　民 925.18/1731.8　史部/傳記類/別傳之屬/事狀
故室酈氏餘哀錄不分卷　車志城輯　民國八年(1919)鉛印本　一册

330000－1701－0028950　普 741.7/3400　子部/藝術類/書畫之屬/畫譜
硃砨先生梅譜一卷　洪亮繪　民國十五年(1926)石印本　洪亮、心愚題記　一册

330000－1701－0028952　民 925.18/2142.1　史部/傳記類/別傳之屬
熊秉三先生事略一卷　熊秉三先生追悼會籌備處編　民國二十七年(1938)熊秉三先生追悼會籌備處鉛印本　一册

330000－1701－0028954　民 925.18/2254.4　史部/雜史類/斷代之屬
匪窟悲思記一卷　樂振葆撰　民國二十五年(1936)鉛印本　一册

330000－1701－0028955　普 746/3238　子部/工藝類/日用器物之屬
織物圖案全集一卷　浙江公立專門工業學校機織科丁巳級編　民國十年(1921)浙江公立專門工業學校機織科丁巳級石印本　一册

330000－1701－0028956　民 925.18/2622　集部/總集類/酬唱之屬
霜杰集四卷　金兆棪輯　民國十五年(1926)上海商務印書館鉛印本　二册

330000－1701－0028961　民 925.18/2537.8　史部/傳記類/別傳之屬/事狀
秋林感逝錄不分卷　葉希明輯　民國二十五年(1936)鉛印本　一册

330000－1701－0028962　普 741.7/8322/c2　子部/藝術類/書畫之屬

中國名人畫史不分卷　錢化佛繪　民國十年(1921)儉德儲蓄會石印本　一册

330000－1701－0028963　民 925.18/2634.8　子部/藝術類/書畫之屬/畫譜

杏芬老人遺墨不分卷　吴淑娟繪　民國十九年(1930)影印本　一册

330000－1701－0028969　普 751/1040　類叢部/叢書類/彙編之屬

雙肇樓叢書　張江裁(張涵鋭)輯　民國鉛印本　一册　存一種(腔調考原)

330000－1701－0028970　普 741.68/8736　子部/藝術類/書畫之屬/畫譜

鄭午昌寫杜陵詩意山水册不分卷　鄭昶繪　民國二十五年(1936)中國畫學出版社影印本　一册

330000－1701－0028973　民 925.18/1121.8/c1　史部/傳記類/别傳之屬/事狀

竺夫人紀念册一卷　諸葛麒　陳訓慈編　民國二十八年(1939)鉛印本　一册

330000－1701－0028976　民 925.18/1121.8/c2　史部/傳記類/别傳之屬/事狀

竺夫人紀念册一卷　諸葛麒　陳訓慈編　民國二十八年(1939)鉛印本　一册

330000－1701－0028979　普 752/1134/c1　類叢部/叢書類/彙編之屬

雙肇樓叢書　張江裁(張涵鋭)輯　民國鉛印本　十二册　存清代燕都梨園史料一種

330000－1701－0028982　民 925.18/11211.8　史部/傳記類/别傳之屬/事狀

張大元帥[作霖]哀輓錄不分卷　民國十七年(1928)鉛印本暨石印本　四册

330000－1701－0028983　普 752/1134.1　類叢部/叢書類/彙編之屬

雙肇樓叢書　張江裁(張涵鋭)輯　民國鉛印本　四册　存清代燕都梨園史料十三種

330000－1701－0028987　民 925.18/1148.8/c1　史部/傳記類/别傳之屬/事狀

張公約園逝世周年紀念册不分卷　民國三十五年(1946)鉛印本　一册

330000－1701－0028989　民 925.18/2784.8　史部/傳記類/别傳之屬/事狀

瑞安鮑君伯雄哀挽錄一卷　民國十二年(1923)美本印刷公司鉛印本　一册

330000－1701－0028992　普 781.1/4453.02　類叢部/叢書類/郡邑之屬

雲南叢書初編一百四十一種二編三十七種　趙藩　陳榮昌等輯　民國雲南叢書處刻本　一册　存一種

330000－1701－0028995　民 925.18/2840.2/2　集部/别集類

愛眉小札一卷　徐志摩撰　民國二十五年(1936)上海良友圖書公司影印本　一册

330000－1701－0028996　普 781.1/0022　子部/藝術類/音樂之屬/總論

中樂尋源二卷　童斐撰　民國二十二年(1933)上海商務印書館石印本　一册

330000－1701－0028998　民 925.18/1148.8/c2　史部/傳記類/别傳之屬/事狀

張公約園逝世周年紀念册不分卷　民國三十五年(1946)鉛印本　一册

330000－1701－0028999　民 925.18/1148.8/c3　史部/傳記類/别傳之屬/事狀

張公約園逝世周年紀念册不分卷　民國三十五年(1946)鉛印本　一册

330000－1701－0029001　普 781.1/2831/2/c1　經部/樂類/律吕之屬

樂律攷二卷　(清)徐灝撰　民國據清光緒十三年(1887)番禺徐氏刻本影印本　一册

330000－1701－0029003　普 781.1/6608/c1　經部/樂類

十二琴樓叢書　民國十八年(1929)永嘉嚴氏鉛印本暨石印本　四册　存一種

330000－1701－0029004　普781.1/2831/2/c2　經部/樂類/律吕之屬

樂律攷二卷　(清)徐灝撰　民國據清光緒十三年(1887)番禺徐氏刻本影印本　一册

330000－1701－0029005　普781.1/2831/2/c3　經部/樂類/律吕之屬

樂律攷二卷　(清)徐灝撰　民國據清光緒十三年(1887)番禺徐氏刻本影印本　一册

330000－1701－0029006　普781.1/6608/c2　經部/樂類

十二琴樓叢書　民國十八年(1929)永嘉嚴氏鉛印本暨石印本　四册　存一種

330000－1701－0029010　民925.18/2880.8　史部/傳記類/别傳之屬/事狀

杭州徐吉生先生訃告一卷　徐恩溥　徐恩詒輯　民國二十四年(1935)上海大東書局影印本　一册

330000－1701－0029011　民925.18/3182.3/c2　集部/總集類/郡邑之屬

四明愚叟拾殘録二卷　顧釗輯　程聖輅編　民國二十二年(1933)晚晴廬鉛印本　一册

330000－1701－0029012　民925.18/3100.1　集部/總集類/題詠之屬

梅鶴幻影圖題咏一卷　馮度輯　民國二十二年(1933)影印本　一册

330000－1701－0029013　民925.18/3106.8　史部/傳記類/别傳之屬/事狀

懷椿閣紀念集八卷附録二卷　顧毓琦等輯　民國二十年(1931)鉛印本　一册

330000－1701－0029015　民925.18/1155.8　史部/傳記類/别傳之屬/事狀

張上將軍今頗八秩暨哲嗣師黄觀察六十家慶録不分卷　民國十一年(1922)天津華新印刷局鉛印本　四册

330000－1701－0029016　民925.18/3192.32　類叢部/叢書類

張氏叢書　民國元年(1912)刻本　一册　存一種

330000－1701－0029018　民925.18/3111.8　類叢部/叢書類/彙編之屬

巾子居叢刊　民國鉛印本　一册　存一種

330000－1701－0029019　民925.18/1172.3　史部/傳記類/别傳之屬

張杖朝雙壽集一卷　張鳳岐輯　民國十九年(1930)盡孝社興學部石印本　張嘉題記　一册

330000－1701－0029021　普781.7/2844　集部/曲類/曲評曲話曲目之屬

樂府傳聲一卷　(清)徐大椿撰　民國北京肇新印刷局石印本　一册

330000－1701－0029022　民925.18/3231.2　史部/傳記類/别傳之屬/年譜

潘孝端先生[逢泰]年譜一卷　潘肇元編　民國鉛印本　一册

330000－1701－0029023　民925.18/3172.7　史部/傳記類/别傳之屬/事狀

董節母傳一卷　馮貞胥撰　民國三十五年(1946)影印本　一册

330000－1701－0029024　民925.18/3182.3/c1　集部/總集類/郡邑之屬

四明愚叟拾殘録二卷　顧釗輯　程聖輅編　民國二十二年(1933)晚晴廬鉛印本　四册

330000－1701－0029025　民925.18/3435.8/c1　史部/傳記類/别傳之屬/事狀

志哀一卷　民國二年(1913)廊房三條麗華石印本　一册

330000－1701－0029028　民925.18/3435.8/c2　史部/傳記類/别傳之屬/事狀

志哀一卷　民國二年(1913)廊房三條麗華石印本　一册

330000－1701－0029029　民925.18/3627.8　史部/傳記類/别傳之屬

鏡臺餘韻不分卷　王俟編　民國二十二年(1933)鉛印本　一册

330000－1701－0029030　民925.18/4044.8

史部/傳記類/别傳之屬/事狀
袁屏山先生紀念集六卷首一卷 袁屏山先生紀念集編輯委員會編 民國二十九年(1940)鉛印本 二冊

330000－1701－0029031 民 925.18/3620.8/c1 史部/傳記類/别傳之屬/事狀
蘄水湯先生[化龍]遺念錄一卷 民國八年(1919)鉛印本 王倬漢題記 一冊

330000－1701－0029032 民 925.18/4043.8 史部/傳記類/别傳之屬/事狀
龍李夫人彤徽彙錄不分卷 周鍾嶽等輯 民國二十二年(1933)雲南財政廳印刷局石印本 四冊

330000－1701－0029034 民 925.18/3620.8/c2 史部/傳記類/别傳之屬/事狀
蘄水湯先生[化龍]遺念錄一卷 民國八年(1919)鉛印本 一冊

330000－1701－0029037 民 925.18/4044.7 類叢部/叢書類
五華學院叢書 民國五華學院鉛印本 一冊 存一種

330000－1701－0029038 民 925.18/4062.3 史部/傳記類/别傳之屬
李映川先生燕喜錄不分卷 民國十一年(1922)雲南崇文印書館石印本 六冊

330000－1701－0029039 民 925.18/44271.4/c1 史部/傳記類/别傳之屬/事狀
黃膺白先生故舊感憶錄不分卷 黃膺白先生紀念刊編輯委員會編 民國二十六年(1937)鉛印本 一冊

330000－1701－0029040 民 925.18/44271.4/c2 史部/傳記類/别傳之屬/事狀
黃膺白先生故舊感憶錄不分卷 黃膺白先生紀念刊編輯委員會編 民國二十六年(1937)鉛印本 一冊

330000－1701－0029041 民 925.18/4434.7/c1 史部/傳記類/别傳之屬
董冶卿君家傳一卷 葉伯允撰 民國三十六年(1947)影印本 一冊

330000－1701－0029043 民 925.18/44271.7/c1 史部/傳記類/别傳之屬/事狀
黃膺白先生家傳一卷 沈亦雲撰 民國三十四年(1945)鉛印本 一冊

330000－1701－0029045 民 925.18/44271.7/c2 史部/傳記類/别傳之屬/事狀
黃膺白先生家傳一卷 沈亦雲撰 民國三十四年(1945)鉛印本 一冊

330000－1701－0029047 民 925.18/4434.7/c2 史部/傳記類/别傳之屬
董冶卿君家傳一卷 葉伯允撰 民國三十六年(1947)影印本 一冊

330000－1701－0029048 民 925.18/44271.7/c3 史部/傳記類/别傳之屬/事狀
黃膺白先生家傳一卷 沈亦雲撰 民國三十四年(1945)鉛印本 一冊

330000－1701－0029049 民 925.18/44271.7/c4 史部/傳記類/别傳之屬/事狀
黃膺白先生家傳一卷 沈亦雲撰 民國三十四年(1945)鉛印本 一冊

330000－1701－0029050 民 925.18/4089.1 集部/總集類/酬唱之屬
六朝民肖影題辭不分卷 李鏡燧編 民國二十二年(1933)李氏鉛印本 一冊

330000－1701－0029051 民 925.18/4421.3 子部/儒家類/儒學之屬/禮教/家訓
過庭百錄一卷 葉佩瑲述 葉恭綽錄 民國三十一年(1942)鉛印本 陸丹林題記 一冊

330000－1701－0029052 民 925.18/4421.4 集部/總集類/酬唱之屬
黃禹平五十倡和詩一卷 黃拯民編 民國二十八年(1939)鉛印本 一冊

330000－1701－0029053 民 925.18/4481.2/c1 史部/傳記類/總傳之屬/仕宦
民國十五年以前之蔣介石先生八卷 毛思誠撰 民國二十六年(1937)鉛印本 二十冊

330000－1701－0029054　民 925.18/4481.2/c2　史部/傳記類/總傳之屬/仕宦

民國十五年以前之蔣介石先生八卷　毛思誠撰　民國二十六年(1937)鉛印本　二十册

330000－1701－0029055　民 925.18/44341.8　集部/總集類/酬唱之屬

永嘉葉墨卿先生乙亥八鞢倡和詩一卷　郭敦崇等輯　**榴蔭山房印譜一卷**　葉鴻翰篆　民國二十三年(1934)榴蔭山房石印本　一册

330000－1701－0029057　民 925.18/4490.2　史部/傳記類/別傳之屬/年譜

蔡渭生自編年譜一卷　蔡煥文撰　蔡鎮瀛等續編　民國三十七年(1948)鉛印本　一册

330000－1701－0029058　民 925.18/4454.8/c2　史部/傳記類/別傳之屬/事狀

黄慧增居士往生紀念册不分卷　渾渾山人等編　民國二十二年(1933)上海中華書局鉛印本　一册

330000－1701－0029059　民 925.18/4944.8　史部/傳記類/別傳之屬/事狀

介庵先生[趙藩]事略一卷　周鍾嶽撰　民國鉛印本　一册

330000－1701－0029061　民 925.18/75431.1　史部/傳記類/別傳之屬/事狀

陳古逸先生傳一卷　孫樂撰　民國三十年(1941)石印本　一册

330000－1701－0029065　民 925.18/5091　史部/傳記類/別傳之屬/事狀

秦璞安先生七十四自述一卷　秦光玉撰　民國三十一年(1942)石印本　一册

330000－1701－0029066　民 925.18/75432　史部/傳記類/別傳之屬/事狀

陳烈士芷江先生事略彙志一卷　杜關撰　**民國二次革命討袁軍川江水師參謀長陳芷江死國戰狀一卷**　畢春霆撰　民國雲南大昌公司鉛印本　一册

330000－1701－0029069　民 925.18/7580.9　子部/藝術類/書畫之屬

水流雲在圖記二卷　陳夔龍撰　民國二年(1913)石印本　二册

330000－1701－0029070　民 925.18/6072　史部/傳記類/別傳之屬/事狀

故室羅氏事略一卷附錄一卷　壽孝天撰　民國六年(1917)鉛印本　一册

330000－1701－0029071　民 925.18/4637　史部/傳記類/雜傳之屬

我的終身事業一卷　楊家駱撰　民國二十六年(1937)中國辭典館鉛印本　楊家駱題記　一册

330000－1701－0029072　民 925.18/4922.3/c1　集部/總集類/酬唱之屬

鷗隱廬七十壽詩彙編一卷　趙卓卿等撰　民國十二年(1923)石印本　一册

330000－1701－0029074　民 925.18/7547.5　集部/別集類

難中竹報一卷桃源夢一卷　陳栩撰　民國三友實業社鉛印本　劍吟跋　一册

330000－1701－0029075　民 925.18/6628.2/2　史部/傳記類/別傳之屬/年譜

侯官嚴先生[修]年譜一卷　嚴璩編　民國鉛印本　一册

330000－1701－0029076　民 925.18/4922.3/c2　集部/總集類/酬唱之屬

鷗隱廬七十壽詩彙編一卷　趙卓卿等撰　民國十二年(1923)石印本　一册

330000－1701－0029077　民 925.18/4922.3/c3　集部/總集類/酬唱之屬

鷗隱廬七十壽詩彙編一卷　趙卓卿等撰　民國十二年(1923)石印本　一册

330000－1701－0029078　民 925.18/74377/c1　史部/傳記類/別傳之屬/年譜

陸閏生先生[宗輿]五十自述記一卷附駐日時代交涉案情　陸宗輿撰　民國十四年(1925)北京日報鉛印本　一册

330000－1701－0029079　民 925.18/7548.8

史部/傳記類/别傳之屬/事狀
陳英士先生紀念全集九卷 何仲簫編 民國十九年(1930)鉛印本 二册

330000－1701－0029080 普 785.5/1147/2/c1 子部/藝術類/音樂之屬/琴學
琴學入門二卷 (清)張鶴輯 民國上海中華圖書館石印本 三册

330000－1701－0029081 民 925.18/7701 史部/傳記類/别傳之屬/事狀
吴興周夢坡先生訃告一卷年譜一卷墓表一卷墓誌銘一卷畫史一卷 周延礽輯 民國二十三年(1934)影印本暨鉛印本 四册

330000－1701－0029082 民 925.18/4477.72 子部/藝術類/書畫之屬/法帖
集魏誌字黄興先生傳略一卷 陳學才編集 民國二十五年(1936)南京正中書局影印本 一册

330000－1701－0029083 民 925.18/74377/c2 史部/傳記類/别傳之屬/年譜
陸閏生先生[宗輿]五十自述記一卷附駐日時代交涉案情 陸宗輿撰 民國十四年(1925)北京日報鉛印本 一册

330000－1701－0029084 普 785.5/1147/2/c2 子部/藝術類/音樂之屬/琴學
琴學入門二卷 (清)張鶴輯 民國上海中華圖書館石印本 二册

330000－1701－0029085 民 925.18/74377/c3 史部/傳記類/别傳之屬/年譜
陸閏生先生[宗輿]五十自述記一卷附駐日時代交涉案情 陸宗輿撰 民國十四年(1925)北京日報鉛印本 一册

330000－1701－0029086 民 925.18/80141.8 史部/傳記類/别傳之屬/事狀
紹興孝子金鹿賓先生哀誄録不分卷 陳澹然等撰 民國八年(1919)鉛印本 一册

330000－1701－0029087 普 785.5/1147/2/c3 子部/藝術類/音樂之屬/琴學
琴學入門二卷 (清)張鶴輯 民國上海中華圖書館石印本 三册

330000－1701－0029091 民 925.18/7519.8/c1 史部/傳記類/别傳之屬/事狀
慈谿陳謙夫先生[俊伯]紀念册不分卷 韓煥章編 民國三十六年(1947)鉛印本 一册

330000－1701－0029092 民 925.18/7701.2/c1 史部/傳記類/别傳之屬/事狀
吴興周夢坡先生訃告一卷年譜一卷墓表一卷墓誌銘一卷畫史一卷 周延礽輯 民國二十三年(1934)影印本暨鉛印本 一册 存一卷(年譜)

330000－1701－0029093 民 925.18/8072.8 子部/藝術類/書畫之屬
施母俞太夫人開七壽徵詩畫集一卷 施翀鵬輯 民國三十七年(1948)影印本 施翀鵬題記 一册

330000－1701－0029095 民 925.18/7701.2/c2 史部/傳記類/别傳之屬/事狀
吴興周夢坡先生訃告一卷年譜一卷墓表一卷墓誌銘一卷畫史一卷 周延礽輯 民國二十三年(1934)影印本暨鉛印本 一册 存一卷(年譜)

330000－1701－0029096 民 925.18/7519.8/c2 史部/傳記類/别傳之屬/事狀
慈谿陳謙夫先生[俊伯]紀念册不分卷 韓煥章編 民國三十六年(1947)鉛印本 一册

330000－1701－0029097 民 925.18/8303.2/c1 史部/傳記類/别傳之屬/年譜
錢士青先生[文選]編年事略一卷 甘澤沛 王永清編 民國二十五年(1936)鉛印本 一册

330000－1701－0029099 民 925.18/7530/c1 史部/傳記類/别傳之屬/事狀
大學教授陳公伯弢行述一卷 陳慶麒 陳慶粹撰 民國二十七年(1938)鉛印本 一册

330000－1701－0029103 民 925.18/8303.2/c2 史部/傳記類/别傳之屬/年譜
錢士青先生[文選]編年事略一卷 甘澤沛

王永清編　民國二十五年(1936)鉛印本　一冊

330000－1701－0029104　民925.18/8336.8　史部/傳記類/別傳之屬/事狀
錢處士[九皋]行狀一卷　金澤榮撰　張謇書　民國石印本　一冊

330000－1701－0029105　民925.18/7701.3　史部/傳記類/別傳之屬/事狀
夢坡五十壽言一卷　周延礽編　**夢坡四十初度贈答詩存一卷**　周慶雲撰　**百齡合壽贈言一卷**　邱曾撰　民國二年(1913)鉛印本　孫樹誼題記　一冊

330000－1701－0029107　民925.18/8303.2/c3　史部/傳記類/別傳之屬/年譜
錢士青先生[文選]編年事略一卷　甘澤沛　王永清編　民國二十五年(1936)鉛印本　一冊

330000－1701－0029108　民925.18/7530/c2　史部/傳記類/別傳之屬/事狀
大學教授陳公伯弢行述一卷　陳慶麒　陳慶粹撰　民國二十七年(1938)鉛印本　一冊

330000－1701－0029110　民925.18/8303.3　史部/傳記類/別傳之屬/事狀
錢士青都轉六秩壽徵錄不分卷　錢文選編　民國二十二年(1933)鉛印本　二冊

330000－1701－0029111　民925.18/8845.8　史部/傳記類/別傳之屬/事狀
簡太夫人哀思錄不分卷　簡照南輯　民國九年(1920)上海聚珍倣宋印書局石印本暨鉛印本　一冊

330000－1701－0029112　民925.18/7742.8　類叢部/叢書類
闕園集刻　李根源等編　民國十四年至十八年(1925－1929)蘇州闕園刻本　四冊

330000－1701－0029119　民925.22/5024.1　新學/史志/臣民傳記
日本軍神廣瀨中佐傳一卷　民國鉛印本　一冊

330000－1701－0029121　民951.00144/0053　史部/叢編
思峴廬史學叢著　唐邦治撰　民國大東書局鉛印本　一冊　存一種

330000－1701－0029122　民925.18/77431.8/c1　史部/傳記類/別傳之屬/事狀
陶廉惠先生誄碑一卷　孫道仁等撰　民國八年(1919)木活字印本　一冊

330000－1701－0029123　民925.8/34132/c1　類叢部/叢書類/自著之屬
琅玕館叢著　冼玉清撰　民國鉛印本　一冊　存一種

330000－1701－0029124　民925.18/77431.8/c2　史部/傳記類/別傳之屬/事狀
陶廉惠先生誄碑一卷　孫道仁等撰　民國八年(1919)木活字印本　一冊

330000－1701－0029127　民925.18/7531　史部/傳記類/別傳之屬/事狀
陳烈女不朽錄六卷　壽孝天編　民國十四年(1925)浙紹寓滬穎川氏石印本　四冊

330000－1701－0029128　民951.0017/4234　史部/史評類/史學之屬
史學研究法一卷　姚永樸撰　民國三年(1914)京師京華印書局鉛印本　一冊

330000－1701－0029131　民925.18/7533.2/c1　史部/傳記類/別傳之屬/年譜
陳介石先生[黻宸]年譜一卷　陳謐編　民國二十三年(1934)見思堂鉛印本　二冊

330000－1701－0029132　民925.8/34132/c2　類叢部/叢書類/自著之屬
琅玕館叢著　冼玉清撰　民國鉛印本　冼玉清題記　一冊　存一種

330000－1701－0029134　民925.18/7533.2/c2　史部/傳記類/別傳之屬/年譜
陳介石先生[黻宸]年譜一卷　陳謐編　民國二十三年(1934)見思堂鉛印本　二冊

330000－1701－0029135　民925.28/1008

史部/傳記類/别傳之屬/年譜
榆廬[夏辛銘]年譜一卷 夏辛銘撰 **榆廬年譜續一卷** 夏祖年 夏廷正編 民國二十年(1931)鉛印本 一册

330000－1701－0029136 民925.18/7796.2/c1 史部/傳記類/别傳之屬/年譜
惜分陰軒主人[周憬]述略一卷 周憬撰 民國九年(1920)無錫周氏鉛印本 一册

330000－1701－0029138 民951.0023/4033.02 類叢部/叢書類/彙編之屬
東方學會叢書初集十三種 羅振玉編 民國十三年(1924)東方學會鉛印本 三册 存一種

330000－1701－0029139 民925.18/7796.2/c2 史部/傳記類/别傳之屬/年譜
惜分陰軒主人[周憬]述略一卷 周憬撰 民國九年(1920)無錫周氏鉛印本 一册

330000－1701－0029140 民925.8/2247.4/c1 史部/地理類/雜志之屬
園林春色一卷 任桐撰 民國十七年(1928)鉛印本 一册

330000－1701－0029141 民951.0093396/1023 子部/雜著類/雜説之屬
中華六族同胞考説二卷 夏德渥撰 民國四年(1915)湖北第一監獄石印本 一册

330000－1701－0029143 普785.5/5592/3 子部/藝術類/音樂之屬/樂譜
琴譜新聲六卷 (清)曹尚絅等撰 (清)祝鳳喈評 民國十年(1921)上海孚華書局影印本 五册 缺一卷(一)

330000－1701－0029145 民951.00911/5045/2/c1 史部/史抄類
史記精華八卷 中華書局編 民國十七年(1928)上海中華書局鉛印本 八册

330000－1701－0029146 民925.8/2247.4/c2 史部/地理類/雜志之屬
園林春色一卷 任桐撰 民國十七年(1928)鉛印本 一册

330000－1701－0029148 民925.8/2247.4/c3 史部/地理類/雜志之屬
園林春色一卷 任桐撰 民國十七年(1928)鉛印本 一册

330000－1701－0029149 民951.00911/5045/2/c2 史部/史抄類
史記精華八卷 中華書局編 民國七年(1918)上海中華書局鉛印本 八册

330000－1701－0029150 民925.8/2247.4/c4 史部/地理類/雜志之屬
園林春色一卷 任桐撰 民國十七年(1928)鉛印本 一册

330000－1701－0029151 民951.00911/5045/2/c3 史部/史抄類
史記精華八卷 中華書局編 民國二十年(1931)上海中華書局鉛印本 八册

330000－1701－0029160 民951.068/4414 史部/傳記類/總傳之屬/斷代
南明忠烈傳二卷 蘇雪林撰 民國三十年(1941)重慶國民圖書出版社鉛印本 一册

330000－1701－0029161 普785.506/7701/c1 子部/藝術類/音樂之屬/琴學
晨風廬琴會記録二卷 周慶雲編 民國十一年(1922)刻藍印本 一册

330000－1701－0029162 普785.5/5592/5 子部/藝術類/音樂之屬/樂譜
琴譜新聲六卷 (清)曹尚絅等撰 民國抄本 一册

330000－1701－0029163 普785.5021/7701 史部/目録類/專録之屬
琴操存目四卷 周慶雲撰 民國十八年(1929)稿本 四册

330000－1701－0029165 民951.00976/2334 新學/學校
共和國教科書新歷史六册不分卷 傅運森編纂 民國上海商務印書館鉛印本 四册 存四册(一至四)

330000－1701－0029166　普 785.506/7701/c2　子部/藝術類/音樂之屬/琴學

晨風廬琴會記錄二卷　周慶雲編　民國十一年(1922)刻藍印本　一冊

330000－1701－0029167　普 785.5021/7701.2/c1　史部/目録類/專録之屬

琴書存目六卷別錄二卷　周慶雲編　民國三年(1914)烏程周氏夢坡室刻本　四冊

330000－1701－0029168　普 785.5021/7701.2/c2　史部/目録類/專録之屬

琴書存目六卷別錄二卷　周慶雲編　民國三年(1914)烏程周氏夢坡室刻本　四冊

330000－1701－0029169　民 951.07093/2726　史部/雜史類/斷代之屬

庚子西狩叢談五卷附年譜一卷　吳永口述　劉治襄筆記　民國三十二年(1943)苕溪漁隱鉛印本　一冊

330000－1701－0029170　民 951.07097/2683(2)/c1　史部/編年類/斷代之屬

清史綱要十四卷　吳曾祺等編　民國三年(1914)上海商務印書館鉛印本　六冊

330000－1701－0029171　普 785.5021/7701.2/c3　史部/目録類/專録之屬

琴書存目六卷別錄二卷　周慶雲編　民國三年(1914)烏程周氏夢坡室刻本　四冊

330000－1701－0029174　普 785.506/4446/c1　子部/藝術類/音樂之屬/琴學

會琴實紀六卷首一卷　葉希明編　民國九年(1920)木活字印本　一冊

330000－1701－0029176　普 785.509/7701/c1　史部/傳記類/總傳之屬/技藝

琴史補二卷琴史續八卷　周慶雲纂　民國八年(1919)烏程周氏夢坡室刻藍印本　四冊

330000－1701－0029177　民 951.07097/2683(2)/c2　史部/編年類/斷代之屬

清史綱要十四卷　吳曾祺等編　民國二年(1913)上海商務印書館鉛印本　六冊

330000－1701－0029179　民 951.021/5045/2　史部/史抄類

教科適用漢書精華八卷　中華書局編　民國七年(1918)上海中華書局鉛印本　七冊　缺一卷(五)

330000－1701－0029180　民 951.07097/2683(2)/c3　史部/編年類/斷代之屬

清史綱要十四卷　吳曾祺等編　民國十三年(1924)上海商務印書館鉛印本　六冊

330000－1701－0029181　民 951.07097/2683(2)/c4　史部/編年類/斷代之屬

清史綱要十四卷　吳曾祺等編　民國十四年(1925)上海商務印書館鉛印本　六冊

330000－1701－0029182　普 785.509/7701/c2　史部/傳記類/總傳之屬/技藝

琴史補二卷琴史續八卷　周慶雲纂　民國八年(1919)烏程周氏夢坡室刻本　四冊

330000－1701－0029183　普 785.506/4446/c2　子部/藝術類/音樂之屬/琴學

會琴實紀六卷首一卷　葉希明編　民國九年(1920)木活字印本　一冊

330000－1701－0029185　普 785.506/4446/c3　子部/藝術類/音樂之屬/琴學

會琴實紀六卷首一卷　葉希明編　民國九年(1920)木活字印本　一冊

330000－1701－0029186　普 785.509/7701/c3　史部/傳記類/總傳之屬/技藝

琴史補二卷琴史續八卷　周慶雲纂　民國八年(1919)烏程周氏夢坡室刻藍印本　四冊

330000－1701－0029188　普 789.1/1082　集部/曲類/曲韻曲譜曲律之屬

遏雲閣曲譜初集不分卷　(清)王錫純輯　(清)李秀雲拍正　民國上海著易堂書局鉛印本　十二冊

330000－1701－0029191　民 951.07703/5285/c1　史部/雜史類/斷代之屬

太平天國有趣文件十六種不分卷　劉復輯　民國十五年(1926)北新書局鉛印本　一冊

330000－1701－0029192　民 951.079/9180.2　史部/傳記類/總傳之屬/仕宦

光宣列傳四十卷前編二卷附編一卷　金梁輯　民國二十三年(1934)鉛印本　六册

330000－1701－0029193　普 789.1/4050　集部/曲類/曲韻曲譜曲律之屬

花月主人抄曲譜不分卷　民國花月主人抄本　一册

330000－1701－0029195　普 789.1/1032　子部/藝術類/音樂之屬/樂譜

王氏琴譜不分卷　(清)王賓魯輯　民國抄本　屠軒桐題記　一册

330000－1701－0029197　民 951.07703/5285/c2　史部/雜史類/斷代之屬

太平天國有趣文件十六種不分卷　劉復輯　民國十五年(1926)北新書局鉛印本　一册

330000－1701－0029201　民 951.07703/52914　史部/雜史類/斷代之屬

太平天國文書一卷　故宫博物院文獻館編　民國二十二年(1933)北平故宫博物院影印本　一册

330000－1701－0029205　民 951.010144/1062/c1　類叢部/叢書類/自著之屬

王静安先生遺著　王國維撰　民國北平來薰閣影印本　一册　存一種

330000－1701－0029206　普 789.1/4455　集部/曲類/曲韻曲譜曲律之屬

舊鈔曲譜不分卷　民國抄本　火宣題簽　一册

330000－1701－0029207　民 951.010144/1062/c2　類叢部/叢書類/自著之屬

王静安先生遺著　王國維撰　民國北平來薰閣影印本　一册　存一種

330000－1701－0029208　普 789.1/5731　集部/曲類/曲韻曲譜曲律之屬

蟾窟霓裳十二集　民國抄本　十二册

330000－1701－0029209　普 789.1/8336　集部/曲類/曲韻曲譜曲律之屬

舊鈔曲譜不分卷　民國抄本　一册

330000－1701－0029210　民 951.0809332/9022　史部/雜史類/斷代之屬

辛壬春秋四十八卷　尚秉和纂輯　張鼎彝評點　民國十三年(1924)辛壬歷史編輯社刻本　十六册

330000－1701－0029212　普 789.1/8414　集部/曲類/曲韻曲譜曲律之屬

鋤雲草堂曲譜不分卷　民國抄本　一册

330000－1701－0029214　普 789.1/9535　集部/曲類/曲韻曲譜曲律之屬

精選曲譜不分卷　民國抄本　四册

330000－1701－0029215　民 951.0814/2053　史部/雜史類/斷代之屬

襄陽光復記七卷　毛拔撰　民國元年(1912)鉛印本　一册

330000－1701－0029216　普 789.2/5677　集部/曲類/曲韻曲譜曲律之屬

拐兒一卷　民國抄本　一册

330000－1701－0029217　普 789.4/2226　集部/曲類/曲韻曲譜曲律之屬

崑曲粹存初集不分卷　崑山國學保存會輯　民國十八年(1929)上海校經山房成記書局石印本　六册

330000－1701－0029218　普 789.3/6270　集部/曲類/曲韻曲譜曲律之屬

販馬記曲本一卷　沈蘅逸藏　民國三十一年(1942)影印本　一册

330000－1701－0029219　民 951.0814/0739　史部/雜史類/斷代之屬

辛亥四川路事紀略一卷　誦清堂主人編　民國四年(1915)四川成都鉛印本　一册

330000－1701－0029220　普 789.4/2250　集部/曲類/曲韻曲譜曲律之屬

昆曲詞譜不分卷　民國二十四年至二十六年(1935－1937)、一九六〇年陳延甫抄本　四

十五册

330000－1701－0029221　民 951.0814/5047　史部/雜史類/斷代之屬
蜀辛二卷　秦枏撰　民國三年(1914)鉛印本　一册

330000－1701－0029222　普 789.4/2270　集部/曲類/曲韻曲譜曲律之屬
崑腔譜不分卷　民國抄本　一册

330000－1701－0029223　普 789.4/2226/2　集部/曲類/曲韻曲譜曲律之屬
崑曲粹存初集不分卷　崑山國學保存會輯　民國八年(1919)上海朝記書莊石印本　六册

330000－1701－0029224　民 951.082/0066　史部/雜史類/斷代之屬
雲南北伐軍援黔紀事十一節　庾恩暘撰　民國元年(1912)鉛印本　一册

330000－1701－0029226　民 951.082/2617　史部/雜史類/斷代之屬
滇省首義後之和平祕史一卷　白雲居士編　民國八年(1919)鉛印本　一册

330000－1701－0029227　普 789.1/5086/c1　集部/曲類/曲韻曲譜曲律之屬
摘錦不分卷　民國抄本　一册

330000－1701－0029228　民 951.981/0042　史部/傳記類/别傳之屬/事狀
宋漁父被刺記不分卷　民國石印本　二册

330000－1701－0029229　普 789.1/5086/c2　集部/曲類/曲韻曲譜曲律之屬
摘錦曲譜不分卷　民國三十二年(1943)斗南抄本　二册

330000－1701－0029231　民 951.082/3220　史部/雜史類/斷代之屬
癸丑禍亂紀略二卷　介北逸叟撰　民國二年(1913)上海有益齋石印本　六册

330000－1701－0029232　民 951.081/0240　史部/政書類/公牘檔册之屬
民國軍政民政文牘合編三卷新民國文粹一卷女革命文粹一卷　新黄氓編　民國二年(1913)上海廣益書局鉛印本　四册

330000－1701－0029234　民 951.081/4004　史部/雜史類/斷代之屬
南京大都督始末記三集　民國石印本　一册

330000－1701－0029236　民 951.0813/2713/c1　史部/政書類/公牘檔册之屬
黎副總統政書三十四卷　黎元洪撰　易國幹等編　民國四年(1915)上海古今圖書局石印本　二十四册

330000－1701－0029237　民 951.0813/2713/c2　史部/政書類/公牘檔册之屬
黎副總統政書三十四卷　黎元洪撰　易國幹等編　民國四年(1915)上海古今圖書局石印本　二十四册

330000－1701－0029238　民 951.08214/4065　史部/政書類/邦交之屬
五九國恥十周紀念特刊不分卷　周霽光等編　民國十四年(1925)上海國民對日外交大會鉛印本　一册

330000－1701－0029239　民 951.0813/2713/c3　史部/政書類/公牘檔册之屬
黎副總統政書三十四卷　黎元洪撰　易國幹等編　民國四年(1915)上海古今圖書局石印本　二十四册

330000－1701－0029241　民 951.0813/4000/c2　史部/叢編
鄂故叢書二種　湖北通志館輯　民國三十六年(1947)湖北通志館鉛印本　二册　存一種

330000－1701－0029243　民 951.0813/4000/c3　史部/叢編
鄂故叢書二種　湖北通志館輯　民國三十六年(1947)湖北通志館鉛印本　二册　存一種

330000－1701－0029244　民 951.0813/4000/c5　史部/雜史類/斷代之屬
辛亥武昌首義紀二卷　李廉方撰　民國三十六年(1947)湖北通志館鉛印鄂故叢書本　闞家駱題記　二册

330000－1701－0029245　民951.08252/4913　史部/雜史類/斷代之屬
賄選記二編　趙晉源編　民國十三年(1924)上海淞滬通訊社鉛印本　一冊

330000－1701－0029247　民951.08271/2136/c1　史部/雜史類/斷代之屬
江浙直奉血戰畫寶大全四集　胡亞光等繪　民國十三年(1924)上海戰事寫真館石印本　四冊

330000－1701－0029248　民951.08271/2136/c2　史部/雜史類/斷代之屬
江浙直奉血戰畫寶大全四集　胡亞光等繪　民國十三年(1924)上海戰事寫真館石印本　四冊

330000－1701－0029249　普741.608/3578　子部/藝術類/書畫之屬/畫譜
禮髠龕收藏山水畫冊一卷　民國影印本　一冊

330000－1701－0029251　民951.08282/1045　史部/雜史類/斷代之屬
五卅中心教材一卷　民國鉛印本　一冊

330000－1701－0029252　民951.08282/7730/c2　史部/雜史類/斷代之屬
五卅竹枝詞一卷　覺遠廬主編　民國十五年(1926)上海大新印刷公司鉛印本　一冊

330000－1701－0029253　民951.08282/7730/c3　史部/雜史類/斷代之屬
五卅竹枝詞一卷　覺遠廬主編　民國十五年(1926)上海大新印刷公司鉛印本　一冊

330000－1701－0029254　民951.08282/7730/c4　史部/雜史類/斷代之屬
五卅竹枝詞一卷　覺遠廬主編　民國十五年(1926)上海大新印刷公司鉛印本　一冊

330000－1701－0029255　民951.08282/7730/c5　史部/雜史類/斷代之屬
五卅竹枝詞一卷　覺遠廬主編　民國十五年(1926)上海大新印刷公司鉛印本　一冊

330000－1701－0029257　民951.083113/1046/c1　史部/雜史類/斷代之屬
涿州戰紀十六卷文書彙編四卷圖表彙編不分卷　夏壽田撰　民國石印本暨鉛印本　六冊

330000－1701－0029260　普793.1/1718.4　子部/藝術類/遊藝之屬/棋弈
黃龍士先生棋譜一卷補遺一卷　(清)鄧元鏸編　民國上海文瑞樓石印本　一冊

330000－1701－0029261　民951.084423/1134　史部/政書類/公牘檔冊之屬
江蘇省各縣抗戰初期工作實况輯要不分卷　張迺藩編　民國三十年(1941)中央政治學校印刷所鉛印本　一冊

330000－1701－0029263　民951.083113/1046/c2　史部/雜史類/斷代之屬
涿州戰紀十六卷文書彙編四卷圖表彙編不分卷　夏壽田撰　民國石印本暨鉛印本　六冊

330000－1701－0029264　民951.083113/1046/c3　史部/雜史類/斷代之屬
涿州戰紀十六卷文書彙編四卷圖表彙編不分卷　夏壽田撰　民國石印本暨鉛印本　六冊

330000－1701－0029265　民951.083113/1046/c4　史部/雜史類/斷代之屬
涿州戰紀十六卷文書彙編四卷圖表彙編不分卷　夏壽田撰　民國石印本暨鉛印本　六冊

330000－1701－0029267　民951.084499/1748　類叢部/叢書類
浙江省戰區政治幹部訓練團叢書　民國鉛印本　一冊　存一種

330000－1701－0029270　民951.08458/2032/c1　史部/政書類/公牘檔冊之屬
空軍抗戰三週年紀念專冊不分卷　航空委員會政治部編　民國二十九年(1940)航空委員會鉛印本　一冊

330000－1701－0029272　普741.1/1073　子部/藝術類/書畫之屬/畫譜
清英和書嘉慶帝題惲壽平山水冊一卷清艾啟蒙八駿圖一卷明董香光書自題畫冊一卷　民

國王誠銓影抄繪本　一冊

330000－1701－0029273　民 951.08458/2032/c2　史部/政書類/公牘檔冊之屬

空軍抗戰三週年紀念專冊不分卷　航空委員會政治部編　民國二十九年(1940)航空委員會鉛印本　一冊

330000－1701－0029274　普 741.1/2015　子部/藝術類/書畫之屬/畫譜

停雲書畫集不分卷　停雲書畫社編　民國十二年(1923)上海停雲書畫社影印本　一冊

330000－1701－0029277　民 951.11/6632/c1　史部/地理類/雜志之屬

北平史表長編一卷　瞿宣穎撰　民國二十三年(1934)國立北平研究院出版部鉛印本　二冊

330000－1701－0029278　普 741.1/1133　子部/藝術類/書畫之屬

張文襄相國張黄樓孝廉叔姪書畫合冊不分卷　(清)張之洞　張彬撰　民國十九年(1930)南皮張彬影印本　一冊

330000－1701－0029279　普 793.1/3800　子部/藝術類/遊藝之屬/棋弈

漱六齋奕選不分卷　民國十年(1921)抄本　四冊

330000－1701－0029281　民 951.11/6632/c2　史部/地理類/雜志之屬

北平史表長編一卷　瞿宣穎撰　民國二十三年(1934)國立北平研究院出版部鉛印本　二冊

330000－1701－0029282　普 741.1/2523　子部/藝術類/書畫之屬

蓉莊先生一家書畫集第一集不分卷　朱峻　朱銘新　朱銘慶繪　王震輯　民國二十年(1931)上海哈同路民厚北里四百二十號影印本　一冊

330000－1701－0029283　民 951.11/6632/c3　史部/地理類/雜志之屬

北平史表長編一卷　瞿宣穎撰　民國二十三年(1934)國立北平研究院出版部鉛印本　二冊

330000－1701－0029286　民 951.0841/3752/c1　史部/雜史類/斷代之屬

抗戰三週年紀念特輯不分卷　軍事委員會政治部編　民國鉛印本　一冊

330000－1701－0029287　民 951.0841/3752/c2　史部/雜史類/斷代之屬

抗戰三週年紀念特輯不分卷　軍事委員會政治部編　民國鉛印本　陳訓慈題記　一冊

330000－1701－0029288　普 741.1/3231　子部/藝術類/書畫之屬

浙江兩級師範學校成立五週紀念會寄覽書畫不分卷　浙江兩級師範學校編　民國二年(1913)影印本　一冊

330000－1701－0029289　普 741.1/2623　子部/藝術類/書畫之屬

現代書畫第一集不分卷　吴幼潛編輯　民國二十一年(1932)上海誠信代辦社藝術部影印本　一冊

330000－1701－0029292　普 741.1/6022　子部/藝術類/書畫之屬

墨巢祕笈藏影二集不分卷　李宣龔藏　民國二十四年(1935)上海商務印書館影印本　二冊

330000－1701－0029293　普 741.1/3499/c1　子部/藝術類/書畫之屬

篁里遺珍二卷　(清)張廷濟藏　沈光瑩編　民國八年(1919)上海聚珍倣宋印書局影印本　二冊

330000－1701－0029294　普 741.1/4010　子部/藝術類/書畫之屬/畫譜

歷代名人書畫六集　内務部古物陳列所編　民國十四年(1925)北京京華印書局影印本　施泉石題記　六冊

330000－1701－0029295　普 741.1/2785　子部/藝術類/書畫之屬/畫譜

名人書畫不分卷　商務印書館輯　民國上海

商務印書館影印本　三冊

330000－1701－0029297　普 741.1/4082　子部/藝術類/書畫之屬

古今名人書畫大觀第一集不分卷　古越琴石山房藏　民國十二年(1923)上海會文堂書局影印本　一冊

330000－1701－0029298　普 741.1/27851　子部/藝術類/書畫之屬

媚秋堂藏名人書畫不分卷　馬氏媚秋堂藏　民國二十五年(1936)上海商務印書館影印本　陸德銓題記　一冊

330000－1701－0029299　普 741.1/7588　子部/藝術類/書畫之屬

奇和堂珍藏字畫冊第一集一卷　(清)陳錦篔繪　民國影印本　一冊

330000－1701－0029300　普 741.1/3499/c2　子部/藝術類/書畫之屬

篁里遺珍二卷　(清)張廷濟藏　沈光瑩編　民國八年(1919)上海聚珍倣宋印書局影印本　一冊　存一卷(上)

330000－1701－0029302　普 741.1/4464　子部/藝術類/書畫之屬

傳樸堂印人書畫集一卷　葛昌楹編　民國十三年(1924)上海慎修書社影印本　一冊

330000－1701－0029303　普 735/8053　子部/藝術類/書畫之屬

可讀廬刻竹拓本　金東溪　金西厓刻　民國十三年(1924)上海大東書局影印本　一冊

330000－1701－0029304　普 741.16/4446　子部/藝術類/書畫之屬

董其昌書畫合璧一卷　(明)董其昌繪並書　民國二十年(1931)古物陳列所影印本　一冊

330000－1701－0029305　普 741.1/8045　子部/藝術類/書畫之屬

雲社翰墨緣一卷　曾古農編輯　民國二十年(1931)上海華商書局影印本　程士文題記　一冊

330000－1701－0029306　普 741.1/4475　子部/藝術類/書畫之屬/畫譜

藝風畫萃一卷　民國影印本　一冊

330000－1701－0029307　普 741.17/1147　子部/藝術類/書畫之屬

張大風書畫合冊一卷　(明)張風繪並書　民國影印本　一冊

330000－1701－0029308　普 741.17/2562/c1　子部/藝術類/書畫之屬

永感集一卷　朱景彝藏　民國二十六年(1937)朱氏寶彝室影印本　一冊

330000－1701－0029310　普 741.1/8318　子部/藝術類/書畫之屬

鐵琴銅劍樓藏扇集錦二卷　鐵琴銅劍樓藏　民國二十五年(1936)上海商務印書館影印本　一冊　存一卷(上)

330000－1701－0029311　普 741.17/2540　子部/藝術類/書畫之屬

八大山人書畫集不分卷　(清)朱耷書並繪　民國上海泰山殘石樓影印本　二冊

330000－1701－0029312　普 741.1/0851　子部/藝術類/書畫之屬

浙江永嘉區藝術展覽會書畫紀念冊不分卷　許蟠雲等輯　民國二十五年(1936)上海宣和印社影印本　一冊

330000－1701－0029313　普 741.1/5021　子部/藝術類/書畫之屬

藝苑真賞集第十期不分卷　秦文錦輯　民國九年(1920)上海藝苑真賞社影印本　秦文錦題簽並記　一冊

330000－1701－0029314　普 741.17/2540.3　子部/藝術類/書畫之屬/畫譜

八大山人山水冊不分卷　(清)朱耷書並繪　民國上海泰山殘石樓影印本　一冊

330000－1701－0029315　普 741.17/2674　子部/藝術類/書畫之屬

吳讓之先生書畫冊不分卷　(清)吳熙載書並繪　丁仁　吳隱輯　民國十一年(1922)西泠

印社影印本　一册

330000－1701－0029316　普 741.16/0026　子部/藝術類/書畫之屬

文衡山先生高士傳真蹟一卷　（明）文徵明繪並書　民國十四年（1925）上海商務印書館影印本　一册

330000－1701－0029317　普 741.1/7451　子部/藝術類/書畫之屬

現代名人墨妙一卷　陸抑非等編　民國三十五年（1946）四達實業公司影印本　一册

330000－1701－0029318　普 741.17/2562/c2　子部/藝術類/書畫之屬

永感集一卷　朱景彝藏　民國二十六年（1937）朱氏寶彝室影印本　邇庵題記　一册

330000－1701－0029319　普 741.16/3440　子部/藝術類/書畫之屬

沈子居陳眉公書畫合璧一卷　（明）沈士充繪（明）陳繼儒書　民國二十年（1931）上海神州國光社影印本　一册

330000－1701－0029321　普 741.17/4930/c1　子部/藝術類/書畫之屬

悲盦賸墨十集　（清）趙之謙書並繪　丁仁吳隱編　民國七年至二十三年（1918－1934）上海西泠印社影印本　十册

330000－1701－0029322　普 741.17/7140/c1　子部/藝術類/書畫之屬

白華山人詩書畫真蹟彙編不分卷　（清）厲志書并繪　厲汝熊輯　民國十一年（1922）文明書局影印本　一册

330000－1701－0029323　普 741.16/3830　子部/藝術類/書畫之屬

清湘老人書畫稿一卷　（清）釋道濟書並繪　民國二十三年（1934）上海有正書局影印本　一册

330000－1701－0029324　普 741.17/2562/c3　子部/藝術類/書畫之屬

永感集一卷　朱景彝藏　民國二十六年（1937）朱氏寶彝室影印本　一册

330000－1701－0029325　普 741.17/2562/c4　子部/藝術類/書畫之屬

永感集一卷　朱景彝藏　民國二十六年（1937）朱氏寶彝室影印本　一册

330000－1701－0029326　普 741.17/7140/c2　子部/藝術類/書畫之屬

白華山人詩書畫真蹟彙編不分卷　（清）厲志書并繪　厲汝熊輯　民國十一年（1922）文明書局影印本　一册

330000－1701－0029327　普 741.18/2661.6　子部/藝術類/書畫之屬

苦鐵碎金不分卷　吳昌碩書並繪　吳隱輯　民國四年（1915）西泠印社石印本　四册

330000－1701－0029328　普 741.17/8718　子部/藝術類/書畫之屬

柴翁書畫集錦一卷　（清）鄭子尹書并繪　凌惕安輯　民國二十五年（1936）上海商務印書局影印本　一册

330000－1701－0029329　普 741.17/2623　子部/藝術類/書畫之屬

山濤書畫册一卷　（清）吳山濤書並繪　民國上海泰山殘石樓影印本　一册

330000－1701－0029330　普 741.18/8077　子部/藝術類/書畫之屬

曾農髯遺蹟不分卷　曾熙繪并書　李良臣輯　民國二十年（1931）上海華商書局影印本　一册

330000－1701－0029331　普 741.18/1034　子部/藝術類/書畫之屬

丁東齋李裕之海濱二妙册臨本一卷　丁啟喆臨繪　李肇恩書　民國十九年（1930）濰縣同志畫社影印本　一册

330000－1701－0029332　普 741.17/2673　子部/藝術類/書畫之屬

墨井書畫集一卷　（清）吳歷繪　民國三年（1914）上海士山灣影印本　一册

330000－1701－0029333　普 741.18/2661　子部/藝術類/書畫之屬

缶廬近墨第一集不分卷　吴昌碩書並繪　丁仁編輯　民國十二年(1923)上海西泠印社影印本　一冊

330000－1701－0029334　普741.17/4930/c2　子部/藝術類/書畫之屬
悲盦賸墨十集　(清)趙之謙書並繪　丁仁　吴隱編　民國十二年至十八年(1923－1929)上海西泠印社影印本　十冊

330000－1701－0029335　普741.18/2661.5/c1　子部/藝術類/書畫之屬
吴昌碩金石書畫集不分卷　民國影印本　胡文倬題記　一冊

330000－1701－0029336　普741.295/1042　子部/藝術類/書畫之屬/書法書品
標準草書草聖千文一卷標準草書釋例三卷附錄一卷　于右任編　民國二十六年(1937)鉛印本暨石印本　一冊

330000－1701－0029337　普741.18/2661.2　子部/藝術類/書畫之屬
吴昌碩書畫集不分卷　吴昌碩書並繪　民國三十二年(1943)影印本　一冊

330000－1701－0029338　普741.3/1023　子部/藝術類/書畫之屬/法帖
晉魏經墨蹟一卷　民國二十年(1931)神州國光社影印本　一冊

330000－1701－0029340　普741.3/5038/c2　史部/金石類/金之屬/文字
秦漢金篆八種放大本不分卷　民國九年(1920)上海有正書局石印本　一冊

330000－1701－0029341　普741.3/1053　子部/藝術類/書畫之屬/法帖
名人篆隸書條幅一卷　丁仁編輯　民國二十三年(1934)上海西泠印社影印本　一冊

330000－1701－0029342　普741.3/1020　子部/藝術類/書畫之屬/法帖
百爵齋藏歷代名人法書三卷　羅振玉輯　民國上虞羅氏影印本　三冊

330000－1701－0029343　普741.2/5033/c1　子部/藝術類/書畫之屬/書法書品
書法秘訣一卷　(清)□□撰　**書法輯要一卷**　文成郁輯　民國二十三年(1934)南京無錫錫成印刷公司鉛印本　一冊

330000－1701－0029344　普741.18/2661.4　子部/藝術類/書畫之屬
吴昌碩先生遺作集不分卷　楊清磐　錢瘦鐵編輯　民國十九年(1930)上海大東書局影印本　二冊

330000－1701－0029345　普741.18/2661.5/c2　子部/藝術類/書畫之屬
吴昌碩金石書畫集不分卷　民國影印本　一冊

330000－1701－0029347　普741.3/2149　子部/藝術類/書畫之屬/法帖
貞松堂藏歷代名人法書三卷　羅振玉輯　民國上虞羅氏影印本　三冊

330000－1701－0029348　普741.18/2661.5/c3　子部/藝術類/書畫之屬
吴昌碩金石書畫集不分卷　民國影印本　一冊

330000－1701－0029349　普741.2/5033/c2　子部/藝術類/書畫之屬/書法書品
書法秘訣一卷　(清)□□撰　**書法輯要一卷**　文成郁輯　民國二十三年(1934)南京無錫錫成印刷公司鉛印本　一冊

330000－1701－0029350　普741.3532/1083.2　子部/藝術類/書畫之屬/法帖
王羲之快雪時晴帖一卷　(晉)王羲之書　民國二十一年(1932)北平故宫博物院影印本　一冊

330000－1701－0029351　普741.292/4073　史部/金石類/石之屬/文字
唐謙卦刻石集聯拓本一卷　民國二十一年(1932)漢口新美印刷公司影印本　一冊

330000－1701－0029352　普741.3/2772　子部/藝術類/書畫之屬/法帖

名賢手翰真蹟一卷　民國十七年(1928)西泠印社影印本　一册

330000－1701－0029353　普 741.3252/1083.3　類叢部/叢書類

考古學社專集　民國鉛印本暨影印本　一册　存一種

330000－1701－0029354　普 741.33/2707　類叢部/叢書類/彙編之屬

鳴沙石室佚書(鳴沙石室古佚書)初編十九種　羅振玉編　民國二年(1913)上虞羅氏據唐寫本影印本　元忠題記　一册　存二種

330000－1701－0029355　普 741.33/9450.3　子部/藝術類/書畫之屬/法帖

懷素草書四十二章經真蹟一卷　(唐)釋懷素書　民國十二年(1923)上海中華書局影印本　一册

330000－1701－0029356　普 741.34/4407/c1　子部/藝術類/書畫之屬/法帖

黄庭堅書松風閣詩一卷　(宋)黄庭堅書　民國二十二年(1933)北平故宫博物院影印本　一册

330000－1701－0029358　普 741.34/4407/c2　子部/藝術類/書畫之屬/法帖

黄庭堅書松風閣詩一卷　(宋)黄庭堅書　民國二十二年(1933)北平故宫博物院影印本　一册

330000－1701－0029359　普 741.33/9450.4　子部/藝術類/書畫之屬/法帖

唐釋懷素小艸千文真蹟一卷　(唐)釋懷素書　(清)釋六丹藏　民國影印本　一册

330000－1701－0029360　普 741.3252/1083.4　子部/藝術類/書畫之屬/法帖

漢太中大夫東方先生畫贊一卷　秦文錦藏　民國八年(1919)上海藝苑真賞社影印本　一册

330000－1701－0029361　普 741.3265/8630/c1　子部/藝術類/書畫之屬/法帖

智永真草千字文真蹟不分卷　(隋)釋智永書　民國影印本　一册

330000－1701－0029362　普 741.3265/8630/c2　子部/藝術類/書畫之屬/法帖

智永真草千字文真蹟不分卷　(隋)釋智永書　民國影印本　一册

330000－1701－0029363　普 741.3252/1083.5/c1　子部/藝術類/書畫之屬/法帖

黄庭經一卷　(晉)王羲之書　秦文錦藏　民國四年(1915)上海藝苑真賞社影印本　一册

330000－1701－0029364　普 741.34/0013.3/c1　子部/藝術類/書畫之屬

宋文信國公畫像劄子不分卷　(宋)文天祥書　民國十一年(1922)影印本　一册

330000－1701－0029365　普 741.33/3444　子部/藝術類/書畫之屬/法帖

唐賢首國師墨寶一卷　(唐)釋法藏書　民國十一年(1922)上海有正書局影印本　一册

330000－1701－0029366　普 741.3252/1083.5/c2　子部/藝術類/書畫之屬/法帖

黄庭經一卷　(晉)王羲之書　秦文錦藏　民國八年(1919)上海藝苑真賞社影印本　一册

330000－1701－0029367　普 741.34/0013.3/c2　子部/藝術類/書畫之屬

宋文信國公畫像劄子不分卷　(宋)文天祥書　民國十一年(1922)影印本　一册

330000－1701－0029368　普 741.34/4407/2　子部/藝術類/書畫之屬/法帖

黄山谷書松風閣詩一卷　(宋)黄庭堅書　民國上海藝苑真賞社影印本　一册

330000－1701－0029369　普 741.34/3023　子部/藝術類/書畫之屬/法帖

宋徽宗詩帖一卷　(宋)徽宗趙佶書　寶藴樓藏　民國二十一年(1932)北平古物陳列所影印本　一册

330000－1701－0029370　普 741.326/0048　子部/藝術類/書畫之屬/法帖

六朝人書左氏傳一卷　民國上海有正書局石

印本　一冊

330000－1701－0029371　民 811.18/3321
集部/總集類/氏族之屬
瀛海塤篪二卷　民國十六年(1927)鉛印本　一冊

330000－1701－0029372　普 741..34/4453.2
子部/藝術類/書畫之屬/法帖
蘇文忠題挑耳圖真蹟不分卷　(宋)蘇軾書　(清)端方藏　民國十六年(1927)上海文明書局、中華書局影印本　孫從周題記　一冊

330000－1701－0029373　普 741.33/4073/c1
子部/藝術類/書畫之屬/法帖
雙鉤唐李陽冰書滑臺新驛記一卷　(唐)李陽冰書　(清)貝墉雙鉤　金鑿石華樓藏　民國二十五年(1936)上海中華書局影印本　一冊

330000－1701－0029374　普 741.34/4433
子部/藝術類/書畫之屬/法帖
林和靖先生詩稿一卷　(宋)林逋書　民國有正書局影印本　一冊

330000－1701－0029375　普 741.34/4453
子部/藝術類/書畫之屬/法帖
東坡養生論墨蹟一卷　(宋)蘇軾書　民國十二年(1923)上海有正書局影印本　一冊

330000－1701－0029376　普 741.3265/8630/3　子部/藝術類/書畫之屬/法帖
智永真草千字文不分卷　(隋)釋智永書　民國十四年(1925)上海商務印書館影印本　一冊

330000－1701－0029377　普 741.35/1083
子部/藝術類/書畫之屬/法帖
元八家法書不分卷　民國七年(1918)影印本　一冊

330000－1701－0029378　普 741.33/4073/c2
子部/藝術類/書畫之屬/法帖
雙鉤唐李陽冰書滑臺新驛記一卷　(唐)李陽冰書　(清)貝墉雙鉤　金鑿石華樓藏　民國二十五年(1936)上海中華書局影印本　一冊

330000－1701－0029379　普 741.34/4453.4
子部/藝術類/書畫之屬
司馬溫公告身一卷　(宋)蘇軾書　白山夫藏　民國二十年(1931)上海商務印書館影印本　一冊

330000－1701－0029380　普 741.35/4913.2/2　子部/藝術類/書畫之屬/法帖
元趙文敏歸去來辭真蹟一卷　(元)趙孟頫書　民國十年(1921)上海藝苑真賞社影印本　一冊

330000－1701－0029381　普 741.3265/8630/5　子部/藝術類/書畫之屬/法帖
宋拓智永正草千字文一卷　(隋)釋智永書　民國上海有正書局影印本　一冊

330000－1701－0029382　普 741.35/4913.42
子部/藝術類/書畫之屬/法帖
趙松雪妙法蓮華經墨寶不分卷　(元)趙孟頫書　民國上海有正書局影印本　一冊

330000－1701－0029383　普 741.34/7212
子部/藝術類/書畫之屬/法帖
岳忠武奏草真蹟一卷　(宋)岳飛書　民國二十五年(1936)商務印書館影印本　一冊

330000－1701－0029384　普 741.35/4913.9
子部/藝術類/書畫之屬/法帖
趙松雪書六體千文不分卷　(元)趙孟頫書　民國二十年(1931)北平古物陳列所石印本　吳瀛題簽　一冊

330000－1701－0029385　普 741.35/4913.3/2　子部/藝術類/書畫之屬/法帖
元趙松雪書急就章真蹟不分卷　(元)趙孟頫書　民國藝苑真賞社影印本　一冊

330000－1701－0029386　普 741.35/4913.9/2　子部/藝術類/書畫之屬/法帖
趙孟頫六體千文妙蹟不分卷　(元)趙孟頫書　民國上海藝苑真賞社影印本　一冊

330000－1701－0029388　普 741.35/4913.5
子部/藝術類/書畫之屬/法帖
趙文敏公虞文靖公法書不分卷　(元)趙孟頫

(元)虞集書　民國影印本　一冊

330000－1701－0029389　普 741.35/4913.4　子部/藝術類/書畫之屬/法帖

趙松雪行書心經墨寶一卷　(元)趙孟頫書　民國十三年(1924)上海有正書局影印本　一冊

330000－1701－0029391　普 741.34/9044　子部/藝術類/書畫之屬/法帖

米襄陽章聖天臨殿記明道觀壁記真蹟不分卷　(宋)米芾書　民國十三年(1924)上海文明書局影印本　吳銓德題記　一冊

330000－1701－0029392　普 741.36/0026　子部/藝術類/書畫之屬/法帖

文衡山行王雅宜草北山移文合璧不分卷　(明)文徵明　(明)王寵書　民國石印本　一冊

330000－1701－0029393　普 741.33/1230/2　子部/藝術類/書畫之屬/法帖

宋拓太清樓書譜不分卷　(唐)孫過庭書　民國上海有正書局影印本　一冊

330000－1701－0029394　普 741.35/4913.41　子部/藝術類/書畫之屬/法帖

趙松雪書金剛般若波羅密經一卷　(元)趙孟頫書　民國二十年(1931)北平古物陳列所影印本　一冊

330000－1701－0029395　普 741.35/4913.8　子部/藝術類/書畫之屬/法帖

元趙孟頫七札不分卷　(元)趙孟頫書　民國二十五年(1936)國立北平故宮博物院影印本　一冊

330000－1701－0029396　普 741.36/0832/c1　子部/藝術類/書畫之屬/法帖

明賢墨蹟不分卷　(明)沈度等書　民國二十年(1931)上海商務印書館影印本　二冊

330000－1701－0029397　普 741.33/1230/3　子部/藝術類/書畫之屬/法帖

宋拓薛紹彭書譜不分卷　(唐)孫過庭書　民國上海有正書局石印本　一冊

330000－1701－0029398　普 741.36/0832/c2　子部/藝術類/書畫之屬/法帖

明賢墨蹟不分卷　(明)沈度等書　民國二十二年(1933)上海商務印書館影印本　二冊

330000－1701－0029399　普 741.36/0832/c3　子部/藝術類/書畫之屬/法帖

明賢墨蹟不分卷　(明)沈度等書　民國二十年(1931)上海商務印書館影印本　許寶騤題記　二冊

330000－1701－0029400　普 741.36/3040　子部/藝術類/書畫之屬/法帖

宋仲溫草書杜子美詩一卷　(明)宋克書　民國二十三年(1934)上海昌藝社影印本　一冊

330000－1701－0029401　普 741.33/0085/c2　子部/藝術類/書畫之屬/法帖

唐人寫金剛般若波羅蜜經一卷　民國十九年(1930)上海商務印書館影印本　一冊

330000－1701－0029402　普 741.36/3217　子部/藝術類/書畫之屬/法帖

明季忠烈尺牘初編一卷　潘承厚輯　民國影印本　一冊

330000－1701－0029403　普 741.36/4044　子部/藝術類/書畫之屬

明代名人墨寶四卷　袁樊編　民國三十二年(1943)鑑真社影印本　四冊

330000－1701－0029404　普 741.36/3533/c1　子部/藝術類/書畫之屬/法帖

清澄海宇冊不分卷　民國二十三年(1934)影印本　一冊

330000－1701－0029405　普 741.36/4437　子部/藝術類/書畫之屬/法帖

黃石齋書張天如墓誌不分卷　(明)黃道周書　民國上海有正書局石印本　一冊

330000－1701－0029406　普 741.37/0012、普 741.37/0012.2　集部/總集類/尺牘之屬

道咸同光名人手札第一集四卷第二集四卷　商務印書館輯　民國十三年(1924)上海商務印書館影印本　八冊

330000－1701－0029407　普 741.36/3533/c2
子部/藝術類/書畫之屬/法帖
清澄海宇冊不分卷　民國二十三年(1934)影印本　一冊

330000－1701－0029410　普 741.36/4437.3
子部/藝術類/書畫之屬/法帖
黄石齋先生榕壇問業真跡一卷　(明)黄道周書　民國二十五年(1936)上海商務印書館影印本　一冊

330000－1701－0029411　普 741.36/3533/c3
子部/藝術類/書畫之屬/法帖
清澄海宇冊不分卷　民國二十三年(1934)影印本　一冊

330000－1701－0029412　普 741.37/0043
子部/藝術類/書畫之屬/法帖
康南海先生墨蹟不分卷附南海先生所著書目一卷　康有爲書　俠安居士編　民國二十年(1931)上海寰球書局石印本暨鉛印本　四冊

330000－1701－0029413　普 741.36/3626.2
子部/藝術類/書畫之屬/法帖
祝京兆法書不分卷　(明)祝允明書　民國影印本　一冊

330000－1701－0029415　普 741.37/0043.2
子部/藝術類/書畫之屬/法帖
康南海篆書詩稿一卷　康有爲書　民國上海有正書局石印本　一冊

330000－1701－0029417　GP07653　史部/傳記類
杏蔭堂彙刻三種　許浩基撰　民國二十一年(1932)吳興許氏杏蔭堂刻本　四冊　存一種

330000－1701－0029418　普 741.37/0177
子部/藝術類/書畫之屬
泰山殘石樓藏畫　民國十八年(1929)上海美術製版社影印本　一冊　存一種

330000－1701－0029422　普 741.37/1043/c1
子部/藝術類/書畫之屬/法帖
漁洋山人手柬一卷　(清)王士禛書　民國十六年(1927)上海商務印書館影印本　一冊

330000－1701－0029423　普 741.37/1031
子部/藝術類/書畫之屬/法帖
王硯農先生臨磚塔銘墨蹟一卷　(清)王治平書　民國十六年(1927)影印本　一冊

330000－1701－0029425　GP07654　史部/雜史類/斷代之屬
渤海國記三卷　黄維翰撰　民國二十四年(1935)北京文華齋刻本　二冊

330000－1701－0029426　GP07662　子部/小説家類/雜事之屬
金壺七墨六種　(清)黄鈞宰撰　民國元年(1912)上海掃葉山房石印本　四冊

330000－1701－0029427　普 741.37/1034、普 741.37/1241　子部/藝術類/書畫之屬/法帖
名人真蹟　民國中華書局影印本　二冊　存二種

330000－1701－0029428　GP07659　新學/史志/臣民傳記
匈牙利國噶蘇士傳一卷新羅馬傳奇一卷　梁啓超撰　民國石印本　一冊

330000－1701－0029429　普 741.37/1034.2
子部/藝術類/書畫之屬/法帖
王虛舟篆書毛詩一卷　(清)王澍書　民國二十二年(1933)上海西泠印社石印本　一冊

330000－1701－0029430　GP07660　子部/小説家類/雜事之屬
南亭筆記十六卷　(清)李伯元(李寶嘉)撰　民國十五年(1926)上海大東書局石印本　一冊

330000－1701－0029431　普 741.37/1043/c2
子部/藝術類/書畫之屬/法帖
漁洋山人手柬一卷　(清)王士禛書　民國十六年(1927)上海商務印書館影印本　一冊

330000－1701－0029433　GP07671　子部/宗教類/佛教之屬
佛學叢書□□種　民國上海商務印書館鉛印本　一冊　存一種

330000－1701－0029435　普 741.37/1049　子部/藝術類/書畫之屬/法帖

福山王文敏公墨蹟手札一卷　(清)王懿榮書　民國上海有正書局石印本　張善奎跋　一册

330000－1701－0029438　GP07672　類叢部/叢書類/自著之屬

復盦文集五種　(清)曹允源撰　民國十一年(1922)曹氏刻本　二册　存一種

330000－1701－0029441　普 741.37/1068　子部/藝術類/書畫之屬/法帖

王西廬家書墨跡一卷　(清)王時敏書　民國八年(1919)影印本　一册

330000－1701－0029442　GP07673　類叢部/叢書類/自著之屬

復盦文集五種　(清)曹允源撰　民國十一年(1922)曹氏刻本　二册　存一種

330000－1701－0029444　普 741.37/1719　子部/藝術類/書畫之屬/法帖

鄧石如四體書法一卷　(清)鄧石如書　民國二十年(1931)上海神州國光社影印本　一册

330000－1701－0029445　普 741.37/1719.2　子部/藝術類/書畫之屬/法帖

完白篆隸二種不分卷　(清)鄧石如書　民國十八年(1929)上海神州國光社影印本　一册

330000－1701－0029447　普 741.37/1133　子部/藝術類/書畫之屬/法帖

張文襄書翰墨寶不分卷　(清)張之洞書　民國十三年(1924)上海文明書局石印本　二册

330000－1701－0029449　普 741.37/1719.4/c1　子部/藝術類/書畫之屬/法帖

鄧石如篆書十五種不分卷　(清)鄧石如書　民國十一年(1922)上海文明書局石印本　陳伯衡題記　六册

330000－1701－0029450　普 741.37/1167　子部/藝術類/書畫之屬/法帖

張文敏公行書真跡一卷　(清)張照書　民國上海有正書局石印本　□植題記　一册

330000－1701－0029454　普 741.37/2722　子部/藝術類/書畫之屬/法帖

默盦集錦不分卷　(清)伊秉綬書　民國二十二年(1933)上海商務印書館影印本　二册

330000－1701－0029456　普 741.37/2722.2　子部/藝術類/書畫之屬/法帖

默庵集錦續集不分卷　(清)伊秉綬書　民國二十六年(1937)上海商務印書館影印本　一册

330000－1701－0029457　普 741.37/1223　子部/藝術類/書畫之屬/法帖

孔莊谷臨漢校官碑一卷　(清)孔繼涵書　**桂未谷隸書十三種一卷**　(清)桂馥書　民國石印本　一册

330000－1701－0029458　普 741.37/2722.3　子部/藝術類/書畫之屬/法帖

伊墨卿先生真蹟一卷　(清)伊秉綬書　民國十五年(1926)上海商務印書館影印本　一册

330000－1701－0029459　普 741.37/2124　子部/藝術類/書畫之屬/法帖

蝯叟臨漢碑十種　(清)何紹基書　民國二十二年(1933)上海商務印書館影印本　十册

330000－1701－0029460　普 741.37/2747　子部/藝術類/書畫之屬/法帖

包安吴家書臨帖兩種合册一卷　(清)包世臣書　民國有正書局石印本　一册

330000－1701－0029461　普 741.37/1719.4/c2　子部/藝術類/書畫之屬/法帖

鄧石如篆書十五種不分卷　(清)鄧石如書　民國十一年(1922)上海文明書局石印本　六册

330000－1701－0029462　普 741.37/2124.2　子部/藝術類/書畫之屬/法帖

何子貞臨黄庭經一卷　(清)何紹基書　民國十二年(1923)上海商務印書館影印本　一册

330000－1701－0029464　普 741.37/3016　子部/藝術類/書畫之屬/法帖

成親王臨化度寺碑一卷　(清)永瑆書　民國

有正書局影印本　一册

330000－1701－0029468　普 741.37/1719.5　子部/藝術類/書畫之屬/法帖

鄧石如書司馬溫公家儀一卷　（清）鄧石如書　民國有正書局石印本　一册

330000－1701－0029469　普 741.37/4377　子部/藝術類/書畫之屬/法帖

戴文節公書心經一卷　（清）戴熙書　民國四年（1915）文明書局石印本　一册

330000－1701－0029471　普 741.37/3112/c1　子部/藝術類/書畫之屬/法帖

玉笥山房墨蹟不分卷　顧廷綸書　民國二年（1913）科學儀器館石印本　二册

330000－1701－0029472　普 741.37/3148　子部/藝術類/書畫之屬/法帖

汪退谷書御製說經詩小楷一卷　（清）汪士鋐書　民國上海有正書局石印本　一册

330000－1701－0029474　普 741.37/2247　集部/別集類/明別集

崔桐詩卷一卷　（明）崔桐撰并書　民國三十六年（1947）石印本　一册

330000－1701－0029475　GP07670　子部/藝術類/書畫之屬/總論

大觀錄二十卷　（清）吳升輯　民國九年（1920）武進李氏聖譯樓鉛印本　二十三册

330000－1701－0029477　普 741.37/4377.2　子部/藝術類/書畫之屬/法帖

戴文節公臨郭公廟碑一卷　（清）戴熙書　民國五年（1916）上海中華書局石印本　一册

330000－1701－0029479　普 741.37/3375　子部/藝術類/書畫之屬/法帖

名人真蹟　民國中華書局影印本　一册　存一種

330000－1701－0029480　普 741.37/3112/c2　子部/藝術類/書畫之屬/法帖

玉笥山房墨蹟不分卷　顧廷綸書　民國二年（1913）科學儀器館石印本　二册

330000－1701－0029481　GP07687　集部/別集類

馮蒿庵師遺囑一卷　馮煦撰　民國石印本　一册

330000－1701－0029483　普 741.37/3112/2　子部/藝術類/書畫之屬/法帖

玉笥山房墨蹟不分卷　顧廷綸書　民國二十六年（1937）石印本　二册

330000－1701－0029484　普 741.37/2643.3/c1　子部/藝術類/書畫之屬/法帖

吳中丞說文部首墨蹟一卷　（清）吳大澂書　民國九年（1920）蘇州振新書社石印本　一册

330000－1701－0029485　普 741.37/3487　子部/藝術類/書畫之屬/法帖

國朝四十名家墨蹟不分卷　（清）沈鈞輯　民國七年（1918）交通圖書館石印本　三册

330000－1701－0029486　GP07688　類叢部/叢書類/自著之屬

木硯齋叢書　童振藻撰　民國鉛印本　一册　存一種

330000－1701－0029487　普 741.37/3130/c1　子部/藝術類/書畫之屬/法帖

鶴巢老人墨寶不分卷　（清）顧淳慶書　民國十六年（1927）石印本　二册

330000－1701－0029488　GP07703　類叢部/叢書類

雁來紅叢報　民國鉛印本　一册　存一種

330000－1701－0029489　普 741.37/4443　集部/小說類/長篇之屬

琴樓夢小說一卷　樊增祥撰　民國三年（1914）大共和日報石印本　一册

330000－1701－0029491　普 741.37/3130/c2　子部/藝術類/書畫之屬/法帖

鶴巢老人墨寶不分卷　（清）顧淳慶書　民國十六年（1927）石印本　二册

330000－1701－0029494　GP07704　史部/紀傳類/正史之屬

魏書宗室傳注校補一卷　羅振玉撰　民國三十二年(1943)鉛印本　一冊

330000－1701－0029496　普 738.9/2661.3
子部/藝術類/篆刻之屬/印譜
吳倉石印譜不分卷　吳昌碩篆　民國有正書局鈐拓本　四冊

330000－1701－0029498　普 741.37/2643.3/c2　子部/藝術類/書畫之屬/法帖
吳清卿書説文解字建首一卷　(清)吳大澂書　民國二十二年(1933)上海商務印書館石印本　一冊

330000－1701－0029499　GP07683　子部/雜著類/雜説之屬
石橋瀋書四卷　褚傳誥撰　民國八年(1919)鉛印本　唐默亭題記　一冊

330000－1701－0029500　普 741.37/4444
子部/藝術類/書畫之屬/法帖
莫友芝篆書三種一卷　(清)莫友芝書　民國十四年(1925)上海文明書局石印本　一冊

330000－1701－0029501　普 741.37/2674
子部/藝術類/書畫之屬/法帖
吳讓之篆書唐詩一卷　(清)吳熙載書　民國二十二年(1933)上海西泠印社石印本　一冊

330000－1701－0029503　普 741.37/4050
集部/别集類/清别集
袁忠節公遺札不分卷　(清)袁昶撰　民國三十七年(1948)影印本　一冊

330000－1701－0029505　普 741.37/4460
史部/金石類/石之屬/題跋
黄小松手錄宋拓范式碑題跋墨跡一卷　(清)黄易書　民國影印本　一冊

330000－1701－0029506　GP07684　子部/藝術類/書畫之屬/畫譜
近世一百名家畫集四卷　錢病鶴(錢雲鶴)編　民國十七年(1928)上海大東書局石印本　二冊

330000－1701－0029507　普 741.37/4601
子部/藝術類/書畫之屬/法帖
楊龢甫先生手蹟四種不分卷　(清)楊調元書　民國三年(1914)石印本　一冊

330000－1701－0029509　普 741.37/4217/c1
子部/藝術類/書畫之屬/法帖
惜抱軒手札不分卷　(清)姚鼐撰並書　民國二十五年(1936)上海商務印書館影印本　四冊

330000－1701－0029510　GP07705　史部/雜史類/斷代之屬
聖恩錄一卷　民國十一年(1922)浦江鄭氏木活字印本　一冊

330000－1701－0029511　普 741.37/4217/c2
子部/藝術類/書畫之屬/法帖
惜抱軒手札不分卷　(清)姚鼐撰並書　民國二十五年(1936)上海商務印書館影印本　四冊

330000－1701－0029513　普 741.37/4631
子部/藝術類/書畫之屬/法帖
楊沂孫篆書毛詩墨蹟一卷　(清)楊沂孫書　民國九年(1920)蘇州振新書社石印本　一冊

330000－1701－0029515　GP07706　史部/傳記類/總傳之屬/家乘
[浙江浦江]浦江鄭氏旌義編二卷　(明)鄭濤纂修　(明)鄭楷重修　民國十一年(1922)浦江鄭氏木活字印本　一冊

330000－1701－0029516　普 741.37/4930.2
子部/藝術類/書畫之屬/法帖
趙撝叔書齊民要術一卷　(清)趙之謙書　民國二十四年(1935)上海西泠印社書店石印本　一冊

330000－1701－0029517　普 741.37/4718
子部/藝術類/遊藝之屬/聯語
楹聯第一輯二卷第二輯一卷　民國九年至十年(1920－1921)上海有正書局石印本　二冊　缺一卷(第一輯上)

330000－1701－0029518　普 741.37/4631.2
子部/藝術類/書畫之屬/法帖

楊沂孫說文部首墨蹟一卷敘文墨蹟一卷 (清)楊沂孫書　民國十一年(1922)石印本　一冊

330000－1701－0029520　GP07707　史部/史抄類

歐陽文忠公五代史抄二十卷　(宋)歐陽修撰　(明)茅坤輯　民國八年(1919)上海會文堂書局石印本　肖甫批校　四冊

330000－1701－0029521　普741.37/7583.3/c1　集部/別集類/清別集

簠齋尺牘不分卷　(清)陳介祺撰　陳敬第輯　民國八年(1919)上海商務印書館影印本　十二冊

330000－1701－0029522　普741.37/4832　子部/藝術類/書畫之屬/法帖

赧翁集錦不分卷　(清)梅調鼎書　民國三十二年(1943)影印本　一冊

330000－1701－0029525　普741.37/4930.4、普741.37/4930.3/c2　子部/藝術類/書畫之屬/法帖

名人真蹟　民國中華書局影印本　二冊　存二種

330000－1701－0029526　普741.37/4930.3/c3　子部/藝術類/書畫之屬/法帖

養晦堂南唐殘字一卷　劉藹生書　民國二十一年(1932)上海華通書局石印本　一冊

330000－1701－0029527　普741.37/7583.3/c2　集部/別集類/清別集

簠齋尺牘不分卷　(清)陳介祺撰　陳敬第輯　民國八年(1919)上海商務印書館影印本　十二冊

330000－1701－0029528　普741.37/4930　子部/藝術類/書畫之屬/法帖

趙撝叔手札真蹟不分卷　(清)趙之謙書　民國上海求古齋書帖局影印本　一冊　存上冊

330000－1701－0029529　GP07694　史部/金石類/總志之屬/雜著

俑廬日札一卷　羅振玉撰　民國二十三年(1934)容氏頌齋鉛印本　一冊

330000－1701－0029530　GP07708　子部/小說家類

顧氏文房小說四十種五十八卷　(明)顧元慶輯　民國十四年(1925)上海商務印書館據明刻本影印本　十冊

330000－1701－0029531　普741.37/8002.2、普741.37/8002　子部/藝術類/書畫之屬/法帖

名人真蹟　民國中華書局影印本　二冊　存二種

330000－1701－0029532　普741.37/4930.3/c4　子部/藝術類/書畫之屬/法帖

養晦堂南唐殘字一卷　劉藹生書　民國二十一年(1932)上海華通書局石印本　一冊

330000－1701－0029533　普741.37/4930.3/c2　子部/藝術類/書畫之屬/法帖

名人真蹟　民國中華書局影印本　一冊　存一種

330000－1701－0029534　普741.37/4930.5　子部/藝術類/書畫之屬/法帖

趙撝叔書王右軍祠堂碑一卷　(清)趙之謙書　民國二十年(1931)上海西泠印社石印本　一冊

330000－1701－0029536　普741.37/5045　子部/藝術類/書畫之屬/法帖

楹聯名蹟七輯　中華書局輯　民國八年(1919)上海中華書局影印本　四冊　存四輯(一至二、四至五)

330000－1701－0029537　GP07695　集部/總集類/酬唱之屬

栩園倡和集不分卷　陳栩編　民國七年(1918)交通圖書館石印本　一冊

330000－1701－0029538　普741.37/4930.6/c1　子部/藝術類/書畫之屬/法帖

趙撝叔篆書一卷　(清)趙之謙書　民國十四年(1925)影印本　一冊

330000－1701－0029539　普 741.37/4930.6/c2　子部/藝術類/書畫之屬/法帖

趙撝叔篆書一卷　(清)趙之謙書　民國十四年(1925)影印本　一冊

330000－1701－0029540　普 741.37/4930.7　子部/藝術類/書畫之屬/法帖

趙撝叔吳讓之胡荄甫篆書合冊不分卷　(清)趙之謙　(清)吳廷揚　(清)胡澍書　民國影印本　一冊

330000－1701－0029542　GP07710　史部/史評類/詠史之屬

詠史記事一卷　張翥撰　民國十四年(1925)鉛印本　一冊

330000－1701－0029544　GP07709　子部/小說家類

顧氏文房小說四十種五十八卷　(明)顧元慶輯　民國十四年(1925)上海商務印書館據明刻本影印本　十冊

330000－1701－0029545　GP07711　史部/史評類/詠史之屬

詠史記事一卷　張翥撰　民國十四年(1925)鉛印本　一冊

330000－1701－0029547　GP07712　史部/史評類/詠史之屬

詠史記事一卷　張翥撰　民國十四年(1925)鉛印本　一冊

330000－1701－0029548　GP07700　子部/天文曆算類/天文之屬

史記天官書恒星圖考一卷　朱文鑫撰　民國十六年(1927)上海中華書局鉛印本　一冊

330000－1701－0029549　普 741.37/7240.3　子部/藝術類/書畫之屬/法帖

劉石菴扇集一卷　(清)劉墉書　民國二十三年(1934)上海商務印書館影印本　一冊

330000－1701－0029550　普 741.37/6042　子部/藝術類/遊藝之屬/聯語

國朝名人楹聯彙輯第一輯不分卷　有正書局輯　民國有正書局影印本　二冊

330000－1701－0029551　普 741.37/7240/c1　子部/藝術類/書畫之屬/法帖

劉石庵真蹟不分卷　(清)劉墉書　民國石印本　一冊

330000－1701－0029552　普 741.37/7240/c2　子部/藝術類/書畫之屬/法帖

劉石庵真蹟不分卷　(清)劉墉書　民國石印本　一冊

330000－1701－0029553　普 741.37/7240.4　子部/藝術類/書畫之屬/法帖

劉石庵楷書墨迹一卷　(清)劉墉書　民國有正書局石印本　一冊

330000－1701－0029555　普 741.37/7240.5　子部/藝術類/書畫之屬/法帖

劉石菴墨蹟一卷　(清)劉墉書　民國八年(1919)上海商務印書館石印本　一冊

330000－1701－0029559　普 741.37/7240.6　子部/藝術類/書畫之屬/法帖

劉文清真迹精品一卷　(清)劉墉書　民國上海震亞圖書局石印本　一冊

330000－1701－0029560　GP07725　子部/宗教類/佛教之屬/經疏

般若波羅蜜多心經略疏小鈔三卷　(清)錢謙益輯　民國三年(1914)南洋佛經流通所刻本　一冊

330000－1701－0029565　普 741.37/7534　集部/别集類/清别集

陳樹之先生遺著一卷　(清)陳道南撰　民國二十年(1931)據稿本影印本　一冊

330000－1701－0029568　普 741.37/8002.3　集部/别集類/清别集

翁覃溪手札不分卷　(清)翁方綱撰　民國上海有正書局影印本　一冊

330000－1701－0029570　普 741.37/75341.2　子部/藝術類/書畫之屬/法帖

陳曼生先生真蹟一卷　(清)陳鴻壽書　民國影印本　一冊

330000－1701－0029572　普 741.37/7583
史部/金石類/石之屬/雜著
簠齋傳古別錄手稿不分卷　(清)陳介祺撰并書　民國九年(1920)周進與石居影印本　一冊

330000－1701－0029573　普 741.37/8023.2
子部/藝術類/書畫之屬/法帖
曾劼剛三體法書不分卷　(清)曾紀澤書　民國石印本　一冊

330000－1701－0029578　普 741.37/8078
子部/藝術類/書畫之屬/法帖
翁松禪寫書譜墨蹟不分卷　(清)翁同龢書　民國十五年(1926)上海有正書局石印本　一冊

330000－1701－0029581　普 741.37/7583.2/c1　集部/別集類/清別集
簠齋尺牘不分卷　(清)陳介祺撰　陳敬第輯　民國八年(1919)上海商務印書館影印本　五冊

330000－1701－0029583　普 741.37/8055/c1
子部/藝術類/書畫之屬/書法書品
金冬心書書畫小記一卷　(清)金農書　民國七年(1918)上海文明書局石印本　一冊

330000－1701－0029584　普 741.37/7583.2/c2　集部/別集類/清別集
簠齋尺牘不分卷　(清)陳介祺撰　陳敬第輯　民國八年(1919)上海商務印書館影印本　五冊

330000－1701－0029586　普 741.37/8055/c2
子部/藝術類/書畫之屬/書法書品
金冬心書書畫小記一卷　(清)金農書　民國二十八年(1939)上海文明書局石印本　一冊

330000－1701－0029587　GP07745　經部/小學類
小學金石論叢五卷補遺一卷　楊樹達撰　民國二十六年(1937)上海商務印書館鉛印本　二冊

330000－1701－0029590　普 741.37/8055/c3
子部/藝術類/書畫之屬/書法書品
金冬心書書畫小記一卷　(清)金農書　民國七年(1918)上海文明書局石印本　一冊

330000－1701－0029592　普 741.37/8055.2
子部/藝術類/書畫之屬/法帖
金冬心先生自書詩稿墨跡一卷　(清)金農撰並書　民國上海有正書局石印本　一冊

330000－1701－0029593　GP07732　經部/小學類/訓詁之屬/爾雅
雅學攷一卷　(清)胡元玉撰　民國二十五年(1936)國立北京大學出版組鉛印本　一冊

330000－1701－0029594　GP07746　經部/小學類
小學金石論叢五卷補遺一卷　楊樹達撰　民國二十六年(1937)上海商務印書館鉛印本　二冊

330000－1701－0029598　普 741.37/8078.5
子部/藝術類/書畫之屬/法帖
常熟翁相國手札墨跡一卷　(清)翁同龢書　民國石印本　一冊

330000－1701－0029599　普 741.37/80782
子部/藝術類/書畫之屬/法帖
翁常熟扇集第一集　(清)翁同龢書　民國二十三年(1934)上海商務印書館影印本　一冊

330000－1701－0029601　普 741.37/8326/c1
子部/藝術類/書畫之屬/法帖
鐵梅庵顧鄭鄉先生合臨書譜不分卷　(清)鐵保　(清)顧廷綸書　民國三年(1914)石印本　一冊

330000－1701－0029602　普 741.37/9741
子部/藝術類/書畫之屬/法帖
南田挽煙客詩墨蹟一卷　(清)惲壽平書　民國三十三年(1944)諸華影印本　一冊

330000－1701－0029603　普 741.38/0043
子部/藝術類/書畫之屬/法帖
康有爲墨蹟一卷　康有爲書　民國石印本　一冊

330000－1701－0029604　GP07734　經部/四書類/大學之屬/傳說
大學古本質言一卷　(清)劉沅撰　民國十年(1921)浙江黄巖九峰圖書館刻本　一册

330000－1701－0029605　GP07735　經部/小學類/音韻之屬/古今韻說
切韻考六卷外篇三卷　(清)陳澧撰　民國十九年(1930)成都書局刻本　一册　存四卷(切韻考一至四)

330000－1701－0029606　普741.38/0043.2　子部/藝術類/書畫之屬/法帖
南海書一天園詩稿一卷　康有爲撰並書　民國十二年(1923)上海有正書局石印本　一册

330000－1701－0029608　普741.17/4930/c3　子部/藝術類/書畫之屬
悲盦賸墨十集　(清)趙之謙書並繪　丁仁吳隱編　民國七年至二十三年(1918－1934)上海西泠印社影印本　五册　存五集(二、四至五、七至八)

330000－1701－0029609　普741.38/0048　子部/藝術類/書畫之屬/法帖
定海應氏先德記一卷　張原煒撰　童大年書　民國三十四年(1945)影印本　一册

330000－1701－0029610　普741.38/1012　子部/藝術類/書畫之屬/法帖
王豐川先生遺墨不分卷　(清)王爾緝書　民國石印本　一册

330000－1701－0029614　普741.37/8326/c2　子部/藝術類/書畫之屬/法帖
鐵梅庵顧鄭鄉先生合臨書譜不分卷　(清)鐵保　(清)顧廷綸書　民國三年(1914)石印本　一册

330000－1701－0029615　普741.38/1042　子部/藝術類/書畫之屬/法帖
于右任先生墨蹟不分卷　于右任書　民國二十一年(1932)上海進化書局石印本　一册

330000－1701－0029616　普741.37/8326/c3　子部/藝術類/書畫之屬/法帖
鐵梅庵顧鄭鄉先生合臨書譜不分卷　(清)鐵保　(清)顧廷綸書　民國三年(1914)石印本　一册

330000－1701－0029618　普741.37/8788/c1　子部/藝術類/書畫之屬/法帖
鄭谷口隸書姜敬亭傳一卷　(清)鄭簠書　民國上海有正書局影印本　一册

330000－1701－0029619　GP07767　類叢部/叢書類/彙編之屬
江氏聚珍版叢書四集二十八種　江杏溪輯　民國十三年(1924)蘇州文學山房木活字印本　二册

330000－1701－0029620　普741.37/8788/c2　子部/藝術類/書畫之屬/法帖
鄭谷口隸書姜敬亭傳墨跡一卷　(清)鄭簠書　民國九年(1920)上海有正書局影印本　一册

330000－1701－0029621　普741.38/4486/c2　子部/藝術類/書畫之屬/法帖
松坡軍中遺墨不分卷　蔡鍔書　民國十五年(1926)北京松坡圖書館石印本　二册

330000－1701－0029622　普741.38/1130　子部/藝術類/書畫之屬/法帖
嗇翁墾牧手牒不分卷　張謇撰並書　江導岷輯　民國七年(1918)南通翰墨林影印本　四册

330000－1701－0029625　普741.38/4486/c3　子部/藝術類/書畫之屬/法帖
松坡軍中遺墨不分卷　蔡鍔書　民國十五年(1926)北京松坡圖書館石印本　二册

330000－1701－0029627　普741.38/0117　集部/别集類
譚延闓詩札二卷　譚延闓撰　民國二十六年(1937)上海中華書局石印本　二册

330000－1701－0029628　普741.38/3416　子部/藝術類/書畫之屬/法帖
沈尹默書晉王右軍題筆陣圖後一卷　沈尹默書　民國三十六年(1947)上海商務印書館石

印本　一冊

330000－1701－0029630　普 741.38/4486/c4　子部/藝術類/書畫之屬/法帖

松坡軍中遺墨不分卷　蔡鍔書　民國六年(1917)上海中華書局影印本　二冊

330000－1701－0029633　普 741.38/0117.2　子部/藝術類/書畫之屬/法帖

譚延闓大楷枯樹賦一卷　譚延闓書　民國二十五年(1936)上海中華書局石印本　一冊

330000－1701－0029634　GP07774　經部/禮記類/傳說之屬

禮記疏意二十三卷　(明)秦繼宗撰　民國十五年(1926)黃岡秦玉田刻本　六冊

330000－1701－0029635　普 741.38/3484/c1　集部/別集類

寐叟題跋一集二卷二集二卷　沈曾植撰並書　民國十五年(1926)上海商務印書館石印本　二冊　存二卷(一集一至二)

330000－1701－0029636　GP07753　經部/孝經類/傳說之屬

孝經貫解一卷　徐正逵撰　民國三十三年(1944)鉛印本　一冊

330000－1701－0029637　普 741.38/7573　子部/藝術類/書畫之屬/法帖

陳陶遺先生墨蹟一卷　陳公瑤書　民國三十七年(1948)合眾圖書館影印本　一冊

330000－1701－0029641　普 741.38/3484/c2　集部/別集類

寐叟題跋一集二卷二集二卷　沈曾植撰並書　民國十五年(1926)上海商務印書館石印本　四冊

330000－1701－0029643　GP07754　集部/別集類

潘子一遺集七卷　潘學敬撰　民國十四年(1925)靈峯精舍鉛印本　一冊

330000－1701－0029645　普 741.38/7924　史部/金石類/石之屬/文字

騰衝李氏碑志五種　李根源等輯　民國十二年(1923)泰東圖書局影印本　五冊

330000－1701－0029646　普 741.38/4634/c1　子部/藝術類/書畫之屬/法帖

鄰蘇老人手書題跋不分卷　楊守敬書　民國五年(1916)武昌楊氏觀海堂石印本　二冊

330000－1701－0029649　GP07765　類叢部/叢書類/彙編之屬

復性書院叢刊二十七種　馬浮編　民國二十九年至三十七年(1940－1948)復性書院刻本暨鉛印本　一冊　存一種

330000－1701－0029650　普 741.4/3007/c1　子部/藝術類/書畫之屬/法帖

宋慶曆内府刻閣帖十卷　(宋)釋希白摹刻　李平書藏　民國十一年(1922)上海中華書局影印本　十冊

330000－1701－0029652　普 741.38/4634/c2　子部/藝術類/書畫之屬/法帖

鄰蘇老人手書題跋不分卷　楊守敬書　民國五年(1916)武昌楊氏觀海堂石印本　二冊

330000－1701－0029654　普 741.4/3007/c2　子部/藝術類/書畫之屬/法帖

宋慶曆内府刻閣帖十卷　(宋)釋希白摹刻　李平書藏　民國十一年(1922)上海中華書局影印本　十冊

330000－1701－0029656　GP07756　集部/別集類

子承雜組初稾一卷　吳貞纘撰　民國二十一年(1932)濟南大中華仿宋印刷局鉛印本　一冊

330000－1701－0029657　普 741.4/3007/c3　子部/藝術類/書畫之屬/法帖

宋慶曆内府刻閣帖十卷　(宋)釋希白摹刻　李平書藏　民國十一年(1922)上海中華書局影印本　五冊　存五卷(一至五)

330000－1701－0029660　普 741.4/3027/2/c1　子部/藝術類/書畫之屬/法帖

宋拓淳化閣帖十卷　(宋)王著輯　民國上海

有正書局影印本　三册　存三卷(六至八)

330000－1701－0029663　GP07758　史部/史評類/史學之屬
新史學不分卷　(美國)魯濱遜撰　何炳松譯　民國十年(1921)鉛印本　單丕題記　一册

330000－1701－0029664　GP07757　類叢部/叢書類/家集之屬
聚德堂叢書十二種　陳伯陶輯　民國東莞陳氏刻本　八册　存一種

330000－1701－0029665　普 741.4/3027/2/c2　子部/藝術類/書畫之屬/法帖
宋拓淳化閣帖十卷　(宋)王著輯　民國上海有正書局影印本　三册　存三卷(六至八)

330000－1701－0029669　普 741.38/8082　子部/藝術類/書畫之屬/法帖
養浩先生遺墨一卷　俞鍾鑾書　民國十五年(1926)石印本　一册

330000－1701－0029670　GP07795　集部/別集類/宋別集
東坡和陶合箋四卷　(宋)蘇軾撰　(清)溫汝能輯　民國十七年(1928)上海掃葉山房石印本　二册

330000－1701－0029671　普 741.4/3027/3/c1　子部/藝術類/書畫之屬/法帖
宋拓淳化閣帖游相本十卷　(宋)王著輯　民國十五年(1926)上海商務印書館影印本　十册

330000－1701－0029672　普 741.4/3027/3/c2　子部/藝術類/書畫之屬/法帖
宋拓淳化閣帖游相本十卷　(宋)王著輯　民國十三年(1924)上海商務印書館影印本　十册

330000－1701－0029673　普 741.38/8337　子部/藝術類/書畫之屬/法帖
錢太希臨帖精品初集一卷　錢罕書　民國三十一年(1942)石印本　李光業題記　一册

330000－1701－0029677　普 741.4/3027/6　子部/藝術類/書畫之屬/法帖
宋搨淳化閣帖不分卷　(清)趙懷玉藏　民國十三年(1924)上海文明書局影印本　二册

330000－1701－0029682　GP07759　集部/別集類
約園演講集一卷　張壽鏞撰　民國鉛印本　一册

330000－1701－0029684　普 741.4/3027/5　子部/藝術類/書畫之屬/法帖
欽定重刻淳化閣帖十卷附釋文　民國七年(1918)上海商務印書館影印本　十册

330000－1701－0029687　GP07760　集部/別集類
約園雜箸三編八卷　張壽鏞撰　民國三十四年(1945)鉛印本　二册

330000－1701－0029689　普 741.4/3073/c1　子部/藝術類/書畫之屬/法帖
宋拓淳熙祕閣續法帖十卷　民國有正書局石印本(卷二、八原缺)　四册

330000－1701－0029695　普 741.4/3073/c2　子部/藝術類/書畫之屬/法帖
宋拓淳熙祕閣續法帖十卷　民國有正書局石印本(卷二、八原缺)　四册

330000－1701－0029699　普 741.4/3301　子部/藝術類/書畫之屬/法帖
御刻三希堂石渠寶笈法帖不分卷　(清)梁詩正等輯　民國有正書局石印本　三十二册

330000－1701－0029708　普 741.4/3547.011/(3)　子部/藝術類/書畫之屬/法帖
淳化閣帖十卷釋文十卷　(清)徐朝弼集釋　民國影印本　十一册

330000－1701－0029709　普 741.4/3301.02　子部/藝術類/書畫之屬/法帖
御刻三希堂石渠寶笈續法帖不分卷　(清)蔣溥等輯　民國有正書局石印本　五册

330000－1701－0029711　GP07810　史部/傳記類/別傳之屬/年譜

榆廬[夏辛銘]年譜一卷 夏辛銘撰 **榆廬年譜續一卷** 夏祖年 夏廷正編 民國二十年(1931)鉛印本 一冊

330000－1701－0029714 普 741.43/4022.2/3 子部/藝術類/書畫之屬/法帖

舊拓李北海書岳麓寺碑一卷 (唐)李邕撰並書 民國十八年(1929)上海神州國光社影印本 一冊

330000－1701－0029723 GP07816 類叢部/叢書類/彙編之屬

復性書院叢刊二十七種 馬浮編 民國二十九年至三十七年(1940－1948)復性書院刻本暨鉛印本 三冊 存一種

330000－1701－0029726 普 741.4/4044 子部/藝術類/書畫之屬/法帖

大觀帖□□卷 民國有正書局影印本 三冊 存三卷(二、四至五)

330000－1701－0029729 普 741.47/1034 子部/藝術類/書畫之屬/法帖

王虛舟篆書千字文一卷 (清)王澍書 民國十八年(1929)上海神州國光社石印本 一冊

330000－1701－0029731 GP07814 經部/小學類/文字之屬/說文/專著

說文古文疏證一卷 舒連景撰 民國二十六年(1937)上海商務印書館石印本 一冊

330000－1701－0029736 普 741.4/8013 子部/藝術類/書畫之屬/法帖

趙味辛藏閣帖殘本不分卷 (清)趙懷玉藏 民國上海文明書局影印本 四冊

330000－1701－0029738 普 741.413/1077 子部/藝術類/遊藝之屬/聯語

石鼓集聯不分卷 (清)王同集 民國十二年(1923)仁和王禔石印本 一冊

330000－1701－0029739 普 741.4/7824 子部/藝術類/書畫之屬/法帖

臨川李氏靜娛室四寶不分卷 (清)李宗瀚輯 民國十八年(1929)耐廬影印本 四冊

330000－1701－0029743 普 741.413/5008 史部/金石類/金之屬/文字

籀範四編 秦文錦輯 民國十八年(1929)上海藝苑真賞社影印本 三冊 存三編(一至三)

330000－1701－0029744 普 741.42/5008 子部/藝術類/書畫之屬/法帖

聯搨大觀 秦文錦編集 民國上海藝苑真賞社影印本 一冊 存一種

330000－1701－0029745 GP07818 子部/雜著類/雜考之屬

古書疑義舉例續補二卷 楊樹達撰 民國十三年(1924)楊氏家塾刻本 楊樹達題記 一冊

330000－1701－0029747 普 741.4241/1042/c2 史部/金石類/石之屬/文字

魏王基斷碑一卷 民國有正書局影印本 一冊

330000－1701－0029748 普 741.425/1004 子部/藝術類/書畫之屬/法帖

晉唐楷帖一卷 民國商務印書館影印本 一冊

330000－1701－0029749 普 741.4241/1042/2/c1 史部/金石類/石之屬/文字

魏王基斷碑一卷 民國有正書局影印本 一冊

330000－1701－0029750 普 741.42/5068/c1 子部/藝術類/書畫之屬/法帖

明初拓史晨前後碑一卷 民國十五年(1926)上海商務印書館影印本 一冊

330000－1701－0029751 普 741.4241/1042/2/c2 史部/金石類/石之屬/文字

初出土拓王基斷碑一卷 民國十年(1921)有正書局影印本 一冊

330000－1701－0029752 普 741.42/5068/c2 子部/藝術類/書畫之屬/法帖

明初拓史晨前後碑一卷 民國十一年(1922)上海商務印書館影印本 一冊

330000－1701－0029753　普741.425/1009/c4　子部/藝術類/書畫之屬/法帖
越州石氏本晉唐小楷十種不分卷　民國上海有正書局影印本　一冊

330000－1701－0029754　GP07846、GP07847　經部/叢編
十三經讀本　唐文治輯　民國十三年(1924)吳江施肇曾醒園刻本　五冊　存二種

330000－1701－0029755　普741.42/5068/2　子部/藝術類/書畫之屬/法帖
漢史晨碑一卷　(清)陳憩棠藏　民國影印本　一冊

330000－1701－0029757　普741.425/1009/2　子部/藝術類/書畫之屬/法帖
宋搨晉唐小楷十一種至寶不分卷　民國有正書局影印本　二冊

330000－1701－0029758　普741.413/5008.2　史部/金石類/金之屬/文字
籀範殘本不分卷　秦文錦輯　民國十八年(1929)上海藝苑真賞社影印本　一冊

330000－1701－0029759　普741.425/1083　子部/藝術類/書畫之屬/法帖
名人真蹟草書法帖　民國十八年(1929)上海世界書局石印本　一冊　存一種

330000－1701－0029760　普741.413/5008.3　子部/藝術類/書畫之屬/法帖
籀聯四編　葉爾愷撰句　秦文錦橅集　民國二十一年(1932)上海藝苑真賞社影印本　一冊　存初編

330000－1701－0029765　普741.413/5008.4　子部/藝術類/書畫之屬/法帖
碑聯集搨□□種　秦文錦編　民國上海藝苑真賞社影印本　一冊　存一種

330000－1701－0029766　普741.413/5008.5　子部/藝術類/書畫之屬/法帖
碑聯集搨□□種　秦文錦編　民國上海藝苑真賞社影印本　八冊　存八種

330000－1701－0029770　普741.425/1023/c1　子部/藝術類/書畫之屬/法帖
宋拓十三行一卷　(晉)王獻之書　民國七年(1918)上海有正書局影印本　一冊

330000－1701－0029771　普741.425/1083.3/3　子部/藝術類/書畫之屬/法帖
宋拓定武蘭亭序一卷　(晉)王羲之書　民國二十五年(1936)國立北平故宮博物院影印本　一冊

330000－1701－0029774　普741.425/1083.3　子部/藝術類/書畫之屬/法帖
宋游丞相藏蘭亭宣城本一卷　(晉)王羲之書　民國十七年(1928)上海商務印書館影印本　一冊

330000－1701－0029775　普741.425/1023/c2　子部/藝術類/書畫之屬/法帖
楷書習字帖　民國上海有正書局影印本　一冊　存一種

330000－1701－0029777　普741.425/1083.3/2　子部/藝術類/書畫之屬/法帖
宋游丞相藏蘭亭玉泉本一卷　(晉)王羲之書　民國十八年(1929)上海商務印書館影印本　一冊

330000－1701－0029778　普741.425/1083.3/4　子部/藝術類/書畫之屬/法帖
唐模蘭亭一卷　(晉)王羲之書　民國影印本　一冊

330000－1701－0029779　普741.425/1083.2/c2　子部/藝術類/書畫之屬/法帖
宋拓王帖三種不分卷　(晉)王羲之　(晉)王獻之書　民國二十五年(1936)上海商務印書館影印本　一冊

330000－1701－0029781　普741.425/1083.3/5　子部/藝術類/書畫之屬/法帖
開皇蘭亭真本一卷　(晉)王羲之撰並書　民國影印本　一冊

330000－1701－0029783　普741.425/1083.2/c1　子部/藝術類/書畫之屬/法帖

宋拓王帖三種不分卷　(晉)王羲之　(晉)王獻之書　民國二十五年(1936)上海商務印書館影印本　一冊

330000－1701－0029784　普741.425/1023/3　子部/藝術類/書畫之屬/法帖

洛神賦十三行玉刻真本不分卷　(晉)王獻之書　民國八年(1919)上海西泠印社影印本　一冊

330000－1701－0029786　普741.413/5008.6　子部/藝術類/書畫之屬/法帖

聯搨大觀　秦文錦編集　民國上海藝苑真賞社影印本　六冊　存六種

330000－1701－0029787　普741.425/1083.3/6　子部/藝術類/書畫之屬/法帖

蘭亭三絕一卷　(晉)王羲之書　民國影印本　一冊

330000－1701－0029789　普741.425/1083.3/8　子部/藝術類/書畫之屬/法帖

定武蘭亭一卷　(晉)王羲之書　民國文明書局影印本　一冊

330000－1701－0029792　普741.425/1083.3/13　子部/藝術類/書畫之屬/法帖

宋拓肥本定武蘭亭一卷　(晉)王羲之書　民國影印本　一冊

330000－1701－0029795　普741.425/1083.3/14　子部/藝術類/書畫之屬/法帖

太清樓蘭亭一卷　(晉)王羲之書　民國影印本　一冊

330000－1701－0029796　GP07873　集部/別集類/清別集

守愚公詩存十三卷　(清)鄭基智撰　民國十三年(1924)半樓主人鉛印本　四冊

330000－1701－0029797　普741.425/1083.3/16　子部/藝術類/書畫之屬/法帖

神龍本蘭亭一卷　(晉)王羲之書　民國影印本　一冊

330000－1701－0029801　普741.425/1083.4　子部/藝術類/書畫之屬/法帖

澄清堂帖□□卷　(晉)王羲之書　民國影印本　三冊　存三卷(一、三至四)

330000－1701－0029804　普741.425/1083.3/9　子部/藝術類/書畫之屬/法帖

褚摹蘭亭一卷　(唐)褚遂良臨　民國家庭工業社文具部影印本　一冊

330000－1701－0029807　普741.425/1083.3/10/c1　子部/藝術類/書畫之屬/法帖

初搨玉枕蘭亭一卷　(晉)王羲之書　民國十三年(1924)文明書局、中華書局影印本　一冊

330000－1701－0029811　普741.425/1083.5/c1　子部/藝術類/書畫之屬/法帖

南唐澄心堂拓右軍父子四人法帖一卷　(晉)王羲之等書　民國二十三年(1934)上海商務印書館影印本　一冊

330000－1701－0029812　普741.425/1083.3/10/c2　子部/藝術類/書畫之屬/法帖

初搨玉枕蘭亭一卷　(晉)王羲之書　民國十三年(1924)文明書局、中華書局影印本　一冊

330000－1701－0029813　普741.425/1083.5/c2　子部/藝術類/書畫之屬/法帖

南唐澄心堂拓右軍父子四人法帖一卷　(晉)王羲之等書　民國二十三年(1934)上海商務印書館影印本　一冊

330000－1701－0029817　普741.425/1083.6　子部/藝術類/書畫之屬/法帖

南唐澄心堂拓右軍洛神賦全文一卷　(晉)王羲之書　民國上海商務印書館影印本　一冊

330000－1701－0029818　普741.425/1083.3/11/c1　子部/藝術類/書畫之屬/法帖

宋拓定武蘭亭一卷　(晉)王羲之書　民國上海有正書局影印本　一冊

330000－1701－0029819　普741.425/1083.7/2/c1　子部/藝術類/書畫之屬/法帖

大唐三藏聖教序(王右軍懷仁集)一卷　(晉)

王羲之書　(唐)釋懷仁集　民國上海有正書局石印本　一冊

330000－1701－0029820　普 741.425/1083.7/2/c2　子部/藝術類/書畫之屬/法帖
大唐三藏聖教序(宋拓懷仁集王羲之書聖教序)一卷　(晉)王羲之書　(唐)釋懷仁集　民國上海古籍書店影印本　一冊

330000－1701－0029821　普 741.425/1083.3/11/c2　子部/藝術類/書畫之屬/法帖
宋拓定武蘭亭一卷　(晉)王羲之書　民國上海有正書局影印本　一冊

330000－1701－0029822　普 741.425/1083.7/4/c1　子部/藝術類/書畫之屬/法帖
大唐三藏聖教序一卷　(晉)王羲之書　(唐)釋懷仁集　民國影印本　一冊

330000－1701－0029823　普 741.425/1083.7/2/c3　子部/藝術類/書畫之屬/法帖
大唐三藏聖教序(宋拓懷仁集王羲之書聖教序)一卷　(晉)王羲之書　(唐)釋懷仁集　民國上海古籍書店影印本　一冊

330000－1701－0029824　普 741.425/1083.7/6　子部/藝術類/書畫之屬/法帖
五代拓聖教序一卷　(晉)王羲之書　民國上海有正書局影印本　一冊

330000－1701－0029827　普 741.425/1083.7/4/c2　子部/藝術類/書畫之屬/法帖
大唐三藏聖教序一卷　(晉)王羲之書　(唐)釋懷仁集　民國影印本　一冊

330000－1701－0029829　普 741.425/1083.7/7　子部/藝術類/書畫之屬/法帖
北宋拓聖教序一卷　(晉)王羲之書　(唐)釋懷仁集　民國六年(1917)上海有正書局影印本　一冊

330000－1701－0029831　GP07885　子部/藝術類/書畫之屬/總論
江郎山人指畫一卷　鄭仁山繪　民國二十三年(1934)影印本　一冊

330000－1701－0029835　普 741.425/1083.8　子部/藝術類/書畫之屬/法帖
王羲之書樂毅論一卷　(晉)王羲之書　民國二十五年(1936)上海商務印書館影印本　一冊

330000－1701－0029837　普 741.425/1083.9　子部/藝術類/書畫之屬/法帖
晉王右軍三帖墨迹一卷　(晉)王羲之書　民國二十三年(1934)國立北平故宮博物院影印本　一冊

330000－1701－0029841　普 741.43/0147.3/2　子部/藝術類/書畫之屬/法帖
顏真卿草書爭坐位帖一卷　(唐)顏真卿書　民國九年(1920)上海進步書局石印本　一冊

330000－1701－0029843　普 741.43/0147.2/2　子部/藝術類/書畫之屬/法帖
有唐撫州南城縣麻姑山仙壇記一卷　(唐)顏真卿撰并書　民國上海藝苑真賞社影印本　一冊

330000－1701－0029844　普 741.43/0043　史部/金石類/石之屬/文字
唐搨溫泉銘一卷　(唐)太宗李世民書　民國九年(1920)上海文明書局影印本　一冊

330000－1701－0029845　普 741.43/0147.3/3　子部/藝術類/書畫之屬/法帖
北宋拓爭坐位帖一卷　(唐)顏真卿書　民國上海有正書局影印本　一冊

330000－1701－0029846　普 741.43/0147.3/c1　子部/藝術類/書畫之屬/法帖
宋拓爭坐帖一卷　(唐)顏真卿書　民國上海文明書局影印本　一冊

330000－1701－0029847　普 741.43/0147.3/c2　子部/藝術類/書畫之屬/法帖
宋拓爭坐帖一卷　(唐)顏真卿書　民國十六年(1927)上海文明書局影印本　一冊

330000－1701－0029848　GP07919　類叢部/叢書類/彙編之屬
寶彝室集刊八種　朱景彝編　民國十五年

(1926)杭州朱氏鉛印本　一册　存一種

330000－1701－0029850　普 741.43/0147.2　子部/藝術類/書畫之屬/法帖

有唐撫州南城縣麻姑山仙壇記一卷　(唐)顔真卿撰并書　民國上海藝苑真賞社影印本　一册

330000－1701－0029852　GP07903　史部/地理類/山川之屬/山志

天台山方外志三十卷　(明)釋傳燈撰　民國十一年(1922)上海集雲軒鉛印本　八册

330000－1701－0029854　GP07920　經部/易類/傳說之屬

周易示兒録三卷說餘一卷　(清)沈紹勳撰　民國二十年(1931)鉛印本　一册

330000－1701－0029859　普 741.43/2264　子部/藝術類/書畫之屬/法帖

大唐西京千福寺多寶佛塔感應碑文(舊拓顔魯公多寶塔碑)不分卷　(唐)岑勛撰　(唐)顔真卿書　民國三十七年(1948)上海商務印書館影印本　一册

330000－1701－0029861　普 741.43/4022/2　子部/藝術類/書畫之屬/法帖

宋搨雲麾李秀碑一卷　(唐)李邕書　民國影印本　一册

330000－1701－0029862　普 741.43/0023/c1　史部/金石類/石之屬/文字

唐拓全石唐順陵碑孤本一卷　(唐)武三思撰　(唐)睿宗李旦書　高愚鑽藏　民國九年(1920)上海中華書局影印本　四册

330000－1701－0029863　普 741.43/1043　子部/藝術類/書畫之屬/法帖

華陽觀王先生碑文一卷　(唐)于敬之撰　(唐)王玄宗書　民國影印本　一册

330000－1701－0029865　普 741.43/0147.5　子部/藝術類/書畫之屬/法帖

顔真卿書古柏行一卷　(唐)顔真卿書　民國影印本　一册

330000－1701－0029866　普 741.43/2651/3　子部/藝術類/書畫之屬/法帖

宋拓皇甫君碑一卷　(唐)歐陽詢書　民國二十三年(1934)上海中華書局影印本　一册

330000－1701－0029869　普 741.43/3050　子部/藝術類/書畫之屬/法帖

宋拓唐臨本十七帖不分卷　民國影印本　一册

330000－1701－0029870　普 741.43/2131　子部/藝術類/書畫之屬/法帖

大唐王居士塼塔之銘不分卷　(唐)上官靈芝撰　(唐)敬客書　民國二十八年(1939)上虞羅振玉影印本　一册

330000－1701－0029871　普 741.43/0023/c2　史部/金石類/石之屬/文字

唐拓全石唐順陵碑孤本一卷　(唐)武三思撰　(唐)睿宗李旦書　高愚鑽藏　民國九年(1920)上海中華書局影印本　四册

330000－1701－0029874　普 741.43/4022.2　子部/藝術類/書畫之屬/法帖

宋拓李北海麓山寺碑一卷　(唐)李邕撰並書　民國十七年(1928)上海惜陰書齋影印本　一册

330000－1701－0029875　普 741.43/0023/c3　史部/金石類/石之屬/文字

唐拓全石唐順陵碑孤本一卷　(唐)武三思撰　(唐)睿宗李旦書　高愚鑽藏　民國十九年(1930)上海中華書局影印本　四册

330000－1701－0029876　普 741.43/3433/3　子部/藝術類/書畫之屬/法帖

褚遂良聖教序一卷　(唐)褚遂良書　民國影印本　一册

330000－1701－0029878　普 741.43/0023/c4　史部/金石類/石之屬/文字

唐拓全石唐順陵碑孤本一卷　(唐)武三思撰　(唐)睿宗李旦書　高愚鑽藏　民國九年(1920)上海中華書局影印本　四册

330000－1701－0029880　GP07907　子部/宗

教類/佛教之屬
雲棲法彙二十九種 (明)釋袾宏撰 (明)王宇春等輯 民國上海有正書局鉛印本 一冊 存一種

330000－1701－0029881 GP07908 子部/小說家類/雜事之屬
金壺浪墨真本一卷 (清)潘德輿撰 民國十五年(1926)上海著易堂印刷所鉛印本 一冊

330000－1701－0029882 普 741.43/4022.3 子部/藝術類/書畫之屬/法帖
唐雲麾將軍李思訓碑一卷 (唐)李邕書 民國十一年(1922)上海有正書局影印本 狄葆賢題簽並記 一冊

330000－1701－0029883 普 741.43/4022.3/2 子部/藝術類/書畫之屬/法帖
宋拓李北海雲麾碑一卷 (唐)李邕書 民國上海有正書局影印本 一冊

330000－1701－0029884 普 741.43/4073 子部/藝術類/書畫之屬/法帖
雙鈎唐李陽冰書滑臺新驛記一卷 (唐)李陽冰書 (清)貝墉雙鈎 金鐾石華樓藏 民國二十五年(1936)上海中華書局影印本 一冊

330000－1701－0029886 普 741.43/4022.307 史部/金石類/石之屬/雜著
唐李思訓碑校勘記六章 阮永堺撰 民國二十年(1931)鉛印本 一冊

330000－1701－0029887 普 741.43/4680/c1 子部/藝術類/書畫之屬/法帖
唐賀季真草書孝經一卷 (唐)賀知章書 (日本)堀博摹刻 民國上海有正書局影印本 一冊

330000－1701－0029888 GP07900 子部/宗教類/道教之屬
莊子證補一卷 朱桂曜撰 民國十七年(1928)石印本 二冊

330000－1701－0029889 普 741.43/4680/c2 子部/藝術類/書畫之屬/法帖
唐賀季真草書孝經一卷 (唐)賀知章書 (日本)堀博摹刻 民國上海有正書局影印本 一冊

330000－1701－0029890 普 741.43/3433.2 子部/藝術類/書畫之屬/法帖
宋拓明拓褚河南枯樹賦合冊不分卷 (唐)褚遂良書 民國上海有正書局影印本 一冊

330000－1701－0029891 普 741.43/4022.4/c1 子部/藝術類/書畫之屬/法帖
唐故雲麾將軍李公碑一卷 (唐)李邕書 民國影印本 一冊

330000－1701－0029892 普 741.43/4022.2/2/c1 子部/藝術類/書畫之屬/法帖
宋拓麓山寺碑一卷 (唐)李邕撰並書 民國上海有正書局影印本 一冊

330000－1701－0029893 普 741.43/4022.2/2/c2 子部/藝術類/書畫之屬/法帖
宋拓麓山寺碑一卷 (唐)李邕撰並書 民國上海有正書局影印本 一冊

330000－1701－0029894 GP07901 子部/宗教類/道教之屬
莊子概論一卷證補一卷 朱桂曜撰 民國十七年(1928)石印本 滌瞻題簽並跋 二冊

330000－1701－0029895 普 741.43/4022.4/c2 子部/藝術類/書畫之屬/法帖
唐故雲麾將軍李公碑一卷 (唐)李邕書 民國影印本 一冊

330000－1701－0029896 普 741.43/3433.3 子部/藝術類/書畫之屬/法帖
褚遂良哀冊真跡一卷 (唐)褚遂良書 民國有正書局石印本 一冊

330000－1701－0029898 普 741.43/4022.4/c3 子部/藝術類/書畫之屬/法帖
唐故雲麾將軍李公碑一卷 (唐)李邕書 民國影印本 一冊

330000－1701－0029900 普 741.43/4784.4 子部/藝術類/書畫之屬/法帖
宋拓神策軍碑一卷 (唐)崔鉉撰 (唐)柳公

權書　民國影印本　一冊

330000－1701－0029901　普 741.43/4022.4/c4　子部/藝術類/書畫之屬/法帖

唐故雲麾將軍李公碑一卷　(唐)李邕書　民國影印本　一冊

330000－1701－0029903　普 741.43/4022.4/c5　子部/藝術類/書畫之屬/法帖

唐故雲麾將軍李公碑一卷　(唐)李邕書　民國影印本　一冊

330000－1701－0029904　GP07909　史部/政書類/律令之屬/判牘

新編評注曾國藩判牘菁華一卷　(清)曾國藩撰　平襟亞編　秋痕廔主評　民國上海東亞書局鉛印本　一冊

330000－1701－0029905　普 741.43/4022.4/c6　子部/藝術類/書畫之屬/法帖

唐故雲麾將軍李公碑一卷　(唐)李邕書　民國影印本　一冊

330000－1701－0029907　普 741.43/4784　子部/藝術類/書畫之屬/法帖

柳公權金剛經一卷　(唐)柳公權書　適園居士摹　民國上海碧梧山莊影印本　二冊

330000－1701－0029908　GP07910　史部/政書類/律令之屬/判牘

新編評注曾國荃判牘菁華一卷　(清)曾國荃撰　平襟亞編　秋衡廔主評　民國上海東亞書局鉛印本　一冊

330000－1701－0029909　普 741.43/6046　史部/金石類/石之屬/文字

墨林星鳳不分卷　羅振玉輯　民國五年(1916)上虞羅氏影印本　一冊

330000－1701－0029910　普 741.43/7770/3　子部/藝術類/書畫之屬/法帖

宋拓九成宮醴泉銘一卷　(唐)歐陽詢書　民國上海有正書局影印本　一冊

330000－1701－0029912　普 741.43/7770.2　史部/金石類/石之屬/文字

宋搨歐陽詢緣果道場磚塔下舍利記不分卷　(唐)歐陽詢撰並書　民國十二年(1923)上海商務印書館影印本　一冊

330000－1701－0029913　普 741.43/7540　子部/藝術類/書畫之屬/法帖

宋拓郎官廳壁記一卷　(唐)陳九言撰　(唐)張旭書　民國七年(1918)上虞羅氏影印本　一冊

330000－1701－0029915　普 741.43/7770/4　子部/藝術類/書畫之屬/法帖

宋拓九成宮醴泉銘一卷　(唐)歐陽詢書　民國十一年(1922)中華書局影印本　一冊

330000－1701－0029916　普 741.43/7770.3　子部/藝術類/書畫之屬/法帖

化度寺故僧邕禪師舍利塔銘一卷　(唐)歐陽詢書　民國十三年(1924)上虞羅振玉影印本　一冊

330000－1701－0029917　普 741.43/7770/2　子部/藝術類/書畫之屬/法帖

九成宮醴泉銘一卷　(唐)歐陽詢書　民國九年(1920)上海商務印書館影印本　一冊

330000－1701－0029918　普 741.43/7770.3/2　子部/藝術類/書畫之屬/法帖

化度寺故僧邕禪師舍利塔銘一卷　(唐)歐陽詢書　民國影印本　一冊

330000－1701－0029920　普 741.43/7770.3/3　子部/藝術類/書畫之屬/法帖

宋拓化度寺碑一卷　(唐)歐陽詢書　民國十九年(1930)上海文明書局影印本　一冊

330000－1701－0029921　GP07926　集部/總集類/氏族之屬

明儒王東堧東隅東日天真四先生殘稿一卷　袁承業輯　民國東臺袁氏鉛印本　一冊

330000－1701－0029925　普 741.43/7773/c2　子部/藝術類/書畫之屬/法帖

宋拓道因法師碑一卷　(唐)李儼撰　(唐)歐陽通書　民國二十四年(1935)國立北平故宮博物院影印本　一冊

330000－1701－0029926　普 741.43/7770.5/c1　子部/藝術類/書畫之屬/法帖
宋拓虞恭公碑一卷　(唐)歐陽詢書　民國影印本　一冊

330000－1701－0029927　普 741.43/7770.4/2　子部/藝術類/書畫之屬/法帖
宋拓皇甫君碑一卷　(唐)歐陽詢書　民國上海有正書局影印本　一冊

330000－1701－0029929　普 741.43/7770.5/c2　子部/藝術類/書畫之屬/法帖
宋揚虞恭公碑一卷　(唐)歐陽詢書　民國上海藝苑真賞社影印本　一冊

330000－1701－0029930　普 741.43/7770.6/c1　子部/藝術類/書畫之屬/法帖
宋揚虞恭公碑一卷　(唐)歐陽詢書　民國影印本　一冊

330000－1701－0029931　普 741.43/7773/c3　子部/藝術類/書畫之屬/法帖
宋拓道因法師碑一卷　(唐)李儼撰　(唐)歐陽通書　民國二十四年(1935)國立北平故宮博物院影印本　一冊

330000－1701－0029933　普 741.43/9450　子部/藝術類/書畫之屬/法帖
唐釋懷素聖母帖一卷　(唐)釋懷素書　民國上海藝苑真賞社影印本　一冊

330000－1701－0029935　普 741.44/4453.4　子部/藝術類/書畫之屬/法帖
宋拓東坡西樓帖三卷　(宋)蘇軾撰並書　民國有正書局石印本　一冊

330000－1701－0029938　普 741.43/7773.1/c1　子部/藝術類/書畫之屬/法帖
宋拓道因法師碑一卷　(唐)李儼撰　(唐)歐陽通書　民國五年(1916)上海有正書局影印本　一冊

330000－1701－0029939　普 741.43/9450.2　子部/藝術類/書畫之屬/法帖
初拓懷素草書自敘帖一卷　(唐)釋懷素撰並書　民國有正書局影印本　一冊

330000－1701－0029940　普 741.44/4453.5　子部/藝術類/書畫之屬/法帖
北宋拓醉翁亭記一卷　(宋)蘇軾書　民國五年(1916)上海有正書局石印本　一冊

330000－1701－0029943　普 741.44/4453.6　子部/藝術類/書畫之屬/法帖
蘇長公大江東詞一卷詩帖一卷　(宋)蘇軾書　民國有正書局石印本　一冊

330000－1701－0029945　GP07914　史部/紀傳類/正史之屬
史記訂補八卷　李笠撰　民國十三年(1924)瑞安李氏橫經室刻本　四冊

330000－1701－0029946　GP07997　子部/雜著類/雜說之屬
景船齋雜記二卷　(清)章有謨撰　民國上海中華圖書館石印本　二冊

330000－1701－0029947　普 741.43/7773.1/c2　子部/藝術類/書畫之屬/法帖
宋拓道因法師碑一卷　(唐)李儼撰　(唐)歐陽通書　民國上海有正書局影印本　一冊

330000－1701－0029948　普 741.44/4400　子部/藝術類/書畫之屬/法帖
明拓晝錦堂記一卷　(宋)歐陽修撰　(宋)蔡襄書　民國影印本　一冊

330000－1701－0029949　普 741.44/9044.2　子部/藝術類/書畫之屬/法帖
米海岳方圓菴記一卷　(宋)米芾書　民國影印本　一冊

330000－1701－0029952　普 741.44/4444/c1　子部/藝術類/書畫之屬/法帖
舊拓宋夢英篆書千字文一卷　(宋)釋夢英書　民國二十五年(1936)上海中華書局影印本　一冊

330000－1701－0029953　普 741.44/4444/c2　子部/藝術類/書畫之屬/法帖
舊拓宋夢英篆書千字文一卷　(宋)釋夢英書　民國二十五年(1936)上海中華書局影印本　一冊

330000－1701－0029955　普 741.43/7770.6/c3　子部/藝術類/書畫之屬/法帖

宋搨溫虞恭公碑一卷　(唐)歐陽詢書　民國十三年(1924)上海文明書局、中華書局影印本　一冊

330000－1701－0029956　普 741.44/4453.2　子部/藝術類/書畫之屬/法帖

蘇東坡書種橘卷一卷　(宋)蘇軾書　民國石印本　一冊

330000－1701－0029957　普 741.44/4453.3　子部/藝術類/書畫之屬/法帖

宋拓西樓蘇帖東坡書髓不分卷　(宋)蘇軾書　民國石印本　六冊

330000－1701－0029958　普 741.46/3040　子部/藝術類/書畫之屬/法帖

七姬權厝志一卷　(明)宋克書　民國影印本　一冊

330000－1701－0029960　普 741.47/4030　子部/藝術類/書畫之屬/法帖

李文忠蒯公神道碑一卷　(清)李鴻章撰並書　民國十九年(1930)上海文明書局石印本　一冊

330000－1701－0029961　普 741.45/0026　子部/藝術類/書畫之屬/法帖

名人真蹟　民國中華書局影印本　一冊　存一種

330000－1701－0029962　普 741.47/4463　子部/藝術類/書畫之屬/法帖

御賜張勤果公碑文一卷　(清)黄思永書　民國影印本　一冊

330000－1701－0029965　普 741.45/4913　子部/藝術類/書畫之屬/法帖

舊拓元趙子昂御服碑一卷　(元)趙孟頫書　民國二十五年(1936)上海中華書局影印本　一冊

330000－1701－0029966　GP08004　史部/政書類/邦交之屬

清季外交史料六種　(清)王彦威輯　王亮編　民國二十一年至二十四年(1932－1935)北平外交史料編纂處鉛印本　十二冊　存一種

330000－1701－0029967　GP08003　史部/政書類/邦交之屬

清季外交史料六種　(清)王彦威輯　王亮編　民國二十一年至二十四年(1932－1935)北平外交史料編纂處鉛印本　王敬立題記　十二冊　存一種

330000－1701－0029969　GP07999　集部/別集類/清別集

溪上草堂文稾八卷首一卷　(清)駱晉祺撰　魏東編　民國十年(1921)魏東鉛印本　四冊

330000－1701－0029970　GP08000　集部/總集類/酬唱之屬

永嘉葉墨卿先生乙亥八龤倡和詩一卷　郭敦崇等輯　**榴蔭山房印譜一卷**　葉鴻翰篆　民國二十三年(1934)榴蔭山房石印本　一冊

330000－1701－0029972　普 741.47/7733　子部/藝術類/書畫之屬/法帖

陶心雲書曾祖春溪公墓表一卷　(清)李兆洛撰　陶濬宣書　民國石印本　一冊

330000－1701－0029973　GP08001　類叢部/叢書類/自著之屬

清都散客二種　(明)趙南星撰　民國二十六年(1937)上海中華書局鉛印本　一冊

330000－1701－0029974　GP08010　史部/政書類/邦交之屬

清季外交史料六種　(清)王彦威輯　王亮編　民國二十一年至二十四年(1932－1935)北平外交史料編纂處鉛印本　王敬立題記　一百四十八冊　存三種

330000－1701－0029975　普 741.47/8799　子部/藝術類/書畫之屬/法帖

鄭板橋漁村夕照詞一卷　(清)鄭燮書　民國十九年(1930)上海文明書局石印本　一冊

330000－1701－0029976　GP08002　類叢部/叢書類/自著之屬

清都散客二種　(明)趙南星撰　民國上海中

華書局鉛印本　一册

330000－1701－0029977　GP08011　史部/政書類/邦交之屬

清季外交史料六種　(清)王彦威輯　王亮編　民國二十一年至二十四年(1932－1935)北平外交史料編纂處鉛印本　一百四十七册　存三種

330000－1701－0029979　GP08005　類叢部/叢書類/彙編之屬

四部備要　中華書局編　民國二十五年(1936)上海中華書局鉛印本　二册　存一種

330000－1701－0029981　普741.48/4749　史部/傳記類/别傳之屬/墓誌

平湖陳翀若先生墓誌銘一卷　金問洙撰　胡士瑩書　民國影印本　一册

330000－1701－0029982　GP08013　史部/傳記類/職官録之屬/總録

職員錄不分卷(民國十年第四期)　印鑄局編校科編纂　民國十年(1921)印鑄局鉛印本　四册

330000－1701－0029983　普741.46/1032　子部/藝術類/書畫之屬/法帖

王陽明墨跡拓本一卷　(明)王守仁書　民國二十年(1931)影印本　一册

330000－1701－0029986　普741.6025/4748/c2　子部/藝術類/書畫之屬

南薰殿圖像攷二卷　(清)胡敬輯　民國五年(1916)上海有正書局影印本　一册

330000－1701－0029987　普741.608/1040　子部/藝術類/書畫之屬

名人山水集不分卷　丁仁編　高時顯　葉葉舟審定　民國二十三年(1934)上海西泠印社書店影印本　一册

330000－1701－0029993　普741.608/1040.2　子部/藝術類/書畫之屬

名人蘭竹集不分卷　丁仁編　高時顯　葉葉舟審定　民國二十三年(1934)上海西泠印社書店影印本　一册

330000－1701－0029994　GP08009　史部/政書類/邦交之屬

清光緒朝中日交涉史料八十八卷　北平故宫博物院編　民國二十一年(1932)北平故宫博物院鉛印本　四十二册　缺四卷(九至十、七十三至七十四)

330000－1701－0029996　普741.608/1040.3　子部/藝術類/書畫之屬

名人梅花集不分卷　丁仁編　高時顯　葉葉舟審定　民國二十三年(1934)上海西泠印社書店影印本　一册

330000－1701－0029997　普741.5046/4866　子部/藝術類/書畫之屬/題跋

榆園圖題詠一卷　李濬之輯　民國影印本　一册

330000－1701－0030001　普741.608/0035　子部/藝術類/書畫之屬/畫譜

名畫搜奇初集不分卷二集不分卷　文達書社編　民國九年(1920)、十二年(1923)上海文達書社影印本　二册

330000－1701－0030002　GP08017　子部/藝術類/遊藝之屬/聯語

精選楹聯新編二卷　(清)俞樾撰　民國二年(1913)上海萃英書莊石印本　二册

330000－1701－0030003　普741.6/3117　子部/藝術類/書畫之屬/畫譜

萬古樓叢畫八卷　汪鑅繪　民國十一年(1922)泰華圖書館石印本　六册　存六卷(一至六)

330000－1701－0030005　普741.608/1032　子部/藝術類/書畫之屬/畫譜

名人書畫集不分卷　民國三十二年(1943)西泠印書店影印本　四册

330000－1701－0030007　GP08018　子部/藝術類/遊藝之屬/聯語

楹聯三話二卷　(清)梁章鉅輯　民國九年(1920)上海商務印書館鉛印本　二册

330000－1701－0030008　GP08009/1　史部/

政書類/邦交之屬
清光緒朝中法交涉史料二十二卷 北平故宫博物院編 民國二十一年至二十二年(1932 - 1933)北平故宫博物院鉛印本 一册 存二卷(九至十)

330000 - 1701 - 0030009 普 741.608/2258 子部/藝術類/書畫之屬/畫譜
名畫集成第一集不分卷 峯青館輯 民國十四年(1925)影印本 一册

330000 - 1701 - 0030010 GP08019 集部/詩文評類/詩評之屬
學詩入門一卷 達文社編 民國二十三年(1934)上海達文社鉛印本 一册

330000 - 1701 - 0030011 普 741.608/2671 子部/藝術類/書畫之屬
近代名人墨妙四集 吳頤編 民國上海慎修書社影印本 一册 存一集(二)

330000 - 1701 - 0030012 GP08020 子部/藝術類/遊藝之屬/聯語
分類楹聯大全十四編 廣文書局編輯所編輯 民國十一年(1922)上海世界書局石印本 一册

330000 - 1701 - 0030013 普 741.608/27853 子部/藝術類/書畫之屬/畫録
董東山御苑風景不分卷 (清)董邦達繪 民國四年(1915)上海文明書局影印本 一册

330000 - 1701 - 0030014 GP08021 子部/藝術類/遊藝之屬/聯語
新體分類楹聯精華上册二編下册二編 吳金山編輯 民國十九年(1930)上海廣雅書局、啟新書局石印本 一册

330000 - 1701 - 0030015 普 741.608/2783 子部/藝術類/書畫之屬/畫譜
名人寫竹一卷 (明)夏昶等繪 陳漢第藏 民國十九年(1930)上海商務印書館影印本 一册

330000 - 1701 - 0030016 普 741.608/3113 類叢部/叢書類/彙編之屬
金陵大學中國文化研究所叢刊 金陵大學中國文化研究所編 民國金陵大學中國文化研究所刻本、鉛印本暨影印本 一册 存一種

330000 - 1701 - 0030017 普 741.608/3223 子部/藝術類/書畫之屬/畫譜
歷朝名畫觀音寶相不分卷附絲繡觀音寶相不分卷明石刻觀音寶相不分卷 淨緣社編 民國二十七年(1938)上海淨緣社影印本 二册

330000 - 1701 - 0030021 普 741.608/5015 子部/藝術類/書畫之屬/畫譜
中西畫集一卷 民國十八年(1929)上海中國文藝出版部影印本 一册

330000 - 1701 - 0030023 普 741.608/5090 子部/藝術類/書畫之屬/畫譜
天繪閣畫粹第一集不分卷第二集不分卷 民國十九年(1930)天繪閣影印本 二册

330000 - 1701 - 0030024 普 741.608/6734 子部/藝術類/書畫之屬
明清十大家蘭竹扇集一卷 (明)周天球等繪 民國二十二年(1933)上海慎修書社影印本 一册

330000 - 1701 - 0030025 普 741.608/6732 子部/藝術類/書畫之屬/畫譜
明清名人蘭竹合册不分卷 民國二十一年(1932)上海慎修書社影印本 一册

330000 - 1701 - 0030027 GP08039 子部/藝術類/書畫之屬/畫譜
賞奇軒五種合編 民國四年(1915)上海錦文堂書局石印本 八册

330000 - 1701 - 0030028 普 741.608/7122 子部/藝術類/書畫之屬/畫譜
歷代名畫共賞集第一編不分卷 民國十九年(1930)蘇州振新書社影印本 一册

330000 - 1701 - 0030029 普 741.608/4832 子部/藝術類/書畫之屬
故宫名畫梅集第二集不分卷 民國二十五年(1936)國立北平故宫博物院影印本 一册

330000－1701－0030030　普 741.608/7142
子部/藝術類/書畫之屬/畫譜
歷朝名人扇集不分卷　鄒登鰲輯　民國十八年(1929)蘇州振新書社影印本　一冊

330000－1701－0030033　普 741.6083/8758/c1　子部/藝術類/書畫之屬
韞輝齋藏唐宋以來名畫集不分卷　鄭振鐸編輯　民國三十六年(1947)上海出版公司影印本　二冊

330000－1701－0030034　普 741.6084/1087.2　子部/藝術類/書畫之屬/畫譜
天籟閣舊藏宋人畫冊一卷　民國二十三年(1934)上海商務印書館影印本　一冊

330000－1701－0030035　普 741.608/7523
子部/藝術類/書畫之屬/畫譜
百梅集不分卷　陳叔通輯　民國十八年(1929)上海商務印書館影印本　二冊

330000－1701－0030036　普 741.6083/8758/c2　子部/藝術類/書畫之屬
韞輝齋藏唐宋以來名畫集不分卷　鄭振鐸編輯　民國三十六年(1947)上海出版公司影印本　一冊

330000－1701－0030037　普 741.6084/6023
子部/藝術類/書畫之屬
墨巢祕玩宋人畫冊不分卷　民國二十五年(1936)上海商務印書館影印本　一冊

330000－1701－0030038　普 741.6086/8758
子部/藝術類/書畫之屬
明遺民畫上輯不分卷　鄭振鐸編輯　民國三十六年(1947)影印域外所藏中國古畫集本　姚渭之題記　一冊

330000－1701－0030039　普 741.6086/3416
子部/藝術類/書畫之屬/畫譜
沈石田唐六如張夢晉花卉卷冊不分卷　(明)沈周　(明)唐寅　(明)張靈繪　民國十八年(1929)上海神州國光社影印本　一冊

330000－1701－0030041　普 741.6087/4444
子部/藝術類/書畫之屬/畫譜
藝林大觀第一集不分卷　民國十八年(1929)藝林社影印本　一冊

330000－1701－0030044　普 741.6087/1030
子部/藝術類/書畫之屬/畫譜
古代名畫　民國天繪閣影印本　一冊　存一種

330000－1701－0030045　普 741.6087/4842/c1　子部/藝術類/書畫之屬/畫譜
松柏名畫集不分卷　(明)胡靖等繪　陳伏廬藏　民國二十年(1931)上海商務印書館影印本　一冊

330000－1701－0030047　普 741.6087/3663
子部/藝術類/書畫之屬/畫譜
中國名畫集外冊　民國上海有正書局影印本　一冊　存一種

330000－1701－0030048　普 741.6087/4842/c2　子部/藝術類/書畫之屬/畫譜
松柏名畫集不分卷　(明)胡靖等繪　陳伏廬藏　民國二十二年(1933)上海商務印書館影印本　一冊

330000－1701－0030049　普 741.6088/1248
子部/藝術類/書畫之屬/畫譜
弢華館藏扇一卷　陸恢等繪　民國十八年(1929)影印本　一冊

330000－1701－0030050　普 741.6087/5054/c2　子部/藝術類/書畫之屬/畫譜
畫中九友山水合璧不分卷　民國影印本　一冊

330000－1701－0030053　普 741.6087/7486
子部/藝術類/書畫之屬/畫譜
名人扇集第一集不分卷　陸養晦編　民國八年(1919)上海國華書局影印本　一冊

330000－1701－0030054　普 741.6088/0121
子部/藝術類/書畫之屬
海陵譚家書畫舫不分卷　民國影印本　一冊

330000－1701－0030055　普 741.6087/4000
子部/藝術類/書畫之屬/畫譜

李梅生姜笠人花鳥合册不分卷　(清)李育　(清)姜漁繪　民國二十年(1931)上海神州國光社影印本　一册

330000－1701－0030056　普741.6088/0470　子部/藝術類/書畫之屬/畫録

白社畫册第一集不分卷　諸聞韻等繪　民國二十一年(1932)上海金城工藝社發行所影印本　一册

330000－1701－0030060　普741.6088/1010　子部/藝術類/書畫之屬/畫譜

王一亭譚少雲名畫合刊不分卷　王震　譚少雲繪　民國影印本　一册

330000－1701－0030061　普741.6088/1013/c1　子部/藝術類/書畫之屬/畫譜

一百家畫梅集不分卷　民國十九年(1930)上海西泠印社影印本　二册

330000－1701－0030062　普741.6088/1013/c2　子部/藝術類/書畫之屬/畫譜

一百家畫梅集不分卷　民國十九年(1930)上海西泠印社影印本　二册

330000－1701－0030063　普741.6087/1053/c1　子部/藝術類/書畫之屬/畫譜

清二十家畫梅集册不分卷　丁仁鑒定　民國二十六年(1937)上海中華書局影印本　一册

330000－1701－0030064　普741.6087/1053/c2　子部/藝術類/書畫之屬/畫譜

清二十家畫梅集册不分卷　丁仁鑒定　民國二十六年(1937)上海中華書局影印本　一册

330000－1701－0030066　普741.6087/2615　子部/藝術類/書畫之屬/畫録

程青溪釋石濤山水卷一卷　(清)程正揆　(清)釋道濟繪　民國十八年(1929)上海神州國光社影印本　一册

330000－1701－0030068　普741.6088/2661　子部/藝術類/書畫之屬/畫譜

時人名畫　民國九年(1920)上海生生美術公司影印本　二册　存二種

330000－1701－0030069　普741.6087/4418　子部/藝術類/書畫之屬/畫譜

蔣南沙蔣恒軒父子花卉合册不分卷　(清)蔣廷錫　(清)蔣溥繪　民國二十二年(1933)上海慎修書社影印本　一册

330000－1701－0030072　普741.6088/2671　子部/藝術類/書畫之屬

修闇集扇不分卷　吳頤編　民國十七年(1928)上海慎修書社影印本　一册

330000－1701－0030073　普741.6087/2671　子部/藝術類/書畫之屬/畫譜

清十二名家山水集不分卷　吳頤編　民國二十三年(1934)上海慎修書社影印本　一册

330000－1701－0030074　普741.6088/3337　子部/藝術類/書畫之屬/畫譜

心漢閣扇集四集　民國十六年至十九年(1927－1930)慎修書社影印本　二册　存二集(二至三)

330000－1701－0030075　普741.6088/2802　子部/藝術類/書畫之屬/畫譜

南州畫憶不分卷　徐詠緋編　民國三十二年(1943)影印本　一册

330000－1701－0030076　普741.6088/3822　子部/藝術類/書畫之屬/畫譜

海上近人花卉册不分卷　民國十六年(1927)上海西泠印社影印本　一册

330000－1701－0030077　普741.6088/2847　子部/藝術類/書畫之屬/畫譜

徐澹廬四十壽辰畫册不分卷　徐鋆編　民國十四年(1925)影印本　一册

330000－1701－0030078　普741.6088/5061　子部/藝術類/書畫之屬

中國現代名畫不分卷　吳昌碩等繪　民國十七年(1928)上海商務印書館影印本　一册

330000－1701－0030079　普741.6088/3630　集部/總集類/題詠之屬

握蘭簃裁曲圖詠二卷　李宣倜編　民國二十二年(1933)鉛印本　一册

330000－1701－0030081　普 741.6088/4438
子部/藝術類/書畫之屬/畫法畫品
葉舟畫史一卷　葉爲銘編　民國二十五年(1936)影印本　一册

330000－1701－0030082　普 741.6088/7701
子部/藝術類/書畫之屬/畫譜
夢坡畫史一卷　周慶雲繪　民國三十三年(1944)影印本　一册

330000－1701－0030085　普 741.66/0026.2
子部/藝術類/書畫之屬
文待詔拙政園圖一卷　(明)文徵明繪並書　民國影印本　一册

330000－1701－0030089　普 741.66/0026.3
子部/藝術類/書畫之屬
文衡山先生高士傳真蹟一卷　(明)文徵明繪並書　民國十四年(1925)上海商務印書館影印本　一册

330000－1701－0030090　普 741.65/2684/c1
子部/藝術類/書畫之屬/畫譜
吴仲圭漁父圖卷一卷　(元)吴鎮繪　民國二十六年(1937)上海商務印書館影印本　一册

330000－1701－0030091　普 741.6088/8047
子部/藝術類/書畫之屬
十家書畫集不分卷　曾壽同輯　民國十八年(1929)上海華商書局影印本　一册

330000－1701－0030092　普 741.65/2684/c2
子部/藝術類/書畫之屬/畫譜
吴仲圭漁父圖卷一卷　(元)吴鎮繪　民國二十五年(1936)上海商務印書館影印本　一册

330000－1701－0030093　普 741.65/2684/c3
子部/藝術類/書畫之屬/畫譜
吴仲圭漁父圖卷一卷　(元)吴鎮繪　民國二十六年(1937)上海商務印書館影印本　一册

330000－1701－0030095　普 741.64/1084
子部/藝術類/書畫之屬/畫譜
工筆花鳥册不分卷　民國二十年(1931)無錫理工製版所影印本　一册

330000－1701－0030097　普 741.66/0026
子部/藝術類/書畫之屬/畫譜
文徵明山水册一卷　(明)文徵明繪　民國影印本　李鍾鈺題簽　一册

330000－1701－0030099　普 741.66/1028
子部/藝術類/書畫之屬/畫譜
石溪谿山無盡圖卷一卷　(清)釋髡殘繪　民國二十三年(1934)上海商務印書館影印本　一册

330000－1701－0030102　普 741.66/4414
子部/藝術類/書畫之屬/畫譜
藍瑛仿黄鶴山樵山水册一卷　(清)藍瑛繪　民國影印本　一册

330000－1701－0030103　普 741.66/1077
子部/藝術類/書畫之屬/畫譜
王仲山水墨畫册不分卷　(明)王問繪　民國十九年(1930)上海神州國光社影印本　一册

330000－1701－0030105　普 741.66/4446
子部/藝術類/書畫之屬/畫譜
董玄宰設色山水卷一卷　(明)董其昌繪　民國二十年(1931)上海神州國光社影印本　一册

330000－1701－0030106　GP08071　集部/別集類
講學録一卷　張知生撰　民國元年(1912)石印本　一册

330000－1701－0030107　GP08052　類叢部/叢書類/郡邑之屬
湖北先正遺書七十二種七百二十七卷　盧靖編　民國十二年(1923)沔陽盧氏慎始基齋影印本　四册　存一種

330000－1701－0030109　普 741.66/1077.2
子部/藝術類/書畫之屬/畫譜
王仲山水墨畫册不分卷　(明)王問繪　民國十九年(1930)上海神州國光社影印本　一册

330000－1701－0030110　普 741.66/4446.2/c1　子部/藝術類/書畫之屬/畫譜
董香光山水册一卷　(明)董其昌繪　民國二

十年(1931)上海慎修書社影印本　一冊

330000－1701－0030111　GP08076　經部/叢編

十三經讀本　唐文治輯　民國十三年(1924)吳江施肇曾醒園刻本　二冊　存一種

330000－1701－0030112　普741.66/4446.2/c2　子部/藝術類/書畫之屬/畫譜

董香光山水冊一卷　(明)董其昌繪　民國二十年(1931)上海慎修書社影印本　一冊

330000－1701－0030113　普741.66/2540/c2　子部/藝術類/書畫之屬/畫譜

八大山人山水冊不分卷　(清)朱耷繪　民國二十三年(1934)上海商務印書館影印本　一冊

330000－1701－0030114　GP08053　集部/別集類

雙照樓詩詞藳三卷　汪兆銘撰　曾仲鳴編　民國三十年(1941)中華日報社鉛印本　一冊

330000－1701－0030115　普741.66/2836　子部/藝術類/書畫之屬/畫譜

徐天池花卉冊不分卷　(明)徐渭繪　民國二十年(1931)上海神州國光社影印本　一冊

330000－1701－0030117　GP08073　集部/總集類/氏族之屬

四隱集四卷　(宋)柴望等撰　(清)柴亨榮輯　民國江山柴氏祠堂木活字印本　一冊

330000－1701－0030119　普741.67/00421　子部/藝術類/書畫之屬/畫譜

童西爽花鳥草蟲冊不分卷　(清)童塏繪　民國十九年(1930)上海文明書局影印本　一冊

330000－1701－0030120　普741.66/4746　子部/藝術類/書畫之屬/畫譜

胡元清墨蘭一卷　(清)胡士昆繪　民國十九年(1930)上海神州國光社影印本　一冊

330000－1701－0030123　普741.66/7532.2　子部/藝術類/書畫之屬/畫譜

陳老蓮畫冊一卷　(明)陳洪綬繪　民國二十三年(1934)上海商務印書館影印本　一冊

330000－1701－0030125　普741.66/7711/c1　子部/藝術類/書畫之屬/畫譜

周公瑕墨蘭一卷　(明)周天球繪　民國十八年(1929)上海神州國光社影印本　一冊

330000－1701－0030126　普741.67/0177　子部/藝術類/書畫之屬/畫譜

龔高士山水冊不分卷　(清)龔賢繪　民國影印本　一冊

330000－1701－0030127　普741.66/7711/c2　子部/藝術類/書畫之屬/畫譜

周公瑕墨蘭一卷　(明)周天球繪　民國十八年(1929)上海神州國光社影印本　一冊

330000－1701－0030128　普741.66/7530/c1　子部/藝術類/書畫之屬/畫譜

古代名畫　民國天繪閣影印本　一冊　存一種

330000－1701－0030129　GP08056　史部/傳記類/別傳之屬/墓誌

清南昌熊季廉解元[元鍔]墓誌銘一卷　陳三立撰　**熊生季廉傳一卷**　嚴復撰　民國石印本　一冊

330000－1701－0030130　GP08074　史部/地理類/專志之屬/寺觀

洛陽伽藍記五卷　(北魏)楊衒之撰　**洛陽伽藍記集證一卷**　(清)吳若準撰　張宗祥補　**集證本洛陽伽藍記正文一卷鉤沉本洛陽伽藍記正文一卷**　民國十九年(1930)上海商務印書館據民國十九年(1930)海寧張氏鐵如意館抄校本影印本　一冊

330000－1701－0030131　普741.67/1017.2　子部/藝術類/書畫之屬/畫譜

王翬山水冊一卷　(清)王翬繪　民國二十年(1931)北平古物陳列所影印本　一冊

330000－1701－0030132　普741.66/8346　子部/藝術類/書畫之屬/畫譜

明錢忠敏公山水畫冊一卷　(明)錢旭繪　民國二十三年(1934)上海商務印書館影印本

一册

330000－1701－0030133　普 741.67/0023　史部/地理類/專志之屬/宮殿
圓明園圖不分卷　(清)唐岱　(清)沈源繪　民國二十九年(1940)中華書局影印本　二册

330000－1701－0030134　普 741.67/0177.2　子部/藝術類/書畫之屬/畫譜
龔柴丈山水册不分卷　(清)龔賢繪　民國十八年(1929)上海神州國光社影印本　一册

330000－1701－0030135　普 741.67/1017.5　子部/藝術類/書畫之屬/畫譜
石谷子王翬仿巨然萬里長江圖一卷　(清)王翬繪　民國影印本　一册

330000－1701－0030137　普 741.67/1017　子部/藝術類/書畫之屬/畫譜
王石谷仿古山水册不分卷　(清)王翬繪　民國十八年(1929)上海文明書局影印本　一册

330000－1701－0030141　普 741.66/7530/c2　子部/藝術類/書畫之屬/畫譜
陳白陽花草册一卷　(明)陳淳繪　民國文明書局影印本　一册

330000－1701－0030142　GP08060　集部/别集類/清别集
春在堂尺牘六卷　(清)俞樾撰　民國元年(1912)上海文瑞樓石印本　二册

330000－1701－0030143　GP08061　集部/别集類/清别集
阮月樓先生遺著一卷　(清)阮慶榑撰　阮紹昌輯　民國十七年(1928)阮性純鉛印本　一册

330000－1701－0030144　普 741.67/1017.98　子部/藝術類/書畫之屬/畫譜
王石谷江山縱覽圖一卷　(清)王翬繪　民國影印本　一册

330000－1701－0030145　普 741.67/0040/c1　子部/藝術類/書畫之屬/畫譜
方環山畫册一卷　(清)方士庶繪　民國十八年(1929)上海神州國光社影印本　一册

330000－1701－0030146　普 741.67/0040/c2　子部/藝術類/書畫之屬/畫譜
方環山畫册一卷　(清)方士庶繪　民國十八年(1929)上海神州國光社影印本　一册

330000－1701－0030147　普 741.67/1030/c1　子部/藝術類/書畫之屬/畫譜
王蓬心山水册一卷　(清)王宸繪　民國二十年(1931)上海慎修書社影印本　一册

330000－1701－0030148　普 741.67/1030/c2　子部/藝術類/書畫之屬/畫譜
王蓬心山水册一卷　(清)王宸繪　民國二十年(1931)上海慎修書社影印本　一册

330000－1701－0030149　普 741.67/1068　子部/藝術類/書畫之屬/畫譜
王煙客仿宋元山水真蹟神品一卷　(清)王時敏繪　民國影印本　一册

330000－1701－0030150　普 741.66/2836.3　子部/藝術類/書畫之屬/畫譜
徐青藤花卉册不分卷　(明)徐渭繪　民國二十年(1931)無錫理工製版所影印本　一册

330000－1701－0030152　GP08080　史部/傳記類/别傳之屬/事狀
高要陳母七十晉一壽言不分卷六十壽言不分卷　陳煥章編　民國十八年(1929)鉛印本　一册

330000－1701－0030153　普 741.67/1068.2　子部/藝術類/書畫之屬/畫譜
王時敏仿古山水册不分卷　(清)王時敏繪　民國二十年(1931)神州國光社影印本　一册

330000－1701－0030155　普 741.67/1069　子部/藝術類/書畫之屬/畫譜
顔處士畫集不分卷　(清)顔嗣榮繪　民國三十一年(1942)顔氏大海明月樓影印本　一册

330000－1701－0030156　普 741.67/1017.81　子部/藝術類/書畫之屬/畫譜
谿山無盡圖一卷　(清)王翬繪　民國影印本

一册

330000－1701－0030157　普 741.66/4034/c1　子部/藝術類/書畫之屬/畫譜

李長蘅山水册不分卷　(明)李流芳繪　民國二十五年(1936)上海商務印書館影印本　一册

330000－1701－0030158　普 741.66/4034/c2　子部/藝術類/書畫之屬/畫譜

李長衡山水册不分卷　(明)李流芳繪　民國十八年(1929)上海商務印書館影印本　一册

330000－1701－0030159　普 741.67/1073/c1　子部/藝術類/書畫之屬/畫譜

王原祁仿古山水册一卷　(清)王原祁繪　民國二十一年(1932)北平故宫博物院影印本　一册

330000－1701－0030160　GP08081　子部/天文曆算類/天文之屬

大千圖説三卷　江希張撰　民國江蘇常州新羣書社印刷所鉛印本　三册

330000－1701－0030161　普 741.67/1017.95　子部/藝術類/書畫之屬/畫譜

海虞石谷王先生神品真蹟八幀一卷　(清)王翬繪　民國影印本　一册

330000－1701－0030162　普 741.67/10731/c1　子部/藝術類/書畫之屬

灤水聯唫圖不分卷　(清)王學浩繪　民國十七年(1928)顧氏金佳石好樓影印本　一册

330000－1701－0030163　普 741.66/3477.2　子部/藝術類/書畫之屬/畫譜

沈石田張公洞卷一卷附窗齋臨本一卷　(明)沈周繪　民國二十年(1931)神州國光社影印本　一册

330000－1701－0030164　普 741.66/4034.2　子部/藝術類/書畫之屬/畫譜

李長蘅山水册不分卷　(明)李流芳繪　民國影印本　一册

330000－1701－0030165　普 741.67/1073/c2　子部/藝術類/書畫之屬/畫譜

王原祁仿古山水册一卷　(清)王原祁繪　民國二十一年(1932)北平故宫博物院影印本　一册

330000－1701－0030168　普 741.67/10731/c2　子部/藝術類/書畫之屬

灤水聯唫圖不分卷　(清)王學浩繪　民國十七年(1928)顧氏金佳石好樓影印本　一册

330000－1701－0030169　普 741.67/1073.2　子部/藝術類/書畫之屬/畫譜

王麓臺山水扇面不分卷　(清)王原祁繪　民國影印本　厚載題記　一册

330000－1701－0030170　普 741.67/1110　子部/藝術類/書畫之屬/畫譜

項聖謨梅花册不分卷　(清)項聖謨繪　民國二十二年(1933)上海西泠印社影印本　一册

330000－1701－0030171　普 741.67/1088　子部/藝術類/書畫之屬/畫譜

王圓照仿古山水册三不分卷　(清)王鑑繪　民國二十七年(1938)上海中華書局影印本　一册

330000－1701－0030172　普 741.67/11341.2　子部/藝術類/書畫之屬/畫譜

張篁邨周牧山山水合册不分卷　(清)張宗蒼　(清)周笠繪　民國二十一年(1932)上海慎修書社影印本　一册

330000－1701－0030173　普 741.67/1100　子部/藝術類/書畫之屬/畫譜

抱蜀老人山水册一卷　(清)張度繪　民國十四年(1925)長興王氏泉園影印本　一册

330000－1701－0030175　GP08100　集部/戲劇類/雜劇之屬

雜劇十段錦十集　(明)朱有燉撰　民國二年(1913)南蘭陵誦芬室據明嘉靖三十七年(1558)紹陶室刻本影印本　四册

330000－1701－0030177　GP08084　集部/別集類

舊京詩存八卷文存八卷　孫雄撰　民國二十

年(1931)鉛印本　二册　存八卷(文存一至八)

330000－1701－0030178　普 741.67/2632　子部/藝術類/書畫之屬/畫譜
吴伯滔山水册不分卷　(清)吴滔繪　民國十八年(1929)上海文明書局影印本　二册

330000－1701－0030179　普 741.67/1321　子部/藝術類/書畫之屬/畫譜
漸江山水卷一卷　(清)釋弘仁繪　民國二十年(1931)神州國光社影印本　一册

330000－1701－0030181　GP08085　史部/地理類/專志之屬/祠墓
錢王祠產補編一卷　錢文選編　民國二十六年(1937)鉛印本　一册

330000－1701－0030182　普 741.67/2077.3　子部/藝術類/書畫之屬/畫譜
奚蒙泉西溪泛雨圖一卷　(清)奚岡繪　民國影印本　一册

330000－1701－0030184　普 741.67/1726/c1　子部/藝術類/書畫之屬/畫譜
翟琴峰先生臨趙吴興飲中八仙圖一卷　(清)翟繼昌繪　民國影印本　一册

330000－1701－0030185　普 741.67/2271.2　子部/藝術類/書畫之屬/畫譜
任伯年畫册第一集一卷第二集一卷　(清)任頤繪　民國十八年(1929)上海西泠印社影印本　二册

330000－1701－0030186　GP08099　類叢部/叢書類/彙編之屬
四部備要　中華書局編　民國二十五年(1936)上海中華書局鉛印本　三册　存一種

330000－1701－0030187　普 741.67/2221.2　子部/藝術類/書畫之屬/畫譜
任渭長先生畫傳四種(任渭長四種)　(清)任熊繪　民國四年(1915)上海錦文堂書局石印本　五册　存三種

330000－1701－0030188　GP08101　集部/別集類/宋別集
山谷詩集注内集二十卷外集十七卷別集二卷　(宋)黄庭堅撰　(宋)任淵　(宋)史容　(宋)史季溫注　民國四年(1915)上海著易堂據清光緒二十一年至二十五年(1895－1899)刻宣統二年(1910)印本影印本　十六册

330000－1701－0030189　普 741.67/1726/c2　子部/藝術類/書畫之屬/畫譜
翟琴峰先生臨趙吴興飲中八仙圖一卷　(清)翟繼昌繪　民國影印本　一册

330000－1701－0030190　普 741.67/2643　子部/藝術類/書畫之屬/畫譜
愙齋臨黄小松司馬嵩洛訪碑圖二十四種不分卷　(清)吳大澂摹繪　民國六年(1917)有正書局影印本　一册

330000－1701－0030191　普 741.67/1113　子部/藝術類/書畫之屬/法帖
清儀老人遺墨不分卷　(清)張廷濟書　民國七年(1918)天真影印本　二册

330000－1701－0030193　普 741.67/2032　子部/藝術類/書畫之屬/畫譜
禹之鼎人物畫册一卷　(清)禹之鼎繪　民國上海商務印書館影印本　一册

330000－1701－0030196　GP08127　子部/醫家類/方書之屬/成方藥目
吕純陽丹方大全十二編　顧定安藏　民國十三年(1924)上海新華書局鉛印本　一册

330000－1701－0030199　普 741.67/2648、普 741.67/2648.2　子部/藝術類/書畫之屬/畫譜
吴友如真蹟畫集六集　(清)吴友如繪　上海頤廬編　民國十九年(1930)上海大東書局影印本　二册　存二集(一至二)

330000－1701－0030200　GP08137　史部/政書類/邦交之屬
光緒條約一百十七卷補遺十五卷　許同莘　汪毅　張承棨輯　民國四年(1915)外交部印刷所鉛印本　三十六册

330000－1701－0030201　GP08102　子部/儒家類/儒學之屬/禮教/家訓
暄廬家訓不分卷　張載陽撰　民國十九年(1930)新昌張九如堂鉛印本　一册

330000－1701－0030205　GP08103　子部/儒家類/儒學之屬/禮教/家訓
暄廬家訓不分卷　張載陽撰　民國十九年(1930)新昌張九如堂鉛印本　一册

330000－1701－0030206　普 741.67/1117　子部/藝術類/書畫之屬/畫譜
張雪鴻花卉畫册不分卷　(清)張敔繪　民國上海文明書局影印本　鍾玄題簽　一册

330000－1701－0030207　普 741.67/2221.3　子部/藝術類/書畫之屬/畫譜
任渭長人物初集一卷二集一卷　(清)任熊繪　民國十九年(1930)上海慎修書社影印本　一册　存一卷(二集)

330000－1701－0030208　普 741.67/2540.2/c1　子部/藝術類/書畫之屬/畫譜
八大山人山水册不分卷　(清)朱耷繪　民國二十三年(1934)上海商務印書館影印本　一册

330000－1701－0030210　普 741.67/2540.2/c2　子部/藝術類/書畫之屬/畫譜
八大山人山水册不分卷　(清)朱耷繪　民國二十三年(1934)上海商務印書館影印本　一册

330000－1701－0030212　普 741.67/1121.2　子部/藝術類/書畫之屬/畫譜
花鳥畫範第一集不分卷　(清)張熊繪　民國上海藝苑真賞社影印本　一册

330000－1701－0030213　GP08066　子部/宗教類/道教之屬
老子古本考二卷　勞健撰　民國三十年(1941)影印本　二册

330000－1701－0030218　GP08094　子部/藝術類/遊藝之屬/謎語
燈謎叢録一卷　蔡克仁輯　民國十年(1921)杭州楊耀松文元堂刻本　二册

330000－1701－0030219　GP08140　新學/醫學/内科
肺病療養法一卷　丁福保撰　民國中國肺病學會鉛印本　一册

330000－1701－0030221　GP08141　新學/醫學/内科
肺病預防法一卷　丁福保撰　民國上海醫學書局鉛印本　一册

330000－1701－0030224　GP08144　集部/曲類/散曲之屬
萬古愁曲一卷　(清)歸莊撰　民國十九年(1930)蘇州毛上珍鉛印本　一册

330000－1701－0030225　GP08142　史部/地理類/遊記之屬/紀勝
蓉湖探勝記一卷　唐忍庵撰　民國九年(1920)常熟北野編譯社出版部鉛印本　一册

330000－1701－0030228　GP08145　集部/别集類/唐五代别集
韓文評註讀本二卷　(唐)韓愈撰　王懋評註　民國十一年(1922)上海大東書局石印本　二册

330000－1701－0030229　普 741.67/3021　子部/藝術類/書畫之屬/畫譜
宋夢仙遺畫不分卷　(清)宋貞繪　民國四年(1915)石印本　一册

330000－1701－0030230　GP08159　類叢部/叢書類/彙編之屬
曉莊叢書　陶行知編　民國二十二年(1933)上海兒童書局鉛印本　一册　存一種

330000－1701－0030231　普 741.67/7491.3、普 741.67/3131　子部/藝術類/書畫之屬/畫譜
古代名畫　民國天繪閣影印本　二册　存二種

330000－1701－0030233　GP08146　集部/别集類/清别集

春吟回文一卷　(清)李暘撰　民國上海掃葉山房石印本　一冊

330000－1701－0030234　GP08160　集部/小說類

名著小說一千種　民國交通圖書館鉛印本　一冊　存一種

330000－1701－0030235　普 741.67/3149.3　子部/藝術類/書畫之屬/畫譜

汪巢林梅花冊不分卷　(清)汪士慎繪　民國十二年(1923)上海中華書局影印本　一冊

330000－1701－0030236　普 741.67/2671　子部/藝術類/書畫之屬/畫譜

吴漁山山水冊不分卷　(清)吴歷繪　民國二十年(1931)中華書局影印本　一冊

330000－1701－0030238　普 741.67/3144　子部/藝術類/書畫之屬/畫譜

汪竹坪臨南田花果冊不分卷　(清)汪恭臨　民國十八年(1929)神州國光社影印本　一冊

330000－1701－0030240　普 741.67/3149　子部/藝術類/書畫之屬/畫譜

汪巢林梅花冊不分卷　(清)汪士慎繪　民國十年(1921)上海中華書局影印本　一冊

330000－1701－0030242　普 741.67/3830.7　子部/藝術類/書畫之屬/畫譜

大滌子乾淨齋倡和詩畫冊一卷　(清)釋道濟繪　民國十八年(1929)上海神州國光社影印本　一冊

330000－1701－0030243　GP08147　集部/別集類/唐五代別集

香籢集發微一卷附韓承旨年譜一卷　震鈞撰　民國十三年(1924)上海掃葉山房石印本　一冊

330000－1701－0030244　普 741.67/2674　子部/藝術類/書畫之屬/畫譜

程厚芝蘭冊不分卷　(清)程厚芝繪　民國六年(1917)刻本　一冊

330000－1701－0030246　普 741.67/3149.2　子部/藝術類/書畫之屬/畫譜

汪近人梅花冊不分卷　(清)汪士慎繪　民國十四年(1925)上海中華書局影印本　一冊

330000－1701－0030247　GP08097　子部/醫家類/類編之屬

家庭醫學叢書　公民書局編譯所編譯　民國十四年(1925)上海公民書局鉛印本　一冊　存一種

330000－1701－0030249　普 741.67/3830.9　子部/藝術類/書畫之屬/畫譜

釋石濤花卉冊一卷　(清)釋道濟繪　民國十八年(1929)上海神州國光社影印本　一冊

330000－1701－0030251　普 741.67/2714/c1　子部/藝術類/書畫之屬/畫譜

鄒小山詩畫冊不分卷　(清)鄒一桂繪　民國二十年(1931)中華書局影印本　一冊

330000－1701－0030252　普 741.67/3830.91　子部/藝術類/書畫之屬/畫譜

大滌子畫宋元吟韻一卷　(清)釋道濟繪　民國十八年(1929)上海神州國光社影印本　一冊

330000－1701－0030253　普 741.67/2714/c2　子部/藝術類/書畫之屬/畫譜

鄒小山詩畫冊不分卷　(清)鄒一桂繪　民國八年(1919)中華書局影印本　一冊

330000－1701－0030254　GP08162　集部/總集類/酬唱之屬

蘭觴集一卷附袁夢白先生吟稿一卷　周大封編　民國十八年(1929)鉛印本　一冊

330000－1701－0030256　GP08098　集部/小說類

繪圖小小說庫第三集八種　世界書局編輯部輯　民國十四年(1925)上海世界書局石印本　十冊

330000－1701－0030259　普 741.67/3830.92　子部/藝術類/書畫之屬

石濤通景屏十二幅神品不分卷　(清)釋道濟繪　民國二十二年(1933)無錫理工製版社影

印本　一册

330000－1701－0030260　GP08163　史部/政書類/公牘檔册之屬

馬廳長講話彙錄第二輯不分卷　馬凌甫撰　安徽民政廳秘書室編　民國二十四年(1935)安慶東方印書館鉛印本　一册

330000－1701－0030261　GP08166　類叢部/叢書類/郡邑之屬

海陵叢刻二十三種　韓國鈞編　民國八年至十四年(1919－1925)鉛印本、刻本暨石印本　四册　存一種

330000－1701－0030265　普 741.67/3830.93　子部/藝術類/書畫之屬/畫譜

石濤墨筆山水精册不分卷　(清)釋道濟繪　鄧秋枚編　民國三年(1914)上海神州國光社影印本　一册

330000－1701－0030266　GP08167　子部/法家類

鄧析子五種合帙　陳乃乾編　民國十八年(1929)中國學會影印本　二册

330000－1701－0030269　GP08168　新學/政治法律

日本法規解字一卷　錢恂　董鴻禕編　民國二年(1913)上海商務印書館鉛印本　一册

330000－1701－0030270　普 741.67/4000　子部/藝術類/書畫之屬/畫譜

李晴江墨蘭册一卷　(清)李方膺繪　民國十七年(1928)上海文明書局影印本　一册

330000－1701－0030272　普 741.67/4354　子部/藝術類/書畫之屬/畫譜

戴鷹阿山水册一卷　(清)戴本孝繪　民國十八年(1929)上海神州國光社影印本　一册

330000－1701－0030273　GP08151　集部/別集類

湖上家書六卷　陳栩撰　民國二十三年(1934)鉛印本　一册

330000－1701－0030274　普 741.67/4026.2　子部/藝術類/書畫之屬

李復堂花卉畫册不分卷　(清)李鱓繪　周濂藏　民國十九年(1930)無錫理工製版所影印本　一册

330000－1701－0030275　普 741.67/3244/c1　子部/藝術類/書畫之屬/畫譜

古代名畫　民國天繪閣影印本　一册　存一種

330000－1701－0030276　普 741.67/4354.2　子部/藝術類/書畫之屬/畫譜

戴鷹阿山水卷一卷　(清)戴本孝繪　民國二十年(1931)上海神州國光社影印本　一册

330000－1701－0030277　普 741.67/3244/c2　子部/藝術類/書畫之屬/畫譜

潘蓮巢山水花卉合册一卷　(清)潘恭壽繪　民國十八年(1929)天繪閣影印本　許厚基題記　一册

330000－1701－0030279　普 741.67/4354.4　子部/藝術類/書畫之屬/畫譜

戴務旃山水精品一卷　(清)戴本孝繪　民國影印本　一册

330000－1701－0030280　普 741.67/4377/c1　子部/藝術類/書畫之屬/畫譜

戴文節山水册一卷　(清)戴熙繪　民國十七年(1928)上海中華書局影印本　一册

330000－1701－0030282　普 741.67/4377/c2　子部/藝術類/書畫之屬/畫譜

戴文節山水册一卷　(清)戴熙繪　民國二十九年(1940)上海中華書局影印本　一册

330000－1701－0030284　普 741.67/4377.2　子部/藝術類/書畫之屬/畫譜

戴醇士爲何子貞畫山水册不分卷　(清)戴熙繪　民國二十三年(1934)上海商務印書館影印本　一册

330000－1701－0030285　普 741.67/44601.5　子部/藝術類/書畫之屬/畫譜

華新羅寫景山水不分卷　(清)華嵒繪　民國影印本　一册

330000－1701－0030286　普 741.67/4412　子部/藝術類/書畫之屬/畫譜
蕭尺木山水冊一卷　（清）蕭雲從繪　民國二十五年（1936）上海墨緣堂影印本　一冊

330000－1701－0030287　普 741.67/4494　子部/藝術類/書畫之屬/畫譜
黄瘿瓢人物山水集錦一卷　（清）黄慎繪　民國上海中華書局影印本　一冊

330000－1701－0030288　普 741.67/4494.2　子部/藝術類/書畫之屬/畫譜
黄瘿瓢人物花卉山水冊一卷　（清）黄慎繪　民國十九年（1930）上海文明書局影印本　一冊

330000－1701－0030289　普 741.67/4610　子部/藝術類/書畫之屬/畫譜
楊子鶴山水冊一卷　（清）楊晉繪　民國二十年（1931）上海慎修書社影印本　一冊

330000－1701－0030290　普 741.67/3289　子部/藝術類/書畫之屬/畫譜
小鷗波館畫集初編一卷　（清）潘曾瑩繪　民國三十三年（1944）影印本　一冊

330000－1701－0030291　普 741.67/4484　子部/藝術類/書畫之屬
韓治人山水冊不分卷　（清）韓鑄繪　民國二十年（1931）神州國光社影印本　一冊

330000－1701－0030292　普 741.67/4418.2　子部/藝術類/書畫之屬/畫譜
蔣南沙摹宣和寫生冊一卷　（清）蔣廷錫繪　民國八年（1919）上海中華書局影印本　一冊

330000－1701－0030294　普 741.67/3488.2　子部/藝術類/書畫之屬/畫譜
南蘋老人畫冊一卷　（清）沈銓繪　民國二十年（1931）上海西泠印社影印本　張晉跋　一冊

330000－1701－0030295　普 741.67/4422.2　子部/藝術類/書畫之屬/畫譜
黄尊古山水冊一卷　（清）黄鼎繪　民國二十年（1931）上海慎修書社影印本　一冊

330000－1701－0030296　普 741.67/5564.3　子部/藝術類/書畫之屬/畫譜
費曉樓仕女冊不分卷　（清）費丹旭繪　民國十九年（1930）神州國光社影印本　一冊

330000－1701－0030298　普 741.67/4447　子部/藝術類/書畫之屬/畫譜
黄穀原山水畫冊一卷　（清）黄均繪　民國影印本　一冊

330000－1701－0030299　普 741.67/5574.2　子部/藝術類/書畫之屬/畫譜
費曉樓摹古百美圖卷稿不分卷　（清）費丹旭繪　李秋君藏　民國二十年（1931）上海文明書局影印本　一冊

330000－1701－0030301　普 741.67/5574.5　子部/藝術類/書畫之屬/畫録
東軒吟社圖一卷　（清）費丹旭繪　民國影印本　一冊

330000－1701－0030302　普 741.67/4460.2/c2　子部/藝術類/書畫之屬/畫譜
黄小松山水冊一卷　（清）黄易繪　民國十五年（1926）上海商務印書館影印本　一冊

330000－1701－0030303　普 741.67/4460.2/c3　子部/藝術類/書畫之屬/畫譜
黄小松山水冊一卷　（清）黄易繪　民國八年（1919）上海商務印書館影印本　一冊

330000－1701－0030304　普 741.67/6031　子部/藝術類/書畫之屬/畫譜
吕半隱山水冊不分卷　（清）吕潛繪　（清）王相藏　民國十一年（1922）上海文明書局影印本　一冊

330000－1701－0030305　普 741.67/5574.7　子部/藝術類/書畫之屬/畫譜
費曉樓寫景仕女冊一卷　（清）費丹旭繪　民國十七年（1928）上海文明書局影印本　一冊

浙江圖書館民國時期傳統裝幀書籍普查登記目録（三）

國家圖書館出版社
National Library of China Publishing House

浙江省民國時期傳統裝幀書籍普查登記目録

330000－1701－0063370　GP02016　子部/藝術類/書畫之屬/畫譜

嘯虎畫稿不分卷　(清)韓嘯虎繪　民國影印本　一册

330000－1701－0063371　M001104　史部/傳記類/總傳之屬/忠孝

增訂繪像日記故事不分卷　民國汲綆齋刻本　一册

330000－1701－0063375　GP02032　子部/藝術類/書畫之屬/畫譜

周公瑕墨蘭一卷　(明)周天球繪　民國十八年(1929)上海神州國光社影印本　一册

330000－1701－0063376　HJL6921　史部/目録類/版本之屬/專考

雪堂校刊羣書敘録二卷　羅振玉撰　民國七年(1918)上虞羅振玉鉛印本　劉承幹題簽並記　二册

330000－1701－0063377　GP02017　子部/藝術類/書畫之屬/畫譜

任伯年寫生第一集一卷第二集一卷　(清)任頤繪　民國二十一年(1932)上海慎修書社影印本　二册

330000－1701－0063382　GP02033　子部/藝術類/書畫之屬/畫譜

巴園山水扇集不分卷　卓孝復繪　民國二十年(1931)上海商務印書館影印本　一册

330000－1701－0063383　M001105　集部/總集類

梅園豁然洞讀書處文存第一集二卷附録一卷　朱烈輯　民國十八年(1929)鉛印本　一册

330000－1701－0063384　GP02018　子部/藝術類/書畫之屬

香祖書畫冊第一集不分卷　民國影印本　王蘭題記　一册

330000－1701－0063386　HJL6922　史部/目録類/總録之屬/官修

南洋中學校藏書目不分卷補遺一卷　陳乃乾撰　民國八年(1919)鉛印本　一册

330000－1701－0063388　M001106　集部/别集類

賓虹詩草一卷　黄賓虹撰　民國二十二年(1933)石印本　黄賓虹題記　一册

330000－1701－0063389　GP02034　子部/藝術類/書畫之屬

吴氏書畫集不分卷　吴湖帆輯　民國二十九年(1940)梅影書屋影印本　一册

330000－1701－0063391　GP02035　子部/藝術類/書畫之屬/畫譜

劉海粟國畫不分卷　劉海粟繪　民國二十六年(1937)上海商務印書館影印本　一册

330000－1701－0063393　GP02019　子部/藝術類/書畫之屬/畫譜

蘭君畫冊第二集不分卷　王蘭繪　民國影印本　王蘭題記　一册

330000－1701－0063394　HJL7417　史部/傳記類

杏蔭堂彙刻三種　許浩基撰　民國二十一年(1932)吳興許氏杏蔭堂刻本　四册　存一種

330000－1701－0063396　GP02036　子部/藝術類/書畫之屬/畫譜

趙文度山水冊不分卷　(明)趙左繪　民國十八年(1929)上海神州國光社影印本　一册

330000－1701－0063399　M001107　集部/别集類

漫游紀程一卷　張鑑撰　民國六年(1917)無錫錫成公司鉛印本　一册

330000－1701－0063400　M001109、M609887　子部/雜著類/雜纂之屬

勝蓮華室漫録一卷附録一卷　駱季和撰　民國二十四年(1935)紹興淩霄社鉛印本　二册

330000－1701－0063401　GP02021　子部/藝術類/書畫之屬/法帖

漢孔宙碑不分卷　民國鉛印本暨影印本　一册

330000－1701－0063403　GP02037　子部/藝

術類/書畫之屬/畫譜

林畏廬遺蹟二卷　林紓繪　民國十四年(1925)上海商務印書館影印本　一冊　存一卷(第一集)

330000－1701－0063404　M001108　新學/政治法律/律例

青島市市政法規彙編九編　青島市政府編　民國二十一年(1932)青島市政府鉛印本　一冊　存三編(一至三)

330000－1701－0063407　GP02022　集部/別集類

藤雪樓詩鈔一卷畫集一卷　趙潤撰　民國十八年(1929)上海慎修書社鉛印本暨影印本　二冊

330000－1701－0063410　普 951.060144/7214/c1　史部/史評類/史論之屬

明史例案九卷　劉承幹撰　民國四年(1915)吳興劉氏嘉業堂刻本　四冊

330000－1701－0063411　GP02038　子部/藝術類/書畫之屬/法帖

臨川四寶第一唐本廟堂碑不分卷　(唐)虞世南撰並書　民國上海有正書局影印本　一冊

330000－1701－0063414　普 951.060144/7214/c4　史部/史評類/史論之屬

明史例案九卷　劉承幹撰　民國四年(1915)吳興劉氏嘉業堂刻本　四冊

330000－1701－0063415　HJH7209　史部/目録類/總録之屬/私撰

雙鑑樓藏書續記二卷　傅增湘撰　民國十九年(1930)江安傅增湘藏園刻朱印本　二冊

330000－1701－0063419　普 951.060144/7214/c5　史部/史評類/史論之屬

明史例案九卷　劉承幹撰　民國四年(1915)吳興劉氏嘉業堂刻本　四冊

330000－1701－0063420　GP01874　子部/藝術類/書畫之屬/畫法畫品

山水入門十章　胡錫銓撰　民國十三年(1924)上海商務印書館石印本　一冊

330000－1701－0063421　GP02023　子部/藝術類/書畫之屬/畫録

陳師曾遺畫集一卷　陳衡恪繪　民國二十五年(1936)寒之友社影印本　一冊

330000－1701－0063422　GP02038.1　子部/藝術類/書畫之屬/法帖

唐搨夫子廟堂碑不分卷　(唐)虞世南撰並書　民國十三年(1924)上海文明書局影印本　一冊

330000－1701－0063426　GP02024　史部/金石類/陶之屬/文字

瓦削文字譜一卷　文素松輯　民國二十年(1931)萍鄉文氏思簡樓影印本　一冊

330000－1701－0063427　普 951.06021/0464/c1　史部/目録類/書志之屬/提要

晚明史籍考二十卷附通檢一卷　謝國楨輯　民國二十二年(1933)國立北平圖書館鉛印本　十冊

330000－1701－0063428　GP02039、GP02040　子部/藝術類/書畫之屬/畫譜

林畏廬遺蹟二卷　林紓繪　民國十四年(1925)上海商務印書館影印本　二冊

330000－1701－0063429　HJL6923　史部/目録類/總録之屬/官修

浙江圖書館觀覽類書目四卷補遺一卷附錄一卷補編二卷日文書目一卷保存類書目四卷附錄一卷　浙江圖書館編　民國四年(1915)浙江圖書館鉛印本　八冊

330000－1701－0063430　GP01875　子部/藝術類/書畫之屬/畫法畫品

山水入門十章　胡錫銓撰　民國十一年(1922)上海商務印書館石印本　一冊

330000－1701－0063431　M001110　史部/地理類/方志之屬/郡縣志

嘉泰會稽志二十卷　(宋)沈作賓修　(宋)施宿等纂　民國十五年(1926)據清嘉慶十三年(1808)采鞠軒刻本影印本　二冊　存五卷(三至七)

330000－1701－0063432　HJL7420　史部/地理類/雜志之屬

上海掌故叢書第一集　上海通社輯　民國二十五年(1936)上海中華書局鉛印本　十册

330000－1701－0063435　GP02026　史部/金石類/石之屬

十友名言不分卷　鄒安輯　民國八年(1919)廣倉學宭影印本　一册

330000－1701－0063437　HJH7211　史部/金石類/金之屬/文字

散盤釋文一卷　徐植甫撰　民國二十一年(1932)石印本　一册

330000－1701－0063438　GP01876　子部/藝術類/書畫之屬

書畫大觀不分卷　俞丹林等編　民國十一年(1922)江南書畫會石印本　四册

330000－1701－0063440　普 951.06021/0464/c2　史部/目録類/書志之屬/提要

晚明史籍考二十卷附通檢一卷　謝國楨輯　民國二十二年(1933)國立北平圖書館鉛印本　十册

330000－1701－0063444　普 951.06021/0464/c3　史部/目録類/書志之屬/提要

晚明史籍考二十卷附通檢一卷　謝國楨輯　民國二十二年(1933)國立北平圖書館鉛印本　十册

330000－1701－0063446　普 814.7/25141　集部/别集類/清别集

夢鹿庵文稿一卷　(清)朱丙壽撰　民國九年(1920)鉛印本　一册

330000－1701－0063450　GP01877　子部/藝術類/書畫之屬/畫譜

清操軒山水畫册不分卷　趙詠清繪　民國八年(1919)石印本　一册

330000－1701－0063452　M001111　史部/傳記類/别傳之屬/事狀

合浦林錫三先生七十壽言錄一卷　民國二十四年(1935)鉛印本　一册

330000－1701－0063453　HJL6925　史部/目録類/總録之屬/私撰

東海藏書樓書目不分卷　徐允中藏並編　民國九年(1920)武林印書館鉛印本　四册

330000－1701－0063455　M001112　史部/史評類/史論之屬

史事論甲編十卷乙編六卷丙編四卷丁編四卷戊編十卷　雷瑨輯　民國八年(1919)上海掃葉山房石印本　杏題記　八册　存十六卷(甲編一至十、乙編一至六)

330000－1701－0063458　HJH7423、HJH7424　類叢部/叢書類/彙編之屬

四部叢刊　張元濟等編　民國八年(1919)上海商務印書館影印本　四册　存二種

330000－1701－0063462　M001113　子部/宗教類/道教之屬/雜著

張三丰先生全集八卷　(明)張三丰撰　(清)李西月重編　**張三丰祖師無根樹詞註解一卷**　(明)劉悟元註　(明)李西月增解　**靈寶畢法三卷**　題(唐)鍾離權撰　(唐)吕嵓傳　民國八年(1919)上海江左書林石印本　六册

330000－1701－0063463　HJH7035　類叢部/叢書類/彙編之屬

金陵大學中國文化研究所叢刊　金陵大學中國文化研究所編　民國金陵大學中國文化研究所刻本、鉛印本暨影印本　一册　存一種

330000－1701－0063467　HJL7036　史部/金石類

非儒非俠齋金石叢著十種　顧燮光撰　民國會稽顧氏金佳石好樓石印本暨鉛印本　二册　存二種

330000－1701－0063483　普 814.7/2525　類叢部/叢書類/郡邑之屬

吳興叢書六十六種　劉承幹編　民國吳興劉氏嘉業堂刻本　四册　存一種

330000－1701－0063486　M001114　子部/宗教類/佛教之屬/經

佛説十善業道經一卷八關齋相解一卷　吳倩

薌撰　民國鉛印本　一冊

330000－1701－0063493　M001200　史部/目録類/總録之屬/官修

無錫私立大公圖書館藏書目錄十二卷首一卷末一卷續補一卷　嚴懋功編　民國十年(1921)無錫錫成公司鉛印本　四冊

330000－1701－0063494　M001115　子部/宗教類/佛教之屬/經

佛說五大施經一卷　(宋)釋施護等譯　**佛說戒香經一卷**　(宋)釋法賢譯　**佛說木槵子經一卷**　民國十一年(1922)石印本　一冊

330000－1701－0063500　M001201　集部/別集類/清別集

儉德堂文存不分卷　(清)劉庠撰　王耕心選　民國二十四年(1935)鉛印本　一冊

330000－1701－0063501　M001116　史部/地理類/專志之屬/祠墓

社祭私約一卷祭祀儀節一卷落成祝文一卷常祭祝文一卷柬邀襄禮一卷　民國刻本　一冊

330000－1701－0063502　GP01885　子部/藝術類/書畫之屬/畫法畫品

山水畫訣三卷　潘衎輯　民國十二年(1923)上海中華新教育社石印本　一冊

330000－1701－0063504　HJL7042　類叢部/叢書類/彙編之屬

渭南嚴氏孝義家塾叢書十一種　嚴式誨編　民國十九年至二十年(1930－1931)渭南嚴氏刻本　一冊　存一種

330000－1701－0063505　M001117　類叢部/叢書類/自著之屬

晨風廬叢刊十八種　周慶雲撰　民國吳興周氏夢坡室刻本　一冊　存一種

330000－1701－0063508　M001202　子部/術數類/雜術之屬

書法相人術不分卷　馮漢撰　民國二十年(1931)鉛印本　一冊

330000－1701－0063509　HJH7429　史部/目録類/總録之屬/官修

無錫縣立圖書館善本書目二卷　秦毓鈞編　民國十八年(1929)無錫縣立圖書館鉛印本　一冊

330000－1701－0063511　GP02077　史部/金石類/石之屬

曹娥孝女廟碑不分卷　民國慎初堂朱氏鉛印本暨石印本　一冊

330000－1701－0063513　M001118　集部/總集類/酬唱之屬

友聲集五卷　晦菴編　民國二十四年(1935)鉛印本　一冊

330000－1701－0063515　M001203　類叢部/叢書類/自著之屬

崇雅堂叢書十四種　楊晨撰　民國二十五年(1936)楊紹翰鉛印本　二冊　存一種

330000－1701－0063516　HJH7045　史部/傳記類/總傳之屬

金石學錄續補二卷附錄一卷拾遺一卷　褚德彝撰　民國八年(1919)餘杭褚氏石畫樓鉛印本　一冊

330000－1701－0063518　GP02078　史部/金石類/石之屬

曹娥孝女廟碑不分卷　民國慎初堂朱氏鉛印本暨石印本　一冊

330000－1701－0063519　M001204　史部/傳記類/別傳之屬/事狀

�初先生[張載陽]六十壽言一卷　樊增祥等撰　**浙江省長張君家傳一卷**　樊增祥撰　**暄廬家訓一卷**　張載陽撰　民國新昌張九如堂鉛印本　一冊

330000－1701－0063521　HJL7047　史部/紀傳類

越縵堂讀史札記十一種三十卷　(清)李慈銘撰　民國國立北平北海圖書館鉛印本　二冊　存二種

330000－1701－0063522　GP02079　史部/金石類/石之屬/文字

北宋拓周石鼓文不分卷　民國二十五年(1936)上海中華書局影印本　一册

330000－1701－0063526　M001205　新學/學校
中學國文科教授之商榷一卷　夏宇衆撰　民國七年(1918)北京高等師範學校教育研究會鉛印本　一册

330000－1701－0063528　M001119　集部/別集類
斯未信齋文編不分卷　(清)徐宗幹撰　民國十七年(1928)南通徐詠緋抄本　徐詠緋題記　二册

330000－1701－0063536　M001206　子部/工藝類/觀賞之屬/瓶花
瓶史二卷附載不分卷題詠一卷　(明)袁宏道撰　黄鎮磐輯　民國二十二年(1933)鉛印本　一册

330000－1701－0063539　M001207　集部/別集類
潛園詩鈔二卷　洪邦泰撰　民國二十九年(1940)樂清印刷所鉛印本　二册

330000－1701－0063541　GP02003　子部/藝術類/書畫之屬
缶廬老人詩書畫第一集一卷　吴昌碩書畫　吴邁輯　民國上海昌明藝術專科學校影印本　一册

330000－1701－0063546　GP02090　集部/總集類/尺牘之屬
名人手札真蹟大全十二卷　劉再蘇搜集　民國上海世界書局影印本　六册

330000－1701－0063547　GP02004　子部/藝術類/書畫之屬/法帖
舊管壇碑一卷　(南朝梁)陶弘景撰並書　民國上海震亞圖書局影印本　一册

330000－1701－0063548　GP02005　子部/藝術類/書畫之屬/法帖
唐雲麾將軍李思訓碑一卷　(唐)李邕書　民國影印本　一册

330000－1701－0063549　GP02007　子部/藝術類/書畫之屬/畫譜
吳友如真蹟畫集六集　(清)吳友如繪　上海頤廬編　民國十九年(1930)上海大東書局影印本　一册　存一集(五)

330000－1701－0063551　GP02008　子部/藝術類/書畫之屬
中國女子書畫會第二屆特刊不分卷　陳小翠編　民國二十四年(1935)上海中國女子書畫會影印本暨鉛印本　陳小翠題記　一册

330000－1701－0063554　HJL7430　類叢部/叢書類/自著之屬
晨風廬叢刊十八種　周慶雲撰　民國吴興周氏夢坡室刻本　一册　存一種

330000－1701－0063555　HJL7431　類叢部/叢書類/自著之屬
晨風廬叢刊十八種　周慶雲撰　民國吴興周氏夢坡室刻本　一册　存一種

330000－1701－0063556　HJL7432　史部/金石類/總志之屬
湫漻齋叢書十種　陳準輯　民國瑞安陳氏刻本　二册　存一種

330000－1701－0063569　HJL7225　類叢部/叢書類/彙編之屬
涵芬樓集古善本　民國上海商務印書館影印本　三十二册　存一種

330000－1701－0063573　HJL7055　史部/金石類/金之屬/文字
散盤釋文一卷　徐植甫撰　民國二十一年(1932)石印本　一册

330000－1701－0063578　HJL7058　類叢部/叢書類/家集之屬
聚德堂叢書十二種　陳伯陶輯　民國東莞陳氏刻本　三册　存二種

330000－1701－0063579　HJH7228　史部/傳記類/別傳之屬/年譜
溪山老農[王祖畬]年譜二卷　王祖畬撰　**溪山老農年譜續編一卷附錄一卷**　王保譿編

民國七年(1918)溪山書屋刻本　二冊

330000－1701－0063587　HJL7062　史部/目録類/書志之屬/提要
錢遵王讀書敏求記校證四卷　(清)錢曾撰　(清)管庭芬輯　章鈺補輯　**錢遵王讀書敏求記佚文一卷序跋題記一卷附錄一卷校證補遺一卷**　章鈺輯　民國十五年(1926)長洲章氏刻本　六冊

330000－1701－0063597　HJL6942　史部/目録類/總録之屬/私撰
新昌胡氏問影樓藏書目錄初編二卷續編二卷　胡桐庵編　民國十七年(1928)上海鉛印本　四冊

330000－1701－0063600　HJL6940　史部/目録類/專録之屬
補鈔文瀾閣四庫闕簡記錄不分卷　張宗祥撰　民國十五年(1926)刻本　一冊

330000－1701－0063602　HJH6941　史部/目録類/總録之屬/史志
補晉書藝文志四卷　(清)秦榮光纂　**顯考溫毅府君年譜一卷**　秦錫田撰　民國十九年(1930)秦之銜鉛印本　一冊

330000－1701－0063605　HJL6939　史部/目録類/總録之屬/私撰
郘亭知見傳本書目十六卷　(清)莫友芝撰　民國上海西泠印社鉛印本　劉承幹題簽　六冊

330000－1701－0063606　HJL7232　類叢部/叢書類/彙編之屬
松鄰叢書二十種　吳昌綬編　民國六年至七年(1917－1918)仁和吳氏雙照樓刻本　一冊　存一種

330000－1701－0063608　HJL6944　史部/金石類/陶之屬/文字
溫州古甓記不分卷　(清)孫詒讓撰　民國鉛印本　一冊

330000－1701－0063609　HJH7687　類叢部/叢書類/彙編之屬
六經堪叢書十三種　羅振玉編　民國東方學會鉛印本　二十冊　存一種

330000－1701－0063610　HJH6945　史部/金石類/陶之屬/文字
溫州古甓記不分卷　(清)孫詒讓撰　民國鉛印本　一冊

330000－1701－0063611　HJH7233　類叢部/叢書類/彙編之屬
國立北京大學研究所國學門叢書　民國北京大學研究所鉛印本暨影印本　五冊

330000－1701－0063612　HJL6946　史部/目録類/總録之屬/私撰
雲間韓氏藏書目不分卷附書影　(清)韓應陛藏並編　民國十九年(1930)影印本　一冊

330000－1701－0063613　HJL7073　史部/傳記類/總傳之屬/郡邑
歷代兩浙詞人小傳十六卷　周慶雲輯　民國十一年(1922)烏程周氏夢坡室刻本　五冊

330000－1701－0063618　HJL7690　史部/傳記類/日記之屬
道光二十九年己酉三願堂日記一卷　(清)趙彥偁撰　民國十九年(1930)影印本　一冊

330000－1701－0063620　HJL7689　類叢部/叢書類/自著之屬
最樂亭三種　(清)朱福清撰　民國六年至十二年(1917－1923)嘉興朱氏刻本　四冊　存一種

330000－1701－0063624　HJL7692　史部/傳記類/總傳之屬/郡邑
元廣東遺民錄二卷附錄一卷補遺一卷　清谿漁隱撰　民國十一年(1922)刻本　一冊

330000－1701－0063627　HJL7693　史部/傳記類/別傳之屬
疎香閣遺錄四卷　葉德輝輯　民國六年(1917)葉氏刻本　二冊

330000－1701－0063629　HJL7694　史部/傳記類/總傳之屬/隱逸

檇李高逸傳一卷　金蓉鏡等撰　民國九年(1920)鉛印本　一冊

330000－1701－0063640　HJL7444　類叢部/叢書類/自著之屬
月河草堂叢書三種　蔣清瑞撰　民國歸安蔣氏月河草堂刻本　三冊　存一種

330000－1701－0063643　M001208　史部/傳記類/別傳之屬
孟公曉墀百年經過史不分卷續編一卷　孟繼元輯　民國二十四年(1935)協和印書局鉛印本　一冊

330000－1701－0063644　HJL7446　史部/傳記類/別傳之屬/年譜
溪山老農[王祖畬]年譜二卷　王祖畬撰　**溪山老農年譜續編一卷附録一卷**　王保譿編　民國七年(1918)溪山書屋刻本　劉承幹跋　二冊

330000－1701－0063648　M001209　史部/地理類/水利之屬
治水私議一卷　喻哲文撰　民國石印本　一冊

330000－1701－0063656　HJH7706　類叢部/叢書類
閒雲草堂叢書　民國閒雲草堂鉛印本　一冊　存一種

330000－1701－0063660　M001210　集部/詞類/別集之屬
味辛詞二卷　顧隨撰　民國十七年(1928)鉛印本　一冊

330000－1701－0063665　HJH7707　史部/雜史類/通代之屬
明清史料不分卷乙編不分卷丙編不分卷丁編不分卷　國立中央研究院歷史語言研究所編　民國二十年(1931)鉛印本　十冊

330000－1701－0063666　M001211　集部/詞類/別集之屬
樵風樂府九卷　鄭文焯撰　民國二年(1913)仁和吳氏雙照樓刻大鶴山房全書本　鄭文焯跋　一冊

330000－1701－0063673　M001212　類叢部/叢書類/郡邑之屬
重印豫章叢書預約不分卷　江西省立圖書館編　民國江西省立圖書館鉛印本　一冊

330000－1701－0063674　HJH7708　類叢部/叢書類/彙編之屬
又滿樓叢書十六種　趙詒琛編　民國九年至十四年(1920－1925)崑山趙氏又滿樓刻本　六冊　存十二種

330000－1701－0063678　M001213　集部/別集類
聽天閣詩存二卷　潘天壽撰　民國三十三年(1944)鉛印本　潘天壽題記　一冊

330000－1701－0063681　M001214　集部/別集類
且食蛤蜊齋詩　徐祖武撰　民國鉛印本　一冊　存一種

330000－1701－0063688　M001215　集部/別集類
復齋先生遺集四卷　費寅撰　張宗祥寫定　民國二十三年(1934)張氏鐵如意館石印本　一冊

330000－1701－0063689　M001216、M001311　經部/小學類/訓詁之屬/爾雅
爾雅音圖三卷　(晉)郭璞註　(清)姚之麟摹圖　民國四年(1915)石印本　三冊

330000－1701－0063693　GP02097　史部/金石類/石之屬/文字
漢石經殘字一卷　(清)端方藏　民國有正書局影印本　一冊

330000－1701－0063697　M001217、M001218、M001219　史部/紀傳類/正史之屬
二十四史附考證　民國上海涵芬樓據乾隆武英殿本影印本　六冊　存一種

330000－1701－0063698　GP02099　史部/金石類/石之屬/文字

明拓石鼓文不分卷石鼓文續集一卷　趙鎬編　民國有正書局影印本　一册

330000－1701－0063701　GP02100　史部/金石類/石之屬/文字

明拓石鼓文不分卷石鼓文續集一卷　趙鎬編　民國有正書局影印本　一册

330000－1701－0063704　GP02107　子部/藝術類/書畫之屬/法帖

六朝墓誌菁華四集不分卷　上海有正書局輯　民國九年(1920)上海有正書局影印本　炳題記　十六册

330000－1701－0063706　GP02106　子部/藝術類/書畫之屬

漢碑大觀八集　(清)錢泳書　民國上海碧梧山莊影印本　八册

330000－1701－0063709　HJL7085　類叢部/叢書類/自著之屬

多伽羅香館叢書□□種　張采田撰　民國元年(1912)刻十五年(1926)校印本　四册　存一種

330000－1701－0063714　普814.7/25311/c1　集部/别集類/清别集

蕉聲館文集八卷首一卷詩集二十卷詩補遺四卷詩續補一卷　(清)朱爲弼撰　朱景邁輯　民國五年至八年(1916－1919)朱景邁東湖草堂刻本　十册

330000－1701－0063715　GP02108　子部/藝術類/書畫之屬/法帖

四十名家墨蹟不分卷　(清)沈鈞輯　民國七年(1918)交通圖書館石印本　三册

330000－1701－0063719　普814.7/25311/c2　集部/别集類/清别集

蕉聲館文集八卷首一卷詩集二十卷詩補遺四卷詩續補一卷　(清)朱爲弼撰　朱景邁輯　民國五年至八年(1916－1919)朱景邁東湖草堂刻本　十一册

330000－1701－0063723　M001220　史部/政書類/邦計之屬

發起開闢三門灣報告書不分卷　民國九年(1920)鉛印本　一册

330000－1701－0063724　M001221　集部/别集類

葯園詩草一卷　王仁溥撰　民國十八年(1929)鉛印本　一册

330000－1701－0063728　HJH7713　史部/地理類/水利之屬

淮系年表全編不分卷　武同舉纂繪　民國十八年(1929)鉛印本暨影印本　四册

330000－1701－0063729　GP02182　子部/藝術類/書畫之屬/法帖

舊拓瘞鶴銘不分卷　民國十九年(1930)上海神州國光社影印本　一册

330000－1701－0063731　M001222　集部/别集類/清别集

楓江漁唱刪存三卷首一卷　(清)徐世勲撰　民國四年(1915)刻本　二册

330000－1701－0063733　M001223　集部/别集類

耆伯遺著不分卷附錄一卷　韓衍撰　韓雁門輯　民國二十四年(1935)上海華豐印刷鑄字所鉛印本　一册

330000－1701－0063736　M001224　史部/傳記類/别傳之屬/事狀

花夫人哀輓錄一卷　吳慶坻　吳士鑑述　民國七年(1918)鉛印本　一册

330000－1701－0063738　GP02147　史部/金石類/石之屬/文字

初拓漢司徒袁安碑一卷　民國二十五年(1936)上海中華書局影印本　一册

330000－1701－0063740　GP02231　子部/藝術類/書畫之屬/法帖

吳讓之篆書唐詩一卷　(清)吳熙載書　民國二十二年(1933)上海西泠印社石印本　一册

330000－1701－0063741　HJH7716　史部/史評類/考訂之屬

中國歷代甲子攷正二卷末一卷　譚侃撰　民國十七年(1928)九疊山莊鉛印本　一冊

330000－1701－0063746　普951.06092/1188　史部/編年類/斷代之屬
皇明國史紀聞十二卷　(明)張銓輯　民國抄本　三十二冊

330000－1701－0063748　GP02233　子部/藝術類/書畫之屬/法帖
泉唐朱研臣先生遺墨一卷　(清)朱大勳撰並書　(清)朱景彝編　**附朱氏先德錄一卷**　(清)朱景彝撰　民國六年(1917)上海商務印書館影印本暨鉛印本　一冊

330000－1701－0063749　HJH8428　史部/目録類/總録之屬/地方
溫州經籍志三十三卷首一卷外編二卷辨誤一卷　(清)孫詒讓撰　民國十年(1921)浙江公立圖書館刻本　十六冊

330000－1701－0063751　GP02184　類叢部/叢書類/彙編之屬
鳴沙石室佚書(鳴沙石室古佚書)初編十九種　羅振玉編　民國二年(1913)上虞羅氏據唐寫本影印本　一冊　存一種

330000－1701－0063754　GP02148　史部/金石類/石之屬/文字
初拓漢司空袁敞碑一卷　民國二十五年(1936)上海中華書局影印本　勵乃驥跋　一冊

330000－1701－0063755　GP02234　史部/傳記類/别傳之屬/事狀
董節母傳一卷　馮貞胥撰　民國三十五年(1946)影印本　一冊

330000－1701－0063761　GP02185　史部/金石類/石之屬/文字
周石鼓文不分卷　民國上海藝苑真賞社影印本　一冊

330000－1701－0063763　GP02149　史部/金石類/石之屬/文字
初拓漢司空袁敞碑一卷　民國二十五年(1936)上海中華書局影印本　一冊

330000－1701－0063764　GP02186　子部/藝術類/書畫之屬/法帖
宋拓石鼓文不分卷　民國十五年(1926)上海藝苑真賞社影印本　一冊

330000－1701－0063766　GP02235　史部/金石類/石之屬/文字
汪淵若先生手撫乾隆重排石鼓文一卷　汪洵書　民國三年(1914)上海影印本　一冊

330000－1701－0063767　普814.7/2534　集部/别集類/清别集
常慊慊齋文集二卷　(清)朱之榛撰　民國九年(1920)朱景邁東湖草堂刻本　二冊

330000－1701－0063768　GP02245　史部/金石類/金之屬/文字
秦漢金篆八種放大本不分卷　民國十年(1921)上海有正書局石印本　一冊

330000－1701－0063772　GP02187　子部/藝術類/書畫之屬
嚼雪廬自玩竹刻一卷　民國三十年(1941)影印本　李錫今題記　一冊

330000－1701－0063776　GP02247　子部/藝術類/書畫之屬/法帖
楊龢甫先生手蹟四種不分卷　(清)楊調元書　民國三年(1914)石印本　一冊

330000－1701－0063779　GP02150、GP02152、GP02154、GP02156、GP02158　史部/金石類/石之屬/文字
黄小松藏漢碑五種　(清)黄易藏　民國四年(1915)上海有正書局影印本　五冊

330000－1701－0063782　GP02189　子部/藝術類/書畫之屬
中華古今畫範不分卷　丁寶書摹　民國十九年(1930)上海中華書局影印本　四冊

330000－1701－0063783　HJH7244　史部/政書類/通制之屬
皇朝續文獻通考四百卷勘誤表一卷　劉錦藻

撰　民國鉛印本　一百册

330000－1701－0063786　GP02248　子部/藝術類/書畫之屬/法帖

楊龢甫先生手蹟四種不分卷　(清)楊調元書　民國三年(1914)石印本　一册

330000－1701－0063787　M001225　史部/地理類/專志之屬/祠墓

重修浙江西湖岳忠武王廟墓徵信錄一卷附錄一卷　黄元秀輯　民國十二年(1923)鉛印本　黄放廬題記　二册

330000－1701－0063791　GP02249　經部/小學類/文字之屬/字書/古文

古文千字文一卷　袁俊輯　民國十三年(1924)石印本　一册

330000－1701－0063794　GP02190　子部/藝術類/書畫之屬/畫譜

謝文侯羅漢册不分卷　(清)謝彬繪　民國十三年(1924)上海中華書局影印本　一册

330000－1701－0063795　普347.7/3106　史部/政書類/律令之屬/治獄

山右讞獄記一卷　(清)顧麟趾撰　民國二十二年(1933)冬飲廬刻本　一册

330000－1701－0063801　GP02191　子部/藝術類/書畫之屬/畫譜

惲南田畫册不分卷　(清)惲格繪　民國影印本　一册

330000－1701－0063804　M001226　集部/詩文評類/詩評之屬

詩學淵源八卷　丁儀撰　民國十九年(1930)鉛印本　三册

330000－1701－0063805　HJH7245　史部/政書類/通制之屬

皇朝續文獻通考四百卷勘誤表一卷　劉錦藻撰　民國鉛印本　八十五册　缺六十三卷(八十四至一百四十六)

330000－1701－0063806　GP02192　子部/藝術類/書畫之屬/畫譜

楊稚雲墨梅册不分卷　(清)楊韞華繪　民國十五年(1926)中華書局影印本　一册

330000－1701－0063807　普814.7/26171　集部/别集類/清别集

磻湖先生遺稿二卷　(清)魏瓊撰　民國四年(1915)石印本　一册

330000－1701－0063809　GP02251　子部/藝術類/書畫之屬/法帖

包慎伯書女子白真真詩册一卷　(清)包世臣書　民國十七年(1928)上海神州國光社影印本　一册

330000－1701－0063811　HJL7721　史部/紀傳類

越縵堂讀史札記十一種三十卷　(清)李慈銘撰　民國國立北平北海圖書館鉛印本　二册　存一種

330000－1701－0063814　GP02193　子部/藝術類/書畫之屬/畫譜

馬江香草蟲畫册不分卷　(清)馬荃繪　民國十一年(1922)上海文明書局影印本　一册

330000－1701－0063816　M001227　集部/總集類/酬唱之屬

京江因繼吟一卷　翁有成編　民國十八年(1929)鉛印本　一册

330000－1701－0063817　GP02194　子部/藝術類/書畫之屬/畫譜

馬江香花鳥畫册不分卷　(清)馬荃繪　民國十一年(1922)上海文明書局影印本　一册

330000－1701－0063821　GP02252　史部/傳記類/别傳之屬/墓誌

清授朝議大夫枚士李先生[雲銜]暨配范恭人墓表一卷　趙時桐撰　趙時棡書　民國十三年(1924)石印本　七鳳山人跋　一册

330000－1701－0063822　M001228　史部/史評類/詠史之屬

讀史千詠六卷　徐公修撰　民國二十三年(1934)山光塔影樓刻本　二册

330000 - 1701 - 0063823　GP02151、GP02153、GP02155、GP02157、GP02159　史部/金石類/石之屬/文字

黄小松藏漢碑五種　(清)黄易藏　民國四年(1915)上海有正書局影印本　五册

330000 - 1701 - 0063827　HJH7252　史部/雜史類/斷代之屬

南疆逸史十卷紀略四卷　(清)溫睿臨撰　**南疆逸史跋一卷**　(清)楊鳳苞撰　民國四年(1915)上海國光書局鉛印本　六册

330000 - 1701 - 0063829　普 951. 06092/7537/3/c2　類叢部/叢書類/彙編之屬

四部備要　中華書局編　民國二十五年(1936)上海中華書局鉛印本　二十四册　存一種

330000 - 1701 - 0063834　M001229　史部/傳記類/别傳之屬

秀水金頌清先生赴告不分卷　金禮和等撰　民國三十年(1941)鉛印本　一册

330000 - 1701 - 0063835　HJL8449　史部/地理類/方志之屬/郡縣志

[民國]南潯志六十卷首一卷附南潯擷秀錄一卷　周慶雲纂　民國八年至十一年(1919 - 1922)刻本　十六册

330000 - 1701 - 0063836　普 951. 06092/7537/3/c1　類叢部/叢書類/彙編之屬

四部備要　中華書局編　民國二十五年(1936)上海中華書局鉛印本　二十四册　存一種

330000 - 1701 - 0063837　HJL7253　集部/詞類/總集之屬

惜陰堂叢書　趙尊嶽輯　民國十三年至十五年(1924 - 1926)武進趙氏刻本　二册　存一種

330000 - 1701 - 0063840　M001230　集部/别集類

洪水集不分卷　江亢虎撰　民國二年(1913)鉛印本　一册

330000 - 1701 - 0063842　普 347. 7/4443/c1　史部/政書類/律令之屬/判牘

新編樊山批牘精華三十四卷公牘精華六卷判牘精華一卷　樊增祥撰　姚福鼎編訂　民國四年(1915)上海文華書局鉛印本　十二册

330000 - 1701 - 0063844　M001231　集部/别集類

白葭居士文藁偶存不分卷　程清撰　民國鉛印本　一册

330000 - 1701 - 0063845　普 347. 7/4443/c2　史部/政書類/律令之屬/判牘

新編樊山批牘精華三十四卷公牘精華六卷判牘精華一卷　樊增祥撰　姚福鼎編訂　民國四年(1915)上海文華書局鉛印本　十二册

330000 - 1701 - 0063847　GP02160　子部/藝術類/書畫之屬/法帖

虢季子白盤放大本一卷　民國七年(1918)上海有正書局影印本　一册

330000 - 1701 - 0063848　M001232　子部/儒家類/儒學之屬/禮教/鑑戒

循分新書二卷　吳佩孚撰　民國十九年(1930)鉛印本　一册

330000 - 1701 - 0063849　HJL7462　史部/金石類

遯盦金石叢書十五種　吳隱輯　民國三年至十年(1914 - 1921)山陰吳氏西泠印社木活字印本　四册　存一種

330000 - 1701 - 0063850　M001233　子部/宗教類/佛教之屬/經疏

大方廣佛華嚴經入不思議解脱境界普賢行願品一卷　(唐)釋般若譯　釋弘傘鈔輯　民國十七年(1928)上海江蘇第二監獄鉛印本　一册

330000 - 1701 - 0063856　GP02161　子部/藝術類/書畫之屬/法帖

虢季子白盤放大本一卷　民國八年(1919)上海有正書局影印本　一册

330000 - 1701 - 0063857　M001234　子部/

藝術類/書畫之屬/題跋

論畫絕句詩三十二首一卷 易忠籙撰 民國三十七年(1948)石印本 一冊

330000－1701－0063858 GP02195 子部/藝術類/書畫之屬/畫譜

十八應真聖象不分卷 王震繪 民國影印本 一冊

330000－1701－0063861 HJL7254 史部/紀傳類/正史之屬

歐陽公五代史序論輯錄一卷 (清)朱滌軒撰並書 民國十九年(1930)朱保鴻等石印本 二冊

330000－1701－0063862 GP02162 史部/金石類/金之屬/文字

精拓盂鼎放大本一卷 民國七年(1918)上海有正書局影印本 一冊

330000－1701－0063868 G000687 史部/傳記類/别傳之屬/年譜

欒山[許松年]年譜一卷 (清)許松年撰 民國油印本 一冊

330000－1701－0063869 GP02196 子部/藝術類/書畫之屬/畫譜

吴待秋畫稿不分卷 吴徵繪 民國十三年至十五年(1924－1926)上海商務印書館影印本 二冊 存第一集、第二集

330000－1701－0063870 GP02163 史部/金石類/金之屬/文字

精拓盂鼎放大本一卷 民國九年(1920)上海有正書局影印本 一冊

330000－1701－0063872 普 814.7/22331/3 集部/别集類/清别集

清芬樓遺稿四卷 (清)任啟運撰 民國二十年(1931)任鳳苞刻本 余紹宋題記 二冊

330000－1701－0063874 M001236 史部/目録類/書志之屬/提要

飲虹簃叢書提要一卷附預約定單 民國鉛印本 一冊

330000－1701－0063876 普 814.7/2564/c1 集部/别集類/清别集

朱衎廬先生遺稿八卷補編一卷朱衎廬舊藏鈔本書目一卷 (清)朱昌燕撰 張宗祥編 民國鉛印本 二冊

330000－1701－0063879 GP02253 史部/傳記類/别傳之屬/墓誌

仁和高君墓誌銘一卷 吳慶坻撰 高保康書 民國石印本 一冊

330000－1701－0063881 GP02164 史部/金石類/金之屬/文字

精拓散氏盤銘放大本一卷 民國十二年(1923)上海有正書局影印本 一冊

330000－1701－0063885 普 814.7/2564/c2 集部/别集類/清别集

朱衎廬先生遺稿八卷補編一卷朱衎廬舊藏鈔本書目一卷 (清)朱昌燕撰 張宗祥編 民國鉛印本 二冊

330000－1701－0063886 HJL8053 史部/目録類/總録之屬/私撰

百宋一廛書錄一卷 (清)黄丕烈撰 民國二年(1913)烏程張氏刻適園叢書本 劉承幹題記 一冊

330000－1701－0063887 GP02254 子部/藝術類/書畫之屬/法帖

王梅庵臨褚河南聖教序不分卷 (唐)褚遂良書 王榮年臨 民國影印本 王榮年題記 一冊

330000－1701－0063889 HJH7466 類叢部/叢書類/彙編之屬

金陵大學中國文化研究所叢刊 金陵大學中國文化研究所編 民國金陵大學中國文化研究所刻本、鉛印本暨影印本 一冊 存一種

330000－1701－0063892 GP02165 史部/金石類/金之屬/文字

精拓散氏盤銘放大本一卷 民國七年(1918)上海有正書局影印本 一冊

330000－1701－0063893 普 814.7/2564.2/

c1　集部/别集類/清别集

朱衎廬先生遺稿續編二卷補遺一卷拜竹龕楹聯偶存一卷　(清)朱昌燕撰　張兆鏞輯　民國二十三年(1934)孫氏望雲廬鉛印本　一册

330000－1701－0063894　GP02255　子部/藝術類/書畫之屬/法帖

王梅庵臨褚河南聖教序不分卷　(唐)褚遂良書　王榮年臨　民國影印本　王榮年題記　一册

330000－1701－0063897　M001237　集部/别集類/清别集

端甫遺稿二卷　(清)張岳駿撰　民國七年(1918)無錫吳禮讓堂鉛印本　一册

330000－1701－0063898　普 814.7/2564.2/c3　集部/别集類/清别集

朱衎廬先生遺稿續編二卷補遺一卷拜竹龕楹聯偶存一卷　(清)朱昌燕撰　張兆鏞輯　民國二十三年(1934)孫氏望雲廬鉛印本　一册

330000－1701－0063900　GP02256　史部/傳記類/别傳之屬/墓誌

清故江蘇候補通判署理阜寧縣知縣阮君[本焱]墓誌銘一卷　李詳撰　曾熙書　民國石印本　一册

330000－1701－0063904　GP02166　子部/藝術類/書畫之屬/法帖

明拓秦繹山石刻一卷　民國二十五年(1936)上海中華書局影印本　一册

330000－1701－0063905　M001238　子部/雜著類

中國學術之升降及今後之趨向一卷　金松岑講　諸祖耿　王乘六　徐澂記録　民國二十二年(1933)蘇州國學會鉛印本　一册

330000－1701－0063907　GP02291　子部/藝術類/書畫之屬/法帖

淳化閣帖十卷　(明)董其昌書　民國石印本　四册

330000－1701－0063909　GP02257　史部/傳記類/别傳之屬/墓誌

清故江蘇候補通判署理阜寧縣知縣阮君[本焱]墓誌銘一卷　李詳撰　曾熙書　民國石印本　一册

330000－1701－0063910　M001239　史部/傳記類/别傳之屬

海日樓哀輓録不分卷　民國十一年(1922)鉛印本　一册

330000－1701－0063911　普 347.7/4443.4　史部/政書類/律令之屬/判牘

十大名家判讀十卷　平襟亞編　秋痕廔主評　民國十三年(1924)上海共和書局鉛印本　一册　存一種

330000－1701－0063912　普 951.060926/6738　史部/編年類/斷代之屬

明實録二千九百二十五卷　民國二十九年(1940)長樂梁鴻志據江蘇國學圖書館抄本影印本　五百册

330000－1701－0063913　GP02258　史部/傳記類/别傳之屬/墓誌

清故江蘇候補通判署理阜寧縣知縣阮君[本焱]墓誌銘一卷　李詳撰　曾熙書　民國石印本　一册

330000－1701－0063914　GP02167　史部/金石類/石之屬/文字

泰山秦篆二十九字南宋精拓本一卷附魯孝王石刻一卷　民國上海有正書局影印本　一册

330000－1701－0063918　M001240　集部/總集類/尺牘之屬

分類廣註交際尺牘大觀不分卷　劉再蘇編輯　民國十四年(1925)上海世界書局石印本　十二册

330000－1701－0063923　GP02297　子部/藝術類/書畫之屬/畫録

大風堂臨摹敦煌壁畫二卷　張大千撰　民國三十三年(1944)成都西南印書局石印本　二册

330000－1701－0063925　GP02168　史部/金石類/石之屬/文字

泰山秦篆二十九字南宋精拓本一卷附魯孝王石刻一卷 民國上海有正書局影印本 一册

330000－1701－0063928 GP02276 子部/藝術類/書畫之屬/法帖
玉臺名翰一卷 (宋)朱淑真等書 民國二十三年(1934)上海文明書局影印本 一册

330000－1701－0063934 GP02169 子部/藝術類/書畫之屬/法帖
宋拓夏承碑一卷 民國二十四年(1935)上海中華書局影印本 一册

330000－1701－0063936 GP02277 子部/藝術類/書畫之屬/書法書品
行書備要一卷 童式規書 民國十年(1921)上海商務印書館石印本 一册

330000－1701－0063941 GP02170 子部/藝術類/書畫之屬/法帖
漢泰山都尉孔君碑一卷 民國十四年(1925)上海有正書局影印本 一册

330000－1701－0063943 GP02280 子部/藝術類/書畫之屬/書法書品
草書要領五卷 姬覺彌編 民國二十六年(1937)廣倉學宭石印本 五册

330000－1701－0063944 GP02171 子部/藝術類/書畫之屬/法帖
宋拓孔宙碑不分卷 民國八年(1919)有正書局影印本 一册

330000－1701－0063945 普 814.7/2572 集部/别集類/清别集
愧訥集十二卷 (清)朱用純撰 民國十八年(1929)昆山保管祠產委員會木活字印本 四册

330000－1701－0063947 GP02172 子部/藝術類/書畫之屬/法帖
宋拓孔宙碑不分卷 民國有正書局影印本 一册

330000－1701－0063950 GP02310 子部/藝術類/書畫之屬/法帖
陳曼生手札墨迹一卷 (清)陳鴻壽書 民國有正書局影印本 一册

330000－1701－0063952 GP02311 子部/藝術類/書畫之屬/法帖
陳曼生手札墨迹一卷 (清)陳鴻壽書 民國有正書局影印本 一册

330000－1701－0063958 GP02312 子部/藝術類/書畫之屬/法帖
張季直書四時讀書樂不分卷 張謇書 民國十八年(1929)上海商務印書館影印本 一册

330000－1701－0063961 HJH8454、HJH8467、HJH8486、HJH8487 史部/紀傳類/正史之屬
二十四史附考證 民國上海涵芬樓據清乾隆武英殿本影印本 四十六册 存四種

330000－1701－0063965 M001241 史部/傳記類/别傳之屬
伏廬六十自述一卷 陳漢第撰 民國二十二年(1933)刻朱印本 一册

330000－1701－0063970 HJH8456 類叢部/叢書類/自著之屬
願學齋叢刊七種 羅繼祖撰 民國二十五年(1936)上虞羅氏墨緣堂石印本 一册 存一種

330000－1701－0063971 M001242 子部/雜著類/雜説之屬
正信録二卷 (清)羅聘撰 民國十九年(1930)影印本 一册

330000－1701－0063974 HJL8457 史部/目録類/總録之屬/私撰
好古堂書目五卷收藏宋元板書目一卷 (清)姚際恒編 民國十八年(1929)南京中社影印本 一册

330000－1701－0063976 普 814.7/2322/(3)/c2 集部/别集類/清别集
霜紅龕集四十卷 (清)傅山撰 (清)張廷鑑 (清)張廷銓拾遺 (清)劉飛補輯 民國二十五年(1936)陽曲第一高級小學校刻山西書

局印本　八冊

330000－1701－0063977　M001243　史部/史評類/史論之屬

分類清代人物論十四卷清代世系表一卷　費恕皆撰　民國五年(1916)上海沅益書社石印本　六冊

330000－1701－0063979　GP02313　子部/藝術類/書畫之屬/法帖

漢劉熊碑不分卷　民國四年(1915)上海有正書局影印本　一冊

330000－1701－0063983　M001244　子部/小說家類/雜事之屬

隨筆雜記不分卷　民國抄本　一冊

330000－1701－0063985　M001245　子部/小說家類/雜事之屬

遺聞迭事不分卷　民國抄本　一冊

330000－1701－0063989　M001246、M003478、M006668、M007607　子部/藝術類/音樂之屬/樂譜

五知齋琴譜六卷　(清)徐祺撰　(清)周魯封輯　民國校經山房成記書局石印本　十冊

330000－1701－0063990　HJL8459　史部/傳記類/總傳之屬/斷代

明遺民錄四十八卷　孫靜菴撰　民國元年(1912)上海新中華圖書館鉛印本　十二冊

330000－1701－0063996　HJH7471　類叢部/叢書類/郡邑之屬

山左先喆遺書　山東省立圖書館編　民國瑞安陳氏褒殷堂鉛印本　一冊　存一種

330000－1701－0063997　HJL7734　類叢部/叢書類/彙編之屬

桐城吳先生羣書點勘　(清)吳汝綸撰　民國徐文霨刻本　三冊　存一種

330000－1701－0063998　GP02316　集部/別集類/清別集

翁常熟手札一卷　(清)翁同龢撰　民國二十五年(1936)上海商務印書館影印本　一冊

330000－1701－0064002　HJH7472　類叢部/叢書類/郡邑之屬

山左先喆遺書　山東省立圖書館編　民國瑞安陳氏褒殷堂鉛印本　一冊　存一種

330000－1701－0064003　M001247　史部/傳記類/日記之屬

定生日記不分卷(民國九年三月一日至十年二月七日)　定生撰　民國九年至十年(1920－1921)稿本　雅令題簽　一冊

330000－1701－0064005　普814.7/2322/2　集部/別集類/清別集

霜紅龕集四十卷　(清)傅山撰　(清)張廷鑑　(清)張廷銓拾遺　(清)劉飛補輯　民國七年(1918)晉省晉新書社鉛印本　八冊

330000－1701－0064006　HJL8063　史部/傳記類/總傳之屬/家乘

新陽趙氏清芬錄三卷題辭一卷再續題辭一卷　趙詒琛編　民國六年(1917)、十二年(1923)新陽趙詒琛義莊刻本　二冊

330000－1701－0064008　GP02317　史部/傳記類/別傳之屬/墓誌

張嗇翁書吳縣沈女士靈表一卷　張謇撰並書　民國十三年(1924)上海商務印書館影印本　一冊

330000－1701－0064010　HJH8460　史部/詔令奏議類/奏議之屬

皇清奏議六十八卷續四卷　民國二十五年(1936)墨緣堂石印本　十六冊

330000－1701－0064011　M001248　子部/醫家類/方書之屬/成方藥目

製化秘方不分卷　民國靜盦軒主抄本　一冊

330000－1701－0064015　M001249　史部/傳記類/日記之屬

日記不分卷(民國十二年)　譚保華撰　民國十二年(1923)稿本　一冊

330000－1701－0064017　M001250　集部/詩文評類/文法之屬/函牘格式

言文對照學生新尺牘二卷附錄一卷　世界書

局編輯所編輯　民國上海世界書局石印本　一冊　存一卷(上)

330000－1701－0064020　GP02324　子部/藝術類/書畫之屬/法帖

狼山觀音巖觀音造象記一卷　張謇書　民國上海有正書局石印本　一冊

330000－1701－0064022　M001251　集部/曲類/曲評曲話曲目之屬

詞餘講義十二章　吳梅撰　民國十八年(1929)北大學院出版部鉛印本　一冊

330000－1701－0064026　GP02325　史部/傳記類/別傳之屬/墓誌

涇陽周脁生先生暨楊恭人墓誌銘一卷　宋伯魯撰并書　民國二十六年(1937)石印本　一冊

330000－1701－0064027　普814.7/25741/c2　類叢部/叢書類/彙編之屬

求恕齋叢書三十一種　劉承幹編　民國吳興劉氏嘉業堂刻本　二冊　存一種

330000－1701－0064029　普348.52/8397/c1　新學/政治法律

日本法規解字一卷　錢恂　董鴻禕編　民國元年(1912)上海商務印書館鉛印本　一冊

330000－1701－0064030　M001252　集部/總集類/選集之屬/通代

宋元明詩評註讀本六卷　王文濡編　汪勁扶　沈鎔註　民國十四年(1925)上海文明書局鉛印本　二冊

330000－1701－0064036　民630.61/6012　新學/農政

經濟部農本局概況七章　畢雲程撰　民國三十一年(1942)經濟部農本局研究室鉛印本　一冊

330000－1701－0064038　HJL8065　史部/傳記類/總傳之屬/家乘

[浙江路橋]河西楊氏家譜不分卷　楊晨編　民國七年(1918)石印本　一冊

330000－1701－0064039　普814.7/2623　集部/別集類

貞孝先生遺墨五卷　吳受福撰　民國二十二年(1933)檇李郭氏刻本　二冊

330000－1701－0064040　M001253　集部/詩文評類/詩評之屬

中詩外形律詳說六篇附錄從毛詩到楚辭一篇　劉大白撰　民國三十二年(1943)中國聯合出版公司鉛印本　六冊

330000－1701－0064052　GP02326　史部/傳記類/別傳之屬/墓誌

平湖童子孫超墓碣一卷　夏敬觀撰　張啟後書　**當湖童子孫超壙志銘一卷**　金北蕃撰　褚德彝書　**外孫孫童子傳一卷**　顧言行撰并書　民國三十年(1941)石印本　一冊

330000－1701－0064053　GP02327　集部/別集類/清別集

姚惜抱先生文稿一卷　(清)姚鼐撰　民國二十四年(1935)上海商務印書館影印本　一冊

330000－1701－0064057　普814.7/2582　集部/別集類/清別集

桂之華軒詩集四卷補遺一卷文集九卷補遺一卷　(清)朱銘盤撰　**曼君先生紀年錄一卷**　(清)鄭肇經編　民國二十三年(1934)泰興鄭餘慶堂鉛印本　二冊

330000－1701－0064060　GP02328　子部/宗教類/佛教之屬/經

大方廣佛華嚴經一卷　(唐)釋實叉難陀譯　釋弘一書　民國十七年(1928)影印本　錢倫體題記　一冊

330000－1701－0064063　普350.123/7521　史部/雜史類/斷代之屬

江蘇兵事紀畧二卷　陳作霖撰　民國九年(1920)江寧龔肇新木活字印本　一冊

330000－1701－0064069　普951.06093/4679/2　史部/紀事本末類/通代之屬

歷朝紀事本末(九朝紀事本末)九種　(清)陳如升　(清)朱記榮輯　(清)慎記主人增輯

民國十四年(1925)上海校經山房成記書局石印本　一冊　存一種

330000－1701－0064070　普814.7/2324　集部/別集類/清別集

缺齋遺稿三卷　(清)傅維森撰　傅澂鈞編　民國十一年(1922)北京鉛印本　一冊

330000－1701－0064074　普350.21/4606　史部/目録類/專録之屬

歷代兵書目錄六卷　陸達節編輯　民國二十二年(1933)鉛印本　一冊

330000－1701－0064077　HJL7271　類叢部/叢書類/彙編之屬

四部叢刊續編七十七種　張元濟等編　民國二十三年(1934)上海商務印書館影印本　一冊　存一種

330000－1701－0064093　M001254、M007828　史部/傳記類/日記之屬

雪廬筆記不分卷(民國元年至六年)　雪廬主人撰　稿本　二冊

330000－1701－0064094　GP02336　子部/宗教類/佛教之屬

華嚴集聯三百不分卷　李叔同書　民國十九年(1930)上海開明書店影印本　哲成題記　一冊

330000－1701－0064095　GP02329　集部/別集類/清別集

王念孫手稿不分卷　(清)王念孫撰　民國石印本　一冊

330000－1701－0064096　M001255　史部/地理類/外紀之屬

外國地理摘要不分卷　民國抄本　一冊

330000－1701－0064097　GP02330　子部/藝術類/書畫之屬/法帖

吴清卿書說文解字建首一卷　(清)吳大澂書　民國十八年(1929)上海商務印書館石印本　一冊

330000－1701－0064098　M001256　類叢部/叢書類/家集之屬

武林丁氏家集十三種　丁立誠　丁立中撰　民國錢塘丁氏嘉惠堂鉛印本　一冊　存二種

330000－1701－0064104　M001257　史部/傳記類/別傳之屬

光祿大夫建威將軍張公集四卷附錄一卷　張德彝撰　民國鉛印本暨石印本　一冊

330000－1701－0064106　M001258　新學/電學

電機大意不分卷　民國油印本　隱耕題記　一冊

330000－1701－0064109　GP02342　子部/藝術類/書畫之屬/法帖

半隱廬草書千字文一卷　陳爾錫書草　陳哲榮書隸　民國二十五年(1936)上海中華書局影印本　一冊

330000－1701－0064110　GP02331　史部/傳記類/別傳之屬/墓誌

皇清誥授奉政大夫戶部江西司員外郎晉封朝議大夫詹事府左春坊左庶子仁和許公[學歐]暨德配誥封宜人晉封恭人姜太恭人合葬墓志銘不分卷　(清)邵懿辰撰　(清)戴熙書　民國石印本　一冊

330000－1701－0064112　M001259　新學/算學/代數

初等解析學不分卷　(美國)Frank Loxley-Griffin撰　蔡禹澤譯述　民國油印本　一冊

330000－1701－0064113　GP02338　子部/藝術類/書畫之屬/法帖

馬子貞鷄毫書正氣歌不分卷　馬良書　民國十一年(1922)商務印書館石印本　一冊

330000－1701－0064114　M001260　集部/總集類/選集之屬/斷代

落葉集四卷　孫雄輯　民國十五年(1926)鉛印本　一冊

330000－1701－0064117　M001261　集部/別集類

培風樓詩存一卷　邵祖平撰　民國十八年

(1929)鉛印本　一冊

330000－1701－0064118　M001262　集部/詞類/別集之屬

半櫻詞二卷　林鶚翔撰　民國十六年(1927)鉛印本　一冊

330000－1701－0064121　M001263　類叢部/叢書類

江寧蔣氏湖上草堂叢刻　民國江寧蔣氏湖上草堂鉛印本　二冊

330000－1701－0064127　GP02333　子部/藝術類/書畫之屬/法帖

松禪遺墨不分卷　(清)翁同龢撰並書　民國三年(1914)陽湖張氏石印本　一冊

330000－1701－0064128　M001264　集部/別集類

五言樓詩草初集五卷　唐鼎元撰　**桐花僊館詩草一卷**　錢靖遠撰　民國二十年(1931)鉛印本　二冊

330000－1701－0064134　GP02347　子部/藝術類/書畫之屬/畫譜

姚梅伯畫冊不分卷　(清)姚燮繪　民國影印本　一冊

330000－1701－0064136　M001265　子部/雜著類/雜說之屬

中山名言錄不分卷　孫文撰　舒國華編　民國十七年(1928)油印本　一冊

330000－1701－0064142　M001266　史部/傳記類/別傳之屬/事狀

先府君[程良馭]行述一卷　程學鑾撰　民國鉛印本　一冊

330000－1701－0064144　普 951.06093/8005/8　史部/紀事本末類/通代之屬

歷朝紀事本末(九朝紀事本末)九種　(清)陳如升　(清)朱記榮輯　(清)慎記主人增輯　民國十四年(1925)上海校經山房成記書局石印本　八冊　存一種

330000－1701－0064146　M001267　子部/農家農學類/總論之屬

農業推廣實施法十二章　楊曾盛編　民國二十六年(1937)油印本　一冊

330000－1701－0064148　HJL8071　史部/雜史類/斷代之屬

自反錄索隱一卷　廉泉撰　民國石印本　一冊

330000－1701－0064151　GP02355　子部/藝術類/書畫之屬/法帖

宋搨祖石絳帖二十卷　(晉)王羲之書　民國十二年(1923)上海有正書局影印本　五冊　存四卷(三至六)

330000－1701－0064160　HJL8465、HJL8466　類叢部/叢書類/彙編之屬

四部叢刊　張元濟等編　民國八年(1919)上海商務印書館影印本　四冊　存二種

330000－1701－0064161　GP02332　子部/藝術類/書畫之屬/法帖

千齡觀記一卷　張謇書　民國十二年(1923)南通翰墨林書局石印本　一冊

330000－1701－0064163　M001268、M001271　類叢部/叢書類/郡邑之屬

吳興叢書六十六種　劉承幹編　民國吳興劉氏嘉業堂刻本　三冊　存二種

330000－1701－0064165　普 814.7/26401　類叢部/叢書類/郡邑之屬

吳興叢書六十六種　劉承幹編　民國吳興劉氏嘉業堂刻本　一冊　存一種

330000－1701－0064168　M001269　子部/藝術類/書畫之屬/畫法畫品

山水入門十章　胡錫銓撰　民國十一年(1922)上海商務印書館石印本　一冊

330000－1701－0064174　M001270　類叢部/叢書類/自著之屬

拙修草堂叢述　董玉書撰　民國鉛印本　一冊　存二種

330000－1701－0064175　HJL8468　史部/金

石類/郡邑之屬/目録
江蘇金石志二十四卷待訪目二卷　民國十六年(1927)影印本　二十六册

330000－1701－0064176　GP02356　子部/藝術類/書畫之屬/法帖
宋搨祖石絳帖二十卷　(晉)王羲之書　民國十二年(1923)上海有正書局影印本　五册　存四卷(三至六)

330000－1701－0064182　M001272、M007305　類叢部/叢書類/自著之屬
桐鄉勞先生遺稿四種　勞乃宣撰　民國十六年(1927)桐鄉盧氏刻本　四册　存三種

330000－1701－0064187　GP02360　史部/傳記類/别傳之屬/墓誌
清故兵部主事曾君[熙]墓誌銘不分卷　陳三立撰　譚澤闓書　民國十九年(1930)石印本　一册

330000－1701－0064189　GP02361　子部/藝術類/書畫之屬/法帖
楹聯名蹟七輯　中華書局輯　民國七年(1918)上海中華書局影印本　六册　存六輯(一至五、七)

330000－1701－0064192　M001273　集部/别集類
爰居閣詩續一卷　梁鴻志撰　民國鉛印本　一册

330000－1701－0064193　M001274　集部/别集類
嚴範孫先生古近體詩存稿三卷　嚴修撰　民國二十二年(1933)鉛印本　一册

330000－1701－0064194　HJL8077　史部/雜史類
史料叢刊初編　羅振玉輯　民國十三年(1924)東方學會鉛印本　十册

330000－1701－0064196　G001368、M001275　類叢部/叢書類/自著之屬
香雪崦叢書四種　(清)平步青撰　民國六年至十四年(1917－1925)刻本暨鉛印本　十二册　存一種

330000－1701－0064203　M001276　子部/雜著類/雜説之屬
槐軒約言一卷　(清)劉沅撰　民國北京道德學社鉛印本　一册

330000－1701－0064205　普814.7/2704/4/c2　集部/别集類/清别集
壯悔堂文集十卷遺稿一卷年譜一卷　(清)侯方域撰　(清)賈開宗等評點　民國上海掃葉山房石印本　四册

330000－1701－0064208　普814.7/2704/5/c2　集部/别集類/清别集
壯悔堂詩集十卷首一卷遺稿一卷　(清)侯方域撰　(清)賈開宗等評點　民國上海彪蒙書室石印本　四册

330000－1701－0064212　HJL7748　史部/傳記類/别傳之屬/年譜
漢管處士[寧]年譜一卷　管世駿編　民國吴興劉氏嘉業堂刻求恕齋叢書本　劉承幹題記　一册

330000－1701－0064217　HJL7749　史部/金石類
非儒非俠齋金石叢著十種　顧燮光撰　民國會稽顧氏金佳石好樓石印本暨鉛印本　二册　存一種

330000－1701－0064220　M001277　類叢部/叢書類/彙編之屬
進德叢書八種　丁福保編　民國上海醫學書局鉛印本　一册　存一種

330000－1701－0064221　GP02382　史部/金石類/金之屬/文字
籀範四編　秦文錦輯　民國十八年(1929)上海藝苑真賞社影印本　二册

330000－1701－0064223　GP02383　子部/藝術類/書畫之屬/法帖
籀聯四編　葉爾愷撰句　秦文錦槧集　民國二十一年(1932)上海藝苑真賞社影印本　四册

330000－1701－0064225　GP02363、GP02364、GP02367、GP02369、GP02371、GP02373、GP02375、GP02377、GP02378、GP02379、GP02380、GP02381　子部/藝術類/書畫之屬/法帖
聯搨大觀　秦文錦編集　民國上海藝苑真賞社影印本　十二册　存十二種

330000－1701－0064229　M001278　史部/傳記類/總傳之屬/文苑
杭州西溪奉祀歷代兩浙詞人姓氏錄一卷　周慶雲輯　民國鉛印本　一册

330000－1701－0064230　HJL7750　史部/金石類/石之屬/雜著
唐李思訓碑校勘記六章　阮永墀撰　民國二十年(1931)鉛印本　一册

330000－1701－0064237　M001279　集部/別集類
自娛齋詩稿四卷　夏受祺撰　民國二十四年(1935)鉛印本　一册

330000－1701－0064238　HJH7751　史部/金石類/總志之屬
定襄金石攷四卷　牛誠修輯　民國二十一年(1932)雪華館鉛印本　四册

330000－1701－0064241　M001280　類叢部/叢書類/自著之屬
勱堂遺書八種　顧家相撰　民國八年至十九年(1919－1930)會稽顧氏鉛印本　一册　存一種

330000－1701－0064242　GP02384、GP2388、GP02393、GP02407、GP02408、GP02412、GP02416、GP02418、GP02426、GP02429、GP02431、GP02432　子部/藝術類/書畫之屬/法帖
碑聯集搨□□種　秦文錦編　民國上海藝苑真賞社影印本　十二册　存十二種

330000－1701－0064247　GP02385、GP02387、GP02389、GP02391、GP02394、GP02395、GP02403、GP02425　子部/藝術類/書畫之屬/法帖
碑聯集搨□□種　秦文錦編　民國上海藝苑真賞社影印本　八册　存八種

330000－1701－0064250　HJH7753　類叢部/叢書類/彙編之屬
嘉業堂叢書五十七種　劉承幹輯　民國吴興劉氏嘉業堂刻本　一册　存一種

330000－1701－0064254　GP02386、GP02390、GP02392、GP02402、GP02405、GP02406、GP02409、GP02411、GP02413、GP02414、GP02415　子部/藝術類/書畫之屬/法帖
碑聯集搨□□種　秦文錦編　民國上海藝苑真賞社影印本　十八册　存十八種

330000－1701－0064256　HJL7754　史部/目録類/總録之屬/官修
江蘇第一圖書館覆校善本書目四卷　胡宗武　曹掾梁編　民國七年(1918)南京江蘇第一圖書館鉛印本　四册

330000－1701－0064259　普 814.7/2634.2/2　集部/別集類/清別集
魏叔子文鈔三卷　(清)魏禧撰　民國上海廣益書局石印本　一册

330000－1701－0064265　普 814.7/27171/c2　類叢部/叢書類/彙編之屬
留餘草堂叢書十二種　劉承幹編　民國吴興劉氏嘉業堂刻本　一册　存一種

330000－1701－0064266　GP02396　子部/藝術類/書畫之屬/法帖
碑聯集搨□□種　秦文錦編　民國上海藝苑真賞社影印本　一册　存一種

330000－1701－0064270　GP02370　子部/藝術類/書畫之屬/法帖
聯搨大觀　秦文錦編集　民國上海藝苑真賞社影印本　一册　存一種

330000－1701－0064271　普 814.7/27171/c1　類叢部/叢書類/彙編之屬
留餘草堂叢書十二種　劉承幹編　民國吴興劉氏嘉業堂刻本　一册　存一種

330000－1701－0064278　M001281　類叢部/叢書類/自著之屬
素園叢稿八種　姚永樸撰　民國元年(1912)京務印書局石印本(詩抄卷一至二、文鈔卷一至二、讀經記卷一至六原缺)　二册

330000－1701－0064279　GP02366、GP02421　子部/藝術類/書畫之屬/法帖
聯揭大觀　秦文錦編集　民國上海藝苑真賞社影印本　二册　存二種

330000－1701－0064283　HJL8476　史部/金石類/總志之屬
湫漻齋叢書十種　陳準輯　民國瑞安陳氏刻本　一册　存二種

330000－1701－0064285　M001282　子部/雜著類/雜說之屬
僵蠶漫筆一卷　僵蠶子撰　民國十年(1921)刻本　一册

330000－1701－0064286　M001120　史部/地理類/專志之屬/祠墓
黄陵志一卷　余正東修　吴致勳等纂　民國三十四年(1945)鉛印本　一册

330000－1701－0064289　M001283　集部/别集類
培根書屋詩草九卷　孫熙鼎撰　民國十三年(1924)鉛印本　一册

330000－1701－0064290　HJL8082　史部/詔令奏議類/奏議之屬
寓燕疏草二卷　(明)錢桓撰　民國二年(1913)聽邠館刻朱印本　劉承幹題記　二册

330000－1701－0064291　HJL8477　史部/政書類/儀制之屬/典禮
文廟全錄從祀年分並生卒攷略一卷附呈文說帖一卷　孫鏘撰　民國八年(1919)鉛印本　一册

330000－1701－0064293　M001284　集部/别集類
玉谿碎錦集一卷　周慶雲撰　**西崑貫玉稿一卷**　嵩堃撰　民國二十二年(1933)夢坡室刻藍印本　一册

330000－1701－0064295　M001121　集部/别集類
中泠詩鈔八卷　葉玉森撰　民國四年(1915)鉛印本　一册

330000－1701－0064301　HJL8479　史部/金石類/總志之屬
湫漻齋叢書十種　陳準輯　民國瑞安陳氏刻本　一册　存一種

330000－1701－0064302　M001122　集部/别集類
頤淵詩集一卷　經亨頤撰　民國二十五年(1936)鉛印本　一册

330000－1701－0064304　M001285　類叢部/叢書類/彙編之屬
三教心法六種　民國二十五年(1936)上海明善書局鉛印本　一册　存一種

330000－1701－0064313　M001123、M607337　史部/地理類/方志之屬/郡縣志
紹興縣志四種合刊　紹興縣修志委員會輯　民國二十五年(1936)紹興縣修志委員會鉛印本(道光會稽縣志稾卷二至五、十至十三、二十至二十二原缺)　二册　存一種

330000－1701－0064315　M001286　子部/宗教類/佛教之屬/諸宗
唯識略說不分卷　梅光羲編　民國石印本　一册

330000－1701－0064318　HJH7488　類叢部/叢書類/自著之屬
晨風廬叢刊十八種　周慶雲撰　民國吴興周氏夢坡室刻本　四册　存一種

330000－1701－0064319　M001287　集部/别集類
微尚齋雜文六卷　汪兆鏞撰　民國三十一年(1942)汪氏鉛印本　一册

330000－1701－0064320　GP02400　子部/藝術類/書畫之屬/法帖

鄭板橋四子書真蹟不分卷 （清）鄭燮書 民國四年（1915）奉天作新印刷局影印本 六册

330000－1701－0064322 M001124 史部/地理類/方志之屬/郡縣志

[民國]台州府志樣本不分卷 民國二十五年（1936）上海游民習勤所鉛印本 一册

330000－1701－0064329 GP02176 子部/藝術類/書畫之屬/法帖

章式之臨明徵君碑一卷 章鈺書 民國二十六年（1937）影印本 一册

330000－1701－0064331 M001288 類叢部/類書類/通類之屬

清初殿版銅活字印古今圖書集成樣本不分卷 中華書局編 民國二十三年（1934）中華書局鉛印本暨影印本 一册

330000－1701－0064334 GP02362、GP02365、GP02368、GP02372、GP02374、GP02376、GP02397 子部/藝術類/書畫之屬/法帖

聯搨大觀 秦文錦編集 民國上海藝苑真賞社影印本 七册 存七種

330000－1701－0064335 M001125 史部/地理類/方志之屬/郡縣志

[民國]台州府志一百四十卷首一卷 喻長霖等纂修 章梫繪圖 民國二十五年（1936）上海游民習勤所鉛印本 一册 存五卷（首、一至四）

330000－1701－0064336 HJL8480 史部/政書類/通制之屬

治綱二卷 （明）陳瑚撰 民國十五年（1926）太倉圖書館刻本 一册

330000－1701－0064339 M001126 新學/雜著/叢編

世界知識新文庫十四卷 陸翔輯選 民國十四年（1925）上海書局石印本 二十册

330000－1701－0064342 M001290 類叢部/叢書類/彙編之屬

留餘草堂叢書十二種 劉承幹編 民國吳興劉氏嘉業堂刻本 一册 存一種

330000－1701－0064343 GP02177 子部/宗教類/佛教之屬

阿育王寺重修舍利殿記一卷 章炳麟撰 曾熙書 民國九年（1920）影印本 一册

330000－1701－0064345 普 814.7/26432 集部/別集類

一芝草堂稿二卷雜稿一卷 吳懋祺撰 民國二年（1913）石印本 二册

330000－1701－0064346 GP02401 子部/藝術類/書畫之屬/法帖

鄭板橋四子書真蹟不分卷 （清）鄭燮書 民國四年（1915）奉天作新印刷局影印本 六册

330000－1701－0064348 HJL7758 史部/紀傳類/正史之屬

後漢書集解九十卷首一卷續志集解三十卷 王先謙撰 民國四年（1915）長沙王氏虚受堂刻十二年（1923）印本 三十册

330000－1701－0064350 M001291 經部/小學類/文字之屬/字書/通論

秦書八體原委不分卷 華學涑輯 民國十年（1921）天津博物院石印本 一册

330000－1701－0064351 M001127 子部/小說家類/雜事之屬

凝香樓奩艷叢話四卷 无悶女士撰 民國元年（1912）上海中華圖書館石印本 二册

330000－1701－0064356 GP02178 子部/藝術類/書畫之屬/法帖

明拓秦嶧山碑一卷 （宋）徐鉉摹 民國九年（1920）上海有正書局影印本 一册

330000－1701－0064359 M001129 子部/雜著類/雜說之屬

容齋隨筆十六卷續筆十六卷三筆十六卷四筆十六卷五筆十卷首一卷 （宋）洪邁撰 民國十年（1921）上海掃葉山房石印本 十册

330000－1701－0064362 M001292 史部/傳記類/別傳之屬/事狀

胡笠僧將軍遺事不分卷 民國鉛印本暨石印本 一册

330000－1701－0064366　M001293　集部/別集類

悲華經舍書牘二卷附讀經札記一卷　洪允祥撰　民國二十六年(1937)鉛印本　一册

330000－1701－0064371　HJL8485　史部/目録類/總録之屬/私撰

東海藏書樓書目不分卷　徐允中藏並編　民國十三年(1924)武林鉛印本　六册

330000－1701－0064373　M001294　子部/宗教類/佛教之屬

景祐天竺字源七卷　(唐)釋惟淨等集　**景祐天竺字源坿記一卷**　羅福萇撰　民國六年(1917)上海倉聖明智大學校石印本　四册

330000－1701－0064378　M001130　史部/目録類/通論之屬/掌故瑣記

書舶庸譚四卷　董康撰　民國十九年(1930)上海大東書局影印本　三册

330000－1701－0064380　GP02443　子部/藝術類/書畫之屬/法帖

三頌精拓本放大合册三卷　有正書局輯　民國七年(1918)上海有正書局影印本　一册

330000－1701－0064383　普814.7/2739　史部/地理類/專志之屬/園林

愚公谷乘一卷　(清)鄒迪光撰　民國十一年(1922)上海中華書局鉛印錫山先哲叢刊本　侯鴻鑑跋　一册

330000－1701－0064384　M001295　史部/傳記類/別傳之屬

岳西峰先生訃告不分卷　民國二十一年(1932)漢口中西報館鉛印本暨影印本　一册

330000－1701－0064385　M001131　史部/目録類/總録之屬/官修

山東全省官書局書目不分卷　民國鉛印本　一册

330000－1701－0064387　GP02444　史部/金石類/金之屬

放大初拓周毛公鼎銘不分卷　民國上海碧梧山莊影印本　一册

330000－1701－0064389　M001296　集部/總集類/酬唱之屬

海上嚶鳴集不分卷　沈訪磻輯　民國二十八年(1939)稿本　一册

330000－1701－0064390　M001132　集部/別集類/明別集

返生香一卷附集一卷　(明)葉小鸞撰　**窈聞一卷續一卷**　(明)葉紹袁撰　民國據清光緒二十二年(1896)羊城夢盦刻本影印本　四册

330000－1701－0064392　M001297　史部/政書類/邦計之屬

政治經濟掌故講義不分卷　民國油印本　一册

330000－1701－0064393　GP02446　子部/藝術類/書畫之屬/法帖

哲本急就章不分卷　陳公哲選修　民國二十八年(1939)長沙商務印書館影印本　一册

330000－1701－0064395　M001298　史部/傳記類/日記之屬

亡國奴之日記一卷　周瘦鵑撰　民國八年(1919)中華書局鉛印本　一册

330000－1701－0064396　M001299　子部/藝術類/音樂之屬/總論

中樂尋源二卷　童斐撰　民國二十二年(1933)上海商務印書館石印本　一册

330000－1701－0064403　M001133　集部/別集類/唐五代別集

昌黎先生集四十卷外集十卷遺文一卷　(唐)韓愈撰　(唐)李漢編　**朱子校昌黎先生集傳一卷**　(宋)朱熹撰　**韓集點勘四卷**　(清)陳景雲撰　民國九年(1920)石印本　十册

330000－1701－0064404　M001134　子部/藝術類/篆刻之屬

篆學瑣著(篆學叢書)三十一種　(清)顧湘輯　民國七年(1918)上海文瑞樓石印本　十六册

330000－1701－0064406　M001135　子部/雜著類/雜說之屬

避暑錄話二卷 (宋)葉夢得撰 民國上海中華圖書館石印本 二冊

330000－1701－0064408 M001136 集部/總集類/尺牘之屬

古今尺牘大觀上編不分卷 姚漢章 張相纂輯 **古今尺牘大觀下編不分卷** 鍾毓龍 朱用賓纂輯 民國十二年(1923)、十五年(1926)上海中華書局鉛印本 二十八冊

330000－1701－0064409 普814.7/2645 集部/别集類/清别集

小蝸廬文存二卷詩鈔二卷 (清)吳其泰撰 **崇祀名宦錄一卷** 民國八年(1919)固始吳氏鉛印本 五冊

330000－1701－0064418 M001300 子部/宗教類/道教之屬/方法

扶乩真傳秘訣十章 郭仁撰 民國十五年(1926)上海中西書局石印本 一冊

330000－1701－0064420 HJH8488 史部/紀傳類/正史之屬

百衲本二十四史 張元濟輯 民國上海商務印書館影印本 二十四冊 存一種

330000－1701－0064421 M001301 集部/别集類

蔚岑遺稿四卷 劉蔚岑撰 民國二十一年(1932)鉛印本 一冊

330000－1701－0064424 HJH8489 類叢部/叢書類/郡邑之屬

南林叢刊正集五種次集七種 周延年編 民國二十五年(1936)、二十八年(1939)南林周氏鉛印本 三冊 存四種

330000－1701－0064432 普814.7/2820/c2 類叢部/叢書類

天台謝氏世德樓叢書 民國天台謝氏世德樓木活字印本 四冊 存一種

330000－1701－0064439 HJH8490 類叢部/叢書類/郡邑之屬

南林叢刊正集五種次集七種 周延年編 民國二十五年(1936)、二十八年(1939)南林周氏鉛印本 三冊 存四種

330000－1701－0064442 HJH8491 類叢部/叢書類/郡邑之屬

南林叢刊正集五種次集七種 周延年編 民國二十五年(1936)、二十八年(1939)南林周氏鉛印本 三冊 存四種

330000－1701－0064445 HJH8492 類叢部/叢書類/郡邑之屬

南林叢刊正集五種次集七種 周延年編 民國二十五年(1936)、二十八年(1939)南林周氏鉛印本 三冊 存四種

330000－1701－0064446 M001308 集部/别集類

栩園叢稿初編五卷二編五卷 陳栩撰 周之盛輯 民國家庭工業社香雪樓鉛印本 五冊 存五卷(初編一至五)

330000－1701－0064448 普814.7/27412/c1 集部/别集類/清别集

黛方山莊詩集六卷文錄一卷試帖詩一卷 (清)黎吉雲撰 **黛方山莊詩集校記一卷** 黎錦熙撰 民國二十六年(1937)黎錦熙據清同治五年(1866)長沙刻本影印本暨鉛印本 二冊

330000－1701－0064449 HJH8493 類叢部/叢書類/郡邑之屬

南林叢刊正集五種次集七種 周延年編 民國二十五年(1936)、二十八年(1939)南林周氏鉛印本 三冊 存四種

330000－1701－0064450 HJH8494 類叢部/叢書類/郡邑之屬

南林叢刊正集五種次集七種 周延年編 民國二十五年(1936)、二十八年(1939)南林周氏鉛印本 三冊 存四種

330000－1701－0064451 GP02410 子部/藝術類/書畫之屬/法帖

碑聯集揚□□種 秦文錦編 民國上海藝苑真賞社影印本 一冊 存一種

330000－1701－0064453 M001137 史部/

傳記類/别傳之屬/事狀
哀思錄初編七卷二編四卷三編四卷　孫中山先生葬事籌備處編　民國孫中山先生葬事籌備處鉛印本　三册

330000－1701－0064454　HJH8495　類叢部/叢書類/郡邑之屬
南林叢刊正集五種次集七種　周延年編　民國二十五年(1936)、二十八年(1939)南林周氏鉛印本　三册　存四種

330000－1701－0064455　HJH8496　類叢部/叢書類/郡邑之屬
南林叢刊正集五種次集七種　周延年編　民國二十五年(1936)、二十八年(1939)南林周氏鉛印本　三册　存四種

330000－1701－0064456　GP02404　子部/藝術類/書畫之屬/法帖
碑聯集搨□□種　秦文錦編　民國上海藝苑真賞社影印本　一册　存一種

330000－1701－0064457　普 814.7/27412/c2　集部/别集類/清别集
黛方山莊詩集六卷文錄一卷試帖詩一卷　(清)黎吉雲撰　**黛方山莊詩集校記一卷**　黎錦熙撰　民國二十六年(1937)黎錦熙據清同治五年(1866)長沙刻本影印本暨鉛印本　二册

330000－1701－0064458　HJH8497　類叢部/叢書類/郡邑之屬
南林叢刊正集五種次集七種　周延年編　民國二十五年(1936)、二十八年(1939)南林周氏鉛印本　三册　存四種

330000－1701－0064459　HJH8498　類叢部/叢書類/郡邑之屬
南林叢刊正集五種次集七種　周延年編　民國二十五年(1936)、二十八年(1939)南林周氏鉛印本　三册　存四種

330000－1701－0064462　GP02430　子部/藝術類/書畫之屬/法帖
唐孫過庭書譜集聯一卷　(唐)孫過庭書　葉爾愷撰句　秦文錦輯　民國上海藝苑真賞社影印本　一册

330000－1701－0064463　M001138、M008073　史部/編年類/通代之屬
增修補註歷代通鑑輯覽一百四十卷　王文濡等撰　民國十二年(1923)文明書局鉛印本　四十册

330000－1701－0064468　GP02449　子部/藝術類/書畫之屬/法帖
貞節坊碑一卷　吳昌綬撰　伊立勳書　民國上海碧梧山莊影印本　一册

330000－1701－0064469　M001139　史部/傳記類/總傳之屬/斷代
清朝先正事略六十卷　(清)李元度撰　民國上海文瑞樓石印本　十六册

330000－1701－0064472　GP02422　史部/金石類/金之屬/文字
周毛公鼎銘集聯搨本一卷　秦文錦輯　民國十年(1921)上海藝苑真賞社影印本　一册

330000－1701－0064474　M001309　集部/别集類
蠖齋文一卷詩一卷　陳寶煐撰　民國鉛印本　一册

330000－1701－0064475　GP02417　子部/藝術類/遊藝之屬/聯語
周散氏盤銘集聯搨本一卷　秦文錦輯　民國十年(1921)上海藝苑真賞社影印本　一册

330000－1701－0064478　GP02451　子部/藝術類/書畫之屬/法帖
石琴館臨長垣本華山碑一卷　伊立勳臨　民國四年(1915)上海掃葉山房石印本　一册

330000－1701－0064479　M001310　子部/宗教類/道教之屬
武聖格言一卷洪教真君讃一卷感化天使勸世短歌一卷格言全註通俗白話一卷　毛桂馨編　民國八年(1919)寶應寶誠壇石印本　一册

330000－1701－0064481　GP02452　子部/藝

術類/遊藝之屬/聯語

商卜文集聯一卷詩一卷　丁仁撰　民國十七年(1928)石印本　一冊

330000－1701－0064483　M001140　類叢部/類書類/通類之屬

古事比五十二卷　(清)方中德輯　民國九年(1920)石竹山房石印本　十二冊

330000－1701－0064484　M001312　集部/詩文評類/文評之屬

韓文研究法一卷柳文研究法一卷　林紓撰　民國十五年(1926)上海商務印書館鉛印本　一冊

330000－1701－0064489　M001141　集部/總集類/選集之屬/通代

漢魏六朝百三名家集一百十八卷　(明)張溥輯　民國六年(1917)上海掃葉山房石印本　四十八冊

330000－1701－0064490　GP02453　子部/藝術類/遊藝之屬/聯語

商卜文集聯一卷詩一卷　丁仁撰　民國十七年(1928)石印本　一冊

330000－1701－0064492　M001313　子部/儒家類/儒學之屬/蒙學

童蒙必學一卷童蒙問答一卷婦學一卷清靜自在道人諭孝文一卷清靜自在道人諭弟文一卷聖帝董督荊州時諭民文告一卷　(明)清靜自在道人輯　民國二十三年(1934)杭州國學善書館鉛印本　一冊

330000－1701－0064493　普 814.7/2674/c1　集部/總集類/彙編之屬

寒隱社叢書　寒隱社編　民國元年(1912)寒隱社鉛印本　一冊　存一種

330000－1701－0064494　普 814.7/2674/c2　集部/總集類/彙編之屬

寒隱社叢書　寒隱社編　民國元年(1912)寒隱社鉛印本　一冊　存一種

330000－1701－0064495　M001314　集部/詩文評類

中國中古文學史講義一卷　劉師培編　民國十二年(1923)國立北京大學出版部鉛印本　一冊

330000－1701－0064497　普 814.7/27442　集部/別集類/清別集

春雨樓詩集四卷文集二卷題跋一卷詞稿一卷　(清)殷壽彭撰　**殷童子哀輓錄二卷**　沈昌眉編　民國十二年(1923)鉛印本　一冊

330000－1701－0064499　M001142　集部/別集類

晚翠軒隨筆□□卷　闞榕祚撰　民國鉛印本　一冊　存一卷(一)

330000－1701－0064500　M001315　子部/醫家類/方書之屬/單方驗方

驗方彙集不分卷　陳尊蘭輯　民國十六年(1927)陳受益堂鉛印本　一冊

330000－1701－0064501　GP20137　子部/藝術類/書畫之屬/畫譜

宋人花卉冊不分卷　民國十九年(1930)上海神州國光社影印本　一冊

330000－1701－0064502　普 814.7/2747/c1　集部/別集類/清別集

小倦遊閣文稿二卷　(清)包世臣撰　民國六年(1917)華陽王氏菊飲軒鉛印本　一冊

330000－1701－0064505　GP20138　子部/藝術類/書畫之屬/畫譜

金冬心花果冊不分卷　(清)金農繪　民國二十一年(1932)上海西泠印社影印本　一冊

330000－1701－0064506　M001316　子部/宗教類/道教之屬/譜籙

文昌寶籙一卷　民國抄本　一冊

330000－1701－0064507　M001143　子部/藝術類/書畫之屬/法帖

星彔書詞一卷童星彔書陰騭文大楷一卷　童式規書　民國影印本　一冊

330000－1701－0064508　普 814.7/2747/c2　集部/別集類/清別集

小倦遊閣文稿二卷　(清)包世臣撰　民國六年(1917)華陽王氏菊飲軒鉛印本　一册

330000－1701－0064510　M001317　集部/別集類

市聲艸四卷　王禮錫撰　民國二十二年(1933)上海神州國光社鉛印本　一册

330000－1701－0064512　GP20139　子部/藝術類/書畫之屬/畫譜

周服卿花卉不分卷　(明)周之冕繪　民國影印本　一册

330000－1701－0064513　GP02460　子部/藝術類/書畫之屬/法帖

歷代碑帖集聯　民國十九年(1930)上海有正書局影印本　一册　存一種

330000－1701－0064515　GP20140　子部/藝術類/書畫之屬/畫譜

八大山人花鳥册不分卷　(明)朱耷繪　民國上海泰山殘石樓影印本　一册

330000－1701－0064518　GP02461　子部/藝術類/書畫之屬/法帖

歷代碑帖集聯　民國十九年(1930)上海有正書局影印本　一册　存一種

330000－1701－0064520　GP20141　子部/藝術類/書畫之屬/畫譜

張子祥課徒畫稿四卷　丁寶書臨摹　民國二十二年(1933)上海中華書局影印本　四册

330000－1701－0064521　M001144　史部/政書類/公牘檔册之屬

諮詢江漢道属各縣知事應知事宜書一卷　周英杰撰　民國湖北江漢道道尹公署鉛印本　一册

330000－1701－0064523　M001145　集部/詞類/別集之屬

昔夢詞一卷　(清)王慶昌撰　民國十七年(1928)上海王氏鉛印本　陳晴川題記　一册

330000－1701－0064524　GP02462　子部/藝術類/書畫之屬/法帖

明拓秦會稽石刻一卷　民國二十五年(1936)上海中華書局影印本　一册

330000－1701－0064531　M001146　集部/別集類/清別集

白華賸草一卷　(清)錢白華撰　民國二十二年(1933)影印本　一册

330000－1701－0064532　GP02465　子部/藝術類/書畫之屬/法帖

懷素草書四十二章經真蹟一卷　(唐)釋懷素書　民國二十二年(1933)上海中華書局影印本　一册

330000－1701－0064534　GP02468　史部/金石類/金之屬/文字

毛公鼎放大本一卷　民國七年(1918)上海震亞圖書局石印本　一册

330000－1701－0064539　GP02522　子部/藝術類/書畫之屬

近代名人墨妙一卷　吳頤編　民國十三年(1924)上海慎修書社影印本　一册

330000－1701－0064541　M001318　集部/別集類/清別集

天影盦詩存一卷　(清)李壽蓉撰　民國鉛印本　一册

330000－1701－0064542　M001319　史部/政書類/邦計之屬

審計簿記解釋表一卷　顧燮光編　民國二年(1913)大公石印局石印本　一册

330000－1701－0064543　GP02523　子部/藝術類/書畫之屬/法帖

宋拓王右軍書不分卷　(晉)王羲之書　民國十九年(1930)上海商務印書館影印本　一册

330000－1701－0064544　普 814.7/2828/c1　集部/別集類/清別集

培林堂文集一卷明史稿一卷　(清)徐秉義撰　民國二十六年(1937)鉛印本　一册

330000－1701－0064546　M001320　史部/目録類/書志之屬/提要

晦堂書録二卷　陳澹然撰　民國四年(1915)鉛印本　一冊

330000－1701－0064547　普 814.7/2828/c2　集部/别集類/清别集

培林堂文集一卷明史稿一卷　(清)徐秉義撰　民國二十六年(1937)鉛印本　一冊

330000－1701－0064550　M001321　史部/政書類/公牘檔冊之屬

治衢芻言三卷附録辭浙江諮議局議員書一卷　樓守光撰　民國三年(1914)鉛印本　一冊

330000－1701－0064552　普 814.7/28281　類叢部/叢書類/自著之屬

松龕先生全集五種　(清)徐繼畬撰　民國四年(1915)鉛印本　六冊

330000－1701－0064553　GP02524　子部/藝術類/書畫之屬

泰山殘石樓藏畫　民國十五年(1926)上海美術製版社影印本　十冊　存十種

330000－1701－0064556　M001322　集部/别集類

甲子青浦兵災雜詠一卷　吴濟撰　民國十四年(1925)無錫錫成印刷公司鉛印本　吴濟題記　一冊

330000－1701－0064559　普 814.7/2782　集部/别集類

泊居賸稿一卷　紀鉅維撰　汪鸞翔　劉宗彝編　民國十四年(1925)盧陵蔣氏鉛印本　一冊

330000－1701－0064560　普 814.7/28282/c1　集部/别集類/清别集

涵齋遺稿一卷附遺文一卷　(清)徐仁鑄撰　民國八年(1919)鉛印本　一冊

330000－1701－0064562　M001323　集部/總集類/酬唱之屬

憂吁集一卷　孫雄輯　民國八年(1919)鉛印本　一冊

330000－1701－0064564　M001147　集部/别集類

蠖齋詩三卷詩話三卷　陳寶煐撰　民國鉛印本　一冊

330000－1701－0064565　普 814.7/28282/c2　集部/别集類/清别集

涵齋遺稿一卷附遺文一卷　(清)徐仁鑄撰　民國八年(1919)鉛印本　一冊

330000－1701－0064566　GP02525　子部/藝術類/書畫之屬

名人梅花集不分卷　丁仁編　高時顯　葉葉舟審定　民國二十三年(1934)上海西泠印社書店影印本　一冊

330000－1701－0064569　M001148、M002380　新學/政治法律/制度

北平特别市市政法規彙編不分卷附補載一卷　民國十八年(1929)鉛印本　二冊

330000－1701－0064571　M001324　子部/宗教類/佛教之屬

偉人好佛録一卷　丑先難編輯　民國十六年(1927)長沙坡子街善書流通處刻本　一冊

330000－1701－0064575　GP02526　子部/藝術類/書畫之屬/法帖

名人篆書楹聯不分卷　丁仁輯　民國二十三年(1934)西泠印社影印本　一冊

330000－1701－0064577　M001325　集部/别集類/清别集

菊隱廬詩録二卷　(清)唐恭安撰　民國十三年(1924)瓶花齋鉛印本　一冊

330000－1701－0064579　M001326　集部/别集類

北溟詩藁二卷補遺一卷　江起鯤撰　民國二十二年(1933)寧波鈞和公司鉛印本　一冊

330000－1701－0064580　M001149　史部/傳記類/别傳之屬/事狀

伍梯雲博士哀思録不分卷　伍梯雲先生追悼大會輯　民國二十四年(1935)鉛印本　一冊

330000－1701－0064582　GP02527　子部/藝

術類/書畫之屬/畫譜
新安名畫扇集不分卷 (明)鄭重等繪 民國二十年(1931)神州國光社影印本 二册

330000－1701－0064583 普814.7/2831/c1 集部/别集類/清别集
通介堂文集一卷 (清)徐灝撰 民國十三年(1924)徐紹楨鉛印本 一册

330000－1701－0064584 GP02528 子部/藝術類/書畫之屬/畫譜
董香光山水冊一卷 (明)董其昌繪 民國二十五年(1936)中華書局影印本 一册

330000－1701－0064585 M001150 類叢部/叢書類/彙編之屬
宋人小說二十八種 涵芬樓編 民國上海商務印書館鉛印本 一册 存一種

330000－1701－0064587 GP02529 子部/藝術類/書畫之屬/畫譜
石濤和尚山水集一不分卷 (清)釋道濟繪 民國二十五年(1936)中華書局影印本 一册

330000－1701－0064588 M001327 史部/目録類/通論之屬
廣校讎略一卷 張舜徽撰 民國三十四年(1945)張氏壯議軒鉛印本 一册

330000－1701－0064590 普814.7/2831/c2 集部/别集類/清别集
通介堂文集一卷 (清)徐灝撰 民國十三年(1924)徐紹楨鉛印本 一册

330000－1701－0064591 M001151 集部/别集類
堇廬詩稿一卷 陳煥撰 民國二十年(1931)鉛印本 一册

330000－1701－0064592 M001328 史部/地理類/專志之屬/祠墓
定海成仁祠備錄重編六卷首一卷 孫爾瓚編 民國二十五年(1936)定海中央印書館鉛印本 一册

330000－1701－0064595 普814.7/2831/c3 集部/别集類/清别集
通介堂文集一卷 (清)徐灝撰 民國十三年(1924)徐紹楨鉛印本 一册

330000－1701－0064596 M001152 史部/政書類/公牘檔冊之屬
袁公林墓工報告一卷 田文烈等編 民國七年(1918)鉛印本 一册

330000－1701－0064599 M001153 新學/議論/論政
征倭論一卷 龔德柏撰 民國二十年(1931)鉛印本 一册

330000－1701－0064604 M001329、M006502 類叢部/叢書類/自著之屬
陳新政一集二種附一種 陳文圖撰 民國十九年(1930)鉛印本 二册

330000－1701－0064605 M001154 類叢部/叢書類/彙編之屬
進德叢書八種 丁福保編 民國上海醫學書局鉛印本 一册 存一種

330000－1701－0064606 GP02470 史部/金石類/石之屬/文字
秦會稽刻石一卷 民國十年(1921)上海藝苑真賞社影印本 一册

330000－1701－0064608 GP02530 子部/藝術類/書畫之屬/畫譜
戴文節茭蘆庵圖卷一卷 (清)戴熙繪 民國二十五年(1936)上海中華書局影印本 一册

330000－1701－0064609 M001155 子部/儒家類/儒家之屬
荀子性善證三卷 姜忠奎撰 民國十五年(1926)鉛印本 一册

330000－1701－0064613 M001156 史部/政書類/邦計之屬/賦稅
安徽田賦一覽不分卷 民國三年(1914)鉛印本 一册

330000－1701－0064614 M001330 集部/總集類/酬唱之屬

陸放翁生日詩輯一卷　錢蔭喬輯　民國二十二年(1933)鉛印本　一册

330000－1701－0064615　GP02531　子部/藝術類/書畫之屬/畫譜

錢松壺西谿田居圖卷一卷　(清)錢杜繪　民國二十三年(1934)上海中華書局影印本　一册

330000－1701－0064616　M001157　史部/政書類/邦交之屬

上海租界問題三卷　王揖唐撰　民國十五年(1926)上海商務印書館鉛印本　一册

330000－1701－0064620　GP02532　子部/藝術類/書畫之屬/畫譜

王石谷臨安山色圖卷不分卷　(清)王翬繪　民國二十五年(1936)上海中華書局影印本　一册

330000－1701－0064621　M001331　集部/別集類

蓼園詩鈔五卷　柯劭忞撰　廉泉編　**校勘記一卷**　廉泉撰　民國十三年(1924)上海中華書局鉛印本　一册

330000－1701－0064623　GP02533　子部/藝術類/書畫之屬/畫譜

戴文節山水册一卷　(清)戴熙繪　民國二十九年(1940)上海中華書局影印本　一册

330000－1701－0064624　普 814.7/2690/c1　類叢部/叢書類/郡邑之屬

吳興叢書六十六種　劉承幹編　民國吳興劉氏嘉業堂刻本　一册　存一種

330000－1701－0064625　M001332　集部/別集類

浣花集四卷　羅華撰　民國二十一年(1932)鉛印本　金石壽題記　一册

330000－1701－0064626　普 814.7/2690/c2　類叢部/叢書類/郡邑之屬

吳興叢書六十六種　劉承幹編　民國吳興劉氏嘉業堂刻本　一册　存一種

330000－1701－0064627　GP02534　子部/藝術類/書畫之屬/畫譜

奚鐵生西谿泛雨圖卷不分卷　(清)奚岡繪　民國二十六年(1937)上海中華書局影印本　一册

330000－1701－0064629　M001333　集部/別集類

素園文存一卷　周培藝撰　民國二十三年(1934)上海漢文正楷印書局鉛印本　一册

330000－1701－0064630　GP02535　子部/藝術類/書畫之屬/畫譜

吳漁山山水册不分卷　(清)吳歷繪　民國二十五年(1936)中華書局影印本　一册

330000－1701－0064632　GP02471　史部/金石類/石之屬/文字

秦泰山刻石一卷　民國十年(1921)上海藝苑真賞社影印本　一册

330000－1701－0064634　GP02536　子部/藝術類/書畫之屬/畫譜

黄尊古山水册一卷　(清)黄鼎繪　民國上海中華書局影印本　一册

330000－1701－0064636　GP02472　史部/金石類/石之屬/文字

秦泰山刻石一卷　民國十年(1921)上海藝苑真賞社影印本　一册

330000－1701－0064637　GP02473　史部/金石類/石之屬/文字

秦瑯琊刻石一卷　民國十年(1921)上海藝苑真賞社影印本　一册

330000－1701－0064638　GP02474　史部/金石類/石之屬/文字

秦瑯琊刻石一卷　民國十年(1921)上海藝苑真賞社影印本　一册

330000－1701－0064639　GP02476　史部/金石類/總志之屬

金石薈錦集不分卷　胡光煒輯　民國七年至十年(1918－1921)上海震亞圖書局石印本　二册　存第二

330000－1701－0064640　普 814.7/2820/c1　類叢部/叢書類

天台謝氏世德樓叢書　民國天台謝氏世德樓木活字印本　四冊　存一種

330000－1701－0064646　M001158　集部/曲類/曲評曲話曲目之屬

詞餘講義十二章　吴梅撰　民國十二年(1923)北京大學出版部鉛印本　一冊

330000－1701－0064647　GP02537　子部/藝術類/書畫之屬/畫譜

查梅壑山水冊不分卷　(清)查士標繪　民國二十四年(1935)上海中華書局影印本　一冊

330000－1701－0064648　M001159　史部/傳記類/别傳之屬/事狀

張封翁以柏公榮哀錄不分卷　民國新昌張九如堂鉛印本　一冊

330000－1701－0064650　GP02538　子部/藝術類/書畫之屬/法帖

翁松禪扇集不分卷　(清)翁同龢書　民國十七年(1928)上海商務印書館影印本　一冊

330000－1701－0064652　M001160　史部/目録類/書志之屬/題跋

瓜圃叢刊敘錄一卷　金梁輯　民國十七年(1928)鉛印本　一冊

330000－1701－0064653　普 814.7/3084　集部/别集類

小綠天盦詩草四卷詞草一卷文稿二卷楹聯一卷詩文補遺一卷　竇鎮撰　民國八年(1919)木活字印本　三冊

330000－1701－0064656　M001334　類叢部/叢書類/自著之屬

張季子九錄附一種　張謇撰　張怡祖編　民國二十一年(1932)上海中華書局鉛印本　七冊　存四種

330000－1701－0064657　HJL8510　史部/目録類/通論之屬/考訂

古今僞書考一卷　(清)姚際恒撰　民國十一年(1922)唯一書局鉛印本　一冊

330000－1701－0064659　M001335　集部/别集類

海藏樓詩十三卷　鄭孝胥撰　民國三年至二十六年(1914－1937)武昌刻本　四冊

330000－1701－0064664　M001336　子部/小説家類/雜事之屬

庸閒齋筆記十二卷　(清)陳其元撰　民國十四年(1925)上海掃葉山房石印本　四冊

330000－1701－0064665　M001337　集部/總集類/選集之屬/通代

評校音註續古文辭類纂三十四卷　王先謙輯　王文濡校注　民國二十年(1931)上海文明書局鉛印本　八冊

330000－1701－0064667　HJL8512　史部/傳記類/總傳之屬/斷代

清帝系后妃皇子皇女四考四卷附年表一卷　吴昌綬輯　民國六年(1917)鉛印本　劉承幹題記並批校　一冊

330000－1701－0064669　GP02587　集部/總集類/尺牘之屬

明清兩代名人尺牘二卷　上海有正書局編　民國上海有正書局影印本　五冊

330000－1701－0064670　M001338、M006539　集部/總集類/選集之屬/通代

評校音注古文辭類纂七十四卷　(清)姚鼐輯　王文濡校注　民國十九年(1930)上海文明書局鉛印本　十六冊

330000－1701－0064672　M001339、M004589　史部/編年類/斷代之屬

二思堂清鑑易知錄前編四卷正編二十八卷附國際交涉重要事實摘錄一卷十朝大事表一卷　許國英輯　沈文浩重編　民國十二年(1923)上海大成書局鉛印本　十三冊

330000－1701－0064674　GP02633　子部/藝術類/書畫之屬/法帖

古今名人墨蹟大觀不分卷　高時顯輯　民國十七年(1928)上海中華書局影印本　五十九冊

330000－1701－0064676　M001340、M006737、M008336、M609713　類叢部/叢書類/自著之屬
俞氏編著叢書(泗水集)二十編　俞印民撰　民國十三年(1924)上海大華文化社鉛印本　七冊　存十三編(二、六至十二、十六至二十)

330000－1701－0064679　M001341　類叢部/叢書類/彙編之屬
上海中華書局四部備要說明書一卷　中華書局編　民國十六年(1927)上海中華書局鉛印本　一冊

330000－1701－0064682　GP02634　子部/藝術類/書畫之屬/法帖
楹聯墨蹟大觀十卷　高時顯輯　民國十七年(1928)上海中華書局影印本　十冊

330000－1701－0064683　M001343　子部/雜著類/雜說之屬
欲海探源三卷附內典字義譯註一卷　(清)周思仁(周夢顏)撰　民國三年(1914)上海有正書局鉛印本　一冊

330000－1701－0064685　M001344　史部/紀傳類/正史之屬
謝氏後漢書補逸五卷　(三國吳)謝承撰　(清)姚之駰輯　(清)孫志祖增訂　民國二十年(1931)國學圖書館影印本　一冊

330000－1701－0064686　普 814.7/3150/2/c1　集部/別集類/清別集
述學內篇三卷外篇一卷補遺一卷別錄一卷校勘記一卷附錄一卷　(清)汪中撰　(清)汪喜孫編　民國三年(1914)上海天益書局石印本　一冊

330000－1701－0064687　M001345　史部/傳記類/別傳之屬/事狀
戴氏遺範三十三章　(英國)鮑康寧譯述　民國十一年(1922)上海內地會鉛印本　一冊

330000－1701－0064691　M001161　新學/議論/論政
與梁任公論國體書一卷　孫毓筠撰　民國籌安會鉛印本　一冊

330000－1701－0064692　普 814.7/3150/2/c2　類叢部/叢書類
中國學術叢書　民國十四年(1925)上海中國書店影印本　二冊　存一種

330000－1701－0064693　M001162　集部/別集類
寒瓊遺稿詩一卷詞一卷蘇州遊草一卷寒瓊刦稿一卷　蔡守撰　古溶編輯　民國三十二年(1943)新明印書館鉛印本　一冊

330000－1701－0064696　M001163　集部/別集類
俠龕詩存一卷　陳中嶽撰　民國十五年(1926)鉛印本　一冊

330000－1701－0064698　M001164　新學/動植物學
科學儀器館模型樣本一卷　民國十九年(1930)科學儀器館影印本　一冊

330000－1701－0064700　M001165　集部/別集類
畏廬文集一卷　林紓撰　民國十四年(1925)上海商務印書館鉛印本　一冊

330000－1701－0064701　M001166　集部/別集類/清別集
阮烈士遺稿不分卷　(清)阮式撰　民國二年(1913)鉛印本　一冊

330000－1701－0064704　普 814.7/3150.01　集部/別集類/清別集
汪容甫文箋三卷附錄一卷　(清)汪中撰　古直箋　民國十八年(1929)中華書局鉛印層冰草堂叢書本　陳光漢批　一冊　缺一卷(附錄)

330000－1701－0064705　M001167　經部/小學類/文字之屬/字書/古文
古文聲系二卷檢字一卷　孫海波撰　民國二十四年(1935)北平來薰閣書店影印本　四冊

330000－1701－0064709　M001346　集部/總集類/題詠之屬
菱湖圖詠三卷　董玉書輯　民國十八年

(1929)上海鉛印本　一册

330000－1701－0064712　GP02741　經部/小學類/文字之屬/字書/古文
六朝別字記一卷　(清)趙之謙撰　民國十三年(1924)上海商務印書館影印本　一册

330000－1701－0064714　M001347　子部/儒家類/儒學之屬/禮教
修齊淺訓一卷　(清)石成金撰　民國上海明德書局鉛印本　一册

330000－1701－0064717　GP02742　集部/別集類
寐叟題跋一集二卷二集二卷　沈曾植撰並書　民國十五年(1926)上海商務印書館石印本　二册　存二卷(二集一至二)

330000－1701－0064719　M001168　史部/目録類/總録之屬/官修
八旗藝文編目一卷補一卷訂一卷　(清)巴噜特恩華輯　民國三十年(1941)鉛印本　二册

330000－1701－0064720　普814.7/3108/c2　集部/別集類/清別集
汪穰卿遺著八卷　(清)汪康年撰　汪詒年輯　**汪穰卿先生年譜一卷**　汪詒年撰　民國九年(1920)錢塘汪詒年鉛印本　四册

330000－1701－0064721　M001348　集部/別集類/清別集
增註秋水軒尺牘二卷　(清)許思湄撰　(清)婁世瑞注　(清)寄虹軒主人輯　民國上海文瑞樓石印本　吳灃題記　一册

330000－1701－0064722　普814.7/3108/c5　集部/別集類/清別集
汪穰卿遺著八卷　(清)汪康年撰　汪詒年輯　**汪穰卿先生年譜一卷**　汪詒年撰　民國九年(1920)錢塘汪詒年鉛印本　四册

330000－1701－0064724　M001169　史部/傳記類/雜傳之屬
同心集不分卷　葉蘊　范昱輯　民國二十三年(1934)鉛印本　一册

330000－1701－0064725　M001396　史部/金石類/總志之屬/文字
金石萃編一百六十卷　(清)王昶撰　**金石續編二十一卷首一卷**　(清)陸耀遹撰　**金石萃編補正四卷**　(清)方履籛撰　民國十五年(1926)上海掃葉山房石印本　三十二册

330000－1701－0064726　M001349　新學/商務/商學
國貨調查録不分卷　浙江省會各界服用國貨會編輯　民國二十三年(1934)浙江省會各界服用國貨會鉛印本　一册

330000－1701－0064727　M001170　集部/別集類
浙南遊草一卷　陳貽蓀撰　民國二十五年(1936)鉛印本　一册

330000－1701－0064728　M001350　子部/叢編
評註諸子菁華録十八種十八卷　張之純編纂　民國上海商務印書館鉛印本　二册　存一卷(十六)

330000－1701－0064729　M001171　史部/政書類/通制之屬
官幕必携縣政全書十二卷　許天醉　趙繡嵐　華緒之　印洪聲撰　民國十四年(1925)上海崇新書局鉛印本　十二册

330000－1701－0064730　M001351　經部/小學類/文字之屬/說文/專著
六書正義一卷附說文詁林補遺敍一卷疇隱居士六十自述一卷　丁福保編纂　民國二十二年(1933)上海梁谿丁氏石印本暨鉛印本　一册

330000－1701－0064731　M001172　集部/總集類/選集之屬/斷代
唐詩評註讀本六卷　王文濡評選　汪處廬　金熙註釋　民國九年(1920)上海文明書局鉛印本　二册

330000－1701－0064732　M001173　集部/總集類/選集之屬/通代

歷代詩文評註讀本　王文濡編　民國上海文明書局鉛印本　三冊　存一種

330000－1701－0064733　M001352　史部/傳記類/總傳之屬

國立北平研究院職員錄不分卷　國立北平研究院總務部秘書處編　民國國立北平研究院總務部秘書處鉛印本　一冊

330000－1701－0064734　M001174　子部/藝術類/書畫之屬/法帖

玉笥山房墨蹟不分卷　顧廷綸書　民國二年(1913)科學儀器館石印本　二冊

330000－1701－0064735　M001353　史部/政書類/公牘檔冊之屬

暨南村建設記一卷　趙正平撰　民國十三年(1924)鉛印本　一冊

330000－1701－0064736　M001354　集部/總集類/氏族之屬

誦芬堂課草二卷　錢若洋　錢若錦撰　錢文選輯　民國十八年(1929)鉛印本　一冊

330000－1701－0064737　M001175　史部/雜史類/斷代之屬

桑海淚談一卷炎邦義鑑摘載一卷　(越南)阮尚贇撰　民國鉛印本　一冊

330000－1701－0064738　M001355　新學/政治法律

行政法講義一卷　民國仁錢自治研究所石印本　石泉題簽　一冊

330000－1701－0064739　M001356　子部/儒家類/儒學之屬/俗訓

格言合璧不分卷附三聖經　(清)金纓輯　民國十七年(1928)鉛印本　一冊

330000－1701－0064740　M001397　集部/曲類/曲選之屬

萬花集四卷　黄緣芳編　民國二十九年(1940)中華書局鉛印本　一冊

330000－1701－0064741　M001176　子部/雜著類/雜說之屬

節慾編一卷　萬鈞編　民國無錫萬氏鉛印本　一冊

330000－1701－0064742　M001177　史部/雜史類/斷代之屬

血淚叢書　民國二十八年(1939)石印本　一冊　存一種

330000－1701－0064743　M001357　集部/詞類/詞韻之屬

晚翠軒詞韻一卷　(清)舒夢蘭輯　民國上海錦章圖書局石印本　一冊

330000－1701－0064744　M001178　集部/詞類/別集之屬

中興鼓吹選一卷　盧前撰　任中敏選　民國三十一年(1942)貴陽交通書局鉛印本　一冊

330000－1701－0064745　M001398　子部/宗教類/佛教之屬

達摩寶傳二卷　悟真子撰　民國十三年(1924)上海宏大善書局石印本　一冊

330000－1701－0064746　M001179　集部/別集類

靈璵閣詩二卷附孫言草一卷　張惠衣撰　民國三十三年(1944)鉛印本　張惠衣題記　一冊

330000－1701－0064747　M001399　子部/醫家類/養生之屬/導引、氣功

陸地仙經一卷　(清)馮溥撰　民國十五年(1926)鉛印本　一冊

330000－1701－0064748　M001359　集部/總集類/選集之屬/通代

模範文選一卷唐人七絕詩一卷詩選一卷詩攷一卷譯文一卷國文二卷許君年表攷一卷文科國文部學科課程一覽並說明一卷　北京女子高等師範學校編　民國鉛印本　一冊

330000－1701－0064749　GP02478　子部/藝術類/書畫之屬/法帖

籒文夏小正一卷　民國二十五年(1936)影印本　一冊

330000－1701－0064750　M001180　子部/雜著類/雜説之屬

中華婦女纏足考一卷　賈伸撰　民國十四年(1925)北京商務印書館鉛印本　一册

330000－1701－0064751　M001181　新學/政治法律/政治

制憲平觀一卷　韋羅貝撰　民國鉛印本　一册

330000－1701－0064752　M001400　子部/宗教類/佛教之屬

宗喀巴大師顯密修行次第科頌一卷　釋能海輯　**菩提道次第攝修求加持頌一卷**　民國刻本　一册

330000－1701－0064753　GP02506　子部/藝術類/書畫之屬/法帖

唐拓柳公權金剛經不分卷　(唐)柳公權書　民國九年(1920)上海中華書局影印本　阿濤跋　一册

330000－1701－0064754　M001360　史部/傳記類/别傳之屬/事狀

家慈邱太君壽言録七卷　楊國靖編　民國十二年(1923)鉛印本　四册

330000－1701－0064756　M001401　子部/雜著類

太平世界一卷　鍾利健編　民國十八年(1929)上海宏大善書局石印本　一册

330000－1701－0064757　GP02513　子部/藝術類/書畫之屬/法帖

舊拓石門銘一卷　(北魏)王遠書　民國三十年(1941)上海有正書局影印本　二册

330000－1701－0064758　M001184　類叢部/叢書類/郡邑之屬

杭州所著書三種附一種　王守恂撰　民國六年(1917)鉛印本　一册

330000－1701－0064759　M001402、M006957、M007270　類叢部/叢書類/自著之屬

隨園三十六種　(清)袁枚撰　民國十年(1921)上海中華圖書館鉛印本　十册　存十一種

330000－1701－0064760　GP02514　子部/藝術類/書畫之屬/法帖

漢劉歆草書序六藝爲九種墨蹟一卷　(漢)劉歆書　民國三十二年(1943)影印本　一册

330000－1701－0064761　M001185　子部/宗教類/佛教之屬

佛學叢書□□種　丁福保輯　民國上海醫學書局鉛印本暨影印本　一册　存一種

330000－1701－0064762　GP02521　子部/藝術類/書畫之屬/法帖

南唐澄心堂拓右軍父子四人法帖一卷　(晉)王羲之等書　民國二十三年(1934)上海商務印書館影印本　一册

330000－1701－0064763　M001361　史部/政書類/考工之屬/營造

園冶三卷　(明)計成撰　民國二十一年(1932)中國營造學社鉛印本　一册

330000－1701－0064764　M001403　經部/小學類/文字之屬/説文/傳説

説文解字注十五卷附六書音均表五卷　(清)段玉裁撰　**説文部目分韻一卷**　(清)陳焕編　**説文通檢十四卷首一卷末一卷**　(清)黎永椿編　**説文提要一卷**　(清)陳建侯撰　**徐星伯説文段注札記一卷**　(清)徐松撰　(清)劉肇隅編　**龔定菴説文段注札記一卷**　(清)龔自珍撰　(清)劉肇隅編　**桂未谷説文段注鈔一卷補鈔一卷**　(清)桂馥撰　(清)劉肇隅編　民國十年(1921)上海掃葉山房石印本　一册　存一卷(説文提要)

330000－1701－0064765　M001186　集部/詞類/别集之屬

鹹酸橋屋詞一卷附庸謹堂歲華紀感一卷　唐詠裳撰　民國十三年至十五年(1924－1926)鉛印本　唐詠裳校並題記　一册

330000－1701－0064766　M001362　史部/地理類/專志之屬/祠墓

伯兄達思生前歷見古墓筆記一卷　民國仲遜氏抄本　一册

330000－1701－0064767　M001404　新學/醫學/外科

外科護病一卷　丁美蓉編譯　民國十四年(1925)上海廣學書局鉛印本　一册

330000－1701－0064768　M001187　史部/地理類/專志之屬/古跡

林社二十五周年紀念徵文一卷　林社編　民國十四年(1925)鉛印本　一册

330000－1701－0064769　M001405　子部/儒家類/儒學之屬/禮教/家訓

雙節堂庸訓四卷　(清)汪輝祖撰　民國六年(1917)彩華石印局石印本　一册

330000－1701－0064770　M001364、M001365、M001834　子部/藝術類/書畫之屬/畫譜

三希堂畫寶分類大觀十集四十二卷　莫厘山人編　民國十四年(1925)大華書局影印本　四册　存四卷(石譜三至四、梅譜一、草蟲花卉四)

330000－1701－0064771　M001188　子部/宗教類/道教之屬

匡時正鵠正編四卷補遺一卷　彭希涑撰　民國七年(1918)石印本　一册

330000－1701－0064772　GP02747　子部/藝術類/書畫之屬/畫譜

寉巢人物畫稿三千法二集六卷　王寉撰並繪　民國十八年(1929)上海碧梧山莊石印本　六册

330000－1701－0064773　M001406　子部/術數類/占卜之屬

未來預知術一卷　(三國蜀)諸葛亮撰　(宋)邵雍演　民國八年(1919)上海國粹保存會石印本　一册

330000－1701－0064774　M001366　子部/宗教類/道教之屬/雜著

真誥二十卷　(南朝梁)陶弘景撰　民國十六年(1927)上海倉學書院鉛印本　二册

330000－1701－0064775　GP02763　史部/金石類/石之屬/文字

宋拓石門頌不分卷　民國影印本　一册

330000－1701－0064776　GP02769　子部/藝術類/書畫之屬/法帖

明孫仲牆藏宋拓夏承碑一卷　(清)沈翰摹　民國八年(1919)上海商務印書館影印本　一册

330000－1701－0064779　普951.06094/4463　史部/叢編

國立中山大學語言歷史學研究所史料叢刊　民國國立中山大學語言歷史學研究所鉛印本　二册　存一種

330000－1701－0064781　M001367　集部/别集類

聽雨樓詩鈔二卷　胡慶榮撰　民國二十一年(1932)鉛印本　胡慶榮題記　一册

330000－1701－0064782　GP02773　子部/藝術類/書畫之屬/法帖

王福盦篆書詠懷詩一卷　王禔書　民國十九年(1930)上海西泠印社石印本　一册

330000－1701－0064783　M001368　史部/雜史類/斷代之屬

隴右光復記不分卷　黄鉞輯　民國二年(1913)鉛印本　一册

330000－1701－0064784　M001369　集部/總集類/題詠之屬

來青閣題詠彙編八卷　王慶芝輯　民國五年(1916)鉛印本　一册

330000－1701－0064790　M001407　史部/政書類/邦交之屬

廣州石室始末記一卷　李泰初撰　民國十九年(1930)鉛印本　一册

330000－1701－0064792　M001408　子部/宗教類/道教之屬

三聖經感應靈驗圖註不分卷　民國十三年(1924)石印本　一册

330000－1701－0064793　M001189　集部/詞類/總集之屬

銷魂詞一卷　畢振達輯　民國三年(1914)上海夏星雜誌社鉛印本　一冊

330000－1701－0064794　M001371　子部/藝術類/書畫之屬/法帖

傅青主先生手寫南華經拓本不分卷　(清)傅山書　民國影印本　李一冰跋　一冊

330000－1701－0064795　M001372　新學/礦務/礦學

萍鑛土法煉焦詳說不分卷　(清)俞燮堃撰　民國元年(1912)石印本　一冊

330000－1701－0064796　M001190　類叢部/叢書類/彙編之屬

金陵大學中國文化研究所叢刊　金陵大學中國文化研究所編　民國金陵大學中國文化研究所刻本、鉛印本暨影印本　一冊　存一種

330000－1701－0064798　M001191　集部/別集類/清別集

陳東塾先生遺詩一卷補遺一卷　(清)陳澧撰　汪兆鏞輯　民國二十年(1931)刻本　一冊

330000－1701－0064800　M001373　子部/天文曆算類/曆法之屬

修曆管見一卷　鄺兆雷撰　民國十二年(1923)石印本　一冊

330000－1701－0064801　M001192　史部/傳記類/別傳之屬/事狀

省長惠農陳公六十壽言一卷　梁鴻志等撰　民國二十八年(1939)鉛印本　一冊

330000－1701－0064802　M001193　集部/別集類

長勿勿齋詩集五卷　王葆楨撰　民國五年(1916)杭州鉛印本　一冊　存二卷(一至二)

330000－1701－0064804　M001374　集部/總集類/題詠之屬

詩學因緣一卷　張□抎輯　民國三年(1914)石印本　一冊

330000－1701－0064805　M001194　史部/目録類/總録之屬

目錄不分卷　民國石印本　一冊

330000－1701－0064806　M001375　集部/別集類

秋螢集二卷　葉秉成撰　民國十九年(1930)王文翰等鉛印本　一冊

330000－1701－0064808　M001409　集部/別集類

白屋遺詩七種　劉大白撰　民國二十四年(1935)開明書店鉛印本　詩英題記　一冊

330000－1701－0064810　M001377　類叢部/叢書類/自著之屬

景行齋叢刊　沈能毅撰　民國鉛印本　一冊　存一種

330000－1701－0064811　M001410　史部/傳記類/總傳之屬/忠孝

歷代孝子彙編八卷　(清)顧汝雲輯　武陵書屋編輯　**歷代孝子彙編補錄一卷**　曹魁璧撰　民國十一年(1922)上海宏大善書局石印本　一冊

330000－1701－0064812　GP02775　子部/藝術類/書畫之屬/法帖

絳帖十二卷　(宋)潘師旦編　民國影印本　十二冊

330000－1701－0064813　M001195　集部/別集類

鏡塘詩存一卷　龐鏡塘撰　稿本　一冊

330000－1701－0064814　M001411、M002779　史部/傳記類/總傳之屬/忠孝

男女百孝圖全傳四卷　(清)俞葆真編輯　(清)何雲梯繪　民國九年(1920)上海碧梧山莊石印本　五冊

330000－1701－0064816　普951.0609913/3248　類叢部/叢書類/郡邑之屬

續金華叢書六十種　胡宗楙編　民國十三年(1924)永康胡氏夢選樓刻本　一冊　存一種

330000－1701－0064817　M001196　集部/別集類

白華草堂詩六卷玉尺樓詩一卷　張昭漢撰　民國二十三年(1934)白下刻本　張昭漢題記　一冊

330000－1701－0064819　M001197　集部/別集類

無恙初稿不分卷　楊無恙撰　民國二十二年(1933)武進董氏誦芬室刻本　江家瑂題記　一冊

330000－1701－0064820　普 951.061/0019/c1　史部/政書類/軍政之屬/邊政

全邊略記十二卷　(明)方孔炤撰　民國十九年(1930)國立北平圖書館鉛印本　六冊

330000－1701－0064821　M001378　史部/傳記類/雜傳之屬

二十年來同懷迴憶錄一卷　王真撰　民國二十四年(1935)王真鉛印本　一冊

330000－1701－0064822　GP02777　經部/群經總義類/石經之屬/專考

魏正始石經殘字尚書一卷春秋一卷　陳乃乾輯　民國十二年(1923)海寧陳氏慎初堂據上虞羅氏假本影印本　二冊

330000－1701－0064823　M001379　類叢部/叢書類/自著之屬

吾暇堂叢稿　諸宗元撰　民國十九年(1930)上海鉛印本　一冊　存一種

330000－1701－0064824　普 951.061/0019/c2　史部/政書類/軍政之屬/邊政

全邊略記十二卷　(明)方孔炤撰　民國十九年(1930)國立北平圖書館鉛印本　六冊

330000－1701－0064825　M001380　史部/地理類/水利之屬

宗孟廬行水三議一卷　盛沅撰　民國九年(1920)鉛印本　一冊

330000－1701－0064826　M001198　子部/雜著類/雜說之屬

共和論一卷　徐紹楨撰　民國刻本　一冊

330000－1701－0064827　M001412　子部/雜著類

濟世金梁三卷　徐廷揚纂修　徐培熙編輯　民國十一年(1922)上海宏大善書總發行所石印本　一冊

330000－1701－0064828　M001381　類叢部/叢書類/彙編之屬

番禺葉氏遐庵叢書□□種　葉恭綽輯　民國番禺葉氏影印本暨鉛印本　一冊　存一種

330000－1701－0064829　普 951.061/0075/c3　史部/雜史類/斷代之屬

明太祖革命武功記十八卷導言一卷　方覺慧纂　民國二十九年(1940)重慶國學書局刻本　八冊

330000－1701－0064830　GP02798　子部/藝術類/篆刻之屬/印譜

十鐘山房印舉三十卷　(清)陳介祺藏並輯　民國十一年(1922)上海商務印書館涵芬樓影印本　十二冊

330000－1701－0064831　M001382、M004499　集部/別集類

鄭齋感逝詩甲集四卷乙集一卷　孫雄撰　民國七年(1918)鉛印本　二冊

330000－1701－0064832　M001199　集部/詩文評類/文法之屬/公文程式

公文程式講義一卷　朱紹文編　韋維城續編　民國上海法政大學鉛印本　一冊

330000－1701－0064833　普 951.061/0075/c4　史部/雜史類/斷代之屬

明太祖革命武功記十八卷導言一卷　方覺慧纂　民國二十九年(1940)重慶國學書局刻本　八冊

330000－1701－0064834　M001413　類叢部/叢書類/彙編之屬

醉靈軒叢書　民國鉛印本　一冊　存二種

330000－1701－0064835　M001383　史部/傳記類/別傳之屬/事狀

鄭雪茫先生赴告不分卷　鄭宏疇　鄭宏襄

鄭宏申撰　民國二十四年(1935)鉛印本　一册

330000－1701－0064836　GP02814　子部/藝術類/書畫之屬/畫譜

千秋絕豔圖二卷　懺綺生輯　民國影印本　一册　存一卷(一)

330000－1701－0064837　M001384　史部/傳記類/別傳之屬

王竹齋先生訃告不分卷　王承基等撰　民國二十三年(1934)鉛印本　一册

330000－1701－0064838　普951.062/9226、普951.0622/9226　類叢部/叢書類/郡邑之屬

遼海叢書八十種附一種　金毓黻編　民國二十年至二十三年(1931－1934)遼海書社鉛印本([康熙]廣寧縣志卷七至八原缺)　四册　存二種

330000－1701－0064839　M001385　集部/詞類/別集之屬

南唐二主詞彙箋一卷　(五代)李璟　(五代)李煜撰　唐圭璋輯　民國三十六年(1947)正中書局鉛印本　一册

330000－1701－0064840　M001386　集部/別集類

寂齋文存一卷　查猛濟撰　民國十九年(1930)鉛印本　方志超題記　一册

330000－1701－0064841　M001387　史部/地理類/水利之屬

治湖箴言一卷　胡雨人撰　民國八年(1919)鉛印本　一册

330000－1701－0064842　M001414　史部/地理類/雜志之屬

花谿閒筆一卷　吳鼎昌撰　民國三十年(1941)貴州日報社鉛印本　一册

330000－1701－0064843　M001388　子部/宗教類/佛教之屬

觀世音經(妙法蓮華經觀世音菩薩普門品)一卷　民國十五年(1926)蔣淑芳鉛印本　一册

330000－1701－0064844　普951.062/9480　類叢部/叢書類/彙編之屬

六經堪叢書十三種　羅振玉編　民國東方學會鉛印本　一册　存三種

330000－1701－0064845　GP02851　子部/藝術類/篆刻之屬/印譜

瘦鐵印存一卷　錢瘦鐵篆　民國十三年(1924)上海西泠印社影印本　一册

330000－1701－0064846　M001389　集部/別集類

大鶴山人詩集二卷　鄭文焯撰　民國十二年(1923)蘇州振新書社刻本　一册

330000－1701－0064847　M001415　集部/別集類

觚庵詩存四卷　俞明震撰　民國九年(1920)上海聚珍倣宋印書局鉛印本　胡栗長題記　一册

330000－1701－0064848　M001390　集部/別集類

東寧百詠一卷　蘇鏡潭撰　民國二十四年(1935)泉州梅郇詩社鉛印本　一册

330000－1701－0064849　GP02860　子部/藝術類/篆刻之屬/印譜

西泠八家印譜不分卷　中國印學社編　民國二十四年(1935)上海中國印學社石印本　一册

330000－1701－0064850　M001391　子部/雜著類/雜說之屬

原人訂本三卷後編一卷哲俠辨一卷萬國公史議一卷附萬國公史會説畧　陳澹然撰　民國二年(1913)合肥張廣建刻本　二册

330000－1701－0064851　普951.066/2871/c1　史部/雜史類/斷代之屬

嘉靖東南平倭通錄一卷附隆慶平倭一卷國朝典彙一卷　(明)徐學聚撰　民國二十一年(1932)江蘇省立國學圖書館影印本　一册

330000－1701－0064852　GP02872　子部/藝術類/書畫之屬/法帖

乾隆摹刻淳化閣帖十卷　民國七年(1918)上海商務印書館影印本　十册

330000－1701－0064853　普 951.066/2871/c2　史部/雜史類/斷代之屬

嘉靖東南平倭通録一卷附隆慶平倭一卷國朝典彙一卷　(明)徐學聚撰　民國二十一年(1932)江蘇省立國學圖書館影印本　一册

330000－1701－0064854　M001416　集部/别集類

畏廬論文一卷　林紓撰　民國十八年(1929)上海商務印書館鉛印本　一册

330000－1701－0064855　M001392　史部/傳記類/别傳之屬

項公福祥題贊不分卷　民國二十二年(1933)影印本暨鉛印本　吳庶晨題記　一册

330000－1701－0064856　M001393　史部/地理類/遊記之屬/紀勝

徐霞客遊記大觀十二卷　(明)徐弘祖撰　(清)李寄輯　民國上海掃葉山房石印本　六册　存六卷(七至十二)

330000－1701－0064857　普 951.066/2871/c3　史部/雜史類/斷代之屬

嘉靖東南平倭通録一卷附隆慶平倭一卷國朝典彙一卷　(明)徐學聚撰　民國二十一年(1932)江蘇省立國學圖書館影印本　一册

330000－1701－0064859　M001417　集部/别集類

辛夷廬吟稿五卷　李啟沅撰　民國十七年(1928)鉛印本　一册

330000－1701－0064862　普 951.06703/5100/c1　類叢部/叢書類/彙編之屬

燕京大學圖書館叢書　燕京大學圖書館編　民國北平燕京大學圖書館鉛印本暨影印本　一册　存一種

330000－1701－0064863　GP02877　子部/藝術類/書畫之屬/畫譜

沈嘯梅畫稿不分卷　沈枚繪　民國十二年(1923)上海朝記書莊石印本　二册

330000－1701－0064864　M001418　經部/詩類/詩譜之屬

詩譜講義□□卷　民國江蘇存古學堂鉛印本　一册　存一卷(一)

330000－1701－0064866　M001419　史部/政書類/邦計之屬/賦税

整理贛省賦税計劃書一卷　俞飛鵬編　民國鉛印本　一册

330000－1701－0064867　M001395、M006829　史部/史抄類

二十四史輯要六十四卷附二十四史總目一卷二十四史四庫提要一卷　趙華基編　民國十七年(1928)上海中華書局鉛印本　三十六册

330000－1701－0064869　GP02894　子部/藝術類/書畫之屬/法帖

影印宋拓書譜不分卷　(唐)孫過庭書　民國五年(1916)影印本　一册

330000－1701－0064870　M001394　集部/總集類/選集之屬/斷代

宋代五十六家詩集六卷　(清)坐春書塾編　民國四年(1915)石印本　六册

330000－1701－0064871　M001420　子部/雜著類/雜説之屬

知止盦筆記三卷　(清)黄宗起撰　民國九年(1920)黄世祚鉛印本　一册

330000－1701－0064873　GP02896　史部/傳記類/總傳之屬/技藝

扇面大觀作家略傳四卷附小萬柳堂出版書畫書籍價目一卷　廉泉編　民國中華書局鉛印本　一册

330000－1701－0064875　GP02942　子部/藝術類/書畫之屬/畫譜

紉齋畫賸四卷　(清)陳允升繪　民國上海石印本　四册

330000－1701－0064882　HJL7761　史部/目録類/總録之屬/私撰

蕘圃藏書題識續録四卷蕘圃雜著一卷　(清)黄丕烈撰　王大隆輯　民國二十二年(1933)

秀水王大隆學禮齋刻藍印本　劉承幹題簽並記　二冊

330000－1701－0064883　M001535　類叢部/叢書類/自著之屬

景行齋叢刊　沈能毅撰　民國鉛印本　一冊　存一種

330000－1701－0064885　GP20144　子部/藝術類/書畫之屬/畫譜

沈石田靈隱山圖卷不分卷　(明)沈周繪　民國十三年(1924)上海文明書局、中華書局影印本　一冊

330000－1701－0064888　HJH7763　史部/目録類/總録之屬/官修

故宮所藏殿本書目五卷　故宮博物院圖書館編　民國二十二年(1933)故宮博物院圖書館鉛印本　一冊

330000－1701－0064889　GP20148　子部/藝術類/書畫之屬/畫譜

扇面畫譜大觀不分卷　范孝三繪　民國十五年(1926)上海大東書局影印本　一冊

330000－1701－0064891　M001536、M003793、M004594、M007475　類叢部/叢書類/自著之屬

平泉遺書十一種　(清)馬時芳撰　民國四年(1915)禹縣存古學社石印本　十六冊　存十種

330000－1701－0064892　HJH7764　史部/目録類/總録之屬/官修

摛藻堂四庫全書薈要目錄一卷　民國二十二年(1933)故宮博物院圖書館鉛印本　一冊

330000－1701－0064893　GP02984　子部/藝術類/書畫之屬/法帖

淳化閣帖十卷　民國影印本　十冊

330000－1701－0064894　GP20159　子部/藝術類/書畫之屬/畫譜

王石谷夏山煙雨卷不分卷　(清)王翬繪　民國影印本　枕家奎題記　一冊

330000－1701－0064895　HJH7765　史部/目録類/總録之屬/官修

故宮殿本書庫現存目三卷附錄一卷　陶湘編　民國二十二年(1933)北平故宮博物院圖書館鉛印本　三冊

330000－1701－0064896　HJH7504　史部/地理類/遊記之屬/紀行

金陵遊記一卷　姚濮撰　民國七年(1918)鉛印本　一冊

330000－1701－0064897　M001537　集部/別集類

靈峯先生集十一卷　夏震武撰　民國五年(1916)劉子民、何紹韓鉛印本　二冊

330000－1701－0064899　HJL7766　史部/詔令奏議類/奏議之屬

二二五五疏二卷　錢恂撰　民國八年(1919)上海聚珍倣宋印書局鉛印本　二冊

330000－1701－0064903　HJL7767　史部/紀傳類/正史之屬

舊五代史一百五十卷目錄二卷附錄二卷　(宋)薛居正等撰　民國據四庫全書本影印本　五十九冊　缺二卷(目錄一至二)

330000－1701－0064904　M001538　史部/傳記類/別傳之屬/事狀

先父[吳企唐]生平事略一卷　吳嵩慶撰　民國二十五年(1936)鉛印本　一冊

330000－1701－0064907　GP20160　子部/藝術類/書畫之屬/畫譜

湯雨生羅浮十二景不分卷　(清)湯貽汾繪　民國二十五年(1936)上海商務印書館影印本　一冊

330000－1701－0064909　M001539　經部/孝經類/傳說之屬

孝經一卷　(清)李慈銘節注　民國二十五年(1936)上海漢文正楷印書局鉛印本　一冊

330000－1701－0064910　GP20161　子部/藝術類/書畫之屬/畫譜

奚鐵生西谿泛雨圖卷不分卷　(清)奚岡繪

民國八年(1919)上海中華書局影印本　一冊

330000－1701－0064913　M001421　集部/別集類

海濱集四卷　王春林撰　民國二十四年(1935)崇明報館鉛印本　一冊

330000－1701－0064915　GP20162　子部/藝術類/書畫之屬/畫譜

張元春桐廬山水手卷不分卷　(明)張復繪　民國二十七年(1938)商務印書館影印本　一冊

330000－1701－0064916　M001422　子部/宗教類/其他宗教之屬/基督教

主制羣徵二卷附贈言一卷　(德國)湯若望撰　民國八年(1919)鉛印本　一冊

330000－1701－0064917　GP03205　子部/藝術類/書畫之屬/法帖

宋搨樂毅論一卷　(晉)王羲之書　民國十三年(1924)上海文明書局影印本　一冊

330000－1701－0064918　普951.06703/5100/c2　類叢部/叢書類/彙編之屬

燕京大學圖書館叢書　燕京大學圖書館編　民國北平燕京大學圖書館鉛印本暨影印本　一冊　存一種

330000－1701－0064919　GP20171　子部/藝術類/書畫之屬

石濤山水圖詠不分卷　(清)釋道濟繪　林朗庵藏　民國二十一年(1932)上海商務印書館影印本　一冊

330000－1701－0064923　GP03206　子部/藝術類/書畫之屬/法帖

宋搨薦季直表一卷　(三國魏)鍾繇撰　民國十五年(1926)上海文明書局影印本　一冊

330000－1701－0064924　M001540　史部/政書類/公牘檔冊之屬

尹案始末記一卷　尹福保撰　民國十九年(1930)法律研究社鉛印本　一冊

330000－1701－0064925　普951.06703/5390/c1　史部/政書類/軍政之屬/邊政

經畧復國要編十四卷圖一卷附一卷後附一卷　(明)宋應昌撰　民國十九年(1930)國學圖書館影印本　八冊

330000－1701－0064926　M001423　子部/醫家類/兒科之屬/痘疹

秦氏痘疹圖說三卷　余德壎補訂　民國七年(1918)上海商務印書館鉛印本　一冊

330000－1701－0064927　GP03207　子部/藝術類/書畫之屬/法帖

初搨洛神賦十三行不分卷　(晉)王獻之書　民國十五年(1926)上海文明書局影印本　一冊

330000－1701－0064928　GP20172　子部/藝術類/書畫之屬/畫譜

戴文節公山水冊一卷　(清)戴熙繪　民國上海西泠印社影印本　一冊

330000－1701－0064930　GP03222　史部/政書類/公牘檔冊之屬

流沙遺珍一卷附釋文一卷　金祖同輯　民國二十九年(1940)影印本暨鉛印本　一冊

330000－1701－0064933　普951.06703/5390/c2　史部/政書類/軍政之屬/邊政

經畧復國要編十四卷圖一卷附一卷後附一卷　(明)宋應昌撰　民國十九年(1930)國學圖書館影印本　八冊

330000－1701－0064934　M001541　子部/藝術類/書畫之屬/書法書品

弄翰餘瀋一卷　劉咸炘撰　民國十九年(1930)尚友書塾鉛印本　一冊

330000－1701－0064936　GP20174　子部/藝術類/書畫之屬/畫譜

藍田叔仿梅道人山水卷不分卷　(清)藍瑛繪　民國二十二年(1933)上海商務印書館影印本　一冊

330000－1701－0064940　M001424　子部/醫家類/綜合之屬

醫津二卷　(清)錢雄萬輯　民國十一年

(1922)鉛印本　二册

330000－1701－0064942　GP20175　子部/藝術類/書畫之屬/畫譜

奚蒙泉詩書畫册不分卷　(清)奚岡繪並書　民國二十二年(1933)上海商務印書館影印本　一册

330000－1701－0064943　GP03238　子部/藝術類/書畫之屬/畫譜

阮性山畫梅册一卷　阮性山繪　民國影印本　一册

330000－1701－0064944　GP02943　子部/藝術類/書畫之屬/畫譜

清操軒畫賸不分卷　趙詠清繪　民國十五年(1926)上海大德書局石印本　二册

330000－1701－0064947　GP03244　子部/藝術類/遊藝之屬/聯語

楹帖大觀全集三卷　褚德彝編　民國三年(1914)上海神州國光社影印本　二册

330000－1701－0064952　GP20177　子部/藝術類/書畫之屬/畫譜

王廉州太守仿古山水册不分卷　(清)王鑑繪　民國十七年(1928)上海神州國光社影印本　一册

330000－1701－0064953　M001542　子部/雜著類/雜編之屬

風月廬隨筆初集二卷　徐漢漁編　民國二十一年(1932)稿本　一册

330000－1701－0064954　普951.0672/9913　類叢部/叢書類/彙編之屬

百川書屋叢書六種續編五種　陶湘編　民國十九年至二十年(1930－1931)武進陶氏涉園影印本　一册　存一種

330000－1701－0064955　M001425　集部/別集類

青贛文彙七卷首一卷　陳立樹撰　民國二十二年(1933)鉛印本　陳甲林跋　一册

330000－1701－0064958　HJL7508、HJL7509　史部/目録類/總録之屬

二徐書目合刻　王存善輯　民國四年(1915)仁和王存善鉛印本　六册

330000－1701－0064961　GP20192　子部/藝術類/書畫之屬/畫譜

觚廬畫屏不分卷　吳觀岱繪　民國十二年至十五年(1923－1926)影印本　一册

330000－1701－0064963　GP03246　子部/藝術類/書畫之屬/法帖

唐李少監城隍廟碑一卷　(唐)李陽冰書　民國上海藝苑真賞社影印本　一册

330000－1701－0064964　GP20197　子部/藝術類/書畫之屬/畫譜

小百梅集一卷　(清)改琦繪　民國十八年(1929)上海商務印書館影印本　一册

330000－1701－0064965　GP03254　史部/金石類

放大秦權秦量一卷附釋文一卷　胡光煒撰　民國七年(1918)上海震亞圖書局石印本　一册

330000－1701－0064967　M001426、M001526　集部/詞類/詞話之屬

詞學二卷　梁啓勳撰　民國二十一年(1932)曼殊室鉛印本　二册

330000－1701－0064969　GP20229　子部/藝術類

新木刻不分卷　羅果夫編輯　民國三十七年(1948)上海時代書報出版社影印本暨鉛印本　一册

330000－1701－0064971　GP03255　史部/金石類/石之屬/通考

石鼓文疏記一卷　馬敘倫撰　民國二十四年(1935)上海商務印書館影印本　一册

330000－1701－0064972　HJL7770　史部/目録類/總録之屬/官修

四庫目略四卷　楊立誠編　民國十八年(1929)浙江省立圖書館鉛印本　四册

330000－1701－0064973　M001427　史部/叢編
思峴廬史學叢著　唐邦治撰　民國大東書局鉛印本　一册　存一種

330000－1701－0064975　HJL7510　史部/史評類/史論之屬
讀通鑑論十六卷宋論十五卷　（清）王夫之撰　民國上海商務印書館鉛印本　十册

330000－1701－0064976　M001428　集部/别集類
鶴影留痕集一卷　汪嶔撰　民國鉛印本　一册

330000－1701－0064978　M001429　史部/傳記類/别傳之屬/年譜
陸閏生先生[宗輿]五十自述記一卷附駐日時代交涉案情　陸宗輿撰　民國十四年(1925)北京日報鉛印本　一册

330000－1701－0064979　HJH7772　史部/傳記類/總傳之屬/家乘
[福建閩侯]西清王氏族譜不分卷　王孝綺增修　民國二十三年(1934)鉛印本　王孝綺、王世穎題記　一册

330000－1701－0064987　普814.7/3191.2/2　類叢部/叢書類/彙編之屬
四部叢刊　張元濟等編　民國十八年(1929)上海商務印書館影印本　四册　存一種

330000－1701－0064990　普814.7/28401/2　集部/總集類/彙編之屬
明季三孝廉集　羅振玉輯　民國八年(1919)上虞羅氏鉛印本　四册　存一種

330000－1701－0064991　GP20126　子部/藝術類/書畫之屬/畫譜
天籟閣舊藏宋人畫册一卷　民國十三年(1924)上海商務印書館影印本　一册

330000－1701－0064992　M001430　史部/政書類/公牘檔册之屬
慰勞抗日將士徵信錄一卷　崔震華編　民國鉛印本　一册

330000－1701－0064993　M001543　子部/醫家類/婦科之屬/産科
西醫産科圖説一卷　民國石印本　一册

330000－1701－0064994　HJL8519、HJL8520、HJL8548　史部/政書類/邦交之屬
清季外交史料六種　（清）王彦威輯　王亮編　民國二十一年至二十四年(1932－1935)北平外交史料編纂處鉛印本　一百四十七册　存四種

330000－1701－0064995　M001544　子部/醫家類/醫經之屬/内經
黄帝内經太素三十卷遺文一卷　（隋）楊上善撰注　民國十三年(1924)蘭陵堂仿宋刻本(卷一、四、七、十六、十八、二十至二十一原缺)　八册

330000－1701－0064998　GP20127　子部/藝術類/書畫之屬
神州國光集　程葆元編　民國二十四年至二十五年(1935－1936)上海神州國光社影印本　十二册

330000－1701－0065000　普814.7/3191.2/3　集部/别集類/清别集
亭林詩集五卷文集六卷餘集一卷　（清）顧炎武撰　民國十三年(1924)上海昌明書局石印本　四册

330000－1701－0065002　M001431　史部/目録類/書志之屬/提要
道藏精華錄一百種提要樣本一卷道藏精華錄緒言一卷　守一子編纂　民國鉛印本　一册

330000－1701－0065003　HJH7773　史部/傳記類/别傳之屬/年譜
王文勤公[慶雲]年譜一卷　（清）王傳璨編　民國二十二年(1933)閩縣王氏鉛印本　王孝綺、王世穎題記　一册

330000－1701－0065006　M001545　集部/戲劇類/總集之屬/傳奇
暖紅室彙刻傳奇　劉世珩編　民國八年(1919)貴池劉氏暖紅室刻本　二册　存一種

330000－1701－0065007　GP03257　子部/藝術類/書畫之屬/畫譜

法詩龕羅兩峯續西涯詩畫册不分卷　(清)羅聘繪　(清)法式善等書　民國十八年(1929)上海中華書局影印本　一册

330000－1701－0065010　普951.068/1041/c1　史部/雜史類/斷代之屬

三朝遼事實録十七卷總畧一卷　(明)王在晉撰　民國二十年(1931)江蘇省立國學圖書館影印本　十册

330000－1701－0065014　M001432、M006987　類叢部/叢書類/自著之屬

文惠全書　(清)黄世榮撰　民國四年至五年(1915－1916)鉛印本　四册　存七種

330000－1701－0065018　普951.068/1041/c2　史部/雜史類/斷代之屬

三朝遼事實録十七卷總畧一卷　(明)王在晉撰　民國二十年(1931)江蘇省立國學圖書館影印本　十册

330000－1701－0065021　M001546　史部/目録類/通論之屬

經學通詁一卷　葉德輝撰　民國四年(1915)湖南省教育會鉛印本　一册

330000－1701－0065023　GP03258　子部/藝術類/書畫之屬/畫譜

名人書畫三十集　商務印書館輯　民國上海商務印書館影印本　一册　存二集(二十二、二十四)

330000－1701－0065024　HJL7775　史部/傳記類/別傳之屬/年譜

崇德老人自訂年譜一卷附廉儉救國説一卷　聶曾紀芬撰　瞿宣穎輯　民國二十年(1931)聶氏家庭出版社鉛印本　一册

330000－1701－0065025　M001433　類叢部/叢書類/彙編之屬

進德叢書八種　丁福保編　民國上海醫學書局鉛印本　一册　存一種

330000－1701－0065026　M001547、M003682、M005793、M007643　新學/學校

中央陸軍軍官學校史稿不分卷　中央陸軍軍官學校編　民國二十五年(1936)鉛印本　九册

330000－1701－0065028　普951.068/1082　史部/雜史類/斷代之屬

南明野史三卷首一卷附録一卷　(清)南沙三餘氏撰　民國二十四年(1935)上海商務印書館鉛印本　三册

330000－1701－0065032　M001434　集部/詞類/別集之屬

遐菴詞甲稿一卷　葉恭綽撰　民國三十二年(1943)鉛印本　一册

330000－1701－0065033　M001548　史部/政書類/邦計之屬

改進典業意見書一卷　民國抄本　一册

330000－1701－0065035　M001435　新學/醫學/衛生學

延年益壽不分卷　施列民編輯　民國五年(1916)上海時兆報館鉛印本　一册

330000－1701－0065038　GP20128　子部/藝術類/書畫之屬/畫譜

名筆集勝五卷　丁廣平等編　龐虚齋藏　民國二十九年(1940)上海墨緣堂影印本　五册

330000－1701－0065040　M001549　史部/目録類/總録之屬/彙刻

宛委別藏四十種樣本一卷　商務印書館編　民國二十四年(1935)上海商務印書館鉛印本　一册

330000－1701－0065043　GP03259　子部/藝術類/書畫之屬/法帖

章草草訣歌一卷附釋文一卷　民國十六年(1927)北京京華印書局影印本暨鉛印本　一册

330000－1701－0065044　M001550　集部/詩文評類

駢儷速成訣捷徑一卷　鄒弢編　民國七年(1918)上海文瑞樓石印本　一册

330000－1701－0065045　HJL8523　史部/紀傳類/正史之屬

影宋百衲本史記一百三十卷　（漢）司馬遷撰　（南朝宋）裴駰集解　民國上海商務印書館據涇陽陶氏藏宋百衲本影印本　二十四冊

330000－1701－0065046　普 814.7/3191.4　類叢部/叢書類/彙編之屬

四部叢刊　張元濟等編　民國十八年（1929）上海商務印書館影印本　一冊　存一種

330000－1701－0065048　M001436　集部/別集類

虛靜齋詩賸三卷　孫祖同撰　民國油印本　一冊

330000－1701－0065050　GP20129　子部/藝術類/書畫之屬/畫譜

名人書畫三十集　商務印書館輯　民國上海商務印書館影印本　十五冊　存十五集（一、四至五、八、十至十三、十六至二十二）

330000－1701－0065051　GP03260　子部/藝術類/書畫之屬/法帖

趙撝叔篆書一卷　（清）趙之謙書　民國十四年（1925）西泠印社影印本　一冊

330000－1701－0065052　HJL7778　史部/傳記類/別傳之屬/事狀

含芬集一卷　徐世昌輯　民國二十年（1931）退耕堂刻本　一冊

330000－1701－0065054　M001437　新學/醫學

細菌學不分卷　邵韞山編譯　民國油印本　一冊

330000－1701－0065058　HJH7779、HJH7780　類叢部/叢書類/郡邑之屬

山左先喆遺書　山東省立圖書館編　民國瑞安陳氏褎殷堂鉛印本　二冊　存二種

330000－1701－0065059　M001438　新學/醫學/外科

外科學不分卷　陳光第編譯　民國油印本　一冊

330000－1701－0065060　GP03262　史部/金石類

海嶽樓金石叢編　山東省立圖書館編　民國二十三年（1934）鉛印本暨影印本　一冊　存一種

330000－1701－0065063　普 814.7/3191.6/c1　集部/別集類/清別集

亭林詩集五卷文集六卷餘集一卷　（清）顧炎武撰　民國八年（1919）上海掃葉山房石印本　四冊

330000－1701－0065066　普 814.7/3191.6/c2　集部/別集類/清別集

亭林詩集五卷文集六卷餘集一卷　（清）顧炎武撰　民國八年（1919）上海掃葉山房石印本　四冊

330000－1701－0065069　GP03264　子部/藝術類/書畫之屬/畫譜

查梅壑山水冊不分卷　（清）查士標繪　民國二十四年（1935）上海中華書局影印本　一冊

330000－1701－0065071　GP20288　子部/藝術類/書畫之屬

域外所藏中國古畫集　鄭振鐸編　民國影印本　三冊　存一種

330000－1701－0065072　HJH7781　史部/傳記類/別傳之屬/年譜

皇清誥授光祿大夫毓慶宮行走吏部右侍郎先考子松府君［夏同善］年譜一卷皇清誥封一品夫人先妣屠夫人行狀一卷　（清）夏敦復纂　民國九年（1920）上海聚珍倣宋印書局鉛印本　一冊

330000－1701－0065074　普 814.7/3191.6/2　集部/別集類/清別集

亭林詩集五卷文集六卷餘集一卷　（清）顧炎武撰　民國五年（1916）上海同文圖書館石印本　陳光漢批並跋　二冊

330000－1701－0065075　GP03265　子部/藝術類/書畫之屬/畫譜

趙撝叔梅石畫法冊不分卷　（清）趙之謙繪

民國上海中華書局影印本　一冊

330000－1701－0065076　M001551　史部/傳記類/别傳之屬/事狀

丹徒戴公壺翁哀輓録一卷　高雲麟等撰　**壺翁自述一卷**　戴啟文撰　**壺翁别傳一卷**　吴慶坻撰　民國鉛印本　一冊

330000－1701－0065077　普 814.7/28641　類叢部/叢書類/郡邑之屬

四明叢書一百六十七種　張壽鏞編　民國四明張氏約園刻本　一冊　存一種

330000－1701－0065078　M001439　集部/别集類

杭遊小草一卷　歐陽瑞驊撰　民國二十一年(1932)油印本　一冊

330000－1701－0065080　GP03266　子部/藝術類/書畫之屬/畫譜

戴文節深山訪石圖卷一卷　(清)戴熙繪　民國二十九年(1940)上海中華書局影印本　一冊

330000－1701－0065083　GP03267　子部/藝術類/書畫之屬/畫譜

奚鐵生樹木山石畫法冊不分卷　(清)奚岡繪　民國二十五年(1936)上海中華書局影印本　二冊

330000－1701－0065084　GP20289　子部/藝術類/書畫之屬/畫譜

榮寶齋製詩牋譜二卷　(清)榮寶齋主人輯　民國二十四年(1935)榮寶齋刻彩色套印本　二冊

330000－1701－0065087　HJL7511　史部/目録類/總録之屬/禁燬

清代禁燬書目四種索引四卷　民國二十年(1931)杭州抱經堂書局鉛印本　四冊

330000－1701－0065088　M001440　集部/總集類/氏族之屬

吴興家粹輯存不分卷　(清)施贊唐輯　**聊復軒詩存一卷詩餘附存一卷蜕塵軒詩存二卷詩餘附存一卷**　(清)施贊唐撰　民國八年(1919)木活字印本　四冊

330000－1701－0065089　GP20290　子部/藝術類/書畫之屬/畫譜

詩婢家詩牋譜第一集二卷　鄭伯英編　民國三十二年(1943)成都詩婢家刻彩色套印本　二冊

330000－1701－0065098　HJL7783　史部/傳記類/日記之屬

傭廬日記語存六卷(清光緒十八年至民國二十四年七月)　袁金鎧撰　民國二十四年(1935)鉛印本　三冊

330000－1701－0065100　HJL8094　史部/編年類/斷代之屬

西夏紀二十八卷首一卷　戴錫章撰　民國十三年(1924)京華印書局鉛印本　十冊

330000－1701－0065101　HJL7513　史部/叢編

國立中山大學語言歷史學研究所史料叢刊　民國國立中山大學語言歷史學研究所鉛印本　一冊　存一種

330000－1701－0065105　HJL7514　史部/目録類/總録之屬/地方

焦山書藏書目六卷補遺一卷　焦山書藏委員會編　民國二十三年(1934)鎮江焦山書藏委員會石印本　四冊

330000－1701－0065108　GP20290/1　子部/藝術類/書畫之屬/畫譜

詩婢家詩牋譜第一集二卷　鄭伯英編　民國三十二年(1943)成都詩婢家刻彩色套印本　二冊

330000－1701－0065110　M001552　集部/總集類/選集之屬/斷代

唐文録一卷　北京孔德學校編　民國北京孔德學校鉛印本　一冊

330000－1701－0065111　M001553　集部/總集類/彙編之屬

國立浙江大學文學院集刊第二集　國立浙江大學文學院集刊編輯委員會編　民國貴州遵

義國立浙江大學文學院石印本　一册　存一種

330000－1701－0065113　GP03268　子部/藝術類/書畫之屬/法帖

蔣鐵琴地支圖册不分卷　(清)蔣璋繪　民國二十九年(1940)上海文明書局影印本　一册

330000－1701－0065117　GP20290/2　子部/藝術類/書畫之屬/畫譜

詩婢家詩牋譜第一集二卷　鄭伯英編　民國三十二年(1943)成都詩婢家刻彩色套印本　二册

330000－1701－0065119　HJL7515　史部/目録類/總録之屬/私撰

韓氏讀有用書齋書目一卷　封文權編　民國二十三年(1934)瑞安陳氏襃殷堂鉛印本　一册

330000－1701－0065121　M001554　子部/兵家類/兵法之屬

古兵法彙纂一卷　軍學編輯局編　民國軍學編輯局鉛印本　一册

330000－1701－0065122　GP03269　子部/藝術類/書畫之屬/畫譜

項易庵倣右丞藍田山莊圖卷不分卷　(明)項聖謨繪　民國二十四年(1935)上海中華書局影印本　一册

330000－1701－0065125　M001555　子部/儒家類/儒學之屬/禮教/家訓

治家格言一卷　(清)朱用純撰　**治家格言繹義一卷**　(清)戴翊清撰　**普勸發心印造經像文一卷**　(清)尤惜陰撰　**勸戒殺喫素文一卷**　(清)魏梅蓀撰　民國三年(1914)刻本　一册

330000－1701－0065127　HJH7786　史部/金石類/總志之屬

八瓊室金石補正一百三十卷目錄三卷札記四卷祛僞一卷元金石偶存一卷　(清)陸增祥撰　民國十四年(1925)吳興劉氏希古樓刻本　六十四册

330000－1701－0065131　GP03270　子部/藝術類/書畫之屬/畫譜

吳秋農人物山水精品不分卷　(清)吳穀祥繪　民國上海中華書局影印本　一册

330000－1701－0065134　M001556　史部/傳記類/別傳之屬

磨盾餘談二卷　(清)張炳撰　民國十四年(1925)鉛印本　一册

330000－1701－0065135　GP03271　子部/藝術類/書畫之屬/畫譜

陳曼生花卉册一卷　(清)陳鴻壽繪　民國上海中華書局影印本　一册

330000－1701－0065138　GP03263　子部/藝術類/書畫之屬

八大山人書畫扇集不分卷　(清)朱耷書並繪　民國二十四年(1935)上海商務印書館影印本　一册

330000－1701－0065141　GP03272　子部/藝術類/書畫之屬/畫譜

百梅集不分卷　陳叔通輯　民國十六年(1927)上海商務印書館影印本　二册

330000－1701－0065142　GP20293　子部/藝術類/書畫之屬

悲盦書畫集一卷　(清)趙之謙繪并書　民國影印本　一册

330000－1701－0065145　HJH7517　史部/金石類

非儒非俠齋金石叢著十種　顧燮光撰　民國會稽顧氏金佳石好樓石印本暨鉛印本　一册　存一種

330000－1701－0065146　GP03274　子部/藝術類/書畫之屬/畫譜

文衡山拙政園詩畫册不分卷　(明)文徵明繪　民國二十五年(1936)上海中華書局影印本　三册

330000－1701－0065151　HJL8103　集部/別集類/清別集

立懦齋外集殘稿一卷　(清)顧壽楨撰　民國

十六年(1927)科學儀器館影印本　一册

330000－1701－0065152　GP03616　子部/藝術類/書畫之屬/法帖

出師頌不分卷　(晉)索靖書　民國九年(1920)上海商務印書館影印本　一册

330000－1701－0065156　HJL7518　類叢部/叢書類/自著之屬

章氏叢書補編七種　章炳麟撰　民國十三年(1924)鉛印本　一册　存一種

330000－1701－0065157　GP03638　子部/藝術類/書畫之屬

上海振青社書畫集不分卷　振青書畫會編　民國三年(1914)上海振青書畫會石印本　一册

330000－1701－0065158　M001441　集部/詞類/詞譜之屬

填詞圖譜二卷　(日本)竹田主人編　民國六年(1917)國學書局石印本　二册

330000－1701－0065160　普 814.7/3237/c1　集部/别集類/清别集

竹山堂文賸一卷詩補一卷　(清)潘祖同撰　民國二十五年(1936)潘承典等歲可堂刻本　一册

330000－1701－0065161　M001442　新學/重學/力學

材料強弱學八章　民國石印本　一册

330000－1701－0065166　GP03667　子部/藝術類/書畫之屬/畫譜

煙雨樓叢畫六卷　邵敬之　高不危　沈伯鑒　高伯英繪　民國十三年(1924)嘉興圖書館石印本　六册

330000－1701－0065169　普 814.7/3237/c2　集部/别集類/清别集

竹山堂文賸一卷詩補一卷　(清)潘祖同撰　民國二十五年(1936)潘承典等歲可堂刻朱印本　一册

330000－1701－0065170　M001443、M001444　類叢部/叢書類/彙編之屬

汪穰卿先生傳記遺文二種　汪詒年編　民國二十七年(1938)杭州汪氏鉛印本　二册

330000－1701－0065174　GP03676　史部/金石類/璽印之屬

玉篆樓印學叢書　民國二十一年(1932)西泠印社石印本　一册　存一種

330000－1701－0065178　GP03679　子部/藝術類/篆刻之屬

西泠印社印學叢書　民國西泠印社木活字印本　二册　存一種

330000－1701－0065181　HJL7519　類叢部/叢書類

盉盦著書　民國鉛印本　一册　存一種

330000－1701－0065182　GP20301　子部/藝術類/書畫之屬/畫譜

任伯年寫生第一集一卷第二集一卷　(清)任頤繪　民國二十三年(1934)上海慎修書社影印本　二册

330000－1701－0065184　M001557　子部/雜著類/雜説之屬

十力論學語輯略一卷　熊十力撰　民國二十四年(1935)北京出版社鉛印本　一册

330000－1701－0065185　GP20301/1　子部/藝術類/書畫之屬/畫譜

任伯年寫生第一集一卷第二集一卷　(清)任頤繪　民國二十三年(1934)上海慎修書社影印本　二册

330000－1701－0065188　GP20302　子部/藝術類/書畫之屬/畫譜

清十大家山水扇集一卷　(清)程邃等繪　民國二十二年(1933)上海慎修書社影印本　一册

330000－1701－0065190　M001558　子部/雜家類

周秦諸子學講義一卷　陳曾則撰　民國鉛印本　一册

330000－1701－0065194　GP20303　子部/藝術類/書畫之屬/畫譜
望雲軒名畫全集五卷　吳頤編　民國十九年(1930)上海慎修書社影印本　五冊

330000－1701－0065196　M001559、M001560、M001561、M001562　集部/別集類/明別集
詠懷堂詩集四卷外集二卷丙子詩一卷戊寅詩一卷辛巳詩二卷　(明)阮大鋮撰　民國十七年(1928)國立中央大學國學圖書館鉛印本　四冊

330000－1701－0065198　GP20304　子部/藝術類/書畫之屬/畫法畫品
葉舟畫史一卷　葉爲銘編　民國二十五年(1936)影印本　一冊

330000－1701－0065201　HJL7520　類叢部/叢書類/家集之屬
丹徒陳氏著述十九種　□□編　民國石印本暨鉛印本　一冊　存一種

330000－1701－0065202　GP20305　子部/藝術類/書畫之屬
永感集一卷　朱景彝藏　民國二十六年(1937)朱氏寶彝室影印本　一冊

330000－1701－0065207　M001563　集部/別集類/清別集
瓶廬詩鈔四卷詞鈔一卷文鈔一卷　(清)翁同龢撰　翁永孫輯　**樂齋賸草一卷**　(清)翁琳孫撰　翁永孫輯　民國元年(1912)常熟開文社鉛印本　二冊

330000－1701－0065208　HJH7521、HJH7522　史部/金石類/總志之屬
昚古叢編十種　羅振玉輯　民國上虞羅氏影印本　二冊　存二種

330000－1701－0065210　GP20306　子部/藝術類/書畫之屬
近代名人墨妙四集　吳頤編　民國上海慎修書社影印本　四冊

330000－1701－0065211　HJL7294　史部/詔令奏議類/奏議之屬
張潛園書廣雅相國奏議一卷附函電一卷　(清)張之洞撰　(清)張曾疇書　民國石印本暨鉛印本　一冊

330000－1701－0065212　GP20306/1　子部/藝術類/書畫之屬
近代名人墨妙四集　吳頤編　民國上海慎修書社影印本　一冊　存一集(四)

330000－1701－0065216　GP20307　子部/藝術類/書畫之屬
褋堪藏扇初集不分卷　顧燮光藏　民國十六年(1927)金佳石好樓影印本　一冊

330000－1701－0065220　普814.7/3021　類叢部/叢書類/郡邑之屬
惜硯樓叢刊八種　林慶雲編　民國二十四年(1935)瑞安林氏鉛印本　一冊　存一種

330000－1701－0065221　M001564　集部/別集類/清別集
鎔經室集四卷　(清)張濬撰　民國六年(1917)鉛印本　二冊

330000－1701－0065222　HJL7523　史部/金石類/總志之屬
定襄金石攷四卷　牛誠修輯　民國二十一年(1932)雪華館鉛印本　四冊

330000－1701－0065225　M001445、M610098、M610912　集部/別集類
厚莊詩文續集文六卷文外二卷詩四卷　劉紹寬撰　民國二十六年(1937)鉛印本　六冊

330000－1701－0065227　GP03683　子部/藝術類/書畫之屬/畫法畫品
畫學叢編　民國十八年(1929)上海神州國光社影印本　一冊　存一種

330000－1701－0065228　M001565　史部/政書類/公牘檔冊之屬
西湖靈隱寺關於飛來峰爭訟之原委一卷　民國十四年(1925)鉛印本　一冊

330000－1701－0065229　GP20309　子部/藝

術類/書畫之屬

寶蘊第一輯一卷 北平古物陳列所編輯 民國十九年(1930)北平古物陳列所影印本暨鉛印本 一册

330000－1701－0065234 M001566 類叢部/叢書類/自著之屬

周晉琦遺著三種 周曾錦撰 民國十年(1921)鉛印本 一册

330000－1701－0065237 HJL7295 史部/詔令奏議類/奏議之屬

陳侍御奏稿四卷 陳善同撰 民國二年(1913)河南商務印刷所鉛印本 四册

330000－1701－0065238 GP20313 子部/藝術類/書畫之屬

悲盦賸墨十集 (清)趙之謙書並繪 丁仁 吳隱編 民國七年至十八年(1918－1929)西泠印社影印本 十册

330000－1701－0065239 GP03275 子部/藝術類/書畫之屬/畫譜

蔣南沙花卉册不分卷 (清)蔣廷錫繪 民國上海中華書局影印本 一册

330000－1701－0065240 HJH8531 史部/紀傳類/正史之屬

百衲本二十四史 張元濟輯 民國上海商務印書館影印本 一百册 存二種

330000－1701－0065245 M001567 史部/政書類/邦計之屬

財政要論一卷 民國石印本 一册

330000－1701－0065247 GP03276 子部/宗教類/佛教之屬

華嚴五十三參圖讃不分卷 廣倉學宭編 民國十三年(1924)上海廣倉學宭影印本 一册

330000－1701－0065251 M001568 史部/傳記類/别傳之屬/事狀

嵊縣王雲衢先生紀念册不分卷 王珪孫輯 民國十七年(1928)上海中華書局鉛印本 一册

330000－1701－0065255 GP03503 集部/别集類/清别集

三願堂遺墨不分卷 (清)趙彦偁撰 民國十九年(1930)影印本 二册

330000－1701－0065256 M001569 經部/小學類/文字之屬/字書/通論

文字形義學不分卷 周兆沅述 民國二十四年(1935)上海商務印書館石印本 一册

330000－1701－0065257 普 814.7/3132/c1 集部/别集類/清别集

立懦齋外集殘稿一卷 (清)顧壽楨撰 民國十六年(1927)科學儀器館影印本 一册

330000－1701－0065261 M001446 集部/别集類

從軍雜詠一卷續一卷 孔墉撰 民國十七年(1928)上海聚珍倣宋印書局鉛印本 一册

330000－1701－0065262 普 814.7/3132/c2 集部/别集類/清别集

立懦齋外集殘稿一卷 (清)顧壽楨撰 民國十六年(1927)科學儀器館影印本 一册

330000－1701－0065263 HJL7792 類叢部/叢書類/彙編之屬

金陵大學中國文化研究所叢刊 金陵大學中國文化研究所編 民國金陵大學中國文化研究所刻本、鉛印本暨影印本 一册 存一種

330000－1701－0065264 GP03731 子部/藝術類/書畫之屬/法帖

名人尺牘墨寶第一集六卷 文明書局輯 民國二年(1913)上海文明書局影印本 五册 存五卷(一至五)

330000－1701－0065266 HJL7297 史部/詔令奏議類/奏議之屬

語冰閣奏議八卷中越勘界往來電稿四卷 (清)鄧承脩撰 民國七年(1918)鉛印本 六册

330000－1701－0065270 GP03504 集部/别集類/清别集

三願堂遺墨不分卷 (清)趙彦偁撰 民國十

九年(1930)影印本　二冊

330000－1701－0065271　M001447　史部/地理類/專志之屬/寺觀

虎跑佛祖藏殿志十卷首一卷　虎跑纂志事務所纂　民國十年(1921)姚江齊雲壇鉛印本　二冊　存六卷(五至十)

330000－1701－0065276　普814.7/3134/c2　類叢部/叢書類/自著之屬

勴堂遺書八種　顧家相撰　民國八年至十九年(1919－1930)會稽顧氏鉛印本　二冊　存一種

330000－1701－0065277　HJL7793　史部/目録類/總録之屬/彙刻

叢書書目彙編不分卷補遺一卷　沈乾一編纂　民國十八年(1929)上海醫學書局鉛印本　四冊

330000－1701－0065279　HJL7298　史部/詔令奏議類/奏議之屬

茹經堂奏疏三卷　唐文治撰　民國十五年(1926)刻本　三冊

330000－1701－0065282　GP20317　子部/藝術類/書畫之屬

中國現代名畫不分卷　吳昌碩等繪　民國十七年(1928)上海商務印書館影印本　一冊

330000－1701－0065284　普814.7/3134/c4　類叢部/叢書類/自著之屬

勴堂遺書八種　顧家相撰　民國八年至十九年(1919－1930)會稽顧氏鉛印本　二冊　存一種

330000－1701－0065285　GP03757　子部/藝術類/書畫之屬/法帖

快雪堂法書不分卷　民國六年(1917)上海有正書局影印本　五冊

330000－1701－0065286　GP03506　經部/群經總義類/石經之屬

宋拓蜀石經殘本不分卷附蜀石經校記二卷石經攷異補一卷　(清)陳慶鏞撰　民國影印本　二冊

330000－1701－0065287　普814.7/3027/2　集部/别集類/清别集

躬耻齋文鈔十四卷别集一卷後編六卷附崇祀鄉賢録一卷躬耻齋詩鈔十四卷首一卷後編七卷校勘記二卷　(清)宗稷辰撰　民國二年(1913)吳門鉛印本　四冊　存十七卷(文鈔一至十四、文鈔别集、校勘記一至二)

330000－1701－0065289　HJL7299　史部/詔令奏議類/奏議之屬

林文直公奏稿七卷首一卷　林紹年撰　民國十六年(1927)刻本　六冊

330000－1701－0065290　HJL8116　史部/雜史類/通代之屬

明清史料不分卷乙編不分卷丙編不分卷丁編不分卷　國立中央研究院歷史語言研究所編　民國二十年(1931)鉛印本　二冊　存二冊(一至二)

330000－1701－0065292　GP20318　子部/藝術類/書畫之屬/畫譜

百梅集不分卷　陳叔通輯　民國十八年(1929)上海商務印書館影印本　二冊

330000－1701－0065296　普814.7/3289、普814.7/32891　類叢部/叢書類/彙編之屬

小鷗波館集四種　(清)潘曾瑩撰　民國二十六年(1937)潘氏歲可堂刻本　二冊　存二種

330000－1701－0065299　GP20319　子部/藝術類/書畫之屬/畫譜

名人寫竹一卷　(明)夏昶等繪　陳漢第藏　民國十九年(1930)上海商務印書館影印本　一冊

330000－1701－0065301　普814.7/3308　子部/雜著類/雜說之屬

梁氏筆記三種二十七卷　(清)梁章鉅撰　民國十五年(1926)上海掃葉山房石印本　八冊

330000－1701－0065302　GP20320　子部/藝術類/書畫之屬/畫譜

天籟閣舊藏宋人畫冊一卷　民國二十三年(1934)上海商務印書館影印本　一冊

330000－1701－0065303　M001448　史部/史評類/史論之屬

中國時政論集一卷　黄夏鈞撰　民國八年(1919)稿本　一册

330000－1701－0065308　GP03758　子部/藝術類/書畫之屬/法帖

快雪堂法書不分卷　民國上海有正書局影印本　五册

330000－1701－0065310　GP20324　子部/藝術類/書畫之屬/畫録

百研室珍藏名畫真蹟二卷　民國二十四年(1935)百研室影印本　二册

330000－1701－0065313　M001449　子部/藝術類/書畫之屬

優曇集一卷　李金鈞書　李鍾鈺輯　民國上海中華書局影印本　一册

330000－1701－0065314　HJL8536　史部/傳記類/總傳之屬/斷代

南吴舊話録二十四卷補遺一卷附録一卷　(清)李延昰口授　(清)李尚絅補撰　(清)李漢徵引釋　(清)蔣烈編　民國四年(1915)鉛印本　六册

330000－1701－0065315　GP03509　子部/藝術類/書畫之屬/法帖

石門山人臨千字文一卷臨十七帖一卷臨閣帖一卷　徐世昌書　民國十七年(1928)影印本　三册

330000－1701－0065316　GP20326　子部/藝術類/書畫之屬/畫譜

張鵬翎山水畫册一卷　張鵬翎繪　民國二十四年(1935)榮寶齋影印本　一册

330000－1701－0065317　GP03761　類叢部/叢書類/彙編之屬

萬有叢書　民國二十年(1931)上海萬有書局石印本　一册　存一種

330000－1701－0065318　M001585　史部/目録類/書志之屬/題跋

百衲本已出十八史跋文彙刊一卷　上海商務印書館輯　民國二十五年(1936)上海商務印書館鉛印本　一册

330000－1701－0065319　M001570　子部/天文曆算類/曆法之屬

中華民國二十年曆書一卷　上海市政府社會局編　民國十九年(1930)鉛印本　一册

330000－1701－0065321　HJL7794　史部/目録類/總録之屬/地方

大清畿輔書徵四十一卷　徐世昌纂　民國天津徐氏鉛印本　十六册

330000－1701－0065329　GP03762　子部/藝術類/書畫之屬/法帖

初拓真賞齋法帖三卷　民國九年(1920)上海有正書局影印本　一册

330000－1701－0065330　GP03763　子部/藝術類/書畫之屬/法帖

初拓真賞齋法帖三卷　民國上海有正書局影印本　一册

330000－1701－0065333　普951.068/4022　類叢部/叢書類/彙編之屬

適園叢書七十四種　張鈞衡編　民國二年至六年(1913－1917)烏程張氏刻本(唐大詔令集卷十四至二十四、八十七至九十八原缺)　一册　存一種

330000－1701－0065335　普814.7/31441/c1　集部/别集類/清别集

素心簃集四卷詩集二卷　(清)顧蓮撰　高燮輯　民國二年(1913)金山高氏寒隱草堂刻本　三册

330000－1701－0065337　普814.7/31441/c2　集部/别集類/清别集

素心簃集四卷詩集二卷　(清)顧蓮撰　高燮輯　民國二年(1913)金山高氏寒隱草堂刻本　三册

330000－1701－0065341　普814.7/3340　類叢部/叢書類/彙編之屬

燕京大學圖書館叢書　燕京大學圖書館編　民國北平燕京大學圖書館鉛印本暨影印本

一册　存一種

330000－1701－0065346　普814.7/3372　集部/别集類/清别集

艮齋遺集四卷　(清)梁殿象撰　(清)韓旭(清)薛應祥編輯　民國二十二年(1933)王從龍石印本　一册

330000－1701－0065347　GP20327　子部/藝術類/書畫之屬/畫譜

陸廉夫十萬圖一卷附果品一卷　陸恢繪　民國影印本　一册

330000－1701－0065350　M001571　集部/詩文評類

中國文學概要一卷　袁厚之編　民國二十七年(1938)海雲藝文社鉛印本　一册

330000－1701－0065352　M001572　子部/宗教類/佛教之屬

佛學叢書□□種　民國上海商務印書館鉛印本　一册　存一種

330000－1701－0065356　HJL8537　史部/傳記類/日記之屬

越縵堂日記補不分卷(清咸豐四年三月十四日至同治二年三月三十日)　(清)李慈銘撰　民國二十五年(1936)上海商務印書館影印本　十三册

330000－1701－0065358　GP03510　子部/藝術類/書畫之屬/法帖

右任墨緣第一集不分卷　于右任書　民國二十一年(1932)蘇州友聲文藝社影印本　二册

330000－1701－0065362　HJL7795　史部/目録類/總録之屬/官修

江蘇第一圖書館覆校善本書目四卷　胡宗武　曹掾梁編　民國七年(1918)南京江蘇第一圖書館鉛印本　四册

330000－1701－0065363　普814.7/31443/3　類叢部/叢書類/家集之屬

顧氏家集十種　顧燮光編　民國十八年(1929)會稽顧氏金佳石好樓鉛印本暨石印本　二册　存二種

330000－1701－0065365　普951.068/4438.2　類叢部/叢書類/彙編之屬

遯盦叢編甲集四種乙集七種　吳隱編　民國二年至五年(1913－1916)西泠印社木活字印本　一册　存一種

330000－1701－0065366　M001573　子部/農家農學類/總論之屬

農業工學一卷　民國石印本　一册

330000－1701－0065369　M001574　集部/别集類/明别集

沈石田先生詩文集十卷　(明)沈周撰　(清)錢謙益輯　民國四年(1915)上海同文圖書館、樂善堂書局石印本　八册

330000－1701－0065375　普951.068/6037　史部/雜史類/斷代之屬

明季史料零拾一卷　羅福頤輯　民國二十三年(1934)庫籍整理處石印本　一册

330000－1701－0065376　GP20332　子部/藝術類/書畫之屬/畫譜

陸廉夫冷香居士記事圖册不分卷　陸恢繪　民國十九年(1930)上海中華書局影印本　一册

330000－1701－0065381　M001450　子部/雜著類/雜説之屬

趨庭錄一卷　王一仁輯　民國二十四年(1935)鉛印本　一册

330000－1701－0065385　M001575　集部/别集類

誦芬堂文稿七編三卷　錢文選撰　民國三十七年(1948)鉛印本　一册

330000－1701－0065386　GP20334　子部/藝術類/書畫之屬/畫譜

張若靄山水册一卷　(清)張若靄繪　民國二十年(1931)上海文明書局影印本　一册

330000－1701－0065388　普814.7/3410/c1　類叢部/叢書類/郡邑之屬

吳興叢書六十六種　劉承幹編　民國吳興劉氏嘉業堂刻本　一册　存一種

330000－1701－0065391　HJL8120　史部/傳記類/別傳之屬

楊仁山居士[文會]別傳一卷　張爾田撰　民國刻本　一册

330000－1701－0065392　M001451　經部/四書類/大學之屬/傳說

大學古本質言一卷　(清)劉沅撰　民國十一年(1922)上海集雲軒據清豫誠堂刻本影印本　一册

330000－1701－0065394　普814.7/3410/c2　類叢部/叢書類/郡邑之屬

吴興叢書六十六種　劉承幹編　民國吴興劉氏嘉業堂刻本　一册　存一種

330000－1701－0065395　M001576　子部/術數類/相宅相墓之屬

陽宅安牀作灶真訣一卷　(唐)楊筠松撰　民國石印本　一册

330000－1701－0065397　GP04138　子部/藝術類/書畫之屬/法帖

宋搨淳化閣帖十卷　民國六年(1917)影印本　十册

330000－1701－0065399　M001577　集部/別集類

畏廬詩存二卷　林紓撰　民國十二年(1923)上海商務印書館鉛印本　一册

330000－1701－0065400　GP20336　子部/藝術類/書畫之屬/畫譜

張丹農畫集一卷　張丹農繪　民國二十五年(1936)影印本　一册

330000－1701－0065402　M001578　集部/詞類/別集之屬

碧春詞一卷皕鏡簃詞一卷　徐鋆撰　民國鉛印本　一册

330000－1701－0065404　GP04139　子部/藝術類/書畫之屬/法帖

宋搨淳化閣帖不分卷　民國九年(1920)上海文明書局影印本　三册

330000－1701－0065407　普814.7/3422　集部/別集類/清別集

春雨樓雜文一卷採香詞二卷春雨樓詩一卷附錄一卷　(清)沈彩撰　民國十三年(1924)上虞羅氏蟫隱廬影印本　一册

330000－1701－0065408　GP20339　子部/藝術類/書畫之屬

遯盦遺蹟一卷　吴隱書并繪　民國十二年(1923)影印本　一册

330000－1701－0065409　M001452　集部/別集類

巢海棠巢壬戌集一卷二硯齋詩集一卷　葉堯階撰　民國十四年(1925)石印本　一册

330000－1701－0065413　M001579　集部/詞類/別集之屬

半櫻詞續二卷　林鶤翔撰　民國二十七年(1938)鉛印本　一册

330000－1701－0065415　GP20340　子部/藝術類/書畫之屬/畫譜

新羅山人百獸圖一卷　(清)華嵒繪　民國十六年(1927)影印本　一册

330000－1701－0065421　GP04346　子部/藝術類/書畫之屬/法帖

王次仲墨寶一卷　(漢)王次仲書　民國四年(1915)影印本　一册

330000－1701－0065425　HJL8122　史部/雜史類/斷代之屬

蒙古源流箋證八卷首一卷　沈曾植撰　張爾田校補　民國二十一年(1932)嘉興沈氏刻朱印本　二册

330000－1701－0065428　GY02006　子部/藝術類/書畫之屬/法帖

漢郎中鄭固碑一卷　民國十七年(1928)上海商務印書館影印本　一册

330000－1701－0065429　普351.2/9927.02　類叢部/叢書類/自著之屬

永豐鄉人雜著八種續編六種附一種　羅振玉撰　民國十三年(1924)上虞羅氏鉛印本　一

册　存一種

330000－1701－0065430　HJL7532　史部/金石類/郡邑之屬/目録

河朔新碑目三卷附河南古物調查表證誤一卷　顧燮光撰　民國十五年(1926)上海科學儀器館鉛印本　一册

330000－1701－0065434　GY02007　子部/藝術類/書畫之屬/法帖

明搨乙瑛碑不分卷　民國四年(1915)上海藝苑真賞社影印本　一册

330000－1701－0065436　M001453　子部/藝術類/書畫之屬/法帖

衛生芻言不分卷附中華民國十六年曆本一卷　劉文玠撰　吴昌碩等書　民國十五年(1926)石印本　一册

330000－1701－0065438　普951.068/6722/5　史部/雜史類/斷代之屬

明季稗史初編十六種　(清)留雲居士輯　民國元年(1912)上海商務印書館鉛印本　六册

330000－1701－0065439　GP03759　子部/藝術類/書畫之屬/畫譜

近世一百名家畫集四卷　錢病鶴(錢雲鶴)編　民國七年(1918)圖畫研究會石印本　二册

330000－1701－0065446　M001454　集部/別集類/明別集

洶美堂詩集九卷　(明)楊文驄撰　民國二十五年(1936)刻本　二册

330000－1701－0065448　普951.068/6722.02　史部/雜史類/斷代之屬

明季稗史續編六種　民國元年(1912)上海商務印書館鉛印本　三册

330000－1701－0065451　HJL8124　史部/詔令奏議類/奏議之屬

陳侍御奏稿四卷　陳善同撰　民國二年(1913)河南商務印刷所鉛印本　四册

330000－1701－0065458　M001581　史部/政書類/公牘檔册之屬

中華教育文化基金董事會第六次報告一卷　中華教育文化基金董事會編　民國二十年(1931)鉛印本　一册

330000－1701－0065459　M001455　史部/地理類/專志之屬/寺觀

廣壽慧雲寺志七卷　(清)丁丙　(清)孫峻輯　民國十七年(1928)玉照堂刻藍印本　二册

330000－1701－0065466　HJL7535　史部/金石類/總志之屬/目録

金石書目十卷美術類附錄一卷雜誌類附錄一卷補遺一卷書名索引一卷人名索引一卷　黄立猷輯　民國十五年(1926)沔陽黄立猷鉛印本　二册

330000－1701－0065469　GP03764　子部/藝術類/書畫之屬/法帖

宋拓淳熙祕閣續法帖十卷　民國有正書局石印本(卷二、八原缺)　四册

330000－1701－0065471　HJH7803　史部/紀傳類/正史之屬

新元史二百五十七卷　柯劭忞撰　民國天津徐世昌退耕堂刻本　六十册

330000－1701－0065472　M001456　史部/地理類/方志之屬/郡縣志

新修績谿縣志目錄一卷　績谿縣志館編　民國油印本　一册

330000－1701－0065476　GP04632　子部/藝術類/書畫之屬/書法書品

書法傳真四集　周氏家塾輯　民國周氏家塾石印本　四册

330000－1701－0065478　M001582　子部/雜著類

上帝大中一卷　民國北京道德學社鉛印本　一册

330000－1701－0065479　M001457　史部/地理類/方志之屬

績谿縣志館組織規程一卷附職員辦事細則特聘編纂簡則職員一覽表　績谿縣志館編　民國油印本　一册

330000－1701－0065483　GY02008　子部/藝術類/書畫之屬/法帖
漢郙閣頌一卷　（清）端芳藏　民國十八年(1929)上海神州國光社影印本　一冊

330000－1701－0065484　M001583　史部/地理類/遊記之屬/紀勝
青島指南六卷　民國鉛印本　一冊

330000－1701－0065487　GY02009　子部/藝術類/書畫之屬/法帖
明搨衡方碑不分卷　民國十三年(1924)上海文明書局影印本　一冊

330000－1701－0065488　M001458　史部/地理類/方志之屬
績谿縣志館采訪表一卷　績谿縣志館編　民國油印本　一冊

330000－1701－0065489　GP04633　子部/藝術類/書畫之屬/書法書品
書法傳真第三集一卷　周氏家塾輯　民國周氏家塾石印本　周志輔題記　一冊

330000－1701－0065492　M001584　史部/目録類/總録之屬/私撰
杭州抱經堂舊書錄目不分卷　杭州抱經堂書局編　民國十四年(1925)杭州抱經堂書局石印本　一冊

330000－1701－0065498　HJL7536　集部/總集類/酬唱之屬
檀樹詩集二卷　邱菽園輯　民國十五年(1926)鉛印本　二冊

330000－1701－0065500　GY02011　子部/藝術類/書畫之屬/法帖
漢尹宙碑舊拓本不分卷　秦文錦藏　民國十三年(1924)上海藝苑真賞社影印本　金致淇題記　一冊

330000－1701－0065501　GP04634　子部/藝術類/書畫之屬/書法書品
書法傳真第三集一卷　周氏家塾輯　民國周氏家塾石印本　一冊

330000－1701－0065503　M001459　史部/政書類/通制之屬
歷代章制講義二卷　柯□□編　民國油印本　二冊

330000－1701－0065504　GP04635　子部/藝術類/書畫之屬/書法書品
書法傳真第三集一卷　周氏家塾輯　民國周氏家塾石印本　一冊

330000－1701－0065511　GY02012　子部/藝術類/書畫之屬/法帖
漢韓仁碑一卷　民國二十三年(1934)上海商務印書館影印本　一冊

330000－1701－0065514　普 814.7/40051　類叢部/叢書類/郡邑之屬
雲南叢書初編一百四十一種二編三十七種　趙藩　陳榮昌等輯　民國雲南叢書處刻本　一冊　存一種

330000－1701－0065519　GP04637　子部/藝術類/書畫之屬/畫譜
望雲軒名畫全集五卷　吳頣編　民國十二年(1923)上海慎修書社影印本　一冊　存一卷(五)

330000－1701－0065520　GY02013　子部/藝術類/書畫之屬/法帖
天一閣宋拓劉熊碑雙鉤本一卷　（清）趙之謙橅鉤　民國十年(1921)上海中華書局影印本　一冊

330000－1701－0065525　普 814.7/3431/c1　集部/別集類/清別集
沈氏羣峯集五卷外集一卷韓詩故二卷　（清）沈清瑞撰　民國二十二年(1933)上海鉛印本　二冊

330000－1701－0065526　GP04641　子部/藝術類/書畫之屬/法帖
譚祖安先生書麻姑仙壇記不分卷　譚延闓書　民國二十三年(1934)上海商務印書館影印本　二冊

330000－1701－0065527　GY02015　史部/

金石類/石之屬

宋拓漢婁壽碑不分卷 民國影印本 一冊

330000－1701－0065533 普 814.7/3431/c2 集部/別集類/清別集

沈氏羣峯集五卷外集一卷韓詩故二卷 （清）沈清瑞撰 民國二十二年（1933）上海鉛印本 二冊

330000－1701－0065537 GY02017 子部/藝術類/書畫之屬/法帖

明拓齊脩孔子廟碑一卷 （北齊）樊遜書 民國二十二年（1933）上海商務印書館影印本 王準題記 一冊

330000－1701－0065539 GP04642 子部/藝術類/書畫之屬/法帖

譚祖安先生書麻姑仙壇記不分卷 譚延闓書 民國二十五年（1936）上海商務印書館影印本 二冊

330000－1701－0065540 M001586 集部/戲劇類/總集之屬/傳奇

玉獅堂傳奇十種 （清）陳烺撰 民國石印本 六冊 存四種

330000－1701－0065542 普 814.7/4013/c1 集部/別集類

清道人遺集二卷佚稿一卷擴遺一卷附錄一卷 李瑞清撰 民國二十八年（1939）臨川李健鉛印本 三冊

330000－1701－0065544 GY02018 史部/金石類/石之屬/圖像

百漢碑硯縮刻不分卷 （清）萬承紀縮摹 民國石印本 翟翥題記 一冊

330000－1701－0065548 普 814.7/4013/c2 集部/別集類

清道人遺集二卷佚稿一卷擴遺一卷附錄一卷 李瑞清撰 民國二十八年（1939）臨川李健鉛印本 三冊

330000－1701－0065550 GP04643 子部/藝術類/書畫之屬

袁規厂藏名人書畫冊不分卷 民國十一年（1922）上海中華書局影印本 一冊

330000－1701－0065553 GY02019 史部/金石類/石之屬/文字

漢熹平石經不分卷 阿維越輯 民國二十年（1931）上海神州國光社影印本 一冊

330000－1701－0065554 普 814.7/4013/c3 集部/別集類

清道人遺集二卷佚稿一卷擴遺一卷附錄一卷 李瑞清撰 民國二十八年（1939）臨川李健鉛印本 三冊

330000－1701－0065559 GP04646、GP04647、GP04648、GP04649、GP04650 子部/藝術類/書畫之屬

神州國光集 程葆元編 民國二十四年至二十五年（1935－1936）上海神州國光社影印本 五冊 存五種

330000－1701－0065563 GP03922 史部/金石類/石之屬/通考

石鼓文疏記一卷 馬敘倫撰 民國二十四年（1935）上海商務印書館影印本 一冊

330000－1701－0065564 普 814.7/34301/c1 集部/別集類/清別集

鍥不舍齋文集四卷詩一卷 （清）李祖望撰 李肇偁輯 民國十三年（1924）江都李氏半畝園刻本 二冊

330000－1701－0065565 M001587、M002185、M006527、M007318 子部/小說家類/異聞之屬

勸戒錄類編三十二章 （清）梁恭辰撰 丁福保編 民國十一年（1922）上海中華書局鉛印本 四冊

330000－1701－0065567 GP03923 子部/藝術類/書畫之屬/法帖

臨標準草書千字文一卷 于右任書 民國三十六年（1947）正中書局石印本 一冊

330000－1701－0065568 普 814.7/34301/c2 集部/別集類/清別集

鍥不舍齋文集四卷詩一卷 （清）李祖望撰

李肇偁輯　民國十三年(1924)江都李氏半畝園刻本　二册

330000－1701－0065569　M001460　集部/總集類/選集之屬/斷代

三唐人集　繆荃孫輯　民國四年(1915)刻二十二年(1933)印本　二册

330000－1701－0065579　HJH8544　史部/政書類/邦計之屬/地政

嘉興求減浮糧書不分卷　金蓉鏡編　民國三年(1914)鉛印本　一册

330000－1701－0065580　HJH8545　史部/政書類/邦計之屬/賦稅

均賦餘議坿雜稿一卷　金蓉鏡輯　民國六年(1917)鉛印本　一册

330000－1701－0065584　M001588、M608177　史部/目録類/總録之屬/官修

壬子文瀾閣所存書目五卷　錢恂編　**文瀾閣目補一卷**　章箴編　民國元年(1912)浙江圖書館刻十二年(1923)補刻本　二册　存三卷(一至三)

330000－1701－0065588　M001589　史部/雜史類/斷代之屬

國語詳注二十一卷　沈鎔輯注　民國十三年(1924)上海文明書局、中華書局鉛印本　四册

330000－1701－0065589　M001590　子部/雜著類/雜説之屬

印雪軒隨筆四卷　(清)俞鴻漸撰　民國十八年(1929)上海掃葉山房石印本　四册

330000－1701－0065598　HJL8112　史部/雜史類

太平天國史料第一集　程演生輯　民國十五年(1926)北京大學出版部影印本暨鉛印本　三册　存九種

330000－1701－0065605　HJL8113　史部/叢編

蒙古史料校注四種附二種　王國維撰　民國十五年(1926)清華學校研究院鉛印本　四册

330000－1701－0065612　M001461　子部/術數類/相宅相墓之屬

陽宅都天發用全書一卷　民國上海大成書局石印本　一册

330000－1701－0065613　HJL7549　史部/金石類

非儒非俠齋金石叢著十種　顧燮光撰　民國會稽顧氏金佳石好樓石印本暨鉛印本　一册　存一種

330000－1701－0065616　M001592　集部/别集類

悼亡詩十二章一卷　朱維彬撰　民國十四年(1925)石印本　一册

330000－1701－0065618　HJH7550　類叢部/叢書類/彙編之屬

丁丑叢編十種　趙詒琛　王大隆編　民國二十六年(1937)鉛印本　一册　存一種

330000－1701－0065619　M001462　子部/醫家類/類編之屬

家庭醫藥顧問社醫藥叢書　家庭醫藥顧問社出版部輯　民國鉛印本　一册　存一種

330000－1701－0065622　M001593　類叢部/叢書類/彙編之屬

有不爲齋叢書　林語堂編　民國上海時代圖書公司鉛印本　一册　存一種

330000－1701－0065627　M001463　史部/地理類/專志之屬/寺觀

洛陽伽藍記注五卷　周延年撰　民國二十六年(1937)萬潔齋石印本　一册

330000－1701－0065629　HJL7363　類叢部/叢書類/郡邑之屬

雲南叢書初編一百四十一種二編三十七種　趙藩　陳榮昌等輯　民國雲南叢書處刻本　十八册　存一種

330000－1701－0065630　GP04798　子部/藝術類/書畫之屬/畫譜

寉巢人物畫稿三千法二集六卷　王寉撰並繪　民國十八年(1929)上海碧梧山莊石印本

六冊

330000－1701－0065631　HJL8554　史部/紀傳類/正史之屬
百衲本二十四史　張元濟輯　民國上海商務印書館影印本　三十六冊　存一種

330000－1701－0065632　M001464　子部/醫家類/養生之屬
養壽詩歌六卷　步翼鵬輯　民國十五年(1926)鉛印本　二冊

330000－1701－0065634　HJL8130　類叢部/叢書類/彙編之屬
龍潭精舍叢刻十五種　劉海涵編　民國十年至二十年(1921－1931)刻本　二冊　存一種

330000－1701－0065638　M001595　集部/總集類/題詠之屬
敬渠公六十還山又讀書圖題詠冊一卷　馬斯臧輯　民國二十二年(1933)鉛印本　一冊

330000－1701－0065645　M001596　集部/別集類
陳烈士勒生遺集五卷　陳子範撰　民國六年(1917)南社鉛印本　一冊

330000－1701－0065646　GP04958　子部/藝術類/書畫之屬/法帖
歷代碑帖大觀五十種　高時顯輯　民國二十四年(1935)上海中華書局影印本　五十冊

330000－1701－0065647　GP04878　子部/藝術類/書畫之屬/法帖
宋錦贉題第一集不分卷　顧印愚書　民國三年(1914)北京財政部印刷局影印本　江庸題記　一冊

330000－1701－0065648　M001465　集部/別集類
淑園文集二卷詩存一卷傫然室憶語一卷　陳宗蕃撰　民國二十六年(1937)鉛印本暨影印本　一冊　缺二卷(文集一至二)

330000－1701－0065653　M001466　史部/雜史類/通代之屬
戰史講義四卷　民國石印本　一冊

330000－1701－0065654　GP12360　子部/藝術類/書畫之屬
水流雲在圖記二卷　陳夔龍撰　民國二年(1913)石印本　二冊

330000－1701－0065655　GP12366　子部/藝術類/書畫之屬/畫譜
齊白石畫集一卷　齊白石(齊璜)繪　民國上海中華書局影印本　一冊

330000－1701－0065656　GP12379　子部/藝術類/書畫之屬
陳白陽書畫冊一卷　(明)陳淳書並繪　民國十九年(1930)上海神州國光社影印本　一冊

330000－1701－0065657　GP12380　子部/藝術類/書畫之屬/畫譜
明錢忠敏公山水畫冊一卷　(明)錢旭繪　民國二十三年(1934)上海商務印書館影印本　一冊

330000－1701－0065658　普814.7/3126　集部/別集類/清別集
愧齋遺稿四卷　(清)顧我愚撰　民國十七年(1928)鉛印本　二冊

330000－1701－0065659　M001467　子部/雜著類/雜纂之屬
小兒戲三卷　陳立樹撰　民國十年(1921)迎瑞堂木活字印本　一冊

330000－1701－0065661　GP04901　史部/目録類/專録之屬
寶禮堂宋本書錄四卷附一卷　潘宗周編　民國二十八年(1939)南海潘氏鉛印本　四冊

330000－1701－0065662　M001468　子部/農家農學類/農藝之屬/作物種植
作物通論講義一卷　江蘇省立第二農校編　民國油印本　一冊

330000－1701－0065663　M001469　子部/藝術類/音樂之屬
蒔薰精舍叢著　虞和欽撰　民國十九年

(1930)蒔薰精舍鉛印本　一册　存二種

330000－1701－0065664　GP04989　經部/小學類/文字之屬/字書/古文

六朝別字記一卷　(清)趙之謙撰　民國十年(1921)上海商務印書館影印本　一册

330000－1701－0065665　普814.7/3434/c1　類叢部/叢書類/彙編之屬

中國書店影印書　中國書店輯　民國中國書店影印本　二册　存一種

330000－1701－0065667　GY02021　子部/藝術類/書畫之屬/法帖

宋搨孔宙碑一卷　民國十八年(1929)文明書局、中華書局影印本　一册

330000－1701－0065669　HJH8557　史部/雜史類/斷代之屬

宋滕忠節公使金本末一卷　(明)宋濂撰　(清)滕如瑞注　**滕忠節公遺詩一卷**　(宋)滕茂實撰　民國二十四年(1935)寶山滕氏鉛印本　一册

330000－1701－0065670　GP05093　子部/藝術類/書畫之屬/畫譜

費曉樓百美畫譜二卷　(清)費丹旭繪　蕉影書屋藏　民國十五年(1926)上海世界書局石印本　二册

330000－1701－0065671　M001597　集部/別集類

蓬萊講話錄一卷　吳佩孚撰　民國北京天華館鉛印本　一册

330000－1701－0065672　GY02022　子部/藝術類/書畫之屬/法帖

最初拓禮器碑不分卷　民國十年(1921)有正書局石印本　二册

330000－1701－0065676　M001470　史部/傳記類/別傳之屬/事狀

王佩瑤先生六秩雙壽壽言一卷　王化仁　王化逢輯　民國十八年(1929)廣文印書館影印本暨鉛印本　一册

330000－1701－0065677　普814.7/3434/c2　類叢部/叢書類/彙編之屬

中國書店影印書　中國書店輯　民國中國書店影印本　二册　存一種

330000－1701－0065678　M001598　子部/宗教類/其他宗教之屬/其他

衆喜粗言五卷　(清)陳衆喜撰　民國十八年(1929)謝氏尚德齋刻本　五册

330000－1701－0065681　GY02023　子部/藝術類/書畫之屬/法帖

匋齋臧漢武梁祠畫象題榜字一卷　(清)端方藏　民國石印本　一册

330000－1701－0065683　M001471　史部/傳記類/別傳之屬/事狀

六譯先生[廖季平]追悼錄一卷　四川各界悼廖大會輯　民國二十二年(1933)鉛印本　一册

330000－1701－0065687　M001599　集部/別集類

寥天一廬文稿一卷詩稿一卷　余重耀撰　民國鉛印本　一册

330000－1701－0065689　GP05515　子部/藝術類/書畫之屬/畫譜

戴醇士爲何子貞畫山水册不分卷　(清)戴熙繪　民國二十三年(1934)上海商務印書館影印本　一册

330000－1701－0065691　M001472　史部/傳記類/別傳之屬/事狀

陳英士先生紀念全集九卷　何仲簫編　民國十九年(1930)鉛印本　二册

330000－1701－0065693　GP05516　子部/藝術類/書畫之屬

媚秋堂藏名人書畫不分卷　馬氏媚秋堂藏　民國二十五年(1936)上海商務印書館影印本　一册

330000－1701－0065698　M001600　類叢部/叢書類/彙編之屬

金陵大學中國文化研究所叢刊　金陵大學中

國文化研究所編　民國金陵大學中國文化研究所刻本、鉛印本暨影印本　竹翁題記　一冊　存一種

330000－1701－0065699　GY02027　史部/金石類/石之屬/文字

初拓晉三臨辟雍碑一卷　民國二十五年(1936)上海中華書局影印本　一冊

330000－1701－0065702　GP05572　子部/藝術類/書畫之屬/畫法畫品

繪事津梁不分卷　蔣寄生編　民國三年(1914)梅花館石印本　三冊

330000－1701－0065705　GY02028　子部/藝術類/書畫之屬/法帖

明拓漢孔宙碑碑陰不分卷　民國上海有正書局影印本　一冊

330000－1701－0065709　M001601　史部/地理類/遊記之屬/紀勝

魯鄒聖跡記一卷附登泰山詩一卷　張肇崧撰　民國五年(1916)鉛印本　一冊

330000－1701－0065711　GY02031　子部/藝術類/書畫之屬/法帖

漢譙敏碑一卷　范頤菴藏　民國有正書局石印本　一冊

330000－1701－0065715　GP05738　子部/藝術類/書畫之屬/法帖

篆文孝經一卷　(清)吴大澂書　民國八年(1919)蘇州振新書社影印本　一冊

330000－1701－0065717　M001602　類叢部/叢書類/彙編之屬

曲石叢書二十種　李根源編　民國鉛印本　一冊　存一種

330000－1701－0065719　GY02035、GY02039　子部/藝術類/書畫之屬/法帖

慈洲樓叢帖□□種　羅迦陵輯　民國上海愛儷園影印本　二冊　存二種

330000－1701－0065724　HJH7333　子部/藝術類/書畫之屬/總論

三虞堂書畫目二卷附碑帖目一卷論書畫詩二卷　(清)景賢撰　蘇宗仁編　民國二十二年(1933)北平蘇宗仁鉛印本　一冊

330000－1701－0065725　普814.7/3440/c1　類叢部/叢書類/郡邑之屬

吴興叢書六十六種　劉承幹編　民國吴興劉氏嘉業堂刻本　八冊　存一種

330000－1701－0065726　GY02036　子部/藝術類/書畫之屬/法帖

廣武將軍碑不分卷　民國七年(1918)上海商務印書館影印本　一冊

330000－1701－0065730　HJL7334　史部/金石類/總志之屬

湫漻齋叢書十種　陳準輯　民國瑞安陳氏刻本　一冊　存一種

330000－1701－0065731　GY02037　子部/藝術類/書畫之屬/法帖

漢幽州刺史朱君碑不分卷　民國上海有正書局影印本　一冊

330000－1701－0065734　普814.7/3440/c3　類叢部/叢書類/郡邑之屬

吴興叢書六十六種　劉承幹編　民國吴興劉氏嘉業堂刻本　八冊　存一種

330000－1701－0065735　M001603　類叢部/叢書類/自著之屬

庸謹堂叢書　民國鉛印本　一冊　存一種

330000－1701－0065743　M001604　史部/傳記類/別傳之屬/事狀

楊氏重闈紀念集一卷　楊祖賢輯　**燕居小志一卷**　楊祖賢撰　民國十七年(1928)鉛印本　一冊

330000－1701－0065745　HJH7335　類叢部/叢書類/自著之屬

勱堂遺書八種　顧家相撰　民國八年至十九年(1919－1930)會稽顧氏鉛印本　一冊　存一種

330000－1701－0065747　M001473　子部/

宗教類/佛教之屬
佛學院講義□□種 民國鉛印本 一册 存一種

330000－1701－0065749 GY02041 史部/金石類/石之屬
魏封宗聖侯孔羡碑不分卷 民國有正書局石印本 一册

330000－1701－0065751 HJL7336 史部/地理類/雜志之屬
金陵歲時記一卷 潘宗鼎撰 民國十八年(1929)鉛印鳳臺山館雜著本 潘宗鼎題記 一册

330000－1701－0065753 HJH8563 史部/傳記類/總傳之屬/郡邑
皖志列傳稿九卷 金天翮撰 民國二十五年(1936)鉛印本 八册

330000－1701－0065755 GY02043 經部/群經總義類/石經之屬
三體石經未裂本一卷 民國十三年(1924)上海文明書局影印本暨鉛印本 一册

330000－1701－0065756 HJH7821 類叢部/叢書類/彙編之屬
又滿樓叢書十六種 趙詒琛編 民國九年至十四年(1920－1925)崑山趙氏又滿樓刻本 一册 存一種

330000－1701－0065762 M001474 集部/別集類/明別集
花王閣賸藁一卷 (明)紀坤撰 民國十三年(1924)石印本 一册

330000－1701－0065763 GY02044 子部/藝術類/書畫之屬/法帖
漢李翕西狹頌不分卷 民國石印本 一册

330000－1701－0065765 HJH8564 史部/地理類/專志之屬/寺觀
洛陽伽藍記注五卷 周延年撰 民國二十六年(1937)萬潔齋石印本 一册

330000－1701－0065767 HJL7337 史部/金石類/總志之屬
陳氏金石叢書□□種 陳準輯 民國瑞安陳準湫漻齋刻本 二册 存一種

330000－1701－0065768 HJH7820 類叢部/叢書類/彙編之屬
又滿樓叢書十六種 趙詒琛編 民國九年至十四年(1920－1925)崑山趙氏又滿樓刻本 一册 存一種

330000－1701－0065771 GY02045 子部/藝術類/書畫之屬/法帖
明拓史晨後碑一卷 (清)翁同龢鑒定 民國石印本 一册

330000－1701－0065774 HJL7338 史部/金石類/總志之屬
陳氏金石叢書□□種 陳準輯 民國瑞安陳準湫漻齋刻本 二册 存一種

330000－1701－0065777 M001475 類叢部/叢書類/自著之屬
靈南遺箸 馮國鑫撰 民國十一年(1922)鉛印本 一册 存二種

330000－1701－0065778 HJL7339 史部/金石類/總志之屬
湫漻齋叢書十種 陳準輯 民國瑞安陳氏刻本 一册 存一種

330000－1701－0065779 HJL7340 史部/金石類/總志之屬
湫漻齋叢書十種 陳準輯 民國瑞安陳氏刻本 一册 存一種

330000－1701－0065782 HJL7341 史部/金石類/總志之屬
湫漻齋叢書十種 陳準輯 民國瑞安陳氏刻本 一册 存一種

330000－1701－0065790 M001476 子部/藝術類/書畫之屬/法帖
康南海一天園記一卷 康有爲書 民國七年(1918)上海有正書局石印本 一册

330000－1701－0065793 普 814.7/34421/c1

類叢部/叢書類/郡邑之屬
吳興叢書六十六種 劉承幹編 民國吳興劉氏嘉業堂刻本 二册 存一種

330000－1701－0065796 M001477 史部/金石類/甲骨之屬/通考
甲骨書錄解題五卷附錄二卷甲骨論文解題三卷附錄一卷甲骨學論著索引一卷 邵子風撰 民國二十四年(1935)上海商務印書館石印本 一册

330000－1701－0065797 普814.7/34421/c2 類叢部/叢書類/郡邑之屬
吳興叢書六十六種 劉承幹編 民國吳興劉氏嘉業堂刻本 二册 存一種

330000－1701－0065798 HJL7342 史部/金石類/總志之屬
湫漻齋叢書十種 陳準輯 民國瑞安陳氏刻本 一册 存一種

330000－1701－0065804 HJL7566 史部/目録類/總録之屬/官修
南京圖書局閱覽室檢查書目二編五卷 南京圖書局編 民國南京圖書局鉛印本 一册 存三卷(經、史、子)

330000－1701－0065805 HJL7343 史部/金石類/總志之屬
湫漻齋叢書十種 陳準輯 民國瑞安陳氏刻本 一册 存一種

330000－1701－0065806 GY02046 史部/金石類/石之屬/文字
晉任城太守夫人孫氏之碑一卷 民國石印本 一册

330000－1701－0065807 HJL7825 類叢部/叢書類/自著之屬
多伽羅香館叢書□□種 張采田撰 民國元年(1912)孱守齋刻本 四册 存一種

330000－1701－0065811 HJL7344 史部/金石類/總志之屬
湫漻齋叢書十種 陳準輯 民國瑞安陳氏刻本 一册 存一種

330000－1701－0065813 M001605 集部/總集類/選集之屬/斷代
虞美人詩錄一卷 林爾嘉編 民國五年(1916)鉛印本 一册

330000－1701－0065814 HJL8569 史部/傳記類/日記之屬
緣督廬日記抄十六卷(清同治九年閏十月至民國六年九月) 葉昌熾撰 王季烈輯 民國二十二年(1933)上虞羅氏上海蟫隱廬石印本 十六册

330000－1701－0065816 HJL7345 史部/金石類/總志之屬
湫漻齋叢書十種 陳準輯 民國瑞安陳氏刻本 一册 存一種

330000－1701－0065818 M001478 集部/別集類
敉廬吟草二卷 朱允中撰 民國二十三年(1934)鉛印本 一册

330000－1701－0065819 GP07939 史部/傳記類/別傳之屬/事狀
嵊縣趙詩高公紀念集不分卷 民國二十一年(1932)影印本 一册

330000－1701－0065823 M001606 集部/別集類
惺龕詩稿十卷 周鍾嶽撰 民國二十三年(1934)上海中華書局鉛印本 一册

330000－1701－0065824 HJL7567 類叢部/叢書類/郡邑之屬
錫山掌故叢書 民國無錫縣圖書館木活字印本 一册 存一種

330000－1701－0065825 M001479 集部/別集類
庚午集一卷 張朝墉撰 民國十九年(1930)鉛印本 一册

330000－1701－0065826 HJL7346 史部/金石類/總志之屬
湫漻齋叢書十種 陳準輯 民國瑞安陳氏刻本 一册 存二種

330000－1701－0065830　M001607　集部/戲劇類/總集之屬/傳奇

暖紅室彙刻傳奇　劉世珩編　民國八年(1919)貴池劉氏暖紅室刻本　二册　存一種

330000－1701－0065832　GP07940　史部/傳記類/别傳之屬/事狀

嵊縣趙詩高公紀念集不分卷　民國二十一年(1932)影印本　一册

330000－1701－0065837　M001480　子部/宗教類/其他宗教之屬/基督教

靈言蠡勺二卷　(意大利)畢方濟口授　(明)徐光啓筆録　民國八年(1919)鉛印本　一册

330000－1701－0065838　GY02055、GY02056　類叢部/叢書類/彙編之屬

鳴沙石室佚書(鳴沙石室古佚書)初編十九種　羅振玉編　民國二年(1913)上虞羅氏據唐寫本影印本　二册　存二種

330000－1701－0065839　HJL7347　史部/金石類/總志之屬

湫漻齋叢書十種　陳準輯　民國瑞安陳氏刻本　一册　存二種

330000－1701－0065841　GP07942　子部/藝術類/書畫之屬

藝苑菁華第一集不分卷　海上書畫聯合會選　民國十五年(1926)上海文藝美術社影印本　一册

330000－1701－0065843　M001481、M007872　類叢部/叢書類/自著之屬

小雙寂庵叢書十九種　張惟驤撰　民國武進張氏小雙寂庵刻本　四册　存二種

330000－1701－0065844　HJL7348　史部/金石類/總志之屬

湫漻齋叢書十種　陳準輯　民國瑞安陳氏刻本　一册　存二種

330000－1701－0065849　HJL7349　史部/金石類/總志之屬

湫漻齋叢書十種　陳準輯　民國瑞安陳氏刻本　一册　存二種

330000－1701－0065851　HJL7350　史部/金石類/總志之屬

湫漻齋叢書十種　陳準輯　民國瑞安陳氏刻本　一册　存二種

330000－1701－0065852　HJL7351　史部/金石類/總志之屬

湫漻齋叢書十種　陳準輯　民國瑞安陳氏刻本　一册　存二種

330000－1701－0065856　普951.068/8324　類叢部/叢書類/彙編之屬

秀水金氏梅花草堂影印善本二種　金爾珍編　民國影印本　一册　存一種

330000－1701－0065857　HJL7352　史部/金石類/石之屬/雜著

唐李思訓碑校勘記六章　阮永埰撰　民國二十年(1931)鉛印本　一册

330000－1701－0065859　GY02058　子部/藝術類/書畫之屬/法帖

唐人十二月朋友相聞書一卷　民國二十三年(1934)國立北平故宫博物院影印本　一册

330000－1701－0065861　普814.7/4030　類叢部/叢書類/自著之屬

李文忠公全集六種一百六十五卷首一卷　(清)李鴻章撰　(清)吳汝綸編録　民國十年(1921)上海商務印書館據金陵刻本影印本　一百册

330000－1701－0065862　HJH7353　史部/金石類/石之屬/雜著

唐李思訓碑校勘記六章　阮永埰撰　民國二十年(1931)鉛印本　一册

330000－1701－0065865　GY02059　子部/藝術類/書畫之屬/法帖

唐僧懷素自敘不分卷　(唐)釋懷素書　民國二十一年(1932)北平故宫博物院影印本　一册

330000－1701－0065866　HJH7354　史部/金石類/石之屬/雜著

唐李思訓碑校勘記六章　阮永埰撰　民國二

十年(1931)鉛印本　一冊

330000－1701－0065868　M001608　新學/農政/農務

農產製造學不分卷　吳香桂　王希素編　民國油印本　一冊

330000－1701－0065875　HJL7355　史部/傳記類/總傳之屬/忠孝

明季東莞五忠傳二卷　陳伯陶撰　民國十二年(1923)養和書局鉛印本　一冊

330000－1701－0065877　HJL7827　史部/政書類/軍政之屬

補漢兵志一卷　(宋)錢文子撰　民國五年(1916)南陵徐氏刻朱印本　一冊

330000－1701－0065878　GY02060　子部/宗教類/道教之屬

敦煌石室遺書三種　羅振玉輯　民國十三年(1924)上虞羅氏影印敦煌石室唐寫本　一冊

330000－1701－0065879　GP07943　子部/藝術類/書畫之屬/畫譜

沈石田兩江名勝圖冊不分卷　(明)沈周繪　民國二十九年(1940)上海商務印書館影印本　一冊

330000－1701－0065884　GY02062　子部/藝術類/書畫之屬/法帖

唐巍栖梧書善才寺碑一卷　民國上海有正書局影印本　一冊

330000－1701－0065886　GP07944　子部/藝術類/書畫之屬

神州大觀　民國上海神州國光社影印本　二冊　存二種

330000－1701－0065891　GY02065　子部/藝術類/書畫之屬/法帖

随丁道護書啓法寺碑一卷　民國十三年(1924)影印本　一冊

330000－1701－0065893　GP07945　子部/藝術類/書畫之屬/畫譜

黄端木萬里尋親圖冊一卷　(清)黄向堅繪　民國二十三年(1934)上海商務印書館影印本　一冊

330000－1701－0065896　M001482　集部/總集類/酬唱之屬

入吳聯吟小草一卷　陳夔龍等撰　民國十九年(1930)鉛印本　一冊

330000－1701－0065897　普 814.7/4037/2　集部/別集類/清別集

笠翁一家言全集十六卷　(清)李漁撰　民國十七年(1928)上海普益書局石印本　十冊

330000－1701－0065898　普 814.7/3450/c1　集部/別集類/清別集

陸湖遺集三卷　(清)沈成章撰　民國九年(1920)鉛印本　一冊

330000－1701－0065899　GY02070　子部/藝術類/書畫之屬/法帖

唐懷素真蹟一卷　(唐)釋懷素書　民國二十八年(1939)西泠印社影印本　一冊

330000－1701－0065901　M001483　集部/別集類

陳師曾遺詩二卷補一卷　陳衡恪撰　民國十九年(1930)石印本　一冊

330000－1701－0065903　GY02074　子部/藝術類/書畫之屬/法帖

有唐撫州南城縣麻姑山仙壇記一卷　(唐)顏真卿撰并書　民國石印本　一冊

330000－1701－0065904　普 814.7/3450/c2　集部/別集類/清別集

陸湖遺集三卷　(清)沈成章撰　民國九年(1920)鉛印本　一冊

330000－1701－0065906　普 814.7/3452/c1　集部/別集類/清別集

補拙草堂詩稿三卷文稿一卷　(清)褚成允撰　民國九年至十年(1920－1921)上海聚珍仿宋印書局鉛印本　二冊

330000－1701－0065908　GP07946　子部/藝術類/書畫之屬/畫譜

徐熙百花圖長卷不分卷 （五代）徐熙繪 民國三十五年（1946）上海文明書局、中華書局影印本 一冊

330000－1701－0065911 HJL7828 史部/傳記類/别傳之屬/事狀

慈禧三大功德紀五卷 吴光耀撰 民國成都昌福公司鉛印本 五冊

330000－1701－0065912 HJL7570 史部/地理類/遊記之屬/紀行

鄭州旅行記一卷 侯鴻鑑撰 民國十七年（1928）鉛印本 一冊

330000－1701－0065914 HJL7571 史部/地理類/遊記之屬/紀行

病驥癸亥旅行記五種 侯鴻鑑撰 民國十三年（1924）鉛印本 一冊

330000－1701－0065915 HJL7829 史部/雜史類/斷代之屬

辛壬春秋四十八卷 尚秉和纂輯 張鼎彝評點 民國十三年（1924）辛壬歷史編輯社刻本 劉承幹校 十六冊

330000－1701－0065916 普814.7/3452/c2 集部/别集類/清别集

補拙草堂詩稿三卷文稿一卷 （清）褚成允撰 民國九年至十年（1920－1921）上海聚珍仿宋印書局鉛印本 二冊

330000－1701－0065917 GP07947 子部/藝術類/書畫之屬/畫譜

陳老蓮歸去來圖不分卷 （明）陳洪綬繪 民國上海中華書局影印本 一冊

330000－1701－0065918 GY02076 子部/藝術類/書畫之屬/法帖

唐拓柳書金剛經一卷 （唐）柳公權書 民國二十三年（1934）上海中華書局影印本 一冊

330000－1701－0065919 M001484 集部/别集類

安樂鄉人詩四卷詩續一卷七十後詩一卷藥夢詞二卷詞續一卷七十後詞一卷 金兆蕃撰 民國二十年（1931）、二十八年（1939）刻本 一冊

330000－1701－0065921 GP07948 子部/藝術類/書畫之屬/畫譜

惲南田寫生冊十二葉不分卷 （清）惲格繪 民國二十五年（1936）上海中華書局影印本 一冊

330000－1701－0065924 HJL8572 史部/目録類/總録之屬/官修

壬子文瀾閣所存書目五卷 錢恂編 **文瀾閣目補一卷** 章箴編 民國元年（1912）浙江圖書館刻十二年（1923）補刻本 四冊

330000－1701－0065925 GP09395 子部/藝術類/書畫之屬/畫譜

王安節王宓草詩畫合冊不分卷 （清）王概（清）王蓍繪並書 民國十八年（1929）上海神州國光社影印本 一冊

330000－1701－0065926 GY02078 史部/金石類/石之屬/文字

初拓姬夫人誌不分卷 民國二十八年（1939）中華書局影印本 一冊

330000－1701－0065927 M001485 集部/别集類

遐庵彙稿第一輯三卷 葉恭綽撰 民國十九年（1930）鉛印本 四冊

330000－1701－0065929 HJH7573 史部/傳記類/總傳之屬/家乘

吴門滕氏世略抄一卷 （清）滕文昭撰 民國二十四年（1935）寶山滕氏鉛印本 一冊

330000－1701－0065931 GY02085 子部/藝術類/書畫之屬/法帖

唐虞世南臨蘭亭帖一卷 （唐）虞世南書 民國二十七年（1938）北平故宫博物院影印本 一冊

330000－1701－0065932 M001486 史部/金石類

非儒非俠齋金石叢著十種 顧燮光撰 民國會稽顧氏金佳石好樓石印本暨鉛印本 四冊 存三種

330000－1701－0065933　GP10033　子部/藝術類/書畫之屬/法帖
傅青主書詩稿墨蹟不分卷　(清)傅山書　民國七年(1918)上海有正書局影印本　一冊

330000－1701－0065935　HJL8573　史部/雜史類/斷代之屬
賊情彙纂十二卷　(清)張德堅等纂　民國二十一年(1932)南京國學圖書館影印本　六冊

330000－1701－0065936　HJL7830　史部/目録類/總録之屬/官修
崑山縣公立圖書館目錄不分卷　民國八年(1919)油印本　劉承幹題簽並記　一冊

330000－1701－0065938　GY02088　子部/藝術類/書畫之屬/法帖
定武蘭亭敘石刻一卷　(晉)王羲之書　(清)汪中審定　民國影印本　一冊

330000－1701－0065944　GY02089　子部/藝術類/書畫之屬/法帖
唐橅蘭亭真蹟一卷　民國上海佛記書局影印本　一冊

330000－1701－0065948　GY02090　子部/藝術類/書畫之屬/法帖
宋游丞相藏定武蘭亭王沇本不分卷　(晉)王羲之書　民國二十四年(1935)上海商務印書館影印本　一冊

330000－1701－0065951　GP12381　子部/藝術類/書畫之屬/畫譜
汪近人梅花冊不分卷　(清)汪士慎繪　民國十八年(1929)上海神州國光社影印本　一冊

330000－1701－0065952　GP12351　子部/藝術類/書畫之屬/法帖
南唐澄心堂拓右軍洛神賦全文一卷　(晉)王羲之書　民國二十四年(1935)上海商務印書館影印本　一冊

330000－1701－0065955　M001487　子部/農家農學類/農藝之屬/作物種植
作物育種學十三章　楊曾盛編　民國油印本　一冊

330000－1701－0065958　GP12352　子部/藝術類/書畫之屬/畫譜
清十二名家山水集不分卷　吳頤編　民國十六年(1927)上海慎修書社影印本　一冊

330000－1701－0065959　GY02091　子部/藝術類/書畫之屬/法帖
宋游丞相藏蘭亭宣城本一卷　(晉)王羲之書　民國十七年(1928)上海商務印書館影印本　一冊

330000－1701－0065960　GP12382　子部/藝術類/書畫之屬/畫録
程青溪釋石濤山水卷一卷　(清)程正揆　(清)釋道濟繪　民國十八年(1929)上海神州國光社影印本　一冊

330000－1701－0065963　M001488　史部/傳記類/別傳之屬/年譜
藝風老人[繆荃孫]年譜一卷　繆荃孫撰　**繆藝風先生行狀一卷**　夏孫桐撰　民國二十五年(1936)北平文祿堂刻本　一冊

330000－1701－0065965　HJL7834　史部/傳記類
杏蔭堂彙刻三種　許浩基撰　民國吳興許氏杏蔭堂鉛印本　一冊　存一種

330000－1701－0065966　GP12353　子部/藝術類/書畫之屬/畫法畫品
葉舟畫史一卷　葉爲銘編　民國二十五年(1936)影印本　一冊

330000－1701－0065969　GY02092　子部/藝術類/書畫之屬/法帖
宋拓王右軍書不分卷　(晉)王羲之書　民國十年(1921)上海商務印書館影印本　一冊

330000－1701－0065972　HJH7578　史部/傳記類/別傳之屬/事狀
魏文節公事略一卷　魏頌唐輯　民國二十五年(1936)鉛印本　一冊

330000－1701－0065975　GY02095　史部/傳記類/別傳之屬/墓誌
晉故中書侍郎潁川潁陰荀君[岳]之墓一卷

民國石印本　一冊

330000－1701－0065979　GY02096　子部/藝術類/書畫之屬/法帖

晉索靖書出師頌真蹟不分卷　(晉)索靖書　民國九年(1920)上海商務印書館影印本　一冊

330000－1701－0065980　HJH7579　史部/地理類/水利之屬

河工器具圖說一卷　(清)郭成功撰　民國曬藍印本　一冊

330000－1701－0065982　GP12383　子部/藝術類/書畫之屬/畫譜

黄鳳六村居山水一卷　(清)黄吕繪　民國十八年(1929)上海神州國光社影印本　一冊

330000－1701－0065984　HJL8154　子部/儒家類/儒學之屬

修養集　民國北平中華平民教育促進總會鉛印本　一冊　存一種

330000－1701－0065985　GY02097　子部/藝術類/書畫之屬/法帖

松雪老人臨史游急就章草書全冊一卷　(元)趙孟頫書　民國影印本　一冊

330000－1701－0065987　GP12384　子部/藝術類/書畫之屬/畫譜

高韋之花鳥冊一卷　(清)高其佩繪　民國二十年(1931)上海神州國光社影印本　一冊

330000－1701－0065988　GY02098　子部/藝術類/書畫之屬/法帖

晉索靖月儀出師頌二帖二卷附釋文　(晉)索靖書　民國影印本　一冊

330000－1701－0065992　GP12385　子部/藝術類/書畫之屬/畫譜

龔半千授徒畫稿不分卷　(清)龔賢繪　民國二十四年(1935)上海商務印書館影印本　一冊

330000－1701－0065994　GP12386　子部/藝術類/書畫之屬/畫譜

汪巢林梅花冊不分卷　(清)汪士慎繪　民國十九年(1930)上海神州國光社影印本　一冊

330000－1701－0065998　GP13030　經部/小學類/文字之屬/字書/字體

古篆考正不分卷　(宋)郭忠恕撰　(清)孫星衍書　民國上海碧梧山莊石印本　三冊

330000－1701－0066001　HJH8156　子部/儒家類/儒學之屬/禮教

筆鏡四卷勵學篇重編周興嗣千字文一卷帝京篇重編周興嗣千字文一卷　(清)王寶仁撰　民國十四年(1925)據清舊香居刻本影印本　一冊

330000－1701－0066003　HJL8157　類叢部/叢書類/彙編之屬

蘭石軒叢刊　民國蘭石軒鉛印本　一冊　存一種

330000－1701－0066007　M001490　子部/宗教類/佛教之屬

歷史感應統紀四卷　許止淨編纂　民國二十一年(1932)刻本　九冊

330000－1701－0066012　HJH7835　史部/傳記類/總傳之屬

柏堂師友言行記四卷　(清)方宗誠輯　民國十五年(1926)京華印書局鉛印本　一冊

330000－1701－0066013　HJH7313　類叢部/叢書類/彙編之屬

求恕齋叢書三十一種　劉承幹編　民國吳興劉氏嘉業堂刻本　四冊　存一種

330000－1701－0066019　HJL7581　史部/地理類/遊記之屬/紀行

福州旅行記一卷　侯鴻鑑撰　民國鉛印本　一冊

330000－1701－0066021　GP13521　子部/藝術類/書畫之屬/畫譜

沈石田山水三卷合影一卷　(明)沈周繪　民國二十三年(1934)上海商務印書館影印本　一冊

330000－1701－0066023　HJH7314　類叢部/叢書類/彙編之屬
嘉業堂叢書五十七種　劉承幹輯　民國吳興劉氏嘉業堂刻本　四冊　存一種

330000－1701－0066024　GY02099　子部/藝術類/書畫之屬/法帖
吳皇象急就篇一卷　(三國吳)皇象書　民國影印本　一冊

330000－1701－0066026　GP13523　子部/藝術類/書畫之屬/畫譜
費曉樓仕女冊不分卷　(清)費丹旭繪　民國十九年(1930)神州國光社影印本　一冊

330000－1701－0066027　普814.7/3497　類叢部/叢書類/郡邑之屬
吳興叢書六十六種　劉承幹編　民國吳興劉氏嘉業堂刻本　一冊　存一種

330000－1701－0066030　GP13524　子部/藝術類/書畫之屬/畫譜
費曉樓士女精品不分卷　(清)費丹旭繪　民國二十年(1931)上海商務印書館影印本　夢蕉、寒溪居士題記　一冊

330000－1701－0066031　HJL8581　史部/傳記類/總傳之屬/斷代
清史列傳八十卷　中華書局編　民國十七年(1928)上海中華書局鉛印本　七十九冊　缺一卷(一)

330000－1701－0066033　HJH8159　史部/金石類
非儒非俠齋金石叢著十種　顧燮光撰　民國會稽顧氏金佳石好樓石印本暨鉛印本　一冊　存一種

330000－1701－0066035　GY02100　子部/藝術類/書畫之屬/法帖
王右軍金剛經一卷　(晉)王羲之書　(唐)楊顥述　(唐)唐原序模集　民國二十四年(1935)石印本　一冊

330000－1701－0066039　M001491　集部/別集類/清別集
黛韻樓詩集四卷詞集二卷文集二卷　(清)薛紹徽撰　**陳孝女遺集(小黛軒詩集二卷論詩詩二卷)四卷**　(清)陳芸撰　**亡妻薛恭人傳畧一卷**　陳壽彭撰　**先妣薛恭人年譜一卷**　陳鏘等編　民國三年(1914)刻本　六冊

330000－1701－0066040　HJL8160　史部/目録類/專録之屬
書畫書錄解題十二卷　余紹宋撰　民國二十一年(1932)國立北平圖書館鉛印本　六冊

330000－1701－0066046　GY02100/1　子部/藝術類/書畫之屬/法帖
王右軍金剛經一卷　(晉)王羲之書　(唐)楊顥述　(唐)唐原序模集　民國二十四年(1935)石印本　一冊

330000－1701－0066047　GP13527　子部/藝術類/書畫之屬/畫譜
陳老蓮畫冊一卷　(明)陳洪綬繪　民國十五年(1926)上海商務印書館影印本　一冊

330000－1701－0066048　HJL8161　史部/地理類/山川之屬/山志
嶗山志八卷　(明)黄宗昌撰　(明)黄坦續　**游嶗山指南一卷**　周式坤輯　民國二十三年(1934)即墨黄敦復堂鉛印本　一冊

330000－1701－0066050　GY02101　子部/藝術類/書畫之屬/法帖
宋搨晉唐楷法五種不分卷　民國影印本　一冊

330000－1701－0066054　GP13527/1　子部/藝術類/書畫之屬/畫譜
陳老蓮畫冊一卷　(明)陳洪綬繪　民國十五年(1926)上海商務印書館影印本　一冊

330000－1701－0066055　GY02102　子部/藝術類/書畫之屬/法帖
宋搨晉唐小楷十一種不分卷　民國有正書局影印本　一冊

330000－1701－0066057　普814.7/4073　類叢部/叢書類/彙編之屬
求恕齋叢書三十一種　劉承幹編　民國吳興

劉氏嘉業堂刻本　四冊　存一種

330000－1701－0066058　GP13529　子部/藝術類/書畫之屬
清湘老人畫一卷　(清)釋道濟書並繪　民國影印本　一冊

330000－1701－0066060　GY02103　子部/藝術類/書畫之屬/法帖
宋搨黄庭經一卷　民國三十五年(1946)文明書局、中華書局影印本　一冊

330000－1701－0066061　HJL8162　史部/傳記類/别傳之屬
南海先生[康有爲]傳一卷　陸乃翔　陸敦騤編　民國十八年(1929)萬木草堂鉛印本　一冊

330000－1701－0066067　HJL7317　史部/地理類/方志之屬/郡縣志
[民國]固安文獻志二十卷　徐世昌修　賈廷琳等纂　民國十七年(1928)鉛印本　賈廷琳題記　八冊

330000－1701－0066068　GY02104　子部/藝術類/書畫之屬/法帖
宋拓柳臨洛神賦十三行一卷　民國二十三年(1934)上海商務印書館影印本　一冊

330000－1701－0066070　HJL7583　類叢部/叢書類/彙編之屬
龍潭精舍叢刻十五種　劉海涵編　民國十年至二十年(1921－1931)刻本　二冊　存一種

330000－1701－0066071　GP13531　子部/藝術類/書畫之屬
黔桂版畫集第二集一卷　唐英偉撰　民國三十三年(1944)廣西華僑出版社影印本　一冊

330000－1701－0066075　HJL8163　史部/目録類/專録之屬
國立北平圖書館方志目錄不分卷索引不分卷　國立北平圖書館編　民國二十二年(1933)國立北平圖書館鉛印本　四冊

330000－1701－0066076　普814.7/4061.2　集部/别集類/清别集
二曲集四十四卷首一卷　(清)李颙撰　民國二十五年(1936)西京克興印書館鉛印本　十一冊　存三十八卷(二曲集一至二十八、四書反身錄一至十)

330000－1701－0066077　GP13534　子部/藝術類/書畫之屬
奇和堂珍藏字畫冊第二集一卷　(清)陳啟沅選編　民國影印本　一冊

330000－1701－0066078　HJH7319　史部/地理類/方志之屬/郡縣志
[同治]盛湖志十四卷首一卷末一卷　(清)仲廷機纂　**盛湖志補四卷**　(清)仲虎騰纂　民國九年至十三年(1920－1924)烏程周慶雲刻本　六冊　缺四卷(盛湖志補一至四)

330000－1701－0066080　GY02106　子部/藝術類/書畫之屬/法帖
玉版十三行一卷　(晉)王獻之書　民國石印本　一冊

330000－1701－0066081　GP13288　子部/藝術類/書畫之屬/法帖
多寶塔碑一卷　伊立勳書　民國四年(1915)上海掃葉山房石印本　一冊

330000－1701－0066085　GP13536　子部/藝術類/書畫之屬/畫譜
望雲軒名畫全集五卷　吳頤編　民國十九年(1930)上海慎修書社影印本　一冊　存一卷(五)

330000－1701－0066086　HJL7841　史部/傳記類/總傳之屬/家乘
[上海南匯]周浦朱氏家譜不分卷　朱惟恭等纂修　民國十四年(1925)鉛印本　一冊

330000－1701－0066091　HJL8164　類叢部/叢書類/彙編之屬
金陵大學中國文化研究所叢刊　金陵大學中國文化研究所編　民國金陵大學中國文化研究所刻本、鉛印本暨影印本　一冊　存一種

330000－1701－0066094　GY02111　史部/

金石類/石之屬/文字
初拓爨寶子碑一卷 民國九年(1920)有正書局石印本 一册

330000－1701－0066095 GP13367 子部/藝術類/書畫之屬/畫譜
清十二名家花卉扇集一卷 (清)余鍔等繪 民國二十二年(1933)上海慎修書社影印本 一册

330000－1701－0066097 普 814.7/4062/c1 集部/别集類/清别集
訥龕類稿四卷 (清)李恩綬撰 民國十三年(1924)冬心草堂刻本 四册

330000－1701－0066099 M001492 集部/别集類
藝風堂詩存四卷碧香詞一卷 繆荃孫撰 民國二十八年(1939)燕京大學圖書館刻本 一册

330000－1701－0066100 GP13537 子部/藝術類/書畫之屬/畫譜
任渭長人物初集一卷二集一卷 (清)任熊繪 民國十九年(1930)上海慎修書社影印本 二册

330000－1701－0066101 GY02107 子部/藝術類/書畫之屬/法帖
翁覃谿縮臨定武蘭亭二種二卷 (清)翁方綱臨 民國西泠印社影印本 一册

330000－1701－0066104 HJH7842 史部/傳記類/科舉録之屬/歷科登科録
平湖采芹錄四卷 (清)葛金烺輯 葛嗣浵等增輯 民國四年(1915)刻本 二册

330000－1701－0066107 普 814.7/4062/c2 集部/别集類/清别集
訥龕類稿四卷 (清)李恩綬撰 民國十三年(1924)冬心草堂刻本 四册

330000－1701－0066111 HJL7843 史部/目録類/總録之屬/官修
國民政府文官處圖書館圖書目錄不分卷 國民政府文官處圖書館編 民國二十三年(1934)國民政府文官處印鑄局鉛印本 二册

330000－1701－0066112 HJL8585 史部/目録類/專録之屬
敦煌劫餘錄不分卷 陳垣校錄 民國二十年(1931)北京國立中央研究院歷史語言研究所鉛印本 六册

330000－1701－0066117 GP13538 子部/藝術類/書畫之屬/畫譜
華藝三先生梅譜一卷附畫梅輯要一卷 華藝三繪 民國二十八年(1939)上海藝苑真賞社影印本 一册

330000－1701－0066120 GY02112 類叢部/叢書類/彙編之屬
永慕園叢書六種 羅振玉編 民國三年(1914)上虞羅氏影印本 一册 存一種

330000－1701－0066121 HJL8167 史部/傳記類/别傳之屬/年譜
左忠毅公[光斗]年譜定本二卷 馬其昶編 民國十四年(1925)蓬萊慕氏京師刻朱印本 一册

330000－1701－0066125 普 814.7/4217 類叢部/叢書類/彙編之屬
四部備要 中華書局編 民國二十五年(1936)上海中華書局鉛印本 十册 存一種

330000－1701－0066130 HJL7590 類叢部/叢書類/自著之屬
小雙寂庵叢書十九種 張惟驤撰 民國武進張氏小雙寂庵刻本 一册 存一種

330000－1701－0066132 普 814.7/4076/c1 集部/别集類/清别集
袁太史詩文遺鈔一卷 (清)袁鵬圖撰 民國鉛印本 一册

330000－1701－0066135 HJH8588 史部/政書類/公牘檔册之屬
沅湘聞政錄一卷 陳廷英輯 民國鉛印本 一册

330000－1701－0066136 M001493 史部/

目録類

推十書繫年錄一卷附自定推十書類錄目一卷 劉咸炘撰　李克齊　羅體基編　民國十四年(1925)尚友書塾鉛印本　一冊

330000－1701－0066139　普 814.7/4076/c2　集部/别集類/清别集

袁太史詩文遺鈔一卷　(清)袁鵬圖撰　民國鉛印本　一冊

330000－1701－0066141　GP13539　子部/藝術類/書畫之屬/畫譜

五代貫休畫羅漢像不分卷　(五代)釋貫休繪　民國十五年(1926)上海西泠印社影印本　一冊

330000－1701－0066143　HJL8589　史部/目録類/總録之屬/彙刻

續彙刻書目十卷閏集一卷　羅振玉撰　民國三年(1914)連平范氏雙魚室刻本　九冊　缺二卷(甲、閏集)

330000－1701－0066145　普 814.7/4217.2　集部/别集類/清别集

姚惜抱先生文稿一卷　(清)姚鼐撰　民國二十四年(1935)上海商務印書館影印本　一冊

330000－1701－0066146　GP13540　子部/藝術類/書畫之屬/畫譜

王念慈先生繪西湖十二景畫冊一卷　王屺繪　民國二十年(1931)上海碧梧山莊影印本　一冊

330000－1701－0066148　GY02115　史部/金石類/石之屬/文字

明拓石鼓文不分卷石鼓文續集一卷　趙鎬編　民國有正書局影印本　一冊

330000－1701－0066150　GP13484　子部/藝術類/書畫之屬/畫譜

戴務旃山水傅青主題詠詩畫冊不分卷　(清)戴本孝繪　(清)傅山題詠　民國八年(1919)上海中華書局影印本　一冊

330000－1701－0066152　GP13541　子部/藝術類/書畫之屬

吳昌碩先生遺作集不分卷　楊清磐　錢瘦鐵編輯　民國十九年(1930)上海大東書局影印本　子靜題記　二冊

330000－1701－0066154　GP13542　子部/藝術類/書畫之屬/畫譜

樓辛壺西湖十景畫冊一卷　樓邨繪　民國二十二年(1933)上海慎修書社影印本　子靜題記　一冊

330000－1701－0066156　GP13486　子部/藝術類/書畫之屬/畫譜

趙子固蘭譜卷一卷　(宋)趙孟堅繪　民國上海藝苑真賞社影印本　一冊

330000－1701－0066157　GY02116　子部/藝術類/書畫之屬/法帖

秦泰山碑一卷　民國上海藝苑真賞社影印本　一冊

330000－1701－0066159　普 814.7/4218/c1　集部/别集類/清别集

鈍翁遺稿四卷　(清)姚元鈺撰　民國上海姚文棟、姚文枬鉛印本　一冊

330000－1701－0066165　GY02117　史部/金石類/石之屬/文字

秦瑯琊刻石一卷　民國上海藝苑真賞社影印本　一冊

330000－1701－0066166　GP13487　子部/藝術類/書畫之屬/畫譜

錫山秦氏佚園十景圖冊一卷　秦淦繪　民國上海藝苑真賞社影印本　一冊

330000－1701－0066168　普 814.7/4084　類叢部/叢書類/郡邑之屬

雲南叢書初編一百四十一種二編三十七種　趙藩　陳榮昌等輯　民國雲南叢書處刻本　一冊　存一種

330000－1701－0066170　GY02118　史部/金石類/石之屬/文字

周宣王石鼓文一卷　民國影印本　金致淇題記　一冊

330000－1701－0066172　M001494　集部/別集類

話夢集二卷　何剛德撰　民國十四年(1925)何剛德刻本　一冊

330000－1701－0066173　普 814.7/4218/c2　集部/別集類/清別集

鈍翁遺稿四卷　(清)姚元鉦撰　民國上海姚文棟、姚文枬鉛印本　一冊

330000－1701－0066175　GY02122　子部/藝術類/書畫之屬/法帖

舊拓吳禪國山碑不分卷附殘字　民國二十五年(1936)上海中華書局影印本　一冊

330000－1701－0066176　普 814.7/4088/c1　集部/別集類/清別集

越縵堂文集十二卷　(清)李慈銘撰　民國十九年(1930)國立北平圖書館鉛印本　四冊

330000－1701－0066177　GP13498　子部/藝術類/書畫之屬/畫譜

名家畫譜不分卷　民國影印本　二冊

330000－1701－0066185　M001495　史部/史評類/詠史之屬

明史樂府七卷　吳道鎔撰　民國二十一年(1932)鉛印本　一冊

330000－1701－0066186　GY02124　子部/藝術類/書畫之屬/法帖

明拓唐栖先塋記不分卷　(唐)李季卿撰　(唐)李陽冰書　(唐)粟光刻　民國二十五年(1936)上海中華書局影印本　一冊

330000－1701－0066187　普 814.7/4088/c2　集部/別集類/清別集

越縵堂文集十二卷　(清)李慈銘撰　民國十九年(1930)國立北平圖書館鉛印本　四冊

330000－1701－0066195　GP13501　子部/藝術類/書畫之屬/畫譜

隨園湖樓請業圖一卷　(清)尤詔　汪恭繪　民國十八年(1929)上海神州國光社影印本　一冊

330000－1701－0066198　HJH7846　史部/地理類/水利之屬

淮系年表全編不分卷　武同舉纂繪　民國十八年(1929)鉛印本暨影印本　一冊　存一冊(一)

330000－1701－0066199　GY02132　子部/藝術類/書畫之屬/法帖

宋賢牋牘一卷　(宋)蘇軾等書　民國二十一年(1932)故宮博物院影印本　一冊

330000－1701－0066203　GY02133　子部/藝術類/書畫之屬/法帖

朱子論語註稿墨蹟不分卷　民國七年(1918)上海商務印書館影印本　一冊

330000－1701－0066209　GP13504　子部/藝術類/書畫之屬/畫録

程青溪江山臥游圖一卷　(清)程正揆繪　民國二十年(1931)上海神州國光社影印本　一冊

330000－1701－0066210　普 814.7/3594　集部/別集類

獨醒居文稿二卷志稿三卷譜稿一卷乘稿二卷　連光樞撰　民國枕湖樓鉛印本　三冊

330000－1701－0066211　M001496　史部/政書類/邦計之屬

摘譯日本所箸支那經濟書及中國商業地理杭廣鐵道大計畫一卷　民國鉛印本　一冊

330000－1701－0066212　HJL7847　史部/政書類/公牘檔冊之屬

風水圍牆做法冊六卷　民國油印本　二冊

330000－1701－0066213　GY02134　子部/藝術類/書畫之屬/法帖

宋薛紹彭雜書卷一卷　(宋)薛紹彭書　民國二十五年(1936)北平故宮博物院影印本　一冊

330000－1701－0066215　普 814.7/4088.3　集部/總集類/郡邑之屬

禹域叢書三種十二卷　禹域新聞社輯　民國鉛印本　一冊　存一種

330000－1701－0066217　GY02135　子部/藝術類/書畫之屬/法帖

宋米芾詩牘不分卷　(宋)米芾書　民國二十四年(1935)國立北平故宮博物院影印本　一冊

330000－1701－0066219　HJL7848　史部/傳記類/總傳之屬/家乘

[江蘇洞庭]六脩江蘇洞庭安仁里嚴氏族譜十二卷首一卷　嚴慶祺纂修　民國二十二年(1933)上海中華書局鉛印本　六冊

330000－1701－0066221　GP13506　子部/藝術類/書畫之屬/畫譜

項孔彰梅花冊不分卷　(清)項聖謨繪　民國二十二年(1933)上海西泠印社影印本　一冊

330000－1701－0066223　M001497　史部/地理類/雜志之屬

紹興縣館紀略一卷　丁采三　馬吉生編　民國九年(1920)共和印刷局鉛印本　一冊

330000－1701－0066229　普814.7/4048.6　類叢部/叢書類/自著之屬

袁枚全集　(清)袁枚撰　民國上海校經山房成記書局石印本　六冊　存一種

330000－1701－0066231　GP13507　子部/藝術類/書畫之屬/畫譜

吴昌碩花果冊不分卷　吴昌碩繪　民國十七年(1928)上海西泠印社影印本　一冊

330000－1701－0066233　M001498　經部/詩類/專著之屬

詩經學一卷　胡韞玉編　民國安吳胡氏鉛印本　一冊

330000－1701－0066236　GP13545　子部/藝術類/書畫之屬/畫譜

吴伯滔山水人物冊不分卷　(清)吴滔繪　民國影印本　一冊

330000－1701－0066237　GP13508　子部/藝術類/書畫之屬/畫譜

靈峰探梅圖一卷補梅圖一卷　周慶雲編　民國三年(1914)上海文明書局影印本　二冊

330000－1701－0066239　M001499　子部/宗教類/佛教之屬

破迷語錄一卷　釋心菴編纂　民國二十四年(1935)上海明善書局鉛印本　一冊

330000－1701－0066248　M001500　集部/詞類/詞話之屬

詞話叢編六十種　唐圭璋編　民國二十三年(1934)鉛印本　一冊　存六種

330000－1701－0066249　GP13511　子部/藝術類/書畫之屬/畫譜

止盦老人遺畫不分卷　(清)陳豪繪　民國十七年(1928)上海西泠印社影印本　一冊

330000－1701－0066251　GP13512　子部/藝術類/書畫之屬

陳白陽書畫冊一卷　(明)陳淳書並繪　民國十九年(1930)上海神州國光社影印本　一冊

330000－1701－0066252　GP13517　子部/藝術類/書畫之屬/畫譜

惲壽平山水冊一卷　(清)惲格繪　民國十七年(1928)北平延光室影印本　一冊

330000－1701－0066262　M001609　類叢部/叢書類/自著之屬

雙流劉鑑泉先生遺書二百二十種　劉咸炘撰　徐國光　王道相編輯　民國成都尚友書塾推十圖書經理處刻本、稿本暨抄本　一冊　存一種

330000－1701－0066264　HJH8174　史部/政書類/邦計之屬/地政

嘉興求減浮糧書不分卷　金蓉鏡編　民國三年(1914)鉛印本　一冊

330000－1701－0066266　M001610　集部/別集類

聲越詩錄一卷詞錄一卷　徐震堮撰　民國三十四年(1945)油印本　一冊

330000－1701－0066271　M001611　經部/小學類/文字之屬/字書/字典

分類辭源三十卷　世界書局編輯所編　民國十五年(1926)上海世界書局石印本　十二冊

330000－1701－0066272　HJH8175　史部/政書類/邦計之屬/賦稅

均賦餘議坿雜稿一卷　金蓉鏡輯　民國六年(1917)鉛印本　一冊

330000－1701－0066277　HJL8176　子部/儒家類/儒學之屬/經濟

歷代尊孔記一卷孔教外論一卷　程淯輯　民國二十二年(1933)上海中國道德會鉛印本　一冊

330000－1701－0066278　M001612　子部/工藝類/日用器物之屬/陶瓷

飲流齋說瓷十卷　許之衡撰　民國十三年(1924)上海朝記書莊鉛印本　一冊

330000－1701－0066282　M001613　集部/詞類/詞韻之屬

詞林正韻三卷發凡一卷　(清)戈載撰　民國四年(1915)掃葉山房石印本　四冊

330000－1701－0066287　M001501　史部/傳記類/職官録之屬/總録

浙江省黨部歷屆職員錄彙編一卷　中國國民黨浙江省執行委員會編　民國二十五年(1936)鉛印本　一冊

330000－1701－0066290　M001614　子部/小說家類/異聞之屬

談異八卷　(清)伊園撰　民國三年(1914)上海掃葉山房石印本　熙民題記　四冊

330000－1701－0066294　M001615　集部/總集類/尺牘之屬

評註蘇黃尺牘合纂五卷　(明)黄始輯　謝璿增輯並加注　民國十七年(1928)上海會文堂書局鉛印本　四冊

330000－1701－0066298　普 814.7/4222.2　集部/别集類/清别集

一行居集八卷首一卷附一卷　(清)彭紹升撰　民國八年(1919)北京刻經處刻本　四冊

330000－1701－0066299　HJL7098　史部/金石類/金之屬/圖像

澂秋館吉金圖不分卷　羅振玉　王國維撰　孫莊編　民國十九年(1930)商務印書館石印本　二冊

330000－1701－0066302　M001502　史部/傳記類/别傳之屬/事狀

劉太夫人事略一卷　李啟琛等撰　**劉母方氏哀啟一卷**　劉成禺撰　**茅母哀啟一卷**　茅祖權撰　**楊母潘氏哀啟一卷**　楊時傑等撰　**亡妻陸淑人哀辭一卷**　朱壽朋撰　**先考蓬僊府君暨先妣薛太夫人事略一卷**　同增仲撰　**金經甫行述一卷**　金兆麟等撰　**先慈周太夫人念佛得益事狀哀述一卷**　趙世彝等撰　**褒揚後錄一卷**　陳綿祥等撰　**龍與祥事略一卷**　焦易堂撰　**厲母何氏哀啟一卷**　厲鼎鍠撰　**蕭母陳氏哀啟一卷**　蕭錫桐等撰　**孟母陳氏哀啟一卷**　孟慶慧等撰　**彭母哀啟一卷**　彭位仁等撰　**黄宗漢行述一卷**　任鶴年撰　**孫智娥行述一卷**　周玨撰　**張母陳氏哀啟一卷**　張亮孝等撰　**溫母蔡氏哀啟一卷**　溫良撰　**李母汪氏哀啟一卷**　李鳳翽等撰　**甘繼母某夫人哀啟**　甘武等撰　民國鉛印本暨石印本　一冊

330000－1701－0066303　M001616　史部/目録類/通論之屬/掌故瑣記

書林清話十卷　葉德輝撰　民國石印本　瑞軒題記　五冊

330000－1701－0066306　HJL7598　集部/别集類/唐五代别集

韓昌黎先生文集三十卷外集文編十卷遺文一卷　(唐)韓愈撰　(唐)李漢編　民國石印本　六冊

330000－1701－0066310　HJL7857　史部/地理類/專志之屬/書院

南廱志二十四卷　(明)黄佐撰　民國二十年(1931)江蘇省立國學圖書館影印本　八冊

330000－1701－0066313　HJH8596　史部/紀傳類/正史之屬

百衲本二十四史　張元濟輯　民國上海商務印書館影印本　五十冊　存一種

330000－1701－0066316　HJL7100　史部/金

石類/金之屬/圖像
小檀欒室鏡影六卷 徐乃昌輯 民國十七年(1928)石印本 三冊

330000－1701－0066318 GP13548 子部/藝術類/書畫之屬/畫譜
龔高士山水冊不分卷 (清)龔賢繪 民國影印本 一冊

330000－1701－0066321 G001017 集部/小說類/短篇之屬
蜨階外史四卷 (清)高繼珩撰 民國九年(1920)上海廣益書局石印本 一冊

330000－1701－0066327 GY02136 子部/藝術類/書畫之屬/法帖
蘇長公大江東詞一卷詩帖一卷 (宋)蘇軾書 民國有正書局石印本 一冊

330000－1701－0066331 GP13552 史部/金石類/石之屬/圖像
角直保聖寺唐塑一覽不分卷 教育部保存角直唐塑委員會編 民國十八年(1929)教育部保存角直唐塑委員會影印本 一冊

330000－1701－0066333 GY02137 史部/金石類/石之屬
雷峯塔華嚴經殘石真蹟不分卷 民國十四年(1925)有正書局石印本 一冊

330000－1701－0066336 GP13557 子部/藝術類/書畫之屬
歷代帝王像不分卷 寶蘊樓藏 民國二十年(1931)北平古物陳列所影印本 一冊

330000－1701－0066339 GP13518 子部/藝術類/書畫之屬/畫譜
陳藍洲畫冊一卷 (清)陳豪繪 民國十九年(1930)上海商務印書館影印本 一冊

330000－1701－0066343 GP13559 子部/藝術類/書畫之屬
灤水聯唫圖不分卷 (清)王學浩繪 民國十七年(1928)顧氏金佳石好樓影印本 一冊

330000－1701－0066344 GY02140 子部/藝術類/書畫之屬/法帖
米海岳方圓菴記一卷 (宋)米芾書 民國影印本 一冊

330000－1701－0066345 GP13530 子部/藝術類/書畫之屬/畫譜
陶岐峰先生玉堂春富貴圖不分卷 (清)陶鎬繪 民國二十二年(1933)影印本 一冊

330000－1701－0066347 普 814.7/3644/c1 集部/別集類
溫肅菴先生遺著三卷 溫恭撰 民國二十一年(1932)鉛印本 一冊

330000－1701－0066348 M001617 集部/別集類
民意叢篇一卷 陳皋撰 民國元年(1912)平陽北港幼鶴氏居處鉛印本 一冊

330000－1701－0066350 HJH8179 史部/地理類/遊記之屬/紀行
周子美游記一卷 周子美撰 民國十九年(1930)上海石印本 一冊

330000－1701－0066351 M001618 集部/詞類/別集之屬
艮廬詞一卷續集一卷外集一卷自述詩一卷 張茂炯撰 民國二十年(1931)石印本 一冊 存一卷(艮廬詞)

330000－1701－0066352 GY02141 子部/藝術類/書畫之屬/法帖
蘇東坡書昆陽城賦墨蹟一卷 (宋)蘇軾書 民國影印本 一冊

330000－1701－0066353 普 814.7/3644/c2 集部/別集類
溫肅菴先生遺著三卷 溫恭撰 民國二十一年(1932)鉛印本 一冊

330000－1701－0066354 HJL7601 子部/儒家類/儒學之屬/經濟
孔教十年大事八卷 柯璜編 民國十三年(1924)宗聖會鉛印本 八冊

330000－1701－0066355 M001619 集部/

總集類/氏族之屬
明儒王東厓先生遺集二卷首一卷 (明)王襞撰　民國東臺袁氏鉛印本　一冊

330000－1701－0066358　GY02143　子部/藝術類/書畫之屬/法帖
元趙孟頫書小學卷不分卷 (元)趙孟頫書　民國二十六年(1937)國立北平故宮博物院影印本　一冊

330000－1701－0066359　GP13560　子部/藝術類/書畫之屬/畫譜
黄雉山樵山水遺跡一卷 (清)李肅銘繪　民國十四年(1925)影印本　一冊

330000－1701－0066361　GY02144　子部/藝術類/書畫之屬/法帖
元趙孟頫七札不分卷 (元)趙孟頫書　民國二十五年(1936)國立北平故宮博物院影印本　一冊

330000－1701－0066362　GP13546　子部/藝術類/書畫之屬/畫譜
清二十家畫梅集冊不分卷　丁仁鑒定　民國二十六年(1937)上海中華書局影印本　一冊

330000－1701－0066365　GP13575　子部/藝術類/書畫之屬
缶廬近墨第一集不分卷　吳昌碩書並繪　丁仁編輯　民國十二年(1923)上海西泠印社影印本　一冊

330000－1701－0066366　GY02145　子部/藝術類/書畫之屬/法帖
趙孟頫書急就章一卷 (元)趙孟頫書　民國十九年(1930)國立北平故宮博物院影印本　一冊

330000－1701－0066368　GP13565　子部/藝術類/書畫之屬/畫譜
項易庵倣右丞藍田山莊圖卷不分卷 (明)項聖謨繪　民國十年(1921)上海中華書局影印本　鄭遺孫題記　一冊

330000－1701－0066373　GY02146　子部/藝術類/書畫之屬/法帖
趙文敏書度人經真蹟不分卷 (元)趙孟頫書　民國十四年(1925)上海文明書局影印本　一冊

330000－1701－0066375　M001620　史部/傳記類/別傳之屬
雲郎小史一卷　冒廣生撰　民國十六年(1927)鉛印本　一冊

330000－1701－0066376　GP13568　子部/藝術類/書畫之屬/畫譜
松柏名畫集不分卷 (明)胡靖等繪　陳伏廬藏　民國二十二年(1933)上海商務印書館影印本　一冊

330000－1701－0066378　M001621　類叢部/叢書類/彙編之屬
巾子居叢刊　民國鉛印本　一冊　存一種

330000－1701－0066379　GY02147　子部/藝術類/書畫之屬/法帖
趙孟頫六體千文妙蹟不分卷 (元)趙孟頫書　民國上海藝苑真賞社影印本　一冊

330000－1701－0066380　GP13576　子部/藝術類/書畫之屬/畫譜
黄鶴山樵惟揚送別圖不分卷 (元)王蒙繪　民國十六年(1927)無錫理工社製版所影印本　一冊

330000－1701－0066381　GP13569　子部/藝術類/書畫之屬/畫譜
趙撝叔花卉冊不分卷 (清)趙之謙繪　民國十七年(1928)上海中華書局影印本　一冊

330000－1701－0066383　GP13570　子部/藝術類/書畫之屬/畫譜
陳藍洲畫集一卷 (清)陳豪繪　民國十七年(1928)上海商務印書館影印本　一冊

330000－1701－0066385　GY02148　子部/藝術類/書畫之屬/法帖
宋仲溫書書譜一卷 (明)宋克書　民國二十三年(1934)上海昌藝社影印本　一冊

330000－1701－0066386　M001622、M610061

集部/別集類/清別集

古照堂詩集二卷 （清）狄雲鼎撰 **選齋公殘稿一卷** （清）狄繼紳撰 民國十九年(1930)鉛印本 二冊

330000－1701－0066388 GY02148/1 子部/藝術類/書畫之屬/法帖

原拓宋仲溫七姬志一卷 （明）宋克書 民國二十三年(1934)上海昌藝社影印本 一冊

330000－1701－0066389 GP13577 子部/藝術類/書畫之屬/畫譜

王煙客仿宋元山水真蹟神品不分卷 （清）王時敏繪 民國十二年(1923)無錫理工製版所影印本 一冊

330000－1701－0066391 GP13600 子部/藝術類/書畫之屬/法帖

宋文文山先生真蹟不分卷 （宋）文天祥書 民國十一年(1922)影印本 一冊

330000－1701－0066393 GY02149 子部/藝術類/書畫之屬/法帖

王文成公書郭景純夢示詩一卷 （明）王守仁書 民國二十年(1931)上海振美印刷所石印本 一冊

330000－1701－0066394 M001503 集部/別集類

冰雪寮詩鈔二卷 釋淡雲撰 民國十九年(1930)鉛印本 一冊

330000－1701－0066397 GP13601 史部/金石類/陶之屬/文字

漢魏六朝塼文不分卷 王樹枏藏 民國二十四年(1935)上海商務印書館影印本 二冊

330000－1701－0066399 M001623 子部/藝術類/遊藝之屬/聯語

宋詞集聯一卷 程柏堂撰 民國二十三年(1934)鎮江江南印書館影印本 一冊

330000－1701－0066400 GY02150 子部/藝術類/書畫之屬/法帖

王覺斯分書八關齋會記不分卷王覺斯楷書八關齋會記不分卷 （清）王鐸書 民國二十四年(1935)上海商務印書館影印本 二冊

330000－1701－0066401 GP13605 子部/藝術類/書畫之屬/法帖

趙松雪書膽巴碑真迹不分卷 （元）趙孟頫書 民國上海有正書局影印本 一冊

330000－1701－0066402 GP13578 子部/藝術類/書畫之屬/畫譜

王元章梅花卷一卷 （明）王冕繪 民國十五年(1926)上海中華書局影印本 一冊

330000－1701－0066403 HJH913.0464/4448/c1 史部/金石類/總志之屬/文字

循園金石文字跋尾二卷 范壽銘撰 顧燮光輯錄 **綴學堂河朔碑刻跋尾一卷** 陳漢章撰 民國十二年(1923)會稽顧燮光金佳石好樓杭州石印本 一冊

330000－1701－0066404 GP13606 子部/藝術類/書畫之屬/法帖

趙松雪書妙法蓮華經墨寶不分卷 （元）趙孟頫書 民國上海有正書局影印本 一冊

330000－1701－0066406 GP13579 子部/藝術類/書畫之屬/畫譜

愙齋臨沈石田張公洞卷不分卷 （清）吳大澂繪 民國影印本 一冊

330000－1701－0066407 M001504、M007636 集部/別集類/清別集

蘭雪齋詩鈔四卷 （清）陳寅撰 民國七年(1918)陳氏鉛印本 四冊

330000－1701－0066408 M001505 子部/雜著類/雜說之屬

政書一卷 蕭遠撰 民國十五年(1926)鉛印本 一冊

330000－1701－0066409 M001506 子部/雜著類/雜說之屬

東山布衣自警齋語一卷 （清）夏崇德撰 民國二十年(1931)鉛印本 一冊

330000－1701－0066414 M001507 集部/總集類/選集之屬/斷代

高唐雜誌不分卷　高唐旅濟學生會編　民國石印本　一冊

330000－1701－0066416　普 353.511/1324　子部/兵家類/兵法之屬
重刻武經七書　民國十五年(1926)掖縣張氏皕忍堂刻本　四冊

330000－1701－0066417　HJL7609　史部/金石類
遯盦金石叢書十五種　吳隱輯　民國十年(1921)山陰吳氏西泠印社木活字印本　四冊　存一種

330000－1701－0066418　M001625　子部/雜著類/雜説之屬
讀書筆記一卷　洪維德撰　稿本　一冊

330000－1701－0066421　M001626　子部/雜著類/雜考之屬
浪口邨隨筆六卷　顧頡剛撰　民國三十八年(1949)油印本　一冊

330000－1701－0066422　M001508　史部/傳記類/別傳之屬/事狀
謝嶙峋先生八秩壽言一卷　謝君如編　民國鉛印本　一冊

330000－1701－0066424　普 353.511/1324/2　子部/兵家類/兵法之屬
景印明本武經七書直解七種二十五卷　(明)劉寅解　民國二十二年(1933)中山楊言昌京師影印本　九冊

330000－1701－0066425　M001627　史部/雜史類/斷代之屬
滇省首義後之和平祕史一卷　白雲居士編　民國八年(1919)鉛印本　一冊

330000－1701－0066426　M001509　史部/雜史類
大成張庫汽車公司痛史一卷附録一卷　景學鈐撰　民國十二年(1923)鉛印本　一冊

330000－1701－0066427　HJL7110　史部/目録類/總録之屬/地方
溫州經籍志三十三卷首一卷外編二卷辨誤一卷　(清)孫詒讓撰　民國十年(1921)浙江公立圖書館刻本　十六冊

330000－1701－0066428　M001628　史部/傳記類/總傳之屬/家乘
[浙江]餘姚四門謝氏明代祖像不分卷　謝寶書輯　民國二十一年(1932)影印本　一冊

330000－1701－0066430　HJH913.0464/4448/2/c2　史部/金石類/總志之屬
范鼎卿先生所著書三種　范壽銘撰　民國會稽顧燮光金佳石好樓石印本　一冊　存一種

330000－1701－0066433　M001510　類叢部/叢書類/彙編之屬
明齋叢刻　鄧之誠輯　民國江寧鄧氏鉛印本　一冊　存一種

330000－1701－0066435　HJH8185　史部/傳記類/總傳之屬/家乘
徐氏宗譜不分卷　徐益謨等纂修　民國三十七年(1948)鉛印本　一冊

330000－1701－0066436　M001629　集部/別集類
雲在山房類稿十一種二十二卷　楊壽枬撰　民國刻本　四冊　存九種

330000－1701－0066439　GY02151　子部/藝術類/書畫之屬/法帖
明賢墨蹟不分卷　(明)沈度等書　民國二十年(1931)上海商務印書館影印本　二冊

330000－1701－0066441　HJH913.0464/4448/c4　史部/金石類/總志之屬/文字
循園金石文字跋尾二卷　范壽銘撰　顧燮光輯録　**綴學堂河朔碑刻跋尾一卷**　陳漢章撰　民國十二年(1923)會稽顧燮光金佳石好樓杭州石印本　一冊

330000－1701－0066443　GY02153　子部/藝術類/書畫之屬/法帖
董香光墨蹟四種合冊不分卷　(明)董其昌書　民國上海有正書局石印本　一冊

330000－1701－0066448　GY02154　子部/藝術類/書畫之屬/法帖

黄石齋先生逸詩不分卷　(明)黄道周書　民國九年(1920)上海有正書局影印本　一冊

330000－1701－0066450　HJH8186　類叢部/叢書類/郡邑之屬

山左先喆遺書　山東省立圖書館編　民國瑞安陳氏裒殷堂鉛印本　一冊　存一種

330000－1701－0066451　M001630　集部/別集類

悲華經舍文存二卷附聯語一卷　洪允祥撰　民國二十五年(1936)鉛印本　一冊

330000－1701－0066453　GY02155　史部/金石類/石之屬/圖像

觀滄閣藏魏齊造像記不分卷　王度公藏　民國二十四年(1935)上海商務印書館影印本　一冊

330000－1701－0066454　GP13580　子部/藝術類/書畫之屬/畫譜

劍父畫集不分卷　高劍父繪　民國二十四年(1935)上海商務印書局影印本　一冊

330000－1701－0066455　M001631　史部/地理類/遊記之屬/紀行

京江避壽記一卷　周慶雲撰　民國二十二年(1933)刻本　一冊

330000－1701－0066457　HJH8187　類叢部/叢書類/郡邑之屬

山左先喆遺書　山東省立圖書館編　民國瑞安陳氏裒殷堂鉛印本　一冊　存一種

330000－1701－0066458　M001632　集部/別集類

棣華館文集一卷　陳子章撰　民國八年(1919)石印本　一冊

330000－1701－0066461　GP13607　子部/藝術類/書畫之屬/法帖

陳弢庵先生小楷扇集一卷　陳寶琛書　民國二十年(1931)上海商務印書館影印本　一冊

330000－1701－0066463　M001511　新學/農政

農村社會問題五章　民國二十六年(1937)油印本　一冊

330000－1701－0066464　M001512　子部/農家農學類/農藝之屬/農家器具

農具學綱要十章　民國油印本　一冊

330000－1701－0066466　GP13581　子部/藝術類/書畫之屬/畫譜

趙撝叔梅石畫法冊不分卷　(清)趙之謙繪　民國十四年(1925)上海中華書局影印本　一冊

330000－1701－0066467　GP13608　子部/藝術類/書畫之屬/法帖

懷素自敘真跡一卷　(唐)釋懷素書　民國十五年(1926)上海商務印書館影印本　一冊

330000－1701－0066468　M001513　類叢部/叢書類/彙編之屬

雙肇樓叢書　張江裁(張涵鋭)輯　民國鉛印本　一冊　存中華民國開國史料一種

330000－1701－0066469　GY02158　史部/傳記類/別傳之屬/墓誌

元魏刁惠公墓誌銘一卷　民國十六年(1927)上海惜陰書齋影印本　一冊

330000－1701－0066470　HJH8189　史部/金石類

嘉業堂金石叢書五種　劉承幹輯　民國吳興劉氏刻本　二冊　存一種

330000－1701－0066471　GY02158/1　史部/傳記類/別傳之屬/墓誌

元魏刁惠公墓誌銘一卷　民國十六年(1927)上海惜陰書齋影印本　一冊

330000－1701－0066472　GP13582　子部/藝術類/書畫之屬/畫譜

肥遯廬藏名人花卉畫軸不分卷　民國二十四年(1935)上海商務印書館影印本　一冊

330000－1701－0066474　GP13609　集部/別

集類

湘綺樓手蹟一卷 王闓運撰 民國十年(1921)渭南嚴氏成都時過學齋影印本 一冊

330000－1701－0066475 HJL7865 史部/金石類/總志之屬

清儀閣所藏古器物文十卷 (清)張廷濟輯 民國十四年(1925)上海商務印書館影印本 九冊 缺一卷(一)

330000－1701－0066476 普951.069/2010 史部/雜史類/斷代之屬

掖海叢書 趙琪編 民國二十四年(1935)東萊趙永厚堂青島鉛印本 一冊 存一種

330000－1701－0066478 GP13589 子部/藝術類/書畫之屬/畫譜

王一亭畫集不分卷 王震繪 民國影印本 一冊

330000－1701－0066481 GY02159 史部/金石類/石之屬/文字

初拓魏崔敬邕墓志不分卷 民國藝苑真賞社影印本 一冊

330000－1701－0066483 HJH913.095124/1048/2/c1 史部/金石類

遯盦金石叢書十五種 吳隱輯 民國三年至十年(1914－1921)山陰吳氏西泠印社木活字印本 四冊 存一種

330000－1701－0066484 M001514 史部/傳記類/別傳之屬

缶廬先生[吳昌碩]小傳一卷 諸宗元撰 民國鉛印本 一冊

330000－1701－0066485 GP13610 史部/金石類/石之屬

雷峯塔華嚴經殘石真蹟不分卷 民國十四年(1925)有正書局石印本 一冊

330000－1701－0066487 GY02159/1 史部/傳記類/別傳之屬/墓誌

魏崔敬邕墓誌銘不分卷 民國清雅堂影印本 一冊

330000－1701－0066488 M001515 經部/四書類/大學之屬/傳說

大學證釋不分卷 陸宗輿 戴翊棻輯 民國十六年(1927)救世新教會鉛印本 二冊

330000－1701－0066489 GP13590 子部/藝術類/書畫之屬/畫譜

禹之鼎人物真蹟一卷 (清)禹之鼎繪 民國十七年(1928)上海商務印書館影印本 一冊

330000－1701－0066492 GY02160 史部/金石類/石之屬/文字

初拓李璧碑不分卷 民國藝苑真賞社影印本 一冊

330000－1701－0066493 HJL7866 史部/政書類/考工之屬/營造

營造法式三十四卷看詳一卷附錄一卷 (宋)李誡撰 民國十四年(1925)武進陶氏刻本 八冊

330000－1701－0066495 GY02161 史部/金石類/石之屬/文字

初拓李璧碑不分卷 民國十三年(1924)上海文明書局影印本 一冊

330000－1701－0066496 GP13591 子部/藝術類/書畫之屬/畫譜

呂半隱山水冊不分卷 (清)呂潛繪 (清)王相藏 民國十一年(1922)上海文明書局影印本 一冊

330000－1701－0066498 HJL8193 史部/政書類/儀制之屬/典禮

文廟續通考一卷 孫樹義輯 民國二十三年(1934)上海中華書局鉛印本 一冊

330000－1701－0066501 M001516 史部/傳記類/別傳之屬/事狀

程弢甫先生赴告一卷 程松生等撰 民國二十一年(1932)鉛印本 一冊

330000－1701－0066503 GP13594 子部/藝術類/書畫之屬

墨巢秘笈藏影第一集不分卷第二集不分卷第三集不分卷 李宣龔藏 民國二十四年至二

十七年(1935－1938)上海商務印書館影印本　三冊

330000－1701－0066510　GP13595　子部/藝術類/書畫之屬/畫譜

魯石珍藏名畫二卷　魯石藏　民國二十二年(1933)有正書局影印本　二冊

330000－1701－0066518　HJL7870　史部/傳記類/總傳之屬/斷代

大清畿輔先哲傳四十卷附列女傳六卷　徐世昌撰　民國天津徐氏刻本　二十二冊

330000－1701－0066519　GP13619　史部/金石類/石之屬/文字

黄初殘石碑一卷　民國十九年(1930)上海神州國光社影印本　一冊

330000－1701－0066520　GY02162　史部/金石類/石之屬/文字

魏司馬景和妻墓誌銘一卷　民國上海藝苑真賞社影印本　一冊

330000－1701－0066523　GY02163　子部/藝術類/書畫之屬/法帖

初拓鄭文公碑一卷　(北魏)鄭道昭書　民國十一年(1922)上海有正書局影印本　一冊

330000－1701－0066524　GP13622　子部/藝術類/書畫之屬/法帖

明拓齊脩孔子廟碑一卷　(北齊)樊遜書　民國二十二年(1933)上海商務印書館影印本　一冊

330000－1701－0066526　GY02164　子部/藝術類/書畫之屬/法帖

鄭道昭雲峯山論經書不分卷　(北魏)鄭道昭書　民國十一年(1922)上海有正書局石印本　一冊

330000－1701－0066529　M001633　子部/農家農學類/農藝之屬/災害防治

主要作物病害各論六章　楊曽盛撰　民國油印本　一冊

330000－1701－0066532　GY02166　史部/金石類/石之屬/文字

初搨司馬景和妻墓誌銘不分卷　民國三十六年(1947)上海中華書局、文明書局影印本　一冊

330000－1701－0066534　M001634　史部/叢編

清初史料四種　謝國楨輯　民國二十二年(1933)國立北平圖書館鉛印本　二冊

330000－1701－0066537　普 814.7/4048.7　類叢部/叢書類/自著之屬

隨園全集□□種　(清)袁枚撰　民國石印本　五十二冊　存三十三種

330000－1701－0066539　GP13623　子部/藝術類/書畫之屬/法帖

祖拓澄清堂帖不分卷　(晉)王羲之書　民國有正書局影印本　三冊

330000－1701－0066540　GY02167　子部/藝術類/書畫之屬/法帖

舊拓鄧太尉祠碑一卷　民國石印本　致淇題記　一冊

330000－1701－0066545　GY02168　子部/藝術類/書畫之屬/法帖

舊管壇碑一卷　(南朝梁)陶弘景撰並書　民國上海震亞圖書局影印本　一冊

330000－1701－0066548　M001635　史部/雜史類/斷代之屬

武聖關壯繆遺蹟圖誌全集十卷　(清)王玉樹輯　民國十年(1921)鉛印本　四冊

330000－1701－0066549　HJL7872　史部/詔令奏議類/奏議之屬

寓燕疏草二卷　(明)錢桓撰　民國二年(1913)聽邠館刻朱印本　二冊

330000－1701－0066551　GP13624　子部/藝術類/書畫之屬/法帖

名人聯對一卷　民國影印本　一冊

330000－1701－0066554　GY02171　子部/藝術類/書畫之屬/法帖

何子貞書鄧石如墓誌不分卷　（清）何紹基書　民國五年（1916）上海有正書局影印本　一冊

330000－1701－0066557　M001636　史部/金石類
國立北平圖書館金石叢編　民國二十七年（1938）上海商務印書館影印本　七冊　存一種

330000－1701－0066564　M001517、M007033、M610074　集部/總集類/選集之屬/斷代
王章詩存合刻　劉承幹編　民國十五年（1926）吳興劉氏嘉業堂刻本　三冊　存一種

330000－1701－0066567　HJL7123　史部/詔令奏議類/奏議之屬
庸盦尚書奏議十六卷　陳夔龍撰　俞陛雲編輯　民國二年（1913）鉛印本　八冊

330000－1701－0066572　HJL8197　史部/金石類/璽印之屬
夢坡室金玉印痕九卷　周慶雲輯　民國十三年（1924）周氏夢坡室鈐拓本　九冊　缺一卷（金印一）

330000－1701－0066574　M001518　集部/別集類
安樂鄉人詩四卷蘗夢詞二卷　金兆蕃撰　民國二十年（1931）刻本　一冊

330000－1701－0066575　GP13625　子部/藝術類/書畫之屬/法帖
宋拓王右軍書不分卷　（晉）王羲之書　民國二十二年（1933）上海商務印書館影印本　一冊

330000－1701－0066576　M001637　集部/總集類/選集之屬/通代
玉臺新詠十卷　（南朝陳）徐陵編　民國十一年（1922）南陵徐乃昌據明小宛堂本影刻本　二冊

330000－1701－0066588　M001519、M603017　史部/傳記類/總傳之屬/家乘
[全國]錢氏家乘不分卷　錢文選輯　民國十四年（1925）鉛印本　二冊

330000－1701－0066590　GP13626　子部/藝術類/書畫之屬/法帖
黃石齋先生榕壇問業真跡一卷　（明）黃道周書　民國二十五年（1936）上海商務印書館影印本　一冊

330000－1701－0066597　M001520、M001699　經部/小學類/文字之屬/字書/字典
康熙字典十二集三十六卷總目一卷檢字一卷辨似一卷等韻一卷補遺一卷備考一卷　（清）張玉書等纂修　民國八年（1919）上海中華圖書館影印本　十二冊

330000－1701－0066599　GP13627　子部/藝術類/書畫之屬/法帖
方正學臨麻姑仙壇記一卷　（明）方孝孺書　民國二十三年（1934）大東書局影印本　一冊

330000－1701－0066605　GP13628　子部/藝術類/書畫之屬/法帖
東坡題跋不分卷山谷題跋不分卷　（清）徐嘉霖書　民國十七年（1928）影印本　二冊

330000－1701－0066613　HJH8201　史部/地理類/遊記之屬/紀行
京江避壽記一卷　周慶雲撰　民國二十二年（1933）刻本　一冊

330000－1701－0066621　GP13629　子部/藝術類/書畫之屬/法帖
漢玄儒婁先生碑不分卷　民國四年（1915）影印本　一冊

330000－1701－0066627　M001521　子部/叢編
子書四十八種　民國十一年（1922）上海廣益書局石印本　三十冊　存三十六種

330000－1701－0066629　M001638　史部/傳記類/別傳之屬/事狀
孫尊衛先生哀冊一卷　孫霖甫輯　民國二十五年（1936）無錫文新印刷所鉛印本　一冊

330000－1701－0066636　HJH7875　史部/傳記類/總傳之屬/隱逸

檇李高逸傳一卷　金蓉鏡等撰　民國九年(1920)鉛印本　一冊

330000－1701－0066637　HJH8204　史部/傳記類/總傳之屬/家乘

新陽趙氏清芬録三卷　趙詒琛編　民國六年(1917)新陽趙詒琛義莊刻本　一冊

330000－1701－0066638　HJL7876　集部/別集類

寫憂賸稿一卷　嚴昌堉撰　民國十八年(1929)鉛印本　一冊

330000－1701－0066642　HJL7131　史部/目録類/總録之屬/官修

壬子文瀾閣所存書目五卷　錢恂編　**文瀾閣目補一卷**　章箴編　民國元年(1912)浙江圖書館刻十二年(1923)補刻本　四冊

330000－1701－0066643　HJL7878　類叢部/叢書類/彙編之屬

龍潭精舍叢刻十五種　劉海涵編　民國十年至二十年(1921－1931)刻本　一冊　存一種

330000－1701－0066647　HJL8207　史部/傳記類/總傳之屬/忠孝

明季東莞五忠傳二卷　陳伯陶撰　民國十二年(1923)養和書局鉛印本　二冊

330000－1701－0066651　HJL7148　史部/詔令奏議類/奏議之屬

二二五五疏二卷　錢恂撰　民國八年(1919)上海聚珍倣宋印書局鉛印本　二冊

330000－1701－0066656　HJL7135　史部/目録類/總録之屬/官修

南京圖書局閱覽室檢查書目二編五卷　南京圖書局編　民國南京圖書局鉛印本　二冊

330000－1701－0066659　HJL7136　史部/金石類/總志之屬

陳氏金石叢書□□種　陳準輯　民國瑞安陳準湫漻齋刻本　二冊　存一種

330000－1701－0066662　HJL7137　史部/金石類/總志之屬

湫漻齋叢書十種　陳準輯　民國瑞安陳氏刻本　一冊　存二種

330000－1701－0066663　HJL7138　史部/金石類/總志之屬

湫漻齋叢書十種　陳準輯　民國瑞安陳氏刻本　一冊　存一種

330000－1701－0066666　HJL8611　史部/目録類/總録之屬/私撰

八千卷樓書目二十卷　(清)丁丙藏　丁立中撰　民國十二年(1923)錢塘丁氏鉛印本　十冊

330000－1701－0066668　HJL7139　史部/金石類/總志之屬

湫漻齋叢書十種　陳準輯　民國瑞安陳氏刻本　一冊　存一種

330000－1701－0066670　HJL7882　集部/別集類

寫憂賸稿一卷　嚴昌堉撰　民國十八年(1929)鉛印本　一冊

330000－1701－0066671　HJL7140　史部/金石類/總志之屬

范鼎卿先生所著書三種　范壽銘撰　民國會稽顧燮光金佳石好樓石印本　二冊　存二種

330000－1701－0066674　HJL8210　子部/儒家類/儒學之屬/經濟

歷代尊孔記一卷孔教外論一卷　程淯輯　**論尊孔爲救亡之要務一卷**　民國二十二年(1933)上海中國道德會鉛印本　二冊

330000－1701－0066677　HJL7141　類叢部/叢書類/彙編之屬

桐城吴先生羣書點勘　(清)吴汝綸撰　民國徐文霨刻本　三冊　存一種

330000－1701－0066684　HJL7143　類叢部/叢書類/彙編之屬

復廬叢書□□種　姚光輯　民國金山姚氏復廬鉛印本　一冊　存一種

330000 - 1701 - 0066690 HJH913. 3251/3199/c2 史部/金石類/總志之屬/目録
古誌彙目初集二卷 顧燮光輯 民國九年(1920)衛輝雲記石印局石印本 一册

330000 - 1701 - 0066691 HJL7146 集部/别集類/清别集
澗于集二十卷(澗于集奏議六卷電稿一卷譯署函稿一卷古今體詩四卷文集二卷書牘六卷) (清)張佩綸撰 民國七年至十五年(1918 - 1926)張氏澗于草堂刻本 六册 存六卷(奏議一至六)

330000 - 1701 - 0066692 HJH913. 3251/3199/2/c4 史部/金石類
非儒非俠齋金石叢著十種 顧燮光撰 民國會稽顧氏金佳石好樓石印本暨鉛印本 二册 存一種

330000 - 1701 - 0066694 HJH913. 3251/3199/2/c5 史部/金石類
非儒非俠齋金石叢著十種 顧燮光撰 民國會稽顧氏金佳石好樓石印本暨鉛印本 二册 存一種

330000 - 1701 - 0066696 HJL8215 史部/政書類/律令之屬/律例
唐明律合編三十卷 (清)薛允升編 民國十一年(1922)退耕堂刻本 八册

330000 - 1701 - 0066702 HJH913. 3251/3199.2/c2 史部/金石類
非儒非俠齋金石叢著十種 顧燮光撰 民國會稽顧氏金佳石好樓石印本暨鉛印本 一册 存一種

330000 - 1701 - 0066703 HJL7150 史部/傳記類/别傳之屬/事狀
慈禧三大功德紀五卷 吴光耀撰 民國成都昌福公司鉛印本 劉承幹題簽並批校 四册

330000 - 1701 - 0066705 HJH913. 3251/3199.2/2/c3 史部/金石類
非儒非俠齋金石叢著十種 顧燮光撰 民國會稽顧氏金佳石好樓石印本暨鉛印本 二册 存一種

330000 - 1701 - 0066707 HJH913. 3251/3199.2/2/c4 史部/金石類
非儒非俠齋金石叢著十種 顧燮光撰 民國會稽顧氏金佳石好樓石印本暨鉛印本 二册 存一種

330000 - 1701 - 0066708 HJL8616 子部/小説家類/雜事之屬
隨園軼事六卷附録一卷 (清)蔣敦復撰 民國元年(1912)上海國學扶輪社石印本 二册

330000 - 1701 - 0066710 HJH7891 史部/傳記類/總傳之屬/儒林
道學淵源録一百卷首一卷補録補傳一卷 (清)黄嗣東輯 (清)黄慶曾補輯 民國十九年(1930)鉛印本 十四册

330000 - 1701 - 0066711 HJL7892 史部/紀傳類/正史之屬
新元史二百五十七卷 柯劭忞撰 民國天津徐世昌退耕堂刻本 六十册

330000 - 1701 - 0066713 HJL7630 史部/傳記類/總傳之屬/列女
清代閨閣詩人徵略十卷補遺一卷 施淑儀撰 民國十一年(1922)崇明女子師範講習所鉛印本 四册

330000 - 1701 - 0066714 HJH7151 史部/雜史類/斷代之屬
蒙古源流箋證八卷首一卷 沈曾植撰 張爾田校補 民國二十一年(1932)嘉興沈氏刻朱印本 二册

330000 - 1701 - 0066715 HJL8219 史部/地理類/遊記之屬/紀勝
蔣叔南游記第一集不分卷 蔣希召撰 民國十年(1921)鉛印本 二册

330000 - 1701 - 0066720 HJH913.384/3199/c1 史部/金石類
非儒非俠齋金石叢著十種 顧燮光撰 民國會稽顧氏金佳石好樓石印本暨鉛印本 三册 存一種

330000－1701－0066726　HJL7154　類叢部/叢書類/彙編之屬
煙畫東堂小品二十三種　繆荃孫編　民國九年(1920)江陰繆氏刻本　十二冊

330000－1701－0066727　HJH913.395111/3199/2/c2　史部/金石類/郡邑之屬/目録
河朔新碑目三卷附河南古物調查表證誤一卷　顧燮光撰　民國十五年(1926)上海科學儀器館鉛印本　一冊

330000－1701－0066729　HJH913.395111/3199/2/c3　史部/金石類/郡邑之屬/目録
河朔新碑目三卷附河南古物調查表證誤一卷　顧燮光撰　民國十五年(1926)上海科學儀器館鉛印本　一冊

330000－1701－0066734　HJH913.395115/3199/c3　史部/金石類
非儒非俠齋金石叢著十種　顧燮光撰　民國會稽顧氏金佳石好樓石印本暨鉛印本　一冊　存一種

330000－1701－0066736　HJH913.395115/3199/c4　史部/金石類
非儒非俠齋金石叢著十種　顧燮光撰　民國會稽顧氏金佳石好樓石印本暨鉛印本　一冊　存一種

330000－1701－0066738　HJH913.395115/3199/2/c2　史部/金石類
非儒非俠齋金石叢著十種　顧燮光撰　民國會稽顧氏金佳石好樓石印本暨鉛印本　一冊　存一種

330000－1701－0066744　HJH8619　史部/政書類/通制之屬
宋會要不分卷　(宋)陳騤　(宋)京鏜等纂修　(清)徐松輯　民國二十五年(1936)國立北平圖書館影印本　二百冊

330000－1701－0066746　HJL8228　類叢部/叢書類/自著之屬
小雙寂庵叢書十九種　張惟驤撰　民國武進張氏小雙寂庵刻本　一冊　存一種

330000－1701－0066747　HJL7637　史部/傳記類/別傳之屬/年譜
清誥授朝議大夫知府銜在任候補直隸州知州廣西富川縣知縣加三級紀錄十次兼署富川縣學教諭鐘山理苗通判顯考部畇府君[王甲榮]年譜一卷　王邁常　王蘧常撰　民國十九年(1930)鉛印本　一冊

330000－1701－0066755　HJH925.10997/3558/c3　史部/傳記類/總傳之屬/斷代
清史列傳八十卷　中華書局編　民國十七年(1928)上海中華書局鉛印本　八十冊

330000－1701－0066757　HJL7898　史部/地理類/雜志之屬
百夷傳一卷　(明)錢古訓編　民國十八年(1929)國學圖書館影印本　一冊

330000－1701－0066758　HJH913.384/3199/c2　史部/金石類
非儒非俠齋金石叢著十種　顧燮光撰　民國會稽顧氏金佳石好樓石印本暨鉛印本　三冊　存一種

330000－1701－0066770　HJL7901　史部/政書類/通制之屬
通制條格三十卷　(元)□□撰　民國十九年(1930)國立北平圖書館影印本(卷二至九、十三至二十二、二十七至三十原缺)　六冊

330000－1701－0066771　HJH7638　史部/傳記類/別傳之屬/事狀
羅烈女褒揚事實清冊一卷　民國鉛印本　一冊

330000－1701－0066773　HJL8623　史部/地理類/水利之屬
淮系年表全編不分卷　武同舉纂繪　民國十八年(1929)鉛印本暨影印本　四冊

330000－1701－0066776　HJH7639　史部/傳記類/別傳之屬/年譜
湯貞愍公[貽汾]年譜一卷　陳韶編　民國二十二年(1933)鉛印本　一冊

330000－1701－0066778　HJL7640　史部/傳

記類/總傳之屬
中華列聖紀一卷 徐相任撰 民國十九年(1930)中華書局鉛印本 一冊

330000－1701－0066780 HJL8238 史部/史表類/斷代之屬
明督撫年表五卷 吳廷燮撰 民國鉛印本 五冊

330000－1701－0066791 HJL7644 類叢部/叢書類/彙編之屬
復廬叢書□□種 姚光輯 民國金山姚氏復廬鉛印本 一冊 存一種

330000－1701－0066792 HJH925.1099924/7701 史部/傳記類/總傳之屬/郡邑
歷代兩浙詞人小傳十六卷 周慶雲輯 民國十一年(1922)烏程周氏夢坡室刻藍印本 五冊

330000－1701－0066794 HJH925.1099924/7701/c3 史部/傳記類/總傳之屬/郡邑
歷代兩浙詞人小傳十六卷 周慶雲輯 民國十一年(1922)烏程周氏夢坡室刻藍印本 五冊

330000－1701－0066795 普 814.7/4332/c2 集部/別集類/清別集
明秋館選課一卷古今體詩存一卷詞賸一卷附曲兩齣 (清)裘凌仙撰 民國三年(1914)鉛印本 二冊

330000－1701－0066797 HJL7645 史部/傳記類/別傳之屬/年譜
榆廬[夏辛銘]年譜一卷 夏辛銘撰 **榆廬年譜續一卷** 夏祖年 夏廷正編 民國二十年(1931)鉛印本 一冊

330000－1701－0066800 HJL7646 史部/傳記類/別傳之屬/事狀
孝行紀實錄二卷 高振霄編 民國二十一年(1932)鉛印本 一冊

330000－1701－0066803 HJH925.14/7212.22/c3 史部/傳記類/別傳之屬/年譜
宋岳鄂王[飛]年譜六卷首一卷末一卷 錢汝雯編 民國十三年(1924)鉛印本 四冊

330000－1701－0066806 HJH925.14/7212.22/c2 史部/傳記類/別傳之屬/年譜
宋岳鄂王[飛]年譜六卷首一卷末一卷 錢汝雯編 民國十三年(1924)鉛印本 四冊

330000－1701－0066807 GY02173 子部/藝術類/書畫之屬/法帖
四體朱子格言二卷 魏樾 鄭孝胥書 民國二十三年(1934)上海三友實業社影印本 二冊

330000－1701－0066808 HJH925.14/7212.81 史部/地理類/專志之屬/祠墓
岳忠武王初瘞志不分卷 民國二十四年(1935)西湖岳王廟產保管委員會鉛印本 一冊

330000－1701－0066809 HJH925.14/7212.81/c2 史部/地理類/專志之屬/祠墓
岳忠武王初瘞志不分卷 民國二十四年(1935)西湖岳王廟產保管委員會鉛印本 一冊

330000－1701－0066810 普 951.069/9533 史部/雜史類/斷代之屬
燼宮遺錄二卷 (明)□□撰 民國二年(1913)烏程張氏刻朱印本 一冊

330000－1701－0066812 GP13635 子部/藝術類/書畫之屬/畫譜
仇實父畫六家細楷冊不分卷 (明)仇英繪 民國八年(1919)上海中華書局影印本 一冊

330000－1701－0066813 M001639 經部/易類/傳說之屬
周易孔義三卷 (明)高攀龍撰 (清)秦堈編 民國十三年(1924)王氏思過齋金陵刻本 一冊

330000－1701－0066814 HJH925.14/7212.81/c3 史部/地理類/專志之屬/祠墓
岳忠武王初瘞志不分卷 民國二十四年(1935)西湖岳王廟產保管委員會鉛印本 一冊

330000－1701－0066815　普 814.7/40921　類叢部/叢書類/彙編之屬

四部備要　中華書局編　民國二十五年(1936)上海中華書局鉛印本　二冊　存一種

330000－1701－0066816　HJL7648　史部/傳記類/別傳之屬/年譜

王荆公[安石]年譜考略二十五卷首三卷雜録二卷附録一卷　(清)蔡上翔撰　**王文公年譜考略節要附存二卷**　(清)楊希閔撰　民國十九年(1930)燕京大學國學研究所鉛印本　六冊

330000－1701－0066818　M001522、M006532、M007911　子部/儒家類/儒學之屬/經濟

民國經世文編不分卷　經世文社編譯部編輯　民國三年(1914)上海經世文社石印本　四十冊

330000－1701－0066820　M001640　史部/政書類/公牘檔冊之屬

西湖博覽會總報告書不分卷　西湖博覽會編纂　民國二十年(1931)西湖博覽會鉛印本　六冊

330000－1701－0066823　M001523　集部/總集類/郡邑之屬

嶺南詩存八卷　何藻翔編　民國十四年(1925)上海商務印書館鉛印本　八冊

330000－1701－0066824　普 814.7/4332/c3　集部/别集類/清別集

明秋館選課一卷古今體詩存一卷詞賸一卷附曲兩齣　(清)裘凌仙撰　民國三年(1914)鉛印本　二冊

330000－1701－0066828　GY02177　子部/藝術類/書畫之屬/書法書品

行書備要一卷　童式規書　民國石印本　一冊

330000－1701－0066830　M001641　集部/總集類/選集之屬/斷代

雁後合鈔五卷　詹勵吾輯　民國三十六年(1947)鉛印本　一冊

330000－1701－0066831　M001524　集部/詩文評類/文法之屬/文法

文章義法指南三卷　張翔鸞評選　民國六年(1917)上海有正書局鉛印本　五冊

330000－1701－0066832　HJL8241　史部/傳記類/科舉録之屬/歷科登科録

明清巍科姓氏錄二卷　張惟驤輯　民國十九年(1930)武進張氏小雙寂庵刻小雙寂庵叢書本　劉承幹題記　一冊

330000－1701－0066833　GY02180　子部/藝術類/書畫之屬/法帖

當代名人書林不分卷　樊增祥等書　王春渠輯　民國二十一年(1932)影印本　一冊

330000－1701－0066834　M001642　史部/傳記類/別傳之屬/年譜

拙園老人壬申自述一卷　程良駿撰　民國二十一年(1932)鉛印本　一冊

330000－1701－0066835　HJH925.17/4469.2　史部/傳記類/日記之屬

緣督廬日記抄十六卷(清同治九年閏十月至民國六年九月)　葉昌熾撰　王季烈輯　民國二十二年(1933)上虞羅氏上海蟫隱廬石印本　十六冊

330000－1701－0066836　M001643　新學/礦務

中國礦法要義三章　翁文灝撰　民國鉛印本　一冊

330000－1701－0066838　GY02181/1　史部/金石類/石之屬/文字

魏晉等墓志五種　崔永安藏　民國石印本　崔永安跋　一冊

330000－1701－0066841　M001644　集部/别集類

東遊集一卷　徐瑞徵撰　民國二十二年(1933)有深味齋鉛印本　一冊

330000－1701－0066842　M001527　子部/

宗教類/佛教之屬/經
南無般若波羅蜜多心經一卷 趙鶴書 民國十五年(1926)香港文華印務公司石印本 一冊

330000－1701－0066849 普 814.7/4332/(2) 集部/别集類/清别集
明秋館選課一卷古今體詩存一卷詞賸一卷附曲兩齣 (清)裘凌仙撰 民國三年(1914)鉛印本 一冊

330000－1701－0066850 M001645 史部/傳記類/别傳之屬/事狀
紹興孝子金鹿賓先生哀誄録不分卷 陳澹然等撰 民國八年(1919)鉛印本 一冊

330000－1701－0066851 M001528 集部/别集類
夢椭紐室詩存二卷 李文紈撰 民國二十二年(1933)鉛印本 一冊

330000－1701－0066853 GY02183 子部/藝術類/書畫之屬
宋文信國公畫像劄子不分卷 (宋)文天祥書 民國十一年(1922)影印本 一冊

330000－1701－0066857 GP13658 子部/藝術類/書畫之屬/法帖
泉唐朱研臣先生遺墨一卷 (清)朱大勳撰並書 (清)朱景彝編 **附朱氏先德錄一卷** (清)朱景彝撰 民國六年(1917)上海商務印書館影印本暨鉛印本 一冊

330000－1701－0066859 M001529 史部/地理類/遊記之屬/紀勝
黄山紀游一卷 (清)項瀫撰 民國二十三年(1934)鉛印本 一冊

330000－1701－0066861 M001646 史部/政書類/公牘檔冊之屬
倡辦聯莊團練清鄉會江左總事務處紀事錄不分卷 胡懷亮撰 民國十八年(1929)江左古順昌城石印本 四冊

330000－1701－0066862 普 814.7/4332/2 集部/别集類/清别集
明秋館選課一卷古今體詩存一卷詞賸一卷附曲兩齣 (清)裘凌仙撰 民國三年(1914)鉛印本 一冊

330000－1701－0066863 GY02183/1 子部/藝術類/書畫之屬/書法書品
黄克強先生上孫總理述革命計畫書真蹟一卷 黄興書 民國二十二年(1933)影印本 一冊

330000－1701－0066864 普 814.7/4332.2/c1 集部/别集類/清别集
明秋館選課一卷古今體詩存一卷詞賸一卷附曲兩齣 (清)裘凌仙撰 民國三年(1914)鉛印本 一冊 存一卷(選課)

330000－1701－0066868 M001647 史部/政書類/邦計之屬/賦税
浙江賦税源流一卷 魏頌唐編輯 民國十四年(1925)鉛印本 一冊

330000－1701－0066870 M001530 史部/目録類/總録之屬/私撰
韓氏讀有用書齋書目一卷 封文權編 民國二十三年(1934)瑞安陳氏裛殷堂鉛印本 一冊

330000－1701－0066872 普 814.7/4332.2/c2 集部/别集類/清别集
明秋館選課一卷古今體詩存一卷詞賸一卷附曲兩齣 (清)裘凌仙撰 民國三年(1914)鉛印本 一冊 存一卷(選課)

330000－1701－0066875 M001531、M001533 史部/傳記類/别傳之屬/年譜
止叟[韓國鈞]年譜一卷永憶録二卷 韓國鈞撰 民國三十年(1941)鉛印本 二冊

330000－1701－0066877 GY02184 子部/藝術類/書畫之屬/法帖
宋黄庭堅書松風閣詩一卷 (宋)黄庭堅書 民國二十二年(1933)北平故宫博物院影印本 一冊

330000－1701－0066878 M001648 史部/傳記類/别傳之屬/事狀

哀思錄初編七卷二編四卷三編四卷　孫中山先生葬事籌備處編　民國孫中山先生葬事籌備處鉛印本　一册　存七卷(初編一至七)

330000－1701－0066879　GP13659　子部/藝術類/書畫之屬/法帖

諸城三劉合璧不分卷　景定成編　民國上海有正書局影印本　一册

330000－1701－0066884　GP13660　集部/别集類

孫中山先生廿年來手札四卷　孫文撰　鄧澤如輯　民國十六年(1927)述志公司石印本　三册　存三卷(一至三)

330000－1701－0066885　M001532　史部/傳記類/别傳之屬

南安陳母黄太夫人九旬晋一徵詩文啟一卷　陳貽矩　陳貽峙等輯　民國二十四年(1935)影印本暨鉛印本　一册

330000－1701－0066887　GP13661　子部/藝術類/書畫之屬/法帖

悲盦銘志集存一卷　(清)趙之謙書　吴熊輯　民國十三年(1924)上海西泠印社影印本　一册

330000－1701－0066891　M001649　類叢部/叢書類/彙編之屬

江氏聚珍版叢書四集二十八種　江杏溪輯　民國十三年(1924)蘇州文學山房木活字印本　一册

330000－1701－0066894　HJL7918　史部/金石類

嘉業堂金石叢書五種　劉承幹輯　民國吴興劉氏刻本　二册　存一種

330000－1701－0066896　M001650　集部/别集類

竹間唫榭集十卷　徐行恭撰　稿本　四册

330000－1701－0066902　M001651　史部/金石類/金之屬/文字

貞松堂集古遺文十六卷補遺三卷　羅振玉輯　民國二十年(1931)石印本　十一册

330000－1701－0066903　GY02184.1　子部/藝術類/書畫之屬/書法書品

金石家篆書楹聯第一輯一卷第二輯一卷　民國十七年(1928)西泠印社影印本　二册

330000－1701－0066907　GY02185　子部/藝術類/書畫之屬/法帖

宋諸名家墨寶一卷　(宋)歐陽修等書　民國影印本暨鉛印本　一册

330000－1701－0066908　普814.7/4332.2/2　集部/别集類/清别集

明秋館選課一卷古今體詩存一卷詞賸一卷附曲兩齣　(清)裘凌仙撰　民國三年(1914)鉛印本　一册　存一卷(選課)

330000－1701－0066909　M001652　史部/史評類/史論之屬

清代史論十六卷　蔡郕撰　民國四年(1915)上海會文堂書局石印本　八册

330000－1701－0066913　GY02186　子部/藝術類/書畫之屬/法帖

明搨史晨奏祀孔子廟碑一卷　民國四年(1915)上海藝苑真賞社影印本　一册

330000－1701－0066915　GP13643　子部/藝術類/書畫之屬/法帖

澹藹軒臨唐碑三種　(清)高爾夔書　民國六年(1917)滋德堂石印本　一册

330000－1701－0066917　GY02187　子部/藝術類/書畫之屬/法帖

宋游丞相藏蘭亭玉泉本一卷　(晋)王羲之書　民國二十四年(1935)上海商務印書館影印本　一册

330000－1701－0066920　GP13644　子部/藝術類/書畫之屬/畫録

鹿牀畫絮一卷　(清)戴熙撰　民國九年(1920)上海中華書局石印本　一册

330000－1701－0066923　GY02188　子部/藝術類/書畫之屬/法帖

宋拓麓山寺碑一卷　(唐)李邕撰並書　民國有正書局石印本　一册

330000－1701－0066929　GY02189　子部/藝術類/書畫之屬/法帖

匋齋藏宋拓麓山寺碑不分卷　(唐)李邕撰並書　(清)端方藏　民國有正書局石印本　一冊

330000－1701－0066930　M001534　子部/宗教類/佛教之屬/經咒

日誦要道　古洗里袞却多吉譯　民國二十三年(1934)鉛印本　二冊

330000－1701－0066931　HJL8250　類叢部/叢書類/自著之屬

晨風廬叢刊十八種　周慶雲撰　民國吳興周氏夢坡室刻本　一冊　存三種

330000－1701－0066933　GY02190　史部/金石類/石之屬/文字

初拓元公姬夫人墓誌二卷　民國有正書局影印本　一冊

330000－1701－0066938　HJL8251　史部/政書類/公牘檔冊之屬

改正中東鐵路站名議一卷續議一卷附錄一卷　許同莘撰　民國鉛印本　一冊

330000－1701－0066940　GY02191　子部/藝術類/書畫之屬/法帖

唐懷素真蹟一卷　(唐)釋懷素書　民國二十八年(1939)西泠印社影印本　一冊

330000－1701－0066943　GY02192　史部/金石類/石之屬/文字

宋拓龍藏寺碑一卷　民國有正書局石印本　一冊

330000－1701－0066944　HJL8252　史部/地理類/遊記之屬/紀行

京江避壽記一卷　周慶雲撰　民國二十二年(1933)刻本　劉承幹題記　一冊

330000－1701－0066946　GY02193　子部/藝術類/書畫之屬/法帖

宋拓道因法師碑一卷　(唐)李儼撰　(唐)歐陽通書　民國上海有正書局石印本　一冊

330000－1701－0066948　HJH7654　史部/史評類/史論之屬

續史通內篇一卷外篇一卷　宋慈裒撰　民國甌風社鉛印本　宋慈裒題記　一冊

330000－1701－0066949　HJH814.6/7732/2/c2　集部/別集類/明別集

陶元暉中丞遺集二卷首一卷附錄一卷跋一卷　(明)陶朗先撰　民國九年(1920)上海聚珍倣宋印書局鉛印本　二冊

330000－1701－0066950　GY02194　子部/藝術類/書畫之屬/法帖

舊揭張黑女墓誌不分卷　民國二十九年(1940)上海文明書局影印本　一冊

330000－1701－0066951　HJL8253　史部/地理類/遊記之屬

石步山人游記三種四卷　許同莘撰　民國十七年(1928)上海簡素堂鉛印本　一冊

330000－1701－0066952　普951.069/9900　史部/雜史類

明清交替紀事六卷　(清)顧炎武撰　民國思昔社石印本　一冊　存三卷(一至三)

330000－1701－0066954　GP13646　子部/藝術類/書畫之屬/畫譜

癡洪梅譜不分卷　洪毅繪　民國二十一年(1932)北京清祕閣淳菁閣影印本　一冊

330000－1701－0066955　HJH951.00144/7539/c4　史部/史評類/考訂之屬

校史偶得不分卷　陳寶爔撰　民國鉛印本　一冊

330000－1701－0066958　HJH814.6/7732/2/c3　集部/別集類/明別集

陶元暉中丞遺集二卷首一卷附錄一卷跋一卷　(明)陶朗先撰　民國九年(1920)上海聚珍倣宋印書局鉛印本　二冊

330000－1701－0066960　GP13663　集部/別集類/清別集

悲盦手札二卷　(清)趙之謙撰　民國二十三年(1934)上海西泠印社影印本　二冊

330000 - 1701 - 0066961 HJH951.00144/7539.2/c5 史部/史評類/考訂之屬

校史偶得不分卷 陳寶熯撰 民國鉛印本 一冊

330000 - 1701 - 0066962 HJL8254 史部/地理類/遊記之屬/紀勝

嵩嶽遊記四卷 席書錦撰 民國八年(1919)鉛印本 二冊

330000 - 1701 - 0066964 GY02196 子部/藝術類/書畫之屬/法帖

宋拓魯峻碑及碑陰二卷 民國有正書局石印本 一冊

330000 - 1701 - 0066966 HJH951.00144/7539.2/c6 史部/史評類/考訂之屬

校史偶得不分卷 陳寶熯撰 民國鉛印本 一冊

330000 - 1701 - 0066969 GY02197 子部/藝術類/書畫之屬/法帖

最初拓禮器碑及碑陰不分卷 民國有正書局石印本 二冊

330000 - 1701 - 0066971 GP13664 史部/金石類/石之屬

曹娥孝女廟碑不分卷 民國慎初堂朱氏鉛印本暨石印本 一冊

330000 - 1701 - 0066973 M001653 集部/總集類/選集之屬/通代

銅琵金縷甲集二卷乙集二卷丙集二卷丁集二卷 上海進步書局編 民國十五年(1926)上海文明書局石印本 四冊

330000 - 1701 - 0066975 HJH814.6/7732.3/c2 集部/別集類/明別集

陶元暉中丞遺集續編一卷附錄一卷 (明)陶朗先撰 民國二十年(1931)鉛印本 一冊

330000 - 1701 - 0066977 GY02198 子部/藝術類/書畫之屬/法帖

最初精拓爨龍顏碑不分卷 民國七年(1918)有正書局石印本 一冊

330000 - 1701 - 0066979 普 814.7/4377.2/c2 集部/別集類/清別集

習苦齋詩集八卷集外詩一卷筆記一卷題跋一卷雜攷一卷 (清)戴熙撰 民國九年(1920)戴克敦鉛印本 四冊

330000 - 1701 - 0066985 HJL8257 類叢部/叢書類/家集之屬

新安許氏先集四種 許同莘編 民國無錫許氏簡素堂刻本暨鉛印本 一冊 存一種

330000 - 1701 - 0066986 GP13648 子部/藝術類

郎靜山攝影專刊一卷 郎靜山攝並輯 民國二十八年(1939)影印本暨鉛印本 一冊

330000 - 1701 - 0066989 GP13665 子部/藝術類/書畫之屬/法帖

楹聯名蹟七輯 中華書局輯 民國七年(1918)上海中華書局影印本 二冊 存二輯(一至二)

330000 - 1701 - 0066990 M001654 史部/傳記類/別傳之屬/年譜

李忠定公[綱]年譜二卷 (清)楊希閔編 **韓忠武王祠墓志正編六卷續編二卷** (清)顧沅輯 (清)程勳續編 民國二十二年(1933)上海淞滬小隱鉛印本 三冊

330000 - 1701 - 0066996 GP13665/1 子部/藝術類/書畫之屬/法帖

楹聯名蹟七輯 中華書局輯 民國七年(1918)上海中華書局影印本 二冊 存二輯(一至二)

330000 - 1701 - 0066997 HJL7658 類叢部/叢書類/家集之屬

丹徒陳氏著述十九種 □□編 民國石印本暨鉛印本 一冊 存一種

330000 - 1701 - 0066999 HJH814.6/7773/c2 集部/別集類/明別集

萬一樓集五十六卷續集六卷外集十卷 (明)駱問禮撰 民國四年(1915)木活字印本 十二冊

330000－1701－0067002　GP13666　子部/藝術類/書畫之屬/法帖
王覺斯詩冊墨蹟一卷　(清)王鐸書　民國二年(1913)上海文明書局石印本　一冊

330000－1701－0067010　HJH7659　史部/金石類/總志之屬
昚古叢編十種　羅振玉輯　民國上虞羅氏影印本　一冊　存一種

330000－1701－0067015　GP13667　子部/藝術類/書畫之屬/法帖
寇君碑一卷　民國影印本　一冊

330000－1701－0067021　M001655　集部/詩文評類/詩評之屬
古今詩學大全六卷　世界書局編輯所編輯　民國十五年(1926)上海世界書局石印本　十四冊

330000－1701－0067026　HJL7660　類叢部/叢書類/彙編之屬
金陵大學中國文化研究所叢刊　金陵大學中國文化研究所編　民國金陵大學中國文化研究所刻本、鉛印本暨影印本　一冊　存一種

330000－1701－0067028　HJH814.6/8048/c2　集部/別集類/明別集
正氣堂集十六卷鎮閩議稿一卷續集七卷餘集四卷洗海近事二卷　(明)俞大猷撰　民國二十三年(1934)國學圖書館影印本　十二冊

330000－1701－0067033　M001656　集部/總集類/選集之屬/通代
新古文辭類纂六十卷首一卷　蔣瑞藻纂集　民國十五年(1926)上海中華書局石印本　十二冊　存三十二卷(二十九至六十)

330000－1701－0067040　GY02199　史部/金石類/石之屬/文字
魏高貞碑一卷　秦清曾藏　民國上海藝苑真賞社影印本　一冊

330000－1701－0067044　GY02200　子部/藝術類/書畫之屬/法帖
宋拓孔宙碑不分卷　民國有正書局石印本　一冊

330000－1701－0067046　M001657　子部/小說家類/雜事之屬
鄉隅紀聞一卷　楊質安撰　民國十年(1921)鉛印本　一冊

330000－1701－0067052　HJH7661　史部/金石類/郡邑之屬
滿州金石志別錄二卷　羅福頤輯　民國二十五年(1936)滿日文化協會石印本　一冊

330000－1701－0067055　M001658　新學/政治法律
共和應酬彙選四卷　馬漢裔撰　民國三年(1914)上海育新書局石印本　四冊

330000－1701－0067056　GY02200/1　子部/藝術類/書畫之屬/法帖
宋拓孔宙碑不分卷　(清)端方藏　民國七年(1918)有正書局石印本　一冊

330000－1701－0067057　GP13655　子部/藝術類/書畫之屬/法帖
楹聯墨蹟大觀十卷　高時顯輯　民國十七年(1928)上海中華書局影印本　十冊

330000－1701－0067062　HJH7662　史部/傳記類/別傳之屬/事狀
文貞王先生[祖畬]行狀一卷　唐文治撰　**王紫翔先生事略一卷**　民國刻本　一冊

330000－1701－0067064　GP13656　集部/別集類/清別集
林文忠公尺牘一卷　(清)林則徐撰　民國北京琉璃廠石印本　一冊

330000－1701－0067065　GY02201　史部/金石類/石之屬/文字
勸募重刊孝女曹娥廟碑一卷　民國慎初堂朱氏石印本　一冊

330000－1701－0067069　GP13657　子部/藝術類/書畫之屬/法帖
褚遂良馮承素書蘭亭序不分卷　(唐)褚遂良　(唐)馮承素書　民國四年(1915)上海商務

印書館影印本　一冊

330000－1701－0067070　GY02202　子部/藝術類/書畫之屬/法帖

漢楊淮表紀不分卷　民國十五年(1926)上海藝苑真賞社影印本　一冊

330000－1701－0067071　普814.7/4429　集部/別集類

郎園北遊文存一卷　葉德輝撰　民國十年(1921)財政部印刷局鉛印本　章嶔題記　一冊

330000－1701－0067072　HJL7928　史部/政書類/邦交之屬

皇華紀程一卷　(清)吳大澂撰　民國十九年(1930)張厚琬鉛印本　一冊

330000－1701－0067076　M001665　類叢部/叢書類/家集之屬

蔣氏叢書　民國四年(1915)鉛印本　一冊　存一種

330000－1701－0067078　HJH951.00911/1176/4/c3　史部/紀傳類/正史之屬

影宋百衲本史記一百三十卷　(漢)司馬遷撰　(南朝宋)裴駰集解　民國上海商務印書館據洩陽陶氏藏宋百衲本影印本　二十四冊

330000－1701－0067080　GY02203　史部/金石類/石之屬

漢石門頌不分卷　民國上海藝苑真賞社影印本　一冊

330000－1701－0067081　M001660　子部/儒家類/儒學之屬/俗訓

人譜類記節要一卷　(明)劉宗周撰　傅煥編　民國八年(1919)油印本　一冊

330000－1701－0067082　普951.06903/5201/c1　史部/雜史類/斷代之屬

平寇志十二卷　(清)彭孫貽輯　民國二十年(1931)國立北平圖書館鉛印本　三冊

330000－1701－0067084　普353.5113/4012/2　子部/兵家類/兵法之屬

孫子十家註十三卷　(漢)曹操等註　**遺說一卷**　(宋)鄭友賢撰　**孫子敘錄一卷**　(清)畢以珣撰　民國上海掃葉山房石印本　六冊

330000－1701－0067091　M001666　子部/藝術類/篆刻之屬/印譜

琴鏡山房印存一卷　民國鈐印本　二冊

330000－1701－0067097　M001667　子部/小說家類/雜事之屬

茶餘客話十二卷　(清)阮葵生撰　民國二年(1913)上海掃葉山房石印本　四冊

330000－1701－0067098　普814.7/4422　集部/總集類/郡邑之屬

黄岡二處士集三種三十五卷　汪桑輯　民國二十四年(1935)黄岡汪氏鉛印本　一冊　存一種

330000－1701－0067099　M001661　史部/傳記類/別傳之屬/事狀

波蘭皮爾蘇斯基大元帥榮哀錄一卷　民國二十五年(1936)鉛印本　一冊

330000－1701－0067102　M001662　史部/傳記類/別傳之屬/事狀

居禮斯克渥多斯喀夫人榮哀錄一卷　中波文化協會編　民國二十四年(1935)中波文化協會鉛印本　一冊

330000－1701－0067107　GP20006　子部/藝術類/書畫之屬/畫譜

郭忠恕輞川圖卷不分卷　(宋)郭忠恕繪　民國十五年(1926)上海商務印書館影印本　一冊

330000－1701－0067108　M001668　集部/總集類/選集之屬/通代

古文觀止十二卷　(清)吳乘權　(清)吳大職輯　民國五年(1916)上海中華書局石印本　六冊

330000－1701－0067110　M001663　史部/傳記類/別傳之屬/事狀

穫堂[繆九疇]六十壽言二卷　繆慶禧等輯　民國十四年(1925)鉛印本　一冊

330000－1701－0067111　GP13674　子部/藝術類/篆刻之屬/印譜

伏廬選藏鉥印彙存不分卷　陳漢第藏並輯　民國二十九年(1940)上海西泠印社石印本　三冊

330000－1701－0067113　普951.0693/4644/c1　史部/叢編

國立中央研究院歷史語言研究所史料叢書　國立中央研究院歷史語言研究所編　民國北平國立中央研究院歷史語言研究所影印本　一冊　存一種

330000－1701－0067114　HJH7664　史部/傳記類/別傳之屬/事狀

寸草廬贈言十卷　(清)張嘉祿輯　民國十二年(1923)四明張氏刻本　二冊

330000－1701－0067116　GP20008　子部/藝術類/書畫之屬/畫譜

元吳鎮墨竹譜不分卷　(元)吳鎮繪　民國二十五年(1936)北平故宮博物院影印本　一冊

330000－1701－0067117　M001664　集部/別集類

誦芬堂文稿初編一卷續編一卷三編一卷　錢文選撰　**錢士青先生編年事略一卷**　甘澤沛　王永清編　民國十九年(1930)、二十五年(1936)鉛印本　五冊

330000－1701－0067122　M001669　集部/總集類/彙編之屬

當代八家文鈔　胡君復輯　民國五年(1916)中國圖書公司和記鉛印本　二十冊

330000－1701－0067124　GP20075　子部/藝術類/書畫之屬

犀園卅周翰墨緣一卷　民國十六年(1927)影印本　一冊

330000－1701－0067125　GP20010　子部/藝術類/書畫之屬/畫譜

胡佩衡萬壑千巖圖長卷一卷　胡佩衡繪　民國十四年(1925)商務印書館影印本　一冊

330000－1701－0067126　普951.0693/4644/c2　史部/叢編

國立中央研究院歷史語言研究所史料叢書　國立中央研究院歷史語言研究所編　民國北平國立中央研究院歷史語言研究所影印本　一冊　存一種

330000－1701－0067128　GP20082　史部/金石類/石之屬/圖像

南陽漢畫象集一卷　關百益編　民國十九年(1930)上海中華書局影印本暨鉛印本　一冊

330000－1701－0067131　普951.0693/4644/c3　史部/叢編

國立中央研究院歷史語言研究所史料叢書　國立中央研究院歷史語言研究所編　民國北平國立中央研究院歷史語言研究所影印本　一冊　存一種

330000－1701－0067133　GP20083　子部/藝術類/書畫之屬/畫譜

燕寢怡情不分卷　民國上海藝苑真賞社影印本　一冊

330000－1701－0067134　普951.07/0053　史部/傳記類/總傳之屬/家乘

清皇室四譜四卷　唐邦治輯　民國十二年(1923)上海聚珍仿宋印書局鉛印本　二冊

330000－1701－0067135　GP20011　子部/藝術類/書畫之屬/畫譜

水竹邨人山水畫冊一卷　徐世昌繪　民國影印本　一冊

330000－1701－0067138　M001670　子部/小說家類/異聞之屬

天風閣薈譚四卷　風生撰　民國三年(1914)振華書局石印本　四冊

330000－1701－0067139　GP20083/1　子部/藝術類/書畫之屬/畫譜

燕寢怡情不分卷　民國上海藝苑真賞社影印本　一冊

330000－1701－0067140　GP20012　子部/藝術類/書畫之屬/畫譜

蜜蜂畫集第一輯不分卷　王一亭等繪　民國

十九年(1930)蜜蜂畫社影印本　瘦鐵題記　一冊

330000－1701－0067141　GP20083/1/1　子部/藝術類/書畫之屬/畫譜

燕寢怡情不分卷　民國上海藝苑真賞社影印本　一冊

330000－1701－0067146　M001671　子部/儒家類/儒學之屬/性理

呂語集粹四卷首一卷　(明)呂坤撰　(清)陳宏謀評　民國上海文瑞樓石印本　二冊

330000－1701－0067147　GY02204　史部/金石類/石之屬/文字

漢孟孝琚碑一卷　民國十三年(1924)上海藝苑真賞社影印本　一冊

330000－1701－0067149　GP20013　子部/藝術類/書畫之屬/畫譜

齊白石畫冊一卷　齊白石(齊璜)繪　民國二十一年(1932)上海中華書局影印本　一冊

330000－1701－0067151　HJL7665　史部/傳記類/總傳之屬/斷代

辛亥殉難記五卷首一卷辛亥殉難表不分卷　吳慶坻輯　民國五年(1916)鉛印本　劉承幹題記　一冊　存六卷(首、一至五)

330000－1701－0067152　GY02204/1　子部/藝術類/書畫之屬/法帖

宋拓十七帖不分卷　(晉)王羲之書　民國二十五年(1936)上海中華書局影印本　一冊

330000－1701－0067155　GP20014　子部/藝術類/書畫之屬/畫譜

蕭厔泉畫稿第一集不分卷　蕭俊賢繪　民國十五年(1926)大和室影印本　姜丹書題記　一冊

330000－1701－0067157　GY02205　子部/藝術類/書畫之屬/法帖

漢景君銘一卷銘陰一卷　民國七年(1918)上海藝苑真賞社影印本　二冊

330000－1701－0067159　M609830、M001672、M003566、M004349、M004934、M606326、M610836　類叢部/叢書類/彙編之屬

涉聞梓舊二十五種　(清)蔣光煦輯　民國十三年(1924)上海商務印書館據清海昌蔣氏刻本影印本　十六冊　存十八種

330000－1701－0067164　GY02205/1　子部/藝術類/書畫之屬/法帖

宋拓大令十三行一卷　(晉)王獻之書　民國影印本　一冊

330000－1701－0067165　HJH814.7/0031/c2　集部/別集類/清別集

新淦公遺稿三卷附錄一卷　(清)章定瑜撰　章乃羹輯　民國二十二年(1933)鉛印本　一冊

330000－1701－0067167　GY02206　子部/藝術類/書畫之屬/法帖

宋拓十三行一卷　(晉)王獻之書　民國有正書局石印本　一冊

330000－1701－0067170　GP20015　子部/藝術類/書畫之屬/畫譜

吳缶廬畫冊不分卷　吳昌碩繪　民國十九年(1930)上海商務印書館影印本　一冊

330000－1701－0067171　HJH814.7/0031/c4　集部/別集類/清別集

新淦公遺稿三卷附錄一卷　(清)章定瑜撰　章乃羹輯　民國二十二年(1933)鉛印本　一冊

330000－1701－0067172　GY02206/1　史部/金石類/石之屬/文字

初拓裴岑紀功刻石一卷　秦文錦藏　民國十二年(1923)上海藝苑真賞社影印本　一冊

330000－1701－0067177　GP20017　子部/藝術類/書畫之屬/畫譜

趙叔孺先生畫冊不分卷　趙叔孺繪　民國影印本　一冊

330000－1701－0067181　GY02207　史部/金石類/石之屬/文字

魏曹真碑一卷　民國上海藝苑真賞社影印本　一冊

330000－1701－0067182　GP20019　史部/地理類/專志之屬/宫殿

圓明園圖不分卷　（清）唐岱　（清）沈源繪　民國十七年（1928）上海中華書局影印本　二冊

330000－1701－0067187　GY02207/1　史部/金石類/石之屬/文字

明拓石鼓文不分卷石鼓文續集一卷　趙鎬編　民國有正書局影印本　一冊

330000－1701－0067189　M001737　史部/地理類/方志之屬/郡縣志

［民國］寶山縣續志十七卷首一卷末一卷　張允高等修　錢淦　袁希濤纂　民國十年（1921）鉛印本　五冊

330000－1701－0067190　HJL7668　史部/目録類/總録之屬/徵訪

南獻遺徵箋一卷　鄭文焯輯　范希曾箋　民國二十年（1931）淮陰范氏刻本　一冊

330000－1701－0067191　GY02208　子部/藝術類/書畫之屬/法帖

楊沂孫篆説文部首大字本一卷　（清）楊沂孫書　民國十二年（1923）上海古今圖書店石印本　一冊

330000－1701－0067193　普 814.7/4209/c1　集部/別集類/清別集

僑園詩文集四卷　（清）姚麟撰　民國二十五年（1936）鉛印本　一冊

330000－1701－0067198　M001673　子部/藝術類/書畫之屬/法帖

名人尺牘墨寶第一集六卷第二集六卷第三集六卷　文明書局輯　民國二年至四年（1913－1915）上海文明書局影印本　十八冊

330000－1701－0067200　M001738　子部/藝術類/書畫之屬/法帖

米海岳方圓菴記一卷　（宋）米芾書　民國影印本　一冊

330000－1701－0067202　普 814.7/4209/c2　集部/別集類/清別集

僑園詩文集四卷　（清）姚麟撰　民國二十五年（1936）鉛印本　一冊

330000－1701－0067204　M001739　子部/藝術類/書畫之屬/法帖

麻姑僊壇記不分卷　（唐）顔真卿撰並書　民國上海藝苑真賞社影印本　一冊

330000－1701－0067206　GP20021　子部/藝術類/書畫之屬/畫譜

歷朝名畫觀音寶相不分卷附絲繡觀音寶相不分卷明石刻觀音寶相不分卷　淨緣社編　民國二十八年（1939）上海淨緣社影印本　二冊

330000－1701－0067207　GY02209　子部/藝術類/書畫之屬/法帖

漢禮器碑一卷碑陰一卷　秦文錦藏　民國十五年（1926）上海藝苑真賞社影印本　二冊

330000－1701－0067214　GY02209/1　子部/藝術類/書畫之屬/法帖

楊濠叟篆書詩經一卷　（清）楊沂孫篆書　民國九年（1920）上海中華書局石印本　一冊

330000－1701－0067218　HJL7670　史部/地理類/專志之屬/祠墓

周陵志十卷首一卷　吳廷錫等編　民國二十三年（1934）鉛印本　二冊

330000－1701－0067219　M001740　子部/藝術類/書畫之屬/法帖

石菴先生法書神品一卷　（清）劉墉書　民國影印本　一冊

330000－1701－0067222　GP20087　子部/藝術類/書畫之屬

傳樸堂印人書畫集一卷　葛昌楹編　民國十三年（1924）上海慎修書社影印本　葛昌楹題記　一冊

330000－1701－0067224　GP20026　子部/藝術類/書畫之屬/畫譜

清十二名家山水集不分卷　吳頤編　民國二十三年（1934）上海慎修書社影印本　一冊

330000－1701－0067225　GY02210　子部/藝術類/書畫之屬/法帖
楊沂孫臨揭石頌一卷　(清)楊沂孫書　民國上海求古齋書帖局石印本　一册

330000－1701－0067226　GP20027　子部/藝術類/書畫之屬/畫譜
清十大家山水扇集一卷　(清)程邃等繪　民國二十二年(1933)上海慎修書社影印本　一册

330000－1701－0067228　HJL7671　史部/傳記類/别傳之屬
先父季直先生傳記不分卷　張孝若撰　**嗇翁自訂年譜二卷**　張謇撰　民國十九年(1930)上海中華書局鉛印本　三册

330000－1701－0067230　GY02211　子部/藝術類/書畫之屬/法帖
初搨書譜一卷　(唐)孫過庭撰並書　民國有正書局影印本　一册

330000－1701－0067232　M001741　史部/政書類/邦計之屬/鹽法
漁鹽材料一卷　兩浙鹽務管理局編　稿本　一册

330000－1701－0067233　GP20028　子部/藝術類/書畫之屬/畫譜
王小梅山水册不分卷　(清)王素繪　民國上海文明書局影印本　一册

330000－1701－0067236　GY02211/1　子部/藝術類/書畫之屬/法帖
籀聯四編　葉爾愷撰句　秦文錦檃集　民國二十一年(1932)上海藝苑真賞社影印本　一册　存二編

330000－1701－0067239　GP20089　子部/藝術類/書畫之屬/畫譜
徐天池墨筆山水人物花卉册一卷　(明)徐渭繪　民國二十三年(1934)上海商務印書館影印本　一册

330000－1701－0067240　GP20030　子部/藝術類/書畫之屬/畫譜
焦山風景圖一卷　陸龍繪　民國十九年(1930)上海文華美術圖書印刷有限公司影印本　一册

330000－1701－0067241　M001742　史部/傳記類/别傳之屬/事狀
劉學詢哀啟一卷　劉恩言　劉啟言撰　民國二十四年(1935)鉛印本　一册

330000－1701－0067247　GP20091　子部/藝術類/書畫之屬
南京市美術展覽書畫册不分卷　民國二十年(1931)上海有正書局影印本　一册

330000－1701－0067249　GY02212　子部/藝術類/書畫之屬/法帖
王夢樓先生尺牘一卷　(清)王文治書　民國上海通運公司石印本　一册

330000－1701－0067251　M001743　集部/别集類/清别集
影印三願堂遺墨不分卷　(清)趙彦偁撰　民國影印本　一册

330000－1701－0067253　M001744　子部/藝術類/書畫之屬/法帖
漢西嶽華山碑一卷　民國影印本　一册

330000－1701－0067257　HJL7673　史部/傳記類
杏蔭堂彙刻三種　許浩基撰　民國二十一年(1932)吳興許氏杏陰堂刻本　一册　存一種

330000－1701－0067266　GY02213　子部/藝術類/書畫之屬/法帖
臥龍山人手書學庸一卷　沈華山書　民國影印本　一册

330000－1701－0067271　普353.5114/2647/2/c1　類叢部/叢書類/彙編之屬
四部備要　中華書局編　民國二十五年(1936)上海中華書局鉛印本　一册　存一種

330000－1701－0067272　普353.5114/2647/2/c2　類叢部/叢書類/彙編之屬
四部備要　中華書局編　民國二十五年

(1936)上海中華書局鉛印本　一冊　存一種

330000－1701－0067273　普353.5114/2647/2/c3　類叢部/叢書類/彙編之屬

四部備要　中華書局編　民國二十五年(1936)上海中華書局鉛印本　一冊　存一種

330000－1701－0067274　普353.5114/2647/2/c4　類叢部/叢書類/彙編之屬

四部備要　中華書局編　民國二十五年(1936)上海中華書局鉛印本　一冊　存一種

330000－1701－0067275　GY02214　子部/藝術類/書畫之屬

宋人法書不分卷　民國二十四年(1935)北平故宮博物院影印本　五冊

330000－1701－0067280　M001745　史部/政書類/考工之屬/營造

營造法式三十四卷看詳一卷附錄一卷　(宋)李誡撰　民國十四年(1925)武進陶氏刻十八年(1929)重印本　八冊

330000－1701－0067286　GY02215　子部/藝術類/書畫之屬/法帖

唐拓雲麾李府君神道碑一卷　(唐)李邕撰並書　民國影印本　一冊

330000－1701－0067292　GP20101　子部/藝術類/書畫之屬/畫録

大雅樓畫寶四卷　周慕喬繪　民國十二年(1923)上海碧梧山莊影印本　二冊　存二卷(一、四)

330000－1701－0067301　GY02217　子部/藝術類/書畫之屬/法帖

淳化閣帖十卷　(明)董其昌書　民國石印本　四冊

330000－1701－0067303　GP20031　子部/藝術類/書畫之屬/畫譜

倦圃一卷　(清)周之恆繪　民國影印本　一冊

330000－1701－0067305　GP20102　子部/藝術類/書畫之屬/畫譜

百丈樓叢畫八卷　汪耀如繪　民國十三年(1924)上海大通書局影印本　八冊

330000－1701－0067306　GY02218　子部/藝術類/書畫之屬/法帖

蘇東坡書昆陽城賦墨蹟一卷　(宋)蘇軾書　民國影印本　一冊

330000－1701－0067307　HJH7676　史部/目録類/總録之屬/官修

天祿琳瑯排架圖不分卷四庫全書薈要排架圖不分卷　民國二十二年(1933)故宮博物院圖書館影印本　一冊

330000－1701－0067310　普353.5118/1104　子部/兵家類/兵法之屬

素書一卷　(漢)黄石公撰　(宋)張商英注　民國十二年(1923)莒縣公署鉛印本　一冊

330000－1701－0067311　GP20103　子部/藝術類/書畫之屬/畫譜

大觀樓叢畫八卷　汪鑅繪　民國十五年(1926)上海大德書局石印本　八冊

330000－1701－0067313　普951.07/4917/c1　史部/紀傳類/正史之屬

清史稿五百三十六卷目録五卷　趙爾巽等撰　民國十六年(1927)清史館鉛印本　一百三十一冊

330000－1701－0067315　M001754　史部/傳記類/別傳之屬/事狀

王同伯先生家傳一卷　(清)姚寶侃撰　高豐書並篆　民國影印本　一冊

330000－1701－0067316　GP20033　子部/藝術類/書畫之屬

灤水聯唫圖不分卷　(清)王學浩繪　民國影印本　一冊

330000－1701－0067317　GP20051　子部/藝術類/書畫之屬/畫譜

仇文書畫合璧西廂記一卷　(明)仇英繪　(明)文徵明書　民國九年(1920)上海文明書局影印本　二冊

330000－1701－0067322　GP20034　子部/藝術類/書畫之屬/畫譜

錫山秦氏佚園十景圖册一卷　秦淦繪　民國上海藝苑真賞社影印本　一册

330000－1701－0067323　M001755　子部/宗教類/佛教之屬

北山録十卷　（唐）釋神清撰　（宋）釋慧寶注　**北山録註解隨函二卷**　（宋）釋德珪撰　民國據宋熙寧元年（1068）刻本影印本　徐鴻寶題記　四册

330000－1701－0067325　GP20036　子部/藝術類/書畫之屬/畫譜

明錢忠敏公山水畫册一卷　（明）錢旭繪　民國二十三年（1934）上海商務印書館影印本　一册

330000－1701－0067327　普353.5118/2663　子部/兵家類

黄石公素書解一卷　程昌祺撰　民國二十三年（1934）成都華西協和大學哈佛燕京學會鉛印本　一册

330000－1701－0067328　普814.7/44102　類叢部/叢書類/郡邑之屬

雲南叢書初編一百四十一種二編三十七種　趙藩　陳榮昌等輯　民國雲南叢書處刻本　一册　存一種

330000－1701－0067329　GP20037　子部/藝術類/書畫之屬/畫譜

石溪谿山無盡圖卷一卷　（清）釋髡殘繪　民國二十三年（1934）上海商務印書館影印本　一册

330000－1701－0067330　M001756、M001757　集部/别集類/清别集

玲瓏簾詞一卷渚陸鴻飛集一卷　（清）吴焯撰　民國十三年（1924）吴用威刻朱印本　二册

330000－1701－0067332　GP20038　子部/藝術類/書畫之屬/畫譜

八大山人山水册不分卷　（清）朱耷繪　民國二十三年（1934）上海商務印書館影印本　一册

330000－1701－0067333　M001674　子部/雜著類/雜説之屬

慕俠叢纂初集不分卷二集不分卷　郁慕俠撰　民國九年（1920）鉛印本　二册

330000－1701－0067335　GP20047　史部/傳記類/總傳之屬

清代學者象傳樣本不分卷　葉恭綽編　民國十七年（1928）上海商務印書館影印本　一册

330000－1701－0067340　HJH814.7/0047.2/c3　集部/别集類

一山文存十二卷　章梫撰　民國七年（1918）吴興劉氏嘉業堂刻本　四册

330000－1701－0067342　GP20049　子部/藝術類/書畫之屬/畫譜

清釋石濤畫羅漢册不分卷　（清）釋道濟繪　民國二十四年（1935）故宫博物院影印本　一册

330000－1701－0067347　M001675　史部/目録類/總録之屬

北平市立第一普通圖書館圖書總目表不分卷　朱英等編　民國二十四年（1935）鉛印本　四册

330000－1701－0067348　HJH814.7/0047.2/c5　集部/别集類

一山文存十二卷　章梫撰　民國七年（1918）吴興劉氏嘉業堂刻本　四册

330000－1701－0067349　GP20050　子部/藝術類/書畫之屬/畫譜

陳老蓮畫册一卷　（明）陳洪綬繪　民國二十三年（1934）上海商務印書館影印本　一册

330000－1701－0067355　HJL7944　史部/傳記類/總傳之屬/列女

列朝后妃傳稿二卷　張采田撰　民國十八年（1929）綠櫻花館平氏鉛印本　二册

330000－1701－0067359　GP20052　子部/藝術類/書畫之屬/畫譜

文衡山瀟湘八景冊不分卷　(明)文徵明繪　民國影印本　一冊

330000－1701－0067360　HJH951.00922/1779/9　史部/編年類/通代之屬

資治通鑑二百九十四卷　(宋)司馬光撰　(元)胡三省音注　**通鑑釋文辯誤十二卷**　(元)胡三省撰　民國六年(1917)上海商務印書館鉛印本　六十冊

330000－1701－0067363　GP20063　子部/藝術類/書畫之屬/畫譜

黃尊古山水冊一卷　(清)黃鼎繪　民國二十年(1931)上海慎修書社影印本　一冊

330000－1701－0067365　GP20105　史部/金石類/陶之屬/圖像

明清各名家沙壺全形集拓不分卷　民國石印本　一冊

330000－1701－0067370　GP20064　子部/藝術類/書畫之屬/畫譜

楊子鶴山水冊一卷　(清)楊晉繪　民國二十年(1931)上海慎修書社影印本　一冊

330000－1701－0067371　M001752　集部/別集類

龍江釣叟詩遺一卷　朱權撰　朱紹陽輯　民國石印本　一冊

330000－1701－0067373　GP20064/1　子部/藝術類/書畫之屬/畫譜

楊子鶴山水冊一卷　(清)楊晉繪　民國二十年(1931)上海慎修書社影印本　一冊

330000－1701－0067375　GP20106　子部/藝術類/書畫之屬/法帖

悲盦銘志集存一卷　(清)趙之謙書　吳熊輯　民國十三年(1924)上海西泠印社影印本　一冊

330000－1701－0067379　GY02219　類叢部/叢書類/彙編之屬

鳴沙石室佚書(鳴沙石室古佚書)初編十九種　羅振玉編　民國二年(1913)上虞羅氏據唐寫本影印本　一冊　存一種

330000－1701－0067381　GP20106/1　子部/藝術類/書畫之屬/法帖

悲盦銘志集存一卷　(清)趙之謙書　吳熊輯　民國十三年(1924)上海西泠印社影印本　一冊

330000－1701－0067382　M001751　集部/別集類

靜拱樓詩集一卷　朱紹陽撰　民國二十四年(1935)鉛印本　一冊

330000－1701－0067386　GP20065　子部/藝術類/書畫之屬/畫譜

王蓬心山水冊一卷　(清)王宸繪　民國二十年(1931)上海慎修書社影印本　一冊

330000－1701－0067389　M001753　史部/傳記類/總傳之屬/郡邑

越蔭錄一卷傳芳錄一卷　(清)杜甲撰　民國二十六年(1937)石印本暨抄本　一冊

330000－1701－0067392　GP20065/1　子部/藝術類/書畫之屬/畫譜

王蓬心山水冊一卷　(清)王宸繪　民國二十年(1931)上海慎修書社影印本　一冊

330000－1701－0067396　GP20065/1/1　子部/藝術類/書畫之屬/畫譜

王蓬心山水冊一卷　(清)王宸繪　民國二十年(1931)上海慎修書社影印本　一冊

330000－1701－0067397　GP20107　子部/工藝類/文房四寶之屬/墨

涉園墨萃十二種　陶湘輯　民國十八年(1929)武進陶氏刻本暨石印本　三冊　存一種

330000－1701－0067399　GP20066　子部/藝術類/書畫之屬/畫譜

董香光山水冊一卷　(明)董其昌繪　民國二十年(1931)上海慎修書社影印本　一冊

330000－1701－0067403　M001746　集部/楚辭類

楚辭集註八卷後語六卷辯證二卷　(宋)朱熹撰　民國四年(1915)掃葉山房石印本　四冊

330000－1701－0067404　GY03016　史部/金石類/總志之屬
窓齋甎瓦錄一卷　(清)吳大澂跋識　民國十九年(1930)西泠印社影印本　一册

330000－1701－0067405　GP20066/1　子部/藝術類/書畫之屬/畫譜
董香光山水册一卷　(明)董其昌繪　民國二十年(1931)上海慎修書社影印本　一册

330000－1701－0067411　GP20067　子部/藝術類/書畫之屬/畫譜
張篁邨周牧山山水合册不分卷　(清)張宗蒼　(清)周笠繪　民國二十一年(1932)上海慎修書社影印本　一册

330000－1701－0067413　GP20067/1　子部/藝術類/書畫之屬/畫譜
張篁邨周牧山山水合册不分卷　(清)張宗蒼　(清)周笠繪　民國二十一年(1932)上海慎修書社影印本　一册

330000－1701－0067414　普814.7/4770/c1　集部/别集類/清别集
籀經堂文鈔四卷　(清)胡長新撰　民國七年(1918)貴陽文通書局鉛印本　二册

330000－1701－0067416　M001747　集部/别集類/宋别集
范文正公集十二卷補編四卷年譜一卷年譜補遺一卷鄱陽遺事錄一卷義莊規矩一卷遺蹟一卷褒賢集五卷言行拾遺事錄四卷　(宋)范仲淹撰　(明)毛一鷺彙編　民國八年(1919)上海掃葉山房石印本　十二册

330000－1701－0067419　普814.7/4770/c2　集部/别集類/清别集
籀經堂文鈔四卷　(清)胡長新撰　民國七年(1918)貴陽文通書局鉛印本　二册

330000－1701－0067420　M001748　子部/工藝類/日用器物之屬/陶瓷
匋雅二卷　陳瀏撰　民國二十二年(1933)上海古瓷研究會石印本　一册

330000－1701－0067427　GP20108　子部/藝術類
藝賸一卷　民國六年(1917)廣倉學宭影印本　一册

330000－1701－0067430　M001749　子部/儒家類/儒學之屬/禮教/家訓
顔氏家訓七卷補遺一卷重校正一卷　(北齊)顔之推撰　(清)趙曦明注　(清)盧文弨補
顔氏家訓注補正一卷　(清)錢大昕撰　民國崇新書局石印本　六册

330000－1701－0067435　GY03003　史部/金石類
藝術叢編十七種　姬佛陀編　民國五年至九年(1916－1920)上海倉聖明智大學影印本　一册　存一種

330000－1701－0067437　GP20068　子部/藝術類/書畫之屬
灤水聯唫圖不分卷　(清)王學浩繪　民國十七年(1928)顧氏金佳石好樓影印本　一册

330000－1701－0067438　普814.7/44181　集部/别集類/清别集
黄鶴雲集四卷　(清)黄翼曾撰　民國鉛印本　一册

330000－1701－0067442　M001676　集部/總集類/酬唱之屬
周辨西五秩酬唱集二卷　陳夔樞輯　民國十三年(1924)鉛印本　一册

330000－1701－0067443　GP20068/1　子部/藝術類/書畫之屬
灤水聯唫圖不分卷　(清)王學浩繪　民國十七年(1928)影印本　一册

330000－1701－0067447　HJL8280　史部/地理類/遊記之屬/紀行
秦游日錄一卷登太華記一卷　傅增湘撰　民國二十一年(1932)天津大公報館鉛印本　傅增湘題記　一册

330000－1701－0067448　GY03007　子部/叢編
美術攷古專刊　美術攷古學社編輯　民國三

十八年(1949)美術攷古學社影印本　一冊

330000－1701－0067449　GY03004　史部/金石類/石之屬

藝海樓古器文物一卷　(清)顧湘舟輯　民國石印本　沈逵章題記　一冊

330000－1701－0067453　M001677　子部/藝術類/書畫之屬/總論

寶穰室收藏書畫誌略一卷　姚大榮撰　民國十五年(1926)鉛印本　一冊

330000－1701－0067455　M001750　集部/總集類/彙編之屬

侯魏汪三家文合鈔四卷　進步書局編輯所編　民國十二年(1923)上海文明書局石印本　四冊

330000－1701－0067458　GY03006　史部/金石類/甲骨之屬

殷虛書契前編八卷續編六卷　羅振玉輯　民國元年(1912)、二十二年(1933)上虞羅振玉影印本　十冊

330000－1701－0067462　M001678　子部/雜著類/雜說之屬

青箱雜記十卷　(宋)吳處厚撰　民國十四年(1925)上海商務印書館鉛印本　一冊

330000－1701－0067465　HJL8282　史部/地理類/雜志之屬

中吳紀聞六卷　(宋)龔明之撰　民國五年(1916)武進董氏誦芬室刻本　劉承幹題記　二冊

330000－1701－0067468　GY03014　史部/金石類/石之屬

甫里殷栢堅槵績古代彝器一卷　民國十六年(1927)影印本　一冊

330000－1701－0067469　GP20109　子部/藝術類/書畫之屬/畫譜

百梅集不分卷　陳叔通輯　民國十六年(1927)上海商務印書館影印本　一冊

330000－1701－0067471　普 814.7/42341.01/4　類叢部/叢書類/郡邑之屬

四明叢書一百六十七種　張壽鏞編　民國四明張氏約園刻本　三冊　存一種

330000－1701－0067476　HJH814.7/0070.3/c2　集部/總集類/郡邑之屬

禹域叢書三種十二卷　禹域新聞社輯　民國鉛印本　三冊　存一種

330000－1701－0067478　GP20110　子部/藝術類/書畫之屬

吳讓之先生書畫冊不分卷　(清)吳熙載書並繪　丁仁　吳隱輯　民國十一年(1922)西泠印社影印本　一冊

330000－1701－0067483　GY03017　史部/金石類/總志之屬

西北科學考查團叢刊　民國二十五年(1936)西北科學考查團鉛印本暨影印本　一冊　存一種

330000－1701－0067487　GP20111　子部/藝術類/書畫之屬/畫譜

松柏名畫集不分卷　(明)胡靖等繪　陳伏廬藏　民國二十年(1931)上海商務印書館影印本　一冊

330000－1701－0067488　GP20063/1　子部/藝術類/書畫之屬/畫譜

黃尊古山水冊一卷　(清)黃鼎繪　民國二十年(1931)上海慎修書社影印本　一冊

330000－1701－0067489　HJH814.7/00741/c2　集部/别集類/清别集

名山藏副本初集二卷贈言集一卷　(清)齊周華撰　民國九年(1920)杭州武林印書館鉛印本　二冊

330000－1701－0067490　普 951.07/4917/c2　史部/紀傳類/正史之屬

清史稿五百三十六卷目錄五卷　趙爾巽等撰　民國十六年(1927)清史館鉛印本　六十七冊　存二百十五卷(一百二十一至二百十八、二百二十一至三百一、四百八十三至五百十八)

330000－1701－0067492　M001758　史部/地理類/方志之屬/通志
［民國］安徽通志稿一百五十七卷　（清）安徽通志館纂修　民國二十三年（1934）鉛印本　五十冊　存一百三卷（與地考江北淮南山脈、淮北河南山脈、江南浙北山脈，水系考江系水一至三、浙系水、淮系水一至四，列傳二至九，藝文考經部一至十四、史部一至十六、子部一至十八、集部一至三十四，大事記一至二）

330000－1701－0067493　GP20113　子部/藝術類/書畫之屬/畫譜
明金耿庵墨梅冊一卷　（明）金俊明繪　民國十三年（1924）無錫理工社影印本　一冊

330000－1701－0067499　GY03010　類叢部/叢書類/彙編之屬
孔德圖書館叢書　孔德圖書館編　民國鉛印本暨影印本　一冊　存一種

330000－1701－0067501　HJH814.7/00741/c4　集部/别集類/清别集
名山藏副本初集二卷贈言集一卷　（清）齊周華撰　民國九年（1920）杭州武林印書館鉛印本　二冊

330000－1701－0067505　GP20114/1　子部/藝術類/書畫之屬/畫譜
新羅山人畫冊精品一卷　（清）華嵒繪　民國二十八年（1939）長沙商務印書館影印本　一冊

330000－1701－0067510　GY03018　史部/金石類/總志之屬
漢晉西陲木簡彙編二編附釋文　張鳳輯　民國二十年（1931）上海有正書局影印本暨鉛印本　一冊

330000－1701－0067511　普814.7/47821/c1　集部/别集類/清别集
愧廬文鈔二卷詩鈔一卷聯稿一卷　（清）胡鍾生撰　蔡元培選　民國三年（1914）上海越社鉛印本　一冊

330000－1701－0067512　GP20118　子部/藝術類/書畫之屬/畫譜
汪巢林梅花冊不分卷　（清）汪士慎繪　民國十二年（1923）上海中華書局影印本　一冊

330000－1701－0067515　普814.7/47821/c2　集部/别集類/清别集
愧廬文鈔二卷詩鈔一卷聯稿一卷　（清）胡鍾生撰　蔡元培選　民國三年（1914）上海越社鉛印本　一冊

330000－1701－0067516　GY03013　史部/金石類/金之屬
愙齋集古録二十六卷釋文賸稿二卷　（清）吳大澂撰　民國八年（1919）上海涵芬樓影印本　金致淇校　二十七冊

330000－1701－0067517　GP20118/1　子部/藝術類/書畫之屬/畫譜
汪巢林梅花冊不分卷　（清）汪士慎繪　民國十年（1921）上海中華書局影印本　一冊

330000－1701－0067518　GY03020　史部/政書類/公牘檔冊之屬
流沙遺珍一卷附釋文一卷　金祖同輯　民國二十九年（1940）影印本暨鉛印本　一冊

330000－1701－0067521　M001759　史部/傳記類/别傳之屬/事狀
燕喜集七卷首一卷　王文周　王文翰輯　民國二十年（1931）鉛印本　二冊

330000－1701－0067522　M001679　類叢部/叢書類/彙編之屬
小説叢書　民國十五年（1926）上海掃葉山房石印本　三十冊　存一種

330000－1701－0067527　M001760　子部/小説家類/雜事之屬
古春草堂筆記一卷　曹倜撰　民國二十年（1931）鉛印本　一冊

330000－1701－0067528　GY03023　類叢部/叢書類/彙編之屬
廣倉學宭叢書（學術叢編）甲類四十九種乙類十五種　姬佛陀編　民國五年至七年（1916－

1918)上海倉聖明智大學鉛印本暨石印本　一冊　存一種

330000－1701－0067531　M001761　史部/傳記類/別傳之屬/事狀

張壽鏞行述一卷　張康潮等撰　**張詠霓先生創辦光華大學記一卷**　吕思勉撰　**編輯四明叢書記聞一卷**　馮貞羣撰　民國三十五年(1946)鉛印本　一冊

330000－1701－0067536　M001762　史部/地理類/方志之屬/郡縣志

[民國]濟陽縣志二十卷首一卷　盧永祥等修　王嗣鋆纂　民國二十三年(1934)上海中華書局鉛印本　十二冊

330000－1701－0067545　M001763　史部/傳記類/別傳之屬/墓誌

清故湖南提學使吴府君[慶坻]墓志銘一卷　姚詒慶撰　**吴母花夫人傳一卷**　周雲撰　民國鉛印本　一冊

330000－1701－0067548　M001680　經部/小學類/文字之屬/字書/字典

新體學生大字典十二卷　秦同培編輯　民國十三年(1924)上海世界書局石印本　六冊

330000－1701－0067550　HJH814.7/0121/5　集部/別集類/清別集

校訂定盦全集十卷　(清)龔自珍撰　**定盦年譜藁本一卷**　(清)黄守恒撰　民國二十一年(1932)上海掃葉山房石印本　六冊

330000－1701－0067556　M001764　史部/地理類/方志之屬/郡縣志

重修鎮原縣志十九卷首一卷　錢史彤　鄒介民修　焦國理　慕壽祺纂　民國二十四年(1935)蘭州俊華印書館鉛印本　十冊

330000－1701－0067565　GY02187/1　史部/金石類/石之屬/文字

禪静寺剎前銘敬史君之碑一卷　民國十五年(1926)上海藝苑真賞社影印本　一冊

330000－1701－0067566　M001681　集部/別集類/明別集

王遵巖家居集七卷　(明)王慎中撰　(明)洪朝選編　民國二十一年(1932)金山高尚志堂據明句吴書院刻本影印本　二冊

330000－1701－0067579　普951.07/4917/2　史部/紀傳類/正史之屬

清史稿五百三十六卷目錄五卷　趙爾巽等撰　民國十六年(1927)清史館鉛印本　一百三十一冊

330000－1701－0067583　GY02188/1　子部/藝術類/書畫之屬/法帖

漢樊敏碑一卷　民國十三年(1924)上海藝苑真賞社影印本　一冊

330000－1701－0067587　普814.7/44341　類叢部/叢書類/郡邑之屬

赤城遺書彙刊十六種　金嗣獻編　民國四年(1915)太平金氏木活字印本　二冊　存一種

330000－1701－0067590　普814.7/4295/c2　類叢部/叢書類/家集之屬

蒯氏家集四種　蒯壽樞輯　民國十八年(1929)合肥蒯氏江寧刻本　八冊

330000－1701－0067591　GY02189/1　子部/藝術類/書畫之屬/法帖

漢孔彪碑一卷　民國上海藝苑真賞社影印本　一冊

330000－1701－0067596　GY03028　史部/金石類/金之屬/圖像

小檀欒室鏡影六卷　徐乃昌輯　民國十七年(1928)石印本　三冊

330000－1701－0067598　GY02190/1　子部/藝術類/書畫之屬/法帖

漢鄭固碑不分卷　民國十年(1921)上海藝苑真賞社影印本　一冊

330000－1701－0067601　普814.7/4441/c1　類叢部/叢書類/自著之屬

莊大久先生遺著(武進莊大久先生遺著)　(清)莊有可撰　民國十九年(1930)鉛印本　一冊　存一種

330000－1701－0067602　普 814.7/443411　類叢部/叢書類/郡邑之屬
四明叢書一百六十七種　張壽鏞編　民國四明張氏約園刻本　一册　存一種

330000－1701－0067603　GY02191/1　子部/藝術類/書畫之屬/法帖
漢封龍山頌一卷　民國上海藝苑真賞社影印本　一册

330000－1701－0067605　普 814.7/4295/c1　類叢部/叢書類/家集之屬
蒯氏家集四種　蒯壽樞輯　民國十八年(1929)合肥蒯氏江寧刻本　四册　存一種

330000－1701－0067606　M001682　集部/總集類/選集之屬/通代
宋元明詩評註讀本六卷　王文濡編　汪勁扶　沈鎔註　民國十二年(1923)上海文明書局鉛印本　二册

330000－1701－0067609　普 814.7/4441/c2　類叢部/叢書類/自著之屬
莊大久先生遺著(武進莊大久先生遺著)　(清)莊有可撰　民國十九年(1930)鉛印本　一册　存一種

330000－1701－0067610　GY02192/1　史部/傳記類/別傳之屬/墓誌
魏張黑女墓誌一卷　民國影印本　一册

330000－1701－0067612　M001765、M001794　史部/地理類/方志之屬/郡縣志
[民國]海寧州志稿四十一卷首一卷末一卷附志餘一卷藝文志補遺一卷　(清)李圭修　(清)許傳霈等纂　劉蔚仁續修　朱錫恩續纂　盧兆周繪圖　民國十一年(1922)鉛印本　三十册

330000－1701－0067615　普 814.7/4441/c3　類叢部/叢書類/自著之屬
莊大久先生遺著(武進莊大久先生遺著)　(清)莊有可撰　民國十九年(1930)鉛印本　一册　存一種

330000－1701－0067617　M001683　史部/政書類/公牘檔册之屬
民國軍政民政文牘合編三卷新民國文粹一卷女革命文粹一卷　新黄氓編　民國三年(1914)上海廣益書局鉛印本　四册

330000－1701－0067622　M001684、M007478　類叢部/叢書類/自著之屬
鈍安遺集五種　傅熊湘撰　民國二十一年(1932)鉛印本　六册

330000－1701－0067630　GY02193/1　史部/傳記類/別傳之屬/墓誌
魏刁遵誌(魏張黑女墓誌)一卷　民國上海藝苑真賞社影印本　一册

330000－1701－0067631　普 814.7/77711　集部/別集類/清別集
豐草菴詩集十一卷文前集三後集三卷寶雲詩集七卷禪樂府一卷　(清)董說撰　民國吳興劉氏嘉業堂刻本　六册

330000－1701－0067633　GY02194/1　子部/藝術類/書畫之屬/法帖
漢封泰山碑一卷　民國上海藝苑真賞社影印本　一册

330000－1701－0067640　GY02196/1　子部/藝術類/書畫之屬/法帖
漢尹宙碑舊拓本不分卷　秦文錦藏　民國十五年(1926)上海藝苑真賞社影印本　一册

330000－1701－0067641　HJH7968　史部/地理類/專志之屬/祠墓
顧祠小志一卷　吳昌綬輯　民國十一年(1922)仁和吳氏雙照樓刻朱印本　一册

330000－1701－0067642　M001685　類叢部/叢書類/自著之屬
散溪遺書八種　蔡克猷撰　民國十年(1921)劉邦元等鉛印本　一册　存六種

330000－1701－0067644　普 814.7/4913/c1　集部/別集類/清別集
東潛文稿二卷　(清)趙一清撰　民國中國書店據清乾隆五十九年(1794)小山堂刻本影印本　二册

330000－1701－0067646　M001766　史部/地理類/方志之屬/通志

[宣統]湖北通志一百七十二卷首一卷末一卷　吕調元　劉承恩修　張仲炘　楊承禧纂　民國十年(1921)刻十八年(1929)印本　一百八冊

330000－1701－0067648　GY02197/1　子部/藝術類/書畫之屬/法帖

宋拓石鼓文不分卷　民國七年(1918)上海藝苑真賞社影印本　一冊

330000－1701－0067651　普 814.7/4442.2　集部/別集類/清別集

聊齋全集四種　(清)蒲松齡撰　民國九年(1920)上海中華圖書館石印本　六冊

330000－1701－0067653　M001686　集部/別集類/清別集

存齋詩草二卷　(清)胡肇齡撰　民國十五年(1926)鉛印本　一冊

330000－1701－0067655　GY02198/1　子部/藝術類/書畫之屬/法帖

漢郙閣頌一卷　民國十三年(1924)上海藝苑真賞社影印本　一冊

330000－1701－0067656　HJL7970　類叢部/叢書類/彙編之屬

渭南嚴氏孝義家塾叢書十一種　嚴式誨編　民國十九年至二十年(1930－1931)渭南嚴氏刻本　一冊　存一種

330000－1701－0067657　普 814.7/44331/c1　集部/別集類/清別集

黄德卿先生半弓居文鈔六卷　(清)黄清憲撰　錢應清　祝變綱編次　民國十二年(1923)鉛印本　一冊

330000－1701－0067658　GY03027　類叢部/叢書類/彙編之屬

貞松堂藏西陲祕籍叢殘三十四種　羅振玉輯　民國上虞羅氏影印本　六冊

330000－1701－0067659　普 814.7/4913/c2　集部/別集類/清別集

東潛文稿二卷　(清)趙一清撰　民國中國書店據清乾隆五十九年(1794)小山堂刻本影印本　二冊

330000－1701－0067662　普 814.7/44331/c2　集部/別集類/清別集

黄德卿先生半弓居文鈔六卷　(清)黄清憲撰　錢應清　祝變綱編次　民國十二年(1923)鉛印本　一冊

330000－1701－0067667　普 951.07021/0464.2/c2　史部/雜史類/斷代之屬

清開國史料考六卷補一卷　謝國楨輯　民國二十年(1931)國立北平圖書館鉛印本　二冊

330000－1701－0067669　普 951.07021/0464.2/c3　史部/雜史類/斷代之屬

清開國史料考六卷補一卷　謝國楨輯　民國二十年(1931)國立北平圖書館鉛印本　二冊

330000－1701－0067671　普 951.07021/0464.2/c4　史部/雜史類/斷代之屬

清開國史料考六卷補一卷　謝國楨輯　民國二十年(1931)國立北平圖書館鉛印本　謝國楨題記　二冊

330000－1701－0067676　M001687　史部/目録類/通論之屬/義例

校讐新義十卷　杜定友撰　民國二十年(1931)上海中華書局鉛印本　二冊

330000－1701－0067679　GY03030　史部/金石類/金之屬/文字

三代吉金文存二十卷　羅振玉輯　民國二十五年(1936)上虞羅氏百爵齋影印本　二十冊

330000－1701－0067684　HJH7971　史部/傳記類/總傳之屬/家乘

前明常熟瞿氏四代忠賢遺像不分卷　瞿啟甲輯　民國九年(1920)石印本　一冊

330000－1701－0067687　普 951.0703/2125　史部/詔令奏議類/奏議之屬

復盦疏函稿一卷　朱福詵撰　民國農工商印刷科鉛印本　一冊

330000－1701－0067694　GY03031　史部/政書類/邦計之屬/衡制

權衡度量實驗攷一卷　(清)吳大澂撰　民國四年(1915)上虞羅振玉刻本　一册

330000－1701－0067702　GY03044　史部/金石類/總志之屬

鄴中片羽初集二卷第二集二卷　黄濬撰集　民國二十四年(1935)、二十六年(1937)北平尊古齋影印本　四册

330000－1701－0067706　GY03032　史部/金石類

藝術叢編十七種　姬佛陀編　民國五年至九年(1916－1920)上海倉聖明智大學影印本　一册　存一種

330000－1701－0067710　M001688　史部/政書類/公牘檔册之屬

象山萬無割併之理由一卷附案牘　民國元年(1912)鉛印本　一册

330000－1701－0067711　HJH951.0163/4067/8/c4　史部/雜史類/斷代之屬

國語二十一卷　(三國吳)韋昭解　**校刊明道本韋氏解國語札記一卷**　(清)黄丕烈撰　**國語明道本考異四卷**　(清)汪遠孫撰　民國元年(1912)湖北崇文書局刻本　五册

330000－1701－0067716　普951.07091/8033　史部/雜史類/斷代之屬

滿洲老檔秘錄二卷　金梁輯　民國十八年(1929)鉛印本　二册

330000－1701－0067718　GY03046/1　史部/金石類/總志之屬

金石蕃錦集不分卷　胡光煒輯　民國石印本　二册　存第二

330000－1701－0067719　GY03033　史部/金石類/金之屬

秦漢金文錄七卷附錄一卷　容庚輯　民國二十年(1931)國立中央研究院影印本　五册

330000－1701－0067726　普814.7/4314　集部/别集類/清别集

半可集四卷補遺一卷　(清)戴廷栻撰　民國晉新書社鉛印本　二册

330000－1701－0067727　GY03047　史部/金石類/總志之屬/文字

焦山周鼎文不分卷　(清)張廷濟　(清)徐同柏撰　民國九年(1920)上海天真美術館影印本　一册

330000－1701－0067728　普353.517/8064/c1　子部/兵家類/兵法之屬

曾胡治兵語錄一卷　蔡鍔撰　民國二十二年(1933)上海商務印書館鉛印本　一册

330000－1701－0067729　普353.517/8064/c2　子部/兵家類/兵法之屬

曾胡治兵語錄一卷　蔡鍔撰　民國二十七年(1938)上海商務印書館鉛印本　一册

330000－1701－0067731　普353.517/8064/c3　子部/兵家類/兵法之屬

曾胡治兵語錄一卷　蔡鍔撰　民國六年(1917)上海商務印書館鉛印本　一册

330000－1701－0067733　M001689　集部/别集類

曉齋詩稿一卷文稿一卷隨筆一卷　王壽昌撰　**喬倩詩詞一卷**　王邁撰　民國二十五年(1936)古閩王氏影印本　商笙伯題記　一册

330000－1701－0067734　普814.7/4443.04　集部/别集類

樊山文鈔四卷　樊增祥撰　民國六年(1917)上海廣益書局石印本　四册

330000－1701－0067739　GY03048　史部/金石類/總志之屬

愙齋甎瓦錄一卷　(清)吳大澂跋識　民國西泠印社影印本　一册

330000－1701－0067740　HJH814.7/0167.3　類叢部/叢書類/自著之屬

譚瀏陽全集六種附續編一卷　(清)譚嗣同撰　民國六年(1917)上海文明書局鉛印本　六册

330000－1701－0067743　GY03034　史部/金石類/石之屬/雜著

簠齋傳古別錄手稿不分卷　（清）陳介祺撰并書　民國九年（1920）周進與石居影印本　一冊

330000－1701－0067744　HJH951.0163/4067/14　史部/雜史類/斷代之屬

國語二十一卷　（三國吳）韋昭解　**校刊明道本韋氏解國語札記一卷**　（清）黄丕烈撰　民國石印本　三冊

330000－1701－0067747　普 814.7/4443.041　集部/總集類/選集之屬/斷代

現代十大家文鈔　進步書局編　民國四年（1915）文明書局、中華書局石印本　一冊　存一種

330000－1701－0067748　普 814.7/4930/2　集部/總集類/彙編之屬

書畫名人小集　民國上海聚珍倣宋印書局鉛印本　一冊　存一種

330000－1701－0067749　M001767　史部/目録類/總録之屬/官修

黄巖九峯圖書館書目五卷　黄巖九峰圖書館編　民國七年（1918）黄巖九峰圖書館石印本　二冊

330000－1701－0067750　HJH814.7/0167.3/c4　類叢部/叢書類/自著之屬

譚瀏陽全集六種附續編一卷　（清）譚嗣同撰　民國六年（1917）上海文明書局鉛印本　六冊

330000－1701－0067758　GY03038　子部/藝術類/書畫之屬

石室祕寶二卷　存古學會編　民國影印本　二冊

330000－1701－0067760　M001690　集部/別集類

養復園詩集不分卷　程潛撰　民國三十七年（1948）上海中國詩學會鉛印本　程潛題記　一冊

330000－1701－0067769　M001691　子部/農家農學類/園藝之屬/蔬菜

蔬菜園藝學前編六章後編四章　龔瀛編　民國油印本　一冊

330000－1701－0067770　HJL7982　史部/地理類

浙江圖書館叢書三十種　丁謙撰　民國四年（1915）浙江圖書館刻本　十六冊

330000－1701－0067772　M001692　集部/詞類/別集之屬

八百里湖荷花漁唱二卷　袁天庚撰　民國二十三年（1934）鉛印本　一冊

330000－1701－0067774　M001769　子部/宗教類/佛教之屬

金剛般若波羅蜜經一卷　（後秦）釋鳩摩羅什譯　**金剛呪一卷般若波羅蜜多心經一卷**　（唐）釋玄奘譯　**金剛證驗賦一卷**　（宋）釋智覺撰　民國十九年（1930）潮陽郭氏雙百鹿齋刻藍印本　一冊

330000－1701－0067776　M001693　新學/政治法律/政治

政治學原論一卷　沈乃正編　民國油印本　一冊

330000－1701－0067783　M001694　史部/金石類/金之屬/圖像

兩罍軒彝器圖釋十二卷　（清）吳雲撰　民國據清同治十一年（1872）刻本影印本　六冊

330000－1701－0067785　M001770　史部/金石類/總志之屬/目録

金石萃編未備古刻目彙編二卷　民國抄本　一冊

330000－1701－0067788　GY03049　史部/金石類/金之屬/文字

散氏盤考釋不分卷古史新證不分卷　王國維撰　民國油印本　俞永梁批並跋　二冊

330000－1701－0067791　HJH951.0165/2683/c3　史部/雜史類/斷代之屬

戰國策補註三十三卷　吳曾祺撰　民國上海

商務印書館鉛印本　李次九批　四冊

330000－1701－0067793　HJH951.0165/2683/c2　史部/雜史類/斷代之屬

戰國策補註三十三卷　吳曾祺撰　民國十二年(1923)上海商務印書館鉛印本　四冊

330000－1701－0067795　HJL8297　史部/雜史類/斷代之屬

南明野史三卷首一卷附錄一卷　(清)南沙三餘氏撰　民國十九年(1930)上海商務印書館鉛印本　三冊

330000－1701－0067797　M001695　子部/醫家類/方書之屬/成方藥目

校正國藥古方彙編四卷　南京市國藥業公所編　民國十九年(1930)鉛印本　四冊

330000－1701－0067801　HJH925.10984/3232.043/c1　史部/傳記類/總傳之屬/忠孝

浙江杭屬各縣忠義錄名冊不分卷　程良駁編　民國十二年(1923)油印本　一冊

330000－1701－0067807　GY03040　史部/金石類/金之屬/圖像

移林館吉金圖識一卷　丁麟年撰　民國三十年(1941)石印本　一冊

330000－1701－0067808　HJH925.10984/3232.04/c2　史部/傳記類/總傳之屬/忠孝

浙江杭屬錢塘縣忠義錄名冊不分卷　程良駁編　民國十二年(1923)油印本　一冊

330000－1701－0067811　HJH925.10984/3232.042/c1　史部/傳記類/總傳之屬/忠孝

浙江杭屬仁錢二縣忠義錄名冊不分卷　程良駁編　民國十二年(1923)油印本　二冊

330000－1701－0067813　HJL8300　類叢部/叢書類/自著之屬

巢經巢全集十八種　(清)鄭珍撰　民國二十九年(1940)貴州省政府鉛印並據清刻板彙印本　四冊　存一種

330000－1701－0067817　M001771　集部/總集類/尺牘之屬

戴啟文友朋手札不分卷　戴啟文輯　稿本　三冊

330000－1701－0067820　GY03041　子部/叢編

美術攷古專刊　美術攷古學社編輯　民國三十八年(1949)美術攷古學社影印本　一冊

330000－1701－0067828　M001772　子部/藝術類/書畫之屬/法帖

于右任墨寶一卷　于右任書　趙紹安輯　民國十九年(1930)上海華商書局影印本　一冊

330000－1701－0067829　普814.7/4315/c2　集部/別集類/清別集

橫山文集十六卷詩集六卷　(清)裘璉撰　**橫山先生年譜一卷**　(清)裘姚崇原編　(清)王家振節鈔　民國三年(1914)甬上旅遯軒鉛印本　四冊

330000－1701－0067830　M001773　史部/傳記類/總傳之屬/家乘

[浙江]寧海干氏梅房家譜八卷　干人俊纂修　民國三十四年(1945)寧海干氏木活字印本　一冊　存二卷(七至八)

330000－1701－0067831　普814.7/44431/2　集部/別集類/明別集

隰西草堂集十卷附遯渚唱和集一卷　(明)萬壽祺撰　(清)孫運錦輯　**萬年少先生年譜一卷**　李輔中編　民國二十一年至二十二年(1932－1933)銅山董士恩北平刻本　四冊

330000－1701－0067832　GY03052　類叢部/叢書類/彙編之屬

賓鴻堂叢書□□種　朱鴻達編　民國二十六年(1937)杭州賓鴻堂鉛印本　一冊　存一種

330000－1701－0067853　普356.5/4071/c1　類叢部/叢書類/自著之屬

得天廬存稿二種　壽鵬飛撰　民國三十年(1941)鉛印本　一冊　存一種

330000－1701－0067854　普356.5/4071/c2　類叢部/叢書類/自著之屬

得天廬存稿二種　壽鵬飛撰　民國三十年

(1941)鉛印本　一册　存一種

330000－1701－0067855　普 356.5/4071/c3　類叢部/叢書類/自著之屬

得天廬存稿二種　壽鵬飛撰　民國三十年(1941)鉛印本　一册　存一種

330000－1701－0067857　M001696、M003764、M007703　經部/小學類/音韻之屬/韻書

張氏音辨六卷　張文煒撰　民國六年(1917)上海才記書棧石印本　六册

330000－1701－0067858　普 356.5/4071/c4　類叢部/叢書類/自著之屬

得天廬存稿二種　壽鵬飛撰　民國三十年(1941)鉛印本　一册　存一種

330000－1701－0067864　HJH814.7/0811　類叢部/叢書類/家集之屬

新安許氏先集四種　許同莘編　民國無錫許氏簡素堂刻本暨鉛印本　二册　存一種

330000－1701－0067866　M001697、M006746　史部/政書類/律令之屬/判牘

新編樊山批牘精華三十四卷公牘精華六卷判牘精華一卷　樊增祥撰　姚福鼎編訂　民國十年(1921)上海文華書局鉛印本　十二册

330000－1701－0067867　HJL8303　類叢部/叢書類/彙編之屬

國立北京大學研究所國學門叢書　民國北京大學研究所鉛印本暨影印本　陳垣題記　六册

330000－1701－0067872　HJH814.7/0811/c2　類叢部/叢書類/家集之屬

新安許氏先集四種　許同莘編　民國無錫許氏簡素堂刻本暨鉛印本　二册　存一種

330000－1701－0067873　M001698　集部/總集類/尺牘之屬

近代十大家尺牘十種　文明書局編　民國二十四年(1935)上海文明書局石印本　十册

330000－1701－0067879　M001774　類叢部/叢書類/郡邑之屬

河間叢書　民國九年(1920)務本公司石印本　一册　存一種

330000－1701－0067880　普 814.7/44461　類叢部/叢書類/郡邑之屬

吴興叢書六十六種　劉承幹編　民國吳興劉氏嘉業堂刻本　一册　存一種

330000－1701－0067884　M001700　類叢部/類書類/通類之屬

古事比五十二卷　(清)方中德輯　民國上海錦章圖書局石印本　八册　存二十六卷(二十七至五十二)

330000－1701－0067886　普 814.7/4610　集部/別集類/清別集

清麓文集約鈔二十一卷　(清)賀瑞麟撰　(清)孫迺琨編次　**賀清麓先生年譜一卷**　(清)孫迺琨重編　民國十六年(1927)刻本　八册

330000－1701－0067891　M001775、M604019　史部/地理類/方志之屬/郡縣志

[民國]海寧州志稿四十一卷首一卷末一卷附志餘一卷藝文志補遺一卷　(清)李圭修　(清)許傳霈等纂　劉蔚仁續修　朱錫恩續纂　盧兆周繪圖　民國十一年(1922)鉛印本　三十二册

330000－1701－0067899　M001776　集部/總集類/選集之屬/斷代

全唐詩鈔四卷　(清)沈裳錦選　民國十六年(1927)上海萃英書局石印本　四册

330000－1701－0067903　M001777　集部/別集類/明別集

王次回疑雨集註四卷　(明)王彦泓撰　(□)句漏後裔釋　民國十年(1921)上海文明書局石印本　四册

330000－1701－0067911　M001778　子部/儒家類/儒學之屬/性理

儒門語要六卷　(清)倪元坦撰　民國十三年(1924)上海大通書局石印本　三册

330000－1701－0067915　HJH814.7/0863/(2)/1　類叢部/叢書類/自著之屬
許文肅公集四種　(清)許景澄撰　盛沅編輯　民國七年(1918)鉛印本　四冊　存三種

330000－1701－0067916　普 814.7/4315/c3　集部/别集類/清别集
横山文集十六卷詩集六卷　(清)裘璉撰　**横山先生年譜一卷**　(清)裘姚崇原編　(清)王家振節鈔　民國三年(1914)甬上旅遯軒鉛印本　四冊

330000－1701－0067917　M001779　集部/别集類/清别集
飴山詩集二十卷　(清)趙執信撰　民國五年(1916)掃葉山房石印本　四冊

330000－1701－0067922　M001780　集部/總集類/選集之屬/通代
評註才子古文二十六卷　(清)金人瑞批　(清)王之績注　民國上海朝記書莊石印本　六冊

330000－1701－0067927　M001701　集部/别集類
非儒非俠齋文集四卷外集一卷詩集二卷聯語偶存初集一卷　顧燮光撰　**福豔樓遺詩一卷**　陸珊撰　民國二十五年(1936)杭州顧廬石印本　三冊

330000－1701－0067930　普 356.61/4030　史部/政書類/軍政之屬/兵制
明代禦倭軍制一卷　(明)李遂撰　民國二十五年(1936)上虞羅氏蟫隱廬石印本　一冊

330000－1701－0067937　普 814.7/4310.2　類叢部/叢書類/彙編之屬
四部叢刊　張元濟等編　民國十八年(1929)上海商務印書館影印本　四冊　存一種

330000－1701－0067938　M001781　子部/雜著類/雜説之屬
分甘餘話二卷隴蜀餘聞一卷　(清)王士禛撰　民國五年(1916)上海有正書局鉛印本　一冊

330000－1701－0067950　M001702　集部/别集類/清别集
甌北詩鈔二十卷　(清)趙翼撰　民國十三年(1924)上海掃葉山房影印本　八冊

330000－1701－0067955　M001782　集部/别集類/宋别集
朱淑真斷腸詩集十卷補遺一卷後集七卷斷腸詞一卷　(宋)朱淑真撰　(宋)鄭元佐注　**漱玉詞一卷**　(宋)李清照撰　民國二十三年(1934)興業書局石印本　二冊

330000－1701－0067957　普 814.7/4626.2　類叢部/叢書類/郡邑之屬
吴興叢書六十六種　劉承幹編　民國吴興劉氏嘉業堂刻本　四冊　存二種

330000－1701－0067961　HJH814.7/8064.5/2/c2　集部/别集類/清别集
曾文正公文集三卷詩集一卷　(清)曾國藩撰　民國六年(1917)上海掃葉山房石印本　四冊

330000－1701－0067965　M001783　集部/别集類
陳仲權先生遺著一卷　陳以義撰　**倚雲樓唱和集一卷**　程雲修撰　**陳仲權烈士紀念集一卷**　陳乃和　陳乃斌輯　民國二十五年(1936)鉛印本　一冊

330000－1701－0067969　HJH814.7/8064.5/4　類叢部/叢書類/彙編之屬
四部備要　中華書局編　民國二十五年(1936)上海中華書局鉛印本　四冊　存一種

330000－1701－0067971　M001784　集部/總集類/尺牘之屬
朋音集二卷　陳立樹編　民國三十四年(1945)鉛印本　一冊

330000－1701－0067975　ZKS0427　史部/目録類/書志之屬/提要
四部叢刊書録一卷　商務印書館編　民國十八年(1929)上海商務印書館鉛印本　一冊

330000－1701－0067981　M001704　子部/

醫家類/綜合之屬/通論

中國醫學史十二章　陳邦賢編纂　民國十八年(1929)上海醫學書局鉛印本　一册

330000－1701－0068000　ZKS0428－0606　類叢部/叢書類/彙編之屬

四部叢刊　張元濟等編　民國十八年(1929)上海商務印書館影印本　一千一百十八册　存一百七十九種

330000－1701－0068005　HJH814.7/1021/c3/1　集部/别集類

默盦集十卷　王舟瑤撰　民國二年(1913)上海國光書局鉛印本　三册

330000－1701－0068011　M001706　集部/别集類

束柴病叟詩二卷　龐樹階撰　民國二十五年(1936)吳門刻本　江家瑂題詩並記　一册

330000－1701－0068012　HJH814.7/1021/c4　集部/别集類

默盦集十卷　王舟瑤撰　民國二年(1913)上海國光書局鉛印本　三册

330000－1701－0068016　普814.7/44471、普814.7/44781　類叢部/叢書類/郡邑之屬

四明叢書一百六十七種　張壽鏞編　民國四明張氏約園刻本　六册　存二種

330000－1701－0068022　普814.7/46341　集部/别集類

楊勉齋遺文集不分卷　楊源懋撰　民國十一年(1922)鉛印本　一册

330000－1701－0068024　M001707　史部/傳記類/别傳之屬/事狀

黄膺白先生故舊感憶錄不分卷　黄膺白先生紀念刊編輯委員會編　民國二十六年(1937)鉛印本　一册

330000－1701－0068031　普814.7/4644　集部/别集類/清别集

雲津詩鈔二卷文鈔四卷　(清)楊世植撰　民國楊際時等石印本　二册

330000－1701－0068036　普951.07092/1740/2　史部/編年類/通代之屬

明元清系通紀正編十卷前編一卷　孟森撰　民國二十三年(1934)國立北京大學出版組鉛印本　五册

330000－1701－0068037　HJH814.7/1024/c2　集部/别集類/清别集

王蘇州遺書十二卷首一卷補編一卷　(清)王仁堪撰　王孝繩編輯　民國二十三年至二十五年(1934－1936)鉛印本　六册　缺一卷(補編)

330000－1701－0068039　普951.07092/3550　史部/政書類/邦計之屬

清史講義前編一卷後編一卷　民國石印本　一册

330000－1701－0068048　M001786　集部/總集類/選集之屬/斷代

現代十大家詩鈔　進步書局編　民國十五年(1926)文明書局、中華書局石印本　四册

330000－1701－0068053　普951.07092/4437.02/c1　類叢部/叢書類/彙編之屬

燕京大學圖書館叢書　燕京大學圖書館編　民國北平燕京大學圖書館鉛印本暨影印本　一册　存一種

330000－1701－0068060　M001787　史部/目録類/專録之屬

嘉興藏目錄一卷續藏經目錄一卷　民國九年(1920)北京刻經處刻本　一册

330000－1701－0068066　普951.07092/4437.02/c2　類叢部/叢書類/彙編之屬

燕京大學圖書館叢書　燕京大學圖書館編　民國北平燕京大學圖書館鉛印本暨影印本　一册　存一種

330000－1701－0068068　M001788、M004102　史部/地理類/方志之屬/郡縣志

[民國]南潯志六十卷首一卷　周慶雲纂　民國九年至十一年(1920－1922)刻藍印本　十九册　存五十六卷(首,一至十八、二十四至

六十）

330000－1701－0068072　普 814.7/4660/c1　史部/詔令奏議類/奏議之屬
崇雅堂疏稿四卷補遺一卷　楊晨撰　民國石印本　一册

330000－1701－0068075　HJL7997　史部/傳記類/總傳之屬/忠孝
明季東莞五忠傳二卷　陳伯陶撰　民國十二年（1923）養和書局鉛印本　二册

330000－1701－0068078　普 814.7/44481　集部/别集類/清别集
陶樓文鈔十四卷　（清）黄彭年撰　民國十二年（1923）章鈺等刻本　六册

330000－1701－0068079　M001789、M004103　史部/地理類/方志之屬/郡縣志
［民國］南潯志六十卷首一卷　周慶雲纂　民國九年至十一年（1920－1922）刻藍印本　十六册　存四十八卷（一至三十四、三十六至四十九）

330000－1701－0068081　普 814.7/4660/c2　史部/詔令奏議類/奏議之屬
崇雅堂疏稿四卷補遺一卷　楊晨撰　民國石印本　一册

330000－1701－0068082　普 814.7/4984　集部/别集類/清别集
慎齋别集四卷　（清）趙舒翹撰　民國十三年（1924）西山書局鉛印本　二册

330000－1701－0068084　M001790、M004101　史部/地理類/方志之屬/郡縣志
［民國］南潯志六十卷首一卷　周慶雲纂　民國九年至十一年（1920－1922）刻藍印本　五册　存十三卷（一、十至十四、三十二至三十五、三十八至四十）

330000－1701－0068086　普 814.7/4660/2　集部/别集類/清别集
崇雅堂稿二卷詩稿一卷　楊晨撰　**漢皋遺什一卷**　李嘉瑛撰　民國石印本　二册

330000－1701－0068094　M001791　史部/地理類/方志之屬/郡縣志
［民國］秦州直隸州新志續編八卷　姚展等修　任承允纂　民國二十三年（1934）鉛印本　三册　存六卷（一至六）

330000－1701－0068095　普 814.7/4987/c1　集部/别集類/清别集
琴鶴山房遺稿八卷　（清）趙銘撰　金兆蕃輯　民國十一年（1922）金兆蕃刻本　二册

330000－1701－0068096　普 814.7/4460　集部/總集類/彙編之屬
書畫名人小集　民國上海聚珍倣宋印書局鉛印本　一册　存一種

330000－1701－0068098　普 814.7/4987/c2　集部/别集類/清别集
琴鶴山房遺稿八卷　（清）趙銘撰　金兆蕃輯　民國十一年（1922）金兆蕃刻本　二册

330000－1701－0068100　普 814.7/4660.2/c2　類叢部/叢書類/自著之屬
崇雅堂叢書十四種　楊晨撰　民國二十五年（1936）楊紹翰鉛印本　一册　存一種

330000－1701－0068101　M001713　類叢部/叢書類/自著之屬
樊山全集六種　樊增祥撰　民國二年（1913）石印本　二十四册

330000－1701－0068102　普 814.7/4987/c3　集部/别集類/清别集
琴鶴山房遺稿八卷　（清）趙銘撰　金兆蕃輯　民國十一年（1922）金兆蕃刻本　二册

330000－1701－0068104　普 951.07092/4861.2/c1　史部/編年類/斷代之屬
清史攬要六卷　（日本）增田貢撰　民國鉛印本　二册

330000－1701－0068107　M001792　史部/地理類/方志之屬/郡縣志
［民國］鄞縣通志樣本不分卷　民國二十五年（1936）鄞縣通志館鉛印本　一册

330000 - 1701 - 0068108 普 814.7/4990/c1 類叢部/叢書類/郡邑之屬

雲南叢書初編一百四十一種二編三十七種 趙藩 陳榮昌等輯 民國雲南叢書處刻本 一冊 存一種

330000 - 1701 - 0068111 普 814.7/4660.2/c3 類叢部/叢書類/自著之屬

崇雅堂叢書十四種 楊晨撰 民國二十五年(1936)楊紹翰鉛印本 一冊 存一種

330000 - 1701 - 0068115 M001793 史部/地理類/方志之屬/郡縣志

[民國]新昌縣志二十卷附新昌農事調查一卷 金城修 陳畬纂 **沃州詩存一卷** (宋)潘音撰 **沃州文存一卷** (宋)徐霖撰 民國八年(1919)鉛印本 十一冊

330000 - 1701 - 0068118 普 814.7/4662/c2 集部/别集類/清别集

灃西草堂集八卷附錄一卷 (清)柏景偉撰 民國十三年(1924)金陵思過齋刻本 五冊

330000 - 1701 - 0068130 普 814.7/49901 類叢部/叢書類/郡邑之屬

雲南叢書初編一百四十一種二編三十七種 趙藩 陳榮昌等輯 民國雲南叢書處刻本 一冊 存一種

330000 - 1701 - 0068134 M001714 子部/小說家類/雜事之屬

茶餘客話十二卷 (清)阮葵生撰 民國十三年(1924)上海掃葉山房石印本 四冊

330000 - 1701 - 0068136 HJL8003 史部/傳記類/總傳之屬/家乘

[江蘇昆山]趙氏家乘十六卷 趙詒琛 趙詒紳編纂 民國七年(1918)刻本 劉承幹題記 六冊

330000 - 1701 - 0068147 M001715 史部/傳記類/總傳之屬/家乘

[浙江紹興]紹興漁臨金氏譜攷不分卷 金百順等纂修 民國十四年(1925)木活字印本 一冊

330000 - 1701 - 0068151 M001716 集部/小說類/短篇之屬

虞初志七卷 (明)袁宏道評 民國二年(1913)上海掃葉山房石印本 四冊

330000 - 1701 - 0068163 HJL8006 類叢部/叢書類/郡邑之屬

豫章叢書六十種附一種 胡思敬編 民國四年至九年(1915 - 1920)南昌豫章叢書編刻局刻本 三冊 存一種

330000 - 1701 - 0068181 M001795 史部/地理類/方志之屬/郡縣志

重修象山縣志采訪表一卷 民國鉛印本 一冊

330000 - 1701 - 0068186 普 951.07092/4861.2/c2 史部/編年類/斷代之屬

清史攬要六卷 (日本)增田貢撰 民國鉛印本 二冊

330000 - 1701 - 0068188 HJH814.7/8718.2/c2 集部/别集類/清别集

遵義鄭徵君遺著二十一卷 (清)鄭珍撰 **埘屈廬詩稿四卷** (清)鄭同知撰 民國三年至四年(1914 - 1915)陳夔龍花近樓刻本 宣穎題記 八冊

330000 - 1701 - 0068191 M001717 子部/雜著類/雜纂之屬

平等閣筆記六卷 狄葆賢撰 民國上海有正書局鉛印本 四冊 存四卷(一至四)

330000 - 1701 - 0068201 普 814.7/5030 集部/别集類/清别集

小峴山人詩集二十八卷文集七卷文續集二卷文補遺一卷 (清)秦瀛撰 民國二十二年(1933)環溪草堂鉛印本 六冊 缺二十八卷(一至二十八)

330000 - 1701 - 0068205 M001797 史部/地理類/方志之屬/郡縣志

[民國]郯縣新志稿二十卷 劉必達修 史秉貞等纂 趙晉源續修 民國十八年(1929)鉛印本 一冊

330000 - 1701 - 0068209　M001798　史部/地理類/方志之屬/郡縣志

[民國]華陽縣志□□卷　蘇兆奎纂修　民國鉛印本　一冊　存一卷(古蹟)

330000 - 1701 - 0068211　M001718　子部/兵家類/兵法之屬

曾胡治兵語錄一卷　蔡鍔撰　民國十八年(1929)上海商務印書館鉛印本　一冊

330000 - 1701 - 0068216　HJL8330　史部/詔令奏議類/奏議之屬

陶勤肅公奏議遺稿十二卷首一卷　(清)陶模撰　民國十三年(1924)銅山陸洪濤蘭州肅老將軍公署鉛印本　十冊

330000 - 1701 - 0068217　M001799　史部/傳記類/別傳之屬/事狀

巢隱老人[鄒福保]哀思錄一卷　民國鉛印本　一冊

330000 - 1701 - 0068224　M001800　子部/雜著類/雜考之屬

古書疑義舉例七卷　(清)俞樾撰　民國十五年(1926)東陸大學鉛印本　一冊

330000 - 1701 - 0068225　普 814.7/4478/c1　類叢部/叢書類/郡邑之屬

義烏先哲遺書五種　黄侗編　民國二十二年至二十四年(1933 - 1935)義烏黄氏鉛印本　一冊　存一種

330000 - 1701 - 0068231　普 814.7/4478/c2　類叢部/叢書類/郡邑之屬

義烏先哲遺書五種　黄侗編　民國二十二年至二十四年(1933 - 1935)義烏黄氏鉛印本　一冊　存一種

330000 - 1701 - 0068232　M001801　史部/地理類/方志之屬/郡縣志

[民國]瑞安縣志稿不分卷　瑞安縣修志委員會編　民國二十六年(1937)瑞安縣修志委員會油印本　二冊

330000 - 1701 - 0068237　HJL8332　史部/詔令奏議類/奏議之屬

張文襄公謝摺四卷　(清)張之洞撰　許同莘編　民國九年(1920)鉛印本　二冊

330000 - 1701 - 0068242　M001802　集部/總集類/題詠之屬

雪浪石題詠一卷　于覺廬輯　民國六年(1917)鉛印本　一冊

330000 - 1701 - 0068245　M001719　經部/易類/傳說之屬

學易筆談四卷　杭辛齋撰　民國八年(1919)上海研幾學社鉛印本　二冊

330000 - 1701 - 0068246　HJL8334　史部/傳記類

杏蔭堂彙刻三種　許浩基撰　民國二十一年(1932)吳興許氏杏蔭堂刻本　一冊　存一種

330000 - 1701 - 0068250　普 814.7/44831　類叢部/叢書類/郡邑之屬

楚州叢書第一集二十九種　冒廣生編　民國十年(1921)如皋冒氏刻本　二冊　存一種

330000 - 1701 - 0068254　M001709　子部/術數類/命書相書之屬

命理探原八卷補遺一卷　袁阜撰　民國石印本　四冊

330000 - 1701 - 0068256　普 814.7/5099　集部/別集類/清別集

養真堂文鈔一卷外編一卷詩鈔二卷外編一卷　(清)秦榮光撰　民國八年(1919)鉛印本　二冊

330000 - 1701 - 0068257　普 814.7/4734　集部/別集類/清別集

愧廬文鈔二卷詩鈔一卷聯稿一卷　(清)胡鍾生撰　蔡元培選　民國三年(1914)上海越社鉛印本　一冊

330000 - 1701 - 0068259　M001710　集部/總集類/選集之屬/通代

評校音註續古文辭類纂三十四卷　王先謙輯　王文濡校注　民國十三年(1924)上海文明書局鉛印本　八冊

330000－1701－0068263　HJL8012　類叢部/叢書類/郡邑之屬
台州叢書後集十七種　楊晨輯　民國四年(1915)黄巖楊氏刻本　一册　存二種

330000－1701－0068265　M001711　集部/總集類/選集之屬/通代
古文辭類纂評註七十四卷　(清)姚鼐纂輯　沈伯經等評注　民國十一年(1922)上海文明書局鉛印本　十六册

330000－1701－0068266　M001803　史部/地理類/方志之屬/郡縣志
[民國]石屏縣新志□□卷　袁嘉穀纂　民國二年(1913)鉛印本　一册　存一卷(三)

330000－1701－0068268　M001804　史部/地理類/雜志之屬
杭城坊巷志節要不分卷　陸啟編　民國抄本　二册

330000－1701－0068270　M001805　集部/別集類
俟廬詩艸六卷文集二卷　陳錦文撰　陳傑編　民國六年(1917)石印本　一册

330000－1701－0068272　M001712　子部/儒家類/儒學之屬/經濟
歷代尊孔記一卷孔教外論一卷　程淯輯　民國二十三年(1934)上海中國道德會鉛印本　一册

330000－1701－0068276　M001806　史部/傳記類/別傳之屬/事狀
夏粹方先生哀輓錄一卷　(清)蔣維喬等撰　民國鉛印本　一册

330000－1701－0068278　HJH8015　史部/編年類/通代之屬
胡刻通鑑正文校宋記三十卷述略一卷　章鈺撰　**胡刻通鑑正文校宋記附錄三卷**　(宋)胡三省注文　章鈺輯　民國二十年(1931)長洲章氏四當齋刻朱印本　六册

330000－1701－0068279　M001807　史部/政書類/公牘檔册之屬
江蘇都督程雪樓先生書牘二卷　汪德軒編　民國元年(1912)鉛印本　一册

330000－1701－0068280　M001808　子部/術數類/占卜之屬
卜筮易知一卷　中華書局輯　民國八年(1919)上海中華書局鉛印本　一册

330000－1701－0068286　HJL8016　類叢部/叢書類/自著之屬
小雙寂庵叢書十九種　張惟驤撰　民國武進張氏小雙寂庵刻本　一册　存一種

330000－1701－0068288　M001809　子部/宗教類/佛教之屬
佛學叢書□□種　丁福保輯　民國上海醫學書局鉛印本暨影印本　一册　存一種

330000－1701－0068303　普814.7/60731　集部/別集類/清別集
吕晚村先生文集八卷附錄一卷　(清)吕留良撰　民國十八年(1929)陽湖錢振鍠木活字印本　四册

330000－1701－0068309　普951.070926/4037　史部/編年類/斷代之屬
大清歷朝實錄四千四百三十三卷首四十二卷簡目二卷影印本總目四卷原本總目四卷　大滿洲帝國國務院輯　民國二十六年(1937)滿洲帝國國務院影印本　一千二百二十册

330000－1701－0068314　M001810　集部/別集類/清別集
徐烈婦詩鈔二卷附報素聞書并回文一卷　(清)吳宗愛撰　民國石印本　一册

330000－1701－0068317　M001720　子部/小說家類/瑣語之屬
秘本滑稽文府大觀十二卷　(明)鄒迪光選　民國十年(1921)上海廣益書局鉛印本　六册

330000－1701－0068318　M001811　子部/藝術類/書畫之屬/法帖
篆文四書四種七卷　民國上海求古齋石印本　六册

330000－1701－0068323　HJH814.7/10443/c2　類叢部/叢書類/自著之屬

玩芳艸堂叢書　(清)王棻撰　民國上海國光書局鉛印本　八冊　存一種

330000－1701－0068324　M001812　史部/詔令奏議類/奏議之屬

林文直公奏稿七卷首一卷　林紹年撰　民國十六年(1927)刻本　六冊

330000－1701－0068329　M001813　子部/雜著類/雜纂之屬

饋貧囊不分卷　靜莽輯　稿本　五冊

330000－1701－0068330　M001721　類叢部/叢書類/自著之屬

隨園三十六種　(清)袁枚撰　民國二年(1913)上海中華圖書館鉛印本　四冊　存一種

330000－1701－0068332　HJH814.7/10443/c3　類叢部/叢書類/自著之屬

玩芳艸堂叢書　(清)王棻撰　民國上海國光書局鉛印本　八冊　存一種

330000－1701－0068335　M001814　子部/雜著類/雜纂之屬

隨手摘錄一卷　民國抄本　一冊

330000－1701－0068339　HJH814.7/1048/c2　類叢部/叢書類/自著之屬

王煙客先生集五種附三種　(清)王時敏撰　鄒登泰輯　民國五年(1916)蘇州振新書社鉛印本　六冊

330000－1701－0068340　M001722　子部/宗教類/道教之屬/雜著

天堂地獄說一卷鬼情鬼趣說一卷　洪解空撰　民國上海道院鉛印本　一冊

330000－1701－0068344　普814.7/5392　類叢部/叢書類/郡邑之屬

四明叢書一百六十七種　張壽鏞編　民國四明張氏約園刻本　一冊　存一種

330000－1701－0068345　M001815　史部/傳記類/日記之屬

翟光耀的日記不分卷(民國十五年至十九年)　翟光耀撰　稿本　一冊

330000－1701－0068350　M001723　史部/史評類/史論之屬

國史概論四卷　葛陛綸輯　民國十年(1921)上海會文堂石印本　六冊

330000－1701－0068354　HJH814.7/8799/5/c2　集部/別集類/清別集

鄭板橋全集六卷　(清)鄭燮撰　民國鑄記書局石印本　四冊

330000－1701－0068356　M001816　集部/別集類/明別集

疑雨集註四卷　(明)王彥泓撰　丁國鈞注　民國四年(1915)上海掃葉山房石印本　四冊

330000－1701－0068357　M001724　集部/別集類/清別集

左文襄公文集五卷詩集一卷聯語一卷　(清)左宗棠撰　民國廣益書局石印本　四冊

330000－1701－0068360　HJL8338　史部/傳記類/別傳之屬/年譜

誥授資政大夫二品銜賞換花翎浙江糧儲道福山石塢王君[季寅]年譜一卷　王埥撰　民國十五年(1926)石印本　一冊

330000－1701－0068363　M001817　集部/總集類/尺牘之屬

歷代名人家書不分卷　四願齋主編輯　民國二十七年(1938)長沙商務印書館鉛印本　一冊

330000－1701－0068369　HJL8339　史部/傳記類/別傳之屬/年譜

左忠毅公[光斗]年譜定本二卷　馬其昶編　民國十四年(1925)蓬萊慕氏京師刻本　一冊

330000－1701－0068378　普814.7/66141　類叢部/叢書類/自著之屬

儀徵嚴氏無悶堂叢書　(清)嚴玉森撰　民國八年(1919)鉛印本　二冊　存一種

330000－1701－0068384　M001725　集部/別集類/清別集
鈍吟集三卷　(清)馮班撰　**馮舍人遺詩六卷**　(清)馮廷櫆撰　民國十二年(1923)上海掃葉山房石印本　四册

330000－1701－0068385　普814.7/7133　類叢部/叢書類/郡邑之屬
雲南叢書初編一百四十一種二編三十七種　趙藩　陳榮昌等輯　民國雲南叢書處刻本　一册　存一種

330000－1701－0068386　M001818　集部/別集類/清別集
瘿龕吟草一卷　(清)雲韶撰　民國石印本　一册

330000－1701－0068388　M001726　集部/詩文評類/詩評之屬
詩詞趣話四卷　葛煦存編　民國八年(1919)上海會文堂書局石印本　四册

330000－1701－0068394　M001820　史部/金石類
非儒非俠齋金石叢著十種　顧燮光撰　民國會稽顧氏金佳石好樓石印本暨鉛印本　一册　存一種

330000－1701－0068397　M001727　子部/雜著類/雜説之屬
諺説一卷　(清)毛稚黄撰　(清)傅煥述　民國十八年(1929)石印本　一册

330000－1701－0068398　M001857　史部/傳記類/別傳之屬/事狀
沈母葉夫人赴告不分卷　沈維翰撰　民國二十五年(1936)影印本暨鉛印本　一册

330000－1701－0068399　HJH951.060144/7214/c2　史部/史評類/史論之屬
明史例案九卷　劉承幹撰　民國四年(1915)吳興劉氏嘉業堂刻本　錢泰題記　四册

330000－1701－0068400　普814.7/6633　集部/別集類
瞿文慎公文存一卷附書劄一卷　瞿鴻機撰　民國十五年(1926)瞿宣穎石印本　一册

330000－1701－0068406　M001728　史部/傳記類/別傳之屬/事狀
伍氏子飛先生暨張太夫人七秩雙慶壽言錄一卷　伍承喬　伍承宣輯　民國五年(1916)鉛印本　一册

330000－1701－0068411　M001821　子部/醫家類/綜合之屬/通論
聚德堂藥書一卷　民國七年(1918)抄本　一册

330000－1701－0068413　M001822　集部/別集類
止廬詩存一卷附文一卷　吳昌祺撰　民國二十二年(1933)鉛印本　一册

330000－1701－0068417　普814.7/4490/c1　集部/別集類/清別集
畬經館遺集五種七卷　(清)杜煥章撰　民國十七年(1928)上海中華科學儀器館鉛印本　一册

330000－1701－0068418　M001858　集部/別集類/清別集
貽硯堂詩集二卷　(清)高光煦撰　民國十五年(1926)抄本　一册

330000－1701－0068420　M001823　集部/別集類/宋別集
宋詹元善先生遺集二卷首一卷　(宋)詹體仁撰　民國十九年(1930)鉛印本　敏行軒主題記　一册

330000－1701－0068422　普814.7/7161　集部/別集類
聽香讀畫軒文鈔一卷詩鈔一卷詞鈔一卷聯語彙錄一卷　馬逸臣撰　孫葆英輯　民國二十八年(1939)鉛印本　一册

330000－1701－0068423　M001729　史部/雜史類/斷代之屬
封川紀事錄一卷張棨堂先生名宦錄一卷　(清)溫鳳書撰　民國十年(1921)上海聚珍倣宋印書局鉛印本　一册

330000－1701－0068425　M001859　史部/傳記類/別傳之屬

總理奉安實錄不分卷　總理奉安專刊編纂委員會編　民國十八年(1929)總理奉安專刊編纂委員會鉛印本　二册

330000－1701－0068426　M001730　集部/別集類/清別集

浮雲集十二卷　(清)陳之遴撰　民國二十二年(1933)南林張乃熊鉛印本　二册

330000－1701－0068427　M001824　經部/春秋總義類/傳説之屬

春秋恒解八卷　(清)劉沅輯注　民國十一年(1922)北京道德學社鉛印本　八册

330000－1701－0068429　HJH951.021/1020/2/(2)　史部/紀傳類/正史之屬

漢書補注一百卷首一卷　王先謙撰　**姚惜抱先生前漢書評點一卷**　(清)姚鼐撰　(清)吳汝綸輯　民國五年(1916)上海同文圖書館石印本　四十册

330000－1701－0068430　普814.7/6683　集部/別集類/清別集

嚴廉訪遺稿十卷首一卷終一卷　(清)嚴金清撰　嚴懋功輯　民國十一年至十二年(1922－1923)鉛印本　四册

330000－1701－0068431　普814.7/4490/c2　集部/別集類/清別集

畬經館遺集五種七卷　(清)杜煥章撰　民國十七年(1928)上海中華科學儀器館鉛印本　一册

330000－1701－0068434　HJL8345　史部/傳記類/別傳之屬/年譜

皇清誥授光禄大夫毓慶宫行走吏部右侍郎先考子松府君[夏同善]年譜一卷皇清誥封一品夫人先妣屠夫人行狀一卷　(清)夏敦復纂　民國九年(1920)上海聚珍倣宋印書局鉛印本　一册

330000－1701－0068436　普951.07093/4434/c1　史部/紀事本末類/斷代之屬

清史紀事本末八十卷　黄鴻壽輯　民國十年(1921)上海文明書局石印本　八册

330000－1701－0068437　M001731　類叢部/叢書類/自著之屬

王靜安先生遺著　王國維撰　民國北平來薰閣影印本　一册　存一種

330000－1701－0068438　普814.7/4490/c3　集部/別集類/清別集

畬經館遺集五種七卷　(清)杜煥章撰　民國十七年(1928)上海中華科學儀器館鉛印本　一册

330000－1701－0068442　普814.7/44901　集部/別集類/清別集

希古堂文存八卷駢文二卷詩存十卷詞存二卷尺牘二卷　(清)黄炳堃撰　黄實編　民國二十年(1931)粵東刻本　十册

330000－1701－0068443　M001732　子部/藝術類/篆刻之屬

篆學瑣著(篆學叢書)三十一種　(清)顧湘輯　民國七年(1918)上海文瑞樓石印本　四册　存一種

330000－1701－0068449　M001860　史部/傳記類/別傳之屬/事狀

遺思録一卷　胡劍吟輯　民國二十三年(1934)鉛印本暨影印本　一册

330000－1701－0068455　HJH951.060144/7214/c3　史部/史評類/史論之屬

明史例案九卷　劉承幹撰　民國四年(1915)吳興劉氏嘉業堂刻本　四册

330000－1701－0068456　M001733　集部/總集類/選集之屬/通代

東萊先生古文關鍵四卷　(宋)吕祖謙評　(宋)蔡文子註　(清)徐樹屏考異　民國七年(1918)上海會文堂書局、碧梧山莊書局影印本　四册

330000－1701－0068457　普814.7/44901/(2)/c1　集部/別集類/清別集

希古堂文存八卷駢文二卷詩存十卷詞存二卷

尺牘二卷　(清)黄炳堃撰　黄實編　民國二十年(1931)粤東刻本　七册　缺六卷(駢文一至二、詞存一至二、尺牘一至二)

330000－1701－0068463　M001734　集部/總集類/選集之屬/通代

詳註分類咏物詩選八卷　(清)俞琰輯　(清)易開縉　(清)孫洊鳴註　民國十七年(1928)上海大通書局石印本　八册

330000－1701－0068464　M001861　子部/宗教類/道教之屬

敬竈全書不分卷　民國十一年(1922)上海宏大善書局石印本　一册

330000－1701－0068465　普 814.7/44901/(2)/c2　集部/别集類/清别集

希古堂文存八卷駢文二卷詩存十卷詞存二卷尺牘二卷　(清)黄炳堃撰　黄實編　民國二十年(1931)粤東刻本　三册　存八卷(文存一至八)

330000－1701－0068475　M001825　集部/總集類/氏族之屬

度予亭三逸遺集三卷首一卷外編一卷　(明)張文郁　(明)張元聲　(明)張亨梧撰　張燮編　民國二十八年(1939)天台久記印刷社鉛印本　一册

330000－1701－0068481　普 814.7/5524　類叢部/叢書類/自著之屬

費氏全集四種附二種　(清)費伯雄撰　民國元年(1912)孟河費氏耕心堂鉛印本　一册存一種

330000－1701－0068498　M001862　子部/宗教類/佛教之屬

西方公據一卷　民國十四年(1925)上海宏大善書局石印本　一册

330000－1701－0068500　M001735　集部/總集類/選集之屬/通代

評選四六法海八卷　(清)蔣士銓評選　民國上海文瑞樓石印本　八册

330000－1701－0068508　M001826　集部/總集類/題詠之屬

嘉興莊安山先生遺照題詠一卷　莊鍾驥等輯　民國鉛印本　一册

330000－1701－0068510　HJH951.021/4088　史部/紀傳類

越縵堂讀史札記十一種三十卷　(清)李慈銘撰　民國國立北平北海圖書館鉛印本　二册存一種

330000－1701－0068511　M001863　集部/别集類

潛子祝壽文字一卷　高毓浵撰　張志潛評　民國二十三年(1934)鉛印本　一册

330000－1701－0068514　HJH951.021/4088/c4　史部/紀傳類

越縵堂讀史札記十一種三十卷　(清)李慈銘撰　民國國立北平北海圖書館鉛印本　二册存一種

330000－1701－0068515　M001736　史部/地理類/方志之屬/郡縣志

［光緒］台州府志一百卷　(清)趙亮熙　(清)郭式昌修　王舟瑶等纂　民國十五年(1926)台州旅杭同鄉會鉛印本　四十一册存七十三卷(一至十三、二十四至三十三、四十二至四十四、五十二至五十三、五十五至六十六、六十八至一百)

330000－1701－0068518　M001864　史部/雜史類/斷代之屬

贛蘇獨立後之浙江四編　吴大奎輯　民國鉛印本　一册　存一編(四)

330000－1701－0068519　普 814.7/7200/c1　集部/别集類/清别集

儉德堂文存不分卷　(清)劉庠撰　王耕心選　民國二十四年(1935)鉛印本　一册

330000－1701－0068523　M001827　新學/農政/農務

農村問題集不分卷　文詔雲講述　民國二十三年(1934)南昌新記合群印刷公司鉛印本　一册

330000－1701－0068524　普 814.7/7200/c2　集部/别集類/清别集

儉德堂文存不分卷　(清)劉庠撰　王耕心選　民國二十四年(1935)鉛印本　一冊

330000－1701－0068525　普 814.7/71041　集部/别集類/清别集

先訓導公遺著一卷　(清)阮慶榶撰　阮紹昌輯　民國十七年(1928)阮性純鉛印本　一冊

330000－1701－0068527　M001828　類叢部/叢書類/自著之屬

潤德堂叢書　袁樹珊撰　民國鎮江潤德堂鉛印本　二冊　存一種

330000－1701－0068529　HJL8353　史部/詔令奏議類/奏議之屬

端忠敏公奏稿十六卷　(清)端方撰　民國七年(1918)鉛印本　十六冊

330000－1701－0068533　M001865　子部/術數類

新鐫曆法便覽象吉備要通書大全二十九卷　(清)魏鑑撰　民國上海廣益書局石印本　六冊　存十八卷(十二至二十九)

330000－1701－0068535　M001829　集部/總集類/氏族之屬

盛澤張氏遺稿錄存四種附聯語一卷　張嘉榮輯　民國九年(1920)盛澤張氏希范堂鉛印本　一冊

330000－1701－0068538　普 925.14/1031.21　類叢部/叢書類/彙編之屬

求恕齋叢書三十一種　劉承幹編　民國吳興劉氏嘉業堂刻本　二冊　存一種

330000－1701－0068541　M001830　集部/别集類

約園雜箸八卷　張壽鏞撰　民國二十五年(1936)鉛印本　三冊

330000－1701－0068544　普 925.14/1143.2/c1　史部/傳記類/别傳之屬/年譜

張宣公[栻]年譜二卷坿錄二卷　胡宗楙編　民國二十一年(1932)永康胡氏夢選樓刻本　二冊

330000－1701－0068545　M001831、M007296　集部/别集類

約園雜箸續編八卷　張壽鏞撰　民國三十年(1941)張氏鉛印本　二冊

330000－1701－0068550　普 925.14/1143.2/c2　史部/傳記類/别傳之屬/年譜

張宣公[栻]年譜二卷坿錄二卷　胡宗楙編　民國二十一年(1932)永康胡氏夢選樓刻本　二冊

330000－1701－0068552　普 925.14/1779.2　類叢部/叢書類/彙編之屬

求恕齋叢書三十一種　劉承幹編　民國吳興劉氏嘉業堂刻本　四冊　存一種

330000－1701－0068554　M001832　類叢部/叢書類/郡邑之屬

長興叢書□□種　王修編　民國長興王氏仁壽堂木活字印本　一冊　存一種

330000－1701－0068556　HJH951.023/1020/c2　史部/紀傳類/正史之屬

後漢書集解九十卷首一卷續志集解三十卷　王先謙撰　民國四年(1915)長沙王氏虛受堂刻十二年(1923)印本　章嶔題簽　二十九冊

330000－1701－0068560　M001833　子部/宗教類/佛教之屬/諸宗

上師寶金剛所授金剛大威德證分法中集要思問錄一卷　民國影印本　一冊

330000－1701－0068565　HJH8356　史部/傳記類/總傳之屬/郡邑

毘陵人品記十卷　(明)毛憲撰　(明)吳亮增修　民國二十五年(1936)毗陵毛氏木活字印本　四冊

330000－1701－0068573　M001982　集部/詩文評類/文法之屬/文法

分類論説起頭精華錄一卷名句精華錄一卷法語精華錄一卷比喻精華錄一卷故事精華錄一卷　王藝　施崇恩撰　民國三年(1914)上海新新書局石印本　六冊

330000－1701－0068576　M001983　類叢部/叢書類/彙編之屬

涵芬樓祕笈五十一種　孫毓修等輯　民國五年至十五年(1916－1926)上海商務印書館影印本暨鉛印本　四冊　存一種

330000－1701－0068578　HJL8039　史部/目録類/專録之屬

補鈔文瀾閣四庫闕簡記錄不分卷　張宗祥撰　民國十五年(1926)刻本　一冊

330000－1701－0068579　HJL8040　史部/目録類/專録之屬

補鈔文瀾閣四庫闕簡記錄不分卷　張宗祥撰　民國十五年(1926)刻本　一冊

330000－1701－0068581　HJL8358　史部/詔令奏議類/奏議之屬

庸盦尚書奏議十六卷　陳夔龍撰　俞陛雲編輯　民國二年(1913)鉛印本　八冊

330000－1701－0068586　M001835　子部/藝術類/遊藝之屬/劇藝

齊如山劇學叢書　齊如山撰　民國鉛印本　一冊　存一種

330000－1701－0068587　M001866　集部/別集類/明別集

太史升庵全集八十一卷目錄二卷附年譜一卷　(明)楊慎撰　民國十八年(1929)新都縣同文會影印本　二十冊

330000－1701－0068589　普 814.7/71031　集部/別集類

賸生存稿一卷　劉詠溱撰　民國二十七年(1938)吉安振興鉛印所鉛印本　一冊

330000－1701－0068590　M001984　子部/藝術類/篆刻之屬/印譜

醒廬印存四卷　王辰篆　民國七年(1918)鈐印本　三冊

330000－1701－0068596　M001836　史部/金石類/錢幣之屬/雜著

古錢藏目一卷　民國抄本　一冊

330000－1701－0068600　M001837　史部/傳記類/別傳之屬/事狀

武訓先生事略紀實一卷附武訓先生歌謠一卷附錄一卷　民國石印本　一冊

330000－1701－0068605　M001867　子部/藝術類/書畫之屬/書法書品

痴梅各體文二十七篇不分卷　民國三十八年(1949)稿本　一冊

330000－1701－0068606　M001838　史部/政書類/公牘檔冊之屬

浙江省統捐暫行捐率修正案一卷　民國鉛印本　一冊

330000－1701－0068612　M001985　子部/藝術類/書畫之屬/法帖

李瑞清魏碑墨蹟一卷　李瑞清書　民國上海競新山房影印本　一冊

330000－1701－0068614　M001868　新學/政治法律

强制執行實用講義一卷　曹祖蕃撰　**民事訴訟執行規則一卷强制執行法草案一卷**　民國司法行政部法官訓練所鉛印本　一冊

330000－1701－0068618　HJH814.7/12001.2/c3　類叢部/叢書類/彙編之屬

集古齋叢鈔□□種　民國瑞安集古齋書舍石印本　二冊　存一種

330000－1701－0068621　普 925.14/2647/c2　史部/傳記類/別傳之屬/事狀

魏文節公事略一卷　魏頌唐輯　民國二十五年(1936)鉛印本　一冊

330000－1701－0068622　HJL8360　史部/傳記類/別傳之屬/年譜

先伯石州公[張穆]年譜一卷　(清)張繼文編　民國十年(1921)石印本　一冊

330000－1701－0068625　M001986　集部/別集類

菊花詩草一卷　韓傑撰　民國石印本　一冊

330000－1701－0068627　HJH814.7/12001.

2/c4　類叢部/叢書類/彙編之屬
集古齋叢鈔□□種　民國瑞安集古齋書舍石印本　二册　存一種

330000－1701－0068629　M001840　類叢部/叢書類/自著之屬
得天廬存稿二種　壽鵬飛撰　民國三十年(1941)鉛印本　一册　存一種

330000－1701－0068630　普814.7/7220　集部/别集類
南豐劉先生文集四卷補遺一卷　劉孚京撰　民國十四年(1925)湘潭袁思亮鉛印本　四册

330000－1701－0068631　普925.14/2647/c3　史部/傳記類/别傳之屬/事狀
魏文節公事略一卷　魏頌唐輯　民國二十五年(1936)鉛印本　一册

330000－1701－0068633　M001869　史部/政書類/邦計之屬
審計綱要五卷　浙江省政府建設廳編　民國二十四年(1935)浙江省政府建設廳鉛印本　一册

330000－1701－0068637　普814.7/4499　集部/别集類/清别集
已畦集四種　(清)葉燮撰　民國七年(1918)葉氏夢篆樓刻本　十册

330000－1701－0068638　普925.14/2647/c4　史部/傳記類/别傳之屬/事狀
魏文節公事略一卷　魏頌唐輯　民國二十五年(1936)鉛印本　一册

330000－1701－0068639　M001841　集部/總集類/酬唱之屬
樂國吟六卷　柳棄疾等撰　民國十一年(1922)吴江柳氏磨劍室鉛印本　二册

330000－1701－0068640　M001870　史部/雜史類/斷代之屬
三公難記三種六卷　胡笠夫輯　民國十四年(1925)鉛印本　一册

330000－1701－0068642　普925.14/2647/c5　史部/傳記類/别傳之屬/事狀
魏文節公事略一卷　魏頌唐輯　民國二十五年(1936)鉛印本　一册

330000－1701－0068643　普814.7/7224　集部/别集類/清别集
寄漚文鈔二卷詩鈔四卷詞一卷　(清)劉繼增撰　民國十一年(1922)無錫縣圖書館鉛印本　二册　缺二卷(詩鈔一至二)

330000－1701－0068646　HJL8043　類叢部/叢書類/自著之屬
勴堂遺書八種　顧家相撰　民國八年至十九年(1919－1930)會稽顧氏鉛印本　一册　存一種

330000－1701－0068649　普814.7/4499/2　集部/别集類/清别集
已畦集四種　(清)葉燮撰　民國七年(1918)葉氏夢篆樓刻本　十册

330000－1701－0068650　M001987、M003258　集部/别集類
八公山房詩鈔三卷　韓藎之撰　民國抄本　二册　存二卷(二至三)

330000－1701－0068652　M001871、M006572、M007297　集部/别集類
農隱廬文鈔四卷　王清穆撰　民國二十八年(1939)鉛印本　四册

330000－1701－0068657　HJH814.7/1246/c3　類叢部/叢書類/彙編之屬
求恕齋叢書三十一種　劉承幹編　民國吳興劉氏嘉業堂刻本　六册　存一種

330000－1701－0068659　HJL8044　史部/金石類/陶之屬/文字
溫州古甓記不分卷　(清)孫詒讓撰　民國鉛印本　一册

330000－1701－0068662　M001872　集部/總集類/酬唱之屬
百日酬唱録二卷　林襟宇編　民國三年(1914)永嘉林氏刻本　一册

330000－1701－0068669　M001842　集部/別集類

知困齋詩存三卷　胡璧城撰　民國十五年(1926)鉛印本　二册

330000－1701－0068670　M001873　類叢部/叢書類/自著之屬

許文肅公集四種　(清)許景澄撰　盛沅編輯　民國七年(1918)鉛印本　六册　存一種

330000－1701－0068673　HJL8044/1　史部/金石類/陶之屬/文字

溫州古甓記不分卷　(清)孫詒讓撰　民國鉛印本　一册

330000－1701－0068677　M001843　子部/工藝類/文房四寶之屬/墨

墨表四卷　(明)萬壽祺撰　民國石印本　一册

330000－1701－0068681　普925.14/4027　史部/傳記類/別傳之屬/年譜

李忠定公[綱]年譜二卷　(清)楊希閔編　**韓忠武王祠墓志正編六卷續編二卷**　(清)顧沅輯　(清)程勳續編　民國二十二年(1933)上海淞湄小隱鉛印本　一册　存二卷(年譜一至二)

330000－1701－0068682　M001844　集部/別集類

車茵集一卷　陳歗湖撰　民國二十五年(1936)鉛印本　一册

330000－1701－0068684　HJL8044/2　史部/金石類/陶之屬/文字

溫州古甓記不分卷　(清)孫詒讓撰　民國鉛印本　一册

330000－1701－0068686　HJH8044/3　史部/金石類/陶之屬/文字

溫州古甓記不分卷　(清)孫詒讓撰　民國鉛印本　一册

330000－1701－0068689　普814.7/6611　類叢部/叢書類/家集之屬

長沙瞿氏叢刊五種　瞿宣穎編　民國二十二年至二十四年(1933－1935)長沙瞿氏鉛印本　一册　存一種

330000－1701－0068691　HJH8044/4　史部/金石類/陶之屬/文字

溫州古甓記不分卷　(清)孫詒讓撰　民國鉛印本　一册

330000－1701－0068693　HJH8044/5　史部/金石類/陶之屬/文字

溫州古甓記不分卷　(清)孫詒讓撰　民國鉛印本　一册

330000－1701－0068695　普814.7/72261　集部/別集類/清別集

犢鼻山房小藁八卷　(清)劉侃撰　民國十年(1921)裕後堂鉛印本　四册

330000－1701－0068696　普814.7/6625　集部/別集類/清別集

夢影盦遺藁四卷　(清)嚴以盛撰　民國三年(1914)吳興嚴氏随分讀書齋刻本　三册

330000－1701－0068697　普814.7/7267　集部/別集類

濃溪文集二卷詩集一卷　劉景熙撰　彭駿聲輯　民國二十三年(1934)鉛印本　劉漢章題記　二册

330000－1701－0068700　M001874　子部/藝術類/遊藝之屬/謎語

燈謎叢錄一卷　蔡克仁輯　民國十年(1921)杭州楊耀松文元堂刻本　四册

330000－1701－0068704　M001988　子部/藝術類/書畫之屬/法帖

開皇本蘭亭序一卷　(晉)王羲之撰並書　民國上海有正書局影印本　一册

330000－1701－0068707　M001875　集部/詩文評類/詩評之屬

漁洋詩話二卷　(清)王士禛撰　民國上海昌明書局石印本　一册

330000－1701－0068711　M001989　子部/雜著類/雜纂之屬

新州筆記一卷　葉希明輯　民國抄本　一册

330000－1701－0068713　普 925.14/4453.8　史部/傳記類

己未壽蘇錄二卷　（日本）長尾甲編　民國鉛印本　一册

330000－1701－0068716　M001876、M002626　子部/小說家類/異聞之屬

埋憂集十卷續集二卷　（清）朱翊清撰　民國三年（1914）上海山葉山房石印本　四册

330000－1701－0068720　M001990　子部/雜著類/雜説之屬

逸民讀書錄不分卷　民國抄本　一册

330000－1701－0068726　M001991　新學/兵制/子藥

水雷製造法一卷　民國抄本　一册

330000－1701－0068730　M001846、M001957　子部/儒家類/儒學之屬/禮教/女範

閨範四卷　（明）吕坤注　民國十六年（1927）據明刻影印本　四册

330000－1701－0068733　M001877　史部/目録類/專録之屬

夢坡室收藏琴譜提要一卷　周慶雲撰　民國刻藍印本　一册

330000－1701－0068734　HJH951.061/0075/c1　史部/雜史類/斷代之屬

明太祖革命武功記十八卷導言一卷　方覺慧纂　民國二十九年（1940）重慶國學書局刻本　八册

330000－1701－0068736　普 814.7/7274/c1　集部/别集類/清别集

古紅梅閣集八卷　（清）劉履芬撰　民國十五年（1926）鉛印本　章嶔題記　一册

330000－1701－0068738　M001992　子部/宗教類/道教之屬/道藏

道藏舉要一百七十六種　上海商務印書館編　民國上海商務印書館鉛印本　一册　存一種

330000－1701－0068739　HJH951.061/0075/c2　史部/雜史類/斷代之屬

明太祖革命武功記十八卷導言一卷　方覺慧纂　民國二十九年（1940）重慶國學書局刻本　八册

330000－1701－0068742　M001847、M005953　史部/目録類/總録之屬/地方

清代越中文史編著目錄□□卷　胡維銓編纂　稿本　三册　存三卷（一、三至四）

330000－1701－0068745　M001848　集部/别集類

花近樓詩存初編三卷續編二卷三編二卷四編二卷五編二卷六編二卷七編二卷八編二卷　陳夔龍撰　民國三年至十五年（1914－1926）上海刻本　七册

330000－1701－0068749　普 814.7/7274/c2　集部/别集類/清别集

古紅梅閣集八卷　（清）劉履芬撰　民國十五年（1926）鉛印本　一册

330000－1701－0068753　M001993　經部/群經總義類/傳説之屬

兩漢傳經表二卷　（清）蔣曰豫輯　民國鉛印本　一册

330000－1701－0068754　M001994　子部/儒家類/儒學之屬/性理

朱子生日會講錄三卷　俞家玉編輯　民國十六年（1927）婺源永川俞家玉鉛印本　一册

330000－1701－0068755　M001849、M005974　史部/目録類/總録之屬/地方

清代越中文史編著目錄資料□□卷　胡維銓編纂　民國二十六年（1937）稿本　四册　存四卷（一至四）

330000－1701－0068761　M001850　子部/藝術類/書畫之屬/法帖

一心書詞一卷　童式規書　民國十九年（1930）上海商務印書館影印本　一册

330000－1701－0068763　M001878　子部/雜著類/雜説之屬

讀經救國論樣本不分卷　孫雄撰　民國八年(1919)鉛印本　一冊

330000－1701－0068766　M001851　子部/術數類/相宅相墓之屬

地理辨正五卷　(清)蔣平階補傳　(清)江垚辨正　(清)章仲山增補直解　民國上海朝記書莊石印本　四冊

330000－1701－0068767　M001879　子部/雜著類/雜説之屬

讀經救國論六卷　孫雄撰　民國九年(1920)鉛印本　四冊

330000－1701－0068771　普814.7/7274/c3　集部/别集類/清别集

古紅梅閣集八卷　(清)劉履芬撰　民國十五年(1926)鉛印本　一冊

330000－1701－0068774　M001995　集部/别集類

劫後吟一卷　吴廣霈撰　民國七年(1918)鉛印本　一冊

330000－1701－0068780　M001852　集部/别集類/清别集

蘭石齋存稿六卷　(清)吴績凝撰　民國二十四年(1935)鉛印本　二冊

330000－1701－0068782　M001880　類叢部/叢書類/自著之屬

晨風廬叢刊十八種　周慶雲撰　民國吴興周氏夢坡室刻本　一冊　存一種

330000－1701－0068785　M001996　集部/别集類/清别集

青石山館詩草二卷　(清)譚銘撰　民國抄本　一冊

330000－1701－0068790　M001997　子部/宗教類/道教之屬

老子故二卷　馬其昶撰　民國九年(1920)馬氏抱潤軒刻本　一冊

330000－1701－0068795　M001881　史部/傳記類/别傳之屬/事狀

誥授光禄大夫太子少保郵傳大臣顯考杏蓀府君[盛宣懷]行述不分卷　盛重頤等撰　惲彦彬填諱　民國石印本　一冊

330000－1701－0068799　M001853　史部/傳記類/日記之屬

庸叟日記菁華五卷首一卷　(清)賴清鍵撰　丘復摘録　民國二十三年(1934)鉛印本　二冊

330000－1701－0068802　HJH814.7/7528/c2　集部/别集類/清别集

石壇山房全集七種十卷　(清)陳得善撰　民國二十三年(1934)陳慶麒鉛印本　六冊

330000－1701－0068803　M001854　集部/别集類

繡餘草一卷　陶先畹撰　民國十七年(1928)上海商務印書館鉛印本　一冊

330000－1701－0068804　M001998　子部/藝術類/書畫之屬/法帖

滋蕙堂靈飛經一卷　(唐)鍾紹京書　民國上海進步書局影印本　一冊

330000－1701－0068808　M001855　類叢部/叢書類/彙編之屬

曲石叢書二十種　李根源編　民國鉛印本　一冊　存一種

330000－1701－0068810　M001882　史部/傳記類/别傳之屬/事狀

周六介先生哀輓録不分卷　周顯謨輯　民國五年(1916)杭州武林印書館鉛印本　一冊

330000－1701－0068815　M001856、M005450　史部/目録類/專録之屬

歷代法帖目録不分卷　林志鈞編　民國鉛印本　六冊

330000－1701－0068819　M001999　子部/藝術類/書畫之屬/法帖

錢南園叢帖　(清)錢灃書　民國上海搜古書屋影印本　一冊　存一種

330000－1701－0068823　HJH951.06903/

5201/c2　史部/雜史類/斷代之屬

平寇志十二卷　(清)彭孫貽輯　民國二十年(1931)國立北平圖書館鉛印本　三册

330000－1701－0068825　M001883　新學/政治法律

應用國際私法一卷附錄一卷　于能模編　民國司法行政部法官訓練所大東印書館鉛印本　一册

330000－1701－0068826　M002000　史部/傳記類/别傳之屬/墓誌

張黑女墓誌一卷　民國上海求古齋書帖局影印本　一册

330000－1701－0068829　普 814.7/72331/c1　類叢部/叢書類/郡邑之屬

吴興叢書六十六種　劉承幹編　民國吴興劉氏嘉業堂刻本　一册　存一種

330000－1701－0068834　HJL8370　史部/傳記類/别傳之屬

漢丞相諸葛忠武侯列傳一卷　(宋)張栻撰　民國影宋刻本　一册

330000－1701－0068836　普 814.7/72331/c2　類叢部/叢書類/郡邑之屬

吴興叢書六十六種　劉承幹編　民國吴興劉氏嘉業堂刻本　一册　存一種

330000－1701－0068837　M001884　集部/别集類

赤溪詩稿三卷　劉德元撰　**三餘吟草一卷**　劉福佐撰　民國三十五年(1946)益久憲記鉛石印刷社鉛印本　一册

330000－1701－0068839　M002001　史部/政書類/公牘檔冊之屬

諸暨賣契類一卷諸暨助契類一卷附安昌　民國抄本　一册

330000－1701－0068842　普 814.7/72331/c3　類叢部/叢書類/郡邑之屬

吴興叢書六十六種　劉承幹編　民國吴興劉氏嘉業堂刻本　一册　存一種

330000－1701－0068844　M001885、M006432、M006900、M007169、M007774、M007805、M008045　集部/别集類

補過齋文牘初編三十二卷續編十四卷三編六卷　楊增新撰　民國十年至二十三年(1921－1934)新疆駐京公寓刻本　朱炳、宫碧澄題記　四十三册　存四十三卷(甲集上下、乙集一至三、丙集上下、丁集一至二、戊集一至五、己集一至二、辛集一至三、壬集一至二、癸集一至八,續編一至十四)

330000－1701－0068846　普 814.7/7277/2　集部/别集類/清别集

劉孟塗全集四十四卷附諸家評語一卷　(清)劉開撰　民國四年(1915)上海掃葉山房石印本　八册　缺二卷(後集八、諸家評語)

330000－1701－0068853　HJL8371　史部/傳記類/别傳之屬/年譜

宋岳鄂王[飛]年譜六卷首一卷末一卷　錢汝雯編　**宋岳鄂王文集三卷**　(宋)岳飛撰　錢汝雯編　民國十三年(1924)鉛印本　六册

330000－1701－0068855　M001886　集部/别集類

非非室集外詩二卷　張鳳撰　民國三十六年(1947)訓字堂鉛印本　一册

330000－1701－0068858　M002002　史部/政書類/律令之屬/治獄

楊景華被害錄不分卷刦款綁票兩大案不分卷　稿本　一册

330000－1701－0068861　普 814.7/7282　類叢部/叢書類/彙編之屬

求恕齋叢書三十一種　劉承幹編　民國吴興劉氏嘉業堂刻本　八册　存一種

330000－1701－0068863　M002003　類叢部/叢書類/自著之屬

漢堂類稿十種　李寶洤撰　民國十二年(1923)李祖年鉛印本　一册　存一種

330000－1701－0068864　M001887　類叢部/叢書類/彙編之屬

畫苑秘笈初編八種八卷二編五種八卷　吳辟疆輯　民國吳氏畫山樓鉛印本　吳澤初題記　三册

330000－1701－0068871　M002004　子部/藝術類/書畫之屬/法帖

嬰寧居士烏程蔣君墓志一卷　張謇撰並書

蔣太夫人劉氏墓志一卷　湯壽潛撰　鄭孝胥書　民國石印本　一册

330000－1701－0068873　HJH814.7/7538/2/c2　集部/别集類/清别集

劍閒齋遺集七卷附一卷　（清）陳瀚撰　民國七年（1918）北京石印本　二册

330000－1701－0068876　普814.7/7510　集部/别集類/清别集

夢梅先生詩文集一卷　（清）陳子彥撰　民國三年（1914）鉛印本　一册

330000－1701－0068880　HJH814.7/7538　集部/别集類/清别集

劍閒齋遺集六卷附一卷　（清）陳瀚撰　民國十七年（1928）鉛印本　三册

330000－1701－0068890　普814.7/7287　集部/别集類

濯絳宧文鈔一卷　劉毓盤撰　民國七年（1918）鉛印本　一册

330000－1701－0068891　HJH814.7/44331/c3　集部/别集類/清别集

黄德卿先生半弓居文鈔六卷　（清）黄清憲撰　錢應清　祝燮綱編次　民國十二年（1923）鉛印本　一册

330000－1701－0068898　HJL8373　史部/傳記類/别傳之屬/年譜

顧千里先生［廣圻］年譜二卷　趙詒琛編　民國二十年（1931）崑山趙氏對樹書屋刻對樹書屋叢刻本　趙詒琛題記　一册

330000－1701－0068901　M002129　子部/宗教類/佛教之屬

金剛經解義二卷附心經解義一卷　（清）徐槐廷撰　民國上海佛學書局鉛印本　一册

330000－1701－0068904　M001888　子部/兵家類/操練之屬

太極拳使用法不分卷　楊澄甫撰　民國國術館油印本　一册

330000－1701－0068913　M002130　子部/宗教類/佛教之屬

觀音慈容五十三現一卷　（清）李培楨摹　民國上海佛學書局影印　一册

330000－1701－0068927　M001890　集部/總集類/題詠之屬

竹洲淚點圖題詠不分卷　吳瑞汾輯　民國十五年（1926）鉛印本　一册

330000－1701－0068928　M002131　子部/宗教類/其他宗教之屬

官話聖書註釋新約卷二聖蹟合參一卷　丁良才撰　民國十四年（1925）中國基督聖教書會鉛印本　一册

330000－1701－0068933　普814.7/7294/c1　集部/别集類/清别集

煙霞草堂文集十卷附録一卷　（清）劉光蕡撰　民國七年（1918）三原王氏思過齋蘇州刻本　六册

330000－1701－0068935　M002132　子部/藝術類/書畫之屬/法帖

朱君五樓生壙志一卷　吳俊卿撰　李瑞清書　民國六年（1917）影印本　一册

330000－1701－0068938　HJH814.7/77331　集部/别集類/清别集

壽愷堂集三十卷補編一卷　（清）周家禄撰　民國十年至十一年（1921－1922）海門周寶臣鉛印本　八册

330000－1701－0068939　M002133　子部/宗教類/佛教之屬/諸宗

因明入正理論疏敘瑞源記八卷　（唐）釋窺基撰　（日本）釋濬鳳潭記　民國十七年（1928）上海商務印書館鉛印本　一册　存二卷（一至二）

330000－1701－0068940　HJL8378　史部/傳

記類/别傳之屬/年譜
陳獨漉先生[恭尹]年譜一卷 溫肅編 民國八年(1919)刻本 一册

330000－1701－0068947 M002134 史部/地理類/方志之屬/郡縣志
[民國]藤山志十卷首一卷 蔡人奇編 民國三十七年(1948)福建出版社鉛印本 一册

330000－1701－0068948 普 814.7/7294/c2 集部/别集類/清别集
煙霞草堂文集十卷附録一卷 (清)劉光蕡撰 民國七年(1918)三原王氏思過齋蘇州刻本 六册

330000－1701－0068949 HJH814.7/7743 集部/别集類/清别集
惕齋遺集四卷續集二卷補遺一卷首一卷末一卷 (清)周藴良撰 民國二十四年(1935)會稽周氏誦清芬館刻本 二册

330000－1701－0068951 M002135 史部/地理類/方志之屬/郡縣志
龍勝廳志一卷 (清)周誠之纂修 民國二十五年(1936)餐秀籍據清道光二十六年(1846)好古堂刻本影印本 一册

330000－1701－0068954 M002005 子部/藝術類/書畫之屬/法帖
宋拓九成宫醴泉銘一卷 (唐)歐陽詢書 民國四年(1915)上海有正書局影印本 一册

330000－1701－0068958 HJL8379 史部/傳記類/别傳之屬/年譜
五世祖廉訪公[陳葑池]年譜一卷 陳詩編 民國十一年(1922)廬江陳氏鉛印本 一册

330000－1701－0068959 M002136 子部/藝術類/書畫之屬/法帖
古今尺牘墨蹟大觀不分卷 高時顯輯 民國十七年(1928)中華書局影印本 十六册

330000－1701－0068960 M002006 子部/藝術類/書畫之屬/法帖
宋拓皇甫君碑一卷 (唐)歐陽詢書 民國上海有正書局影印本 一册

330000－1701－0068966 M002007 子部/藝術類/書畫之屬/法帖
明宜興盧忠肅公臨王右軍艸書帖一卷 (明)盧象昇書 民國上海有正書局影印本 一册

330000－1701－0068967 M001891 集部/别集類/清别集
校訂定盦全集十卷 (清)龔自珍撰 **定盦年譜藁本一卷** (清)黄守恒撰 民國七年(1918)上海掃葉山房石印本 六册

330000－1701－0068970 HJH814.7/2157 集部/别集類/清别集
晴江閣文鈔一卷 (清)何絜撰 **晴江閣文鈔校勘記一卷** 柳詒徵撰 民國十九年(1930)國學圖書館影印本 一册

330000－1701－0068973 M001892 子部/宗教類/佛教之屬
佛學大辭典不分卷通檢一卷疇隱居士自訂年譜一卷 丁福保撰 民國十八年(1929)上海醫學書局鉛印本 十六册

330000－1701－0068974 HJH814.7/2157/c4 集部/别集類/清别集
晴江閣文鈔一卷 (清)何絜撰 **晴江閣文鈔校勘記一卷** 柳詒徵撰 民國十九年(1930)國學圖書館影印本 一册

330000－1701－0068976 M002008 史部/政書類/邦計之屬/荒政
浙江省二十三年全省旱災概況不分卷 民國油印本 一册

330000－1701－0068980 HJL8382 史部/傳記類/别傳之屬/年譜
金正希[聲]先生年譜一卷附録一卷 (清)程錫類撰 民國十七年(1928)金兆蕃思貽堂刻本 一册

330000－1701－0068983 HJL8383 史部/傳記類/别傳之屬/事狀
金學士國史循吏傳稿三卷 (清)朱錦輯 民國十七年(1928)思貽堂刻本 一册

330000－1701－0068987 M002009 子部/

宗教類/道教之屬

三聖經靈驗圖註不分卷 民國上海宏大善書局石印本 一冊

330000-1701-0069000 M002010 集部/曲類/曲韻曲譜曲律之屬

宵光劍不分卷 斗南抄 民國抄本 一冊

330000-1701-0069001 HJH814.7/4442/(2) 集部/别集類/清别集

聊齋文集二卷 (清)蒲松齡撰 民國四年(1915)中國圖書公司和記鉛印本 二冊

330000-1701-0069003 HJH814.7/44411/c2 集部/别集類/清别集

豐草菴詩集十一卷文前集三卷後集三卷寶雲詩集七卷禪樂府一卷 (清)董說撰 民國吳興劉氏嘉業堂刻本 六冊

330000-1701-0069015 HJH814.7/7794/c2 集部/别集類/清别集

欠泉庵文集二卷 (清)周煥樞撰 民國刻本 二冊

330000-1701-0069016 HJH814.7/7794/c4 集部/别集類/清别集

欠泉庵文集二卷 (清)周煥樞撰 民國刻本 二冊

330000-1701-0069021 HJH814.7/44481/c2 集部/别集類/清别集

陶樓文鈔十四卷 (清)黄彭年撰 民國十二年(1923)章鈺等刻本 六冊

330000-1701-0069022 HJH814.7/2322/(3) 集部/别集類/清别集

霜紅龕集四十卷 (清)傅山撰 (清)張廷鑑 (清)張廷銓拾遺 (清)劉飛補輯 民國十二年(1923)陽曲第一高等小學校刻本 八冊

330000-1701-0069029 HJH814.7/4478/c3 類叢部/叢書類/郡邑之屬

義烏先哲遺書五種 黄侗編 民國二十二年至二十四年(1933-1935)義烏黄氏鉛印本 一冊 存一種

330000-1701-0069034 HJH814.7/4478/c4 類叢部/叢書類/郡邑之屬

義烏先哲遺書五種 黄侗編 民國二十二年至二十四年(1933-1935)義烏黄氏鉛印本 一冊 存一種

330000-1701-0069036 HJL8384 集部/别集類/清别集

澗于集二十卷(澗于集奏議六卷電稿一卷譯署函稿一卷古今體詩四卷文集二卷書牘六卷) (清)張佩綸撰 民國七年至十五年(1918-1926)張氏澗于草堂刻本 六冊 存六卷(奏議一至六)

330000-1701-0069042 HJH814.7/44781/c2 集部/别集類/清别集

樗菴存藁五卷 (清)蔣學鏞撰 民國二十一年(1932)四明張氏約園刻朱印本 二冊

330000-1701-0069046 HJH814.7/8002/2 集部/别集類/清别集

復初齋文集三十五卷首一卷 (清)翁方綱撰 民國五年(1916)上海同文圖書館石印本 十二冊

330000-1701-0069055 HJL8385 史部/詔令奏議類/奏議之屬

鄧制軍禁煙防海奏議二卷 (清)鄧廷楨撰 (清)鄧邦述輯 民國二十四年(1935)鄧氏刻本 劉承幹題記 二冊

330000-1701-0069059 HJL8387 集部/别集類

蒿盦類稿三十二卷續稿三卷奏稿四卷 馮煦撰 民國十二年(1923)刻本 二冊 存四卷(奏稿一至四)

330000-1701-0069065 HJL8389 史部/詔令奏議類/奏議之屬

屠光祿奏疏四卷 (清)屠仁守撰 民國十一年(1922)潛樓刻本 二冊

330000-1701-0069066 HJH814.7/9950/c3 子部/儒家類/儒學之屬

餘山先生遺書十卷 (清)勞史撰 (清)桑調

元　(清)沈廷芳編　**附餘山先生行狀一卷**　(清)桑調元撰　民國鉛印本　二冊

330000－1701－0069069　HJL8390　史部/傳記類
杏蔭堂彙刻三種　許浩基撰　民國吳興許氏杏蔭堂鉛印本　一冊　存一種

330000－1701－0069070　HJH816.608/2683/c2　集部/總集類/尺牘之屬
歷代名人書札二卷　吳曾祺輯　民國四年(1915)上海商務印書館鉛印本　二冊

330000－1701－0069072　HJH816.608/2683/2　集部/總集類/尺牘之屬
歷代名人書札二卷　吳曾祺輯　民國三年(1914)上海商務印書館鉛印本　二冊

330000－1701－0069073　HJH816.608/2683.02/c2　集部/總集類/尺牘之屬
歷代名人書札續編二卷　吳曾祺輯　民國二年(1913)上海商務印書館鉛印本　四冊

330000－1701－0069076　HJH816.608/2683.2/c2　集部/總集類/尺牘之屬
歷代名人小簡二卷　吳曾祺輯　民國元年(1912)上海商務印書館鉛印本　二冊

330000－1701－0069087　民 793.8/4730/c1　子部/藝術類/遊藝之屬/雜藝
科學演義二卷　胡寄塵編輯　民國十八年(1929)上海文明書局石印本　一冊

330000－1701－0069088　HJL814.7/25311/c3　集部/別集類/清別集
蕉聲館文集八卷首一卷詩集二十卷詩補遺四卷詩續補一卷　(清)朱爲弼撰　朱景邁輯　民國五年至八年(1916－1919)朱景邁東湖草堂刻本　十冊

330000－1701－0069094　HJH816.608/2683.2/c3　集部/總集類/尺牘之屬
歷代名人小簡二卷　吳曾祺輯　民國十三年(1924)上海商務印書館鉛印本　二冊

330000－1701－0069096　HJH816.608/2683.202/c4　集部/總集類/尺牘之屬
歷代名人小簡續編二卷　吳曾祺輯　民國九年(1920)上海商務印書館鉛印本　二冊

330000－1701－0069097　HJH814.7/4660.2　類叢部/叢書類/自著之屬
崇雅堂叢書十四種　楊晨撰　民國二十五年(1936)楊紹翰鉛印本　一冊　存一種

330000－1701－0069098　HJH816.608/2683.202/c5　集部/總集類/尺牘之屬
歷代名人小簡續編二卷　吳曾祺輯　民國十七年(1928)上海商務印書館鉛印本　文淵題記　二冊

330000－1701－0069100　HJH816.608/7583　集部/總集類/尺牘之屬
古今名人新體廣註分類文學尺牘全書三十二卷　陳龢祥編　民國十七年(1928)上海掃葉山房石印本　十六冊

330000－1701－0069102　HJH814.7/4662　集部/別集類/清別集
灃西草堂集八卷附錄一卷　(清)柏景偉撰　民國十三年(1924)金陵思過齋刻本　五冊

330000－1701－0069104　HJH816.6086/0067/c2　子部/藝術類/書畫之屬/法帖
明清名人尺牘墨寶第一集六卷第二集六卷第三集六卷　文明書局輯　民國十年(1921)上海文明書局影印本　十八冊

330000－1701－0069112　HJH816.6087/0065/c2　集部/總集類/尺牘之屬
明清十大家尺牘　文明書局輯　民國十五年(1926)上海文明書局石印本　十二冊

330000－1701－0069114　HJHA753　經部/小學類/文字之屬/字書/字典
中華大字典十二卷　徐誥等編輯　民國五年(1916)中華書局鉛印本　十一冊

330000－1701－0069115　HJH8404　類叢部/叢書類/家集之屬
丹徒陳氏著述十九種　□□編　民國石印本暨鉛印本　一冊　存一種

330000－1701－0069118　HJL8406、HJL8405　類叢部/叢書類/家集之屬

丹徒陳氏著述十九種　□□編　民國石印本暨鉛印本　二冊　存二種

330000－1701－0069121　HJL8407　史部/目録類/總録之屬/官修

無錫縣立圖書館善本書目二卷　秦毓鈞編　民國十八年(1929)無錫縣立圖書館鉛印本　一冊

330000－1701－0069125　HJL8408　史部/目録類/總録之屬/官修

國立清華大學圖書館中文書目不分卷　施廷鏞等編　民國二十年(1931)北平國立清華大學圖書館鉛印本　一冊

330000－1701－0069127　HJL8409　史部/目録類/書志之屬/提要

滂喜齋藏書記三卷　(清)潘祖蔭藏　葉昌熾撰　**滂喜齋宋元本書目一卷**　陳乃乾輯　民國十三年(1924)海寧陳氏慎初堂鉛印本　二冊

330000－1701－0069131　HJLA757　史部/目録類/專録之屬

畿輔叢書初編總目不分卷　繆荃孫撰　民國二年(1913)鉛印本　一冊

330000－1701－0069132　HJL8411　史部/目録類/總録之屬/私撰

書目舉要一卷　周貞亮　李之鼎編　民國九年(1920)南城李之鼎宜秋館刻本　一冊

330000－1701－0069134　HJHA651　子部/小説家類

筆記小説大觀二百二十二種　進步書局輯　民國上海進步書局石印本　九十二冊　存四十種

330000－1701－0069139　HJHA759　新學/商務/附會例

上海總商會商事公斷處報告不分卷　民國十一年(1922)鉛印本　一冊

330000－1701－0069142　HJHA760　史部/傳記類/總傳之屬

民國五年丙辰上海總商會第十屆同人錄不分卷　民國五年(1916)鉛印本　一冊

330000－1701－0069143　HJH816.6087/3149/c2　集部/總集類/尺牘之屬

陶風樓藏名賢手札不分卷　柳詒徵輯　民國十九年(1930)國學圖書館影印本　八冊

330000－1701－0069144　HJHA761　新學/商務/附會例

上海總商會彙編商會法規不分卷　民國五年(1916)鉛印本　一冊

330000－1701－0069146　HJH8412　類叢部/叢書類/家集之屬

丹徒陳氏著述十九種　□□編　民國石印本暨鉛印本　一冊　存一種

330000－1701－0069147　HJLA762　新學/商務

商辦浙江全省鐵路有限公司股東會第一次議事錄不分卷　民國鉛印本　一冊

330000－1701－0069151　HJH814.7/2534/c2　集部/别集類/清别集

常慊慊齋文集二卷　(清)朱之榛撰　民國九年(1920)朱景邁東湖草堂刻本　二冊

330000－1701－0069152　HJHA764　新學/商務/商學

南潯鎮商會法規文牘彙編不分卷　民國十年(1921)鉛印本　一冊

330000－1701－0069158　HJH814.7/2564/c3　集部/别集類/清别集

朱衎廬先生遺稿八卷補編一卷朱衎廬舊藏鈔本書目一卷　(清)朱昌燕撰　張宗祥編　民國鉛印本　二冊

330000－1701－0069160　HJH8414、HJH8413　史部/金石類/甲骨之屬

説契一卷孶契枝譚一卷殷契鉤沈二卷　葉玉森撰　民國十八年(1929)北平富晉書社影印本　二冊

330000－1701－0069163　HJH814.7/2564/c4　集部/別集類/清別集

朱衎廬先生遺稿八卷補編一卷朱衎廬舊藏鈔本書目一卷　(清)朱昌燕撰　張宗祥編　民國鉛印本　二册

330000－1701－0069164　HJH814.7/2564.2/c2　集部/別集類/清別集

朱衎廬先生遺稿續編二卷補遺一卷拜竹龕楹聯偶存一卷　(清)朱昌燕撰　張兆鏞輯　民國二十三年(1934)孫氏望雲廬鉛印本　一册

330000－1701－0069165　HJL8417　類叢部/叢書類/彙編之屬

嘉草軒叢書十一種　羅振玉編　民國七年(1918)上虞羅氏日本影印本　三册　存一種

330000－1701－0069170　HJH814.7/25741　類叢部/叢書類/彙編之屬

求恕齋叢書三十一種　劉承幹編　民國吳興劉氏嘉業堂刻本　二册　存一種

330000－1701－0069179　HJH816.66/8296/c2　集部/總集類/尺牘之屬

分類詳註文學尺牘大全集二十卷　(明)鍾惺纂輯　(明)馮夢龍訂釋　民國十年(1921)上海求古齋鉛印本　十六册

330000－1701－0069180　HJH814.7/4913/c3　集部/別集類/清別集

東潛文稿二卷　(清)趙一清撰　民國中國書店據清乾隆五十九年(1794)小山堂刻本影印本　二册

330000－1701－0069184　HJL8422　史部/地理類/山川之屬/水志

西湖新志十四卷補遺六卷　胡祥翰輯　民國十年至十二年(1921－1923)鉛印本　劉承幹題記　五册

330000－1701－0069188　HJH816.67/4048.01/2/c2　集部/別集類/清別集

音註小倉山房尺牘八卷　(清)袁枚撰　(清)胡光斗箋釋　民國十五年(1926)上海掃葉山房石印本　四册

330000－1701－0069189　HJH816.67/3134/c2　類叢部/叢書類/自著之屬

勱堂遺書八種　顧家相撰　民國八年至十九年(1919－1930)會稽顧氏鉛印本　一册　存一種

330000－1701－0069191　HJH816.67/3134/c3　類叢部/叢書類/自著之屬

勱堂遺書八種　顧家相撰　民國八年至十九年(1919－1930)會稽顧氏鉛印本　一册　存一種

330000－1701－0069221　HJHA666　子部/雜著類/雜編之屬

安士全書四種　(清)周夢顏撰　民國十一年(1922)上海佛學推行社鉛印本　二册　存二種

330000－1701－0069227　HJL8432　史部/傳記類/總傳之屬/家乘

[浙江杭州]錢塘沈氏家乘十卷　(清)沈紹勳輯　沈組緜增輯　民國八年(1919)西泠印社木活字印本　四册

330000－1701－0069228　HJH816.67/8043.2　集部/別集類/清別集

春在堂尺牘二卷　(清)俞樾撰　民國十一年(1922)上海商務印書館鉛印本　二册

330000－1701－0069231　HJHA668　集部/別集類/清別集

香屑集十八卷首一卷末一卷　(清)黄之雋撰　(清)陳邦直注　民國石印本　二册　存十一卷(五至九、十四至十八,末)

330000－1701－0069236　HJHA669　集部/別集類/明別集

王遵巖家居集七卷　(明)王慎中撰　(明)洪朝選編　民國二十一年(1932)金山高尚志堂據明句吳書院刻本影印本　一册　存二卷(一至二)

330000－1701－0069238　HJHA780　子部/宗教類/佛教之屬

决定生西日課不分卷　歐陽柱撰　民國石印

本　一册

330000－1701－0069249　HJH816.7/8078/c2　子部/藝術類/書畫之屬/法帖

翁松禪相國尺牘真蹟不分卷　(清)翁同龢書　民國九年(1920)上海中華書局影印本　十二册

330000－1701－0069253　HJH816.67/8308　集部/别集類/清别集

錢牧齋尺牘三卷補遺一卷　(清)錢謙益撰　民國三年(1914)上海商務印書館鉛印本　三册

330000－1701－0069256　HJLA782　集部/總集類/郡邑之屬

台詩四錄二十九卷　王舟瑶輯　民國九年(1920)後凋草堂石印本　十册　存二十一卷(一至二十一)

330000－1701－0069257　HJH816.8/1000/c3　類叢部/叢書類/家集之屬

武林丁氏家集十三種　丁立誠　丁立中撰　民國錢塘丁氏嘉惠堂鉛印本　一册　存一種

330000－1701－0069260　HJH816.8/1000/c4　類叢部/叢書類/家集之屬

武林丁氏家集十三種　丁立誠　丁立中撰　民國錢塘丁氏嘉惠堂鉛印本　一册　存一種

330000－1701－0069264　HJL8443　類叢部/叢書類/家集之屬

聚德堂叢書十二種　陳伯陶輯　民國東莞陳氏刻本　五册　存一種

330000－1701－0069267　HJHA787　集部/别集類

鶴柴詩存五卷　陳詩撰　民國十三年(1924)尊瓠室刻本　一册　存三卷(三至五)

330000－1701－0069270　M002137　類叢部/叢書類/彙編之屬

說郛一百卷　(元)陶宗儀編　張宗祥重校　民國十六年(1927)上海商務印書館鉛印本　四十册

330000－1701－0069271　HJHA789　子部/儒家類/儒學之屬/經濟

說苑二十卷　(漢)劉向撰　民國上海涵芬樓鉛印本　一册　存五卷(一至五)

330000－1701－0069273　HJHA790　史部/雜史類/斷代之屬

滿清稗史十六種附二種　陸保璿輯　民國二年(1913)新中國圖書局鉛印本　十三册　存十四種

330000－1701－0069274　HJH8444　史部/雜史類/通代之屬

明清史料乙編不分卷　國立中央研究院歷史語言研究所編　民國二十五年(1936)鉛印本　十册

330000－1701－0069275　HJHA673　集部/總集類/尺牘之屬

海上名花手札　民國元年(1912)上海書局石印本　一册　存一卷(海上閨秀尺牘上)

330000－1701－0069276　HJLA793　子部/小說家類/異聞之屬

勸戒錄類編三十二章　(清)梁恭辰撰　丁福保編　民國十一年(1922)上海中華書局鉛印本　一册　存四章(七至十)

330000－1701－0069284　HJLA675　子部/儒家類/儒家之屬

論尊孔爲救亡之要務一卷　民國鉛印本　一册

330000－1701－0069290　HJLA677　子部/醫家類/婦科之屬/產科

增訂胎產秘書四卷附保嬰要訣一卷經驗良方一卷　民國石印本　二册　存四卷(一至四)

330000－1701－0069291　HJH816.8/2530/2/c2　類叢部/叢書類/彙編之屬

潛泉叢鈔　吴隱輯　民國西泠印社刻本暨石印本　二册　存一種

330000－1701－0069292　HJH814.7/60731/c2　集部/别集類/清别集

吕晚村先生文集八卷附錄一卷　(清)吕留良

撰　民國十八年(1929)陽湖錢振鍠木活字印本　四冊

330000－1701－0069305　HJH814.7/6683/c2　集部/别集類/清别集

嚴廉訪遺稿十卷首一卷終一卷　(清)嚴金清撰　嚴懋功輯　民國十一年至十二年(1922－1923)鉛印本　四冊

330000－1701－0069316　普 951.070926/4834/c1　史部/目録類/總録之屬/官修

故宫博物院文獻館現存清代實錄總目不分卷　張國瑞編　民國二十三年(1934)故宫博物院文獻館鉛印本　一冊

330000－1701－0069317　M002011　集部/曲類/曲韻曲譜曲律之屬

呆中福不分卷　斗南抄　民國抄本　一冊

330000－1701－0069318　M002138　子部/天文曆算類/曆法之屬

中華民國七年曆書一卷　教育部中央觀象臺製　民國六年(1917)石印本　一冊

330000－1701－0069321　M002139　子部/小說家類/雜事之屬

癡雲館憶語一卷聯語一卷　陸祖耀撰　民國抄本　一冊

330000－1701－0069322　普 951.070926/4834/c2　史部/目録類/總録之屬/官修

故宫博物院文獻館現存清代實錄總目不分卷　張國瑞編　民國二十三年(1934)故宫博物院文獻館鉛印本　一冊

330000－1701－0069323　M002012　集部/曲類/曲韻曲譜曲律之屬

金印記不分卷　民國斗南抄本　一冊

330000－1701－0069326　M002013　集部/曲類/曲韻曲譜曲律之屬

人獸關不分卷　民國斗南抄本　一冊

330000－1701－0069327　M001893　子部/醫家類/方書之屬/歷代方書

神方二卷　俞世福輯　民國二十二年(1933)稿本　二冊

330000－1701－0069329　JM00001　史部/傳記類/總傳之屬/家乘

[湖南湘鄉]李報本堂族譜二十四卷首一卷發祥編一卷附錄一卷　李前普總纂　李光笏等纂修　民國五年(1916)報本堂木活字印本　三十一冊

330000－1701－0069332　M002014　集部/曲類/曲韻曲譜曲律之屬

永團圓不分卷　斗南抄　民國抄本　一冊

330000－1701－0069334　M002140　子部/宗教類/道教之屬

闡道要言一卷　(□)中和山人撰　民國十年(1921)湖南南縣同善分社鉛印本　一冊

330000－1701－0069337　M002015　集部/曲類/曲韻曲譜曲律之屬

雙珠記不分卷　斗南抄　民國抄本　一冊

330000－1701－0069339　HJH816.8/8084　子部/藝術類/遊藝之屬/聯語

娉花媚竹館宋詞集聯八卷　俞鎮輯　民國二十五年(1936)海印樓鉛印本　二冊

330000－1701－0069340　M001894　集部/别集類

畏廬文集一卷　林紓撰　民國十四年(1925)上海商務印書館鉛印本　童鼎璜題記並批校　一冊

330000－1701－0069341　M002141　子部/宗教類/佛教之屬/諸宗

淨土津要六種　民國十九年(1930)上海商務印書館鉛印本　一冊　存三種

330000－1701－0069344　M002016　集部/曲類/曲韻曲譜曲律之屬

躍鯉記不分卷　斗南抄　民國抄本　一冊

330000－1701－0069347　M002017　集部/曲類/曲韻曲譜曲律之屬

牡丹亭不分卷　斗南抄　民國抄本　一冊

330000－1701－0069349　JM00002　史部/傳

記類/總傳之屬/家乘

[湖南湘陰]東安李氏通譜十二卷首一卷別錄一卷垂絲圖一卷 民國三十八年(1949)隴西郡木活字印本暨石印本 四十三册

330000－1701－0069352 HJH817.2/1080/2 集部/曲類/彈詞之屬

繡像玉夔龍全傳八卷五十七回 民國嘉興大同書局石印本 四册

330000－1701－0069356 M001895 集部/別集類

畏廬詩存二卷 林紓撰 民國十二年(1923)上海商務印書館鉛印本 童鼎璜題記並批校 一册

330000－1701－0069357 M002018 集部/曲類/曲韻曲譜曲律之屬

金鎖記不分卷 民國斗南抄本 一册

330000－1701－0069358 HJLA471 類叢部/叢書類/自著之屬

吾暇堂叢稿 諸宗元撰 民國十九年(1930)上海鉛印本 一册 存一種

330000－1701－0069359 M002142 子部/宗教類/佛教之屬/諸宗

淨土津梁十三種 (清)釋了慰輯 民國上海商務印書館據北京衍法寺刊本影印本 一册 存三種

330000－1701－0069361 M002019 集部/曲類/曲韻曲譜曲律之屬

漁家樂不分卷 斗南抄 民國抄本 一册

330000－1701－0069363 M001896 集部/別集類

畏廬三集一卷 林紓撰 民國十三年(1924)上海商務印書館鉛印本 一册

330000－1701－0069365 M002020 集部/曲類/曲韻曲譜曲律之屬

金雀記不分卷 民國斗南抄本 一册

330000－1701－0069368 M002021 集部/曲類/曲韻曲譜曲律之屬

三國志不分卷 斗南抄 民國抄本 一册

330000－1701－0069370 M002022 集部/曲類/曲韻曲譜曲律之屬

满床笏不分卷 斗南抄 民國五年(1916)抄本 一册

330000－1701－0069373 M001897 集部/別集類

寒厓集一卷 孫道毅撰 民國十三年(1924)上海中華書局鉛印本 一册

330000－1701－0069374 M002143 子部/雜著類

道藏真目一卷 民國十四年(1925)杭州武林鉛石印刷公司鉛印本 一册

330000－1701－0069379 M002144 子部/術數類/相宅相墓之屬

沈氏玄空學四卷 (清)沈紹勳撰 江志伊編 民國二十四年(1935)石印本 四册

330000－1701－0069382 M001898 史部/傳記類/別傳之屬/事狀

先母瓜爾佳太君事略一卷 金賢撰 **惠興女士傳一卷** 金梁撰 民國鉛印本 一册

330000－1701－0069384 JM00003 史部/傳記類/總傳之屬/家乘

[熙湖]李氏五修宗譜二十卷首二卷 李壽祺修 李壽試纂 民國八年(1919)敘樂堂木活字印本 十八册 存十九卷(首上,二至十七、十九至二十)

330000－1701－0069390 M001899 集部/別集類

放羊蓬詩一卷天童山寺紀遊一卷阿育王寺紀遊一卷雜詩云尔一卷尤琴妮歌一卷 陶鏞撰 民國石印本 一册

330000－1701－0069392 普 814.7/7530.2/c1 集部/別集類/清別集

培遠堂偶存稿不分卷 (清)陳宏謀撰 民國二十年(1931)嵊縣魏頌唐鉛印本 一册

330000－1701－0069398 普 814.7/7530.2/

c2　集部/别集類/清别集

培遠堂偶存稿不分卷　(清)陳宏謀撰　民國二十年(1931)嵊縣魏頌唐鉛印本　一册

330000－1701－0069399　普814.7/7530.2/c3　集部/别集類/清别集

培遠堂偶存稿不分卷　(清)陳宏謀撰　民國二十年(1931)嵊縣魏頌唐鉛印本　一册

330000－1701－0069402　普814.7/7530.2/c4　集部/别集類/清别集

培遠堂偶存稿不分卷　(清)陳宏謀撰　民國二十年(1931)嵊縣魏頌唐鉛印本　一册

330000－1701－0069403　M002145　史部/金石類/陶之屬/文字

沈潤身臨古碑古瓦當一卷　沈潤身臨　民國七年(1918)稿本　一册

330000－1701－0069405　M001900　史部/傳記類/别傳之屬/事狀

元配俞夫人六秩冥誕紀念詩文彙録一卷　鍾守頤輯　民國二十五年(1936)鉛印本　一册

330000－1701－0069410　JM00004　史部/傳記類/總傳之屬/家乘

[湖南]醴南泉塘李氏四修族譜三十卷末一卷　李壽昌主修　李振先纂修　民國二十五年(1936)鼎盛堂木活字印本　二十九册　存三十卷(一至十九、二十一至三十,末)

330000－1701－0069414　M002146　史部/金石類/玉之屬

八十一玉山房舊玉攷一卷　(清)陳性撰　**古銅器鑒别法一卷**　質園撰　民國抄本　一册

330000－1701－0069423　M002147　子部/雜著類/雜纂之屬

茹古含今一卷　宣吟蓉抄　民國抄本　一册

330000－1701－0069434　JM00005　史部/傳記類/總傳之屬/家乘

閔杭儒溪李氏重修族譜不分卷　民國十六年(1927)木活字印本　三册

330000－1701－0069435　HJLA476　集部/别集類

天山曲一卷　楊圻撰　民國鉛印本　一册

330000－1701－0069441　HJLA809　史部/金石類/總志之屬

湫漻齋叢書十種　陳準輯　民國瑞安陳氏刻本　一册　存一種

330000－1701－0069442　M001902　史部/目録類/書志之屬/題跋

瓜圃叢刊敘録一卷　金梁輯　民國十三年(1924)鉛印本　一册

330000－1701－0069443　JM00006　史部/傳記類/總傳之屬/家乘

閔杭儒溪李氏重修族譜不分卷　民國木活字印本　四册

330000－1701－0069445　M002023　子部/藝術類/書畫之屬/書法書品

書法彙要一卷　何樹勳録　民國十三年(1924)抄本　一册

330000－1701－0069448　HJLA477　類叢部/叢書類/彙編之屬

邈園叢書二十六種　羅振常編　民國上海蟫隱廬瞻寫版印三十三年(1944)吴興周延年彙編印本　三册　存一種

330000－1701－0069449　HJHA808　類叢部/叢書類/家集之屬

蒯氏家集四種　蒯壽樞輯　民國十八年(1929)合肥蒯氏江寧刻本　七册　缺二卷(帶耕堂遺詩首、一)

330000－1701－0069453　M002148　子部/宗教類/佛教之屬/經

分别緣起初勝法門經一卷　(唐)釋玄奘譯　民國八年(1919)金陵刻經處刻本　一册

330000－1701－0069459　M002149　子部/儒家類/儒學之屬/性理

儒門語要六卷　(清)倪元坦撰　民國二十年(1931)北京天華館鉛印本　一册

330000－1701－0069460　JM00007　史部/傳

記類/別傳之屬/事狀
舜卿公祀會錄不分卷 民國五年(1916)木活字印本 一册

330000－1701－0069462 M001903 史部/傳記類/別傳之屬/事狀
錢士青都轉七秩壽言彙編三卷首一卷 民國三十一年(1942)鉛印本 一册

330000－1701－0069463 JM00008 史部/傳記類/總傳之屬/家乘
[熙湖]李氏六修宗譜二十卷首二卷 李昌淼修 李壽涵 李孝斯纂 民國三十三年(1944)敘樂堂木活字印本 二十册

330000－1701－0069464 普 925.16/7244.21/c1 史部/傳記類/別傳之屬/年譜
劉文成公[基]年譜稿二卷 劉燿東編 民國二十八年(1939)南田山啓後亭鉛印本 劉燿東題記 一册

330000－1701－0069472 M001904 經部/詩類/文字音義之屬
毛詩古音諧讀五卷附反切詳論一卷考古音辨一卷 楊恭桓撰 民國十七年(1928)京華印書局鉛印本 一册 存二卷(一至二)

330000－1701－0069474 M002024 子部/宗教類/道教之屬
唱道真言五卷 (清)鶴臞子輯 民國十一年(1922)刻本 一册

330000－1701－0069478 HJHA479 史部/地理類/遊記之屬/紀行
京江避壽記一卷 周慶雲撰 民國二十二年(1933)刻本 一册

330000－1701－0069483 JM00009 史部/傳記類/總傳之屬/家乘
[湖南]李氏續修族譜□□卷首一卷末一卷 李培基纂修 李秉彝編修 民國三十三年(1944)光裕堂木活字印本 三册 存二卷(首、四之七至十)

330000－1701－0069485 M001905 集部/別集類
道園詩稿六卷 許葆翰撰 民國二十四年(1935)鉛印本 二册

330000－1701－0069487 M001906 史部/政書類/公牘檔册之屬
與護法省區論經國大計書一卷 岑春煊撰 民國鉛印本 一册

330000－1701－0069489 普 814.7/7534/c1 集部/別集類/清別集
綠滿廬全集三種 (清)陳之翰撰 民國鉛印本 一册

330000－1701－0069494 M002025、M002026 類叢部/叢書類/家集之屬
高郵王氏四種 (清)王念孫 (清)王引之撰 民國上海文瑞樓石印本 三十六册 存二種

330000－1701－0069503 HJLA481 集部/詞類/總集之屬
惜陰堂叢書 趙尊嶽輯 民國十三年至十五年(1924－1926)武進趙氏刻本 二册 存一種

330000－1701－0069511 HJHA482 集部/別集類
胇山文存一卷 茅謙撰 民國二十一年(1932)丹徒茅氏鉛印本 損齋題記 一册

330000－1701－0069512 M002027 經部/孝經類/傳說之屬
孝經集解一卷 (清)桂文燦撰 民國三十年(1941)上海道德書局鉛印本 一册

330000－1701－0069513 HJLA689 類叢部/叢書類/自著之屬
藝風堂讀書志七種 繆荃孫輯撰 民國江陰繆氏刻本 一册 存五種

330000－1701－0069529 M001907 類叢部/叢書類/家集之屬
長沙瞿氏叢刊五種 瞿宣穎編 民國二十二年至二十四年(1933－1935)長沙瞿氏鉛印本 一册 存二種

330000－1701－0069530　M002028　集部/詞類/別集之屬
西麓繼周集一卷　（宋）陳允平撰　民國十八年（1929）商務印書館鉛印本　一冊

330000－1701－0069532　普951.07093/2631/4/c1　類叢部/叢書類/彙編之屬
四部備要　中華書局編　民國二十五年（1936）上海中華書局鉛印本　六冊　存一種

330000－1701－0069534　M002150　子部/雜著類
吕祖詩解一卷　常遵先撰　民國二十四年（1935）上海翼化堂善書局刻本　一冊

330000－1701－0069535　M002029　史部/雜史類/斷代之屬
清代野記三卷　張祖翼編　民國四年（1915）上海文明書局鉛印本　二冊　存二卷（一、三）

330000－1701－0069536　普951.07093/2631/4/c2　類叢部/叢書類/彙編之屬
四部備要　中華書局編　民國二十五年（1936）上海中華書局鉛印本　六冊　存一種

330000－1701－0069539　普814.7/7534/c2　集部/別集類/清別集
綠滿廬全集三種　（清）陳之翰撰　民國鉛印本　一冊

330000－1701－0069540　M002030　子部/藝術類/篆刻之屬/印譜
丁龍泓印存不分卷　（清）丁敬篆　西泠印社輯　民國西泠印社鈐印本　一冊

330000－1701－0069549　JM00010　史部/傳記類/總傳之屬/家乘
［湖南湘潭］尖山李氏滿房支譜八卷首一卷　李著江　李昭棣主修　李昭棱纂修　民國十八年（1929）古香室木活字印本　七冊　存八卷（首，一至二、四至八）

330000－1701－0069550　M002151　子部/雜著類/雜説之屬
楚辭校釋五卷寫定淮南内讀本四卷王充論衡本性篇一卷王充論衡物勢篇一卷王充論衡訂鬼篇一卷王充論衡論死篇一卷莊子天下篇校釋一卷　譚戒甫選　民國鉛印本　一冊

330000－1701－0069554　HJH814.7/2704/4/c3　集部/別集類/清別集
壯悔堂文集十卷遺稿一卷年譜一卷　（清）侯方域撰　（清）賈開宗等評點　民國十二年（1923）上海掃葉山房石印本　四冊

330000－1701－0069556　JM00011　史部/傳記類/總傳之屬/家乘
李氏宗譜□□卷　民國二十一年（1932）木活字印本　七冊　存三卷（十三至十五）

330000－1701－0069557　普951.07093/4434/c3　史部/紀事本末類/斷代之屬
清史紀事本末八十卷　黄鴻壽輯　民國四年（1915）上海文明書局石印本　八冊

330000－1701－0069559　M002152　子部/藝術類/篆刻之屬/印論
續三十五舉一卷　（清）黄子高撰　民國十八年（1929）上海商務印書館石印本　一冊

330000－1701－0069560　HJH814.7/2704/5　集部/別集類/清別集
壯悔堂文集十卷首一卷遺稿一卷四憶堂詩集六卷遺稿一卷　（清）侯方域撰　（清）賈開宗等評點　民國上海彪蒙書室石印本　四冊

330000－1701－0069561　普814.7/7528　集部/別集類/清別集
石壇山房全集七種十卷　（清）陳得善撰　民國二十三年（1934）陳慶麒鉛印本　六冊

330000－1701－0069562　普951.07093/4434/c4　史部/紀事本末類/斷代之屬
清史紀事本末八十卷　黄鴻壽輯　民國四年（1915）上海文明書局石印本　九冊

330000－1701－0069563　M002153　子部/藝術類/書畫之屬/法帖
唐拓顔魯公多寶塔一卷　（唐）顔真卿書　民國上海有正書局影印本　一冊

330000 - 1701 - 0069564　普 951. 07093/4607/c1　史部/雜史類/斷代之屬
滿夷猾夏始末記八卷首一卷外編三卷　楊敦頤輯　民國元年(1912)上海新中華圖書館鉛印本　十二冊

330000 - 1701 - 0069572　M002154　子部/藝術類/書畫之屬/法帖
初拓鄭文公碑一卷　(北魏)鄭道昭書　民國上海有正書局影印本　一冊

330000 - 1701 - 0069574　普 951. 07093/4607/c2　史部/雜史類/斷代之屬
滿夷猾夏始末記八卷首一卷外編三卷　楊敦頤輯　民國元年(1912)上海新中華圖書館鉛印本　十二冊

330000 - 1701 - 0069575　M002155　子部/藝術類/書畫之屬/法帖
龍門造像二十品不分卷　高繹求藏　民國十二年(1923)上海古今圖書店影印本　一冊

330000 - 1701 - 0069584　JM00012　史部/傳記類/總傳之屬/家乘
鄭氏宗譜六卷　鄭人鑑　鄭登惠撰　民國二十九年(1940)泉墨山劉宗盛敘倫堂木活字印本　七冊　存五卷(一、三至六)

330000 - 1701 - 0069588　M001914　史部/傳記類/別傳之屬/墓誌
清封夫人楊母聶太夫人墓志銘一卷　吳士鑑撰　趙世駿書　民國上海中華書局石印本　一冊

330000 - 1701 - 0069589　M002031　子部/工藝類/日用器物之屬/錦繡
絲繡叢刊　朱啓鈐輯　民國無冰閣鉛印本　一冊　存二種

330000 - 1701 - 0069592　M001915　集部/別集類
逸志齋文集二卷　張弘漢撰　裘菊英　裘蘭英編　民國九年(1920)浙江印刷公司鉛印本　二冊

330000 - 1701 - 0069597　M001916　史部/地理類/遊記之屬/紀勝
五嶽遊記一卷附中州古迹雜著一卷　張肇崧撰　民國十年(1921)北京商務印字館鉛印本　張國元題記　一冊

330000 - 1701 - 0069599　M002032　經部/小學類/訓詁之屬/譯語
新編藏漢小辭典不分卷　楊質夫編輯　民國二十一年(1932)青海省藏文研究社石印本　二冊

330000 - 1701 - 0069602　M001917、M007247　集部/別集類
勤業廬吟稿六卷　吳昌年撰　民國十四年(1925)鉛印本　二冊

330000 - 1701 - 0069603　M002158　子部/藝術類/書畫之屬/法帖
舊拓王右軍樂毅論趙松雪閑邪公傳合刻不分卷　(晉)王羲之　(元)趙孟頫書　民國上海有正書局影印本　一冊

330000 - 1701 - 0069610　普 925. 17/0014. 2/2　史部/傳記類/別傳之屬
台星閣履歷一卷　(清)齊中嶔編　民國抄本　一冊

330000 - 1701 - 0069616　JM00013　史部/傳記類/總傳之屬/家乘
[江西]樂安潘氏宗譜四十九卷　羅瑞雲纂修　民國三十五年至三十八年(1946 - 1949)木活字印本　五十二冊　缺一卷(十四)

330000 - 1701 - 0069622　M002033　集部/曲類/曲評曲話曲目之屬
飲虹曲話一卷　盧前撰　民國二十年(1931)馬集文齋刻本　一冊

330000 - 1701 - 0069623　普 814. 7/7538/c2　集部/別集類/清別集
劍閒齋遺集六卷附一卷　(清)陳瀚撰　民國十七年(1928)鉛印本　三冊

330000 - 1701 - 0069625　M001918　新學/全體學
全體通考圖二卷　民國石印本　二冊

330000－1701－0069626　普 814.7/7538/2/c1　集部/別集類/清別集
劍間齋遺集七卷附一卷　(清)陳瀚撰　民國七年(1918)北京石印本　二冊

330000－1701－0069629　普 814.7/7538/2/c3　集部/別集類/清別集
劍間齋遺集七卷附一卷　(清)陳瀚撰　民國七年(1918)北京石印本　二冊

330000－1701－0069631　JM00014　史部/傳記類/總傳之屬/家乘
[浙江平陽]平陽汪氏八修宗譜□□卷首一卷　汪會清纂修　民國三十四年(1945)木活字印本　四冊　存四卷(首,一、三至四)

330000－1701－0069632　M002034　子部/藝術類/書畫之屬/法帖
蘇東坡真蹟墨寶一卷　(宋)蘇東坡撰並書　民國影印本　一冊

330000－1701－0069637　普 925.17/0014.2　史部/傳記類/別傳之屬/年譜
齊侍郎[召南]年譜一卷　齊中崟編　民國抄本　一冊

330000－1701－0069638　M001919　集部/曲類/寶卷之屬
真修寶卷一卷　民國十二年(1923)鉛印本　一冊

330000－1701－0069643　HJHA820　史部/傳記類/別傳之屬/事狀
姚氏資政第周夫人挽言不分卷　民國石印本　一冊　存第二冊

330000－1701－0069645　JM00015　史部/傳記類/總傳之屬/家乘
[浙江平陽]平陽汪氏八修族譜□□卷首三卷　汪氏八修族譜局輯　民國三十三年(1944)木活字印本　二十三冊　存二十三卷(首一至三,一至三、五至十五、十七至二十二)

330000－1701－0069646　普 925.17/0044　史部/傳記類/別傳之屬/墓誌
清四川彭山縣知縣康君[壽桐]墓志銘一卷　劉師培撰文　章炳麟篆額　張謇書　民國六年(1917)石印本　康寶忠題記　一冊

330000－1701－0069647　M001920　類叢部/叢書類/自著之屬
名山全集三十四種　錢振鍠撰　民國木活字印本暨鉛印本　四冊　存四種

330000－1701－0069650　普 951.07094/0044/c1　史部/政書類/儀制之屬/典禮
國朝宮史續編一百卷　(清)慶桂等纂修　民國二十一年(1932)北平故宮博物院圖書館鉛印本　十二冊

330000－1701－0069657　M002035　經部/孝經類/傳說之屬
新刊全相成齋孝經直解一卷　(元)貫雲石撰　民國二十七年(1938)北京琉璃廠來薰閣書店據元刻本影印本　一冊

330000－1701－0069660　HJHA489　史部/傳記類/別傳之屬/事狀
吳先生[俊卿]行述一卷　王賢撰　**吳昌碩哀啓一卷**　吳邁撰　民國十六年(1927)鉛印本　一冊

330000－1701－0069661　M002036　集部/別集類
清寂文乙錄一卷　林思進撰　民國二十三年(1934)華陽林氏霜柑閣刻本　一冊

330000－1701－0069663　普 951.07094/0044/c2　史部/政書類/儀制之屬/典禮
國朝宮史續編一百卷　(清)慶桂等纂修　民國二十一年(1932)北平故宮博物院圖書館鉛印本　十一冊　缺六卷(一至六)

330000－1701－0069671　M002159　史部/政書類/儀制之屬/專志/紀元
歷代年號記略一卷歷代國號歌一卷歷代帝都考一卷歷代輿地沿革考一卷直省形勝郡邑考一卷謚法考一卷　民國鉛印本　一冊

330000－1701－0069673　普 814.7/7714　集部/別集類/清別集
閻古古全集六卷　(清)閻爾梅撰　張相文重

編　民國十一年(1922)北京中國地學會鉛印本　六冊

330000－1701－0069674　HJHA490　史部/目録類/總録之屬/官修

浙江省立圖書館善本書目甲編四卷　毛春翔編　民國二十五年(1936)浙江圖書館鉛印本　一冊

330000－1701－0069676　M002160　子部/藝術類/書畫之屬/法帖

智永禪師千字文一卷　(隋)釋智永書　民國上海科學儀器館影印本　一冊

330000－1701－0069677　普 925.16/7244.21/c4　類叢部/叢書類

啓後亭叢刊四種　民國南田山啓後亭鉛印本　一冊　存一種

330000－1701－0069680　M002161　子部/藝術類/書畫之屬/法帖

宋拓智永千文不分卷　(隋)釋智永書　民國上海有正書局影印本　一冊

330000－1701－0069683　HJHA823　子部/醫家類/本草之屬/本草藥性

增補本草備要八卷附湯頭歌訣一卷　(清)汪昂撰輯　民國石印本　二冊　存四卷(增補本草備要一至四)

330000－1701－0069684　普 925.17/0044.2　類叢部/叢書類/彙編之屬

滄海叢書十六種附七種　張伯楨編　民國二年至二十四年(1913－1935)東莞張氏刻本　一冊　存一種

330000－1701－0069685　HJHA491　子部/宗教類/佛教之屬/諸宗

蓮修起信錄六卷首一卷　(清)程兆鸞錄存　民國九年(1920)上海聚珍倣宋印書局鉛印本　一冊

330000－1701－0069687　M002162　子部/藝術類/書畫之屬/法帖

宋拓淳熙祕閣續法帖十卷　民國有正書局石印本(卷二、八原缺)　三冊　存三卷(一、三至四)

330000－1701－0069695　HJH814.7/7282/c2　類叢部/叢書類/彙編之屬

求恕齋叢書三十一種　劉承幹編　民國吳興劉氏嘉業堂刻本　八冊　存一種

330000－1701－0069696　M001921　類叢部/叢書類/彙編之屬

韻古樓叢書　陳沅撰　民國鉛印本　一冊　存一種

330000－1701－0069699　M002037　集部/詩文評類/文法之屬

浙江陸軍譯學專修館國文講義一卷　霍銳編　民國油印本　一冊

330000－1701－0069700　M002038　集部/詞類/總集之屬

樂府補題後集乙編一卷　蔣兆蘭編　民國十七年(1928)白雪詞社刻本　一冊

330000－1701－0069702　M002039　類叢部/叢書類/自著之屬

野棠軒全集五種　奭良撰　民國十八年(1929)吉林奭氏刻本暨鉛印本　五冊

330000－1701－0069705　普 951.07094/1085　類叢部/叢書類/彙編之屬

六經堪叢書十三種　羅振玉編　民國東方學會鉛印本　十冊　存一種

330000－1701－0069706　普 951.07094/7421/c1　史部/雜史類/斷代之屬

滿清稗史十六種附二種　陸保璿輯　民國二年(1913)新中國圖書局鉛印本　十七冊　存十六種

330000－1701－0069708　普 951.07094/7421/c2　史部/雜史類/斷代之屬

滿清稗史十六種附二種　陸保璿輯　民國十二年(1923)新中國圖書局鉛印本　十八冊

330000－1701－0069709　普 951.07094/7421/c3　史部/雜史類/斷代之屬

滿清稗史十六種附二種　陸保璿輯　民國三年(1914)新中國圖書局鉛印本　十八冊

330000－1701－0069711　M002164、M002165　經部/小學類/音韻之屬
音韻學叢書二十種　嚴式誨輯　民國渭南嚴氏成都刻本　三冊　存二種

330000－1701－0069714　M002163　子部/藝術類/書畫之屬/法帖
敬中閣碑聯集字不分卷　陳叔子輯　民國石印本　一冊

330000－1701－0069716　普 951.07099/4071　類叢部/叢書類/郡邑之屬
關中叢書五十三種　宋聯奎輯　民國二十三年至二十五年(1934－1936)陝西通志館鉛印本　三冊　存一種

330000－1701－0069718　M002040　集部/別集類
魏晉六朝五代雜詠一卷　劉鍾麒撰　民國八年(1919)石印本　一冊

330000－1701－0069719　M001922　集部/別集類
夢選樓文鈔二卷詩鈔二卷　胡宗楙撰　民國二十五年(1936)永康胡氏津門刻本　一冊　存二卷(詩鈔一至二)

330000－1701－0069720　HJH912.224/3033.05/c4　史部/地理類/輿圖之屬/郡縣
修訂浙江全省輿圖並水陸道里記不分卷　(清)宗源瀚等纂　民國四年(1915)杭州武林印書館石印本　十五冊

330000－1701－0069721　普 814.7/7541/c1　集部/別集類/清別集
爾室文鈔二卷補編一卷惺蓀焚餘稾一卷　(清)陳敬璋撰　民國十七年(1928)海寧陳大綸鉛印本　二冊

330000－1701－0069727　M002166　子部/農家農學類/農藝之屬/土壤耕作
區種五種五卷附錄一卷　(清)趙夢齡輯　民國五年(1916)石印本　二冊

330000－1701－0069731　M002173　子部/藝術類/書畫之屬/法帖
宋拓大麻姑仙壇記不分卷　(唐)顏真卿撰並書　民國上海有正書局影印本　一冊

330000－1701－0069732　普 814.7/7541/c2　集部/別集類/清別集
爾室文鈔二卷補編一卷惺蓀焚餘稾一卷　(清)陳敬璋撰　民國十七年(1928)海寧陳大綸鉛印本　二冊

330000－1701－0069733　M001923　史部/雜史類/斷代之屬
文獻叢編四十六輯　國立北平故宮博物院文獻館編　民國十九年至三十二年(1930－1943)國立北平故宮博物院鉛印本　十三冊　存十三輯(一至十三)

330000－1701－0069735　HJH814.7/3108/c3　集部/別集類/清別集
汪穰卿遺著八卷　(清)汪康年撰　汪詒年輯　**汪穰卿先生年譜一卷**　汪詒年撰　民國九年(1920)錢塘汪詒年鉛印本　四冊

330000－1701－0069737　普 814.7/7541/(2)/c1　集部/別集類/清別集
爾室文鈔二卷補編一卷　(清)陳敬璋撰　民國十七年(1928)海寧陳大綸鉛印本　查猛濟題記　一冊

330000－1701－0069738　M002213、M006540　類叢部/叢書類/彙編之屬
滑稽叢書　胡寄塵編　民國二年(1913)上海廣益書局鉛印本　二冊

330000－1701－0069744　HJH814.7/3108/c4　集部/別集類/清別集
汪穰卿遺著八卷　(清)汪康年撰　汪詒年輯　**汪穰卿先生年譜一卷**　汪詒年撰　民國九年(1920)錢塘汪詒年鉛印本　四冊

330000－1701－0069746　普 925.16/7244.21/c3　史部/傳記類/別傳之屬/年譜
劉文成公[基]年譜稿二卷　劉燿東編　民國二十八年(1939)南田山啓後亭鉛印本　劉燿東題記　一冊

330000－1701－0069747　普 925.14/7212.

22/c1　史部/傳記類/別傳之屬/年譜

宋岳鄂王[飛]年譜六卷首一卷末一卷　錢汝雯編　**宋岳鄂王文集三卷**　(宋)岳飛撰　錢汝雯編　民國十三年(1924)鉛印本　四冊　缺三卷(文集上中下)

330000－1701－0069749　M001924、M001925、M001926、M001927、M004486、M005142、M005459、M007684　類叢部/叢書類/彙編之屬

浙江中醫專校講義五十六種　浙江中醫專校編　民國二十七年(1938)浙江中醫專門學校鉛印本　十二冊　存五種

330000－1701－0069754　M002167　集部/別集類/清別集

柯石庵先生遺詩一卷　(清)柯煜撰　沈堂安抄　民國抄本　一冊

330000－1701－0069756　普 814.7/7541/(2)/c2　集部/別集類/清別集

爾室文鈔二卷補編一卷　(清)陳敬璋撰　民國十七年(1928)海寧陳大綸鉛印本　一冊

330000－1701－0069759　普 814.7/7541/(2)/c3　集部/別集類/清別集

爾室文鈔二卷補編一卷　(清)陳敬璋撰　民國十七年(1928)海寧陳大綸鉛印本　一冊

330000－1701－0069760　M002168　類叢部/叢書類/彙編之屬

中國學院國學系叢書　民國二十二年(1933)刻本　一冊　存一種

330000－1701－0069762　普 814.7/7541/(2)/c4　集部/別集類/清別集

爾室文鈔二卷補編一卷　(清)陳敬璋撰　民國十七年(1928)海寧陳大綸鉛印本　一冊

330000－1701－0069766　普 925.14/7212.22/c4　史部/傳記類/別傳之屬/年譜

宋岳鄂王[飛]年譜六卷首一卷末一卷　錢汝雯編　**宋岳鄂王文集三卷**　(宋)岳飛撰　錢汝雯編　民國十三年(1924)鉛印本　四冊　缺三卷(文集上中下)

330000－1701－0069767　普 925.16/7244.21/c2　史部/傳記類/別傳之屬/年譜

劉文成公[基]年譜稿二卷　劉燿東編　民國二十八年(1939)南田山啓後亭鉛印本　劉燿東題記　一冊

330000－1701－0069768　普 814.7/7541/(2)/c5　集部/別集類/清別集

爾室文鈔二卷補編一卷　(清)陳敬璋撰　民國十七年(1928)海寧陳大綸鉛印本　一冊

330000－1701－0069774　普 925.14/7212.81/c4　史部/地理類/專志之屬/祠墓

岳忠武王初瘞志不分卷　民國二十四年(1935)西湖岳王廟產保管委員會鉛印本　一冊

330000－1701－0069776　M002169　史部/傳記類/別傳之屬

自述學術次第一卷　章炳麟撰　民國章氏國學講習會鉛印本　一冊

330000－1701－0069780　普 925.14/7212.81/c5　史部/地理類/專志之屬/祠墓

岳忠武王初瘞志不分卷　民國二十四年(1935)西湖岳王廟產保管委員會鉛印本　一冊

330000－1701－0069781　M001928　史部/傳記類/總傳之屬

中華列聖紀一卷　徐相任撰　民國十九年(1930)中華書局鉛印本　一冊

330000－1701－0069783　M002170　史部/史評類/詠史之屬

徽欽二帝北狩禖詠一卷　吒非撰　**蔣介石先生傳記一卷**　黄杰撰　民國抄本暨剪報本　一冊

330000－1701－0069784　普 925.14/7212.81/c6　史部/地理類/專志之屬/祠墓

岳忠武王初瘞志不分卷　民國二十四年(1935)西湖岳王廟產保管委員會鉛印本　一冊

330000－1701－0069786　M002171　史部/

金石類/石之屬/文字

魏王基斷碑一卷 民國六年(1917)有正書局影印本 一册

330000－1701－0069791 M001929 子部/雜著類/雜説之屬

淮南集證二十一卷 劉家立撰 民國二十三年(1934)上海中華書局鉛印本 十册

330000－1701－0069792 普 925.14/7212.81/c7 史部/地理類/專志之屬/祠墓

岳忠武王初瘞志不分卷 民國二十四年(1935)西湖岳王廟產保管委員會鉛印本 一册

330000－1701－0069793 M002172 史部/金石類/石之屬/文字

初出土拓王基斷碑一卷 民國八年(1919)有正書局影印本 一册

330000－1701－0069796 普 925.14/7212.81/c8 史部/地理類/專志之屬/祠墓

岳忠武王初瘞志不分卷 民國二十四年(1935)西湖岳王廟產保管委員會鉛印本 一册

330000－1701－0069798 M002041 子部/藝術類/篆刻之屬/印譜

磊廬印存不分卷 謝光篆 民國鈐印本 四册

330000－1701－0069802 HJH913.03/1036/4 史部/金石類/總志之屬/文字

金石萃編一百六十卷 (清)王昶撰 **金石續編二十一卷首一卷** (清)陸耀遹撰 **金石萃編補正四卷** (清)方履籛撰 民國八年(1919)上海掃葉山房石印本 三十册

330000－1701－0069803 HJLA499 子部/雜著類

雜文甲刻不分卷 曹養吾撰 民國鉛印本 曹養吾題記 一册

330000－1701－0069806 HJHA833 集部/詩文評類/文法之屬/函牘格式

最新分類尺牘大觀不分卷 文明書局編 民國上海文明書局石印本 四册 存第一、三至四、六册

330000－1701－0069808 M002174 子部/藝術類/書畫之屬/法帖

唐懷素絹本千字文一卷 (唐)釋懷素書 民國上海藝苑真賞社影印本 一册

330000－1701－0069810 M001930 史部/地理類/專志之屬/園林

滄浪亭新志八卷 蔣瀚澄輯 民國十七年(1928)鉛印本 一册

330000－1701－0069816 普 814.7/77301 集部/别集類/清别集

無盡庵遺集九卷 (清)周實撰 民國元年(1912)上海國光印刷所鉛印本 一册 存四卷(詩話一至二、尊情録、詞曲)

330000－1701－0069818 M001931 集部/别集類

荃察余齋詩存四卷駢體文存一卷詩續存一卷詩存再續一卷文續存一卷忍堪居士年譜一卷 鄧鎔撰 民國八年(1919)、十六年(1927)、二十一年(1932)鉛印本 一册 存三卷(詩存再續、文續存、忍堪居士年譜)

330000－1701－0069825 M002042 類叢部/叢書類/彙編之屬

蓉城仙館叢書五種 石榮暲編 民國二十三年至二十八年(1934－1939)陽新石氏鉛印本 一册 存一種

330000－1701－0069827 普 925.17/0863.2 類叢部/叢書類/自著之屬

許文肅公集四種 (清)許景澄撰 盛沅編輯 民國七年(1918)鉛印本 一册 存一種

330000－1701－0069830 普 925.14/7750.2、普 925.14/8080.2 類叢部/叢書類/郡邑之屬

遼海叢書八十種附一種 金毓黻編 民國二十年至二十三年(1931－1934)遼海書社鉛印本([康熙]廣寧縣志卷七至八原缺) 二册 存二種

330000－1701－0069834　M001932　集部/別集類

大至閣詩一卷　諸宗元撰　民國二十三年(1934)鉛印爰居閣叢書本　胡栗長題記　一册

330000－1701－0069837　普 925.17/0832.8　史部/傳記類/别傳之屬/事狀

亭秋館哀辭不分卷　陳夔龍輯　民國五年(1916)木活字印本　一册

330000－1701－0069839　HJHA836　經部/叢編

五經　民國上海擇石山防石印本　十册　存四種

330000－1701－0069846　M001977　經部/小學類/音韻之屬/等韻

四聲切韻表一卷凡例一卷附校刊記一卷　(清)江永編　民國七年(1918)休寧趙氏刻本　一册

330000－1701－0069852　M001933、M005357、M005434　子部/術數類/命書相書之屬

命理四種　樂吾氏編輯　民國二十四年(1935)上海乾乾書社鉛印本　六册

330000－1701－0069854　M002044　集部/總集類/題詠之屬

紅薇感舊記題詠集四卷補一卷　傅熊湘輯　民國八年(1919)鉛印本　一册

330000－1701－0069863　M002045　新學/農政/樹藝

庭園學三編　民國油印本　一册

330000－1701－0069864　M002046　史部/政書類/邦計之屬

浙江省會各業調查錄一卷　浙江省政府秘書處服用國貨研究會編　民國二十三年(1934)油印本　一册

330000－1701－0069865　HJHA507　集部/別集類

玉谿碎錦集一卷　周慶雲撰　**西崑貫玉稿一卷**　嵩塋撰　民國二十二年(1933)夢坡室刻本　一册

330000－1701－0069869　HJLA508　集部/別集類

湫漻齋吟草一卷　陳葆善撰　民國六年(1917)石印本　一册

330000－1701－0069870　M002047、M006004　史部/金石類/金之屬/通考

善齋吉金錄二十八卷　劉體智撰　民國二十四年(1935)廬江劉氏影印本　二十八册

330000－1701－0069871　ZKS0607　類叢部/叢書類/彙編之屬

四部叢刊續編七十七種　張元濟等編　民國二十三年(1934)上海商務印書館影印本　四百四十三册　存六十二種

330000－1701－0069874　普 814.7/8002.2　類叢部/叢書類/彙編之屬

嘉業堂叢書五十七種　劉承幹輯　民國吳興劉氏嘉業堂刻本　十册　存一種

330000－1701－0069875　HJHA837　經部/小學類/音韻之屬

字音會集不分卷　江學海撰　民國石印本　一册

330000－1701－0069884　普 814.7/77331/c2　集部/別集類/清別集

壽愷堂集三十卷補編一卷　(清)周家祿撰　民國十年至十一年(1921－1922)海門周寶臣鉛印本　八册

330000－1701－0069892　M002175　史部/金石類/石之屬/文字

恒州刺史鄂國公爲國勸造龍藏寺碑一卷　民國影印本　一册

330000－1701－0069896　M001934　子部/宗教類/佛教之屬/諸宗

修習止觀坐禪法要二卷　(隋)釋智顗撰　民國上海佛學書局影印本　一册

330000－1701－0069897　M002048　集部/

曲類/曲韻曲譜曲律之屬
元詞斠律四卷 王玉章纂輯 民國二十五年(1936)上海商務印書館鉛印本 二冊 存二卷(三至四)

330000－1701－0069903 M001935、M004418 集部/別集類
默盦集十卷 王舟瑤撰 民國二年(1913)上海國光書局鉛印本 三冊 存八卷(一至八)

330000－1701－0069909 M001936 史部/政書類/公牘檔冊之屬
熊秉三先生政書四卷 熊希齡撰 姜泣羣編 民國二年(1913)上海光華編輯社鉛印本 二冊

330000－1701－0069911 M002176 史部/金石類/石之屬/文字
宋拓華山廟碑三種合璧 (漢)郭香察書 民國上海有正書局影印本 三冊

330000－1701－0069913 M002177 史部/金石類/石之屬/文字
秦詛楚文不分卷 民國三十三年(1944)據元至正中吳刻本影印本 一冊

330000－1701－0069914 M002049 子部/醫家類/方書之屬/單方驗方
海上效方一卷 姚心源撰 民國十八年(1929)鉛印本 一冊

330000－1701－0069916 M001937 子部/術數類/相宅相墓之屬
陽宅本旨圖解集成九卷 (明)陳夢和輯 民國三十一年(1942)鉛印本 四冊

330000－1701－0069918 M002178 史部/傳記類/別傳之屬/事狀
洪肅臨太史哀輓錄不分卷 民國七年(1918)浙甌務本公司石印本 一冊

330000－1701－0069920 M002179 集部/別集類
蛻私軒集五卷 姚永樸撰 民國十年(1921)秋浦周氏刻本 一冊

330000－1701－0069921 M002050 集部/詞類/詞話之屬
花間寱詞記一卷 謝重開撰 民國二十三年(1934)上海喜怒用功社鉛印本 一冊

330000－1701－0069922 M002180 子部/藝術類/書畫之屬/書法書品
書學不分卷 祝嘉輯 民國二十四年(1935)上海正中書局鉛印本 一冊

330000－1701－0069924 M001938、M007263、M007977 集部/別集類
月河詩鐘社吟草五卷 任重編 民國二十三年至二十六年(1934－1937)路橋王天成石印本 四冊 存四卷(一至四)

330000－1701－0069928 HJLA842 集部/別集類
癸丑詩存二卷 易順鼎撰 民國鉛印本 潘飛聲題記 一冊 存一卷(上)

330000－1701－0069929 M002181 子部/宗教類/佛教之屬/論
校補唯識大意二卷 (日本)釋良遍撰 (日本)釋青巒校補 梅光義校訂 洪欣然譯文 民國二十一年(1932)鉛印本 一冊

330000－1701－0069930 HJHA843 集部/總集類/郡邑之屬
潯溪詩徵四十卷補遺一卷詞徵二卷 周慶雲輯 民國六年(1917)周氏夢坡室刻藍印本 一冊 存一卷(詩徵一)

330000－1701－0069932 M002182 經部/小學類/文字之屬/說文/專著
說文通訓定聲十八卷檢韻一卷說雅一卷韻準一卷 (清)朱駿聲撰 **行述一卷** 朱孔彰撰 民國十七年(1928)上海掃葉山房石印本 朱師轍題記 十六冊

330000－1701－0069941 HJHA711 子部/小說家類/異聞之屬
江湖異聞四卷 謝畯喜編 民國七年(1918)上海會文堂書局石印本 一冊 存一卷(四)

330000－1701－0069943 M002183 集部/

詩文評類/詩評之屬

石林詩話三卷 （宋）葉夢得撰　民國上海中華圖書館石印本　一冊

330000－1701－0069948　普 925.17/1010.2　史部/傳記類/别傳之屬/年譜

丁松存[丙]先生大事年表一卷　民國抄本　一冊

330000－1701－0069949　普 925.16/0020.8　史部/地理類/專志之屬/祠墓

明唐襄文公揚州專祠崇祀新録一卷補遺一卷　唐肯輯　民國十八年(1929)鉛印本　一冊

330000－1701－0069954　HJHA712　集部/别集類/明别集

青邱高季迪先生詩集十八卷首一卷遺詩一卷扣舷集一卷附録一卷鳬藻集五卷 （明）高啓撰　（清）金檀輯注　民國石印本　五冊　存十二卷(三至四、十至十六,鳬藻集三至五)

330000－1701－0069955　M002184　集部/别集類/宋别集

王臨川尺牘一卷 （宋）王安石撰　**曾南豐尺牘一卷** （宋）曾鞏撰　民國十五年(1926)上海文明書局石印本　一冊

330000－1701－0069957　普 814.7/7580/c1　集部/别集類/清别集

一間老屋文稿二卷 （清）陳錫麒撰　民國四年(1915)鉛印本　一冊

330000－1701－0069958　普 925.16/0023.2　史部/傳記類/别傳之屬/年譜

明唐荆川先生[順之]年譜八卷首一卷　唐鼎元編　民國二十八年(1939)武進唐氏鉛印本　五冊

330000－1701－0069959　HJLA514　集部/别集類

丙寅游杭絶句一卷　李詳撰　民國鉛印本　一冊

330000－1701－0069961　普 814.7/7580/c2　集部/别集類/清别集

一間老屋文稿二卷 （清）陳錫麒撰　民國四年(1915)鉛印本　管元耀題記　一冊

330000－1701－0069964　普 814.7/7580/c3　集部/别集類/清别集

一間老屋文稿二卷 （清）陳錫麒撰　民國四年(1915)鉛印本　一冊

330000－1701－0069969　M002051　集部/總集類/選集之屬/斷代

唐六名家集 （明）毛晉輯　民國十五年(1926)上海商務印書館據明毛氏汲古閣刻本影印本　六冊

330000－1701－0069971　M002186、M003064　類叢部/叢書類/彙編之屬

國學彙編三集四十一種　國學研究社編　民國十二年至十四年(1923－1925)上海國學研究社鉛印本　四冊　存一集二十種

330000－1701－0069973　HJLA516　史部/傳記類/别傳之屬/年譜

金正希[聲]先生年譜一卷附録一卷 （清）程錫類撰　民國十七年(1928)金兆蕃思貽堂刻本　一冊

330000－1701－0069974　普 925.16/1077.2　史部/傳記類/别傳之屬

心齋先生學譜不分卷　王士緯撰　民國抄本　二冊

330000－1701－0069976　普 925.17/0424.2/c1　史部/傳記類/别傳之屬/事狀

孝行紀實録二卷　高振霄編　民國二十一年(1932)鉛印本　一冊

330000－1701－0069979　HJHA517　史部/目録類/專録之屬

補鈔文瀾閣四庫闕簡記録不分卷　張宗祥撰　民國十五年(1926)刻本　一冊

330000－1701－0069980　普 925.17/0424.2/c2　史部/傳記類/别傳之屬/事狀

孝行紀實録二卷　高振霄編　民國二十一年(1932)鉛印本　一冊

330000－1701－0069983　普 925.17/0424.2/

c3　史部/傳記類/別傳之屬/事狀

孝行紀實錄二卷　高振霄編　民國二十一年(1932)鉛印本　一冊

330000－1701－0069990　M002188　史部/雜史類/斷代之屬

二古軒史譚□□種　民國鉛印本　一冊　存一種

330000－1701－0069991　HJHA518　類叢部/叢書類/自著之屬

晨風廬叢刊十八種　周慶雲撰　民國吳興周氏夢坡室刻本　一冊　存三種

330000－1701－0069992　HJHA714　子部/術數類/命書相書之屬

增補星平會海命學全書十卷首一卷　(清)水中龍編集　民國上海萃英書局石印本　二冊　存五卷(二至六)

330000－1701－0069994　M001940　集部/別集類/清別集

紅藤館詩三卷附舊德錄一卷　(清)朱善祥撰　民國九年(1920)刻本　滌秋題記　一冊　存一卷(舊德錄)

330000－1701－0069999　M002189　集部/別集類

羊城鴻爪一卷　楊賡笙撰　民國二十二年(1933)鉛印本　一冊

330000－1701－0070000　HJHA519　史部/傳記類/別傳之屬/事狀

先業師王公孟謙家傳一卷　嚴昌堉撰　錢振鍠書　民國石印本　一冊

330000－1701－0070002　M002190　史部/雜史類/斷代之屬

黃渡甲乙歷刼始末三卷　章圭瑑撰　民國油印本　一冊

330000－1701－0070005　M001941　集部/別集類/清別集

小尋暢樓詩鈔五卷詩餘一卷　(清)于齊慶撰　民國十一年(1922)鉛印本　一冊

330000－1701－0070006　M002052　子部/雜著類/雜說之屬

青箱雜記十卷　(宋)吳處厚撰　民國十一年(1922)上海商務印書館鉛印本　一冊

330000－1701－0070008　M002191　集部/詞類/總集之屬

惜陰堂叢書　趙尊嶽輯　民國十三年至十五年(1924－1926)武進趙氏刻本　一冊　存一種

330000－1701－0070009　普814.7/7582　集部/別集類/清別集

養素堂散體文二卷駢體文二卷香蓀仙館詩稿四卷雄紅山館心弦詞一卷　(清)陳竺生撰　民國二十二年(1933)鉛印本　楊無恙題記　一冊

330000－1701－0070010　HJHA520　史部/傳記類/別傳之屬/事狀

先業師王公孟謙家傳一卷　嚴昌堉撰　錢振鍠書　民國石印本　一冊

330000－1701－0070011　M001942　史部/政書類/公牘檔冊之屬

仿印四庫全書之關係及印行之商榷一卷　褚克明撰　民國財政部印刷局鉛印本　一冊

330000－1701－0070013　普925.17/1002.2/c1　史部/傳記類/別傳之屬/年譜

王文勤公[慶雲]年譜一卷　(清)王傳璨編　民國二十二年(1933)閩縣王氏鉛印本　一冊

330000－1701－0070019　M002053　集部/別集類/清別集

蓺鞠軒詩草二卷　(清)范榮棣撰　**附採蓮集詩草一卷**　(清)周月英撰　民國元年(1912)鉛印本　一冊

330000－1701－0070021　普814.7/7743/c2　集部/別集類/清別集

愓齋遺集四卷續集二卷補遺一卷首一卷末一卷　(清)周蘊良撰　民國二十四年(1935)會稽周氏誦清芬館刻本　二冊

330000－1701－0070022　M001943　子部/

宗教類/道教之屬
太上感應篇句解一卷文昌帝君陰騭文句解一卷關聖帝君覺世真經句解一卷 民國十一年(1922)中華書局鉛印本 一冊

330000－1701－0070024 普925.17/1002.2/c2 史部/傳記類/别傳之屬/年譜
王文勤公[慶雲]年譜一卷 (清)王傳璨編 民國二十二年(1933)閩縣王氏鉛印本 一冊

330000－1701－0070027 普814.7/7743/c3 集部/别集類/清别集
惕齋遺集四卷續集二卷補遺一卷首一卷末一卷 (清)周藴良撰 民國二十四年(1935)會稽周氏誦清芬館刻本 二冊

330000－1701－0070030 HJH912.224/3033.05/c3 史部/地理類/輿圖之屬/郡縣
修訂浙江全省輿圖並水陸道里記不分卷 (清)宗源瀚等纂 民國四年(1915)杭州武林印書館石印本 十五冊

330000－1701－0070031 普814.7/7743.02/c1 集部/别集類/清别集
惕齋遺集四卷續集二卷補遺一卷首一卷末一卷 (清)周藴良撰 民國二十四年(1935)會稽周氏誦清芬館刻本 一冊 缺四卷(惕齋遺集一至四)

330000－1701－0070034 M001944、M006582 子部/術數類/相宅相墓之屬
談氏三元地理大玄空實驗五卷 談養吾撰 民國十三年(1924)上海三元奇術研究社鉛印本 二冊

330000－1701－0070035 HJHA522 集部/别集類/清别集
團桂樓剩稿一卷 (清)陳金鑑撰 **醉月軒吟草二卷** (清)陸慧撰 民國十五年(1926)陳其謙鉛印本 一冊

330000－1701－0070036 HJH814.7/3134/c3 類叢部/叢書類/自著之屬
勵堂遺書八種 顧家相撰 民國八年至十九年(1919－1930)會稽顧氏鉛印本 二冊 存一種

330000－1701－0070037 M002054 集部/别集類/清别集
思古齋詩鈔一卷楚水詞一卷 (清)劭慧撰 民國十七年(1928)刻本 一冊

330000－1701－0070038 普814.7/7743.02/c2 集部/别集類/清别集
惕齋遺集四卷續集二卷補遺一卷首一卷末一卷 (清)周藴良撰 民國二十四年(1935)會稽周氏誦清芬館刻本 一冊 缺四卷(惕齋遺集一至四)

330000－1701－0070041 M002192 子部/宗教類/佛教之屬/經疏
楞伽阿跋多羅寶經合轍四卷 (明)釋通潤撰 民國上海佛學書局鉛印本 四冊

330000－1701－0070044 HJHA523 類叢部/叢書類/自著之屬
晨風廬叢刊十八種 周慶雲撰 民國吳興周氏夢坡室刻本 一冊 存一種

330000－1701－0070046 普814.7/7596 類叢部/叢書類/自著之屬
陳氏全書□□種 陳榮昌撰 民國刻本 八冊 存一種

330000－1701－0070049 M001945 史部/政書類/邦計之屬/鹽法
浙鹽芻議一卷 蔣志培述 民國二年(1913)鉛印本 一冊

330000－1701－0070050 HJH814.7/3134 類叢部/叢書類/自著之屬
勵堂遺書八種 顧家相撰 民國八年至十九年(1919－1930)會稽顧氏鉛印本 二冊 存一種

330000－1701－0070051 M002193 集部/詞類/别集之屬
遐菴詞甲稿一卷 葉恭綽撰 民國三十二年(1943)鉛印本 一冊

330000－1701－0070053 普814.7/7598/c1

集部/别集類/清别集
繁露書帷文集二卷 (清)陳省欽撰 民國八年(1919)武林印書館鉛印本 一册

330000－1701－0070055 M002194 史部/目録類/書志之屬/提要
四庫提要辨證史部四卷子部八卷 余嘉錫撰 民國二十六年(1937)鉛印本 六册

330000－1701－0070057 普925.17/4469.2/c4 史部/傳記類/日記之屬
緣督廬日記抄十六卷(清同治九年閏十月至民國六年九月) 葉昌熾撰 王季烈輯 民國二十二年(1933)上虞羅氏上海蟫隱廬石印本 十五册 缺一卷(十三)

330000－1701－0070058 普814.7/7598/c2 集部/别集類/清别集
繁露書帷文集二卷 (清)陳省欽撰 民國八年(1919)武林印書館鉛印本 一册

330000－1701－0070060 普814.7/7598/c3 集部/别集類/清别集
繁露書帷文集二卷 (清)陳省欽撰 民國八年(1919)武林印書館鉛印本 一册

330000－1701－0070061 M001946 史部/政書類/邦交之屬
外交善後辦法與國人商榷書一卷 黄德中撰 民國十四年(1925)本溪孫翰章、孫翰文石印本 一册

330000－1701－0070062 M002055 經部/春秋總義類/文字音義之屬
春秋三家異文覈一卷 (清)朱駿聲撰 民國二十五年(1936)成都華西協合大學哈佛燕京學社鉛印本 一册

330000－1701－0070063 普814.7/7598/c4 集部/别集類/清别集
繁露書帷文集二卷 (清)陳省欽撰 民國八年(1919)武林印書館鉛印本 一册

330000－1701－0070065 普814.7/7598/c5 集部/别集類/清别集
繁露書帷文集二卷 (清)陳省欽撰 民國八年(1919)武林印書館鉛印本 一册

330000－1701－0070066 普814.7/7703 類叢部/叢書類/彙編之屬
燕京大學圖書館叢書 燕京大學圖書館編 民國北平燕京大學圖書館鉛印本暨影印本 四册 存一種

330000－1701－0070067 普814.7/7707/c2 類叢部/叢書類/自著之屬
晨風廬叢刊十八種 周慶雲撰 民國吴興周氏夢坡室刻本 一册 存一種

330000－1701－0070068 普814.7/7707/c1 類叢部/叢書類/自著之屬
晨風廬叢刊十八種 周慶雲撰 民國吴興周氏夢坡室刻本 一册 存一種

330000－1701－0070074 普814.7/7711 集部/别集類/清别集
蘭薰館遺稿四卷 (清)陶玉珂撰 民國七年(1918)上海聚珍倣宋印書局鉛印本 二册

330000－1701－0070076 普814.7/7711/(2) 集部/别集類/清别集
蘭薰館遺稿四卷 (清)陶玉珂撰 民國七年(1918)上海聚珍倣宋印書局鉛印本 三册

330000－1701－0070077 M001947 集部/别集類
蒿盦雜俎一卷 馮煦撰 民國十二年(1923)刻本 一册

330000－1701－0070079 M002056 集部/總集類/郡邑之屬
蛟川耆舊詩補十二卷 王榮商編 民國七年(1918)刻本 六册

330000－1701－0070080 M002195 史部/傳記類/别傳之屬/事狀
清授奉政大夫同知銜兼襲雲騎尉附貢生先考鄭公[垓]行狀一卷清封宜人先妣胡宜人事述一卷 鄭福畬等撰 民國石印本 一册

330000－1701－0070087 M002196 史部/傳記類/别傳之屬/年譜

先考舜山府君[徐沛]年譜一卷　釋智光撰　民國鉛印本　一册

330000－1701－0070088　M001948　史部/地理類/方志之屬/郡縣志
[道光]昆明縣志十卷　(清)戴絅孫輯　民國抄本　一册　存一卷(六上)

330000－1701－0070089　M002057　經部/小學類/訓詁之屬/爾雅
爾雅音圖三卷　(晉)郭璞註　(清)姚之麟摹圖　民國四年(1915)石印本　三册

330000－1701－0070091　M001949　子部/宗教類/佛教之屬
朝時課誦一卷暮時課誦一卷　民國二十二年(1933)上海法藏講寺興慈刻本　一册

330000－1701－0070093　M002197　史部/傳記類/別傳之屬/事狀
家父六十生辰徵言事畧一卷　劉駒賢撰　民國石印本　一册

330000－1701－0070099　M002198　史部/傳記類/別傳之屬/事狀
彊邨先生[朱祖謀]哀輓錄不分卷　彊邨先生治喪處輯　民國二十一年(1932)彊邨先生治喪處鉛印本　一册

330000－1701－0070101　普 925.16/2710.1　史部/傳記類/別傳之屬
詹忠節公[天顔]傳并題贈詩詞不分卷校勘記一卷　張介祉輯　民國十八年(1929)刻本　一册

330000－1701－0070102　M001950　史部/傳記類/總傳之屬/郡邑
歷代兩浙詞人小傳十六卷　周慶雲輯　民國十一年(1922)烏程周氏夢坡室刻藍印本　五册

330000－1701－0070107　M002199　史部/雜史類/斷代之屬
振事三記一卷　林邕撰　民國二十三年(1934)鉛印本　一册

330000－1701－0070108　M001951　集部/別集類
栖碧山人吟稿三卷　劉煥撰　民國二十三年(1934)刻本　二册

330000－1701－0070110　M002058　史部/傳記類/別傳之屬/事狀
竺夫人紀念册一卷　諸葛麒　陳訓慈編　民國二十七年(1938)鉛印本　一册

330000－1701－0070111　HJLA526　子部/儒家類/儒學之屬/禮教/鑑戒
聖祖仁皇帝庭訓格言一卷　(清)世宗胤禛撰　民國鉛印本　劉承幹題記　一册

330000－1701－0070112　HJHA720　集部/總集類/氏族之屬
吴興徐氏遺稿三種　徐益彬編　民國七年(1918)上海聚珍倣宋印書局鉛印本　三册　缺二卷(怡雲館詩鈔一至二)

330000－1701－0070118　M002059　史部/目録類/總録之屬/私撰
萬木草堂藏畫目一卷　康有爲撰　民國七年(1918)上海長興書局石印本　一册

330000－1701－0070119　M001952　類叢部/叢書類/彙編之屬
三教心法六種　民國二十五年(1936)上海明善書局鉛印本　一册　存一種

330000－1701－0070120　M002200　類叢部/叢書類/自著之屬
漢堂類稿十種　李寶洤撰　民國十二年(1923)李祖年鉛印本　三册　存五種

330000－1701－0070121　HJHA527　子部/雜著類/雜說之屬
冰壺讀書録不分卷　周愨撰　民國鉛印本　周愨題記　一册

330000－1701－0070126　M002060　史部/目録類/總録之屬/私撰
測海樓舊本書目四卷附錄一卷　吳引孫藏　陳乃乾輯　民國二十一年(1932)北平富晉書社鉛印本　一册　存三卷(三至四、附錄)

330000－1701－0070129　M002201　史部/傳記類/別傳之屬
昌安鎮長孫子松先生服務地方年錄一卷　昌安鎮保聯辦公室編　民國鉛印本　一冊

330000－1701－0070134　普 814.7/77442/c1　集部/別集類/清別集
平龕遺稿三卷　(清)陶大均撰　民國九年(1920)石印本　一冊

330000－1701－0070136　M002202　集部/小說類/長篇之屬
析紅樓夢不分卷　民國抄本　一冊

330000－1701－0070138　HJLA530　集部/別集類
尊瓠室詩二卷　陳詩撰　民國元年(1912)鉛印本　劉承幹題記　一冊

330000－1701－0070139　M002061　史部/傳記類/總傳之屬/姓名
五續疑年錄五卷附錄二卷　閔爾昌編　民國刻本　二冊

330000－1701－0070140　HJHA722　集部/別集類
吹萬樓雜箸一卷　高燮撰　民國鉛印本　一冊

330000－1701－0070143　M002203　史部/傳記類/別傳之屬/年譜
漢大司農康成鄭公[玄]年譜一卷　(清)侯登岸編　民國刻本　一冊

330000－1701－0070145　普 814.7/77442/c2　集部/別集類/清別集
平龕遺稿三卷　(清)陶大均撰　民國九年(1920)石印本　一冊

330000－1701－0070146　HJLA531　史部/政書類/邦計之屬
魏頌唐偶存稿三卷　魏頌唐撰　民國十六年(1927)鉛印本　一冊

330000－1701－0070147　普 814.7/77442/c3　集部/別集類/清別集
平龕遺稿三卷　(清)陶大均撰　民國九年(1920)石印本　一冊

330000－1701－0070148　M002062　子部/藝術類/篆刻之屬/印譜
二金蜨堂印存不分卷　(清)趙之謙篆　民國西泠印社鈐拓本　一冊

330000－1701－0070149　M002204　史部/金石類/甲骨之屬
甲骨文講義一卷訓詁學一卷　徐震編　民國油印本　一冊

330000－1701－0070157　M002063　史部/目録類/總録之屬/私撰
四存學會出版部書目一卷　四存學會出版部編　民國十六年(1927)鉛印本　一冊

330000－1701－0070159　M001953　史部/紀傳類/正史之屬
史記校二卷　(清)王筠撰　民國二十四年(1935)故宫博物院圖書館鉛印本　一冊

330000－1701－0070165　M001954、M003117　子部/藝術類/篆刻之屬/印譜
丁龍泓印存不分卷　(清)丁敬篆　西泠印社輯　民國西泠印社鈐印本　四冊

330000－1701－0070168　M002064　經部/小學類/音韻之屬/等韻
四聲切韻表三卷首一卷末一卷　(清)江永撰　(清)汪曰楨補正　民國二十四年(1935)成都志古堂刻本　四冊

330000－1701－0070172　M001955　類叢部/叢書類/自著之屬
變風變雅賡叢書□□種　陳柱撰　民國北流陳氏十萬卷樓刻朱印本　四冊　存二種

330000－1701－0070177　HJLA533　集部/總集類/選集之屬/斷代
京錫游草不分卷　胡韞玉　傅熊湘　高燮撰　民國八年(1919)鉛印本　一冊

330000－1701－0070182　HJLA534　集部/別集類/清別集

蜕齋遺稿兩種二卷　鮑心增撰　民國鉛印本　一冊

330000 - 1701 - 0070184　ZKS0608　類叢部/叢書類/彙編之屬

四部叢刊三編七十一種　張元濟等編　民國二十四年至二十五年(1935 - 1936)上海商務印書館影印本　二百八十五冊　存二十八種

330000 - 1701 - 0070187　HJLA535　集部/別集類

借澆集一卷　吳懷清撰　民國三年(1914)上海國光書局鉛印本　一冊

330000 - 1701 - 0070189　M001956　史部/地理類/專志之屬/寺觀

華嚴備志四卷　(清)鄧迪撰　**石林即景一卷**　(清)德玉撰　民國二十八年(1939)刻本　三冊

330000 - 1701 - 0070203　普 925.17/1021.2　史部/傳記類/別傳之屬/年譜

默盦居士[王舟瑤]自定年譜一卷　王舟瑤撰　**默盦居士[王舟瑤]年譜續編一卷**　王敬禮撰　**誌銘家傳附錄一卷**　章梫等撰　民國十五年(1926)黄巖王氏鉛印本　一冊

330000 - 1701 - 0070207　M002205　史部/傳記類/別傳之屬/事狀

黄晦聞先生追悼會紀念冊一卷　民國二十四年(1935)影印本　一冊

330000 - 1701 - 0070208　HJHA538　史部/政書類/律令之屬/治獄

山右讞獄記一卷　(清)顧麟趾撰　民國二十二年(1933)冬飲廬刻本　周愨題記　一冊

330000 - 1701 - 0070210　HJLA864　集部/別集類/明別集

遜志齋集三十卷拾遺十卷續拾遺一卷附錄一卷　(明)方孝孺撰　民國十七年(1928)寧海胡氏味善居刻本　一冊　存一卷(遜志齋集一)

330000 - 1701 - 0070216　M002206　史部/傳記類/別傳之屬/事狀

章厥生先生赴告一卷　章毓撰　民國二十年(1931)鉛印本　一冊

330000 - 1701 - 0070221　HJHA539　集部/別集類

海濱集四卷　王春林撰　民國二十四年(1935)崇明報館鉛印本　施維藩跋　一冊

330000 - 1701 - 0070224　M002207　史部/傳記類/別傳之屬/年譜

王文勤公[慶雲]年譜一卷　(清)王傳璨編　民國二十二年(1933)閩縣王氏鉛印本　一冊

330000 - 1701 - 0070228　普 925.17/1038.2　史部/傳記類/別傳之屬/年譜

溪山老農[王祖畬]年譜二卷　王祖畬撰　**溪山老農年譜續編一卷附錄一卷**　王保譿編　民國七年(1918)溪山書屋刻本　二冊

330000 - 1701 - 0070233　M002208　集部/別集類

蓼園詩鈔五卷　柯劭忞撰　廉泉編　民國十二年(1923)廉泉刻本　二冊

330000 - 1701 - 0070236　M002221　子部/儒家類/儒學之屬/俗訓

格言集粹一卷　失怙山人編　民國鉛印本　一冊

330000 - 1701 - 0070238　HJH814.7/3434/c3　類叢部/叢書類/彙編之屬

中國書店影印書　中國書店輯　民國中國書店影印本　二冊　存一種

330000 - 1701 - 0070240　M002209　史部/傳記類/別傳之屬/事狀

李霞城先生訃告一卷　李厚褱等撰　民國二十一年(1932)石印本　一冊

330000 - 1701 - 0070241　HJH814.7/3434/c4　類叢部/叢書類/彙編之屬

中國書店影印書　中國書店輯　民國中國書店影印本　二冊　存一種

330000 - 1701 - 0070242　HJLA540　集部/別集類

游杭詩錄一卷　李詳撰　民國七年(1918)鉛印本　一冊

330000－1701－0070244　M002210　史部/傳記類/別傳之屬/事狀
陳氏七十壽辰啟事一卷　陳昌豫撰　民國十五年(1926)鉛印本　一冊

330000－1701－0070245　HJH814.7/3440/c2　類叢部/叢書類/郡邑之屬
吳興叢書六十六種　劉承幹編　民國吳興劉氏嘉業堂刻本　八冊　存一種

330000－1701－0070246　M002211　史部/傳記類/別傳之屬/事狀
諸氏顧夫人訃告一卷　諸遂元撰　民國二十二年(1933)石印本　一冊

330000－1701－0070247　HJHA867　類叢部/叢書類/彙編之屬
桐城吳先生羣書點勘　(清)吳汝綸撰　民國徐文霨刻本　二冊　存一種

330000－1701－0070248　M002212　史部/傳記類/別傳之屬/事狀
張一卿訃告一卷　張英風撰　民國二十二年(1933)鉛印本　一冊

330000－1701－0070250　HJH814.7/3450/c3　集部/別集類/清別集
陸湖遺集三卷　(清)沈成章撰　民國九年(1920)鉛印本　一冊

330000－1701－0070251　M002065　集部/戲劇類/雜劇之屬
隨園戲墨四卷　(清)袁枚編　民國七年(1918)震華書社石印本　四冊

330000－1701－0070254　HJH814.7/3450/c4　集部/別集類/清別集
陸湖遺集三卷　(清)沈成章撰　民國九年(1920)鉛印本　一冊

330000－1701－0070257　M001958　集部/戲劇類/傳奇之屬
長生殿二卷五十齣　(清)洪昇撰　民國十年(1921)上海掃葉山房石印本　四冊

330000－1701－0070261　M002066　子部/小說家類/諧謔之屬
改良繪圖解人頤廣集二卷　(清)胡澹庵撰　(清)錢德蒼增訂　民國三年(1914)上洋海左書局石印本　二冊

330000－1701－0070263　G001519　子部/術數類/數學之屬
劉伯溫搜天數三卷　民國鉛印本　一冊

330000－1701－0070266　M001959　史部/地理類/雜志之屬
三閭彙考五卷　(清)屈見復輯　民國十二年(1923)鉛印本　一冊

330000－1701－0070270　M002067　類叢部/類書類/專類之屬
詩韻合璧五卷　(清)許時庚輯　**虛字韻藪一卷**　(清)潘維城輯　民國上洋公興書局鉛印本　五冊

330000－1701－0070274　M002068　子部/藝術類/書畫之屬/法帖
王右軍草訣百韻歌一卷　(晉)王羲之書　民國上海尚古山房石印本　一冊

330000－1701－0070275　普951.07099/4834/c2　史部/雜史類/斷代之屬
文獻叢編四十六輯　國立北平故宮博物院文獻館編　民國十九年至三十二年(1930－1943)國立北平故宮博物院鉛印本　四十三冊　缺三輯(四十四至四十六)

330000－1701－0070276　普925.16/3482.2　類叢部/叢書類/彙編之屬
雲窗叢刻十種十四卷　羅振玉輯　民國三年(1914)上虞羅氏日本京都東山僑舍影印本　一冊　存一種

330000－1701－0070279　普925.16/3722.2/c1　史部/傳記類/日記之屬
祁忠敏公日記十五卷(明崇禎四年至弘光元年)　(明)祁彪佳撰　**祁忠敏公年譜一卷**　(明)王思任撰　(清)梁廷枏　(清)龔沅補

編　民國二十六年(1937)紹興縣修志委員會鉛印本　六冊

330000－1701－0070281　普 951.07099/4834/c1　史部/雜史類/斷代之屬
文獻叢編四十六輯　國立北平故宮博物院文獻館編　民國十九年至三十二年(1930－1943)國立北平故宮博物院鉛印本　十九冊　存十九輯(一至五、七至十一、十五至二十三)

330000－1701－0070284　M002214、M003702、M007701　史部/雜史類/斷代之屬
清談十卷　胡懷琛編　民國五年(1916)上海廣益書局鉛印本　三冊　存五卷(一至三、八至九)

330000－1701－0070288　普 925.17/1073/c1　史部/傳記類/日記之屬
湘綺樓日記不分卷(清同治八年正月至民國五年七月)　王闓運撰　民國十六年(1927)上海商務印書館鉛印本　三十二冊

330000－1701－0070289　普 925.16/3722.2/c2　史部/傳記類/日記之屬
祁忠敏公日記十五卷(明崇禎四年至弘光元年)　(明)祁彪佳撰　**祁忠敏公年譜一卷**　(明)王思任撰　(清)梁廷枏　(清)龔沅補編　民國二十六年(1937)紹興縣修志委員會鉛印本　六冊

330000－1701－0070290　M002215、M004404　集部/戲劇類/傳奇之屬
滄桑艷二卷二十齣　丁傳靖填詞　游毅之論文　石凌漢正拍　民國十年(1921)上海掃葉山房石印本　二冊

330000－1701－0070291　M002069　集部/別集類
鹿音百首一卷　鄒寶僡撰　民國元年(1912)鉛印本　一冊

330000－1701－0070292　普 925.17/1053.9/c1　史部/傳記類/別傳之屬
船山先生行迹圖不分卷　李世琠繪　民國二十二年(1933)長沙鴻飛印刷局影印本　一冊

330000－1701－0070293　M001961　子部/儒家類/儒學之屬/性理
求志齋庸言十則一卷　梅契壽撰　民國九年(1920)鉛印本　一冊

330000－1701－0070294　普 951.07099/5051　史部/雜史類/通代之屬
明清史料不分卷乙編不分卷丙編不分卷丁編不分卷　國立中央研究院歷史語言研究所編　民國十九年(1930)鉛印本　四冊

330000－1701－0070296　普 925.16/3722.2/c3　史部/傳記類/日記之屬
祁忠敏公日記十五卷(明崇禎四年至弘光元年)　(明)祁彪佳撰　**祁忠敏公年譜一卷**　(明)王思任撰　(清)梁廷枏　(清)龔沅補編　民國二十六年(1937)紹興縣修志委員會鉛印本　六冊

330000－1701－0070298　普 925.17/1053.9/c2　史部/傳記類/別傳之屬
船山先生行迹圖不分卷　李世琠繪　民國二十二年(1933)長沙鴻飛印刷局影印本　一冊

330000－1701－0070301　M002216、M003616、M005737　子部/雜著類/雜考之屬
評點百二十子二十六卷補遺十三卷　(明)歸有光輯　(明)文震孟參訂　民國十一年(1922)上海會文堂書局石印本　二十七冊　存二十六卷(一至九、二十至二十六,補遺一至二、四至八、十一至十三)

330000－1701－0070302　M001962　子部/術數類/命書相書之屬
段氏白話命理綱要一卷　段方撰　民國二十五年(1936)大衆書局鉛印本　一冊

330000－1701－0070303　普 951.07099/5051.2/c1　史部/雜史類/通代之屬
明清史料乙編不分卷　國立中央研究院歷史語言研究所編　民國二十五年(1936)上海商務印書館鉛印本　十冊

330000－1701－0070306　M002070　子部/

藝術類/書畫之屬/畫法畫品
談畫不分卷　王逸撰　民國二十五年(1936)大石堂鉛印本　一冊

330000－1701－0070307　M001969　史部/目録類/通論之屬
目錄學不分卷　余嘉錫撰　民國國立北平師範大學鉛印本　朱師轍批校並跋　一冊

330000－1701－0070308　普925.17/1073/c2　史部/傳記類/日記之屬
湘綺樓日記不分卷(清同治八年正月至民國五年七月)　王闓運撰　民國十六年(1927)上海商務印書館鉛印本　三十二冊

330000－1701－0070309　M002217、M003198　史部/政書類/律令之屬/刑制
中華民國現行新刑律詳解二卷附編一卷　民國七年(1918)上海法政學社石印本　四冊

330000－1701－0070311　普925.16/4443.2　史部/傳記類/別傳之屬/年譜
萬年少先生[壽祺]年譜一卷附錄一卷隰西草堂集拾遺一卷續拾一卷年譜補正一卷　羅振玉輯　民國八年(1919)上虞羅氏鉛印本　一冊

330000－1701－0070313　HJH814.7/3452/c3　集部/別集類/清別集
補拙草堂詩稿三卷文稿一卷　(清)褚成允撰　民國九年(1920)上海聚珍仿宋印書局鉛印本　二冊

330000－1701－0070314　HJHA542　史部/傳記類/別傳之屬/年譜
默盦居士[王舟瑤]自定年譜一卷　王舟瑤撰　**默盦居士[王舟瑤]年譜續編一卷**　王敬禮撰　**誌銘家傳附錄一卷**　章梫等撰　民國十五年(1926)黄巖王氏鉛印本　一冊

330000－1701－0070315　M002071　集部/總集類/選集之屬/斷代
清朝文錄簡編六卷　(清)姚椿編　張相　莊啟傳選評　民國十一年(1922)上海中華書局鉛印本　六冊

330000－1701－0070316　M001963　經部/小學類/訓詁之屬
漢藏合璧分解名義大集不分卷　青海省藏文研究社輯　民國二十一年(1932)青海省政府石印本　四冊

330000－1701－0070320　HJH814.7/3452/c4　集部/別集類/清別集
補拙草堂詩稿三卷文稿一卷　(清)褚成允撰　民國九年(1920)上海聚珍仿宋印書局鉛印本　二冊

330000－1701－0070323　普951.07099/5051.2/c2　史部/雜史類/通代之屬
明清史料乙編不分卷　國立中央研究院歷史語言研究所編　民國二十五年(1936)上海商務印書館鉛印本　十冊

330000－1701－0070324　普925.17/1073/c3　史部/傳記類/日記之屬
湘綺樓日記不分卷(清同治八年正月至民國五年七月)　王闓運撰　民國十六年(1927)上海商務印書館鉛印本　十五冊

330000－1701－0070325　M002218、M006682　集部/曲類/曲韻曲譜曲律之屬
曲譜十二卷首一卷末一卷　民國八年(1919)上海掃葉山房石印本　八冊

330000－1701－0070327　普925.16/4614.2/c1　史部/傳記類/別傳之屬/事狀
楊忠文先生實錄四卷　(清)陳希恕輯　**補遺一卷**　陳去病輯　民國十六年(1927)鉛印本　一冊

330000－1701－0070328　M001964、M003244、M003538、M007925　類叢部/叢書類/自著之屬
太一遺書七種續刊五種　甯調元撰　民國四年(1915)鉛印本　四冊

330000－1701－0070333　M002072　集部/別集類
競華遺著一卷附錄一卷　丁美均撰　民國鉛印本　一冊

330000－1701－0070334　M002219　子部/藝術類/書畫之屬/法帖

林文忠公寫經小楷不分卷　(清)林則徐書　民國三十七年(1948)上海商務印書館影印本　一冊

330000－1701－0070337　M002073　子部/工藝類/日用器物之屬

最新工藝製造法全書八卷　志才國貨文具製造廠出版部編輯　民國十四年(1925)上海志才國貨文具製造廠發行部石印本　二冊

330000－1701－0070338　普925.16/4614.2/c2　史部/傳記類/別傳之屬/事狀

楊忠文先生實錄四卷　(清)陳希恕輯　**補遺一卷**　陳去病輯　民國十六年(1927)鉛印本　一冊

330000－1701－0070341　普951.07099/5051.2/c3　史部/雜史類/通代之屬

明清史料乙編不分卷　國立中央研究院歷史語言研究所編　民國二十五年(1936)上海商務印書館鉛印本　十冊

330000－1701－0070343　普814.7/7790　集部/別集類/清別集

師二宗齋遺集二卷　(清)關棠撰　陳三立輯　民國四年(1915)木活字印本　一冊

330000－1701－0070344　M001965　史部/目録類/總録之屬

保文堂書局書目第六期一卷　保文堂書局編　民國二十二年(1933)南京狀元境保文堂書局石印本　一冊

330000－1701－0070345　M002223　類叢部/叢書類/自著之屬

壽鑫齋叢記　朱彭壽撰　民國三十年(1941)鉛印本　二冊　存一種

330000－1701－0070347　HJHA544　子部/雜著類

不可錄一卷　(清)陳海曙輯　民國十一年(1922)刻本　一冊

330000－1701－0070349　普925.16/4614.2/c3　史部/傳記類/別傳之屬/事狀

楊忠文先生實錄四卷　(清)陳希恕輯　**補遺一卷**　陳去病輯　民國十六年(1927)鉛印本　一冊

330000－1701－0070351　普951.07099/5051.3/c1　史部/雜史類/通代之屬

明清史料丙編不分卷　國立中央研究院歷史語言研究所編　民國二十五年(1936)上海商務印書館鉛印本　十冊

330000－1701－0070352　普951.07099/5051.3/c2　史部/雜史類/通代之屬

明清史料丙編不分卷　國立中央研究院歷史語言研究所編　民國二十五年(1936)上海商務印書館鉛印本　十冊

330000－1701－0070358　普814.7/7794/c1　集部/別集類/清別集

欠泉庵文集二卷　(清)周煥樞撰　民國刻本　二冊

330000－1701－0070359　M002220　子部/雜著類/雜纂之屬

格言釋證一卷　毛桂馨撰　民國八年(1919)上海大衆書局鉛印本　一冊

330000－1701－0070361　普925.17/1038.8　史部/傳記類/別傳之屬/事狀

文貞王先生[祖畬]行狀一卷　唐文治撰　**王紫翔先生事略一卷**　民國刻本　一冊

330000－1701－0070364　M002074　集部/別集類

栩園近稿四卷　陳栩撰　**翠樓近草二卷**　陳璻撰　民國二十二年(1933)鉛印本　一冊

330000－1701－0070367　普951.07099/5051.3/c3　史部/雜史類/通代之屬

明清史料丙編不分卷　國立中央研究院歷史語言研究所編　民國二十五年(1936)上海商務印書館鉛印本　十冊

330000－1701－0070369　普814.7/7794/c3　集部/別集類/清別集

欠泉庵文集二卷　(清)周煥樞撰　民國刻本

二册

330000－1701－0070374　普 925.16/4625.1/c1　集部/别集類/明別集
楊椒山先生垂範集不分卷　(明)楊繼盛撰　民國十一年(1922)濟南義德堂石印本　一册

330000－1701－0070376　M001966　子部/雜著類/雜說之屬
遠廬雜存二卷　姚文林撰　民國三年(1914)鉛印本　余紹宋題記　一册

330000－1701－0070377　M002222　史部/傳記類/職官録之屬/總録
職員錄不分卷(民國四年第三期)　印鑄局編纂處編纂　民國四年(1915)印鑄局鉛印本　一册

330000－1701－0070381　普 951.07099/5051.5　史部/目録類/總録之屬/官修
内閣大庫書檔舊目補七卷　國立中央研究院歷史語言研究所編　民國二十五年(1936)上海商務印書館鉛印本　一册

330000－1701－0070382　M002075　集部/總集類/選集之屬/通代
名媛詩歸三十六卷　(明)鍾惺輯　民國七年(1918)上海有正書局鉛印本　八册

330000－1701－0070383　M001967　集部/總集類/題詠之屬
握蘭簃裁曲圖詠二卷　李宣倜編　民國二十二年(1933)鉛印本　一册

330000－1701－0070387　M002224　史部/傳記類/别傳之屬/年譜
唐孟郊年譜一卷附錄一卷　華忱之編　民國二十九年(1940)國立北京大學圖書館鉛印本　一册

330000－1701－0070388　普 925.16/4625.1/c2　集部/别集類/明別集
楊椒山先生垂範集不分卷　(明)楊繼盛撰　民國十一年(1922)濟南義德堂石印本　一册

330000－1701－0070394　普 925.16/46251.1、普 925.16/4907.8　類叢部/叢書類/郡邑之屬
雲南叢書初編一百四十一種二編三十七種　趙藩　陳榮昌等輯　民國雲南叢書處刻本　二册　存二種

330000－1701－0070396　普 925.17/1078.2/c1　史部/傳記類/别傳之屬/年譜
皇清誥授光禄大夫毓慶宫行走吏部右侍郎先考子松府君[夏同善]年譜一卷皇清誥封一品夫人先妣屠夫人行狀一卷　(清)夏敦復纂　民國九年(1920)上海聚珍倣宋印書局鉛印本　一册

330000－1701－0070398　普 925.17/1078.2/c2　史部/傳記類/别傳之屬/年譜
皇清誥授光禄大夫毓慶宫行走吏部右侍郎先考子松府君[夏同善]年譜一卷皇清誥封一品夫人先妣屠夫人行狀一卷　(清)夏敦復纂　民國九年(1920)上海聚珍倣宋印書局鉛印本　一册

330000－1701－0070399　普 951.07099/6051/c1　史部/雜史類
史料叢刊初編　羅振玉輯　民國十三年(1924)東方學會鉛印本　十册

330000－1701－0070400　M001968　類叢部/叢書類/彙編之屬
文獻叢書　國立北平故宫博物院輯　民國國立北平故宫博物院鉛印本　一册　存二種

330000－1701－0070402　普 925.17/1078.2/c3　史部/傳記類/别傳之屬/年譜
皇清誥授光禄大夫毓慶宫行走吏部右侍郎先考子松府君[夏同善]年譜一卷皇清誥封一品夫人先妣屠夫人行狀一卷　(清)夏敦復纂　民國九年(1920)上海聚珍倣宋印書局鉛印本　一册

330000－1701－0070414　M002076　子部/叢編
六子全書　(明)顧春輯　民國三年(1914)右文社據明嘉靖十二年(1533)吴郡顧氏世德堂刻本影印本　一册　存一種

330000－1701－0070419　HJHA548　集部/別集類/宋別集

四明文獻集五卷　(宋)王應麟撰　(明)鄭真輯　**深寧先生文鈔摭餘編三卷**　(宋)王應麟撰　(清)葉熊輯　**深寧先生年譜一卷**　(清)錢大昕編　**王深寧先生年譜一卷**　(清)陳僅纂輯　(清)張恕編次　**王深寧先生年譜一卷**　(清)張大昌輯　民國五年(1916)仁和王存善鉛印本　施維藩跋　陳訓慈題記　四册

330000－1701－0070421　普814.7/8064/3　類叢部/叢書類/自著之屬

詳註曾文正公全集十六種附四種　(清)曾國藩撰　(清)李瀚章編輯　雷瑨　倪錫恩註　民國二十一年(1932)上海掃葉山房石印本　四十八册

330000－1701－0070427　M002077　經部/小學類/音韻之屬/韻書

廣韻五卷　(宋)陳彭年等修　**宋本廣韻校札一卷**　(清)黎庶昌撰　民國上海涵芬樓影印本　五册

330000－1701－0070428　普925.16/4723　史部/地理類/遊記之屬/紀行

使西日記二卷　(明)都穆撰　民國影印本　一册

330000－1701－0070435　普814.7/8064/4　類叢部/叢書類/自著之屬

曾文正公全集十六種　(清)曾國藩撰　民國十三年(1924)上海中華圖書館鉛印本　五十六册　缺十二卷(十八家詩鈔一至四、七至十、十三至十六)

330000－1701－0070436　M002078　子部/雜著類

先正淺顯格言一卷　董賢化編輯　民國二十五年(1936)鉛印本　一册

330000－1701－0070437　普951.07099/6051/c2　史部/雜史類

史料叢刊初編　羅振玉輯　民國十三年(1924)東方學會鉛印本　十册

330000－1701－0070438　M002079、M003460　集部/別集類/宋別集

蘇東坡尺牘四卷　(宋)蘇軾撰　民國二十五年(1936)上海商務印書館鉛印本　二册

330000－1701－0070441　普951.070991/0085　史部/目録類/總録之屬/官修

大庫舊檔整理處史料彙目甲編二卷乙編二卷丙編二卷丁編二卷戊編二卷己編三卷　庫籍整理處編　民國二十三年至二十四年(1934－1935)庫籍整理處石印本　六册

330000－1701－0070442　普951.070991/3416/c1　類叢部/叢書類/彙編之屬

國立北京大學研究院文史叢刊　國立北京大學研究院文史部輯　民國上海商務印書館鉛印本暨影印本　一册　存一種

330000－1701－0070443　普951.070991/3416/c2　類叢部/叢書類/彙編之屬

國立北京大學研究院文史叢刊　國立北京大學研究院文史部輯　民國上海商務印書館鉛印本暨影印本　一册　存一種

330000－1701－0070444　普925.17/1122.2　類叢部/叢書類/自著之屬

默厂所著書　鮑鼎撰　民國石印本　一册　存一種

330000－1701－0070446　普925.17/1133.6/c1　史部/叢編

鄂故叢書二種　湖北通志館輯　民國三十六年(1947)湖北通志館鉛印本　一册　存一種

330000－1701－0070448　M002225　史部/金石類/總志之屬/目録

金石名箸彙目二卷補遺一卷失錄一卷　田士懿輯　民國十四年(1925)刻本　一册

330000－1701－0070450　民631/7530　新學/農政/農務

農話一卷　(清)陳啓謙撰　民國四年(1915)上海商務印書館鉛印本　一册

330000－1701－0070454　M001970　史部/政書類/邦計之屬

籌辦東路日錄一卷　吉林督軍行轅秘書處編　民國九年(1920)鉛印本　一冊

330000－1701－0070455　普 951.070991/3416.3/c1　類叢部/叢書類/彙編之屬

私立中山大學圖書館文史叢書　李芳遠主編　民國廈門鼓浪嶼私立中山圖書館鉛印本　一冊　存一種

330000－1701－0070456　普 925.16/8342　史部/傳記類/別傳之屬/年譜

賜餘堂[錢士升]年譜一卷　(清)許重熙輯　民國二十六年(1937)平湖葛昌楣䘸華館刻本　胡士瑩校並跋　一冊

330000－1701－0070457　M002226　子部/宗教類/道教之屬/經文

太上洞元金丹本願真經三卷　民國三十年(1941)刻本　一冊

330000－1701－0070460　普 925.17/1133.6/c2　史部/叢編

鄂故叢書二種　湖北通志館輯　民國三十六年(1947)湖北通志館鉛印本　一冊　存一種

330000－1701－0070464　普 925.16/3722.2/c4　史部/傳記類/日記之屬

祁忠敏公日記十五卷(明崇禎四年至弘光元年)　(明)祁彪佳撰　**祁忠敏公年譜一卷**　(明)王思任撰　(清)梁廷枏　(清)龔沅補編　民國二十六年(1937)紹興縣修志委員會鉛印本　六冊

330000－1701－0070465　M002227　子部/宗教類/佛教之屬/經疏

募刻佛教全藏疏一卷　民國八年(1919)刻本　一冊

330000－1701－0070466　M001971　集部/別集類

左庵長律一卷　劉師培撰　民國四年(1915)成都存古書局刻本　一冊

330000－1701－0070469　普 951.070991/3416.3/c2　類叢部/叢書類/彙編之屬

私立中山大學圖書館文史叢書　李芳遠主編　民國廈門鼓浪嶼私立中山圖書館鉛印本　一冊　存一種

330000－1701－0070473　HJHA549　史部/目録類/總録之屬

二徐書目合刻　王存善輯　民國四年(1915)仁和王存善鉛印本　陳訓慈跋　六冊

330000－1701－0070474　普 925.16/4014.2　類叢部/叢書類/自著之屬

願學齋叢刊七種　羅繼祖撰　民國二十五年(1936)上虞羅氏墨緣堂石印本　一冊　存一種

330000－1701－0070477　HJH817.2/7502.2　集部/曲類/彈詞之屬

繪圖續再生緣十六卷十六回　民國十四年(1925)上海鴻文書局石印本　八冊

330000－1701－0070480　普 925.17/1134.2　類叢部/叢書類/彙編之屬

慰景廬叢刻　民國鉛印本　一冊　存一種

330000－1701－0070481　M001973　經部/春秋總義類/傳說之屬

春秋平議一卷　(清)朱駿聲撰　民國二十五年(1936)華西協合大學哈佛燕京學社鉛印本　一冊

330000－1701－0070483　M002228　子部/醫家類/養生之屬/導引、氣功

内外功圖説輯要二卷　席裕康輯　民國八年(1919)石印本　二冊

330000－1701－0070484　普 925.17/1133.6/c3　史部/叢編

鄂故叢書二種　湖北通志館輯　民國三十六年(1947)湖北通志館鉛印本　一冊　存一種

330000－1701－0070485　M001974　類叢部/叢書類

南江邵氏叢刊　民國刻本　一冊　存一種

330000－1701－0070486　普 925.17/1069.2/c2　史部/傳記類/別傳之屬/年譜

清誥授朝議大夫知府銜在任候補直隸州知州

廣西富川縣知縣加三級紀錄十次兼署富川縣學教諭鐘山理苗通判顯考部畇府君[王甲榮]年譜一卷 王邁常 王蘧常撰 民國十九年(1930)鉛印本 一冊

330000－1701－0070489 HJHA550 史部/目録類/總録之屬
二徐書目合刻 王存善輯 民國四年(1915)仁和王存善鉛印本 六冊

330000－1701－0070491 JM00016 史部/傳記類/總傳之屬/家乘
[湖南]溈寧河頭譚氏五修家譜二十卷 民國端平堂木活字印本 十七冊 存十八卷(二至八、十至二十)

330000－1701－0070493 普951.070991/4834.2/c1 史部/雜史類
掌故叢編十輯 故宫博物院文獻館編 民國十七年至二十年(1928－1931)鉛印本 十冊

330000－1701－0070495 HJH814.7/3644/c3 集部/别集類
溫肅菴先生遺著三卷 溫恭撰 民國二十一年(1932)鉛印本 一冊

330000－1701－0070496 M001975 子部/醫家類/兒科之屬/痘疹
瘄科心傳一卷附預料診後一卷 半月山人録 民國十七年(1928)抄本 一冊

330000－1701－0070498 M002229 子部/醫家類/養生之屬/導引、氣功
因是子靜坐法續編不分卷 蔣維喬撰 民國上海商務印書館鉛印本 一冊

330000－1701－0070501 普925.16/8751.2/c1 史部/傳記類
杏蔭堂彙刻三種 許浩基撰 民國二十一年(1932)吴興許氏杏蔭堂刻本 一冊 存一種

330000－1701－0070502 M002080 史部/載記類
華陽國志十二卷 (晉)常璩撰 **補華陽國志三州郡縣目録一卷** (清)廖寅撰 **華陽國志佚文一卷** 民國二十六年(1937)成都志古堂據題襟館刻本影刻本 四冊

330000－1701－0070503 普951.070991/4834.2/c2 史部/雜史類
掌故叢編十輯 故宫博物院文獻館編 民國十七年至十八年(1928－1929)鉛印本 七冊 缺三輯(一、五、十)

330000－1701－0070504 M002230 子部/宗教類/佛教之屬
安樂妙寶一卷 金弘恕編輯 民國二十八年(1939)上海佛學書局鉛印本 一冊

330000－1701－0070505 HJLA738 集部/别集類
吹萬樓雜箸一卷 高燮撰 民國鉛印本 一冊

330000－1701－0070506 HJH814.7/3644/c4 集部/别集類
溫肅菴先生遺著三卷 溫恭撰 民國二十一年(1932)鉛印本 一冊

330000－1701－0070508 普925.17/1133.6/4 史部/叢編
鄂故叢書二種 湖北通志館輯 民國三十六年(1947)湖北通志館鉛印本 一冊 存一種

330000－1701－0070510 M001976 子部/藝術類/篆刻之屬/印譜
傳樸堂藏印菁華十二卷 葛昌楹 葛昌枌編 民國十四年(1925)鈐拓本 六冊

330000－1701－0070511 普925.17/1210/c1 史部/傳記類/别傳之屬/事狀
孫烈士竹丹遺事一卷 柳棄疾等輯 民國六年(1917)鉛印本 漁村題記 一冊

330000－1701－0070512 M002231 子部/宗教類/佛教之屬
佛學叢書□□種 民國上海商務印書館鉛印本 一冊 存一種

330000－1701－0070513 普951.070991/4834.2/c3 史部/雜史類
掌故叢編十輯 故宫博物院文獻館編 民國

十七年至十九年(1928－1930)鉛印本　十冊

330000－1701－0070518　普925.17/1210/c2　史部/傳記類/别傳之屬/事狀

孫烈士竹丹遺事一卷　柳棄疾等輯　民國六年(1917)鉛印本　一冊

330000－1701－0070520　HJHA739　子部/宗教類/佛教之屬

金剛般若多羅波羅祕經三卷　民國上海明善書局鉛印本　二冊　缺一卷(上)

330000－1701－0070521　M002232　子部/宗教類/佛教之屬

佛學叢書□□種　丁福保輯　民國上海醫學書局鉛印本暨影印本　六冊　存六種

330000－1701－0070524　普925.17/1210/c3　史部/傳記類/别傳之屬/事狀

孫烈士竹丹遺事一卷　柳棄疾等輯　民國六年(1917)鉛印本　一冊

330000－1701－0070526　普814.7/8002/2/c2　集部/别集類/清别集

復初齋文集三十五卷首一卷　(清)翁方綱撰　民國五年(1916)上海同文圖書館石印本　十二冊

330000－1701－0070530　普814.7/8002/2(2)　集部/别集類/清别集

復初齋文集三十五卷首一卷　(清)翁方綱撰　民國五年(1916)上海同文圖書館石印本　十冊

330000－1701－0070531　普925.16/8751.2/c3　史部/傳記類

杏蔭堂彙刻三種　許浩基撰　民國吳興許氏杏蔭堂鉛印本　一冊　存一種

330000－1701－0070532　M002081　集部/總集類/選集之屬/斷代

唐詩絕句五卷　(宋)趙蕃　(宋)韓淲選　(宋)謝枋得註解　民國十二年(1923)刻本　一冊

330000－1701－0070534　M001978　經部/詩類/專著之屬

毛詩獸名今釋一卷　郭時敏撰　民國三十二年(1943)抄本　一冊

330000－1701－0070535　M002082　子部/宗教類/佛教之屬/論疏

十二門論義記科會一卷　釋幻修講　張元成録　民國九年(1920)鉛印本　一冊

330000－1701－0070536　M002233　子部/宗教類/佛教之屬/諸宗

二十一尊度母禮讚經意樂解一卷　達磨巴扎解　釋超一譯　民國二十五年(1936)無錫佛學真言研究社鉛印本　一冊

330000－1701－0070537　普925.17/1069.2/c1　史部/傳記類/别傳之屬/年譜

清誥授朝議大夫知府銜在任候補直隸州知州廣西富川縣知縣加三級紀録十次兼署富川縣學教諭鐘山理苗通判顯考部畇府君[王甲榮]年譜一卷　王邁常　王蘧常撰　民國十九年(1930)鉛印本　一冊

330000－1701－0070538　普925.16/8751.2/c2　史部/傳記類

杏蔭堂彙刻三種　許浩基撰　民國吳興許氏杏蔭堂鉛印本　一冊　存一種

330000－1701－0070540　M002083　子部/宗教類/佛教之屬

法一禪師示居士參禪要語一卷附録四卷　劉大心輯　民國十年(1921)杭州武林印書館鉛印本　一冊

330000－1701－0070545　M001979　子部/雜著類/雜考之屬

左庵雜著不分卷　劉師培撰　民國四年(1915)成都存古書局刻本　一冊

330000－1701－0070546　M002234　子部/宗教類/佛教之屬

金剛上師諾那呼圖克圖法語一卷　貝嘛把藏唵纂録　民國三十年(1941)上海諾那精舍鉛印本　一冊

330000－1701－0070549　M002235　子部/

宗教類/佛教之屬
金剛觀智密要成佛法門一卷 李翊灼撰 民國二十年(1931)石印本 樂庵誌 一冊

330000－1701－0070550 JM00017 史部/傳記類/總傳之屬/家乘
[湖南]覃氏三修族譜八卷首一卷 覃人元 覃人柳纂輯 民國二十六年(1937)汪文銘堂木活字印本 六冊 存六卷(首,二至五、七)

330000－1701－0070553 普 925.16/8751.2/c4 史部/傳記類
杏蔭堂彙刻三種 許浩基撰 民國吳興許氏杏蔭堂鉛印本 一冊 存一種

330000－1701－0070554 M002084 子部/雜著類/雜纂之屬
增廣□□卷 民國三十二年(1943)成都淥記書莊刻本 一冊 存一卷(下)

330000－1701－0070557 普 925.17/1713.2/c1 類叢部/叢書類/彙編之屬
金陵大學中國文化研究所叢刊 金陵大學中國文化研究所編 民國金陵大學中國文化研究所刻本、鉛印本暨影印本 一冊 存一種

330000－1701－0070559 M002085 子部/宗教類/佛教之屬
佛學叢書□□種 丁福保輯 民國上海醫學書局鉛印本暨影印本 一冊 存一種

330000－1701－0070563 JM00018 史部/傳記類/總傳之屬/家乘
[湖南]譚氏五修族譜□□卷首二卷 民國十七年(1928)宏農堂木活字印本 十四冊 存十五卷(首一至二,一、三至九、十二至十六)

330000－1701－0070567 普 925.163/1170 子部/醫家類/類編之屬
醫古微六種 張驥撰 民國二十四年(1935)雙流張氏義生堂成都刻本 三冊 存一種

330000－1701－0070568 普 814.7/8064/5 類叢部/叢書類/自著之屬
曾文正公全集十六種 (清)曾國藩撰 民國四年(1915)鉛印本 五十九冊 存十五種

330000－1701－0070572 HJLA743 子部/宗教類/道教之屬
三聖經淺釋一卷 民國十二年(1923)鉛印本 一冊

330000－1701－0070574 普 925.17/1713.2/c2 類叢部/叢書類/彙編之屬
金陵大學中國文化研究所叢刊 金陵大學中國文化研究所編 民國金陵大學中國文化研究所刻本、鉛印本暨影印本 一冊 存一種

330000－1701－0070575 HJH814.7/4030/c2 類叢部/叢書類/自著之屬
李文忠公全集六種一百六十五卷首一卷 (清)李鴻章撰 (清)吳汝綸編錄 民國十年(1921)上海商務印書館據金陵刻本影印本 一百冊

330000－1701－0070580 M001980 史部/政書類/邦計之屬
杭州市西湖區農村統計一卷 杭州市政府社會科編 民國油印本 一冊

330000－1701－0070581 M002086 子部/農家農學類/蠶桑之屬
蠶體生理不分卷 民國油印本 一冊

330000－1701－0070584 HJLA561 集部/別集類
天台游草一卷 王善欽撰 民國二十三年(1934)鉛印本 一冊

330000－1701－0070585 M002087 子部/宗教類/佛教之屬/經
千手千眼觀世音菩薩廣大圓滿無礙大悲心陀羅尼經一卷 (唐)釋伽梵達摩譯 **附大悲印訣一卷千手千眼法寶真言圖一卷般若波羅蜜多心經三卷** 民國二十一年(1932)上海明善書局石印本 一冊

330000－1701－0070587 HJHA745 史部/傳記類/別傳之屬/事狀
徐軼唐先生訃告一卷 徐亦壽等撰 民國三十四年(1945)鉛印本 一冊

330000－1701－0070590 普 814.7/8064.3

集部/别集類/清别集

音注曾滌生文三卷 (清)曾國藩撰 (清)王益吾選本 王楚香音注 民國十三年(1924)上海文明書局石印本 二册

330000－1701－0070594 JM00019 史部/傳記類/總傳之屬/家乘

[江西]武陵龔氏十三修族譜八十卷首五卷末四卷補編一卷譜餘一卷 龔良杜修 龔良圖 龔家甫纂 民國十三年(1924)木活字印本 二十二册 存八十八卷(首一至五,一至十四、十七至八十,末一、三至四,補編,譜餘)

330000－1701－0070595 M002088 子部/農家農學類

農學普通知識一卷 費寅編述 民國抄本 一册

330000－1701－0070598 M002236、M005869 集部/小説類/長篇之屬

新刊七真因果二卷二十九回 黄永亮編 民國七年(1918)刻本 二册

330000－1701－0070599 普925.17/1922.8/c1 史部/傳記類/别傳之屬/事狀

殉節紀一卷 張之純撰 民國四年(1915)鉛印本 一册

330000－1701－0070602 M002089 子部/藝術類/書畫之屬/法帖

蓮池大師戒殺放生文一卷 (清)張師誠書 民國七年(1918)吴興龎氏石印本 一册

330000－1701－0070606 M002237、M007444、M007990 集部/别集類/清别集

抱拙齋文集八卷詩存二卷詩餘一卷 (清)顧雲臣撰 民國三年(1914)射陽顧氏鉛印本 四册

330000－1701－0070609 M002090 子部/宗教類/佛教之屬

佛學院講義□□種 民國武昌弘化社印經處鉛印本 一册 存一種

330000－1701－0070610 JM00020 史部/傳記類/總傳之屬/家乘

[湖南益陽]盧氏五修族譜十四卷 盧孝仁主修 盧封巍 盧本崇總纂 民國三十六年(1947)培元堂木活字印本 十六册 存十三卷(一至五、七至十四)

330000－1701－0070611 M002238 子部/宗教類/佛教之屬

觀音經呪靈感彙編不分卷 聶其杰編 民國十七年(1928)上海江蘇第二監獄鉛印本 一册

330000－1701－0070613 HJHA563 史部/傳記類/日記之屬

竊櫝日記鈔三卷(清光緒十年閏五月至十一年七月) (清)周星詒撰 王大隆輯 民國二十四年(1935)鉛印本 王大隆題記 一册

330000－1701－0070615 M002239 集部/别集類/漢魏六朝别集

沈休文詩注四卷附梁書本傳一卷集説一卷考證一卷 (南朝梁)沈約撰 郝立權注 民國二十四年(1935)鉛印本 一册

330000－1701－0070616 普814.7/8034.31/c1 類叢部/叢書類/郡邑之屬

赤城遺書彙刊十六種 金嗣獻編 民國四年(1915)太平金氏木活字印本 一册 存一種

330000－1701－0070617 M002344 子部/藝術類/遊藝之屬/聯語

巧對續録二卷 (清)梁恭辰輯 民國十二年(1923)上海商務印書館鉛印本 二册

330000－1701－0070618 普814.7/9748/5 類叢部/叢書類/彙編之屬

四部備要 中華書局編 民國二十五年(1936)上海中華書局鉛印本 四册 存一種

330000－1701－0070619 M002091 子部/宗教類/佛教之屬

各地佛教史三卷 李翌灼述 (日本)島地墨雷 (日本)生田得能撰 釋聽雲 釋海秋譯 **朝鮮佛教史一卷台灣佛教之現狀一卷** 釋妙吉撰 民國鉛印本 一册

330000－1701－0070621 M002345 子部/

藝術類/遊藝之屬/聯語
巧對續錄二卷 (清)梁恭辰輯 民國十八年(1929)上海商務印書館鉛印本 一册

330000－1701－0070622 普 814.7/8034.31/c2 類叢部/叢書類/郡邑之屬
赤城遺書彙刊十六種 金嗣獻編 民國四年(1915)太平金氏木活字印本 一册 存一種

330000－1701－0070623 M002240 史部/地理類/專志之屬/寺觀
重建杭州西湖玉皇山福星觀大殿募金疏一卷 李理山撰 民國二十六年(1937)鉛印本 一册

330000－1701－0070626 普 814.7/8064.2 類叢部/叢書類/自著之屬
曾文正公家書四種 (清)曾國藩撰 民國上海著易堂書局石印本 八册

330000－1701－0070627 M002346 子部/藝術類/篆刻之屬/印譜
百壽圖攷二卷 (清)陳氏摹 民國古今圖書館彩印本 一册

330000－1701－0070630 JM00021 史部/傳記類/總傳之屬/家乘
[湖南]石圍袁氏族譜二十四卷 袁祥生主修 袁國維纂修 民國三十一年(1942)淮川汝南堂木活字印本 二十一册 存二十一卷(一至六、八、十至十五、十七至二十四)

330000－1701－0070632 M002347、M005720 子部/雜著類/雜纂之屬
寄園寄所寄十二卷 (清)趙吉士輯 民國四年(1915)文盛書局石印本 八册

330000－1701－0070636 M002092 子部/農家農學類/蠶桑之屬
蠶體解剖實驗法一卷 稿本 一册

330000－1701－0070640 M002348 經部/群經總義類/傳說之屬
經學傳授考不分卷 劉師培撰 民國中華印刷局鉛印本 一册

330000－1701－0070641 M002349 子部/叢編
清代筆記叢刊四十一種 文明書局編 民國十一年(1922)上海文明書局石印本 四册 存一種

330000－1701－0070642 普 814.7/8064.5/2 集部/别集類/清别集
曾文正公文集三卷詩集一卷 (清)曾國藩撰 民國十五年(1926)上海掃葉山房石印本 四册

330000－1701－0070643 M002241 史部/地理類/雜志之屬
建築杭州西湖環湖馬路募捐册不分卷 盧永祥 齊耀珊輯 民國九年(1920)影印本 一册

330000－1701－0070645 普 814.7/8064.5/4/c2 類叢部/叢書類/彙編之屬
四部備要 中華書局編 民國二十五年(1936)上海中華書局鉛印本 四册 存一種

330000－1701－0070646 M002242 子部/藝術類/書畫之屬/法帖
草書加釋祝枝山千字文一卷 (明)祝允明書 民國天虛我生影印本 一册

330000－1701－0070648 M002243 子部/藝術類/書畫之屬/法帖
初拓鄭文公碑一卷 (北魏)鄭道昭書 民國上海有正書局影印本 一册

330000－1701－0070649 M002244 子部/醫家類/類編之屬
曹氏醫學叢書□□種 曹炳章編 民國紹興育新書局石印本 六册 存一種

330000－1701－0070654 M002245 子部/宗教類/佛教之屬
居士參禪提要一卷附錄一卷 太心居士輯 民國十一年(1922)武林印書館鉛印本 一册

330000－1701－0070655 M002246 子部/宗教類/佛教之屬
金剛般若波羅蜜經能斷金剛般若波羅蜜多經

會刊一卷　(後秦)釋鳩摩羅什譯　(唐)釋玄奘譯　民國二十年(1931)鉛印本　一冊

330000－1701－0070658　M002247　子部/宗教類/佛教之屬

決定生西日課不分卷　歐陽柱撰　民國十年(1921)石印本　一冊

330000－1701－0070660　M002095　集部/詞類/別集之屬

揚荷集四卷　邵瑞彭撰　民國十九年(1930)雙玉蟬館刻朱印本　邵瑞彭題記　一冊

330000－1701－0070661　JM00022　史部/傳記類/總傳之屬/家乘

[湖南長沙]黄金園朱氏六修支譜二十二卷首一卷　朱柱南纂修　民國三十四年(1945)念慈堂木活字印本　二十一冊　缺一卷(三)

330000－1701－0070662　M002248　史部/傳記類/別傳之屬/墓誌

清故誥授資政大夫誥封榮禄大夫二品頂戴賞戴花翎廣東分巡高廉兵備道陸公[心源]墓誌銘一卷　(清)俞樾撰　王同愈書　(清)李文田篆蓋　民國影印本　一冊

330000－1701－0070663　HJLA878　子部/醫家類

救急便覽一卷　曹元恆撰　民國鉛印本　一冊

330000－1701－0070664　HJHA509　子部/雜著類/雜編之屬

安士全書四種　(清)周夢顏撰　民國十一年(1922)上海佛學推行社鉛印本　一冊　存一種

330000－1701－0070667　普814.7/9763　集部/別集類/清別集

遜庵先生稾一卷　(清)惲日初撰　民國元年(1912)惲氏宗祠刻本　二冊

330000－1701－0070668　普814.7/8064.5/6　集部/別集類/清別集

曾文正公文集三卷詩集一卷　(清)曾國藩撰　民國八年(1919)上海掃葉山房石印本　四冊

330000－1701－0070669　JM00023　史部/傳記類/總傳之屬/家乘

朱氏支譜□□卷　民國考亭堂木活字印本　二冊　存二卷(一、四)

330000－1701－0070671　普814.7/9913/c1　類叢部/叢書類/自著之屬

桐鄉勞先生遺稿四種　勞乃宣撰　民國十六年(1927)桐鄉盧氏刻本　四冊　存二種

330000－1701－0070675　普814.7/9913/c2　類叢部/叢書類/自著之屬

桐鄉勞先生遺稿四種　勞乃宣撰　民國十六年(1927)桐鄉盧氏刻本　四冊　存二種

330000－1701－0070676　HJHA568　子部/儒家類/儒學之屬/禮教/家訓

資敬堂家訓二卷　(清)王師晉撰　民國二十五年(1936)鉛印本　一冊

330000－1701－0070677　JM00024　史部/傳記類/總傳之屬/家乘

[湖南]李氏五修族譜十卷首二卷　李弘毅　李奎垣纂修　民國二十年(1931)敦睦堂木活字印本　十二冊

330000－1701－0070679　普814.7/9950/c1　子部/儒家類/儒學之屬

餘山先生遺書十卷　(清)勞史撰　(清)桑調元　(清)沈廷芳編　**附餘山先生行狀一卷**　(清)桑調元撰　民國鉛印本　二冊

330000－1701－0070682　HJLA569　子部/雜著類/雜說之屬

戒淫保壽録一卷　陳參性撰　民國二十一年(1932)刻本　一冊

330000－1701－0070683　普814.7/9950/c2　子部/儒家類/儒學之屬

餘山先生遺書十卷　(清)勞史撰　(清)桑調元　(清)沈廷芳編　**附餘山先生行狀一卷**　(清)桑調元撰　民國鉛印本　二冊

330000－1701－0070686　M002350　史部/

時令類

時序話套一卷　民國抄本　一册

330000－1701－0070691　JM00025　史部/傳記類/總傳之屬/家乘

[湖南益陽]大栗港劉氏五修族譜十一卷首二卷　劉護貧　劉大錫主修　劉昌統纂修　民國十八年(1929)彭成堂木活字印本　十四册

330000－1701－0070692　M002351　史部/傳記類/總傳之屬/忠孝

忠義錄一卷　民國抄本　一册

330000－1701－0070697　M002352　類叢部/叢書類/自著之屬

雙槐廬叢書　李權撰　民國鍾祥李氏雙槐廬鉛印本　一册　存三種

330000－1701－0070700　M002249　子部/醫家類/養生之屬/導引、氣功

因是子靜坐法不分卷附錄不分卷　蔣維喬撰　民國二十四年(1935)上海商務印書館鉛印本　一册

330000－1701－0070702　普 951.0709913/2131/c1　史部/詔令奏議類/奏議之屬

順治元年内外官署奏疏不分卷　國立北京大學研究所國學門編　民國二十年(1931)國立北京大學研究所國學門影印本　一册

330000－1701－0070706　普 814.8/2600　集部/別集類/清別集

空山人遺稿四卷　(清)吳庚撰　(清)趙圻年輯　民國七年(1918)刻本　四册

330000－1701－0070707　JM00026　史部/傳記類/總傳之屬/家乘

[湖南湘潭]湘潭白汑劉氏四修族譜十六卷首一卷　劉澤苐等主修　劉名雷等纂修　民國十八年至十九年(1929－1930)崇讓堂木活字印本　十一册　存十六卷(首,一至六、八至十六)

330000－1701－0070708　M002353　子部/雜著類

蠡測叢鈔一卷　民國抄本　一册

330000－1701－0070710　普 951.0709913/2131/c2　史部/詔令奏議類/奏議之屬

順治元年内外官署奏疏不分卷　國立北京大學研究所國學門編　民國二十年(1931)國立北京大學研究所國學門影印本　一册

330000－1701－0070714　M002093　集部/別集類

清暉吟稾一卷續一卷　陳斠玄撰　民國二十九年(1940)油印本　一册

330000－1701－0070715　普 951.0709913/4067　史部/詔令奏議類/奏議之屬

蘇州織造李煦奏摺一卷　(清)李煦撰　國立北平故宫博物院文獻館編　民國二十六年(1937)國立北平故宫博物院鉛印本　一册

330000－1701－0070717　普 814.7/2621.2　集部/別集類

秋水集一卷附悼亡妻香祖詩二十首一卷　吳虞撰　**朝華詞一卷**　陳碧秀錄　民國二年至五年(1913－1916)吳氏愛智廬刻本　一册

330000－1701－0070718　M002250　子部/宗教類/佛教之屬

密乘課本不分卷　民國石印本　五册

330000－1701－0070719　JM00027　史部/傳記類/總傳之屬/家乘

[湖南湘潭]湘潭清水塘劉氏支譜二十二卷　劉千璜纂修　民國十八年(1929)傳經堂木活字印本　二十一册　存二十一卷(一至九、十一至二十二)

330000－1701－0070720　M002354　史部/地理類/專志之屬/祠墓

聖廟先賢從祀位次一卷附陳設圖樂章一卷　民國抄本　一册

330000－1701－0070722　HJHA574　集部/小說類/短篇之屬

踐卓翁小說第一輯一卷第二輯一卷　林紓撰　民國二年(1913)、五年(1916)北京平報社鉛印本　二册

330000－1701－0070727　M002251　史部/

傳記類/總傳之屬/家乘

[浙江嘉善]嘉善項氏支譜一卷 項乃斌輯 民國二十四年(1935)鉛印本 一冊

330000－1701－0070729 普814.8/4010 集部/別集類

李子瑾文錄二卷附書一卷 李瑜撰 民國二十三年(1934)鉛印本 一冊

330000－1701－0070730 M002094 子部/宗教類/佛教之屬/諸宗

聖救度佛母修持法不分卷 諾那呼圖克圖撰 吳潤江編 民國二十四年(1935)上海覺圓精舍鉛印本 一冊

330000－1701－0070733 M002252 集部/小說類/長篇之屬

繪圖説唐前傳三卷六十八回後傳二卷四十二回首一卷 民國石印本 一冊 存一卷(前傳一)

330000－1701－0070734 HJHA183 新學/政治法律/律例

農商法規彙編不分卷 民國石印本 一冊

330000－1701－0070735 JM00028 史部/傳記類/總傳之屬/家乘

[湖南]順塘鄭氏續修族譜六卷首一卷 鄭顯仁主修 鄭燕斌等纂修 民國二十一年(1932)榮陽堂木活字印本 五冊 存六卷(首,一至二、四至六)

330000－1701－0070739 M002355 史部/傳記類/別傳之屬

高氏家傳不分卷 (清)高承埏等撰 民國抄本 一冊

330000－1701－0070740 M002253 子部/宗教類/佛教之屬/諸宗

三論宗綱要一卷 (日本)前田慧雲撰 朱元善譯 民國十四年(1925)上海商務印書館鉛印本 一冊

330000－1701－0070741 M002356 經部/小學類/訓詁之屬/爾雅

小爾雅一卷 (清)任兆麟註 **唐步天歌一卷** (唐)王希明撰 民國抄本 一冊

330000－1701－0070747 M002357 經部/詩類/專著之屬

詩緒輯雅四卷 (清)朱維魚撰 民國抄本 一冊

330000－1701－0070750 普814.8/4440 集部/別集類

葉伯和著述叢稿不分卷 葉式和撰 民國石印本 一冊

330000－1701－0070751 M002254 子部/宗教類/佛教之屬

秘密行法簡易課本第一集不分卷 釋大阿闍梨文殊揭諦錄 民國二十三年(1934)鉛印本 一冊

330000－1701－0070753 JM00029 史部/傳記類/總傳之屬/家乘

[河南]鄭氏族譜二十二卷首三卷 鄭幼陶 鄭雪岑纂修 民國二十一年(1932)長壽蕭際雲榮陽堂木活字印本 二十一冊 存二十一卷(首上中下,一至十二、十五、十八至二十二)

330000－1701－0070754 M002358 子部/小說家類/異聞之屬

燈下閑談二卷 民國九年(1920)上海商務印書館鉛印本 一冊

330000－1701－0070756 M002359 子部/藝術類/書畫之屬/法帖

初拓鄭文公碑一卷 (北魏)鄭道昭書 民國六年(1917)上海有正書局影印本 一冊

330000－1701－0070757 M002096 集部/別集類

企言隨筆一卷附遊戲文章一卷 周葆貽撰 民國二十四年(1935)鉛印本 周葆貽題記 一冊

330000－1701－0070759 普814.7/8078 集部/別集類/清別集

瓶廬詩鈔四卷詞鈔一卷文鈔一卷 (清)翁同龢撰 翁永孫輯 民國元年(1912)常熟開文

社鉛印本　二册

330000－1701－0070762　普 814.8/8358、普 814.8/8358.4　類叢部/叢書類/自著之屬
名山全集三十四種　錢振鍠撰　民國木活字印本暨鉛印本　四册　存三種

330000－1701－0070764　M002097　史部/傳記類/別傳之屬/事狀
秦景容先生[裕伯]事蹟考一卷附上海縣城隍神靈異記一卷　秦錫田輯　民國二十二年(1933)鉛印本　一册

330000－1701－0070765　HJHA580　史部/金石類/總志之屬
顧氏金石輿地叢書第一集八種　顧燮光編　民國十八年(1929)會稽顧氏金佳石好樓鉛印本暨石印本　二册　存一種

330000－1701－0070767　普 814.7/8078.2/c1　集部/别集類/清别集
瓶廬詩鈔四卷詞鈔一卷文鈔一卷　(清)翁同龢撰　翁永孫輯　民國元年(1912)常熟開文社鉛印本　二册

330000－1701－0070768　M002098　子部/宗教類/佛教之屬
淨土徵經録一卷西方確指一卷　(明)釋覺明妙行說　釋常攝集　**往生淨土懺願儀一卷**　(宋)釋遵式撰輯　**阿彌陀佛懺法一卷**　民國刻本　一册

330000－1701－0070769　HJHA194　史部/雜史類/斷代之屬
滿清稗史十六種附二種　陸保璿輯　民國二年(1913)新中國圖書局鉛印本　一册　存一種

330000－1701－0070772　普 814.7/8078.2/c2　集部/别集類/清别集
瓶廬詩鈔四卷詞鈔一卷文鈔一卷　(清)翁同龢撰　翁永孫輯　**樂齋賸草一卷**　(清)翁琳孫撰　翁永孫輯　民國元年(1912)常熟開文社鉛印本　二册

330000－1701－0070776　M002255　子部/宗教類/佛教之屬/經
無上甚彌微妙三經不分卷　釋超一譯　民國二十五年(1936)真言研究社鉛印本　一册

330000－1701－0070777　HJH814.7/4048.6/2　集部/别集類/清别集
小倉山房文集三十五卷　(清)袁枚撰　民國山海文明書局石印本　朱振發題記　八册

330000－1701－0070779　普 814.7/8078.3　集部/别集類/清别集
瓶廬叢稿十卷　(清)翁同龢撰　民國二十四年(1935)上海商務印書館據手稿本影印本　十册

330000－1701－0070781　HJHA186　子部/雜著類
惺世明賢通天覺路不分卷　民國中性堂抄本　一册

330000－1701－0070783　M002099　類叢部/叢書類/自著之屬
遼居雜箸丙編四種　羅振玉撰　民國二十三年(1934)上虞羅氏七經堪石印本　一册　存一種

330000－1701－0070789　M002100　子部/宗教類/佛教之屬/諸宗
圓頓宗眼一卷　(宋)釋法登述　**始終心要注一卷**　(唐)釋湛然述　(宋)釋從義注　民國十二年(1923)杭州刻經處刻本　一册

330000－1701－0070790　普 951.071/9260.2　類叢部/叢書類/郡邑之屬
遼海叢書八十種附一種　金毓黻編　民國二十年至二十三年(1931－1934)遼海書社鉛印本([康熙]廣寧縣志卷七至八原缺)　四册　存一種

330000－1701－0070791　M002101　集部/總集類/郡邑之屬
禹域叢書三種十二卷　禹域新聞社輯　民國鉛印本　一册　存一種

330000－1701－0070792　普 951.071/9261/c1　史部/編年類/斷代之屬

大清太祖承天廣運聖德神功肇紀立極仁孝武皇帝實錄四卷　故宮博物院文獻館編　民國二十一年(1932)北平故宮博物院鉛印本　一冊

330000－1701－0070795　普 951.071/9261/c2　史部/編年類/斷代之屬
大清太祖承天廣運聖德神功肇紀立極仁孝武皇帝實錄四卷　故宮博物院文獻館編　民國二十一年(1932)北平故宮博物院鉛印本　一冊

330000－1701－0070797　普 951.071/9262/c1　史部/編年類/斷代之屬
大清太祖承天廣運聖德神功肇紀立極仁孝睿武端毅欽安弘文定業高皇帝實錄十卷　(清)勒德洪　(清)明珠等纂修　北平故宮博物院文獻館編　民國二十年(1931)北平故宮博物院鉛印本　一冊

330000－1701－0070802　普 951.071/9262/c2　史部/編年類/斷代之屬
大清太祖承天廣運聖德神功肇紀立極仁孝睿武端毅欽安弘文定業高皇帝實錄十卷　(清)勒德洪　(清)明珠等纂修　北平故宮博物院文獻館編　民國二十年(1931)北平故宮博物院鉛印本　一冊

330000－1701－0070803　普 951.071/9262/c3　史部/編年類/斷代之屬
大清太祖承天廣運聖德神功肇紀立極仁孝睿武端毅欽安弘文定業高皇帝實錄十卷　(清)勒德洪　(清)明珠等纂修　北平故宮博物院文獻館編　民國二十年(1931)北平故宮博物院鉛印本　一冊

330000－1701－0070806　普 814.7/82121　集部/别集類
還讀我書齋鈔存四卷外集五卷附一卷　鍾元贊撰　民國十三年(1924)刻本　六冊

330000－1701－0070809　M002256　子部/宗教類/佛教之屬/經
佛說大白傘蓋總持達喇呢經一卷　(元)釋俊辯　(元)釋真治譯　民國十四年(1925)鉛印本　一冊

330000－1701－0070810　普 951.071/9263　史部/編年類/斷代之屬
太祖高皇帝實錄稿本三種　羅振玉輯　民國二十二年(1933)上虞羅氏史料整理處影印本　四冊

330000－1701－0070811　普 925.17/3191.2/2　類叢部/叢書類/彙編之屬
嘉業堂叢書五十七種　劉承幹輯　民國吳興劉氏嘉業堂刻本　一冊　存一種

330000－1701－0070813　M002257　子部/宗教類/佛教之屬
椎擊三要訣勝法解一卷貢噶上師恒河大手印直講一卷　釋大善解功德主大師撰　釋貢噶上師傳授　民國二十七年(1938)鉛印本　一冊

330000－1701－0070815　M002102　史部/目録類/總録之屬/官修
四庫全書敘一卷四庫全書攷證一卷　李時撰　**姚彥長觀書例一卷**　(清)姚晋圻撰　**田曨初觀書後例一卷**　(清)田明昶撰　民國十四年(1925)北京慈祥工廠石印本　一冊

330000－1701－0070816　M002360　子部/藝術類/書畫之屬/法帖
初拓孫過庭書譜一卷　(唐)孫過庭撰並書　民國影印本　一冊

330000－1701－0070818　M002258　史部/金石類/石之屬/題跋
南齊吕超墓誌跋不分卷　范壽銘　周樹人撰　民國鉛印本　一冊

330000－1701－0070820　M002361　子部/藝術類/書畫之屬/法帖
宋拓全本虞恭公溫公碑一卷　(唐)歐陽詢書　民國影印本　一冊

330000－1701－0070822　JM00030　史部/傳記類/總傳之屬/家乘
[湖南邵陽]邵東劉氏續修支譜七卷首一卷末一卷　劉再禮主修　劉再淑總纂　民國五年

(1916)藜照堂木活字印本　三冊　存七卷(首,一至二、五至七,末)

330000 - 1701 - 0070823　HJHA187　子部/小說家類/雜事之屬
繪圖廣註坐花誌果八卷　(清)汪道鼎撰　(清)鷲峰樵者音釋　民國上海廣益書局石印本　一冊　存二卷(七至八)

330000 - 1701 - 0070824　HJLA219　子部/醫家類/内科之屬
葆精大論一卷　(清)王建善撰　民國二十七年(1938)鉛印本　一冊

330000 - 1701 - 0070825　HJLA189　史部/地理類/遊記之屬/紀行
金陵遊記一卷　姚濮撰　民國七年(1918)鉛印本　一冊

330000 - 1701 - 0070826　M002259　史部/傳記類/别傳之屬/墓誌
天虛我生桃源墓誌一卷　陳栩撰　民國影印本　一冊

330000 - 1701 - 0070827　HJHA582　史部/目録類/通論之屬/考訂
校讐通義四卷　(清)章學誠撰　民國上海會文堂書局石印本　一冊

330000 - 1701 - 0070831　JM00031　史部/傳記類/總傳之屬/家乘
[湖南邵陽]邵東雙江劉氏續修族譜十五卷首一卷　劉韶贊主修　劉韶梅纂修　民國十八年(1929)木活字印本　十八冊　存十五卷(首,一至八、十至十五)

330000 - 1701 - 0070832　普816.2/1122　史部/傳記類/日記之屬
澗于日記不分卷(光緒四年十月初一日至二十一年五月三十日)　(清)張珮綸撰　民國豐潤張氏澗于草堂石印本　十二冊

330000 - 1701 - 0070833　HJHA094　集部/總集類/尺牘之屬
明清十大家尺牘　文明書局輯　民國十年(1921)上海文明書局石印本　一冊　存一種

330000 - 1701 - 0070834　M002362　集部/别集類
古瓶山小草訂一卷　汪鍾祥撰　民國屠玄熙抄本　一冊

330000 - 1701 - 0070835　M002260　史部/傳記類/别傳之屬/事狀
明中山王徐達傳注一卷　朱孔彰撰　民國抄本　一冊

330000 - 1701 - 0070838　M002261　子部/藝術類/書畫之屬/法帖
字帖集錦第二輯不分卷　周菊人輯　民國十六年(1927)上海文明書局影印本　一冊

330000 - 1701 - 0070839　HJHA583　史部/目録類/總録之屬/私撰
蟫隱廬新書目錄第二期一卷校刊印行書籍提要一卷碑帖目錄一卷　蟫隱廬書莊編　民國上海蟫隱廬書莊石印本　一冊

330000 - 1701 - 0070840　HJHA096　集部/總集類/尺牘之屬
新撰學生尺牘不分卷　商務印書館編譯所編纂　民國八年(1919)上海商務印書館石印本　二冊

330000 - 1701 - 0070843　M002262　類叢部/叢書類/自著之屬
越綴四種六卷　陳祖培撰　民國九年(1920)紹興印刷所鉛印本　一冊

330000 - 1701 - 0070845　M002103　子部/雜著類/雜說之屬
菿漢微言一卷　章炳麟口述　吳承仕記　民國五年(1916)鉛印本　吳承仕題記　一冊

330000 - 1701 - 0070847　JM00032　史部/傳記類/總傳之屬/家乘
[湖南益陽]益陽白鹿劉氏五修支譜十卷首二卷　劉耀昂　劉文壽等纂修　民國三十七年(1948)彭城堂木活字印本　十冊　存十卷(首上下,二至七、九至十)

330000 - 1701 - 0070849　M002263　史部/傳記類/總傳之屬/人表

辛亥殉難表不分卷　吳慶坻輯　民國鉛印本　一冊

330000－1701－0070852　M002104　子部/藝術類/書畫之屬/法帖

宋拓九成宮醴泉銘一卷　（唐）歐陽詢書　民國影印本　一冊

330000－1701－0070853　普814.7/8308.3　類叢部/叢書類/彙編之屬

四部叢刊　張元濟等編　民國八年（1919）上海商務印書館影印本　十二冊　存一種

330000－1701－0070854　M002264　集部/戲劇類

紹興戲腳本一卷　民國抄本　一冊

330000－1701－0070855　普816.608/2683/c3　集部/總集類/尺牘之屬

歷代名人書札二卷　吳曾祺輯　民國八年（1919）上海商務印書館鉛印本　一冊

330000－1701－0070856　M002363　史部/職官類/官箴之屬

官鑑輯要不分卷　民國抄本　四冊

330000－1701－0070857　HJHA098　集部/總集類/尺牘之屬

新撰女子尺牘二卷　商務印書館編譯所編　民國七年（1918）上海商務印書館石印本　二冊

330000－1701－0070859　M002265　史部/金石類/璽印之屬/文字

選集漢印分韻二卷　（清）袁日省輯　（清）謝雲生臨摹　**續集漢印分韻二卷**　（清）謝景卿輯並臨摹　民國上海文瑞樓石印本　二冊

330000－1701－0070860　JM00033　史部/傳記類/總傳之屬/家乘

［湖南沅江］沅江劉氏四修支譜十四卷　劉才斗　劉時及等纂修　民國十九年（1930）彭城堂木活字印本　十四冊

330000－1701－0070861　M002364　集部/總集類/選集之屬/斷代

姚姬傳先生唐人五言絕句詩鈔一卷七言絕句詩鈔一卷　（清）姚鼐選　民國二十六年（1937）上海文明書局石印本　朱怙生題記　一冊

330000－1701－0070862　普816.608/2683/2/c3　集部/總集類/尺牘之屬

歷代名人書札二卷　吳曾祺輯　民國上海商務印書館鉛印本　二冊

330000－1701－0070867　M002266　集部/別集類

王誦先詩稿一卷　稿本　一冊

330000－1701－0070871　JM00034　史部/傳記類/總傳之屬/家乘

［山西］劉氏續修族譜九卷首一卷　劉繼有　劉英華纂修　民國二十年（1931）藜照堂木活字印本　九冊　存九卷（首，一至三、五至九）

330000－1701－0070875　普925.17/1922.8/c2　史部/傳記類/別傳之屬/事狀

殉節紀一卷　張之純撰　民國四年（1915）鉛印本　一冊

330000－1701－0070876　M002267　類叢部/叢書類

察今堂叢書□□種　民國鉛印本　十冊　存一種

330000－1701－0070877　M002365　類叢部/叢書類/自著之屬

圓菴最近叢刻　陳垣撰　民國鉛印本　一冊　存二種

330000－1701－0070884　M002268　子部/藝術類/書畫之屬/書法書品

論書絕句六十首一卷　胡元常撰　民國中國書店鉛印本　一冊

330000－1701－0070885　M002366　子部/藝術類/書畫之屬/法帖

楊穌甫先生手蹟四種不分卷　（清）楊調元書　民國三年（1914）石印本　一冊

330000－1701－0070887　HJH814.7/4076/c3

集部/别集類/清别集
袁太史詩文遺鈔一卷 (清)袁鵬圖撰 民國鉛印本 一册

330000－1701－0070888 M002275 集部/曲類/曲韻曲譜曲律之屬
拾金一卷 民國抄本 一册

330000－1701－0070889 HJHA196 史部/傳記類/别傳之屬
誅筆沓錄一卷 劉錦藻輯 民國五年(1916)石印本 一册

330000－1701－0070893 普 816.608/2683.2/c2 集部/總集類/尺牘之屬
歷代名人小簡二卷 吳曾祺輯 民國四年(1915)上海商務印書館鉛印本 二册

330000－1701－0070895 JM00035 史部/傳記類/總傳之屬/家乘
[湖南]劉氏五修族譜七卷首三卷 劉希超 劉向垚等纂修 民國三十七年(1948)祿閣堂木活字印本 十册

330000－1701－0070896 M002269 集部/别集類
病驥五十無量刼反省詩一卷 侯鴻鑑撰 民國十年(1921)鉛印本 一册

330000－1701－0070897 HJHA102 新學/工藝
工藝實業製造新書八卷 (日本)中村蘆舟纂 民國五年(1916)上海才記石印局石印本 一册 存三卷(一至三)

330000－1701－0070899 普 816.608/3683.01 集部/總集類/尺牘之屬
歷代名人書札註釋四卷 許國英撰 民國十三年(1924)上海商務印書館鉛印本 四册

330000－1701－0070900 M002367 經部/小學類/音韻之屬/韻書
詩韻全璧一卷 民國抄本 馬洛題記 一册

330000－1701－0070901 M002270 集部/曲類/曲韻曲譜曲律之屬
玉簪記一卷 民國抄本 一册

330000－1701－0070902 JM00036 史部/傳記類/總傳之屬/家乘
[江蘇]劉氏續修族譜□□卷 民國二十二年(1933)彭城郡木活字印本 二十八册 存二十七卷(首中下,一至二十二、二十四至二十六)

330000－1701－0070904 M002271 集部/曲類/曲韻曲譜曲律之屬
僧尼會一卷 民國抄本 一册

330000－1701－0070905 普 816.608/2683.02/c1 集部/總集類/尺牘之屬
歷代名人書札續編二卷 吳曾祺輯 民國三年(1914)上海商務印書館鉛印本 四册

330000－1701－0070908 普 816.608/2683.02/c3 集部/總集類/尺牘之屬
歷代名人書札續編二卷 吳曾祺輯 民國九年(1920)上海商務印書館鉛印本 四册

330000－1701－0070910 HJHA103 集部/别集類/唐五代别集
李長吉集四卷外卷一卷 (唐)李賀撰 (清)黃淳耀評點 民國中國詩畫會社影印本 四册

330000－1701－0070911 普 925.17/2047.4 史部/傳記類/别傳之屬/事狀
香妃小記一卷 魏子丹撰 民國三十一年(1942)鉛印本 一册

330000－1701－0070912 M002272 集部/曲類/曲韻曲譜曲律之屬
四絃秋一卷 民國抄本 一册

330000－1701－0070913 M002368 集部/别集類/清别集
娱蘭仙館詩鈔一卷生花館詞一卷 (清)徐承祿撰 民國油印本 徐介延題記 一册 存一卷(娱蘭仙館詩鈔)

330000－1701－0070915 JM00037 史部/傳記類/總傳之屬/家乘

[湖南]姜源鄭氏七修家譜□□卷首三卷　鄭振鑫等編修　民國三十六年(1947)蕭際雲南陽堂木活字印本　十九册　存十九卷(首上中下,一至十四、十六至十七)

330000－1701－0070917　M002273　集部/曲類/曲韻曲譜曲律之屬
牡丹亭二卷　民國抄本　二册

330000－1701－0070918　普 814.7/8443　集部/别集類/清别集
占齋詩文集八卷　(清)饒芝祥撰　民國二十一年(1932)南昌銘記印刷所鉛印本　三册

330000－1701－0070919　HJH814.7/4088/c3　集部/别集類/清别集
越縵堂文集十二卷　(清)李慈銘撰　民國十九年(1930)國立北平圖書館鉛印本　四册

330000－1701－0070921　M002274　集部/曲類/曲韻曲譜曲律之屬
拾金一卷　民國抄本　一册

330000－1701－0070923　M002276　集部/曲類/曲韻曲譜曲律之屬
寶劍記一卷　民國抄本　一册

330000－1701－0070924　M002369　集部/别集類/明别集
丁清惠公遺集不分卷　(明)丁賓撰　民國抄本　二册

330000－1701－0070926　M002277　集部/曲類/曲韻曲譜曲律之屬
紅梨記一卷　民國抄本　一册

330000－1701－0070927　M002370　史部/目録類/版本之屬/書影
涉園所見宋板書影第一輯不分卷第二輯不分卷　陶湘輯　民國二十六年(1937)陶湘影印本　二册

330000－1701－0070928　M002105　新學/理學/文學
日本文法講義不分卷　沈子良編　民國石印本　一册

330000－1701－0070934　M002106　子部/宗教類/佛教之屬/經
金光明最勝王經疏二十六卷　(唐)釋義净譯　(唐)釋慧沼疏　民國六年(1917)金陵刻經處刻本　一册　存二卷(一至二)

330000－1701－0070940　普 816.608/2683.202/c2　集部/總集類/尺牘之屬
歷代名人小簡續編二卷　吳曾祺輯　民國三年(1914)上海商務印書館鉛印本　二册

330000－1701－0070944　HJHA199　史部/政書類/公牘檔册之屬
爲滄縣張氏私立圖書館徵書啟一卷　步以莊等撰　民國鉛印本　一册

330000－1701－0070947　M002107　史部/政書類/公牘檔册之屬
浙江第五區菸酒事務分局查獲僞造印照案不分卷　民國鉛印本　一册

330000－1701－0070949　JM00038　史部/傳記類/總傳之屬/家乘
[湖南]溈寧梘坪鄧氏三修支譜二十三卷首一卷末一卷　鄧吟齋等纂修　民國三十四年(1945)守藝堂木活字印本　十五册　存十九卷(首,一、三至四、六至十四、十六至十九、二十三,末)

330000－1701－0070954　M002371　史部/傳記類/别傳之屬/年譜
查丙塘先生自述一卷　查奕照記　**惜陰主人自序畧一卷**　吳雲峰撰　民國二十三年(1934)抄本　一册

330000－1701－0070960　M002108　集部/總集類/選集之屬/通代
唐宋十大家全集　(清)儲欣輯　民國十四年(1925)上海大通書局石印本　三十二册

330000－1701－0070961　JM00039　史部/傳記類/總傳之屬/家乘
[湖南]南湘鄧氏續修族譜十卷　鄧宗鑑　鄧宗玨纂修　民國十三年(1924)南陽堂木活字印本　八册　存八卷(一、四至十)

330000－1701－0070966　HJLA201　集部/別集類

梁巨川先生遺筆一卷　梁濟撰　民國影印本　一冊

330000－1701－0070967　普 814.7/8718.2　集部/別集類/清別集

遵義鄭徵君遺著二十一卷　(清)鄭珍撰　**埘屈廬詩稿四卷**　(清)鄭同知撰　民國三年至四年(1914－1915)陳夔龍花近樓刻本　八冊

330000－1701－0070974　普 816.608/2683.202/c3　集部/總集類/尺牘之屬

歷代名人小簡續編二卷　吳曾祺輯　民國十五年(1926)上海商務印書館鉛印本　二冊

330000－1701－0070975　JM00040　史部/傳記類/總傳之屬/家乘

[湖南]鄧氏宗譜□□卷首二卷　鄧傑人　鄧策勳纂修　民國二十五年(1936)南陽堂木活字印本　二十冊　存二十卷(首一至二,一至三、六至八、十至二十一)

330000－1701－0070977　M002113　史部/傳記類/別傳之屬

奚萼銜先生四十初度引延錄不分卷　民國十四年(1925)影印本　二冊

330000－1701－0070991　HJHA591　類叢部/叢書類/自著之屬

晨風廬叢刊十八種　周慶雲撰　民國吳興周氏夢坡室刻本　九冊　存二種

330000－1701－0070993　普 925.17/2594.4　史部/傳記類/雜傳之屬

一紙再生史不分卷　朱志一輯　民國二十六年(1937)鉛印本　華道人批　一冊

330000－1701－0070997　M002278　子部/藝術類/篆刻之屬/印論

治印雜説不分卷　王世纂　民國十五年(1926)上海古今圖書店鉛印本　一冊

330000－1701－0070998　普 816.608/3840/c1　集部/總集類/尺牘之屬

淄林尺牘一卷　(清)釋道古撰　民國二十三年(1934)鉛印本　一冊

330000－1701－0071002　M002279　集部/別集類/明別集

王次回疑雨集註四卷　(明)王彥泓撰　(□)句漏後裔釋　民國七年(1918)上海文明書局石印本　四冊

330000－1701－0071005　M002109、M004362　類叢部/叢書類/自著之屬

寓園叢書七種　張其淦撰　民國十九年(1930)鉛印本　四冊　存一種

330000－1701－0071008　普 951.07303/5259/c1　史部/雜史類/斷代之屬

文獻叢編增刊(清三藩史料)六輯　北平故宮博物院編　民國二十年至二十一年(1931－1932)北平故宮博物院鉛印本　六冊

330000－1701－0071010　普 814.7/8332　類叢部/叢書類/郡邑之屬

雲南叢書初編一百四十一種二編三十七種　趙藩　陳榮昌等輯　民國雲南叢書處刻本　六冊　存一種

330000－1701－0071012　普 951.07303/5259/c2　史部/雜史類/斷代之屬

文獻叢編增刊(清三藩史料)六輯　北平故宮博物院編　民國二十年至二十一年(1931－1932)北平故宮博物院鉛印本　六冊

330000－1701－0071013　JM00049　史部/傳記類/總傳之屬/家乘

[湖南邵陽]團山禹氏四修族譜□□卷　民國敦倫堂木活字印本　九十一冊　存九十二卷(一至三十二、三十四至九十三)

330000－1701－0071018　M002373　子部/藝術類

萬國攝影函授學校講義六卷　謝挺生編　民國影印本　一冊

330000－1701－0071021　普 925.17/2837.2　史部/傳記類/別傳之屬/年譜

徐愚齋自敘年譜一卷上海雜記一卷　(清)徐潤撰　徐廷鑾等續補　民國十六年(1927)香

山徐氏鉛印本　一冊

330000－1701－0071022　M002374　經部/小學類/文字之屬/字書/古文

鐘鼎字源五卷附録一卷　(清)汪立名撰　民國四年(1915)掃葉山房石印本　三冊

330000－1701－0071028　M002375　子部/雜著類/雜説之屬

景船齋雜記二卷　(清)章有謨撰　民國上海中華圖書館石印本　二冊

330000－1701－0071034　JM00041　史部/傳記類/總傳之屬/家乘

[湖南邵陽]爐前周氏四修族譜三十四卷首三卷　周國裼等纂修　民國三十三年(1944)敦睦堂木活字印本　三十七冊

330000－1701－0071036　M002110　類叢部/叢書類/彙編之屬

四部備要　中華書局編　民國二十五年(1936)上海中華書局鉛印本　八冊　存一種

330000－1701－0071037　M002376　史部/雜史類/斷代之屬

戰國策三十三卷　(漢)高誘注　民國十六年(1927)上海錦章圖書局石印本　四冊

330000－1701－0071039　普816.608/3840/c2　集部/總集類/尺牘之屬

淄林尺牘一卷　(清)釋道古撰　民國二十三年(1934)鉛印本　一冊

330000－1701－0071044　M002377　經部/小學類/文字之屬/説文

説文提要一卷　(清)陳建侯撰　民國十四年(1925)掃葉山房石印本　一冊

330000－1701－0071047　M002111、M002732　類叢部/類書類/通類之屬

國民寶庫二十四卷　中華書局編　民國八年(1919)中華書局鉛印本　五冊　存十九卷(六至二十四)

330000－1701－0071052　M002112　子部/藝術類/書畫之屬/法帖

鄧石如楷書隸書三種合冊不分卷　(清)鄧石如書　民國上海有正書局石印本　一冊

330000－1701－0071056　HJHA598　類叢部/叢書類/彙編之屬

對樹書屋叢刻六種　趙詒琛編　民國二十年至二十五年(1931－1936)崑山趙氏對樹書屋刻本　一冊　存一種

330000－1701－0071059　HJH814.7/4315　集部/別集類/清別集

橫山文集十六卷詩集六卷　(清)裘璉撰　**橫山先生年譜一卷**　(清)裘姚崇原編　(清)王家振節鈔　民國三年(1914)甬上旅遯軒鉛印本　四冊

330000－1701－0071061　HJHA113　子部/雜著類/雜説之屬

仙佛真傳章句直解不分卷　民國上海掃葉山房石印本　一冊

330000－1701－0071062　HJLA897　集部/別集類/清別集

綺秋閣詩選十卷　(清)夏紹笙撰　民國十一年(1922)黄以文堂刻本　夏紹笙題記　一冊　存三卷(八至十)

330000－1701－0071065　HJHA207　類叢部/叢書類/彙編之屬

四部叢刊　張元濟等編　民國上海商務印書館影印本　三冊　存一種

330000－1701－0071067　HJHA600　集部/詩文評類

昭昧詹言十卷續八卷續録二卷附録一卷陶詩附考一卷　(清)方東樹撰　民國七年(1918)上海亞東圖書館鉛印本　三冊　缺六卷(五至十)

330000－1701－0071073　HJLA900　子部/雜著類

晚晴簃選詩社徵求清代詩集啟一卷　徐世昌撰　民國石印本　一冊

330000－1701－0071074　HJHA116　集部/總集類/選集之屬/斷代

孔宅詩二卷　姚文棟輯　民國三年(1914)鉛印本　一冊　存一卷(二)

330000－1701－0071078　HJLA117　子部/雜著類/雜編之屬
簷曝雜記四卷　(清)趙翼撰　民國有正書局鉛印本　劉承幹題記　二冊

330000－1701－0071080　HJLA969　史部/傳記類/科舉録之屬/總録
澹園青錢集不分卷　澹園叟輯　稿本　三十七冊

330000－1701－0071081　HJLA118　子部/小說家類/異聞之屬
江湖異聞四卷　謝晙喜編　民國十年(1921)上海會文堂書局石印本　四冊

330000－1701－0071083　HJHA001　集部/總集類/郡邑之屬
潯溪詩徵四十卷補遺一卷　周慶雲輯　民國六年(1917)周氏夢坡室刻本　十九冊

330000－1701－0071094　HJHA005　子部/藝術類/書畫之屬/畫譜
醉墨軒畫稿四卷　胡郯卿繪　民國海左書局石印本　四冊

330000－1701－0071100　HJLA006　子部/小說家類/異聞之屬
遯窟讕言十二卷　(清)王韜撰　民國二年(1913)惜陰書屋石印本　六冊

330000－1701－0071101　HJHA904　子部/儒家類/儒家之屬
荀子二十卷　(唐)楊倞注　**荀子校勘補遺一卷**　(清)謝墉撰　民國六年(1917)上海掃葉山房石印本　一冊　存五卷(一至五)

330000－1701－0071104　HJLA605　子部/雜著類/雜說之屬
椒生隨筆八卷　(清)王之春撰　民國刻本　三冊　存六卷(三至八)

330000－1701－0071107　HJLA008　子部/雜著類/雜說之屬
梵天廬叢録三十七卷　柴萼撰　民國十五年(1926)上海中華書局石印本　十八冊

330000－1701－0071109　HJHA906　集部/小說類/長篇之屬
上下古今談四卷二十回　吳敬恒撰　民國上海文明書局鉛印本　一冊　存一卷(一)

330000－1701－0071112　HJHA791　集部/小說類/長篇之屬
上下古今談四卷二十回　吳敬恒撰　民國上海文明書局鉛印本　二冊　存二卷(一、三)

330000－1701－0071119　HJHA908　集部/總集類/選集之屬/通代
言文一貫古文觀止十二卷　文明書局編輯　民國上海文明書局石印本　五冊　存五卷(一、四至五、八、十一)

330000－1701－0071126　HJH814.7/4332　集部/別集類/清別集
明秋館選課一卷古今體詩存一卷詞賸一卷附曲兩齣　(清)裘凌仙撰　民國三年(1914)鉛印本　二冊

330000－1701－0071127　HJHA216　史部/傳記類/別傳之屬/事狀
鍾伯荃年丈八秩壽言彙錄一卷　鍾蓀輯　民國十五年(1926)鉛印本　一冊

330000－1701－0071128　HJLA013　子部/小說家類/雜事之屬
新刊大宋宣和遺事四卷　民國四年(1915)上海商務印書館鉛印本　劉承幹題記　四冊

330000－1701－0071131　HJHA014　類叢部/叢書類/自著之屬
曾文正公四種　(清)曾國藩撰　民國上海著易堂書局石印本　五冊　存三種

330000－1701－0071133　HJLA217　類叢部/叢書類/彙編之屬
文學叢書　上海醫學書局編　民國上海醫學書局鉛印本　一冊　存一種

330000－1701－0071140　HJLA218　史部/

傳記類/總傳之屬/斷代

辛亥殉難記五卷首一卷辛亥殉難表不分卷 吳慶坻輯 民國五年(1916)鉛印本 一册 存目錄

330000－1701－0071142 HJLA221 史部/政書類/邦計之屬

魏頌唐偶存稿三卷 魏頌唐撰 民國十六年(1927)鉛印本 一册 存一卷(浙江財政最近狀況)

330000－1701－0071148 HJHA910 集部/總集類/尺牘之屬

古今尺牘大觀上編不分卷 姚漢章 張相纂輯 **古今尺牘大觀下編不分卷** 鍾毓龍 朱用賓纂輯 民國上海中華書局鉛印本 十册 存十册(上編一至二、四至九、十一,下編八)

330000－1701－0071149 HJLA997 類叢部/叢書類/彙編之屬

四部叢刊 張元濟等編 民國八年(1919)上海商務印書館影印本 二册 存一種

330000－1701－0071150 HJHA911 集部/詩文評類/文法之屬/函牘格式

詳註通用尺牘六卷附錄二卷 中華書局編輯 民國上海中華書局鉛印本 三册 存五卷(一至五)

330000－1701－0071151 HJHA912 集部/別集類/宋別集

文信國書牘三卷 (宋)文天祥撰 民國三年(1914)上海商務印書館鉛印本 一册 存一卷(三)

330000－1701－0071152 HJH814.7/4377.2 集部/別集類/清別集

習苦齋詩集八卷集外詩一卷筆記一卷題跋一卷雜攷一卷 (清)戴熙撰 民國九年(1920)戴克敦鉛印本 四册

330000－1701－0071157 HJHA998 史部/傳記類/別傳之屬/事狀

顯考劉公幼雲[廷琛]府君行狀一卷 劉希亮等撰 民國鉛印本 一册

330000－1701－0071174 HJHA916 集部/小說類/長篇之屬

評註圖像水滸傳三十五卷七十回 (元)施耐庵撰 (清)金人瑞評 民國上海中華書局石印本 七册 存二十三卷(五至十一、十七至二十五、二十九至三十五)

330000－1701－0071176 HJHA977 史部/目録類/總録之屬/地方

台州經籍志四十卷 項士元編 民國四年(1915)鉛印本 十三册 缺七卷(十四至十七、三十至三十二)

330000－1701－0071183 HJHA918 集部/小說類/長篇之屬

增評加批金玉緣圖說十六卷首一卷一百二十回 (清)曹霑 (清)高鶚撰 (清)蝶薌仙史評訂 民國石印本 一册 存四卷(十三至十六)

330000－1701－0071184 HJHA024 史部/目録類/總録之屬

商務印書館精印古書金石碑帖目錄一卷 商務印書館編 民國上海商務印書館鉛印本 一册

330000－1701－0071186 HJHA917 集部/小說類/長篇之屬

增評補像金玉緣十六卷首一卷一百二十回 (清)曹霑 (清)高鶚撰 民國石印本 三册 存三卷(五至六、八)

330000－1701－0071187 HJHA025 史部/史評類/史論之屬

評選船山史論二卷 林紓撰 民國六年(1917)上海商務印書館鉛印本 二册

330000－1701－0071190 HJHA919 集部/小說類/長篇之屬

增評加批金玉緣圖說一百二十卷首一卷一百二十回 (清)曹霑 (清)高鶚撰 (清)蝶薌仙史評訂 民國石印本 七册 存四十一卷(首,十七至四十九、五十七至六十三)

330000－1701－0071192　M002378　子部/雜著類

雜文甲刻不分卷　曹養吾撰　民國鉛印本　曹養吾題記　一冊

330000－1701－0071194　M002280　集部/別集類

非儒非俠齋文集四卷外集一卷詩集二卷聯語偶存初集一卷　顧燮光撰　**福豔樓遺詩一卷**　陸珊撰　民國二十五年(1936)杭州顧廬石印本　三冊

330000－1701－0071195　M002381　集部/別集類

疑盦詩六卷　許承堯撰　民國十五年(1926)鉛印本　一冊

330000－1701－0071198　M002114　史部/傳記類/別傳之屬/事狀

李文誠公行狀一卷　李淵碩撰　民國七年(1918)鉛印本　一冊

330000－1701－0071199　M002382　子部/醫家類/方書之屬/歷代方書

稀世靈方不分卷　民國抄本　一冊

330000－1701－0071200　M002281　經部/詩類/三家詩之屬

韓詩外傳十卷　(漢)韓嬰撰　(清)周廷寀校注　**校注拾遺一卷**　(清)周宗杬撰　**補逸一卷**　(清)趙懷玉輯　民國十五年(1926)上海掃葉山房石印本　五冊

330000－1701－0071201　M002383　子部/藝術類/篆刻之屬/印論

續三十五舉一卷　(清)黄子高撰　民國六年(1917)上海商務印書館石印本　一冊

330000－1701－0071204　M002282　經部/小學類/文字之屬/字書

說文偏旁考二卷　(清)吳照輯　民國八年(1919)蘇州振新書社石印本　四冊

330000－1701－0071206　HJHA230　集部/別集類

寫憂賸稿一卷　嚴昌堉撰　民國十八年(1929)鉛印本　一冊

330000－1701－0071209　M002115　集部/總集類/郡邑之屬

新疆詩文集粹不分卷　李寰選輯　民國三十六年(1947)鉛印本　一冊

330000－1701－0071210　M002283　集部/總集類/選集之屬/斷代

唐詩三百首註疏六卷　(清)孫洙編　(清)章燮註　民國上海鴻寶齋書局石印本　一冊

330000－1701－0071211　HJLA026　史部/傳記類/別傳之屬/事狀

筱韻仙館七十壽言一卷圖詠一卷　朱文淵輯　民國九年(1920)石印本　一冊

330000－1701－0071213　M002284　史部/地理類/遊記之屬/紀勝

華嶽日記一卷　江庸撰　民國鉛印本　一冊

330000－1701－0071214　HJHA231　集部/別集類/清別集

鐵硯室詩稿一卷　(清)陸楏撰　民國十六年(1927)鉛印本　一冊

330000－1701－0071217　HJHA920　集部/小說類/長篇之屬

增像小五義全傳□□卷一百二十四回　(清)石玉崑撰　民國石印本　一冊　存五卷(五至九)

330000－1701－0071219　M002285、M004397、M007522　史部/傳記類/總傳之屬/列女

巾幗鬚眉傳四卷　潔華女士編輯　民國九年(1920)上海會文堂書局石印本　三冊　存三卷(一至二、四)

330000－1701－0071220　HJHA610　史部/目録類/總録之屬/官修

南京圖書局閱覽室檢查書目二編五卷　南京圖書局編　民國南京圖書局鉛印本　一冊　存二卷(集、叢)

330000－1701－0071221　M002384　史部/目録類/專録之屬

中學國文書目一卷　章炳麟撰　**卅三書閣記一卷**　羅運賢撰　民國二十四年（1935）、二十七年（1938）刻本　一冊

330000－1701－0071223　M002116　子部/藝術類/書畫之屬/法帖
張猛龍碑集聯不分卷　孟錫玨輯　民國九年（1920）影印本　一冊

330000－1701－0071224　M002385　史部/傳記類/總傳之屬
規復兩浙節孝總祠事蹟一卷附募捐啟一卷採訪節孝現行法令一卷　民國三年（1914）鉛印本　一冊

330000－1701－0071226　M002286　子部/法家類
韓非子集解二十卷首一卷　（清）王先慎撰　王先謙注　民國十六年（1927）上海校經山房成記書局石印本　六冊

330000－1701－0071229　HJLA611　集部/總集類/選集之屬/通代
謝疊山先生文章軌範七卷　（宋）謝枋得輯　民國石印本　三冊　存五卷（三至七）

330000－1701－0071230　M002287　子部/藝術類
照像彙一卷　民國三年（1914）鉛印本　一冊

330000－1701－0071231　M002386　史部/傳記類/日記之屬
南歸志一卷　陳中嶽撰　民國二十一年（1932）鉛印本　一冊

330000－1701－0071232　M002288、M002474、M003267　史部/傳記類/總傳之屬/儒林
學案小識十四卷首一卷末一卷　（清）唐鑑撰　民國上海文瑞樓石印本　六冊

330000－1701－0071234　HJHA612　集部/詩文評類/詩評之屬
在山泉詩話四卷　潘飛聲撰　民國鉛印本　潘飛聲跋　一冊　存二卷（三至四）

330000－1701－0071236　M002117　史部/傳記類/別傳之屬/墓誌
徐吉生先生墓誌銘一卷　金天翮撰　鄧邦述書　民國影印本　一冊

330000－1701－0071237　M002289　子部/藝術類/篆刻之屬/印譜
清儀閣印存不分卷　（清）張廷濟篆　褚德彝輯　民國三年（1914）影印本　二冊

330000－1701－0071239　M002387　集部/總集類/選集之屬/斷代
清平薆錄不分卷　民國八年（1919）油印本　一冊

330000－1701－0071241　M002118　子部/藝術類/書畫之屬/法帖
明高忠憲公墨寶不分卷　（明）高攀龍撰並書　民國上海有正書局石印本　一冊

330000－1701－0071242　M002290　子部/藝術類/篆刻之屬/印譜
郭頻伽印存一卷　褚德彝藏並拓　民國三年（1914）影印本　一冊

330000－1701－0071249　M002119　子部/藝術類/書畫之屬/法帖
最初拓禮器碑及碑陰不分卷　民國四年（1915）有正書局石印本　二冊

330000－1701－0071251　M002389　子部/藝術類/書畫之屬/法帖
星彔書詞一卷　童式規書　民國十七年（1928）上海商務印書館影印本　一冊

330000－1701－0071255　HJHA921　集部/小說類/長篇之屬
繪圖增像第五才子書水滸全傳七十回引首一回　（元）施耐庵撰　（清）金人瑞評釋　民國鉛印本　二冊　存十一回（四至八、四十一至四十六）

330000－1701－0071256　M002390　子部/工藝類/日用器物之屬/錦繡
雪宧繡譜一卷　沈壽述　張謇撰　民國八年（1919）翰墨林書局鉛印本　一冊

330000－1701－0071257　HJLA028　史部/傳記類/别傳之屬/事狀

筱韻仙館七十壽言一卷圖詠一卷　朱文淵輯　民國九年(1920)石印本　一册

330000－1701－0071262　M002391　子部/藝術類/書畫之屬/法帖

宋搨太清樓書譜一卷附釋文一卷　(唐)孫過庭撰並書　民國十八年(1929)影印本　一册

330000－1701－0071264　M002120　子部/藝術類/書畫之屬/書法書品

筆法探微一卷附錄古人論書精語一卷　徐謙撰　民國二十年(1931)上海會文堂新記書局石印本　馬良題簽　一册

330000－1701－0071268　M002392　集部/曲類/散曲之屬

醜齋樂府不分卷　(元)鍾嗣成撰　任訥　盧前輯　民國二十一年(1932)大梁刻本　一册

330000－1701－0071270　HJHA615　集部/總集類/選集之屬/通代

圈點詳註十八家詩鈔二十八卷　(清)曾國藩撰　陳存悔等註　民國上海崇新書局鉛印本　六册　存十卷(三至六、十三至十四、十七至十九、二十二)

330000－1701－0071273　HJLA237　集部/别集類

粵海潮音集一卷　張學華撰　民國十二年(1923)山東商務印刷所鉛印本　一册

330000－1701－0071277　HJHA029　子部/儒家類/儒學之屬/禮教/鑑戒

導善金鍼一卷　董賢化編　民國十六年(1927)上海謝文益印刷所鉛印本　一册

330000－1701－0071278　M002121　子部/藝術類/書畫之屬/法帖

獨孤本蘭亭序一卷　(晉)王羲之書　民國影印本　一册

330000－1701－0071280　M002393　史部/傳記類/别傳之屬/事狀

吴夫人沈靜之訃告不分卷　吴笏第撰　民國影印本　一册

330000－1701－0071282　M002394　子部/藝術類/書畫之屬/法帖

宋搨懷仁集書半截碑一卷　(晉)王羲之書　(唐)釋大雅集　民國十三年(1924)上海文明書局影印本　一册

330000－1701－0071283　M002291　史部/政書類/掌故瑣記之屬

國務卿代見第二次保薦免考試驗及格知事訓詞一卷國務卿代見第三次知事訓詞一卷　民國鉛印本　一册

330000－1701－0071285　M002122、M004462　子部/宗教類/佛教之屬/諸宗

大乘止觀述記二十卷　釋諦閑說　釋聖性　釋聖心筆記　江味農演述　民國十九年(1930)上海功德林佛經流通處刻本　六册

330000－1701－0071286　HJHA766　集部/小說類/短篇之屬

聊齋志異新評十六卷　(清)蒲松齡撰　(清)王士禛評　(清)吕湛恩注　(清)但明倫新評　民國石印本　二册　存四卷(七至八、十三至十四)

330000－1701－0071288　M002292　史部/目録類/總録之屬/私撰

書目答問補正五卷　范希曾編　民國二十四年(1935)江蘇省立國學圖書館鉛印本　朱師轍題記　二册

330000－1701－0071292　M002395　類叢部/叢書類/彙編之屬

渭南嚴氏孝義家塾叢書十一種　嚴式誨編　民國十九年至二十年(1930－1931)渭南嚴氏刻本　四册　存一種

330000－1701－0071293　HJHA238　類叢部/叢書類

劉氏叢書　民國上海佛學書局鉛印本　一册　存一種

330000－1701－0071295　M002396　集部/别集類/元别集

柳貫上京紀行詩一卷　（元）柳貫撰　民國十九年（1930）北平故宫博物院圖書館影印本　一冊

330000－1701－0071296　M002123　子部/宗教類/佛教之屬/總録

一念成佛法要二卷　陳海超撰　民國二十年（1931）上海商務印書館鉛印本　二冊

330000－1701－0071297　HJHA032　史部/政書類/律令之屬/刑制

春秋刑制考一卷刑法宜注重禮教之芻議一卷追記前清考試制度一卷中國修訂法律之經過一卷中國編纂法典概要一卷　董康撰　民國鉛印本　一冊

330000－1701－0071298　HJHB006　史部/政書類/通制之屬

皇朝續文獻通考勘誤表一卷　民國鉛印本　一冊

330000－1701－0071300　M002293　集部/别集類/清别集

槐軒雜著外編四卷韻語存外編一卷　（清）劉沅撰　民國十七年（1928）刻本　四冊

330000－1701－0071301　M002397　子部/藝術類/書畫之屬/法帖

瓊宫五帝内思上法不分卷　（唐）鍾紹京書　民國影印本　一冊

330000－1701－0071303　M002124　子部/藝術類/書畫之屬/法帖

包慎伯書爭座位帖一卷　（清）包世臣書　民國八年（1919）上海商務印書館石印本　一冊

330000－1701－0071312　M002294　史部/政書類/律令之屬

兩浙鹽運使署最近緝私例案一卷　民國十七年（1928）鉛印本　一冊

330000－1701－0071313　M002398　子部/藝術類/書畫之屬/法帖

宋拓雲麾李秀碑完本不分卷　（唐）李邕撰並書　民國二十九年（1940）影印本　一冊

330000－1701－0071316　M002125　史部/傳記類/别傳之屬/年譜

陳介石先生［黻宸］年譜一卷　陳謐編　民國二十三年（1934）見思堂鉛印本　二冊

330000－1701－0071317　M002295　經部/春秋左傳類/傳說之屬

春秋左傳二卷　（晉）杜預註釋　民國鉛印本　一冊　存一卷（二）

330000－1701－0071319　M002296　子部/宗教類/佛教之屬/經

佛說金剛般若波羅密經一卷歷朝金剛經持驗紀一卷　（清）沈明哉編校　民國十二年（1923）刻本　一冊

330000－1701－0071320　M002399　子部/藝術類/書畫之屬/法帖

宋拓麓山寺碑一卷　（唐）李邕撰並書　民國影印本　一冊

330000－1701－0071324　M002126　類叢部/叢書類/彙編之屬

抱咫齋雜著□□種　民國鉛印本　一冊　存一種

330000－1701－0071325　M002297　子部/宗教類/佛教之屬

金剛般若波羅蜜經一卷　（後秦）釋鳩摩羅什譯　諸廣成註釋　民國二十三年（1934）退思草堂鉛印本　一冊

330000－1701－0071326　M002400　史部/傳記類/别傳之屬/墓誌

學部尚書沈公墓志銘一卷　謝鳳孫撰並書　民國石印本　一冊

330000－1701－0071327　普 816.608/4230.302　集部/總集類/尺牘之屬

古今尺牘大觀中編不分卷　姚漢章　何實睿纂輯　民國二十四年（1935）上海中華書局鉛印本　十二冊

330000－1701－0071330　M002401　子部/藝術類/書畫之屬/法帖

宋搨雲麾碑一卷　（唐）李邕書　民國影印本

一册

330000－1701－0071334　M002127　史部/政書類/邦計之屬

魏頌唐偶存稿三卷　魏頌唐撰　民國鉛印本　一册　存一卷(浙江財政最近狀況)

330000－1701－0071335　HJHA037　集部/總集類/氏族之屬

畢燕衍堂四世詩存四卷　(清)畢灝等撰　畢冶金編　民國二十二年(1933)上海宏大善書局石印本　一册

330000－1701－0071336　M002298　史部/政書類/公牘檔册之屬

杭州市寺廟道院尼菴一覽表一卷　民國油印本　一册

330000－1701－0071341　M002299　史部/雜史類/斷代之屬

浙江辛亥革命光復記事一卷　張效巡輯　稿本　一册

330000－1701－0071342　普816.608/6632　集部/總集類/尺牘之屬

新撰廣註分類文辭尺牘大觀二十四卷分類中西治家格言尺牘附增四卷　嚴啟先撰　民國十七年(1928)上海掃葉山房石印本　十六册

330000－1701－0071343　M002128　子部/宗教類/佛教之屬

金剛經解義二卷附心經解義一卷　(清)徐槐廷撰　民國八年(1919)鉛印本　一册

330000－1701－0071344　M002301　類叢部/叢書類

雁來紅叢報　民國鉛印本　一册　存四種

330000－1701－0071348　HJHA240　子部/雜著類/雜説之屬

嬰寧什箸　陳訓正撰　民國十八年(1929)鉛印本　一册　存一種

330000－1701－0071349　HJHA923　集部/小説類/短篇之屬

詳注聊齋志異圖咏十六卷　(清)蒲松齡撰　(清)吕湛恩注　民國石印本　二册　存四卷(三至四、十三至十四)

330000－1701－0071351　普816.608/7583/c2　集部/總集類/尺牘之屬

古今名人新體廣註分類文學尺牘全書三十二卷　陳龢祥編　民國十七年(1928)上海掃葉山房石印本　十六册

330000－1701－0071356　M002302　集部/總集類/酬唱之屬

焦桐集一卷　雷保泰　白敦仁撰　**和焦桐詞一卷**　鍾樹梁撰　民國刻本　一册

330000－1701－0071357　HJHA924　集部/小説類/短篇之屬

聊齋志異新評十六卷　(清)蒲松齡撰　(清)王士禛評　(清)吕湛恩注　(清)但明倫新評　民國時中書局鉛印本　二册　存二卷(五、十二)

330000－1701－0071362　HJHA040　子部/醫家類

救急便覽一卷　曹元恆撰　民國鉛印本　曹惕寅題簽並記　一册

330000－1701－0071363　M002303　集部/别集類/明别集

疑雨集四卷　(明)王彦泓撰　民國四年(1915)上海掃葉山房石印本　二册

330000－1701－0071364　HJHA925　集部/小説類/短篇之屬

聊齋志異新評十六卷　(清)蒲松齡撰　(清)王士禛評　(清)吕湛恩注　(清)但明倫新評　民國鉛印本　一册　存二卷(一至二)

330000－1701－0071365　M002402　集部/詩文評類/詩評之屬

漁洋詩話二卷　(清)王士禛撰　民國十一年(1922)上海掃葉山房石印本　一册

330000－1701－0071368　M002304、M006519　集部/小説類/長篇之屬

繪圖歷朝通俗演義十一種　蔡東帆輯　民國上海會文堂新記書局石印本　十册　存一種

330000－1701－0071369　M002527　史部/地理類/雜志之屬
上海地名表不分卷　商務印書館編譯所編　民國二年(1913)上海商務印書館鉛印本　一册

330000－1701－0071371　M002403　集部/曲類/曲韻曲譜曲律之屬
鐵冠圖一卷　民國抄本　一册

330000－1701－0071374　HJHA034　子部/醫家類
救急便覽一卷　曹元恒撰　民國鉛印本　一册

330000－1701－0071375　M002305　子部/醫家類/方書之屬
濟世方不分卷　民國抄本　一册

330000－1701－0071377　HJHA035　子部/醫家類
救急便覽一卷　曹元恒撰　民國鉛印本　一册

330000－1701－0071378　HJHA043　子部/醫家類
救急便覽一卷　曹元恒撰　民國鉛印本　一册

330000－1701－0071379　M002306　子部/醫家類/眼科之屬
新編秘傳眼科七十二症全書六卷　(明)袁學淵撰　民國抄本　一册

330000－1701－0071380　M002307　集部/别集類/清别集
龍川先生詩鈔一卷詩文補抄一卷李氏遺書一卷附録一卷　(清)李光炘撰　民國鉛印本　一册

330000－1701－0071382　普816.6084/4453　集部/總集類/尺牘之屬
蘇黄尺牘合刻十八卷　(宋)蘇軾　(宋)黄庭堅撰　民國九年(1920)上海掃葉山房石印本　十八册

330000－1701－0071383　HJHA621　史部/地理類/專志之屬/古跡
海昌勝蹟志八卷補綴一卷　管元耀輯　民國二十一年(1932)海寧管氏静得樓刻本　三册　缺二卷(五至六)

330000－1701－0071385　HJHA041　史部/政書類/公牘檔册之屬
南潯游民習藝所徵信録一卷附營業賬及簡章一卷　民國鉛印本　一册　存一卷(營業賬及簡章)

330000－1701－0071388　M002308　史部/傳記類/總傳之屬/家乘
[浙江杭州]重修汪氏遷杭支譜四卷首一卷　汪怡纂　民國二十一年(1932)鉛印本　一册

330000－1701－0071390　HJHA926　集部/小説類/短篇之屬
聊齋志異評註十六卷　(清)蒲松齡撰　(清)王士禛評　(清)吕湛恩注　(清)但明倫新評　民國上海商務印書館鉛印本　三册　存六卷(三至四、十三至十六)

330000－1701－0071391　普816.6086/0067　子部/藝術類/書畫之屬/法帖
明清名人尺牘墨寶第一集六卷第二集六卷第三集六卷　文明書局輯　民國十年(1921)上海文明書局影印本　十八册

330000－1701－0071395　M002309　類叢部/叢書類/彙編之屬
復性書院叢刊二十七種　馬浮編　民國二十九年至三十七年(1940－1948)復性書院刻本暨鉛印本　六册　存一種

330000－1701－0071396　M002404　子部/宗教類/佛教之屬
護生寶典六卷　蓮池放生會輯　民國三十年(1941)蓮池放生會鉛印本　五册

330000－1701－0071399　普816.66/5013　集部/别集類/明别集
史忠正尺牘一卷　(明)史可法撰　民國五年(1916)上海商務印書館鉛印本　一册

330000－1701－0071402　HJHA623　史部/地理類/方志之屬/郡縣志

［民國］南潯志六十卷首一卷附南潯擷秀錄一卷　周慶雲纂　民國八年至十一年(1919－1922)刻十七年(1928)補刻本　十四冊　缺五卷(首、一至四)

330000－1701－0071408　M002311　史部/金石類/石之屬/文字

吴天發神讖碑一卷　民國上海有正書局石印本　一冊

330000－1701－0071409　M002405　史部/傳記類/別傳之屬/事狀

先府君李審言先生行述一卷蒯禮卿觀察金粟齋遺集書後一卷　李鴻祐等撰　民國二十年(1931)鉛印本　朱師轍跋　一冊

330000－1701－0071410　HJHA927　集部/小說類/長篇之屬

新輯繪圖彭公案初集四卷一百回　(清)貪夢道人撰　民國上海共和書局石印本　一冊　存一卷(二)

330000－1701－0071412　HJLA243　集部/總集類/彙編之屬

匡廬紀游草三卷　姚洪淦輯　民國十八年(1929)鉛印本　一冊

330000－1701－0071413　M002406　集部/別集類

觀所尚齋文存七卷詩存二卷補遺一卷　夏孫桐撰　民國二十八年(1939)中華印書局鉛印本　三冊

330000－1701－0071418　M002407　集部/別集類/清別集

張廉卿先生論學手札不分卷　(清)張裕釗撰　民國九思堂書屋石印本　二冊

330000－1701－0071420　M002408　子部/宗教類/道教之屬

參同契闡幽三卷　(漢)魏伯陽撰　(清)朱元育闡幽　民國四年(1915)守經堂刻本　三冊

330000－1701－0071424　M002312　子部/宗教類/佛教之屬

佛學叢書□□種　丁福保輯　民國上海醫學書局鉛印本暨影印本　一冊　存一種

330000－1701－0071426　M002411　子部/工藝類/文房四寶之屬/墨

李孝美墨譜三卷　(宋)李孝美編　**附校記一卷**　趙萬里撰　民國十九年(1930)故宫博物院圖書館影印本暨鉛印本　一冊

330000－1701－0071428　M002409　集部/別集類

忍冬書屋詩續集八卷　郭家聲撰　民國三十一年(1942)鉛印本　一冊

330000－1701－0071433　M002313　經部/小學類/音韻之屬

音韻學叢書二十種　嚴式誨輯　民國渭南嚴氏成都刻本　一冊　存一種

330000－1701－0071434　M002410　集部/別集類

吴游集一卷　林思進撰　民國二十四年(1935)成都沈氏梧龕刻本　一冊

330000－1701－0071437　HJHA051　集部/總集類/選集之屬/通代

古文筆法二十卷　(清)李扶九編集　民國上海廣益書局石印本　一冊　存三卷(一至三)

330000－1701－0071440　M003583　子部/藝術類/書畫之屬/法帖

智永真草千字文不分卷　(隋)釋智永書　民國十九年(1930)上海商務印書館影印本　一冊

330000－1701－0071443　HJHA057　子部/雜著類/雜說之屬

八德現身錄一卷　民國上海明善書局石印本　一冊

330000－1701－0071444　M002412　集部/總集類/選集之屬/通代

桐城吴先生評選瀛奎律髓四十五卷　(清)吴汝綸撰　民國十七年(1928)南宫邢之襄刻藍印本　四冊

330000－1701－0071445　M002528、M006695　子部/雜著類/雜説之屬

粟香隨筆八卷二筆八卷三筆八卷四筆八卷五筆八卷　金武祥撰　民國上海埽葉山房石印本　十六册

330000－1701－0071448　M002314　經部/小學類/音韻之屬/古今韻説

先秦韻讀二卷　(清)江有誥撰　民國二十三年(1934)渭南嚴氏刻本　朱師轍跋　一册

330000－1701－0071449　HJHA938　集部/小説類/長篇之屬

新刊再續彭公案四卷八十回　(清)貪夢道人撰　民國上海掃葉山房石印本　一册　存一卷(三)

330000－1701－0071454　M002529　子部/醫家類/兒科之屬/通論

葉天士幼科醫案一卷　(清)葉桂撰　陸士諤編輯　民國十年(1921)上海廣文書局石印本　一册

330000－1701－0071456　M002413　子部/小説家類/雜事之屬

虞初新志二十卷　(清)張潮輯　**虞初續志十二卷**　(清)鄭澍若編　民國十一年(1922)上海文明書局石印本　六册　存二十卷(一至二十)

330000－1701－0071458　M002315　經部/詩類/文字音義之屬

詩經韻讀四卷　(清)江有誥撰　民國二十三年(1934)渭南嚴氏刻本　朱師轍題記　二册

330000－1701－0071461　HJHA058　子部/宗教類

拘拏生魂警世寶鑑一卷　民國二十年(1931)宏大善書局石印本　一册

330000－1701－0071462　M002414　子部/藝術類/書畫之屬/法帖

草字彙十二卷附補　(清)石梁輯　民國十年(1921)上海掃葉山房石印本　六册

330000－1701－0071464　M002530　子部/藝術類/書畫之屬/法帖

初拓張猛龍碑一卷　民國五年(1916)上海有正書局影印本　一册

330000－1701－0071466　HJHA059　子部/雜著類

惜字徵驗錄不分卷　唐光先編　民國二十三年(1934)上海明善書局石印本　一册

330000－1701－0071468　HJHA928　集部/小説類/長篇之屬

增補齊省堂儒林外史六十回　(清)吳敬梓撰　民國育文書局石印本　一册　存十回(三十一至四十)

330000－1701－0071471　M002415　集部/詞類/總集之屬

四種詞　民國四川官印刷局刻本　四册

330000－1701－0071472　普816.6087/3149　集部/總集類/尺牘之屬

陶風樓藏名賢手札不分卷　柳詒徵輯　民國十九年(1930)國學圖書館影印本　八册

330000－1701－0071474　普816.6087/0065　集部/總集類/尺牘之屬

明清十大家尺牘　文明書局輯　民國十四年(1925)上海文明書局石印本　十二册

330000－1701－0071477　HJHA929　集部/小説類/長篇之屬

改良今古奇觀六卷四十回　(明)抱甕老人輯　民國石印本　一册　存一卷(六)

330000－1701－0071478　M002531　子部/宗教類/佛教之屬/經

廣大心要總攝持明內修法儀軌一卷　民國鉛印本　一册

330000－1701－0071479　M002532　子部/藝術類/書畫之屬/法帖

明拓漢隸四種不分卷　民國七年(1918)上海有正書局影印本　一册

330000－1701－0071480　HJHA060　子部/術數類/陰陽五行之屬

推背圖說不分卷　題(唐)袁天罡撰　(唐)李淳風注　民國石印本　一冊

330000－1701－0071486　M002416　集部/別集類/宋別集
宋徽宗詩集一卷附錄一卷　張子祺輯　民國三十四年(1945)鉛印本　張萬題記　一冊

330000－1701－0071491　HJHA061　子部/宗教類/道教之屬
救生船四卷　民國上海宏大善書局石印本　四冊

330000－1701－0071493　M002417　子部/宗教類/佛教之屬/經
佛說釋迦牟尼尊佛金牛太子本行集經不分卷　民國二十八年(1939)范省三抄本　一冊

330000－1701－0071501　M002533　史部/傳記類/別傳之屬
泣柳吟一卷　后贇撰輯　民國九年(1920)石印本　一冊

330000－1701－0071502　M002418　子部/宗教類/道教之屬/經文
太上十三經十七卷　(清)涵虛子編　民國十二年(1923)玉仙子刻本　一冊

330000－1701－0071507　M002534　史部/傳記類/總傳之屬/郡邑
杭郡詩冊一卷　丁仁藏　民國鉛印本　一冊

330000－1701－0071509　M002316　經部/小學類/音韻之屬/古今韻說
毛詩重言下篇補錄一卷　徐永孝撰　民國二十五年(1936)雙流黃氏濟忠堂刻本　一冊

330000－1701－0071511　M002317　子部/宗教類/佛教之屬/經
大方廣佛華嚴經一卷　(唐)釋實叉難陀譯　釋弘一書　民國十七年(1928)影印本　一冊

330000－1701－0071512　HJHA930　集部/小說類/長篇之屬
繪圖施公案前傳八卷九十八回後傳六卷一百回三傳四卷五十回四傳四卷五十回五傳四卷四十回六傳四卷四十回七傳四卷四十回八傳四卷四十回九傳四卷四十回全續四卷四十回　民國石印本　一冊　存三卷(前傳一至三)

330000－1701－0071514　M002318　經部/群經總義類/石經之屬
三體石經未裂本一卷　民國十五年(1926)上海文明書局影印本暨鉛印本　一冊

330000－1701－0071515　HJHA931　集部/曲類/寶卷之屬
正本雙珠鳳奇緣寶卷二卷　民國十年(1921)上海文益書局石印本　一冊　存一卷(上)

330000－1701－0071516　JM00042　史部/傳記類/總傳之屬/家乘
[湖南]周氏四修族譜十卷首四卷　周榮琇主修　周榮秩纂修　民國十三年(1924)光霽堂木活字印本　十四冊

330000－1701－0071517　HJHA066　集部/別集類
借澆集一卷　吳懷清撰　民國三年(1914)上海國光書局鉛印本　一冊

330000－1701－0071518　M002319　史部/傳記類/別傳之屬/事狀
吕翁通綸先生赴告一卷　民國石印本　一冊

330000－1701－0071519　普816.6087/0065.2　集部/總集類/尺牘之屬
近代十大家尺牘十種　文明書局編　民國十七年(1928)上海文明書局石印本　十冊

330000－1701－0071520　M002320　史部/傳記類/別傳之屬
清旌孝行黎癡傳女士五十生辰徵文小啟一卷　傅范翔　傅范鉅撰　民國鉛印本　一冊

330000－1701－0071524　M002321　史部/傳記類/別傳之屬/事狀
特褒賢孝清封一品夫人傅母李太夫人[瑞臨]八秩正壽壽文一卷　傅范翔　傅范鉅編　民國十二年(1923)鉛印本　一冊

330000－1701－0071527　HJHA933　集部/小說類/長篇之屬

繪圖增像西遊記一百回　（明）吳承恩撰　（清）陳士斌詮解　民國石印本　一册　存十回（七十一至八十）

330000－1701－0071529　HJHA067　史部/政書類/公牘檔冊之屬

詩學會章程一卷　易順鼎等撰　民國北京日報鉛印本　一册

330000－1701－0071530　普925.17/3113.2/c1　類叢部/叢書類/彙編之屬

又滿樓叢書十六種　趙詒琛編　民國九年至十四年（1920－1925）崑山趙氏又滿樓刻本　一册　存一種

330000－1701－0071531　普816.6087/0724/2　集部/總集類/尺牘之屬

名賢手札八卷　（清）郭慶藩輯　民國十二年（1923）上海東萊書局石印本　四册

330000－1701－0071534　M002322　史部/傳記類/別傳之屬/事狀

爲古剡王邈達先生七十壽集資刊書奉祝啟一卷　余重耀撰　民國鉛印本　一册

330000－1701－0071535　M002423　經部/四書類/中庸之屬

中庸證釋不分卷　陸宗輿輯　民國十八年（1929）救世新教會刻本　四册

330000－1701－0071536　HJHA934　集部/小說類/長篇之屬

增像全圖三國演義十六卷一百二十回　（明）羅本撰　（清）毛宗崗評　民國石印本　一册　存八卷（九至十六）

330000－1701－0071539　JM00043　史部/傳記類/總傳之屬/家乘

［湖南資陽］資陽周氏四修族譜十二卷首一卷　周達川總修　周慈意纂修　民國二年（1913）木活字印本　十二册　存十二卷（首、二至十二）

330000－1701－0071540　M002323　史部/傳記類/別傳之屬/事狀

慈谿陳玄嬰先生［訓正］六十徵言略一卷　（清）陳伯衡等編　民國二十年（1931）鉛印本　一册

330000－1701－0071542　HJHA068　史部/目録類/專録之屬

安徽叢書第一期全書特價簡章一卷附一卷　安徽叢書編審會編　民國安徽叢書編印處鉛印本　一册

330000－1701－0071545　普925.17/3113.2/c2　類叢部/叢書類/彙編之屬

又滿樓叢書十六種　趙詒琛編　民國九年至十四年（1920－1925）崑山趙氏又滿樓刻本　一册　存一種

330000－1701－0071546　M002324　史部/傳記類/別傳之屬

徐介眉先生六秩徵文啟一卷　李超英等撰　民國鉛印本　一册

330000－1701－0071549　HJHA935　集部/小說類/長篇之屬

增像玉茗堂批點按鑑參補南宋志傳四卷五十回　（明）研石山樵訂正　民國石印本　一册

330000－1701－0071552　M002325　史部/傳記類/雜傳之屬

仁和總揆孫公五旬晉九介壽並出任蘇聯大使贈行詩一卷　何奏篪撰　民國十四年（1925）鉛印本　一册

330000－1701－0071554　JM00044　史部/傳記類/總傳之屬/家乘

［江西宜春］曾致昌祠族譜九卷首一卷前一卷終一卷　曾國權纂修　民國二十七年（1938）魯國堂木活字印本　八册　存八卷（首，前，三至五、八至九，終）

330000－1701－0071555　M002535　史部/金石類/錢幣之屬/雜著

談泉雜錄五卷　高煥文輯　民國十五年（1926）高氏泉壽山房石印本　一册

330000－1701－0071559　M002326　史部/

傳記類/别傳之屬/事狀
孫文慤公事略一卷 孫寶琦等撰 民國石印本 一册

330000－1701－0071562 JM00045 史部/傳記類/總傳之屬/家乘
[湖南寧鄉]武城曾氏重修族譜不分卷 曾傳煇等主修 曾省齋等纂修 民國二十年(1931)木活字印本 十五册

330000－1701－0071563 HJHA070 史部/政書類/公牘檔册之屬
中央大學區立蘇州圖書館印行所書籍價目不分卷 民國鉛印本 一册

330000－1701－0071564 M002327 史部/傳記類/别傳之屬
金華蔣蓮僧先生七旬雙壽徵詩文書啟一卷 丁月槎等撰 民國二十三年(1934)鉛印本 一册

330000－1701－0071568 M002328 史部/傳記類/别傳之屬
俞老封翁維惠先生七十大壽詩文集一卷 俞濟時 俞濟民 俞濟昌輯 民國二十三年(1934)鉛印本 一册

330000－1701－0071572 M002536 史部/政書類/軍政之屬/邊政
邊藏芻言一卷 劉贊廷撰 民國上海聚珍倣宋印書局鉛印本 一册

330000－1701－0071574 HJHA071 史部/詔令奏議類/奏議之屬
上大總統書一卷 姬覺彌撰 民國鉛印本 一册

330000－1701－0071579 M002419 史部/地理類/遊記之屬
梅蘭芳遊美記四卷附錄一卷 齊如山撰 齊香筆記 民國二十二年(1933)鉛印本 一册

330000－1701－0071582 JM00046 史部/傳記類/總傳之屬/家乘
[湖南湘潭]塗田曾氏六修族譜七十八卷 曾紀慶纂修 民國三十一年(1942)恕忠堂木活字印本 四十册 存七十四卷(一至三、五至十七、二十至三十四、三十六至七十八)

330000－1701－0071583 普816.64/0013 集部/别集類/宋别集
文信國書牘三卷 (宋)文天祥撰 民國二年(1913)上海商務印書館鉛印本 三册

330000－1701－0071588 M002420 史部/金石類/石之屬
石屋洞造像題名一卷龍泓洞造象題名一卷 羅振玉輯 民國四年(1915)刻本 一册

330000－1701－0071592 M002538 子部/宗教類/佛教之屬
百法義錄三卷 梅光羲輯 民國石印本 一册 存一卷(一)

330000－1701－0071593 JM00047 史部/傳記類/總傳之屬/家乘
[湖南零陵]盧氏續譜□□卷首三卷 民國象賢堂木活字印本 二十五册 存十八卷(首一至三,一至十三、十五至十六)

330000－1701－0071594 普816.64/1031/c2 集部/别集類/宋别集
王介甫尺牘二卷 (宋)王安石撰 民國六年(1917)上海商務印書館鉛印本 一册

330000－1701－0071596 M002539 子部/宗教類/佛教之屬/諸宗
相宗綱要不分卷 梅光羲編 民國十五年(1926)上海商務印書館鉛印本 一册

330000－1701－0071599 M002540 子部/宗教類/佛教之屬
佛學叢書□□種 丁福保輯 民國上海醫學書局鉛印本暨影印本 一册 存一種

330000－1701－0071600 普816.64/1779/2、普816.64/4407.3、普816.64/6030.2 集部/總集類/尺牘之屬
唐宋十大家尺牘十四卷 文明書局輯 民國上海文明書局石印本 六册 存三種

330000－1701－0071601 M002421 集部/

戲劇類/總集之屬

彙刻傳劇三十種附錄十四種附刻六種別行一種　劉世珩輯　民國八年(1919)貴池劉氏暖紅室刻本　七冊　存五種

330000－1701－0071603　JM00048　史部/傳記類/總傳之屬/家乘

戴氏續修族譜三十四卷　民國十六年(1927)木活字印本　二十九冊

330000－1701－0071605　M002329　史部/傳記類/别傳之屬/事狀

鍾嫂吴夫人訃告一卷　鍾大雄撰　民國二十三年(1934)鉛印本　一冊

330000－1701－0071612　HJHA074　史部/目録類/專録之屬

國立北平圖書館書目目錄類不分卷　蕭璋編　民國二十三年(1934)國立北平圖書館鉛印本　二冊

330000－1701－0071622　HJHA075　史部/目録類/總録之屬/官修

北平圖書館善本書目乙編四卷　趙録綽編　民國二十四年(1935)鉛印本　一冊

330000－1701－0071623　M002422　子部/宗教類/佛教之屬

禪門日誦不分卷　民國八年(1919)杭州瑪瑙經房刻本　一冊

330000－1701－0071626　普816.67/4030.3、普816.67/4039.2/2、普816.67/4462　集部/總集類/尺牘之屬

十大名家家書十卷　平襟亞編　秋痕廔主評　民國十五年(1926)上海共和書局鉛印本　三冊　存三種

330000－1701－0071629　M002330　史部/傳記類/别傳之屬/事狀

山陰沈翰齋先生訃告一卷　沈光照等撰　民國二十二年(1933)鉛印本　一冊

330000－1701－0071631　M002331　史部/傳記類/别傳之屬/事狀

楊人傑訃告一卷　楊積陵撰　民國二十六年(1937)鉛印本　一冊

330000－1701－0071632　JM00058　史部/傳記類/總傳之屬/家乘

[江西]袁氏合修族譜不分卷　民國二年(1913)元德堂木活字印本　十五冊

330000－1701－0071633　HJHA076　史部/目録類/總録之屬/官修

浙江省立圖書館善本書目甲編四卷　毛春翔編　民國二十五年(1936)浙江省立圖書館鉛印本　一冊

330000－1701－0071634　普816.67/4036　集部/别集類/清别集

袁忠節公手札不分卷　(清)袁昶撰　民國二十九年(1940)石印本　二冊

330000－1701－0071638　M002332　史部/傳記類/别傳之屬/事狀

張又萊先生赴告一卷　張天惠等撰　民國二十二年(1933)石印本　一冊

330000－1701－0071641　M002424　子部/宗教類/佛教之屬/經

藥師瑠璃光如來本願功德經一卷附東方文一卷回向文一卷　(唐)釋玄奘譯　**郭子彬先生傳贊一卷**　許止淨撰　**先考子彬府君行述一卷**　董康撰　民國二十二年(1933)潮陽郭氏雙百鹿齋刻本　一冊

330000－1701－0071642　M002333　史部/傳記類/别傳之屬/事狀

鄭滌夫先生訃告一卷　鄭凝撰　民國十九年(1930)鉛印本　一冊

330000－1701－0071644　普816.64/4423/c2　集部/别集類/宋别集

范文正公書牘不分卷　(宋)范仲淹撰　民國三年(1914)上海商務印書館鉛印本　二冊

330000－1701－0071648　M002334　史部/傳記類/别傳之屬/事狀

唐雍甫先生訃告一卷　唐志澤等撰　民國二十六年(1937)鉛印本　一冊

330000－1701－0071649　M002541　集部/總集類/題詠之屬
古今百美圖詠二卷　邱壽年　丁悚繪　陳栩撰　民國六年(1917)上海中華圖書館石印本　二冊

330000－1701－0071651　M002335　史部/傳記類/別傳之屬/事狀
可成老和尚訃告一卷　釋寂衍等撰　民國二十一年(1932)石印本　一冊

330000－1701－0071652　M002336　史部/傳記類/別傳之屬/事狀
清故奉政大夫同知銜候選按察司經歷附貢生作亭孫君[鵬振]暨德配陶宜人孝節雙褒合傳一卷附紀孝子節婦遺迹一卷　孫壽鵬　孫斯久輯　民國二十三年(1934)石印本暨鉛印本　一冊

330000－1701－0071653　普816.64/6030/c2　集部/別集類/宋別集
吕東萊書牘一卷　(宋)吕祖謙撰　民國二年(1913)上海商務印書館鉛印本　二冊

330000－1701－0071659　普925.17/2840.2　史部/傳記類/別傳之屬/年譜
徐俟齋先生[枋]年譜一卷附錄一卷　羅振玉編　民國八年(1919)鉛印本　一冊

330000－1701－0071660　M002337　史部/傳記類/別傳之屬/墓誌
清故奉政大夫贈通議大夫戶部七品小京官葛君[嗣溁]墓表一卷　陳寶琛撰並書　**清故奉政大夫晋贈通議大夫戶部七品小京官葛府君墓志銘一卷**　秦樹聲撰並書　**葛雲威農部家傳一卷**　金蓉鏡撰　羅振玉書　民國石印本　一冊

330000－1701－0071661　JM00050　史部/傳記類/總傳之屬/家乘
[江西吉安]新寧何氏續修族譜二十四卷首三卷隨報錄一卷　何念緝　何念禧修　何紹海　何紹鐸纂　民國三十二年(1943)敦睦堂木活字印本　二十九冊　存二十七卷(首上中下,一至十一、十三至二十四,隨報錄)

330000－1701－0071662　普816.64/6030/2　集部/別集類/宋別集
吕東萊書牘一卷　(宋)吕祖謙撰　民國二年(1913)上海商務印書館鉛印本　二冊

330000－1701－0071663　M002542　集部/總集類/題詠之屬
鴛鴦百美圖四卷　孫步月繪　李亞東題詠　民國十六年(1927)民強書局石印本　一冊

330000－1701－0071664　普816.67/4036.2　集部/別集類/清別集
袁忠節公遺札不分卷　(清)袁昶撰　民國三十七年(1948)影印本　一冊

330000－1701－0071665　普816.64/7500/c2　集部/別集類/宋別集
陳龍川書牘一卷　(宋)陳亮撰　民國二年(1913)上海商務印書館鉛印本　二冊

330000－1701－0071666　M002338　史部/傳記類/別傳之屬/事狀
王母洪太夫人訃告一卷　王詩城等撰　民國二十一年(1932)鉛印本　一冊

330000－1701－0071669　M002543　子部/宗教類/佛教之屬/諸宗
聖救度佛母修持法不分卷　諾那呼圖克圖撰　吳潤江編　民國二十七年(1938)上海覺圓精舍鉛印本　一冊

330000－1701－0071671　M002339　史部/傳記類/別傳之屬/事狀
魯詠安府君[滌平]赴告一卷　魯倬昌等撰　民國二十四年(1935)鉛印本　一冊

330000－1701－0071673　HJHA239　子部/宗教類/道教之屬
重刻地母經一卷　民國十六年(1927)刻本　一冊

330000－1701－0071674　普816.64/7500/c3　集部/別集類/宋別集
陳龍川書牘一卷　(宋)陳亮撰　民國三年(1914)上海商務印書館鉛印本　二冊

330000－1701－0071678　M002340　史部/傳記類/別傳之屬/事狀

殿輝方老先生訃狀一卷　方重謨等撰　民國十九年(1930)石印本　一冊

330000－1701－0071679　JM00051　史部/傳記類/總傳之屬/家乘

[湖南]蕭氏四修族譜十七卷首三卷　蕭麥秋等主修　蕭秉周等編修　民國十九年(1930)河南堂木活字印本　十八冊　存十八卷(首上中下,一至五、八至十七)

330000－1701－0071682　M002341　史部/傳記類/別傳之屬/事狀

何母黃太夫人訃告一卷　何雲等撰　民國十九年(1930)鉛印本　一冊

330000－1701－0071683　普 925.17/3104.2　類叢部/叢書類/彙編之屬

對樹書屋叢刻六種　趙詒琛編　民國二十一年至二十五年(1932－1936)崑山趙氏對樹書屋刻本　一冊　存一種

330000－1701－0071684　M002342　史部/傳記類/別傳之屬/事狀

國立北京大學故教授劉半農博士訃告一卷　民國二十三年(1934)鉛印本　一冊

330000－1701－0071686　普 816.64/1032　集部/別集類/明別集

王文成公書牘一卷　(明)王守仁撰　民國六年(1917)上海文瑞樓書莊石印本　二冊

330000－1701－0071689　M002425　史部/地理類/專志之屬/寺觀

竹堂寺志補一卷陽山景福庵紀畧補一卷　釋融泉撰　民國六年(1917)鉛印本　一冊

330000－1701－0071691　HJHA258　子部/宗教類/佛教之屬/經

無上虛空地母養生保命真經一卷　民國上海明善書局石印本　一冊

330000－1701－0071695　M002544　子部/宗教類/佛教之屬/諸宗

相宗綱要續編九卷　梅光羲編　民國十五年(1926)上海商務印書館鉛印本　一冊

330000－1701－0071696　M002343　子部/雜著類/雜考之屬

所好齋札記　武延緒撰　民國二十一年(1932)永年武氏刻本　一冊　存一種

330000－1701－0071697　普 816.67/4039.2/c2　集部/別集類/清別集

左文襄公家書二卷　(清)左宗棠撰　民國上海聚珍倣宋印書局鉛印本　二冊

330000－1701－0071698　M002426、M004629　集部/小說類/短篇之屬

評註聊齋志異圖詠十六卷首一卷　(清)蒲松齡撰　(清)吕湛恩注　民國上海中華書局石印本　十五冊　存十六卷(首,一至十三、十五至十六)

330000－1701－0071701　M002545　史部/地理類/專志之屬/寺觀

華巖備志四卷　(清)鄧迪撰　**石林即景一卷**　(清)德玉撰　民國二十八年(1939)刻本　三冊

330000－1701－0071702　HJHA943　子部/宗教類/道教之屬

文昌帝君解冤妙經一卷　民國上海怡春堂石印本　一冊

330000－1701－0071703　HJHB011　集部/別集類/清別集

隱怡山房小詠一卷　(清)沈蘭徵撰　民國二十四年(1935)鉛印本　一冊

330000－1701－0071704　JM00052　史部/傳記類/總傳之屬/家乘

[湖南邵陽]邵陽西門石橋左氏十一修族譜十八卷首三卷末三卷　蕭龍璟等主修　蕭龍注等纂修　民國三十五年(1946)南華第木活字印本　十七冊　存十九卷(首上中,一至十二、十五至十七,末中下)

330000－1701－0071710　普 925.17/3017.8　史部/傳記類

天荒地老錄一卷兩重虛齋百詠一卷　廉泉輯

民國京師良公祠鉛印本　一冊

330000－1701－0071714　JM00053　史部/傳記類/總傳之屬/家乘

[湖南衡陽]趙氏九修族譜十卷　趙而鴻纂修　民國二十一年(1932)琴鶴堂木活字印本　七冊　存九卷(一至九)

330000－1701－0071716　HJLA260　史部/傳記類/別傳之屬/事狀

上海姚氏資政第濮太夫人九十壽詩十卷首一卷　學古社編　民國二十年(1931)鉛印本(壬集原缺)　一冊

330000－1701－0071717　普 816.67/4048/3　類叢部/叢書類/自著之屬

隨園三十六種　(清)袁枚撰　民國十年(1921)上海中華圖書館鉛印本　二冊　存一種

330000－1701－0071721　普 816.66/2749.2/c1　集部/別集類/明別集

歸震川書牘一卷　(明)歸有光撰　民國二年(1913)上海商務印書館鉛印本　二冊

330000－1701－0071722　M002546　子部/宗教類/佛教之屬/諸宗

蓮華生大師應化史略一卷　諾那呼圖克圖逞列匠磋譯義　王淨圓筆受　民國二十三年(1934)杭州鉛印本　一冊

330000－1701－0071724　HJHA946　集部/別集類/明別集

疑雨集註四卷　(明)王彥泓撰　丁國鈞注　民國上海掃葉山房石印本　一冊　存一卷(二)

330000－1701－0071725　普 816.66/4242　類叢部/叢書類/彙編之屬

適園叢書七十四種　張鈞衡編　民國二年至六年(1913－1917)烏程張氏刻本(唐大詔令集卷十四至二十四、八十七至九十八原缺)　一冊　存一種

330000－1701－0071726　HJHA261　史部/傳記類/別傳之屬/事狀

粟香八十自述詩一卷　金武祥撰　民國鉛印本　一冊

330000－1701－0071728　普 816.67/4048.01　集部/別集類/清別集

音註小倉山房尺牘八卷　(清)袁枚撰　(清)胡光斗箋釋　民國元年(1912)上海會文堂石印本　一冊

330000－1701－0071729　普 816.66/4625/c1　集部/別集類/明別集

楊忠愍公獄中寄鄭端簡公書題跋一卷　(明)楊繼盛撰　民國四年(1915)杭州興業印書局鉛印本　一冊

330000－1701－0071735　普 816.67/4048.01/2/c1　集部/別集類/清別集

音註小倉山房尺牘八卷　(清)袁枚撰　(清)胡光斗箋釋　民國十五年(1926)上海掃葉山房石印本　四冊

330000－1701－0071737　JM00054　史部/傳記類/總傳之屬/家乘

[山東]莊氏族譜二十四卷　莊德建等修　莊德琨等纂　民國三十年(1941)漆園第木活字印本　二十冊　存二十卷(一至四、六、八至二十、二十二至二十三)

330000－1701－0071738　普 816.66/4625/c2　集部/別集類/明別集

楊忠愍公獄中寄鄭端簡公書題跋一卷　(明)楊繼盛撰　民國四年(1915)杭州興業印書局鉛印本　一冊

330000－1701－0071739　HJHA947　史部/地理類/遊記之屬/紀行

畸盦紀遊草一卷　嚴昌堉撰　民國上海南市春華堂鉛印本　一冊

330000－1701－0071740　普 816.67/4048.01/2/c2　集部/別集類/清別集

音註小倉山房尺牘八卷　(清)袁枚撰　(清)胡光斗箋釋　民國九年(1920)上海掃葉山房石印本　四冊

330000－1701－0071741　JM00055　史部/傳

記類/總傳之屬/家乘

[湖南瀏陽]瀏南橫溪蕭氏四修族譜二十五卷義宗譜一卷　蕭傳律等編修　民國二十四年(1935)河南堂木活字印本　二十五册

330000－1701－0071742　M002547　集部/戲劇類/傳奇之屬

碧山樓傳奇二卷十二折　夏仁虎撰　民國十五年(1926)鉛印本　一册

330000－1701－0071743　普 814.7/8799/4　集部/別集類/清別集

鄭板橋全集七卷　(清)鄭燮撰　民國四年(1915)上海埽葉山房石印本　四册

330000－1701－0071744　G001713　類叢部/叢書類/自著之屬

庸謹堂叢書　民國鉛印本　一册　存二種

330000－1701－0071745　M002548　子部/宗教類/佛教之屬/諸宗

相宗綱要不分卷　梅光羲編　民國十年(1921)上海商務印書館鉛印本　一册

330000－1701－0071746　HJHA948　史部/地理類/遊記之屬/紀行

畸盦紀遊草一卷　嚴昌堉撰　民國上海南市春華堂鉛印本　一册

330000－1701－0071748　普 925.17/2914.6　史部/傳記類/別傳之屬/事狀

再續六六私乘一卷　紹興逸翁撰　民國抄本　一册

330000－1701－0071749　普 814.7/8799/5　集部/別集類/清別集

鄭板橋全集六卷　(清)鄭燮撰　民國鑄記書局石印本　四册

330000－1701－0071750　M002549　子部/宗教類/佛教之屬/諸宗

相宗綱要不分卷　梅光羲編　民國二十二年(1933)上海商務印書館鉛印本　一册

330000－1701－0071752　普 814.7/8799/6　集部/別集類/清別集

鄭板橋集六卷　(清)鄭燮撰　民國二十二年(1933)上海新文化書社鉛印本　一册

330000－1701－0071757　普 816.66/7522　集部/總集類/尺牘之屬

眉公才子尺牘四卷　(明)陳繼儒輯　(清)沈錫侯增訂　**聖嘆才子尺牘四卷**　(清)金人瑞鑒定　(清)金雍撰　民國七年(1918)上海碧梧山莊石印本　二册

330000－1701－0071760　M002550　史部/傳記類/別傳之屬/墓誌

清故江蘇補用通判夏君書厂[敬鑒]墓誌銘一卷　袁思亮撰　譚延闓書　民國影印本　一册

330000－1701－0071763　普 816.67/4048.01/3　集部/別集類/清別集

音註小倉山房尺牘八卷　(清)袁枚撰　(清)胡光斗箋釋　民國石印本　四册

330000－1701－0071767　普 816.66/8043　類叢部/叢書類/家集之屬

涵暉樓叢書　民國潮安翁氏弢廬鉛印本　二册　存一種

330000－1701－0071768　HJHA950　集部/詩文評類/文法之屬/函牘格式

言文對照學生新尺牘二卷附錄一卷　世界書局編輯所編輯　民國上海世界書局石印本　一册　存一卷(上)

330000－1701－0071771　M002551　子部/宗教類/佛教之屬/經

隋唐寫經影本不分卷　民國影印本　一册

330000－1701－0071773　JM00056　史部/傳記類/總傳之屬/家乘

[湖南沅江]蕭氏族譜二十三卷首一卷　蕭世德主修　蕭上節等纂修　民國十八年(1929)河南堂石印本　九册

330000－1701－0071774　HJHA642　集部/總集類/郡邑之屬

松陵女子詩徵十卷　費善慶　薛鳳昌編　民國七年(1918)吳江費氏華萼堂鉛印本　一册

存二卷(一至二)

330000－1701－0071776　M002625　子部/醫家類/方書之屬/歷代方書
集選奇效簡便良方四卷　(清)丁堯臣輯　民國十四年(1925)上海宏大善書局石印本　四冊

330000－1701－0071780　HJHA952　集部/別集類
尊瓠室詩二卷　陳詩撰　民國元年(1912)鉛印本　一冊

330000－1701－0071781　HJHA953　經部/禮記類/傳說之屬
禮記菁華錄八卷　吳曾祺評注　民國上海商務印書館鉛印本　一冊　存二卷(一至二)

330000－1701－0071782　普816.66/8296/2　集部/總集類/尺牘之屬
分類詳註文學尺牘大全集二十卷　(明)鍾惺纂輯　(明)馮夢龍訂釋　民國十年(1921)上海求古齋鉛印本　五冊

330000－1701－0071783　M002552　新學/史志
中古史不分卷中國近古史不分卷　民國油印本　一冊

330000－1701－0071784　HJHA081　史部/政書類/公牘檔冊之屬
吳興縣第五區菱湖私立青樹小學校舍落成紀念刊不分卷　吳興第五區菱湖私立青樹小學編　民國二十三年(1934)吳興第五區菱湖私立青樹小學鉛印本　一冊

330000－1701－0071789　JM00057　史部/傳記類/總傳之屬/家乘
[江西]秦氏通譜二十四卷首一卷　秦武爕修　秦武樑等纂　民國十年(1921)豐本堂木活字印本　二十三冊　存二十二卷(首,一至二、五至二十三)

330000－1701－0071790　普816.66/8296　集部/總集類/尺牘之屬
分類詳註文學尺牘大全集二十卷　(明)鍾惺纂輯　(明)馮夢龍訂釋　民國十年(1921)上海求古齋鉛印本　十六冊

330000－1701－0071791　HJLB017　集部/總集類/酬唱之屬
晨風廬唱和續集十二卷　周慶雲輯　民國吳興周氏夢坡室刻晨風廬叢刊本　劉承幹題記　一冊　存一卷(一)

330000－1701－0071792　M002627　集部/曲類/寶卷之屬
繡像秀英寶卷碧玉簪二卷　民國上海廣記書局石印本　一冊

330000－1701－0071795　M002427、M007533　子部/藝術類/書畫之屬/畫譜
三希堂畫寶分類大觀十集四十二卷　莫厘山人編　民國十四年(1925)大華書局石印本　三十五冊　缺七卷(山水一、人物五、草蟲花卉四、石譜三至四、梅譜一、蘭譜二)

330000－1701－0071798　M002628　集部/小說類/長篇之屬
圖像鏡花緣六卷一百回　(清)李汝珍撰　民國石印本　四冊　存三卷(二至三、六)

330000－1701－0071799　HJHA044　子部/宗教類
三教圓通一卷　民國鉛印本　一冊

330000－1701－0071801　M002629　集部/小說類/長篇之屬
改良今古奇觀六卷四十回　(明)抱甕老人輯　民國十三年(1924)廣益書局鉛印本　四冊　存四卷(一、三至四、六)

330000－1701－0071802　HJLA956　子部/宗教類/道教之屬
匡時正鵠正編四卷補遺一卷　彭希涑撰　民國七年(1918)石印本　二冊

330000－1701－0071803　普816.66/8296.02　集部/總集類/尺牘之屬
分類箋註文辭大尺牘二十六卷　(明)鍾惺纂輯　(明)馮夢龍訂釋　(清)王鼎增輯　民國十年(1921)上海求古齋鉛印本　十六冊

330000－1701－0071804　普 816.67/4217/3/c1　集部/别集類/清别集
惜抱軒尺牘四卷補編二卷　(清)姚鼐撰　民國上海中華圖書館石印本　二册

330000－1701－0071807　HJHA045　子部/宗教類/佛教之屬
蓮池大師戒殺放生彙錄一卷　(明)釋袾宏撰　民國十二年(1923)南京放生會刻本　一册

330000－1701－0071808　JM00059　史部/傳記類/總傳之屬/家乘
朱氏通譜□□卷首□□卷　民國鼎興堂木活字印本　二十三册　存二十一卷(首下,一至六、八至十五、十七至十九、二十二、二十七至二十八)

330000－1701－0071810　M002630　集部/小說類/長篇之屬
圖像鏡花緣全傳六卷一百回　(清)李汝珍撰　民國六年(1917)上海天寶書局石印本　五册　存五卷(一、三至六)

330000－1701－0071814　普 816.67/4217/3/c2　集部/别集類/清别集
惜抱軒尺牘四卷補編二卷　(清)姚鼐撰　民國上海中華圖書館石印本　二册

330000－1701－0071817　HJLB016　類叢部/叢書類/自著之屬
晨風廬叢刊十八種　周慶雲撰　民國吳興周氏夢坡室刻本　三册　存二種

330000－1701－0071821　M002428　子部/宗教類/佛教之屬/諸宗
宗鏡錄法相義節要一卷　(宋)釋延壽集　梅光羲節要　民國十三年(1924)上海商務印書館鉛印本　一册

330000－1701－0071824　普 816.67/08631　類叢部/叢書類/自著之屬
許文肅公集四種　(清)許景澄撰　盛沅編輯　民國七年(1918)鉛印本　一册　存一種

330000－1701－0071829　M002429　子部/醫家類/兒科之屬/通論
兒科雜病講義不分卷　民國抄本　一册

330000－1701－0071830　M002553　子部/藝術類/書畫之屬/法帖
蘇藜照公事略集古艸書本一卷　蘇應時集　民國二十八年(1939)石印本暨鉛印本　一册

330000－1701－0071832　HJHA647　集部/别集類/清别集
灃西草堂集八卷附錄一卷　(清)柏景偉撰　民國十三年(1924)金陵思過齋刻本　五册

330000－1701－0071833　HJHB018　史部/傳記類/别傳之屬/事狀
吳興周夢坡先生哀思錄不分卷　周延礽輯　民國二十四年(1935)鉛印本　二册

330000－1701－0071834　M002430　史部/雜史類/通代之屬
雲南大事記十四卷　袁嘉穀撰　民國二十四年(1935)石印本　一册

330000－1701－0071839　M002554、M003323　類叢部/叢書類/自著之屬
崇雅堂叢書十四種　楊晨撰　民國二十五年(1936)楊紹翰鉛印本　二册　存一種

330000－1701－0071843　M002431　史部/金石類/錢幣之屬/圖像
新莽貨布範不分卷　(清)劉喜海輯　民國十八年(1929)上海神州國光社影印本　一册

330000－1701－0071845　普 816.67/1133　集部/總集類/尺牘之屬
十大名家家書十卷　平襟亞編　秋痕廔主評　民國十四年(1925)上海共和書局鉛印本　一册　存一種

330000－1701－0071846　HJLA717　子部/醫家類/婦科之屬/產科
爲母祕鑰一卷　鄭玉嬌譯　民國七年(1918)廣學書局鉛印本　一册

330000－1701－0071848　M002631　史部/傳記類/總傳之屬
浙江私立法政學校同學錄一卷　浙江私立法

政學校編　民國元年(1912)石印本　一冊

330000－1701－0071849　M002632　史部/傳記類/總傳之屬/忠孝

浙江衢屬西安縣忠義録名冊不分卷　民國石印本　一冊

330000－1701－0071850　普 925.17/3233.1　子部/藝術類/書畫之屬

潘幹臣先生象傳遺畫集不分卷　潘承弼輯　民國二十九年(1940)影印本　一冊

330000－1701－0071851　M002633　新學/史志/别國史

外國史講本一卷　浙江陸軍小學堂編　民國石印本　一冊

330000－1701－0071852　M002556　集部/曲類/寶卷之屬

大乘因果九環出塵寶卷一卷　民國十年(1921)鉛印本　一冊

330000－1701－0071854　HJLA049　新學/理學/文學

國語學草創不分卷　胡以魯撰　民國二年(1913)浙江教育司鉛印本　一冊

330000－1701－0071855　M002634　子部/藝術類/書畫之屬/畫譜

原板初印芥子園畫譜二集不分卷　(清)王概摹並編　民國影印彩色套印本　四冊

330000－1701－0071860　普 816.8/2530/2/c1　類叢部/叢書類/彙編之屬

潛泉叢鈔　吴隱輯　民國西泠印社刻本暨石印本　二冊　存一種

330000－1701－0071862　普 816.8/2530/2/c3　類叢部/叢書類/彙編之屬

潛泉叢鈔　吴隱輯　民國西泠印社刻本暨石印本　二冊　存一種

330000－1701－0071863　M002557　經部/小學類/文字之屬/字書/訓蒙

張註繪圖五千字文一卷　民國上海春記書莊石印本　一冊

330000－1701－0071864　M002636　經部/小學類/音韻之屬

商卜文分韻不分卷　丁仁撰　民國二十七年(1938)墨緣堂石印本　一冊

330000－1701－0071865　普 816.8/2530/2/c4　類叢部/叢書類/彙編之屬

潛泉叢鈔　吴隱輯　民國西泠印社刻本暨石印本　一冊　存一種

330000－1701－0071866　HJLA648　史部/傳記類/别傳之屬/事狀

傭廬壽言四卷附録一卷吕邨鋤頭園圖詠一卷　民國十九年(1930)鉛印本　二冊

330000－1701－0071868　M002637　史部/雜史類/斷代之屬

清談十卷　胡懷琛編　民國七年(1918)上海廣益書局鉛印本　一冊　存一卷(十)

330000－1701－0071872　M002433　史部/金石類/錢幣之屬

東亞民族國幣舉要不分卷　關百益編　民國十九年(1930)中華書局石印本　一冊

330000－1701－0071873　M002638　集部/詩文評類/文法之屬/文法

分類法語精華録一卷分類駢句精華録一卷　王藝　施崇恩撰　民國九年(1920)上海彪蒙書室石印本　二冊

330000－1701－0071874　HJHA188　子部/宗教類/佛教之屬

金剛經誦本　民國二十一年(1932)上海明善書局石印本　一冊　存一種

330000－1701－0071881　HJHA649　類叢部/叢書類/彙編之屬

説庫一百七十種　王文濡編　民國四年(1915)上海文明書局石印本(浮生六記卷五至六原缺)　五十九冊　存一百六十九種

330000－1701－0071883　普 816.8/2623　集部/别集類/清别集

小種字林柱銘偶存不分卷　吴受福撰　民國二十二年(1933)檇李郭氏刻本　一冊

330000－1701－0071885　JM00060　史部/傳記類/總傳之屬/家乘

朱氏通譜□□卷首□□卷　民國鼎興堂木活字印本　六册　存六卷（一、四至六、十至十一）

330000－1701－0071888　M002434　史部/目録類/總録之屬

敬修堂歷著書目考一卷　費寅編　民國鉛印本　一册

330000－1701－0071890　JM00061　史部/傳記類/總傳之屬/家乘

[江西盧陵]彭氏宗譜十二卷　民國十二年（1923）述古堂木活字印本　十一册　存十一卷（一至六、八至十二）

330000－1701－0071892　普816.8/2649　子部/藝術類/遊藝之屬/聯語

宋詞集聯一卷　程柏堂撰　民國二十三年（1934）鎮江江南印書館影印本　一册

330000－1701－0071893　M002639　子部/法家類

教科適用韓非子精華一卷　中華書局編　民國上海中華書局鉛印本　一册

330000－1701－0071895　M002435　集部/詞類/詞話之屬

詞學六卷　李仲乾輯　民國三年（1914）油印本　一册

330000－1701－0071896　M002558、M003512　類叢部/叢書類/彙編之屬

說郛一百卷　（元）陶宗儀編　張宗祥重校　民國十九年（1930）上海商務印書館鉛印本　三十册　存七十六卷（一至二十、二十三至二十四、三十至三十一、四十二至六十八、七十一至九十二、九十五至九十七）

330000－1701－0071901　M002640　史部/目録類/總録之屬/私撰

來青閣書目不分卷　來青閣書莊編　民國上海來青閣書莊石印本　一册　存第九期

330000－1701－0071904　M002641　史部/雜史類/斷代之屬

庚子西狩叢談五卷附年譜一卷　吳永口述　劉治襄筆記　民國三十二年（1943）苕溪漁隱鉛印本　一册

330000－1701－0071905　普816.8/3084　子部/藝術類/遊藝之屬/聯語

師竹廬聯話十二卷　竇鎮編　民國十年（1921）木活字印本　二册

330000－1701－0071907　JM00062　史部/傳記類/總傳之屬/家乘

[河北]彭氏四修族譜十六卷首三卷附譜一卷　彭金祥等主修　彭明杰總纂　彭樹瓊等纂修　民國十五年（1926）博士堂木活字印本　二十册　存十八卷（首上中，一至十二、十四至十六，附譜）

330000－1701－0071910　M002436　經部/小學類/文字之屬/字書/字典

辭源十二卷檢字一卷附錄五卷　陸爾奎等編　民國五年（1916）上海商務印書館影印本　十二册　存三卷（辭源一至二、檢字）

330000－1701－0071911　M002642、M006320　史部/地理類/總志之屬/斷代

今縣釋名六卷　吕式斌撰　民國二十年（1931）鉛印本　二册

330000－1701－0071923　M002643　經部/群經總義類/文字音義之屬

經傳釋詞十卷　（清）王引之撰　王時潤點勘　**研究說文書目一卷**　王時潤撰　民國十三年（1924）百城圖書館石印本　四册

330000－1701－0071925　JM00063　史部/傳記類/總傳之屬/家乘

[甘肅]彭氏五修族譜十一卷　彭樹人等主修　彭宗述等纂修　民國三十六年（1947）隴西堂木活字印本　十一册

330000－1701－0071934　普816.67/2632/2　集部/別集類/清別集

吳摯甫尺牘五卷補遺一卷論兒書一卷　（清）吳汝綸撰　民國成都昌福公司鉛印本　十

二冊

330000－1701－0071935　普 816.8/3308/3　子部/藝術類/遊藝之屬/聯語

詳註圈點楹聯叢話十二卷續話四卷　(清)梁章鉅輯　謝璿註　民國十七年(1928)上海會文堂書局鉛印本　六冊

330000－1701－0071936　JM00064　史部/傳記類/總傳之屬/家乘

[湖南永州]零陵朱諸族譜三十二卷首一卷末一卷　朱綬榮纂修　民國三年(1914)光裕堂木活字印本　十四冊　存三十一卷(首,一至九、十一至二十一、二十四至三十二,末)

330000－1701－0071937　M002645、M003293　集部/小說類/長篇之屬

吴三桂演義四卷四十回　民國十二年(1923)上海開文書局石印本　三冊　存三卷(一、三至四)

330000－1701－0071951　普 816.64/7438　集部/别集類/宋别集

陸渭南書牘一卷　(宋)陸游撰　民國三年(1914)上海商務印書館鉛印本　二冊

330000－1701－0071952　普 816.64/4453.2　集部/别集類/宋别集

蘇東坡尺牘四卷　(宋)蘇軾撰　民國六年(1917)上海商務印書館鉛印本　四冊

330000－1701－0071953　普 816.64/6030/c1　集部/别集類/宋别集

吕東萊書牘一卷　(宋)吕祖謙撰　民國三年(1914)上海商務印書館鉛印本　二冊

330000－1701－0071954　普 816.64/7443　集部/别集類/宋别集

陸象山尺牘四卷　(宋)陸九淵撰　(清)李紱點次　民國六年(1917)上海商務印書館鉛印本　四冊

330000－1701－0071955　普 816.8/3308/6　子部/藝術類/遊藝之屬/聯語

楹聯叢話十二卷續話四卷三話二卷四話六卷　(清)梁章鉅輯　民國十三年(1924)上海商務印書館鉛印本　十冊

330000－1701－0071959　M002437　經部/小學類/文字之屬/說文

說文粹三編三卷　朱孔彰撰　民國石印本　聖和老人題記　一冊　存一卷(上)

330000－1701－0071960　M002559　史部/目録類/總録之屬/私撰

萃文書局書目五卷　萃文書局編　民國十八年(1929)石印本　一冊

330000－1701－0071962　M002646　經部/四書類/總義之屬/傳說

新式標點四書白話註解十九卷　琴石山人注解　民國十一年(1922)上海會文堂書局石印本　十四冊

330000－1701－0071964　JM00065　史部/傳記類/總傳之屬/家乘

[湖南長沙]彭氏四修支譜四卷首二卷　彭純來等纂修　民國十一年(1922)好古堂木活字印本　九冊

330000－1701－0071965　M002438　集部/總集類/選集之屬/斷代

南社湘集第三期一卷　傅熊湘編　民國二十五年(1936)長沙南社湘集通訊處鉛印本　楊俊杰跋　一冊

330000－1701－0071966　HJHB022　集部/總集類/彙編之屬

五唐人詩集　(明)毛晉編　民國十五年(1926)上海涵芬樓影印本　一冊　存一種

330000－1701－0071969　M002439　子部/叢編

清代筆記叢刊四十一種　文明書局編　民國十一年(1922)上海文明書局石印本　三冊　存一種

330000－1701－0071971　普 816.64/7500/c1　集部/别集類/宋别集

陳龍川書牘一卷　(宋)陳亮撰　民國二十四年(1935)上海商務印書館鉛印本　一冊

330000－1701－0071972　M002647　集部/曲類/寶卷之屬
繪圖顧鼎臣雙玉玦寶卷二卷　民國五年(1916)上海文益書局石印本　一冊

330000－1701－0071973　普 816.64/4423/c1　集部/別集類/宋別集
范文正公書牘不分卷　(宋)范仲淹撰　民國三年(1914)上海商務印書館鉛印本　二冊

330000－1701－0071974　HJHB023　類叢部/叢書類/彙編之屬
四部備要　中華書局編　民國二十五年(1936)上海中華書局鉛印本　一冊　存一種

330000－1701－0071975　M002648　集部/曲類/寶卷之屬
新刻正德遊龍寶卷全集一卷　民國五年(1916)上海文益書局石印本　一冊

330000－1701－0071978　普 816.64/4407.2　集部/別集類/宋別集
黄山谷尺牘十卷　(宋)黄庭堅撰　民國三年(1914)上海商務印書館鉛印本　二冊

330000－1701－0071980　M002440　集部/曲類/寶卷之屬
百花台雙恩寶卷二卷　民國六年(1917)上海文益書局石印本　一冊

330000－1701－0071982　M002649　集部/曲類/寶卷之屬
新出延壽寶卷一卷　民國上海文益書局石印本　一冊

330000－1701－0071983　M002441　集部/曲類/寶卷之屬
江南松江府華亭縣白沙村孝脩回郎寶卷二卷附七七寶卷一卷知過必改一卷　民國七年(1918)上海文益書局石印本　一冊

330000－1701－0071986　JM00066　史部/傳記類/總傳之屬/家乘
[湖南湘鄉]坪壤彭氏三修族譜二十卷首一卷末一卷　彭承鴻主修　彭承志纂修　民國三十三年(1944)敦倫堂木活字印本　二十冊

330000－1701－0071987　普 816.64/1779　集部/別集類/宋別集
司馬溫公書牘不分卷　(宋)司馬光撰　民國三年(1914)上海商務印書館鉛印本　二冊

330000－1701－0071988　M002650　集部/曲類/寶卷之屬
八寶雙鸞釵寶卷二卷　民國四年(1915)上海文益書局石印本　一冊

330000－1701－0071991　M002442　史部/地理類/專志之屬/古跡
貴州名勝古蹟概說不分卷　貴州文獻徵輯館編　民國二十六年(1937)京滇公路週覽會貴州分會宣傳部鉛印本　一冊

330000－1701－0071992　M002561　史部/傳記類/別傳之屬/年譜
方山民[觀瀾]紀年詩一卷　方觀瀾撰　民國八年(1919)刻本　一冊

330000－1701－0071993　普 816.64/1031/c1　集部/別集類/宋別集
王介甫尺牘二卷　(宋)王安石撰　民國五年(1916)上海商務印書館鉛印本　二冊

330000－1701－0071996　M002651　集部/曲類/寶卷之屬
八寶雙鸞釵寶卷二卷　民國上海惜陰書局石印本　一冊

330000－1701－0071998　M002443　集部/曲類/寶卷之屬
繪圖目蓮救母三世寶卷三卷　民國十一年(1922)上海宏大善書局石印本　一冊

330000－1701－0072003　M002652　集部/曲類/寶卷之屬
正本雙珠鳳奇緣寶卷二卷　民國上海惜陰書局石印本　一冊

330000－1701－0072005　M002445　集部/曲類/寶卷之屬
龍圖寶卷一卷　范省三抄　民國三十五年(1946)抄本　一冊

330000－1701－0072006 HJHB025 子部/藝術類/書畫之屬/畫譜

夢坡畫史一卷 周慶雲繪 民國二十三年(1934)影印本 一册

330000－1701－0072008 M002446 集部/曲類/寶卷之屬

開家寶卷一卷 范省三抄補 民國二十七年(1938)抄本 一册

330000－1701－0072009 JM00067 史部/傳記類/總傳之屬/家乘

[湖南邵陽]邵東李氏四修族譜二十五卷首二卷末六卷 李邦漸 李定鐸纂修 民國三十年(1941)敦睦堂木活字印本 十九册 存十九卷(首一,二下至六、八至十一、十四、十八至二十一、二十五,末二、四至五)

330000－1701－0072013 M002447 集部/曲類/寶卷之屬

時運寶卷一卷 民國抄本 一册

330000－1701－0072014 M002653 集部/曲類/寶卷之屬

繪圖十美圖寶卷二卷 民國上海惜陰書局石印本 一册

330000－1701－0072015 HJHA088 子部/農家農學類/蠶桑之屬

創設裕羣蠶種製造場計劃草案一卷 民國鉛印本 一册

330000－1701－0072017 M002654 集部/曲類/寶卷之屬

繪圖玉連環寶卷二卷 民國上海惜陰書局石印本 一册

330000－1701－0072018 M002448 集部/曲類/寶卷之屬

妙英寶卷一卷 民國抄本 一册

330000－1701－0072019 普816.66/2893.2 史部/詔令奏議類/奏議之屬

徐氏庖言五卷 (明)徐光啟撰 民國二十二年(1933)上海徐家匯天主堂藏書樓鉛印本 二册

330000－1701－0072020 HJHA090 類叢部/叢書類/彙編之屬

江寧村制育才館講義 民國鉛印本 一册 存一種

330000－1701－0072022 M002666 類叢部/叢書類/自著之屬

哭盦叢書 易順鼎撰 民國鉛印本 二册 存一種

330000－1701－0072025 M002449 集部/曲類/寶卷之屬

受生寶卷一卷 民國三年(1914)抄本 一册

330000－1701－0072026 M002562 集部/別集類

蒿盦類稿三十二卷續稿三卷 馮煦撰 民國刻本 一册 存三卷(續稿一至三)

330000－1701－0072030 M002655 集部/別集類

理齋近十年詩詞三卷 蔣梅笙撰 民國二十九年(1940)鉛印本 一册

330000－1701－0072032 JM00068 史部/傳記類/總傳之屬/家乘

[熙湖]李氏六修宗譜二十卷首二卷 李昌淼修 李壽涵 李孝斯纂 民國三十三年(1944)敘樂堂木活字印本 二十册

330000－1701－0072033 普816.66/2749.2/c2 集部/別集類/明別集

歸震川書牘一卷 (明)歸有光撰 民國二年(1913)上海商務印書館鉛印本 二册

330000－1701－0072037 M002450 集部/曲類/寶卷之屬

賣花古典一卷 民國七年(1918)抄本 一册

330000－1701－0072038 普816.64/8017/c2 集部/別集類/宋別集

曾南豐尺牘一卷 (宋)曾鞏撰 民國二十四年(1935)上海商務印書館鉛印本 一册

330000－1701－0072039 M002563 集部/曲類/寶卷之屬

蔡狀元救親壽生寶卷一卷　民國抄本　一冊

330000－1701－0072040　M002451　集部/曲類/寶卷之屬

建刊幽冥教主地藏王菩薩卷一卷　范省三抄　民國抄本　一冊

330000－1701－0072041　HJHA089　史部/傳記類/別傳之屬

缶廬先生[吴昌碩]小傳一卷　諸宗元撰　民國鉛印本　一冊

330000－1701－0072043　普 816.8/4423/c1　子部/藝術類/遊藝之屬/聯語

西湖楹聯六卷　黄俊輯　民國九年(1920)復初齋書局石印本　四冊

330000－1701－0072044　M002656　史部/傳記類/別傳之屬/事狀

蘭西諸葛簡史初集一卷　諸葛政清編　民國三十六年(1947)鉛印本　一冊

330000－1701－0072045　普 816.64/8017/c1　集部/別集類/宋別集

曾南豐尺牘一卷　(宋)曾鞏撰　民國五年(1916)上海商務印書館鉛印本　一冊

330000－1701－0072050　普 816.8/4423/c2　子部/藝術類/遊藝之屬/聯語

西湖楹聯六卷　黄俊輯　民國九年(1920)復初齋書局石印本　一冊

330000－1701－0072051　HJHA263　集部/總集類/尺牘之屬

新撰商業尺牘二卷　徐珂編輯　民國二年(1913)上海商務印書館鉛印本　二冊

330000－1701－0072053　JM00069　史部/傳記類/總傳之屬/家乘

[湖南]李氏三修族譜十三卷首三卷　李田元等主修　李鏜元等纂修　民國二十七年(1938)柳汁堂木活字印本　十六冊

330000－1701－0072055　普 816.64/7523　集部/別集類/宋別集

陳止齋尺牘一卷　(宋)陳傅良撰　民國六年(1917)上海商務印書館鉛印本　一冊

330000－1701－0072057　HJLB028　史部/傳記類/別傳之屬/事狀

戬壽堂百卅合慶壽言不分卷　姬覺彌編　民國十二年(1923)上海愛儷園鉛印本　八冊

330000－1701－0072058　HJHA093　史部/傳記類/別傳之屬/事狀

吴興周夢坡先生哀思錄不分卷　周延礽輯　民國二十四年(1935)鉛印本　二冊

330000－1701－0072059　M002564　集部/曲類/寶卷之屬

趙節卷全集一卷　民國抄本　一冊

330000－1701－0072060　HJHA265　集部/別集類/清別集

璇璣碎錦春吟回文合刻　(清)李暘撰　民國三年(1914)掃葉山房石印本　一冊　存一種

330000－1701－0072061　M002452　集部/曲類/寶卷之屬

碧玉簪記一卷　民國抄本　一冊

330000－1701－0072062　M002453　集部/曲類/寶卷之屬

雷峰祭塔寶卷後集一卷　民國抄本　一冊

330000－1701－0072064　M002565　集部/曲類/寶卷之屬

錄秋亭二卷　民國抄本　二冊

330000－1701－0072068　M002566　集部/曲類/寶卷之屬

十孝李芳寶卷一卷　民國抄本　一冊

330000－1701－0072071　M002454　子部/宗教類/佛教之屬

金剛般若波羅密經筏喻二卷　(後秦)釋鳩摩羅什譯　(明)釋如愚撰　民國二十三年(1934)北平西城臥佛寺刻經處刻本　翟文選題記　二冊

330000－1701－0072072　M002567　集部/曲類/寶卷之屬

玉女寶卷一卷　民國抄本　一冊

330000－1701－0072074　HJHA264　經部/詩類/傳說之屬
詩經集傳八卷　（宋）朱熹撰　民國四年（1915）中華書局鉛印本　四冊

330000－1701－0072075　HJLA450　史部/地理類/專志之屬/古跡
海昌勝蹟志八卷補綴一卷　管元耀輯　民國二十一年（1932）海寧管氏靜得樓刻本　四冊

330000－1701－0072076　M002455　子部/宗教類/佛教之屬
三寶文庫叢譯　民國鉛印本　一冊　存一種

330000－1701－0072077　M002568　經部/小學類/訓詁之屬/字詁
助字辨略五卷　（清）劉淇撰　民國上海古書流通處據海源閣刻本影印本　五冊

330000－1701－0072079　HJLA123　類叢部/叢書類
雁來紅叢報　民國鉛印本　一冊　存一種

330000－1701－0072081　M002569　子部/宗教類/佛教之屬
癡華鬘二卷　（天竺）釋伽斯那撰　（南朝齊）釋求那毗地譯　民國十五年（1926）鉛印本　一冊

330000－1701－0072083　HJLA266　子部/醫家類/方書之屬/單方驗方
經驗各種秘方輯要一卷　（清）孫順齋　（清）王松堂輯　民國五年（1916）吳興劉氏求恕齋石印本　一冊

330000－1701－0072084　HJHA124　子部/雜著類/雜說之屬
東坡筆記二卷　（明）毛鳳苞輯　民國上海有正書局鉛印本　劉承幹題記　一冊

330000－1701－0072085　HJHA125　子部/宗教類/佛教之屬/諸宗
華嚴原人論合解二卷　（唐）釋宗密論　（元）釋圓覺解　（明）楊嘉祚刪合　民國上海有正書局鉛印本　一冊

330000－1701－0072087　M002570　集部/別集類
迷宮不分卷　滕固撰　民國十五年（1926）上海光華書局鉛印本　一冊

330000－1701－0072088　M002657　集部/小說類/長篇之屬
新式水滸演義四卷　（清）江陰香編　民國上海廣文書局石印本　二冊　存二卷（一至二）

330000－1701－0072095　M002658　經部/書類/傳說之屬
增訂尚書日記不分卷　（明）王樵撰　余見龍錄　民國抄本　一冊

330000－1701－0072099　HJHA268　子部/藝術類/書畫之屬/畫譜
醉墨軒畫稿四卷　胡郯卿繪　民國海左書局石印本　一冊

330000－1701－0072100　M002659　集部/戲劇類
節孝圖一卷　民國抄本　一冊

330000－1701－0072101　M002660　集部/戲劇類/傳奇之屬
奇双會一卷　民國抄本　一冊

330000－1701－0072103　M002661　集部/戲劇類
雙鳳巢不分卷　民國抄本　四冊

330000－1701－0072106　HJHA269　集部/總集類/尺牘之屬
社會通俗最新尺牘大全八卷　丁曉盦編　民國四年（1915）上海振寰書局石印本　六冊

330000－1701－0072107　M002662　史部/地理類/水利之屬
致韓省長論太湖上游水災書一卷　王清穆撰　民國十二年（1923）鉛印本　一冊

330000－1701－0072108　M002572　子部/術數類/相宅相墓之屬
地理大成五種　（清）葉泰輯　民國石印本　一冊　存一種

330000－1701－0072109　M002456　子部/宗教類/佛教之屬

佛學八識之批評與研究一卷　錦漢撰　民國十九年(1930)鉛印本　一冊

330000－1701－0072112　M002663　集部/戲劇類

斬貂嬋一卷　陶承杏抄　民國十年(1921)抄本　一冊

330000－1701－0072114　M002457　子部/宗教類/佛教之屬/經

佛說般若波羅蜜多心經一卷附梵藏漢諸譯原本一卷　孫慧風譯并書　民國二十六年(1937)影印本　一冊

330000－1701－0072117　M002664　子部/藝術類/篆刻之屬/印譜

二金蝶堂印譜(二金蜨堂印譜)不分卷　(清)趙之謙篆　民國鈐印本　九冊

330000－1701－0072121　M002458　子部/宗教類/佛教之屬/經

佛說大悲空智金剛大教王儀軌經五卷　(宋)釋法護譯　民國二十三年(1934)鉛印本　一冊

330000－1701－0072128　HJLA458　經部/小學類/文字之屬/說文/傳說

說文解字詁林提要一卷　丁福保編　民國十七年(1928)上海醫學書局石印本　一冊

330000－1701－0072130　M002459　子部/宗教類/佛教之屬/經

佛說大白傘蓋總持陀羅呢經一卷附般若波羅密多心經一卷諸門普傳真言集一卷　吳潤江編　民國二十二年(1933)東方印書館鉛印本　一冊

330000－1701－0072131　HJHA614　類叢部/叢書類/彙編之屬

說庫一百七十種　王文濡編　民國四年(1915)上海文明書局石印本(浮生六記卷五至六原缺)　十六冊　存四十四種

330000－1701－0072132　M002665　類叢部/叢書類/自著之屬

浦雅叢刻　陳瀏撰　民國十九年(1930)鉛印本　三冊　存三種

330000－1701－0072133　M002460　子部/宗教類/佛教之屬

放生殺生現報錄一卷　(清)江永撰　**江慎齋先生[永]年譜一卷**　(清)汪錦波輯　民國十二年(1923)中華書局鉛印本　一冊

330000－1701－0072136　M002461　子部/宗教類/其他宗教之屬/其他

了道真經不分卷　民國二十一年(1932)石印本　一冊

330000－1701－0072137　M002667　史部/政書類/公牘檔冊之屬

浙江省政府會議紀錄彙刊不分卷　浙江省政府秘書處編　民國十七年至十九年(1928－1930)浙江省政府秘書處鉛印本　一冊　存第二編

330000－1701－0072138　M002573　子部/小說家類

顧氏明朝四十家小說四十種　(明)顧元慶輯　民國三年(1914)上海古今圖書局石印本　八冊

330000－1701－0072139　M002462　集部/曲類/寶卷之屬

孟姜仙女寶卷一卷　題雲山風月主人編　民國元年(1912)上海翼化堂書坊刻本　一冊

330000－1701－0072142　M002668　子部/宗教類/道教之屬/戒律

金科謀始一卷　民國十三年(1924)萬年尊倉聖會鉛印本　一冊

330000－1701－0072143　JM00070　史部/傳記類/總傳之屬/家乘

李氏宗譜□□卷首四卷　民國木活字印本　四冊　存十卷(首三至四、一至八)

330000－1701－0072144　普925.17/34281.8/c1　史部/傳記類/總傳之屬/忠孝

鄉賢崇祀錄一卷　民國十一年(1922)西湖兩

浙節孝總祠刻本　一册

330000－1701－0072146　普 816.64/7772　集部/别集類/宋别集

歐陽文忠公尺牘四卷　(宋)歐陽修撰　(清)彭期編訂　民國五年(1916)上海商務印書館鉛印本　四册

330000－1701－0072147　M002669　子部/工藝類/日用器物之屬/陶瓷

景德鎮陶錄十卷　(清)藍浦撰　(清)鄭廷桂補輯　民國據清光緒十七年(1891)京都書業堂刻本影印本　二册

330000－1701－0072148　JM00071　史部/傳記類/總傳之屬/家乘

李氏族譜□□卷末一卷　民國光裕堂木活字印本　三册　存三卷(一、五十五,末)

330000－1701－0072150　普 951.074/9910/c1　史部/雜史類/斷代之屬

清代文字獄檔九輯　北平故宫博物院文獻館編　民國二十年至二十三年(1931－1934)北平故宫博物院、國立北平研究院鉛印本　八册　存八輯(一至八)

330000－1701－0072151　普 925.17/34281.8/c2　史部/傳記類/總傳之屬/忠孝

鄉賢崇祀錄一卷　民國十一年(1922)西湖兩浙節孝總祠刻本　一册

330000－1701－0072154　JM00072　史部/傳記類/總傳之屬/家乘

[湖南]李氏四修族譜十四卷　李晸丁編輯　民國二十六年(1937)隴西堂木活字印本　十三册　存十三卷(一至六、八至十四)

330000－1701－0072155　M002670　經部/四書類/孟子之屬/正文

孟子三卷　民國影印本　一册

330000－1701－0072158　普 925.17/3198.81　史部/地理類/專志之屬/祠墓

顧祠小志一卷　吴昌綬輯　民國十一年(1922)仁和吴氏雙照樓刻朱印本　一册

330000－1701－0072161　M002463　子部/宗教類/佛教之屬/經

阿彌陀經一卷附往生咒發願文念佛法門略説一卷六道輪迴表一卷　民國八年(1919)鉛印本　一册

330000－1701－0072163　M002671、M006381、M007103　子部/天文曆算類/曆法之屬

三元甲子新萬年歷三卷續萬年書一卷六十年陰陽日歷二卷新帖式全書一卷　鍾之模編　民國十三年(1924)香港統一圖書局石印本　五册　存六卷(三元甲子新萬年歷上下、續萬年書、六十年陰陽日歷上下、新帖式全書)

330000－1701－0072165　普 951.074/9910/c2　史部/雜史類/斷代之屬

清代文字獄檔九輯　北平故宫博物院文獻館編　民國二十年至二十三年(1931－1934)北平故宫博物院、國立北平研究院鉛印本　八册　存八輯(一至八)

330000－1701－0072170　M002464　子部/藝術類/書畫之屬/法帖

董其昌小楷曹娥碑帖一卷　(明)董其昌書　民國四年(1915)上海進步書局影印本　一册

330000－1701－0072171　普 816.67/1289　集部/别集類/清别集

孫竹堂觀察書牘輯要一卷　(清)孫士達撰　孫祖同輯　民國二十二年(1933)會稽孫祖同鉛印本　一册

330000－1701－0072172　M002465　子部/藝術類/書畫之屬/法帖

初拓張猛龍碑一卷　民國五年(1916)上海有正書局影印本　一册

330000－1701－0072174　JM00073　史部/傳記類/總傳之屬/家乘

[湖南寧鄉]先儒水口張氏七修譜十二卷　民國十三年(1924)四益堂木活字印本　十册　存十卷(一至三、五至十一)

330000－1701－0072180　M002466　史部/金石類/石之屬

唐小本釋氏碑二十種　鐵琴銅劍樓輯　民國二十六年(1937)上海商務印書館影印本　一冊　存五卷(一至五)

330000-1701-0072181　M002672　史部/政書類/公牘檔冊之屬
英日貨調表一卷　杭州公團聯合會編　民國十四年(1925)石印本　一冊

330000-1701-0072184　HJHA129　子部/醫家類
瘍科至寶一卷　民國二十四年(1935)抄本　一冊

330000-1701-0072186　M002673、M004775　集部/別集類
孫中山先生廿年來手札四卷　孫文撰　鄧澤如輯　民國十六年(1927)述志公司石印本　三冊　存三卷(一至三)

330000-1701-0072188　JM00074　史部/傳記類/總傳之屬/家乘
李氏四修族譜□□卷首□□卷　民國三十六年(1947)惇敘堂木活字印本　七冊　存七卷(首五至六,七、十三至十四、十七、十九)

330000-1701-0072189　普 951.074/9910/c3　史部/雜史類/斷代之屬
清代文字獄檔九輯　北平故宮博物院文獻館編　民國二十年至二十三年(1931-1934)北平故宮博物院、國立北平研究院鉛印本　六冊　存六輯(一至五、八)

330000-1701-0072190　HJHA460　集部/別集類
玉谿碎錦集一卷　周慶雲撰　**西崑貫玉稿一卷**　嵩堃撰　民國二十二年(1933)夢坡室刻本　一冊

330000-1701-0072191　M002467　史部/傳記類/別傳之屬/事狀
朱瑞訃告不分卷　民國五年(1916)影印本暨鉛印本　一冊

330000-1701-0072192　M002674、M005498、M007084　子部/藝術類/篆刻之屬/印譜
王冰鐵印存不分卷　王大炘篆刻　民國二十五年(1936)上海文明書局石印本　五冊

330000-1701-0072194　HJHA461　史部/傳記類/別傳之屬/年譜
宋岳鄂王[飛]年譜六卷首一卷末一卷　錢汝雯編　**宋岳鄂王文集三卷**　(宋)岳飛撰　錢汝雯編　民國十三年(1924)鉛印本　五冊　缺一卷(文集下)

330000-1701-0072195　M002468　子部/藝術類/書畫之屬/法帖
漢武梁祠畫像題榜字不分卷　民國有正書局影印本　一冊

330000-1701-0072197　普 816.67/2221　集部/別集類/清別集
倭文端公家書墨蹟一卷　(清)倭仁撰　民國影印本　一冊

330000-1701-0072198　普 816.8/4601　子部/藝術類/遊藝之屬/聯語
讀史集聯一卷　(清)楊調元撰　民國五年(1916)上海有正書局鉛印本　一冊

330000-1701-0072202　M002469　史部/地理類/山川之屬/水志
西湖志六卷首一卷　(清)姚循義輯　民國五年(1916)福建水利局鉛印本　二冊

330000-1701-0072208　普 925.17/3191.8/c1　史部/地理類/專志之屬/祠墓
顧先生祠會祭題名弟一卷子一卷　顧淳德輯　民國石印本　顧淳德題記　一冊

330000-1701-0072209　HJHA462　類叢部/叢書類/家集之屬
丹徒陳氏著述十九種　□□編　民國石印本暨鉛印本　一冊　存一種

330000-1701-0072210　HJHA133　子部/雜著類
素食論一卷　民國三十六年(1947)油印本　一冊

330000－1701－0072213　M002676　集部/詞類/別集之屬
勺廬詞一卷　洪汝闓撰　民國刻朱印本　一册

330000－1701－0072214　普 816.67/2643　子部/藝術類/書畫之屬/法帖
吴愙齋尺牘一卷　(清)吴大澂撰並書　民國八年(1919)上海商務印書館影印本　一册

330000－1701－0072215　HJHA463　集部/別集類
寫憂賸稿一卷　嚴昌堉撰　民國十八年(1929)鉛印本　一册

330000－1701－0072217　普 816.8/4944　子部/藝術類/遊藝之屬/聯語
介盦楹句輯鈔一卷續編一卷　趙藩撰　陳迪光　周鍾嶽輯　民國十四年(1925)上海鉛印本　一册

330000－1701－0072219　HJHB051　類叢部/叢書類/自著之屬
曾文正公全集十六種　(清)曾國藩撰　民國四年(1915)鉛印本　五十六册　存十五種

330000－1701－0072222　HJHA464　集部/別集類/清別集
琴鶴山房遺稿八卷　(清)趙銘撰　金兆蕃輯　民國十一年(1922)金兆蕃刻本　二册

330000－1701－0072223　M002574　集部/別集類
疑盦詩庚卷一卷辛卷一卷　許承堯撰　民國二十年(1931)鉛印本　一册

330000－1701－0072224　M002470　子部/宗教類/佛教之屬
集印清刻釋藏啟一卷　民國二十五年(1936)影印本　一册

330000－1701－0072227　HJHA134　新學/全體學/附心靈學
心理建設論一卷附錄一卷　邵元沖撰　民國鉛印本　一册

330000－1701－0072229　普 816.67/2842/2　集部/別集類/清別集
新體標識新式詳註分類適軒尺牘四卷　(清)余菊生撰　(清)孫震咸輯註　民國九年(1920)上海碧梧山莊石印本　四册

330000－1701－0072232　普 816.67/8043.2/c2　集部/別集類/清別集
春在堂尺牘二卷　(清)俞樾撰　民國上海商務印書館鉛印本　二册

330000－1701－0072233　JM00079　史部/傳記類/總傳之屬/家乘
[江西贛州]張氏聯修族譜不分卷　民國清河堂木活字印本　三十五册

330000－1701－0072235　M002471　史部/政書類/邦交之屬
中外訂約失權論一卷附錄一卷　邱祖銘撰　民國十四年(1925)鉛印本　一册

330000－1701－0072238　普 816.67/3134/c1　類叢部/叢書類/自著之屬
勱堂遺書八種　顧家相撰　民國八年至十九年(1919－1930)會稽顧氏鉛印本　一册　存一種

330000－1701－0072239　普 951.074/9972　子部/藝術類/書畫之屬/法帖
劉文清公手書謝摺一卷　(清)劉墉書　民國影印本　一册

330000－1701－0072241　普 816.67/3134/c4　類叢部/叢書類/自著之屬
勱堂遺書八種　顧家相撰　民國八年至十九年(1919－1930)會稽顧氏鉛印本　一册　存一種

330000－1701－0072242　M002575　集部/詞類/別集之屬
樵風樂府九卷　鄭文焯撰　民國十四年(1925)油印本　一册

330000－1701－0072254　JM00075　史部/傳記類/總傳之屬/家乘
[湖南零陵]張氏通譜十二卷首二卷　民國四

年(1915)金鑑堂木活字印本　十一冊　存九卷(首上,二至八、十一)

330000－1701－0072256　HJHA151　集部/別集類

樸學齋集四種　胡韞玉撰　民國七年(1918)鉛印本　一冊

330000－1701－0072259　普816.8/6014　子部/藝術類/遊藝之屬/聯語

采唐集三卷附集張遷碑字一卷　吕佩芬編　**附錄一卷**　馬其昶　陳寶琛撰　民國二十五年(1936)上海商務印書館石印本　三冊

330000－1701－0072261　M002577　集部/曲類/曲韻曲譜曲律之屬

採蓮一卷別巾一卷　民國油印本　一冊

330000－1701－0072263　JM00076　史部/傳記類/總傳之屬/家乘

[浙江縉雲]五雲隴川盧氏宗譜□□卷　民國二十九年(1940)木活字印本　五冊　存五卷(十四至十六、十八、三十三)

330000－1701－0072269　HJLA193　子部/宗教類/佛教之屬

世界明燈一卷　汪觀定輯　民國鉛印本　一冊

330000－1701－0072271　M002578　經部/小學類/文字之屬/字書/訓蒙

改良繪圖註釋字文一卷　民國鴻章書局石印本　一冊

330000－1701－0072275　普951.07503/5232/c2　史部/雜史類/斷代之屬

靖逆記六卷　(清)盛大士撰　民國抄本　四冊

330000－1701－0072276　HJHB053　集部/總集類/選集之屬/斷代

希社叢編不分卷　希社編　民國二年至八年(1913－1919)鉛印本　四十三冊　存第二至四、七冊

330000－1701－0072277　普925.17/3191.8/c2　史部/地理類/專志之屬/祠墓

顧先生祠會祭題名弟一卷子一卷　顧淳德輯　民國石印本　顧淳德題記　一冊

330000－1701－0072278　普925.17/3191.8/c3　史部/地理類/專志之屬/祠墓

顧先生祠會祭題名弟一卷子一卷　顧淳德輯　民國石印本　顧淳德題記　一冊

330000－1701－0072279　普816.8/8023　子部/藝術類/遊藝之屬/聯語

寒柯堂宋詩集聯四卷　余紹宋輯　民國二十九年(1940)鉛印本　一冊

330000－1701－0072281　M002677　史部/地理類/遊記之屬/紀勝

黃山紀游不分卷　羅蕚等撰　民國鉛印本　一冊

330000－1701－0072282　M002579　子部/藝術類/書畫之屬/法帖

舊拓鍾紹京靈飛經一卷　(唐)鍾紹京書　民國上海有正書局影印本　一冊

330000－1701－0072283　JM00077　史部/傳記類/總傳之屬/家乘

[浙江縉雲]五雲隴川盧氏宗譜□□卷　民國十四年(1925)木活字印本　十二冊　存九卷(二、九至十六)

330000－1701－0072286　M002472　子部/宗教類/道教之屬

金仙直指性命眞源一卷　(清)薛陽桂撰　民國十二年(1923)上海宏大善書局鉛印本　一冊

330000－1701－0072288　M002678　經部/書類/傳說之屬

書經簡明白話解六卷首一卷　陳善撰　民國二十年(1931)上海群學書社石印本　六冊

330000－1701－0072289　M002580　子部/藝術類/書畫之屬/法帖

精拓徐氏先德碑銘一卷　民國上海彪蒙書室影印本　一冊

330000－1701－0072292　普 816. 8/8023. 2/c1　子部/藝術類/遊藝之屬/聯語

寒柯堂宋詩集聯五卷　余紹宋輯　民國三十二年(1943)鉛印本　一册

330000－1701－0072293　M002473　子部/宗教類/道教之屬/戒律

闢開混沌一卷　民國明善書局石印本　一册

330000－1701－0072295　HJHA262　子部/宗教類/道教之屬

重訂暗室燈二卷　(清)深山居士輯　民國上海宏大善書局石印本　一册

330000－1701－0072296　HJHA155　經部/四書類

四書白文　民國商務印書館鉛印本　二册

330000－1701－0072299　普 816. 8/8023. 2/c2　子部/藝術類/遊藝之屬/聯語

寒柯堂宋詩集聯五卷　余紹宋輯　民國三十二年(1943)鉛印本　一册

330000－1701－0072300　JM00078　史部/傳記類/總傳之屬/家乘

[湖南湘鄉]湘上戴氏四修族譜六十卷　戴燧生總修　戴海鯤等主修　戴次珩等纂修　民國三十二年(1943)註禮堂木活字印本　六十册

330000－1701－0072301　普 816. 8/8023. 2/c3　子部/藝術類/遊藝之屬/聯語

寒柯堂宋詩集聯五卷　余紹宋輯　民國三十二年(1943)鉛印本　一册

330000－1701－0072302　HJHA158　子部/藝術類/書畫之屬/法帖

印公遺墨一卷　釋聖量書　民國三十六年(1947)影印本　楊欣蓮題記　一册

330000－1701－0072303　普 951. 07603/5320/2/c1　史部/雜史類/斷代之屬

鴉片事略二卷　(清)李圭撰　民國二十年(1931)國立北平圖書館鉛印本　一册

330000－1701－0072304　M002475　史部/傳記類/總傳之屬/姓名

別號索引一卷　陳乃乾輯　陶毓英編　民國二十五年(1936)共讀樓鉛印本　一册

330000－1701－0072305　HJLA559　子部/雜著類

勸世白話文不分卷　黄慶瀾撰　民國上海廣益書局鉛印本　一册

330000－1701－0072307　普 951. 07603/5320/2/c2　史部/雜史類/斷代之屬

鴉片事略二卷　(清)李圭撰　民國二十年(1931)國立北平圖書館鉛印本　一册

330000－1701－0072308　M002679　集部/總集類/尺牘之屬

十大名家家書十卷　平襟亞編　秋痕廔主評　民國十四年(1925)上海共和書局鉛印本　九册　存九種

330000－1701－0072310　M002581　集部/詞類/總集之屬

蓼辛詞一卷外集一卷　石凌漢等撰　民國二十年(1931)刻本　一册

330000－1701－0072312　普 951. 07603/5320/2/c3　史部/雜史類/斷代之屬

鴉片事略二卷　(清)李圭撰　民國二十年(1931)國立北平圖書館鉛印本　一册

330000－1701－0072313　M002476　史部/傳記類/別傳之屬/事狀

李子香先生七十壽言錄三卷　李頌臣輯　民國天津華新印刷局鉛印本　四册

330000－1701－0072315　普 816. 67/3730　集部/別集類

梁巨川先生遺筆一卷　梁濟撰　民國九年(1920)山西洗心總社鉛印本　一册

330000－1701－0072316　M002582　子部/宗教類/其他宗教之屬/伊斯蘭教

古蘭經三十卷　姬覺彌等譯　民國二十年(1931)上海廣倉學宭石印本　陳舜樂題記　一册　存序

330000－1701－0072317　M002477　史部/地理類/遊記之屬/紀行
鄉國補游記三卷　林甄宇撰　民國六年(1917)永嘉林氏刻本　一冊

330000－1701－0072318　HJLA162　史部/政書類/公牘檔冊之屬
安福俱樂部不分卷　民國鉛印本　一冊

330000－1701－0072320　普 816.67/3730/2　集部/別集類
梁巨川先生遺筆一卷　梁濟撰　民國影印本　一冊

330000－1701－0072321　普 951.07603/5320/2/c4　史部/雜史類/斷代之屬
鴉片事略二卷　(清)李圭撰　民國二十年(1931)國立北平圖書館鉛印本　一冊

330000－1701－0072323　M002680　類叢部/叢書類/郡邑之屬
虞陽説苑甲編二十種乙編十二種　丁祖蔭輯　民國六年(1917)、二十一年(1932)虞山丁氏初園鉛印本　四冊　存乙編十二種

330000－1701－0072326　M002478　子部/宗教類/佛教之屬
世界佛學苑漢藏教理院叢書　民國重慶漢藏教理院鉛印本　一冊　存一種

330000－1701－0072328　普 816.8/8084/c2　子部/藝術類/遊藝之屬/聯語
娉花媚竹館宋詞集聯八卷　俞鎮輯　民國二十五年(1936)海印樓鉛印本　二冊

330000－1701－0072329　普 925.17/4048.41/3　類叢部/叢書類/自著之屬
隨園三十六種　(清)袁枚撰　民國十年(1921)上海中華圖書館鉛印本　一冊　存一種

330000－1701－0072331　HJHA272　集部/詩文評類/文法之屬
初學論説文範四卷　邵伯棠撰　民國七年(1918)上海會文堂書局石印本　俞念慈題記　四冊

330000－1701－0072333　普 816.67/8064/3　類叢部/叢書類/自著之屬
曾文正公四種　(清)曾國藩撰　民國上海著易堂書局石印本　十冊　存一種

330000－1701－0072334　普 816.8/8084/c3　子部/藝術類/遊藝之屬/聯語
娉花媚竹館宋詞集聯八卷　俞鎮輯　民國二十五年(1936)海印樓鉛印本　二冊

330000－1701－0072336　M002583　類叢部/叢書類/家集之屬
雍睦堂叢書　民國三十三年(1944)石印本　一冊　存二種

330000－1701－0072337　JM00080　史部/傳記類/總傳之屬/家乘
[湖南]衡山歐陽氏七修通譜□□卷首一卷　歐陽昺　歐陽琛炳等纂修　民國三十年(1941)渤海堂木活字印本　十一冊　存九卷(首,一至五、七、九至十)

330000－1701－0072339　普 816.8/8382　集部/別集類/宋別集
黄衲集二卷　(宋)黄庭堅撰　錢智修編　民國二十六年(1937)上海開明書店鉛印本　一冊

330000－1701－0072340　普 816.67/4030　集部/別集類/清別集
李文忠公尺牘不分卷　(清)李鴻章撰　民國五年(1916)合肥李氏石印本　三十二冊

330000－1701－0072341　HJLA571　子部/宗教類/道教之屬/方法
救時金丹四卷　唐光先纂修　梁志賢編輯　民國五年(1916)鹽城義新壇鉛印本　一冊

330000－1701－0072343　HJHA274　集部/別集類
樸學齋集四種　胡韞玉撰　民國七年(1918)鉛印本　一冊

330000－1701－0072345　JM00081　史部/傳記類/總傳之屬/家乘
[湖南永州]零陵歐陽氏合修族譜□□卷　民

國渤海堂木活字印本　十六冊　存八卷(一至八)

330000－1701－0072347　普925.17/4048.4　子部/小說家類/雜事之屬

隨園軼事六卷附錄一卷　(清)蔣敦復撰　民國元年(1912)上海國學扶輪社石印本　二冊

330000－1701－0072353　普925.17/3663.2　史部/傳記類/別傳之屬/年譜

湯貞愍公[貽汾]年譜一卷　陳韶編　民國二十二年(1933)鉛印本　一冊

330000－1701－0072354　M002479　子部/宗教類/佛教之屬/經疏

大佛頂首楞嚴經攝論二卷　釋太虛造　民國七年(1918)覺社鉛印本　一冊

330000－1701－0072356　M002681　集部/戲劇類/總集之屬/雜劇

古今名劇選□□卷　吳梅選　民國十三年至十四年(1924－1925)國立北京大學出版部鉛印本　三冊　存三卷(一至三)

330000－1701－0072357　M002480　經部/易類/圖說之屬

先天圖說一卷　魯載幬撰　魯指南演草　民國二十六年(1937)上海大東書局影印本　一冊

330000－1701－0072358　JM00082　史部/傳記類/總傳之屬/家乘

[湖南益陽]姚氏族譜□□卷首三卷　姚克勤等主修　姚翔岱等纂修　民國二十二年(1933)吳興堂木活字印本　三十二冊　存三十卷(首上中下、二至二十八)

330000－1701－0072359　M002584　子部/藝術類/書畫之屬/法帖

孟敬訓墓志一卷　民國影印本　一冊

330000－1701－0072362　普925.17/4036.2　集部/別集類/清別集

袁忠節公遺札不分卷　(清)袁昶撰　民國三十七年(1948)影印本　一冊

330000－1701－0072364　HJLA276　史部/傳記類/別傳之屬/事狀

高要陳母七十晉一壽言不分卷六十壽言不分卷　陳煥章編　民國十八年(1929)鉛印本　一冊

330000－1701－0072365　M002481　史部/目録類/總録之屬/官修

浙江公立圖書館保存類目錄續編四卷通常類目錄續編四卷補遺附錄一卷勘誤表一卷　浙江公立圖書館編　民國七年(1918)浙江公立圖書館鉛印本　一冊　存三卷(通常類目錄續編三至四、補遺附錄)

330000－1701－0072366　M002682　集部/曲類/寶卷之屬

太華山紫金鎮兩世修行劉香寶卷全集二卷　民國四年(1915)錢文瀛抄本　一冊　存一卷(下)

330000－1701－0072367　普817.014/4484/c1　集部/別集類/清別集

曼殊沙龕三十六壺盧銘一卷　(清)葉金壽撰　(清)郭傳璞注　民國鉛印本　一冊

330000－1701－0072368　HJHA573　史部/目録類/版本之屬/書影

百衲本二十四史預約樣本一卷　上海商務印書館編　民國十九年(1930)上海商務印書館鉛印本暨影印本　一冊

330000－1701－0072370　普925.17/366.2/c2　史部/傳記類/別傳之屬/年譜

湯貞愍公[貽汾]年譜一卷　陳韶編　民國二十二年(1933)鉛印本　一冊

330000－1701－0072371　HJLA277　史部/傳記類/別傳之屬/事狀

陸母吳太夫人八秩壽言不分卷　陸宗振輯　民國京師京華印書局鉛印本　一冊

330000－1701－0072372　M002683　史部/傳記類/總傳之屬/忠孝

浙江杭屬各縣忠義錄名冊不分卷　程良駇編　民國十二年(1923)油印本　一冊

330000－1701－0072374　普 817.014/4484/c2　集部/别集類/清别集
曼殊沙龕三十六壺盧銘一卷　(清)葉金壽撰　(清)郭傳璞注　民國鉛印本　一册

330000－1701－0072375　普 925.17/4048.4/2　子部/小說家類/雜事之屬
隨園軼事六卷附録一卷　(清)蔣敦復撰　民國十年(1921)進智圖書館石印本　二册

330000－1701－0072376　M003710　集部/曲類/寶卷之屬
汝汝寶卷一卷　民國抄本　一册

330000－1701－0072377　HJLA170　子部/儒家類/儒學之屬/禮教/女範
閨門總訓　(清)嚴衡輯　民國刻本　一册　存一種

330000－1701－0072378　M002482　史部/目録類/總録之屬
建陽縣書坊書目不分卷　民國蕭山朱氏别宥齋油印本　一册

330000－1701－0072379　JM00083　史部/傳記類/總傳之屬/家乘
[陝西西安]張氏四修族譜三十六卷　張謙等修　張若猷等纂　民國三十三年(1944)孝友堂木活字印本　三十六册

330000－1701－0072381　M002483　子部/雜著類/雜說之屬
樗盦筆記一卷　毛宗智撰　民國鉛印本　一册

330000－1701－0072382　M002484　子部/藝術類/書畫之屬/法帖
明清名人尺牘墨寶第一集六卷第二集六卷第三集六卷　文明書局輯　民國十年(1921)上海文明書局影印本　十八册

330000－1701－0072391　M002585　集部/詞類/别集之屬
孫氏詞刻　(清)孫麟趾撰　民國石印本　一册　存一種

330000－1701－0072392　HJHA576　集部/總集類/選集之屬/通代
全上古三代秦漢三國六朝文樣本一卷　民國十九年(1930)醫學書局影印本　一册

330000－1701－0072394　M002485　史部/地理類/方志之屬/郡縣志
[光緒]重修皋蘭縣志三十卷首一卷　(清)張國常纂修　民國六年(1917)隴右樂善書局石印本　一册　存一卷(二十三)

330000－1701－0072395　HJLA278　史部/傳記類/别傳之屬/事狀
沈母高太夫人七秩壽言不分卷　沈銘昌等輯　民國四年(1915)餘慶齋鉛印本　四册

330000－1701－0072398　M002684　子部/宗教類/佛教之屬/經疏
寶積經瑜伽釋一卷　(唐)釋玄奘譯釋　民國三十年(1941)支那内學院蜀院刻本　一册

330000－1701－0072400　M002486、M007756　集部/别集類
鳴原集十卷附五十三參樓吟草一卷　陳夔龍撰　民國十八年至二十六年(1929－1937)鉛印本　二册　存二卷(二至三)

330000－1701－0072402　M002586　子部/醫家類/本草之屬/本草雜著
本草求真九卷圖一卷主治二卷脉理求真一卷　(清)黄宫繡纂　民國上海錦章圖書局石印本　六册

330000－1701－0072403　普 925.17/4072.8　史部/傳記類/别傳之屬/事狀
寸草廬贈言十卷　(清)張嘉祿輯　民國十二年(1923)四明張氏刻本　二册

330000－1701－0072404　HJHA577　史部/目録類/版本之屬/書影
近代詩鈔樣本一卷　商務印書館編　民國上海商務印書館鉛印本　一册

330000－1701－0072407　普 925.17/4072.8/2　史部/傳記類/别傳之屬/事狀
寸草廬贈言不分卷　(清)張嘉祿輯　民國二

十三年(1934)影印本　二冊

330000－1701－0072408　M002487　子部/宗教類/佛教之屬/經

地藏菩薩本願經三卷　(唐)釋實叉難陀譯

地藏菩薩靈感錄一卷　(宋)釋常謹輯　李圓淨修正　民國二十二年(1933)石印本　一冊

330000－1701－0072409　HJLA279　子部/宗教類/佛教之屬

觀世音持驗記二卷首一卷　(清)周克復撰　民國八年(1919)北京刻經處刻本　一冊

330000－1701－0072410　HJHA578　史部/目録類/版本之屬/書影

四部備要第二集樣本一卷　中華書局編　民國中華書局影印本　一冊

330000－1701－0072411　HJHA603　史部/政書類/公牘檔冊之屬

通海墾牧公司總協理對於分地之意見書一卷　民國鉛印本　一冊

330000－1701－0072412　HJLA174　類叢部/叢書類/自著之屬

勴堂遺書八種　顧家相撰　民國八年至十九年(1919－1930)會稽顧氏鉛印本　二冊　存二種

330000－1701－0072413　普 816.67/8064.6　集部/别集類/清别集

曾文正公尺牘四卷　(清)曾國藩撰　民國六年(1917)上海商務印書館鉛印本　四冊

330000－1701－0072414　M002488　子部/醫家類/醫經之屬/内經

黄帝内經素問合纂十卷靈樞經合纂九卷補遺一卷　(明)馬蒔　(清)張志聰注　民國上海錦章圖書局石印本　四冊　存十卷(一至十)

330000－1701－0072418　M002685　集部/戲劇類

雙合道中央抄白一卷　民國十年(1921)陶承杏抄本　一冊

330000－1701－0072419　普 951.077/4469　史部/雜史類

緣督廬秘乘十五種　葉昌熾編　民國泰州新華書店古舊部袁潤生抄本　三冊

330000－1701－0072421　M002489　子部/藝術類/篆刻之屬/印譜

閑園印存不分卷　民國十年(1921)鈐印本　一冊

330000－1701－0072422　JM00084　史部/傳記類/總傳之屬/家乘

[湖南岳陽]單氏族譜不分卷　單祝廖等纂修　民國二十五年(1936)南安堂木活字印本　三十二冊

330000－1701－0072426　M002686　史部/目録類/總録之屬/史志

清代藝文略一卷　朱師轍撰　民國二十四年(1935)華西協合大學哈佛燕京學社鉛印本　一冊

330000－1701－0072428　HJLA176　類叢部/叢書類/彙編之屬

又滿樓叢書十六種　趙詒琛編　民國九年至十四年(1920－1925)崑山趙氏又滿樓刻本　一冊　存四種

330000－1701－0072429　HJHA619　史部/目録類/總録之屬

商務印書館精印古書金石碑帖目錄一卷　商務印書館編　民國上海商務印書館鉛印本　一冊

330000－1701－0072430　M002490　集部/曲類/寶卷之屬

繡像雙貴圖寶卷二卷　民國上海惜陰書局石印本　二冊

330000－1701－0072433　M002687　史部/政書類/公牘檔冊之屬

浙江省財政公開報告書一卷　民國鉛印本　一冊

330000－1701－0072434　M002491　集部/别集類

栩園叢稿初編五卷二編五卷　陳栩撰　周之

盛輯　民國家庭工業社香雪樓鉛印本　五冊　存五卷(二編一至五)

330000－1701－0072436　M002688　集部/總集類/題詠之屬
徵題貝葉經詩一卷　民國鉛印本　一冊

330000－1701－0072441　HJLA638　史部/雜史類/斷代之屬
評註國策小品四卷補遺一卷　李聯珪撰　民國七年(1918)蘇州振新書社等鉛印本　一冊　存二卷(四、補遺)

330000－1701－0072442　HJLA281　子部/雜著類
元天上帝金科玉律一卷　民國石印本　一冊

330000－1701－0072446　G001905　類叢部/叢書類/郡邑之屬
雲南叢書初編一百四十一種二編三十七種　趙藩　陳榮昌等輯　民國雲南叢書處刻本　一冊　存一種

330000－1701－0072447　JM00085　史部/傳記類/總傳之屬/家乘
[湖北荊州]田氏宗譜□□卷卷次一卷首一卷　民國三十四年至三十五年(1945－1946)荊榮堂木活字印本　二十冊　存二十卷(首,一、三至十九,卷次)

330000－1701－0072449　M002690　經部/四書類/總義之屬/傳說
四書恆解十四卷　(清)劉沅輯注　民國鉛印本　六冊

330000－1701－0072451　HJHB056　史部/政書類/邦計之屬/戶政
南潯鎮育嬰堂徵信錄一卷　民國二十一年(1932)南潯印刷公司鉛印本　一冊

330000－1701－0072455　普925.17/4072.8/3/c2　類叢部/叢書類/郡邑之屬
四明叢書一百六十七種　張壽鏞編　民國四明張氏約園刻本　一冊　存一種

330000－1701－0072456　普817.2/0023　集部/曲類/寶卷之屬
唐僧寶卷二卷　民國石印本　一冊

330000－1701－0072461　普817.19/4728.07　集部/總集類/謠諺之屬
越諺攷三十六卷　胡維銓撰　稿本　三十六冊

330000－1701－0072462　HJHB057　史部/紀傳類/別史之屬
蒙兀兒史記樣本不分卷　屠寄撰　民國二十三年(1934)常州振羣印刷公司鉛印本　一冊

330000－1701－0072464　M002691　子部/雜家類
吕氏春秌補正三卷　宋慈裦撰　民國十年(1921)稿本　一冊

330000－1701－0072468　M002692　子部/儒家類/儒學之屬/經濟
賈誼新書校正十卷　宋慈裦撰　民國鉛印本　二冊

330000－1701－0072469　普816.67/8064.8　集部/別集類/清別集
曾文正公書札三十三卷　(清)曾國藩撰　(清)李瀚章輯　民國刻本　十六冊

330000－1701－0072472　HJLA465　子部/雜著類/雜說之屬
戒之在色不分卷　(清)周錫光撰　民國石印本　一冊

330000－1701－0072473　HJHB058　類叢部/類書類/通類之屬
清初殿版銅活字印古今圖書集成樣本不分卷　中華書局編　民國二十三年(1934)中華書局鉛印本暨影印本　一冊

330000－1701－0072475　JM00086　史部/傳記類/總傳之屬/家乘
[湖南邵陽]皮林王氏三修族譜二十一卷首一卷末三卷　王貽錡主修　王貞佳等纂修　民國十三年(1924)敦睦堂木活字印本　二十一冊　存二十一卷(首,三至六、八、十至二十一,末上下終)

330000－1701－0072476　M002587　子部/藝術類/書畫之屬/法帖

碑聯集搨□□種　秦文錦編　民國上海藝苑真賞社影印本　一册　存一種

330000－1701－0072479　HJHB059　子部/宗教類/佛教之屬/論

成唯識論別鈔六卷　（唐）釋窺基撰　民國九年（1920）金陵刻經處刻本　一册　存三卷（一至三）

330000－1701－0072481　HJHA640　子部/宗教類/佛教之屬/經咒

慈悲三昧水懺申義疏三卷　釋諦閑撰　民國十四年（1925）鉛印本　二册

330000－1701－0072485　普 816.67/8078　子部/藝術類/書畫之屬/法帖

翁松禪相國尺牘真蹟不分卷　（清）翁同龢書　民國九年（1920）上海中華書局影印本　十二册

330000－1701－0072486　M002588　子部/藝術類/書畫之屬/畫譜

馬江香草蟲畫册不分卷　（清）馬荃繪　民國據宿遷王氏信芳閣藏本影印本　一册

330000－1701－0072487　普 817.2/0046　集部/曲類/曲藝之屬

繪圖新編宣統復辟夢説唱鼓詞全傳四卷四十回　唐在田撰　民國六年（1917）上海校經山房石印本　四册

330000－1701－0072488　HJHA139　集部/總集類/尺牘之屬

國民適用普通新尺牘六卷　吴癡僧撰　民國五年（1916）上海掃葉山房石印本　六册

330000－1701－0072493　M002589　子部/藝術類/書畫之屬/畫譜

奚鐵生山水集册一卷　（清）奚岡繪　丁仁集　民國十四年（1925）上海中華書局影印本　一册

330000－1701－0072497　M002492　集部/總集類/選集之屬/斷代

同南九集九卷　范煙橋　吳稺稺編　民國九年（1920）蘇州同南社鉛印本　六册　存六卷（三、五至九）

330000－1701－0072499　M002590　子部/儒家類/儒家之屬

荀子集解二十卷首一卷　（唐）楊倞注　王先謙集解　民國上海掃葉山房石印本　二册

330000－1701－0072502　HJHB040　集部/總集類/選集之屬/斷代

國學叢選十八集　高燮等編　民國國學商兑會鉛印本　六册　存六集（五至十）

330000－1701－0072504　M002493　子部/儒家類/儒學之屬/禮教/家訓

曾文正公家訓二卷　（清）曾國藩撰　民國石印本　一册

330000－1701－0072506　M002494　集部/曲類/寶卷之屬

浙江嘉興府秀水縣刺心寶卷二卷　民國五年（1916）上海文益書局石印本　一册　存一卷（上）

330000－1701－0072508　普 816.67/8078.2　集部/别集類/清别集

翁松禪家書二集　（清）翁同龢撰　民國二十二年（1933）上海商務印書館影印本　一册　存一集（一）

330000－1701－0072509　M002495　集部/曲類/寶卷之屬

浙江嘉興府秀水縣刺心寶卷二卷　民國十九年（1930）上海文益書局石印本　一册　存一卷（上）

330000－1701－0072513　M002496　史部/傳記類/職官録之屬/總録

杭州市政府職員錄不分卷　杭州市政府編　民國二十二年（1933）杭州市政府鉛印本　一册

330000－1701－0072518　HJLA342　子部/宗教類/佛教之屬

金剛般若波羅蜜經一卷　（後秦）釋鳩摩羅什

譯　(清)翁方綱書　民國石印本　一册

330000－1701－0072519　M002497　子部/醫家類/綜合之屬/通論
醫學心悟六卷　(清)程國彭撰　民國上海廣益書局石印本　二册

330000－1701－0072521　HJHA140　集部/詩文評類/文法之屬/函牘格式
詳註通用尺牘六卷附錄二卷　中華書局編輯　民國六年(1917)上海中華書局鉛印本　四册

330000－1701－0072522　JM00087　史部/傳記類/總傳之屬/家乘
[湖南邵陽]邵陵桐江趙氏五修族譜五十九卷首二卷　趙師德等纂修　民國十四年(1925)木活字印本　十九册　存三十五卷(首上下,一至三、五、十至二十一、二十七至二十八、三十三至三十四、三十七至三十八、四十三至四十八、五十至五十一、五十三、五十六至五十七)

330000－1701－0072526　HJHA284　子部/雜著類
不可錄一卷　(清)陳海曙輯　民國十一年(1922)上海謝文益印刷所石印本　一册

330000－1701－0072527　M002498　史部/傳記類/職官録之屬
浙江省司法職員錄不分卷　浙江省司法部編　民國十八年(1929)鉛印本　一册

330000－1701－0072530　普 817.2/0278　集部/曲類/彈詞之屬
繡像龍鳳金釵十卷　民國鉛印本　二册

330000－1701－0072532　M002499　子部/雜著類/雜考之屬
讀書續記七卷　馬敘倫撰　民國二十八年(1939)商務印書館鉛印本　一册　存二卷(六至七)

330000－1701－0072533　普 925.17/4072.8/3/c3　類叢部/叢書類/郡邑之屬
四明叢書一百六十七種　張壽鏞編　民國四明張氏約園刻本　一册　存一種

330000－1701－0072536　M002500　史部/金石類/石之屬/文字
初拓董美人誌一卷　民國影印本　一册

330000－1701－0072539　M002501　子部/雜著類/雜考之屬
三靈解一卷　章鴻釗撰　民國八年(1919)北京法輪印刷局鉛印本　一册

330000－1701－0072540　JM00088　史部/傳記類/總傳之屬/家乘
[湖南衡陽]衡陽芮子園左氏六修族譜□□卷首□□卷　左雝麟等纂修　民國二十八年(1939)翼經堂木活字印本　二十五册　存二十二卷(首一、三,一、三至六、八、十至二十一、二十四至二十五)

330000－1701－0072541　HJHB061　集部/曲類/寶卷之屬
山西平陽府平陽邨秀女寶卷全集一卷　民國十八年(1929)刻本　一册

330000－1701－0072544　普 816.67/8081/c1　集部/别集類/清别集
聖嘆尺牘一卷　(清)金人瑞撰　(清)金雍輯　民國上海有正書局鉛印本　一册

330000－1701－0072546　M002510　集部/曲類/曲韻曲譜曲律之屬
吟香堂曲譜　(清)馮起鳳定　民國抄本　二册　存二卷(長生殿一、牡丹亭二)

330000－1701－0072547　M002591　集部/詩文評類/文評之屬
文心雕龍十卷　(南朝梁)劉勰撰　(清)黄叔琳注　(清)紀昀評　民國上海文瑞樓石印本　四册

330000－1701－0072550　普 816.67/8081/c2　集部/别集類/清别集
聖嘆尺牘一卷　(清)金人瑞撰　(清)金雍輯　民國上海有正書局鉛印本　一册

330000－1701－0072555　HJLA144　史部/

傳記類/總傳之屬

金石學錄續補二卷附錄一卷拾遺一卷 褚德彝撰 民國八年(1919)餘杭褚氏石畫樓鉛印本 劉承幹批校並題記 一册

330000－1701－0072556 HJLB164 新學/政治法律/政治

正續共和正解一卷 勞乃宣撰 民國鉛印本 一册

330000－1701－0072557 JM00089 史部/傳記類/總傳之屬/家乘

[湖南邵陽]三陽寧氏邵陽第九修家乘□□卷 民國崇禮堂木活字印本 四十二册 存三十七卷(五十四至六十、六十二至六十六、七十二至七十九、八十一至八十二、八十九至九十四、九十六至一百、一百二至一百三、一百六、一百八)

330000－1701－0072558 普817.2/0721 集部/曲類

新刻郭秀下兩廣八卷 民國石印本 八册

330000－1701－0072559 普816.67/8308/c3 集部/別集類/清別集

錢牧齋尺牘三卷補遺一卷 (清)錢謙益撰 民國上海商務印書館鉛印本 三册

330000－1701－0072561 HJHB046 子部/藝術類/書畫之屬/法帖

蒙求字樣五卷 鄭孝胥書 民國三年(1914)上海商務印書館影印本 一册 存一卷(二)

330000－1701－0072562 M002592 集部/總集類/酬唱之屬

西崑酬唱集二卷 (宋)楊億輯 民國元年(1912)上海掃葉山房石印本 一册

330000－1701－0072569 M002593 子部/雜著類/雜說之屬

退菴隨筆二十二卷退菴自訂年譜一卷 (清)梁章鉅撰 民國上海文瑞樓石印本 八册

330000－1701－0072570 JM00090 史部/傳記類/總傳之屬/家乘

[湖南邵陽]王氏三修族譜二十六卷首三卷 王顯謨等主修 王朝策等纂修 民國十七年(1928)種德堂木活字印本 二十二册 存二十五卷(首上中,一至十九、二十三至二十六)

330000－1701－0072576 普816.67/8308/3 集部/別集類/清別集

錢牧齋尺牘三卷補遺一卷 (清)錢謙益撰 民國三年(1914)上海商務印書館鉛印本 三册

330000－1701－0072577 HJHA288 子部/小說家類/雜事之屬

活世生機四卷 (清)邵紀棠輯 民國十一年(1922)上海宏大善書局石印本 一册

330000－1701－0072581 M002594 經部/易類/易占之屬

焦氏易林四卷 (漢)焦贛撰 民國八年(1919)上海千頃堂書局石印本 四册

330000－1701－0072584 JM00091 史部/傳記類/總傳之屬/家乘

[湖南益陽]匡氏六修族譜□□卷 匡浮纂修 民國十九年(1930)晉陽堂木活字印本 三十五册 存三十五卷(首下、一至三十一、末上中下)

330000－1701－0072586 普816.68/4441 集部/別集類/清別集

黄克強先生尺牘一卷 (清)黄克強撰 民國二年(1913)上海振學社鉛印本 一册

330000－1701－0072589 普925.17/4410.8 史部/傳記類/別傳之屬/事狀

怙德錄一卷 黄任恒編 民國八年(1919)保粹堂刻本 一册

330000－1701－0072590 普817.2/10102 集部/曲類/彈詞之屬

新編玉環記四卷 民國抄本 六册

330000－1701－0072591 M002502 子部/儒家類/儒學之屬

新序校注十卷 (漢)劉向撰 張國銓校注

新序佚文校輯一卷 張國銓撰 民國三十三年(1944)成都茹古書局鉛印本 張國銓題記

二册

330000－1701－0072594　普 817.2/10102/2　集部/曲類/彈詞之屬

繡像金鐲玉環記四卷二十九回　民國上海沈鶴記書局石印本　四册

330000－1701－0072598　M002595　子部/宗教類/道教之屬

老子翼八卷首一卷　(明)焦竑輯　民國成都昌福公司鉛印本　四册

330000－1701－0072604　M002503　子部/藝術類

花樣不分卷　民國刻本　二册

330000－1701－0072607　普 925.17/4411　史部/傳記類/别傳之屬/年譜

皇清誥授振威將軍提督銜浙江定海鎮總兵官世襲騎都尉兼一雲騎尉諭賜祭葬予謚壯節入祀昭忠祠勅建專祠顯考凌臺府君[葛雲飛]年譜一卷　(清)葛以簡　(清)葛以敦編　民國抄本　一册

330000－1701－0072608　HJHB065　子部/宗教類/佛教之屬/經咒

慈悲觀音百佛水懺全集一卷　民國七年(1918)杭州滄記經房刻本　一册

330000－1701－0072610　HJHA429　史部/地理類/遊記之屬/紀行

畸龕紀遊草一卷　嚴昌堉撰　民國上海南市春華堂鉛印本　一册

330000－1701－0072612　HJHB066　子部/宗教類/佛教之屬/經咒

慈悲觀音百佛水懺全集一卷　民國七年(1918)杭州滄記經房刻本　一册

330000－1701－0072616　M002504　集部/小説類/長篇之屬

黑心奇案十二回　俠厂生主撰　民國石印本　一册

330000－1701－0072621　M002505　集部/小説類/長篇之屬

新編游戲小説風流太守初集十回　冶頑尊者輯　民國中外小説社石印本　一册

330000－1701－0072626　普 951.077/9913　史部/詔令奏議類/奏議之屬

王文勤公奏稿八卷　(清)王慶雲撰　(清)王傳璨編　民國三十一年(1942)鉛印本　二册

330000－1701－0072631　普 817.12/3140/c1　集部/曲類/曲藝之屬

山歌十卷　(明)馮夢龍輯　民國二十四年(1935)朱瑞軒傳經堂書店鉛印本　一册

330000－1701－0072632　普 817.12/3140/c2　集部/曲類/曲藝之屬

山歌十卷　(明)馮夢龍輯　民國二十四年(1935)朱瑞軒傳經堂書店鉛印本　一册

330000－1701－0072634　普 817.12/3140/3　集部/曲類/曲藝之屬

山歌十卷　(明)馮夢龍輯　民國朱瑞軒抄本　朱瑞軒題記　四册

330000－1701－0072635　普 817.12/3140/c3　集部/曲類/曲藝之屬

山歌十卷　(明)馮夢龍輯　民國二十四年(1935)朱瑞軒傳經堂書店鉛印本　一册

330000－1701－0072637　HJHB068　集部/曲類/寶卷之屬

太華山紫金鎮兩世修行劉香寶卷全集二卷　民國十年(1921)刻本　一册　存一卷(下)

330000－1701－0072640　普 817.2/10211/2　集部/曲類/彈詞之屬

木皮散人鼓詞一卷　(清)賈鳧西撰　民國十四年(1925)影印本　一册

330000－1701－0072643　普 817.2/10211/3/c1　集部/曲類/彈詞之屬

彈詞小説賈鳧西鼓詞一卷　(清)賈鳧西撰　**老圓一卷**　(清)俞樾撰　民國十四年(1925)西湖悦圃鉛印本　一册

330000－1701－0072644　普 817.2/10211/3/c2　集部/曲類/彈詞之屬

彈詞小說賈鳬西鼓詞一卷 (清)賈鳬西撰 **老圓一卷** (清)俞樾撰 民國十四年(1925)西湖悅圃鉛印本 一册

330000－1701－0072646 普817.2/10211/3/c3 集部/曲類/彈詞之屬
彈詞小說賈鳬西鼓詞一卷 (清)賈鳬西撰 **老圓一卷** (清)俞樾撰 民國十四年(1925)西湖悅圃鉛印本 一册

330000－1701－0072647 M002693 史部/史評類/史論之屬
續史通四卷 宋慈褒撰 稿本 二册

330000－1701－0072650 M002694 史部/史評類/史論之屬
藝術百詠一卷 宋慈褒撰 稿本 一册

330000－1701－0072653 HJLA433 新學/理學
人心能力論一卷 (德國)康德撰 (德國)尉禮賢 周暹譯 民國四年(1915)上海商務印書館鉛印本 劉承幹題記 一册

330000－1701－0072656 普817.2/1022 集部/曲類/彈詞之屬
新刻二虎嶺鼓詞六卷五十四回 民國三年(1914)上海章福記書局石印本 四册

330000－1701－0072657 JM00092 史部/傳記類/總傳之屬/家乘
[湖南湘鄉]湘鄉蘇塘王氏三修族譜三十卷首五卷 王書雲等主修 王永曜總纂 王紹煇等纂修 民國十九年(1930)親睦堂木活字印本 三十五册

330000－1701－0072658 M002506 集部/小說類/長篇之屬
新撰無頭公案風流眼前報奇傳一卷 民國石印本 一册

330000－1701－0072661 M002696 子部/藝術類/書畫之屬/畫譜
芥子園畫傳五卷 (清)王槩輯 民國上海有正書局影印彩色套印本 五册

330000－1701－0072662 M002507 集部/楚辭類
離騷四種 (清)張德純撰 民國抄本 一册

330000－1701－0072663 普817.2/1023/2 集部/曲類/寶卷之屬
天仙寶卷一卷 民國抄本 一册

330000－1701－0072665 普817.2/10771 集部/曲類/曲藝之屬
繡像二續天門陣四卷 民國元年(1912)上海章福記書局石印本 四册

330000－1701－0072666 M002508 集部/别集類
庸菴詩鈔四卷 陳夔龍撰 民國鉛印本 一册

330000－1701－0072670 M002603 類叢部/叢書類/彙編之屬
說郛樣本一卷附預約簡章 民國十一年(1922)上海商務印書館鉛印本 一册

330000－1701－0072671 M002697 集部/别集類/唐五代别集
李賀歌詩編四卷集外詩一卷 (唐)李賀撰 民國七年(1918)董氏誦芬室據宋刻本影印本 二册

330000－1701－0072673 普817.2/10231 集部/曲類/彈詞之屬
重鐫七真天仙傳四卷 民國五年(1916)河南王樂善松竹山房刻本 四册

330000－1701－0072674 M002509 子部/宗教類/佛教之屬
解深密經分别瑜伽品略釋三卷 釋清淨述 民國三時學會鉛印本 一册 存一卷(上)

330000－1701－0072676 普817.2/1080/2/c2 集部/曲類/彈詞之屬
繡像玉夔龍全傳八卷五十七回 民國嘉興大同書局石印本 二册

330000－1701－0072677 JM00093 史部/傳記類/總傳之屬/家乘

[湖南邵陽]邵陽申氏受族五修譜□□卷首七卷 申廣淵等主修 申傳選等纂修 民國三十一年(1942)大受堂木活字印本 五十五冊 存七十三卷(首一至七,一至五、十一、十四至十九、二十一至二十五、二十九至三十、三十三至三十七、四十至五十三、五十五至五十七、六十一、七十一至七十四、七十六至八十二、八十九至九十二、九十八至九十九、一百一、一百三至一百四、一百八、一百十至一百十二)

330000－1701－0072679 普 816.8/0026 子部/藝術類/遊藝之屬/聯語

稧敘集言一卷 (清)唐仲冕撰並書 民國十一年(1922)蟫隱廬影印本 一冊

330000－1701－0072684 普 816.8/0081/c1 子部/藝術類/遊藝之屬/聯語

集殷虚文字楹帖不分卷 章鈺撰 羅振玉輯 民國十六年(1927)東方學會石印本 一冊

330000－1701－0072687 M002698 子部/藝術類/書畫之屬/法帖

宋拓褚河南聖教序一卷 (唐)褚遂良書 民國有正書局影印本 一冊

330000－1701－0072688 M002511 史部/金石類/甲骨之屬

鐵雲藏龜之餘一卷 羅振玉編 民國十六年(1927)影印本 一冊

330000－1701－0072691 M002512 集部/別集類

非儒非俠齋文集三卷 顧燮光撰 民國七年(1918)石印本 一冊 存二卷(二至三)

330000－1701－0072692 普 925.17/4469.2/c2 史部/傳記類/日記之屬

緣督廬日記抄十六卷(清同治九年閏十月至民國六年九月) 葉昌熾撰 王季烈輯 民國二十二年(1933)上虞羅氏上海蟫隱廬石印本 十六冊

330000－1701－0072694 普 816.8/0081/c2 子部/藝術類/遊藝之屬/聯語

集殷虚文字楹帖不分卷 章鈺撰 羅振玉輯 民國十六年(1927)東方學會石印本 一冊

330000－1701－0072696 M002513 類叢部/叢書類/自著之屬

馮氏樂書□□種 馮水撰 民國十四年(1925)石印本 一冊 存一種

330000－1701－0072697 M002604、M003038、M003642、M006172、M006898、M006995、M006996 集部/別集類

鳴原集十卷附五十三參樓吟草一卷 陳夔龍撰 民國十八年至二十六年(1929－1937)鉛印本 七冊 存八卷(一、三至八,五十三參樓吟草)

330000－1701－0072698 HJHB071 子部/宗教類/其他宗教之屬/其他

衆喜粗言五卷 (清)陳衆喜撰 民國十八年(1929)謝氏尚德齋刻本 二冊 存二卷(一至二)

330000－1701－0072699 普 816.8/1000/c1 類叢部/叢書類/家集之屬

武林丁氏家集十三種 丁立誠 丁立中撰 民國錢塘丁氏嘉惠堂鉛印本 一冊 存一種

330000－1701－0072703 M002514 子部/工藝類/文房四寶之屬/墨

墨表四卷 (明)萬壽祺撰 民國石印本 一冊

330000－1701－0072704 普 816.8/1000/c2 類叢部/叢書類/家集之屬

武林丁氏家集十三種 丁立誠 丁立中撰 民國錢塘丁氏嘉惠堂鉛印本 一冊 存一種

330000－1701－0072706 普 925.17/4469.2/c3 史部/傳記類/日記之屬

緣督廬日記抄十六卷(清同治九年閏十月至民國六年九月) 葉昌熾撰 王季烈輯 民國二十二年(1933)上虞羅氏上海蟫隱廬石印本 余紹宋題記 十六冊

330000－1701－0072708 M002515 子部/藝術類/書畫之屬/法帖

趙松雪行書習字範本不分卷　(元)趙孟頫書　民國四年(1915)上海有正書局影印本　一册

330000－1701－0072709　HJHB072　子部/宗教類/其他宗教之屬/其他

衆喜粗言五卷　(清)陳衆喜撰　民國十八年(1929)謝氏尚德齋刻本　王宣題記　四册　缺一卷(三)

330000－1701－0072712　M002516　子部/藝術類/書畫之屬/法帖

吴愙齋尺牘一卷　(清)吳大澂撰並書　民國十九年(1930)上海商務印書館影印本　一册

330000－1701－0072714　M002517　子部/藝術類/書畫之屬/法帖

智永真艸千文不分卷　(隋)釋智永書　民國上海有正書局影印本　子文跋　一册

330000－1701－0072715　JM00094　史部/傳記類/總傳之屬/家乘

[湖南湘鄉]牢田王氏續修族譜三十九卷首一卷末一卷　王義廣等主修　王仁農等纂修　民國七年(1918)親親堂木活字印本　二十册　存三十九卷(首,一至十、十三至三十九,末)

330000－1701－0072716　M002605、M007485　史部/地理類/雜志之屬

舊京瑣記十卷　夏仁虎撰　民國刻本　二册　存六卷(一至六)

330000－1701－0072717　普817.2/1131　集部/曲類/彈詞之屬

新刻巧連珠四卷二十四回　民國三年(1914)上海錦章圖書館石印本　四册

330000－1701－0072719　M002699　集部/小說類/長篇之屬

增訂繪圖精忠說岳全傳八卷八十回　(清)錢彩編　(清)金豐增訂　民國上海書局石印本　七册　存七卷(一至五、七至八)

330000－1701－0072721　M002518　子部/藝術類/篆刻之屬/印論

篆刻入門一卷　孔雲白撰　民國二十四年(1935)上海商務印書館影印本　一册

330000－1701－0072722　JM00095　史部/傳記類/總傳之屬/家乘

[山西太原]王氏合脩族譜二十五卷首五卷　王正初等修　王績熙等纂　民國十五年(1926)太原堂木活字印本　二十六册

330000－1701－0072723　M002606　集部/詞類/別集之屬

海綃詞一卷　陳洵撰　民國十二年(1923)鉛印本　一册

330000－1701－0072727　M002700　史部/目録類/專録之屬

金氏豸華堂實價目錄一卷　民國二十五年(1936)杭州豸華堂鉛印本　一册

330000－1701－0072732　M002701　集部/戲劇類/傳奇之屬

新編麟閣待傳奇二卷　簡社主人編　民國抄本　二册

330000－1701－0072737　M002607　經部/小學類/文字之屬/說文/傳說

說文解字詁林通檢不分卷　丁福保編　民國十七年(1928)石印本　一册

330000－1701－0072738　M002702　子部/宗教類/道教之屬

三聖經讀本一卷　民國十二年(1923)刻本　一册

330000－1701－0072742　HJLA294　類叢部/叢書類/自著之屬

晨風廬叢刊十八種　周慶雲撰　民國吳興周氏夢坡室刻本　三册　存一種

330000－1701－0072744　普816.8/1053　子部/藝術類/遊藝之屬/聯語

唐詩三百首集聯一卷　丁仁集　民國十八年(1929)鉛印本　一册

330000－1701－0072745　HJHA169　史部/傳記類/別傳之屬/事狀

夢坡五十壽言一卷　周延礽編　**夢坡四十初度贈答詩存一卷**　周慶雲撰　**百齡合壽贈言一卷**　邱曾撰　民國二年(1913)鉛印本　一冊　存一卷(夢坡四十初度贈答詩存)

330000－1701－0072747　M002703　子部/宗教類/道教之屬
三聖經解三卷　民國十一年(1922)鉛印本　一冊

330000－1701－0072750　M002704　集部/別集類
蝶兒詩夢三卷　莊一拂撰　民國鉛印本　一冊

330000－1701－0072754　HJHA295　史部/傳記類/總傳之屬/列女
列女傳斠注三卷　陳漢章撰　民國鉛印本　一冊

330000－1701－0072758　M002608　類叢部/叢書類/自著之屬
攖寧室叢著七種　楊復明撰　民國十七年(1928)鉛印本　一冊　存一種

330000－1701－0072759　HJHA296　史部/目録類/專録之屬
參加倫敦中國藝術國際展覽會出品目錄四卷　倫敦中國藝術國際展覽會籌備委員會編輯　民國二十四年(1935)鉛印本　一冊

330000－1701－0072760　M002519　子部/醫家類/針灸之屬/針法灸法
繪圖針灸一卷　民國抄本　一冊

330000－1701－0072763　HJLB076　子部/天文曆算類/曆法之屬
日用寶鑑二卷　上海共和編譯局編輯部編　民國三年(1914)上海共和編譯局石印本　二冊　存一卷(上)

330000－1701－0072764　M002609　史部/雜史類/斷代之屬
戰國策補釋六卷　金正煒撰　民國十三年(1924)貴陽金氏十梅館刻本　五冊　存五卷(一至五)

330000－1701－0072765　M002520　子部/藝術類/書畫之屬/法帖
開皇本蘭亭序一卷　(晉)王羲之撰並書　民國十四年(1925)影印本　一冊

330000－1701－0072766　HJLB086　子部/醫家類/養生之屬/導引、氣功
赤鳳髓三卷　(明)周履靖輯　(明)吳惟貞續增　民國抄本　一冊

330000－1701－0072769　HJHA297　集部/別集類/清別集
隱怡山房小詠一卷　(清)沈蘭徵撰　民國二十四年(1935)鉛印本　一冊

330000－1701－0072770　M002610　史部/地理類/遊記之屬/紀勝
西湖指南一卷西湖名勝圖一卷　民國復初齋書局石印本　一冊

330000－1701－0072771　HJLA439　子部/雜著類/雜説之屬
周廬井觀不分卷　孫德全撰　民國鉛印本　一冊

330000－1701－0072772　M002521　史部/傳記類/別傳之屬/年譜
鍾文叔自著年譜一卷　鍾壽康撰　民國木活字印本　一冊

330000－1701－0072773　M002705　史部/傳記類/總傳之屬/技藝
虞山畫志補編一卷續編一卷續編補遺一卷　邵松年輯　民國十一年(1922)鉛印本　一冊

330000－1701－0072778　M002706　史部/政書類/公牘檔冊之屬
湖屬七十三漊港測量報告書一卷　趙震有撰　民國六年(1917)鉛印本　一冊

330000－1701－0072781　JM00096　史部/傳記類/總傳之屬/家乘
[湖南衡陽]三角峯何氏八修族譜□□卷首□□卷　民國懷策堂木活字印本　十八冊　存十八卷(首二至四,二至三、五至十一、十三至十八)

330000－1701－0072782　HJHB077　子部/宗教類/佛教之屬/諸宗
寶王三昧念佛直指二卷　（明）釋妙叶撰　民國杭州佛經流通處鉛印本　懺因題記　一冊

330000－1701－0072783　M002611　集部/曲類/寶卷之屬
百花台雙恩寶卷二卷　民國六年（1917）上海文益書局石印本　二冊

330000－1701－0072784　M002707　集部/曲類/寶卷之屬
真修寶卷一卷　民國十三年（1924）海寧費有成刻本　一冊

330000－1701－0072785　M002523　新學/理學/理學
西洋思想通論不分卷　劉伯明講　繆凤林述　民國油印本　一冊

330000－1701－0072786　HJHB087　子部/雜著類/雜說之屬
四書五經義策論不分卷　稿本　二冊

330000－1701－0072787　普816.8/1072　類叢部/類書類/專類之屬
古今楹聯類纂十二卷附慶弔雜件備覽二卷　雲后編輯　民國九年（1920）上海會文堂書局石印本　八冊　缺二卷（慶弔雜件備覽一至二）

330000－1701－0072788　HJHA441　史部/政書類/公牘檔冊之屬
安徽叢書編印處緣起附紀事計劃章程同人錄不分卷　安徽叢書編審會編　民國安徽叢書編印處鉛印本　一冊

330000－1701－0072789　M002708　子部/醫家類/診法之屬/其他診法
入門審候歌一卷　民國抄本　一冊

330000－1701－0072790　M002524　新學/議論/通論
社會問題不分卷　朱進之講授　施之勉　孫祖基筆記　民國油印本　一冊

330000－1701－0072795　HJHA442　史部/目録類/總録之屬/官修
南京圖書局書畫目一卷　南京圖書局編　民國南京圖書局鉛印本　一冊

330000－1701－0072797　M002525　集部/小說類
小說講義不分卷　民國油印本　一冊

330000－1701－0072798　HJLA157　子部/宗教類/道教之屬
九皇斗姥説戒殺延生真經十二卷首一卷　民國十五年（1926）上海文瑞樓書局石印本　一冊

330000－1701－0072799　M002709　史部/金石類/錢幣之屬/雜著
古泉備攷錄一卷　培芳抄　民國八年（1919）抄本　一冊

330000－1701－0072804　HJHB088　集部/詩文評類/制藝之屬
策論不分卷起講不分卷提比不分卷　稿本　五冊

330000－1701－0072805　JM00097　史部/傳記類/總傳之屬/家乘
［湖南湘潭］湘潭朱亭何氏六修族譜三十六卷　何紹城等纂修　民國三十六年（1947）思本堂木活字印本　三十一冊　存三十一卷（一至十四、十六至二十五、二十八至三十、三十三至三十六）

330000－1701－0072809　M002710　子部/宗教類/道教之屬
無極内經四卷首一卷　楊覲東校並注　民國雲南同善社鉛印本　一冊

330000－1701－0072810　M002526　類叢部/叢書類/郡邑之屬
揚州叢刻二十四種　陳恒和編　民國十九年至二十三年（1930－1934）揚州陳恒和書林刻三十六年（1947）印本　八冊

330000－1701－0072811　HJHA444　史部/目録類/總録之屬/官修

江蘇第一圖書館覆校善本書目四卷　胡宗武　曹搸梁編　民國七年(1918)南京江蘇第一圖書館鉛印本　一冊　存一卷(四)

330000－1701－0072812　普 817.2/16481　集部/曲類/彈詞之屬

繡像全圖足本醒世錄十二卷一百回　民國石印本　十二冊

330000－1701－0072814　HJHA160　子部/雜著類

勸戒殺放生文四篇　黄慶瀾撰　民國十四年(1925)上海廣益書局鉛印本　一冊

330000－1701－0072815　M002711　史部/政書類/公牘檔冊之屬

嘉善楓涇區開濬市河報銷清冊一卷　民國六年(1917)楓涇文華書館鉛印本　一冊

330000－1701－0072822　HJLA168　子部/儒家類/儒學之屬/禮教/家訓

家庭教育三卷　(清)陸起鯤撰　(清)陸韜編　民國十一年(1922)科學書局石印本　一冊

330000－1701－0072823　HJHB089　子部/藝術類/書畫之屬/畫譜

金瓶梅全圖十集　曹涵美繪　民國鉛印本　四冊　存四卷(一至四)

330000－1701－0072827　HJLA392　子部/醫家類/綜合之屬

婦嬰至寶六卷　民國鉛印本　一冊

330000－1701－0072829　JM00098　史部/傳記類/總傳之屬/家乘

[湖南寧鄉]茶園黄氏四修族譜十六卷　黄官得等主修　黄澤潤纂修　民國十三年(1924)江夏堂木活字印本　十四冊　存十四卷(一至七、九至十四、十六)

330000－1701－0072831　HJLB090　史部/政書類/通制之屬

皇朝續文獻通考勘誤表一卷　民國鉛印本　一冊

330000－1701－0072833　HJLB091　史部/政書類/通制之屬

皇朝續文獻通考勘誤表一卷　民國鉛印本　一冊

330000－1701－0072834　HJHA177　子部/儒家類/儒學之屬/俗訓

格言聯璧不分卷　(清)金纓輯　民國七年(1918)上海尚古山房石印本　一冊

330000－1701－0072836　HJHA447　集部/別集類

瘦東詩鈔十卷　沈其光撰　民國十八年(1929)沈氏瓶粟齋刻本　三冊　存八卷(一至五、八至十)

330000－1701－0072840　HJLB092　史部/政書類/通制之屬

皇朝續文獻通考勘誤表一卷　民國鉛印本　一冊

330000－1701－0072842　HJHA448　史部/目録類/書志之屬/題跋

思適齋書跋四卷　(清)顧廣圻撰　王大隆輯　民國二十四年(1935)秀水王大隆學禮齋刻藍印本　二冊

330000－1701－0072843　HJHB079　子部/雜著類

醒夢晨鐘正編二卷　民國十三年(1924)鉛印本　一冊　存一卷(下)

330000－1701－0072844　HJLB093　史部/政書類/通制之屬

皇朝續文獻通考勘誤表一卷　民國鉛印本　一冊

330000－1701－0072845　M002612　集部/詞類/總集之屬

花間集十卷　(五代)趙崇祚輯　民國十年(1921)上海掃葉山房石印本　一冊

330000－1701－0072846　JM00099　史部/傳記類/總傳之屬/家乘

[湖南邵陽]邵東賀氏三修族譜二十二卷首二十卷末一卷　賀永琅等纂修　民國十三年(1924)儒崇堂木活字印本　十九冊　存四十

二卷(首一至二十,一至十八、二十至二十二,末)

330000－1701－0072850　G001851　集部/別集類

散原精舍詩二卷　陳三立撰　民國五年(1916)文藝雜志社石印本　二册

330000－1701－0072851　HJHA178　子部/宗教類/佛教之屬

佛說慈悲觀音百佛水懺全部一卷　民國二十八年(1939)董文明抄本　一册

330000－1701－0072855　HJHA150　子部/儒家類/儒學之屬/蒙學

三續千字文一卷　(宋)葛剛正撰　民國抄本　一册

330000－1701－0072856　JM00100　史部/傳記類/總傳之屬/家乘

[湖南]賀氏六修族譜十六卷　賀明性等纂修　民國二十年(1931)務本堂木活字印本　十六册

330000－1701－0072860　HJHB080　集部/曲類/寶卷之屬

三茅真君宣化度世寶卷二卷　民國刻本　一册

330000－1701－0072861　M002613　集部/曲類/寶卷之屬

龐公寶卷不分卷　民國三年(1914)上洋文元書局石印本　一册

330000－1701－0072862　HJHA298　史部/傳記類/別傳之屬/事狀

李審言訃告一卷　李鴻祐等撰　民國二十年(1931)鉛印本　一册

330000－1701－0072868　M002614　集部/曲類/寶卷之屬

百花台雙恩寶卷二卷　民國林賡記鉛印本　一册

330000－1701－0072869　M002712　子部/宗教類/道教之屬

大洞玉經疏要十二義及總論一卷　民國鉛印本　一册

330000－1701－0072871　普816.8/1310　子部/宗教類/佛教之屬

華嚴集聯三百不分卷　李叔同書　民國十九年(1930)上海開明書店影印本　一册

330000－1701－0072873　JM00101　史部/傳記類/總傳之屬/家乘

[湖南湘潭]橋頭黄氏五修支譜二十卷　黄昭琮主修　黄元昭纂修　民國三十年(1941)源本堂木活字印本　二十册

330000－1701－0072874　M002713　史部/金石類/金之屬/通考

宣鑪彙釋十二卷　邵鋭撰　民國十七年(1928)菰香館鉛印本　一册　存七卷(六至十二)

330000－1701－0072875　M002615　集部/曲類/寶卷之屬

繪圖張義雙釘記寶卷二卷　民國上海惜陰書局石印本　二册

330000－1701－0072879　M002714　子部/宗教類/道教之屬

修真捷徑一卷　唐光先撰　民國二十九年(1940)鉛印本　一册

330000－1701－0072880　HJHA525　史部/目録類/版本之屬/書影

湖北先正遺書様本一卷　民國鉛印本暨影印本　一册

330000－1701－0072881　HJHA299　史部/傳記類/別傳之屬

貞慤居士凌陛卿先生哀狀一卷　民國九年(1920)鉛印本　一册

330000－1701－0072883　M002715　子部/藝術類/書畫之屬/法帖

譚延闓大楷枯樹賦一卷　譚延闓書　民國三十年(1941)上海中華書局石印本　一册

330000－1701－0072884　HJHB101　子部/

宗教類/道教之屬/雜著

治世金箴三卷 民國十九年(1930)鉛印本 一册

330000－1701－0072886 M002616 集部/曲類/寶卷之屬

孟姜仙女寶卷一卷 民國上海文益書局石印本 一册

330000－1701－0072887 G001944 史部/史評類/詠史之屬

榆岡讀史草不分卷 (清)李壽蓉撰 (清)周益註 民國三年(1914)鉛印本 二册

330000－1701－0072888 M002716 類叢部/叢書類/彙編之屬

壽龕叢書二十八種 彭思賢輯 稿本 五十册

330000－1701－0072890 HJHA300 史部/傳記類/别傳之屬

七十述哀一百三十韻一卷 陳伯陶撰 民國石印本 一册

330000－1701－0072891 M002617 史部/傳記類/别傳之屬/事狀

誥授中憲大夫四品卿銜學部候補參議翰林院編修顯考藝風府君[荃孫]行述一卷 繆祿保 繆僧保撰 民國鉛印本 一册

330000－1701－0072892 JM00102 史部/傳記類/總傳之屬/家乘

[湖南平江]王氏族譜□□卷首三卷 王甲春等纂修 民國十年(1921)三槐堂木活字印本 四册 存三卷(首上中下)

330000－1701－0072894 HJLA011 子部/雜著類

勸戒殺放生白話文一卷 民國十二年(1923)杭州彩華印書局鉛印本 一册

330000－1701－0072899 M002618 史部/傳記類/别傳之屬/墓誌

蔣肅菴先生墓誌銘一卷 朱大符撰 張人傑書 民國石印本 一册

330000－1701－0072903 M002619 史部/傳記類/别傳之屬/事狀

皇清誥封夫人節孝張夫人家傳一卷 吳鼎雲撰 朱祖謀書 民國石印本 一册

330000－1701－0072904 HJHA301 集部/總集類/題詠之屬

三希圖題詠一卷 沈守廉輯 民國三年(1914)石印本 一册

330000－1701－0072909 HJHA302 史部/傳記類/别傳之屬/事狀

壽言彙錄一卷 民國鉛印本 一册

330000－1701－0072910 M002620 史部/雜史類/通代之屬

明清史料不分卷乙編不分卷丙編不分卷丁編不分卷 國立中央研究院歷史語言研究所編 民國二十年(1931)鉛印本 五册 存五册(六至十)

330000－1701－0072912 HJLA159 子部/宗教類/佛教之屬/經

佛說阿彌陀經一卷金剛般若波羅蜜經一卷 (後秦)釋鳩摩羅什譯 **般若波羅蜜多心經一卷** (唐)釋玄奘譯 **千手千眼觀世音菩薩廣大圓滿無礙大悲心陀羅尼一卷** (唐)釋伽梵達摩譯 民國鉛印本 一册

330000－1701－0072919 HJHA399 子部/儒家類/儒學之屬/禮教

紹先庸論一卷 (清)唐耀遠撰 民國十六年(1927)鉛印本 一册

330000－1701－0072923 M002621 史部/傳記類/别傳之屬/墓誌

清故陝西華州知州調署渭南縣知縣楊君[調元]墓誌銘一卷 陳三立撰 鄭孝胥書 民國石印本 一册

330000－1701－0072930 普817.2/2017 集部/曲類/彈詞之屬

繡像雙珠鳳全傳十二卷八十回 (清)一葉主人撰 民國鉛印本 六册

330000－1701－0072931 M002622 史部/

政書類/公牘檔冊之屬

浙江省圖書審查會第二部高小初小學校校長互選人名册不分卷　民國鉛印本　一册

330000－1701－0072932　JM00103　史部/傳記類/總傳之屬/家乘

[湖南寧鄉]寧鄉雙觀黄氏五修族譜二十卷末一卷　民國十年(1921)敦倫堂木活字印本　十七册　存十九卷(一至九、十一至二十)

330000－1701－0072938　M002717　史部/政書類/律令之屬/刑制

刑法實用一卷　潘恩培編　民國鉛印本　一册

330000－1701－0072947　M002623　史部/政書類/公牘檔冊之屬

造幣總廠報告書十一章　吴鼎昌編　民國三年(1914)鉛印本　一册

330000－1701－0072948　普 817.2/2017/2　集部/曲類/彈詞之屬

繡像雙珠鳳全傳十二卷八十回　(清)一葉主人撰　民國石印本　四册　缺四卷(一至二、十一至十二)

330000－1701－0072949　JM00104　史部/傳記類/總傳之屬/家乘

[浙江縉雲]臚川田氏宗譜□□卷　民國二年至二十二年(1913－1933)木活字印本　十六册　存十一卷(九、十三上中、十四、十六至十八、二十下至二十四)

330000－1701－0072953　M002718　史部/政書類/邦計之屬

財政部各項内外債欵一覽表一卷　財政部公債司編　民國鉛印本　一册

330000－1701－0072955　HJHA369　史部/地理類/專志之屬/寺觀

東嶽廟志稿一卷　九九老壇校訂　民國上海種玉山房鉛印本　一册

330000－1701－0072957　M002719、M005982　子部/醫家類/綜合之屬/通論

醫碥七卷　(清)何夢瑤輯　民國抄本　三册　存三卷(一、三、六)

330000－1701－0072960　HJHA370　經部/春秋總義類/專著之屬

春秋中國夷狄辨三卷　徐勤撰　民國上海大同譯書局石印本　一册

330000－1701－0072961　JM00105　史部/傳記類/總傳之屬/家乘

[湖南益陽]賀氏十一修支譜二十七卷首二卷末二卷　賀萃藩主修　賀萃杪纂修　民國三十四年(1945)會稽堂木活字印本　三十一册

330000－1701－0072962　M002720　子部/醫家類/方書之屬/單方驗方

彙方症治不分卷　汪漁圃抄　民國抄本　一册

330000－1701－0072966　HJHA371　子部/雜著類

玉歷至寶鈔勸世一卷附經驗神效良方一卷　王子達重編　民國上海宏大善書局石印本　一册

330000－1701－0072969　HJHA304　史部/傳記類/别傳之屬/事狀

李振唐大令銘挽錄一卷　民國南昌楊家廠肇記石印本　一册

330000－1701－0072973　M002721　類叢部/叢書類/彙編之屬

歸燕樓叢書　民國鉛印本　一册　存一種

330000－1701－0072975　HJHA372　子部/醫家類/方書之屬/單方驗方

經驗奇方一卷　徐筱農撰　民國十六年(1927)鉛印本　一册

330000－1701－0072977　M002624　史部/傳記類/别傳之屬

毛契農中將俟命藏銘一卷　嚴慶祺撰並書　民國二十四年(1935)石印本　一册

330000－1701－0072978　HJHA403　集部/别集類

天山曲一卷　楊圻撰　民國鉛印本　一册

330000－1701－0072979　HJHA305　史部/傳記類/別傳之屬/事狀

無錫俞節母趙太夫人七十壽言彙編一卷　俞彬蔚輯　民國鉛印本　一冊

330000－1701－0072980　M002722　集部/曲類/寶卷之屬

孟姜仙女寶卷一卷　民國抄本　一冊

330000－1701－0072981　M002723　集部/曲類/寶卷之屬

回郎寶卷一卷　民國抄本　一冊

330000－1701－0072985　HJHA373　史部/傳記類/別傳之屬/事狀

王忠愍公哀挽錄一卷海外追悼錄一卷華僑哀挽錄一卷補遺一卷續補一卷　王高明等編　民國十六年(1927)鉛印本　一冊

330000－1701－0072987　M002724　集部/詩文評類

文學概論講義一卷　梅光迪講演　楊壽增記　民國油印本　一冊

330000－1701－0072995　HJHA316　集部/別集類

憐心集四卷　朱目撰　民國三年(1914)褒月龕刻本　三冊　缺一卷(二)

330000－1701－0072996　JM00106　史部/傳記類/總傳之屬/家乘

[湖南資江]資江陶氏七續族譜三編□□卷　陶叔惠等總修　陶藎勳等主修　民國二十八年(1939)木活字印本　四十六冊

330000－1701－0073005　HJHA306　史部/傳記類/別傳之屬/事狀

施厚民哀思錄一卷　民國石印本暨鉛印本　一冊

330000－1701－0073010　HJHA406　史部/傳記類/別傳之屬/事狀

誥授資政大夫欽加二品銜在任候補道山東濟南府知府翰林院編修黄公諱曾源行狀一卷　吴郁生撰　民國二十五年(1936)鉛印本　一冊

330000－1701－0073011　HJHA307　史部/傳記類/別傳之屬

舲詩先生自述詩一卷　陳希濂撰　民國鉛印本　一冊

330000－1701－0073015　HJHA407　集部/總集類/選集之屬/斷代

國學叢選十八集　高燮等編　民國國學商兑會鉛印本　一冊　存二集(十五至十六)

330000－1701－0073023　JM00107　史部/傳記類/總傳之屬/家乘

[江西]松陽賴氏重修族譜六卷　賴福龍修　賴秉堅纂　民國二十七年(1938)木活字印本　六冊

330000－1701－0073027　JM00108　史部/傳記類/總傳之屬/家乘

[河北豐寧]賴氏四修宗譜不分卷　民國二年至三年(1913－1914)木活字印本　九冊

330000－1701－0073030　HJHA308　史部/傳記類/別傳之屬/事狀

楊母陳太孺人八秩壽言一卷　王松渠等輯　民國鉛印本　一冊

330000－1701－0073036　HJHA091　集部/小説類/長篇之屬

繡像洪秀全演義十集三十二卷一百七十四回　黄世仲撰　民國石印本　二冊　存二卷(初集二、四集一)

330000－1701－0073039　HJLA309　史部/傳記類/別傳之屬/事狀

扶溝柳純齋先生八十壽言三卷附錄一卷　柳堂輯　民國十二年(1923)山東商務印刷所鉛印本　一冊

330000－1701－0073042　普925.17/4977.8/c1　子部/藝術類/書畫之屬/題跋

趙似昇長生冊三卷　周嵩堯撰　民國八年(1919)鉛印本　一冊　存一卷(三)

330000－1701－0073052　普817.2/10232　集部/曲類/彈詞之屬

繪圖瓦崗寨四卷　民國上海煉石齋石印本

四册

330000－1701－0073053　HJHA310　史部/傳記類/別傳之屬/事狀
壽言彙輯三卷　陳翰輯　民國十六年(1927)鉛印本　一册

330000－1701－0073054　M002725　史部/傳記類/總傳之屬/列女
列女傳八卷　(漢)劉向撰　(清)梁端校注　民國上海錦章圖書局石印本　四册

330000－1701－0073063　普 951.07703/5215/c1　史部/叢編
國立北平研究院史學研究所政治史料叢編　民國二十六年(1937)國立北平研究院總辦事處出版課影印本暨鉛印本　一册　存一種

330000－1701－0073064　HJHA311　史部/傳記類/別傳之屬/事狀
陶廬伉儷五十壽言不分卷　朱榮溥等輯　民國八年(1919)上海聚珍倣宋印書局鉛印本　二册

330000－1701－0073065　普 925.17/4472.8　史部/傳記類/別傳之屬
春暉追痛錄不分卷　秦權輯　民國三十七年(1948)無錫民生印書館鉛印本　一册

330000－1701－0073069　普 951.07703/5215/c2　史部/叢編
國立北平研究院史學研究所政治史料叢編　民國二十六年(1937)國立北平研究院總辦事處出版課影印本暨鉛印本　一册　存一種

330000－1701－0073071　M002726　史部/地理類/雜志之屬
益陽之勝地與名人二卷　孫家傑編　民國三十五年(1946)孫佳傑鉛印本　一册

330000－1701－0073073　HJHA319　史部/傳記類/別傳之屬/事狀
永感錄不分卷　民國錢塘丁氏鉛印本　一册

330000－1701－0073075　普 951.07703/5216　史部/雜史類/斷代之屬
太平天國起義記一卷　(清)洪仁玕　(瑞士)韓山文撰　簡又文譯　民國二十四年(1935)燕京大京圖書館鉛印本　一册

330000－1701－0073078　普 925.17/4977.8/c2　子部/藝術類/書畫之屬/題跋
趙似昇長生册三卷　周嵩堯撰　民國八年(1919)鉛印本　一册　存一卷(三)

330000－1701－0073081　M002727　集部/別集類/清別集
杏花天館詩存一卷文存一卷　(清)柳樾撰　**聽秋山館詩存一卷**　(清)柳淦撰　**籽經堂詩稿一卷**　(清)易鼎璜撰　民國三十七年(1948)鉛印本　一册

330000－1701－0073083　普 925.17/4977.8/c3　子部/藝術類/書畫之屬/題跋
趙似昇長生册三卷　周嵩堯撰　民國八年(1919)鉛印本　二册

330000－1701－0073086　HJHA408　史部/傳記類/別傳之屬/事狀
寸草廬贈言十卷　(清)張嘉祿輯　民國十二年(1923)四明張氏刻本　二册

330000－1701－0073087　M002728　經部/群經總義類/文字音義之屬
經傳釋詞十卷　(清)王引之撰　王時潤點勘　民國十四年(1925)東陸大學鉛印本　夏定域題記　一册

330000－1701－0073088　普 925.17/4977.8/c4　子部/藝術類/書畫之屬/題跋
趙似昇長生册三卷　周嵩堯撰　民國八年(1919)鉛印本　一册　存一卷(三)

330000－1701－0073089　HJHA312　史部/傳記類/別傳之屬/事狀
吴興許母沈太夫人六十壽言不分卷　許厚基輯　民國二十四年(1935)鉛印本　一册

330000－1701－0073095　M002729　史部/金石類/錢幣之屬/圖像
沐園四十泉拓一卷　羅伯昭編　民國影印本暨鉛印本　一册

330000－1701－0073098　HJHA409　子部/儒家類/儒學之屬/蒙學

弟子規便蒙淺解一卷　（清）李毓秀原本　（清）巴山退士解　民國十八年（1929）南京佛教慈幼院刻本　一册

330000－1701－0073101　普817.2/1038　集部/曲類/彈詞之屬

元宵會八卷　民國抄本　八册

330000－1701－0073102　HJHA313　集部/總集類/尺牘之屬

普通應用尺牘教本二卷　竇警凡撰　民國二年（1913）上海文明書局石印本　二册

330000－1701－0073103　HJHA410　集部/總集類/酬唱之屬

九秋菊讌記三卷　高振霄等撰　民國鉛印本　一册　缺一卷（一）

330000－1701－0073106　HJLB128　新學/理學/文學

小學適用紀事文模範四卷　鍾懋宣撰　民國十年（1921）上海進化書局石印本　四册

330000－1701－0073112　HJHA411　集部/別集類

蒿盦賸稿十六卷　馮煦撰　民國刻朱印本　一册　存一卷（十二）

330000－1701－0073115　HJHA314　集部/詩文評類/文法之屬/文法

作文百法三卷　許德鄰撰　民國鉛印本　俞時中題記　一册　存一卷（一）

330000－1701－0073123　HJHA349　史部/傳記類/別傳之屬/事狀

清故誥授通議大夫花翎三品銜山東登州府知府錢公履樛［綏槃］行狀一卷　李聯珪撰　民國鉛印本　一册

330000－1701－0073124　HJLB129　新學/學校

中學國文課本菁華不分卷　鄒弢編　民國八年（1919）上海土山灣印書館鉛印本　一册

330000－1701－0073128　HJHA315　集部/別集類

何奏篪序文一卷　何奏篪撰　民國刻本　一册

330000－1701－0073136　HJHA326　類叢部/叢書類/自著之屬

晨風廬叢刊十八種　周慶雲撰　民國吴興周氏夢坡室刻本　一册　存一種

330000－1701－0073142　HJHA329　類叢部/叢書類/自著之屬

晨風廬叢刊十八種　周慶雲撰　民國吴興周氏夢坡室刻本　一册　存一種

330000－1701－0073146　M002731　史部/政書類/邦計之屬/錢幣

照譯和屬東印度圜法一卷　民國幣制局鈔券處石印本　一册

330000－1701－0073148　HJHA327　史部/傳記類/別傳之屬/事狀

夢坡五十壽言一卷　周延礽編　**夢坡四十初度贈答詩存一卷**　周慶雲撰　**百齡合壽贈言一卷**　邱曾撰　民國二年（1913）鉛印本　一册

330000－1701－0073152　HJLA415　集部/別集類

鐵網珊瑚歌一卷　歸曾禧撰　民國十年（1921）鉛印本　一册

330000－1701－0073155　普925.17/4641　史部/傳記類/別傳之屬/事狀

楊桂林歷官記事一卷　（清）楊楷甫撰　民國十二年（1923）鉛印本　一册

330000－1701－0073158　M002733　子部/宗教類/佛教之屬/總録

天童和尚闢妄救略說十卷　（明）釋圓悟撰　（明）釋真啟編　民國八年（1919）上海有正書局鉛印本　二册　存六卷（一至三、八至十）

330000－1701－0073159　HJHA328　集部/總集類/郡邑之屬

永嘉詩人祠堂叢刻十四種　冒廣生輯　民國

四年(1915)如皋冒氏刻本　一册　存一種

330000－1701－0073161　普 925.17/4487.2/c1　史部/傳記類/别傳之屬/年譜
韓湘巖先生[錫胙]年譜二卷附録一卷　劉耀東纂　民國三十六年(1947)啟後亭鉛印本　一册

330000－1701－0073162　普 925.17/5530.2　史部/傳記類/别傳之屬/年譜
費燕峰[密]先生年譜四卷　(清)費天修編　民國十四年(1925)江都白沙孫樹馨抄本　四册

330000－1701－0073165　HJHA330　類叢部/叢書類/郡邑之屬
檇李叢書九種　金兆蕃編　民國二十年至二十五年(1931－1936)嘉興金氏刻本　一册　存一種

330000－1701－0073170　M002734　集部/小説類/短篇之屬
小説名畫大觀二百七十種　胡寄塵編輯　民國五年(1916)上海文明書局石印本　四册　存四十六種

330000－1701－0073171　普 925.17/4634.21　史部/傳記類/别傳之屬/年譜
鄰蘇老人[楊守敬]年譜一卷　楊守敬述　熊會貞補述　民國四年(1915)石印本　章嶔題記　一册

330000－1701－0073183　普 951.07703/5231.3/c1　史部/雜史類/斷代之屬
湘軍志平議一卷　郭振墉撰　民國五年(1916)清閒山館刻本　一册

330000－1701－0073184　普 817.2/2102　集部/曲類/寶卷之屬
何文秀寶卷二卷　民國四年(1915)上海文益書局石印本　一册　存一卷(上)

330000－1701－0073188　普 925.17/4487.2/c2　史部/傳記類/别傳之屬/年譜
韓湘巖先生[錫胙]年譜二卷附録一卷　劉耀東纂　民國三十六年(1947)啟後亭鉛印本　一册

330000－1701－0073191　普 925.17/4487.2/c3　史部/傳記類/别傳之屬/年譜
韓湘巖先生[錫胙]年譜二卷附録一卷　劉耀東纂　民國三十六年(1947)啟後亭鉛印本　一册

330000－1701－0073192　普 925.17/4487.2/c4　史部/傳記類/别傳之屬/年譜
韓湘巖先生[錫胙]年譜二卷附録一卷　劉耀東纂　民國三十六年(1947)啟後亭鉛印本　一册

330000－1701－0073197　普 951.07703/5231.3/c2　史部/雜史類/斷代之屬
湘軍志平議一卷　郭振墉撰　民國五年(1916)清閒山館刻本　一册

330000－1701－0073210　HJLB109　子部/宗教類/道教之屬
逃劫靈誥一卷　民國十三年(1924)杭州萬善宏濟總社石印本　一册

330000－1701－0073211　M002735、M003340　子部/儒家類/儒學之屬/俗訓
格言彙編六卷　王乃徵編　民國鉛印本　二册

330000－1701－0073215　M002736　類叢部/叢書類/彙編之屬
四部叢刊三編預約樣本一卷附初編續編目録　商務印書館編　民國二十四年(1935)商務印書館鉛印本　一册

330000－1701－0073222　M002737、M004278　集部/小説類/長篇之屬
四雪草堂重訂通俗隋唐演義八卷一百回　(清)褚人獲撰　民國六年(1917)上海天寶書局石印本　八册

330000－1701－0073228　HJHA416　子部/儒家類/儒學之屬/禮教/女範
女子修身教科書八卷　沈頤　戴克敦編纂　民國六年(1917)上海商務印書館石印本　一册　存一卷(八)

330000－1701－0073230　HJHA376　新學/學校

新式國民學校算術教科書八卷　顧樹森　沈煦編　民國十一年(1922)上海中華書局石印本　二册　存二卷(四、六)

330000－1701－0073231　HJLB110　子部/宗教類/道教之屬

虢虢蘇蘇一卷　(清)洱源惟一子編輯　民國杭州吴山雷殿九九老壇鉛印本　一册

330000－1701－0073236　HJHA377　新學/學校

新式國民學校國文教科書八卷　李步青等編　民國十一年(1922)上海中華書局石印本　一册　存一卷(七)

330000－1701－0073238　HJLB111　子部/宗教類/佛教之屬

觀世音菩薩三寶救生經不分卷　(北魏)孫敬德說　(清)裘象坤編　民國十四年(1925)厲藴山鉛印本　一册

330000－1701－0073249　HJHA340　史部/傳記類/别傳之屬

楊仁山居士[文會]别傳一卷　張爾田撰　民國刻本　一册

330000－1701－0073252　HJHA341　集部/别集類

葭洲書屋試藝一卷　劉承幹撰　民國刻本　一册

330000－1701－0073253　HJLB113　子部/宗教類/佛教之屬/經

南無阿彌陀佛一卷　民國鉛印本　一册

330000－1701－0073257　HJHA344　史部/傳記類/别傳之屬/事狀

丹徒張貞婦傳一卷　朱方撰　民國六年(1917)鉛印本　一册

330000－1701－0073258　HJLB114　子部/儒家類/儒學之屬

祈禱精義一卷附克己淺說一卷　孫鏘輯　民國十二年(1923)鉛印本　一册

330000－1701－0073261　HJLB115　子部/儒家類/儒學之屬/性理

王學指津不分卷　(明)王守仁演稿　張覺善　李道淵校錄　**南屏濟祖來復說一卷**　釋來復撰　民國九年(1920)鉛印本　一册

330000－1701－0073263　HJHA350　史部/傳記類/别傳之屬/事狀

沈鏡軒先生行狀一卷　朱廷夑撰　民國石印本　一册

330000－1701－0073265　HJHA346　集部/别集類/清别集

團桂樓剩稿一卷　(清)陳金鑑撰　**醉月軒吟草二卷**　(清)陸慧撰　民國十五年(1926)陳其謙鉛印本　一册

330000－1701－0073272　HJLB116　子部/宗教類/道教之屬

東嶽聖帝回生寶訓一卷附仁王護國般若波羅密多經陀羅尼經文節存一卷　民國十二年(1923)四明孫氏鉛印本　一册

330000－1701－0073275　HJLB117　子部/宗教類/佛教之屬/經

藥師瑠璃光如來本願功德經一卷　(唐)釋玄奘譯　民國十年(1921)孫鏘刻本　一册

330000－1701－0073278　HJHB118　子部/宗教類/佛教之屬

觀世音菩薩本迹感應頌四卷首一卷　許止淨述　**金剛經功德頌一卷**　許止淨述　劉契淨注　民國十五年(1926)刻十九年(1930)印本　三册　存三卷(一至三)

330000－1701－0073279　HJHA353　史部/傳記類/别傳之屬/事狀

清贈光禄寺卿銜吴興陳公竹坪百歲仙壽公啓坿行狀傳文一卷　民國鉛印本　一册

330000－1701－0073280　HJHA348　史部/傳記類/别傳之屬/事狀

儀徵贇卿陳公[重慶]家傳一卷　陳懋森撰　**哀啓一卷**　陳延曾　陳延韡撰　民國鉛印本　一册

330000－1701－0073283　HJHB119　子部/宗教類/佛教之屬

普勸僧俗發菩提心文一卷　(唐)裴休撰　民國刻本　一冊

330000－1701－0073285　HJHA358　史部/傳記類/别傳之屬/事狀

清故誥授通議大夫花翎三品銜山東登州府知府錢公履樛[綏槃]行狀一卷　李聯珪撰　民國鉛印本　一冊

330000－1701－0073293　HJHA435　經部/四書類/論語之屬/傳説

論語説約十卷　(清)周斡撰　民國抄本　二冊

330000－1701－0073294　HJLB149　子部/儒家類/儒學之屬

儒門日誦一卷　孫鏘編　民國十二年(1923)杭州停雲軒刻本　一冊

330000－1701－0073295　HJLA432　子部/雜著類/雜編之屬

安士全書四種　(清)周夢顏撰　民國十八年(1929)上海佛學推行社鉛印本　四冊

330000－1701－0073297　HJHA354　史部/傳記類/别傳之屬/事狀

聽邠老人訃一卷　民國石印本　一冊

330000－1701－0073298　HJLB150　子部/宗教類/道教之屬/威儀

三茅真君真經誦儀一卷　民國十三年(1924)上海恤緣壇、杭州萬善宏濟社石印本　一冊

330000－1701－0073299　HJHA355　史部/地理類/專志之屬/書院

修建天一閣捐冊不分卷　鄞縣文獻委員會編　民國二十二年(1933)鉛印本　施維藩題記　一冊

330000－1701－0073300　HJHA359　史部/傳記類/總傳之屬

清代學者象傳様本不分卷　葉恭綽編　民國上海商務印書館影印本　一冊

330000－1701－0073301　HJHA356　史部/傳記類/别傳之屬/事狀

張南通先生七十壽公啓一卷　民國鉛印本　一冊

330000－1701－0073302　HJLB151　子部/宗教類/道教之屬

續地天通一卷　民國十六年(1927)鉛印本　一冊

330000－1701－0073305　HJLA361　史部/傳記類/别傳之屬

張菊生先生七十生日紀念論文集不分卷　蔡元培　胡適　王雲五編　民國二十六年(1937)商務印書館鉛印本　四冊

330000－1701－0073306　M002991　子部/雜著類/雜説之屬

村居雜話不分卷　廖平子撰　民國十年(1921)花埭豋然閣鉛印本　一冊

330000－1701－0073308　M002992　子部/叢編

評註諸子菁華録十八種十八卷　張之純編纂　民國上海商務印書館鉛印本　一冊　存一卷(一)

330000－1701－0073309　M002738　史部/雜史類/斷代之屬

唐語林八卷附校勘記一卷　(宋)王讜撰　民國九年(1920)上海商務印書館鉛印本　四冊

330000－1701－0073310　M002993　子部/雜著類/雜説之屬

菜根譚前集一卷後集一卷　(明)洪應明撰　民國五年(1916)上海新學會社鉛印本　一冊

330000－1701－0073313　M002994　經部/小學類/文字之屬/説文/專著

説文古籀補十四卷補遺一卷附録一卷　(清)吴大澂撰　民國八年(1919)蘇州振新書社影印本　四冊

330000－1701－0073314　M002739　集部/别集類

海藏樓詩一卷　鄭孝胥撰　民國五年(1916)

文藝雜志社石印本　一冊

330000－1701－0073315　M002740、M007714　集部/總集類/彙編之屬

白雪遺音四卷　(清)華廣生編　民國鉛印本　二冊　存二卷(二至三)

330000－1701－0073316　普 817.2/1047　集部/小說類/長篇之屬

繡像五女興唐傳四卷四十二回　民國石印本　一冊

330000－1701－0073317　M002995　經部/小學類/文字之屬/字書/字體

六書通摭遺十卷　(清)畢星海輯　民國十八年(1929)上海掃葉山房石印本　五冊

330000－1701－0073319　HJLB152　子部/宗教類/佛教之屬/經

新頒中外普度皇經全部二卷續告一卷附錄一卷　民國十五年(1926)鉛印本　一冊

330000－1701－0073322　M002996　子部/藝術類/書畫之屬

胡氏書畫考三種八卷　(清)胡敬輯　民國十三年(1924)上海中國書畫保存會據清嘉慶胡氏刻本影印本　八冊

330000－1701－0073324　民 812.9/4423　集部/戲劇類/傳奇之屬

中華第一女傑軒亭冤傳奇八齣　湘靈子撰　民國元年(1912)上海振新圖書社石印本　一冊

330000－1701－0073325　M002741　集部/曲類/寶卷之屬

黃金印不分卷　民國二十二年(1933)薛耀祖抄本　一冊

330000－1701－0073328　M002742　集部/曲類/寶卷之屬

鷄鳴龍圖寶卷二卷　民國元年(1912)抄本　二冊

330000－1701－0073330　M002998　集部/小說類/長篇之屬

繡像洪秀全演義十集三十二卷一百七十四回　黃世仲撰　民國石印本　一冊　存一卷(二集二)

330000－1701－0073334　M002997　集部/小說類/長篇之屬

繪圖花木蘭征北□□卷　民國石印本　一冊　存一卷(三)

330000－1701－0073336　M002743　史部/傳記類/總傳之屬/技藝

墨林今話十八卷　(清)蔣寶齡撰　**續編一卷**　(清)蔣茝生撰　民國上海中華書局鉛印本　一冊　存姓氏韻目

330000－1701－0073337　HJLB153　子部/宗教類/道教之屬

中皇靈寶洞微十品至妙真經一卷　民國鉛印本　一冊

330000－1701－0073341　HJLB063　子部/宗教類/佛教之屬/經疏

心經實用註解一卷　潛陽子註解　民國二十二年(1933)江蘇崇明縣濟生分會鉛印本　一冊

330000－1701－0073345　HJLB154　子部/宗教類/佛教之屬/經咒

白衣大士神咒一卷靈異記一卷　民國上海宏大善書總發行所石印本　一冊

330000－1701－0073347　HJLB155　子部/宗教類/佛教之屬/經

新頒中外普度皇經全部一卷附錄一卷求雨靈驗記一卷　鄧定中記　民國十五年(1926)石印本　一冊

330000－1701－0073348　HJLB156　子部/宗教類/道教之屬/經文

斗姆元尊九皇真經一卷前三教上聖靈妙真經一卷中三教大聖靈應真經一卷後三教大聖靈通真經一卷　題孚佑帝君讃　題三丰真人演　民國十四年(1925)杭州九九老壇鉛印本　一冊

330000－1701－0073350　M002744　集部/曲類/曲韻曲譜曲律之屬

四郎探母曲譜一卷　陳彦衡撰　民國二十年(1931)潛樂社石印本　一冊

330000－1701－0073351　HJLB157　子部/宗教類/佛教之屬/經

地藏菩薩本願經利益存亡品一卷　(唐)釋實义難陁譯　**地藏菩薩靈感錄一卷**　(宋)釋常謹輯　李圓淨修正　民國十九年(1930)杭州長興印刷所鉛印本　一冊

330000－1701－0073353　M002999　史部/目録類/總録之屬/私撰

上海宣和印社出品目錄一卷現代名家篆刻一卷　宣和印社編　民國鉛印本暨影印本　一冊

330000－1701－0073354　M002745、M003492、M006452、M006884、M007505、M007899　子部/宗教類/道教之屬/雜著

神仙綱鑑三十卷題名錄一卷　(清)尹相湯編　民國九年(1920)上海振餘物產廠鉛印本　十三冊　存十五卷(一至八、十一至十五,裂膽鏡下,題名錄)

330000－1701－0073356　M003000　子部/醫家類/外科之屬/通論

外證醫案彙編四卷　(清)余景和輯　民國上海文瑞樓石印本　四冊

330000－1701－0073359　M002746　類叢部/叢書類/彙編之屬

東南大學叢書□□種　民國上海商務印書館石印本　一冊　存一種

330000－1701－0073361　M002747　子部/宗教類/佛教之屬/論

瑜伽師地論一百卷　(唐)釋玄奘譯　**瑜伽師地論敘二卷**　歐陽漸編　民國六年(1917)金陵刻經處刻本　二十六冊　存八十六卷(十七至一百、敘一至二)

330000－1701－0073364　M003001　子部/藝術類/遊藝之屬/劇藝

百醜圖不分卷　張琴製圖　憶華撰文　民國三十二年(1943)上海新中國報社鉛印本　一冊

330000－1701－0073365　HJLB158　子部/宗教類/道教之屬

豐年有兆一卷　民國十一年(1922)靈感萬善根壇鉛印本　一冊

330000－1701－0073366　HJLB159　子部/宗教類/道教之屬

太上感應篇一卷　民國石印本　一冊

330000－1701－0073367　M003002　集部/總集類/題詠之屬

紅樓夢名家題咏不分卷　石溪散人編　民國四年(1915)上海廣益書局石印本　一冊

330000－1701－0073369　HJHB160、HJHB161　類叢部/叢書類/彙編之屬

四部備要　中華書局編　民國二十五年(1936)上海中華書局鉛印本　三十二冊　存二種

330000－1701－0073373　M003003　子部/叢編

六子全書　(明)顧春輯　民國三年(1914)右文社據明嘉靖十二年(1533)吳郡顧氏世德堂刻本影印本　一冊　存一種

330000－1701－0073375　普 817.2/10541　集部/曲類/曲藝之屬

新刻瓦車蓬天賜雙生牙痕記四卷三十回　民國八年(1919)文益書局石印本　四冊

330000－1701－0073378　M002748　經部/小學類/文字之屬/字書/訓蒙

繪圖修正千字文一卷　民國上海昌文書局石印本　一冊

330000－1701－0073379　M003004　子部/天文曆算類/曆法之屬

陰陽合曆不分卷(清嘉慶九年至民國十二年)　中華書局編輯　民國十二年(1923)上海中華書局石印本　一冊

330000－1701－0073386　M003005　子部/宗教類/佛教之屬

看破世界一卷　香花道人重編　民國十七年(1928)海寧王有懷堂石印本　一册

330000－1701－0073387　M002749　經部/小學類/文字之屬/字書

最新繪圖六言雜字一卷　民國上海昌文書局石印本　一册

330000－1701－0073388　普 817.2/10542　集部/曲類/彈詞之屬

新刻繡像平東來鼓詞四卷十四回　民國石印本　二册

330000－1701－0073389　普 925.17/0041.2　類叢部/叢書類/家集之屬

武進唐氏所著書十七種　唐鼎元編　民國二十三年至三十七年(1934－1948)鉛印本　一册　存一種

330000－1701－0073392　M002750　子部/儒家類/儒學之屬/蒙學

三字經註解備要一卷　(宋)王應麟撰　(清)賀思興註　民國上海著易堂石印本　一册

330000－1701－0073396　M003006　集部/小說類/短篇之屬

女聊齋誌異四卷　(清)賈茗輯　民國二年(1913)中華圖書館石印本　四册

330000－1701－0073397　M002751　集部/曲類/寶卷之屬

妙英寶卷全集一卷　民國三年(1914)上海文益書局石印本　一册

330000－1701－0073400　M003007　集部/戲劇類/傳奇之屬

長生殿二卷五十齣　(清)洪昇撰　民國十四年(1925)上海掃葉山房石印本　四册

330000－1701－0073401　M002752　子部/術數類/陰陽五行之屬

推背圖說不分卷　題(唐)袁天罡撰　(唐)李淳風注　民國石印本　一册

330000－1701－0073404　M003008　子部/醫家類/方書之屬/單方驗方

經方實驗錄第一集三卷首一卷附錄一卷　曹家達撰　姜佐景編按　民國二十六年(1937)瑞安姜佐景鉛印本　三册

330000－1701－0073407　M003009　子部/藝術類/篆刻之屬/印譜

芝園印林一卷　徐舒撰　民國十年(1921)鈐印本　一册

330000－1701－0073409　M002753　集部/曲類/寶卷之屬

繡像秀英寶卷碧玉簪一卷　民國石印本　一册

330000－1701－0073413　M003010　子部/藝術類/書畫之屬/畫法畫品

蝶野論畫二種　陳蘧撰　民國漢文書局鉛印本　一册

330000－1701－0073417　普 817.2/1068　集部/曲類/曲藝之屬

新刻時調三跌金錢全傳十六卷　民國抄本　十五册　缺一卷(一)

330000－1701－0073421　M003011　子部/農家農學類/蠶桑之屬

浙江全省試辦改良土絲暫行通則一卷　民國鉛印本　一册

330000－1701－0073425　M003013　史部/政書類/公牘檔册之屬

嘉善縣自治辦公處經管同善接嬰育嬰掩埋等公產徵信錄不分卷　張寶書等編　民國九年(1920)嘉善林本立石印本　一册

330000－1701－0073426　M002755　史部/傳記類/總傳之屬

家事簿記大全舉例二卷　民國上海世界書局石印本　一册

330000－1701－0073427　普 817.2/1071　集部/曲類/曲藝之屬

新刻秘本雅調唱口五鳳飛全傳七卷　民國十八年(1929)張佩九抄本　一册

330000－1701－0073428　M003014　史部/政書類/公牘檔册之屬

浙江續脩通志局組織大綱一卷續脩浙江通志徵訪細則一卷續脩浙江通志編輯法一卷　浙江通志局編　民國武林印書館鉛印本　一册

330000－1701－0073431　HJHB170　子部/宗教類/道教之屬/道藏

道藏一千二百五十八種　（明）張宇初等編　民國十二年至十五年(1923－1926)上海涵芬樓影印本　四十九册　存三十五種

330000－1701－0073432　M002756　集部/曲類/寶卷之屬

改良包公案陳世美不認前妻二卷　民國上海槐蔭山房石印本　一册

330000－1701－0073438　M002757　集部/曲類/寶卷之屬

新編陳英還魂柳蘭英伸冤寶卷二卷　民國鉛印本　一册

330000－1701－0073442　M003015　集部/別集類

金鑾瑣記一卷　高樹撰　民國十四年(1925)石印本　一册

330000－1701－0073444　M003016　史部/政書類/公牘檔册之屬

浙江省徵收繭捐章程一卷附護照聯票印花各式一卷　民國鉛印本　一册

330000－1701－0073446　M003017　類叢部/叢書類/彙編之屬

宋人小説二十八種　涵芬樓編　民國上海商務印書館鉛印本　一册　存一種

330000－1701－0073447　M002758　集部/曲類/寶卷之屬

繪圖麒麟豹寶卷二卷　民國上海惜陰書局石印本　一册

330000－1701－0073449　M003018　類叢部/叢書類/彙編之屬

宋人小説二十八種　涵芬樓編　民國上海商務印書館鉛印本　二册　存一種

330000－1701－0073451　M002759　集部/曲類/寶卷之屬

新編太平花寶卷二卷　民國上海惜陰書局石印本　一册

330000－1701－0073453　M002760　集部/曲類/寶卷之屬

繪圖現世報養媳婦寶卷二卷　民國上海惜陰書局石印本　一册

330000－1701－0073460　普925.17/6043.1/c1　史部/傳記類/别傳之屬/事狀

清故誥授中憲大夫貤贈通議大夫候選道山西汾州府知府羅公[嘉福]家傳一卷欽加道銜汾州府知府前翰林院侍讀羅公祖大人德政去思碑記一卷　顧家相撰　民國鉛印本　一册

330000－1701－0073465　普925.17/6043.1/c2　史部/傳記類/别傳之屬/事狀

清故誥授中憲大夫貤贈通議大夫候選道山西汾州府知府羅公[嘉福]家傳一卷欽加道銜汾州府知府前翰林院侍讀羅公祖大人德政去思碑記一卷　顧家相撰　民國鉛印本　一册

330000－1701－0073469　普925.17/8064.2/2/c2　類叢部/叢書類/自著之屬

分類廣註曾文正公五種八卷　（清）曾國藩撰　民國十一年(1922)上海世界書局石印本　一册　存二卷(日記一至二)

330000－1701－0073476　M003019　集部/詞類/別集之屬

古槐書屋詞一卷　俞平伯撰　民國石印本　俞平伯題記　一册

330000－1701－0073479　普925.17/8064.2/2/c3　類叢部/叢書類/自著之屬

分類廣註曾文正公五種八卷　（清）曾國藩撰　民國十一年(1922)上海世界書局石印本　一册　存二卷(日記一至二)

330000－1701－0073480　M003020　子部/藝術類/書畫之屬/法帖

舊拓五代慈雲嶺開路記不分卷　高存道藏　民國二十五年(1936)上海中華書局影印本

一册

330000－1701－0073482　普 925.17/6084.8　史部/傳記類/别傳之屬/墓誌
清故生員吕君英甫[毓楓]墓誌銘一卷　許正衡撰　吴鋭書　民國十七年(1928)石印本　一册

330000－1701－0073486　HJH811.17/3642　集部/别集類/清别集
茗香館遺草一卷　(清)祝幼珊撰　民國十八年(1929)祝履中鉛印本　一册

330000－1701－0073488　M003021　史部/傳記類/别傳之屬/事狀
奉化王蓁軒先生[序賓]榮哀錄一卷　王洪澤編　民國二十年(1931)鉛印本　一册

330000－1701－0073489　M002761　集部/曲類/寶卷之屬
五常寶卷不分卷　民國十年(1921)杭州武林印書館石印本　一册

330000－1701－0073495　M003022　史部/政書類/邦計之屬/賦税
財政部核定浙江省徵收茶捐章程一卷附塘工捐票式　財政部編　民國鉛印本　一册

330000－1701－0073496　M003023　史部/地理類/水利之屬
浙江水利委員會測勘三門灣報告書一卷　民國九年(1920)鉛印本　一册

330000－1701－0073497　M002762　集部/曲類/寶卷之屬
繡像蜜蜂記寶卷二卷　民國上海惜陰書局石印本　一册

330000－1701－0073500　M003024　史部/地理類/水利之屬
致金甸丞同年論太湖流域防災事宜一卷　王清穆撰　民國十一年(1922)蘇州文新印刷公司鉛印本　一册

330000－1701－0073506　M003026　史部/政書類/公牘檔册之屬
杭州市工廠一覽表一卷　民國十七年(1928)油印本　一册

330000－1701－0073509　M002763　集部/曲類/寶卷之屬
大明嘉靖江蘇蘇州府玉蜻蜓寶卷二卷　民國上海惜陰書局石印本　二册

330000－1701－0073513　M003027　史部/地理類/水利之屬
浙江省水利工作報告不分卷　浙江省水利局編　**浙江省金華江水利第一期緊急工程紀要不分卷(民國三十六年)**　民國三十六年(1947)鉛印本暨稿本　一册

330000－1701－0073517　M002764　集部/曲類/寶卷之屬
繪圖姊妹花寶卷二卷　民國上海惜陰書局石印本　一册

330000－1701－0073522　M002765　集部/曲類/寶卷之屬
延生寶卷一卷　雲山風月主人校訂　民國二十四年(1935)福建習善堂石印本　一册

330000－1701－0073527　M003028　集部/總集類/酬唱之屬
袖海樓吟社選句初集不分卷二集不分卷　張準編　民國十五年(1926)袖海樓吟社鉛印本　一册

330000－1701－0073530　M002766　集部/曲類/寶卷之屬
雙花寶卷二卷　民國二十五年(1936)寧波朱彬記書莊鉛印本　一册

330000－1701－0073537　M003029　史部/史表類/斷代之屬
北史朔閏表一卷　黄文相撰　民國三十年(1941)亳州縣黄氏石印本　一册

330000－1701－0073539　普 951.07703/5234/c1　類叢部/叢書類/郡邑之屬
錫山掌故叢書　民國無錫縣圖書館木活字印本　一册　存一種

330000－1701－0073545　普 951. 07703/5234/c2　類叢部/叢書類/郡邑之屬
錫山掌故叢書　民國無錫縣圖書館木活字印本　一冊　存一種

330000－1701－0073548　HJH811. 18/3324　集部/别集類
節庵先生遺詩六卷　梁鼎芬撰　余紹宋輯　民國十二年(1923)沔陽盧氏慎始基齋武昌刻本　章嶔題記　二冊

330000－1701－0073551　普 951. 07703/5234/c3　類叢部/叢書類/郡邑之屬
錫山掌故叢書　民國無錫縣圖書館木活字印本　一冊　存一種

330000－1701－0073552　M002767　集部/曲類/寶卷之屬
雙花寶卷二卷　民國二年(1913)上海文益書局石印本　二冊

330000－1701－0073554　普 925. 17/8064. 23/4　史部/傳記類/别傳之屬/事狀
曾文正公[國藩]大事記四卷　(清)王定安撰　民國申報館鉛印本　一冊

330000－1701－0073555　普 951. 07703/5234/c4　類叢部/叢書類/郡邑之屬
錫山掌故叢書　民國無錫縣圖書館木活字印本　一冊　存一種

330000－1701－0073557　HJH811. 18/3324/c4　集部/别集類
節庵先生遺詩六卷　梁鼎芬撰　余紹宋輯　民國十二年(1923)沔陽盧氏慎始基齋武昌刻本　二冊

330000－1701－0073558　M003031、M005452、M006633　集部/曲類/曲韻曲譜曲律之屬
太和正音譜二卷　(明)朱權編　民國十五年(1926)上海古書流通處影印本　三冊

330000－1701－0073559　M002768　集部/曲類/寶卷之屬
雙花寶卷二卷　民國石印本　一冊

330000－1701－0073562　M002769　集部/曲類/寶卷之屬
再生緣寶卷二卷　民國上海惜陰書局石印本　一冊

330000－1701－0073564　HJH811. 17/3347　集部/别集類/清别集
曉霞軒詩詞焚餘集一卷　(清)梁壽賢撰　民國八年(1919)鉛印本　一冊

330000－1701－0073567　HJH811. 17/3347/c7　集部/别集類/清别集
曉霞軒詩詞焚餘集一卷　(清)梁壽賢撰　民國八年(1919)鉛印本　一冊

330000－1701－0073568　M002770　集部/曲類/寶卷之屬
繪圖重校碧玉簪全傳二卷　民國上海惜陰書局石印本　二冊

330000－1701－0073569　M003032　子部/宗教類/道教之屬/雜著
暗室燈二卷　(清)深山居士輯　民國十年(1921)上海宏大善書局石印本　一冊

330000－1701－0073571　G001986　史部/地理類/遊記之屬
徑山游記一卷游詩一卷　(清)吳焯撰　民國六年(1917)缾花齋刻本　一冊

330000－1701－0073572　普 951. 07703/5235　史部/政書類/軍政之屬
咸同貴州軍事史五卷　凌惕安編　民國二十一年(1932)上海中華書局鉛印本　八冊

330000－1701－0073581　HJH811. 17/83831/c1　集部/别集類/清别集
可山詩集四卷附集三卷　(清)錢鎔撰　民國十七年(1928)鉛印本　一冊　缺二卷(附集二至三)

330000－1701－0073583　HJH811. 17/83831/c3　集部/别集類/清别集
可山詩集四卷附集三卷　(清)錢鎔撰　民國十七年(1928)鉛印本　一冊　缺二卷(附集二至三)

330000－1701－0073595　HJH811.17/8736/c2　集部/别集類/清别集

亦有秋齋詩鈔二卷　(清)鈕福疇撰　民國七年(1918)烏程鈕氏鉛印本　一册

330000－1701－0073597　HJH811.17/8736/c3　集部/别集類/清别集

亦有秋齋詩鈔二卷　(清)鈕福疇撰　民國七年(1918)烏程鈕氏鉛印本　一册

330000－1701－0073600　HJH811.17/8841/c1　集部/别集類/清别集

松厓詩鈔三十二卷續集六卷補遺一卷雜文一卷　(清)管榦珍撰　**附錄一卷**　(清)孫星衍等撰　民國二十年(1931)濟南善成印務局鉛印本　八册

330000－1701－0073602　M002771　集部/曲類/寶卷之屬

張氏三娘賣花寶卷全集一卷　民國上海文益書局、杭州聚元堂書局石印本　一册

330000－1701－0073603　HJH811.17/8848/c2　集部/别集類/清别集

據梧詩集十五卷外卷一卷附錄一卷　(清)管棆撰　民國二十五年(1936)毗陵管氏小書樓鉛印本　四册

330000－1701－0073604　普925.17/8078.2/c1　史部/傳記類/日記之屬

翁文恭公日記不分卷(清咸豐八年至光緒三十年)　(清)翁同龢撰　民國十四年(1925)上海商務印書館影印本　四十册

330000－1701－0073608　HJH811.17/3407/c4　集部/别集類/清别集

沈四山人詩錄六卷附錄一卷　(清)沈謹學撰　民國鉛印本　一册

330000－1701－0073612　HJH811.17/3407/c5　集部/别集類/清别集

沈四山人詩錄六卷附錄一卷　(清)沈謹學撰　民國鉛印本　一册

330000－1701－0073615　M002772　集部/曲類/寶卷之屬

烏金寶卷二卷　民國十三年(1924)上海文益書局石印本　二册

330000－1701－0073616　普951.07703/52394　史部/雜史類/斷代之屬

貞豐里庚甲見聞錄(貞豐里庚申見聞錄)二卷　(清)陶煦撰　民國抄本　二册

330000－1701－0073620　普925.17/8078.2/c2　史部/傳記類/日記之屬

翁文恭公日記不分卷(清咸豐八年至光緒三十年)　(清)翁同龢撰　民國十四年(1925)上海商務印書館影印本　四十册

330000－1701－0073623　M003033　類叢部/叢書類/自著之屬

心史叢刊十六種　孟森撰　民國五年至六年(1916－1917)上海商務印書館鉛印本　一册　存五種

330000－1701－0073634　M003034　子部/藝術類/書畫之屬/畫譜

芥子園畫傳初集六卷二集九卷三集六卷　(清)王槩　(清)王蓍　(清)王臬輯　民國三十六年(1947)上海錦章書局石印本　八册

330000－1701－0073639　M002773　集部/曲類/寶卷之屬

三世修道黄氏寶卷二卷　民國二年(1913)上海文元書局石印本　一册

330000－1701－0073641　M003035、M005900　子部/藝術類/書畫之屬/畫譜

影印足本芥子園畫譜初集四卷二集四卷三集四卷　(清)王槩　(清)王蓍　(清)王臬輯　民國上海世界書局影印本　七册　存七卷(初集一至四,二集一、三至四)

330000－1701－0073651　M002774　集部/曲類/寶卷之屬

唐僧寶卷二卷　民國十三年(1924)上海文益書局石印本　一册

330000－1701－0073660　M003036　史部/地理類/方志之屬/郡縣志

[民國]新纂高臺縣志八卷首一卷　徐家瑞纂

修　民國十四年(1925)鉛印本　一册　存三卷(首、一至二)

330000－1701－0073669　M003037　史部/政書類/律令之屬/律例

浙江各縣宣講稿選粹第一編不分卷　浙江行政公署教育司輯　民國三年(1914)杭州文粹印刷局鉛印本　一册

330000－1701－0073680　M002775　集部/曲類/寶卷之屬

新出梅花服忠良寶卷二卷　民國六年(1917)上海文益書局石印本　一册

330000－1701－0073684　M002776、M004746　集部/曲類/寶卷之屬

新出繪圖二度梅寶卷二卷　楊菊生編輯　民國二十年(1931)文元書局石印本　二册

330000－1701－0073686　M003039　子部/宗教類/佛教之屬

覺道次第一卷　(明)宗喀巴撰　釋大勇譯　民國十六年(1927)鉛印本　一册

330000－1701－0073696　普925.17/7435.2　史部/傳記類/別傳之屬/年譜

陸文慎公[寶忠]年譜二卷　(清)陸寶忠撰　陳宗彝續編　民國十二年(1923)刻本　一册

330000－1701－0073699　M002777　子部/儒家類/儒學之屬/禮教/家訓

朱栢廬先生家訓衍義一卷　(清)朱用纯撰　(清)朱鳳鳴註　民國十九年(1930)鉛印本　一册

330000－1701－0073702　HJH811.17/3451/c4　集部/別集類/清別集

玩花軒吟草二卷詩餘一卷　(清)褚成烈撰　民國十年(1921)鉛印本　一册

330000－1701－0073703　普925.17/7392　史部/傳記類

前江西學政翰林院編脩盛君家傳一卷　陳三立撰　劉鳳起書　民國影印本　一册

330000－1701－0073705　M002778　子部/儒家類/儒學之屬/禮教/家訓

傳家至寶十卷　(清)周蕙田輯　民國十四年(1925)上海鴻文堂書局石印本　一册

330000－1701－0073714　普817.2/4442/c2　集部/曲類/曲藝之屬

東郭簫鼓兒詞一卷　(清)蒲松齡撰　民國二十年(1931)上海中華書局鉛印本　一册

330000－1701－0073716　M003040　子部/宗教類/佛教之屬/經

佛説五苦章句經一卷　(晉)釋竺曇無蘭譯　**佛説堅意經一卷**　(漢)釋安清譯　**佛説淨飯王般涅槃經一卷**　(南朝宋)沮渠京聲譯　**佛説興起行經二卷**　(漢)釋康孟詳譯　**長爪梵志請問經一卷佛説譬喻經一卷佛説略教誡經一卷佛説療痔病經一卷**　(唐)釋義淨譯　**佛説比丘聽施經一卷**　(晉)釋竺曇無蘭譯　**佛説業報差別經一卷**　(隋)釋瞿曇法智譯　民國元年(1912)刻八年(1919)印本　一册

330000－1701－0073717　普817.2/4442/c3　集部/曲類/曲藝之屬

東郭簫鼓兒詞一卷　(清)蒲松齡撰　民國二十年(1931)上海中華書局鉛印本　一册

330000－1701－0073718　普951.07703/52824　史部/雜史類/斷代之屬

太平天國起義記一卷　(清)洪仁玕　(瑞士)韓山文撰　簡又文譯　民國二十四年(1935)燕京大京圖書館鉛印本　一册

330000－1701－0073720　M003041　子部/宗教類/道教之屬

雙修漸法述記不分卷　平常居士撰　民國鉛印本　一册

330000－1701－0073723　HJH811.17/3451/c5　集部/別集類/清別集

玩花軒吟草二卷詩餘一卷　(清)褚成烈撰　民國十年(1921)鉛印本　一册

330000－1701－0073728　M002780　子部/宗教類/佛教之屬/經疏

摩訶般若波羅蜜多心經一卷　(清)玉山老人

秘解　民國十年(1921)鉛印本　一冊

330000－1701－0073729　M003043　史部/目録類/總録之屬/私撰

來青閣書目不分卷　來青閣書莊編　民國上海來青閣書莊石印本　一冊　存國學應用書目編號第八期

330000－1701－0073730　普 817.2/2783　集部/曲類/寶卷之屬

魚籃觀音二次臨凡度金沙灘勸世修行不分卷　民國八年(1919)上海翼化堂書坊刻本　一冊

330000－1701－0073731　M003044、M007268、M007920　集部/小說類/長篇之屬

醒世小說繪圖九尾龜八卷一百九十二回　張春帆撰　民國石印本　四冊　存四卷(四、六至八)

330000－1701－0073732　M002781　類叢部/叢書類/自著之屬

思問廬著書　王光雋撰　民國十九年(1930)杭州江干種蕉廬鉛印本　一冊　存一種

330000－1701－0073733　M003045　子部/叢編

評註諸子菁華録十八種十八卷　張之純編纂　民國上海商務印書館鉛印本　一冊　存一卷(十一)

330000－1701－0073735　HJH811.17/3454/c2　集部/别集類

望雲樓詩稿一卷續編一卷　褚成婉撰　民國二年(1913)石印本　一冊

330000－1701－0073738　HJH811.17/3454/c3　集部/别集類

望雲樓詩稿一卷續編一卷　褚成婉撰　民國二年(1913)石印本　一冊

330000－1701－0073743　M003046、M004342、M006623、M007711　集部/總集類/尺牘之屬

分類箋註文學尺牘大全集二十卷　(明)鍾惺纂輯　(明)馮夢龍訂釋　民國上海求古齋鉛印本　七冊　存八卷(二至三、八至九、十一至十四)

330000－1701－0073745　M002782　史部/政書類/公牘檔冊之屬

中華民國元年浙江省第二次臨時省議會議決案□□卷　民國元年(1912)鉛印本　一冊　存一卷(一)

330000－1701－0073750　M002783　史部/政書類/邦交之屬

中日現行通商航海條約改正說帖一卷　民國十四年(1925)石印本　一冊

330000－1701－0073751　M003047、M007528、M007796、M008077、M008552　類叢部/叢書類/自著之屬

隨園三十六種　(清)袁枚撰　民國十年(1921)上海中華圖書館鉛印本　二十七冊　存十三種

330000－1701－0073752　普 925.17/7246.3　類叢部/叢書類/自著之屬

煙霞草堂遺書十七種續刻四種附一種　(清)劉光蕡撰　民國八年至十四年(1919－1925)王典章思過齋蘇州刻本　一冊　存一種

330000－1701－0073753　HJH811.17/3483/c3　集部/别集類/清别集

鴻雪樓詩選初集四卷外集一卷名媛詩話八卷　(清)沈善寶撰　民國十三年(1924)沈敏元鉛印本　二冊　缺八卷(名媛詩話一至八)

330000－1701－0073755　HJH811.17/3483/c4　集部/别集類/清别集

鴻雪樓詩選初集四卷外集一卷名媛詩話八卷　(清)沈善寶撰　民國十三年(1924)沈敏元鉛印本　二冊　缺八卷(名媛詩話一至八)

330000－1701－0073758　普 951.07703/5289　史部/雜史類/斷代之屬

三十三日脫難記一卷　(清)楊兆鏊撰　楊泰頤輯　民國十二年(1923)鉛印本暨影印本　一冊

330000－1701－0073759　M002784　子部/

藝術類/篆刻之屬/印譜

黄秋盦印存不分卷 （清）黄易篆 西泠印社輯 民國西泠印社鈐印本 三冊

330000－1701－0073761 M003048 子部/藝術類/篆刻之屬/印譜

江介岩印譜不分卷 江介岩篆刻 民國二十七年(1938)鈐印本 一冊

330000－1701－0073763 M003049 子部/雜著類

勸善要言一卷 （清）世祖福臨撰 民國十一年(1922)中華書局鉛印本 一冊

330000－1701－0073768 普 951.07703/52912/c1 史部/雜史類

太平天國史料第一集 程演生輯 民國十五年(1926)北京大學出版部影印本暨鉛印本 三冊

330000－1701－0073771 M003050 史部/政書類/邦計之屬

重印總稅務司赫德籌餉節略一卷 （英國）赫德撰 梁士詒輯 民國三年(1914)京師京華印書局鉛印本 一冊

330000－1701－0073778 M003051 史部/政書類/公牘檔冊之屬

寧波佛教孤兒院第六年報告不分卷 民國十三年(1924)寧波佛教孤兒院之印刷工場石印本 一冊

330000－1701－0073783 M002785、M004748 集部/曲類/寶卷之屬

趙氏賢孝寶卷二卷 民國上海文益書局石印本 二冊

330000－1701－0073789 M002786 集部/曲類/曲韻曲譜曲律之屬

琵琶記曲譜四卷 （清）殷溎深撰 民國十年(1921)上海朝記書莊石印本 一冊 存一卷(三)

330000－1701－0073795 M002787 集部/曲類/寶卷之屬

新編白鶴圖寶卷二卷 民國石印本 一冊 存一卷(二)

330000－1701－0073796 普 951.07703/52912/c2 史部/雜史類

太平天國史料第一集 程演生輯 民國十五年(1926)北京大學出版部影印本暨鉛印本 三冊

330000－1701－0073799 M002788 集部/曲類/寶卷之屬

搶生死牌寶卷二卷 民國石印本 一冊 存一卷(二)

330000－1701－0073804 M002789 集部/曲類/寶卷之屬

繪圖懊惱祖師歡喜寶卷二卷 民國六年(1917)上海文益書局石印本 一冊 存一卷(二)

330000－1701－0073805 普 951.07703/52913/c1 史部/叢編

國立北平研究院史學研究所政治史料叢編 民國二十四年(1935)國立北平研究院總辦事處出版課影印本暨鉛印本 一冊 存一種

330000－1701－0073807 普 925.17/71672 類叢部/叢書類/彙編之屬

嘉業堂叢書五十七種 劉承幹輯 民國吴興劉氏嘉業堂刻本 一冊 存一種

330000－1701－0073808 M003052、M003778、M606698 子部/雜著類/雜編之屬

安士全書四種 （清）周夢顔撰 民國十一年(1922)上海佛學推行社鉛印本 三冊 存三種

330000－1701－0073811 普 951.07703/52913/c2 史部/叢編

國立北平研究院史學研究所政治史料叢編 民國二十四年(1935)國立北平研究院總辦事處出版課影印本暨鉛印本 一冊 存一種

330000－1701－0073812 M003053 子部/宗教類/道教之屬/戒律

金科輯要三集三十六卷 都劫司 武昌侯輯 民國十二年(1923)北京金科流通處鉛印本

一册　存三卷(下集首、一至二)

330000－1701－0073815　普 951.07703/52913/c3　史部/叢編

國立北平研究院史學研究所政治史料叢編　民國二十四年(1935)國立北平研究院總辦事處出版課影印本暨鉛印本　一册　存一種

330000－1701－0073818　M002790　子部/宗教類/佛教之屬

楞伽疏決六卷　歐陽漸撰　民國十四年(1925)支那内學院刻支那内學院叢書本　鐵翹題記　一册　存三卷(一至三)

330000－1701－0073819　普 951.07703/52913/c4　史部/叢編

國立北平研究院史學研究所政治史料叢編　民國二十四年(1935)國立北平研究院總辦事處出版課影印本暨鉛印本　一册　存一種

330000－1701－0073821　普 951.07703/52913/c5　史部/叢編

國立北平研究院史學研究所政治史料叢編　民國二十四年(1935)國立北平研究院總辦事處出版課影印本暨鉛印本　一册　存一種

330000－1701－0073825　M002791　子部/宗教類/佛教之屬/經

佛説長壽滅罪護諸童子陀羅尼經一卷　(宋)釋波利譯　民國三年(1914)金陵刻經處刻本　一册

330000－1701－0073827　M003054　史部/傳記類/别傳之屬/事狀

秋林感逝錄不分卷　葉希明輯　民國二十五年(1936)鉛印本　一册

330000－1701－0073830　普 951.07703/5296　史部/雜史類/斷代之屬

賊情彙纂十二卷　(清)張德堅等纂　民國二十一年(1932)南京國學圖書館影印本　二册

330000－1701－0073831　M003055　新學/兵制/陸軍

國民革命軍陸軍第六師討伐閻馮之役戰鬥詳報不分卷　民國十九年(1930)油印本　一册

330000－1701－0073834　普 925.18/0430.8　史部/傳記類/别傳之屬/事狀

計公賓文哀輓錄一卷　計壽石　計惠風輯　民國二十一年(1932)鉛印本　一册

330000－1701－0073840　M003057　子部/宗教類/佛教之屬

大乘要道密集二十七卷　(元)釋發思巴譯輯　民國十九年(1930)影印本　四册

330000－1701－0073843　普 925.18/1010.8　史部/傳記類/别傳之屬/事狀

王一亭居士事畧一卷　秦錫田撰　民國鉛印本　一册

330000－1701－0073845　普 951.07703/5297/c1　史部/雜史類/斷代之屬

太平天國叢書第一集　蕭一山輯　民國二十五年(1936)國立編譯館影印本　十册

330000－1701－0073846　普 925.17/8308.2/c1　史部/傳記類/别傳之屬/年譜

錢牧齋先生[謙益]年譜一卷附錄一卷　金鶴沖輯　**東澗遺老錢公别傳一卷**　(清)顧苓撰　民國二十一年(1932)鉛印本　一册

330000－1701－0073850　普 925.17/8308.2/c3　史部/傳記類/别傳之屬/年譜

錢牧齋先生[謙益]年譜一卷附錄一卷　金鶴沖輯　**東澗遺老錢公别傳一卷**　(清)顧苓撰　民國二十一年(1932)鉛印本　一册

330000－1701－0073851　普 925.17/8308.2/c2　史部/傳記類/别傳之屬/年譜

錢牧齋先生[謙益]年譜一卷附錄一卷　金鶴沖輯　**東澗遺老錢公别傳一卷**　(清)顧苓撰　民國二十一年(1932)鉛印本　一册

330000－1701－0073853　M002792　史部/目録類/專録之屬

揚州藏經院經書目錄一卷　民國十六年(1927)刻本　一册

330000－1701－0073855　M002793、M003724　子部/宗教類/佛教之屬

支那内學院院訓釋三卷　歐陽漸撰　民國三

十年(1941)支那内學院刻本　周欣樂、歐陽浚明題記　二冊

330000－1701－0073857　普925.18/2531.8　史部/傳記類/别傳之屬/事狀
秋林感逝錄不分卷　葉希明輯　民國二十五年(1936)鉛印本　一冊

330000－1701－0073863　M002794　史部/傳記類/日記之屬
翁文恭公軍機處日記不分卷　(清)翁同龢撰　民國二十八年(1939)燕京大學圖書館影印本　二冊

330000－1701－0073866　M002795　史部/金石類/錢幣之屬/圖像
古泉拓存一卷　民國上海神州國光社影印本　二冊

330000－1701－0073870　M002796、M007434　經部/小學類/文字之屬/字書/通論
中國文字之原始及其構造二編　蔣善國撰　民國二十四年(1935)上海商務印書館石印本　二冊

330000－1701－0073871　普951.07703/5297/c2　史部/雜史類/斷代之屬
太平天國叢書第一集　蕭一山輯　民國二十五年(1936)國立編譯館影印本　十冊

330000－1701－0073876　M002797　新學/理學
人生指南一卷　蕭始撰　民國鉛印本　一冊

330000－1701－0073881　普925.18/2646.8　史部/傳記類/别傳之屬
吳蘭圃先生像贊不分卷　民國十六年(1927)石印本　一冊

330000－1701－0073885　普817.2/4653　集部/曲類/彈詞之屬
來生福彈詞八卷三十六回　(清)橘中逸叟撰　錢黎民補填　民國上海鑄記書局石印本　八冊

330000－1701－0073888　M003058　集部/詞類/類編之屬
四印齋所刻詞　(清)王鵬運輯　民國中國書店據清光緒王氏刻本影印本　一冊　存一種

330000－1701－0073899　M003060、M608862　子部/藝術類/書畫之屬/法帖
草字彙十二卷附補　(清)石梁輯　民國六年(1917)上海商務印書館影印本　二冊　存四卷(子、丑、寅、卯)

330000－1701－0073902　M002799　史部/金石類/錢幣之屬/雜著
言錢别錄二卷補錄一卷　方若撰　民國十七年(1928)鉛印本　二冊

330000－1701－0073905　M003061、M006673　子部/儒家類/儒學之屬/禮教/家訓
顔氏家訓七卷附考證一卷　(北齊)顔之推撰　民國上海江左書林石印本　二冊

330000－1701－0073906　普925.18/2648.2/c1　史部/傳記類/别傳之屬/年譜
含嘉室自訂年譜一卷　吳士鑑撰　民國鉛印本　章嶔題記　一冊

330000－1701－0073912　M003062　子部/儒家類/儒學之屬/蒙學
新刻續千家詩二卷　(清)梁溪齋學人輯　民國上海春記書莊石印本　一冊

330000－1701－0073915　M002800　史部/金石類/錢幣之屬
古泉叢書十五種　民國上海醫學書局石印本　丁福保題記　八冊　存八種

330000－1701－0073920　普817.2/3093　集部/曲類/寶卷之屬
家堂寶卷全集一卷　民國六年(1917)沈月記抄本　一冊

330000－1701－0073922　M003063　子部/雜著類/雜說之屬
八字歌一卷　民國十一年(1922)上海宏大善書局石印本　一冊

330000－1701－0073935　M003065　子部/

藝術類/遊藝之屬/聯語

集殷虛文字楹帖不分卷　章鈺撰　羅振玉輯　民國十六年(1927)東方學會石印本　一冊

330000 - 1701 - 0073936　M002801　史部/傳記類/總傳之屬/忠孝

前後二十四孝圖說不分卷　(清)施善昌輯　民國上海仁濟堂石印本　一冊

330000 - 1701 - 0073944　M002802　集部/曲類/寶卷之屬

三世脩行黄氏寶卷二卷　民國昭慶寺慧空經房刻本　一冊

330000 - 1701 - 0073945　普 925.18/2648.2/c2　史部/傳記類/别傳之屬/年譜

含嘉室自訂年譜一卷　吴士鑑撰　民國鉛印本　樊溦圃題記　一冊

330000 - 1701 - 0073946　普 369.844/0832/c2　史部/政書類/公牘檔冊之屬

旅滬台屬水災急振會報告書不分卷　旅滬台屬水災急振會編　民國九年(1920)鉛印本　一冊

330000 - 1701 - 0073951　普 925.18/3133.8　史部/傳記類/别傳之屬/事狀

顧幼蘭先生餘哀錄不分卷　(清)顧宗況輯　民國八年(1919)鉛印本　一冊

330000 - 1701 - 0073952　普 369.844/0832/c3　史部/政書類/公牘檔冊之屬

旅滬台屬水災急振會報告書不分卷　旅滬台屬水災急振會編　民國九年(1920)鉛印本　一冊

330000 - 1701 - 0073954　M002803　集部/詩文評類/詩評之屬

聲調四譜圖說十二卷首一卷末一卷　(清)董文煥編　民國十六年(1927)上海醫學書局影印本　四冊

330000 - 1701 - 0073960　M003066　子部/宗教類/佛教之屬

菩提心戒釋義一卷　黄覺撰　民國十一年(1922)湖南同善分社鉛印本　一冊

330000 - 1701 - 0073962　M002804　集部/曲類/寶卷之屬

繡像雙貴圖寶卷二卷　民國六年(1917)上海文益書局石印本　一冊

330000 - 1701 - 0073964　M003067　子部/儒家類/儒學之屬/蒙學

增刪三字經白話註解一卷　民國十九年(1930)刻本　一冊

330000 - 1701 - 0073969　普 951.00144/4702　史部/史評類/史論之屬

國史要義十卷　柳詒徵撰　民國油印本　一冊　存三卷(一至三)

330000 - 1701 - 0073970　M003069　子部/儒家類/儒學之屬/蒙學

重訂三字經一卷　章炳麟撰　民國十七年(1928)章氏國學講習會鉛印本　一冊

330000 - 1701 - 0073973　M003068　子部/儒家類/儒學之屬/蒙學

三字經一卷　民國二十三年(1934)雙流黄氏濟忠堂鉛印本　一冊

330000 - 1701 - 0073977　M002805　集部/曲類/寶卷之屬

勸世二十四孝寶卷一卷　大觀書局編　民國二十五年(1936)上海大觀書局石印本　一冊

330000 - 1701 - 0073978　普 817.2/3723　集部/曲類/寶卷之屬

沉香寶卷二卷　民國抄本　一冊

330000 - 1701 - 0073979　普 925.18/3134.8　史部/傳記類/别傳之屬/事狀

永感錄不分卷　民國錢塘丁氏鉛印本　一冊

330000 - 1701 - 0073981　M003070　經部/孝經類/傳說之屬

孝行經圖不分卷　王震編　民國二十五年(1936)上海孤兒院影印本　一冊

330000 - 1701 - 0073985　普 817.2/3723/2　集部/曲類/寶卷之屬

沉香寶卷二卷　民國抄本　二冊

330000－1701－0073987　M003071　集部/總集類/酬唱之屬

江上題襟集一卷　嚴廷楨輯　民國八年(1919)石印本　一冊

330000－1701－0073991　HJH811.17/4059/c2　集部/别集類

玩止水齋遺稿四卷　李輔燿撰　民國十年(1921)刻本　一冊

330000－1701－0073996　M003072　子部/儒家類/儒學之屬

聖學搜源三卷　民國三十四年(1945)鉛印本　一冊

330000－1701－0073998　普817.2/3736　集部/曲類

潮州歌冊□□種　民國潮州李萬利刻本　八十九冊　存四十一種

330000－1701－0073999　M002806　類叢部/叢書類/自著之屬

審影樓所著書　朱濟美撰　民國十四年(1925)鉛印本　二冊　存一種

330000－1701－0074003　M002807　子部/小說家類

雨窗欹枕集十二種十二卷　(明)洪楩輯　民國二十三年(1934)鄞縣馬廉平妖堂據天一閣舊藏明嘉靖刻本影印本　一冊　存五種

330000－1701－0074004　普925.17/7513.2　史部/傳記類/别傳之屬/年譜

侯官陳石遺先生[衍]年譜四卷　陳聲暨編　王真續編　葉長青補訂　民國刻本　二冊

330000－1701－0074007　M003073　子部/藝術類/篆刻之屬/印論

篆法指南二卷　(清)楊沂孫書　民國上海求古齋影印本　一冊　存一卷(一)

330000－1701－0074013　M002808、M004403、M007235、M007608　集部/小說類/長篇之屬

新說西遊記十六卷一百回　(明)吳承恩撰　(清)張書紳注　民國上海中新書局石印本　十六冊

330000－1701－0074014　M003074　子部/宗教類/佛教之屬/經

大方廣佛華嚴經淨行品一卷　(唐)釋實叉難陀譯　民國上海佛學書局刻本　一冊

330000－1701－0074016　普925.18/4043　類叢部/叢書類/彙編之屬

曲石叢書二十種　李根源編　民國鉛印本　一冊　存一種

330000－1701－0074020　M002809　新學/地學

地學不分卷　稿本　二冊

330000－1701－0074023　M003075　子部/宗教類/佛教之屬

佛心經品亦通大隨求陀羅尼二卷　(唐)釋流志譯　**大隨求即得大陀羅尼明王懺悔法一卷**　民國二十四年(1935)鉛印本　一冊

330000－1701－0074025　M003076　子部/宗教類/佛教之屬

釋迦如來應化事蹟不分卷　(清)釋永珊撰並繪　民國九年(1920)上海有正書局石印本　三冊

330000－1701－0074029　M003077　子部/雜著類

壽康寶鑑(增訂不可録)一卷　釋印光撰　民國十六年(1927)浙江印刷公司鉛印本　一冊

330000－1701－0074030　M003078　子部/宗教類/道教之屬

玉露金盤二卷　民國十一年(1922)蕭山合義和書局鉛印本　一冊

330000－1701－0074034　M002810　子部/藝術類/書畫之屬/法帖

原版精印篆文論語一卷　(清)吳大澂篆　民國十三年(1924)上海大德書局石印本　四冊

330000－1701－0074036　HJH814.08/1138　集部/總集類/氏族之屬

雙璧賡燕貽集内編一卷外編一卷　張逢鑣編

民國八年(1919)杭州鉛印本　一冊

330000－1701－0074040　普 925.18/4661.3　史部/傳記類/别傳之屬/事狀
楊味雲先生八秩壽言彙録不分卷　王祖聰輯　民國三十八年(1949)鉛印本　一冊

330000－1701－0074044　M002811、M005137　子部/藝術類/書畫之屬/畫譜
唐六如畫稿四卷　(明)唐寅繪　民國十年(1921)上海民聲書局石印本　四冊

330000－1701－0074048　M002812　集部/小説類/長篇之屬
增圖續小五義六卷一百二十四回　(清)石玉崑撰　民國簡青齋書局石印本　二冊　存二卷(三至四)

330000－1701－0074052　M003079　集部/别集類
孫中山先生廿年來手札四卷　孫文撰　鄧澤如輯　民國十六年(1927)述志公司石印本　一冊　存一卷(四)

330000－1701－0074055　M002813　史部/傳記類/别傳之屬
西太后二十章　(日本)中久喜信周撰　民國石印本　一冊

330000－1701－0074059　普 925.17/7566.4　類叢部/叢書類/彙編之屬
曲石叢書二十種　李根源編　民國十二年至二十一年(1923－1932)騰衝李氏蘇州刻本　一冊　存一種

330000－1701－0074062　M003080　子部/宗教類/佛教之屬
大佛頂首楞嚴呪一卷千手千眼無礙大悲陀羅尼一卷般若波羅蜜多心經一卷　民國十八年(1929)揚州藏經院刻本　一冊

330000－1701－0074067　M003081　子部/雜著類/雜説之屬
哲言韻編一卷　民國二十年(1931)鉛印本　一冊

330000－1701－0074069　HJH811.17/4013/c2　集部/别集類/清别集
李竹君詩鈔一卷　(清)李承湛撰　民國三年(1914)上海宏大紙號石印本　一冊

330000－1701－0074071　M003082　子部/儒家類/儒學之屬/禮教/鑑戒
道德約言二卷　北京道德學社編　民國十年(1921)北京道德學社鉛印本　聽松題記　二冊

330000－1701－0074072　M002814　經部/四書類/總義之屬/傳説
言文對照廣註四書讀本　世界書局編輯所編輯　民國十四年(1925)上海世界書局石印本　三冊　存一種

330000－1701－0074075　普 925.17/7701.8　史部/傳記類/别傳之屬/事狀
吴興周夢坡先生訃告一卷年譜一卷墓表一卷墓誌銘一卷畫史一卷　周延礽輯　民國二十三年(1934)影印本暨鉛印本　四冊

330000－1701－0074077　HJH811.17/4014/c3　集部/别集類/清别集
補蘿書屋詩鈔四卷　(清)李飛英撰　陳樹鈞輯　民國四年(1915)太平陳氏刻本　二冊

330000－1701－0074080　HJH811.17/4014/c4　集部/别集類/清别集
補蘿書屋詩鈔四卷　(清)李飛英撰　陳樹鈞輯　民國四年(1915)太平陳氏刻本　二冊

330000－1701－0074081　M002815、M609558　史部/地理類/遊記之屬/紀勝
粵東筆記十六卷附羊城八景全圖　(清)李調元輯　民國四年(1915)上海會文堂石印本　四冊

330000－1701－0074083　M003083　史部/傳記類/别傳之屬/事狀
私謚沖穆睢寧潘傑三太公事略不分卷　姬覺彌輯　民國鉛印本　一冊

330000－1701－0074088　M003084　子部/宗教類/佛教之屬/論疏

御製揀魔辨異錄八卷　(清)世宗胤禛撰　民國四年(1915)上海有正書局石印本　一册　存二卷(一至二)

330000－1701－0074092　HJH814.08/2624/9　集部/總集類/選集之屬/通代
古文觀止十二卷　(清)吳乘權　(清)吳大職輯　民國三年(1914)上海商務印書館鉛印本(卷十一至十二配石印本)　六册

330000－1701－0074093　M003085　史部/政書類/公牘檔册之屬
浙江省議會第二屆第一次臨時會質問書不分卷　浙江省議會編　民國五年(1916)鉛印本　一册

330000－1701－0074094　M002816　集部/小說類/長篇之屬
繪圖封神演義八卷一百回　(明)許仲琳撰　(明)鍾惺評　民國上海天寶書局石印本　五册　存五卷(一、四至五、七至八)

330000－1701－0074095　G002155　子部/藝術類/篆刻之屬/印譜
趙撝叔印存不分卷　(清)趙之謙篆刻　民國有正書局鈐拓本　二册

330000－1701－0074097　HJH811.17/4031/c2　集部/別集類/清別集
繡子先生集二十卷　(清)李黼平撰　民國二十三年(1934)李雲儔鉛印本　四册

330000－1701－0074100　M003086　子部/宗教類/佛教之屬
看破世界一卷　(清)周祖道輯　**玄妙鏡入道真詮三卷**　(清)李昌仁撰　**覺世經註解一卷**　鄭守恆撰　**孚佑帝君寶誥一卷多看看一卷**　民國二十年(1931)上海怡春堂善書部石印本　胥修星題記　一册

330000－1701－0074105　HJH814.08/2683.2　集部/總集類/選集之屬/通代
涵芬樓古今文鈔簡編四十卷首一卷　吳曾祺輯　民國五年(1916)上海商務印書館鉛印本　四十一册

330000－1701－0074115　M002817　集部/別集類/清別集
吳綬卿先生遺詩一卷　(清)吳祿貞撰　**延暉各界哀祭詩文聯摘存一卷**　謝炳樸等輯　民國元年(1912)鉛印本　一册

330000－1701－0074118　普951.07703/5297/c3　史部/雜史類/斷代之屬
太平天國叢書第一集　蕭一山輯　民國二十五年(1936)國立編譯館影印本　十册

330000－1701－0074125　M002818　集部/戲劇類/傳奇之屬
桃花扇後序詳註二卷　(清)聽雨樓居士箋　民國三年(1914)福州宏文閣石印本　二册

330000－1701－0074130　M002819　子部/儒家類/儒學之屬/禮教/家訓
繪圖增註朱子治家格言一卷　(清)朱用純撰　民國石印本　一册

330000－1701－0074132　M003087　史部/詔令奏議類/奏議之屬
蔣仕御奏疏不分卷　(清)蔣琦齡撰　民國二十年(1931)賀莊抄本　一册

330000－1701－0074135　普951.07703/5299　類叢部/叢書類/彙編之屬
福建噓風社叢書□□種　民國鉛印本　二册　存一種

330000－1701－0074136　M003088　子部/宗教類/道教之屬/道藏
道藏續編第一集二十三種　(清)閔一得編　民國上海醫學書局鉛印本　四册

330000－1701－0074137　M002820　史部/傳記類/別傳之屬/事狀
秋女士[瑾]傳一卷　民國石印本　一册

330000－1701－0074140　M002821　史部/傳記類/別傳之屬/事狀
徐錫麟傳一卷　民國石印本　一册

330000－1701－0074145　普817.2/4011　集部/小說類/長篇之屬

新刻大破孟州六卷六十四回　民國二年(1913)上海文益書局石印本　六册

330000－1701－0074149　普 817.2/4014　集部/曲類/曲藝之屬

赤玉蓮花四卷　民國抄本　四册

330000－1701－0074150　普 817.2/5042　集部/曲類/彈詞之屬

接芳緣五十三回　民國抄本　十一册

330000－1701－0074161　M003089　集部/曲類/曲韻曲譜曲律之屬

曲譜不分卷　民國石印本暨抄本　一册

330000－1701－0074164　M003090　子部/藝術類/遊藝之屬/棋弈

日本圍棋奕粹不分卷　(日本)鈴木爲次郎評註　民國抄本　一册

330000－1701－0074170　M002822　子部/宗教類/佛教之屬

釋教三字經一卷　(明)釋廣真撰　(清)釋敏修註　民國七年(1918)上海有正書局鉛印本　一册

330000－1701－0074171　普 925.17/7714.2　類叢部/叢書類/彙編之屬

嘉業堂叢書五十七種　劉承幹輯　民國吳興劉氏嘉業堂刻本　錢泰題記　一册　存一種

330000－1701－0074172　M003091　集部/曲類/曲韻曲譜曲律之屬

仙吕不分卷附黄鍾　民國抄本　二册

330000－1701－0074173　M003092　子部/宗教類/道教之屬

太上感應篇一卷附錄一卷　民國二十三年(1934)漢文正楷印書局鉛印本　一册

330000－1701－0074177　M002823　集部/别集類

沁梅軒哭女篇一卷　周慕仙撰　民國六年(1917)鉛印本　一册

330000－1701－0074180　普 817.2/50421　集部/曲類/曲藝之屬

繪圖秦英征西四卷四十八回　民國三年(1914)上海文益書局石印本　四册

330000－1701－0074182　普 925.18/9922/c1　史部/傳記類/别傳之屬/年譜

樂農自訂行年紀事一卷　榮宗銓撰　民國三十二年(1943)上海建東印刷公司鉛印本　一册

330000－1701－0074183　M002824　子部/宗教類/道教之屬/神符

神秘符咒全書四卷　余哲夫撰　民國十一年(1922)上海東方書局影印本　一册　存一卷(四)

330000－1701－0074185　M003094　子部/醫家類/綜合之屬

鏡海精華錄不分卷　民國李吉劭堂抄本　一册

330000－1701－0074197　普 925.17/7738.8/c1　史部/傳記類/别傳之屬/事狀

國民哀悼會紀事錄不分卷　李升培等輯　民國二年(1913)龍泉孤兒院石印本　一册

330000－1701－0074199　HJH814.083/3706/2/c2　集部/總集類/彙編之屬

初唐四傑文集二十一卷　民國十五年(1926)大德書局石印本　四册

330000－1701－0074200　普 925.18/9922/c2　史部/傳記類/别傳之屬/年譜

樂農自訂行年紀事一卷　榮宗銓撰　民國三十二年(1943)上海建東印刷公司鉛印本　一册

330000－1701－0074205　M002825　子部/儒家類/儒學之屬/禮教/家訓

聰訓齋語二卷附錄一卷　(清)張英撰　民國十八年(1929)鉛印本　一册

330000－1701－0074206　M003095　子部/天文曆算類/曆法之屬

校正星命萬年書一卷附新鐫增補時憲臺曆袖裏璇璣星命須知一卷　民國十五年(1926)上海中原書局石印本　一册

330000－1701－0074212　普 925.17/7738.8/c2　史部/傳記類/別傳之屬/事狀
國民哀悼會紀事錄不分卷　李升培等輯　民國二年(1913)龍泉孤兒院石印本　一冊

330000－1701－0074214　M003096　集部/總集類/郡邑之屬
滬瀆同聲集不分卷　郁葆青輯　陳詩選　民國二十二年(1933)鉛印本　一冊

330000－1701－0074217　M002826　集部/小說類/長篇之屬
新編繪圖名人小說何豐林政史十回　民國和平書社石印本　一冊

330000－1701－0074221　M003097　集部/別集類
五言飛鳥集一卷　(印度)泰戈爾撰　姚華譯　民國二十年(1931)上海中華書局鉛印本　一冊

330000－1701－0074226　M003098　子部/術數類/相宅相墓之屬
陰陽二宅全書　(清)姚廷鑾輯　民國元年(1912)江左書林石印本　十二冊

330000－1701－0074229　M002827　集部/曲類/曲藝之屬
繡像秦雪梅三元記全傳二卷　(明)沈受先撰　民國上海元昌印書館石印本　一冊

330000－1701－0074230　M002828、M005507　集部/曲類/曲評曲話曲目之屬
螾廬曲談四卷　王季烈撰　民國二十三年(1934)上海商務印書館石印本　二冊

330000－1701－0074238　M003099　集部/小說類/長篇之屬
繡像繪圖乾隆巡幸江南記八卷七十五回　民國上海進步書局石印本　一冊　存二卷(五至六)

330000－1701－0074243　M002829　新學/議論/論政
國民猛醒錄一卷　黃肇基撰　民國八年(1919)鉛印本　一冊

330000－1701－0074244　M003100、M007331、M007627　史部/目録類/書志之屬/提要
四部備要書目提要四卷　中華書局編　民國二十五年(1936)上海中華書局鉛印本　四冊

330000－1701－0074249　M003101　子部/宗教類/佛教之屬/論
性善惡論六卷　(明)釋傳燈撰　民國十二年至十三年(1923－1924)杭州刻經處刻本　三冊

330000－1701－0074251　普 951.00144/0070/10/c1　類叢部/叢書類/彙編之屬
四部備要　中華書局編　民國二十五年(1936)上海中華書局鉛印本　三冊　存一種

330000－1701－0074253　M003102　子部/宗教類/佛教之屬/經
父子合集經二十卷　(宋)釋日稱譯　民國九年(1920)北京刻經處刻本　一冊　存五卷(十六至二十)

330000－1701－0074258　M003103　子部/宗教類/佛教之屬
悉曇字記一卷　(唐)釋智廣撰　民國十三年(1924)武昌正信印務館鉛印本　一冊

330000－1701－0074264　M003104　子部/宗教類/佛教之屬/律
梵網經菩薩戒集證一卷　釋妙朗撰　**佛說梵網經菩薩戒本一卷**　(後秦)釋鳩摩羅什譯　民國十七年(1928)鉛印本　一冊

330000－1701－0074266　M002830　子部/藝術類/書畫之屬/法帖
行書習字帖　民國上海有正書局影印本　一冊　存一種

330000－1701－0074277　M003105　子部/藝術類/篆刻之屬/印譜
張氏所藏埃及古代甲蟲佩印不分卷　張鳳藏　民國二十六年(1937)鈐印本　張鳳跋　一冊

330000－1701－0074282　M002831　集部/別集類/清別集

全韻梅花詩一卷　(清)王士禛撰　民國上海昌明書局石印本　一册

330000－1701－0074283　M003106　子部/儒家類/儒學之屬/禮教/家訓

了凡四訓一卷　(明)袁黄撰　**雲谷先大師傳一卷**　(明)釋德清撰　**俞淨意公遇竈神記一卷**　(明)羅禎撰　**大事須知一卷**　孫傳柷纂　**省庵法師勸發菩提心文一卷**　民國十一年(1922)桐城張瑞曾刻本　一册

330000－1701－0074288　M002832　集部/曲類/寶卷之屬

河南開封府花枷良願龍圖寶卷全集二卷　民國上海文益書局石印本　一册

330000－1701－0074296　M002833　子部/天文曆算類/曆法之屬

丙子年曆書一卷　醉經堂编　民國二十五年(1936)醉經堂石印本　一册

330000－1701－0074299　M003107　集部/總集類/選集之屬/斷代

姚姬傳先生唐人五言絕句詩鈔一卷　(清)姚鼐輯　民國四年(1915)上海文明書局石印本　一册

330000－1701－0074300　HJH811.17/4332/c3　集部/别集類/清别集

明秋館選課一卷古今體詩存一卷詞賸一卷附曲兩齣　(清)裘凌仙撰　民國三年(1914)鉛印本　一册　缺一卷(選課)

330000－1701－0074301　M003108　子部/農家農學類/蠶桑之屬

新法蠶桑淺説不分卷　汪煜　王桂生編　民國十一年(1922)張宏周鉛印本　一册

330000－1701－0074303　M002834　經部/小學類/文字之屬/字書/字典

康熙字典古文一卷辨似一卷　民國抄本　一册

330000－1701－0074304　HJH811.17/4332/c4　集部/别集類/清别集

明秋館選課一卷古今體詩存一卷詞賸一卷附曲兩齣　(清)裘凌仙撰　民國三年(1914)鉛印本　一册　缺一卷(選課)

330000－1701－0074310　普925.17/8005.8　史部/傳記類/别傳之屬/墓誌

皇清誥封光禄大夫曾府君墓志一卷　(清)曾國藩撰　民國影印本　一册

330000－1701－0074318　M003109　子部/農家農學類/蠶桑之屬

調查日本及國内蠶絲業報告書不分卷　熊繼成撰　民國七年(1918)貴陽文通書局鉛印本　一册

330000－1701－0074320　M002835　史部/目録類/專録之屬

殷契書録二卷　陳振東撰　民國十九年(1930)鉛印本　一册

330000－1701－0074325　M003110　子部/醫家類/方書之屬/成方藥目

葉種德堂丸散膏丹説明書不分卷　葉鴻年編　民國十七年(1928)葉種德堂鉛印本　一册

330000－1701－0074329　M003111　史部/政書類/公牘檔册之屬

嘉善縣自治辦公處經管同善接嬰育嬰掩埋等公產徵信録不分卷　張寶書等編　民國八年(1919)鉛印本　一册

330000－1701－0074330　普925.17/8026.8　集部/總集類/氏族之屬

延芳集六卷　翁仰眉輯　民國五年(1916)慈東環水書樓鉛印本　一册

330000－1701－0074331　M002836、M605723、M604610　子部/宗教類/佛教之屬/諸宗

大乘法苑義林章記二十卷　(唐)釋窺基撰　**録存不入章抉擇記一卷**　(唐)釋智周撰　民國五年(1916)金陵刻經處刻本　六册　存十八卷(一至二、六至二十一)

330000－1701－0074332　M003112　集部/别集類/清别集

庸叟文稿彙編三卷　(清)陳熙春撰　民國十

二年(1923)金陵壽山堂鉛印本　一册

330000－1701－0074338　HJH814.08/3025/c2　集部/總集類/選集之屬/通代

銅琵金縷甲集二卷乙集二卷丙集二卷丁集二卷　上海進步書局編　民國二十年(1931)上海文明書局石印本　張拜輪題記　四册

330000－1701－0074344　M003113　類叢部/叢書類/彙編之屬

史地教育叢刊　國立浙江大學史地教育研究室編輯　民國國立浙江大學史地教育研究室石印本　一册　存一種

330000－1701－0074348　M002837　子部/宗教類/佛教之屬/總録

記嘉興藏一卷　民國抄本　一册

330000－1701－0074352　普817.2/6048/2/c2　集部/曲類/彈詞之屬

繡像果報錄十二卷　(清)海芝濤撰　民國香港書局石印本　十二册

330000－1701－0074353　M003114　子部/雜著類/雜説之屬

談小文藝不分卷　大不賢撰　民國三十五年(1946)稿本　一册

330000－1701－0074354　M003115　史部/政書類/公牘檔册之屬

浙江省各項復員計劃不分卷　民國三十四年(1945)油印本　一册

330000－1701－0074356　普951.00144/0070/10/c2　類叢部/叢書類/彙編之屬

四部備要　中華書局編　民國二十五年(1936)上海中華書局鉛印本　三册　存一種

330000－1701－0074369　普951.00144/0070/10/c3　類叢部/叢書類/彙編之屬

四部備要　中華書局編　民國二十五年(1936)上海中華書局鉛印本　三册　存一種

330000－1701－0074373　M002838　子部/藝術類/書畫之屬/畫法畫品

畫梅辯難初編四卷二編四卷三編四卷　傅崇黻撰　傅焕等記述　民國三年(1914)興業印書局、四年(1915)武林印書館、八年(1919)武林印書館鉛印本　一册　存四卷(三編一至四)

330000－1701－0074381　M002839　類叢部/叢書類/自著之屬

隅樓叢書四種　古直撰　民國十五年至十七年(1926－1928)上海聚珍倣宋印書局鉛印本　一册　存一種

330000－1701－0074382　HJH811.17/4330　集部/别集類

招隱山房詩鈔十二卷　戴啟文撰　民國十五年(1926)刻本　六册

330000－1701－0074384　HJH814.08/3714/c2　集部/總集類/選集之屬/通代

蔡氏古文評註補正全集十卷　(清)過珙選　蔡鑄補正　民國七年(1918)上海商務印書館鉛印本　十册

330000－1701－0074385　HJH811.17/4330/c3　集部/别集類

招隱山房詩鈔十二卷　戴啟文撰　民國十五年(1926)刻本　六册

330000－1701－0074391　M002840　史部/政書類/儀制之屬/典禮

吉服章制一卷　民國鉛印本　一册

330000－1701－0074395　M002841　子部/藝術類/書畫之屬/法帖

顔魯公書顔勤禮碑不分卷　(唐)顔真卿書　民國影印本　一册

330000－1701－0074399　M003118　子部/宗教類/佛教之屬/諸宗

角虎集六卷　(清)釋濟能纂輯　民國八年(1919)金陵刻經處刻本　二册

330000－1701－0074402　M002842　子部/藝術類/書畫之屬/法帖

歷代碑帖大觀五十種　高時顯輯　民國影印本　一册　存一種

330000－1701－0074404　普 951.00144/0070/7　史部/史評類/史學之屬
文史通義八卷　(清)章學誠撰　民國上海鴻章書局石印本　陳仲達題記　五冊

330000－1701－0074407　M003119　子部/農家農學類/鳥獸蟲之屬
蟋蟀譜十卷首一卷　李大翀纂輯　民國二十年(1931)李大翀石印本　一冊

330000－1701－0074408　普 925.512/7244　史部/傳記類/總傳之屬/家乘
[麻沙]劉氏家寶副冊不分卷　民國十三年(1924)劉邦杰抄本　一冊

330000－1701－0074409　HJH811.17/4230/c2　集部/别集類/清别集
一樹梅花老屋詩三卷　(清)姚濟撰　(清)張文虎删定　民國七年(1918)姚氏松韻草堂鉛印本　一冊

330000－1701－0074415　普 817.2/7130　集部/曲類/曲藝之屬
繡像馬潛龍走國四卷　民國二年(1913)上海章福記書局石印本　四冊

330000－1701－0074418　M003120、M004774　史部/政書類/公牘檔冊之屬
重修金華通濟橋徵信錄不分卷　馮學書編　民國十九年(1930)金華金震東鉛石印刷局鉛印本　二冊

330000－1701－0074425　M002843　子部/宗教類/佛教之屬/經疏
萬緣金剛般若波羅蜜經集解不分卷附感應圖說一卷　增德編　民國十二年(1923)刻十四年(1925)印本　一冊

330000－1701－0074437　普 817.2/7222　集部/曲類/彈詞之屬
新刻臥虎山四卷　民國二年(1913)上海章福記書局石印本　四冊

330000－1701－0074438　M003122　經部/小學類/文字之屬/字書/通論
文字通詮八卷　楊譽龍編　民國十二年(1923)上海中華書局石印本　王積文跋　四冊

330000－1701－0074443　M003123、M006636　集部/别集類/清别集
新體廣註秋水軒尺牘二卷　(清)許思湄撰　陸翔註　民國十年(1921)上海廣文書局石印本　二冊

330000－1701－0074444　M002844、M007129　史部/目録類/總録之屬/地方
陝西藝文志七卷　郭毓璋編纂　民國鉛印本　四冊

330000－1701－0074447　普 951.00144/7282.012/4　類叢部/叢書類/彙編之屬
四部備要　中華書局編　民國二十五年(1936)上海中華書局鉛印本　八冊　存一種

330000－1701－0074451　M003124　集部/曲類/寶卷之屬
白蛇寶卷一卷　民國董富根抄本　一冊

330000－1701－0074452　民 377.409/3234.34　史部/傳記類/總傳之屬
國立浙江大學四川同學會會員錄不分卷　民國油印本　一冊

330000－1701－0074453　M002845　子部/宗教類/佛教之屬/諸宗
菩提道次第之行目錄一卷　民國鉛印本　一冊

330000－1701－0074458　M002846　史部/地理類/專志之屬/祠墓
社祭私約一卷祭祀儀節一卷落成祝文一卷常祭祝文一卷柬邀襄禮一卷　民國刻本　一冊

330000－1701－0074469　M002847　史部/地理類/遊記之屬/紀行
日本瑞龍展墓記一卷　朱景彝撰　民國鉛印本　一冊

330000－1701－0074474　M002848　史部/政書類/公牘檔冊之屬
私立浙江法政專門學校紀略一卷　浙江法政

專門學校編　民國七年(1918)鉛印本　一册

330000－1701－0074475　M002849　集部/別集類
祖武雜詩初稿三卷　徐祖武撰　民國二十二年(1933)鉛印本　三册

330000－1701－0074478　M003125　集部/戲劇類/雜劇之屬
河伯娶婦不分卷　周纘武撰　民國二十三年(1934)鉛印本　周纘武題記　一册

330000－1701－0074481　M003126　子部/小說家類/瑣語之屬
滑稽叢話十卷藝苑聊話八卷　陳琰輯　民國八年(1919)上海大東書局石印本　四册

330000－1701－0074484　M003127　經部/詩類/傳說之屬
詩毛氏傳疏三十卷釋毛詩音四卷毛詩說一卷毛詩傳義類十九篇一卷鄭氏箋攷徵一卷　(清)陳奐撰　民國上海文瑞樓石印本　十二册

330000－1701－0074485　HJH814.086/3025/c2　集部/總集類/選集之屬/通代
明清六才子文　進步書局編輯所編輯　民國四年(1915)上海文明書局石印本　四册

330000－1701－0074487　M003128　子部/宗教類/道教之屬
闡道要言一卷　(□)中和山人撰　民國鉛印本　一册

330000－1701－0074488　HJH811.17/4437/c3　集部/別集類/清別集
晚香廬詩詞鈔不分卷　(清)韓潮撰　民國四年(1915)鉛印本　一册

330000－1701－0074489　M002850　集部/總集類/郡邑之屬
嶺南三大家詩選二十四卷　(清)王隼編　民國十年(1921)上海國華書局石印本　六册

330000－1701－0074490　M003129　史部/金石類/璽印之屬
遯盦秦漢古銅印譜不分卷　吳隱輯　民國三年(1914)西泠印社鈐印本　八册

330000－1701－0074491　HJH811.17/4438/c2　集部/別集類/清別集
二百八十峯草堂集一卷　(清)蔡鴻鑑撰　**餐霞僊館集一卷**　(清)蔡和霽撰　民國三十三年(1944)四明蔡氏墨海樓鉛印本　一册

330000－1701－0074494　M002851　子部/宗教類/道教之屬/雜著
抱朴子内篇二十卷外篇五十卷内篇佚文一卷外篇佚文一卷内篇校勘記一卷外篇校勘記一卷抱朴子神仙金汋經三卷抱朴子養生論一卷太丹問答一卷抱朴子別旨一卷　(晉)葛洪撰　民國十三年(1924)上海掃葉山房石印本　八册

330000－1701－0074501　M002852　史部/傳記類/總傳之屬/姓名
別號索引一卷補遺一卷　陳乃乾輯　陶毓英編　民國三十二年(1943)開明書店鉛印本　一册

330000－1701－0074505　M003130　子部/藝術類/篆刻之屬/印譜
小飛鴻堂印譜不分卷　汪承啟輯　民國五年(1916)西泠印社鈐印本　六册

330000－1701－0074510　普925.8/8039　史部/傳記類/總傳之屬/郡邑
重編韓代崧陽耆舊傳二卷　(朝鮮)金澤榮撰　民國九年(1920)鉛印本　一册

330000－1701－0074511　HJH811.17/4444/c3　集部/別集類/清別集
夢紅豆邨詩集十四卷　(清)黄大華撰　民國二十三年(1934)鉛印本　一册

330000－1701－0074512　M002853、G008974　集部/曲類/曲選之屬
繪圖綴白裘十二集四十八卷　(清)玩花主人輯　(清)錢德蒼增輯　民國十二年(1923)上海啟新書局石印本　六册　存二十四卷(七集一至四、八集一至四、九集一至四、十集一

至四、十一集一至四、十二集一至四)

330000 – 1701 – 0074513　HJH811.17/4444/c4　集部/別集類/清別集
夢紅豆邨詩集十四卷　(清)黄大華撰　民國二十三年(1934)鉛印本　一册

330000 – 1701 – 0074514　M003131　集部/小說類/長篇之屬
增像全圖東周列國志二十七卷一百八回　(清)蔡奡評點　民國六年(1917)上海中新書局鉛印本　十五册　缺一卷(二)

330000 – 1701 – 0074517　HJH811.17/4444.92/c3　集部/别集類/清别集
存素堂古今體詩四卷　(清)葉如圭撰　民國十三年(1924)葉丙蔚邢臺縣署鉛印本　一册

330000 – 1701 – 0074518　HJH811.17/4444.92/c4　集部/别集類/清别集
存素堂古今體詩四卷　(清)葉如圭撰　民國十三年(1924)葉丙蔚邢臺縣署鉛印本　一册

330000 – 1701 – 0074519　M003132　集部/小說類/長篇之屬
繡像封神演義十二卷一百回　(明)許仲琳撰　(明)鍾惺評釋　民國上海廣興書局鉛印本　十二册

330000 – 1701 – 0074520　HJH814.08/4054/2　集部/總集類/選集之屬/通代
古文筆法八卷首一卷　(清)李扶九編集　民國二年(1913)上海掃葉山房石印本　六册

330000 – 1701 – 0074521　M002854　史部/傳記類/别傳之屬/墓誌
張夫人墓誌銘一卷陶夫人墓誌銘一卷　民國上海有正書局影印本　一册

330000 – 1701 – 0074523　M003133　集部/小說類/長篇之屬
續紅樓夢三十卷　(清)秦子忱撰　民國十年(1921)上海大成書局石印本　六册

330000 – 1701 – 0074536　HJH811.17/44444/c3　類叢部/叢書類/彙編之屬
番禺葉氏遐庵叢書□□種　葉恭綽輯　民國番禺葉氏影印本暨鉛印本　二册　存一種

330000 – 1701 – 0074538　M003134　子部/儒家類/儒學之屬/蒙學
三字經註解備要一卷　(宋)王應麟撰　(清)賀思興註　民國十四年(1925)上海宏大善書局石印本　一册

330000 – 1701 – 0074540　M002855　史部/政書類/軍政之屬/邊政
昭烏達蒙紀畧一卷　周正朝撰　民國二年(1913)石印本　一册

330000 – 1701 – 0074544　普 817.2/7502/2　集部/曲類/彈詞之屬
繡像全圖再生緣全傳二十卷八十回　(清)陳端生撰　民國上海錦章圖書局石印本　十册

330000 – 1701 – 0074545　HJH811.17/444491　集部/别集類
醉園詩存二十六卷閏集一卷醉園齏臼詞一卷　蔣蓴撰　**先考府君年譜一卷**　蔣兆蘭　蔣兆夑撰　民國鉛印本　五册

330000 – 1701 – 0074549　M003135　史部/傳記類/職官録之屬
浙江省鄞縣縣政府職員錄一卷附錄一卷　民國二十年(1931)鉛印本　一册

330000 – 1701 – 0074551　M002856　史部/政書類/軍政之屬/邊政
偵蒙記一卷　胡太才撰　民國五年(1916)鉛印本　一册

330000 – 1701 – 0074556　M003136　類叢部/叢書類/彙編之屬
齊魯大學國學研究所國學彙編　民國二十八年(1939)齊魯大學國學研究所鉛印本　一册　存一種

330000 – 1701 – 0074562　HJH814.087/6022/(2)/c3　集部/總集類/選集之屬/斷代
太平天國文鈔一卷詩鈔一卷聯語鈔一卷附錄三卷　羅邕　沈祖基輯　民國二十三年(1934)上海商務印書館鉛印本　二册

330000－1701－0074564　M002857　子部/醫家類/醫理之屬

青囊秘錄四卷　（漢）華陀撰　（唐）孫思邈述　民國十二年(1923)濟南道院鉛印本　四册

330000－1701－0074565　M003137　史部/傳記類/總傳之屬

芝社同人錄一卷　汪嶔編　民國七年(1918)鉛印本　一册

330000－1701－0074571　M003138、M005623　子部/宗教類/佛教之屬/諸宗

破山明禪師語錄二十一卷　（清）釋海明撰　（清）釋印巒等編　**雙桂破山明禪師年譜**　（清）釋印巒輯　（清）釋印綬編　民國二十年(1931)成都昭覺寺經房刻本　十册

330000－1701－0074575　HJH814.08/4217.01/c2　集部/總集類/選集之屬/通代

古文辭類纂評註七十四卷　（清）姚鼐纂輯　沈伯經等評注　民國四年(1915)上海文明書局鉛印本　十六册

330000－1701－0074577　HJH811.17/1005/c3　類叢部/叢書類/家集之屬

武林丁氏家集十三種　丁立誠　丁立中撰　民國錢塘丁氏嘉惠堂鉛印本　二册　存一種

330000－1701－0074580　HJH811.17/1005/c4　類叢部/叢書類/家集之屬

武林丁氏家集十三種　丁立誠　丁立中撰　民國錢塘丁氏嘉惠堂鉛印本　二册　存一種

330000－1701－0074582　HJH814.087/6022/(2)/c4　集部/總集類/選集之屬/斷代

太平天國文鈔一卷詩鈔一卷聯語鈔一卷附錄一卷　羅邕　沈祖基輯　民國二十年(1931)上海商務印書館鉛印本　三册

330000－1701－0074584　M003139　子部/宗教類/佛教之屬/論

攝大乘論本三卷　（唐）釋玄奘譯　民國石印本　一册

330000－1701－0074586　M003140　子部/宗教類/佛教之屬/經咒

梵咒音義錄一卷　范古農撰　民國二十六年(1937)石印本　一册

330000－1701－0074587　HJH814.08/4217.01/c4　集部/總集類/選集之屬/通代

古文辭類纂評註七十四卷　（清）姚鼐纂輯　沈伯經等評注　民國十二年(1923)上海文明書局鉛印本　十六册

330000－1701－0074589　HJH811.087/1003/2　集部/總集類/選集之屬/通代

明清八大家文鈔八卷　進步書局編輯所編輯　民國四年(1915)上海文明書局、中華書局石印本　八册

330000－1701－0074591　M002858　史部/政書類/公牘檔册之屬

共和時代大文章一卷　李右之編輯　民國元年(1912)上海著易堂書局鉛印本　一册

330000－1701－0074600　普817.2/7502.05　集部/小說類/長篇之屬

龍鳳配再生緣十二卷七十四回　（清）陳端生撰　民國八年(1919)上海萃英書局石印本　八册

330000－1701－0074601　M002859　集部/别集類

風雨雞鳴錄不分卷　蔡璜撰　民國十五年(1926)蘇州工業專校鉛印本　一册

330000－1701－0074602　HJH814.087/1003.2　集部/總集類/選集之屬/通代

歷代詩文評註讀本　王文濡編　民國上海文明書局鉛印本　四册　存一種

330000－1701－0074604　M003141　史部/傳記類/總傳之屬/家乘

振譜三卷　民國鉛印本　一册　存二卷(二下至三)

330000－1701－0074605　HJH814.08/4217.02/4/c2　集部/總集類/選集之屬/通代

評校音註續古文辭類纂三十四卷　王先謙輯　王文濡校注　民國九年(1920)上海中華書局鉛印本　八册

330000－1701－0074608　M002860　子部/藝術類/書畫之屬/法帖

翁松禪墨蹟十集　(清)翁同龢書　民國上海商務印書館影印本　四冊　存四集(一至三、五)

330000－1701－0074611　M003142　子部/儒家類/儒學之屬/性理

性理彙解附參四卷　(清)柳棽撰　民國二十三年(1934)書正堂據稿本影印本　一冊

330000－1701－0074615　HJH814.087/1003.2/c2　集部/總集類/選集之屬/斷代

清文評註讀本四卷　王文濡評選　沈秉鈞　郭希汾註釋　民國十八年(1929)上海文明書局鉛印歷代詩文評註讀本本　周啟勇題記　四冊

330000－1701－0074616　HJH814.08/4217.02/6/c1　集部/總集類/選集之屬/通代

續古文辭類纂三十四卷　王先謙輯　民國七年(1918)上海會文堂書局石印本　八冊

330000－1701－0074617　M003143　史部/史評類/考訂之屬

遼史訂補三種一卷　譚其驤撰　民國石印本　譚其驤題記　一冊

330000－1701－0074621　M002861　子部/藝術類/書畫之屬/法帖

歷代碑帖大觀五十種　高時顯輯　民國上海中華書局影印本　一冊　存一種

330000－1701－0074632　M002862　史部/傳記類/總傳之屬

江蘇省建設廳職員錄不分卷　民國二十四年(1935)鉛印本　一冊

330000－1701－0074634　M003144　子部/宗教類/佛教之屬

金剛經旁解一卷　(清)湯輂召　(清)朱濟撰　民國十三年(1924)葛朗石印本　一冊

330000－1701－0074637　M002863　史部/傳記類/科舉録之屬/歷科登科録

清代兩浙科第表一卷　章乃羹輯　民國抄本　一冊

330000－1701－0074641　M003145　子部/宗教類/佛教之屬/諸宗

印光法師嘉言錄不分卷　李圓淨編　民國十七年(1928)上海江蘇第二監獄第三科鉛印本　一冊

330000－1701－0074645　普377.47023/4000　史部/地理類/專志之屬/書院

南廱志二十四卷　(明)黄佐撰　民國二十年(1931)江蘇省立國學圖書館影印本　八冊

330000－1701－0074646　M003146　子部/宗教類/佛教之屬

觀音夢授真經一卷　民國三十一年(1942)海門先覺祠同人石印本　一冊

330000－1701－0074651　普817.2/8010　集部/曲類/曲藝之屬

繡像全尋親四卷　民國二年(1913)上海章福記書局石印本　四冊

330000－1701－0074652　普378.22/0135　子部/儒家類/儒學之屬/禮教/家訓

顏氏家訓七卷　(北齊)顏之推撰　(清)趙曦明注　**壬子年重校一卷注補並重校一卷**　(清)盧文弨撰　**注補正一卷**　(清)錢大昕撰　民國二十五年(1936)上海中華書局鉛印四部備要本　陳光漢批並跋　四冊

330000－1701－0074655　普951.00144/7282.071　史部/史評類/史論之屬

史通贅議八卷　許鍾璐撰　民國二十三年(1934)鉛印本　四冊

330000－1701－0074656　M003147　子部/儒家類/儒學之屬/禮教/家訓

明袁了凡四訓一卷附録俞淨意公遇竈神記一卷　(明)袁黄撰　民國十一年(1922)上海佛學推行社鉛印本　一冊

330000－1701－0074657　M002866　集部/別集類

海外遺稿二卷　林甄宇撰　林襟宇輯　民國八年(1919)刻本　一冊

330000－1701－0074662　普 951.00144/7539　史部/史評類/考訂之屬

校史偶得不分卷　陳寶熯撰　民國八年(1919)鉛印本　一册

330000－1701－0074664　M003148　子部/儒家類/儒學之屬/禮教/女範

閨範四卷　(明)吕坤注　民國二十四年(1935)儒佛合一救劫會鉛印本　對皋老人題簽　一册

330000－1701－0074665　M002867　史部/傳記類/别傳之屬/事狀

建威將軍方佩齋[玉興]軍門百齡冥慶紀念不分卷　方慎盦等輯　民國二十八年(1939)影印本暨鉛印本　一册

330000－1701－0074667　HJH814.08/4217.02/8/c1　類叢部/叢書類/彙編之屬

四部備要　中華書局編　民國二十五年(1936)上海中華書局鉛印本　十四册　存一種

330000－1701－0074669　普 951.00144/7539.2/c1　史部/史評類/考訂之屬

校史偶得不分卷　陳寶熯撰　民國鉛印本　一册

330000－1701－0074674　M002868　史部/政書類/律令之屬

中華民國國會組織法一卷參議院議員選舉法一卷眾議院議員選舉法一卷眾議院議員各省覆選區表一卷籌備國會事務局官制一卷　浙江都督府公報處輯　民國元年(1912)浙江都督府公報處鉛印本　一册

330000－1701－0074676　HJH814.08/4217.0221/c1　集部/總集類/選集之屬/通代

精選廣註黎氏古文辭類纂不分卷　(清)黎庶昌輯　秦同培選　民國十四年(1925)上海世界書局石印本　四册

330000－1701－0074681　HJH814.08/4217.028/c2　集部/總集類/選集之屬/通代

新古文辭類纂六十卷首一卷　蔣瑞藻纂集　民國十一年(1922)上海中華書局石印本　二十四册

330000－1701－0074683　M003149　類叢部/叢書類/自著之屬

翹懃軒叢稿十一種　彭作楨撰　民國十九年至二十二年(1930－1933)鉛印本　六册　存一種

330000－1701－0074687　HJH814.08/4217.028/c3　集部/總集類/選集之屬/通代

新古文辭類纂六十卷首一卷　蔣瑞藻纂集　民國十五年(1926)上海中華書局石印本　二十四册

330000－1701－0074689　M003150　集部/詞類/别集之屬

雲淙琴趣二卷　邵章撰　民國十九年(1930)邵氏倬盦刻本　一册

330000－1701－0074694　M002870　史部/地理類/專志之屬/寺觀

重建金陵玉虚觀紀事徵信錄不分卷　王蓮友編輯　民國二十五年(1936)鉛印本　一册

330000－1701－0074697　M003151、M006588　子部/藝術類/篆刻之屬

西泠印社印學叢書　民國西泠印社木活字印本　二册　存一種

330000－1701－0074703　M003152　類叢部/叢書類/彙編之屬

四部備要　中華書局編　民國二十五年(1936)上海中華書局鉛印本　一册　存一種

330000－1701－0074704　M002871　子部/藝術類/書畫之屬/法帖

海内第一本漢劉熊碑不分卷　民國七年(1918)上海有正書局影印本　一册

330000－1701－0074709　M002872　集部/總集類/題詠之屬

秀水陳氏先世圖卷題辭一卷　民國二十五年(1936)鉛印本　一册

330000－1701－0074710　M003153　史部/

金石類/錢幣之屬/雜著
言錢別錄二卷補錄一卷 方若撰 民國抄本 方若題簽 二冊

330000－1701－0074712 普 817.2/80631 集部/曲類/寶卷之屬
繪圖香山寶卷二卷 (宋)釋普明編 民國三年(1914)上海文益書局石印本 一冊

330000－1701－0074716 M003154 史部/傳記類/日記之屬
鑾愛會案國防日記一卷 由人龍撰 民國六年(1917)石印本 一冊

330000－1701－0074718 M003155 史部/傳記類/別傳之屬/年譜
涇舟老人洪琴西[汝奎]先生年譜四卷 章洪鈞 陳作霖編 魏家驊重編 民國二十八年(1939)鉛印本 一冊

330000－1701－0074721 HJH814.087/1113/c2 集部/總集類/彙編之屬
戊戌六君子遺集九種 張元濟輯 民國六年(1917)上海商務印書館鉛印本 六冊

330000－1701－0074727 M002873 子部/農家農學類/鳥獸蟲之屬
新訂蟋蟀經六章 民國九年(1920)泰縣仁記石印社石印本 一冊

330000－1701－0074728 HJH814.087/1113/c3 集部/總集類/彙編之屬
戊戌六君子遺集九種 張元濟輯 民國六年(1917)上海商務印書館鉛印本 六冊

330000－1701－0074729 M003156 史部/傳記類/別傳之屬/年譜
胡文忠公[林翼]年譜三卷 梅英杰撰 民國十八年(1929)梅氏抱冰堂刻本 三冊

330000－1701－0074730 M002874 子部/醫家類/外科之屬/癰疽、疔瘡
刺疔捷法一卷 (清)張鏡撰 **考正穴法一卷** (清)王鋆輯 民國十八年(1929)抄本 一冊

330000－1701－0074737 M003157 子部/藝術類/書畫之屬/法帖
漢朝侯碑一卷 古鑑閣藏 民國上海藝苑真賞社影印本 一冊

330000－1701－0074742 M002875 子部/宗教類/佛經之屬/經
碧苑壇經三卷首一卷末一卷 (清)王常月演 (清)施守平纂 民國二十二年(1933)明善書局石印本 一冊

330000－1701－0074743 M003158 子部/藝術類/書畫之屬/法帖
宋拓淳化閣帖十卷 (宋)王著輯 民國影印本 三冊 存三卷(六至八)

330000－1701－0074745 M002876 集部/曲類/寶卷之屬
何仙姑寶卷二卷 民國十七年(1928)浙省西湖慧空經房刻本 一冊

330000－1701－0074761 M002877 子部/宗教類/其他宗教之屬
論古世界與耶穌教之關係一卷 拍理桑些撰 (英國)馬林譯 蔚青氏述 民國鉛印本 一冊

330000－1701－0074770 M002878 史部/目録類/總録之屬/官修
江蘇省立國學圖書館圖書總目四十四卷補編十二卷 江蘇省立國學圖書館編 民國二十二年至二十五年(1933－1936)江蘇省立國學圖書館鉛印本 十九冊 存三十四卷(三至六、十九至二十六、二十八至三十四、三十七至三十八、四十四,補編一至十二)

330000－1701－0074782 M003159 子部/藝術類/書畫之屬/法帖
蘇藜照公事略集古艸書本一卷 蘇應時集 民國二十八年(1939)石印本暨鉛印本 一冊

330000－1701－0074784 M003160 子部/藝術類/書畫之屬/法帖
元趙孟頫七札不分卷 (元)趙孟頫書 民國二十五年(1936)國立北平故宮博物院影印本

一册

330000－1701－0074788　M002879　史部/雜史類/斷代之屬
浙江辛亥革命光復記事一卷　張效巡輯　民國油印本　一册

330000－1701－0074792　M002881　子部/宗教類/佛教之屬
佛學叢書□□種　丁福保輯　民國上海醫學書局鉛印本暨影印本　安真題記　一册　存一種

330000－1701－0074793　M003161　子部/藝術類/書畫之屬
古畫全集仿本一卷　頋子康臨　民國二十三年(1934)稿本　一册

330000－1701－0074795　普817.2/9005　集部/曲類/曲藝之屬
小調曲本一卷　民國抄本　一册

330000－1701－0074796　M002880　史部/雜史類/斷代之屬
辛亥革命浙江光復紀實一卷辛亥革命浙軍攻克南京紀實一卷　吕公望編　民國油印本　一册

330000－1701－0074800　普378.22/8064/5/c1　類叢部/叢書類/自著之屬
分類廣註曾文正公五種八卷　(清)曾國藩撰　民國上海世界書局石印本　一册　存一卷(家訓)

330000－1701－0074803　M003162　子部/藝術類/書畫之屬/畫譜
郭屺亭臨古山水册不分卷　郭蘭枝繪　民國十九年(1930)張氏西村小筑影印本　一册

330000－1701－0074809　M003163　子部/藝術類/書畫之屬/畫譜
翟琴峰先生臨趙吴興飲中八仙圖一卷　(清)翟繼昌繪　民國影印本　一册

330000－1701－0074811　M003164　子部/藝術類/書畫之屬/法帖
孔子廟堂之碑一卷　(唐)虞世南撰並書　民國影印本　一册

330000－1701－0074813　M003165　史部/傳記類/職官録之屬/總録
浙江省職員錄不分卷　浙江省公署號房編　民國十年(1921)浙江省公署鉛印本　一册

330000－1701－0074827　HJH814.08/7586/c2　集部/總集類/選集之屬/通代
古文比四卷　陳曾則輯　民國六年(1917)上海中華書局鉛印本　四册

330000－1701－0074838　HJH814.08/8064.3/c2　集部/總集類/選集之屬/通代
經史百家簡編二卷　(清)曾國藩纂　民國上海商務印書館鉛印本　二册

330000－1701－0074850　HJH814.08924/3651/2/c2　集部/總集類/郡邑之屬
縉雲文徵二十卷補編一卷　(清)湯成烈輯　民國二十七年(1938)文華閣鉛印本　四册

330000－1701－0074853　HJH814.08924/3651/2/c4　集部/總集類/郡邑之屬
縉雲文徵二十卷補編一卷　(清)湯成烈輯　民國二十七年(1938)文華閣鉛印本　杜芳題記　四册

330000－1701－0074855　HJH814.08/8081/2/(2)　集部/總集類/選集之屬/通代
天下才子必讀書十五卷末一卷　(清)金人瑞選評　民國七年(1918)上海有正書局鉛印本　一册

330000－1701－0074863　HJH814.08/8081/2/c2　集部/總集類/選集之屬/通代
天下才子必讀書十五卷末一卷　(清)金人瑞選評　民國七年(1918)上海有正書局鉛印本　六册

330000－1701－0074864　HJH811.17/1083/c2　集部/别集類/清别集
留餘齋詩集四卷　(清)王鏡瀾撰　民國二十三年(1934)鉛印本　高點亭題記　一册

330000 - 1701 - 0074865 HJH811.17/1083/c3 集部/别集類/清别集
留餘齋詩集四卷 (清)王鏡瀾撰 民國二十三年(1934)鉛印本 一册

330000 - 1701 - 0074867 HJH814.08/8081/c2 集部/總集類/選集之屬/通代
天下才子必讀書十五卷 (清)金人瑞選評 民國二年(1913)廣益書局石印本 六册

330000 - 1701 - 0074871 HJH814.08/8742/c2 類叢部/叢書類
鄭義門叢書 民國鉛印本 六册 存一種

330000 - 1701 - 0074873 HJH811.13/4453.76/c2 集部/别集類/唐五代别集
唱經堂杜詩解四卷 (唐)杜甫撰 (清)金人瑞解 民國八年(1919)上海震華書局石印本 四册

330000 - 1701 - 0074875 HJH811.13/4453.8/c2 集部/别集類/唐五代别集
少陵詩鈔一卷 (唐)杜甫撰 (清)顧廷綸編 民國十六年(1927)科學儀器館據顧氏手抄本影印本 一册

330000 - 1701 - 0074877 HJH814.0815/4427/c3 子部/雜著類/雜纂之屬
左孟莊騷精華錄二卷 林紓評註 民國四年(1915)上海商務印書館鉛印本 二册

330000 - 1701 - 0074879 HJH811.13/4453.8/c3 集部/别集類/唐五代别集
少陵詩鈔一卷 (唐)杜甫撰 (清)顧廷綸編 民國十六年(1927)科學儀器館據顧氏手抄本影印本 一册

330000 - 1701 - 0074880 HJH814.0815/4427/c4 子部/雜著類/雜纂之屬
左孟莊騷精華錄二卷 林紓評註 民國三年(1914)上海商務印書館鉛印本 二册

330000 - 1701 - 0074885 HJH814.08924/7701/c1 類叢部/叢書類/自著之屬
晨風廬叢刊十八種 周慶雲撰 民國吳興周氏夢坡室刻本 六册 存一種

330000 - 1701 - 0074887 HJH814.08924/8730 集部/總集類/郡邑之屬
新溪文述八卷首一卷 鄭之章輯 民國十九年(1930)新塍通俗圖書館鉛印本 管元耀批 二册

330000 - 1701 - 0074888 HJH811.13/4453.841/c2 集部/别集類/唐五代别集
杜詩註解節鈔一卷 (唐)杜甫撰 (清)顧淳慶輯注 民國十六年(1927)上海科學儀器館據顧氏抄本影印本 一册

330000 - 1701 - 0074890 HJH811.13/4453.841/c4 集部/别集類/唐五代别集
杜詩註解節鈔一卷 (唐)杜甫撰 (清)顧淳慶輯注 民國十六年(1927)上海科學儀器館據顧氏抄本影印本 針癯居士跋 一册

330000 - 1701 - 0074894 HJH814.08924/8734/c4 集部/總集類/郡邑之屬
新溪文述八卷首一卷 鄭之章輯 民國十九年(1930)新塍通俗圖書館鉛印本 二册

330000 - 1701 - 0074899 HJH811.17/1124/c3 集部/别集類/清别集
翠微山房遺詩不分卷 (清)張作枏撰 民國十三年(1924)古愚軒鉛印本 王張威題記 一册

330000 - 1701 - 0074900 HJH811.17/1133/c2 集部/别集類/清别集
廣雅堂詩集不分卷 (清)張之洞撰 民國中國詩畫會社石印本 四册

330000 - 1701 - 0074902 HJH814.08999/1010/c3 集部/總集類/氏族之屬
先澤殘存八種 王元增輯 民國九年(1920)嘉定王元增鉛印本 一册

330000 - 1701 - 0074903 HJH811.17/1133/(2) 集部/别集類/清别集
廣雅堂詩集不分卷 (清)張之洞撰 民國中國詩畫會社石印本 陳光漢批並題記 二册

330000 - 1701 - 0074905 HJH814.08999/1010/c4 集部/總集類/氏族之屬

先澤殘存八種　王元增輯　民國九年(1920)嘉定王元增鉛印本　一册

330000－1701－0074907　HJH811.17/1133.3　集部/别集類/清别集
張文襄公詩集四卷　(清)張之洞撰　民國六年(1917)上海集益書局石印本　四册

330000－1701－0074908　HJH814.08999/1010.2　集部/總集類/氏族之屬
先澤殘存續編八種　王元增輯　民國十五年(1926)嘉定王元增鉛印本　一册

330000－1701－0074909　HJH814.082/0845/12/c1　類叢部/叢書類/彙編之屬
四部備要　中華書局編　民國二十五年(1936)上海中華書局鉛印本　一册　存一種

330000－1701－0074910　HJH811.17/11332　集部/别集類
白石山房詩鈔三卷補遺一卷　張宗江撰　民國八年(1919)鉛印本　一册

330000－1701－0074913　HJH814.08999/11232/c1　集部/總集類/氏族之屬
雙璧賡燕貽集内編一卷外編一卷　張逢鑣編　民國八年(1919)杭州鉛印本　一册

330000－1701－0074916　HJH814.08999/11232/c2　集部/總集類/氏族之屬
雙璧賡燕貽集内編一卷外編一卷　張逢鑣編　民國八年(1919)杭州鉛印本　一册

330000－1701－0074918　HJH811.17/1144　集部/别集類/清别集
愚谷公遺稿二卷　(清)張大觀撰　民國九年(1920)金華宋氏朱集成堂鉛印本　二册

330000－1701－0074920　HJH811.13/4453.99　集部/詩文評類/詩評之屬
讀杜韓筆記二卷　(清)李黼平撰　民國二十三年(1934)上海中華書局鉛印本　一册

330000－1701－0074924　HJH811.13/4453.99/c3　集部/詩文評類/詩評之屬
讀杜韓筆記二卷　(清)李黼平撰　民國二十三年(1934)上海中華書局鉛印本　一册

330000－1701－0074933　HJH811.17/1194/c2　集部/别集類/清别集
北戍草一卷附龍江紀事一卷　(清)張光藻撰　民國十九年(1930)廣德錢文選鉛印本　一册

330000－1701－0074934　HJH811.17/1194/c4　集部/别集類/清别集
北戍草一卷附龍江紀事一卷　(清)張光藻撰　民國十九年(1930)廣德錢文選鉛印本　一册

330000－1701－0074943　HJH814.08999/4073/c2　集部/總集類/氏族之屬
袁氏閨鈔一卷　袁之球輯　民國七年(1918)鉛印本　唐默亭題記　一册

330000－1701－0074944　HJH811.13/7277/2　類叢部/叢書類/彙編之屬
四部備要　中華書局編　民國二十五年(1936)上海中華書局鉛印本　二册　存一種

330000－1701－0074947　HJH811.14/1031/2/c2　集部/别集類/宋别集
王荆文公詩五十卷目錄三卷　(宋)王安石撰　(宋)李壁箋註　(宋)劉辰翁評點　**王荆文公年譜一卷**　(宋)詹大和撰　民國十一年(1922)海鹽張氏據元刻本影印本　十册

330000－1701－0074960　HJH811.14/1188/2　集部/别集類/宋别集
南湖集十卷附錄三卷　(宋)張鎡撰　民國十三年(1924)杭州廣壽慧雲禪寺刻藍印本　四册

330000－1701－0074961　HJH811.14/1188/2/c4　集部/别集類/宋别集
南湖集十卷附錄三卷　(宋)張鎡撰　民國十三年(1924)杭州廣壽慧雲禪寺刻藍印本　四册

330000－1701－0074976　HJH811.17/1233/c3　集部/别集類/清别集
樂陶居詩稿一卷　(清)孫祖祿撰　民國六年

(1917)鉛印本　一册

330000－1701－0074983　HJH811.17/1253/c3　集部/别集類/清别集
萬八山房詩鈔八卷　(清)孫春澤撰　民國二十五年(1936)鉛印本　一册

330000－1701－0074984　HJH811.17/1253/c4　集部/别集類/清别集
萬八山房詩鈔八卷　(清)孫春澤撰　民國二十五年(1936)鉛印本　一册

330000－1701－0074989　HJH814.24/0440.3/(2)　類叢部/叢書類/自著之屬
諸葛武侯全集五種二十卷　(三國蜀)諸葛亮撰　(清)張澍輯　民國七年(1918)江左書林石印本　八册

330000－1701－0075002　HJH814.24/5544.2/2　集部/别集類/漢魏六朝别集
曹子建文集十卷　(三國魏)曹植撰　民國十一年(1922)上海商務印書館影印續古逸叢書本　陳尚達題記　三册

330000－1701－0075005　HJH814.24/5544.2/3/c1　類叢部/叢書類/彙編之屬
四部備要　中華書局編　民國二十五年(1936)上海中華書局鉛印本　二册　存一種

330000－1701－0075008　HJH814.082/4420.07/4/c1　集部/總集類/選集之屬/通代
評註昭明文選十五卷首一卷葉星衛附註一卷　(清)于光華輯　民國十二年(1923)上海掃葉山房石印本　十六册

330000－1701－0075023　HJH811.14/4433.3/c2　集部/别集類/宋别集
林和靖先生詩集四卷附錄一卷　(宋)林逋撰　**校語一卷**　邵裴子撰　民國二十四年(1935)上海商務印書館鉛印本　一册

330000－1701－0075025　HJH814.25/7731.2/2/c5　集部/别集類/漢魏六朝别集
陶淵明文集十卷　(晉)陶潛撰　民國二年(1913)上海著易堂書局石印本　四册

330000－1701－0075029　HJH811.17/2280/c3　集部/别集類/清别集
叢桂山房遺稿二卷　(清)任錫庸撰　民國九年(1920)上海聚珍仿宋印書局鉛印本　一册

330000－1701－0075030　HJH811.14/5013/c2　集部/别集類/宋别集
友林乙藁一卷　(宋)史彌寧撰　民國六年(1917)華陽高氏蒼茫齋據宋刻本影印本　一册

330000－1701－0075034　HJH811.14/6033.2/c2　集部/别集類/宋别集
具茨集鈔一卷　(宋)晁冲之撰　**陵陽詩鈔一卷**　(宋)韓駒撰　民國上海有正書局鉛印本　一册

330000－1701－0075050　M002882　子部/宗教類/佛教之屬
梵文大佛頂如来放光悉怛多鉢怛囉陀羅尼會譯一卷　(唐)釋不空　(唐)釋般刺密帝譯　釋常淨注　民國北京刻經處刻本　一册

330000－1701－0075051　M003166　集部/曲類/彈詞之屬
還金鐲二卷　民國十一年(1922)抄本　二册

330000－1701－0075052　M003167　集部/曲類/寶卷之屬
玉蜻蜓寶卷二卷　民國二十五年(1936)巫鵬抄本　二册

330000－1701－0075054　HJH811.14/7438/4/c2　集部/别集類/宋别集
劍南詩鈔六卷　(宋)陸游撰　(清)楊大鶴選　民國十一年(1922)上海掃葉山房石印本　六册

330000－1701－0075057　M002883　子部/宗教類/佛教之屬/經
佛藏經四卷　(後秦)釋鳩摩羅什譯　民國八年(1919)常州天寧寺刻本　一册

330000－1701－0075058　M003168　集部/曲類
黄金印不分卷　民國抄本　季萬邦題記

一册

330000 - 1701 - 0075060　M003169　集部/曲類/寶卷之屬

蘭香閣二卷　民國抄本　季萬邦題記　一册

330000 - 1701 - 0075062　M002884　子部/宗教類/道教之屬

樂育堂語錄二卷　(清)黄元吉講　民國二十二年(1933)鉛印本　二册

330000 - 1701 - 0075063　M003170　集部/曲類/寶卷之屬

孝義卷不分卷　民國抄本　季萬邦題記　一册

330000 - 1701 - 0075065　M003171　集部/曲類/寶卷之屬

賣娘成親不分卷　民國十三年(1924)抄本　季萬邦題記　一册

330000 - 1701 - 0075067　M003172　集部/曲類/寶卷之屬

太陽卷不分卷　民國抄本　季萬邦題記　一册

330000 - 1701 - 0075071　M003173　集部/曲類

海瑞紅袍全集不分卷　民國抄本　季萬邦題記　一册

330000 - 1701 - 0075076　M002885　子部/藝術類/篆刻之屬/印譜

香葉簃藏印一卷　俞人萃選　民國鈐印本　俞人萃題簽並記　一册

330000 - 1701 - 0075081　M003174　新學/動植物學/植物學

普通教育植物學不分卷　民國油印本　一册

330000 - 1701 - 0075083　M002886　子部/宗教類/其他宗教之屬/其他

了道祕錄一卷　唐光先述　民國鉛印本　一册

330000 - 1701 - 0075085　M003175　史部/傳記類/總傳之屬/家乘

[廣東潮州]潮安饒氏家譜九卷　饒寶璇纂修　民國十年(1921)鉛印本　一册

330000 - 1701 - 0075089　M002887　子部/小說家類/雜事之屬

不遠復齋見聞雜志十卷　張廷驤輯　民國四年(1915)鉛印本　二册

330000 - 1701 - 0075093　M002888、M007139、M007755　史部/目録類/版本之屬/書影

盋山書影第一輯不分卷第二輯不分卷　柳詒徵編　民國十八年(1929)國學圖書館影印本　三册

330000 - 1701 - 0075094　HJH811.14/7523/3　集部/别集類/宋别集

后山詩十二卷　(宋)陳師道撰　(宋)任淵注　民國十四年(1925)上海文明書局石印本　六册

330000 - 1701 - 0075095　HJH814.269/0020/8/c1、HJH814.3/0147/2/c1、HJH814.3/1024/c3　類叢部/叢書類/彙編之屬

四部備要　中華書局編　民國二十五年(1936)上海中華書局鉛印本　十四册　存三種

330000 - 1701 - 0075101　M002889　經部/詩類/三家詩之屬

詩經韓毛異文攷一卷　宋慈裦撰　稿本　一册

330000 - 1701 - 0075103　HJH811.14/7534/c2　集部/别集類/宋别集

江湖長翁詩鈔一卷　(宋)陳造撰　民國上海有正書局鉛印本　一册

330000 - 1701 - 0075104　M002990　子部/宗教類/佛教之屬/經疏

大佛頂如來密因修證了義諸菩薩萬行首楞嚴經講義錄不分卷　釋倓虛講　于之昌輯　民國鉛印本　一册

330000 - 1701 - 0075108　M003176　集部/曲類/寶卷之屬

連環寶卷二卷　民國十四年(1925)陳留湍抄

本　二册

330000－1701－0075110　G600195　子部/儒家類/儒家之屬

荀子集解二十卷首一卷　（唐）楊倞注　王先謙集解　民國二十二年（1933）上海商務印書館據清光緒十七年（1891）長沙王氏刻本影印本　四册

330000－1701－0075117　M003177、M006688　史部/傳記類/總傳之屬/家乘

武進西營劉氏清芬錄第一集　劉祺編纂　民國十二年（1923）武進劉氏尚絅草堂鉛印本　二册

330000－1701－0075124　M003178　子部/宗教類/佛教之屬

彌勒佛傳道指南四卷　民國二十七年（1938）寧波宣化書局鉛印本　一册　存二卷（一至二）

330000－1701－0075126　HJH811.125/7731.09/2/c2　集部/别集類/宋别集

東坡和陶合箋四卷　（宋）蘇軾撰　（清）溫汝能輯　民國十四年（1925）上海掃葉山房石印本　二册

330000－1701－0075127　M003182　子部/法家類

商君書解詁五卷附錄二卷　朱師轍撰　民國二十四年（1935）成都華西協合大學哈佛燕京學社鉛印本　一册

330000－1701－0075131　M003230、M004547　集部/小説類/長篇之屬

覺後禪□□卷□□回　民國木活字印本　二册　存二卷（四至五）

330000－1701－0075138　M003180　史部/傳記類/日記之屬

隆中日記不分卷（民國二十八年五月十六日至八月十二日）秘密江湖十回　姚民衷撰　民國二十八年（1939）稿本暨鉛印本　一册

330000－1701－0075143　M003181　史部/目録類/總録之屬/官修

浙江公立圖書館附設印行所書目不分卷　浙江公立圖書館編　民國十一年（1922）刻本　一册

330000－1701－0075147　M003231　史部/政書類/儀制之屬/雜禮

罔極錄二卷　（清）許楹輯論　民國抄本　一册

330000－1701－0075157　M003183　子部/藝術類/書畫之屬/法帖

明拓嶧山碑不分卷　（宋）徐鉉書　民國影印本　一册

330000－1701－0075158　HJH811.125/7731.3/4　集部/總集類/選集之屬/通代

陶詩彙評四卷東坡和陶合箋四卷　（清）溫汝能撰　民國十一年（1922）上海掃葉山房石印本　二册　存四卷（陶詩彙評一至四）

330000－1701－0075159　M003232　集部/曲類/曲韻曲譜曲律之屬

時曲工尺譜一卷　民國抄本　一册

330000－1701－0075162　M003233　子部/宗教類/佛教之屬

大藏瑜伽施食儀一卷　（清）顯親王重集　（清）桂祥校錄　民國抄本　一册

330000－1701－0075167　M003234、M006981　集部/别集類

微尚齋詩續稾三卷　汪兆鏞撰　民國二十九年（1940）鉛印本　二册

330000－1701－0075177　M003235　子部/農家農學類/蠶桑之屬

栽桑講義不分卷　民國抄本　任昭題簽　一册

330000－1701－0075187　M003236　集部/小説類/長篇之屬

黄慧如與陸根榮八回　孫君平編輯　民國十七年（1928）新智社石印本　一册

330000－1701－0075189　HJH811.1264/2132/2　類叢部/叢書類/彙編之屬

四部備要　中華書局編　民國二十五年(1936)上海中華書局鉛印本　一冊　存一種

330000－1701－0075193　HJH811.17/2604　集部/别集類

悔餘生詩五卷　吴慶坻撰　民國十五年(1926)鉛印本　二冊

330000－1701－0075194　HJH811.17/2604/c4　集部/别集類

悔餘生詩五卷　吴慶坻撰　民國十五年(1926)鉛印本　二冊

330000－1701－0075196　M003185　子部/工藝類/日用器物之屬/陶瓷

陽羨名陶錄二卷　(清)吴騫編　民國鉛印本　一冊

330000－1701－0075198　M003237　集部/曲類/散曲之屬

烏夜啼思親曲一卷　(清)徐廷珍撰　民國上海明善書局鉛印本　一冊

330000－1701－0075203　M003186　集部/曲類/寶卷之屬

繪圖秦雪梅三元記寶卷二卷　民國上海惜陰書局石印本　一冊

330000－1701－0075206　M003238　類叢部/類書類/通類之屬

國民寶鑑二卷　董士廉輯　民國二十五年(1936)上海謝文益善書部鉛印本　一冊

330000－1701－0075208　M003187　集部/曲類/寶卷之屬

繪圖梅花戒寶卷二卷　民國五年(1916)上海文益書局石印本　一冊

330000－1701－0075209　HJH811.17/26041/c3　集部/别集類/清别集

讀書樓詩集六卷　(清)吴應奎撰　民國五年(1916)安吉吴氏雍睦堂影印本　二冊

330000－1701－0075210　M003188　集部/曲類/寶卷之屬

紅羅寶卷一卷　民國二年(1913)上海文益書局石印本　一冊

330000－1701－0075214　M003189　集部/曲類/寶卷之屬

雌雄盃寶卷二卷　民國十二年(1923)上海文益書局石印本　一冊

330000－1701－0075215　M003239　集部/總集類/彙編之屬

清芬集四種　馮劭峻輯　民國十年(1921)鉛印本　一冊

330000－1701－0075222　M003190　集部/曲類/寶卷之屬

繪圖新出雞鳴寶卷二卷　民國四年(1915)上海文益書局石印本　何焯敏題記　一冊

330000－1701－0075227　M003191　子部/儒家類/儒學之屬/禮教/女訓

定教慈佛閨門寶訓一卷　民國十四年(1925)上海宏大善書局石印本　一冊

330000－1701－0075231　M003192　集部/曲類/寶卷之屬

蘭英寶卷二卷　民國上海惜陰書局石印本　一冊　存一卷(上)

330000－1701－0075236　M003193　集部/曲類/寶卷之屬

白鶴圖一卷　民國抄本　季萬邦題記　一冊

330000－1701－0075238　HJH811.14/8080/2/c2　集部/别集類/宋别集

白石道人詩集二卷集外詩一卷詩說一卷　(宋)姜夔撰　**附錄一卷附錄補遺一卷**　民國有正書局石印本　一冊

330000－1701－0075239　M003194　集部/曲類/寶卷之屬

金牛寶卷一卷　民國抄本　季萬邦題記　一冊

330000－1701－0075243　HJH811.13/1736/c2　類叢部/叢書類/彙編之屬

嘉業堂叢書五十七種　劉承幹輯　民國吴興劉氏嘉業堂刻本　一冊　存一種

330000－1701－0075244　M003195　子部/醫家類/醫案之屬
增補重編葉天士醫案四卷　(清)葉桂撰　陸士諤輯　民國十年(1921)上海文廣書局石印本　二册　存二卷(一至二)

330000－1701－0075251　HJH811.13/1736/c4　類叢部/叢書類/彙編之屬
嘉業堂叢書五十七種　劉承幹輯　民國吳興劉氏嘉業堂刻本　一册　存一種

330000－1701－0075252　HJH811.17/2623.2/4　集部/別集類/清別集
梅村詩集箋注十八卷　(清)吳偉業撰　(清)吳翌鳳箋注　民國中華圖書館石印本　八册

330000－1701－0075254　HJH811.14/8080/3/c2　集部/別集類/宋別集
姜白石全集十六卷　(宋)姜夔撰　民國七年(1918)上海掃葉山房石印本　三册

330000－1701－0075256　M003196　集部/曲類/寶卷之屬
絲絲寶卷三卷　民國抄本　季萬邦題記　一册　存一卷(中)

330000－1701－0075257　HJH811.17/2623.4/c3　集部/別集類/清別集
音注吳梅村詩二卷　(清)吳偉業撰　蔣劍人選　張梓良音注　民國十四年(1925)上海文明書局鉛印本　二册

330000－1701－0075258　HJH811.13/2180　集部/別集類/唐五代別集
玉川子詩集五卷　(唐)盧仝撰　(清)孫之騄註　**玉川子詩注勘譌表一卷**　孫峻撰　民國十二年(1923)濟陽盧永祥刻藍印本　五册

330000－1701－0075263　M003241、M007119　子部/儒家類/儒學之屬/禮教/鑑戒
八德須知二集八卷附誌一卷　蔡振紳編輯　民國二十年(1931)上海宏大善書局石印本　四册

330000－1701－0075264　HJH811.13/2180/c4　集部/別集類/唐五代別集
玉川子詩集五卷　(唐)盧仝撰　(清)孫之騄註　**玉川子詩注勘譌表一卷**　孫峻撰　民國十二年(1923)濟陽盧永祥刻藍印本　五册

330000－1701－0075267　M003197　集部/曲類/寶卷之屬
刺心寶卷二卷　民國抄本　季萬邦題記　一册

330000－1701－0075269　HJH811.17/26311/c3　集部/別集類/清別集
鞠隱山莊遺詩一卷附稾稿一卷　(清)吳寶三撰　民國鉛印本　一册

330000－1701－0075279　普378.22/8064/5/c2　類叢部/叢書類/自著之屬
分類廣註曾文正公五種八卷　(清)曾國藩撰　民國上海世界書局石印本　一册　存一卷(家訓)

330000－1701－0075280　M003199　集部/曲類/寶卷之屬
珍珠塔二卷　民國三年(1914)諸順興抄本　季萬邦題記　二册

330000－1701－0075291　M003200、M003644、M004845、M006796、M006797、M610096　子部/宗教類/道教之屬/戒律
金科輯要三集三十六卷　都劫司　武昌侯輯　民國北京金科流通處鉛印本　十册　存二十三卷(首,上集三至四、六;首、中集一至十、末;首、下集一至六)

330000－1701－0075301　M003242　史部/紀傳類/正史之屬
史記一百三十卷附考證　(漢)司馬遷撰　(南朝宋)裴駰集解　(唐)司馬貞索隱　(唐)張守節正義　**補史記一卷**　(唐)司馬貞撰并注　民國中華圖書館影印本　二十册

330000－1701－0075305　M003201　史部/史表類/通代之屬
帝皇圖□□卷　民國木活字印本　一册　存唐代至民國

330000－1701－0075307　M003202　史部/

政書類/公牘檔冊之屬

嘉善防疫醫院二十一年徵信錄一卷 孫研才等撰 民國二十一年(1932)石印本 一冊

330000－1701－0075311 M003243 集部/楚辭類

山帶閣註楚辭六卷首一卷餘論二卷說韻一卷 (清)蔣驥撰 民國二十二年(1933)北平來薰閣影印本 四冊

330000－1701－0075314 M003203 子部/天文曆算類/曆法之屬

中華民國三年曆書一卷 教育部中央觀象臺編 民國二年(1913)鉛印本 一冊

330000－1701－0075317 M003204、M005797 史部/政書類/公牘檔冊之屬

革命軍文牘不分卷 民國石印本 二冊 存二集(二至三)

330000－1701－0075320 HJH811.17/2643/c3 集部/別集類

一芝草堂稿二卷雜稿一卷 吳懋祺撰 民國二年(1913)石印本 二冊

330000－1701－0075321 HJH811.17/2643/c4 集部/別集類

一芝草堂稿二卷雜稿一卷 吳懋祺撰 民國二年(1913)石印本 二冊

330000－1701－0075322 M003205、M006518 集部/別集類/明別集

陶菴集二十二卷首一卷末一卷 (明)黃淳燿撰 民國十二年(1923)上海掃葉山房石印本 五冊 存二十卷(首,一至十四、十九至二十二,末)

330000－1701－0075327 M003206 子部/農家農學類/蠶桑之屬

蠶生理不分卷 民國抄本 一冊

330000－1701－0075332 M003245 類叢部/叢書類/自著之屬

皮錫瑞先生遺著 (清)皮錫瑞撰 民國十六年(1927)上海商務印書館影印本 一冊 存一種

330000－1701－0075333 普378.948/9024 子部/兵家類/武術技巧之屬

拳術舊聞一卷 民國徐映璞抄本 徐映璞題記 一冊

330000－1701－0075339 M003207 史部/目録類/總録之屬/官修

欽定四庫全書簡明目錄二十卷 (清)紀昀等撰 **四庫未收書目提要五卷** (清)阮元撰 民國八年(1919)上海掃葉山房石印本 八冊

330000－1701－0075343 HJH811.17/6052/c2 類叢部/叢書類/彙編之屬

嘉業堂叢書五十七種 劉承幹輯 民國吳興劉氏嘉業堂刻本 一冊 存一種

330000－1701－0075345 M003246 史部/政書類/公牘檔冊之屬

吉林杉松煤鑛股份有限公司招股簡章一卷 吉林杉松煤礦股份有限公司編 民國鉛印本 一冊

330000－1701－0075347 HJH811.15/4146/c3 類叢部/叢書類/郡邑之屬

台州叢書後集十七種 楊晨輯 民國四年(1915)黄巖楊氏刻本 一冊 存一種

330000－1701－0075350 M003247 子部/藝術類/書畫之屬/法帖

宋游丞相藏蘭亭百種 民國二十八年(1939)商務印書館影印本 一冊 存一種

330000－1701－0075352 HJH811.13/2676.04/c2 集部/別集類/唐五代別集

白文公贈樊諫議詩一卷 (唐)白居易撰 樊鎮輯 民國十七年(1928)樊氏拜魁紀公齋刻朱印本 一冊

330000－1701－0075353 M003208、M003629、M006680、M007612 史部/編年類/斷代之屬

清史綱要十四卷 吳曾祺等編 民國二年(1913)上海商務印書館鉛印本 六冊

330000－1701－0075354 HJH811.17/6052/c4 集部/別集類/清別集

咄咄吟二卷首一卷末一卷　(清)貝青喬撰　民國三年(1914)南林劉氏求恕齋刻朱印本　一冊

330000－1701－0075357　HJH811.15/4418/c3　類叢部/叢書類/郡邑之屬

吳興叢書六十六種　劉承幹編　民國吳興劉氏嘉業堂刻本　一冊　存一種

330000－1701－0075358　M003209　子部/宗教類/佛教之屬

緇林警策一卷　懺盦居士編輯　民國二十五年(1936)上海商務印書館鉛印本　一冊

330000－1701－0075360　M003210、M610129　子部/儒家類/儒學之屬

古今格言四卷　江畬經編纂　民國八年(1919)上海商務印書館鉛印本　三冊　缺一卷(二)

330000－1701－0075365　HJH811.13/2676.5/c2　集部/别集類/唐五代别集

白香山詩長慶集二十卷後集十七卷别集一卷補遺二卷　(唐)白居易撰　(清)汪立名編訂　**白香山年譜舊本一卷**　(宋)陳振孫撰　**白香山年譜一卷**　(清)汪立名撰　民國四年(1915)上海會文堂書局石印本　十二冊

330000－1701－0075366　M003211　子部/宗教類/道教之屬

三聖經感應靈驗圖註不分卷　民國十年(1921)杭州華興編譯書局石印本　一冊

330000－1701－0075367　HJH811.15/4777/c2　集部/别集類/元别集

柳貫上京紀行詩一卷　(元)柳貫撰　民國十九年(1930)北平故宫博物院圖書館影印本　一冊

330000－1701－0075373　M003212　子部/農家農學類/蠶桑之屬

蠶業法規六章氣象學講義八章蠶業經濟學七章蠶種論四編二十五章　鄭愷撰　民國鉛印本　一冊

330000－1701－0075382　M003249　經部/孝經類/傳說之屬

孝經白話解說一卷　朱領中撰　民國二十一年(1932)上海明善書局石印本　一冊

330000－1701－0075385　M003326　子部/藝術類/書畫之屬/畫譜

五彩十竹齋書畫譜一卷　(明)胡正言摹古　民國上海江東書局影印本　一冊

330000－1701－0075389　HJH811.13/2704/2　集部/别集類/唐五代别集

唐女郎魚玄機詩一卷　(唐)魚玄機撰　民國中華書局鉛印本　一冊

330000－1701－0075391　HJH811.17/6015/c3　集部/總集類/彙編之屬

書畫名人小集　民國上海聚珍倣宋印書局鉛印本　一冊　存一種

330000－1701－0075393　M003250、M003693、M004343、M006626　史部/政書類/律令之屬/判牘

精選評註清代名臣判牘四卷　廣益書局編　民國十五年(1926)上海廣益書局鉛印本　四冊

330000－1701－0075404　HJH811.17/6633/c3　集部/别集類

瞿文慎公詩選遺墨不分卷　瞿鴻禨撰　瞿宣樸　瞿宣治　瞿宣穎編　民國八年(1919)長沙瞿氏超覽樓石印本　四冊

330000－1701－0075407　M003251　史部/地理類/遊記之屬/紀勝

探梅遊草一卷　周斌撰　民國石印本　一冊

330000－1701－0075408　M003214　子部/術數類/相宅相墓之屬

杭州市二十二鉗穴不分卷　民國抄本　一冊

330000－1701－0075409　HJH811.16/0038/(2)/c2　類叢部/叢書類/彙編之屬

四部備要　中華書局編　民國二十五年(1936)上海中華書局鉛印本　六冊　存一種

330000－1701－0075410　M003215　子部/

醫家類/類編之屬

勉齋醫學叢書　許勉齋撰　民國二十六年(1937)鉛印本　一册

330000－1701－0075412　M003252　子部/醫家類/綜合之屬/雜著

醫藥隨筆一卷　杏廬主人輯　民國二十二年至二十八年(1933－1939)抄本　一册

330000－1701－0075414　M003216　史部/目録類/專録之屬

中國歷代名人年譜目錄不分卷　李士濤編　民國三十年(1941)商務印書館鉛印本　一册

330000－1701－0075418　普817.2/7720.2　集部/曲類/彈詞之屬

繪圖續穿金扇龍燈圖四卷二十八回　周緝莽編　民國十一年(1922)上海燮記書局石印本　一册

330000－1701－0075420　M003327　子部/藝術類/書畫之屬/法帖

漢穀城長蕩陰令張君表頌一卷　秦文錦選印　民國四年(1915)上海藝苑真賞社影印本　一册

330000－1701－0075425　HJHB193　經部/春秋總義類

春秋節選不分卷　民國抄本　一册

330000－1701－0075427　M003217、M005736　集部/曲類/曲韻曲譜曲律之屬

春雪閣曲譜三記三卷　殷淮深原稿　張芬校正兼繕底　民國十年(1921)上海朝記書莊石印本　二册

330000－1701－0075431　M003253　集部/別集類

柳溪竹枝詞一卷續柳溪竹枝詞一卷　周斌撰　民國四年(1915)石印本　周斌題簽並記　一册

330000－1701－0075433　HJH811.17/6633/c4　集部/別集類

瞿文慎公詩選遺墨不分卷　瞿鴻禨撰　瞿宣樸　瞿宣治　瞿宣穎編　民國八年(1919)長沙瞿氏超覽樓石印本　四册

330000－1701－0075437　M003218　史部/目録類/專録之屬

佛學書目提要一卷　醫學書局編　民國上海醫學書局鉛印本　一册

330000－1701－0075439　M003219　史部/目録類/專録之屬

說書目錄一卷　民國抄本　一册

330000－1701－0075443　M003220　子部/雜著類

養性集一卷　民國石印本　一册

330000－1701－0075451　M003254　子部/宗教類/佛教之屬

觀音玄義記二卷　(隋)釋智凱說　(唐)釋灌頂記　(宋)釋知禮述　民國刻本　一册

330000－1701－0075453　M003221　子部/宗教類/道教之屬

道德經轉語二卷　(元)陳觀吾撰　民國掃葉山房石印本　一册　存一卷(上)

330000－1701－0075458　HJH811.13/3608/5　類叢部/叢書類/彙編之屬

四部備要　中華書局編　民國二十五年(1936)上海中華書局鉛印本　二册　存一種

330000－1701－0075460　M003222　子部/農家農學類/蠶桑之屬

蠶體解剖學不分卷　民國石印本暨抄本　一册

330000－1701－0075461　G602680　子部/藝術類/書畫之屬

神州國光集第六集不分卷　鄧實編　民國三十四年(1945)國學保存會影印本　一册

330000－1701－0075465　M003255　子部/宗教類/佛教之屬/論

大乘百法明門論本地分中略錄名數解一卷　(唐)釋窺基撰　**大乘百法明門論本地分中略錄名數疏二卷**　(唐)釋普光撰　**大乘五蘊論一卷**　(唐)釋玄奘譯　**大乘廣五蘊論一卷**

(唐)釋地婆訶羅譯　民國四年至五年(1915－1916)金陵刻經處刻本　一册

330000－1701－0075467　M003223　子部/宗教類/佛教之屬/經

妙法蓮華經觀世音菩薩普門品一卷　(後秦)釋鳩摩羅什譯　民國三十三年(1944)上海道德書局鉛印本　一册

330000－1701－0075476　HJH811.17/2644/c2　集部/别集類/清别集

文木山房集四卷　(清)吳敬梓撰　**春華小草一卷靚粧詞鈔一卷**　(清)吳烺撰　**吳敬梓年譜一卷**　胡適撰　民國二十年(1931)上海亞東圖書館鉛印本　二册

330000－1701－0075478　HJH811.17/2644/c4　集部/别集類/清别集

文木山房集四卷　(清)吳敬梓撰　**春華小草一卷靚粧詞鈔一卷**　(清)吳烺撰　**吳敬梓年譜一卷**　胡適撰　民國二十年(1931)上海亞東圖書館鉛印本　二册

330000－1701－0075480　M003224　子部/宗教類/道教之屬

老子道德經二卷　(三國魏)王弼注　**音義一卷**　(唐)陸德明撰　**附識一卷老子校勘記一卷**　民國九年(1920)浙江圖書館刻本　羽亭題記　一册

330000－1701－0075489　M003225　經部/群經總義類

經學通論一卷　民國輔仁大學公記印書局鉛印本　一册

330000－1701－0075493　M003256　子部/宗教類/佛教之屬

遊心安樂道一卷　(唐)釋元曉撰　民國金陵刻經處刻本　一册

330000－1701－0075495　M003226　集部/别集類

壽藻堂文集二卷　陳作霖撰　民國七年(1918)鉛印本　樾舟題簽　一册

330000－1701－0075500　M003257　子部/宗教類/佛教之屬/經

大寶廣博樓閣善住祕密陀羅尼經三卷　(唐)釋不空譯　民國九年(1920)金陵刻經處刻本　一册

330000－1701－0075504　M003227　子部/宗教類/佛教之屬

金剛經會解了義二卷附心經解一卷　(後秦)釋鳩摩羅什譯　(清)徐昌治纂　民國八年(1919)海鹽豐山徐氏刻本　一册

330000－1701－0075516　M003228　子部/醫家類/内科之屬/其他内科病證

精神病廣義二卷　周利川撰　民國二十年(1931)四明怡怡書屋鉛印本　一册　存一卷(下)

330000－1701－0075518　M003229、M005583　史部/金石類/總志之屬/文字

金石叢鈔□□卷　(清)倪山友撰　民國抄本　二十四册　存二十七卷(三至六、八至十二、十四至二十一、二十三至二十四、二十六至二十八、三十至三十三、三十五)

330000－1701－0075526　普378.9481/1037　子部/兵家類/武術技巧之屬

山右王宗岳先生太極拳論一卷　(清)王宗岳撰　民國抄本　一册

330000－1701－0075542　M003259　集部/曲類/寶卷之屬

五祖黄梅寶卷二卷　民國十一年(1922)浙杭西湖慧空經房刻本　一册

330000－1701－0075551　G002261　類叢部/叢書類/彙編之屬

百川學海一百一種　(宋)左圭輯　民國十年(1921)上海博古齋據明弘治華氏刻本影印本　一册　存一種

330000－1701－0075555　M003437　子部/藝術類/篆刻之屬/印譜

童雪鴻藏印一卷　童雪鴻藏　民國鈐印本　一册

330000－1701－0075561　M003260　經部/

易類/傳說之屬
周易是正一卷 羅烈撰 民國二十三年(1934)抄本 張天方題簽並記 一冊

330000－1701－0075563 M003438、M007262 史部/雜史類/斷代之屬
舊聞零拾四種 鄧之誠輯 民國二十八年(1939)鄧氏五石齋鉛印本 二冊

330000－1701－0075567 M003261 子部/宗教類/佛教之屬/經疏
佛儒經頌不分卷 江謙撰 游有維編 民國三十年(1941)靈峰正眼印經會鉛印本 一冊

330000－1701－0075573 HJH811.13/4007.2/2 集部/別集類/唐五代別集
玉谿生詩詳註六卷首一卷 (唐)李商隱撰 (清)馮浩注 民國十九年(1930)崇古山房石印本 八冊

330000－1701－0075585 M003262 集部/詞類/別集之屬
雲淙琴趣三卷 邵章撰 民國十九年(1930)邵氏倬盦刻二十四年(1935)增修朱印本 一冊 存一卷(三)

330000－1701－0075603 M003263 子部/雜著類/雜說之屬
胡適的老殘遊記序一卷 胡適撰 民國二十五年(1936)何子文抄本 一冊

330000－1701－0075604 HJH811.17/2704/3/c3 集部/別集類/清別集
四憶堂詩集六卷遺稿一卷 (清)侯方域撰 (清)賈開宗等選註 民國十二年(1923)上海掃葉山房石印本 二冊

330000－1701－0075615 M003439 史部/史評類/史論之屬
讀史論畧二卷 (清)杜詔撰 民國八年(1919)掃葉山房石印本 二冊

330000－1701－0075620 M003440 集部/總集類/尺牘之屬
歷代名人小簡二卷續編二卷 吳曾祺輯 民國十五年(1926)上海商務印書館鉛印本 二冊 存二卷(歷代名人小簡上、續編下)

330000－1701－0075621 HJH811.16/1003/c3 集部/別集類/明別集
疑雨集四卷 (明)王彥泓撰 民國九年(1920)上海掃葉山房石印本 二冊

330000－1701－0075623 M003264 子部/藝術類/書畫之屬/法帖
碑聯集搨□□種 秦文錦編 民國上海藝苑真賞社影印本 一冊 存一種

330000－1701－0075627 M003441 集部/小說類
繪圖童話大觀二集三種 陳和祥編 民國十二年(1923)上海世界書局石印本 九冊

330000－1701－0075630 HJH811.16/1003/c4 集部/別集類/明別集
疑雨集四卷 (明)王彥泓撰 民國上海掃葉山房石印本 一冊

330000－1701－0075637 M003442 史部/地理類
北京歷史風土叢書五種 瞿宣穎輯 民國十四年(1925)北京廣業書社石印本 二冊

330000－1701－0075639 M003265 子部/術數類/數學之屬
河洛精蘊九卷 (清)江永撰 民國十四年(1925)上海千頃堂書局石印本 一冊 存二卷(四至五)

330000－1701－0075646 M003443 集部/曲類/曲韻曲譜曲律之屬
送京一卷拜施一卷分紗一卷 民國七年(1918)朱潤源抄本 一冊

330000－1701－0075648 M003444 集部/曲類/曲韻曲譜曲律之屬
稱慶一卷 民國二十五年(1936)朱培生抄本 一冊

330000－1701－0075650 M003266 子部/醫家類/方書之屬/單方驗方
救急經驗良方一卷 (清)竹梅居士選輯 民

國十一年(1922)上海宏大善書石印本　一冊

330000－1701－0075653　M003445　集部/曲類/曲韻曲譜曲律之屬
賜福一卷稱慶一卷告雁一卷訓子一卷問領一卷追信一卷劝降一卷逼釵一卷擺列着一卷　民國二十九年(1940)朱培生抄本　一冊

330000－1701－0075659　M003446　集部/曲類/曲韻曲譜曲律之屬
粧盒一卷贈劔一卷　民國三十二年(1943)朱培生抄本　一冊

330000－1701－0075663　M003447　集部/曲類/曲韻曲譜曲律之屬
清音曲本一卷　民國三十四年(1945)朱培生抄本　一冊

330000－1701－0075664　M003268　子部/雜著類/雜考之屬
籀廎述林十卷　(清)孫詒讓撰　民國上海千頃堂書局石印本　六冊

330000－1701－0075666　M003328　史部/傳記類/雜傳之屬
曼殊留影一卷附銘傳并名人題跋　(清)毛奇齡輯　民國十九年(1930)上海中華學藝社影印本　一冊

330000－1701－0075670　HJH811.16/2620/c2　集部/別集類/明別集
玄盞副草二十卷目錄二卷　(明)吳稼竳撰　民國五年(1916)吳氏雍睦堂影印本　六冊

330000－1701－0075671　HJH811.17/7444.2/c3　集部/別集類/清別集
鐵硯室詩稿一卷　(清)陸榁撰　民國十六年(1927)鉛印本　一冊

330000－1701－0075676　HJH811.17/7444.2/c4　集部/別集類/清別集
鐵硯室詩稿一卷　(清)陸榁撰　民國十六年(1927)鉛印本　一冊

330000－1701－0075684　M003269　集部/戲劇類/傳奇之屬
陳眉公批評琵琶記二卷四十二齣　(元)高明撰　(明)陳繼儒評　民國十年(1921)上海掃葉山房石印本　四冊

330000－1701－0075687　HJH811.17/4475/c2　集部/別集類/清別集
霓仙遺稿一卷　(清)葉同春撰　民國十一年(1922)石印本　一冊

330000－1701－0075688　HJH811.17/4475/c3　集部/別集類/清別集
霓仙遺稿一卷　(清)葉同春撰　民國十一年(1922)石印本　一冊

330000－1701－0075689　M003448　集部/戲劇類
三闖一卷　民國五年(1916)甫里紫雲局石印本　一冊

330000－1701－0075692　M003449　子部/藝術類/遊藝之屬/謎語
新新文虎樣本不分卷　稿本　一冊

330000－1701－0075693　M003270　集部/別集類/清別集
金聖歎全集八卷　(清)金人瑞撰　民國上海錦文堂石印本　八冊

330000－1701－0075699　G604172　集部/別集類/清別集
笠翁一家言全集十六卷　(清)李漁撰　民國上海會文堂書局石印本　十二冊

330000－1701－0075712　M003451　集部/曲類/曲選之屬
湘真閣曲本一卷　吳梅撰　民國十六年(1927)利蘇印書社影印本　一冊

330000－1701－0075716　M003329　史部/目録類/總録之屬/官修
欽定四庫全書簡明目錄不分卷　(清)紀昀等撰　民國二十四年(1935)影印本　一冊

330000－1701－0075721　HJH811.13/4046/4/c3　集部/別集類/唐五代別集
李長吉集四卷外卷一卷　(唐)李賀撰　(清)

黄淳耀評　(清)黎簡批點　民國六年(1917)上海掃葉山房朱墨套印石印本　二冊

330000－1701－0075724　M003452　史部/政書類/公牘檔冊之屬
嘉善縣議會第二三屆常會紀錄不分卷　民國石印本　二冊

330000－1701－0075726　M003453　史部/政書類/公牘檔冊之屬
嘉善縣議會第四次臨時會議記錄不分卷嘉善縣議會第五次臨時會議記錄不分卷嘉善縣議會第六次臨時會議記錄不分卷　民國石印本　二冊

330000－1701－0075727　HJH811.17/4494　集部/別集類/清別集
范伯子詩集十九卷　(清)范當世撰　**蘊素軒詩稿四卷**　姚倚雲撰　民國鉛印本　四冊

330000－1701－0075732　M003271　新學/議論/議政
讜言第一集一卷　錢基厚撰　民國十一年(1922)錫成印刷公司鉛印本　一冊

330000－1701－0075736　M003272　子部/醫家類/方書之屬/單方驗方
急救丹方一卷　民國抄本　一冊

330000－1701－0075737　HJH811.17/4496/c2　集部/別集類/清別集
玉麈山房詩集四卷　(清)蔡燮昌撰　民國八年(1919)鉛印本　一冊

330000－1701－0075739　HJH811.17/4496/c3　集部/別集類/清別集
玉麈山房詩集四卷　(清)蔡燮昌撰　民國八年(1919)鉛印本　一冊

330000－1701－0075745　M003330　類叢部/類書類/通類之屬
新增應酬彙選五卷　(清)陸九如纂輯　民國上海廣益書局石印本　一冊

330000－1701－0075748　HJHB198　史部/政書類
論稿不分卷　稿本　一冊

330000－1701－0075749　M003274　子部/宗教類/佛教之屬/論疏
辯中邊論述記六卷　(唐)釋窺基撰　民國元年(1912)江西刻經處刻本　一冊　存二卷(五至六)

330000－1701－0075755　M003275　集部/別集類/清別集
一行居集八卷首一卷附一卷　(清)彭紹升撰　民國十年(1921)金陵刻經處刻本　四冊

330000－1701－0075756　HJH811.17/4545/c3　類叢部/叢書類/郡邑之屬
義烏先哲遺書五種　黄侗編　民國二十二年至二十四年(1933－1935)義烏黄氏鉛印本　一冊　存一種

330000－1701－0075757　HJH811.17/4545/c4　類叢部/叢書類/郡邑之屬
義烏先哲遺書五種　黄侗編　民國二十二年至二十四年(1933－1935)義烏黄氏鉛印本　一冊　存一種

330000－1701－0075759　HJH811.13/4428/c2　集部/別集類/唐五代別集
樊川詩集四卷補遺一卷外集一卷別集一卷　(唐)杜牧撰　(清)馮集梧注　民國埽葉山房石印本　四冊

330000－1701－0075763　M003331　子部/雜著類
壽世全書不分卷　民國古歙潭川程氏鉛印本　一冊

330000－1701－0075766　HJH811.17/4609　集部/別集類/清別集
幸草亭詩鈔二卷　(清)楊文瑩撰　民國八年(1919)錢塘楊氏勖采堂鉛印本　二冊

330000－1701－0075767　HJH811.17/4609/c3　集部/別集類/清別集
幸草亭詩鈔二卷　(清)楊文瑩撰　民國八年(1919)錢塘楊氏勖采堂鉛印本　二冊

330000－1701－0075773　HJH811.17/4640/c3　集部/别集類/清别集

怡堂詩鈔一卷棠夢詞一卷　(清)楊世謙撰

寶雙璠璵齋詩鈔一卷晚陰詞一卷　(清)楊霖撰　民國十年(1921)鉛印本　一册

330000－1701－0075774　M003276　子部/宗教類/佛教之屬/經

佛説大安般守意經二卷　(漢)釋安清譯　(清)鄧晅章句　民國十一年(1922)刻本　獻文題記　一册

330000－1701－0075776　M003454　類叢部/叢書類/彙編之屬

國立中央研究院歷史語言研究所單刊　國立中央研究院歷史語言研究所編　民國上海商務印書館鉛印本暨影印本　一册　存一種

330000－1701－0075778　M003332　集部/小説類/短篇之屬

金剛鑽小説集不分卷　韋蘭史　施濟羣　鄭逸梅編　民國二十一年(1932)上海金剛鑽報館鉛印本　一册

330000－1701－0075781　M003455　集部/小説類/長篇之屬

新鐫批評出像通俗演義禪真後史六十回　(明)方汝浩撰　(明)沖和居士評　民國二十八年(1939)馬跡山農油印本　二册　存七卷(四十九至五十五)

330000－1701－0075782　M003277　子部/宗教類/佛教之屬/經

大毘盧遮那成佛神變加持經七卷　(唐)釋一行譯　民國八年(1919)江北刻經處磚橋法藏寺刻本　二册

330000－1701－0075783　M003336、M004294　子部/藝術類/書畫之屬/畫譜

馬駘畫寶十五種二十四卷　馬駘繪　民國十七年(1928)世界書局石印本　二册　存二種

330000－1701－0075793　M003456　新學/地學/地志學

中國經濟地理五章　民國油印本　一册

330000－1701－0075795　HJH811.17/4714/c2　集部/别集類/清别集

脂雪軒詩鈔六卷　(清)胡玠撰　民國十四年(1925)溫州翰墨林鉛印本　一册

330000－1701－0075796　HJH811.17/4714/c4　集部/别集類/清别集

脂雪軒詩鈔六卷　(清)胡玠撰　民國十四年(1925)溫州翰墨林鉛印本　一册

330000－1701－0075797　HJH811.17/4714/c6　集部/别集類/清别集

脂雪軒詩鈔六卷　(清)胡玠撰　民國十四年(1925)溫州翰墨林鉛印本　一册

330000－1701－0075799　M003457　子部/小説家類/異聞之屬

勸戒録類編二十四章　(清)梁恭辰撰　丁福保編　梅光羲删訂　民國十五年(1926)醫學書局鉛印本　一册

330000－1701－0075808　M003458　子部/雜著類/雜説之屬

蠖齋書録二卷　陳寶熯撰　**附録一卷**　陳翼堯撰　稿本　二册

330000－1701－0075809　M003278　子部/宗教類/佛教之屬/經疏

佛説阿彌陀經要解一卷　(後秦)釋鳩摩羅什譯　(明)釋智旭撰　民國九年(1920)北京刻經處刻本　獻文題記　一册

330000－1701－0075810　M003459、M006516、M007214　史部/史抄類

教科適用漢書精華八卷　中華書局編　民國上海中華書局鉛印本　七册　存七卷(一、三至八)

330000－1701－0075818　M003279　子部/宗教類/佛教之屬/經疏

菩薩訶色欲法一卷　(後秦)釋鳩摩羅什譯

四品學法一卷　(南朝宋)釋求那跋陀羅譯

大虛空藏菩薩念誦法一卷仁王般若念誦法一卷阿閦如來念誦供養法一卷佛頂尊勝陀羅尼念誦儀軌一卷聖閻曼德迦威怒王立成大神驗

念誦法一卷大乘方廣曼殊室利菩薩華嚴本教讚閻曼德迦忿怒真言大威德儀軌品一卷大乘方廣曼殊室利童真菩薩華嚴本教讚閻曼德迦忿怒真言阿毗遮嚕迦儀軌品一卷 （唐）釋不空譯　民國九年(1920)常州天寧寺刻經處刻本　一冊

330000－1701－0075822　M003467　集部/別集類

雪廬詩草九卷 管笠撰　**瀛園詩草一卷** 管笛撰　民國十五年(1926)京華印書局鉛印本　一冊

330000－1701－0075827　M003333、M003334、M003335　子部/術數類/相宅相墓之屬

增圖地理大全二十三種 （清）鄒廷猷編輯　民國上海校經山房石印本　九冊　存四種

330000－1701－0075828　M003280　子部/宗教類/佛教之屬

金剛經句解二卷 （後秦）釋鳩摩羅什譯　李昌鵬輯　民國十一年(1922)石印本　一冊

330000－1701－0075832　M003461　子部/藝術類/篆刻之屬/印論

篆刻鍼度八卷 （清）陳克恕撰　民國七年(1918)上海朝記書莊石印本　一冊

330000－1701－0075833　M003281　子部/醫家類/養生之屬/導引、氣功

因是子靜坐法不分卷附錄不分卷 蔣維喬撰　民國上海商務印書館鉛印本　一冊

330000－1701－0075840　M003282　子部/宗教類/佛教之屬/諸宗

生西指掌一卷 釋緣至撰　民國三十六年(1947)鉛印本　一冊

330000－1701－0075842　M003463　子部/藝術類/書畫之屬/書法書品

書法舉隅一卷 金曾璨輯並書　民國十九年(1930)上海文明書局石印本　一冊

330000－1701－0075844　M003283　集部/別集類

享帚錄八卷前後漢書儒林傳搜遺一卷 秦錫田撰　民國二十年(1931)鉛印本　四冊

330000－1701－0075845　M003464　集部/總集類/彙編之屬

國立浙江大學文學院集刊第二集 國立浙江大學文學院集刊編輯委員會編　民國三十一年(1942)貴州遵義國立浙江大學文學院石印本　一冊　存六種

330000－1701－0075846　M003284　子部/宗教類/佛教之屬/諸宗

天竺別集三卷 （宋）釋遵式撰　（宋）釋慧觀編　民國十年(1921)北京刻經處刻本　一冊

330000－1701－0075848　M003465　史部/傳記類/別傳之屬/事狀

曹鶴儕先生遺德錄二卷首一卷附輓幛一卷 林景綬編　民國十一年(1922)四明印刷公司鉛印本　一冊

330000－1701－0075854　M003285　史部/傳記類/職官録之屬/總録

職員錄不分卷(民國四年第二期) 印鑄局編纂處編纂　民國四年(1915)印鑄局鉛印本　五冊

330000－1701－0075856　M003466　集部/詞類/別集之屬

曇陀羅寱詞一卷 沈曾植撰　民國鉛印本　一冊

330000－1701－0075858　M003286　史部/傳記類/職官録之屬/總録

徐州總司令部兼陸軍第一師軍官佐一覽表不分卷 （清）徐州總司令部副官處製　民國十五年(1926)石印本　一冊

330000－1701－0075859　M003468、M007635　子部/術數類/相宅相墓之屬

三元大玄空地理二宅實驗六卷附錄一卷 懺悔學人撰　民國十六年(1927)無錫錫成印刷公司鉛印本　二冊

330000－1701－0075860　M003287　子部/宗教類/佛教之屬/諸宗

超脱真詮一卷　民國十九年(1930)鉛印本　一冊

330000－1701－0075866　M003288　子部/農家農學類/農藝之屬/農曆農諺
田家四時種作一卷　民國抄本　一冊

330000－1701－0075872　M003290　集部/別集類/清別集
天寥遺稿三卷　(清)釋空明撰　民國七年(1918)唐震抄本　張天方題記　一冊

330000－1701－0075874　M003469　集部/別集類
亥既集一卷　郭曾炘撰　民國八年(1919)京華印書局鉛印本　一冊

330000－1701－0075877　M003470、M006574　史部/傳記類/總傳之屬/家乘
汪譜□□卷　民國鉛印本　二冊　存三卷(二、五至六)

330000－1701－0075881　M003471　史部/傳記類/別傳之屬
徐甸孫先生哀輓錄不分卷　徐善繼　徐善述編　民國十二年(1923)蘇州文新公司鉛印本　一冊

330000－1701－0075890　M003337　史部/政書類/律令之屬/判牘
新編詳注端午橋判牘菁華一卷　(清)端方撰　襟霞閣主編纂　民國上海東亞書局鉛印本　一冊

330000－1701－0075891　M003472　史部/地理類/水利之屬
湘湖調查報告書不分卷湘湖計畫報告書不分卷(民國十六年)　孔雪雄　張渭斌編輯　浙江省黨部編　民國十六年(1927)第三中山大學鉛印本　一冊

330000－1701－0075902　M003291　子部/雜著類/雜纂之屬
兩般秋雨盦隨筆八卷　(清)梁紹壬撰　民國鉛印本　一冊　存二卷(五至六)

330000－1701－0075905　M003338　子部/宗教類/其他宗教之屬/基督教
妙哉受苦十四章一卷　(英國)季理斐　杭海譯　民國七年(1918)上海廣學會鉛印本　一冊

330000－1701－0075909　M003339　子部/宗教類/其他宗教之屬/基督教
歷史上之基督十章一卷　(英國)顧樂偉撰　(英國)莫安仁譯　周雲路述　民國十二年(1923)上海廣學會鉛印本　一冊

330000－1701－0075911　M003292、M003626、M007647、M008637　集部/別集類
康南海文鈔不分卷　康有爲撰　民國三年(1914)石印本　十冊

330000－1701－0075920　M003294　集部/別集類
苹川顧氏詞稿不分卷　顧如金撰　民國抄本　一冊

330000－1701－0075925　M003473　史部/雜史類/斷代之屬
大獄記二卷附二卷　民國鉛印本　一冊

330000－1701－0075934　M003341　史部/傳記類/總傳之屬
國立東南聯合大學籌備委員會同學錄一卷　民國三十二年(1943)鉛印本　一冊

330000－1701－0075936　M003475、M006544、M007532　集部/曲類/曲韻曲譜曲律之屬
牡丹亭曲譜二卷　(清)殷溎深撰　民國十年(1921)上海朝記書莊石印本　四冊

330000－1701－0075940　M003342　經部/四書類/總義之屬/傳說
言文對照廣註四書讀本　世界書局編輯所編輯　民國十四年(1925)上海世界書局石印本　一冊　存一種

330000－1701－0075942　M003476　子部/藝術類/篆刻之屬/印譜
褐筠山館印輯不分卷　民國鈐印本　一冊

330000－1701－0075943　M003343　子部/宗教類/道教之屬/雜著

大學秘解一卷　民國寧波鈞和公司鉛印本　一冊

330000－1701－0075944　M003295　史部/地理類/方志之屬/郡縣志

江寧鄉土誌二卷　孫濬源　江慶沅編　民國七年(1918)江寧小學教育研究會石印本　二冊

330000－1701－0075945　M003477　子部/雜著類/雜說之屬

冷廬雜識八卷　(清)陸以湉撰　民國四年(1915)掃葉山房石印本　二冊　存四卷(一至四)

330000－1701－0075958　M003344　子部/宗教類/佛教之屬/經咒

白衣咒靈感錄一卷白衣大士咒一卷　民國明善書局石印本　一冊

330000－1701－0075960　M003296　集部/小說類/長篇之屬

增像全圖東周列國志八卷首一卷一百八回　(清)蔡奡評點　民國八年(1919)上海天寶書局石印本　五冊　存五卷(一至三、六至七)

330000－1701－0075969　M003345　子部/宗教類/佛教之屬/諸宗

因果經一卷　民國新新書局石印本　一冊

330000－1701－0075976　M003346　子部/術數類/相宅相墓之屬

秘傳水龍經五卷　(清)蔣平階輯訂　民國三年(1914)上海江左書林石印本　四冊

330000－1701－0075978　M003297　子部/藝術類/篆刻之屬/印譜

漢銅印叢十二卷　(清)汪啟淑鑒賞　瞿良士收藏　民國二十四年(1935)上海商務印書館影印本　三冊　存三卷(一至三)

330000－1701－0075981　M003481　子部/藝術類/篆刻之屬/印論

篆刻錄要一卷　民國二十五年(1936)馬潤身抄本　一冊

330000－1701－0075985　M003298　史部/地理類/遊記之屬/紀勝

廬陽名勝不分卷　(清)吳名鏊撰　**廬陽人物一卷**　民國抄本　一冊

330000－1701－0075986　M003347　子部/宗教類/道教之屬

評註道學十三經四卷　(清)涵虛子輯註　民國上海錦文堂石印本　四冊

330000－1701－0075995　M003482　集部/曲類/曲韻曲譜曲律之屬

掃花一卷三醉一卷粧盒一卷北餞一卷　民國三十年(1941)朱培抄本　一冊

330000－1701－0075997　M003299、M004036、M610195　史部/傳記類/總傳之屬/技藝

歷代畫史彙傳七十二卷首一卷附錄二卷　(清)彭蘊璨編　民國十一年(1922)上海錦章圖書局石印本　四冊　存四十四卷(首,一至三、四至十六、三十一至五十七)

330000－1701－0076002　M003483　集部/曲類/曲韻曲譜曲律之屬

請花一卷仙園一卷亭會一卷訓子一卷十面一卷　民國二十八年(1939)朱培抄本　一冊

330000－1701－0076005　M003484　集部/曲類/曲韻曲譜曲律之屬

玉簪記不分卷　民國抄本　一冊

330000－1701－0076008　M003348　新學/醫學/衛生學

生理化學一卷附錄一卷　王斯編　民國鉛印本　一冊

330000－1701－0076009　M003485　集部/曲類/曲韻曲譜曲律之屬

牡丹亭一卷　民國九年(1920)朱仁元抄本　一冊

330000－1701－0076012　M003486　集部/曲類/曲韻曲譜曲律之屬

拆書一卷　民國抄本　一冊

330000－1701－0076013　M003349　子部/宗教類/佛教之屬/經疏

大乘百法明門論本事分中略錄名數疏二卷　(唐)釋義忠撰　民國二十四年(1935)支那內學院刻本　幼偉題記　一冊

330000－1701－0076017　M003300　子部/宗教類/道教之屬/方法

救時金丹四卷　唐光先纂修　梁志賢編輯　民國五年(1916)鹽城義新壇鉛印本　一冊

330000－1701－0076021　M003350　集部/別集類

仁山詩鈔二卷鱗爪錄一卷　汪紹元撰　民國十六年(1927)富陽汪氏鉛印本　一冊

330000－1701－0076022　M003301　史部/政書類/考工之屬/營造

中國營造法不分卷　姚漢庭編　民國油印本　一冊

330000－1701－0076024　M003488、M609138　子部/宗教類/佛教之屬/諸宗

印光法師文鈔四卷附錄一卷　釋聖量撰　民國十八年(1929)上海中華書局鉛印本　三冊　存三卷(一至三)

330000－1701－0076029　M003490　史部/政書類/公牘檔冊之屬

國民政府軍事委員會經過紀實不分卷　民國十八年(1929)參謀本部鉛印本　一冊

330000－1701－0076030　M003489　集部/別集類

享帚續錄三卷　秦錫田撰　民國適庵鉛印本　一冊

330000－1701－0076031　M003302　子部/宗教類/佛教之屬/論疏

發菩提心論纂注二卷　釋密林撰　民國鉛印本　一冊

330000－1701－0076035　M003491　史部/政書類/邦交之屬

美英法義日五國關於戰時禁用潛艇及毒氣條約一卷　民國十一年(1922)鉛印本　一冊

330000－1701－0076040　M003303　新學/兵制/營壘

築營教範草案四章　民國抄本　一冊

330000－1701－0076042　HJH811. 13/4453. 33/c4　集部/別集類/唐五代別集

杜詩鏡銓二十卷　(唐)杜甫撰　(清)楊倫輯　**讀書堂杜工部文集註解二卷**　(清)張溍撰　民國三年(1914)著易堂書局石印本　八冊

330000－1701－0076046　M003493　史部/雜史類/通代之屬

甘寧青歷代大事紀□□卷副編□□卷　慕少堂編輯　民國二十五年(1936)蘭州俊華印書館鉛印本　一冊　存七卷(大事紀十五,副篇一至二、五至七、十三)

330000－1701－0076048　M003304　史部/目録類/專録之屬

葉氏印譜存目二卷　葉銘輯　民國抄本　一冊

330000－1701－0076055　M003494　集部/別集類

素庵文藁二卷　王珏撰　民國九年(1920)刻本　一冊

330000－1701－0076060　M003305　史部/政書類/公牘檔冊之屬

陸軍第三十七軍軍法談話會紀錄一卷　民國二十九年(1940)油印本　一冊

330000－1701－0076063　M003496　子部/醫家類/眼科之屬

眼科學不分卷　民國油印本　一冊

330000－1701－0076065　M003306　史部/傳記類/總傳之屬

浙江通俗教育講演傳習第一所同學錄一卷　民國石印本　一冊

330000－1701－0076066　M003497　史部/政書類/公牘檔冊之屬

四行一局條例章程彙編不分卷　民國二十四年(1935)油印本　一冊

330000－1701－0076068　M003498　史部/政書類/律令之屬/判牘

平政院裁決錄三卷　民國五年(1916)鉛印本　二冊

330000－1701－0076073　M003307、M006914、M007197、M007500、M007852　類叢部/叢書類/自著之屬

綠棠唫館叢錄　金臺三畏輯著　稿本　七冊　存五種

330000－1701－0076084　M003308　子部/醫家類/眼科之屬

眼科壹百拾玖症一卷　民國抄本　一冊

330000－1701－0076087　M003309　子部/法家類

政法四書　民國十二年(1923)鉛印本　一冊　存一種

330000－1701－0076094　HJH811.17/7503/c2　集部/別集類/清別集

碧城僊館詩鈔十卷附錄一卷岱游集一卷　(清)陳文述撰　民國六年(1917)上海中國圖書公司和記鉛印本　五冊

330000－1701－0076098　HJH811.17/4744　集部/別集類/清別集

山上集二卷　(清)胡芹撰　民國五年(1916)五桂樓木活字印本　一冊

330000－1701－0076099　M003499　子部/術數類/雜術之屬

真本斷夢秘書三卷附周公詳夢全書一卷　民國石印本　一冊

330000－1701－0076103　M003310　類叢部/叢書類/彙編之屬

別下齋叢書二十七種　(清)蔣光煦編　民國抄本　十二冊　存十三種

330000－1701－0076106　M003500　子部/儒家類/儒學之屬/蒙學

三字經註解備要一卷　(宋)王應麟撰　(清)賀思興註　民國十二年(1923)上海大豐善書刊行所石印本　一冊

330000－1701－0076109　M003501、M006629、M007316　子部/法家類

韓非子集解二十卷首一卷　(清)王先慎撰　王先謙注　民國掃葉山房石印本　揖唐題記　六冊

330000－1701－0076112　M003502、M004944、M005032　子部/叢編

六子全書　(明)顧春輯　民國三年(1914)右文社據明嘉靖十二年(1533)吳郡顧氏世德堂刻本影印本　六冊　存一種

330000－1701－0076113　HJH811.17/75121/c3　類叢部/叢書類/郡邑之屬

義烏先哲遺書五種　黃侗編　民國二十二年至二十四年(1933－1935)義烏黃氏鉛印本　一冊　存一種

330000－1701－0076118　HJH811.17/75121/c4　類叢部/叢書類/郡邑之屬

義烏先哲遺書五種　黃侗編　民國二十二年至二十四年(1933－1935)義烏黃氏鉛印本　一冊　存一種

330000－1701－0076122　HJH811.17/2813　集部/別集類/清別集

娛蘭仙館詩鈔一卷生花館詞一卷　(清)徐承祿撰　民國鉛印本　一冊

330000－1701－0076124　HJH811.17/2828　集部/別集類/清別集

涵齋遺稿一卷附遺文一卷　(清)徐仁鑄撰　民國八年(1919)鉛印本　一冊

330000－1701－0076125　HJH811.13/4453.33/c3　集部/別集類/唐五代別集

杜詩鏡銓二十卷　(唐)杜甫撰　(清)楊倫輯　**讀書堂杜工部文集註解二卷**　(清)張溍撰　民國三年(1914)著易堂書局石印本　八冊

330000－1701－0076127　HJH811.17/7520/c1　類叢部/叢書類/郡邑之屬

義烏先哲遺書五種　黄侗編　民國二十二年至二十四年(1933－1935)義烏黄氏鉛印本　一册　存一種

330000－1701－0076128　HJH811.14/4454/3/c2　集部/别集類/宋别集

石湖居士詩集三十四卷　(宋)范成大撰　民國中國書畫會社石印本　八册

330000－1701－0076129　M003503　集部/戲劇類

識英雄紅拂莽擇配一卷　(明)凌濛初撰　民國影印本　一册

330000－1701－0076134　HJH811.17/7520/c4　類叢部/叢書類/郡邑之屬

義烏先哲遺書五種　黄侗編　民國二十二年至二十四年(1933－1935)義烏黄氏鉛印本　一册　存一種

330000－1701－0076136　HJH811.17/2834/c2　集部/别集類/清别集

郭靈芬手寫徐江菴詩不分卷　(清)徐濤撰　(清)郭麐書　民國四年(1915)南社石印本　一册

330000－1701－0076140　M003311　子部/宗教類/佛教之屬/經

佛説遺教經一卷　(後秦)釋鳩摩羅什譯　**受持大涅槃經懺悔儀一卷**　(清)釋思齊賢大師撰　**釋迦如來涅槃禮讚文一卷**　(宋)釋仁岳撰　**繞塔散花佛事一卷涅槃會發願文一卷**　(清)釋思齊賢大師撰　**禮佛舍利寶塔懺悔行儀一卷**　(清)釋實賢思齊氏述　民國刻本　一册

330000－1701－0076144　HJH811.17/75221/c3　集部/别集類/清别集

黝曜室詩存一卷　(清)陳鼎撰　民國十七年(1928)鉛印本　一册

330000－1701－0076148　M003505　史部/地理類/水利之屬

灌記初稿第一卷一卷　(清)彭洵編輯　民國三年(1914)成都學道街蔚成公司鉛印本　一册

330000－1701－0076151　HJH811.17/75221/c4　集部/别集類/清别集

黝曜室詩存一卷　(清)陳鼎撰　民國十七年(1928)鉛印本　一册

330000－1701－0076155　M003506　史部/金石類/總志之屬/目録

半讀山房珍藏書畫金石録不分卷　稿本　一册

330000－1701－0076160　M003507　子部/醫家類/診法之屬/脈經脈訣

四言脉訣一卷　民國抄本　一册

330000－1701－0076162　M003508　史部/金石類/錢幣之屬

古泉幣攷不分卷　稿本　益松題記　一册

330000－1701－0076167　HJH811.16/7148/c2　集部/别集類/明别集

詠懷堂詩集四卷外集二卷丙子詩一卷戊寅詩一卷辛巳詩二卷　(明)阮大鋮撰　民國十七年(1928)國立中央大學國學圖書館鉛印本　四册

330000－1701－0076168　M003312、M008622　類叢部/叢書類/自著之屬

幾亭全書六種　(明)陳龍正撰　民國抄本　五册

330000－1701－0076176　HJH811.16/7732/c3　類叢部/叢書類/郡邑之屬

台州叢書後集十七種　楊晨輯　民國四年(1915)黄巖楊氏刻本　一册　存一種

330000－1701－0076177　M003509　史部/政書類/邦計之屬/營田

瓶囊拙工不分卷　(日本)三村山樵夫撰　民國抄本　二册

330000－1701－0076181　M003313　子部/藝術類/書畫之屬/畫譜

丁蓮峰先生菊譜一卷　(清)丁善長撰并繪　民國石印本　丁叔言題記　一册

330000－1701－0076183　M003510　經部/四書類/孟子之屬/文字音義

孟子字義疏證三卷附錄一卷　(清)戴震撰　民國十三年(1924)刻本　二冊

330000－1701－0076191　M003511、M007993　史部/傳記類/別傳之屬

左忠貞公外紀二卷　(清)左中行輯　王仲芳編纂　民國五年(1916)萊陽瑞記石印局石印本　二冊

330000－1701－0076194　M003314　子部/藝術類/書畫之屬/畫譜

中國名畫集外冊　民國上海有正書局影印本　一冊　存一種

330000－1701－0076204　M003513　子部/儒家類/儒學之屬/性理

性理字訓一卷　(宋)程若庸撰　民國石印本　一冊

330000－1701－0076207　HJH811.17/28481/c2　集部/別集類/清別集

澂園詩集十卷首一卷　(清)徐樹銘撰　徐愨立編　民國七年(1918)鉛印本　四冊

330000－1701－0076212　M003315　子部/藝術類/書畫之屬/畫譜

趙文敏公審定宣和御府著錄北宋武宗元筆朝元仙仗圖真蹟不分卷　民國影印本　吳劍華題記　一冊

330000－1701－0076218　M003514　子部/藝術類/篆刻之屬/印譜

童雪鴻印集不分卷　童雪鴻藏　民國鈐印本　一冊

330000－1701－0076224　M003515　子部/藝術類/篆刻之屬/印譜

查氏集印不分卷　民國鈐印本　一冊

330000－1701－0076225　M003316　子部/藝術類/書畫之屬

神州大觀　民國上海神州國光社影印本　一冊　存一種

330000－1701－0076231　M003516　史部/政書類/邦計之屬/鹽法

武德鹽棧近三十年經過錄一卷　趙馴瀾撰　民國十二年(1923)鉛印本　一冊

330000－1701－0076233　M003317　子部/藝術類/書畫之屬/畫譜

劉石芙先生山水精冊不分卷　(清)劉嘉穎繪　丁叔言藏　民國十八年(1929)學生營業部影印本　丁叔言題記　一冊

330000－1701－0076237　M003517　子部/術數類/相宅相墓之屬

堪輿小志一卷附蘇州來龍記一卷　錢士青編輯　民國十四年(1925)油印本　一冊

330000－1701－0076240　M003518　史部/政書類/邦計之屬/漕運

自揚州至通州壩運河路程一卷　民國抄本　一冊

330000－1701－0076248　HJH811.17/75341/c2　集部/別集類

畸園第三次手定詩稿十七種三十二卷　陳遹聲撰　民國十一年(1922)影印本　二十三冊

330000－1701－0076250　M003318　集部/戲劇類/傳奇之屬

琵琶記不分卷　(元)高明撰　民國二年(1913)朱泉願抄本　一冊

330000－1701－0076272　G602740　類叢部/叢書類/彙編之屬

涉聞梓舊二十五種　(清)蔣光煦輯　民國武林竹簡齋據清道光海昌蔣氏刻本影印本　三冊　存五種

330000－1701－0076278　M003520　集部/曲類/曲韻曲譜曲律之屬

樂趣自然曲譜不分卷　民國遂齋氏抄本　一冊

330000－1701－0076285　M003521　史部/政書類/公牘檔冊之屬

嘉興請減賦稅文牘一卷附財政廳通飭四件　謝希傳編　民國四年(1915)嘉興振新社鉛印本　一冊

330000－1701－0076289　M003522　史部/政書類/公牘檔冊之屬

各省區將軍巡按使都統護軍使鎮守使等籲請早日登極電奏一卷　朱家寶等撰　民國鉛印本　一冊

330000－1701－0076291　M003351　子部/宗教類/佛教之屬/諸宗

寶王三昧念佛直指十大礙行一卷　民國二十一年(1932)北平佛經流通處鉛印本　一冊

330000－1701－0076295　M003523　史部/政書類/邦計之屬/戶政

調查戶口章程釋義不分卷　仁錢自治研究所編　民國石印本　石泉題簽　一冊

330000－1701－0076297　M003320　史部/叢編

述窠雜纂　黄任恆撰　民國十四年(1925)南海黄氏鉛印本　四冊　存一種

330000－1701－0076300　M003524　集部/曲類/曲選之屬

抄曲不分卷　民國抄本　一冊

330000－1701－0076305　HJH811.17/0031/c1　集部/别集類/清别集

康孝子雁游詩草一卷　(清)康源撰　民國五年(1916)邵氏海粟山房鉛印本　一冊

330000－1701－0076310　M003321　子部/宗教類/佛教之屬

初機淨業指南一卷　黄慶瀾撰　民國十一年(1922)鉛印本　一冊

330000－1701－0076313　M003525　經部/小學類/文字之屬/說文/專著

六書例說不分卷　民國石印本　一冊

330000－1701－0076323　M003526　史部/地理類/專志之屬/園林

禮園雜記一卷　李湛陽撰　民國上海聚珍倣宋印書局鉛印本　一冊

330000－1701－0076326　M003528　新學/議論

上海拆城籌議不分卷　民國抄本　一冊

330000－1701－0076328　HJH811.17/75882/c1　集部/别集類/清别集

團桂樓剩稿一卷　(清)陳金鑑撰　**醉月軒吟草二卷**　(清)陸慧撰　民國十五年(1926)陳其謙鉛印本　一冊

330000－1701－0076329　HJH811.17/2890/c4　集部/别集類/清别集

風月廬詩稿一卷　(清)徐煥謨撰　民國五年(1916)桐鄉徐氏愛日館刻本　一冊

330000－1701－0076330　HJL811.17/2890/c5　集部/别集類/清别集

風月廬詩稿一卷　(清)徐煥謨撰　民國五年(1916)桐鄉徐氏愛日館刻本　一冊

330000－1701－0076332　M003527　子部/藝術類/遊藝之屬/聯語

芥滄館挽詞一卷　(清)黄芥滄撰　楊履直輯　民國楊履直鉛印本　一冊

330000－1701－0076333　HJH811.17/3027/c2　集部/别集類/清别集

躬耻齋文鈔十四卷别集一卷後編六卷附崇祀鄉賢録一卷躬耻齋詩鈔十四卷首一卷後編七卷校勘記二卷　(清)宗稷辰撰　民國二年(1913)吳門鉛印本　四冊　存二十二卷(詩鈔首、一至十四,詩鈔後編一至七)

330000－1701－0076337　HJH811.17/75882/c2　集部/别集類/清别集

團桂樓剩稿一卷　(清)陳金鑑撰　**醉月軒吟草二卷**　(清)陸慧撰　民國十五年(1926)陳其謙鉛印本　一冊

330000－1701－0076338　M003352　子部/宗教類/佛教之屬/總録

西方路二卷附錄四卷　(清)胡衍虞編　民國十年(1921)關中康寄遙上海鉛印本　一冊

330000－1701－0076340　M003529　史部/傳記類/日記之屬

苧蘿邨畔日記不分卷(民國六年六月一日至七年二月九日)　民國六年至七年(1917－

1918)稿本　一册

330000－1701－0076342　M003324　子部/宗教類/其他宗教之屬
聖經備典三卷　(英國)雷振華撰　李時安述　民國鉛印本　一册　存一卷(二)

330000－1701－0076345　M003530　子部/藝術類/書畫之屬/法帖
宋四家法帖不分卷　民國影印本　一册

330000－1701－0076346　M003353　子部/宗教類/佛教之屬/經
佛説無量壽經二卷　(三國魏)釋康僧鎧譯　民國十四年(1925)陳蔚鉛印本　一册

330000－1701－0076351　M003531　子部/藝術類/書畫之屬/法帖
元趙子昂真艸千字文不分卷　(元)趙孟頫書　民國上海藝苑真賞社影印本　一册

330000－1701－0076353　HJH811.17/0043/c1　集部/别集類/清别集
菊隱廬詩録二卷　(清)唐恭安撰　民國十三年(1924)瓶花齋鉛印本　一册

330000－1701－0076355　M003532　子部/雜著類/雜説之屬
諸子學通論二卷　民國輔仁大學鉛印本　一册

330000－1701－0076359　HJH811.17/0043/c4　集部/别集類/清别集
菊隱廬詩録二卷　(清)唐恭安撰　民國十三年(1924)瓶花齋鉛印本　一册

330000－1701－0076360　M003325　子部/藝術類/書畫之屬
古畫大觀第二集一卷　民國六年(1917)上海國華書局影印本　一册

330000－1701－0076364　M003533　集部/小説類/長篇之屬
曹涵美画第一奇書金瓶梅全圖一卷　曹涵美繪　民國二十五年(1936)鉛印本　一册

330000－1701－0076368　M003354　集部/别集類
秋生館課餘草四卷　王寶華撰　民國八年(1919)王振緒蘇州鉛印本　四册

330000－1701－0076371　M003355　子部/藝術類/書畫之屬/法帖
格言摘要一卷　潘齡皋書　民國影印本　一册

330000－1701－0076375　HJH811.17/0093/c3　集部/别集類/清别集
種學堂詹詹吟藁四卷　(清)章性良撰　民國十九年(1930)國學圖書館影印本　二册

330000－1701－0076392　M003598　集部/别集類
日退三舍吟一卷　張鳳撰　民國二十一年(1932)鉛印本　一册

330000－1701－0076394　HJH811.17/0132/c3　集部/别集類/清别集
清邃堂遺詩六卷　(清)顔宗儀撰　民國三十二年(1943)上海涵芬樓據海鹽顔氏大海明月樓寫本影印本　二册

330000－1701－0076400　M003566　集部/曲類/寶卷之屬
花枷良願龍圖寶卷□□卷　民國石印本　一册　存一卷(下)

330000－1701－0076408　M003600　集部/曲類/寶卷之屬
新編繪圖李宸妃冷宫受苦寶卷二卷　民國石印本　一册

330000－1701－0076410　M003534、M004019、M006533、M007648　史部/傳記類/總傳之屬/儒林
聖學宗傳十八卷　(明)周汝登撰　民國二十年(1931)上海鴻寶齋書局石印本　五册　存十一卷(四至八、九至十二、十七至十八)

330000－1701－0076415　M003356　子部/儒家類/儒學之屬/俗訓
增訂惜字律二卷　(清)張維　(清)李書田輯　民國十九年(1930)張國光鉛印本　一册

330000 - 1701 - 0076420 HJH811.17/44601/c2 集部/別集類/清別集

淞雲詩草一卷 (清)韓昌裔撰 民國十三年(1924)古愚軒刻本 一册

330000 - 1701 - 0076422 M003601 集部/曲類/寶卷之屬

新刻洛陽橋寶卷全集一卷 民國五年(1916)上海文益書局石印本 一册

330000 - 1701 - 0076423 M003535、M003933 集部/別集類

湘綺樓詩集十四卷 王闓運撰 民國上海廣益書局鉛印本 四册

330000 - 1701 - 0076425 HJH811.17/44602.02/c2 集部/總集類/彙編之屬

書畫名人小集 民國上海聚珍倣宋印書局鉛印本 一册 存一種

330000 - 1701 - 0076427 M003536 史部/政書類/公牘檔册之屬

黎副總統書牘二卷二集二卷三集二卷 黎元洪撰 民國元年(1912)上海廣益書局鉛印本 一册 存二卷(二集一至二)

330000 - 1701 - 0076428 HJH811.17/44604 集部/總集類/彙編之屬

書畫名人小集 民國上海聚珍倣宋印書局鉛印本 一册 存一種

330000 - 1701 - 0076430 HJH811.17/77041/c2 類叢部/叢書類/自著之屬

晨風廬叢刊十八種 周慶雲撰 民國吳興周氏夢坡室刻本 一册 存一種

330000 - 1701 - 0076433 M003357 子部/宗教類/其他宗教之屬/基督教

天道溯原直解三卷 (英國)丁韙良撰 (英國)包爾騰譯 民國六年(1917)上海美華書館鉛印本 一册

330000 - 1701 - 0076435 M003537 子部/醫家類/方書之屬/歷代方書

全生指迷方四卷 (宋)王貺撰 民國十九年(1930)上海中醫書局石印本 一册

330000 - 1701 - 0076436 M003602、M003603、M003604、M003605、M003606、M003607、M003608 集部/戲劇類/總集之屬

越劇唱詞夾本 民國抄本 七册 存七種

330000 - 1701 - 0076440 M003358 史部/傳記類/總傳之屬

浙江第十中學校同學錄一卷 民國二年(1913)石印本 一册

330000 - 1701 - 0076445 HJH811.17/77041/c3 類叢部/叢書類/自著之屬

晨風廬叢刊十八種 周慶雲撰 民國吳興周氏夢坡室刻本 一册 存一種

330000 - 1701 - 0076449 M003609 子部/宗教類/佛教之屬/經

央掘魔羅經四卷 (南朝宋)釋求那跋陀羅譯 民國七年(1918)金陵刻經處刻本 一册 存二卷(三至四)

330000 - 1701 - 0076453 M003359 史部/傳記類/總傳之屬/斷代

國學會會員所在地調查表二卷 民國二十五年(1936)鉛印本 一册

330000 - 1701 - 0076455 M003539 集部/戲劇類/總集之屬/傳奇

十二家評點李笠翁十種曲 (清)李漁編 民國七年(1918)上海朝記書莊石印本 一册 存一種

330000 - 1701 - 0076457 M003610 集部/別集類

三不惑齋集放翁七律句一卷 楊覃生輯 民國十六年(1927)鉛印本 一册

330000 - 1701 - 0076461 M003360 子部/宗教類/道教之屬/道藏

道藏精華錄一百種 守一子輯 民國無錫丁氏鉛印本 九册 存六十四種

330000 - 1701 - 0076471 M003540 史部/政書類/通制之屬

中華共和國民讀本二卷 莊澤定 秦鎬編輯 民國元年(1912)上海中華書局鉛印本

二冊

330000－1701－0076473　M003541　子部/藝術類/書畫之屬/畫譜

賞奇軒五種合編　民國四年(1915)上海錦文堂書局石印本　八冊

330000－1701－0076487　HJH811.17/0499/c3　集部/别集類/清别集

守甓齋詩集一卷　(清)計光炘撰　民國十九年(1930)南京中山印書館鉛印本　一冊

330000－1701－0076492　HJH811.17/0499/c1　集部/别集類/清别集

守甓齋詩集一卷　(清)計光炘撰　民國十九年(1930)南京中山印書館鉛印本　一冊

330000－1701－0076494　HJH811.17/0700/2/c1　集部/别集類/清别集

靈芬館詩初集四卷二集十卷三集四卷　(清)郭麐撰　民國二年(1913)上海掃葉山房石印本　八冊

330000－1701－0076498　M003542　子部/術數類/相宅相墓之屬

沈氏玄空學四卷　(清)沈紹勳撰　江志伊編　民國十四年(1925)石印本　四冊

330000－1701－0076500　HJH811.17/0847/c1　集部/别集類/清别集

真意齋遺著一卷詩外一卷　(清)許棡撰　民國十一年(1922)鉛印本　一冊

330000－1701－0076507　HJH811.17/8072/2　類叢部/叢書類/郡邑之屬

雲南叢書初編一百四十一種二編三十七種　趙藩　陳榮昌等輯　民國雲南叢書處刻本　二冊　存一種

330000－1701－0076510　M003543　集部/曲類/寶卷之屬

硃砂痣寶卷二卷　民國抄本　一冊

330000－1701－0076512　M003544　集部/曲類/寶卷之屬

妙蓮寶卷二卷　民國抄本　二冊

330000－1701－0076513　M003545　集部/别集類

凌滄集二卷　(日本)田邊華撰　民國十三年(1924)上海中華書局鉛印本　一冊

330000－1701－0076517　M003611、M006975、M007946　經部/春秋公羊傳類/專著之屬

春秋董氏學八卷　康有爲撰　**春秋董氏學附傳一卷**　民國刻朱印本　四冊

330000－1701－0076523　M003546、M006980、M008525　史部/傳記類/别傳之屬

奉新張忠武公[勳]哀挽錄八卷　張夢潮輯　民國十三年(1924)天津博愛印刷局鉛印本　四冊

330000－1701－0076524　HJH811.17/1000/c1　類叢部/叢書類/家集之屬

武林丁氏家集十三種　丁立誠　丁立中撰　民國錢塘丁氏嘉惠堂鉛印本　四冊　存一種

330000－1701－0076527　M003547　新學/政治法律/律例

民事特别法實用緒論三章本論六章　翁敬堂編　民國司法行政部法官訓練所鉛印本　一冊

330000－1701－0076531　M003612　子部/宗教類/佛教之屬/經疏

阿彌陀經一卷　民國二十一年(1932)蘇州弘化社鉛印本　一冊

330000－1701－0076536　M003548　史部/政書類/律令之屬/刑制

刑法實用講義第一編十二章　潘恩培編　民國二十四年(1935)司法院法官訓練所鉛印本　一冊

330000－1701－0076540　HJH811.17/8026/c3　集部/别集類/清别集

秋蟪吟館詩鈔六卷來雲閣詞鈔一卷文鈔一卷　(清)金和撰　民國三年(1914)上元金氏鉛印本　六冊

330000－1701－0076541　M003613　史部/

雜史類/斷代之屬
戰國策補註三十三卷 吴曾祺撰 民國十年(1921)上海商務印書館鉛印本 四册

330000－1701－0076547 M003614 子部/術數類/相宅相墓之屬
堪輿闢謬傳真二卷 劉公中編 民國五年(1916)鉛印本 一册

330000－1701－0076550 M003549、M006935 類叢部/叢書類/彙編之屬
戊寅叢編十種 趙詒琛 王大隆編 民國二十七年(1938)鉛印本 四册

330000－1701－0076554 M003550 新學/政治法律/律例
民事訴訟實務舉隅五篇 曹鳳簫編述 民國司法行政部法官訓練所鉛印本 一册

330000－1701－0076558 HJH811.17/8026/2/c3 集部/别集類/清别集
秋蟪吟館詩鈔七卷 (清)金和撰 民國五年(1916)上元金氏刻本 五册

330000－1701－0076564 HJH811.17/08301/c3 集部/别集類/清别集
思僭室詩集一卷 (清)施寯撰 **問雲閣詩集一卷** (清)宋實綺撰 民國二十年(1931)鉛印本 一册

330000－1701－0076569 HJH811.17/08301/(2)/c2 集部/别集類/清别集
思僭室詩集一卷 (清)施寯撰 **問雲閣詩集一卷** (清)宋實綺撰 民國二十年(1931)鉛印本 一册

330000－1701－0076572 M003615、M005115 子部/術數類/相宅相墓之屬
堪輿闢謬傳真二卷 劉公中編 民國十七年(1928)杭州抱經堂書局鉛印本 二册

330000－1701－0076575 M003413 史部/政書類/公牘檔册之屬
代見縣知事訓詞一卷 楊士琦撰 民國三年(1914)鉛印本 一册

330000－1701－0076582 M003551 子部/宗教類/佛教之屬
蓮花生大士心願頓成法聚一卷 釋根桑泽仁波卿傳授 劉立千譯 民國鉛印本 李德圓題記 一册

330000－1701－0076585 M003552 子部/農家農學類/農藝之屬/作物種植
棉作學講義七章 吴澤雍編述 民國油印本 一册

330000－1701－0076593 M003617 集部/總集類/彙編之屬
國立浙江大學文學院集刊第四集 國立浙江大學文學院集刊編輯委員會編 民國三十三年(1944)貴州遵義國立浙江大學文學院石印本 一册 存四種

330000－1701－0076594 M003362 子部/宗教類/佛教之屬/論
頓悟入道要門論一卷大珠和尚諸方門人參問語錄一卷 (唐)釋慧海撰 民國重慶華嚴刻經處刻本 一册

330000－1701－0076598 HJH811.17/1000/c4、HJH811.17/1000.2/c4 類叢部/叢書類/家集之屬
武林丁氏家集十三種 丁立誠 丁立中撰 民國錢塘丁氏嘉惠堂鉛印本 五册 存二種

330000－1701－0076600 M003553 史部/傳記類/總傳之屬/家乘
高氏宗祠須知册不分卷 高建標輯 民國十五年(1926)報本堂木活字印本 一册

330000－1701－0076604 M003618 集部/總集類/彙編之屬
國立浙江大學文學院集刊第三集 國立浙江大學文學院集刊編輯委員會編 民國三十二年(1943)貴州遵義國立浙江大學文學院石印本 一册 存六種

330000－1701－0076607 HJH811.17/1000.2/c3 集部/别集類
王風箋題一卷 丁立誠撰 徐珂箋 民國九

年(1920)鉛印武林丁氏家集本　栗長賣題簽並記　一冊

330000－1701－0076608　M003554　史部/政書類/公牘檔冊之屬

北平市政府第一次舉行四郊農民懇親會記錄四卷附與會人名　民國二十三年(1934)鉛印本　一冊

330000－1701－0076613　M003363　子部/宗教類/佛教之屬/論

宗鑑指要一卷　(明)釋迦陵撰　民國八年(1919)古皖段光融刻三十年(1941)重慶華嚴刻經處印本　一冊

330000－1701－0076615　HJH811.17/80451/c1　集部/別集類/清別集

寓庸室詩稿一卷　(清)余坤撰　民國七年(1918)余重耀南昌石印本　一冊

330000－1701－0076616　M003619　史部/政書類/公牘檔冊之屬

靈巖山篤修淨土道場啟建大殿記一卷　釋印光撰　許止淨書　民國二十四年(1935)石印本　一冊

330000－1701－0076623　M003620　子部/藝術類/書畫之屬

民權畫報一卷　民國元年(1912)石印本　一冊

330000－1701－0076634　M003364　子部/宗教類/佛教之屬

正續一切經音義提要一卷　丁福保撰　民國十三年(1924)鉛印本　一冊

330000－1701－0076637　M003621　子部/藝術類/書畫之屬/畫譜

上海陸氏穆清邈齋藏畫二集一卷　陸佑申輯　民國二十四年(1935)陸佑申影印本　一冊

330000－1701－0076642　HJH811.17/8078/c2　集部/別集類/清別集

瓶廬詩稿八卷　(清)翁同龢撰　翁斌孫輯　民國八年(1919)邵松年武昌刻本　四冊

330000－1701－0076645　M003365　子部/宗教類/佛教之屬

佛學叢書□□種　丁福保輯　民國上海醫學書局鉛印本暨影印本　一冊　存一種

330000－1701－0076651　M003366　史部/目録類/專録之屬

番禺許西園書畫詩詞聯額漫存一卷　許炳榛輯　民國十六年(1927)鉛印本　一冊

330000－1701－0076665　M003622　史部/政書類/公牘檔冊之屬

浙贛鐵路二十四年度會計統計年報一卷　浙贛鐵路局會計處編　民國二十六年(1937)鉛印本　一冊

330000－1701－0076667　M003555　史部/政書類/公牘檔冊之屬

農商統計表式不分卷　民國農商部石印本　一冊

330000－1701－0076668　M003556　子部/醫家類/醫經之屬/内經

内經生理學一卷　蔡陸仙補述　**内經解剖學一卷内經學附翼一卷**　民國中國醫學院油印本　功淦題簽　一冊

330000－1701－0076674　HJH811.17/8078/c4　集部/別集類/清別集

瓶廬詩稿八卷　(清)翁同龢撰　翁斌孫輯　民國八年(1919)邵松年武昌刻本　四冊

330000－1701－0076678　M003623　子部/藝術類/書畫之屬

鄭煙樵山水都肖蕃花卉合冊不分卷　(清)鄭煙樵　(清)都肖蕃繪　民國十七年(1928)影印本　一冊

330000－1701－0076685　HJH811.17/8232/c2　集部/別集類/清別集

漚寄廬詩藁一卷詞藁一卷　(清)鍾道生撰　民國七年(1918)上海聚珍倣宋印書局鉛印本　一冊

330000－1701－0076691　M003557　集部/別集類

食硯齋詩草一卷　沈祖康撰　民國十一年(1922)柯田山館鉛印本　一册

330000－1701－0076699　M003367　子部/宗教類/佛教之屬/經

大方廣圓覺修多羅了義經二卷　(唐)釋佛陀多羅譯　民國鉛印本　一册

330000－1701－0076700　M003558　史部/傳記類/别傳之屬/年譜

葉遐菴[恭綽]先生年譜一卷　遐菴年譜彙稿編印會同人編　民國三十五年(1946)鉛印本　一册

330000－1701－0076705　M003559、M007664　集部/别集類/清别集

頤園書牘二卷　(清)李本方撰　民國十五年(1926)鉛印本　二册

330000－1701－0076707　M003624、M007692　子部/醫家類/方書之屬/單方驗方

新增驗方新編□□卷　民國石印本　二册　存四卷(二十至二十三)

330000－1701－0076712　M003560　經部/四書類/大學之屬/傳説

大學述義一卷附録一卷　徐紹楨撰　**讀大學法一卷**　民國十年(1921)番禺徐氏學壽堂鉛印本　習堤題簽　一册

330000－1701－0076721　M003561　子部/藝術類/書畫之屬/畫譜

馬駘畫寶十五種二十四卷　馬駘繪　民國十七年(1928)世界書局石印本　二册　存二種

330000－1701－0076727　M003368　史部/傳記類/别傳之屬/年譜

吕祖年譜海山奇遇七卷　(清)火西月編　民國八年(1919)上海江左書林石印本　一册　存四卷(四至七)

330000－1701－0076728　M003625、M006692、M007309　集部/别集類

梁任公文鈔不分卷　梁啓超書　民國三年(1914)上海共和編譯局石印本　五册

330000－1701－0076732　M003562　集部/别集類/明别集

椒山先生遺著一卷　(明)楊繼盛撰　民國無錫萬氏鉛印本　一册

330000－1701－0076736　M003627　集部/别集類

理齋類稿十卷　蔣兆燮撰　民國二十二年(1933)鉛印本　一册

330000－1701－0076739　M003563　經部/小學類/文字之屬/字書/字體

漢碑隸體舉要不分卷　(清)蔣和撰　潘浚書　民國十六年(1927)上海商務印書館石印本　一册

330000－1701－0076740　M003369　子部/小説家類/異聞之屬

里乘八卷　(清)許奉恩撰　民國十一年(1922)上海文明書局石印本　四册

330000－1701－0076742　M003564　子部/宗教類/佛教之屬/論

大乘起信論一卷　(南朝梁)釋真諦譯　民國元年(1912)上海有正書局鉛印本　一册

330000－1701－0076744　M003370　子部/藝術類/篆刻之屬/印譜

百壽圖攷二卷　(清)陳氏摹　民國古今圖書館彩印本　二册

330000－1701－0076745　HJH811.17/75412/c3　集部/别集類/清别集

惺齋焚餘稾一卷　(清)陳敬璋撰　民國十七年(1928)陳大綸鉛印本　一册

330000－1701－0076747　HJH811.17/75412/c4　集部/别集類/清别集

惺齋焚餘稾一卷　(清)陳敬璋撰　民國十七年(1928)陳大綸鉛印本　一册

330000－1701－0076748　M003628　史部/目録類/總録之屬/私撰

杭州朱氏抱經堂藏版書目一卷　朱氏抱經堂編　民國二十五年(1936)杭州朱氏抱經堂鉛印本　一册

330000－1701－0076749　M003565　史部/傳記類/總傳之屬/技藝

近代六十名家畫傳一卷桐陰復志一卷　陳小蝶(蘧)撰　**海上書畫名家年鑑一卷**　錢厓輯　民國鉛印本　一冊

330000－1701－0076751　HJH081/1003/c4　類叢部/叢書類/彙編之屬

說庫一百七十種　王文濡編　民國四年(1915)上海文明書局石印本(浮生六記卷五至六原缺)　六十冊

330000－1701－0076754　M003567　集部/小說類

浙輶新語不分卷　民國五年(1916)之江日報鉛印本　一冊

330000－1701－0076757　M003630　史部/地理類/總志之屬

中國論不分卷　民國油印本　一冊

330000－1701－0076760　M003631　子部/農家農學類/鳥獸蟲之屬

蟋蟀譜不分卷　民國十八年(1929)周益亭、周松亭抄本　一冊

330000－1701－0076761　M003371　史部/目録類/專録之屬

中日現代繪畫展覽會出品目錄中國之部一卷附補編一卷　民國鉛印本　一冊

330000－1701－0076770　M003568　子部/藝術類/書畫之屬

清畫傳輯佚三種附引得不分卷　洪業輯校　民國二十三年(1934)哈佛燕京學社鉛印本　一冊

330000－1701－0076776　M003372　集部/別集類

畏廬續集一卷　林紓撰　民國五年(1916)上海商務印書館鉛印本　童鼎璜題簽並記、批並跋　一冊

330000－1701－0076777　M003632　子部/醫家類/本草之屬

天慶參茸莊藥品價格總目錄一卷　京都天慶參茸號編　民國二十二年(1933)北京天慶參茸號鉛印本　一冊

330000－1701－0076785　M003633　史部/傳記類/別傳之屬/事狀

家慈許太夫人六旬壽辰敘畧徵文啟一卷　張魯撰　民國石印本　一冊

330000－1701－0076791　HJL811.17/8324.3/c2　集部/別集類/清別集

定廬集四卷　(清)錢儀吉撰　民國四年(1915)刻朱印本　一冊

330000－1701－0076794　M003634、M004421　史部/目録類/總録之屬/私撰

宋經樓書目□□卷　宋經樓書店編　民國三十一年(1942)油印本　二冊　存一卷(第十三期)

330000－1701－0076797　M003635　類叢部/叢書類/自著之屬

僵蠶子著書　僵蠶子撰　民國刻本　一冊　存一種

330000－1701－0076803　M003636　子部/雜著類/雜說之屬

曼衍心漏三卷　僵蠶子撰　民國刻本　一冊

330000－1701－0076804　M003373　子部/宗教類/佛教之屬/經咒

千偈瑜伽焰口一卷　王驤陸編訂　民國三十一年(1942)天津王驤陸印心精舍鉛印本　一冊

330000－1701－0076807　M003637　經部/易類/傳說之屬

周易解題及其讀法一卷　錢基博撰　民國俞奇曾抄本　一冊

330000－1701－0076808　G002219　史部/地理類/雜志之屬

增訂南詔野史二卷　(明)楊慎輯　(清)胡蔚訂正　民國五年(1916)刻本　二冊

330000－1701－0076813　M003638　經部/小學類/文字之屬/說文/傳說

錢辛伯讀説文段注札記一卷 錢辛伯撰 **陰符經一卷** (清)李光地註 民國俞奇曾抄本 一册

330000－1701－0076815 M003571 子部/雜著類

開示記一卷 冉孔彰撰 民國十四年(1925)涪陵同善社石印本 一册

330000－1701－0076817 M003639 集部/總集類/郡邑之屬

海曲詩鈔三集十二卷 黄協塤編 民國鉛印本 二册 存六卷(四至九)

330000－1701－0076818 M003374 子部/宗教類/佛教之屬/經疏

心經註解一卷 (清)朱珪撰 民國九年(1920)鼎湖山刻本 朱中翰題簽並記 一册

330000－1701－0076820 M003572 子部/宗教類/佛教之屬/論疏

攝大乘論釋十卷 (天竺)無性菩薩造 (唐)釋玄奘譯 民國五年(1916)金陵刻經處刻本 謝幼偉題記 四册

330000－1701－0076824 M003640、M006578、M007382 子部/雜著類/雜說之屬

掌固零拾四卷 王嵩儒輯錄 民國二十五年(1936)彝寶齋印書局鉛印本 四册

330000－1701－0076826 M003573 史部/地理類/專志之屬/寺觀

上海清真西寺記一卷附徵信錄 上海清真西寺理事會編 民國二十二年(1933)石印本 一册

330000－1701－0076828 M003375 類叢部/叢書類/郡邑之屬

雲南叢書初編一百四十一種二編三十七種 趙藩 陳榮昌等輯 民國雲南叢書處刻本 二册 存一種

330000－1701－0076830 M003574、M004849 子部/儒家類/儒學之屬/蒙學

新增繪圖幼學故事瓊林四卷首一卷 (清)程登吉撰 (清)鄒聖脈增補 民國上海錦章圖書局石印本 五册

330000－1701－0076835 M003376 史部/政書類/邦交之屬

中俄協商文件一卷 民國十三年(1924)鉛印本 一册

330000－1701－0076836 M003575 子部/醫家類

摘鈔明醫指掌歌論脉一卷 民國抄本 一册

330000－1701－0076838 M003576 史部/政書類/邦計之屬

鄉村建設問題六章 民國二十六年(1937)油印本 一册

330000－1701－0076842 M003377 子部/宗教類/佛教之屬/論

大乘百法明門論一卷八識規矩頌一卷 (明)釋廣益纂釋 民國十五年(1926)鉛印本 一册

330000－1701－0076845 M003577 新學/動植物學/植物學

植物病學十二章 楊曾盛編述 民國油印本 一册

330000－1701－0076849 M003578、M006600 子部/藝術類/遊藝之屬/聯語

衲詞楹帖四卷附錄一卷 邵銳集 民國二十四年(1935)鉛印本 邵銳題記 二册

330000－1701－0076852 M003378 子部/宗教類/佛教之屬/諸宗

唯識三十頌詮句一卷 釋清淨撰 民國十四年(1925)三時學會刻本 一册

330000－1701－0076853 M003579 集部/總集類/選集之屬/通代

國文不分卷 民國石印本 一册

330000－1701－0076855 M003580 史部/傳記類/日記之屬

陔餘叢筆不分卷(民國二十六年一月十七日至六月十一日) 民國二十六年(1937)稿本 一册

330000－1701－0076859　M003581　子部/藝術類/書畫之屬

寅報附送畫刊不分卷　寅報館編　民國三年(1914)石印本　二册

330000－1701－0076861　M003379　史部/政書類/公牘檔册之屬

交通教範一卷　民國抄本　一册

330000－1701－0076862　M003582　子部/藝術類/書畫之屬/法帖

松坡軍中遺墨不分卷　蔡鍔書　民國六年(1917)上海中華書局影印本　二册

330000－1701－0076866　HJH081/2562/c2　類叢部/叢書類/彙編之屬

寶彝室集刊八種　朱景彝編　民國十四年(1925)胥山朱氏鉛印本　五册

330000－1701－0076875　HJH081/2562/c3　類叢部/叢書類/彙編之屬

寶彝室集刊八種　朱景彝編　民國十四年(1925)胥山朱氏鉛印本　五册

330000－1701－0076876　M003380　子部/儒家類/儒學之屬/禮教/家訓

家庭藥言不分卷　袁泰撰　稿本　陳誾跋　一册

330000－1701－0076881　M003381　子部/藝術類/書畫之屬/法帖

宋拓石鼓文不分卷　民國十二年(1923)上海藝苑真賞社影印本　一册

330000－1701－0076882　M003641、M006547、M605858、M007585　類叢部/叢書類/彙編之屬

古今文藝叢書十集　何藻編　民國二年至四年(1913－1915)上海廣益書局鉛印本　四册　存五種

330000－1701－0076886　M003382　史部/金石類/石之屬

石鼓文音訓一卷　(元)潘迪撰　民國上海藝苑真賞社影印本　一册

330000－1701－0076891　M003383　史部/政書類/律令之屬

新編評註刀筆訴狀菁華四集　大華書局編輯部編輯　民國十五年(1926)上海大華書局鉛印本　四册

330000－1701－0076892　M003384　子部/小説家類/雜事之屬

庸間齋筆記十二卷　(清)陳其元撰　民國六年(1917)上海掃葉山房石印本　二册

330000－1701－0076893　M003385　子部/雜著類/雜考之屬

東塾讀書記二十五卷　(清)陳澧撰　民國十五年(1926)上海掃葉山房石印本　三册

330000－1701－0076900　HJH0811/2630　類叢部/叢書類/彙編之屬

拜經樓叢書三十種　(清)吳騫原編　上海博古齋增編　民國十一年(1922)上海博古齋影印本　一册　存三種

330000－1701－0076901　HJH081.247/0037/c4　類叢部/叢書類/郡邑之屬

續金華叢書六十種　胡宗楙編　民國十三年(1924)永康胡氏夢選樓刻本　一百二十册

330000－1701－0076902　HJH081/2630/c2　類叢部/叢書類/彙編之屬

拜經樓叢書三十種　(清)吳騫原編　上海博古齋增編　民國十一年(1922)上海博古齋影印本　四十八册

330000－1701－0076903　HJH081/4914/c1　類叢部/叢書類/彙編之屬

東萊趙氏楹書叢刊十一種　趙琪編　民國二十四年(1935)東來趙氏永厚堂鉛印本　十二册

330000－1701－0076907　HJH081/4914/c4　類叢部/叢書類/彙編之屬

東萊趙氏楹書叢刊十一種　趙琪編　民國二十四年(1935)東來趙氏永厚堂鉛印本　十二册

330000－1701－0076908　HJH082.8/6051.3/

c2 類叢部/叢書類/自著之屬
永豐鄉人稿四種 羅振玉撰 民國上虞羅氏貽安堂刻本 六册

330000－1701－0076910 HJH082.8/6051.4 類叢部/叢書類/自著之屬
松翁居遼後所著書三種 羅振玉撰 民國十八年至二十年(1929－1931)上虞羅氏石印本 二册 存一種

330000－1701－0076912 HJH082.8/6051.5 類叢部/叢書類/自著之屬
遼居雜箸乙編十種 羅振玉撰 民國二十二年(1933)上虞羅氏遼東石印本 四册

330000－1701－0076914 HJH082.8/6051.6 類叢部/叢書類/自著之屬
遼居雜箸丙編四種 羅振玉撰 民國二十三年(1934)上虞羅氏七經堪石印本 二册

330000－1701－0076915 HJH081/2699 類叢部/叢書類/彙編之屬
漢魏叢書三十八種 (明)程榮輯 民國十四年(1925)上海商務印書館據明萬曆程氏刻本影印本 四十册

330000－1701－0076916 HJH081/4930/2/c2 類叢部/叢書類/彙編之屬
仰視千七百二十九鶴齋叢書四集三十一種 (清)趙之謙編 民國十八年(1929)紹興墨潤堂書苑據清光緒六年(1880)會稽趙氏刻本影印本 二十四册

330000－1701－0076919 HJH082.8/7730/c3 類叢部/叢書類/自著之屬
鐵研𢆶䉡書五種 桑宣撰 民國八年(1919)宛平桑氏鉛印本 八册

330000－1701－0076921 HJH082.8/7730/c4 類叢部/叢書類/自著之屬
鐵研𢆶䉡書五種 桑宣撰 民國八年(1919)宛平桑氏鉛印本 八册

330000－1701－0076922 HJH081/4930/2/c3 類叢部/叢書類/彙編之屬
仰視千七百二十九鶴齋叢書四集三十一種 (清)趙之謙編 民國十八年(1929)紹興墨潤堂書苑據清光緒六年(1880)會稽趙氏刻本影印本 二十四册

330000－1701－0076923 HJH082.8/8029/c2 類叢部/叢書類/自著之屬
遯廬叢書八種 余重耀撰 民國鉛印本 七册

330000－1701－0076925 HJH081/5530/c3 類叢部/叢書類/彙編之屬
楝亭(楝亭藏書)十二種六十九卷 (清)曹寅編 民國十年(1921)上海古書流通處據清康熙四十五年(1706)揚州詩局刻本影印本 二十册

330000－1701－0076927 HJH082.8/8202/c2 類叢部/叢書類/自著之屬
湖濱補讀廬叢刻五種十三卷 鍾廣生撰 民國二十年(1931)鉛印本 五册

330000－1701－0076928 HJH081/5530/c4 類叢部/叢書類/彙編之屬
楝亭(楝亭藏書)十二種六十九卷 (清)曹寅編 民國十年(1921)上海古書流通處據清康熙四十五年(1706)揚州詩局刻本影印本 二十册

330000－1701－0076930 HJH081.2491/0037/c2 類叢部/叢書類/郡邑之屬
敬鄉樓叢書三十八種 黄羣編 民國十七年至二十四年(1928－1935)永嘉黄氏鉛印本 十八册 存第一輯十種

330000－1701－0076931 HJH081/5533/c2 類叢部/叢書類/彙編之屬
學海類編四百三十種 (清)曹溶編 (清)陶越增訂 民國九年(1920)上海涵芬樓據清道光十一年(1831)六安晁氏木活字印本影印本 一百十九册 存四百二十四種

330000－1701－0076932 HJH081.2491/0037/c3、HJH081.2491/0037.3/(2) 類叢部/叢書類/郡邑之屬
敬鄉樓叢書三十八種 黄羣編 民國十七年

至二十四年(1928－1935)永嘉黄氏鉛印本　三十八册　存第一輯十種、第二輯十種

330000－1701－0076937　HJH082.8/0022/c2　類叢部/叢書類/自著之屬

天行草堂主人遺稾叢刊十一種　章嶔撰　民國二十四年(1935)鉛印本　章毓寄題記　二册

330000－1701－0076938　HJH082.8/0022/c3　類叢部/叢書類/自著之屬

天行草堂主人遺稾叢刊十一種　章嶔撰　民國二十四年(1935)鉛印本　二册

330000－1701－0076940　HJH082.7/0070/c3　類叢部/叢書類/自著之屬

章氏遺書十一種二十四卷　(清)章學誠撰　民國浙江圖書館鉛印本　十三册

330000－1701－0076941　HJH082.7/0070/2　類叢部/叢書類/自著之屬

章氏遺書七種外編十種　(清)章學誠撰　民國十一年(1922)吳興劉氏嘉業堂刻本　四十二册　存十八種

330000－1701－0076948　HJH082.8/0090/2/c3　類叢部/叢書類/自著之屬

章氏叢書初集十二種　章炳麟撰　民國上海右文社鉛印本　二十三册　存十一種

330000－1701－0076949　HJH082.8/0090/c4　類叢部/叢書類/自著之屬

章氏叢書十三種　章炳麟撰　民國六年至八年(1917－1919)浙江圖書館刻本　二十四册

330000－1701－0076950　HJH082.8/0090/c5　類叢部/叢書類/自著之屬

章氏叢書十三種　章炳麟撰　民國六年至八年(1917－1919)浙江圖書館刻本　二十四册

330000－1701－0076951　HJH081/2714/2/c2　類叢部/叢書類/彙編之屬

知不足齋叢書一百九十五種　(清)鮑廷博輯　(清)鮑士恭續輯　民國十年(1921)上海古書流通處據清鮑氏刻本影印本　二百四十册

330000－1701－0076952　HJH082.8/0090/2/c4　類叢部/叢書類/自著之屬

章氏叢書初集十二種　章炳麟撰　民國上海右文社鉛印本　二十四册

330000－1701－0076954　HJH082.8/2860/c2　類叢部/叢書類/自著之屬

徐氏全書三十七種　徐昂撰　民國三十三年(1944)至一九五四年南通翰墨林書局鉛印本　十三册

330000－1701－0076960　M003584　子部/藝術類/書畫之屬/畫譜

仿古山水畫稿集不分卷　顧三多繪　民國十四年(1925)稿本　一册

330000－1701－0076961　M003643　子部/宗教類/佛教之屬

三藏法數不分卷　(明)釋一如集註　**三藏法數通檢一卷**　黄中撰　民國十二年(1923)上海醫學書局鉛印本　一册

330000－1701－0076963　M003585　子部/藝術類/書畫之屬/法帖

碑聯集搨□□種　秦文錦編　民國上海藝苑真賞社影印本　一册　存一種

330000－1701－0076967　普951.078/99132.3　類叢部/叢書類/自著之屬

曾文正公全集十六種　(清)曾國藩撰　民國四年(1915)鉛印本　九册　存一種

330000－1701－0076968　M003586　史部/傳記類/别傳之屬/墓誌

魏張黑女墓誌一卷　民國杭州西泠印社影印本　一册

330000－1701－0076969　M003587　子部/藝術類/書畫之屬/法帖

石門銘不分卷　(北魏)王遠書　秦文錦藏　民國十二年(1923)上海藝苑真賞社影印本　一册

330000－1701－0076970　M003588　史部/傳記類/别傳之屬/事狀

誥授光禄大夫頭品頂戴簡授四川北兵備道吳

容普公[佐家]家傳一卷　鄭孝胥撰　民國影印本　一冊

330000－1701－0076973　M003589　史部/金石類

楚雨樓叢書初集八種　羅振玉撰　民國上虞羅氏影印本　一冊　存一種

330000－1701－0076974　HJH081/2714/2/c3　類叢部/叢書類/彙編之屬

知不足齋叢書一百九十五種　（清）鮑廷博輯　（清）鮑士恭續輯　民國十年(1921)上海古書流通處據清鮑氏刻本影印本　二百四十冊

330000－1701－0076979　M003590　新學/動植物學/動物學

改正增補植物名彙一卷　（日本）松村任三編撰　**種菊法一卷**　（明）陳繼儒撰　**藝菊書一卷**　（明）黄省曾撰　民國石印本　一冊

330000－1701－0076980　HJH082.7/1053/3/c2　類叢部/叢書類/自著之屬

船山遺書六十六種附一種　（清）王夫之撰　民國二十二年(1933)上海太平洋書店鉛印本　八十冊

330000－1701－0076981　M003591　集部/別集類

任昭詩録不分卷　任昭撰　稿本　一冊

330000－1701－0076982　M003645　史部/地理類/方志之屬/郡縣志

鄞志稿十四卷　（清）蔣學鏞撰　民國十九年(1930)張氏約園刻朱印本　四冊

330000－1701－0076984　M003407、M003592、M005367　史部/傳記類/職官録之屬/總録

職員録不分卷(民國九年第二期)　印鑄局編校科編纂　民國九年(1920)印鑄局鉛印本　四冊

330000－1701－0076989　M003646、M603750　集部/別集類

慎江草堂詩四卷　黄迂撰　民國十三年(1924)鉛印本　二冊

330000－1701－0076990　M003593　子部/藝術類/書畫之屬/畫譜

沈石田吳中奇境不分卷　（明）沈周繪　民國十九年(1930)上海神州國光社石印本　茅原題記　一冊

330000－1701－0076991　M003594　新學/理學/文學

日文文法概說不分卷　民國石印本　一冊

330000－1701－0076995　M003647　子部/醫家類

中華國民樂天修養館叢書　民國上海商務印書館鉛印本　二冊　存一種

330000－1701－0076997　M003595　子部/藝術類/書畫之屬

隋唐五代書畫影不分卷　李氏藏　民國二十年(1931)神州國光社影印本　茅原題記　一冊

330000－1701－0076998　M003648　子部/藝術類/書畫之屬/畫譜

胡元潤金陵古蹟一卷　（清）胡玉昆繪　民國二十三年(1934)上海商務印書館影印本　一冊

330000－1701－0076999　M003596　子部/藝術類/書畫之屬/畫譜

鄒黎眉梅花卷不分卷　（清）鄒顯吉繪　民國十九年(1930)上海中華書局影印本　一冊

330000－1701－0077002　M003597　子部/藝術類/書畫之屬/畫録

鳳先生仕女冊不分卷　吕鳳子繪　民國二十二年(1933)上海中華書局影印本　一冊

330000－1701－0077006　M003649　史部/目録類/專録之屬

彈詞佛曲鼓詞影詞四種目錄四卷　鄭振鐸撰　民國平湖胡氏霜紅簃抄本　一冊

330000－1701－0077010　HJH081/1137.3/c1　類叢部/叢書類/彙編之屬

墨海金壺一百十五種　（清）張海鵬輯　民國十年(1921)上海博古齋據清嘉慶虞山張氏刻

本影印本　一百六十册

330000－1701－0077011　HJH081. 2491/0037/c4　類叢部/叢書類/郡邑之屬

敬鄉樓叢書三十八種　黄羣編　民國十七年至二十四年(1928－1935)永嘉黄氏鉛印本　十八册　存第一輯十種

330000－1701－0077012　HJH082. 7/1053/3/c3　類叢部/叢書類/自著之屬

船山遺書六十六種附一種　(清)王夫之撰　民國二十二年(1933)上海太平洋書店鉛印本　八十册

330000－1701－0077023　M003651、M007644　子部/雜著類/雜編之屬

寶貽齋叢鈔不分卷　民國承啟堂嚴至仁抄本　二册

330000－1701－0077025　HJH081/2800/c3、HJH081/2800. 2/c3　類叢部/叢書類/家集之屬

天蘇閣叢刊十五種　徐新六輯　民國三年(1914)、十二年(1923)杭縣徐氏鉛印本　徐仲可題記　七册

330000－1701－0077028　HJH082. 7/1053/3/c4　類叢部/叢書類/自著之屬

船山遺書六十六種附一種　(清)王夫之撰　民國二十二年(1933)上海太平洋書店鉛印本　八十册

330000－1701－0077029　M003652　史部/政書類/公牘檔册之屬

壽昌縣政統計一卷　民國三十六年(1947)油印本　一册

330000－1701－0077036　M003653　史部/政書類/公牘檔册之屬

浙江省第九區三十五年度行政督察專員兼保安司令公署政績報告書一卷　民國三十五年(1946)油印本　一册

330000－1701－0077039　HJH081/2811/c3　類叢部/叢書類/彙編之屬

心園叢刻一集五種　徐珂輯　民國十四年(1925)杭縣徐氏鉛印本　二册

330000－1701－0077040　M003654　史部/金石類/錢幣之屬

古泉幣攷不分卷　稿本　一册

330000－1701－0077041　M003655　史部/政書類/公牘檔册之屬

浙江省第四區三十三年度縣政檢閱綱要一卷　民國三十三年(1944)油印本　一册

330000－1701－0077044　M003715、M005147、M008024　史部/目録類/專録之屬

國立北平圖書館方志目錄不分卷索引不分卷　國立北平圖書館編　民國二十二年(1933)國立北平圖書館鉛印本　六册

330000－1701－0077045　M003716　史部/地理類/雜志之屬

清風涇竹枝詞一卷　(清)蔡維熊撰　民國三十七年(1948)蔡玉麒抄本　一册

330000－1701－0077049　M003656　史部/雜史類/斷代之屬

戰國策詳註三十三卷　郭希汾輯註　民國二十五年(1936)上海文明書局鉛印本　六册

330000－1701－0077052　M003717　史部/傳記類/總傳之屬/釋道

敕建天台山國清禪寺同戒錄一卷(壬戌春期)　釋越德撰　民國十一年(1922)木活字印本　一册

330000－1701－0077054　M003657　集部/小説類/長篇之屬

評註圖像水滸傳三十五卷七十回首一卷　(元)施耐庵撰　(清)金人瑞評　民國六年(1917)石印本　十二册

330000－1701－0077056　M003718　史部/傳記類/總傳之屬/釋道

敕賜鳳山古林中興律寺萬壽戒壇一卷(中華民國庚午春期)　民國十九年(1930)刻本　一册

330000－1701－0077057　M003719　史部/

傳記類/總傳之屬/釋道

敕建攝山棲霞禪寺千佛戒壇一卷(癸酉秋期) 釋若舜撰 民國二十二年(1933)刻本 塵空題題記 一册

330000－1701－0077063 HJH081/7491/(2)/c3 類叢部/叢書類/彙編之屬

奇晉齋叢書十六種 (清)陸烜編 民國元年(1912)冰雪山房據清陸氏刻本影印本 八册

330000－1701－0077064 M003658 子部/藝術類/書畫之屬/法帖

快雪堂法書不分卷 民國上海有正書局影印本 五册

330000－1701－0077065 M003720 史部/傳記類/總傳之屬/釋道

敕賜崇福禪寺萬善戒壇一卷(辛酉春期) 釋須嚴撰 民國十年(1921)刻本 一册

330000－1701－0077071 M003659、M003786、M005432 子部/藝術類/書畫之屬/法帖

草字彙十二卷附補 (清)石梁輯 民國六年(1917)上海商務印書館影印本 四册 存八卷(子、丑、寅、卯、午、未、申、酉)

330000－1701－0077075 HJH081/7491/(2)/c2 類叢部/叢書類/彙編之屬

奇晉齋叢書十六種 (清)陸烜編 民國元年(1912)冰雪山房據清陸氏刻本影印本 八册

330000－1701－0077076 M003386 集部/别集類

耕罷集一卷 羅家倫撰 民國二十七年(1938)鉛印本 一册

330000－1701－0077077 M003660 子部/宗教類/佛教之屬/諸宗

天台教觀選錄八卷 (隋)釋智顗撰 釋諦閑選 民國九年(1920)揚州藏經院刻本 五册

330000－1701－0077083 HJH081/1182.3/c4 類叢部/叢書類/彙編之屬

適園叢書七十四種 張鈞衡編 民國二年至六年(1913－1917)烏程張氏刻本(唐大詔令集卷十四至二十四、八十七至九十八原缺) 一百九十二册

330000－1701－0077084 HJH081/7519/c3 類叢部/叢書類/彙編之屬

古書叢刊十六種 陳琰輯 民國十一年(1922)古書流通處影印本 二十册 存第一輯八種

330000－1701－0077086 M003661、M007407 子部/醫家類/綜合之屬

醫學錦囊不分卷 民國抄本 二册

330000－1701－0077089 M003721 史部/傳記類/總傳之屬/釋道

上海龍華古寺同戒錄一卷(民國二十四年春期) 釋性空撰 民國二十四年(1935)石印本 一册

330000－1701－0077091 M003361、M003662、M003690 類叢部/叢書類/郡邑之屬

雲南叢書初編一百四十一種二編三十七種 趙藩 陳榮昌等輯 民國雲南叢書處刻本 二十六册 存二種

330000－1701－0077092 M003387 史部/雜史類/斷代之屬

明季稗史初編十六種 (清)留雲居士輯 民國二年(1913)上海中華圖書館鉛印本 一册 存一種

330000－1701－0077094 M003722 子部/藝術類/書畫之屬/畫譜

萃新畫譜不分卷 (清)朱偁等繪 民國石印本 一册

330000－1701－0077097 M003723 史部/政書類/公牘檔册之屬

浙江省續訂整頓牙帖章程一卷 民國鉛印本 一册

330000－1701－0077098 M003725 史部/目録類

學生古書讀本樣本不分卷 中華書局編 民國中華書局鉛印本 一册

330000－1701－0077099　HJH081.2491/0037.2/c3　類叢部/叢書類/郡邑之屬
敬鄉樓叢書三十八種　黄羣編　民國十七年至二十四年(1928－1935)永嘉黄氏鉛印本　二十册　存第二輯八種

330000－1701－0077101　HJH081/7519/c2　類叢部/叢書類/彙編之屬
古書叢刊十六種　陳琰輯　民國十一年(1922)古書流通處影印本　二十册　存第一輯八種

330000－1701－0077103　M003663　集部/總集類/郡邑之屬
台州文徵敘例一卷　王舟瑶纂　民國鉛印本　唐默亭題記　一册

330000－1701－0077105　普951.07803/5261　史部/雜史類/斷代之屬
滇亂紀畧一卷　(清)張濤撰　民國三年(1914)石印本　一册

330000－1701－0077107　M003664　子部/藝術類/書畫之屬/畫法畫品
螺峰著作　民國四年(1915)鉛印本　一册　存一種

330000－1701－0077108　HJH081.2491/0037.4/c1　類叢部/叢書類/郡邑之屬
敬鄉樓叢書三十八種　黄羣編　民國十七年至二十四年(1928－1935)永嘉黄氏鉛印本　十八册　存第四輯十種

330000－1701－0077111　HJH081/7522/c3　類叢部/叢書類/彙編之屬
寶顔堂祕笈二百二十八種　(明)陳繼儒編　民國十一年(1922)上海文明書局石印本　四十八册

330000－1701－0077113　M003665、M007076、M007360　集部/别集類
平養堂疏稿一卷平養文待十六卷附録一卷詩存二卷聯存一卷　王龍文撰　**素庵文藁二卷**　王玨撰　民國九年(1920)刻本　三册　存十七卷(平養堂疏稿、文待一至十六)

330000－1701－0077121　M003388　集部/戲劇類/總集之屬/傳奇
十二家評點李笠翁十種曲　(清)李漁編　民國七年(1918)上海朝記書莊石印本　一册　存一種

330000－1701－0077122　HJH081.2491/00371/c2　類叢部/叢書類/郡邑之屬
永嘉詩人祠堂叢刻十四種　冒廣生輯　民國四年(1915)如皋冒氏刻本　九册

330000－1701－0077124　G600399　集部/别集類/清别集
陳檢討四六二十卷　(清)陳維崧撰　(清)程師恭注　民國上海文瑞樓鴻章書局石印本　八册

330000－1701－0077125　普951.07803/5271　史部/雜史類/斷代之屬
守岐紀事一卷　(清)張兆棟撰　民國八年(1919)石印本　一册

330000－1701－0077126　M003728　集部/别集類
題畫襍咏不分卷　稿本　一册

330000－1701－0077127　M003666、M005097、M006612、M006988　史部/雜史類/通代之屬
本國史□□卷　民國石印本　四册　存三卷(三至四、六)

330000－1701－0077128　M003389　經部/小學類/訓詁之屬/爾雅
爾雅音圖三卷　(晉)郭璞註　(清)姚之麟摹圖　民國四年(1915)石印本　一册　存一卷(下)

330000－1701－0077131　M003729　子部/藝術類/書畫之屬/法帖
大唐王居士塼塔之銘不分卷　(唐)上官靈芝撰　(唐)敬客書　民國影印本　一册

330000－1701－0077132　M003730　史部/傳記類/總傳之屬/釋道
上海龍華古寺同戒錄一卷(民國三十六年冬期)　釋性空撰　民國三十六年(1947)石印

本　一册

330000－1701－0077133　M003667　史部/目録類/總録之屬/官修

江蘇省立蘇州圖書館圖書目錄不分卷(第一期)　蔣鏡寰　陳子彝撰　民國二十二年(1933)江蘇省立蘇州圖書館鉛印本　一册

330000－1701－0077135　M003390　集部/曲類/曲選之屬

新鐫古今大雅南宮詞紀六卷北宮詞紀六卷　(明)陳所聞粹選　(明)陳邦泰輯次　民國鉛印本　一册　存三卷(北宮詞紀一至三)

330000－1701－0077136　M003731　集部/别集類

天香唫館詩草不分卷　李東沅撰　稿本　宣樂軒主題簽　一册

330000－1701－0077137　M003668、M007175　集部/别集類

抱潤軒文集二十二卷　馬其昶撰　民國十二年(1923)京師刻本　四册

330000－1701－0077139　HJH081.2491/00371/(2)　集部/總集類/郡邑之屬

永嘉詩人祠堂叢刻十四種　冒廣生輯　民國四年(1915)如皋冒氏刻本　八册　存十三種

330000－1701－0077141　M003732　新學/工藝/雜藝

彩色攝影術二卷首一卷　(德國)康尼㫄撰　(英國)惠爾氏譯并增補　周淡重譯并補　稿本　一册

330000－1701－0077147　M003733　集部/總集類/郡邑之屬

海鹽籍人士詩集不分卷　稿本　一册

330000－1701－0077148　HJH081.2492/0037/c3　類叢部/叢書類/郡邑之屬

括蒼叢書第一集八種　劉燿東編　民國二十七年(1938)鉛印本(滑疑集詩卷二原缺)　十六册

330000－1701－0077149　M003734　子部/宗教類/佛教之屬/諸宗

融通徹禪師語錄不分卷　(清)釋惟道等編　民國鉛印本　一册

330000－1701－0077151　M003735　史部/金石類/石之屬

佛金山館秦漢碑跋一卷文稿一卷　(清)牟房撰　董井輯錄　民國抄本　一册

330000－1701－0077152　M003391　集部/曲類/曲韻曲譜曲律之屬

連環記全劇一卷　尤雲生藏本　張葆欽校正　朱堯臣　陶文明拍正　民國四年(1915)平陽汪銘勛抄本　一册

330000－1701－0077154　HJH081.2492/0037/c4　類叢部/叢書類/郡邑之屬

括蒼叢書第一集八種　劉燿東編　民國二十七年(1938)鉛印本(滑疑集詩卷二原缺)　十六册

330000－1701－0077158　M003669　集部/小說類/長篇之屬

東周列國志二十七卷一百八回　(清)蔡昇評點　民國鉛印本　一册　存三卷(十六至十八)

330000－1701－0077161　HJH081.82/5033/c3、HJH081.82/5033.2/c3、HJH081.82/5033.3/c2、HJH081.82/5033.4/c2　類叢部/叢書類/郡邑之屬

黔南叢書六十一種　任可澄等編　民國十一年至三十二年(1922－1943)貴陽文通書局鉛印本暨刻本　四十册　存四集三十七種

330000－1701－0077165　M003670　集部/詩文評類/詩評之屬

然脂餘韻六卷　王蘊章輯　民國七年(1918)上海商務印書館鉛印本　三册

330000－1701－0077170　M003671、M007282　類叢部/叢書類/自著之屬

海寧王忠慤公遺書四十四種　王國維撰　民國十六年至十七年(1927－1928)海寧王氏鉛印本暨石印本　二册　存一種

330000－1701－0077171　M003395、M006021　子部/醫家類/醫案之屬
吳氏醫案四卷　(清)吳濟亨撰　(清)謝青蕖編　**運氣證治一卷**　(清)陳言編　民國抄本　四册

330000－1701－0077176　M003393、M007289　集部/别集類/清别集
簡松草堂文集十二卷附録一卷補遺一卷　(清)張雲璈撰　民國三十年(1941)北京燕京大學圖書館鉛印本　四册

330000－1701－0077178　M003672　子部/儒家類/儒家之屬
教科適用荀子精華一卷　中華書局編　民國上海中華書局鉛印本　一册

330000－1701－0077179　HJH081/7732/c3　類叢部/叢書類/彙編之屬
説郛一百卷　(元)陶宗儀編　張宗祥重校　民國十六年(1927)上海商務印書館鉛印本　四十册

330000－1701－0077181　M003736　子部/宗教類/佛教之屬/經疏
藥師經旁解一卷附録一卷　(唐)釋玄奘譯　何子培輯註　民國二十三年(1934)上海佛學書局鉛印本　一册

330000－1701－0077182　M003737　史部/政書類/邦計之屬
建國後策一卷附建國策一卷中華民國憲法私案一卷　(日本)今井嘉幸撰　民國鉛印本　一册

330000－1701－0077188　M003738　史部/傳記類/總傳之屬/釋道
晉敕靈隱禪寺同戒錄一卷(戊午秋期)　民國七年(1918)鉛印本　一册

330000－1701－0077192　M003739　史部/傳記類/總傳之屬/釋道
敕建護國萬壽戒壇大昭慶律寺同戒錄一卷(民國十九年冬期)　民國二十年(1931)刻本　一册

330000－1701－0077193　M003674　集部/總集類/尺牘之屬
歷代名媛尺牘續編二卷　周鍾游編　上海有正書局輯　民國五年(1916)上海有正書局石印本　一册

330000－1701－0077195　G002228　類叢部/叢書類/彙編之屬
香艷叢書三百二十六種　(清)蟲天子輯　民國三年(1914)上海中國圖書公司和記鉛印本　一册　存四種

330000－1701－0077198　M003396　子部/宗教類/佛教之屬/經咒
白衣大士神咒一卷靈異記一卷無上虚空地母養生保命真經一卷修行歌寶卷一卷　民國十六年(1927)上海怡春堂善書部石印本　一册

330000－1701－0077200　M003675　類叢部/類書類/通類之屬
淵鑑類函四百五十卷目録四卷　(清)張英　(清)王士禛等輯　民國六年(1917)同文圖書館影印本　二册　存二十三卷(目録一至四，一至七、一百五十至一百六十一)

330000－1701－0077204　M003740　史部/目録類/總録之屬/私撰
奎公書庚文學書目録不分卷嘉善合邑文獻展覽會陳列草目不分卷　嘉善文獻展覽會　民國二十五年(1936)抄本暨油印本　一册

330000－1701－0077210　M003398　類叢部/叢書類/彙編之屬
遯盦叢編甲集四種乙集七種　吳隱編　民國二年至五年(1913－1916)西泠印社木活字印本　三册　存一種

330000－1701－0077211　HJH081.82/5033/c2、HJH081.82/5033.2/c2　類叢部/叢書類/郡邑之屬
黔南叢書六十一種　任可澄等編　民國十一年至三十二年(1922－1943)貴陽文通書局鉛印本暨刻本　二十册　存二集十三種

330000－1701－0077213　HJH081/1182.3/c2

類叢部/叢書類/彙編之屬

適園叢書七十四種 張鈞衡編 民國二年至六年(1913－1917)烏程張氏刻本(唐大詔令集卷十四至二十四、八十七至九十八原缺) 一百九十二册

330000－1701－0077217 M003399 集部/別集類

寓言三百韻一卷 張鳳撰 民國五年(1916)稿本 一册

330000－1701－0077218 M003400 集部/別集類

寓言三百韻一卷 張鳳撰 民國五年(1916)稿本 一册

330000－1701－0077220 M003401、M005574 子部/宗教類/道教之屬/神符

神秘符咒全書四卷 余哲夫撰 民國十一年(1922)上海東方書局影印本 三册 存三卷(一至三)

330000－1701－0077222 HJL081.99/0164/c2 類叢部/叢書類/家集之屬

嘉興譚氏遺書九種 譚新嘉編 民國元年至二十五年(1912－1936)嘉興譚氏承啟堂刻藍印本 十二册

330000－1701－0077223 HJH081/4040 類叢部/叢書類/彙編之屬

百川學海一百一種 (宋)左圭輯 民國十年(1921)上海博古齋據明弘治華氏刻本影印本 四十册

330000－1701－0077224 M003678 集部/詩文評類/文法之屬/函牘格式

增廣尺牘句解初集二卷增補音郡音義百家姓一卷二集二卷增補重訂音義千字文一卷 劉傳厚 莊適編輯 民國三年(1914)中國圖書公司和記石印本 一册

330000－1701－0077225 M003742 子部/雜著類/雜編之屬

張模雜抄不分卷 民國抄本 一册

330000－1701－0077226 M003743 子部/醫家類/方書之屬/歷代方書

孫真人備急千金要方三十卷 (唐)孫思邈撰 (清)張璐衍義 民國十五年(1926)上海中原書局石印本 八册 存十四卷(一至十四)

330000－1701－0077229 M003745、M006510 史部/史抄類

史隙不分卷 七十叟撰 民國六年(1917)稿本 二册

330000－1701－0077231 M003679 集部/別集類/清別集

劫餘殘草一卷澤畔行吟一卷 (清)徐先澤撰 民國二十五年(1936)徐景彝抄本 一册

330000－1701－0077233 M003681 類叢部/類書類/通類之屬

清初殿版銅活字印古今圖書集成樣本不分卷 中華書局編 民國二十三年(1934)中華書局鉛印本暨影印本 一册

330000－1701－0077234 M003402 集部/小說類/短篇之屬

繪圖白話伊索寓言一卷 曹志清編譯 民國十二年(1923)上海世界書局石印本 一册

330000－1701－0077235 M003680 集部/別集類/清別集

注韓室詩存一卷 (清)梅調鼎撰 民國二十二年(1933)張頤、方能光鉛印本 一册

330000－1701－0077240 M003744 子部/醫家類/類編之屬

徐靈胎醫書三十二種 (清)徐大椿撰 民國上海錦文堂書局石印本 十二册 存十六種

330000－1701－0077244 M003403、M007587 史部/地理類/專志之屬/寺觀

金陵玄觀志十三卷 民國二十六年(1937)南京陶風慶影印本 二册

330000－1701－0077248 M003404 集部/小說類/長篇之屬

紅樓復夢十六卷一百回 (清)陳少海撰 民國十二年(1923)上海啟新書局石印本 二册 存二卷(一、八)

330000－1701－0077249　HJH081.99/1123.2/c2　集部/總集類/氏族之屬
海鹽張氏涉園叢刻續編六種　張元濟輯　民國十七年(1928)海鹽張氏鉛印本　八冊

330000－1701－0077251　M003683、M007678　史部/紀傳類/正史之屬
史記論文不分卷　(清)吳見思評點　民國五年(1916)上海中華書局鉛印本　金鞏題記　八冊

330000－1701－0077255　M003405　經部/小學類/文字之屬/字書/字典
新編中華字典十二集十二卷總目一卷檢字一卷辨似一卷補遺一卷　許伏民等編　民國六年(1917)上海羣學書社石印本　一冊　存三卷(子集、丑集、寅集)

330000－1701－0077256　M003746、M003921　子部/宗教類/佛教之屬/論疏
攝大乘論釋十卷　(天竺)世親菩薩造　(唐)釋玄奘譯　民國五年(1916)金陵刻經處刻本　三冊

330000－1701－0077257　M003747　子部/宗教類/佛教之屬/論
大乘莊嚴經論十三卷　(唐)釋波羅頗迦羅蜜多羅譯　民國元年(1912)常州天寧寺刻本　三冊

330000－1701－0077259　M003748、M007339　子部/宗教類/道教之屬
太上感應篇註講證案彙編四卷首一卷　釋印光鑒定　民國十二年(1923)上海中華書局鉛印本　二冊

330000－1701－0077262　M003749　子部/宗教類/佛教之屬/論疏
大乘起信論別說一卷　釋太虛說　民國九年(1920)武昌正信印務館鉛印本　一冊

330000－1701－0077263　M003750　史部/傳記類/別傳之屬/事狀
梅母陳太君八十壽言不分卷　梅蘭芳輯　民國八年(1919)鉛印本　一冊

330000－1701－0077268　M003684　集部/總集類/課藝之屬
全國學生國文成績文庫甲編二十卷二集二十卷　盧壽籛選輯　民國十一年(1922)上海崇文書局鉛印本　十二冊

330000－1701－0077273　M003406　史部/地理類/方志之屬/郡縣志
[道光]錫金考乘十四卷　(清)周有壬纂　民國二十年(1931)無錫侯學愈環溪草堂鉛印本　四冊

330000－1701－0077276　M003751　集部/總集類/酬唱之屬
壽母詩一卷　吳昌年輯　民國七年(1918)鉛印本　一冊

330000－1701－0077277　M003752、M609662　子部/雜著類/雜說之屬
齊東野語二十卷　(宋)周密撰　民國十五年(1926)上海商務印書館鉛印本　四冊

330000－1701－0077279　HJH081.99/3112/c3　類叢部/叢書類/家集之屬
諸暨馮氏叢刻五種四十四卷　馮振音編　民國六年(1917)鉛印本　十冊

330000－1701－0077283　M003753　集部/別集類
劫燼幸存錄二卷　鄭彭齡撰　民國十二年(1923)木活字印本　一冊

330000－1701－0077284　HJH081.99/3112/c4　類叢部/叢書類/家集之屬
諸暨馮氏叢刻五種四十四卷　馮振音編　民國六年(1917)鉛印本　十冊

330000－1701－0077288　M003754　類叢部/叢書類/彙編之屬
復性書院叢刊二十七種　馬浮編　民國二十九年至三十七年(1940－1948)復性書院刻本暨鉛印本　六冊　存六種

330000－1701－0077290　M003755　史部/政書類/邦計之屬
農村調查法不分卷　民國石印本　一冊

330000－1701－0077291　M003685　史部/地理類/山川之屬/水志

六河備細情形一卷　民國抄本　一冊

330000－1701－0077292　HJH081.99/3128/c1　類叢部/叢書類/家集之屬

顧氏家集十種　顧燮光編　民國十八年(1929)會稽顧氏金佳石好樓鉛印本暨石印本　六冊

330000－1701－0077294　M003686、G003588、M006559、M007695　史部/史表類/通代之屬

支那五千年大事一覽表不分卷　陳敬第編　民國浙西書林鉛印本　十九冊

330000－1701－0077295　M003687　史部/史評類/史論之屬

百大家評註史記十卷　(清)朱子蕃輯　民國十六年(1927)上海錦章圖書局石印本　十冊

330000－1701－0077296　HJH081.99/31289(2)/c1　類叢部/叢書類/家集之屬

顧氏家集十種　顧燮光編　民國十八年(1929)會稽顧氏金佳石好樓鉛印本暨石印本　四冊

330000－1701－0077297　HJH081.99/3128/c3　類叢部/叢書類/家集之屬

顧氏家集十種　顧燮光編　民國十八年(1929)會稽顧氏金佳石好樓鉛印本暨石印本　洪僑訓題記　六冊

330000－1701－0077301　M003689　集部/楚辭類

楚辭十七卷　(漢)劉向集　(漢)王逸章句　(宋)洪興祖補注　民國十八年(1929)上海掃葉山房石印本　四冊

330000－1701－0077302　HJH081.99/5090/c2　類叢部/叢書類/家集之屬

四休堂叢書十一種　秦枏編　民國三十三年(1944)臨海秦氏四休堂鉛印本　秦梗題記　五冊

330000－1701－0077303　M003408　子部/藝術類/書畫之屬/畫法畫品

畫法要錄二編十卷首一卷末一卷初編補遺一卷　余紹宋撰　民國二十二年(1933)上海中華書局鉛印本　余紹宋題記　四冊

330000－1701－0077304　M003756、M007793　史部/政書類/公牘檔冊之屬

冀東紀念專刊不分卷　冀東防共自治政府編　民國二十五年(1936)鉛印本　二冊

330000－1701－0077305　HJH081/1137.2/c2　類叢部/叢書類/彙編之屬

學津討原二十集一百七十三種　(清)張海鵬編　民國十一年(1922)上海商務印書館據清嘉慶十年(1805)虞山張氏照曠閣刻本影印本　二百冊

330000－1701－0077309　HJH081.99/5090/c3　類叢部/叢書類/家集之屬

四休堂叢書十一種　秦枏編　民國三十三年(1944)臨海秦氏四休堂鉛印本　秦梗題記　五冊

330000－1701－0077321　M003691　集部/楚辭類

楚辭十七卷　(漢)劉向集　(漢)王逸章句　(宋)洪興祖補注　民國上海鴻章書局石印本　四冊

330000－1701－0077333　M003692　子部/小說家類/異聞之屬

埋憂集十卷續集二卷　(清)朱翊清撰　民國三年(1914)上海山葉山房石印本　四冊

330000－1701－0077339　M003757　子部/宗教類/佛教之屬/論疏

成唯識論音響補遺十卷　(清)釋紹覺音義　(清)釋新伊合響　(清)釋智素補遺　民國七年(1918)揚州藏經院刻本　十冊

330000－1701－0077340　M003694、M004399、M007603　史部/傳記類/總傳之屬/斷代

清代名人軼事十六卷　葛虛存撰　民國八年(1919)上海會文堂書局石印本　六冊

330000 - 1701 - 0077344 HJH081.99/7722/c2 類叢部/叢書類/家集之屬

婁東周氏叢刊初輯四種 周愨編 民國二十六年(1937)婁東周氏冰壺堂影印本 二册

330000 - 1701 - 0077348 HJH081.99/7722/c3 類叢部/叢書類/家集之屬

婁東周氏叢刊初輯四種 周愨編 民國二十六年(1937)婁東周氏冰壺堂影印本 二册

330000 - 1701 - 0077359 M003758 子部/宗教類/佛教之屬/經疏

首楞嚴經灌頂疏十卷科文一卷序釋一卷圓譚二卷 (清)釋續法集並註 民國十八年至十九年(1929 - 1930)揚州藏經院刻本 十四册 存十一卷(一下、二至五、七下、八上,科文,序釋,圓譚一至二)

330000 - 1701 - 0077361 HJH081/1137/c3 類叢部/叢書類/彙編之屬

借月山房彙鈔十六集一百三十五種 (清)張海鵬輯 民國九年(1920)上海博古齋據清虞山張氏刻本影印本 一百二十册

330000 - 1701 - 0077380 M003696、M004039 史部/政書類/律令之屬/法驗

洗冤錄參考二卷 王熾昌撰 民國八年(1919)石印本 二册

330000 - 1701 - 0077381 M003759、M004097 子部/宗教類/佛教之屬/經疏

大般涅槃經疏三德指歸一百卷 (晉)釋曇無讖譯 (南朝宋)釋慧嚴 (南朝宋)釋慧觀 (南朝宋)謝靈運治 (隋)釋灌頂疏 (唐)釋湛然再治 (宋)釋智圓述記 **大般涅槃經玄義發源機要六卷** (宋)釋智圓撰 民國十四年(1925)揚州宛虹橋眾香庵刻本 三十二册 存九十四卷(一至二十六、三十至三十八、四十二至一百)

330000 - 1701 - 0077385 M003409 子部/藝術類/書畫之屬/畫録

報刊繪畫集貼不分卷 民國剪貼本 一册

330000 - 1701 - 0077390 M003760 子部/宗教類/佛教之屬/論疏

大乘起信論別說一卷 釋太虛說 **大乘起信論一卷** (天竺)馬鳴菩薩造 (南朝梁)釋真諦譯 民國鉛印本 一册

330000 - 1701 - 0077393 M003697 史部/傳記類/別傳之屬/年譜

撝廬氏自編年譜一卷 童以謙編 童世亨續編 民國十二年(1923)鉛印本 一册

330000 - 1701 - 0077394 M003761、M006842、M007597 史部/地理類/專志之屬/寺觀

金陵梵剎志五十三卷 (明)葛寅亮輯 民國二十五年(1936)金山江天寺影印本 六册

330000 - 1701 - 0077395 M003698 子部/宗教類/佛教之屬

觀禮堂三教真傳 民國二十一年(1932)觀禮堂刻本 二册

330000 - 1701 - 0077398 M003762 集部/總集類/選集之屬/通代

買愁集二卷 (清)錢尚濠輯 民國四年(1915)上海藜光社鉛印本 二册

330000 - 1701 - 0077400 M003699 史部/傳記類/總傳之屬/技藝

集古印存小傳一卷 稿本 一册

330000 - 1701 - 0077402 M003410 子部/藝術類/書畫之屬/法帖

民國書法剪報不分卷 民國剪貼本 一册

330000 - 1701 - 0077403 M003763 子部/農家農學類

中國農業史二編七章 吳摯扈編 民國八年(1919)上海新學會社鉛印本 一册

330000 - 1701 - 0077404 HJH081/6051.5/c2 類叢部/叢書類/彙編之屬

鳴沙石室佚書(鳴沙石室古佚書)初編十九種 羅振玉編 民國二年(1913)上虞羅氏據唐寫本影印本 十六册

330000 - 1701 - 0077408 M003713 史部/

政書類/公牘檔冊之屬

浙江省地方二十二年度財政調查報告不分卷　童蒙正編　民國二十四年（1935）油印本　一冊

330000－1701－0077411　M003765　集部/詩文評類/詩評之屬

香奩詩話三卷　金燕輯　民國七年（1918）上海廣益書局鉛印本　一冊

330000－1701－0077415　M003714　史部/政書類/公牘檔冊之屬

浙江省地方財政調查報告不分卷　童蒙正編　民國二十三年（1934）油印本　二冊

330000－1701－0077419　M003700　經部/小學類/文字之屬/說文/專著

說文古籀補十四卷補遺一卷附錄一卷　（清）吳大澂撰　民國石印本　一冊　存五卷（十二至十四、補遺、附錄）

330000－1701－0077420　M003412　史部/政書類/掌故瑣記之屬

國務卿代見第四屆縣知事訓詞一卷　徐世昌撰　民國三年（1914）鉛印本　一冊

330000－1701－0077422　HJH081/6015.8/c1　類叢部/叢書類/彙編之屬

殷禮在斯堂叢書二十種　羅振玉編　民國十七年（1928）東方學會石印本暨鉛印本　十二冊

330000－1701－0077428　M003766、M004035、M005095、M007559　集部/總集類/選集之屬/通代

教科適用古文辭類纂精華不分卷　中華書局編　民國上海中華書局鉛印本　四冊

330000－1701－0077432　M003767　子部/術數類/相宅相墓之屬

地理辨正疏五卷首一卷末一卷　（清）張心言撰　民國上海進步書局石印本　一冊

330000－1701－0077436　M003768、M004350　子部/醫家類/醫案之屬

王氏醫案繹注十卷附錄一卷　（清）王士雄撰　石念祖繹注　民國八年（1919）上海商務印書館鉛印本　三冊

330000－1701－0077437　M003769、M003863、M005970、M007817　子部/小說家類/雜事之屬

惜陰軒搜集□□卷　民國六年（1917）抄本　六冊　存六卷（一至四、六、八）

330000－1701－0077442　M003770　類叢部/叢書類/郡邑之屬

黔南叢書樣本不分卷　貴州通志局編　民國貴州通志館鉛印本　一冊

330000－1701－0077447　M003414　子部/宗教類/道教之屬

關聖帝君警世寶誥一卷文昌帝君警世寶誥一卷　民國八年（1919）上海宏大紙號石印本　一冊

330000－1701－0077453　M003771　子部/宗教類/佛教之屬

金剛頂經一字頂輪王瑜伽一切時處念誦成佛儀軌一卷　（唐）釋不空譯　民國上海佛學書局影印本　一冊

330000－1701－0077454　M003772　集部/曲類/曲韻曲譜曲律之屬

鵲橋蜜誓一卷　民國五年（1916）朱潤元抄本　一冊

330000－1701－0077457　M003773　集部/曲類/曲韻曲譜曲律之屬

驚變一卷放譜一卷　民國元年（1912）朱潤源抄本　一冊

330000－1701－0077458　M003774　集部/曲類/曲韻曲譜曲律之屬

嵩壽一卷賣草芼一卷　民國二十年（1931）朱仁元抄本　一冊

330000－1701－0077463　M003701　子部/工藝類/日用器物之屬/陶瓷

說瓷五種　民國石印本　一冊　存一種

330000－1701－0077465　M003415　子部/宗教類/道教之屬/經文

太上三十六部尊經三卷　民國八年(1919)桐鄉沈善保刻本　三冊

330000－1701－0077472　M003703　集部/別集類/清別集

張文襄公詩集四卷　(清)張之洞撰　民國十五年(1926)上海掃葉山房石印本　一冊

330000－1701－0077476　M003704　集部/曲類/曲韻曲譜曲律之屬

喜怒哀樂一卷　民國抄本　一冊

330000－1701－0077478　HJH081/1003/c3　類叢部/叢書類/彙編之屬

說庫一百七十種　王文濡編　民國四年(1915)上海文明書局石印本(浮生六記卷五至六原缺)　六十冊

330000－1701－0077483　M003705　史部/政書類/邦計之屬/賦稅

財政部徵收釐稅考成條例一卷　財政部編　民國石印本　一冊

330000－1701－0077486　M003416　類叢部/叢書類/自著之屬

雙流劉鑑泉先生遺書二百二十種　劉咸炘撰　徐國光　王道相編輯　民國成都尚友書塾推十圖書經理處刻本、稿本暨抄本　二冊　存一種

330000－1701－0077488　M003706　子部/藝術類/篆刻之屬/印譜

李漢章印譜不分卷　民國鈐印本　一冊

330000－1701－0077493　M003775　類叢部/叢書類/郡邑之屬

台州叢書己集十二種　楊晨輯　民國八年(1919)黃巖楊氏石印本　七冊

330000－1701－0077495　M003417　子部/工藝類/日用器物之屬/服飾

女子細花本一卷　民國文益書局石印本　一冊

330000－1701－0077497　M003707、M007423　子部/藝術類/遊藝之屬

聽月山房七巧書譜二卷　(清)嚴恒撰　(清)嚴信厚輯　民國六年(1917)石印本　二冊

330000－1701－0077498　G600444　子部/藝術類/書畫之屬/法帖

淳化閣帖十卷　(明)董其昌書　民國石印本　四冊

330000－1701－0077500　M003776　史部/傳記類/別傳之屬/事狀

許稻蓀先生[嘉穀]紀念冊不分卷　許受培等輯　民國十五年(1926)許氏永錫堂鉛印本　一冊

330000－1701－0077501　M003418　子部/工藝類/日用器物之屬/錦繡

繡花花樣一卷　民國浙紹墨潤堂石印本　一冊

330000－1701－0077503　M003420　子部/藝術類/書畫之屬/畫譜

十八尊者圖一卷　(清)丁善長繪　民國十九年(1930)山東濰縣丁氏石印本　一冊

330000－1701－0077506　M003708　史部/傳記類/別傳之屬/事狀

顧竹溪先生訃告不分卷　顧景鴻等撰　民國二十六年(1937)鉛印本　一冊

330000－1701－0077510　M003709　史部/傳記類/別傳之屬/事狀

金石孫先生訃告不分卷　金楨等撰　民國二十一年(1932)鉛印本　一冊

330000－1701－0077511　M003421　史部/史評類/史學之屬

中國民族志八章不分卷附中國政治地理一卷　張其昀編　民國油印本　一冊

330000－1701－0077516　G602830、G603068、G607695、G608767、G609455、G611892　史部/政書類/公牘檔冊之屬

張文襄公奏稿五十卷首一卷公牘稿二十八卷函稿六卷函稿續編一卷電稿六十六卷　(清)張之洞撰　民國七年至九年(1918－1920)鉛印本　三十冊　存七十二卷(奏稿首,一至

八、十一至十二、十五至二十八、三十一至三十二、三十九至四十四；電稿一至十二、十九至二十一、二十八至三十、三十七至四十五、五十二至六十三）

330000－1701－0077517　M003711　集部/戲劇類/雜劇之屬

西廂記一卷玉簪記一卷西川圖一卷　民國抄本　一冊

330000－1701－0077519　M003712　史部/政書類/邦計之屬/鹽法

淮北三場池圩圖一卷　丁毓昌繪　民國抄本　一冊

330000－1701－0077521　M003423　集部/別集類/清別集

長真閣集七卷詩餘一卷　（清）席佩蘭撰　民國九年（1920）上海掃葉山房石印本　二冊

330000－1701－0077522　M003424　集部/別集類/清別集

新體廣註小倉山房尺牘八卷　（清）袁枚撰　（清）胡光斗箋釋　（清）徐楨增註　民國十四年（1925）上海世界書局石印本　一冊

330000－1701－0077523　M003425　集部/曲類/曲選之屬

僊莊會一卷白狐裘觀燈一卷雷峯塔合缽一卷梅花戒一卷　民國抄本　一冊

330000－1701－0077524　M003426　史部/雜史類/斷代之屬

江浙直奉血戰畫寶大全四集　胡亞光等繪　民國十三年（1924）上海戰事寫真館石印本　三冊　缺一集（利）

330000－1701－0077532　M003777　類叢部/叢書類/自著之屬

鶴巖野人續集　劉成孝撰　民國七年（1918）東山草堂木活字印本　一冊　存一種

330000－1701－0077538　M003779、M004739　史部/雜史類/斷代之屬

接管膠濟鐵路紀不分卷　趙德三輯　民國十三年（1924）北京京華印書局鉛印本　二冊

330000－1701－0077539　HJH081/1182.3/c3　類叢部/叢書類/彙編之屬

適園叢書七十四種　張鈞衡編　民國二年至六年（1913－1917）烏程張氏刻本（唐大詔令集卷十四至二十四、八十七至九十八原缺）　一百九十二冊

330000－1701－0077544　M003780、M006573、M007188、M007761　類叢部/叢書類/彙編之屬

三教心法六種　民國二十五年（1936）上海明善書局鉛印本　四冊　存三種

330000－1701－0077548　M003781　新學/算學/數學

混合數學不分卷　民國石印本　一冊

330000－1701－0077549　普951.0021/1111　史部/目録類/專録之屬

國立北平研究院史學研究會歷史組史部書目稿一卷　國立北平研究院史學研究會歷史組編　民國二十五年（1936）國立北平研究院史學研究會鉛印本　一冊

330000－1701－0077552　M003782、M609584、M610003　史部/紀傳類/正史之屬

清史稿五百三十六卷目錄五卷　趙爾巽等撰　民國十六年（1927）清史館鉛印本　十一冊　存四十六卷（目錄一至五、本紀一至二十五，地理志一至十六）

330000－1701－0077560　M003783　史部/目録類/書志之屬/提要

四部書目總錄樣本不分卷　周雲青編　民國十八年（1929）上海醫學書局鉛印本　一冊

330000－1701－0077565　M003822　子部/宗教類/佛教之屬/經

妙法蓮華經觀世音菩薩普門品一卷　（後秦）釋鳩摩羅什譯　民國影印本　一冊

330000－1701－0077567　M003784、M005014　子部/宗教類/佛教之屬/律

四分律含註戒本疏行宗記十六卷　（宋）釋元照撰　民國十三年（1924）天津刻經處刻本

十六册

330000－1701－0077568　M003823　子部/宗教類/佛教之屬/論

大乘廣百論釋論十卷　（唐）釋玄奘譯　民國六年（1917）金陵刻經處刻本　四册

330000－1701－0077570　M003785　子部/宗教類/佛教之屬/律

四分律刪補隨機羯磨疏濟緣記二十二卷釋四分律刪補隨機羯磨疏科四卷　（宋）釋元照撰　民國二十年（1931）天津刻經處刻本　十二册

330000－1701－0077579　M003787　史部/目録類

百衲本二十四史影印描潤始末記一卷　張元濟撰　民國二十二年（1933）上海商務印書館鉛印本　一册

330000－1701－0077582　M003824　子部/宗教類/佛教之屬/諸宗

念佛鏡二卷　（唐）釋道鏡　（唐）釋善道集　民國三年（1914）金陵刻經處刻本　一册

330000－1701－0077590　M003788　史部/政書類/掌故瑣記之屬

甲寅夏日上徐國務卿芻議四則一卷　劉富槐撰　民國三年（1914）杭州興業書局鉛印本　一册

330000－1701－0077593　M003789、M006805、M007618　子部/宗教類/道教之屬

歷世真仙體道通鑑五十三卷續編五卷後集六卷　（元）趙道一編　民國二十五年（1936）廣倉學宭鉛印本　十册

330000－1701－0077594　M003825　史部/傳記類/總傳之屬/釋道

敕建護國萬壽戒壇大昭慶律寺同戒錄一卷（民國壬戌冬期）　釋心恒撰　民國十一年（1922）刻本　一册

330000－1701－0077598　M003790、M007073、M008231　子部/宗教類/道教之屬/戒律

金科輯要三集三十六卷　都劫司　武昌侯輯　民國二十一年（1932）上海明善書局鉛印本　三册　存五卷（上集首、中集三至五、下集六）

330000－1701－0077602　M003826　史部/傳記類/總傳之屬/釋道

敕建護國萬壽戒壇大昭慶律寺同戒錄一卷（民國甲戌冬期）　民國二十三年（1934）刻本　一册

330000－1701－0077603　M003791　史部/政書類/公牘檔册之屬

建德縣造林文稿一卷（民國六年七月至十年九月）　蔣將輯　民國十年（1921）鉛印本　一册

330000－1701－0077604　M003972　子部/雜著類/雜說之屬

歸復人電法次序一卷精神哲學密訣一卷　（朝鮮）全秉勳撰　**大學古本一卷**　大浩山人述　民國二十三年（1934）鉛印本　一册

330000－1701－0077608　M003792　子部/農家農學類

新昌農事調查六篇　金城撰　民國八年（1919）鉛印本　一册

330000－1701－0077610　M003971　子部/宗教類/佛教之屬

傳戒演儀一卷　民國抄本　一册

330000－1701－0077615　M003827　子部/藝術類/遊藝之屬/聯語

劬盦聯語一卷　羅正鈞撰　民國十年（1921）湘潭羅氏養正齋刻本　一册

330000－1701－0077617　M003794　集部/小說類/長篇之屬

古城返照記不分卷　老漢（徐凌霄）撰　民國鉛印本　朱悟申題記　一册

330000－1701－0077620　M003806　集部/曲類/曲韻曲譜曲律之屬

盤夫一卷　民國抄本　一册

330000－1701－0077622　普951.0023/1004　史部/史表類/通代之屬

中國歷朝統系圖不分卷　王亦鶴編纂　民國十四年(1925)鉛印本　一册

330000－1701－0077625　普951.0023/1138/c1　史部/史表類/通代之屬

古驩室張氏紀年叢刊　張之銘撰　民國實學通藝館鉛印本　一册　存一種

330000－1701－0077626　普951.0023/1138/c2　史部/史表類/通代之屬

古驩室張氏紀年叢刊　張之銘撰　民國實學通藝館鉛印本　一册　存一種

330000－1701－0077631　M003828　子部/宗教類/佛教之屬/論

百論二卷　(後秦)釋鳩摩羅什譯　民國鉛印本　一册

330000－1701－0077633　M003795　子部/儒家類/儒學之屬/禮教/家訓

陳楓階先生訓子家書一卷　(清)陳楓階撰　民國二十五年(1936)鉛印本　一册

330000－1701－0077637　M003829　史部/傳記類/總傳之屬/釋道

湖北歸元禪寺同戒錄一卷(己巳年冬期)　湖北歸元禪寺撰　民國十八年(1929)石印本　一册

330000－1701－0077639　M003796　子部/藝術類/書畫之屬/法帖

鍾紹京小楷習字範本一卷　(唐)鍾紹京書　民國影印本　一册

330000－1701－0077642　M003830　史部/傳記類/總傳之屬/釋道

湖北歸元禪寺同戒錄一卷(庚午年冬期)　湖北歸元禪寺撰　民國十九年(1930)石印本　一册

330000－1701－0077646　M003831　史部/傳記類/總傳之屬/釋道

敕建護國萬壽戒壇大昭慶律寺同戒錄一卷(民國乙卯冬期)　釋心圓撰　民國四年(1915)刻本　一册

330000－1701－0077648　M003797　史部/政書類/軍政之屬

綏靖要刊　陸海空軍總司令部參謀處編　民國二十年(1931)杭州長興印刷所鉛印本　一册

330000－1701－0077658　M003832　史部/政書類/軍政之屬/邊政

兵屯熱察綏計劃不分卷　趙伯屏撰　民國北平文嵐簃鉛印本　一册

330000－1701－0077663　HJH081.12/2105/c2　類叢部/叢書類/郡邑之屬

湖北先正遺書七十二種七百二十七卷　盧靖編　民國十二年(1923)沔陽盧氏慎始基齋影印本　一百八十册

330000－1701－0077665　M003833、M606777　子部/宗教類/佛教之屬/論

大乘阿毗達磨集論八卷　(唐)釋玄奘譯　民國九年(1920)金陵刻經處刻本　二册

330000－1701－0077671　M003834　史部/傳記類/别傳之屬/事狀

諦閑月霞兩法師事畧一卷　民國北京正蒙印書局鉛印本　一册

330000－1701－0077675　M003835　集部/曲類/寶卷之屬

梅鸚宝卷一卷　民國抄本　一册

330000－1701－0077678　M003836　子部/宗教類/佛教之屬

誌公悝語一卷　民國五年(1916)揚州藏經院刻本　一册

330000－1701－0077679　M003799　集部/總集類/選集之屬/通代

宋元明文評註讀本不分卷　王文濡編　金熙汪勁扶註　民國十四年(1925)上海文明書局鉛印本　二册

330000－1701－0077686　M003837　子部/宗教類/佛教之屬/諸宗

大乘入道次第章一卷　(唐)釋智周撰　民國九年(1920)北京刻經處刻本　一冊

330000－1701－0077687　M003838　子部/宗教類/佛教之屬/論疏
辯中邊論述記六卷　(唐)釋窺基撰　民國元年(1912)江西刻經處刻本　三冊

330000－1701－0077688　M003800　集部/曲類/曲韻曲譜曲律之屬
告雁一卷　民國二十五年(1936)朱培生抄本　一冊

330000－1701－0077691　M003801　集部/曲類/曲韻曲譜曲律之屬
茶敘(玉簪記)一卷　民國八年(1919)抄本　一冊

330000－1701－0077693　M003839、M004153、M004210　子部/宗教類/佛教之屬/律
毘尼止持會集十六卷首一卷　(清)釋讀體輯　民國刻本　七冊

330000－1701－0077695　M003427　史部/政書類/公牘檔冊之屬
浙江省政府公報目錄不分卷　民國抄本　六冊

330000－1701－0077698　M003840　子部/宗教類/佛教之屬
佛學院章程不分卷　佛學院編　民國鉛印本　一冊

330000－1701－0077699　M003802　子部/術數類/占候之屬
飛星各圖歌訣一卷附流年圖一卷　民國抄本　一冊

330000－1701－0077701　M003803　集部/曲類/曲韻曲譜曲律之屬
焚香記二卷　民國抄本　一冊

330000－1701－0077703　M003804　集部/曲類/曲韻曲譜曲律之屬
儀寸一卷　民國二十五年(1936)朱倍生抄本　一冊

330000－1701－0077707　HJH081/4496/c2　類叢部/叢書類/彙編之屬
別下齋叢書二十七種　(清)蔣光煦編　民國武林竹簡齋據道光海昌蔣氏刻本影印本　二十四冊

330000－1701－0077711　M003428　經部/小學類/音韻之屬
音韻學叢書二十種　嚴式誨輯　民國渭南嚴氏成都刻本　九冊　存五種

330000－1701－0077713　M003805　集部/曲類/曲韻曲譜曲律之屬
灞別一卷　民國四年(1915)朱潤源抄本　一冊

330000－1701－0077714　HJH081/3479/c3　類叢部/叢書類/輯佚之屬
經典集林三十種三十二卷　(清)洪頤煊撰錄　民國十五年(1926)海寧陳乃乾慎初堂據清嘉慶問經堂叢書本影印本　二冊

330000－1701－0077715　M003841　子部/宗教類/佛教之屬/論疏
大乘起信論裂網疏六卷　(明)釋智旭述　民國五年(1916)刻本　二冊

330000－1701－0077721　M003842　子部/小說家類/異聞之屬
新齊諧二十四卷　(清)袁枚撰　民國十年(1921)上海中華圖書館鉛印本　一冊　存三卷(一至三)

330000－1701－0077723　M003807　子部/宗教類/佛教之屬/論疏
釋摩訶衍論十卷　(天竺)馬鳴菩薩本論　(南朝陳)釋真諦譯　(天竺)龍樹菩薩釋論　(晉)釋筏提摩多譯　民國金陵刻經處刻本　四冊

330000－1701－0077724　HJH081/4496/c4　類叢部/叢書類/彙編之屬
別下齋叢書二十七種　(清)蔣光煦編　民國武林竹簡齋據清道光海昌蔣氏刻本影印本

二十四册

330000－1701－0077725　M003808　子部/宗教類/佛教之屬/論
般若融心論一卷　（明）釋傳燈撰　民國十六年(1927)杭州昭慶慧空經房刻本　一册

330000－1701－0077726　M003809　子部/宗教類/佛教之屬/論
雜寶藏論十卷　（北魏）釋吉迦夜　（北魏）釋曇曜譯　民國十年(1921)金陵刻經處刻本　三册

330000－1701－0077727　HJH081/4496.2/c3　類叢部/叢書類/彙編之屬
涉聞梓舊二十五種　（清）蔣光煦輯　民國武林竹簡齋據清道光海昌蔣氏刻本影印本　二十四册

330000－1701－0077732　M003843、M006744　史部/叢編
荊駝逸史五十八種附一種　（清）陳湖逸士輯　民國上海有正書局鉛印本　二册　存四種

330000－1701－0077736　HJH081/3499　類叢部/叢書類/彙編之屬
靜園叢書十種　沈光瑩編　民國七年(1918)聚珍倣宋印書局鉛印本(籀史卷下原缺)　十六册

330000－1701－0077738　M003810　集部/別集類/清別集
絜齋老人遺稿一卷　（清）吳寶恕撰　民國十三年(1924)鉛印本　一册

330000－1701－0077740　M003436　子部/藝術類/書畫之屬/法帖
宋拓大觀帖十卷　民國影印本　一册　存一卷(二)

330000－1701－0077743　M003429、M007178　史部/傳記類/總傳之屬/家乘
[江蘇青浦]練西黄氏宗譜十四卷首一卷　黄守恒纂　民國四年(1915)嘉定黄氏誠明堂鉛印本　四册

330000－1701－0077744　M003970　史部/傳記類
韞雲偶刊不分卷　李雲良　孟韞佳編　民國十八年(1929)鉛印本暨影印本　一册

330000－1701－0077746　HJH081/4496.2/c4　類叢部/叢書類/彙編之屬
涉聞梓舊二十五種　（清）蔣光煦輯　民國武林竹簡齋據清道光海昌蔣氏刻本影印本　二十四册

330000－1701－0077749　M003811　子部/宗教類/佛教之屬
唯識三十論略解一卷　釋清淨撰　民國二十二年(1933)北平三時學會鉛印本　一册

330000－1701－0077750　M003844　集部/戲劇類
崑劇目錄一卷　民國汪斗南抄本　一册

330000－1701－0077751　M003430　子部/藝術類/書畫之屬/畫譜
臧窈卿女士花果册一卷　（清）臧淑如繪　民國二十年(1931)山東濰縣丁氏影印本　丁錫綸題記　一册

330000－1701－0077754　M003845、M003967、M005093　史部/紀傳類/正史之屬
二十四史附考證　民國上海涵芬樓據清乾隆武英殿本影印本　十一册　存一種

330000－1701－0077755　M003812　子部/宗教類/佛教之屬
唯識三十論略解二卷　北京法相研究會編　民國北京法相研究會鉛印本　一册

330000－1701－0077756　M003431　史部/雜史類/斷代之屬
辛亥春秋三卷　揚鐸撰　民國二十年(1931)油印本　一册

330000－1701－0077759　M003813　史部/傳記類/別傳之屬/年譜
崇德老人自訂年譜一卷附廉儉救國說一卷　聶曾紀芬撰　瞿宣穎輯　民國二十年(1931)聶氏家庭出版社鉛印本　一册

330000－1701－0077760　M003846　子部/

宗教類/佛教之屬/論疏

辯中邊論三卷 （唐）釋玄奘譯　民國六年(1917)金陵刻經處刻本　一冊

330000－1701－0077765　M003432　史部/傳記類/總傳之屬/人表

浙江省長公署職員履歷清冊一卷 民國抄本　一冊

330000－1701－0077767　M003814　史部/政書類/公牘檔冊之屬

國民政府文官處職員補習教育彙刊第三期不分卷(民國二十四年七月至十二月) 國民政府文官處職員補習教務委員會編　民國二十五年(1936)鉛印本　一冊

330000－1701－0077768　M003847　經部/小學類/訓詁之屬/群雅

釋名八卷 （漢）劉熙撰　民國鉛印本　一冊

330000－1701－0077771　HJH081/8373.2/c1　類叢部/叢書類/彙編之屬

指海一百四十種 （清）錢熙祚編　（清）錢培讓　（清）錢培杰續編　民國二十四年(1935)上海大東書局據清錢氏重編借月山房彙鈔本影印本　一百六十冊

330000－1701－0077773　M003848　子部/宗教類/佛教之屬/論

華嚴原人論合解二卷 （唐）釋宗密論　（元）釋圓覺解　（明）楊嘉祚刪合　民國四年(1915)揚州藏經院刻本　一冊

330000－1701－0077775　M003433　子部/藝術類/書畫之屬/畫譜

古代名畫 民國天繪閣影印本　一冊　存一種

330000－1701－0077776　M003815　史部/政書類/公牘檔冊之屬

約法會議紀錄二編□□卷附圖表一卷 約法會議秘書廳編　民國四年(1915)鉛印本　五冊　存五卷(第二編一至四、圖表)

330000－1701－0077777　普951.0023/4447/4　類叢部/叢書類/彙編之屬

四部備要 中華書局編　民國二十五年(1936)上海中華書局鉛印本　十冊　存一種

330000－1701－0077778　M003849　子部/宗教類/佛教之屬

慧文正辯佛日普照元叟端禪師語錄四卷首一卷 （明）釋法琳編　民國刻本　一冊

330000－1701－0077782　M003850　子部/宗教類/佛教之屬/經疏

楞嚴經灌頂疏十卷科文一卷序釋一卷圓譚二卷 （清）釋續法撰　民國九年(1920)刻十一年(1922)魯心齋印本　二十五冊

330000－1701－0077787　M003818　子部/宗教類/佛教之屬/論疏

釋摩訶衍論記十卷附科文 （宋）釋普觀撰
釋摩訶衍論記一卷 （唐）釋聖法鈔　民國十年(1921)北京刻經處刻本　十冊

330000－1701－0077791　M003819　子部/術數類/陰陽五行之屬

推背圖說不分卷 題(唐)袁天罡撰　（唐）李淳風注　民國石印本　一冊

330000－1701－0077793　M003435　子部/藝術類/書畫之屬/畫譜

朱青立山水畫冊一卷 （清）朱青立繪　民國十八年(1929)上海天繪閣影印本　一冊

330000－1701－0077794　M003820　子部/小說家類/異聞之屬

詳註閱微草堂筆記二十四卷 （清）紀昀撰　謝璿　陸鍾渭詳註　民國十八年(1929)上海會文堂書局石印本　八冊　存十九卷(四至十、十三至二十四)

330000－1701－0077803　M003851、M604828　子部/宗教類/佛教之屬/經疏

楞嚴經灌頂疏十卷科文一卷序釋一卷圓譚二卷 （清）釋續法撰　民國九年(1920)刻十一年(1922)魯心齋印本　二十一冊

330000－1701－0077807　M004104　子部/宗教類/道教之屬/經文

高上玉皇本行集經三卷 艾信慧校正　民國

二十七年(1938)上海桐柏宫道德經書局影印本　一册

330000－1701－0077820　HJH081/8373.2/c2　類叢部/叢書類/彙編之屬

指海一百四十種　(清)錢熙祚編　(清)錢培讓　(清)錢培杰續編　民國二十四年(1935)上海大東書局據清錢氏重編借月山房彙鈔本影印本　一百六十册

330000－1701－0077821　HJH081/4834/c2　類叢部/叢書類/彙編之屬

選印宛委别藏四十種　故宫博物院編　民國二十四年(1935)國立北平故宫博物院影印本　一百五十册

330000－1701－0077855　HJH081.02/4720　類叢部/叢書類/彙編之屬

景印元明善本叢書十種　商務印書館編　民國二十六年至二十九年(1937－1940)上海商務印書館影印本　二十二册　存一種

330000－1701－0077867　HJH081.03/7537/2/c1　類叢部/叢書類/彙編之屬

唐人説薈(唐代叢書)一百六十五種　(清)陳世熙(一題王文誥)輯　民國二年(1913)上海掃葉山房石印本　十六册

330000－1701－0077885　M003950　子部/宗教類/佛教之屬/諸宗

大乘法苑義林章記二十卷　(唐)釋窺基撰　**録存不入章抉擇記一卷**　(唐)釋智周撰　民國五年(1916)金陵刻經處刻本　七册

330000－1701－0077892　M003951　子部/宗教類/佛教之屬

佛心經品亦通大隨求陀羅尼二卷　(唐)釋流志譯　民國影印本　一册

330000－1701－0077897　M003952　史部/傳記類/總傳之屬/釋道

大九華山祇園禪寺同戒録一卷　釋寬慈撰　民國二十二年(1933)石印本　一册

330000－1701－0077900　M004105　子部/宗教類/佛教之屬/經疏

彌陀畧解圓中鈔二卷　(明)釋大佑解　(明)釋傳燈鈔　民國二年(1913)揚州藏經院刻本　二册

330000－1701－0077903　M003953　史部/傳記類/總傳之屬/釋道

江右廬山海會寺同戒録一卷　釋常靜撰　民國十四年(1925)木活字印本　一册

330000－1701－0077911　M003920、M003954　子部/宗教類/佛教之屬/諸宗

大乘止觀法門宗圓記十二卷　(宋)釋了然撰　民國石印本　十二册

330000－1701－0077913　HJH082.7/3417/2　類叢部/叢書類/自著之屬

蛾術堂集十四種　(清)沈豫撰　民國二十年(1931)上海蟫隱廬據清道光十八年(1838)刻本影印本　六册

330000－1701－0077919　HJH082.7/3417/2/c2　類叢部/叢書類/自著之屬

蛾術堂集十四種　(清)沈豫撰　民國二十年(1931)上海蟫隱廬據清道光十八年(1838)刻本影印本　六册

330000－1701－0077921　HJH081/1282/c1　類叢部/叢書類/彙編之屬

涵芬樓祕笈五十一種　孫毓修等輯　民國五年至十五年(1916－1926)上海商務印書館影印本暨鉛印本　八十册

330000－1701－0077922　M003955　子部/宗教類/佛教之屬

華嚴字母學音篇一卷　蕭退闇撰　民國二十二年(1933)蘇州永錩祥鉛印本　一册

330000－1701－0077928　M003956　子部/宗教類/佛教之屬/經疏

大方廣佛華嚴經要解一卷　(宋)釋戒環集　民國三十四年(1945)無錫民生印書館鉛印本　一册

330000－1701－0077930　M003957　子部/宗教類/佛教之屬/總録

性相通説一卷　(明)釋德清撰　民國上海佛

學書局影印本　一冊

330000－1701－0077937　M003958　子部/宗教類/佛教之屬

佛學叢書□□種　丁福保輯　民國上海醫學書局鉛印本暨影印本　一冊　存二種

330000－1701－0077940　M003959　子部/宗教類/佛教之屬

華嚴二祖略錄一卷　民國北京佛經流通處鉛印本　一冊

330000－1701－0077943　M004106　子部/宗教類/佛教之屬/經疏

勝鬘師子吼一乘大方便方廣經疏鈔六卷（南朝宋）釋求那跋陀羅譯　（日本）上宮皇太子疏　（唐）釋明空鈔　民國八年（1919）金陵刻經處刻本　三冊

330000－1701－0077946　M003960　史部/傳記類/總傳之屬/釋道

勅賜旃教講寺同戒錄一卷（乙丑冬期）　釋成豐撰　民國十四年（1925）石印本　一冊

330000－1701－0077947　HJH081.04/8021/（2）/c2　類叢部/叢書類/彙編之屬

儒學警悟七集四十卷　（宋）俞鼎孫　（宋）俞經編　民國十一年（1922）武進陶氏刻本　十冊

330000－1701－0077954　M003961　史部/傳記類/總傳之屬/釋道

敕賜大寶華山護國慧居寺同戒錄一卷（壬子年冬戒期）　民國元年（1912）刻本　一冊

330000－1701－0077957　M003963　史部/傳記類/總傳之屬/釋道

西園震國戒幢律寺同戒錄一卷（民國三十年春期）　釋印真撰　民國三十年（1941）鉛印本　一冊

330000－1701－0077959　M003962　史部/傳記類/總傳之屬/釋道

勅賜大寶華山護國慧居寺同戒錄一卷（中華民國十七年春期）　釋德寬撰　民國十七年（1928）刻本　一冊

330000－1701－0077972　M004107　子部/宗教類/佛教之屬/經疏

請觀音經疏闡義鈔五卷請觀音懺法一卷（隋）釋智者大師說　（宋）釋智圓述鈔　**請觀世音行法一卷**　（唐）荆溪大師釋　**請觀世音菩薩消伏毒害陀羅尼三昧儀一卷**　（宋）釋慈雲大師集　民國十四年（1925）天津刻經處刻本　二冊

330000－1701－0077978　M004108　子部/宗教類/佛教之屬/論

十地經論十二卷　（天竺）天親菩薩造　（北魏）釋菩提流支等譯　民國六年（1917）金陵刻經處刻本　四冊

330000－1701－0077981　M003964　子部/宗教類/佛教之屬/大藏

大藏經□□種　民國三十三年（1944）普慧大藏經刊行會鉛印本　四冊　存一種

330000－1701－0077984　M003965　子部/宗教類/佛教之屬/論

攝大乘論二卷　（天竺）無著菩薩造　（南朝陳）釋真諦譯　**攝大乘論二卷**　（天竺）無著菩薩造　（北魏）釋扇多譯　民國五年（1916）常州天寧寺刻經處刻本　二冊

330000－1701－0077985　M004109　子部/宗教類/佛教之屬

金剛般若波羅蜜經一卷　瞿恭生書　民國上海國華印刷公司石印本　一冊

330000－1701－0077989　M003966　子部/宗教類/佛教之屬/經疏

大方廣佛華嚴經疏鈔會本八十卷附錄一卷（唐）釋澄觀撰述　**大方廣佛華嚴經入不思議解脱境界普賢行願品別行疏鈔會本四卷**（唐）釋澄觀述別行疏　（唐）釋宗密述隨疏鈔　**大方廣佛華嚴經疏鈔會本略科十卷大方廣佛華嚴經普賢行願品別行疏鈔會本略科一卷**　民國三十三年（1944）華嚴疏鈔編印會鉛印本　二十四冊　存五十九卷（九至十三、三十四至七十六、七十八至八十，大方廣佛華嚴經入不思議解脱境界普賢行願品別行疏鈔會本

一，大方廣佛華嚴經疏鈔會本略科一至七）

330000－1701－0077993　M004110　子部/宗教類/佛教之屬/諸宗
淨土津要續編五種　民國十三年(1924)上海商務印書館鉛印本　二册

330000－1701－0077998　HJH081/1282/c3　類叢部/叢書類/彙編之屬
涵芬樓祕笈五十一種　孫毓修等輯　民國五年至十五年(1916－1926)上海商務印書館影印本暨鉛印本　八十册

330000－1701－0078002　M004111　子部/宗教類/佛教之屬
金剛般若波羅蜜經一卷　(後秦)釋鳩摩羅什譯　民國十五年(1926)影印本　一册

330000－1701－0078009　M003969　類叢部/叢書類/彙編之屬
珠叢別錄二十八種　(清)錢熙祚編　民國十一年(1922)上海博古齋據清金山錢氏重編增刻墨海金壺本影印本　九册　存八種

330000－1701－0078014　M003968　史部/政書類/公牘檔册之屬
新東陽兩大事業不分卷　何紹韓撰　民國十年(1921)東陽旅杭學會鉛印本　一册

330000－1701－0078020　HJH081/2101/c1　類叢部/叢書類/彙編之屬
抱經堂叢書十六種　(清)盧文弨編　民國十二年(1923)北京直隸書局據清乾隆至嘉慶盧氏刻本影印本　一百册

330000－1701－0078034　G600498、M604923、M608005　集部/總集類/選集之屬/通代
天下才子必讀書十五卷末一卷　(清)金人瑞選評　民國七年(1918)上海有正書局鉛印本　五册　存十三卷(四至十五、末)

330000－1701－0078037　HJH081/3144/c2　類叢部/叢書類/彙編之屬
四部叢刊　張元濟等編　民國上海商務印書館影印本　二千一百十二册

330000－1701－0078038　M003973　史部/傳記類/總傳之屬/技藝
近代六十名家畫傳一卷桐陰復志一卷　陳小蝶(蘧)撰　**海上書畫名家年鑑一卷**　錢厓輯　民國鉛印本　一册

330000－1701－0078039　M003974　史部/地理類/方志之屬/郡縣志
於潛鄉土地理大綱初稿三篇　余烈編　民國二十二年(1933)鉛印本　一册

330000－1701－0078041　M003975　子部/宗教類/佛教之屬/諸宗
大乘止觀述記二十卷　釋諦閑說　釋聖性　釋聖心筆記　江味農演述　民國十九年(1930)上海功德林佛經流通處刻本　六册

330000－1701－0078042　M003852　集部/別集類/明別集
百首梅花詩一卷　(明)徐應籌撰　民國八年(1919)木活字印本　一册

330000－1701－0078044　HJH082.7/2233/3　類叢部/叢書類/自著之屬
崔東壁遺書前編十九種附一種　(清)崔述撰　民國十三年(1924)上海古書流通處據清道光陳氏刻本影印本　二十册

330000－1701－0078046　M003976　類叢部/叢書類/自著之屬
楊居士遺書　(清)楊文會撰　民國刻本　一册　存一種

330000－1701－0078047　HJH082.7/2233/3/c2　類叢部/叢書類/自著之屬
崔東壁遺書前編十九種附一種　(清)崔述撰　民國十三年(1924)上海古書流通處據清道光陳氏刻本影印本　二十册

330000－1701－0078048　M003977　子部/宗教類/佛教之屬
在家必讀內典　歐陽漸編　民國二十七年(1938)支那內學院刻本　二册

330000－1701－0078049　M003853　史部/雜史類/通代之屬

甲乙史二卷書目一卷　(清)劉世瑗編　民國據常熟周左季家寫本影印本　一冊

330000－1701－0078051　M003854　史部/目録類/書志之屬/提要

四部叢刊書録一卷　商務印書館編　民國十五年(1926)上海商務印書館鉛印本　一冊

330000－1701－0078055　M003855　集部/戲劇類

戲劇節抄不分卷　民國抄本　一冊

330000－1701－0078060　M003979　子部/宗教類/佛教之屬

略述法相義三卷　(日本)釋聞證輯　民國四年(1915)金陵刻經處刻本　一冊

330000－1701－0078063　M003856　集部/總集類/氏族之屬

貴和堂三代詩存三卷　熊飛輯　民國鉛印本　一冊

330000－1701－0078064　M003980　子部/宗教類/佛教之屬/經

佛説大乘戒經一卷　(宋)釋施護譯　釋演音書　**十善業道經一卷**　(唐)釋實叉難陀譯　釋演音書　民國二十三年(1934)影印本　一冊

330000－1701－0078068　M003981　子部/宗教類/佛教之屬

佛學叢書□□種　丁福保輯　民國上海醫學書局鉛印本暨影印本　一冊　存一種

330000－1701－0078074　M003858　子部/宗教類/佛教之屬/諸宗

婆羅門書一卷　(清)嚴重集　民國刻本　一冊

330000－1701－0078075　M003982　子部/宗教類/佛教之屬

華嚴法界玄鏡提綱畧講三卷　(唐)釋澄觀述　**羣經大意不分卷**　民國兩湖佛化講習所鉛印本　一冊

330000－1701－0078078　M003983　子部/宗教類/佛教之屬

宗喀巴大師顯密修行次第科頌止觀略法一卷文殊真言念誦略法一卷　民國陳阜南刻本　一冊

330000－1701－0078080　M003859　史部/金石類/錢幣之屬

古泉叢書十五種　民國上海醫學書局石印本　一冊　存一種

330000－1701－0078081　M003984　史部/傳記類/別傳之屬

古稀録一卷　鄒廷廉編　民國九年(1920)鉛印本　一冊

330000－1701－0078085　M003861　集部/戲劇類/傳奇之屬

丹桂書屋改定水晶球前集九卷　民國抄本　一冊

330000－1701－0078086　M003860　子部/宗教類/佛教之屬

卡卻儀軌一卷　釋打爾馬巴打惹撰　民國二十三年(1934)新華印刷社石印本　一冊

330000－1701－0078094　M003862　史部/政書類/律令之屬/刑制

刑事訴訟法綱要三卷　孫潞編　民國二十四年(1935)油印本　一冊

330000－1701－0078098　M003985　集部/總集類/氏族之屬

周浦朱氏行恕堂傳家集三種五卷　民國二十七年(1938)鉛印本　一冊

330000－1701－0078104　M003864、M007088、M008371　子部/小説家類/雜事之屬

夢厂雜著十卷　(清)俞蛟撰　民國上海古今書室石印本　三冊　存七卷(一至三、七至十)

330000－1701－0078106　M003986　史部/傳記類/別傳之屬

毘陵馬節母懿行題辭不分卷　民國石印本　一冊

330000－1701－0078111　M003865　子部/宗教類/佛教之屬/經疏
妙法蓮華經通義二十卷　(明)釋德清述　民國上海佛學書局影印本　五册

330000－1701－0078114　M003866　子部/醫家類/喉科口齒之屬/通論
喉科心法二卷　(清)沈善謙撰　民國八年(1919)刻本　一册

330000－1701－0078116　M003987　集部/别集類
金閶紀事一卷　柳遂撰　**和金閶紀事一卷**　陸明桓撰　民國十一年(1922)吴江柳氏刻本　一册

330000－1701－0078122　M003988　集部/詞類/詞譜之屬
詞律校勘記二卷　(清)杜文瀾撰　民國掃葉山房石印本　二册

330000－1701－0078123　M003989　集部/曲類/曲韻曲譜曲律之屬
雷峯塷三卷　民國抄本　一册

330000－1701－0078137　M003990　子部/小説家類
古今小説精華三十二卷　胡寄塵　金石編　民國四年(1915)石印本　一册　存六卷(七至十二)

330000－1701－0078142　M003867　集部/小説類/長篇之屬
新刻大破紅州四卷三十二回　民國上海文益書局石印本　三册　缺一卷(四)

330000－1701－0078143　M003868　史部/目録類/專録之屬
西泠印社金石印譜法帖藏書目一卷　西泠印社編　民國二年(1913)上海西泠印社石印本　一册

330000－1701－0078146　M003869、M004230　史部/傳記類/别傳之屬/年譜
且頑七十歲自敘不分卷　李鍾玨撰　**勸善要言一卷**　(清)世祖福臨撰　**潛齋簡效方一卷**　(清)王士雄輯　**救急良方一卷**　(清)潘志裘輯　民國中華書局鉛印本　三册　存且頑七十歲自敘

330000－1701－0078152　M003992、M004259　集部/小説類/長篇之屬
第一才子書十六卷一百二十回首一卷　(明)羅貫中撰　(清)毛宗崗　(清)金人瑞評　民國十一年(1922)上海廣雅書局石印本　六册　存六卷(十、十二至十六)

330000－1701－0078153　M003870　子部/宗教類/佛教之屬/諸宗
隨自意三昧一卷　(南朝陳)釋慧思撰　民國北京刻經處刻本　一册

330000－1701－0078160　M003993　集部/戲劇類/雜劇之屬
增批繡像第六才子書八卷　(元)王德信　(元)關漢卿撰　(清)金人瑞評　民國石印本　一册　存二卷(五至六)

330000－1701－0078161　M003994　集部/戲劇類/雜劇之屬
繡像繪圖第六才子書□□卷　(元)王德信　(元)關漢卿撰　(清)金聖嘆評　民國上海進步書局石印本　一册　存一卷(五)

330000－1701－0078177　M003995、M005971　集部/戲劇類/雜劇之屬
連環繪圖楚漢相爭霸王别姬□□卷□□回　民國上海中原書局石印本　三册　存三卷(二、四至五)

330000－1701－0078188　M003871　子部/儒家類/儒學之屬/禮教/女範
閨範四卷　(明)吕坤注　民國十六年(1927)據明刻影印本　四册

330000－1701－0078196　M003996　集部/小説類/長篇之屬
歷代春艷秘史三集十三卷圖一卷　芸蘭女史撰　民國九年(1920)上海美術圖書社石印本　一册　存一卷(圖)

330000－1701－0078199　M003997　子部/

藝術類/篆刻之屬/印譜
恧厂印存一卷　周明錦篆　民國五年(1916)建德周氏影印本　一冊

330000－1701－0078201　M003872　子部/宗教類/佛教之屬
自知錄一卷　釋顯忍述　釋寶一評　民國十二年(1923)上海文寶書局石印本　一冊

330000－1701－0078206　M003998　子部/藝術類/篆刻之屬/印譜
般若波羅蜜多心經印譜一卷　金南治篆刻　民國鈐印本　一冊

330000－1701－0078211　M003873　子部/宗教類/佛教之屬/諸宗
印光法師文鈔四卷附錄一卷　釋聖量撰　民國十八年(1929)上海中華書局鉛印本　四冊

330000－1701－0078216　M003874　子部/宗教類/佛教之屬
金剛經傳燈真解一卷　題(印度)無量度世古佛撰　**佛祖般若心印經一卷觀自在菩薩親著心經傳燈真解一卷文昌帝君戒淫寶訓一卷**　民國十二年(1923)上海宏大善書局石印本　一冊

330000－1701－0078217　HJH081/7214　類叢部/叢書類/彙編之屬
嘉業堂叢書五十七種　劉承幹輯　民國吳興劉氏嘉業堂刻本　二百二十九冊

330000－1701－0078220　M003875　史部/傳記類/別傳之屬
李權之夫子七旬華誕紀念錄不分卷　楊立德等輯　民國三十一年(1942)鉛印本　一冊

330000－1701－0078222　M003876　子部/宗教類/佛教之屬
金剛般若波羅蜜經一卷　(後秦)釋鳩摩羅什譯　**般若波羅蜜多心經一卷**　(唐)釋玄奘譯　民國上海佛學書局石印本　一冊

330000－1701－0078225　M003877　史部/傳記類/別傳之屬/事狀
張丹庭先生哀思錄五卷　張觀恒等編　民國二十四年(1935)鉛印本　一冊

330000－1701－0078226　M004113　子部/宗教類/佛教之屬/經疏
首楞嚴經灌頂疏十卷科文一卷序釋一卷圓譚二卷　(清)釋續法集並註　民國十八年至十九年(1929－1930)揚州藏經院刻本　二十五冊

330000－1701－0078231　M003878　史部/目録類/總録之屬/私撰
錦文堂書目一卷補遺一卷　錦文堂書莊編　民國十五年(1926)上海鉛印本　一冊

330000－1701－0078233　M003999　集部/曲類/寶卷之屬
大乘出谷歸源還鄉寶卷一卷　民國九年(1920)上海宏大善書局石印本　一冊

330000－1701－0078235　M004000　集部/詩文評類/文法之屬/文法
作文初步四卷　江山淵編　民國二十年(1931)上海文明書局鉛印本　二冊

330000－1701－0078239　HJH082.7/4438.2/c2　類叢部/叢書類/自著之屬
梨洲遺著彙刊(梨洲遺箸彙刊)二十七種續補三種　(清)黄宗羲撰　薛鳳昌編次　民國四年(1915)上海時中書局鉛印本(南雷文定三集卷三原缺)　二十冊

330000－1701－0078243　M004114　集部/別集類/清別集
鄭板橋全集六卷　(清)鄭燮撰　民國石印本　一冊　存二卷(板橋詞鈔、板橋題畫)

330000－1701－0078244　M000238、M004001、M604897　類叢部/叢書類/自著之屬
晨風廬叢刊十八種　周慶雲撰　民國吳興周氏夢坡室刻本　四冊　存一種

330000－1701－0078255　M003879、M006841　子部/儒家類/儒學之屬/禮教/鑑戒
分類詳註曾文正公治家全書六種二十卷　廣益書局輯　民國上海廣益書局石印本　四冊　存九卷(家書四至十二)

330000－1701－0078260　M004003、M607432、M607675　子部/雜著類/雜纂之屬

潯雅五集十八卷　周慶雲輯　民國刻藍印本　六冊　存十一卷(甲集一至三、乙集一至三、丙集一至三、丁集二至三)

330000－1701－0078262　M004115　經部/小學類/音韻之屬/韻書

詩韻集成五卷　(清)余照輯　民國十一年(1922)上海共和書局影印本　四冊

330000－1701－0078263　M004004　史部/政書類/公牘檔冊之屬

上海中國濟生會暫行草章十六章　上海中國濟生會編　民國鉛印本　一冊

330000－1701－0078268　M003880　子部/宗教類/佛教之屬/律

南山律要　(唐)釋道宣撰述　民國天津刻經處刻本　演如題記　十九冊　存十一種

330000－1701－0078269　M004005　子部/醫家類/養生之屬

男女房中秘密醫術一卷　怡養老人撰　民國六年(1917)上海文華山房石印本　一冊

330000－1701－0078270　M004116　子部/雜著類/雜說之屬

骨董瑣記八卷續記四卷　鄧之誠輯　民國二十二年(1933)鉛印本　二冊　存四卷(五至八)

330000－1701－0078274　M004006　子部/宗教類/佛教之屬/經

大佛頂如來密因修證了義諸菩薩萬行首楞嚴經十卷　(唐)釋般剌密帝譯　(唐)釋彌伽釋迦譯語　(唐)房融筆受　民國上海佛學書局鉛印本　二冊

330000－1701－0078278　M004007　子部/藝術類/遊藝之屬/雜藝

益智圖二卷燕几圖一卷副本一卷　(清)童叶庚撰　**益智續圖一卷**　(清)童昂　(清)童昶　(清)童晏撰　(清)童叶庚編　**益智字圖一卷附一卷**　(清)祝梅君撰　民國六年(1917)上海商務印書館石印本　六冊

330000－1701－0078279　M004117　集部/別集類/清別集

九曲山房詩鈔十六卷續集一卷　(清)宗聖垣撰　**偶然吟一卷**　(清)宗聖堂撰　民國三年(1914)吳下鉛印本　四冊

330000－1701－0078286　M004008　新學/兵制/陸軍

彈藥大隊勤務令八編　民國陸軍大學校鉛印本　一冊

330000－1701－0078294　M004118、M004808　子部/宗教類/佛教之屬/論

瑜伽師地論一百卷　(唐)釋玄奘譯　民國五年(1916)金山江天寺鉛印本　二十冊

330000－1701－0078296　M003881　子部/儒家類/儒學之屬

誦讀範本五卷　林玉儒編　民國二十五年(1936)杭州國學善書館鉛印本　三冊　存三卷(一至三)

330000－1701－0078297　M003882　子部/宗教類/佛教之屬/經

一切如來心祕密全身舍利寶篋印陀羅尼經一卷附一卷　(唐)釋不空譯　民國二十六年(1937)上海佛學書局石印本　一冊

330000－1701－0078299　M004119　史部/地理類/專志之屬/寺觀

招賢寺略記一卷　釋如幻輯　民國九年(1920)刻本　一冊

330000－1701－0078301　M004009　子部/宗教類/道教之屬

莊子札記三十三卷　馬敘倫撰　民國鉛印本　馬敘倫題記　二冊　存十五卷(八至十、十一至二十二)

330000－1701－0078303　M003883　子部/宗教類/佛教之屬

釋迦譜十卷　(南朝梁)釋僧祐撰　民國二十九年(1940)上海佛學書局石印本　一冊

330000－1701－0078304　M004120　集部/別集類
歸黔吟一卷　陳貽蓀撰　民國二十五年(1936)鉛印本　一册

330000－1701－0078306　M004121　集部/別集類
歸黔吟一卷　陳貽蓀撰　民國二十五年(1936)鉛印本　一册

330000－1701－0078310　M004122　集部/總集類/選集之屬/通代
經史百家簡編二卷　(清)曾國藩纂　民國鉛印本　二册

330000－1701－0078312　M003884　子部/宗教類/佛教之屬/經
無字寶篋經一卷　(北魏)釋菩提留支譯　**乘離文字普光明藏經一卷大乘徧照光明藏無字法門經一卷**　(唐)釋地婆訶羅譯　**佛說老女人經一卷**　(三國吳)釋優婆塞支謙譯　**佛說老母經一卷佛說老母女六英經一卷**　(南朝宋)釋求那跋陀羅譯　**佛說長者子制經一卷**　(漢)釋安清譯　**佛說菩薩逝經一卷**　(晉)釋白法祖譯　**佛說逝童子經一卷**　(晉)釋支法度譯　**佛說月光童子經一卷**　(晉)釋竺法護譯　**佛說申日兒本經一卷**　(南朝宋)釋求那跋陀羅譯　**佛說德護長者經二卷**　(隋)釋那連提黎耶舍譯　**佛說犢子經一卷**　(三國吳)釋支謙譯　**佛說乳光佛經一卷佛說無垢賢女經一卷**　(晉)釋竺法護譯　**佛說腹中女聽經一卷**　(晉)釋曇無讖譯　民國二年(1913)揚州張肇昌刻本　一册

330000－1701－0078313　M004123　類叢部/叢書類/自著之屬
義州李氏叢刻七種　李葆恂撰　民國五年(1916)李放京師刻本　一册　存一種

330000－1701－0078314　普951.00144/7539.2/c3　史部/史評類/考訂之屬
校史偶得不分卷　陳寶煐撰　民國九年(1920)鉛印本　一册

330000－1701－0078323　HJH081.07/3061/c2　類叢部/叢書類/彙編之屬
文淵樓叢書五種　宋星五　周藹如編　民國十七年(1928)上海文瑞樓書局北平直隸書局影印本　五十九册　缺一卷(校前漢書八表一)

330000－1701－0078338　HJH081.07/3148/c2　類叢部/叢書類/彙編之屬
食舊堂叢書(舊德堂叢書)二十一種　(清)汪大鈞編　民國十四年(1925)錢塘汪氏刻本　二十四册

330000－1701－0078343　HJH081.246/0037/c2　類叢部/叢書類/郡邑之屬
赤城遺書彙刊十六種　金嗣獻編　民國四年(1915)太平金氏木活字印本　十二册

330000－1701－0078346　HJH081.246/4037/c1　類叢部/叢書類/郡邑之屬
仙居叢書第一集十二種　李鏡渠編　民國二十四年(1935)鉛印本　二十册

330000－1701－0078348　HJH081.246/4037/c2　類叢部/叢書類/郡邑之屬
仙居叢書第一集十二種　李鏡渠編　民國二十四年(1935)鉛印本　二十册

330000－1701－0078353　HJH081/5056/c2　類叢部/叢書類/彙編之屬
四庫全書珍本初集二百三十種　中央圖書館籌備處輯　民國二十三年至二十四年(1934－1935)上海商務印書館據文淵閣本影印本　一千九百六十册

330000－1701－0078360　HJH081.07/6047/c2　類叢部/叢書類/彙編之屬
顏李叢書三十二種　徐世昌等輯　民國十二年(1923)四存學會鉛印本　三十二册　缺一卷(四書正誤五)

330000－1701－0078361　HJH081/3144.2/c2　類叢部/叢書類/彙編之屬
四部叢刊續編七十七種　張元濟等編　民國二十三年(1934)上海商務印書館影印本　五百十册

330000－1701－0078362　HJH081.233/7037/c2　史部/地理類/雜志之屬

上海掌故叢書第一集　上海通社輯　民國二十五年(1936)上海中華書局鉛印本　十冊

330000－1701－0078363　HJH081.242/0037.2/c2　類叢部/叢書類/郡邑之屬

檇李叢書九種　金兆蕃編　民國二十年至二十五年(1931－1936)嘉興金氏刻本　八冊　存一種

330000－1701－0078364　HJH081.242/0037.2/c3　類叢部/叢書類/郡邑之屬

檇李叢書九種　金兆蕃編　民國二十年至二十五年(1931－1936)嘉興金氏刻本　八冊　存一種

330000－1701－0078366　HJH081/3144.3/c2　類叢部/叢書類/彙編之屬

四部叢刊三編七十一種　張元濟等編　民國二十四年至二十五年(1935－1936)上海商務印書館影印本　五百冊

330000－1701－0078368　HJH081.247/0037/c1　類叢部/叢書類/郡邑之屬

續金華叢書六十種　胡宗楙編　民國十三年(1924)永康胡氏夢選樓刻本　一百二十冊

330000－1701－0078374　普951.00144/7539.2/c4　史部/史評類/考訂之屬

校史偶得不分卷　陳寶煐撰　民國九年(1920)鉛印本　一冊

330000－1701－0078377　M004010　子部/宗教類/佛教之屬

禪門日誦不分卷　民國十二年(1923)上海愛儷園頻伽精舍鉛印本　一冊

330000－1701－0078380　M004011　子部/藝術類/書畫之屬/法帖

唐揭柳書金剛經一卷　(唐)柳公權書　民國九年(1920)上海文明書局影印本　一冊

330000－1701－0078384　M004012　子部/藝術類/書畫之屬/法帖

趙文敏書法華經真蹟一卷　(元)趙孟頫書　民國十四年(1925)上海文明書局影印本　釋德果題簽　一冊

330000－1701－0078389　M004013　子部/藝術類/書畫之屬/法帖

趙文敏書沈東老傳真蹟一卷　(元)趙孟頫書　民國十五年(1926)上海文明書局影印本　一冊

330000－1701－0078396　HJHB200　經部/群經總義類

五經義□□卷　民國石印本　一冊　存一卷(八)

330000－1701－0078398　M004014　子部/宗教類/佛教之屬

朝時課誦不分卷附祝諸聖儀一卷念佛儀規一卷供佛儀規一卷二時臨齋儀一卷諸讚一卷諸佛菩薩聖誕一卷觀音齋期一卷暮時課誦不分卷附祝聖諸讚偈一卷　民國上海道德書局鉛印本　一冊

330000－1701－0078406　M003885　子部/宗教類/佛教之屬

治禪病祕要經二卷　(南朝宋)沮渠京聲譯　**佛說七處三觀經二卷阿那邠邸化七子經一卷五陰譬喻經一卷佛說滿願子經一卷轉法輪經一卷佛說八正道經一卷**　(漢)釋安清譯　**佛說大愛道般涅槃經一卷**　(晉)釋白法祖譯　**佛母般泥洹經一卷**　(南朝宋)釋慧簡譯　**佛說聖法印經一卷**　(晉)釋竺法護譯　**佛說水沫所漂經一卷**　(晉)釋竺曇無蘭譯　**佛說不自守意經一卷**　(吳)釋支謙譯　**佛說三轉法輪經一卷**　(唐)釋義淨譯　**難提釋經一卷佛說相應相可經一卷**　(晉)釋法炬譯　**佛說馬有三相經一卷佛說馬有八態譬人經一卷**　(漢)釋支曜譯　民國三年(1914)揚州刻本　一冊

330000－1701－0078408　M004016　子部/宗教類/道教之屬

紹化善社鸞諭四卷　養天　德賢編　民國十四年至十七年(1925－1928)紹化壇鉛印本　一冊

330000－1701－0078411　HJLB219　史部/政書類/通制之屬
皇朝續文獻通考勘誤表一卷　民國鉛印本　一冊

330000－1701－0078412　M004017　子部/藝術類/遊藝之屬/聯語
楹聯叢話十二卷續話四卷巧對錄二卷　(清)梁章鉅輯　民國三年(1914)國民圖書局石印本　一冊　存四卷(楹聯叢話一至四)

330000－1701－0078413　HJHB201　子部/儒家類/儒學之屬/禮教/家訓
朱柏廬先生治家格言(朱子家訓)一卷　(清)朱用純撰　民國蘇州上藝齋石印本　一冊

330000－1701－0078416　M004018　類叢部/類書類/專類之屬
古今楹聯類纂十二卷附慶弔雜件備覽二卷　雲后編輯　民國十年(1921)上海會文堂書局石印本　三冊　存六卷(三至四、五下、六至八)

330000－1701－0078419　HJL1582　子部/宗教類/佛教之屬/經
妙法蓮華經七卷佛頂尊勝陀羅尼一卷　(後秦)釋鳩摩羅什譯　民國十二年(1923)影印本　四冊

330000－1701－0078420　HJHB207　集部/別集類
虛受堂書札二卷　王先謙撰　民國上海掃葉山房石印本　一冊　存一卷(二)

330000－1701－0078422　M003886　子部/宗教類/佛教之屬/諸宗
國清百錄四卷　(隋)釋灌頂撰　民國十八年(1929)刻本　一冊

330000－1701－0078423　HJHB221　史部/目録類/書志之屬/題跋
思適齋書跋四卷　(清)顧廣圻撰　王大隆輯　民國二十四年(1935)秀水王大隆學禮齋刻藍印本　一冊　存二卷(三至四)

330000－1701－0078424　M004493　子部/宗教類/佛教之屬
最極清淨菩薩戒藏持戒行相菩提正道論一卷　(明)釋宗喀巴造　湯薌銘翻譯　高觀如屬文　吳劍君證語　民國二十五年(1936)菩提學會鉛印本　一冊

330000－1701－0078428　M003887　子部/宗教類/佛教之屬
轉經行道願往生淨土法事讚二卷　(唐)釋善導集記　民國九年(1920)金陵刻經處刻本　一冊

330000－1701－0078429　HJHB215　子部/藝術類/書畫之屬/法帖
邵息盦先生小楷一卷　邵松年書　民國六年(1917)影印本　一冊

330000－1701－0078430　HJHB202　子部/藝術類/書畫之屬/法帖
張季直小楷書多心經五種合冊不分卷　張謇書　民國影印本　一冊

330000－1701－0078435　M003888　子部/宗教類/佛教之屬/經
佛說如幻三摩地無量印法門經二卷　(宋)施護等譯　**佛說灌頂隨願往生十方淨土經一卷拔除過罪生死得度經一卷**　(晉)釋帛尸梨蜜多羅譯　民國九年(1920)北京刻經處刻本　一冊

330000－1701－0078439　M004020　史部/政書類/公牘檔冊之屬
臨海縣議會壬子年第一次常會議決案不分卷　民國元年(1912)鉛印本　徐積仁題記　一冊

330000－1701－0078440　HJHB203　子部/藝術類/書畫之屬/法帖
三希堂小楷四種不分卷　民國上海有正書局影印本　一冊

330000－1701－0078443　M003889　子部/宗教類/佛教之屬/經疏
佛說阿彌陀經通贊疏三卷　(唐)釋窺基撰　民國四年(1915)金陵刻經處刻本　一冊

330000－1701－0078444　M004021　子部/宗教類/佛教之屬

依時輪上師相應法一卷　釋法日撰　釋寶金剛譯　**北沙嘛拔哈拉發願文一卷**　民國鉛印本　一冊

330000－1701－0078445　M003890　子部/宗教類/佛教之屬/論

攝大乘論本三卷　(唐)釋玄奘譯　民國七年(1918)金陵刻經處刻本　一冊

330000－1701－0078446　HJLB204　子部/藝術類/書畫之屬/法帖

汪退谷書御製說經詩一卷　(清)汪士鋐書　民國上海有正書局石印本　一冊

330000－1701－0078451　M003891　子部/宗教類/佛教之屬/論

讚法界頌釋一卷　(宋)釋施護譯　(清)釋續法註　民國十七年(1928)天津刻經處刻本　一冊

330000－1701－0078453　M004022　史部/政書類/公牘檔冊之屬

勸業道派員調查東邊森林報告冊表不分卷　勸業道編　民國鉛印本　一冊

330000－1701－0078454　M004023　子部/宗教類/佛教之屬

金剛般若波羅密經一卷　(後秦)釋鳩摩羅什譯　**摩訶般若波羅密多心經一卷往生淨土真言一卷普同向真言一卷**　民國十三年(1924)刻本　一冊

330000－1701－0078455　HJLB205　子部/藝術類/書畫之屬/書法書品

陳玉方小楷墨迹一卷　(清)陳希祖書　民國有正書局影印本　一冊

330000－1701－0078456　M003892、M005405、M005406　子部/宗教類/佛教之屬/經疏

妙法蓮華經大成九卷音義九卷科文一卷懸談一卷懸談音義一卷　(清)釋大義集　民國六年(1917)常州天寧寺刻本　十七冊

330000－1701－0078463　M004024　子部/宗教類/佛教之屬

金剛般若波羅蜜經一卷　(後秦)釋鳩摩羅什譯　民國上海道德書局影印本　一冊

330000－1701－0078468　M003893　子部/宗教類/佛教之屬/經疏

般若波羅密多心經演藴一卷　溫光熹撰　民國二十三年(1934)上海佛學書局鉛印本　一冊

330000－1701－0078471　M003894　子部/宗教類/佛教之屬/諸宗

始終心要義疏一卷　釋靜修撰　民國二十六年(1937)良華印刷所鉛印本　一冊

330000－1701－0078475　HJHB212　史部/目録類/專録之屬

佛學書目提要一卷　醫學書局編　民國上海醫學書局鉛印本　一冊

330000－1701－0078477　M003895　子部/宗教類/佛教之屬/經

佛說阿彌陀經一卷　(後秦)釋鳩摩羅什譯　釋弘一書　民國影印本　一冊

330000－1701－0078481　HJLB213　子部/儒家類/儒學之屬

克己淺說一卷　孫鏘撰　民國鉛印本　一冊

330000－1701－0078485　M004025　子部/術數類/命書相書之屬

人倫大統賦二卷　(金)張行簡撰　(元)薛延年注　民國鉛印本　一冊

330000－1701－0078490　M004026　集部/詩文評類/詩評之屬

五代詩話八卷　(清)王士禛撰　民國上海朝記書莊石印本　四冊

330000－1701－0078492　M004027　集部/別集類

萍鷗小舫詩鈔四卷　鍾熊祥撰　民國十六年(1927)鉛印本　四冊

330000－1701－0078506　M004028　子部/

醫家類/兒科之屬/痘疹

小兒月内種痘神方一卷附小兒臍風燈火燎法一卷 (清)胡少泉撰　民國十三年(1924)上海宏大善書局石印本　一冊

330000－1701－0078512　M003897　子部/宗教類/佛教之屬/論疏

大乘起信論講義二卷 釋倓虚撰　民國二十四年(1935)鉛印本　一冊

330000－1701－0078519　M003898　子部/藝術類/書畫之屬/法帖

名人真蹟 民國中華書局影印本　一冊　存一種

330000－1701－0078522　M003899　子部/藝術類/書畫之屬/法帖

劉文清真跡一卷 (清)劉墉書　民國上海運通公司影印本　一冊

330000－1701－0078524　M004029、M007254　集部/總集類/選集之屬/通代

教科適用文學精華不分卷 中華書局編　民國五年(1916)上海中華書局鉛印本　二冊

330000－1701－0078527　M004030　子部/宗教類/佛教之屬

護法論一卷 (宋)張商英撰　民國江蘇第一監獄鉛印本　一冊

330000－1701－0078528　M003901　集部/總集類/選集之屬/斷代

註釋唐詩三百首六卷 (清)蘅塘退士(孫洙)編　民國二十七年(1938)商務印書館鉛印本　二冊

330000－1701－0078529　M004031　子部/宗教類/佛教之屬/經

金光明最勝王經十卷附藏文漢文日文英文陀羅尼四種四卷 (唐)釋義净譯　民國十四年(1925)杭州金光明法會鉛印本　一冊　存四卷(七至十)

330000－1701－0078532　M004032　子部/宗教類/佛教之屬

金剛般若波羅密經直解科本一卷 (後秦)釋鳩摩羅什譯　(清)釋續法述　**金剛般若波羅密經直解科判一卷** (清)釋續法述　民國二十年(1931)鉛印本　一冊

330000－1701－0078533　M003902　子部/藝術類/書畫之屬/法帖

初拓鄭文公碑二卷 (北魏)鄭道昭書　民國上海碧梧山莊影印本　二冊

330000－1701－0078535　M003903、M005161　子部/藝術類/書畫之屬/法帖

初拓趙松雪道教碑三卷 (元)趙孟頫書　民國十年(1921)上海有正書局影印本　三冊

330000－1701－0078539　M003904、M004571　子部/藝術類/書畫之屬/法帖

近代碑帖大觀不分卷 煙水山民輯　民國上海碧梧山莊影印本　慧山題記　五冊　存六種

330000－1701－0078540　M004033　子部/宗教類/佛教之屬/經疏

圓覺經略疏科判一卷 民國杭州興業印書局鉛印本　一冊

330000－1701－0078542　M004034　集部/曲類/彈詞之屬

繪圖韓湘子九度文公十度妻四卷 民國石印本　一冊

330000－1701－0078545　M003905　子部/藝術類/書畫之屬/法帖

柳公權大楷習字範本一卷 (唐)柳公權書　民國上海有正書局影印本　一冊

330000－1701－0078546　M004037　集部/詩文評類/文評之屬

中等新論說文範四卷 蔡郕撰　民國十年(1921)上海會文堂書局石印本　一冊　存一卷(四)

330000－1701－0078548　M004038　子部/小說家類/瑣語之屬

改良繪圖日記故事不分卷 民國錦章圖書局石印本　一冊

330000－1701－0078552　M004040　新學/雜著/小說
社會小說黄禍二編　民國石印本　一册

330000－1701－0078555　M004041　史部/傳記類/總傳之屬/家乘
［江蘇蘇州］汪氏譜略不分卷　汪原渠纂修　民國二十年(1931)鉛印本　一册

330000－1701－0078558　M003906　子部/藝術類/書畫之屬/法帖
集古梅花詩一卷　(晉)王羲之書　民國上海碧梧山莊影印本　一册

330000－1701－0078563　M003907　子部/藝術類/書畫之屬/法帖
王獻之十三行三種版合放大本一卷　(晉)王獻之書　民國上海有正書局影印本　一册

330000－1701－0078565　M003908　子部/藝術類/書畫之屬/法帖
李玄靜碑一卷　(唐)顔真卿書　民國影印本　一册

330000－1701－0078569　M004042　子部/宗教類/佛教之屬
摩訶止觀義例隨釋六卷　(唐)釋湛然義例　(宋)釋處元隨釋　民國二十三年(1934)揚州衆香庵刻本　三册

330000－1701－0078570　M004043　子部/宗教類/佛教之屬
刻藏緣起一卷　民國八年(1919)揚州藏經院刻本　一册

330000－1701－0078571　M003909　子部/宗教類/佛教之屬
瑜伽燄口普施平等甘露法食一卷　釋鏡明撰　民國抄本　一册

330000－1701－0078576　M004044　類叢部/叢書類/彙編之屬
萬松山房叢書二種　胡子晉編　民國十四年(1925)胡子晉影印本　一册　存一種

330000－1701－0078579　M003910、M003911、M003912、M003913、M003914、M003915　子部/醫家類/類編之屬
陳修園醫書七十種　(清)陳念祖等撰　民國石印本　八册　存六種

330000－1701－0078581　M004045　史部/傳記類/總傳之屬
宜昌商會正副會長誌哀録不分卷　湖北宜昌商會編　民國八年(1919)鉛印本　一册

330000－1701－0078585　M004046　子部/藝術類/遊藝之屬/棋弈
秘本象棋梅花譜一卷　民國二友書屋石印本　一册

330000－1701－0078586　M004047、M005122　史部/目録類/總録之屬/彙刻
博古齋書目□□期　上海博古齋編　民國上海博古齋石印本　三册　存三期(十至十一、十五)

330000－1701－0078588　M004049、M006569　史部/傳記類/别傳之屬
餘姚毛母余太夫人賢孝徵文録二集二卷首一卷　毛希蒙等輯　民國十六年(1927)餘姚毛濟美堂鉛印本　二册　存一卷(後集)

330000－1701－0078591　M004048　史部/目録類/總録之屬/私撰
杭州抱經堂書局第三期舊書目録不分卷　杭州抱經堂書局編　民國十七年(1928)杭州抱經堂書局鉛印本　一册

330000－1701－0078593　M003816　子部/宗教類/佛教之屬/論疏
大乘廣五藴論義纂一卷　(天竺)安慧菩薩造　(天竺)釋地婆羅訶譯　若愚纂　民國油印本　南雲題簽並記　一册

330000－1701－0078595　M003917　子部/醫家類/綜合之屬/通論
御纂醫宗金鑑九十卷首一卷　(清)吳謙等撰　民國八年(1919)上海鴻寶齋石印本　三册　存十二卷(編輯外科心法要訣一至二、七至十六)

330000 - 1701 - 0078597　M004050　子部/宗教類/佛教之屬

觀世音經(般若波羅蜜多心經)一卷　(唐)釋玄奘譯　**觀音靈感錄一卷**　民國二十五年(1936)上海佛學書局鉛印本　一冊

330000 - 1701 - 0078599　M004124　史部/地理類/專志之屬/園林

唐絳州刺史樊宗師絳守居園池記一卷附錄一卷　(唐)樊宗師撰　(明)趙師尹注　樊鎮輯　民國八年(1919)山陰樊氏綿絳書屋刻本　一冊

330000 - 1701 - 0078601　M004051　史部/傳記類/別傳之屬/事狀

沈母高太夫人七秩壽言不分卷　沈銘昌等輯　民國四年(1915)餘慶齋鉛印本　一冊

330000 - 1701 - 0078603　M004125　集部/小說類/長篇之屬

大字足本繡像全圖三國志演義十六卷一百二十回首一卷　(明)羅本撰　民國上海掃葉山房石印本　八冊　存八卷(九至十六)

330000 - 1701 - 0078605　M004052　集部/別集類

波香室褉札不分卷　朱伯淵撰　民國九年(1920)稿本　一冊

330000 - 1701 - 0078608　M004126　集部/小說類/長篇之屬

第一才子書十六卷一百二十回首一卷　(明)羅貫中撰　(清)毛宗崗　(清)金人瑞評　民國上海鑄記書局石印本　四冊　存四卷(九、十三至十五)

330000 - 1701 - 0078613　M003918　子部/醫家類/婦科之屬/產科

增廣大生要旨五卷　(清)唐千頃纂著　(清)葉灝增訂　民國十五年(1926)杭州光華印局鉛印本　一冊　存二卷(四至五)

330000 - 1701 - 0078614　M004128　子部/醫家類/婦科之屬/產科

產科秘方一卷　民國抄本　一冊

330000 - 1701 - 0078615　M004127　子部/醫家類/醫話醫論之屬

醫論一卷　民國抄本　一冊

330000 - 1701 - 0078617　M003919　子部/宗教類/佛教之屬/論

大乘百法明門論一卷八識規矩頌一卷　(明)釋廣益纂釋　民國十年(1921)有正書局影印本　一冊

330000 - 1701 - 0078619　M004129　子部/天文曆算類/曆法之屬

己卯年三篇通書一卷　五桂堂編　民國二十八年(1939)上海錦章印書局石印本　一冊

330000 - 1701 - 0078623　M004053　類叢部/叢書類/郡邑之屬

嶺西五家詩文集　黄薊輯　民國二十四年(1935)桂林鉛印本　四冊　存二種

330000 - 1701 - 0078627　M004130　子部/天文曆算類/曆法之屬

乙亥年大字通書一卷　守經堂編　民國二十四年(1935)粵東五經堂刻朱墨套印本　一冊

330000 - 1701 - 0078629　M004131　子部/宗教類/佛教之屬

佛學叢書□□種　丁福保輯　民國上海醫學書局鉛印本暨影印本　九冊　存一種

330000 - 1701 - 0078632　M004054　史部/地理類/方志之屬/郡縣志

[民國]瑞安縣志稿不分卷　瑞安縣修志委員會纂　民國二十六年(1937)瑞安縣修志委員會油印本　四冊

330000 - 1701 - 0078636　M004055　子部/術數類/命書相書之屬

冰鑒七篇淺註不分卷　羅真人撰　劉鴻鈞注　民國二十九年(1940)北京天華印書館鉛印本　一冊

330000 - 1701 - 0078639　M004056　集部/總集類/酬唱之屬

南邨一集一卷　張鳳輯　民國石印本　一冊

330000－1701－0078641　M004057　子部/宗教類/佛教之屬

金剛般若波羅密經分段貫釋一卷　（後秦）釋鳩摩羅什　王驤陸釋　**般若波羅密多心經分段貫釋一卷**　（唐）釋玄奘　王驤陸釋　民國二十七年（1938）天津印心精舍鉛印本　一冊

330000－1701－0078642　M004132　集部/別集類/清別集

思僭室詩集一卷　（清）施寯撰　**問雲閣詩集一卷**　（清）宋寶綺撰　民國八年（1919）鉛印本　一冊

330000－1701－0078643　M004133　子部/藝術類/遊藝之屬/酒令

折枝雅故五卷　麴禪氏撰　民國三十一年（1942）刻藍印本　一冊

330000－1701－0078646　M004058　史部/目録類/總録之屬/地方

大清畿輔書徵四十一卷　徐世昌纂　民國天津徐氏鉛印本　十五冊　存三十九卷（一至十、十三至四十一）

330000－1701－0078649　M004060　史部/傳記類/別傳之屬

吳江楊粹卿先生訃告不分卷　民國十七年（1928）鉛印本暨石印本　一冊

330000－1701－0078653　M004061　集部/總集類/選集之屬/通代

民國三十六年高級第十六期普通行政人員講義不分卷　民國油印本　曾昭南題記　一冊

330000－1701－0078655　M004062　子部/藝術類/遊藝之屬/聯語

楹聯叢話十二卷續話四卷三話二卷四話六卷　（清）梁章鉅輯　民國上海商務印書館鉛印本　七冊　存二十卷（一至十二、續話一至二、四話一至六）

330000－1701－0078656　M004063　子部/藝術類/書畫之屬/法帖

篆文四書四種七卷　民國五年（1916）上海古今圖書局影印本　四冊　存五卷（大學、中庸、論語一至二、孟子上）

330000－1701－0078659　M003923　史部/傳記類/總傳之屬/釋道

敕賜鳳山古林中興律寺萬壽戒壇一卷（中華民國辛未冬期）　民國二十年（1931）刻本　釋洞圓題記　一冊

330000－1701－0078663　M004064　集部/別集類

古詩今詩不分卷附酬唱詩　天聲撰　稿本　一冊

330000－1701－0078666　M003924　史部/傳記類/總傳之屬/釋道

敕賜南山光孝禪寺同戒錄一卷　釋情空等撰　民國三十三年（1944）鉛印本　一冊

330000－1701－0078668　M004065　集部/詩文評類/文法之屬/公文程式

道慈業務實習綱義輯覽司計法規不分卷　化祥　貞凡演述　民國奉天紅卍字會印刷部鉛印本　一冊

330000－1701－0078671　M003925　史部/傳記類/總傳之屬/釋道

湖北歸元禪寺同戒錄一卷（癸酉年冬期）　湖北歸元禪寺撰　民國二十二年（1933）石印本　一冊

330000－1701－0078673　M004066　史部/傳記類/總傳之屬/技藝

丁丑劫餘印存小傳二十卷　丁仁等輯　民國二十八年（1939）鉛印本　一冊

330000－1701－0078675　M004067　子部/宗教類/佛教之屬

禪門日誦不分卷　民國十五年（1926）浙江西湖昭慶慧空經房刻本　一冊

330000－1701－0078677　M004068　經部/孝經類/傳說之屬

孔子孝經一卷　民國上海明善書局鉛印本　一冊

330000－1701－0078678　M003926　子部/

醫家類/婦科之屬/產科
增補大生要旨五卷 (清)唐千頃纂 (清)馬振蕃續增 **經驗各種秘方輯要不分卷** 民國六年(1917)上海宏大印刷紙號石印本 一冊

330000－1701－0078679 M004069 集部/總集類/選集之屬/斷代
孔宅詩二卷 姚文棟輯 民國三年(1914)鉛印本 一冊 存一卷(一)

330000－1701－0078683 M003927、M004240 子部/藝術類/書畫之屬/書法畫品
圖繪寶鑑八卷補遺一卷 (元)夏文彥撰 (明)毛大倫補 民國十八年(1929)上海神州國光社鉛印本 二冊

330000－1701－0078688 M003929、M004998、M006318 集部/別集類
聞樨香館文集不分卷 民國運甓人抄本 五冊

330000－1701－0078690 M003930 集部/總集類/尺牘之屬
歷朝名媛尺牘二卷 民國石印本 一冊 存一卷(二)

330000－1701－0078692 M004070 集部/總集類/尺牘之屬
眉公才子尺牘四卷 (明)陳繼儒輯 (清)沈錫侯增訂 **聖嘆才子尺牘四卷** (清)金人瑞鑒定 (清)金雍撰 民國七年(1918)上海碧梧山莊石印本 一冊 存二卷(眉公才子尺牘四、聖嘆才子尺牘四)

330000－1701－0078693 M004071 史部/雜史類/斷代之屬
默記三卷 (宋)王銍撰 民國二十二年(1933)上海商務印書館鉛印本 一冊

330000－1701－0078698 M004072 子部/宗教類/其他宗教之屬/基督教
舊約節錄啟蒙八十一章 (美國)麥耐撰 民國二年(1913)上海美華書館鉛印本 一冊 存五十六章(一至五十六)

330000－1701－0078699 M004073 史部/傳記類/日記之屬
日記不分卷(民國□□年二月一日至□□) 稿本 一冊

330000－1701－0078704 M003931 子部/宗教類/道教之屬/經文
明聖經一卷 民國五年(1916)石印本 一冊

330000－1701－0078705 M004074 子部/藝術類/遊藝之屬/謎語
猶賢集二卷 (清)俞渭編 民國七年(1918)蕭山合義和印書局鉛印本 二冊

330000－1701－0078707 M003932 子部/醫家類/養生之屬/導引、氣功
鍊氣行功秘訣不分卷 張慶霖撰 **鍊氣行功秘訣外篇不分卷** 釋清虛口授 張慶霖撰述 民國十八年(1929)上海中西書局鉛印本 一冊

330000－1701－0078710 M004075 集部/小說類/長篇之屬
蘭花夢八卷六十八回 民國石印本 一冊 存四卷(五至八)

330000－1701－0078712 M004076 類叢部/叢書類/彙編之屬
小醉經閣叢刻十種 民國二年(1913)上海中華藝文社鉛印本 一冊 存一種

330000－1701－0078714 M003934 史部/政書類/儀制之屬/雜禮
家政瑣言一卷 民國抄本 一冊

330000－1701－0078720 M003935 史部/叢編
述窠雜纂 黄任恆撰 民國十四年(1925)南海黄氏鉛印本 四冊 存一種

330000－1701－0078721 M004077 集部/小說類/長篇之屬
繡像續小五義六卷一百二十四回 (清)石玉崑撰 民國五年(1916)上海廣益書局石印本 一冊 存一卷(二)

330000－1701－0078727 M003936 集部/

小說類/長篇之屬
巴黎秘密黨□□回 民國鉛印本 一冊 存六回(八至十三)

330000－1701－0078730 M004078 集部/小說類/長篇之屬
小五義六卷一百二十四回 (清)石玉崑撰 民國簡青齋書局石印本 一冊 存一卷(二)

330000－1701－0078731 G002840 集部/小說類/長篇之屬
後三國石珠演義全傳四卷三十回 (清)梅溪遇安氏撰 民國十七年(1928)上海受古書店、中一書局石印本 一冊 存一卷(四)

330000－1701－0078735 M004079、M005296 子部/醫家類/綜合之屬
校正醫方一盤珠十卷 (清)洪金鼎纂 民國石印本 三冊 存八卷(三至十)

330000－1701－0078737 M004080 子部/宗教類/佛教之屬
金剛般若波羅密經一卷 (後秦)釋鳩摩羅什譯 民國錢延壽抄本 一冊

330000－1701－0078740 M004081 子部/醫家類/方書之屬/單方驗方
萬應良方不分卷 民國張伯藩抄本 一冊

330000－1701－0078746 M004082 子部/天文曆算類/曆法之屬
己卯年大字通書一卷 守經堂編 民國二十八年(1939)守經堂石印本 一冊

330000－1701－0078752 M004083 新學/兵制/槍炮
兵器學教程□□卷 民國石印本 一冊 存三卷(一至三)

330000－1701－0078754 M004084 子部/醫家類/方書之屬/單方驗方
單方彙集不分卷 民國抄本 一冊

330000－1701－0078763 M004085 子部/藝術類/書畫之屬/法帖
蘇東坡書波羅密經一卷 (宋)蘇軾書 民國二十三年(1934)上海文明書局石印本 炳鈞題記 一冊

330000－1701－0078770 M004086 子部/宗教類/佛教之屬/經疏
藥師經旁解一卷附錄一卷 (唐)釋玄奘譯 何子培輯註 民國石印本暨鉛印本 一冊

330000－1701－0078777 M003939 子部/醫家類/醫案之屬
名醫類案十二卷 (明)江瓘輯 **續名醫類案三十六卷** (清)魏之琇編集 民國石印本 十五冊 存三十五卷(名醫類案三至十二,續名醫類案四至六、十至十八、二十四至三十六)

330000－1701－0078779 M004087 子部/宗教類/佛教之屬/諸宗
淨土意語一卷淨土十問一卷附十法界迷悟因果緣起圖說一卷 釋德安撰 民國二十三年(1934)鉛印本 一冊

330000－1701－0078783 M004088 子部/醫家類/綜合之屬
病證辨治常識三編 孔繼華編 民國二十七年(1938)寧海源來書局鉛印本 一冊

330000－1701－0078784 M004089 子部/宗教類/道教之屬/方法
性命圭旨四卷 民國抄本 普茂題記 一冊 存一卷(亨)

330000－1701－0078791 M004092 集部/總集類/選集之屬/通代
如話詩鈔不分卷 (清)朱駿聲輯 民國十年(1921)上海廣益書局鉛印本 二冊

330000－1701－0078793 M004091 集部/戲劇類/傳奇之屬
笠翁傳奇十種二十卷 (清)李漁撰 民國上海校經成記石印本 四冊 存四種

330000－1701－0078799 G600605 類叢部/叢書類/自著之屬
章氏叢書初集十二種 章炳麟撰 民國上海右文社鉛印本 一冊 存一種

330000－1701－0078802　M004093　史部/目録類/專録之屬

琴書存目六卷別錄二卷　周慶雲編　民國三年(1914)烏程周氏夢坡室刻藍印本　一冊　存三卷(一至三)

330000－1701－0078805　M004094　集部/總集類/酬唱之屬

晨風廬唱和詩存十卷　周慶雲編　民國吳興周氏夢坡室刻藍印本　一冊　存一卷(十)

330000－1701－0078807　M004095　類叢部/叢書類/自著之屬

繼述堂全集四種　王毓英撰　民國十一年(1922)溫州務本石印本　一冊　存三種

330000－1701－0078812　普951.079/99132/c1　史部/詔令奏議類/奏議之屬

寸草廬奏稿二卷　(清)張嘉祿撰　民國十三年(1924)四明張氏刻本　二冊

330000－1701－0078819　M003940、M004178　子部/醫家類/方書之屬/歷代方書

唐王燾先生外臺祕要方四十卷　(唐)王燾撰　民國上海鴻寶齋書局石印本　十五冊　存三十七卷(一、五至四十)

330000－1701－0078822　普951.079/99132/c2　史部/詔令奏議類/奏議之屬

寸草廬奏稿二卷　(清)張嘉祿撰　民國二十九年(1940)四明張氏刻藍印本　一冊

330000－1701－0078829　M004096　類叢部/類書類/專類之屬

潛龍讀書表十二卷　陳電飛編　民國十六年(1927)中華書局石印本　夏啟承題記　四冊　存二卷(四至五)

330000－1701－0078832　M004098　集部/別集類

林主席家書一卷　林森撰　民國三十二年(1943)鉛印本　林希岳題記　一冊

330000－1701－0078838　M003941　子部/醫家類/本草之屬/本草藥性

本草再新十二卷　(清)葉桂天撰　(清)陳念祖評　民國石印本　二冊　存八卷(三至十)

330000－1701－0078844　M004099　史部/金石類/璽印之屬

秦漢古銅印存不分卷　黃吉園輯　民國九年(1920)鈐印本　一冊

330000－1701－0078849　M003942　子部/醫家類/方書之屬/單方驗方

驗方新編□□卷　(清)鮑相璈輯　民國石印本　一冊　存五卷(四至八)

330000－1701－0078854　M003943　子部/宗教類/佛教之屬

大珠禪師語錄二卷　(唐)釋慧海撰　民國鉛印本　一冊

330000－1701－0078855　M004100、M005237、M005313　子部/宗教類/佛教之屬

大方廣佛華嚴經探玄記一百二十卷首一卷　(唐)釋法藏述　**大方廣佛華嚴經探玄記大科一卷**　徐文霨排錄　民國十五年(1926)刻本　釋演如跋　二十五冊　存七十七卷(首,一至三、七至十八、二十五至三十、三十四至三十六、四十至六十六、七十九至九十六、一百十五至一百二十,大方廣佛華嚴經探玄記大科)

330000－1701－0078858　M003944　子部/宗教類/佛教之屬/論疏

大乘百法明門論本事分中略錄名數開宗義記四卷　(唐)釋曇曠撰　民國九年(1920)金陵刻經處刻本　一冊

330000－1701－0078859　M004134　類叢部/叢書類/彙編之屬

遯盦叢編甲集四種乙集七種　吳隱編　民國二年至五年(1913－1916)西泠印社木活字印本　四冊　存一種

330000－1701－0078863　M003945　史部/傳記類/總傳之屬/釋道

大寶華山護國聖化隆昌寺同戒錄一卷(中華民國廿六年春期)　釋德寬撰　民國二十六年(1937)刻本　一冊

330000－1701－0078870　M003946　史部/傳記類/總傳之屬/釋道

大寶華山護國聖化隆昌寺同戒錄一卷(中華民國三十年春期)　釋妙柔撰　民國三十年(1941)刻本　一冊

330000－1701－0078872　M003947　史部/傳記類/總傳之屬/釋道

大寶華山護國聖化隆昌寺同戒錄一卷(中華民國三十三年春期)　釋妙柔撰　民國三十三年(1944)鉛印本　一冊

330000－1701－0078877　M004135、M005844　新學/醫學/藥品

西藥新書八卷中西藥名目錄一卷　(英國)馬汀臺耳　(英國)韋斯考脫輯　舒高第口譯　趙宏筆述　民國元年(1912)江南製造局刻本　五冊

330000－1701－0078878　M003948　子部/宗教類/佛教之屬

敕賜圓照禪寺茚溪和尚語錄北集一卷附錄一卷雜著一卷　(清)釋超見錄　民國鉛印本　一冊

330000－1701－0078884　M004136　集部/別集類

窮愁牢騷室尺牘不分卷附日記一卷　吴一飛撰　稿本　一冊

330000－1701－0078885　M003949　子部/宗教類/佛教之屬/論疏

菩提心論教相記二卷　(日本)釋亮汰述　民國三年(1914)金陵刻經處刻本　一冊

330000－1701－0078892　M004137　集部/總集類/氏族之屬

竇氏聯珠集一卷　(唐)竇常等撰　(唐)褚藏言輯　民國十二年(1923)葉德輝影印本　一冊

330000－1701－0078896　M004138　集部/別集類/宋別集

東坡先生和陶淵明詩四卷　(宋)蘇軾撰　民國十一年(1922)黄藝錫等京師刻朱印本　二冊

330000－1701－0078899　普951.07903/2726/2　史部/雜史類/斷代之屬

庚子西狩叢談四卷　吴永口述　劉治襄筆記　民國十七年(1928)北京廣華印刷局鉛印本　二冊

330000－1701－0078907　M004139　集部/總集類/彙編之屬

沈刻四婦人集　(清)沈綺雲編　民國十二年(1923)海寧陳氏慎初堂據清嘉慶雲間古倪園沈氏刻本影印本　一冊

330000－1701－0078908　M004140　子部/宗教類/佛教之屬

廬山復教集二卷　(元)釋果滿編　民國七年(1918)周叔弢影印本　一冊

330000－1701－0078909　M004141　集部/別集類/唐五代別集

歌詩編四卷　(唐)李賀撰　民國十一年(1922)海寧張宗祥刻朱印本　一冊

330000－1701－0078910　M004143　集部/曲類/曲藝之屬

最新時調北集一卷　民國上海沈鶴記書局石印本　一冊

330000－1701－0078911　M004144　子部/天文曆算類/曆法之屬

繼成堂甲戌年通書便覽一卷七政四餘星度一卷　洪潮和等編　民國二十二年(1933)泉州洪氏繼成堂刻本暨石印本　一冊

330000－1701－0078912　M004145　集部/小說類/長篇之屬

繪圖封神演義八卷一百回　(明)許仲琳撰　(明)鍾惺評　民國上海元昌書局石印本　二冊　存二卷(五、七)

330000－1701－0078913　普951.07903/2736/c1　類叢部/叢書類/自著之屬

桐鄉勞先生遺稿四種　勞乃宣撰　民國十六年(1927)桐鄉盧氏刻本　一冊　存一種

330000－1701－0078915　M004204　子部/宗教類/佛教之屬/經疏
佛說觀無量壽佛經義蘊三卷　（南朝宋）釋畺良耶舍譯　釋曼殊撰　民國鉛印本　二册

330000－1701－0078917　普951.07903/2736/c2　類叢部/叢書類/自著之屬
桐鄉勞先生遺稿四種　勞乃宣撰　民國十六年（1927）桐鄉盧氏刻本　一册　存一種

330000－1701－0078919　M004205　子部/宗教類/佛教之屬/經疏
佛說觀無量壽佛經直指疏二卷　（清）釋續法疏　釋顯親會本　民國虞山興福禪寺、華嚴大學鉛印本　一册

330000－1701－0078920　普951.07903/2736/c3　類叢部/叢書類/自著之屬
桐鄉勞先生遺稿四種　勞乃宣撰　民國十六年（1927）桐鄉盧氏刻本　一册　存一種

330000－1701－0078922　M004206、M606354　集部/别集類/宋别集
歐陽文忠公集一百五十三卷附錄五卷　（宋）歐陽修撰　民國影印本　六册　存二十二卷（一百三十七至一百五十三、附錄一至五）

330000－1701－0078925　M004207　子部/宗教類/佛教之屬
佛學院講義□□種　民國鉛印本　一册　存一種

330000－1701－0078928　M004208　史部/金石類/石之屬/目録
崇雅堂碑錄五卷補四卷　甘雲鵬編　民國二十四年（1935）潛江甘氏息園鉛印本　四册

330000－1701－0078931　M004209　類叢部/叢書類/彙編之屬
己卯叢編四種　趙詒琛　王大隆輯　民國二十八年（1939）鉛印本　四册

330000－1701－0078940　M004339　史部/政書類/邦交之屬
國際條約大全四卷　李定夷撰　民國石印本　一册　存一卷（二）

330000－1701－0078949　M004211　子部/儒家類/儒學之屬/蒙學
三字經一卷　民國斯韻軒抄本　一册

330000－1701－0078952　M004212　子部/藝術類/遊藝之屬/棋弈
新桃花泉三卷　民國七年（1918）上海有正書局石印本　三册

330000－1701－0078954　M004341　子部/天文曆算類/曆法之屬
繼成堂洪潮和通書一卷　民國福建泉州繼成堂石印本　一册

330000－1701－0078955　M004213　子部/藝術類/書畫之屬/畫譜
大觀樓叢畫八卷　汪鏁繪　民國十年（1921）泰華圖書館石印本　七册　存七卷（一至三、五至八）

330000－1701－0078960　M004214　史部/政書類/公牘檔册之屬
袁大總統書牘二編□□卷　袁世凱撰　民國鉛印本　一册　存一卷（上）

330000－1701－0078961　M004215　子部/醫家類/方書之屬/單方驗方
丹溪心法附餘二十四卷首一卷　（明）方廣輯　民國十三年（1924）上洋海左書局石印本　九册　存二十一卷（首，二至十九、二十二至二十三）

330000－1701－0078963　M004216　史部/史評類/史論之屬
王莽之經濟思想一卷　民國十一年（1922）稿本　一册

330000－1701－0078964　M004344　子部/儒家類/儒學之屬/禮教/家訓
家庭教育三卷　（清）陸起鯤撰　（清）陸韜編　民國十年（1921）杭州華興石印書局石印本　一册

330000－1701－0078965　M004218、M006231、M007827　史部/傳記類/日記之屬
日記不分卷（民國十六年至二十五年）　稿本

十一册

330000－1701－0078968　M004217　集部/詩文評類/詩評之屬
做詩模範不分卷　承杏撰　稿本　一册

330000－1701－0078973　M004345　子部/宗教類/道教之屬
教科適用老子精華一卷　中華書局編　民國上海中華書局鉛印本　一册

330000－1701－0078977　M004219　集部/詞類/别集之屬
松隱詞三卷　（宋）曹勳撰　（清）諸貞壯輯　民國抄本　一册

330000－1701－0078978　M004346、M007221　子部/小説家類
古今説部精華甲集十二種　陳琰編輯　民國上海六藝書局石印本　瘦狂生題記　二册

330000－1701－0078980　M004360　類叢部/叢書類
餘園叢刻　柯昌濟輯　民國二十四年至二十六年（1935－1937）鉛印本　一册　存一種

330000－1701－0078986　M004220　新學/政治法律/律例
民事訴訟法實用五編　劉遠駒編述　民國司法行政部法官訓練所鉛印本　一册　存二編（一至二）

330000－1701－0078990　M004347、M005356、M006524　類叢部/叢書類/自著之屬
隨園三十六種　（清）袁枚撰　民國十年（1921）上海中華圖書館鉛印本　十册　存七種

330000－1701－0078991　M004221　子部/藝術類/書畫之屬/法帖
趙撝叔手札不分卷　（清）趙之謙書　民國二十年（1931）上海西泠印社影印本　二册

330000－1701－0079001　M004348　集部/小説類/長篇之屬
繪圖增像加批西遊記八卷一百回　（明）吴承恩撰　（清）陳士斌詮解　民國石印本　一册　存一卷（三）

330000－1701－0079005　M004222　史部/政書類/邦計之屬/地政
土地登記問答四章　民國油印本　金維題簽　一册

330000－1701－0079029　M004351、M006729　集部/别集類/明别集
疑雲集四卷　（明）王彦泓撰　民國十五年（1926）上海大東書局石印本　二册

330000－1701－0079030　M004223　集部/戲劇類/總集之屬/傳奇
暖紅室彙刻傳奇　劉世珩編　民國八年（1919）貴池劉氏暖紅室刻本　二册　存一種

330000－1701－0079032　M004224　史部/金石類/石之屬/文字
宋拓石門頌不分卷　民國西泠印社影印本　一册

330000－1701－0079034　M004352　集部/小説類/長篇之屬
增評加批金玉緣圖説□□卷□□回　（清）曹霑　（清）高鶚撰　（清）蝶薌仙史評訂　民國石印本　三册　存三卷（四至五、七）

330000－1701－0079035　M004225　集部/小説類/長篇之屬
繡像評演接續後部濟公傳八卷一百二十回　郭廣瑞撰　民國上海中華書局石印本　二册　存二卷（六至七）

330000－1701－0079042　M004353　集部/小説類/長篇之屬
增評加批金玉緣圖説十六卷首一卷一百二十回　（清）曹霑　（清）高鶚撰　（清）蝶薌仙史評訂　民國石印本　二册　存五卷（首、九至十二）

330000－1701－0079043　M004227　集部/别集類/清别集
隨園集外詩四卷　（清）袁枚撰　（清）蔣敦復

編　民國九年(1920)上海大東書局石印本　一冊

330000－1701－0079050　M004228　子部/宗教類/道教之屬
輔化壇鸞鳴錄五集□□卷　養天　德賢編輯　民國二十一年(1932)周浦輔化慈善會鉛印本　一冊　存一卷(一)

330000－1701－0079051　M004354　集部/小說類/長篇之屬
第一才子書十六卷一百二十回　(明)羅貫中撰　(清)毛宗崗　(清)金人瑞評　民國上海會文堂鉛印本　一冊　存二卷(九至十)

330000－1701－0079054　M004229　子部/醫家類/方書之屬/單方驗方
西洞庭山傳內傷藥方一卷附各小方　民國嘉興許氏抄本　一冊

330000－1701－0079056　M004355　史部/傳記類/別傳之屬/墓誌
大隋故朝請大夫夷陵郡太守太僕卿元公之墓誌銘一卷大隋故太僕卿夫人姬氏之誌一卷　民國影印本　一冊

330000－1701－0079061　M004356　史部/傳記類/別傳之屬
林庚白先生紀念冊一卷　民國鉛印本　一冊

330000－1701－0079066　M004231　史部/政書類/公牘檔冊之屬
浙江省驗契施行章程一卷　浙江省國稅廳籌備處編　民國鉛印本　一冊

330000－1701－0079071　M004233　史部/政書類/公牘檔冊之屬
浙路股東臨時會會場議事錄一卷　民國鉛印本　一冊

330000－1701－0079072　M004232　經部/小學類/文字之屬/字書/訓蒙
白話解說□□編　民國石印本　一冊　存二編(初編葉九十至一百四十九、二編葉一至三十九)

330000－1701－0079074　M004357　新學/學校
宗文中學雜編不分卷　民國石印本　一冊

330000－1701－0079082　M004358　史部/傳記類/總傳之屬/人表
威海衛管理公署職員錄一卷　民國二十年(1931)鉛印本　一冊

330000－1701－0079091　M004359　子部/宗教類/佛教之屬/經
佛說大阿彌陀經二卷　(宋)王日休校輯　民國鉛印本　釋昌霖題記　一冊

330000－1701－0079094　M004236　集部/小說類/短篇之屬
詳註聊齋志異圖詠十六卷　(清)蒲松齡撰　(清)吕湛恩注　民國石印本　一冊　存二卷(十三至十四)

330000－1701－0079099　M004237　子部/宗教類/佛教之屬
真言宗小史五編　(日本)伊藤弘憲　(日本)秋山秀典撰　王慧蘭譯　圓五居士鑒定眉批　民國十八年(1929)震旦密教重興會鉛印本　二冊

330000－1701－0079102　M004361　子部/藝術類/篆刻之屬/印譜
餐霞仙館滁峰名印存稿不分卷　民國鈐印本　一冊

330000－1701－0079103　M004142、M004942、M006153　集部/詞類/類編之屬
四印齋所刻詞　(清)王鵬運輯　民國中國書店據清光緒王氏刻本影印本　八冊　存二十六種

330000－1701－0079105　M004238　子部/醫家類/方書之屬/單方驗方
增評醫方集解二十三卷增補本草備要八卷經絡歌訣一卷重校舊本湯頭歌訣一卷　(清)汪昂撰輯　民國三年(1914)上海共和書局石印本　品齋題簽　一冊　存二十卷(四至二十三)

330000－1701－0079106　M004239　集部/小說類/短篇之屬

詳註聊齋志異圖詠十六卷　(清)蒲松齡撰　(清)吕湛恩注　民國石印本　一冊　存二卷(九至十)

330000－1701－0079111　M004363　史部/傳記類/別傳之屬/事狀

上海資政第姚氏金婚不分卷　世界女子協會古學部輯　民國八年(1919)鉛印本　一冊

330000－1701－0079114　M004241、M004372　子部/宗教類/佛教之屬

十住斷結經十四卷　(後秦)釋竺佛念譯　民國三年(1914)刻本　三冊

330000－1701－0079117　M004364　子部/藝術類/篆刻之屬/印譜

碧玉壺印寄不分卷　民國鈐印本　一冊

330000－1701－0079118　M004242　史部/傳記類/別傳之屬/事狀

周節母邊氏旌額墓圖家傳詩文詞彙編一卷　孫樹禮輯　民國十八年(1929)邊桐鉛印本　一冊

330000－1701－0079120　普951.0798/7222　史部/叢編

辟園史學四種　劉體仁撰　民國石印本　四冊　存一種

330000－1701－0079121　M004244　史部/傳記類/別傳之屬/事狀

吳先生[後卿]行述一卷　王賢撰　**吳昌碩哀啟一卷**　吳邁撰　民國十六年(1927)鉛印本　一冊

330000－1701－0079123　普951.0798/9230/c1　史部/編年類/斷代之屬

大清宣統政紀四十三卷　金毓黻編　民國二十三年(1934)大連遼海書社鉛印本　十六冊

330000－1701－0079126　M004147　類叢部/叢書類/彙編之屬

涉聞梓舊二十五種　(清)蔣光煦輯　民國十三年(1924)上海商務印書館據清海昌蔣氏刻本影印本　十六冊

330000－1701－0079128　M004243　集部/別集類

己未集一卷　張朝墉撰　民國八年(1919)上海聚珍倣宋印書局鉛印本　一冊

330000－1701－0079130　M004245　新學/工藝/工學

機械製圖不分卷　陸守忠編述　民國石印本　都錦生題簽　一冊

330000－1701－0079132　普951.0798/9230/c2　史部/編年類/斷代之屬

大清宣統政紀四十三卷　金毓黻編　民國二十三年(1934)大連遼海書社鉛印本　十六冊

330000－1701－0079133　M004246　新學/電學

電信工程不分卷　民國石印本　一冊

330000－1701－0079134　M004247　集部/別集類

戊午集一卷　張朝墉撰　民國七年(1918)上海聚珍倣宋印書局鉛印本　一冊

330000－1701－0079135　普951.080929/0256　史部/雜史類/斷代之屬

滿清稗史十六種附二種　陸保璿輯　民國新中國圖書局鉛印本　一冊　存一種

330000－1701－0079136　M004248　子部/宗教類/佛教之屬/諸宗

百五論貫一卷　鄭立三編　蔣維喬訂正　民國十六年(1927)上海商務印書館鉛印本　一冊

330000－1701－0079138　M004366　子部/藝術類/書畫之屬/法帖

名人真蹟　民國中華書局影印本　一冊　存一種

330000－1701－0079139　M004249　子部/宗教類/佛教之屬

南嶽單傳記一卷　(清)釋弘儲表　民國二十四年(1935)南嶽福嚴寺影印本　一冊

330000－1701－0079143　M004250　史部/

金石類/石之屬/文字

初拓崔敬邕墓誌一卷 民國九年(1920)有正書局影印本 一冊

330000－1701－0079145 M004251 子部/雜著類

不可錄(壽康寶鑑)一卷 釋印光撰 民國十六年(1927)北平中央刻經院鉛印本 一冊

330000－1701－0079146 M004367 子部/藝術類/書畫之屬/法帖

合肥蒯光祿公神道碑不分卷 曾熙書 民國十年(1921)上海震亞圖書局影印本 一冊

330000－1701－0079152 M004368 子部/醫家類/本草之屬/歷代綜合本草

本草綱目五十二卷 (明)李時珍撰 **本草萬方鍼線八卷** (清)蔡烈先輯 **本草綱目拾遺十卷首一卷** (清)趙學敏輯 民國五年(1916)上海鴻寶齋書局石印本 七冊 存四十八卷(一至三、十至四十六,本草萬方鍼線一至八)

330000－1701－0079154 普 951.08099/2730 史部/雜史類/斷代之屬

校正光復論一卷 (清)鄒容撰 民國石印本 一冊

330000－1701－0079161 普 951.0814/1174 史部/雜史類/斷代之屬

辛亥新疆伊犁亂事本末一卷 張開枚撰 **辛亥定變紀畧一卷** 鍾廣生撰 民國元年(1912)木活字印本 一冊

330000－1701－0079163 G604517、G603849、G602456 史部/史評類/史論之屬

讀通鑑論十六卷宋論十五卷 (清)王夫之撰 民國上海商務印書館鉛印本 四冊 存十九卷(十三至十六、宋論一至十五)

330000－1701－0079167 M004369 子部/醫家類/針灸之屬/通論

針灸大成十二卷 (明)楊繼洲撰 民國上海錦章圖書局石印本 五冊 存十卷(一至十)

330000－1701－0079171 M004252 子部/雜著類

福壽金鑑不分卷 守拙主人輯 民國九年(1920)杭州武林印書館鉛印本 一冊

330000－1701－0079174 M004370 子部/宗教類/佛教之屬/經

大方等大雲經四卷 (晉)釋曇無讖譯 民國二年(1913)刻本 一冊

330000－1701－0079175 M004253 集部/詞類/別集之屬

清真集二卷補遺一卷 (宋)周邦彥撰 林大椿編校 **校記一卷** 民國二十年(1931)上海商務印書館鉛印本 二冊

330000－1701－0079176 M004371 子部/宗教類/佛教之屬/經

雜寶藏經八卷 (北魏)釋吉迦夜 (北魏)釋曇曜譯 民國九年(1920)江北刻經處刻本 二冊

330000－1701－0079182 普 951.08275/3538/c2 類叢部/叢書類/彙編之屬

故宮叢刊 北平故宮博物院編 民國故宮博物院影印本暨鉛印本 一冊 存一種

330000－1701－0079185 M004254 史部/政書類/儀制之屬/典禮

文廟全錄從祀年分並生卒攷略一卷附呈文說帖一卷 孫鏘撰 民國十三年(1924)鉛印本 一冊

330000－1701－0079189 普 951.08275/3538/c3 類叢部/叢書類/彙編之屬

故宮叢刊 北平故宮博物院編 民國故宮博物院影印本暨鉛印本 一冊 存一種

330000－1701－0079192 M004255 子部/藝術類/書畫之屬/畫譜

江建霞先生修書圖不分卷 (清)江標輯 民國十四年(1925)蘇州振新書社影印本 一冊

330000－1701－0079193 M004256 集部/別集類/唐五代別集

韓愈文選評不分卷 (唐)韓愈撰 民國石印本 一冊

330000－1701－0079198　M004373　子部/宗教類/佛教之屬

釋迦如來應化事蹟不分卷　(清)釋永珊撰並繪　民國二十三年(1934)上海佛學書局影印本　四冊

330000－1701－0079201　M004257　子部/儒家類/儒學之屬/性理

明代理學諸儒事略粹言不分卷　民國石印本　一冊

330000－1701－0079203　M004374　史部/傳記類/别傳之屬/事狀

徐母郝太夫人褒揚徵文錄不分卷　徐國樑輯　民國石印本　六冊

330000－1701－0079206　普951.033/8083/c1　史部/雜史類/斷代之屬

渤海國志長編二十卷補遺一卷附錄二卷目次一卷通檢一卷勘誤表一卷圖一卷　金毓黻撰　民國二十三年(1934)遼陽金氏千華山館鉛印本　十冊

330000－1701－0079209　普951.033/8083/c2　史部/雜史類/斷代之屬

渤海國志長編二十卷補遺一卷附錄二卷目次一卷通檢一卷勘誤表一卷　金毓黻撰　民國二十三年(1934)遼陽金氏千華山館鉛印本　十冊

330000－1701－0079211　M004157、M004258、M005888　集部/小說類/長篇之屬

第一才子書六十卷一百二十回首一卷　(明)羅貫中撰　(清)毛宗崗　(清)金人瑞評　民國石印本　八冊　存四十二卷(七至十六、二十三至三十七、四十四至六十)

330000－1701－0079215　M004375　集部/戲劇類

梅村唱詞一卷　梅村輯　民國十八年(1929)鉛印本　一冊

330000－1701－0079217　普951.033/8083.04/c1　史部/雜史類/斷代之屬

渤海國志長編要刪一卷　金毓黻撰　民國二十二年(1933)遼陽金氏千華山館鉛印本　一冊

330000－1701－0079220　M004376　子部/藝術類

美術叢書二集六十九種　鄧實輯　民國二年至三年(1913－1914)上海神州國光社鉛印本　三冊　存三種

330000－1701－0079222　普951.033/8083.04/c2　史部/雜史類/斷代之屬

渤海國志長編要刪一卷　金毓黻撰　民國二十二年(1933)遼陽金氏千華山館鉛印本　一冊

330000－1701－0079227　M004261　子部/小說家類/異聞之屬

續新齊諧三卷　(清)袁枚撰　民國石印本　一冊　存一卷(下)

330000－1701－0079229　M004262　子部/醫家類/本草之屬/本草雜著

本草求真九卷圖一卷主治二卷脉理求真一卷　(清)黄宫繡纂　民國上海江東書局石印本　一冊　存一卷(脉理求真)

330000－1701－0079231　M004263　集部/小說類/長篇之屬

圖像鏡花緣六卷一百回　(清)李汝珍撰　民國上海大成書局石印本　一冊　存一卷(六)

330000－1701－0079233　M004377　史部/目録類/總録之屬/彙刻

美術叢書預約樣本一卷　上海神州國光社編　民國二十五年(1936)上海神州國光社鉛印本　一冊

330000－1701－0079235　M004264　子部/醫家類/方書之屬/單方驗方

重訂驗方新編十八卷　(清)鮑相璈等輯　民國石竹山房書局石印本　四冊　存十卷(九至十八)

330000－1701－0079237　M004378　子部/宗教類/佛教之屬/經疏

毗盧遮那成佛神變加持經義釋二卷　(唐)釋

一行撰　民國十八年(1929)中央刻經院鉛印本　一冊

330000－1701－0079238　M004379　集部/戲劇類/雜劇之屬
紅雪樓九種曲　(清)蔣士銓撰　民國十二年(1923)上海朝記書局影印本　四冊　存三種

330000－1701－0079262　M004379/1　集部/戲劇類/雜劇之屬
紅雪樓九種曲　(清)蔣士銓撰　民國十二年(1923)上海朝記書局影印本　一冊　存一種

330000－1701－0079266　M004265　子部/醫家類/方書之屬/單方驗方
增評醫方集解二十三卷增補本草備要八卷重校舊本湯頭歌訣一卷　(清)汪昂撰輯　民國元年(1912)上海同文書局石印本　三冊　存十七卷(一至三、十至二十三)

330000－1701－0079267　M004175、M004380、M008207　集部/小說類/長篇之屬
增像全圖東周列國志二十七卷首一卷一百八回　(清)蔡奡評點　民國二年(1913)上海時中書局鉛印本　六冊　存十一卷(首,二至三、六至十三)

330000－1701－0079269　M004266　集部/詩文評類/文法之屬/函牘格式
新撰詳註分類尺牘大成不分卷　周蓮第編　民國十三年(1924)上海然藜閣書局石印本　一冊

330000－1701－0079272　M004267、M005366　集部/詩文評類/文評之屬
文學研究法四卷　姚永樸撰　民國上海商務印書館鉛印本　三冊　存三卷(一至三)

330000－1701－0079276　M004268　子部/宗教類/道教之屬
太上感應篇直講一卷　釋印光鑒定　民國十一年(1922)上海宏大善書局石印本　一冊

330000－1701－0079279　M004269　子部/藝術類/書畫之屬/畫録
陳石瀨畫冊一卷　陳石瀨繪　民國三十四年(1945)漢口金裝美術公司影印本　一冊

330000－1701－0079282　M004381　史部/傳記類/別傳之屬/事狀
南通徐希穆先生暨德配錢太夫人哀輓錄不分卷　徐爾瑛等輯　民國鉛印本　一冊

330000－1701－0079283　M004270　子部/儒家類/儒學之屬/禮教/家訓
傳家必讀不分卷　(清)王正朋輯　民國四年(1915)渝城小樑子衔古堂刻本　一冊

330000－1701－0079289　M004383　子部/宗教類/佛教之屬
佛學叢書□□種　民國上海商務印書館鉛印本　一冊　存一種

330000－1701－0079292　M004384　子部/宗教類/佛教之屬
佛學叢書□□種　民國上海商務印書館鉛印本　一冊　存一種

330000－1701－0079294　M004271　新學/醫學/外科
外科總論不分卷　民國石印本　一冊

330000－1701－0079295　M004385、M005274　子部/雜著類/雜說之屬
安樂康平室隨筆六卷　(清)朱彭壽撰　民國二十九年(1940)鉛印本　二冊

330000－1701－0079297　M004272　集部/別集類
龐檗子遺集二卷　龐樹柏撰　民國六年(1917)王蘊章等鉛印本　一冊

330000－1701－0079309　M004386　史部/傳記類/總傳之屬/列女
義烏縣貞孝節烈婦女表微錄一卷　民國抄本　一冊

330000－1701－0079311　M004387　史部/傳記類/總傳之屬/列女
天台縣新入節孝一覽表一卷　民國抄本　一冊

330000－1701－0079314　M004274　集部/

別集類
潘龍詩草不分卷 徐今遨撰 稿本 一册

330000－1701－0079318 M004275 新學/醫學/内科
内科不分卷 民國石印本 一册

330000－1701－0079321 M004276 子部/藝術類/書畫之屬
遯盦遺蹟一卷 吳隱書并繪 民國十二年(1923)影印本 一册

330000－1701－0079327 M004388 史部/傳記類/總傳之屬/釋道
天台九祖傳二卷附錄一卷 (宋)釋志磐撰 **釋迦如來涅槃禮讃文一卷** (宋)釋仁岳撰 **天台智者大師齋忌禮讃文一卷** (宋)釋遵式撰 民國七年(1918)揚州集雲齋刻本 二册

330000－1701－0079330 M004389 子部/藝術類/書畫之屬/畫譜
一亭居士二十四孝圖不分卷 王震繪 民國上海有正書局影印本 一册

330000－1701－0079332 M004279 子部/雜著類
閻督軍講演彙編不分卷 閻錫山撰 民國六政考核處鉛印本 一册 存一册(二)

330000－1701－0079334 M004390 集部/小說類/短篇之屬
西湖佳話古今遺蹟十六卷 (清)墨浪子撰 民國上海聚元堂書莊石印本 二册 存六卷(一至二、十至十三)

330000－1701－0079336 M004280 子部/雜著類
中國學術論著集要講義五卷 尹文撰 民國十七年(1928)北京國立京師大學校文科出版課鉛印本 二册 存二卷(四至五)

330000－1701－0079338 M004391 子部/宗教類/道教之屬/經文
華山陳希夷先生心相篇一卷 (宋)陳希夷撰 李時品解 **孚佑帝君吕祖醒心經一卷** (唐)吕洞賓撰 李時品講 **敬惜字紙消災救劫歌一卷惜字俚言一卷** 民國二十二年(1933)鉛印本 一册

330000－1701－0079343 M004281 新學/政治法律/制度
法院行政實務不分卷 (日本)岩田一郎撰 程光銘譯 民國司法講習所京師第一監獄鉛印本 一册

330000－1701－0079347 M004282 經部/小學類/音韻之屬/韻書
韵鏡一卷 (宋)張麟之編 民國十八年(1929)油印本 一册

330000－1701－0079351 M004283 子部/藝術類/書畫之屬/法帖
晉唐小楷十種不分卷 民國八年(1919)上海有正書局影印本 一册

330000－1701－0079352 M004392 集部/曲類/寶卷之屬
繪圖啼笑姻緣寶卷二卷 塵隱室主編 民國上海惜陰書局石印本 一册

330000－1701－0079355 M004393 集部/曲類/寶卷之屬
何仙姑寶卷二卷 民國十一年(1922)上海宏大善書局石印本 一册

330000－1701－0079365 M004394 集部/曲類/寶卷之屬
浙江杭州府錢塘縣白蛇寶卷二卷 民國四年(1915)上海文益書局石印本 一册

330000－1701－0079371 M004395 集部/曲類/寶卷之屬
浙江杭州府錢塘縣白蛇寶卷二卷 民國四年(1915)上海文益書局石印本 一册

330000－1701－0079374 M004396 集部/曲類/寶卷之屬
梁山伯寶卷二集 民國二十五年(1936)寧波朱彬記書莊鉛印本 一册

330000－1701－0079378 M004287、M006528 史部/傳記類/總傳之屬/技藝

歷代畫史彙傳七十二卷首一卷附錄二卷 （清）彭蘊璨編　民國三年（1914）上海漢粹社石印本　三册　存三十二卷（首，十七至三十、五十八至七十二，附錄一至二）

330000－1701－0079381　M004288　集部/曲類/寶卷之屬
百花台雙恩寶卷二卷　民國上海惜陰書局石印本　一册　存一卷（上）

330000－1701－0079383　G002802　類叢部/叢書類/郡邑之屬
雲南叢書初編一百四十一種二編三十七種 趙藩　陳榮昌等輯　民國雲南叢書處刻本　二册　存一種

330000－1701－0079384　M004398　集部/小說類/長篇之屬
後三國石珠演義全傳四卷三十回　（清）梅溪遇安氏撰　民國十七年（1928）上海受古書店、中一書局石印本　一册　存一卷（一）

330000－1701－0079387　M004148　類叢部/類書類/專類之屬
葩經名物譜二卷　柯作樞輯　稿本　二册

330000－1701－0079391　M004284　子部/宗教類/佛教之屬/大藏
大日本續藏經一千七百五十六部七千一百四十四卷首一卷目錄二卷　（日本）前田慧雲編　（日本）中野達慧增輯　民國十二年至十四年（1923－1925）上海商務印書館影印本　四十册　存二百三十四種

330000－1701－0079394　M004400　子部/天文曆算類/曆法之屬
疑年臆斷一卷　吳伯時編撰　民國三十七年（1948）石印本　一册

330000－1701－0079397　M004401　集部/小說類/長篇之屬
繡像繪圖後西遊記四卷四十回　（清）□□撰　（清）天花才子評點　民國上海錦章書局石印本　一册　存一卷（一）

330000－1701－0079399　M004289　史部/政書類/律令之屬
刀筆大全五種　八公山人編輯　民國十二年（1923）上海東南書局鉛印本　一册

330000－1701－0079401　M004290　集部/小說類/長篇之屬
增像全圖加批西遊記八卷一百回　（明）吳承恩撰　（清）陳士斌詮解　民國上海錦章圖書局石印本　光遠題記　七册　存七卷（一至七）

330000－1701－0079408　M004291　集部/戲劇類/雜劇之屬
增批繪像第六才子書八卷　（元）王德信（元）關漢卿撰　（清）金人瑞評　**六才子西廂文一卷唐六如先生文韻一卷**　（明）祝允明評定　（明）念庵居士輯　民國十三年（1924）上海啓新書局石印本　三册　存八卷（一至二、五至八，西廂文，唐六如先生文韻）

330000－1701－0079409　M004292　集部/小說類/長篇之屬
增評加批金玉緣圖說一百二十卷首一卷一百二十回　（清）曹霑　（清）高鶚撰　（清）蝶薌仙史評訂　民國上海錦文堂石印本　怡然自樂軒主題記　七册　存五十五卷（五十至六十三、七十三至一百十三）

330000－1701－0079411　M004402　集部/小說類/長篇之屬
增像全圖加批西遊記□□卷一百回　（明）吳承恩撰　（清）陳士斌詮解　民國石印本　一册　存一卷（六）

330000－1701－0079425　M004293　集部/曲類/彈詞之屬
繡像繪圖天雨花二十卷六十回　民國十九年（1930）上海雲記書局石印本　五册　存十卷（五至八、十一至十四、十七至十八）

330000－1701－0079428　M004405　集部/曲類/寶卷之屬
梁山伯寶卷二卷　民國十三年（1924）上海廣記書局石印本　一册

330000－1701－0079432　M004406　集部/曲類/寶卷之屬
梁山伯寶卷二集　民國上海惜陰書局石印本　一冊

330000－1701－0079436　M004295　集部/總集類/氏族之屬
住春樓詩一卷詞一卷　張一驥　張一鵷　張一驄撰　民國善寶堂石印本　一冊

330000－1701－0079437　M004296　史部/傳記類/別傳之屬
周慤慎公榮哀錄不分卷　民國鉛印本　四冊

330000－1701－0079438　M004407　集部/曲類/寶卷之屬
繪圖黃金印寶卷二卷　民國上海惜陰書局石印本　一冊

330000－1701－0079444　M004408　集部/曲類/寶卷之屬
新出繪圖金枝寶卷二卷　民國石印本　一冊

330000－1701－0079445　M004297　史部/傳記類/別傳之屬/事狀
嘉善朱公循柏[其鎮]行述哀輓錄不分卷　民國十年(1921)鉛印本　一冊

330000－1701－0079446　M004298　史部/傳記類/別傳之屬
王夫人哀輓錄不分卷　民國鉛印本　一冊

330000－1701－0079456　M004409　集部/曲類/寶卷之屬
新出繪圖金枝寶卷二卷　民國五年(1916)上海文益書局石印本　二冊

330000－1701－0079457　M004299　史部/政書類/公牘檔冊之屬
浙江省衢縣國民大會代表選舉人名冊不分卷　浙江省衢縣立法院立法委員選舉人名冊不分卷　稿本　一冊

330000－1701－0079461　M004410　集部/曲類/寶卷之屬
新出繪圖金枝寶卷二卷　民國上海惜陰書局石印本　一冊

330000－1701－0079462　M004300　子部/宗教類/佛教之屬/經
地藏菩薩本願經利益存亡品一卷　(唐)釋實义難陁譯　**地藏菩薩靈感錄一卷**　(宋)釋常謹輯　李圓淨修正　民國十九年(1930)杭州長興印刷所鉛印本　一冊

330000－1701－0079465　M004301　子部/藝術類/書畫之屬/畫譜
停雲小愒畫賸二卷　(清)馬濤繪　民國四年(1915)上海才記書棧、才記紙棧石印本　一冊　存一卷(下)

330000－1701－0079466　M004411　集部/曲類/曲藝之屬
新刻陳世美不認前妻□□卷　民國上海文益書局石印本　一冊　存一卷(一)

330000－1701－0079470　M004302　子部/宗教類/佛教之屬
釋氏文鈔讀本不分卷　釋聖聰輯　民國二十三年(1934)浙杭慧空經房刻本　一冊

330000－1701－0079471　M004303　子部/宗教類/佛教之屬
三藏法數不分卷　(明)釋一如集註　**三藏法數通檢一卷**　黃中撰　民國十二年(1923)上海醫學書局鉛印本　四冊

330000－1701－0079472　M004412　經部/小學類/文字之屬/說文
說文解字十五卷標目一卷　(漢)許慎撰　(宋)徐鉉等校定　民國三年(1914)上海商務印書館影印藤花榭刻本　四冊

330000－1701－0079481　M004413　集部/曲類/寶卷之屬
義妖寶卷不分卷　民國十一年(1922)徐維忠抄本　一冊

330000－1701－0079484　M004414　集部/曲類/寶卷之屬
蘭香閣寶卷不分卷　民國二十二年(1933)薛耀祖抄本　一冊

330000－1701－0079489　M004415　集部/曲類/寶卷之屬
三笑姻緣卷二集　民國二十二年(1933)薛耀祖抄本　一冊

330000－1701－0079508　普 958/2828　新學/史志/別國史
懲毖錄四卷　(朝鮮)柳成龍撰　民國抄本　二冊

330000－1701－0079512　M004416　子部/術數類/雜術之屬
中國預言七種　(清)金人瑞評　民國鉛印本　一冊

330000－1701－0079526　M004417　子部/雜著類/雜說之屬
經史答問一卷　(清)朱駿聲撰　民國二十三年(1934)朱師轍抄本　一冊

330000－1701－0079533　M004419　集部/別集類
漪香山館文集不分卷　吳曾祺撰　民國四年(1915)上海商務印書館鉛印本　一冊

330000－1701－0079543　M004420　新學/醫學/衛生學
工業衛生學不分卷　厲家福述　**工場建築講義不分卷**　民國石印本　一冊

330000－1701－0079559　M004422　子部/藝術類/書畫之屬/畫譜
高南阜左手書畫合璧一卷　(清)高鳳翰繪　民國二十三年(1934)上海商務印書館影印本　一冊

330000－1701－0079567　M004423　子部/藝術類/遊藝之屬/雜藝
鵓幻彙編十二卷首一卷　(清)唐再豐撰　民國二年(1913)上海錦章圖書局石印本　一冊

330000－1701－0079568　M004305　集部/小說類/短篇之屬
詳註聊齋志異圖詠十六卷　(清)蒲松齡撰　(清)吕湛恩注　民國石印本　一冊　存九卷［二(存圖葉七)、四(存圖葉七)、五(存葉二十五)、八(存圖葉七)、九(存圖葉十)、十(存葉十七)、十一(存圖葉九)、十三(存圖葉一)、十五(存圖葉二十二至二十三)］

330000－1701－0079569　G601773　集部/別集類/清別集
欠泉庵文集二卷　(清)周煥樞撰　民國刻本　二冊

330000－1701－0079578　M004424　經部/詩類/三家詩之屬
韓詩外傳十卷　(漢)韓嬰撰　民國涵芬樓鉛印本　二冊

330000－1701－0079581　M004425　類叢部/叢書類/自著之屬
潛廬叢書　何紹韓撰　民國二十五年(1936)東陽何紹韓杭州潛廬刻三十六年(1947)印本　一冊　存一種

330000－1701－0079583　M004306　史部/政書類/公牘檔冊之屬
浙江清鄉章程一卷　民國刻本　一冊

330000－1701－0079584　M004426　集部/總集類/選集之屬/斷代
唐詩絕句五卷　(宋)趙蕃　(宋)韓淲選　(宋)謝枋得註解　民國十三年(1924)育智書局鉛印本　二冊

330000－1701－0079586　M004307　史部/政書類/公牘檔冊之屬
浙江清鄉辦事條例一卷　民國刻本　一冊

330000－1701－0079587　M004308　子部/宗教類/佛教之屬
觀世音菩薩靈異紀二卷　萬鈞編　民國十五年(1926)北京中央刻經院鉛印本　一冊

330000－1701－0079591　M004427　史部/目録類/書志之屬/提要
選印宛委別藏四十種書目提要一卷　民國二十四年(1935)商務印書館鉛印本　一冊

330000－1701－0079593　M004309　集部/小說類/長篇之屬

增訂繪圖精忠説岳全傳八卷八十回　（清）錢彩編　（清）金豐增訂　民國上海簡青齋書局石印本　一册　存一卷（三）

330000－1701－0079597　M004310　史部/政書類/軍政之屬
經理通論不分卷　民國鉛印本　一册

330000－1701－0079598　M004428　類叢部/叢書類/彙編之屬
芳心塵影齋叢刊□□種　民國二十三年（1934）塵影齋鉛印本　一册　存一種

330000－1701－0079599　M004311　史部/傳記類/别傳之屬/事狀
清授資政大夫出使比國大臣誠之楊公［兆鋆］行狀一卷　吴昌碩撰　民國六年（1917）石印本　一册

330000－1701－0079601　M004429　子部/宗教類/佛教之屬
供曼達法一卷　釋貢噶傳授　釋滿空譯　民國二十八年（1939）佛學社鉛印本　一册

330000－1701－0079605　M004312　子部/宗教類/佛教之屬
觀音慈林集三卷　（清）釋弘贊編　民國影印本　一册

330000－1701－0079606　M004313　集部/戲劇類/傳奇之屬
李笠翁十種曲　（清）李漁編次　民國上海校經成記石印本　一册　存一種

330000－1701－0079609　G600727　史部/雜史類
明清交替紀事六卷　（清）顧炎武撰　民國思昔社石印本　一册　存三卷（一至三）

330000－1701－0079611　M004314　子部/宗教類/佛教之屬
成唯識論了義燈七卷　（唐）釋惠沼述　民國十三年（1924）成都佛學社鉛印本　五册

330000－1701－0079614　M004315　子部/醫家類/傷寒金匱之屬/傷寒論
傷寒論十卷　（漢）張仲景撰　（晉）王叔和輯　民國十二年（1923）惲鐵樵據明萬曆趙開美刻本影印本　二册　存三卷（三、六至七）

330000－1701－0079618　M004316　子部/宗教類/佛教之屬/論疏
成唯識論述記講義二卷首一卷　北京法相研究會編　民國北京法相研究會鉛印本　二册

330000－1701－0079627　M004317　子部/藝術類/書畫之屬/法帖
御刻三希堂石渠寶笈法帖不分卷　（清）梁詩正等輯　**三希堂續刻灋帖不分卷**　（清）蔣溥等輯　民國上海鴻章書局石印本　三十二册　存册二至三、五至三十、三十三至三十六

330000－1701－0079631　M004430　集部/别集類
游杭詩録一卷　李詳撰　民國七年（1918）鉛印本　劉承幹題記　一册

330000－1701－0079633　普958/4720　集部/戲劇類/雜劇之屬
朝鮮亡國慘史五十幕　民國抄本　一册

330000－1701－0079644　M004431　史部/目録類/總録之屬/私撰
效賢閣書目一卷（第四期續編）　裴連順編　民國二十五年（1936）石印本　一册

330000－1701－0079661　普958/8039　新學/史志/别國史
韓國歷代小史二十八卷　（朝鮮）金澤榮撰　民國十一年（1922）南通翰墨林鉛印本　九册

330000－1701－0079663　M004149、M005125　子部/藝術類/書畫之屬/畫譜
最新海上百美圖詠二卷　陸子常繪　海上諸大名士書詠　花影樓主人編　民國四年（1915）上海才記書局石印本　二册

330000－1701－0079665　普958/8039.2　新學/史志/别國史
韓國歷代小史二十八卷最後正誤本一卷　（朝鮮）金澤榮撰　民國十三年（1924）鉛印本　六册　缺十二卷（五至十三、二十至二十

二）

330000－1701－0079667　M004150　子部/小說家類/異聞之屬
繪圖情史二十四卷　（清）詹詹外史評輯　民國石印本　一冊　存五卷（十至十四）

330000－1701－0079668　M004151　集部/小說類/長篇之屬
繪像結水滸全傳八卷一百四十回　（清）俞萬春撰　（清）范辛來　（清）邵祖恩參評　民國三年（1914）上海天寶書局石印本　一冊　存一卷（八）

330000－1701－0079669　普958/8039.3　新學/史志/別國史
韓國歷代小史十三卷　（朝鮮）金澤榮撰　民國四年（1915）南通翰墨林鉛印本　四冊

330000－1701－0079670　普958/8039.4　新學/史志/別國史
新高麗史五十三卷　（朝鮮）金澤榮撰　民國十三年（1924）南通翰墨林鉛印本　十四冊

330000－1701－0079674　M004432　史部/目録類/總録之屬/私撰
蟫隱廬書目第八期三卷　蟫隱廬書莊編　民國七年（1918）上海蟫隱廬書莊石印本　一冊

330000－1701－0079679　M004433　經部/孝經類/傳說之屬
孝經一卷附二十四孝圖說一卷　（唐）玄宗李隆基注　王震繪　民國上海鑄記書局石印本　一冊

330000－1701－0079686　M004434　集部/別集類
求我山人雜著續集六卷　莊景仲撰　**附錄一卷**　民國二十八年（1939）中國農業書局鉛印本　一冊

330000－1701－0079689　M004435　史部/政書類/公牘檔冊之屬
學堂課程積分表不分卷　民國上海時中書局鉛印本　一冊

330000－1701－0079695　M004436　集部/總集類/酬唱之屬
徵蘭吟一卷　王濟等撰　民國十五年（1926）聚珍倣宋印書局鉛印本　一冊

330000－1701－0079699　M004437　集部/總集類/選集之屬/斷代
彤美集二卷補遺一卷　許國鳳編　民國十年（1921）鉛印本　一冊

330000－1701－0079704　M004438　子部/宗教類/佛教之屬/諸宗
天台傳佛心印記註二卷　（明）釋傳燈註　民國十三年（1924）杭州刻經處刻本　一冊

330000－1701－0079738　M004439　子部/宗教類/佛教之屬/經疏
佛說八大人覺經疏一卷　（清）釋續法集　民國十二年（1923）杭州刻經處刻本　一冊

330000－1701－0079743　M004440、M005385　史部/目録類/總録之屬/私撰
食舊廛書目□□卷　食舊廛編　民國三年（1914）上海食舊廛鉛印本　二冊　存三卷（第一期一至二、第二期）

330000－1701－0079751　M004441　子部/宗教類/佛教之屬/諸宗
天目中峰禪師垂示法語一卷　（元）釋明本撰　民國二十年（1931）刻本　一冊

330000－1701－0079753　M004442　史部/傳記類/別傳之屬/事狀
孔母梁太宜人七秩大慶壽言不分卷　張鼎銘等撰　民國六年（1917）鉛印本　一冊

330000－1701－0079757　M004443　類叢部/叢書類/郡邑之屬
湖南叢書九種　孫文昱等編　民國十四年至十五年（1925－1926）湖南叢書處刻本　一冊　存一種

330000－1701－0079758　M004444　新學/政治法律
戰時國際公法二卷　（日本）有賀長雄撰　嚴獻章譯　民國四年（1915）湖北省官書局鉛印

本　八冊

330000－1701－0079767　M004445　子部/雜著類/雜説之屬
惟白論六卷　尹昌衡撰　民國二十年(1931)刻本　四冊　存四卷(一至三、五)

330000－1701－0079780　M004446　集部/別集類/唐五代別集
唐女郎魚玄機詩一卷　(唐)魚玄機撰　民國影印本　一冊

330000－1701－0079809　M004447　子部/醫家類/傷寒金匱之屬/傷寒論
傷寒四字經一卷　民國抄本　一冊

330000－1701－0079812　M004448　史部/目録類/總録之屬
西泠印社藏書目一卷　西泠印社編　民國三年(1914)上海西泠印社石印本　一冊

330000－1701－0079818　M004152　史部/政書類/公牘檔冊之屬
國民黨宣言規約一卷　國民黨浙支部輯　民國元年(1912)鉛印本　一冊

330000－1701－0079820　M004449、M004515　類叢部/叢書類/彙編之屬
國學彙編三集四十一種　國學研究社編　民國十二年至十四年(1923－1925)上海國學研究社鉛印本　四冊　存十五種

330000－1701－0079826　M004450　子部/醫家類/方書之屬
醫方不分卷　民國抄本　一冊

330000－1701－0079837　M004451　子部/藝術類/書畫之屬/法帖
明拓秦嶧山碑一卷　(宋)徐鉉摹　民國十二年(1923)上海有正書局影印本　一冊

330000－1701－0079849　M004154　子部/醫家類/方書之屬
永不借集不分卷　(清)吳中皋編　民國元年(1912)朱哲存抄本　二冊

330000－1701－0079850　M004452　子部/宗教類/佛教之屬/諸宗
淨土五經附編一卷　郭泰棣輯　民國二十四年(1935)雙百鹿齋刻本　一冊

330000－1701－0079859　M004318　新學/礦務/礦學
礦物圖不分卷　民國石印本　一冊

330000－1701－0079860　M004155　集部/小説類/長篇之屬
燕山外史註釋八卷　(清)陳球撰　(清)傅聲谷輯註　民國石印本　一冊　存三卷(二至四)

330000－1701－0079861　M004320、M005352　新學/政治法律/制度
現行中華法規大全不分卷　民國上海文明書局石印本　三冊

330000－1701－0079863　M004321　子部/藝術類/篆刻之屬/印譜
愛石山房印存一卷　高益篆　民國鈐印本　高益題記　一冊

330000－1701－0079864　M004322　子部/醫家類/溫病之屬/瘟疫
免癆神方二十一章　謝洪賚編纂　民國四年(1915)鉛印本　一冊

330000－1701－0079867　M004323　子部/醫家類/方書之屬/單方驗方
驗方雜要不分卷　民國和記抄本　一冊

330000－1701－0079871　M004453　集部/總集類/酬唱之屬
紹興陳醉庭先生六秩壽辰詩文集不分卷　夏培堃編　民國九年(1920)光華美術印刷公司鉛印本　一冊

330000－1701－0079875　M004324　子部/醫家類/傷寒金匱之屬/傷寒論
傷寒論類方一卷　(清)徐大椿編　民國石印本　一冊

330000－1701－0079877　M004454　集部/總集類/尺牘之屬

往來書信記錄不分卷 民國抄本 一冊

330000－1701－0079879 M004325 史部/傳記類/總傳之屬/家乘
[江西九江]潯陽陶氏家譜世系一卷 民國抄本 雲卿題記 一冊

330000－1701－0079881 M004164 子部/醫家類/方書之屬/單方驗方
抄本藥方一卷 民國抄本 一冊

330000－1701－0079883 M004326 史部/傳記類/別傳之屬/事狀
沈母高太夫人七秩壽言不分卷 沈銘昌等輯 民國四年(1915)餘慶齋鉛印本 四冊

330000－1701－0079886 M004159 集部/小說類/長篇之屬
繡像永慶昇平後傳二十五卷一百回 (清)貪夢道人撰 民國鉛印本 一冊 存一卷(四)

330000－1701－0079887 M004327 子部/宗教類/佛教之屬
佛學院第一學期講義□□種 民國鉛印本 一冊 存一種

330000－1701－0079888 M004455 史部/政書類/邦交之屬
美英法義日五國關於限制海軍軍備條約一卷 民國鉛印本 一冊

330000－1701－0079890 M004456 史部/政書類/邦交之屬
美英法日四國間關於各該國太平洋内各島領地及屬地條約一卷 民國鉛印本 一冊

330000－1701－0079897 M004328 史部/傳記類/別傳之屬
翁修隅先生歸真紀略一卷 民國十二年(1923)鉛印本 一冊

330000－1701－0079898 善008908 史部/紀傳類/正史之屬
南北史合註一百九十一卷 (清)李清撰 民國余氏胡寶堂抄本 余紹宋校 十九冊 存六十四卷(一、八十七至一百、一百二至一百五十)

330000－1701－0079901 M004457 子部/宗教類/佛教之屬/經
佛說大乘無量壽莊嚴清淨平等覺經一卷 釋慈濟會集各譯 民國三十五年(1946)黄念祖鉛印本 一冊

330000－1701－0079905 M004329 史部/政書類/邦計之屬/鹽法
美國製鹽新法調查記錄二卷 錢文選撰 民國十四年(1925)鉛印本 一冊 存一卷(上)

330000－1701－0079909 M004330 子部/雜著類
省心約旨正集三卷外集三卷首一卷 民國十一年(1922)南縣三仙鎮昌化文社刻本 四冊 存五卷(首,一、三,外集一至二)

330000－1701－0079910 M004458 史部/傳記類/別傳之屬
趙母百歲貞壽詩文書畫彙刊不分卷 趙仲建編 民國二十三年(1934)鉛印本 一冊

330000－1701－0079915 M004331 史部/傳記類/別傳之屬/事狀
遜清合肥相國李公[鴻章]七袟壽言彙錄不分卷 民國石印本 一冊

330000－1701－0079920 M004332 史部/傳記類/別傳之屬/事狀
黄母易太夫人訃告不分卷 黄一歐等撰 民國十八年(1929)鉛印本 一冊

330000－1701－0079922 M004333 史部/傳記類/別傳之屬
翁振夫先生榮哀錄不分卷 民國三十三年(1944)鉛印本 一冊

330000－1701－0079925 M004459 史部/傳記類/別傳之屬/事狀
[張韻清]哀輓錄一卷 周茭編 民國十九年(1930)鉛印本 一冊

330000－1701－0079928 M004334 史部/傳記類/別傳之屬

瑞安許達夫先生訃告不分卷　許樑津等撰　民國三十二年(1943)石印本　一册

330000－1701－0079932　M004160　子部/宗教類/佛教之屬/論疏
瑜伽師地論記一百卷　(唐)釋玄奘譯　民國二十九年(1940)上海佛學書局影印本　邵裴子跋　十五册

330000－1701－0079933　M004460　史部/地理類/專志之屬/書院
敷文書院志略不分卷　魏頌唐輯　民國二十四年(1935)浙江財務學校鉛印本　一册

330000－1701－0079936　M004335　史部/紀傳類/正史之屬
謝氏後漢書補逸六卷　(三國吳)謝承撰　(清)姚之駰輯　(清)孫志祖增訂　孫峻補訂　民國十七年(1928)錢塘孫氏壽松堂刻本　二册

330000－1701－0079937　M004337　史部/政書類/公牘檔册之屬
水利法一卷水利法施行細則一卷水利工程大意一卷浙江省水利參事會組織通則一卷浙江省各縣水利協會組織通則一卷浙江省鄉鎮水利協會章程一卷　民國油印本　一册

330000－1701－0079938　M004336　史部/傳記類/别傳之屬/事狀
陳子臯先生訃告不分卷　陳錫範等撰　民國二十五年(1936)鉛印本　一册

330000－1701－0079940　M004161　集部/小説類/短篇之屬
詳註聊齋志異圖詠十六卷　(清)蒲松齡撰　(清)吕湛恩注　民國石印本　一册　存二卷(十五至十六)

330000－1701－0079941　M004461　子部/宗教類/佛教之屬/諸宗
宗鏡録法相義節要一卷　(宋)釋延壽集　梅光羲節要　民國二十四年(1935)上海商務印書館鉛印本　一册

330000－1701－0079942　M004162　集部/總集類/選集之屬/斷代
唐絶句選十二卷　邵裴子輯　民國二十五年(1936)上海商務印書館鉛印本　邵裴子批並跋　二册

330000－1701－0079943　M004163　經部/群經總義類/石經之屬/通考
歷代石經考不分卷　民國抄本　三册

330000－1701－0079944　M004338　集部/詞類/總集之屬
漚社詞鈔□□集　漚社輯　民國石印本　六册　存三十集(一至八、十至十四、十八至二十一、二十四至二十五,補二至六、八至十三)

330000－1701－0079953　M004489　集部/曲類/曲韻曲譜曲律之屬
度曲須知二卷　(明)沈寵綏撰　民國上海商務印書館影印本　一册　存一卷(上)

330000－1701－0079959　M004491　子部/宗教類/佛教之屬/諸宗
真大英雄言行錄二卷　丑先難編輯　民國二十年(1931)刻本　一册

330000－1701－0079966　M004463　類叢部/叢書類/自著之屬
楊居士遺書　(清)楊文會撰　民國刻本　一册　存一種

330000－1701－0079968　M004492　子部/宗教類/佛教之屬/經
佛說阿彌陀經一卷　(後秦)釋鳩摩羅什譯　民國十九年(1930)上海佛教淨業社流通部鉛印本　一册

330000－1701－0079974　M004464　子部/宗教類/佛教之屬/論疏
因明入正理論疏瑞源記八卷　(唐)釋玄奘譯　(唐)釋窺基疏　(日本)釋濬鳳潭記　民國十七年(1928)上海商務印書館鉛印本　三册　存六卷(三至八)

330000－1701－0079986　M004465　子部/雜著類/雜纂之屬
編餘隨筆一卷　莫壽恒撰　民國十八年

(1929)鉛印本　一冊

330000－1701－0079987　M004494　子部/宗教類/佛教之屬
佛學叢書□□種　民國上海商務印書館鉛印本　一冊　存一種

330000－1701－0079995　G605670　集部/別集類/清別集
笠翁一家言全集十六卷　(清)李漁撰　民國上海會文堂書局石印本　一冊　存一卷(十)

330000－1701－0079997　M004466　子部/藝術類/書畫之屬/法帖
趙集賢書道德經真蹟一卷　(元)趙孟頫書　民國上海延古齋影印本　一冊

330000－1701－0079998　M004495　史部/時令類
月令廣義摘編□□卷　嚴聞達纂輯　民國抄本　二冊　存一卷(四)

330000－1701－0080005　M004496　史部/傳記類/別傳之屬
竹庭金公遺像不分卷　金巩伯輯　民國二十八年(1939)影印本　一冊

330000－1701－0080014　M004497　史部/政書類/考工之屬
紫江朱氏仿宋槧彩繪營造法式樣本不分卷　民國十三年(1924)天津傳經書社石印本　一冊

330000－1701－0080017　M004467　史部/傳記類/總傳之屬/家乘
[浙江東陽]東陽何氏第二十三次脩譜紀念刊不分卷　何紹韓編　民國二十三年(1934)鉛印本　一冊

330000－1701－0080018　M004498　史部/政書類/律令之屬
中國民事習慣大全不分卷　施沛生等編纂　民國上海法政學社鉛印本　一冊

330000－1701－0080021　M004165　集部/小說類/短篇之屬
詳註聊齋志異圖詠十六卷　(清)蒲松齡撰　(清)吕湛恩注　民國石印本　一冊　存二卷(十三至十四)

330000－1701－0080027　G003053　子部/宗教類/其他宗教之屬/伊斯蘭教
清真解義一卷　(清)何馨桂撰　民國二年(1913)北京京華印書局鉛印本　一冊

330000－1701－0080033　M004166　集部/小說類/短篇之屬
詳註聊齋志異圖詠十六卷　(清)蒲松齡撰　(清)吕湛恩注　民國上海交通圖書館石印本　一冊　存二卷(九至十)

330000－1701－0080042　M004167　集部/小說類/長篇之屬
新說西遊記圖像一百回　(明)吳承恩撰　民國上海校經山房成記石印本　一冊　存六卷(五十一至五十六)

330000－1701－0080052　M004468　史部/地理類/專志之屬/祠墓
宅步陳氏萃渙堂祀簿不分卷　萃渙堂編　民國二十二年(1933)木活字印本　一冊

330000－1701－0080059　M004469　集部/別集類
潛厂零集四卷　民國十九年(1930)鉛印本　一冊

330000－1701－0080062　M004500、M006585、M007448、M008283　集部/詩文評類/詩評之屬
詩源辯體三十六卷附後集纂要二卷　(明)許學夷撰　民國十一年(1922)鉛印本　六冊　存三十六卷(三至三十六、後集纂要一至二)

330000－1701－0080065　M004168　集部/小說類/長篇之屬
繪圖永慶昇平前傳四卷九十七回　郭廣瑞撰　民國石印本　一冊　存一卷(三)

330000－1701－0080078　M004470　史部/傳記類/總傳之屬/家乘
吳越錢氏支派題名一卷　錢文選編　民國十

四年(1925)鉛印本　一册

330000－1701－0080088　M004471　史部/傳記類/總傳之屬/家乘

[浙江臨海]台臨湧泉翁氏宗譜□□卷　翁汝梅纂修　民國二十四年(1935)木活字印本　翁汝梅題記　一册　存一卷(八)

330000－1701－0080092　G605654　史部/傳記類/别傳之屬/墓誌

葛氏兩世墓表誌銘不分卷　(清)俞樾等撰　民國石印本　一册

330000－1701－0080094　M004501　子部/雜著類/雜説之屬

讀書雜述十卷　(清)李鎧撰　民國九年(1920)上海鉛印本(卷九至十原缺)　一册　存八卷(一至八)

330000－1701－0080096　M004472　史部/傳記類/總傳之屬/家乘

前明常熟瞿氏四代忠賢遺像不分卷　瞿啟甲輯　民國九年(1920)石印本　一册

330000－1701－0080100　M004473　子部/藝術類/書畫之屬

淡遠樓石墨初輯五卷　費師洪輯　民國石印本　一册

330000－1701－0080101　M004502　集部/總集類/彙編之屬

宋人集　李之鼎輯　民國南城李氏宜秋館刻本　一册　存二種

330000－1701－0080103　M004169　集部/小説類/短篇之屬

詳註聊齋志異圖詠十六卷　(清)蒲松齡撰　(清)吕湛恩注　民國石印本　一册　存二卷(十一至十二)

330000－1701－0080108　M004474　史部/傳記類/總傳之屬/斷代

旅奉紹興同鄉録(民國戊辰年)不分卷　章繼勛等編　民國十七年(1928)鉛印本　一册

330000－1701－0080112　M004503　類叢部/叢書類/自著之屬

晨風廬叢刊十八種　周慶雲撰　民國吳興周氏夢坡室刻本　一册　存一種

330000－1701－0080116　M004475　集部/别集類

鳳孫致仁先信札不分卷　鳳孫撰　稿本　一册

330000－1701－0080117　M004504　史部/地理類/雜志之屬

滇中瑣記一卷　楊瓊撰　民國元年(1912)騰越李根源鉛印本　一册

330000－1701－0080121　M004505　子部/宗教類/佛教之屬/經疏

佛説八大人覺經疏一卷　(清)釋續法集　民國十八年(1929)北平刻經處刻朱印本　一册

330000－1701－0080124　M004506　子部/宗教類/佛教之屬/經咒

無上頗瓦法一卷　釋督噶呼圖克圖口授　景戒光　趙尊竹筆記　民國羅筱元鉛印本　漸逵題記　一册

330000－1701－0080126　M004488、M004490　子部/宗教類/佛教之屬/經疏

大般涅槃經疏三德指歸一百卷　(晉)釋曇無讖譯　(南朝宋)釋慧嚴　(南朝宋)釋慧觀　(南朝宋)謝靈運治　(隋)釋灌頂疏　(唐)釋湛然再治　(宋)釋智圓述記　**大般涅槃經玄義發源機要六卷**　(宋)釋智圓撰　民國十四年(1925)揚州宛虹橋眾香庵刻本　三十六册

330000－1701－0080135　M004476　史部/地理類/方志之屬/郡縣志

[民國]寧海縣志稿不分卷　民國三十五年(1946)稿本　二十四册

330000－1701－0080136　M004507、M008145　集部/别集類/清别集

天影盦全集　(清)李壽蓉撰　李天民輯　民國三十二年(1943)長沙李氏鉛印本　四册

330000－1701－0080137　M004508　史部/

雜史類/斷代之屬
山陰中天樂鄉沈冤紀略一卷 湯壽潛輯 民國鉛印本 一冊

330000－1701－0080140 M004170 集部/小說類/短篇之屬
詳註聊齋志異圖詠十六卷 (清)蒲松齡撰 (清)吕湛恩注 民國上海簡青齋書局石印本 一冊 存二卷(一至二)

330000－1701－0080144 M004171 集部/小說類/短篇之屬
聊齋志異新評十六卷 (清)蒲松齡撰 (清)王士禛評 (清)吕湛恩注 (清)但明倫新評 民國鉛印本 一冊 存二卷(三至四)

330000－1701－0080151 M004172 集部/小說類/短篇之屬
聊齋志異新評十六卷 (清)蒲松齡撰 (清)王士禛評 (清)但明倫新評 (清)吕湛恩注 民國八年(1919)上海廣益書局鉛印本 一冊 存二卷(一至二)

330000－1701－0080152 M004509 新學/商務/商學
商業政策講義三編附太平洋會議關税議事紀錄不分卷 民國鉛印本 一冊

330000－1701－0080153 M004510 子部/藝術類/篆刻之屬/印譜
可石齋印譜不分卷 沈駿程輯 民國十二年(1923)鈐拓本 一冊

330000－1701－0080159 M004477 子部/儒家類/儒學之屬
四朝名儒語錄要十四卷 李翹編 民國劉氏嘉業堂抄本 五冊 存五卷(一、四至五、八、十一)

330000－1701－0080160 M004478 集部/別集類
松岡詩文集不分卷 稿本 黄東明題記 一冊

330000－1701－0080163 M004173 集部/小說類/長篇之屬
增像全圖東周列國志二十七卷一百八回 (清)蔡奡評點 民國上海元昌書局石印本 二冊 存五卷(十三至十七)

330000－1701－0080164 M004479 史部/傳記類/日記之屬
直隸第一監獄練習日記底稿不分卷(民國十年十一月二十八日至十二月二十四日) 鯉庭記 民國十年(1921)稿本 一冊

330000－1701－0080169 M004174 集部/小說類/長篇之屬
增像全圖東周列國志二十七卷一百八回 (清)蔡奡評點 民國十一年(1922)上海掃葉山房石印本 八冊

330000－1701－0080171 M004480 史部/傳記類/日記之屬
日積月累不分卷(民國四年三月二十六日至六年五月十四日) 涇伯撰 稿本 一冊

330000－1701－0080176 M004481 子部/醫家類/外科之屬
外科一卷 民國抄本 一冊

330000－1701－0080180 M004512 子部/藝術類/書畫之屬/法帖
柳公權楷書一卷 (唐)柳公權書 民國二十五年(1936)上海商務印書館影印本 一冊

330000－1701－0080181 M004482 史部/傳記類/總傳之屬/忠孝
前後二十四孝圖說不分卷 (清)施善昌輯 民國上海翼化堂石印本 一冊

330000－1701－0080184 M004513 子部/宗教類/佛教之屬/論
大智度論一百卷 (天竺)龍樹菩薩造 (後秦)釋鳩摩羅什譯 民國二十九年(1940)上海佛學書局影印本 十冊

330000－1701－0080186 M004483、M005501、M605603 子部/醫家類/本草之屬/歷代綜合本草
本草綱目五十二卷瀕湖脉學一卷奇經八脉攷一卷脉訣攷證一卷圖一卷 (明)李時珍撰

本草萬方鍼線八卷藥品總目一卷　(清)蔡烈先輯　**本草綱目拾遺十卷首一卷**　(清)趙學敏輯　民國五年至六年(1916－1917)上海鴻寶齋書局石印本　九冊　缺九卷(十至十八)

330000－1701－0080187　M004177　子部/醫家類/類編之屬

陳修園七十種醫書　(清)陳念祖等撰　民國石印本　十七冊　存三十種

330000－1701－0080188　M004514　子部/藝術類/書畫之屬

中華古今畫範不分卷　丁寶書摹　民國六年(1917)上海中華書局影印本　二冊　存第二、四冊

330000－1701－0080192　M004484　集部/詩文評類/文法之屬/函牘格式

言文對照女子新尺牘二卷　廣文書局編輯所編輯　民國上海世界書局石印本　一冊　存一卷(一)

330000－1701－0080197　M004485　子部/醫家類/眼科之屬

眼科仙方雜錄一卷　民國十七年(1928)乾元堂劉記抄本　一冊

330000－1701－0080200　M004181　子部/醫家類/類編之屬

大字精校陳脩園醫書全集□□種　(清)陳念祖撰　民國石印本　七冊　存十二種

330000－1701－0080201　M004182　子部/醫家類/本草之屬/神農本草經

神農經貫珠附新增本草重訂一卷　靈蘭精舍主人薌函氏輯　稿本　一冊

330000－1701－0080202　M004516　史部/紀傳類/正史之屬

涵芬樓影印乾隆殿版二十四史樣本不分卷　涵芬樓編　民國五年(1916)上海商務印書館石印本　一冊

330000－1701－0080203　M004517　史部/目録類

原版影印海内孤本文淵樓叢書預約樣本不分卷　文瑞樓書局　直隸書局編　民國十八年(1929)上海文瑞樓書局、北平直隸書局石印本　一冊

330000－1701－0080204　M004487　子部/宗教類/佛教之屬/律

梵網戒本科注二卷　桂念祖述　民國八年(1919)嘉興佛學研究會刻本　一冊

330000－1701－0080205　M004183　子部/醫家類/傷寒金匱之屬/傷寒論

傷寒指掌二卷　(清)吳貞撰　(清)吳鈞輯　民國抄本　二冊

330000－1701－0080207　M004518　子部/小說家類

筆記小說二十種樣本不分卷　文明書局編　民國十一年(1922)文明書局石印本　一冊

330000－1701－0080208　M004184　子部/醫家類/兒科之屬/通論

保赤病機賦心誠賦一卷　稿本　一冊

330000－1701－0080210　M004185　子部/醫家類/傷寒金匱之屬/傷寒論

傷寒賦論一卷　稿本　一冊

330000－1701－0080213　M004187　史部/政書類/邦計之屬

財政表一卷　施曜庚撰　民國油印本　一冊

330000－1701－0080214　M004188　史部/政書類/公牘檔冊之屬

十方三聖般若濟川橋緣簿一卷　民國十八年(1929)稿本　一冊

330000－1701－0080215　M004189　史部/傳記類/日記之屬

蟬聲日記不分卷(民國二十一年一月一日至十二月三十一日)　稿本　一冊

330000－1701－0080217　M004191、M008646　集部/別集類

聞樨香館文集不分卷　民國抄本　二冊

330000－1701－0080219　M004192　史部/傳記類/總傳之屬/列女

巾幗鬚眉傳四卷　潔華女士編輯　民國六年(1917)上海會文堂石印本　一册　存一卷(四)

330000－1701－0080220　M004193　集部/小説類

空谷蘭本事一卷　民國抄本　一册

330000－1701－0080221　M004194　子部/雜著類/雜纂之屬

其味無窮一卷　徐趣園輯　稿本　一册

330000－1701－0080222　M004195　集部/别集類

易園吟草一卷　易振聲撰　稿本　一册

330000－1701－0080223　M004196　史部/雜著類

爲李石曾先生而夢十二卷　楊家駱撰　民國三十四年(1945)中國辭典館鉛印本　一册

330000－1701－0080225　M004197　子部/天文曆算類/曆法之屬

中華民國三十六年歲在丁亥農曆通書一卷　民國三十五年(1946)上海劉源記石印本　一册

330000－1701－0080233　M004519　類叢部/叢書類/輯佚之屬

影印學津討原樣本一卷　商務印書館編　民國上海商務印書館鉛印本暨影印本　一册

330000－1701－0080236　M004648、M007571、M008246　史部/政書類/邦計之屬/鹽法

鹽法通志一百卷首一卷　周慶雲纂　民國七年(1918)鉛印本　十八册　存五十二卷(七至九、十六至十八、二十八至二十九、四十三至四十五、五十三至六十二、六十六至九十六)

330000－1701－0080240　M004520　史部/目録類

原版影印借月山房叢書樣本一卷　上海博古齋書莊編　民國上海博古齋書莊影印本　一册

330000－1701－0080247　M004649　集部/小説類/長篇之屬

東周列國志二十七卷一百八回　(清)蔡界評點　民國石印本　一册　存十二卷(十六至二十七)

330000－1701－0080258　M004521　史部/目録類

影印墨海金壺樣本一卷　博古齋書莊編　民國十年(1921)上海博古齋書莊鉛印本暨影印本　一册

330000－1701－0080264　M004650　史部/傳記類/别傳之屬/年譜

我之歷程不分卷　陳乙白撰　稿本　一册

330000－1701－0080275　M004522　史部/目録類/總録之屬/彙刻

四部備要樣本一卷　中華書局編　民國上海中華書局鉛印本　一册

330000－1701－0080276　M004198　史部/傳記類/别傳之屬

清旌孝行傳黎癡女士五十壽文一卷　傅范翔　傅范鉅編　民國六年(1917)鉛印本　一册

330000－1701－0080278　M004651　集部/曲類/寶卷之屬

繪圖懊惱祖師歡喜寶卷二卷　民國六年(1917)上海文益書局石印本　一册

330000－1701－0080285　M004199　史部/政書類/公牘檔册之屬

帳簿不分卷　稿本　一册

330000－1701－0080292　M004200　集部/戲劇類/傳奇之屬

重校埋劍記二卷三十六齣　(明)沈璟撰　民國十九年(1930)國立北平圖書館據明萬曆金陵陳氏繼志齋刻本影印本　一册　存一卷(二)

330000－1701－0080297　M004652　集部/曲類/寶卷之屬

新刻西瓜寶卷全集一卷　民國上海文元書局石印本　一册

330000－1701－0080299　G603135　新學/醫學/方書

萬國藥方八卷　(美國)洪士提反譯　民國四年(1915)美華書館石印本　一册　存一卷(六)

330000－1701－0080302　G604932、G605667、G610145　史部/政書類/公牘檔册之屬

張文襄公奏稿五十卷首一卷公牘稿二十八卷函稿六卷函稿續編一卷電稿六十六卷　(清)張之洞撰　民國七年至九年(1918－1920)鉛印本　十册　存二十九卷(奏稿九至十四、二十九至三十,電稿十三至十五、二十二至二十七、三十一至三十三、四十六至五十一、六十四至六十六)

330000－1701－0080303　M004524　經部/禮記類/傳說之屬

禮記集說十卷　(元)陳澔撰　民國中華書局鉛印本　十册

330000－1701－0080308　M004653　集部/曲類/寶卷之屬

新出搶生死牌寶卷二卷　民國四年(1915)上海文益書局石印本　一册　存一卷(上)

330000－1701－0080312　M004201　新學/工藝/工學/塘工河工路工

首都幹路宜採用鋼骨混凝土鋪道意見書一卷　湯景賢撰　民國上海泰康行曬印本　一册

330000－1701－0080319　M004525　子部/醫家類/兒科之屬/驚風

驚幼要訣二卷　諸葛泉水撰　民國二年(1913)抄本　一册

330000－1701－0080321　M004654　集部/曲類/寶卷之屬

新出搶生死牌寶卷二卷　民國四年(1915)上海文益書局石印本　一册

330000－1701－0080326　M004526　子部/醫家類/兒科之屬/痘疹

痘疹雜說一卷　民國抄本　一册

330000－1701－0080329　M004655　子部/雜著類/雜說之屬

戒淫文輯證二卷　民國十年(1921)上海宏大善書局石印本　一册

330000－1701－0080331　M004527　子部/醫家類/綜合之屬/通論

要訣錄□□卷　民國六年至十四年(1917－1925)抄本　一册　存一卷(二)

330000－1701－0080339　M004528　子部/醫家類/綜合之屬/通論

醫家要秘叢錄一卷　民國四年(1915)抄本　一册

330000－1701－0080344　M004529　子部/醫家類/方書之屬

上焦篇方歌一卷　民國抄本　一册

330000－1701－0080349　M004530　子部/醫家類/傷寒金匱之屬/傷寒論

傷寒雜説一卷　民國抄本　一册

330000－1701－0080353　M004531　子部/醫家類/方書之屬

藥方一卷　民國抄本　一册

330000－1701－0080354　M004656　集部/曲類/寶卷之屬

新刻西瓜寶卷全集一卷　民國五年(1916)上海文益書局石印本　一册

330000－1701－0080359　M004532　史部/政書類/律令之屬/法驗

寶鑑編一卷　(清)方汝謙撰　**洗冤録集證彙纂補輯一卷**　(清)李觀瀾撰　民國抄本　一册

330000－1701－0080361　M004657　集部/曲類/寶卷之屬

太平寶卷二卷　民國二年(1913)上海文益書局石印本　一册

330000－1701－0080364　M004658　集部/曲類/寶卷之屬

新編繪圖李宸妃冷宮受苦寶卷二卷　民國上海惜陰書局石印本　一册

330000－1701－0080365　M004659　集部/曲類/寶卷之屬

新刻説唱金鳳寶卷二卷　民國上海惜陰書局石印本　一册

330000－1701－0080371　M004537　史部/政書類/邦計之屬

宛西自治實行法輯要□□卷　别廷芳撰　民國鉛印本　四册　存四卷(一至四)

330000－1701－0080379　M004533　子部/醫家類/綜合之屬/通論

仁端録雜症□□卷　(明)徐謙編　民國抄本　一册　存一卷(三)

330000－1701－0080380　M004534　子部/醫家類/方書之屬/單方驗方

孫錦堂藥方一卷　民國抄本　一册

330000－1701－0080382　M004535　子部/醫家類/診法之屬/歷代脈學

脉學一卷　民國抄本　一册

330000－1701－0080383　M004203　集部/別集類

天心簃詩稿一卷　民國抄本　一册

330000－1701－0080392　M004536　史部/目録類/書志之屬/提要

安徽叢書第三期書目提要一卷　安徽叢書編印處編　民國鉛印本　一册

330000－1701－0080403　M004660　子部/宗教類/佛教之屬

觀世音菩薩普門品義疏記會本四卷　(宋)釋知禮撰　民國十年(1921)北京刻經處刻本　三册　存三卷(二至四)

330000－1701－0080418　M004661　子部/宗教類/佛教之屬/諸宗

賢首五教儀科註四十八卷首二卷　(清)釋續法輯並註　民國十五年(1926)常州天寧寺佛經流通處刻本　二十五册

330000－1701－0080421　M004745　子部/宗教類/佛教之屬

古尊宿語録四十八卷　(宋)釋頤藏輯　民國二十年(1931)上海佛學書局影印本　十册

330000－1701－0080432　M004662　史部/傳記類/總傳之屬

明遠學社社員録不分卷　經亨頤編　民國七年(1918)石印本　一册

330000－1701－0080443　M004663　類叢部/叢書類/彙編之屬

我仁堂叢書　民國八年(1919)鉛印本　一册　存一種

330000－1701－0080453　M004747　史部/傳記類/日記之屬

求闕齋日記類鈔二卷　(清)曾國藩隨筆　(清)王啟原編　民國九年(1920)上海朝記書莊鉛印本　一册

330000－1701－0080467　M004664　子部/宗教類/佛教之屬/諸宗

淨土生無生論註一卷　(明)釋傳燈撰　(明)釋正寂註　民國十三年(1924)杭州刻經處刻本　一册

330000－1701－0080475　M004750　集部/詞類/别集之屬

遺山先生新樂府四卷　(金)元好問撰　民國三年(1914)上海掃葉山房石印本　二册

330000－1701－0080476　M004665、M005414、M005654　子部/宗教類/佛教之屬/律

四分律行事鈔資持記四十二卷附諸家標目一卷　(宋)釋元照撰　**釋四分律行事鈔三卷**　(宋)釋元照録　民國十八年(1929)天津刻經處刻本　二十二册

330000－1701－0080483　M004538　史部/金石類/石之屬/文字

泰山秦篆二十九字南宋精拓本一卷附魯孝王石刻一卷　民國七年(1918)上海有正書局影印本　一册

330000－1701－0080485　M004751　子部/宗教類/佛教之屬

佛學叢書□□種　民國上海商務印書館鉛印本　一册　存一種

330000－1701－0080487　M004666　子部/宗教類/佛教之屬
決定成佛簡易法門一卷　民國上海廣益書局鉛印本　一册

330000－1701－0080491　M004539　子部/醫家類/傷科之屬
接骨體全書一卷　民國抄本　一册

330000－1701－0080492　M004752　集部/總集類/酬唱之屬
慕陶老人八三述懷唱和集不分卷　孫錫芬等撰　民國二十一年(1932)鉛印本　一册

330000－1701－0080495　M004667　子部/宗教類/佛教之屬
集古今佛道論衡實錄五卷　(唐)釋道宣撰
續集古今佛道論衡一卷　(唐)釋智昇撰　民國二年(1913)常州天寧寺刻本　二册

330000－1701－0080496　M004540　子部/醫家類/方書之屬/單方驗方
抄本秘方一卷　民國抄本　一册

330000－1701－0080501　M004541　子部/醫家類/方書之屬
奇方一卷　民國抄本　一册

330000－1701－0080505　M004542　子部/醫家類/本草之屬/本草藥性
式耜軒藥録四十品一卷　民國抄本　一册

330000－1701－0080506　M004668　子部/宗教類/佛教之屬
佛日普照慧辯楚石琦禪師語錄十六卷　(明)釋祖光等編　民國八年(1919)常州天寧寺刻經處刻本　五册

330000－1701－0080507　M004753　集部/別集類
肅肅館文集二卷筆記一卷　許愈初撰　民國十一年(1922)鉛印本　一册

330000－1701－0080518　M004543　類叢部/叢書類/彙編之屬
留餘草堂叢書十二種　劉承幹編　民國吳興劉氏嘉業堂刻本　一册　存二種

330000－1701－0080521　M004755　子部/宗教類/佛教之屬/經疏
佛說觀無量壽佛經疏四卷　(南朝宋)釋畺良耶舍譯　(唐)釋善導集記　民國十三年(1924)南京佛經流通處刻本　二册

330000－1701－0080524　M004544　史部/目録類/總録之屬
目錄不分卷　民國鉛印本　一册

330000－1701－0080526　M004756　子部/宗教類/佛教之屬/諸宗
宏智禪師廣錄八卷附一卷　(宋)釋正覺撰　(宋)釋宗法等編　民國十年(1921)揚州藏經院刻經處刻本　四册　存八卷(一至六、八，附)

330000－1701－0080532　M004669　子部/宗教類/佛教之屬/論
正源略集十六卷首一卷補遺一卷　(清)釋際源　(清)釋了貞輯　(清)釋達珍編　民國二十年(1931)鉛印本　四册

330000－1701－0080542　M004670　經部/書類/傳說之屬
書經衷論四卷　(清)張英撰　民國鉛印本　二册

330000－1701－0080552　M004671　史部/地理類/遊記之屬/紀行
五臺山進香記一卷　趙露清撰　民國二十六年(1937)石印本　一册

330000－1701－0080560　M004672　子部/宗教類/佛教之屬/經
妙法蓮華經妙德玄記一卷　(後秦)釋鳩摩羅什譯　釋根慧記　民國二十九年(1940)上海法雲印經會鉛印本　一册

330000－1701－0080569　M004545　史部/金石類/甲骨之屬
殷墟卜辭講話一卷　金祖同撰　民國二十四

年(1935)鉛印本　金淇題記　一册

330000－1701－0080570　M004673　子部/宗教類/佛教之屬/經

妙法蓮華經妙德玄記二十八卷　(後秦)釋鳩摩羅什譯　釋根慧記　民國二十九年(1940)上海法雲印經會鉛印本　八册

330000－1701－0080580　M004674　子部/宗教類/佛教之屬

志學通禪師語録十卷　(清)釋真耀等編　民國敬文齋刻本　三册

330000－1701－0080582　M004546　子部/藝術類/篆刻之屬/印譜

隱盦批改印存不分卷　(清)張則明輯　民國鈐印本　四册

330000－1701－0080585　M004675　子部/宗教類/佛教之屬

出苦飛航不分卷　何侃如撰　民國三十四年(1945)鉛印本　一册

330000－1701－0080593　普392/1062　類叢部/叢書類/彙編之屬

雪堂叢刻(國學叢刊)五十二種　羅振玉編　民國四年(1915)上虞羅氏鉛印本　一册　存一種

330000－1701－0080594　M004549　經部/小學類/文字之屬/説文/專著

説文引詩字輯不分卷　民國影印本　三册

330000－1701－0080597　M004550　史部/政書類/律令之屬

新刻法家蕭曹兩造雪案鳴冤律四卷　(□)管見子註釋　民國上海錦章書局石印本　一册

330000－1701－0080600　M004551　史部/目録類/專録之屬

古物書畫流通處古畫部目録一卷古書部目録一卷六朝碑帖目録一卷　古物書畫流通處輯　民國十七年(1928)上海古物書畫流通處石印本　一册　缺一卷(六朝碑帖目録)

330000－1701－0080606　M004552　經部/小學類

稷香館叢書八種三十六卷　吴甌輯　民國二十四年(1935)北平癸酉編譯會據手稿本影印本　一册　存二種

330000－1701－0080609　普392.1/1859　史部/政書類/儀制之屬/通禮

祀天通禮一卷　政事堂禮制館編　民國財政部印刷局鉛印本　一册

330000－1701－0080617　M004553　經部/小學類

小學識餘五卷説文段注拈誤一卷　(清)朱駿聲撰　民國二十四年(1935)北平癸酉編譯會影印稷香館叢書本　朱師轍跋　一册

330000－1701－0080619　M004676　子部/宗教類/佛教之屬/大藏

大藏經□□種　民國三十三年(1944)普慧大藏經刊行會鉛印本　三册　存一種

330000－1701－0080622　M004757　子部/宗教類/佛教之屬

佛學叢書□□種　民國上海商務印書館鉛印本　一册　存一種

330000－1701－0080628　M004758　子部/宗教類/佛教之屬

佛學院講義□□種　民國鉛印本　一册　存一種

330000－1701－0080630　M004677　子部/宗教類/佛教之屬

佛心經亦通大隨求陀羅尼一卷附修持法要　(唐)釋流志譯　民國鉛印本　一册

330000－1701－0080633　M004678　子部/宗教類/佛教之屬

佛心經亦通大隨求陀羅尼一卷附修持法要　(唐)釋流志譯　民國上海道德書局鉛印本　一册

330000－1701－0080634　M004759　子部/宗教類/佛教之屬/總録

天童和尚闢妄救略説十卷　(明)釋圓悟撰　(明)釋真啟編　民國八年(1919)上海有正書

局鉛印本　三冊

330000－1701－0080640　M004679　子部/雜著類/雜編之屬

安士全書四種　(清)周夢顔撰　民國七年(1918)陝西趙步雲刻本　六冊

330000－1701－0080649　M004760　子部/宗教類/佛教之屬

傳戒正範會本四卷傳戒三壇内集三卷　(清)釋讀體撰　民國六年(1917)文光齋、文鈺齋刻本　四冊

330000－1701－0080672　M004554、M007463　子部/藝術類/書畫之屬/總論

式古堂書畫彙考六十卷目錄四卷首二卷　(清)卞永譽纂輯　民國十年(1921)鑑古書社影印本　四十冊

330000－1701－0080674　M004680　子部/宗教類/佛教之屬/經疏

解深密經注十卷　歐陽漸編　民國六年(1917)金陵刻經處刻本　三冊

330000－1701－0080675　M004761　史部/政書類/公牘檔冊之屬

中國益義道社總章一卷　中國益義道社委員會議定　**關聖帝君覺世經一卷格言一卷**　民國十七年(1928)上海宏大善書局石印本　一冊

330000－1701－0080683　M004762　類叢部/叢書類/彙編之屬

香艷叢書三百二十六種　(清)蟲天子輯　民國三年(1914)中國圖書公司和記鉛印本　三冊　存七種

330000－1701－0080692　M004681　子部/宗教類/佛教之屬

金剛經疏記科會十卷　(後秦)釋鳩摩羅什譯　(唐)圭峰大師疏　(宋)長水大師記　(明)釋大璸科會　民國十三年(1924)刻本　十冊

330000－1701－0080695　M004555　類叢部/叢書類/彙編之屬

小桃花館叢書　民國鉛印本　一冊　存一種

330000－1701－0080701　M004682　子部/宗教類/佛教之屬

弘法大師雜著八種　(日本)釋空海撰　民國十年(1921)、十一年(1922)北京刻經處刻本　一冊

330000－1701－0080703　M004556　子部/藝術類/書畫之屬/法帖

趙文敏書感興詩一卷　(元)趙孟頫書　民國上海商務印書館影印本　一冊

330000－1701－0080708　M004557　子部/宗教類/道教之屬

南屏曉鐘一卷　孫福鏘編輯　民國十一年(1922)杭州九九老壇鉛印本　一冊

330000－1701－0080709　M004763　子部/宗教類/佛教之屬/諸宗

淨土津梁十三種　(清)釋了慰輯　民國十一年(1922)上海商務印書館據清乾隆北京衍法寺刻本影印本　一冊　存二種

330000－1701－0080712　M004683　子部/宗教類/佛教之屬/經

月燈三昧經十一卷　(隋)釋那連提黎耶舍譯　民國十年(1921)常州天寧寺刻經處刻本　三冊

330000－1701－0080713　M004558　類叢部/叢書類/彙編之屬

冷雪盦叢書　李文裿輯　民國大興李文裿鉛印本　一冊　存一種

330000－1701－0080717　M004764　經部/易類/專著之屬

周易古史觀二卷附錄一卷　胡樸安輯　民國安吳胡氏鉛印本　童大年題記　二冊

330000－1701－0080720　M004559　子部/藝術類/遊藝之屬/詩鐘

飯後社叢刻詩鐘之一一卷　阿亮撰　民國六年(1917)浙江印刷公司鉛印本　一冊

330000－1701－0080730　M004684　子部/

宗教類/佛教之屬
金剛句義不分卷　民國抄本　三冊

330000－1701－0080736　M004560　子部/宗教類/佛教之屬
施諸餓鬼飲食及水法并手印注一卷　(唐)釋不空譯　**彌陀十念法一卷　真言送終儀一卷**　民國二十九年(1940)上海佛學書局影印本　一冊

330000－1701－0080740　M004685　子部/宗教類/佛教之屬/律
在家律要廣集十三卷　(清)陳熙願廣集　民國八年(1919)金陵刻經處刻本　四冊

330000－1701－0080741　M004561　集部/詩文評類/詩評之屬
全唐詩話六卷　(宋)尤袤撰　民國石印本　一冊　存一卷(四)

330000－1701－0080742　M004765　經部/四書類/總義之屬/傳說
四書集註十九卷　(宋)朱熹撰　民國三友實業社石印本　一冊

330000－1701－0080749　G601849　類叢部/叢書類/郡邑之屬
台州叢書後集十七種　楊晨輯　民國四年(1915)黄巖楊氏刻本　二冊　存一種

330000－1701－0080752　M004562　集部/戲劇類/傳奇之屬
一片石四齣　(清)蔣士銓填詞　(清)吳承緒正譜　民國十二年(1923)上海朝記書局據紅雪廔刻本影印本　一冊

330000－1701－0080753　M004686　子部/宗教類/佛教之屬/經疏
大佛頂首楞嚴經易解疏十卷　釋顯慈撰　民國三十二年(1943)鉛印本　四冊

330000－1701－0080755　G601850　子部/雜著類/雜說之屬
石林燕語十卷　(宋)葉夢得撰　(宋)宇文紹奕考異　**石林燕語校一卷**　(清)葉德輝撰　**石林燕語辨十卷**　(宋)汪應辰撰　民國中華圖書館石印本　四冊

330000－1701－0080757　M004563　史部/傳記類/别傳之屬/事狀
李太夫人事畧不分卷　民國鉛印本　一冊

330000－1701－0080765　普414.11/1032/c1　經部/小學類/文字之屬/說文/傳說
說文解字詁林十五卷首一卷前編三卷後編一卷補編一卷附編一卷通檢一卷　丁福保編　民國二十年(1931)上海醫學書局石印本　六十六冊

330000－1701－0080766　M004564　子部/宗教類/佛教之屬
十八印契供養法私記一卷　遍照金剛文殊揭諦錄　民國二十一年(1932)影印本　一冊

330000－1701－0080768　M004565　集部/别集類
早寒有懷一卷　民國抄本　一冊

330000－1701－0080775　M004766　子部/雜著類/雜編之屬
友蘭室記事不分卷　稿本　一冊

330000－1701－0080776　M004767　子部/宗教類/佛教之屬
能顯中邊慧日論七卷　(唐)釋慧沼撰　民國二十一年(1932)支那内學院刻本　二冊

330000－1701－0080777　M004567　子部/宗教類/佛教之屬/經咒
梵字有不可思議神用持咒有不可思議功德說明書一卷附持誦儀軌一卷　民國寧波三寳經房功德經房鉛印本　一冊

330000－1701－0080779　普414.11/1032/c2　經部/小學類/文字之屬/說文/傳說
說文解字詁林十五卷首一卷前編三卷後編一卷補編一卷附編一卷通檢一卷　丁福保編　民國二十年(1931)商務印書館石印本　六十六冊

330000－1701－0080783　普414.11/1032/c3　經部/小學類/文字之屬/說文/傳說

說文解字詁林十五卷首一卷前編三卷後編一卷補編一卷附編一卷通檢一卷 丁福保編 民國二十年(1931)上海醫學書局石印本 六十六冊

330000－1701－0080785 M004687 子部/宗教類/佛教之屬/論疏
御製揀魔辨異錄八卷首一卷 (清)世宗胤禛撰 民國七年(1918)揚州藏經院刻本 二冊

330000－1701－0080792 M004768 子部/宗教類/佛教之屬/論
大乘集菩薩學論二十五卷 (宋)釋法護等譯 民國刻本 四冊

330000－1701－0080793 M004688 子部/宗教類/佛教之屬/經疏
妙法蓮華經授手七卷首一卷 (清)釋智祥集 民國刻本 三冊 存五卷(一之二至五、二之三至三之一、四之五至五之三)

330000－1701－0080802 M004769 子部/宗教類/佛教之屬
辯正論十卷 (唐)釋法琳撰 (唐)陳子良注 民國二年(1913)常州天寧寺刻本 三冊

330000－1701－0080805 M004689、M006393、M007891 集部/別集類
匏園詩集初編三十六卷續編□□卷 來裕恂撰 稿本 四冊 存二十七卷(初編十九至三十六、續編十至十八)

330000－1701－0080806 M004569 史部/傳記類/別傳之屬/墓誌
海鹽朱節母生壙銘并題詠一卷 朱立成輯 民國石印本 一冊

330000－1701－0080812 M004570 史部/政書類/公牘檔冊之屬
蕭山縣議會第一次常會議訣案全編不分卷 民國石印本 一冊

330000－1701－0080818 M004572 集部/別集類
潄塵室詩續集一卷 顧迪光撰 民國二十六年(1937)海印樓鉛印本 一冊

330000－1701－0080823 M004690 子部/宗教類/佛教之屬
佛教中學課本四集 (清)楊文會輯 民國金陵刻經處刻本 四冊

330000－1701－0080827 M004573 子部/藝術類/書畫之屬/法帖
明清名人尺牘墨寶第一集六卷第二集六卷第三集六卷 文明書局輯 民國十一年(1922)上海文明書局影印本 四冊 存三卷(第三集甲一、六,乙一)

330000－1701－0080830 M004691 子部/宗教類/佛教之屬/論疏
十二門論疏四卷序疏一卷 (唐)釋吉藏撰 民國四年(1915)金陵刻經處刻七年(1918)補刻本 三冊

330000－1701－0080843 M004770 子部/宗教類/佛教之屬/諸宗
釋淨土羣疑論六卷 (唐)釋懷感撰 民國二年(1913)金陵刻經處刻本 二冊

330000－1701－0080852 M004771 子部/宗教類/佛教之屬
佛學叢書□□種 丁福保輯 民國上海醫學書局鉛印本暨影印本 三冊 存一種

330000－1701－0080857 普 817.2/9088/2 集部/曲類/彈詞之屬
繪圖小金錢全傳四卷二十四回 民國六年(1917)上海萃英書局石印本 一冊

330000－1701－0080860 M004772 新學/工藝
工藝作物六卷 楊士彬編述 民國油印本 一冊

330000－1701－0080869 M004692 子部/宗教類/佛教之屬
盂蘭盆報恩大齋勝會儀軌輯要一卷 (清)釋儀潤輯 民國九年(1920)揚州東鄉磚橋刻經處刻本 一冊

330000－1701－0080873 M004773 子部/宗教類/佛教之屬/經

藥師琉璃光如來本願功德經一卷　（唐）釋玄奘譯　**佛説無量壽經二卷**　（三國魏）釋康僧鎧譯　**佛説阿彌陀經一卷**　（後秦）釋鳩摩羅什譯　民國十一年（1922）鉛印本　一冊

330000－1701－0080878　M004693　子部/宗教類/佛教之屬/經
央掘魔羅經四卷　（南朝宋）釋求那跋陀羅譯　民國七年（1918）金陵刻經處刻本　二冊

330000－1701－0080890　普 817.2/9423　集部/曲類/寶卷之屬
竈皇寶卷一卷　民國五年（1916）存德堂沈月英抄本　一冊

330000－1701－0080894　M004574　子部/儒家類/儒學之屬/俗訓
格言聯璧不分卷　（清）金纓輯　民國十年（1921）維揚張瑞曾刻本　一冊

330000－1701－0080901　M004694　子部/宗教類/佛教之屬
續人天寶鑑十卷　（清）釋默庵輯　民國十三年（1924）刻本　十冊

330000－1701－0080903　M004575　子部/藝術類/遊藝之屬/聯語
甕珠室集聯一卷　（清）張開模編　民國二十五年（1936）蟫隱廬石印本　一冊

330000－1701－0080907　M004695　子部/宗教類/佛教之屬/諸宗
發菩提心論教相義演一卷　釋文殊揭諦編　民國二十三年（1934）鉛印本　一冊

330000－1701－0080911　M004576　史部/目録類/版本之屬/通論
藏書絕句三十二首一卷　楊守敬撰　民國十六年（1927）鉛印本　一冊

330000－1701－0080915　M004696　子部/藝術類/書畫之屬/法帖
草字彙十二卷附補　（清）石梁輯　民國十五年（1926）上海中原書局石印本　六冊

330000－1701－0080916　M004577　史部/政書類/公牘檔冊之屬
湯溪縣政府工作報告書七卷　民國石印本　一冊

330000－1701－0080923　M004578　史部/政書類/公牘檔冊之屬
浙江省第四區行政概況不分卷　民國二十九年（1940）油印本　一冊

330000－1701－0080927　M004579　新學/算學/數學
統計講義不分卷　民國石印本　一冊

330000－1701－0080930　M004580　史部/政書類/公牘檔冊之屬
開化縣政府三十三年度施政計劃不分卷　民國三十三年（1944）石印本　一冊

330000－1701－0080931　M004697　子部/宗教類/佛教之屬/論疏
十二門論宗致義記四卷　（唐）釋法藏撰　民國十二年（1923）鉛印本　二冊

330000－1701－0080933　M004581　集部/曲類/寶卷之屬
烏窠禪師度白侍郎一卷　民國抄本　一冊

330000－1701－0080944　M004698　子部/宗教類/佛教之屬
佛家名相通釋二卷　熊十力撰　民國二十六年（1937）國立北京大學出版組鉛印本　二冊

330000－1701－0080950　M004699　子部/宗教類/佛教之屬
念佛三昧寶王論三卷　（唐）釋飛錫撰　民國鉛印本　一冊

330000－1701－0080954　M004700　子部/宗教類/佛教之屬/經疏
盂蘭盆經折衷疏一卷　（晉）釋竺法護譯　（清）釋靈耀疏　（清）釋儀潤參訂　民國鉛印本　一冊

330000－1701－0080958　M004701　子部/宗教類/佛教之屬/經咒
日誦經咒簡要科儀不分卷　世界佛教居士林

編　民國二十一年(1932)上海佛學書局鉛印本　一冊

330000－1701－0080961　M004702　子部/宗教類/佛教之屬

賢首諸乘法數十二卷　民國二十九年(1940)鉛印本　一冊

330000－1701－0080962　M004703　集部/別集類

八指頭陀詩集十卷續集八卷襍文一卷　釋敬安撰　民國八年(1919)北京法源寺刻本　二冊　存八卷(續集一至八)

330000－1701－0080983　M004582　史部/政書類/邦交之屬

中外條約司法部分輯覽四卷補遺一卷　郭雲觀編　民國二十三年(1934)上海第一特區地方法院文牘科石印本　二冊

330000－1701－0080994　M004583　史部/政書類/公牘檔冊之屬

開化縣二十五年度行政計劃案六卷　民國二十五年(1936)石印本　一冊

330000－1701－0080999　M004584　集部/詩文評類/詩評之屬

漁洋詩話二卷　(清)王士禛撰　民國三年(1914)掃葉山房石印本　一冊

330000－1701－0081004　M004585　子部/醫家類/養生之屬/導引、氣功

做照禪宗之靜坐法一卷附錄一卷　劉大心撰　民國九年(1920)武林印書館鉛印本　一冊

330000－1701－0081013　M004777　子部/藝術類/書畫之屬/總論

盛京故宮書畫錄不分卷　金梁編　民國十三年(1924)鉛印本　八冊

330000－1701－0081014　M004586　子部/宗教類/佛教之屬

中國佛教會一卷　民國鉛印本　一冊

330000－1701－0081023　M004778　史部/傳記類/總傳之屬/釋道

居士傳節要一卷　(清)彭際清撰　(清)梅光羲節要　民國十一年(1922)北京刻經處刻本　一冊

330000－1701－0081026　M004705　史部/傳記類/總傳之屬/釋道

增訂佛祖道影四卷　釋虛雲輯　民國二十四年(1935)福建鼓山涌泉禪寺刻本　四冊

330000－1701－0081033　M004779　子部/宗教類/佛教之屬/經

勝思惟梵天所問經六卷　(北魏)釋菩提留支譯　民國四年(1915)常州天寧寺刻經處刻本　二冊

330000－1701－0081046　M004780、M008318　子部/宗教類/佛教之屬

法雨晨飛七種　民國刻本　二冊　存三種

330000－1701－0081048　M004587　新學/政治法律/律例

民刑案件訴狀筆法百篇六卷　平襟亞編輯　民國上海共和書局鉛印本　一冊　存一卷(五)

330000－1701－0081049　M004706、M005646　子部/宗教類/佛教之屬

弘法大師著述輯要　(日本)釋空海撰　民國九年至十一年(1920－1922)北京刻經處刻本　十冊

330000－1701－0081058　M004588　集部/總集類/選集之屬/通代

古詩評註讀本三卷附教授法一卷　王文濡評選　民國十年(1921)上海文明書局鉛印本　二冊

330000－1701－0081064　M004781　史部/傳記類/總傳之屬/釋道

天台九祖傳二卷附錄一卷　(宋)釋志磐撰
釋迦如來涅槃禮讚文一卷　(宋)釋仁岳撰
天台智者大師齋忌禮讚文一卷　(宋)釋遵式撰　民國七年(1918)揚州集雲齋刻本　一冊

330000－1701－0081186　M004590　集部/別集類/清別集

亭林詩集五卷文集六卷餘集一卷　(清)顧炎武撰　民國十二年(1923)上海掃葉山房石印本　四册

330000－1701－0081195　M004783　子部/宗教類/佛教之屬/諸宗
相宗綱要不分卷　梅光羲編　民國二十四年(1935)上海商務印書館鉛印本　一册

330000－1701－0081199　M004784　子部/藝術類/書畫之屬/法帖
宋拓定武蘭亭一卷　(晉)王羲之書　民國十二年(1923)有正書局影印本　一册

330000－1701－0081203　M004707　子部/宗教類/佛教之屬/經疏
大佛頂如來密因修證了義諸菩薩萬行首楞嚴經初學易讀十卷　(唐)釋般剌密帝譯　(唐)釋彌伽釋迦譯語　(唐)釋懷迪證譯　(唐)房融筆受　民國十一年(1922)培善堂刻本　三册

330000－1701－0081204　M004785、M005777　子部/宗教類/佛教之屬/經
大方廣佛華嚴經八十卷　(唐)釋實叉難陀譯　民國十三年(1924)刻本　十一册　存五十五卷(一至五十、五十六至六十)

330000－1701－0081205　M004591　子部/叢編
子書四十八種　民國十一年(1922)上海廣益書局石印本　十册　存十二種

330000－1701－0081218　M004708　子部/宗教類/佛教之屬/諸宗
修習止觀坐禪法要二卷六妙法門一卷　(隋)釋智顗撰　民國二十八年(1939)上海法雲印經會鉛印本　一册

330000－1701－0081220　M004786　集部/小說類/長篇之屬
花月痕全書十六卷五十二回　(清)魏秀仁撰　(清)棲霞居士評　民國鉛印本　四册

330000－1701－0081221　G601874　子部/宗教類/佛教之屬
徑中徑又徑徵義三卷　(清)張師誠輯　(清)徐槐廷注　民國十年(1921)海鹽徐氏刻本　一册

330000－1701－0081224　M004787　子部/叢編
評註諸子菁華錄十八種十八卷　張之純編纂　民國上海商務印書館鉛印本　一册　存一卷(二)

330000－1701－0081231　M004592　子部/叢編
子書四十八種　五鳳樓主人輯　民國九年(1920)上海五鳳樓石印本　八册　存十一種

330000－1701－0081241　M004709、M005061　子部/宗教類/佛教之屬
慈雲法集八種　(宋)釋遵式撰　民國八年至十年(1919－1921)北京刻經處刻本　四册

330000－1701－0081244　M004788、M006697　集部/詞類/詞話之屬
無師自通填詞百法二卷　顧憲融編纂　民國十五年(1926)上海崇新書局鉛印本　二册

330000－1701－0081249　M004593　史部/雜史類/斷代之屬
滿清稗史十六種附二種　陸保璿輯　民國二年(1913)新中國圖書局鉛印本　十册　存十種

330000－1701－0081255　M004789　集部/總集類/酬唱之屬
陶社集不分卷　史慕山編　民國十三年(1924)安徽合肥金橋陶社鉛印本　一册

330000－1701－0081258　M004710　子部/宗教類/佛教之屬/大藏
大藏經□□種　民國三十三年(1944)普慧大藏經刊行會鉛印本　四册　存一種

330000－1701－0081269　M004711　子部/宗教類/佛教之屬/大藏
大藏經□□種　民國三十三年(1944)普慧大藏經刊行會鉛印本　三册　存一種

330000－1701－0081271　M004595　子部/宗教類/佛教之屬
釋門法戒錄一卷　郭慧濬編　民國二十六年(1937)蘇州弘化社鉛印本　一册

330000－1701－0081273　M004790　子部/宗教類/佛教之屬/經咒
大悲心呪像解一卷　民國影印本(圖六十七至八十四爲手繪)　一册

330000－1701－0081286　M004712　子部/宗教類/佛教之屬/諸宗
印光法師淨土決疑論一卷　釋聖量撰　**普勸發心印造經像文一卷**　釋弘一示綱　尤惜陰演譯　民國二十五年(1936)潮陽郭氏雙百鹿齋刻本　一册

330000－1701－0081305　M004596　子部/宗教類/佛教之屬/論疏
成唯識論著述三種　(唐)釋窺基撰　民國五年至九年(1916－1920)金陵刻經處刻本　七册

330000－1701－0081308　M004792　子部/宗教類/佛教之屬/經疏
大毘盧遮那成佛神變加持經住心品疏註會解一卷　(唐)釋一行疏　(唐)釋靈雲妙極大師註　劉永滇述　民國上海鉛印本　一册

330000－1701－0081310　M004713　子部/宗教類/佛教之屬/經疏
俱舍論頌疏二十九卷　(唐)釋圓暉撰　民國抄本　六册

330000－1701－0081313　M004793　類叢部/類書類/通類之屬
永樂大典二萬二千八百七十七卷　(明)解縉等輯　民國影印本　一册　存一卷(七千五百四十三)

330000－1701－0081315　M004714　子部/宗教類/佛教之屬/諸宗
天台教觀選錄八卷　(隋)釋智顗撰　釋諦閑選　民國九年(1920)揚州藏經院刻本　五册

330000－1701－0081318　M004597　史部/雜史類/斷代之屬
貴州東路遊擊軍戰紀一卷　蔣懷勛編　民國二年(1913)貴州教育司鉛印局鉛印本　一册

330000－1701－0081321　M004715　子部/宗教類/佛教之屬
念佛三昧寶王論三卷　(唐)釋飛錫撰　民國上海佛學書局鉛印本　一册

330000－1701－0081325　M004598　子部/宗教類/佛教之屬/論
順中論義八大般若波羅蜜經初品法門二卷　(北魏)釋瞿曇般若流支譯　**百字論一卷**　(北魏)釋菩提留支譯　民國二十一年(1932)支那内學院刻本　一册

330000－1701－0081330　M004716　子部/宗教類/佛教之屬
佛學院講義□□種　民國武昌印經處鉛印本　二册　存一種

330000－1701－0081338　M004599　史部/傳記類/別傳之屬/事狀
李資政公哀輓錄不分卷　民國二十三年(1934)鉛印本　一册

330000－1701－0081350　M004600　集部/總集類/酬唱之屬
重九唱和詩前編一卷後編一卷首二卷　姚文棟輯　民國六年(1917)鉛印本　一册

330000－1701－0081354　M004601　子部/藝術類/音樂之屬
瀛洲古調一卷　沈肇州輯錄　民國五年(1916)江蘇省教育會石印本　一册

330000－1701－0081357　M004794　子部/宗教類/佛教之屬
八識規矩頌註發明三卷　(唐)釋玄奘註　(明)釋普泰補註　(清)釋本金發明　民國八年(1919)寧波千歲坊文光齋刻本　六册

330000－1701－0081361　M004602　史部/傳記類/別傳之屬
聽薌廬贈言彙錄不分卷　嚴翕受編　民國十年(1921)木活字印本　一册

330000－1701－0081366　M004795　史部/傳記類/别傳之屬/事狀

灌叟［胡碧澂］八十壽言一卷　民國十三年(1924)鉛印本　一册

330000－1701－0081370　M004718　子部/宗教類/佛教之屬/經

楞伽阿跋多羅寶經四卷　(南朝宋)釋求那跋陀羅譯　民國上海佛學書局鉛印本　一册

330000－1701－0081371　M004796　子部/醫家類/婦科之屬/產科

竹林寺產科秘傳一卷　民國抄本　一册

330000－1701－0081373　M004603　史部/傳記類/别傳之屬/事狀

金雨梧哀輓錄一卷　金學任等輯　民國六年(1917)石印本　一册

330000－1701－0081379　M004797　子部/宗教類/佛教之屬/經

藥師瑠璃光如來本願功德經一卷附東方文一卷回向文一卷　(唐)釋玄奘譯　**郭子彬先生傳贊一卷**　許止淨撰　**先考子彬府君行述一卷**　董康撰　民國二十二年(1933)潮陽郭氏雙百鹿齋刻本　一册

330000－1701－0081381　M004604　子部/宗教類/佛教之屬/經疏

佛說觀無量壽佛經義疏三卷　(宋)釋元照述疏　民國十一年(1922)北京刻經處刻本　一册　缺一卷(三)

330000－1701－0081382　M004605　史部/傳記類/總傳之屬/郡邑

潤州先賢錄六卷　(明)姚堂　(明)劉文徽輯　民國二十二年(1933)江蘇省立國學圖書館影印本　二册

330000－1701－0081386　M004798　子部/宗教類/佛教之屬

金剛般若波羅密經一卷　(後秦)釋鳩摩羅什譯　民國十一年(1922)石印本　一册

330000－1701－0081389　M004606　子部/宗教類/佛教之屬

往生淨土懺願儀一卷往生淨土決疑行願二門一卷　(宋)釋遵式撰　**淨土境觀要門一卷**　(宋)釋懷則述　民國十七年(1928)揚州宛虹橋眾香庵刻本　一册

330000－1701－0081392　M004607　史部/傳記類/日記之屬

庚申日記不分卷(民國九年六月十五日至八月二十三日)　民國九年(1920)稿本　一册

330000－1701－0081394　M004609　子部/宗教類/佛教之屬

妙觀初機一卷　釋靜修述　民國二十五年(1936)法藏講寺鉛印本　一册

330000－1701－0081397　M004719　史部/地理類/山川之屬/山志

靈巖山志八卷首一卷末一卷　張一留編述　民國三十七年(1948)上海印公紀念會鉛印本　一册

330000－1701－0081401　M004720　子部/宗教類/佛教之屬/經疏

楞伽經句義通說要旨四卷　(明)陸西星撰　民國七年(1918)金陵刻經處刻本　一册

330000－1701－0081405　M004721　子部/宗教類/佛教之屬

楞伽疏決六卷　歐陽漸撰　民國十四年(1925)支那内學院刻支那内學院叢書本　春卓題記　二册

330000－1701－0081408　M004799　史部/金石類/總志之屬

金石分地編目□□卷　民國抄本　一册　存一卷(二十二)

330000－1701－0081411　M004722　子部/宗教類/佛教之屬/諸宗

方聚成禪師語錄三十卷首一卷續錄九卷　(清)釋悟成說　(清)釋真濟等輯　**方聚成禪師年譜一卷**　(清)釋真淨編　民國九年(1920)常州天寧寺刻經處刻本　十册　缺三卷(續錄一至三)

330000－1701－0081412　善009005　集部/

别集類/宋别集

宋林和靖先生詩集四卷補一卷　(宋)林逋撰　民國上海商務印書館影印四部叢刊本　邵裴子批　一册

330000－1701－0081415　M004800　子部/宗教類/佛教之屬/經

藥師瑠璃光如來本願功德經一卷附東方文一卷回向文一卷　(唐)釋玄奘譯　**郭子彬先生傳贊一卷**　許止淨撰　**先考子彬府君行述一卷**　董康撰　民國二十二年(1933)潮陽郭氏雙百鹿齋刻藍印本　一册

330000－1701－0081421　M004801　子部/宗教類/佛教之屬

隋天台智者大師别傳一卷　(隋)釋灌頂撰　**輯註四卷**　(宋)釋曇照註　釋興慈輯　民國十九年(1930)上海法藏寺刻本　一册

330000－1701－0081426　善009004　史部/金石類/錢幣之屬/圖像

歸耕草堂錢譜二卷　□家駒拓編　民國拓本　二册

330000－1701－0081428　M004802　史部/地理類/山川之屬/山志

九華山志八卷首一卷　釋德森編輯　許止淨鑑訂　民國二十七年(1938)蘇州弘化社鉛印本　二册

330000－1701－0081431　M004723　子部/宗教類/佛教之屬/經疏

楞伽阿跋多羅寶經科解十卷　(明)釋真貴撰　民國十二年(1923)蕪湖佛經流通所刻本　十册

330000－1701－0081446　M004803　子部/宗教類/佛教之屬

大藏聖教法寶標目十卷　(元)王古撰　民國長沙佛教正信會刻本　五册

330000－1701－0081449　M004804　子部/宗教類/佛教之屬

諸經要集二十卷　(唐)釋道世撰　民國七年(1918)常州天寧寺刻本　九册　存十八卷(三至二十)

330000－1701－0081458　M004805　子部/宗教類/佛教之屬/律

四分律含註戒本三卷　(唐)釋道宣註　民國十一年(1922)北京刻經處刻本　一册

330000－1701－0081467　M004724　子部/宗教類/佛教之屬

廣弘明集四十卷　(唐)釋道宣輯　民國元年(1912)常州天寧寺刻本　九册　存三十六卷(一至三十六)

330000－1701－0081468　M004806　子部/宗教類/佛教之屬

觀世音菩薩普門品玄義記會本四卷　(宋)釋知禮撰　民國十年(1921)北京刻經處刻本　四册

330000－1701－0081472　M004725　子部/宗教類/佛教之屬/經

大乘無上三經　釋超一譯　民國二十五年(1936)無錫眞言研究社鉛印本　一册

330000－1701－0081483　M004726　子部/宗教類/佛教之屬

佛學院講義□□種　民國鉛印本　二册　存一種

330000－1701－0081495　M004727　子部/宗教類/佛教之屬/經疏

觀經疏鈔演義二卷　釋諦閑演義　民國十八年(1929)石印本　一册

330000－1701－0081497　M004728　子部/宗教類/佛教之屬/論疏

瑜伽師地論本地分中菩薩地初持瑜伽處戒品纂釋二卷　湯薌銘譯纂　民國二十九年(1940)鉛印本　二册

330000－1701－0081498　M004608　子部/宗教類/佛教之屬/律

在家律要四卷　朱止宜輯　民國上海佛學書局鉛印本　一册

330000－1701－0081502　M004610　子部/

宗教類/佛教之屬/經
虛空藏菩薩經一卷　(後秦)釋佛陀耶舍譯　民國三十三年(1944)普慧大藏經刊行會鉛印本　一冊

330000－1701－0081504　M004729　子部/宗教類/佛教之屬
佛學叢書□□種　民國上海商務印書館鉛印本　二冊　存一種

330000－1701－0081505　M004611　子部/宗教類/佛教之屬
最後一着不分卷　了一居士撰　民國上海佛學書局石印本　一冊

330000－1701－0081507　M004730　子部/藝術類/書畫之屬/法帖
黄山谷寫金剛經一卷　(宋)黄庭堅書　民國影印本　一冊

330000－1701－0081508　M004612　子部/宗教類/佛教之屬/律
毘尼日用切要一卷　(清)釋讀體輯　**沙彌律儀要略一卷**　(明)釋袾宏輯　民國十一年(1922)刻本　一冊

330000－1701－0081512　M004613　史部/金石類/金之屬/文字
散盤釋文一卷　徐植甫撰　民國二十一年(1932)石印本　一冊

330000－1701－0081513　M004731　子部/宗教類/佛教之屬/經疏
佛說四十二章經解一卷佛遺教經解一卷　(明)釋智旭撰　**八大人覺經略解一卷**　(漢)釋安清譯　(明)釋智旭解　民國二十三年(1934)潮陽郭氏雙百鹿齋刻藍印本　一冊

330000－1701－0081517　M004732　子部/宗教類/佛教之屬/經疏
三經蕅益解三卷　(明)釋智旭撰　民國二十四年(1935)潮陽郭氏雙百鹿齋刻本　一冊

330000－1701－0081519　M004615　類叢部/叢書類/彙編之屬
江氏聚珍版叢書四集二十八種　江杏溪輯　民國十三年(1924)蘇州文學山房木活字印本　一冊

330000－1701－0081526　M004616、M008198　子部/雜著類/雜說之屬
潛書二卷　(清)唐甄撰　(清)王聞遠編　民國九年(1920)上海廣益書局石印本　二冊

330000－1701－0081529　M004617　子部/宗教類/佛教之屬/經疏
天請問經一卷天請問經疏一卷　(唐)釋玄奘譯　民國十四年(1925)鉛印本　一冊

330000－1701－0081530　G003432、G004301、G007570　類叢部/叢書類/彙編之屬
香艷叢書三百二十六種　(清)蟲天子輯　民國三年(1914)上海中國圖書公司和記鉛印本　十冊　存四十四種

330000－1701－0081532　M004733　子部/宗教類/佛教之屬/經
佛說十善業道經一卷　(唐)釋實叉難陀譯　**釋迦世尊成道記略一卷**　海屍道人編　**十善業道經節要一卷見聞錄一卷**　(明)釋智旭撰　民國二十四年(1935)潮陽郭氏雙百鹿齋刻本　一冊

330000－1701－0081535　M004618　子部/藝術類/書畫之屬/法帖
漢西嶽華山碑一卷　民國影印本　一冊

330000－1701－0081542　M004619　經部/小學類/文字之屬/字書/字典
攷正字彙二卷　(清)陳淏子撰　民國石印本　一冊

330000－1701－0081559　M004620　集部/小說類/短篇之屬
詳註聊齋志異圖詠十六卷　(清)蒲松齡撰　(清)吕湛恩注　民國石印本　六冊　存十二卷(三至六、九至十六)

330000－1701－0081569　M004621　集部/曲類/寶卷之屬
繪圖新出雙剪髮寶卷二卷　民國上海文益書局石印本　一冊　存一卷(一)

330000－1701－0081584　M004734　集部/小說類/長篇之屬

增像續小五義六卷一百二十四回　(清)石玉崑撰　民國八年(1919)上海昌文書局石印本　五册　存五卷(一至五)

330000－1701－0081590　M004807　子部/宗教類/佛教之屬/論

阿毗達磨發智論二十卷　(天竺)迦多衍尼子造　(唐)釋玄奘譯　民國九年(1920)金陵刻經處刻本　六册

330000－1701－0081595　M004735　子部/儒家類/儒學之屬/蒙學

繪圖詳註三字經一卷　民國上海昌文書局石印本　一册

330000－1701－0081615　M004737　史部/雜史類/斷代之屬

李秀成供一卷　(太平天國)李秀成撰　民國二十五年(1936)影印本　一册

330000－1701－0081622　M004738　子部/農家農學類/蠶桑之屬

栽桑构法不分卷經濟學不分卷　民國油印本　一册

330000－1701－0081623　M004740　史部/金石類/錢幣之屬/圖像

王廉生古泉精選拓本不分卷　(清)王懿榮輯　民國石印本　一册

330000－1701－0081625　M004741　史部/目録類/總録之屬/私撰

不庵遺書目錄一卷　民國抄本　一册

330000－1701－0081630　M004742　史部/金石類/石之屬

非非室藏石工具一卷十年述事順逆叠嘉善咸同以來繼續賡和之盤字韻十首一卷　張鳳撰　民國二十四年(1935)稿本　一册

330000－1701－0081638　M004622　集部/曲類/寶卷之屬

繪圖新出雙剪髮寶卷二卷　民國上海文益書局石印本　二册

330000－1701－0081643　M004623　集部/曲類/寶卷之屬

新刻黄糠寶卷二卷　民國二年(1913)上海文益書局石印本　一册

330000－1701－0081645　M004743　史部/金石類/石之屬

非非室藏石工具一卷　張鳳撰　稿本　一册

330000－1701－0081649　M004624　集部/曲類/寶卷之屬

趙千金烈女寶卷二卷　民國十三年(1924)上海文益書局石印本　二册

330000－1701－0081650　M004744　史部/史表類/斷代之屬

五胡二十國史表三卷　陸翔撰　民國十七年(1928)上海震旦大學鉛印本　陸翔題記　一册

330000－1701－0081654　善009034　史部/政書類/儀制之屬/典禮

國朝宫史三十六卷　(清)于敏中等纂修　民國吴興劉氏嘉業堂抄本　三十六册

330000－1701－0081656　M004625　集部/曲類/寶卷之屬

新編杏花寶卷一卷　民國惜陰書局石印本　一册

330000－1701－0081662　M004626　集部/曲類/寶卷之屬

新刻黄糠寶卷二卷　民國上海惜陰書局石印本　一册

330000－1701－0081671　M004627　集部/曲類/寶卷之屬

新編徐子建雙蝴蝶寶卷一卷　民國上海惜陰書局石印本　一册

330000－1701－0081672　善009035　史部/傳記類/科舉録之屬

金陵采芹録不分卷　民國抄本　四册

330000－1701－0081678　M004628　集部/曲類/寶卷之屬

新編徐子建雙蝴蝶寶卷一卷　民國上海文元書局石印本　一冊

330000－1701－0081697　M004630　集部/小說類/長篇之屬

評註圖像水滸傳三十五卷七十回首一卷　(元)施耐庵撰　(清)金人瑞評　民國十三年(1924)元昌書局石印本　二冊　存三卷(首,一、三)

330000－1701－0081705　M004631　史部/目録類/總録之屬/私撰

巳虛受人室書目錄不分卷　巧倫豪奪山民撰　稿本　一冊

330000－1701－0081714　M004809　子部/宗教類/佛教之屬/諸宗

賢首五教儀六卷　(清)釋續法集錄　民國十五年(1926)南京佛經流通處刻本　二冊

330000－1701－0081725　M004810　子部/宗教類/佛教之屬/經疏

大方廣佛華嚴經入法界品四十二字觀門一卷　(唐)釋不空譯　民國六年(1917)金陵刻經處刻本　一冊

330000－1701－0081726　M004811　子部/宗教類/佛教之屬

中論科判一卷附品目攝領表一卷　民國四年(1915)金陵刻經處刻本　一冊

330000－1701－0081744　M004812　子部/宗教類/佛教之屬/經疏

勝鬘經述記四卷　(唐)釋恩基撰　民國五年(1916)金陵刻經處刻本　二冊

330000－1701－0081748　M004813　子部/宗教類/佛教之屬/論

法勝阿毗曇心論六卷　(天竺)優波扇多　(天竺)那连提耶舍譯　**勝宗十句義論一卷**　(印度)勝者慧月造　(唐)釋玄奘譯　民國七年(1918)湖北陶福山刻本　二冊

330000－1701－0081750　M004814　子部/宗教類/佛教之屬/經疏

應菴和尚語錄十卷　(宋)釋守詮等編　民國十年(1921)天童藏經閣刻本　二冊

330000－1701－0081754　M004815　子部/宗教類/佛教之屬

楞伽阿跋多羅寶經義記二卷　釋太虛口義　陳慧秉記　釋蓮瑞謄　民國十四年(1925)鉛印本　二冊

330000－1701－0081762　M004816　子部/宗教類/佛教之屬/諸宗

因明概論一卷唯識觀大綱一卷　釋太虛講演　民國十五年(1926)武昌正信印務館鉛印本　一冊

330000－1701－0081764　M004817　子部/宗教類/佛教之屬/諸宗

因明概論一卷唯識觀大綱一卷　釋太虛講演　民國十三年(1924)武昌正信印務館鉛印本　一冊

330000－1701－0081769　M004818　子部/宗教類/佛教之屬/經疏

藥師經疏鈔擇要三卷科文一卷　(清)伯亭老人疏鈔　(清)普霈擇要　民國六年(1917)揚州藏經院刻本　三冊

330000－1701－0081777　M004632　子部/宗教類/佛教之屬/經疏

阿彌陀經白話解釋二卷附修行方法一卷　釋印光鑒定　黃智海述　民國十七年(1928)鉛印本　一冊

330000－1701－0081786　M004894　子部/宗教類/佛教之屬/諸宗

五重唯識觀注一卷　(唐)釋窺基撰　梅光羲編　民國刻本　一冊

330000－1701－0081791　M004895　子部/宗教類/佛教之屬/經疏

彌陀畧解圓中鈔二卷　(明)釋大佑解　(明)釋傳燈鈔　民國上海佛學書局影印本　二冊

330000－1701－0081796　M004634　子部/宗教類/佛教之屬/諸宗

楞嚴答問一卷　(清)淨挺撰　民國十二年(1923)杭州刻經處刻本　一冊

330000－1701－0081800　M004896　史部/傳記類/別傳之屬/事狀

法雨追思錄一卷首一卷附錄一卷　民國三十四年(1945)福州佛學流通處刻本　一册

330000－1701－0081804　M004819　子部/宗教類/佛教之屬/經

藥師瑠璃光七佛本願功德經二卷　(唐)釋義淨譯　吴潤江　王家齊編校　**藥師七佛供養儀軌輯要一卷**　梅光羲輯　民國二十四年(1935)鉛印本　一册

330000－1701－0081810　M004820　子部/宗教類/佛教之屬

穿珠集二卷　(清)釋隆範撰　(清)釋瑤石筆談　民國鉛印本　一册　存一卷(下)

330000－1701－0081823　M004821　子部/宗教類/佛教之屬/經疏

妙法蓮華經五味玄記不分卷　(隋)釋智顗教　釋根慧撰　民國二十九年(1940)上海法雲印經會鉛印本　一册

330000－1701－0081825　M004822　子部/宗教類/佛教之屬/諸宗

芝苑遺編四卷首一卷補遺一卷　(宋)釋元照撰　民國十一年(1922)北京刻經處刻本　二册

330000－1701－0081831　M004823　子部/宗教類/佛教之屬/論

顯識論一卷轉識論一卷　(南朝陳)釋真諦譯　民國十一年(1922)金陵刻經處刻本　一册

330000－1701－0081832　M004635　子部/宗教類/佛教之屬/論

止觀門論七十七頌一卷六門教授習定論一卷　(唐)釋義浄譯　民國七年(1918)金陵刻經處刻本　一册

330000－1701－0081833　M004898　子部/宗教類/佛教之屬

金剛般若波羅密經一卷　(後秦)釋鳩摩羅什譯　民國抄本　一册

330000－1701－0081836　M004824　子部/宗教類/佛教之屬

六道集節要三卷　(清)釋弘贊輯　梅光羲集錄　民國九年(1920)北京刻經處刻本　一册

330000－1701－0081837　M004636　子部/宗教類/佛教之屬/經疏

大佛頂如來密因修證了義諸菩薩萬行首楞嚴經截流二卷　(明)釋傳如述　民國十二年(1923)杭州刻經處刻本　一册

330000－1701－0081838　M004899　經部/小學類/文字之屬/字書

說文通津檢字不分卷　民國抄本　一册

330000－1701－0081840　M004825　子部/宗教類/佛教之屬/經

大方便佛報恩經七卷　(五代)□□譯　民國二十年(1931)揚州刻本　二册

330000－1701－0081843　M004637　子部/宗教類/佛教之屬/論疏

西方合論十卷　(明)袁宏道撰　民國十七年(1928)刻本　二册

330000－1701－0081844　M004900　史部/傳記類/別傳之屬/事狀

王母張太夫人七秩壽言錄一卷　陳樹藩等撰　民國鉛印本　一册

330000－1701－0081850　M004638　子部/雜著類/雜說之屬

釋帝兼論高原文化一卷　馬衡撰　民國石印本　一册

330000－1701－0081856　M004639　子部/藝術類/書畫之屬/畫法畫品

意匠畫法十章　民國十一年(1922)石印本　一册　存八章(一至八)

330000－1701－0081858　M004901　史部/政書類/公牘檔册之屬

浙江清理財政局說明書二編　浙江清理財政局編　民國抄本　六册

330000－1701－0081862　M004640　經部/叢編

詩經叢著　民國二十五年（1936）鉛印本　一冊　存一種

330000－1701－0081869　M004641　史部/政書類/公牘檔冊之屬
浙江省政府會議紀錄彙刊不分卷　浙江省政府秘書處編　民國十七年至十九年（1928－1930）浙江省政府秘書處鉛印本　一冊　存第一編

330000－1701－0081877　M004642　集部/曲類/彈詞之屬
元宵會八卷　民國抄本　八冊

330000－1701－0081881　M004826　新學/地學/地理學
編製標準地圖調查表一卷　民國二十二年（1933）抄本　一冊

330000－1701－0081883　M004643　集部/曲類/曲藝之屬
三國志玉璽傳二十卷　民國抄本　十冊

330000－1701－0081888　M004827　類叢部/叢書類/彙編之屬
小瀛壺仙館叢刊　蔡卓勳撰　民國十四年（1925）嶺東蔡氏鉛印本　三冊　存三種

330000－1701－0081898　M004645　經部/小學類/文字之屬/字書
常用字源片段錄稿三十卷附錄一卷　易熙吾撰　民國三十五年（1946）稿本　一冊　存二卷（一、附錄）

330000－1701－0081900　M004646　子部/藝術類/書畫之屬/法帖
九成宮醴泉銘一卷　（唐）歐陽詢書　民國影印本　一冊

330000－1701－0081916　M004828　子部/宗教類/道教之屬
功過格一卷　民國六年（1917）上海競新印刷所石印本　一冊

330000－1701－0081919　M004902　子部/藝術類/遊藝之屬/聯語
摘錄香屑集唐聯句一卷　品花仙史抄　民國抄本　一冊

330000－1701－0081922　M004829　集部/總集類/選集之屬/斷代
中華民國名人詩鈔十卷　吳芹編　民國三年（1914）上海廣益書局石印本　四冊

330000－1701－0081925　M004903　史部/傳記類/總傳之屬/家乘
札網港方思公支一卷　民國抄本　一冊

330000－1701－0081930　M004904　子部/宗教類/佛教之屬
佛法之科學的說明一卷　王小徐撰　民國北平文嵐簃印書局鉛印本　一冊

330000－1701－0081932　M004830　史部/傳記類/別傳之屬/事狀
楊厚栽先生五秩壽言不分卷　民國十年（1921）鉛印本　一冊

330000－1701－0081939　M004905　史部/傳記類/總傳之屬/技藝
歷代畫史彙傳七十二卷首一卷附錄二卷　（清）彭蘊璨編　民國上海錦章圖書局石印本　二冊　存十五卷（三十七至四十三、五十八至六十五）

330000－1701－0081942　M004832　史部/傳記類/別傳之屬/年譜
且頑七十歲自敘不分卷　李鍾玨撰　民國影印本　一冊

330000－1701－0081976　M004833　史部/傳記類/別傳之屬/事狀
張女生梅貞哀思錄一卷　張鍾秀輯　民國十六年（1927）杭州長興印刷所鉛印本　一冊

330000－1701－0081977　M004906　史部/傳記類/總傳之屬/家乘
西濛港君猷公支一卷　民國抄本　一冊

330000－1701－0081985　普 951. 00144/4047. 08/c1　史部/目録類
引得　燕京大學圖書館引得編纂處編　民國

二十一年(1932)燕京大學圖書館鉛印本　一冊　存一種

330000－1701－0081986　M004907　史部/政書類/邦計之屬
元至元至清乾隆朝財政不分卷　民國抄本　三冊

330000－1701－0081992　M004834　史部/金石類/璽印之屬/文字
古璽文字徵十四卷附錄一卷漢印文字徵十四卷附錄一卷檢字一卷　羅福頤撰　民國十九年(1930)影印本　五冊

330000－1701－0081998　普951.00144/4047.08/c2　史部/目録類
引得　燕京大學圖書館引得編纂處編　民國二十一年(1932)燕京大學圖書館鉛印本　一冊　存一種

330000－1701－0082002　M004835　子部/宗教類/佛教之屬/論疏
大乘起信論講義二卷　釋圓瑛撰　民國十八年(1929)上海商務印書館鉛印本　二冊

330000－1701－0082004　M004908　子部/醫家類/溫病之屬/痧症
痧證備覽一卷　民國抄本　王子純題記　一冊

330000－1701－0082010　普951.00144/4088　史部/紀傳類
越縵堂讀史札記十一種三十卷　(清)李慈銘撰　民國國立北平北海圖書館鉛印本　九冊

330000－1701－0082012　善009090　史部/地理類/方志之屬/郡縣志
[嘉慶]峽川續志校勘記一卷　管元耀撰　稿本　一冊

330000－1701－0082017　M004836　史部/傳記類/別傳之屬/事狀
張以柏封翁暨德配王太夫人七秩雙慶壽言一卷　張載陽輯　民國新昌張九如堂鉛印本　一冊　存壽詩(第七十四至一百五十二頁)、壽詞、題圖詩詞、連珠、壽聯、壽幛

330000－1701－0082018　M004909　經部/四書類/總義之屬/專著
四書人名一卷詩經多識一卷　民國抄本　一冊

330000－1701－0082026　M005045　史部/政書類/考工之屬/營造
營造法式三十四卷看詳一卷附錄一卷　(宋)李誡撰　民國十四年(1925)武進陶氏刻本　八冊

330000－1701－0082029　普951.00144/4424　史部/史評類/史論之屬
敬業堂史論一卷　基生蘭撰　民國二十三年(1934)鉛印本　一冊

330000－1701－0082030　M004837　子部/醫家類/類編之屬
醫藥叢書第四集四種　裘慶元輯　民國十二年(1923)杭州三三醫社刻本　四冊

330000－1701－0082031　善009091　史部/地理類/方志之屬/郡縣志
[民國]重修秀水縣志不分卷　金蓉鏡等纂修　稿本　三十一冊

330000－1701－0082037　M005046　集部/總集類/選集之屬/通代
詳訂古文評註全集十卷　(清)過珙　(清)黄越選評　民國粵東編譯公司鉛印本　七冊　存七卷(二至八)

330000－1701－0082047　普951.00144/7259　類叢部/叢書類/自著之屬
雙流劉鑑泉先生遺書二百二十種　劉咸炘撰　徐國光　王道相編輯　民國成都尚友書塾推十圖書經理處刻本、稿本暨抄本　三冊　存一種

330000－1701－0082048　M005047　集部/戲劇類/總集之屬/傳奇
十二家評點李笠翁十種曲　(清)李漁編　民國七年(1918)上海朝記書莊石印本　一冊　存一種

330000－1701－0082052　M004838　史部/

政書類/邦計之屬
重印總稅務司赫德籌餉節略一卷 （英國）赫德撰　梁士詒輯　民國三年(1914)北京正蒙印書局鉛印本　一冊

330000－1701－0082053　M005048　史部/地理類/遊記之屬/紀勝
粤東筆記十六卷附羊城八景全圖 （清）李調元輯　民國四年(1915)上海會文堂石印本　四冊

330000－1701－0082055　M005049　子部/藝術類/篆刻之屬/印譜
飛鴻堂印譜初集八卷二集八卷三集八卷四集八卷五集八卷 （清）汪啟淑鑒藏　民國影印本　二十冊

330000－1701－0082056　M004839　史部/目録類/總録之屬/官修
浙江公立圖書館附設印行所書目不分卷 浙江公立圖書館編　民國十三年(1924)刻本　一冊

330000－1701－0082066　M004840　史部/目録類/總録之屬/官修
湖北官書處新編書目一卷 湖北官書處編　民國十四年(1925)武昌永盛印書館鉛印本　一冊

330000－1701－0082071　M004841　史部/目録類/總録之屬
江蘇省立第二圖書館官書印行所各種書籍核實價目一卷 江蘇省立第二圖書館官書印行所編　民國十年(1921)蘇州華興印書局鉛印本　一冊

330000－1701－0082072　M004842　史部/政書類/邦計之屬/通紀
經濟大意四章 民國石印本　一冊

330000－1701－0082073　M004911　子部/宗教類/佛教之屬/諸宗
教觀綱宗釋義紀三卷 （明）釋智旭撰　**始終心要一卷** （唐）釋湛然撰　**三千有門頌略解一卷** （宋）陳瓘撰　（明）釋眞覺解　民國十四年(1925)刻本　三冊

330000－1701－0082075　M004843　子部/藝術類/篆刻之屬/印論
篆刻抉微十六章 章鎧輯　民國抄本　一冊

330000－1701－0082078　M004844　子部/雜著類/雜說之屬
銷夏雜錄一卷 陳蘧撰　民國二十四年(1935)漢文書局鉛印本　一冊

330000－1701－0082085　M004912　子部/宗教類/佛教之屬/論疏
因明入正理論疏瑞源記八卷 （唐）釋玄奘譯　（唐）釋窺基疏　（日本）釋濬鳳潭記　民國十七年(1928)上海商務印書館鉛印本　四冊

330000－1701－0082089　善009092　史部/地理類/方志之屬/郡縣志
[民國]重修秀水縣志不分卷 金蓉鏡等纂修　稿本　五十二冊

330000－1701－0082095　M004913　子部/宗教類/佛教之屬/經
佛說八種長養功德經一卷 （宋）釋法護等譯　民國影印本　一冊

330000－1701－0082096　M004914　子部/宗教類/佛教之屬/經
佛說大乘戒經一卷 （宋）釋施護譯　民國影印本　一冊

330000－1701－0082113　M005050　集部/曲類/曲韻曲譜曲律之屬
如意曲一卷咏花一卷 民國抄本　一冊

330000－1701－0082117　M005051　集部/曲類/曲韻曲譜曲律之屬
上壽一卷 民國抄本　一冊

330000－1701－0082122　M004915　子部/宗教類/佛教之屬
淨住子淨行法門一卷首一卷 （南朝齊）蕭子良撰　**淨住子淨行法門頌一卷** （南朝齊）王融撰　民國十一年(1922)北京刻經處刻本　一冊

330000－1701－0082123　M005052　集部/曲類/曲韻曲譜曲律之屬

牧羊記一卷　民國抄本　一冊

330000－1701－0082128　M005053　集部/曲類/曲韻曲譜曲律之屬

浣紗記□□齣　民國抄本　一冊　存二齣（打圍、回營）

330000－1701－0082130　M004916　經部/小學類/文字之屬/字書

說文通津補編不分卷附摘習草字　民國抄本　一冊

330000－1701－0082151　M004917　子部/宗教類/佛教之屬/經

二十一經同本深字號　（宋）釋法賢譯　民國四年（1915）常州天寧寺刻經處刻本　一冊

330000－1701－0082153　M004846　子部/藝術類/書畫之屬/法帖

宋搨溫虞恭公碑一卷　（唐）歐陽詢書　民國影印本　一冊

330000－1701－0082160　M004847　史部/傳記類/别傳之屬/事狀

先府君［陸廉夫］事畧一卷　民國石印本　一冊

330000－1701－0082163　M004848　子部/宗教類/佛教之屬

佛學叢書□□種　丁福保輯　民國上海醫學書局鉛印本暨影印本　一冊　存一種

330000－1701－0082174　M004918　子部/宗教類/佛教之屬

成唯識論學記十二卷　（唐）釋太賢輯　民國二十一年（1932）刻本　謝幼偉題記　四冊

330000－1701－0082175　M004850　史部/政書類/邦計之屬

詳定農務章程一卷　民國鉛印本　一冊

330000－1701－0082177　M004851　史部/政書類/邦計之屬/錢幣

中國貨幣攷一卷　民國抄本　一冊

330000－1701－0082178　M004852　子部/農家農學類/農藝之屬

農業推廣概論八章　楊曾盛編　民國油印本　一冊

330000－1701－0082195　M004919　子部/宗教類/佛教之屬/論疏

因明入正理論疏節錄集註一卷　（唐）釋玄奘譯　（唐）釋窺基疏　梅光羲節錄集註　民國十四年（1925）上海商務印書館鉛印本　一冊

330000－1701－0082196　M004920　子部/宗教類/佛教之屬

佛學叢書□□種　民國上海商務印書館鉛印本　一冊　存一種

330000－1701－0082200　M004921　子部/宗教類/佛教之屬/論疏

異部宗輪論述記三卷　（唐）釋玄奘譯　（唐）釋窺基記　民國十二年（1923）萍寄廬鉛印本　一冊

330000－1701－0082205　M004922　子部/宗教類/佛教之屬/諸宗

大乘入道次第章一卷　（唐）釋智周撰　民國三十二年（1943）華嚴刻經處刻本　一冊

330000－1701－0082211　M004923　集部/詞類/别集之屬

夢坡詞存二卷　周慶雲撰　民國二十二年（1933）刻藍印本　一冊

330000－1701－0082219　M004924　子部/宗教類/佛教之屬

佛學叢書□□種　民國上海商務印書館鉛印本　一冊　存一種

330000－1701－0082227　M004925　子部/宗教類/佛教之屬

成唯識論學記八卷　（唐）釋太賢輯　民國十四年（1925）上海商務印書館鉛印本　四冊

330000－1701－0082235　M004926　子部/宗教類/佛教之屬

成唯識論學記八卷　（唐）釋太賢輯　民國二十年（1931）上海商務印書館鉛印本　四冊

330000－1701－0082243　M004927　子部/宗教類/佛教之屬/經疏

佛說阿彌陀經要解一卷　（後秦）釋鳩摩羅什譯　（明）釋智旭撰　民國十五年（1926）影印本　一冊

330000－1701－0082258　M004928　子部/藝術類/篆刻之屬/印論

多野齋印說一卷　（清）董洵撰　民國抄本　病鶚、周作人題記　一冊

330000－1701－0082286　M004929　經部/小學類/文字之屬/字書

復古編不分卷　（宋）張有撰　民國抄本　一冊

330000－1701－0082292　M004854　集部/詩文評類/文評之屬

韓文講記一卷　徐昂撰　蔣禮鴻校錄　民國抄本　任銘善跋　一冊

330000－1701－0082323　M004856　史部/金石類/總志之屬

考古學研究法講義一卷中國金石學概論三卷　鄭師許編述　民國二十二年（1933）正風文學院油印本　一冊　存二卷（考古學研究法講義、中國金石學概論二）

330000－1701－0082339　M004930　子部/宗教類/佛教之屬

法無量自在佛因因果果經一卷　張性一錄　民國三十八年（1949）油印本　一冊

330000－1701－0082342　M004857　史部/職官類/官制之屬

銓敘制度概要八章　馬洪煥撰　民國三十六年（1947）石印本　曾昭南題記　一冊

330000－1701－0082349　M004931　史部/地理類/山川之屬

大別山風光集不分卷　安徽大別山新聞社輯　民國三十一年（1942）鉛印本　一冊

330000－1701－0082352　M004858　新學/政治法律/政治

縣行政及地方自治一卷　雷殷講　民國三十六年（1947）油印本　曾昭南題記　一冊

330000－1701－0082357　M004933　子部/宗教類/佛教之屬/經

佛說大阿彌陀經二卷　（宋）王日休校輯　民國抄本　二冊

330000－1701－0082364　M004859　史部/地理類/專志之屬/寺觀

二祖元符寺志略一卷　釋果亮纂　民國鉛印本　一冊

330000－1701－0082372　M004860　史部/傳記類/總傳之屬/儒林

歷代目錄家傳略一卷　稿本　輟鄦樓題記　一冊

330000－1701－0082380　M004861　子部/宗教類/佛教之屬/諸宗

教觀綱宗科釋三卷　釋靜修述　民國十八年（1929）杭州佛學會彌陀寺油印本　三冊

330000－1701－0082390　M004935　子部/藝術類/書畫之屬/法帖

草字彙十二卷附補　（清）石梁輯　民國二十六年（1937）上海商務印書館影印本　一冊　存二卷（戌、亥）

330000－1701－0082396　M004862　子部/藝術類/書畫之屬/法帖

孫虔禮書遺教經一卷遺教經釋文一卷　（唐）孫過庭書　民國十三年（1924）上海廣倉學宭愛儷園影印本　二冊

330000－1701－0082406　M004936　史部/傳記類/日記之屬

澹園日記不分卷　稿本　一冊

330000－1701－0082408　M004863　史部/傳記類/別傳之屬/事狀

訃啟一卷哀啟一卷　顧景鴻等述　民國二十六年（1937）鉛印本　一冊

330000－1701－0082416　M004864　子部/藝術類/書畫之屬/法帖

故宋正議大夫守尚書戶部侍郎贈銀青光祿大

夫趙府君阡表一卷　(元)趙孟頫書　民國影印本　一冊

330000－1701－0082423　M004865　史部/傳記類/別傳之屬/事狀

馮上將軼裴軍長事略一卷　舒石父等記　民國二十年(1931)鉛印本　一冊

330000－1701－0082426　M004866　史部/傳記類/別傳之屬/事狀

訃啟一卷哀啟一卷　王樹基等述　民國二十五年(1936)鉛印本　一冊

330000－1701－0082432　M004937　史部/地理類/遊記之屬/紀行

艽野塵夢十二卷附篇一卷趙爾豐軼事一卷西藏見聞雜俎一卷　陳渠珍撰　民國二十六年(1937)鉛印本　一冊

330000－1701－0082443　M004938　子部/宗教類/其他宗教之屬/伊斯蘭教

天方典禮擇要解二十卷後編一卷　(清)劉智撰　民國二十二年(1933)鉛印本　一冊

330000－1701－0082448　M004939　子部/宗教類/佛教之屬

般若波羅蜜多心經一卷　胡蓮玉集註　民國二十年(1931)石印本　一冊

330000－1701－0082455　M004940　史部/目録類/專録之屬

古刻書目叢鈔一卷　民國抄本　一冊

330000－1701－0082467　M004941　集部/曲類/彈詞之屬

新編玉鴛鴦五集二十卷二十回　民國三年(1914)尚古書局石印本　六冊

330000－1701－0082476　M004867　子部/宗教類/佛教之屬

雲棲法彙附錄六卷　孫峻編　民國二十九年(1940)釋源智刻藍印本　二冊

330000－1701－0082490　M004868　史部/政書類/公牘檔冊之屬

浙江省地方行政幹部訓練團第六期訓練講義不分卷　浙江省地方行政幹部訓練團編　民國三十年(1941)油印本　七冊

330000－1701－0082496　M004869　史部/政書類/律令之屬/判牘

董品芳等互控妨害名譽案不分卷附嵊匪排护情形不分卷　民國二十年(1931)稿本　一冊

330000－1701－0082502　M004870　子部/宗教類/佛教之屬

經觀一卷　釋圓瑛繪　民國上海道德書局影印本　一冊

330000－1701－0082506　M004871　史部/傳記類/別傳之屬/事狀

嵊縣趙詩高公紀念集不分卷　民國二十一年(1932)影印本　一冊

330000－1701－0082519　M004943　子部/儒家類/儒學之屬/禮教/家訓

了凡四訓一卷　(明)袁黄撰　民國石印本　一冊

330000－1701－0082530　M004945　子部/宗教類/道教之屬/方法

救時金丹四卷附靈驗記　唐光先纂修　梁志賢編輯　民國九年(1920)上海宏大善書局石印本　一冊

330000－1701－0082532　M004873　史部/目録類/總録之屬/官修

江南書局書目一卷　江南書局編　民國刻本　一冊

330000－1701－0082533　M004874　史部/目録類/總録之屬

淮南官書局書目一卷　淮南官書局編　**江楚編譯官書局書目一卷**　江楚編譯官書局編　民國刻本　一冊

330000－1701－0082547　M004946　子部/儒家類/儒學之屬/性理

王陽明先生傳習錄集評四卷　(清)孫奇逢等參評　(清)陶潯霍　梁啓超續評　孫鏘輯校　**王文成傳本一卷續補一卷**　(清)毛奇齡撰　民國六年(1917)上海新學會社鉛印本

二冊

330000－1701－0082562　G003582　史部/地理類/專志之屬/園林

蓬萊閣記不分卷　(明)游璉輯　民國朱氏別宥齋抄本　朱贊卿題簽並校　一冊

330000－1701－0082563　M004947　子部/藝術類/書畫之屬/畫譜

馬駘畫寶十五種二十四卷　馬駘繪　民國石印本　十冊　存八種

330000－1701－0082589　M004875　史部/傳記類/別傳之屬/事狀

熊劍東紀念冊不分卷　王兆槐等編　民國鉛印本　一冊

330000－1701－0082592　M004876　集部/曲類/寶卷之屬

河南開封府花枷良願龍圖寶卷全集二卷　民國上海文益書局石印本　一冊　存一卷(一)

330000－1701－0082594　M004948　子部/藝術類/書畫之屬/書法書品

書法指南二卷　王鼎撰　民國涵青山房石印本　一冊　存一卷(二)

330000－1701－0082599　M004877、M008070　子部/儒家類/儒學之屬/禮教/鑑戒

分類詳註曾文正公治家全書六種二十卷　廣益書局輯　民國上海廣益書局石印本　二冊　存二卷(日記一至二)

330000－1701－0082604　M004949　子部/儒家類/儒學之屬/禮教

了凡訓子書一卷　(明)袁黄撰　**俞淨意公遇竈神記一卷**　(明)羅禎撰　**雲谷大師傳一卷**　(明)釋德清撰　民國無錫萬氏鉛印本　一冊

330000－1701－0082617　M004950　史部/目録類/專録之屬

中日繪畫第三次聯合展覽會出品目錄二卷附錄一卷續錄一卷　民國鉛印本　一冊

330000－1701－0082621　M004951　子部/宗教類/佛教之屬/論

大乘阿毗達磨集論八卷　(唐)釋玄奘譯　民國九年(1920)金陵刻經處刻本　二冊

330000－1701－0082630　M004952　子部/宗教類/佛教之屬/諸宗

事師法五十頌釋名辭略註一卷　(明)釋宗喀巴撰　民國三十一年(1942)鉛印本　一冊

330000－1701－0082637　M005056　子部/宗教類/佛教之屬

法界觀玄鏡注頌一卷　(唐)釋杜順集　(唐)釋宗密注　(唐)釋澄觀玄鏡　(宋)釋本嵩頌　民國二十年(1931)四川刻經處刻本　謝幼偉題記　一冊

330000－1701－0082642　M004953　子部/宗教類/佛教之屬

逃禪錄一卷　陳源撰　民國鉛印本　一冊

330000－1701－0082651　M005057　子部/宗教類/佛教之屬/論

百論二卷　(後秦)釋鳩摩羅什譯　民國十年(1921)四川刻經處刻本　謝幼偉題記　一冊

330000－1701－0082662　M004954　子部/宗教類/佛教之屬

法相學一卷　王恩洋撰　民國三十二年(1943)華嚴刻經處刻本　謝幼偉題記　一冊

330000－1701－0082667　M004878、M007934　新學/天學

天文淺說三十一章　民國刻本　三冊　存二十四章(一至十八、二十六至三十一)

330000－1701－0082675　M004955　子部/藝術類/書畫之屬/畫録

八旗畫錄前編三卷後編三卷　李充國撰　民國十七年(1928)無錫楊氏鉛印本　李大翀跋　一冊

330000－1701－0082682　M004956　子部/宗教類/道教之屬/雜著

重刻盤山棲雲王真人語錄一卷　(元)王棲雲撰　(元)論志煥編　民國十二年(1923)杭州同道善書局鉛印本　一冊

330000－1701－0082686　M004957　子部/儒家類/儒學之屬/俗訓

俗言一卷　(清)劉沅撰　民國北京道德學社鉛印本　一册

330000－1701－0082692　M004958　子部/宗教類/佛教之屬/經

妙法蓮華經觀世音菩薩普門品一卷　(後秦)釋鳩摩羅什譯　民國十四年(1925)石印本　一册

330000－1701－0082703　M004959　子部/宗教類/佛教之屬

佛學叢書□□種　丁福保輯　民國上海醫學書局鉛印本暨影印本　一册　存一種

330000－1701－0082708　M004879　子部/宗教類/佛教之屬

真言宗義章一卷真言宗普通勤行法則一卷真言密教與中華佛法之關係一卷再論真言密教與中華佛法之關係一卷真言宗釋疑一卷　民國十八年(1929)上海世界佛教居士林鉛印本　一册

330000－1701－0082709　M005060　子部/宗教類/佛教之屬

華嚴字母音義一卷　汪家玉輯　民國十九年(1930)石印本　一册

330000－1701－0082722　M004960　子部/藝術類/書畫之屬/法帖

趙文敏書感興詩一卷　(元)趙孟頫書　民國三年(1914)上海商務印書館影印本　一册

330000－1701－0082727　M004880　子部/雜著類/雜編之屬

英梅雜錄不分卷　英梅撰　民國六年至八年(1917－1919)稿本　一册

330000－1701－0082728　M005062　史部/金石類/金之屬

寧壽鑑古十六卷　民國二年(1913)上海商務印書館據寧壽宮寫本影印本　十四册　存九卷(七至十、十二至十六)

330000－1701－0082731　M004881　史部/金石類/璽印之屬/雜著

秦漢小私印選不分卷　張咀英輯　民國三十三年(1944)會稽王秀仁鈐印本　九册

330000－1701－0082736　M004961　子部/小說家類/異聞之屬

新溪病餘生述異一卷　屠鳳翔撰　民國三年(1914)南潯古香室刻本　一册

330000－1701－0082751　M005063　子部/藝術類/書畫之屬/畫譜

馬鏡江先生人物仕女畫稿二卷　(清)馬濤繪　民國四年(1915)上海才記書局影印本　二册

330000－1701－0082772　M005065　子部/藝術類/書畫之屬/畫法畫品

寫竹簡明法二卷　(清)蔣和撰並繪　民國影印本　一册　存一卷(一)

330000－1701－0082787　普 817.28/7720　集部/曲類/彈詞之屬

新出繪圖十把穿金扇四卷十六回　周緝庵編　民國十一年(1922)上海㸑記書局石印本　一册

330000－1701－0082791　SY00533　子部/藝術類/篆刻之屬/印譜

印譜一卷　民國鈐印本　一册

330000－1701－0082795　SY00540　子部/藝術類/篆刻之屬/印譜

悦圃軒藏印一卷　民國鈐印本　一册

330000－1701－0082797　SY00534　史部/金石類/璽印之屬

濱虹艸堂藏古鉢印不分卷　黄賓虹藏　民國鈐印本　三册

330000－1701－0082804　M004882　史部/目録類/總録之屬/私撰

藏書目錄不分卷　民國二十三年(1934)抄本　三册

330000－1701－0082808　SY00541　子部/藝術類/篆刻之屬/印譜

惜廬印彙不分卷　民國鈐拓本　一册

330000－1701－0082811　M005066　子部/宗教類/佛教之屬/經

佛説無常經一卷畧教誡經一卷　（唐）釋義静譯　**增壹阿含經一卷**　（晉）瞿雲僧伽提婆譯　**別譯雜阿含經一卷本事經一卷**　（唐）釋玄奘譯　民國十二年（1923）影印本　一册

330000－1701－0082815　SY00554　史部/金石類/璽印之屬

安昌里館璽存不分卷　宣哲輯　民國二十三年（1934）鈐印本　六册

330000－1701－0082820　SY00542　子部/藝術類/篆刻之屬/印譜

印譜不分卷　民國鈐印本　一册

330000－1701－0082826　SY00553　子部/藝術類/篆刻之屬/印譜

越生印拓一卷　民國鈐拓本　一册

330000－1701－0082833　M004885　子部/宗教類/佛教之屬

梵語雜名一卷　釋禮言集　民國二十九年（1940）上海佛學書局影印本　一册

330000－1701－0082834　M005067　子部/藝術類/書畫之屬/法帖

唐拓孔子廟堂碑一卷　（唐）虞世南撰並書　民國影印本　一册

330000－1701－0082835　M004962　子部/宗教類/道教之屬/戒律

初真戒律一卷　（清）王常月撰　民國鉛印本　一册

330000－1701－0082842　M005068　集部/別集類

見齋文稿一卷詩稿一卷受川公牘一卷　秦錫圭撰　民國十七年（1928）鉛印本　三册

330000－1701－0082844　SY00547　子部/藝術類/篆刻之屬/印譜

繼棠習作一卷　民國鈐印本　一册

330000－1701－0082845　M004886　子部/宗教類/佛教之屬

釋教三字經宗通合解一卷　（明）釋廣真撰　（清）釋敏修註　釋覺本參解　民國十二年（1923）上海有正書局鉛印本　一册

330000－1701－0082847　M005069　子部/宗教類/佛教之屬/總録

中觀道人集十二種十二卷　黎端甫撰　民國鉛印本　一册

330000－1701－0082850　M004963　集部/別集類

夢坡文存不分卷　周慶雲撰　稿本　一册

330000－1701－0082851　M004887　史部/傳記類/總傳之屬/釋道

續比丘尼傳六卷　釋震華編述　民國三十一年（1942）刻本　幻庵題記　三册

330000－1701－0082855　SY00546　子部/藝術類/篆刻之屬/印譜

印譜一卷　民國鈐拓本　一册

330000－1701－0082857　SY00545　子部/藝術類/篆刻之屬/印譜

印譜錢譜不分卷　民國鈐拓本　一册

330000－1701－0082862　M004964　集部/別集類

夢坡文存四卷　周慶雲撰　民國二十二年（1933）刻藍印本　四册

330000－1701－0082863　SY00551　子部/藝術類/篆刻之屬/印譜

悲盦印賸不分卷　（清）趙之謙篆　丁仁輯　民國三年（1914）西泠印社鈐拓本　三册

330000－1701－0082865　M004888　集部/別集類

一吼堂詩鈔三卷　釋圓瑛撰　釋明暘編集　民國二十九年（1940）圓明法施會石印本　一册

330000－1701－0082867　SY00544　子部/藝術類/篆刻之屬/印譜

董巴王胡會刻印集四卷　吳隱輯　民國六年

(1917)西泠印社鈐印本　童大年題簽　四册

330000－1701－0082869　M004965　子部/宗教類/佛教之屬/論

報恩論二卷首一卷附一卷經正民興説一卷　(清)沈善登撰　民國十九年(1930)上海佛教淨業社鉛印本　一册

330000－1701－0082870　G003667　子部/小説家類/異聞之屬

槐窗雜録二卷　王榮商撰　民國刻本　一册

330000－1701－0082871　M004889　類叢部/叢書類/自著之屬

小雙寂庵叢書十九種　張惟驤撰　民國武進張氏小雙寂庵刻本　二册　存二種

330000－1701－0082873　SY00550　子部/藝術類/篆刻之屬/印譜

二金蜨堂印存不分卷　(清)趙之謙篆　民國西泠印社鈐拓本　八册

330000－1701－0082877　SY00543　子部/藝術類/篆刻之屬/印譜

可石齋印譜不分卷　沈駿程輯　民國十二年(1923)鈐拓本　一册

330000－1701－0082881　SY00580　子部/藝術類/篆刻之屬/印譜

文三橋刻巨印　(明)文彭篆　民國鈐拓本　一葉

330000－1701－0082882　M004966　子部/儒家類/儒學之屬/俗訓

格言合璧不分卷附三聖經　(清)金纓輯　民國十三年(1924)鉛印本　一册

330000－1701－0082894　M004967　子部/儒家類/儒學之屬/俗訓

格言合璧不分卷附三聖經　(清)金纓輯　民國十七年(1928)鉛印本　一册

330000－1701－0082895　SY00576　史部/金石類/璽印之屬

濱虹集印不分卷　黄賓虹藏　民國十八年(1929)鈐印本　四册

330000－1701－0082902　SY00532　史部/金石類/璽印之屬/雜著

御璽譜不分卷　民國鈐印本　一册

330000－1701－0082904　M004968　集部/别集類

嘯樓吟稾一卷　陳宗藿撰　**墨宧文鈔一卷**　陳祖綬撰　民國油印本　一册

330000－1701－0082905　SY00579　子部/藝術類/篆刻之屬/印譜

萬石山房印譜不分卷　民國萬石山房鈐印本　原名自跋　二册

330000－1701－0082910　SY00575　史部/金石類/璽印之屬

官印一卷　民國鈐印本　一册

330000－1701－0082911　M004891　史部/傳記類/别傳之屬/事狀

許公奏雲哀輓録不分卷　民國鉛印本暨影印本　一册

330000－1701－0082912　M004969　史部/雜史類/通代之屬

蒙古逸史四章　黄成垿口述　陳籙譯　民國六年(1917)石印本　二册

330000－1701－0082918　M004892　史部/地理類/專志之屬/祠墓

杜氏家祠落成紀念册不分卷　杜鏞輯　民國二十一年(1932)杜餘慶堂鉛印本　二册

330000－1701－0082920　SY00578　子部/藝術類/篆刻之屬/印譜

師慎軒印存不分卷　(清)吳熙載篆　民國鈐拓本　二册

330000－1701－0082921　M004893　史部/傳記類/别傳之屬/事狀

王蘇香哀輓録一卷　王祖璧　王澤孚述　民國鉛印本　一册

330000－1701－0082922　M005070　集部/别集類

紅樓夢本事詩一卷　雀睫撰　民國四年

(1915)有正書局石印本　一冊

330000－1701－0082923　M004970　子部/工藝類/日用器物之屬/服飾

仿單一卷　民國三年(1914)紹興育新書局石印本　一冊

330000－1701－0082924　M005071　經部/小學類/文字之屬/字書/訓蒙

補訂急就章偏旁歌一卷　李濱撰　卓定謀補訂　民國二十二年(1933)北平自青榭刻本　一冊

330000－1701－0082929　M005072　史部/傳記類/別傳之屬/事狀

明州定應大師布袋和尚傳一卷　(清)釋廣如撰　民國刻本　一冊

330000－1701－0082937　M005073　子部/藝術類/遊藝之屬/聯語

爨寶子碑古詩集聯一卷　經頤淵撰　民國十九年(1930)鉛印本　一冊

330000－1701－0082939　M004971　史部/目録類/專録之屬

楞嚴經坊重訂畫一一卷續藏經值畫一一卷　民國九年(1920)北京刻經處刻本　一冊

330000－1701－0082940　G003613、M604773　類叢部/叢書類/自著之屬

曾文正公全集十六種　(清)曾國藩撰　民國四年(1915)鉛印本　三冊　存一種

330000－1701－0082943　M005074　子部/藝術類/書畫之屬/畫譜

趕集一卷　黄澍繪　民國二十八年(1939)稿本　一冊

330000－1701－0082945　M004972　子部/藝術類/書畫之屬/畫譜

費曉樓先生百美圖韻不分卷　(清)費丹旭繪　民國上海婁村居士影印本　一冊

330000－1701－0082947　M005075　子部/小説家類/諧謔之屬

改良繪圖解人頤廣集八卷　(清)胡澹庵撰　(清)錢德蒼增訂　民國鍊石齋石印本　二冊

330000－1701－0082948　SY00572　史部/金石類/璽印之屬/雜著

凝清室所藏周秦鉨印不分卷　民國鈐印本　一冊

330000－1701－0082949　M004973　子部/藝術類/書畫之屬/畫譜

蒙學鉛筆新習畫帖不分卷　民國上海文明書局石印本　一冊

330000－1701－0082952　M005076　集部/總集類/尺牘之屬

歷代名人小簡續編二卷　吴曾祺輯　民國四年(1915)上海商務印書館鉛印本　一冊

330000－1701－0082954　M005077　子部/藝術類/遊藝之屬/聯語

格言楹聯一卷　張光第輯　民國十四年(1925)鉛印本　一冊

330000－1701－0082959　SY00571　史部/金石類/璽印之屬/雜著

梅花草堂集古印存不分卷　民國鈐印本　一札

330000－1701－0082960　M005078　史部/叢編

國立中山大學語言歷史學研究所史料叢刊　民國國立中山大學語言歷史學研究所鉛印本　一冊　存一種

330000－1701－0082962　M004975　子部/藝術類/書畫之屬/法帖

唐孫過庭書譜一卷附釋文一卷　(唐)孫過庭書　民國上海有正書局影印本　一冊

330000－1701－0082963　M005162　新學/工藝

原料五編　蔡經賢編述　民國石印本　一冊

330000－1701－0082965　M005079　子部/藝術類/書畫之屬

楷法須知　民國六年(1917)倉聖明智大學石印本　一冊　存一種

330000－1701－0082966　M005163　新學/工藝

工場建築八卷　民國石印本　一册

330000－1701－0082968　SY00562　子部/藝術類/篆刻之屬/印譜

印譜一卷　童大年篆刻　民國鈐拓本　一册

330000－1701－0082970　M005164　新學/工藝

工場设備三卷　民國石印本　一册

330000－1701－0082973　M004976　子部/宗教類/佛教之屬

密乘寶藏　孫景風編譯　民國二十五年(1936)上海覺圓精舍鉛印本　一册

330000－1701－0082974　M005165　新學/工藝

毛紡學不分卷毛紡績不分卷　民國石印本　一册

330000－1701－0082976　M005080　史部/地理類/雜志之屬

丁草劉白疆域屬東駁義一卷興東界綫成案錄一卷附輿圖圖説　民國八年(1919)鉛印本　一册

330000－1701－0082977　SY00564　子部/藝術類/篆刻之屬/印譜

少竹先生遺印一卷　述廬王氏藏　民國鈐印本　朱龢題簽　王修題簽並跋　一册

330000－1701－0082984　M005166　新學/工藝

力織機十卷附力織機圖一卷　民國石印本　二册

330000－1701－0082986　M005082　子部/藝術類/書畫之屬

傳硯廬景印行素居士玉丹老人合璧書畫集不分卷　民國影印本暨鉛印本　一册

330000－1701－0082987　M005083　子部/藝術類/書畫之屬/法帖

有唐撫州南城縣麻姑山仙壇記一卷　(唐)顔真卿撰并書　民國影印本　一册

330000－1701－0082988　M005167　新學/工藝/工學

機械設計十九章不分卷　陸守忠編述　民國油印本　一册

330000－1701－0082990　SY00560　子部/藝術類/篆刻之屬/印譜

印海不分卷　(清)奚岡　吳昌碩等篆　民國槐廬鈐拓本　一包

330000－1701－0082991　M005168　新學/工藝

棉紡學十一卷　民國石印本　一册

330000－1701－0082993　M005169　新學/工藝

紋織二卷　民國石印本　一册

330000－1701－0082996　SY00557　子部/藝術類/篆刻之屬/印譜

吳倉石印譜不分卷　吳昌碩篆　民國有正書局鈐拓本　四册

330000－1701－0082998　M005170　新學/工藝

準備機七卷準備機圖一卷　民國石印本　二册

330000－1701－0083002　M005171　新學/工藝

蒸汽汽罐十卷附圖一卷　民國石印本　一册

330000－1701－0083004　M004977　子部/宗教類/佛教之屬

法事叢書□□種　民國二十一年(1932)上海功德林佛經流通處鉛印本　一册　存一種

330000－1701－0083007　M005172　新學/醫學/衛生學

工業衛生學不分卷　厲家福述　**救急法及衛生法大意一卷**　民國石印本　一册

330000－1701－0083014　M005173　子部/工藝類/日用器物之屬

織物分解法不分卷附解剖不分卷　民國石印

本　二册

330000－1701－0083015　SNB0008　史部/紀傳類/正史之屬

晉書斠注一百三十卷　吳士鑑撰　稿本　五十册

330000－1701－0083017　M004978　子部/宗教類/佛教之屬

心經語錄一卷　覺分居士撰　民國北平中央刻經院鉛印本　一册

330000－1701－0083019　M004979　集部/戲劇類/傳奇之屬

笠翁傳奇十種二十卷　（清）李漁撰　民國上海校經成記石印本　一册　存一種

330000－1701－0083022　SY00555　子部/藝術類/篆刻之屬/印譜

伏廬藏印不分卷　陳漢第藏並輯　民國鈐印本　一包

330000－1701－0083026　M005085　子部/藝術類/書畫之屬/法帖

宋板東坡手寫金剛經一卷　（宋）蘇軾書　民國影印本　一册

330000－1701－0083027　M004980　子部/宗教類/佛教之屬/經

寶髻經四法優波提舍一卷轉法論經優波提舍一卷三具足經優波提舍一卷　（北魏）釋毗目智仙譯　**大乘成業論一卷**　（唐）釋玄奘譯　民國四年（1915）、六年（1917）金陵刻經處刻本　一册

330000－1701－0083033　M005174　新學/工藝

機織法四卷　民國石印本　一册

330000－1701－0083037　M004981　子部/醫家類/養生之屬

養生保命錄一卷　民國二十三年（1934）上海三友實業社石印本　一册

330000－1701－0083043　M005175　新學/工藝/汽機總

機汽機圖一卷煤气及煤油機關圖一卷發動機用圖一卷　民國石印本　一册

330000－1701－0083047　M004982　子部/儒家類/儒學之屬

儒學不分卷　民國抄本　一册

330000－1701－0083057　M004983　子部/宗教類/佛教之屬/經

佛說出生無邊門陀羅尼經一卷一切如來心祕密全身舍利寶篋印陀羅尼經一卷佛說大吉祥天女十二名號經一卷佛說大吉祥天女十二契一百八名無垢大乘經一卷佛說穰麌梨童女經一卷佛說雨寶陀羅尼經一卷慈氏菩薩所說大乘緣生稻䕯喻經一卷　（唐）釋不空譯　**佛說一切如來金剛壽命陀羅尼經一卷**　（唐）釋智藏譯　民國十一年（1922）常州天寧寺刻經處刻本　一册

330000－1701－0083062　M005176　新學/工藝/雜工

紡績圖一卷　民國石印本　一册

330000－1701－0083063　M005177　新學/化學/化學

有機化學不分卷　民國石印本　一册　存葉五十五至一百九

330000－1701－0083065　M005178　新學/化學/化學

無機化學一卷　民國石印本　一册

330000－1701－0083066　M004984　集部/詞類/別集之屬

花周集一卷　王渭撰　民國十三年（1924）鉛印本　一册

330000－1701－0083069　SNB0022　史部/傳記類/日記之屬

浮生記日一卷（民國十四年一月二十四日至十五年二月十一日）　管元耀撰　稿本　一册

330000－1701－0083070　M005179　新學/工藝

圖案術一卷　民國石印本　一册

330000－1701－0083072　M005180　新學/工藝

染色學大意六卷　朱光燾編　民國石印本　二冊

330000－1701－0083076　M004985　子部/宗教類/佛教之屬/諸宗

省庵勸發菩提心文講義錄要一卷　釋諦閑講　范古農記要　民國二十八年(1939)天津佛教功德林鉛印本　一冊

330000－1701－0083077　M005181　新學/工藝

幾何畫不分卷　民國石印本　一冊

330000－1701－0083082　M004986　史部/目録類/總録之屬

善本書目一卷　民國抄本　一冊

330000－1701－0083083　M004987　子部/宗教類/佛教之屬/經咒

大悲懺儀合節一卷　民國九年(1920)浙杭西湖慧空經房刻本　一冊

330000－1701－0083084　M004988　子部/宗教類/佛教之屬/經疏

妙法蓮華經入疏二十卷　(後秦)釋鳩摩羅什譯　(隋)釋智者疏並記　(宋)釋道威注　民國十年(1921)揚州藏經院刻本　五冊　存十卷(十一至二十)

330000－1701－0083085　M005182　新學/重學/力學

材料強弱學八章　民國石印本　一冊

330000－1701－0083086　M005183　子部/工藝類/日用器物之屬

織物整理法四卷　金培元編述　民國石印本　一冊

330000－1701－0083087　SNB0009　史部/編年類

古史歷譜牒考不分卷　陳漢章撰　稿本　一冊

330000－1701－0083091　SNB0007　史部/紀傳類/正史之屬

三國志證聞校勘記一卷　羅振玉撰　稿本　一冊

330000－1701－0083093　SNB0021　史部/傳記類/日記之屬

振志日記一卷(清宣統三年至民國元年二月十七日)　管元耀撰　稿本　一冊

330000－1701－0083094　M005184　子部/宗教類/佛教之屬

金剛般若波羅蜜經佛説阿彌陀經合刊不分卷　(後秦)釋鳩摩羅什譯　民國十七年(1928)上海醫學書局鉛印本　一冊

330000－1701－0083098　M005086　類叢部/叢書類

聚奎小學叢刊　民國十八年(1929)聚奎學校鉛印本　一冊　存一種

330000－1701－0083103　SNB0020　史部/傳記類/日記之屬

乙卯蜀遊日記一卷(民國四年三月二十七日至六月初十)　裘冕羣撰　稿本　一冊

330000－1701－0083107　M005087　類叢部/叢書類/自著之屬

文惠全書　(清)黄世榮撰　民國四年至五年(1915－1916)鉛印本　一冊　存一種

330000－1701－0083108　SNB0006　史部/紀傳類/正史之屬

謝承後漢書補逸一卷　孫峻輯　稿本　一冊

330000－1701－0083114　M005185、M005188　子部/宗教類/其他宗教之屬/基督教

新約聖經不分卷　民國上海美華聖經會鉛印本　二冊

330000－1701－0083116　M004989　子部/宗教類/佛教之屬/經疏

妙法蓮華經入疏二十卷　(後秦)釋鳩摩羅什譯　(隋)釋智者疏並記　(宋)釋道威注　民國十年(1921)揚州藏經院刻本　三冊　存六卷(一至六)

330000－1701－0083117　SNB0005　經部/

小學類/訓詁之屬/爾雅

爾雅釋例五卷 （清）陳玉澍撰 民國抄本 一册 存一卷（二）

330000－1701－0083118 M005088 子部/藝術類/篆刻之屬/印譜

陳金爔手樵層香閣集印一卷 陳淦篆 民國八年（1919）鈐印本 唐佩金題記 一册

330000－1701－0083121 SNB0034 史部/傳記類/總傳之屬/家乘

孫氏家乘不分卷 孫峻撰 稿本 二册

330000－1701－0083123 M005186、M005187 子部/宗教類/其他宗教之屬/基督教

新約聖經不分卷 民國聖經公會鉛印本 二册

330000－1701－0083124 SNB0011 史部/雜史類/斷代之屬

太平天國戰記一卷續一卷 羅惇曧撰 民國抄本 二册

330000－1701－0083125 SNB0019 史部/傳記類/日記之屬

小閑閑堂日記不分卷（民國十三年二月六日至二十六年五月五日） 稿本 三十册

330000－1701－0083127 M004990 子部/宗教類/佛教之屬/經疏

妙法蓮華經入疏二十卷 （後秦）釋鳩摩羅什譯 （隋）釋智者疏並記 （宋）釋道威注 民國十年（1921）揚州藏經院刻本 四册 存八卷（一至二、五至六、九至十、十五至十六）

330000－1701－0083130 M005189 子部/宗教類/其他宗教之屬/基督教

新約全書不分卷 民國聖書公會鉛印本 一册

330000－1701－0083131 M004991 子部/宗教類/佛教之屬/經疏

佛說無量壽經義疏六卷 （三國魏）釋康僧鎧譯 （隋）釋慧遠撰疏 民國十五年（1926）南京佛經流通處刻本 二册

330000－1701－0083132 SNB0012 新學/史志/戰記

第二次世界大戰參考地圖不分卷 余重耀編 稿本 二册

330000－1701－0083134 M005089 史部/傳記類/總傳之屬/家乘

巴氏家傳不分卷 夏良辰 姜萬慶撰 民國抄本 一册

330000－1701－0083138 M005090 子部/藝術類/書畫之屬/法帖

晉唐小楷十種不分卷 民國十四年（1925）上海有正書局影印本 一册

330000－1701－0083139 M005190 子部/宗教類/其他宗教之屬/基督教

新約聖書不分卷 民國上海聖書公會鉛印本 一册

330000－1701－0083142 M004992 子部/宗教類/佛教之屬/論疏

百論疏十六卷 （隋）釋吉藏疏 民國二年（1913）北京刻經處刻本 四册

330000－1701－0083143 M005091 經部/小學類/文字之屬/說文

說文通檢十四卷首一卷末一卷 （清）黎永椿編 民國商務印書館據番禺陳氏刻本影印本 二册

330000－1701－0083145 SNB0004 經部/樂類

復古樂編四卷 倪祥填撰 **復古樂編辨正一卷** 王展成撰 民國抄本 一册

330000－1701－0083147 SNB0033 史部/傳記類/總傳之屬/家乘

海昌戴氏述世小傳四卷家乘補遺一卷 戴祖棠撰 稿本 一册

330000－1701－0083149 M005092 史部/政書類/公牘檔册之屬

一年來之淳安縣政不分卷 民國三十一年（1942）石印本 一册

330000－1701－0083152　SNB0018　史部/傳記類/日記之屬
寄重日記不分卷(民國三年三月三日至七年四月二十二日)　何寄重撰　稿本　四冊

330000－1701－0083153　M004993　子部/宗教類/佛教之屬
根本説一切有部毗奈耶破僧事二十卷　(唐)釋義淨譯　民國七年(1918)常州天寧寺刻經處刻本　四冊

330000－1701－0083154　SNB0013　史部/傳記類/别傳之屬/事狀
明關六鈐先生[鍵]事略一卷　關豫編　民國抄本　一冊

330000－1701－0083155　M005096　子部/宗教類/道教之屬
覺源正訓語錄一卷　民國十二年(1923)蔡萬順號鉛印本　一冊

330000－1701－0083156　SNB0032　史部/傳記類/總傳之屬/郡邑
兩浙人英傳六卷首一卷附錄一卷　章乃羹撰　稿本　三冊

330000－1701－0083160　M004994　子部/宗教類/佛教之屬
金剛般若波羅蜜經破取著不壞假名論二卷　(唐)釋地婆訶羅等譯　民國十一年(1922)金陵刻經處研究部刻本　一冊

330000－1701－0083164　SNB0003　經部/群經總義類
群經今古文辨一卷　民國抄本　徐韜跋　一冊

330000－1701－0083165　M005094　史部/雜史類/斷代之屬
教科適用國語精華二卷　中華書局編　民國四年(1915)上海中華書局鉛印本　一冊　存一卷(一)

330000－1701－0083167　SNB0015　史部/傳記類/日記之屬
梁文忠公病中日記一卷(宣統辛亥年二月十二日至十一月十三日)　梁勅撰　民國抄本　一冊

330000－1701－0083169　M004995　子部/宗教類/佛教之屬
金剛般若波羅蜜經論三卷　(北魏)釋菩提流支譯　民國十一年(1922)金陵刻經處研究部刻本　一冊

330000－1701－0083172　SNB0017　史部/傳記類/日記之屬
日記不分卷(民國六年一月一日至八年十一月十五日)　經亨頤撰　稿本　七冊

330000－1701－0083173　SNB0031　史部/傳記類/總傳之屬/姓名
國朝古文彙鈔初集姓氏錄一卷二集姓氏錄一卷　民國抄本　二冊

330000－1701－0083174　M004996　子部/宗教類/佛教之屬/經疏
佛説金剛般若波羅密經義疏六卷　(後秦)釋鳩摩羅什譯　(隋)釋吉藏撰疏　民國六年(1917)金陵刻經處刻本　二冊

330000－1701－0083185　M005098　新學/工藝/工學
交通部直轄四洮鐵路鄭通鄭洮綫工程紀畧二卷　民國曬印本　一冊

330000－1701－0083187　SNB0002　經部/書類/書序之屬
尚書序目決疑贅錄稿一卷　邵瑞彭撰　稿本　武慕姚題簽　張宗祥跋　一冊

330000－1701－0083189　M005099　集部/戲劇類/傳奇之屬
繡像英雄奇緣傳十卷五十七回　民國十一年(1922)蔣春記書局石印本　四冊　存七卷(一至七)

330000－1701－0083193　M005100　子部/雜著類/雜編之屬
安士全書四種　(清)周夢顏撰　民國十七年(1928)上海佛學推行社鉛印本　四冊

330000－1701－0083195　M005191　子部/叢編

清代筆記叢刊樣本不分卷　民國二十四年(1935)上海文明書局石印本　一册

330000－1701－0083196　M005101　子部/雜著類/雜編之屬

安士全書四種　(清)周夢顔撰　民國十八年(1929)上海佛學推行社鉛印本　四册

330000－1701－0083200　M005102　子部/雜著類/雜編之屬

安士全書四種　(清)周夢顔撰　民國十五年(1926)上海佛學推行社鉛印本　四册

330000－1701－0083201　SNB0030　集部/總集類/氏族之屬

關氏文獻録補遺一卷　關豫編　民國抄本　一册

330000－1701－0083202　SNB0001　經部/書類/書序之屬

尚書序目決疑一卷　邵瑞彭撰　稿本　武福鼐題記並跋　一册

330000－1701－0083206　SNB0029　集部/總集類/氏族之屬

杭族關氏文獻録一卷　關豫編　民國抄本　一册

330000－1701－0083210　SNB0036　史部/地理類/方志之屬/通志

江蘇通志稿不分卷　陳漢章撰　稿本　二十五册

330000－1701－0083214　SNB0028　集部/總集類/郡邑之屬

武林文獻内外編不分卷　孫峻輯　民國抄本　五册

330000－1701－0083216　M004999　子部/藝術類/書畫之屬/畫譜

萃新畫譜不分卷　(清)朱偁等繪　民國石印本　一册

330000－1701－0083217　M005192　史部/政書類/公牘檔册之屬

中國國貨聯合營業公司十周紀念不分卷　王志莘等撰　民國三十六年(1947)上海通文印務局鉛印本　一册

330000－1701－0083223　M005000　集部/曲類/寶卷之屬

太平寶卷二卷　民國石印本　一册

330000－1701－0083224　SNB0027　史部/傳記類/總傳之屬

重泮紀聞增輯一卷　孫峻輯　民國抄本　一册

330000－1701－0083225　M005193、M006546　子部/儒家類/儒學之屬/蒙學

繪圖兒童新智識二卷　新華書局編輯　民國十九年(1930)上海新華書局石印本　二册

330000－1701－0083226　SNB0037　史部/地理類/方志之屬/郡縣志

[民國]象山縣志不分卷　陳漢章撰　稿本　三十册

330000－1701－0083227　M005001　子部/宗教類/佛教之屬

般若心經秘鍵畧註一卷　(日本)釋空海撰　(日本)釋覺鑁註　**阿彌陀秘釋一卷**　(日本)釋覺鑁釋　民國上海佛學書局石印本　一册

330000－1701－0083228　SNB0040　史部/地理類/雜志之屬

海昌觀不分卷　管元耀輯　稿本　一百六十七册

330000－1701－0083233　M005194　經部/孝經類/傳説之屬

孝經一卷弟子職一卷　(清)任兆麟集註　民國鉛印本　劉景韓題記　一册

330000－1701－0083236　SNB0024　史部/傳記類/别傳之屬/年譜

夏子[震武]年譜不分卷　夏成吉撰　稿本　一册

330000－1701－0083237　M005195　子部/

醫家類/方書之屬/單方驗方
增註古方新解八卷 （清）徐大椿撰 （清）陸士諤編訂 民國十二年(1923)上海世界書局石印本 一冊 存四卷(五至八)

330000－1701－0083239 SNB0041 史部/地理類/雜志之屬
渟溪備攷十一卷 管元耀輯 民國抄本 六冊

330000－1701－0083241 M005002 子部/宗教類/佛教之屬
夢授真經註解一卷 悟真子註 **孚佑帝君後五品仙經一卷** 民國慈善會刻本 一冊

330000－1701－0083243 SNB0055 史部/目録類/總録之屬/私撰
墨海廔書錄不分卷 蔡鑑撰 民國抄本 一冊

330000－1701－0083245 SNB0063 史部/目録類/總録之屬
舊溫屬聯立籀園圖書館出品目錄一卷 稿本 一冊

330000－1701－0083247 M005196 子部/術數類/相宅相墓之屬
陽宅三要四卷地理五訣八卷 （清）趙廷棟撰 民國石印本 一冊

330000－1701－0083250 M005003 新學/醫學/藥品
杭州張同泰號丸散簡明書一卷附藥性摘要一卷 民國二十五年(1936)鉛印本 一冊

330000－1701－0083254 M005197 子部/醫家類/醫案之屬
增補重編葉天士醫案四卷 （清）葉桂撰 陸士諤輯 民國十九年(1930)上海世界書局石印本 二冊 存二卷(一、三)

330000－1701－0083257 SNB0062 史部/目録類/總録之屬/私撰
瑞安孫氏玉海樓出品答問一卷 孫延釗撰 稿本 一冊

330000－1701－0083258 SNB0053 史部/政書類/公牘檔冊之屬
歷代戶口攷略三卷 陸懋勳撰 民國抄本 一冊

330000－1701－0083260 SNB0043 史部/地理類/山川之屬/山志
昌化龍岡志稿不分卷 沈紅茶撰 稿本 一冊

330000－1701－0083263 M005198 集部/小說類
繪圖童話大觀三種 陳和祥 孫志勁編 民國十年(1921)上海世界書局石印本 二冊 存一種

330000－1701－0083264 SNB0061 史部/目録類/總録之屬/徵訪
浙江省永嘉區徵輯鄉先哲遺著委員會陳列書籍目錄一卷 民國抄本 一冊

330000－1701－0083266 M005005 子部/宗教類/佛教之屬
金剛般若波羅蜜經破空論一卷 （後秦）釋鳩摩羅什譯 （明）釋智旭造論 **般若波羅蜜多心經釋要一卷** （明）釋智旭撰 民國二十年(1931)上海醫學書局鉛印本 一冊

330000－1701－0083269 SNB0044 史部/地理類/山川之屬
武林山水記八卷 陸懋勳撰 民國抄本 四冊

330000－1701－0083272 SNB0059 史部/金石類/總志之屬/目録
古誌新目不分卷 顧燮光輯 稿本 三冊

330000－1701－0083277 M005006 子部/宗教類/佛教之屬/諸宗
教觀綱宗一卷教觀綱宗釋義一卷 （明）釋智旭撰 民國二十九年(1940)上海法云印經會鉛印本 一冊

330000－1701－0083279 M005007 子部/宗教類/佛教之屬
護法論一卷 （宋）張商英撰 民國二十年

(1931)金陵刻經處刻本　一冊

330000－1701－0083281　M005199　集部/小說類/長篇之屬
繪圖青紅幫史演義六卷三十回　(清)吳虞公撰　民國十一年(1922)上海世界書局石印本　一冊　存一卷(一)

330000－1701－0083285　M005008　子部/宗教類/佛教之屬/經
二課合解七卷首一卷　釋興慈撰　民國十六年(1927)上海法藏寺鉛印本　二冊

330000－1701－0083286　SNB0058　史部/目録類/總録之屬/私撰
鴿峰草堂書目一卷　周大輔編　稿本　一冊

330000－1701－0083291　M005009　子部/宗教類/佛教之屬/經
二課合解七卷首一卷　釋興慈撰　民國十八年(1929)上海法藏寺鉛印本　二冊

330000－1701－0083292　G603439　類叢部/叢書類/彙編之屬
說庫一百七十種　王文濡編　民國四年(1915)上海文明書局石印本(浮生六記卷五至六原缺)　一冊　存七種

330000－1701－0083293　G003718　子部/宗教類/佛教之屬/經疏
大方廣圓覺修多羅了義經集註二卷　(宋)釋元粹撰　民國十三年(1924)杭州刻經處刻本　一冊　存一卷(一)

330000－1701－0083295　M005200　集部/總集類/課藝之屬
全國學生成績新時代國文大觀甲編二集乙編二集　廣文書局編輯所編　民國十一年(1922)上海世界書局石印本　一冊　存二集(甲編一至二)

330000－1701－0083297　M005010　子部/宗教類/佛教之屬/諸宗
刪定止觀六卷天台智者大師傳論一卷天台止觀統例一卷　(唐)梁肅撰　民國十一年(1922)北京刻經處刻本　三冊

330000－1701－0083300　M005011　史部/地理類/水利之屬
湘湖測量報告書一卷　陳愷撰　民國四年(1915)鉛印本　一冊

330000－1701－0083303　M005103　集部/總集類/氏族之屬
作朋集三卷附錄一卷　(明)嚴調御　(明)嚴武順　(明)嚴敕撰　民國八年(1919)上海聚珍仿宋印書局鉛印本　一冊

330000－1701－0083304　M005012　集部/曲類
國花歌一卷　夏紹笙撰　民國二十年(1931)鉛印本　一冊

330000－1701－0083305　M005104　集部/別集類
竹間唫榭集十卷　徐行恭撰　民國十八年(1929)杭州刻本　四冊

330000－1701－0083306　M005105　子部/雜著類/雜說之屬
粟香隨筆八卷二筆八卷三筆八卷四筆八卷五筆八卷　金武祥撰　民國上海埽葉山房石印本　二冊　存八卷(粟香隨筆一至八)

330000－1701－0083307　SNB0057　史部/目録類/總録之屬/私撰
八千卷樓書目二十卷　(清)丁丙藏　丁立中撰　民國仁和孫氏壽松堂抄本　八冊

330000－1701－0083308　M005106　集部/別集類/唐五代別集
李詩鈔讀一卷　(唐)李白撰　民國抄本　一冊

330000－1701－0083309　M005015　子部/雜著類/雜纂之屬
勝蓮華室漫錄一卷附錄一卷　駱季和撰　民國二十四年(1935)紹興淩霄社鉛印本　一冊

330000－1701－0083311　M005107　集部/別集類/清別集
凝翠樓詩鈔七卷　(清)裴詩藏撰　(清)裴牧齋編訂　民國十五年(1926)石印本　一冊

存二卷(一至二)

330000－1701－0083312　M005201　子部/醫家類/方書之屬/歷代方書

黄氏三世良方三種　民國四年(1915)上海會文堂石印本　一册　存一種

330000－1701－0083315　M005108　集部/總集類/彙編之屬

東社叢刻□□種　民國鉛印本　一册　存一種

330000－1701－0083316　M005016　史部/傳記類/别傳之屬/事狀

散溪哀思録一卷　民國十年(1921)杭州武林印書館鉛印本　一册

330000－1701－0083317　M005202　子部/醫家類/方書之屬/單方驗方

重訂驗方新編十八卷　(清)鮑相璈等輯　民國三年(1914)錦章圖書局石印本　一册　存三卷(一至三)

330000－1701－0083318　M005109　子部/術數類/命書相書之屬

相法摭言註解一卷　劉星臺註解　民國二十八年(1939)鉛印本　一册

330000－1701－0083320　M005203　集部/别集類/唐五代别集

香籢集發微一卷附韓承旨年譜一卷　震鈞撰　民國八年(1919)上海掃葉山房石印本　一册

330000－1701－0083321　SNB0056　史部/目録類/總録之屬/私撰

吴氏藏書目録七卷　吴士鑑撰　稿本　七册

330000－1701－0083323　M005110　子部/宗教類/道教之屬/方法

救時金丹四卷附靈驗記　唐光先纂修　梁志賢編輯　民國五年(1916)鹽城義新壇石印本　一册

330000－1701－0083326　SNB0066　史部/目録類/專録之屬

清華醫室藏書類目不分卷　民國抄本　二册

330000－1701－0083328　M005204　史部/政書類/邦交之屬

祕稿清季外交史料樣本不分卷　王弢夫撰　北平清季外交史料編纂處編　民國二十三年(1934)北平清季外交史料編纂處鉛印本　一册

330000－1701－0083329　M005111　子部/術數類/占候之屬

新編評註通玄先生張果星宗大全十卷　(明)陸位輯　民國十年(1921)上海校經山房石印本　陳銘毓題記　一册

330000－1701－0083331　SNB0065　史部/目録類/總録之屬/私撰

伏跗室續彙刻帖目稿不分卷　馮貞群編　稿本　一册

330000－1701－0083332　M005017　史部/地理類/方志之屬/郡縣志

[乾隆]静寧州志八卷首一卷　(清)王烜纂修　民國蘭州鉛印本　二册　存五卷(首,一至三、六)

330000－1701－0083335　M005112　史部/傳記類/别傳之屬/事狀

興學創聞一卷　(清)江鍾秀撰　民國鉛印本　一册

330000－1701－0083336　SNB0051　史部/地理類/遊記之屬/紀行

遊記彙録不分卷　民國抄本　四册

330000－1701－0083339　M005018　子部/宗教類/佛教之屬

起世因本經十卷　(隋)釋達摩笈多等譯　民國元年(1912)常州天寧寺刻本　二册

330000－1701－0083340　M005205　經部/小學類/文字之屬/字書/訓蒙

習字須知一卷　民國四年(1915)鉛印本　一册

330000－1701－0083343　SNB0064　史部/

目録類/總録之屬/私撰

藜照廬林氏藏書目錄四卷　林□□編　民國抄本　四册

330000－1701－0083344　M005206　史部/傳記類/總傳之屬/人表

浙江省立第五中學校友錄一卷　浙江省立第五中學校友會編　民國十八年(1929)浙江省立第五中學校友會鉛印本　一册

330000－1701－0083345　M005113　子部/宗教類/道教之屬

三聖經靈驗圖註不分卷　民國二十年(1931)海門大同印書局石印本　一册

330000－1701－0083347　M005019　史部/政書類/邦計之屬

内國公債庫券彙編不分卷　交通銀行總管理處券務部編　民國十八年(1929)鉛印本　三册

330000－1701－0083355　M005207　子部/宗教類/佛教之屬/論

大乘起信論一卷　(南朝梁)釋真諦　(唐)釋實叉難陀譯　徐文霨　黄士復編纂　民國十年(1921)上海商務印書館鉛印本　一册

330000－1701－0083358　SNB0070　史部/目録類

擬彙刊周秦諸子校注輯補善本敘錄一卷　王仁俊撰　民國勵乃驥抄本　一册

330000－1701－0083359　M005020　子部/宗教類/佛教之屬

佛學次第統編正編七篇　楊卓編　民國十一年(1922)弘化社鉛印本　二册

330000－1701－0083362　SNB0069　史部/目録類/總録之屬/地方

長興先哲遺著徵四卷　王修撰　稿本　夏定域題記　六册

330000－1701－0083363　M005021　子部/宗教類/佛教之屬/律

四分律比丘戒相表記不分卷　釋曇昉輯　民國中華書局影印本　一册

330000－1701－0083365　M005208　子部/藝術類/書畫之屬/法帖

宋拓十七帖不分卷　(晉)王羲之書　民國十八年(1929)上海中華書局影印本　一册

330000－1701－0083369　M005209　新學/醫學/外科

解剖學講義一卷　包天白編　民國油印本　一册

330000－1701－0083371　M005022　子部/宗教類/佛教之屬/律

四分律比丘戒相表記不分卷　釋曇昉輯　民國二十四年(1935)上海佛學書局影印本　一册

330000－1701－0083376　M005210　史部/政書類/邦交之屬

外交部交涉節要不分卷　外交部編　民國五年至六年(1916－1917)石印本　二册

330000－1701－0083377　SNB0068　史部/地理類/山川之屬/山志

重編名山記目一卷　孫峻撰　稿本　一册

330000－1701－0083380　M005023、M008532　集部/曲類/彈詞之屬

繪圖白蛇傳後集四卷十六回　民國恒德堂石印本　三册　存三卷(一至三)

330000－1701－0083382　SNB0067　史部/目録類/總録之屬/私撰

越園行篋存書目錄四卷　余紹宋撰　稿本　四册

330000－1701－0083385　SNB0084　子部/醫家類/醫話醫論之屬

市隱廬醫學雜著一卷　王德森撰　民國抄本　一册

330000－1701－0083387　M005211　史部/政書類/公牘檔册之屬

陸軍第六師各團營内務細則附錄甲號不分卷　民國三年(1914)鉛印本　一册

330000－1701－0083390　M005212　史部/

傳記類/別傳之屬/年譜
武進陶湘字蘭泉號涉園七十年記略一卷 陶湘撰 民國二十八年(1939)武進陶氏鉛印本 一冊

330000－1701－0083393 SNB0083 子部/醫家類/綜合之屬/雜著
濟世安醫書十二種 王守正輯 稿本 二冊

330000－1701－0083394 M005024 集部/戲劇類
真正京都頭等名角曲本 民國上海章福記書局石印本 四冊 存二十種

330000－1701－0083396 M005114 子部/宗教類/道教之屬
關帝明聖真經一卷附感應靈籤一卷 民國上海天寶書局石印本 一冊

330000－1701－0083397 SNB0045 史部/地理類/雜志之屬
雲南溫泉志補四卷 童振藻纂 稿本 一冊

330000－1701－0083401 M005213 史部/傳記類/別傳之屬/事狀
明司石磐先生事輯不分卷 司毓驊輯錄 民國抄本 一冊

330000－1701－0083403 M005116 集部/小說類/長篇之屬
吳三桂演義四卷四十回 民國上海沈鶴記書局石印本 三冊 存三卷(一至三)

330000－1701－0083405 M005117 子部/宗教類/佛教之屬
八識規矩頌貫珠解一卷附法相表解一卷 釋幻修述 民國十一年(1922)杭州佛學研究會鉛印本 一冊

330000－1701－0083407 M005025 集部/戲劇類/雜劇之屬
繪圖京調□□種 民國九江普新書社上海陶明記石印本 一冊 存五種

330000－1701－0083409 M005118 集部/小說類/長篇之屬
繪圖清宮秘史八回 孫靜安編 民國三年(1914)上海文匯圖書局鉛印本 一冊 存二回(五至六)

330000－1701－0083413 M005026 集部/戲劇類
真正京都頭等名角曲本 民國上海文宜書局石印本 六冊 存二十八種

330000－1701－0083415 M005119 集部/小說類/長篇之屬
金屋夢六十回 夢筆生撰 民國十年(1921)交通圖書館鉛印本 十冊 存五十回(六至十、十六至六十)

330000－1701－0083419 SNB0046 史部/地理類/專志之屬/古跡
六和塔志不分卷 孫峻撰 民國抄本 一冊

330000－1701－0083421 M005120 史部/雜史類/斷代之屬
贛蘇獨立後之浙江四編 吳大奎輯 民國鉛印本 一冊

330000－1701－0083425 M005027 集部/戲劇類/雜劇之屬
京都京調真本 民國上海文宜書局石印本 一冊 存五種

330000－1701－0083426 M005028 集部/戲劇類
真正京都頭等名角曲本 民國石印本 十三冊 存六十二種

330000－1701－0083428 SNB0082 集部/別集類
寤言質疑一卷 夏震武撰 稿本 一冊

330000－1701－0083429 M005121、M005538 集部/小說類/長篇之屬
雲遊記四卷七十六回 (清)鄧定一宣述 (清)陳錦文修輯 **吕祖雲遊靈蹟一卷附天地神祇說一卷** (清)劉體恕輯 民國石印本 三冊 存五卷(二至四、吕祖雲遊靈蹟、天地神祇說)

330000－1701－0083435　SNB0081　史部/金石類/璽印之屬/文字

封泥集拓不分卷　周慶雲藏　民國高時顯拓本　高時顯題記　二冊

330000－1701－0083436　SNB0047　史部/地理類/專志之屬/寺觀

天竺續志備稿一卷　孫峻撰　稿本　一冊

330000－1701－0083437　M005214　史部/傳記類/别傳之屬/事狀

張母鄭太夫人赴告不分卷　張鑫等述　民國三十六年(1947)鉛印本　一冊

330000－1701－0083438　M005215　史部/傳記類/别傳之屬/事狀

宗岳先生訃告不分卷　金璇等述　民國三十六年(1947)鉛印本　一冊

330000－1701－0083440　M005216　史部/傳記類/别傳之屬/事狀

雪舲先生訃告一卷德配李夫人訃告一卷　朱祖讓等述　民國二十四年(1935)鉛印本　一冊

330000－1701－0083441　SNB0093　史部/金石類/錢幣之屬/圖像

世界各國錢幣譜不分卷　民國拓本　四冊

330000－1701－0083442　M005123　史部/目録類/總録之屬/私撰

中國通藝館書目二卷中國通藝館碑帖目錄一卷　民國二十二年(1933)石印本　二冊

330000－1701－0083448　M005217　史部/傳記類/别傳之屬/事狀

若洵先生訃告不分卷　顧厚熙撰　民國二十二年(1933)鉛印本　一冊

330000－1701－0083450　M005124　子部/醫家類/方書之屬/單方驗方

經驗便捷奇方二卷　李雲庵輯　民國三十一年(1942)衡陽樂善堂善書流通處鉛印本　一冊

330000－1701－0083452　M005218　子部/宗教類/佛教之屬

師奘全集　釋持松撰　民國二十九年(1940)上海愛儷園鉛印本　一冊　存一種

330000－1701－0083457　SNB0094　史部/金石類/錢幣之屬/圖像

楊龕圜錢留不分卷　王修輯　民國王修拓本　三冊

330000－1701－0083459　SNB0048　史部/地理類/專志之屬/寺觀

中天竺法淨寺備志不分卷　孫峻撰　稿本　一冊

330000－1701－0083463　M005126　子部/術數類/相宅相墓之屬

乾坤法竅三卷　(清)范宜賓撰　民國七年(1918)上海江東茂記書局石印本　三冊

330000－1701－0083466　M005013　史部/傳記類/别傳之屬

蟫香館别記一卷　陳中嶽輯　民國二十二年(1933)鉛印本　一冊

330000－1701－0083467　SNB0098　子部/農家農學類/園藝之屬/總志

改訂植物名實圖考不分卷　(清)吳其濬撰　陳漢章重編　稿本　五十二冊

330000－1701－0083469　SNB0095　子部/工藝類/日用器物之屬/陶瓷

古今瓷器源流考十卷　(清)邵蟄民撰　民國抄本　二冊

330000－1701－0083471　M005127　集部/别集類

春覺齋詩草四卷　劉澤沛撰　民國三十二年(1943)石印本　二冊

330000－1701－0083472　M005029　子部/宗教類/佛教之屬/經疏

般若波羅蜜多心經略疏小鈔二卷　(清)錢謙益輯　民國頻伽精舍鉛印本　一冊

330000－1701－0083474　M005219　史部/目録類/總録之屬

影印寶顔堂秘笈樣本不分卷　文明書局輯　民國十一年(1922)文明書局影印本　一冊

330000－1701－0083478　SNB0096　子部/藝術類/書畫之屬/總論

盛京大内珍藏古玩書畫目録一卷　民國抄本　一冊

330000－1701－0083480　M005030　子部/宗教類/佛教之屬

一函徧覆一卷　釋聖量撰　民國二十一年(1932)無錫萬氏鉛印本　一冊

330000－1701－0083484　M005031　史部/傳記類/總傳之屬/文苑

本朝名家詩鈔小傳四卷　(清)鄭方坤撰　民國十八年(1929)上海掃葉山房石印本　四冊

330000－1701－0083485　SNB0103　新學/動植物學/動物學

動物誌奇一卷動物異志一卷　曹炳章撰　稿本　一冊

330000－1701－0083486　SNB0079　史部/金石類/石之屬/目録

海外貞珉録一卷三韓冢墓遺文目録一卷　羅振玉輯　民國抄本　一冊

330000－1701－0083489　SNB0104　類叢部/類書類/專類之屬

植物誌奇二卷博物誌奇一卷　曹炳章撰　稿本　一冊

330000－1701－0083492　M005033　子部/藝術類/書畫之屬/法帖

快雪堂法書不分卷　民國影印本　一冊

330000－1701－0083493　M005220　史部/目録類/總録之屬/私撰

蟫隱廬新書目録一卷　蟫隱廬書莊編　民國八年(1919)石印本　一冊

330000－1701－0083497　SNB0097　子部/工藝類/文房四寶之屬/硯

夢坡室藏硯不分卷　周慶雲編　民國錫山張良弼拓本　二冊

330000－1701－0083498　M005034　子部/宗教類/佛教之屬

觀禮堂三教真傳　民國二十一年(1932)觀禮堂刻本　二冊

330000－1701－0083501　SNB0078　史部/金石類/金之屬/通考

商周彝器禮證不分卷　吴士鑑撰　民國三十八年(1949)任銘善抄本　任銘善跋　一冊

330000－1701－0083507　M005221　史部/目録類/總録之屬/彙刻

古書流通處書目一卷文明書局出版各種圖書一卷　古書流通處編　民國上海文明書局石印本　一冊

330000－1701－0083508　G003868　子部/宗教類/佛教之屬

集古今佛道論衡實録五卷　(唐)釋道宣撰
續集古今佛道論衡一卷　(唐)釋智昇撰　民國二年(1913)常州天寧寺刻本　一冊　存三卷(一至三上)

330000－1701－0083511　M005035　史部/金石類/石之屬/目録

梅花盦藏碑目録一卷　民國五年(1916)抄本　一冊

330000－1701－0083512　SNB0076　史部/金石類/金之屬/通考

商周彝器禮證不分卷　吴士鑑撰　稿本　二冊

330000－1701－0083514　M005036　子部/宗教類/佛教之屬/論

金七十論三卷　(南朝陳)釋真諦譯　民國十四年(1925)支那内學院刻本　謝幼偉題記　一冊

330000－1701－0083518　SNB0105　子部/雜著類

雜抄不分卷　(清)朱懷新輯　民國抄本　一冊

330000－1701－0083521　M005037　集部/曲類/寶卷之屬

玉燕寶卷一卷　民國抄本　孫森、高滋題記

一冊

330000－1701－0083528　M005038　子部/藝術類/書畫之屬/畫法畫品

山水入門十章　胡錫銓撰　民國十三年(1924)上海商務印書館石印本　一冊

330000－1701－0083529　M005128　集部/總集類/選集之屬

駢文偶集一卷　稿本　一冊

330000－1701－0083533　SNB0102　史部/目録類/書志之屬/提要

羼吉軒經眼錄一卷　吳士鑑撰　稿本　一冊

330000－1701－0083534　SNB0075　史部/金石類/石之屬

龍游縣刻石一卷　龍游縣修志局編　民國抄本　一冊

330000－1701－0083537　M005129　子部/宗教類/佛教之屬/經疏

般若波羅蜜多心經釋義一卷　駱兆奎譯　民國鉛印本　一冊

330000－1701－0083543　M005130　子部/宗教類/佛教之屬

四種加行念誦儀軌合冊七卷　湯薌銘　劉彭翊編　民國二十八年(1939)北京菩提學會鉛印本　一冊

330000－1701－0083546　SNB0106　類叢部/叢書類/彙編之屬

止盦存稿三種　周祖琛輯　民國抄本　四冊

330000－1701－0083551　SNB0074　史部/金石類/郡邑之屬

湯溪金石錄四卷　章鐽撰　民國十三年(1924)稿本　二冊

330000－1701－0083558　SNB0088　子部/藝術類/書畫之屬/畫法畫品

讀畫隨錄一卷　余紹宋撰　稿本　一冊

330000－1701－0083566　SNB0073　史部/金石類/總志之屬/目録

金石書目新編一卷　湯聘伊輯　民國抄本一冊

330000－1701－0083570　SNB0087　子部/醫家類/本草之屬

國藥品名辨異不分卷　夢癡撰　民國抄本四冊

330000－1701－0083573　SNB0100　子部/雜著類/雜纂之屬

靜得樓便覽不分卷　管元耀輯錄　稿本一冊

330000－1701－0083575　M005039　史部/金石類/甲骨之屬

殷契賸義一卷　陳直撰　民國石印本　葉恭綽題記　一冊

330000－1701－0083577　SNB0086　子部/醫家類/本草之屬/本草雜著

犀角考□□卷　曹炳章撰　稿本　一冊　存一卷(下)

330000－1701－0083579　SNB0072　史部/金石類/金之屬/目録

陶齋吉金續錄目錄一卷　王仁俊撰　民國鄒安抄本　一冊

330000－1701－0083580　SNB0099　子部/農家農學類/農藝之屬/烹調

醯略補四卷　孫峻撰　民國抄本　一冊

330000－1701－0083581　SNB0085　子部/醫家類

裘氏醫學藏書記不分卷　裘吉三撰　稿本八冊

330000－1701－0083582　M005040　史部/金石類/錢幣之屬

列國幣考一卷　陳直撰　民國石印本　葉恭綽題記　一冊

330000－1701－0083583　M005041　子部/宗教類/佛教之屬/諸宗

興慈法師文集一卷　釋悟雲撰　釋揚東編民國二十八年(1939)上海法雲印經會鉛印本一冊

330000－1701－0083584　M005131　子部/宗教類/佛教之屬/經

佛説出生菩提心經一卷　（隋）釋闍那崛多譯　**出生菩提心經講記一卷**　釋太虛講　民國三十五年（1946）南京佛教文化社鉛印本　一冊

330000－1701－0083585　M005132　子部/醫家類/婦科之屬/產科

增訂大生要旨五卷　（清）唐千頃撰　**重訂福幼遂生合編一卷**　（清）莊一夔撰　民國九年（1920）浙江印刷公司鉛印本　一冊

330000－1701－0083587　SNB0108　類叢部/叢書類/自著之屬

不庵叢稿六十三種　單丕撰　稿本　張宗祥跋　四十三冊

330000－1701－0083589　M005042　子部/宗教類/佛教之屬

佛學叢書□□種　丁福保輯　民國上海醫學書局鉛印本暨影印本　一冊　存一種

330000－1701－0083591　M005222　史部/目録類/版本之屬/書影

重印正統道藏樣本一卷附緣起一卷預約簡章一卷　商務印書館編　民國上海商務印書館石印本暨鉛印本　一冊

330000－1701－0083593　SNB0109　類叢部/叢書類/自著之屬

單不庵先生遺著二十九種　單丕撰　稿本　十五冊

330000－1701－0083594　M005133　子部/儒家類/儒學之屬/勸學

靈峯精舍學規一卷附錄一卷　民國十四年（1925）鉛印本　一冊

330000－1701－0083595　M005134　史部/政書類/公牘檔冊之屬

浙江省電話局市内長途電話營業簡章不分卷　浙江省電話局業務科編　民國二十三年（1934）浙江省電話局業務科鉛印本　一冊

330000－1701－0083596　M005043　史部/目録類/總録之屬/官修

南京圖書局書畫目一卷　南京圖書局編　民國南京圖書局鉛印本　一冊

330000－1701－0083598　SNB0071　史部/目録類/通論之屬

篴經室群書題跋一卷　曹元忠撰　稿本　一冊

330000－1701－0083600　SNB0110　類叢部/叢書類/自著之屬

遯廬叢書五十七種　余重耀撰　稿本　闇觀款　八十八冊

330000－1701－0083602　M005044　集部/別集類

魚花陋室晚吟稿一卷　文紖撰　稿本　一冊

330000－1701－0083603　M005223　史部/目録類

二十四史樣本不分卷　集成圖書公司輯　民國上海集成圖書公司鉛印本　一冊

330000－1701－0083608　M005224　史部/目録類/總録之屬

影印仰視千七百二十九鶴齋叢書樣本不分卷　墨潤堂書苑輯　民國十八年（1929）紹興墨潤堂書苑影印本　一冊

330000－1701－0083610　M005225　史部/目録類/總録之屬

影印津逮祕書樣本不分卷守山閣叢書樣本不分卷　博古齋輯　民國上海博古齋影印本　二冊

330000－1701－0083622　M005226　子部/藝術類/書畫之屬/法帖

毘陵莊蘩詩女士楷隸楚辭不分卷　莊閑書　民國四年（1915）上海商務印書館影印本　二冊

330000－1701－0083636　SNB0111　類叢部/叢書類/自著之屬

邵次公遺著　邵瑞彭撰　稿本　景耀月題記　張宗祥跋　四十七冊

330000－1701－0083638　M005135　子部/宗教類/道教之屬/雜著

西山先生答客問一卷附介紹入同善社説明書　西山先生口授　民國十二年(1923)上海宏大善書局石印本　一册

330000－1701－0083650　M005136　子部/雜著類

勸世迂談一卷　守拙子撰　**精選各書經驗良方一卷**　民國十三年(1924)寧波華陞局鉛印本　一册

330000－1701－0083680　M005261　史部/編年類/斷代之屬

大清歷朝實録四千四百三十三卷首四十二卷簡目二卷影印本總目四卷原本總目四卷　大滿洲帝國國務院輯　民國二十六年(1937)滿洲帝國國務院影印本　一千二百二十册

330000－1701－0083682　M005138　集部/總集類/謠諺之屬

歌謠集解一卷　翼崖集解　民國鉛印本　一册

330000－1701－0083684　M005139　子部/宗教類/佛教之屬

一行阿闍黎字母表淺注一卷　王弘願撰　民國十九年(1930)潮安震旦密教重興會鉛印本　一册

330000－1701－0083685　M005140　子部/宗教類/佛教之屬/論疏

成唯識論研究次第一卷　歐陽漸説　民國十三年(1924)刻本　一册

330000－1701－0083689　M005141　史部/傳記類/職官録之屬/總録

外交部職員錄不分卷　外交部總務司文書科編　民國二十年(1931)鉛印本　一册

330000－1701－0083706　M005143　史部/傳記類/總傳之屬

國民政府軍事委員會委員長南昌行營職員錄一卷　南昌行營辦公廳人事課編　民國二十三年(1934)南昌行營辦公廳人事課鉛印本　一册

330000－1701－0083717　M005144　史部/傳記類/總傳之屬

國民政府軍事委員會委員長行營職員錄一卷　民國二十四年(1935)鉛印本　一册

330000－1701－0083735　M005145、M005146　史部/政書類/公牘檔册之屬

浙江省圖書審查會第二部高初小學校校長互選人名册不分卷　民國鉛印本　二册

330000－1701－0083745　M005148　類叢部/叢書類/彙編之屬

史地教育叢刊　國立浙江大學史地教育研究室編輯　民國國立浙江大學史地教育研究室石印本　一册　存一種

330000－1701－0083753　M005149　史部/政書類/公牘檔册之屬

國民政府財政部煤油特税暫行簡章一卷　民國鉛印本　一册

330000－1701－0083756　M005150　史部/政書類/公牘檔册之屬

經濟部重慶工業試驗所概況一卷附職員名册　民國鉛印本　一册

330000－1701－0083759　M005151　史部/地理類/方志之屬/郡縣志

續修績溪縣志例目一卷　王集成撰　民國鉛印本　一册

330000－1701－0083761　M005152　子部/藝術類/書畫之屬/法帖

唐拓九成宫醴泉銘一卷　(唐)歐陽詢書　民國十五年(1926)上海有正書局影印本　一册

330000－1701－0083764　M005153　子部/藝術類/書畫之屬/法帖

宋拓多寶塔碑不分卷　(唐)顔真卿書　民國十八年(1929)影印本　一册

330000－1701－0083767　M005154　子部/藝術類/書畫之屬/法帖

王右軍黄庭經放大本不分卷　(晉)王羲之書

民國十五年(1926)上海有正書局影印本　一册

330000－1701－0083769　M005155　子部/藝術類/書畫之屬/法帖

張廉卿書南宫縣學記一卷　(清)張裕釗書　民國四年(1915)影印本　一册

330000－1701－0083772　M005156　史部/金石類/石之屬/文字

魏墓誌三種合册不分卷　民國九年(1920)上海有正書局石印本　一册

330000－1701－0083779　SNB0113　類叢部/叢書類/彙編之屬

拜魁紀公齋叢書十八種　樊鎮編　稿本　二十一册

330000－1701－0083780　M005157　子部/藝術類/書畫之屬/法帖

宋拓顔平原東方畫贊不分卷　(唐)顔真卿書　民國十三年(1924)上海有正書局影印本　一册

330000－1701－0083782　M005158　子部/藝術類/書畫之屬/法帖

初拓懷素草書自敘帖一卷　(唐)釋懷素撰並書　民國十二年(1923)有正書局影印本　一册

330000－1701－0083786　M005160　子部/藝術類/書畫之屬/法帖

唐拓顔魯公多寶塔碑一卷　(唐)顔真卿書　民國七年(1918)上海有正書局影印本　一册

330000－1701－0083787　M005159　子部/藝術類/書畫之屬/法帖

唐拓顔魯公多寶塔碑一卷　(唐)顔真卿書　民國八年(1919)上海有正書局影印本　一册

330000－1701－0083794　M005228　子部/宗教類/佛教之屬

觀世音持驗記二卷首一卷　(清)周克復撰　民國八年(1919)北京刻經處刻本　一册

330000－1701－0083798　M005229　子部/宗教類/佛教之屬/經

佛説佛名經十二卷首一卷　(北魏)釋菩提留支譯　民國三年(1914)江北磚橋刻經處法藏寺刻本　四册

330000－1701－0083813　SNB0114　類叢部/叢書類/自著之屬

如園叢著十二種　蔣麟振撰　稿本　項士元、歐陽瑞驊跋　陳曾壽題記　八十六册

330000－1701－0083814　M005230　子部/宗教類/佛教之屬/論疏

大乘起信論會譯一卷　(南朝梁)釋真諦譯　(唐)釋實叉難陀譯　**起信論一心二門大意一卷**　(南朝梁)釋智愷撰　民國十年(1921)北京刻經處刻本　一册

330000－1701－0083819　M005231　子部/宗教類/佛教之屬

集古今佛道論衡實録四卷　(唐)釋道宣撰　**續集古今佛道論衡實録一卷**　(唐)釋智昇撰　民國十年(1921)金陵刻經處刻本　二册

330000－1701－0083822　SNB0130　集部/别集類

愛日軒詩存一卷香蘭詞續一卷隴歸日記一卷文一卷　袁毓麐撰　稿本　張宗祥跋　一册

330000－1701－0083824　M005262　子部/醫家類/傷寒金匱之屬/傷寒論

辨太陽病脈證并治注一卷　稿本　一册

330000－1701－0083828　M005232　子部/宗教類/佛教之屬/論疏

中觀論疏二十六卷　(唐)釋吉藏撰　民國三年(1914)金陵刻經處刻本　十二册

330000－1701－0083829　SNB0129　集部/别集類/清别集

陳古銘先生焚餘詩二卷　(清)陳梓撰　管偉輯　民國二十四年(1935)稿本　一册

330000－1701－0083830　SNB0116　類叢部/類書類/通類之屬

同文鑑不分卷　孫峻編　稿本　四册

330000－1701－0083833　M005263　子部/醫家類/本草之屬/雜著

本經䕺參發明方不分卷　沈韜撰　稿本　一冊

330000－1701－0083836　SNB0128　子部/宗教類/道教之屬

老子斠補一卷　劉師培撰　民國夢禪抄本　一冊

330000－1701－0083838　SNB0117　類叢部/類書類/通類之屬

俗原二十卷續編二卷　楊竧編　稿本　八冊

330000－1701－0083842　SNB0112　類叢部/叢書類/自著之屬

邵次公遺著　邵瑞彭撰　稿本　耀遠題記　十八冊

330000－1701－0083848　M005233　子部/宗教類/佛教之屬/論疏

大乘起信論纂註二卷　（南朝梁）釋真諦譯（明）釋真界纂註　民國七年（1918）金陵刻經處刻本　二冊

330000－1701－0083849　SNB0145　集部/別集類

巽廬先生文集四卷　姚瑩俊撰　民國抄本　二冊

330000－1701－0083851　M005264　子部/宗教類/其他宗教之屬/基督教

新約述要不分卷　（英國）莫安仁譯　周雲路述　民國十年（1921）上海廣學會鉛印本　一冊

330000－1701－0083855　M005234　子部/宗教類/佛教之屬

金剛頂經彙釋八種八卷　（唐）釋不空等譯　民國十一年（1922）北京刻經處刻本　一冊

330000－1701－0083859　SNB0127　子部/宗教類/道教之屬

讀老子札記一卷　陶鴻慶撰　民國郁濟抄本　一冊

330000－1701－0083861　M005390　子部/宗教類/佛教之屬/諸宗

修習止觀坐禪法要二卷六妙法門一卷　（隋）釋智顗撰　民國二十四年（1935）上海法藏講寺鉛印本　一冊

330000－1701－0083865　SNB0126　子部/宗教類/佛教之屬

佛學雜著不分卷　余重耀撰　稿本　八冊

330000－1701－0083867　M005265　集部/曲類/曲選之屬

繪圖精選崑曲大全四集五十卷　怡庵主人（張芬）編輯　民國十四年（1925）上海世界書局石印本　一冊　存七種

330000－1701－0083879　SNB0142　集部/別集類

沈樓吟稿三卷　沈寅烈撰　民國海寧管氏靜得樓抄本　一冊

330000－1701－0083886　SNB0155　集部/別集類

容盦詩稿八集　王佩瑤撰　稿本　八冊

330000－1701－0083888　SNB0154　集部/別集類

容盦自選詩藁一卷　王佩瑤撰　稿本　一冊

330000－1701－0083890　SNB0152　集部/別集類

悲華經舍雜著三卷文一卷　洪允祥撰　稿本　四冊

330000－1701－0083893　M005235　子部/宗教類/佛教之屬/論疏

因明入正理論疏三卷　（唐）釋文軌撰　**因明入論續疏二卷**　（唐）釋慧沼撰　民國二十二年（1933）支那內學院刻本　二冊

330000－1701－0083897　SNB0141　集部/別集類

虎林游艸一卷　民國抄本　一冊

330000－1701－0083902　SNB0124　子部/宗教類/佛教之屬

金剛般若波羅蜜經箋註一卷 （後秦）釋鳩摩羅什譯 丁福保箋註 民國上海醫學書局鉛印佛學叢書本 余重耀批並題簽 一冊

330000－1701－0083906 M005391 史部/政書類/公牘檔冊之屬
浙江省政府三十五年度工作计劃不分卷 浙江省政府秘書處編 民國石印本 一冊

330000－1701－0083909 SNB0156 集部/別集類
容盦文藁一卷詩藁三十二卷 王珮瑤撰 稿本 八冊

330000－1701－0083910 M005236 子部/宗教類/佛教之屬
金剛般若波羅密經一卷 （後秦）釋鳩摩羅什譯 **摩訶般若波羅密多心經一卷** 民國八年(1919)浙江西湖昭慶慧空經房刻本 一冊

330000－1701－0083912 M005392 史部/地理類/遊記之屬/紀行
游杭紀略二卷 楊祚昌輯 民國十年(1921)杭州文元堂書莊鉛印本 一冊

330000－1701－0083915 SNB0140 集部/別集類
綠窗吟一卷 徐藹人撰 稿本 一冊

330000－1701－0083919 SNB0153 集部/別集類
漱芳閣遠志集一卷 王大齡撰 稿本 靜培題記 一冊

330000－1701－0083927 SNB0123 史部/雜史類/斷代之屬
清稗初稿不分卷 民國抄本 十冊

330000－1701－0083928 M005393 子部/宗教類/佛教之屬/論疏
成唯識論述記鈔祕蘊一百二卷 （唐）釋窺基述記 （唐）釋靈泰疏鈔 （唐）釋智周演祕 （唐）釋道邑義蘊 民國十九年(1930)刻本 十冊 存三十卷(二十五至五十、九十七至一百)

330000－1701－0083930 SNB0139 集部/別集類
幼瀞就正稿一卷 樓巍撰 稿本 一冊

330000－1701－0083935 M005238 史部/政書類/律令之屬
浙江省議會各種章程規則不分卷 浙江省議會編 民國鉛印本 一冊

330000－1701－0083936 M005394 子部/宗教類/佛教之屬/諸宗
九品蓮臺二卷 （清）蓮航居士編集 民國刻本 二冊

330000－1701－0083938 SNB0157 集部/別集類
觀堂詩鈔一卷 王國維撰 民國十九年(1930)抄本 一冊

330000－1701－0083950 SNB0158 集部/別集類
橫香室梅花集杜二百首一卷 高時顯撰 稿本 二冊

330000－1701－0083955 M005266 集部/總集類/選集之屬/斷代
南社叢刻 南社編輯 民國鉛印本 二冊 存二種

330000－1701－0083958 M005239 子部/宗教類/佛教之屬
因明大疏刪注一卷 熊十力撰 民國二十五年(1936)上海商務印書館鉛印本 一冊

330000－1701－0083959 M005395 子部/宗教類/佛教之屬/經
佛說大乘智印經五卷 （宋）釋智吉祥等譯 **離垢慧菩薩所問禮佛法經一卷** （唐）釋那提譯 民國九年(1920)北京刻經處刻本 一冊

330000－1701－0083960 SNB0170 集部/別集類
八百里荷花館詩一卷 袁天庚撰 民國抄本 一冊

330000－1701－0083964 M005396 子部/

宗教類/佛教之屬/經疏
佛說阿彌陀經疏三卷 （唐）釋窺基撰　民國四年（1915）金陵刻經處刻本　一冊

330000－1701－0083965　M005240　子部/宗教類/佛教之屬
佛學叢書□□種 民國上海商務印書館鉛印本　一冊　存一種

330000－1701－0083967　M005397　子部/宗教類/佛教之屬/經
佛說開覺自性般若波羅蜜多經四卷 （宋）釋惟淨等譯　**說五十頌聖般若波羅蜜經一卷佛說了義般若波羅蜜多經一卷佛說帝釋般若波羅蜜多心經一卷** （宋）釋施護譯　民國九年（1920）北京刻經處刻本　一冊

330000－1701－0083969　M005241、M005614　子部/藝術類/遊藝之屬/棋弈
布局詳解不分卷 （日本）中川龜三郎撰　（清）吳定崧譯　民國十一年（1922）上海千頃堂書局石印本　二冊

330000－1701－0083972　SNB0169　集部/別集類
賓廬詩稿不分卷 傅懷永撰　稿本　四冊

330000－1701－0083979　M005242　子部/宗教類/佛教之屬
金剛般若波羅密經一卷 （後秦）釋鳩摩羅什譯　**摩訶般若波羅密多心經一卷** 民國三十四年（1945）上海道德書局影印本　一冊

330000－1701－0083982　SNB0167　集部/別集類
同龕文存一卷詩存一卷 吳道晉撰　吳汝霖編　民國抄本　二冊

330000－1701－0083984　M005398　子部/宗教類/佛教之屬/經
妙法蓮華經觀世音菩薩普門品一卷附觀世音菩薩尋聲救苦普門示現圖一卷 （後秦）釋鳩摩羅什譯　民國二十五年（1936）石印本　一冊

330000－1701－0083986　M005243　史部/政書類/軍政之屬
建造浙江陸軍砲馬營尺寸做品材料規條一卷 民國鉛印本　一冊

330000－1701－0083992　SNB0163　集部/別集類
雲夢詩鈔一卷 鍾釗撰　稿本　方承德題簽　一冊

330000－1701－0083994　M005244　史部/政書類/律令之屬
刑律分則講義三十六章 張孝栘講述　民國九年至十年（1920－1921）鉛印本　一冊

330000－1701－0083995　SNB0166　集部/別集類
孏雲窩夢影一卷 崔永安撰　稿本　一冊

330000－1701－0083996　SNB0162　集部/別集類
誦芬堂書札不分卷 錢文選撰　稿本　一冊

330000－1701－0083997　M005399　子部/宗教類/佛教之屬
金剛般若波羅蜜經講義五卷首一卷附校勘記一卷 江妙煦撰　民國三十一年（1942）上海大法輪書局鉛印本　三冊

330000－1701－0084000　SNB0151　集部/別集類
悲華經舍文存二卷 洪允祥撰　稿本　一冊

330000－1701－0084005　SNB0160　集部/別集類
明史百詠一卷 孫福慶撰　稿本　一冊

330000－1701－0084006　M005400　子部/宗教類/佛教之屬/經
妙法蓮華經觀世音菩薩普門品一卷附觀世音菩薩尋聲救苦普門示現圖一卷 （後秦）釋鳩摩羅什譯　民國十八年（1929）石印本　一冊

330000－1701－0084011　SNB0165　集部/別集類
杏花村叟選餘詩稿一卷 鍾釗撰　稿本　一冊

330000－1701－0084022　M005401　子部/宗教類/佛教之屬/大藏

大日本續藏經一千七百五十六部七千一百四十四卷首一卷目錄二卷　（日本）前田慧雲編（日本）中野達慧增輯　民國十二年至十四年（1923－1925）上海商務印書館影印本　七百四十六冊　存一千六百四十七種

330000－1701－0084026　M005245　史部/政書類/律令之屬

刑律總則講義大綱三卷　張孝栘講述　民國鉛印本　一冊

330000－1701－0084039　M005270　史部/政書類/公牘檔冊之屬

浙江公會經過事實記一卷　錢能訓報告　**浙江同鄉公會事實記一卷**　沈銘昌等報告　民國五年（1916）石印本　一冊

330000－1701－0084047　SNB0150　史部/史評類/詠史之屬

三國志樂府一卷　宋慈袌撰　民國抄本　一冊

330000－1701－0084055　SNB0149　集部/別集類

遯廬文稿一卷　余重耀撰　稿本　一冊

330000－1701－0084058　SNB0164　集部/別集類

杏花村叟詩刪存鈔一卷　鍾釗撰　稿本　一冊

330000－1701－0084059　SNB0172　集部/別集類

斐園詩草八卷　甘元圻撰　稿本　四冊

330000－1701－0084061　SNB0148　集部/別集類

軟室詩存一卷　邵瑞彭撰　民國抄本　武福鼐題記　張宗祥跋　一冊

330000－1701－0084069　SNB0173　集部/別集類

梁文忠公遺札不分卷　梁鼎芬撰　稿本　吳士鑑題簽並記　一冊

330000－1701－0084071　M005272　集部/總集類/酬唱之屬

六十初度酬唱集一卷　許祖謙輯　民國二十一年（1932）鉛印本　一冊

330000－1701－0084073　SNB0147　集部/別集類

龍華樓小草一卷　余慶齡撰　稿本　一冊

330000－1701－0084075　M600001、M605351　集部/別集類/唐五代別集

李太白文集三十卷　（唐）李白撰　民國二年（1913）上海文瑞樓石印本　八冊

330000－1701－0084080　SNB0174　集部/別集類

聽松樓詩草一卷悼內一卷　李夢齡撰　民國抄本　章梫跋　一冊

330000－1701－0084093　M005273　子部/藝術類/書畫之屬/畫譜

馬駘畫寶十五種二十四卷　馬駘繪　民國十七年（1928）世界書局石印本　二冊　存二種

330000－1701－0084096　M600002　子部/醫家類/本草之屬/本草雜著

本草求真□□卷　（清）黄宫繡纂　民國石印本　一冊　存二卷（八至九）

330000－1701－0084102　M600003、M604749、M605489、M606600　子部/醫家類/本草之屬/歷代綜合本草

本草述三十二卷首一卷　（清）劉若金撰　民國二十一年（1932）上海萬有書局石印本　六冊　存二十四卷（九下至三十二）

330000－1701－0084104　SNB0200　集部/總集類/選集之屬/通代

分韻四景詩四卷　民國抄本　二冊

330000－1701－0084113　SNB0189　集部/別集類

靈峯存稿□□卷　夏震武撰　民國抄本　三冊　存二卷（一、三）

330000－1701－0084117　M005275　史部/

傳記類/總傳之屬/技藝
增廣歷代畫史彙傳補編四卷 吳心穀編 民國三十二年(1943)北京琉璃廠豹文齋鉛印本 一冊

330000－1701－0084120 SNB0206 集部/總集類/選集之屬/斷代
清代名媛詩錄一卷 童振藻輯 稿本 一冊

330000－1701－0084121 SNB0134 集部/別集類
陶七彪先生遺集不分卷 陶在寬撰 **附錄不分卷** 王慕陶等撰 民國二十五年(1936)王世裕抄本 王世裕跋 二冊

330000－1701－0084122 SNB0188 集部/總集類/氏族之屬
關氏遺文一卷 關豫編 民國抄本 一冊

330000－1701－0084128 SNB0185 集部/總集類/郡邑之屬
台詩四錄二十九卷 王舟瑶輯 稿本 十五冊

330000－1701－0084131 SNB0132 集部/別集類
杜鵑花館詩草一卷詞附一卷文附一卷 楊翥撰 民國抄本 一冊

330000－1701－0084134 SNB0205 集部/詩文評類
宋詩紀事拾遺一卷 屈彊輯 稿本 一冊

330000－1701－0084136 SNB0176 集部/總集類/題詠之屬
歲暮歸書圖題詠一卷 孫炳奎編 民國樊鎮抄本 一冊

330000－1701－0084148 M005276、M005663 史部/傳記類/總傳之屬/家乘
[浙江諸暨]暨陽陳氏宗譜四卷 民國三十八年(1949)永順堂木活字印本 四冊

330000－1701－0084150 M005277 集部/別集類
蔡元培復函一卷附獻壽原函 蔡元培撰並書 民國石印本暨鉛印本 一冊

330000－1701－0084151 M005246 子部/藝術類/書畫之屬/法帖
何子貞臨張遷碑一卷 (清)何紹基書 民國十四年(1925)上海文明書局影印本 一冊

330000－1701－0084152 M005278 子部/宗教類/其他宗教之屬/基督教
舊約節錄啟蒙八十一章 (美國)麥耐撰 民國二年(1913)上海美華書館鉛印本 一冊 存八十章(一至八十)

330000－1701－0084156 M600004 類叢部/叢書類/彙編之屬
四庫全書珍本初集二百三十種 中央圖書館籌備處輯 民國二十三年至二十四年(1934－1935)上海商務印書館據文淵閣本影印本 一千九百四十六冊 缺二十九卷(名賢氏族言行類稿一至二十九)

330000－1701－0084160 M005279 新學/雜著/叢編
臨海党義演講會 民國油印本 一冊 存六種

330000－1701－0084161 M005247 子部/藝術類/書畫之屬/法帖
宋拓索靖月儀帖一卷 (晉)索靖書 **月儀帖釋文一卷** 民國十一年(1922)上海有正書局影印本 一冊

330000－1701－0084163 SNB0204 集部/別集類
陶情集不分卷 民國抄本 胡士瑩跋 八冊

330000－1701－0084164 M005248 子部/宗教類/佛教之屬/論疏
大乘起信論講義二卷 釋圓瑛撰 民國二十六年(1937)上海商務印書館鉛印本 解鐸題記 二冊

330000－1701－0084165 SNB0210 集部/別集類
觀堂長短句一卷 王國維撰 民國海寧管氏靜得樓抄本 一冊

330000－1701－0084167　M005249　子部/宗教類/佛教之屬/論疏

大乘起信論講義二卷　釋圓瑛撰　民國十七年(1928)上海商務印書館鉛印本　二册

330000－1701－0084168　M005280　史部/金石類/總志之屬

清儀閣所藏古器物文様本一卷附預約簡章　上海商務印書館編　民國十四年(1925)上海商務印書館鉛印本暨影印本　一册

330000－1701－0084169　SNB0178　集部/別集類

觀山文稿十一卷首一卷　章乃羹撰　稿本　五册

330000－1701－0084172　SNB0203　集部/總集類/郡邑之屬

長興文存不分卷　王修輯　稿本　十二册

330000－1701－0084173　M005250　史部/政書類/公牘檔冊之屬

河工討論會議事錄不分卷　民國鉛印本　一册

330000－1701－0084177　M005251　子部/宗教類/佛教之屬

金剛般若波羅蜜經一卷　(後秦)釋鳩摩羅什譯　**般若波羅蜜多心經一卷**　民國二十八年(1939)影印本　一册

330000－1701－0084182　SNB0209　集部/總集類/選集之屬/通代

學詩萃編六集　管元耀編　稿本　六册

330000－1701－0084184　SNB0179　集部/別集類

寒柯堂函稿不分卷　余紹宋撰　民國抄本　七册

330000－1701－0084185　M005252　子部/宗教類/佛教之屬

悉曇略一卷　釋大勇阿闍梨講授　民國十二年(1923)影印本　一册

330000－1701－0084189　SNB0186　集部/總集類/酬唱之屬

容盦百朋唱和集三卷　王珮瑤輯　民國抄本　四册

330000－1701－0084193　SNB0202　集部/別集類

管窺自娱集二卷　管元耀輯錄　稿本　一册

330000－1701－0084197　M005253　史部/政書類

中國法制史講義二編　錢壽庚編　民國油印本　錢壽庚題記　一册

330000－1701－0084199　M005254　新學/電學

國際無綫電報公約不分卷附屬普通規則不分卷　民國石印本　一册

330000－1701－0084203　SNB0131　集部/別集類

梅魂菊影廬詩存一卷　沈家璠撰　民國抄本　一册

330000－1701－0084205　M005255　史部/政書類/邦計之屬

浙江省杭州市民國三十五年度歲出單位預算書不分卷　民國三十五年(1946)油印本　一册

330000－1701－0084209　SNB0230　類叢部/叢書類/彙編之屬

影印四庫全書四種　中央圖書館籌備處選　民國上海商務印書館據清文淵閣四庫全書本影印本　六册

330000－1701－0084211　M005256　史部/政書類/公牘檔冊之屬

天津市政府衛生局工作報告不分卷　民國油印本　一册

330000－1701－0084213　SNB0201　集部/別集類

管窺九卷　管元耀輯錄　稿本　九册

330000－1701－0084216　M005257　史部/政書類/邦計之屬/地政

中國土地問題及其對策不分卷 吳文暉撰 民國油印本 一冊

330000－1701－0084223 M005281 集部/總集類/選集之屬/斷代
中華民國自由文章不分卷 鑄黄山人輯 民國元年(1912)中華書局石印本 一冊 存初集

330000－1701－0084224 SNB0247 史部/金石類/石之屬/通考
校碑隨筆不分卷 方若撰 民國上海朝記書莊石印本 陳錫鈞校注 四冊

330000－1701－0084230 M005282 集部/小説類/長篇之屬
繪圖新刊楊乃武供案全集四卷二十四回 民國上海海左書局石印本 一冊

330000－1701－0084233 SNB0231 史部/政書類/考工之屬/營造
營造法式三十四卷看詳一卷附錄一卷 (宋)李誡撰 民國十四年(1925)武進陶氏刻本 八冊

330000－1701－0084237 SNB0208 集部/詩文評類/詩評之屬
女子詩話彙錄一卷 管元耀輯 稿本 一冊

330000－1701－0084239 SNB0227 集部/別集類/唐五代別集
劉夢得文集三十卷外集十卷 (唐)劉禹錫撰 民國二年(1913)毘陵董康影印本 十二冊

330000－1701－0084240 M005287 集部/曲類/寶卷之屬
新印説唱王家洲全部一卷 民國石印本 一冊

330000－1701－0084243 SNB0235 子部/藝術類/書畫之屬/畫譜
清宫珍寶皕美圖不分卷 民國影印本 五冊

330000－1701－0084244 M005259 子部/宗教類/佛教之屬/諸宗
寄禪安禪師語錄一卷 釋敬安撰 民國四年(1915)寧波文鈺齋刻本 一冊

330000－1701－0084248 M005283 集部/小説類/短篇之屬
小説名畫大觀二百七十種 胡寄塵編輯 民國五年(1916)上海文明書局石印本 二冊 存二十四種

330000－1701－0084249 SNB0233 子部/工藝類/日用器物之屬/器具
校注項氏歷代名瓷圖譜不分卷 (明)項元汴撰 郭葆昌校注 (美國)福開森參訂 **瓷器概説一卷** 郭葆昌撰 民國二十年(1931)北平觶齋書社影印本 秦潤卿題記 二冊

330000－1701－0084250 SNB0207 集部/詩文評類/詩評之屬
陳石遺先生詩品平議三卷 陳衍撰 稿本 章勁宇、陳柱題簽 一冊

330000－1701－0084251 SNB0234 子部/藝術類/書畫之屬/畫譜
清宫珍寶皕美圖不分卷 民國影印本 四冊

330000－1701－0084252 M005260 集部/詩文評類
中國文學史參攷資料不分卷 民國油印本 一冊 存中國文學史“傳疑時代”的參考、中國文學史“詩經時代”的參考、中國文學史“詩經時代”講稿

330000－1701－0084257 SNB0249 史部/金石類/石之屬
五朝鐫刻墓誌碑銘石師姓氏錄一卷 葉爲銘輯 稿本 陳錫鈞題記 一冊

330000－1701－0084258 SNB0224 子部/雜著類
敦煌秘籍留真新編二卷 (日本)神田喜一郎輯 民國三十六年(1947)國立臺灣大學影印本 二冊

330000－1701－0084260 SNB0232 子部/工藝類/日用器物之屬/器具
校注項氏歷代名瓷圖譜不分卷 (明)項元汴撰 郭葆昌校注 (美國)福開森參訂 **瓷器**

概說一卷　郭葆昌撰　民國二十年(1931)北平觶齋書社影印本　一册　缺一卷(瓷器概說)

330000－1701－0084264　SNB0248　史部/金石類/石之屬/目録

歷代篆書石刻目錄一卷　陳錫鈞輯　稿本　一册

330000－1701－0084266　SNB0252　經部/小學類/文字之屬

正字舉要七卷　任友之撰　民國抄本　七册

330000－1701－0084270　SNB0251　子部/雜著類/雜編之屬

石墨樓雜錄十一卷　陳錫鈞輯　稿本　楊篴庵批　十二册

330000－1701－0084271　SNB0260　集部/别集類

月河草堂詩鈔續集一卷　蔣清瑞撰　稿本　章梫題簽　一册

330000－1701－0084272　M005284　集部/曲類/寶卷之屬

改良姜安安送米三孝記全本一卷　民國石印本　一册

330000－1701－0084273　SNB0253　子部/雜著類/雜纂之屬

綜論不分卷　孫漸撰　稿本　一册

330000－1701－0084275　M005285　集部/曲類/寶卷之屬

新刻李香保九占花魁龍袍記一卷　民國石印本　一册

330000－1701－0084278　M005286　集部/曲類/寶卷之屬

繪圖説唱破肚記全本一卷　民國石印本　一册

330000－1701－0084281　SNB0254　史部/金石類/石之屬/通考

校碑隨筆不分卷　方若撰　民國十年(1921)西泠印社木活字印遯盦金石叢書本　陳錫鈞校注　六册

330000－1701－0084283　M005288　新學/政治法律/政治

軍國主義譚一卷　閻錫山撰　崔文徵整理　民國七年(1918)鉛印本　一册

330000－1701－0084284　SNB0246　集部/别集類

彊邨晚歲詞稿一卷　朱祖謀撰　稿本　龍榆生跋　一册

330000－1701－0084287　M005289　集部/總集類/課藝之屬

全國學生成績新文庫甲編十九卷乙編初集二十卷二集二十卷　中央圖書局編輯部編　民國上海中央圖書公司石印本　憲章題記　一册　存五卷(甲編一至五)

330000－1701－0084289　SNB0250　史部/金石類/總志之屬/雜著

石墨樓金石見聞錄不分卷　陳錫鈞輯　稿本　九册

330000－1701－0084292　SNB0245　集部/詞類/總集之屬

詞莂一卷　朱祖謀輯　張爾田補錄　民國抄本　朱孝臧校　龍榆生題記　一册

330000－1701－0084293　M600006、M600010、M600015、M600022　史部/地理類/方志之屬/郡縣志

[民國]鄞縣通志六志五十一編附圖一函　張傳保　汪煥章修　陳訓正　馬瀛纂　民國二十四年(1935)至一九五一年寧波鄞縣通志館鉛印本　十四册　存二十八編(輿地志甲、乙、丙、丁、戊、己、庚、辛、壬、癸,輿地志子、丑、寅、卯、辰、巳,博物志甲、乙,食貨志甲、乙、丙、丁、戊、己、庚,工程志丁下、戊、己)

330000－1701－0084295　M005402　史部/史抄類

三國志捃華二卷　莊適輯　民國八年(1919)上海商務印書館鉛印本　二册

330000－1701－0084297　SNB0288　集部/

別集類

小草廬吟稿一卷 向榮欣撰 稿本 一冊

330000－1701－0084298 M600007、M600011、M600016、M600023 史部/地理類/方志之屬/郡縣志

[民國]鄞縣通志六志五十一編附圖一卷 張傳保 汪煥章修 陳訓正 馬瀛纂 民國二十四年(1935)至一九五一年寧波鄞縣通志館鉛印本 十四冊 存二十八編(輿地志甲、乙、丙、丁、戊、己、庚、辛、壬、癸,輿地志子、丑、寅、卯、辰、巳,博物志甲、乙,食貨志甲、乙、丙、丁、戊、己、庚,工程志丁下、戊、己)

330000－1701－0084301 SNB0244 集部/別集類

彊邨雜綴一卷 朱祖謀撰 民國抄本 龍榆生跋 一冊

330000－1701－0084302 M600008、M600012、M600017、M600021 史部/地理類/方志之屬/郡縣志

[民國]鄞縣通志六志五十一編附圖一函 張傳保 汪煥章修 陳訓正 馬瀛纂 民國二十四年(1935)至一九五一年寧波鄞縣通志館鉛印本 十七冊 存三十編(輿地志甲、乙、丙、丁、戊、己、庚、辛、壬、癸,輿地志子、丑、寅、卯、辰、巳,博物志甲、乙,食貨志甲、乙、丙、丁、戊、己、庚,工程志甲、乙、丙、丁、戊)

330000－1701－0084303 SNB0255 史部/金石類/郡邑之屬

湯溪金石錄四卷 章鎧撰 民國抄本 二冊

330000－1701－0084306 M005403 子部/宗教類/佛教之屬/論疏

成唯識論隨疏十卷 (清)釋明善隨註 (清)釋慧善繼述 **唯識隨疏翼二卷** (清)錢伊菴筆 民國八年(1919)石印本 十二冊

330000－1701－0084307 SNB0258 史部/地理類/雜志之屬

舜湖竹枝詞一百首一卷 沈雲撰 民國抄本 一冊

330000－1701－0084309 M005290、M005679、M005835 類叢部/叢書類/自著之屬

章氏叢書(章太炎先生所著書)十三種 章炳麟撰 民國十三年(1924)上海古書流通處影印本 三冊 存三種

330000－1701－0084311 SNB0243 集部/總集類/酬唱之屬

村居唱和集二卷 張廷琛纂 稿本 一冊

330000－1701－0084315 SNB0242 集部/別集類

海日樓詩稿一卷 沈曾植撰 稿本 龍榆生跋 一冊

330000－1701－0084320 M600013 史部/地理類/方志之屬/郡縣志

[民國]鄞縣通志六志五十一編附圖一函 張傳保 汪煥章修 陳訓正 馬瀛纂 民國二十四年(1935)至一九五一年寧波鄞縣通志館鉛印本 一冊 存二編(博物志甲、乙)

330000－1701－0084321 SNB0282 集部/別集類

彊邨雜稿一卷 朱祖謀撰 稿本 龍榆生題簽並跋 一冊

330000－1701－0084323 SNB0287 集部/別集類/清別集

虎剩老人詩文詞遺稿不分卷 (清)朱景素撰 民國抄本 一冊

330000－1701－0084328 SNB0241 集部/詞類

餐英館偶存鈔一卷 吳士鑑撰 民國抄本 一冊

330000－1701－0084329 M600014 史部/地理類/方志之屬/郡縣志

[民國]鄞縣通志六志五十一編附圖一函 張傳保 汪煥章修 陳訓正 馬瀛纂 民國二十四年(1935)至一九五一年寧波鄞縣通志館鉛印本 四冊 存七編(食貨志甲、乙、丙、丁、戊、己、庚)

330000－1701－0084330　M600018　史部/地理類/方志之屬/郡縣志
[民國]鄞縣通志六志五十一編附圖一函　張傳保　汪煥章修　陳訓正　馬瀛纂　民國二十四年(1935)至一九五一年寧波鄞縣通志館鉛印本　四册　存七編(食貨志甲、乙、丙、丁、戊、己、庚)

330000－1701－0084334　M600019　史部/地理類/方志之屬/郡縣志
[民國]鄞縣通志六志五十一編附圖一函　張傳保　汪煥章修　陳訓正　馬瀛纂　民國二十四年(1935)至一九五一年寧波鄞縣通志館鉛印本　二册　存六編(食貨志甲、乙、丙、丁上、戊下、己上)

330000－1701－0084335　M005404　子部/宗教類/佛教之屬/論疏
入阿毘達磨論通解二卷　(日本)烏水寶雲講述　(日本)小山榮憲補輯　鄧鎔譯　民國六年(1917)北京法輪印字局鉛印本　二册

330000－1701－0084336　M600020　史部/地理類/方志之屬/郡縣志
[民國]鄞縣通志六志五十一編附圖一函　張傳保　汪煥章修　陳訓正　馬瀛纂　民國二十四年(1935)至一九五一年寧波鄞縣通志館鉛印本　四册　存五編(工程志甲、乙、丙、丁、戊)

330000－1701－0084350　M005291　子部/藝術類/書畫之屬/畫録
病鶴叢畫集四卷　錢病鶴(錢雲鶴)繪　民國十五年(1926)上海世界書局石印本　三册　缺一卷(春芳)

330000－1701－0084355　M005292　子部/醫家類/本草之屬/歷代綜合本草
本草萬方鍼線八卷　(清)蔡烈先輯　民國六年(1917)上海鴻寶齋書局石印本　一册

330000－1701－0084360　SNB0285　集部/别集類
琴溪賸稾一卷　周智濬撰　民國抄本　一册

330000－1701－0084363　SNB0239　集部/别集類
花信樓詩集不分卷　洪炳文撰　稿本　八册

330000－1701－0084369　M005409　類叢部/叢書類/自著之屬
曾文正公家書六種彙刊　(清)曾國藩撰　民國十五年(1926)掃葉山房石印本　七册　存四種

330000－1701－0084370　SNB0238　集部/别集類
寫憂草□□卷　蔡郕撰　稿本　一册　存一卷(二)

330000－1701－0084371　SNB0261　集部/别集類
餐英館偶存鈔三卷　吴士鑑撰　民國抄本　二册

330000－1701－0084372　M005293　史部/目録類/總録之屬
中華圖書館書目一卷　中華圖書館編　民國上海中華圖書館鉛印本　一册

330000－1701－0084374　SNB0237　經部/小學類/文字之屬
寶彝集字一卷　張兆鏞撰　稿本　一册

330000－1701－0084378　M005295　子部/宗教類/佛教之屬
金剛頂經大瑜伽秘密心地法門義訣一卷　(唐)釋不空撰　民國十五年(1926)鉛印本　一册

330000－1701－0084379　M005294　子部/雜著類/雜説之屬
崇儉編五章　萬鈞編　民國北京中央刻經院鉛印本　一册

330000－1701－0084381　SNB0262　子部/藝術類/書畫之屬/題跋
敓逌齋畫綴不分卷　趙士鴻撰　稿本　一册

330000－1701－0084390　M005407　子部/宗教類/佛教之屬/經

楞伽阿跋多羅寶經宗通三十卷　（明）曾鳳儀撰　民國六年(1917)金陵刻經處刻本　八册

330000－1701－0084399　SNB0263　子部/藝術類/書畫之屬/題跋
敊逌齋畫綴不分卷　趙士鴻撰　稿本　一册

330000－1701－0084400　M005408　子部/宗教類/佛教之屬/論
成實論二十卷　（後秦）釋鳩摩羅什譯　民國五年(1916)金陵刻經處刻本　六册

330000－1701－0084404　M005297　集部/別集類
秋扇集二卷　釋蘊光撰　民國二十五年(1936)一笑廬鉛印本　一册

330000－1701－0084410　SNB0264　子部/藝術類/書畫之屬/題跋
敊逌齋畫綴不分卷　趙士鴻撰　稿本　一册

330000－1701－0084412　M005298　子部/藝術類/書畫之屬/書法書品
書法入門十章　李肖白撰　民國二十五年(1936)上海慎昌總行鉛印本　一册

330000－1701－0084414　SNB0281　子部/雜著類/雜纂之屬
無著盦脞錄一卷　民國朱祖謀抄本　龍榆生跋　一册

330000－1701－0084420　M005299　子部/農家農學類/蠶桑之屬
蠶桑學一卷　何伊渠口授　孫克繩錄　稿本　一册

330000－1701－0084421　M005472　類叢部/類書類/通類之屬
欽定古今圖書集成一萬卷目錄四十卷　（清）蔣廷錫　（清）陳夢雷等輯　民國二十三年(1934)中華書局影印本　八百册

330000－1701－0084429　SNB0265　子部/雜著類/雜考之屬
海日樓札記一卷　沈曾植撰　稿本　龍榆生跋　一册

330000－1701－0084430　M005300　子部/藝術類/音樂之屬/樂譜
南北二派秘本琵琶譜真傳三卷　秋蘋氏編　民國十三年(1924)石印本　一册　存一卷(三)

330000－1701－0084431　SNB0280　集部/詞類/別集之屬
回風堂詞一卷　馮幵撰　民國抄本　龍榆生題記　朱祖謀校　一册

330000－1701－0084438　M005301　子部/宗教類/佛教之屬
勸發菩提心文一卷　（清）釋實賢撰　民國鉛印本　一册

330000－1701－0084447　SNB0279　集部/詞類/別集之屬
倬盦詞稿一卷　邵章撰　民國抄本　龍榆生題記　一册

330000－1701－0084449　M005410　子部/藝術類/書畫之屬/畫譜
芥子園畫傳四集四卷　（清）闞十原繪圖　民國十三年(1924)上海天寶書局石印本　一册　存二卷(三至四)

330000－1701－0084450　M005302　子部/農家農學類/蠶桑之屬
製絲機械學八章　民國高等蠶業講習所石印本　一册

330000－1701－0084451　SNB0267　集部/別集類
海日樓遺詩不分卷　沈曾植撰　民國龍榆生抄本　龍榆生跋　二册

330000－1701－0084455　M005411　子部/宗教類/佛教之屬/經
藥師七佛供養儀軌如意王經一卷發願文一卷　（清）釋工布查布舊譯　（清）釋巴爾藏嘉磋補譯　民國二十二年(1933)護國濟民弘法利生藥師七佛法會鉛印本　一册

330000－1701－0084456　M005303　史部/傳記類/別傳之屬

徐聽然入道後之大事記一卷附記一卷 顧孝�撰 民國石印本 一册

330000－1701－0084459 M005412 子部/宗教類/佛教之屬/經疏

般若波羅蜜多心經口義記一卷 王弘願講 杜騰英記 民國二十二年(1933)廣東震旦密教重興會石印本 一册

330000－1701－0084470 M600024 史部/地理類/方志之屬/郡縣志

[民國]新登縣志二十卷首一卷附錄一卷 徐士瀛等修 張子榮 史錫永纂 白志恒繪圖 民國十一年(1922)鉛印本 一册 存四卷(八至十一)

330000－1701－0084471 M600025 史部/地理類/方志之屬/郡縣志

[民國]遂安縣志十卷首一卷末一卷 羅柏麓 周樹美修 姚桓等纂 民國十九年(1930)鉛印本 六册 存十卷(首、一至九)

330000－1701－0084472 M600026 史部/地理類/方志之屬/郡縣志

[民國]鄞縣通志六志五十一編附圖一函 張傳保 汪煥章修 陳訓正 馬瀛纂 民國二十四年(1935)至一九五一年寧波鄞縣通志館鉛印本 三册 存六編(工程志甲、乙、丙、丁、戊、己)

330000－1701－0084473 M600027 史部/地理類/方志之屬/郡縣志

[民國]鄞縣通志六志五十一編附圖一函 張傳保 汪煥章修 陳訓正 馬瀛纂 民國二十四年(1935)至一九五一年寧波鄞縣通志館鉛印本 三册 存六編(輿地志辛、壬,輿地志寅、卯、辰、巳)

330000－1701－0084474 M600028 史部/地理類/方志之屬/郡縣志

[民國]鄞縣通志六志五十一編附圖一函 張傳保 汪煥章修 陳訓正 馬瀛纂 民國二十四年(1935)至一九五一年寧波鄞縣通志館鉛印本 四册 存八編(輿地志辛、壬、癸下,輿地志子、寅、卯、辰、巳)

330000－1701－0084476 M600029 史部/地理類/方志之屬/郡縣志

[民國]鄞縣通志六志五十一編附圖一函 張傳保 汪煥章修 陳訓正 馬瀛纂 民國二十四年(1935)至一九五一年寧波鄞縣通志館鉛印本 七册 存十編(輿地志庚、辛、壬、癸,輿地志子、丑、寅、卯、辰、巳)

330000－1701－0084479 M600030 史部/地理類/方志之屬/通志

[民國]浙江新志三卷 姜卿雲纂 民國二十五年(1936)杭州正中書局鉛印本 一册 存一卷(下)

330000－1701－0084481 M600031 史部/地理類/方志之屬/通志

[民國]浙江新志三卷 姜卿雲纂 民國二十五年(1936)杭州正中書局鉛印本 一册 存一卷(下)

330000－1701－0084484 M600032 史部/地理類/方志之屬/通志

[民國]浙江新志三卷 姜卿雲纂 民國二十五年(1936)杭州正中書局鉛印本 一册 存一卷(下)

330000－1701－0084486 M600033 史部/地理類/方志之屬/通志

[民國]浙江新志三卷 姜卿雲纂 民國二十五年(1936)杭州正中書局鉛印本 一册 存一卷(下)

330000－1701－0084489 M600034 史部/地理類/方志之屬/通志

[民國]浙江新志三卷 姜卿雲纂 民國二十五年(1936)杭州正中書局鉛印本 一册 存一卷(下)

330000－1701－0084491 M600035 史部/地理類/方志之屬/通志

[民國]浙江新志三卷 姜卿雲纂 民國二十五年(1936)杭州正中書局鉛印本 一册 存一卷(下)

330000－1701－0084493 M600036 史部/

地理類/方志之屬/通志

[民國]浙江新志三卷　姜卿雲纂　民國二十五年(1936)杭州正中書局鉛印本　一冊　存一卷(下)

330000－1701－0084495　SNB0278　集部/別集類

清雅堂辛壬癸集遺詩一卷　金綬熙撰　狄郁文錄　民國抄本　一冊

330000－1701－0084496　M600037　史部/地理類/方志之屬/通志

[民國]浙江新志三卷　姜卿雲纂　民國二十五年(1936)杭州正中書局鉛印本　一冊　存一卷(下)

330000－1701－0084501　M600038　史部/地理類/方志之屬/通志

[民國]浙江新志三卷　姜卿雲纂　民國二十五年(1936)杭州正中書局鉛印本　一冊　存一卷(下)

330000－1701－0084502　M005415　子部/宗教類/佛教之屬/經

賓頭盧突羅闍爲優陀延王說法經一卷　(南朝宋)釋求那跋陀羅譯　**佛使比丘迦旃延說法沒盡偈百二十章一卷**　(晉)□□錄　**龍樹菩薩爲禪陀迦王說法要偈一卷**　(宋)釋求那跋摩譯　民國十一年(1922)北京刻經處刻本　一冊

330000－1701－0084503　M005304　新學/算學/數學

統計學概要二卷　孫宗奭撰　民國鉛印本　一冊

330000－1701－0084504　SNB0268　集部/別集類

彊邨文稾一卷　朱祖謀撰　民國龍榆生抄本　龍榆生題記　一冊

330000－1701－0084505　M600039　史部/地理類/方志之屬/通志

[民國]浙江新志三卷　姜卿雲纂　民國二十五年(1936)杭州正中書局鉛印本　一冊　存一卷(下)

330000－1701－0084508　M600040　史部/地理類/方志之屬/通志

[民國]浙江新志三卷　姜卿雲纂　民國二十五年(1936)杭州正中書局鉛印本　一冊　存一卷(下)

330000－1701－0084511　M005416　子部/宗教類/佛教之屬

中峯繫念法事三時全集不分卷　(宋)釋延壽述　民國二十六年(1937)刻本　一冊

330000－1701－0084512　M600041　史部/地理類/方志之屬/通志

[民國]浙江新志三卷　姜卿雲纂　民國二十五年(1936)杭州正中書局鉛印本　一冊　存一卷(下)

330000－1701－0084514　M600042　史部/地理類/方志之屬/通志

[民國]浙江新志三卷　姜卿雲纂　民國二十五年(1936)杭州正中書局鉛印本　一冊　存一卷(下)

330000－1701－0084515　SNB0277　子部/雜著類/雜說之屬

菌閣瑣談二卷　沈曾植撰　民國抄本　龍榆生跋　朱祖謀校　一冊

330000－1701－0084517　M600043　史部/地理類/方志之屬/通志

[民國]浙江新志三卷　姜卿雲纂　民國二十五年(1936)杭州正中書局鉛印本　一冊　存一卷(下)

330000－1701－0084520　M005305　史部/傳記類/別傳之屬/事狀

存心堂壽言六卷　伍文淵等輯　民國十年(1921)鉛印本　一冊

330000－1701－0084521　M600044　史部/地理類/方志之屬/通志

[民國]浙江新志三卷　姜卿雲纂　民國二十五年(1936)杭州正中書局鉛印本　一冊　存一卷(下)

330000－1701－0084522　M600045　史部/地理類/方志之屬/通志

[民國]浙江新志三卷　姜卿雲纂　民國二十五年(1936)杭州正中書局鉛印本　一冊　存一卷(下)

330000－1701－0084524　M600046　史部/地理類/方志之屬/通志

[民國]浙江新志三卷　姜卿雲纂　民國二十五年(1936)杭州正中書局鉛印本　一冊　存一卷(下)

330000－1701－0084525　M005417　新學/政治法律/刑法

律師法草案一卷陸軍暫行刑法一卷附審判及各項章程一卷民國刑法草案一卷法院編制法一卷法院編制法草案一卷　法制局擬定　民國元年(1912)法學書局石印本　一冊

330000－1701－0084529　M005418　子部/宗教類/佛教之屬/經疏

大方廣圓覺修多羅了義經釋要五卷　釋顯慈述　民國三十年(1941)楨記印書局鉛印本　一冊

330000－1701－0084530　M600047　史部/地理類/方志之屬/通志

[民國]浙江新志三卷　姜卿雲纂　民國二十五年(1936)杭州正中書局鉛印本　一冊　存一卷(下)

330000－1701－0084534　M005419　子部/宗教類/佛教之屬/經疏

佛說觀無量壽佛經疏妙宗鈔會本不分卷　(隋)釋智顗撰疏　(宋)釋知禮述鈔　民國三十三年(1944)普慧大藏經刊行會鉛印本　一冊

330000－1701－0084544　M005420　子部/醫家類/傷寒金匱之屬

包氏醫宗十一種　包桃初　包識生撰　民國十九年(1930)上海包氏醫宗出版部鉛印本　六冊　存五種

330000－1701－0084548　M005306、M005307、M005308、M006226、M006227、M006685、M006686、M006820、M007056、M007057、M007202、M007204、M007206、M007207、M007208、M007209、M008010　類叢部/叢書類/彙編之屬

古今說部叢書二百七十二種　國學扶輪社輯　民國四年(1915)中國圖書公司和記鉛印本　二十五冊　存一百十四種

330000－1701－0084550　SNB0276　集部/別集類/清別集

天游閣集一卷　(清)顧春撰　民國抄本　諸宗元題記　龍榆生跋　一冊

330000－1701－0084554　M600048　類叢部/叢書類/彙編之屬

四部備要　中華書局編　民國二十五年(1936)上海中華書局鉛印本　二千二百四十冊　存三百五十四種

330000－1701－0084556　SNB0271　集部/詞類/別集之屬

香草亭詞一卷　裴維侒撰　民國抄本　龍榆生題記　朱祖謀校　一冊

330000－1701－0084563　SNB0275　集部/別集類/清別集

有樂堂韻語一卷　(清)曾培祺撰　民國朱祖謀抄本　龍榆生題記　一冊

330000－1701－0084567　SNB0272　集部/詞類/別集之屬

淩波詞一卷　曹元忠撰　民國朱祖謀抄本　龍榆生跋　一冊

330000－1701－0084573　M005422　子部/宗教類/佛教之屬/經

佛說大白傘蓋陀羅尼經不分卷　孫景風校譯　民國二十六年(1937)石印本　一冊

330000－1701－0084576　SNB0274　集部/別集類

蟄庵詞一卷　曾習經撰　民國朱祖謀抄本　龍榆生跋　一冊

330000－1701－0084578　M005309　史部/

目録類/總録之屬/私撰
同文書店書目第六期一卷 同文書店編 民國二十二年(1933)上海同文書店石印本 一册

330000－1701－0084585 M005310 史部/目録類/總録之屬/私撰
同文書店書目一卷 同文書店編 民國上海同文書店石印本 一册

330000－1701－0084586 M005423 集部/總集類/酬唱之屬
九秋菊讌記三卷 高振霄等撰 民國鉛印本 一册

330000－1701－0084592 SNB0273 集部/詞類/别集之屬
樂静詞一卷 俞陛雲撰 稿本 龍榆生跋 一册

330000－1701－0084593 M005424 子部/宗教類/佛教之屬
根本説一切有部毗奈耶犯相摘記一卷附録一卷根本説一切有部毗奈耶自行抄一卷附録一卷學根本説一切有部律入門次第一卷 釋曇昉集 民國鉛印本 一册

330000－1701－0084594 M005311 史部/目録類/總録之屬/私撰
千頃堂書局古今書目録不分卷 千頃堂書局編 民國上海千頃堂書局石印本 一册

330000－1701－0084601 M005312 史部/目録類/總録之屬/私撰
千頃堂書籍目録不分卷 千頃堂書局編 民國十四年(1925)上海千頃堂書局石印本 一册

330000－1701－0084611 M005425 子部/宗教類/佛教之屬/論
佛地經論七卷 (唐)釋玄奘譯 民國五年(1916)金陵刻經處刻本 二册

330000－1701－0084616 SNB0289 類叢部/叢書類/自著之屬
綴學堂叢書十七種 陳漢章撰 稿本 三十四册

330000－1701－0084618 M005426 子部/宗教類/佛教之屬
諦師教觀綱宗講録一卷 釋圓明筆記 民國十八年(1929)寧波鈞和公司鉛印本 一册

330000－1701－0084624 M005427 子部/宗教類/佛教之屬
密教通關一卷心經闡祕一卷 釋密林述 民國二十八年(1939)鉛印本 一册

330000－1701－0084628 M005428 集部/别集類/唐五代别集
李義山詩話二卷補録一卷 (唐)李商隱撰 民國中華圖書館石印本 一册

330000－1701－0084630 M005429 類叢部/叢書類/彙編之屬
進德叢書八種 丁福保編 民國上海醫學書局鉛印本 一册 存一種

330000－1701－0084634 SNB0299 類叢部/叢書類/自著之屬
薏園叢書八種 高誼撰 稿本 十五册

330000－1701－0084635 M005430 子部/醫家類/傷寒金匱之屬/傷寒論
傷寒集註六卷本義一卷 (清)張志聰註 高世栻輯 民國六年(1917)上海鍊石書局石印本 五册 存五卷(一至三、五至六)

330000－1701－0084640 M005431 子部/宗教類/佛教之屬
六種經論六卷 民國鉛印本 一册

330000－1701－0084655 SNB0298 集部/别集類
步月山房詩集二卷尺牘一卷補遺一卷 潘頌清撰 稿本 三册

330000－1701－0084686 M005314 史部/目録類/總録之屬/私撰
中國書店新舊書目一卷補遺一卷 中國書店編 民國十七年(1928)石印本 一册

330000－1701－0084687 M005315 集部/

别集類/清别集
評點西堂雜組初集八卷二集八卷三集八卷 (清)尤侗撰　趙譽船評點　民國十六年(1927)上海中原書局石印本　六册

330000－1701－0084691　M005316　類叢部/叢書類/彙編之屬
浙江中醫專校講義五十六種　浙江中醫專校編　民國二十七年(1938)浙江中醫專門學校鉛印本　一册　存一種

330000－1701－0084693　M005433　集部/總集類/題詠之屬
歷代題畫詩類絕句鈔二卷　中華圖書館編　民國二年(1913)上海中華圖書館石印本　一册　存一卷(一)

330000－1701－0084700　M005317、M006630　史部/目録類/總録之屬/私撰
中國書店新舊書目□□卷　中國書店編　民國二十二年至二十五年(1933－1936)石印本　五册　存五卷(三下、十、十四、十八、二十)

330000－1701－0084704　M005318　子部/宗教類/佛教之屬/諸宗
大乘止觀法門四卷　(南朝陳)釋慧思撰　民國十二年(1923)上海佛經流通處石印本　一册

330000－1701－0084707　M005319　新學/史志/諸國史
世界史練習題不分卷　稿本　一册

330000－1701－0084708　M005435　子部/宗教類/佛教之屬/經
守護國界主陀羅尼經十卷　(唐)釋般若(唐)釋牟尼室利譯　民國十一年(1922)北京刻經處刻本　三册

330000－1701－0084710　M005436　子部/雜著類/雜編之屬
安士全書四種　(清)周夢顔撰　民國十六年(1927)上海佛學推行社鉛印本　四册

330000－1701－0084716　M005437　子部/宗教類/佛教之屬/諸宗
壇經一卷附六祖大師事略一卷　(唐)釋慧能說　(唐)釋法海錄　民國三十年(1941)重慶華巖刻經處刻本　一册

330000－1701－0084717　M005320　史部/目録類/總録之屬/私撰
古緣萃錄不分卷　民國抄本　一册

330000－1701－0084723　M005438、M005951　史部/紀傳類/别史之屬
函史上編八十二卷下編二十一卷　(明)鄧元錫撰　民國抄本　二册　存二卷(下編十九、二十下)

330000－1701－0084728　SNB0300　集部/别集類
復安室叢著不分卷　朱福詵撰　稿本　三十五册

330000－1701－0084731　M005321　集部/小說類/長篇之屬
精訂綱鑑廿四史通俗衍義六卷四十四回首一卷　(清)吕撫撰　民國富華圖書館石印本　三册　存三卷(二至三、五)

330000－1701－0084735　M005322　集部/詩文評類/文法之屬/函牘格式
詳註女子尺牘初階不分卷　上海進化書局編　民國十一年(1922)上海進化書局石印本　一册

330000－1701－0084737　M005323　史部/目録類/總録之屬/私撰
受古書店舊書□□卷　受古書店編　民國石印本　一册　存一卷(戊辰第二期)

330000－1701－0084738　M005439　史部/地理類/遊記之屬/紀勝
粵東筆記十六卷附羊城八景全圖一卷　(清)李調元輯　民國六年(1917)上海廣益書局石印本　四册

330000－1701－0084742　M005324　子部/天文曆算類/曆法之屬
日用寶鑑二卷　上海共和編譯局編輯部編　民國四年(1915)上海共和編譯局石印本　一

册　存一卷(上)

330000－1701－0084746　M005441　子部/藝術類/書畫之屬/法帖

趙子昂正草千字文一卷　(元)趙孟頫書　民國上海育古山房影印本　一册

330000－1701－0084749　M005442　史部/傳記類/日記之屬

繭盦日記不分卷　民國二十二年(1933)稿本　一册

330000－1701－0084752　M005325、M007633　史部/目録類/總録之屬/彙刻

漢文淵書肆書目二卷　漢文淵書肆編　民國十七年(1928)上海漢文淵書肆石印本　二册

330000－1701－0084753　M005443　子部/藝術類/書畫之屬/法帖

青珊瑚館遺墨不分卷　陳浦　周保珊書　民國十五年(1926)石印本暨鉛印本　一册

330000－1701－0084754　M005326　史部/目録類/總録之屬

西泠印社書目四卷補遺一卷(第二十一期)　西泠印社編　民國十三年(1924)上海西泠印社鉛印本　一册

330000－1701－0084759　M005327　史部/政書類/邦交之屬

外交部交涉節要不分卷　外交部編　民國四年(1915)鉛印本　三册

330000－1701－0084764　M005444　集部/詩文評類/文法之屬/公文程式

道慈業務實習綱義輯覽文書程式三章　立覺靈宬演述　民國奉天紅卍字會印刷部鉛印本　一册

330000－1701－0084773　M005328　史部/政書類/公牘檔册之屬

福建省銀行民國三十四年度營業報告書一卷　福建省銀行編　民國鉛印本　一册

330000－1701－0084774　M005445　史部/雜史類/斷代之屬

元代重儒記不分卷　(清)李慈銘撰　民國三十四年(1945)陶承杏抄本　陶承杏跋　一册

330000－1701－0084778　M005329　類叢部/叢書類/自著之屬

船山遺書六十六種附一種　(清)王夫之撰　民國二十四年(1935)上海太平洋書店鉛印本　四十一册　存十九種

330000－1701－0084780　M005446　集部/别集類/清别集

古照堂詩集二卷　(清)狄雲鼎撰　**選齋公殘稿一卷**　(清)狄繼紳撰　民國十九年(1930)鉛印本　二册

330000－1701－0084785　SNB0297　史部/金石類/金之屬

三代古銅器物之研究一卷　王有宗撰　稿本　一册

330000－1701－0084786　M005447　子部/小説家類/雜事之屬

見見聞聞録一卷　籛卿輯　民國八年(1919)東山行署籛卿氏稿本　一册

330000－1701－0084790　SNB0296　史部/地理類

西湖九溪十八澗志畧一卷　王有宗撰　稿本　一册

330000－1701－0084791　SNB0309　集部/别集類/清别集

樂亭詩草五卷　(清)蔡志修撰　民國抄本　一册

330000－1701－0084796　SNB0295　史部/金石類/金之屬/通考

周金文敀釋外篇一卷　王有宗撰　稿本　一册

330000－1701－0084799　SNB0310　集部/别集類/清别集

真息齋詩藁一卷　(清)陸費瑔撰　民國抄本　一册

330000－1701－0084803　SNB0294　史部/

金石類/石之屬

石鼓文音訓校補一卷　王有宗撰　稿本　喻長霖跋　一册

330000－1701－0084804　M005448　史部/目録類/總録之屬/私撰

綿絳書屋藏書目一卷綿絳書屋藏書小志一卷　樊鎮撰　民國拜魁紀公齋稿本　世裕題記　一册

330000－1701－0084805　M005449　子部/藝術類/書畫之屬/法帖

嗇翁墾牧手牒不分卷　張謇撰並書　江導岷輯　民國七年(1918)南通翰墨林影印本　四册

330000－1701－0084806　SNB0312　史部/金石類/石之屬/文字

金石文字辨異補編五卷　楊紹廉撰　民國十三年(1924)石印本　復廬老人校並跋　五册

330000－1701－0084812　SNB0293　集部/别集類

南沙桑枝詞一卷　(清)陶濬宣撰　民國抄本　一册

330000－1701－0084817　SNB0313　集部/别集類

山青雲白軒詩草二卷　傅宛撰　稿本　二册

330000－1701－0084824　G004208　史部/傳記類/總傳之屬/家乘

歷代世系撮要　民國抄本　一册

330000－1701－0084826　SNB0314　集部/詞類/别集之屬

大鶴山房未刊詞一卷　鄭文焯撰　民國抄本　一册

330000－1701－0084832　SNB0315　集部/别集類

匏園駢體文五卷　來裕恂撰　稿本　五册

330000－1701－0084836　M005330　集部/曲類/彈詞之屬

繪圖烟雲嶺六集四卷　民國六年(1917)上海章福記書局石印本　四册

330000－1701－0084847　M005331　史部/傳記類/别傳之屬/年譜

孫庵老人自訂五十以前年譜二卷年表一卷　錢基厚撰　**潛廬自傳一卷**　錢基溥撰　民國三十二年(1943)無錫錢氏鉛印本　錢基厚題記　二册

330000－1701－0084856　SNB0308　史部/金石類/石之屬/文字

金石文字辨異補編五卷　楊紹廉撰　稿本　五册

330000－1701－0084857　M005453　子部/醫家類/傷寒金匱之屬/傷寒論

張仲景傷寒論原文淺註六卷　(漢)張機撰　(清)陳念祖集註　民國五年(1916)石印本　一册　存三卷(一至三)

330000－1701－0084858　M005332　子部/宗教類/佛教之屬

護摩供行法記四卷　釋密林撰　民國二十九年(1940)上海佛學書局影印本　二册

330000－1701－0084862　SNB0301　經部/小學類/文字之屬/字書/古文

廣說古文籀補十四卷　王有宗撰　稿本　一册

330000－1701－0084868　SNB0302　經部/小學類/文字之屬/字書

今字解剖不分卷　王有宗撰　稿本　二册

330000－1701－0084874　SNB0303　集部/别集類/清别集

七道士詩鈔不分卷　(清)曾衍東撰　民國抄本　趙潤、馮玕跋　一册

330000－1701－0084876　SNB0307　史部/金石類/金之屬/通考

周金文存釋文六卷　王有宗撰　稿本　四册

330000－1701－0084880　M005454　類叢部/叢書類/彙編之屬

群雅叢書　傅東華撰　民國二十九年(1940)

上海群雅社鉛印本　傅東華題記　一冊　存一種

330000－1701－0084894　SNB0306　集部/別集類/清別集

舞月軒詠史詩四卷　（清）魯忠撰　民國抄本　一冊

330000－1701－0084896　M005455、M007093　類叢部/叢書類/彙編之屬

浙江中醫專校講義五十六種　浙江中醫專校編　民國二十七年（1938）浙江中醫專門學校鉛印本　二冊　存一種

330000－1701－0084899　SNB0304　集部/別集類

桐鄉勞先生遺稿□□卷　勞乃宣撰　稿本　二冊　存三卷（六至八）

330000－1701－0084901　SNB0305　集部/別集類

心寫艸堂詩稿不分卷　魯晉藩撰　稿本　二冊

330000－1701－0084909　M005456　史部/金石類/陶之屬

鑑定備考支那陶磁全書□□卷　（日本）大西林五郎編纂　民國鉛印本　一冊　存一卷（三）

330000－1701－0084910　M005457　子部/宗教類/佛教之屬

金剛壽命經四種合訂四卷　民國十二年（1923）北京刻經處刻本　一冊

330000－1701－0084918　M005458　史部/政書類/律令之屬

刑名要略一卷理命案一卷同謀共毆摘錄說數一卷服制論一卷盜案論一卷逃人論一卷參案論一卷供招解說一卷　民國抄本　一冊

330000－1701－0084931　M005334　集部/總集類/選集之屬/通代

高僧山居詩續編一卷　懺庵居士編輯　民國二十五年（1936）上海商務印書館鉛印本　一冊

330000－1701－0084938　M005335　子部/宗教類/其他宗教之屬/基督教

靈界大戰不分卷　（英國）本仁約翰撰　民國十年（1921）鉛印本　一冊

330000－1701－0084950　M005460　子部/宗教類/佛教之屬/經

妙法蓮華經七卷　（後秦）釋鳩摩羅什譯　民國二十七年（1938）鉛印本　一冊　存三卷（一至三）

330000－1701－0084951　SNB0321　集部/別集類

惜紅軒詩稿十卷文稿一卷　江巨楨撰　稿本　十冊

330000－1701－0084952　M005461　子部/宗教類/佛教之屬/諸宗

廬山慧遠法師文一卷　周寰輯校　民國武昌正信印務館鉛印本　一冊

330000－1701－0084958　M005462　子部/宗教類/佛教之屬/經

解深密經一卷　（唐）釋玄奘譯　**群經大意一卷摩訶波若波羅密經一卷金剛般若波羅蜜經一卷**　（後秦）釋鳩摩羅什譯　**心經小談一卷**　（明）釋觀衡述　民國兩湖佛化講習所鉛印本　一冊

330000－1701－0084960　SNB0320　經部/詩類

鄭雅十九卷　王有宗撰　稿本　四冊

330000－1701－0084969　SNB0322　子部/小說家類/雜事之屬

舊聞瑣記一卷續一卷　民國抄本　二冊

330000－1701－0084971　SNB0318　集部/戲劇類/雜劇之屬

廬冀野五種曲　盧前撰　**玉抱肚雜劇一卷二折**　王玉章撰　稿本　吴梅批　酈承憲題簽　一冊

330000－1701－0084972　M005463　子部/宗教類/佛教之屬/諸宗

台宗二十五方便輯要淺述一卷　釋寶靜撰

民國十八年(1929)觀宗弘法學社鉛印本　一冊

330000－1701－0084977　SNB0323　子部/小說家類/雜事之屬
世載堂雜憶不分卷　劉羼東輯　民國抄本　七冊

330000－1701－0084981　M005464　史部/政書類/邦交之屬
二十一條東京外交秘史始末記一卷　淵若撰　民國鉛印本　一冊

330000－1701－0084989　M005465　集部/別集類
海渟遺稿不分卷補遺一卷　竇海渟撰　**竇靜嫻遺稿一卷**　竇靜嫻(竇懿貞)撰　**哀悼錄二卷**　黃元亨等撰　民國二十三年(1934)鉛印本　二冊

330000－1701－0084992　SNB0324　子部/小說家類/雜事之屬
褭玉館筆記四卷　喻璞撰　稿本　四冊

330000－1701－0084995　M602209、M604802　子部/醫家類/本草之屬/歷代綜合本草
本草綱目五十二卷圖三卷瀕湖脈學一卷奇經八脈攷一卷脉訣攷證一卷　(明)李時珍撰　**本草萬方鍼線八卷**　(清)蔡烈先輯　**本草綱目拾遺十卷首一卷**　(清)趙學敏輯　民國元年(1912)上海鴻寶齋石印本　十九冊　缺十一卷(本草綱目一至二、圖上中下,本草綱目拾遺首、一至五)

330000－1701－0084998　M604806　子部/宗教類/佛教之屬/總録
性相通說一卷　(明)釋德清撰　民國上海佛學書局影印本　一冊

330000－1701－0085001　M604803　史部/目録類/專録之屬
浙杭西湖慧空經房書本價目表一卷梵本價目表一卷　浙杭西湖慧空經房編　民國二十年(1931)刻本　一冊

330000－1701－0085002　M005466　子部/醫家類/綜合之屬/合刻、合抄
學醫筆記二卷　萬鍾撰　**課餘雜著三卷**　萬鈞撰　民國上海醫學書局鉛印本　一冊

330000－1701－0085005　M005337　子部/儒家類/儒學之屬/禮教/鑑戒
八德須知四集八卷附誌一卷　蔡振紳編輯　民國二十三年(1934)上海明善書局石印本　一冊　存二卷(八、附誌)

330000－1701－0085006　M005467　子部/宗教類/佛教之屬/諸宗
相宗綱要不分卷　梅光羲編　民國十一年(1922)上海商務印書館鉛印本　一冊

330000－1701－0085007　M005468　史部/地理類/方志之屬/郡縣志
[民國]衢縣志樣本附校印緣起及預約辦法不分卷　民國浙江衢縣縣志校印處鉛印本　一冊

330000－1701－0085011　M604804　子部/宗教類/佛教之屬/論疏
大乘百法明門論本事分中略錄名數開宗義記四卷　(唐)釋曇曠撰　民國九年(1920)金陵刻經處刻本　一冊

330000－1701－0085012　SNB0317　集部/別集類
濯絳宧存稿一卷　劉毓盤撰　**洗藥楹詩一卷**　梅畹撰　民國抄本　一冊

330000－1701－0085014　M604805　子部/宗教類/佛教之屬/總録
性相通說一卷　(明)釋德清撰　民國上海佛學書局影印本　一冊

330000－1701－0085016　M005469、M605546　子部/藝術類/書畫之屬/畫法畫品
畫法要錄六卷首一卷　余紹宋撰　民國十五年(1926)北京京城印書局鉛印本　三冊　缺二卷(三至四)

330000－1701－0085019　SNB0325　史部/傳記類/日記之屬
余廬日記甲集二卷乙集四卷丙集五卷春暉堂

日記七十卷(民國六年一月一日至三十一年三月三十一日) 余紹宋撰 稿本 八十一冊

330000－1701－0085020 M005338 子部/醫家類/方書之屬/單方驗方
朱氏利人集一卷再版增方朱氏利人集一卷 朱覺省撰 民國十六年(1927)石印本 一冊

330000－1701－0085024 M604752、M604807 子部/宗教類/佛教之屬/諸宗
大乘法苑義林章記二十卷 (唐)釋窺基撰 **錄存不入章抉擇記一卷** (唐)釋智周撰 民國五年(1916)金陵刻經處刻本 七冊

330000－1701－0085030 M005470 史部/目録類/總録之屬/禁燬
違碍書目一卷 民國抄本 一冊

330000－1701－0085035 M604808 史部/傳記類/總傳之屬/釋道
上海龍華古寺同戒錄一卷(民國三十六年冬期) 釋性空撰 民國三十六年(1947)石印本 一冊

330000－1701－0085036 M005471 子部/宗教類/佛教之屬
佛學叢書□□種 丁福保輯 民國上海醫學書局鉛印本暨影印本 一冊 存一種

330000－1701－0085043 M005339 子部/宗教類/道教之屬
大道眞傳九篇 (元)張三丰降筆 魏則之等錄 民國十二年(1923)上海明善書局鉛印本 一冊

330000－1701－0085046 M005340、M006666 集部/總集類/選集之屬/斷代
國學叢選十八集 高燮等編 民國國學商兑會鉛印本 六冊 存六集(一、三至六、十二)

330000－1701－0085047 M604809 史部/傳記類/總傳之屬/釋道
清世宗御製三十二祖傳讚不分卷 (清)世宗胤禛撰 民國七年(1918)揚州藏經院刻本 一冊

330000－1701－0085048 M604810、M606877 子部/宗教類/佛教之屬/諸宗
角虎集六卷 (清)釋濟能纂輯 民國八年(1919)金陵刻經處刻本 二冊

330000－1701－0085050 SNB0316 集部/別集類
匏園詩集三十六卷 來裕恂撰 稿本 十二冊

330000－1701－0085051 M005473 子部/儒家類/儒學之屬/禮教
禮文或問一卷 林崧磐撰 民國十八年(1929)鉛印本 一冊

330000－1701－0085052 M005341 集部/小說類/長篇之屬
孽海花六編六十一回 金天翮起發 曾樸編述 陸士諤撰 民國鉛印本 六冊

330000－1701－0085054 M005474 子部/宗教類/佛教之屬/經疏
大佛頂如來密因修證了義諸菩薩萬行首楞嚴經十卷 (唐)釋般刺密帝譯 (唐)釋彌伽釋迦譯語 (唐)房融筆授 民國七年(1918)刻本 三冊

330000－1701－0085063 M005475 子部/宗教類/佛教之屬/經
佛說阿彌陀經一卷 (後秦)釋鳩摩羅什譯 **拔一切業障根本得生淨土陀羅尼一卷** (南朝宋)釋求那跋陀羅譯 **大悲神呪一卷佛說大藏正教血盆經一卷** 民國十三年(1924)浙杭西湖慧空經房刻本 一冊

330000－1701－0085068 M005476 集部/總集類/彙編之屬
澹宗五卷 胡維銓選編 民國二十二年(1933)上海佛學書局鉛印本 一冊

330000－1701－0085070 M005477 子部/叢編
清代筆記叢刊四十一種 文明書局編 民國上海文明書局石印本 五冊 存二種

330000－1701－0085073 M604751、M604811、

M607093　子部/宗教類/佛教之屬/諸宗

天台教觀選錄八卷　(隋)釋智顗撰　釋諦閑選　民國九年(1920)揚州藏經院刻本　五册

330000－1701－0085074　M604812、M606879　子部/宗教類/佛教之屬/論

性善惡論六卷　(明)釋傳燈撰　民國十二年至十三年(1923－1924)杭州刻經處刻本　三册

330000－1701－0085078　M005478　史部/目録類/專録之屬

雲齋舊藏善本印譜目憶錄五卷首一卷　龐士龍撰　**鐵琴銅劍樓藏善本印譜目一卷**　瞿熙邦　龐士龍輯錄　民國三十年(1941)常熟龐氏蘭石軒鉛印本　一册

330000－1701－0085079　M604813　子部/宗教類/佛教之屬/論疏

菩提心論教相記二卷　(日本)釋亮汰述　民國三年(1914)金陵刻經處刻本　一册

330000－1701－0085081　M005479　子部/醫家類/醫案之屬

臨證指南醫案十卷　(清)葉桂撰　民國鉛印本　一册　存二卷(三至四)

330000－1701－0085083　M604814　子部/宗教類/佛教之屬/論疏

菩提心論教相記二卷　(日本)釋亮汰述　民國三年(1914)金陵刻經處刻本　一册

330000－1701－0085084　M005480　史部/目録類/書志之屬/題跋

矩園餘墨序跋第一輯一卷　葉恭綽撰　民國三十八年(1949)鉛印本　一册

330000－1701－0085086　SNB0388　類叢部/類書類/通類之屬

永樂大典二萬二千八百七十七卷　(明)解縉等輯　民國抄本　一册　存二卷(七千二百三十七至七千二百三十八)

330000－1701－0085088　M604815　史部/傳記類/總傳之屬/釋道

敕建護國萬壽戒壇大昭慶律寺同戒錄一卷(民國乙卯冬期)　釋心圓撰　民國四年(1915)刻本　一册

330000－1701－0085090　M604816　史部/傳記類/總傳之屬/釋道

國清高僧傳一卷附寒山子詩一卷　釋蘊光編　民國二十五年(1936)鉛印本　一册

330000－1701－0085092　M005481　史部/金石類/玉之屬/通考

玉紀一卷　(清)陳性撰　民國抄本　一册

330000－1701－0085095　M005482　子部/宗教類/佛教之屬/論

究竟一乘寶性論六卷　(北魏)釋勒那摩提譯　民國八年(1919)金陵刻經處刻本　二册

330000－1701－0085096　M005342　子部/醫家類/綜合之屬

時邪合論□□卷百病提綱論一卷兒科論一卷　醫學舉要六卷　(清)徐鏞輯　**醫原三卷**　(清)石壽棠撰　民國抄本　一册　存五卷(時邪合論二、百病提綱論、兒科論、醫學舉要一、醫原一)

330000－1701－0085097　SNB0397　史部/金石類

緣督廬金石學不分卷　葉昌熾撰　民國陳錫鈞抄本　四册

330000－1701－0085100　M005483、M006027　子部/宗教類/佛教之屬

金剛般若波羅蜜經講義五卷首一卷附校勘記一卷　江妙煦撰　民國二十九年(1940)上海省心蓮社鉛印本　三册

330000－1701－0085106　M005343　子部/雜著類/雜纂之屬

言而有信不分卷　閻伯寬錄　民國抄本　一册

330000－1701－0085111　M005484　子部/宗教類/佛教之屬/大藏

蜀藏經　民國二十七年(1938)蜀藏刊經處刻本　孟如題記　一册　存二種

330000－1701－0085113　SNB0395　史部/地理類/雜志之屬
當湖風土詩錄十卷　張元善輯　民國抄本　二册　缺一卷(九)

330000－1701－0085114　M005344　史部/政書類/公牘檔冊之屬
安徽省立圖書館概況不分卷　安徽省立圖書館編　民國二十二年(1933)鉛印本　一册

330000－1701－0085116　M604817、M610439　類叢部/叢書類/彙編之屬
奇晉齋叢書十六種　(清)陸烜編　民國元年(1912)冰雪山房據清陸氏刻本影印本　二册　存二種

330000－1701－0085121　M005345　史部/傳記類/別傳之屬
徐聽然入道後之大事記一卷附記一卷　顧孝�撰　民國石印本　一册

330000－1701－0085125　M005485　子部/宗教類/其他宗教之屬
官話聖書註釋新約卷一聖蹟合參一卷新約卷三聖蹟合參一卷　丁良才撰　民國十四年至十五年(1925－1926)中國基督聖教書會鉛印本　一册

330000－1701－0085126　SNB0394　類叢部/叢書類/彙編之屬
影印四庫全書四種　中央圖書館籌備處選　民國上海商務印書館據清文淵閣四庫全書本影印本　六册

330000－1701－0085131　SNB0393　集部/總集類/選集之屬/斷代
近代名人詩簡不分卷　稿本　一册

330000－1701－0085132　M005486　子部/宗教類/佛教之屬/論
金七十論三卷　(南朝陳)釋真諦譯　**廣釋菩提心論四卷**　(天竺)蓮華戒菩薩造　(宋)釋施護譯　民國五年(1916)常州天寧寺刻本　一册

330000－1701－0085133　M005487　史部/傳記類/別傳之屬/事狀
大慈恩寺三藏法師傳十卷　(唐)釋慧立撰　(唐)釋彥悰箋　民國十二年(1923)支那内學院刻本　二册　存七卷(一至三、七至十)

330000－1701－0085134　SNB0343　史部/傳記類/別傳之屬/事狀
湯先生家傳一卷　張謇撰　民國抄本　一册

330000－1701－0085137　M005488　子部/宗教類/佛教之屬/經疏
佛說觀無量壽佛經義疏二卷　(南朝宋)釋畺良耶舍譯　(隋)釋慧遠撰疏　民國十一年(1922)北京刻經處刻本　一册

330000－1701－0085138　SNB0340　類叢部/叢書類/彙編之屬
影印四庫全書四種　中央圖書館籌備處選　民國上海商務印書館據清文淵閣四庫全書本影印本　六册

330000－1701－0085141　M005346　子部/宗教類/佛教之屬/諸宗
瑜伽師地論菩薩地眞實品一卷　(唐)釋玄奘譯　**瑜伽眞實品敘一卷**　歐陽漸撰　民國十年(1921)金陵刻經處刻本　一册

330000－1701－0085144　M005489　子部/宗教類/佛教之屬/大藏
大藏祕要五卷綱目一卷　(清)釋元度輯　民國七年(1918)金陵刻經處刻本　二册

330000－1701－0085149　M005490　史部/雜史類/斷代之屬
義烏兵事紀略一卷附錄鄉先生詩詞一卷詩餘一卷　黃侗輯　民國二十一年(1932)石古山房鉛印本　一册

330000－1701－0085152　M005347　史部/地理類/遊記之屬/紀行
南遊記一卷　(清)孫嘉淦撰　民國十年(1921)抄本　適民跋　一册

330000－1701－0085154　M005491　史部/地理類/水利之屬
直隸五大幹河匯津達海圖說一卷　黃國俊撰

民國鉛印本　一册

330000－1701－0085157　M604503、M604818　類叢部/叢書類/彙編之屬

四庫全書珍本初集二百三十種　中央圖書館籌備處輯　民國二十三年至二十四年(1934－1935)上海商務印書館據文淵閣本影印本　二十四册　存一種

330000－1701－0085161　M005348　集部/總集類/尺牘之屬

尺牘叢抄不分卷　民國抄本　一册

330000－1701－0085167　M005349　子部/醫家類/診法之屬/脈經脈訣

四言脉訣一卷　民國抄本　一册

330000－1701－0085169　M604821　子部/宗教類/佛教之屬/諸宗

蓮華生大師應化史略一卷　諾那呼圖克圖逞列匠磋譯義　王淨圓筆受　民國二十三年(1934)杭州鉛印本　一册

330000－1701－0085170　M604819　史部/傳記類/别傳之屬/年譜

李忠定公[綱]年譜二卷　(清)楊希閔編　**韓忠武王祠墓志正編六卷續編二卷**　(清)顧沅輯　(清)程勳續編　民國二十二年(1933)上海淞滬小隱鉛印本　三册

330000－1701－0085174　M005350　史部/傳記類/總傳之屬/家乘

[浙江]濮氏家乘□□卷　民國抄本　一册　存二卷(三至四)

330000－1701－0085176　M604820、M604866、M606335　史部/傳記類/總傳之屬/忠孝

男女百孝圖全傳四卷　(清)俞葆真編輯　(清)何雲梯繪　民國九年(1920)上海碧梧山莊石印本　四册　存三卷(二至四)

330000－1701－0085180　M604822　史部/地理類/遊記之屬/紀勝

遊志續編一卷　(元)陶宗儀輯　民國十四年(1925)武進陶湘蕶園據明嘉靖四十年(1561)錢穀抄本影印本　一册

330000－1701－0085188　M604823　史部/政書類/邦計之屬/地政

嘉興求減浮糧書不分卷　金蓉鏡編　民國三年(1914)鉛印本　金蓉鏡跋　一册

330000－1701－0085191　M600049　史部/史評類/詠史之屬

清宫詞一卷　吴士鑑撰　民國二十六年(1937)吴秉瀓鉛印本　一册

330000－1701－0085192　M604824　子部/宗教類/佛教之屬

自知録一卷　釋顯忍述　釋寶一評　民國十二年(1923)上海文寶書局石印本　一册

330000－1701－0085199　M604825　史部/傳記類/别傳之屬/事狀

桐鄉鄭書田先生暨德配汪夫人八旬薦福榮褒録三卷首一卷附録一卷　鄭惟章輯　民國八年(1919)鉛印本　一册

330000－1701－0085203　SNB0338　集部/總集類/選集之屬/通代

文廟諸子詩文集初選八十卷大成詩文集不分卷　趙儒校輯　民國余紹宋抄本　一百四册

330000－1701－0085209　M604826　集部/總集類/酬唱之屬

海昌徐逸卿先生重游泮水集一卷　徐家熙輯　民國二十四年(1935)鉛印本　一册

330000－1701－0085216　M604827　史部/地理類

浙江圖書館叢書三十種　丁謙撰　民國四年(1915)浙江圖書館刻本　一册　存四種

330000－1701－0085219　M005493　類叢部/叢書類/彙編之屬

自青榭叢書　卓定謀輯　民國鉛印本　一册　存一種

330000－1701－0085223　M005351　子部/雜著類/雜說之屬

總理遺教二種　孫文撰　民國石印本暨鉛印

本　一冊

330000－1701－0085245　M005354　子部/宗教類/佛教之屬/經
大乘理趣六波羅密多經歸依三寶品一卷　(唐)釋般若譯　**優婆塞五戒相經箋要一卷**　(宋)釋求那跋摩譯　(明)釋智旭箋要　民國十七年(1928)北京中央刻經院鉛印本　一冊

330000－1701－0085248　M005492、M006933　子部/宗教類/佛教之屬/大藏
藏要第二輯□□種　歐陽漸輯　民國南京支那内學院鉛印本　二冊　存六種

330000－1701－0085249　G004354　集部/詩文評類/文法之屬/函牘格式
尺牘函海不分卷　王鼎輯撰　民國海成書局石印本　三冊

330000－1701－0085250　M005355　集部/總集類/課藝之屬
全國學校國文精華錄六卷　葛遵禮　蔣箸超輯　民國上海會文堂書局鉛印本　一冊　存一卷(二)

330000－1701－0085252　M600050　子部/叢編
子書三十二種　育文書局編　民國三年(1914)育文書局石印本　一冊　存二種

330000－1701－0085253　M600051、M601888　子部/叢編
子書三十二種　育文書局編　民國三年(1914)育文書局石印本　二冊　存一種

330000－1701－0085255　M600052　集部/別集類
漪香山館二集不分卷　吳曾祺撰　民國二十五年(1936)上海商務印書館鉛印本　一冊

330000－1701－0085256　M600053　集部/別集類
畏廬詩存二卷　林紓撰　民國十二年(1923)上海商務印書館鉛印本　一冊

330000－1701－0085257　M600054　集部/別集類
淞湖遺老集四卷　金蓉鏡撰　民國十七年(1928)刻本　二冊

330000－1701－0085258　M600055　集部/別集類
海日樓詩二卷　沈曾植撰　民國刻本　一冊

330000－1701－0085259　M600056　集部/別集類
天放樓詩集九卷　金天羽撰　民國十一年(1922)上海有正書局鉛印本　二冊

330000－1701－0085260　M600057　集部/別集類/清別集
幸草亭詩鈔二卷　(清)楊文瑩撰　民國八年(1919)錢塘楊氏勖采堂鉛印本　二冊

330000－1701－0085261　M600058　經部/小學類/文字之屬/字書
今字解剖不分卷附補遺一篇　王有宗撰　民國二十四年(1935)上海商務印書館石印本　二冊

330000－1701－0085262　M600059　集部/別集類
寐叟乙卯稿一卷　沈曾植撰　民國六年(1917)四益宧寫刻本　一冊

330000－1701－0085263　M600060　集部/別集類/宋別集
林和靖先生詩集四卷附錄一卷　(宋)林逋撰　**校語一卷**　邵裴子撰　民國二十四年(1935)上海商務印書館鉛印本　一冊

330000－1701－0085264　M600061、M600063、M600066、M600069、M600073、M600074、M600077、M600080、M600084、M600086、M600088、M600089、M600090、M600096、M600100、M600101、M600103、M600106、M600108、M600109、M600111、M600114、M600116、M600118、M600119、M600122、M600124、M600126、M600128、M600129、M600130、M600132、M600134、M600135、M600137、M600139、M600141、M600142、

M600143、M600145、M600146、M600148、
M600150、M600151、M600153、M600154、
M600155、M600158、M600159、M600161、
M600165、M600168、M600172、M600174、
M600177、M600178、M600181、M600185、
M600191、M600192、M600195、M600199、
M600200、M600204、M600208、M600210、
M600212、M600215、M600218、M600221、
M600226、M600228、M600233、M600240、
M600243、M600245、M600246、M600247、
M600249、M600251、M600254、M600256、
M600259、M600260、M600263、M600267、
M600268、M600269、M600274、M600278、
M600283、M600284、M600285、M600286、
M600287、M600291、M600293、M600296、
M600298、M600301、M600305、M600306、
M600307、M600309、M600311、M600313、
M600314、M600316、M600318、M600321、
M600323、M600328、M600329、M600331、
M600332、M600333、M600334、M600337、
M600340、M600342、M600345、M600346、
M600349、M600350、M600353、M600354、
M600360、M600367、M600374、M600376、
M600379、M600381、M600382、M600383、
M600385、M600386、M600387、M600389、
M600391、M600393、M600395、M600396、
M600397、M600398、M600400、M600401、
M600403、M600405、M600407、M600408、
M600411、M600418、M600419、M600423、
M600426、M600427、M600434、M600435、
M600436、M600438、M600439、M600440、
M600441、M600443、M600444、M600445、
M600446、M600448、M600449、M600450、
M600451、M600453、M600454、M600456、
M600458、M600461、M600465、M600468、
M600470、M600474、M600476、M600479、
M600480、M600483、M600485、M600486、
M600488、M600490、M600493、M600494、
M600496、M600497、M600499、M600503、
M600505、M600506、M600507、M600508、
M600511、M600513、M600514、M600517、
M600518、M600521、M600523、M600530、
M600531、M600532、M600533、M600534、
M600535、M600536、M600547、M600552、
M600553、M600554、M600556、M600561、
M600565、M600566、M600568、M600569、
M600571、M600573、M600580、M600581、
M600585、M600586、M600587、M600589、
M600590、M600592、M600597、M600601、
M600603、M600604、M600605、M600606、
M600607、M600609、M600611、M600612、
M600613、M600617、M600619、M600620、
M600622、M600623、M600625、M600626、
M600627、M600629、M600631、M600633、
M600638、M600640、M600641、M600643、
M600644、M600645、M600646、M600648、
M600649、M600650、M600651、M600652、
M600654、M600657、M600663、M600668、
M600669、M600673、M600674、M600675、
M600677、M600679、M600682、M600684、
M600685、M600686、M600689、M600696、
M600697、M600699、M600700、M600701、
M600702、M600703、M600712、M600713、
M600714、M600716、M600717、M600718、
M600719、M600720、M600721、M600722、
M600723、M600724、M600726、M600729、
M600730、M600731、M600735、M600736、
M600737、M600738、M600739、M600740、
M600741、M600744、M600747、M600748、
M600749、M600752、M600753、M600755、
M600757、M601797、M601821、M605446、
M605447、M605449、M605450、M605451、
M605452、M605453、M605454、M605455、
M605456、M605457、M605458、M605459　類叢部/叢書類/彙編之屬

四部備要　中華書局編　民國二十五年(1936)上海中華書局鉛印本　二千九十九册
存三百三十四種

330000－1701－0085265　M600062、M600064、
M600067、M600072、M600075、M600076、
M600082、M600085、M600087、M600095、
M600169、M600173、M600180、M600182、

M600188、M600198、M600202、M600205、M600209、M600216、M600219、M600222、M600224、M600230、M600238、M600242、M600273、M600315、M600336、M600352、M600356、M600361、M600368、M600373、M600375、M600378、M600428、M600433、M600442、M600469、M600477、M600500、M600527、M600537、M600540、M600548、M600575、M600582、M600591、M600596、M600658、M600664、M600670、M600693、M600715、M600750 類叢部/叢書類/彙編之屬

四部備要 中華書局編 民國二十五年(1936)上海中華書局鉛印本 三百六十四册 存五十三種

330000－1701－0085268 M600065、M600079、M600099、M600203、M600214、M600227、M600241、M600277、M600339、M600357、M600365、M600371、M600430、M600472、M600539、M600542、M600579、M600584、M600594、M600599、M600602、M600655、M600659、M600665 類叢部/叢書類/彙編之屬

四部備要 中華書局編 民國二十五年(1936)上海中華書局鉛印本 八十二册 存二十三種

330000－1701－0085271 M005386 史部/目録類/總録之屬/私撰

中國書店書目不分卷 中國書店編 民國十五年(1926)上海中國書店鉛印本 一册

330000－1701－0085272 M005494 集部/別集類/清別集

越縵堂集十卷 (清)李慈銘撰 民國二十八年(1939)中華書局鉛印本 一册 存四卷(庚、辛、壬、癸)

330000－1701－0085275 M600068、M600071、M600078、M600083、M600092、M600093、M600102、M600104、M600117、M600125、M600131、M600133、M600136、M600138、M600147、M600162、M600164、M600167、M600171、M600175、M600179、M600184、M600186、M600190、M600193、M600194、M600196、M600201、M600206、M600211、M600213、M600217、M600220、M600225、M600229、M600234、M600236、M600239、M600244、M600248、M600252、M600257、M600264、M600272、M600276、M600282、M600289、M600292、M600312、M600320、M600327、M600330、M600335、M600338、M600351、M600355、M600366、M600369、M600380、M600388、M610145 類叢部/叢書類/彙編之屬

四部備要 中華書局編 民國二十五年(1936)上海中華書局鉛印本 三百二十一册 存六十三種

330000－1701－0085276 M604829、M605218 集部/別集類/清別集

廣雅堂詩集不分卷 (清)張之洞撰 民國中國詩畫會社石印本 二册

330000－1701－0085279 M603507、M604298、M604452、M604830、M605641、M607471 史部/傳記類/總傳之屬/家乘

章氏會譜德慶初編三十卷二編四卷三編十六卷四編十卷 章貽賢撰 民國八年(1919)鉛印本 二十四册

330000－1701－0085282 M005495 集部/詞類/別集之屬

歐陽文忠公近體樂府三卷 (宋)歐陽修撰 **歐陽文忠近體樂府校記一卷** 林大椿撰 民國二十二年(1933)上海商務印書館鉛印本 一册

330000－1701－0085285 SNB0405 子部/宗教類/佛教之屬/論

大智度論三十四卷 (天竺)龍樹菩薩造 (後秦)釋鳩摩羅什譯 民國十八年(1929)南京支那内學院鉛印藏要本 釋弘一批校 五册

330000－1701－0085286 M604831 類叢部/叢書類/彙編之屬

宋人小説二十八種 涵芬樓編 民國上海商務印書館鉛印本 一册 存一種

330000－1701－0085288　M604832　集部/別集類

菊花詩草一卷　韓傑撰　民國石印本　一冊

330000－1701－0085294　M604833　史部/傳記類/別傳之屬

帆影樓紀事不分卷附小萬柳堂王惲畫目一卷　吳芝瑛編　民國石印本　一冊

330000－1701－0085295　M005496　子部/宗教類/佛教之屬

衆經撰雜譬喻二卷　(後秦)釋鳩摩羅什譯　民國八年(1919)刻本　一冊

330000－1701－0085297　M604834　子部/藝術類/書畫之屬/畫譜

大悲法師禪餘集二卷　釋大悲繪　民國二十二年(1933)影印本　二冊

330000－1701－0085302　M005497　子部/宗教類/佛教之屬/經

千手千眼無礙大悲心陀羅尼一卷般若波羅蜜多心經三卷　民國二十九年(1940)北京天華館鉛印本　一冊

330000－1701－0085310　M005499　集部/總集類/選集之屬/斷代

王荊公唐百家詩選二十卷　(宋)王安石輯　民國二十二年(1933)上海商務印書館鉛印本　二冊　存十二卷(一至六、十五至二十)

330000－1701－0085311　M604835、M611230　史部/政書類/邦交之屬

清季外交史料六種　(清)王彥威輯　王亮編　民國二十一年至二十四年(1932－1935)北平外交史料編纂處鉛印本　五十九冊　存一種

330000－1701－0085315　M005358　集部/詩文評類/文法之屬/函牘格式

新式分類國民尺牘大全不分卷　徐耀宗撰　民國十七年(1928)上海華普書局石印本　一冊

330000－1701－0085320　M005500　集部/總集類/題詠之屬

抱琴獨立圖題詞一卷附侃卿小照詩一卷　民國鉛印本　一冊

330000－1701－0085323　SNB0404　史部/目録類/總録之屬/私撰

傳書堂善本書目十二卷　蔣汝藻撰　民國抄本　四冊

330000－1701－0085334　M005359　集部/詞類/詞話之屬

詞話叢鈔十種　況周頤輯　王文濡增補　民國十年(1921)上海大東書局石印本　一冊　存四種

330000－1701－0085336　SNB0403　子部/雜著類/雜記之屬

雲谿友議校勘記一卷　劉承幹撰　稿本　一冊

330000－1701－0085342　SNB0406　集部/小說類/長篇之屬

石頭記八卷八十回　(清)曹霑撰　民國上海有正書局石印本　二十冊

330000－1701－0085345　SNB0402　經部/易類/傳說之屬

周易單疏校勘記二卷　劉承幹撰　稿本　一冊

330000－1701－0085346　SNB0401　史部/目録類/總録之屬/私撰

求恕齋藏書目錄不分卷　劉承幹藏　稿本　一冊

330000－1701－0085347　M005360　集部/別集類

樊山書牘二卷　樊增祥撰　民國元年(1912)新中國圖書局石印本　一冊

330000－1701－0085350　M005502　子部/墨家類

墨子閒詁十五卷目錄一卷附錄一卷後語二卷　(清)孫詒讓撰　民國上海商務印書館影印本　八冊

330000－1701－0085356　M005361　經部/

小學類/文字之屬/字書/字體
隸字彙十卷 （清）項懷述編錄 民國十年(1921)上海掃葉山房石印本 二册 存五卷(一至五)

330000－1701－0085358 M005503 類叢部/叢書類/彙編之屬
四部備要 中華書局編 民國二十五年(1936)上海中華書局鉛印本 四册 存一種

330000－1701－0085361 SNB0400 子部/藝術類/書畫之屬/畫録
黄大癡畫錄一卷 許榮勛撰 稿本 一册

330000－1701－0085362 M005504 子部/宗教類/佛教之屬/論
四諦論四卷 （印度）婆藪跋摩造 （南朝陳）釋真諦譯 民國二十二年(1933)支那内學院刻本 一册

330000－1701－0085363 M005362 集部/總集類/選集之屬/通代
分級古文讀本不分卷 吕珮芬編輯 民國中華書局鉛印本 一册

330000－1701－0085368 SNB0399 經部/群經總義類/石經之屬/專考
宋太學石經考三卷 （清）羅以智撰 任銘善校補 稿本 一册

330000－1701－0085369 SNB0407 集部/戲劇類/傳奇之屬
中華第一女傑軒亭冤傳奇八齣 湘靈子撰 民國抄本 一册

330000－1701－0085372 M005505 史部/目録類/專録之屬
雲南金石目略初稿四卷 李根源撰 民國抄本 一册 存二卷(一至二)

330000－1701－0085375 SNB0398 史部/目録類/專録之屬
歷代法帖目錄不分卷 林志鈞編 民國抄本 六册

330000－1701－0085379 M005363 新學/幼學
繪圖新兒歌一卷 陳龢祥編 民國十三年(1924)上海世界書局石印本 一册

330000－1701－0085380 M005506 子部/宗教類/佛教之屬/經疏
普賢行願品别行疏鈔擷一卷附摘華嚴纂靈紀一卷 釋幻修編 民國十二年(1923)杭州刻經處刻本 一册

330000－1701－0085383 M005364 集部/小說類
繪圖童話大觀三種 陳和祥 孫志勁編 民國十年(1921)上海世界書局石印本 一册 存一種

330000－1701－0085386 M005365 類叢部/叢書類/彙編之屬
浙江中醫專校講義五十六種 浙江中醫專校編 民國二十七年(1938)浙江中醫專門學校鉛印本 一册 存二種

330000－1701－0085388 SNB0408 集部/總集類/選集之屬/通代
古詩存目錄四十五卷 楊守敬輯 民國抄本 陳漢章批跋 二册 存十八卷(一至十、二十七至三十四)

330000－1701－0085391 M604837 史部/地理類/專志之屬/寺觀
廣壽慧雲寺志七卷 （清）丁丙 （清）孫峻輯 民國十七年(1928)玉照堂刻藍印本 二册

330000－1701－0085394 M604838 史部/地理類/專志之屬/寺觀
廣壽慧雲寺志七卷 （清）丁丙 （清）孫峻輯 民國十七年(1928)玉照堂刻藍印本 二册

330000－1701－0085396 M005508 子部/宗教類/佛教之屬/總録
竹窗隨筆一卷二筆一卷三筆一卷 （明）釋袾宏撰 民國上海商務印書館影印本 三册

330000－1701－0085397 M604839 史部/地理類/專志之屬/寺觀
廣壽慧雲寺志七卷 （清）丁丙 （清）孫峻輯

民國十七年(1928)玉照堂刻藍印本　二冊

330000－1701－0085399　M604840　史部/地理類/專志之屬/寺觀
廣壽慧雲寺志七卷　(清)丁丙　(清)孫峻輯　民國十七年(1928)玉照堂刻藍印本　二冊

330000－1701－0085401　M005509　子部/宗教類/道教之屬
金仙證論一卷　(清)柳華陽撰並註　民國十四年(1925)北京天華館鉛印本　一冊

330000－1701－0085404　M604841　史部/地理類/專志之屬/寺觀
廣壽慧雲寺志七卷　(清)丁丙　(清)孫峻輯　民國十七年(1928)玉照堂刻藍印本　二冊

330000－1701－0085407　M604842、M607914　史部/地理類/專志之屬/寺觀
廣壽慧雲寺志七卷　(清)丁丙　(清)孫峻輯　民國十七年(1928)玉照堂刻藍印本　二冊

330000－1701－0085413　M005510、M607186　子部/雜著類/雜說之屬
梵天廬叢録三十七卷　柴萼撰　民國二十五年(1936)上海中華書局石印本　十八冊

330000－1701－0085414　M604843　史部/傳記類/別傳之屬/墓誌
平湖陳翀若先生墓誌銘一卷　金問洙撰　胡士瑩書　民國影印本　一冊

330000－1701－0085417　M604844　史部/傳記類/別傳之屬
吴興陳勤士先生六十壽相不分卷　民國二十五年(1936)影印本　一冊

330000－1701－0085424　SNB0409　史部/目録類/總録之屬/私撰
陳伯弢先生藏書簡目不分卷　稿本　陳慶麒跋　一冊

330000－1701－0085426　SNB0412　史部/地理類/方志之屬/郡縣志
唐修虞志稽疑四卷首一卷末一卷通志虞事稽疑一卷首一卷府志虞事稽疑二卷首一卷末一卷儲修虞志稽疑九卷虞志嵩區拾遺二卷附錄一卷　連光樞撰　稿本　十四冊

330000－1701－0085431　M005511　經部/四書類/大學之屬/傳說
大學述義一卷附錄一卷　徐紹楨撰　**讀大學法一卷**　民國十七年(1928)商務印書館鉛印本　一冊

330000－1701－0085435　G004372　史部/傳記類/別傳之屬/年譜
銘丹子[林丙修]歳記一卷　林丙修撰　民國石印本　一冊

330000－1701－0085436　M005512　子部/農家農學類/蠶桑之屬
蠶種製造條例一卷　民國二十五年(1936)鉛印本　一冊

330000－1701－0085440　SNB0410　史部/地理類/山川之屬/山志
南田山雜志一卷　陳漢章撰　民國抄本　一冊

330000－1701－0085442　M005513　史部/傳記類/別傳之屬/事狀
汪李太君壽言錄不分卷　汪嶔輯　民國五年(1916)鉛印本　一冊

330000－1701－0085448　M005514　集部/曲類/曲選之屬
梨園按試樂府新聲三卷　盧前輯　民國二十一年(1932)河南大學中國文學系鉛印本　一冊

330000－1701－0085451　M005515　子部/宗教類/佛教之屬
密菴和尚語錄二卷　(宋)釋咸傑撰　(宋)釋崇岳　(宋)釋了悟等編　民國十一年(1922)天童藏經閣刻本　一冊

330000－1701－0085453　SNB0416　集部/別集類
蒔花小築待刪草不分卷　江峯青撰　稿本　三冊

330000－1701－0085454　M005516　子部/宗教類/佛教之屬
佛學叢書□□種　丁福保輯　民國上海醫學書局鉛印本暨影印本　一冊　存一種

330000－1701－0085460　M005517　集部/別集類
淮南郘巳氏舊學　吳保初撰　民國二十七年(1938)鉛印本　一冊　存一種

330000－1701－0085467　M005518　子部/宗教類/佛教之屬/經疏
佛説觀無量壽佛經一卷　(南朝宋)釋畺良耶舍譯　民國奉化蔣宅刻朱印本　一冊

330000－1701－0085470　M005368、M007064　類叢部/叢書類/彙編之屬
浙江中醫專校講義五十六種　浙江中醫專校編　民國二十七年(1938)浙江中醫專門學校鉛印本　五冊　存一種

330000－1701－0085473　M005519　子部/宗教類/佛教之屬/諸宗
摩訶止觀十卷　(隋)智者大師説　(隋)釋灌頂記　民國二十三年(1934)揚州藏經院刻本　五冊

330000－1701－0085476　M005369、M006925　集部/總集類/選集之屬/斷代
近人文録不分卷　秦樹聲等撰　民國抄本　二冊

330000－1701－0085478　M005520　史部/政書類/公牘檔冊之屬
重修西湖錢王祠預算草案三卷　民國鉛印本　一冊

330000－1701－0085480　M005521　史部/傳記類/別傳之屬/事狀
何母黄太夫人哀輓録一卷　民國二十年(1931)鉛印本　一冊

330000－1701－0085484　M005370　類叢部/叢書類/自著之屬
木硯齋叢書　童振藻撰　民國鉛印本　一冊　存一種

330000－1701－0085487　M005522　史部/傳記類/別傳之屬/事狀
梁氏丁夫人哀輓録一卷　梁治華編　民國十一年(1922)鉛印本　一冊

330000－1701－0085490　M005523　史部/傳記類/別傳之屬/事狀
萱庭介壽録一卷　石有綱等編　民國二十五年(1936)鉛印本　一冊

330000－1701－0085491　M005371　子部/宗教類/佛教之屬/論
瑜伽師地論一百卷　(唐)釋玄奘譯　**瑜伽師地論敘二卷**　歐陽漸編　民國六年(1917)金陵刻經處刻本　一冊　存二卷(敘一至二)

330000－1701－0085492　SNB0411　集部/別集類
陳漢章著作手稿不分卷　陳漢章撰　**約園詩鈔一卷**　稿本　十七冊

330000－1701－0085494　M005524　史部/傳記類/別傳之屬/事狀
劉月舫先生六一壽文集　王伯群等編　民國鉛印本　唐默亭題記　一冊

330000－1701－0085496　M005372　史部/政書類/公牘檔冊之屬
私立浙江法政專門學校收支冊一卷附契摺彙鈔一卷　民國鉛印本　一冊

330000－1701－0085501　M005373　史部/傳記類/別傳之屬/事狀
何雲亭先生哀輓録一卷　何子星輯　民國十一年(1922)鉛印本　一冊

330000－1701－0085503　M005374　子部/宗教類/佛教之屬/經
佛説阿彌陀經一卷　(後秦)釋鳩摩羅什譯　民國三十七年(1948)石印本　一冊

330000－1701－0085505　M005525　史部/傳記類/別傳之屬/事狀
魏家驊哀輓録一卷　民國二十一年(1932)南京王吉源鉛印本　慧山跋　一冊

330000－1701－0085509　M005375　子部/宗教類/佛教之屬/大藏

大藏經□□種　民國三十三年(1944)普慧大藏經刊行會鉛印本　一冊　存一種

330000－1701－0085511　SNB0413　史部/地理類/方志之屬/郡縣志

獨醒居志稾三卷　連光樞撰　稿本　一冊

330000－1701－0085513　M005526　子部/叢編

諸子平議補錄二十卷　(清)俞樾撰　民國十一年(1922)雙流李氏念劬堂刻本　四冊

330000－1701－0085518　SNB0414　集部/別集類

獨醒居類稾二卷　連光樞撰　稿本　一冊

330000－1701－0085521　M005527　史部/目録類/專録之屬

續藏經目錄不分卷　(日本)中野達慧編　民國十一年(1922)商務印書館鉛印本　一冊

330000－1701－0085524　SNB0415　集部/別集類

童氏詩稿不分卷　童振藻撰　稿本　一冊

330000－1701－0085526　M005376、M006849　史部/政書類/律令之屬

中央法令彙鈔□□編　民國油印本　七冊　存四編(一至三、五上)

330000－1701－0085529　M005528　史部/政書類/公牘檔冊之屬

浙江省軍管區司令部工作報告一卷　民國油印本　一冊

330000－1701－0085533　M005377　史部/政書類/公牘檔冊之屬

中華國有鐵路民國二十四年度統計總報告不分卷　鐵道部秘書廳研究室編　民國鐵道部秘書廳研究室鉛印本　一冊

330000－1701－0085537　M005378　新學/醫學/衛生學

警察衛生學四編　民國鉛印本　一冊

330000－1701－0085541　SNB0417　集部/別集類

福地盦詩艸一卷　夏思莘撰　稿本　周丁盦題簽並觀款　一冊

330000－1701－0085542　M005379　子部/宗教類/佛教之屬

禪淨言行錄一卷　釋聖鐸輯　釋果願鈔錄　民國十七年(1928)松江東禪寺鉛印本　一冊

330000－1701－0085544　M005529　子部/宗教類/佛教之屬

內學雜著不分卷　歐陽漸撰　民國三十一年(1942)支那內學院刻本　歐陽浚明題記　二冊

330000－1701－0085546　M602642、M604893、M604902、M605046、M605215、M607691　子部/小說家類

筆記小說大觀二百二十二種　進步書局輯　民國上海進步書局石印本　五十一冊　存三十一種

330000－1701－0085547　M005530　子部/宗教類/佛教之屬/論

阿毘達磨藏顯宗論四十卷　(唐)釋玄奘譯　民國十二年(1923)常州天寧寺刻經處刻本　八冊

330000－1701－0085550　M005531　子部/宗教類/佛教之屬/經疏

法華普門品疏四卷　(隋)釋智顗譯　(隋)釋灌頂記　民國十年(1921)金陵刻經處刻本　二冊

330000－1701－0085551　M604845　集部/總集類/選集之屬/斷代

正始社叢刻第一集三種三卷　正始社輯　民國八年(1919)鉛印本　一冊

330000－1701－0085552　M005532　子部/宗教類/佛教之屬/論疏

大乘阿毗達磨雜集論述記三十卷　(唐)釋窺基撰　民國八年(1919)金陵刻經處刻本　十二冊

330000－1701－0085554　M607692　史部/傳記類/總傳之屬/仕宦

歷代循吏傳八卷　(清)朱軾　(清)蔡世遠輯　民國三年(1914)鉛印本　一冊　存二卷(三至四)

330000－1701－0085555　M604846　集部/別集類

東山先生詩一卷　張天爵撰　民國二十四年(1935)鉛印本　一冊

330000－1701－0085557　M604847、M607429、M607676　子部/雜著類/雜纂之屬

潯雅五集十八卷　周慶雲輯　民國刻藍印本　七冊　存十四卷(甲集一至二、乙集一至三、丙集一至三、丁集一至四、戊集一至二)

330000－1701－0085558　M607693　史部/傳記類/別傳之屬/事狀

銳廬思痛記四卷　王亨彥編　民國五年(1916)石印本　一冊　存二卷(一至二)

330000－1701－0085560　M005380　子部/宗教類/佛教之屬/諸宗

賢首五教儀科註四十八卷首二卷　(清)釋續法輯並註　民國六年(1917)新都寶光寺經樓刻本　二十六冊

330000－1701－0085562　M605889、M606416、M607694、M609766　類叢部/叢書類/彙編之屬

雪堂叢刻(國學叢刊)五十二種　羅振玉編　民國四年(1915)上虞羅氏鉛印本　十冊　存十一種

330000－1701－0085565　M005381　史部/傳記類/別傳之屬/事狀

香山樵叟[陳之祥]壽言十一卷　陳煥輯　民國十三年(1924)鉛印本暨影印本　二冊

330000－1701－0085566　M005533　子部/宗教類/佛教之屬

佛學叢書□□種　丁福保輯　民國上海醫學書局鉛印本暨影印本　八冊　存四種

330000－1701－0085567　M606327、M607695　集部/總集類/選集之屬/通代

評註昭明文選十五卷首一卷葉星衢附註一卷　(清)于光華輯　民國十二年(1923)上海掃葉山房石印本　六冊

330000－1701－0085569　M604848、M607430、M607677、M607682　子部/雜著類/雜纂之屬

潯雅五集十八卷　周慶雲輯　民國刻藍印本　五冊　存十卷(甲集三、乙集二至三、丙集一至三、丁集一至三、戊集一)

330000－1701－0085570　M607696　集部/總集類/選集之屬/斷代

貫華堂選批唐才子詩甲集七言律七卷聖歎尺牘一卷　(清)金人瑞輯　(清)金雍注　民國上海有正書局鉛印本　八冊　缺二卷(一至二)

330000－1701－0085572　M604849、M607431、M607678　子部/雜著類/雜纂之屬

潯雅五集十八卷　周慶雲輯　民國刻藍印本　五冊　存八卷(乙集二至三、丙集一至四、丁集二至三)

330000－1701－0085573　M604850　集部/別集類/唐五代別集

駱臨海集十卷附錄一卷　(唐)駱賓王撰　(清)陳熙晉注　民國二十六年(1937)義烏黃氏鉛印本　駱允協題記　一冊　存二卷(一至二)

330000－1701－0085576　M005534　子部/宗教類/佛教之屬

金剛般若波羅蜜經講義五卷首一卷附校勘記一卷　江妙煦撰　民國三十三年(1944)普慧大藏經刊行會鉛印本　三冊

330000－1701－0085577　M607697　子部/墨家類

墨子十五卷目一卷篇目考一卷　(清)畢沅校注並撰　民國五年(1916)上海掃葉山房石印本　四冊

330000－1701－0085578　M604851、M606776　類叢部/叢書類/自著之屬

壽鑫齋叢記　朱彭壽撰　民國三十年(1941)鉛印本　二册　存一種

330000－1701－0085584　M005382　集部/別集類
八指頭陀詩集十卷續集八卷襍文一卷　釋敬安撰　民國八年(1919)北京法源寺刻本　仇埰題記　五册

330000－1701－0085586　SNB0418　類叢部/叢書類/自著之屬
李易安叢集不分卷　(宋)李清照撰　馮貞羣輯　稿本　張宗祥跋　一册

330000－1701－0085587　M607698　經部/小學類/文字之屬/字書
今字解剖不分卷附補遺一篇　王有宗撰　民國二十五年(1936)上海商務印書館石印本　二册

330000－1701－0085589　M604852　子部/宗教類/佛教之屬
初機淨業指南一卷　黄慶瀾撰　民國十一年(1922)鉛印本　一册

330000－1701－0085590　M005535　子部/雜著類/雜編之屬
書葉雜編不分卷　民國影印本暨鉛印本　一册

330000－1701－0085591　M607699　集部/詞類/詞韻之屬
詞學初桄八卷　吴莽漢輯　民國九年(1920)上海朝記書莊鉛印本　八册

330000－1701－0085593　M604853　子部/藝術類/書畫之屬/總論
内務部古物陳列所書畫目錄十四卷附三卷補遺二卷　何煜纂　謝剛國　吳瀛編　民國十四年(1925)北京京華印書局鉛印本　一册　存總目

330000－1701－0085594　M607700、M607732、M607738、M607762　類叢部/叢書類/彙編之屬
四部備要　中華書局編　民國二十五年(1936)上海中華書局鉛印本　二十五册　存四種

330000－1701－0085599　M604854　集部/別集類
天放樓詩集九卷　金天羽撰　民國十一年(1922)上海有正書局鉛印本　一册　存二種

330000－1701－0085602　M607701、M607702、M607703、M607704、M607705　類叢部/叢書類/彙編之屬
四部叢刊　張元濟等編　民國上海商務印書館影印本　二十册　存五種

330000－1701－0085606　M005383　史部/目録類/總録之屬/私撰
來薰閣書目不分卷　陳杭編　民國北平琉璃廠來薰閣鉛印本　三册　存第五期、第六期上下編

330000－1701－0085607　SNB0426　集部/別集類
希濂初藁一卷　周世選撰　稿本　一册

330000－1701－0085608　M005536、M006065　子部/叢編
諸子平議三十五卷　(清)俞樾撰　民國十一年(1922)雙流李念劬堂刻本　六册　存十六卷(一至十六)

330000－1701－0085609　M603026、M604855　類叢部/叢書類/彙編之屬
涵芬樓祕笈五十一種　孫毓修等輯　民國五年至十五年(1916－1926)上海商務印書館影印本暨鉛印本　五册　存二種

330000－1701－0085611　M604861　史部/雜史類/斷代之屬
聖德紀略一卷傫直紀略一卷恩遇紀略一卷舊聞紀略一卷　瞿鴻禨撰　民國九年(1920)影印本　一册

330000－1701－0085612　M604862　史部/雜史類/斷代之屬
聖德紀略一卷傫直紀略一卷恩遇紀略一卷舊聞紀略一卷　瞿鴻禨撰　民國九年(1920)影印本　一册

330000－1701－0085613　M005384　史部/目録類/總録之屬/私撰

蟫隱廬新書目錄第二期一卷　蟫隱廬書莊編　民國十一年(1922)石印本　一冊

330000－1701－0085615　M604863　史部/雜史類/斷代之屬

聖德紀略一卷傈直紀略一卷恩遇紀略一卷舊聞紀略一卷　瞿鴻禨撰　民國九年(1920)影印本　一冊

330000－1701－0085619　M005537　經部/春秋左傳類/傳說之屬

評點春秋綱目左傳句解彙雋六卷　(清)韓菼重訂　民國九年(1920)三槐書室刻本　六冊

330000－1701－0085620　M604856　類叢部/叢書類/彙編之屬

涵芬樓祕笈五十一種　孫毓修等輯　民國五年至十五年(1916－1926)上海商務印書館影印本暨鉛印本　四十冊　存五集二十七種

330000－1701－0085621　SNB0419　集部/別集類

蹤鄦樓遺稿一卷　楊嘉撰　稿本　一冊

330000－1701－0085628　M607706　子部/宗教類/佛教之屬

八識規矩頌貫珠解一卷附法相表解一卷　釋幻修述　民國十一年(1922)杭州佛學研究會鉛印本　一冊

330000－1701－0085631　M607707　史部/編年類/通代之屬

資治通鑑二百九十四卷　(宋)司馬光撰　(元)胡三省音注　**通鑑釋文辯誤十二卷**　(元)胡三省撰　民國六年(1917)上海商務印書館鉛印本　一冊　存五卷(二百五至二百九)

330000－1701－0085632　SNB0420　集部/總集類/郡邑之屬

海隅遺珠錄抄補一卷　民國抄本　一冊

330000－1701－0085634　M604857　史部/地理類/專志之屬/祠墓

周元公祠志略十卷首一卷　周鳳歧等編　民國十八年(1929)鉛印本　一冊　存五卷(六至十)

330000－1701－0085637　SNB0425　類叢部/叢書類/自著之屬

王抱一著述十六種　王抱一撰　稿本　章炳業觀款　十八冊

330000－1701－0085641　M607708　子部/儒家類/儒學之屬/經濟

說苑二十卷　(漢)劉向撰　民國上海涵芬樓鉛印本　四冊

330000－1701－0085642　M005387　史部/目録類/總録之屬/私撰

大華書店書目不分卷(第六期)　大華書店編　民國二十五年(1936)蘇州大華書店石印本　一冊

330000－1701－0085646　M607709　子部/宗教類/佛教之屬/經

藥師七佛供養儀軌如意王經一卷發願文一卷　(清)釋工布查布舊譯　(清)釋巴爾藏嘉磋補譯　民國二十二年(1933)護國濟民弘法利生藥師七佛法會鉛印本　一冊

330000－1701－0085648　SNB0421　子部/雜著類/雜說之屬

見聞錄一卷　民國抄本　一冊

330000－1701－0085650　SNB0422　類叢部/叢書類/自著之屬

拙廬遺稾八種　楊紹廉撰　稿本　四冊　存三種

330000－1701－0085651　M005388　子部/藝術類/篆刻之屬/印譜

羅兩峰印存一卷　(清)羅聘篆刻　民國上海神州國光社影印本　一冊

330000－1701－0085653　M607710　類叢部/叢書類/彙編之屬

四部叢刊三編預約樣本一卷附初編續編目錄　商務印書館編　民國二十四年(1935)商務印書館鉛印本　一冊

330000 - 1701 - 0085654 M005389 史部/傳記類/日記之屬

旅滬日記□□卷(四月十九日至六月初五日) 稿本 一冊 存一卷(五)

330000 - 1701 - 0085656 M600113、M600120、M600123、M600452、M600466、M600583、M608996、M609006、M609098、M609099、M609606、M610107 類叢部/叢書類/彙編之屬

四部備要 中華書局編 民國二十五年(1936)上海中華書局鉛印本 三十九冊 存十二種

330000 - 1701 - 0085660 M604858 集部/總集類/郡邑之屬

潯溪詩徵四十卷補遺一卷詞徵二卷 周慶雲輯 民國六年(1917)周氏夢坡室刻本 十七冊 存三十八卷(一至五、七至三十三、三十六至四十,補遺)

330000 - 1701 - 0085667 SNB0423 史部/目録類/總録之屬/地方

溫州經籍志校記一卷 稿本 一冊

330000 - 1701 - 0085668 M604859 子部/宗教類/佛教之屬/經疏

阿彌陀經白話解釋二卷附修行方法一卷 釋印光鑒定 黃智海述 民國十六年(1927)鉛印本 二冊

330000 - 1701 - 0085669 M607711、M609444 史部/目録類/總録之屬/私撰

揚州吳氏測海樓藏書目錄七卷 吳引孫藏 富晉書社編 民國二十年(1931)北平富晉書社石印本 二冊 存三卷(五至七)

330000 - 1701 - 0085672 M607712 子部/宗教類/佛教之屬/諸宗

密教綱要四卷 (日本)釋權田雷斧撰 王弘願譯 民國八年(1919)潮安刻經處刻本 二冊

330000 - 1701 - 0085674 M600121、M600127、M600359、M600377、M600384、M600481、M600482、M600484、M600487、M600491、M600544、M600545、M600549、M600557、M600560、M600567、M600570、M600572、M600624、M600628、M600630、M600680、M600694、M600695、M600725、M600734、M607296、M607298、M607366、M607369 類叢部/叢書類/彙編之屬

四部備要 中華書局編 民國二十五年(1936)上海中華書局鉛印本 九十九冊 存二十八種

330000 - 1701 - 0085677 M604860 史部/目録類

快閣師石山房叢書七種 (清)姚振宗撰 民國二十三年(1934)浙江省立圖書館鉛印本 一冊 存一種

330000 - 1701 - 0085678 M005539 子部/宗教類/道教之屬/經文

萬佛經讀本一卷 民國三十四年(1945)明善書局鉛印本 一冊

330000 - 1701 - 0085683 M607713 類叢部/叢書類/彙編之屬

求恕齋叢書三十一種 劉承幹編 民國吳興劉氏嘉業堂刻本 二冊 存一種

330000 - 1701 - 0085686 M600094 經部/四書類/總義之屬/傳說

四書集註十九卷 (宋)朱熹撰 民國二十五年(1936)上海中華書局鉛印四部備要本 金振邦題記 六冊

330000 - 1701 - 0085687 M607714、M607729、M607768、M607769、M607771、M608129、M608323、M608324、M608327、M608329、M608330、M608335 類叢部/叢書類/彙編之屬

四庫全書珍本初集二百三十種 中央圖書館籌備處輯 民國二十三年至二十四年(1934 - 1935)上海商務印書館據文淵閣本影印本 三十五冊 存十二種

330000 - 1701 - 0085692 M600081、M600091、M600372 類叢部/叢書類/彙編之屬

四部備要 中華書局編 民國二十五年(1936)上海中華書局鉛印本 九冊 存三種

330000－1701－0085695　M607715　類叢部/叢書類/彙編之屬

四部叢刊　張元濟等編　民國上海商務印書館影印本　一册　存一種

330000－1701－0085698　M005541　史部/政書類/律令之屬

浙江省議會各種章程規則不分卷　浙江省議會編　民國十年(1921)鉛印本　一册

330000－1701－0085700　M005542　史部/政書類/公牘檔冊之屬

浙江省参議會議決案不分卷　浙江省参議會編　民國鉛印本　一册

330000－1701－0085702　M600070　類叢部/叢書類/彙編之屬

四部備要　中華書局編　民國二十五年(1936)上海中華書局鉛印本　七册　存一種

330000－1701－0085703　M005544　史部/政書類/公牘檔冊之屬

義烏縣議會民國十三年第二次臨時會議決案不分卷　義烏縣議會撰　民國十三年(1924)佛堂鎮灌聰圖書館石印本　一册

330000－1701－0085705　M005543　史部/政書類/公牘檔冊之屬

義烏縣議會民國十三年通常會議決案不分卷　義烏縣議會撰　民國十三年(1924)佛堂鎮灌聰圖書館石印本　一册

330000－1701－0085708　M607717、M607740　類叢部/叢書類/彙編之屬

四部叢刊續編七十七種　張元濟等編　民國二十三年(1934)上海商務印書館影印本　八册　存二種

330000－1701－0085711　M600098、M600105、M600107、M600110、M600112、M600115、M600152、M600156、M600166、M600170、M600187、M600231、M600280、M600297、M600344、M600348、M600363、M600412、M600420、M600425、M600429、M600526、M600529、M600543、M600551、M600578、M600618、M600656、M600660、M600662、M600667、M600676、M600681、M600688、M600690、M600706、M600759、M601823　類叢部/叢書類/彙編之屬

四部備要　中華書局編　民國二十五年(1936)上海中華書局鉛印本　二百五十八册　存三十八種

330000－1701－0085712　M604864　類叢部/叢書類/自著之屬

天行草堂主人遺稾叢刊十一種　章嶔撰　民國二十四年(1935)鉛印本　一册　存四種

330000－1701－0085714　M607718、M607722、M607416　類叢部/叢書類/彙編之屬

四部叢刊續編七十七種　張元濟等編　民國二十三年(1934)上海商務印書館影印本　十三册　存二種

330000－1701－0085715　M005545　史部/政書類/公牘檔冊之屬

義烏縣議會民國十四年通常會議決案不分卷　義烏縣議會撰　民國十四年(1925)佛堂鎮灌聰圖書館石印本　一册

330000－1701－0085720　M005546　史部/政書類/公牘檔冊之屬

義烏縣議會民國十五年通常會議決案不分卷　義烏縣議會撰　民國十五年(1926)佛堂鎮灌聰圖書館石印本　一册

330000－1701－0085722　M005628　集部/別集類/清別集

青溪文集十二卷續編八卷　(清)程廷祚撰　**青溪文集附編三卷**　胡適輯　**青溪文集附錄一卷**　胡適撰　民國二十五年(1936)北京大學據清道光十七年(1837)、十八年(1838)東山草堂刻本影印本暨鉛印本　十册

330000－1701－0085723　M604865　類叢部/叢書類/自著之屬

天行草堂主人遺稾叢刊十一種　章嶔撰　民國二十四年(1935)鉛印本　一册　存四種

330000－1701－0085724　M607719　史部/

目録類/書志之屬/提要

四部叢刊書録一卷 商務印書館編 民國十八年(1929)上海商務印書館鉛印本 一册

330000－1701－0085728 M601819、M604037、M607415、M607720 集部/總集類/選集之屬/通代

涵芬樓古今文鈔簡編四十卷首一卷 吳曾祺輯 民國五年(1916)上海商務印書館鉛印本 四十一册

330000－1701－0085729 M604867 集部/總集類/選集之屬/斷代

南社叢刻 南社編輯 民國鉛印本 一册 存一種

330000－1701－0085731 SNB0424 集部/總集類

詩集不分卷 若雲 陳雲聲撰 稿本 一册

330000－1701－0085732 M604869 集部/別集類/清別集

張文襄公詩集四卷 (清)張之洞撰 民國十一年(1922)上海掃葉山房石印本 四册

330000－1701－0085734 M607721 集部/別集類/清別集

吳聖徵祭酒尺牘二卷 (清)吳錫麒撰 羅傳珍注 民國五年(1916)上海富華圖書館石印本 二册 存一卷(上)

330000－1701－0085736 M604868 子部/雜著類/雜說之屬

梵天廬叢録三十七卷 柴萼撰 民國十五年(1926)上海中華書局石印本 九册 存十八卷(一至十八)

330000－1701－0085741 M604870 子部/小說家類

古今筆記精華録二十四卷 古今圖書局編譯部編纂 民國四年(1915)上海廣益書局石印本 六册 存五卷(七至十一)

330000－1701－0085742 M005547 史部/政書類/儀制之屬/專志/諱法

歷代諱字譜二卷家諱考一卷 張惟驤輯 民國十七年(1928)小雙寂庵稿本 二册

330000－1701－0085745 M604871、M608816、M610479 類叢部/叢書類/自著之屬

浦雅叢刻 陳瀏撰 民國十九年(1930)鉛印本 三册 存四種

330000－1701－0085746 M005548 子部/藝術類/遊藝之屬/棋弈

海昌二妙集三卷首二卷 (清)斤竹山民輯 (清)浮曇末齋主人增訂 民國三年(1914)上海文瑞樓石印本 二册 存二卷(一至二)

330000－1701－0085749 M604872 子部/藝術類/遊藝之屬/聯語

楹聯三話二卷 (清)粱章鉅輯 民國九年(1920)上海商務印書館鉛印本 二册

330000－1701－0085751 M604873 子部/儒家類/儒學之屬/禮教/家訓

袖珍精本了凡四訓一卷 (明)袁黄撰 民國鉛印本 一册

330000－1701－0085752 M005629 新學/政治法律

司法院法官訓練所講義 民國鉛印本 一册 存二種

330000－1701－0085753 M604874 子部/宗教類/佛教之屬/諸宗

融通徹禪師語録不分卷 (清)釋惟道等編 民國鉛印本 一册

330000－1701－0085755 M005549 子部/農家農學類/畜牧之屬

蓄犬簡說一卷 民國抄本 一册

330000－1701－0085767 M604875 子部/宗教類/佛教之屬/經

佛說金剛般若波羅密經一卷歷朝金剛經持驗紀一卷 (清)沈明哉編校 民國十二年(1923)刻本 一册

330000－1701－0085771 M604876 史部/地理類/專志之屬/寺觀

東天目山昭明禪寺志十二卷　釋慈壽輯　陳兆元編　民國三年(1914)杭州文粹印局鉛印本　一册　存六卷(七至十二)

330000－1701－0085772　M005630　子部/雜著類/雜說之屬
學務平議一卷　(清)孫詒讓撰　民國四年(1915)瑞安廣明印刷所石印本　一册

330000－1701－0085776　M604877　子部/宗教類/佛教之屬
依時輪上師相應法一卷　釋法日撰　釋寶金剛譯　**北沙嘛拔哈拉發願文一卷**　民國鉛印本　一册

330000－1701－0085778　M604878　子部/宗教類/佛教之屬/經
佛說大白傘蓋總持達喇呢經一卷　(元)釋俊辯　(元)釋真治譯　民國十四年(1925)鉛印本　一册

330000－1701－0085779　M604879　子部/宗教類/佛教之屬/經
佛說大白傘蓋總持達喇呢經一卷　(元)釋俊辯　(元)釋真治譯　民國十四年(1925)鉛印本　一册

330000－1701－0085780　M604880　集部/總集類/郡邑之屬
蛟川耆舊詩補十二卷　王榮商編　民國七年(1918)刻本　六册

330000－1701－0085782　M005631　子部/宗教類/道教之屬
太上老君說常清靜經一卷　民國刻本　一册

330000－1701－0085787　M005632　子部/宗教類/佛教之屬/諸宗
宏智禪師廣錄八卷附一卷　(宋)釋正覺撰　(宋)釋宗法等編　民國十年(1921)揚州藏經院刻經處刻本　五册

330000－1701－0085792　M005633　子部/宗教類/佛教之屬/經疏
佛說四十二章經一卷　(漢)釋竺法蘭譯　(宋)真宗趙恒註　**題焚經臺詩一卷**　(唐)太宗李世民製　民國十三年(1924)杭州刻經處刻本　一册

330000－1701－0085796　M005634　子部/宗教類/佛教之屬
大圓滿廣大心要前行次第法講義□□卷　根桑澤程講授　民國鉛印本　一册　存二卷(二至三)

330000－1701－0085798　M005635　子部/醫家類/方書之屬/單方驗方
阜寧陶氏十三製大黄經驗良方一卷　(清)陶祉薌輯　民國二十三年(1934)鉛印本　一册

330000－1701－0085803　M005553　集部/詩文評類/文法之屬/函牘格式
新撰普通尺牘詳解一卷　商務印書館編譯所編纂　民國二年(1913)上海商務印書館鉛印本　一册

330000－1701－0085807　M005636　子部/宗教類/道教之屬
化劫良藥一卷　民國十三年(1924)上海萬年尊倉聖會鉛印本　一册

330000－1701－0085809　M005554　子部/宗教類/佛教之屬
阿字觀用心口訣淺釋一卷　民國鉛印本　一册

330000－1701－0085810　M005555　子部/醫家類/針灸之屬
新刪抄錄鍼灸秘訣一卷　民國抄本　一册

330000－1701－0085814　M604881　子部/天文曆算類/曆法之屬
中華民國三十六年歲在丁亥農曆通書一卷　民國三十五年(1946)上海劉源記石印本　一册

330000－1701－0085816　M005556　子部/藝術類/遊藝之屬/棋弈
日本琉球奕譜一卷　元美　孫小文輯　民國上海文瑞樓石印本　一册

330000－1701－0085821　M005557　子部/

藝術類/遊藝之屬/棋弈
兼山堂弈譜不分卷 （清）徐星友評 民國二年（1913）上海文瑞樓石印本 一冊

330000－1701－0085825 M600097、M600163、M600235、M600265、M600281、M600290、M600295、M600302、M600308、M600390、M600399、M600414、M600421、M600424、M600432、M600447、M600460、M600463、M600475、M600478、M600498、M600520、M600522、M600525、M600555、M600558、M600577、M600672、M600678、M600707、M600708、M600760、M600761、M608887、M608912、M609103、M609245、M609840、M609844、M610137、M610196、M610199、M610630 類叢部/叢書類/彙編之屬
四部備要 中華書局編 民國二十五年（1936）上海中華書局鉛印本 二百七十冊 存三十二種

330000－1701－0085827 M005637 子部/雜著類
惜字救劫彙編四卷首一卷 李承福輯 孫鏘增補 民國十五年（1926）上海萬年尊倉聖會刻本 一冊

330000－1701－0085830 M005558 子部/藝術類/書畫之屬/法帖
皇清誥授中憲大夫宗人府府丞曹公神道碑一卷 （清）周升桓 （清）翁方綱書 民國上海通運公司石印本 一冊

330000－1701－0085834 M607723 史部/目録類/專録之屬
參加倫敦中國藝術國際展覽會出品目錄四卷 倫敦中國藝術國際展覽會籌備委員會編輯 民國二十四年（1935）鉛印本 一冊

330000－1701－0085839 M005559 子部/藝術類/書畫之屬/法帖
王虛舟臨唐宋各種一卷 （清）王澍書 民國上海世界社影印本 一冊

330000－1701－0085840 M606763、M607724 子部/小說家類/雜事之屬
世說新語六卷 （南朝宋）劉義慶撰 （南朝梁）劉孝標注 民國六年（1917）商務印書館鉛印本 六冊

330000－1701－0085842 SNB0328 史部/地理類/方志之屬/郡縣志
［民國］蕭山縣志十四卷志餘一卷 來裕恂撰 民國三十七年（1948）稿本 二十三冊 缺一卷（八）

330000－1701－0085843 M604882 類叢部/叢書類/彙編之屬
四部備要 中華書局編 民國二十五年（1936）上海中華書局鉛印本 十四冊 存一種

330000－1701－0085844 M005638 子部/宗教類/佛教之屬
西方公據一卷 民國十四年（1925）杭州慧空經房刻本 一冊

330000－1701－0085845 M607725 集部/别集類
汾南漁俠游草三卷 周斌撰 民國五年（1916）鉛印本 一冊

330000－1701－0085851 M607726 集部/别集類
汾南漁俠游草三卷 周斌撰 民國五年（1916）鉛印本 一冊

330000－1701－0085852 M005560 子部/藝術類/書畫之屬/法帖
高忠憲公墨寶一卷 （明）高攀龍書 民國上海有正書局影印本 一冊

330000－1701－0085853 M005639 子部/宗教類/佛教之屬/經
地藏菩薩本願經三卷 （唐）釋實叉難陀譯
地藏菩薩像靈驗記一卷 （宋）釋常謹集錄 民國上海佛學書局影印本 一冊

330000－1701－0085854 M005561 子部/藝術類/書畫之屬/法帖
董香光行書錢忠所神道碑墨迹一卷 （明）董其昌書 民國有正書局石印本 一冊

330000－1701－0085857　M604883　子部/宗教類/佛教之屬/諸宗
唯識三十頌詮句一卷　釋清淨撰　民國十四年(1925)三時學會刻本　一冊

330000－1701－0085858　M607727　子部/宗教類/佛教之屬
宋藏遺珍　上海影印宋版藏經會　北平三時學會輯　民國二十四年(1935)上海影印宋版藏經會、北平三時學會影印本暨鉛印本　一冊　存敘目

330000－1701－0085860　M604884　子部/宗教類/佛教之屬/諸宗
唯識三十頌詮句一卷　釋清淨撰　民國十四年(1925)三時學會刻本　一冊

330000－1701－0085861　M005562　子部/醫家類/綜合之屬
醫藥一卷　民國抄本　一冊

330000－1701－0085866　M005640　子部/宗教類/佛教之屬/經疏
大般若波羅蜜多經知津不分卷附大般若經異譯本一覽表般若部別行經一覽表大般若經易檢表　(唐)釋玄奘譯　(明)釋智旭編　民國十九年(1930)上海佛學書局鉛印本　一冊

330000－1701－0085867　M604885　子部/醫家類/類編之屬
東垣十書附二種　民國十八年(1929)上海受古書局石印本　一冊　存七種

330000－1701－0085868　M607728　子部/宗教類/佛教之屬/經疏
諷持金剛經感應圖說一卷　陳炤撰　**金剛般若波羅蜜經一卷**　(後秦)釋鳩摩羅什譯　民國二十四年(1935)北平中央刻經院鉛印本暨石印本　一冊

330000－1701－0085870　M604886　集部/別集類
瞿文慎公詩選遺墨不分卷　瞿鴻機撰　瞿宣樸　瞿宣治　瞿宣穎編　民國八年(1919)長沙瞿氏超覽樓石印本　四冊

330000－1701－0085871　M604887　集部/別集類
瞿文慎公詩選遺墨不分卷　瞿鴻機撰　瞿宣樸　瞿宣治　瞿宣穎編　民國八年(1919)長沙瞿氏超覽樓石印本　四冊

330000－1701－0085872　M607730　史部/紀傳類/正史之屬
百衲本二十四史　張元濟輯　民國上海商務印書館影印本　四十二冊　存五種

330000－1701－0085876　M604888　集部/別集類
瞿文慎公詩選遺墨不分卷　瞿鴻機撰　瞿宣樸　瞿宣治　瞿宣穎編　民國八年(1919)長沙瞿氏超覽樓石印本　四冊

330000－1701－0085877　M604889　集部/別集類
瞿文慎公詩選遺墨不分卷　瞿鴻機撰　瞿宣樸　瞿宣治　瞿宣穎編　民國八年(1919)長沙瞿氏超覽樓石印本　四冊

330000－1701－0085879　M005563　史部/政書類/公牘檔冊之屬
農商部第一林業試驗場第八次林業試驗報告一卷　民國抄本　二冊

330000－1701－0085881　M604890　集部/別集類
萍鷗小舫詩鈔四卷　鍾熊祥撰　民國十六年(1927)鉛印本　四冊

330000－1701－0085882　M005641　集部/總集類/彙編之屬
國立浙江大學文學院集刊第一集　國立浙江大學文學院集刊編輯委員會編　民國三十年(1941)貴州遵義國立浙江大學文學院石印本　一冊　存十種

330000－1701－0085884　M604891　集部/別集類
萍鷗小舫詩鈔四卷　鍾熊祥撰　民國十六年(1927)鉛印本　四冊

330000－1701－0085885　M005564　子部/

宗教類/佛教之屬

悉曇字母釋義一卷　(日本)釋弘法撰　民國二十四年(1935)香港廣鉅源出入口庄佛將流通處石印本　一冊

330000－1701－0085886　SBC0934　史部/金石類/錢幣之屬/雜著

古泉大全九卷首二卷貳輯二十三卷續輯四卷丙集五卷首一卷　(日本)今井貞吉編輯　民國抄本　十冊　存三十六卷(首一至二、一至九,貳輯一至三、五至二十,丙集首、一至五)

330000－1701－0085890　M604892　集部/別集類

萍鷗小舫詩鈔四卷　鍾熊祥撰　民國十六年(1927)鉛印本　四冊

330000－1701－0085891　M005565　子部/小說家類/異聞之屬

羅湖野錄三卷　(宋)釋曉瑩集　民國十年(1921)金陵刻經處刻本　一冊

330000－1701－0085893　M005566　子部/醫家類/醫理之屬/病源病機

病機賦一卷　民國抄本　一冊

330000－1701－0085896　M005567　子部/藝術類/篆刻之屬/印譜

甄古齋印譜一卷　王石經篆刻　民國十三年(1924)上海商務印書館影印本　一冊

330000－1701－0085901　M607731　類叢部/叢書類/彙編之屬

選印宛委別藏四十種　故宮博物院編　民國二十四年(1935)上海商務印書館影印本　十冊　存一種

330000－1701－0085904　M005568　集部/小說類/長篇之屬

繡像野草閒花臭姻緣四卷四十回　(清)月湖漁隱撰　民國上海鴻文書局石印本　一冊

330000－1701－0085907　M604894　子部/藝術類/音樂之屬/樂譜

五知齋琴譜六卷　(清)徐祺撰　(清)周魯封輯　民國校經山房成記書局石印本　一冊　存一卷(五)

330000－1701－0085910　M005642　子部/宗教類/佛教之屬

入佛問答二卷　(清)問橋居士撰　民國三年(1914)揚州藏經院刻本　一冊

330000－1701－0085911　M604895　類叢部/叢書類/自著之屬

貞松老人遺稿乙集四種　羅振玉撰　民國三十二年(1943)上虞羅福頤鉛印本　二冊　存一種

330000－1701－0085913　M005569　經部/群經總義類/傳說之屬

七經紀聞四卷附一卷　(清)管同撰　民國影印本　二冊

330000－1701－0085917　M005572　集部/詞類/類編之屬

四印齋所刻詞　(清)王鵬運輯　民國中國書店據清光緒王氏刻本影印本　一冊　存一種

330000－1701－0085918　M607734、M607746、M607747、M607748、M607756　類叢部/叢書類/彙編之屬

四部叢刊　張元濟等編　民國上海商務印書館影印本　十冊　存五種

330000－1701－0085921　M005570　集部/曲類/曲藝之屬

時調山歌□□集　民國石印本　二冊　存二集(耕、讀)

330000－1701－0085922　M005643　子部/宗教類/佛教之屬

念佛因果說二編　季聖一撰　民國二十七年(1938)蘇州覺社鉛印本　一冊

330000－1701－0085923　M607735、M607736、M607737、M607749、M607750　類叢部/叢書類/彙編之屬

四部叢刊　張元濟等編　民國上海商務印書館影印本　六冊　存五種

330000－1701－0085926　M005644　子部/

藝術類/書畫之屬/法帖
趙撝叔手札不分卷 (清)趙之謙書 民國上海有正書局影印本 一冊 存下冊

330000 - 1701 - 0085927 M005645 子部/宗教類/佛教之屬/經疏
佛說阿彌陀經通解一卷 陳全三解 民國十年(1921)鉛印本 一冊

330000 - 1701 - 0085929 M005571 子部/藝術類/書畫之屬/畫譜
娱樂大觀 張成輯 張繼杲精畫 民國上海慶記書局石印本 一冊 存一種

330000 - 1701 - 0085935 G603677 子部/醫家類/方書之屬/單方驗方
校正增廣驗方新編□□卷 (清)鮑相璈輯 民國石印本 一冊 存一卷(十)

330000 - 1701 - 0085936 M604898 經部/小學類/訓詁之屬/字詁
文始九卷 章炳麟撰 民國二年(1913)浙江圖書館據章炳麟手寫稿本影印本 一冊

330000 - 1701 - 0085939 M604899、M610665 子部/雜著類/雜考之屬
求是編四卷 (清)王裕承撰 民國十五年(1926)王槐蔭堂鉛印本 四冊

330000 - 1701 - 0085945 G602345、G603679 史部/史評類/史論之屬
讀通鑑論十六卷宋論十五卷 (清)王夫之撰 民國上海商務印書館鉛印本 十冊

330000 - 1701 - 0085946 M604762、M604900、M605527、M605908、M605953 史部/地理類/方志之屬/郡縣志
[光緒]杭州府志一百七十八卷首八卷 (清)陳璚等修 (清)王棻等纂 屈映光續修 陸懋勳續纂 齊耀珊重修 吳慶坻重纂 民國十一年(1922)鉛印本 五十四冊 存一百三十四卷(首三至八,一至一百十五、一百六十六至一百七十八)

330000 - 1701 - 0085947 M605352、M605467、M605471、M605507、M607299、M607739 類叢部/叢書類/彙編之屬
四部叢刊 張元濟等編 民國上海商務印書館影印本 十六冊 存五種

330000 - 1701 - 0085950 M005573 集部/曲類/曲藝之屬
新編時調大觀二卷 民國上海協成書局石印本 一冊

330000 - 1701 - 0085953 M604901 史部/傳記類/別傳之屬/年譜
且頑七十歲自敘不分卷 李鍾玨撰 **勸善要言一卷** (清)世祖福臨撰 **潛齋簡效方一卷** (清)王士雄輯 **救急良方一卷** (清)潘志裘輯 民國中華書局鉛印本 一冊 存且頑七十歲自敘

330000 - 1701 - 0085958 M005575 子部/術數類/相宅相墓之屬
八大鉗一卷三十六鉗一卷 (宋)賴布衣撰 民國抄本 一冊

330000 - 1701 - 0085959 M607370、M607372、M607741、M607745、M607755 類叢部/叢書類/彙編之屬
四部備要 中華書局編 民國二十五年(1936)上海中華書局鉛印本 十六冊 存四種

330000 - 1701 - 0085960 M005576 集部/詩文評類
全浙詩話一卷李集鶴徵錄一卷李齋孫鶴徵後錄一卷 民國抄本 一冊

330000 - 1701 - 0085965 M607742 集部/別集類/宋別集
東坡禪喜集一卷 (宋)蘇軾撰 劉仁航輯 民國二十二年(1933)上海商務印書館鉛印本 一冊

330000 - 1701 - 0085968 M604903 類叢部/叢書類/彙編之屬
說庫一百七十種 王文濡編 民國四年(1915)上海文明書局石印本(浮生六記卷五至六原缺) 三冊 存一種

330000－1701－0085970　M607743　史部/雜史類/外紀之屬
朝鮮史略六卷　(朝鮮)□□撰　民國二十五年(1936)上海商務印書館影印國立北平圖書館善本叢書第一集本　侯毓江題記　二冊　存四卷(一至四)

330000－1701－0085981　M604904　史部/傳記類/别傳之屬/事狀
遺思錄一卷　胡劍吟輯　民國二十三年(1934)鉛印本暨影印本　一冊

330000－1701－0085985　M603251、M604905、M605708、M607123　史部/金石類/總志之屬/文字
金石萃編一百六十卷　(清)王昶撰　**金石續編二十一卷首一卷**　(清)陸耀遹撰　**金石萃編補正四卷**　(清)方履籛撰　民國八年(1919)上海掃葉山房石印本　十二冊　存七十九卷(一至二十、五十七至一百九、一百十三至一百十八)

330000－1701－0085989　M005577　集部/小說類/短篇之屬
小說名畫大觀二百七十種　胡寄塵編輯　民國五年(1916)上海文明書局石印本　十六冊　存一百九十八種

330000－1701－0085992　M604906　史部/傳記類/總傳之屬/家乘
[浙江衢州]孔氏南宗考略二卷　徐鏡泉纂輯　民國三十七年(1948)鉛印本　一冊

330000－1701－0085994　SBC2865　史部/目録類/總録之屬/地方
溫州經籍志校勘記□□卷　民國抄本　二冊　存二卷(三至四)

330000－1701－0085997　M005647　子部/宗教類/佛教之屬/諸宗
菩提達磨大師略辨大乘入道四行觀一卷附達磨大師碑頌達磨大師血脉論一卷達磨大師悟性論一卷達磨大師破相論一卷　釋宗鏡校　**最上乘論一卷**　(唐)釋弘忍撰　**黃檗山斷際禪師傳心法要二卷**　(唐)裴休輯　民國二十九年(1940)華巖佛學院刻本　一冊

330000－1701－0085998　M604907　類叢部/叢書類/彙編之屬
百川學海一百一種　(宋)左圭輯　民國十年(1921)上海博古齋據明弘治華氏刻本影印本　十四冊　存四十八種

330000－1701－0086010　SBC2864　史部/傳記類/總傳之屬/儒林
餘杭選舉志不分卷　民國抄本　一冊

330000－1701－0086018　M005648　子部/藝術類/書畫之屬/法帖
樂志論一卷　(清)錢灃書　民國上海震亞圖書局石印本　一冊

330000－1701－0086021　M005649　史部/傳記類/别傳之屬/事狀
誥授光禄大夫太保晉贈太傅東閣大學士陸文端公[潤庠]行狀一卷　吴郁生撰　民國四年(1915)刻本　一冊

330000－1701－0086024　M005584　子部/小說家類/雜事之屬
新刊宣和遺事前集一卷後集一卷　民國三年(1914)掃葉山房石印本　二冊

330000－1701－0086029　SBC2862　史部/編年類/斷代之屬
明實錄不分卷　民國抄本　一冊

330000－1701－0086030　M604908　子部/宗教類/佛教之屬
摩訶止觀義例隨釋六卷　(唐)釋湛然義例　(宋)釋處元隨釋　民國二十三年(1934)揚州眾香庵刻本　三冊

330000－1701－0086031　M607752　類叢部/叢書類/自著之屬
海寧王靜安先生遺書四十三種　王國維撰　民國二十九年(1940)商務印書館長沙石印本　二冊　存一種

330000－1701－0086034　M604909、M605919　子部/宗教類/佛教之屬

摩訶止觀義例隨釋六卷　（唐）釋湛然義例　（宋）釋處元隨釋　民國二十三年（1934）揚州眾香庵刻本　三冊

330000－1701－0086035　M005578　經部/四書類/論語之屬/傳說
論語話解十卷　（清）陳濬撰　民國六年（1917）上海商務印書館鉛印本　四冊

330000－1701－0086036　M005650　史部/傳記類/別傳之屬/事狀
莭孝張夫人傳志彙錄一卷　陳三立等撰　民國十一年（1922）石印本　一冊

330000－1701－0086038　M005579　子部/術數類
新鐫曆法便覽象吉備要通書大全二十九卷　（清）魏鑑撰　民國上海廣益書局石印本　十二冊

330000－1701－0086043　M005651　子部/宗教類/佛教之屬
施食通覽不分卷附錄一卷　（宋）釋宗曉編　民國鎮江東南印書館鉛印本　一冊

330000－1701－0086045　M005652　新學/工藝
庭園設計講義不分卷　龔瀛編　民國油印本　一冊

330000－1701－0086049　M005653　集部/總集類/尺牘之屬
南行備檢不分卷　吳庶晨輯　民國十五年（1926）稿本　一冊

330000－1701－0086051　M604910　子部/宗教類/佛教之屬/經疏
大般涅槃經疏三德指歸一百卷　（晉）釋曇無讖譯　（南朝宋）釋慧嚴　（南朝宋）釋慧觀　（南朝宋）謝靈運治　（隋）釋灌頂疏　（唐）釋湛然再治　（宋）釋智圓述記　**大般涅槃經玄義發源機要六卷**　（宋）釋智圓撰　民國十四年（1925）揚州宛虹橋眾香庵刻本　十三冊　存三十八卷（一至二十三、五十一至五十三、七十二至七十七、九十至九十五）

330000－1701－0086053　M005580　子部/宗教類/佛教之屬/諸宗
禪學講話前編四卷後編序論四卷本論三卷　（日本）日種讓山撰　釋芝峯譯　民國三十二年（1943）鎮江焦山佛學院鉛印本　一冊

330000－1701－0086055　M604911　史部/目録類/總録之屬/禁燬
清代禁燬書目四種四卷　（清）姚覲元編　民國杭州抱經堂書局石印本　一冊　存二種

330000－1701－0086056　M604912　史部/傳記類/別傳之屬/事狀
穫堂［繆九疇］六十壽言二卷　繆慶禧等輯　民國十四年（1925）鉛印本　一冊

330000－1701－0086057　M607753、M609248　集部/別集類
積微居文錄三卷　楊樹達撰　民國二十三年（1934）上海商務印書館鉛印本　三冊

330000－1701－0086060　M604913　史部/傳記類/別傳之屬/年譜
陸閏生先生［宗輿］五十自述記一卷附駐日時代交涉案情　陸宗輿撰　民國十四年（1925）北京日報鉛印本　一冊

330000－1701－0086061　M607754　類叢部/叢書類/彙編之屬
四部備要　中華書局編　民國二十五年（1936）上海中華書局鉛印本　八冊　存一種

330000－1701－0086062　M005581　子部/宗教類/佛教之屬
大慧普覺禪師宗門武庫一卷　（宋）釋道謙編　**雪堂行和尚拾遺錄一卷**　（宋）釋妙總輯　民國上海有正書局影印本　一冊

330000－1701－0086064　M604914　類叢部/叢書類/自著之屬
鐵研쓰簃書五種　桑宣撰　民國八年（1919）宛平桑氏鉛印本　八冊

330000－1701－0086066　M005582　子部/宗教類/道教之屬
老子道德經二卷　（三國魏）王弼注　**音義一**

卷　(唐)陸德明撰　民國埽葉山房石印本　一册

330000－1701－0086068　M604915　史部/地理類/方志之屬/郡縣志

[民國]瑞安縣志稿不分卷　瑞安縣修志委員會纂　民國二十六年(1937)瑞安縣修志委員會油印本　三册

330000－1701－0086080　M005585　子部/宗教類/佛教之屬/經

佛説興起行經一卷　(漢)釋康孟詳譯　民國十五年(1926)中央刻經院鉛印本　一册

330000－1701－0086082　M607757　史部/傳記類/日記之屬

越縵堂日記不分卷(清同治二年四月朔至光緒十五年七月初十)　(清)李慈銘撰　民國九年(1920)北京浙江公會影印本　二十一册　缺桃花聖解盦日記癸集、桃花聖解盦日記第二集、荀學齋日記

330000－1701－0086089　M607758　史部/傳記類/日記之屬

越縵堂日記不分卷(清同治二年四月朔至光緒十五年七月初十)　(清)李慈銘撰　民國九年(1920)北京浙江公會影印本　二十五册　缺孟學齋日記,受禮廬日記,祥琴室日記,息荼庵日記,桃花聖解盦日記己、庚、辛、壬、癸,桃花聖解盦日記二集甲、丙、丁、戊、己、庚、辛、壬、癸,荀學齋日記辛上

330000－1701－0086090　SBC2860　集部/别集類/清别集

養正樓詩稿不分卷　(清)陳倬撰　民國抄本　汪德振跋　一册

330000－1701－0086092　M005586　經部/小學類/音韻之屬

字類標韻六卷　(清)華綱輯　民國石印本　一册

330000－1701－0086096　M005587　集部/曲類/曲藝之屬

新刻十里亭全本一卷　民國石印本　一册

330000－1701－0086098　M005588　子部/醫家類/外科之屬/瘋症、黴瘡

黴瘡秘錄二卷　(明)陳司成撰　**增訂花柳指迷一卷**　(美國)嘉约翰輯譯　(清)林應祥筆述　(清)尹端模參訂　民國五年(1916)石印本　一册　存一卷(黴瘡秘錄一)

330000－1701－0086102　M607759　類叢部/叢書類/彙編之屬

四部叢刊　張元濟等編　民國上海商務印書館影印本　一册　存一種

330000－1701－0086104　M607760、M607791、M608312　類叢部/叢書類/彙編之屬

四部叢刊三編七十一種　張元濟等編　民國二十四年至二十五年(1935－1936)上海商務印書館影印本　三册　存三種

330000－1701－0086107　M005658　子部/宗教類/道教之屬

道竅談一卷三車祕旨一卷　(清)李涵虛撰　民國二十六年(1937)上海丹道刻經會鉛印本　一册

330000－1701－0086110　M005589　子部/宗教類/佛教之屬/諸宗

淨土津要六種　民國二十二年(1933)上海商務印書館鉛印本　二册

330000－1701－0086113　M607761　史部/目録類/通論之屬/考訂

古今僞書考一卷　(清)姚際恒撰　民國十一年(1922)唯一書局鉛印本　一册

330000－1701－0086117　M005590　子部/雜著類/雜説之屬

客談不分卷　稿本　一册

330000－1701－0086118　M005655　史部/地理類/專志之屬/祠墓

越國汪公祠墓志續刊二卷　民國抄本　一册　存一卷(二)

330000－1701－0086120　M607763　史部/目録類/總録之屬/私撰

錦文堂書目一卷補遺一卷　錦文堂書莊編

民國十五年(1926)上海鉛印本　一冊

330000－1701－0086122　M005656　集部/别集類

艮園詩集四卷首一卷後集四卷末一卷　江五民撰　民國五年(1916)上海鉛印本　一冊　存五卷(後集一至四、末)

330000－1701－0086124　M607764、M607772　類叢部/叢書類/彙編之屬

四庫全書珍本初集二百三十種　中央圖書館籌備處輯　民國二十三年至二十四年(1934－1935)上海商務印書館據文淵閣本影印本　九冊　存二種

330000－1701－0086125　M005657　集部/别集類

雅龕詩草五卷　黄文博撰　民國三十七年(1948)鉛印本　黄文博題記　一冊

330000－1701－0086132　M005659　史部/傳記類/别傳之屬/事狀

沈母高太夫人哀輓録一卷　沈懷仲輯　民國五年(1916)鉛印本　一冊

330000－1701－0086133　M607766　類叢部/叢書類/彙編之屬

四庫全書珍本初集二百三十種　中央圖書館籌備處輯　民國二十三年至二十四年(1934－1935)上海商務印書館據文淵閣本影印本　三冊　存一種

330000－1701－0086134　M005600　子部/藝術類/書畫之屬/法帖

趙撝叔手札真蹟不分卷　(清)趙之謙書　民國十四年(1925)上海求古齋書帖局影印本　一冊　存下冊

330000－1701－0086135　M005660　子部/藝術類/書畫之屬/法帖

宋拓十三行一卷　(晉)王獻之書　民國八年(1919)上海有正書局影印本　一冊

330000－1701－0086137　M607779　史部/政書類/儀制之屬/專志/科舉校規

清代殿試考略一卷　傅增湘輯述　**臚傳紀事一卷**　(清)繆彤撰　**藏園藏卷目録一卷**　民國二十二年(1933)天津大公報社鉛印本　一冊

330000－1701－0086138　SBC2887　集部/别集類

煙雨樓文一卷詩一卷碑一卷　民國抄本　三冊

330000－1701－0086139　M606322、M607733、M607765、M607767、M607770、M607931　類叢部/叢書類/彙編之屬

四庫全書珍本初集二百三十種　中央圖書館籌備處輯　民國二十三年至二十四年(1934－1935)上海商務印書館據文淵閣本影印本　三十五冊　存五種

330000－1701－0086140　M005591　子部/宗教類/佛教之屬/大藏

藏要第一輯敘不分卷　歐陽漸輯　民國二十九年(1940)南京支那内學院刻本　歐陽浚明題記　一冊

330000－1701－0086143　M604916　史部/地理類/方志之屬/郡縣志

[民國]瑞安縣志稿不分卷　瑞安縣修志委員會纂　民國二十六年(1937)瑞安縣修志委員會油印本　一冊

330000－1701－0086147　M604917　史部/地理類/方志之屬/郡縣志

[民國]瑞安縣志稿不分卷　瑞安縣修志委員會纂　民國二十七年(1938)瑞安縣修志委員會鉛印本　十一冊

330000－1701－0086150　M005592　子部/宗教類/佛教之屬

金剛般若波羅密經一卷　(後秦)釋鳩摩羅什譯　**摩訶般若波羅密多心經一卷**　民國二十年(1931)浙江西湖昭慶慧空經房刻本　一冊

330000－1701－0086152　M005593　子部/宗教類/佛教之屬

楊仁山先生禮拜入觀法一卷　陳汝湜口述　徐文霨筆受　民國十五年(1926)天津刻經處

刻本　一册

330000－1701－0086159　M005662　史部/傳記類/别傳之屬/事狀

簡太夫人哀思録不分卷　簡照南輯　民國九年(1920)上海聚珍倣宋印書局石印本暨鉛印本　一册

330000－1701－0086163　M604918　史部/地理類/方志之屬/郡縣志

[民國]瑞安縣志稿不分卷　瑞安縣修志委員會纂　民國二十七年(1938)瑞安縣修志委員會鉛印本　十册

330000－1701－0086164　M600183、M600250、M600255、M600258、M600266、M600271、M600275、M600300、M600317、M600322、M600324、M600326　類叢部/叢書類/彙編之屬

四部備要　中華書局編　民國二十五年(1936)上海中華書局鉛印本　三十六册　存十二種

330000－1701－0086165　M005594　子部/宗教類/佛教之屬

菩薩戒羯磨文一卷菩薩戒本一卷　(唐)釋玄奘譯　民國華北居士林鉛印本　一册

330000－1701－0086169　M607773　史部/目録類/總録之屬/官修

故宫所藏殿本書目五卷　故宫博物院圖書館編　民國二十二年(1933)故宫博物院圖書館鉛印本　一册

330000－1701－0086171　M604919　集部/總集類/氏族之屬

吴興徐氏遺稿三種　徐益彬編　民國七年(1918)上海聚珍倣宋印書局鉛印本　三册　存二種

330000－1701－0086173　M600140、M600144、M600149、M600157、M600160、M600176、M600294、M600319、M600343、M600347、M600402、M600404、M600406、M600409、M600457、M600504、M600510、M600546、M600550、M600595、M600610、M600632、M600634、M600642、M600683、M600691、M600745、M600756、M601822　類叢部/叢書類/彙編之屬

四部備要　中華書局編　民國二十五年(1936)上海中華書局鉛印本　一百九十三册　存三十種

330000－1701－0086177　M005595、M005980、M007185、M007722　史部/目録類/總録之屬/私撰

煇鴻樓藏書目録不分卷　陶承杏編　稿本　十册

330000－1701－0086178　M604920　子部/藝術類/遊藝之屬/聯語

娉花媚竹館宋詞集聯八卷　俞鎮輯　民國二十五年(1936)海印樓鉛印本　二册

330000－1701－0086181　M607774、M609468　史部/金石類/石之屬/目録

毅盦叢刊　黄立猷輯　民國十五年(1926)沔陽黄立猷鉛印本　二册　存一種

330000－1701－0086183　M604921　集部/詩文評類/詩評之屬

雪橋詩話十二卷　楊鍾羲撰　民國二年(1913)南林劉氏求恕齋刻本　十二册

330000－1701－0086184　M607775　集部/小説類/長篇之屬

紅樓夢抉微一卷　闞鐸撰　民國十四年(1925)天津大公報館鉛印本　一册

330000－1701－0086185　M604922　集部/詩文評類/詩評之屬

雪橋詩話十二卷　楊鍾羲撰　民國二年(1913)南林劉氏求恕齋刻本　十二册

330000－1701－0086188　M607776　類叢部/叢書類/自著之屬

勵堂遺書八種　顧家相撰　民國八年至十九年(1919－1930)會稽顧氏鉛印本　二册　存一種

330000－1701－0086190　M005596　史部/史評類/史論之屬

史感一卷物感一卷　(清)李世熊撰　民國七年(1918)甯化修志局木活字印本　惠齋跋　一冊

330000 - 1701 - 0086193　M606394、M607685、M607777　集部/總集類/郡邑之屬

潯溪詩徵四十卷補遺一卷詞徵二卷　周慶雲輯　民國六年(1917)周氏夢坡室刻本　六冊　存十二卷(一、十一至十四、十八至十九、三十六至四十)

330000 - 1701 - 0086195　M005597　子部/宗教類/佛教之屬/經疏

佛涅槃六經不分卷　釋興慈集　民國二十五年(1936)揚州眾香庵刻本　一冊

330000 - 1701 - 0086197　M604924、M605661　史部/傳記類/總傳之屬/家乘

[浙江黃巖]黃巖西橋王氏譜十二卷首一卷末一卷家集十卷　王舟瑤纂　民國六年(1917)木活字印本　二冊　存四卷(家集一至四)

330000 - 1701 - 0086202　M607778　史部/金石類/甲骨之屬

鐵雲藏龜拾遺一卷　(清)劉鶚藏　**鐵雲藏龜拾遺攷釋一卷**　葉玉森撰　民國十四年(1925)丹徒葉氏五鳳硯齋影印本　一冊

330000 - 1701 - 0086204　M604925　集部/別集類/唐五代別集

杜詩註解節鈔一卷　(唐)杜甫撰　(清)顧淳慶輯注　民國十六年(1927)上海科學儀器館據顧氏抄本影印本　一冊

330000 - 1701 - 0086207　M607780　集部/曲類

元劇聯套述例一卷　蔡瑩撰　民國二十二年(1933)上海商務印書館鉛印本　一冊

330000 - 1701 - 0086209　M604926　集部/別集類/清別集

焦雨田先生遺集四卷　(清)焦雲龍撰　焦迺琨編　焦振滄補編　民國二十五年(1936)鉛印本　一冊

330000 - 1701 - 0086211　M607785　集部/詞類/詞譜之屬

攷正白香詞譜三卷附錄一卷　陳小蝶(蘧)編　**增訂晚翠軒詞韻一卷**　陳祖耀校正　民國七年(1918)春草軒鉛印本暨石印本　四冊

330000 - 1701 - 0086216　M005665　子部/雜著類

靈學特刊不分卷　民國十三年(1924)悟善津社鉛印本　一冊

330000 - 1701 - 0086219　M005598　子部/宗教類/佛教之屬

金剛般若波羅蜜經一卷　(後秦)釋鳩摩羅什譯　**佛說阿彌陀經一卷佛說觀彌勒菩薩上生兜率陀天經一卷佛說彌勒下生經一卷**　(南朝宋)沮渠京聲譯　**般若波羅蜜多心經一卷**　(唐)釋玄奘譯　民國二十三年(1934)金陵刻經處刻本　一冊

330000 - 1701 - 0086220　SBC2905　史部/地理類/雜志之屬

台州資料不分卷　民國抄本　一冊

330000 - 1701 - 0086224　M005599　子部/宗教類/佛教之屬/經

大方廣圓覺修多羅了義經二卷　(唐)釋佛陀多羅譯　民國二十年(1931)上海佛學書局鉛印本　一冊

330000 - 1701 - 0086229　M005601　子部/宗教類/佛教之屬/經

佛說大乘稻芉經一卷大乘稻芉經隨聽疏一卷　釋法成集　民國十一年(1922)上海商務印書館鉛印本　一冊

330000 - 1701 - 0086232　M005602　子部/宗教類/佛教之屬

中峰國師三時繫念佛事一卷　(宋)釋延壽述　民國十七年(1928)成都昭覺寺刻本　一冊

330000 - 1701 - 0086235　M005603　子部/宗教類/佛教之屬/經咒

日誦經呪選錄六卷附錄一卷　釋印光輯　民國二十四年(1935)蘇州弘化社鉛印本　一冊

330000 - 1701 - 0086248　SBC2892　史部/地

理類/專志之屬/書院
洞書二卷 (清)張鑑撰 民國抄本 一冊

330000－1701－0086252 M005604 子部/宗教類/佛教之屬
淨土聖賢錄續編四卷 (清)蓮歸居士輯 **種蓮集一卷** (清)陳本仁輯 民國二十年(1931)揚州藏經院刻本 一冊 存三卷(三至四、種蓮集)

330000－1701－0086253 M005666 集部/別集類/清別集
泰山石堂老人文集不分卷 (清)釋元玉撰 民國二十一年(1932)泰山書屋鉛印本 一冊

330000－1701－0086261 M005605 子部/宗教類/佛教之屬
增補金剛般若波羅密經旁解不分卷附感應圖說一卷 民國十年(1921)鉛印本 一冊

330000－1701－0086266 M005667、M005668、M005669、M005670、M005671、M005672、M005673、M005674 史部/政書類/公牘檔冊之屬
甘肅省政府工作報告 甘肅省政府秘書處編 民國二十六年至二十八年(1937－1939)鉛印本 八冊 存八種

330000－1701－0086270 M005606 史部/目録類/總録之屬/私撰
奏定鄉土志例目一卷新撰閩縣鄉土志纂審名錄一卷閩縣鄉土志敘目一卷新撰侯官縣鄉土志編審名錄一卷侯官縣鄉土志序例一卷侯官縣鄉土志目錄一卷 陶承杏輯 民國三十年(1941)稿本 一冊

330000－1701－0086271 SBC2902 史部/地理類/水利之屬
南田縣海塘一卷補遺一卷 民國抄本 一冊

330000－1701－0086275 M005607 子部/小說家類/瑣語之屬
拊掌新錄一卷附鷺鷥語一卷 觀欽撰 稿本 一冊

330000－1701－0086281 M005608 子部/宗教類/佛教之屬
法雨晨飛七種 民國刻本 一冊 存三種

330000－1701－0086283 M005675 子部/宗教類/其他宗教之屬
火祆教入中國考十二章 陳垣撰 民國油印本 一冊

330000－1701－0086286 M005676 子部/宗教類/其他宗教之屬
摩尼教入中國考不分卷 陳垣撰 **摩尼教殘經二卷** 陳垣校錄 民國油印本 二冊

330000－1701－0086293 M005677 史部/雜史類/斷代之屬
天香閣隨筆二卷 (明)李寄撰 民國二十三年(1934)陶社木活字印本 一冊

330000－1701－0086295 M005609 史部/傳記類/別傳之屬/事狀
吳母仇太夫人哀輓錄不分卷 馮受祜等撰 民國十二年(1923)北京財政部印刷局鉛印本 一冊

330000－1701－0086296 M005610 子部/醫家類/養生之屬/導引、氣功
因是子靜坐法續編不分卷 蔣維喬撰 民國二十二年(1933)上海商務印書館鉛印本 一冊

330000－1701－0086305 M005611 子部/宗教類/佛教之屬/經疏
般若波羅蜜多心經略疏顯正記三卷 (宋)釋仲希述 民國十三年(1924)杭州刻經處刻本 一冊

330000－1701－0086307 M005678 子部/藝術類/書畫之屬/畫譜
吳友如畫寶十三集 (清)吳友如繪 民國十四年(1925)上海文瑞樓書局石印本 二十六冊

330000－1701－0086310 SBC2915 經部/詩類/傳說之屬
毛詩多識六卷 (清)多隆阿撰 民國抄本 二冊

330000－1701－0086313　SZA0001　史部/地理類/方志之屬/通志

[民國]浙江續通志不分卷　沈曾植等纂修　稿本(冊一百九到一百十五配抄本)　一百十五冊

330000－1701－0086320　M005612　集部/總集類/選集之屬

文苑不分卷　民國抄本　一冊

330000－1701－0086322　M005613　子部/宗教類/佛教之屬

金剛般若波羅密經一卷　(清)劉沅註　民國北京道德學社印刷所鉛印本　一冊

330000－1701－0086327　M005615　子部/宗教類/佛教之屬/大藏

藏要第三輯□□種　歐陽漸輯　民國南京支那內學院鉛印本　一冊　存一種

330000－1701－0086330　M005616　子部/宗教類/佛教之屬/經

法華三經十七卷　民國鉛印本　四冊

330000－1701－0086331　M005617　史部/傳記類/別傳之屬/事狀

寶勘布道然巴大法師事略一卷　王震等撰　民國二十四年(1935)鉛印本暨石印本　一冊

330000－1701－0086334　M005618　子部/宗教類/佛教之屬

佛遍主大金剛持道之次第遍密綱要開蒙一卷　民國鉛印本　一冊

330000－1701－0086336　M005619　集部/別集類

蒔花老人自述詩遺稿一卷　陳其謙撰　民國海寧利寧印刷所石印本　一冊

330000－1701－0086347　M005680　類叢部/叢書類/彙編之屬

一粟園叢書　民國刻本　一冊　存一種

330000－1701－0086355　M005681　子部/醫家類/綜合之屬/通論

古吳童氏重校醫宗必讀十卷　(明)李中梓撰　民國四年(1915)上海廣益書局石印本　二冊

330000－1701－0086365　SZA0002　史部/地理類/方志之屬/通志

[民國]重脩浙江通志稿不分卷　浙江省通志館修　余紹宋等纂　稿本　一百二十五冊

330000－1701－0086367　M005682　集部/小說類/長篇之屬

東周列國志二十七卷一百八回　(清)蔡奡評點　民國石印本　一冊　存三卷(二十一至二十三)

330000－1701－0086371　M005683　子部/藝術類/書畫之屬/畫譜

新新百美圖不分卷　沈伯塵繪　民國石印本　一冊

330000－1701－0086380　M005684　史部/政書類/邦計之屬

中國通商貿易補救說一卷　黃錫銓撰　民國三年(1914)鉛印本　一冊

330000－1701－0086384　SZA0003　史部/地理類/方志之屬/通志

[民國]重修浙江通志稿資料不分卷　稿本　一百五十六冊

330000－1701－0086391　M005685、M606361　子部/宗教類/佛教之屬

佛學叢書□□種　丁福保輯　民國上海醫學書局鉛印本暨影印本　二冊　存二種

330000－1701－0086404　M005686　史部/政書類/公牘檔冊之屬

歙縣工程處工作總報告不分卷(民國三十五年至三十七年六月)　民國油印本　一冊

330000－1701－0086405　M005620　子部/叢編

隨聞錄六卷　民國石印本　一冊

330000－1701－0086408　M005687　新學/政治法律

視察贛閩浙三省司法建議一卷　朱獻文　樓

英撰　民國油印本　樓英題記　一冊

330000－1701－0086411　M005621　子部/醫家類/綜合之屬/通論

中藏經三卷附華佗内照法一卷　（漢）華佗撰　民國八年（1919）上海蜚英書局石印本　二冊　存二卷（一至二）

330000－1701－0086414　M005622　史部/地理類/雜志之屬

彭山縣鄉土志教科書一卷　徐原烈輯　民國十年（1921）成都昌福公司鉛印本　一冊

330000－1701－0086415　M005688　子部/藝術類/書畫之屬

中華名畫不分卷　（英國）史德匿輯　民國三年（1914）上海商務印書館影印本暨鉛印本　一冊

330000－1701－0086419　M005624　史部/金石類/錢幣之屬

古泉叢書十五種　民國上海醫學書局石印本　一冊　存一種

330000－1701－0086420　M604927　史部/目録類/總録之屬/官修

江蘇省立國學圖書館圖書總目四十四卷補編十二卷　江蘇省立國學圖書館編　民國二十二年至二十五年（1933－1936）江蘇省立國學圖書館鉛印本　一冊　存二卷（三十三至三十四）

330000－1701－0086422　M604928　類叢部/叢書類/彙編之屬

復性書院叢刊二十七種　馬浮編　民國二十九年至三十七年（1940－1948）復性書院刻本暨鉛印本　一冊　存一種

330000－1701－0086425　M604929　集部/別集類

瞿文慎公詩選遺墨不分卷　瞿鴻機撰　瞿宣樸　瞿宣治　瞿宣穎編　民國八年（1919）長沙瞿氏超覽樓石印本　一冊

330000－1701－0086427　M604930　集部/別集類

瞿文慎公詩選遺墨不分卷　瞿鴻機撰　瞿宣樸　瞿宣治　瞿宣穎編　民國八年（1919）長沙瞿氏超覽樓石印本　一冊

330000－1701－0086428　M604931　集部/別集類

瞿文慎公詩選遺墨不分卷　瞿鴻機撰　瞿宣樸　瞿宣治　瞿宣穎編　民國八年（1919）長沙瞿氏超覽樓石印本　一冊

330000－1701－0086430　M604932　史部/目録類/總録之屬/官修

浙江省立圖書館善本書目甲編四卷　毛春翔編　民國二十五年（1936）浙江省立圖書館鉛印本　一冊

330000－1701－0086432　M604933　類叢部/叢書類/自著之屬

湖濱補讀廬叢刻五種十三卷　鍾廣生撰　民國二十年（1931）鉛印本　一冊　存一種

330000－1701－0086439　M604934、M607793　類叢部/叢書類/彙編之屬

適園叢書七十四種　張鈞衡編　民國二年至六年（1913－1917）烏程張氏刻本（唐大詔令集卷十四至二十四、八十七至九十八原缺）　六冊　存一種

330000－1701－0086440　M604935　史部/金石類/甲骨之屬/文字

契學概論不分卷　陳晉撰　民國二十二年（1933）上海中華書局石印本　一冊

330000－1701－0086441　M604936　集部/別集類

漪香山館二集不分卷　吳曾祺撰　民國二十五年（1936）上海商務印書館鉛印本　一冊

330000－1701－0086443　M604937　集部/別集類

漪香山館二集不分卷　吳曾祺撰　民國二十五年（1936）上海商務印書館鉛印本　一冊

330000－1701－0086444　M005625　集部/別集類/清別集

文昌帝君陰隲文五律詩集一卷首一卷　（清）

劉祖慶撰　民國十五年(1926)金陵春暉堂鉛印本　一冊

330000－1701－0086446　M005626　集部/詩文評類/文法之屬

中國文法通論不分卷　劉復撰　民國九年(1920)上海羣益書社鉛印本　一冊

330000－1701－0086447　M604938　子部/藝術類/書畫之屬/法帖

篆文四書四種七卷　民國五年(1916)上海古今圖書局影印本　一冊　存一卷(孟子上)

330000－1701－0086450　M604939、M605916　類叢部/叢書類/彙編之屬

仰視千七百二十九鶴齋叢書四集三十一種　(清)趙之謙編　民國十八年(1929)紹興墨潤堂書苑據清光緒六年(1880)會稽趙氏刻本影印本　十七冊　存十八種

330000－1701－0086454　M005627　子部/宗教類/佛教之屬

大方廣佛華嚴經搜玄記六十卷　(晉)釋佛陀跋陀羅等譯經　(唐)釋智儼撰記　民國十七年(1928)鉛印本　十冊　存二十八卷(一至二十八)

330000－1701－0086459　M604940　史部/地理類/專志之屬/祠墓

岳忠武王初瘞志不分卷　民國二十四年(1935)西湖岳王廟產保管委員會鉛印本　一冊

330000－1701－0086460　M604941　史部/地理類/專志之屬/祠墓

岳忠武王初瘞志不分卷　民國二十四年(1935)西湖岳王廟產保管委員會鉛印本　一冊

330000－1701－0086461　M607786　類叢部/叢書類/彙編之屬

四部備要　中華書局編　民國二十五年(1936)上海中華書局鉛印本　一冊　存一種

330000－1701－0086462　M604943　史部/地理類/專志之屬/祠墓

岳忠武王初瘞志不分卷　民國二十四年(1935)西湖岳王廟產保管委員會鉛印本　一冊

330000－1701－0086464　M604942　史部/地理類/專志之屬/祠墓

岳忠武王初瘞志不分卷　民國二十四年(1935)西湖岳王廟產保管委員會鉛印本　一冊

330000－1701－0086467　M604944　史部/地理類/專志之屬/祠墓

岳忠武王初瘞志不分卷　民國二十四年(1935)西湖岳王廟產保管委員會鉛印本　一冊

330000－1701－0086468　M607781　集部/曲類

余君叔巖手錄譚本劇詞一卷　余叔岩抄　民國影印本　一冊

330000－1701－0086471　M604945　史部/雜史類/斷代之屬

聖德紀略一卷僳直紀略一卷恩遇紀略一卷舊聞紀略一卷　瞿鴻禨撰　民國九年(1920)影印本　一冊

330000－1701－0086472　M607782　子部/藝術類/書畫之屬/法帖

包慎伯書女子白真真詩冊一卷　(清)包世臣書　民國十七年(1928)上海神州國光社影印本　一冊

330000－1701－0086473　M604961　史部/雜史類/斷代之屬

聖德紀略一卷僳直紀略一卷恩遇紀略一卷舊聞紀略一卷　瞿鴻禨撰　民國九年(1920)影印本　一冊

330000－1701－0086474　M005758　子部/雜著類/雜說之屬

戲餘雜錄□□卷　民國抄本　二冊　存二卷(一、四)

330000－1701－0086475　M604946　史部/雜史類/斷代之屬

聖德紀略一卷傫直紀略一卷恩遇紀略一卷舊聞紀略一卷　瞿鴻禨撰　民國九年(1920)影印本　一冊

330000－1701－0086477　M604947　史部/雜史類/斷代之屬
聖德紀略一卷傫直紀略一卷恩遇紀略一卷舊聞紀略一卷　瞿鴻禨撰　民國九年(1920)影印本　一冊

330000－1701－0086478　M604948　史部/雜史類/斷代之屬
聖德紀略一卷傫直紀略一卷恩遇紀略一卷舊聞紀略一卷　瞿鴻禨撰　民國九年(1920)影印本　一冊

330000－1701－0086479　M607783　史部/地理類/方志之屬/郡縣志
[民國]新昌縣志二十卷附新昌農事調查一卷　金城修　陳畬纂　**沃州詩存一卷**　(宋)潘音撰　**沃州文存一卷**　(宋)徐霖撰　民國八年(1919)鉛印本　一冊　存二卷(十六至十七)

330000－1701－0086480　M604949　史部/雜史類/斷代之屬
聖德紀略一卷傫直紀略一卷恩遇紀略一卷舊聞紀略一卷　瞿鴻禨撰　民國九年(1920)影印本　一冊

330000－1701－0086481　M604950　史部/雜史類/斷代之屬
聖德紀略一卷傫直紀略一卷恩遇紀略一卷舊聞紀略一卷　瞿鴻禨撰　民國九年(1920)影印本　一冊

330000－1701－0086484　M604951　史部/雜史類/斷代之屬
聖德紀略一卷傫直紀略一卷恩遇紀略一卷舊聞紀略一卷　瞿鴻禨撰　民國九年(1920)影印本　一冊

330000－1701－0086486　M604952　史部/雜史類/斷代之屬
聖德紀略一卷傫直紀略一卷恩遇紀略一卷舊聞紀略一卷　瞿鴻禨撰　民國九年(1920)影印本　一冊

330000－1701－0086487　M604953　史部/雜史類/斷代之屬
聖德紀略一卷傫直紀略一卷恩遇紀略一卷舊聞紀略一卷　瞿鴻禨撰　民國九年(1920)影印本　一冊

330000－1701－0086491　M604954　史部/雜史類/斷代之屬
聖德紀略一卷傫直紀略一卷恩遇紀略一卷舊聞紀略一卷　瞿鴻禨撰　民國九年(1920)影印本　一冊

330000－1701－0086492　M005759　史部/傳記類/總傳之屬/人表
國民大會代表通訊錄一卷　國民大會輯　民國三十五年(1946)鉛印本　一冊

330000－1701－0086494　M604955　史部/雜史類/斷代之屬
聖德紀略一卷傫直紀略一卷恩遇紀略一卷舊聞紀略一卷　瞿鴻禨撰　民國九年(1920)影印本　一冊

330000－1701－0086495　M607784　史部/地理類/方志之屬/郡縣志
[民國]膠澳志十二卷附一卷　趙琪修　袁榮叜纂　民國十七年(1928)山東膠澳商埠局鉛印本　十一冊

330000－1701－0086496　M604956　史部/雜史類/斷代之屬
聖德紀略一卷傫直紀略一卷恩遇紀略一卷舊聞紀略一卷　瞿鴻禨撰　民國九年(1920)影印本　一冊

330000－1701－0086497　M604957　史部/雜史類/斷代之屬
聖德紀略一卷傫直紀略一卷恩遇紀略一卷舊聞紀略一卷　瞿鴻禨撰　民國九年(1920)影印本　一冊

330000－1701－0086498　M005760　經部/小學類/音韻之屬/韻書

中華新韻一卷 教育部國語推行委員會編 民國三十年(1941)成都茹古書局刻朱印本 一冊

330000－1701－0086499 M604958 史部/雜史類/斷代之屬
聖德紀略一卷傫直紀略一卷恩遇紀略一卷舊聞紀略一卷 瞿鴻禨撰 民國九年(1920)影印本 一冊

330000－1701－0086501 M604959 史部/雜史類/斷代之屬
聖德紀略一卷傫直紀略一卷恩遇紀略一卷舊聞紀略一卷 瞿鴻禨撰 民國九年(1920)影印本 一冊

330000－1701－0086502 M604960 史部/雜史類/斷代之屬
聖德紀略一卷傫直紀略一卷恩遇紀略一卷舊聞紀略一卷 瞿鴻禨撰 民國九年(1920)影印本 一冊

330000－1701－0086504 M604962 史部/雜史類/斷代之屬
聖德紀略一卷傫直紀略一卷恩遇紀略一卷舊聞紀略一卷 瞿鴻禨撰 民國九年(1920)影印本 一冊

330000－1701－0086507 M005761 經部/小學類/文字之屬/字書/古文
六朝別字記一卷 (清)趙之謙撰 民國八年(1919)上海商務印書館影印本 一冊

330000－1701－0086512 SBC1505 子部/藝術類
頌橘齋汲古堂碑帖評不分卷 民國抄本 一冊

330000－1701－0086514 M005690 子部/宗教類/佛教之屬
吴都法乘三十卷 (明)周永年撰 民國二十五年(1936)影印本 十四冊

330000－1701－0086527 M005691 集部/曲類/寶卷之屬
回天寶懺八卷首一卷 民國三十三年(1944)石印本 三冊 存三卷(六至八)

330000－1701－0086531 M005762 集部/總集類/酬唱之屬
千齡社徵詩第一集一卷 醉亭等撰 民國三十四年(1945)鉛印本 越叟批 一冊

330000－1701－0086541 M005763 子部/雜著類/雜品之屬
新刻全本明心正文一卷 民國二十三年(1934)河南機器總工會合作社鉛印本 一冊

330000－1701－0086546 M005692 史部/政書類/公牘檔冊之屬
振濟法規彙編不分卷 浙江省振濟會編 民國二十八年(1939)油印本 一冊

330000－1701－0086547 M005764 子部/藝術類/書畫之屬/法帖
元趙松雪書道德經一卷 (元)趙孟頫書 民國石印本 一冊

330000－1701－0086550 M005765 子部/宗教類/佛教之屬/論
大乘起信論一卷 (南朝梁)釋真諦 (唐)釋實叉難陀譯 徐文霨 黄士復編纂 民國二十三年(1934)上海商務印書館鉛印本 一冊

330000－1701－0086554 M005766 子部/醫家類/傷寒金匱之屬/傷寒論
傷寒論研究四卷 惲鐵樵撰 民國二十四年(1935)上海鐵樵醫藥事務所鉛印本 一冊 存二卷(三至四)

330000－1701－0086555 M005693 史部/政書類/公牘檔冊之屬
安東省政府社會處三十六年度救濟工作報告不分卷 民國油印本 一冊

330000－1701－0086556 M005767 新學/政治法律/政治
政治學大意一卷 石泉撰 民國石印本 一冊

330000－1701－0086557 SZA0004 史部/地理類/方志之屬/通志

[民國]**浙江續通志資料彙編不分卷**　稿本　一百冊

330000－1701－0086558　M005694　子部/宗教類/佛教之屬

輔教廣覺禪師貢噶呼圖克圖恒河大手印直講一卷　民國三十六年(1947)油印本　一冊

330000－1701－0086560　M005695　史部/政書類/公牘檔冊之屬

建德縣參議會會刊　民國三十四年至三十六年(1945－1947)油印本　三冊　存四種

330000－1701－0086562　M604963　史部/雜史類/斷代之屬

聖德紀略一卷傫直紀略一卷恩遇紀略一卷舊聞紀略一卷　瞿鴻機撰　民國九年(1920)影印本　一冊

330000－1701－0086563　M604964　史部/雜史類/斷代之屬

聖德紀略一卷傫直紀略一卷恩遇紀略一卷舊聞紀略一卷　瞿鴻機撰　民國九年(1920)影印本　一冊

330000－1701－0086564　M604965　史部/雜史類/斷代之屬

聖德紀略一卷傫直紀略一卷恩遇紀略一卷舊聞紀略一卷　瞿鴻機撰　民國九年(1920)影印本　一冊

330000－1701－0086566　M604966　史部/雜史類/斷代之屬

聖德紀略一卷傫直紀略一卷恩遇紀略一卷舊聞紀略一卷　瞿鴻機撰　民國九年(1920)影印本　一冊

330000－1701－0086567　M005768　類叢部/叢書類/郡邑之屬

台州叢書己集十二種　楊晨輯　民國八年(1919)黄巖楊氏石印本　一冊　存一種

330000－1701－0086568　M604967　史部/雜史類/斷代之屬

聖德紀略一卷傫直紀略一卷恩遇紀略一卷舊聞紀略一卷　瞿鴻機撰　民國九年(1920)影印本　一冊

330000－1701－0086569　M604968　史部/雜史類/斷代之屬

聖德紀略一卷傫直紀略一卷恩遇紀略一卷舊聞紀略一卷　瞿鴻機撰　民國九年(1920)影印本　一冊

330000－1701－0086571　M604969　史部/雜史類/斷代之屬

聖德紀略一卷傫直紀略一卷恩遇紀略一卷舊聞紀略一卷　瞿鴻機撰　民國九年(1920)影印本　一冊

330000－1701－0086572　M604970　史部/雜史類/斷代之屬

聖德紀略一卷傫直紀略一卷恩遇紀略一卷舊聞紀略一卷　瞿鴻機撰　民國九年(1920)影印本　一冊

330000－1701－0086574　M604971　史部/雜史類/斷代之屬

聖德紀略一卷傫直紀略一卷恩遇紀略一卷舊聞紀略一卷　瞿鴻機撰　民國九年(1920)影印本　一冊

330000－1701－0086575　M604972　史部/雜史類/斷代之屬

聖德紀略一卷傫直紀略一卷恩遇紀略一卷舊聞紀略一卷　瞿鴻機撰　民國九年(1920)影印本　一冊

330000－1701－0086577　M604973　史部/雜史類/斷代之屬

聖德紀略一卷傫直紀略一卷恩遇紀略一卷舊聞紀略一卷　瞿鴻機撰　民國九年(1920)影印本　一冊

330000－1701－0086578　M604974　史部/雜史類/斷代之屬

聖德紀略一卷傫直紀略一卷恩遇紀略一卷舊聞紀略一卷　瞿鴻機撰　民國九年(1920)影印本　一冊

330000－1701－0086579　M604975　史部/雜史類/斷代之屬

聖德紀略一卷傈直紀略一卷恩遇紀略一卷舊聞紀略一卷　瞿鴻機撰　民國九年(1920)影印本　一冊

330000－1701－0086580　M607358、M607359、M607365、M607787、M607788、M607789、M607790　類叢部/叢書類/彙編之屬

四部備要　中華書局編　民國二十五年(1936)上海中華書局鉛印本　四十冊　存四種

330000－1701－0086581　M604976　史部/雜史類/斷代之屬

聖德紀略一卷傈直紀略一卷恩遇紀略一卷舊聞紀略一卷　瞿鴻機撰　民國九年(1920)影印本　一冊

330000－1701－0086582　M005696　子部/宗教類/道教之屬

太上感應篇直講一卷首一卷附錄一卷　釋印光鑒定　民國二十四年(1935)上海佛學書局鉛印本　一冊

330000－1701－0086583　M604977　史部/雜史類/斷代之屬

聖德紀略一卷傈直紀略一卷恩遇紀略一卷舊聞紀略一卷　瞿鴻機撰　民國九年(1920)影印本　一冊

330000－1701－0086585　M604978　史部/雜史類/斷代之屬

聖德紀略一卷傈直紀略一卷恩遇紀略一卷舊聞紀略一卷　瞿鴻機撰　民國九年(1920)影印本　一冊

330000－1701－0086587　M604979　史部/雜史類/斷代之屬

聖德紀略一卷傈直紀略一卷恩遇紀略一卷舊聞紀略一卷　瞿鴻機撰　民國九年(1920)影印本　一冊

330000－1701－0086588　M604980　集部/別集類

瞿文慎公詩選遺墨不分卷　瞿鴻機撰　瞿宣樸　瞿宣治　瞿宣穎編　民國八年(1919)長沙瞿氏超覽樓石印本　四冊

330000－1701－0086589　M005769　史部/政書類/律令之屬

兩浙鹽運使署現行緝私規程一卷　民國十七年(1928)鉛印本　一冊

330000－1701－0086590　SZA0005　史部/政書類

浙政鑑詳節不分卷　唐詠裳輯　稿本　十四冊

330000－1701－0086591　M005770　子部/宗教類/佛教之屬/經疏

大方廣佛華嚴經入不思議解脱境界普賢行願品輯要疏一卷　釋諦閑撰　民國十六年(1927)上海國光印書局鉛印本　一冊

330000－1701－0086592　M604981　集部/別集類

瞿文慎公詩選遺墨不分卷　瞿鴻機撰　瞿宣樸　瞿宣治　瞿宣穎編　民國八年(1919)長沙瞿氏超覽樓石印本　四冊

330000－1701－0086593　M604982　集部/別集類

瞿文慎公詩選遺墨不分卷　瞿鴻機撰　瞿宣樸　瞿宣治　瞿宣穎編　民國八年(1919)長沙瞿氏超覽樓石印本　四冊

330000－1701－0086594　M604983　集部/別集類

瞿文慎公詩選遺墨不分卷　瞿鴻機撰　瞿宣樸　瞿宣治　瞿宣穎編　民國八年(1919)長沙瞿氏超覽樓石印本　四冊

330000－1701－0086597　M005697　集部/別集類

畏廬續集一卷　林紓撰　民國五年(1916)上海商務印書館鉛印本　一冊

330000－1701－0086598　M005771　子部/宗教類/佛教之屬

八識規矩補註證義一卷　(唐)釋玄奘造頌　(明)釋普泰補註　(明)釋明昱證義　民國二十年(1931)鉛印本　一冊

330000－1701－0086599　M604984　集部/別集類
嗚堅白齋詩存十二卷補遺一卷　沈汝瑾撰　民國十年(1921)刻本　四册

330000－1701－0086601　M604985　集部/別集類
悲華經舍文存二卷附聯語一卷　洪允祥撰　民國二十五年(1936)鉛印本　陳寥士題記　一册

330000－1701－0086602　M005772　子部/宗教類/佛教之屬/經疏
心經六家註六卷　民國十一年(1922)上海商務印書館鉛印本　一册

330000－1701－0086603　M604986、M608136　子部/藝術類/書畫之屬
書林藻鑑十二卷　馬宗霍輯　民國二十四年(1935)上海商務印書館鉛印本　二册　存三卷(七至八、十二)

330000－1701－0086604　M005698　子部/藝術類/書畫之屬/畫譜
芥子園畫傳初集六卷　(清)王槩　(清)王蓍　(清)王臬輯　民國十年(1921)上海千頃堂書局石印本　一册　存二卷(一至二)

330000－1701－0086606　M604987　集部/別集類
靈璵閣詩二卷附孫言草一卷　張惠衣撰　民國三十三年(1944)鉛印本　張宗祥題簽　張惠衣題記　一册

330000－1701－0086607　M005773　史部/傳記類/別傳之屬
宗喀巴大師傳一卷　釋法尊譯述　民國十九年(1930)鉛印本　一册

330000－1701－0086608　M604988　類叢部/類書類/專類之屬
年華錄四卷　(清)全祖望撰　民國十八年(1929)上海商務印書館鉛印本　一册　存二卷(一至二)

330000－1701－0086609　M607792　子部/宗教類/佛教之屬/論疏
佛家哲學通論不分卷　(英國)邁格文撰　江紹原譯述　民國二十二年(1933)上海商務印書館鉛印本　一册

330000－1701－0086610　M604989　類叢部/類書類/專類之屬
年華錄四卷　(清)全祖望撰　民國十八年(1929)上海商務印書館鉛印本　一册　存二卷(一至二)

330000－1701－0086611　M005774　類叢部/叢書類/彙編之屬
國立中央研究院歷史語言研究所單刊　國立中央研究院歷史語言研究所編　民國上海商務印書館鉛印本暨影印本　一册　存一種

330000－1701－0086613　M604990　子部/醫家類/本草之屬/歷代綜合本草
本草述鉤元三十二卷　(清)劉若金撰　(清)楊時泰輯　民國十年(1921)上海進化書局石印本　一册　存二卷(五至六)

330000－1701－0086619　M005775　子部/宗教類/道教之屬
靈源大道歌白話註解一卷　陳攖寧撰　民國二十七年(1938)上海丹道刻經會鉛印仙學院講義本　陳櫻寧題記　一册

330000－1701－0086621　M604991　史部/傳記類/日記之屬
味水軒日記殘本四卷(明萬曆三十七年三月至四十四年十一月)　(明)李日華撰　民國八年(1919)吳興劉氏嘉業堂刻本　四册

330000－1701－0086622　M605718、M607492、M607794　子部/宗教類/佛教之屬/論疏
辯中邊論述記六卷　(唐)釋窺基撰　民國元年(1912)江西刻經處刻本　幼偉題記　三册

330000－1701－0086623　M005699　史部/傳記類/別傳之屬/事狀
清故國子監生潘傑三先生傳一卷　葉玉麟撰　張蔭椿書　民國石印本　一册

330000－1701－0086625　SZA0011　史部/傳

記類/總傳之屬/郡邑
湖州人物傳二卷 朱祖謀撰 稿本 二册

330000－1701－0086628 M607795 類叢部/叢書類/郡邑之屬
四明叢書一百六十七種 張壽鏞編 民國四明張氏約園刻本 一册 存總目

330000－1701－0086633 M005700 集部/總集類/酬唱之屬
六十述懷唱和集一卷 金恩灝輯 民國十年(1921)鉛印本 一册

330000－1701－0086634 M607796 子部/藝術類/書畫之屬/畫譜
近世一百名家畫集四卷 錢病鶴(錢雲鶴)編 民國七年(1918)圖畫研究會石印本 一册 存一卷(二)

330000－1701－0086639 M607797 子部/藝術類/篆刻之屬/印譜
醉愛居印賞二卷又一卷 (清)王睿章篆刻 (清)王祖昚彙編 民國紫芳閣影印本 一册 存一卷(上)

330000－1701－0086641 M005701 子部/宗教類/佛教之屬/律
三皈依律一卷 民國十九年(1930)鉛印本 一册

330000－1701－0086643 SZA0006 史部/地理類/方志之屬/通志
[民國]續纂浙江通志□□卷 稿本 四册 存五卷(海塘一至二、五至七)

330000－1701－0086645 SZA0009 史部/金石類/石之屬
重修浙江通志稿碑碣類不分卷 陳錫鈞撰 稿本 十六册

330000－1701－0086646 M607798 子部/藝術類/書畫之屬/法帖
張氏通波阡表不分卷 (元)楊維楨撰并書 民國有正書局影印本 一册

330000－1701－0086651 M607799 子部/藝術類/書畫之屬/法帖
陳曼生先生真蹟一卷 (清)陳鴻壽書 民國影印本 一册

330000－1701－0086655 M604993 史部/雜史類/斷代之屬
清談十卷 胡懷琛編 民國十四年(1925)上海廣益書局鉛印本 六册

330000－1701－0086657 M607800 子部/藝術類/書畫之屬/書法書品
陳玉方小楷墨迹一卷 (清)陳希祖書 民國有正書局影印本 一册

330000－1701－0086659 SZA0007 史部/金石類/總志之屬/目録
浙江金石目錄一卷 民國吳允昌、孫先浩抄本 二册

330000－1701－0086661 M607801 子部/藝術類/書畫之屬/法帖
鐵梅庵顧鄭鄉先生合臨書譜不分卷 (清)鐵保 (清)顧廷綸書 民國三年(1914)石印本 一册

330000－1701－0086664 M005776 集部/别集類/清别集
寄庵詩鈔二卷 (清)葛其龍撰 民國二十七年(1938)葛志亮抄本 一册

330000－1701－0086666 M604994、M605061、M605914 類叢部/叢書類/彙編之屬
袖珍古書讀本三十種 中華書局編 民國十九年(1930)上海中華書局鉛印本 十册 存三種

330000－1701－0086667 M607802 子部/藝術類/書畫之屬/法帖
明宜興盧忠肅公臨王右軍艸書帖一卷 (明)盧象昇書 民國上海有正書局影印本 一册

330000－1701－0086673 SZA0010 史部/地理類/方志之屬
兩浙志乘不分卷 洪焕椿撰 稿本 三册

330000－1701－0086674　M607803　集部/總集類/選集之屬/斷代

樓幼靜張穆生詩詞合稿四卷　樓巍　張敬熙撰　民國二十一年(1932)鉛印本　一冊

330000－1701－0086677　SZA0008　史部/金石類/石之屬

重修浙江通志稿碑碣類不分卷　陳錫鈞撰　稿本　余紹宋批　十六冊

330000－1701－0086679　M005778　集部/小說類/長篇之屬

新編當代名人小說孫傳芳全史□□回　民國上海大新書局石印本　一冊　存十二回(一至十二)

330000－1701－0086682　M005702　新學/農政/蠶務

抗戰前後浙江省蠶業會要不分卷　浙江省蠶業推廣委員會編　民國三十五年(1946)浙江省蠶業推廣委員會油印本　一冊

330000－1701－0086683　M005779　史部/傳記類/日記之屬

佚名日記一卷　稿本　一冊

330000－1701－0086685　民 812.6/0840　集部/戲劇類

京調大觀初集不分卷二集不分卷　許志豪編　民國十九年(1930)上海世界書局石印本　二冊

330000－1701－0086686　民 340.8/4490　史部/政書類/律令之屬

法學通論不分卷　黃炳言編　民國十五年(1926)黃炳言鉛印本　二冊

330000－1701－0086687　M607804　史部/政書類/公牘檔冊之屬

浙江省統捐捐率一卷　民國鉛印本　一冊

330000－1701－0086688　M607805　子部/宗教類/佛教之屬/經疏

大毘盧遮那成佛神變加持經住心品疏註會解一卷　(唐)釋一行疏　(唐)釋靈雲妙極大師註　劉永濱述　民國上海鉛印本　一冊

330000－1701－0086689　SZB0013　經部/群經總義類/文字音義之屬

九經通借字攷十四卷　(清)錢坫撰　民國十五年(1926)張宗祥抄本　張宗祥跋　二冊

330000－1701－0086690　SZB0001　經部/易類/傳說之屬

子夏易傳鉤遺二卷　(清)吳騫輯　民國張宗祥抄本　張宗祥跋　一冊

330000－1701－0086691　SZB0002　經部/周禮類/文字音義之屬

戚氏周禮音拾遺一卷　(清)戚袞　(清)周春輯　民國張宗祥抄本　張宗祥跋　與 330000－1701－0086690、330000－1701－0086693 合冊

330000－1701－0086693　SZB0003　經部/周禮類/傳說之屬

顧氏經解拾遺一卷　(南朝齊)顧歡撰　(清)周春輯　民國張宗祥抄本　張宗祥跋　與 330000－1701－0086690、330000－1701－0086691 合冊

330000－1701－0086694　M605002　史部/金石類/總志之屬

顧氏金石輿地叢書第一集八種　顧燮光編　民國十八年(1929)會稽顧氏金佳石好樓鉛印本暨石印本　一冊　存一種

330000－1701－0086695　M604761、M604995、M611013　類叢部/叢書類/彙編之屬

小醉經閣叢刻十種　民國二年(1913)上海中華藝文社鉛印本　六冊　存一種

330000－1701－0086696　M005780　子部/宗教類/佛教之屬

徑中徑又徑徵義三卷　(清)張師誠輯　(清)徐槐廷注　民國十年(1921)海鹽徐氏刻本　一冊

330000－1701－0086697　SZB0014　經部/小學類/文字之屬/說文/傳說

說文辨疑一卷條記坿一卷　(清)顧廣圻撰　民國張宗祥抄本　張宗祥跋　一冊

330000－1701－0086698　M005858　集部/曲類/寶卷之屬
双蝶寶卷二卷　民國七年(1918)鑑湖女士余彩霞抄本　二册

330000－1701－0086699　M605047、M607806　子部/宗教類/佛教之屬
佛學叢書□□種　丁福保輯　民國上海醫學書局鉛印本暨影印本　十册　存二種

330000－1701－0086701　M005703　史部/政書類/公牘檔册之屬
浙江地方銀行總行通函彙編續輯不分卷　浙江地方銀行總行總務科編　民國鉛印本　一册

330000－1701－0086702　SZB0004　經部/易類/傳說之屬
干常侍易注疏證一卷集證一卷　(清)方成珪撰　民國張宗祥抄本　張宗祥校跋　一册

330000－1701－0086703　M005859　子部/藝術類/書畫之屬/法帖
高鳳翰左手書手札一卷　(清)高鳳翰書　民國上海有正書局影印本　一册

330000－1701－0086704　M604996、M607851　類叢部/叢書類/彙編之屬
小醉經閣叢刻十種　民國二年(1913)上海中華藝文社鉛印本　五册　存一種

330000－1701－0086705　M607807　集部/別集類/清別集
味蓿軒詩鈔一卷　(清)金受鋆撰　(清)金炳麟編　民國十一年(1922)刻本　一册

330000－1701－0086706　M005860　集部/詩文評類
中國文學史要略一卷　朱希祖編　民國九年(1920)鉛印本　一册

330000－1701－0086709　SZB0015　集部/詞類/別集之屬
四印齋詞一卷　(清)王鵬運撰　民國三十三年(1944)張宗祥抄本　張宗祥跋　與330000－1701－0086697合册

330000－1701－0086710　M604997　子部/小說家類/異聞之屬
閱微草堂筆記二十四卷　(清)紀昀撰　民國上海中華圖書館石印本　一册　存二卷(十三至十四)

330000－1701－0086711　M005704　史部/政書類/公牘檔册之屬
浙江省掃除文盲問題不分卷　民國二十九年(1940)油印本　一册

330000－1701－0086714　M607808　集部/總集類/彙編之屬
汲古閣景鈔南宋六十家小集　(宋)陳起輯　民國十年(1921)上海古書流通處據明汲古閣景鈔宋本影印本(安晚堂詩集卷一至五、十三至六十原缺)　四册　存一種

330000－1701－0086716　SZB0005　經部/詩類/傳說之屬
毛鄭異同考十卷　(清)程晉芳撰　民國張宗祥抄本　張宗祥校並跋　四册

330000－1701－0086718　M604998、M605077　集部/別集類
天嬰室叢稿第一輯九卷第二輯十卷　陳訓正撰　民國十四年(1925)、二十年(1931)鉛印本　六册

330000－1701－0086720　M604999、M605078　集部/別集類
天嬰室叢稿第一輯九卷第二輯十卷　陳訓正撰　民國十四年(1925)、二十年(1931)鉛印本　六册

330000－1701－0086721　M005705　史部/傳記類/別傳之屬/事狀
鎮海徐建侯先生赴告一卷　徐宗達等輯　民國三十六年(1947)鉛印本　一册

330000－1701－0086724　SZB0016　經部/小學類/訓詁之屬/群雅
釋名八卷　(漢)劉熙撰　民國七年(1918)張宗祥影抄明翻宋刻本　張宗祥跋　一册

330000－1701－0086725　SZB0006　經部/詩

類/文字音義之屬

詩古音三卷　(清)楊峒撰　民國張宗祥抄本　張宗祥跋　一册

330000－1701－0086726　M605000　子部/醫家類/類編之屬

退思廬醫書四種合刻　嚴鴻志撰　民國十年(1921)寧波汲綆書莊石印本　四册　存一種

330000－1701－0086730　M605001　集部/曲類/曲韻曲譜曲律之屬

幽閨記曲譜二卷　(清)殷溎深原稿　張芬校正兼繕底　民國十年(1921)上海朝記書莊石印本　一册　存一卷(下)

330000－1701－0086731　SZB0017　經部/小學類/音韻之屬/古今韻説

古今指南五卷　(清)王見龍輯　民國張宗祥抄本　張宗祥跋　二册

330000－1701－0086735　M605003　子部/藝術類/篆刻之屬/印譜

玉蘭仙館印譜不分卷　(清)董熊篆　民國三年(1914)夢坡室影印本　二册

330000－1701－0086736　M607809　經部/群經總義類/文字音義之屬

干祿字書箋證補一卷附錄一卷　羅振玉箋　孫祖同、俞鴻籌補　民國石印本　一册

330000－1701－0086737　M005706　史部/傳記類/别傳之屬/事狀

楊陸秋澄女士赴告一卷　楊忠模編撰　民國二十八年(1939)鉛印本　一册

330000－1701－0086738　M005781　史部/傳記類/日記之屬

旅滬日記卷一卷(民國十五年七月至十一月)　民國十五年(1926)稿本　一册

330000－1701－0086739　M605004　子部/藝術類/篆刻之屬/印譜

玉蘭仙館印譜不分卷　(清)董熊篆　民國三年(1914)夢坡室影印本　二册

330000－1701－0086740　M005782　子部/宗教類/佛教之屬/經疏

佛説觀無量壽佛經義疏三卷　(宋)釋元照述疏　民國十一年(1922)北京刻經處刻本　金致淇跋　一册

330000－1701－0086743　M605005　子部/藝術類/篆刻之屬/印譜

玉蘭仙館印譜不分卷　(清)董熊篆　民國三年(1914)夢坡室影印本　二册

330000－1701－0086744　M605006　子部/藝術類/篆刻之屬/印譜

玉蘭仙館印譜不分卷　(清)董熊篆　民國三年(1914)夢坡室影印本　二册

330000－1701－0086745　SZB0018　史部/地理類/山川之屬/水志

水經注所出兩漢侯國名韻編一卷　熊會貞撰　民國二十五年(1936)張宗祥抄本　張宗祥跋　一册

330000－1701－0086746　SZB0007　經部/詩類/傳説之屬

毛詩名物圖説九卷　(清)許鼎撰　民國張宗祥抄本　張宗祥跋　一册

330000－1701－0086748　M606299、M607810、M607903　史部/地理類/方志之屬/郡縣志

[民國]醴陵縣志十卷　陳鯤修　劉謙纂　民國三十七年(1948)醴陵縣文獻委員會鉛印本　十册

330000－1701－0086749　M605007　子部/藝術類/篆刻之屬/印譜

玉蘭仙館印譜不分卷　(清)董熊篆　民國三年(1914)夢坡室影印本　二册

330000－1701－0086751　SZB0008　經部/儀禮類/分篇之屬

雙峰先生内外服制通釋九卷　(宋)車垓撰　民國張宗祥抄本(卷八至九原缺)　張宗祥校並跋　一册

330000－1701－0086752　M607811　史部/地理類/方志之屬/郡縣志

[民國]鄞縣通志六志五十一編附圖一函　張

傳保　汪煥章修　陳訓正　馬瀛纂　民國二十四年(1935)至一九五一年寧波鄞縣通志館鉛印本　四册　存十編(政教志丙、丁、戊、己、庚上中、壬、癸,政教志子、丑)

330000－1701－0086753　SZB0019　經部/小學類/文字之屬/字書/訓蒙

識字璅言四卷辨字雜説一卷　(清)易本烺撰　民國張宗祥抄本　張宗祥跋　與330000－1701－0086745合册

330000－1701－0086754　M005783　子部/宗教類/佛教之屬/論

中邊分別論三卷　(南朝陳)釋真諦譯　民國十四年(1925)支那内學院刻本　一册

330000－1701－0086755　SZB0009　經部/四書類/大學之屬

大學章句一卷　(宋)朱熹撰　民國張宗祥影宋抄本　張宗祥跋　一册

330000－1701－0086756　SZB0010　經部/群經總義類

經義未詳説五十二卷　(清)徐卓撰　民國張宗祥抄本(卷十五至十八、三十一至三十二原缺)　九册

330000－1701－0086758　SZB0020　史部/紀傳類/別史之屬

罪惟録一百二卷　(清)查繼佐撰　民國二十年(1931)張宗祥抄本　張宗祥批並跋　四十一册

330000－1701－0086759　SZB0011　經部/群經總義類/圖説之屬

羣經冠服圖考三卷　(清)黄世發撰　民國張宗祥抄本　張宗祥跋　一册

330000－1701－0086768　M005707　史部/傳記類/別傳之屬/事狀

顧俞夫人之訃告一卷　顧東山撰輯　民國二十七年(1938)鉛印本暨影印本　一册

330000－1701－0086769　M005708　史部/傳記類/別傳之屬/事狀

褚母張夫人訃告一卷　褚德順輯　民國三十七年(1948)鉛印本　一册

330000－1701－0086772　M005861　史部/目録類/總録之屬/官修

江蘇省立國學圖書館圖書總目四十四卷補編十二卷　江蘇省立國學圖書館編　民國二十二年至二十五年(1933－1936)江蘇省立國學圖書館鉛印本　七册　存二十六卷(一至二十六)

330000－1701－0086773　M005709　史部/政書類/公牘檔册之屬

河北省縣長考試委員會彙刊不分卷　河北省縣長考試委員會編　民國十八年(1929)鉛印本　一册

330000－1701－0086774　M005862　類叢部/叢書類/彙編之屬

番禺葉氏遐庵叢書□□種　葉恭綽輯　民國番禺葉氏影印本暨鉛印本　陸丹林題記　四册　存一種

330000－1701－0086777　SZB0012　經部/群經總義類/文字音義之屬

羣經音辨七卷　(宋)賈昌朝撰　民國張宗祥抄本　張宗祥跋　一册　存二卷(三至四)

330000－1701－0086778　SZB0022　史部/雜史類/斷代之屬

遼小史八卷　(明)楊循吉撰　民國張宗祥抄本　張宗祥跋　一册

330000－1701－0086779　M605008　集部/詞類/別集之屬

半櫻詞二卷　林鵾翔撰　民國十六年(1927)鉛印本　一册

330000－1701－0086781　M605009、M605213　史部/目録類/總録之屬/私撰

章氏四當齋藏書目三卷書名通檢一卷　章鈺藏　顧廷龍編校　瞿潤緡助編　民國二十七年(1938)北平燕京大學圖書館鉛印本　五册

330000－1701－0086782　SZB0023　史部/雜史類/斷代之屬

中朝故事一卷　(五代)尉遲偓撰　民國張宗

祥抄本　張宗祥校並跋　一冊

330000－1701－0086784　M005710　子部/宗教類/佛教之屬/經

千手千眼觀世音菩薩廣大圓滿無礙大悲心陀羅尼經一卷　(唐)釋伽梵達摩譯　**大悲心呪像解一卷千手千眼法寶真言圖一卷千手眼大悲心呪行法一卷**　(宋)釋知禮輯　**千手眼大悲心呪懺法一卷**　民國十二年(1923)上海商務印書館石印本　一冊

330000－1701－0086787　M605010、M606582、M607041　子部/宗教類/佛教之屬/經疏

大般涅槃經疏三德指歸一百卷　(晉)釋曇無讖譯　(南朝宋)釋慧嚴　(南朝宋)釋慧觀　(南朝宋)謝靈運治　(隋)釋灌頂疏　(唐)釋湛然再治　(宋)釋智圓述記　**大般涅槃經玄義發源機要六卷**　(宋)釋智圓撰　民國十四年(1925)揚州宛虹橋眾香庵刻本　十六冊　存四十七卷(一至五、二十一至二十六、三十六至四十一、四十五至五十六、七十八至八十九,大般涅槃經玄義發源機要一至六)

330000－1701－0086789　SZB0024　史部/雜史類/斷代之屬

建炎復辟記一卷　民國八年(1919)張宗祥抄本　張宗祥跋　一冊

330000－1701－0086790　SZB0060　史部/雜史類/斷代之屬

遺事瑣談六卷附紀一卷　民國張宗祥抄本　張宗祥跋　二冊

330000－1701－0086791　M005863　集部/總集類/選集之屬

蔡瀛壺遐齡集□□卷　吳承烜等編　民國十三年(1924)鉛印本　一冊　存一卷(二)

330000－1701－0086793　SZB0059　史部/雜史類/斷代之屬

社事本末一卷　(清)杜登春撰　民國張宗祥抄本　張宗祥跋　一冊

330000－1701－0086794　M605011　史部/地理類/山川之屬/山志

天台山方外志三十卷　(明)釋傳燈撰　民國十一年(1922)上海集雲軒鉛印本　八冊

330000－1701－0086795　SZB0025　史部/雜史類/斷代之屬

中興御侮錄二卷　民國張宗祥抄本　張宗祥跋　一冊

330000－1701－0086796　M005864　子部/宗教類/佛教之屬/經

救度母二十一禮讚釋一卷二十一禮釋一卷救度母二十一禮疏一卷　湯薌銘譯　民國三十二年(1943)石印本　一冊

330000－1701－0086799　M605012　史部/地理類/方志之屬/郡縣志

[民國]南潯志六十卷首一卷　周慶雲纂　民國九年至十一年(1920－1922)刻藍印本　五冊　存二十一卷(一至七、十二至二十、二十五至二十九)

330000－1701－0086800　SZB0026　史部/雜史類/斷代之屬

弔伐錄二卷　民國張宗祥抄本　張宗祥跋　二冊

330000－1701－0086801　SZB0058　史部/地理類

箕田攷一卷　(朝鮮)韓百謙撰　民國六年(1917)張宗祥抄本　張宗祥跋　一冊

330000－1701－0086802　M605013　史部/地理類/方志之屬/郡縣志

[民國]南潯志六十卷首一卷　周慶雲纂　民國九年至十一年(1920－1922)刻藍印本　四冊　存十四卷(首,一、十八至二十三、二十五至二十九、五十七)

330000－1701－0086805　SZB0027　史部/雜史類/斷代之屬

偽齊錄二卷　(宋)楊堯弼撰　民國張宗祥抄本　張宗祥跋　一冊

330000－1701－0086806　M605014　史部/地理類/方志之屬/郡縣志

[民國]南潯志六十卷首一卷　周慶雲纂　民國九年至十一年(1920－1922)刻藍印本　一冊　存二卷(首、一)

330000－1701－0086807　SZB0057　史部/雜史類/斷代之屬
季漢官爵考三卷　(清)周廣業撰　民國張宗祥抄本　張宗祥跋　一冊

330000－1701－0086808　M605015　史部/地理類/方志之屬/郡縣志
[民國]南潯志六十卷首一卷　周慶雲纂　民國九年至十一年(1920－1922)刻藍印本　一冊　存二卷(首、一)

330000－1701－0086810　M603223、M603710、M605016　史部/地理類/方志之屬/郡縣志
[民國]南潯志六十卷首一卷　周慶雲纂　民國九年至十一年(1920－1922)刻藍印本　五冊　存九卷(首,一、三十二至三十四、三十七至三十八、五十、五十二)

330000－1701－0086811　M005865　子部/宗教類/佛教之屬/經疏
佛遺教經解一卷附卍齋隨筆一卷　陳文鼎撰解　民國十二年(1923)鉛印本　一冊

330000－1701－0086812　SZB0056　史部/雜史類/斷代之屬
兩漢訂誤四卷　(清)陳景雲撰　民國張宗祥抄本　張宗祥校並跋　一冊

330000－1701－0086814　M603222、M603628、M605017　史部/地理類/方志之屬/郡縣志
[民國]南潯志六十卷首一卷　周慶雲纂　民國九年至十一年(1920－1922)刻藍印本　二十冊　存四十卷(首,一、四至七、八至十一、二十四至二十八、三十至三十一、三十四至四十六、四十九至五十六、五十九至六十)

330000－1701－0086815　SZB0055　史部/地理類/水利之屬
三吳水利條議一卷　(清)錢中諧撰　民國張宗祥抄本　張宗祥跋　一冊

330000－1701－0086817　M605018、M605032　類叢部/叢書類/自著之屬
晨風廬叢刊十八種　周慶雲撰　民國吳興周氏夢坡室刻本　二冊　存二種

330000－1701－0086818　M005866　子部/宗教類/道教之屬
太上感應篇直講一卷首一卷附錄一卷　釋印光鑒定　民國十八年(1929)鉛印本　一冊

330000－1701－0086821　SZB0028　史部/雜史類/斷代之屬
南遷錄一卷　(金)張師顏撰　民國張宗祥抄本　張宗祥跋　一冊

330000－1701－0086822　SZB0054　史部/地理類/水利之屬
水經三卷　(漢)桑欽撰　民國張宗祥影抄明正德刻本　張宗祥跋　一冊

330000－1701－0086823　M605019、M605033　類叢部/叢書類/自著之屬
晨風廬叢刊十八種　周慶雲撰　民國吳興周氏夢坡室刻本　二冊　存二種

330000－1701－0086824　M605020、M605034　類叢部/叢書類/自著之屬
晨風廬叢刊十八種　周慶雲撰　民國吳興周氏夢坡室刻本　二冊　存二種

330000－1701－0086825　M605021、M605035　類叢部/叢書類/自著之屬
晨風廬叢刊十八種　周慶雲撰　民國吳興周氏夢坡室刻本　二冊　存二種

330000－1701－0086826　M605022、M605036　類叢部/叢書類/自著之屬
晨風廬叢刊十八種　周慶雲撰　民國吳興周氏夢坡室刻本　二冊　存二種

330000－1701－0086827　M005711　子部/醫家類/綜合之屬/通論
增補萬病回春原本八卷　(明)龔廷賢編　民國六年(1917)上海普通書局石印本　六冊

330000－1701－0086828　SZB0029　史部/傳記類/別傳之屬/年譜

胡安定先生[瑗]年譜一卷　民國張宗祥抄本　張宗祥跋　一冊

330000－1701－0086829　M605023、M605037　類叢部/叢書類/自著之屬

晨風廬叢刊十八種　周慶雲撰　民國吳興周氏夢坡室刻本　二冊　存二種

330000－1701－0086830　M605024、M605038　類叢部/叢書類/自著之屬

晨風廬叢刊十八種　周慶雲撰　民國吳興周氏夢坡室刻本　二冊　存二種

330000－1701－0086831　M605025　集部/總集類/酬唱之屬

晨風廬唱和詩存十卷　周慶雲編　民國吳興周氏夢坡室刻藍印本　一冊　存一卷(十)

330000－1701－0086832　SZB0053　史部/雜史類/通代之屬

華陽國志十二卷　(晉)常璩撰　**江原常氏士女志一卷**　(清)張佳允輯　**補華陽國志三州郡縣目錄一卷**　(清)廖寅撰　民國六年(1917)張宗祥抄本　張宗祥校並跋　六冊

330000－1701－0086834　M005867　子部/宗教類/佛教之屬/經疏

佛說無量壽經箋注一卷　(三國魏)釋康僧鎧譯　丁福保箋注　民國十三年(1924)鉛印本　二冊

330000－1701－0086836　M605026　史部/地理類/遊記之屬/紀勝

天目遊記一卷　周慶雲撰　民國吳興周氏夢坡室刻藍印本　一冊

330000－1701－0086837　SZB0030　史部/雜史類/斷代之屬

丁酉北闈大獄記略一卷　(清)信天翁撰　民國張宗祥抄本　張宗祥跋　一冊

330000－1701－0086838　M605027　史部/地理類/遊記之屬/紀勝

天目遊記一卷　周慶雲撰　民國吳興周氏夢坡室刻藍印本　一冊

330000－1701－0086841　M605028　史部/地理類/遊記之屬/紀勝

天目遊記一卷　周慶雲撰　民國吳興周氏夢坡室刻藍印本　一冊

330000－1701－0086844　SZB0052　史部/雜史類/通代之屬

昭示奸黨第二錄一卷　民國張宗祥抄本　張宗祥跋　一冊

330000－1701－0086845　SZB0031　子部/小說家類/異聞之屬

金姬傳一卷　(明)楊儀撰　民國張宗祥抄本　張宗祥跋　與330000－1701－0086837、330000－1701－0086858、330000－1701－0086864、330000－1701－0086870、330000－1701－0086877合冊

330000－1701－0086846　G602155　史部/傳記類/總傳之屬/技藝

江湖異人傳圖詠四卷　孫靜庵編　民國三年(1914)上海國學書室石印本　二冊

330000－1701－0086847　M607813　經部/小學類/訓詁之屬/爾雅

雅學攷一卷　(清)胡元玉撰　民國二十五年(1936)國立北京大學出版組鉛印本　一冊

330000－1701－0086848　M605029　史部/傳記類/總傳之屬/家乘

[浙江黃巖]黃巖西橋王氏譜十二卷首一卷末一卷家集十卷　王舟瑤纂　民國六年(1917)木活字印本　三冊　存六卷(家集五至十)

330000－1701－0086849　SZB0061　史部/政書類/儀制之屬/典禮

大金集禮四十卷　(金)張瑋等撰　民國張宗祥抄本(卷二十六、三十三原缺)　四冊

330000－1701－0086852　SZB0051　史部/傳記類/科舉録之屬/歷科登科録

殿試登科錄一卷　民國張宗祥抄本　張宗祥跋　一冊

330000－1701－0086853　M607814　子部/宗教類/佛教之屬

金剛般若波羅蜜經論三卷　(北魏)釋菩提流支譯　民國十一年(1922)金陵刻經處研究部刻本　一册

330000－1701－0086856　M607231、M607815　史部/傳記類/總傳之屬/姓名

青樓小名錄八卷　(清)趙慶楨輯　民國四年(1915)上海中國圖書公司鉛印本　二册　存四卷(三至六)

330000－1701－0086858　SZB0032　子部/宗教類/佛教之屬/經

殘經一卷　民國張宗祥抄本　張宗祥跋　與330000－1701－0086837、330000－1701－0086845、330000－1701－0086864、330000－1701－0086870、330000－1701－0086877合册

330000－1701－0086860　M607816　集部/别集類/清别集

名山藏副本初集二卷贈言集一卷　(清)齊周華撰　民國九年(1920)杭州武林印書館鉛印本　一册　存一卷(二)

330000－1701－0086862　SZB0062　史部/政書類/律令之屬/律例

欽定宮中現行則例不分卷　民國張宗祥抄本　四册

330000－1701－0086863　M005712、M005713　子部/醫家類/本草之屬/本草藥性

珍珠囊指掌補遺藥性賦四卷　(金)李杲編輯　**雷公炮製藥性解六卷**　(明)李中梓編輯　民國上海普通書局石印本　二册

330000－1701－0086864　SZB0033　子部/醫家類/養生之屬/導引、氣功

易筋經義二卷　(唐)釋般刺密帝譯　民國張宗祥抄本　張宗祥跋　與330000－1701－0086837、330000－1701－0086845、330000－1701－0086858、330000－1701－0086870、330000－1701－0086877合册

330000－1701－0086866　SZB0050　史部/傳記類/科舉録之屬/歷科登科録

皇明會試錄一卷　民國張宗祥抄本　張宗祥跋　一册

330000－1701－0086867　M607817　類叢部/叢書類/自著之屬

泉壽譯叢　錢稻孫譯　民國鉛印本　一册　存一種

330000－1701－0086868　SZB0049　史部/詔令奏議類/詔令之屬

長陵詔敕一卷獻陵詔敕一卷　民國張宗祥抄本　張宗祥跋　一册

330000－1701－0086870　SZB0034　史部/傳記類/别傳之屬/年譜

鄦君年表攷一卷　民國張宗祥抄本　張宗祥校並跋　與330000－1701－0086837、330000－1701－0086845、330000－1701－0086858、330000－1701－0086864、330000－1701－0086877合册

330000－1701－0086871　SZB0063　史部/編年類/斷代之屬

開國攝政王起居注一卷　(清)劉啟瑞輯　民國張宗祥抄本　一册

330000－1701－0086874　M607818、M609293　史部/傳記類/别傳之屬/事狀

吳興周夢坡先生哀思錄不分卷　周延礽輯　民國二十四年(1935)鉛印本　二册

330000－1701－0086875　SZB0048　史部/詔令奏議類/詔令之屬

孝陵詔敕一卷　民國張宗祥抄本　張宗祥跋　一册

330000－1701－0086877　SZB0035　子部/藝術類/篆刻之屬/印論

印旨一卷　(明)程遠撰　民國張宗祥抄本　與330000－1701－0086837、330000－1701－0086845、330000－1701－0086858、330000－1701－0086864、330000－1701－0086870合册

330000－1701－0086880　M005868　子部/藝術類/書畫之屬/法帖

印公遺墨一卷　釋聖量書　民國三十六年(1947)影印本　一册

330000－1701－0086883　M005714　子部/醫家類/本草之屬/本草藥性
珍珠囊指掌補遺藥性賦四卷　（金）李杲編輯　民國鑄記書局石印本　一冊

330000－1701－0086884　SZB0036　史部/傳記類/別傳之屬/年譜
建文年譜二卷附年譜後事一卷　（明）趙士喆撰　（明）趙濤　（明）趙瀚音註　民國張宗祥抄本　張宗祥跋　一冊

330000－1701－0086885　M607819、M607820　類叢部/叢書類/家集之屬
丹徒陳氏著述十九種　□□編　民國石印本暨鉛印本　二冊　存二種

330000－1701－0086886　SZB0045　史部/雜史類
荒書一卷　（清）費密撰　民國張宗祥抄本　張宗祥跋　一冊

330000－1701－0086887　M005715　子部/醫家類/本草之屬/歷代綜合本草
本草從新十八卷　（清）吳儀洛輯　民國石印本　二冊　存九卷（十至十八）

330000－1701－0086888　SZB0037　史部/傳記類/總傳之屬/斷代
成化間蘇材小纂四卷　（明）祝允明撰　民國張宗祥抄本　張宗祥跋　一冊

330000－1701－0086890　M005870　子部/宗教類/佛教之屬
金剛般若波羅蜜經義疏輯要三卷　（後秦）釋鳩摩羅什譯　（隋）釋吉藏義疏　李翊灼輯要　**金剛般若波羅蜜經義疏輯要附註一卷大藏備要目錄一卷**　李翊灼編　民國十二年（1923）石印本　二冊

330000－1701－0086891　M005716　子部/醫家類/方書之屬/單方驗方
重校舊本湯頭歌訣一卷　（清）汪昂編輯　民國三年（1914）上海共和書局石印本　一冊

330000－1701－0086894　M600232、M600237　類叢部/叢書類/彙編之屬
四部備要　中華書局編　民國二十五年（1936）上海中華書局鉛印本　四冊　存二種

330000－1701－0086895　M600364、M600459、M600473、M600495、M600253、M600341、M600509、M600621、M600698　類叢部/叢書類/彙編之屬
四部備要　中華書局編　民國二十五年（1936）上海中華書局鉛印本　三十八冊　存十一種

330000－1701－0086896　M600189、M600197、M600223、M600279、M600358、M600362、M600455、M600462、M600471、M600489、M600492、M600501、M600512、M600515、M600538、M600541、M600574、M600576、M600598、M600600、M600615、M600635、M600639、M600647、M600653、M600671、M600687、M600692、M600704、M600709、M600732、M600742、M600743、M600751、M600754、M601798　類叢部/叢書類/彙編之屬
四部備要　中華書局編　民國二十五年（1936）上海中華書局鉛印本　二百一冊　存三十六種

330000－1701－0086897　M600207　類叢部/叢書類/彙編之屬
四部備要　中華書局編　民國二十五年（1936）上海中華書局鉛印本　一冊　存一種

330000－1701－0086898　M600262　類叢部/叢書類/彙編之屬
四部備要　中華書局編　民國二十五年（1936）上海中華書局鉛印本　一冊　存二種

330000－1701－0086899　M600261　類叢部/叢書類/彙編之屬
四部備要　中華書局編　民國二十五年（1936）上海中華書局鉛印本　一冊　存一種

330000－1701－0086900　M600270、M600746　類叢部/叢書類/彙編之屬
四部備要　中華書局編　民國二十五年（1936）上海中華書局鉛印本　十八冊　存二種

330000－1701－0086901　M005871　史部/傳記類/别傳之屬/事狀

楊仁山居士事畧一卷　徐文霨撰　民國六年(1917)鉛印本　一冊

330000－1701－0086902　M005872　集部/總集類/酬唱之屬

山居唱和集一卷　金泯瀾輯　民國石印本　一冊

330000－1701－0086904　M005717　子部/醫家類/診法之屬/脈經脈訣

校正瀕湖脈學一卷奇經八脈考一卷　(明)李時珍撰輯　民國石印本　一冊

330000－1701－0086907　SZB0047　史部/雜史類/外紀之屬

魯王案一卷楚王案一卷　民國張宗祥抄本　張宗祥跋　一冊

330000－1701－0086908　M005873　子部/宗教類/佛教之屬/經

佛説孝子五王七經七卷　民國刻本　一冊

330000－1701－0086909　SZB0064　經部/三禮總義類/通禮雜禮之屬

國朝五禮序例五卷　(朝鮮)申叔舟等撰　民國八年(1919)張宗祥影抄本　張宗祥跋　二冊

330000－1701－0086910　M607821　類叢部/叢書類/家集之屬

婁東周氏叢刊初輯四種　周慤編　民國二十六年(1937)婁東周氏冰壺堂影印本　一冊　存一種

330000－1701－0086911　SZB0046　史部/雜史類/通代之屬

劫灰錄六卷　民國六年(1917)張宗祥抄本　張宗祥校並跋　二冊

330000－1701－0086913　SZB0038　史部/傳記類/總傳之屬/郡邑

吴中往哲記一卷　(明)楊循吉撰　**續吴中往哲記一卷補遺二卷**　(明)黄魯曾撰　民國張宗祥抄本　張宗祥跋　一冊

330000－1701－0086914　M005718　子部/醫家類/本草之屬

足本大字本草備要八卷　(清)汪昂撰　民國鉛印本　一冊　存一卷(一)

330000－1701－0086916　M607822、M608874　子部/小説家類/雜事之屬

堅瓠集六十六卷　(清)褚人獲撰　民國十五年(1926)柏香書屋鉛印本　二冊　存八卷(丁集一至四、戊集一至四)

330000－1701－0086920　SZB0039　史部/傳記類/總傳之屬/仕宦

崇禎五十宰相傳初稿四卷重訂七卷　(清)曹溶撰　民國張宗祥抄本　張宗祥跋　一冊

330000－1701－0086922　M607823　子部/宗教類/佛教之屬

佛學叢書□□種　民國上海商務印書館鉛印本　一冊　存一種

330000－1701－0086923　M005719　子部/醫家類/針灸之屬/通論

針灸大成十二卷　(明)楊繼洲撰　民國石印本　四冊　存七卷(一至二、八至十二)

330000－1701－0086924　M005874　子部/宗教類/道教之屬/戒律

文昌帝君覺世鴻文圖説四卷　(清)沈維基撰　民國十九年(1930)據清乾隆三十一年(1766)東平州署刻本影印本　四冊

330000－1701－0086926　M607824、M608694、M603752、M610172　子部/雜著類/雜説之屬

煙嶼樓讀書志十六卷筆記八卷　(清)徐時棟撰　民國十七年(1928)鄞縣徐方來蘧學齋鉛印本　六冊　缺八卷(筆記一至八)

330000－1701－0086928　SZB0065　史部/雜史類/斷代之屬

宋紀受終考三卷　(明)程敏政撰　民國三十四年(1945)張宗祥影抄本　張宗祥跋　一冊

330000－1701－0086929　M005875　子部/醫家類

診察學講義一卷　都敬齋編述　**類傷寒講義**

首卷一卷傷寒學講義一卷 王香巖編 民國石印本 一冊

330000－1701－0086931 M607825 史部/雜史類/斷代之屬

辛亥革命浙江光復紀實一卷辛亥革命浙軍攻克南京紀實一卷 吕公望編 民國油印本 一冊

330000－1701－0086932 M005721 集部/曲類/寶卷之屬

紅羅寶卷一卷 民國二年(1913)上海文益書局石印本 一冊

330000－1701－0086934 M607826 史部/雜史類/斷代之屬

浙江辛亥革命光復記事一卷 張效巡輯 民國油印本 一冊

330000－1701－0086935 SZB0040 史部/傳記類/總傳之屬/斷代

東山國語二十七卷 (清)查繼佐撰 (清)沈仲方補 **東山國語補一卷** (清)沈仲方撰 民國張宗祥抄本 張宗祥跋 二冊

330000－1701－0086936 M607827 史部/雜史類/斷代之屬

辛亥革命浙江光復紀實一卷辛亥革命浙軍攻克南京紀實一卷 吕公望編 民國油印本 一冊

330000－1701－0086939 M607828 史部/雜史類/斷代之屬

浙江辛亥革命光復記事一卷 張效巡輯 民國油印本 一冊

330000－1701－0086940 M005722 集部/曲類/寶卷之屬

繪圖新出雞鳴寶卷二卷 民國四年(1915)上海文益書局石印本 二冊

330000－1701－0086941 SZB0066 史部/目録類/專録之屬

永樂大典書目殘本一卷 民國二十七年(1938)張宗祥抄本 張宗祥跋 與330000－1701－0086928合冊

330000－1701－0086942 M607829 史部/雜史類/斷代之屬

辛亥革命浙江光復紀實一卷辛亥革命浙軍攻克南京紀實一卷 吕公望編 民國油印本 一冊

330000－1701－0086945 M607830 史部/史評類/詠史之屬

清宮詞一卷 吳士鑑撰 民國二十六年(1937)吳秉澂鉛印本 一冊

330000－1701－0086949 M605030 集部/總集類/郡邑之屬

潯溪文徵十六卷 周慶雲輯 民國吳興周氏夢坡室刻藍印本 六冊 存九卷(三至五、七至九、十一至十三)

330000－1701－0086950 M607831 類叢部/叢書類/彙編之屬

冷雪盦叢書 李文裿輯 民國大興李文裿鉛印本 一冊 存一種

330000－1701－0086951 M005723 新學/學校

農政專門學校章程一卷 民國鉛印本 一冊

330000－1701－0086952 M605031 集部/總集類/郡邑之屬

潯溪文徵十六卷 周慶雲輯 民國吳興周氏夢坡室刻藍印本 一冊 存一卷(九)

330000－1701－0086953 SZB0044 史部/雜史類

皇明末造錄二卷 (清)金鍾輯 民國張宗祥抄本 張宗祥跋 一冊

330000－1701－0086954 M607832 集部/別集類/明別集

倪文貞公詩集二卷附錄一卷 (明)倪元璐撰 (清)倪會鼎訂正 民國二十四年(1935)南京襄社據王伯沆寫本影印本 一冊 存一卷(上)

330000－1701－0086955 M005724 集部/別集類/唐五代別集

香籢集發微一卷附韓承旨年譜一卷 震鈞撰

民國三年(1914)上海掃葉山房石印本　一册

330000－1701－0086956　SZB0067　史部/地理類/遊記之屬/紀行

使金錄一卷　(宋)程卓撰　民國張宗祥抄本　張宗祥跋　一册

330000－1701－0086960　M607833　集部/詞類/別集之屬

黄山樵唱一卷　朱師轍撰　民國二十一年(1932)燕京刻本　一册

330000－1701－0086962　SZB0043　史部/傳記類/總傳之屬

姜氏秘史一卷　(明)姜清撰　民國張宗祥抄本　張宗祥跋　一册

330000－1701－0086966　M607834、M607860　史部/金石類

非儒非俠齋金石叢著十種　顧燮光撰　民國會稽顧氏金佳石好樓石印本暨鉛印本　二册　存二種

330000－1701－0086967　M005725　史部/傳記類/總傳之屬

杭縣縣立第一高等小學校同學錄一卷　民國六年(1917)鉛印本　一册

330000－1701－0086968　M005878　新學/雜著

現代圖書館的研究六章　馬宗榮撰　民國抄本　一册

330000－1701－0086969　SZB0068　史部/目錄類/書志之屬/提要

諸子辨一卷　(明)宋濂撰　民國張宗祥抄本　張宗祥跋　與330000－1701－0086956、330000－1701－0086980、330000－1701－0086988、330000－1701－0086997合册

330000－1701－0086970　M005726　集部/詩文評類/文評之屬

紅樓夢眞諦二卷　景梅九撰　民國二十三年(1934)西京出版社鉛印本　景梅九題記　一册　存一卷(下)

330000－1701－0086971　M605039、M605605、M605608　類叢部/叢書類/自著之屬

晨風廬叢刊十八種　周慶雲撰　民國吳興周氏夢坡室刻本　三册　存三種

330000－1701－0086972　M607835　史部/傳記類/總傳之屬/通代

中國藏書家攷略不分卷　楊立誠　金步瀛編　民國十八年(1929)浙江省立圖書館鉛印本　一册

330000－1701－0086973　M605040、M605606、M605609、M602630　類叢部/叢書類/自著之屬

晨風廬叢刊十八種　周慶雲撰　民國吳興周氏夢坡室刻本　四册　存四種

330000－1701－0086975　M605041、M605607　類叢部/叢書類/自著之屬

晨風廬叢刊十八種　周慶雲撰　民國吳興周氏夢坡室刻本　二册　存二種

330000－1701－0086976　M605042　類叢部/叢書類/自著之屬

晨風廬叢刊十八種　周慶雲撰　民國吳興周氏夢坡室刻本　一册　存一種

330000－1701－0086977　M607836、M609054、M608649、M610336　史部/詔令奏議類/奏議之屬

林文直公奏稿七卷首一卷　林紹年撰　民國十六年(1927)刻本　六册

330000－1701－0086979　M005727　集部/曲類/曲選之屬

繪圖精選崑曲大全四集五十卷　怡庵主人(張芬)編輯　民國十四年(1925)上海世界書局石印本　二册　存四種

330000－1701－0086980　SZB0069　子部/雜著類/雜說之屬

蘿山雜言一卷　(明)宋濂撰　民國張宗祥抄本　張宗祥跋　與330000－1701－0086956、330000－1701－0086969、330000－1701－0086988、330000－1701－0086997合册

330000－1701－0086983　M605043　史部/傳記類/總傳之屬/技藝

琴史補二卷琴史續八卷　周慶雲纂　民國八年(1919)烏程周氏夢坡室刻藍印本　三冊　存四卷(琴史續一至四)

330000－1701－0086984　SZB0041　史部/傳記類/總傳之屬/忠孝

殷頑録六卷　(清)楊陸榮撰　民國張宗祥抄本　一冊

330000－1701－0086986　M605044　史部/傳記類/總傳之屬/技藝

琴史補二卷琴史續八卷　周慶雲纂　民國八年(1919)烏程周氏夢坡室刻藍印本　一冊　存二卷(琴史續一至二)

330000－1701－0086987　M607837　史部/目録類/總録之屬/官修

浙江圖書館觀覽類書目四卷補遺一卷附錄一卷　浙江圖書館編　民國四年(1915)浙江圖書館鉛印本　二冊　存四卷(子部、集部,補遺,附錄)

330000－1701－0086988　SZB0070　子部/小說家類/異聞之屬

物異考一卷　(明)方鳳撰　民國張宗祥抄本　張宗祥跋　與330000－1701－0086956、330000－1701－0086969、330000－1701－0086980、330000－1701－0086997合冊

330000－1701－0086991　M605045、M607913、M604187　類叢部/類書類/通類之屬

欽定古今圖書集成一萬卷目錄四十卷　(清)蔣廷錫　(清)陳夢雷等輯　民國二十三年(1934)中華書局影印本　四十九冊　存六百二十一卷(目錄七至十三,曆象彙編乾象典二十四至三十五、九十一至一百一,曆象彙編曆法典十一至三十、五十三至六十二,方輿彙編坤輿典七十八至八十,方輿彙編職方典九十六至一百八、二百二十七至二百三十九、三百二十九至三百四十二、四百十一至四百五十三、五百四十八至五百六十、五百八十七至五百九十八、六百二十三至六百三十四、一千五十三至一千六十六、一千一百四十七至一千一百七十一,方輿彙編山川典二百二十二至二百五十九,方輿彙編邊裔典一百十六至一百二十八,明倫彙編皇極典三十六至五十九、七十一至八十二,明倫彙編官常典六百七十五至六百八十五、六百九十七至七百八十二,明倫彙編氏族典三百一至三百五十七,博物彙編禽蟲典四十八至五十九、一百八十二至一百九十二,博物彙編藝術典一至一百十,理學彙編學行典一百八十四至一百九十五,理學彙編學行典二百三十四至二百四十六)

330000－1701－0086992　SZB0042　史部/雜史類/斷代之屬

保越錄一卷　民國張宗祥抄本　一冊

330000－1701－0086994　M607838　子部/宗教類/佛教之屬/論

大乘阿毗達磨集論八卷　(唐)釋玄奘譯　民國九年(1920)金陵刻經處刻本　二冊

330000－1701－0086997　SZB0071　史部/地理類/外紀之屬

夷俗考一卷　(明)方鳳撰　民國張宗祥抄本　張宗祥跋　與330000－1701－0086956、330000－1701－0086969、330000－1701－0086980、330000－1701－0086988合冊

330000－1701－0086998　M005728　史部/政書類/公牘檔冊之屬

浙江法政學堂職員辦事細則一卷　民國鉛印本　一冊

330000－1701－0086999　M607839　子部/宗教類/佛教之屬/諸宗

大乘止觀述記二十卷　釋諦閑說　釋聖性　釋聖心筆記　江味農演述　民國十九年(1930)上海功德林佛經流通處刻本　一冊　存三卷(十八至二十)

330000－1701－0087001　M005729　類叢部/叢書類/自著之屬

雙槐廬叢書　李權撰　民國鍾祥李氏雙槐廬鉛印本　三冊　存一種

330000－1701－0087002　M607840　子部/宗教類/道教之屬
仙學院講義　陳攖寧撰　民國二十七年(1938)上海丹道刻經會鉛印本　一册　存一種

330000－1701－0087004　SZB0072　史部/地理類/專志之屬/寺觀
洛陽伽藍記五卷　(北魏)楊衒之撰　張宗祥校補　**洛陽伽藍記集證一卷**　(清)吴若準撰　稿本　二册

330000－1701－0087006　G605288　史部/金石類/總志之屬/文字
金石萃編一百六十卷　(清)王昶撰　**金石續編二十一卷首一卷**　(清)陸耀遹撰　**金石萃編補正四卷**　(清)方履籛撰　民國八年(1919)上海掃葉山房石印本　一册　存六卷(一百十二至一百十七)

330000－1701－0087007　M607841　集部/别集類
敬鄉樓詩三卷　黄羣撰　民國三十六年(1947)永嘉鄭樓黄氏石印本　一册

330000－1701－0087008　SZB0090　子部/藝術類/書畫之屬/書法書品
絳帖平六卷　(宋)姜夔撰　民國十五年(1926)張宗祥抄本　張宗祥校並跋　一册

330000－1701－0087012　SZB0089　史部/金石類/石之屬/文字
隸續七卷　(宋)洪適撰　民國張宗祥影元抄本　張宗祥跋　四册

330000－1701－0087015　M607842　集部/曲類/寶卷之屬
慈悲普濟天醫寶卷全集一卷　民國十七年(1928)浙江普善堂刻本　一册

330000－1701－0087016　SZB0088　史部/目録類/總録之屬/私撰
清吟閣書目四卷　(清)瞿世瑛撰　民國張宗祥抄本　張宗祥跋　一册

330000－1701－0087019　M607843、M605427　類叢部/叢書類/郡邑之屬
續金華叢書六十種　胡宗楙編　民國十三年(1924)永康胡氏夢選樓刻本　三册　存三種

330000－1701－0087022　SZB0087　史部/目録類/書志之屬/題跋
李氏書跋一卷　(清)李希聖撰　民國張宗祥抄本　張宗祥跋　一册

330000－1701－0087026　M607844　集部/别集類/清别集
冬暄草堂遺詩不分卷　(清)陳豪撰　民國石印本　一册

330000－1701－0087028　SZB0086　史部/目録類/書志之屬/題跋
藏書題識五卷　(清)汪璐撰　民國張宗祥抄本(卷三至五原缺)　張宗祥跋　一册

330000－1701－0087031　M607845　集部/别集類/清别集
冬暄草堂遺詩不分卷　(清)陳豪撰　民國石印本　一册

330000－1701－0087033　M607846　集部/别集類
蠲戲齋詩編年集八卷避寇集一卷芳杜詞賸一卷　馬浮撰　**蠲戲齋詩前集二卷**　馬浮撰　張立民　楊蔭林輯録　民國二十九年(1940)、三十六年(1947)刻本　六册

330000－1701－0087037　SZB0085　史部/目録類/總録之屬/私撰
知不足齋叢書目一卷　(清)周廣業撰　民國張宗祥抄本　張宗祥跋　一册

330000－1701－0087038　M605048　子部/宗教類/佛教之屬/經疏
楞嚴經灌頂疏十卷科文一卷序釋一卷圓譚二卷　(清)釋續法撰　民國九年(1920)刻十一年(1922)魯心齋印本　十三册　存六卷(五下、六至十)

330000－1701－0087039　SZB0073　史部/地理類/專志之屬/寺觀
洛陽伽藍記五卷附録三卷　(北魏)楊衒之撰

張宗祥校補　民國十九年(1930)稿本　一冊

330000－1701－0087044　M605049　子部/宗教類/佛教之屬/經疏

彌陀略解圓中鈔二卷　(明)釋大佑解　(明)釋傳燈鈔　民國二年(1913)揚州藏經院刻本　二冊

330000－1701－0087045　SZB0091　史部/金石類/總志之屬

籀史一卷　(宋)翟耆年撰　民國張宗祥抄本　張宗祥跋　一冊

330000－1701－0087047　M605050　子部/宗教類/佛教之屬/經疏

彌陀略解圓中鈔二卷　(明)釋大佑解　(明)釋傳燈鈔　民國二年(1913)揚州藏經院刻本　二冊

330000－1701－0087048　SZB0084　子部/宗教類/佛教之屬

藏逸經書一卷　(明)釋道開輯　(清)錢謙益評　民國七年(1918)張宗祥抄本　張宗祥跋　一冊

330000－1701－0087050　M605051　子部/宗教類/佛教之屬/經疏

彌陀略解圓中鈔二卷　(明)釋大佑解　(明)釋傳燈鈔　民國二年(1913)揚州藏經院刻本　二冊

330000－1701－0087051　M605052　子部/宗教類/佛教之屬/經疏

彌陀略解圓中鈔二卷　(明)釋大佑解　(明)釋傳燈鈔　民國二年(1913)揚州藏經院刻本　二冊

330000－1701－0087054　M605053　子部/宗教類/佛教之屬/經疏

彌陀略解圓中鈔二卷　(明)釋大佑解　(明)釋傳燈鈔　民國二年(1913)揚州藏經院刻本　二冊

330000－1701－0087055　M605054　子部/宗教類/佛教之屬/經疏

彌陀略解圓中鈔二卷　(明)釋大佑解　(明)釋傳燈鈔　民國二年(1913)揚州藏經院刻本　二冊

330000－1701－0087056　SZB0092　史部/金石類/石之屬

周秦刻石釋音一卷　(元)吾丘衍撰　民國張宗祥抄本　張宗祥跋　與330000－1701－0087045合冊

330000－1701－0087057　SZB0083　史部/目録類/書志之屬/題跋

葉文莊公書跋一卷　(明)葉盛撰　民國張宗祥抄本　張宗祥跋　一冊

330000－1701－0087058　M605055　子部/宗教類/佛教之屬/經疏

勝鬘師子吼一乘大方便方廣經疏鈔六卷　(南朝宋)釋求那跋陀羅譯　(日本)上宮皇太子疏　(唐)釋明空鈔　民國八年(1919)金陵刻經處刻本　三冊

330000－1701－0087061　M005879　經部/群經總義類/傳說之屬

經解不分卷　民國抄本　三冊

330000－1701－0087062　M605056　子部/宗教類/佛教之屬/經疏

勝鬘師子吼一乘大方便方廣經疏鈔六卷　(南朝宋)釋求那跋陀羅譯　(日本)上宮皇太子疏　(唐)釋明空鈔　民國八年(1919)金陵刻經處刻本　三冊

330000－1701－0087063　SZB0082　類叢部/類書類/專類之屬

史漢纂言五卷　民國二十五年(1936)張宗祥抄本　張宗祥跋　二冊

330000－1701－0087064　SZB0093　史部/金石類/總志之屬/目録

竹崦盦金石目録二卷　(清)趙魏撰　民國張宗祥抄本　張宗祥跋　一冊

330000－1701－0087065　M005730　史部/金石類/石之屬/文字

黄小松藏漢碑五種　(清)黄易藏　民國上海

有正書局影印本　一冊　存一種

330000－1701－0087066　SZB0074　史部/地理類/雜志之屬

北戸錄三卷　(唐)段公路撰　(唐)崔龜圖注　民國張宗祥抄本　張宗祥校並跋　一冊

330000－1701－0087067　M605057、M606617　子部/宗教類/佛教之屬/論

瑜伽師地論一百卷　(唐)釋玄奘譯　**瑜伽師地論敘二卷**　歐陽漸編　民國六年(1917)金陵刻經處刻本　六冊　存十八卷(三十五至五十、敘一至二)

330000－1701－0087068　M005880　集部/總集類/郡邑之屬

嶺南即事雜撰十卷　民國上海廣益書局石印本　四冊

330000－1701－0087072　M605058　子部/宗教類/佛教之屬

觀音玄義記二卷　(隋)釋智凱說　(唐)釋灌頂記　(宋)釋知禮述　民國刻本　一冊

330000－1701－0087073　SZB0094　子部/儒家類/儒家之屬

新語二卷　(漢)陸賈撰　民國張宗祥影抄明范氏天一閣刻本　張宗祥跋　一冊

330000－1701－0087074　M605059　子部/宗教類/佛教之屬/經

佛說金剛般若波羅密經一卷般若波羅密多心經一卷純陽子心經註一卷　民國九年(1920)上海雪竇寺分院刻本　一冊

330000－1701－0087075　SZB0081　史部/傳記類

義墨堂宋朝別號錄二卷　民國張宗祥抄本　張宗祥跋　二冊

330000－1701－0087078　M605060　子部/宗教類/佛教之屬/經

佛說金剛般若波羅密經一卷般若波羅密多心經一卷純陽子心經註一卷　民國九年(1920)上海雪竇寺分院刻本　一冊

330000－1701－0087079　SZB0080　類叢部/類書類/專類之屬

姬侍類偶二卷　(宋)周守忠撰　民國張宗祥抄本　張宗祥跋　一冊

330000－1701－0087081　M005731　史部/傳記類/日記之屬

南遊日記三卷　稿本　一冊

330000－1701－0087082　SZB0095　子部/儒家類/儒家之屬

董子十七卷附錄二卷　(漢)董仲舒撰　張宗祥編纂　稿本　二冊

330000－1701－0087084　SZB0079　史部/地理類/方志之屬/通志

遐域瑣談二卷　(清)七十一撰　民國張宗祥抄本　張宗祥跋　一冊

330000－1701－0087087　M005732　史部/目録類/總録之屬/私撰

冷石軒藏書醫書目錄八卷　民國抄本　一冊

330000－1701－0087088　SZB0078　史部/地理類/山川之屬

橫山志略六卷　(清)顧嘉譽撰　民國二十四年(1935)張宗祥抄本　張宗祥跋　二冊

330000－1701－0087089　SZB0077　史部/地理類/總志之屬

金遼備考二卷　(清)林佶撰　民國張宗祥抄本　張宗祥跋　一冊

330000－1701－0087091　SZB0096　子部/儒家類/儒家之屬

纂圖互註揚子法言十卷　(漢)揚雄撰　(晉)李軌　(唐)柳宗元　(宋)宋咸　(宋)吳祕　(宋)司馬光注　民國七年(1918)張宗祥影宋抄本　張宗祥跋　二冊

330000－1701－0087092　SZB0076　史部/地理類/總志之屬

桂勝四卷桂故八卷　(明)張鳴鳳撰　民國張宗祥抄本　張宗祥跋　三冊

330000－1701－0087094　SZB0106　子部/術

數類/陰陽五行之屬

禮緯含文嘉三卷 民國八年(1919)張宗祥抄本 三冊

330000－1701－0087095 M005733 史部/目録類/總録之屬/徵訪

待訪之卷補遺一卷待訪書卷再補遺一卷 民國石印本 一冊

330000－1701－0087096 SZB0075 史部/地理類

西事珥八卷 (明)魏濬撰 民國八年(1919)張宗祥抄本 張宗祥跋 二冊

330000－1701－0087099 M005734 子部/雜著類/雜纂之屬

左孟莊騷精華錄二卷 林紓評註 民國三年(1914)上海商務印書館鉛印本 二冊

330000－1701－0087100 SZB0107 子部/術數類/雜術之屬

管輅神書一卷 (三國魏)管輅撰 民國張宗祥抄本 一冊

330000－1701－0087102 M005735 經部/春秋左傳類/傳說之屬

左傳菁華錄二十四卷 吳曾祺評注 民國四年(1915)商務印書館鉛印本 六冊

330000－1701－0087114 M005784 史部/傳記類/别傳之屬/事狀

畢汪琫琤紀念集一卷附十月姻緣記一卷 畢何虹輯 民國十三年(1924)鉛印本 一冊

330000－1701－0087117 SZB0108 子部/術數類/陰陽五行之屬

陽遁九局一卷陰遁九局一卷 民國張宗祥抄本 張宗祥跋 一冊

330000－1701－0087118 SZB0113 子部/工藝類/日用器物之屬/香料

新纂香譜四卷 (宋)陳敬撰 民國張宗祥抄本 一冊 存二卷(一至二)

330000－1701－0087119 M005785 子部/宗教類/佛教之屬/論

中論會譯一卷 (後秦)釋鳩摩羅什譯 (唐)波羅頗蜜多羅再譯 (宋)釋惟浄 (宋)釋法護三譯 民國三年(1914)鉛印本 一冊

330000－1701－0087121 SZB0097 子部/儒家類/儒學之屬/性理

懺摩錄一卷 (漢)彭兆蓀撰 民國八年(1919)張宗祥抄本 張宗祥跋 一冊

330000－1701－0087122 SZB0114 子部/農家農學類/園藝之屬/花卉

蘭易一卷 (宋)鹿亭翁撰 (明)馮京第校
蘭易十二翼一卷蘭史一卷 (明)馮京第輯 民國張宗祥抄本 一冊

330000－1701－0087123 SZB0109 子部/藝術類/書畫之屬

法墨五卷珍圖記五卷 (清)潘應椿撰 民國張宗祥抄本 張宗祥跋 二冊

330000－1701－0087124 SZB0102 子部/農家農學類/園藝之屬/蔬菜

野菜博錄三卷 (明)鮑山撰 民國張宗祥抄本 張宗祥跋 三冊

330000－1701－0087125 M005786 集部/總集類/酬唱之屬

涵碧登高集一卷 陳明遠等撰 民國六年(1917)鉛印本 一冊

330000－1701－0087126 SZB0115 子部/雜著類/雜說之屬

程氏續攷古編十卷 (宋)程大昌撰 民國二十四年(1935)張宗祥抄本 一冊

330000－1701－0087127 M005881 子部/術數類/占候之屬

鐵板神數十四卷 (宋)邵雍撰 民國上海廣益書局石印本 一冊

330000－1701－0087129 SZB0103 子部/農家農學類/總論之屬

農雅六卷 (清)倪倬撰 民國張宗祥抄本 張宗祥跋 二冊

330000－1701－0087130 SZB0110 子部/藝

術類/書畫之屬

養拙齋書畫記八卷江城心賞錄一卷 （清）王必達撰　民國張宗祥抄本　張宗祥跋　四冊

330000－1701－0087131　SZB0116　子部/雜著類/雜考之屬

菰中隨筆三卷詩律蒙告一卷 （清）顧炎武撰 **亭林著書目錄一卷** （清）顧衍生輯　民國張宗祥抄本　張宗祥跋　二冊

330000－1701－0087132　M005787　集部/總集類/選集之屬

拾錦一卷　陳中孚編　民國十三年至十四年(1924－1925)稿本　一冊

330000－1701－0087135　M005883　集部/曲類/曲藝之屬

改良繪圖新鮮時調不分卷　民國石印本　一冊

330000－1701－0087137　SZB0132　子部/雜著類/雜說之屬

猗覺寮襍記二卷 （宋）朱翌撰　民國六年(1917)張宗祥抄本　張宗祥校並跋　二冊

330000－1701－0087138　SZB0117　子部/雜著類/雜考之屬

經史雜記八卷 （清）王玉樹撰　民國張宗祥抄本　張宗祥跋　四冊

330000－1701－0087139　M005884　子部/藝術類/書畫之屬/畫法畫品

繪事津梁不分卷　丁悚安編　民國三年(1914)水彩畫傳習所石印本　一冊

330000－1701－0087143　M005738　史部/金石類/總志之屬/雜著

非非室襍記一卷　張鳳撰　民國六年至八年(1917－1919)抄本　一冊

330000－1701－0087144　M005788　經部/小學類/文字之屬/說文

說文易檢□□卷　張兆鏞編　稿本　一冊　存三卷(二下至四)

330000－1701－0087145　M005789　子部/宗教類/佛教之屬

佛學叢書□□種　丁福保輯　民國上海醫學書局鉛印本暨影印本　二冊　存二種

330000－1701－0087146　SZB0131　子部/雜著類/雜說之屬

雲谷雜紀四卷末一卷補編一卷札記一卷 （宋）張淏撰　民國七年(1918)張宗祥抄本　張宗祥校並跋　二冊

330000－1701－0087147　M005885　集部/小說類/長篇之屬

綉像十才子駐春園□□卷　民國鑄記書局石印本　一冊　存一卷(二)

330000－1701－0087148　SZB0111　史部/金石類

巢經巢金石筆識一卷補遺一卷 （清）鄭珍撰　民國二十六年(1937)張宗祥抄本　張宗祥跋　一冊

330000－1701－0087150　SZB0118　子部/雜著類/雜編之屬

過夏雜錄六卷續錄一卷 （清）周廣業撰　民國張宗祥抄本　張宗祥跋　四冊

330000－1701－0087151　SZB0130　子部/雜著類/雜說之屬

西溪叢語二卷 （宋）姚寬撰　民國張宗祥抄明嘉靖鶴鳴館刻本　張宗祥校並跋　一冊

330000－1701－0087152　M005886　集部/詞類/類編之屬

四印齋所刻詞 （清）王鵬運輯　民國中國書店據清光緒王氏刻本影印本　三冊　存四種

330000－1701－0087154　SZB0104　子部/醫家類/傷寒金匱之屬/傷寒論

傷寒方翼二卷 （清）柯琴撰　民國張宗祥抄本　張宗祥跋　一冊

330000－1701－0087155　SZB0112　子部/藝術類/書畫之屬/書法書品

鮮盦先生廣藝舟雙楫評語一卷 （清）黃紹箕撰　民國二十六年(1937)張宗祥抄本　張宗祥跋　與330000－1701－0087148合冊

330000－1701－0087158　SZB0129　子部/雜著類/雜説之屬
友會談叢一卷　(宋)上官融撰　民國張宗祥抄本　張宗祥跋　一冊

330000－1701－0087159　SZB0105　子部/宗教類/其他宗教之屬/基督教
不得已二卷　(清)楊光先撰　民國張宗祥抄本　張宗祥跋　一冊

330000－1701－0087160　SZB0127　子部/雜著類/雜説之屬
吹劍三錄一卷　(宋)俞文豹撰　民國八年(1919)張宗祥抄本　張宗祥跋　一冊

330000－1701－0087163　M005887　子部/藝術類/篆刻之屬/印譜
印譜一卷　民國鈐印本　一冊

330000－1701－0087167　SZB0126　子部/雜著類/雜説之屬
封氏聞見記十卷　(唐)封演撰　民國八年(1919)張宗祥抄本　張宗祥跋並過錄清莫友芝跋　一冊

330000－1701－0087168　SZB0101　史部/政書類/律令之屬/刑制
刑統賦疏一卷　(元)沈仲緯撰　民國張宗祥抄本　張宗祥跋　一冊

330000－1701－0087170　M607847　集部/總集類/郡邑之屬
嶺南即事雜撰十卷　民國上海廣益書局石印本　一冊　存三卷(三至五)

330000－1701－0087173　M005889　史部/目録類/專録之屬
西泠印社金石印譜法帖藏書目一卷　西泠印社編　民國元年(1912)上海西泠印社石印本　一冊

330000－1701－0087174　SZB0156　子部/小説家類/異聞之屬
青瑣高議二十卷　(宋)劉斧撰　民國十年(1921)張宗祥抄本　張宗祥跋　一冊　存十一卷(十至二十)

330000－1701－0087175　SZB0098　史部/政書類/律令之屬/刑制
刑統賦解二卷　(宋)傅霖撰　(元)郄□□韻釋　(元)王亮增註　民國張宗祥抄本　張宗祥跋並過錄清黄丕烈跋　一冊

330000－1701－0087176　SZB0135　子部/小説家類/雜事之屬
續墨客揮犀十卷　(宋)彭乘撰　民國八年(1919)張宗祥抄本　張宗祥跋　一冊

330000－1701－0087178　M005790　子部/藝術類/書畫之屬/書法書品
徵求陶淵明詩帖真偽證據引一卷附件四種一卷　張難先編　民國二十五年(1936)武昌湖北第一監獄鉛印本暨影印本　一冊

330000－1701－0087181　M607848　子部/儒家類/儒學之屬/禮教/家訓
暄廬家訓不分卷　張載陽撰　民國十九年(1930)新昌張九如堂鉛印本　一冊

330000－1701－0087182　SZB0124　集部/别集類/清别集
盟鷗草一卷　(清)孔傳鐸撰　民國張宗祥抄本　張宗祥跋　一冊

330000－1701－0087183　M005890　史部/目録類/專録之屬
西泠印社金石印譜法帖藏書目一卷　西泠印社編　民國四年(1915)上海西泠印社石印本　一冊

330000－1701－0087184　M607849　子部/兵家類/武術技巧之屬
金台拳譜不分卷　(宋)金台撰　民國二十年(1931)上海中西書局石印本　一冊

330000－1701－0087185　SZB0136　子部/小説家類/雜事之屬
硯北雜志二卷　(元)陸友撰　民國張宗祥抄本　張宗祥跋　一冊

330000－1701－0087188　SZB0125　集部/别集類/清别集
娱閣讀古偶志一卷　(清)孔傳鐸撰　民國張

宗祥抄本　張宗祥跋　與330000－1701－0087182合册

330000－1701－0087189　SZB0157　子部/小説家類/異聞之屬
冶城客論一卷　（明）陸采撰　民國張宗祥抄本　張宗祥跋　一册

330000－1701－0087190　M005791　史部/目録類/總録之屬
杭州金元達售古本書目錄一卷　稿本　一册

330000－1701－0087191　M607850　子部/藝術類/書畫之屬/畫譜
唐六如畫稿四卷　（明）唐寅繪　民國十年（1921）上海民聲書局石印本　一册　存一卷（四）

330000－1701－0087192　SZB0099　史部/政書類/律令之屬/刑制
粗解刑統賦一卷　（元）孟奎撰　民國張宗祥抄本　一册

330000－1701－0087194　SZB0123　子部/雜著類/雜説之屬
春臺贅筆五卷　（清）黄世發撰　民國二十六年（1937）張宗祥抄本　張宗祥跋　一册

330000－1701－0087195　M005891　子部/醫家類/傷寒金匱之屬/金匱要略
金匱要略淺註十卷　（漢）張仲景撰　（清）陳念祖集註　民國抄本　三册　存六卷（一至二、四至五、八至九）

330000－1701－0087200　M005792　子部/宗教類/佛教之屬
具德金剛亥母坛城修持儀軌一卷　貢噶法師子傳授　釋滿空譯　王家齊編　民國抄本　一册

330000－1701－0087201　SZB0137　子部/小説家類/雜事之屬
世説新語小品一卷　民國張宗祥抄本　張宗祥跋　一册

330000－1701－0087203　SZB0100　史部/政書類/律令之屬/刑制
刑統賦解一卷　民國張宗祥抄本　張宗祥跋　與330000－1701－0087192合册

330000－1701－0087204　M005892　集部/别集類
敦艮堂雜作偶存不分卷　民國抄本　一册

330000－1701－0087207　SZB0122　子部/雜著類/雜説之屬
蟲獲軒筆記不分卷　（清）張爲儒撰　民國張宗祥抄本　張宗祥跋　一册

330000－1701－0087211　M005739　史部/傳記類/别傳之屬
西嚮齋豫啟一卷　鄧際昌撰　**庭訓豫囑紀略一卷**　鄧兆馥撰　民國十七年（1928）刻本　一册

330000－1701－0087215　SZB0121　子部/雜著類/雜考之屬
四寸學六卷　（清）張雲璈撰　民國二十六年（1937）張宗祥抄本　張宗祥跋　一册

330000－1701－0087216　M607853　集部/别集類/宋别集
朱淑真斷腸詩集十卷補遺一卷後集七卷斷腸詞一卷　（宋）朱淑真撰　（宋）鄭元佐注　民國四年（1915）中華圖書館石印本　二册

330000－1701－0087220　SZB0138　子部/雜著類
初潭集小品一卷　民國張宗祥抄本　張宗祥跋　與330000－1701－0087201、330000－1701－0087228、330000－1701－0087236、330000－1701－0087253合册

330000－1701－0087222　M005794　史部/傳記類/日記之屬
北遊日記一卷丙子歸杭日記一卷　陳志進撰　民國二十四年至二十六年（1935－1937）稿本　一册

330000－1701－0087225　SZB0120　子部/雜著類/雜説之屬
循陔纂聞五卷　（清）周廣業撰　民國張宗祥

抄本　張宗祥跋　二册

330000－1701－0087226　M607854、M610235　類叢部/叢書類/自著之屬

蛾術堂集十四種　(清)沈豫撰　民國二十年(1931)上海蟫隱廬據清道光十八年(1838)刻本影印本　二册　存三種

330000－1701－0087228　SZB0139　子部/小說家類/雜事之屬

宋賢襍佩一卷　(明)祁承㸁撰　民國張宗祥抄本　張宗祥跋　與330000－1701－0087201、330000－1701－0087220、330000－1701－0087236、330000－1701－0087253合册

330000－1701－0087230　SZB0119　子部/雜著類/雜考之屬

三餘摭錄三卷　(清)周廣業撰　民國張宗祥抄本　張宗祥跋　一册

330000－1701－0087231　M607855　集部/總集類/選集之屬/斷代

唐文粹簡編六卷　(清)厲鶚　(清)譚獻評點　張相編　民國五年(1916)上海中華書局鉛印本　六册

330000－1701－0087234　M607856　集部/戲劇類/總集之屬/傳奇

玉生香傳奇四種曲　民國八年(1919)碧梧山莊石印本　一册

330000－1701－0087236　SZB0140　集部/詩文評類

王鳳洲藝苑巵言一卷　(明)王世貞撰　民國張宗祥抄本　張宗祥跋　與330000－1701－0087201、330000－1701－0087220、330000－1701－0087228、330000－1701－0087253合册

330000－1701－0087237　SZB0158　子部/小說家類/異聞之屬

鬼董五卷　民國張宗祥抄本　張宗祥跋　一册

330000－1701－0087239　M005741　子部/宗教類/佛教之屬

湛然尊者始終心要解一卷　釋諦閑撰　民國鉛印本　一册

330000－1701－0087240　SZB0134　子部/雜著類/雜說之屬

蘆浦筆記十卷　(宋)劉昌詩撰　民國十一年(1922)張宗祥抄本　張宗祥跋　一册

330000－1701－0087241　M607857　集部/詞類/總集之屬

絕妙好詞箋七卷　(宋)周密輯　(清)查爲仁　(清)厲鶚箋　**續鈔一卷**　(清)余集輯　**又續鈔一卷**　(清)徐楙補錄　民國十二年(1923)上海啟新圖書局石印本　四册

330000－1701－0087244　M005742　類叢部/叢書類/彙編之屬

岱廬叢著□□種　民國二十三年(1934)鉛印本　一册　存一種

330000－1701－0087246　SZB0159　子部/小說家類

闈事紀聞六卷　(清)周勳懋撰　民國二十四年(1935)張宗祥抄本　張宗祥跋　二册

330000－1701－0087251　M607858　集部/詞類/總集之屬

絕妙好詞箋七卷　(宋)周密輯　(清)查爲仁　(清)厲鶚箋　**續鈔一卷**　(清)余集輯　**又續鈔一卷**　(清)徐楙補錄　民國上海掃葉山房石印本　四册

330000－1701－0087253　SZB0141　史部/地理類/遊記之屬/紀勝

桃源索隱一卷　(明)闕士琦撰　民國張宗祥抄本　張宗祥跋　與330000－1701－0087201、330000－1701－0087220、330000－1701－0087228、330000－1701－0087236合册

330000－1701－0087255　M602657、M602748　史部/地理類/方志之屬/郡縣志

[嘉慶]餘杭縣志四十卷　(清)張吉安修　(清)朱文藻纂　(清)崔應榴　(清)董作棟續纂　民國八年(1919)吳蘭孫鉛印本　四册　存二十卷(一至二十)

330000－1701－0087258　M005743　子部/

宗教類/佛教之屬/論疏
大乘起信論科會一卷 (南朝梁)釋真諦 (唐)釋實叉難陀譯 徐文霨編纂 民國二十六年(1937)上海商務印書館鉛印本 一冊

330000－1701－0087262 SZB0160 集部/別集類/漢魏六朝別集
嵇康集十卷補遺一卷附錄一卷 (三國魏)嵇康撰 民國五年(1916)張宗祥抄本 張宗祥校並跋 四冊

330000－1701－0087265 M607861 子部/宗教類/佛教之屬/經
佛說大乘戒經一卷 (宋)釋施護譯 釋演音書 **十善業道經一卷** (唐)釋實叉難陀譯 釋演音書 民國二十三年(1934)影印本 一冊

330000－1701－0087267 M005744 史部/政書類/公牘檔冊之屬
問政集三卷 姜玉笙撰 民國二十一年(1932)鉛印本 一冊

330000－1701－0087269 M607862 經部/小學類/文字之屬/字書/通論
文字學形義篇不分卷 朱宗萊撰 民國七年(1918)北京大學出版部鉛印本 一冊

330000－1701－0087271 M005796 子部/宗教類/佛教之屬/諸宗
密教圖印集二卷 民國二十九年(1940)上海佛學書局影印本 一冊

330000－1701－0087275 SZB0154 子部/小說家類/異聞之屬
青瑣高議前集十卷後集十卷別集七卷 (宋)劉斧撰 民國張宗祥抄本 張宗祥跋 三冊

330000－1701－0087277 M005798 集部/曲類/曲韻曲譜曲律之屬
道和曲譜荊釵記不分卷 道和俱樂部編 民國十一年(1922)上海天一書局石印本 一冊

330000－1701－0087278 M005745 子部/宗教類/佛教之屬
金剛三昧經二卷 (晉)□□譯 釋弘一書 民國十二年(1923)影印本 一冊

330000－1701－0087280 M005746 子部/宗教類/佛教之屬
佛說阿彌陀經義記一卷 (隋)釋智者大師說 (隋)章安記 **佛說阿彌陀經義述一卷** (唐)釋慧淨撰 民國十年(1921)北京刻經處刻朱印本 一冊

330000－1701－0087285 M005747 子部/宗教類/佛教之屬
供上師法一卷供養上師會供修法一卷 湯薌銘譯 民國鉛印本 一冊

330000－1701－0087286 M005748 子部/宗教類/佛教之屬/經
佛說首楞嚴三昧經三卷 (後秦)釋鳩摩羅什譯 民國二十一年(1932)河南省佛學社刻經處刻本 一冊

330000－1701－0087287 M005799 集部/小說類/長篇之屬
繡像紅樓重夢□□卷四十八回 民國石印本 一冊 存二卷(一至二)

330000－1701－0087288 M607863 子部/藝術類/書畫之屬/法帖
鐵梅庵顧鄭鄉先生合臨書譜不分卷 (清)鐵保 (清)顧廷綸書 民國三年(1914)石印本 一冊

330000－1701－0087290 M005800 史部/金石類/總志之屬
中國金石學史 鮑鼎撰 民國十九年(1930)石印本 一冊 存一種

330000－1701－0087292 SZB0166 史部/史評類/詠史之屬
周曇詠史詩三卷 (唐)周曇撰 民國七年(1918)張宗祥影宋抄本 張宗祥跋 一冊

330000－1701－0087293 M005749 子部/宗教類/佛教之屬
佛學叢書□□種 丁福保輯 民國上海醫學書局鉛印本暨影印本 八冊 存八種

330000－1701－0087294　SZB0155　子部/小說家類/異聞之屬

新增京本青瑣高議前集十卷　（宋）劉斧撰　民國張宗祥抄本　張孝祥題記　一册　存五卷（一至五）

330000－1701－0087295　SZB0133　子部/雜著類

北窗炙輠二卷　（宋）宋德藻撰　民國八年（1919）張宗祥抄本　張宗祥題記　一册

330000－1701－0087296　M607864　子部/藝術類/書畫之屬/法帖

鶴巢老人墨寶不分卷　（清）顧淳慶書　民國十六年（1927）石印本　一册

330000－1701－0087297　M605062　子部/宗教類/佛教之屬/經疏

彌陀畧解圓中鈔二卷　（明）釋大佑解　（明）釋傳燈鈔　民國二年（1913）揚州藏經院刻本　二册

330000－1701－0087298　M605063　子部/宗教類/佛教之屬/經疏

彌陀畧解圓中鈔二卷　（明）釋大佑解　（明）釋傳燈鈔　民國二年（1913）揚州藏經院刻本　二册

330000－1701－0087299　M005801　集部/總集類/酬唱之屬

洗塵集一卷附録一卷　（日本）大倉喜七郎編　民國影印本　一册

330000－1701－0087300　M605064、M606279　子部/宗教類/佛教之屬/經疏

彌陀畧解圓中鈔二卷　（明）釋大佑解　（明）釋傳燈鈔　民國二年（1913）揚州藏經院刻本　二册

330000－1701－0087302　M607865　子部/藝術類/書畫之屬/法帖

玉笥山房墨蹟不分卷　顧廷綸書　民國二十六年（1937）石印本　一册

330000－1701－0087303　M005802　新學/雜著

速記術一卷　劉青錢編譯　民國元年（1912）上虞中興印刷局石印本　一册

330000－1701－0087304　SZB0161　集部/別集類/漢魏六朝別集

陸士龍文集十卷　（晉）陸雲撰　民國二十四年（1935）張宗祥抄本　張宗祥校並跋　一册

330000－1701－0087305　SZB0167　集部/別集類/唐五代別集

丁卯集二卷補録一卷續補録一卷補遺一卷　（唐）許渾撰　民國六年（1917）張宗祥抄本　張宗祥校並跋　二册

330000－1701－0087306　M605065、M607042、M607496　子部/宗教類/佛教之屬/經疏

大般涅槃經疏三德指歸一百卷　（晉）釋曇無讖譯　（南朝宋）釋慧嚴　（南朝宋）釋慧觀　（南朝宋）謝靈運治　（隋）釋灌頂疏　（唐）釋湛然再治　（宋）釋智圓述記　**大般涅槃經玄義發源機要六卷**　（宋）釋智圓撰　民國十四年（1925）揚州宛虹橋衆香庵刻本　十七册　存六十九卷（一至十一、十八至二十、二十七至二十九、三十九至五十、七十八至八十九、七十九至一百，大般涅槃經玄義發源機要一至六）

330000－1701－0087308　M607866　子部/藝術類/書畫之屬

遯盦遺蹟一卷　吳隱書并繪　民國十二年（1923）影印本　一册

330000－1701－0087309　M605066、M607043、M607464、M607495　子部/宗教類/佛教之屬/經疏

大般涅槃經疏三德指歸一百卷　（晉）釋曇無讖譯　（南朝宋）釋慧嚴　（南朝宋）釋慧觀　（南朝宋）謝靈運治　（隋）釋灌頂疏　（唐）釋湛然再治　（宋）釋智圓述記　**大般涅槃經玄義發源機要六卷**　（宋）釋智圓撰　民國十四年（1925）揚州宛虹橋衆香庵刻本　十六册　存四十六卷（一至八、五十七至五十九、六十至七十一、七十八至八十九、九十六至一百，大般涅槃經玄義發源機要一至六）

330000－1701－0087311　SZB0162　集部/別集類/漢魏六朝別集
鮑氏集十卷　（南朝宋）鮑照撰　民國七年(1918)張宗祥影抄本　張宗祥跋並過錄清毛扆校　二冊

330000－1701－0087312　M605067　史部/地理類/專志之屬/寺觀
招賢寺略記一卷　釋如幻輯　民國九年(1920)刻本　一冊

330000－1701－0087313　M005803　集部/戲劇類/總集之屬/傳奇
十二家評點李笠翁十種曲　（清）李漁編　民國七年(1918)上海朝記書莊石印本　二冊　存二種

330000－1701－0087315　SZB0168　集部/別集類/唐五代別集
唐李推官披沙集六卷　（唐）李咸用撰　民國張宗祥影宋抄本　張宗祥跋　一冊

330000－1701－0087316　SZB0153　子部/小說家類/異聞之屬
楊太真外傳二卷　（宋）樂史撰　民國七年(1918)張宗祥抄本　張宗祥跋　一冊

330000－1701－0087317　M605068　史部/地理類/專志之屬/寺觀
蓮居庵志十卷　孫峻輯　釋瞻明增訂　民國十九年(1930)釋瞻明刻藍印本　二冊

330000－1701－0087321　M605069　史部/地理類/專志之屬/寺觀
蓮居庵志十卷　孫峻輯　釋瞻明增訂　民國十九年(1930)釋瞻明刻藍印本　二冊

330000－1701－0087322　M605070　史部/地理類/專志之屬/寺觀
蓮居庵志十卷　孫峻輯　釋瞻明增訂　民國十九年(1930)釋瞻明刻藍印本　二冊

330000－1701－0087323　M605071　史部/地理類/專志之屬/寺觀
蓮居庵志十卷　孫峻輯　釋瞻明增訂　民國十九年(1930)釋瞻明刻藍印本　二冊

330000－1701－0087324　SZB0152　子部/小說家類/異聞之屬
廣異記二十卷　（唐）戴孚撰　民國張宗祥抄本　張宗祥跋　四冊

330000－1701－0087325　M605072　集部/總集類/酬唱之屬
海昌徐逸卿先生重游泮水集一卷　徐家熙輯　民國二十四年(1935)鉛印本　一冊

330000－1701－0087329　M605073　史部/傳記類/別傳之屬
帆影樓紀事不分卷附小萬柳堂王惲畫目一卷　吴芝瑛編　民國石印本　一冊

330000－1701－0087330　SZB0163　集部/別集類/漢魏六朝別集
陰常侍集一卷　（南朝陳）陰鏗撰　民國二十年(1931)張宗祥抄本　張宗祥跋　一冊

330000－1701－0087332　SZB0169　集部/別集類/宋別集
河東柳仲塗先生文集十五卷　（宋）柳開撰　民國五年(1916)張宗祥抄本　張宗祥校並跋　二冊

330000－1701－0087333　SZB0151　子部/小說家類/異聞之屬
穆天子傳六卷校勘記一卷　民國十一年(1922)張宗祥抄本　張宗祥跋　一冊

330000－1701－0087334　M605074　史部/地理類/山川之屬/山志
天台山方外志三十卷　（明）釋傳燈撰　民國十一年(1922)上海集雲軒鉛印本　八冊

330000－1701－0087335　M005804　子部/宗教類/佛教之屬/論疏
大乘廣五蘊論解一卷　釋源智述　民國二十四年(1935)成都空林學院刻本　一冊

330000－1701－0087336　SZB0142　子部/雜著類/雜說之屬
閒中今古四卷　（明）陳頎撰　民國八年(1919)張宗祥抄本　張宗祥跋　一冊

330000－1701－0087339　M005805　集部/戲劇類

八盤山一卷下南唐一卷撿柴一卷滿江紅一卷　民國抄本　一冊

330000－1701－0087340　SZB0150　子部/小說家類/異聞之屬

山海經圖贊一卷附校勘記一卷　（元）曹仲良撰　民國張宗祥抄本　張宗祥跋　一冊

330000－1701－0087342　M005806　集部/戲劇類

忠孝全一卷二度梅和番一卷失金釵一卷烟床自嘆一卷賣布一卷　民國抄本　一冊

330000－1701－0087344　M605075　集部/別集類

天嬰室叢稿第一輯九卷　陳訓正撰　民國十四年(1925)鉛印本　四冊

330000－1701－0087346　M605076　集部/別集類

天嬰室叢稿第一輯九卷　陳訓正撰　民國十四年(1925)鉛印本　四冊

330000－1701－0087347　SZB0164　集部/別集類/漢魏六朝別集

何水部詩集三卷　（南朝梁）何遜撰　民國二十年(1931)張宗祥抄本　張宗祥跋　與330000－1701－0087330合冊

330000－1701－0087348　M005750　史部/金石類/金之屬

寧壽鑑古十六卷　民國二年(1913)上海商務印書館據寧壽宮寫本影印本　十七冊　存十一卷(一至七、九至十二)

330000－1701－0087349　SZB0149　集部/別集類/清別集

冬集紀程一卷附詩一卷俞貞女繡經序一卷繡經填詞一卷　（清）周廣業撰　民國張宗祥抄本　張宗祥跋　一冊

330000－1701－0087350　M605079　集部/別集類

天嬰室叢稿第一輯九卷　陳訓正撰　民國十四年(1925)鉛印本　四冊

330000－1701－0087351　M605080　集部/別集類

天嬰室叢稿第一輯九卷　陳訓正撰　民國十四年(1925)鉛印本　四冊

330000－1701－0087352　M005807　經部/小學類/文字之屬/字書/字典

字典十二集三十六卷總目一卷檢字一卷辨似一卷等韻一卷補遺一卷備考一卷　（清）張玉書等撰　民國元年(1912)上海鴻文書局石印本　二冊

330000－1701－0087355　M605081　集部/別集類

天嬰室叢稿第一輯九卷　陳訓正撰　民國十四年(1925)鉛印本　四冊

330000－1701－0087358　M605082　集部/別集類

天嬰室叢稿第一輯九卷　陳訓正撰　民國十四年(1925)鉛印本　四冊

330000－1701－0087359　M605083　集部/別集類

天嬰室叢稿第一輯九卷　陳訓正撰　民國十四年(1925)鉛印本　四冊

330000－1701－0087360　SZB0148　子部/小說家類/雜事之屬

浮生六記六卷　（清）沈復撰　民國張宗祥抄本(卷五至六原缺)　張宗祥跋　一冊

330000－1701－0087361　SZB0165　集部/別集類/唐五代別集

杜工部七言律詩五卷　（唐）杜甫撰　（清）陳之壎評注　民國張宗祥抄本　張宗祥批並跋　一冊

330000－1701－0087362　M605084　集部/別集類

天嬰室叢稿第一輯九卷　陳訓正撰　民國十四年(1925)鉛印本　四冊

330000－1701－0087363　M605085　集部/

別集類

天嬰室叢稿第一輯九卷　陳訓正撰　民國十四年(1925)鉛印本　四冊

330000－1701－0087364　M605086　集部/別集類

天嬰室叢稿第一輯九卷　陳訓正撰　民國十四年(1925)鉛印本　四冊

330000－1701－0087365　SZB0195　集部/別集類/明別集

呆齋藏稿六卷附錄一卷　(明)劉定之撰　民國張宗祥抄本　張宗祥跋　二冊

330000－1701－0087366　M605087　集部/別集類

天嬰室叢稿第一輯九卷　陳訓正撰　民國十四年(1925)鉛印本　四冊

330000－1701－0087368　M005808　史部/目録類/版本之屬/書影

四部叢刊第二次預約樣本一卷四部叢刊續編預約樣本一卷　上海商務印書館編　民國十五年(1926)上海商務印書館影印本暨鉛印本　一冊

330000－1701－0087369　M605088　集部/別集類

天嬰室叢稿第一輯九卷　陳訓正撰　民國十四年(1925)鉛印本　四冊

330000－1701－0087371　M605089　集部/別集類

天嬰室叢稿第一輯九卷　陳訓正撰　民國十四年(1925)鉛印本　四冊

330000－1701－0087372　SZB0143　子部/雜著類/雜說之屬

寒夜錄二卷　(清)陳弘緒撰　民國張宗祥抄本　張宗祥跋　一冊

330000－1701－0087373　M605090　集部/別集類

天嬰室叢稿第一輯九卷　陳訓正撰　民國十四年(1925)鉛印本　四冊

330000－1701－0087375　M605091　集部/別集類

天嬰室叢稿第一輯九卷　陳訓正撰　民國十四年(1925)鉛印本　三冊　存六卷(無邪詩存、無邪詩旁篇、無邪雜箸、哀冰集、秋岸集、逃海集)

330000－1701－0087376　SZB0170　集部/別集類/宋別集

宋林和靖先生詩集四卷　(宋)林逋撰　民國八年(1919)張宗祥抄本　張宗祥跋　一冊

330000－1701－0087377　M605092　集部/別集類

天嬰室叢稿第一輯九卷　陳訓正撰　民國十四年(1925)鉛印本　二冊　存六卷(無邪詩存、無邪詩旁篇、無邪雜箸、庸海集、庸海二集、閼逢困敦集)

330000－1701－0087378　M605093　集部/別集類

天嬰室叢稿第一輯九卷　陳訓正撰　民國十四年(1925)鉛印本　四冊

330000－1701－0087379　SZB0144　子部/雜著類/雜說之屬

巾箱說一卷　(清)金埴撰　民國張宗祥抄本　張宗祥跋　一冊

330000－1701－0087380　M605094　集部/別集類

天嬰室叢稿第一輯九卷　陳訓正撰　民國十四年(1925)鉛印本　四冊

330000－1701－0087382　SZB0147　子部/雜著類/雜纂之屬

人海記一卷　(清)查慎行輯　民國張宗祥抄本　張宗祥跋　一冊

330000－1701－0087383　M605095　集部/別集類

浙南遊草一卷　陳貽蓀撰　民國二十五年(1936)鉛印本　一冊

330000－1701－0087385　M605096　集部/別集類

歸黔吟一卷　陳貽蓀撰　民國二十五年(1936)鉛印本　一册

330000－1701－0087386　SZB0146　子部/雜著類/雜編之屬
醉裡耳餘錄十二卷　(清)陳銘撰　民國張宗祥抄本　張宗祥跋　二册

330000－1701－0087387　SZB0172　集部/別集類/宋別集
高東溪先生文集二卷　(宋)高登撰　**附錄一卷**　民國八年(1919)張宗祥抄本　張宗祥跋並題記　一册

330000－1701－0087389　M605097　子部/宗教類/道教之屬
老子古義三卷漢代老學者考一卷　楊樹達撰　民國十七年(1928)上海中華書局鉛印本　三册

330000－1701－0087390　M005810　史部/目録類/書志之屬/提要
四部叢刊書錄一卷　商務印書館編　民國十八年(1929)上海商務印書館鉛印本　一册

330000－1701－0087391　SZB0145　子部/雜著類/雜編之屬
棗林外索三卷　(清)談遷撰　民國八年(1919)張宗祥抄本　張宗祥跋　三册

330000－1701－0087392　SZB0223　子部/雜著類
始誦經室文錄一卷　(清)胡元儀撰　民國張宗祥抄本　張宗祥跋　一册

330000－1701－0087394　SZB0173　集部/別集類/宋別集
野處類藁二卷補遺一卷　(宋)洪邁撰　民國張宗祥抄本　張宗祥校並跋　一册

330000－1701－0087397　M005811　史部/目録類/總録之屬
宋經樓新舊書目第八期一卷　宋經樓書店編　民國二十八年(1939)杭州石印本　一册

330000－1701－0087398　SZB0174　集部/別集類/宋別集
方秋崖先生小稿二十三卷　(宋)方岳撰　民國張宗祥抄本　張宗祥跋　二册

330000－1701－0087399　M005812　史部/目録類/總録之屬/私撰
蟫隱廬舊本書目第二十四期一卷　蟫隱廬書莊編　民國上海蟫隱廬書莊石印本　一册

330000－1701－0087400　SZB0224　子部/雜著類
小蘇齋文稿一卷隨筆一卷　(清)翁棨撰　民國張宗祥抄本　張宗祥跋　與330000－1701－0087392、330000－1701－0087404合册

330000－1701－0087402　SZB0190　集部/別集類/元別集
江月松風集十二卷續集一卷　(元)錢惟善撰　民國八年(1919)張宗祥抄本　張宗祥跋　二册

330000－1701－0087404　SZB0225　子部/雜著類
一鐙書舍未定稿一卷　(清)何秋濤撰　民國張宗祥抄本　張宗祥跋　與330000－1701－0087392、330000－1701－0087400合册

330000－1701－0087405　SZB0203　集部/別集類/清別集
爲可堂詩文集四十二卷初集十卷詩集十六卷　(清)朱一是撰　民國張宗祥抄清初刻本　張宗祥跋　十二册

330000－1701－0087407　M005813　史部/目録類/總録之屬/私撰
蟫隐廬書目第七期一卷　蟫隱廬書莊編　民國六年(1917)石印本　一册

330000－1701－0087408　SZB0175　集部/別集類/宋別集
雪磯叢稿五卷　(宋)樂雷發撰　民國八年(1919)張宗祥抄本　張宗祥跋　一册

330000－1701－0087410　SZB0222　子部/術數類/雜術之屬
黼黻圖一卷　(清)王曇撰　民國張宗祥抄本

張宗祥跋　一冊

330000－1701－0087415　M005751　集部/總集類/選集之屬/通代

評校音注古文辭類纂七十四卷　（清）姚鼐輯　王文濡校注　民國十五年（1926）上海文明書局鉛印本　三冊　存三十八卷（三十七至七十四）

330000－1701－0087416　SZB0176　集部/別集類/宋別集

雪莊詩集一卷　（宋）劉𤏡撰　民國十年（1921）張宗祥抄本　張宗祥跋　一冊

330000－1701－0087418　SZB0204　集部/別集類/清別集

敬修堂釣業一卷　（清）查繼佐撰　民國張宗祥抄本　張宗祥跋　一冊

330000－1701－0087419　M607868　子部/宗教類/佛教之屬/諸宗

摩訶止觀十卷　（隋）智者大師說　（隋）釋灌頂記　民國二十三年（1934）揚州藏經院刻本　五冊

330000－1701－0087420　SZB0177　集部/別集類/宋別集

棣華館小集一卷　（宋）楊甲撰　民國十年（1921）張宗祥抄本　張宗祥跋　與330000－1701－0087416、330000－1701－0087424合冊

330000－1701－0087422　M607869　子部/宗教類/佛教之屬/諸宗

摩訶止觀十卷　（隋）智者大師說　（隋）釋灌頂記　民國二十三年（1934）揚州藏經院刻本　五冊

330000－1701－0087423　SZB0220　集部/別集類/清別集

愚谷文存續編二卷　（清）吳騫撰　民國張宗祥抄本　張宗祥跋　一冊

330000－1701－0087424　SZB0178　集部/別集類/宋別集

蕙菴詩稿一卷　（宋）何耕撰　民國十年（1921）張宗祥抄本　張宗祥跋　與330000－1701－0087416、330000－1701－0087420合冊

330000－1701－0087426　M607870　子部/宗教類/佛教之屬/論疏

攝大乘論釋十卷　（天竺）世親菩薩造　（唐）釋玄奘譯　民國五年（1916）金陵刻經處刻本　三冊

330000－1701－0087429　SZB0219　集部/別集類/清別集

張叔未先生編年詩一卷　（清）張廷濟撰　民國張宗祥抄本　張宗祥跋　一冊

330000－1701－0087430　SZB0205　集部/別集類/清別集

查伊璜先生遠道篇一卷　（清）查繼佐撰　民國張宗祥抄本　張宗祥跋　與330000－1701－0087418、330000－1701－0087438、330000－1701－0087439合冊

330000－1701－0087431　M005752　集部/別集類

湖游小草一卷　高潛撰　民國十四年（1925）鉛印本　一冊

330000－1701－0087432　M607871　子部/宗教類/佛教之屬/經

二課合解七卷首一卷　釋興慈撰　民國十八年（1929）上海法藏寺鉛印本　二冊

330000－1701－0087433　SZB0179　集部/別集類/宋別集

橘潭詩稿一卷　（宋）何應龍撰　民國張宗祥抄本　張宗祥跋　一冊

330000－1701－0087434　M607872　集部/戲劇類/雜劇之屬

逍遙巾一卷附贈答詩一卷　（清）湯貽汾撰　（清）聽雲居士　（清）茗山老人評點　黃憲臣加評　民國二十五年（1936）南京襄社影印本　一冊

330000－1701－0087435　SZB0218　集部/別集類/清別集

小綠天菴吟草二卷六舟山野紀事詩一卷　（清）釋達受撰　民國張宗祥抄本　張宗祥跋

一册

330000－1701－0087437　SZB0180　集部/别集類/宋別集

庸齋小集一卷　（宋）沈説撰　民國張宗祥抄本　張宗祥跋　與330000－1701－0087433、330000－1701－0087441、330000－1701－0087443、330000－1701－0087444、330000－1701－0087446合册

330000－1701－0087438　SZB0207　史部/傳記類/別傳之屬/事狀

東山(查繼佐)外紀一卷　（清）劉振麟（清）周驤輯　民國張宗祥抄本　張宗祥跋　與330000－1701－0087418、330000－1701－0087430、330000－1701－0087439合册

330000－1701－0087439　SZB0206　集部/别集類/清別集

東山敬修堂詩稿一卷　（清）查繼佐撰　民國張宗祥抄本　張宗祥批並跋　與330000－1701－0087418、330000－1701－0087430、330000－1701－0087438合册

330000－1701－0087440　M607873　類叢部/叢書類/彙編之屬

百尺樓叢書五種　陳去病編　民國十三年(1924)鉛印本　二册　存一種

330000－1701－0087441　SZB0181　集部/别集類/宋別集

學詩初藁一卷　（宋）王同祖撰　民國張宗祥抄本　張宗祥跋　與330000－1701－0087433、330000－1701－0087437、330000－1701－0087443、330000－1701－0087444、330000－1701－0087446合册

330000－1701－0087442　M005753　史部/政書類/公牘檔册之屬

重濬善堰臯亭兩壩河徵信録一卷　陸惟鋆編　民國二十三年(1934)鉛印本　一册

330000－1701－0087443　SZB0182　集部/别集類/宋別集

芸居乙稿一卷　（宋）陳起撰　民國張宗祥抄本　張宗祥跋　與330000－1701－0087433、330000－1701－0087437、330000－1701－0087441、330000－1701－0087444、330000－1701－0087446合册

330000－1701－0087444　SZB0183　集部/别集類/宋別集

菊潭詩集一卷　（宋）吴仲孚撰　民國張宗祥抄本　張宗祥跋　與330000－1701－0087433、330000－1701－0087437、330000－1701－0087443、330000－1701－0087441、330000－1701－0087446合册

330000－1701－0087445　M607874　史部/傳記類/別傳之屬/事狀

文烈士焕章先生哀思録不分卷　文烈士追悼委員會輯　民國十八年(1929)鉛印本　二册

330000－1701－0087446　SZB0184　集部/别集類/宋別集

雲泉詩集一卷　（宋）釋永頤撰　民國張宗祥抄本　張宗祥跋　與330000－1701－0087433、330000－1701－0087437、330000－1701－0087441、330000－1701－0087443、330000－1701－0087444合册

330000－1701－0087450　M005754　子部/宗教類/佛教之屬/經疏

觀彌勒上生經疏四卷　（唐）釋窺基譯　民國五年(1916)金陵刻經處刻本　二册

330000－1701－0087453　M005755　集部/别集類

丙寅游杭絶句一卷　李詳撰　民國鉛印本　一册

330000－1701－0087455　SZB0208　集部/别集類/清別集

浮雲集十二卷　（清）陳之遴撰　民國張宗祥抄本　張宗祥跋　二册

330000－1701－0087457　SZB0216　集部/别集類/清別集

舊雨齋詩稿一卷　（清）施安撰　民國三十三年(1944)張宗祥抄本　張宗祥跋　二册

330000－1701－0087459　SZB0185　集部/別集類/金别集
閒閒老人滏水集二十卷　(金)趙秉文撰　**附録一卷**　民國張宗祥抄本　張宗祥跋　四册

330000－1701－0087460　SZB0202　集部/別集類/清别集
池上篇一卷文一卷　(清)徐增撰　民國張宗祥抄本　張宗祥跋　一册

330000－1701－0087461　M005756　類叢部/叢書類/彙編之屬
浙江全省研究所講義　民國木活字印本　一册　存一種

330000－1701－0087462　SZB0217　集部/別集類/清别集
耦堂詩鈔二卷　(清)施學濂撰　民國張宗祥抄本　張宗祥跋　與330000－1701－0087457合册

330000－1701－0087463　SZB0201　集部/別集類/清别集
懷舊集二卷　(清)馮舒撰　民國張宗祥抄本　張宗祥跋　一册

330000－1701－0087465　SZB0210　集部/別集類/清别集
何求老人詩不分卷　(清)吕留良撰　民國張宗祥抄本　張宗祥跋　一册

330000－1701－0087466　SZB0186　集部/別集類/元别集
趙寶峰先生文集二卷　(元)趙偕撰　民國張宗祥抄本　張宗祥跋　一册

330000－1701－0087467　SZB0215　集部/別集類/清别集
内心齋詩稿十一卷　(清)陳法撰　民國張宗祥抄本　張宗祥跋　一册

330000－1701－0087468　SZB0187　集部/別集類/元别集
所安遺集一卷　(元)陳泰撰　民國張宗祥抄本　張宗祥校並跋　一册

330000－1701－0087470　M005814　子部/宗教類/道教之屬/戒律
感應篇圖説不分卷附太微仙君善過格一卷　(清)黄正元輯　民國十五年(1926)中央刻經院鉛印本　四册

330000－1701－0087471　SZB0211　集部/別集類/清别集
敬業堂詩集參正二卷補遺一卷補遺續録一卷　(清)吳昂駒輯撰　民國張宗祥抄本　張宗祥跋　一册

330000－1701－0087473　SZB0214　集部/別集類/清别集
南陽集六卷　(清)錢大昕撰　民國張宗祥抄本　張宗祥跋　二册

330000－1701－0087474　SZB0188　集部/別集類/元别集
栲栲山人集三卷　(元)岑安卿撰　民國張宗祥抄本　張宗祥跋　一册

330000－1701－0087475　SZB0200　集部/別集類/明别集
雪翁詩集十四卷　(明)魏畊撰　民國八年(1919)張宗祥抄本　張宗祥跋　四册

330000－1701－0087476　M005757　經部/春秋穀梁傳類/傳説之屬
穀梁大義述補闕不分卷　張慰祖撰　民國二十三年(1934)國學圖書館陶風樓影印本　三册

330000－1701－0087480　SZB0212　集部/別集類/清别集
圭美堂集二十六卷　(清)徐用錫撰　民國十五年(1926)張宗祥抄本　張宗祥跋　一册　存五卷(十九至二十三)

330000－1701－0087481　SZB0189　集部/別集類/元别集
鹿皮子陳先生文集四卷　(元)陳樵撰　民國十年(1921)張宗祥抄本　張宗祥跋　一册

330000－1701－0087482　M605098、M608639　史部/傳記類/別傳之屬/事狀

陳烈女不朽錄六卷　壽孝天編　民國十四年(1925)浙紹寓滬穎川氏石印本　四册

330000－1701－0087483　M005815　集部/小說類/長篇之屬

繡像神州光復志演義十五卷一百二十回　王雪菴編　民國七年(1918)上海民強書局石印本　十六册

330000－1701－0087485　SZB0213　集部/别集類/清别集

聿修堂集六卷　(清)藍潤撰　民國張宗祥抄本　張宗祥跋　二册

330000－1701－0087487　M605101　史部/傳記類/别傳之屬/事狀

清故誥授光祿大夫經筵講官軍機大臣協辦大學士外務部尚書瞿文慎公[鴻禨]行狀一卷　余肇康撰　民國上海聚珍倣宋印書局鉛印本　一册

330000－1701－0087488　M605099　史部/傳記類/别傳之屬/事狀

清故誥授光祿大夫經筵講官軍機大臣協辦大學士外務部尚書瞿文慎公[鴻禨]行狀一卷　余肇康撰　民國上海聚珍倣宋印書局鉛印本　一册

330000－1701－0087489　M005816　經部/小學類/音韻之屬/韻書

增廣詩韻全璧六卷　民國六年(1917)石印本　六册

330000－1701－0087491　M605100　史部/傳記類/别傳之屬/事狀

清故誥授光祿大夫經筵講官軍機大臣協辦大學士外務部尚書瞿文慎公[鴻禨]行狀一卷　余肇康撰　民國上海聚珍倣宋印書局鉛印本　一册

330000－1701－0087492　M006005　子部/醫家類/婦科之屬/產科

達生編三卷附錄一卷保赤編一卷　(清)亟齋居士撰　民國浙省杭城三槐堂王氏鉛印本　一册　存三卷(達生編三、附錄、保赤編)

330000－1701－0087493　SZB0191　集部/别集類/元别集

存復齋文集不分卷　(元)朱德潤撰　民國張宗祥抄本　張宗祥跋　一册

330000－1701－0087494　M605102　史部/傳記類/别傳之屬/事狀

清故誥授光祿大夫經筵講官軍機大臣協辦大學士外務部尚書瞿文慎公[鴻禨]行狀一卷　余肇康撰　民國上海聚珍倣宋印書局鉛印本　一册

330000－1701－0087495　M605103　史部/傳記類/别傳之屬/事狀

清故誥授光祿大夫經筵講官軍機大臣協辦大學士外務部尚書瞿文慎公[鴻禨]行狀一卷　余肇康撰　民國上海聚珍倣宋印書局鉛印本　一册

330000－1701－0087496　M605104　史部/傳記類/别傳之屬/事狀

清故誥授光祿大夫經筵講官軍機大臣協辦大學士外務部尚書瞿文慎公[鴻禨]行狀一卷　余肇康撰　民國上海聚珍倣宋印書局鉛印本　一册

330000－1701－0087497　M605105　史部/傳記類/别傳之屬/事狀

清故誥授光祿大夫經筵講官軍機大臣協辦大學士外務部尚書瞿文慎公[鴻禨]行狀一卷　余肇康撰　民國上海聚珍倣宋印書局鉛印本　一册

330000－1701－0087499　M605106　史部/傳記類/别傳之屬/事狀

清故誥授光祿大夫經筵講官軍機大臣協辦大學士外務部尚書瞿文慎公[鴻禨]行狀一卷　余肇康撰　民國上海聚珍倣宋印書局鉛印本　一册

330000－1701－0087501　SZB0199　集部/别集類/明别集

海外遺稿一卷附錄一卷　(明)林埅撰　民國張宗祥抄本　張宗祥跋　一册

330000－1701－0087502　M605107　史部/傳記類/別傳之屬/事狀

清故誥授光祿大夫經筵講官軍機大臣協辦大學士外務部尚書瞿文慎公［鴻機］行狀一卷

余肇康撰　民國上海聚珍倣宋印書局鉛印本　一冊

330000－1701－0087504　M605108　史部/傳記類/別傳之屬/事狀

清故誥授光祿大夫經筵講官軍機大臣協辦大學士外務部尚書瞿文慎公［鴻機］行狀一卷

余肇康撰　民國上海聚珍倣宋印書局鉛印本　一冊

330000－1701－0087505　M605109　史部/傳記類/別傳之屬/事狀

清故誥授光祿大夫經筵講官軍機大臣協辦大學士外務部尚書瞿文慎公［鴻機］行狀一卷

余肇康撰　民國上海聚珍倣宋印書局鉛印本　一冊

330000－1701－0087506　SZB0192　集部/別集類/明別集

清江貝先生文集三十卷詩集十卷　（明）貝瓊撰　民國張宗祥抄本　張宗祥跋　六冊

330000－1701－0087507　M605110　史部/傳記類/別傳之屬/事狀

清故誥授光祿大夫經筵講官軍機大臣協辦大學士外務部尚書瞿文慎公［鴻機］行狀一卷

余肇康撰　民國上海聚珍倣宋印書局鉛印本　一冊

330000－1701－0087508　M605111　史部/傳記類/別傳之屬/事狀

清故誥授光祿大夫經筵講官軍機大臣協辦大學士外務部尚書瞿文慎公［鴻機］行狀一卷

余肇康撰　民國上海聚珍倣宋印書局鉛印本　一冊

330000－1701－0087510　M605112　史部/傳記類/別傳之屬/事狀

清故誥授光祿大夫經筵講官軍機大臣協辦大學士外務部尚書瞿文慎公［鴻機］行狀一卷

余肇康撰　民國上海聚珍倣宋印書局鉛印本　一冊

330000－1701－0087511　M605113　史部/傳記類/別傳之屬/事狀

清故誥授光祿大夫經筵講官軍機大臣協辦大學士外務部尚書瞿文慎公［鴻機］行狀一卷

余肇康撰　民國上海聚珍倣宋印書局鉛印本　一冊

330000－1701－0087512　M605114　史部/傳記類/別傳之屬/事狀

清故誥授光祿大夫經筵講官軍機大臣協辦大學士外務部尚書瞿文慎公［鴻機］行狀一卷

余肇康撰　民國上海聚珍倣宋印書局鉛印本　一冊

330000－1701－0087514　M605115　史部/傳記類/別傳之屬/事狀

清故誥授光祿大夫經筵講官軍機大臣協辦大學士外務部尚書瞿文慎公［鴻機］行狀一卷

余肇康撰　民國上海聚珍倣宋印書局鉛印本　一冊

330000－1701－0087515　M605116　史部/傳記類/別傳之屬/事狀

清故誥授光祿大夫經筵講官軍機大臣協辦大學士外務部尚書瞿文慎公［鴻機］行狀一卷

余肇康撰　民國上海聚珍倣宋印書局鉛印本　一冊

330000－1701－0087516　M605117　史部/傳記類/別傳之屬/事狀

清故誥授光祿大夫經筵講官軍機大臣協辦大學士外務部尚書瞿文慎公［鴻機］行狀一卷

余肇康撰　民國上海聚珍倣宋印書局鉛印本　一冊

330000－1701－0087517　M605118　史部/傳記類/別傳之屬/事狀

清故誥授光祿大夫經筵講官軍機大臣協辦大學士外務部尚書瞿文慎公［鴻機］行狀一卷

余肇康撰　民國上海聚珍倣宋印書局鉛印本　一冊

330000－1701－0087519　M605119　史部/

傳記類/别傳之屬/事狀

清故誥授光禄大夫經筵講官軍機大臣協辦大學士外務部尚書瞿文慎公[鴻禨]行狀一卷 余肇康撰 民國上海聚珍倣宋印書局鉛印本 一册

330000－1701－0087520 SZB0171 集部/别集類/明别集

浮山文集前編十卷後編二卷浮山藏此軒别集二卷滕寓信筆一卷 (明)方以智撰 民國張宗祥抄本 張宗祥跋 六册

330000－1701－0087521 M605120 史部/傳記類/别傳之屬/事狀

清故誥授光禄大夫經筵講官軍機大臣協辦大學士外務部尚書瞿文慎公[鴻禨]行狀一卷 余肇康撰 民國上海聚珍倣宋印書局鉛印本 一册

330000－1701－0087522 SZB0198 集部/别集類/明别集

虚齋先生遺集十卷 (明)祝萃撰 民國張宗祥抄本 張宗祥跋 一册 存五卷(一至五)

330000－1701－0087524 M005817 子部/小説家類/瑣語之屬

滿清官場百怪錄二卷 雷瑨撰 民國三年(1914)上海掃葉山房石印本 四册

330000－1701－0087525 M605121 史部/傳記類/别傳之屬/事狀

清故誥授光禄大夫經筵講官軍機大臣協辦大學士外務部尚書瞿文慎公[鴻禨]行狀一卷 余肇康撰 民國上海聚珍倣宋印書局鉛印本 一册

330000－1701－0087527 M605122 史部/傳記類/别傳之屬/事狀

清故誥授光禄大夫經筵講官軍機大臣協辦大學士外務部尚書瞿文慎公[鴻禨]行狀一卷 余肇康撰 民國上海聚珍倣宋印書局鉛印本 一册

330000－1701－0087528 M605123 史部/傳記類/别傳之屬/事狀

清故誥授光禄大夫經筵講官軍機大臣協辦大學士外務部尚書瞿文慎公[鴻禨]行狀一卷 余肇康撰 民國上海聚珍倣宋印書局鉛印本 一册

330000－1701－0087529 M605124 史部/傳記類/别傳之屬/事狀

清故誥授光禄大夫經筵講官軍機大臣協辦大學士外務部尚書瞿文慎公[鴻禨]行狀一卷 余肇康撰 民國上海聚珍倣宋印書局鉛印本 一册

330000－1701－0087532 M605125 集部/總集類/選集之屬/斷代

樓幼靜張穆生詩詞合稿四卷 樓巍 張敬熙撰 民國二十一年(1932)鉛印本 一册

330000－1701－0087533 M005818 集部/别集類/唐五代别集

李長吉詩集四卷外集一卷 (唐)李賀撰 (清)吴汝綸評注 民國十一年(1922)上海鴻章書局石印本 四册

330000－1701－0087534 M605126、M608825 史部/目録類/總録之屬/官修

浙江公立圖書館保存類目錄四卷 浙江公立圖書館編 民國十年(1921)浙江公立圖書館石印本 二册

330000－1701－0087536 M605127 史部/目録類/總録之屬/官修

浙江公立圖書館保存類目錄四卷 浙江公立圖書館編 民國十年(1921)浙江公立圖書館石印本 二册

330000－1701－0087537 M605128 史部/目録類/總録之屬/官修

浙江公立圖書館保存類目錄四卷 浙江公立圖書館編 民國十年(1921)浙江公立圖書館石印本 二册

330000－1701－0087539 M605129 史部/目録類/總録之屬/官修

浙江公立圖書館保存類目錄四卷 浙江公立圖書館編 民國十年(1921)浙江公立圖書館

石印本　二册

330000－1701－0087540　M605130　史部/目録類/總録之屬/官修

浙江公立圖書館保存類目錄四卷　浙江公立圖書館編　民國十年(1921)浙江公立圖書館石印本　二册

330000－1701－0087541　SZB0197　集部/别集類/明别集

趙氏家藏集八卷補遺一卷附錄一卷　(明)趙文華撰　民國五年(1916)、二十年(1931)張宗祥抄本　張宗祥校並跋　三册

330000－1701－0087543　M005819　集部/總集類/選集之屬/斷代

唐詩評註讀本六卷　王文濡評選　汪處廬金熙註釋　民國六年(1917)上海文明書局鉛印本　二册

330000－1701－0087545　SZB0196　集部/别集類/明别集

浦舍人集六卷　(明)浦源撰　民國七年(1918)張宗祥影抄本　張宗祥跋　一册

330000－1701－0087547　SZB0194　集部/别集類/明别集

甘白先生文集六卷　(明)張適撰　民國張宗祥抄本　張宗祥跋　二册

330000－1701－0087548　M005893　子部/藝術類/書畫之屬/畫譜

芥子園畫傳一卷海上名人畫譜一卷　民國石印本　一册

330000－1701－0087549　SZB0193　集部/别集類/明别集

清江貝先生文集三卷續集一卷　(明)貝瓊撰　民國張宗祥抄本　張宗祥跋　四册

330000－1701－0087550　SZB0255　史部/地理類/總志之屬/斷代

清末舊志各省府縣各道區表不分卷　民國張宗祥抄本　一册

330000－1701－0087553　SZB0233　集部/别集類/清别集

耄餘詩話十卷　(清)周春撰　民國七年(1918)張宗祥抄本　張宗祥跋　二册

330000－1701－0087554　SZB0251　史部/地理類/方志之屬/郡縣志

[道光]澉水新誌十二卷　(清)方溶纂修　民國張宗祥抄本　張宗祥跋　四册

330000－1701－0087557　SZB0234　集部/詩文評類/詩評之屬

拜經樓詩話四卷　(清)吳騫撰　民國張宗祥抄本　張宗祥跋　一册

330000－1701－0087560　SZB0235　集部/詩文評類/詩評之屬

韻語陽秋二十卷　(宋)葛立方撰　民國張宗祥抄本　張宗祥校並跋　二册

330000－1701－0087561　M005895　子部/宗教類/道教之屬

三聖經讀本三卷三教聖人共訂選仙章程一卷武穆帝君忠經一卷玄天上帝勸人宜行大孝報答雙親文一卷　民國北京天華館鉛印本　一册

330000－1701－0087564　M607875　子部/宗教類/佛教之屬/大藏

大日本續藏經一千七百五十六部七千一百四十四卷首一卷目錄二卷　(日本)前田慧雲編　(日本)中野達慧增輯　民國十二年至十四年(1923－1925)上海商務印書館影印本　一百八十八册　存四百十五種

330000－1701－0087565　M005820　集部/總集類/選集之屬/通代

圈點詳註十八家詩鈔二十八卷　(清)曾國藩撰　陳存悔等註　民國十八年(1929)上海中原書局鉛印本　八册

330000－1701－0087566　SZB0250　史部/雜史類/斷代之屬

英傑歸真一卷　(太平天國)洪仁玕撰　民國二十三年(1934)張宗祥抄本　張宗祥跋　一册

330000 – 1701 – 0087568　M005896　子部/藝術類/書畫之屬/畫録
清朝書畫錄四卷　竇鎮輯　民國上海進化書局石印本　二册　存二卷(二至三)

330000 – 1701 – 0087569　SZB0249　經部/四書類/總義之屬/傳說
四書待問二十二卷　(元)蕭鎰撰　民國二十六年(1937)張宗祥抄本　張宗祥跋　二册

330000 – 1701 – 0087570　M005897　史部/傳記類/别傳之屬/事狀
筱韻仙館七十壽言一卷圖詠一卷　朱文淵輯　民國九年(1920)石印本　一册

330000 – 1701 – 0087575　SZB0244　史部/雜史類/斷代之屬
建炎以來朝野雜記甲集二十卷　(宋)李心傳撰　民國二十四年(1935)張宗祥抄本　張宗祥跋　一册　存六卷(一至六)

330000 – 1701 – 0087578　SZB0236　集部/詩文評類/詩評之屬
詩法源流一卷　(元)楊仲弘撰　民國張宗祥影元抄本　張宗祥跋　一册

330000 – 1701 – 0087583　SZB0239　集部/詞類/别集之屬
紅萼詞二卷炊香詞一卷　(清)孔傳鐸撰　民國張宗祥抄本　張宗祥跋　二册

330000 – 1701 – 0087585　M005898　經部/四書類/論語之屬/正文
論語白文十卷　民國鉛印本　二册

330000 – 1701 – 0087586　SZB0226　集部/别集類/清别集
金陵癸甲新樂府一卷城外新樂府一卷　(清)馬壽齡撰　民國張宗祥抄本　張宗祥跋　一册

330000 – 1701 – 0087590　M005899　經部/小學類/訓詁之屬/字詁
言文一貫虚字使用法不分卷　周善培撰　民國八年(1919)鉛印本　四册

330000 – 1701 – 0087591　SZB0240　集部/詞類/别集之屬
滄江虹月詞一卷　(清)王初撰　民國張宗祥抄本　張宗祥跋　一册

330000 – 1701 – 0087594　SZB0227　集部/總集類/題詠之屬
獨秀峰題壁詩三十首一卷　(清)張載臣撰　民國張宗祥抄本　張宗祥跋　與 330000 – 1701 – 0087586 合册

330000 – 1701 – 0087595　SZB0241　集部/曲類/曲韻曲譜曲律之屬
太和正音譜二卷　(明)朱權編　民國張宗祥影抄明洪武刻本　張宗祥跋　四册

330000 – 1701 – 0087598　M005901　史部/傳記類/總傳之屬/技藝
歷代畫史彙傳七十二卷首一卷附錄二卷　(清)彭蘊璨編　民國廣雅書局、啟新書局石印本　一册　存七卷(十至十六)

330000 – 1701 – 0087600　SZB0228　集部/總集類/選集之屬/通代
古詩存目錄四十五卷　楊守敬輯　民國二十六年(1937)張宗祥抄本　張宗祥跋　六册

330000 – 1701 – 0087602　SZB0237　集部/詞類/總集之屬
宋典雅詞十四種　民國十六年(1927)張宗祥抄本　張宗祥跋　五册

330000 – 1701 – 0087603　SZB0242　類叢部/叢書類/彙編之屬
花近樓叢書　(清)管庭芬編　民國二十三年(1934)張宗祥抄本　張宗祥跋　十四册

330000 – 1701 – 0087604　M005902　子部/藝術類/書畫之屬/畫譜
馬駘畫寶大全樣本不分卷　民國上海世界書局影印本　一册

330000 – 1701 – 0087606　M005903　類叢部/叢書類/自著之屬
六如居士全集四種　(明)唐寅撰　民國七年(1918)上海廣益書局石印本　一册　存一種

330000－1701－0087607　SZB0229　集部/總集類/選集之屬/斷代

乾坤清氣十四卷　(明)偶桓選　民國八年(1919)張宗祥抄自劉喜海抄本　張宗祥跋　二冊

330000－1701－0087611　M005904、M007596　子部/小說家類/雜事之屬

我佛山人劄記小說四卷　(清)吳研人撰　民國上海掃葉山房石印本　二冊

330000－1701－0087614　SZB0230　集部/總集類/郡邑之屬

四明雅選三卷　(明)戴鯨輯　民國張宗祥抄本　張宗祥跋　一冊

330000－1701－0087615　M005905　集部/曲類/曲藝之屬

新刻花仙果全傳一卷　民國南京聚珍山房石印本　一冊

330000－1701－0087616　M600288　類叢部/叢書類/彙編之屬

四部備要　中華書局編　民國二十五年(1936)上海中華書局鉛印本　三冊　存一種

330000－1701－0087619　SZB0231　集部/總集類/氏族之屬

甬東薛氏世風刪二卷　(明)薛岡輯　**甬東薛氏世風刪續集一卷**　(明)薛士學輯　民國張宗祥抄本　張宗祥跋　一冊

330000－1701－0087620　M005906　集部/曲類/曲藝之屬

新刻唐僧取經一卷　民國石印本　一冊

330000－1701－0087622　M005907　集部/曲類/曲藝之屬

新刻說唱擺花張四姐大鬧東京傳一卷　民國上海文益書局石印本　一冊

330000－1701－0087623　SZB0232　集部/總集類/選集之屬/斷代

清詩別裁續集不分卷　民國張宗祥抄本　張宗祥跋　二冊

330000－1701－0087626　M005908　集部/曲類/曲藝之屬

新刻珍珠塔九松亭全傳二卷　民國石印本　一冊

330000－1701－0087627　SZB0238　集部/詞類/別集之屬

遺山樂府三卷　(金)元好問撰　民國八年(1919)張宗祥影抄朝鮮本　張宗祥跋　一冊

330000－1701－0087629　M005821　子部/宗教類/佛教之屬

宋藏遺珍　上海影印宋版藏經會　北平三時學會輯　民國二十四年(1935)上海影印宋版藏經會、北平三時學會影印本暨鉛印本　一百二十冊　存一百三十七卷(佛說大乘僧伽吒法義經存二、六至七,雙峯山曹侯溪實林傳一至六、八,傳燈玉英集二至三、五至六、八、十、十二、十四至十五,成唯識論述記一至二、四、七至十,成唯識論述記科文存一至二,成唯識論掌中樞要一至二,法菀義林三、五,因明入正理論疏二至三,般若波羅蜜多心幽賛一,阿弥陁經通賛疏二,妙法蓮華經玄賛一、三至四,瑜伽師地論略纂疏存一、三、五至六、八至十三、十五,瑜伽師地論義演一、四、六至八、十一至十二、十五、十七、十九至二十、二十六、二十八至三十五、三十八、四十,瑜伽師地論記一至二、五至七、九至十二、十六至十七、十九至二十,大唐開元釋教廣品歷章三至十、十二至十五、十七、十九至二十,大中祥符法實錄三至八、十至十八、二十,天聖釋教總錄二至三,景祐新修法實錄一至二、四、六、八至十、十二至十四、十六至十八、總錄,觀弥勒菩薩上生兜率天經疏二,觀弥勒菩薩下生兜率天經疏二,上生經疏會古通今新抄二、四,上生經疏隨新抄科文一)

330000－1701－0087631　M600299　史部/傳記類/總傳之屬/儒林

學案小識十四卷末一卷　(清)唐鑑撰　民國二十五年(1936)上海中華書局鉛印四部備要本　侯毓江題記　四冊

330000－1701－0087635　M600464、M600303

類叢部/叢書類/彙編之屬
四部備要 中華書局編 民國二十五年(1936)上海中華書局鉛印本 十册 存二種

330000－1701－0087636 M600325、M600516 類叢部/叢書類/彙編之屬
四部備要 中華書局編 民國二十五年(1936)上海中華書局鉛印本 五册 存二種

330000－1701－0087637 M600310 類叢部/叢書類/彙編之屬
四部備要 中華書局編 民國二十五年(1936)上海中華書局鉛印本 十一册 存一種

330000－1701－0087638 SZB0282 子部/醫家類/本草之屬/本草雜著
本草簡要方八卷 張宗祥撰 稿本 四册

330000－1701－0087640 M600304 類叢部/叢書類/彙編之屬
四部備要 中華書局編 民國二十五年(1936)上海中華書局鉛印本 一册 存一種

330000－1701－0087641 SZB0283 子部/醫家類/本草之屬/本草雜著
醫藥淺説不分卷 張宗祥撰 民國三十二年(1943)至一九五二年稿本 一册

330000－1701－0087642 SZB0292 子部/藝術類/書畫之屬/書法書品
書學源流論不分卷 張宗祥撰 稿本 一册

330000－1701－0087645 SZB0287 經部/小學類/文字之屬/字書/字典
熙寧字説輯不分卷 張宗祥撰 稿本 二册

330000－1701－0087647 M006007 集部/詩文評類/詩評之屬
批本隨園詩話十六卷補遺十卷附錄一卷 冒廣生撰 民國十五年(1926)中國圖書公司和記鉛印本 二册

330000－1701－0087649 SZB0294 史部/傳記類/別傳之屬
祝張宗祥六十歲壽文不分卷 祝文白等撰 民國張珏抄本 三册

330000－1701－0087650 M005909 集部/曲類/曲藝之屬
新刻龍鬚麵分裙記一卷 民國上海文益書局石印本 一册

330000－1701－0087651 SZB0265 史部/雜史類
疑是錄不分卷 張宗祥撰 稿本 二册

330000－1701－0087653 SZB0288 經部/小學類/文字之屬/字書/字典
熙寧字説輯五卷附錄一卷 張宗祥撰 稿本 一册

330000－1701－0087655 M005910 集部/曲類/曲藝之屬
繪圖王小姐烏金記全集一卷 民國上海文益書局石印本 一册

330000－1701－0087656 M006008 子部/雜著類
大中秘解不分卷 民國抄本 一册

330000－1701－0087657 SZB0301 集部/別集類/清別集
兩當軒律詩選一卷 (清)黄景仁撰 民國三年(1914)張宗祥抄本 一册

330000－1701－0087658 M005911 子部/叢編
大字精校圈點注釋三十六子全書□□種 (清)孫星衍撰 民國上海掃葉山房石印本 一册 存一種

330000－1701－0087659 SZB0289 子部/藝術類/書畫之屬/書法書品
論書絶句不分卷 張宗祥撰 稿本 一册

330000－1701－0087660 SZB0266 子部/雜著類/雜説之屬
文章泛論不分卷 張宗祥撰 稿本 與330000－1701－0087651合册

330000－1701－0087661 M006009 子部/雜著類/雜纂之屬

醉紅吟館襍鈔一卷　民國抄本　一册

330000－1701－0087663　SZB0302　集部/總集類
張宗祥手錄各家詩一卷　民國張宗祥抄本　一册

330000－1701－0087664　M005912　經部/小學類/文字之屬/字書/訓蒙
澄衷蒙學堂字課圖說四卷檢字一卷類字一卷　澄衷學校編　民國十五年(1926)上海校經山房、大成書局石印本　二册　存四卷(一、三,檢字,類字)

330000－1701－0087666　SZB0290　子部/藝術類/書畫之屬/書法書品
論書絕句不分卷　張宗祥撰　稿本　沈兆奎跋　一册

330000－1701－0087669　M005913　集部/小說類/長篇之屬
第一才子書十六卷一百二十回　(明)羅貫中撰　(清)毛宗崗　(清)金人瑞評　民國上海會文堂鉛印本　六册　存六卷(四至九)

330000－1701－0087674　M006011　子部/雜著類/雜纂之屬
杏軒叢錄不分卷　陶承杏錄　民國二十九年(1940)抄本　一册

330000－1701－0087676　M005914　集部/戲劇類/總集之屬/雜劇
古今名劇選□□卷　吳梅選　民國八年(1919)國立北京大學出版部鉛印本　一册　存一卷(二)

330000－1701－0087679　M006012　子部/雜著類/雜纂之屬
國文不分卷　民國石印本　一册

330000－1701－0087682　SZB0269　集部/別集類/宋別集
東坡先生和陶淵明詩四卷　(宋)蘇軾撰　民國十一年(1922)黄藝錫等京師刻公文紙印本　張宗祥跋　二册

330000－1701－0087683　M005915　經部/小學類/音韻之屬
文字學音篇五章　錢玄同撰　民國七年(1918)北京大學出版部鉛印本　一册

330000－1701－0087685　M005916　子部/宗教類/佛教之屬/經
佛說大安般守意經二卷　(漢)釋安清譯　(清)鄧晅章句　民國十一年(1922)鉛印本　一册

330000－1701－0087686　SZB0304　子部/雜著類
苦笑集一卷　張宗祥撰　民國二十七年(1938)稿本　一册

330000－1701－0087687　M006013　子部/雜著類/雜纂之屬
槐窗箋記不分卷　查猷勤輯　稿本　一册

330000－1701－0087689　SZB0271　子部/雜著類/雜說之屬
手抄千卷樓隨筆不分卷　張宗祥撰　民國十八年(1929)稿本　三册

330000－1701－0087691　M006014　集部/別集類
佚名詩集一卷　稿本　一册

330000－1701－0087693　M005918　子部/藝術類/書畫之屬/法帖
戴文節公臨郭公廟碑一卷　(清)戴熙書　民國五年(1916)上海中華書局石印本　一册

330000－1701－0087695　SZB0307　集部/別集類/清別集
敬業堂詩集五十卷續集六卷　(清)查慎行撰　民國上海商務印書館影印四部叢刊本　張宗祥過錄清翁方綱、許葉芬批校並跋　張宗祥觀款並題記　十六册

330000－1701－0087696　M006015　子部/雜著類
延壽藥言四卷附錄一卷　延壽堂主人纂輯　民國鉛印本　一册

330000－1701－0087697　M005919　集部/小說類/長篇之屬
石頭記八卷八十回　(清)曹霑撰　民國石印本　八冊　存四卷(一至四)

330000－1701－0087701　SZB0306　新學/理學/文學
清代文學概述一卷　張宗祥撰　稿本　一冊

330000－1701－0087702　M006016　新學/政治法律/政治
義烏縣議會各種規則一卷　民國十一年(1922)鉛印本　一冊

330000－1701－0087704　SZB0273　子部/雜著類/雜說之屬
巴山夜雨錄一卷　張宗祥撰　民國三十四年(1945)稿本　一冊

330000－1701－0087705　M005920　集部/曲類/彈詞之屬
新編蓮花帕二十八卷二十八回　民國五年(1916)桂林王城圖書館印刷所鉛印本　十五冊　存二十六卷(一至十、十三至二十八)

330000－1701－0087707　M006017　子部/宗教類/佛教之屬/經疏
佛說阿彌陀經疏鈔擷一卷附念佛儀一卷　(明)釋袾宏疏鈔　(清)徐槐廷擷　民國刻本　一冊

330000－1701－0087712　SZB0275　集部/別集類
入川草一卷　張宗祥撰　稿本　一冊

330000－1701－0087721　M006018　集部/總集類/選集之屬/斷代
墨宧詩鈔六卷墨宧詞一卷　陳祖綬撰　**息廬詩鈔一卷**　陳祖綸撰　民國油印本　三冊

330000－1701－0087724　M006019　史部/目録類/總録之屬/私撰
分厨書目不分卷　稿本　一冊

330000－1701－0087725　SZB0274　集部/別集類
張宗祥詩稿一卷　張宗祥撰　稿本　一冊

330000－1701－0087731　M005921　子部/宗教類/佛教之屬/經
心經七譯本一卷　北京刻經處輯　民國八年(1919)北京刻經處刻本　一冊

330000－1701－0087734　SZB0277　集部/別集類
游桂草一卷　張宗祥撰　稿本　一冊

330000－1701－0087737　SZB0276　集部/別集類
入川草一卷還都草一卷　張宗祥撰　稿本　一冊

330000－1701－0087741　M605140　集部/別集類
萍鷗小舫詩鈔四卷　鍾熊祥撰　民國十六年(1927)鉛印本　四冊

330000－1701－0087744　SZB0281　集部/別集類
不滿硯齋稿一卷　張宗祥撰　稿本　一冊

330000－1701－0087745　M600370、M600661　類叢部/叢書類/彙編之屬
四部備要　中華書局編　民國二十五年(1936)上海中華書局鉛印本　十三冊　存二種

330000－1701－0087746　SZB0314　史部/政書類/考工之屬/營造
七檩硬山大式做法不分卷　民國張宗祥抄本　一冊

330000－1701－0087749　SZB0310　類叢部/叢書類/彙編之屬
漢魏叢書三十八種　(明)程榮輯　民國十四年(1925)上海商務印書館據明萬曆程氏刻本影印本　張宗祥批校並跋　十九冊　存十四種

330000－1701－0087750　M006020　集部/總集類/選集之屬
詩漫鈔不分卷　民國十六年(1927)抄本

一册

330000－1701－0087755　M006022　集部/別集類

新詩集一卷　稿本　一册

330000－1701－0087757　M605131　類叢部/叢書類/自著之屬

樊諫議集七家注五種附一種　（唐）樊宗師撰　樊鎮輯　民國紹興樊氏緜絳書屋刻本　一册　存一種

330000－1701－0087758　M006023　子部/宗教類/佛教之屬

瑜伽集要蒙山施食手印全部一卷　釋圓通錄　民國二十五年（1936）抄本　一册

330000－1701－0087759　M605132　類叢部/叢書類/自著之屬

樊諫議集七家注五種附一種　（唐）樊宗師撰　樊鎮輯　民國紹興樊氏緜絳書屋刻本　一册　存一種

330000－1701－0087760　M605133　類叢部/叢書類/自著之屬

樊諫議集七家注五種附一種　（唐）樊宗師撰　樊鎮輯　民國紹興樊氏緜絳書屋刻本　一册　存一種

330000－1701－0087761　M605134　類叢部/叢書類/自著之屬

樊諫議集七家注五種附一種　（唐）樊宗師撰　樊鎮輯　民國紹興樊氏緜絳書屋刻本　一册　存一種

330000－1701－0087763　M006024　子部/藝術類/書畫之屬/法帖

蘇黄米蔡墨寶不分卷　（宋）蘇軾等書　民國上海有正書局影印本　二册

330000－1701－0087765　M605135　類叢部/叢書類/自著之屬

樊諫議集七家注五種附一種　（唐）樊宗師撰　樊鎮輯　民國紹興樊氏緜絳書屋刻本　一册　存一種

330000－1701－0087766　M605136　類叢部/叢書類/自著之屬

樊諫議集七家注五種附一種　（唐）樊宗師撰　樊鎮輯　民國紹興樊氏緜絳書屋刻本　一册　存一種

330000－1701－0087767　M605137　集部/總集類/郡邑之屬

禹域叢書三種十二卷　禹域新聞社輯　民國鉛印本　一册　存一種

330000－1701－0087769　M605138　子部/宗教類/道教之屬

莊子十卷附校勘記一卷　（晉）郭象注　（唐）陸德明音義　民國九年（1920）浙江圖書館刻本　二册　存四卷（七至十）

330000－1701－0087772　M605139　集部/別集類

萍鷗小舫詩鈔四卷　鍾熊祥撰　民國十六年（1927）鉛印本　四册

330000－1701－0087779　M605141　子部/醫家類/兒科之屬/痘疹

天花精言六卷　（清）袁句撰　民國十八年（1929）黄巖楊書穜樓鉛印本　一册　存三卷（一至三）

330000－1701－0087781　M605142　子部/醫家類/兒科之屬/痘疹

天花精言六卷　（清）袁句撰　民國十八年（1929）黄巖楊書穜樓鉛印本　一册　存三卷（一至三）

330000－1701－0087783　M605143　集部/別集類/清別集

思僫室詩集一卷　（清）施寯撰　**問雲閣詩集一卷**　（清）宋實綺撰　民國二十年（1931）鉛印本　一册

330000－1701－0087784　M605144　集部/別集類/清別集

思僫室詩集一卷　（清）施寯撰　**問雲閣詩集一卷**　（清）宋實綺撰　民國二十年（1931）鉛印本　一册

330000－1701－0087786 M605145 集部/別集類/清別集

思僭室詩集一卷 （清）施嶲撰 **問雲閣詩集一卷** （清）宋實綺撰 民國二十年（1931）鉛印本 一冊

330000－1701－0087788 M006025 史部/傳記類/日記之屬

吏務處日記不分卷（民國十九年八月一日至二十年七月三十一日） 民國十九年至二十年（1930－1931）稿本 一冊

330000－1701－0087793 M605146 史部/雜史類/斷代之屬

三十三日脱難記一卷 （清）楊兆鏊撰 楊泰頤輯 民國十二年（1923）鉛印本暨影印本 一冊

330000－1701－0087796 M605632 經部/春秋總義類/專著之屬

春秋中國夷狄辨三卷 徐勤撰 民國上海大同譯書局石印本 一冊

330000－1701－0087798 M605147、M606083、M606298 子部/宗教類/佛教之屬

佛學叢書□□種 丁福保輯 民國上海醫學書局鉛印本暨影印本 十五冊 存二種

330000－1701－0087805 M605148 史部/地理類/方志之屬/郡縣志

［民國］定海縣志十六卷首一卷 陳訓正 馬瀛纂修 施臯 顔聖介 張紀隆測繪 民國十三年（1924）旅滬同鄉會鉛印本 六冊

330000－1701－0087807 M605149 史部/地理類/方志之屬/郡縣志

［民國］定海縣志十六卷首一卷 陳訓正 馬瀛纂修 施臯 顔聖介 張紀隆測繪 民國十三年（1924）旅滬同鄉會鉛印本 六冊

330000－1701－0087811 M605150 史部/地理類/方志之屬/郡縣志

［民國］定海縣志十六卷首一卷 陳訓正 馬瀛纂修 施臯 顔聖介 張紀隆測繪 民國十三年（1924）旅滬同鄉會鉛印本 六冊

330000－1701－0087813 M005922 子部/宗教類/佛教之屬/經疏

佛説般若波羅蜜多心經贊二卷 （唐）釋圓測撰 **般若波羅蜜多心經疏一卷** （唐）釋慧淨撰 民國十三年至十四年（1924－1925）支那内學院刻本 一冊

330000－1701－0087814 M605151 史部/地理類/山川之屬/山志

雲棲志十卷首一卷 項士元纂 民國二十三年（1934）新光印書館鉛印本 二冊

330000－1701－0087817 M005923 史部/地理類/遊記之屬/紀勝

沙嶺紀遊草一卷 王振聲撰 民國元年（1912）石印本 一冊

330000－1701－0087818 M605152 集部/別集類/宋別集

棠湖詩藁一卷 （宋）岳珂撰 民國八年（1919）影印本 一冊

330000－1701－0087819 M605153 史部/金石類/金之屬/通考

綴遺齋彝器款識攷釋三十卷首一卷 （清）方濬益撰 方燕年補編 民國二十四年（1935）上海商務印書館影印本（卷十五原缺） 五冊 缺十九卷（二至十一、十四、十六至二十二、二十二）

330000－1701－0087827 M605707、M605154 類叢部/叢書類/彙編之屬

知不足齋叢書一百九十五種 （清）鮑廷博輯 （清）鮑士恭續輯 民國十年（1921）上海古書流通處據清鮑氏刻本影印本 金石壽題記 四冊 存三種

330000－1701－0087832 M605155 集部/詞類/別集之屬

慮尊詞一卷然脂詞一卷 陳夔撰 民國十一年（1922）鉛印本 一冊

330000－1701－0087834 M605156 集部/詞類/別集之屬

慮尊詞一卷然脂詞一卷 陳夔撰 民國十一

年(1922)鉛印本　一册

330000－1701－0087836　M605157　集部/別集類

訒菴詩鈔一卷　彭敦毅撰　民國十二年(1923)鉛印本　一册

330000－1701－0087837　M005925　集部/別集類

玉谿碎錦集一卷　周慶雲撰　**西崑貫玉稿一卷**　嵩塋撰　民國二十二年(1933)夢坡室刻本　一册

330000－1701－0087838　M006029　史部/傳記類/別傳之屬/事狀

陳榮華哀輓錄不分卷　民國二十三年(1934)石印本暨鉛印本　一册

330000－1701－0087840　M605158、M609537　子部/宗教類/佛教之屬/論疏

瑜伽師地論記一百卷　(唐)釋玄奘譯　民國二十九年(1940)上海佛學書局影印本　九册　存六十一卷(七至四十七、五十五至六十一、七十至七十六、八十九至九十四)

330000－1701－0087842　M005926　史部/地理類/遊記之屬/紀行

京江避壽記一卷　周慶雲撰　民國二十二年(1933)刻藍印本　一册

330000－1701－0087846　M006030　子部/藝術類/書畫之屬/法帖

楹聯名蹟七輯　中華書局輯　民國十八年(1929)上海中華書局影印本　周暠題記　一册　存一輯(二)

330000－1701－0087847　M605159　子部/醫家類/類編之屬

南雅堂醫書全集(陳修園醫書)　(清)陳念祖等撰　民國石印本　三册　存二種

330000－1701－0087848　M005927　史部/地理類/遊記之屬/紀行

京江避壽記一卷　周慶雲撰　民國二十二年(1933)刻藍印本　一册

330000－1701－0087849　M607876　子部/宗教類/佛教之屬/大藏

大日本續藏經一千七百五十六部七千一百四十四卷首一卷目錄二卷　(日本)前田慧雲編　(日本)中野達慧增輯　民國十二年至十四年(1923－1925)上海商務印書館影印本　九册　存二十一種

330000－1701－0087850　M006031　子部/醫家類/溫病之屬/瘟疫

加評溫病條辨六卷首一卷　(清)吳瑭撰　陸士諤評　民國上海世界書局石印本　一册　存三卷(首、一至二)

330000－1701－0087854　M006032、M006770　史部/傳記類/日記之屬

耕心畬玉廬日記不分卷(民國二十一年至二十六年)　嘘塵撰　稿本　五册

330000－1701－0087859　M005928　集部/總集類/酬唱之屬

晨風廬唱和續集十二卷　周慶雲輯　民國吳興周氏夢坡室刻藍印本　許溎祥題記　二册　存二卷(二至三)

330000－1701－0087862　M600392　類叢部/叢書類/彙編之屬

四部備要　中華書局編　民國二十五年(1936)上海中華書局鉛印本　十二册　存一種

330000－1701－0087863　M600394　類叢部/叢書類/彙編之屬

四部備要　中華書局編　民國二十五年(1936)上海中華書局鉛印本　十一册　存一種

330000－1701－0087870　M006033　子部/雜著類

因果新編一卷醒夢編一卷　(清)金本存編　民國十二年(1923)鉛印本　一册

330000－1701－0087877　M006034　史部/政書類/公牘檔冊之屬

新市場造屋成攬工程錄一卷　民國十二年

(1923)稿本　一册

330000－1701－0087879　M607877　集部/總集類/酬唱之屬
晨風廬唱和續集十二卷　周慶雲輯　民國吳興周氏夢坡室刻藍印本　二册　存三卷(一、五至六)

330000－1701－0087881　M005929　集部/總集類/酬唱之屬
晨風廬唱和續集十二卷　周慶雲輯　民國吳興周氏夢坡室刻藍印本　許淮祥題記　二册　存二卷(二至三)

330000－1701－0087882　M605174　集部/別集類
九山吟草一卷　姚琮撰　民國二十三年(1934)鉛印本　一册

330000－1701－0087883　M006035　新學/學校
初中文課不分卷　陶承杏撰　稿本　一册

330000－1701－0087885　M607878　集部/總集類/酬唱之屬
晨風廬唱和續集十二卷　周慶雲輯　民國吳興周氏夢坡室刻藍印本　二册　存二卷(一、三)

330000－1701－0087886　M006036　新學/工藝/雜藝
染織圖按學一卷附錄一卷　民國石印本　一册

330000－1701－0087887　M607880　集部/總集類/酬唱之屬
晨風廬唱和續集十二卷　周慶雲輯　民國吳興周氏夢坡室刻藍印本　一册　存一卷(一)

330000－1701－0087888　M605160　集部/別集類
九山吟草一卷　姚琮撰　民國二十三年(1934)鉛印本　一册

330000－1701－0087889　M006037　子部/儒家類/儒學之屬/禮教/家訓
芝蘭室語一卷　(清)秦鳳翔撰　民國九年(1920)錫成公司鉛印本　一册

330000－1701－0087893　M005930　子部/宗教類/道教之屬
遂昌贊濟壇鸞書附唱道真言二卷　民國十年(1921)溫州馨馨石印本　一册　存一卷(上)

330000－1701－0087895　M607879、M610452　類叢部/叢書類/自著之屬
晨風廬叢刊十八種　周慶雲撰　民國吳興周氏夢坡室刻本　四册　存一種

330000－1701－0087897　M005997、M006038　史部/傳記類/日記之屬
浙游日記不分卷(民國三年至四年)　民國三年至四年(1914－1915)稿本　二册

330000－1701－0087899　M006039　史部/傳記類/日記之屬
鄞遊日記不分卷(民國四年至五年)　民國四年至五年(1915－1916)稿本　一册

330000－1701－0087902　M607881　集部/總集類/酬唱之屬
晨風廬唱和續集十二卷　周慶雲輯　民國吳興周氏夢坡室刻藍印本　一册　存一卷(一)

330000－1701－0087903　M605161　集部/別集類
九山吟草一卷　姚琮撰　民國二十三年(1934)鉛印本　一册

330000－1701－0087904　M005931　集部/別集類
畏廬文集一卷　林紓撰　民國元年(1912)上海商務印書館鉛印本　林紓題記　一册

330000－1701－0087906　M607882　集部/總集類/酬唱之屬
晨風廬唱和續集十二卷　周慶雲輯　民國吳興周氏夢坡室刻藍印本　一册　存一卷(一)

330000－1701－0087908　M605162　集部/別集類
九山吟草一卷　姚琮撰　民國二十三年

(1934)鉛印本　一册

330000－1701－0087910　M605163　集部/別集類

九山吟草一卷　姚琮撰　民國二十三年(1934)鉛印本　一册

330000－1701－0087912　M605164　集部/別集類

九山吟草一卷　姚琮撰　民國二十三年(1934)鉛印本　一册

330000－1701－0087914　M607883　集部/總集類/酬唱之屬

晨風廬唱和續集十二卷　周慶雲輯　民國吳興周氏夢坡室刻藍印本　一册　存一卷(一)

330000－1701－0087917　M005932　集部/別集類

長勿勿齋詩集五卷　王葆楨撰　民國五年(1916)杭州鉛印本　二册

330000－1701－0087918　M605165　集部/別集類

九山吟草一卷　姚琮撰　民國二十三年(1934)鉛印本　一册

330000－1701－0087921　M605166　集部/別集類

九山吟草一卷　姚琮撰　民國二十三年(1934)鉛印本　一册

330000－1701－0087924　M605167　集部/別集類

九山吟草一卷　姚琮撰　民國二十三年(1934)鉛印本　一册

330000－1701－0087925　M605168　集部/別集類

九山吟草一卷　姚琮撰　民國二十三年(1934)鉛印本　一册

330000－1701－0087926　M607884　集部/總集類/酬唱之屬

晨風廬唱和續集十二卷　周慶雲輯　民國吳興周氏夢坡室刻藍印本　一册　存一卷(一)

330000－1701－0087927　M605169　集部/別集類

九山吟草一卷　姚琮撰　民國二十三年(1934)鉛印本　一册

330000－1701－0087929　M605170　集部/別集類

九山吟草一卷　姚琮撰　民國二十三年(1934)鉛印本　一册

330000－1701－0087931　M005933　史部/政書類/公牘檔册之屬

浙江實業觀光團染織組調查報告録一卷　許炳堃等撰　民國石印本　一册

330000－1701－0087935　M607885　集部/總集類/酬唱之屬

晨風廬唱和續集十二卷　周慶雲輯　民國吳興周氏夢坡室刻藍印本　一册　存一卷(一)

330000－1701－0087936　M605171　集部/別集類

九山吟草一卷　姚琮撰　民國二十三年(1934)鉛印本　一册

330000－1701－0087937　M005934　子部/宗教類/佛教之屬/經疏

佛説阿彌陀經要解一卷　(後秦)釋鳩摩羅什譯　(明)釋智旭撰　民國十一年(1922)武昌刻經處刻本　一册

330000－1701－0087938　M607886　集部/總集類/酬唱之屬

晨風廬唱和續集十二卷　周慶雲輯　民國吳興周氏夢坡室刻藍印本　一册　存一卷(一)

330000－1701－0087940　M605172　集部/別集類

九山吟草一卷　姚琮撰　民國二十三年(1934)鉛印本　一册

330000－1701－0087941　M605173　集部/別集類

九山吟草一卷　姚琮撰　民國二十三年(1934)鉛印本　一册

330000－1701－0087942　M607887　集部/總集類/酬唱之屬

晨風廬唱和續集十二卷　周慶雲輯　民國吳興周氏夢坡室刻藍印本　一冊　存一卷(一)

330000－1701－0087943　M605175　集部/別集類

九山吟草一卷　姚琮撰　民國二十三年(1934)鉛印本　一冊

330000－1701－0087944　M607888　類叢部/叢書類/自著之屬

晨風廬叢刊十八種　周慶雲撰　民國吳興周氏夢坡室刻本　一冊　存一種

330000－1701－0087947　M605176　集部/別集類

九山吟草一卷　姚琮撰　民國二十三年(1934)鉛印本　一冊

330000－1701－0087948　M607889　類叢部/叢書類/自著之屬

晨風廬叢刊十八種　周慶雲撰　民國吳興周氏夢坡室刻本　一冊　存一種

330000－1701－0087950　M006040　史部/傳記類/總傳之屬/家乘

[浙江蕭山]蕭山章氏家譜十八卷　章葆芬　章柏生總纂　章壽松　章瑞茂纂修　民國三十六年(1947)永思堂木活字印本　十四冊　存十卷(一至二、四、七、九、十二至十六)

330000－1701－0087951　M607890　類叢部/叢書類/自著之屬

晨風廬叢刊十八種　周慶雲撰　民國吳興周氏夢坡室刻本　一冊　存一種

330000－1701－0087952　M005935　史部/政書類/邦計之屬

幣制改革中之金單位問題不分卷　陶德琨撰　民國十九年(1930)油印藍印本　一冊

330000－1701－0087954　M605177　集部/別集類

九山吟草一卷　姚琮撰　民國二十三年(1934)鉛印本　一冊

330000－1701－0087956　M605178　集部/別集類

九山吟草一卷　姚琮撰　民國二十三年(1934)鉛印本　一冊

330000－1701－0087957　M005936　子部/藝術類/書畫之屬

歷代春艷秘圖一卷　民國十年(1921)上海廣太書局石印本　一冊

330000－1701－0087958　M607891　經部/小學類/文字之屬/字書/字體

古籀餘論三卷　(清)孫詒讓撰　民國十八年(1929)燕京大學刻本　二冊

330000－1701－0087959　G605360　史部/史評類/史論之屬

讀通鑑論十六卷宋論十五卷　(清)王夫之撰　民國上海商務印書館鉛印本　十冊

330000－1701－0087960　M605179　集部/別集類

九山吟草一卷　姚琮撰　民國二十三年(1934)鉛印本　一冊

330000－1701－0087961　M605180　集部/別集類

九山吟草一卷　姚琮撰　民國二十三年(1934)鉛印本　一冊

330000－1701－0087965　M006041　集部/總集類/選集之屬/斷代

五言古一卷　(唐)魏徵等撰　**七言古一卷**　(唐)崔顥等撰　民國抄本　一冊

330000－1701－0087966　M005942　子部/宗教類/佛教之屬/經

佛藏經四卷　(後秦)釋鳩摩羅什譯　民國五年(1916)金陵刻經處刻本　一冊

330000－1701－0087969　M607892、M611166　史部/目錄類/總錄之屬/官修

浙江公立圖書館通常類圖書目錄五卷附保存類圖書目錄補遺一卷　浙江公立圖書館編　民國十四年(1925)浙江公立圖書館鉛印本　四冊　存四卷(經部、集部、子部、叢書部)

330000－1701－0087970　M006042　史部/政書類/邦計之屬

浙江省新昌縣三十四年度修正地方歲入總預算書一卷浙江省新昌縣三十四年度修正地方歲出總預算書一卷　新昌縣政府編　民國三十四年(1945)油印本　一册

330000－1701－0087972　M605181　集部/別集類

九山吟草一卷　姚琮撰　民國二十三年(1934)鉛印本　一册

330000－1701－0087973　M005937　集部/總集類

天涯吟草□□卷　天翮等撰　民國石印本　一册　存一卷(三)

330000－1701－0087976　M005938　類叢部/叢書類/彙編之屬

浙江中醫專校講義五十六種　浙江中醫專校編　民國二十七年(1938)浙江中醫專門學校鉛印本　一册　存二種

330000－1701－0087977　M006043　史部/傳記類/別傳之屬/事狀

石埭陳序賓先生百齡紀念徵文啟不分卷　民國五年(1916)鉛印本暨石印本　一册

330000－1701－0087978　M605187　集部/別集類

九山吟草一卷　姚琮撰　民國二十三年(1934)鉛印本　一册

330000－1701－0087982　M605182　集部/別集類

九山吟草一卷　姚琮撰　民國二十三年(1934)鉛印本　一册

330000－1701－0087984　M605183　集部/別集類

九山吟草一卷　姚琮撰　民國二十三年(1934)鉛印本　一册

330000－1701－0087986　M006044　集部/詞類

豔詞不分卷　民國抄本　一册

330000－1701－0087987　M605184　集部/別集類

九山吟草一卷　姚琮撰　民國二十三年(1934)鉛印本　一册

330000－1701－0087988　M005939　子部/兵家類/武術技巧之屬

太極劍講義一卷　陳志進撰　民國抄本一册

330000－1701－0087989　M006045　史部/地理類/雜志之屬

浙江武林雜誌大觀不分卷　民國抄本　一册

330000－1701－0087990　M605185　集部/別集類

九山吟草一卷　姚琮撰　民國二十三年(1934)鉛印本　一册

330000－1701－0087992　M006046　史部/地理類/山川之屬/山志

黄山志二卷　(清)張佩芳輯　民國石印本一册

330000－1701－0087993　M005940　史部/金石類/石之屬/文字

漢石經殘字一卷　(清)端方藏　民國有正書局影印本　一册

330000－1701－0087995　M005941　子部/宗教類/佛教之屬/諸宗

真心直說一卷附一卷　(高麗)釋知訥撰　**八識規矩補註二卷大乘百法明門論解一卷**　(唐)釋玄奘譯　(唐)釋窺基註解　(明)釋普泰增修　**唯識三十論一卷**　(唐)釋玄奘譯　民國二年(1913)刻本　一册

330000－1701－0087999　M607893　集部/別集類/清別集

名山藏副本初集二卷贈言集一卷　(清)齊周華撰　民國九年(1920)杭州武林印書館鉛印本　二册

330000－1701－0088001　M006048　子部/宗教類/佛教之屬

法華玄文科二卷　民國二十五年(1936)非非

子抄本　一册

330000－1701－0088003　M608010　史部/傳記類/别傳之屬/事狀

世德堂楊氏六秩雙慶壽言彙編二卷　民國七年(1918)鉛印本　一册

330000－1701－0088004　M006049　子部/藝術類/書畫之屬/法帖

童星录書陰騭文大楷一卷　童式規書　民國十二年(1923)影印本　一册

330000－1701－0088007　M605186　集部/别集類

九山吟草一卷　姚琮撰　民國二十三年(1934)鉛印本　一册

330000－1701－0088011　M607894　子部/宗教類/佛教之屬

佛學叢書□□種　丁福保輯　民國上海醫學書局鉛印本暨影印本　二册　存二種

330000－1701－0088013　M605188　集部/别集類

九山吟草一卷　姚琮撰　民國二十三年(1934)鉛印本　一册

330000－1701－0088014　M605189　集部/别集類

九山吟草一卷　姚琮撰　民國二十三年(1934)鉛印本　一册

330000－1701－0088015　M005943　子部/藝術類/書畫之屬/法帖

莫友芝正草隸篆墨跡不分卷　(清)莫友芝書　民國上海有正書局影印本　一册

330000－1701－0088016　M605190　集部/别集類

九山吟草一卷　姚琮撰　民國二十三年(1934)鉛印本　一册

330000－1701－0088018　M605191　集部/别集類

九山吟草一卷　姚琮撰　民國二十三年(1934)鉛印本　一册

330000－1701－0088019　M607895　類叢部/叢書類/自著之屬

章氏叢書十三種　章炳麟撰　民國六年至八年(1917－1919)浙江圖書館刻本　四册　存二種

330000－1701－0088021　M605192　集部/别集類

九山吟草一卷　姚琮撰　民國二十三年(1934)鉛印本　一册

330000－1701－0088022　M005944　子部/藝術類/書畫之屬/法帖

祝京兆書豔詞真蹟一卷　(明)祝允明書　民國上海有正書局石印本　一册

330000－1701－0088024　M605193　集部/别集類

九山吟草一卷　姚琮撰　民國二十三年(1934)鉛印本　一册

330000－1701－0088027　M605194　集部/别集類

九山吟草一卷　姚琮撰　民國二十三年(1934)鉛印本　一册

330000－1701－0088030　M605195　集部/别集類

九山吟草一卷　姚琮撰　民國二十三年(1934)鉛印本　一册

330000－1701－0088031　M605196　集部/别集類

九山吟草一卷　姚琮撰　民國二十三年(1934)鉛印本　一册

330000－1701－0088033　M607896　子部/宗教類/佛教之屬/經

佛説五苦章句經一卷　(晉)釋竺曇無蘭譯　**佛説堅意經一卷**　(漢)釋安清譯　**佛説淨飯王般涅槃經一卷**　(南朝宋)沮渠京聲譯　**佛説興起行經二卷**　(漢)釋康孟詳譯　**長爪梵志請問經一卷佛説譬喻經一卷佛説略教誡經一卷佛説療痔病經一卷**　(唐)釋義淨譯　**佛説比丘聽施經一卷**　(晉)釋竺曇無蘭譯　**佛**

說業報差別經一卷　(隋)釋瞿曇法智譯　民國元年(1912)刻八年(1919)印本　一册

330000－1701－0088034　M605197　集部/別集類
九山吟草一卷　姚琮撰　民國二十三年(1934)鉛印本　一册

330000－1701－0088035　M605198　集部/別集類
九山吟草一卷　姚琮撰　民國二十三年(1934)鉛印本　一册

330000－1701－0088037　M605199　集部/別集類
九山吟草一卷　姚琮撰　民國二十三年(1934)鉛印本　一册

330000－1701－0088039　M605200　集部/別集類
九山吟草一卷　姚琮撰　民國二十三年(1934)鉛印本　一册

330000－1701－0088040　M607897　子部/宗教類/佛教之屬/經疏
佛說阿彌陀經疏鈔擷一卷　(明)釋祩宏疏鈔　(清)徐槐廷擷　**佛說阿彌陀經一卷**　(後秦)釋鳩摩羅什譯　民國十二年(1923)刻本　一册

330000－1701－0088042　M605201　集部/別集類
九山吟草一卷　姚琮撰　民國二十三年(1934)鉛印本　一册

330000－1701－0088044　M605202　集部/別集類
九山吟草一卷　姚琮撰　民國二十三年(1934)鉛印本　一册

330000－1701－0088048　M605203　集部/別集類
九山吟草一卷　姚琮撰　民國二十三年(1934)鉛印本　一册

330000－1701－0088049　M607898　子部/藝術類/書畫之屬/法帖
傅青主先生自書詩稿不分卷　(清)傅山書　民國上海有正書局影印本　一册

330000－1701－0088052　M605204　集部/別集類
九山吟草一卷　姚琮撰　民國二十三年(1934)鉛印本　一册

330000－1701－0088062　M005945　子部/藝術類/書畫之屬/法帖
黄石齋夫人書孝經一卷　(明)蔡玉卿書　民國上海有正書局影印本　一册

330000－1701－0088063　M607899　史部/史評類/詠史之屬
吴越雜事詩一百首一卷　(清)余恩鑅撰　民國十一年(1922)余紹宋鉛印本　一册

330000－1701－0088065　M605205　集部/別集類
九山吟草一卷　姚琮撰　民國二十三年(1934)鉛印本　一册

330000－1701－0088067　M607900　子部/藝術類/書畫之屬/法帖
金冬心先生自書詩稿墨跡一卷　(清)金農撰並書　民國上海有正書局石印本　一册

330000－1701－0088068　M605206　集部/別集類
九山吟草一卷　姚琮撰　民國二十三年(1934)鉛印本　一册

330000－1701－0088070　M005946　子部/藝術類/書畫之屬/法帖
梁聞山書陰符經不分卷　(清)梁巘書　民國上海有正書局影印本　一册

330000－1701－0088072　M605207　集部/別集類
九山吟草一卷　姚琮撰　民國二十三年(1934)鉛印本　一册

330000－1701－0088073　M605208　集部/別集類

九山吟草一卷　姚琮撰　民國二十三年(1934)鉛印本　一册

330000－1701－0088075　M005947　史部/傳記類/別傳之屬/墓誌
清故資政大夫江蘇提法使兼署布政使左公[孝同]神道碑一卷　陳三立撰　曹廣楨書　民國石印本　一册

330000－1701－0088077　M605209　集部/别集類
九山吟草一卷　姚琮撰　民國二十三年(1934)鉛印本　一册

330000－1701－0088081　M005948　經部/群經總義類/授受源流之屬
今古學攷二卷　廖平撰　民國三年(1914)宛委山堂抄本　一册

330000－1701－0088083　M607901　類叢部/叢書類/彙編之屬
國立中央研究院歷史語言研究所單刊　國立中央研究院歷史語言研究所編　民國上海商務印書館鉛印本暨影印本　一册　存一種

330000－1701－0088085　M607902　類叢部/叢書類/自著之屬
佳夢軒叢著十一種　(清)奕賡撰　民國二十四年(1935)北平燕京大學圖書館鉛印本　一册

330000－1701－0088089　M605210　史部/政書類/公牘檔册之屬
山西村政彙編十二卷　閻錫山輯　民國十七年(1928)山西村政處鉛印本　四册　存八卷(村政彙編一至八)

330000－1701－0088090　M600410　類叢部/叢書類/彙編之屬
四部備要　中華書局編　民國二十五年(1936)上海中華書局鉛印本　九十九册　存一種

330000－1701－0088091　M605211　集部/總集類/郡邑之屬
諸暨詩英十一卷續編七卷　徐道政編　民國二十五年(1936)鉛印本　四册

330000－1701－0088092　M605212　集部/别集類
南湖集四卷補遺一卷　廉泉撰　孫道毅編　民國十三年(1924)上海中華書局鉛印本　二册

330000－1701－0088096　M006051　集部/曲類/曲藝之屬
繪圖新出改良小曲□□集　民國上海沈鶴記書莊石印本　一册　存一集(元)

330000－1701－0088098　M006052　子部/宗教類/道教之屬/戒律
朱子刪定玉泉真本桃園明聖經一卷附經驗藥方一卷　蔡飛輯　民國二十八年(1939)上海明善書局鉛印本　一册

330000－1701－0088099　M006053　史部/地理類/雜志之屬
越中百詠一卷　(清)周晉鑅撰　**曹娥題詠一卷**　(清)金廷棟編輯　民國十二年(1923)來巨源抄本　一册

330000－1701－0088104　M006054　史部/傳記類/別傳之屬/墓誌
魏使持節驃騎將軍冀州刺史尚書左僕射安樂王墓誌銘一卷　民國六年(1917)影印本　一册

330000－1701－0088106　M006055　史部/政書類/公牘檔册之屬
代擬公文與公文扎錄不分卷　劉能超撰　民國二十九年(1940)稿本　一册

330000－1701－0088111　M607905　子部/藝術類/書畫之屬/法帖
舊拓急就章兩種不分卷　民國影印本　一册

330000－1701－0088113　M607906　子部/藝術類/書畫之屬/法帖
舊拓急就章兩種不分卷　民國影印本　一册

330000－1701－0088115　M607907　新學/動植物學/動物學

警犬馴養管理法三卷　錢錫霖譯　民國五年(1916)鉛印本　三册

330000－1701－0088118　M006056　新學/政治法律/政治
浙江省訓練團第十六期縣訓班講義不分卷　民國三十三年(1944)油印本　葛國楨題記　二册

330000－1701－0088121　M006057　新學/電學
明密碼電報書不分卷　商務印書館編譯所編輯　民國十二年(1923)上海商務印書館鉛印本暨石印本　一册

330000－1701－0088122　M607908　子部/宗教類/佛教之屬/諸宗
方聚成禪師語録三十卷首一卷續録九卷　(清)釋悟成説　(清)釋真濟等輯　**方聚成禪師年譜一卷**　(清)釋真淨編　民國九年(1920)常州天寧寺刻經處刻本　一册　存四卷(一至四)

330000－1701－0088127　M607909　子部/宗教類/佛教之屬/論疏
大乘起信論講義二卷　釋圓瑛撰　民國二十六年(1937)上海商務印書館鉛印本　二册

330000－1701－0088128　M006058　史部/政書類/公牘檔册之屬
中國銀行總計算通函不分卷　中國銀行會計處編　**中國銀行總管理處帳字號通函不分卷**　中國銀行總管理處編　民國二年至四年(1913－1915)鉛印本　一册

330000－1701－0088129　M006059　史部/傳記類/日記之屬
佚名日記一卷　民國三十年(1941)稿本　一册

330000－1701－0088132　M603201、M605346、M607904　史部/地理類/方志之屬/郡縣志
[民國]鄞縣通志六志五十一編附圖一函　張傳保　汪煥章修　陳訓正　馬瀛纂　民國二十四年(1935)至一九五一年寧波鄞縣通志館鉛印本　四册　存六編(輿地志庚、巳,工程志乙下、丙上,食貨志戊、巳)

330000－1701－0088135　M607910、M605995　子部/宗教類/佛教之屬/律
四分律行事鈔資持記四十二卷附諸家標目一卷　(宋)釋元照撰　**釋四分律行事鈔三卷**　(宋)釋元照録　民國十八年(1929)天津刻經處刻本　二十册

330000－1701－0088136　M006060　子部/宗教類/佛教之屬
大方廣佛華嚴經探玄記十卷　(唐)釋法藏述　民國三十四年(1945)華嚴印經會鉛印本　九册　存九卷(一至三、五至十)

330000－1701－0088138　M006061　經部/小學類/文字之屬/字書
説文通津□□卷　張兆鏞編　稿本　一册　存二卷(一至二上)

330000－1701－0088139　M608053　集部/别集類/唐五代别集
唐樊紹述遺文一卷附録一卷　(唐)樊宗師撰　(清)張庚輯注　民國十四年(1925)山陰樊氏緜絳書屋刻本　老圃題記　一册

330000－1701－0088143　M006062　新學/學校
建國中學三周年校慶紀念運動會手册不分卷　民國三十五年(1946)油印本　一册

330000－1701－0088144　M605214　子部/藝術類/篆刻之屬/印譜
匋齋藏印初集不分卷二集不分卷　(清)端方藏　民國有正書局影印本　三册

330000－1701－0088145　M006063　新學/學校
新國民教科書與教授書之介紹及示例不分卷　民國鉛印本暨石印本　一册

330000－1701－0088148　M006064　子部/宗教類/其他宗教之屬/其他
衆喜粗言五卷　(清)陳衆喜撰　民國十三年(1924)丁善緣、張品瑞鉛印本　一册　存一

卷(四)

330000－1701－0088149　G603880　子部/宗教類/佛教之屬

淨土聖賢錄續編四卷　(清)蓮歸居士輯　**種蓮集一卷**　(清)陳本仁輯　民國二十年(1931)揚州藏經院刻本　一冊　存二卷(一至二)

330000－1701－0088161　M006066　史部/傳記類/别傳之屬/墓誌

清故誥授資政大夫誥封榮禄大夫二品頂戴賞戴花翎廣東分巡高廉兵備道陸公[心源]墓誌銘一卷　(清)俞樾撰　王同愈書　(清)李文田篆蓋　民國影印本　一冊

330000－1701－0088163　M600413、M600415、M600422　類叢部/叢書類/彙編之屬

四部備要　中華書局編　民國二十五年(1936)上海中華書局鉛印本　二十五冊　存二種

330000－1701－0088165　M600416　類叢部/叢書類/彙編之屬

四部備要　中華書局編　民國二十五年(1936)上海中華書局鉛印本　四冊　存一種

330000－1701－0088166　M600417　類叢部/叢書類/彙編之屬

四部備要　中華書局編　民國二十五年(1936)上海中華書局鉛印本　一冊　存一種

330000－1701－0088167　M605216、M609616　集部/小説類/長篇之屬

繪圖老殘新遊記四卷十六章　楊塵因撰　民國十三年(1924)上海世界書局石印本　四冊

330000－1701－0088169　M605217、M605529　類叢部/叢書類/彙編之屬

玄覽堂叢書續集二十一種　鄭振鐸輯　民國三十六年(1947)國立中央圖書館影印本　七十九冊　存二十種

330000－1701－0088173　M006067　子部/宗教類/佛教之屬

八識規矩頌淺説一卷　張炳楨撰　民國石印本　一冊

330000－1701－0088178　M006068　史部/傳記類/别傳之屬/事狀

先考心安府君[莊賡良]行狀一卷　莊鍾溥　莊鍾湜撰　民國六年(1917)石印本　一冊

330000－1701－0088179　M006069　史部/傳記類/總傳之屬

富陽董氏父子傳誌不分卷附遺事　夏定域撰　民國十七年(1928)稿本　一冊

330000－1701－0088180　M006070　史部/傳記類/日記之屬

日記不分卷(民國十九年七月十四日至八月二十六日)　周啟懇撰　民國十九年(1930)稿本　一冊

330000－1701－0088181　M605219、M607194　類叢部/叢書類/彙編之屬

浙江中醫專校講義五十六種　浙江中醫專校編　民國二十七年(1938)浙江中醫專門學校鉛印本　二冊　存一種

330000－1701－0088184　M607911　子部/宗教類/佛教之屬/經

楞伽阿跋多羅寶經四卷　(南朝宋)釋求那跋陀羅譯　民國二十二年(1933)刻本　二冊

330000－1701－0088185　M605220　集部/别集類/清别集

幸草亭詩鈔二卷　(清)楊文瑩撰　民國八年(1919)錢塘楊氏勖采堂鉛印本　二冊

330000－1701－0088186　M605221　集部/别集類/清别集

幸草亭詩鈔二卷　(清)楊文瑩撰　民國八年(1919)錢塘楊氏勖采堂鉛印本　二冊

330000－1701－0088187　M605222　集部/别集類/清别集

幸草亭詩鈔二卷　(清)楊文瑩撰　民國八年(1919)錢塘楊氏勖采堂鉛印本　二冊

330000－1701－0088191　M006071　史部/傳記類/日記之屬

隆中日記不分卷(民國三十一年八月四日至三十二年六月二十日) 陳志進撰 民國三十一年至三十二年(1942-1943)稿本 一册

330000-1701-0088193 M605223、M608483 類叢部/叢書類/家集之屬
武林丁氏家集十三種 丁立誠 丁立中撰 民國錢塘丁氏嘉惠堂鉛印本 四册 存三種

330000-1701-0088195 M607912 類叢部/類書類/通類之屬
欽定古今圖書集成一萬卷目錄四十卷 (清)蔣廷錫 (清)陳夢雷等輯 民國二十三年(1934)中華書局影印本 五十八册 存七百六十三卷(曆象彙編曆法典一百二十七至一百四十,曆象彙編庶徵典一至二十六、六十五至一百八十八,方輿彙編坤輿典一至一百二十八,方輿彙編職方典七十至一百八,明倫彙編閨媛典八十六至九十八、一百十三至一百六十六,博物彙編藝術典七十八至二百二十九、三百二十四至三百三十四、三百九十六至四百六,博物彙編禽蟲典一百八十二至一百九十二,博物彙編草木典一至二十二、四十四至七十七、一百四至一百十四、一百二十六至一百三十九、二百九十九至三百二十,理學彙編經籍典三十七至四十六、八十一至九十二、一百十九至一百三十二、二百十一至二百十三、二百七十九至三百六)

330000-1701-0088197 M605224、M608484 類叢部/叢書類/家集之屬
武林丁氏家集十三種 丁立誠 丁立中撰 民國錢塘丁氏嘉惠堂鉛印本 四册 存三種

330000-1701-0088200 M605225 子部/醫家類/養生之屬/導引、氣功
内外功圖説輯要二卷 席裕康輯 民國八年(1919)石印本 二册

330000-1701-0088201 M006072 史部/傳記類/别傳之屬/事狀
馮嫂鮑夫人訃告不分卷 馮秉乾撰 民國二十年(1931)石印本 一册

330000-1701-0088204 M006073 史部/傳記類/别傳之屬
陳昌言赴告不分卷 陳啓南等撰 民國二十三年(1934)鉛印本暨石印本 一册

330000-1701-0088211 M006074 子部/宗教類/道教之屬
天醫寶懺一卷 民國三十二年(1943)長行宫木活字印本 一册

330000-1701-0088212 M605226 類叢部/叢書類/自著之屬
樊諫議集七家注五種附一種 (唐)樊宗師撰 樊鎮輯 民國紹興樊氏緜絳書屋刻本 一册 存一種

330000-1701-0088214 M006075 集部/總集類/選集之屬/斷代
文海不分卷 紹濂主人輯 稿本 一册

330000-1701-0088217 M006076 子部/雜著類/雜説之屬
畊暇堂雜錄二集不分卷 鄒淦撰 民國十八年(1929)稿本 一册

330000-1701-0088220 M006077 子部/宗教類/佛教之屬
唯識三十論一卷 (天竺)世親菩薩造 (唐)釋玄奘譯 **法相教義一卷附名相舊解一卷 八識規矩頌一卷** 民國公餘講學部講經會石印本 一册

330000-1701-0088223 M006078 類叢部/叢書類/自著之屬
樊諫議集七家注五種附一種 (唐)樊宗師撰 樊鎮輯 民國紹興樊氏緜絳書屋刻本 一册 存一種

330000-1701-0088224 M605227 類叢部/叢書類/自著之屬
船山遺書六十六種附一種 (清)王夫之撰 民國二十二年(1933)上海太平洋書店鉛印本 二册 存一種

330000-1701-0088227 M605232 子部/宗教類/佛教之屬
佛學院講義□□種 民國鉛印本 一册 存

一種

330000－1701－0088231　M605228　類叢部/叢書類/自著之屬
船山遺書六十六種附一種　(清)王夫之撰　民國二十二年(1933)上海太平洋書店鉛印本　一册　存一種

330000－1701－0088234　M006079　史部/政書類/邦計之屬
中國民食前途之危機不分卷　民國十五年(1926)稿本　一册

330000－1701－0088235　M605229　史部/地理類/專志之屬/寺觀
常熟縣破山興福寺志四卷　(明)程嘉燧輯　民國八年(1919)鉛印本　一册

330000－1701－0088237　M605230　史部/地理類/專志之屬/寺觀
常熟縣破山興福寺志四卷　(明)程嘉燧輯　民國八年(1919)鉛印本　一册

330000－1701－0088240　M605231　子部/宗教類/佛教之屬
佛學院講義□□種　民國鉛印本　一册　存一種

330000－1701－0088243　M606237、M607915　史部/地理類/方志之屬/郡縣志
[光緒]杭州府志一百七十八卷首八卷　(清)陳璚等修　(清)王棻等纂　屈映光續修　陸懋勳續纂　齊耀珊重修　吳廛坻重纂　民國十一年(1922)鉛印本　十七册　存四十一卷(十六至三十八、四十八至五十、六十至六十一、七十六至七十八、八十五至九十四)

330000－1701－0088247　M605233　集部/別集類/清別集
培遠堂偶存稿不分卷　(清)陳宏謀撰　民國二十年(1931)嵊縣魏頌唐鉛印本　一册

330000－1701－0088250　M005822　集部/曲類/曲韻曲譜曲律之屬
曲譜不分卷　民國抄本　一册

330000－1701－0088251　M006080　子部/宗教類/佛教之屬/大藏
南傳大藏經　民國三十三年(1944)普慧大藏經刊行會鉛印本　五册　存二十五種

330000－1701－0088253　M605234　集部/別集類/清別集
培遠堂偶存稿不分卷　(清)陳宏謀撰　民國二十年(1931)嵊縣魏頌唐鉛印本　一册

330000－1701－0088254　M605235　集部/別集類/清別集
培遠堂偶存稿不分卷　(清)陳宏謀撰　民國二十年(1931)嵊縣魏頌唐鉛印本　一册

330000－1701－0088255　M605236　集部/別集類/清別集
培遠堂偶存稿不分卷　(清)陳宏謀撰　民國二十年(1931)嵊縣魏頌唐鉛印本　一册

330000－1701－0088256　M605237、M606684　史部/地理類/專志之屬/寺觀
開元寺志不分卷　(清)潘曾沂撰　民國十一年(1922)武進馮嘉錫鉛印本　二册

330000－1701－0088259　M605238　史部/目録類/總録之屬/私撰
蕘圃藏書題識十卷補遺一卷刻書題識一卷補遺一卷　(清)黄丕烈撰　繆荃孫等輯　民國五年至八年(1916－1919)金陵書局刻本　九册　缺二卷(九、刻書題識補遺)

330000－1701－0088265　M605239　史部/金石類/金之屬/文字
歷代鐘鼎彝器欵識二十卷　(宋)薛尚功撰　民國古書流通處影印本　二册　缺十卷(一至十)

330000－1701－0088268　M605240　經部/小學類/文字之屬/說文
說文解字彙纂條例一卷最目一卷引用書目一卷　(清)孫禮煜撰　民國十七年(1928)長興印書局鉛印本　一册

330000－1701－0088269　M607916　類叢部/叢書類/彙編之屬

適園叢書七十四種　張鈞衡編　民國二年至六年(1913－1917)烏程張氏刻本(唐大詔令集卷十四至二十四、八十七至九十八原缺)　十三冊　存八種

330000－1701－0088270　M605241　集部/小說類/長篇之屬

繡像神州光復志演義十五卷一百二十回　王雪菴編　民國元年(1912)上海神州圖書局石印本　七冊　存六卷(一至六)

330000－1701－0088277　M006081　子部/宗教類/佛教之屬/大藏

大藏經□□種　民國大藏經會鉛印本　二冊　存一種

330000－1701－0088280　M607917　類叢部/叢書類/彙編之屬

適園叢書七十四種　張鈞衡編　民國二年至六年(1913－1917)烏程張氏刻本(唐大詔令集卷十四至二十四、八十七至九十八原缺)　一百四冊　存三十種

330000－1701－0088286　M006082　子部/宗教類/佛教之屬/大藏

大藏經□□種　民國三十三年(1944)普慧大藏經刊行會鉛印本　十七冊　存三十三種

330000－1701－0088297　M006083　子部/宗教類/佛教之屬/論

頓悟入道要門論二卷　(唐)釋慧海撰　民國二年(1913)刻本　一冊

330000－1701－0088298　M006084　子部/宗教類/佛教之屬/論

報恩論二卷首一卷附一卷經正民興說一卷　(清)沈善登撰　民國二十年(1931)上海國光印書局鉛印本　一冊

330000－1701－0088305　M006085　子部/宗教類/佛教之屬/經疏

心經註解一卷　(清)朱珪撰　**摩訶般若波羅蜜多心經一卷**　(唐)釋玄奘譯　民國香港佛教經典流通所鉛印本　一冊

330000－1701－0088308　M006086　子部/宗教類/道教之屬

唱道直言真詮三卷　通宵子彙輯　民國十二年(1923)山東同善社石印本　一冊

330000－1701－0088312　M006087　子部/儒家類/儒學之屬/禮教/女範

閨範四卷　(明)吕坤注　民國十六年(1927)據明刻影印本　四冊

330000－1701－0088313　M006088　史部/政書類/公牘檔冊之屬

浙江郵電不分卷　稿本　一冊

330000－1701－0088323　M006089　子部/藝術類/書畫之屬

虞山毛氏汲古閣圖一卷　(清)王咸繪　民國影印本　一冊

330000－1701－0088326　M006090　集部/別集類/明別集

宮詞三卷　(宋)徽宗趙佶撰　**附三家宮詞三卷**　(宋)張公庠　(宋)王仲修　(宋)周彥質撰　民國九年(1920)建德周氏影印本　一冊

330000－1701－0088350　M607918　經部/小學類/文字之屬/字書/通論

文字通詮八卷　楊譽龍編　民國十二年(1923)上海中華書局石印本　四冊

330000－1701－0088351　M006091　子部/宗教類/佛教之屬

金剛般若波羅蜜經一卷　(後秦)釋鳩摩羅什譯　釋演音書　民國二十五年(1936)影印本　一冊

330000－1701－0088356　M607279、M607360、M607919　類叢部/叢書類/郡邑之屬

湖北先正遺書七十二種七百二十七卷　盧靖編　民國十二年(1923)沔陽盧氏慎始基齋影印本　五冊　存二種

330000－1701－0088358　M006092　子部/藝術類/書畫之屬/法帖

明宋仲溫書急就章眞蹟一卷　(明)宋克書　民國二十三年(1934)白青榭影印本　一冊

330000－1701－0088366　M006093　子部/藝術類/書畫之屬

張二水畫十八羅漢像一卷　（明）張瑞圖繪並書　民國十五年（1926）美術製版社影印本　一冊

330000－1701－0088367　M006094　史部/雜史類/斷代之屬

滿洲實錄八卷　民國十九年（1930）遼寧通志館影印本　八冊

330000－1701－0088371　M006095　子部/藝術類/書畫之屬/畫譜

楊遲雲梅花冊一卷　（明）楊韞清繪　民國影印本　一冊

330000－1701－0088372　M006096　子部/藝術類/書畫之屬/畫譜

陳眉公梅花冊一卷　（明）陳繼儒繪　民國影印本　一冊

330000－1701－0088373　M006099、M608088　子部/藝術類/書畫之屬/畫譜

名人書畫三十集　商務印書館輯　民國上海商務印書館影印本　七冊　存七集（七、九、十一、十三、十五、二十四至二十五）

330000－1701－0088374　M006097　史部/政書類/律令之屬

中華民國憲法十三章　國民大會制定　民國三十六年（1947）商務印書館影印本　一冊

330000－1701－0088375　M607921、M607930、M608677　類叢部/叢書類/彙編之屬

四部備要　中華書局編　民國二十五年（1936）上海中華書局鉛印本　九冊　存三種

330000－1701－0088376　M006098　子部/藝術類/書畫之屬

釋漸江山水冊一卷　（清）釋弘仁繪　民國二十年（1931）上海神州國光社影印本　一冊

330000－1701－0088377　M006100　子部/藝術類/書畫之屬/畫譜

李龍眠九歌圖人物冊一卷　（宋）李公麟繪　民國十二年（1923）上海文明書局影印本　一冊

330000－1701－0088382　M605242　經部/詩類/三家詩之屬

詩攷補訂五卷　（宋）王應麟撰　（清）盧文弨增校　楊晨補訂　民國四年（1915）石印本　二冊

330000－1701－0088383　M605243　集部/總集類/酬唱之屬

山居唱和集一卷　金泯瀾輯　民國石印本　一冊

330000－1701－0088384　M605244　集部/總集類/酬唱之屬

山居唱和集一卷　金泯瀾輯　民國石印本　一冊

330000－1701－0088385　M605245　集部/總集類/酬唱之屬

山居唱和集一卷　金泯瀾輯　民國石印本　一冊

330000－1701－0088386　M605246　集部/總集類/酬唱之屬

山居唱和集一卷　金泯瀾輯　民國石印本　一冊

330000－1701－0088387　M605247　集部/總集類/酬唱之屬

山居唱和集一卷　金泯瀾輯　民國石印本　一冊

330000－1701－0088388　M605248　集部/總集類/酬唱之屬

山居唱和集一卷　金泯瀾輯　民國石印本　一冊

330000－1701－0088389　M605249　集部/總集類/酬唱之屬

山居唱和集一卷　金泯瀾輯　民國石印本　一冊

330000－1701－0088390　M605250　集部/總集類/酬唱之屬

山居唱和集一卷　金泯瀾輯　民國石印本

一册

330000－1701－0088391　M605251　集部/總集類/酬唱之屬
山居唱和集一卷　金泯瀾輯　民國石印本　一册

330000－1701－0088392　M605252　集部/總集類/酬唱之屬
山居唱和集一卷　金泯瀾輯　民國石印本　一册

330000－1701－0088393　M605253　集部/總集類/酬唱之屬
山居唱和集一卷　金泯瀾輯　民國石印本　一册

330000－1701－0088394　M605254　集部/總集類/酬唱之屬
山居唱和集一卷　金泯瀾輯　民國石印本　一册

330000－1701－0088396　M605255　集部/總集類/酬唱之屬
山居唱和集一卷　金泯瀾輯　民國石印本　一册

330000－1701－0088397　M605256　集部/總集類/酬唱之屬
山居唱和集一卷　金泯瀾輯　民國石印本　一册

330000－1701－0088398　M605257　集部/總集類/酬唱之屬
山居唱和集一卷　金泯瀾輯　民國石印本　一册

330000－1701－0088399　M605258　集部/總集類/酬唱之屬
山居唱和集一卷　金泯瀾輯　民國石印本　一册

330000－1701－0088400　M605259　集部/總集類/酬唱之屬
山居唱和集一卷　金泯瀾輯　民國石印本　一册

330000－1701－0088401　M605260　集部/總集類/酬唱之屬
山居唱和集一卷　金泯瀾輯　民國石印本　一册

330000－1701－0088402　M605261　集部/總集類/酬唱之屬
山居唱和集一卷　金泯瀾輯　民國石印本　一册

330000－1701－0088404　M605262　集部/總集類/酬唱之屬
山居唱和集一卷　金泯瀾輯　民國石印本　一册

330000－1701－0088405　M605263　集部/總集類/酬唱之屬
山居唱和集一卷　金泯瀾輯　民國石印本　一册

330000－1701－0088406　M605264　集部/總集類/酬唱之屬
山居唱和集一卷　金泯瀾輯　民國石印本　一册

330000－1701－0088408　M605265　集部/總集類/酬唱之屬
山居唱和集一卷　金泯瀾輯　民國石印本　一册

330000－1701－0088409　M605266　集部/總集類/酬唱之屬
山居唱和集一卷　金泯瀾輯　民國石印本　一册

330000－1701－0088411　M605267　集部/總集類/酬唱之屬
山居唱和集一卷　金泯瀾輯　民國石印本　一册

330000－1701－0088417　M605268　集部/別集類/清別集
思僫室詩集一卷　(清)施寯撰　**問雲閣詩集一卷**　(清)宋實綺撰　民國二十年(1931)鉛印本　一册　存一卷(思僫室詩集)

330000－1701－0088420　M601276、M605468、M605470、M607922、M607929　類叢部/叢書類/彙編之屬
四部叢刊　張元濟等編　民國上海商務印書館影印本　十二冊　存四種

330000－1701－0088422　M006101　子部/藝術類/書畫之屬/法帖
宋搨祖石絳帖不分卷　（晉）王羲之書　民國有正書局影印本　二冊

330000－1701－0088423　M605269　集部/別集類/清別集
思僭室詩集一卷　（清）施寯撰　**問雲閣詩集一卷**　（清）宋實綺撰　民國二十年（1931）鉛印本　一冊

330000－1701－0088425　M605270　集部/別集類/清別集
思僭室詩集一卷　（清）施寯撰　**問雲閣詩集一卷**　（清）宋實綺撰　民國二十年（1931）鉛印本　一冊

330000－1701－0088427　M607923、M610190　類叢部/叢書類/彙編之屬
別下齋叢書二十七種　（清）蔣光煦編　民國十二年（1923）上海商務印書館據清蔣氏刻本影印本　十九冊　缺三卷（詩氏族考四至六）

330000－1701－0088428　M605271　集部/別集類/清別集
思僭室詩集一卷　（清）施寯撰　**問雲閣詩集一卷**　（清）宋實綺撰　民國二十年（1931）鉛印本　一冊

330000－1701－0088429　M605272　集部/別集類/清別集
思僭室詩集一卷　（清）施寯撰　**問雲閣詩集一卷**　（清）宋實綺撰　民國二十年（1931）鉛印本　一冊

330000－1701－0088430　M605273　集部/別集類/清別集
思僭室詩集一卷　（清）施寯撰　**問雲閣詩集一卷**　（清）宋實綺撰　民國二十年（1931）鉛印本　一冊

330000－1701－0088431　M006102　子部/藝術類/書畫之屬/畫譜
石谿石濤及諸名家畫冊一卷　（清）釋髡殘等繪　民國影印本　張鳳題簽　一冊

330000－1701－0088432　M605274　集部/別集類/清別集
思僭室詩集一卷　（清）施寯撰　**問雲閣詩集一卷**　（清）宋實綺撰　民國二十年（1931）鉛印本　一冊

330000－1701－0088433　M605275　集部/別集類
浣花軒詩集一卷　施毓敏撰　民國二十八年（1939）鉛印本　一冊

330000－1701－0088434　M006103　史部/金石類/石之屬
六朝造像精華第一集不分卷　民國上海有正書局影印本　二冊

330000－1701－0088436　M605276　集部/別集類
浣花軒詩集一卷　施毓敏撰　民國二十八年（1939）鉛印本　一冊

330000－1701－0088437　M605277　集部/別集類
浣花軒詩集一卷　施毓敏撰　民國二十八年（1939）鉛印本　一冊

330000－1701－0088440　M605278　集部/別集類
浣花軒詩集一卷　施毓敏撰　民國二十八年（1939）鉛印本　一冊

330000－1701－0088441　M006104　子部/藝術類/書畫之屬/畫譜
董其昌宋元人縮本山水冊不分卷　（明）董其昌繪並書　寶蘊樓藏　民國二十年（1931）北平古物陳列所影印本　一冊

330000－1701－0088442　M605279　集部/別集類

浣花軒詩集一卷　施毓敏撰　民國二十八年(1939)鉛印本　一冊

330000－1701－0088443　M605280　集部/別集類
浣花軒詩集一卷　施毓敏撰　民國二十八年(1939)鉛印本　一冊

330000－1701－0088444　G611124　類叢部/叢書類/彙編之屬
古今説部叢書二百七十二種　國學扶輪社輯　民國四年(1915)中國圖書公司和記鉛印本　二冊　存三種

330000－1701－0088446　M605281　集部/別集類
浣花軒詩集一卷　施毓敏撰　民國二十八年(1939)鉛印本　一冊

330000－1701－0088449　M006105　子部/藝術類/書畫之屬
清宮藏吴道子釋迦降生圖一卷　(唐)吴道子繪　民國有正書局影印本　一冊

330000－1701－0088450　M605282　集部/別集類
浣花軒詩集一卷　施毓敏撰　民國二十八年(1939)鉛印本　一冊

330000－1701－0088453　M607924　類叢部/叢書類/彙編之屬
四部叢刊　張元濟等編　民國上海商務印書館影印本　二冊　存一種

330000－1701－0088454　M006106　子部/藝術類/書畫之屬/畫譜
明周白川潑墨山水不分卷　(明)周用繪　民國十八年(1929)上海神州國光社影印本　一冊

330000－1701－0088456　M607932　集部/小説類/長篇之屬
畫中人一卷二十四章　袁慕歐撰　民國二十五年(1936)紹興開文印刷局鉛印本　一冊

330000－1701－0088457　M006107　子部/藝術類/書畫之屬
止谿所藏山水画冊一卷　民國影印本　一冊

330000－1701－0088460　M605283　子部/宗教類/佛教之屬/諸宗
龍舒淨土文十一卷附龍舒直音一卷　(宋)王日休撰　**佛説阿彌陀經一卷**　(後秦)釋鳩摩羅什譯　民國十五年(1926)鉛印本　一冊

330000－1701－0088463　M605284　集部/別集類
萍鷗小舫詩鈔四卷　鍾熊祥撰　民國十六年(1927)鉛印本　四冊

330000－1701－0088466　M605285　集部/別集類
萍鷗小舫詩鈔四卷　鍾熊祥撰　民國十六年(1927)鉛印本　四冊

330000－1701－0088467　M607925　類叢部/叢書類/彙編之屬
涵芬樓祕笈五十一種　孫毓修等輯　民國五年至十五年(1916－1926)上海商務印書館影印本暨鉛印本　三冊　存一種

330000－1701－0088474　M605286　集部/別集類
萍鷗小舫詩鈔四卷　鍾熊祥撰　民國十六年(1927)鉛印本　四冊

330000－1701－0088479　M605287　史部/目録類/總録之屬/官修
浙江公立圖書館保存類目録續編四卷通常類目録續編四卷補遺附録一卷勘誤表一卷　浙江公立圖書館編　民國七年(1918)浙江公立圖書館鉛印本　二冊

330000－1701－0088482　M605288　史部/目録類/總録之屬/官修
浙江公立圖書館保存類目録續編四卷通常類目録續編四卷補遺附録一卷勘誤表一卷　浙江公立圖書館編　民國七年(1918)浙江公立圖書館鉛印本　二冊

330000－1701－0088485　M605289　史部/目録類/總録之屬/官修

浙江公立圖書館保存類目録續編四卷通常類目録續編四卷補遺附録一卷勘誤表一卷 浙江公立圖書館編 民國七年(1918)浙江公立圖書館鉛印本 二册

330000－1701－0088487 M607926 類叢部/叢書類/郡邑之屬
湖北先正遺書七十二種七百二十七卷 盧靖編 民國十二年(1923)沔陽盧氏慎始基齋影印本 六册 存一種

330000－1701－0088488 M605290 史部/目録類/總録之屬/官修
浙江公立圖書館保存類目録續編四卷通常類目録續編四卷補遺附録一卷勘誤表一卷 浙江公立圖書館編 民國七年(1918)浙江公立圖書館鉛印本 二册

330000－1701－0088489 M605291 史部/目録類/總録之屬/官修
浙江公立圖書館保存類目録續編四卷通常類目録續編四卷補遺附録一卷勘誤表一卷 浙江公立圖書館編 民國七年(1918)浙江公立圖書館鉛印本 二册

330000－1701－0088490 M605292 史部/目録類/總録之屬/官修
浙江公立圖書館保存類目録續編四卷通常類目録續編四卷補遺附録一卷勘誤表一卷 浙江公立圖書館編 民國七年(1918)浙江公立圖書館鉛印本 二册

330000－1701－0088492 M605293 史部/目録類/總録之屬/官修
浙江公立圖書館保存類目録續編四卷通常類目録續編四卷補遺附録一卷勘誤表一卷 浙江公立圖書館編 民國七年(1918)浙江公立圖書館鉛印本 二册

330000－1701－0088493 M605294 史部/目録類/總録之屬/官修
浙江公立圖書館保存類目録續編四卷通常類目録續編四卷補遺附録一卷勘誤表一卷 浙江公立圖書館編 民國七年(1918)浙江公立圖書館鉛印本 二册

330000－1701－0088494 M607927 集部/總集類/郡邑之屬
滬瀆同聲集不分卷 郁葆青輯 陳詩選 民國二十二年(1933)鉛印本 一册

330000－1701－0088495 M605295 史部/目録類/總録之屬/官修
浙江公立圖書館保存類目録續編四卷通常類目録續編四卷補遺附録一卷勘誤表一卷 浙江公立圖書館編 民國七年(1918)浙江公立圖書館鉛印本 二册

330000－1701－0088498 M605296 史部/目録類/總録之屬/官修
浙江公立圖書館保存類目録續編四卷通常類目録續編四卷補遺附録一卷勘誤表一卷 浙江公立圖書館編 民國七年(1918)浙江公立圖書館鉛印本 二册

330000－1701－0088500 M607928 集部/別集類
靈璞閣詩二卷附孫言草一卷 張惠衣撰 民國三十三年(1944)鉛印本 一册

330000－1701－0088501 M605297 史部/目録類/總録之屬/官修
浙江公立圖書館保存類目録續編四卷通常類目録續編四卷補遺附録一卷勘誤表一卷 浙江公立圖書館編 民國七年(1918)浙江公立圖書館鉛印本 二册

330000－1701－0088503 M605298 史部/目録類/總録之屬/官修
浙江公立圖書館保存類目録續編四卷通常類目録續編四卷補遺附録一卷勘誤表一卷 浙江公立圖書館編 民國七年(1918)浙江公立圖書館鉛印本 二册

330000－1701－0088505 M605299 史部/目録類/總録之屬/官修
浙江公立圖書館保存類目録續編四卷通常類目録續編四卷補遺附録一卷勘誤表一卷 浙江公立圖書館編 民國七年(1918)浙江公立圖書館鉛印本 二册

330000－1701－0088508　M605301　史部/目録類/總録之屬/官修

浙江公立圖書館保存類目錄續編四卷通常類目錄續編四卷補遺附錄一卷勘誤表一卷　浙江公立圖書館編　民國七年(1918)浙江公立圖書館鉛印本　二册

330000－1701－0088509　M605300　史部/目録類/總録之屬/官修

浙江公立圖書館保存類目錄續編四卷通常類目錄續編四卷補遺附錄一卷勘誤表一卷　浙江公立圖書館編　民國七年(1918)浙江公立圖書館鉛印本　二册

330000－1701－0088511　M605302　史部/目録類/總録之屬/官修

浙江公立圖書館保存類目錄續編四卷通常類目錄續編四卷補遺附錄一卷勘誤表一卷　浙江公立圖書館編　民國七年(1918)浙江公立圖書館鉛印本　二册

330000－1701－0088513　M605303　史部/目録類/總録之屬/官修

浙江公立圖書館保存類目錄續編四卷通常類目錄續編四卷補遺附錄一卷勘誤表一卷　浙江公立圖書館編　民國七年(1918)浙江公立圖書館鉛印本　二册

330000－1701－0088515　M006108　子部/宗教類/佛教之屬

金剛頂瑜伽中發阿耨多羅三藐三菩提心論纂注一卷　(天竺)龍猛菩薩造　(唐)釋不空譯　釋密林纂注　民國三十年(1941)上海愛儷園鉛印本　一册

330000－1701－0088516　M006109　集部/小説類/長篇之屬

繪圖李春來説本一卷　青逸太郎撰　民國石印本　一册

330000－1701－0088517　M605304　史部/目録類/總録之屬/官修

浙江公立圖書館保存類目錄續編四卷通常類目錄續編四卷補遺附錄一卷勘誤表一卷　浙江公立圖書館編　民國七年(1918)浙江公立圖書館鉛印本　二册

330000－1701－0088518　M605305、M607686　史部/目録類/總録之屬/官修

浙江公立圖書館保存類目錄續編四卷通常類目錄續編四卷補遺附錄一卷勘誤表一卷　浙江公立圖書館編　民國七年(1918)浙江公立圖書館鉛印本　二册

330000－1701－0088520　M605650、M607933、M605652、M607290　類叢部/叢書類/彙編之屬

四部叢刊三編七十一種　張元濟等編　民國二十四年至二十五年(1935－1936)上海商務印書館影印本　五册　存四種

330000－1701－0088521　M605306　史部/目録類/總録之屬/官修

浙江公立圖書館保存類目錄續編四卷通常類目錄續編四卷補遺附錄一卷勘誤表一卷　浙江公立圖書館編　民國七年(1918)浙江公立圖書館鉛印本　一册　存六卷(一至四、通常類目錄續編一至二)

330000－1701－0088522　M605307　類叢部/叢書類/自著之屬

舜水遺書四種附錄一卷　(明)朱之瑜撰　民國二年(1913)山陰湯壽潛鉛印本　十二册

330000－1701－0088523　M006110　集部/總集類/尺牘之屬

共和女界新尺牘二卷　孔憲彭撰　民國三年(1914)上海會文堂書局石印本　一册　存一卷(上)

330000－1701－0088525　M607934　集部/別集類/唐五代別集

李義山詩話二卷補錄一卷　(唐)李商隱撰　民國中華圖書館石印本　二册

330000－1701－0088526　M605308　類叢部/叢書類/自著之屬

舜水遺書四種附錄一卷　(明)朱之瑜撰　民國二年(1913)山陰湯壽潛鉛印本　十二册

330000－1701－0088531　M605309　史部/地理類/專志之屬/祠墓

西湖朱文公祠崇祀錄二卷　朱承業纂輯　民國十五年(1926)刻本　二冊

330000－1701－0088532　M006111　集部/曲類/曲韻曲譜曲律之屬

崐曲工尺譜□□編　吳苑个道人輯　民國石印本　一冊　存一編(二)

330000－1701－0088534　M605310　史部/地理類/專志之屬/祠墓

西湖朱文公祠崇祀錄二卷　朱承業纂輯　民國十五年(1926)刻本　二冊

330000－1701－0088537　M605311　史部/地理類/專志之屬/祠墓

西湖朱文公祠崇祀錄二卷　朱承業纂輯　民國十五年(1926)刻本　二冊

330000－1701－0088538　M605312　史部/地理類/專志之屬/祠墓

西湖朱文公祠崇祀錄二卷　朱承業纂輯　民國十五年(1926)刻本　二冊

330000－1701－0088539　M607935　集部/小說類/長篇之屬

上下古今談四卷二十回　吳敬恒撰　民國十六年(1927)上海文明書局鉛印本　一冊　存一卷(一)

330000－1701－0088540　M006112　集部/曲類/曲藝之屬

時調新曲初集一卷二集一卷三集一卷四集一卷　野鶴道人編　民國十一年(1922)上海文益書局石印本　一冊　存一卷(二集)

330000－1701－0088542　M605313　史部/地理類/專志之屬/祠墓

西湖朱文公祠崇祀錄二卷　朱承業纂輯　民國十五年(1926)刻本　二冊

330000－1701－0088544　M006113　史部/傳記類/別傳之屬/事狀

高奇峯先生榮哀錄第一輯不分卷　中國圖書大辭典編輯館編　民國二十三年(1934)中國圖書大辭典編輯館鉛印本　一冊

330000－1701－0088550　M605314　史部/地理類/專志之屬/祠墓

西湖朱文公祠崇祀錄二卷　朱承業纂輯　民國十五年(1926)刻本　二冊

330000－1701－0088551　M605315　史部/地理類/專志之屬/祠墓

西湖朱文公祠崇祀錄二卷　朱承業纂輯　民國十五年(1926)刻本　二冊

330000－1701－0088553　M006114　子部/醫家類/眼科之屬

銀海精微一卷　(唐)孫思邈輯　陳滋評　民國十九年(1930)上海千頃堂書局石印本　一冊

330000－1701－0088556　M605316　史部/金石類/石之屬/通考

金石苑六卷　(清)劉喜海輯　民國影印本　二冊　存二卷(二、四)

330000－1701－0088559　M006115　集部/曲類/曲藝之屬

繪圖水漫藍橋相會一卷新出校本賣胭脂一卷　民國石印本　一冊

330000－1701－0088560　M605466、M605469、M607936　類叢部/叢書類/彙編之屬

四部叢刊　張元濟等編　民國上海商務印書館影印本　六冊　存三種

330000－1701－0088561　M006116　集部/曲類/曲藝之屬

新刻莊子戲妻劈棺全傳□□卷　民國石印本　一冊　存一卷(一)

330000－1701－0088563　M006117　集部/別集類

鶴龕詩草不分卷　民國抄本　一冊

330000－1701－0088565　M006118　史部/目錄類/總録之屬/私撰

豐玉堂藏書目錄不分卷　民國抄本　一冊

330000－1701－0088566　M607937　集部/總集類/選集之屬/通代

涵芬樓古今文鈔簡編四十卷首一卷 吳曾祺輯 民國五年(1916)上海商務印書館鉛印本 一册 存一卷(三十三)

330000－1701－0088567 M006119 集部/別集類
轂盧詩草二卷 蔡毅撰 民國抄本 一册

330000－1701－0088576 M607938 子部/墨家類
墨子閒詁十五卷目錄一卷附錄一卷後語二卷 (清)孫詒讓撰 民國上海商務印書館影印本 八册

330000－1701－0088579 M607939 集部/總集類/選集之屬/斷代
宋詩鈔補八十六卷 (清)管庭芬 (清)蔣光煦編 民國四年(1915)上海商務印書館鉛印本 八册

330000－1701－0088582 M607940 類叢部/叢書類/自著之屬
海寧王靜安先生遺書四十三種 王國維撰 民國二十九年(1940)商務印書館長沙石印本 二十一册 存二十四種

330000－1701－0088588 M608134 集部/曲類/寶卷之屬
趙氏賢孝寶卷二卷 民國上海文益書局石印本 一册 存一卷(上)

330000－1701－0088606 M607941 史部/紀傳類/正史之屬
百衲本二十四史 張元濟輯 民國上海商務印書館影印本 三十一册 存一種

330000－1701－0088611 M607347、M607942 史部/紀傳類/正史之屬
百衲本二十四史 張元濟輯 民國上海商務印書館影印本 二十五册 存一種

330000－1701－0088613 M006121 集部/別集類
畸園第三次手定詩稿十七種三十二卷 陳適聲撰 民國十一年(1922)影印本 一册 存一種

330000－1701－0088618 M607943 史部/紀傳類/正史之屬
百衲本二十四史 張元濟輯 民國上海商務印書館影印本 四册 存一種

330000－1701－0088626 M602157、M607944、M610395 子部/醫家類/醫案之屬
淮陰吳鞠通先生醫案五卷 (清)吳瑭撰 民國杭州有益山房鉛印本 四册

330000－1701－0088628 M607945 史部/地理類/水利之屬
視察無錫江陰武進丹陽丹徒金壇宜興溧陽水利記錄一卷 林保元 華毓鵬 龔允文撰 民國鉛印本 一册

330000－1701－0088629 M006122 史部/政書類/公牘檔册之屬
治鹽力行錄一卷 王家琦彙錄 民國三年(1914)鉛印本 一册

330000－1701－0088630 M006123 史部/傳記類/別傳之屬/事狀
戴母龐太夫人行述一卷 戴祖詒撰 民國石印本暨鉛印本 一册

330000－1701－0088633 M006124 史部/傳記類/別傳之屬/墓誌
仁和高君墓誌銘一卷 吳慶坻撰 高保康書 民國石印本 一册

330000－1701－0088635 M607946 史部/政書類/公牘檔册之屬
重濬善堰皋亭兩壩河徵信録一卷 陸惟鎏編 民國二十三年(1934)鉛印本 陸惟鎏題記 一册

330000－1701－0088638 M607947 子部/宗教類/佛教之屬
金剛經解義二卷附心經解義一卷 (清)徐槐廷撰 民國上海佛學書局鉛印本 一册

330000－1701－0088640 M006125 史部/傳記類/別傳之屬/事狀
王君綬珊行狀一卷 袁思亮撰 民國二十七年(1938)石印本 一册

330000－1701－0088643　M607948　子部/藝術類/書畫之屬/畫譜

海上二大名家畫譜三卷　(清)錢慧安　曹華繪　民國十三年(1924)民強書局石印本　一冊　存二卷(一至二)

330000－1701－0088645　M006126　子部/藝術類/遊藝之屬/聯語

石鼓集聯不分卷　(清)王同集　民國十二年(1923)仁和王褆石印本　二冊

330000－1701－0088652　M006127　史部/金石類/石之屬

秋浦周氏傳古錄　民國十八年(1929)秋浦周氏影印本　一冊　存一種

330000－1701－0088655　M006129　子部/藝術類/書畫之屬/法帖

碑聯集搨□□種　秦文錦編　民國上海藝苑真賞社影印本　一冊　存一種

330000－1701－0088664　M006128　子部/藝術類/書畫之屬/法帖

碑聯集搨□□種　秦文錦編　民國上海藝苑真賞社影印本　一冊　存一種

330000－1701－0088665　M006130　子部/藝術類/書畫之屬/法帖

鉏彝齋藏周丕期敦集聯拓本一卷　秦文錦藏　民國十五年(1926)上海藝苑真賞社影印本　一冊

330000－1701－0088677　M006131　史部/政書類/公牘檔冊之屬

國立浙江大學工學院學生軍學術科預定計劃表一卷　民國石印本　一冊

330000－1701－0088679　M006132　子部/藝術類/書畫之屬/畫譜

龔半千細筆画冊一卷　(清)龔賢繪　民國十三年(1924)上海有正書局影印本　一冊

330000－1701－0088682　M006133　子部/藝術類/書畫之屬

中國名畫絕品第一集一卷　審美書館編　民國六年(1917)上海審美書館影印本　一冊

330000－1701－0088685　M006134　子部/藝術類/書畫之屬/畫録

董文敏秋興八景冊一卷　(明)董其昌繪　民國文明書局影印本　一冊

330000－1701－0088689　M600437、M600519、M605355　類叢部/叢書類/彙編之屬

四部備要　中華書局編　民國二十五年(1936)上海中華書局鉛印本　十冊　存三種

330000－1701－0088690　M600467　類叢部/叢書類/彙編之屬

四部備要　中華書局編　民國二十五年(1936)上海中華書局鉛印本　四冊　存一種

330000－1701－0088691　M600431　類叢部/叢書類/彙編之屬

四部備要　中華書局編　民國二十五年(1936)上海中華書局鉛印本　一冊　存一種

330000－1701－0088696　SNB0427　子部/天文曆算類/曆法之屬

中西回史日曆二十卷　陳垣撰　民國十五年(1926)國立北京大學研究所鉛印國立北京大學研究所國學門叢書本　陳垣題記　五冊

330000－1701－0088700　M601062　史部/政書類/公牘檔冊之屬

浙江律師公會聯合會第一次會議始末記一卷　浙江律師公會編　民國鉛印本　一冊

330000－1701－0088704　M607949、M609871　新學/學校

中央陸軍軍官學校史稿不分卷　中央陸軍軍官學校編　民國二十五年(1936)鉛印本　六冊

330000－1701－0088706　M607950　集部/曲類/寶卷之屬

大乘因果九環出塵寶卷一卷　民國十年(1921)鉛印本　一冊

330000－1701－0088708　M602968、M607951　類叢部/叢書類/家集之屬

諸暨馮氏叢刻五種四十四卷　馮振音編　民國六年(1917)鉛印本　三冊　存二種

330000－1701－0088713　M605428、M607952　類叢部/叢書類/郡邑之屬

續金華叢書六十種　胡宗楙編　民國十三年(1924)永康胡氏夢選樓刻本　四十冊　存二十四種

330000－1701－0088720　M605317、M605648　子部/小說家類

筆記小說大觀二百二十二種　進步書局輯　民國上海進步書局石印本　二十一冊　存九種

330000－1701－0088723　M006135　子部/宗教類

融通各教書　民國四年(1915)上海廣學會鉛印本　一冊　存一種

330000－1701－0088727　M605318　史部/傳記類/別傳之屬/事狀

永感錄不分卷　民國錢塘丁氏鉛印本　一冊

330000－1701－0088730　M006136　子部/宗教類/佛教之屬

觀自在六字大明真言一卷　罕白普仁述藏　安樂行者纂釋　民國十九年(1930)洪震鉛印本　一冊

330000－1701－0088731　M006137　子部/宗教類/佛教之屬/諸宗

四部宗見略說一卷决擇見一卷　貢噶上師講　韓大載筆記　民國三十五年(1946)鉛印本　一冊

330000－1701－0088735　M605319　子部/醫家類/本草之屬/歷代綜合本草

本草備要八卷圖一卷　(清)汪昂撰　民國上海商務印書館鉛印本　三冊　存五卷(圖、一至四)

330000－1701－0088738　M006138　子部/宗教類/佛教之屬

大手印導引顯明本體四瑜伽一卷　貢噶上師講　釋滿空翻語　陳圓白等筆記　民國上海金剛乘學會鉛印本　一冊

330000－1701－0088739　M605320　集部/總集類/選集之屬/通代

古文筆法八卷首一卷　(清)李扶九編集　民國二年(1913)上海掃葉山房石印本　一冊　存二卷(二至三)

330000－1701－0088742　M006139　子部/宗教類/佛教之屬/諸宗

瑜伽學世界觀不分卷　王與楫撰　民國十八年(1929)北平大覺精舍鉛印本　一冊

330000－1701－0088745　M006140　子部/宗教類/佛教之屬/諸宗

淨業良導一卷　釋印光輯　民國二十二年(1933)上海商務印書館鉛印本　一冊

330000－1701－0088746　M605321　子部/醫家類/類編之屬

孫氏醫學叢書六種　孫鼎宜撰　民國二十一年(1932)中華書局鉛印本　七冊　存四種

330000－1701－0088748　M607953　史部/政書類/邦計之屬

浙江省各縣財政經濟調查須知與參攷資料不分卷　浙江財務人員養成所編　民國油印本　一冊

330000－1701－0088750　M006141　子部/宗教類/道教之屬

關聖帝君覺世經一卷附關聖帝君世系攷証一卷閒談筆記一卷　民國十一年(1922)上海宏大善書局石印本　一冊

330000－1701－0088751　M006142　子部/宗教類/道教之屬

關帝明聖真經一卷附關聖帝君世系攷証一卷應驗靈籤一卷　民國十三年(1924)上海宏大善書局石印本　一冊

330000－1701－0088753　M607954　子部/雜著類/雜纂之屬

平等閣筆記六卷　狄葆賢撰　民國上海有正書局鉛印本　三冊　存三卷(一至三)

330000－1701－0088757　M605322　子部/醫家類/外科之屬

祕本瘍科選粹八卷　(明)陳文治撰　(清)徐

大椿批點　民國六年(1917)上海新中華書社石印本　一冊　存一卷(八)

330000－1701－0088761　SNB0429　子部/藝術類/書畫之屬/法帖

晉唐小楷十一種不分卷　民國影印本　邵裴子跋　一冊

330000－1701－0088763　M607955　史部/傳記類/總傳之屬/釋道

敕賜淨慈禪寺同戒錄一卷(中華民國十四年乙丑秋期)　民國十四年(1925)刻本　一冊

330000－1701－0088764　M605323　子部/醫家類/本草之屬/歷代綜合本草

本草綱目五十二卷　(明)李時珍撰　民國上海錦章圖書局石印本　八冊　存四十六卷(一至四十六)

330000－1701－0088768　M006143　子部/宗教類/佛教之屬

感化叢刊□□種　萬鈞編　民國無錫萬氏鉛印本　一冊　存一種

330000－1701－0088771　M605587　類叢部/叢書類/郡邑之屬

仙居叢書第一集十二種　李鏡渠編　民國二十四年(1935)鉛印本　一冊　存一種

330000－1701－0088780　M605324、M605325　子部/藝術類/遊藝之屬/棋弈

文瑞樓新印弈譜　民國上海文瑞樓石印本　三冊　存二種

330000－1701－0088781　M607957　史部/金石類/金之屬/圖像

澹廬藏佛一卷　徐鋆藏　民國十八年(1929)影印本　一冊

330000－1701－0088783　M006144　集部/曲類/曲韻曲譜曲律之屬

小調工尺譜一卷　江天一編輯　民國十四年(1925)上海世界書局石印本　一冊

330000－1701－0088788　SNB0428　子部/藝術類/書畫之屬/畫譜

宋李公麟五馬圖宋梁楷右軍書扇圖不分卷　民國影印本　沈盦題記　一冊

330000－1701－0088789　M607958　史部/政書類/律令之屬/律例

浙江各縣宣講稿選粹第一編不分卷　浙江行政公署教育司輯　民國三年(1914)杭州文粹印刷局鉛印本　一冊

330000－1701－0088791　M006145　子部/宗教類/佛教之屬

七俱胝佛母所說准提陀羅尼經一卷　(唐)釋不空譯　民國二十七年(1938)上海佛學書局鉛印本　一冊

330000－1701－0088792　M006146　子部/宗教類/佛教之屬

具德總集輪儀軌一卷　民國三十六年(1947)石印本　一冊

330000－1701－0088793　M605326　子部/藝術類/書畫之屬

古畫真跡考一卷　李鴻儀撰　民國十二年(1923)上海錦文堂石印本　一冊

330000－1701－0088794　M607959　集部/總集類/酬唱之屬

退思園酬唱集不分卷　王寒川等撰　民國三十三年(1944)石印本　一冊

330000－1701－0088796　M006147　子部/宗教類/佛教之屬

佛教問答一卷　海屍道人編纂　民國佛學研究會鉛印本　一冊

330000－1701－0088797　M607960　新學/礦務

蘇浙皖鑛誌不分卷　第三區鑛務監督署編　民國三年(1914)鉛印本　一冊

330000－1701－0088798　M605327　史部/目録類/總録之屬/官修

浙江公立圖書館保存類目錄續編四卷通常類目錄續編四卷補遺附錄一卷勘誤表一卷　浙江公立圖書館編　民國七年(1918)浙江公立圖書館鉛印本　二冊

330000－1701－0088800　M006148、M006151　子部/宗教類/佛教之屬

感化叢刊□□種　萬鈞編　民國無錫萬氏鉛印本　二册　存一種

330000－1701－0088802　M605328　史部/目録類/總録之屬/官修

浙江公立圖書館保存類目錄續編四卷通常類目錄續編四卷補遺附錄一卷勘誤表一卷　浙江公立圖書館編　民國七年(1918)浙江公立圖書館鉛印本　二册

330000－1701－0088803　M603016、M607961　集部/别集類

屈巡按使出巡全浙文稿四卷　屈映光撰　民國鉛印本　四册

330000－1701－0088805　SZA0012　史部/金石類/郡邑之屬/文字

續兩浙金石志不分卷　沈曾植等纂修　稿本　六十五册

330000－1701－0088806　M605329　史部/目録類/總録之屬/官修

浙江公立圖書館保存類目錄續編四卷通常類目錄續編四卷補遺附錄一卷勘誤表一卷　浙江公立圖書館編　民國七年(1918)浙江公立圖書館鉛印本　二册

330000－1701－0088809　M006149　子部/宗教類/佛教之屬/諸宗

淨土津梁十三種　(清)釋了慰輯　民國十一年(1922)上海商務印書館據清乾隆北京衍法寺刻本影印本　六册　存八種

330000－1701－0088810　M605330　史部/金石類/金之屬/圖像

簠齋吉金錄不分卷　(清)陳介祺藏　鄧實輯　民國七年(1918)鄧實風雨樓影印本　二册

330000－1701－0088816　M006150　子部/儒家類/儒學之屬/禮教/家訓

傳家新範一卷　萬鈞編　民國無錫萬氏鉛印本　一册

330000－1701－0088817　M605331　子部/雜著類/雜説之屬

嬰寧什箸　陳訓正撰　民國十八年(1929)鉛印本　一册　存一種

330000－1701－0088819　M607962、M609136　類叢部/叢書類/自著之屬

勱堂遺書八種　顧家相撰　民國八年至十九年(1919－1930)會稽顧氏鉛印本　二册　存一種

330000－1701－0088820　M005823　集部/曲類/曲韻曲譜曲律之屬

伶劇之譜正生越調不分卷　民國抄本　一册

330000－1701－0088822　M605332　子部/雜著類/雜説之屬

嬰寧什箸　陳訓正撰　民國十八年(1929)鉛印本　一册　存一種

330000－1701－0088826　M605333　子部/雜著類/雜説之屬

嬰寧什箸　陳訓正撰　民國十八年(1929)鉛印本　一册　存一種

330000－1701－0088828　M605334　子部/雜著類/雜説之屬

嬰寧什箸　陳訓正撰　民國十八年(1929)鉛印本　一册　存一種

330000－1701－0088829　M605335　子部/雜著類/雜説之屬

嬰寧什箸　陳訓正撰　民國十八年(1929)鉛印本　一册　存一種

330000－1701－0088830　M605336　子部/雜著類/雜説之屬

嬰寧什箸　陳訓正撰　民國十八年(1929)鉛印本　一册　存一種

330000－1701－0088831　M605337　子部/雜著類/雜説之屬

嬰寧什箸　陳訓正撰　民國十八年(1929)鉛印本　一册　存一種

330000－1701－0088834　M605338　子部/雜著類/雜説之屬

嬰寧什箸　陳訓正撰　民國十八年(1929)鉛印本　一册　存一種

330000－1701－0088835　M006152　子部/宗教類/佛教之屬

觀世音菩薩靈異紀二卷　萬鈞編　民國十五年(1926)北京感化學校鉛印本　一册

330000－1701－0088836　M607963　子部/醫家類/方書之屬/成方藥目

葉種德堂丸散膏丹説明書不分卷　葉鴻年編　民國十七年(1928)葉種德堂鉛印本　一册

330000－1701－0088837　M005824　子部/宗教類/佛教之屬

金剛頂瑜伽經十八會指歸一卷陀羅尼門諸部要目一卷畧述金剛頂瑜伽分別聖位修證法門一卷受菩提心戒儀一卷金剛頂瑜伽中發阿耨多羅三藐三菩提心論一卷金剛頂瑜伽三十七尊禮一卷金剛頂勝初瑜伽普賢菩薩念誦法經一卷無量壽如來修觀行供養儀軌一卷金剛頂經瑜伽文殊師利菩薩法一品一卷金剛頂超勝三界經説文殊五字眞言勝相一卷金剛壽命陀羅尼念誦法一卷大方廣佛華嚴經入法界品四十二字觀一卷　(唐)釋不空譯　**阿彌陀佛大思惟經一卷**　(唐)釋阿地瞿多譯　**無畏三藏禪要一卷**　民國八年至九年(1919－1920)潮安刻經處刻本　一册

330000－1701－0088840　M005825　子部/宗教類/佛教之屬/經疏

大方廣圓覺脩多羅了義經講義二卷附戊午講經會同緣錄一卷　釋諦閑講演　民國十六年(1927)上海商務印書館鉛印本　二册

330000－1701－0088847　M605339　子部/雜著類/雜説之屬

嬰寧什箸　陳訓正撰　民國十八年(1929)鉛印本　一册　存一種

330000－1701－0088849　M005826　子部/宗教類/佛教之屬/經

藥師琉璃光如來本願功德經一卷首一卷　(唐)釋玄奘詔譯　民國二十六年(1937)蘇州弘化社鉛印本　邵裴子題記　一册

330000－1701－0088850　M605340　子部/雜著類/雜説之屬

嬰寧什箸　陳訓正撰　民國十八年(1929)鉛印本　一册　存一種

330000－1701－0088852　M605341　子部/雜著類/雜説之屬

嬰寧什箸　陳訓正撰　民國十八年(1929)鉛印本　一册　存一種

330000－1701－0088854　M605342　子部/雜著類/雜説之屬

嬰寧什箸　陳訓正撰　民國十八年(1929)鉛印本　一册　存一種

330000－1701－0088855　M607964　子部/儒家類/儒學之屬/禮教/家訓

明袁了凡四訓一卷附録俞淨意公遇竈神記一卷　(明)袁黄撰　民國十一年(1922)上海佛學推行社鉛印本　一册

330000－1701－0088857　M605343　子部/雜著類/雜説之屬

嬰寧什箸　陳訓正撰　民國十八年(1929)鉛印本　一册　存一種

330000－1701－0088858　M605344　子部/雜著類/雜説之屬

嬰寧什箸　陳訓正撰　民國十八年(1929)鉛印本　一册　存一種

330000－1701－0088859　M607965　子部/宗教類/佛教之屬/論

校補唯識大意二卷　(日本)釋良遍撰　(日本)釋青巒校補　梅光義校訂　洪欣然譯文　民國二十一年(1932)鉛印本　一册

330000－1701－0088860　M005827　史部/目録類/總録之屬/私撰

北平富晋書社新舊書籍碑帖書畫目錄六卷補遺一卷　王富晉編　民國二十二年(1933)北平富晉書社石印本　二册

330000－1701－0088861　M605345　史部/地理類/方志之屬/郡縣志

[民國]川沙縣志二十四卷首一卷　方鴻鎧

陸炳麟修　黄炎培纂　俞乃文　陸修澤　茅人駿測繪　民國二十六年(1937)上海國光書局鉛印本　十二册

330000－1701－0088862　M607966、M608042　史部/目録類/總録之屬/官修

浙江圖書館觀覽類書目四卷補遺一卷附錄一卷　浙江圖書館編　民國四年(1915)浙江圖書館鉛印本　二册　存四卷(子部、集部,補遺,附錄)

330000－1701－0088863　M607968　史部/傳記類/總傳之屬/文苑

杭州西溪奉祀歷代兩浙詞人姓氏錄一卷　周慶雲輯　民國鉛印本　一册

330000－1701－0088867　M005828　子部/雜著類/雜纂之屬

新編宣講大全八卷首一卷　俠漢編　民國九年(1920)上海鑄記書局石印本　一册　存四卷(首,一、七至八)

330000－1701－0088868　M605348　史部/金石類/玉之屬/圖像

陶齋古玉圖一卷　(清)端方藏　王大隆輯　民國二十五年(1936)上海來青閣影印本　一册

330000－1701－0088869　M605347　史部/金石類

百一廬金石叢書十種　陳乃乾輯　民國十年(1921)海寧陳氏影印本　三册　存三種

330000－1701－0088870　M607967　子部/藝術類/書畫之屬

中國名人畫史不分卷　錢化佛繪　民國十年(1921)儉德儲蓄會石印本　二册

330000－1701－0088874　M005829　子部/藝術類/遊藝之屬/酒令

酒令全篇四卷　(清)俞敦培輯　民國七年(1918)上海有正書局鉛印本　二册

330000－1701－0088876　M607969　史部/政書類/律令之屬

浙江省議會各種章程規則不分卷　浙江省議會編　民國鉛印本　一册

330000－1701－0088879　M607970　史部/政書類/律令之屬

浙江省議會各種章程規則不分卷　浙江省議會編　民國十年(1921)鉛印本　一册

330000－1701－0088880　M605349　子部/藝術類/篆刻之屬/印論

篆刻鍼度八卷　(清)陳克恕撰　民國七年(1918)上海朝記書莊石印本　一册

330000－1701－0088882　M005830　子部/藝術類/遊藝之屬

游戲大觀不分卷　廣文書局編輯所編輯　民國八年(1919)廣文書局石印本　一册

330000－1701－0088884　M601879、M603210、M603678、M605350、M605941、M606861　史部/傳記類/總傳之屬/斷代

清史列傳八十卷　中華書局編　民國十七年(1928)上海中華書局鉛印本　十二册　存十二卷(一、五、九、十二、三十九、六十五、六十九、七十一至七十三、七十七、八十)

330000－1701－0088885　M005831　史部/目録類/總録之屬

商務印書館精印古書金石碑帖目錄一卷　商務印書館編　民國上海商務印書館鉛印本　一册

330000－1701－0088887　M005832　集部/別集類/宋別集

詳註林和靖詩集四卷　(宋)林逋撰　雷瑨註釋　民國十八年(1929)上海掃葉山房石印本　一册

330000－1701－0088888　M600559　類叢部/叢書類/彙編之屬

四部備要　中華書局編　民國二十五年(1936)上海中華書局鉛印本　二册　存一種

330000－1701－0088889　M005833　子部/宗教類/佛教之屬

金剛經靈異紀二卷　(後秦)釋鳩摩羅什譯　萬鈞編　民國十四年(1925)無錫萬氏鉛印本

一册

330000－1701－0088890　M006154　子部/兵家類/兵法之屬
應用戰法二卷　賀忠良編　民國元年(1912)上海漢武社鉛印本　一册

330000－1701－0088891　M005834　子部/宗教類/佛教之屬
佛教問答一卷佛教問答選錄一卷　海屍道人編纂　民國十年(1921)上海商務印書館鉛印本　一册

330000－1701－0088892　M005836　集部/別集類/清別集
校訂定盦全集十卷　(清)龔自珍撰　**定盦年譜藁本一卷**　(清)黄守恒撰　民國七年(1918)上海掃葉山房石印本　六册

330000－1701－0088893　M006155　史部/政書類/邦計之屬/地政
土地估價之理論與方法不分卷　孟光宇編　民國鉛印本　一册

330000－1701－0088894　M005837　子部/藝術類/書畫之屬/畫譜
芥子園畫傳初集六卷　(清)王槩　(清)王蓍　(清)王臬輯　民國十年(1921)上海千頃堂書局石印本　四册

330000－1701－0088895　M006156　子部/宗教類/佛教之屬
因明入正理論易解一卷　釋密林述　民國二十九年(1940)上海愛儷園鉛印本　一册

330000－1701－0088896　M006157　集部/小說類/長篇之屬
新編四劍八俠雙鏢記四卷二十八回　(清)史長嘯編輯　民國十四年(1925)上海文益書局石印本　一册　存一卷(一)

330000－1701－0088897　M006158　史部/編年類/通代之屬
增評加批歷史綱鑑補三十九卷首一卷　(明)王世貞　(明)袁黄纂　**資治明紀綱目二十卷資治明紀綱目三編一卷**　(清)張廷玉等撰　民國上海廣益書局石印本　十八册

330000－1701－0088898　M006159　子部/藝術類/遊藝之屬/聯語
新體分類楹聯精華上册二編下册二編　吳金山編輯　民國十年(1921)上海廣雅書局、啟新書局石印本　一册

330000－1701－0088903　M605353　子部/藝術類/音樂之屬/琴學
琴學入門二卷　(清)張鶴輯　民國上海中華圖書館石印本　二册

330000－1701－0088904　M607998　史部/地理類/專志之屬/古跡
林社二十五年紀念册一卷　杭州西湖蠶學館編　民國十四年(1925)鉛印本　一册

330000－1701－0088907　M605354　集部/別集類/明別集
青邱高季迪先生詩集十八卷首一卷遺詩一卷扣舷集一卷附錄一卷鳧藻集五卷　(明)高啓撰　(清)金檀輯注　民國三年(1914)東吳浦氏影印本　十二册

330000－1701－0088911　M006160　子部/宗教類/道教之屬
太上感應篇纘義二卷　(清)俞樾注　民國十一年(1922)鉛印本　一册

330000－1701－0088914　M006161　集部/小說類/長篇之屬
繡像七俠五義傳六卷一百回　(清)石玉崑撰　(清)俞樾重編　民國五年(1916)上海廣益書局石印本　二册　存二卷(一、四)

330000－1701－0088918　M605356　史部/目録類/總録之屬/禁燬
清代禁燬書目四種四卷　(清)姚覲元編　民國杭州抱經堂書局石印本　鄭雨莘題記　四册

330000－1701－0088922　M605357　類叢部/叢書類/彙編之屬
仰視千七百二十九鶴齋叢書四集三十一種　(清)趙之謙編　民國十八年(1929)紹興墨潤

堂書苑據清光緒六年(1880)會稽趙氏刻本影印本　鄭雨莘題記　十八冊　存二十四種

330000－1701－0088923　M006162　集部/詩文評類
詩學速成指南二卷詞學速成指南一卷　鄒弢編　民國八年(1919)上海尚友社石印本　一冊　缺一卷(詩學速成指南上)

330000－1701－0088924　M006163　集部/總集類/選集之屬/斷代
國朝詩十卷外編一卷補六卷　(清)吳翌鳳選　民國抄本　一冊　存序、目錄

330000－1701－0088927　M006164　子部/術數類/雜術之屬
明野史燒餅歌一卷姜太公萬年圖一卷　民國三十八年(1949)抄本　一冊

330000－1701－0088928　M006165　子部/藝術類/書畫之屬/畫法畫品
畫筌叢談一卷　胡佩衡撰　民國十七年(1928)長興王氏泉園鉛印本暨影印本　一冊

330000－1701－0088933　M604241、M605358　史部/傳記類/日記之屬
湘綺樓日記不分卷(清同治八年正月至民國五年七月)　王闓運撰　民國十六年(1927)上海商務印書館鉛印本　三十二冊

330000－1701－0088934　M006166　子部/天文曆算類/曆法之屬
中華民國三十六年歲在丁亥農曆通書一卷　民國三十五年(1946)石印本　一冊

330000－1701－0088935　M607999　類叢部/叢書類/彙編之屬
復性書院叢刊二十七種　馬浮編　民國二十九年至三十七年(1940－1948)復性書院刻本暨鉛印本　二冊　存一種

330000－1701－0088937　M006167　子部/小說家類/雜事之屬
梓聞漫拾三卷　謝鼎鎔述　民國八年(1919)鉛印本　一冊

330000－1701－0088941　M605359　經部/小學類/音韻之屬/韻書
中華新韻一卷　教育部國語推行委員會編　民國影印本　一冊

330000－1701－0088945　M006168　史部/政書類/公牘檔冊之屬
通告杭州錢王祠租金用途一卷　錢百堅輯　民國二十四年(1935)石印本　一冊

330000－1701－0088947　M607971　史部/地理類/遊記之屬/紀行
游滇紀事一卷　錢文選撰　民國十九年(1930)鉛印本　一冊

330000－1701－0088952　M605361　史部/目録類/專録之屬
補鈔文瀾閣四庫闕簡記錄不分卷　張宗祥撰　民國十五年(1926)刻本　一冊

330000－1701－0088953　M607972　史部/傳記類/別傳之屬/事狀
容菴弟子記四卷　沈祖憲　吳闓生編　民國二年(1913)鉛印本　一冊

330000－1701－0088954　M006169　子部/小說家類/雜事之屬
西神叢語一卷　(清)黃蛟起撰　民國三年(1914)錫山侯學愈木活字印本　一冊

330000－1701－0088962　M607973　史部/目録類/專録之屬
琴書存目六卷別錄二卷　周慶雲編　民國三年(1914)烏程周氏夢坡室刻本　四冊

330000－1701－0088963　M006170　集部/總集類/選集之屬/斷代
息社初集不分卷　張故吾輯　民國十二年(1923)石印本　一冊

330000－1701－0088965　M006171　史部/傳記類/總傳之屬/釋道
晉敕靈隱禪寺同戒錄一卷(甲寅春期)　民國三年(1914)鉛印本　一冊

330000－1701－0088968　M607974、M607976

史部/傳記類/總傳之屬/郡邑
歷代兩浙詞人小傳十六卷 周慶雲輯 民國十一年(1922)烏程周氏夢坡室刻藍印本 八冊 缺一卷(七)

330000－1701－0088971 M607975 史部/傳記類/總傳之屬/郡邑
歷代兩浙詞人小傳十六卷 周慶雲輯 民國十一年(1922)烏程周氏夢坡室刻藍印本 三冊 存六卷(一至二、五、七至八、十二)

330000－1701－0088972 M608000 類叢部/叢書類/彙編之屬
復性書院叢刊二十七種 馬浮編 民國二十九年至三十七年(1940－1948)復性書院刻本暨鉛印本 一冊 存一種

330000－1701－0088976 M607977 集部/別集類
夢坡詩存十二卷 周慶雲撰 民國九年(1920)刻藍印本 六冊 缺一卷(十二)

330000－1701－0088977 M607978 集部/別集類
夢坡詩存十二卷 周慶雲撰 民國九年(1920)刻藍印本 一冊 存一卷(六)

330000－1701－0088980 M607979 子部/宗教類/佛教之屬
佛學叢書□□種 丁福保輯 民國上海醫學書局鉛印本暨影印本 三冊 存二種

330000－1701－0088986 M006173 子部/宗教類/佛教之屬/諸宗
印光法師文鈔四卷附錄一卷 釋聖量撰 民國十二年(1923)揚州藏經院刻本 四冊

330000－1701－0088989 M006174 集部/別集類/清別集
留茚盦尺牘叢殘四卷 (清)嚴籀撰 民國二十二年(1933)文竹抄本 一冊 存一卷(一)

330000－1701－0088990 M006175 史部/地理類/山川之屬/山志
華山指南一卷 民國三十六年(1947)石印本 一冊

330000－1701－0088991 M006176 史部/傳記類/總傳之屬/列女
平湖節孝錄四卷 (清)彭潤章修 民國抄本 二冊

330000－1701－0088995 M006177 類叢部/叢書類/彙編之屬
東陸大學叢書□□種 民國鉛印本 一冊 存一種

330000－1701－0088998 M006178 集部/別集類/清別集
心鄉往齋集二十卷 (清)孔繼鑅撰 民國十年(1921)吳興劉氏嘉業堂刻求恕齋叢書本 馮煦題記 六冊 存十七卷(一至十七)

330000－1701－0088999 M605363 集部/別集類
萍鷗小舫詩鈔四卷 鍾熊祥撰 民國十六年(1927)鉛印本 四冊

330000－1701－0089000 M605362 史部/金石類
非儒非俠齋金石叢著十種 顧燮光撰 民國會稽顧氏金佳石好樓石印本暨鉛印本 一冊 存一種

330000－1701－0089002 M605364、M605553 集部/別集類
萍鷗小舫詩鈔四卷 鍾熊祥撰 民國十六年(1927)鉛印本 四冊

330000－1701－0089004 M608002 類叢部/叢書類/彙編之屬
復性書院叢刊二十七種 馬浮編 民國二十九年至三十七年(1940－1948)復性書院刻本暨鉛印本 一冊 存一種

330000－1701－0089006 M605365 子部/藝術類/書畫之屬/題跋
訢鷗軒畫跋二卷 陳方鏞撰 民國二十一年(1932)鉛印本 一冊

330000－1701－0089007 M608003 類叢部/叢書類/彙編之屬
復性書院叢刊二十七種 馬浮編 民國二十

九年至三十七年(1940－1948)復性書院刻本暨鉛印本　一冊　存一種

330000－1701－0089008　M605366　子部/藝術類/書畫之屬/題跋

訴鷗軒畫跋二卷　陳方鏞撰　民國二十一年(1932)鉛印本　一冊

330000－1701－0089009　M607980　集部/別集類

夢坡詩存十二卷　周慶雲撰　民國九年(1920)刻本　三冊　存八卷(五至十二)

330000－1701－0089010　M605367　子部/藝術類/書畫之屬/題跋

訴鷗軒畫跋二卷　陳方鏞撰　民國二十一年(1932)鉛印本　一冊

330000－1701－0089012　M605368　子部/藝術類/書畫之屬/題跋

訴鷗軒畫跋二卷　陳方鏞撰　民國二十一年(1932)鉛印本　一冊

330000－1701－0089013　M605369　子部/藝術類/書畫之屬/題跋

訴鷗軒畫跋二卷　陳方鏞撰　民國二十一年(1932)鉛印本　一冊

330000－1701－0089016　M605370　子部/藝術類/書畫之屬/題跋

訴鷗軒畫跋二卷　陳方鏞撰　民國二十一年(1932)鉛印本　一冊

330000－1701－0089017　M608004　史部/傳記類/別傳之屬/事狀

愧荀集一卷　朱正元編　民國二十四年(1935)鉛印本　一冊

330000－1701－0089020　M605371　子部/藝術類/書畫之屬/題跋

訴鷗軒畫跋二卷　陳方鏞撰　民國二十一年(1932)鉛印本　一冊

330000－1701－0089022　M605372　子部/藝術類/書畫之屬/題跋

訴鷗軒畫跋二卷　陳方鏞撰　民國二十一年(1932)鉛印本　一冊

330000－1701－0089023　M607981　史部/地理類/山川之屬/山志

西天目祖山志八卷首一卷末一卷補遺一卷　(明)釋廣賓撰　(清)釋際界增訂　民國十五年(1926)鉛印本　二冊

330000－1701－0089024　M605373　子部/藝術類/書畫之屬/題跋

訴鷗軒畫跋二卷　陳方鏞撰　民國二十一年(1932)鉛印本　一冊

330000－1701－0089025　M605374　子部/藝術類/書畫之屬/題跋

訴鷗軒畫跋二卷　陳方鏞撰　民國二十一年(1932)鉛印本　一冊

330000－1701－0089026　M605375　子部/藝術類/書畫之屬/題跋

訴鷗軒畫跋二卷　陳方鏞撰　民國二十一年(1932)鉛印本　一冊

330000－1701－0089027　M605376　子部/雜著類/雜說之屬

嬰寧什箸　陳訓正撰　民國十八年(1929)鉛印本　一冊　存一種

330000－1701－0089028　M605377　子部/雜著類/雜說之屬

嬰寧什箸　陳訓正撰　民國十八年(1929)鉛印本　一冊　存一種

330000－1701－0089030　M607982　集部/別集類/清別集

伏敔堂詩錄選一卷　(清)江湜撰　吉亮工選　民國十五年(1926)影印本　一冊

330000－1701－0089032　M605378　子部/雜著類/雜說之屬

嬰寧什箸　陳訓正撰　民國十八年(1929)鉛印本　一冊　存一種

330000－1701－0089033　M006182　子部/藝術類/書畫之屬/畫譜

鄰繪草堂現代名家書畫集第一冊不分卷　謝

夢鯉藏　民國二十二年(1933)上海金城工藝社影印本　一冊

330000－1701－0089035　M605379　子部/雜著類/雜說之屬
嬰寧什箸　陳訓正撰　民國十八年(1929)鉛印本　一冊　存一種

330000－1701－0089036　M605380　子部/雜著類/雜說之屬
嬰寧什箸　陳訓正撰　民國十八年(1929)鉛印本　一冊　存一種

330000－1701－0089037　M608001　類叢部/叢書類/彙編之屬
復性書院叢刊二十七種　馬浮編　民國二十九年至三十七年(1940－1948)復性書院刻本暨鉛印本　一冊　存一種

330000－1701－0089039　M605381　子部/雜著類/雜說之屬
嬰寧什箸　陳訓正撰　民國十八年(1929)鉛印本　一冊　存一種

330000－1701－0089042　M607983　集部/別集類
瞿文慎公詩選遺墨不分卷　瞿鴻禨撰　瞿宣樸　瞿宣治　瞿宣穎編　民國八年(1919)長沙瞿氏超覽樓石印本　二冊

330000－1701－0089044　M605382　子部/雜著類/雜說之屬
嬰寧什箸　陳訓正撰　民國十八年(1929)鉛印本　一冊　存一種

330000－1701－0089045　M605383　子部/雜著類/雜說之屬
嬰寧什箸　陳訓正撰　民國十八年(1929)鉛印本　一冊　存一種

330000－1701－0089046　M605540　史部/傳記類/職官録之屬/總録
職員錄不分卷(民國四年第三期)　印鑄局編校科編纂　民國四年(1915)印鑄局鉛印本　一冊

330000－1701－0089050　M605384　子部/雜著類/雜說之屬
嬰寧什箸　陳訓正撰　民國十八年(1929)鉛印本　一冊　存一種

330000－1701－0089052　M006180　史部/傳記類/別傳之屬
送輓聯不分卷　民國鉛印本暨影印本　一冊

330000－1701－0089053　M605385　子部/雜著類/雜說之屬
嬰寧什箸　陳訓正撰　民國十八年(1929)鉛印本　一冊　存一種

330000－1701－0089054　M607984　子部/藝術類/書畫之屬/法帖
楹聯名蹟七輯　中華書局輯　民國八年(1919)上海中華書局影印本　一冊　存一輯(二)

330000－1701－0089055　M605386　子部/雜著類/雜說之屬
嬰寧什箸　陳訓正撰　民國十八年(1929)鉛印本　一冊　存一種

330000－1701－0089057　M006181　集部/別集類
蟄吟草一卷　申辛簠撰　民國八年(1919)刻本　一冊

330000－1701－0089058　M605387　子部/雜著類/雜說之屬
嬰寧什箸　陳訓正撰　民國十八年(1929)鉛印本　一冊　存一種

330000－1701－0089059　M608006　史部/金石類/總志之屬
范鼎卿先生所著書三種　范壽銘撰　民國會稽顧燮光金佳石好樓石印本　一冊　存一種

330000－1701－0089060　M605388　子部/雜著類/雜說之屬
嬰寧什箸　陳訓正撰　民國十八年(1929)鉛印本　一冊　存一種

330000－1701－0089062　M605389　子部/

雜著類/雜説之屬
嬰寧什箸　陳訓正撰　民國十八年(1929)鉛印本　一册　存一種

330000－1701－0089064　M605390　子部/雜著類/雜説之屬
嬰寧什箸　陳訓正撰　民國十八年(1929)鉛印本　一册　存一種

330000－1701－0089065　M607985　史部/傳記類/總傳之屬/斷代
明遺民録四十八卷　孫靜菴撰　民國元年(1912)上海新中華圖書館鉛印本　一册　存三卷(六至八)

330000－1701－0089068　M605391　子部/雜著類/雜説之屬
嬰寧什箸　陳訓正撰　民國十八年(1929)鉛印本　一册　存一種

330000－1701－0089069　M605392　子部/雜著類/雜説之屬
嬰寧什箸　陳訓正撰　民國十八年(1929)鉛印本　一册　存一種

330000－1701－0089071　M605393　子部/雜著類/雜説之屬
嬰寧什箸　陳訓正撰　民國十八年(1929)鉛印本　一册　存一種

330000－1701－0089073　M605394　子部/雜著類/雜説之屬
嬰寧什箸　陳訓正撰　民國十八年(1929)鉛印本　一册　存一種

330000－1701－0089075　M607986　子部/宗教類/佛教之屬
徑中徑又徑徵義三卷　(清)張師誠輯　(清)徐槐廷注　民國十年(1921)海鹽徐氏刻本　一册

330000－1701－0089076　M605395　子部/雜著類/雜説之屬
嬰寧什箸　陳訓正撰　民國十八年(1929)鉛印本　一册　存一種

330000－1701－0089077　M006183　子部/藝術類/書畫之屬/法帖
趙松雪道教碑不分卷　(元)趙孟頫書　民國十九年(1930)上海商務印書館影印本　二册

330000－1701－0089081　M605396　子部/雜著類/雜説之屬
嬰寧什箸　陳訓正撰　民國十八年(1929)鉛印本　一册　存一種

330000－1701－0089082　G004925　集部/小説類/短篇之屬
聊齋志異新評十六卷　(清)蒲松齡撰　(清)王士禛評　(清)吕湛恩注　(清)但明倫新評　民國上海鑄記書局石印本　四册　存四卷(九、十一至十二、十四)

330000－1701－0089083　M605397　子部/雜著類/雜説之屬
嬰寧什箸　陳訓正撰　民國十八年(1929)鉛印本　一册　存一種

330000－1701－0089085　M605398　子部/雜著類/雜説之屬
嬰寧什箸　陳訓正撰　民國十八年(1929)鉛印本　一册　存一種

330000－1701－0089086　M608007　史部/地理類/遊記之屬/紀勝
天目遊記一卷　周慶雲撰　民國吳興周氏夢坡室刻藍印本　一册

330000－1701－0089087　M605399　子部/雜著類/雜説之屬
嬰寧什箸　陳訓正撰　民國十八年(1929)鉛印本　一册　存一種

330000－1701－0089088　M607987　子部/儒家類/儒學之屬/禮教/鑑戒
人道大義録不分卷　夏震武撰　夏成吉輯注　民國靈峰精舍鉛印本　一册

330000－1701－0089090　M605400　子部/雜著類/雜説之屬
嬰寧什箸　陳訓正撰　民國十八年(1929)鉛印本　一册　存一種

330000－1701－0089092　M605401　子部/雜著類/雜說之屬

嬰寧什箸　陳訓正撰　民國十八年(1929)鉛印本　一册　存一種

330000－1701－0089093　M006184　子部/藝術類/書畫之屬/法帖

名人真蹟　民國中華書局影印本　一册　存一種

330000－1701－0089094　M605402　子部/雜著類/雜說之屬

嬰寧什箸　陳訓正撰　民國十八年(1929)鉛印本　一册　存一種

330000－1701－0089096　M605403　子部/雜著類/雜說之屬

嬰寧什箸　陳訓正撰　民國十八年(1929)鉛印本　一册　存一種

330000－1701－0089098　M605404　子部/雜著類/雜說之屬

嬰寧什箸　陳訓正撰　民國十八年(1929)鉛印本　一册　存一種

330000－1701－0089099　M608008　集部/別集類

約園雜箸三編八卷　張壽鏞撰　民國三十四年(1945)鉛印本　二册

330000－1701－0089100　M605405　子部/雜著類/雜說之屬

嬰寧什箸　陳訓正撰　民國十八年(1929)鉛印本　一册　存一種

330000－1701－0089102　M006185　子部/藝術類/書畫之屬/法帖

吕鏡川墓誌銘一卷　鄭孝胥書並篆蓋　**吕三先生家傳一卷**　莊閑書　民國六年(1917)石印本　一册

330000－1701－0089104　M607988　子部/儒家類/儒學之屬/性理

楊園菁華録四卷　(清)張履祥撰　(清)沈志本纂　民國二十四年(1935)楊園學社鉛印本　一册

330000－1701－0089106　M608009　集部/別集類/唐五代別集

樊紹述集注二卷　(唐)樊宗師撰　(清)孫之騄輯　**絳守居園池記一卷**　(唐)樊宗師撰　民國五年(1916)樊氏刻本　二册

330000－1701－0089107　M006186　史部/傳記類/別傳之屬/事狀

朱有卿先生訃告不分卷　民國二十五年(1936)石印本　一册

330000－1701－0089108　M006187　子部/農家農學類/農藝之屬/作物種植

浙江省動員委員會委託區種實驗報告一卷　民國二十八年(1939)石印本　一册

330000－1701－0089111　M006188　子部/宗教類/佛教之屬/諸宗

藏密七種法要　民國油印本　一册　存一種

330000－1701－0089113　M605406　子部/雜著類/雜說之屬

嬰寧什箸　陳訓正撰　民國十八年(1929)鉛印本　一册　存一種

330000－1701－0089114　M607989　史部/政書類/公牘檔册之屬

中華民國自由黨章程一卷　民國鉛印本　一册

330000－1701－0089118　M006189　史部/傳記類/日記之屬

日記不分卷(民國十二年十二月十一日至十三年一月二十九日)　汝南氏撰　稿本　一册

330000－1701－0089120　M006190　史部/傳記類/總傳之屬/姓名

紹興縣城區各里長副姓名委員會會址及指導員通訊處表不分卷　民國十九年(1930)稿本　一册

330000－1701－0089121　M607990　史部/傳記類/別傳之屬/事狀

張壽鏞行述一卷　張康潮等撰　**張詠霓先生創辦光華大學記一卷**　吕思勉撰　**編輯四明叢書記聞一卷**　馮貞羣撰　民國三十五年

(1946)鉛印本　一冊

330000－1701－0089123　M605407　子部/雜著類/雜説之屬

嬰寧什箸　陳訓正撰　民國十八年(1929)鉛印本　一冊　存一種

330000－1701－0089127　M006191　史部/政書類/公牘檔冊之屬

農林部經濟部蚕絲產銷協導委員會三十六年春期分區聯合收茧办事須知草案一卷　民國三十六年(1947)油印本　徐世紹題記　一冊

330000－1701－0089128　M605408　子部/雜著類/雜説之屬

嬰寧什箸　陳訓正撰　民國十八年(1929)鉛印本　一冊　存一種

330000－1701－0089131　M607991　類叢部/叢書類/彙編之屬

東萊趙氏楹書叢刊十一種　趙琪編　民國二十四年(1935)東來趙氏永厚堂鉛印本　十一冊　存十種

330000－1701－0089132　SZD0009　史部/目録類/總録之屬/官修

國務院圖書室書目□□卷　民國抄本　一冊　存一卷(子部)

330000－1701－0089133　M006192　集部/總集類/氏族之屬

富陽董氏父子詩文稿存不分卷　(清)董邦達　(清)董誥撰　□□輯　稿本　一冊

330000－1701－0089136　M605409　子部/雜著類/雜説之屬

嬰寧什箸　陳訓正撰　民國十八年(1929)鉛印本　一冊　存一種

330000－1701－0089138　M006193　史部/目録類/專録之屬

富陽董氏父子畫考不分卷　□□輯　稿本　一冊

330000－1701－0089140　M605410　子部/雜著類/雜説之屬

嬰寧什箸　陳訓正撰　民國十八年(1929)鉛印本　一冊　存一種

330000－1701－0089141　M006194　集部/別集類

乙卯年函稿一卷　周慶雲撰　民國四年(1915)稿本　一冊

330000－1701－0089143　M605410　子部/雜著類/雜説之屬

嬰寧什箸　陳訓正撰　民國十八年(1929)鉛印本　一冊　存一種

330000－1701－0089147　M605411　子部/雜著類/雜説之屬

嬰寧什箸　陳訓正撰　民國十八年(1929)鉛印本　一冊　存一種

330000－1701－0089150　M605412　子部/雜著類/雜説之屬

嬰寧什箸　陳訓正撰　民國十八年(1929)鉛印本　一冊　存一種

330000－1701－0089151　M607992　類叢部/叢書類/彙編之屬

復性書院叢刊二十七種　馬浮編　民國二十九年至三十七年(1940－1948)復性書院刻本暨鉛印本　一冊　存一種

330000－1701－0089152　M605413　子部/雜著類/雜説之屬

嬰寧什箸　陳訓正撰　民國十八年(1929)鉛印本　一冊　存一種

330000－1701－0089153　SZD0010　史部/目録類/總録之屬/官修

政事堂司務所圖書室書目一卷　民國抄本　一冊

330000－1701－0089154　M605414　子部/雜著類/雜説之屬

嬰寧什箸　陳訓正撰　民國十八年(1929)鉛印本　一冊　存一種

330000－1701－0089155　M605415　子部/雜著類/雜説之屬

嬰寧什箸　陳訓正撰　民國十八年(1929)鉛印本　一冊　存一種

330000－1701－0089158　M605416　子部/雜著類/雜說之屬
嬰寧什箸　陳訓正撰　民國十八年(1929)鉛印本　一冊　存一種

330000－1701－0089159　M607993　集部/別集類/唐五代別集
唐樊紹述遺文一卷附錄一卷　(唐)樊宗師撰　(清)張庚輯注　民國十四年(1925)山陰樊氏緜絳書屋刻本　一冊

330000－1701－0089161　M605417　子部/雜著類/雜說之屬
嬰寧什箸　陳訓正撰　民國十八年(1929)鉛印本　一冊　存一種

330000－1701－0089162　M605418　子部/雜著類/雜說之屬
嬰寧什箸　陳訓正撰　民國十八年(1929)鉛印本　一冊　存一種

330000－1701－0089163　M605419　子部/雜著類/雜說之屬
嬰寧什箸　陳訓正撰　民國十八年(1929)鉛印本　一冊　存一種

330000－1701－0089166　M607994　類叢部/叢書類/自著之屬
章氏叢書十三種　章炳麟撰　民國六年至八年(1917－1919)浙江圖書館刻本　四冊　存二種

330000－1701－0089167　M605420　子部/雜著類/雜說之屬
嬰寧什箸　陳訓正撰　民國十八年(1929)鉛印本　一冊　存一種

330000－1701－0089169　M605421　子部/雜著類/雜說之屬
嬰寧什箸　陳訓正撰　民國十八年(1929)鉛印本　一冊　存一種

330000－1701－0089170　M605422　子部/雜著類/雜說之屬
嬰寧什箸　陳訓正撰　民國十八年(1929)鉛印本　一冊　存一種

330000－1701－0089171　SZD0011　史部/目録類/總録之屬/官修
大高殿圖書目錄第一編一卷　故宮博物院圖書館編　民國油印本　一冊

330000－1701－0089174　M605423　子部/雜著類/雜說之屬
嬰寧什箸　陳訓正撰　民國十八年(1929)鉛印本　一冊　存一種

330000－1701－0089176　M606431、M607536、M607995　類叢部/叢書類/自著之屬
章氏叢書十三種　章炳麟撰　民國六年至八年(1917－1919)浙江圖書館刻本　五冊　存二種

330000－1701－0089177　M605424　子部/雜著類/雜說之屬
嬰寧什箸　陳訓正撰　民國十八年(1929)鉛印本　一冊　存一種

330000－1701－0089178　M605425　子部/雜著類/雜說之屬
嬰寧什箸　陳訓正撰　民國十八年(1929)鉛印本　一冊　存一種

330000－1701－0089181　M605426　子部/雜著類/雜說之屬
嬰寧什箸　陳訓正撰　民國十八年(1929)鉛印本　一冊　存一種

330000－1701－0089182　M607996　史部/地理類/方志之屬/郡縣志
民國新修合川縣志八十三卷　鄭賢書等修　張森楷纂　民國十年(1921)刻本　一冊　存二卷(六十二至六十三)

330000－1701－0089185　M607997　類叢部/叢書類/家集之屬
諸暨馮氏叢刻五種四十四卷　馮振音編　民國六年(1917)鉛印本　四冊　存二種

330000－1701－0089190　M006196　子部/藝術類/書畫之屬/法帖

宋拓皇甫君碑一卷　(唐)歐陽詢書　民國商務印書館影印本　一册

330000－1701－0089191　M006197　集部/别集類/清别集

賞雨茆屋小槀一卷　(清)符曾撰　民國十三年(1924)仁和吴用威刻本　一册

330000－1701－0089197　M006198　子部/藝術類/書畫之屬/畫譜

寉巢畫萃初集不分卷　王寉繪　民國影印本　一册

330000－1701－0089199　M006199　子部/宗教類/佛教之屬/諸宗

淨土五經六卷　釋印光輯　民國二十一年(1932)潮陽郭氏雙百鹿齋刻二十二年(1933)印本　一册

330000－1701－0089200　M605429　類叢部/叢書類/郡邑之屬

括蒼叢書第一集八種　劉燿東編　民國二十七年(1938)鉛印本(滑疑集詩卷二原缺)　洪煥椿題記　十六册

330000－1701－0089205　M006200　子部/藝術類/書畫之屬/畫譜

樊少雲畫册第一集一卷　樊浩霖繪　民國二十年(1931)上海慎修書社影印本　一册

330000－1701－0089206　M006201　子部/藝術類/書畫之屬

近代名人墨妙四集　吳頤編　民國上海慎修書社影印本　一册　存一集(二)

330000－1701－0089226　SZD0026　經部/小學類/訓詁之屬

釋詞補箋二卷　(清)朱駿聲撰　朱師轍補箋　稿本　一册

330000－1701－0089233　M006202　史部/金石類/石之屬

李翕碑一卷　秦文錦藏　民國八年(1919)上海藝苑真賞社影印本　德謙題記　一册

330000－1701－0089234　M006203　子部/藝術類/書畫之屬/法帖

鉏彝齋藏周虢盤銘集聯拓本一卷　秦文錦藏　民國十五年(1926)上海藝苑真賞社影印本　一册

330000－1701－0089235　M006204　史部/傳記類/别傳之屬

楊月泉哀輓錄不分卷　民國二十二年(1933)石印本　一册

330000－1701－0089236　M006205　子部/藝術類/書畫之屬/畫譜

心漢閣扇集四集　民國十六年至十九年(1927－1930)慎修書社影印本　一册　存一集(一)

330000－1701－0089238　M608011　史部/金石類/石之屬/目録

毅盦叢刊　黄立猷輯　民國十五年(1926)沔陽黄立猷鉛印本　二册　存一種

330000－1701－0089239　M608012　集部/總集類/酬唱之屬

重游泮水唱和集一卷　毛顯麟等撰　民國十八年(1929)鉛印本　一册

330000－1701－0089242　M608013　子部/雜著類/雜説之屬

古器物學研究議一卷　羅振玉撰　民國天津貽安堂經籍鋪鉛印本　一册

330000－1701－0089243　SZC0001　經部/群經總義類

復性書院講錄□□種　馬浮輯　稿本　五册　存七種

330000－1701－0089246　M006206　子部/藝術類/書畫之屬/法帖

漢張遷碑不分卷　秦文錦藏　民國八年(1919)上海藝苑真賞社影印本　一册

330000－1701－0089247　M608014　經部/易類

易藏叢書六種　杭辛齋撰　民國十一年(1922)上海研幾學社鉛印本　二册　存一種

330000－1701－0089249　M006207　子部/藝術類/書畫之屬/法帖

漢張遷碑不分卷　民國二十六年(1937)上海商務印書館影印本　一册

330000－1701－0089252　M608015　類叢部/叢書類/自著之屬

章氏叢書十三種　章炳麟撰　民國六年至八年(1917－1919)浙江圖書館刻本　二册　存二種

330000－1701－0089253　M006208　史部/傳記類/别傳之屬/事狀

何庚生訃告行述不分卷　民國十六年(1927)石印本　一册

330000－1701－0089255　M006209　類叢部/叢書類/彙編之屬

北京大學文史叢刊□□種　國立北京大學研究院文史部編　民國二十五年(1936)國立北京大學出版組石印本　三册　存一種

330000－1701－0089256　M608016　子部/法家類

管子餘義一卷　章炳麟撰　民國六年至八年(1917－1919)浙江圖書館刻章氏叢書本　老圃題簽　一册

330000－1701－0089257　M608017　類叢部/叢書類/自著之屬

章氏叢書十三種　章炳麟撰　民國六年至八年(1917－1919)浙江圖書館刻本　守愚題記　五册　存五種

330000－1701－0089258　SZC0003　經部/易類/傳説之屬

楊氏易傳二十卷　(宋)楊簡撰　民國抄本　四册

330000－1701－0089262　SZC0004　子部/儒家類/儒學之屬/性理

涇野子内篇二十七卷　(明)吕柟撰　民國三十四年(1945)復性書院抄本　馬一浮題簽　張立民、楊士青跋　四册

330000－1701－0089265　M608018　史部/金石類/郡邑之屬

安徽通志稿金石古物考十七卷例目一卷安徽金石古物存真一卷　徐乃昌纂　民國安徽通志館石印本　十六册　缺二卷(金石古物考稿八、例目)

330000－1701－0089268　M006211　集部/總集類/選集之屬/斷代

姑射山人唐詩選輯不分卷　姑射山人輯　民國抄本　一册

330000－1701－0089273　SZC0005　子部/儒家類/儒家之屬

邇言十二卷　(宋)劉炎撰　民國三十四年(1945)復性書院抄本　張知白跋　馬一浮題簽　一册

330000－1701－0089286　M006212　子部/宗教類/佛教之屬/經疏

佛説觀無量壽佛經一卷　(南朝宋)釋畺良耶舍譯　民國三十三年(1944)重慶華巖刻經處刻本　一册

330000－1701－0089288　M006213　子部/天文曆算類/曆法之屬

大漢黄帝紀元歲次壬子月令全書不分卷　民國元年(1912)曆本局刻本　一册

330000－1701－0089290　M605430　類叢部/叢書類/郡邑之屬

括蒼叢書第一集八種　劉耀東編　民國二十七年(1938)鉛印本(滑疑集詩卷二原缺)　十六册

330000－1701－0089294　M006214　子部/天文曆算類/曆法之屬

中華民國二十二年國民曆一卷　國立中央研究院天文研究所編製　民國二十一年(1932)鉛印本　一册

330000－1701－0089295　M005839　子部/宗教類/佛教之屬

佛學淺説□□種　佛學推行社輯　民國十年(1921)中華書局鉛印本　一册　存一種

330000－1701－0089301　M605431　史部/

目録類/總録之屬/官修

浙江公立圖書分館觀覽類書目補編不分卷　浙江公立圖書館編　民國五年(1916)浙江公立圖書館鉛印本　一册

330000－1701－0089303　SZC0006　經部/四書類/論語之屬

石鼓論語答問三卷　(宋)戴溪撰　民國三十四年(1945)復性書院抄本　馬一浮題簽　楊蔭林跋　一册

330000－1701－0089305　M005840、M007822、M008356　史部/傳記類/日記之屬

勿自欺齋日記□□卷　稿本　五册　存五卷(四至五、九至十、十三)

330000－1701－0089307　M605432　史部/目録類/總録之屬/官修

浙江圖書館保存類書目四卷附錄一卷　浙江圖書館編　民國四年(1915)浙江圖書館鉛印本　一册

330000－1701－0089308　M006217　子部/天文曆算類/曆法之屬

中華民國三十六年歲在丁亥農曆通書一卷　民國三十五年(1946)上海劉源記書局石印本　一册

330000－1701－0089309　M006218　子部/天文曆算類/曆法之屬

中華民國六年曆書一卷　教育部中央觀象臺製　民國五年(1916)石印本　一册

330000－1701－0089313　M006219　子部/天文曆算類/曆法之屬

中華民國七年曆書一卷　教育部中央觀象臺製　民國六年(1917)石印本　一册

330000－1701－0089314　M605437　史部/目録類/總録之屬/官修

浙江公立圖書館保存類目錄續編四卷通常類目錄續編四卷補遺附錄一卷勘誤表一卷　浙江公立圖書館編　民國七年(1918)浙江公立圖書館鉛印本　二册

330000－1701－0089315　M006220　子部/天文曆算類/曆法之屬

中華民國八年曆書一卷　教育部中央觀象臺製　民國七年(1918)石印本　一册

330000－1701－0089316　M605433　史部/目録類/總録之屬/官修

浙江圖書館保存類書目四卷附錄一卷　浙江圖書館編　民國四年(1915)浙江圖書館鉛印本　一册

330000－1701－0089318　M006221　子部/天文曆算類/曆法之屬

中華民國九年曆書一卷　教育部中央觀象臺製　民國八年(1919)石印本　一册

330000－1701－0089320　M005841　史部/目録類/總録之屬/私撰

越縵堂書目不分卷　(清)李慈銘藏　民國二十七年(1938)陶承杏抄本　陶承杏題記　一册

330000－1701－0089321　M605434　史部/目録類/總録之屬/官修

浙江公立圖書館保存類目錄續編四卷通常類目錄續編四卷補遺附錄一卷勘誤表一卷　浙江公立圖書館編　民國七年(1918)浙江公立圖書館鉛印本　二册

330000－1701－0089322　M006222　子部/天文曆算類/曆法之屬

中華民國十一年曆書一卷　教育部中央觀象臺製　民國十年(1921)石印本　一册

330000－1701－0089323　M605435　史部/目録類/總録之屬/官修

浙江公立圖書館保存類目錄續編四卷通常類目錄續編四卷補遺附錄一卷勘誤表一卷　浙江公立圖書館編　民國七年(1918)浙江公立圖書館鉛印本　二册

330000－1701－0089325　SZC0007　經部/四書類/中庸之屬

蒙齋中庸講義四卷　(宋)袁甫撰　民國三十四年(1945)復性書院抄本　馬一浮題簽　張立民跋　一册

330000－1701－0089327　M605436　史部/目録類/總録之屬/官修

浙江公立圖書館保存類目錄續編四卷通常類目錄續編四卷補遺附錄一卷勘誤表一卷　浙江公立圖書館編　民國七年(1918)浙江公立圖書館鉛印本　二册

330000－1701－0089328　M605438　史部/目録類/總録之屬/官修

浙江公立圖書館保存類目錄續編四卷通常類目錄續編四卷補遺附錄一卷勘誤表一卷　浙江公立圖書館編　民國七年(1918)浙江公立圖書館鉛印本　二册

330000－1701－0089329　M006223　子部/天文曆算類/曆法之屬

壬申年星度月表不分卷　(日本)内山石松編　民國二十年(1931)奉天印刷所石印本　一册

330000－1701－0089332　M006224　子部/天文曆算類/曆法之屬

丙子年星度月表不分卷　民國二十四年(1935)石印本　一册

330000－1701－0089333　M605439　史部/目録類/總録之屬/官修

浙江公立圖書館保存類目錄續編四卷通常類目錄續編四卷補遺附錄一卷勘誤表一卷　浙江公立圖書館編　民國七年(1918)浙江公立圖書館鉛印本　二册

330000－1701－0089334　M005842、M006924、M008572　子部/雜著類/雜説之屬

缽華盦隨筆□□卷　民國抄本　三册　存三卷(二、四至五)

330000－1701－0089337　M006225　子部/醫家類/醫經之屬/内經

廣註素問靈樞類纂三卷　(清)汪昂輯註　(清)江忍庵增註　民國世界書局石印本　一册　存一卷(中)

330000－1701－0089338　M605440　史部/目録類/總録之屬/官修

浙江公立圖書館保存類目錄續編四卷通常類目錄續編四卷補遺附錄一卷勘誤表一卷　浙江公立圖書館編　民國七年(1918)浙江公立圖書館鉛印本　二册

330000－1701－0089340　M005843　子部/宗教類/道教之屬

太上玄靈北斗本命延生尊經一卷　民國上海明善書局鉛印本　一册

330000－1701－0089341　M605441　史部/目録類/總録之屬/官修

浙江公立圖書館保存類目錄續編四卷通常類目錄續編四卷補遺附錄一卷勘誤表一卷　浙江公立圖書館編　民國七年(1918)浙江公立圖書館鉛印本　二册

330000－1701－0089342　SZC0008　經部/詩類

詩説解頤正釋三十卷字義八卷　(明)季本撰　民國三十四年(1945)復性書院抄本　馬一浮題簽　楊蔭林、吳伯林、張立民跋　八册

330000－1701－0089343　M605442　子部/醫家類/兒科之屬/痘疹

痲症集成四卷　(清)朱載揚撰　民國九年(1920)浙江體育專門學校鉛印本　一册

330000－1701－0089344　M005845　子部/藝術類/書畫之屬/法帖

祝枝山草書詩稿墨蹟一卷　(明)祝允明書　民國有正書局石印本　一册

330000－1701－0089346　M605443　史部/目録類/總録之屬/官修

浙江圖書館觀覽類書目四卷補遺一卷附錄一卷　浙江圖書館編　民國四年(1915)浙江圖書館鉛印本　五册

330000－1701－0089348　M005846　子部/藝術類/書畫之屬/法帖

祝枝山草書杜詩一卷　(明)祝允明書　民國有正書局石印本　一册

330000－1701－0089349　M605444　史部/目録類/總録之屬/官修

浙江圖書館觀覽類書目四卷補遺一卷附錄一卷　浙江圖書館編　民國四年(1915)浙江圖書館鉛印本　四册

330000－1701－0089352　M605445　史部/目録類/總録之屬/官修

浙江公立圖書館通常類圖書目錄五卷附保存類圖書目錄補遺一卷　浙江公立圖書館編　民國十四年(1925)浙江公立圖書館鉛印本　八册

330000－1701－0089354　M005847　子部/藝術類/書畫之屬/法帖

武昌張先生遺墨一卷　張裕釗書　民國上海文明書局影印本　一册

330000－1701－0089356　SZC0009　經部/四書類/論語之屬

論語異義一卷　馬一浮撰　稿本　一册

330000－1701－0089359　M005848　子部/藝術類/書畫之屬/法帖

奚鐵生手札一卷　(清)奚岡撰並書　民國上海有正書局石印本　一册

330000－1701－0089360　M005849　史部/傳記類/别傳之屬/年譜

丙辛春秋一卷　王抱一撰　民國九年(1920)鉛印本　一册

330000－1701－0089361　M006228　子部/醫家類/方書之屬/單方驗方

重校舊本湯頭歌訣一卷經絡歌訣一卷　(清)汪昂編輯　民國石印本　一册

330000－1701－0089363　M005850　類叢部/叢書類/彙編之屬

宋人小説二十八種　涵芬樓編　民國上海商務印書館鉛印本　一册　存一種

330000－1701－0089364　M005851　經部/群經總義類/文字音義之屬

干禄字書箋證補一卷附録一卷　羅振玉箋　孫祖同　俞鴻籌補　民國石印本　一册

330000－1701－0089365　M005852　子部/醫家類/養生之屬/導引、氣功

陸地仙經一卷　(清)馮溥撰　民國刻本　一册

330000－1701－0089366　M605448　類叢部/叢書類/彙編之屬

四部備要　中華書局編　民國二十五年(1936)上海中華書局鉛印本　一册　存一種

330000－1701－0089367　M005853　子部/宗教類/佛教之屬

金剛決疑一卷般若波羅蜜多心經直説一卷　(後秦)釋鳩摩羅什譯　(明)釋德清撰　民國陳寶晉、鄭學烺刻本　一册

330000－1701－0089368　M005854　史部/地理類/水利之屬

整理豫河方案一卷　陳汝珍撰　民國二十年(1931)鉛印本　一册

330000－1701－0089371　SZC0011　經部/春秋總義類

春秋四傳校一卷　葉渭清撰　稿本　一册

330000－1701－0089372　M608019　集部/總集類/選集之屬/通代

古今文綜不分卷　張相輯　民國五年(1916)上海中華書局鉛印本　三十九册　缺一册(二十三)

330000－1701－0089374　M006229　集部/總集類/郡邑之屬

越中詩文存不分卷　陶承杏輯　稿本　一册

330000－1701－0089378　M006230　子部/宗教類/佛教之屬

光明真言加持土砂法一卷三種悉地破地獄轉業障出三界秘要法一卷　(唐)釋善無畏譯　**彌勒菩薩瑜伽念誦法儀軌一卷**　民國二十三年(1934)抄本　一册

330000－1701－0089384　M006232　子部/宗教類/佛教之屬

佛教手印一卷　民國抄本　一册

330000－1701－0089385　M006233　經部/

群經總義類
復性書院講録六卷 馬浮輯 民國抄本 一冊 存一卷(二)

330000－1701－0089387 SZC0012 子部/雜著類
義學巵言不分卷 民國馬一浮抄本 一冊

330000－1701－0089390 M006234、M007857 子部/儒家類/儒學之屬
國學講録不分卷 馬一浮撰 民國抄本 二冊

330000－1701－0089391 M608020 類叢部/叢書類/彙編之屬
四部叢刊 張元濟等編 民國上海商務印書館影印本 四冊 存一種

330000－1701－0089394 M006235 子部/醫家類/方書之屬/單方驗方
經驗秘方緝要二卷 民國抄本 静盦居士題簽 一冊

330000－1701－0089397 SZC0013 子部/宗教類/佛教之屬
雪竇頌古不分卷 民國馬一浮抄本 一冊

330000－1701－0089398 M006236 新學/農政/農務
農政學四篇 民國石印本 一冊

330000－1701－0089400 M608021 史部/政書類/公牘檔冊之屬
各省市民衆教育館一覽表不分卷 教育部社會教育司編 民國三十六年(1947)教育部社會教育司油印本 一冊

330000－1701－0089404 M608022 類叢部/叢書類/自著之屬
章氏叢書十三種 章炳麟撰 民國六年至八年(1917－1919)浙江圖書館刻本 八冊 存三種

330000－1701－0089409 SZC0018 史部/目録類/專録之屬
蠲戲齋法書精品目錄一卷補遺一卷 民國抄本 一冊

330000－1701－0089412 M005949 子部/宗教類/佛教之屬
金剛經心印會參二卷 (後秦)釋鳩摩羅什譯 程鵬輯錄 民國十七年(1928)鉛印本 一冊

330000－1701－0089416 M005950 子部/宗教類/佛教之屬/經
楞伽阿跋多羅寶經四卷 (南朝宋)釋求那跋陀羅譯 民國二十二年(1933)刻本 二冊

330000－1701－0089419 SZC0019 史部/目録類
嚴文補目一卷 民國抄本 一冊

330000－1701－0089420 M608023 史部/傳記類/職官録之屬/總録
廣州市政府僱員錄不分卷 廣州市政府編 民國二十四年(1935)鉛印本 一冊

330000－1701－0089423 M608024、M609125 子部/宗教類/道教之屬
莊子十卷附校勘記一卷 (晉)郭象注 (唐)陸德明音義 民國九年(1920)浙江圖書館刻本 四冊

330000－1701－0089424 M005952 子部/宗教類/佛教之屬/經
能斷金剛般若波羅蜜多經一卷 (唐)釋玄奘譯 民國十七年(1928)刻藍印本 一冊

330000－1701－0089428 M006237 類叢部/叢書類/彙編之屬
香艷叢書三百二十六種 (清)蟲天子輯 民國三年(1914)上海中國圖書公司和記鉛印本 十冊 存五十九種

330000－1701－0089430 M608025 類叢部/叢書類/彙編之屬
金陵大學中國文化研究所叢刊 金陵大學中國文化研究所編 民國金陵大學中國文化研究所刻本、鉛印本暨影印本 一冊 存一種

330000－1701－0089432 SZC0020 史部/地

理類/專志之屬/書院

書院初紀長編不分卷 稿本 一札

330000－1701－0089436 M006238 集部/總集類/選集之屬/斷代

唐詩評註讀本六卷 王文濡評選 汪處廬金熙註釋 民國七年(1918)上海文明書局鉛印本 二冊

330000－1701－0089437 M005954 史部/政書類/邦計之屬/貿易

貿易須知一卷 (清)王秉元撰 民國八年(1919)抄本 一冊

330000－1701－0089439 M006239 集部/別集類

歸黔吟一卷 陳貽蓀撰 民國二十五年(1936)鉛印本 一冊

330000－1701－0089443 M005955、M006715 史部/紀傳類

越縵堂讀史札記十一種三十卷 (清)李慈銘撰 民國國立北平北海圖書館鉛印本 四冊 存三種

330000－1701－0089446 SZC0021 史部/傳記類/日記之屬

復性書院日記不分卷(民國二十九年八月二十六日至三十六年十二月三十一日) 稿本 一札

330000－1701－0089452 M006241 集部/曲類/曲藝之屬

新抄後珍珠塔一卷 民國上海鍊石書局石印本 一冊

330000－1701－0089453 M005956 史部/傳記類/別傳之屬

梁父莊國史列傳一卷 (清)梁同書撰 民國上海通運公司影印本 一冊

330000－1701－0089458 M005957 史部/地理類/水利之屬

浙江省興辦水利工程計劃不分卷 民國三十七年(1948)油印本 一冊

330000－1701－0089460 M006243 子部/雜著類

玉歷至寶鈔勸世一卷 王子達重編 民國九年(1920)上海宏大善書局石印本 一冊

330000－1701－0089462 M006242 集部/曲類/寶卷之屬

新出繪圖雙玉燕寶卷二卷 民國上海惜陰書局石印本 陳展始題記 一冊

330000－1701－0089468 SZC0023 史部/政書類/公牘檔冊之屬

復性書院板片清冊不分卷板片裝箱清冊不分卷 民國三十五年(1946)抄本 二冊

330000－1701－0089474 SZC0024 史部/政書類/公牘檔冊之屬

復性書院主講與籌委會董事會等往復文件函電彙編不分卷 民國復性書院抄本 八冊

330000－1701－0089476 M006244 子部/雜著類

善言一卷 劉聲元撰 民國七年(1918)鉛印本 一冊

330000－1701－0089478 M005958 史部/政書類/公牘檔冊之屬

兩浙鹽務管理局硝磺部份三十三年年報不分卷 民國三十三年(1944)油印本 一冊

330000－1701－0089485 M005959 集部/曲類/寶卷之屬

正信除疑無修證自在寶卷不分卷 民國二十八年(1939)抄本 一冊

330000－1701－0089492 SZC0025 子部/宗教類/佛教之屬

雪竇明覺禪師語錄□□卷 (宋)釋惟蓋竺等編 **圜悟佛果禪師語錄□□卷** (宋)釋紹隆等編 民國馬一浮抄本 一冊 存三卷(雪竇明覺禪師語錄一至二、圜悟佛果禪師語錄六)

330000－1701－0089493 M005856 集部/總集類/選集之屬/通代

評註歷代白話詩選五卷 胡懷琛選 民國十

五年(1926)中原書局鉛印本　四冊

330000－1701－0089498　M005961　史部/傳記類/别傳之屬/墓誌

清故建威將軍贈太子少保湖南提督楊忠勤公[鼎勳]神道碑銘一卷　袁思亮撰　譚澤闓書　曾熙篆額　**清故建威將軍贈太子少保湖南提督騎都尉世職外王父楊忠勤公[鼎勳]家傳一卷**　劉朝望撰　陶美濟書　民國十四年(1925)劉朝敘海上石印本　一冊

330000－1701－0089500　M006248　史部/傳記類/總傳之屬/列女

鄞縣歷代貞孝節烈婦女姓氏清冊不分卷　民國九年(1920)稿本　五冊

330000－1701－0089501　M006249　史部/傳記類/總傳之屬/列女

瑞安縣節孝婦女姓氏錄總錄一卷續錄一卷現存姓氏錄一卷補錄一卷補遺一卷　稿本　五冊

330000－1701－0089503　M005962　新學/電學

明密碼電報書不分卷　商務印書館編譯所編輯　民國三年(1914)上海商務印書館鉛印本暨石印本　一冊

330000－1701－0089505　M005963　子部/雜著類/雜纂之屬

時文碎金不分卷　稿本　一冊

330000－1701－0089508　M005964　子部/醫家類/内科之屬

火病藥法一卷　李蔭撰　民國三十四年(1945)天台久記印刷社鉛印本　陳甲林題簽並記　一冊

330000－1701－0089511　M005965　經部/四書類/大學之屬/傳說

大學述義一卷　陳全三撰　民國二十二年(1933)大成印書社鉛印本　一冊

330000－1701－0089514　M005966　經部/小學類/文字之屬/字書/字體

古籀彙編十四卷檢字一卷　徐文鏡編　民國二十三年(1934)上海商務印書館石印本　十四冊

330000－1701－0089522　SZC0028　子部/宗教類/佛教之屬

法數鈎玄不分卷　馬一浮撰　稿本　一冊

330000－1701－0089523　M005857　經部/叢編

重栞宋本十三經註疏附校勘記　(清)阮元撰校勘記　(清)盧宣旬摘錄校勘記　民國二十一年(1932)上海錦章圖書局石印本　三十冊

330000－1701－0089524　M006250　史部/傳記類/總傳之屬/列女

浙女表微錄二十九卷　稿本　二十九冊

330000－1701－0089527　M605460　類叢部/叢書類/郡邑之屬

敬鄉樓叢書三十八種　黄羣編　民國十七年至二十四年(1928－1935)永嘉黄氏鉛印本　一冊　存第二輯二種

330000－1701－0089529　M006251　史部/傳記類/總傳之屬/列女

象山縣造送歷朝貞孝節烈請准旌表婦女姓氏清冊一卷　廖立元造送　民國五年(1916)稿本　一冊

330000－1701－0089530　M605461　集部/總集類/選集之屬/斷代

近代詩鈔不分卷　陳衍輯　民國十二年(1923)上海商務印書館鉛印本　二冊　存二冊(八、二十一)

330000－1701－0089532　M006252　史部/傳記類/總傳之屬/列女

象山縣造送歷朝貞孝節烈請准旌表婦女姓氏清冊一卷　廖立元造送　民國五年(1916)抄本　一冊

330000－1701－0089534　M006253　史部/傳記類/總傳之屬/列女

海寧縣節孝婦女名冊一卷　稿本　一冊

330000－1701－0089536　M006254　史部/

傳記類/總傳之屬/列女
寧海縣貞孝節烈婦女姓氏事實清冊一卷 宋化春造送 稿本 一冊

330000－1701－0089539 G608953、G609011 類叢部/叢書類/自著之屬
隨園四十種 (清)袁枚撰 民國石印本 十三冊 存十七種

330000－1701－0089542 M006255 史部/傳記類/總傳之屬/列女
桐鄉縣歷代節孝婦女姓名事實清冊一卷 民國九年(1920)稿本 一冊

330000－1701－0089543 M005967 子部/醫家類/綜合之屬/通論
御纂醫宗金鑑九十卷首一卷 (清)吳謙等撰 民國石印本 十三冊 存六十四卷(内科一至十五、二十至四十三、五十至七十四)

330000－1701－0089544 M006256 史部/傳記類/總傳之屬/列女
富陽縣貞節婦女姓氏事實清冊一卷 民國六年(1917)稿本 一冊

330000－1701－0089546 M006257 史部/傳記類/總傳之屬/列女
温嶺縣自治辦公處抄送歷代旌表貞孝節烈各婦女姓氏冊一卷 稿本 一冊

330000－1701－0089549 M006258 史部/傳記類/總傳之屬/列女
餘杭縣自治辦公處造送貞烈節孝各婦女姓氏事實冊一卷縣自治辦公處造送貞烈節孝各婦女姓氏事實續冊一卷 民國六年(1917)稿本 二冊

330000－1701－0089554 M006259 史部/傳記類/總傳之屬/列女
遂昌縣公署造送從前請准表揚各婦女清冊一卷 民國七年(1918)稿本 一冊

330000－1701－0089558 M006260 史部/傳記類/總傳之屬/列女
遂安縣歷代請准旌表貞孝莭烈各婦女姓氏清冊一卷 稿本 一冊

330000－1701－0089561 M006261 史部/傳記類/總傳之屬/列女
定海貞節婦女姓氏事實清冊一卷 稿本 一冊

330000－1701－0089565 M006262 史部/傳記類/總傳之屬/列女
麗水縣知事涂貢琳造送從前請准旌表節孝各婦女姓氏冊一卷 民國九年(1920)稿本 一冊

330000－1701－0089566 G608954 新學/醫學
西醫略論三卷 (英國)合信氏撰 (清)管茂材譯 民國鉛印本 一冊

330000－1701－0089570 M006263 史部/傳記類/總傳之屬/列女
蘭谿縣造送前清光緒十二年志成以後請旌表揚各婦女姓氏事實清冊一卷 蘇高鼎造送 民國六年(1917)稿本 一冊

330000－1701－0089576 M006264 史部/傳記類/總傳之屬/列女
於潛縣歷代請准貞孝節烈婦女姓氏事實清冊一卷 民國六年(1917)稿本 一冊

330000－1701－0089585 M006265 史部/傳記類/總傳之屬/列女
新登縣造送節孝貞烈各婦女姓氏清冊一卷 稿本 一冊

330000－1701－0089589 M006266 史部/傳記類/總傳之屬/列女
淳安縣歷代貞孝節烈婦女姓氏清冊一卷 民國六年(1917)稿本 一冊

330000－1701－0089594 M005975 集部/曲類/曲韻曲譜曲律之屬
六也曲譜 (清)殷溎深原本 (清)張芬校錄 民國十一年(1922)上海朝記書莊石印本 二冊 存一種

330000－1701－0089598 M605462、M605633 類叢部/叢書類/彙編之屬
涵芬樓祕笈五十一種 孫毓修等輯 民國五

年至十五年(1916－1926)上海商務印書館影印本暨鉛印本　六冊　存七種

330000－1701－0089608　M608026　子部/儒家類/儒學之屬/禮教/鑑戒

人道大義録不分卷　夏震武撰　夏成吉輯注　民國靈峰精舍鉛印本　一冊

330000－1701－0089611　G608959　史部/地理類/遊記之屬/紀行

使西紀程一卷　(清)郭嵩燾撰　民國鉛印本　一冊

330000－1701－0089613　SZC0030　史部/目録類/專録之屬

子略四卷目録一卷　(宋)高似孫撰　民國宛委山堂抄本　一冊

330000－1701－0089617　M006267　史部/傳記類/總傳之屬/列女

鄞縣知事呈送節孝各婦女姓氏清冊一卷　錢人龍造送　稿本　一冊

330000－1701－0089618　M605463　類叢部/叢書類/郡邑之屬

湖北先正遺書七十二種七百二十七卷　盧靖編　民國十二年(1923)沔陽盧氏慎始基齋影印本　一冊　存一種

330000－1701－0089622　M006268　史部/傳記類/總傳之屬/列女

壽昌縣造送從前題咨准旌節孝婦女各事實表冊一卷壽昌縣造送從前縣學旌表節孝婦女各事實表冊一卷壽昌縣造送從前憲府旌獎節孝婦女各事實表冊一卷　稿本　三冊

330000－1701－0089624　SZC0034　子部/儒家類/儒學之屬/禮教/鑑戒

人道大義録不分卷　夏震武撰　民國宛委山堂抄本　一冊

330000－1701－0089626　M006269　史部/傳記類/總傳之屬/列女

湯溪縣知事造送已請旌表節婦姓氏事實清冊一卷湯溪縣知事造送已請旌表貞烈婦女姓氏事實清冊一卷　丁燮撰　民國六年(1917)稿本　二冊

330000－1701－0089628　M605464　子部/醫家類/方書之屬/歷代方書

醫學正傳八卷　(明)虞摶輯　民國上海會文堂書局石印本　一冊　存一卷(三)

330000－1701－0089630　M006270　史部/傳記類/總傳之屬/列女

天台縣節孝一覽表一卷　稿本　一冊

330000－1701－0089631　M006271　史部/傳記類/總傳之屬/列女

松陽縣知事錢世昌造送節孝清冊一卷　錢世昌撰　民國六年(1917)稿本　一冊

330000－1701－0089632　SZC0035　經部/詩類/傳説之屬

詩集傳十九卷　(宋)蘇轍撰　民國三十四年(1945)復性書院抄本　馬一浮題簽　張立民校並跋　四冊

330000－1701－0089633　M006272　史部/傳記類/總傳之屬/列女

青田縣公署造送查明從前請准旌表節孝各婦女姓氏清冊一卷　張鵬造送　民國六年(1917)稿本　一冊

330000－1701－0089634　M006273　史部/傳記類/總傳之屬/列女

開化縣已經旌表節孝婦女清冊一卷　稿本　一冊

330000－1701－0089635　SZC0036　集部/別集類

蠲戲齋詩編年集九卷詩前集一卷　馬浮撰　張立民　楊蔭林輯録　稿本　一札

330000－1701－0089636　M006274　史部/傳記類/總傳之屬/列女

常山縣造送歷代貞孝節烈各婦女姓氏清冊一卷　稿本　一冊

330000－1701－0089637　M600524、M600528、M600666　類叢部/叢書類/彙編之屬

四部備要　中華書局編　民國二十五年

(1936)上海中華書局鉛印本　二十冊　存三種

330000－1701－0089638　M600562　集部/別集類/唐五代別集
唐女郎魚玄機詩一卷　(唐)魚玄機撰　民國二十五年(1936)上海中華書局鉛印本　一冊

330000－1701－0089639　M600563　集部/別集類/唐五代別集
唐女郎魚玄機詩一卷　(唐)魚玄機撰　民國二十五年(1936)上海中華書局鉛印本　一冊

330000－1701－0089640　M600564　集部/別集類/唐五代別集
唐女郎魚玄機詩一卷　(唐)魚玄機撰　民國二十五年(1936)上海中華書局鉛印本　一冊

330000－1701－0089653　M608027　子部/宗教類/佛教之屬
輔教廣覺禪師貢噶呼圖克圖恒河大手印直講一卷　民國三十六年(1947)油印本　一冊

330000－1701－0089665　M005968　集部/曲類/曲韻曲譜曲律之屬
精校六也曲譜不分卷　民國蘇州振新書社石印本　三冊

330000－1701－0089671　SZC0045　集部/別集類
馬氏自書詩文稿不分卷　馬一浮撰　稿本　二十六冊

330000－1701－0089672　M006275　史部/傳記類/總傳之屬/列女
慈谿縣造送從前請准旌表各婦女姓氏清冊一卷　稿本　一冊

330000－1701－0089679　M005969　子部/醫家類/傷寒金匱之屬/傷寒論
傷寒集註六卷本義一卷　(清)張志聰註　高世栻輯　民國石印本　一冊　存四卷(一至四)

330000－1701－0089680　M608031、M608521　史部/金石類/石之屬
夢碧簃石言六卷　顧燮光撰　民國十四年(1925)上海科學儀器館鉛印本　三冊

330000－1701－0089684　M608030　類叢部/叢書類/自著之屬
崇雅堂叢書十四種　楊晨撰　民國二十五年(1936)楊紹翰鉛印本　一冊　存一種

330000－1701－0089694　M608032　集部/別集類/清別集
幸草亭詩鈔二卷　(清)楊文瑩撰　民國八年(1919)錢塘楊氏勖采堂鉛印本　二冊

330000－1701－0089701　M005973　經部/小學類/訓詁之屬/譯語
悉曇入門一卷　釋密林輯　民國十七年(1928)石印本　一冊

330000－1701－0089704　M608033　集部/總集類/題詠之屬
春帆入蜀圖題詠詩一卷詞一卷附錄二卷　戴振聲輯　民國十九年(1930)戴氏鉛印本　一冊

330000－1701－0089717　M005976　集部/小說類/長篇之屬
改良今古奇觀六卷四十回　(明)抱甕老人輯　民國石印本　二冊　存二卷(三、六)

330000－1701－0089719　SZC0046　史部/傳記類/別傳之屬/墓誌
馬氏自題墓辭一卷　馬一浮撰　稿本　一冊

330000－1701－0089722　M608036　集部/別集類/清別集
思僁室詩集一卷　(清)施寯撰　**問雲閣詩集一卷**　(清)宋實綺撰　民國二十年(1931)鉛印本　一冊

330000－1701－0089725　M605472　史部/金石類
非儒非俠齋金石叢著十種　顧燮光撰　民國會稽顧氏金佳石好樓石印本暨鉛印本　一冊　存一種

330000－1701－0089729　M005977　史部/

傳記類/日記之屬
旅滬日記不分卷(民國十四年八月二日至九月十五日) 陳志進撰 民國十四年(1925)稿本 一冊

330000－1701－0089731 M605473 類叢部/叢書類/郡邑之屬
杭州所著書三種附一種 王守恂撰 民國六年(1917)鉛印本 一冊

330000－1701－0089733 M605474 史部/目録類/總録之屬/官修
舊溫屬圖書館初編書目不分卷 舊溫屬圖書館編 民國舊溫屬圖書館石印本 六冊

330000－1701－0089737 M605475 集部/別集類/清別集
名山藏副本初集二卷贈言集一卷 (清)齊周華撰 民國九年(1920)杭州武林印書館鉛印本 二冊

330000－1701－0089739 SZC0047 史部/傳記類/總傳之屬/家乘
會稽馬氏臯亭山先塋記一卷 馬一浮撰 稿本 一冊

330000－1701－0089740 M005978、M007821 史部/傳記類/日記之屬
荔盦日記(民國八年二月一日至十年二月七日、十三年八月十五日至十一月十五日) 俞人萃撰 稿本 五冊

330000－1701－0089742 M608037、M608038 集部/別集類/清別集
爾室文鈔二卷補編一卷惺葊焚餘稾一卷 (清)陳敬璋撰 民國十七年(1928)海寧陳大綸鉛印本 二冊

330000－1701－0089746 M605476 集部/別集類
函雅廬文稿三卷詩稿一卷 余重耀撰 民國十二年(1923)鉛印本 二冊

330000－1701－0089754 M605477 集部/別集類
函雅廬文稿三卷詩稿一卷 余重耀撰 民國十二年(1923)鉛印本 二冊

330000－1701－0089755 SZC0050 子部/宗教類/佛教之屬
百丈廣録一卷通玄百問一卷 (宋)圓通大師問 (宋)萬松和尚答 民國馬一浮抄本 一冊

330000－1701－0089757 M605478 類叢部/叢書類/家集之屬
天蘇閣叢刊十五種 徐新六輯 民國三年(1914)、十二年(1923)杭縣徐氏鉛印本 一冊 存五種

330000－1701－0089760 M608034 集部/總集類/題詠之屬
春帆入蜀圖題詠詩一卷詞一卷附錄二卷 戴振聲輯 民國十九年(1930)戴氏鉛印本 一冊

330000－1701－0089763 SZC0051 子部/藝術類/遊藝之屬/聯語
集聯不分卷 馬一浮集 稿本 二冊

330000－1701－0089765 M608035 集部/總集類/題詠之屬
春帆入蜀圖題詠詩一卷詞一卷附錄二卷 戴振聲輯 民國十九年(1930)戴氏鉛印本 一冊

330000－1701－0089771 M005979、M006859 集部/詩文評類/文評之屬
文學指南二卷 邵伯棠編輯 民國抄本 二冊

330000－1701－0089773 SZC0053 子部/雜著類
馬一浮雜鈔 民國馬一浮抄本 九冊 缺十五卷(圜悟佛果禪師語錄六至二十)

330000－1701－0089775 M605479 子部/雜家類
尹文子校錄二卷首一卷 王時潤撰 民國四年(1915)鉛印聞雞軒叢書本 王時潤題記 一冊

330000－1701－0089777　M006276　史部/傳記類/總傳之屬/列女

新昌縣節孝婦女姓氏事實清册一卷　稿本　一册

330000－1701－0089781　M006277　史部/傳記類/總傳之屬/列女

雲和縣造送請准旌表婦女姓氏清册一卷　杜坦之造送　民國七年(1918)稿本　一册

330000－1701－0089782　SZC0057　子部/雜著類

宜山會語十卷　馬一浮撰　稿本　一册

330000－1701－0089784　M605480　集部/總集類/郡邑之屬

剡川詩鈔續編十二卷首一卷末一卷　江五民輯　民國五年(1916)四明孫氏七千卷樓鉛印本　二册

330000－1701－0089785　M006278　史部/傳記類/總傳之屬/列女

衢縣造送從前褒揚節烈各婦女姓氏清册一卷
衢縣造送從前褒揚節烈各婦女事實清册一卷　稿本　二册

330000－1701－0089788　M605481　類叢部/叢書類/郡邑之屬

遼海叢書八十種附一種　金毓黻編　民國二十年至二十三年(1931－1934)遼海書社鉛印本([康熙]廣寧縣志卷七至八原缺)　一册　存一種

330000－1701－0089792　SZC0058　史部/地理類/專志之屬/書院

寒江雁影一卷　馬一浮撰　民國復性書院抄本　一册

330000－1701－0089793　M006279　史部/傳記類/總傳之屬/列女

雲和縣造送民國以前請准旌表各婦女姓氏清册一卷　杜坦之造送　民國七年(1918)稿本　一册

330000－1701－0089794　M005981　子部/宗教類/道教之屬/方法

玄機正宗一卷　民國二十一年(1932)汪繼祖抄本　一册

330000－1701－0089795　M605482　史部/目録類/專録之屬

琴書存目六卷别錄二卷　周慶雲編　民國三年(1914)烏程周氏夢坡室刻本　一册　存二卷(琴書别錄一至二)

330000－1701－0089796　M006280　史部/傳記類/總傳之屬/列女

石門縣志貞孝節烈婦女册一卷　王卓英輯　民國十年(1921)稿本　一册

330000－1701－0089800　M605483　史部/目録類/專録之屬

琴書存目六卷别錄二卷　周慶雲編　民國三年(1914)烏程周氏夢坡室刻本　一册　存二卷(琴書别錄一至二)

330000－1701－0089802　M605484　史部/目録類/專録之屬

琴書存目六卷别錄二卷　周慶雲編　民國三年(1914)烏程周氏夢坡室刻本　一册　存二卷(琴書别錄一至二)

330000－1701－0089805　SZC0063　史部/目録類

蠲戲齋僅存書目不分卷　馬浮撰　民國復性書院抄本　一册

330000－1701－0089808　M605485　集部/小説類/長篇之屬

第一才子書六十卷一百二十回首一卷　(明)羅貫中撰　(清)毛宗崗　(清)金人瑞評　民國石印本　二册　存十卷(十二至十六、二十八至三十二)

330000－1701－0089811　SZC0075　集部/别集類

避寇集不分卷　馬浮撰　稿本　三册

330000－1701－0089812　M605486　子部/雜著類/雜纂之屬

諸子文粹六十二卷續編十卷　李寶洤纂　民國十六年(1927)上海商務印書館鉛印本　一

冊　存五卷(三十六至四十)

330000－1701－0089815　M605487、M610974　史部/政書類/公牘檔冊之屬
黎副總統政書三十四卷　黎元洪撰　易國幹等編　民國四年(1915)上海古今圖書局石印本　十八冊　存二十五卷(一至二十五)

330000－1701－0089819　M605488　子部/醫家類/醫案之屬
古今醫案按十卷　(清)俞震輯　民國元年(1912)上海會文堂粹記石印本　八冊　存八卷(一至八)

330000－1701－0089825　M006281　史部/傳記類/總傳之屬/列女
分水縣造送請准表揚貞孝節烈各婦女事實清冊一卷　喻榮華造送　民國六年(1917)稿本　一冊

330000－1701－0089826　M006332　子部/藝術類/書畫之屬/法帖
宋拓玄秘塔不分卷　(唐)裴休撰　(唐)柳公權書　民國上海有正書局影印本　一冊

330000－1701－0089827　M006282　史部/傳記類/總傳之屬/列女
縉雲縣知事造送請准旌表各婦女分別時代及貞孝節烈姓氏事實冊一卷　田澤勳造送　民國九年(1920)稿本　一冊

330000－1701－0089829　M605490　類叢部/叢書類/彙編之屬
唐人説薈(唐代叢書)一百六十五種　(清)陳世熙(一題王文誥)輯　民國二年(1913)上海掃葉山房石印本　十五冊　存一百五十五種

330000－1701－0089830　M006283　史部/傳記類/總傳之屬/列女
宣平縣知事造送從前請准旌表節孝各婦女姓氏時代事實冊一卷　涂貢琳造送　稿本　一冊

330000－1701－0089832　M006284　史部/傳記類/總傳之屬/列女
建德縣知事造送從前已奉旌表貞孝節烈各婦女姓氏清冊一卷　張良楷造送　稿本　一冊

330000－1701－0089834　M006285　史部/傳記類/總傳之屬/列女
金華縣知事造送從前詳請旌表各婦女姓氏事實清冊一卷　錢人龍造送　稿本　一冊

330000－1701－0089836　M006333　子部/藝術類/書畫之屬/法帖
唐顏魯公論坐位帖宋搨本一卷　(唐)顏真卿書　民國上海藝苑真賞社影印本　一冊

330000－1701－0089837　M006286　史部/傳記類/總傳之屬/列女
龍游縣造送從前請准旌表各婦女姓氏事實清冊一卷　民國六年(1917)稿本　一冊

330000－1701－0089840　M006287　史部/傳記類/總傳之屬/列女
龍游縣造送從前請准旌表殉難各婦女姓氏清冊一卷　民國六年(1917)稿本　一冊

330000－1701－0089841　M006334　子部/藝術類/書畫之屬/法帖
孔子廟堂之碑一卷　(唐)虞世南撰並書　民國影印本　一冊

330000－1701－0089842　M006288　史部/傳記類/總傳之屬/列女
象山節烈婦清冊一卷　屠耀台編　稿本　一冊

330000－1701－0089845　M006335　子部/藝術類/書畫之屬
白心草堂金石書畫不分卷　楊鈞撰　李茗村等集　民國二十三年(1934)湖南白心草堂金石書畫影印籌備處影印本　一冊

330000－1701－0089848　M006336　子部/藝術類/書畫之屬/畫譜
名人書畫三十集　商務印書館輯　民國上海商務印書館影印本　一冊　存一集(三)

330000－1701－0089850　M006289　史部/傳記類/總傳之屬/列女
象山縣知事劉蔚仁造送民國呈請褒揚各婦女

姓氏事實清冊一卷　劉蔚仁造送　民國九年(1920)稿本　一冊

330000－1701－0089852　M605491　類叢部/叢書類/自著之屬

舜水遺書四種附錄一卷　(明)朱之瑜撰　民國二年(1913)山陰湯壽潛鉛印本　十二冊

330000－1701－0089853　M605492　類叢部/叢書類/自著之屬

舜水遺書四種附錄一卷　(明)朱之瑜撰　民國二年(1913)山陰湯壽潛鉛印本　十二冊

330000－1701－0089855　M605493　子部/醫家類/養生之屬

青年之攝生一卷　丁福保撰　民國上海醫學書局鉛印本　一冊

330000－1701－0089856　M006290　史部/傳記類/總傳之屬/列女

安吉縣造送從前請准旌表婦女姓氏清冊一卷　郭曾煜撰　稿本　一冊

330000－1701－0089857　M006337　子部/藝術類/書畫之屬/畫譜

吴待秋畫稿不分卷　吳徵繪　民國十三年(1924)上海商務印書館影印本　一冊　存第一集

330000－1701－0089859　G604016　子部/藝術類/篆刻之屬/印譜

鄧石如印存不分卷　(清)鄧石如篆　民國上海有正書局石印本　一冊

330000－1701－0089861　M006291　史部/傳記類/總傳之屬/列女

永康縣呈送貞孝節烈各婦女事實清冊不分卷　稿本　一冊

330000－1701－0089863　M605495　史部/目録類/總録之屬/官修

浙江公立圖書館通常類圖書目錄五卷附保存類圖書目錄補遺一卷　浙江公立圖書館編　民國十四年(1925)浙江公立圖書館鉛印本　四冊　存二卷(五、保存類圖書目錄補遺)

330000－1701－0089866　M605496　史部/目録類/總録之屬/官修

浙江公立圖書館保存類目錄四卷　浙江公立圖書館編　民國十年(1921)浙江公立圖書館石印本　二冊

330000－1701－0089867　M006338　史部/政書類/律令之屬

中華民國訓政時期約法不分卷　民國二十年(1931)石印本　一冊

330000－1701－0089868　M605497　史部/目録類/總録之屬/官修

浙江公立圖書館保存類目錄四卷　浙江公立圖書館編　民國十年(1921)浙江公立圖書館石印本　二冊

330000－1701－0089871　M605498　史部/目録類/總録之屬/官修

浙江公立圖書館保存類目錄四卷　浙江公立圖書館編　民國十年(1921)浙江公立圖書館石印本　二冊

330000－1701－0089872　M605499　史部/目録類/總録之屬/官修

浙江公立圖書館保存類目錄四卷　浙江公立圖書館編　民國十年(1921)浙江公立圖書館石印本　二冊

330000－1701－0089876　M605500　史部/目録類/總録之屬/官修

浙江公立圖書館保存類目錄四卷　浙江公立圖書館編　民國十年(1921)浙江公立圖書館石印本　二冊

330000－1701－0089877　M605501　史部/目録類/總録之屬/官修

浙江公立圖書館保存類目錄四卷　浙江公立圖書館編　民國十年(1921)浙江公立圖書館石印本　二冊

330000－1701－0089878　M006292　史部/傳記類/總傳之屬/列女

永康縣補送旌表貞孝節烈各婦女姓氏事實清冊一卷　民國七年(1918)稿本　一冊

330000－1701－0089879　M006293　史部/傳記類/總傳之屬/列女
泰邑貞孝節烈各婦女時代姓氏事實清冊一卷　民國六年(1917)稿本　一冊

330000－1701－0089880　M006294　史部/傳記類/總傳之屬/列女
諸暨縣造送暨邑光復後請准旌表各婦女姓氏事實清冊一卷　陶鏞造送　民國七年(1918)稿本　一冊

330000－1701－0089886　M006339　子部/藝術類/書畫之屬/畫譜
改玉壺畫紅樓夢木刻初印精本一卷　(清)改琦繪　民國十六年(1927)上海有正書局影印本　一冊

330000－1701－0089888　M006296　史部/傳記類/總傳之屬/列女
江山縣知事造送查明從前請旌表揚各婦女姓氏清冊一卷　民國六年(1917)稿本　一冊

330000－1701－0089890　M006340　子部/藝術類/書畫之屬/畫譜
王顯詔山水冊一卷　王顯詔繪　民國十九年(1930)上海西泠印社影印本　一冊

330000－1701－0089895　M006341　子部/藝術類/書畫之屬/畫譜
王石谷仿古山水冊不分卷　(清)王翬繪　民國上海文明書局影印本　一冊

330000－1701－0089901　M006342　子部/藝術類/書畫之屬/畫譜
費曉樓寫景仕女冊一卷　(清)費丹旭繪　民國二十九年(1940)上海文明書局影印本　一冊

330000－1701－0089905　M006343　子部/藝術類/書畫之屬/畫譜
李龍眠九歌圖人物冊一卷　(宋)李公麟繪　民國二十九年(1940)上海文明書局影印本　一冊

330000－1701－0089908　M006344　子部/藝術類/書畫之屬/畫譜
戴文節仿古山水冊一卷　(清)戴熙繪　民國二十九年(1940)上海文明書局影印本　一冊

330000－1701－0089910　M005983　子部/雜著類/雜說之屬
隨便寫些不分卷　稿本　一葉

330000－1701－0089912　M006298　史部/傳記類/總傳之屬/列女
東陽縣自治辦公處造送從前旌表各婦女事實姓氏清冊一卷　民國六年(1917)稿本　一冊

330000－1701－0089913　M006345　子部/藝術類/書畫之屬/畫譜
謝文侯羅漢冊不分卷　(清)謝彬繪　民國二十四年(1935)上海中華書局影印本　一冊

330000－1701－0089916　M006346　子部/藝術類/書畫之屬/畫譜
戴文節山水竹石集冊一卷　(清)戴熙繪　民國二十五年(1936)上海中華書局影印本　一冊

330000－1701－0089917　M006297　史部/傳記類/總傳之屬/列女
呈送永嘉縣請准旌表各婦女姓氏清冊一卷　稿本　一冊

330000－1701－0089918　M006347　子部/藝術類/書畫之屬/畫譜
黃端木尋親圖山水冊一卷　(清)黃向堅繪
尋親紀程一卷滇還日記一卷　(明)黃向堅撰　民國二十九年(1940)上海文明書局影印本　一冊

330000－1701－0089920　M006299　史部/傳記類/總傳之屬/列女
臨安縣知事造送貞孝莭烈婦女姓氏事實清冊一卷　程蔭穀造送　稿本　一冊

330000－1701－0089923　M605502　史部/目録類/總録之屬/官修
浙江公立圖書館保存類目錄四卷　浙江公立圖書館編　民國十年(1921)浙江公立圖書館石印本　二冊

330000－1701－0089925　M006348　子部/藝術類/書畫之屬/畫譜

黄尊古名山寫眞冊一卷　（清）黄鼎繪　民國二十九年（1940）上海中華書局影印本　一冊

330000－1701－0089926　M006300　史部/傳記類/總傳之屬/列女

武義縣造送縣屬從前已旌未旌各婦女姓氏清冊一卷　廖維綱造送　民國六年（1917）稿本　一冊

330000－1701－0089930　M006349　子部/藝術類/書畫之屬/畫譜

文衡山瀟湘八景冊不分卷　（明）文徵明繪　民國二十九年（1940）上海文明書局影印本　一冊

330000－1701－0089932　M006301　史部/傳記類/總傳之屬/列女

平湖縣續志貞孝節烈婦女冊二卷　稿本　一冊

330000－1701－0089935　M005984　子部/農家農學類/鳥獸蟲之屬

百禽叢錄不分卷　稿本　一冊

330000－1701－0089936　M006350　子部/藝術類/書畫之屬/畫法畫品

黄松庵山水冊一卷　（清）黄桂棻繪　民國二十九年（1940）上海文明書局影印本　一冊

330000－1701－0089937　SZD0028　子部/儒家類/儒學之屬

説苑新序校評六卷荀子校評一卷　（清）朱駿聲撰　朱孔彰校錄　稿本　朱師轍題簽並跋　二冊

330000－1701－0089938　M006302　史部/傳記類/總傳之屬/列女

慶元縣造送從前請准旌表各婦女姓氏清冊一卷　江宗濂造送　民國七年（1918）稿本　一冊

330000－1701－0089940　M006351　子部/宗教類/佛教之屬/經疏

大方廣佛華嚴經疏科文表解不分卷　（唐）釋澄觀撰　李圓淨編　民國二十八年（1939）上海佛學書局鉛印本　一冊

330000－1701－0089945　M006352　子部/藝術類/書畫之屬/法帖

劉石菴扇集一卷　（清）劉墉書　民國二十三年（1934）上海商務印書館影印本　一冊

330000－1701－0089950　M006353　子部/宗教類/佛教之屬/律

外內密戒律手冊不分卷　（天竺）馬鳴菩薩等撰　民國鉛印本　一冊

330000－1701－0089956　M605503　類叢部/叢書類/自著之屬

崇雅堂叢書十四種　楊晨撰　民國二十五年（1936）楊紹翰鉛印本　一冊　存一種

330000－1701－0089962　M608057　史部/目録類/版本之屬/書影

吳興劉氏嘉業堂善本書景五卷　劉承幹輯　民國十八年（1929）吳興劉氏嘉業堂影印本　五冊

330000－1701－0089963　M006303　史部/傳記類/總傳之屬/列女

龍泉貞孝節烈婦女分類清冊一卷　民國五年（1916）稿本　一冊

330000－1701－0089965　SZD0032　經部/詩類

毛詩百穀圖譜今釋一卷　李炳耀撰　稿本　一冊

330000－1701－0089966　M006354　集部/小説類/長篇之屬

繪圖燈花記傳二卷十二回　（清）高則誠撰　（清）周求虹評　民國香港書局石印本　一冊

330000－1701－0089967　M006304　史部/傳記類/總傳之屬/列女

武康縣造送請准旌表貞孝節烈婦女姓氏事實清冊一卷　稿本　一冊

330000－1701－0089969　M608058　史部/目録類/版本之屬/書影

吴興劉氏嘉業堂善本書景五卷　劉承幹輯　民國十八年(1929)吴興劉氏嘉業堂影印本　五冊

330000－1701－0089972　M006305　史部/傳記類/總傳之屬/列女

德清縣續修縣志事務所録呈歷代貞孝節烈婦女姓氏簡明目録清冊一卷　德清縣續修縣志事務所録送　稿本　一冊

330000－1701－0089974　M608059　史部/目録類/版本之屬/書影

吴興劉氏嘉業堂善本書景五卷　劉承幹輯　民國十八年(1929)吴興劉氏嘉業堂影印本　五冊

330000－1701－0089975　M608060　史部/目録類/版本之屬/書影

吴興劉氏嘉業堂善本書景五卷　劉承幹輯　民國十八年(1929)吴興劉氏嘉業堂影印本　五冊

330000－1701－0089976　M006306　史部/傳記類/總傳之屬/列女

海鹽縣自治委員造送鹽邑光復以前尚未修入縣志請准旌表節孝婦女姓氏清冊一卷　海鹽縣自治委員造送　民國六年(1917)稿本　一冊

330000－1701－0089979　M608061　史部/目録類/版本之屬/書影

吴興劉氏嘉業堂善本書景五卷　劉承幹輯　民國十八年(1929)吴興劉氏嘉業堂影印本　五冊

330000－1701－0089980　SZD0033　經部/詩類

陸璣詩疏今釋不分卷　張信撰　稿本　一冊

330000－1701－0089981　M608062　史部/目録類/版本之屬/書影

吴興劉氏嘉業堂善本書景五卷　劉承幹輯　民國十八年(1929)吴興劉氏嘉業堂影印本　五冊

330000－1701－0089983　M608063　史部/目録類/版本之屬/書影

吴興劉氏嘉業堂善本書景五卷　劉承幹輯　民國十八年(1929)吴興劉氏嘉業堂影印本　五冊

330000－1701－0089986　M005986　子部/醫家類/方書之屬

醫方不分卷　稿本　一冊

330000－1701－0089988　M608064　史部/目録類/版本之屬/書影

吴興劉氏嘉業堂善本書景五卷　劉承幹輯　民國十八年(1929)吴興劉氏嘉業堂影印本　五冊

330000－1701－0089990　M608065　史部/目録類/版本之屬/書影

吴興劉氏嘉業堂善本書景五卷　劉承幹輯　民國十八年(1929)吴興劉氏嘉業堂影印本　五冊

330000－1701－0089991　M608066　史部/目録類/版本之屬/書影

吴興劉氏嘉業堂善本書景五卷　劉承幹輯　民國十八年(1929)吴興劉氏嘉業堂影印本　二冊　存二卷(三至四)

330000－1701－0089993　M005987　集部/總集類/題詠之屬

歲暮歸書圖題詠一卷　孫炳奎編　民國樊氏拜魁紀公齋抄本　一冊

330000－1701－0089999　M608067　子部/宗教類/佛教之屬/大藏

大藏經□□種　民國大藏經會鉛印本　一冊　存一種

330000－1701－0090000　M605504　史部/地理類/專志之屬/祠墓

錢王祠產補編一卷　錢文選編　民國二十六年(1937)鉛印本　一冊

330000－1701－0090008　M608068　子部/宗教類/佛教之屬/大藏

南傳大藏經　民國三十三年(1944)普慧大藏經刊行會鉛印本　二冊　存一種

330000－1701－0090009　M006307　史部/傳記類/總傳之屬/列女

嵊縣知事造送縣有從前請准旌表各婦女姓氏事實一卷　牛蔭麐撰　稿本　一冊

330000－1701－0090011　M605505　史部/地理類/方志之屬/郡縣志

[民國]定海縣志十六卷首一卷　陳訓正　馬瀛纂修　施皐　顏聖介　張紀隆測繪　民國十三年(1924)旅滬同鄉會鉛印本　五冊

330000－1701－0090016　M006308　史部/傳記類/總傳之屬/列女

桐廬歷年請准旌表婦女姓氏事實清冊一卷　稿本　一冊

330000－1701－0090017　M006309　史部/傳記類/總傳之屬/列女

蕭山縣造送已准旌表婦女姓氏清冊一卷　蕭山縣公署造送　民國七年(1918)稿本　一冊

330000－1701－0090018　M005988　子部/宗教類/佛教之屬

金剛般若波羅蜜經一卷　(後秦)釋鳩摩羅什譯　**金剛呪一卷**　民國潮陽郭氏雙百鹿齋刻三十七年(1948)印本　一冊

330000－1701－0090020　M006310　史部/傳記類/總傳之屬/列女

蕭山縣公署造送節婦事實冊一卷　蕭山縣公署造送　民國九年(1920)稿本　一冊

330000－1701－0090025　M605506　史部/地理類/方志之屬/郡縣志

[民國]定海縣志十六卷首一卷　陳訓正　馬瀛纂修　施皐　顏聖介　張紀隆測繪　民國十三年(1924)旅滬同鄉會鉛印本　六冊

330000－1701－0090027　M006311　史部/傳記類/總傳之屬/列女

樂清縣知事造送民國元年以後請准褒揚節婦姓氏冊一卷　狄紹青造送　民國七年(1918)稿本　一冊

330000－1701－0090029　M006312　史部/傳記類/總傳之屬/列女

溫嶺縣自治辦公處造送從前請准旌表各婦女姓氏清冊一卷　溫嶺縣自治辦公處造送　稿本　一冊

330000－1701－0090033　M006313　史部/傳記類/總傳之屬/列女

仙居縣造送從前請准旌表各婦女姓名事實清冊一卷　孫熙鼎造送　民國七年(1918)稿本　一冊

330000－1701－0090034　M005989　子部/宗教類/佛教之屬/經

地藏菩薩本願經三卷　(唐)釋實叉難陀譯　民國上海佛學書局鉛印本　一冊

330000－1701－0090036　M006314　史部/傳記類/總傳之屬/列女

景寧縣造送從前請准表揚各婦女姓名事實清冊一卷　陳景元造送　稿本　一冊

330000－1701－0090037　M005990　子部/宗教類/佛教之屬

佛學叢書□□種　丁福保輯　民國上海醫學書局鉛印本暨影印本　一冊　存一種

330000－1701－0090038　M006315　史部/政書類/公牘檔冊之屬

送稿簿不分卷　民國三十五年(1946)稿本　一冊

330000－1701－0090040　M006316　史部/傳記類/總傳之屬/列女

臨海縣知事造送屬縣貞孝節烈各旌婦姓名事實冊一卷　稿本　一冊

330000－1701－0090041　M608069　子部/宗教類/佛教之屬/大藏

南傳大藏經　民國三十三年(1944)普慧大藏經刊行會鉛印本　二冊　存一種

330000－1701－0090043　SZD0034　集部/別集類/清別集

劉禮部集十二卷　(清)劉逢祿撰　民國抄本　一冊　存一卷(七)

330000－1701－0090044　M006317　集部/

曲類/曲韻曲譜曲律之屬
工尺大觀一卷 沈易書編輯 民國十一年(1922)沈鶴記書局石印本 一冊

330000－1701－0090047 M608070 子部/宗教類/佛教之屬/大藏
南傳大藏經 民國三十三年(1944)普慧大藏經刊行會鉛印本 二冊 存一種

330000－1701－0090048 M005991 史部/政書類/公牘檔冊之屬
杏軒叢鈔一卷 民國杏軒抄本 一冊

330000－1701－0090049 M608071 子部/宗教類/佛教之屬/大藏
南傳大藏經 民國三十三年(1944)普慧大藏經刊行會鉛印本 二冊 存一種

330000－1701－0090051 M605508 子部/農家農學類/蠶桑之屬
古今合纂殖桑法一卷 金步瀛撰 民國十九年(1930)鉛印本 一冊

330000－1701－0090053 M608072 子部/宗教類/佛教之屬/大藏
南傳大藏經 民國三十三年(1944)普慧大藏經刊行會鉛印本 一冊 存一種

330000－1701－0090056 M005992 史部/傳記類/別傳之屬/事狀
武漢各界追悼田梓琴先生大會特刊一卷 武漢各界追悼田梓琴先生大會籌備處編 民國十九年(1930)鉛印本 一冊

330000－1701－0090059 M605509 子部/農家農學類/蠶桑之屬
古今合纂殖桑法一卷 金步瀛撰 民國十九年(1930)鉛印本 一冊

330000－1701－0090060 M605510 子部/農家農學類/蠶桑之屬
古今合纂殖桑法一卷 金步瀛撰 民國十九年(1930)鉛印本 一冊

330000－1701－0090062 M608073 子部/宗教類/佛教之屬/大藏
大藏經□□種 民國三十三年(1944)普慧大藏經刊行會鉛印本 六冊 存十五種

330000－1701－0090066 M005993 子部/宗教類/佛教之屬/諸宗
淨土五經六卷 釋印光輯 **大方廣佛華嚴經淨行品一卷** (唐)釋實叉難陀譯 **大佛頂首楞嚴經卷第六四種決定清淨明誨一卷** 民國二十五年(1936)蘇州弘化社鉛印本 一冊

330000－1701－0090070 M605511 子部/農家農學類/蠶桑之屬
古今合纂殖桑法一卷 金步瀛撰 民國十九年(1930)鉛印本 一冊

330000－1701－0090072 M605512 子部/農家農學類/蠶桑之屬
古今合纂殖桑法一卷 金步瀛撰 民國十九年(1930)鉛印本 一冊

330000－1701－0090073 M605513 子部/農家農學類/蠶桑之屬
古今合纂殖桑法一卷 金步瀛撰 民國十九年(1930)鉛印本 一冊

330000－1701－0090074 M605514 子部/農家農學類/蠶桑之屬
古今合纂殖桑法一卷 金步瀛撰 民國十九年(1930)鉛印本 一冊

330000－1701－0090075 M608074 子部/雜著類/雜說之屬
樗盦筆記一卷 毛宗智撰 民國鉛印本 一冊

330000－1701－0090076 M605515 子部/農家農學類/蠶桑之屬
古今合纂殖桑法一卷 金步瀛撰 民國十九年(1930)鉛印本 一冊

330000－1701－0090079 M605516 子部/農家農學類/蠶桑之屬
古今合纂殖桑法一卷 金步瀛撰 民國十九年(1930)鉛印本 一冊

330000－1701－0090080 M608075 子部/

雜著類/雜說之屬
槜盦筆記一卷　毛宗智撰　民國鉛印本　一册

330000－1701－0090081　M605517　子部/農家農學類/蠶桑之屬
古今合纂殖桑法一卷　金步瀛撰　民國十九年(1930)鉛印本　一册

330000－1701－0090083　M605518　子部/農家農學類/蠶桑之屬
古今合纂殖桑法一卷　金步瀛撰　民國十九年(1930)鉛印本　一册

330000－1701－0090085　M608076　子部/雜著類/雜說之屬
槜盦筆記一卷　毛宗智撰　民國鉛印本　一册

330000－1701－0090086　M605519　子部/農家農學類/蠶桑之屬
古今合纂殖桑法一卷　金步瀛撰　民國十九年(1930)鉛印本　一册

330000－1701－0090087　M006319　經部/春秋左傳類/正文之屬
春秋左傳(左傳白文)一卷　民國商務印書館鉛印本　三册

330000－1701－0090089　M605520　子部/農家農學類/蠶桑之屬
古今合纂殖桑法一卷　金步瀛撰　民國十九年(1930)鉛印本　一册

330000－1701－0090090　M600588　類叢部/叢書類/彙編之屬
四部備要　中華書局編　民國二十五年(1936)上海中華書局鉛印本　十册　存一種

330000－1701－0090093　M605521　子部/農家農學類/蠶桑之屬
古今合纂殖桑法一卷　金步瀛撰　民國十九年(1930)鉛印本　一册

330000－1701－0090094　M605522　子部/農家農學類/蠶桑之屬
古今合纂殖桑法一卷　金步瀛撰　民國十九年(1930)鉛印本　一册

330000－1701－0090097　M006321　集部/總集類/酬唱之屬
重游泮水唱和集一卷　謝宸慈等撰　民國二十年(1931)鉛印本　一册

330000－1701－0090099　M605523　類叢部/叢書類/郡邑之屬
仙居叢書第一集十二種　李鏡渠編　民國二十四年(1935)鉛印本　一册　存三種

330000－1701－0090102　M006322　子部/醫家類/兒科之屬/痘疹
痳症集成四卷　(清)朱載揚撰　民國許品三抄本　一册

330000－1701－0090103　M006323　集部/總集類/選集之屬/斷代
繪圖唐詩三百首四卷　(清)蘅塘退士(孫洙)手編　**增註字類標韻六卷**　民國石印本　一册

330000－1701－0090106　M605524　子部/雜著類/雜說之屬
古器物學研究議一卷　羅振玉撰　民國天津貽安堂經籍鋪鉛印本　一册

330000－1701－0090108　M605525　史部/金石類
遯盦金石叢書十五種　吳隱輯　民國三年至十年(1914－1921)山陰吳氏西泠印社木活字印本　一册　存一種

330000－1701－0090109　M604685、M606180、M608077　子部/宗教類/佛教之屬/經疏
大方廣佛華嚴經疏鈔會本八十卷附錄一卷　(唐)釋澄觀撰述　**大方廣佛華嚴經入不思議解脫境界普賢行願品別行疏鈔會本四卷**　(唐)釋澄觀述別行疏　(唐)釋宗密述隨疏鈔　**大方廣佛華嚴經疏鈔會本略科十卷**　**大方廣佛華嚴經普賢行願品別行疏鈔會本略科一卷**　民國三十三年(1944)華嚴疏鈔編印會鉛印本　五册　存十二卷(九至十、三十四至四

十三）

330000－1701－0090110　M006324　子部/藝術類/書畫之屬/總論

繪畫傳習語類三卷　張象玄輯　民國抄本　一册

330000－1701－0090111　M006325　子部/醫家類/婦科之屬/產科

胎產秘書三卷古越竹林寺女科一卷　民國抄本　一册

330000－1701－0090113　M605526　子部/宗教類/佛教之屬

金剛般若波羅蜜經一卷　（後秦）釋鳩摩羅什譯　**金剛呪一卷般若波羅蜜多心經一卷**　（唐）釋玄奘譯　**金剛證驗賦一卷**　（宋）釋智覺撰　民國十九年（1930）潮陽郭氏雙百鹿齋刻本　一册

330000－1701－0090114　M006326　子部/宗教類/道教之屬

收圓醒迷錄二卷　空谷子編　民國二十九年（1940）上海明善書局鉛印本　一册

330000－1701－0090115　M608078　史部/傳記類/别傳之屬

王公竹齋治喪委員會公啟不分卷　民國二十三年（1934）鉛印本　一册

330000－1701－0090116　M006327　史部/傳記類/日記之屬

啓憑日記不分卷（民國十九年九月一日至十二月十日）　汝南氏撰　民國十九年（1930）稿本　一册

330000－1701－0090118　SZD0040　經部/春秋總義類/傳説之屬

春秋平議一卷春秋三家異文覈一卷春秋亂賊考一卷　（清）朱駿聲撰　民國二十五年（1936）鉛印本暨抄本　朱師轍題簽　一册

330000－1701－0090119　M608079　集部/别集類

玉谿碎錦集一卷　周慶雲撰　**西崑貫玉稿一卷**　嵩堃撰　民國二十二年（1933）夢坡室刻藍印本　一册

330000－1701－0090120　M005994　子部/宗教類/佛教之屬/律

三種戒經合刊不分卷　釋演本編　民國二十九年（1940）上海美商永寧公司鉛印本　一册

330000－1701－0090127　M006328　集部/小説類/長篇之屬

新輯繪圖續彭公案二集四卷八十回　（清）貪夢道人撰　民國上海共和書局石印本　四册

330000－1701－0090131　SZD0042　經部/春秋總義類/專著之屬

春秋闕文考一卷　（清）朱駿聲撰　民國抄本　一册

330000－1701－0090133　M006330、M006536、M007062、M608661　史部/編年類/通代之屬

資治通鑑二百九十四卷目錄三十卷　（宋）司馬光撰　（元）胡三省音注　**續資治通鑑二百二十卷**　（清）畢沅編集　民國十四年（1925）上海掃葉山房石印本　二十九册　存二百十六卷（目錄八至十四，一百二十八至二百二十四、二百三十九至二百四十五、二百五十三至二百五十八、二百八十八至二百九十四，續資治通鑑四十五至五十二、七十六至一百四十四、一百五十三至一百五十九、一百七十五至一百八十二）

330000－1701－0090134　SZD0043　經部/小學類/文字之屬/説文/專著

説文通訓定聲補遺不分卷　（清）朱駿聲撰　民國朱孔彰抄本　朱師轍題簽並記　二册

330000－1701－0090135　M006329、M610123　類叢部/類書類/通類之屬

淵鑑類函四百五十卷目錄四卷　（清）張英（清）王士禛等輯　民國六年（1917）同文圖書館影印本　三十一册　存二百九十卷（目錄一至四，一至一百五十、一百九十九至二百七、二百六十七至二百七十五、二百八十五至四百二）

330000－1701－0090136　M006497　子部/儒家類/儒學之屬/禮教/鑑戒
八德指南一卷　滄洲子註　民國上海宏大善書局石印本　一冊

330000－1701－0090137　M605544　史部/傳記類/別傳之屬/事狀
李母韓宜人哀思錄一卷　民國十六年(1927)杭州長興印刷所鉛印本　一冊

330000－1701－0090138　M006498　集部/總集類/酬唱之屬
東齋酬唱集一卷附錄一卷　蔡晉鏞輯　民國二十五年(1936)刻藍印本　一冊

330000－1701－0090139　M006499　史部/政書類/公牘檔冊之屬
奉化孤兒院第三期報告冊不分卷　民國二十三年(1934)鉛印本　一冊

330000－1701－0090140　M608039　集部/別集類
刪亭文集二卷續集二卷　周同愈撰　民國二十四年(1935)無錫周氏鉛印本　周厚坤題記　一冊

330000－1701－0090141　M006500　集部/總集類/酬唱之屬
傷曇錄三卷　高吹萬等撰　民國九年(1920)閑閑山莊鉛印本　一冊

330000－1701－0090142　M608040　集部/別集類
刪亭文集二卷續集二卷　周同愈撰　民國二十四年(1935)無錫周氏鉛印本　一冊

330000－1701－0090144　M006501　新學/農政/農務
各國農業推廣概況十二章　甘豫源等譯　民國二十六年(1937)油印本　一冊

330000－1701－0090146　M005995　史部/地理類/水利之屬
太湖流域治水芻議一卷　龔允文撰　民國十一年(1922)鉛印本　一冊

330000－1701－0090147　M608041　史部/地理類/方志之屬/郡縣志
[民國]上海縣續志三十卷首一卷末一卷　吳馨等修　姚文枬等纂　曾廷芳繪圖　民國七年(1918)上海文廟南園志局刻本　二冊　存五卷(十九至二十三)

330000－1701－0090149　M006503　新學/政治法律/律例
日本德國民事訴訟法判例不分卷　民國司法行政部法官訓練所鉛印本　一冊

330000－1701－0090151　M608080　史部/傳記類/別傳之屬/事狀
先妣王太夫人[采玉]事略一卷　蔣中正撰　于右任書　民國十年(1921)影印本　一冊

330000－1701－0090154　M005996　新學/議論/論政
政治訓練不分卷　沈介人編　民國石印本　一冊

330000－1701－0090157　M006504　新學/農政/農務
農產品評法不分卷　楊曾盛編述　民國石印本　一冊

330000－1701－0090159　M005998　子部/雜著類/雜編之屬
追羣不分卷　兌社編　民國四年(1915)兌社石印本　一冊

330000－1701－0090161　M608081　史部/傳記類/雜傳之屬
曼殊留影一卷附銘傳并名人題跋　(清)毛奇齡輯　民國十九年(1930)上海中華學藝社影印本　一冊

330000－1701－0090162　M006505　集部/別集類
靈睍軒文鈔一卷　葉玉麟撰　民國二十三年(1934)鉛印本　一冊

330000－1701－0090165　M005999　子部/醫家類/醫案之屬
朱氏醫案不分卷　(清)朱滋潤撰　民國抄本

一册

330000－1701－0090168　M608082　子部/藝術類/書畫之屬
柴翁書畫集錦一卷　(清)鄭子尹書并繪　凌惕安輯　民國二十五年(1936)上海商務印書局影印本　一册

330000－1701－0090169　M006506　子部/天文曆算類/曆法之屬
茹吉齋合參通書一卷　民國石印本　一册

330000－1701－0090170　M006507　子部/天文曆算類/曆法之屬
繼成堂陰陽合曆不分卷　民國九年(1920)寧波汲綆齋石印本　一册

330000－1701－0090171　G604044　新學/學校
高等小學堂習字範本一卷　民國刻本　一册

330000－1701－0090173　G604045　新學/學校
高等小學堂習字範本一卷　民國刻本　一册

330000－1701－0090174　M605667　史部/傳記類/别傳之屬/事狀
徐母郝太夫人褒揚徵文録不分卷　徐國樑輯　民國石印本　五册

330000－1701－0090176　G604046　新學/學校
高等小學堂習字範本一卷　民國刻本　一册

330000－1701－0090177　SZD0045　經部/小學類/文字之屬/説文/傳説
説文二徐注補訂一卷經傳虛字義説一卷　朱孔彰撰　稿本　一册

330000－1701－0090178　M006000　子部/儒家類/儒學之屬/禮教/家訓
积善堂訓誡子姪諸孫書稿一卷　馬福祥撰　民國二十年(1931)影印本　一册

330000－1701－0090179　SZD0123　史部/傳記類/總傳之屬/通代
名人占籍今釋一卷　(清)朱駿聲撰　民國抄本　一册

330000－1701－0090180　G604047　新學/學校
高等小學堂習字範本一卷　民國刻本　一册

330000－1701－0090181　M006001　史部/傳記類/日記之屬
日記不分卷(民國二十三年八月八日至十月二十六日)　民國二十三年(1934)稿本　一册

330000－1701－0090184　M608083　子部/藝術類/書畫之屬
隋唐五代書畫影不分卷　李氏藏　民國二十年(1931)神州國光社影印本　一册

330000－1701－0090185　M006508　子部/天文曆算類/曆法之屬
中華民國三十六年歲在丁亥農曆通書一卷　民國三十五年(1946)石印本　一册

330000－1701－0090186　G604048　新學/學校
高等小學堂習字範本一卷　民國刻本　一册

330000－1701－0090187　M605668　史部/傳記類/别傳之屬/事狀
世德堂楊氏六秩雙慶壽言彙編二卷　民國七年(1918)鉛印本　二册

330000－1701－0090188　SZD0046　經部/小學類/音韻之屬
隋陸法言切韻以降至宋廣韻各家韻目沿革表一卷　朱師轍撰　稿本　一册

330000－1701－0090190　M605669　史部/傳記類/别傳之屬/事狀
世德堂楊氏六秩雙慶壽言彙編二卷　民國七年(1918)鉛印本　二册

330000－1701－0090193　M605670　史部/傳記類/别傳之屬/事狀
世德堂楊氏六秩雙慶壽言彙編二卷　民國七年(1918)鉛印本　二册

330000－1701－0090196　M605671　史部/

傳記類/別傳之屬/事狀

世德堂楊氏六秩雙慶壽言彙編二卷 民國七年(1918)鉛印本 二冊

330000－1701－0090197 M006002 集部/別集類

吳原信稿酌存不分卷 吳原撰 稿本 一冊

330000－1701－0090198 M006509 子部/醫家類/醫案之屬

邵蘭蓀醫案四卷 (清)邵蘭蓀撰 曹炳章輯 民國周穀修抄本 一冊

330000－1701－0090199 M608084 子部/藝術類/書畫之屬/畫譜

金俊明梅花冊不分卷 (明)金俊明繪 民國六年(1917)有正書局影印本 一冊

330000－1701－0090200 M605672 史部/傳記類/別傳之屬/事狀

世德堂楊氏六秩雙慶壽言彙編二卷 民國七年(1918)鉛印本 二冊

330000－1701－0090203 M006003 史部/金石類/金之屬/文字

金文編十四卷附錄二卷檢字一卷采用彝器目錄一卷 容庚撰集 民國十四年(1925)貽安堂石印本 五冊

330000－1701－0090204 M608085 子部/藝術類/書畫之屬/畫譜

趙撝叔梅石畫法冊不分卷 (清)趙之謙繪 民國十四年(1925)上海中華書局影印本 一冊

330000－1701－0090206 M605673 集部/別集類

西苕溪詩鈔三卷 俞礎撰 民國三十二年(1943)鉛印本 一冊 存二卷(一至二)

330000－1701－0090207 民 380.99/4427 史部/政書類/公牘檔冊之屬

蕭山聞蕭段水陸交通計画案略不分卷 民國油印本 一冊

330000－1701－0090209 M006511 子部/宗教類/道教之屬

太上感應篇一卷附靈驗圖說一卷文昌帝君陰騭文一卷關聖帝君覺世經一卷南海觀音救苦經一卷 民國二十七年(1938)紫房子鉛印本 一冊

330000－1701－0090214 M006701 子部/藝術類/書畫之屬/總論

習字講義□□卷 張之屏撰 民國九年(1920)鉛印本 一冊 存一卷(下)

330000－1701－0090223 M608086 子部/藝術類/書畫之屬/畫譜

故宮名扇集 北平故宮博物院古物館編 民國二十一年至二十四年(1932－1935)影印本 一冊 存一期(九)

330000－1701－0090226 M608087 子部/藝術類/書畫之屬/畫譜

張老薑山水畫冊一卷 (清)張鏐繪 民國十六年(1927)上海中華書局影印本 一冊

330000－1701－0090229 M608047 集部/總集類/郡邑之屬

諸暨詩英十一卷續編七卷 徐道政編 民國二十五年(1936)鉛印本 四冊

330000－1701－0090233 M608092 子部/藝術類/書畫之屬/法帖

有元故奉議大夫福建閩海道肅政廉訪副使仇府君墓碑銘不分卷 (元)趙孟頫撰并書 民國影印本 一冊

330000－1701－0090235 M006512 集部/別集類/清別集

瀔谷遺詩一卷 (清)虞瑞龍撰 **醉古樓詩集一卷** (清)虞鋆撰 民國七年(1918)虞和欽等鉛印本 一冊

330000－1701－0090236 M605674、M611291 子部/小說家類/異聞之屬

歷代神仙史八卷 (清)王建章纂輯 民國九年(1920)上海江左書林石印本 三冊 存六卷(一至四、七至八)

330000－1701－0090245 M006514 子部/

藝術類/書畫之屬/法帖
草字彙十二卷附補　(清)石梁輯　民國二十二年(1933)上海商務印書館影印本　一冊　存二卷(戌、亥)

330000－1701－0090246　M605675　史部/金石類/總志之屬
顧氏金石輿地叢書第一集八種　顧燮光編　民國十八年(1929)會稽顧氏金佳石好樓鉛印本暨石印本　一冊　存三種

330000－1701－0090250　M608089　史部/政書類/律令之屬
中華民國憲法十三章　國民大會制定　民國三十六年(1947)商務印書館影印本　一冊

330000－1701－0090251　M006515　集部/別集類
樸學齋集四種　胡韞玉撰　民國七年(1918)鉛印本　一冊

330000－1701－0090255　M605676　經部/小學類/文字之屬/說文/專著
說文部首述義八卷六書辨一卷　徐紹楨撰　民國十九年(1930)上海中原書局石印本　一冊

330000－1701－0090260　SZD0054　經部/小學類/文字之屬/說文/傳說
說文段注拈誤一卷　(清)朱駿聲撰　民國抄本　一冊

330000－1701－0090266　M608090　子部/藝術類/書畫之屬/法帖
有元故奉議大夫福建閩海道肅政廉訪副使仇府君墓碑銘不分卷　(元)趙孟頫撰并書　民國影印本　一冊

330000－1701－0090267　M601063　集部/別集類/清別集
脂雪軒詩鈔六卷　(清)胡玠撰　民國十四年(1925)溫州翰墨林鉛印本　一冊

330000－1701－0090268　M605677　集部/曲類/寶卷之屬
繪圖啼笑姻緣寶卷二卷　塵隱室主編　民國上海惜陰書局石印本　二冊

330000－1701－0090270　M608091　子部/藝術類/書畫之屬/法帖
有元故奉議大夫福建閩海道肅政廉訪副使仇府君墓碑銘不分卷　(元)趙孟頫撰并書　民國影印本　一冊

330000－1701－0090271　M605678　集部/曲類/寶卷之屬
梁山伯寶卷二集　民國上海惜陰書局石印本　一冊　存一卷(上)

330000－1701－0090273　M608048　集部/總集類/郡邑之屬
諸暨詩英十一卷續編七卷　徐道政編　民國二十五年(1936)鉛印本　二冊　缺九卷(一至九)

330000－1701－0090274　M608093　子部/藝術類/書畫之屬/法帖
有元故奉議大夫福建閩海道肅政廉訪副使仇府君墓碑銘不分卷　(元)趙孟頫撰并書　民國影印本　一冊

330000－1701－0090276　M605679　集部/曲類/寶卷之屬
新出繪圖金枝寶卷二卷　民國上海惜陰書局石印本　一冊

330000－1701－0090277　M608094　子部/藝術類/書畫之屬/法帖
有元故奉議大夫福建閩海道肅政廉訪副使仇府君墓碑銘不分卷　(元)趙孟頫撰并書　民國影印本　一冊

330000－1701－0090280　M608095　子部/藝術類/書畫之屬/法帖
有元故奉議大夫福建閩海道肅政廉訪副使仇府君墓碑銘不分卷　(元)趙孟頫撰并書　民國影印本　一冊

330000－1701－0090281　M605680　集部/曲類/寶卷之屬
繪圖黃金印寶卷二卷　民國上海惜陰書局石印本　二冊

330000－1701－0090282　M608096　子部/藝術類/書畫之屬/法帖

有元故奉議大夫福建閩海道肅政廉訪副使仇府君墓碑銘不分卷　(元)趙孟頫撰并書　民國影印本　一册

330000－1701－0090283　M608097　子部/藝術類/書畫之屬/法帖

有元故奉議大夫福建閩海道肅政廉訪副使仇府君墓碑銘不分卷　(元)趙孟頫撰并書　民國影印本　一册

330000－1701－0090284　M006517　子部/雜著類

救刼慈航二編一卷　民國十一年(1922)諸暨覺雲軒覺世善善壇鉛印本　一册

330000－1701－0090285　M608098　子部/藝術類/書畫之屬/法帖

有元故奉議大夫福建閩海道肅政廉訪副使仇府君墓碑銘不分卷　(元)趙孟頫撰并書　民國影印本　一册

330000－1701－0090286　M608099　子部/藝術類/書畫之屬/法帖

有元故奉議大夫福建閩海道肅政廉訪副使仇府君墓碑銘不分卷　(元)趙孟頫撰并書　民國影印本　一册

330000－1701－0090287　M608100　子部/藝術類/書畫之屬/法帖

有元故奉議大夫福建閩海道肅政廉訪副使仇府君墓碑銘不分卷　(元)趙孟頫撰并書　民國影印本　一册

330000－1701－0090289　M605681　經部/小學類/文字之屬/說文

說文解字十五卷標目一卷　(漢)許慎撰　(宋)徐鉉等校定　民國十八年(1929)上海掃葉山房影印本　二册

330000－1701－0090290　M608101　子部/藝術類/書畫之屬/法帖

有元故奉議大夫福建閩海道肅政廉訪副使仇府君墓碑銘不分卷　(元)趙孟頫撰并書　民國影印本　一册

330000－1701－0090291　M608049　集部/總集類/郡邑之屬

諸暨詩英十一卷續編七卷　徐道政編　民國二十五年(1936)鉛印本　一册　存九卷(一至九)

330000－1701－0090292　M608102　子部/藝術類/書畫之屬/法帖

有元故奉議大夫福建閩海道肅政廉訪副使仇府君墓碑銘不分卷　(元)趙孟頫撰并書　民國影印本　一册

330000－1701－0090296　M608103　子部/藝術類/書畫之屬/法帖

有元故奉議大夫福建閩海道肅政廉訪副使仇府君墓碑銘不分卷　(元)趙孟頫撰并書　民國影印本　一册

330000－1701－0090299　M608104　子部/藝術類/書畫之屬/法帖

有元故奉議大夫福建閩海道肅政廉訪副使仇府君墓碑銘不分卷　(元)趙孟頫撰并書　民國影印本　一册

330000－1701－0090304　M006520、M007279　子部/醫家類/醫話醫論之屬

醫門法律六卷尚論篇四卷首一卷後篇四卷寓意草一卷　(清)喻昌撰　民國上海簡青齋書局石印本　二册　存四卷(二至五)

330000－1701－0090309　M608105　子部/藝術類/書畫之屬/法帖

有元故奉議大夫福建閩海道肅政廉訪副使仇府君墓碑銘不分卷　(元)趙孟頫撰并書　民國影印本　一册

330000－1701－0090311　M608106　子部/藝術類/書畫之屬/法帖

有元故奉議大夫福建閩海道肅政廉訪副使仇府君墓碑銘不分卷　(元)趙孟頫撰并書　民國影印本　一册

330000－1701－0090313　M608107　子部/藝術類/書畫之屬/法帖

有元故奉議大夫福建閩海道肅政廉訪副使仇府君墓碑銘不分卷　(元)趙孟頫撰并書　民國影印本　一冊

330000－1701－0090314　M608055　史部/目録類/版本之屬/書影

吳興劉氏嘉業堂善本書景五卷　劉承幹輯　民國十八年(1929)吳興劉氏嘉業堂影印本　五冊

330000－1701－0090315　M006521　子部/醫家類/醫理之屬/綜合

醫林改錯二卷　(清)王清任撰　民國上海文華山房石印本　一冊

330000－1701－0090317　M608108　史部/金石類

海嶽樓金石叢編　山東省立圖書館編　民國二十三年(1934)鉛印本暨影印本　永梅道長題記　一冊　存一種

330000－1701－0090318　M006522　子部/醫家類/兒科之屬/通論

葉天士幼科醫案一卷　(清)葉桂撰　陸士諤編輯　民國二十二年(1933)上海世界書局石印本　陸佩珍題記　一冊

330000－1701－0090320　M608109　史部/金石類/石之屬

甫里殷栢堅榺績古代彝器一卷　民國十六年(1927)影印本　一冊

330000－1701－0090321　M608056　史部/目録類/版本之屬/書影

吳興劉氏嘉業堂善本書景五卷　劉承幹輯　民國十八年(1929)吳興劉氏嘉業堂影印本　五冊

330000－1701－0090322　M604677、M605682、M605900　類叢部/叢書類/彙編之屬

四部叢刊　張元濟等編　民國上海商務印書館影印本　九冊　存二種

330000－1701－0090329　M605683、M605716　類叢部/叢書類/家集之屬

四休堂叢書十一種　秦枏編　民國三十三年(1944)臨海秦氏四休堂鉛印本　五冊　存七種

330000－1701－0090332　M600616　類叢部/叢書類/彙編之屬

四部備要　中華書局編　民國二十五年(1936)上海中華書局鉛印本　二冊　存一種

330000－1701－0090334　M006523　集部/詩文評類/文法之屬/文法

作文自修全書　民國十一年(1922)上海崇新書局鉛印本　二冊　存一種

330000－1701－0090335　M006696、M008351　集部/詩文評類/詩評之屬

無師自通作詩百法二卷　劉鐵冷編纂　民國十六年(1927)上海崇文書局鉛印本　二冊

330000－1701－0090337　M605684、M608485　類叢部/叢書類/家集之屬

武林丁氏家集十三種　丁立誠　丁立中撰　民國錢塘丁氏嘉惠堂鉛印本　二冊　存二種

330000－1701－0090339　M605685　集部/總集類/酬唱之屬

重游泮水唱和集一卷　毛顯麟等撰　民國十八年(1929)鉛印本　一冊

330000－1701－0090342　M600593　類叢部/叢書類/彙編之屬

四部備要　中華書局編　民國二十五年(1936)上海中華書局鉛印本　八冊　存一種

330000－1701－0090348　M605686、M607399　史部/目録類/總録之屬/官修

浙江公立圖書館保存類目錄續編四卷通常類目錄續編四卷補遺附錄一卷勘誤表一卷　浙江公立圖書館編　民國七年(1918)浙江公立圖書館鉛印本　二冊

330000－1701－0090350　M006698　集部/總集類/選集之屬/通代

古唐詩合解十二卷古詩四卷　(清)王堯衢注　民國二年(1913)上海錦章圖書局石印本　四冊　存八卷(一至八)

330000－1701－0090353　M600608　類叢部/叢書類/彙編之屬
四部備要　中華書局編　民國二十五年(1936)上海中華書局鉛印本　一册　存一種

330000－1701－0090354　M608051　集部/別集類/唐五代別集
樊紹述集注二卷　(唐)樊宗師撰　(清)孫之騄輯　**絳守居園池記一卷**　(唐)樊宗師撰　民國五年(1916)樊氏刻本　二册

330000－1701－0090355　M605687　子部/宗教類/佛教之屬/諸宗
聖者賢行願王釋義一卷　(清)章嘉遊戲金剛造　湯薌銘譯　民國三十一年(1942)北京菩提學會鉛印本　一册

330000－1701－0090356　M006526、M007113　子部/醫家類/兒科之屬/通論
鼎鍥幼幼集成六卷　(清)陳復正輯　民國上海萃英書局石印本　六册

330000－1701－0090357　M600636　類叢部/叢書類/彙編之屬
四部備要　中華書局編　民國二十五年(1936)上海中華書局鉛印本　二册　存一種

330000－1701－0090358　M006700、M007158、M007847　集部/別集類
蔡松坡先生遺集八卷首一卷末一卷　蔡鍔撰　劉達武輯　民國三十二年(1943)蔡公遺集編印委員會鉛印本　十二册

330000－1701－0090361　G606681　史部/政書類/公牘檔冊之屬
張文襄公奏稿五十卷首一卷公牘稿二十八卷函稿六卷函稿續編一卷電稿六十六卷　(清)張之洞撰　民國七年至九年(1918－1920)鉛印本　一册　存三卷(電稿十六至十八)

330000－1701－0090362　M605688　史部/地理類/專志之屬/書院
敷文書院志略不分卷　魏頌唐輯　民國二十四年(1935)浙江財務學校鉛印本　一册

330000－1701－0090363　M605689　史部/目録類/書志之屬/題跋
郋園讀書志十六卷　葉德輝撰　民國十七年(1928)上海澹園鉛印本　一册　存一卷(一)

330000－1701－0090367　M006529　子部/宗教類/佛教之屬
小乘根簿一卷　民國十三年至三十一年(1924－1942)稿本　尹兆兒法明普題記　一册

330000－1701－0090369　M600637　類叢部/叢書類/彙編之屬
四部備要　中華書局編　民國二十五年(1936)上海中華書局鉛印本　一册　存一種

330000－1701－0090370　M608052　集部/別集類/唐五代別集
樊紹述集注二卷　(唐)樊宗師撰　(清)孫之騄輯　**絳守居園池記一卷**　(唐)樊宗師撰　民國五年(1916)樊氏刻本　二册

330000－1701－0090372　M600614　類叢部/叢書類/彙編之屬
四部備要　中華書局編　民國二十五年(1936)上海中華書局鉛印本　四册　存一種

330000－1701－0090376　M604277、M605690　子部/宗教類/佛教之屬/經
佛說無量壽經二卷　(三國魏)釋康僧鎧譯　民國十四年(1925)杭州佛學會石印本　二册

330000－1701－0090377　M006530、M007201　集部/別集類/漢魏六朝別集
曹子建文集十卷　(三國魏)曹植撰　民國國立北京大學出版組影印本　二册

330000－1701－0090379　M605691　子部/宗教類/佛教之屬/經
佛說無量壽經二卷　(三國魏)釋康僧鎧譯　民國十四年(1925)杭州佛學會石印本　二册

330000－1701－0090380　M608050　集部/別集類/唐五代別集
唐樊紹述遺文一卷附錄一卷　(唐)樊宗師撰　(清)張庚輯注　民國十四年(1925)山陰樊氏緜絳書屋刻本　一册

330000－1701－0090383　M006531　史部/目録類/專録之屬

西泠印社金石印譜法帖藏書目一卷　西泠印社編　民國五年(1916)上海西泠印社石印本　一册

330000－1701－0090384　M605692、M605934、M609497　類叢部/叢書類/郡邑之屬

吳興叢書六十六種　劉承幹編　民國吳興劉氏嘉業堂刻本　三册　存二種

330000－1701－0090389　SZD0081　經部/書類/文字音義之屬

尚書古注便讀四卷　(清)朱駿聲撰　稿本　六册

330000－1701－0090390　民336.6/7722　史部/政書類/邦計之屬/賦稅

關稅紀要不分卷　民國抄本　五册

330000－1701－0090392　民812.6/4465　子部/藝術類/書畫之屬/畫譜

全國名伶秘本戲畫大觀二卷　錢病鶴(錢雲鶴)繪　民國二十四年(1935)上海世界書局石印本　二册

330000－1701－0090393　民370.11/4807　新學/學校

教育原理不分卷　民國油印本　一册

330000－1701－0090394　民382.026/6731　新學/電學

明密碼電報書不分卷　商務印書館編譯所編輯　民國中華書局鉛印本暨石印本　一册

330000－1701－0090395　民377.409/32343.26　史部/傳記類/總傳之屬

國立浙江大學農學院教職員及學生通訊錄一卷　民國二十年(1931)石印本　一册

330000－1701－0090396　民339.52/3046/c1　史部/政書類/公牘檔冊之屬

永嘉調查統計叢刊　民國石印本　一册　存一種

330000－1701－0090397　民339.52/3046/c2　史部/政書類/公牘檔冊之屬

永嘉調查統計叢刊　民國石印本　一册　存一種

330000－1701－0090398　民377.109/32392　史部/政書類/儀制之屬/專志/科舉校規

浙江省立杭州師範學校實施師範教育概況一卷　杭師校長室編　民國三十七年(1948)油印本　一册

330000－1701－0090400　民339.52/3046/c3　史部/政書類/公牘檔冊之屬

永嘉調查統計叢刊　民國石印本　一册　存一種

330000－1701－0090402　M605693　史部/金石類/金之屬/圖像

簠齋吉金錄不分卷　(清)陳介祺藏　鄧實輯　民國七年(1918)鄧實風雨樓影印本　八册

330000－1701－0090409　M006534　集部/曲類

南曲板式爲樂句述例一卷　陸恩涌著述　民國三十一年(1942)鉛印映月山房叢刊本　陸恩涌題記　一册

330000－1701－0090413　M006535　經部/春秋穀梁傳類/傳說之屬

教科適用穀梁傳精華一卷　中華書局編　民國四年(1915)上海中華書局鉛印本　一册

330000－1701－0090415　M006703　子部/雜著類/雜編之屬

安士全書四種　(清)周夢顏撰　民國二十年(1931)弘化社鉛印本　三册　缺一卷(文昌帝君陰騭文廣義節錄二)

330000－1701－0090417　M608045　集部/總集類/題詠之屬

石門題詠錄四卷　劉燿東輯　民國二十三年(1934)啓後亭鉛印本　一册　存三卷(二至四)

330000－1701－0090421　M006704　史部/目録類/通論之屬

目録學發微一卷　余嘉錫撰　民國北京大學出版部鉛印本　一册

330000－1701－0090424　M605694　史部/目録類/總録之屬/彙刻
宛委別藏四十種樣本一卷　商務印書館編　民國二十四年(1935)上海商務印書館鉛印本　一册

330000－1701－0090425　M006537　子部/天文曆算類/曆法之屬
欽定萬年書一卷星命須知一卷　民國四年(1915)石印本　一册

330000－1701－0090428　M608046　子部/藝術類/書畫之屬/法帖
名人尺牘墨寶第一集六卷第二集六卷第三集六卷　文明書局輯　民國二年至四年(1913－1915)上海文明書局影印本　一册　存一卷(二集六)

330000－1701－0090429　M006538　集部/別集類/唐五代別集
昌黎先生集四十卷外集十卷遺文一卷　(唐)韓愈撰　(唐)李漢編　**朱子校昌黎先生集傳一卷**　(宋)朱熹撰　**韓集點勘四卷**　(清)陳景雲撰　民國九年(1920)石印本　三册　存十一卷(一至十、朱子校昌黎先生集傳)

330000－1701－0090433　M605695　類叢部/叢書類/彙編之屬
四部叢刊三編預約樣本一卷附初編續編目録　商務印書館編　民國二十四年(1935)商務印書館鉛印本　一册

330000－1701－0090436　M006705　集部/總集類/選集之屬/通代
古文選讀初編不分卷　李維清編　民國元年(1912)江南製造局鉛印本　二册

330000－1701－0090438　M602560、M605696　史部/目録類/專録之屬
清華醫室藏書類目二卷　釋清華編　民國二十一年(1932)鉛印本　夏定域題記　二册

330000－1701－0090442　M605697　集部/別集類
靈璅閣詩二卷附孫言草一卷　張惠衣撰　民國三十三年(1944)鉛印本　一册

330000－1701－0090448　M605698　史部/金石類/總志之屬
范鼎卿先生所著書三種　范壽銘撰　民國會稽顧燮光金佳石好樓石印本　一册　存一種

330000－1701－0090451　M607506、M608043　史部/目録類/總録之屬/官修
浙江公立圖書館保存類目録續編四卷通常類目録續編四卷補遺附録一卷勘誤表一卷　浙江公立圖書館編　民國七年(1918)浙江公立圖書館鉛印本　二册

330000－1701－0090452　M006706　類叢部/叢書類
希公堂全書　民國七年(1918)石印本　一册　存一種

330000－1701－0090453　M605699　集部/詞類/詞話之屬
詞學二卷　梁啓勳撰　民國二十一年(1932)曼殊室鉛印本　一册　存一卷(下編)

330000－1701－0090456　M006541　史部/雜史類/斷代之屬
教科適用戰國策精華三卷　中華書局編　民國四年(1915)上海中華書局鉛印本　三册

330000－1701－0090457　M605700　集部/別集類
天台游草一卷　王舟瑤撰　民國路橋文林齋石印本　一册

330000－1701－0090458　M006707　史部/目録類/總録之屬
武英殿聚珍版叢書目錄一卷　民國十四年(1925)鉛印本　一册

330000－1701－0090460　M604521、M605701、M610409、M611186　史部/目録類/總録之屬/官修
四庫目略四卷　楊立誠編　民國十八年(1929)浙江省立圖書館鉛印本　四册

330000－1701－0090462　M006708　史部/傳記類/别傳之屬/事狀

蕭菊如先生祭文輓詩輓聯一卷　民國十七年(1928)鉛印本　一册

330000－1701－0090465　M608054　集部/别集類/唐五代别集

唐樊紹述遺文一卷附録一卷　(唐)樊宗師撰　(清)張庚輯注　民國十四年(1925)山陰樊氏緜絳書屋刻本　一册

330000－1701－0090467　M006709　子部/藝術類/音樂之屬

歌曲指程一卷　劉富樑撰　民國二十三年(1934)鉛印本　一册

330000－1701－0090469　M605702　史部/政書類/邦計之屬/營田

量沙紀畧六章　張鴻編　民國六年(1917)鉛印本　一册

330000－1701－0090473　M006542　子部/醫家類/綜合之屬/通論

慎柔五書五卷　(明)胡慎柔撰　(清)顧元交編　(清)周學海評注　民國影印本　一册

330000－1701－0090475　M605703　史部/傳記類/别傳之屬/年譜

宋岳鄂王[飛]年譜六卷首一卷末一卷　錢汝雯編　**宋岳鄂王文集三卷**　(宋)岳飛撰　錢汝雯編　民國十三年(1924)鉛印本　一册　存二卷(年譜首、一)

330000－1701－0090477　M006543　子部/醫家類/醫案之屬

增補重編葉天士醫案四卷　(清)葉桂撰　陸士諤輯　民國十六年(1927)上海世界書局石印本　一册　存二卷(三至四)

330000－1701－0090480　M006710　子部/兵家類/兵法之屬

偵探學講義不分卷　民國油印本　一册

330000－1701－0090484　M006711　史部/傳記類/别傳之屬/年譜

孟子年畧一卷　易順豫編　民國鉛印本　一册

330000－1701－0090485　M605704　類叢部/叢書類/自著之屬

澹園雜著八卷　(清)虞景璜撰　**附録一卷**　民國十三年(1924)鎮海虞氏鉛印本　一册

330000－1701－0090487　M605705　史部/傳記類/别傳之屬/事狀

黄膺白先生故舊感憶録不分卷　黄膺白先生紀念刊編輯委員會編　民國二十六年(1937)鉛印本　一册

330000－1701－0090489　M006712　子部/宗教類/佛教之屬

盂蘭盆報恩懺法合節一卷　(清)釋儀潤輯　民國十年(1921)揚州藏經院刻本　一册

330000－1701－0090490　M605706　集部/别集類/清别集

玲瓏簾詞一卷渚陸鴻飛集一卷　(清)吳焯撰　民國十三年(1924)吳用威刻本　一册　存一卷(渚陸鴻飛集)

330000－1701－0090491　M006713　新學/電學

電機實習一卷交流實習一卷無線電實驗一卷　民國石印本　王賡謨題記　一册

330000－1701－0090494　M006714　史部/傳記類/日記之屬

長吟短吟之室日記一卷　稿本　一册

330000－1701－0090496　M605709　史部/目録類/版本之屬/書影

重印聚珍倣宋版五開大本四部備要樣本不分卷　中華書局編　民國二十三年(1934)中華書局鉛印本　一册

330000－1701－0090500　M605710、M008061　史部/傳記類/總傳之屬

西洋先哲傳記集四卷　吳壽彭撰　民國二十五年(1936)鉛印本　吳壽彭題記　二册　存二卷(一至二)

330000－1701－0090503　M006545　史部/

目録類/總録之屬/彙刻
舊學書目不分卷　商務印書館編　民國十四年(1925)商務印書館鉛印本　一冊

330000－1701－0090509　M605711　史部/金石類
嘉業堂金石叢書五種　劉承幹輯　民國吳興劉氏刻本　一冊　存一種

330000－1701－0090512　SZD0085　經部/易類/易占之屬
周易神數一卷　王樹楠等撰校　民國抄本　一冊

330000－1701－0090513　M006716　史部/地理類/專志之屬
西泠印社志八卷　丁仁　葉銘　王壽祺輯　稿本　一冊　存四卷(一至四)

330000－1701－0090516　M605712　類叢部/叢書類/自著之屬
章氏叢書續編七種　章炳麟撰　民國二十二年(1933)北平刻本　三冊　存三種

330000－1701－0090518　M605580　子部/藝術類/書畫之屬/法帖
玉笥山房墨蹟不分卷　顧廷綸書　民國二十六年(1937)石印本　一冊

330000－1701－0090520　M608110　子部/宗教類/佛教之屬/大藏
大日本續藏經一千七百五十六部七千一百四十四卷首一卷目錄二卷　(日本)前田慧雲編　(日本)中野達慧增輯　民國十二年至十四年(1923－1925)上海商務印書館影印本　五十八冊　存一百六種

330000－1701－0090523　M605713　子部/藝術類/書畫之屬/法帖
松坡軍中遺墨不分卷　蔡鍔書　民國十五年(1926)北京松坡圖書館石印本　一冊

330000－1701－0090524　M006548、M007217　史部/紀傳類/正史之屬
二十四史附考證　民國上海涵芬樓據清乾隆武英殿本影印本　三冊　存二種

330000－1701－0090527　SZD0086　集部/詩文評類/詩評之屬
文鏡秘府論六卷　(日本)釋空海撰　民國抄本　朱師轍題簽並跋　尹文跋　三冊

330000－1701－0090530　M006549　子部/醫家類/方書之屬/單方驗方
重訂驗方新編十八卷　(清)鮑相璈等輯　民國石印本　一冊　存一卷(十一)

330000－1701－0090532　M605714、M605899、M605902　類叢部/叢書類/彙編之屬
四部叢刊　張元濟等編　民國上海商務印書館影印本　七冊　存三種

330000－1701－0090537　M605715、M605897　類叢部/叢書類/彙編之屬
四部叢刊　張元濟等編　民國上海商務印書館影印本　八冊　存二種

330000－1701－0090538　M605581　集部/小說類/短篇之屬
詳註聊齋志異圖詠十六卷　(清)蒲松齡撰　(清)吕湛恩注　民國石印本　一冊　存二卷(十三至十四)

330000－1701－0090544　M605582　集部/別集類
悲華經舍詩存五卷　洪允祥撰　民國二十二年(1933)慈谿洪氏慎思軒鉛印本　一冊　存四卷(一至四)

330000－1701－0090548　SZD0087　史部/目録類/總録之屬/地方
大清甘肅文獻錄不分卷　甘肅徵書局編輯　稿本　一冊

330000－1701－0090553　SZD0088　史部/目録類/總録之屬/地方
雲南省明季遺逸箸述清冊一卷　輯刻雲南叢書處造冊　稿本　一冊

330000－1701－0090556　SZD0089　史部/目録類/總録之屬/地方
雲南省清代碩學箸述清冊一卷　輯刻雲南叢書處造冊　稿本　一冊

浙江圖書館

民國時期傳統裝幀書籍普查登記目録

（二）

國家圖書館出版社
National Library of China Publishing House

浙江省民國時期傳統裝幀書籍普查登記目録

330000－1701－0030307　普 741.67/7117/c1
子部/藝術類/書畫之屬/畫譜
馬扶羲梅花册不分卷　(清)馬元馭繪　杭州橫香室藏　高時顯鑒定　民國二十年(1931)上海中華書局影印本　一册

330000－1701－0030310　普 741.67/3830.1
子部/藝術類/書畫之屬/畫譜
石濤紀遊圖詠一卷　(清)釋道濟繪　民國十八年(1929)上海商務印書館影印本　一册

330000－1701－0030311　普 741.67/5574.8
子部/藝術類/書畫之屬/畫譜
費曉樓仕女册不分卷　(清)費丹旭繪　民國二十四年(1935)上海中華書局影印本　一册

330000－1701－0030313　普 741.67/4377.9
子部/藝術類/書畫之屬/畫譜
戴文節山水册一卷　(清)戴熙繪　民國上海中華書局影印本　一册

330000－1701－0030314　普 741.67/7117/c2
子部/藝術類/書畫之屬/畫譜
馬扶羲梅花册不分卷　(清)馬元馭繪　杭州橫香室藏　高時顯鑒定　民國十一年(1922)上海中華書局影印本　一册

330000－1701－0030315　普 741.67/3830.2
子部/藝術類/書畫之屬/畫譜
大滌子山水册一卷　(清)釋道濟繪　民國十八年(1929)上海神州國光社影印本　一册

330000－1701－0030317　普 741.67/7117.2
子部/藝術類/書畫之屬/畫譜
馬扶羲蔬果册不分卷　(清)馬元馭繪　吴彦臣藏　民國三十年(1941)上海西泠印社影印本　一册

330000－1701－0030318　普 741.67/3830.3
子部/藝術類/書畫之屬/畫譜
石濤山水册一卷　(清)釋道濟繪　民國十八年(1929)上海商務印書館影印本　方一謝題簽　一册

330000－1701－0030319　普 741.67/4377.91
子部/藝術類/書畫之屬/畫譜
戴文節山水册一卷　(清)戴熙繪　民國二十六年(1937)上海中華書局影印本　一册

330000－1701－0030320　普 741.67/7550
子部/藝術類/書畫之屬
錢廉江陳南樓書畫合册一卷　(清)錢綸光書　(清)陳書繪　民國十二年(1923)上海商務印書館影印本　一册

330000－1701－0030323　普 741.67/8026
子部/藝術類/書畫之屬/畫譜
金孝章梅花册不分卷　(明)金俊明繪　民國十三年(1924)上海中華書局影印本　一册

330000－1701－0030325　普 741.67/7557
子部/藝術類/書畫之屬/畫譜
陳玉几花卉册一卷　(清)陳撰繪　民國十八年(1929)上海商務印書館影印本　一册

330000－1701－0030327　普 741.67/8055/c1
子部/藝術類/書畫之屬/畫譜
金冬心梅花册不分卷　(清)金農繪　民國十五年(1926)上海西泠印社影印本　一册

330000－1701－0030330　普 741.67/7788
子部/藝術類/書畫之屬/畫譜
周牧山山水精品一卷　(清)周笠繪　民國十五年(1926)上海西泠印社影印本　一册

330000－1701－0030332　GP08155　類叢部/叢書類/彙編之屬
復性書院叢刊二十七種　馬浮編　民國二十九年至三十七年(1940－1948)復性書院刻本暨鉛印本　二册　存一種

330000－1701－0030333　普 741.67/8055/c2
子部/藝術類/書畫之屬/畫譜
金冬心梅花册不分卷　(清)金農繪　民國十七年(1928)上海西泠印社影印本　一册

330000－1701－0030335　普 741.67/8020
子部/藝術類/書畫之屬/畫譜
翁小海花鳥草蟲册一卷　(清)翁雒繪　民國十四年(1925)上海文明書局影印本　一册

330000－1701－0030338　普 741.67/8078.2/

c1　子部/藝術類/書畫之屬/畫譜

松禪戲墨不分卷　(清)翁同龢繪　錢冲父藏　民國二十四年(1935)上海商務印書館影印本　一冊

330000－1701－0030340　普 741.67/4644/c1　子部/藝術類/書畫之屬/畫譜

楊稚雲墨梅冊不分卷　(清)楊韞華繪　民國十五年(1926)中華書局影印本　一冊

330000－1701－0030341　普 741.67/8322/c1　子部/藝術類/書畫之屬/畫譜

錢竹初山水畫冊一卷　(清)錢維喬繪　民國十二年(1923)上海商務印書館影印本　一冊

330000－1701－0030342　普 741.67/8078.2/c2　子部/藝術類/書畫之屬/畫譜

松禪戲墨不分卷　(清)翁同龢繪　錢冲父藏　民國二十四年(1935)上海商務印書館影印本　一冊

330000－1701－0030344　普 741.67/4644/c2　子部/藝術類/書畫之屬/畫譜

楊稚雲墨梅冊不分卷　(清)楊韞華繪　民國十一年(1922)中華書局影印本　一冊

330000－1701－0030346　普 741.67/8078.3　子部/藝術類/書畫之屬/畫譜

翁松禪遺畫不分卷　(清)翁同龢書　民國二十四年(1935)上海商務印書館影印本　一冊

330000－1701－0030347　普 741.67/3830.4　子部/藝術類/書畫之屬/畫譜

大滌子衆爵齊鳴圖手卷一卷　(清)釋道濟繪　民國二十年(1931)上海神州國光社影印本　一冊

330000－1701－0030349　普 741.67/4740　子部/藝術類/書畫之屬/畫譜

柳公韓山水冊不分卷　(清)柳堉繪　民國十九年(1930)上海神州國光社影印本　一冊

330000－1701－0030355　普 741.67/7491/c1　子部/藝術類/書畫之屬/畫譜

陸廉夫十萬圖一卷附果品一卷　陸恢繪　民國十四年(1925)慎修書社影印本　一冊

330000－1701－0030356　普 741.67/7491/c2　子部/藝術類/書畫之屬/畫譜

陸廉夫十萬圖一卷附果品一卷　陸恢繪　民國十三年(1924)慎修書社影印本　一冊

330000－1701－0030357　普 741.67/4835.3/c2　子部/藝術類/書畫之屬/畫譜

梅瞿山畫冊不分卷　(清)梅清繪　民國二十三年(1934)上海商務印書館影印本　一冊

330000－1701－0030358　普 741.67/4835.4　子部/藝術類/書畫之屬/畫譜

梅瞿山黄山十九景不分卷　(清)梅清繪　民國二十三年(1934)上海商務印書館影印本　一冊

330000－1701－0030359　普 741.67/8322/c2　子部/藝術類/書畫之屬/畫譜

錢竹初山水精品一卷　(清)錢維喬繪　民國十五年(1926)上海商務印書館影印本　一冊

330000－1701－0030360　普 741.67/7491.2　子部/藝術類/書畫之屬/畫譜

青蘿盦臧畫　民國影印本　一冊　存一種

330000－1701－0030361　普 741.67/4835.5　子部/藝術類/書畫之屬/畫譜

梅瞿山黄山全景精品不分卷　(清)梅清繪　民國二十八年(1939)商務印書館影印本　一冊

330000－1701－0030366　普 741.67/7534　子部/藝術類/書畫之屬/畫譜

陳鴻壽花卉畫冊一卷　(清)陳鴻壽繪　民國十九年(1930)上海中華書局影印本　一冊

330000－1701－0030369　普 741.67/7534.2　子部/藝術類/書畫之屬/畫譜

陳曼生花卉冊一卷　(清)陳鴻壽繪　民國上海中華書局影印本　一冊

330000－1701－0030373　GP08202　類叢部/叢書類/彙編之屬

通俗文叢　民國鉛印本　一冊　存一種

330000－1701－0030377　普 741.67/8768

子部/藝術類/書畫之屬/畫譜

鄭慕倩細筆山水册一卷　(清)鄭旼繪　民國十七年(1928)上海神州國光社影印本　一册

330000－1701－0030379　普 741.67/9747.5

子部/藝術類/書畫之屬/畫譜

惲南田山水册一卷　(清)惲格繪　民國二十年(1931)神州國光社影印本　一册

330000－1701－0030380　普 741.67/8344

子部/藝術類/書畫之屬/畫譜

錢松壺西谿田居圖卷一卷　(清)錢杜繪　民國八年(1919)上海中華書局影印本　一册

330000－1701－0030384　普 741.67/4835.7

子部/藝術類/書畫之屬/畫譜

梅瞿山墨筆山水册不分卷　(清)梅清繪　民國二十三年(1934)上海商務印書館影印本　一册

330000－1701－0030385　普 741.68/0021

子部/藝術類/書畫之屬/畫録

白石畫集一卷　齊白石繪　民國二十一年(1932)上海中華書局影印本　一册

330000－1701－0030386　普 741.68/1047

子部/藝術類/書畫之屬/畫譜

王念慈先生繪西湖十二景畫册一卷　王屺繪　民國二十年(1931)上海碧梧山莊影印本　一册

330000－1701－0030387　普 741.68/0037

子部/藝術類/書畫之屬/畫譜

之風畫稿一卷　童之風繪　民國二十一年(1932)上海明善書局影印本　一册

330000－1701－0030389　普 741.68/10471

子部/藝術類/書畫之屬/畫譜

寉巢畫痕不分卷　王寉繪　民國二十三年(1934)上海碧梧山莊影印本　四册

330000－1701－0030390　普 741.68/0077

子部/藝術類/書畫之屬/畫譜

高鳳岡真蹟山水册一卷　高鳳岡繪　民國十五年(1926)上海會文堂書局影印本　一册

330000－1701－0030392　普 741.68/0110

子部/藝術類/書畫之屬/畫録

半聾居士畫集一卷　顔元繪　民國二十年(1931)上海慎修書社影印本　一册

330000－1701－0030394　普 741.68/0427

子部/藝術類/書畫之屬/畫譜

謝稚柳畫集一卷　謝稚柳繪　民國影印本　一册

330000－1701－0030396　普 741.68/1142

子部/藝術類/書畫之屬/畫譜

張坤儀女士畫集二輯　張坤儀繪　民國二十一年(1932)淑華紀念畫苑影印本　一册　缺一輯(一)

330000－1701－0030397　普 741.68/2219.4

子部/藝術類/書畫之屬

人間相不分卷　豐子愷繪　民國二十四年(1935)上海開明書店影印本　一册

330000－1701－0030399　普 741.68/1753

子部/藝術類/書畫之屬/畫譜

鄧青城畫萃不分卷　鄧春澍繪　民國十八年(1929)上海文明書局影印本　一册

330000－1701－0030400　普 741.68/2524

子部/藝術類/書畫之屬/畫譜

朱喬松蘭竹畫册二卷　朱喬松繪　民國三十年(1941)上海藝苑真賞社影印本　二册

330000－1701－0030401　普 741.68/1228

子部/藝術類/書畫之屬/畫譜

孫多慈描集不分卷　孫多慈繪　民國二十四年(1935)上海中華書局影印本　一册

330000－1701－0030403　普 741.68/2642

子部/藝術類/書畫之屬/畫譜

吴觀岱南湖詩意一卷　吴觀岱繪　民國十二年(1923)上海文明書局影印本　一册

330000－1701－0030404　普 741.68/1190

子部/藝術類/書畫之屬

紅薇老人書畫集不分卷　張光繪並題　民國三十七年(1948)影印本　一册

330000－1701－0030406　普 741.68/2813
子部/藝術類/書畫之屬/畫録
悲鴻畫集不分卷　徐悲鴻繪　民國二十一年(1932)上海中華書局影印本　二冊

330000－1701－0030408　普 741.68/4427
子部/藝術類/書畫之屬/畫譜
蕭厔泉畫稿第二集不分卷　蕭俊賢繪　民國二十二年(1933)浄念樓影印本　姜丹書題記　四冊

330000－1701－0030409　GP08233　類叢部/叢書類/彙編之屬
求恕齋叢書三十一種　劉承幹編　民國吳興劉氏嘉業堂刻本　四冊　存一種

330000－1701－0030410　普 741.68/2813.3/c1　子部/藝術類/書畫之屬/畫録
悲鴻繪集不分卷　徐悲鴻繪　民國十五年(1926)上海中華書局影印本　一冊

330000－1701－0030411　普 741.68/50381
子部/藝術類/書畫之屬/畫譜
古鑑閣校碑圖三集　秦淦繪　民國上海藝苑真賞社影印本　二冊　存二集(二至三)

330000－1701－0030412　普 741.68/2813.3/c2　子部/藝術類/書畫之屬/畫録
悲鴻繪集不分卷　徐悲鴻繪　民國十五年(1926)上海中華書局影印本　一冊

330000－1701－0030415　普 741.68/2661
子部/藝術類/書畫之屬/畫譜
缶廬寫生妙品一卷　吳昌碩繪　民國十八年(1929)上海西泠印社影印本　一冊

330000－1701－0030417　普 741.68/2813.4
子部/藝術類/書畫之屬/畫録
悲鴻描集第一集不分卷第二集不分卷第三集不分卷　徐悲鴻繪　民國十八年(1929)上海中華書局影印本　三冊

330000－1701－0030418　普 741.68/2661.7/c1　子部/藝術類/書畫之屬/畫譜
吳昌碩先生花卉畫冊一卷　吳昌碩繪　民國四年(1915)上海商務印書館影印本　一冊

330000－1701－0030419　普 741.68/4441
集部/總集類/題詠之屬
惠山九曲清流圖題詠不分卷　華藝三補繪　民國十九年(1930)影印本　一冊

330000－1701－0030422　普 741.68/2661.7/c2　子部/藝術類/書畫之屬/畫譜
吳昌碩先生花卉畫冊一卷　吳昌碩繪　民國四年(1915)上海商務印書館影印本　一冊

330000－1701－0030423　普 741.68/7148
子部/藝術類/書畫之屬/畫譜
馬鶴年畫集一卷　馬鶴年繪　民國二十三年(1934)影印本　一冊

330000－1701－0030425　普 741.68/4722
子部/藝術類/書畫之屬/畫法畫品
胡佩衡畫存第一集不分卷附學畫暟語一卷第二集不分卷附冷庵畫詣一卷　胡佩衡繪并撰　民國十三年(1924)、十五年(1926)京兆王禹存影印本暨鉛印本　二冊

330000－1701－0030426　普 741.68/7401
子部/藝術類/書畫之屬/畫譜
焦山風景圖一卷　陸龍繪　民國十九年(1930)上海文華美術圖書印刷有限公司影印本　一冊

330000－1701－0030427　普 741.68/2736
子部/藝術類/書畫之屬/畫譜
倪墨耕人物一卷　(清)倪寶田繪　民國十六年(1927)影印本　一冊

330000－1701－0030431　普 741.68/7513
子部/藝術類/書畫之屬/畫録
陳石瀨畫冊一卷　陳石瀨繪　民國影印本　陳石瀨題記　一冊

330000－1701－0030434　普 741.68/7548
子部/藝術類/書畫之屬/畫譜
陳樹人畫集第一輯一卷　陳樹人繪　民國十七年(1928)上海民智書局影印本　胡學題記　一冊

330000－1701－0030438　GP08241　子部/兵家類/兵法之屬

孫子淺說十三篇　蔣方震　劉邦驥撰　民國四年(1915)鉛印本　一册

330000－1701－0030439　GP08226　類叢部/叢書類/彙編之屬
桂影軒叢刊五種　談文灴輯　民國十一年(1922)海鹽談氏鉛印本　一册

330000－1701－0030440　普 741.68/5012.2/c1　子部/藝術類/書畫之屬
石伽十萬圖山水畫册不分卷　申石伽繪　民國二十九年(1940)影印本　王鐵錚題記　一册

330000－1701－0030442　普 741.68/5012.2/c2　子部/藝術類/書畫之屬
石伽十萬圖山水畫册不分卷　申石伽繪　民國二十九年(1940)影印本　申石伽題記　一册

330000－1701－0030445　普 741.7/1035　子部/藝術類/書畫之屬
中華古今畫範不分卷　丁寶書摹　民國十二年(1923)上海中華書局影印本　四册

330000－1701－0030448　普 741.68/7780　子部/藝術類/書畫之屬/畫譜
冷月畫册第一集一卷　陶鏞繪　民國十八年(1929)蘇州新中國畫社影印本　一册

330000－1701－0030449　普 741.68/8043　子部/藝術類/書畫之屬/畫譜
金拱北遺墨　金城繪　民國十六年至十八年(1927－1929)可讀廬影印本　三册　存三集

330000－1701－0030454　GP08247　史部/政書類/儀制之屬/專志/科舉校規
清代殿試考略一卷　傅增湘輯述　**臚傳紀事一卷**　(清)繆彤撰　**藏園藏卷目錄一卷**　民國二十二年(1933)天津大公報社鉛印本　一册

330000－1701－0030456　普 741.7/1047/c1　子部/藝術類/書畫之屬/畫譜
當代名畫大觀正集六卷續集六卷　王屺編　民國十四年(1925)上海碧梧山莊影印本　十二册

330000－1701－0030458　GP08244　集部/別集類
耐盦言志一卷　胡元倓撰　民國十六年(1927)石印本　一册

330000－1701－0030461　普 741.68/3459　子部/藝術類/書畫之屬
匡廬紀游圖詠不分卷　(清)凌盛熺繪　(清)程頌萬題詠　民國八年(1919)影印本　一册

330000－1701－0030462　普 741.68/7780.2　子部/藝術類/書畫之屬/畫譜
冷月畫屏第一集一卷　陶鏞繪　民國十八年(1929)蘇州新中國畫社影印本　一册

330000－1701－0030464　普 741.68/8300/c1　子部/藝術類/書畫之屬/畫譜
香艷花影一卷　錢病鶴(錢雲鶴)繪　劉景蘇輯並書　民國十年(1921)上海美育珍賞社影印本　一册

330000－1701－0030465　普 741.68/4402/c1　子部/藝術類/書畫之屬/畫譜
黄語皋先生古佛畫譜不分卷　黄語皋繪　民國十八年(1929)上海中華書局石印本　二册

330000－1701－0030466　普 741.68/4402/c2　子部/藝術類/書畫之屬/畫譜
黄語皋先生古佛畫譜不分卷　黄語皋繪　民國十八年(1929)上海中華書局石印本　二册

330000－1701－0030467　GP08245　史部/傳記類/總傳之屬
藩獻記四卷　(明)朱謀𡐤撰　民國杭州抱經堂書局鉛印本　一册

330000－1701－0030468　普 741.68/8300/c2　子部/藝術類/書畫之屬/畫譜
香艷花影一卷　錢病鶴(錢雲鶴)繪　劉景蘇輯並書　民國十年(1921)上海美育珍賞社影印本　一册

330000－1701－0030471　GP08229　史部/傳記類/別傳之屬

皐寧攀留姚公記一卷　民國九年(1920)鉛印本　一册

330000－1701－0030472　普 741.68/8722
子部/藝術類/書畫之屬/畫譜
鄭仁山指畫山水册一卷　鄭仁山繪　民國二十三年(1934)杭州大中央印書館影印本　鄭仁山、盛華卿題記　一册

330000－1701－0030473　普 741.68/3627
子部/藝術類/書畫之屬
拜李樓遺墨不分卷　溫匋繪　民國十九年(1930)影印本　一册

330000－1701－0030474　普 741.7/0037　子部/藝術類/書畫之屬/畫譜
童之風人物仕女畫譜不分卷　童之風繪　民國十四年(1925)上海圖書館影印本　二册

330000－1701－0030475　普 741.7/1071/4
子部/藝術類/書畫之屬/畫譜
芥子園畫傳初集六卷　(清)王槩　(清)王蓍　(清)王臬輯　民國元年(1912)五音書局石印本　四册

330000－1701－0030476　GP08230　子部/儒家類/儒學之屬/禮教
名物蒙求一卷　(宋)方逢辰撰　民國三十年(1941)周氏師古堂影印本　一册

330000－1701－0030478　普 741.7/1047/c2
子部/藝術類/書畫之屬/畫譜
當代名畫大觀正集六卷續集六卷　王屺編　民國十四年(1925)上海碧梧山莊影印本　十二册

330000－1701－0030479　普 741.7/1071/4/1
子部/藝術類/書畫之屬/畫譜
芥子園畫傳初集六卷　(清)王槩　(清)王蓍　(清)王臬輯　民國元年(1912)五音書局石印本　一册　存二卷(一至二)

330000－1701－0030486　普 741.7/2741/c2
子部/藝術類/書畫之屬/畫譜
由里山人菊譜不分卷　繆莆孫繪撰　民國十三年(1924)上海中華書局石印本　二册

330000－1701－0030496　普 741.67/2271
子部/藝術類/書畫之屬/畫譜
任伯年畫集不分卷　(清)任頤繪　胡郯卿藏　民國十二年(1923)東方美術公司影印本　二册

330000－1701－0030497　普 741.7/2741/c1
子部/藝術類/書畫之屬/畫譜
由里山人菊譜不分卷　繆莆孫繪撰　民國十三年(1924)上海中華書局石印本　二册

330000－1701－0030501　普 741.7/2522　子部/藝術類/書畫之屬/畫譜
夢廬畫譜不分卷　(清)朱偁繪　民國十七年(1928)上海集益書畫會石印本　二册

330000－1701－0030504　普 741.7/1121/c2
子部/藝術類/書畫之屬/畫譜
張子祥畫譜初集不分卷二集不分卷　(清)張熊繪　民國十七年(1928)上海西泠印社石印本　三册

330000－1701－0030505　普 741.7/4426　子部/藝術類/書畫之屬/畫法畫品
寫竹簡明法二卷　(清)蔣和撰並繪　民國上海有正書局影印本　二册

330000－1701－0030507　普 741.7/1121/c1
子部/藝術類/書畫之屬/畫譜
張子祥畫譜初集不分卷二集不分卷　(清)張熊繪　民國十七年(1928)上海西泠印社石印本　三册

330000－1701－0030509　普 741.7/1121/c3
子部/藝術類/書畫之屬/畫譜
張子祥畫譜初集不分卷二集不分卷　(清)張熊繪　民國十七年(1928)上海西泠印社石印本　三册

330000－1701－0030512　普 741.7/4788　子部/藝術類/書畫之屬/畫法畫品
山水入門十章　胡錫銓撰　民國二十年(1931)上海商務印書館石印本　一册

330000－1701－0030515　普 741.7/4788.1
子部/藝術類/書畫之屬/畫法畫品

山水入門十章　胡錫銓撰　民國十年（1921）上海商務印書館石印本　一册

330000－1701－0030516　普 741.7/8322　子部/藝術類/書畫之屬

中國名人畫史不分卷　錢化佛繪　民國十年（1921）儉德儲蓄會石印本　二册

330000－1701－0030520　普 741.7/8353　子部/藝術類/書畫之屬/畫譜

海上二大名家畫譜三卷　（清）錢慧安　曹華繪　民國十三年（1924）民強書局石印本　四册

330000－1701－0030523　普 741.7/4930　子部/藝術類/書畫之屬/畫譜

趙撝叔梅石畫法册不分卷　（清）趙之謙繪　民國十一年（1922）上海中華書局影印本　一册

330000－1701－0030529　普 741.96/3614　子部/藝術類/書畫之屬/畫譜

邊氏畫譜五卷　（清）邊瑛撰　民國元年（1912）影印本　五册

330000－1701－0030540　GP08306　類叢部/類書類/專類之屬

潛龍讀書表十二卷　陳電飛編　民國二十五年（1936）中華書局石印本　四册

330000－1701－0030549　普 742.57/6034/c1　子部/藝術類/書畫之屬/畫譜

高昌壁畫菁華一卷　羅振玉輯　羅福萇譯述　民國五年（1916）上虞羅氏影印本　一册

330000－1701－0030550　普 742.7/7715　子部/藝術類

山東藝術學會叢書　民國影印本　桑子中題記　一册　存一種

330000－1701－0030551　GP08319　類叢部/叢書類/彙編之屬

自明誠廔叢書五種　龍官崇編　民國二十三年至二十六年（1934－1937）順德龍氏中和園鉛印本　一册　存二種

330000－1701－0030553　普 742.57/6034/c2　子部/藝術類/書畫之屬/畫譜

高昌壁畫菁華一卷　羅振玉輯　羅福萇譯述　民國五年（1916）上虞羅氏影印本　一册

330000－1701－0030555　普 743.4/2813　子部/藝術類/書畫之屬/畫録

悲鴻描集第二集不分卷　徐悲鴻繪　民國二十一年（1932）上海中華書局影印本　一册

330000－1701－0030556　GP08320　子部/醫家類/類編之屬

藥盦醫學叢書　惲鐵樵撰　民國十七年（1928）上海惲鐵樵醫寓鉛印本　四册　存四種

330000－1701－0030557　GP08310　經部/儀禮類/分篇之屬

學記集義訓俗一卷補遺一卷再補遺一卷校勘記一卷　姚明煇撰　民國七年（1918）武昌高等師範學校鉛印本　一册

330000－1701－0030559　GP08321　子部/醫家類/養生之屬

延壽新法一卷　伍廷芳撰　民國七年（1918）上海商務印書館鉛印本　一册

330000－1701－0030561　GP08311　子部/宗教類/道教之屬/雜著

滄縣志悟堂理道全集八卷　范清谷撰　民國二十年（1931）鉛印本　一册

330000－1701－0030564　普 744/2020/c2　子部/藝術類/書畫之屬/畫譜

凱綏·珂勒惠支版畫選集不分卷　（德國）凱綏·珂勒惠支繪　魯迅編　民國二十五年（1936）上海三閒書屋影印本　一册

330000－1701－0030567　普 744/4812　子部/藝術類/書畫之屬/畫録

小說士敏土之圖不分卷　（德國）梅斐爾德作　魯迅編録　民國十九年（1930）三閒書屋影印本　一册

330000－1701－0030569　GP08322　集部/別集類

搿撍集一卷　段凌辰撰　涂公遂寫　民國二十四年(1935)影印本　一册

330000－1701－0030571　普 744/8758　子部/藝術類/書畫之屬/總論

中國版畫史樣本不分卷　鄭振鐸編　民國二十九年(1940)中國版畫史社鉛印本　一册

330000－1701－0030573　GP08347　子部/雜著類/雜説之屬

東原録一卷　(宋)龔鼎臣撰　民國九年(1920)上海商務印書館鉛印本　一册

330000－1701－0030574　普 746.3/1171　子部/工藝類

縱横線圖案三卷　張厚璋　張厚璜編　民國二十一年(1932)天津河北第一博物館影印本　三册

330000－1701－0030578　GP08348　史部/政書類/公牘檔册之屬

緯成公司第十七屆收付賬略一卷總結賬略一卷盤存原料一卷盤存製品一卷　緯成公司編　民國十七年(1928)鉛印本　一册

330000－1701－0030579　普 748.8/2444　子部/藝術類/書畫之屬/畫譜

仇文合制西廂記圖册一卷　(明)仇英繪　(明)文徵明書　民國二十二年(1933)上海文華美術圖書公司影印本　王式園題記　一册

330000－1701－0030589　GP08351　史部/地理類/專志之屬/祠墓

忠義廟記略不分卷　林燏　林維喬輯　民國十一年(1922)浙瑞敬業石印局石印本　一册

330000－1701－0030590　普 749.44/1711/c1　子部/藝術類/書畫之屬/畫譜

普吕動畫集不分卷　(法國)普吕動繪　徐悲鴻輯　民國十五年(1926)上海中華書局影印本　一册

330000－1701－0030593　普 748.8/2444/2　子部/藝術類/書畫之屬/畫譜

仇文書畫合璧西廂記一卷　(明)仇英繪　(明)文徵明書　民國上海文明書局影印本　一册

330000－1701－0030594　普 752/1134/c2　類叢部/叢書類/彙編之屬

雙肇樓叢書　張江裁(張涵鋭)輯　民國鉛印本　十二册　存清代燕都梨園史料一種

330000－1701－0030595　普 749.44/1711/c2　子部/藝術類/書畫之屬/畫譜

普吕動畫集不分卷　(法國)普吕動繪　徐悲鴻輯　民國十五年(1926)上海中華書局影印本　一册

330000－1701－0030596　普 748.8/7532/c2　子部/藝術類/書畫之屬/畫譜

陳老蓮水滸葉子一卷　(明)陳洪綬繪　民國影印本　一册

330000－1701－0030606　GP08313　類叢部/叢書類/自著之屬

雙流劉鑑泉先生遺書二百二十種　劉咸炘撰　徐國光　王道相編輯　民國成都尚友書塾推十圖書經理處刻本、稿本暨抄本　一册　存一種

330000－1701－0030612　普 789.1/1021/c1　集部/曲類/曲韻曲譜曲律之屬

集成曲譜金集八卷聲集八卷玉集八卷振集八卷　王季烈　劉富樑輯　民國十四年(1925)上海商務印書館石印本　三十二册

330000－1701－0030620　普 789.1/1021.4　集部/曲類/曲韻曲譜曲律之屬

集成曲譜金集八卷聲集八卷玉集八卷振集八卷　王季烈　劉富樑輯　民國十四年(1925)上海商務印書館石印本　八册　存八卷(振集一至八)

330000－1701－0030622　GP08370　經部/小學類/文字之屬/説文/專著

汲古閣説文訂一卷　(清)段玉裁撰　民國元年(1912)鄂官書處刻本　一册

330000－1701－0030624　普 789.1/7738　集部/曲類/曲韻曲譜曲律之屬

新定九宫大成南北詞宫譜八十一卷總目三卷

閏一卷　(清)周祥鈺　(清)鄒金生等撰　民國十二年(1923)古書流通處影印本　五十冊

330000－1701－0030626　GP08337　集部/總集類/酬唱之屬
繡水應聲一卷　張應銘等撰　民國浙江印刷公司鉛印本　一冊

330000－1701－0030627　普789.1/1021/c2　集部/曲類/曲韻曲譜曲律之屬
集成曲譜金集八卷聲集八卷玉集八卷振集八卷　王季烈　劉富樑輯　民國十四年(1925)上海商務印書館石印本　三十二冊

330000－1701－0030628　普789.1/1021/c3　集部/曲類/曲韻曲譜曲律之屬
集成曲譜金集八卷聲集八卷玉集八卷振集八卷　王季烈　劉富樑輯　民國十四年(1925)上海商務印書館石印本　三十二冊

330000－1701－0030631　GP08375　子部/宗教類/道教之屬
老子考證一卷　湯仰暉撰　民國二十八年(1939)鉛印本　一冊

330000－1701－0030635　GP08376　史部/傳記類/別傳之屬/事狀
晴川先生[孫之騄]事略一卷　樊鎮輯　民國紹興樊氏鉛印本　一冊

330000－1701－0030637　GP08339　集部/別集類
賞心集閑樂集合刊不分卷　樊增祥撰並書　民國二年(1913)上海廣益書局石印本　二冊

330000－1701－0030639　GP08377　史部/傳記類/別傳之屬/事狀
晴川先生[孫之騄]事略一卷　樊鎮輯　民國紹興樊氏鉛印本　一冊

330000－1701－0030640　GP08378　史部/傳記類/別傳之屬/事狀
晴川先生[孫之騄]事略一卷　樊鎮輯　民國紹興樊氏鉛印本　一冊

330000－1701－0030641　GP02608　子部/雜著類
藏齋二筆一卷　趙元禮撰　民國二十四年(1935)鉛印本　一冊

330000－1701－0030649　普748.12/1142　子部/藝術類/書畫之屬/畫譜
張大千畫集一卷　張大千繪　民國二十五年(1936)上海中華書局影印本　一冊

330000－1701－0030651　普793.1/0827/2　子部/藝術類/遊藝之屬/棋弈
弈理指歸圖三卷　(清)施紹闇撰　(清)錢長澤繪　民國上海文瑞樓石印本　六冊

330000－1701－0030655　普793.1/4414　子部/藝術類/遊藝之屬/棋弈
趣園圍碁入門碎譜四卷首一卷末一卷　(清)蔡丕撰　蔡振紳錄繪　民國二十六年(1937)上海明善書局石印本　四冊

330000－1701－0030657　普793.73/4033　子部/藝術類/遊藝之屬/謎語
商舊社友謎存七卷　顧震福輯　民國二十一年(1932)鉛印本　一冊

330000－1701－0030667　普794.1/0827/c1　子部/藝術類/遊藝之屬/棋弈
弈理指歸圖三卷　(清)施紹闇撰　(清)錢長澤繪　民國三年(1914)上海文瑞樓石印本　六冊

330000－1701－0030675　普794.1/0827/c2　子部/藝術類/遊藝之屬/棋弈
弈理指歸圖三卷　(清)施紹闇撰　(清)錢長澤繪　民國三年(1914)上海文瑞樓石印本　四冊

330000－1701－0030682　GP08330　子部/儒家類/儒學之屬/禮教/家訓
過庭百錄一卷　葉佩瑲述　葉恭綽錄　民國三十一年(1942)鉛印本　余紹宋題記　一冊

330000－1701－0030683　普794.1/1027　子部/藝術類/遊藝之屬/棋弈
繪圖百局象棋譜八卷　(清)三樂居士輯　民國石印本　四冊

330000－1701－0030687　GP08331　子部/雜著類/雜考之屬
求是編四卷　(清)王裕承撰　民國十五年(1926)王槐蔭堂鉛印本　四冊

330000－1701－0030689　GP08404　經部/小學類/文字之屬/說文/專著
湖樓筆談說文經字一卷　(清)俞樾輯　(清)宋文蔚疏證　民國二十三年(1934)上海商務印書館石印本　一冊

330000－1701－0030695　GP08332　類叢部/叢書類/郡邑之屬
豫章叢書六十種附一種　胡思敬編　民國四年至九年(1915－1920)南昌豫章叢書編刻局刻本　四冊　存一種

330000－1701－0030696　GP08405　子部/小說家類
筆記小說大觀二百二十二種　進步書局輯　民國上海進步書局石印本　一冊　存一種

330000－1701－0030697　民 018.06/1017.2　史部/目録類/總録之屬/私撰
重編寧波范氏天一閣圖書目錄不分卷　楊鐵夫編　民國油印本　一冊

330000－1701－0030698　普 794.1/4442　子部/藝術類/遊藝之屬/棋弈
桃花泉奕譜二卷　(清)范世勳撰　民國上海千頃堂石印本　二冊

330000－1701－0030706　GP08333　子部/儒家類/儒學之屬/禮教/女範
坤道正軌一卷　觀禮堂編　民國二十二年(1933)觀禮堂石印本　一冊

330000－1701－0030707　GP08334　經部/四書類/論語之屬/傳說
論語足徵記二卷　崔適撰　民國十年(1921)國立北京大學出版部鉛印本　一冊

330000－1701－0030708　普 794.1/4442/4　子部/藝術類/遊藝之屬/棋弈
桃花泉弈譜二卷　(清)范世勳撰　民國上海文瑞樓石印本　二冊

330000－1701－0030715　普 794.3/0060/2　子部/藝術類/遊藝之屬/雜藝
益智圖二卷燕几圖一卷副本一卷　(清)童叶庚撰　**益智續圖一卷**　(清)童昂　(清)童昶　(清)童晏撰　(清)童叶庚編　**益智字圖一卷附一卷**　(清)祝梅君撰　民國二十年(1931)上海商務印書館石印本　六冊

330000－1701－0030719　普 794.3/8344　子部/藝術類/遊藝之屬/雜藝
七巧八分圖十六卷補遺一卷　(清)錢芸吉撰　(清)王念慈編繪　民國二十二年(1933)上海商務印書館石印本　六冊

330000－1701－0030727　GP08401　經部/小學類/文字之屬/字書/字典
分類辭源三十卷　世界書局編輯所編　民國十五年(1926)上海世界書局石印本　十二冊

330000－1701－0030730　GP08421　史部/史評類/史論之屬
横山史論一卷　(清)裘璉撰　(清)胡二齋評選　民國三年(1914)鉛印本　一冊

330000－1701－0030731　普 794.8/2618　子部/農家農學類/鳥獸蟲之屬
促織經一卷　吳石釣編　民國元年(1912)上海普及書局鉛印本　一冊

330000－1701－0030733　GP08422　史部/史評類/史論之屬
横山史論一卷　(清)裘璉撰　(清)胡二齋評選　民國三年(1914)鉛印本　一冊

330000－1701－0030735　GP08426　集部/別集類/清別集
蜃園文集四卷首一卷詩前集一卷詩後集一卷詩續集一卷七言雜詠一卷梅花百詠一卷九山遊草一卷　(清)李確撰　(清)李錫禎輯　**蜃園文集補遺一卷**　(清)盛堈輯　民國八年(1919)上虞羅氏鉛印本　三冊　缺二卷(梅花百詠、九山遊草)

330000－1701－0030738　GP00811　經部/小學類/文字之屬/字書/字典

字系十五卷坿錄一卷　夏曰瑗撰　民國五年(1916)嘉定夏氏石印本　四册

330000－1701－0030745　GP00812　經部/小學類/文字之屬/字書/通論
中國文字之原始及其構造二編　蔣善國撰　民國十九年(1930)上海商務印書館石印本　朱建新題記　二册

330000－1701－0030749　GP00813　經部/小學類/文字之屬/字書/通論
中國文字之原始及其構造二編　蔣善國撰　民國二十四年(1935)上海商務印書館石印本　二册

330000－1701－0030752　GP08413　經部/禮記類/正文之屬
禮記不分卷　民國商務印書館鉛印本　一册

330000－1701－0030755　GP08430　經部/四書類/孟子之屬/傳說
孟子新讀本七卷　唐文治撰　民國六年(1917)上海工業專門學校鉛印本　七册

330000－1701－0030756　GP08414　新學/幼學
伊索寓言不分卷　(希臘)伊索撰　林紓　嚴培南　嚴璩譯述　民國三年(1914)上海商務印書館鉛印本　章嶔題記　一册

330000－1701－0030761　GP08415　類叢部/叢書類/自著之屬
止園叢書第一集五種第二集四種　尹昌衡撰　民國七年(1918)南京商務印書館、上海中華書局鉛印本　十三册

330000－1701－0030762　GP00822　經部/小學類/音韻之屬/等韻
四聲等子一卷　民國上海南方大學鉛印本　一册

330000－1701－0030764　GP00829　類叢部/叢書類/郡邑之屬
山左先喆遺書　山東省立圖書館編　民國瑞安陳氏裒殷堂鉛印本　一册　存一種

330000－1701－0030765　GP00826　子部/宗教類/其他宗教之屬/基督教
不得已二卷　(清)楊光先撰　民國十八年(1929)中社據清抄本影印本　二册

330000－1701－0030766　GP00830　類叢部/叢書類/郡邑之屬
山左先喆遺書　山東省立圖書館編　民國瑞安陳氏裒殷堂鉛印本　一册　存一種

330000－1701－0030767　GP00823　子部/宗教類/佛教之屬
根本論一卷　(暹羅)釋安慧撰　李天鐸注　民國十四年(1925)杭州明德道場鉛印本　一册

330000－1701－0030768　GP00831　類叢部/叢書類/郡邑之屬
山左先喆遺書　山東省立圖書館編　民國瑞安陳氏裒殷堂鉛印本　一册　存一種

330000－1701－0030775　GP00827　子部/宗教類/其他宗教之屬/基督教
不得已二卷　(清)楊光先撰　民國十八年(1929)中社據清抄本影印本　二册

330000－1701－0030776　GP00833　子部/雜著類/雜說之屬
古子哲學□□卷　吳敬軒編　民國鉛印本　一册　存一卷(一)

330000－1701－0030778　GP08436　集部/別集類/清別集
凋于集二十卷(凋于集奏議六卷電稿一卷譯署函稿一卷古今體詩四卷文集二卷書牘六卷)　(清)張佩綸撰　民國七年至十五年(1918－1926)張氏凋于草堂刻本　八册　存十卷(奏議一至六、古今體詩一至四)

330000－1701－0030780　GP00828　子部/宗教類/其他宗教之屬/基督教
不得已二卷　(清)楊光先撰　民國十八年(1929)中社據清抄本影印本　二册

330000－1701－0030786　普793.1/2818　子部/藝術類/遊藝之屬/棋弈

中日圍棋百式不分卷　徐元猷編　民國九年(1920)石印本　一冊

330000－1701－0030789　GP08448　集部/小說類/長篇之屬

紅樓夢抉微一卷　闞鐸撰　民國十四年(1925)天津大公報館鉛印本　一冊

330000－1701－0030790　GP08445　史部/傳記類/科舉録之屬/總録

歲科試黌案冊一卷　民國二十三年(1934)抄本　一冊

330000－1701－0030791　GP00840　子部/宗教類/道教之屬/雜著

抱朴子校補一卷　孫人和撰　民國鉛印本　一冊

330000－1701－0030792　GP00841　子部/宗教類/佛教之屬

西夏譯蓮華經考釋一卷　羅福成撰　民國三年(1914)上虞羅氏東山學社影印本　一冊

330000－1701－0030795　GP00838　子部/宗教類/佛教之屬/論疏

大乘起信論講義二卷　釋圓瑛撰　民國二十二年(1933)上海商務印書館鉛印本　二冊

330000－1701－0030803　GP08471　子部/儒家類/儒學之屬/性理

子問二卷又問一卷　(清)劉沅撰　民國九年(1920)浙江同善分社鉛印本　一冊

330000－1701－0030829　GP08463　經部/書類/專著之屬

書經研究一卷　民國國立中山大學鉛印本　何政題記　一冊

330000－1701－0030832　GP00855　子部/宗教類/佛教之屬/論疏

大乘起信論義記講義四卷附錄一卷　(日本)織田得能撰　黄士復譯　民國十年(1921)上海商務印書館鉛印本　四冊

330000－1701－0030833　GP08482　史部/政書類/邦交之屬

殊域周咨錄二十四卷　(明)嚴從簡撰　民國十九年(1930)北平故宫博物院圖書館鉛印本　八冊

330000－1701－0030834　GP00856　子部/宗教類/佛教之屬/論疏

大乘起信論義記講義四卷附錄一卷　(日本)織田得能撰　黄士復譯　民國十年(1921)上海商務印書館鉛印本　四冊

330000－1701－0030837　GP00857　類叢部/叢書類

詒穀堂叢刊　民國刻本　一冊　存一種

330000－1701－0030838　GP00839　子部/宗教類/佛教之屬/論疏

大乘起信論講義二卷　釋圓瑛撰　民國二十二年(1933)上海商務印書館鉛印本　二冊

330000－1701－0030842　GP00959　子部/宗教類/佛教之屬/諸宗

淨業良導一卷　釋印光輯　民國十年(1921)上海商務印書館鉛印本　一冊

330000－1701－0030843　GP00960　子部/宗教類/佛教之屬/經疏

心經通釋一卷　王恩洋撰　民國三十一年(1942)重慶華巖刻經處刻本　謝幼偉題記　一冊

330000－1701－0030846　GP00952　經部/小學類/文字之屬/字書

今字解剖不分卷附補遺一篇　王有宗撰　民國二十五年(1936)上海商務印書館石印本　二冊

330000－1701－0030848　GP00958　類叢部/叢書類/家集之屬

三代殘編　袁之球輯　民國六年(1917)鉛印本　一冊

330000－1701－0030849　GP00954　史部/政書類

唐代的科舉制度一卷　方瑜撰　民國二十二年(1933)國立中央大學出版組鉛印本　一冊

330000－1701－0030851　GP08469　集部/别集類
次哲次齋遺文一卷　孫振烈撰　民國八年(1919)鉛印本　一册

330000－1701－0030856　GP00957　子部/宗教類/其他宗教之屬/基督教
靈言蠡勺二卷　(意大利)畢方濟口授　(明)徐光啓筆錄　民國十年(1921)北京公記印書局鉛印本　一册

330000－1701－0030859　GP00962　子部/宗教類/佛教之屬
觀世音菩薩三寶救生經不分卷　(北魏)孫敬德說　(清)裘象坤編　民國十三年(1924)鉛印本　一册

330000－1701－0030861　GP00966　子部/宗教類/佛教之屬
涅槃祕藏篇二卷　釋光昊撰　民國十七年(1928)存誠廬鉛印本　一册

330000－1701－0030864　GP00967　史部/傳記類/總傳之屬/家乘
[浙江衢州]孔氏南宗考略二卷　徐鏡泉纂輯　民國三十七年(1948)鉛印本　一册

330000－1701－0030867　GP00968　史部/傳記類/總傳之屬/家乘
[浙江衢州]孔氏南宗考略二卷　徐鏡泉纂輯　民國三十七年(1948)鉛印本　一册

330000－1701－0030868　GP00963　子部/宗教類/佛教之屬
觀世音菩薩三寶救生經不分卷　(北魏)孫敬德說　(清)裘象坤編　民國十三年(1924)鉛印本　一册

330000－1701－0030874　GP00974　史部/傳記類/科舉録之屬
錫金游庠同人自述彙刊不分卷　蔣士棟等編　民國二十一年(1932)鉛印本　二册

330000－1701－0030876　GP00971　子部/雜著類/雜説之屬
老屋間談二卷　竇昀撰　民國二十四年(1935)鉛印本　二册

330000－1701－0030879　普741.37/2680　集部/總集類/尺牘之屬
錢塘吴氏舊藏名人書簡不分卷　(清)吳錫麒編　民國十四年(1925)石印本　四册

330000－1701－0030880　GP08510　史部/地理類/專志之屬/祠墓
建修萬季野先生祠墓捐册一卷　建修萬季野先生祠墓事務所輯　民國二十五年(1936)寧波鈞和公司鉛印本　一册

330000－1701－0030885　GP00972　子部/雜著類/雜説之屬
老屋間談二卷　竇昀撰　民國二十四年(1935)鉛印本　二册

330000－1701－0030889　GP00975　史部/雜史類/斷代之屬
元祕史譯音用字攷一卷　陳垣撰　民國二十三年(1934)國立中央研究院歷史語言研究所北平刻本　一册

330000－1701－0030890　GP01266　經部/大戴禮記類/傳説之屬
大戴禮記集注十三卷　戴禮撰　民國四年(1915)溫州務本石印本　四册

330000－1701－0030894　GP08517　史部/傳記類/別傳之屬/事狀
先考同伯府君行述一卷　王綺　王壽摶　王壽祺撰　**吕廬老人遺墨一卷**　(清)王同伯撰　民國八年(1919)鉛印本暨石印本　一册

330000－1701－0030899　GP08518　經部/小學類/文字之屬
幽求室字説一卷附説文足部字攷原一卷　胡吉宣撰　民國影印本　胡吉宣題記　一册

330000－1701－0030900　GP01272　類叢部/叢書類/郡邑之屬
山左先喆遺書　山東省立圖書館編　民國瑞安陳氏襄殷堂鉛印本　一册　存一種

330000－1701－0030908　GP01274　史部/傳

記類/别傳之屬

伽禪老人[李鈉]紀念集四卷　李猷輯　民國三十六年(1947)油印本　李猷題記　一册

330000－1701－0030914　GP01278　經部/小學類/訓詁之屬/方言

戴東原續方言手稿二卷　(清)戴震撰　民國二十一年(1932)國立中央研究院歷史語言研究所影印本　一册

330000－1701－0030922　GP08532　子部/儒家類/儒學之屬/勸學

讀書法一卷　(日本)澤柳政太郎撰　民國鉛印本　一册

330000－1701－0030927　GP08538　史部/傳記類/别傳之屬/事狀

張氏旌節錄不分卷　張懷德輯　民國九年(1920)張懷德刻本　一册

330000－1701－0030931　GP08539　史部/傳記類/别傳之屬/事狀

張氏旌節錄不分卷　張懷德輯　民國九年(1920)張懷德刻本　一册

330000－1701－0030932　GP08540　史部/傳記類/别傳之屬/事狀

張氏旌節錄不分卷　張懷德輯　民國九年(1920)張懷德刻本　一册

330000－1701－0030944　GP08535　史部/傳記類/日記之屬

祁忠敏公日記十五卷(明崇禎四年至弘光元年)　(明)祁彪佳撰　**祁忠敏公年譜一卷**　(明)王思任撰　(清)梁廷枏　(清)龔沅補編　民國二十六年(1937)紹興縣修志委員會鉛印本　六册

330000－1701－0030947　GP08564　類叢部/叢書類/郡邑之屬

赤城遺書彙刊十六種　金嗣獻編　民國四年(1915)太平金氏木活字印本　一册　存一種

330000－1701－0030961　GP01301　史部/金石類

非儒非俠齋金石叢著十種　顧燮光撰　民國會稽顧氏金佳石好樓石印本暨鉛印本　一册　存一種

330000－1701－0030967　GP01304　類叢部/叢書類/郡邑之屬

山左先喆遺書　山東省立圖書館編　民國瑞安陳氏襃殷堂鉛印本　一册　存一種

330000－1701－0030970　GP08578　集部/别集類/清别集

伏敔堂詩錄選一卷　(清)江湜撰　吉亮工選　民國十五年(1926)影印本　一册

330000－1701－0030973　GP08579　子部/藝術類/書畫之屬

漢碑大觀八集　(清)錢泳書　民國上海碧梧山莊影印本　八册

330000－1701－0030977　GP01317　子部/宗教類/道教之屬

陰符經真詮一卷　黄元炳箋釋　民國九年(1920)無錫黄氏鉛印本　一册

330000－1701－0030984　GP08580　史部/傳記類/别傳之屬

王公竹齋治喪委員會公啟不分卷　民國二十三年(1934)鉛印本　一册

330000－1701－0030985　GP08569　史部/政書類/公牘檔册之屬

全浙典業公會第一年紀事錄不分卷　典業公會編　民國五年(1916)浙江印刷公司鉛印本　一册

330000－1701－0030987　GP01312　史部/目録類/總録之屬/氏族

唐氏先世著述目錄一卷　唐淵輯　**辛未秋中七詩一卷春池館文稿一卷**　唐淵撰　民國二十年(1931)鉛印本　一册

330000－1701－0030988　GP08581、GP08582　類叢部/叢書類/彙編之屬

復性書院叢刊二十七種　馬浮編　民國二十九年至三十七年(1940－1948)復性書院刻本暨鉛印本　三册　存一種

330000－1701－0030991　GP01318　經部/小學類/文字之屬/字書/字典

字系十五卷坿錄一卷　夏曰瑗撰　民國五年(1916)嘉定夏氏石印本　四冊

330000－1701－0030992　GP08583　子部/雜著類/雜說之屬

儵游浪語三卷　傅向榮撰　民國十五年(1926)味果園刻本　藹題記　三冊

330000－1701－0030996　GP01308　史部/金石類/金之屬/目録

讀雪齋金文目手稿不分卷　(清)孫汝梅撰　民國十六年(1927)影印本　一冊

330000－1701－0030998　GP01299　子部/宗教類/其他宗教之屬/基督教

續理窟不分卷　(清)李杕撰　民國四年(1915)上海土山灣印書館鉛印本　二冊

330000－1701－0030999　GP01313　史部/目録類/總録之屬/氏族

唐氏先世著述目錄一卷　唐淵輯　**辛未秋中七詩一卷春池館文稿一卷**　唐淵撰　民國二十年(1931)鉛印本　一冊

330000－1701－0031000　GP01314　史部/目録類/總録之屬/氏族

唐氏先世著述目錄一卷　唐淵輯　**辛未秋中七詩一卷春池館文稿一卷**　唐淵撰　民國二十年(1931)鉛印本　一冊

330000－1701－0031005　GP01316　子部/宗教類/道教之屬

陰符經真詮一卷　黄元炳箋釋　民國九年(1920)無錫黄氏鉛印本　一冊

330000－1701－0031013　GP01366　史部/雜史類/斷代之屬

明季實錄二卷　(清)顧炎武輯　民國元年(1912)石印本　二冊

330000－1701－0031027　GP08598　子部/宗教類/佛教之屬/經疏

大毘盧遮那成佛經疏二十卷　(唐)釋一行記　民國十八年(1929)震旦密教重興會鉛印本　十二冊

330000－1701－0031030　GP01375　經部/詩類/傳說之屬

詩經恆解六卷　(清)劉沅撰　民國北京道德學社鉛印本　六冊

330000－1701－0031038　GP08644　子部/叢編

西苑叢書第一輯二種　王重民編　民國十九年(1930)鉛印本　一冊

330000－1701－0031050　GP08632　類叢部/叢書類/郡邑之屬

上虞未刊文獻　民國二十二年(1933)鉛印本　一冊　存一種

330000－1701－0031054　GP08605　集部/別集類

斷腸吟草一卷　諸葛謨撰　民國三十三年(1944)石印本　諸葛謨題記　一冊

330000－1701－0031056　GP01390　經部/四書類/大學之屬/傳說

大學古本質言一卷　(清)劉沅撰　民國六年(1917)北京道德學社鉛印本　一冊

330000－1701－0031060　GP08639　子部/儒家類/儒學之屬/性理

個人救國信條講解二卷　陳爾修撰　民國二十三年(1934)南京東南印刷所鉛印本　一冊

330000－1701－0031062　GP01391　經部/四書類/大學之屬/傳說

大學古本質言一卷　(清)劉沅撰　民國八年(1919)杭州明德慈善社鉛印本　一冊

330000－1701－0031066　GP01392　類叢部/叢書類/自著之屬

劉氏叢書　(清)劉沅撰　民國五年(1916)石印本　一冊　存一種

330000－1701－0031067　GP08609　集部/別集類/清別集

帶經堂集七種九十二卷　(清)王士禛撰　(清)程哲編　民國十年(1921)上海錦文堂石

印本　四册　存一種

330000－1701－0031069　GP08610　集部/總集類/氏族之屬
平昌項氏篋中詩鈔八卷　(清)項椿業輯　民國四年(1915)石印本　一册

330000－1701－0031072　GP08709　史部/政書類/公牘檔册之屬
西湖靈隱寺關於飛來峰爭訟之原委一卷　民國十四年(1925)鉛印本　一册

330000－1701－0031074　GP01394　類叢部/叢書類/自著之屬
槐軒全書二十一種附九種　(清)劉沅撰　民國二十三年(1934)致福樓刻本　一册　存一種

330000－1701－0031077　GP01395　經部/四書類/總義之屬/傳説
四書恒解十四卷　(清)劉沅輯注　民國五年(1916)成都人倫道德研究會鉛印本　一册　存一種

330000－1701－0031081　GP08665　子部/天文曆算類/曆法之屬
國民應當遵用國曆淺説一卷　教育部通俗教育研究會編　民國教育部通俗教育研究會石印本　一册

330000－1701－0031083　GP01396　經部/四書類/總義之屬/傳説
四書恒解十四卷　(清)劉沅輯注　民國五年(1916)成都人倫道德研究會鉛印本　一册　存一種

330000－1701－0031085　GP08635　史部/政書類/律令之屬
最新訴訟全書六編　沈秋帆編　民國十三年(1924)法政研究社鉛印本　六册

330000－1701－0031086　GP08636　子部/墨家類
教科適用墨子精華一卷　中華書局編　民國八年(1919)上海中華書局鉛印本　一册

330000－1701－0031098　GP01417　經部/四書類/孟子之屬/專著
增補蘇批孟子二卷　(宋)蘇洵撰　(清)趙大浣增補　**孟子年譜一卷**　民國三年(1914)會文堂書局石印本　二册

330000－1701－0031106　GP01418　新學/工藝
工藝實業製造新書八卷　(日本)中村蘆舟纂　民國五年(1916)上海才記石印局石印本　二册

330000－1701－0031110　GP08612　集部/别集類
蓮友齋詩續鈔二卷　王希曾撰　**如松齋詩選一卷**　張開南撰　**靜怡齋詩選一卷**　陳令儀撰　**芸窗課草一卷**　王鴻文撰　民國四年(1915)武昌書局鉛印本　一册

330000－1701－0031114　GP08613　史部/地理類/遊記之屬/紀行
東陲紀聞一卷　秦岱源撰　民國八年(1919)鉛印本　一册

330000－1701－0031117　GP08614　集部/别集類/清别集
隨園集外詩四卷　(清)袁枚撰　(清)蔣敦復編　民國十五年(1926)上海大東書局石印本　二册

330000－1701－0031120　GP08714　史部/地理類/雜志之屬
志餘隨筆六卷　高凌雯撰　民國二十五年(1936)天津金鉞刻本　二册

330000－1701－0031126　GP08615　集部/别集類
柯東廬初集四卷　谷暘撰　民國十三年(1924)鉛印本　一册

330000－1701－0031128　GP01425　子部/藝術類/書畫之屬/題跋
石濤題畫錄五卷補遺一卷　(清)釋道濟撰　民國十四年(1925)程霖生遂吾廬鉛印本　二册

330000－1701－0031137　GP08824　史部/地理類/水利之屬
豫河三志十二卷首一卷末一卷　陳汝珍修　民國二十一年(1932)開明印書局鉛印本　六冊

330000－1701－0031144　GP08825　史部/地理類/水利之屬
揚子江防汛專刊七章　揚子江防汛委員會編　民國二十二年(1933)揚子江防汛委員會鉛印本　一冊

330000－1701－0031149　GP08620　集部/別集類
補隅軒詩稿二卷　戴起芬撰　陳含光選　民國十一年(1922)鉛印本　一冊

330000－1701－0031153　GP08621　類叢部/叢書類/彙編之屬
赤城遺書彙刊十六種　金嗣獻編　民國四年(1915)太平金氏木活字印本　一冊　存二種

330000－1701－0031158　GP08623　史部/地理類/遊記之屬/紀行
五省游行略記一卷　朱全瓅撰　民國十四年(1925)鉛印本　一冊

330000－1701－0031171　GP01763　經部/小學類/音韻之屬/韻書
集韻聲類表四卷　黄侃撰　民國二十五年(1936)上海開明書店石印本　一冊

330000－1701－0031172　GP01762　經部/小學類/文字之屬/說文/專著
說文部首述義八卷六書辨一卷　徐紹楨撰　民國十九年(1930)上海中原書局石印本　一冊

330000－1701－0031176　GP08833　史部/地理類/山川之屬/水志
我國築港問題之研究不分卷　朱重光撰　民國油印本　一冊

330000－1701－0031178　GP01764　經部/小學類/音韻之屬/韻書
集韻聲類表四卷　黄侃撰　民國二十五年(1936)上海開明書店石印本　一冊

330000－1701－0031179　GP01748　集部/詞類/別集之屬
賓香詞一卷　湯寶榮撰　民國十四年(1925)湯氏刻本　一冊

330000－1701－0031181　GP08834　史部/地理類/水利之屬
永定河治本計劃二卷附圖二卷　華北水利委員會編輯　民國二十二年(1933)天津華北水利委員會鉛印本　四冊

330000－1701－0031182　GP08835　史部/地理類/水利之屬
四川省水利局水利叢書　四川省水利局編　民國二十七年(1938)鉛印本　一冊　存一種

330000－1701－0031188　GP01735　類叢部/叢書類/自著之屬
莊大久先生遺著(武進莊大久先生遺著)　(清)莊有可撰　民國十九年(1930)鉛印本　一冊　存一種

330000－1701－0031192　GP08841　經部/書類/分篇之屬
禹貢古今注通釋六卷　(清)侯楨輯　民國三年(1914)古杼秋館木活字印本　二冊

330000－1701－0031194　GP01765　經部/小學類/文字之屬/字書
中國文字的搆造法一卷　馬敘倫撰　民國十七年(1928)鉛印本　一冊

330000－1701－0031197　GP01776　經部/小學類/文字之屬
西夏國書略說一卷　羅福萇撰　民國三年(1914)上虞羅氏東山學社石印本　一冊

330000－1701－0031199　GP01769　經部/小學類/文字之屬/說文
說文解字韻譜五卷　(五代)徐鍇撰　民國十五年(1926)南陵徐乃昌據元種善堂刻本影印本　五冊

330000－1701－0031213　GP08687　子部/雜

著類/雜說之屬
讀莊窮年錄二卷 秦毓鎏撰 民國六年(1917)鉛印本 一册

330000－1701－0031216 GP08691 史部/傳記類/總傳之屬/郡邑
穫堂舊話一卷師友淵源錄一卷 繆九疇撰 民國六年(1917)江陰繆氏思範室刻本 一册

330000－1701－0031220 GP08692 史部/地理類/專志之屬/祠墓
重修浙江西湖岳忠武王廟墓徵信錄一卷 黄元秀輯 民國十二年(1923)鉛印本 一册

330000－1701－0031223 GP08860 史部/地理類/水利之屬
麻溪改壩爲橋始末記四卷首一卷 王念祖纂 民國八年(1919)蕺社鉛印本 二册

330000－1701－0031224 GP08861 史部/地理類/水利之屬
麻溪改壩爲橋始末記四卷首一卷 王念祖纂 民國八年(1919)蕺社鉛印本 二册

330000－1701－0031240 GP01772 類叢部/叢書類/彙編之屬
燕京大學圖書館叢書 燕京大學圖書館編 民國北平燕京大學圖書館鉛印本暨影印本 一册 存二種

330000－1701－0031246 GP01786 經部/小學類/文字之屬/說文/專著
說文定聲四十一卷 張長撰 民國二十年(1931)石印本 二册

330000－1701－0031254 GP01790 史部/金石類/總志之屬
張氏吉金貞石錄五卷 (清)張塤輯 民國十八年(1929)刻本 二册

330000－1701－0031255 GP01768 經部/小學類/文字之屬/說文
說文解字韻譜五卷 (五代)徐鍇撰 民國十五年(1926)南陵徐乃昌據元種善堂刻本影印本 五册

330000－1701－0031256 GP01791 史部/金石類/總志之屬
張氏吉金貞石錄五卷 (清)張塤輯 民國十八年(1929)刻本 二册

330000－1701－0031257 GP08921 史部/地理類/水利之屬
江淮水利公司測量辦法彙要不分卷 江淮水利測量局編 民國油印本 一册

330000－1701－0031259 GP01792 類叢部/叢書類/郡邑之屬
山左先喆遺書 山東省立圖書館編 民國瑞安陳氏裒殷堂鉛印本 一册 存一種

330000－1701－0031263 GP08700 子部/儒家類/儒學之屬/禮教/家訓
資敬堂家訓二卷 (清)王師晉撰 民國二十五年(1936)鉛印本 一册

330000－1701－0031269 GP08856 史部/政書類/邦計之屬
發起開闢三門灣報告書不分卷 徐春榮等撰 民國九年(1920)鉛印本 一册

330000－1701－0031270 GP01809 子部/天文曆算類/算書之屬
諸家算法及序記不分卷 民國嵊縣裘翰興抄本 一册

330000－1701－0031271 GP08857 史部/政書類/邦計之屬
發起開闢三門灣報告書不分卷 徐春榮等撰 民國九年(1920)鉛印本 一册

330000－1701－0031273 GP08702 史部/地理類/雜志之屬
紹興縣館紀略一卷 丁采三 馬吉生編 民國十二年(1923)鉛印本 一册

330000－1701－0031278 GP01808 類叢部/叢書類/自著之屬
天民臺叢書十七種 姚明煇撰 民國鉛印本暨石印本 一册 存一種

330000－1701－0031279 GP01815 史部/雜

史類/斷代之屬
陳眉公訂正剿奴議撮一卷 （明）于燕芳撰 **建州攷一卷** （明）陳繼儒撰 民國十七年(1928)國立中央大學圖書館鉛印本 一册

330000－1701－0031281 GP08703 集部/總集類/酬唱之屬
壬社十老會紀盛錄一卷 孫汝懌等撰 民國二十五年(1936)鉛印本 一册

330000－1701－0031285 GP01816 史部/雜史類/斷代之屬
陳眉公訂正剿奴議撮一卷 （明）于燕芳撰 **建州攷一卷** （明）陳繼儒撰 民國十七年(1928)國立中央大學圖書館鉛印本 一册

330000－1701－0031287 GP08704 類叢部/叢書類/彙編之屬
進德叢書八種 丁福保編 民國上海醫學書局鉛印本 一册 存一種

330000－1701－0031296 GP01823 類叢部/叢書類/彙編之屬
求恕齋叢書三十一種 劉承幹編 民國吳興劉氏嘉業堂刻本 四册 存一種

330000－1701－0031297 GP01818 史部/政書類/公牘檔册之屬
緘三公牘稿二卷 沈緘三撰 民國十年(1921)鉛印本 二册

330000－1701－0031298 GP08943 史部/地理類/山川之屬/水志
蕭山湘湖志八卷外編一卷續志一卷 周易藻編 民國十六年(1927)周氏鉛印本 五册

330000－1701－0031300 GP08944 史部/地理類/山川之屬/水志
蕭山湘湖志八卷外編一卷續志一卷 周易藻編 民國十六年(1927)周氏鉛印本 五册

330000－1701－0031301 GP01824 類叢部/叢書類/彙編之屬
求恕齋叢書三十一種 劉承幹編 民國吳興劉氏嘉業堂刻本 四册 存一種

330000－1701－0031305 GP01819 史部/政書類/公牘檔册之屬
緘三公牘稿二卷 沈緘三撰 民國十年(1921)鉛印本 二册

330000－1701－0031321 GP08965 史部/政書類/邦計之屬/荒政
民國十年水災後調查報告一卷 胡雨人撰 民國十年(1921)鉛印本 一册

330000－1701－0031324 GP01850 子部/宗教類/其他宗教之屬/基督教
辯學遺牘一卷 （意大利）利瑪竇撰 **大西利先生行蹟一卷** （意大利）艾儒略述 **明浙西李之藻傳一卷** 陳垣撰 民國八年(1919)鉛印本 一册

330000－1701－0031328 GP08974 史部/地理類/山川之屬/水志
欽定河源紀畧三十五卷首一卷 （清）紀昀等纂 民國二十年(1931)北平故宫博物院圖書館影印本 八册

330000－1701－0031330 GP08979 史部/地理類/水利之屬
黄巖縣興修水利報告書不分卷 章育等編 民國三十五年(1946)黄巖縣水利會鉛印本 二册

330000－1701－0031332 GP08968 類叢部/叢書類/彙編之屬
求恕齋叢書三十一種 劉承幹編 民國吳興劉氏嘉業堂刻本 一册 存一種

330000－1701－0031334 GP08980 類叢部/叢書類/彙編之屬
求恕齋叢書三十一種 劉承幹編 民國吳興劉氏嘉業堂刻本 二册 存一種

330000－1701－0031343 GP08983 史部/地理類/水利之屬
横橋堰水利記一卷附泖河案牘一卷 （清）徐用福輯 民國元年(1912)鉛印本 一册

330000－1701－0031348 GP01847 子部/藝術類/書畫之屬/畫譜

紉齋畫賸四卷　（清）陳允升繪　民國上海石印本　四册

330000－1701－0031349　GP08984　史部/地理類/水利之屬
橫橋堰水利記一卷附泖河案牘一卷　（清）徐用福輯　民國元年（1912）鉛印本　一册

330000－1701－0031367　GP08988　類叢部/叢書類/彙編之屬
馬氏叢著　馬念祖撰　民國二十一年（1932）鉛印本　二册　存一種

330000－1701－0031368　GP01868　史部/金石類/石之屬/目録
毅盦叢刊　黄立猷輯　民國十五年（1926）沔陽黄立猷鉛印本　四册　存一種

330000－1701－0031369　GP08989　史部/地理類/水利之屬
紹興縣麻溪壩利害記畧一卷　紹興縣議會編　民國鉛印本　一册

330000－1701－0031374　GP01862　經部/四書類/大學之屬/傳説
大學正業一卷古本大學條説一卷引證一卷（清）惲鶴生撰　民國元年（1912）惲氏宗祠刻本　二册

330000－1701－0031376　GP03422　史部/目録類/專録之屬
太炎先生著述目録後編初稿一卷　潘承弼等輯　民國二十六年（1937）鉛印本　徐復題記　一册

330000－1701－0031382　GP01863　史部/傳記類/别傳之屬/事狀
趙伯先[聲]傳一卷　柳詒徵撰　民國鉛印本　一册

330000－1701－0031388　GP01888　史部/政書類/律令之屬/律例
唐明律合編三十卷　（清）薛允升編　民國十一年（1922）退耕堂刻本　八册

330000－1701－0031393　GP08997　史部/地理類/雜志之屬
杭州市各界急賑水災籌募委員會徵信録一卷　民國二十年（1931）鉛印本　一册

330000－1701－0031395　GP08998　史部/地理類/雜志之屬
杭州市各界急賑水災籌募委員會徵信録一卷　民國二十年（1931）鉛印本　一册

330000－1701－0031396　GP01881　集部/小説類/短篇之屬
蜨階外史四卷　（清）高繼珩撰　民國二年（1913）廣益書局石印本　一册

330000－1701－0031397　GP01883　集部/小説類/長篇之屬
繪圖新編江浙大戰記十二回　唐在田撰　民國十三年（1924）上海大新書局石印本　一册

330000－1701－0031398　GP01889　史部/政書類/律令之屬
漢律考七卷　程樹德撰　民國八年（1919）京師刻本　四册

330000－1701－0031403　GP01890　史部/政書類/律令之屬
漢律考七卷　程樹德撰　民國八年（1919）京師刻本　四册

330000－1701－0031413　GP01901　集部/别集類
待盦題畫詩存一卷詩餘偶存一卷摘句一卷李寶章撰　民國三年（1914）木活字印本　一册

330000－1701－0031417　GP01894　集部/别集類
風雨雞鳴録不分卷　蔡璜撰　民國十五年（1926）蘇州工業專校鉛印本　一册

330000－1701－0031420　GP09015　史部/傳記類/别傳之屬/年譜
嗇翁自訂年譜二卷　張謇撰　民國影印本　一册

330000－1701－0031426　GP09016　史部/地

理類/山川之屬/水志
峽江灘險志二卷 史錫永等編 蒲旅坤繪 民國九年至十一年(1920－1922)鉛印本 一册

330000－1701－0031429 GP01916 子部/藝術類/書畫之屬/畫譜
任阜長先生歷代百將圖二卷 (清)任薰繪 民國八年(1919)上海震東美術社石印本 二册

330000－1701－0031431 GP01908 類叢部/叢書類/彙編之屬
廣西工商叢書 廣西工商局編 民國二十四年(1935)廣西工商局鉛印本 一册 存一種

330000－1701－0031433 GP01917 新學/史志/臣民傳記
匈牙利愛國者噶蘇士傳一卷 梁啓超撰 民國鉛印本 一册

330000－1701－0031435 GP01909 類叢部/叢書類/彙編之屬
廣西工商叢書 廣西工商局編 民國二十四年(1935)廣西工商局鉛印本 一册 存一種

330000－1701－0031439 GP01923 類叢部/類書類/專類之屬
年華録四卷 (清)全祖望撰 民國十八年(1929)上海商務印書館鉛印本 二册

330000－1701－0031447 GP09108 新學/政治法律/制度
現行中華法規大全不分卷 共和編譯局編輯 民國三年(1914)上海共和編譯局石印本 五十册

330000－1701－0031449 GP09050 史部/政書類/律令之屬/律例
京師警察法令彙纂 京師警察廳編 民國四年(1915)鉛印本 一册 存一種

330000－1701－0031453 GP09051 子部/天文曆算類/曆法之屬
中華民國十七年國民曆一卷 中華民國大學院編製 民國鉛印本 一册

330000－1701－0031455 GP09188 子部/雜著類/雜說之屬
捫燭脞存十二卷首一卷 (清)陳僅撰 民國三年(1914)鄞縣陳氏繼雅堂木活字印本 六册

330000－1701－0031458 GP09205 類叢部/叢書類/家集之屬
周氏家集三種四卷 周自齊輯 民國十年(1921)上海聚珍倣宋印書局鉛印本 一册

330000－1701－0031459 GP01933 子部/藝術類/書畫之屬/法帖
悲盦銘志集存一卷 (清)趙之謙書 吳熊輯 民國十三年(1924)上海西泠印社影印本 一册

330000－1701－0031461 GP01936 子部/儒家類/儒學之屬/性理
正學錄一卷 王敬撰 民國十五年(1926)鉛印本 一册

330000－1701－0031466 GP09195 史部/傳記類/總傳之屬/技藝
國朝畫識十七卷 (清)馮金伯纂輯 民國十二年(1923)上海中華書局鉛印本 四册

330000－1701－0031467 GP01940 子部/宗教類/佛教之屬
楞伽師資記一卷 (唐)釋淨覺撰 **大唐大安國寺故大德淨覺師塔銘一卷** (唐)王維撰 民國二十年(1931)北平待曙堂鉛印本 一册

330000－1701－0031468 GP09189 史部/地理類/山川之屬/水志
欽定河源紀畧三十五卷首一卷 (清)紀昀等纂 民國二十年(1931)北平故宫博物院圖書館影印本 八册

330000－1701－0031471 GP09206 子部/雜著類/雜說之屬
原人訂本四卷 陳澹然撰 民國七年(1918)蓋平李恩元石印本 三册

330000－1701－0031473 GP01932 類叢部/叢書類/彙編之屬

九鶴堂叢書 民國鉛印本 二冊 存一種

330000－1701－0031479 GP01966 類叢部/叢書類/自著之屬

樸學齋叢刊十一種 胡韞玉撰 民國十二年(1923)安吳胡氏鉛印本 四冊

330000－1701－0031480 GP09207 類叢部/叢書類/彙編之屬

漢石樓叢書 民國鉛印本 一冊 存一種

330000－1701－0031481 GP01941 新學/雜著/雜記

中國社會問題探原八章 徐守揆撰 民國二十二年(1933)鹿鳴草堂鉛印本 一冊

330000－1701－0031484 GP09208 史部/傳記類/别傳之屬/事狀

文烈士煥章先生哀思錄不分卷 文烈士追悼委員會輯 民國十八年(1929)鉛印本 二冊

330000－1701－0031487 GP09199 子部/小說家類/雜事之屬

壺天錄三卷 (清)百一居士撰 民國十二年(1923)上海文明書局石印本 二冊

330000－1701－0031488 GP09209 集部/詩文評類

文學概論講義一卷 梅光迪講演 楊壽增記 民國油印本 一冊

330000－1701－0031492 GP01963 類叢部/叢書類/自著之屬

飲流齋著叢書 許之衡撰 民國石印本暨刻本 二冊 存一種

330000－1701－0031496 GP09210 史部/政書類/邦計之屬/營田

量沙紀畧六章 張鴻編 民國六年(1917)鉛印本 一冊

330000－1701－0031497 GP09211 史部/政書類/邦計之屬/營田

量沙紀畧六章 張鴻編 民國六年(1917)鉛印本 一冊

330000－1701－0031498 GP09212 史部/政書類/邦計之屬/營田

量沙紀畧六章 張鴻編 民國六年(1917)鉛印本 一冊

330000－1701－0031499 GP09201 史部/職官類/官箴之屬

治潛政績一卷 李景枚撰 民國二年(1913)鉛印本 一冊

330000－1701－0031502 GP09229 集部/别集類

還山草一卷 江峰青撰 民國八年(1919)刻本 一冊

330000－1701－0031512 GP09232 集部/别集類/清别集

泥雪堂詩鈔九卷詞鈔五卷附錄一卷 (清)沈昌宇撰 民國六年(1917)日進公司鉛印本 文淵題記 二冊

330000－1701－0031513 GP01956 子部/藝術類/音樂之屬/琴學

會琴實紀六卷首一卷 葉希明編 民國九年(1920)木活字印本 一冊

330000－1701－0031520 GP01965 子部/宗教類/佛教之屬

十宗略說一卷 (清)楊文會撰 民國六年(1917)南京金陵刻經處刻楊仁山居士遺著本 章嶔題簽並記 一冊

330000－1701－0031522 GP09239 經部/孝經類/傳說之屬

孝經大義新解二卷 劉楚湘撰 民國二十六年(1937)騰衝守文印社鉛印本 一冊

330000－1701－0031552 GP01975 子部/宗教類/佛教之屬/經

佛說阿彌陀經一卷 (後秦)釋鳩摩羅什譯 釋弘一書 民國影印本 一冊

330000－1701－0031554 GP09337 子部/雜著類/雜說之屬

道餘錄一卷 (明)姚廣孝撰 民國北平中央刻經院鉛印本 一冊

330000－1701－0031556　GP01979　經部/讖緯類/春秋緯之屬
春秋緯史集傳四十卷　(清)陳省欽撰　民國十三年(1924)陳鍾祺鉛印本　四冊

330000－1701－0031559　GP01977　經部/讖緯類/春秋緯之屬
春秋緯史集傳四十卷　(清)陳省欽撰　民國十三年(1924)陳鍾祺鉛印本　四冊

330000－1701－0031560　GP01978　經部/讖緯類/春秋緯之屬
春秋緯史集傳四十卷　(清)陳省欽撰　民國十三年(1924)陳鍾祺鉛印本　四冊

330000－1701－0031563　GP01985　子部/宗教類/佛教之屬/諸宗
瑜伽學世界觀不分卷　王與楫撰　民國十八年(1929)北平大覺精舍鉛印本　一冊

330000－1701－0031574　GP01994　經部/小學類/文字之屬/說文/專著
一切經音義引說文箋十四卷　田潛撰　民國十三年(1924)江陵田潛鼎楚室北京刻本　四冊

330000－1701－0031577　GP01997　經部/樂類
十二琴樓叢書　民國十八年(1929)永嘉嚴氏鉛印本暨石印本　四冊　存一種

330000－1701－0031582　GP09221　集部/別集類
茶熟香溫錄一卷　鄭逸梅撰　民國十七年(1928)上海益新書社鉛印本　一冊

330000－1701－0031583　GP01989　史部/政書類/公牘檔冊之屬
創辦長興煤礦開始記略不分卷　鍾仰貽撰　民國九年(1920)鉛印本　一冊

330000－1701－0031584　GP09364　類叢部/叢書類/彙編之屬
復性書院叢刊二十七種　馬浮編　民國二十九年至三十七年(1940－1948)復性書院刻本暨鉛印本　二冊　存一種

330000－1701－0031586　GP01990　類叢部/叢書類/自著之屬
遯廬叢書八種　余重耀撰　民國鉛印本　一冊　存一種

330000－1701－0031589　GP09355　類叢部/叢書類/彙編之屬
復性書院叢刊二十七種　馬浮編　民國二十九年至三十七年(1940－1948)復性書院刻本暨鉛印本　一冊　存一種

330000－1701－0031590　GP09365　子部/雜著類/雜考之屬
古書疑義舉例叢刊四種　鼎文書社輯　民國十三年(1924)長沙鼎文書社刻本　三冊

330000－1701－0031595　GP09225　子部/儒家類/儒學之屬/性理
朱子小學節本二卷　(清)高愈纂註　江畬經節錄　民國十三年(1924)上海商務印書館鉛印本　一冊

330000－1701－0031604　GP02059　子部/叢編
六子全書　(明)顧春輯　民國三年(1914)右文社據明嘉靖十二年(1533)吳郡顧氏世德堂刻本影印本　二十冊

330000－1701－0031607　GP09368　史部/政書類
明清之際歐人東渡及西學東漸史三編　張維華撰　民國油印本　一冊

330000－1701－0031613　GP02056　類叢部/叢書類/自著之屬
默厂所著書　鮑鼎撰　民國石印本　一冊　存一種

330000－1701－0031615　GP02060　子部/宗教類/佛教之屬/律
釋門歸敬儀一卷　(唐)釋道宣撰　民國北京中央刻經院鉛印本　一冊

330000－1701－0031616　GP02057　子部/工藝類/日用器物之屬/錦繡
存素堂絲繡錄二卷　朱啓鈐撰　民國十八年

(1929)存素堂鉛印本　一册

330000－1701－0031617　普 741. 6087/9741　子部/藝術類/書畫之屬/畫譜
中國名畫集外册　民國上海有正書局影印本　一册　存一種

330000－1701－0031618　GP09370　史部/傳記類/總傳之屬/郡邑
穫堂舊話一卷師友淵源錄一卷　繆九疇撰　民國六年(1917)江陰繆氏思範室刻本　一册

330000－1701－0031619　GP02061　子部/宗教類/佛教之屬/諸宗
寶王三昧念佛直指二卷　(明)釋妙叶撰　民國杭州佛經流通處鉛印本　一册

330000－1701－0031622　GP09340　子部/術數類/命書相書之屬
星命證古錄一卷　謝緄廬撰　民國十三年(1924)止止居鉛印本　一册

330000－1701－0031626　GP02058　子部/儒家類/儒學之屬/性理
學一齋性理書一卷　徐紹楨撰　民國二十一年(1932)上海中原書局石印本　一册

330000－1701－0031632　GP02062　子部/雜家類
公孫龍子注一卷校勘記一卷篇目攷一卷附錄一卷　(清)陳澧撰　民國十四年(1925)番禺汪氏微尚齋刻本　一册

330000－1701－0031633　GP09391　子部/雜著類/雜說之屬
千百年眼十二卷　(明)張燧撰　民國三年(1914)鉛印本　四册

330000－1701－0031635　GP09358　集部/詩文評類/文評之屬
汪文摘謬一卷　(清)葉燮撰　民國十四年(1925)無錫丁氏鉛印本　一册

330000－1701－0031642　GP02068　經部/四書類/論語之屬
論語新讀本二十卷　唐文治撰　民國五年(1916)上海徐家匯工業專門學校鉛印本　四册

330000－1701－0031648　GP09360　集部/別集類/清別集
涵齋遺稿一卷附遺文一卷　(清)徐仁鑄撰　民國八年(1919)鉛印本　一册

330000－1701－0031658　GP02085　類叢部/叢書類/自著之屬
萬木草堂叢書　康有爲撰　民國刻本　十册　存一種

330000－1701－0031673　GP02091　類叢部/叢書類/自著之屬
玄嬰什箸　陳訓正撰　民國三十年(1941)鉛印本　一册　存一種

330000－1701－0031674　GP09392　子部/儒家類/儒學之屬/禮教/家訓
雙節堂庸訓四卷　(清)汪輝祖撰　民國六年(1917)彩華石印局石印本　一册

330000－1701－0031676　GP02092　類叢部/叢書類/自著之屬
玄嬰什箸　陳訓正撰　民國三十年(1941)鉛印本　一册　存一種

330000－1701－0031678　GP02103　史部/傳記類/總傳之屬/家乘
[浙江餘杭]餘杭閑林盛氏宗譜六卷首一卷　盛起纂修　民國四年(1915)敬愛堂木活字印本　六册

330000－1701－0031679　GP09393　子部/小說家類
中國寓言四卷　沈德鴻編纂　民國六年(1917)上海商務印書館鉛印本　一册

330000－1701－0031682　GP02101　類叢部/叢書類/彙編之屬
周氏師古堂所編書五十六種　周學熙編　民國十年至三十年(1921－1941)至德周氏師古堂刻本、鉛印本暨影印本　六册　存一種

330000－1701－0031685　GP02116　經部/詩

類/三家詩之屬

盧抱經增校詩考四卷附諸家校補　(宋)王應麟撰　(清)盧文弨增校　民國二十五年(1936)國學圖書館石印本　二冊

330000－1701－0031700　GP09508　類叢部/叢書類/彙編之屬

嘉業堂叢書五十七種　劉承幹輯　民國吳興劉氏嘉業堂刻本　十冊　存一種

330000－1701－0031703　GP09515　子部/宗教類/道教之屬/雜著

毅一子三卷外篇一卷　楊覲東撰　民國十年(1921)滇垣高地巷可園刻本　三冊

330000－1701－0031710　GP02113　史部/地理類/雜志之屬

如夢錄一卷　(明)□□撰　民國寫夢菴鉛印本　一冊

330000－1701－0031715　GP02114　類叢部/叢書類/彙編之屬

晦堂叢書□□種　民國鉛印本　一冊　存一種

330000－1701－0031717　GP09520　史部/雜史類

歐戰後之中國三章　徐世昌撰　民國十年(1921)上海中華書局鉛印本　一冊

330000－1701－0031718　GP09570　史部/政書類/律令之屬

新編評註刀筆菁華四種　平襟亞纂　秋痕樓主評　民國十七年(1928)上海東亞書局鉛印本　四冊

330000－1701－0031719　GP09521　經部/易類/傳說之屬

讀易劄記一卷　(清)闞棠撰　民國四年(1915)木活字印本　一冊

330000－1701－0031721　GP09561　集部/別集類

滄海一波集五卷首一卷　康逸泉撰　民國二十二年(1933)士奇祺記印刷社鉛印本　二冊

330000－1701－0031724　GP09571　史部/政書類/律令之屬/律例

續編評註刀筆菁華四種　襟霞閣主纂　秋痕樓主評　民國十五年(1926)上海東亞書局鉛印本　四冊

330000－1701－0031727　GP02137　子部/宗教類/道教之屬

莊子新疏不分卷　黃元炳撰　**莊子傳一卷**　黃元炳撰并注　民國二十二年(1933)上海醫學書局鉛印本　一冊

330000－1701－0031731　GP09563　集部/別集類/明別集

王遵巖集十卷　(明)王慎中撰　(清)張汝瑚選　高煌選輯　民國四年(1915)上海振寰書局鉛印本　四冊

330000－1701－0031732　GP02139　子部/宗教類/道教之屬

莊子補注四卷　奚侗撰　民國六年(1917)鉛印本　二冊

330000－1701－0031733　GP09572　類叢部/叢書類/自著之屬

潤德堂叢書　袁樹珊撰　民國鎮江潤德堂鉛印本　四冊　存一種

330000－1701－0031735　GP02138　類叢部/叢書類/自著之屬

國學別錄三種　方元撰　民國十七年(1928)惠陽方氏方山山館鉛印本　一冊　存一種

330000－1701－0031737　GP02129　子部/宗教類/佛教之屬

佛學叢書□□種　民國上海商務印書館鉛印本　一冊　存一種

330000－1701－0031738　GP09564　經部/小學類/訓詁之屬/字詁

虛字會通法初編一卷　(清)徐超撰　民國七年(1918)上海羣學社鉛印本　一冊

330000－1701－0031742　GP09565　集部/詩文評類/詩評之屬

續詩人玉屑八卷　(清)蔣瀾纂輯　民國十二

年(1923)上海掃葉山房石印本　四册

330000－1701－0031745　GP09567　子部/雜著類/雜說之屬

常識文範四卷　梁啓超撰　民國五年(1916)上海中華書局鉛印本　四册

330000－1701－0031746　GP09568　子部/雜著類/雜說之屬

常識文範四卷　梁啓超撰　民國五年(1916)上海中華書局鉛印本　四册

330000－1701－0031748　GP09575　子部/藝術類/書畫之屬/畫譜

賞奇軒五種合編　民國石印本　一册　存一種

330000－1701－0031749　GP09569　集部/總集類/選集之屬/通代

經史百家簡編二卷　(清)曾國藩纂　民國上海商務印書館鉛印本　二册

330000－1701－0031751　GP09583　史部/傳記類/雜傳之屬

舟車醒睡錄初集不分卷　捫蝨談虎客編　民國元年(1912)鉛印本　一册

330000－1701－0031753　GP09607　史部/政書類/邦交之屬

籌辦夷務始末道光朝八十卷　(清)文慶等撰　民國十八年(1929)故宮博物院據抄本影印本　四十册

330000－1701－0031757　GP02173　子部/藝術類/書畫之屬/法帖

小萬柳堂寫惜抱詩册不分卷　吳芝瑛書　民國石印本　一册

330000－1701－0031762　GP09610　子部/宗教類/道教之屬

老莊正義合編　民國上海古書流通處據清光緒刻本影印本　五册　存一種

330000－1701－0031767　GP09587　史部/傳記類/總傳之屬/斷代

浙江省電話局蔡陳兩烈士殉國紀念册一卷　民國鉛印本　一册

330000－1701－0031794　GP09617　子部/雜著類/雜說之屬

孫文學說一卷　孫文撰　民國八年(1919)上海華強印書局鉛印本　一册

330000－1701－0031795　GP02217　子部/雜著類/雜說之屬

葑漢微言一卷　章炳麟口述　吳承仕記　民國五年(1916)鉛印本　一册

330000－1701－0031806　GP02239　經部/四書類/孟子之屬/正文

孟子經緯一卷　董其慧撰　民國二十四年(1935)張家口中華印刷局鉛印本　一册

330000－1701－0031809　GP02232　子部/藝術類/書畫之屬/法帖

泉唐朱研臣先生遺墨一卷　(清)朱大勳撰並書　(清)朱景彝編　**附朱氏先德錄一卷**　(清)朱景彝撰　民國六年(1917)上海商務印書館影印本暨鉛印本　一册

330000－1701－0031811　HJL8562　史部/傳記類/别傳之屬/年譜

默盦居士[王舟瑤]自定年譜一卷　王舟瑤撰　**默盦居士年譜續編一卷**　王敬禮撰　**誌銘家傳附錄一卷**　章梫等撰　民國十五年(1926)黄巖王氏鉛印本　一册

330000－1701－0031813　GP02236　子部/藝術類/書畫之屬/法帖

汪退谷書御製說經詩一卷　(清)汪士鋐書　民國十五年(1926)上海有正書局石印本　一册

330000－1701－0031815　GP02237　子部/藝術類/書畫之屬/法帖

汪退谷御製說經詩墨蹟一卷　(清)汪士鋐書　民國七年(1918)上海有正書局石印本　一册

330000－1701－0031820　GP09592　集部/别集類

偁山遺集四卷　章錫光撰　民國十一年

(1922)會稽章氏琴鶴軒刻本　一冊

330000－1701－0031821　GP02250　集部/別集類/清別集

寓庸室詩稿一卷　(清)余坤撰　民國七年(1918)余重耀南昌石印本　一冊

330000－1701－0031827　GP02259　史部/金石類/石之屬/文字

騰衝烈婦李金煥墓表一卷　趙藩撰　黄葆鉞書　民國十三年(1924)泰東圖書局影印本　一冊

330000－1701－0031830　GP02260　史部/金石類/石之屬/文字

騰衝烈婦李金煥墓表一卷　趙藩撰　黄葆鉞書　民國十三年(1924)泰東圖書局影印本　一冊

330000－1701－0031832　GP09638　經部/小學類/文字之屬/字書/字典

新體說文大字典八卷篆法皕韻歌訣二卷　(清)沙青巖撰　汪仁壽　吴益智　王鼎删編　民國二十年(1931)上海碧梧山莊石印本　十冊

330000－1701－0031833　GP02261　史部/金石類/石之屬/文字

騰衝烈婦李金煥墓表一卷　趙藩撰　黄葆鉞書　民國十三年(1924)泰東圖書局影印本　一冊

330000－1701－0031835　GP09631　集部/總集類/選集之屬/斷代

石城詩社同人詩草第一集一卷　劉子芬編　民國二十四年(1935)鉛印本　費耕石題記　一冊

330000－1701－0031837　GP02244　子部/藝術類/書畫之屬/法帖

王福盦書說文部目一卷　王禔書　民國二十二年(1933)上海西泠印社石印本　一冊

330000－1701－0031839　GP09643　史部/傳記類/總傳之屬/家乘

章氏會譜德慶初編三十卷二編四卷三編十六卷四編十卷　章貽賢撰　民國八年(1919)鉛印本　二十四冊

330000－1701－0031842　GP02271　史部/金石類/總志之屬/目録

簠齋藏古冊目並題記一卷　(清)陳介祺輯　民國九年(1920)鉛印本　一冊

330000－1701－0031847　GP02272　類叢部/叢書類

盉盦著書　民國鉛印本　一冊　存一種

330000－1701－0031848　GP09633　集部/別集類/宋別集

讀朱稽時錄二十二卷　(宋)朱熹撰　胡宗楙纂　民國二十五年(1936)夢選樓刻本　八冊

330000－1701－0031849　GP09641　經部/易類/傳說之屬

周易四卷　民國商務印書館鉛印本　二冊

330000－1701－0031851　GP09646　史部/史表類/通代之屬

歷代方鎮年表五十六卷　吳廷燮撰　民國吳氏景杜堂鉛印本　二十四冊　存二十六卷(一至二十六)

330000－1701－0031855　GP02274　子部/藝術類/書畫之屬/法帖

星彔書詞一卷　童式規書　民國二十二年(1933)商務印書館石印本　一冊

330000－1701－0031856　GP02283　集部/別集類

屈巡按使出巡全浙文稿四卷　屈映光撰　民國鉛印本　葉維新題記　五冊

330000－1701－0031857　GP09642　集部/小說類/長篇之屬

洞冥記十卷三十八回　(清)吕惟一輯　民國十八年(1929)上海影印本　五冊

330000－1701－0031858　GP02275　子部/藝術類/書畫之屬/法帖

星彔書詞一卷　童式規書　民國十五年(1926)商務印書館石印本　一冊

330000－1701－0031864　GP02279　類叢部/叢書類/自著之屬

槐軒全書二十一種附九種　（清）劉沅撰　民國二十三年（1934）致福樓刻本　二冊　存一種

330000－1701－0031865　GP02269　經部/群經總義類/傳說之屬

三經誼詁三卷　馬其昶撰　民國十二年（1923）秋浦周氏敬慈善堂刻本　一冊

330000－1701－0031870　GP02290　新學/地學/地理學

本國地理綱要不分卷　民國油印本　一冊

330000－1701－0031871　GP09649　史部/傳記類/別傳之屬/事狀

晚學老人六十壽言一卷　張景惠等撰　民國九年（1920）鉛印本　一冊

330000－1701－0031872　GP09650　集部/別集類

山涇草堂詩六卷　汪佑南撰　民國二十年（1931）鉛印本　一冊

330000－1701－0031888　GP09678　子部/儒家類/儒學之屬

仁者壽一卷　林長植撰　民國十一年（1922）北京道德學社鉛印本　一冊

330000－1701－0031898　GP09681　經部/儀禮類/傳說之屬

喪禮集要三卷附錄一卷　丁彥章撰　民國二十二年（1933）鉛印本　一冊

330000－1701－0031899　GP09671　類叢部/叢書類/彙編之屬

進德叢書八種　丁福保編　民國上海醫學書局鉛印本　一冊　存一種

330000－1701－0031900　民 017.31/5024.4/c1、民 017.31/5024.5/c1、民 017.31/5024.6/c1、民 017.31/5024.7/c1、民 017.31/5024.8/c1　史部/目録類/總録之屬

國立中山大學圖書館新編中文書目不分卷　國立中山大學圖書館編　民國十七年至十八年（1928－1929）油印本　五冊

330000－1701－0031903　GP09682　集部/別集類

續傷春篇一卷　汪定執撰　民國十年（1921）刻本　紹濂外史題記　一冊

330000－1701－0031904　GP02307　集部/別集類/清別集

翁松禪手札十集　（清）翁同龢撰　民國上海有正書局石印本　十冊

330000－1701－0031906　民 017.31/2004　史部/目録類/總録之屬/官修

四川省立重慶大學圖書館圖書目錄不分卷　重慶大學圖書館編　民國二十四年（1935）石印本　一冊

330000－1701－0031908　GP02298　子部/藝術類/書畫之屬/法帖

汪退谷臨褚河南聖教序一卷　（清）汪士鋐書　民國上海有正書局石印本　一冊

330000－1701－0031909　GP02339　史部/金石類/金之屬/圖像

宣德彝器圖譜二十卷　（明）吕震等撰　民國十七年（1928）石印喜詠軒叢書本　張晉題簽並記　二冊

330000－1701－0031912　GP09673　史部/傳記類/別傳之屬/事狀

思哀錄二卷　藍煇編　民國鉛印本　一冊

330000－1701－0031916　民 325.5124/3433　史部/政書類/公牘檔冊之屬

沈主席鴻烈在浙江省第一屆第二次省參議會施政報告　浙江省參議會編　民國三十六年（1947）浙江省參議會油印本　一冊

330000－1701－0031917　民 017.31/5024.4/c2、民 017.31/5024.5/c2、民 017.31/5024.6/c2、民 017.31/5024.7/c2　史部/目録類/總録之屬

國立中山大學圖書館新編中文書目不分卷　國立中山大學圖書館編　民國十七年至十八年（1928－1929）油印本　四冊

330000－1701－0031919　民017.31/5024.4/c3、民017.31/5024.6/c3、民017.31/5024.7/c3　史部/目録類/總録之屬
國立中山大學圖書館新編中文書目不分卷　國立中山大學圖書館編　民國十七年至十八年(1928－1929)油印本　三冊

330000－1701－0031922　GP09685　子部/儒家類/儒學之屬/禮教/家訓
家庭直講三卷　(清)陸釣川輯　民國十四年(1925)刻本　一冊

330000－1701－0031925　GP02341　史部/傳記類/别傳之屬/墓誌
史君晉生生壙誌一卷　虞輝祖撰　曾熙書　民國上海震亞圖書局影印本　一冊

330000－1701－0031929　GP02399　史部/傳記類/總傳之屬/家乘
[浙江黄巖]黄巖西橋王氏譜十二卷首一卷末一卷家集十卷　王舟瑶纂　民國六年(1917)木活字印本　十二冊

330000－1701－0031939　GP09676　集部/别集類
守梅山房詩稿四卷首一卷附錄一卷補遺一卷　傳振海撰　民國十四年(1925)鉛印本　二冊

330000－1701－0031944　GP02445　史部/傳記類/别傳之屬/事狀
清故國子監生潘傑三先生傳一卷　葉玉麟撰　張蔭椿書　民國石印本　一冊

330000－1701－0031949　GP09695　集部/别集類/清别集
程少枚先生遺詩二卷　(清)程嘉樝撰　民國二十四年(1935)江都王氏鉛印本　二冊

330000－1701－0031951　GP02447　史部/傳記類/别傳之屬/墓誌
瑞安姚君墓志銘一卷瑞安姚氏家廟記一卷　章炳麟撰並書　**先嚴言行述畧一卷**　姚琮撰並書　民國影印本　一冊

330000－1701－0031952　GP09668　新學/議論/論政
富強商榷論一卷　盛鴻燾撰　民國二十一年(1932)鉛印本　一冊

330000－1701－0031955　GP02439　子部/藝術類/書畫之屬/法帖
林文忠公手書經典五種　(清)林則徐書　民國二十二年(1933)影印本　一冊

330000－1701－0031959　GP02457　子部/藝術類/書畫之屬/法帖
嬰寧居士烏程蔣君墓志一卷　張謇撰並書
蔣太夫人劉氏墓志一卷　湯壽潛撰　鄭孝胥書　民國石印本　一冊

330000－1701－0031965　GP02440　子部/藝術類/書畫之屬/法帖
林文忠公手書經典五種　(清)林則徐書　民國二十二年(1933)影印本　一冊

330000－1701－0031966　GP02448　史部/傳記類/别傳之屬/墓誌
瑞安姚君墓志銘一卷瑞安姚氏家廟記一卷　章炳麟撰並書　**先嚴言行述畧一卷**　姚琮撰並書　民國影印本　姚蓮生題記　一冊

330000－1701－0031968　GP02458　子部/藝術類/書畫之屬/法帖
名人真蹟　民國中華書局影印本　一冊　存一種

330000－1701－0031969　GP02469　史部/金石類/金之屬/文字
鐘鼎款識原器拓片第一一卷　民國有正書局石印本　一冊

330000－1701－0031970　GP02477　子部/藝術類/書畫之屬
秦曾榮書詞曲小品不分卷　秦曾榮書　民國十三年(1924)石印本　一冊

330000－1701－0031974　GP02475　子部/藝術類/書畫之屬/法帖
崇藏墨皇北宋拓聖教序一卷　(晉)王羲之書　民國上海有正書局影印本　一冊

330000－1701－0031977　民 325.5124/3433/c2　史部/政書類/公牘檔冊之屬

沈主席鴻烈在浙江省第一屆第三次省參議會施政報告　浙江省參議會編　民國三十六年(1947)浙江省政府秘書處油印本　一册

330000－1701－0031983　GP09699　史部/政書類/律令之屬

中國歷代法制考初編一卷二編二卷　徐德源編　孫大鵬補輯　民國二年(1913)北京直隸官書局石印本　四册　缺一卷(二編二)

330000－1701－0031985　GP02459　史部/傳記類/别傳之屬/墓誌

清故奉政大夫贈通議大夫戶部七品小京官葛君[嗣濚]墓表一卷　陳寶琛撰並書　**清故奉政大夫晋贈通議大夫戶部七品小京官葛府君墓志銘一卷**　秦樹聲撰並書　**葛雲威農部家傳一卷**　金蓉鏡撰　羅振玉書　民國石印本　一册

330000－1701－0031986　GP02464　子部/藝術類/書畫之屬/法帖

張叔未寫清儀閣集古款識一卷　(清)張廷濟書　**陳簠齋寫東武劉氏款識一卷**　(清)陳介祺書　民國八年(1919)上海商務印書館石印本　一册

330000－1701－0032003　GP09707　類叢部/叢書類/自著之屬

香雪崦叢書四種　(清)平步青撰　民國六年至十四年(1917－1925)刻本暨鉛印本　十一册　存一種

330000－1701－0032005　GP02492　經部/三禮總義類/通論之屬

禮問一卷政問一卷　民國北京道德學社鉛印本　一册

330000－1701－0032006　GP09737　集部/别集類/清别集

歸玄恭遺著一卷附詩鈔一卷　(清)歸莊撰　民國二十一年(1932)上海中華書局鉛印本　劍心題記　一册

330000－1701－0032008　GP02482　經部/小學類/文字之屬/字書/字體

金石大字典三十二卷　汪仁壽輯　民國十五年(1926)上海求古齋書局石印本　三十二册

330000－1701－0032013　GP09738　集部/總集類/酬唱之屬

癸酉廬山雅集詩草一卷　曹經沅編　民國二十三年(1934)上海中國仿古印書局鉛印本　一册

330000－1701－0032020　GP09739　史部/政書類/公牘檔冊之屬

費城賽會觀感錄一卷　惲震撰　民國十六年(1927)鉛印本　一册

330000－1701－0032032　GP09743　集部/别集類

求我山人雜著六卷首一卷　莊景仲撰　**附錄一卷**　民國十八年(1929)鉛印本　二册

330000－1701－0032033　GP09744　集部/别集類

求我山人雜著六卷首一卷　莊景仲撰　**附錄一卷**　民國十八年(1929)鉛印本　二册

330000－1701－0032034　GP09742　子部/藝術類/遊藝之屬/聯語

西湖楹聯四卷新增續西湖楹聯一卷　民國六年(1917)西湖鑫記書社石印本　四册

330000－1701－0032039　GP09747　子部/藝術類/書畫之屬/法帖

吴大澂篆文論語不分卷　(清)吴大澂書　民國八年(1919)蘇州振新書社影印本　二册

330000－1701－0032043　GP02539　史部/金石類/金之屬

西清續鑑乙編二十卷　民國二十年(1931)北平古物陳列所影印本　二十册

330000－1701－0032044　GP09748　類叢部/叢書類/家集之屬

夏氏叢書　民國十九年(1930)衡陽太平書局石印本　五册　存一種

330000－1701－0032045　GP02540　史部/金石類/金之屬

西清續鑑乙編二十卷　民國二十年(1931)北平古物陳列所影印本　二十冊

330000－1701－0032050　GP09804　集部/別集類

陶篠詩存初輯一卷　陶元鏞撰　民國二十年(1931)鉛印本　一冊

330000－1701－0032055　GP02555、GP02556、GP02557、GP02558　經部/易類

易藏叢書六種　杭辛齋撰　民國十一年(1922)上海研幾學社鉛印本　八冊

330000－1701－0032057　GP09805　集部/別集類

陶篠詩存初輯一卷　陶元鏞撰　民國二十年(1931)鉛印本　一冊

330000－1701－0032060　GP09806　集部/別集類

心香老人詩草一卷　心香老人撰　民國四年(1915)鉛印本　一冊

330000－1701－0032061　民 071.31/3544.2/c1　史部/目録類/總録之屬/官修

國立清華大學圖書館中文書目不分卷　施廷鏞等編　民國二十年(1931)北平國立清華大學圖書館鉛印本　一冊

330000－1701－0032062　GP09752　史部/傳記類/别傳之屬

永康應君冠北[驥良]哀辭錄一卷　吕公望等撰　民國鉛印本　一冊

330000－1701－0032064　GP09807　經部/詩類/傳說之屬

放齋詩説四卷首一卷　(宋)曹粹中撰　張壽鏞輯　民國三十三年(1944)鉛印本　一冊

330000－1701－0032065　GP09808　經部/詩類/傳說之屬

放齋詩説四卷首一卷　(宋)曹粹中撰　張壽鏞輯　民國三十三年(1944)鉛印本　一冊

330000－1701－0032066　GP09809　集部/詞類/别集之屬

吴夢窗詞正集箋釋四卷補箋一卷事蹟攷一卷　(宋)吳文英撰　楊鐵夫箋釋　民國二十五年(1936)抱香室鉛印本　二冊

330000－1701－0032067　GP09828　集部/别集類/宋别集

盱江集鈔一卷　(宋)李覯撰　**止齋詩鈔一卷**　(宋)陳傅良撰　民國上海有正書局鉛印本　一冊

330000－1701－0032069　民 017.31/3544.3/c2　史部/目録類/總録之屬/官修

國立清華大學圖書館新編中文書目第一期一卷　國立清華大學圖書館編　民國二十一年(1932)北平國立清華大學圖書館鉛印本　一冊

330000－1701－0032070　民 325.5124/4030　史部/政書類/公牘檔冊之屬

杭州市參議會第一屆第九次大會議案不分卷　杭州市參議會秘書處編　民國三十七年(1948)杭州市參議會秘書處油印本　一冊

330000－1701－0032072　GP09753　子部/儒家類/儒學之屬

原壽三卷　屠磊撰　民國二十四年(1935)鉛印本　屠磊跋　一冊

330000－1701－0032079　GP09754　集部/總集類/酬唱之屬

虞山送别詩一卷　楊夢齡輯　民國七年(1918)錫成公司鉛印本　一冊

330000－1701－0032084　GP09836　集部/詞類/别集之屬

東山樂府一卷　(宋)賀鑄撰　民國十七年(1928)上海商務印書館鉛印本　一冊

330000－1701－0032085　GP02568　子部/雜著類/雜説之屬

讀莊窮年録二卷　秦毓鎏撰　民國六年(1917)鉛印本　一冊

330000－1701－0032091　GP09789　集部/總

集類/酬唱之屬

遊經樓閒關疊韻唱和集一卷 陶紹萊輯 民國十八年(1929)鉛印本 一冊

330000－1701－0032092 GP02553 類叢部/叢書類/彙編之屬

宋人小說二十八種 涵芬樓編 民國上海商務印書館鉛印本 一冊 存一種

330000－1701－0032093 GP09790 史部/傳記類/別傳之屬/事狀

愧荀集一卷 朱正元編 民國二十四年(1935)鉛印本 一冊

330000－1701－0032095 GP02569 集部/詩文評類/文評之屬

文學闡微二卷 唐大圓撰 民國武昌東方文化研究院鉛印本 一冊

330000－1701－0032096 GP02554 子部/雜著類/雜說之屬

歸田錄二卷補遺一卷 (宋)歐陽修撰 民國二十二年(1933)上海商務印書館鉛印本 一冊

330000－1701－0032097 GP02571 子部/藝術類/書畫之屬/法帖

蔣壯勤公勳蹟奏摺一卷 陳榮昌書 民國十八年(1929)石印本 一冊

330000－1701－0032099 GP02570 集部/總集類/郡邑之屬

竹洲文獻二卷 楊貽誠編 民國二十五年(1936)鄞縣縣立女子中學校友會鉛印本 一冊

330000－1701－0032102 GP02560 史部/雜史類/斷代之屬

陳眉公訂正剿奴議撮一卷 (明)于燕芳撰 **建州攷一卷** (明)陳繼儒撰 民國十七年(1928)國立中央大學圖書館鉛印本 一冊

330000－1701－0032104 GP09812 集部/別集類

枰齋詩丙集一卷 黃銘功撰 民國五年(1916)鉛印本 一冊

330000－1701－0032109 GP02561 經部/詩類

誦詩一隅四卷毗陵食品拾遺一卷 (清)管幹珍撰 民國十三年(1924)鉛印本 一冊

330000－1701－0032110 GP02562 經部/詩類

誦詩一隅四卷毗陵食品拾遺一卷 (清)管幹珍撰 民國十三年(1924)鉛印本 一冊

330000－1701－0032113 GP09758 集部/詞類/別集之屬

舊月簃詞一卷 陳曾壽撰 民國十年(1921)鉛印本 一冊

330000－1701－0032114 GP09759 集部/詞類/別集之屬

舊月簃詞一卷 陳曾壽撰 民國十年(1921)鉛印本 一冊

330000－1701－0032115 GP09818 史部/傳記類/別傳之屬/事狀

愛日堂壽言四卷 屈映光輯 民國六年(1917)上海聚珍倣宋印書局鉛印本 二冊

330000－1701－0032119 GP02580 子部/藝術類/書畫之屬/畫録

清朝畫徵錄三卷明人附錄一卷續錄二卷浦山論畫一卷 (清)張庚撰 **清朝畫徵三錄一卷** (清)張寅撰 民國上海朝記書莊鉛印本 二冊

330000－1701－0032120 民 325.5124/4030.2 史部/政書類/公牘檔冊之屬

杭州市參議會第一屆第十次大會議案不分卷 杭州市參議會秘書處編 民國三十八年(1949)杭州市參議會秘書處油印本 一冊

330000－1701－0032125 GP09821 集部/總集類/酬唱之屬

乾園唱和集不分卷 洪鍾元主編 民國十七年(1928)鉛印本 一冊

330000－1701－0032126 GP02581 經部/小學類/文字之屬/字書/字體

漢碑隸體舉要不分卷 (清)蔣和撰 潘浚書

民國七年(1918)上海商務印書館石印本 一册

330000－1701－0032127 GP09822 集部/別集類

修竹廬文存一卷詩存一卷 邱樾撰 民國十八年(1929)鉛印本 一册

330000－1701－0032131 GP02588 史部/金石類/總志之屬

八瓊室金石補正一百三十卷目錄三卷札記四卷祛僞一卷元金石偶存一卷 (清)陸增祥撰 民國十四年(1925)吳興劉氏希古樓刻本 六十四册

330000－1701－0032132 民 025.1/8013.2 新學/學校

採編科講義不分卷 金天游撰 民國油印本 一册

330000－1701－0032133 GP02582 經部/小學類/文字之屬/字書/字體

漢碑隸體舉要不分卷 (清)蔣和撰 潘浚書 民國七年(1918)上海商務印書館石印本 一册

330000－1701－0032137 民 330.95124/2680.2/(3)/c2 史部/政書類/邦計之屬

魏頌唐偶存稿三卷 魏頌唐撰 民國十六年(1927)鉛印本 一册 存一卷(浙江農工銀行問題)

330000－1701－0032138 GP09763 史部/傳記類/別傳之屬/年譜

藏園居士七十自述一卷 傅增湘撰 民國三十年(1941)石印本 一册

330000－1701－0032141 GP09764 史部/政書類/公牘檔冊之屬

浙贛鐵路聯合公司工作報告不分卷 民國二十六年(1937)油印本 一册

330000－1701－0032142 GP02590 類叢部/叢書類/自著之屬

綴學堂叢稿初集(見山樓叢書)十種 陳漢章撰 民國二十五年(1936)鉛印本 一册 存一種

330000－1701－0032145 GP09837 子部/雜著類/雜品之屬

新增格古要論十三卷 (明)曹昭撰 (明)王佐校增 民國上海自強書局石印本 八册

330000－1701－0032148 GP02591 類叢部/叢書類/自著之屬

綴學堂叢稿初集(見山樓叢書)十種 陳漢章撰 民國二十五年(1936)鉛印本 一册 存一種

330000－1701－0032150 民 027.2/4846.7/4/c2 史部/政書類/公牘檔冊之屬

松坡圖書館二十年份報告不分卷 松坡圖書館編 民國二十一年(1932)松坡圖書館鉛印本 一册

330000－1701－0032151 GP09853 子部/雜著類/雜考之屬

言鯖二卷 (清)吕種玉撰 民國五年(1916)上海有正書局鉛印本 一册

330000－1701－0032152 GP02592 史部/金石類/甲骨之屬

鐵雲藏龜拾遺一卷 (清)劉鶚藏 **鐵雲藏龜拾遺攷釋一卷** 葉玉森撰 民國十四年(1925)丹徒葉氏五鳳硯齋影印本 一册

330000－1701－0032156 GP02596 子部/藝術類

金石書畫叢刻不分卷 易大厂 黄賓虹編 民國二十三年(1934)上海金石書畫社影印本 一册

330000－1701－0032157 GP09838 新學/雜著

攻媿軒新刻日本叢書初集四卷 (清)臺灣總督府民政部學務課譯 民國鉛印本 四册

330000－1701－0032160 GP02603 史部/金石類

遯盦金石叢書十五種 吳隱輯 民國三年至十年(1914－1921)山陰吳氏西泠印社木活字印本 四册 存一種

330000－1701－0032161　GP09871　類叢部/叢書類/自著之屬

六譯館叢書七十三種　廖平撰　民國北京資研社鉛印本　一册　存一種

330000－1701－0032163　GP02602　史部/金石類

嘉業堂金石叢書五種　劉承幹輯　民國吳興劉氏刻本　二册　存一種

330000－1701－0032164　GP09839　類叢部/類書類/專類之屬

年華錄四卷　（清）全祖望撰　民國十八年（1929）上海商務印書館鉛印本　二册

330000－1701－0032167　GP09840　集部/總集類/課藝之屬

全國學生國文成績文庫甲編二十卷乙編二十卷　盧壽籛選輯　民國十一年（1922）上海崇文書局鉛印本　六册　存二十卷（乙編一至二十）

330000－1701－0032169　民 325.5124/4066　史部/政書類/公牘檔冊之屬

杭縣縣參議會第一屆第二次大會會刊不分卷　民國油印本　一册

330000－1701－0032172　GP09846　集部/別集類/清別集

印雪軒詩鈔十六卷　（清）俞鴻漸撰　民國六年（1917）上海掃葉山房石印本　四册

330000－1701－0032175　GP09880　類叢部/叢書類/彙編之屬

周氏師古堂所編書五十六種　周學熙編　民國十年至三十年（1921－1941）至德周氏師古堂刻本、鉛印本暨影印本　一册　存一種

330000－1701－0032179　GP09843　子部/雜著類/雜說之屬

分甘餘話四卷　（清）王士禛撰　民國十六年（1927）上海掃葉山房石印本　一册

330000－1701－0032182　GP09894、GP09891、GP09889　類叢部/叢書類/彙編之屬

宋人小說二十八種　涵芬樓編　民國上海商務印書館鉛印本　五册　存三種

330000－1701－0032187　GP09890、GP09888　類叢部/叢書類/彙編之屬

宋人小說二十八種　涵芬樓編　民國上海商務印書館鉛印本　三册　存二種

330000－1701－0032191　GP09845　集部/總集類/選集之屬/斷代

風籟吟不分卷　半園隱社輯　民國五年（1916）鉛印本　一册

330000－1701－0032195　GP02616　新學/天學

天文問答一卷天文名目華英法文合表一卷　（清）佘賓王輯　民國十五年（1926）上海慈母堂印書館鉛印本　一册

330000－1701－0032196　GP09895　子部/雜著類/雜說之屬

東坡志林五卷　（宋）蘇軾撰　民國十六年（1927）上海商務印書館鉛印本　一册

330000－1701－0032198　GP02606　史部/金石類/石之屬/目録

毅盦叢刊　黄立猷輯　民國十五年（1926）沔陽黄立猷鉛印本　四册　存一種

330000－1701－0032200　民 330.95124/3232　史部/政書類/公牘檔冊之屬

浙江省各縣經濟調查報告書不分卷　浙江經濟學會編　民國鉛印本　一册

330000－1701－0032204　GP09912　類叢部/叢書類/彙編之屬

宋人小說二十八種　涵芬樓輯　民國上海商務印書館鉛印本　一册　存一種

330000－1701－0032206　GP09908、GP09904、GP09896、GP09906、GP09913　類叢部/叢書類/彙編之屬

宋人小說二十八種　涵芬樓編　民國上海商務印書館鉛印本　七册　存五種

330000－1701－0032207　GP02621　史部/金

石類

遯盦金石叢書十五種　吳隱輯　民國三年至十年(1914－1921)山陰吳氏西泠印社木活字印本　四冊　存一種

330000－1701－0032211　GP09897　子部/雜著類/雜說之屬

投轄錄一卷　(宋)王明清撰　民國十五年(1926)上海商務印書館鉛印本　一冊

330000－1701－0032213　GP02632　經部/小學類/文字之屬/字書/字體

金石大字典三十二卷　汪仁壽輯　民國十五年(1926)上海求古齋書局石印本　三十二冊

330000－1701－0032214　GP09901　子部/小說家類/異聞之屬

燈下閑談二卷　民國十五年(1926)上海商務印書館鉛印本　一冊

330000－1701－0032216　GP02626　史部/金石類/金之屬/通考

綴遺齋彝器款識攷釋三十卷首一卷　(清)方濬益撰　方燕年補編　民國二十四年(1935)上海商務印書館影印本(卷十五原缺)　十四冊

330000－1701－0032217　GP09903　子部/雜著類/雜說之屬

歸田錄二卷補遺一卷　(宋)歐陽修撰　民國十五年(1926)上海商務印書館鉛印本　一冊

330000－1701－0032218　GP09905　子部/雜著類/雜說之屬

青箱雜記十卷　(宋)吳處厚撰　民國十五年(1926)上海商務印書館鉛印本　一冊

330000－1701－0032220　GP09924、GP09925、GP09923　類叢部/叢書類/彙編之屬

宋人小說二十八種　涵芬樓編　民國上海商務印書館鉛印本　三冊　存三種

330000－1701－0032221　GP09926　史部/傳記類/總傳之屬/列女

貞鴻孝燕錄不分卷　吳光奇等撰　民國鉛印本　一冊

330000－1701－0032223　GP02623　集部/別集類

譚祖安先生手寫詩冊五卷　譚延闓撰　民國二十年(1931)影印本　四冊

330000－1701－0032226　GP02629　史部/金石類/金之屬/圖像

澹廬藏佛一卷　徐鋆藏　民國十八年(1929)影印本　一冊

330000－1701－0032228　GP09907　子部/雜著類/雜說之屬

雞肋編三卷　(宋)莊綽撰　民國十五年(1926)上海商務印書館鉛印本　一冊

330000－1701－0032229　GP02640、GP02641　類叢部/叢書類/自著之屬

永豐鄉人續稿七種　羅振玉撰　民國十四年至十八年(1925－1929)上虞羅氏石印本暨鉛印本　三冊

330000－1701－0032230　GP02636　史部/職官類/官箴之屬

將吏法言八卷　徐世昌撰　民國八年(1919)靜遠堂鉛印本　四冊

330000－1701－0032234　GP09909　子部/雜著類/雜說之屬

鶴林玉露十八卷　(宋)羅大經撰　民國十五年(1926)上海商務印書館鉛印本　三冊

330000－1701－0032235　民 027.43/3149.91/c1　史部/地理類/專志之屬

國立中央大學國學圖書館小史不分卷　國立中央大學國學圖書館編　民國十七年(1928)國立中央大學國學圖書館鉛印本　一冊

330000－1701－0032236　GP02649　經部/小學類/文字之屬/字書/字體

隸字彙十卷　(清)項懷述編錄　民國二年(1913)掃葉山房石印本　四冊

330000－1701－0032240　GP09910　子部/雜著類/雜說之屬

齊東野語二十卷　(宋)周密撰　民國十五年(1926)上海商務印書館鉛印本　四册

330000－1701－0032241　GP09927　子部/天文曆算類/天文之屬

二十八宿考一卷　民國七年(1918)鉛印本　一册

330000－1701－0032243　GP09919　子部/雜著類/雜説之屬

捫蝨新話十五卷補遺一卷　(宋)陳善撰　民國十八年(1929)上海商務印書館鉛印本　二册

330000－1701－0032244　GP09916　子部/雜著類/雜説之屬

河南邵氏聞見錄二十卷　(宋)邵伯溫撰　民國十七年(1928)上海商務印書館鉛印本　二册

330000－1701－0032249　GP09921　類叢部/叢書類/彙編之屬

宋人小説二十八種　涵芬樓輯　民國上海商務印書館鉛印本　二册　存一種

330000－1701－0032251　GP09914、GP09918、GP09920、GP09917　類叢部/叢書類/彙編之屬

宋人小説二十八種　涵芬樓編　民國上海商務印書館鉛印本　六册　存五種

330000－1701－0032252　民 336.89715/2321　史部/政書類/邦計之屬

成都民間意識社民間疾苦叢書□□種　民間意識社編　民國二十五年(1936)成都民間意識社鉛印本　一册　存一種

330000－1701－0032254　GP02651　經部/小學類/文字之屬/字書/字體

隸辨八卷　(清)顧藹吉撰　民國十年(1921)掃葉山房石印本　八册

330000－1701－0032255　GP09922　子部/雜著類/雜説之屬

石林避暑錄話四卷　(宋)葉夢得撰　民國十八年(1929)上海商務印書館鉛印本　二册

330000－1701－0032258　GP09929　子部/宗教類/佛教之屬

慧明法師開示錄一卷　張慧明講　陳耀智記　民國二十五年(1936)漢口慧明心社鉛印本　等閑居士題記　一册

330000－1701－0032259　GP02646　子部/小説家類/雜事之屬

秦淮畫舫錄二卷畫舫餘譚一卷三十六春小譜四卷　(清)捧花生撰　民國三年(1914)上海有正書局鉛印本　三册

330000－1701－0032261　民 017.43/3239.6/c1　史部/目録類/總録之屬/官修

浙江公立圖書館通常類圖書目錄五卷附保存類圖書目錄補遺一卷　浙江公立圖書館編　民國十四年(1925)浙江公立圖書館鉛印本　八册

330000－1701－0032265　GP09940　類叢部/叢書類/彙編之屬

宋人小説二十八種　涵芬樓編　民國上海商務印書館鉛印本　二册　存一種

330000－1701－0032267　民 017.43/3149.61/c3　史部/目録類/總録之屬/官修

江蘇省立國學圖書館圖書總目四十四卷補編十二卷　江蘇省立國學圖書館編　民國二十二年至二十五年(1933－1936)江蘇省立國學圖書館鉛印本　一册　存二卷(四十二至四十三)

330000－1701－0032268　民 017.43/7416.2　史部/目録類/總録之屬/官修

陝西圖書館書目三編四卷　陝西圖書館編　民國十一年(1922)鉛印本　二册

330000－1701－0032269　民 375.37024/3239.9　史部/傳記類/總傳之屬

浙江省立第十師範學校同學錄不分卷　民國八年(1919)石印本　一册

330000－1701－0032270　民 332.1068/2138　新學/商務

上海銀行業同業公會聯合準備委員會報告不

分卷　上海銀行業同業公會聯合準備委員會編　民國二十三年(1934)上海光華印刷公司鉛印本　一冊

330000－1701－0032272　GP09898　類叢部/叢書類/彙編之屬
宋人小說二十八種　涵芬樓編　民國上海商務印書館鉛印本　一冊　存一種

330000－1701－0032275　民 336.8971/6024　史部/政書類/公牘檔冊之屬
四川款目說明書不分卷　民國鉛印本　一冊

330000－1701－0032276　GP02648　經部/群經總義類/文字音義之屬
十經文字通正書十四卷　(清)錢坫撰　民國中國書店據清嘉慶二年(1797)文章大吉樓刻本影印本　四冊

330000－1701－0032277　GP02669　史部/地理類/專志之屬/祠墓
祀禹錄不分卷　賀揚靈輯　民國二十五年(1936)鉛印本　一冊

330000－1701－0032280　GP09900　類叢部/叢書類/彙編之屬
宋人小說二十八種　涵芬樓編　民國上海商務印書館鉛印本　一冊　存一種

330000－1701－0032281　GP09887　史部/雜史類/斷代之屬
默記三卷　(宋)王銍撰　民國十八年(1929)上海商務印書館鉛印本　一冊

330000－1701－0032282　GP09892　子部/雜著類/雜纂之屬
玉照新志六卷　(宋)王明清撰　民國十八年(1929)上海商務印書館鉛印本　一冊

330000－1701－0032284　GP09899　類叢部/叢書類/彙編之屬
宋人小說二十八種　涵芬樓編　民國上海商務印書館鉛印本　一冊　存一種

330000－1701－0032286　GP09943　類叢部/叢書類/彙編之屬
顏李叢書三十二種　徐世昌等輯　民國十二年(1923)四存學會鉛印本　二冊　存一種

330000－1701－0032287　GP02670　類叢部/叢書類/自著之屬
澹園雜著八卷　(清)虞景璜撰　**附錄一卷**　民國十三年(1924)鎮海虞氏鉛印本　一冊

330000－1701－0032288　GP09915　類叢部/叢書類/彙編之屬
宋人小說二十八種　涵芬樓編　民國上海商務印書館鉛印本　一冊　存一種

330000－1701－0032289　GP09886　類叢部/叢書類/彙編之屬
宋人小說二十八種　涵芬樓編　民國上海商務印書館鉛印本　一冊　存一種

330000－1701－0032291　GP09902　類叢部/叢書類/彙編之屬
宋人小說二十八種　涵芬樓編　民國上海商務印書館鉛印本　一冊　存一種

330000－1701－0032293　民 325.5124/6029　史部/政書類/公牘檔冊之屬
四川省臨時參議會第六次大會會議紀錄一卷　民國成都新新新聞報館印刷部鉛印本　一冊

330000－1701－0032295　GP09941　子部/雜著類/雜說之屬
老學庵筆記六卷　(宋)王明清撰　民國十五年(1926)上海商務印書館鉛印本　二冊

330000－1701－0032296　GP02679　子部/宗教類/道教之屬
莊子哲學一卷　蘇甲榮撰　民國十九年(1930)鉛印本　一冊

330000－1701－0032297　GP02680　類叢部/叢書類/自著之屬
最樂亭三種　(清)朱福清撰　民國六年至十二年(1917－1923)嘉興朱氏刻本　二冊　存一種

330000－1701－0032298　GP02674　史部/金

石類/總志之屬

歙縣金石志十四卷　葉爲銘輯　民國二十五年(1936)杭州紫城葉氏家廟鉛印本　六冊

330000－1701－0032299　GP09938　史部/傳記類/總傳之屬/忠孝

女二十四孝圖說并詩不分卷　潘守廉編　民國二十五年(1936)上海三友實業社有限公司石印本　一冊

330000－1701－0032300　GP02687　類叢部/叢書類/自著之屬

覃揅齋三種　趙椿年撰輯　民國武進趙氏北平刻本　一冊　存一種

330000－1701－0032302　GP09932　集部/總集類/酬唱之屬

復廬同音集二卷　楊世環編　民國石印本　一冊

330000－1701－0032305　GP09938/1　史部/傳記類/總傳之屬/忠孝

女二十四孝圖說并詩不分卷　潘守廉編　民國二十五年(1936)上海三友實業社有限公司石印本　一冊

330000－1701－0032308　GP02675　子部/藝術類/書畫之屬/畫譜

馬駘畫問不分卷　馬駘繪　民國十三年(1924)上海朝記書莊影印本　四冊

330000－1701－0032310　GP09950　類叢部/叢書類/彙編之屬

復性書院叢刊二十七種　馬浮編　民國二十九年至三十七年(1940－1948)復性書院刻本暨鉛印本　一冊　存二種

330000－1701－0032313　GP02678　史部/金石類/金之屬/文字

雙劍誃吉金文選二卷坿錄一卷　于省吾撰　民國二十二年(1933)北平大業印刷局石印本　三冊

330000－1701－0032315　GP09946　史部/地理類/遊記之屬/紀行

鄉國補游記三卷　林甄宇撰　民國六年(1917)永嘉林氏刻本　一冊

330000－1701－0032317　民 332.1095124/2680/c2　史部/政書類/邦計之屬

魏頌唐偶存稿三卷　魏頌唐撰　民國十六年(1927)鉛印本　一冊　存一卷(浙江農工銀行問題)

330000－1701－0032318　GP09947　史部/傳記類/別傳之屬/事狀

徐母陳太夫人哀悗錄一卷　徐人驥輯　民國金華大同祥記印務局鉛印本　一冊

330000－1701－0032321　GP09893　類叢部/叢書類/彙編之屬

宋人小說二十八種　涵芬樓編　民國上海商務印書館鉛印木　二冊　存一種

330000－1701－0032323　GP09948　子部/宗教類/道教之屬/雜著

真誥二十卷　(南朝梁)陶弘景撰　民國十六年(1927)上海倉學書院鉛印本　二冊

330000－1701－0032326　GP09949　類叢部/叢書類/自著之屬

名山全集三十四種　錢振鍠撰　民國木活字印本暨鉛印本　三冊　存三種

330000－1701－0032329　GP02697　子部/藝術類/書畫之屬/總論

寒松閣談藝瑣錄六卷　(清)張鳴珂撰　民國二十五年(1936)上海文明書局鉛印本　一冊

330000－1701－0032331　GP02698　類叢部/叢書類/彙編之屬

自明誠廔叢書五種　龍官崇編　民國二十三年至二十六年(1934－1937)順德龍氏中和園鉛印本　四冊　存一種

330000－1701－0032333　GP02701　史部/金石類/總志之屬

京兆各縣古物調查表一卷　民國八年(1919)印鑄局鉛印本　一冊

330000－1701－0032334　GP02686　史部/金石類/石之屬

古碑重橅僞刻攷四卷　余壽湘撰　民國勵乃驥抄本　勵乃驥批　一册

330000－1701－0032335　GP02702　史部/地理類/遊記之屬/紀行
吴郡西山訪古記五卷附鎮揚遊記一卷　李根源撰　民國十五年(1926)上海泰東圖書局鉛印本　一册

330000－1701－0032337　GP02708　史部/金石類/石之屬/文字
金石文字辨異補編五卷　楊紹廉撰　民國石印本　五册

330000－1701－0032340　GP02709　類叢部/叢書類/彙編之屬
集古齋叢鈔□□種　民國石印本　五册　存一種

330000－1701－0032341　GP02690　史部/目録類/專録之屬
國立北平故宫博物院院字號箱文物清册一卷　國立北平故宫博物院編　民國二十六年(1937)鉛印本　一册

330000－1701－0032342　民 375. 37024/3239. 21　史部/政書類/公牘檔册之屬
浙江省立第十師範學校校友會誌第十三期不分卷　民國鉛印本　一册

330000－1701－0032345　GP02691　史部/目録類/專録之屬
國立北平故宫博物院院字號箱文物清册一卷　國立北平故宫博物院編　民國二十六年(1937)鉛印本　勵乃驥批　一册

330000－1701－0032348　GP02714　經部/小學類/音韻之屬/韻書
草書禮部韻寶五卷　(宋)高宗趙構書　民國據日本延享四年(1747)刻本影印本　六册

330000－1701－0032350　GP02721　子部/藝術類/書畫之屬/畫録
病鶴叢畫四卷　錢病鶴(錢雲鶴)繪　民國石印本　二册　存二卷(立範、野談)

330000－1701－0032353　民 336. 892454/3294　史部/政書類/公牘檔册之屬
浙省地漕減浮釐捐核實細數備攷不分卷　民國抄本　一册

330000－1701－0032354　民 332. 1095124/2680/c1　史部/政書類/邦計之屬
魏頌唐偶存稿三卷　魏頌唐撰　民國十六年(1927)鉛印本　一册　存一卷(浙江農工銀行問題)

330000－1701－0032356　GP09963　新學/兵制/槍炮
改編射擊精理二卷　簡直義編　民國陸軍大學校鉛印本　二册

330000－1701－0032357　GP02705　類叢部/叢書類/自著之屬
綴學堂叢稿初集(見山樓叢書)十種　陳漢章撰　民國二十五年(1936)鉛印本　一册　存一種

330000－1701－0032359　GP02706　類叢部/叢書類/自著之屬
綴學堂叢稿初集(見山樓叢書)十種　陳漢章撰　民國二十五年(1936)鉛印本　一册　存一種

330000－1701－0032360　GP04830　類叢部/叢書類/彙編之屬
古學彙刊第一集三十四種第二集二十七種　鄧實等編　民國元年至三年(1912－1914)上海國粹學報社鉛印本　十二册　存第二集二十六種

330000－1701－0032364　GP09964　子部/雜著類/雜説之屬
家庭教育彙編十二種　秦鏞編　民國十五年(1926)鉛印本　一册

330000－1701－0032370　民 325. 5824/4030. 15　史部/政書類/公牘檔册之屬
杭州市參議會會務報告不分卷　杭州市參議會秘書處編　民國三十五年(1946)杭州市參議會秘書處油印本　一册

330000－1701－0032372　GP02717　史部/金石類/甲骨之屬/文字

契學概論不分卷　陳晉撰　民國二十二年(1933)上海中華書局石印本　劍心題記　一冊

330000－1701－0032373　GP09956　類叢部/叢書類/自著之屬

浦雅叢刻　陳瀏撰　民國十九年(1930)鉛印本　一冊　存一種

330000－1701－0032374　GP02722　子部/工藝類/日用器物之屬/陶瓷

飲流齋説瓷十卷　許之衡撰　民國上海朝記書莊鉛印本　四冊

330000－1701－0032375　GP09965　集部/詩文評類/詩評之屬

可園詩話八卷　陳作霖撰　民國八年(1919)鉛印本　一冊

330000－1701－0032377　GP09966　史部/傳記類/別傳之屬

循吏傳一卷　民國石印本　一冊

330000－1701－0032378　GP02718　史部/金石類/甲骨之屬/文字

契學概論不分卷　陳晉撰　民國二十二年(1933)上海中華書局石印本　一冊

330000－1701－0032379　GP09967　集部/總集類/選集之屬/通代

國文講義不分卷　民國油印本　一冊

330000－1701－0032381　GP02732　史部/金石類/金之屬

懷米山房吉金圖不分卷　(清)曹載奎摹刻　民國十一年(1922)海寧陳乃乾影印本　二冊

330000－1701－0032382　GP02735　史部/金石類/總志之屬/文字

海昌金石志六卷　朱寶瑨輯　民國十年(1921)鉛印本　四冊

330000－1701－0032383　GP02736　子部/藝術類/書畫之屬/總論

内務部古物陳列所書畫目録十四卷附三卷補遺二卷　何煜纂　謝剛國　吳瀛編　民國十四年(1925)北京京華印書局鉛印本　十冊

330000－1701－0032385　GP02733　類叢部/叢書類/自著之屬

崇雅堂叢書十四種　楊晨撰　民國二十五年(1936)楊紹翰鉛印本　一冊　存二種

330000－1701－0032386　GP09803　子部/宗教類/佛教之屬/大藏

影印宋磧砂藏經六千三百六十二卷附首冊二卷　影印宋版藏經會輯　民國二十五年(1936)上海影印宋版藏經會鉛印本　五百九十四冊

330000－1701－0032387　GP02734　類叢部/叢書類/自著之屬

崇雅堂叢書十四種　楊晨撰　民國二十五年(1936)楊紹翰鉛印本　一冊　存二種

330000－1701－0032389　GP02738　子部/藝術類/篆刻之屬/印譜

金薤留珍五集　(清)蔣溥輯　民國十五年(1926)北平故宫博物院古物館鈐印本　五冊

330000－1701－0032397　GP02723　子部/工藝類/日用器物之屬/陶瓷

飲流齋説瓷十卷　許之衡撰　民國上海朝記書莊鉛印本　四冊

330000－1701－0032399　GP02743　經部/群經總義類/石經之屬/通考

新出漢魏石經考四卷　吳維孝撰　民國十六年(1927)上海文瑞樓影印本　陸祖穀校並跋　二冊

330000－1701－0032402　GP02725　史部/金石類/石之屬

洛陽出土石刻時地記一卷　郭玉堂訪記　王廣慶校錄　民國三十年(1941)大華書報社鉛印本　一冊

330000－1701－0032407　民 336.89242/4030　史部/政書類/邦計之屬

浙江省杭州市民國三十五年度行政支出預算

書不分卷　民國三十五年(1946)油印本　一冊

330000－1701－0032409　民 336. 892452/32321　史部/政書類/公牘檔冊之屬
浙江省統捐捐率一卷　民國鉛印本　一冊

330000－1701－0032410　GP02744　類叢部/叢書類/家集之屬
丹徒陳氏著述十九種　□□編　民國石印本暨鉛印本　一冊　存一種

330000－1701－0032411　GP02754　集部/別集類
貞晦題畫絕句一卷　劉景晨撰　民國二十三年(1934)上海西泠印社書店影印本　一冊

330000－1701－0032413　GP02745　類叢部/叢書類/彙編之屬
嘉業堂叢書五十七種　劉承幹輯　民國吳興劉氏嘉業堂刻本　一冊　存一種

330000－1701－0032416　GP02727　子部/儒家類/儒學之屬/性理
胡子衡齊八卷　(明)胡直撰　民國上海古書流通處影印本　三冊

330000－1701－0032417　GP02737　子部/藝術類/總論之屬
畫論叢刊　于安瀾輯　民國二十六年(1937)中華書局鉛印本　六冊

330000－1701－0032418　GP02750　史部/金石類/甲骨之屬
鐵雲藏龜拾遺一卷　(清)劉鶚藏　**鐵雲藏龜拾遺攷釋一卷**　葉玉森撰　民國十四年(1925)丹徒葉氏五鳳硯齋影印本　一冊

330000－1701－0032419　GP02755　史部/金石類/璽印之屬/目録
臨淄封泥文字敘一卷目錄一卷　王獻唐編述　民國二十五年(1936)山東省立圖書館鉛印本　一冊

330000－1701－0032420　GP02728　子部/儒家類/儒學之屬/性理
胡子衡齊八卷　(明)胡直撰　民國上海古書流通處影印本　三冊

330000－1701－0032424　GP02756　史部/金石類/璽印之屬/目録
臨淄封泥文字敘一卷目錄一卷　王獻唐編述　民國二十五年(1936)山東省立圖書館鉛印本　一冊

330000－1701－0032427　GP09972　集部/總集類/酬唱之屬
述懷集一卷　陳時利撰　**和作一卷**　陳光弼撰　民國刻本　一冊

330000－1701－0032429　GP09973　史部/政書類/公牘檔冊之屬
海寧縣朱氏義莊緣起公牘章程不分卷　民國鉛印本　一冊

330000－1701－0032433　GP02787　子部/藝術類/書畫之屬
圖畫見聞誌六卷　(宋)郭若虛撰　民國上海埽葉山房影印本　六冊

330000－1701－0032434　GP02759　子部/藝術類/書畫之屬/畫法畫品
煙雲供養錄一卷　(清)吳騫輯　民國四年(1915)西泠印社吳氏木活字印本　一冊

330000－1701－0032435　民 220/1032. 2、民 220. 25/1032. 2/c1、民 220/1032/c1　子部/宗教類/佛教之屬
佛學叢書□□種　丁福保輯　民國上海醫學書局鉛印本暨影印本　三冊　存三種

330000－1701－0032437　GP09961　史部/傳記類/別傳之屬/事狀
程母許太夫人七秩壽言一卷　民國鉛印本　一冊

330000－1701－0032438　GP02781　子部/藝術類/書畫之屬/題跋
訢鷗軒畫跋二卷　陳方鏞撰　民國二十一年(1932)鉛印本　一冊

330000－1701－0032440　民 325. 5824/4030.

16　史部/政書類/公牘檔冊之屬

杭州市參議會市政考察團考察報告不分卷　杭州市參議會編　民國三十七年(1948)杭州市參議會油印本　一冊

330000－1701－0032441　GP02788　子部/藝術類/篆刻之屬/印論

篆刻啟蒙不分卷　傅厚光撰　民國三十三年(1944)重慶中國印學研究社鉛印本　一冊

330000－1701－0032442　GP02792　子部/藝術類/篆刻之屬/印譜

現代篆刻八集　吴幼潛編　民國二十一年(1932)上海誠信藝術部影印本　八冊

330000－1701－0032443　GP02782　子部/藝術類/書畫之屬/題跋

訴鷗軒畫跋二卷　陳方鏞撰　民國二十一年(1932)鉛印本　一冊

330000－1701－0032444　民 376/0017/c1　新學/學校

教授法原理不分卷　商務印書館編譯所編纂　民國二年(1913)上海商務印書館鉛印本　一冊

330000－1701－0032447　GP02783　子部/藝術類/書畫之屬/題跋

訴鷗軒畫跋二卷　陳方鏞撰　民國二十一年(1932)鉛印本　一冊

330000－1701－0032448　GP02760　子部/藝術類/書畫之屬/題跋

墨緣小錄一卷　(清)潘曾瑩撰　民國西泠印社吴氏木活字印本　二冊

330000－1701－0032449　GP02789　子部/藝術類/書畫之屬/畫録

詹東圖玄覽編四卷附錄一卷　(明)詹景鳳撰　民國三十六年(1947)國立北平故宫博物院鉛印本　一冊

330000－1701－0032452　民 336.892452/3232　史部/政書類/公牘檔冊之屬

浙江所得税一卷　民國抄本　一冊

330000－1701－0032453　GP02761　類叢部/叢書類/彙編之屬

遯盦叢編甲集四種乙集七種　吴隱編　民國二年至五年(1913－1916)西泠印社木活字印本　一冊　存一種

330000－1701－0032454　GP02799　史部/金石類/總志之屬/題跋

石琴吟館題跋一卷　伊立勳撰　民國十八年(1929)寧化伊氏鉛印本　一冊

330000－1701－0032457　GP02793　集部/别集類

待盦題畫詩存一卷詩餘偶存一卷摘句一卷　李寶章撰　民國三年(1914)木活字印本　一冊

330000－1701－0032458　GP02764　集部/别集類/明别集

天隱樓題畫詩鈔二卷　(明)王褘撰　民國油印本　一冊

330000－1701－0032459　GP02800　經部/小學類/文字之屬/字書/古文

古籀蒙求一卷　朱大可纂　朱其石書　民國二十四年(1935)石印本　一冊

330000－1701－0032460　GP02765　集部/别集類/明别集

天隱樓題畫詩鈔二卷　(明)王褘撰　民國油印本　一冊

330000－1701－0032461　GP02790　類叢部/叢書類/彙編之屬

涵芬樓祕笈五十一種　孫毓修等輯　民國五年至十五年(1916－1926)上海商務印書館影印本暨鉛印本　二冊　存一種

330000－1701－0032463　GP02801　子部/藝術類/書畫之屬/書法書品

學書一隅□□卷　陳恩榮輯　民國七年(1918)注音字母書報社石印本　一冊　存一卷(上)

330000－1701－0032464　GP02804　集部/别集類/清别集

菊花百詠一卷　(清)陳王廷撰　民國二十一年(1932)滇南張維翰鉛印本　一冊

330000－1701－0032466　GP10002　經部/讖緯類/春秋緯之屬

春秋緯史集傳四十卷　(清)陳省欽撰　民國十三年(1924)陳鍾祺鉛印本　四冊

330000－1701－0032467　GP02791　子部/藝術類/書畫之屬/畫法畫品

小蓬萊閣畫鑑七卷獵古集一卷　(清)李修易撰　(清)李厥猷編訂　民國二十三年(1934)上海商務印書館鉛印本　一冊

330000－1701－0032468　GP02806　子部/工藝類/日用器物之屬/陶瓷

景德鎮陶歌一卷　(清)龔鉽撰　民國中國書店鉛印本　一冊

330000－1701－0032470　GP09992　子部/儒家類/儒家之屬

孔經哲學發微不分卷　廖平撰　民國二年(1913)上海中華書局石印本　一冊

330000－1701－0032472　GP02794　集部/別集類

待盦題畫詩存一卷詩餘偶存一卷續編一卷摘句一卷　李寶章撰　民國三年(1914)木活字印本　一冊

330000－1701－0032474　GP02805　子部/藝術類/篆刻之屬/印譜

黄澹盦先生印譜不分卷　(清)黄梓庠篆刻　民國二十八年(1939)重慶綠蔭山館影印本　一冊

330000－1701－0032476　GP02795　子部/藝術類/篆刻之屬/印論

篆刻學一卷　壽鑈撰　民國二十二年(1933)北平銘泉閣鉛印本　一冊

330000－1701－0032479　GP02807　子部/藝術類/書畫之屬

大風堂書畫錄一卷　張大千撰　民國三十二年(1943)鉛印本　一冊

330000－1701－0032481　GP02766　史部/金石類

杭州古蕩新石器時代遺址之試探報告不分卷　浙江省立西湖博物館　吳越史地研究會編　民國二十五年(1936)鉛印本　一冊

330000－1701－0032482　GP02767　集部/別集類

靜遠堂詩畫集二卷　郁華撰　民國二十九年(1940)鉛印本　郁陳蔭題記　一冊

330000－1701－0032485　GP02809　子部/藝術類/書畫之屬

小萬柳堂王惲畫目一卷帆影樓紀事一卷　吳芝瑛編　民國石印本　一冊

330000－1701－0032487　GP10010　史部/政書類/邦計之屬

浙江財政說明書二卷　張壽鏞編　民國四年(1915)武昌鉛印本　二冊

330000－1701－0032489　GP02810　類叢部/叢書類/彙編之屬

燕京大學圖書館叢書　燕京大學圖書館編　民國北平燕京大學圖書館鉛印本暨影印本　一冊　存一種

330000－1701－0032490　GP10011　經部/小學類/文字之屬/字書

說文十幹形誼箋不分卷　陳邦福撰　民國石印本　一冊

330000－1701－0032491　GP10012　集部/詞類/總集之屬

甌社詞鈔不分卷　林鵾翔等撰　民國十年(1921)溫州翰墨林鉛印本　一冊

330000－1701－0032493　GP10013　子部/藝術類/書畫之屬/畫譜

媭碪課讀圖一卷　(清)陳鑅繪　(清)王錫振輯　(清)孫衣言等題跋　民國六年(1917)上海神州國光社石印本　一冊

330000－1701－0032499　GP09995　集部/別集類/清別集

立懦齋外集殘稿一卷　(清)顧壽楨撰　民國

十六年(1927)科學儀器館影印本　一册

330000－1701－0032503　GP09996　集部/別集類/清別集

立懦齋外集殘稿一卷　(清)顧壽楨撰　民國十六年(1927)科學儀器館影印本　一册

330000－1701－0032504　GP09997　集部/別集類

楊了公先生詩集一卷　楊錫章撰　民國十五年(1926)石印本　一册

330000－1701－0032505　GP02813　子部/藝術類/書畫之屬/書法書品

書法教科書八章　唐景垚編　民國三年(1914)長沙石印本　章嶔題簽並記　一册

330000－1701－0032510　GP09998　史部/傳記類/別傳之屬/事狀

晴川先生[孫之騄]事略一卷　樊鎮輯　民國五年(1916)紹興樊氏鉛印本　一册

330000－1701－0032512　GP02820　子部/藝術類/篆刻之屬/印譜

西京職官印録二卷　(清)徐堅輯　民國二十四年(1935)上海商務印書館影印本　二册

330000－1701－0032516　GP02821　子部/藝術類/篆刻之屬/印譜

西京職官印録二卷　(清)徐堅輯　民國二十四年(1935)上海商務印書館影印本　二册

330000－1701－0032517　GP09999　子部/宗教類/佛教之屬

金剛經心印會參二卷　(後秦)釋鳩摩羅什譯　程鵬輯録　民國十七年(1928)鉛印本　一册

330000－1701－0032519　GP10024　類叢部/叢書類/自著之屬

名山全集三十四種　錢振鍠撰　民國木活字印本暨鉛印本　一册　存四種

330000－1701－0032522　GP10000　集部/總集類/酬唱之屬

海昌徐逸卿先生重游泮水集一卷　徐家熙輯　民國二十四年(1935)鉛印本　一册

330000－1701－0032523　GP10022　史部/傳記類/別傳之屬

徐乾麟先生言行録不分卷　施流等編　民國三十年(1941)鉛印本　一册

330000－1701－0032526　GP10023　史部/傳記類/別傳之屬

徐乾麟先生言行録不分卷　施流等編　民國三十年(1941)鉛印本　一册

330000－1701－0032530　GP02828　史部/政書類/邦計之屬/鹽法

兩浙鹽務彙編六卷　邵中等編　民國十二年(1923)兩浙鹽運使署鉛印本　六册　存三卷(一至三)

330000－1701－0032534　GP02831　子部/藝術類/篆刻之屬/印譜

染倉室印存不分卷　陳衡恪篆　王伯沆藏　民國二十五年(1936)南京襄社影印本　四册

330000－1701－0032535　GP10035　類叢部/叢書類/自著之屬

壽櫟廬叢書九種　吳之英撰　民國九年(1920)名山吳氏刻本　八册　存六種

330000－1701－0032536　GP02797　子部/工藝類/日用器物之屬/陶瓷

古月軒瓷考一卷　楊勷谷撰　民國二十二年(1933)北平雅韻齋鉛印本　一册

330000－1701－0032537　GP02835　集部/別集類/清別集

簠齋尺牘不分卷　(清)陳介祺撰　陳敬第輯　民國八年(1919)上海商務印書館影印本　十二册

330000－1701－0032539　GP10032　史部/傳記類/總傳之屬/家乘

[浙江嘉興]重修花溪上黨馮氏近譜十一卷首一卷　馮翼雲纂修　民國二十年(1931)上海蔚文印刷局鉛印本　二册

330000－1701－0032540　民 376/0017/c3

新學/學校

教授法原理不分卷　商務印書館編譯所編纂　民國二年(1913)上海商務印書館鉛印本　一册

330000－1701－0032543　GP02836　子部/藝術類/書畫之屬/畫譜

亞光百美圖不分卷　胡文球繪　民國九年(1920)讀畫軒石印本　二册

330000－1701－0032544　GP02840　史部/政書類/儀制之屬/典禮

祭祀冠服圖一卷　政事堂禮制館編　民國三年(1914)政事堂禮制館石印本　一册

330000－1701－0032545　GP10060　集部/詩文評類/文法之屬

尺牘幼學五卷首一卷　王藝撰　民國十二年(1923)上海古今圖書店石印本　二册

330000－1701－0032547　GP02837　子部/藝術類/書畫之屬/畫録

虛齋名畫續錄四卷補遺一卷　龐元濟撰　民國十三年(1924)吳興龐氏刻十四年(1925)補刻本　四册

330000－1701－0032549　GP02832　子部/藝術類/篆刻之屬/印譜

醉愛居印賞一卷　(清)王睿章篆刻　(清)王祖脊彙編　民國紫芳閣影印本　一册

330000－1701－0032553　GP10062　集部/別集類/宋別集

王梅溪尺牘一卷　(宋)王十朋撰　民國九年(1920)上海商務印書館鉛印本　一册

330000－1701－0032555　GP02850　子部/藝術類/篆刻之屬/印譜

王冰鐵印存不分卷　王大炘篆刻　民國二十五年(1936)上海文明書局石印本　五册

330000－1701－0032556　GP10026　子部/宗教類/其他宗教之屬/其他

外王芻談錄不分卷　段正元撰　民國鉛印本　一册

330000－1701－0032557　GP02838　史部/金石類/郡邑之屬/目録

金文分域續編十四卷　柯昌濟撰　民國二十六年(1937)鉛印本　一册

330000－1701－0032558　GP02841　集部/別集類/清別集

簠齋尺牘不分卷　(清)陳介祺撰　陳敬第輯　民國八年(1919)上海商務印書館影印本　五册

330000－1701－0032559　GP10063　集部/別集類/宋別集

王梅溪尺牘一卷　(宋)王十朋撰　民國九年(1920)上海商務印書館鉛印本　一册

330000－1701－0032560　GP10069　集部/別集類

東湖吟草一卷　康逸泉撰　民國二十一年(1932)藕花洲文藝社石印本　一册

330000－1701－0032562　GP02833　子部/工藝類/日用器物之屬/錦繡

存素堂絲繡錄二卷　朱啓鈐撰　民國十八年(1929)存素堂鉛印本　一册

330000－1701－0032563　GP02842　史部/目録類/專録之屬

琴書存目六卷別錄二卷　周慶雲編　民國三年(1914)烏程周氏夢坡室刻本　四册

330000－1701－0032564　GP10030　史部/政書類/律令之屬

塔景亭案牘十卷　許文濬撰　民國十三年(1924)鉛印本　四册

330000－1701－0032566　GP10066　集部/別集類

閩南竹枝詞一卷　(清)申翰周撰　民國鉛印本　一册

330000－1701－0032568　GP10070　史部/史評類/史論之屬

東社讀史隨筆二卷　獨醒主人撰　民國上海文明書局鉛印本　一册

330000－1701－0032570　GP10067　史部/傳記類/日記之屬
多爾袞攝政日記一卷司道職名冊一卷　北平故宫博物院輯　民國二十四年(1935)國立北平故宫博物院鉛印本　一冊

330000－1701－0032571　民 336.89245/2680/c2　史部/政書類/邦計之屬/賦稅
浙江賦稅源流一卷　魏頌唐編輯　民國十四年(1925)鉛印本　一冊

330000－1701－0032572　GP02861　類叢部/叢書類/自著之屬
嬰闇所著書四種　秦更年撰　民國十七年(1928)至一九六〇年鉛印本暨油印本　一冊　存一種

330000－1701－0032574　GP10076　經部/小學類/文字之屬/字書/通論
字義類例不分卷　陳獨秀撰　民國十四年(1925)上海亞東圖書館石印本　一冊

330000－1701－0032576　GP10077　集部/總集類/酬唱之屬
鷗隱廬詠壽彙刊不分卷　湯壽潛等撰　民國石印本　一冊

330000－1701－0032578　GP02862　子部/藝術類/書畫之屬/總論
大觀錄二十卷　(清)吴升輯　民國九年(1920)武進李氏聖譯樓鉛印本　十四冊

330000－1701－0032581　GP10072　史部/政書類/律令之屬/律例
新刻法筆驚天雷八卷　民國上海錦章圖書局石印本　二冊

330000－1701－0032582　GP02853　集部/總集類/酬唱之屬
梅花唱和集一卷　黄右昌等撰　民國鉛印本　一冊

330000－1701－0032586　GP02854　史部/傳記類/總傳之屬/技藝
書林紀事四卷　馬宗霍撰　民國二十四年(1935)上海商務印書館鉛印本　一冊

330000－1701－0032587　GP02855　子部/工藝類/日用器物之屬/陶瓷
景德鎮陶錄十卷　(清)藍浦撰　(清)鄭廷桂補輯　民國上海朝記書莊石印本　四冊

330000－1701－0032591　GP02844　集部/别集類
歸雲樓題畫詩二卷　徐世昌撰　民國十三年(1924)影印本　二冊

330000－1701－0032592　GP02856　子部/工藝類/日用器物之屬/陶瓷
景德鎮陶錄十卷　(清)藍浦撰　(清)鄭廷桂補輯　民國上海朝記書莊石印本　四冊

330000－1701－0032593　GP02875　子部/藝術類/書畫之屬/書法書品
集古求真續編十卷首一卷補正四卷首一卷附語石校勘記一卷　歐陽輔纂輯　民國二十二年(1933)江西集古山房石印本　八冊

330000－1701－0032595　GP10074　子部/兵家類/兵法之屬
詳註孫子一卷吴子一卷司馬法一卷　(明)陳玖學撰　民國十年(1921)上海掃葉山房石印本　一冊

330000－1701－0032596　GP02857　史部/雜史類/斷代之屬
辱國春秋四卷　畢公天撰　民國四年(1915)上海辱國春秋社鉛印本　四冊

330000－1701－0032599　GP02880　新學/學校
日本學校制度之報告不分卷　民國抄本　趙文衡題記　三冊

330000－1701－0032601　GP10075　史部/政書類/公牘檔冊之屬
鄂東秘電一卷　民國鉛印本　一冊

330000－1701－0032603　GP02881　史部/金石類/郡邑之屬
歷城金石志二卷　夏曾德　夏金年撰　民國十五年(1926)鉛印本　二冊

330000－1701－0032609　GP02884　類叢部/叢書類/彙編之屬

抱經樓叢刊五種　沈德壽編　民國十五年至十六年(1926－1927)慈谿沈氏鉛印本　一冊　存一種

330000－1701－0032612　民 336.89245/2680　史部/政書類/邦計之屬/賦稅

浙江賦稅源流一卷　魏頌唐編輯　民國十四年(1925)鉛印本　一冊

330000－1701－0032613　GP10080　集部/詩文評類/文法之屬/函牘格式

唐著寫信必讀二卷　(清)唐芸洲撰　民國四年(1915)上海國粹書局石印本　一冊

330000－1701－0032614　民 325.5824/4030.17　史部/政書類/公牘檔冊之屬

杭州市參議會市政檢討委員會處理案件報告不分卷　杭州市參議會秘書處編　民國三十六年至三十八年(1947－1949)杭州市參議會秘書處油印本　三冊

330000－1701－0032615　GP02891　史部/金石類/甲骨之屬

殷虛書契前編集釋八卷　葉玉森撰　民國二十三年(1934)上海督印葉葓漁先生遺著同人會影印本　四冊

330000－1701－0032617　GP02905　子部/藝術類/書畫之屬/總論

歷代書畫舫十二卷　(明)張丑撰　民國十五年(1926)上海錦文堂石印本　八冊

330000－1701－0032619　GP02893　史部/金石類/總志之屬/圖像

二百蘭亭齋收藏金石記不分卷　(清)吳雲撰　民國據清咸豐六年(1856)歸安吳雲刻本影印本　四冊

330000－1701－0032622　GP10082　集部/詞類/總集之屬

毛刻宋六十家詞勘誤一卷　朱居易編　民國二十五年(1936)上海中華書局鉛印本　一冊

330000－1701－0032624　民 332.11/0018　史部/政書類/公牘檔冊之屬

廣西銀行章程一卷　民國鉛印本　一冊

330000－1701－0032625　民 336.892441/50761　史部/政書類/公牘檔冊之屬

東陽縣公產清冊第一輯不分卷　東陽縣財政整理委員會編　民國三十四年(1945)鉛印本　一冊

330000－1701－0032626　民 372.53/6636　史部/政書類/公牘檔冊之屬

浙江省戰時合作工作人員幹訓班開學典礼紀念特刊不分卷　民國油印本　一冊

330000－1701－0032627　GP10058　集部/總集類/選集之屬/通代

古詩選四卷　王國棟輯　民國三年(1914)上海廣益書局石印本　一冊

330000－1701－0032628　GP02897　子部/藝術類/書畫之屬/畫譜

賞奇軒五種合編　民國石印本　一冊　存一種

330000－1701－0032632　GP10083　集部/小說類/短篇之屬

虞初志七卷　(明)袁宏道評　民國六年(1917)上海掃葉山房石印本　四冊

330000－1701－0032633　GP02902　史部/傳記類/總傳之屬/技藝

清代畫史增編三十七卷補編一卷　盛鏸輯　民國十六年(1927)上海有正書局鉛印本　六冊

330000－1701－0032634　GP02904　集部/詩文評類/文評之屬

文學研究法四卷　姚永樸撰　民國十五年(1926)上海商務印書局鉛印本　四冊

330000－1701－0032637　GP02899　經部/小學類/文字之屬/字書/古文

鐘鼎字源五卷附錄一卷　(清)汪立名撰　民國掃葉山房石印本　一冊

330000－1701－0032638　GP02900、GP02901

類叢部/叢書類/彙編之屬

楝亭(楝亭藏書)十二種六十九卷 (清)曹寅編　民國十年(1921)上海古書流通處據清康熙四十五年(1706)揚州詩局刻本影印本　三冊　存二種

330000－1701－0032645　民 325.5824/4030.18　史部/政書類/公牘檔冊之屬

杭州市參議會決議案執行情形報告不分卷 杭州市參議會秘書處編　民國三十六年(1947)、三十八年(1949)杭州市參議會秘書處油印本　二冊

330000－1701－0032646　民 333.09124/32371　史部/政書類/公牘檔冊之屬

浙江省各縣面積分類明細表不分卷 參謀本部浙江省陸地測量局編　民國二十四年(1935)鉛印本　一冊

330000－1701－0032649　民 336.892429/3830/c3　史部/政書類/邦計之屬

浙江省錢塘道海寧縣十一年度縣地方歲入出決算書不分卷 民國石印本　一冊

330000－1701－0032653　GP10103　類叢部/叢書類/自著之屬

勵耘書屋叢刻八種 陳垣撰　民國刻本　二冊　存一種

330000－1701－0032662　民 325.59024/5024　史部/政書類/公牘檔冊之屬

奉化縣議會民國十一年議決案不分卷 民國十一年(1922)石印本　一冊

330000－1701－0032663　民 371.4/3033　史部/政書類/公牘檔冊之屬

永甯道視學會議錄不分卷 民國鉛印本　一冊

330000－1701－0032664　GP10104　史部/史評類/考訂之屬

元西域人華化考八卷附錄一卷 陳垣撰　民國石印本　章嶔題簽　二冊

330000－1701－0032667　GP02911　史部/傳記類/總傳之屬/技藝

墨林今話十八卷 (清)蔣寶齡撰　**續編一卷** (清)蔣茝生撰　民國十四年(1925)上海中華書局鉛印本　六冊

330000－1701－0032676　民 336.892429/3830/c2　史部/政書類/邦計之屬

浙江省錢塘道海寧縣十一年度縣地方歲入出決算書不分卷 民國石印本　一冊

330000－1701－0032678　GP02929　史部/金石類/石之屬

漢武梁祠堂石刻畫像攷六卷附圖一卷 (清)瞿中溶撰　民國十五年(1926)吳興劉氏希古樓刻本　二冊

330000－1701－0032679　GP02921　類叢部/叢書類/彙編之屬

嘉業堂叢書五十七種 劉承幹輯　民國吳興劉氏嘉業堂刻本　八冊　存一種

330000－1701－0032680　民 333.4/1137/c1　史部/政書類/邦計之屬/營田

量沙紀畧六章 張鴻編　民國六年(1917)鉛印本　張竹笙題記　一冊

330000－1701－0032681　民 336.892429/3830　史部/政書類/邦計之屬

浙江省錢塘道海寧縣十一年度縣地方歲入出決算書不分卷 民國石印本　一冊

330000－1701－0032682　民 333.4/1137/c2　史部/政書類/邦計之屬/營田

量沙紀畧六章 張鴻編　民國六年(1917)鉛印本　一冊

330000－1701－0032683　GP02925　史部/金石類/郡邑之屬

福建金石志三十卷 民國刻本　八冊

330000－1701－0032685　GP02922　類叢部/叢書類/彙編之屬

嘉業堂叢書五十七種 劉承幹輯　民國吳興劉氏嘉業堂刻本　八冊　存一種

330000－1701－0032687　GP02923　史部/金石類

嘉業堂金石叢書五種　劉承幹輯　民國吳興劉氏刻本　六册　存一種

330000－1701－0032691　GP02930　子部/工藝類/日用器物之屬

茗笈二卷　(明)屠本畯撰　**茗笈品藻一卷**　(清)王嗣奭等撰　民國抄本　一册

330000－1701－0032694　GP02926　史部/金石類

孔德研究所叢刊　孔德研究所編　民國鉛印本暨影印本　一册　存一種

330000－1701－0032696　GP02938　子部/藝術類/書畫之屬/畫法畫品

神州論畫錄五種　薛天沛編　民國三十三年(1944)薛崇禮堂成都刻本　二册

330000－1701－0032700　GP02939　史部/傳記類/總傳之屬/技藝

中國藝術家徵略六卷　李放纂　民國三年(1914)刻本　四册

330000－1701－0032703　民 375. 37024/3239.9/c2　史部/傳記類/總傳之屬

浙江省立第十師範學校同學錄不分卷　民國三年(1914)石印本　一册

330000－1701－0032707　GP02940　子部/藝術類/篆刻之屬/印譜

歷朝史印十卷　(清)黄學圯篆　(清)吳叔元等釋　民國十一年(1922)石印本　六册

330000－1701－0032711　民 336. 892429/32392/c3　史部/政書類/公牘檔册之屬

浙江省議會浙江省地方歲出入決算書不分卷　浙江省議會編　民國十年(1921)鉛印本　一册

330000－1701－0032713　GP10111　史部/傳記類/别傳之屬

南海先生[康有爲]傳一卷　陸乃翔　陸敦騤編　民國十八年(1929)萬木草堂鉛印本　一册

330000－1701－0032716　民 630. 13601332/1762　史部/政書類/公牘檔册之屬

豫鄂皖三省剿匪總司令部農村金融救濟處全年工作報告不分卷　豫鄂皖三省剿匪總司令部農村金融救濟處編　民國二十二年(1933)鉛印本　一册

330000－1701－0032718　GP10112　史部/傳記類/别傳之屬

南海先生[康有爲]傳一卷　陸乃翔　陸敦騤編　民國十八年(1929)萬木草堂鉛印本　一册

330000－1701－0032723　民 336. 8924/32391　史部/政書類/邦計之屬

浙江財政參考資料不分卷　民國油印本　一册

330000－1701－0032724　民 369. 44/3239. 1　史部/傳記類/職官録之屬/總録

浙江省保安第三縱隊第二支隊民國三十三年九月份官佐簡明履歷册不分卷　民國三十三年(1944)稿本　一册

330000－1701－0032725　民 336. 892424/32392. 2　史部/政書類/邦計之屬

浙江省民國十三年度省地方歲出入預算書不分卷　浙江省議會編　民國浙江省議會鉛印本　一册

330000－1701－0032726　民 369. 44/3239. 2　史部/傳記類/職官録之屬/總録

浙江省保安第三縱隊第二支隊九月份官佐士兵花名册不分卷浙江省保安第三縱隊第二支隊官佐士兵花名册不分卷浙江省保安第三縱隊第二支隊三十三年十二月官兵花名册不分卷浙江省保安第三縱隊第二支隊三十四年一月份官兵花名册不分卷浙江省保安第三縱隊第二支隊駐天台整訓官兵花名册不分卷　民國三十三年至三十四年(1944－1945)稿本　五册

330000－1701－0032727　GP10123　史部/傳記類/别傳之屬/年譜

侯官王壯愍公[有齡]年譜一卷　(清)王喬雲等撰　民國三十年(1941)華北政務委員會印

刷局鉛印本　一册

330000－1701－0032729　民336.8924/32392　史部/政書類/邦計之屬

浙江省各縣財政經濟調查須知與參攷資料不分卷　浙江財務人員養成所編　民國油印本　一册

330000－1701－0032731　GP02950　史部/金石類/甲骨之屬

殷虚文字類編十四卷檢字一卷殷虚書契考釋一卷待問編十三卷　羅振玉撰　商承祚編　民國十二年至十五年(1923－1926)刻本　六册

330000－1701－0032734　民336.8924/32394　史部/傳記類/職官録之屬/總録

浙江省財政廳職員錄一卷　財政廳第四科編　民國二十一年(1932)鉛印本　一册

330000－1701－0032735　民336.892429/32392/c2(V9)　史部/政書類/邦計之屬

浙江省中華民國九年度省地方歲入出決算書不分卷　民國鉛印本　一册

330000－1701－0032738　民810.5/1043　集部/總集類/選集之屬/斷代

正始社叢刻第一集三種三卷　正始社輯　民國八年(1919)鉛印本　一册

330000－1701－0032740　民378.9481/4046/c1　子部/兵家類/武術技巧之屬

拳經四卷　大聲圖書局輯　民國七年(1918)上海大聲圖書局石印本　一册　存二卷(一至二)

330000－1701－0032742　GP10139　集部/別集類/明別集

重訂祝子遺書六卷首一卷末一卷　(明)祝淵撰　祝廷錫編　民國六年(1917)知非樓刻本　二册

330000－1701－0032745　GP10140　集部/別集類/明別集

重訂祝子遺書六卷首一卷末一卷　(明)祝淵撰　祝廷錫編　民國六年(1917)知非樓刻本　二册

330000－1701－0032747　GP10141　集部/別集類/明別集

重訂祝子遺書六卷首一卷末一卷　(明)祝淵撰　祝廷錫編　民國六年(1917)知非樓刻本　二册

330000－1701－0032748　GP10114　史部/傳記類/別傳之屬/年譜

胡正惠公[則]年譜一卷附錄一卷　胡宗楙撰　民國二十一年(1932)永康胡氏夢選樓刻本　一册

330000－1701－0032749　GP02949　史部/金石類/甲骨之屬

殷虚文字類編十四卷檢字一卷殷虚書契考釋一卷待問編十三卷　羅振玉撰　商承祚編　民國十二年至十五年(1923－1926)刻本　六册

330000－1701－0032753　GP10115　史部/傳記類/別傳之屬/年譜

胡正惠公[則]年譜一卷附錄一卷　胡宗楙撰　民國二十一年(1932)永康胡氏夢選樓刻本　一册

330000－1701－0032758　GP10117　史部/傳記類/別傳之屬/年譜

金正希[聲]先生年譜一卷附錄一卷　(清)程錫類撰　**札記一卷**　金兆蕃撰　民國十七年(1928)思貽堂刻二十一年(1932)補刻本　一册

330000－1701－0032760　GP10118　史部/傳記類/別傳之屬/年譜

金正希[聲]先生年譜一卷附錄一卷　(清)程錫類撰　民國十七年(1928)金兆蕃思貽堂刻本　一册

330000－1701－0032761　GP02963　類叢部/叢書類/彙編之屬

求恕齋叢書三十一種　劉承幹編　民國吳興劉氏嘉業堂刻本　二册　存一種

330000－1701－0032763　GP02959　子部/兵

家類/兵法之屬
軍人圭臬二卷　周詩撰　民國十七年(1928)鉛印本　二冊

330000－1701－0032764　GP02964　經部/書類/傳説之屬
尚書駢枝一卷　(清)孫詒讓撰　民國燕京大學刻本　一冊

330000－1701－0032765　GP10146　史部/傳記類/別傳之屬/年譜
默盦居士[王舟瑤]自定年譜一卷　王舟瑤撰　**默盦居士年譜續編一卷**　王敬禮撰　**誌銘家傳附錄一卷**　章梫等撰　民國十五年(1926)黄巖王氏鉛印本　一冊

330000－1701－0032766　GP02965　經部/書類/傳説之屬
尚書駢枝一卷　(清)孫詒讓撰　民國燕京大學刻本　一冊

330000－1701－0032767　GP02966　經部/書類/傳説之屬
尚書駢枝一卷　(清)孫詒讓撰　民國鉛印本　一冊

330000－1701－0032768　GP02960　子部/雜著類/雜考之屬
師伏堂筆記三卷　(清)皮錫瑞撰　民國十九年(1930)長沙楊樹達積微居刻本　一冊

330000－1701－0032775　GP02961　經部/春秋左傳類/傳説之屬
劉炫規杜持平六卷　(清)邵瑛撰　民國四年(1915)邵啓賢贛南鉛印本　一冊

330000－1701－0032777　GP02970　新學/政治法律/政治
建國詮真一卷　徐樹錚撰　民國十年(1921)影印本　一冊

330000－1701－0032781　GP10129　經部/四書類/大學之屬/傳説
大學古本質言一卷　(清)劉沅撰　民國五年(1916)四川成都人文道德研究會修文部石印本　一冊

330000－1701－0032784　GP10135　經部/詩類/傳説之屬
詩毛氏學三十卷　馬其昶撰　民國十三年(1924)張石卿、葉玉麟、王福震鉛印本　十冊

330000－1701－0032791　GP02985　子部/藝術類/音樂之屬/樂譜
棠湖塤譜一卷　(清)吴潯源撰　民國十二年(1923)退耕堂刻本　一冊

330000－1701－0032792　GP02980　史部/金石類/石之屬/雜著
簠齋傳古別録手稿不分卷　(清)陳介祺撰并書　民國九年(1920)周進與石居影印本　一冊

330000－1701－0032793　GP02986　子部/藝術類/書畫之屬/法帖
總理遺墨不分卷　孫文書　民國二十二年(1933)中國國民黨執行委員會影印本　一冊

330000－1701－0032795　GP02997　子部/雜著類/雜考之屬
訂訛類編三卷　(清)杭世駿撰　民國抄本　八冊

330000－1701－0032796　GP02981　集部/曲類/曲評曲話曲目之屬
鞠部叢談校補一卷　羅惇曧撰　李釋戡校補　樊山批　民國十五年(1926)涉園刻本　一冊

330000－1701－0032798　GP03000　史部/目録類/專録之屬
癖泉書室所藏泉幣書目四卷附錄一卷　宗惟恭編　民國二十三年(1934)上元宗氏癖泉書室鉛印本　一冊

330000－1701－0032802　GP10160　史部/傳記類/別傳之屬/年譜
崇德老人自訂年譜一卷附廉儉救國説一卷　聶曾紀芬撰　瞿宣穎輯　民國二十二年(1933)鉛印本　一冊

330000－1701－0032803　民 369.308/4036　新學/政治法律

浙江巡警學堂講義不分卷　來裕昌講述　民國抄本　四冊

330000－1701－0032804　GP10132　類叢部/叢書類/家集之屬

武林丁氏家集十三種　丁立誠　丁立中撰　民國錢塘丁氏嘉惠堂鉛印本　一冊　存三種

330000－1701－0032806　GP10146/1　史部/傳記類/别傳之屬/年譜

默盦居士[王舟瑶]自定年譜一卷　王舟瑶撰　**默盦居士年譜續編一卷**　王敬禮撰　**誌銘家傳附録一卷**　章梫等撰　民國十五年(1926)黄巖王氏鉛印本　一冊

330000－1701－0032807　民 811.18/4900.2　集部/别集類

蝶魂詩鈔一卷　趙敵文撰　民國二十年(1931)鉛印本　禾橈、陳步青題記　一冊

330000－1701－0032808　GP03004　史部/目録類/總録之屬/官修

南京市立圖書館西文書目一卷　歐陽瑞驊編　民國二十三年(1934)鉛印本　一冊

330000－1701－0032809　民 336.8924/5074　史部/政書類/邦計之屬

東陽縣地方財政説明書不分卷　姚永澂編　民國油印本　一冊

330000－1701－0032810　GP03001　史部/目録類/書志之屬/提要

錢氏所藏堪輿書提要一卷　錢文選編　民國三十一年(1942)鉛印本　一冊

330000－1701－0032811　GP10147　史部/傳記類/總傳之屬/技藝

蜜蜂畫社社友録一卷　民國十九年(1930)鉛印本　一冊

330000－1701－0032813　GP10148　史部/傳記類/别傳之屬/年譜

韌叟[勞乃宣]自訂年譜一卷　勞乃宣撰　民國十一年(1922)鉛印本　一冊

330000－1701－0032814　GP10133　類叢部/叢書類/家集之屬

武林丁氏家集十三種　丁立誠　丁立中撰　民國錢塘丁氏嘉惠堂鉛印本　一冊　存三種

330000－1701－0032816　GP03002　史部/目録類/書志之屬/提要

錢氏所藏堪輿書提要一卷　錢文選編　民國三十一年(1942)鉛印本　一冊

330000－1701－0032817　GP10134　類叢部/叢書類/家集之屬

武林丁氏家集十三種　丁立誠　丁立中撰　民國錢塘丁氏嘉惠堂鉛印本　一冊　存三種

330000－1701－0032819　GP03007　史部/目録類/總録之屬

甘肅省立圖書館書目初編六卷　張繼祖　劉幹輯　民國十三年(1924)石印本　六冊

330000－1701－0032820　GP03014　史部/目録類/總録之屬/官修

天津圖書館書目三十二卷末一卷　譚新嘉　韓梯雲編　民國二年(1913)天津圖書館鉛印本　十冊

330000－1701－0032821　民 378.9481/6613/c3　子部/兵家類/武術技巧之屬

甘鳳池拳譜不分卷　(清)甘鳳池撰　民國十八年(1929)上海中西書局石印本　一冊

330000－1701－0032822　GP03005　史部/目録類/總録之屬/官修

吉林省立圖書館藏書目録二卷　吉林省立圖書館編　民國十年(1921)鉛印本　二冊

330000－1701－0032826　GP10149　史部/傳記類/别傳之屬/年譜

榆廬[夏辛銘]年譜一卷　夏辛銘撰　**榆廬年譜續一卷**　夏祖年　夏廷正編　民國二十年(1931)鉛印本　一冊

330000－1701－0032827　GP03006　史部/目録類/總録之屬/官修

天津圖書館叢書總目一卷　天津圖書館編　民國鉛印本　一冊

330000－1701－0032828　民 371.065/2776　史部/政書類/公牘檔冊之屬

紹興縣教育局董事會議決案一卷　民國十六年(1927)鉛印本　一册

330000－1701－0032830　GP03015　史部/目録類/總録之屬/官修

河南圖書館書目表六卷　河南圖書館編　民國六年(1917)河南商務印刷所鉛印本　六册

330000－1701－0032832　民 378.9481/6613/c1　子部/兵家類/武術技巧之屬

甘鳳池拳譜不分卷　(清)甘鳳池撰　民國十八年(1929)上海中西書局石印本　一册

330000－1701－0032833　GP03008　史部/目録類/總録之屬

南通圖書館第一次目録不分卷　南通圖書館編　民國三年(1914)南通翰墨林書局鉛印本　七册

330000－1701－0032834　GP10150　子部/宗教類/佛教之屬/經疏

佛説阿彌陀經疏鈔擷一卷　(明)釋袾宏疏鈔　(清)徐槐廷擷　**佛説阿彌陀經一卷**　(後秦)釋鳩摩羅什譯　民國十二年(1923)刻本　一册

330000－1701－0032838　GP03022　史部/目録類/總録之屬/官修

故宫所藏觀海堂書目四卷補遺一卷　楊守敬藏　何澄一編　民國二十一年(1932)北平故宫博物院圖書館鉛印本　一册

330000－1701－0032839　GP03016　史部/目録類/總録之屬/官修

河南圖書館書目表六卷　河南圖書館編　民國六年(1917)河南商務印刷所鉛印本　六册

330000－1701－0032843　GP03012　史部/目録類/總録之屬/官修

浙江圖書館出版書目不分卷　浙江圖書館編　民國鉛印本　一册

330000－1701－0032844　GP03024　史部/目録類/總録之屬/官修

無錫私立大公圖書館藏書目録十二卷首一卷末一卷續補一卷　嚴懋功編　民國十年(1921)無錫錫成公司鉛印本　四册

330000－1701－0032845　GP03027　史部/目録類/總録之屬/官修

省立第二圖書館書目續編六卷附録一卷　曹允源編　民國六年(1917)蘇州江蘇省立第二圖書館刻本　二册

330000－1701－0032847　GP10165　子部/宗教類/佛教之屬/諸宗

念佛鏡三卷　(清)張師誠輯　(清)徐槐廷徵義　民國十八年(1929)上海國光印書局鉛印本　一册

330000－1701－0032853　民 336.892424/4019　史部/政書類/邦計之屬

樂清縣三十二年度縣地方歲出入總單預算書不分卷　樂清縣政府編　民國樂清縣政府油印本　一册

330000－1701－0032854　GP03013　史部/目録類/總録之屬/官修

浙江圖書館出版書目不分卷　浙江圖書館編　民國鉛印本　一册

330000－1701－0032856　GP03021　史部/目録類/總録之屬/官修

陝西圖書館書目三編四卷　陝西圖書館編　民國十一年(1922)鉛印本　二册

330000－1701－0032858　GP03028　史部/目録類/總録之屬/私撰

俟廬藏書目不分卷　祝廷錫編　民國抄本　二册

330000－1701－0032863　GP03038　經部/小學類/文字之屬/字書/通論

中國文字之原始及其構造二編　蔣善國撰　民國二十二年(1933)上海商務印書館石印本　二册

330000－1701－0032864　民 333.4/7486　新學/圖學/測繪

經界肊説一卷　陸鋭星撰　民國四年(1915)

鉛印本　一冊

330000－1701－0032866　GP03039　經部/小學類/文字之屬/字書/通論
中國文字之原始及其構造二編　蔣善國撰　民國二十四年(1935)上海商務印書館石印本　二冊

330000－1701－0032867　GP10171　集部/別集類/明別集
許伯清詩稿一卷遺詩輯補一卷　(明)許學夷撰　民國十一年(1922)鉛印本　一冊

330000－1701－0032870　GP04439　類叢部/叢書類/彙編之屬
求恕齋叢書三十一種　劉承幹編　民國吳興劉氏嘉業堂刻本　一冊　存一種

330000－1701－0032871　GP03017　史部/目録類/總録之屬/官修
京師圖書分館藏書目不分卷　京師圖書分館編　民國油印本　三冊

330000－1701－0032872　GP03043　史部/目録類/總録之屬/官修
浙江公立圖書館保存類目錄四卷　浙江公立圖書館編　民國十年(1921)浙江公立圖書館石印本　一冊

330000－1701－0032874　GP03040　史部/傳記類/總傳之屬/郡邑
越蔭錄一卷傳芳錄一卷　(清)杜甲撰　民國二十八年(1939)鉛印本　一冊

330000－1701－0032878　民336.89241/2776　史部/政書類/邦計之屬
紹興縣縣社倉經濟倉儲部歲入歲出收支計算書一卷　民國十年(1921)鉛印本　一冊

330000－1701－0032879　民630.13609124/4230　史部/政書類/公牘檔冊之屬
桃源新村概況一卷　民國三十七年(1948)油印本　一冊

330000－1701－0032880　GP03045　史部/目録類/總録之屬
故宮普通書目六卷　故宮博物院圖書館編　民國二十三年(1934)北平故宮博物院圖書館鉛印本　三冊

330000－1701－0032882　GP10184　類叢部/叢書類/彙編之屬
古今名著説部大觀三十四種　瓏瓓玲仙館編　民國七年(1918)大東書局石印本　一冊　存二種

330000－1701－0032883　民336.89241/4052　史部/政書類/邦計之屬
中華民國元年浙江全省歲出預算冊不分卷　大共和日報編　民國鉛印本　一冊

330000－1701－0032884　GP10188　集部/總集類/氏族之屬
盛節母暨盛孝子文詩合編一卷　蘇煦編　民國二十三年(1934)鉛印本　一冊

330000－1701－0032885　GP03050　史部/目録類/總録之屬/官修
北平圖書館善本書目乙編四卷　趙録綽編　民國二十四年(1935)鉛印本　一冊

330000－1701－0032886　GP03066　史部/目録類/總録之屬/官修
諸暨圖書館目錄初編八卷首一卷　樓藜然編　民國九年(1920)石印本　四冊

330000－1701－0032887　GP03051　史部/目録類/總録之屬/官修
北平圖書館善本書目四卷補一卷　趙萬里撰集　民國二十二年(1933)刻本　四冊

330000－1701－0032888　GP03067　史部/目録類/總録之屬/官修
舊溫屬圖書館初編書目不分卷　舊溫屬圖書館編　民國舊溫屬圖書館石印本　六冊

330000－1701－0032889　民378.9481/8737.3　子部/兵家類/武術技巧之屬
武松拳譜不分卷　民國十八年(1929)上海中西書局石印本　一冊

330000－1701－0032890　GP03042　史部/目

録類/總録之屬/官修

浙江公立圖書館保存類目錄四卷　浙江公立圖書館編　民國十年(1921)浙江公立圖書館石印本　二册

330000－1701－0032891　GP10154　子部/宗教類/道教之屬/方法

丹經指南二卷附補虧正法一卷　張松谷撰　民國十四年(1925)鉛印本　一册

330000－1701－0032892　GP03044　史部/目録類/總録之屬/官修

浙江公立圖書分館觀覽類書目補編不分卷　浙江公立圖書館編　民國五年(1916)浙江公立圖書館鉛印本　一册

330000－1701－0032894　GP03068　史部/目録類/總録之屬/官修

京師圖書館善本簡明書目不分卷　京師圖書館編　民國五年(1916)京師圖書館鉛印本　四册

330000－1701－0032896　民 378.501/3239/c2　史部/政書類/公牘檔册之屬

浙江省衢州師範區國民教育研究成立會彙刊不分卷　民國三十四年(1945)油印本　一册

330000－1701－0032897　GP03052　史部/目録類/總録之屬/官修

寧波市立圖書館目錄不分卷　楊鐵夫編　民國二十年(1931)寧波市立圖書館鉛印本　一册

330000－1701－0032898　GP10189　史部/地理類/專志之屬/寺觀

北平石燈吉祥寺同戒錄不分卷　民國二十三年(1934)石印本　一册

330000－1701－0032899　民 811.18/2740/c1　集部/别集類

集玉谿生句一卷　佩章撰　民國鉛印本　一册

330000－1701－0032900　GP03074　史部/目録類/總録之屬/官修

臨海縣立圖書館甲種書目四卷補編目錄一卷乙種書目二卷丙種書目一卷丁種書目四卷　盧吉民編　民國三十三年(1944)臨海縣立圖書館油印本　一册　存二卷(乙種一至二)

330000－1701－0032901　民 336.892424/3830　史部/政書類/邦計之屬

浙江省錢塘道海寧縣十四年度縣地方歲入出預算總書不分卷　民國石印本　一册

330000－1701－0032902　GP03069　史部/目録類/總録之屬/官修

京師圖書館善本簡明書目不分卷　京師圖書館編　民國五年(1916)京師圖書館鉛印本　四册

330000－1701－0032905　GP03070　史部/目録類/總録之屬/官修

南京圖書局閱覽室檢查書目二編五卷　南京圖書局編　民國南京圖書局鉛印本　二册

330000－1701－0032907　GP10190　子部/儒家類/儒學之屬/禮教/女範

閨德錄韻言一卷　郭燮熙輯　民國二十年(1931)雲南新文石印館石印本　一册

330000－1701－0032908　民 338.063/8062　史部/政書類/邦計之屬

出席全國生產會議報告一卷　伍廷颺　趙曾玨撰　民國油印本　一册

330000－1701－0032909　民 378.9481/8737.2/c2　子部/兵家類/武術技巧之屬

魯智深拳譜不分卷　民國十八年(1929)上海中西書局石印本　一册

330000－1701－0032910　GP03053　史部/目録類/總録之屬/官修

寧波市立圖書館目錄不分卷　楊鐵夫編　民國二十年(1931)寧波市立圖書館鉛印本　一册

330000－1701－0032912　GP10155　子部/宗教類/道教之屬/方法

丹經指南二卷附補虧正法一卷　張松谷撰　民國十四年(1925)鉛印本　一册

330000－1701－0032913　GP03071　史部/目録類/總録之屬/官修
南京圖書局閲覽室檢查書目二編五卷　南京圖書局編　民國南京圖書局鉛印本　二冊

330000－1701－0032914　GP03075　史部/目録類/總録之屬/官修
國民政府文官處圖書館圖書目錄不分卷　國民政府文官處圖書館編　民國二十三年(1934)國民政府文官處印鑄局鉛印本　二冊

330000－1701－0032916　GP03072　史部/目録類/總録之屬/官修
南京圖書局閲覽室檢查書目二編五卷　南京圖書局編　民國南京圖書局鉛印本　二冊

330000－1701－0032917　GP03093　史部/目録類/總録之屬/官修
黑龍江圖書館儲藏書籍開列數目不分卷　黑龍江圖書館編　民國七年(1918)油印本　一冊

330000－1701－0032918　GP03054　史部/目録類/總録之屬/官修
寧波市立圖書館目錄不分卷　楊鐵夫編　民國二十年(1931)寧波市立圖書館鉛印本　一冊

330000－1701－0032919　GP03094　史部/目録類/總録之屬/官修
黑龍江圖書館書目不分卷　黑龍江圖書館編　民國七年(1918)油印本　一冊

330000－1701－0032922　民 811.18/2740/c2　集部/別集類
集玉谿生句一卷　佩韋撰　民國鉛印本　一冊

330000－1701－0032925　GP10191　史部/傳記類/別傳之屬/事狀
慈谿陳謙夫先生[俊伯]紀念冊不分卷　韓煥章編　民國三十六年(1947)鉛印本　一冊

330000－1701－0032929　民 329.9104/4481.41　新學/議論/論政
革命哲學一卷　蔣中正撰　黄仲翔編　民國二十二年(1933)鉛印本　一冊

330000－1701－0032930　民 630.1361/3107/c1　新學/農政
新鄉運動一卷　馮翊撰　民國鉛印本　一冊

330000－1701－0032931　民 378.9481/8737.2/c1　子部/兵家類/武術技巧之屬
魯智深拳譜不分卷　民國十八年(1929)上海中西書局石印本　一冊

330000－1701－0032932　民 378.501/3239/c1　史部/政書類/公牘檔冊之屬
浙江省衢州師範區國民教育研究成立會彙刊不分卷　民國三十四年(1945)油印本　一冊

330000－1701－0032933　民 333.59/3233.2　史部/政書類/公牘檔冊之屬
修正浙江沙竈地墾放局辦法大綱一卷附施行細則一卷　民國十五年(1926)鉛印本　一冊

330000－1701－0032940　民 336.892424/32394　史部/政書類/邦計之屬
浙江省三十六年度地方歲入出總概算書不分卷　民國油印本　一冊

330000－1701－0032942　GP10194　子部/儒家類/儒學之屬/禮教/鑑戒
福壽全書六卷　(明)陳繼儒撰　民國十年(1921)鉛印本　一冊

330000－1701－0032943　民 336.89242/3016　史部/政書類/公牘檔冊之屬
宣平縣舉辦牲畜登記暨管制征收屠宰税辦法不分卷　民國三十五年(1946)油印本　一冊

330000－1701－0032946　民 811.18/0421/c2　集部/別集類
敝帚集一卷　謝倬撰　民國二十一年(1932)鉛印本　一冊

330000－1701－0032950　民 378.9481/8737　子部/兵家類/武術技巧之屬
金台拳譜不分卷　(宋)金台撰　民國十八年(1929)上海中西書局石印本　一冊

330000－1701－0032951　民 338.06823/

1073.3　新學/商務
三門灣興業股份有限公司招股章程不分卷　民國鉛印本　一冊

330000－1701－0032952　GP03139　子部/藝術類/遊藝之屬/棋弈
奕萃一卷官子一卷　(清)卞文恒撰　民國二年(1913)上海千頃堂石印本　一冊　存一卷(官子)

330000－1701－0032953　GP10195　類叢部/叢書類/家集之屬
武林丁氏家集十三種　丁立誠　丁立中撰　民國錢塘丁氏嘉惠堂鉛印本　一冊　存一種

330000－1701－0032954　民630.1361/3107/c2　新學/農政
新鄉運動一卷　馮翊撰　民國鉛印本　一冊

330000－1701－0032955　GP10181　子部/藝術類/遊藝之屬/聯語
稧敘集言一卷　(清)唐仲冕撰並書　民國十一年(1922)蟫隱廬影印本　一冊

330000－1701－0032957　GP10182　新學/醫學/衛生學
衛生新食譜二卷　琴仲編譯　民國鉛印本　一冊

330000－1701－0032961　民369.30712/8037　史部/政書類/公牘檔冊之屬
浙江省省會公安局各分局轄境地名清冊不分卷　民國二十二年(1933)油印本　一冊

330000－1701－0032962　GP03144　史部/目録類/專録之屬
綴玉軒藏曲志不分卷　傅惜華撰　民國二十三年(1934)鉛印本　一冊

330000－1701－0032963　GP03140　史部/目録類/總録之屬/地方
泰縣刊版書錄一卷清代泰縣禁書述要一卷　陸銓編　民國油印本　一冊

330000－1701－0032964　GP03079　類叢部/叢書類/彙編之屬
抱經樓叢刊五種　沈德壽編　民國十五年至十六年(1926－1927)慈谿沈氏鉛印本　一冊　存一種

330000－1701－0032965　GP03141　史部/政書類/儀制之屬
江蘇編訂禮制會喪禮草案三卷喪服草案五卷　姚文枏撰　民國二十一年(1932)鉛印本　二冊

330000－1701－0032967　GP03149　集部/總集類/氏族之屬
吳越錢氏傳芳集一卷附錢王祠神像神位人名表一卷明清兩朝錢氏名人簡明表一卷　(清)錢泳輯　民國二十六年(1937)錢文選鉛印本　一冊

330000－1701－0032968　GP03115　史部/目録類/總録之屬/官修
紹興縣立圖書館通常類書目不分卷　紹興縣立圖書館編　民國二十三年(1934)鉛印本　一冊

330000－1701－0032969　民336.29/4447　史部/政書類/公牘檔冊之屬
中國現行審計制度不分卷　范士興講述　民國三十六年(1947)油印本　曾昭南題記　一冊

330000－1701－0032972　GP03145　類叢部/叢書類/彙編之屬
楊家駱清代著述志資料叢書第二集　楊家駱輯　民國二十二年(1933)中國圖書大辭典編輯館影印本　一冊　存一種

330000－1701－0032976　GP03116　子部/藝術類/書畫之屬
有所思齋輯藏明人書翰墨蹟冊子目錄一卷　林志鈞編　民國鉛印本　一冊

330000－1701－0032980　民378.9481/8551　子部/醫家類/養生之屬/導引、氣功
練軟硬功秘訣不分卷　民國十八年(1929)上海中西書局石印本　一冊

330000－1701－0032981　GP03152　經部/小

學類/文字之屬/説文

説文提要一卷　(清)陳建侯撰　民國四年(1915)掃葉山房石印本　章嶔題簽　一册

330000－1701－0032982　GP03148　集部/總集類/氏族之屬

吴越錢氏傳芳集一卷附錢王祠神像神位人名表一卷明清兩朝錢氏名人簡明表一卷　(清)錢泳輯　民國二十六年(1937)錢文選鉛印本　一册

330000－1701－0032983　GP03117　子部/藝術類/書畫之屬

有所思齋輯藏明人書翰墨蹟册子目録一卷　林志鈞編　民國鉛印本　一册

330000－1701－0032985　GP03153　經部/小學類/文字之屬/字書/通論

字義類例不分卷　陳獨秀撰　民國十四年(1925)上海亞東圖書館石印本　一册

330000－1701－0032986　民369.307136/32392　史部/政書類/公牘檔册之屬

浙江省内河水上警察局三十六年度工作報告不分卷　浙江省内河水上警察局編　民國三十六年(1947)油印本　一册

330000－1701－0032987　GP10205　子部/宗教類/佛教之屬

佛教同仁會敬勸國人覺悟息爭書一卷　佛教同仁會撰　民國石印本　一册

330000－1701－0032988　GP03118　子部/藝術類/書畫之屬

有所思齋輯藏明人書翰墨蹟册子目録一卷　林志鈞編　民國鉛印本　一册

330000－1701－0032991　民336.89241/3239/c2　史部/政書類/邦計之屬

浙江省中華民國七年度省地方歲出入預算書不分卷　浙江省議會編　民國七年(1918)鉛印本　一册

330000－1701－0032992　GP03125　史部/目録類/專録之屬

有美草堂畫學書目一卷　吴辟疆編　民國二十二年(1933)鉛印本　一册

330000－1701－0032999　GP03156　史部/傳記類/日記之屬

日記之模範不分卷　(清)李慈銘撰　余慕之選　民國二十二年(1933)影印本　一册

330000－1701－0033008　GP03102　類叢部/叢書類/自著之屬

澹園雜著八卷　(清)虞景璜撰　**附録一卷**　民國十三年(1924)鎮海虞氏鉛印本　一册

330000－1701－0033009　GP03157　經部/小學類/文字之屬/字書/通論

字學舉隅二卷　趙曾望輯　民國三年(1914)石印本　二册

330000－1701－0033017　GP03165　類叢部/叢書類/彙編之屬

曲石叢書二十種　李根源編　民國鉛印本　一册　存一種

330000－1701－0033018　GP03113　子部/工藝類/文房四寶之屬/墨

李孝美墨譜三卷　(宋)李孝美撰　**附校記一卷**　趙萬里撰　**潘膺祉墨評不分卷**　(明)李維楨等撰　民國十九年(1930)故宫博物院圖書館影印本暨鉛印本　一册　存潘膺祉墨評

330000－1701－0033020　GP10226　類叢部/叢書類/家集之屬

武林丁氏家集十三種　丁立誠　丁立中撰　民國錢塘丁氏嘉惠堂鉛印本　六册　存六種

330000－1701－0033021　GP03166　史部/金石類/總志之屬

清儀閣所藏古器物文十卷　(清)張廷濟輯　民國十四年(1925)上海商務印書館影印本　十册

330000－1701－0033022　GP03128　集部/别集類/清别集

新羅山人集五卷　(清)華嵒撰　民國古今圖書館石印本　四册

330000－1701－0033024　GP10242　子部/宗

教類/佛教之屬
梁皇懺隨聞錄十卷首一卷　釋諦閑講　釋寶靜輯　民國十四年(1925)中央刻經院鉛印本　四冊

330000－1701－0033026　GP03130　經部/小學類/訓詁之屬/爾雅
西域爾雅一卷　(清)王初桐撰　民國十八年(1929)國學圖書館影印本　一冊

330000－1701－0033027　GP03131　經部/小學類/訓詁之屬/爾雅
西域爾雅一卷　(清)王初桐撰　民國十八年(1929)國學圖書館影印本　一冊

330000－1701－0033030　GP03132　經部/小學類/訓詁之屬/爾雅
西域爾雅一卷　(清)王初桐撰　民國十八年(1929)國學圖書館影印本　一冊

330000－1701－0033038　GP10246　類叢部/叢書類
餘園叢刻　柯昌濟輯　民國二十四年至二十六年(1935－1937)鉛印本　四冊　存一種

330000－1701－0033043　GP03173　新學/理學/理學
倫理學之根本問題不分卷　(德國)利勃斯撰　楊昌濟譯　民國九年(1920)北京大學出版部鉛印本　一冊

330000－1701－0033047　GP03178　子部/法家類
管子校義二卷　李哲明撰　民國二十年(1931)公記印書局鉛印本　一冊

330000－1701－0033051　GP03174　子部/墨家類
墨子刊誤二卷　(清)蘇時學撰　**墨子刊誤刊誤二卷**　陳柱撰　民國十七年(1928)上海中華書局鉛印本　一冊

330000－1701－0033053　GP10248　史部/傳記類/別傳之屬/年譜
武進陶湘字蘭泉號涉園七十年記略一卷　陶湘撰　民國二十八年(1939)武進陶氏鉛印本　一冊

330000－1701－0033054　GP10260　集部/別集類/清別集
荷香水亭吟草一卷己壬叢稿一卷　(清)徐森撰　民國九年(1920)刻本　一冊

330000－1701－0033055　GP03187　類叢部/叢書類/彙編之屬
文獻叢書　國立北平故宮博物院輯　民國國立北平故宮博物院鉛印本　一冊　存一種

330000－1701－0033056　GP03192　史部/政書類/公牘檔冊之屬
錢塘公牘一卷　民國鉛印本　一冊

330000－1701－0033057　GP10261　集部/別集類/清別集
荷香水亭吟草一卷己壬叢稿一卷　(清)徐森撰　民國九年(1920)刻本　一冊

330000－1701－0033058　GP03180　史部/地理類/總志之屬/斷代
元魏諸鎮考一卷　張維撰　民國三十年(1941)甘肅省地方文獻集會鉛印本　一冊

330000－1701－0033062　GP03181　子部/儒家類/儒學之屬/性理
王學闡微朱學鉤玄合刊一卷　姚廷杰撰　民國鉛印本　一冊

330000－1701－0033067　GP10250　類叢部/叢書類/自著之屬
晨風廬叢刊十八種　周慶雲撰　民國吳興周氏夢坡室刻本　一冊　存一種

330000－1701－0033070　GP10274　類叢部/叢書類/家集之屬
雙硯齋叢書六種　鄧邦述編　民國江寧鄧氏刻本　一冊　存一種

330000－1701－0033074　GP03203　史部/目録類/總録之屬/氏族
天台妙山陳氏書目一卷　陳立樹編　民國十八年(1929)天官第鉛印本　一冊

330000－1701－0033075　GP10251　類叢部/

叢書類/自著之屬

晨風廬叢刊十八種　周慶雲撰　民國吳興周氏夢坡室刻本　一冊　存一種

330000－1701－0033077　GP03194　史部/金石類/郡邑之屬/文字

關中石刻文字新編四卷　（清）毛鳳枝撰　民國二十四年（1935）會稽顧氏石印本　二冊

330000－1701－0033078　GP03204　史部/目録類/總録之屬/氏族

天台妙山陳氏書目一卷　陳立樹編　民國十八年（1929）天官第鉛印本　一冊

330000－1701－0033080　GP03195　史部/金石類/郡邑之屬/文字

關中石刻文字新編四卷　（清）毛鳳枝撰　民國二十四年（1935）會稽顧氏石印本　二冊

330000－1701－0033082　GP03209　史部/目録類/總録之屬/私撰

許氏雪門藏書目錄不分卷　民國油印本　二冊

330000－1701－0033083　GP03196　類叢部/叢書類/彙編之屬

適園叢書七十四種　張鈞衡編　民國二年至六年（1913－1917）烏程張氏刻本（唐大詔令集卷十四至二十四、八十七至九十八原缺）　四冊　存一種

330000－1701－0033085　GP10271　集部/總集類/彙編之屬

潛社彙刊二十集　吳梅編　民國二十五年（1936）鉛印本　一冊

330000－1701－0033087　GP03210　史部/目録類/專録之屬

中國繪畫書目不分卷　國立藝術院圖書課編　民國油印本　一冊

330000－1701－0033091　GP03191　類叢部/叢書類/彙編之屬

求恕齋叢書三十一種　劉承幹編　民國吳興劉氏嘉業堂刻本　一冊　存一種

330000－1701－0033093　GP10254　新學/天學

空中世界不分卷　民國鉛印本　一冊

330000－1701－0033094　GP03199　類叢部/叢書類/自著之屬

直介堂叢刻初編十種續編五種鼻烟叢刻四種　劉聲木撰　民國十八年（1929）廬江劉氏鉛印本　一冊　存鼻烟叢刻四種

330000－1701－0033095　GP03215　經部/小學類/文字之屬/說文/專著

說文解字均隸十二卷　（清）丁椕五撰　民國二十三年（1934）瑞安陳氏襃殷堂石印本　二冊

330000－1701－0033096　GP10255　新學/天學

圖解天文學不分卷　盧柏貝爾撰　民國鉛印本　一冊

330000－1701－0033099　GP03200　類叢部/叢書類/彙編之屬

國立中央研究院歷史語言研究所單刊　國立中央研究院歷史語言研究所編　民國上海商務印書館鉛印本暨影印本　一冊　存一種

330000－1701－0033102　GP03217　經部/小學類/文字之屬/字書/字典

中華中字典十二集十二卷總目一卷檢字一卷　徐元誥等編　民國十三年（1924）上海中華書局鉛印本　四冊

330000－1701－0033103　GP10256　類叢部/叢書類/家集之屬

滑縣于氏叢著　民國鉛印本　三冊　存一種

330000－1701－0033105　GP03218　類叢部/叢書類

日照丁氏移林館叢書　民國石印本　一冊　存一種

330000－1701－0033107　GP03233　史部/目録類/總録之屬/地方

四明經籍志五卷　張壽鏞編　民國油印本　五冊

330000－1701－0033108　GP03219　類叢部/叢書類

日照丁氏移林館叢書　民國石印本　一冊　存一種

330000－1701－0033110　GP03242　經部/小學類

明季之歐化美術及羅馬字注音一卷　（意大利）利瑪竇撰　陳垣編　民國十六年（1927）北京輔仁大學影印本　一冊

330000－1701－0033111　GP10285　集部/總集類/酬唱之屬

海昌徐逸卿先生重游泮水集一卷　徐家熙輯　民國二十四年（1935）鉛印本　一冊

330000－1701－0033114　GP03243　經部/小學類

明季之歐化美術及羅馬字注音一卷　（意大利）利瑪竇撰　陳垣編　民國十六年（1927）北京輔仁大學影印本　一冊

330000－1701－0033120　GP03250　史部/金石類/金之屬/文字

鐘鼎款識原器拓片第一一卷　民國有正書局石印本　一冊

330000－1701－0033121　GP03247　子部/藝術類/遊藝之屬/棋弈

黃龍士先生棋譜一卷　（清）鄧元鏸編　民國抄本　一冊

330000－1701－0033122　GP03251　史部/金石類/金之屬/文字

鐘鼎款識原器拓片第一一卷　民國有正書局石印本　一冊

330000－1701－0033126　GP03248　子部/藝術類/遊藝之屬/棋弈

施范程梁四大家棋譜一卷　民國抄本　一冊

330000－1701－0033128　GP03249　子部/藝術類/遊藝之屬/棋弈

黃徐范施四家棋譜一卷　民國抄本　一冊

330000－1701－0033129　GP03253　史部/金石類/總志之屬/文字

鮑少筠所藏金石文字一卷　金蓉鏡編　民國十二年（1923）石印本　一冊

330000－1701－0033131　民 630.77/4459.5　史部/政書類/公牘檔冊之屬

甘肅省立第一農業學校十五週年紀念刊不分卷　甘肅省立第一農業學校校刊編輯委員會編　民國二十一年（1932）鉛印本　一冊

330000－1701－0033134　GP03221　子部/雜著類/雜說之屬

譚子雕蟲二卷附錄一卷　（明）譚貞默撰　民國八年（1919）嘉興譚新嘉刻藍印本　二冊

330000－1701－0033137　GP03223　子部/藝術類/篆刻之屬/印譜

衣雲印存一卷　（清）羅聘篆刻並輯　民國上海神州國光社影印本　一冊

330000－1701－0033139　GP03224　子部/藝術類/篆刻之屬/印譜

衣雲印存一卷　（清）羅聘篆刻並輯　民國上海神州國光社影印本　一冊

330000－1701－0033143　GP03225　類叢部/叢書類/彙編之屬

對樹書屋叢刻六種　趙詒琛編　民國二十一年至二十五年（1932－1936）崑山趙氏對樹書屋刻本　趙學南題記　一冊　存一種

330000－1701－0033151　民 338.06823/2852　新學/商務

紹曹嵊股份有限公司第二屆至第五屆報告不分卷（民國十八年三月至二十二年二月）　民國石印本　四冊

330000－1701－0033155　GP03228　史部/目録類/專録之屬

浙杭西湖慧空經房書本價目表一卷　浙杭西湖慧空經房編　民國二十年（1931）刻本　一冊

330000－1701－0033156　GP03278　子部/醫家類/針灸之屬/針法灸法

太乙神鍼方一卷　民國抄本　一冊

330000－1701－0033160　GP03240　史部/金石類/陶之屬/文字

瓦削文字譜一卷　文素松輯　民國二十年(1931)萍鄉文氏思簡樓影印本　一冊

330000－1701－0033161　GP03230　史部/金石類/總志之屬/文字

清儀閣金石文字拓片一卷　(清)張廷濟撰　民國上海有正書局石印本　一冊

330000－1701－0033165　GP03284　子部/醫家類/本草之屬/歷代綜合本草

藥用植物圖考二卷續編一卷　王逼聲編輯　民國九年至十年(1920－1921)浙江第七中學校石印本　三冊

330000－1701－0033166　GP10316　類叢部/叢書類/自著之屬

止園叢書四種　尹昌衡撰　民國十三年(1924)四川昌福公司成都探源公司鉛印本　四冊　存一種

330000－1701－0033169　GP03281　集部/別集類/清別集

香閨夢六卷　(清)邵颿撰　民國十一年(1922)上海碧梧山莊石印本　六冊

330000－1701－0033173　GP03282　集部/小說類/長篇之屬

古佚小說叢刊初集三種　陳乃乾輯　民國十八年(1929)海寧陳氏慎初堂鉛印本　四冊

330000－1701－0033184　GP10335　史部/傳記類/別傳之屬/事狀

晴川先生[孫之騄]事略一卷　樊鎮輯　民國紹興樊氏鉛印本　一冊

330000－1701－0033185　GP10322　子部/儒家類/儒學之屬/禮教

格言錄一卷　黃元秀選　民國二十四年(1935)鉛印本　一冊

330000－1701－0033186　GP10336　子部/雜著類/雜說之屬

東方白一卷　退愚撰　民國十九年(1930)鉛印本　一冊

330000－1701－0033187　GP10311　子部/儒家類/儒學之屬/性理

中西格言類鈔不分卷　嚴濂輯　民國十一年(1922)石印本　一冊

330000－1701－0033188　GP10323　史部/雜史類

人云亦云一卷　傅煥編　民國九年(1920)鉛印本　一冊

330000－1701－0033191　GP10324　史部/傳記類/別傳之屬/事狀

李印泉先生傳一卷　楊瓊輯　民國二年(1913)鉛印本　一冊

330000－1701－0033197　GP10338　類叢部/叢書類/彙編之屬

復性書院叢刊二十七種　馬浮編　民國二十九年至三十七年(1940－1948)復性書院刻本暨鉛印本　一冊　存一種

330000－1701－0033201　GP10328　集部/別集類

南陽草堂一卷　鄧佩韋撰　民國二十二年(1933)鉛印本　一冊

330000－1701－0033203　GP10329　集部/別集類

南陽草堂一卷　鄧佩韋撰　民國二十二年(1933)鉛印本　一冊

330000－1701－0033208　GP03304　史部/史抄類

歷代疏鈔不分卷　民國抄本　一冊

330000－1701－0033210　GP10344　經部/孝經類/傳說之屬

孝經集傳四卷　(明)黃道周撰　民國十一年(1922)從化謝氏成都寓廬刻本　幼偉題記　四冊

330000－1701－0033213　GP03296　史部/地理類/雜志之屬

東京夢華錄十卷　(宋)孟元老撰　民國十年(1921)河南省立圖書館刻本　一冊

330000－1701－0033216　GP03297　史部/地理類/雜志之屬
如夢錄一卷　(明)□□撰　民國十年(1921)河南省立圖書館刻本　一冊

330000－1701－0033218　GP10342　史部/傳記類/別傳之屬/年譜
左忠毅公[光斗]年譜定本二卷　馬其昶編　民國十四年(1925)蓬萊慕氏京師刻本　一冊

330000－1701－0033226　GP03315　史部/目録類/總録之屬
金陵大學圖書館中文地理書目不分卷　金陵大學圖書館圖書研究部編　民國十五年(1926)油印本　金陵大學圖書館題記　一冊

330000－1701－0033228　GP10371　新學/政治法律/制度
法制講義二編　民國石印本　一冊

330000－1701－0033246　GP03330　子部/宗教類/佛教之屬
佛學叢書□□種　丁福保輯　民國上海醫學書局鉛印本暨影印本　二冊　存一種

330000－1701－0033247　GP10346　史部/傳記類/別傳之屬/事狀
楊誠之京卿行狀一卷　吳昌碩撰　民國六年(1917)石印本　一冊

330000－1701－0033253　GP10357、GP10354　類叢部/叢書類/彙編之屬
宋人小説二十八種　涵芬樓編　民國上海商務印書館鉛印本　二冊　存二種

330000－1701－0033255　GP03293　史部/政書類/邦交之屬
英兵侵入江心坡上外部呈文不分卷　滇緬界務研究會撰　民國十八年(1929)雲南滇緬界務研究會刻本　一冊

330000－1701－0033257　GP10387　集部/別集類/清別集
怡雲山館駢體文二卷　(清)繆德棻撰　民國十八年(1929)鉛印本　一冊

330000－1701－0033261　GP10366、GP10351　類叢部/叢書類/彙編之屬
宋人小説二十八種　涵芬樓編　民國上海商務印書館鉛印本　五冊　存二種

330000－1701－0033265　GP10353　類叢部/叢書類/彙編之屬
宋人小説二十八種　涵芬樓編　民國上海商務印書館鉛印本　一冊　存一種

330000－1701－0033266　GP10349　史部/目録類/通論之屬/義例
書林揚觶一卷　(清)方東樹撰　民國十四年(1925)中國書店木活字印本　一冊

330000－1701－0033267　GP10397　史部/傳記類/別傳之屬/年譜
錢南園先生[澧]年譜二卷　方樹梅編　民國二十五年(1936)晉寧方氏南荔草堂刻本　一冊

330000－1701－0033268　GP03341　史部/目録類/專録之屬
國立武漢大學圖書館方志目錄三十卷　國立武漢大學圖書館編　民國二十五年(1936)國立武漢大學圖書館鉛印本　一冊

330000－1701－0033270　GP10359　類叢部/叢書類/彙編之屬
宋人小説二十八種　涵芬樓編　民國上海商務印書館鉛印本　一冊　存一種

330000－1701－0033271　GP03346　史部/金石類/石之屬/目録
毅盦叢刊　黄立猷輯　民國十五年(1926)沔陽黄立猷鉛印本　二冊　存一種

330000－1701－0033273　GP03336　類叢部/叢書類/郡邑之屬
豫章叢書六十種附一種　胡思敬編　民國四年至九年(1915－1920)南昌豫章叢書編刻局刻本　一冊　存一種

330000－1701－0033276　GP10361、GP10362　類叢部/叢書類/彙編之屬
宋人小説二十八種　涵芬樓編　民國上海商

務印書館鉛印本　三册　存二種

330000－1701－0033279　GP03339　經部/春秋總義類/傳説之屬

春秋復始三十八卷　崔適撰　民國七年(1918)北京大學出版部鉛印本　六册

330000－1701－0033280　GP10364　類叢部/叢書類/彙編之屬

宋人小説二十八種　涵芬樓編　民國上海商務印書館鉛印本　一册　存一種

330000－1701－0033281　GP10395　史部/傳記類/總傳之屬/家乘

羅州林氏先世實記一卷　(朝鮮)林大塤撰　民國十七年(1928)鉛印本　一册

330000－1701－0033283　GP10369　類叢部/叢書類/彙編之屬

宋人小説二十八種　涵芬樓編　民國上海商務印書館鉛印本　一册　存一種

330000－1701－0033284　GP10391　子部/宗教類/道教之屬

老子考證一卷　湯仰暉撰　民國二十八年(1939)鉛印本　一册

330000－1701－0033287　GP10368　類叢部/叢書類/彙編之屬

宋人小説二十八種　涵芬樓編　民國上海商務印書館鉛印本　一册　存一種

330000－1701－0033288　GP03348　史部/目録類/總録之屬

故宫所藏殿本書目五卷　故宫博物院圖書館編　民國二十二年(1933)故宫博物院圖書館鉛印本　一册

330000－1701－0033289　GP03344　新學/理學/理學

周秦哲學史不分卷　陸懋德撰　民國十二年(1923)京華印書局鉛印本　一册

330000－1701－0033291　GP10370　類叢部/叢書類/彙編之屬

宋人小説二十八種　涵芬樓編　民國上海商務印書館鉛印本　一册　存一種

330000－1701－0033292　GP10398　集部/別集類

知非贈言錄三卷首一卷　劉日暉編　民國九年(1920)浙江衢縣聽琴山館石印本　劉日暉題記　一册

330000－1701－0033293　GP03349　史部/地理類/山川之屬/山志

廬山記五卷　(宋)陳舜俞撰　吴宗慈校並注　民國二十一年(1932)南昌重修廬山志總辦事處鉛印本　一册

330000－1701－0033294　GP03345　子部/藝術類/書畫之屬/總論

三虞堂書畫目二卷附碑帖目一卷論書畫詩二卷　(清)景賢撰　蘇宗仁編　民國二十二年(1933)北平蘇宗仁鉛印本　一册

330000－1701－0033296　GP10352　子部/雜著類/雜説之屬

脚氣集一卷　(宋)車若水撰　民國十七年(1928)上海商務印書館鉛印本　一册

330000－1701－0033299　GP10400　集部/別集類/清別集

一樹梅花老屋詩三卷　(清)姚濟撰　(清)張文虎删定　民國七年(1918)姚氏松韻草堂鉛印本　一册

330000－1701－0033300　GP10355　子部/雜著類/雜説之屬

青箱雜記十卷　(宋)吴處厚撰　民國十五年(1926)上海商務印書館鉛印本　一册

330000－1701－0033307　GP10356　子部/雜著類/雜説之屬

雞肋編三卷　(宋)莊綽撰　民國二十四年(1935)上海商務印書館鉛印本　一册

330000－1701－0033308　GP03364　史部/目録類/專録之屬

清華醫室藏書類目二卷　釋清華編　民國二十一年(1932)鉛印本　二册

330000－1701－0033310　GP03365　史部/目録類/專録之屬

清華醫室藏書類目二卷　釋清華編　民國二十一年(1932)鉛印本　二册

330000－1701－0033311　GP10358　子部/雜著類/雜説之屬

嬾真子録五卷　(宋)馬永卿撰　民國十五年(1926)上海商務印書館鉛印本　一册

330000－1701－0033313　GP10363　子部/小説家類/異聞之屬

燈下閑談二卷　民國十八年(1929)上海商務印書館鉛印本　一册

330000－1701－0033314　GP03367　子部/藝術類/書畫之屬/畫法畫品

畫法要録二編十卷首一卷末一卷初編補遺一卷　余紹宋撰　民國二十四年(1935)上海中華書局鉛印本　四册

330000－1701－0033315　GP10365　子部/小説家類/異聞之屬

稽神録六卷拾遺一卷補遺一卷　(宋)徐鉉撰　民國十六年(1927)上海商務印書館鉛印本　一册

330000－1701－0033320　GP10367　子部/雜著類/雜説之屬

齊東野語二十卷　(宋)周密撰　民國十五年(1926)上海商務印書館鉛印本　四册

330000－1701－0033321　GP10402　集部/别集類

珠泉草廬詩後集二卷　廖樹蘅撰　民國十二年(1923)刻本　一册

330000－1701－0033327　GP03387　史部/政書類/邦交之屬

同治條約二十三卷　許同莘　汪毅　張承棨編　民國四年(1915)外交部圖書處鉛印本　十册

330000－1701－0033331　GP10406　集部/總集類/選集之屬/斷代

韜園詩社第十一集吟草一卷　鮑振鏞等撰　民國鉛印本　一册

330000－1701－0033337　GP03388　史部/目録類/總録之屬/官修

北京人文科學研究所藏書簡目不分卷書名索引不分卷　北京人文科學研究所編　民國二十七年(1938)北京人文科學研究所鉛印本　八册

330000－1701－0033341　GP03389　史部/目録類/總録之屬/官修

北京人文科學研究所藏書簡目不分卷書名索引不分卷　北京人文科學研究所編　民國二十七年(1938)北京人文科學研究所鉛印本　八册

330000－1701－0033342　GP10415　經部/儀禮類/傳説之屬

喪禮集要三卷附録一卷　丁彦章撰　民國二十二年(1933)鉛印本　一册

330000－1701－0033343　GP03390　史部/目録類/總録之屬/官修

北京人文科學研究所藏書續目不分卷書名索引不分卷　北京人文科學研究所編　民國二十八年(1939)北京人文科學研究所鉛印本　二册

330000－1701－0033347　GP10380　子部/宗教類/道教之屬

太上無極總真文昌大洞仙經三卷附懺文一卷　(清)劉沅註　民國十七年(1928)北京天華館鉛印本　一册

330000－1701－0033351　GP10460　史部/傳記類/總傳之屬/釋道

清世宗御製三十二祖傳讚不分卷　(清)世宗胤禛撰　民國七年(1918)揚州藏經院刻本　一册

330000－1701－0033353　GP10381　經部/小學類/文字之屬/字書/通論

字學舉隅二卷　趙曾望輯　民國三年(1914)石印本　一册

330000－1701－0033356　GP03375　子部/小

說家類

古今筆記精華錄二十四卷 古今圖書局編譯部編纂 民國四年(1915)上海廣益書局石印本 二十三册

330000－1701－0033363 GP03394 史部/地理類/防務之屬/陸防

調查山陝一帶兵要地理報告書一卷 李學固撰 民國鉛印本 一册

330000－1701－0033364 GP03382 史部/目録類/總録之屬/私撰

好古堂書目五卷收藏宋元板書目一卷 (清)姚際恒編 民國十八年(1929)南京中社影印本 一册

330000－1701－0033365 GP10461 史部/傳記類/總傳之屬/釋道

八十八祖傳贊五卷 (明)釋德清述 (明)高乘埏補 民國二年(1913)常州天寧寺刻本 二册

330000－1701－0033370 GP03400 類叢部/叢書類/自著之屬

潤德堂叢書 袁樹珊撰 民國鎮江潤德堂鉛印本 四册 存一種

330000－1701－0033371 GP10464 集部/總集類/酬唱之屬

入吴聯吟小草一卷 陳夔龍等撰 民國十九年(1930)鉛印本 一册

330000－1701－0033372 GP10463 類叢部/叢書類/彙編之屬

求恕齋叢書三十一種 劉承幹編 民國吴興劉氏嘉業堂刻本 一册 存一種

330000－1701－0033373 GP03376 子部/小說家類

廣虞初新志四十卷 (清)黄承增輯 民國掃葉山房石印本 八册

330000－1701－0033374 GP03385 類叢部/叢書類/彙編之屬

山西圖書館叢書 民國山西圖書館鉛印本 一册 存一種

330000－1701－0033377 GP03401 經部/詩類/三家詩之屬

詩攷補訂五卷 (宋)王應麟撰 (清)盧文弨增校 楊晨補訂 民國四年(1915)石印本 一册

330000－1701－0033379 GP10466 集部/總集類/酬唱之屬

齊太史移居倡酬集四卷首一卷尾一卷 (清)齊毓川輯 民國三年(1914)上海國學扶輪社石印本 一册

330000－1701－0033382 GP10465 類叢部/叢書類/自著之屬

泉壽譯叢 錢稻孫譯 民國鉛印本 一册 存一種

330000－1701－0033383 GP10473 史部/傳記類/總傳之屬/家乘

[浙江湖州]吴興荻溪章氏家乘補編不分卷 章乃煒纂修 民國三十三年(1944)鉛印本 一册

330000－1701－0033386 GP10467 集部/別集類

惺龕課徒草三卷惺龕吟草一卷 周銓撰 民國十八年(1929)鉛印本 張劍良題記 一册

330000－1701－0033387 GP03405 史部/目録類/書志之屬/提要

要籍解題及其讀法不分卷羣書概要講義一卷 梁啓超撰 民國鉛印本 一册

330000－1701－0033391 GP03409 子部/天文曆算類/算書之屬

澹寧齋算稿四種 王積沂撰 民國二十四年至二十五年(1935－1936)平湖綺春閣書莊石印本 四册

330000－1701－0033392 GP03411 經部/周禮類/傳說之屬

周禮賈疏引唐制輯證一卷 劉詠溱撰 民國二十二年(1933)蔭餘堂石印本 一册

330000－1701－0033395 GP10475 類叢部/叢書類/彙編之屬

萃升書院講義□□種　民國遼寧作新印刷局鉛印本　二十一册　存五種

330000－1701－0033400　GP03430　史部/目録類/總録之屬/官修

京師圖書館善本簡明書目不分卷　京師圖書館編　民國五年(1916)京師圖書館鉛印本　四册

330000－1701－0033401　GP03413　子部/雜著類/雜説之屬

見聞瑣録前集六卷後集四卷　(清)歐陽昱撰　**附刊一卷**　(清)歐陽溱輯　民國十四年至二十一年(1925－1932)宜黄歐陽氏刻本　四册

330000－1701－0033402　GP03432　子部/儒家類/儒學之屬/經濟

大學衍義講授三卷　夏震武撰　民國九年(1920)陽邱楊道康刻本　二册

330000－1701－0033404　GP03406　經部/叢編

五經背録　(清)鄭燮編　民國書帶艸堂石印本　二册　存一種

330000－1701－0033405　GP03420　史部/目録類/書志之屬/提要

月州東舍書目初編四卷　民國緡雲虞正廷抄本　四册

330000－1701－0033406　GP10656　集部/詞類/詞譜之屬

攷正白香詞譜三卷附錄一卷　陳小蝶(蘧)編　**增訂晚翠軒詞韻一卷**　陳祖耀校正　民國七年(1918)春草軒鉛印本暨石印本　四册

330000－1701－0033412　GP10540　經部/詩類/傳説之屬

詩毛氏學三十卷　馬其昶撰　民國十三年(1924)張石卿、葉玉麟、王福震鉛印本　十册

330000－1701－0033413　GP03425　經部/易類/專著之屬

卦氣集解一卷　黄元炳撰　民國無錫黄氏觀蝶樓鉛印本　一册

330000－1701－0033414　GP03439　史部/目録類/專録之屬

國立北平故宫博物院院字號箱文物清册一卷　國立北平故宫博物院編　民國二十六年(1937)鉛印本　一册

330000－1701－0033416　GP03440　史部/目録類/專録之屬

國立北平故宫博物院院字號箱文物清册一卷　國立北平故宫博物院編　民國二十六年(1937)鉛印本　一册

330000－1701－0033421　GP10650　史部/政書類/律令之屬/判牘

十大名家判牘十卷　平襟亞編　秋痕廔主評　民國上海東亞書局鉛印本　一册　存一種

330000－1701－0033425　GP10669　子部/儒家類/儒學之屬/蒙學

新幼學句解二卷　陳霽辰編　民國五年(1916)上海中國圖書公司和記鉛印本　二册

330000－1701－0033427　GP03444　集部/總集類/題詠之屬

菽莊小蘭亭徵文錄一卷　林爾嘉輯　民國十七年(1928)鉛印本　一册

330000－1701－0033428　GP03442　類叢部/叢書類/自著之屬

鄒鳳崗先生所著書四種　(清)鄒嶧賢撰　民國九年(1920)敬齋書室刻本　一册　存一種

330000－1701－0033429　GP03449　子部/宗教類/其他宗教之屬/基督教

名理探五卷　(葡萄牙)傅汎際譯義　(明)李之藻譯述　**李之藻傳一卷**　陳垣撰　民國十五年(1926)北京公教大學輔仁社據新會陳垣精鈔本影印本　三册

330000－1701－0033430　GP10673　史部/地理類/遊記之屬/紀行

游杭紀略二卷　楊祚昌輯　民國十四年(1925)杭州文元堂書莊鉛印本　一册

330000－1701－0033431　GP10670　子部/儒家類/儒學之屬/性理

陸學精華二卷　(宋)陸九淵撰　陸雨庵輯　民國四年(1915)蘇州振新書社鉛印本　二冊

330000－1701－0033432　GP03445　集部/總集類/題詠之屬
菽莊小蘭亭徵文錄一卷　林爾嘉輯　民國十七年(1928)鉛印本　一冊

330000－1701－0033436　GP10671　集部/別集類
湖上家書六卷　陳栩撰　民國二十三年(1934)鉛印本　一冊

330000－1701－0033438　GP03455　史部/史表類/通代之屬
古驩室張氏紀年叢刊　張之銘撰　民國實學通藝館鉛印本　一冊　存一種

330000－1701－0033440　GP10671/1　集部/別集類
湖上家書六卷　陳栩撰　民國二十三年(1934)鉛印本　一冊

330000－1701－0033442　GP03435　史部/目録類/總録之屬/私撰
退補齋書目四卷　(清)吴乃應編　民國抄本　一冊

330000－1701－0033443　GP10653　子部/雜著類
振宜堂善書不分卷　楊瑞麟編　民國八年(1919)無錫振宜堂石印本　一冊

330000－1701－0033444　GP10658　史部/政書類/儀制之屬/雜禮
俗禮解六卷　(清)謝起龍撰　民國九年(1920)商務印書館鉛印本　一冊

330000－1701－0033445　GP03454　類叢部/叢書類/彙編之屬
國立暨南大學叢書　民國石印本暨鉛印本　一冊　存一種

330000－1701－0033446　GP10675　經部/春秋左傳類/傳說之屬
新式標點白話譯註春秋左傳六卷　周樂山編譯　民國二十五年(1936)上海中原書局石印本　六冊

330000－1701－0033447　GP03457　子部/工藝類/文房四寶之屬/硯
端溪硯坑考一卷石隱硯談一卷墨餘贅稿一卷　(清)計楠撰　民國十三年(1924)秀水金氏梅花草堂鉛印本　一冊

330000－1701－0033449　GP10672　經部/詩類/傳說之屬
學壽堂詩說十一卷　徐紹楨撰　民國二十一年(1932)中原書局石印本　二冊

330000－1701－0033451　GP03438　史部/目録類/總録之屬/私撰
趙氏圖書館藏書目錄五卷補遺一卷新鈔書目一卷峭帆樓善本書目一卷　趙詒琛撰　民國十五年(1926)昆山趙氏鉛印本　二冊

330000－1701－0033456　GP10655　集部/詞類/詞譜之屬
攷正白香詞譜三卷附錄一卷　陳小蝶(蘧)編　**增訂晚翠軒詞韻一卷**　陳祖耀校正　民國七年(1918)春草軒鉛印本暨石印本　四冊　缺一卷(增訂晚翠軒詞韻)

330000－1701－0033458　GP03461　史部/目録類/總録之屬/私撰
笠澤堂書目不分卷　(明)王道明編　民國抄本　二冊

330000－1701－0033459　GP10704、GP10706、GP10707　類叢部/叢書類/自著之屬
直介堂叢刻初編十種續編五種鼻烟叢刻四種　劉聲木撰　民國十八年(1929)廬江劉氏鉛印本　三十一冊　存十一種

330000－1701－0033461　GP10688　史部/傳記類/總傳之屬/列女
梁姬小傳一卷　王祖訓撰　民國十八年(1929)鉛印本　一冊

330000－1701－0033466　GP10689　史部/傳記類/總傳之屬/列女

梁姬小傳一卷　王祖訓撰　民國十八年(1929)鉛印本　一册

330000－1701－0033467　GP10660　集部/總集類/選集之屬/通代

青樓韻語四卷　(明)朱元亮輯註併校證(明)張夢徵彙選併摹像　民國三年(1914)上海掃葉山房石印本　一册

330000－1701－0033468　GP03478　史部/詔令奏議類/奏議之屬

寓燕疏草二卷　(明)錢桓撰　民國二年(1913)聽邠館刻本　二册

330000－1701－0033469　GP10705　類叢部/叢書類/自著之屬

直介堂叢刻初編十種續編五種鼻烟叢刻四種　劉聲木撰　民國十八年(1929)廬江劉氏鉛印本　二册　存一種

330000－1701－0033474　GP10692　類叢部/叢書類/自著之屬

玄嬰什箸　陳訓正撰　民國三十年(1941)鉛印本　一册　存一種

330000－1701－0033476　GP03491　史部/目録類/總録之屬/官修

浙江省立衢州中學圖書目錄不分卷　浙江省立衢州中學圖書館編　民國二十八年(1939)浙江省立衢州中學圖書館油印本　三册

330000－1701－0033482　GP10693　集部/别集類/漢魏六朝别集

謝宣城詩集五卷　(南朝齊)謝朓撰　民國三年(1914)上海有正書局石印本　一册

330000－1701－0033496　GP10725　史部/紀傳類/正史之屬

史記訂補八卷　李笠撰　民國十三年(1924)瑞安李氏横經室刻本　李笠題記　四册

330000－1701－0033504　GP03501　經部/小學類/文字之屬/字書/訓蒙

斯邈異同歌一卷　龐夢蝶撰　稿本　一册

330000－1701－0033506　GP03463　史部/傳記類/别傳之屬/事狀

疢存山人周石君傳一卷　周偉等撰　民國十三年(1924)鉛印本　一册

330000－1701－0033508　GP10731　類叢部/叢書類/郡邑之屬

海陵叢刻二十三種　韓國鈞編　民國八年至十四年(1919－1925)鉛印本、刻本暨石印本　五十九册　存二十種

330000－1701－0033511　GP03487　史部/目録類/總録之屬/官修

南洋中學校藏書目不分卷補遺一卷　陳乃乾撰　民國八年(1919)鉛印本　一册

330000－1701－0033515　GP03488　史部/目録類/總録之屬/官修

南洋中學校藏書目不分卷補遺一卷　陳乃乾撰　民國八年(1919)鉛印本　一册

330000－1701－0033516　GP03499　史部/金石類/玉之屬

玉紀正誤一卷　李鳳公撰　民國二十五年(1936)廣州林記書莊鉛印本　一册

330000－1701－0033525　GP10810　類叢部/叢書類/彙編之屬

自明誠廔叢書五種　龍官崇編　民國二十三年至二十六年(1934－1937)順德龍氏中和園鉛印本　一册　存二種

330000－1701－0033528　GP03505　史部/金石類/總志之屬/圖像

二百蘭亭齋收藏金石記不分卷　(清)吳雲撰　民國據清咸豐六年(1856)歸安吳雲刻本影印本　四册

330000－1701－0033529　GP03507　集部/别集類

藤雪樓詩鈔一卷畫集一卷　趙潤撰　民國十八年(1929)上海慎修書社鉛印本暨影印本　二册

330000－1701－0033532　GP03508　史部/政書類/公牘檔冊之屬

浙江省建設廳清理公路資產報告不分卷　曹

麗順主編　民國二十六年(1937)浙江省建設廳清理公路資産辦事室鉛印本　一册

330000－1701－0033533　GP03518　史部/目録類/總録之屬/私撰

觀古堂藏書目四卷　葉德輝撰　民國五年(1916)葉氏觀古堂鉛印本　章嶔題簽　四册

330000－1701－0033538　GP03519　史部/目録類/總録之屬/私撰

金氏面城樓善本書目一卷補遺一卷尋常本書目補遺一卷　金廣泳編　民國抄本　一册

330000－1701－0033539　GP03471　史部/雜史類/斷代之屬

辛亥新疆伊犁亂事本末一卷　張開枚撰　**辛亥定變紀畧一卷**　鍾廣生撰　民國元年(1912)木活字印本　一册

330000－1701－0033548　GP03528　史部/目録類

中華圖書館協會叢書　民國中華圖書館協會鉛印本　一册　存一種

330000－1701－0033554　善008234　子部/醫家類/診法之屬/歷代脈學

脈説二卷　(清)葉霖撰　民國抄本　四册

330000－1701－0033555　GP03529　子部/藝術類/總論之屬

書畫琴棋捷訣不分卷　廣文書局編輯所編　民國八年(1919)上海廣文書局石印本　一册

330000－1701－0033558　GP03531　集部/小説類/長篇之屬

上下古今談四卷二十回　吴敬恒撰　民國四年(1915)上海文明書局鉛印本　四册

330000－1701－0033563　GP03536　子部/宗教類/道教之屬

老子述記二卷　朱芾煌撰　民國二十五年(1936)上海商務印書館鉛印本　一册

330000－1701－0033564　GP10826　史部/傳記類/别傳之屬/年譜

太鶴山人[端木國瑚]年譜一卷　(清)端木百禄撰　陳謐補輯　民國二十二年(1933)惜硯樓鉛印本　一册

330000－1701－0033566　GP10827　史部/地理類/水利之屬

治湖箴言一卷　胡雨人撰　民國八年(1919)鉛印本　一册

330000－1701－0033569　GP10828　史部/地理類/水利之屬

治湖箴言一卷　胡雨人撰　民國八年(1919)鉛印本　一册

330000－1701－0033571　GP10829　史部/地理類/水利之屬

太湖流域治水防災第一策一卷　王清穆撰　民國十三年(1924)蘇州觀西三吴公司鉛印本　一册

330000－1701－0033573　GP10830　史部/地理類/水利之屬

太湖流域防災以建閘爲第一策一卷　龔允文撰　民國蘇州觀西三吴公司鉛印本　一册

330000－1701－0033574　GP10831　史部/政書類/公牘檔册之屬

胡君雨人實地調查報告書書後一卷　金天翮撰　民國鉛印本　一册

330000－1701－0033577　GP03540　史部/目録類/總録之屬/私撰

八千卷樓書目二十卷　(清)丁丙藏　丁立中撰　民國十二年(1923)錢塘丁氏鉛印本　十册

330000－1701－0033578　GP10903　史部/傳記類/總傳之屬/釋道

漢天師世家一卷續編一卷　(明)張國祥撰　張元旭續編　民國七年(1918)鉛印本　遯廬居士跋　一册

330000－1701－0033579　GP10832　史部/政書類/公牘檔册之屬

胡君雨人報告之駁論一卷　金天翮撰　民國華成祥印刷所鉛印本　一册

330000－1701－0033580　GP03538　史部/目録類/總録之屬/私撰
八千卷樓書目二十卷　(清)丁丙藏　丁立中撰　民國十二年(1923)錢塘丁氏鉛印本　十冊

330000－1701－0033581　GP10722　史部/傳記類/别傳之屬/事狀
蔣春農舍人行狀一卷　(清)蔣秷撰　**丹徒趙芸浦給諫行述一卷**　(清)趙志彤　(清)趙珥彤撰　民國二十五年(1936)影印本　趙鴻謙題記　一冊

330000－1701－0033582　善008236　子部/醫家類/綜合之屬/通論
陸氏醫書三卷　陸士諤編撰　民國抄本　一冊

330000－1701－0033583　GP03539　史部/目録類/總録之屬/私撰
八千卷樓書目二十卷　(清)丁丙藏　丁立中撰　民國十二年(1923)錢塘丁氏鉛印本　十冊

330000－1701－0033585　GP03548　史部/金石類/郡邑之屬/目録
北平金石目一卷　國立北平研究院史學研究會纂　民國國立北平研究院史學研究會鉛印本　一冊

330000－1701－0033586　善008235　子部/醫家類/醫理之屬/病源病機
醫理秘藏不分卷　民國抄本　四冊

330000－1701－0033588　GP10833　集部/别集類/清别集
夕陽紅半樓詩詞賸藁一卷　(清)蔣坦撰　民國三年(1914)石印本　一冊

330000－1701－0033589　GP03549　史部/金石類/金之屬/目録
各省金文目錄　民國鉛印本　一冊　存一種

330000－1701－0033591　GP10858　集部/别集類
海岸梵音一卷　周慶雲撰　民國八年(1919)夢坡室刻本　一冊

330000－1701－0033592　GP03475　經部/詩類/文字音義之屬
毛詩正韻四卷附毛詩韻例一卷　丁以此撰　民國十三年(1924)日照丁氏留餘堂刻二十年(1931)山東省立圖書館印本　二冊

330000－1701－0033593　GP03559　經部/四書類/大學之屬/傳說
大學述義一卷　陳全三撰　民國二十一年(1932)鉛印本　一冊

330000－1701－0033595　GP03550　類叢部/叢書類/自著之屬
太原李鳳石先生遺著　(明)李中馥撰　民國四年(1915)榆次常贊春忍冬盦刻本　一冊　存一種

330000－1701－0033601　GP10862　史部/傳記類/總傳之屬/家乘
[湖南善邑]徐氏家乘不分卷　徐家鼎修　民國十八年(1929)石印本　一冊

330000－1701－0033602　GP10861　史部/政書類/邦交之屬
外交年鑑二卷附錄一卷　外交部統計科編　民國十年(1921)外交部統計科鉛印本　二冊

330000－1701－0033604　GP03560　經部/小學類/文字之屬/字書/字體
篆文大觀六卷首一卷　(宋)徐鉉書　民國十三年(1924)上海求古齋石印本　六冊

330000－1701－0033606　GP03542　子部/雜著類/雜考之屬
三靈解一卷　章鴻釗撰　民國八年(1919)北京法輪印刷局鉛印本　一冊

330000－1701－0033611　GP10867、GP10864、GP10865、GP10866　類叢部/叢書類/郡邑之屬
虞山叢刻十一種　丁祖蔭編　民國常熟丁氏刻本　四冊　存四種

330000－1701－0033616　GP03545　集部/别

集類/明别集

薛中離先生全書二十卷首一卷　(明)薛侃撰　(明)鄭三極輯　曾彭年重輯　民國四年(1915)公昌印務局鉛印本　五册

330000－1701－0033617　GP10839　史部/傳記類/别傳之屬/事狀

蘄水湯先生[化龍]遺念錄一卷　民國八年(1919)鉛印本　一册

330000－1701－0033618　GP03561　史部/目録類/總録之屬/官修

無錫縣立第一高等小學校圖書館目錄甲編不分卷　朱正色編　民國九年(1920)鉛印本　一册

330000－1701－0033621　GP03546　類叢部/叢書類/彙編之屬

東方學會叢書初集十三種　羅振玉編　民國十三年(1924)東方學會鉛印本　一册　存一種

330000－1701－0033622　GP10869　史部/傳記類/别傳之屬/事狀

王翁方清家傳一卷　馮幵撰　錢罕書　民國十一年(1922)石印本　一册

330000－1701－0033625　GP10870　史部/傳記類/别傳之屬/墓誌

奉化毛翁墓表一卷　朱威明撰　周覺書　民國十九年(1930)石印本　一册

330000－1701－0033627　GP03552　史部/金石類/石之屬

石鼓攷綴五種　許莊撰　民國三十六年(1947)貴陽許學宭石印本　一册

330000－1701－0033635　GP10872　經部/三禮總義類/通禮雜禮之屬

喪禮易從四卷　(清)葉裕仁撰　民國二十二年(1933)無錫丁彥章鉛印本　一册

330000－1701－0033636　GP10873　史部/傳記類/别傳之屬/年譜

左忠毅公[光斗]年譜定本二卷　馬其昶編　民國十四年(1925)蓬萊慕氏京師刻朱印本　一册

330000－1701－0033637　GP03577　類叢部/叢書類

喆厂叢刊　民國二十九年(1940)影印本　一册　存一種

330000－1701－0033640　GP10874　史部/政書類/邦計之屬

成都民間意識社經濟問題叢刊□□種　民間意識社編　民國二十五年(1936)成都民間意識社鉛印本　一册　存一種

330000－1701－0033642　GP10847　史部/地理類/遊記之屬/紀勝

天目山游記一卷詩一卷和詩一卷金華北山游記一卷　錢文選撰　民國二十四年(1935)浙江正楷印書局鉛印本　一册

330000－1701－0033644　GP03573　史部/地理類/輿圖之屬/郡縣

南田縣志圖形一卷　民國抄本　一册

330000－1701－0033645　GP10875　史部/金石類

百一廬金石叢書十種　陳乃乾編　民國十年(1921)海寧陳氏影印本　一册　存一種

330000－1701－0033646　GP03574　經部/易類/易占之屬

周易象辭舉要一卷　(清)袁照撰　民國抄本　一册

330000－1701－0033649　GP10848　子部/雜家類

慎子三種合帙　陳乃乾輯　民國十七年(1928)中國學會影印本　三册

330000－1701－0033651　GP10904　史部/史表類/斷代之屬

明督撫年表五卷　吳廷燮撰　民國鉛印本　五册

330000－1701－0033653　GP03554　史部/目録類/總録之屬/彙刻

古佚書錄叢輯　民國二十二年(1933)國立北

平圖書館中華圖書館協會鉛印本　三冊

330000－1701－0033654　GP03581　史部/金石類/總志之屬/圖像

草隸存六卷　鄒安　姬覺彌輯　民國十年(1921)上海廣倉學宭影印本　二冊

330000－1701－0033655　GP10850、GP10851　類叢部/叢書類/自著之屬

蘇齋叢書十八種　(清)翁方綱撰　民國十三年(1924)上海博古齋影印本　六冊　存二種

330000－1701－0033656　GP03582　史部/金石類/總志之屬/圖像

草隸存六卷　鄒安　姬覺彌輯　民國十年(1921)上海廣倉學宭影印本　二冊

330000－1701－0033657　GP03583、M604101　史部/金石類/總志之屬/圖像

草隸存六卷　鄒安　姬覺彌輯　民國十年(1921)上海廣倉學宭影印本　二冊

330000－1701－0033658　GP03555　史部/目録類/總録之屬/彙刻

古佚書錄叢輯　民國二十二年(1933)國立北平圖書館中華圖書館協會鉛印本　三冊

330000－1701－0033659　GP03584　史部/金石類/陶之屬/文字

廣倉專錄第二集一卷補一卷第三集三卷　鄒安輯　民國十年(1921)上海廣倉學宭影印本　三冊

330000－1701－0033661　GP03556　子部/藝術類/篆刻之屬/印論

篆法辨訣一卷　(清)承培元撰　(清)張之純注　民國二年(1913)南蘭惲毓齡刻本　一冊

330000－1701－0033666　GP03558　史部/地理類/專志之屬/宮殿

圓明園攷一卷　程演生輯　民國十七年(1928)上海中華書局鉛印本　一冊

330000－1701－0033667　GP03591　史部/政書類/公牘檔冊之屬

黎副總統政書三十四卷　黎元洪撰　易國幹等編　民國四年(1915)上海古今圖書局石印本　二十四冊

330000－1701－0033668　GP03592　史部/政書類/公牘檔冊之屬

黎副總統政書三十四卷　黎元洪撰　易國幹等編　民國四年(1915)上海古今圖書局石印本　二十四冊

330000－1701－0033671　GP03588　集部/別集類/清別集

芙蓉庵燹餘草一卷　(清)蒲華撰　民國十五年(1926)上海聚珍仿宋印書局鉛印本　一冊

330000－1701－0033672　GP03588/1　集部/別集類/清別集

芙蓉庵燹餘草一卷　(清)蒲華撰　民國十五年(1926)上海聚珍仿宋印書局鉛印本　一冊

330000－1701－0033674　GP10843　子部/宗教類/佛教之屬/論疏

中論潤文畧解四卷　(天竺)龍樹菩薩造　(天竺)青目菩薩釋　(後秦)釋鳩摩羅什譯　(清)管禮昌略解　民國八年(1919)上海有正書局鉛印本　二冊

330000－1701－0033675　GP03595　集部/別集類/清別集

猶得住樓詩選一卷詞選一卷附文一卷　(清)李媞撰　**附錄一卷**　民國十四年(1925)鉛印本　一冊

330000－1701－0033679　GP03606　子部/儒家類/儒學之屬/性理

吾師錄一卷　(明)黃淳耀撰　民國十一年(1922)北學堂刻本　一冊

330000－1701－0033680　GP03597　史部/地理類/山川之屬/水志

文登溫泉游覽記一卷國內溫泉考略一卷續一卷　王毓升撰　民國二十三年(1934)鉛印本　王毓升題記　一冊

330000－1701－0033682　GP03607　經部/易類/傳說之屬

易學入門一卷易學探原經傳解三卷　黃元炳

撰　民國二十二年(1933)無錫黄氏觀蝶樓鉛印本　三册　缺一卷(易學入門)

330000－1701－0033683　GP03599　史部/叢編

東北文獻叢書□□種　國立東北大學文科研究所編　民國三十一年至三十三年(1942－1944)國立東北大學文科研究所石印本　一册　存一種

330000－1701－0033684　GP03608　經部/易類/傳説之屬

易學入門一卷易學探原經傳解三卷　黄元炳撰　民國二十二年(1933)無錫黄氏觀蝶樓鉛印本　三册　缺一卷(易學入門)

330000－1701－0033686　GP03609　類叢部/叢書類

餘園叢刻　柯昌濟輯　民國二十四年至二十六年(1935－1937)鉛印本　四册　存一種

330000－1701－0033687　GP10844　史部/傳記類/總傳之屬/家乘

曲阿魏氏忠孝録一卷　(清)魏閬屏編　民國二年(1913)芝蓮廎鉛印本　一册

330000－1701－0033689　GP10854　子部/宗教類/道教之屬/經文

詞館分寫太上感應篇引經箋註不分卷　(清)惠棟箋注　(清)沈桂芬等書　民國十九年(1930)上海鴻寶齋影印本　二册

330000－1701－0033690　GP03602　子部/儒家類/儒學之屬

曲阜清儒著述記二卷　孔祥霖編　民國石印本　源瀚題記　一册

330000－1701－0033691　GP03600　史部/金石類/錢幣之屬/雜著

後素樓清泉談一卷　張晉撰　民國抄本　一册

330000－1701－0033692　GP03610　史部/金石類/石之屬

誌石文録一卷續編一卷　吳鼎昌撰　民國鉛印本　德人題記　一册

330000－1701－0033693　GP03603　史部/金石類/璽印之屬/文字

清代玉璽譜一卷　民國十九年(1930)上海會文堂新記書局影印本　一册

330000－1701－0033699　GP03611　史部/金石類/石之屬/題跋

漢孟孝琚碑題跋一卷　袁嘉穀等輯　民國十二年(1923)雲南圖書館鉛印本　一册

330000－1701－0033700　GP03604　史部/傳記類/總傳之屬/技藝

東皋印人傳二卷　(清)黄學圯輯　民國西泠印社鉛印本　一册

330000－1701－0033705　GP10906　子部/宗教類/其他宗教之屬/基督教

近代教士列傳不分卷　(英國)李提摩太撰　民國二年(1913)上海商務印書館鉛印本　一册

330000－1701－0033711　GP03612　類叢部/叢書類/自著之屬

約園演講集　張壽鏞撰　民國鉛印本　一册　存一種

330000－1701－0033716　GP10919　子部/宗教類/佛教之屬/諸宗

辯顯密二教論二卷　(日本)釋空海撰　**略敘傳大毗盧遮那成佛神變加持經大教相承傳法次第記一卷**　(唐)釋海雲集　民國九年(1920)北京刻經處刻本　一册

330000－1701－0033717　GP03613　子部/雜著類/雜説之屬

石橋潛書四卷　褚傳誥撰　民國八年(1919)鉛印本　一册

330000－1701－0033719　GP10926　史部/傳記類/總傳之屬/家乘

繆氏考古録一卷　繆荃孫輯　民國二十四年(1935)鉛印本　一册

330000－1701－0033723　GP03617　類叢部/叢書類/彙編之屬

曲石叢書二十種　李根源編　民國鉛印本

一冊　存一種

330000－1701－0033725　GP03628　史部/傳記類/總傳之屬/技藝
金石家書畫集小傳一卷　西泠印社纂輯　民國西泠印社鉛印本　一冊

330000－1701－0033728　GP03629　類叢部/叢書類/自著之屬
獨見曉齋叢書□□種　陳懷撰　民國十四年(1925)穎川書舍刻本　一冊　存一種

330000－1701－0033729　GP03627　類叢部/叢書類/家集之屬
丹徒陳氏著述十九種　□□編　民國石印本暨鉛印本　一冊　存一種

330000－1701－0033734　GP03630　史部/傳記類/日記之屬
衡廬日錄一卷(民國二十三年四月初六日至五月一日)附南嶽遊記一卷(民國二十三年四月初六日至十五日)　傅增湘撰　民國二十四年(1935)天津大公報社鉛印本　一冊

330000－1701－0033735　GP03644　類叢部/叢書類/自著之屬
闞霍初先生遺著　闞鐸撰　民國刻本　一冊　存一種

330000－1701－0033736　GP03619　類叢部/叢書類/彙編之屬
曲石叢書二十種　李根源編　民國十二年至二十一年(1923－1932)騰衝李氏蘇州刻本　三冊　存一種

330000－1701－0033742　GP03646　子部/宗教類/佛教之屬
悉曇字記一卷　(唐)釋智廣撰　民國六年(1917)上海倉聖明智大學校石印本　一冊

330000－1701－0033744　GP03631　史部/政書類/考工之屬/營造
工段營造錄一卷揚州畫舫錄涉及營造之紀述一卷　(清)李斗撰　民國二十年(1931)中國營造學社鉛印本　一冊

330000－1701－0033747　GP10943　史部/傳記類/別傳之屬/年譜
鄰蘇老人[楊守敬]年譜一卷　楊守敬述　熊會貞補述　民國四年(1915)石印本　一冊

330000－1701－0033750　GP03632　類叢部/叢書類/彙編之屬
國立北京大學研究院文史叢刊　國立北京大學研究院文史部輯　民國上海商務印書館鉛印本暨影印本　一冊　存一種

330000－1701－0033752　GP10944　史部/傳記類/別傳之屬/年譜
鄰蘇老人[楊守敬]年譜一卷　楊守敬述　熊會貞補述　民國四年(1915)石印本　一冊

330000－1701－0033757　GP10945　史部/傳記類/別傳之屬/事狀
張溟洲先生[鵬昇]祠祀錄一卷　(日本)方樹梅編　民國二十年(1931)鉛印本　一冊

330000－1701－0033758　GP03633　集部/別集類
觀水游山集一卷　丁仁撰　民國二十六年(1937)石印本　一冊

330000－1701－0033759　GP03634　史部/金石類/石之屬/文字
億年堂叢書　陳邦福撰　民國石印本　一冊　存一種

330000－1701－0033763　GP03648　史部/金石類/金之屬/圖像
南通徐秋谷先生手橅古器題識一卷　徐壽慈摹　民國十年(1921)石印本　一冊

330000－1701－0033764　GP03635　子部/藝術類/書畫之屬/書法書品
書譜一卷　(唐)孫過庭撰並書　民國有正書局影印本　一冊

330000－1701－0033775　GP03637　史部/金石類
孔德研究所叢刊　孔德研究所編　民國鉛印本暨影印本　一冊　存一種

330000－1701－0033776　GP03585　史部/金石類/金之屬

周金文存六卷補遺一卷　鄒安輯　民國十年(1921)上海廣倉學宭影印本　四冊　缺四卷(一至四)

330000－1701－0033779　GP10952　集部/別集類

寄廬詩集二卷補遺一卷　裘曼星撰　民國六年(1917)木活字印本　一冊

330000－1701－0033781　GP03672、GP03673　類叢部/叢書類/自著之屬

直介堂叢刻初編十種續編五種鼻烟叢刻四種　劉聲木撰　民國十八年(1929)廬江劉氏鉛印本　二冊　存一種

330000－1701－0033782　GP03638/1　史部/政書類/邦計之屬/戶政

縣保甲戶口編查辦法詮釋一卷　吳顧毓撰　民國三十二年(1943)商務印書館鉛印本　一冊

330000－1701－0033783　GP10931、GP10932　類叢部/叢書類/彙編之屬

抱經樓叢刊五種　沈德壽編　民國十五年至十六年(1926－1927)慈谿沈氏鉛印本　三冊　存二種

330000－1701－0033784　GP03586　史部/金石類/石之屬

古石抱守錄一卷　鄒安輯　民國七年(1918)廣倉學宭影印本　二冊

330000－1701－0033785　GP10950　集部/別集類

雲巢詩集一卷　凌啟鴻撰　民國十八年(1929)鉛印本　一冊

330000－1701－0033788　GP10912　類叢部/叢書類/自著之屬

盤龍山人叢書　方樹梅輯　民國十五年(1926)晉寧方氏南荔草堂刻本　一冊　存一種

330000－1701－0033790　GP03674　史部/目錄類/專錄之屬

國立北平故宮博物院在筑書畫展覽會展品目錄一卷　貴州省立藝術館編　民國三十三年(1944)貴州省立藝術館鉛印本　一冊

330000－1701－0033793　GP03652　史部/金石類/總志之屬/雜著

殷周古器物研究一卷　民國油印本　一冊

330000－1701－0033794　GP10913　子部/宗教類/佛教之屬/諸宗

淨土生無生論講義二卷附錄一卷　(明)釋傳燈撰　季新益述　民國二十二年(1933)蘇州覺社鉛印本　二冊

330000－1701－0033795　GP03675　集部/別集類

長喜齋論畫詩一卷　龔韻珊撰　民國二十六年(1937)鉛印本　一冊

330000－1701－0033800　GP03653　類叢部/叢書類/彙編之屬

渭南嚴氏孝義家塾叢書十一種　嚴式誨編　民國十九年至二十年(1930－1931)渭南嚴氏刻本　一冊　存一種

330000－1701－0033802　GP10959　集部/總集類/酬唱之屬

鬭茶集一卷　江庸輯　民國二十八年(1939)油印本　一冊

330000－1701－0033803　GP03682　史部/紀傳類

越縵堂讀史札記十一種三十卷　(清)李慈銘撰　民國國立北平北海圖書館鉛印本　一冊　存四種

330000－1701－0033804　GP10957　史部/目錄類/總錄之屬

鐵道部圖書室圖書目錄不分卷　南京鐵道部圖書室編　民國二十三年(1934)鉛印本　一冊

330000－1701－0033805　GP10958　集部/別集類/清別集

藤香館小品一卷　(清)薛時雨撰　民國抄本

一册

330000－1701－0033806　GP11868　史部/傳記類/雜傳之屬

蜕仙剖腹追記一卷　胡君復撰　民國二十年(1931)鉛印本　一册

330000－1701－0033811　GP03693　類叢部/叢書類/自著之屬

晴川八識　(清)孫之騄撰　民國抄本　一册　存一種

330000－1701－0033815　GP10966　新學/重學/力學

水力機械學三編　民國油印本　一册

330000－1701－0033817　GP10967　集部/別集類

東池精舍詩別集二卷　傅紹巖撰　民國二十二年(1933)鉛印本　一册

330000－1701－0033820　GP10934　類叢部/叢書類/家集之屬

雙硯齋叢書六種　鄧邦述編　民國江寧鄧氏刻本　一册　存一種

330000－1701－0033822　GP10968　史部/傳記類/別傳之屬/事狀

先考柯府君[汝霖]事狀一卷　柯培鼎撰　民國鉛印本　一册

330000－1701－0033825　GP10991　史部/傳記類/別傳之屬/年譜

皇清誥授光禄大夫毓慶宫行走吏部右侍郎先考子松府君[夏同善]年譜一卷皇清誥封一品夫人先妣屠夫人行狀一卷　(清)夏敦復纂　民國九年(1920)上海聚珍倣宋印書局鉛印本　一册

330000－1701－0033827　GP03710　類叢部/叢書類/自著之屬

貞松老人遺稿丙集二種　羅振玉撰　民國三十六年(1947)上虞羅福頤鉛印本　一册

330000－1701－0033828　GP03703　經部/小學類/音韻之屬

拼音與反切參考書三卷附文字俗解一卷　王璞撰　民國石印本　王璞題簽並記　一册

330000－1701－0033829　GP10991/1　史部/傳記類/別傳之屬/年譜

皇清誥授光禄大夫毓慶宫行走吏部右侍郎先考子松府君[夏同善]年譜一卷皇清誥封一品夫人先妣屠夫人行狀一卷　(清)夏敦復纂　民國九年(1920)上海聚珍倣宋印書局鉛印本　一册

330000－1701－0033837　善008254　子部/醫家類/類編之屬

醫四書　(明)許兆楨輯　民國抄本　六册　存二種

330000－1701－0033838　GP03711　類叢部/叢書類/自著之屬

海寧王忠慤公遺書四十四種　王國維撰　民國十六年至十七年(1927－1928)海寧王氏鉛印本暨石印本　一册　存一種

330000－1701－0033840　GP10979　集部/別集類/清別集

亦有秋齋詩鈔二卷　(清)鈕福疇撰　民國七年(1918)烏程鈕氏鉛印本　一册

330000－1701－0033844　GP11004　子部/雜著類/雜說之屬

人學會語録一卷　林品三撰　民國二十五年(1936)上海大成書社鉛印本　一册

330000－1701－0033846　GP11005　集部/別集類

胏山詩存一卷　茅謙撰　民國十四年(1925)鉛印本　一册

330000－1701－0033847　GP03712　經部/小學類/文字之屬/說文/傳說

說文解字注十五卷附六書音均表五卷　(清)段玉裁撰　**說文部目分韻一卷**　(清)陳焕編　**說文通檢十四卷首一卷末一卷**　(清)黎永椿編　**說文提要一卷**　(清)陳建侯撰　**徐星伯說文段注札記一卷**　(清)徐松撰　(清)劉肇隅編　**龔定菴說文段注札記一卷**　(清)龔

自珍撰 （清）劉肇隅編 **桂未谷說文段注鈔一卷補鈔一卷** （清）桂馥撰 （清）劉肇隅編 民國十七年（1928）上海掃葉山房石印本 一冊 存一卷（說文提要）

330000－1701－0033851 GP10972 史部/傳記類/別傳之屬/墓誌
清故湖南提學使吳府君［慶坻］墓志銘一卷 姚詒慶撰 **吳母花夫人傳一卷** 周雲撰 民國鉛印本 一冊

330000－1701－0033856 GP03714、GP03713 類叢部/叢書類/自著之屬
貞松老人遺稿乙集四種 羅振玉撰 民國三十二年（1943）上虞羅福頤鉛印本 四冊 存二種

330000－1701－0033859 GP10984 史部/傳記類/別傳之屬/事狀
前國務總理伯唐汪公［大燮］行狀一卷 邵章撰 民國十七年（1928）刻本 一冊

330000－1701－0033860 GP10964 集部/別集類
水聲殘稿一卷 張綺山撰 民國二十三年（1934）鉛印本 一冊

330000－1701－0033861 GP03715 經部/小學類/文字之屬/字書/通論
文字通詮八卷 楊譽龍編 民國十二年（1923）上海中華書局石印本 四冊

330000－1701－0033862 GP03716 經部/小學類/文字之屬/字書/通論
文字通詮八卷 楊譽龍編 民國十二年（1923）上海中華書局石印本 四冊

330000－1701－0033863 GP11028 新學/幼學
兒童教育鑑二卷 （德國）柴爾紫芒撰 徐傳霖口譯 陸基筆述 民國六年（1917）上海文明書局鉛印本 二冊

330000－1701－0033869 GP03722 史部/目録類/總録之屬/私撰
陸氏守先閣捐助書目一卷 吳興圖書館編 民國鉛印本 一冊

330000－1701－0033874 GP10995 集部/別集類
古腴齋詩稿一卷 何家翰撰 民國三年（1914）鉛印本 一冊

330000－1701－0033877 GP03724 經部/小學類/文字之屬/字書/字體
真行草大字典十二卷 書學會編 民國上海有正書局石印本 六冊

330000－1701－0033879 GP03726 類叢部/叢書類/家集之屬
待時軒叢刊六種 羅福頤編 民國二十二年至二十六年（1933－1937）上虞羅氏石印本 一冊 存一種

330000－1701－0033881 GP03686 經部/春秋公羊傳類/傳說之屬
公羊権論一卷 徐震撰 民國十九年（1930）刻本 一冊

330000－1701－0033884 GP03727 子部/兵家類/武術技巧之屬
中華新武術 馬良等編 民國七年（1918）石印本 一冊 存一種

330000－1701－0033888 GP10996 史部/傳記類/別傳之屬/年譜
澹泊齋［秦光第］年譜一卷 秦光第撰 民國十三年（1924）石印本 一冊

330000－1701－0033891 GP11013 史部/傳記類/別傳之屬/事狀
欽命頭品頂戴賞戴花翎賞穿黃馬褂記名遇缺簡放提督西林巴圖魯黃公嘯山［虎臣］事略一卷 謝成釗編 民國十四年（1925）石印本 一冊

330000－1701－0033896 GP03735 集部/別集類
仿擊壤百首一卷仿唐風百首一卷 張赤幟撰 民國鉛印本 一冊

330000－1701－0033902 GP10997 類叢部/

叢書類/彙編之屬
桂影軒叢刊五種　談文灯輯　民國十一年(1922)海鹽談氏鉛印本　一冊

330000－1701－0033906　GP03738　史部/金石類/總志之屬
經鉏堂金石小箋二卷　(清)葉弈苞撰　民國中國書店鉛印本　一冊

330000－1701－0033907　GP11015　集部/總集類/選集之屬/斷代
江湖夜雨集九卷　吴貞懿輯　民國八年(1919)鉛印本　四冊

330000－1701－0033908　GP03739　史部/金石類/總志之屬
經鉏堂金石小箋二卷　(清)葉弈苞撰　民國中國書店鉛印本　一冊

330000－1701－0033912　GP10998　經部/書類/傳説之屬
尚書駢枝一卷　(清)孫詒讓撰　民國鉛印本　仲雄題記　一冊

330000－1701－0033917　GP11040　類叢部/叢書類/彙編之屬
燕京大學圖書館叢書　燕京大學圖書館編　民國北平燕京大學圖書館鉛印本暨影印本　一冊　存二種

330000－1701－0033918　GP10999　史部/史評類/詠史之屬
詠史記事一卷　張翥撰　民國十四年(1925)鉛印本　一冊

330000－1701－0033924　GP03748　經部/書類/文字音義之屬
尚書覈詁四卷　楊筠如撰　民國二十三年(1934)北強學社鉛印本　一冊

330000－1701－0033925　GP03750　子部/兵家類/武術技巧之屬
中華新武術　馬良等編　民國七年(1918)石印本　一冊　存一種

330000－1701－0033926　GP03751　經部/詩類/詩序之屬
詩序解三卷　陳延傑撰　民國二十一年(1932)上海開明書店鉛印本　一冊

330000－1701－0033927　GP03752　經部/小學類/音韻之屬/韻書
五方元音二卷　(清)樊騰鳳撰　(清)年希堯增補　民國上海廣益書局石印本　一冊

330000－1701－0033928　GP11000　史部/傳記類/別傳之屬/年譜
錢牧齋先生[謙益]年譜一卷　金鶴沖輯　**東澗遺老錢公別傳一卷**　(清)顧苓撰　民國三十年(1941)鉛印本　一冊

330000－1701－0033929　GP03768　史部/地理類/雜志之屬
湖南各縣調查筆記不分卷　曾繼梧編　民國二十年(1931)鉛印本　二冊

330000－1701－0033930　GP11001　史部/傳記類/別傳之屬/年譜
錢牧齋先生[謙益]年譜一卷　金鶴沖輯　**東澗遺老錢公別傳一卷**　(清)顧苓撰　民國三十年(1941)鉛印本　一冊

330000－1701－0033934　GP03769　史部/政書類/邦交之屬
康熙與羅馬使節關係文書影印本不分卷　北平故宫博物院編　民國二十一年(1932)北平故宫博物院影印本　一冊

330000－1701－0033936　GP11041　集部/總集類
文論集要一卷　民國鉛印本　二冊

330000－1701－0033938　GP11042　集部/小説類/長篇之屬
洞冥記十卷三十八回　(清)吕惟一輯　民國十八年(1929)上海影印本　五冊

330000－1701－0033939　GP11043　子部/雜著類/雜説之屬
南屏濟祖筆錄第一集一卷　朱道臧　王本祈編　民國七年(1918)上海集雲軒鉛印本　一冊

330000－1701－0033942 GP03754 類叢部/叢書類/彙編之屬

楊家駱清代著述志資料叢書 楊家駱輯 民國中國圖書大辭典編輯館影印本 一册 存一種

330000－1701－0033946 GP03755 類叢部/叢書類/彙編之屬

楊家駱清代著述志資料叢書 楊家駱輯 民國中國圖書大辭典編輯館影印本 一册 存一種

330000－1701－0033952 GP03775 集部/總集類/郡邑之屬

竹洲文獻二卷 楊貽誠編 民國二十五年(1936)鄞縣縣立女子中學校友會鉛印本 一册

330000－1701－0033955 GP03776 集部/總集類/郡邑之屬

竹洲文獻二卷 楊貽誠編 民國二十五年(1936)鄞縣縣立女子中學校友會鉛印本 一册

330000－1701－0033956 GP03777 集部/總集類/郡邑之屬

竹洲文獻二卷 楊貽誠編 民國二十五年(1936)鄞縣縣立女子中學校友會鉛印本 一册

330000－1701－0033958 GP11063 類叢部/叢書類/家集之屬

武林丁氏家集十三種 丁立誠 丁立中撰 民國錢塘丁氏嘉惠堂鉛印本 一册 存一種

330000－1701－0033959 GP11049 集部/別集類

芷洲詩鈔五卷 李廣濂撰 廉泉編 民國十四年(1925)鉛印本 一册

330000－1701－0033979 GP03792 經部/四書類/大學之屬/傳說

古本大學私箋一卷 (朝鮮)金澤榮撰 民國七年(1918)鉛印本 一册

330000－1701－0033987 GP03787 類叢部/叢書類/自著之屬

甓勤齋遺書二種附一種 龍璋撰輯 民國攸縣龍氏鉛印本 一册 存一種

330000－1701－0033988 善 008259 史部/傳記類/科舉録之屬/總録

仁錢會館科名扁錄不分卷 (清)黄安綬輯 吳慶坻 邵章續輯 民國十六年(1927)劉育三抄本 王褆題簽 徐行恭跋 一册

330000－1701－0033989 GP03795 史部/金石類/金之屬/文字

毛公鼎斠釋一卷 張之綱撰 民國二十三年(1934)上海鉛印本 一册

330000－1701－0033996 GP11072 類叢部/叢書類/彙編之屬

復性書院叢刊二十七種 馬浮編 民國二十九年至三十七年(1940－1948)復性書院刻本暨鉛印本 二册 存一種

330000－1701－0033999 GP03790 集部/總集類/酬唱之屬

敦交集一卷 (元)魏壽延輯 民國西泠印社木活字印本 一册

330000－1701－0034001 GP11170 類叢部/叢書類/彙編之屬

復性書院叢刊二十七種 馬浮編 民國二十九年至三十七年(1940－1948)復性書院刻本暨鉛印本 一册 存二種

330000－1701－0034005 GP11171 類叢部/叢書類/彙編之屬

復性書院叢刊二十七種 馬浮編 民國二十九年至三十七年(1940－1948)復性書院刻本暨鉛印本 一册 存二種

330000－1701－0034007 GP03797 子部/藝術類/書畫之屬/法帖

草字彙十二卷附補 (清)石梁輯 民國元年(1912)上海同文書局石印本 六册

330000－1701－0034016 GP03806 史部/金石類/石之屬/文字

天發神讖碑攷一卷 (清)吳玉搢錄 (清)徐

堅藏　民國影印本　一册

330000－1701－0034021　GP03807　經部/三禮總義類/名物制度之屬
三禮名物　吳承仕撰　民國十九年(1930)歙縣吳氏鉛印本　一册　存一種

330000－1701－0034022　善008260　史部/雜史類/通代之屬
武塘野史一卷　民國抄本　一册

330000－1701－0034026　GP03822　類叢部/叢書類/彙編之屬
楊家駱清代著述志資料叢書　楊家駱輯　民國中國圖書大辭典編輯館影印本　一册　存一種

330000－1701－0034030　善008261　史部/雜史類/通代之屬
武塘野史一卷　民國抄本　一册

330000－1701－0034037　GP11176　經部/易類/傳説之屬
邵村學易二十卷　張其淦撰　民國十五年(1926)鉛印本　四册

330000－1701－0034039　GP03824　類叢部/叢書類/彙編之屬
曲石叢書二十種　李根源編　民國鉛印本　一册　存一種

330000－1701－0034041　GP11180　史部/傳記類/别傳之屬/年譜
左忠毅公[光斗]年譜定本二卷　馬其昶編　民國十四年(1925)蓬萊慕氏京師刻本　一册

330000－1701－0034042　GP11181　史部/傳記類/别傳之屬/年譜
左忠毅公[光斗]年譜定本二卷　馬其昶編　民國十四年(1925)蓬萊慕氏京師刻本　一册

330000－1701－0034043　GP03827　史部/政書類/公牘檔册之屬
海軍部海道測量局第十一屆工作報告書不分卷　海軍部海道測量局編　民國二十四年(1935)海軍部海道測量局鉛印本　一册

330000－1701－0034048　GP03830　史部/傳記類/總傳之屬
廣東文徵作者考十二卷　吳道鎔纂　民國三十年(1941)揭陽孫家哲鉛印本　二册

330000－1701－0034050　GP11183　史部/政書類/儀制之屬
祀孔典禮一卷附説明書　政事堂禮制館編　民國三年(1914)政事堂禮制館鉛印本　一册

330000－1701－0034051　GP03831　史部/傳記類/總傳之屬
廣東文徵作者考十二卷　吳道鎔纂　民國三十年(1941)揭陽孫家哲鉛印本　二册

330000－1701－0034052　GP11184　史部/政書類/儀制之屬/通禮
祀天通禮一卷附理由説明書　政事堂禮制館編　民國三年(1914)政事堂禮制館鉛印本　一册

330000－1701－0034058　GP03838　子部/小説家類/瑣語之屬
夜雨秋燈録初集四卷續集四卷三集四卷　(清)宣鼎撰　民國二十一年(1932)上海大一統書局石印本　六册

330000－1701－0034060　GP11187　集部/别集類/明别集
高青邱詩不分卷　(明)高啟撰　民國抄本　夢月館主人題簽　一册

330000－1701－0034066　GP03840　經部/小學類/文字之屬
研究拼形簡字母之一得不分卷　錢勉醒撰　民國二十年(1931)文字修正社鉛印本　一册

330000－1701－0034071　GP11196　史部/政書類/軍政之屬
兵要地理二卷　民國鉛印本　二册

330000－1701－0034072　GP03832　史部/雜史類/斷代之屬
南明野史三卷首一卷附録一卷　(清)南沙三餘氏撰　民國十九年(1930)上海商務印書館鉛印本　三册

330000－1701－0034073　GP11189　集部/總集類/酬唱之屬
虎林銷夏集一卷　沈鈞輯　民國三年(1914)杭城興業印書局鉛印本　一冊

330000－1701－0034076　GP11198　新學/醫學/内科
函授種痘講義十種　(日本)青木藤五郎編　民國鉛印本　一冊

330000－1701－0034077　GP03842　史部/政書類/公牘檔冊之屬
清九朝京省報銷冊目錄不分卷　國立北京大學研究所國學門明清史料整理會編　民國十四年(1925)北平國立北京大學研究所國學門明清史料整理會鉛印本　一冊

330000－1701－0034078　GP03833　史部/目録類/總録之屬/私撰
樂善堂精刻銅版縮印書目一卷　樂善堂主人編　民國三十四年(1945)上海樂善堂鉛印本　一冊

330000－1701－0034081　GP03843　子部/雜著類/雜說之屬
趨庭隨筆一卷　江庸撰　民國二十三年(1934)朝陽學院出版部鉛印本　一冊

330000－1701－0034085　GP03844　子部/藝術類/書畫之屬
翰苑七賢楷書楚辭不分卷　(清)王仁堪等書　吳季衡藏　民國二十四年(1935)上海商務印書館石印本　一冊

330000－1701－0034086　GP03834　子部/宗教類/道教之屬
老莊正義合編　民國上海古書流通處據清光緒刻本影印本　六冊

330000－1701－0034091　GP03851　史部/地理類/專志之屬/書院
五峰書院志八卷首一卷　(清)程尚斐纂　民國二十五年(1936)木活字印本　楊夢齡題記　二冊

330000－1701－0034092　GP03861　經部/小學類/音韻之屬/韻書
欽定同文韻統六卷　(清)允祿等輯　民國二十二年(1933)上海大東書局石印本　二冊

330000－1701－0034093　GP03847　史部/地理類/山川之屬/山志
紫蓬山志一卷　(清)李恩綬輯　釋三惺續補　民國二十年(1931)合肥紫蓬山房鉛印本　一冊

330000－1701－0034094　GP11191　史部/傳記類/别傳之屬/年譜
清誥授朝議大夫知府銜在任候補直隸州知州廣西富川縣知縣加三級紀錄十次兼署富川縣學教諭鐘山理苗通判顯考部畇府君[王甲榮]年譜一卷　王邁常　王蘧常撰　民國十九年(1930)鉛印本　一冊

330000－1701－0034100　GP11194　子部/宗教類/佛教之屬
康藏佛教與西康諾那呼圖克圖應化事略不分卷　羅傑等撰　丁石僧等增纂　民國二十三年(1934)南京仁德印刷所鉛印本暨石印本　一冊

330000－1701－0034102　GP11195　集部/别集類
韶濩堂全集十八卷補遺二卷　(朝鮮)金澤榮撰　民國十四年(1925)南通翰墨林書局鉛印本　七冊　存十八卷(一至十八)

330000－1701－0034104　GP03862　經部/小學類/音韻之屬/韻書
欽定同文韻統六卷　(清)允祿等輯　民國二十年(1931)上海商務印書館據清乾隆内府刻朱墨套印本影印本　三冊

330000－1701－0034106　GP03867　子部/雜著類/雜說之屬
石橋瀋書四卷　褚傳誥撰　民國八年(1919)鉛印本　一冊

330000－1701－0034108　GP03863　經部/小學類/音韻之屬/韻書
欽定同文韻統六卷　(清)允祿等輯　民國二

十年(1931)上海商務印書館據清乾隆內府刻朱墨套印本影印本　三冊

330000－1701－0034109　GP03855　類叢部/叢書類/彙編之屬
宋人小說二十八種　涵芬樓輯　民國上海商務印書館鉛印本　二冊　存一種

330000－1701－0034111　善008265　史部/雜史類/斷代之屬
煙海紀聞不分卷　民國抄本　一冊

330000－1701－0034118　GP11218、GP11219　類叢部/叢書類/郡邑之屬
涇川叢書四十四種續七種　(清)趙紹祖　(清)趙繩祖編　民國六年(1917)翟鳳翔等據嘉慶至道光涇縣趙氏古墨齋刻本影印本　二十四冊

330000－1701－0034120　GP03661　子部/藝術類/書畫之屬/畫法畫品
論畫輯要八種　馬克明輯　民國二十二年(1933)上海商務印書館鉛印本　一冊

330000－1701－0034122　善008266　集部/別集類/清別集
武林失守雜感詩百首一卷　(清)陳春曉撰　民國抄本　一冊

330000－1701－0034128　GP11210　史部/傳記類/別傳之屬/事狀
六有齋壽言一卷　張兆鏞編　民國鉛印本　一冊

330000－1701－0034134　GP11211　史部/叢編
思峴廬史學叢著　唐邦治撰　民國大東書局鉛印本　一冊　存一種

330000－1701－0034136　GP03876　子部/藝術類/音樂之屬/琴學
琴學內篇一卷外篇一卷　(清)曹庭棟撰　民國油印本　二冊

330000－1701－0034141　GP03878　子部/藝術類/遊藝之屬/酒令
折枝雅故五卷　麴禪氏撰　民國江蘇第一監獄鉛印本　一冊

330000－1701－0034144　GP03891　史部/雜史類/斷代之屬
出圍城記一卷鎮城竹枝詞一卷　(清)楊棨撰　民國三年(1914)丹徒楊氏揚州刻朱印本　一冊

330000－1701－0034149　GP03897　集部/詩文評類
昭昧詹言十卷續八卷續錄二卷附錄一卷陶詩附考一卷　(清)方東樹撰　民國七年(1918)上海亞東圖書館鉛印本　章嶔題記　四冊

330000－1701－0034151　GP11213　類叢部/叢書類/彙編之屬
進德叢書八種　丁福保編　民國上海醫學書局鉛印本　一冊　存二種

330000－1701－0034153　GP11229　集部/別集類
拄頰樓詩鈔一卷　王師曾撰　民國八年(1919)上海聚珍倣宋印書局鉛印本　一冊

330000－1701－0034157　GP11223　集部/別集類/宋別集
四明文獻集五卷　(宋)王應麟撰　(明)鄭真輯　**深寧先生文鈔摭餘編三卷**　(宋)王應麟撰　(清)葉熊輯　**深寧先生年譜一卷**　(清)錢大昕編　**王深寧先生年譜一卷**　(清)陳僅纂輯　(清)張恕編次　**王深寧先生年譜一卷**　(清)張大昌輯　民國五年(1916)仁和王存善鉛印本　一冊　存三卷[深寧先生年譜、王深寧先生年譜(陳僅撰)、王深寧先生年譜(張大昌輯)]

330000－1701－0034164　GP03904　史部/傳記類/別傳之屬/事狀
岳王史略演詞一卷　袁世凱撰　民國三年(1914)鉛印本　一冊

330000－1701－0034165　GP03881　史部/金石類/石之屬/目録
千唐誌齋藏石目錄一卷　張鈁藏　郭玉堂編

民國二十四年(1935)墨景堂鉛印本　一册

330000－1701－0034167　GP03882　子部/雜著類/雜考之屬

莜厓考古錄四卷　(清)鍾裒撰　**校勘記一卷**　鮑鼎撰　民國二十年(1931)中國書店影印本　一册

330000－1701－0034168　GP03905　史部/傳記類/别傳之屬/事狀

岳王史略演詞一卷　袁世凱撰　民國三年(1914)鉛印本　一册

330000－1701－0034169　GP03906　史部/傳記類/别傳之屬/事狀

岳王史略演詞一卷　袁世凱撰　民國三年(1914)鉛印本　一册

330000－1701－0034170　GP03907　史部/傳記類/别傳之屬/事狀

岳王史略演詞一卷　袁世凱撰　民國三年(1914)鉛印本　一册

330000－1701－0034176　GP03921　子部/藝術類/書畫之屬/法帖

孝園寫經不分卷　戴傳賢書　民國十九年(1930)石印本　一册

330000－1701－0034177　GP03924　子部/藝術類/書畫之屬/畫法畫品

蝶野論畫二種　陳蘧撰　民國漢文書局鉛印本　一册　存一種

330000－1701－0034178　GP11242　類叢部/叢書類/自著之屬

定雲樓遺集五種　(明)鄭得瀟撰　民國十三年(1924)陳延香等鉛印本　一册

330000－1701－0034182　GP03930　子部/藝術類/書畫之屬/總論

中國繪畫史一卷　陳師曾撰　民國十四年(1925)濟南翰墨緣美術院鉛印本　一册

330000－1701－0034183　GP11224　集部/别集類/宋别集

四明文獻集五卷　(宋)王應麟撰　(明)鄭真輯　**深寧先生文鈔摭餘編三卷**　(宋)王應麟撰　(清)葉熊輯　**深寧先生年譜一卷**　(清)錢大昕編　**王深寧先生年譜一卷**　(清)陳僅纂輯　(清)張恕編次　**王深寧先生年譜一卷**　(清)張大昌輯　民國五年(1916)仁和王存善鉛印本　一册　存三卷[深寧先生年譜、王深寧先生年譜(陳僅撰)、王深寧先生年譜(張大昌輯)]

330000－1701－0034184　GP03909　史部/史評類/考訂之屬

校史偶得不分卷　陳寶煐撰　民國八年(1919)鉛印本　二册

330000－1701－0034186　GP11233　史部/史評類/考訂之屬

校史偶得不分卷　陳寶煐撰　民國鉛印本　一册

330000－1701－0034188　GP03932　類叢部/叢書類/彙編之屬

庚辰叢編十種　趙詒琛　王大隆輯　民國二十九年(1940)鉛印本　四册

330000－1701－0034189　GP11243　集部/總集類/彙編之屬

康梁書牘四卷　民國上海普益書局石印本　三册　存三卷(一至三)

330000－1701－0034190　GP11225　經部/小學類/文字之屬/字書

今字解剖不分卷附補遺一篇　王有宗撰　民國二十四年(1935)上海商務印書館石印本　二册

330000－1701－0034192　GP03910　史部/史評類/考訂之屬

校史偶得不分卷　陳寶煐撰　民國抄本　一册

330000－1701－0034194　GP03933　子部/小説家類/瑣語之屬

岐海瑣譚集十六卷　(明)姜準輯　民國二十五年(1936)浙江省永嘉區徵輯鄉先哲遺著委員會鉛印本　四册

330000－1701－0034198　GP01870　史部/金石類/總志之屬

經鉏堂金石小箋二卷　（清）葉弈苞撰　民國中國書店鉛印本　一冊

330000－1701－0034200　GP11234　集部/總集類/尺牘之屬

分類詳註新撰尺牘全書八卷　梁鳳樓編　民國十七年(1928)大德書局石印本　八冊

330000－1701－0034203　GP03938　史部/目録類/總録之屬/私撰

好古堂書目五卷收藏宋元板書目一卷　（清）姚際恒編　民國十八年(1929)南京中社影印本　一冊

330000－1701－0034207　GP03917　史部/金石類/石之屬/目録

毅盦叢刊　黄立猷輯　民國十五年(1926)沔陽黄立猷鉛印本　二冊　存一種

330000－1701－0034209　GP03935　類叢部/叢書類/彙編之屬

江氏聚珍版叢書四集二十八種　江杏溪輯　民國十三年(1924)蘇州文學山房木活字印本　六冊

330000－1701－0034210　GP11244　子部/宗教類/佛教之屬/經疏

諷持金剛經感應圖説一卷　陳炤撰　**金剛般若波羅蜜經一卷**　（後秦）釋鳩摩羅什譯　民國二十四年(1935)北平中央刻經院鉛印本暨石印本　一冊

330000－1701－0034213　GP03939　史部/目録類/總録之屬/私撰

好古堂書目五卷收藏宋元板書目一卷　（清）姚際恒編　民國十八年(1929)南京中社影印本　一冊

330000－1701－0034217　GP03885　子部/藝術類/書畫之屬/法帖

當代名人真蹟第一集第一期一卷　陳彬龢輯　民國九年(1920)石印本　一冊

330000－1701－0034219　GP03937　子部/小説家類/異聞之屬

太平廣記五百卷目錄十卷　（宋）李昉等撰　民國二十三年(1934)北平文友堂書坊據明談刻本影印本　六十冊

330000－1701－0034220　GP03940　經部/小學類/文字之屬/字書/字體

六書通十卷首一卷附百體福壽全圖　（清）閔齊伋撰　（清）畢弘述篆訂　民國三年(1914)掃葉山房石印本　五冊

330000－1701－0034221　GP03886　史部/雜史類/斷代之屬

辛亥四川路事紀略一卷　誦清堂主人編　民國四年(1915)四川成都鉛印本　一冊

330000－1701－0034224　GP11245　集部/別集類/清別集

徐烈婦詩鈔二卷　（清）吳宗愛撰　（清）俞樾（清）王崇炳編集　**同心梔子圖續編一卷**　（清）應瑩撰　**吳絳雪年譜一卷**　（清）俞樾撰　民國石印本　一冊

330000－1701－0034234　GP11601、GP11605、GP11596、GP11598、GP11603　類叢部/叢書類/彙編之屬

復性書院叢刊二十七種　馬浮編　民國二十九年至三十七年(1940－1948)復性書院刻本暨鉛印本　六冊　存五種

330000－1701－0034235　GP11246　集部/別集類/清別集

徐烈婦詩鈔二卷　（清）吳宗愛撰　（清）俞樾（清）王崇炳編集　**同心梔子圖續編一卷**　（清）應瑩撰　**吳絳雪年譜一卷**　（清）俞樾撰　民國石印本　一冊

330000－1701－0034238　GP03945　類叢部/叢書類/自著之屬

默厂所著書　鮑鼎撰　民國石印本　二冊　存一種

330000－1701－0034247　GP03946　史部/地理類/雜志之屬

牂牁叢考一卷　胡翯撰　民國二十五年

(1936)鉛印本　一冊

330000－1701－0034248　GP03961　子部/儒家類/儒學之屬/性理

稷垣答問五卷　朱士煥撰　民國十二年(1923)建德周雲刻本　一冊

330000－1701－0034249　GP11599、GP11604、GP11595、GP11597、GP11602　類叢部/叢書類/彙編之屬

復性書院叢刊二十七種　馬浮編　民國二十九年至三十七年(1940－1948)復性書院刻本暨鉛印本　六冊　存五種

330000－1701－0034252　GP03964　子部/藝術類/遊藝之屬/聯語

簫心劍氣樓聯語一卷　孫肇圻撰　民國二十一年(1932)鉛印本　一冊

330000－1701－0034256　GP11600、GP11606、GP11594、GP11607、GP11608、GP11610　類叢部/叢書類/彙編之屬

復性書院叢刊二十七種　馬浮編　民國二十九年至三十七年(1940－1948)復性書院刻本暨鉛印本　七冊　存七種

330000－1701－0034260　GP11618　經部/小學類/文字之屬/說文/專著

說文鑰一卷前編一卷後編一卷　丁福保編　民國二十二年(1933)梁谿丁氏上海石印本　一冊

330000－1701－0034263　GP03965　類叢部/叢書類/自著之屬

雙流劉鑑泉先生遺書二百二十種　劉咸炘撰　徐國光　王道相編輯　民國成都尚友書塾推十圖書經理處刻本、稿本暨抄本　一冊　存二種

330000－1701－0034264　GP11619　類叢部/叢書類/郡邑之屬

關中叢書五十三種　宋聯奎輯　民國二十三年至二十五年(1934－1936)陝西通志館鉛印本　一冊　存一種

330000－1701－0034268　GP11620　史部/傳記類/總傳之屬/郡邑

於越有明一代三不朽圖贊一卷　(明)張岱撰　民國七年(1918)鉛印本　四冊

330000－1701－0034271　GP03966　史部/傳記類/總傳之屬/郡邑

重編韓代崧陽耆舊傳二卷　(朝鮮)金澤榮撰　民國九年(1920)鉛印本　一冊

330000－1701－0034277　GP11627　史部/目録類/總録之屬/彙刻

復性書院擬先刻諸書簡目五卷　馬浮編　民國三十四年(1945)復性書院刻本　一冊

330000－1701－0034278　GP03791　經部/小學類/音韻之屬

文字學音篇五章　錢玄同撰　民國十三年(1924)北京大學出版部鉛印本　一冊

330000－1701－0034281　GP03972　經部/小學類/文字之屬/字書

中國文字的構造法一卷　馬敘倫撰　民國十七年(1928)鉛印本　一冊

330000－1701－0034294　GP11628　子部/雜著類/雜說之屬

濠上雜著初集四卷　馬浮撰　張立民編　民國復性書院刻本　一冊

330000－1701－0034298　善008275　經部/小學類/文字之屬/說文/專著

說文引經錄不分卷　汪厚昌撰　稿本　四冊

330000－1701－0034299　GP11629　子部/雜著類/雜說之屬

濠上雜著初集四卷　馬浮撰　張立民編　民國復性書院刻本　一冊

330000－1701－0034300　GP11630　子部/雜著類/雜說之屬

濠上雜著初集四卷　馬浮撰　張立民編　民國復性書院刻本　一冊

330000－1701－0034301　GP11634、GP11635、GP11636、GP11632、GP11631、GP11633　類叢部/叢書類/彙編之屬

復性書院叢刊二十七種　馬浮編　民國二十九年至三十七年(1940－1948)復性書院刻本暨鉛印本　二十一册　存五種

330000－1701－0034303　GP11591　類叢部/叢書類/彙編之屬
自青樹叢書　卓定謀輯　民國鉛印本　一册　存一種

330000－1701－0034304　GP03979　史部/目録類/專録之屬
黄季剛先生遺著篇目舉要初稿一卷　徐復輯　民國二十四年(1935)金陵大學國學研究班鉛印本　徐復題記　一册

330000－1701－0034305　GP03991　史部/地理類/專志之屬/寺觀
瑞雲山廣潤寺志七卷　(明)釋音緯編　民國抄本　一册

330000－1701－0034306　GP03982　史部/目録類/總録之屬/官修
南京圖書局閲覽室檢查書目二編五卷　南京圖書局編　民國南京圖書局鉛印本　二册

330000－1701－0034307　GP11592　集部/别集類
清寂堂詩續錄一卷吴游集一卷　林思進撰　民國二十四年(1935)華陽林氏霜柑閣刻本　林思進題記　一册

330000－1701－0034309　GP03983　史部/目録類/總録之屬/官修
廣西圖書館書目分類簡明表不分卷　廣西圖書館編　民國二年(1913)廣西圖書館鉛印本　二册

330000－1701－0034311　GP11593　類叢部/叢書類/彙編之屬
復性書院叢刊二十七種　馬浮編　民國二十九年至三十七年(1940－1948)復性書院刻本暨鉛印本　一册　存一種

330000－1701－0034317　GP03999　類叢部/叢書類/自著之屬
章氏叢書補編七種　章炳麟撰　民國十三年(1924)鉛印本　一册　存一種

330000－1701－0034318　GP04000　類叢部/叢書類/自著之屬
章氏叢書補編七種　章炳麟撰　民國十三年(1924)鉛印本　一册　存一種

330000－1701－0034322　GP03984　史部/目録類/總録之屬/官修
海寧縣公立圖書館書目九卷　朱尚編　民國十二年(1923)海寧縣公立圖書館鉛印本　一册

330000－1701－0034329　GP03985　集部/總集類/選集之屬/通代
詩曆十三卷附錄一卷　伍受真編　民國十九年(1930)振羣印刷公司鉛印本　二册

330000－1701－0034332　GP11648　集部/詞類/别集之屬
吴夢窗詞正集箋釋四卷補箋一卷事蹟攷一卷　(宋)吴文英撰　楊鐵夫箋釋　民國二十五年(1936)抱香室鉛印本　二册

330000－1701－0034333　GP04014　史部/傳記類/總傳之屬/家乘
新陽趙氏清芬錄三卷　趙詒琛編　民國六年(1917)新陽趙詒琛義莊刻本　一册

330000－1701－0034335　GP03986　史部/地理類/雜志之屬
雲南地震考一卷　童振藻撰　民國十五年(1926)雲南省公署樞要處第四課石印本　童振藻觀款　一册

330000－1701－0034339　GP04006　史部/政書類/邦計之屬/地政
嘉興求減浮糧書不分卷　金蓉鏡編　民國三年(1914)鉛印本　一册

330000－1701－0034349　GP04020　子部/藝術類/書畫之屬/法帖
南陽小廬記一卷　張其淦撰　崔永安書　民國刻本　一册

330000－1701－0034350　GP02692　史部/目

録類/專録之屬

式古堂書畫彙考目錄二卷　(清)卞永譽纂輯　民國抄本　二册

330000－1701－0034356　GP04018　史部/詔令奏議類/奏議之屬

林文忠公禁煙奏稿二卷　(清)林則徐撰　**林文忠公事略一卷**　(清)李元度撰　民國十八年(1929)林翔鉛印本　一册

330000－1701－0034364　GP04026　子部/雜著類/雜説之屬

盾鼻録不分卷　民國抄本　一册

330000－1701－0034367　GP04027　經部/群經總義類/文字音義之屬

唐寫本經典釋文殘卷校語補正一卷　馬敘倫撰　民國鉛印本　一册

330000－1701－0034368　GP11645　子部/宗教類/佛教之屬/諸宗

淨土指歸集二卷　(明)釋大佑輯　民國元年(1912)揚州藏經院刻本　二册

330000－1701－0034369　GP04029　類叢部/類書類/通類之屬

裁雲録十卷　民國抄本　四册

330000－1701－0034371　GP04028　集部/詩文評類

中國文學略一卷　劉毓盤撰　民國八年(1919)鉛印本　一册

330000－1701－0034372　GP04025　子部/雜著類/雜説之屬

客座偶談四卷　何剛德撰　民國二十三年(1934)刻本　一册

330000－1701－0034373　GP04035　子部/雜著類/雜説之屬

改正湘山野録三卷續一卷　(宋)釋文瑩撰　民國六年(1917)上海有正書局鉛印本　章嶔題記　一册

330000－1701－0034378　GP04036　集部/別集類

萬萬盦詩存一卷詩餘一卷　鄭閎達撰　民國二十二年(1933)鉛印本　一册

330000－1701－0034380　GP04044　史部/政書類/儀制之屬/雜禮

三國時代薄葬考一卷　于世琦撰　民國二十二年(1933)青島聽濤樓鉛印本　一册

330000－1701－0034383　GP04051　經部/群經總義類/傳説之屬

師鄦齋經説二卷知悔齋詩文鈔一卷　(清)蔣方駿撰　民國十七年(1928)鉛印本　一册

330000－1701－0034384　善008280　子部/藝術類/書畫之屬/畫法畫品

圖畫攷七卷　(元)盛熙明撰　民國抄本　二册

330000－1701－0034388　GP04032　史部/史評類/考訂之屬

中國歷代甲子攷正二卷末一卷　譚侃撰　民國十七年(1928)九疊山莊鉛印本　一册

330000－1701－0034392　GP04033　史部/史評類/考訂之屬

中國歷代甲子攷正二卷末一卷　譚侃撰　民國十七年(1928)九疊山莊鉛印本　一册

330000－1701－0034398　GP04034　子部/雜著類/雜説之屬

改正湘山野録三卷續一卷　(宋)釋文瑩撰　民國六年(1917)上海有正書局鉛印本　一册

330000－1701－0034407　GP11660　新學/理學/理學

禮足恭聽録一卷　(印度)克理希那摩諦撰　朱寬譯　**迻譯禮足恭聽録後案一卷**　朱寬撰　民國三十六年(1947)鉛印本　一册

330000－1701－0034418　GP04063　經部/小學類/文字之屬

研究拼形簡字母之一得不分卷　錢勉醒撰　民國二十年(1931)文字修正社鉛印本　一册

330000－1701－0034426　GP04064　子部/藝術類/篆刻之屬/印譜

錢君匋印存二卷　錢君匋篆刻　陳宗秀拓　民國三十三年(1944)萬葉樓影印本　錢君匋題記　二冊

330000－1701－0034433　GP04065　集部/別集類/宋別集

心史二卷　(宋)鄭思肖撰　民國二十二年(1933)刻本　二冊

330000－1701－0034434　GP04047　子部/術數類/陰陽五行之屬

丙丁龜鑑五卷　(宋)柴望撰　**寶顏堂訂正丙丁龜鑑續錄二卷**　(明)陳繼儒輯　**續丙丁龜鑑一卷**　(清)柴自挺輯　民國江山柴氏木活字印本　凌士鈞題記　一冊

330000－1701－0034437　GP11675　類叢部/叢書類/郡邑之屬

海陵叢刻二十三種　韓國鈞編　民國八年至十四年(1919－1925)鉛印本、刻本暨石印本　二冊　存一種

330000－1701－0034442　GP04047/1　子部/術數類/陰陽五行之屬

丙丁龜鑑五卷　(宋)柴望撰　**寶顏堂訂正丙丁龜鑑續錄二卷**　(明)陳繼儒輯　**續丙丁龜鑑一卷**　(清)柴自挺輯　民國江山柴氏木活字印本　一冊

330000－1701－0034444　善008289　史部/目録類/總録之屬/私撰

貴陽陳氏聽詩齋所藏明人集目錄一卷　民國食舊廛抄本　一冊

330000－1701－0034445　GP04070　經部/小學類/音韻之屬/韻書

反切源流考略一卷　姚明煇撰　民國鉛印本　一冊

330000－1701－0034446　GP04050　子部/宗教類/佛教之屬

悉曇三書　民國五年至六年(1916－1917)上虞羅氏影印本　四冊　存一種

330000－1701－0034448　GP11677　類叢部/叢書類/彙編之屬

張氏適園叢書初集七種　張鈞衡編　民國四年(1915)上海國學扶輪社鉛印本　二冊　存一種

330000－1701－0034449　GP04071　史部/地理類/遊記之屬

雁蕩亦澹蕩人名山游記　蔣叔南撰　民國鉛印本　一冊　存一種

330000－1701－0034451　GP04066　史部/政書類/邦計之屬/賦稅

嘉湖減賦記一卷　民國九年(1920)嘉興振新社鉛印本　一冊

330000－1701－0034453　GP04072　子部/小說家類/雜事之屬

秘本舊小說　民國國學維持社鉛印本　四冊　存一種

330000－1701－0034454　GP04074　史部/史抄類

二十四史輯要六十四卷附二十四史總目一卷二十四史四庫提要一卷　趙華基編　民國二十二年(1933)上海中華書局鉛印本　三十六冊

330000－1701－0034456　GP04040　集部/總集類/酬唱之屬

滄海贈言集一卷　袁之球輯　民國鉛印本　一冊

330000－1701－0034458　GP11695　史部/傳記類/別傳之屬/事狀

豐玉堂壽言不分卷　何豐林等撰　民國九年(1920)杭州武林印書館鉛印本　一冊

330000－1701－0034459　GP04073　經部/小學類/訓詁之屬/方言

南通方言疏證四卷首一卷　孫錦標編　民國二年(1913)南通翰墨林書局石印本　四冊

330000－1701－0034460　GP11678　類叢部/叢書類/彙編之屬

滄海叢書十六種附七種　張伯楨編　民國二年至二十四年(1913－1935)東莞張氏刻本　一冊　存二種

330000－1701－0034461　GP11696　新學/學校
高等小學堂習字範本一卷　民國刻本　一冊

330000－1701－0034464　GP11697　子部/藝術類/書畫之屬/法帖
褚遂良蘭亭比格帖一卷　（唐）褚遂良書　民國二十四年（1935）家庭工業社石印本　一冊

330000－1701－0034465　GP04041　子部/藝術類/書畫之屬/總論
益州書畫錄一卷續編一卷補遺一卷　薛天沛撰　民國三十四年至三十五年（1945－1946）成都薛氏崇禮堂刻本　三冊

330000－1701－0034472　GP11679　經部/春秋總義類
紹邵軒叢書七種　王樹榮撰　民國安慶東方印書館鉛印本　一冊　存一種

330000－1701－0034477　GP11714　史部/傳記類/總傳之屬/仕宦
清代徵獻類編五種　嚴懋功撰　民國二十年（1931）無錫民生公司鉛印本　八冊

330000－1701－0034482　GP11680　集部/別集類/元別集
畏齋集六卷　（元）程端禮撰　民國二十一年（1932）四明張氏約園刻藍印本　二冊

330000－1701－0034485　GP11682、GP11681　類叢部/叢書類/郡邑之屬
四明叢書一百六十七種　張壽鏞編　民國四明張氏約園刻本　秦淦題簽　二冊　存二種

330000－1701－0034486　GP04042　經部/易類/專著之屬
易義別識二卷　齊洪昌撰　民國十年（1921）臨海縣公立圖書館石印本　一冊

330000－1701－0034496　GP11683、GP11684、GP11686、GP11685　類叢部/叢書類/郡邑之屬
關中叢書五十三種　宋聯奎輯　民國二十三年至二十五年（1934－1936）陝西通志館鉛印本　四冊　存四種

330000－1701－0034497　GP04109　史部/地理類/專志之屬/祠墓
重修西湖錢王祠落成紀念冊一卷　錢文選編　民國二十九年（1940）鉛印本　一冊

330000－1701－0034504　GP04091　子部/藝術類/篆刻之屬/印論
續三十五舉一卷　（清）黄子高撰　民國十五年（1926）上海商務印書館石印本　一冊

330000－1701－0034509　GP11718　類叢部/叢書類/郡邑之屬
關中叢書五十三種　宋聯奎輯　民國二十三年至二十五年（1934－1936）陝西通志館鉛印本　一冊　存一種

330000－1701－0034511　GP11719　集部/別集類/清別集
春在堂尺牘不分卷　（清）俞樾撰　民國上海錦文堂石印本　一冊

330000－1701－0034512　GP04092　子部/藝術類/篆刻之屬/印論
續三十五舉一卷　（清）黄子高撰　民國九年（1920）上海商務印書館石印本　桃華潭水之室主題記　一冊

330000－1701－0034513　GP04112　史部/地理類/山川之屬/山志
馬鞍山志一卷　（清）朱謹撰　民國抄本　一冊

330000－1701－0034518　GP04113　史部/地理類/遊記之屬/紀行
天台方巖游記一卷　錢文選撰　民國二十四年（1935）鉛印本　一冊

330000－1701－0034530　GP11726　類叢部/叢書類/自著之屬
鳳臺山館著書□□種　潘宗鼎撰　民國鉛印本　潘宗鼎題記　一冊　存一種

330000－1701－0034534　GP04115　史部/地理類/專志之屬/古跡
滕王閣考初編不分卷　楊綽庵輯　民國三十二年（1943）鉛印本　曹仲淵題記　一冊

330000－1701－0034535　GP11756、GP11755、GP11754、GP11760、GP11757、GP11761、GP11739、GP11741、GP11743、GP11744、GP11749、GP11753　類叢部/叢書類/彙編之屬

袖珍古書讀本三十種　中華書局編　民國十九年(1930)上海中華書局鉛印本　七十二冊　存十六種

330000－1701－0034536　GP04097　史部/雜史類/斷代之屬

興中會革命史要一卷別錄一卷　陳少白撰　民國二十四年(1935)鉛印本　一冊

330000－1701－0034538　GP04126　經部/小學類/音韻之屬/韻書

唐寫本切韻殘卷三卷　(隋)陸法言撰　民國十年(1921)石印本　一冊

330000－1701－0034539　GP04116　史部/地理類/專志之屬/寺觀

開元寺志不分卷　(清)潘曾沂撰　民國十一年(1922)武進馮嘉錫鉛印本　一冊

330000－1701－0034540　GP11727　史部/政書類/儀制之屬

國際賓禮概要不分卷　李世中編　民國十八年(1929)鉛印本　一冊

330000－1701－0034563　GP04105　經部/四書類/大學之屬

明憨山大師大學綱目決疑一卷　(明)釋德清撰　民國九年(1920)刻本　一冊

330000－1701－0034568　善008308　集部/別集類/清別集

夏文敬公遺詩二卷　(清)夏同善撰　**揖青閣遺詩一卷**　夏庚復撰　民國抄本　一冊

330000－1701－0034569　GP11794　集部/總集類/選集之屬/斷代

國學叢選十八集　高燮等編　民國國學商兌會鉛印本　一冊　存一集(七)

330000－1701－0034575　GP11729　子部/宗教類/佛教之屬/經疏

萬緣金剛般若波羅蜜經集解不分卷附感應圖說一卷　增德編　民國十二年(1923)石印本　一冊

330000－1701－0034577　GP11795　集部/總集類/選集之屬/斷代

國學叢選十八集　高燮等編　民國國學商兌會鉛印本　一冊　存一集(九)

330000－1701－0034581　GP11796　集部/總集類/選集之屬/斷代

國學叢選十八集　高燮等編　民國國學商兌會鉛印本　一冊　存一集(十)

330000－1701－0034582　GP04142　史部/目録類/專録之屬

卅五年來中國科學書目初稿不分卷　交通大學圖書館編　民國交通大學圖書館石印本　一冊

330000－1701－0034583　GP11797　集部/總集類/選集之屬/斷代

國學叢選十八集　高燮等編　民國國學商兌會鉛印本　一冊　存一集(十二)

330000－1701－0034598　GP04151　子部/宗教類/佛教之屬

佛學叢書□□種　民國上海商務印書館鉛印本　一冊　存一種

330000－1701－0034600　GP11788　子部/術數類/占卜之屬

鐵算盤不分卷　雲龍道人撰　民國十二年(1923)中華圖書集成公司鉛印本　一冊

330000－1701－0034602　GP04135　史部/目録類/總録之屬/私撰

書目舉要一卷　周貞亮　李之鼎編　民國九年(1920)南城李之鼎宜秋館刻本　一冊

330000－1701－0034605　GP04152　經部/易類

易藏叢書六種　杭辛齋撰　民國十一年(1922)上海研幾學社鉛印本　一冊　存二種

330000－1701－0034606　GP04133　集部/總

集類/選集之屬/斷代

樓幼靜張穆生詩詞合稿四卷 樓巍 張敬熙撰 民國二十一年(1932)鉛印本 一冊

330000－1701－0034607 GP11774 子部/儒家類/儒學之屬

古今格言四卷 江畬經編纂 民國七年(1918)上海商務印書館鉛印本 四冊

330000－1701－0034610 GP04153 經部/易類

易藏叢書六種 杭辛齋撰 民國十一年(1922)上海研幾學社鉛印本 一冊 存二種

330000－1701－0034611 GP11789 子部/兵家類/兵法之屬

孫吳兵略問答一卷 (宋)石介撰 (宋)大純鎮編 民國九年(1920)尚武社鉛印本 一冊

330000－1701－0034612 GP04155 史部/詔令奏議類/奏議之屬

庸盦尚書奏議十六卷 陳夔龍撰 俞陛雲編輯 民國二年(1913)鉛印本 八冊

330000－1701－0034615 GP04156 史部/傳記類/總傳之屬/家乘

[全國]錢氏家乘不分卷 錢文選輯 民國十四年(1925)鉛印本 六冊

330000－1701－0034617 GP11790 史部/雜史類/斷代之屬

嘯亭雜錄十卷續錄三卷 (清)昭槤撰 民國十二年(1923)上海文明書局石印本 四冊

330000－1701－0034621 GP11738、GP11740、GP11742、P11746、GP11759 類叢部/叢書類/彙編之屬

袖珍古書讀本三十種 中華書局編 民國十九年(1930)上海中華書局鉛印本 十八冊 存五種

330000－1701－0034622 GP11804 類叢部/叢書類/彙編之屬

宋人小說二十八種 涵芬樓編 民國上海商務印書館鉛印本 一冊 存一種

330000－1701－0034624 GP11805 集部/別集類/元別集

積齋集六卷 (元)程端學撰 民國二十一年(1932)四明張氏約園刻藍印本 二冊

330000－1701－0034626 GP11792 集部/總集類/尺牘之屬

十大名家家書十卷 平襟亞編 秋痕廔主評 民國十五年(1926)上海共和書局鉛印本 一冊 存一種

330000－1701－0034631 GP04157 史部/政書類/通制之屬

通制條格三十卷 (元)□□撰 民國十九年(1930)國立北平圖書館影印本(卷二至九、十三至二十二、二十七至三十原缺) 六冊

330000－1701－0034634 GP11745、GP11748、GP11737 類叢部/叢書類/彙編之屬

袖珍古書讀本三十種 中華書局編 民國十九年(1930)上海中華書局鉛印本 六冊 存三種

330000－1701－0034635 GP04170 類叢部/叢書類/自著之屬

呂子全書 (明)呂坤撰 民國雲南圖書館刻本 一冊 存一種

330000－1701－0034638 GP11750、GP11751 類叢部/叢書類/彙編之屬

袖珍古書讀本三十種 中華書局編 民國十九年(1930)上海中華書局鉛印本 二冊 存二種

330000－1701－0034639 GP04150 子部/宗教類/佛教之屬

佛學叢書□□種 民國上海商務印書館鉛印本 一冊 存一種

330000－1701－0034640 GP11784 類叢部/叢書類/自著之屬

重刊船山遺書六十六種附一種 (清)王夫之撰 民國二十二年(1933)上海太平洋書店鉛印本 一冊 存一種

330000－1701－0034642　GP04171　經部/小學類/音韻之屬

韻學源流一卷　(清)莫友芝撰　民國十八年(1929)鉛印本　一冊

330000－1701－0034652　善008316　集部/別集類/清別集

半邏隨筆剩藁五卷　(清)祝尚矣撰　民國抄本　一冊

330000－1701－0034655　善008318　子部/小說家類

幽怪詩譚六卷　(明)碧山卧樵纂輯　民國抄本　六冊

330000－1701－0034666　GP04172　類叢部/叢書類/彙編之屬

求恕齋叢書三十一種　劉承幹編　民國吳興劉氏嘉業堂刻本　一冊　存一種

330000－1701－0034677　GP11834　集部/別集類

礮邊集二卷　唐榮陽撰　民國十一年(1922)鉛印本　一冊

330000－1701－0034679　GP11810　類叢部/叢書類/郡邑之屬

楚州叢書第一集二十九種　冒廣生編　民國十年(1921)如臯冒氏刻本　八冊　存十九種

330000－1701－0034681　GP04206　子部/雜著類/雜說之屬

東坡筆記二卷　(明)毛鳳苞輯　民國上海有正書局鉛印本　一冊

330000－1701－0034682　GP04176　子部/叢編

清代筆記叢刊四十一種　文明書局編　民國上海文明書局石印本　一百六十冊

330000－1701－0034683　GP11836　經部/詩類/文字音義之屬

詩聲類十二卷分例一卷　(清)孔廣森撰　民國十三年(1924)渭南嚴式誨成都鎬樂堂刻本　二冊

330000－1701－0034688　GP04190　史部/傳記類/總傳之屬

畿輔先哲祠崇祀先哲牌位一卷附錄一卷　河北博物院編　民國二十五年(1936)河北博物院鉛印本　一冊

330000－1701－0034692　GP04208　經部/詩類/詩序之屬

詩序解三卷　陳延傑撰　民國二十一年(1932)上海開明書店鉛印本　一冊

330000－1701－0034703　GP11828　子部/藝術類/遊藝之屬/聯語

楹聯第二輯一卷　民國九年(1920)上海有正書局石印本　一冊

330000－1701－0034705　GP11822、GP11820　類叢部/叢書類/彙編之屬

進德叢書八種　丁福保編　民國上海醫學書局鉛印本　二冊　存二種

330000－1701－0034706　GP04205　子部/雜著類/雜說之屬

松心堂筆記不分卷　施景舜撰　許鼎臣編　民國八年(1919)文渠草堂鉛印本　二冊

330000－1701－0034708　GP04191　史部/傳記類/總傳之屬/斷代

清帝系后妃皇子皇女四考四卷附年表一卷　吳昌綬輯　民國六年(1917)鉛印本　一冊

330000－1701－0034710　GP04213　集部/別集類

樂園詩草四卷　鄭郁撰　民國二十六年(1937)鉛印本　一冊

330000－1701－0034713　GP11821　類叢部/叢書類/彙編之屬

進德叢書八種　丁福保編　民國上海醫學書局鉛印本　一冊　存一種

330000－1701－0034717　GP11823　子部/宗教類/道教之屬

道學指南一卷附錄一卷　(清)損損齋主人編　民國鉛印本　一冊

330000－1701－0034718　善008325　子部/農家農學類/農藝之屬/農曆農諺

新刻增集紀驗田家五行三卷　（明）婁元禮撰　**田家占驗一卷占驗雜錄一卷**　民國抄本　四冊

330000－1701－0034720　GP04215　史部/雜史類/通代之屬

海濱大事記五卷　林繩武輯　民國二十四年(1935)琯江留耕齋鉛印本　一冊

330000－1701－0034722　GP11824　類叢部/叢書類/郡邑之屬

豫章叢書六十種附一種　胡思敬編　民國四年至九年(1915－1920)南昌豫章叢書編刻局刻本　四冊　存一種

330000－1701－0034723　GP11848　史部/傳記類/別傳之屬/事狀

郭寶璇哀輓錄不分卷　厲家禎編　民國二十五年(1936)鉛印本　一冊

330000－1701－0034727　GP11849　子部/宗教類/佛教之屬

佛學叢書□□種　丁福保輯　民國上海醫學書局鉛印本暨影印本　一冊　存一種

330000－1701－0034733　GP11841、GP11839、GP11837　經部/小學類/音韻之屬

音韻學叢書二十種　嚴式誨輯　民國渭南嚴氏成都刻本　五冊　存三種

330000－1701－0034735　GP04223　史部/詔令奏議類/奏議之屬

劉文莊公奏議八卷　（清）劉秉璋撰　朱孔彰編　民國鉛印本　八冊

330000－1701－0034744　GP11850　類叢部/叢書類/彙編之屬

靜園叢書十種　沈光瑩編　民國七年(1918)聚珍倣宋印書局鉛印本(籀史卷下原缺)　二冊　存一種

330000－1701－0034759　善008333　子部/術數類

木經經一卷　民國吳興劉氏嘉業堂抄本　一冊

330000－1701－0034761　GP11860、GP11861　史部/叢編

述窠雜纂　黃任恒撰　民國十四年(1925)南海黃氏鉛印本　三冊　存二種

330000－1701－0034766　GP04236　類叢部/叢書類/彙編之屬

國立中央研究院歷史語言研究所專刊　國立中央研究院歷史語言研究所輯　民國鉛印本、石印本暨刻本　一冊　存一種

330000－1701－0034768　GP04272　類叢部/叢書類/彙編之屬

又滿樓叢書十六種　趙詒琛編　民國九年至十四年(1920－1925)崑山趙氏又滿樓刻本　八冊

330000－1701－0034775　GP04248　類叢部/叢書類/彙編之屬

影印四庫全書四種　中央圖書館籌備處選　民國上海商務印書館據清文淵閣四庫全書本影印本　六冊

330000－1701－0034776　GP11907　集部/詞類/總集之屬

惜陰堂叢書　趙尊嶽輯　民國十三年至十五年(1924－1926)武進趙氏刻本　二冊　存一種

330000－1701－0034783　善008336　子部/藝術類/書畫之屬/書法書品

鮮奮先生廣藝舟雙楫評語一卷　（清）黃紹箕撰　民國吳興劉氏嘉業堂抄本　一冊

330000－1701－0034799　GP11910　類叢部/叢書類/彙編之屬

敬修堂叢書十種十二卷　吳鏞編　民國二十六年(1937)木活字印本　吳鏞題記　三冊

330000－1701－0034800　GP04253　集部/別集類

舊京詩存八卷文存八卷　孫雄撰　民國二十年(1931)鉛印本　二冊　存八卷(文存一至八)

330000－1701－0034804　GP04275　史部/雜史類/斷代之屬
江陰倭寇舊聞一卷　張之純輯　民國鉛印本　一冊

330000－1701－0034812　GP04276　史部/雜史類/斷代之屬
江陰倭寇舊聞一卷　張之純輯　民國鉛印本　一冊

330000－1701－0034815　GP11873　集部/別集類/宋別集
蘇詩精華一卷　(宋)蘇軾撰　中華書局編　民國二十二年(1933)上海中華書局鉛印本　一冊

330000－1701－0034817　GP04279　類叢部/叢書類/自著之屬
寫禮廎遺箸四種　(清)王頌蔚撰　民國四年(1915)鮮溪王氏刻本　一冊　存一種

330000－1701－0034818　GP11874　集部/詩文評類
賦學入門二卷　(清)余丙照編輯　民國九年(1920)上海孚華書局石印本　二冊

330000－1701－0034822　善 008341　集部/別集類/明別集
沈鳳岡文集四卷　(明)沈良才撰　民國抄本　四冊

330000－1701－0034825　GP11911　子部/藝術類/書畫之屬
丹徒柳氏先德遺墨不分卷　柳詒徵　柳錫齡　柳肇嘉編　民國二十五年(1936)石印本　柳詒徵題記　一冊

330000－1701－0034827　GP04281　史部/金石類/郡邑之屬/目録
河南金石目錄一卷　范壽銘編　顧燮光續編　民國九年(1920)石印本　一冊

330000－1701－0034828　GP04284　集部/總集類/選集之屬
文筆峯詞章一卷附詩選一卷　蔡璧珍輯　民國三十二年(1943)鉛印本　一冊

330000－1701－0034844　善 008344　集部/總集類/選集之屬/斷代
唐御覽詩一卷　(唐)令狐楚輯　民國抄本　一冊

330000－1701－0034846　GP04287　類叢部/叢書類/自著之屬
戴菊農遺稿□□種　戴菊農撰　朱壽潛輯　民國二十三年(1934)硤石報鉛印本　三冊　存一種

330000－1701－0034850　GP04306　子部/雜著類/雜說之屬
證學十卷　傅守謙撰　民國八年(1919)刻本　二冊

330000－1701－0034853　GP04299　史部/傳記類/總傳之屬/家乘
[浙江衢州]孔氏南宗考略二卷　徐鏡泉纂輯　民國三十七年(1948)鉛印本　一冊

330000－1701－0034855　GP04300　史部/傳記類/總傳之屬/家乘
[浙江衢州]孔氏南宗考略二卷　徐鏡泉纂輯　民國三十七年(1948)鉛印本　一冊

330000－1701－0034871　GP04259　史部/地理類/方志之屬/通志
甘肅通志凡例及目錄一卷　民國蘭州俊華印書館鉛印本　一冊

330000－1701－0034873　GP04312　史部/傳記類/別傳之屬
崇祀名宦錄一卷　(清)徐有壬等編　民國鉛印本　一冊

330000－1701－0034874　GP04294　史部/地理類/方志之屬/通志
湖北通志館採訪細目及表式一卷　湖北通志館編　民國鉛印本　一冊

330000－1701－0034875　善 008349　史部/目録類/總録之屬/地方
湖錄經籍攷六卷　(清)鄭元慶輯　民國吳興劉氏求恕齋抄本　二冊

330000－1701－0034879　GP04295　史部/雜史類/斷代之屬

明季實錄二卷　（清）顧炎武輯　民國元年（1912）石印本　一册

330000－1701－0034883　GP04314　史部/政書類/公牘檔册之屬

清内閣庫貯舊檔輯刊六卷敘錄一卷　方甦生編　民國二十四年（1935）國立北平故宫博物院文獻館鉛印本　六册

330000－1701－0034893　GP11944　類叢部/叢書類/自著之屬

義州李氏叢刻七種　李葆恂撰　民國五年（1916）李放京師刻本　一册　存一種

330000－1701－0034899　GP11938　集部/别集類

百衲詩存一卷　袁克權撰　民國七年（1918）鉛印本　一册

330000－1701－0034911　GP11946　史部/傳記類/總傳之屬/郡邑

掖邑鄉賢攷記一卷　（清）毛式玉編輯　民國二十五年（1936）趙永厚堂青島鉛印本　一册

330000－1701－0034913　GP11942、GP11941、GP11940　類叢部/叢書類/郡邑之屬

台州叢書己集十二種　楊晨輯　民國八年（1919）黄巖楊氏石印本　八册　存八種

330000－1701－0034934　GP04335　史部/叢編

東北文獻叢書□□種　國立東北大學文科研究所輯　民國三十一年至三十三年（1942－1944）國立東北大學文科研究所石印本　一册　存三種

330000－1701－0034937　GP04338　史部/雜史類/斷代之屬

國難叢書第一輯　民國二十六年（1937）軍事新聞社出版部鉛印本　六册

330000－1701－0034943　善008358　類叢部/類書類/通類之屬

類篇不分卷　稿本　三册

330000－1701－0034972　GP11840　子部/儒家類/儒學之屬

新學商兑一卷附錄一卷　孫德謙辨　張爾田暢　民國二十四年（1935）張爾田刻本　張爾田題記　一册

330000－1701－0034987　GP12016　子部/藝術類/書畫之屬/總論

寒松閣談藝瑣錄六卷　（清）張鳴珂撰　民國二十年（1931）上海文明書局鉛印本　一册

330000－1701－0034993　GP04390　類叢部/叢書類/郡邑之屬

檇李叢書九種　金兆蕃編　民國二十年至二十五年（1931－1936）嘉興金氏刻本　八册　存一種

330000－1701－0035001　GP11989　子部/宗教類/佛教之屬

藥師七佛法會發願文一卷　民國二十二年（1933）石印本　一册

330000－1701－0035002　GP11961　類叢部/叢書類/彙編之屬

復廬叢書□□種　姚光輯　民國金山姚氏復廬鉛印本　一册　存一種

330000－1701－0035019　GP04394　子部/雜著類/雜考之屬

劍閒齋師門答問一卷附手札　（清）郭嵩燾答（清）陳瀚問　民國十四年（1925）刻本　一册

330000－1701－0035022　GP12018　史部/政書類/律令之屬

比部招議不分卷　董康鑒定　民國二十四年（1935）上海大東書局石印本　一册

330000－1701－0035029　GP04395　類叢部/叢書類/彙編之屬

嘉業堂叢書五十七種　劉承幹輯　民國吳興劉氏嘉業堂刻本　六册　存一種

330000－1701－0035032　GP12019、GP12020

子部/宗教類/道教之屬/道藏
道藏一千二百五十八種 （明）張宇初等編 民國十二年至十五年（1923－1926）上海涵芬樓影印本 四冊 存一種

330000－1701－0035033 GP11963 史部/地理類/遊記之屬/紀行
瀛海觀風別錄一卷 溫子瑞撰 民國三十五年（1946）鉛印本 溫子瑞題記 一冊

330000－1701－0035035 GP04396 類叢部/叢書類/彙編之屬
嘉業堂叢書五十七種 劉承幹輯 民國吳興劉氏嘉業堂刻本 六冊 存一種

330000－1701－0035037 GP12021 集部/別集類/清別集
天真閣外集六卷 （清）孫原湘撰 民國五年（1916）上海掃葉山房石印本 二冊

330000－1701－0035041 GP12022 集部/別集類/清別集
天真閣外集六卷 （清）孫原湘撰 民國五年（1916）上海掃葉山房石印本 一冊

330000－1701－0035042 善008374 子部/藝術類/書畫之屬/書法書品
書法纂要八十卷 民國三山陳承蕃抄本 十六冊

330000－1701－0035046 GP11994 集部/總集類/郡邑之屬
唐墅詩存五卷補遺一卷 （清）倪賜編 （清）譚天成增輯 （清）趙元溥續編 民國十九年（1930）鉛印本 一冊

330000－1701－0035049 GP12064 史部/傳記類/總傳之屬/家乘
[浙江諸暨]楓橋宅埠陳氏宗譜八十卷訂正家譜九卷首一卷 陳遹聲纂 民國六年（1917）萃倫堂木活字印本 陳遹聲批校 八十四冊

330000－1701－0035057 GP11966 類叢部/叢書類/家集之屬
三代殘編 袁之球輯 民國六年（1917）鉛印本 唐默亭題記 一冊

330000－1701－0035063 GP12024 子部/術數類/占卜之屬
大六壬指南五卷 （清）程起鶯撰 （清）陳良謨增注 民國元年（1912）上海大東書局石印本 三冊

330000－1701－0035065 GP04417 子部/天文曆算類/算書之屬
思無益齋算稿 周正權輯 民國石印本 一冊 存一種

330000－1701－0035066 GP12025 新學/天學
北極表淺說一卷附天表餘談 孟步雲撰 民國十一年（1922）山西晉新書社鉛印本 一冊

330000－1701－0035069 GP04341 史部/傳記類/總傳之屬/技藝
書林紀事四卷 馬宗霍撰 民國二十四年（1935）上海商務印書館鉛印本 一冊

330000－1701－0035070 GP12026 子部/醫家類/養生之屬/導引、氣功
靜坐平議一卷 王道成撰 民國杭州瀾平小學校仿湖南復性齋本鉛印本 一冊

330000－1701－0035076 GP04418 子部/天文曆算類/算書之屬
思無益齋算稿 周正權輯 民國石印本 一冊 存一種

330000－1701－0035077 GP12027 子部/儒家類/儒學之屬/性理
王學精華二卷 陸基編輯 民國六年（1917）上海商務印書館鉛印本 二冊

330000－1701－0035082 GP12028 類叢部/叢書類/彙編之屬
古今名著說部大觀三十四種 瓏瓌玲仙館編 民國七年（1918）大東書局石印本 一冊 存二種

330000－1701－0035083 GP04420 集部/總集類/選集之屬/斷代
寄樓餘墨三卷 蔡竹銘輯 民國十三年（1924）鉛印本 一冊

330000－1701－0035084　GP11517　史部/叢編

述窠雜纂　黄任恆撰　民國十四年(1925)南海黄氏鉛印本　一册　存一種

330000－1701－0035085　GP11967　新學/學校

養蒙正軌一卷　(英國)秀耀春　汪振聲譯　民國鉛印本　一册

330000－1701－0035089　GP12029　史部/傳記類/日記之屬

歐洲戰紀三卷　李體乾譯　民國鉛印本　二册　存二卷(歐戰日記一至二)

330000－1701－0035091　GP04421　類叢部/叢書類/郡邑之屬

赤城遺書彙刊十六種　金嗣獻編　民國四年(1915)太平金氏木活字印本　一册　存一種

330000－1701－0035099　GP12067　集部/别集類/清别集

思僭室詩集一卷　(清)施寯撰　**問雲閣詩集一卷**　(清)宋實綺撰　民國二十年(1931)鉛印本　一册　存一卷(問雲閣詩集)

330000－1701－0035105　GP11972　史部/地理類/外紀之屬

征緬紀聞一卷　(清)王昶撰　民國二十九年(1940)鉛印本　一册

330000－1701－0035110　GP04435　子部/叢編

子書三十六種　籛園主人編次　民國十三年(1924)上海隆文書局石印本　乾三題記　三十三册

330000－1701－0035111　GP04438　子部/宗教類/佛教之屬/諸宗

傅大士集四卷　(南朝梁)傅翕撰　民國鉛印本　一册

330000－1701－0035113　GP12078　集部/别集類/明别集

重訂祝子遺書六卷首一卷末一卷　(明)祝淵撰　祝廷錫編　民國六年(1917)知非樓刻本　二册

330000－1701－0035114　GP04384　經部/詩類/三家詩之屬

詩攷補訂五卷　(宋)王應麟撰　(清)盧文弨增校　楊晨補訂　民國四年(1915)石印本　一册

330000－1701－0035120　GP04440　史部/政書類/律令之屬

泉漳治法論一卷治南獄事論一卷　(清)謝金鑾撰　民國鉛印本　一册

330000－1701－0035123　GP04386　類叢部/叢書類/自著之屬

佳夢軒叢著十一種　(清)奕賡撰　民國二十四年(1935)北平燕京大學圖書館鉛印本　一册

330000－1701－0035124　GP04385　類叢部/叢書類/自著之屬

佳夢軒叢著十一種　(清)奕賡撰　民國二十四年(1935)北平燕京大學圖書館鉛印本　一册

330000－1701－0035128　GP04348　集部/别集類/清别集

靜山先生集四卷首一卷附錄一卷　(清)張其仁撰　民國二十五年(1936)鉛印本　一册

330000－1701－0035133　GP04441　類叢部/叢書類/自著之屬

疢存齋集八種　周宗麟撰　民國二十五年(1936)鉛印本　二册

330000－1701－0035136　GP04388　集部/别集類

壽藻堂雜存二卷　陳作霖撰　民國五年(1916)鉛印本　一册

330000－1701－0035138　GP04349　新學/化學/化學

有機化學不分卷　民國油印本　二册

330000－1701－0035141　GP12085　子部/雜著類/雜纂之屬

弭兵古義四卷　王式通撰　民國二十八年(1939)鉛印本　一冊

330000－1701－0035145　GP12086　類叢部/叢書類/彙編之屬
嘉業堂叢書五十七種　劉承幹輯　民國吳興劉氏嘉業堂刻本　一冊　存一種

330000－1701－0035153　GP12113　史部/詔令奏議類/奏議之屬
二二五五疏二卷　錢恂撰　民國八年(1919)上海聚珍仿宋印書局鉛印本　二冊

330000－1701－0035154　GP11975　史部/政書類/儀制之屬
杭州虎跑湖隱院報本團祀典彙篇一卷　湖隱院報本團事務所編　民國九年(1920)鉛印本　一冊

330000－1701－0035159　GP04459　子部/雜著類/雜説之屬
平齋臆説二卷　何剛德撰　民國二十三年(1934)刻本　一冊

330000－1701－0035161　GP04430　史部/金石類/總志之屬
顧氏金石輿地叢書第一集八種　顧燮光編　民國十八年(1929)會稽顧氏金佳石好樓鉛印本暨石印本　八冊

330000－1701－0035170　GP11978　子部/醫家類/養生之屬
青年之攝生一卷　丁福保撰　民國上海醫學書局鉛印本　一冊

330000－1701－0035171　GP04442　類叢部/叢書類/郡邑之屬
台州叢書後集十七種　楊晨輯　民國四年(1915)黄巖楊氏刻本　二冊　存一種

330000－1701－0035177　GP04443　類叢部/叢書類/郡邑之屬
台州叢書後集十七種　楊晨輯　民國四年(1915)黄巖楊氏刻本　二冊　存一種

330000－1701－0035180　GP04431　史部/金石類/總志之屬
顧氏金石輿地叢書第一集八種　顧燮光編　民國十八年(1929)會稽顧氏金佳石好樓鉛印本暨石印本　八冊

330000－1701－0035181　GP04467　子部/雜著類
中國學術論著集要不分卷　國立北京大學中國文學系教授會編　民國鉛印本　五冊

330000－1701－0035187　GP03665　史部/目録類/總録之屬/官修
合眾圖書館藏書分目　合眾圖書館編　民國合眾圖書館鉛印本暨石印本　一冊　存一種

330000－1701－0035199　GP12126　子部/宗教類/道教之屬
莊子正七卷　石永楙撰　民國三十四年(1945)石印本　一冊

330000－1701－0035213　GP04479　經部/易類/傳説之屬
周易易解十卷示兒錄三卷説餘一卷　(清)沈紹勳撰　民國二十年(1931)鉛印本　六冊

330000－1701－0035217　GP04480　經部/易類/傳説之屬
周易易解十卷示兒錄三卷説餘一卷　(清)沈紹勳撰　民國二十年(1931)鉛印本　六冊

330000－1701－0035219　善008398　史部/雜史類/斷代之屬
石匱書殘本一卷　(清)張岱撰　民國抄本　一冊

330000－1701－0035220　民630.78/2036　子部/農家農學類/總論之屬
農業推廣論文集第一輯不分卷第二輯不分卷　喬啟明撰　民國二十九年(1940)鉛印本　二冊

330000－1701－0035221　GP12128　子部/宗教類/佛教之屬/諸宗
密教綱要四卷　(日本)釋權田雷斧撰　王弘願譯　民國八年(1919)潮安刻經處刻本　二冊

330000－1701－0035227　GP12074　類叢部/叢書類/彙編之屬
古學彙刊第一集三十四種第二集二十七種　鄧實等編　民國元年至三年(1912－1914)上海國粹學報社鉛印本　一册　存一種

330000－1701－0035228　GP12130　類叢部/叢書類/自著之屬
崇雅堂叢書十四種　楊晨撰　民國二十五年(1936)楊紹翰鉛印本　二册　存一種

330000－1701－0035233　GP04485　類叢部/叢書類/自著之屬
圓菴最近叢刻　陳垣撰　民國鉛印本　一册　存二種

330000－1701－0035236　GP12131　子部/宗教類/佛教之屬
維摩詰所說經註八卷　(後秦)釋鳩摩羅什譯　(晉)釋僧肇註　民國上海醫學書局鉛印佛學叢書本　單丕批校　一册

330000－1701－0035241　GP04491　類叢部/叢書類/彙編之屬
曲石叢書二十種　李根源編　民國油印本　一册　存一種

330000－1701－0035242　GP04494　史部/傳記類/總傳之屬/通代
廣東通志列傳四卷　溫廷敬輯纂　民國國立中山大學鉛印本　四册

330000－1701－0035249　GP12132　史部/傳記類
蔡忠烈公[道憲]詹忠節公[天顏]傳略合編一卷附熊石兒先生[興麟]傳一卷　張介祉編　民國十八年(1929)刻本　一册

330000－1701－0035252　GP04499　子部/宗教類/佛教之屬
明科釋氏源流二卷　民國二十四年(1935)影印本　一册　存一卷(下)

330000－1701－0035255　GP12133　子部/宗教類/佛教之屬/經
金光明最勝王經十卷附藏文漢文日文英文陀羅尼四種四卷　(唐)釋義淨譯　民國十四年(1925)杭州金光明法會鉛印本　一册　缺十卷(一至十)

330000－1701－0035262　GP12135、GP12134　類叢部/叢書類/彙編之屬
滄海叢書十六種附七種　張伯楨編　民國二年至二十四年(1913－1935)東莞張氏刻本　二册　存二種

330000－1701－0035269　善008404　子部/醫家類/本草之屬/本草雜著
張氏藏府藥式補正三卷　(金)張元素撰　(清)趙雙湖注　張壽頤補正　稿本　一册

330000－1701－0035273　GP12137　史部/傳記類/別傳之屬/事狀
渤海節母王太君徵文事略不分卷　高崇禮編　民國石印本　一册

330000－1701－0035274　GP04521　史部/詔令奏議類/奏議之屬
皇清奏議六十八卷續四卷　民國二十五年(1936)墨緣堂石印本　十六册

330000－1701－0035276　GP04516　史部/政書類/邦計之屬/賦稅
關稅文牘輯要二卷　陳海超輯　民國二十二年(1933)鉛印本　一册

330000－1701－0035278　GP12185　類叢部/叢書類/自著之屬
名山全集三十四種　錢振鍠撰　民國木活字印本暨鉛印本　二册　存一種

330000－1701－0035280　GP12138　子部/宗教類/佛教之屬
佛學叢書□□種　丁福保輯　民國上海醫學書局鉛印本暨影印本　一册　存一種

330000－1701－0035282　GP12186　史部/政書類/公牘檔冊之屬
山西六政三事彙編六卷　山西村政處編　民國十八年(1929)山西村政處鉛印本　四册

330000－1701－0035289　GP04513　集部/詩

文評類/文法之屬/文法
古人論文大義二卷 唐文治撰 民國九年(1920)無錫國學專修館鉛印本 二冊

330000-1701-0035290 GP04518 類叢部/叢書類/彙編之屬
顔李叢書三十二種 徐世昌等輯 民國鉛印本 四冊 存四種

330000-1701-0035292 GP12197 類叢部/叢書類/自著之屬
蘇齋叢書十八種 (清)翁方綱撰 民國十三年(1924)上海博古齋影印本 一冊 存三種

330000-1701-0035298 GP03666 史部/金石類/石之屬
崑山見存石刻録四卷 潘鳴鳳編 民國二十四年(1935)崑山縣教育局鉛印本 一冊

330000-1701-0035305 GP12191 子部/宗教類/佛教之屬
金剛經直解一卷 (唐)吕洞賓撰 民國十年(1921)北京琉璃廠龍雲齋刻本 一冊

330000-1701-0035306 GP12188 子部/宗教類/佛教之屬
三大士實錄三種六卷 釋興慈輯 民國十年至十二年(1921-1923)天台山釋興慈刻本 一冊

330000-1701-0035310 GP04537 類叢部/叢書類/彙編之屬
可園叢書 江蘇省立蘇州圖書館輯 民國江蘇省立蘇州圖書館鉛印本 一冊 存一種

330000-1701-0035317 GP04538 類叢部/叢書類/自著之屬
玄嬰什箸 陳訓正撰 民國三十年(1941)鉛印本 一冊 存一種

330000-1701-0035319 GP12189 史部/傳記類/别傳之屬/事狀
約園壽言不分卷 趙景僑 趙振球輯 民國八年(1919)趙景僑、趙振球鉛印本 一冊

330000-1701-0035322 GP12190 子部/宗教類/佛教之屬
在家戒學津要一卷 釋太虚編 民國十年(1921)鉛印本 一冊

330000-1701-0035326 GP12207 史部/目録類/總録之屬/氏族
唐氏先世著述目錄一卷 唐淵輯 **辛未秋中七詩一卷春池館文稿一卷** 唐淵撰 民國二十年(1931)鉛印本 一冊

330000-1701-0035327 GP12208 史部/目録類/總録之屬/氏族
唐氏先世著述目錄一卷 唐淵輯 **辛未秋中七詩一卷春池館文稿一卷** 唐淵撰 民國二十年(1931)鉛印本 一冊

330000-1701-0035330 GP12209 史部/目録類/總録之屬/氏族
唐氏先世著述目錄一卷 唐淵輯 **辛未秋中七詩一卷春池館文稿一卷** 唐淵撰 民國二十年(1931)鉛印本 一冊

330000-1701-0035339 GP12227 子部/宗教類/道教之屬
上皇大天尊救國四維經一卷附錄一卷 民國十七年(1928)刻本 一冊

330000-1701-0035341 GP12166 集部/别集類/清别集
西堂雜組一集八卷二集八卷三集八卷 (清)尤侗撰 民國上海中華圖書館石印本 六冊

330000-1701-0035344 GP04553 子部/雜著類/雜編之屬
家庭實用圖書集成不分卷 廣文書局編輯所編 民國八年(1919)上海廣文書局石印本 二十冊

330000-1701-0035345 GP04555 類叢部/叢書類/自著之屬
馬鍾山遺書二十種 (清)馬徵麐撰 民國八年至十二年(1919-1923)馬林鉛印本暨影印本 十冊

330000-1701-0035348 GP04548 史部/雜史類/斷代之屬

宋滕忠節公使金本末一卷 （明）宋濂撰 （清）滕如瑞注 **滕忠節公遺詩一卷** （宋）滕茂實撰 民國二十四年（1935）寶山滕氏鉛印本 一册

330000－1701－0035353 GP04556 史部/史評類/考訂之屬
讀史記十表十卷 （清）汪越撰 （清）徐克范補 民國十六年（1927）影印南陵先哲遺書本 章嶔題簽並記 十册

330000－1701－0035360 GP12169 集部/曲類/曲藝之屬
新刻瓦車蓬天賜雙生牙痕記四卷三十回 民國八年（1919）文益書局石印本 二册

330000－1701－0035369 GP12240 史部/傳記類/總傳之屬/仕宦
關帝史略演詞一卷 民國鉛印本 一册

330000－1701－0035371 GP12170 子部/小說家類
筆記小說大觀二百二十二種 進步書局輯 民國上海進步書局石印本 一册 存一種

330000－1701－0035378 GP04529 史部/雜史類/斷代之屬
張文襄公治鄂記一卷 張繼煦撰 民國三十六年（1947）湖北通志館鉛印鄂故叢書本 闞家駱題記 一册

330000－1701－0035381 GP12239 史部/傳記類/總傳之屬/仕宦
關帝史略演詞一卷 民國鉛印本 一册

330000－1701－0035382 GP12171 類叢部/叢書類/彙編之屬
說庫一百七十種 王文濡編 民國四年（1915）上海文明書局石印本（浮生六記卷五至六原缺） 一册 存三種

330000－1701－0035383 GP12254 子部/宗教類/佛教之屬
觀禮堂三教真傳 民國二十一年（1932）觀禮堂刻本 六册

330000－1701－0035384 GP04530 經部/小學類/文字之屬
小學蒐佚敘錄一卷 龍璋輯 龍毓瑩編 民國十八年（1929）鉛印本 一册

330000－1701－0035385 GP12217 史部/目錄類/版本之屬/專考
樂毅論翻刻表一卷 （清）翁方綱撰並書 民國影印本 一册

330000－1701－0035391 GP03668 類叢部/叢書類/自著之屬
王忠慤公遺箸十五種 王國維撰 民國十六年至十七年（1927－1928）石印二十一年（1932）彙編本 三册 存一種

330000－1701－0035392 GP12232 經部/小學類/文字之屬/說文
說文提要一卷 （清）陳建侯撰 民國元年（1912）鄂官書處刻本 一册

330000－1701－0035393 GP04550 類叢部/叢書類/彙編之屬
約園叢書 張壽鏞編 民國四明張氏約園影印本 一册 存一種

330000－1701－0035398 GP04551 類叢部/叢書類/彙編之屬
約園叢書 張壽鏞編 民國四明張氏約園影印本 一册 存一種

330000－1701－0035399 GP12233 類叢部/叢書類/彙編之屬
嘉業堂叢書五十七種 劉承幹輯 民國吳興劉氏嘉業堂刻本 一册 存一種

330000－1701－0035401 GP04575 集部/詞類/詞話之屬
織餘瑣述二卷 況卜娛撰 民國八年（1919）木活字印本 二册

330000－1701－0035402 GP12234 類叢部/叢書類/郡邑之屬
雲南叢書初編一百四十一種二編三十七種 趙藩 陳榮昌等輯 民國雲南叢書處刻本 一册 存一種

330000－1701－0035412　GP12243　經部/三禮總義類/通禮雜禮之屬
喪禮易從四卷　(清)葉裕仁撰　民國二十二年(1933)無錫丁彦章鉛印本　一冊

330000－1701－0035416　GP04586　集部/詞類/總集之屬
天下同文一卷　(元)□□輯　民國雙照樓鉛印本　一冊

330000－1701－0035419　GP12221　類叢部/叢書類/自著之屬
綴學堂叢稿初集(見山樓叢書)十種　陳漢章撰　民國二十五年(1936)鉛印本　陳漢章題記　一冊　存二種

330000－1701－0035420　GP04587　集部/詞類/總集之屬
天下同文一卷　(元)□□輯　民國雙照樓鉛印本　一冊

330000－1701－0035422　GP12255　子部/宗教類/佛教之屬/經疏
楞嚴説通十卷　(清)劉道開撰　民國十二年(1923)上海中華書局鉛印本　單丕批校　十冊

330000－1701－0035424　GP12244　經部/三禮總義類/通禮雜禮之屬
喪禮易從四卷　(清)葉裕仁撰　民國二十二年(1933)無錫丁彦章鉛印本　一冊

330000－1701－0035425　GP12222　類叢部/叢書類/自著之屬
綴學堂叢稿初集(見山樓叢書)十種　陳漢章撰　民國二十五年(1936)鉛印本　一冊　存二種

330000－1701－0035427　GP12236　史部/傳記類/科舉録之屬/歷科登科録
道光十八年進士登科錄一卷　錢恂編　民國十一年(1922)歸安錢氏刻本　錢恂跋　一冊

330000－1701－0035428　GP12223　子部/宗教類/佛教之屬/諸宗
答西蜀德高長老質疑十八問一卷十宗略説一卷　(清)楊文會撰　民國上海中國圖書公司鉛印本　一冊

330000－1701－0035429　GP04531　史部/政書類/公牘檔冊之屬
中華民國偉人公牘六卷　沈文軾輯　民國二年(1913)民聲書局石印本　六冊

330000－1701－0035431　GP12256　史部/政書類/儀制之屬/雜禮
賓禮相見禮附説明書一卷　徐世昌撰　民國木活字印本　一冊

330000－1701－0035434　GP12224　類叢部/叢書類/彙編之屬
進德叢書八種　丁福保編　民國上海醫學書局鉛印本　一冊　存一種

330000－1701－0035436　GP04594　類叢部/叢書類/家集之屬
諸暨馮氏叢刻五種四十四卷　馮振音編　民國六年(1917)鉛印本　一冊　存一種

330000－1701－0035437　GP12258　史部/地理類/專志之屬/祠墓
西湖白文公祠附祀樊紹述先生徵求詩文啟不分卷　吳士鑑等撰　民國刻本　一冊

330000－1701－0035443　GP04597　類叢部/叢書類/彙編之屬
嘉業堂叢書五十七種　劉承幹輯　民國吳興劉氏嘉業堂刻本　一冊　存一種

330000－1701－0035456　GP04614　類叢部/叢書類/彙編之屬
信古閣小叢書八種　黄任恒編　民國二十一年至二十三年(1932－1934)南海黄氏鉛印本　二冊

330000－1701－0035457　GP04615　類叢部/叢書類/彙編之屬
信古閣小叢書八種　黄任恒編　民國二十一年至二十三年(1932－1934)南海黄氏鉛印本　二冊

330000－1701－0035462　GP12261　集部/別

集類/清別集
暗香齋詩鈔四卷 斯鶴齡撰 民國抄本 一冊

330000－1701－0035474 善 008411 史部/目録類/專録之屬
藏逸經書標目一卷 (明)釋道開撰 民國抄本 一冊

330000－1701－0035478 GP12296 史部/傳記類/總傳之屬/家乘
南通費氏家傳一卷 費師洪撰 民國十五年(1926)鉛印本 一冊

330000－1701－0035479 GP04607 類叢部/叢書類/彙編之屬
嘉業堂叢書五十七種 劉承幹輯 民國吳興劉氏嘉業堂刻本 一冊 存一種

330000－1701－0035489 GP04651 經部/群經總義類/石經之屬/專考
漢石經碑圖一卷 張國淦輯 民國二十年(1931)鉛印本 一冊

330000－1701－0035490 GP12327 類叢部/叢書類/彙編之屬
續古逸叢書四十七種 張元濟等編 民國十一年(1922)至一九五七年上海商務印書館影印本 二冊 存一種

330000－1701－0035494 GP04617 子部/雜著類/雜說之屬
南園漫録十卷 (明)張志淳撰 民國元年(1912)李根源刻本 四冊

330000－1701－0035498 GP12323 史部/雜史類/斷代之屬
滿洲實録八卷 民國十九年(1930)遼寧通志館影印本 一冊 存一卷(八)

330000－1701－0035499 GP04638 子部/藝術類
廣倉學宭藝術臨時增刊 民國廣倉學宭影印本 一冊 存一種

330000－1701－0035506 GP12348 子部/藝術類/書畫之屬
浙江永嘉區藝術展覽會書畫紀念冊不分卷 許蟠雲等輯 民國二十五年(1936)上海宣和印社影印本 一冊

330000－1701－0035508 GP04654 史部/傳記類/別傳之屬/事狀
容菴弟子記四卷 沈祖憲 吳闓生編 民國二年(1913)鉛印本 章嶔題記 一冊

330000－1701－0035512 GP04618 史部/傳記類/別傳之屬/事狀
丁和甫哀輓録一卷 民國九年(1920)鉛印本 一冊

330000－1701－0035515 GP04619 史部/傳記類/別傳之屬/事狀
丁和甫哀輓録一卷 民國九年(1920)鉛印本 一冊

330000－1701－0035517 GP12301 子部/天文曆算類/曆法之屬
中國宜自定曆法議一卷 王清穆撰 民國石印本 一冊

330000－1701－0035520 善 008418 集部/詩文評類/文評之屬
文心雕龍十卷 (南朝梁)劉勰撰 民國上海商務印書館影印四部叢刊本 潘振武批校 一冊

330000－1701－0035522 GP12324 史部/傳記類/總傳之屬/家乘
[福建福寧]陳留郡阮氏族譜不分卷 民國三十五年(1946)木活字印本 阮堯延題記 二冊

330000－1701－0035527 善 008419 集部/別集類/唐五代別集
樊子一卷 (唐)樊宗師撰 (清)胡世安輯注 民國拜魁紀公齋抄本 一冊

330000－1701－0035530 GP12303 史部/職官類/官箴之屬
民牧良箴一卷 唐繼堯編 民國十五年(1926)雲南省公署鉛印本 一冊

330000－1701－0035533　GP04661　經部/春秋總義類/傳說之屬
枕葄齋春秋問答十六卷首一卷末一卷　胡嗣運撰　民國四年(1915)績溪胡氏鵬南書屋木活字印本　二冊

330000－1701－0035534　GP04639　史部/政書類/邦計之屬/錢幣
四朝寶鈔不分卷　民國七年(1918)上海天真美術館影印本　一冊

330000－1701－0035535　GP12304　集部/別集類
甦廬殘淚集一卷　施景徽撰　民國二十六年(1937)鉛印本　一冊

330000－1701－0035541　GP12305　集部/別集類/清別集
夕陽紅半樓詩詞賸藁一卷　(清)蔣坦撰　民國三年(1914)石印本　一冊

330000－1701－0035545　善 008424　子部/雜著類
胡文穆公襍著一卷　(明)胡廣撰　民國俞奇曾抄本　一冊

330000－1701－0035552　GP12326　史部/傳記類/總傳之屬/家乘
[浙江瑞安]阮氏宗譜不分卷　蔡吉孚編　民國二十九年(1940)同德堂木活字印本　一冊

330000－1701－0035555　GP04640　史部/金石類/陶之屬/文字
漢魏六朝塼文不分卷　王樹枏藏　民國二十四年(1935)上海商務印書館影印本　二冊

330000－1701－0035557　GP04672　集部/別集類
病梅盦詩鈔三卷附錄一卷　曹敏撰　民國二十五年(1936)鉛印本　一冊

330000－1701－0035558　GP04645　史部/金石類/金之屬
定遠方氏吉金彝器款識不分卷　民國十四年(1925)上海會文堂書局影印本　一冊

330000－1701－0035560　GP04673　集部/別集類
病梅盦詩鈔三卷附錄一卷　曹敏撰　民國二十五年(1936)鉛印本　一冊

330000－1701－0035561　GP12354　史部/政書類/公牘檔冊之屬
浙贛鐵路杭玉段二十三年度會計統計年報不分卷　浙贛鐵路會計課編　民國二十四年(1935)鉛印本　一冊

330000－1701－0035564　GP04674　集部/別集類
松心堂文鈔二卷詩鈔一卷　施景舜撰　許鼎臣編　民國九年(1920)文渠草堂鉛印本　二冊　存二卷(文鈔一至二)

330000－1701－0035566　GP12355　史部/政書類/邦計之屬
民國二十一年份中華國有鐵路統計總報告續編貨物分等運輸統計不分卷　鐵道部總務司統計科編　民國二十一年(1932)鉛印本　一冊

330000－1701－0035569　GP12344　史部/雜史類/斷代之屬
滇省首義後之和平祕史一卷　白雲居士編　民國八年(1919)鉛印本　一冊

330000－1701－0035570　GP12438　史部/政書類/儀制之屬/專志/紀元
紀元編三卷　(清)李兆洛撰　民國鉛印本　三冊

330000－1701－0035571　GP12356　史部/政書類/公牘檔冊之屬
民國十八年中華國有鐵路會計統計總報告不分卷　鐵道部總務司統計科編　民國二十二年(1933)鉛印本　一冊

330000－1701－0035572　GP03669　類叢部/叢書類/自著之屬
王忠慤公遺箸十五種　王國維撰　民國十六年至十七年(1927－1928)石印二十一年(1932)彙編本　三冊　存一種

330000－1701－0035580　GP04677　新學/史志/諸國史
通史輯覽四卷附世界大事表一卷　翟彬甫輯　民國上海土山灣慈母堂鉛印本　二册

330000－1701－0035587　GP04681　集部/別集類
西菩山房詩詞稿三卷　方遒撰　民國三十年(1941)鉛印本　方遒題記　一册

330000－1701－0035589　民369.307/32393　史部/地理類/防務之屬
浙江警備隊防務地勢大要不分卷附甯溫台防務之計畫一卷　程文楷　紐珩編　民國石印本　一册

330000－1701－0035590　GP04682　集部/別集類
好樓未定稿一卷　民國油印本　一册

330000－1701－0035591　GP04700　史部/政書類/邦計之屬
中華國有鐵路營業成績統計表一卷(民國四年至二十年)　鐵道部總務司統計科編　民國二十二年(1933)鐵道部總務司統計科鉛印本　一册

330000－1701－0035597　善008433　子部/藝術類/書畫之屬/法帖
類帖四卷　民國抄本　四册

330000－1701－0035599　GP04684　集部/總集類/郡邑之屬
胥社文選一卷詩選一卷詞選一卷附錄一卷　胥社編　民國十五年(1926)鉛印本　一册

330000－1701－0035600　GP04691　經部/詩類/傳說之屬
詩毛氏學三十卷　馬其昶撰　民國五年(1916)京師第一監獄鉛印本　三册

330000－1701－0035604　GP04703　經部/春秋穀梁傳類/傳說之屬
穀梁春秋經傳古義疏十一卷　廖平撰　民國十九年(1930)成都鴻寶書社刻本　八册

330000－1701－0035609　GP12449　子部/宗教類/道教之屬
樂育堂語錄二卷　(清)黄元吉講　民國鉛印本　一册

330000－1701－0035616　GP04687　經部/四書類
學庸新義二種　張新吾撰　民國二十五年(1936)鉛印本　一册

330000－1701－0035617　GP04705　類叢部/叢書類
中國學術叢書　民國十四年(1925)上海中國書店影印本　十六册　存一種

330000－1701－0035621　GP12453　子部/小說家類/瑣語之屬
岐海瑣譚集十六卷　(明)姜準輯　民國二十五年(1936)浙江省永嘉區徵輯鄉先哲遺著委員會鉛印本　四册

330000－1701－0035622　GP12454　類叢部/叢書類/彙編之屬
進德叢書八種　丁福保編　民國上海醫學書局鉛印本　一册　存一種

330000－1701－0035623　GP04688　經部/四書類
學庸新義二種　張新吾撰　民國二十五年(1936)鉛印本　一册

330000－1701－0035630　GP04707　類叢部/叢書類/自著之屬
敦艮齋遺墨五種　(清)徐潤第撰　徐仙舟輯　民國十二年(1923)徐氏知行齋鉛印本　一册

330000－1701－0035633　GP04720　類叢部/叢書類/自著之屬
崇雅堂叢書十四種　楊晨撰　民國二十五年(1936)楊紹翰鉛印本　二册　存一種

330000－1701－0035635　GP04722　史部/傳記類/總傳之屬/家乘
[浙江義烏]前洪吴氏宗譜十六卷　吴鏡元纂修　民國二十六年(1937)木活字印本　吴雄

才題記　十七册

330000－1701－0035639　GP04730　史部/傳記類/總傳之屬/家乘

[全國]錢氏家乘不分卷　錢文選輯　民國十四年(1925)鉛印本　六册

330000－1701－0035645　GP04723　史部/傳記類/總傳之屬/家乘

[安徽績溪]績溪廟子山王氏譜二十卷首四卷末四卷　王集成纂修　民國二十五年(1936)敘倫堂鉛印本　四册

330000－1701－0035646　GP12472、GP12474－12491　子部/小說家類

筆記小說大觀二百二十二種　進步書局輯　民國上海進步書局石印本　二十三册　存二十六種

330000－1701－0035647　GP12468　類叢部/叢書類/自著之屬

止園叢書第一集五種第二集四種　尹昌衡撰　民國七年(1918)南京商務印書館、上海中華書局鉛印本　十三册

330000－1701－0035648　GP04731　史部/傳記類/總傳之屬/家乘

[全國]錢氏家乘不分卷　錢文選輯　民國十四年(1925)鉛印本　六册

330000－1701－0035649　GP12469　史部/史評類/史論之屬

二百大家評註國史成績論斷大全十二卷　(明)張位纂　(明)李廷機纂注　(明)葉向高纂評　民國十二年(1923)求古齋石印本　十二册

330000－1701－0035651　GP04718　史部/目録類

明代勅撰書考附引得不分卷　李晉華編　民國二十一年(1932)引得編輯處鉛印本　一册

330000－1701－0035653　GP04719　史部/目録類

明代勅撰書考附引得不分卷　李晉華編　民國二十一年(1932)引得編輯處鉛印本　一册

330000－1701－0035654　GP04732　史部/地理類/方志之屬/郡縣志

鄞縣通志人物編不分卷　陳訓正纂　民國二十七年(1938)鉛印本　二册

330000－1701－0035657　GP04733　史部/傳記類/總傳之屬/家乘

[浙江錢塘]吴越錢氏溧陽小宗慶系譜五十四卷　錢文選輯　民國三十七年(1948)鉛印本　二十册

330000－1701－0035658　GP03670　史部/目録類/書志之屬/提要

讀書敏求記四卷　(清)錢曾撰　民國十四年(1925)上海掃葉山房石印本　四册

330000－1701－0035659　GP12470　類叢部/叢書類/彙編之屬

復性書院叢刊二十七種　馬浮編　民國二十九年至三十七年(1940－1948)復性書院刻本暨鉛印本　三册　存一種

330000－1701－0035660　GP04734　史部/傳記類/總傳之屬/家乘

[浙江紹興]越州阮氏宗譜二十二卷首一卷　阮彬華　阮廷藩修　陶念欽纂　民國十七年(1928)世懋堂木活字印本　十二册

330000－1701－0035663　GP04736　類叢部/叢書類/彙編之屬

古學彙刊第一集三十四種第二集二十七種　鄧實等編　民國元年至三年(1912－1914)上海國粹學報社鉛印本　十五册　存第二集二十四種

330000－1701－0035668　GP04714　史部/傳記類/總傳之屬/家乘

王謝世表一卷　黄鞠友編　民國二十三年(1934)鉛印本　一册

330000－1701－0035672　GP04735　史部/傳記類/總傳之屬/家乘

[浙江紹興]越州阮氏宗譜二十二卷首一卷　阮彬華　阮廷藩修　陶念欽纂　民國十七年(1928)世懋堂木活字印本　十二册

330000－1701－0035676　GP12500　子部/儒家類/儒學之屬/性理
二程子哲學方法論一卷　黄文弼撰　民國十三年(1924)鉛印本　一册

330000－1701－0035678　GP04738　類叢部/叢書類/彙編之屬
曲石叢書二十種　李根源編　民國十二年至二十一年(1923－1932)騰衝李氏蘇州刻本　一册　存一種

330000－1701－0035694　GP04726　類叢部/叢書類/自著之屬
維摩精舍叢書第一函五種　袁焕仙口授　民國三十三年(1944)成都維摩精舍刻本　六册

330000－1701－0035696　GP12455　史部/目録類/總録之屬/官修
北平圖書館善本書目四卷補一卷　趙萬里撰集　民國二十二年(1933)刻本　四册

330000－1701－0035701　GP12456　史部/目録類/總録之屬/官修
北平圖書館善本書目四卷補一卷　趙萬里撰集　民國二十二年(1933)刻本　四册

330000－1701－0035703　GP04727　經部/叢編
演孔叢書　康有爲撰　民國五年(1916)上海廣智書局鉛印本　一册　存一種

330000－1701－0035704　GP04728　經部/叢編
演孔叢書　康有爲撰　民國五年(1916)上海廣智書局鉛印本　一册　存一種

330000－1701－0035707　GP04754　史部/傳記類/别傳之屬/年譜
三峰和尚年譜一卷　(清)釋弘儲編　民國影印本　一册

330000－1701－0035713　GP03671　史部/目録類/專録之屬
國立北平故宮博物院在蓉書畫展覽會展品目録一卷　國立北平故宮博物院編　民國三十五年(1946)國立北平故宮博物院成都鉛印本　一册

330000－1701－0035714　GP12507　史部/傳記類/總傳之屬/家乘
[浙江浦江]義門鄭氏家儀一卷　(元)鄭泳編　民國十一年(1922)木活字印本　一册

330000－1701－0035717　GP12516　經部/小學類/文字之屬/説文/專著
説文鑰續集不分卷　丁福保編　民國石印本　一册

330000－1701－0035719　GP04750　史部/地理類/遊記之屬/紀行
金陵遊記一卷　姚濮撰　民國七年(1918)鉛印本　一册

330000－1701－0035723　GP04751　史部/地理類/遊記之屬/紀行
金陵遊記一卷　姚濮撰　民國七年(1918)鉛印本　一册

330000－1701－0035731　GP12521　類叢部/叢書類/彙編之屬
丙子叢編十二種　趙詒琛　王大隆編　民國二十五年(1936)鉛印本　二册　存六種

330000－1701－0035739　GP12532　集部/總集類/題詠之屬
平湖葛毓珊先生小影題詠一卷　葛詞蔚輯　民國影印本　一册

330000－1701－0035746　GP04775　史部/傳記類/總傳之屬/家乘
[浙江平湖]孫氏家乘六卷　孫振麟纂修　民國二十八年(1939)當湖孫氏桂蘭堂滬上石印本　四册

330000－1701－0035748　民370.6324/4807　史部/政書類/公牘檔册之屬
浙江省教育廳三十四年度全省行政會議報告不分卷　浙江省教育廳編　民國三十四年(1945)浙江教育廳油印本　一册

330000－1701－0035750　GP12523　新學/工藝

鋼鐵世界不分卷　盧成章撰　民國元年(1912)科學儀器館鉛印本　一册

330000－1701－0035753　GP04765　史部/傳記類/總傳之屬/家乘
[浙江鎮海]大楓林徐氏宗譜不分卷　徐良拭　徐桴纂修　民國二十四年(1935)鉛印本　四册

330000－1701－0035755　GP12512　類叢部/叢書類/彙編之屬
少年叢書　民國十年(1921)上海中華書局鉛印本　一册　存一種

330000－1701－0035758　GP04781　史部/傳記類/總傳之屬/家乘
[浙江湖州]南潯張氏家譜一卷　張惟瑩主修　張惟倫編纂　民國八年(1919)鉛印本　四册

330000－1701－0035759　GP12513　類叢部/叢書類/彙編之屬
宋人小說二十八種　涵芬樓編　民國上海商務印書館鉛印本　五册　存二種

330000－1701－0035761　GP04778　史部/目録類
青照堂全書敘目一卷　劉金銘撰　民國七年(1918)鉛印本　一册

330000－1701－0035763　GP04779　史部/目録類
青照堂全書敘目一卷　劉金銘撰　民國七年(1918)鉛印本　貞立題記　一册

330000－1701－0035765　GP12530　子部/宗教類/道教之屬
老子道德經箋注一卷　丁福保撰　**老子道德經書目攷一卷**　周雲青撰　民國十六年(1927)上海醫學書局鉛印本　一册

330000－1701－0035773　善 008452　集部/别集類/明别集
升庵詩選抄一卷　(明)楊慎撰　民國抄本　一册

330000－1701－0035777　民 630.22/4430　新學/農政/農務
農林學問答一卷　萬鴻慶編　民國十五年(1926)商務印書館鉛印本　一册

330000－1701－0035779　普 811.1241/7188.01　集部/别集類/漢魏六朝别集
阮步兵詠懷詩注一卷　(晉)阮籍撰　黄節集注　民國十五年(1926)鉛印本　黄節題記　一册

330000－1701－0035782　普 811.1262/0413/c1　集部/别集類/漢魏六朝别集
謝康樂詩注四卷補遺一卷　(南朝宋)謝靈運撰　黄節注　民國十四年(1925)鉛印本　黄節題記　二册

330000－1701－0035787　普 811.1262/0413/c2　集部/别集類/漢魏六朝别集
謝康樂詩注四卷補遺一卷　(南朝宋)謝靈運撰　黄節注　民國十四年(1925)鉛印本　一册

330000－1701－0035789　普 114.25/1122　子部/儒家類/儒學之屬/性理
近思錄解義十四卷　張紹价撰　民國二十五年(1936)青島同文印書局公記鉛印本　四册

330000－1701－0035791　普 811.125/7731.3/4c2　集部/總集類/選集之屬/通代
陶詩彙評四卷東坡和陶合箋四卷　(清)溫汝能撰　民國十四年(1925)上海掃葉山房石印本　二册　存四卷(陶詩彙評一至四)

330000－1701－0035793　普 811.1262/2767　集部/别集類/漢魏六朝别集
鮑参軍詩注四卷　(南朝宋)鮑照撰　(清)錢振倫注　黄節補注　民國十二年(1923)鉛印本　二册

330000－1701－0035794　善 008454　子部/藝術類/書畫之屬
隸八分辨一卷　(清)方輔撰　民國余紹宋抄本　一册

330000－1701－0035795　普 811.125/7731.

2/3　類叢部/叢書類/郡邑之屬
雲南叢書初編一百四十一種二編三十七種　趙藩　陳榮昌等輯　民國雲南叢書處刻本　二册　存一種

330000－1701－0035802　普 811.125/7731.3/4(2)　集部/總集類/選集之屬/通代
陶詩彙評四卷東坡和陶合箋四卷　(清)溫汝能撰　民國十一年(1922)上海掃葉山房石印本　四册

330000－1701－0035806　普 811.1264/2132　集部/别集類/漢魏六朝别集
何水部詩注四卷首一卷　(南朝梁)何遜撰　何融注　民國三十六年(1947)石印本　何融題記　一册

330000－1701－0035812　普 811.125/7731.4　集部/别集類/漢魏六朝别集
陶淵明詩箋注四卷　(晉)陶潛撰　丁福保編　民國十六年(1927)上海醫學書局鉛印本　一册

330000－1701－0035815　善 008459　經部/群經總義類
管窺二卷　管世駿撰　稿本　王舟瑤題記　二册

330000－1701－0035816　普 811.1264/2132/2/c2　類叢部/叢書類/彙編之屬
四部備要　中華書局編　民國二十五年(1936)上海中華書局鉛印本　一册　存一種

330000－1701－0035828　普 811.125/7731.091　集部/别集類/宋别集
東坡先生和陶淵明詩四卷　(宋)蘇軾撰　民國十一年(1922)黄藝錫等京師刻本　二册

330000－1701－0035847　普 811.125/7731.6　類叢部/叢書類/自著之屬
隅樓叢書四種　古直撰　民國十五年至十七年(1926－1928)上海聚珍倣宋印書局鉛印本　一册　存一種

330000－1701－0035848　普 811.125/7731.7/2/c1　集部/别集類/漢魏六朝别集
陶靖節先生詩四卷附録一卷　(晉)陶潛撰　民國三年(1914)上海有正書局石印本　一册

330000－1701－0035856　善 008465　史部/目録類/總録之屬/私撰
朱衍廬舊藏鈔本書目一卷　(清)朱昌燕藏　費寅編　民國抄本　一册

330000－1701－0035857　普 811.125/7731.7/2/c2　集部/别集類/漢魏六朝别集
陶靖節先生詩四卷附録一卷　(晉)陶潛撰　民國三年(1914)上海有正書局石印本　一册

330000－1701－0035858　普 811.13/0030.2　集部/别集類/唐五代别集
音註高渤海詩一卷　(唐)高適撰　王石君音注　**音註岑嘉州詩一卷**　(唐)岑參撰　王石君音注　民國十二年(1923)上海文明書局石印本　一册

330000－1701－0035860　普 811.13/4026.01　集部/别集類/唐五代别集
音注李太白詩一卷　(唐)李白撰　(清)沈歸愚選本　姚祝萱音注　民國十二年(1923)上海文明書局石印本　一册

330000－1701－0035862　普 811.13/1020.2/3　集部/别集類/唐五代别集
王右丞集二十八卷首一卷末一卷　(唐)王維撰　(清)趙殿成箋註　民國上海文瑞樓影印本　十二册

330000－1701－0035863　普 114.25/3130/5/c1　類叢部/叢書類/彙編之屬
四部備要　中華書局編　民國二十五年(1936)上海中華書局鉛印本　二册　存一種

330000－1701－0035866　善 008466　史部/目録類/總録之屬/史志
雲南藝文志不分卷　民國抄本　一册

330000－1701－0035867　普 114.25/3130/5/c2、普 114.25/7537/2　類叢部/叢書類/彙編之屬
四部備要　中華書局編　民國二十五年(1936)上海中華書局鉛印本　四册　存二種

330000－1701－0035868　普 811/1027/2　類叢部/叢書類/彙編之屬
四部備要　中華書局編　民國二十五年(1936)上海中華書局鉛印本　一冊　存一種

330000－1701－0035873　普 114.25/3130/5/c3　類叢部/叢書類/彙編之屬
四部備要　中華書局編　民國二十五年(1936)上海中華書局鉛印本　二冊　存一種

330000－1701－0035874　普 811.13/1020.3/2　集部/别集類/唐五代别集
王摩詰集六卷　(唐)王維撰　民國十五年(1926)上海會文堂書局石印本　二冊

330000－1701－0035878　普 114.25/3130.7/c2　子部/儒家類/儒學之屬/性理
近思錄集注十四卷考訂朱子世家一卷　(清)江永撰　**校勘記一卷**　(清)王炳撰　民國上海文瑞樓石印本　四冊

330000－1701－0035884　善 008467　子部/醫家類/方書之屬
三指禪集三卷　民國眠雲精舍抄本　一冊

330000－1701－0035896　普 811.13/2676.04/c1　集部/别集類/唐五代别集
白文公贈樊諫議詩一卷　(唐)白居易撰　樊鎮輯　民國十七年(1928)樊氏拜魁紀公齋刻朱印本　一冊

330000－1701－0035900　普 811.13/1736/c1　集部/别集類/唐五代别集
司空表聖詩三卷附錄一卷　(唐)司空圖撰　民國三年(1914)吳興劉氏嘉業堂刻本　一冊　存三卷(詩一至三)

330000－1701－0035902　普 811.13/2676.6/2　集部/别集類/唐五代别集
香山詩選六卷　(唐)白居易撰　(清)曹文埴選　民國十一年(1922)上海掃葉山房石印本　二冊

330000－1701－0035904　普 811.13/2676.04/c3　集部/别集類/唐五代别集
白文公贈樊諫議詩一卷　(唐)白居易撰　樊鎮輯　民國十七年(1928)樊氏拜魁紀公齋刻朱印本　一冊

330000－1701－0035910　普 811.13/2180/c2　集部/别集類/唐五代别集
玉川子詩集五卷　(唐)盧仝撰　(清)孫之騄註　**玉川子詩注勘譌表一卷**　孫峻撰　民國十二年(1923)濟陽盧永祥刻藍印本　五冊

330000－1701－0035911　善 008473　子部/術數類/相宅相墓之屬
武林地鈐圖記一卷　民國三年(1914)四明陸禪氏武林抄本　一冊

330000－1701－0035914　普 811.13/2180/c3　集部/别集類/唐五代别集
玉川子詩集五卷　(唐)盧仝撰　(清)孫之騄註　**玉川子詩注勘譌表一卷**　孫峻撰　民國十二年(1923)濟陽盧永祥刻藍印本　五冊

330000－1701－0035918　普 811.13/2180/c5　集部/别集類/唐五代别集
玉川子詩集五卷　(唐)盧仝撰　(清)孫之騄註　**玉川子詩注勘譌表一卷**　孫峻撰　民國十二年(1923)濟陽盧永祥刻藍印本　五冊

330000－1701－0035919　普 811.13/2704/2/c2　類叢部/叢書類/彙編之屬
四部備要　中華書局編　民國二十五年(1936)上海中華書局鉛印本　一冊　存一種

330000－1701－0035929　普 811.13/2676.4　集部/别集類/唐五代别集
白香山詩長慶集二十卷後集十七卷别集一卷補遺二卷　(唐)白居易撰　(清)汪立名編訂　**白香山年譜舊本一卷**　(宋)陳振孫撰　**白香山年譜一卷**　(清)汪立名撰　民國十三年(1924)上海光霽書局石印本　十二冊

330000－1701－0035933　普 811.13/2498　類叢部/叢書類/家集之屬
儲氏叢書□□種　民國十九年(1930)上海述學社鉛印本　儲皖峰題記　一冊　存二種

330000－1701－0035937　普 811.13/2676.5/c1　集部/别集類/唐五代别集

白香山詩長慶集二十卷後集十七卷别集一卷補遺二卷 (唐)白居易撰 (清)汪立名編訂 **白香山年譜舊本一卷** (宋)陳振孫撰 **白香山年譜一卷** (清)汪立名撰 民國四年(1915)上海會文堂書局石印本 十二册

330000－1701－0035940 普 811.13/2676.5/c2 集部/别集類/唐五代别集

白香山詩長慶集二十卷後集十七卷别集一卷補遺二卷 (唐)白居易撰 (清)汪立名編訂 **白香山年譜舊本一卷** (宋)陳振孫撰 **白香山年譜一卷** (清)汪立名撰 民國四年(1915)上海會文堂書局石印本 十二册

330000－1701－0035941 善 008478 子部/藝術類/書畫之屬/題跋

詩禪室題畫絶句四卷 袁天庚撰 民國抄本 二册

330000－1701－0035944 普 114.25/8822 子部/儒家類/儒學之屬/性理

近思録集説十四卷 管贊程撰 民國浙江印刷所鉛印本 四册

330000－1701－0035975 普 811.13/4002.2/2 類叢部/叢書類/彙編之屬

四部備要 中華書局編 民國二十五年(1936)上海中華書局鉛印本 二册 存一種

330000－1701－0035986 善 008485 集部/别集類/清别集

子春氏遺稿五卷 (清)余撰撰 民國抄本 余紹宋跋 一册

330000－1701－0035999 善 008488 集部/總集類/郡邑之屬

黄巖集别編不分卷黄巖遺集不分卷 管世駿輯 稿本 三十二册

330000－1701－0036000 普 116.5/2042/c2 史部/傳記類/别傳之屬/事狀

王文成傳本二卷 (清)毛奇齡撰 (清)毛遠宗續補 民國六年(1917)奉化孫氏南屏虹射軒鉛印本 一册

330000－1701－0036002 普 116.5/12821/c1 子部/儒家類/儒學之屬/性理

王陽明先生傳習録集評四卷 (清)孫奇逢等參評 (清)陶潯霍 梁啓超續評 孫鏘輯校 **王陽明先生年譜一卷** 孫鏘輯 民國四年(1915)上海新學會社鉛印本 李次九題記 二册

330000－1701－0036006 普 116.6/6034/c1 類叢部/叢書類/彙編之屬

復性書院叢刊二十七種 馬浮編 民國二十九年至三十七年(1940－1948)復性書院刻本暨鉛印本 二册 存一種

330000－1701－0036007 普 116.5/1032.2/c1 子部/儒家類/儒學之屬/性理

陽明粹言一卷 (明)王守仁撰 柯岷輯 民國十二年(1923)山西洗心總社鉛印本 一册

330000－1701－0036012 普 116.6/8047/c2 子部/儒家類/儒學之屬/禮教

金忠節公語録二卷 (明)金聲撰 民國二十年(1931)留餘草堂滬上鉛印本 一册

330000－1701－0036013 普 117.092/2846 史部/傳記類/總傳之屬/儒林

清儒學案二百八卷 徐世昌撰 民國二十七年(1938)天津徐氏刻本 一百册

330000－1701－0036016 普 116.6/6034/c2 類叢部/叢書類/彙編之屬

復性書院叢刊二十七種 馬浮編 民國二十九年至三十七年(1940－1948)復性書院刻本暨鉛印本 二册 存一種

330000－1701－0036017 普 116.5/12821/c2 子部/儒家類/儒學之屬/性理

王陽明先生傳習録集評四卷 (清)孫奇逢等參評 (清)陶潯霍 梁啓超續評 孫鏘輯校 **王陽明先生年譜一卷** 孫鏘輯 民國四年(1915)上海新學會社鉛印本 二册

330000－1701－0036018 善 008489 集部/總集類/郡邑之屬

四明人詩録一卷 民國張氏約園抄本 一册

330000－1701－0036019 普 811.13/4007.2/

2/c2　集部/别集類/唐五代别集

玉谿生詩詳註六卷首一卷　(唐)李商隱撰　(清)馮浩注　民國十五年(1926)崇古山房石印本　八册

330000－1701－0036020　普811.13/4007.4/2　集部/别集類/唐五代别集

玉溪生詩意八卷　(唐)李商隱撰　(清)朱鶴齡注　(清)屈復意　民國六年(1917)上海會文堂書局石印本　六册

330000－1701－0036024　普116.5/12821/c3　子部/儒家類/儒學之屬/性理

王陽明先生傳習錄集評四卷　(清)孫奇逢等參評　(清)陶潯霍　梁啓超續評　孫鏘輯校　**王文成傳本一卷續補一卷**　(清)毛奇齡撰　民國六年(1917)上海新學會社鉛印本　二册

330000－1701－0036025　普116.6/6034/c3　類叢部/叢書類/彙編之屬

復性書院叢刊二十七種　馬浮編　民國二十九年至三十七年(1940－1948)復性書院刻本暨鉛印本　二册　存一種

330000－1701－0036028　普116.6/6034/c4　類叢部/叢書類/彙編之屬

復性書院叢刊二十七種　馬浮編　民國二十九年至三十七年(1940－1948)復性書院刻本暨鉛印本　二册　存一種

330000－1701－0036032　善008491　集部/總集類/氏族之屬

兩浙錢氏詩錄四卷　民國抄本　一册

330000－1701－0036036　普116.5/12821/c4　子部/儒家類/儒學之屬/性理

王陽明先生傳習錄集評四卷　(清)孫奇逢等參評　(清)陶潯霍　梁啓超續評　孫鏘輯校　**王陽明先生年譜一卷**　孫鏘輯　民國四年(1915)上海新學會社鉛印本　二册

330000－1701－0036037　普811.13/4046/4/c1　集部/别集類/唐五代别集

李長吉集四卷外卷一卷　(唐)李賀撰　(清)黄淳耀評　(清)黎簡批點　民國六年(1917)上海會文堂書局石印本　二册

330000－1701－0036039　普116.5/12821/4/c1　子部/儒家類/儒學之屬/性理

王陽明先生傳習錄集評四卷　(清)孫奇逢等參評　(清)陶潯霍　梁啓超續評　孫鏘輯校　民國三年(1914)上海新學會社鉛印本　二册

330000－1701－0036040　普811.13/4046/6　類叢部/叢書類/彙編之屬

四部備要　中華書局編　民國二十五年(1936)上海中華書局鉛印本　二册　存一種

330000－1701－0036042　普116.5/1032.2/c2　子部/儒家類/儒學之屬/性理

陽明粹言一卷　(明)王守仁撰　柯岷輯　民國十二年(1923)山西洗心總社鉛印本　一册

330000－1701－0036045　普116.5/12821/4/c2　子部/儒家類/儒學之屬/性理

王陽明先生傳習錄集評四卷　(清)孫奇逢等參評　(清)陶潯霍　梁啓超續評　孫鏘輯校　民國三年(1914)上海新學會社鉛印本　二册

330000－1701－0036046　普811.13/4046/4/c2　集部/别集類/唐五代别集

李長吉集四卷外卷一卷　(唐)李賀撰　(清)黄淳耀評　(清)黎簡批點　民國六年(1917)上海會文堂書局石印本　二册

330000－1701－0036049　普116.6/8047/c1　子部/儒家類/儒學之屬/禮教

金忠節公語錄二卷　(明)金聲撰　民國二十年(1931)留餘草堂滬上鉛印本　一册

330000－1701－0036053　普116.5/1032/2　子部/儒家類/儒學之屬/性理

王陽明先生傳習錄三卷　(明)王守仁撰　(明)徐愛錄　民國十四年(1925)上海掃葉山房石印本　三册

330000－1701－0036068　善008498　集部/總集類/選集之屬/通代

七律韻編十二卷初集二卷古體韻編二卷 蔭喬輯 稿本 十六册

330000－1701－0036070 普 811.13/4046.3/2 類叢部/叢書類/彙編之屬
四部備要 中華書局編 民國二十五年(1936)上海中華書局鉛印本 二册 存一種

330000－1701－0036075 普 117.1/7123 子部/儒家類/儒學之屬/性理
羊山磐莊先生語録十六卷 (清)程懷儲等輯 民國抄本 二册 存十五卷(一至九、十一至十六)

330000－1701－0036078 普 811.13/4046.4 集部/别集類/唐五代别集
歌詩編四卷 (唐)李賀撰 民國刻本 一册

330000－1701－0036094 普 117.2/2846/c1 類叢部/叢書類/彙編之屬
顔李學三種 徐世昌輯 民國天津徐氏刻本 五册

330000－1701－0036095 普 117.2/2846/c2 類叢部/叢書類/彙編之屬
顔李學三種 徐世昌輯 民國天津徐氏刻本 五册

330000－1701－0036099 普 117.2/4307 子部/儒家類/儒學之屬/性理
顔氏學記十卷 (清)戴望撰 民國六年(1917)雲南圖書館鉛印本 二册

330000－1701－0036104 GP04769 子部/小説家類/瑣語之屬
岐海瑣譚集十六卷 (明)姜準輯 民國二十五年(1936)浙江省永嘉區徵輯鄉先哲遺著委員會鉛印本 四册

330000－1701－0036107 GP04770 史部/詔令奏議類/奏議之屬
語冰閣奏議八卷中越勘界往來電稿四卷 (清)鄧承脩撰 民國七年(1918)鉛印本 五册 缺二卷(中越勘界往來電稿三至四)

330000－1701－0036113 普 811.13/4428/c1 集部/别集類/唐五代别集
樊川詩集四卷補遺一卷外集一卷别集一卷 (唐)杜牧撰 (清)馮集梧注 民國埽葉山房石印本 四册

330000－1701－0036115 普 811.13/4046.7 集部/别集類/唐五代别集
李長吉集四卷外卷一卷 (唐)李賀撰 (清)黄淳耀評點 民國中國詩畫會社影印本 四册

330000－1701－0036117 善 008509 集部/别集類/清别集
儀竹山房文稿一卷詩稿一卷 (清)王渭撰 民國抄本 一册

330000－1701－0036118 普 811.13/4428/c4 集部/别集類/唐五代别集
樊川詩集四卷補遺一卷外集一卷别集一卷 (唐)杜牧撰 (清)馮集梧注 民國埽葉山房石印本 文達題記 四册

330000－1701－0036133 普 117.3/1173/c1 子部/儒家類/儒學之屬/性理
楊園菁華録四卷 (清)張履祥撰 (清)沈志本纂 民國二十四年(1935)楊園學社鉛印本 一册

330000－1701－0036137 普 117.3/1173/c2 子部/儒家類/儒學之屬/性理
楊園菁華録四卷 (清)張履祥撰 (清)沈志本纂 民國二十四年(1935)楊園學社鉛印本 一册

330000－1701－0036139 普 117.3/1173/c3 子部/儒家類/儒學之屬/性理
楊園菁華録四卷 (清)張履祥撰 (清)沈志本纂 民國二十四年(1935)楊園學社鉛印本 一册

330000－1701－0036140 普 117.3/1173/c4 子部/儒家類/儒學之屬/性理
楊園菁華録四卷 (清)張履祥撰 (清)沈志本纂 民國二十四年(1935)楊園學社鉛印本 一册

330000－1701－0036142　普117.092/3144/2/c1　類叢部/叢書類/彙編之屬
四部備要　中華書局編　民國二十五年(1936)上海中華書局鉛印本　二冊　存一種

330000－1701－0036148　普117.092/3144/2/c2　類叢部/叢書類/彙編之屬
四部備要　中華書局編　民國二十五年(1936)上海中華書局鉛印本　二冊　存一種

330000－1701－0036155　普811.13/4434/2　集部/總集類/彙編之屬
沈刻四婦人集　(清)沈綺雲編　民國十二年(1923)海寧陳氏慎初堂據清嘉慶雲間古倪園沈氏刻本影印本　一冊　存一種

330000－1701－0036157　GP11526　集部/總集類/尺牘之屬
十大名家家書十卷　平襟亞編　秋痕廔主評　民國十五年(1926)上海共和書局鉛印本　一冊　存一種

330000－1701－0036166　普811.13/4046.4/2　集部/別集類/唐五代別集
歌詩編四卷集外詩一卷　(唐)李賀撰　民國影印唐四名家集本　啟璋題簽　一冊

330000－1701－0036170　普811.13/4046.5　類叢部/叢書類/彙編之屬
秀水金氏梅花草堂影印善本二種　金爾珍編　民國影印本　二冊　存一種

330000－1701－0036175　善008526　子部/縱橫家類
鬼谷子三卷　民國抄本　一冊

330000－1701－0036183　善008534　集部/曲類/曲評曲話曲目之屬
顧誤錄不分卷　(清)王德輝　(清)徐沅徵輯　民國抄本　一冊

330000－1701－0036190　善008542　經部/易類/傳說之屬
周易傳義存疑一卷　(明)應大猷撰　民國抄本　一冊

330000－1701－0036195　普117.1/1053.07　類叢部/叢書類/自著之屬
孝魚叢著二種　王永祥撰　民國二十二年(1933)鉛印本　四冊　存一種

330000－1701－0036207　普138/6805　新學/格致總
空際格致二卷　(意大利)高一志撰　**地震解一卷**　(意大利)龍華民撰　民國上海聚珍倣宋印書局鉛印本　一冊

330000－1701－0036215　普811.13/4453.25/2　集部/別集類/唐五代別集
杜工部集二十卷附錄一卷諸家詩話一卷唱酬題詠附錄一卷　(唐)杜甫撰　(清)錢謙益箋注　民國四年(1915)上海廣益書局鉛印本　八冊

330000－1701－0036218　普117.4/2616、普117.4/2616.2　經部/叢編
通藝錄　(清)程瑤田撰　民國十九年(1930)中國書店影印本　二冊　存二種

330000－1701－0036220　善008545　集部/別集類/清別集
秋籟閣詩鈔一卷　(清)黃瑞撰　民國抄本　一冊

330000－1701－0036221　普168.3/1115　子部/術數類/雜術之屬
夢分類詳解一卷　(明)張三丰撰　民國十年(1921)集成書局石印本　一冊

330000－1701－0036223　普170.1/1011/c1　子部/儒家類/儒學之屬/禮教/鑑戒
人道大義錄不分卷　夏震武撰　夏成吉輯注　民國六年(1917)鉛印本　一冊

330000－1701－0036230　普170.1/1011/c2　子部/儒家類/儒學之屬/禮教/鑑戒
人道大義錄不分卷　夏震武撰　夏成吉輯注　民國六年(1917)鉛印本　一冊

330000－1701－0036231　普170.1/1011/c3　子部/儒家類/儒學之屬/禮教/鑑戒
人道大義錄不分卷　夏震武撰　夏成吉輯注

民國六年(1917)鉛印本　一冊

330000－1701－0036233　普 170.1/1011/2/c1　子部/儒家類/儒學之屬/禮教/鑑戒

人道大義錄不分卷　夏震武撰　民國二年(1913)鉛印本　一冊

330000－1701－0036235　普 170.1/1011/2/c2　子部/儒家類/儒學之屬/禮教/鑑戒

人道大義錄不分卷　夏震武撰　民國二年(1913)鉛印本　一冊

330000－1701－0036236　普 811.13/4453.33/4　集部/别集類/唐五代别集

杜詩鏡銓二十卷附諸家論杜一卷杜工部年譜一卷　(唐)杜甫撰　(清)楊倫輯　**讀書堂杜工部文集註解二卷**　(清)張溍撰　民國十七年(1928)上海文化書局石印本　八冊

330000－1701－0036237　普 170.1/1011/2/c3　子部/儒家類/儒學之屬/禮教/鑑戒

人道大義錄不分卷　夏震武撰　民國二年(1913)鉛印本　一冊

330000－1701－0036239　普 170.1/1011/4/c1　子部/儒家類/儒學之屬/禮教/鑑戒

人道大義錄不分卷　夏震武撰　民國十五年(1926)鉛印本　一冊

330000－1701－0036240　普 170.1/1011/4/c2　子部/儒家類/儒學之屬/禮教/鑑戒

人道大義錄不分卷　夏震武撰　民國十五年(1926)鉛印本　一冊

330000－1701－0036241　普 170.1/1011/4/c3　子部/儒家類/儒學之屬/禮教/鑑戒

人道大義錄不分卷　夏震武撰　民國十五年(1926)鉛印本　一冊

330000－1701－0036244　善 008551　集部/别集類/清别集

蘇甘廊文集不分卷　(清)杜煦撰　民國抄本　二冊

330000－1701－0036246　普 811.13/4453.33/c1　集部/别集類/唐五代别集

杜詩鏡銓二十卷　(唐)杜甫撰　(清)楊倫輯　**讀書堂杜工部文集註解二卷**　(清)張溍撰　民國三年(1914)著易堂書局石印本　八冊

330000－1701－0036255　普 811.13/4453.33/c2　集部/别集類/唐五代别集

杜詩鏡銓二十卷　(唐)杜甫撰　(清)楊倫輯　**讀書堂杜工部文集註解二卷**　(清)張溍撰　民國三年(1914)著易堂書局石印本　八冊

330000－1701－0036260　普 170.1/3193　子部/儒家類/儒學之屬/禮教/家訓

雙節堂庸訓四卷　(清)汪輝祖撰　民國十一年(1922)杭州彩華五彩石印局鉛印本　一冊

330000－1701－0036274　普 170.1/3406/2/c1　子部/雜著類/雜說之屬

菜根譚前集一卷後集一卷　(明)洪應明撰　民國十年(1921)上海新學會社鉛印本　一冊

330000－1701－0036277　普 170.1/3406/2/c2　子部/雜著類/雜說之屬

菜根譚前集一卷後集一卷　(明)洪應明撰　民國四年(1915)上海新學會社鉛印本　一冊

330000－1701－0036279　普 170.1/3406/3　子部/雜著類/雜說之屬

菜根譚一卷　(明)洪應明撰　民國二十一年(1932)海門大同印刷局鉛印本　一冊

330000－1701－0036281　普 170.1/3406/4　子部/雜著類/雜說之屬

菜根譚一卷　(明)洪應明撰　**娑羅館清語一卷**　(明)屠隆撰　民國十八年(1929)湖北圻春縣刻本　一冊

330000－1701－0036284　普 811.13/4453.42/6　集部/别集類/唐五代别集

杜詩詳註二十五卷首一卷附編二卷　(唐)杜甫撰　(清)仇兆鰲輯註　民國四年(1915)上海掃葉山房影印本　二十八冊

330000－1701－0036294　普 811.13/4453.46/2/c1　類叢部/叢書類/彙編之屬

四部備要　中華書局編　民國二十五年(1936)上海中華書局鉛印本　六冊　存一種

330000－1701－0036296　普 811. 13/4453. 46/2/c2　類叢部/叢書類/彙編之屬
四部備要　中華書局編　民國二十五年(1936)上海中華書局鉛印本　六冊　存一種

330000－1701－0036300　善 008561　子部/醫家類/本草之屬/本草藥性
藥性賦一卷　民國衛氏九千卷樓抄本　一冊

330000－1701－0036305　普 811. 13/4453. 841/c1　集部/別集類/唐五代別集
杜詩註解節鈔一卷　(唐)杜甫撰　(清)顧淳慶輯注　民國十六年(1927)上海科學儀器館據顧氏抄本影印本　一冊

330000－1701－0036308　普 811. 13/4453. 841/c3　集部/別集類/唐五代別集
杜詩註解節鈔一卷　(唐)杜甫撰　(清)顧淳慶輯注　民國十六年(1927)上海科學儀器館據顧氏抄本影印本　二冊

330000－1701－0036309　普 811. 13/4453. 76　集部/別集類/唐五代別集
唱經堂杜詩解四卷　(唐)杜甫撰　(清)金人瑞解　民國八年(1919)上海震華書局石印本　四冊

330000－1701－0036310　普 170. 12/4044/2　子部/儒家類/儒學之屬/禮教/家訓
袖珍精本了凡四訓一卷　(明)袁黄撰　民國鉛印本　一冊

330000－1701－0036313　普 170. 1/7237/3　子部/儒家類/儒學之屬/俗訓
人譜類記節要一卷　(明)劉宗周撰　傅焕編　民國杭州浙江中醫專科學校鉛印本　一冊

330000－1701－0036317　善 008563　集部/楚辭類
離騷集傳一卷　(宋)錢杲之撰　民國元年(1912)衛氏九千卷樓影宋抄本　一冊

330000－1701－0036320　善 008565　集部/別集類/清別集
拙園詩草一卷　(清)崔應階撰　民國抄本　一冊

330000－1701－0036329　普 811. 13/4453. 73　集部/別集類/唐五代別集
音注杜少陵詩四卷　(清)沈德潛選　張廷貴音注　民國十三年(1924)上海文明書局石印本　二冊

330000－1701－0036334　普 811. 13/4453. 74　集部/別集類/唐五代別集
杜詩精華一卷　(唐)杜甫撰　中華書局編　民國二十年(1931)上海中華書局鉛印本　一冊

330000－1701－0036336　普 170. 12/8054/c1　子部/雜著類
因果新編一卷醒夢編一卷　(清)金本存編　民國十二年(1923)鉛印本　一冊

330000－1701－0036337　普 170. 12/8054/c2　子部/雜著類
因果新編一卷醒夢編一卷　(清)金本存編　民國十二年(1923)鉛印本　一冊

330000－1701－0036338　普 170. 12/8054/c3　子部/雜著類
因果新編一卷醒夢編一卷　(清)金本存編　民國十二年(1923)鉛印本　一冊

330000－1701－0036340　普 811. 13/4453. 75/c1　集部/別集類/唐五代別集
杜少陵詩選二卷　(唐)杜甫撰　(清)吴興祚選　民國十一年(1922)上海中華新教育社石印本　一冊

330000－1701－0036350　善 008567　史部/雜史類/斷代之屬
瑞安東區鄉團剿匪記一卷　(清)張慶葵撰　民國抄本　一冊

330000－1701－0036352　普 811. 13/4453. 8/c1　集部/別集類/唐五代別集
少陵詩鈔一卷　(唐)杜甫撰　(清)顧廷綸編　民國十六年(1927)科學儀器館據顧氏手抄本影印本　一冊

330000－1701－0036353　普 811. 13/4453. 8/c4　集部/別集類/唐五代別集

少陵詩鈔一卷　(唐)杜甫撰　(清)顧廷綸編　民國十六年(1927)科學儀器館據顧氏手抄本影印本　一冊

330000－1701－0036357　善008568　史部/雜史類
瀕江戰守日記一卷　(清)張夢楠撰　民國抄本　一冊

330000－1701－0036361　善008574　集部/別集類
夢詩廔遺集一卷　張樹森撰　民國張兆鏞抄本　一冊

330000－1701－0036363　善008578　集部/別集類/清別集
拔齋詩稿一卷　(清)鄭毓璜撰　民國抄本　一冊

330000－1701－0036369　善008579　集部/總集類/選集之屬/斷代
蕭山詩選一卷　(清)瞿渭璜　(清)瞿以濬　(清)瞿壽章撰　民國抄本　一冊

330000－1701－0036372　善008575　史部/金石類/總志之屬/目録
簠齋藏古冊目並題記一卷　(清)陳介祺撰　民國抄本　一冊

330000－1701－0036374　普811.13/4453.75/c2　集部/別集類/唐五代別集
杜少陵詩選二卷　(唐)杜甫撰　(清)吳興祚選　民國十一年(1922)上海中華新教育社石印本　一冊

330000－1701－0036392　普172/5033　類叢部/叢書類/郡邑之屬
四明叢書一百六十七種　張壽鏞編　民國四明張氏約園刻本　一冊　存一種

330000－1701－0036416　善008590　經部/詩類/三家詩之屬
韓詩内傳并薛君章句考四卷附錄一卷二雨堂筆談一卷附編一卷　(清)錢玫撰　(清)錢世敘編　**敘錄一卷**　民國抄本　一冊

330000－1701－0036418　普172/7530/4　子部/儒家類/儒學之屬/禮教
五種遺規　(清)陳弘謀輯並撰　民國八年(1919)上海商務印書館鉛印本　五冊

330000－1701－0036423　普811.13/4453.99/c2　集部/詩文評類/詩評之屬
讀杜韓筆記二卷　(清)李黼平撰　民國二十三年(1934)上海中華書局鉛印本　一冊

330000－1701－0036425　普811.13/4453.99/c4　集部/詩文評類/詩評之屬
讀杜韓筆記二卷　(清)李黼平撰　民國二十三年(1934)上海中華書局鉛印本　一冊

330000－1701－0036426　普811.13/7277　類叢部/叢書類/彙編之屬
四部叢刊　張元濟等編　民國八年(1919)上海商務印書館影印本　二冊　存一種

330000－1701－0036427　普811.13/8347　類叢部/叢書類/彙編之屬
四部叢刊　張元濟等編　民國八年(1919)上海商務印書館影印本　二冊　存一種

330000－1701－0036431　普811.13/7277/2/c2　類叢部/叢書類/彙編之屬
四部備要　中華書局編　民國二十五年(1936)上海中華書局鉛印本　二冊　存一種

330000－1701－0036443　普811.14/1031　集部/別集類/宋別集
王荆文公詩五十卷　(宋)王安石撰　(宋)李壁箋註　民國海鹽張氏據清乾隆刻本影印本　八冊

330000－1701－0036446　善008593　集部/別集類/清別集
葦花邨遺藁不分卷　(清)杜應棠撰　民國抄本　二冊

330000－1701－0036448　普172.8/1034　子部/雜著類/雜說之屬
華川卮辭一卷　(明)王禕撰　民國十年(1921)吳鏡元抄本　吳逵卿批並跋　一冊

330000－1701－0036453　普 172.8/1184　類叢部/叢書類/郡邑之屬
雲南叢書初編一百四十一種二編三十七種　趙藩　陳榮昌等輯　民國雲南叢書處刻本　一冊　存一種

330000－1701－0036456　普 811.138/4012/c3　集部/別集類/唐五代別集
李丞相詩集二卷　（五代）李建勳撰　民國劉梅真據宋刻本影印本　一冊

330000－1701－0036458　普 811.14/0077/c1　類叢部/叢書類/郡邑之屬
續金華叢書六十種　胡宗楙編　民國十三年(1924)永康胡氏夢選樓刻本　一冊　存一種

330000－1701－0036463　普 811.14/0077/c2　類叢部/叢書類/郡邑之屬
續金華叢書六十種　胡宗楙編　民國十三年(1924)永康胡氏夢選樓刻本　一冊　存一種

330000－1701－0036465　普 172.8/2128　類叢部/叢書類/郡邑之屬
雲南叢書初編一百四十一種二編三十七種　趙藩　陳榮昌等輯　民國雲南叢書處刻本　一冊　存一種

330000－1701－0036467　普 811.14/1114　集部/總集類/彙編之屬
宋人集　李之鼎輯　民國南城李氏宜秋館刻本　一冊　存一種

330000－1701－0036472　普 172.8/2572　子部/儒家類/儒學之屬/禮教/家訓
治家格言繹義一卷　（清）戴翊清撰　民國十二年(1923)揚州懷少義塾刻本　一冊

330000－1701－0036475　普 172.8/8064.04　子部/雜著類/雜纂之屬
曾文正公嘉言鈔一卷胡文忠公嘉言鈔一卷左文襄公嘉言鈔一卷　梁啓超輯　民國抄本　一冊

330000－1701－0036478　普 172.8/2631　子部/儒家類/儒學之屬/俗訓
裕昆言不分卷　吳兆元輯　民國十三年(1924)丹徒吳氏花好月圓人壽室鉛印本　吳庠批校並題記　一冊

330000－1701－0036483　普 811.14/1031/2/c1　集部/別集類/宋別集
王荊文公詩五十卷目錄三卷　（宋）王安石撰　（宋）李壁箋註　（宋）劉辰翁評點　**王荊文公年譜一卷**　（宋）詹大和撰　民國十一年(1922)海鹽張氏據元刻本影印本　十冊

330000－1701－0036484　普 811.14/1188/2/c2　集部/別集類/宋別集
南湖集十卷附錄三卷　（宋）張鎡撰　民國十三年(1924)杭州廣壽慧雲禪寺刻藍印本　四冊

330000－1701－0036486　普 811.14/1188/2/c3　集部/別集類/宋別集
南湖集十卷附錄三卷　（宋）張鎡撰　民國十三年(1924)杭州廣壽慧雲禪寺刻藍印本　四冊

330000－1701－0036488　普 172.8/2810　類叢部/叢書類/彙編之屬
進德叢書八種　丁福保編　民國上海醫學書局鉛印本　一冊　存一種

330000－1701－0036489　善 008596　集部/別集類/清別集
玉甑山館詩鈔十卷補遺一卷　（清）林從炯撰　張棡編　民國十七年(1928)抄本　張棡題簽、校並跋　五冊　存八卷(一至八)

330000－1701－0036495　HJH0668　子部/宗教類/佛教之屬/諸宗
往生極樂錄一卷　丑先難編輯　民國長沙坡子街善書流通處刻本　一冊

330000－1701－0036497　普 172.8/8026　子部/儒家類/儒學之屬/俗訓
格言聯璧不分卷　（清）金纓輯　民國二十年(1931)潮陽郭氏雙百鹿齋刻本　一冊

330000－1701－0036503　普 172.8/8026/3　子部/儒家類/儒學之屬/俗訓
格言聯璧不分卷　（清）金纓輯　民國五年

(1916)吳縣徐貞元木活字印本　一册

330000－1701－0036504　普 172.8/8026/4　子部/儒家類/儒學之屬/俗訓

格言聯璧不分卷　(清)金纓輯　民國七年(1918)上海文瑞樓石印本　一册

330000－1701－0036508　普 172.8/8026.2　子部/儒家類/儒學之屬/俗訓

格言聯璧不分卷　(清)金纓輯　民國十年(1921)維揚張瑞曾刻本　一册

330000－1701－0036509　普 811.14/1031/2/c3　集部/別集類/宋別集

王荆文公詩五十卷目錄三卷　(宋)王安石撰　(宋)李壁箋註　(宋)劉辰翁評點　**王荆文公年譜一卷**　(宋)詹大和撰　民國十一年(1922)海鹽張氏據元刻本影印本　十册

330000－1701－0036515　善 008598　集部/別集類/清別集

紫芝仙圃詩鈔一卷　(清)吳沅撰　民國抄本　一册

330000－1701－0036520　普 172.9/4027　子部/雜著類

故事圖說第一集不分卷　南行學社輯　王雲軒繪圖　民國三十七年(1948)上海南行學社鉛印本　一册

330000－1701－0036522　普 172.9/4063　子部/雜著類/雜纂之屬

人鑑不分卷　李圓淨編　王雲軒繪　民國三十七年(1948)上海南行學社鉛印本　一册

330000－1701－0036527　普 811.14/0731/2　類叢部/叢書類/彙編之屬

密韻樓景宋本七種　蔣汝藻輯　民國烏程蔣汝藻樂地盦刻藍印本　六册　存一種

330000－1701－0036528　普 173/2022　類叢部/叢書類/彙編之屬

合衆圖書館叢書十五種　合衆圖書館編　民國二十九年至三十七年(1940－1948)鉛印本暨石印本　一册　存一種

330000－1701－0036532　普 811.14/2534.2/2　集部/別集類/宋別集

朱淑真斷腸詩集十卷補遺一卷後集七卷斷腸詞一卷　(宋)朱淑真撰　(宋)鄭元佐注　民國四年(1915)中華圖書館石印本　二册

330000－1701－0036533　普 811.14/3116　集部/別集類/宋別集

水雲詩鈔一卷　(宋)汪元量撰　**石門詩鈔一卷**　(宋)釋惠洪撰　民國上海有正書局鉛印本　一册

330000－1701－0036535　普 173/2572　子部/儒家類/儒學之屬/禮教/家訓

治家格言繹義一卷　(清)戴翊清撰　民國十二年(1923)揚州懷少義塾刻本　一册

330000－1701－0036536　普 811.14/1010　類叢部/叢書類/郡邑之屬

續金華叢書六十種　胡宗楙編　民國十三年(1924)永康胡氏夢選樓刻本　一册　存一種

330000－1701－0036538　普 173/2572/2　子部/儒家類/儒學之屬/禮教/家訓

治家格言繹義一卷　(清)戴翊清撰　民國鉛印本　一册

330000－1701－0036541　普 173/2572/3　子部/儒家類/儒學之屬/禮教/家訓

治家格言繹義二卷　(清)戴翊清撰　民國八年(1919)體仁社刻本　一册

330000－1701－0036550　普 811.14/4027　集部/別集類/宋別集

真山民詩集一卷　(宋)真山民撰　民國二十八年(1939)油印本　李熊獻題記　一册

330000－1701－0036553　普 811.14/4056　集部/別集類/宋別集

盱江集鈔一卷　(宋)李覯撰　**止齋詩鈔一卷**　(宋)陳傅良撰　民國上海有正書局鉛印本　一册

330000－1701－0036559　普 811.14/4407.2/4　集部/別集類/宋別集

黄山谷全集三十九卷　(宋)黄庭堅撰　(宋)

任淵　(宋)史容　(宋)史季溫注　民國八年(1919)上海著易堂書局據清光緒二十一年至二十五年(1895－1899)刻宣統二年(1910)印本影印本　二十冊

330000－1701－0036579　普 811.14/4433/2/c1、普 811.14/4428/2　類叢部/叢書類/彙編之屬

四部備要　中華書局編　民國二十五年(1936)上海中華書局鉛印本　三冊　存二種

330000－1701－0036580　普 811.14/4433.3/c1　集部/别集類/宋别集

林和靖先生詩集四卷附錄一卷　(宋)林逋撰　**校語一卷**　邵裴子撰　民國二十四年(1935)上海商務印書館鉛印本　一冊

330000－1701－0036581　普 811.14/4433.3/c3　集部/别集類/宋别集

林和靖先生詩集四卷附錄一卷　(宋)林逋撰　**校語一卷**　邵裴子撰　民國二十四年(1935)上海商務印書館鉛印本　一冊

330000－1701－0036582　普 811.14/4433/2/c2　類叢部/叢書類/彙編之屬

四部備要　中華書局編　民國二十五年(1936)上海中華書局鉛印本　一冊　存一種

330000－1701－0036584　普 811.14/4407.2/6　類叢部/叢書類/彙編之屬

四部備要　中華書局編　民國二十五年(1936)上海中華書局鉛印本　六冊　存一種

330000－1701－0036585　善 008604　集部/别集類/清别集

小檀欒山館詩草一卷　(清)吳鳳樓撰　民國抄本　一冊

330000－1701－0036587　普 175.2/0043　類叢部/叢書類/彙編之屬

東方學會叢書初集十三種　羅振玉編　民國十三年(1924)東方學會鉛印本　一冊　存二種

330000－1701－0036607　普 811.14/4453　集部/别集類/宋别集

蘇東坡詩集注三十二卷　(宋)蘇軾撰　(宋)吕祖謙編　(宋)王十朋集注　**東坡先生年譜一卷**　(宋)王宗稷編　**失編一卷**　(清)王從延補注　民國四年(1915)上海掃葉山房石印本　十八冊　缺三卷(十至十二)

330000－1701－0036611　善 008607　史部/地理類/雜志之屬

武林遊記一卷　(清)吳騫　(清)陳鱣撰　**江上玲瓏集一卷**　(清)吳騫　(清)查揆撰　民國用拙齋抄本　一冊

330000－1701－0036622　普 811.14/4453.2/3　集部/别集類/宋别集

施註蘇詩四十二卷目錄二卷　(宋)蘇軾撰　(宋)施元之　(宋)顧禧注　(清)顧嗣立　(清)邵長蘅　(清)宋至刪補　**蘇詩續補遺二卷**　(清)馮景補註　**王註正譌一卷**　(清)邵長蘅撰　**東坡先生年譜一卷**　(宋)王宗稷編　民國上海文瑞樓影印本　二十四冊

330000－1701－0036625　普 811.14/4453/5　類叢部/叢書類/彙編之屬

四部叢刊　張元濟等編　民國八年(1919)上海商務印書館影印本　十冊　存一種

330000－1701－0036633　善 008612　子部/雜著類

放間窩筆乘一卷　(清)姜兆熊撰　民國抄本　一冊

330000－1701－0036647　普 173.6/4005　類叢部/叢書類/郡邑之屬

雲南叢書初編一百四十一種二編三十七種　趙藩　陳榮昌等輯　民國雲南叢書處刻本　一冊　存一種

330000－1701－0036654　民 811.18/25441/c2　集部/别集類

悼何姬詩一卷　朱蘭撰　民國十四年(1925)鉛印本　一冊

330000－1701－0036658　民 811.18/3126/c1　集部/别集類

大漠詩人集六卷　顧佛影撰　民國二十三年

(1934)鉛印本　一冊

330000－1701－0036659　民 811.18/3241/c1　集部/别集類

秋廬詩賸一卷　潘葆延撰　民國六年(1917)鉛印本　一冊

330000－1701－0036661　民 811.18/4431/c5　集部/别集類

慎江草堂詩四卷　黄迂撰　民國十三年(1924)鉛印本　二冊

330000－1701－0036663　民 811.18/44311/1　集部/别集類

泰芒賸稾一卷　蔣潤霖撰　**附錄一卷**　章乃羹撰　民國二十年(1931)鉛印本　一冊

330000－1701－0036669　民 811.18/4875/c2　集部/别集類

臥雲東遊詩鈔十二卷　釋静圓撰　民國十二年至十三年(1923－1924)甌郡刻本　四冊

330000－1701－0036670　普 811.14/4453.4/3/c1　集部/别集類/宋别集

蘇文忠公詩集五十卷目錄二卷　(宋)蘇軾撰　(清)紀昀評點　民國十年(1921)上海掃葉山房石印本　十一冊

330000－1701－0036672　普 811.14/4453.4/3/c2　集部/别集類/宋别集

蘇文忠公詩集五十卷目錄二卷　(宋)蘇軾撰　(清)紀昀評點　民國六年(1917)掃葉山房石印本　十一冊

330000－1701－0036673　民 811.18/7242.7/c2　集部/别集類

白屋遺詩七卷　劉大白撰　民國二十四年(1935)開明書店鉛印本　一冊

330000－1701－0036674　善 008615　子部/雜著類/雜說之屬

傳舊錄不分卷　(清)章晉撰　民國抄本　一冊

330000－1701－0036675　民 811.18/7564.2/c3　集部/别集類

浙南遊草一卷　陳貽蓀撰　民國二十五年(1936)鉛印本　陳貽蓀題記　一冊

330000－1701－0036679　善 008613　史部/傳記類/别傳之屬/事狀

董竟吾壽言錄一卷　民國抄本　一冊

330000－1701－0036692　善 008619　史部/傳記類/日記之屬

寄鷗館隨筆一卷　稿本　一冊

330000－1701－0036694　普 811.14/4454　類叢部/叢書類/彙編之屬

四部叢刊　張元濟等編　民國八年(1919)上海商務印書館影印本　五冊　存一種

330000－1701－0036696　普 811.14/4453.7　集部/别集類/宋别集

東坡禪喜集一卷　(宋)蘇軾撰　劉仁航輯　民國二十二年(1933)上海商務印書館鉛印本　一冊

330000－1701－0036697　普 179.86/3530.01　子部/宗教類/佛教之屬

放生文圖說一卷　(明)釋袾宏撰　民國北平中央刻經院鉛印本　一冊

330000－1701－0036698　普 190.92/8081/c1　子部/術數類/雜術之屬

中國預言七種　(清)金人瑞評　民國鉛印本　一冊

330000－1701－0036699　普 190.92/8081/c2　子部/術數類/雜術之屬

中國預言七種　(清)金人瑞評　民國鉛印本　一冊

330000－1701－0036707　普 811.14/4454/3　集部/别集類/宋别集

石湖居士詩集三十四卷　(宋)范成大撰　民國中國書畫會社石印本　八冊

330000－1701－0036717　善 008620　子部/醫家類/醫案之屬

花韻樓醫案一卷　(清)顧德華撰　民國抄本　一冊

330000－1701－0036720　普 192.4/2331/3　子部/術數類/陰陽五行之屬

欽定協紀辨方書三十六卷　(清)允祿　(清)張照等纂修　民國上海錦章圖書局石印本　七册　缺三卷(一、二十一至二十二)

330000－1701－0036723　普 008621　子部/醫家類/醫案之屬

九峯醫案二卷　(清)王九峯撰　民國抄本　二册

330000－1701－0036730　普 811.14/4453.91　集部/別集類/宋別集

東坡先生和陶淵明詩四卷　(宋)蘇軾撰　民國十一年(1922)黄藝錫等京師刻朱印本　張宗祥跋　一册

330000－1701－0036732　普 811.14/4847　類叢部/叢書類/彙編之屬

四部叢刊　張元濟等編　民國八年(1919)上海商務印書館影印本　十二册　存一種

330000－1701－0036740　普 811.14/6033.2/c1　集部/別集類/宋別集

具茨集鈔一卷　(宋)晁冲之撰　**陵陽詩鈔一卷**　(宋)韓駒撰　民國上海有正書局鉛印本　一册

330000－1701－0036745　普 811.14/7438/4　集部/別集類/宋別集

劍南詩鈔六卷　(宋)陸游撰　(清)楊大鶴選　民國十二年(1923)上海掃葉山房石印本　祝三、劍題記　六册

330000－1701－0036746　普 811.14/6033.2/c3　集部/別集類/宋別集

具茨集鈔一卷　(宋)晁冲之撰　**陵陽詩鈔一卷**　(宋)韓駒撰　民國上海有正書局鉛印本　一册

330000－1701－0036748　普 811.14/7438/6　集部/別集類/宋別集

劍南詩鈔六卷　(宋)陸游撰　(清)楊大鶴選　民國四年(1915)上海掃葉山房石印本　六册

330000－1701－0036751　普 811.14/60331/c1　集部/別集類/宋別集

雞肋集鈔一卷　(宋)晁補之撰　**淮海集鈔一卷**　(宋)秦觀撰　民國上海有正書局鉛印本　一册

330000－1701－0036753　普 811.14/60331/c2　集部/別集類/宋別集

雞肋集鈔一卷　(宋)晁補之撰　**淮海集鈔一卷**　(宋)秦觀撰　民國上海有正書局鉛印本　一册

330000－1701－0036754　普 811.14/5013/c1　集部/別集類/宋別集

友林乙藁一卷　(宋)史彌寧撰　民國六年(1917)華陽高氏蒼茫齋據宋刻本影印本　一册

330000－1701－0036756　普 811.14/6035　類叢部/叢書類/郡邑之屬

續金華叢書六十種　胡宗楙編　民國十三年(1924)永康胡氏夢選樓刻本　一册　存一種

330000－1701－0036759　普 811.14/7438/8　類叢部/叢書類/彙編之屬

四部備要　中華書局編　民國二十五年(1936)上海中華書局鉛印本　十六册　存一種

330000－1701－0036760　普 811.14/5013/c3　集部/別集類/宋別集

友林乙藁一卷　(宋)史彌寧撰　民國六年(1917)華陽高氏蒼茫齋據宋刻本影印本　一册

330000－1701－0036761　普 811.14/7177.01　集部/別集類/宋別集

郴江百詠箋校一卷　(宋)阮閱撰　陳九韶箋校　民國二十一年(1932)鉛印本　一册

330000－1701－0036764　普 811.14/5013/c4　集部/別集類/宋別集

友林乙藁一卷　(宋)史彌寧撰　民國六年(1917)華陽高氏蒼茫齋據宋刻本影印本　一册

330000－1701－0036777　普 811.14/7523 類叢部/叢書類/彙編之屬

四部叢刊　張元濟等編　民國八年(1919)上海商務印書館影印本　四冊　存一種

330000－1701－0036783　普 117.4/4409　類叢部/叢書類/彙編之屬

辛巳叢編九種　趙詒琛　王大隆輯　民國三十年(1941)鉛印本　二冊　存一種

330000－1701－0036784　普 811.14/7523.01　類叢部/叢書類/彙編之屬

冒氏叢書　冒廣生編　民國二十五年(1936)上海商務印書館鉛印本　三冊　存一種

330000－1701－0036786　普 193.2/4622　子部/術數類/占候之屬

景祐乾象新書三十卷　(宋)楊維德撰　民國十六年(1927)上虞羅氏鉛印本　一冊　存二卷(三至四)

330000－1701－0036787　普 811.14/7730/c1　類叢部/叢書類/彙編之屬

密韻樓景宋本七種　蔣汝藻輯　民國烏程蔣汝藻樂地盦刻本　一冊　存一種

330000－1701－0036789　普 193.5/4027　類叢部/叢書類/自著之屬

潤德堂叢書　袁樹珊撰　民國江都袁氏潤德堂刻本　二冊　存一種

330000－1701－0036791　普 811.14/7730/c2　類叢部/叢書類/彙編之屬

密韻樓景宋本七種　蔣汝藻輯　民國烏程蔣汝藻樂地盦刻本　一冊　存一種

330000－1701－0036792　普 194.1/0012/2　子部/術數類/命書相書之屬

三命通會十二卷　(明)萬民英撰　民國十三年(1924)上海江左書林石印本　十二冊

330000－1701－0036793　普 811.14/7744　集部/別集類/宋別集

平塘陶先生詩三卷　(宋)陶夢桂撰　民國十一年(1922)宜秋館刻本　一冊

330000－1701－0036794　普 811.14/7523/3/c2　集部/別集類/宋別集

后山詩十二卷　(宋)陳師道撰　(宋)任淵注　民國十四年(1925)上海文明書局石印本　六冊

330000－1701－0036798　普 811.14/7523/3/c3　集部/別集類/宋別集

后山詩十二卷　(宋)陳師道撰　(宋)任淵注　民國十四年(1925)上海文明書局石印本　六冊

330000－1701－0036800　普 811.14/7578、普 811.14/7578.2　類叢部/叢書類/彙編之屬

四部叢刊　張元濟等編　民國八年(1919)上海商務印書館影印本　五冊　存二種

330000－1701－0036801　普 811.14/8080/2/c1　集部/別集類/宋別集

白石道人詩集二卷集外詩一卷詩說一卷　(宋)姜夔撰　**附錄一卷附錄補遺一卷**　民國有正書局石印本　一冊

330000－1701－0036804　普 811.14/8080/2/c3　集部/別集類/宋別集

白石道人詩集二卷集外詩一卷詩說一卷　(宋)姜夔撰　**附錄一卷附錄補遺一卷**　民國有正書局石印本　一冊

330000－1701－0036809　普 811.14/8080/3　集部/別集類/宋別集

姜白石全集十六卷　(宋)姜夔撰　民國七年(1918)上海掃葉山房石印本　三冊

330000－1701－0036815　普 811.14/8080/3/(2)　集部/別集類/宋別集

姜白石全集十六卷　(宋)姜夔撰　民國七年(1918)上海掃葉山房石印本　四冊

330000－1701－0036817　普 193.9/5051　子部/術數類/占卜之屬

未來預知術一卷　(三國蜀)諸葛亮撰　(宋)邵雍演　民國八年(1919)上海國粹保存會石印本　一冊

330000－1701－0036822　普 194/3592/c1

子部/術數類/雜術之屬
神光經一卷天老神光經一卷　(唐)李靖撰　民國二十三年(1934)淳安邵氏壯學堂刻朱印本　邵瑞彭題記　一册

330000－1701－0036823　普 194/3592/c2
子部/術數類/雜術之屬
神光經一卷天老神光經一卷　(唐)李靖撰　民國二十三年(1934)淳安邵氏壯學堂刻朱印本　一册

330000－1701－0036826　普 811.14/7578/2
類叢部/叢書類/彙編之屬
四部備要　中華書局編　民國二十五年(1936)上海中華書局鉛印本　二册　存一種

330000－1701－0036831　普 195.2/4454/2/c1、普 195.2/4454.2/2/c1　子部/術數類/相宅相墓之屬
地理大成五種　(清)葉泰輯　民國五年(1916)上海九經書局石印本　六册　存二種

330000－1701－0036834　普 195.2/4454/2/c2、普 195.2/4454.2/2/c2　子部/術數類/相宅相墓之屬
地理大成五種　(清)葉泰輯　民國五年(1916)上海九經書局石印本　六册　存二種

330000－1701－0036841　普 195.2/4450/2/c1　子部/術數類/相宅相墓之屬
地理大成五種　(清)葉泰輯　民國五年(1916)上海九經書局石印本　八册　存一種

330000－1701－0036844　普 811.15/1149
類叢部/叢書類/郡邑之屬
續金華叢書六十種　胡宗楙編　民國十三年(1924)永康胡氏夢選樓刻本　一册　存一種

330000－1701－0036845　普 811.147/1047.01/2　類叢部/叢書類/彙編之屬
四部備要　中華書局編　民國二十五年(1936)上海中華書局鉛印本　六册　存一種

330000－1701－0036846　普 195.2/4450/2/c2　子部/術數類/相宅相墓之屬
山法全書十九卷首二卷　(清)葉泰輯　民國五年(1916)上海九經書局石印地理大成本　董奎垣跋　八册

330000－1701－0036855　普 811.15/0717
類叢部/叢書類/彙編之屬
又滿樓叢書十六種　趙詒琛編　民國九年至十四年(1920－1925)崑山趙氏又滿樓刻本　一册　存一種

330000－1701－0036860　普 811.15/2348
類叢部/叢書類/彙編之屬
嘉業堂叢書五十七種　劉承幹輯　民國吳興劉氏嘉業堂刻本　二册　存一種

330000－1701－0036861　普 220.44/2863/c2
子部/術數類/雜術之屬
聖朝破邪集八卷　(明)徐昌治輯　民國抄本　八册

330000－1701－0036871　普 220.44/6015
子部/雜著類/雜說之屬
正信錄二卷　(清)羅聘撰　民國二十年(1931)潮陽郭氏雙百鹿齋刻藍印本　一册

330000－1701－0036874　普 811.14/7534/c3
集部/别集類/宋别集
江湖長翁詩鈔一卷　(宋)陳造撰　民國上海有正書局鉛印本　一册

330000－1701－0036876　普 811.14/7534/c1
集部/别集類/宋别集
江湖長翁詩鈔一卷　(宋)陳造撰　民國上海有正書局鉛印本　一册

330000－1701－0036879　普 811.15/4146/c1
類叢部/叢書類/郡邑之屬
台州叢書後集十七種　楊晨輯　民國四年(1915)黄巖楊氏刻本　一册　存一種

330000－1701－0036882　普 811.15/4146/c2
類叢部/叢書類/郡邑之屬
台州叢書後集十七種　楊晨輯　民國四年(1915)黄巖楊氏刻本　一册　存一種

330000－1701－0036883　善 008633　經部/群經總義類/傳說之屬

讀相臺五經隨筆四卷續筆一卷宋石經記畧一卷　(清)周廣業撰　民國抄本　三册

330000－1701－0036885　普 811.15/4418/c1　類叢部/叢書類/郡邑之屬
吳興叢書六十六種　劉承幹編　民國吳興劉氏嘉業堂刻本　一册　存一種

330000－1701－0036889　普 811.15/4418/c2　類叢部/叢書類/郡邑之屬
吳興叢書六十六種　劉承幹編　民國吳興劉氏嘉業堂刻本　一册　存一種

330000－1701－0036891　普 811.15/4440、普 811.15/4624　類叢部/叢書類/彙編之屬
四部叢刊　張元濟等編　民國八年(1919)上海商務印書館影印本　四册　存二種

330000－1701－0036892　普 811.15/2664/c1　類叢部/叢書類/郡邑之屬
續金華叢書六十種　胡宗楙編　民國十三年(1924)永康胡氏夢選樓刻本　一册　存一種

330000－1701－0036894　普 811.15/4624.2/c2　集部/别集類/元别集
鐵厓三種　(元)楊維楨撰　(明)吳復編　(清)樓卜瀍註　民國十年(1921)上海掃葉山房石印本　十册

330000－1701－0036895　普 811.15/2664/c2　類叢部/叢書類/郡邑之屬
續金華叢書六十種　胡宗楙編　民國十三年(1924)永康胡氏夢選樓刻本　一册　存一種

330000－1701－0036908　普 220.92/3283　史部/傳記類/總傳之屬/釋道
敕建淨慈禪寺同戒錄一卷　釋心融輯　民國十四年(1925)刻本　一册

330000－1701－0036910　普 811.15/4461　類叢部/叢書類/郡邑之屬
續金華叢書六十種　胡宗楙編　民國十三年(1924)永康胡氏夢選樓刻本　二册　存一種

330000－1701－0036914　普 811.15/4777/c3　集部/别集類/元别集
柳貫上京紀行詩一卷　(元)柳貫撰　民國十九年(1930)北平故宮博物院圖書館影印本　一册

330000－1701－0036915　普 811.15/4777/c1　集部/别集類/元别集
柳貫上京紀行詩一卷　(元)柳貫撰　民國十九年(1930)北平故宮博物院圖書館影印本　一册

330000－1701－0036919　普 811.15/7744　集部/别集類/元别集
此山先生詩集十卷　(元)周權撰　(元)陳旅選　民國古書流通處據元刻本影印本　四册

330000－1701－0036930　普 220.92/6022　類叢部/叢書類/郡邑之屬
雲南叢書初編一百四十一種二編三十七種　趙藩　陳榮昌等輯　民國雲南叢書處刻本　一册　存一種

330000－1701－0036932　普 811.16/0011/c1　類叢部/叢書類/郡邑之屬
續金華叢書六十種　胡宗楙編　民國十三年(1924)永康胡氏夢選樓刻本　一册　存一種

330000－1701－0036934　普 811.16/0011/c2　類叢部/叢書類/郡邑之屬
續金華叢書六十種　胡宗楙編　民國十三年(1924)永康胡氏夢選樓刻本　一册　存一種

330000－1701－0036939　普 811.16/0038　集部/别集類/明别集
青邱高季迪先生詩集十八卷首一卷遺詩一卷扣舷集一卷附錄一卷鳧藻集五卷　(明)高啓撰　(清)金檀輯注　民國三年(1914)東吳浦氏石印本　十二册

330000－1701－0036942　普 811.16/0038/(2)　類叢部/叢書類/彙編之屬
四部備要　中華書局編　民國二十五年(1936)上海中華書局鉛印本　六册　存一種

330000－1701－0036943　民 616.072/5590/c2　子部/醫家類/類編之屬
曹氏醫學叢書□□種　曹炳章編　民國紹興

育新書局石印本　六冊　存一種

330000－1701－0036946　普 220.923/0024.74/3　史部/傳記類/別傳之屬/事狀
大慈恩寺三藏法師傳十卷　(唐)釋慧立撰　(唐)釋彦悰箋　民國十二年(1923)支那内學院刻本　三冊

330000－1701－0036949　普 220.927/1760.2　史部/傳記類/別傳之屬/年譜
天然和尚[釋函昰]年譜一卷天然和尚著述攷一卷　汪宗衍撰　民國三十二年(1943)鉛印本　一冊

330000－1701－0036950　普 811.16/1117　類叢部/叢書類/郡邑之屬
豫章叢書六十種附一種　胡思敬編　民國四年至九年(1915－1920)南昌豫章叢書編刻局刻本　四冊　存一種

330000－1701－0036955　普 811.16/1137　集部/别集類/明别集
張卿子先生遺集八卷　(明)張遂辰撰　民國十五年(1926)吳用威刻朱印本　四冊

330000－1701－0036956　普 811.16/1152　集部/别集類/明别集
白山詩稿一卷　(明)張邦信撰　民國二十四年(1935)王廷燮抄本　張秀民跋　一冊

330000－1701－0036959　普 811.16/1180　類叢部/叢書類/郡邑之屬
雲南叢書初編一百四十一種二編三十七種　趙藩　陳榮昌等輯　民國雲南叢書處刻本　四冊　存一種

330000－1701－0036966　普 811.16/2501　類叢部/叢書類/郡邑之屬
豫章叢書六十種附一種　胡思敬編　民國四年至九年(1915－1920)南昌豫章叢書編刻局刻本　四冊　存一種

330000－1701－0036971　普 811.16/2594　集部/别集類/明别集
滄海集一卷　(明)朱當世撰　民國十八年(1929)南通義生印刷所石印本　一冊

330000－1701－0036974　普 811.16/2622/c1　集部/别集類/明别集
天目山齋歲編二十八卷　(明)吳維嶽撰　民國四年(1915)吳氏雍睦堂影印本　二冊

330000－1701－0036975　普 411.021/0436.08/c1　史部/目録類/專録之屬
小學考目錄一卷　羅福頤輯　民國二十二年(1933)上虞羅氏石印本　一冊

330000－1701－0036976　普 411.021/0436.08/c2　史部/目録類/專録之屬
小學考目錄一卷　羅福頤輯　民國二十二年(1933)上虞羅氏石印本　一冊

330000－1701－0036979　普 811.16/2247　集部/别集類/明别集
南覽錄一卷　(明)崔桐撰　民國二十八年(1939)馮氏影岫樓刻朱印本　費師洪跋　一冊

330000－1701－0036980　普 811.16/2622/c2　集部/别集類/明别集
天目山齋歲編二十八卷　(明)吳維嶽撰　民國四年(1915)吳氏雍睦堂影印本　二冊

330000－1701－0036985　普 811.16/2620/c1　集部/别集類/明别集
玄蓋副草二十卷目錄二卷　(明)吳稼竳撰　民國五年(1916)吳氏雍睦堂影印本　六冊

330000－1701－0036991　普 811.16/2435　子部/藝術類/書畫之屬/法帖
憨山大師自書六詠詩真蹟一卷　(明)釋德清撰並書　民國二十四年(1935)上海商務印書館影印本　一冊

330000－1701－0036993　普 811.16/2711/c1　集部/别集類/明别集
倪文貞公詩集二卷附錄一卷　(明)倪元璐撰　(清)倪會鼎訂正　民國二十四年(1935)南京襄社據王伯沆寫本影印本　一冊

330000－1701－0036995　普 811.16/2711/c2　集部/别集類/明别集
倪文貞公詩集二卷附錄一卷　(明)倪元璐撰

（清）倪會鼎訂正　民國二十四年（1935）南京襄社據王伯沆寫本影印本　一冊

330000－1701－0037007　普 811.16/3023　類叢部/叢書類/郡邑之屬
盧鄉叢書　于世琦輯　民國十八年（1929）鉛印本　一冊　存五種

330000－1701－0037011　普 222.31/4706/7/c1　子部/宗教類/佛教之屬
金剛般若波羅蜜經一卷　（後秦）釋鳩摩羅什譯　**金剛呪一卷般若波羅蜜多心經一卷**　（唐）釋玄奘譯　**金剛證驗賦一卷**　（宋）釋智覺撰　民國十九年（1930）潮陽郭氏雙百鹿齋刻藍印本　一冊

330000－1701－0037015　普 411.6/4930　經部/小學類/文字之屬/字書/古文
六朝別字記一卷　（清）趙之謙撰　民國十三年（1924）上海商務印書館影印本　一冊

330000－1701－0037017　普 411.6/6054/c1　類叢部/叢書類/自著之屬
永豐鄉人續稿七種　羅振玉撰　民國十四年至十八年（1925－1929）上虞羅氏石印本暨鉛印本　二冊

330000－1701－0037018　普 222.31/4706/7/c2　子部/宗教類/佛教之屬
金剛般若波羅蜜經一卷　（後秦）釋鳩摩羅什譯　**金剛呪一卷般若波羅蜜多心經一卷**　（唐）釋玄奘譯　**金剛證驗賦一卷**　（宋）釋智覺撰　民國十九年（1930）潮陽郭氏雙百鹿齋刻藍印本　一冊

330000－1701－0037019　普 811.16/2672　類叢部/叢書類/自著之屬
蓬萊吴灌先著述三種　（清）吴脈鬯撰　民國十二年（1923）山西洗心總社鉛印本　一冊　存一種

330000－1701－0037020　普 411.6/6054/c2　類叢部/叢書類/自著之屬
永豐鄉人續稿七種　羅振玉撰　民國十四年至十八年（1925－1929）上虞羅氏石印本暨鉛印本　二冊

330000－1701－0037023　普 811.16/3132　集部/別集類/清別集
梅湖草堂近詩刪三卷　（清）汪之順撰　民國十八年（1929）東方印書館鉛印本　二冊

330000－1701－0037024　普 411.6/6054/2　類叢部/叢書類/彙編之屬
食舊堂叢書（舊德堂叢書）二十一種　（清）汪大鈞編　民國十四年（1925）錢塘汪氏刻本　二冊　存一種

330000－1701－0037025　普 222.31/4706/5/c3　子部/宗教類/佛教之屬/經
佛說金剛般若波羅密經一卷般若波羅密多心經一卷純陽子心經註一卷　民國九年（1920）上海雪竇寺分院刻本　一冊

330000－1701－0037026　普 222.31/4706/5/c4　子部/宗教類/佛教之屬/經
佛說金剛般若波羅密經一卷般若波羅密多心經一卷純陽子心經註一卷　民國九年（1920）上海雪竇寺分院刻本　一冊

330000－1701－0037028　普 811.16/4014　史部/地理類/遊記之屬/紀勝
九山遊草一卷　（清）李確撰　民國六年（1917）滬江刻本　一冊

330000－1701－0037030　普 811.16/3424/c1　集部/別集類/明別集
沈青門詩集一卷詩餘一卷青門山人文一卷　（明）沈仕撰　**沈青門詩集附錄一卷**　沈祖緜輯　民國七年（1918）西泠印社木活字印本　一冊

330000－1701－0037032　普 411.6/6054.02　史部/金石類/石之屬/文字
碑別字續拾一卷　羅福葆輯　民國二十八年（1939）墨緣堂石印本　一冊

330000－1701－0037033　普 811.16/3424/c2　集部/別集類/明別集
沈青門詩集一卷詩餘一卷青門山人文一卷　（明）沈仕撰　**沈青門詩集附錄一卷**　沈祖緜

輯　民國七年(1918)西泠印社木活字印本　覃公延跋　一冊

330000－1701－0037040　普 811.16/4042　集部/别集類/明别集
袁志山詩選一卷　(明)袁志山撰　民國三十七年(1948)袁樊小嘉趣堂據稿本影印本　袁樊題記　一冊

330000－1701－0037051　善 008644　子部/雜著類/雜考之屬
三餘摭錄三卷　(清)周廣業撰　民國抄本　傅之跋　一冊

330000－1701－0037064　普 811.16/5790　類叢部/叢書類/郡邑之屬
雲南叢書初編一百四十一種二編三十七種　趙藩　陳榮昌等輯　民國雲南叢書處刻本　四冊　存一種

330000－1701－0037073　普 811.16/44921　集部/别集類/明别集
返生香一卷附集一卷　(明)葉小鸞撰　**窃聞一卷續一卷**　(明)葉紹袁撰　民國據清光緒二十二年(1896)羊城夢盦刻本影印本　四冊

330000－1701－0037074　普 811.16/6033　集部/别集類/明别集
景翩翩小集三卷　(明)景翩翩撰　王均編輯　民國二十五年(1936)福州遠東書莊鉛印本　一冊

330000－1701－0037075　普 412.11/0712/10　類叢部/叢書類/彙編之屬
四部備要　中華書局編　民國二十五年(1936)上海中華書局鉛印本　三冊　存一種

330000－1701－0037078　HJH2659　集部/别集類
天放樓詩集九卷　金天羽撰　民國十一年(1922)上海有正書局鉛印本　二冊

330000－1701－0037081　普 412.149/4711　經部/小學類/訓詁之屬/爾雅
雅學攷一卷　(清)胡元玉撰　民國二十五年(1936)國立北京大學出版組鉛印本　一冊

330000－1701－0037088　普 811.16/7148/c1　集部/别集類/明别集
詠懷堂詩集四卷外集二卷丙子詩一卷戊寅詩一卷辛巳詩二卷　(明)阮大鋮撰　民國十七年(1928)國立中央大學國學圖書館鉛印本　四冊

330000－1701－0037092　普 811.16/7148/c3　集部/别集類/明别集
詠懷堂詩集四卷外集二卷丙子詩一卷戊寅詩一卷辛巳詩二卷　(明)阮大鋮撰　民國十七年(1928)國立中央大學國學圖書館鉛印本　四冊

330000－1701－0037095　普 811.16/7148.2/c2　集部/别集類/明别集
詠懷堂詩補遺一卷　(明)阮大鋮撰　民國十八年(1929)國立中央大學國學圖書館鉛印本　一冊

330000－1701－0037097　普 412.21/4711　類叢部/叢書類/彙編之屬
四部備要　中華書局編　民國二十五年(1936)上海中華書局鉛印本　二冊　存一種

330000－1701－0037098　普 811.16/7148.2/c1　集部/别集類/明别集
詠懷堂詩補遺一卷　(明)阮大鋮撰　民國十八年(1929)國立中央大學國學圖書館鉛印本　一冊

330000－1701－0037108　普 811.16/4408　類叢部/叢書類/郡邑之屬
吴興叢書六十六種　劉承幹編　民國吴興劉氏嘉業堂刻本　二冊　存一種

330000－1701－0037109　普 811.16/7731　集部/别集類/清别集
榮木堂詩集十二卷文集六卷　(清)陶汝鼐撰　**陶密菴先生年譜一卷**　(清)梅英傑編　民國九年至十年(1920－1921)溈嶠遺書館刻本　四冊　缺六卷(文集一至六)

330000－1701－0037110　普 811.16/7512　集部/總集類/彙編之屬

繡佛庵叢鈔十種　民國抄本　二冊

330000－1701－0037117　普 811.16/7778/c1
集部/别集類/明别集
霜猨集校訂補注一卷　（明）周同谷撰　孟森注　民國五年（1916）上海商務印書館鉛印本　一冊

330000－1701－0037119　普 811.16/7732/c1
類叢部/叢書類/郡邑之屬
台州叢書後集十七種　楊晨輯　民國四年（1915）黄巖楊氏刻本　一冊　存一種

330000－1701－0037123　普 811.16/7732/c2
類叢部/叢書類/郡邑之屬
台州叢書後集十七種　楊晨輯　民國四年（1915）黄巖楊氏刻本　一冊　存一種

330000－1701－0037137　普 811.16/7525
集部/别集類/明别集
陳翼叔詩集七卷　（明）陳佐才撰　民國三十五年（1946）鉛印本　陳虞佐題記　一冊

330000－1701－0037142　普 222.31/4706/6/c2　子部/宗教類/佛教之屬
金剛般若波羅蜜經一卷　（後秦）釋鳩摩羅什譯　釋弘一書　民國二十九年（1940）石印本　一冊

330000－1701－0037160　普 412.23/1156/4
類叢部/叢書類/彙編之屬
四部備要　中華書局編　民國二十五年（1936）上海中華書局鉛印本　六冊　存一種

330000－1701－0037171　普 222.31/4706/4/c1　子部/宗教類/佛教之屬/經疏
佛說仁王護國般若波羅密經疏五卷　（後秦）釋鳩摩羅什譯　（隋）釋智顗說　（隋）釋灌頂記　民國十一年（1922）刻本　三冊

330000－1701－0037174　普 222.31/4706/4/c2　子部/宗教類/佛教之屬/經疏
佛說仁王護國般若波羅密經疏五卷　（後秦）釋鳩摩羅什譯　（隋）釋智顗說　（隋）釋灌頂記　民國十一年（1922）刻本　三冊

330000－1701－0037181　普 811.16/7778/c2
集部/别集類/明别集
霜猨集校訂補注一卷　（明）周同谷撰　孟森注　民國五年（1916）上海商務印書館鉛印本　一冊

330000－1701－0037182　普 412.7/1081/c1
類叢部/叢書類/彙編之屬
嘉草軒叢書十一種　羅振玉編　民國七年（1918）上虞羅氏日本影印本　一冊　存一種

330000－1701－0037183　普 412.7/1081/c2
類叢部/叢書類/彙編之屬
嘉草軒叢書十一種　羅振玉編　民國七年（1918）上虞羅氏日本影印本　一冊　存一種

330000－1701－0037186　普 008655　集部/别集類/明别集
遜志齋集三十卷拾遺十卷續拾遺一卷附錄一卷　（明）方孝孺撰　民國校刻樣本　二十冊

330000－1701－0037189　普 412.7/1081.2
類叢部/叢書類/家集之屬
高郵王氏遺書七種　羅振玉輯　民國十四年（1925）上虞羅氏鉛印本　一冊　存一種

330000－1701－0037193　普 222.31/4706
子部/宗教類/佛教之屬
金剛般若波羅蜜經一卷　（後秦）釋鳩摩羅什譯　**般若波羅蜜多心經一卷**　（唐）釋玄奘譯　**佛說無量壽經二卷**　（三國魏）康僧鎧譯　**佛說阿彌陀經一卷**　（後秦）鳩摩羅什譯　**佛說觀無量壽佛經一卷**　（南朝宋）釋畺良耶舍譯　**大方廣佛華嚴經入不思議解脱境界普賢行願品一卷**　（唐）釋般若譯　民國鉛印本　一冊

330000－1701－0037201　普 222.31/4706/5/c2　子部/宗教類/佛教之屬/經
佛說金剛般若波羅密經一卷般若波羅密多心經一卷純陽子心經註一卷　民國九年（1920）上海雪竇寺分院刻本　一冊

330000－1701－0037203　普 412.7/2643/c2
經部/小學類/訓詁之屬/字詁

字說一卷　（清）吳大澂撰　民國七年（1918）蘇州振新書社影印本　一冊

330000－1701－0037209　善 008658　集部/別集類/清別集

蜜香樓集一卷　（清）陸樾撰　民國海寧管氏靜得樓抄本　一冊

330000－1701－0037210　普 811.17/0020　集部/別集類/清別集

北萊遺詩三卷　（清）釋廣信撰　**天寥遺稿三卷**　（清）釋空明撰　民國二十四年（1935）煨芋草堂鉛印本　一冊

330000－1701－0037212　普 811.17/0014　集部/別集類/清別集

文道希先生遺詩一卷　（清）文廷式撰　葉恭綽輯　民國十八年（1929）鉛印本　一冊

330000－1701－0037216　善 008660　集部/總集類/氏族之屬

許氏澮圃吟稿三卷附四卷　民國抄本　管元耀題記　一冊

330000－1701－0037221　普 222.31/4706/3　子部/宗教類/佛教之屬

金剛般若波羅密經一卷　（後秦）釋鳩摩羅什譯　（明）釋雪浪解　**般若波羅密多心經一卷**　（明）釋雪浪解　民國杭州光華印局鉛印本　一冊

330000－1701－0037226　善 008661　集部/別集類/清別集

晴川集一卷　（清）查嗣庭撰　民國抄本　一冊

330000－1701－0037229　善 008662　集部/詞類/別集之屬

石舫園詞鈔一卷　（清）梁齡增撰　民國抄本　一冊

330000－1701－0037230　普 811.17/0022/c1　類叢部/叢書類/自著之屬

味荃山房遺著　唐健復撰　民國十年（1921）鉛印本　一冊　存一種

330000－1701－0037232　善 008663　集部/總集類/題詠之屬

詠蘭詩輯不分卷　（清）任鑰輯　民國抄本　一冊

330000－1701－0037233　普 811.17/0022/c2　類叢部/叢書類/自著之屬

味荃山房遺著　唐健復撰　民國十年（1921）鉛印本　一冊　存一種

330000－1701－0037239　GP12473　子部/小說家類

筆記小說大觀二百二十二種　進步書局輯　民國上海進步書局石印本　二冊　存一種

330000－1701－0037247　普 811.17/0024/2　集部/別集類/清別集

長真閣集七卷詩餘一卷　（清）席佩蘭撰　民國四年（1915）掃葉山房石印本　二冊

330000－1701－0037261　普 811.17/00401　類叢部/叢書類/郡邑之屬

吳興叢書六十六種　劉承幹編　民國吳興劉氏嘉業堂刻本　二冊　存一種

330000－1701－0037268　普 413/0007/4/c1　經部/小學類/文字之屬/字書/字典

辭源十二卷檢字一卷附錄五卷　陸爾奎等編　民國十年（1921）上海商務印書館鉛印本　十二冊

330000－1701－0037269　普 413/0007/4/c2　經部/小學類/文字之屬/字書/字典

辭源十二卷檢字一卷附錄五卷　陸爾奎等編　民國四年（1915）上海商務印書館鉛印本　十二冊

330000－1701－0037270　普 413/0007/4/c3　經部/小學類/文字之屬/字書/字典

辭源十二卷檢字一卷附錄五卷　陸爾奎等編　民國四年（1915）上海商務印書館鉛印本　十二冊

330000－1701－0037271　普 811.17/0038/c1　集部/別集類

西谿詩鈔十卷　商寶慈撰　民國鉛印本

一册

330000－1701－0037273　普 811.17/0038/c2　集部/别集類

西谿詩鈔十卷　商寶慈撰　民國鉛印本　一冊

330000－1701－0037280　普 413/1115/1　經部/小學類/文字之屬/字書/字典

康熙字典十二集三十六卷總目一卷檢字一卷辨似一卷等韻一卷補遺一卷備考一卷　(清)張玉書等纂修　民國中華書局據清光緒上海同文書局石印本影印本　六冊

330000－1701－0037282　普 811.17/0031/c2　集部/别集類/清别集

康孝子雁游詩草一卷　(清)康源撰　民國五年(1916)邵氏海粟山房鉛印本　王舟瑶題記　一冊

330000－1701－0037291　普 811.17/0031/c3　集部/别集類/清别集

康孝子雁游詩草一卷　(清)康源撰　民國五年(1916)邵氏海粟山房鉛印本　一冊

330000－1701－0037294　普 811.17/0032　集部/别集類/清别集

蘧蘧室詩話一卷詩稿一卷雙鉤一卷　(清)童遜組撰　民國十一年(1922)慈谿嚴子均石印本　一冊　缺一卷(詩話)

330000－1701－0037295　HJL0730　類叢部/叢書類/郡邑之屬

豫章叢書六十種附一種　胡思敬編　民國四年至九年(1915－1920)南昌豫章叢書編刻局刻本　二百六十九冊

330000－1701－0037296　普 811.17/0043/c2　集部/别集類/清别集

菊隱廬詩錄二卷　(清)唐恭安撰　民國十三年(1924)瓶花齋鉛印本　一冊

330000－1701－0037298　普 811.17/0043/c3　集部/别集類/清别集

菊隱廬詩錄二卷　(清)唐恭安撰　民國十三年(1924)瓶花齋鉛印本　一冊

330000－1701－0037300　普 413/1115/3　經部/小學類/文字之屬/字書/字典

康熙字典十二集十二卷總目一卷檢字一卷辨似一卷等韻一卷補遺一卷備考一卷　(清)張玉書等纂修　民國十九年(1930)國學書局鉛印本　十二冊

330000－1701－0037307　善 008674　集部/别集類/清别集

蜀中草一卷　(清)朱昇撰　民國抄本　一冊

330000－1701－0037313　普 413/1115/6/c5　經部/小學類/文字之屬/字書/字典

康熙字典十二集三十六卷總目一卷檢字一卷辨似一卷等韻一卷補遺一卷備考一卷　(清)張玉書等纂修　民國中華書局據清光緒上海同文書局石印本影印本　六冊

330000－1701－0037317　普 413/1115/9/c1　經部/小學類/文字之屬/字書/字典

康熙字典十二集三十六卷總目一卷檢字一卷辨似一卷等韻一卷補遺一卷備考一卷　(清)張玉書等纂修　民國石印本　六冊

330000－1701－0037318　普 413/1115/9/c2　經部/小學類/文字之屬/字書/字典

康熙字典十二集三十六卷總目一卷檢字一卷辨似一卷等韻一卷補遺一卷備考一卷　(清)張玉書等纂修　民國六年(1917)上海鴻寶齋書局石印本(卷七至三十六、補遺、備考補配清光緒三十年上海錦章書局石印本)　六冊

330000－1701－0037319　普 413/1115/8　經部/小學類/文字之屬/字書/字典

康熙字典十二集三十六卷總目一卷檢字一卷辨似一卷等韻一卷補遺一卷備考一卷　(清)張玉書等纂修　民國八年(1919)上海掃葉山房石印本　六冊

330000－1701－0037325　善 008681　集部/别集類/清别集

棗林集二卷　(清)談遷撰　民國海寧管氏靜得樓抄本　二冊

330000－1701－0037336　普 811.17/0047

集部/别集類
頌莽詩稿一卷　高翊撰　民國七年(1918)無錫縣圖書館木活字印本　一冊

330000－1701－0037353　普 811.17/00444
集部/别集類
倚山閣詩二卷淡月平芳館詞一卷　章華撰
民國二十年(1931)刻本　一冊

330000－1701－0037356　普 811.17/0060
集部/别集類
海上嘉月樓詩稿一卷　唐晏撰　民國十年(1921)鉛印本　一冊

330000－1701－0037359　普 413/2147　類叢部/叢書類/彙編之屬
續古逸叢書四十七種　張元濟等編　民國十一年(1922)至一九五七年上海商務印書館影印本　三冊　存一種

330000－1701－0037361　普 811.17/0046
類叢部/叢書類/自著之屬
變雅樓叢書□□種　高旭撰　民國鉛印本　一冊

330000－1701－0037363　普 811.17/0046.2
集部/别集類
天梅遺集十六卷　高旭撰　民國二十三年(1934)萬梅花廬刻本　二冊

330000－1701－0037365　普 413/3161/2/c1
經部/小學類/文字之屬/字書/字典
原本玉篇殘卷不分卷　(南朝梁)顧野王撰　羅振玉輯　民國五年至六年(1916－1917)上虞羅氏影印本　二冊

330000－1701－0037373　普 413/3161/2/c2
經部/小學類/文字之屬/字書/字典
原本玉篇殘卷不分卷　(南朝梁)顧野王撰　羅振玉輯　民國五年至六年(1916－1917)上虞羅氏影印本　一冊

330000－1701－0037375　普 811.17/00741/c1　集部/總集類/彙編之屬
書畫名人小集　民國上海聚珍倣宋印書局鉛印本　二冊　存一種

330000－1701－0037381　普 811.17/00741/c2　集部/總集類/彙編之屬
書畫名人小集　民國上海聚珍倣宋印書局鉛印本　二冊　存一種

330000－1701－0037382　普 811.17/0093/c1
集部/别集類/清别集
種學堂詹詹吟藁四卷　(清)章性良撰　民國十九年(1930)國學圖書館影印本　二冊

330000－1701－0037384　普 413/3384　經部/小學類/文字之屬/字書/字典
識字捷徑字典十卷首一卷　梁毓芝撰　民國八年(1919)新昌味三堂木活字印本　四冊

330000－1701－0037385　HJH0752　類叢部/叢書類/彙編之屬
又滿樓叢書十六種　趙詒琛編　民國九年至十四年(1920－1925)崑山趙氏又滿樓刻本　十冊

330000－1701－0037389　普 811.17/0128.04
集部/總集類/郡邑之屬
江左三大家詩鈔九卷　(清)顧有孝　(清)趙澐編　民國十年(1921)上海進化書局石印本　三冊　存一種

330000－1701－0037393　善 008686　集部/總集類/酬唱之屬
醉墨軒詩鈔不分卷　民國龍游縣志局抄本　余紹宋跋　一冊

330000－1701－0037396　善 008687　集部/詞類/别集之屬
花外集一卷　(宋)王沂孫撰　民國抄本　一冊

330000－1701－0037397　普 811.17/0132/c1
集部/别集類/清别集
清邃堂遺詩六卷　(清)顏宗儀撰　民國三十二年(1943)上海涵芬樓據海鹽顏氏大海明月樓寫本影印本　二冊

330000－1701－0037401　普 811.17/0132/c2
集部/别集類/清别集
清邃堂遺詩六卷　(清)顏宗儀撰　民國三十

二年(1943)上海涵芬樓據海鹽顔氏大海明月樓寫本影印本　二冊

330000－1701－0037406　普413.1/1043/c1　經部/小學類/文字之屬/字書

今字解剖不分卷附補遺一篇　王有宗撰　民國二十五年(1936)上海商務印書館石印本　二冊

330000－1701－0037408　普413.1/1043/c2　經部/小學類/文字之屬/字書

今字解剖不分卷附補遺一篇　王有宗撰　民國二十五年(1936)上海商務印書館石印本　二冊

330000－1701－0037412　普413.11/3004/c1　經部/小學類/文字之屬/說文/傳說

朱氏説文通訓定聲序注一卷　(清)朱駿聲撰　宋文蔚注釋　民國二十三年(1934)上海商務印書館石印本　一冊

330000－1701－0037415　GP04783　集部/詞類/别集之屬

晁氏琴趣外篇六卷補遺一卷　(宋)晁補之撰　**晁氏琴趣外篇校記一卷**　林大椿撰　民國二十二年(1933)上海商務印書館鉛印本　一冊

330000－1701－0037416　普413.11/3004/c2　經部/小學類/文字之屬/說文/傳說

朱氏説文通訓定聲序注一卷　(清)朱駿聲撰　宋文蔚注釋　民國二十三年(1934)上海商務印書館石印本　一冊

330000－1701－0037417　善008689　集部/别集類/清别集

緑蔥草堂詩鈔二卷　(清)姜美瓊撰　民國龍游縣志局抄本　余紹宋校並跋　二冊

330000－1701－0037419　普811.17/0100　集部/别集類

蜕庵詩存三卷　龍賡言撰　民國十四年(1925)萬載龍氏鉛印本　一冊

330000－1701－0037430　普414.1/1012　經部/小學類/文字之屬/說文/專著

說文�不分卷　石廣權撰　民國二十二年(1933)上海商務印書館石印本　一冊

330000－1701－0037432　GP04784　集部/曲類/散曲之屬

曲雅一卷　盧前輯　**論曲絶句一卷**　盧前撰　民國二十年(1931)上海開明書店影印本　一冊

330000－1701－0037440　普414.1/3952　經部/小學類/文字之屬/字書/字典

新體說文大字典八卷篆法皕韻歌訣二卷　(清)沙青巖撰　汪仁壽　吳益智　王鼎删編　民國二十年(1931)上海碧梧山莊石印本　十冊

330000－1701－0037452　GP04785　類叢部/叢書類/彙編之屬

六經堪叢書十三種　羅振玉編　民國東方學會鉛印本　六冊　存一種

330000－1701－0037464　普811.17/0428/c1　集部/别集類/清别集

蒼雪大師南來堂詩集四卷補編四卷附録四卷　(清)釋讀徹撰　王培孫輯　**蒼雪大師行年考略一卷**　陳乃乾撰　民國二十九年(1940)上海鉛印本　三冊

330000－1701－0037465　普414.11/1032.2/c1　經部/小學類/文字之屬/說文/傳說

說文解字詁林十五卷首一卷前編三卷後編一卷補編一卷附編一卷通檢一卷　丁福保編　民國商務印書館石印本　十六冊

330000－1701－0037467　普414.11/1088.2/5　經部/小學類/文字之屬/說文/傳說

說文釋例二十卷　(清)王筠撰　民國四年(1915)掃葉山房石印本　八冊

330000－1701－0037472　普414.11/1032.2/c2　經部/小學類/文字之屬/說文/傳說

說文解字詁林補遺十五卷前編三卷後編一卷補遺之續不分卷通檢一卷　丁福保編　民國二十一年(1932)上海醫學書局石印本　十六冊

330000－1701－0037477　普 414.11/1032.2/c3　經部/小學類/文字之屬/說文/傳說

說文解字詁林十五卷首一卷前編三卷後編一卷補編一卷附編一卷通檢一卷　丁福保編　民國商務印書館石印本　十六册

330000－1701－0037495　GP04787　史部/傳記類/別傳之屬/事狀

王文成傳本二卷　（清）毛奇齡撰　（清）毛遠宗續補　民國六年（1917）奉化孫氏南屏虹射軒鉛印本　一册

330000－1701－0037503　普 811.17/0700/2/c2　集部/別集類/清別集

靈芬館詩初集四卷二集十卷三集四卷　（清）郭麐撰　民國二年（1913）上海掃葉山房石印本　八册

330000－1701－0037506　普 811.17/0428/c2　集部/別集類/清別集

蒼雪大師南來堂詩集四卷補編四卷附錄四卷　（清）釋讀徹撰　王培孫輯　**蒼雪大師行年考略一卷**　陳乃乾撰　民國二十九年（1940）上海鉛印本　三册

330000－1701－0037507　普 414.11/2624/c1　經部/小學類/文字之屬/說文

說文理董後編六卷　（清）吳穎芳撰　民國十八年（1929）中社影印本　二册

330000－1701－0037509　普 414.11/2624/c2　經部/小學類/文字之屬/說文

說文理董後編六卷　（清）吳穎芳撰　民國十八年（1929）中社影印本　二册

330000－1701－0037513　普 414.11/2624/c3　經部/小學類/文字之屬/說文

說文理董後編六卷　（清）吳穎芳撰　民國十八年（1929）中社影印本　二册

330000－1701－0037517　普 414.11/1088/3/c1　經部/小學類/文字之屬/說文/傳說

說文解字句讀三十卷　（清）王筠撰　民國涵芬樓影印王氏家刻本　十四册

330000－1701－0037522　普 414.11/1088/3/c2　經部/小學類/文字之屬/說文/傳說

說文解字句讀三十卷　（清）王筠撰　民國涵芬樓影印王氏家刻本　十四册

330000－1701－0037525　GP04788　集部/總集類/選集之屬/斷代

京錫游草不分卷　胡韞玉　傅熊湘　高燮撰　民國八年（1919）鉛印本　一册

330000－1701－0037531　GP04789　史部/傳記類/總傳之屬/家乘

［浙江海寧］硤石蔣氏支譜不分卷　（清）蔣學培　（清）蔣學堅輯　蔣欽頊增輯　蔣述彭編　民國十八年（1929）鉛印本　二册

330000－1701－0037535　普 414.11/1200/c2　經部/小學類/文字之屬/字書/古文

名原二卷　（清）孫詒讓撰　民國上海千頃堂書局影印本　一册

330000－1701－0037543　普 811.17/0726　類叢部/叢書類/家集之屬

侯官郭氏家集彙刊十二種　郭則澐編　民國二十三年（1934）侯官郭氏刻本　二册　存一種

330000－1701－0037553　普 811.17/0734　集部/別集類

忍冬書屋詩集八卷　郭家聲撰　民國十九年（1930）鉛印本　一册

330000－1701－0037556　GP04790　史部/傳記類/總傳之屬/家乘

［浙江海寧］硤石蔣氏支譜不分卷　（清）蔣學培　（清）蔣學堅輯　蔣欽頊增輯　蔣述彭編　民國十八年（1929）鉛印本　二册

330000－1701－0037558　GP04792　史部/政書類/儀制之屬

朝鮮迎接都監都廳儀軌一卷　北平故宮博物院編　民國二十一年（1932）北平故宮博物院鉛印本　一册

330000－1701－0037561　普 811.17/0499/c2　集部/別集類/清別集

守甓齋詩集一卷　（清）計光炘撰　民國十九

年(1930)南京中山印書館鉛印本　一冊

330000－1701－0037562　普 811.17/0499/c4
集部/别集類/清别集
守甓齋詩集一卷　(清)計光炘撰　民國十九年(1930)南京中山印書館鉛印本　一冊

330000－1701－0037566　普 414.11/2880/6
經部/小學類/文字之屬/說文
說文解字十五卷標目一卷　(漢)許慎撰　(宋)徐鉉等校定　民國鑄記書局石印本　四冊

330000－1701－0037567　普 811.17/0744/c1
類叢部/叢書類/家集之屬
侯官郭氏家集彙刊十二種　郭則澐編　民國二十三年(1934)侯官郭氏刻本　一冊　存一種

330000－1701－0037570　普 414.11/2880/8
類叢部/叢書類/彙編之屬
四部備要　中華書局編　民國二十五年(1936)上海中華書局鉛印本　六冊　存一種

330000－1701－0037581　普 414.11/2880/9
類叢部/叢書類/彙編之屬
續古逸叢書四十七種　張元濟等編　民國十一年(1922)至一九五七年上海商務印書館影印本　五冊　存一種

330000－1701－0037592　普 811.17/0789
類叢部/叢書類/家集之屬
侯官郭氏家集彙刊十二種　郭則澐編　民國二十三年(1934)侯官郭氏刻本　六冊　存三種

330000－1701－0037595　普 414.11/2880/16
經部/小學類/文字之屬/說文
說文解字十五卷標目一卷　(漢)許慎撰　(宋)徐鉉等校定　民國十八年(1929)上海掃葉山房影印本　六冊

330000－1701－0037615　普 414.11/2881/4/c1　經部/小學類/文字之屬/說文
說文解字繫傳四十卷　(五代)徐鍇撰　(五代)朱翱反切　民國七年(1918)上海掃葉山房石印本　六冊

330000－1701－0037620　普 414.11/2881/4/c2　經部/小學類/文字之屬/說文
說文解字繫傳四十卷　(五代)徐鍇撰　(五代)朱翱反切　民國七年(1918)上海掃葉山房石印本　二冊

330000－1701－0037622　普 414.11/2881/5/c1　類叢部/叢書類/彙編之屬
四部備要　中華書局編　民國二十五年(1936)上海中華書局鉛印本　四冊　存一種

330000－1701－0037627　普 811.17/0746
類叢部/叢書類/家集之屬
侯官郭氏家集彙刊十二種　郭則澐編　民國二十三年(1934)侯官郭氏刻本　一冊　存一種

330000－1701－0037628　普 811.17/0822
集部/别集類/清别集
叢桂山房詩鈔二卷　(清)許鑾撰　民國十一年(1922)鉛印本　二冊

330000－1701－0037633　普 414.11/2881/5/c2　類叢部/叢書類/彙編之屬
四部備要　中華書局編　民國二十五年(1936)上海中華書局鉛印本　四冊　存一種

330000－1701－0037638　普 811.17/08301/c1　集部/别集類/清别集
思愆室詩集一卷　(清)施寯撰　**問雲閣詩集一卷**　(清)宋實綺撰　民國二十年(1931)鉛印本　一冊

330000－1701－0037640　普 811.17/08301/c2　集部/别集類/清别集
思愆室詩集一卷　(清)施寯撰　**問雲閣詩集一卷**　(清)宋實綺撰　民國二十年(1931)鉛印本　一冊

330000－1701－0037641　普 414.11/3434/2
經部/小學類/文字之屬/說文/專著
說文古本攷十四卷　(清)沈濤撰　民國十五年(1926)上海醫學書局影印本　六冊

330000－1701－0037643　普 811.17/08301/(2)　集部/別集類/清别集
思譽室詩集一卷　(清)施嶲撰　**問雲閣詩集一卷**　(清)宋實綺撰　民國二十年(1931)鉛印本　一冊　存一卷(思譽室詩集)

330000－1701－0037649　GP04794　史部/傳記類/總傳之屬/家乘
[廣東潮州]翁氏家譜八卷首一卷末一卷　翁東輝編纂　民國十五年(1926)鉛印本　一冊

330000－1701－0037653　普 811.17/08631　集部/別集類/清别集
金華懷忠詩集一卷許氏文行錄一卷　(清)許昌澍撰　民國二十七年(1938)木活字印本　一冊

330000－1701－0037654　普 811.17/00841　集部/別集類/清别集
芋畹詩集六卷越遊草一卷池陽遊草一卷　(清)許七雲撰　民國鉛印本　二冊

330000－1701－0037671　GP04795　史部/傳記類/總傳之屬/家乘
[浙江臨海]台郡清河嫡派炭行張氏戊寅重修宗譜十二卷終一卷　張志純等纂修　民國三十年(1941)木活字印本　一冊

330000－1701－0037678　普 811.17/0847/c2　集部/別集類/清别集
真意齋遺著一卷詩外一卷　(清)許榍撰　民國十一年(1922)鉛印本　一冊

330000－1701－0037679　普 811.17/0847/c3　集部/別集類/清别集
真意齋遺著一卷詩外一卷　(清)許榍撰　民國十一年(1922)鉛印本　一冊

330000－1701－0037681　普 811.17/0894　集部/別集類
運甓齋詩集一卷　許炳藜撰　民國十八年(1929)永嘉仲蘭印刷社石印本　一冊

330000－1701－0037682　普 811.17/0896　集部/別集類/清别集
閒餘偶草二卷　(清)許煜撰　民國六年(1917)斯福求石印本　一冊

330000－1701－0037690　普 414.11/4734/c1　經部/小學類/文字之屬/說文/專著
說文雋言一卷　胡宗楙撰　民國二十一年(1932)夢選樓刻本　一冊

330000－1701－0037698　普 811.17/1000/c1、普 811.17/1000.2/c1　類叢部/叢書類/家集之屬
武林丁氏家集十三種　丁立誠　丁立中撰　民國錢塘丁氏嘉惠堂鉛印本　五冊　存二種

330000－1701－0037700　普 414.11/7714/7　經部/小學類/文字之屬/說文/傳說
說文解字注十五卷附六書音均表五卷汲古閣說文訂一卷　(清)段玉裁撰　**說文部目分韵一卷**　(清)陳煥編　民國元年(1912)鄂官書處刻本　十五冊　缺六卷(六書音均表一至五、汲古閣說文訂)

330000－1701－0037701　普 811.17/0858　集部/別集類
平階遺著一卷　許泰曾撰　**附錄一卷**　張鳳　王德鍾　周端濟撰　民國十一年(1922)鉛印本　一冊

330000－1701－0037703　普 811.17/1000/c3、普 811.17/1000.2/c2　類叢部/叢書類/家集之屬
武林丁氏家集十三種　丁立誠　丁立中撰　民國錢塘丁氏嘉惠堂鉛印本　五冊　存二種

330000－1701－0037707　普 414.11/4734/c2　經部/小學類/文字之屬/說文/專著
說文雋言一卷　胡宗楙撰　民國二十一年(1932)夢選樓刻本　一冊

330000－1701－0037708　普 414.11/4734/c3　經部/小學類/文字之屬/說文/專著
說文雋言一卷　胡宗楙撰　民國二十一年(1932)夢選樓刻本　一冊

330000－1701－0037709　普 414.11/7714/9　經部/小學類/文字之屬/說文/傳說
說文解字注十五卷附六書音均表五卷　(清)

段玉裁撰　**說文部目分韻一卷**　(清)陳煥編　**說文通檢十四卷首一卷末一卷**　(清)黎永椿編　**說文提要一卷**　(清)陳建侯撰　**徐星伯說文段注札記一卷**　(清)徐松撰　(清)劉肇隅編　**龔定菴說文段注札記一卷**　(清)龔自珍撰　(清)劉肇隅編　**桂未谷說文段注鈔一卷補鈔一卷**　(清)桂馥撰　(清)劉肇隅編　民國十二年(1923)上海掃葉山房石印本　十三册

330000－1701－0037711　普 414.11/7714/11　經部/小學類/文字之屬/說文/傳說
說文解字注箋十四卷　(清)段玉裁注　(清)徐灝箋　**說文檢字篇三卷說文重文檢字篇一卷說文疑難檢字篇一卷今文檢字篇一卷**　徐樾編　民國十七年(1928)上海中原書局石印本　八册

330000－1701－0037712　GP04799　經部/小學類/文字之屬/字書
各經傳記小學十四卷附錄一卷　(清)莊有可撰　民國二十四年(1935)上海商務印書館石印本　七册

330000－1701－0037724　普 414.11/7714.07/c1　經部/小學類/文字之屬/說文/傳說
說文解字段注攷正十五卷　(清)馮桂芬撰　民國十六年(1927)據稿本影印本　八册

330000－1701－0037725　普 414.11/7714.07/c2　經部/小學類/文字之屬/說文/傳說
說文解字段注攷正十五卷　(清)馮桂芬撰　民國十六年(1927)據稿本影印本　八册

330000－1701－0037728　普 414.11/7714.02/2/c1　經部/小學類/文字之屬/說文/傳說
說文段注訂補十四卷　(清)王紹蘭撰　民國三年(1914)吳興劉氏嘉業堂刻本　四册

330000－1701－0037732　普 414.11/7714.06/c1　經部/小學類/文字之屬/說文
段注說文正字二卷　胡宗楙撰　民國二十一年(1932)永康胡氏夢選樓刻本　一册

330000－1701－0037735　普 414.11/7714.06/c2　經部/小學類/文字之屬/說文
段注說文正字二卷　胡宗楙撰　民國二十一年(1932)永康胡氏夢選樓刻本　一册

330000－1701－0037738　GP04797　集部/總集類/彙編之屬
詩詞雜俎十二種　(明)毛晉輯　民國上海醫學書局據明毛氏汲古閣刻本影印本　八册

330000－1701－0037742　普 414.11/7714.02/2/c2　經部/小學類/文字之屬/說文/傳說
說文段注訂補十四卷　(清)王紹蘭撰　民國三年(1914)吳興劉氏嘉業堂刻本　四册

330000－1701－0037743　普 414.11/7714.02/2/c3　經部/小學類/文字之屬/說文/傳說
說文段注訂補十四卷　(清)王紹蘭撰　民國三年(1914)吳興劉氏嘉業堂刻本　四册

330000－1701－0037744　普 414.11/7714.02/2/c4　經部/小學類/文字之屬/說文/傳說
說文段注訂補十四卷　(清)王紹蘭撰　民國三年(1914)吳興劉氏嘉業堂刻本　四册

330000－1701－0037749　GP04805　集部/詞類/詞話之屬
詞辨二卷介存齋論詞雜箸一卷　(清)周濟編　民國八年(1919)上海掃葉山房石印本　一册

330000－1701－0037773　普 414.121/2720/c1　經部/小學類/文字之屬/說文/專著
許學考二十六卷　黎經誥輯　民國十六年(1927)鉛印本　十六册

330000－1701－0037774　普 414.121/1239/c2　經部/小學類/文字之屬/說文
說文解字彙纂條例一卷最目一卷引用書目一卷　(清)孫禮煜撰　民國十七年(1928)長興印書局鉛印本　一册

330000－1701－0037775　普 414.121/1239/c3　經部/小學類/文字之屬/說文
說文解字彙纂條例一卷最目一卷引用書目一卷　(清)孫禮煜撰　民國十七年(1928)長興印書局鉛印本　一册

330000－1701－0037777　普 414. 121/2720/c3　經部/小學類/文字之屬/說文/專著
許學考二十六卷　黎經誥輯　民國十六年(1927)鉛印本　十五冊　缺一卷(十七)

330000－1701－0037782　HJH0914　子部/雜著類
太平芻議一卷　宋慈裦撰　民國十七年(1928)石印本　一冊

330000－1701－0037810　普 811. 16/1003/2/c1　集部/別集類/明別集
王次回疑雨集註四卷　(明)王彥泓撰　(□)句漏後裔釋　民國十年(1921)上海文明書局石印本　四冊

330000－1701－0037814　普 811. 17/1005/c1　類叢部/叢書類/家集之屬
武林丁氏家集十三種　丁立誠　丁立中撰　民國錢塘丁氏嘉惠堂鉛印本　二冊　存一種

330000－1701－0037817　普 811. 16/1003/c5　集部/別集類/明別集
疑雨集四卷　(明)王彥泓撰　民國三年(1914)上海掃葉山房石印本　二冊

330000－1701－0037819　普 811. 17/1005/c2　類叢部/叢書類/家集之屬
武林丁氏家集十三種　丁立誠　丁立中撰　民國錢塘丁氏嘉惠堂鉛印本　二冊　存一種

330000－1701－0037823　普 414. 131/7182. 2/c1　經部/小學類/文字之屬/說文/專著
說文解字研究法不分卷　馬敘倫撰　民國十八年(1929)上海商務印書館石印本　一冊

330000－1701－0037824　普 414. 131/7182. 2/c2　經部/小學類/文字之屬/說文/專著
說文解字研究法不分卷　馬敘倫撰　民國二十二年(1933)上海商務印書館石印本　一冊

330000－1701－0037825　普 414. 131/7182. 2/c3　經部/小學類/文字之屬/說文/專著
說文解字研究法不分卷　馬敘倫撰　民國上海商務印書館石印本　一冊

330000－1701－0037827　普 414. 131/7731/c1　經部/小學類/文字之屬/說文/專著
說文古孳乳攷二卷　陶運百撰　民國二十七年(1938)鉛印本　一冊

330000－1701－0037828　普 414. 1312/3131/c1　經部/小學類
馮氏小學專著□□種　馮汝玠撰　民國環壐齋影印本　一冊　存一種

330000－1701－0037830　普 414. 131/7731/c2　經部/小學類/文字之屬/說文/專著
說文古孳乳攷二卷　陶運百撰　民國二十七年(1938)鉛印本　一冊

330000－1701－0037832　普 414. 131/7731/c3　經部/小學類/文字之屬/說文/專著
說文古孳乳攷二卷　陶運百撰　民國二十七年(1938)鉛印本　陶運百題記　一冊

330000－1701－0037833　普 414. 1312/3131/c2　經部/小學類
馮氏小學專著□□種　馮汝玠撰　民國環壐齋影印本　一冊　存一種

330000－1701－0037834　普 811. 16/1003/2/c2　集部/別集類/明別集
王次回疑雨集註四卷　(明)王彥泓撰　(□)句漏後裔釋　民國九年(1920)上海文明書局石印本　四冊

330000－1701－0037835　GP04809　史部/詔令奏議類/奏議之屬
順治元年內外官署奏疏不分卷　國立北京大學研究所國學門編　民國二十年(1931)國立北京大學研究所國學門影印本　一冊

330000－1701－0037837　GP04810　集部/別集類
芬陀利館瓻稿五卷　周大封撰　民國八年(1919)鉛印本　二冊

330000－1701－0037838　GP04811　史部/地理類/遊記之屬/紀勝
黃山紀遊詩一卷　(清)曹文埴撰　民國二十五年(1936)黃山天都文物社鉛印本　一冊

330000－1701－0037839　GP04812　集部/詩文評類

歷代文學變遷論一卷　袁丕鈞撰　民國十二年(1923)鉛印本　張美翊跋　一册

330000－1701－0037841　普414.1316/2514/c1　經部/小學類/文字之屬/說文

說文假借義證二十八卷首一卷　(清)朱珔撰　民國十五年(1926)中國圖書刊傳會據清光緒二十五年(1899)朱蔭成約古閣刻本影印本　二十八册

330000－1701－0037845　普414.1316/2514/c2　經部/小學類/文字之屬/說文

說文假借義證二十八卷首一卷　(清)朱珔撰　民國十五年(1926)中國圖書刊傳會據清光緒二十五年(1899)朱蔭成約古閣刻本影印本　二十八册

330000－1701－0037849　普414.18/2671/c1　經部/小學類

稷香館叢書八種三十六卷　吳甌輯　民國二十四年(1935)北平癸酉編譯會據手稿本影印本　十册　缺二卷(說文注鈔上、說文注補鈔上)

330000－1701－0037850　普414.137/5062/c1　經部/小學類/文字之屬/字書

說文易檢十四卷附識一卷末二卷　(清)史恩綿編　民國六年(1917)上海商務印書館影印本　十册

330000－1701－0037852　普414.137/5062/c2　經部/小學類/文字之屬/字書

說文易檢十四卷附識一卷末二卷　(清)史恩綿編　民國六年(1917)上海商務印書館影印本　十册

330000－1701－0037854　普414.137/2734/3　經部/小學類/文字之屬/說文

說文通檢十四卷首一卷末一卷　(清)黎永椿編　民國十四年(1925)上海掃葉山房石印本　二册

330000－1701－0037855　普414.1371/8047　經部/小學類/文字之屬/說文

說文部首啟幪一卷　金式陶撰　民國十五年(1926)上海燮記書莊石印本　一册

330000－1701－0037859　普414.149/0404/c2　類叢部/叢書類/自著之屬

石仙遺著　謝彥華撰　民國石印本　一册　存一種

330000－1701－0037861　普414.18/2671/c2　經部/小學類

稷香館叢書八種三十六卷　吳甌輯　民國二十四年(1935)北平癸酉編譯會據手稿本影印本　十册　缺二卷(說文注鈔上、說文注補鈔上)

330000－1701－0037862　普414.18/2671/c3　經部/小學類

稷香館叢書八種三十六卷　吳甌輯　民國二十四年(1935)北平癸酉編譯會據手稿本影印本　十册　缺二卷(說文注鈔上、說文注補鈔上)

330000－1701－0037865　普414.149/0404/c3　類叢部/叢書類/自著之屬

石仙遺著　謝彥華撰　民國石印本　一册　存一種

330000－1701－0037867　普414.149/0404/c4　類叢部/叢書類/自著之屬

石仙遺著　謝彥華撰　民國石印本　一册　存一種

330000－1701－0037868　普414.149/0404/c5　類叢部/叢書類/自著之屬

石仙遺著　謝彥華撰　民國石印本　一册　存一種

330000－1701－0037871　普811.16/0840　集部/別集類/清別集

米友堂詩集不分卷　(清)許友撰　民國影印本　一册

330000－1701－0037877　普414.149/1714/c1　經部/小學類/文字之屬/說文

說文解字羣經正字二十八卷　(清)邵瑛撰

民國六年(1917)邵啟賢影印本　八冊

330000－1701－0037880　普 414.149/1714/c2　經部/小學類/文字之屬/說文

說文解字羣經正字二十八卷　(清)邵瑛撰　民國六年(1917)邵啟賢影印本　八冊

330000－1701－0037884　普 811.17/10131/c2　集部/總集類/彙編之屬

書畫名人小集　民國上海聚珍倣宋印書局鉛印本　二冊　存一種

330000－1701－0037886　普 811.17/10131/c1　集部/總集類/彙編之屬

書畫名人小集　民國上海聚珍倣宋印書局鉛印本　二冊　存一種

330000－1701－0037887　普 414.149/1714/c3　經部/小學類/文字之屬/說文

說文解字羣經正字二十八卷　(清)邵瑛撰　民國六年(1917)邵啟賢影印本　八冊

330000－1701－0037888　普 414.149/1714/c4　經部/小學類/文字之屬/說文

說文解字羣經正字二十八卷　(清)邵瑛撰　民國六年(1917)邵啟賢影印本　八冊

330000－1701－0037892　普 811.17/10131/c3　集部/總集類/彙編之屬

書畫名人小集　民國上海聚珍倣宋印書局鉛印本　二冊　存一種

330000－1701－0037899　普 811.17/10222　類叢部/叢書類/彙編之屬

國學選粹□□種　民國越鐸日報鉛印本　一冊　存二種

330000－1701－0037900　普 414.149/7733/c1　經部/小學類/文字之屬/說文/傳說

說文窺管一卷　(清)周沐潤撰　民國三十一年(1942)國立北京大學圖書館石印本　一冊

330000－1701－0037902　普 811.17/10231　集部/別集類

月湖詩草五卷　丁傅瀚撰　民國二十三年(1934)鉛印本　一冊

330000－1701－0037904　普 414.149/7733/c2　經部/小學類/文字之屬/說文/傳說

說文窺管一卷　(清)周沐潤撰　民國影印本　一冊

330000－1701－0037907　民 377.5/3236　新學/學校

浙江省立日語專門學校概覽不分卷　民國二十八年(1939)鉛印本　一冊

330000－1701－0037908　普 414.1493/2808/c1　經部/小學類/文字之屬/字書/字體

古籀彙編十四卷檢字一卷　徐文鏡編　民國二十四年(1935)上海商務印書館石印本　禹勤題記　十四冊

330000－1701－0037914　普 414.1493/2808/c2　經部/小學類/文字之屬/字書/字體

古籀彙編十四卷檢字一卷　徐文鏡編　民國二十六年(1937)上海商務印書館石印本　十四冊

330000－1701－0037922　普 414.18/0876/c1　經部/叢編

許學四種五卷　金鉞輯　民國八年(1919)天津金氏刻本　四冊

330000－1701－0037929　普 414.1493/2541/c1　經部/小學類/文字之屬/字書/古文

古籀蒙求一卷　朱大可纂　朱其石書　民國二十四年(1935)石印本　一冊

330000－1701－0037930　普 414.18/0876/c2　經部/叢編

許學四種五卷　金鉞輯　民國八年(1919)天津金氏刻本　四冊

330000－1701－0037931　普 414.1493/2541/c2　經部/小學類/文字之屬/字書/古文

古籀蒙求一卷　朱大可纂　朱其石書　民國二十四年(1935)石印本　一冊

330000－1701－0037935　普 414.18/08761/c1　經部/叢編

許學四書二十卷　羅振常輯　民國二十年(1931)上海蟫隱廬影印本　六冊

330000－1701－0037936　普 414.1493/7104
子部/藝術類/遊藝之屬/聯語
頤諼廔古籀集聯楹帖一卷　陳子奮撰　民國石印本　一册

330000－1701－0037942　普 414.1493/7729/c1　經部/小學類/文字之屬/説文/專著
新定説文古籀考三卷　周名煇撰　民國三十七年(1948)上海開明書店石印本　一册

330000－1701－0037944　普 414.1493/7729/c2　經部/小學類/文字之屬/説文/專著
新定説文古籀考三卷　周名煇撰　民國三十七年(1948)上海開明書店石印本　一册

330000－1701－0037945　普 414.1493/7729/c3　經部/小學類/文字之屬/説文/專著
新定説文古籀考三卷　周名煇撰　民國三十七年(1948)上海開明書店石印本　一册

330000－1701－0037950　普 414.18/08761/c2　經部/叢編
許學四書二十卷　羅振常輯　民國二十年(1931)上海蟫隱廬影印本　六册

330000－1701－0037953　普 414.18/08761/c3　經部/叢編
許學四書二十卷　羅振常輯　民國二十年(1931)上海蟫隱廬影印本　六册

330000－1701－0037955　普 811.17/1021
集部/别集類
天台游草一卷　王舟瑶撰　民國路橋文林齋石印本　一册

330000－1701－0037960　普 414.17/0028.02
經部/小學類/文字之屬/説文/專著
説文部首均語注補誼一卷　章炳麟撰　章仲銘注　徐復補誼　民國二十五年(1936)章氏國學講習會鉛印本　一册

330000－1701－0037973　普 414.17/3004
經部/小學類/文字之屬/説文/傳説
侯官陳恭甫輯説文經字考不分卷　(清)陳壽祺撰　宋文蔚疏證　民國二十三年(1934)上海商務印書館石印本　一册

330000－1701－0037976　普 811.17/10251
集部/别集類/清别集
越吟殘草一卷　(清)平步青撰　民國十二年(1923)紹興四有書局鉛印本　一册

330000－1701－0037978　普 414.18/0090
經部/小學類/文字之屬/説文/專著
説文部首均語一卷　章炳麟撰　民國石印本　一册

330000－1701－0037984　普 414.5/4002　經部/小學類/文字之屬/字書/字典
字鑑五卷　(元)李文仲撰　民國二十一年(1932)據里安陳氏手抄精校澤存堂五種本影印本　五册

330000－1701－0038011　普 811.17/1031
集部/别集類/清别集
荊花館遺詩一卷　(清)王慶雲撰　民國三十年(1941)王孝綺鉛印本　一册

330000－1701－0038014　普 414.7/1193　經部/小學類/文字之屬/字書/字體
隸字彙十卷　(清)項懷述編錄　民國上海掃葉山房石印本　二册

330000－1701－0038016　普 414.7/1200/c1
經部/小學類/文字之屬/字書/字體
古籀拾遺三卷附宋政和禮器文字攷一卷　(清)孫詒讓撰　民國七年(1918)上海掃葉山房石印本　四册

330000－1701－0038018　普 414.7/1200/c2
經部/小學類/文字之屬/字書/字體
古籀拾遺三卷附宋政和禮器文字攷一卷　(清)孫詒讓撰　民國七年(1918)上海掃葉山房石印本　四册

330000－1701－0038031　普 414.7/1714/c1
經部/小學類/文字之屬/字書/字體
隸篇十五卷續十五卷再續十五卷　(清)翟雲升撰　民國十三年(1924)上海掃葉山房影印本　釋應慈題記　二十册

330000－1701－0038032　普 414.7/1714/c2
經部/小學類/文字之屬/字書/字體

隸篇十五卷續十五卷再續十五卷　(清)翟雲升撰　民國十三年(1924)上海掃葉山房影印本　十六冊　缺三卷(隸篇一至二、四)

330000－1701－0038046　普 414.7/2643/c1　經部/小學類/文字之屬/說文/專著
說文古籀補十四卷補遺一卷附錄一卷　(清)吳大澂撰　民國二年(1913)上海掃葉山房石印本　四冊

330000－1701－0038049　普 414.7/2643/c2　經部/小學類/文字之屬/說文/專著
說文古籀補十四卷補遺一卷附錄一卷　(清)吳大澂撰　民國二年(1913)上海掃葉山房石印本　四冊

330000－1701－0038051　普 811.17/1032　集部/別集類/清別集
半園吟草二卷　(清)王汝舟撰　方樹梅輯　民國七年(1918)鉛印本　一冊

330000－1701－0038053　普 414.7/0192/6　經部/小學類/文字之屬/字書
字學舉隅不分卷　(清)黄本驥　(清)龍光甸輯　(清)龍啟瑞輯　民國元年(1912)掃葉山房書坊石印本　一冊

330000－1701－0038079　普 811.17/10353/c1　集部/別集類/清別集
二琴居詩鈔四卷　(清)王迪中撰　民國十年(1921)盟鷗別墅木活字印本　二冊

330000－1701－0038081　普 811.17/10353/c2　集部/別集類/清別集
二琴居詩鈔四卷　(清)王迪中撰　民國十年(1921)盟鷗別墅木活字印本　二冊

330000－1701－0038087　普 414.7/4069/2　史部/金石類/璽印之屬/文字
選集漢印分韻二卷　(清)袁日省輯　(清)謝雲生臨摹　**續集漢印分韻二卷**　(清)謝景卿輯並臨摹　民國十三年(1924)上海掃葉山房影印本　四冊

330000－1701－0038090　普 811.17/10381　類叢部/叢書類/自著之屬
王文貞集七種附一種　王祖畬撰　民國刻本　一冊　存一種

330000－1701－0038094　GP12538　類叢部/叢書類/自著之屬
綴學堂叢稿初集(見山樓叢書)十種　陳漢章撰　民國二十五年(1936)鉛印本　一冊　存二種

330000－1701－0038100　普 414.7/6043/c2　類叢部/叢書類/彙編之屬
菽莊叢書三種　林爾嘉編　民國十一年至二十三年(1922－1934)龍溪林氏刻本　八冊　存一種

330000－1701－0038114　普 414.7/4014　經部/小學類/文字之屬/說文/專著
六書直解一卷附文字學書目一卷補錄一卷　(清)李天根撰　民國雙流李氏念劬堂刻本　一冊

330000－1701－0038117　GP12539　類叢部/叢書類/自著之屬
綴學堂叢稿初集(見山樓叢書)十種　陳漢章撰　民國二十五年(1936)鉛印本　一冊　存二種

330000－1701－0038140　普 414.7/4980　經部/小學類/文字之屬/字書/通論
字學舉隅二卷　趙曾望輯　民國三年(1914)石印本　二冊

330000－1701－0038141　普 414.8/3124　經部/小學類/文字之屬/字書/字體
金石大字典三十二卷　汪仁壽輯　民國十五年(1926)上海求古齋書局石印本　三十二冊

330000－1701－0038144　普 414.8/4014　經部/小學類/文字之屬/說文/專著
六書釋義二卷　(清)李天根輯　民國十四年(1925)雙流李氏念劬堂刻本　二冊

330000－1701－0038146　普 415/2315　集部/詩文評類/文法之屬
傅氏文典三卷　傅子東撰　民國三十八年(1949)江油縣中壩鎮興中印刷廠鉛印本

三册

330000－1701－0038147　普 811.17/10411　類叢部/叢書類/彙編之屬

雙照樓叢書　民國雙照樓刻本　一册　存一種

330000－1701－0038149　普 415.3/7234/3/c1　經部/小學類/訓詁之屬/字詁

助字辨略五卷　(清)劉淇撰　民國金粟齋石印本　五册

330000－1701－0038150　普 415.4/1014　集部/詩文評類/文法之屬

文章釋一卷　(清)王兆芳撰　民國抄本　二册

330000－1701－0038152　普 811.17/1042/c1　集部/别集類/清别集

石樵詩稿一卷附文稿一卷　(清)王梅生撰　**醒癡詩稿一卷**　(清)王魯存撰　民國八年(1919)鉛印本　一册

330000－1701－0038153　普 416/0090/c1　經部/小學類/訓詁之屬/字詁

文始九卷　章炳麟撰　民國二年(1913)浙江圖書館據章炳麟手寫稿本影印本　一册

330000－1701－0038155　普 415.3/7234/3/c2　經部/小學類/訓詁之屬/字詁

助字辨略五卷　(清)劉淇撰　民國上海古書流通處據海源閣刻本影印本　五册

330000－1701－0038157　普 416/0090/c2　經部/小學類/訓詁之屬/字詁

文始九卷　章炳麟撰　民國二年(1913)浙江圖書館據章炳麟手寫稿本影印本　一册

330000－1701－0038158　普 416/0090/c3　經部/小學類/訓詁之屬/字詁

文始九卷　章炳麟撰　民國二年(1913)浙江圖書館據章炳麟手寫稿本影印本　一册

330000－1701－0038160　普 416/0090/c4　經部/小學類/訓詁之屬/字詁

文始九卷　章炳麟撰　民國二年(1913)浙江圖書館據章炳麟手寫稿本影印本　一册

330000－1701－0038162　普 811.17/1042/c2　集部/别集類/清别集

石樵詩稿一卷附文稿一卷　(清)王梅生撰　**醒癡詩稿一卷**　(清)王魯存撰　民國八年(1919)鉛印本　一册

330000－1701－0038165　普 416/0844　經部/小學類/音韻之屬

聲韻要刊二種八卷　民國北平松筠閣鉛印本　一册　存一種

330000－1701－0038168　普 416/1779/2　經部/小學類/音韻之屬/等韻

切韻指掌圖二卷　(宋)司馬光撰　**檢例一卷**　(明)邵光祖撰　民國十八年(1929)渭南嚴氏成都刻本　一册

330000－1701－0038170　普 416/1779/3　類叢部/叢書類/彙編之屬

四部叢刊續編七十七種　張元濟等編　民國二十三年(1934)上海商務印書館影印本　一册　存一種

330000－1701－0038171　普 811.17/1043.6　集部/别集類/清别集

帶經堂集七種九十二卷　(清)王士禛撰　(清)程哲編　民國十年(1921)上海錦文堂石印本　四册　存一種

330000－1701－0038172　普 811.17/10431/5　集部/别集類/清别集

漁洋山人精華録箋注十二卷補一卷附録一卷年譜一卷　(清)王士禛撰　(清)金榮箋注　(清)徐淮纂輯　民國上海有正書局石印本　六册

330000－1701－0038177　普 416.4/1000.08　經部/小學類/音韻之屬/韻書

集韻聲類表四卷　黄侃撰　民國二十五年(1936)上海開明書店石印本　一册

330000－1701－0038183　普 416.4/7536　經部/小學類/音韻之屬/古今韻說

切韻考六卷外篇三卷　(清)陳澧撰　民國十

九年(1930)成都書局刻本　三冊

330000－1701－0038196　普416.6/0026　類叢部/叢書類/郡邑之屬

雲南叢書初編一百四十一種二編三十七種　趙藩　陳榮昌等輯　民國雲南叢書處刻本　二冊　存一種

330000－1701－0038197　普416.5/7288/c1　經部/小學類/音韻之屬/韻書

經史動靜字音一卷　(元)劉鑑撰　**風雅蒙求一卷**　(清)阮葵生輯　民國二十二年(1933)墨緣堂石印本　一冊

330000－1701－0038199　普416.7/0040/c1　經部/小學類/音韻之屬

龐氏音學遺書四種　(清)龐大堃撰　民國二十四年(1935)常熟龐樹階據稿本影印本　五冊

330000－1701－0038200　普811.17/10431.4　集部/别集類/清别集

王氏漁洋詩鈔十二卷　(清)王士禛撰　(清)邵長蘅選　民國十一年(1922)上海尚文書店影印本　六冊

330000－1701－0038201　普416.5/7288/c2　經部/小學類/音韻之屬/韻書

經史動靜字音一卷　(元)劉鑑撰　**風雅蒙求一卷**　(清)阮葵生輯　民國二十二年(1933)墨緣堂石印本　一冊

330000－1701－0038202　普416.7/0040/c2　經部/小學類/音韻之屬

龐氏音學遺書四種　(清)龐大堃撰　民國二十四年(1935)常熟龐樹階據稿本影印本　五冊

330000－1701－0038203　普416.5/7288.02　經部/小學類/音韻之屬/韻書

經史動靜字音箋證一卷　(元)劉鑑撰　商莒若箋證　民國二十三年(1934)墨緣堂石印本　一冊

330000－1701－0038204　普416.7/0040/c3　經部/小學類/音韻之屬

龐氏音學遺書四種　(清)龐大堃撰　民國二十四年(1935)常熟龐樹階據稿本影印本　一冊　存一種

330000－1701－0038205　普416.7/0040/c4　經部/小學類/音韻之屬

龐氏音學遺書四種　(清)龐大堃撰　民國二十四年(1935)常熟龐樹階據稿本影印本　五冊

330000－1701－0038208　普811.17/10431.5　集部/别集類/清别集

帶經堂集七種九十二卷　(清)王士禛撰　(清)程哲編　民國十年(1921)上海錦文堂石印本　八冊　存一種

330000－1701－0038219　普416.7/1000　經部/小學類/音韻之屬/古今韻說

述均十卷　(清)夏燮撰　民國十九年(1930)北平富晉書社影印本　四冊

330000－1701－0038237　普416.1/7548/3c2　類叢部/叢書類/彙編之屬

四部備要　中華書局編　民國二十五年(1936)上海中華書局鉛印本　五冊　存一種

330000－1701－0038247　普416.7/3130.02/c1　經部/小學類/音韻之屬/等韻

四聲切韻表三卷首一卷末一卷　(清)江永撰　(清)汪曰楨補正　民國二十二年(1933)大東書局據清光緒三年(1877)會稽學社刻本影印本　二冊

330000－1701－0038251　普811.17/1046　類叢部/叢書類/郡邑之屬

雲南叢書初編一百四十一種二編三十七種　趙藩　陳榮昌等輯　民國雲南叢書處刻本　一冊　存一種

330000－1701－0038254　普416.7/2644　類叢部/叢書類/郡邑之屬

雲南叢書初編一百四十一種二編三十七種　趙藩　陳榮昌等輯　民國雲南叢書處刻本　四冊　存一種

330000－1701－0038260　GP12544　類叢部/

叢書類/彙編之屬
留餘草堂叢書十二種　劉承幹編　民國吳興劉氏嘉業堂刻本　一册　存一種

330000－1701－0038261　普416.7/3140/2　經部/小學類/音韻之屬/韻書
江氏音學十書七種附一種十二卷　（清）江有誥撰　民國十七年(1928)中國書店據清嘉慶至道光刻本影印本　八册

330000－1701－0038269　普811.17/10482　集部/别集類/清别集
西漚待商稿二卷　（清）丁彭年撰　民國五年(1916)滬江刻本　一册

330000－1701－0038284　GP12548　集部/别集類
芬陀利館瓻稿五卷　周大封撰　民國八年(1919)鉛印本　一册　存二卷(富春三日遊記、問瀨集)

330000－1701－0038288　普117.8/0167/3　類叢部/叢書類/自著之屬
譚瀏陽全集六種附續編一卷　（清）譚嗣同撰　民國六年(1917)上海文明書局鉛印本　一册　存一種

330000－1701－0038290　普811.17/1048.02　集部/總集類/彙編之屬
書畫名人小集　民國上海聚珍倣宋印書局鉛印本　一册　存一種

330000－1701－0038292　普117.8/2743　經部/易類/圖說之屬
尼山心法八編八卷　（清）佟朝選撰　民國刻本　八册

330000－1701－0038295　普811.17/1048.02/c1　集部/總集類/彙編之屬
書畫名人小集　民國上海聚珍倣宋印書局鉛印本　一册　存一種

330000－1701－0038297　普811.17/1048.2/c2　集部/總集類/彙編之屬
書畫名人小集　民國上海聚珍倣宋印書局鉛印本　一册　存一種

330000－1701－0038305　普416.7/3420　經部/小學類/音韻之屬/韻書
韻學驪珠二卷　沈乘麐輯　民國十三年(1924)上海朝記書莊石印本　二册

330000－1701－0038315　普416.7/4310.02/c1　經部/小學類/訓詁之屬/字詁
戴東原轉語釋補四卷首一卷　曾廣源撰　民國十八年(1929)海事編譯局鉛印本　曾廣源題記　二册

330000－1701－0038317　普416.7/4310.02/c2　經部/小學類/訓詁之屬/字詁
戴東原轉語釋補四卷首一卷　曾廣源撰　民國十八年(1929)海事編譯局鉛印本　二册

330000－1701－0038318　普416.7/4310.02/c3　經部/小學類/訓詁之屬/字詁
戴東原轉語釋補四卷首一卷　曾廣源撰　民國十八年(1929)海事編譯局鉛印本　二册

330000－1701－0038320　普416.4/1000/3　類叢部/叢書類/彙編之屬
四部備要　中華書局編　民國二十五年(1936)上海中華書局鉛印本　五册　存一種

330000－1701－0038323　普416.7/4420　子部/藝術類/篆刻之屬/印論
繆篆分韻五卷補一卷　（清）桂馥輯　民國十二年(1923)蘇州振新書社影印本　四册

330000－1701－0038324　普416.3/1026　經部/小學類/音韻之屬/韻書
內府藏唐寫本刊繆補缺切韻五卷　（唐）王仁昫撰　（唐）長孫訥言注　（唐）裴務齊正字　民國十四年(1925)石印秀水唐蘭倣寫本　一册

330000－1701－0038326　普416.7/7140/c1　經部/小學類/音韻之屬
龐氏音學遺書四種　（清）龐大堃撰　民國二十四年(1935)常熟龐樹階據稿本影印本　一册　存一種

330000－1701－0038329　普416.7/7140/c2　經部/小學類/音韻之屬

龐氏音學遺書四種　(清)龐大堃撰　民國二十四年(1935)常熟龐樹階據稿本影印本　一冊　存一種

330000－1701－0038336　普 811.17/1060　集部/別集類/清別集
煙霞萬古樓詩殘藁一卷　(清)王曇撰　民國上海有正書局鉛印本　一冊

330000－1701－0038353　普 416.8/3108　經部/小學類/音韻之屬
說音一卷　江謙撰　民國二十五年(1936)上海中華書局鉛印本　一冊

330000－1701－0038357　普 416.8/8397/c1　經部/小學類/音韻之屬/韻書
韻目表一卷　錢恂撰　民國元年(1912)歸安錢氏杭州刻本　一冊

330000－1701－0038359　普 416.8/8397/c2　經部/小學類/音韻之屬/韻書
韻目表一卷　錢恂撰　民國元年(1912)歸安錢氏杭州刻本　一冊

330000－1701－0038360　普 416.8/8397/c3　經部/小學類/音韻之屬/韻書
韻目表一卷　錢恂撰　民國元年(1912)歸安錢氏杭州刻本　一冊

330000－1701－0038361　普 416.8/8397/c4　經部/小學類/音韻之屬/韻書
韻目表一卷　錢恂撰　民國元年(1912)歸安錢氏杭州刻本　一冊

330000－1701－0038365　普 416.9/0686　經部/小學類/音韻之屬/等韻
韻鏡一卷　(宋)張麟之編　民國油印本　邵瑞彭題記　一冊

330000－1701－0038366　普 811.17/10641　集部/別集類/清別集
望雲草堂詩集二卷　(清)賈勛撰　民國三年(1914)鉛印本　一冊

330000－1701－0038369　普 811.17/1073.1　集部/詩文評類/詩評之屬
湘綺樓說詩八卷　王闓運撰　王簡編輯　民國二十三年(1934)成都書局鉛印本　四冊

330000－1701－0038374　普 811.17/1060/4　集部/別集類/清別集
煙霞萬古樓詩集二卷　(清)王曇撰　**仲瞿詩錄一卷**　(清)徐渭仁輯　民國六年(1917)上海掃葉山房石印本　三冊

330000－1701－0038385　普 417.1/2176、普 417.1/1000　類叢部/叢書類/郡邑之屬
雲南叢書初編一百四十一種二編三十七種　趙藩　陳榮昌等輯　民國雲南叢書處刻本　二冊　存二種

330000－1701－0038386　普 811.17/1078　集部/別集類/清別集
俟齋詩草一卷試帖一卷　(清)夏同善撰　**揖青閣遺詩一卷**　(清)夏庚復撰　民國鉛印本　一冊

330000－1701－0038389　普 417.1/1000.02　子部/儒家類/儒學之屬/蒙學
詳註增編三字經一卷　(清)潘抑強增編　民國二十九年(1940)武進潘抑強鉛印本　一冊

330000－1701－0038393　普 811.17/1082/c1　集部/別集類/清別集
綠天盦詩集一卷　(清)王筠僊撰　民國三十六年(1947)董維城鉛印本　一冊

330000－1701－0038397　普 417.1/2622　子部/儒家類/儒學之屬/蒙學
重訂幼學須知句解四卷　(清)程允升撰　民國十五年(1926)常州文化書局刻本　四冊

330000－1701－0038400　普 417.1/2622.2/2　子部/儒家類/儒學之屬/蒙學
精校重增繪圖幼學故事瓊林四卷首一卷　(清)程登吉撰　(清)鄒聖脈增補　民國十四年(1925)上海會文堂書局石印本　四冊

330000－1701－0038411　普 417.1/2622/3　子部/儒家類/儒學之屬/蒙學
校正幼學須知句解四卷　(清)程允升撰　民國八年(1919)鑄記書局石印本　四冊

330000－1701－0038413　普 414.7/6043/c1　類叢部/叢書類/彙編之屬

萩莊叢書三種　林爾嘉編　民國十一年至二十三年(1922－1934)龍溪林氏刻本　八册　存一種

330000－1701－0038415　普 811.17/10801　集部/别集類

王徵君詩槀三卷　王慈撰　民國十年(1921)盟鷗别墅木活字印本　一册

330000－1701－0038416　普 416.3/1026/c2　經部/小學類/音韻之屬/韻書

内府藏唐寫本刊繆補缺切韻五卷　(唐)王仁昫撰　(唐)長孫訥言注　(唐)裴務齊正字　民國十四年(1925)石印秀水唐蘭倣寫本　一册

330000－1701－0038419　普 811.17/1082/c2　集部/别集類/清别集

綠天盦詩集一卷　(清)王筠僊撰　民國三十六年(1947)董維城鉛印本　一册

330000－1701－0038421　普 222.31/47062　子部/宗教類/佛教之屬/經疏

佛説仁王護國般若波羅密經疏五卷　(後秦)釋鳩摩羅什譯　(隋)釋智顗説　(隋)釋灌頂記　民國十一年(1922)刻本　三册

330000－1701－0038423　普 811.17/1082/c3　集部/别集類/清别集

綠天盦詩集一卷　(清)王筠僊撰　民國三十六年(1947)董維城鉛印本　宋之芙題記　一册

330000－1701－0038430　普 222.32/4706/2/c1　子部/宗教類/佛教之屬/經

妙法蓮華經七卷尊勝等靈異神咒二十道一卷　(後秦)釋鳩摩羅什譯　民國十二年(1923)海寧姚煜據秀州惠雲院藏宋刻本影印本　四册

330000－1701－0038433　普 811.17/1083/c1　集部/别集類/清别集

留餘齋詩集四卷　(清)王鏡瀾撰　民國二十三年(1934)鉛印本　一册

330000－1701－0038434　普 811.17/1083/c4　集部/别集類/清别集

留餘齋詩集四卷　(清)王鏡瀾撰　民國二十三年(1934)鉛印本　一册

330000－1701－0038438　普 417.1/4434/2　子部/儒家類/儒學之屬/蒙學

龍文鞭影四卷　(明)蕭良有撰　(明)楊臣諍增訂　(清)李恩綬校補　**二集二卷**　(清)李暉吉　(清)徐瓚輯　民國七年(1918)上海鑄記書局石印本　四册　缺二卷(二集一至二)

330000－1701－0038443　普 417.1/7776　經部/小學類/文字之屬/字書/訓蒙

千字文註一卷　(南朝梁)周興嗣編　(清)汪嘯尹輯　(清)孫謙益注　民國二十五年(1936)成都薛氏崇禮堂刻本　一册

330000－1701－0038452　普 222.32/4706/2/c2/1　子部/宗教類/佛教之屬/經

妙法蓮華經七卷尊勝等靈異神咒二十道一卷　(後秦)釋鳩摩羅什譯　民國十二年(1923)海寧姚煜據秀州惠雲院藏宋刻本影印本　四册

330000－1701－0038453　普 417.7/2397　集部/總集類/選集之屬/通代

浙江中醫專門學校國文講本二種三卷　民國浙江中醫專門學校鉛印本　三册

330000－1701－0038454　普 222.32/4706/2/c3　子部/宗教類/佛教之屬/經

妙法蓮華經七卷尊勝等靈異神咒二十道一卷　(後秦)釋鳩摩羅什譯　民國十二年(1923)海寧姚煜據秀州惠雲院藏宋刻本影印本　四册

330000－1701－0038465　普 222.31/0024.01　子部/宗教類/佛教之屬/經疏

摩訶般若波羅密多心經注解一卷　(清)朱珪撰　民國十一年(1922)海昌姚氏刻本　一册

330000－1701－0038478　普 418.424/7503/c1　經部/小學類/訓詁之屬/方言

鄉諺證古四卷　(清)陳康祺撰　張壽鏞編　民國三十三年(1944)鉛印本　陳安來題記　一冊

330000－1701－0038480　普418.424/7503/c2　經部/小學類/訓詁之屬/方言
鄉諺證古四卷　(清)陳康祺撰　張壽鏞編　民國三十三年(1944)鉛印本　一冊

330000－1701－0038481　普418.424/7503/c3　經部/小學類/訓詁之屬/方言
鄉諺證古四卷　(清)陳康祺撰　張壽鏞編　民國三十三年(1944)鉛印本　一冊

330000－1701－0038483　普418.424/7503/c4　經部/小學類/訓詁之屬/方言
鄉諺證古四卷　(清)陳康祺撰　張壽鏞編　民國三十三年(1944)鉛印本　一冊

330000－1701－0038492　普418.9/7744　類叢部/叢書類/彙編之屬
嘉草軒叢書十一種　羅振玉編　民國七年(1918)上虞羅氏日本影印本　一冊　存一種

330000－1701－0038493　普811.17/1104　集部/别集類/清别集
張南湖詩存一卷詞存一卷補遺一卷　(清)張應蘭撰　民國七年(1918)鉛印本　一冊

330000－1701－0038494　普491.2/2337/2　經部/小學類/音韻之屬/韻書
欽定同文韻統六卷　(清)允祿等輯　民國二十二年(1933)上海大東書局石印本　二冊

330000－1701－0038495　普811.17/1104.2　集部/别集類/清别集
旅懷小草一卷補遺一卷　(清)張應蘭撰　民國十年(1921)鉛印本　一冊

330000－1701－0038496　普491.2/8600、普491.2/9037　子部/宗教類/佛教之屬
悉曇三書　民國五年至六年(1916－1917)上虞羅氏影印本　五冊　存二種

330000－1701－0038499　普491.2/2337　經部/小學類/音韻之屬/韻書
欽定同文韻統六卷　(清)允祿等輯　民國二十年(1931)上海商務印書館據清乾隆內府刻朱墨套印本影印本　三冊

330000－1701－0038501　普495.7/4724　類叢部/叢書類/彙編之屬
薑園叢書　金九經編並校　民國二十二年至二十四年(1933－1935)鉛印本　一冊　存一種

330000－1701－0038510　普811.17/11111　集部/别集類/清别集
湘蘭秋影室吟草一卷湘影詞一卷　(清)張聯珠撰　民國鉛印本　一冊

330000－1701－0038561　普510/4634　類叢部/叢書類/郡邑之屬
吴興叢書六十六種　劉承幹編　民國吴興劉氏嘉業堂刻本　六冊　存一種

330000－1701－0038563　普811.17/11221　集部/别集類/清别集
白城詩偶鈔一卷　(清)張曰銜撰　民國七年(1918)張念祖鉛印本　一冊

330000－1701－0038570　普811.17/1124/c1　集部/别集類/清别集
翠微山房遺詩不分卷　(清)張作枏撰　民國十三年(1924)古愚軒鉛印本　一冊

330000－1701－0038580　普811.17/1124/c2　集部/别集類/清别集
翠微山房遺詩不分卷　(清)張作枏撰　民國十三年(1924)古愚軒鉛印本　一冊

330000－1701－0038595　普811.17/1133　集部/别集類/清别集
廣雅堂詩集不分卷　(清)張之洞撰　民國中國詩畫會社石印本　四冊

330000－1701－0038600　普811.17/1133/(2)/c2　集部/别集類/清别集
廣雅堂詩集不分卷　(清)張之洞撰　民國中國詩畫會社石印本　四冊

330000－1701－0038613　普811.17/1133.3/

2　集部/别集類/清别集

張文襄公詩集四卷　(清)張之洞撰　民國十一年(1922)上海掃葉山房石印本　四冊

330000－1701－0038619　普 811.17/11332/c2　集部/别集類

白石山房詩鈔三卷補遺一卷　張宗江撰　民國八年(1919)鉛印本　一冊

330000－1701－0038621　普 811.17/11332/c3　集部/别集類

白石山房詩鈔三卷補遺一卷　張宗江撰　民國八年(1919)鉛印本　一冊

330000－1701－0038624　普 811.17/1133.3/c2　集部/别集類/清别集

張文襄公詩集四卷　(清)張之洞撰　民國六年(1917)上海集益書局石印本　四冊

330000－1701－0038681　普 811.17/11345/c2　集部/别集類/清别集

鳳翔紀事詩存一卷　(清)張兆棟撰　民國泰州新榮書店古舊部抄本　一冊

330000－1701－0038683　普 811.17/1144/c2　集部/别集類/清别集

愚谷公遺稿二卷　(清)張大觀撰　民國九年(1920)金華宋氏朱集成堂鉛印本　二冊

330000－1701－0038684　普 811.17/1144/c3　集部/别集類/清别集

愚谷公遺稿二卷　(清)張大觀撰　民國九年(1920)金華宋氏朱集成堂鉛印本　一冊

330000－1701－0038698　普 811.17/1147/c1　集部/别集類/清别集

船屯漁唱箋釋一卷　(清)張綦母撰　周喟箋　民國五年(1916)石印本　一冊

330000－1701－0038699　普 811.17/1147/c2　集部/别集類/清别集

船屯漁唱箋釋一卷　(清)張綦母撰　周喟箋　民國五年(1916)石印本　一冊

330000－1701－0038707　普 811.17/1136/c1　集部/别集類/清别集

初日山房詩集六卷　(清)張之杲撰　民國五年(1916)錢塘張氏刻本　一冊

330000－1701－0038709　普 811.17/1136/c2　集部/别集類/清别集

初日山房詩集六卷　(清)張之杲撰　民國五年(1916)錢塘張氏刻本　一冊

330000－1701－0038718　普 811.17/1162　集部/别集類/清别集

白城詩偶鈔一卷　(清)張曰銜撰　民國七年(1918)張念祖鉛印本　一冊

330000－1701－0038732　普 951.0091/3044　子部/藝術類/書畫之屬

歷代帝王像不分卷　寶蘊樓藏　民國二十年(1931)北平古物陳列所影印本　一冊

330000－1701－0038736　普 811.17/1164　類叢部/叢書類/郡邑之屬

雲南叢書初編一百四十一種二編三十七種　趙藩　陳榮昌等輯　民國雲南叢書處刻本　一冊　存一種

330000－1701－0038740　普 811.17/1171/c1　集部/别集類/清别集

雲來山館詩鈔六卷　(清)張興烈撰　民國四年(1915)虎林張氏申江刻本　二冊

330000－1701－0038743　普 811.17/1171/c2　集部/别集類/清别集

雲來山館詩鈔六卷　(清)張興烈撰　民國四年(1915)虎林張氏申江刻本　二冊

330000－1701－0038745　普 951.00911/1042　史部/紀傳類/正史之屬

史記一百三十卷　(漢)司馬遷撰　(明)王世貞　(明)歸有光評點　(清)方苞　(清)吳汝綸評點　**方望溪平點史記四卷**　(清)方苞撰　民國五年(1916)據清光緒武昌張氏刻本影印本　八冊

330000－1701－0038748　普 951.00911/1042(2)/c1　史部/紀傳類/正史之屬

史記一百三十卷　(漢)司馬遷撰　(明)歸有光等評點　**方望溪平點史記四卷**　(清)方苞

撰　民國五年(1916)據清光緒武昌張氏刻本影印本　四冊

330000－1701－0038756　普 811.17/1177/2　集部/別集類/清別集

船山詩草二十卷　(清)張問陶撰　民國七年(1918)上海掃葉山房石印本　六冊

330000－1701－0038757　普 951.00911/1042(2)/c2　史部/紀傳類/正史之屬

二十四史附考證　民國上海涵芬樓據清乾隆武英殿本影印本　十四冊　存一種

330000－1701－0038790　普 811.17/12021　類叢部/叢書類/彙編之屬

求恕齋叢書三十一種　劉承幹編　民國吳興劉氏嘉業堂刻本　一冊　存一種

330000－1701－0038797　普 951.00911/1176/4/c1　史部/紀傳類/正史之屬

影宋百衲本史記一百三十卷　(漢)司馬遷撰　(南朝宋)裴駰集解　民國上海商務印書館據涇陽陶氏藏宋百衲本影印本　二十四冊

330000－1701－0038800　普 811.17/1214/c1　集部/別集類/清別集

雲溪詩草四卷　(清)孫晉墀撰　民國十五年(1926)庸齋倣宋鉛印本　一冊

330000－1701－0038802　普 951.00911/1176/4/c2　史部/紀傳類/正史之屬

影宋百衲本史記一百三十卷　(漢)司馬遷撰　(南朝宋)裴駰集解　民國上海商務印書館據涇陽陶氏藏宋百衲本影印本　二十四冊

330000－1701－0038804　普 811.17/1214/c2　集部/別集類/清別集

雲溪詩草四卷　(清)孫晉墀撰　民國十五年(1926)庸齋倣宋鉛印本　一冊

330000－1701－0038812　普 811.17/1233/c2　集部/別集類/清別集

樂陶居詩稿一卷　(清)孫祖祿撰　民國六年(1917)鉛印本　一冊

330000－1701－0038818　普 951.00911/1176/7/c1　史部/紀傳類/正史之屬

四史四百十五卷　劉承幹輯　民國吳興劉氏嘉業堂影宋刻本　三十二冊　存一種

330000－1701－0038827　普 951.00911/1176/7/c2　史部/紀傳類/正史之屬

四史四百十五卷　劉承幹輯　民國吳興劉氏嘉業堂影宋刻本　三十二冊　存一種

330000－1701－0038840　普 951.00911/1713/c1　史部/紀傳類/正史之屬

邵氏史記輯評十卷　(清)邵晉涵撰　民國八年(1919)上海會文堂書局石印本　八冊

330000－1701－0038843　普 951.00911/1713/c2　史部/紀傳類/正史之屬

邵氏史記輯評十卷　(清)邵晉涵撰　民國八年(1919)上海會文堂書局石印本　八冊

330000－1701－0038850　普 811.17/1191　集部/別集類/清別集

如不及齋詩鈔四卷環山樓詞一卷　(清)項炳珩撰　民國三年(1914)鉛印本　二冊

330000－1701－0038854　普 811.17/1194/c1　集部/別集類/清別集

北戍草一卷附龍江紀事一卷　(清)張光藻撰　民國十九年(1930)廣德錢文選鉛印本　一冊

330000－1701－0038858　普 951.00911/1773　類叢部/叢書類/彙編之屬

四部備要　中華書局編　民國二十五年(1936)上海中華書局鉛印本　二十四冊　存一種

330000－1701－0038860　普 811.17/1194/c3　集部/別集類/清別集

北戍草一卷附龍江紀事一卷　(清)張光藻撰　民國十九年(1930)廣德錢文選鉛印本　一冊

330000－1701－0038861　普 811.17/1233/c1　集部/別集類/清別集

樂陶居詩稿一卷　(清)孫祖祿撰　民國六年(1917)鉛印本　一冊

330000－1701－0038866　普 951. 00911/1773/(2)　類叢部/叢書類/彙編之屬
四部備要　中華書局編　民國二十五年(1936)上海中華書局鉛印本　十二册　存一種

330000－1701－0038868　普 811. 17/12332　集部/别集類/清别集
寶嚴堂詩集四卷　(清)孫永清撰　民國六年(1917)鉛印本　一册

330000－1701－0038869　普 951. 00911/1773/(3)/c1　類叢部/叢書類/彙編之屬
袖珍古書讀本三十種　中華書局編　民國十九年(1930)上海中華書局鉛印本　三十册　存一種

330000－1701－0038873　普 951. 00911/1773/(3)/c2　類叢部/叢書類/彙編之屬
袖珍古書讀本三十種　中華書局編　民國十九年(1930)上海中華書局鉛印本　二十七册　存一種

330000－1701－0038875　普 811. 17/1273. 2/c1　集部/别集類/清别集
天真閣外集六卷　(清)孫原湘撰　民國三年(1914)上海掃葉山房石印本　二册

330000－1701－0038877　普 811. 17/1273. 2/c2　集部/别集類/清别集
天真閣外集六卷　(清)孫原湘撰　民國二年(1913)上海掃葉山房石印本　二册

330000－1701－0038880　普 811. 17/1277　類叢部/叢書類/郡邑之屬
雲南叢書初編一百四十一種二編三十七種　趙藩　陳榮昌等輯　民國雲南叢書處刻本　四册　存一種

330000－1701－0038901　普 811. 17/1253/c1　集部/别集類/清别集
萬八山房詩鈔八卷　(清)孫春澤撰　民國二十五年(1936)鉛印本　一册

330000－1701－0038903　普 811. 17/1253/c2　集部/别集類/清别集
萬八山房詩鈔八卷　(清)孫春澤撰　民國二十五年(1936)鉛印本　一册

330000－1701－0038929　普 811. 17/17471　集部/總集類/郡邑之屬
遼東三家詩鈔　劉承幹輯　民國吳興劉氏刻十七年(1928)奉天會館重印本　一册　存一種

330000－1701－0038934　普 511. 8/4032/c1　類叢部/叢書類/郡邑之屬
雲南叢書初編一百四十一種二編三十七種　趙藩　陳榮昌等輯　民國雲南叢書處刻本　一册　存一種

330000－1701－0038938　普 511. 8/4032/c2　類叢部/叢書類/郡邑之屬
雲南叢書初編一百四十一種二編三十七種　趙藩　陳榮昌等輯　民國雲南叢書處刻本　一册　存一種

330000－1701－0038940　普 811. 17/1740　集部/别集類/明别集
霜猨集校訂補注一卷　(明)周同谷撰　孟森注　民國五年(1916)上海商務印書館鉛印本　一册

330000－1701－0038967　普 811. 17/2118/c1　集部/别集類/清别集
悔廬遺集二卷　(清)經元智撰　民國二年(1913)鉛印本　二册

330000－1701－0038968　普 951. 00911/1773/9(20)　史部/紀傳類/正史之屬
史記一百三十卷　(漢)司馬遷撰　(南朝宋)裴駰集解　(唐)司馬貞索隱　(唐)張守節正義　民國元年(1912)鄂官書處刻本　二十四册

330000－1701－0038971　普 811. 17/2118/c2　集部/别集類/清别集
悔廬遺集二卷　(清)經元智撰　民國二年(1913)鉛印本　二册

330000－1701－0038972　普 811. 17/2127/c1　集部/别集類/清别集

紅樓夢竹枝詞一卷　(清)盧先駱撰　民國十九年(1930)蘇州毛上珍鉛印本　一册

330000－1701－0038973　普 811.17/2118/c3
集部/别集類/清别集
悔廬遺集二卷　(清)經元智撰　民國二年(1913)鉛印本　炳題記　二册

330000－1701－0038974　普 811.17/2127/c2
集部/别集類/清别集
紅樓夢竹枝詞一卷　(清)盧先駱撰　民國十九年(1930)蘇州毛上珍鉛印本　一册

330000－1701－0038986　普 951.00911/1773/11/c1　史部/紀傳類/正史之屬
百衲本二十四史　張元濟輯　民國上海商務印書館影印本　三十册　存一種

330000－1701－0038991　普 811.17/1772
類叢部/叢書類/郡邑之屬
雲南叢書初編一百四十一種二編三十七種　趙藩　陳榮昌等輯　民國雲南叢書處刻本　一册　存一種

330000－1701－0038997　普 811.17/1264/c1
集部/别集類/清别集
意園遺集一卷　(清)孫思敬撰　民國二十二年(1933)鉛印本　一册

330000－1701－0039000　普 951.00911/1773/11/c2　史部/紀傳類/正史之屬
百衲本二十四史　張元濟輯　民國上海商務印書館影印本　二十六册　存一種

330000－1701－0039005　普 811.17/1264/c2
集部/别集類/清别集
意園遺集一卷　(清)孫思敬撰　民國二十二年(1933)鉛印本　一册

330000－1701－0039025　普 951.00911/1773/12　史部/紀傳類/正史之屬
古寫本史記殘卷不分卷　(漢)司馬遷撰　羅振玉輯　民國七年(1918)上虞羅氏影印本　一册

330000－1701－0039033　普 951.00911/1773/13　史部/紀傳類/正史之屬
古寫本史記殘卷不分卷　(漢)司馬遷撰　羅振玉輯　民國七年(1918)上虞羅氏影印本　一册

330000－1701－0039042　普 811.17/21611
集部/别集類/清别集
澹園詩集二卷　(清)虞景璜撰　民國三年(1914)鎮海虞氏刻本　一册

330000－1701－0039047　普 811.17/22631
集部/别集類
睫闇詩鈔十卷　裴景福撰　民國七年(1918)金保權石印本　四册

330000－1701－0039049　普 951.00911/1773/16　史部/紀傳類/正史之屬
二十四史附考證　民國上海涵芬樓據清乾隆武英殿本影印本　十四册　存一種

330000－1701－0039050　普 811.17/2180
集部/總集類/氏族之屬
伏舍傳唫集四卷　何鏞等撰　民國二十五年(1936)會稽壽氏鉛印本　壽宇題記　一册

330000－1701－0039052　普 811.17/2264
集部/别集類/清别集
隨緣詩草一卷　(清)任景蘭撰　民國六年(1917)碧陰蝸廬刻本　一册

330000－1701－0039071　普 811.17/2330
類叢部/叢書類/郡邑之屬
雲南叢書初編一百四十一種二編三十七種　趙藩　陳榮昌等輯　民國雲南叢書處刻本　一册　存一種

330000－1701－0039073　普 951.00911/1176/21/c1　史部/紀傳類/正史之屬
四史四百十五卷　劉承幹輯　民國吳興劉氏嘉業堂影宋刻本　三十二册　存一種

330000－1701－0039086　普 811.17/2280/c1
集部/别集類/清别集
叢桂山房遺稿二卷　(清)任錫庸撰　民國九年(1920)上海聚珍仿宋印書局鉛印本　一册

330000－1701－0039091　普 811.17/2280/c2
集部/别集類/清别集
叢桂山房遺稿二卷　(清)任錫庸撰　民國九年(1920)上海聚珍仿宋印書局鉛印本　一册

330000－1701－0039099　普 811.17/25001
集部/别集類/清别集
養浩樓詩鈔四卷　(清)朱庚撰　(清)朱太忙編　民國十六年(1927)鉛印本　一册

330000－1701－0039104　普 811.17/2341/c1
集部/别集類/清别集
辟蠹軒詩稿四卷　(清)傅夢夏撰　傅振海編　民國十一年(1922)鉛印本　一册

330000－1701－0039105　普 951.00911/1176/21/c2　史部/紀傳類/正史之屬
四史四百十五卷　劉承幹輯　民國吴興劉氏嘉業堂影宋刻本　二十一册　存一種

330000－1701－0039106　普 811.17/2341/c2
集部/别集類/清别集
辟蠹軒詩稿四卷　(清)傅夢夏撰　傅振海編　民國十一年(1922)鉛印本　一册

330000－1701－0039108　民 811.38/6011/c3
集部/詞類/别集之屬
大厂詞稾九卷　易孺撰　民國二十四年(1935)上海商務印書館影印本　一册

330000－1701－0039120　普 514.1/3033/c1
類叢部/叢書類/郡邑之屬
雲南叢書初編一百四十一種二編三十七種　趙藩　陳榮昌等輯　民國雲南叢書處刻本　一册　存一種

330000－1701－0039123　普 514.1/3033/c2
類叢部/叢書類/郡邑之屬
雲南叢書初編一百四十一種二編三十七種　趙藩　陳榮昌等輯　民國雲南叢書處刻本　一册　存一種

330000－1701－0039127　普 811.17/2501/2
類叢部/叢書類/郡邑之屬
雲南叢書初編一百四十一種二編三十七種　趙藩　陳榮昌等輯　民國雲南叢書處刻本　五册　存一種

330000－1701－0039129　普 811.17/2500/c1
集部/别集類/清别集
辛齋詩稿六卷　(清)朱衣撰　民國二十年(1931)鉛印本　一册

330000－1701－0039133　普 811.17/2500/c2
集部/别集類/清别集
辛齋詩稿六卷　(清)朱衣撰　民國二十年(1931)鉛印本　揖文題記　一册

330000－1701－0039140　普 811.17/2508
類叢部/叢書類/郡邑之屬
雲南叢書初編一百四十一種二編三十七種　趙藩　陳榮昌等輯　民國雲南叢書處刻本　一册　存一種

330000－1701－0039148　普 811.17/2511
集部/别集類/清别集
崇雅堂詩藁六卷　(清)朱璿撰　民國二十年(1931)據孫錦濤手抄本影印本　二册

330000－1701－0039152　普 951.00911/1773/26　類叢部/叢書類/彙編之屬
涵芬樓集古善本　民國上海商務印書館影印本　三十二册　存一種

330000－1701－0039174　普 951.00911/2230/2/c1　史部/紀傳類/正史之屬
史記探源八卷　崔適撰　民國國立北京大學出版部鉛印本　二册

330000－1701－0039175　普 951.00911/2230/2/c2　史部/紀傳類/正史之屬
史記探源八卷　崔適撰　民國國立北京大學出版部鉛印本　二册

330000－1701－0039180　普 951.00911/2632
史部/紀傳類/正史之屬
史記一百三十卷　(漢)司馬遷撰　(清)吴汝綸點勘　**桐城吴先生史記初校本點識一卷**　(清)吴汝綸撰　(清)吴闓生輯　**桐城吴先生彙録各家史記評語一卷**　(清)吴汝綸輯　民國四年(1915)都門書局鉛印本　章嶔題簽並記　十二册

330000－1701－0039183　普 811.17/25142　集部/别集類/清别集

榆蔭山房吟草四卷　(清)朱丙壽撰　民國十一年(1922)鉛印本　二册

330000－1701－0039187　普 811.17/2512/c1　集部/别集類/清别集

紫竹山房遺稿一卷　(清)朱承勳撰　(清)朱文治重録　民國二十二年(1933)上海中華書局鉛印本　一册

330000－1701－0039189　普 811.17/2512/c2　集部/别集類/清别集

紫竹山房遺稿一卷　(清)朱承勳撰　(清)朱文治重録　民國二十二年(1933)上海中華書局鉛印本　朱聯泉題記　一册

330000－1701－0039192　普 811.17/2521　集部/别集類/清别集

刻眉别集二卷　(清)朱作霖撰　民國十六年(1927)鉛印本　一册

330000－1701－0039195　普 811.17/25211　集部/别集類/清别集

六峰閣詩稿四卷　(清)朱稻孫撰　民國平湖葛昌楣弢華館刻本　一册

330000－1701－0039203　普 951.00911/2666　史部/紀傳類/正史之屬

史記論文不分卷　(清)吴見思評點　民國中華書局鉛印本　八册

330000－1701－0039205　普 811.17/2528.3/c1　集部/别集類/清别集

曝書亭集二十三卷詞七卷附録一卷　(清)朱彝尊撰　民國四年(1915)中華圖書館石印本　十二册

330000－1701－0039209　普 951.00911/2665/2/c1　史部/紀傳類/正史之屬

史記一百三十卷　(漢)司馬遷撰　(清)吴汝綸點勘　**桐城吴先生史記初校本點識一卷**　(清)吴汝綸撰　(清)吴闓生輯　**桐城吴先生彙録各家史記評語一卷**　(清)吴汝綸輯　民國三年(1914)南宫刑氏刻本　余紹宋題記　二十册

330000－1701－0039211　普 811.17/2528.3/c2　集部/别集類/清别集

曝書亭集二十三卷詞七卷附録一卷　(清)朱彝尊撰　民國四年(1915)中華圖書館石印本　八册

330000－1701－0039214　普 528.39/7541/c2　類叢部/叢書類/彙編之屬

國立北京大學研究所國學門叢書　民國北京大學研究所鉛印本暨影印本　五册

330000－1701－0039217　普 528.39/7541/c3　類叢部/叢書類/彙編之屬

國立北京大學研究所國學門叢書　民國北京大學研究所鉛印本暨影印本　五册

330000－1701－0039226　普 528.8/7541/c1　類叢部/叢書類/彙編之屬

國立北京大學研究所國學門叢書　民國北京大學研究所鉛印本暨影印本　一册

330000－1701－0039227　普 528.8/7541/c2　類叢部/叢書類/彙編之屬

國立北京大學研究所國學門叢書　民國北京大學研究所鉛印本暨影印本　一册

330000－1701－0039229　普 528.8/7541/c3　類叢部/叢書類/彙編之屬

國立北京大學研究所國學門叢書　民國北京大學研究所鉛印本暨影印本　一册

330000－1701－0039230　普 528.8/7541/c4　類叢部/叢書類/彙編之屬

國立北京大學研究所國學門叢書　民國北京大學研究所鉛印本暨影印本　一册

330000－1701－0039231　普 528.8/7541/c5　類叢部/叢書類/彙編之屬

國立北京大學研究所國學門叢書　民國北京大學研究所鉛印本暨影印本　一册

330000－1701－0039232　普 528.951/3164.02　史部/史表類/通代之屬

紀元以來朔閏考六卷　羅振玉撰　民國十六

年(1927)東方學會鉛印本　三冊

330000－1701－0039246　普 811.17/25331/c1　類叢部/叢書類/自著之屬
最樂亭三種　(清)朱福清撰　民國六年至十二年(1917－1923)嘉興朱氏刻本　一冊　存一種

330000－1701－0039250　普 811.17/25331/c2　類叢部/叢書類/自著之屬
最樂亭三種　(清)朱福清撰　民國六年至十二年(1917－1923)嘉興朱氏刻本　一冊　存一種

330000－1701－0039252　普 528.39/1942　子部/天文曆算類/曆法之屬
壬午年曆書一卷　民國三十一年(1942)廣州守經堂石印本　一冊

330000－1701－0039259　普 811.17/2583　集部/別集類/清別集
紅藤館詩三卷附舊德録一卷　(清)朱善祥撰　民國九年(1920)刻本　一冊

330000－1701－0039263　普 951.00911/2749/2　史部/紀傳類/正史之屬
史記一百三十卷　(漢)司馬遷撰　(明)歸有光等評點　**方望溪平點史記四卷**　(清)方苞撰　民國四年(1915)上海同文圖書館據清光緒武昌張氏刻本影印本　二十四冊

330000－1701－0039277　普 258.39/1948　子部/天文曆算類/曆法之屬
戊子年曆書一卷　民國三十七年(1948)廣州醉經堂石印本　一冊

330000－1701－0039297　普 811.17/2604/c2　集部/別集類
悔餘生詩五卷　吳慶坻撰　民國十五年(1926)鉛印本　二冊

330000－1701－0039299　普 811.17/2604/c3　集部/別集類
悔餘生詩五卷　吳慶坻撰　民國十五年(1926)鉛印本　二冊

330000－1701－0039300　普 811.17/2604/c5　集部/別集類
悔餘生詩五卷　吳慶坻撰　民國十五年(1926)鉛印本　二冊

330000－1701－0039306　普 811.17/26041/c1　集部/別集類/清別集
讀書樓詩集六卷　(清)吳應奎撰　民國五年(1916)安吉吳氏雍睦堂影印本　二冊

330000－1701－0039307　HJH4852　集部/總集類/選集之屬/斷代
孔宅詩二卷　姚文棟輯　民國三年(1914)鉛印本　二冊

330000－1701－0039309　普 811.17/26041/c2　集部/別集類/清別集
讀書樓詩集六卷　(清)吳應奎撰　民國五年(1916)安吉吳氏雍睦堂影印本　二冊

330000－1701－0039329　普 811.17/2610/2　集部/別集類/清別集
蓮洋集二十卷附錄一卷　(清)吳雯撰　(清)張體乾輯　**蓮洋吳徵君年譜一卷**　(清)翁方綱撰　民國上海掃葉山房石印本　四冊

330000－1701－0039335　普 811.17/2607/c1　集部/別集類/清別集
樂園詩集四卷文集一卷　(清)吳翊撰　民國二十二年(1933)鉛印本　一冊

330000－1701－0039347　普 951.00911/4088/c1　史部/紀傳類/正史之屬
史記訂補八卷　李笠撰　民國十三年(1924)瑞安李氏橫經室刻本　四冊

330000－1701－0039350　普 951.00911/4088/c2　史部/紀傳類/正史之屬
史記訂補八卷　李笠撰　民國十三年(1924)瑞安李氏橫經室刻本　李笠題記　四冊

330000－1701－0039355　普 580.23/1021.02/2　子部/農家農學類/園藝之屬/總志
佩文齋廣羣芳譜一百卷目錄二卷　(清)汪灝等撰　民國上海錦章圖書局石印本　二十四冊

330000－1701－0039360　普 811.17/2607/c2　集部/別集類/清別集

樂園詩集四卷文集一卷　(清)吳翊撰　民國二十二年(1933)鉛印本　一册

330000－1701－0039363　普 951.00911/4467/3　史部/史抄類

史記菁華錄六卷　(清)姚祖恩輯評　民國十二年(1923)天津直隸書局鉛印本　六册

330000－1701－0039365　普 811.17/2623.4/c1　集部/別集類/清別集

音注吳梅村詩二卷　(清)吳偉業撰　蔣劍人選　張梓良音注　民國十四年(1925)上海文明書局鉛印本　二册

330000－1701－0039367　普 951.00911/4467/4/c1　史部/史抄類

史記菁華錄六卷　(清)姚祖恩輯評　民國上海商務印書館鉛印本　三册

330000－1701－0039370　普 811.17/2623.4/c2　集部/別集類/清別集

音注吳梅村詩二卷　(清)吳偉業撰　蔣劍人選　張梓良音注　民國二十四年(1935)上海文明書局鉛印本　二册

330000－1701－0039372　普 951.00911/4467/4/c2　史部/史抄類

分段詳註評點史記菁華錄六卷　(清)姚祖恩輯　王有宗評註　民國十四年(1925)上海鑫記書社石印本　六册

330000－1701－0039383　普 811.17/2623.2/3　集部/別集類/清別集

梅村詩集箋注十八卷　(清)吳偉業撰　(清)吳翌鳳箋注　民國中國書畫會社石印本　八册

330000－1701－0039387　普 811.17/2623.2/4/c2　集部/別集類/清別集

梅村詩集箋注十八卷　(清)吳偉業撰　(清)吳翌鳳箋注　民國中華圖書館石印本　八册

330000－1701－0039388　普 811.17/2623.2/4/c3　集部/別集類/清別集

梅村詩集箋注十八卷　(清)吳偉業撰　(清)吳翌鳳箋注　民國中華圖書館石印本　七册　缺二卷(九至十)

330000－1701－0039398　普 811.17/26332　史部/地理類/雜志之屬

清溪三十二詠一卷　程上選撰　**耐盦遺稿一卷**　趙喜徵撰　民國二十四年(1935)鉛印本　一册

330000－1701－0039399　普 951.00911/4467/8　史部/史抄類

史記菁華錄六卷　(清)姚祖恩輯評　民國八年(1919)上海錦章圖書局石印本　四册　缺二卷(二、六)

330000－1701－0039412　普 951.00911/4467/9　史部/史抄類

史記菁華錄六卷　(清)姚祖恩輯評　民國三年(1914)會文堂石印本　五册　缺一卷(二)

330000－1701－0039417　普 609/3006/c1　史部/政書類/考工之屬

天工開物三卷　(明)宋應星撰　民國十九年(1930)上海華通書局據日本菅生堂刻本影印本　九册

330000－1701－0039419　普 609/3006/c2　史部/政書類/考工之屬

天工開物三卷　(明)宋應星撰　民國十九年(1930)上海華通書局據日本菅生堂刻本影印本　九册

330000－1701－0039420　普 811.17/26302/c1　集部/別集類/清別集

泛梗集八卷　(清)吳之章撰　民國二年(1913)曾有瀾鉛印本　二册

330000－1701－0039424　普 811.17/26302/c2　集部/別集類/清別集

泛梗集八卷　(清)吳之章撰　民國二年(1913)曾有瀾鉛印本　二册

330000－1701－0039427　普 609/3006/3　類叢部/叢書類/彙編之屬

喜咏軒叢書三十四種　陶湘編　民國十五年

至二十年(1926－1931)武進陶氏涉園石印本　三册　存一種

330000－1701－0039434　普 811.17/26321　集部/别集類/清别集
來鷺草堂隨筆一卷　(清)吳滔撰　民國西泠印社木活字印本　一册

330000－1701－0039441　普 951.00911/7240　史部/紀傳類/正史之屬
史記紀年考三卷　劉坦撰　民國二十六年(1937)上海商務印書館石印本　一册

330000－1701－0039446　普 811.17/26342　集部/别集類
可乎可不可乎不可軒詩草二卷　程道存撰　民國三十七年(1948)鉛印本　二册

330000－1701－0039448　普 610.21/7731/2　子部/醫家類/類編之屬
無患室叢書　民國二十五年(1936)上海中西醫藥研究社影印本　四册　存一種

330000－1701－0039460　普 811.17/26322/3　集部/别集類/清别集
徐烈婦詩鈔二卷　(清)吳宗愛撰　(清)俞樾　(清)王崇炳編集　**同心梔子圖續編一卷**　(清)應瑩撰　**吳絳雪年譜一卷**　(清)俞樾撰　民國石印本　一册

330000－1701－0039463　普 811.17/26322/4　集部/别集類/清别集
徐烈婦詩鈔二卷附報素聞書并回文一卷　(清)吳宗愛撰　民國石印本　一册

330000－1701－0039483　普 811.17/26401/c1　集部/别集類/清别集
寒翠閣詩稿一卷　(清)吳培撰　民國硤石藝新印刷所鉛印本　一册

330000－1701－0039486　普 811.17/26401/c2　集部/别集類/清别集
寒翠閣詩稿一卷　(清)吳培撰　民國硤石藝新印刷所鉛印本　一册

330000－1701－0039491　普 610.44/4906　子部/醫家類/醫話醫論之屬
存存齋醫話藁二卷　(清)趙彦暉撰　民國四年(1915)紹興裘氏刻本　二册

330000－1701－0039492　普 610.44/7423/2　子部/醫家類/醫話醫論之屬
冷廬醫話五卷　(清)陸以湉撰　民國五年(1916)千頃堂書局石印本　四册

330000－1701－0039493　普 811.17/2642　集部/别集類/清别集
羅雀山房詩存二卷補遺一卷　(清)吳克俊撰　民國二年(1913)申江鉛印本　一册

330000－1701－0039498　普 610.6/0022/c1　子部/醫家類/綜合之屬
杭州醫學公會會刊不分卷　沈靖塵　魏子祥編　民國十八年(1929)鉛印本　一册

330000－1701－0039500　普 610.44/6004　子部/醫家類/醫話醫論之屬
止園醫話四卷續集四卷　羅止園撰　民國二十七年(1938)、三十二年(1943)北京止園學社鉛印本　二册

330000－1701－0039502　普 610.6/0022/c2　子部/醫家類/綜合之屬
杭州醫學公會會刊不分卷　沈靖塵　魏子祥編　民國十八年(1929)鉛印本　一册

330000－1701－0039503　普 610.6/0022/c3　子部/醫家類/綜合之屬
杭州醫學公會會刊不分卷　沈靖塵　魏子祥編　民國十八年(1929)鉛印本　一册

330000－1701－0039504　普 610.61/2283　史部/職官類/官制之屬/專志
太醫院誌一卷同寅錄一卷　(清)任錫庚編　民國十二年(1923)石印本　一册

330000－1701－0039506　普 811.17/2643/c1　集部/别集類
一芝草堂稿二卷雜稿一卷　吳懋祺撰　民國二年(1913)石印本　二册

330000－1701－0039508　普 811.17/2643/c2

集部/别集類

一芝草堂稿二卷雜稿一卷 吳懋祺撰 民國二年(1913)石印本 二冊

330000－1701－0039519 普610.8/0032 子部/醫家類/類編之屬

中西匯通醫書五種 唐宗海撰 民國二十五年(1936)上海中國文學書局鉛印本 八冊

330000－1701－0039535 普811.17/2645 集部/别集類/清别集

小蝸廬詩鈔二卷 (清)吳其泰撰 民國吳嵩皋、吳豫潢、吳豫清鉛印本 二冊

330000－1701－0039540 普610.8/0894 子部/醫家類/類編之屬

九芝醫館叢書 許少華撰輯 稿本 六冊

330000－1701－0039541 普811.17/26311/c1 集部/别集類/清别集

鞠隱山莊遺詩一卷附稾稿一卷 (清)吳寶三撰 民國鉛印本 一冊

330000－1701－0039546 普811.17/26311/c2 集部/别集類/清别集

鞠隱山莊遺詩一卷附稾稿一卷 (清)吳寶三撰 民國鉛印本 一冊

330000－1701－0039547 普811.17/26462 集部/别集類/清别集

劫海吟一卷 (清)吳希鄂撰 **絅齋賸稿一卷** (清)吳曾傒撰 民國十二年(1923)鉛印本 一冊

330000－1701－0039570 普811.17/2644/c1 集部/别集類/清别集

文木山房集四卷 (清)吳敬梓撰 **春華小草一卷靓粧詞鈔一卷** (清)吳烺撰 **吳敬梓年譜一卷** 胡適撰 民國二十年(1931)上海亞東圖書館鉛印本 二冊

330000－1701－0039573 普811.17/2644/c3 集部/别集類/清别集

文木山房集四卷 (清)吳敬梓撰 **春華小草一卷靓粧詞鈔一卷** (清)吳烺撰 **吳敬梓年譜一卷** 胡適撰 民國二十年(1931)上海亞東圖書館鉛印本 二冊

330000－1701－0039588 普811.17/26773 集部/别集類

城隱廬詩鈔一卷 吳興讓撰 民國二十三年(1934)吳中刻本 吳梅題記 一冊

330000－1701－0039591 普811.17/2664 類叢部/叢書類/郡邑之屬

吳興叢書六十六種 劉承幹編 民國吳興劉氏嘉業堂刻本 一冊 存一種

330000－1701－0039592 HJH4514 集部/詞類/别集之屬

艮廬詞一卷續集一卷外集一卷自述詩一卷 張茂炯撰 民國二十三年(1934)石印本 二冊

330000－1701－0039594 普811.17/2668 集部/别集類/清别集

盍簪書屋遺詩一卷 (清)吳鳴鈞撰 **附錄一卷** 民國六年(1917)柳棄疾鉛印本 一冊

330000－1701－0039602 普811.17/2703 集部/别集類/清别集

野雲詩鈔十二卷補遺一卷 (清)鮑文逵撰 民國二十四年(1935)上海鉛印本 一冊

330000－1701－0039605 普811.17/2718 類叢部/叢書類/郡邑之屬

雲南叢書初編一百四十一種二編三十七種 趙藩 陳榮昌等輯 民國雲南叢書處刻本 一冊 存一種

330000－1701－0039610 普811.17/26721 類叢部/叢書類/自著之屬

蓬萊吳灌先著述三種 (清)吳脈鬯撰 民國十二年(1923)山西洗心總社鉛印本 一冊 存一種

330000－1701－0039611 普610.8/1044.2 子部/醫家類/類編之屬

潛齋醫學叢書十四種 曹炳章編 民國七年(1918)集古閣石印本 十六冊

330000－1701－0039613 普811.17/2674

集部/别集類/清別集

僊蜨樓詩存四卷 (清)吳頤吉撰 (清)吳詠桐編輯 民國五年(1916)鉛印本 一冊

330000－1701－0039623 普 811.17/26901 類叢部/叢書類/郡邑之屬

吳興叢書六十六種 劉承幹編 民國吳興劉氏嘉業堂刻本 一冊 存一種

330000－1701－0039633 普 811.17/2741 集部/别集類/清別集

古杍秋館詩集四卷 (清)侯楨撰 民國四年(1915)石印本 一冊

330000－1701－0039664 普 921.512/2691.5/c1 史部/傳記類/總傳之屬/家乘

[浙江常山]定陽程氏宗譜二卷 程敦聖纂修 民國二十七年(1938)崇禮堂木活字印本 二冊

330000－1701－0039665 普 921.512/2691.5/c2 史部/傳記類/總傳之屬/家乘

[浙江常山]定陽程氏宗譜二卷 程敦聖纂修 民國二十七年(1938)崇禮堂木活字印本 一冊 存一卷(一)

330000－1701－0039681 普 811.17/2777 集部/别集類/清別集

櫟天閣詩存一卷 (清)倪長犀撰 宋端書編 **硯樵遺稿一卷** 宋端書撰 民國二十六年(1937)無錫鉛印本 一冊

330000－1701－0039683 普 921.512/2723.3 史部/傳記類/總傳之屬/家乘

[浙江平陽]昆陽上谷郡侯氏族譜不分卷 (清)侯載元等修 (清)林景夔 (清)林子卿纂 民國十二年(1923)瑞邑港鄉林問禮堂木活字印本 四冊

330000－1701－0039684 普 811.17/2785 集部/别集類/清別集

端虛室賸稿二卷 (清)鮑毓東撰 民國二十四年(1935)南陵徐氏鉛印本 一冊

330000－1701－0039685 普 811.17/28131 集部/總集類/氏族之屬

吳興徐氏遺稿三種 徐益彬編 民國七年(1918)上海聚珍倣宋印書局鉛印本 四冊

330000－1701－0039686 普 811.17/28132/c1 集部/别集類/清別集

飲中半士詩鈔四卷詩餘一卷 (清)徐元潽撰 民國十六年(1927)鉛印本 二冊

330000－1701－0039687 普 811.17/28132/c2 集部/别集類/清別集

飲中半士詩鈔四卷詩餘一卷 (清)徐元潽撰 民國十六年(1927)鉛印本 二冊

330000－1701－0039695 普 811.17/2814 集部/别集類/清別集

分綠軒詩集一卷 (清)徐聯蓉撰 民國三年(1914)南通翰墨林書局鉛印本 一冊

330000－1701－0039702 普 811.17/2812 集部/别集類

半日閒齋吟草一卷 徐玉采撰 民國十七年(1928)姚江徐氏懷德堂木活字印本 一冊

330000－1701－0039707 普 811.17/2813/c3 集部/别集類/清別集

娛蘭仙館詩鈔一卷生花館詞一卷 (清)徐承祿撰 民國鉛印本 一冊

330000－1701－0039708 普 811.17/2813/c4 集部/别集類/清別集

娛蘭仙館詩鈔一卷生花館詞一卷 (清)徐承祿撰 民國鉛印本 一冊

330000－1701－0039750 SBC0078 集部/總集類/彙編之屬

鳯山講舍鈔卷不分卷 民國抄本 六冊

330000－1701－0039779 HJL5841 集部/總集類/氏族之屬

松陵陸氏叢著 陸明桓輯 民國十六年(1927)蘇齋刻本 九冊

330000－1701－0039791 SBC0123 史部/金石類/石之屬/文字

桐建訪碑錄不分卷 徐維則輯 稿本 張崟跋 二冊

330000－1701－0039802 HJL5847 集部/别集類/清别集

越縵堂文集十二卷 (清)李慈銘撰 民國十九年(1930)國立北平圖書館鉛印本 四册

330000－1701－0039806 HJL5711 集部/别集類/清别集

培園詩集一卷 (清)錢本誠撰 (清)彭啟豐輯 民國四年(1915)聽邠館刻本 一册

330000－1701－0039823 HJL5749 集部/别集類/清别集

繡閒艸一卷 (清)馮覆端撰 民國鉛印本 一册

330000－1701－0039828 HJL5750 集部/總集類/郡邑之屬

廣德壽重光集第一輯五種四十五卷 王揖唐輯 民國九年(1920)合肥王氏今傳是樓影印本 十二册

330000－1701－0039839 HJL5788 集部/總集類/郡邑之屬

永嘉詩人祠堂叢刻十四種 冒廣生輯 民國四年(1915)如皋冒氏刻本 一册 存一種

330000－1701－0039869 HJL5797 集部/總集類/氏族之屬

作朋集三卷附録一卷 (明)嚴調御 (明)嚴武順 (明)嚴敕撰 民國八年(1919)上海聚珍仿宋印書局鉛印本 一册

330000－1701－0039938 HJL5757 集部/總集類/氏族之屬

秦氏三府君集 秦毓鈞輯 民國十八年(1929)味經堂木活字印本 三册

330000－1701－0039953 HJL5805 集部/别集類/清别集

夬齋詩集七卷 (清)張爾耆撰 民國三年(1914)刻本 一册

330000－1701－0039958 HJL5813 集部/總集類/氏族之屬

友于集三種三卷 秦錫田編 民國十七年(1928)鉛印本 一册

330000－1701－0039967 HJL5877 集部/别集類/清别集

無競先生詩三卷雜文一卷 (清)吴鴻綸撰 民國二年(1913)鉛印本 一册

330000－1701－0039984 HJL5769 集部/總集類/選集之屬

黄渡詩存八卷補遺一卷 金文翰 章圭瑑輯 民國十五年(1926)鉛印本 二册

330000－1701－0039989 HJL5776 類叢部/叢書類/彙編之屬

盋山圖書館藏寫本書四種 柳詒徵編 民國十八年(1929)影印本 二册 存一種

330000－1701－0040000 HJH5828 史部/金石類/甲骨之屬

殷墟書契考釋小箋一卷 陳邦懷撰 民國十四年(1925)鉛印本 一册

330000－1701－0040005 HJH5831 集部/别集類/清别集

水竹軒詩鈔六卷附録一卷 (清)秦煥撰 民國十六年(1927)上海中華書局鉛印本 一册

330000－1701－0040006 HJL5829 類叢部/叢書類/家集之屬

顧氏家集十種 顧燮光編 民國十八年(1929)會稽顧氏金佳石好樓鉛印本暨石印本 六册

330000－1701－0040012 HJL5830 集部/總集類/彙編之屬

宋人集 李之鼎輯 民國南城李氏宜秋館刻本 四十八册 存五十二種

330000－1701－0040030 SBC0278 集部/别集類

夢櫺紐室詩存不分卷 李文紈撰 稿本 一册

330000－1701－0040043 民 369.3022/2436 新學/政治法律

警察淺義問答不分卷 德清縣警察所編 民國德清縣警察所鉛印本 一册

330000－1701－0040077　HJL5897　集部/別集類
金閶紀事一卷　柳遂撰　**和金閶紀事一卷**　陸明桓撰　民國十一年(1922)吳江柳氏刻本　一册

330000－1701－0040083　HJH5955　類叢部/叢書類/自著之屬
晨風廬叢刊十八種　周慶雲撰　民國吳興周氏夢坡室刻本　六册　存一種

330000－1701－0040086　HJL5934　類叢部/叢書類/自著之屬
復盦文集五種　(清)曹允源撰　民國十一年(1922)曹氏刻本　六册

330000－1701－0040090　HJL5957　集部/總集類/氏族之屬
郁氏三世吟稿三種三卷　郁屏翰　郁葆青　郁元英撰　民國十七年(1928)鉛印本　一册

330000－1701－0040092　HJL5917　集部/詞類/别集之屬
半櫻詞二卷　林鵾翔撰　民國十六年(1927)鉛印本　一册

330000－1701－0040095　HJL5958　子部/藝術類/書畫之屬/法帖
戴鹿牀手寫宋元四家詩四種　(清)戴熙書　民國十七年(1928)中社據戴熙抄本影印本　二册

330000－1701－0040144　HJL5946　集部/别集類/明别集
即山先生文鈔二卷詩鈔一卷　(明)沈承撰　**綮泣集一卷**　(明)薄少君撰　民國十三年(1924)刻本　一册

330000－1701－0040173　HJL5949　集部/總集類/酬唱之屬
佛香酬唱初集一卷二集一卷三集一卷　(清)潘奕雋等撰　民國十一年(1922)刻朱印本　一册

330000－1701－0040206　HJH5974　類叢部/叢書類/自著之屬
寓園叢書七種　張其淦撰　民國十九年(1930)鉛印本　一册　存一種

330000－1701－0040213　SBC0399　經部/小學類/文字之屬/字書
字學舉隅不分卷　馮夢香撰　稿本　余紹宋跋　一册

330000－1701－0040215　SBC0398　子部/雜著類/雜纂之屬
雜纂不分卷　民國抄本　一册

330000－1701－0040221　SBC0400　子部/雜著類/雜説之屬
式古齋筆記不分卷　秦鍾瑞撰　稿本　一册

330000－1701－0040223　HJH5997　類叢部/叢書類/自著之屬
隨園全集三十八種　(清)袁枚撰　民國七年(1918)上海文明書局石印本　四十七册　存二十種

330000－1701－0040235　SBC0397　史部/紀傳類/正史之屬
校北史隨手記録一卷　胡祥麟撰　稿本　一册

330000－1701－0040292　HJL6003　集部/别集類
八指頭陀詩集十卷續集八卷褋文一卷　釋敬安撰　民國八年(1919)北京法源寺刻本　五册

330000－1701－0040299　SBC0477　集部/别集類
望月軒文稿一卷　朱琛撰　民國葉桐封抄本　一册

330000－1701－0040300　SBC0475　史部/地理類/方志之屬/郡縣志
[民國]桐廬縣志□□卷　稿本　一册

330000－1701－0040303　HJL6005　集部/總集類/選集之屬/斷代
名賢生日詩十卷附名人生日表一卷　孫雄輯　民國十年(1921)鉛印本　六册

330000－1701－0040330　SBC0492　集部/别集類

倬盦時文存不分卷　邵章撰　稿本　吴子明觀款　一册

330000－1701－0040331　HJH6027　集部/總集類/彙編之屬

宋人集　李之鼎輯　民國南城李氏宜秋館刻本　十册　存八種

330000－1701－0040343　SBC0516　史部/政書類/公牘檔册之屬

宣統三年廣東銀行章程一卷　民國抄本　一册

330000－1701－0040344　SBC0515　子部/雜著類

習作一卷　民國抄本　一册

330000－1701－0040345　SBC0514　子部/雜著類/雜纂之屬

雜纂一卷　民國抄本　一册

330000－1701－0040354　SBC0491　集部/别集類/清别集

修蘭僊館詩草一卷　（清）金慎繼撰　民國二十二年（1933）金石壽抄本　金石壽、錢方朔跋　一册

330000－1701－0040363　HJH6030　類叢部/叢書類/彙編之屬

古今文藝叢書十集　何藻編　民國二年至四年（1913－1915）上海廣益書局鉛印本　一册　存一種

330000－1701－0040368　HJL6036　史部/傳記類/總傳之屬/技藝

清畫家詩史二十卷　李濬之輯　民國十九年（1930）刻本　十册

330000－1701－0040378　HJL6049　集部/别集類/清别集

桐埜詩集四卷　（清）周起渭撰　民國七年（1918）花近樓刻本　二册

330000－1701－0040398　SBC0553　集部/總集類/選集之屬/斷代

無名氏集不分卷　民國抄本　一册

330000－1701－0040412　HJH6060　類叢部/叢書類/彙編之屬

番禺葉氏遐庵叢書□□種　葉恭綽輯　民國番禺葉氏影印本暨鉛印本　一册　存一種

330000－1701－0040414　HJH5002　類叢部/叢書類/彙編之屬

又滿樓叢書十六種　趙詒琛編　民國九年至十四年（1920－1925）崑山趙氏又滿樓刻本　一册　存一種

330000－1701－0040419　HJH6063　集部/别集類/清别集

帶耕堂遺詩五卷首一卷吴中判牘一卷蒯公子範歷任治所崇祀錄一卷　（清）蒯德模撰　程先甲編　民國十八年（1929）蒯壽樞等江寧刻本　四册

330000－1701－0040424　SBC0548　子部/術數類/占卜之屬

李衛公望江南二卷　（唐）李靖撰　民國抄本　一册

330000－1701－0040432　SBC0549　子部/雜著類/雜考之屬

稽古訂訛二卷　民國抄本　一册

330000－1701－0040438　HJL6067　類叢部/叢書類/彙編之屬

自青榭叢書　卓定謀輯　民國鉛印本　一册　存一種

330000－1701－0040440　SBC0557　子部/雜著類/雜考之屬

醢雞甕集攷證一卷　朱錦堯撰　稿本　一册

330000－1701－0040441　SBC0571　集部/詩文評類/詩評之屬

薛廬詩話一卷　王修撰　民國五年（1916）稿本　一册

330000－1701－0040465　SBC0605　史部/史抄類

史抄一卷　民國抄本　一册

330000－1701－0040466　SBC0604　子部/宗教類/道教之屬
陰符經一卷　民國抄本　一册

330000－1701－0040489　普610.8/1223/c3　子部/醫家類/類編之屬
孫氏醫學叢書六種　孫鼎宜撰　民國二十一年(1932)中華書局鉛印本　十册

330000－1701－0040495　普811.17/28231/c1　集部/別集類/清別集
南涇集一卷隘巷集一卷　(清)徐步瀛撰　民國平湖綺春閣鉛印本　一册

330000－1701－0040499　普610.8/1223/c1　子部/醫家類/類編之屬
孫氏醫學叢書六種　孫鼎宜撰　民國二十一年(1932)中華書局鉛印本　十册

330000－1701－0040501　普811.17/28231/c2　集部/別集類/清別集
南涇集一卷隘巷集一卷　(清)徐步瀛撰　民國平湖綺春閣鉛印本　一册

330000－1701－0040503　普811.17/2828/c3　集部/別集類/清別集
涵齋遺稿一卷附遺文一卷　(清)徐仁鑄撰　民國八年(1919)鉛印本　樊鎮題記　一册

330000－1701－0040504　普610.8/1223/c2　子部/醫家類/類編之屬
孫氏醫學叢書六種　孫鼎宜撰　民國二十一年(1932)中華書局鉛印本　十册

330000－1701－0040507　普610.8/1147　子部/醫家類/類編之屬
嘉定張氏體仁堂醫藥叢刊五種　張壽頤撰　民國十二年至二十二年(1923－1933)浙江蘭谿中醫專門學校石印本暨鉛印本　十六册

330000－1701－0040514　普811.17/2828/c4　集部/別集類/清別集
涵齋遺稿一卷附遺文一卷　(清)徐仁鑄撰　民國八年(1919)鉛印本　一册

330000－1701－0040521　普610.8/2702　子部/醫家類/類編之屬
包氏醫宗十一種　包桃初　包識生撰　民國十九年(1930)上海包氏醫宗出版部鉛印本　十二册

330000－1701－0040533　普811.17/2834/c1　集部/別集類/清別集
郭靈芬手寫徐江菴詩不分卷　(清)徐濤撰　(清)郭麐書　民國四年(1915)南社石印本　一册

330000－1701－0040537　普811.17/2834/c3　集部/別集類/清別集
郭靈芬手寫徐江菴詩不分卷　(清)徐濤撰　(清)郭麐書　民國四年(1915)南社石印本　一册

330000－1701－0040541　普811.17/2834.2　集部/別集類/清別集
話雨樓遺詩一卷　(清)徐濤撰　**附錄一卷**　(清)郭麐撰　民國六年(1917)柳棄疾鉛印本　一册

330000－1701－0040554　SBC0622　集部/詩文評類/詩評之屬
唐音癸籤三十三卷　(明)胡震亨撰　民國勵氏抄本　勵乃驥校　三册　存二十五卷(九至三十三)

330000－1701－0040555　SBC0643　集部/別集類/明別集
桃溪淨稿八十四卷　(明)謝鐸撰　民國戴曧屏抄本　項士元跋　一册　存十一卷(三至十、十五至十七)

330000－1701－0040573　普811.17/2842　集部/別集類/清別集
徐漢卿先生詩集四卷　(清)徐壽彝撰　民國十六年(1927)影印本　四册

330000－1701－0040591　普610.8/3235　類叢部/叢書類/彙編之屬
浙江中醫專校講義五十六種　浙江中醫專校編　民國二十七年(1938)浙江中醫專門學校

鉛印本　六十四册

330000－1701－0040592　普 951.00913/8740.2/2/c1　類叢部/叢書類/彙編之屬

四部備要　中華書局編　民國二十五年(1936)上海中華書局鉛印本　十六册　存一種

330000－1701－0040594　普 811.17/2853/c1　集部/别集類/清别集

韞玉樓遺稿一卷　(清)徐咸安撰　民國二年(1913)南林張鈞衡適園刻本　一册

330000－1701－0040598　普 951.00913/8740.2/2/c2　類叢部/叢書類/彙編之屬

四部備要　中華書局編　民國二十五年(1936)上海中華書局鉛印本　十六册　存一種

330000－1701－0040599　普 811.17/2843　集部/别集類/清别集

吟香草堂遺詩一卷　(清)徐志源撰　民國二十三年(1934)石印本　一册

330000－1701－0040603　普 811.17/2853/c2　集部/别集類/清别集

韞玉樓遺稿一卷　(清)徐咸安撰　民國二年(1913)南林張鈞衡適園刻本　一册

330000－1701－0040610　普 951.00913/8740.2/2/c3　類叢部/叢書類/彙編之屬

四部備要　中華書局編　民國二十五年(1936)上海中華書局鉛印本　十二册　存一種

330000－1701－0040614　普 811.17/28481/c1　集部/别集類/清别集

潡園詩集十卷首一卷　(清)徐樹銘撰　徐愨立編　民國七年(1918)鉛印本　四册

330000－1701－0040626　普 610.8/4060/2　子部/醫家類/類編之屬

東垣十書附二種　民國十八年(1929)上海受古書局石印本　六册

330000－1701－0040627　普 811.17/2871/c1　集部/别集類/清别集

華蕊樓遺稿一卷　(清)徐熙珍撰　民國五年(1916)烏程周氏夢坡室刻本　一册

330000－1701－0040631　普 811.17/2871/c2　集部/别集類/清别集

華蕊樓遺稿一卷　(清)徐熙珍撰　民國五年(1916)烏程周氏夢坡室刻本　一册

330000－1701－0040637　普 811.17/2943　集部/詩文評類/詩評之屬

可園詩話八卷　陳作霖撰　民國八年(1919)鉛印本　一册

330000－1701－0040638　SBC0664　史部/目録類/總録之屬

唐廿八人造象之室簴鈔不分卷　稿本　一册

330000－1701－0040639　普 811.17/2899　集部/别集類

甌栝紀遊草一卷　徐燮撰　民國八年(1919)鉛印本　一册

330000－1701－0040647　普 610.8/4301/c1　子部/醫家類/類編之屬

醫藥叢書二集十二種　裘慶元輯　民國五年至七年(1916－1918)紹興醫藥學報社刻本　十二册

330000－1701－0040652　普 811.17/2890/c1　集部/别集類/清别集

風月廬詩稿一卷　(清)徐煥謨撰　民國五年(1916)桐鄉徐氏愛日館刻本　一册

330000－1701－0040655　普 811.17/3027/c1　集部/别集類/清别集

躬恥齋文鈔十四卷别集一卷後編六卷附崇祀鄉賢録一卷躬恥齋詩鈔十四卷首一卷後編七卷校勘記二卷　(清)宗稷辰撰　民國二年(1913)吳門鉛印本　四册　存二十二卷(詩鈔首、一至十四,詩鈔後編一至七)

330000－1701－0040656　SBC0673　史部/地理類/方志之屬/通志

浙江通志釐金門稿三卷　顧家相撰　民國抄本　三册

330000－1701－0040658　普 610.8/4301/c2　子部/醫家類/類編之屬
醫藥叢書二集十二種　裘慶元輯　民國五年至七年(1916－1918)紹興醫藥學報社刻本　七册　存七種

330000－1701－0040659　普 811.17/2890/c2　集部/别集類/清别集
風月廬詩稿一卷　(清)徐煥謨撰　民國五年(1916)桐鄉徐氏愛日館刻本　一册

330000－1701－0040662　普 811.17/3027/c3　集部/别集類/清别集
躬耻齋文鈔十四卷别集一卷後編六卷附崇祀鄉賢録一卷躬耻齋詩鈔十四卷首一卷後編七卷校勘記二卷　(清)宗稷辰撰　民國二年(1913)吳門鉛印本　四册　存二十二卷(詩鈔首、一至十四,詩鈔後編一至七)

330000－1701－0040663　普 811.17/2890/c3　集部/别集類/清别集
風月廬詩稿一卷　(清)徐煥謨撰　民國五年(1916)桐鄉徐氏愛日館刻本　一册

330000－1701－0040681　普 610.8/4412/2　子部/醫家類/類編之屬
黄氏醫書八種八十卷　(清)黄元御撰　民國九年(1920)上海鑄記書局石印本　十二册

330000－1701－0040688　普 610.8/4421/c1　子部/醫家類/類編之屬
古今醫學會通二十七卷　(清)華岫雲編　民國七年(1918)上海大東書局石印本　十六册

330000－1701－0040691　普 811.17/3033　類叢部/叢書類/彙編之屬
汜園叢書五種　宗惟恭編　民國三十七年(1948)合衆圖書館得版編印本　二册　存一種

330000－1701－0040694　SBC0678　集部/别集類
春腴堂詩存四卷　孫原撰　稿本　四册

330000－1701－0040695　普 811.17/30431/c1　集部/别集類/清别集
聞妙香齋詩草一卷　(清)宋培初撰　民國十二年(1923)鉛印本　一册

330000－1701－0040698　普 811.17/30431/c2　集部/别集類/清别集
聞妙香齋詩草一卷　(清)宋培初撰　民國十二年(1923)鉛印本　一册

330000－1701－0040700　SBC0677　集部/别集類
養園詩稿五卷　孫原撰　稿本　一册

330000－1701－0040711　普 610.8/5075、普 610.8/5075.2　子部/醫家類/類編之屬
影印古本醫學叢書十種　錢季寅輯　民國十九年至二十年(1930－1931)上海中醫書局影印本　二十册

330000－1701－0040741　普 610.8/4421/c2　子部/醫家類/類編之屬
古今醫學會通二十七卷　(清)華岫雲編　民國七年(1918)上海大東書局石印本　十六册

330000－1701－0040747　普 951.0092/7731　史部/編年類/通代之屬
世史正綱三十二卷　(明)丘濬撰　民國二十五年(1936)文昌郭氏家塾鉛印本　十册

330000－1701－0040782　SBC0709　集部/别集類
徐受深文稿不分卷日記不分卷(民國五年至十七年)　徐受深撰　稿本　徐益藩題簽並記　九册

330000－1701－0040790　普 610.8/7731　子部/醫家類/類編之屬
聿修堂醫學叢書十三種　(日本)丹波元簡編　民國二十四年(1935)上海皇漢醫學編譯社鉛印本　二十册

330000－1701－0040793　普 811.17/3114　集部/别集類/清别集
鈍吟集三卷　(清)馮班撰　**馮舍人遺詩六卷**　(清)馮廷櫆撰　民國三年(1914)上海集益書局石印本　三册　存六卷(馮舍人遺詩一至六)

330000－1701－0040794　普 811.17/3111
集部/別集類/清别集
鈍吟集三卷　(清)馮班撰　**馮舍人遺詩六卷**　(清)馮廷櫆撰　民國三年(1914)上海集益書局石印本　一册　缺六卷(馮舍人遺詩一至六)

330000－1701－0040795　普 811.17/31131
集部/别集類/清别集
結鐵網齋詩集十卷補抄一卷　(清)汪元治撰　**邢莊賸草一卷**　(清)汪元沼撰　民國八年至九年(1919－1920)刻本　四册

330000－1701－0040801　普 610.8/7732　子部/醫家類/類編之屬
醫家秘奥　(清)陳嘉璴輯　民國十九年(1930)北京翰文齋影印本　二册

330000－1701－0040810　普 610.92/0070
子部/醫家類
醫林尚友録一卷　章巨膺編　民國二十五年(1936)上海章巨膺醫寓鉛印本　一册

330000－1701－0040818　普 811.17/3121
集部/别集類/清别集
馮雪坨詩集八卷　(清)馮郇雨撰　民國八年(1919)上海華商書局石印本　二册

330000－1701－0040819　普 610.8/7583/3/c2　子部/醫家類/類編之屬
陳修園醫書六十種　(清)陳念祖等撰　民國八年(1919)石印本　二十八册

330000－1701－0040820　普 610.94/8027
新學/醫學
西醫略論三卷　(英國)合信氏撰　(清)管茂材譯　民國鉛印本　一册

330000－1701－0040845　普 610.95111/1032　子部/醫家類/醫經之屬/内經
重廣補註黄帝内經素問二十四卷靈樞二十四卷　(唐)王冰注　(宋)林億等校正　(宋)孫兆改誤　(清)錢熙祚校　**内經素問校勘記一卷内經靈樞校勘記一卷**　(清)顧尚之撰　民國十七年(1928)中國學會據錢氏守山閣刻本影印本　十二册

330000－1701－0040857　普 610.95111/1032/2　子部/醫家類/醫經之屬/内經
補注黄帝内經素問二十四卷靈樞十二卷　(唐)王冰注　(宋)林億等校正　(宋)孫兆改誤　**黄帝内經素問遺編一卷**　(宋)劉溫舒原本　民國上海廣益書局石印本　六册

330000－1701－0040866　普 811.17/31303
集部/别集類/清别集
達觀樓詩草一卷　(清)顧寬撰　顧森書輯　民國十三年(1924)鉛印本　一册

330000－1701－0040875　普 951.00922/0081/c1　史部/編年類/通代之屬
胡刻通鑑正文校宋記述略一卷　章鈺撰　民國十八年(1929)鉛印本　沈維鈞題記　一册

330000－1701－0040877　普 951.00922/0081/c2　史部/編年類/通代之屬
胡刻通鑑正文校宋記述略一卷　章鈺撰　民國十八年(1929)鉛印本　張美翊跋　一册

330000－1701－0040880　普 610.95111/4084/4　子部/醫家類/醫經之屬/内經
内經知要二卷　(清)李中梓輯注　(清)薛雪補注　民國上海商務印書館鉛印本　一册

330000－1701－0040881　普 951.00922/0081/c3　史部/編年類/通代之屬
胡刻通鑑正文校宋記述略一卷　章鈺撰　民國十八年(1929)鉛印本　一册

330000－1701－0040883　普 951.00922/0081.1　史部/編年類/通代之屬
胡刻通鑑正文校宋記三十卷述略一卷　章鈺撰　**胡刻通鑑正文校宋記附録三卷**　(宋)胡三省注文　章鈺輯　民國二十年(1931)長洲章氏四當齋刻本　六册

330000－1701－0040884　普 610.95125/2650　子部/醫家類/類編之屬
醫古微六種　張驥撰　民國二十四年(1935)雙流張氏義生堂成都刻本　一册　存一種

330000－1701－0040887　普 610.95111/7144　子部/醫家類/醫經之屬/内經
黄帝内經素問合纂十卷靈樞經合纂九卷補遺一卷　（明）馬蒔　（清）張志聰注　民國十一年(1922)上海錦章圖書局石印本　十八册

330000－1701－0040894　普 811.17/3150/c1　集部/别集類/清别集
容甫先生遺詩五卷補遺一卷附錄一卷　（清）汪中撰　民國三年(1914)上海有正書局石印本　一册

330000－1701－0040925　普 951.00922/1053/2/c2　史部/史評類/史論之屬
讀通鑑論十六卷宋論十五卷　（清）王夫之撰　民國上海商務印書館鉛印本　十册

330000－1701－0040937　普 610.95112/7228　子部/醫家類/類編之屬
吾以吾鳴齋蜀醫叢刊　民國上海三友實業社鉛印本　一册　存一種

330000－1701－0040939　普 610.95113/8012/c1　子部/醫家類/醫經之屬/内經
靈素商兑一卷附砭新醫一卷附箴病人一卷　余巖撰　民國鉛印本　一册

330000－1701－0040945　普 610.95113/8012/c2　子部/醫家類/醫經之屬/内經
靈素商兑一卷附砭新醫一卷附箴病人一卷　余巖撰　民國鉛印本　一册

330000－1701－0040946　普 610.95113/8012/c3　子部/醫家類/醫經之屬/内經
靈素商兑一卷附砭新醫一卷附箴病人一卷　余巖撰　民國鉛印本　一册

330000－1701－0040957　普 610.95119/3044　子部/醫家類/綜合之屬/通論
扁鵲心書三卷首一卷神方一卷　（戰國）扁鵲傳　（宋）竇材輯　（清）胡珏參論　民國上海千頃堂書局石印本　一册

330000－1701－0040966　SBC0730　史部/目録類/專録之屬
曲目韻編二卷　董康編　民國抄本　一册

330000－1701－0040977　普 610.95123/1142.207　子部/醫家類/傷寒金匱之屬/金匱要略
金匱翼八卷　（清）尤怡撰　民國三年(1914)上海文瑞樓石印本　四册

330000－1701－0040979　普 811.17/3176　集部/别集類
成都顧先生詩集十卷補遺一卷　顧印愚撰　程康輯　民國二十一年(1932)寧鄉程康顧廬上海鉛印本　民康題記　二册

330000－1701－0040983　普 610.95124/4423.2　子部/醫家類/方書之屬
古代真本華佗神醫秘傳二十二卷　（漢）華佗撰　（唐）孫思邈集　民國十一年(1922)大陸圖書公司鉛印本　一册

330000－1701－0040985　M005809　史部/目録類/版本之屬/書影
百衲本二十四史預約樣本一卷　上海商務印書館編　民國十九年(1930)上海商務印書館鉛印本暨影印本　一册

330000－1701－0040986　普 610.95127/2210/2/c1　子部/醫家類/醫理之屬/病源病機
重刊巢氏諸病源候總論五十卷　（隋）巢元方等撰　民國元年(1912)鄂官書處刻本　八册

330000－1701－0040990　SBC0728　史部/目録類/專録之屬
輯佚書目一卷　吴士鑑撰　稿本　一册

330000－1701－0040993　普 610.95127/2210/2/c2　子部/醫家類/醫理之屬/病源病機
重刊巢氏諸病源候總論五十卷　（隋）巢元方等撰　民國元年(1912)鄂官書處刻本　八册

330000－1701－0040998　普 811.17/3144　集部/别集類/清别集
自怡軒詩存二卷詞存一卷　（清）顧荃撰　民國二十一年(1932)鉛印本　一册

330000－1701－0041011　普 610.95115/

11471　子部/醫家類/醫經之屬/難經
難經彙注箋正三卷首一卷　張壽頤撰　民國十二年(1923)蘭谿中醫專門學校石印本　四冊

330000－1701－0041017　普 811.17/3150/c2　集部/别集類/清别集
容甫先生遺詩五卷補遺一卷附錄一卷　(清)汪中撰　民國三年(1914)上海有正書局石印本　一冊

330000－1701－0041018　普 811.17/3202　集部/别集類/清别集
寶硯齋詩詞集五卷　(清)潘文熊撰　民國十九年(1930)常熟潘慶年鉛印本　一冊

330000－1701－0041027　SBC0723　史部/目録類/專録之屬
晉書斠注引用書目不分卷　吳士鑑撰　稿本　二冊

330000－1701－0041029　普 610.95149/1115　子部/醫家類/類編之屬
蘭谿醫校講義　民國油印本　三冊　存一種

330000－1701－0041030　普 811.17/3204/c1　集部/總集類/氏族之屬
守約堂遺詩彙鈔三卷　潘鍾華輯　民國十四年(1925)潘鍾華刻本　潘願俯題記　一冊

330000－1701－0041033　普 811.17/3204/c2　集部/總集類/氏族之屬
守約堂遺詩彙鈔三卷　潘鍾華輯　民國十四年(1925)潘鍾華刻本　一冊

330000－1701－0041035　普 610.9516/0117　子部/醫家類/綜合之屬
增補醫林狀元壽世保元十集十卷　(明)龔廷賢編　民國十一年(1922)上海章福記書局石印本　五冊

330000－1701－0041039　普 610.9516/0117/2　子部/醫家類/綜合之屬
增補醫林狀元壽世保元十集十卷　(明)龔廷賢編　民國上海大成書局石印本　五冊

330000－1701－0041045　普 811.17/3237/c1　集部/别集類/清别集
竹山堂詩稿二卷詞稿一卷　(清)潘祖同撰　民國七年(1918)吳縣潘氏刻本　一冊

330000－1701－0041052　普 811.17/3237/c2　集部/别集類/清别集
竹山堂詩稿二卷詞稿一卷　(清)潘祖同撰　民國七年(1918)吳縣潘氏刻本　一冊

330000－1701－0041064　普 811.17/31444　集部/别集類/清别集
素心簃集四卷詩集二卷　(清)顧蓮撰　高燮輯　民國二年(1913)金山高氏寒隱草堂刻本　一冊　存二卷(詩集一至二)

330000－1701－0041067　SBC0749　集部/别集類/清别集
素行軒註有正味叅尺牘一卷　(清)吳錫麒撰　何燦注　稿本　一冊

330000－1701－0041068　SBC0750　史部/地理類/方志之屬/郡縣志
臨安志補遺不分卷　姚祖義撰　稿本　二冊

330000－1701－0041070　普 811.17/3240　集部/别集類/清别集
觀復草廬剩稿六卷　(清)潘樫章撰　民國二年(1913)上海神州國光社鉛印本　仲生題記　二冊

330000－1701－0041072　普 610.9516/1029　子部/醫家類/綜合之屬/通論
醫學津梁六卷　(明)王肯堂撰　(清)岳昌源删補　(清)陳洙重訂　民國八年(1919)上海學海圖書館石印本　一冊

330000－1701－0041078　普 811.17/3242　集部/别集類/清别集
鵠泉山館集八卷首一卷　(清)潘觀保撰　民國三年(1914)潘承謀刻本　二冊

330000－1701－0041080　SBC0748　集部/别集類
素行軒信稿四卷證蓮華館酬世文稿一卷　何燦撰　稿本　五冊

330000－1701－0041083　SBC0746　史部/地理類/方志之屬/郡縣志
臨安縣志糾不分卷　姚祖義撰　稿本　一冊

330000－1701－0041094　普 610.9516/1183.01　子部/醫家類/綜合之屬
景岳全書發揮四卷首一卷　(清)葉桂撰　民國六年(1917)競進書局石印本　二冊

330000－1701－0041099　普 951.00922/1779/5　類叢部/叢書類/彙編之屬
四部叢刊　張元濟等編　民國八年(1919)上海商務印書館影印本　八十冊　存一種

330000－1701－0041111　普 811.17/3324/c2　集部/別集類
節庵先生遺詩六卷　梁鼎芬撰　余紹宋輯　民國十二年(1923)沔陽盧氏慎始基齋武昌刻本　二冊

330000－1701－0041113　普 811.17/3337/c1　類叢部/叢書類/彙編之屬
又滿樓叢書十六種　趙詒琛編　民國九年至十四年(1920－1925)崑山趙氏又滿樓刻本　一冊　存一種

330000－1701－0041115　普 811.17/3324/c3　集部/別集類
節庵先生遺詩六卷　梁鼎芬撰　余紹宋輯　民國十二年(1923)沔陽盧氏慎始基齋武昌刻本　余紹宋題記　二冊

330000－1701－0041119　普 811.17/3337/c2　類叢部/叢書類/彙編之屬
又滿樓叢書十六種　趙詒琛編　民國九年至十四年(1920－1925)崑山趙氏又滿樓刻本　一冊　存一種

330000－1701－0041120　普 811.17/3324.2　集部/別集類
節庵先生遺詩續編一卷　梁鼎芬撰　葉恭綽輯　民國番禺葉恭綽鉛印本　一冊

330000－1701－0041125　普 610.9516/1214/c1　子部/醫家類/綜合之屬/通論
赤水玄珠三十卷附醫旨緒餘二卷醫案五卷　(明)孫一奎撰　民國三年(1914)上海著易堂鉛印本　十六冊

330000－1701－0041132　普 811.17/3347/c2　集部/別集類/清別集
曉霞軒詩詞焚餘集一卷　(清)梁壽賢撰　民國八年(1919)鉛印本　一冊

330000－1701－0041133　普 811.17/3407/c1　集部/別集類/清別集
沈四山人詩錄六卷附錄一卷　(清)沈謹學撰　民國鉛印本　一冊

330000－1701－0041134　普 610.9516/4054/2　子部/醫家類/綜合之屬/通論
瀛經堂醫宗必讀十卷　(明)李中梓撰　民國九年(1920)上海會文堂書局石印本　五冊

330000－1701－0041152　普 811.17/3407/c2　集部/別集類/清別集
沈四山人詩錄六卷附錄一卷　(清)沈謹學撰　民國鉛印本　一冊

330000－1701－0041155　普 811.17/3347/c6　集部/別集類/清別集
曉霞軒詩詞焚餘集一卷　(清)梁壽賢撰　民國八年(1919)鉛印本　一冊

330000－1701－0041156　普 610.9516/1214/c2　子部/醫家類/綜合之屬/通論
赤水玄珠三十卷附醫旨緒餘二卷醫案五卷　(明)孫一奎撰　民國三年(1914)上海著易堂鉛印本　十六冊

330000－1701－0041157　普 811.17/3407/c3　集部/別集類/清別集
沈四山人詩錄六卷附錄一卷　(清)沈謹學撰　民國鉛印本　一冊

330000－1701－0041161　普 610.9516/7734　子部/醫家類/綜合之屬/通論
慎齋遺書十卷　(明)周之幹撰　(明)吳球編　民國八年(1919)紹興育新書局石印本　四冊

330000－1701－0041163　SBC0763　史部/地

理類/雜志之屬

西陲記畧一卷 (清)黄文煒撰 **高昌麴氏年表一卷** 羅振玉撰 民國抄本 勵乃驥跋 一冊

330000-1701-0041169 普610.6516/2153 子部/醫家類/方書之屬/歷代方書

醫學正傳八卷 (明)虞摶輯 民國上海會文堂書局石印本 八冊

330000-1701-0041177 普811.17/3410/c1 集部/别集類

濤園詩集四卷 沈瑜慶撰 民國九年(1920)李宣龔鉛印本 二冊

330000-1701-0041179 普811.17/3420.2/c1 集部/别集類/清别集

小緑天庵遺詩二卷六舟山野紀事詩一卷 (清)釋達受撰 民國九年(1920)海寧姚氏古樸山房鉛印本 一冊

330000-1701-0041180 普811.17/3410/c2 集部/别集類

濤園詩集四卷 沈瑜慶撰 民國九年(1920)李宣龔鉛印本 一冊 存二卷(三至四)

330000-1701-0041184 普811.17/3410/c3 集部/别集類

濤園詩集四卷 沈瑜慶撰 民國九年(1920)李宣龔鉛印本 二冊

330000-1701-0041186 普811.17/3420.2/c2 集部/别集類/清别集

小緑天庵遺詩二卷六舟山野紀事詩一卷 (清)釋達受撰 民國九年(1920)海寧姚氏古樸山房鉛印本 一冊

330000-1701-0041188 普610.9516/4464 子部/醫家類/類編之屬

濟生拔粹十九卷 (元)杜思敬編 民國二十七年(1938)長沙商務印書館據元延祐二年(1315)刻本影印本 十冊

330000-1701-0041192 SBC0775 子部/宗教類/道教之屬

古本周易參同契集註二卷補遺一卷附錄一卷圖象一卷 (清)知幾子集補 民國抄本 一冊 存一卷(上)

330000-1701-0041196 SBC0773 集部/别集類

無名氏稿一卷 稿本 一冊

330000-1701-0041198 普610.9516/4921 子部/醫家類/方書之屬/歷代方書

醫無間子醫貫六卷 (明)趙獻可撰 (明)薛三省訂正 民國十五年(1926)上海大德書局石印本 六冊

330000-1701-0041199 普610.9517/1032/3 子部/醫家類/醫理之屬/綜合

醫林改錯二卷 (清)王清任撰 民國上海廣益書局石印本 一冊

330000-1701-0041208 SBC0774 集部/别集類

邵次公先生詩稿一卷 邵瑞彭撰 民國抄本 一冊

330000-1701-0041215 普811.17/3433/c1 集部/别集類/清别集

房仲詩選二卷 (清)沈心撰 (清)姚鼒選 民國八年(1919)上海西泠印社木活字印本 一冊

330000-1701-0041226 普811.17/3433/c2 集部/别集類/清别集

房仲詩選二卷 (清)沈心撰 (清)姚鼒選 民國八年(1919)上海西泠印社木活字印本 一冊

330000-1701-0041230 普610.9517/2632/c1 子部/醫家類/内科之屬/虚勞

不居集五十卷首二卷 (清)吴澄撰 民國二十四年(1935)上海中醫書局鉛印本 十冊

330000-1701-0041233 普610.9517/2632/c2 子部/醫家類/内科之屬/虚勞

不居集五十卷首二卷 (清)吴澄撰 民國二十四年(1935)上海中醫書局鉛印本 十冊

330000-1701-0041236 普610.9517/2632/

c3　子部/醫家類/内科之屬/虚勞
不居集五十卷首二卷　(清)吳澄撰　民國二十四年(1935)上海中醫書局鉛印本　十冊

330000－1701－0041241　普 610.9517/2610　子部/醫家類/類編之屬
曹氏醫學叢書□□種　曹炳章編　民國四年(1915)紹興育新書局石印本　二冊　存一種

330000－1701－0041242　普 811.17/34301　集部/別集類/清別集
春壺殘滴二卷　(清)沈祿康撰　**附錄一卷**　沈昌眉撰　民國九年(1920)沈昌眉鉛印本　一冊

330000－1701－0041251　普 811.17/3442/c2　集部/別集類/清別集
隱怡山房小詠一卷　(清)沈蘭徵撰　民國二十四年(1935)鉛印本　一冊

330000－1701－0041252　SBC0780　經部/易類
易經不分卷　民國抄本　一冊

330000－1701－0041253　SBC0778　史部/傳記類/科舉録之屬/歷科登科録
明清巍科姓氏錄二卷　張惟驤輯　民國抄本　一冊　存一卷(一)

330000－1701－0041254　普 811.17/3442/c1　集部/別集類/清別集
隱怡山房小詠一卷　(清)沈蘭徵撰　民國二十四年(1935)鉛印本　一冊

330000－1701－0041259　普 811.17/3454/c1　集部/別集類
望雲樓詩稿一卷續編一卷　褚成婉撰　民國二年(1913)石印本　一冊

330000－1701－0041263　普 811.17/3454/c4　集部/別集類
望雲樓詩稿一卷續編一卷　褚成婉撰　民國二年(1913)石印本　一冊

330000－1701－0041267　普 951.00922/1779/9/c2　史部/編年類/通代之屬
資治通鑑二百九十四卷　(宋)司馬光撰　(元)胡三省音注　**通鑑釋文辯誤十二卷**　(元)胡三省撰　民國六年(1917)上海商務印書館鉛印本　六十冊

330000－1701－0041272　普 811.17/3463　集部/別集類/清別集
泥雪堂詩鈔九卷詞鈔五卷附錄一卷　(清)沈昌宇撰　民國六年(1917)日進公司鉛印本　二冊

330000－1701－0041273　普 951.00922/1779/9/c3　史部/編年類/通代之屬
資治通鑑二百九十四卷　(宋)司馬光撰　(元)胡三省音注　**通鑑釋文辯誤十二卷**　(元)胡三省撰　民國六年(1917)上海商務印書館鉛印本　六十冊

330000－1701－0041282　普 610.9517/2634/2　子部/醫家類/醫話醫論之屬
醫學求是一卷二集二卷醫案一卷　(清)吳達撰　民國十年(1921)大成書局石印本　一冊

330000－1701－0041284　普 811.17/3472　集部/別集類/清別集
定生慧盦詩集二卷　(清)沈賢修撰　民國二十四年(1935)皖南沈曾蔭鉛印本　一冊

330000－1701－0041286　普 951.00922/1779/11　類叢部/叢書類/彙編之屬
四部備要　中華書局編　民國二十五年(1936)上海中華書局鉛印本　一百冊　存一種

330000－1701－0041289　普 811.17/3451/c1　集部/別集類/清別集
玩花軒吟草二卷詩餘一卷　(清)褚成烈撰　民國十年(1921)鉛印本　一冊

330000－1701－0041295　普 811.17/3451/c2　集部/別集類/清別集
玩花軒吟草二卷詩餘一卷　(清)褚成烈撰　民國十年(1921)鉛印本　一冊

330000－1701－0041296　普 610.9517/2668　子部/醫家類/綜合之屬/雜著

醫家四要四卷　(清)程曦　(清)江誠　(清)雷大震纂　民國五年(1916)上海千頃堂書局石印本　一册

330000－1701－0041297　普 811.17/3451/c3　集部/別集類/清別集

玩花軒吟草二卷詩餘一卷　(清)褚成烈撰　民國十年(1921)鉛印本　一册

330000－1701－0041303　普 811.17/3483.2　集部/別集類/清別集

鴻雪樓詩選初集四卷外集一卷名媛詩話八卷　(清)沈善寶撰　民國十三年(1924)沈敏元鉛印本　四册

330000－1701－0041305　普 610.9517/3103/c1　子部/醫家類/綜合之屬/通論

顧氏醫鏡十六卷　(清)顧靖遠撰　民國二十三年(1934)上海掃葉山房石印本　六册

330000－1701－0041309　普 610.9517/3103/c2　子部/醫家類/綜合之屬/通論

顧氏醫鏡十六卷　(清)顧靖遠撰　民國二十三年(1934)上海掃葉山房石印本　六册

330000－1701－0041314　普 610.9517/3103/2　子部/醫家類/綜合之屬/通論

醫鏡十六卷首一卷　(清)顧靖遠撰　民國十年(1921)杭城武林印書館鉛印本　四册

330000－1701－0041327　普 610.9517/3136/2　子部/醫家類/綜合之屬/雜著

筆花醫鏡四卷　(清)江涵暾撰　民國元年(1912)上海會文堂石印本　二册

330000－1701－0041342　普 811.17/3483/c1　集部/別集類/清別集

鴻雪樓詩選初集四卷外集一卷名媛詩話八卷　(清)沈善寶撰　民國十三年(1924)沈敏元鉛印本　二册　缺八卷(名媛詩話一至八)

330000－1701－0041348　普 811.17/3483/c2　集部/別集類/清別集

鴻雪樓詩選初集四卷外集一卷名媛詩話八卷　(清)沈善寶撰　民國十三年(1924)沈敏元鉛印本　二册　缺八卷(名媛詩話一至八)

330000－1701－0041350　普 610.9517/4411/2　子部/醫家類/綜合之屬/通論

類證治裁八卷首一卷　(清)林珮琴撰　民國上海千頃堂書局石印本　八册

330000－1701－0041364　普 610.9517/4414/2　子部/醫家類/綜合之屬/通論

醫宗說約六卷　(清)蔣示吉撰　民國上海萃英書局石印本　一册

330000－1701－0041369　普 610.9517/3136/4　子部/醫家類/綜合之屬/雜著

筆花醫鏡四卷　(清)江涵暾撰　民國上海文瑞樓石印本　二册

330000－1701－0041370　普 610.9517/4484/2　子部/醫家類/綜合之屬

壽身小補九卷補編一卷　(清)黄兌楣輯　民國五年(1916)石印本　四册

330000－1701－0041389　普 951.00922/1779.08/3　史部/編年類/通代之屬

資治通鑑目錄三十卷釋例圖譜一卷　(宋)司馬光撰　**資治通鑑問疑一卷**　(宋)劉羲仲撰　民國五年(1916)山西官書局刻本　十五册

330000－1701－0041394　普 610.9517/6715/3　子部/醫家類/綜合之屬/通論

御纂醫宗金鑑九十卷首一卷　(清)吳謙等撰　民國商務印書館鉛印本　二十册

330000－1701－0041403　普 951.00922/1779.08/6/c1　類叢部/叢書類/彙編之屬

四部備要　中華書局編　民國二十五年(1936)上海中華書局鉛印本　六册　存一種

330000－1701－0041405　普 951.00922/1779.08/6/c2　類叢部/叢書類/彙編之屬

四部備要　中華書局編　民國二十五年(1936)上海中華書局鉛印本　六册　存一種

330000－1701－0041412　普 610.9517/6715/6　子部/醫家類/綜合之屬/通論

御纂醫宗金鑑九十卷首一卷　(清)吳謙等撰　民國商務印書館鉛印本　二十四册

330000－1701－0041419　SBC0830　集部/曲類/曲韻曲譜曲律之屬

牡丹亭長生殿節鈔一卷　民國抄本　一册

330000－1701－0041421　普 610.9517/6715/8　子部/醫家類/綜合之屬/通論

御纂醫宗金鑑九十卷首一卷　(清)吳謙等撰　民國商務印書館鉛印本　十八册　缺十六卷(外科心法要訣一至十六)

330000－1701－0041428　SBC0816　史部/雜史類/斷代之屬

清末史料三卷　民國抄本　三册

330000－1701－0041434　普 811.17/3642/c2　集部/別集類/清別集

苕香館遺草一卷　(清)祝幼珊撰　民國十八年(1929)祝履中鉛印本　一册

330000－1701－0041436　普 811.17/3642/c3　集部/別集類/清別集

苕香館遺草一卷　(清)祝幼珊撰　民國十八年(1929)祝履中鉛印本　一册

330000－1701－0041443　SBC0825　子部/雜著類

蟾影菴詩話一卷　羅默輯　民國十年(1921)稿本　一册

330000－1701－0041448　SBC0826　史部/史評類

蠖齋史評一卷　陳寶煐撰　稿本　一册

330000－1701－0041457　SBC0833　子部/雜著類

南園居士初稿不分卷　民國抄本　二册

330000－1701－0041468　普 811.17/3744　類叢部/叢書類/郡邑之屬

雲南叢書初編一百四十一種二編三十七種　趙藩　陳榮昌等輯　民國雲南叢書處刻本　二册　存一種

330000－1701－0041488　普 610.9517/7722　子部/醫家類/綜合之屬

醫師秘笈二卷　(清)□□撰　**濕熱條辨一卷**　(清)薛雪撰　民國九年(1920)上海進化書局石印本　二册

330000－1701－0041492　普 811.17/4004　集部/別集類/清別集

雙桐書屋詩賸七卷　(清)李應莘撰　(清)崇洸輯　民國十五年(1926)揚州思過齋刻本　二册

330000－1701－0041495　SBC0834　史部/政書類/公牘檔册之屬

乙丑政變文牘不分卷　民國抄本　一册

330000－1701－0041502　普 610.9517/7583.2/2　子部/醫家類/綜合之屬/雜著

醫學三字經四卷　(清)陳念祖撰　民國二十年(1931)江蘇江陰寶文堂書莊刻本　一册

330000－1701－0041504　普 610.9517/7743　子部/醫家類/醫話醫論之屬

靖盦説醫一卷　周聲溢撰　民國十四年(1925)上海鉛印本　一册

330000－1701－0041518　普 610.9517/8340　子部/醫家類/綜合之屬/通論

辨證奇聞十卷　(清)錢松撰　民國二年(1913)上海校經山房石印本　六册

330000－1701－0041528　普 811.17/4011.2/c1　集部/別集類/清別集

萬山草堂詩續集六卷　(清)李登雲撰　民國二十一年(1932)杭州刻本　二册

330000－1701－0041530　普 811.17/4011.2/c2　集部/別集類/清別集

萬山草堂詩續集六卷　(清)李登雲撰　民國二十一年(1932)杭州刻本　二册

330000－1701－0041549　普 613.14/7540　子部/醫家類/養生之屬

壽親養老新書四卷　(宋)陳直撰　(元)鄒鉉續撰　民國八年(1919)上海朝記書莊鉛印本　六册

330000－1701－0041560　普 811.17/3842　集部/別集類/清別集

江泠閣緒風吟三卷　(清)冷士嵋撰　民國二十五年(1936)陶風樓影印本　一冊

330000－1701－0041565　普 615.039/8745/c1　子部/醫家類/本草之屬/本草雜著
增訂僞藥條辨四卷　鄭奮揚撰　曹炳章集註　民國十七年(1928)紹興和濟藥局鉛印本　二冊

330000－1701－0041568　普 610.9518/1147　子部/醫家類/内科之屬/中風
中風斠詮三卷　張壽頤纂輯　張文彥評點　民國抄本　一冊

330000－1701－0041577　普 615.039/8745/c2　子部/醫家類/本草之屬/本草雜著
增訂僞藥條辨四卷　鄭奮揚撰　曹炳章集註　民國十七年(1928)紹興和濟藥局鉛印本　二冊

330000－1701－0041580　普 811.17/4013/c1　集部/別集類/清別集
李竹君詩鈔一卷　(清)李承湛撰　民國三年(1914)上海宏大紙號石印本　一冊

330000－1701－0041582　普 811.17/40143　集部/總集類/彙編之屬
明季三孝廉集　羅振玉輯　民國八年(1919)上虞羅氏鉛印本　一冊　存二種

330000－1701－0041586　普 811.17/4013/c3　集部/別集類/清別集
李竹君詩鈔一卷　(清)李承湛撰　民國三年(1914)上海宏大紙號石印本　一冊

330000－1701－0041587　普 811.17/4014/c1　集部/別集類/清別集
補蘿書屋詩鈔四卷　(清)李飛英撰　陳樹鈞輯　民國四年(1915)太平陳氏刻本　二冊

330000－1701－0041588　普 811.17/4014/c2　集部/別集類/清別集
補蘿書屋詩鈔四卷　(清)李飛英撰　陳樹鈞輯　民國四年(1915)太平陳氏刻本　二冊

330000－1701－0041594　普 615.1/0737/2　子部/醫家類/本草之屬/歷代綜合本草
本草三家合註三卷　(清)郭汝驄集注　民國上海理文軒書莊石印本　三冊

330000－1701－0041598　普 811.17/40231　集部/別集類/清別集
滋樹室遺集二卷　(清)李經達撰　民國十二年(1923)鉛印本　一冊

330000－1701－0041616　普 615.1/1147/c1　子部/醫家類/本草之屬/本草藥性
本草正義七卷　張壽頤撰　民國二十一年(1932)鉛印本　一冊

330000－1701－0041617　普 615.1/1147/c2　子部/醫家類/本草之屬/本草藥性
本草正義七卷　張壽頤撰　民國二十一年(1932)鉛印本　黄百川題簽、批校並跋　一冊

330000－1701－0041627　普 615.1/2122　子部/醫家類/本草之屬/本草藥性
藥性賦一卷藥性類目一卷　(清)何巖撰　民國茂苑衛氏九千卷樓抄本　衛道題簽並記　一冊

330000－1701－0041628　普 811.17/40251　集部/總集類/氏族之屬
飲源集三卷　袁行泰　袁之京　袁可炳撰　民國二十二年(1933)鉛印本　一冊

330000－1701－0041629　普 811.17/4026　類叢部/叢書類/郡邑之屬
沔陽叢書十二種　盧弼編　民國十一年至十五年(1922－1926)沔陽盧氏慎始基齋刻二十年(1931)彙印本　一冊

330000－1701－0041631　普 811.17/4031/c1　集部/別集類/清別集
繡子先生集二十卷　(清)李黼平撰　民國二十三年(1934)李雲儔鉛印本　四冊

330000－1701－0041632　普 615.1/2588　子部/醫家類/本草之屬/本草雜著
本草詩箋十卷　(清)朱鑰撰　民國上海千頃堂書局石印本　四冊

330000－1701－0041642　普 811.17/40311/2　集部/別集類/清別集
芝省齋吟稿八卷　(清)李遇孫撰　民國平湖葛昌楣弢華館刻本　一冊

330000－1701－0041656　普 615.1/2623/6　子部/醫家類/本草之屬/歷代綜合本草
本草從新十八卷　(清)吳儀洛撰　民國上海蔣春記書莊石印本　一冊

330000－1701－0041675　普 811.17/4032　集部/別集類
宜秋館詩前編四卷後編二卷詞一卷　李之鼎撰　民國宜秋館刻本　二冊

330000－1701－0041691　普 615.1/3003　子部/醫家類/本草之屬/歷代綜合本草
本草便讀十卷首一卷　宦應清輯　民國十三年(1924)屏鳳寄廬鉛印本　四冊

330000－1701－0041694　普 811.17/40424/c1　集部/別集類
屈翁詩稿十二卷泰西新史雜詠一卷　李世伸撰　民國十四年(1925)刻本　二冊

330000－1701－0041695　普 811.17/40332　集部/別集類/清別集
李郇雨詩稿一卷　(清)李澤深撰　民國十一年(1922)刻本　一冊

330000－1701－0041697　普 811.17/40424/c2　集部/別集類
屈翁詩稿十二卷泰西新史雜詠一卷　李世伸撰　民國十四年(1925)刻本　二冊

330000－1701－0041701　普 811.17/4034　集部/別集類/清別集
謻臺賸草一卷　(清)李之芬撰　(清)李濤編輯　民國山陰李氏石印本　一冊

330000－1701－0041702　普 615.1/3030　子部/醫家類/類編之屬
影印古本醫學叢書十種　錢季寅輯　民國十九年至二十年(1930－1931)上海中醫書局影印本　二冊　存一種

330000－1701－0041708　普 811.17/4035　集部/別集類/清別集
寄廡樓詩一卷　(清)查濟忠撰　高燮　富壽鴻編　民國十六年(1927)海鹽張元濟鉛印本　一冊

330000－1701－0041724　普 811.17/4046　類叢部/叢書類/郡邑之屬
雲南叢書初編一百四十一種二編三十七種　趙藩　陳榮昌等輯　民國雲南叢書處刻本　一冊　存一種

330000－1701－0041737　普 951.00922/4213　史部/史抄類
史迻二卷　姚琮撰　民國三十四年(1945)鉛印本　洪文蘭題記　二冊

330000－1701－0041741　普 615.1/4060/2/c1　子部/醫家類/本草之屬/本草藥性
雷公炮製藥性賦解十卷　民國十七年(1928)會文堂鉛印本　六冊

330000－1701－0041746　普 615.1/4060/2/c2　子部/醫家類/本草之屬/本草藥性
雷公炮製藥性賦解十卷　民國十七年(1928)會文堂鉛印本　六冊

330000－1701－0041750　普 811.17/4059/c1　集部/別集類
玩止水齋遺稿四卷　李輔燿撰　民國十年(1921)刻本　一冊

330000－1701－0041752　普 615.1/4665/c1　子部/醫家類/本草之屬/歷代綜合本草
本草述鉤元三十二卷　(清)劉若金撰　(清)楊時泰輯　民國十年(1921)上海進化書局石印本　十六冊

330000－1701－0041757　普 615.1/3160/8　子部/醫家類/本草之屬/歷代綜合本草
本草備要八卷圖一卷　(清)汪昂撰　民國上海商務印書館鉛印本　四冊

330000－1701－0041758　普 811.17/4059/c3　集部/別集類
玩止水齋遺稿四卷　李輔燿撰　民國十年

(1921)刻本　一册

330000－1701－0041763　普 811.17/40521　集部/别集類/清别集
見山樓詩鈔二卷　(清)李本仁撰　民國十六年(1927)鉛印本　一册

330000－1701－0041768　普 615.1/4060/6　子部/醫家類/本草之屬/本草藥性
雷公炮製藥性賦解十卷　民國上海商務印書館鉛印本　二册

330000－1701－0041773　SBC0904　集部/别集類
江山萬里樓詩選抄一卷　楊圻撰　民國抄本　一册

330000－1701－0041780　SBC0921　類叢部/叢書類/自著之屬
章氏叢書十三種　章炳麟撰　民國六年至八年(1917－1919)浙江圖書館刻初印校本　四册　存四種

330000－1701－0041782　普 615.1/3427　子部/醫家類/本草之屬/歷代綜合本草
本草害利二卷　(清)凌奐撰　民國曬藍印本　四册

330000－1701－0041787　SBC0926　史部/目録類/專録之屬
備要六集擬目一卷附戲曲叢刊擬目一卷　民國抄本　一册

330000－1701－0041797　SBC0924　史部/傳記類/總傳之屬
俞氏傳略一卷　民國抄本　一册

330000－1701－0041801　SBC0923　子部/藝術類/遊藝之屬/聯語
梡鞠録二卷　朱祖謀編　民國松華齋抄本　一册　存一卷(上)

330000－1701－0041804　普 615.1/3554.2/2　子部/醫家類/本草之屬/神農本草經
古醫湯液叢書　劉復撰　民國三十一年(1942)中國中醫學會鉛印本　一册　存一種

330000－1701－0041814　普 811.17/4088.2　類叢部/叢書類/彙編之屬
國學選粹□□種　民國越鐸日報鉛印本　陳光漢批校　一册　存一種

330000－1701－0041818　普 811.17/4088.2/2/c1　集部/别集類/清别集
杏花香雪齋詩十一卷補一卷　(清)李慈銘撰　吳道晉輯　民國二十八年(1939)中華書局鉛印本　二册

330000－1701－0041821　普 811.17/4088.2/2/c2　集部/别集類/清别集
杏花香雪齋詩十一卷補一卷　(清)李慈銘撰　吳道晉輯　民國二十八年(1939)中華書局鉛印本　二册

330000－1701－0041822　普 811.17/4088.2/3/c1　類叢部/叢書類/彙編之屬
國學選粹□□種　民國越鐸日報鉛印本　二册　存一種

330000－1701－0041828　普 615.1/4061/7、普 615.1/4061.08/2、普 615.1/4978/2　子部/醫家類/本草之屬/歷代綜合本草
本草綱目五十二卷圖三卷奇經八脈攷一卷脈訣攷證一卷瀕湖脈學一卷　(明)李時珍撰　**本草萬方鍼線八卷藥品總目一卷**　(清)蔡烈先輯　**本草綱目拾遺十卷首一卷**　(清)趙學敏輯　民國上海錦章圖書局石印本　二十四册

330000－1701－0041829　普 811.17/4069　集部/别集類/清别集
養拙書屋詩選二卷　(清)項燮清撰　湯國泰選　民國二十五年(1936)項氏晚香堂上海影印本　一册

330000－1701－0041831　普 811.17/4088.2/3/c2　集部/别集類/清别集
杏花香雪齋詩九卷　(清)李慈銘撰　民國六年(1917)越鐸日報鉛印國學選粹本　張天漢跋　一册

330000－1701－0041836　普 811.17/4088.3

集部/别集類/清别集
越縵堂詩續集十卷 (清)李慈銘撰 由雲龍編 民國二十二年(1933)上海商務印書館鉛印本 一冊

330000－1701－0041837 普 811.17/4092/3
集部/别集類/清别集
敬業堂詩集五十卷續集六卷 (清)查慎行撰 民國上海商務印書館影印四部叢刊本 陳光漢批校並跋 十六冊

330000－1701－0041838 普 811.17/4099
集部/别集類/清别集
縉雲山人詩集八卷雜著二卷 (清)李瑩撰 (清)李毓恒輯 **附錄一卷** (清)李聯壇撰 (清)李毓恒輯 民國十四年(1925)濟南鉛印本 二冊

330000－1701－0041839 普 811.17/4070
類叢部/叢書類/郡邑之屬
雲南叢書初編一百四十一種二編三十七種 趙藩 陳榮昌等輯 民國雲南叢書處刻本 一冊 存一種

330000－1701－0041853 普 811.17/4088/2
集部/别集類/清别集
越縵堂詩初集十卷 (清)李慈銘撰 民國二十年(1931)上海商務印書館鉛印本 一冊

330000－1701－0041855 普 811.17/4088/3
集部/别集類/清别集
越縵堂詩初集十卷 (清)李慈銘撰 民國二十四年(1935)上海商務印書館鉛印本 三冊

330000－1701－0041860 普 615.1/4061/10
子部/醫家類/本草之屬/歷代綜合本草
本草綱目五十二卷圖三卷瀕湖脈學一卷奇經八脈攷一卷脉訣攷證一卷 (明)李時珍撰 **本草萬方鍼線八卷藥品總目一卷** (清)蔡烈先輯 **本草綱目拾遺十卷首一卷** (清)趙學敏輯 民國三年(1914)上海商務印書館石印本 二十冊

330000－1701－0041861 普 811.17/4115
集部/詞類/别集之屬
楚水詞一卷 (清)何劭慧撰 民國四年(1915)雙照樓刻朱印本 一冊

330000－1701－0041864 普 615.1/4061/11
子部/醫家類/本草之屬/歷代綜合本草
本草綱目五十二卷圖一卷脉訣攷證一卷瀕湖脈學一卷奇經八脉攷一卷 (明)李時珍撰 **本草萬方鍼線八卷藥品總目一卷** (清)蔡烈先輯 **本草綱目拾遺十卷首一卷** (清)趙學敏輯 民國五年(1916)上海鴻寶齋書局石印本 十二冊

330000－1701－0041871 普 811.17/42241/c1 集部/别集類/清别集
姚幹臣先生遺著一卷 (清)姚維楨撰 (清)史遠峴編輯 民國十年(1921)鉛印本 一冊

330000－1701－0041872 普 811.17/4230/c1
集部/别集類/清别集
一樹梅花老屋詩三卷 (清)姚濟撰 (清)張文虎删定 民國七年(1918)姚氏松韻草堂鉛印本 一冊

330000－1701－0041873 普 615.1/4061/12
子部/醫家類/本草之屬/歷代綜合本草
本草綱目五十二卷圖三卷瀕湖脈學一卷奇經八脈攷一卷脉訣攷證一卷 (明)李時珍撰 **本草萬方鍼線八卷** (清)蔡烈先輯 **本草綱目拾遺十卷首一卷** (清)趙學敏輯 民國元年(1912)上海鴻寶齋石印本 十八冊 缺二十二卷(本草綱目三十一至五十二)

330000－1701－0041874 普 811.17/42241/c2 集部/别集類/清别集
姚幹臣先生遺著一卷 (清)姚維楨撰 (清)史遠峴編輯 民國十年(1921)鉛印本 一冊

330000－1701－0041875 普 811.17/4216
集部/别集類/清别集
朗山詩草一卷 (清)姚承恩撰 民國上海中華書局鉛印本 一冊

330000－1701－0041877 普 811.17/4230/c3
集部/别集類/清别集
一樹梅花老屋詩三卷 (清)姚濟撰 (清)張

文虎刪定　民國七年(1918)姚氏松韻草堂鉛印本　一冊

330000－1701－0041891　普 811.17/4212　集部/別集類/清別集

稔齋詩草一卷　(清)姚承豐撰　民國十一年(1922)上海中華書局鉛印本　一冊

330000－1701－0041903　普 615.1/4432　子部/醫家類/本草之屬/本草雜著

本草求真九卷圖一卷主治二卷脈理求真一卷　(清)黃宮繡纂　民國十四年(1925)石印本　二冊

330000－1701－0041905　普 615.1/4665/c2　子部/醫家類/本草之屬/歷代綜合本草

本草述鉤元三十二卷　(清)劉若金撰　(清)楊時泰輯　民國十年(1921)上海進化書局石印本　十六冊

330000－1701－0041906　普 615.1/4665/(2)　子部/醫家類/本草之屬/歷代綜合本草

本草述鉤元三十二卷　(清)劉若金撰　(清)楊時泰輯　民國十年(1921)上海進化書局石印本　八冊

330000－1701－0041922　普 811.17/4224　類叢部/叢書類/家集之屬

蒯氏家集四種　蒯壽樞輯　民國十八年(1929)合肥蒯氏江寧刻本　二冊　存一種

330000－1701－0041923　普 811.17/4244　集部/別集類/清別集

有新意齋詩集四卷　(清)彭桂馨撰　民國十一年(1922)高安彭氏刻本　二冊

330000－1701－0041926　普 615.1/7205/c1、普 615.1/7205.06/c1　子部/醫家類/本草之屬/歷代綜合本草

本草品彙精要四十二卷　(明)徐鎮等纂修　**本草品彙精要續集十卷**　(清)王道純　(清)江兆元撰　**本草品彙精要續集脉訣四言舉要二卷**　(宋)崔嘉彥撰　(清)王道純註釋　**脉訣攷證一卷**　**脉訣四言舉要一卷**　(宋)崔嘉彥撰　**本草品彙精要校勘記一卷**　謝觀撰　民國二十五年(1936)、二十六年(1937)上海商務印書館鉛印本　七冊

330000－1701－0041927　普 615.1/7205/c2、普 615.1/7205.06/c2　子部/醫家類/本草之屬/歷代綜合本草

本草品彙精要四十二卷　(明)徐鎮等纂修　**本草品彙精要續集十卷**　(清)王道純　(清)江兆元撰　**本草品彙精要續集脉訣四言舉要二卷**　(宋)崔嘉彥撰　(清)王道純註釋　**脉訣攷證一卷**　**脉訣四言舉要一卷**　(宋)崔嘉彥撰　**本草品彙精要校勘記一卷**　謝觀撰　民國二十五年(1936)、二十六年(1937)上海商務印書館鉛印本　七冊

330000－1701－0041935　普 811.17/43301　類叢部/叢書類/郡邑之屬

雲南叢書初編一百四十一種二編三十七種　趙藩　陳榮昌等輯　民國雲南叢書處刻本　十二冊　存一種

330000－1701－0041937　普 615.2/2232/c1　子部/醫家類/方書之屬/成方藥目

達仁堂藥目不分卷　樂達仁編　民國二年(1913)京都達仁堂刻本　一冊

330000－1701－0041938　普 615.1/7248/2　子部/醫家類/本草之屬/歷代綜合本草

本草述三十二卷首一卷　(清)劉若金撰　民國二十一年(1932)上海萬有書局石印本　十冊

330000－1701－0041941　普 615.2/7729/c1　子部/醫家類/方書之屬/成方藥目

同仁堂藥目一卷　(清)同仁堂編　民國六年(1917)同仁堂刻本　一冊

330000－1701－0041942　普 615.2/2232/c2　子部/醫家類/方書之屬/成方藥目

達仁堂藥目不分卷　樂達仁撰　民國二年(1913)京都達仁堂刻本　一冊

330000－1701－0041945　普 811.17/4332/c1　集部/別集類/清別集

明秋館選課一卷古今體詩存一卷詞賸一卷附

曲兩齣　(清)裘凌仙撰　民國三年(1914)鉛印本　一册　缺一卷(選課)

330000－1701－0041946　普 615.2/4422/c1
子部/醫家類/方書之屬/成方藥目
葉種德堂丸散膏丹説明書不分卷　葉鴻年編　民國十七年(1928)葉種德堂鉛印本　一册

330000－1701－0041948　普 615.2/4422/c2
子部/醫家類/方書之屬/成方藥目
葉種德堂丸散膏丹説明書不分卷　葉鴻年編　民國三年(1914)葉種德堂鉛印本　一册

330000－1701－0041949　普 615.2/8290　子部/醫家類/方書之屬
靈秘丹方全書一卷　(明)鍾惺輯　民國十八年(1929)上海千頃堂書局石印本　一册

330000－1701－0041950　普 811.17/4332/c2
集部/别集類/清别集
明秋館選課一卷古今體詩存一卷詞賸一卷附曲兩齣　(清)裘凌仙撰　民國三年(1914)鉛印本　一册　缺一卷(選課)

330000－1701－0041952　普 615.2/4422/c3
子部/醫家類/方書之屬/成方藥目
葉種德堂丸散膏丹説明書不分卷　葉鴻年編　民國十七年(1928)葉種德堂鉛印本　一册

330000－1701－0041954　普 811.17/44031
集部/别集類/清别集
石菖蒲館詩鈔四卷　(清)黄文達撰　黄文琛編　民國八年(1919)鉛印本　二册

330000－1701－0041961　普 615.4/1127/c1
子部/醫家類/本草之屬/本草雜著
修事指南一卷　(清)張叡撰　民國十六年(1927)杭州抱經堂書局石印本　二册

330000－1701－0041965　普 615.4/1127/c2
子部/醫家類/本草之屬/本草雜著
修事指南一卷　(清)張叡撰　民國十六年(1927)杭州抱經堂書局石印本　二册

330000－1701－0041972　普 811.17/4403/c1
集部/别集類/清别集
揖竹詞館吟草四卷詞草一卷　(清)黄文瀚撰　黄文琛編　**酒癡吟草一卷**　(清)黄文珪撰　民國八年(1919)鉛印本　二册

330000－1701－0041975　普 811.17/4403/c2
集部/别集類/清别集
揖竹詞館吟草四卷詞草一卷　(清)黄文瀚撰　黄文琛編　**酒癡吟草一卷**　(清)黄文珪撰　民國八年(1919)鉛印本　二册

330000－1701－0041993　普 811.17/4330/c2
集部/别集類
招隱山房詩鈔十二卷　戴啟文撰　民國十五年(1926)刻本　六册

330000－1701－0041996　普 811.17/4330/c4
集部/别集類
招隱山房詩鈔十二卷　戴啟文撰　民國十五年(1926)刻藍印本　六册

330000－1701－0041998　普 811.17/4330/c5
集部/别集類
招隱山房詩鈔十二卷　戴啟文撰　民國十五年(1926)刻藍印本　六册

330000－1701－0041999　普 811.17/4315
集部/别集類/清别集
横山文集十六卷詩集六卷　(清)裘璉撰　**横山先生年譜一卷**　(清)裘姚崇原編　(清)王家振節鈔　民國三年(1914)甬上旅遯軒鉛印本　陳伯初題記　一册　存六卷(詩集一至六)

330000－1701－0042009　普 811.17/44091
集部/别集類/清别集
大谷山堂集六卷　(清)夢麟撰　民國九年(1920)吴興劉氏嘉業堂刻本　二册

330000－1701－0042015　普 615.5/8062　子部/醫家類/醫案之屬
診餘集一卷　(清)余景和撰　民國七年(1918)海虞寄舫鉛印本　一册

330000－1701－0042019　普 811.17/44082
集部/别集類/清别集
莪齋初集六卷　(清)林齊鋐撰　**莪齋初集校**

補一卷　林衍桐撰　民國林衍桐抄本　一册

330000－1701－0042023　普 811.17/4377/2/c1　集部/别集類/清别集

習苦齋詩集八卷集外詩一卷筆記一卷題跋一卷雜孜一卷　(清)戴熙撰　民國九年(1920)戴克敦鉛印本　四册

330000－1701－0042025　普 615.5/1137　子部/醫家類/診法之屬/脈經脈訣

脉學輯要不分卷　(清)丁澤周撰　民國二十六年(1937)陳振麟抄本　一册

330000－1701－0042026　普 811.17/44101　集部/别集類/清别集

巢南詩鈔一卷　(清)葉西撰　葉恭綽選輯

蓮隱詩鈔一卷　任世熙撰　葉恭綽選輯　民國三十七年(1948)鉛印本　陸丹林題記　一册

330000－1701－0042030　普 811.17/4377/2/c2　集部/别集類/清别集

習苦齋詩集八卷集外詩一卷筆記一卷題跋一卷雜孜一卷　(清)戴熙撰　民國九年(1920)戴克敦鉛印本　徐行恭題記　四册

330000－1701－0042032　普 615.5/2510.2　子部/醫家類/診法之屬/脈經脈訣

脈因證治四卷　(元)朱震亨撰　民國八年(1919)世德堂石印本　四册

330000－1701－0042033　普 811.17/4412　集部/别集類/清别集

雙溪草堂詩鈔四卷　(清)黄正紳撰　民國十九年(1930)屏南黄培經鉛印本　黄培經題記　一册

330000－1701－0042049　普 615.5/2691　子部/醫家類/醫話醫論之屬

證治心得十二卷　(清)吴炳撰　民國十五年(1926)惜陰書屋鉛印本　四册

330000－1701－0042050　普 811.17/44211　集部/别集類/清别集

天一笑廬詩集二卷　(清)黄鼎瑞撰　民國十五年(1926)樂清黄氏鉛印本　一册

330000－1701－0042068　普 615.51/1214　子部/醫家類/醫案之屬

生生子醫案五卷　(明)孫一奎撰　民國鉛印本　四册

330000－1701－0042074　普 615.51/2610/c1　子部/醫家類/醫案之屬

淮陰吴鞠通先生醫案五卷　(清)吴瑭撰　民國杭州有益山房鉛印本　四册

330000－1701－0042075　普 615.51/2610/c2　子部/醫家類/醫案之屬

淮陰吴鞠通先生醫案五卷　(清)吴瑭撰　民國杭州有益山房鉛印本　四册

330000－1701－0042081　普 615.51/2688/c1　子部/醫家類/醫案之屬

臨證醫案筆記六卷　(清)吴篪撰　民國八年(1919)上海集古閣石印本　六册

330000－1701－0042085　普 811.17/44291　集部/别集類/清别集

二江草堂詩四卷　(清)黄崇惺撰　民國十九年(1930)黄崇健刻本　黄賓虹跋　一册

330000－1701－0042087　普 615.51/2688/c2　子部/醫家類/醫案之屬

臨證醫案筆記六卷　(清)吴篪撰　民國八年(1919)上海集古閣石印本　六册

330000－1701－0042089　普 615.51/1044.01　子部/醫家類/醫案之屬

王氏醫案繹注十卷附錄一卷　(清)王士雄撰　石念祖繹注　民國八年(1919)上海商務印書館鉛印本　二册

330000－1701－0042092　普 811.17/4430/c1　類叢部/叢書類/家集之屬

雙井黄氏家集　黄鼎燮等編　民國十一年(1922)上海中華書局鉛印本　一册　存一種

330000－1701－0042096　普 811.17/4430/c2　類叢部/叢書類/家集之屬

雙井黄氏家集　黄鼎燮等編　民國十一年(1922)上海中華書局鉛印本　一册　存一種

330000－1701－0042097　普 811.17/4413
集部/别集類/清别集
自耻軒詩存一卷　(清)杜承沂撰　民國二十一年(1932)鹽城鼎新印務局鉛印本　一册

330000－1701－0042098　普 615.51/1126
子部/醫家類/醫案之屬
千里醫案五卷　(清)張千里撰　民國金山姚景垣抄本　姚景垣批校　四册

330000－1701－0042103　普 615.51/2648
子部/醫家類/醫案之屬
吴氏醫案一卷　(清)吴樹人撰　民國三十五年(1946)抄本　一册

330000－1701－0042104　普 811.17/4432/3
集部/别集類/清别集
香屑集十八卷首一卷末一卷　(清)黄之雋撰　(清)陳邦直注　民國十五年(1926)上海掃葉山房石印本　四册

330000－1701－0042130　普 615.51/3184
子部/醫家類/醫案之屬
吴門治驗録四卷　(清)顧金壽撰　民國上海千頃堂書局石印本　四册

330000－1701－0042138　普 811.17/44331.4/c1　集部/别集類/清别集
人境廬詩草箋注十一卷補遺一卷　(清)黄遵憲撰　錢萼孫箋注　**嘉應黄先生墓誌銘一卷**　梁啓超撰　**黄公度先生年譜一卷**　錢萼孫撰　**詩話二卷**　錢萼孫輯　民國二十五年(1936)上海商務印書館鉛印本　三册

330000－1701－0042140　普 615.51/4417/2c1　子部/醫家類/類編之屬
薛立齋醫案全集二十四種　(明)吴琯輯　民國十年(1921)上海大成書局石印本　二十四册

330000－1701－0042143　普 615.51/4417/2c2　子部/醫家類/類編之屬
薛立齋醫案全集二十四種　(明)吴琯輯　民國十年(1921)上海大成書局石印本　二十一册　存二十二種

330000－1701－0042146　普 811.17/44331.4/c2　集部/别集類/清别集
人境廬詩草箋注十一卷補遺一卷　(清)黄遵憲撰　錢萼孫箋注　**嘉應黄先生墓誌銘一卷**　梁啓超撰　**黄公度先生年譜一卷**　錢萼孫撰　**詩話二卷**　錢萼孫輯　民國二十五年(1936)上海商務印書館鉛印本　三册

330000－1701－0042150　普 615.51/4092
子部/醫家類/醫案之屬
叢桂草堂醫草四卷　袁焯撰　民國四年(1915)刻本　二册

330000－1701－0042162　普 811.17/4438/c1
集部/别集類/清别集
二百八十峯草堂集一卷　(清)蔡鴻鑑撰　**餐霞僊館集一卷**　(清)蔡和霽撰　民國三十三年(1944)四明蔡氏墨海樓鉛印本　一册

330000－1701－0042172　普 811.17/4433
集部/别集類
好吾廬詩鈔初集一卷二集一卷附集一卷　蔣鴻達撰　民國二十一年(1932)常熟蔣氏鉛印本　一册

330000－1701－0042174　普 811.17/44336
集部/别集類/清别集
嬾翁詩詞二卷　(清)莊寶澍撰　民國二十三年(1934)武進莊氏鉛印本　莊娱題記　一册

330000－1701－0042176　普 811.17/4437/c1
集部/别集類/清别集
晚香廬詩詞鈔不分卷　(清)韓潮撰　民國四年(1915)鉛印本　一册

330000－1701－0042180　普 811.17/4437/c2
集部/别集類/清别集
晚香廬詩詞鈔不分卷　(清)韓潮撰　民國四年(1915)鉛印本　一册

330000－1701－0042181　普 811.17/44331/c1　類叢部/叢書類/自著之屬
隅樓叢書四種　古直撰　民國十五年至十七年(1926－1928)上海聚珍倣宋印書局鉛印本　一册　存一種

330000－1701－0042195　普 811.17/44331.2/3　集部/别集類/清别集

人境廬詩草十一卷　(清)黄遵憲撰　民國二十年(1931)黄能立鉛印本　二册

330000－1701－0042198　普 811.17/4438/c3　集部/别集類/清别集

二百八十峯草堂集一卷　(清)蔡鴻鑑撰　**餐霞僊館集一卷**　(清)蔡和霽撰　民國三十三年(1944)四明蔡氏墨海樓鉛印本　一册

330000－1701－0042199　普 811.17/4440　類叢部/叢書類/郡邑之屬

關中叢書五十三種　宋聯奎輯　民國二十三年至二十五年(1934－1936)陝西通志館鉛印本　三册　存一種

330000－1701－0042200　普 811.17/4438/c4　集部/别集類/清别集

二百八十峯草堂集一卷　(清)蔡鴻鑑撰　**餐霞僊館集一卷**　(清)蔡和霽撰　民國三十三年(1944)四明蔡氏墨海樓鉛印本　一册

330000－1701－0042201　普 951.00922/6031/7　類叢部/叢書類/彙編之屬

四部備要　中華書局編　民國二十五年(1936)上海中華書局鉛印本　六十二册　存一種

330000－1701－0042207　普 811.17/44411　類叢部/叢書類/郡邑之屬

雲南叢書初編一百四十一種二編三十七種　趙藩　陳榮昌等輯　民國雲南叢書處刻本　一册　存一種

330000－1701－0042209　普 811.17/44413　集部/别集類/清别集

穉愔詩鈔一卷　(清)葉在琦撰　民國福州中西印務局鉛印本　一册

330000－1701－0042224　普 615.51/6080/2　子部/醫家類/類編之屬

三朝名醫方論　民國石印本　三册　存一種

330000－1701－0042225　普 811.17/44331/c2　類叢部/叢書類/自著之屬

隅樓叢書四種　古直撰　民國十五年至十七年(1926－1928)上海聚珍倣宋印書局鉛印本　一册　存一種

330000－1701－0042226　普 811.17/4441　類叢部/叢書類/郡邑之屬

雲南叢書初編一百四十一種二編三十七種　趙藩　陳榮昌等輯　民國雲南叢書處刻本　一册　存一種

330000－1701－0042230　普 811.17/44331/c3　類叢部/叢書類/自著之屬

隅樓叢書四種　古直撰　民國十五年至十七年(1926－1928)上海聚珍倣宋印書局鉛印本　一册　存一種

330000－1701－0042233　普 615.51/7424/c1　子部/醫家類/方書之屬/單方驗方

三世醫驗五卷　(明)陸嶽等撰　民國四年(1915)石印本　四册

330000－1701－0042234　普 811.17/44449/c1　集部/别集類/清别集

盟水齋詩鈔四卷　(清)蔡燕綦撰　民國刻本　一册

330000－1701－0042237　普 811.17/44431　集部/别集類/清别集

存惺軒詩鈔二卷　(清)杜蔭灝撰　民國九年(1920)天津華新印刷局鉛印本　杜宗佛題記　一册

330000－1701－0042239　普 615.51/7424/c2　子部/醫家類/方書之屬/單方驗方

三世醫驗五卷　(明)陸嶽等撰　民國四年(1915)上海會文堂石印本　四册

330000－1701－0042240　普 811.17/44449/c2　集部/别集類/清别集

盟水齋詩鈔四卷　(清)蔡燕綦撰　民國刻本　一册

330000－1701－0042241　普 951.00922/7246/3　史部/編年類/通代之屬

資治通鑑外紀十卷目録五卷　(宋)劉恕撰　民國五年(1916)山西官書局刻本　五册

330000－1701－0042243　普 615.51/7424/(2)　子部/醫家類/方書之屬/單方驗方
三世醫驗五卷　(明)陸嶽等撰　民國四年(1915)上海會文堂石印本　二册

330000－1701－0042244　普 811.17/44443　集部/别集類
鶴窠村人詩稿八卷賓紅閣樂府一卷　黄協塤撰　民國十九年(1930)鉛印本　一册

330000－1701－0042246　普 811.17/444491/c2　集部/别集類
醉園詩存二十六卷閏集一卷醉園齏臼詞一卷　蔣萼撰　**先考府君年譜一卷**　蔣兆蘭　蔣兆燮撰　民國鉛印本　五册

330000－1701－0042249　普 811.17/4444/c1　集部/别集類/清别集
夢紅豆邨詩集十四卷　(清)黄大華撰　民國二十三年(1934)鉛印本　一册

330000－1701－0042251　SBC0972　史部/金石類/錢幣之屬/雜著
泉幣雜鈔不分卷　民國静文齋抄本　金石壽批校並題記　一册

330000－1701－0042252　SBC0971　史部/金石類/錢幣之屬/圖像
足齋泉拓不分卷　戴葆庭輯編　民國戴葆庭拓本　六册

330000－1701－0042254　普 615.51/4730/3　子部/醫家類/醫案之屬
柳選四家醫案　(清)柳寶詒選評　民國三十年(1941)上海千頃堂書局鉛印本　二册

330000－1701－0042255　普 811.17/4444/c2　集部/别集類/清别集
夢紅豆邨詩集十四卷　(清)黄大華撰　民國二十三年(1934)鉛印本　一册

330000－1701－0042256　普 811.17/44444/c1　類叢部/叢書類/彙編之屬
番禺葉氏遐庵叢書□□種　葉恭綽輯　民國番禺葉氏影印本暨鉛印本　二册　存一種

330000－1701－0042257　SBC0976　子部/醫家類/方書之屬
類聚方議三十卷　(日本)邨井杶撰　民國抄本　十六册　缺一卷(四)

330000－1701－0042259　普 811.17/4444.92/c1　集部/别集類/清别集
存素堂古今體詩四卷　(清)葉如圭撰　民國十三年(1924)葉丙蔚邢臺縣署鉛印本　一册

330000－1701－0042260　普 811.17/44444/c2　類叢部/叢書類/彙編之屬
番禺葉氏遐庵叢書□□種　葉恭綽輯　民國番禺葉氏影印本暨鉛印本　二册　存一種

330000－1701－0042264　普 811.17/4444.92/c2　集部/别集類/清别集
存素堂古今體詩四卷　(清)葉如圭撰　民國十三年(1924)葉丙蔚邢臺縣署鉛印本　一册

330000－1701－0042266　普 811.17/44446　集部/别集類/清别集
十栗堂詩鈔四卷賦鈔一卷　(清)葉蓁撰　(清)紀昀編　民國十一年(1922)説蓮池館木活字印本　二册

330000－1701－0042267　普 811.17/44461　類叢部/叢書類/彙編之屬
墨巢叢刻　李宣龔輯　民國鉛印本　一册　存一種

330000－1701－0042268　普 811.17/444496　類叢部/叢書類/彙編之屬
番禺葉氏遐庵叢書□□種　葉恭綽輯　民國番禺葉氏影印本暨鉛印本　一册　存一種

330000－1701－0042271　普 615.51/7784　子部/醫家類/類編之屬
醫藥叢書十一種　裘慶元輯　民國五年至十年(1916－1921)紹興醫藥學報社刻本　三册　存一種

330000－1701－0042277　普 811.17/444492/c1　集部/别集類/清别集
次園詩存六卷　(清)蔣彬若撰　民國鉛印本　一册

330000－1701－0042284　普 615.51/8010/2　子部/醫家類/醫案之屬

古今醫案按十卷　(清)俞震輯　民國元年(1912)上海會文堂粹記石印本　十冊

330000－1701－0042288　普 811.17/44462.2/c1　集部/别集類/清别集

夕陽紅半樓詩詞賸藁一卷　(清)蔣坦撰　民國三年(1914)石印本　一冊

330000－1701－0042289　普 811.17/444492/c2　集部/别集類/清别集

次園詩存六卷　(清)蔣彬若撰　民國鉛印本　一冊

330000－1701－0042293　普 811.17/44462.2/c2　集部/别集類/清别集

夕陽紅半樓詩詞賸藁一卷　(清)蔣坦撰　民國三年(1914)石印本　一冊

330000－1701－0042307　普 811.17/4447/2　類叢部/叢書類/彙編之屬

又滿樓叢書十六種　趙詒琛編　民國九年至十四年(1920－1925)崑山趙氏又滿樓刻本　一冊　存一種

330000－1701－0042311　普 615.52/0000　子部/醫家類/方書之屬/單方驗方

丹溪心法附餘二十四卷首一卷　(明)方廣輯　民國九年(1920)浙紹墨潤堂石印本　十二冊

330000－1701－0042318　普 615.51/8062　子部/醫家類/醫案之屬

診餘集一卷　(清)余景和撰　民國七年(1918)海虞寄舫鉛印本　一冊

330000－1701－0042325　普 811.17/44484/c3　集部/别集類

寄傲盦遺集三卷　黄壽曾撰　民國十九年(1930)鉛印本　一冊

330000－1701－0042328　普 811.17/44484/c4　集部/别集類

寄傲盦遺集三卷　黄壽曾撰　民國十九年(1930)鉛印本　一冊

330000－1701－0042330　普 811.17/44603/2　集部/别集類/清别集

離垢集五卷　(清)華喦撰　民國抄本　四冊

330000－1701－0042332　普 615.52/1010　子部/醫家類/方書之屬/單方驗方

王氏經驗良方一卷　王雪齋編　民國抄本　一冊

330000－1701－0042333　普 811.17/44604/c1　集部/總集類/彙編之屬

書畫名人小集　民國上海聚珍倣宋印書局鉛印本　一冊　存一種

330000－1701－0042337　普 811.17/44604/c2　集部/總集類/彙編之屬

書畫名人小集　民國上海聚珍倣宋印書局鉛印本　一冊　存一種

330000－1701－0042351　普 811.17/44601/c1　集部/别集類/清别集

淞雲詩草一卷　(清)韓昌裔撰　民國十三年(1924)古愚軒刻本　一冊

330000－1701－0042356　普 811.17/44601/c3　集部/别集類/清别集

淞雲詩草一卷　(清)韓昌裔撰　民國十三年(1924)古愚軒刻本　王張威題記　一冊

330000－1701－0042366　普 811.17/44602.01/c1　集部/總集類/彙編之屬

書畫名人小集　民國上海聚珍倣宋印書局鉛印本　一冊　存一種

330000－1701－0042369　SBC1003　史部/傳記類/别傳之屬

處士任渭長傳一卷　(清)周閑撰　**任渭長遺詩一卷**　(清)任熊撰　民國二十六年(1937)童大年抄本　童大年跋　一冊

330000－1701－0042370　普 951.00923/1122　史部/編年類/通代之屬

綱目續麟彙覽三卷　(明)張自勳撰　民國四年至九年(1915－1920)南昌豫章叢書編刻局刻豫章叢書本　章嶔題記　三冊

330000－1701－0042372　普 811. 17/44602. 01/c3　集部/總集類/彙編之屬
書畫名人小集　民國上海聚珍倣宋印書局鉛印本　一册　存一種

330000－1701－0042373　普 615. 52/1015/2　子部/醫家類/方書之屬/單方驗方
絳雪園古方選註不分卷附得宜本草一卷　(清)王子接註　民國上海進化書局石印本　一册

330000－1701－0042397　普 811. 17/4462. 5　集部/總集類/彙編之屬
名家選定詩文讀本　文明書局編　民國十六年(1927)上海文明書局鉛印本　一册　存一種

330000－1701－0042400　普 811. 17/4476/c1　集部/别集類/清别集
九烟詩鈔前集一卷後集一卷　(清)黄周星撰　民國七年(1918)上海有正書局鉛印本　二册

330000－1701－0042403　普 811. 17/447711　類叢部/叢書類/郡邑之屬
四明叢書一百六十七種　張壽鏞編　民國四明張氏約園刻本　一册　存一種

330000－1701－0042410　普 811. 17/4476/c2　集部/别集類/清别集
九烟詩鈔前集一卷後集一卷　(清)黄周星撰　民國七年(1918)上海有正書局鉛印本　二册

330000－1701－0042417　普 811. 17/4469　集部/别集類
奇觚廎詩集三卷前集一卷補遺一卷遺詞一卷　葉昌熾撰　民國十五年(1926)刻本　五册

330000－1701－0042422　普 811. 17/4469/(2)　集部/别集類
奇觚廎詩集三卷前集一卷補遺一卷遺詞一卷　葉昌熾撰　民國十五年(1926)刻本　二册

330000－1701－0042428　普 811. 17/4479　集部/總集類
墨緣室合刊　林永栫編　民國十四年(1925)鉛印本　一册

330000－1701－0042441　普 811. 17/44832　集部/别集類
桂伯華先生遺詩一卷　桂念祖撰　民國鉛印本　一册

330000－1701－0042443　普 811. 17/4475/c1　集部/别集類/清别集
霓仙遺稿一卷　(清)葉同春撰　民國十一年(1922)石印本　一册

330000－1701－0042448　普 811. 17/4475/c4　集部/别集類/清别集
霓仙遺稿一卷　(清)葉同春撰　民國十一年(1922)石印本　一册

330000－1701－0042458　普 811. 17/44841/c1　集部/别集類/清别集
瘦吟閣詩草一卷蜨菴吟草一卷　(清)韓第梧撰　民國二年(1913)石印本　一册

330000－1701－0042460　普 811. 17/44841/c2　集部/别集類/清别集
瘦吟閣詩草一卷蜨菴吟草一卷　(清)韓第梧撰　民國二年(1913)石印本　一册

330000－1701－0042473　普 811. 17/4490　集部/别集類/清别集
希古堂文存八卷駢文二卷詩存十卷詞存二卷尺牘二卷　(清)黄炳堃撰　黄實編　民國二十年(1931)粵東刻本　六册　缺十卷(文存一至八、駢文一至二)

330000－1701－0042481　普 615. 52/1263. 3　子部/醫家類/方書之屬/歷代方書
孫真人海上仙方一卷　(唐)孫思邈撰　民國十五年(1926)杭州同道益善書局鉛印本　一册

330000－1701－0042489　普 615. 52/1263. 3/4　子部/醫家類/方書之屬/歷代方書
孫真人海上仙方一卷　(唐)孫思邈撰　民國上海宏大善書局石印本　一册

330000－1701－0042491　普 615.52/1263.2/2　子部/醫家類/方書之屬/歷代方書
千金翼方三十卷　(唐)孫思邈撰　民國十五年(1926)上海中原書局石印本　六冊

330000－1701－0042493　普 811.17/4496/c1　集部/別集類/清別集
玉麈山房詩集四卷　(清)蔡變昌撰　民國八年(1919)鉛印本　一冊

330000－1701－0042494　普 811.17/4609/(2)　集部/別集類/清別集
幸草亭詩鈔二卷　(清)楊文瑩撰　民國八年(1919)錢塘楊氏勯采堂鉛印本　四冊

330000－1701－0042495　普 811.17/4496/c4　集部/別集類/清別集
玉麈山房詩集四卷　(清)蔡變昌撰　民國八年(1919)鉛印本　一冊

330000－1701－0042497　普 615.52/2172　子部/醫家類/方書之屬/單方驗方
經驗各種秘方輯要一卷　(清)王松堂輯　民國上海宏大印刷紙號石印本　一冊

330000－1701－0042502　普 811.17/4643　集部/別集類/清別集
寓無竟齋詩存四卷　(清)楊壽寶撰　民國二十五年(1936)鉛印本　一冊

330000－1701－0042507　普 615.52/2172/2　子部/醫家類/方書之屬/單方驗方
經驗各種秘方輯要一卷　(清)王松堂輯　民國五年(1916)吳興劉氏求恕齋石印本　一冊

330000－1701－0042520　普 811.17/4626/c1　集部/別集類/清別集
貽清白齋詩鈔二卷　楊鼎昌撰　民國二十四年(1935)長安思過齋鉛印本　一冊

330000－1701－0042529　普 811.17/4626/c2　集部/別集類/清別集
貽清白齋詩鈔二卷　楊鼎昌撰　民國二十四年(1935)長安思過齋鉛印本　一冊

330000－1701－0042531　普 615.52/2613　子部/醫家類/類編之屬
六一子醫學叢書　龔香圃編　民國十六年(1927)衢縣龔六一堂鉛印本　一冊　存一種

330000－1701－0042538　普 615.52/2322/3　子部/醫家類/內科之屬/其他內科病證
傅青主男科二卷　(清)傅山撰　民國上海錦章圖書局石印本　一冊

330000－1701－0042543　普 811.17/4494/c2　集部/別集類/清別集
范伯子詩集十九卷　(清)范當世撰　**蘊素軒詩稿四卷**　姚倚雲撰　民國鉛印本　四冊

330000－1701－0042544　普 811.17/4640/c1　集部/別集類/清別集
怡堂詩鈔一卷棠夢詞一卷　(清)楊世謙撰　**寶雙璠璵齋詩鈔一卷晚陰詞一卷**　(清)楊霖撰　民國十年(1921)鉛印本　一冊

330000－1701－0042548　普 811.17/4494/c3　集部/別集類/清別集
范伯子詩集十九卷　(清)范當世撰　**蘊素軒詩稿四卷**　姚倚雲撰　民國鉛印本　四冊

330000－1701－0042552　普 811.17/4640/c2　集部/別集類/清別集
怡堂詩鈔一卷棠夢詞一卷　(清)楊世謙撰　**寶雙璠璵齋詩鈔一卷晚陰詞一卷**　(清)楊霖撰　民國十年(1921)鉛印本　一冊

330000－1701－0042554　普 811.17/4545/c1　類叢部/叢書類/郡邑之屬
義烏先哲遺書五種　黃侗編　民國二十二年至二十四年(1933－1935)義烏黃氏鉛印本　一冊　存一種

330000－1701－0042561　普 811.17/4545/c2　類叢部/叢書類/郡邑之屬
義烏先哲遺書五種　黃侗編　民國二十二年至二十四年(1933－1935)義烏黃氏鉛印本　一冊　存一種

330000－1701－0042563　普 615.52/2723　子部/醫家類/方書之屬/單方驗方
各種秘方一卷　民國抄本　一冊

330000－1701－0042568　普 615.52/2741　子部/醫家類/方書之屬/單方驗方

重訂驗方新編十八卷　(清)鮑相璈等輯　民國七年(1918)上海鴻寶齋書局石印本　一冊

330000－1701－0042571　普 811.17/4660/2　集部/別集類

崇雅堂詩稿一卷續稿一卷　楊晨撰　**漢臯遺什一卷**　李嘉瑛撰　民國石印本　一冊

330000－1701－0042581　普 811.17/46041　集部/別集類/清別集

繡餘詩草一卷　(清)楊韻英撰　民國二十四年(1935)鉛印本　一冊

330000－1701－0042586　普 811.17/4609/c2　集部/別集類/清別集

幸草亭詩鈔二卷　(清)楊文瑩撰　民國八年(1919)錢塘楊氏勖采堂鉛印本　二冊

330000－1701－0042587　普 811.17/4609/c4　集部/別集類/清別集

幸草亭詩鈔二卷　(清)楊文瑩撰　民國八年(1919)錢塘楊氏勖采堂鉛印本　二冊

330000－1701－0042591　普 811.17/4660/c1　類叢部/叢書類/自著之屬

崇雅堂叢書十四種　楊晨撰　民國二十五年(1936)楊紹翰鉛印本　一冊　存一種

330000－1701－0042593　普 811.17/4660/c2　類叢部/叢書類/自著之屬

崇雅堂叢書十四種　楊晨撰　民國二十五年(1936)楊紹翰鉛印本　一冊　存一種

330000－1701－0042595　普 811.17/4660/c3　類叢部/叢書類/自著之屬

崇雅堂叢書十四種　楊晨撰　民國二十五年(1936)楊紹翰鉛印本　一冊　存一種

330000－1701－0042598　SBC1027　史部/地理類/方志之屬/郡縣志

[民國]新纂杭州府志□□卷　屈映光修　陸懋勳纂　稿本　一百二十三冊

330000－1701－0042602　SBC1034　子部/宗教類/佛教之屬

金剛般若波羅蜜經一卷　民國十五年(1926)抄本　一冊

330000－1701－0042608　普 615.52/2844　子部/醫家類/方書之屬/單方驗方

增註古方新解八卷　(清)徐大椿撰　(清)陸士諤編訂　民國十年(1921)上海世界書局石印本　二冊

330000－1701－0042610　普 615.52/2889　子部/醫家類/方書之屬/單方驗方

急救神方一卷　從善醫堂編　民國從善醫堂石印本　一冊

330000－1701－0042616　普 811.17/4710　集部/別集類/清別集

石莊先生詩集二十七卷　(清)胡承諾撰　民國五年(1916)沈觀齋刻朱印本　六冊

330000－1701－0042622　普 615.52/3023/c1、M611273　子部/醫家類/方書之屬/歷代方書

大德重校聖濟總錄二百卷　(宋)徽宗趙佶修　民國八年(1919)上海文瑞樓石印本　五十八冊　存一百九十五卷(一至三十七、四十三至二百)

330000－1701－0042624　普 811.17/4714/c1　集部/別集類/清別集

脂雪軒詩鈔六卷　(清)胡玠撰　民國十四年(1925)溫州翰墨林鉛印本　一冊

330000－1701－0042627　普 811.17/4714/c3　集部/別集類/清別集

脂雪軒詩鈔六卷　(清)胡玠撰　民國十四年(1925)溫州翰墨林鉛印本　一冊

330000－1701－0042629　普 811.17/4714/c5　集部/別集類/清別集

脂雪軒詩鈔六卷　(清)胡玠撰　民國十四年(1925)溫州翰墨林鉛印本　一冊

330000－1701－0042630　普 615.52/3023/c2　子部/醫家類/方書之屬/歷代方書

大德重校聖濟總錄二百卷　(宋)徽宗趙佶修

民國八年(1919)上海文瑞樓石印本　六十冊

330000－1701－0042642　普 811.17/7749
集部/别集類
闕箴齋詩賸四卷　陶壽煌撰　民國十六年(1927)北京慈祥工廠鉛印本　一冊

330000－1701－0042643　普 811.17/4770/c1
集部/别集類/清别集
籀經堂詩鈔四卷　(清)胡長新撰　民國七年(1918)貴陽文通書局鉛印本　二冊

330000－1701－0042645　普 615.52/3112
子部/醫家類/方書之屬/單方驗方
簡易良方不分卷　馮水選　民國二十年(1931)黄氏鉛印本　一冊

330000－1701－0042647　普 811.17/4742/c1
集部/别集類/清别集
北道漫吟集二卷附南中遊草一卷　(清)胡大集撰　民國十九年(1930)追志堂鉛印本　一冊

330000－1701－0042648　普 811.17/4770/c2
集部/别集類/清别集
籀經堂詩鈔四卷　(清)胡長新撰　民國七年(1918)貴陽文通書局鉛印本　二冊

330000－1701－0042651　普 811.17/4742/c2
集部/别集類/清别集
北道漫吟集二卷附南中遊草一卷　(清)胡大集撰　民國十九年(1930)追志堂鉛印本　一冊

330000－1701－0042654　普 811.17/4744/c2
集部/别集類/清别集
山上集二卷　(清)胡芹撰　民國五年(1916)五桂樓木活字印本　一冊

330000－1701－0042655　普 811.17/4744/c3
集部/别集類/清别集
山上集二卷　(清)胡芹撰　民國五年(1916)五桂樓木活字印本　一冊

330000－1701－0042665　普 811.17/4714/c7
集部/别集類/清别集
脂雪軒詩鈔六卷　(清)胡玠撰　民國十四年(1925)溫州翰墨林鉛印本　一冊

330000－1701－0042667　普 811.17/47141
集部/别集類/清别集
瑤潭詩賸三卷詩餘一卷　(清)胡正基撰　民國十四年(1925)鉛印本　一冊

330000－1701－0042695　普 811.17/4795
集部/别集類/清别集
小石山房詩存六卷　(清)胡光輔撰　民國十七年(1928)高安藍壽堃鉛印本　一冊

330000－1701－0042701　普 811.17/4807
集部/别集類
笑山詩鈔一卷　梅文明撰　黄光照輯　民國八年(1919)章廷華鉛印本　一冊

330000－1701－0042707　普 811.17/4914
集部/别集類/清别集
吟翠軒追和六家詩選二卷　(清)趙廷楨撰　民國九年(1920)姑蘇石印本　一冊

330000－1701－0042715　普 811.17/4830.2/2　集部/别集類
八指頭陀詩集十卷　釋敬安撰　民國抄本　四冊

330000－1701－0042722　普 615.52/3705/c2
子部/醫家類/方書之屬/單方驗方
不知醫必要四卷　(清)梁廉夫撰　民國四年(1915)江山奇氣樓鉛印本　二冊

330000－1701－0042724　SBC1054　史部/傳記類/總傳之屬/家乘
樊氏南渡遷浙世乘源流考一卷　(清)樊學淮輯　**附譜序象贊詔書一卷**　樊鎮輯　民國拜魁紀公齋抄本　一冊

330000－1701－0042727　普 811.17/4922
集部/别集類/清别集
含光石室詩草四卷　(清)趙崧撰　民國七年(1918)貴陽陳夔龍花近樓刻本　一冊

330000－1701－0042745　普 615.52/3488/c1

子部/醫家類/方書之屬/單方驗方

經驗方二卷　(清)沈善兼撰　民國八年(1919)武林許氏擇古齋鉛印本　一冊

330000－1701－0042747　普615.52/3488/c2　子部/醫家類/方書之屬/單方驗方

經驗方二卷　(清)沈善兼撰　民國八年(1919)武林許氏擇古齋鉛印本　一冊

330000－1701－0042754　普811.17/5011/c1　類叢部/叢書類/彙編之屬

留餘草堂叢書十二種　劉承幹編　民國吳興劉氏嘉業堂刻本　一冊　存一種

330000－1701－0042757　普811.17/50441　集部/别集類/清别集

浮槎山館詩集三卷　(清)史臺懋撰　民國十三年(1924)合肥李國環鉛印本　一冊

330000－1701－0042761　普811.17/5011/c2　類叢部/叢書類/彙編之屬

留餘草堂叢書十二種　劉承幹編　民國吳興劉氏嘉業堂刻本　一冊　存一種

330000－1701－0042764　普811.17/5022　史部/史評類/詠史之屬

全史宫詞二十卷　(清)史夢蘭撰　民國十年(1921)上海著易堂書局鉛印本　六冊

330000－1701－0042779　普811.17/5360/c2　集部/别集類/清别集

鬱華閣遺集詩三卷詞一卷　(清)盛昱撰　民國有正書局影印本　一冊

330000－1701－0042781　普811.17/5034　集部/别集類/清别集

靜香書屋詩鈔一卷　(清)史汝楫撰　民國元年(1912)常州史耜孫花嶼讀書堂刻本　一冊

330000－1701－0042782　普615.52/4444.2/c1　子部/醫家類/方書之屬/單方驗方

萬應奇效秘方一千五百種不分卷　(清)葉桂撰　李愚編訂　民國二十六年(1937)長沙民治書局鉛印本　四冊

330000－1701－0042786　普811.17/4950　集部/别集類

蝶魂詩鈔一卷　趙敵文撰　民國二十年(1931)鉛印本　一冊

330000－1701－0042799　普615.52/4444.2/c2　子部/醫家類/方書之屬/單方驗方

萬應奇效秘方一千五百種不分卷　(清)葉桂撰　李愚編訂　民國二十六年(1937)長沙民治書局鉛印本　四冊

330000－1701－0042803　SBC1092　集部/曲類

滿文不分卷　民國抄本　一冊

330000－1701－0042804　普811.17/4963/c1　集部/别集類/清别集

延秋閣賸藳一卷　(清)趙景淑撰　民國十三年(1924)鉛印本　一冊

330000－1701－0042807　普811.17/5372　集部/别集類/清别集

漱泉山館詩鈔二卷　(清)戈長齡撰　民國三年(1914)鉛印本　一冊

330000－1701－0042809　普811.17/4963/c2　集部/别集類/清别集

延秋閣賸藳一卷　(清)趙景淑撰　民國十三年(1924)鉛印本　一冊

330000－1701－0042810　普811.17/5373　集部/别集類/清别集

鏡中樓吟草一卷　(清)盛問渠撰　民國十一年(1922)木活字印本　張人驥題記　一冊

330000－1701－0042823　普615.52/4836/c1　子部/醫家類/方書之屬/單方驗方

梅氏驗方新編七卷　(清)梅啓照編　天虚我生重編　民國二十三年(1934)家庭工業社鉛印本　七冊

330000－1701－0042825　普811.17/5097　集部/别集類/清别集

水竹軒詩鈔六卷附録一卷　(清)秦煥撰　民國十六年(1927)上海中華書局鉛印本　一冊

330000－1701－0042827　普615.52/4836/c2

子部/醫家類/方書之屬/單方驗方

梅氏驗方新編七卷 (清)梅啓照編 天虛我生重編 民國二十三年(1934)家庭工業社鉛印本 七册

330000－1701－0042829 普 615.52/4083 子部/醫家類/方書之屬/單方驗方

急救仙方一卷 民國京都印書館鉛印本 一册

330000－1701－0042831 普 811.17/4987 集部/别集類/清别集

琴鶴山房殘稿二卷 (清)趙銘撰 金兆蕃輯 民國元年(1912)金兆蕃鉛印本 一册

330000－1701－0042834 普 615.52/4836/c3 子部/醫家類/方書之屬/單方驗方

梅氏驗方新編七卷 (清)梅啓照編 天虛我生重編 民國二十三年(1934)家庭工業社鉛印本 七册

330000－1701－0042836 普 811.17/4990 類叢部/叢書類/自著之屬

趙柏巖集十三種 趙炳麟撰 民國十一年(1922)鉛印本 一册 存一種

330000－1701－0042839 普 615.52/4978.2/2/c1 子部/醫家類/方書之屬/單方驗方

串雅内編四卷外編四卷 (清)趙學敏輯 民國三年(1914)上海掃葉山房石印本 四册

330000－1701－0042843 SBC1086 子部/術數類/占卜之屬

葉仙詩不分卷 民國五年(1916)戴理順抄本 一册

330000－1701－0042844 普 615.52/4978.2/2/c2 子部/醫家類/方書之屬/單方驗方

串雅内編四卷外編四卷 (清)趙學敏輯 民國十五年(1926)上海掃葉山房石印本 四册

330000－1701－0042850 普 615.52/4903 子部/醫家類/方書之屬/單方驗方

驗方類編不分卷 趙文通輯 民國十二年(1923)趙翰香居石印本 二册

330000－1701－0042863 普 615.52/5054/c1 新學/醫學/方書

醫方彙編四卷首一卷 (英國)偉倫忽塔撰 (英國)梅滕更口譯 (清)劉廷楨筆述 民國十年(1921)上海廣學會鉛印本 五册

330000－1701－0042864 普 811.17/5504 史部/地理類/遊記之屬/紀勝

黄山紀遊詩一卷 (清)曹文埴撰 民國二十五年(1936)黄山天都文物社鉛印本 周明鎮跋 一册

330000－1701－0042869 普 811.17/5574/c1 集部/别集類/清别集

依舊草堂遺稿二卷 (清)費丹旭撰 (清)汪鉽編 民國十八年(1929)鉛印本 一册

330000－1701－0042873 普 811.17/55332 集部/别集類

夢畹湖樓詩草二卷 曹樹滋撰 民國二十五年(1936)鉛印本 一册

330000－1701－0042875 普 811.17/5574/c2 集部/别集類/清别集

依舊草堂遺稿二卷 (清)費丹旭撰 (清)汪鉽編 民國十八年(1929)鉛印本 一册

330000－1701－0042879 普 811.17/55231 集部/别集類

淡遠樓詩二卷 費師洪撰 民國二十三年(1934)鉛印本 一册

330000－1701－0042885 普 811.17/6015/c1 集部/總集類/彙編之屬

書畫名人小集 民國上海聚珍倣宋印書局鉛印本 一册 存一種

330000－1701－0042891 普 811.17/6015/c2 集部/總集類/彙編之屬

書畫名人小集 民國上海聚珍倣宋印書局鉛印本 一册 存一種

330000－1701－0042898 SBC1124 子部/雜著類/雜纂之屬

省版不分卷 孫旌九撰 民國抄本 二册

330000－1701－0042916　普 811.17/6042
類叢部/叢書類/彙編之屬
嘉業堂叢書五十七種　劉承幹輯　民國吳興劉氏嘉業堂刻本　一册　存一種

330000－1701－0042918　普 811.17/6007
類叢部/叢書類/郡邑之屬
雲南叢書初編一百四十一種二編三十七種　趙藩　陳榮昌等輯　民國雲南叢書處刻本　一册　存一種

330000－1701－0042925　普 615.52/5520/2　子部/醫家類/方書之屬/歷代方書
古今名醫萬方類編三十二卷　曹繩彥輯　民國八年(1919)上海大東書局石印本　八册

330000－1701－0042927　普 811.17/6047
集部/別集類/清別集
翠藤館吟草四卷　(清)羅蕙屏撰　民國五年(1916)奉天昌圖公署鉛印本　四册

330000－1701－0042928　普 811.17/6052/c1　類叢部/叢書類/彙編之屬
嘉業堂叢書五十七種　劉承幹輯　民國吳興劉氏嘉業堂刻本　一册　存一種

330000－1701－0042929　普 811.17/6052/c3　類叢部/叢書類/彙編之屬
嘉業堂叢書五十七種　劉承幹輯　民國吳興劉氏嘉業堂刻本　一册　存一種

330000－1701－0042940　SBC1130　集部/別集類
波波文鈔不分卷　孫鏘撰　稿本　一册

330000－1701－0042944　SBC1129　集部/別集類
雲夢詩鈔一卷　鍾釗撰　民國抄本　一册

330000－1701－0042946　普 811.17/60241
集部/別集類/清別集
子固齋詩存一卷　(清)田維翰撰　**癯仙遺詩一卷**　(清)田維壽撰　民國四年(1915)田文烈石印本　一册

330000－1701－0042954　SBC1127　集部/總集類/尺牘之屬
尺牘不分卷　民國抄本　一册

330000－1701－0042955　普 951.00924/2624/2/c1　史部/編年類/通代之屬
尺木堂綱鑑易知錄九十二卷明鑑易知錄十五卷　(清)吳乘權　(清)周之炯　(清)周之燦輯　民國六年(1917)上海掃葉山房石印本　二十四册

330000－1701－0042958　普 951.00924/2624/2/c2　史部/編年類/通代之屬
尺木堂綱鑑易知錄九十二卷明鑑易知錄十五卷　(清)吳乘權　(清)周之炯　(清)周之燦輯　民國十四年(1925)上海掃葉山房石印本　二十四册

330000－1701－0042967　普 615.52/7500/2/c1　子部/醫家類/綜合之屬/通論
三因極一病源論粹十八卷　(宋)陳言編　吳錫璜評註　民國九年(1920)上海文瑞樓石印本　八册

330000－1701－0042969　普 615.52/7500/2/c2　子部/醫家類/綜合之屬/通論
三因極一病源論粹十八卷　(宋)陳言編　吳錫璜評註　民國九年(1920)上海文瑞樓石印本　八册

330000－1701－0042972　SBC1166　子部/雜著類
居今思古錄不分卷　民國抄本　一册

330000－1701－0042975　普 811.17/6097
集部/別集類/清別集
留我相庵詩草四卷文集四卷詞一卷花月平分館綺語二卷　(清)呂光辰撰　民國二年(1913)刻本(文集卷一至四原缺)　二册

330000－1701－0042981　普 951.00924/2624/4/c2　史部/編年類/通代之屬
綱鑑易知錄九十二卷明鑑易知錄十五卷　(清)吳乘權　(清)周之炯　(清)周之燦輯　民國五年(1916)上海商務印書館鉛印本　十六册

330000－1701－0043001　普 811.17/6600　集部/總集類/氏族之屬
瞿氏遺著　瞿啟甲輯　民國二十五年(1936)常熟瞿氏刻藍印本　一冊

330000－1701－0043003　普 615.52/7796.2　子部/醫家類/類編之屬
醫藥叢書十一種　裘慶元輯　民國五年至十年(1916－1921)紹興醫藥學報社刻本　一冊　存一種

330000－1701－0043008　普 811.17/6603　集部/別集類/清別集
聊自娛齋詩草一卷　(清)嚴文波撰　**拙宜書屋詩存一卷**　(清)嚴文沅撰　民國十二年(1923)鉛印本　一冊

330000－1701－0043009　普 811.17/6621　集部/別集類/清別集
秋水集十卷補遺一卷　(清)嚴繩孫撰　民國六年(1917)無錫縣圖書館木活字印本　四冊

330000－1701－0043013　普 615.52/7796.3　子部/醫家類/類編之屬
醫藥叢書十一種　裘慶元輯　民國五年至十年(1916－1921)紹興醫藥學報社刻本　一冊　存一種

330000－1701－0043040　普 951.00925/3547/5/c1　史部/編年類/通代之屬
御批歷代通鑑輯覽一百二十卷　(清)傅恒等撰　民國上海商務印書館鉛印本　四十冊

330000－1701－0043041　普 811.17/66931　類叢部/叢書類/郡邑之屬
雲南叢書初編一百四十一種二編三十七種　趙藩　陳榮昌等輯　民國雲南叢書處刻本　二冊　存一種

330000－1701－0043057　普 811.17/6633/c1　集部/別集類
瞿文慎公詩選遺墨不分卷　瞿鴻禨撰　瞿宣樸　瞿宣治　瞿宣穎編　民國八年(1919)長沙瞿氏超覽樓石印本　四冊

330000－1701－0043067　普 811.17/6633/c2　集部/別集類
瞿文慎公詩選遺墨不分卷　瞿鴻禨撰　瞿宣樸　瞿宣治　瞿宣穎編　民國八年(1919)長沙瞿氏超覽樓石印本　四冊

330000－1701－0043070　普 811.17/6633/c5　集部/別集類
瞿文慎公詩選遺墨不分卷　瞿鴻禨撰　瞿宣樸　瞿宣治　瞿宣穎編　民國八年(1919)長沙瞿氏超覽樓石印本　四冊

330000－1701－0043076　普 811.17/6634　集部/別集類/清別集
鰈硯廬詩鈔二卷聯吟集一卷　(清)嚴永華撰　民國八年(1919)刻本　一冊

330000－1701－0043086　普 615.53/3445/2　新學/醫學/方書
萬國藥方八卷　(美國)洪士提反譯　民國十一年(1922)美華書館石印本　八冊

330000－1701－0043088　普 615.814/4420　子部/醫家類/類編之屬
黃氏醫學叢書　黃維翰輯　民國二十四年(1935)鉛印本　八冊　存一種

330000－1701－0043110　普 615.815/0013/2　子部/醫家類/類編之屬
影印古本醫學叢書十種　錢季寅輯　民國十九年至二十年(1930－1931)上海中醫書局影印本　二冊　存一種

330000－1701－0043118　普 615.815/1091/(2)　子部/醫家類/針灸之屬/經絡腧穴
補註銅人腧穴鍼灸圖經五卷　(清)王唯一編修　民國十三年(1924)上海世界書局石印本　二冊

330000－1701－0043120　普 811.17/6635/c1　集部/別集類/清別集
海珊詩鈔十一卷補遺二卷　(清)嚴遂成撰　民國十四年(1925)上海文明書局石印本　二冊

330000－1701－0043123　普 811.17/6635/c2　集部/別集類/清別集

海珊詩鈔十一卷補遺二卷　(清)嚴遂成撰　民國七年(1918)上海文明書局石印本　二冊

330000－1701－0043126　普 811.17/6640　集部/别集類

飛絮集詩草一卷　嚴敬文撰　民國二十八年(1939)鉛印本　一冊

330000－1701－0043156　普 615.815/2650　子部/醫家類/針灸之屬

鍼灸甲乙經十二卷　(晉)皇甫謐撰　民國六年(1917)上海江左書林石印本　四冊

330000－1701－0043157　普 615.815/4623/2　子部/醫家類/針灸之屬

鍼灸大成十二卷　(明)楊繼洲撰　(明)趙文炳補輯　民國上海馬啟新書局石印本　六冊

330000－1701－0043163　普 615.815/4623/3　子部/醫家類/針灸之屬/通論

針灸大成十二卷　(明)楊繼洲撰　民國十四年(1925)上海天寶書局石印本　六冊

330000－1701－0043166　普 811.17/7211　集部/别集類/清别集

虁虁堂詩略一卷補遺一卷　(清)劉玉璋撰　民國六年(1917)虁門劉世珝鉛印本　邱翊華題記　一冊

330000－1701－0043173　SBC1179　子部/醫家類/外科之屬/通論

外科雜錄不分卷　稿本　一冊

330000－1701－0043177　普 811.17/7236　集部/别集類

嶺雲海日樓詩鈔十三卷選外集一卷　丘逢甲撰　民國二十六年(1937)國立中山大學出版部鉛印本　四冊

330000－1701－0043181　普 811.17/7237　集部/别集類

盜天廬集三卷　劉之屏撰　民國四年(1915)溫州務本石印本　一冊

330000－1701－0043187　普 615.854/2877　類叢部/叢書類/彙編之屬

東方學會叢書初集十三種　羅振玉編　民國十三年(1924)東方學會鉛印本　一冊　存一種

330000－1701－0043198　普 616/2691　子部/醫家類/醫話醫論之屬

證治心得十二卷　(清)吳炳撰　民國十五年(1926)惜陰書屋鉛印本　四冊

330000－1701－0043210　普 811.17/7247/c1　集部/别集類/清别集

江上草堂詩存十三卷附一卷　(清)劉均撰　民國鉛印本　劉朔恆題記　一冊

330000－1701－0043212　普 811.17/7247/c2　集部/别集類/清别集

江上草堂詩存十三卷附一卷　(清)劉均撰　民國鉛印本　劉朔恆題記　一冊

330000－1701－0043216　普 811.17/7272　集部/别集類/清别集

籲雲仙館詩詞集二卷　(清)劉鳳紀撰　民國二十一年(1932)瀋陽鉛印本　一冊

330000－1701－0043217　普 616.07/4434/3　子部/醫家類/診法之屬

四診抉微八卷管窺附餘一卷　(清)林之翰撰　民國三年(1914)上海會文堂石印本　一冊

330000－1701－0043225　普 616/4410　子部/醫家類/類編之屬

國醫百家□□種　裘慶元輯　民國六年至九年(1917－1920)紹興醫藥學報社鉛印本　一冊　存一種

330000－1701－0043231　普 811.17/7282/2　集部/别集類/清别集

大潛山房詩鈔一卷　(清)劉銘傳撰　民國十一年(1922)上海刻本　一冊

330000－1701－0043235　普 811.17/7282/3　集部/别集類/清别集

大潛山房詩鈔一卷　(清)劉銘傳撰　民國元年(1912)鉛印本　一冊

330000－1701－0043246　普 616.071/0146

子部/醫家類/類編之屬
脈藥聯珠古方考合刻 (清)龍柏撰 民國江左書局石印本 四册 存二種

330000－1701－0043251 SBC1169 子部/術數類/相宅相墓之屬
古越地鈐記不分卷 民國二十四年(1935)抄本 一册

330000－1701－0043252 普616.01/0011 子部/醫家類
唐弘烈輯諸家醫論及驗方不分卷 (唐)弘烈輯 民國抄本 一册

330000－1701－0043258 普811.17/7408 集部/别集類/清别集
有不爲齋詩存二卷 (清)陸襄鉞撰 民國元年(1912)上海商務印書館鉛印本 二册

330000－1701－0043263 普811.17/7410 類叢部/叢書類/郡邑之屬
雲南叢書初編一百四十一種二編三十七種 趙藩 陳榮昌等輯 民國雲南叢書處刻本 一册 存一種

330000－1701－0043265 普811.17/7431 集部/别集類/清别集
陸善泉先生遺稿十卷 (清)陸善泉撰 民國石印本 五册

330000－1701－0043267 普811.17/7444.2/c1 集部/别集類/清别集
鐵硯室詩稿一卷 (清)陸樅撰 民國十六年(1927)鉛印本 一册

330000－1701－0043270 普811.17/7444.2/c2 集部/别集類/清别集
鐵硯室詩稿一卷 (清)陸樅撰 民國十六年(1927)鉛印本 一册

330000－1701－0043275 SBC1186 子部/醫家類/溫病之屬/瘟疫
瘟疫條治一卷 民國二十二年(1933)王子純抄本 一册

330000－1701－0043289 普811.17/7435/c1 集部/别集類/清别集
菜香書屋詩草不分卷 (清)陸以耕撰 民國上海商務印書館鉛印本 一册

330000－1701－0043293 普811.17/7435/c2 集部/别集類/清别集
菜香書屋詩草不分卷 (清)陸以耕撰 民國上海商務印書館鉛印本 一册

330000－1701－0043297 普811.17/7475 類叢部/叢書類/郡邑之屬
吳興叢書六十六種 劉承幹編 民國吳興劉氏嘉業堂刻本 二册 存一種

330000－1701－0043300 普616.071/1145 子部/醫家類/診法之屬/脈經脈訣
家傳太素脈秘訣二卷 (明)張太素撰 (明)劉伯詳注 民國十七年(1928)北京天華館鉛印本 二册

330000－1701－0043301 SBC1188 子部/醫家類/婦科之屬
婦科秘本四卷 民國二十二年至二十三年(1933－1934)王子純抄本 一册

330000－1701－0043312 普616.9/1022 子部/醫家類/溫病之屬
時病論八卷 (清)雷豐撰 民國二十二年(1933)上海天寶書局石印本 四册

330000－1701－0043317 普811.17/7503/c1 集部/别集類/清别集
碧城僊館詩鈔十卷附錄一卷岱游集一卷 (清)陳文述撰 民國六年(1917)上海中國圖書公司和記鉛印本 五册

330000－1701－0043319 普811.17/7505 集部/别集類/清别集
荊萼書堂遺詩二卷 (清)陳麟書撰 民國九年(1920)鉛印本 一册

330000－1701－0043342 SBC1187 子部/醫家類/醫理之屬/藏象骨度
藏府圖說症治合璧三卷醫案類錄一卷 (清)羅定昌撰 民國二十五年至二十六年(1936－1937)抄本 四册

330000－1701－0043345　普 811.17/7499/c1　集部/别集類/清别集
碧漪坊人遺草一卷　(清)陸惟爔撰　民國七年(1918)鉛印本　一册

330000－1701－0043347　普 616.912/4027/c1　子部/醫家類/兒科之屬/痘疹
天花精言六卷　(清)袁句撰　民國十八年(1929)黄巖楊書穜樓鉛印本　二册

330000－1701－0043349　普 616.24/3748　子部/醫家類/外科之屬/其他外科病證
古梅梁氏瘰科全書一卷　梁希曾撰　民國十年(1921)京華印書局鉛印本　一册

330000－1701－0043350　普 811.17/7499/c2　集部/别集類/清别集
碧漪坊人遺草一卷　(清)陸惟爔撰　民國七年(1918)鉛印本　一册

330000－1701－0043351　普 616.912/4027/c2　子部/醫家類/兒科之屬/痘疹
天花精言六卷　(清)袁句撰　民國十八年(1929)黄巖楊書穜樓鉛印本　二册

330000－1701－0043356　普 811.17/75121/c1　類叢部/叢書類/郡邑之屬
義烏先哲遺書五種　黄侗編　民國二十二年至二十四年(1933－1935)義烏黄氏鉛印本　一册　存一種

330000－1701－0043358　普 811.17/75121/c2　類叢部/叢書類/郡邑之屬
義烏先哲遺書五種　黄侗編　民國二十二年至二十四年(1933－1935)義烏黄氏鉛印本　一册　存一種

330000－1701－0043371　普 811.17/7520/c2　類叢部/叢書類/郡邑之屬
義烏先哲遺書五種　黄侗編　民國二十二年至二十四年(1933－1935)義烏黄氏鉛印本　一册　存一種

330000－1701－0043373　普 811.17/7520/c3　類叢部/叢書類/郡邑之屬
義烏先哲遺書五種　黄侗編　民國二十二年至二十四年(1933－1935)義烏黄氏鉛印本　一册　存一種

330000－1701－0043376　SBC1205　子部/雜著類/雜説之屬
饉膾一卷　袁天庚撰　稿本　一册

330000－1701－0043380　SBC1206　子部/雜著類/雜説之屬
晉人談一卷　袁天庚撰　稿本　一册

330000－1701－0043381　普 616.912/7770.02　子部/醫家類/兒科之屬/痘疹
增訂痘症慈航二卷　(明)歐陽調律撰　(清)郭士珩輯　鄭奮揚增訂　民國六年(1917)啓明印刷公司鉛印本　一册

330000－1701－0043383　普 811.17/7500.1　集部/别集類/清别集
冬暄草堂遺詩不分卷　(清)陳豪撰　民國石印本　一册

330000－1701－0043389　普 811.17/7501　集部/别集類/清别集
睫巢詩鈔一卷　(清)陳康瑞撰　民國十三年(1924)鉛印本　一册

330000－1701－0043390　普 811.17/7532/c1　集部/别集類/清别集
燕山五邑留别詩三卷　(清)陳鴻保撰　民國七年(1918)鉛印本　一册

330000－1701－0043392　普 811.17/7532/c2　集部/别集類/清别集
燕山五邑留别詩三卷　(清)陳鴻保撰　民國七年(1918)鉛印本　一册

330000－1701－0043393　SBC1208　集部/别集類/清别集
香草軒文鈔四卷首一卷　(清)吴全昌撰　民國七年(1918)胡書勳抄本　四册

330000－1701－0043394　普 811.17/7516　集部/别集類/清别集
果園詩鈔一卷　(清)陳一星撰　民國二年(1913)鉛印本　一册

330000－1701－0043400　普 811.17/75221/c1　集部/别集類/清别集

黝曜室詩存一卷　(清)陳鼎撰　民國十七年(1928)鉛印本　一册

330000－1701－0043401　SBC1209　集部/總集類/選集之屬/斷代

清代名媛詩緝不分卷　童振藻輯　稿本　一册

330000－1701－0043402　普 811.17/7517　集部/别集類/清别集

評月樓遺詩二卷末一卷　(清)陳三陛撰　民國元年(1912)刻本　一册

330000－1701－0043403　普 811.17/75221/c2　集部/别集類/清别集

黝曜室詩存一卷　(清)陳鼎撰　民國十七年(1928)鉛印本　一册

330000－1701－0043409　普 616.915/1100/c1　子部/醫家類/兒科之屬/痘疹

麻疹闡註四卷　(清)張廉撰　民國五年(1916)鉛印本　一册

330000－1701－0043412　普 811.17/7528/c1　集部/别集類

湫漻齋吟草一卷　陳葆善撰　民國六年(1917)石印本　一册

330000－1701－0043413　普 616.915/1100/c3　子部/醫家類/兒科之屬/痘疹

麻疹闡註四卷　(清)張廉撰　民國五年(1916)鉛印本　一册

330000－1701－0043414　SBC1213　集部/别集類

戲夢樓詩藁不分卷　戲夢樓主人撰　稿本　夢白題簽　一册

330000－1701－0043418　普 811.17/7528/c2　集部/别集類

湫漻齋吟草一卷　陳葆善撰　民國六年(1917)石印本　一册

330000－1701－0043437　普 811.17/7534/c1　集部/别集類/清别集

陳司業詩集四卷　(清)陳祖范撰　民國十五年(1926)常熟漁陽楊無恙拏雲精舍鉛印本　一册

330000－1701－0043439　普 811.17/7534/c2　集部/别集類/清别集

陳司業詩集四卷　(清)陳祖范撰　民國十五年(1926)常熟漁陽楊無恙拏雲精舍鉛印本　一册

330000－1701－0043441　普 811.17/75341/c1　集部/别集類

畸園第三次手定詩稿十七種三十二卷　陳遹聲撰　民國十一年(1922)影印本　二十三册

330000－1701－0043442　普 616.915/2545/2/c1　子部/醫家類/兒科之屬/痘疹

痳症集成四卷　(清)朱載揚撰　民國十五年(1926)上海宏大善書局石印本　一册

330000－1701－0043444　普 811.17/75331　集部/别集類

磨盾餘墨一卷　馬福祥撰　民國十三年(1924)鉛印本　一册

330000－1701－0043445　普 616.915/2545/c2　子部/醫家類/兒科之屬/痘疹

痳症集成四卷　(清)朱載揚撰　民國八年(1919)浙江體育學校鉛印本　一册

330000－1701－0043448　普 616.915/2545/c3　子部/醫家類/兒科之屬/痘疹

痳症集成四卷　(清)朱載揚撰　民國九年(1920)浙江體育專門學校鉛印本　一册

330000－1701－0043453　普 616.915/2545/c4　子部/醫家類/兒科之屬/痘疹

痳症集成四卷　(清)朱載揚撰　民國八年(1919)浙江體育學校鉛印本　一册

330000－1701－0043455　普 616.915/2545/c5　子部/醫家類/兒科之屬/痘疹

痳症集成四卷　(清)朱載揚撰　民國十二年(1923)浙江體育專門學校鉛印本　一册

330000－1701－0043457　普811.17/7540/c1　集部/别集類/清別集

玲瓏山館詩集一卷　(清)陳梓撰　(清)劉尚文編　民國十二年(1923)涵江圖書館刻本　一册

330000－1701－0043460　普616.915/4675　子部/醫家類/兒科之屬/痘疹

痳科合璧二卷　(清)尉仲林等撰　民國十四年(1925)木活字印本　一册

330000－1701－0043462　SBC1214　子部/雜著類/雜編之屬

雪蕉山房褋錄□□卷　王雲撰　稿本　一册　存一卷(上)

330000－1701－0043464　SBC1224　子部/雜著類

雜誌不分卷　民國抄本　一册

330000－1701－0043465　普811.17/7540/c2　集部/别集類/清別集

玲瓏山館詩集一卷　(清)陳梓撰　(清)劉尚文編　民國十二年(1923)涵江圖書館刻本　一册

330000－1701－0043469　普616.915/2545/2/c2　子部/醫家類/兒科之屬/痘疹

痳症集成四卷　(清)朱載揚撰　民國十五年(1926)上海宏大善書局石印本　一册

330000－1701－0043471　普616.915/7553　子部/醫家類/喉科口齒之屬/喉痧

疫痧草三卷痧喉闡解一卷　(清)陳耕道撰　民國財政部印刷局鉛印本　一册

330000－1701－0043474　普811.17/7535　集部/别集類/清别集

陳東塾先生遺詩一卷補遺一卷　(清)陳澧撰　汪兆鏞輯　民國二十年(1931)刻本　一册

330000－1701－0043506　普616.915/4418/c1　子部/醫家類/兒科之屬/痘疹

彙纂痲疹新編二卷　(清)黄政修撰　民國十七年(1928)鉛印本　一册

330000－1701－0043507　普616.915/4418/c2　子部/醫家類/兒科之屬/痘疹

彙纂痲疹新編二卷　(清)黄政修撰　民國十七年(1928)鉛印本　一册

330000－1701－0043510　普811.17/75412/c1　集部/别集類/清别集

惺蓀焚餘稾一卷　(清)陳敬璋撰　民國十七年(1928)陳大綸鉛印本　一册

330000－1701－0043513　普811.17/75412/c2　集部/别集類/清别集

惺蓀焚餘稾一卷　(清)陳敬璋撰　民國十七年(1928)陳大綸鉛印本　一册

330000－1701－0043521　普616.92/2610/3　子部/醫家類/溫病之屬

名醫新評溫病條辨六卷首一卷　(清)吳瑭撰　(清)葉霖評　何廉臣增訂　**新評採輯溫熱諸方一卷歌括一卷**　(清)方內散人編　何廉臣訂　民國二十三年(1934)上海鑫記書社鉛印本　五册

330000－1701－0043524　普616.92/3424/c1　子部/醫家類/類編之屬

讀有用書樓醫書選刊□□種　民國杭州三三醫社鉛印本　四册　存一種

330000－1701－0043531　普616.92/3424/c2　子部/醫家類/類編之屬

讀有用書樓醫書選刊□□種　民國杭州三三醫社鉛印本　四册　存一種

330000－1701－0043533　普616.92/4310　子部/醫家類/溫病之屬

重訂廣溫熱論二卷　(清)戴天章撰　(清)陸懋修刪定　何炳元重訂　民國三年(1914)宣化坊何氏醫家鉛印本　六册

330000－1701－0043540　普616.92/4444　子部/醫家類/溫病之屬/其他溫疫病證

溫熱論箋正一卷　(清)葉桂撰　(清)陳光淞箋正　民國五年(1916)上海掃葉山房石印本　一册

330000－1701－0043542　普811.17/75341/

c3　集部/别集類

畸園第三次手定詩稿十七種三十二卷　陳適聲撰　民國十一年(1922)影印本　二十三冊

330000－1701－0043544　普 811.17/75421/c2　史部/史評類/詠史之屬

今樂府一卷　(清)陳梓撰　(清)鄭亦亭評　民國四年(1915)文新書局石印本　一冊

330000－1701－0043549　SBC1255　子部/藝術類/遊藝之屬/聯語

貞卜文集聯不分卷　王季烈輯　民國二十三年(1934)抄本　一冊

330000－1701－0043554　SBC1237　集部/别集類

越縵侍御未刊稿不分卷　民國紹興縣政府教育局抄本　一冊

330000－1701－0043557　普 616.922/4310　子部/醫家類/溫病之屬/瘟疫

廣瘟疫論四卷末一卷　(清)戴天章撰　民國六年(1917)上海昌明書局石印本　二冊

330000－1701－0043558　SBC1256　子部/儒家類/儒學之屬

大學心理表解一卷　傅以潛撰　稿本　一冊

330000－1701－0043568　普 811.17/7567　集部/别集類/清别集

集翠軒詩稿二卷　(清)陳鵑撰　**好湖山樓詩鈔一卷**　(清)陳霖撰　民國九年(1920)鉛印本　一冊

330000－1701－0043571　普 811.17/7580　集部/别集類

花近樓詩存初編三卷　陳夔龍撰　民國三年(1914)上海刻本　一冊

330000－1701－0043573　普 811.17/7569　集部/别集類/清别集

廿四花風館詩鈔一卷詞鈔一卷　(清)陳昭常撰　陳同軾輯　民國二十九年(1940)刻本　一冊

330000－1701－0043581　普 811.17/7581　類叢部/叢書類/家集之屬

聚德堂叢書十二種　陳伯陶輯　民國東莞陳氏刻本　一冊　存一種

330000－1701－0043598　普 616.922/7702　子部/醫家類/溫病之屬/瘟疫

鼠疫約編不分卷　(清)吳宣崇編　(清)羅汝蘭增輯　(清)鄭奮揚重編　民國十一年(1922)高州福經堂刻本　一冊

330000－1701－0043603　SBC1275　集部/别集類

滄浪吟續草不分卷　陸海珊撰　稿本　一冊

330000－1701－0043605　普 616.926/0822　子部/醫家類/類編之屬

何氏醫學叢書　何炳元編　民國二十年(1931)上海六也堂書藥局鉛印本　四冊　存一種

330000－1701－0043608　普 616.926/0700/3　子部/醫家類/傷寒金匱之屬/傷寒論

仲景傷寒補亡論二十卷　(宋)郭雍撰　民國十四年(1925)蘇州錫承醫社鉛印本(卷十六原缺)　二冊

330000－1701－0043613　普 616.926/1142.0122　子部/醫家類/類編之屬

上海國醫學院醫學叢書　民國上海國醫學院鉛印本　八冊　存一種

330000－1701－0043614　SBC1274　史部/傳記類/別傳之屬/事狀

悲回風一卷　民國二十年(1931)錢詵抄本　讓生題記　一冊

330000－1701－0043618　普 951.0093351/7502　類叢部/叢書類/彙編之屬

國立暨南大學叢書　民國石印本暨鉛印本　陳彬題記　十冊　存一種

330000－1701－0043623　普 616.926/1142.0124/c1　子部/醫家類/類編之屬

藥盦醫學叢書　惲鐵樵撰　民國十七年(1928)上海惲鐵樵醫寓鉛印本　十冊　存一種

330000－1701－0043628　普 616.926/1142.0124/c2　子部/醫家類/傷寒金匱之屬
傷寒論輯義按六卷　惲鐵樵撰　**章太炎先生霍亂論一卷**　章炳麟撰　民國十八年(1929)上海惲鐵樵醫寓鉛印藥盦醫學叢書本　守天批並跋　六冊

330000－1701－0043632　普 811.17/7588
集部/别集類
褱碧齋集四卷續集四卷　陳鋭撰　民國十九年(1930)鉛印本　二冊

330000－1701－0043635　普 811.17/7588.2
集部/别集類
褱碧齋詩一卷詞一卷　陳鋭撰　民國鉛印本　一冊

330000－1701－0043650　普 811.17/75882/c3　集部/别集類/清别集
團桂樓剩稿一卷　(清)陳金鑑撰　**醉月軒吟草二卷**　(清)陸慧撰　民國十五年(1926)陳其謙鉛印本　一冊

330000－1701－0043655　普 811.17/75882/c4　集部/别集類/清别集
團桂樓剩稿一卷　(清)陳金鑑撰　**醉月軒吟草二卷**　(清)陸慧撰　民國十五年(1926)陳其謙鉛印本　一冊

330000－1701－0043662　SBC1281　史部/目録類/專録之屬
覺廬珍藏書畫計數一卷　民國二十二年(1933)抄本　一冊

330000－1701－0043665　普 951.0094/4420
史部/編年類/通代之屬
通曆十五卷　(唐)馬總撰　(宋)孫光憲續　民國四年(1915)葉氏蘿篆樓鉛印本(卷一至三原缺)　二冊

330000－1701－0043670　普 616.926/1142/2
子部/醫家類/傷寒金匱之屬/傷寒論
註解傷寒論十卷校記一卷　(漢)張機述　(漢)王叔和撰次　(金)成無己註解　民國十三年(1924)熊羅宿影印本　四冊

330000－1701－0043673　普 616.926/1142.015　子部/醫家類/傷寒金匱之屬/傷寒論
傷寒雜病論義疏十六卷　劉世禎述義　劉瑞瀜疏釋　民國二十三年(1934)長沙商務印書館鉛印本　十四冊

330000－1701－0043680　普 811.17/7721
集部/别集類/清别集
是程堂集十四卷　(清)屠倬撰　民國據清嘉慶十九年至二十五年(1814－1820)真州官舍刻本影印本　四冊

330000－1701－0043684　SBC1287　史部/傳記類/日記之屬
日記不分卷(民國十七年至二十三年)　民國抄本　三十冊

330000－1701－0043685　SBC1296　集部/總集類/彙編之屬
會稽錢武肅王祠詩鈔不分卷　民國錢蔭喬抄本　二冊

330000－1701－0043687　普 616.926/1142.017　子部/醫家類/傷寒金匱之屬/傷寒論
傷寒論旁訓二卷　趙雄駒撰　民國十二年(1923)泰興印書局鉛印本　二冊

330000－1701－0043694　SBC1292　史部/政書類/律令之屬
法律條文不分卷　民國抄本　一冊

330000－1701－0043697　SBC1295　史部/金石類/石之屬/文字
會稽錢武肅王祠碑記不分卷　民國抄本　一冊

330000－1701－0043700　普 616.926/1142.0191　子部/醫家類/傷寒金匱之屬/傷寒論
傷寒集註六卷本義一卷　(清)張志聰註　高世栻輯　民國三年(1914)國粹書局石印本　六冊

330000－1701－0043707　SBC1294　史部/傳記類/總傳之屬/姓名
錢姓史目一卷　錢蔭喬輯　稿本　一冊

330000－1701－0043711　SBC1289　史部/傳記類/日記之屬

鑾愛會案國防日記一卷　由人龍撰　民國抄本　一冊

330000－1701－0043712　普 616. 926/1142. 0191/2　子部/醫家類/傷寒金匱之屬/傷寒論

傷寒集註六卷本義一卷　(清)張志聰註　高世栻輯　民國十二年(1923)上海錬石書局石印本　二冊

330000－1701－0043713　普 616. 926/1142. 0195　子部/醫家類/傷寒金匱之屬/傷寒論

傷寒論彙註精華九卷首一卷　汪蓮石編　民國九年(1920)上海掃葉山房石印本　六冊

330000－1701－0043717　SBC1299　史部/傳記類/總傳之屬/郡邑

紹興錢氏先賢錄不分卷　民國元年(1912)抄本　一冊

330000－1701－0043722　普 811. 17/77041/c1　類叢部/叢書類/自著之屬

晨風廬叢刊十八種　周慶雲撰　民國吳興周氏夢坡室刻本　一冊　存一種

330000－1701－0043723　普 616. 926/1142. 07/c1　子部/醫家類/傷寒金匱之屬/傷寒論

傷寒論研究四卷　惲鐵樵撰　民國十三年(1924)上海惲鐵樵鉛印本　二冊

330000－1701－0043725　SBC1298　子部/儒家類/儒學之屬/禮教/家訓

武肅王八訓遺囑不分卷　民國抄本　一冊

330000－1701－0043726　普 811. 17/77041/c4　類叢部/叢書類/自著之屬

晨風廬叢刊十八種　周慶雲撰　民國吳興周氏夢坡室刻本　一冊　存一種

330000－1701－0043727　普 616. 926/1142. 07/c2　子部/醫家類/傷寒金匱之屬/傷寒論

傷寒論研究四卷　惲鐵樵撰　民國二十四年(1935)上海鐵樵醫藥事務所鉛印本　二冊

330000－1701－0043730　SBC1288　史部/傳記類/日記之屬

施再春日記不分卷(民國十六年至二十三年)　施再春撰　稿本　二十冊

330000－1701－0043731　普 616. 926/1142. 0191/3　子部/醫家類/傷寒金匱之屬/傷寒論

校正傷寒集註六卷本義一卷　(清)張志聰註　高世栻輯　**瘧疾新論一卷**　韓善徵纂　民國上海進步書局石印本　一冊

330000－1701－0043732　SBC1297　史部/地理類/專志之屬/祠墓

錢氏五王墓域攷不分卷　民國抄本　一冊

330000－1701－0043738　普 811. 17/7728/c1　集部/別集類

玉山詩集四卷　周馥撰　民國九年(1920)上海聚珍仿宋印書局鉛印本　顧思義跋　二冊

330000－1701－0043741　普 811. 17/7728/c3　集部/別集類

玉山詩集四卷　周馥撰　民國九年(1920)上海聚珍仿宋印書局鉛印本　二冊

330000－1701－0043746　普 616. 926/1142. 0193/2、普 616. 926/1142. 0194　子部/醫家類/類編之屬

何氏醫學叢書　何炳元編　民國二十年(1931)上海六也堂書藥局鉛印本　八冊　存二種

330000－1701－0043757　SBC1333　史部/傳記類/總傳之屬/姓名

姓氏全編□□集　(清)宋淏輯　民國抄本　一冊　存一集(一)

330000－1701－0043760　SBC1310　史部/傳記類/別傳之屬/年譜

明唐荊川先生[順之]年譜八卷首一卷　唐鼎元編　民國抄本　一冊

330000－1701－0043765　SBC1327　集部/別集類

思痛吟一卷　民國抄本　王黎陽題記　一冊

330000－1701－0043770　SBC1308　史部/傳

記類/總傳之屬/家乘

昌南鳳里童氏會修家乘不分卷　民國抄本　一冊

330000－1701－0043773　SBC1322　子部/兵家類/兵器之屬

秘刻武畧神機火藥玅卷一卷附刻神機寅習圖訣一卷　(明)胡心廷撰　民國抄本　一冊

330000－1701－0043774　SBC1323　集部/別集類

羅浮山人雜誌不分卷　民國抄本　一冊

330000－1701－0043779　SBC1303　史部/傳記類/總傳之屬/郡邑

永康人物史傳不分卷　民國抄本　一冊

330000－1701－0043780　SBC1301　史部/傳記類/總傳之屬/家乘

錢氏家乘賸錄不分卷　民國抄本　一冊

330000－1701－0043782　SBC1300　史部/傳記類/別傳之屬/事狀

忠遜王[錢倧]事略不分卷　民國抄本　一冊

330000－1701－0043786　SBC1316　集部/戲劇類/雜劇之屬

西廂詠事一卷杏花天一卷　民國抄本　一冊

330000－1701－0043791　SBC1351　集部/總集類/郡邑之屬

桐鄉詩選不分卷　民國抄本　一冊

330000－1701－0043794　SBC1345　集部/總集類/選集之屬/通代

女詩三百首六卷　筆花館主輯　稿本　一冊

330000－1701－0043796　普616.926/8043　子部/醫家類/類編之屬

何氏醫學叢書　何炳元編　民國二十三年(1934)上海六也堂書局鉛印本　十冊　存二種

330000－1701－0043800　普616.926/8043/(2)　子部/醫家類/類編之屬

何氏醫學叢書　何炳元編　民國二十三年(1934)上海六也堂書局鉛印本　九冊　存二種

330000－1701－0043802　SBC1349　集部/別集類

又栩印草不分卷　薩敬軒撰　民國抄本　二冊

330000－1701－0043819　普616.926/6026　子部/醫家類/傷寒金匱之屬/傷寒論

新傷寒證治庸言四卷　羅止園撰　民國三十六年(1947)鉛印本　一冊

330000－1701－0043821　普617/0001.2　子部/醫家類/外科之屬/通論

外科圖說四卷　(清)高文晉輯　民國上海普通書局石印本　一冊

330000－1701－0043828　普811.17/7772/c1　集部/別集類/清別集

薌英詩鈔二卷附詞一卷　(清)閻邱德堅撰　朱惟公輯　民國十七年(1928)朱氏上海鉛印本　一冊

330000－1701－0043834　普616.926/7722　子部/醫家類/傷寒金匱之屬

傷寒六經分證表二幅傷寒方一覽表一幅金匱方一覽表一幅　周利川撰　民國鉛印本暨石印本　四幅

330000－1701－0043835　普811.17/7772/c2　集部/別集類/清別集

薌英詩鈔二卷附詞一卷　(清)閻邱德堅撰　朱惟公輯　民國十七年(1928)朱氏上海鉛印本　一冊

330000－1701－0043839　SBC1373　史部/金石類/石之屬/目録

歷代篆書石刻目錄一卷　陳錫鈞輯　稿本　一冊

330000－1701－0043840　普811.17/77432　集部/別集類/清別集

古芬山館遺詩一卷　(清)周芝沅撰　民國十二年(1923)周岐鉛印本　一冊

330000－1701－0043844　SBC1357　子部/術

數類/占卜之屬
卜筮雜録不分卷 民國抄本 二册

330000－1701－0043846 普616.928/8780 子部/醫家類/溫病之屬/瘧痢
瘴瘧指南二卷 （明）鄭全望撰 民國二十四年（1935）福州中醫學社鉛印本 二册

330000－1701－0043848 普616.926/77311 子部/醫家類/類編之屬
何氏醫學叢書 何炳元編 民國二十年（1931）上海六也堂書藥局鉛印本 六册 存一種

330000－1701－0043853 SBC1372 史部/金石類/石之屬/目録
漢石存目二卷 （清）王懿榮撰 羅振玉校補 **魏晉石存目一卷** （清）尹彭壽撰 羅振玉校補 民國六年（1917）抄本 一册

330000－1701－0043868 普811.17/7773 集部/别集類/清别集
洛如花室詩草一卷 （清）周學洙撰 民國十七年（1928）烏程周氏鉛印本 一册

330000－1701－0043890 SBC1363 史部/目録類/專録之屬
汲古閣校刻書目一卷 民國抄本 一册

330000－1701－0043892 普616.926/7744.2 子部/醫家類/傷寒金匱之屬/傷寒論
傷寒六書四卷 （明）陶華撰 民國十九年（1930）上海千頃堂書局石印本 四册

330000－1701－0043907 普811.17/7745 集部/别集類/清别集
巢雲山館詩存一卷 （清）周榛撰 民國二十三年（1934）周氏鉛印本 一册

330000－1701－0043936 普616.933/8055 子部/醫家類/溫病之屬/痧症
急救霍亂經驗良方一卷 （清）俞成甫撰 民國八年（1919）鉛印本 一册

330000－1701－0043947 普617/1022/8 子部/醫家類/外科之屬/外科方
馬培之先生批評外科症治全生集四卷 （清）王維德撰 （清）潘士先編次 民國三年（1914）上海鑄記書局石印本 一册

330000－1701－0043951 普617/1022/8/(2) 子部/醫家類/外科之屬/外科方
馬培之先生批評外科症治全生集四卷 （清）王維德撰 （清）潘士先編次 民國三年（1914）上海鑄記書局石印本 二册

330000－1701－0043953 普811.17/80131 集部/别集類/清别集
養拙齋詩存八卷外集二卷 （清）曾元澄撰 民國十三年（1924）曾宗鑒鉛印本 二册

330000－1701－0043983 普811.17/8024/c1 集部/别集類/清别集
味藚軒詩鈔一卷 （清）金受䤈撰 （清）金炳麟編 民國十一年（1922）刻本 一册

330000－1701－0043989 SBC1393 集部/總集類/郡邑之屬
鑑湖掃墓竹枝詞二卷附二卷 民國抄本 一册

330000－1701－0043991 普811.17/8024/c2 集部/别集類/清别集
味藚軒詩鈔一卷 （清）金受䤈撰 （清）金炳麟編 民國十一年（1922）刻本 一册

330000－1701－0043992 普617/7548 子部/醫家類/外科之屬/癰疽、疔瘡
洞天奥旨十六卷經絡圖一卷 （清）陳士鐸撰 （清）陶式玉評 民國元年（1912）上海江東書局石印本 一册

330000－1701－0043996 普811.17/8025.2、普811.17/8025 集部/别集類/清别集
啞然詩句一卷古榕雜綴一卷 （清）曾衍東撰 民國十五年（1926）甌海公報社鉛印本 二册

330000－1701－0043999 普811.17/8026/2/c2 集部/别集類/清别集
秋蟪吟館詩鈔七卷 （清）金和撰 民國五年（1916）上元金氏刻本 五册

330000－1701－0044003　普 617.2/7503/2　子部/醫家類/外科之屬
祕本瘍科選粹八卷　（明）陳文治撰　（清）徐大椿批點　民國六年（1917）上海新中華書社石印本　八冊

330000－1701－0044004　普 811.17/8026/2/c4　集部/別集類/清別集
秋蟪吟館詩鈔七卷　（清）金和撰　民國五年（1916）上元金氏刻本　五冊

330000－1701－0044020　SBC1399　集部/別集類/清別集
桂林題壁詩一卷　（清）奪秀氏撰　民國抄本　一冊

330000－1701－0044024　普 617.24/2720　子部/醫家類/外科之屬/癰疽、疔瘡
專治各種疔瘡秘傳挑法一卷　民國石印本　一冊

330000－1701－0044026　普 811.17/8026/c1　集部/別集類/清別集
秋蟪吟館詩鈔六卷來雲閣詞鈔一卷文鈔一卷　（清）金和撰　民國三年（1914）上元金氏鉛印本　章嶔跋　六冊

330000－1701－0044033　普 617.7/1263/2　子部/醫家類/眼科之屬
銀海精微二卷　（唐）孫思邈原輯　（明）龔雲林編定　民國三年（1914）上海江東書局石印本　一冊

330000－1701－0044037　普 811.17/8026/c2　集部/別集類/清別集
秋蟪吟館詩鈔六卷來雲閣詞鈔一卷文鈔一卷　（清）金和撰　民國三年（1914）上元金氏鉛印本　六冊

330000－1701－0044038　普 617.24/1180/2/c1　子部/醫家類/外科之屬/癰疽、疔瘡
重刊刺疔捷法一卷　（清）張鏡撰　民國十五年（1926）上海廣益書局石印本　一冊

330000－1701－0044043　普 617.24/3032　子部/醫家類/外科之屬/癰疽、疔瘡
瘡瘍經驗全書六卷　（宋）竇傑撰　民國五年（1916）上海會文堂石印本　四冊

330000－1701－0044045　普 617.24/1180/2/c2　子部/醫家類/外科之屬/癰疽、疔瘡
重刊刺疔捷法一卷　（清）張鏡撰　民國十五年（1926）上海廣益書局石印本　一冊

330000－1701－0044052　SBC1395　集部/戲劇類/傳奇之屬
譜定紅香傳十齣　民國抄本　一冊　存五齣（六至十）

330000－1701－0044059　普 811.17/8033/2　集部/別集類/清別集
印雪軒詩鈔十六卷　（清）俞鴻漸撰　民國六年（1917）上海掃葉山房石印本　四冊

330000－1701－0044065　普 617.24/3044/c1　子部/醫家類/外科之屬/癰疽、疔瘡
治疔要訣一卷　（清）應其南撰　**爛喉痧痧輯要一卷**　（清）金德鑑撰　**林文忠戒煙方一卷**　**諸症急救良方一卷**　民國八年（1919）石印本　一冊

330000－1701－0044069　普 617.24/3044/c2　子部/醫家類/外科之屬/癰疽、疔瘡
治疔要訣一卷　（清）應其南撰　**爛喉痧痧輯要一卷**　（清）金德鑑撰　**林文忠戒煙方一卷**　**諸症急救良方一卷**　民國八年（1919）石印本　一冊

330000－1701－0044077　SBC1421　子部/雜著類
邵裴子雜稿不分卷　邵裴子撰　稿本　一冊

330000－1701－0044078　普 811.17/8068/c1　史部/史評類/詠史之屬
吳越雜事詩一百首一卷　（清）余恩鑅撰　民國十一年（1922）余紹宋鉛印本　一冊

330000－1701－0044080　普 811.17/8068/c2　史部/史評類/詠史之屬
吳越雜事詩一百首一卷　（清）余恩鑅撰　民國十一年（1922）余紹宋鉛印本　一冊

330000－1701－0044082　普811.17/8068/c3
史部/史評類/詠史之屬
吴越雜事詩一百首一卷　(清)余恩鑅撰　民國十一年(1922)余紹宋鉛印本　一册

330000－1701－0044102　普617.87/1421/c1
子部/醫家類/喉科口齒之屬/白喉
洞主仙師白喉治法忌表抉微一卷　(清)耐修子録並注　民國十年(1921)鉛印本　一册

330000－1701－0044106　普617.87/1421/c2
子部/醫家類/喉科口齒之屬/白喉
仙傳白喉治法忌表抉微一卷　(清)耐修子輯　民國鉛印本　一册

330000－1701－0044112　普811.17/8072
類叢部/叢書類/郡邑之屬
雲南叢書初編一百四十一種二編三十七種　趙藩　陳榮昌等輯　民國雲南叢書處刻本　一册　存一種

330000－1701－0044119　普617.87/1421/c3
子部/醫家類/喉科口齒之屬/白喉
仙傳白喉治法忌表抉微一卷　(清)耐修子輯　民國鉛印本　一册

330000－1701－0044121　普222.021/7541/c2　史部/目録類/專録之屬
敦煌劫餘録不分卷　陳垣校録　民國二十年(1931)北京國立中央研究院歷史語言研究所鉛印本　六册

330000－1701－0044122　普617.87/1421/5/c1　子部/醫家類/喉科口齒之屬/白喉
洞主仙師白喉治法忌表抉微一卷白喉症治養陰忌表歌括一卷急救喉痧要法一卷　(清)耐修子録並注　**福幼編一卷**　(清)莊一夔撰　民國鉛印本　一册

330000－1701－0044124　普617.7/4444　子部/醫家類/眼科之屬
眼科良方一卷　(清)葉桂撰　民國二十年(1931)上海明善書局石印本　一册

330000－1701－0044125　普811.17/8078/c1
集部/别集類/清别集
瓶廬詩稿八卷　(清)翁同龢撰　翁斌孫輯　民國八年(1919)邵松年武昌刻本　四册

330000－1701－0044131　普811.17/8078/c2
集部/别集類/清别集
瓶廬詩稿八卷　(清)翁同龢撰　翁斌孫輯　民國八年(1919)邵松年武昌刻本　章嶔題記　四册

330000－1701－0044132　普617.87/1421/5/c2　子部/醫家類/喉科口齒之屬/白喉
洞主仙師白喉治法忌表抉微一卷白喉症治養陰忌表歌括一卷急救喉痧要法一卷　(清)耐修子録並注　**福幼編一卷**　(清)莊一夔撰　民國鉛印本　一册

330000－1701－0044142　普617.87/1421/8/c1　子部/醫家類/喉科口齒之屬/白喉
洞主仙師白喉治法忌表抉微一卷　(清)耐修子録並注　民國十一年(1922)武林顧氏鉛印本　一册

330000－1701－0044145　普617.87/1421/8/c2　子部/醫家類/喉科口齒之屬/白喉
洞主仙師白喉治法忌表抉微一卷　(清)耐修子録並注　民國十一年(1922)武林顧氏鉛印本　一册

330000－1701－0044160　普811.17/8232/c1
集部/别集類/清别集
漚寄廬詩藁一卷詞藁一卷　(清)鍾道生撰　民國七年(1918)上海聚珍倣宋印書局鉛印本　一册

330000－1701－0044164　普811.17/8232/c3
集部/别集類/清别集
漚寄廬詩藁一卷詞藁一卷　(清)鍾道生撰　民國七年(1918)上海聚珍倣宋印書局鉛印本　一册　存一卷(詩藁)

330000－1701－0044167　SBC1436　子部/農家農學類/鳥獸蟲之屬
四生譜鶴鶉拾遺一卷　華齋輯　稿本　一册

330000－1701－0044178　SBC1430　子部/雜著類/雜説之屬

論文四種　胡士瑩撰　稿本　二册

330000－1701－0044180　普 811.17/80444/c1　集部/别集類

雲峯閣詩存一卷詞存一卷　金英撰　民國屺思樓鉛印本　一册

330000－1701－0044182　普 617.87/1421/4　子部/醫家類/喉科口齒之屬/白喉

白喉治法忌表抉微一卷　（清）耐修子錄并注　民國七年（1918）江蘇嘉定縣光明印刷社鉛印本　一册

330000－1701－0044185　普 811.17/80444/c2　集部/别集類

雲峯閣詩存一卷詞存一卷　金英撰　民國屺思樓鉛印本　徐祖武題記　一册

330000－1701－0044189　普 811.17/80451/c2　集部/别集類/清别集

寓庸室詩稿一卷　（清）余坤撰　民國七年（1918）余重耀南昌石印本　一册

330000－1701－0044196　普 811.17/80451/c3　集部/别集類/清别集

寓庸室詩稿一卷　（清）余坤撰　民國七年（1918）余重耀南昌石印本　一册

330000－1701－0044200　SBC1425　史部/傳記類/日記之屬

西遊日記□□卷　稿本　三册　存二卷（二、四）

330000－1701－0044205　普 617.87/8716/c1　子部/醫家類/喉科口齒之屬/通論

喉科秘鑰二卷　（清）鄭廛輯　（清）許佐廷增訂　民國六年（1917）古杭程莘耕刻本　一册

330000－1701－0044207　普 618/0022/3/c1　子部/醫家類/婦科之屬/產科

增訂大生要旨五卷　（清）唐千頃撰　**重訂福幼遂生合編一卷**　（清）莊一夔撰　民國九年（1920）浙江印刷公司鉛印本　一册

330000－1701－0044210　普 617.87/8716/c2　子部/醫家類/喉科口齒之屬/通論

喉科秘鑰二卷　（清）鄭廛輯　（清）許佐廷增訂　民國六年（1917）古杭程莘耕刻本　一册

330000－1701－0044211　普 618/0022/3/c2　子部/醫家類/婦科之屬/產科

增訂大生要旨五卷　（清）唐千頃撰　**重訂福幼遂生合編一卷**　（清）莊一夔撰　民國九年（1920）浙江印刷公司鉛印本　一册

330000－1701－0044219　普 618/0022/5　子部/醫家類/婦科之屬/產科

增補大生要旨五卷　（清）唐千頃纂　（清）馬振蕃續增　**經驗各種秘方輯要不分卷**　民國六年（1917）上海宏大印刷紙號石印本　一册

330000－1701－0044221　普 618/1332/3　子部/醫家類/婦科之屬/通論

濟陰綱目十四卷　（明）武之望　（明）金德生撰　（清）汪淇箋釋　**保生碎事一卷**　（清）汪淇輯　民國三年（1914）上海錦章圖書局石印本　六册

330000－1701－0044225　普 617.87/4448　子部/醫家類/喉科口齒之屬/通論

喉科秘訣二卷　（清）破頭黃真人撰　（清）宮蘭翁　（清）姜白石傳述　民國抄本　何光題記　一册

330000－1701－0044235　普 811.17/8332　集部/别集類/清别集

桂室吟一卷　（清）錢淑生撰　民國三年（1914）石印本　一册

330000－1701－0044240　SBC1431　集部/别集類

曹穎甫詩錄五卷　曹穎甫撰　民國抄本　二册

330000－1701－0044246　普 811.17/83321　集部/别集類/清别集

甌香書屋詩鈔四卷　（清）錢宗穎撰　民國四年（1915）聽郊館刻本　一册

330000－1701－0044256　普 222.03/5514/2/c1　子部/宗教類/佛教之屬

佛學叢書□□種　丁福保輯　民國上海醫學

書局鉛印本暨影印本　六冊　存四種

330000－1701－0044260　普 811. 17/8324. 3　集部/别集類/清别集
定廬集四卷　（清）錢儀吉撰　民國四年(1915)刻本　二冊

330000－1701－0044267　SBC1449　集部/别集類
尋章摘句一卷三餘閒錄不分卷縹香館主隨筆不分卷　陸冠華輯錄　稿本　四冊

330000－1701－0044270　普 222. 03/5514/2/c2　子部/宗教類/佛教之屬
一切經音義一百卷　（唐）釋慧琳撰　**續一切經音義十卷**　（遼）釋希麟撰　**正續一切經音義提要一卷**　丁福保撰　**一切經音義通檢一卷**　陳作霖撰　民國十三年(1924)上海醫學書局鉛印本暨影印本　章嶔題簽　六冊

330000－1701－0044276　SBC1445　史部/傳記類/日記之屬
蟄盦隨筆日記一卷　汝瑞文撰　民國抄本　一冊

330000－1701－0044280　SBC1444　集部/别集類/明别集
哭殉難諸公詩彙集一卷　（清）林時對撰　民國抄本　一冊

330000－1701－0044299　SBC1477　子部/雜著類
邵裴子雜稿不分卷　邵裴子撰　稿本　一冊

330000－1701－0044300　普 222. 0357/3410/3/c1　子部/宗教類/佛教之屬
佛學叢書□□種　丁福保輯　民國上海醫學書局鉛印本暨影印本　一冊　存一種

330000－1701－0044303　SBC1479　子部/雜著類
邵裴子殘存稿彙不分卷　邵裴子撰　稿本　四冊

330000－1701－0044308　SBC1476　子部/藝術類/遊藝之屬/聯語
俯拾集不分卷　民國抄本　一冊

330000－1701－0044309　普 618. 1/4720　子部/醫家類/婦科之屬/產科
婦科主方一卷　民國九千卷樓抄本　一冊

330000－1701－0044312　普 222. 0357/3410/3/c2　子部/宗教類/佛教之屬
佛學叢書□□種　丁福保輯　民國上海醫學書局鉛印本暨影印本　一冊　存一種

330000－1701－0044315　SBC1475　史部/目録類/專録之屬
唐七言律選目錄不分卷　民國抄本　二冊

330000－1701－0044329　普 618. 1/7526　子部/醫家類/婦科之屬/產科
婦人良方六卷　（宋）陳自明撰　（明）薛己注　民國元年(1912)上海江東書局石印本　六冊

330000－1701－0044334　普 618. 1/34441　子部/醫家類/類編之屬
嘉定張氏體仁堂醫藥叢刊五種　張壽頤撰　民國十二年至二十二年(1923－1933)浙江蘭谿中醫專門學校石印本暨鉛印本　二冊　存一種

330000－1701－0044338　SBC1472　史部/金石類/石之屬
金石例補二卷　（清）郭麐撰　民國抄本　一冊

330000－1701－0044362　普 811. 17/8350　集部/别集類/清别集
培園詩集一卷　（清）錢本誠撰　（清）彭啟豐輯　民國四年(1915)聽邠館刻本　一冊

330000－1701－0044364　普 618. 2/1007/12　子部/醫家類/婦科之屬/產科
達生全編三卷　（清）亟齋居士撰　民國六年(1917)鉛印本　一冊

330000－1701－0044385　SBC1482　史部/地理類/專志之屬
西泠印社志八卷　丁仁　葉銘　王壽祺輯

稿本　一册　存四卷（五至八）

330000－1701－0044394　普618.2/1007/16　子部/醫家類/婦科之屬

達生編一卷附經驗良藥説明書一卷　（清）亟齋居士撰　民國十二年（1923）上海明德書局鉛印本　一册

330000－1701－0044398　普811.17/83831/c2　集部/别集類/清别集

可山詩集四卷附集三卷　（清）錢鎔撰　民國十七年（1928）鉛印本　一册　缺二卷（附集二至三）

330000－1701－0044399　普811.17/83831/c4　集部/别集類/清别集

可山詩集四卷附集三卷　（清）錢鎔撰　民國十七年（1928）鉛印本　一册　缺二卷（附集二至三）

330000－1701－0044401　普618.2/1007/2　子部/醫家類/婦科之屬/產科

達生編三卷補遺一卷附增急救良方一卷　（清）亟齋居士撰　**附録一卷**　（清）石成金輯　民國七年（1918）杭州光華印局鉛印本　一册

330000－1701－0044404　普618.2/1007/3　子部/醫家類/婦科之屬/產科

達生全編三卷　（清）亟齋居士撰　民國六年（1917）鉛印本　一册

330000－1701－0044408　普618.2/3144/2/c1　子部/醫家類/婦科之屬/產科

產科心法二卷　（清）汪喆撰　民國八年（1919）翰墨林書局鉛印本　一册

330000－1701－0044409　普618.2/1048.01　子部/醫家類/婦科之屬

王渭春先生詳註達生編三卷　王樹森撰　民國二十四年（1935）王浩然堂鉛印本　一册

330000－1701－0044412　普618.2/6624　子部/醫家類/類編之屬

國醫百家□□種　裘慶元輯　民國六年至九年（1917－1920）紹興醫藥學報社鉛印本　二册　存一種

330000－1701－0044413　普618.2/4003　子部/醫家類/婦科之屬/產科

難產神驗繡閣保產良方一卷　（清）邵友濂輯　民國九年（1920）鉛印本　一册

330000－1701－0044414　普618.2/3144/2/c2　子部/醫家類/婦科之屬/產科

產科心法二卷　（清）汪喆撰　民國八年（1919）翰墨林書局鉛印本　一册

330000－1701－0044424　普811.17/8748　集部/别集類/清别集

守愚公詩存十三卷　（清）鄭基智撰　民國十三年（1924）半樓主人鉛印本　四册

330000－1701－0044428　普811.17/8718.2　集部/别集類/清别集

遵義鄭徵君遺著二十一卷　（清）鄭珍撰　**垳屈廬詩稿四卷**　（清）鄭同知撰　民國影印本　六册　存十五卷（巢經巢詩集一至九、詩後集一至四、遺詩、附録）

330000－1701－0044434　普618.2/1007/6/c2　子部/醫家類/婦科之屬/產科

達生編三卷附録一卷保赤編一卷　（清）亟齋居士撰　民國五年（1916）浙省杭城三槐堂王氏鉛印本　一册

330000－1701－0044441　普618.2/1007/6/c3　子部/醫家類/婦科之屬/產科

達生編三卷附録一卷保赤編一卷　（清）亟齋居士撰　民國五年（1916）浙省杭城三槐堂王氏鉛印本　一册

330000－1701－0044444　普618.2/1007/6/c1　子部/醫家類/婦科之屬/產科

達生編三卷附録一卷保赤編一卷　（清）亟齋居士撰　民國浙省杭城三槐堂王氏鉛印本　一册

330000－1701－0044452　普811.17/8787　集部/别集類/清别集

遵義鄭徵君遺著二十一卷　（清）鄭珍撰　**垳屈廬詩稿四卷**　（清）鄭同知撰　民國三年至

四年(1914－1915)陳夔龍花近樓刻本　一冊　存四卷(屈廬詩稿一至四)

330000－1701－0044453　普 811.17/8718　集部/别集類/清别集
巢經巢遺詩四卷逸詩一卷　(清)鄭珍撰　民國十八年(1929)貴陽鉛印本　趙乃康、杜叔機題記　二冊

330000－1701－0044461　SBC1500　集部/别集類
范鑄答楊遜齋書一卷　范鑄撰　民國抄本　一冊

330000－1701－0044463　普 811.17/8736/c1　集部/别集類/清别集
亦有秋齋詩鈔二卷　(清)鈕福疇撰　民國七年(1918)烏程鈕氏鉛印本　一冊

330000－1701－0044466　普 811.17/8736/c4　集部/别集類/清别集
亦有秋齋詩鈔二卷　(清)鈕福疇撰　民國七年(1918)烏程鈕氏鉛印本　一冊

330000－1701－0044471　普 811.17/8814　集部/别集類/清别集
鶴廛軒詩存一卷　(清)管元翰撰　民國十二年(1923)刻本　一冊

330000－1701－0044479　普 618.9/1099/2　子部/醫家類/兒科之屬/痘疹
活幼心法大全八卷末一卷　(明)聶尚恒撰　民國千頃堂書局石印本　一冊

330000－1701－0044481　普 618.9/2107　子部/醫家類/兒科之屬/通論
新纂兒科診斷學八卷　何廉臣撰述　民國二十二年(1933)上海大東書局鉛印本　二冊

330000－1701－0044484　普 811.17/8789/c1　集部/别集類/清别集
雙髻山館詩草一卷　(清)鄭鏡堂撰　民國十五年(1926)鉛印本　一冊

330000－1701－0044487　普 811.17/8839/2/c2　集部/别集類/清别集
秋聲館吟稿一卷　(清)符之恆撰　民國十三年(1924)錢塘吳氏刻本　一冊

330000－1701－0044488　普 618.9/2726　子部/醫家類/兒科之屬/通論
嬰童百問十卷　(明)魯伯嗣撰　民國十九年(1930)上海大東書局石印本　二冊

330000－1701－0044492　普 811.17/8839　集部/别集類/清别集
秋聲館吟稿一卷　(清)符之恆撰　民國十三年(1924)錢塘吳氏刻本　一冊

330000－1701－0044494　普 811.17/8841/c2　集部/别集類/清别集
松厓詩鈔三十二卷續集六卷補遺一卷雜文一卷　(清)管榦珍撰　**附録一卷**　(清)孫星衍等撰　民國二十年(1931)濟南善成印務局鉛印本　八冊

330000－1701－0044499　普 811.17/8841/c3　集部/别集類/清别集
松厓詩鈔三十二卷續集六卷補遺一卷雜文一卷　(清)管榦珍撰　**附録一卷**　(清)孫星衍等撰　民國二十年(1931)濟南善成印務局鉛印本　四冊　缺二十三卷(六至十五、二十至三十二)

330000－1701－0044501　普 811.17/8742　集部/别集類/清别集
諫果書屋遺詩二卷　(清)鄭恭和撰　**附録一卷**　(清)李齡壽輯　民國七年(1918)吳江鄭慈穀鉛印本　一冊

330000－1701－0044505　SBC1507　史部/傳記類/别傳之屬
大珍珠傳一卷　(清)白月詩人撰　民國抄本　一冊

330000－1701－0044506　SBC1521　集部/别集類/清别集
潛研堂詩集十卷續集十卷　(清)錢大昕撰　民國抄本　三冊　存十三卷(一至十、續集一至三)

330000－1701－0044509　SBC1508　集部/戲

劇類/雜劇之屬
惆悵爨二折 吳梅撰 民國抄本 一冊

330000－1701－0044510 普 811.17/8848/c1 集部/别集類/清别集
據梧詩集十五卷外卷一卷附錄一卷 （清）管棆撰 民國二十五年（1936）毗陵管氏小書樓鉛印本 四冊

330000－1701－0044512 SBC1522 集部/别集類/清别集
皇華集一卷紀程一卷 （清）朱淳湘撰 民國抄本 一冊

330000－1701－0044514 SBC1523 子部/醫家類/綜合之屬/雜著
醫事搜奇錄一卷 裘慶元輯 稿本 一冊

330000－1701－0044516 普 618.9/8317.2 子部/醫家類/兒科之屬/通論
錢氏兒科案疏二卷書後一卷 （宋）錢乙撰 （宋）閻季忠編次 （清）張壽頤疏 民國二十一年（1932）上海大東書局鉛印本 二冊

330000－1701－0044518 普 811.17/8848/c3 集部/别集類/清别集
據梧詩集十五卷外卷一卷附錄一卷 （清）管棆撰 民國二十五年（1936）毗陵管氏小書樓鉛印本 四冊

330000－1701－0044523 普 811.17/8789/c2 集部/别集類/清别集
雙髻山館詩草一卷 （清）鄭鏡堂撰 民國十五年（1926）鉛印本 一冊

330000－1701－0044529 普 618.9/8317/7 子部/醫家類/兒科之屬/通論
小兒藥證直訣三卷附方一卷 （宋）錢乙撰 （宋）閻孝忠輯 **閻氏小兒方論一卷** （宋）閻孝忠撰 **小兒斑疹備急方論一卷** （宋）董汲撰 民國四年（1915）上海千頃堂石印本 二冊

330000－1701－0044530 SBC1518 集部/總集類/題詠之屬
西湖詩詞不分卷 張光第輯 民國抄本 一冊

330000－1701－0044534 SBC1519 集部/别集類
醉月樓吟草四卷 靜思逸莊氏撰 民國抄本 一冊

330000－1701－0044536 普 811.17/8880.1 集部/别集類/清别集
賞雨茆屋小稾一卷 （清）符曾撰 民國十三年（1924）仁和吳用威刻本 一冊

330000－1701－0044537 普 618.9/8317 子部/醫家類/兒科之屬/通論
錢氏小兒藥證直訣三卷 （宋）錢乙撰 （宋）閻孝忠輯 **附方並說一卷** （宋）閻孝忠撰 **董氏小兒斑疹備急方論一卷** （宋）董汲撰 民國十三年（1924）蕭氏蘭陵堂刻本 三冊

330000－1701－0044542 SBC1513 史部/地理類/方志之屬/郡縣志
[民國]桐廬縣志十八卷 稿本 四冊 缺二卷（十三至十四）

330000－1701－0044552 普 811.17/9994 集部/總集類/氏族之屬
錫山榮氏繩武樓叢刊十三種 榮棣輝輯 民國二十二年（1933）鉛印本 一冊 存一種

330000－1701－0044553 普 811.17/9935 集部/總集類/氏族之屬
錫山榮氏繩武樓叢刊十三種 榮棣輝輯 民國二十二年（1933）鉛印本 一冊 存一種

330000－1701－0044559 SBC1544 集部/戲劇類/傳奇之屬
奇雙會四卷 民國二十五年（1936）恩有濟齋抄本 一冊

330000－1701－0044562 普 618.9/8317/4 子部/醫家類/兒科之屬/通論
小兒藥證直訣三卷 （宋）錢乙撰 （宋）閻孝忠輯 **錢仲陽傳一卷** （宋）劉跂撰 **小兒斑疹備急方論一卷** （宋）董汲撰 **小兒藥證直訣附方一卷** （宋）閻孝忠編 **閻氏小兒方論一卷** （宋）閻孝忠撰 民國二十年（1931）上

海千頃堂書局石印本　一册

330000－1701－0044564　SBC1541　子部/宗教類/佛教之屬
佛門歷代世系表一卷　民國抄本　耕菊題記　一册

330000－1701－0044567　普 811.18/2642　集部/别集類
清耇吟稿一卷　程壽保撰　民國二十四年(1935)天津徐氏鉛印本　一册

330000－1701－0044568　普 811.18/7234　集部/别集類
瑟園詩録四卷詞録一卷　劉富槐撰　劉方煒編　民國十五年(1926)刻本　二册

330000－1701－0044569　SBC1540　史部/目録類/書志之屬/提要
讀書記要不分卷　稿本　一册

330000－1701－0044571　SBC1543　子部/藝術類/音樂之屬
姜詞譜釋不分卷　民國抄本　一册

330000－1701－0044573　普 811.18/7504　集部/别集類
青蓮花館詩存一卷　陳康壽撰　**附録一卷**　陳康瑞輯　民國九年(1920)青蓮花館鉛印本　一册

330000－1701－0044576　普 619.2/6851/2　子部/農家農學類/獸醫之屬
圖像水黄牛經合併大全二卷　(明)喻仁(明)喻傑撰　民國四年(1915)滬江海左書局石印本　一册

330000－1701－0044577　普 811.308/1134/2　集部/詞類/詞話之屬
詞林紀事二十二卷　(清)張宗橚撰　**樂府指迷一卷**　(宋)張炎撰　**詞旨一卷**　(宋)陸韶撰　**詞韻考畧一卷**　(清)許昂霄撰　民國十五年(1926)海鹽張氏據清道光十五年(1835)刻本影印本　胡健中題記　十册

330000－1701－0044578　普 811.18/7546　集部/别集類
栩園叢稿初編五卷二編四卷　陳栩撰　周之盛輯　民國五年(1916)、十九年(1930)上海著易堂印書局鉛印本　五册　缺四卷(二編一至四)

330000－1701－0044581　SBC1539　集部/曲類/曲選之屬
樂府新編陽春白雪前集五卷後集五卷補集一卷校記一卷　(元)楊朝英輯　民國抄本　一册　存五卷(前集一至五)

330000－1701－0044590　普 621.3951/4003/c1　史部/政書類/考工之屬/營造
營造法式三十四卷看詳一卷附録一卷　(宋)李誡撰　民國十四年(1925)武進陶氏刻本　八册

330000－1701－0044592　SBC1538　集部/詩文評類/詩評之屬
名人評詩詩録一卷　董壽慈輯　稿本　一册

330000－1701－0044594　普 621.3951/4003/c2　史部/政書類/考工之屬/營造
營造法式三十四卷看詳一卷附録一卷　(宋)李誡撰　民國十四年(1925)武進陶氏刻本　八册

330000－1701－0044597　普 811.18/3181　集部/别集類
青珍館詩集一卷　馮全琪撰　民國七年(1918)鉛印本　一册

330000－1701－0044599　普 811.18/44092　集部/總集類/氏族之屬
聊圃叢稿　民國二十八年(1939)寧波鈞和印刷公司鉛印本　一册　存一種

330000－1701－0044600　普 621.3951/2244/c1　史部/政書類/考工之屬/營造
中國建築史三卷　樂嘉藻撰　民國二十二年(1933)鉛印本　漆士昌題記　三册

330000－1701－0044602　SBC1534　子部/小説家類/雜事之屬
硯香書屋筆記二卷　丁士昭輯　稿本　二册

330000－1701－0044603　普 811.18/7737　集部/别集類
慧明居士遺稿二卷　周演巽撰　民國十三年(1924)鉛印本　一册

330000－1701－0044604　普 621.3951/2244/c2　史部/政書類/考工之屬/營造
中國建築史三卷　樂嘉藻撰　民國二十二年(1933)鉛印本　漆士昌題記　三册

330000－1701－0044605　普 621.3951/2244/c3　史部/政書類/考工之屬/營造
中國建築史三卷　樂嘉藻撰　民國二十二年(1933)鉛印本　漆士昌題記　三册

330000－1701－0044607　普 811.18/8358/c1　集部/别集類
名山詩集五卷　錢振鍠撰　民國十五年(1926)浙江瑞安刻本　陳繩甫題記　一册

330000－1701－0044608　普 811.18/8358/c2　集部/别集類
名山詩集五卷　錢振鍠撰　民國十五年(1926)浙江瑞安刻本　一册

330000－1701－0044610　普 621.5/8099/c2　史部/政書類/考工之屬/營造
新鐫工師雕斲正式魯班木經匠家鏡四卷首一卷　(明)午榮　(明)章嚴撰　民國十年(1921)石印本　一册

330000－1701－0044612　普 811.18/9020　集部/别集類
澳門雜詩一卷　汪兆鏞撰　民國七年(1918)鉛印本　一册

330000－1701－0044617　普 621.68/4037/c1　子部/工藝類/日用器物之屬/器具
一家言居室器玩部一卷　(清)李漁撰　民國二十年(1931)中國營造學社鉛印本　一册

330000－1701－0044622　普 621.68/4037/c2　子部/工藝類/日用器物之屬/器具
一家言居室器玩部一卷　(清)李漁撰　民國二十年(1931)中國營造學社鉛印本　一册

330000－1701－0044630　普 811.3018/3131　集部/詞類/詞話之屬
無師自通填詞百法二卷　顧憲融編纂　民國十四年(1925)上海崇新書局鉛印本　二册

330000－1701－0044632　普 811.18/4414　集部/别集類
可廬詩鈔不分卷　黄繩祖撰　民國三十六年(1947)鉛印本　一册

330000－1701－0044637　普 811.3023/4454/c1　集部/詞類/别集之屬
天籟軒詞譜五卷詞韻一卷　葉申薌輯　民國三年(1914)掃葉山房石印本　六册

330000－1701－0044641　普 811.18/4415　集部/别集類
蝶兒詩夢三卷　莊一拂撰　民國鉛印本　一册

330000－1701－0044642　普 811.3023/4454/c2　集部/詞類/别集之屬
天籟軒詞譜五卷詞韻一卷　葉申薌輯　民國三年(1914)掃葉山房石印本　六册

330000－1701－0044644　普 642.19114/1377　史部/地理類/山川之屬/水志
[民國]安徽通志水工志稿三卷　武同舉編　民國二十三年(1934)鉛印本　四册

330000－1701－0044650　SBC1525　子部/醫家類/傷寒金匱之屬/傷寒論
傷寒論後條辯十五卷　(清)程應旄撰　民國張寶甫抄本　二册　存六卷(一至六)

330000－1701－0044654　普 811.18/44484/c1　集部/别集類
寄傲盦遺集三卷　黄壽曾撰　民國十九年(1930)鉛印本　一册

330000－1701－0044662　普 811.18/44484/c2　集部/别集類
寄傲盦遺集三卷　黄壽曾撰　民國十九年(1930)鉛印本　一册

330000－1701－0044664　SBC1528　史部/目

録類/專録之屬

陶栗園先生晚年之作不分卷　陶在寬撰　稿本　一冊

330000－1701－0044671　普 811.18/7224　集部/别集類

左盦詩一卷　劉師培撰　民國二十年(1931)華陽林氏清寂堂刻本　一冊

330000－1701－0044672　普 811.3023/8744.01/2/c1　類叢部/叢書類/彙編之屬

四部備要　中華書局編　民國二十五年(1936)上海中華書局鉛印本　一冊　存一種

330000－1701－0044678　普 951.009804/4066/c1　史部/紀傳類/正史之屬

屺瞻草堂四史評議十六卷　李景星撰　民國二十一年(1932)濟南鉛印本　四冊

330000－1701－0044680　普 951.009804/4066/c2　史部/紀傳類/正史之屬

屺瞻草堂四史評議十六卷　李景星撰　民國二十一年(1932)濟南鉛印本　四冊

330000－1701－0044687　普 811.3023/8744.01/2/c2　類叢部/叢書類/彙編之屬

四部備要　中華書局編　民國二十五年(1936)上海中華書局鉛印本　一冊　存一種

330000－1701－0044689　普 624.19123/3428/c1　史部/地理類/水利之屬

民國江南水利志十卷首一卷末一卷　沈佺輯　民國十一年(1922)木活字印本　十一冊

330000－1701－0044690　普 811.3023/8744.01/2/c3　類叢部/叢書類/彙編之屬

四部備要　中華書局編　民國二十五年(1936)上海中華書局鉛印本　一冊　存一種

330000－1701－0044693　普 811.3023/8744.015/2　集部/詞類/詞譜之屬

白香詞譜一卷　(清)舒夢蘭輯　民國元年(1912)振始堂石印本　二冊

330000－1701－0044694　普 811.3036/4444/5　類叢部/叢書類/彙編之屬

四部備要　中華書局編　民國二十五年(1936)上海中華書局鉛印本　十二冊　存一種

330000－1701－0044697　普 624.19123/3428/c2　史部/地理類/水利之屬

民國江南水利志十卷首一卷末一卷　沈佺輯　民國十一年(1922)木活字印本　十一冊

330000－1701－0044707　普 624.19124/4030　史部/地理類/水利之屬

浙江省杭州市水道溝渠調查表不分卷　杭州市政府工務局編　民國十七年(1928)杭州市政府工務局油印本　一冊

330000－1701－0044710　普 811.3036/4661/c1　集部/詞類/詞譜之屬

周詞訂律十卷補遺二卷　楊易霖撰　民國二十六年(1937)開明書店鉛印本　四冊

330000－1701－0044713　普 811.3023/8744.02　集部/詞類/詞譜之屬

續考正白香詞譜四卷　強化誠編　民國十八年(1929)上海掃葉山房石印本　四冊

330000－1701－0044714　普 624.19124/4478、普 925.108924/4478　類叢部/叢書類/郡邑之屬

四明叢書一百六十七種　張壽鏞編　民國四明張氏約園刻本　九冊　存一種

330000－1701－0044718　普 811.3036/4661/c2　集部/詞類/詞譜之屬

周詞訂律十卷補遺二卷　楊易霖撰　民國二十六年(1937)開明書店鉛印本　四冊

330000－1701－0044720　普 811.3023/8744.01/3/c2　集部/詞類/詞韻之屬

白香詞譜箋四卷　(清)舒夢蘭輯　(清)謝朝徵箋　民國二年(1913)上海掃葉山房石印本　四冊

330000－1701－0044722　普 811.3036/4661/c3　集部/詞類/詞譜之屬

周詞訂律十卷補遺二卷　楊易霖撰　民國二十六年(1937)開明書店鉛印本　四冊

330000－1701－0044725　普 811.3023/8744.01/4　集部/詞類/詞韻之屬

白香詞譜箋四卷　(清)舒夢蘭輯　(清)謝朝徵箋　民國十二年(1923)上海掃葉山房石印本　四册

330000－1701－0044726　普 811.3023/8744.07　集部/詞類/詞譜之屬

攷正白香詞譜三卷附錄一卷　陳小蝶(蘧)編　**增訂晚翠軒詞韻一卷**　陳祖耀校正　民國七年(1918)春草軒鉛印本暨石印本　四册

330000－1701－0044728　普 624.191245/1083　史部/地理類/水利之屬

麻溪改壩爲橋始末記四卷首一卷　王念祖纂　民國八年(1919)蕺社鉛印本　二册

330000－1701－0044730　普 811.3036/1190/3　集部/詞類/詞話之屬

詞源二卷　(宋)張炎編　民國七年(1918)國立北京大學出版部鉛印本　一册

330000－1701－0044731　普 624.19124/5331　史部/地理類/水利之屬

乍閘紀原一卷　盛沅編　民國十一年(1922)鉛印本　一册

330000－1701－0044734　普 811.3036/1190.01　類叢部/叢書類/彙編之屬

金陵大學中國文化研究所叢刊　金陵大學中國文化研究所編　民國金陵大學中國文化研究所刻本、鉛印本暨影印本　一册　存一種

330000－1701－0044739　普 624.191245/5031　史部/地理類/水利之屬

蕭山水利二卷續刻一卷　(清)來鴻雯輯　民國十四年(1925)山陰沈企吾抄本　二册

330000－1701－0044746　普 811.304/10221　集部/詞類/詞話之屬

聽秋聲館詞話二十卷　(清)丁紹儀撰　民國二十年(1931)上海醫學書局影印本　四册

330000－1701－0044757　普 811.30382/4060　集部/詞類/別集之屬

南唐二主詞一卷　(五代)李璟　(五代)李煜撰　民國二十三年(1934)北平來薰閣影印本　一册

330000－1701－0044758　普 811.3036/5343/3/c1　集部/詞類/詞韻之屬

詞林正韻三卷發凡一卷　(清)戈載撰　民國十九年(1930)掃葉山房石印本　四册

330000－1701－0044761　普 811.3036/5343/3/c2　集部/詞類/詞韻之屬

詞林正韻三卷發凡一卷　(清)戈載撰　民國四年(1915)掃葉山房石印本　四册

330000－1701－0044769　普 811.304/3488.01　集部/詞類/詞話之屬

樂府指迷箋釋一卷附錄一卷　(宋)沈義父撰　蔡嵩雲箋釋　民國三十七年(1948)上海中華書局鉛印本　一册

330000－1701－0044775　普 624.191244/4421　史部/地理類/山川之屬/水志

杜白二湖全書一卷　(清)王相能輯　民國七年(1918)吳錦堂鉛印本　一册

330000－1701－0044780　SBC1546　經部/小學類/訓詁之屬

俗歌不分卷　民國抄本　十册

330000－1701－0044781　普 811.304/7519　集部/詞類/詞話之屬

評點白雨齋詞話八卷　(清)陳廷焯撰　王時潤評點　民國十八年(1929)上海文瑞樓石印本　四册

330000－1701－0044782　普 624.2/0002　史部/地理類/水利之屬

黄巖縣興修水利報告書不分卷　章育等編　民國三十五年(1946)黄巖縣水利會鉛印本　二册

330000－1701－0044785　普 811.307/4042　集部/詞類/類編之屬

詞學全書四種　(清)查培繼編　民國木石居石印本　六册

330000－1701－0044800　普 624.5/1222/c2

史部/地理類/水利之屬
餘杭南北兩湖測量報告書一卷 水利委員會編 民國水利委員會鉛印本 一冊

330000－1701－0044802 普 624.5/1222/c1 史部/地理類/水利之屬
餘杭南北兩湖測量報告書一卷 水利委員會編 民國水利委員會鉛印本 一冊

330000－1701－0044804 普 624.5/1222/c3 史部/地理類/水利之屬
餘杭南北兩湖測量報告書一卷 水利委員會編 民國水利委員會鉛印本 一冊

330000－1701－0044807 普 811.304/3677 集部/詞類/詞話之屬
詞話叢鈔十種 況周頤輯 王文濡增補 民國十四年(1925)上海大東書局石印本 四冊

330000－1701－0044810 普 811.308/1022 集部/詞類/總集之屬
歷朝名人詞選十三卷 (清)夏秉衡輯 民國八年(1919)上海掃葉山房石印本 四冊

330000－1701－0044823 普 624.5/3231/c1 史部/地理類/水利之屬
湘湖一卷 浙江水利委員會編 民國九年(1920)浙江水利委員會鉛印本 一冊

330000－1701－0044826 普 624.5/3231/c2 史部/地理類/水利之屬
湘湖一卷 浙江水利委員會編 民國九年(1920)浙江水利委員會鉛印本 一冊

330000－1701－0044828 普 624.6/3231.2 史部/地理類/水利之屬
浙江水利叢刻 浙江水利委員會編 民國五年(1916)浙江水利委員會鉛印本 一冊 存一種

330000－1701－0044829 普 624.5/3231.2/c1 史部/地理類/水利之屬
東錢湖測量報告書一卷 東錢湖臨時測量隊撰 民國五年(1916)浙江水利委員會鉛印本 一冊

330000－1701－0044832 普 624.6/2849 史部/地理類/山川之屬/水志
濮陽河上記四卷 徐世光撰 民國九年(1920)鉛印本 二冊

330000－1701－0044838 普 624.5/3231.2/c2 史部/地理類/水利之屬
東錢湖測量報告書一卷 東錢湖臨時測量隊撰 民國五年(1916)浙江水利委員會鉛印本 公度題記 一冊

330000－1701－0044839 普 624.6/7534 類叢部/叢書類/郡邑之屬
黔南叢書六十一種 任可澄等編 民國十一年至三十二年(1922－1943)貴陽文通書局鉛印本暨刻本 一冊 存三種

330000－1701－0044843 普 624.5/1222.2 史部/地理類/水利之屬
泖河測量報告書一卷 水利委員會第三測量隊撰 民國四年(1915)浙江水利委員會鉛印本 一冊

330000－1701－0044849 普 624.6/7720、普 624.6/7721 類叢部/叢書類/自著之屬
周慤慎公全集十種 周馥撰 民國十一年(1922)秋浦周氏石印本 十一冊 存二種

330000－1701－0044851 普 811.304/7510/c1 集部/詞類/詞話之屬
渚山堂詞話三卷 (明)陳霆撰 民國吳興劉氏嘉業堂刻吳興叢書本 李次九跋 一冊

330000－1701－0044856 普 811.304/7510/c2 類叢部/叢書類/郡邑之屬
吳興叢書六十六種 劉承幹編 民國吳興劉氏嘉業堂刻本 一冊 存一種

330000－1701－0044867 普 811.308/2542.2/c1 集部/詞類/類編之屬
彊村叢書一百七十八種 朱祖謀輯並撰校記 民國六年(1917)歸安朱氏刻十一年(1922)校補印本 四十冊

330000－1701－0044869 普 811.308/2528/5 類叢部/叢書類/彙編之屬

四部備要 中華書局編 民國二十五年(1936)上海中華書局鉛印本 四册 存一種

330000－1701－0044870 普 624.5/3261 史部/地理類/水利之屬

測量北湖報告書一卷節錄浙西水利芻議一卷 許炳堃撰 民國浙江水利委員會鉛印本 一册

330000－1701－0044871 普 624.68/2873/2/c1 史部/地理類/水利之屬

橫橋堰水利記一卷附泖河案牘一卷 (清)徐用福輯 民國元年(1912)鉛印本 一册

330000－1701－0044877 普 624.68/2873/c3 史部/地理類/水利之屬

橫橋堰水利記一卷附泖河案牘一卷 (清)徐用福輯 民國元年(1912)鉛印本 一册

330000－1701－0044878 普 811.308/2542 類叢部/叢書類/自著之屬

彊邨遺書六種外編二種附一種 朱祖謀撰 民國二十二年(1933)刻本 十二册

330000－1701－0044879 普 811.304/7537 類叢部/叢書類/自著之屬

彊邨遺書六種外編二種附一種 朱祖謀撰 民國二十二年(1933)刻本 一册 存一種

330000－1701－0044881 普 624.68/2873/2/c4 史部/地理類/水利之屬

橫橋堰水利記一卷附泖河案牘一卷 (清)徐用福輯 民國元年(1912)鉛印本 一册

330000－1701－0044882 普 624.68/2873/2/c2 史部/地理類/水利之屬

橫橋堰水利記一卷附泖河案牘一卷 (清)徐用福輯 民國元年(1912)鉛印本 一册

330000－1701－0044883 普 624.68/2873/2/c3 史部/地理類/水利之屬

橫橋堰水利記一卷附泖河案牘一卷 (清)徐用福輯 民國元年(1912)鉛印本 一册

330000－1701－0044885 普 811.308/2542.2/c2 集部/詞類/類編之屬

彊村叢書一百七十八種 朱祖謀輯並撰校記 民國六年(1917)歸安朱氏刻十一年(1922)校補印本 四十册

330000－1701－0044889 普 811.304/3677.2 集部/詞類/總集之屬

惜陰堂叢書 趙尊嶽輯 民國十三年至十五年(1924－1926)武進趙氏刻本 二册 存一種

330000－1701－0044891 普 811.308/2542.2/c3 集部/詞類/類編之屬

彊村叢書一百七十八種 朱祖謀輯並撰校記 民國六年(1917)歸安朱氏刻十一年(1922)校補印本 三十七册 存一百五十七種

330000－1701－0044893 普 811.3084/2648 集部/詞類/總集之屬

詞選一卷 吳梅輯 民國東南大學鉛印本 一册

330000－1701－0044903 SBC1574 子部/藝術類/書畫之屬

西湖志書畫一卷 民國抄本 一册

330000－1701－0044915 普 811.308/3464 集部/詞類/總集之屬

古今詞選十二卷 (清)沈時棟選 民國三年(1914)掃葉山房石印本 六册

330000－1701－0044920 SBC1572 集部/別集類

梵籟詩草一卷 胡維銓撰 稿本 釋弘一題簽 一册

330000－1701－0044921 普 811.308/3474/2/c1 集部/詞類/總集之屬

御選歷代詩餘一百二十卷 (清)聖祖玄燁定 (清)沈辰垣等輯 民國上海蟫隱廬影印本 四十八册

330000－1701－0044922 SBC1578 集部/別集類

龔心移全韻詩不分卷 胡穎之撰 民國胡氏抄本 二册

330000－1701－0044925　普 811.308/3474/2/c2　集部/詞類/總集之屬

御選歷代詩餘一百二十卷　(清)聖祖玄燁定　(清)沈辰垣等輯　民國上海蟫隱廬影印本　四十八冊

330000－1701－0044926　SBC1579　集部/詞類/別集之屬

紅茶花詞一卷　胡穎之撰　稿本　一冊

330000－1701－0044927　SBC1580　集部/別集類

武曾保題畫詩不分卷　武曾保撰　稿本　五冊

330000－1701－0044930　SBC1566　史部/金石類/總志之屬/目録

古誌新目不分卷　顧燮光輯　稿本　一冊

330000－1701－0044933　普 811.308/4626　集部/詞類/別集之屬

貽清白齋漢魏宮詞八卷外編一卷　楊鼎昌撰　民國三年(1914)成都聚昌公司鉛印本　二冊

330000－1701－0044934　普 811.308/2542.2/c3/1　集部/詞類/類編之屬

彊村叢書一百七十八種　朱祖謀輯並撰校記　民國六年(1917)歸安朱氏刻十一年(1922)校補印本　三十二冊　存一百二十二種

330000－1701－0044937　SBC1568　史部/金石類/石之屬

希齋金石私識不分卷　許榮勛撰　稿本　一冊

330000－1701－0044941　普 811.308/60287　集部/詞類/類編之屬

滄江樂府七種　錢溯耆編　民國五年(1916)錢氏聽邠室刻本　一冊　存二種

330000－1701－0044942　SBC1569　子部/工藝類/文房四寶之屬/硯

希齋歙硯攷四種　許榮勛輯　民國五年(1916)許榮勛抄本　許榮勛跋　一冊

330000－1701－0044944　GP12550　集部/別集類

致汪荃台先生書一卷　王清穆撰　民國十一年(1922)鉛印本　一冊

330000－1701－0044945　普 811.308/4454　集部/詞類/總集之屬

景汲古閣鈔宋金詞七種　陶湘輯　民國陽湖陶氏據明毛氏汲古閣鈔本影刻本　二冊

330000－1701－0044946　普 811.3084/0244　集部/詞類/總集之屬

宋詞賞心錄一卷　(清)端木埰輯　民國二十三年(1934)上海開明書店影印本　一冊

330000－1701－0044948　GP04815　集部/詩文評類

文微一卷　林紓口授　朱羲胄纂述　**坿錄一卷**　民國十三年至十四年(1924－1925)潛江朱氏刻本　一冊

330000－1701－0044955　普 811.308/7590/c2　集部/詞類/總集之屬

花草粹編十二卷　(明)陳耀文輯　**樂府指迷一卷**　(宋)沈義父撰　民國二十二年(1933)國學圖書館影印本　十一冊　缺一卷(八)

330000－1701－0044956　GP04816　集部/詩文評類

文微一卷　林紓口授　朱羲胄纂述　**坿錄一卷**　民國十三年至十四年(1924－1925)潛江朱氏刻本　一冊

330000－1701－0044959　普 811.308/7590/c1　集部/詞類/總集之屬

花草粹編十二卷　(明)陳耀文輯　**樂府指迷一卷**　(宋)沈義父撰　民國二十二年(1933)國學圖書館影印本　十二冊

330000－1701－0044963　普 811.308/7590/c3　集部/詞類/總集之屬

花草粹編十二卷　(明)陳耀文輯　**樂府指迷一卷**　(宋)沈義父撰　民國二十二年(1933)國學圖書館影印本　十二冊

330000－1701－0044964　普 811.3084/2010/

c1　集部/詞類/類編之屬
宋名家詞　(明)毛晉編　民國十年(1921)上海博古齋據明崇禎毛氏汲古閣刻本影印本　三十二册

330000－1701－0044971　普 811.3084/2010/c2　集部/詞類/類編之屬
宋名家詞　(明)毛晉編　民國十年(1921)上海博古齋據明崇禎毛氏汲古閣刻本影印本　南陽題記　三十二册

330000－1701－0044973　普 811.308/4421/c1　集部/詞類/總集之屬
花菴絕妙詞選十卷　(宋)黄昇輯　民國八年(1919)上海掃葉山房石印本　四册

330000－1701－0044978　普 811.308/4421/c2　集部/詞類/總集之屬
花菴絕妙詞選十卷　(宋)黄昇輯　民國十四年(1925)上海掃葉山房石印本　四册

330000－1701－0044982　普 811.3084/2010/c3　集部/詞類/類編之屬
宋名家詞　(明)毛晉編　民國十年(1921)上海博古齋據明崇禎毛氏汲古閣刻本影印本　三十二册

330000－1701－0044989　GP04829　類叢部/叢書類/彙編之屬
古學彙刊第一集三十四種第二集二十七種　鄧實等編　民國元年至三年(1912－1914)上海國粹學報社鉛印本　十二册　存第一集三十四種

330000－1701－0044993　GP04819　史部/傳記類/總傳之屬/家乘
粤西武緣起鳳黄氏家乘不分卷　黄誠沅輯　民國二十三年(1934)鉛印本　一册

330000－1701－0045018　GP04827　史部/詔令奏議類/奏議之屬
梅陽江侍御奏議二卷　江春霖撰　民國十六年(1927)鉛印本　二册

330000－1701－0045019　普 811.308/7787　集部/詞類/總集之屬
松陵絕妙詞選四卷　(清)周銘輯　**華胥語業一卷**　(清)周銘撰　民國十五年(1926)薛氏邃漢齋鉛印本　一册

330000－1701－0045027　普 811.30824/2672　類叢部/叢書類/彙編之屬
潛泉叢鈔　吴隱輯　民國西泠印社刻本暨石印本　二册　存四種

330000－1701－0045033　普 811.308/7730/3　集部/詞類/詞話之屬
詞辨二卷介存齋論詞雜箸一卷　(清)周濟編　民國二年(1913)上海掃葉山房石印本　一册

330000－1701－0045034　GP04837　類叢部/類書類/通類之屬
國民寶庫二十四卷　中華書局編　民國八年(1919)中華書局鉛印本　六册

330000－1701－0045037　GP12688、GP12691　史部/目録類
快閣師石山房叢書七種　(清)姚振宗撰　民國二十年(1931)浙江省立圖書館鉛印本　三册　存三種

330000－1701－0045053　GP12689　史部/目録類
快閣師石山房叢書七種　(清)姚振宗撰　民國二十年(1931)浙江省立圖書館鉛印本　一册　存二種

330000－1701－0045054　普 811.3083/4923/4　集部/詞類/類編之屬
四印齋所刻詞　(清)王鵬運輯　民國中國書店據清光緒王氏刻本影印本　一册　存一種

330000－1701－0045055　GP12690　史部/目録類
快閣師石山房叢書七種　(清)姚振宗撰　民國二十年(1931)浙江省立圖書館鉛印本　一册　存二種

330000－1701－0045056　普 811.3083/4923/3/c1　集部/詞類/類編之屬
四印齋所刻詞　(清)王鵬運輯　民國中國書

店據清光緒王氏刻本影印本　一冊　存一種

330000－1701－0045058　普 811.3083/4923/5　集部/詞類/類編之屬

四印齋所刻詞　(清)王鵬運輯　民國中國書店據清光緒王氏刻本影印本　二冊　存一種

330000－1701－0045060　普 811.3083/4923/3/c2　集部/詞類/類編之屬

四印齋所刻詞　(清)王鵬運輯　民國中國書店據清光緒王氏刻本影印本　一冊　存一種

330000－1701－0045063　普 811.3083/4923/3/c3　集部/詞類/類編之屬

四印齋所刻詞　(清)王鵬運輯　民國中國書店據清光緒王氏刻本影印本　一冊　存一種

330000－1701－0045066　普 811.308/2542.2/c4　集部/詞類/類編之屬

彊村叢書一百七十八種　朱祖謀輯並撰校記　民國六年(1917)歸安朱氏刻十一年(1922)校補印本　四十冊

330000－1701－0045067　普 811.3083/4923/6　集部/詞類/類編之屬

四印齋所刻詞　(清)王鵬運輯　民國中國書店據清光緒王氏刻本影印本　一冊　存一種

330000－1701－0045069　普 811.3083/4923/7/c1　類叢部/叢書類/彙編之屬

四部備要　中華書局編　民國二十五年(1936)上海中華書局鉛印本　一冊　存一種

330000－1701－0045075　普 811.3083/8000　集部/詞類/總集之屬

全唐詞選二卷　民國八年(1919)上海掃葉山房石印本　二冊

330000－1701－0045077　GP04860　經部/小學類/文字之屬/說文/專著

說文古文疏證一卷　舒連景撰　民國二十六年(1937)上海商務印書館石印本　一冊

330000－1701－0045078　普 811.3083/4923/7/c2　集部/詞類/總集之屬

花間集十卷　(五代)趙崇祚輯　民國二十五年(1936)上海中華書局鉛印四部備要本　金迎光題記　一冊

330000－1701－0045079　普 811.308382/4016/c1　集部/詞類/總集之屬

南唐二主詞箋一卷　(五代)李璟　(五代)李煜撰　(清)劉繼增校箋　**南唐二主詞補遺一卷**　(清)劉繼增校補　民國七年(1918)無錫縣公立圖書館鉛印本　一冊

330000－1701－0045081　普 811.3083/5330/c1　集部/詞類/總集之屬

唐五代詞選三卷　(清)成肇麐輯　民國上海涵芬樓鉛印本　一冊

330000－1701－0045082　SBC1582　子部/醫家類/綜合之屬

陳立觀醫書雜抄不分卷　陳立觀輯　稿本　十三冊

330000－1701－0045086　普 811.3083/5330/c2　集部/詞類/總集之屬

唐五代詞選三卷　(清)成肇麐輯　民國上海涵芬樓鉛印本　一冊

330000－1701－0045088　普 811.308382/4016/c2　集部/詞類/總集之屬

南唐二主詞箋一卷　(五代)李璟　(五代)李煜撰　(清)劉繼增校箋　**南唐二主詞補遺一卷**　(清)劉繼增校補　**南唐二主詞一卷**　(五代)李璟　(五代)李煜撰　劉毓盤輯校　民國七年(1918)無錫縣公立圖書館鉛印本　劉毓盤題記並跋　一冊

330000－1701－0045090　SBC1589　子部/宗教類/佛教之屬

弘一法師集華嚴經聯語一卷　李叔同輯　稿本　一冊

330000－1701－0045091　GP12693　子部/術數類/雜術之屬

訂正不可錄一卷　(清)韓菊圃輯　傅煥訂正　民國鉛印本　一冊

330000－1701－0045093　普 811.3084/2010/6/c1　類叢部/叢書類/彙編之屬

四部備要　中華書局編　民國二十五年(1936)上海中華書局鉛印本　十四冊　存一種

330000－1701－0045098　普 811.308382/4016.2　集部/詞類/別集之屬

南唐二主詞彙箋一卷　(五代)李璟　(五代)李煜撰　唐圭璋輯　民國二十五年(1936)正中書局鉛印本　一冊

330000－1701－0045100　普 631.4/4658/c1　子部/農家農學類/農藝之屬/土壤耕作

區種五種五卷附錄一卷　(清)趙夢齡輯　民國五年(1916)石印本　一冊

330000－1701－0045105　GP12695　類叢部/叢書類/郡邑之屬

豫章叢書六十種附一種　胡思敬編　民國四年至九年(1915－1920)南昌豫章叢書編刻局刻本　一冊　存一種

330000－1701－0045106　GP04863　經部/小學類/音韻之屬/古今韻說

切韻考六卷外篇三卷　(清)陳澧撰　民國十九年(1930)成都書局刻本　二冊　存六卷(切韻考一至六)

330000－1701－0045111　普 631.4/4658/c2　子部/農家農學類/農藝之屬/土壤耕作

區種五種五卷附錄一卷　(清)趙夢齡輯　民國五年(1916)石印本　一冊

330000－1701－0045112　GP12696　類叢部/叢書類/自著之屬

崇雅堂叢書十四種　楊晨撰　民國二十五年(1936)楊紹翰鉛印本　一冊　存二種

330000－1701－0045117　普 811.3084/2010/6/c2　類叢部/叢書類/彙編之屬

四部備要　中華書局編　民國二十五年(1936)上海中華書局鉛印本　十三冊　存一種

330000－1701－0045121　GP04865　集部/別集類/清別集

潛廬劫餘吟一卷　(清)龔樹緯撰　民國二十二年(1933)鉛印本　一冊

330000－1701－0045123　GP04842　經部/小學類/音韻之屬/韻書

中華新韻一卷　教育部國語推行委員會編　民國影印本　許紹棣題記　一冊

330000－1701－0045126　SBC1597　史部/目録類/版本之屬

書目彙編□□卷　董宗善撰　稿本　一冊　存一卷(一)

330000－1701－0045128　SBC1598　史部/政書類/邦計之屬/鹽法

廣東鹽事不分卷　民國抄本　一冊

330000－1701－0045140　SBC1599　史部/傳記類/總傳之屬/通代

續學統內編□□卷　(清)張廷琛撰　夏成吉增補　民國靈峰精舍抄本　一冊　存一卷(中二)

330000－1701－0045141　GP04868　集部/別集類

濂希遺書四卷　柯岷撰　民國十五年(1926)鉛印本　一冊

330000－1701－0045143　普 811.3084/2010.3/c1　集部/詞類/總集之屬

景汲古閣鈔宋金詞七種　陶湘輯　民國陽湖陶氏據明毛氏汲古閣鈔本影刻本　二冊

330000－1701－0045145　GP04844　集部/總集類/題詠之屬

石門題詠錄四卷　劉燿東輯　民國二十三年(1934)啓後亭鉛印本　劉燿東題記　一冊

330000－1701－0045148　GP04869　集部/別集類

濂希遺書四卷　柯岷撰　民國十五年(1926)鉛印本　一冊

330000－1701－0045151　普 811.3084/2010/7(2)　集部/詞類/類編之屬

宋名家詞　(明)毛晉編　民國十年(1921)上海博古齋據明崇禎毛氏汲古閣刻本影印本

三十二冊

330000－1701－0045152　普 811.3084/2530/c1　集部/詞類/總集之屬

宋詞三百首一卷　朱祖謀編　民國十三年(1924)刻本　一冊

330000－1701－0045156　SBC1593　子部/藝術類/遊藝之屬/謎語

射謎集錄一卷　民國抄本　一冊

330000－1701－0045157　普 811.3084/2530/c2　集部/詞類/總集之屬

宋詞三百首一卷　朱祖謀編　民國十三年(1924)刻本　一冊

330000－1701－0045158　GP04870　史部/傳記類/總傳之屬/家乘

[湖北來鳳]來鳳吴家莊吴氏支譜不分卷　吴國壽編纂　民國十九年(1930)渤海堂鉛印本　一冊

330000－1701－0045161　普 811.3084/2010.3/c2　集部/詞類/總集之屬

景汲古閣鈔宋金詞七種　陶湘輯　民國陽湖陶氏據明毛氏汲古閣鈔本影刻本　二冊

330000－1701－0045162　普 811.3084/2542/c1　集部/詞類/總集之屬

宋詞三百首箋一卷　朱祖謀編　唐圭璋箋　民國二十三年(1934)上海神州國光社鉛印本　一冊

330000－1701－0045164　普 811.3084/2640　集部/詞類/總集之屬

詞選一卷散文一卷　吴梅輯　民國東南大學鉛印本　一冊

330000－1701－0045165　SBC1594　集部/總集類/彙編之屬

南園叢稿六種　張元善撰輯　稿本　十三冊

330000－1701－0045168　普 811.3084/2542/c2　集部/詞類/總集之屬

宋詞三百首箋一卷　朱祖謀編　唐圭璋箋　民國二十三年(1934)上海神州國光社鉛印本　一冊

330000－1701－0045170　普 811.3084/4637　集部/詞類/別集之屬

和清真詞一卷　(宋)楊澤民撰　**和清真詞一卷**　(宋)方千里撰　民國十七年(1928)上海商務印書館鉛印本　一冊

330000－1701－0045172　普 811.3084/4946　集部/詞類/總集之屬

校輯宋金元人詞七十種　趙萬里輯　民國二十年(1931)國立中央研究院歷史語言研究所鉛印本　五冊

330000－1701－0045176　GP04872　新學/地學

地形學二卷　民國石印本　一冊

330000－1701－0045182　普 811.3084/7730/3/c2　集部/詞類/總集之屬

絶妙好詞箋七卷　(宋)周密輯　(清)查爲仁　(清)厲鶚箋　**續鈔一卷**　(清)余集輯　**又續鈔一卷**　(清)徐楙補錄　民國上海掃葉山房石印本　四冊

330000－1701－0045206　普 633.322/2542　子部/農家農學類/園藝之屬/瓜果

檇李譜一卷　朱夢僊編　民國二十六年(1937)上海新中央印刷公司鉛印本　一冊

330000－1701－0045208　普 811.3084/7730/3/c1　集部/詞類/總集之屬

絶妙好詞箋七卷　(宋)周密輯　(清)查爲仁　(清)厲鶚箋　**續鈔一卷**　(清)余集輯　**又續鈔一卷**　(清)徐楙補錄　民國上海掃葉山房石印本　四冊

330000－1701－0045209　SBC1609　集部/別集類/清別集

葉學山詩稿一卷　(清)葉舒穎撰　民國抄本　一冊

330000－1701－0045216　GP04876　經部/小學類/訓詁之屬/方言

戴東原續方言手稿二卷　(清)戴震撰　民國二十一年(1932)國立中央研究院歷史語言研

究所影印本　一册

330000－1701－0045221　普 811.3084/6047　集部/總集類/彙編之屬
民智藝文雜俎　民國二十二年(1933)上海民智書局鉛印本　一册　存一種

330000－1701－0045230　GP04880　集部/别集類/清别集
朱公遺蹟録二卷　(清)朱勵治撰　民國二十四年(1935)木活字印本　一册

330000－1701－0045232　普 811.3084/7730/7/c1　集部/詞類/總集之屬
絶妙好詞箋七卷　(宋)周密輯　(清)查爲仁　(清)厲鶚箋　民國三年(1914)上海有正書局石印本　三册

330000－1701－0045234　普 811.3084/7730/5/c1　類叢部/叢書類/彙編之屬
袖珍古書讀本三十種　中華書局編　民國十九年(1930)上海中華書局鉛印本　四册　存一種

330000－1701－0045236　普 811.3084/7730/7/c2　集部/詞類/總集之屬
絶妙好詞箋七卷　(宋)周密輯　(清)查爲仁　(清)厲鶚箋　民國三年(1914)上海有正書局石印本　三册

330000－1701－0045242　SBC1618　集部/别集類/唐五代别集
方處士殘稿一卷　(唐)方干撰　民國十八年(1929)錢蔭喬抄本　一册

330000－1701－0045258　普 811.3084/7730/5/c2　類叢部/叢書類/彙編之屬
袖珍古書讀本三十種　中華書局編　民國十九年(1930)上海中華書局鉛印本　四册　存一種

330000－1701－0045259　普 633.38/4463/c1　新學/農政/農務
種葡萄法十二卷　(美國)赫思滿撰　(清)舒高第口譯　(清)陳洙筆述　民國元年(1912)江南製造局刻本　二册

330000－1701－0045262　普 633.38/4463/c2　新學/農政/農務
種葡萄法十二卷　(美國)赫思滿撰　(清)舒高第口譯　(清)陳洙筆述　民國元年(1912)江南製造局刻本　二册

330000－1701－0045265　SBC1620　史部/傳記類/别傳之屬/事狀
樊君妻沈淑人家傳一卷　吴士鑑撰　民國二十五年(1936)金石壽抄本　金石壽跋　一册

330000－1701－0045268　普 811.3084/7730/5/c3　類叢部/叢書類/彙編之屬
四部備要　中華書局編　民國二十五年(1936)上海中華書局鉛印本　四册　存三種

330000－1701－0045272　普 811.3086/2010　集部/總集類/彙編之屬
三家宫詞　(明)毛晉編　民國抄本　一册

330000－1701－0045275　普 811.3084/7730/5/c4　類叢部/叢書類/彙編之屬
四部備要　中華書局編　民國二十五年(1936)上海中華書局鉛印本　四册　存三種

330000－1701－0045281　普 811.3084/7730/6/c1　集部/詞類/總集之屬
絶妙好詞箋七卷　(宋)周密輯　(清)查爲仁　(清)厲鶚箋　**續鈔一卷**　(清)余集輯　**又續鈔一卷**　(清)徐楙補録　民國十二年(1923)上海啟新圖書局石印本　四册

330000－1701－0045283　SBC1605　集部/别集類
予思吟一卷予思詞一卷予思集一卷　裘豐芑撰　民國抄本　一册

330000－1701－0045286　普 811.3084/7730/6/c2　集部/詞類/總集之屬
絶妙好詞箋七卷　(宋)周密輯　(清)查爲仁　(清)厲鶚箋　**續鈔一卷**　(清)余集輯　**又續鈔一卷**　(清)徐楙補録　民國十二年(1923)上海啟新圖書局石印本　四册

330000－1701－0045291　普 811.3087/07693　集部/詞類/詞話之屬

清詞玉屑十二卷 郭則澐輯 民國二十五年(1936)蟄園刻本 六册

330000－1701－0045295 SBC1607 經部/小學類/文字之屬/説文/專著
吴敬如先生説文小記一卷 民國三十八年(1949)鄒壽祺抄本 一册

330000－1701－0045299 SBC1608 子部/雜著類
攷古雜鈔二卷 崔永安輯 稿本 二册

330000－1701－0045300 普 811.3087/1036/4 類叢部/叢書類/彙編之屬
四部備要 中華書局編 民國二十五年(1936)上海中華書局鉛印本 六册 存一種

330000－1701－0045303 普 811.3087/1036.2/3 類叢部/叢書類/彙編之屬
四部備要 中華書局編 民國二十五年(1936)上海中華書局鉛印本 五册 存一種

330000－1701－0045306 普 633.4/7531.4/4 子部/農家農學類/園藝之屬/花卉
秘傳花鏡六卷 (清)陳淏子撰 民國三年(1914)上海鶴記書局石印本 一册

330000－1701－0045307 普 633.42/0060 子部/農家農學類/園藝之屬/花卉
藝蘭彙考一卷 鄭坤常編 稿本 二册

330000－1701－0045311 SBC1600 集部/戲劇類/雜劇之屬
四聲猿四卷 (明)徐渭撰 民國抄本 一册 存一卷(翠鄉一夢)

330000－1701－0045314 普 811.3086/1036/4 類叢部/叢書類/彙編之屬
四部備要 中華書局編 民國二十五年(1936)上海中華書局鉛印本 二册 存一種

330000－1701－0045315 SBC1601 集部/戲劇類/雜劇之屬
摘要女狀元賣才不分卷 民國抄本 一册

330000－1701－0045321 普 811.3087/2662 集部/總集類/酬唱之屬
城東唱和詞一卷 吴昌綬 張祖廉撰 民國十五年(1926)張祖廉刻朱印本 一册

330000－1701－0045322 GP12720 集部/總集類/選集之屬
南宋八家集 (清)鮑廷博輯 民國十一年(1922)上海古書流通處據清鮑氏知不足齋影鈔宋本影印本 一册 存一種

330000－1701－0045323 SBC1602 史部/傳記類/別傳之屬/事狀
壽言集一卷 王猷等撰 民國抄本 一册

330000－1701－0045328 GP12721 史部/金石類
遯盦金石叢書十五種 吴隱輯 民國三年至十年(1914－1921)山陰吴氏西泠印社木活字印本 一册 存一種

330000－1701－0045329 普 811.3087/2631 集部/詞類/總集之屬
閨秀百家詞選十卷 吴灝輯 民國四年(1915)上海掃葉山房石印本 六册

330000－1701－0045333 普 811.3081/1073/c1 集部/詞類/總集之屬
庚子秋詞二卷 (清)王鵬運等撰 民國十二年(1923)上海有正書局石印本 二册

330000－1701－0045334 SBC1621 史部/目録類/總録之屬/私撰
黎照廬所見書目十七卷 林喬良編 稿本 十七册

330000－1701－0045341 SBC1603 集部/總集類/彙編之屬
彙三馮君六十壽敘等摘錄不分卷 民國抄本 一册

330000－1701－0045342 普 811.3087/1096/c1 集部/詞類/總集之屬
清十一家詞鈔十一卷 王煜編註 民國三十六年(1947)正中書局鉛印本 一册

330000－1701－0045345 普 633.42/2661 子部/農家農學類/園藝之屬/花卉

蘭蕙小史三卷附一卷 吳恩元編輯 民國十二年(1923)吳恩元、唐駝鉛印本 張庸暘跋 三冊

330000－1701－0045346 普 811.3087/2819 集部/詞類/總集之屬
樂府補題後集二卷 徐致章等撰 民國十七年(1928)白雪詞社刻本 一冊 存一卷(甲編)

330000－1701－0045347 SBC1626 史部/傳記類/別傳之屬/年譜
漢管處士[寧]年譜一卷 管世駿編 稿本 一冊

330000－1701－0045348 SBC1627 集部/總集類/郡邑之屬
黃巖集拾遺三卷黃巖百二十家遺集不分卷 管世駿輯 稿本 二冊

330000－1701－0045357 SBC1628 子部/藝術類/書畫之屬/題跋
題畫梅絕句一卷 劉景晨撰 稿本 一冊

330000－1701－0045359 普 811.3087/3124 集部/詞類/總集之屬
絕妙近詞二卷 (清)顧貞觀 (清)成德選 民國十二年(1923)上海大東書局石印本 二冊

330000－1701－0045360 GP12751 類叢部/叢書類/彙編之屬
翠琅玕館叢書七十四種 黃任恒重編 民國五年(1916)刻並重編彙印劉氏藏修堂叢書本 一冊 存二種

330000－1701－0045362 普 913.03/1023 類叢部/叢書類/彙編之屬
四部叢刊續編七十七種 張元濟等編 民國二十三年(1934)上海商務印書館影印本 二冊 存一種

330000－1701－0045365 SBC1629 史部/金石類/總志之屬/雜著
六朝金石學六卷 李翹撰 稿本 二冊

330000－1701－0045369 普 633.42/7548 子部/農家農學類/園藝之屬/花卉
藝菊瑣言一卷湫漻齋月季花譜一卷附錄一卷 陳葆善撰 民國六年(1917)石印本 一冊

330000－1701－0045371 普 811.3088/1070 集部/總集類/彙編之屬
潛社彙刊二十集 吳梅編 民國二十五年(1936)鉛印本 一冊

330000－1701－0045374 普 811.3087/6053/c1 集部/詞類/總集之屬
銷魂詞一卷 畢振達輯 民國三年(1914)上海夏星雜誌社鉛印本 一冊

330000－1701－0045375 普 811.3087/1096/c2 集部/詞類/總集之屬
清十一家詞鈔十一卷 王煜編註 民國三十六年(1947)正中書局鉛印本 一冊

330000－1701－0045377 SBC1623 集部/總集類/郡邑之屬
台州詩叢不分卷 項士元輯 稿本 二冊

330000－1701－0045378 普 811.3087/6053/c2 集部/詞類/總集之屬
銷魂詞一卷 畢振達輯 民國三年(1914)上海夏星雜誌社鉛印本 查猛濟題記 一冊

330000－1701－0045380 普 811.3088/4420 集部/詞類/總集之屬
戊午春詞一卷 叶玉森等撰 民國七年(1918)安徽安慶石印本 一冊

330000－1701－0045381 SBC1624 史部/地理類/方志之屬/郡縣志
元和郡縣志不分卷 管世駿撰 稿本 一冊

330000－1701－0045387 普 811.3088/4848 集部/詞類/類編之屬
故都竹枝詞一卷附錄一卷 黎承福等撰 民國鉛印本 一冊

330000－1701－0045388 普 811.3089/2631/c1 集部/詞類/總集之屬
歷代名媛詞選十六卷 吳灝輯 民國五年

(1916)木石居石印本　六冊

330000－1701－0045391　SBC1625　史部/金石類/石之屬
讀碑類錄五卷　李翹輯　稿本　六冊

330000－1701－0045394　SBC1638　史部/目録類/總録之屬/地方
台獻徵目錄初編一卷　金嗣獻撰　民國抄本　一冊

330000－1701－0045395　普 811.3089/2631/c2　集部/詞類/總集之屬
歷代名媛詞選十六卷　吳灝輯　民國十六年(1927)木石居石印本　六冊

330000－1701－0045402　普 633.42/7548/2　子部/農家農學類/園藝之屬/花卉
藝菊瑣言一卷湫漻齋種芍藥法一卷　陳葆善撰　稿本　一冊

330000－1701－0045407　SBC1641　子部/宗教類/道教之屬
老子外書二卷　李翹輯　稿本　二冊

330000－1701－0045409　SBC1642　子部/宗教類/道教之屬
魏晉南北老學志不分卷　李翹輯　稿本　二冊

330000－1701－0045410　普 811.308914/4064　集部/詞類/總集之屬
合肥詞鈔四卷補遺一卷　李國模輯　民國十九年(1930)宜城鉛印本　四冊

330000－1701－0045413　SBC1643　子部/宗教類/道教之屬
老子古註二卷附錄二卷　李翹輯　稿本　三冊

330000－1701－0045415　普 811.3087/1132　集部/詞類/總集之屬
和珠玉詞一卷　(清)張祥齡等撰　民國十二年(1923)刻惜陰堂叢書本　幼偉題記　一冊

330000－1701－0045419　SBC1633　集部/別集類
茶簃存草四卷茶簃初稿□□卷　管世駿撰　稿本　五冊　存五卷(存草一至四、初稿上)

330000－1701－0045438　普 811.308924/3627　集部/詞類/總集之屬
長興詞存六卷　溫匋輯　民國十五年(1926)鉛印本　二冊

330000－1701－0045440　GP12756　類叢部/叢書類/彙編之屬
津逮祕書十五集　(明)毛晉編　民國十一年(1922)上海博古齋據明汲古閣本影印本　一冊　存一種

330000－1701－0045445　普 811.308924/7575/c1　集部/詞類/總集之屬
甌社詞鈔二卷　陳閎慧編　民國十年(1921)溫州同文印書館鉛印本　一冊

330000－1701－0045448　普 811.34/2502/2　集部/詞類/別集之屬
樵歌三卷補遺一卷　(宋)朱敦儒撰　民國十六年(1927)北新書局鉛印本　一冊

330000－1701－0045450　普 811.308924/7575/c2　集部/詞類/總集之屬
甌社詞鈔二卷　陳閎慧編　民國十年(1921)溫州同文印書館鉛印本　一冊

330000－1701－0045454　普 811.308924/7701　集部/總集類/郡邑之屬
潯溪詞徵二卷　周慶雲輯　民國六年(1917)周氏夢坡室刻本　一冊

330000－1701－0045458　普 811.3092/7120　類叢部/叢書類/彙編之屬
枝巢叢書　民國長沙楊氏鉛印本　二冊　存一種

330000－1701－0045461　GP04899　史部/目録類/總録之屬/私撰
博野蔣氏寄存書目四卷　朱福榮輯　民國二十三年(1934)國立北平圖書館鉛印本　勵乃驥題記　一冊

330000－1701－0045465　GP04900　子部/雜

著類/雜考之屬
純常子枝語四十卷　(清)文廷式撰　民國三十二年(1943)刻本　十六册

330000－1701－0045467　普 811.338/3111
集部/詞類/類編之屬
詞學叢刊□□種　民國二十二年(1933)上海南京書店鉛印本　一册　存一種

330000－1701－0045470　普 811.308924/2530　類叢部/叢書類/郡邑之屬
吳興叢書六十六種　劉承幹編　民國吳興劉氏嘉業堂刻本　四册　存一種

330000－1701－0045472　GP12759　類叢部/叢書類/自著之屬
直介堂叢刻初編十種續編五種鼻烟叢刻四種　劉聲木撰　民國十八年(1929)廬江劉氏鉛印本　一册　存一種

330000－1701－0045477　普 913.03/6051.4
史部/金石類
蒿里遺珍一卷考釋一卷　羅振玉輯　民國三年(1914)石印本　一册

330000－1701－0045479　GP12760　集部/總集類/選集之屬/通代
言文對照古文筆法百篇不分卷　世界書局編輯所編輯　民國十四年(1925)上海世界書局石印本　一册

330000－1701－0045482　普 811.34/2618
集部/詞類/別集之屬
景宋本鶴山先生長短句三卷　(宋)魏了翁撰　民國刻本　一册

330000－1701－0045484　GP04892　類叢部/叢書類/郡邑之屬
吳興叢書六十六種　劉承幹編　民國吳興劉氏嘉業堂刻本　一册　存一種

330000－1701－0045486　GP12761　集部/別集類/清別集
精選隨園文鈔二卷　(清)袁枚撰　(清)俞樾選　民國八年(1919)中華圖書館石印本　二册

330000－1701－0045487　普 633.49/0044/c1
類叢部/叢書類/自著之屬
盤龍山人叢書　方樹梅輯　民國十九年(1930)晉寧方氏南荔草堂刻本　一册　存一種

330000－1701－0045489　普 633.49/0044/c2
類叢部/叢書類/自著之屬
盤龍山人叢書　方樹梅輯　民國十九年(1930)晉寧方氏南荔草堂刻本　一册　存一種

330000－1701－0045491　GP12780　子部/儒家類/儒學之屬/禮教/家訓
暄廬家訓不分卷　張載陽撰　民國十九年(1930)新昌張九如堂鉛印本　一册

330000－1701－0045493　GP04893　集部/別集類
讀易草堂文集内篇一卷外篇一卷　辜鴻銘撰　民國二十四年(1935)鉛印本　一册

330000－1701－0045494　SBC1654　集部/別集類/清別集
陶樓文鈔摘錄一卷　(清)黄彭年撰　民國抄本　一册

330000－1701－0045495　GP12781　集部/別集類
憶一卷　俞平伯撰　民國十四年(1925)北京樸社影印本　廬題記　一册

330000－1701－0045499　普 633.49/7548
子部/農家農學類/園藝之屬/花卉
湫漻齋月季花譜一卷附錄一卷　陳葆善撰　民國抄本　一册

330000－1701－0045501　普 811.34/0000.2/2/c1　集部/詞類/別集之屬
稼軒長短句十二卷補遺一卷　(宋)辛棄疾撰　**校記一卷**　林大椿撰　民國十七年(1928)上海商務印書館鉛印本　四册

330000－1701－0045504　普 811.34/0000.2/2/c2　集部/詞類/別集之屬
稼軒長短句十二卷補遺一卷　(宋)辛棄疾撰

校記一卷　林大椿撰　民國二十四年(1935)上海商務印書館鉛印本　四册

330000－1701－0045507　普 811.34/0000.2/2/c3　集部/詞類/别集之屬

稼軒長短句十二卷補遺一卷　(宋)辛棄疾撰　**校記一卷**　林大椿撰　民國十八年(1929)上海商務印書館鉛印本　四册

330000－1701－0045508　SBC1653　史部/傳記類/總傳之屬

越畫萃編不分卷　朱□□輯補　稿本　一册

330000－1701－0045509　普 811.3084/3832　集部/詞類/類編之屬

滄江樂府七種　錢溯耆編　民國五年(1916)錢氏聽邠室刻本　二册

330000－1701－0045510　普 811.34/0000.3　集部/詞類/别集之屬

稼軒詞六卷　(宋)辛棄疾撰　梁啟超輯　梁啓勳疏證　民國二十年(1931)梁啓勳曼殊室刻本　余紹宋題記　六册

330000－1701－0045516　GP12762　經部/孝經類/傳説之屬

孝經白話解説一卷　朱領中撰　民國二十年(1931)上海明善書局石印本　一册

330000－1701－0045522　SBC1647　子部/宗教類/道教之屬

沖虛至德真經八卷　(晉)張湛注　民國上海涵芬樓據北宋刻本影印本　李翹校並題記　一册

330000－1701－0045532　SBC1648　子部/宗教類/道教之屬

老子古注輯逸不分卷　李翹輯　稿本　一册

330000－1701－0045535　SBC1649　子部/宗教類/道教之屬

道德指歸論一卷老子注一卷　(漢)嚴遵撰　**老子節解一卷老子義疏一卷**　(南朝齊)顧歡撰　民國李翹抄本　一册

330000－1701－0045537　普 811.34/2604.01/3/c1　類叢部/叢書類/彙編之屬

四部備要　中華書局編　民國二十五年(1936)上海中華書局鉛印本　一册　存一種

330000－1701－0045540　普 811.34/2604.01/3/c2　類叢部/叢書類/彙編之屬

四部備要　中華書局編　民國二十五年(1936)上海中華書局鉛印本　一册　存一種

330000－1701－0045546　GP12799　集部/别集類/清别集

帶經堂集七種九十二卷　(清)王士禛撰　(清)程哲編　民國十年(1921)上海錦文堂石印本　三册　存一種

330000－1701－0045549　GP12800　史部/政書類/軍政之屬

游擊戰術講話不分卷　金華戰時服務團編　民國二十六年(1937)石印本　江澤溶題記　一册

330000－1701－0045551　SBC1644　史部/政書類/軍政之屬/兵制

中國兵制史不分卷　李翹撰　稿本　二册

330000－1701－0045556　SBC1645　經部/小學類/文字之屬/説文/專著

説文札記二卷　李石撰　稿本　二册

330000－1701－0045560　普 811.34/1190.2　類叢部/叢書類/彙編之屬

四部備要　中華書局編　民國二十五年(1936)上海中華書局鉛印本　二册　存一種

330000－1701－0045562　普 811.34/2604/2　集部/詞類/别集之屬

夢窗甲乙丙丁稿四卷補遺一卷　(宋)吳文英撰　**校勘夢窗詞劄記一卷**　朱祖謀撰　民國九年(1920)趙尊嶽惜陰堂據清光緒四印齋刻本影印本　趙叔雍題記　一册

330000－1701－0045563　普 636.4/4060　類叢部/叢書類/自著之屬

煙霞草堂遺書十七種續刻四種附一種　(清)劉光蕡撰　民國八年至十四年(1919－1925)王典章思過齋蘇州刻本　一册　存一種

330000－1701－0045565　GP12768　子部/儒家類/儒學之屬/禮教/鑑戒

道德約言二卷　北京道德學社編　民國十年(1921)北京道德學社鉛印本　一冊　存一卷(一)

330000－1701－0045572　普 811.34/2604.01/2/c1　集部/詞類/别集之屬

吳夢窗詞正集箋釋四卷補箋一卷事蹟攷一卷　(宋)吳文英撰　楊鐵夫箋釋　民國二十五年(1936)抱香室鉛印本　二冊

330000－1701－0045583　普 811.34/2604.01/2/c2　集部/詞類/别集之屬

吳夢窗詞正集箋釋四卷補箋一卷事蹟攷一卷　(宋)吳文英撰　楊鐵夫箋釋　民國二十五年(1936)抱香室鉛印本　二冊

330000－1701－0045587　普 811.34/2604.01/2/c3　集部/詞類/别集之屬

吳夢窗詞正集箋釋四卷補箋一卷事蹟攷一卷　(宋)吳文英撰　楊鐵夫箋釋　民國二十五年(1936)抱香室鉛印本　二冊

330000－1701－0045589　GP12804　史部/地理類/遊記之屬/紀行

金華洞天行纪一卷　(宋)方鳳撰　(明)張燧輯　**金華游録注一卷**　(清)徐沁撰　**金華洞人物古蹟記一卷**　(宋)謝翱撰　民國二十三年(1934)金華何炳松鉛印本　楊夢齡題記　一冊

330000－1701－0045590　普 637.6/3023　史部/政書類/邦計之屬

定岱漁引案卷不分卷　民國抄本　一冊

330000－1701－0045593　普 655.068/4004/c1　史部/目録類/總録之屬

琉璃廠書肆記一卷　(清)李文藻撰　**後記一卷**　繆荃孫撰　民國十四年(1925)中國書店鉛印本　一冊

330000－1701－0045594　SBC1646　子部/宗教類/道教之屬

老學叢殘不分卷　李翹輯　稿本　四冊

330000－1701－0045596　GP04906　集部/别集類/明别集

山海漫談五卷　(明)任環撰　民國二十一年(1932)國學圖書館影印本　二冊

330000－1701－0045602　普 655.068/4004/c2　史部/目録類/總録之屬

琉璃廠書肆記一卷　(清)李文藻撰　**後記一卷**　繆荃孫撰　民國十四年(1925)中國書店鉛印本　一冊

330000－1701－0045606　普 655.068/4004/c3　史部/目録類/總録之屬

琉璃廠書肆記一卷　(清)李文藻撰　**後記一卷**　繆荃孫撰　民國十四年(1925)中國書店鉛印本　一冊

330000－1701－0045608　GP04923　史部/目録類/總録之屬/官修

故宫所藏觀海堂書目四卷　楊守敬藏　何澄一編　民國二十一年(1932)北平故宫博物院圖書館鉛印本　一冊

330000－1701－0045610　GP04908　經部/小學類/文字之屬/說文/專著

湖樓筆談說文經字一卷　(清)俞樾輯　(清)宋文蔚疏證　民國二十三年(1934)上海商務印書館石印本　一冊

330000－1701－0045613　SBC1659　子部/雜著類/雜說之屬

風雅遺聞四卷　(清)戚學標撰　民國抄本　二冊

330000－1701－0045619　SBC1660　集部/别集類

求實踐齋詩存不分卷　王炳辰撰　稿本　許觀政題簽並記　二冊

330000－1701－0045621　SBC1657　史部/傳記類/總傳之屬/家乘

吳江徐氏家譜備錄不分卷　徐亮勳輯　稿本　一冊

330000－1701－0045624　GP04924　集部/詩文評類/詩評之屬

俠龕隨筆二卷　陳中嶽撰　民國十五年(1926)鉛印本　一册

330000－1701－0045627　GP12813　子部/藝術類/音樂之屬
瀛洲古調一卷　沈肇州輯録　民國五年(1916)江蘇省教育會石印本　一册

330000－1701－0045634　GP04912　史部/目録類/總録之屬
國立北京大學圖書館善本書目四卷　北京大學圖書館編　民國北京大學出版組鉛印本　一册

330000－1701－0045644　GP12828　類叢部/叢書類/彙編之屬
古今文藝叢書十集　何藻編　民國二年至四年(1913－1915)上海廣益書局鉛印本　六册　存第三集十八種

330000－1701－0045646　普 811.34/4454/3/c1　類叢部/叢書類/彙編之屬
四部備要　中華書局編　民國二十五年(1936)上海中華書局鉛印本　一册　存一種

330000－1701－0045647　普 811.34/4036　集部/詞類/類編之屬
四印齋所刻詞　(清)王鵬運輯　民國中國書店據清光緒王氏刻本影印本　一册　存二種

330000－1701－0045652　普 664.28/4435　子部/農家農學類/農藝之屬/茶酒
茶業史略一卷　徐方幹撰　稿本　一册

330000－1701－0045653　普 811.34/4454/3/c2　類叢部/叢書類/彙編之屬
四部備要　中華書局編　民國二十五年(1936)上海中華書局鉛印本　一册　存一種

330000－1701－0045655　普 811.34/4036.3/c1　集部/詞類/類編之屬
四印齋所刻詞　(清)王鵬運輯　民國中國書店據清光緒王氏刻本影印本　一册　存一種

330000－1701－0045656　普 811.34/5046/c1　集部/詞類/別集之屬
淮海居士長短句三卷　(宋)秦觀撰　民國十九年(1930)北平故宫博物院圖書館影印本　一册

330000－1701－0045658　普 664.28/4447　子部/農家農學類/農藝之屬/茶酒
滇茶與民生經濟價值一卷　徐方幹撰　稿本　一册

330000－1701－0045660　普 811.34/5046/c2　集部/詞類/別集之屬
淮海居士長短句三卷　(宋)秦觀撰　民國十九年(1930)番禺葉恭綽據宋本影印本　張眉孫題記　一册

330000－1701－0045662　GP04925　新學/工藝/工學
機工教範二卷　王汝騁譯述　民國元年(1912)上海製造局圖書處鉛印本　一册

330000－1701－0045671　普 811.34/5046/c3　集部/詞類/別集之屬
淮海居士長短句三卷　(宋)秦觀撰　民國十九年(1930)番禺葉恭綽據宋本影印本　一册

330000－1701－0045672　普 664.28/2804　子部/農家農學類/農藝之屬/茶酒
華茶對美貿易一卷　徐方幹撰　稿本　傅煥光題簽　一册

330000－1701－0045677　普 664.28/71241　子部/農家農學類/農藝之屬/茶酒
歷代茶葉邊易史畧七卷　徐方幹撰　稿本　一册

330000－1701－0045678　普 811.34/5046/c4　集部/詞類/別集之屬
淮海居士長短句三卷　(宋)秦觀撰　民國十九年(1930)番禺葉恭綽據宋本影印本　一册

330000－1701－0045688　普 664.28/7128　子部/農家農學類/農藝之屬/茶酒
歷代食貨志茶之部不分卷　張國淦編　稿本　一册

330000－1701－0045693　GP05153　子部/天

文曆算類/天文之屬

史記天官書恒星圖考一卷 朱文鑫撰 民國十六年(1927)上海中華書局鉛印本 一册

330000－1701－0045694 普 664.28/7417 子部/農家農學類/農藝之屬/茶酒

茶經三卷 (唐)陸羽撰 **茶譜一卷** (明)顧元慶撰 民國徐方幹抄本 一册

330000－1701－0045697 普 811.34/6015 集部/詞類/別集之屬

珠玉詞一卷補遺一卷 (宋)晏殊撰 林大椿編校 **珠玉詞校記一卷** 林大椿撰 民國十九年(1930)上海商務印書館鉛印本 一册

330000－1701－0045699 普 664.28/2804.3 子部/農家農學類/農藝之屬/茶酒

二十八年鄂茶貨款經過報告一卷 徐方幹編 稿本 一册

330000－1701－0045701 GP04927 集部/別集類

介盦駢體文賸一卷 許湝祥撰 民國二十一年(1932)鉛印本 一册

330000－1701－0045707 普 664.28/3218 子部/農家農學類/農藝之屬/茶酒

近百年來中國茶葉對外貿易一卷 徐方幹撰 稿本 一册

330000－1701－0045714 普 664.28/3524/c1 子部/農家農學類/農藝之屬/茶酒

清代茶史資料不分卷 徐方幹輯 稿本 一册

330000－1701－0045715 普 664.28/3524/c2 子部/農家農學類/農藝之屬/茶酒

清代茶史資料不分卷 徐方幹輯 稿本 一册

330000－1701－0045718 普 811.34/7772 集部/詞類/別集之屬

歐陽文忠公近體樂府三卷 (宋)歐陽修撰 **歐陽文忠近體樂府校記一卷** 林大椿撰 民國二十年(1931)上海商務印書館鉛印本 一册

330000－1701－0045722 普 664.28/3645 子部/農家農學類/農藝之屬/茶酒

邊茶史畧及飲用方法一卷 徐方幹撰 稿本 一册

330000－1701－0045725 普 811.34/60231/3/c1 集部/詞類/別集之屬

小山詞一卷 (宋)晏幾道撰 **小山詞校記一卷** 林大椿撰 民國二十三年(1934)上海商務印書館鉛印本 一册

330000－1701－0045728 GP04928 史部/政書類/邦計之屬

治鄞政畧二卷附編二卷靜庵詩畧一卷 (清)楊懿撰 民國二十四年(1935)木活字印本 一册

330000－1701－0045729 普 811.34/60231/3/c2 集部/詞類/別集之屬

小山詞一卷 (宋)晏幾道撰 **小山詞校記一卷** 林大椿撰 民國二十三年(1934)上海商務印書館鉛印本 一册

330000－1701－0045731 GP12894 史部/傳記類/別傳之屬/年譜

葉天寥[紹袁]年譜一卷續譜一卷別記一卷甲行日注八卷 (明)葉紹袁撰 民國南林劉氏求恕齋刻朱印本 一册 缺八卷(甲行日注一至八)

330000－1701－0045732 普 811.34/60231/3/c3 集部/詞類/別集之屬

小山詞一卷 (宋)晏幾道撰 **小山詞校記一卷** 林大椿撰 民國十九年(1930)上海商務印書館鉛印本 一册

330000－1701－0045733 GP04941 類叢部/叢書類/彙編之屬

江氏聚珍版叢書四集二十八種 江杏溪輯 民國十三年(1924)蘇州文學山房木活字印本 二册

330000－1701－0045743 GP04942 史部/傳記類/總傳之屬/家乘

[浙江桐鄉]洲錢吳氏宗譜不分卷 吳元熿編

民國十年(1921)鉛印本　一册

330000－1701－0045748　GP04930　史部/目録類/版本之屬/書影
故宫善本書影初編一卷　故宫博物院圖書館編　民國十八年(1929)故宫博物院圖書館影印本　一册

330000－1701－0045751　GP12897　集部/總集類/彙編之屬
侯魏汪三家文合鈔四卷　進步書局編輯所編　民國四年(1915)上海進步書局石印本　一册　存一卷(侯朝宗文鈔)

330000－1701－0045752　GP04943　史部/傳記類/總傳之屬/家乘
[浙江紹興]會稽鍾氏宗譜十七卷　鍾志沆修　鍾榮纂修　民國十二年(1923)至德堂木活字印本　十八册

330000－1701－0045753　GP12898　集部/總集類/尺牘之屬
歷代名人小簡二卷　吴曾祺輯　民國四年(1915)上海商務印書館鉛印本　二册

330000－1701－0045756　GP12922　史部/地理類/方志之屬/郡縣志
貴陽市素描一卷　京滇公路週覽會貴州分會宣傳部編　民國二十六年(1937)京滇公路週覽會貴州分會宣傳部鉛印本　一册

330000－1701－0045758　GP12923　子部/雜著類/雜説之屬
六研齋筆記四卷二筆四卷三筆四卷　(明)李日華撰　民國上海有正書局影印本(筆記卷三至四、二筆卷一至二原缺)　三册　存四卷(六研齋筆記一至二、二筆三至四)

330000－1701－0045763　普675.4/3239　史部/政書類/公牘檔册之屬
浙江省油茶棉絲管理處絲繭部民國二十八年工作報告一卷　浙江省油茶棉絲管理處絲繭部編　**浙江省蠶業管理改進計劃書一卷**　蔣師琦擬　民國二十九年(1940)永康浙江省油茶棉絲管理處絲繭部鉛印本　一册

330000－1701－0045772　普951.009822/4917/4　史部/史評類/考訂之屬
廿二史劄記三十六卷首一卷補遺一卷　(清)趙翼撰　民國上海文瑞樓石印本　十二册

330000－1701－0045774　GP04946　史部/目録類/總録之屬
故宫普通書目六卷　故宫博物院圖書館編　民國二十三年(1934)北平故宫博物院圖書館鉛印本　三册

330000－1701－0045775　普811.34/6033/c1　集部/詞類/别集之屬
晁氏琴趣外篇六卷補遺一卷　(宋)晁補之撰　**晁氏琴趣外篇校記一卷**　林大椿撰　民國二十二年(1933)上海商務印書館鉛印本　一册

330000－1701－0045776　普811.34/8080/2/c1　集部/别集類/宋别集
白石道人歌曲四卷别集一卷　(宋)姜夔撰　**詩詞評論一卷補遺一卷逸事一卷補遺一卷**　民國有正書局石印本　一册

330000－1701－0045780　普811.34/8080/2/c2　集部/别集類/宋别集
白石道人歌曲四卷别集一卷　(宋)姜夔撰　**詩詞評論一卷補遺一卷逸事一卷補遺一卷**　民國有正書局石印本　一册

330000－1701－0045781　GP04947　史部/目録類/專録之屬
故宫方志目續編一卷　國立北平故宫博物院編　民國三十七年(1948)國立北平故宫博物院鉛印本　一册

330000－1701－0045785　普811.34/6033/c2　集部/詞類/别集之屬
晁氏琴趣外篇六卷補遺一卷　(宋)晁補之撰　**晁氏琴趣外篇校記一卷**　林大椿撰　民國二十二年(1933)上海商務印書館鉛印本　一册

330000－1701－0045790　GP12926　新學/格致總

物理學不分卷化學不分卷　民國石印本　一册

330000－1701－0045792　GP04948　史部/詔令奏議類/奏議之屬

端忠敏公奏稿十六卷　(清)端方撰　民國七年(1918)鉛印本　十六册

330000－1701－0045795　GP04931　經部/小學類/音韻之屬/注音

切音一覽表一卷　周逸鳳編　民國二十四年(1935)杭州正中書局鉛印本　一册

330000－1701－0045799　普 679.1/1113　子部/工藝類/文房四寶之屬/叢録

蕉窗九錄一卷　(明)項元汴撰　民國三年(1914)西泠印社木活字印本　二册

330000－1701－0045801　GP12906　類叢部/叢書類/彙編之屬

留餘草堂叢書十二種　劉承幹編　民國吳興劉氏嘉業堂刻本　四册　存一種

330000－1701－0045802　GP04932　經部/小學類/音韻之屬/注音

切音一覽表一卷　周逸鳳編　民國二十四年(1935)杭州正中書局鉛印本　一册

330000－1701－0045806　普 811.36/2171/c1　集部/曲類/散曲之屬

擊筑餘音一卷　(明)熊開元撰　民國十三年(1924)沔陽盧氏慎始基齋刻本　一册

330000－1701－0045812　普 811.36/2171/c2　集部/曲類/散曲之屬

擊筑餘音一卷　(明)熊開元撰　民國十三年(1924)沔陽盧氏慎始基齋刻本　一册

330000－1701－0045814　普 679.5/2627/c1　子部/工藝類/文房四寶之屬/硯

九十九硯齋硯譜一卷　(清)紀昀輯　民國五年(1916)北洋印刷局影印本　一册

330000－1701－0045819　普 679.5/2627/c2　子部/工藝類/文房四寶之屬/硯

九十九硯齋硯譜一卷　(清)紀昀輯　民國五年(1916)北洋印刷局影印本　一册

330000－1701－0045822　普 811.36/4421　集部/總集類/彙編之屬

民智藝文雜組　民國二十二年(1933)上海民智書局鉛印本　一册　存一種

330000－1701－0045825　普 811.34/4453/2/c1　集部/詞類/別集之屬

東坡樂府二卷補遺一卷　(宋)蘇軾撰　**校記二卷**　林大椿撰　民國十七年(1928)上海商務印書館鉛印本　二册

330000－1701－0045826　普 811.34/4453/2/c2　集部/詞類/別集之屬

東坡樂府二卷補遺一卷　(宋)蘇軾撰　**校記二卷**　林大椿撰　民國十八年(1929)上海商務印書館鉛印本　二册

330000－1701－0045829　普 679.5/7112　子部/工藝類/文房四寶之屬/硯

硯林脞錄五卷　馬丕緒撰　民國二十五年(1936)馬氏心太平齋鉛印本　四册

330000－1701－0045831　普 679.5/7528/c2　類叢部/叢書類/彙編之屬

靜園叢書十種　沈光瑩編　民國七年(1918)聚珍倣宋印書局鉛印本(籀史卷下原缺)　一册　存一種

330000－1701－0045834　普 679.3/4448　子部/工藝類/文房四寶之屬/墨

李孝美墨譜三卷　(宋)李孝美編　**附校記一卷**　趙萬里撰　民國十九年(1930)故宮博物院圖書館影印本暨鉛印本　一册

330000－1701－0045839　普 679.9/4930/c1　子部/工藝類/觀賞之屬/雜賞

勇盧閒詰一卷　(清)趙之謙撰　民國六年(1917)無錫縣圖書館木活字印本　一册

330000－1701－0045843　普 811.34/7772.2/c2　集部/詞類/別集之屬

醉翁琴趣外篇六卷　(宋)歐陽修撰　民國據宋吉州本影刻朱印本　一册

330000－1701－0045848　普 679.9/4930/c2　子部/工藝類/觀賞之屬/雜賞
勇盧閒詰一卷　(清)趙之謙撰　民國六年(1917)無錫縣圖書館木活字印本　一册

330000－1701－0045850　普 691/2765/2　類叢部/叢書類/彙編之屬
四部叢刊續編七十七種　張元濟等編　民國二十三年(1934)上海商務印書館影印本　二册　存一種

330000－1701－0045854　普 679.3/6034　子部/工藝類/文房四寶之屬/墨
四家藏墨圖錄一卷　葉恭綽輯　民國影印本　一册

330000－1701－0045855　普 679.9/4930/c3　子部/工藝類/觀賞之屬/雜賞
勇盧閒詰一卷　(清)趙之謙撰　民國六年(1917)無錫縣圖書館木活字印本　一册

330000－1701－0045857　SBC1694　集部/別集類
西華草稿不分卷　李西華撰　稿本　一册

330000－1701－0045858　普 811.37/0014　集部/詞類/別集之屬
雲起軒詞一卷　(清)文廷式撰　民國二十三年(1934)南京王氏娱生軒影印本　周雁石題記　一册

330000－1701－0045859　普 811.37/0123　集部/詞類/別集之屬
復堂詩餘三卷　(清)譚獻撰　民國抄本　張崟批跋　一册　存一卷(三)

330000－1701－0045860　普 685.6/2190　史部/政書類/考工之屬/營造
新鐫工師雕斲正式魯班木經匠家鏡四卷首一卷　(明)午榮　(明)章嚴撰　民國上海錦章圖書局石印本　一册

330000－1701－0045864　GP04952　子部/宗教類/佛教之屬
佛學叢書□□種　丁福保輯　民國上海醫學書局鉛印本暨影印本　二册　存一種

330000－1701－0045871　普 811.37/0123.2/c1　集部/詞類/別集之屬
復堂詞續一卷　(清)譚獻撰　民國二十六年(1937)浙江省立圖書館鉛印本　一册

330000－1701－0045876　普 811.37/0123.2/c2　集部/詞類/別集之屬
復堂詞續一卷　(清)譚獻撰　民國二十六年(1937)浙江省立圖書館鉛印本　一册

330000－1701－0045878　普 811.37/0167　集部/詞類/別集之屬
靈鶼蒲桃鏡館詞一卷　(清)譚恩闓撰　民國十九年(1930)鉛印本　一册

330000－1701－0045881　普 691/4048/2　類叢部/叢書類/自著之屬
隨園三十六種　(清)袁枚撰　民國十年(1921)上海中華圖書館石印本　一册　存一種

330000－1701－0045883　GP04953　子部/宗教類/佛教之屬
佛學叢書□□種　丁福保輯　民國上海醫學書局鉛印本暨影印本　二册　存一種

330000－1701－0045891　GP04956　類叢部/叢書類/彙編之屬
文獻叢書　國立北平故宮博物院輯　民國國立北平故宮博物院鉛印本　一册　存一種

330000－1701－0045915　GP12995　史部/目録類/專録之屬
書目長編二卷補遺一卷補校一卷　邵瑞彭等輯　民國十七年(1928)京師鉛印本　二册

330000－1701－0045917　GP04964　史部/目録類/總録之屬/私撰
好古堂書目五卷收藏宋元板書目一卷　(清)姚際恒編　民國十八年(1929)南京中社影印本　一册

330000－1701－0045923　GP04974　史部/目録類/專録之屬
國立北平圖書館善本書目乙編四卷　趙録綽編　民國二十四年(1935)鉛印本　一册

330000－1701－0045929　普691.3/5038　子部/農家農學類/園藝之屬/蔬菜
蔬食譜一卷　(宋)陳達叟撰　**野菜譜一卷**　(明)王磐撰　民國抄本　一册

330000－1701－0045932　GP04968　史部/目録類/總録之屬/官修
京師圖書館善本簡明書目不分卷　京師圖書館編　民國五年(1916)京師圖書館鉛印本　四册

330000－1701－0045935　GP04969　史部/傳記類/别傳之屬/事狀
清故誥授光禄大夫經筵講官軍機大臣協辦大學士外務部尚書瞿文慎公[鴻禨]行狀一卷　余肇康撰　民國上海聚珍倣宋印書局鉛印本　一册

330000－1701－0045940　GP04970　史部/傳記類/别傳之屬/事狀
清故誥授光禄大夫經筵講官軍機大臣協辦大學士外務部尚書瞿文慎公[鴻禨]行狀一卷　余肇康撰　民國上海聚珍倣宋印書局鉛印本　一册

330000－1701－0045943　GP04975　史部/目録類/總録之屬/官修
故宫所藏殿本書目五卷　故宫博物院圖書館編　民國二十二年(1933)故宫博物院圖書館鉛印本　一册

330000－1701－0045947　GP04976　史部/目録類/總録之屬/官修
故宫善本書目三卷　張允亮輯　民國二十三年(1934)北平故宫博物院圖書館鉛印本　一册

330000－1701－0045949　GP04971　史部/傳記類/别傳之屬/事狀
金學士國史循吏傳稿三卷　(清)朱錦輯　民國十七年(1928)思貽堂刻本　一册

330000－1701－0045952　普811.37/1112/c1　集部/詞類/别集之屬
憶雲詞甲稾一卷乙稾一卷丙稾一卷丁稾一卷删存一卷補遺一卷　(清)項廷紀撰　民國上海有正書局石印本　一册

330000－1701－0045953　GP12998　史部/地理類/專志之屬/祠墓
重修西湖錢王祠落成紀念册一卷　錢文選編　民國二十九年(1940)鉛印本　一册

330000－1701－0045957　普951.009824/0017/6/c1　史部/目録類/書志之屬/題跋
百衲本已出十八史跋文彙刊一卷　上海商務印書館輯　民國二十五年(1936)上海商務印書館鉛印本　一册

330000－1701－0045959　普951.009824/0017/6/c2　史部/目録類/書志之屬/題跋
百衲本已出十八史跋文彙刊一卷　上海商務印書館輯　民國二十五年(1936)上海商務印書館鉛印本　一册

330000－1701－0045961　GP04977　類叢部/叢書類/彙編之屬
邈園叢書二十六種　羅振常編　民國上海蟫隱廬謄寫版印三十三年(1944)吳興周延年彙編印本　二册　存二種

330000－1701－0045975　普811.37/1112/c2　集部/詞類/别集之屬
憶雲詞甲稾一卷乙稾一卷丙稾一卷丁稾一卷删存一卷補遺一卷　(清)項廷紀撰　民國上海有正書局石印本　一册

330000－1701－0045979　普320.1/4438/c1　類叢部/叢書類/彙編之屬
四部備要　中華書局編　民國二十五年(1936)上海中華書局鉛印本　一册　存一種

330000－1701－0045981　普320.1/4438/9　類叢部/叢書類/自著之屬
黄梨洲先生遺書七種附一種　(清)黄宗羲撰　民國石印本　一册　存一種

330000－1701－0045982　普320.1/4438/c2　類叢部/叢書類/彙編之屬
四部備要　中華書局編　民國二十五年(1936)上海中華書局鉛印本　一册　存一種

330000－1701－0045987　普 811.37/10731
集部/詞類/別集之屬
青箱書屋詞一卷附南北曲兩套一卷　(清)王留福撰　**青箱書屋餘韻詞存一卷**　王東寅撰　民國十二年(1923)鉛印本　一册

330000－1701－0045991　GP12999　史部/地理類/專志之屬/祠墓
重修西湖錢王祠落成紀念冊一卷　錢文選編　民國二十九年(1940)鉛印本　一册

330000－1701－0045998　SBC1706　史部/地理類/專志之屬/古跡
海昌勝覽二十卷　(清)周春撰　民國海寧管氏靜得樓抄本　四册　存十三卷(一至十三)

330000－1701－0045999　普 811.37/1128
集部/詞類/別集之屬
吳漚煙語一卷　張上龢撰　民國四年(1915)刻本　一册

330000－1701－0046002　普 811.37/1084
集部/詞類/別集之屬
寫禮廎遺詞一卷　王頌蔚撰　民國二十五年(1936)鉛印丙子叢編本　趙詒琛題記　一册

330000－1701－0046006　普 811.37/1129
集部/詞類/別集之屬
瞻園詞續一卷　(清)張仲炘撰　民國二十五年(1936)刻本　玉延題記　一册

330000－1701－0046010　SBC1717　子部/農家農學類/園藝之屬/花卉
都門藝蘭記一卷　于照撰　民國十五年(1926)振鐸氏抄本　一册

330000－1701－0046012　GP13001　史部/雜史類/斷代之屬
滇省首義後之和平祕史一卷　白雲居士編　民國八年(1919)鉛印本　一册

330000－1701－0046020　GP13002　史部/傳記類/科舉録之屬/歷科登科録
道光十八年進士登科錄一卷　錢恂編　民國十一年(1922)歸安錢氏刻本　一册

330000－1701－0046026　普 811.37/1814/2
集部/詞類/別集之屬
玉壺山房詞選二卷　(清)改琦撰　民國九年(1920)聚珍倣宋印書局鉛印本　一册

330000－1701－0046030　GP04990　史部/傳記類/總傳之屬/家乘
[浙江臨海]臨海新亭爐頭王氏宗譜二卷　王與庚等纂修　民國二十六年(1937)木活字印本　二册

330000－1701－0046031　SBC1728　集部/小說類/長篇之屬
石頭記一百二十卷　(清)曹霑撰　(清)丁夢孫評　民國抄本　一册　存四卷(二十至二十三)

330000－1701－0046036　普 811.37/2111
集部/詞類/別集之屬
紅橋詞一卷　(清)何五雲撰　民國十九年(1930)李家恒繡月軒鉛印本　一册

330000－1701－0046037　SBC1721　集部/總集類/酬唱之屬
花月樓本事詩鈔一卷補遺一卷　夢花輯　民國抄本　熊毓常、劉郎、李十郎題記　病鵑、江南紅豆詞人跋　一册

330000－1701－0046041　普 320.44/2848
新學/政治法律/政治
建國詮真一卷　徐樹錚撰　民國十年(1921)影印本　一册

330000－1701－0046047　普 811.37/1137
集部/詞類/別集之屬
湘雨樓詞五卷　(清)張祖同撰　民國十年(1921)刻本　二册

330000－1701－0046054　GP13010　集部/總集類/選集之屬/斷代
國學叢選十八集　高燮等編　民國國學商兑會鉛印本　四册　存八集(一至二、十三至十八)

330000－1701－0046057　SBC1730　子部/藝術類/書畫之屬/畫録

梅花盦題畫隨錄一卷　(清)朱熊輯　民國二年(1913)菖簃居士抄本　菖簃居士跋　一冊

330000－1701－0046072　GP04996　史部/傳記類/總傳之屬/斷代
敏求軒述記十六卷　(清)陳世箴輯　民國四年(1915)掃葉山房石印本　四冊

330000－1701－0046076　普811.37/1244　集部/別集類/清別集
溉堂前集九卷後集六卷續集六卷文集五卷詩餘二卷　(清)孫枝蔚撰　民國陝西教育圖書社鉛印本　一冊　存二卷(詩餘一至二)

330000－1701－0046092　普811.37/2449/2/c1　集部/詞類/別集之屬
納蘭詞五卷補遺一卷　(清)納蘭性德撰　民國上海有正書局石印本　一冊

330000－1701－0046094　普811.37/2623/c1　集部/詞類/別集之屬
吳梅村詞一卷　(清)吳偉業撰　民國十年(1921)上海掃葉山房石印本　一冊

330000－1701－0046095　SBC1723　集部/別集類
天籟隨筆不分卷　張光第撰　稿本　一冊

330000－1701－0046098　普811.37/2623/c2　集部/詞類/別集之屬
吳梅村詞一卷　(清)吳偉業撰　民國三年(1914)上海掃葉山房石印本　一冊

330000－1701－0046099　普811.37/2449/3　類叢部/叢書類/彙編之屬
四部備要　中華書局編　民國二十五年(1936)上海中華書局鉛印本　一冊　存一種

330000－1701－0046100　GP13012　史部/政書類/公牘檔冊之屬
電文不分卷　愛蓮室主人輯　稿本　八冊

330000－1701－0046110　GP05002　史部/政書類/公牘檔冊之屬
山西村政彙編十二卷　閻錫山輯　民國十七年(1928)山西村政處鉛印本　六冊

330000－1701－0046115　SBC1722　史部/傳記類/別傳之屬/事狀
明懿安皇后內傳一卷　(清)紀昀撰　民國二十二年(1933)東吳金石壽抄本　金石壽跋　一冊

330000－1701－0046132　GP13024　類叢部/叢書類/彙編之屬
求恕齋叢書三十一種　劉承幹編　民國吳興劉氏嘉業堂刻本　四冊　存一種

330000－1701－0046139　SBC1739　集部/別集類
游仙雜詠一卷　袁可炳撰　稿本　培竹散人題簽　一冊

330000－1701－0046140　普811.37/26421　集部/詞類/別集之屬
香雪盦詞賸一卷　程松生撰　民國鉛印本　一冊

330000－1701－0046149　普811.37/2690　集部/別集類/清別集
玲瓏簾詞一卷渚陸鴻飛集一卷　(清)吳焯撰　民國十三年(1924)吳用威刻本　徐行恭題簽　二冊

330000－1701－0046153　普811.37/3104　集部/詞類/別集之屬
眉綠樓詞　(清)顧文彬撰　民國二十二年(1933)顧則奐刻本　二冊　存一種

330000－1701－0046165　GP05009　子部/雜著類/雜說之屬
竹軒摭錄八卷　郭則澐輯　民國二十七年(1938)刻本　四冊

330000－1701－0046178　普811.37/3110　集部/詞類/別集之屬
夢羅浮館儷史遺稿一卷　(清)汪一麟撰　民國十年(1921)上海商務印書館鉛印本　一冊

330000－1701－0046192　GP13029　類叢部/叢書類/郡邑之屬
豫章叢書六十種附一種　胡思敬編　民國四年至九年(1915－1920)南昌豫章叢書編刻局

刻本　六册　存一種

330000－1701－0046208　SBC1746　集部/别集類
浣花芻蕘不分卷　杜炳鈞撰　民國抄本　二册

330000－1701－0046214　普 811.37/3124/c1　類叢部/叢書類/彙編之屬
四部備要　中華書局編　民國二十五年(1936)上海中華書局鉛印本　一册　存一種

330000－1701－0046224　GP05027　子部/宗教類/其他宗教之屬/基督教
辯學遺牘一卷　(意大利)利瑪竇撰　**大西利先生行蹟一卷**　(意大利)艾儒略述　**明浙西李之藻傳一卷**　陳垣撰　民國八年(1919)鉛印本　一册

330000－1701－0046228　普 811.37/3150/c1　集部/詞類/别集之屬
東海漁歌四卷補遺一卷　(清)顧春撰　民國三年(1914)西泠印社木活字印本　二册

330000－1701－0046229　普 811.37/3202　集部/詞類/别集之屬
彈緑女子詞稿一卷　(清)濮文綺撰　民國抄本　一册

330000－1701－0046240　GP05031　類叢部/叢書類/郡邑之屬
海陵叢刻二十三種　韓國鈞編　民國八年至十四年(1919－1925)鉛印本、刻本暨石印本　四册　存一種

330000－1701－0046241　SBC1737　子部/藝術類/書畫之屬/畫録
梅花盦題畫隨錄一卷　梅花盦主輯　民國抄本　一册

330000－1701－0046242　SBC1749　集部/詞類/别集之屬
陽春集箋一卷　(五代)馮延己撰　陳作楫箋稿本　徐益藩批並跋　一册

330000－1701－0046243　普 811.37/3408/c1　集部/詞類/别集之屬
東江别集五卷集外詩一卷　(清)沈謙撰　民國九年(1920)上海聚珍倣宋印書局鉛印本　一册

330000－1701－0046244　普 811.37/3408/c3　集部/詞類/别集之屬
東江别集五卷集外詩一卷　(清)沈謙撰　民國九年(1920)上海聚珍倣宋印書局鉛印本　一册

330000－1701－0046246　普 811.37/3124/c2　類叢部/叢書類/彙編之屬
四部備要　中華書局編　民國二十五年(1936)上海中華書局鉛印本　一册　存一種

330000－1701－0046247　普 811.37/3408/c2　集部/詞類/别集之屬
東江别集五卷集外詩一卷　(清)沈謙撰　民國九年(1920)上海聚珍倣宋印書局鉛印本　一册

330000－1701－0046252　普普 811.37/3408/c4　集部/詞類/别集之屬
東江别集五卷集外詩一卷　(清)沈謙撰　民國九年(1920)上海聚珍倣宋印書局鉛印本　一册

330000－1701－0046261　普 811.37/3131　集部/詞類/别集之屬
麝塵蓮寸集四卷補遺一卷　(清)汪淵撰　(清)程淑注　民國抄本　二册

330000－1701－0046267　普 811.37/3131.2　集部/詞類/别集之屬
瑤天笙鶴詞二卷　(清)汪淵撰　民國四年(1915)鉛印本　一册

330000－1701－0046270　SBC1767　集部/别集類
舊鈔詩稿不分卷　民國抄本　吳荊樵跋　一册

330000－1701－0046284　普 811.37/4033　類叢部/叢書類/彙編之屬
墨巢叢刻　李宣龔輯　民國鉛印本　一册

存二種

330000－1701－0046288　普 811.37/4088/c1　集部/詞類/别集之屬

越縵堂詞録二卷　(清)李慈銘撰　民國二十年(1931)上海商務印書館鉛印本　一册

330000－1701－0046292　普 811.37/4088/c2　集部/詞類/别集之屬

越縵堂詞録二卷　(清)李慈銘撰　民國二十年(1931)上海商務印書館鉛印本　一册

330000－1701－0046295　普 811.37/4013　集部/詞類/别集之屬

綴芬閣詞一卷　(清)左又宜撰　民國二年(1913)刻本　一册

330000－1701－0046298　普 811.37/4088/c3　集部/詞類/别集之屬

越縵堂詞録二卷　(清)李慈銘撰　民國二十年(1931)上海商務印書館鉛印本　一册

330000－1701－0046307　GP05035　子部/宗教類/道教之屬

道德經註釋四卷樂育堂語録一卷　(清)黄裳撰　民國六年(1917)留仙閣澤存堂刻本　四册

330000－1701－0046310　GP05043　史部/地理類/專志之屬/祠墓

建修萬季野先生祠墓捐册一卷　建修萬季野先生祠墓事務所輯　民國二十五年(1936)寧波鈞和公司鉛印本　一册

330000－1701－0046312　普 811.37/4043　史部/地理類/雜志之屬

瀛洲竹枝詞一卷　(清)吳瀓編　民國三十一年(1942)雁石抄本　一册

330000－1701－0046315　SBC1772　集部/總集類/酬唱之屬

繆藝風壽詩不分卷　樊增祥等撰　稿本　一札

330000－1701－0046318　SBC1756　類叢部/叢書類/自著之屬

友竹山房叢書　萬友竹撰　稿本　三册　存三種

330000－1701－0046319　GP13077　類叢部/叢書類/彙編之屬

燕京大學圖書館叢書　燕京大學圖書館編　民國北平燕京大學圖書館鉛印本暨影印本　一册　存一種

330000－1701－0046322　GP13079　類叢部/叢書類/自著之屬

木硯齋叢書　童振藻撰　民國鉛印本　一册　存一種

330000－1701－0046327　普 323.09/6030　類叢部/叢書類/郡邑之屬

續金華叢書六十種　胡宗楙編　民國十三年(1924)永康胡氏夢選樓刻本　二册　存一種

330000－1701－0046330　GP05048　史部/叢編

史料叢書　國立中央研究院歷史語言研究所編　民國國立中央研究院歷史語言研究所鉛印本暨影印本　一册　存一種

330000－1701－0046334　GP13020　類叢部/叢書類/彙編之屬

進德叢書八種　丁福保編　民國上海醫學書局鉛印本　一册　存一種

330000－1701－0046336　GP05049　史部/政書類/公牘檔册之屬

全國商會聯合會文件不分卷　民國鉛印本　一册

330000－1701－0046337　普 811.37/4401　集部/詞類/别集之屬

疏篁待月處詞草三卷青琅玕館文賸一卷　(清)黄文琛撰　民國鉛印本　一册

330000－1701－0046338　GP05050　集部/别集類

芬陀利館甂稿五卷　周大封撰　民國八年(1919)鉛印本　一册　存二卷(富春三日遊記、問瀨集)

330000－1701－0046341　GP05051　集部/別集類
芬陀利館瓻稿五卷　周大封撰　民國八年(1919)鉛印本　一册　存二卷(富春三日遊記、問瀨集)

330000－1701－0046345　普811.37/4212　集部/詞類/別集之屬
遠遊詞鈔一卷　(清)姚天健撰　民國紉芳簃抄本　陳彰題簽並記　一册

330000－1701－0046361　普811.37/4403　集部/詞類/別集之屬
綠梅花龕詞二卷　(清)黄文達撰　民國八年(1919)鉛印本　一册

330000－1701－0046362　GP05063　類叢部/叢書類/自著之屬
遯廬叢書八種　余重耀撰　民國鉛印本　七册

330000－1701－0046366　GP05055　史部/傳記類/別傳之屬/事狀
晴川先生[孫之騄]事畧一卷　樊鎮輯　民國七年(1918)紹興樊氏刻本　一册

330000－1701－0046369　GP13080　史部/地理類/雜志之屬
雲間雜識二卷　(明)李紹文撰　民國二十五年(1936)上海縣修志局鉛印本　一册

330000－1701－0046370　GP05056　史部/傳記類/別傳之屬/事狀
晴川先生[孫之騄]事畧一卷　樊鎮輯　民國七年(1918)紹興樊氏刻本　一册

330000－1701－0046374　GP05057　史部/傳記類/別傳之屬/事狀
晴川先生[孫之騄]事畧一卷　樊鎮輯　民國七年(1918)紹興樊氏刻本　一册

330000－1701－0046377　普811.37/4227/c1　集部/詞類/別集之屬
鏗爾詞二卷　(清)彭貞隱撰　民國平湖葛昌楣弢華館刻本　一册

330000－1701－0046378　GP05058　史部/政書類/邦計之屬/賦税
湖北財政紀畧不分卷　魏頌唐編　民國六年(1917)湖北吏治研究所鉛印本　一册

330000－1701－0046380　普811.37/4227/c2　集部/詞類/別集之屬
鏗爾詞二卷　(清)彭貞隱撰　民國平湖葛昌楣弢華館刻本　一册

330000－1701－0046384　普811.37/4227/c3　集部/詞類/別集之屬
鏗爾詞二卷　(清)彭貞隱撰　民國平湖葛昌楣弢華館刻本　一册

330000－1701－0046386　GP05064　史部/傳記類/總傳之屬/家乘
舊德述聞六卷　郭則澐述　民國二十五年(1936)蟄園刻本　二册

330000－1701－0046390　GP13093　類叢部/叢書類/彙編之屬
袖珍古書讀本三十種　中華書局編　民國十九年(1930)上海中華書局鉛印本　六册　存一種

330000－1701－0046391　普811.37/4442/c1　集部/詞類/別集之屬
聊齋詞一卷　(清)蒲松齡撰　民國三十二年(1943)上海國學扶輪社鉛印本　一册

330000－1701－0046395　GP13084　子部/宗教類/佛教之屬/諸宗
密宗津要八卷　民國九年至十一年(1920－1922)北京刻經處刻本　一册

330000－1701－0046396　GP13085　類叢部/叢書類/彙編之屬
滄海叢書十六種附七種　張伯楨編　民國二年至二十四年(1913－1935)東莞張氏刻本　一册　存七種

330000－1701－0046403　GP05060　史部/編年類/斷代之屬
嘉慶三年太上皇帝起居注四卷　北京大學研究所明清史料整理會編　民國十九年(1930)

影印本　一册

330000－1701－0046409　SBC1784　集部/總集類/氏族之屬
飲源集三卷　袁行泰　袁之京　袁可炳撰　民國袁可炳抄本　一册

330000－1701－0046410　SBC1778　子部/藝術類/書畫之屬/書法書品
論書賸語一卷　(清)王澍撰　民國抄本　一册

330000－1701－0046412　SBC1799　史部/傳記類/别傳之屬/事狀
俞母傅太夫人事畧一卷　民國抄本　一册

330000－1701－0046414　GP05067　子部/藝術類/遊藝之屬/謎語
紙醉廬春鐙百話二卷　亢廷鈐撰　民國八年(1919)鉛印本　一册

330000－1701－0046418　SBC1800　史部/目録類/總録之屬/私撰
陸先生所圈書目一卷　民國抄本　一册

330000－1701－0046427　普 811.37/4451/2　集部/詞類/别集之屬
水雲樓詞二卷續一卷補遺一卷　(清)蔣春霖撰　民國二十二年(1933)上海漢文正楷印書局鉛印本　一册

330000－1701－0046433　SBC1802　史部/目録類/總録之屬/私撰
書目彙抄二卷　艮心室藏　稿本　一册

330000－1701－0046443　GP13099　集部/總集類/選集之屬/通代
古詩源十四卷　(清)沈德潛輯　民國上海商務印書館鉛印本　四册

330000－1701－0046448　GP05070　類叢部/叢書類/彙編之屬
雲在山房叢書十七種　楊壽枏編　民國十七年(1928)無錫楊氏鉛印本　一册　存二種

330000－1701－0046452　GP13101　子部/雜著類/雜考之屬
日知錄集釋三十二卷首一卷栞誤二卷續栞誤二卷　(清)黄汝成撰　民國十六年(1927)上海錦章圖書局石印本　六册

330000－1701－0046461　GP13102　集部/别集類/唐五代别集
李義山集三卷　(唐)李商隱撰　民國木石居據明海虞毛氏汲古閣刻本影印本　二册

330000－1701－0046462　普 811.37/4451/c1　集部/詞類/别集之屬
水雲樓詞二卷續一卷　(清)蔣春霖撰　民國十五年(1926)吳中丁氏適存廬刻本　一册

330000－1701－0046467　SBC1782　經部/小學類/音韻之屬/韻書
韻徵十六卷　(清)安吉撰　民國抄本　四册　存二卷(角聲、徵聲)

330000－1701－0046470　普 811.37/4451/c2　集部/詞類/别集之屬
水雲樓詞二卷續一卷　(清)蔣春霖撰　民國十五年(1926)吳中丁氏適存廬刻本　一册

330000－1701－0046474　SBC1808　集部/小説類/長篇之屬
中原俠義傳稿四十回　稿本　四册

330000－1701－0046475　SBC1818　集部/别集類
龍門草廬餘墨三卷　吳穎明撰　稿本　一册　存一卷(一)

330000－1701－0046487　SBC1817　史部/傳記類/總傳之屬/家乘
當湖陸氏祥里世譜一卷　民國抄本　一册

330000－1701－0046492　GP05086　史部/傳記類/日記之屬
帆輪日記二卷　(清)李厚滋撰　民國石印本　二册

330000－1701－0046495　GP05077　子部/雜著類/雜説之屬
南園漫錄十卷　(明)張志淳撰　民國元年(1912)李根源刻本　四册

330000－1701－0046496　普 811.37/4088.2
集部/詞類/别集之屬
霞川花隱詞二卷補一卷　(清)李慈銘撰　民國二十九年(1940)中華書局鉛印本　一册

330000－1701－0046498　SBC1828　經部/小學類/音韻之屬
形聲釋例一卷　林尹撰　民國油印本　邵瑞彭題記　一册

330000－1701－0046501　普 811.37/4115/c1
集部/詞類/别集之屬
楚水詞一卷　(清)何劭慧撰　民國四年(1915)雙照樓刻朱印本　一册

330000－1701－0046502　SBC1810　集部/别集類
蜀行雜草不分卷　稿本　一册

330000－1701－0046503　普 811.37/4115/c2
集部/詞類/别集之屬
楚水詞一卷　(清)何劭慧撰　民國四年(1915)雙照樓刻朱印本　一册

330000－1701－0046505　SBC1826　集部/詞類/别集之屬
半櫻詞□□卷　林鵾翔撰　民國抄本　一册
存一卷(三)

330000－1701－0046510　SBC1827　史部/目録類/總録之屬/私撰
謚簫堂劫外書目一卷　民國抄本　邵瑞彭題簽　一册

330000－1701－0046517　GP13108　子部/宗教類/佛教之屬
佛學叢書□□種　丁福保輯　民國上海醫學書局鉛印本暨影印本　一册　存一種

330000－1701－0046521　普 811.37/4115/c3
集部/詞類/别集之屬
楚水詞一卷　(清)何劭慧撰　民國四年(1915)雙照樓刻朱印本　一册

330000－1701－0046522　普 811.37/4475/c1
集部/别集類/清别集
霓仙遺稿一卷　(清)葉同春撰　民國十一年(1922)石印本　一册

330000－1701－0046526　普 811.37/4475/c2
集部/别集類/清别集
霓仙遺稿一卷　(清)葉同春撰　民國十一年(1922)石印本　一册

330000－1701－0046527　GP13109　新學/重學
吸鐵質性解四卷　(英國)馬理費撰　民國抄本　一册

330000－1701－0046529　SBC1819　子部/天文曆算類/曆法之屬
錢氏曆說不分卷　(清)錢大昕撰　郭豫才輯録　民國抄本　邵瑞彭題簽並批　二册

330000－1701－0046530　SBC1822　史部/目録類/總録之屬/私撰
甓園書目不分卷　民國油印本　一册

330000－1701－0046532　普 811.37/4601
集部/詞類/别集之屬
緜桐館詞一卷　(清)楊調元撰　民國三年(1914)木活字印本　一册

330000－1701－0046534　SBC1820　集部/詞類/别集之屬
巴俞歌辭一卷　陳文中撰　稿本　邵瑞彭批注並跋　一册

330000－1701－0046539　SBC1821　集部/詞類/别集之屬
陳淑通詞一卷　陳文中撰　稿本　一册

330000－1701－0046549　GP05089　集部/别集類/清别集
新體廣註雪鴻軒尺牘二卷　(清)龔萼撰　朱詩隱　徐慎幾註　民國上海世界書局石印本
二册

330000－1701－0046555　GP05094　集部/詩文評類/文法之屬/函牘格式
新撰句解分類尺牘正軌八卷　賀群上編纂　民國九年(1920)上海錦章圖書局石印本

八冊

330000－1701－0046558　普 811.37/4480.1　集部/詞類/別集之屬

摩西詞一卷　黄人撰　民國九年(1920)鉛印本　一冊

330000－1701－0046563　GP05107　史部/地理類/雜志之屬

中吴紀聞六卷　(宋)龔明之撰　民國五年(1916)武進董氏誦芬室刻本　二冊

330000－1701－0046566　GP13087　史部/傳記類/總傳之屬/釋道

高僧傳初集節要二卷二集節要二卷三集節要二卷　梅光羲編　民國二十三年(1934)上海商務印書館鉛印木　三冊

330000－1701－0046569　SBC1842　史部/目録類/專録之屬

邵次公先生遺箸目錄一卷　民國鉛印本　羅祖欽題記　一冊

330000－1701－0046571　SBC1838　集部/別集類

雪齋詩艸一卷　稿本　一冊

330000－1701－0046572　GP13088　史部/地理類/專志之屬/書院

復性書院簡章一卷　馬浮撰　民國二十八年(1939)鉛印本　一冊

330000－1701－0046575　GP05096　史部/地理類/遊記之屬/紀行

襟痕餘錄三卷　盧文杏撰　民國二年(1913)石印本暨鉛印本　一冊

330000－1701－0046576　SBC1835　集部/別集類

冰雪寮詩鈔二卷　釋淡雲撰　民國抄本　一冊

330000－1701－0046578　GP13118　史部/政書類/公牘檔冊之屬

洪憲史料不分卷　民國鉛印本　一冊

330000－1701－0046579　SBC1844　子部/縱横家類

鬼谷子異文校錄一卷　吳士鑑撰　民國抄本　一冊

330000－1701－0046584　SBC1847　集部/別集類

詩集不分卷　民國抄本　一冊

330000－1701－0046585　GP13119、GP13120、GP13126　類叢部/叢書類/彙編之屬

復性書院叢刊二十七種　馬浮編　民國二十九年至三十七年(1940－1948)復性書院刻本暨鉛印本　三冊　存五種

330000－1701－0046588　SBC1836　集部/別集類/清別集

靈芬館集外詩一卷　(清)郭麐撰　鄭道乾輯　民國抄本　一冊

330000－1701－0046591　普 811.37/4545/c1　類叢部/叢書類/郡邑之屬

義烏先哲遺書五種　黄侗編　民國二十二年至二十四年(1933－1935)義烏黄氏鉛印本　一冊　存一種

330000－1701－0046595　SBC1858　集部/別集類

有竹居詩稿一卷詞稿一卷楹聯一卷　陳積馨撰　民國二十七年(1938)石印本　一冊

330000－1701－0046597　SBC1843　集部/別集類

次公遺著不分卷　邵瑞彭輯　稿本　十三冊

330000－1701－0046602　普 811.37/4545/c2　類叢部/叢書類/郡邑之屬

義烏先哲遺書五種　黄侗編　民國二十二年至二十四年(1933－1935)義烏黄氏鉛印本　一冊　存一種

330000－1701－0046605　普 811.37/4545/c3　類叢部/叢書類/郡邑之屬

義烏先哲遺書五種　黄侗編　民國二十二年至二十四年(1933－1935)義烏黄氏鉛印本　一冊　存一種

330000－1701－0046606　普 811.37/4545/c4　類叢部/叢書類/郡邑之屬

義烏先哲遺書五種　黄侗編　民國二十二年至二十四年(1933－1935)義烏黄氏鉛印本　一册　存一種

330000－1701－0046609　GP13123　類叢部/叢書類/自著之屬

崇雅堂叢書十四種　楊晨撰　民國二十五年(1936)楊紹翰鉛印本　一册　存二種

330000－1701－0046621　GP13125　集部/總集類/題詠之屬

退築編二卷附録一卷　王寶珩輯　**蜕龕文寄一卷音書類編一卷**　王文炳撰　民國二十三年(1934)鉛印本　一册

330000－1701－0046626　GP05111　子部/醫家類/方書之屬

世補齋不謝方一卷　(清)陸懋修撰　民國十一年(1922)香光莊嚴室刻本　一册

330000－1701－0046628　SBC1856　史部/地理類/山川之屬

山水敘例一卷　王集成撰　稿本　一册

330000－1701－0046635　GP13127　類叢部/叢書類/彙編之屬

復性書院叢刊二十七種　馬浮編　民國二十九年至三十七年(1940－1948)復性書院刻本暨鉛印本　一册　存一種

330000－1701－0046653　GP05105　史部/目録類/書志之屬

王綬珊先生藏志書目録不分卷　民國三十六年(1947)行政圖書館抄本　一册

330000－1701－0046657　GP05114、GP05115、GP05116、GP05117、GP05118　史部/政書類/公牘檔册之屬

國立北平故宮博物院工作報告不分卷(民國二十六年至三十年)　國立北平故宮博物院編　民國二十六年至三十年(1937－1941)國立北平故宮博物院鉛印本　五册

330000－1701－0046659　GP13143　史部/地理類/專志之屬/古跡

貴州名勝古蹟概説不分卷　貴州文獻徵輯館編　民國二十六年(1937)京滇公路週覽會貴州分會宣傳部鉛印本　一册

330000－1701－0046671　GP13145　子部/工藝類/文房四寶之屬/紙

紙張優劣之比較一卷　美國鈔票公司撰　民國鉛印本　一册

330000－1701－0046672　GP13146　集部/曲類/散曲之屬

散曲叢刊十五種　任訥輯　民國二十年(1931)上海中華書局鉛印本　二册　存一種

330000－1701－0046677　GP05122　子部/宗教類/道教之屬

老子玄玄解一卷　黄元炳撰　民國十四年(1925)鉛印本　一册

330000－1701－0046681　GP05123　子部/宗教類/道教之屬

老子約四卷　張其淦撰　民國八年(1919)鉛印本　一册

330000－1701－0046690　GP05127　類叢部/叢書類/自著之屬

毘陵周氏三種　(清)周騰虎撰　民國二十四年(1935)周都俊鉛印並彙印清光緒三十一年(1905)刻本　周邦俊題記　二册

330000－1701－0046701　GP05133　集部/總集類/酬唱之屬

友聲集十卷　林鶴年編　民國八年(1919)茂名林氏居思草堂鉛印本　二册

330000－1701－0046705　普 811.37/7723　集部/詞類/別集之屬

味閒堂詞鈔一卷　(清)陶然撰　民國十八年(1929)中華書局鉛印本　一册

330000－1701－0046712　普 811.37/8090/c1　集部/詞類/別集之屬

玉琴齋詞不分卷　(清)余懷撰　民國十七年(1928)國學圖書館影印本　四册

330000－1701－0046714　GP05140　經部/春秋總義類
紹邵軒叢書七種　王樹榮撰　民國安慶東方印書館鉛印本　五册

330000－1701－0046718　普 811.37/7521　集部/詞類/別集之屬
朱絲詞二卷　陳衍撰　民國七年(1918)刻朱印本　一册

330000－1701－0046719　普 811.37/8090/c2　集部/詞類/別集之屬
玉琴齋詞不分卷　(清)余懷撰　民國十七年(1928)國學圖書館影印本　四册

330000－1701－0046721　普 811.37/8090/c3　集部/詞類/別集之屬
玉琴齋詞不分卷　(清)余懷撰　民國十七年(1928)國學圖書館影印本　四册

330000－1701－0046724　普 811.37/8223　集部/詞類/別集之屬
睡足齋詞鈔一卷　(清)鍾德祥撰　民國紉芳宧抄本　陳運彰跋　一册

330000－1701－0046726　普 811.37/7524　類叢部/叢書類/彙編之屬
繡詩樓叢書　陳步墀編　民國石印本　一册　存一種

330000－1701－0046734　GP05142　集部/別集類/明別集
萬一樓集五十六卷續集六卷外集十卷　(明)駱問禮撰　民國四年(1915)木活字印本　一册　存十卷(外集一至十)

330000－1701－0046738　GP05144　史部/雜史類/斷代之屬
居仁日覽不分卷　阮忠樞等編　民國四年(1915)石印本　二册

330000－1701－0046742　普 811.37/75421　集部/詞類/類編之屬
滄江樂府七種　錢溯耆編　民國五年(1916)錢氏聽邠館刻本　一册　存一種

330000－1701－0046744　GP05145　集部/總集類/題詠之屬
慎始基齋校書圖題詞一卷附卷外詩一卷　盧弼輯　民國二十四年(1935)鉛印本　一册

330000－1701－0046746　普 811.37/7544　集部/詞類/別集之屬
黛韻樓詞集二卷　(清)薛紹徽撰　民國刻本　一册

330000－1701－0046747　GP05146　集部/別集類
譚延闓詩稿不分卷　譚延闓撰　民國二十年(1931)影印本　四册

330000－1701－0046748　GP05137　史部/史評類/史論之屬
陸學齋史塵一卷　朱士煥撰　民國二十七年(1938)鉛印本　一册

330000－1701－0046750　GP13147　史部/傳記類/別傳之屬
孔子聖蹟之圖不分卷　(明)張楷撰　民國影印本　一册

330000－1701－0046751　GP05148　新學/商務
修正商會法意見書一卷　全國商會聯合會撰　民國四年(1915)鉛印本　一册

330000－1701－0046754　GP05149　集部/別集類
武林篇不分卷　朱修陽撰　民國天台麗美印刷社石印本　唐默亭題記　一册

330000－1701－0046755　GP13148　史部/傳記類/別傳之屬/墓誌
鑑湖女俠秋君墓表一卷　徐自華撰　吳芝瑛書　民國上海大眾書局石印本　一册

330000－1701－0046756　普 811.37/8332　集部/詞類/別集之屬
雙花閣詞鈔一卷　(清)錢之鼎撰　民國二十五年(1936)國學圖書館影印本　一册

330000－1701－0046757　GP05150　集部/總

集類/酬唱之屬
蔭葛廬主人珠臺九老會唱和詩一卷 錢世鍾編 民國六年(1917)平湖文洽齋刻本 一冊

330000－1701－0046774 GP05152 史部/地理類/雜志之屬
雲間雜識二卷 (明)李紹文撰 民國二十五年(1936)上海縣修志局鉛印本 一冊

330000－1701－0046775 普 811.37/7760 集部/詞類/別集之屬
勉憙集詞一卷 (清)周星詒撰 民國抄本 一冊

330000－1701－0046776 GP13151 集部/總集類/選集之屬/斷代
壎篪集初編一卷 王又新 王道腴撰 民國五年(1916)石印本 一冊

330000－1701－0046778 普 811.37/7721/c1 集部/詞類/別集之屬
鏡湄長短句四卷 (清)周保璋撰 民國元年(1912)嘉定周氏鉛印本 一冊

330000－1701－0046780 GP05154 史部/地理類/遊記之屬/紀行
壬申南北漫遊日記一卷俚言一卷附錄一卷 謝慧霖撰 民國二十一年(1932)重慶中西鉛石印局鉛印本 一冊

330000－1701－0046782 普 811.37/7721/c2 集部/詞類/別集之屬
鏡湄長短句四卷 (清)周保璋撰 民國元年(1912)嘉定周氏鉛印本 一冊

330000－1701－0046783 GP05155 史部/地理類/遊記之屬/紀行
壬申南北漫遊日記一卷俚言一卷附錄一卷 謝慧霖撰 民國二十一年(1932)重慶中西鉛石印局鉛印本 一冊

330000－1701－0046787 GP05157 經部/易類/傳說之屬
讀易隨記一卷 李建昌撰 民國七年(1918)鉛印本 一冊

330000－1701－0046793 SBC1861 子部/雜著類/雜纂之屬
倘湖樵書初編四卷 (清)來集之輯 民國十五年(1926)來巨源仁德堂抄本 二冊

330000－1701－0046795 普 811.38/0029.2 集部/詞類/別集之屬
雙清詞草一卷 廖仲愷撰 民國十七年(1928)開明書店影印本 一冊

330000－1701－0046798 普 811.38/4420 集部/詞類/別集之屬
松峯詞稿一卷 林巖撰 民國鉛印本 一冊

330000－1701－0046799 普 811.38/0832 集部/詞類/別集之屬
守白詞甲稿一卷 許之衡撰 藥庵居士評 民國十八年(1929)刻飲流齋著叢書本 葉恭綽題記 一冊

330000－1701－0046800 SBC1862 集部/詞類
七言唱詞不分卷 民國抄本 一冊

330000－1701－0046802 普 811.38/4421 集部/詞類/別集之屬
松岡詩餘一卷 黄紹璟撰 民國二十二年(1933)同安舫山印刷社鉛印本 一冊

330000－1701－0046803 SBC1863 史部/目録類/專録之屬
四部備要第六集預擬書目一卷 民國抄本 一冊

330000－1701－0046808 普 811.38/4480 集部/詞類/別集之屬
秀道人詠梅詞一卷 況周頤撰 民國九年(1920)惜陰堂鉛印本 一冊

330000－1701－0046811 普 811.38/08321 類叢部/叢書類/自著之屬
飲流齋著叢書 許之衡撰 民國石印本暨刻本 一冊 存一種

330000－1701－0046812 普 811.38/6014 集部/詞類/別集之屬

曉珠詞一卷 吕碧城撰 **惠如長短句一卷** 吕惠如撰 民國二十六年(1937)鉛印本 一冊

330000－1701－0046817 GP13174 史部/雜史類/斷代之屬
甲申朝事小紀初編八卷二編八卷三編四卷 (清)抱陽生輯 民國上海商務印書館鉛印本 張美翊題記 五冊

330000－1701－0046822 普 811.38/6240 集部/詞類/別集之屬
影觀詞稿一卷 影觀撰 民國三十年(1941)油印本 一冊

330000－1701－0046827 普 811.38/1116 集部/詞類/別集之屬
遯盦樂府二卷 張爾田撰 民國三十年(1941)萬載龍氏忍寒廬刻本 龍榆生跋 一冊

330000－1701－0046828 普 811.4/2440/c1 集部/曲類/曲韻曲譜曲律之屬
太和正音譜二卷 (明)朱權編 民國十五年(1926)上海古書流通處影印本 三冊

330000－1701－0046830 普 811.5/1037/5 集部/楚辭類
楚辭章句十七卷疑字直音補一卷 (漢)王逸撰 (宋)洪興祖補注 民國上海會文堂書局石印本 三冊 缺三卷(一至三)

330000－1701－0046831 普 811.38/1714 集部/詞類/別集之屬
揚荷集四卷 邵瑞彭撰 民國十九年(1930)雙玉蟬館刻朱印本 邵瑞彭題記 一冊

330000－1701－0046833 普 811.38/2731 集部/詞類/別集之屬
柳谿長短句一卷二集一卷 向迪琮撰 民國十八年(1929)雙流向氏刻本 一冊

330000－1701－0046835 普 811.4/2440/c2 集部/曲類/曲韻曲譜曲律之屬
太和正音譜二卷 (明)朱權編 民國十五年(1926)上海古書流通處影印本 三冊

330000－1701－0046836 普 811.5/1011 類叢部/叢書類/彙編之屬
衡望堂叢書初稿 丁元正輯 民國油印本 一冊 存一種

330000－1701－0046847 普 811.38/4064/c1 集部/詞類/別集之屬
玨庵詞(玨庵詞初集)二卷 壽鑈撰 民國十九年(1930)刻本 一冊

330000－1701－0046851 普 811.38/4064/c2 集部/詞類/別集之屬
玨庵詞(玨庵詞初集)二卷 壽鑈撰 民國十九年(1930)刻本 一冊

330000－1701－0046855 SBC1881 集部/別集類
問嫗不分卷 民國抄本 一冊

330000－1701－0046863 SBC1882 集部/別集類
子嘉先生詩稿一卷 彭子嘉撰 民國抄本 一冊

330000－1701－0046866 GP13156 集部/詩文評類/文法之屬
中國文法通論不分卷 劉復撰 民國八年(1919)北京大學出版部鉛印本 一冊

330000－1701－0046872 普 811.5/1037.01/4 集部/楚辭類
楚辭章句十七卷 (漢)王逸撰 (宋)洪興祖補注 民國元年(1912)上海文瑞樓石印本 四冊

330000－1701－0046879 普 811.5/1037.01/5/c1 集部/楚辭類
楚辭章句十七卷 (漢)王逸撰 (宋)洪興祖補注 民國八年(1919)上海文瑞樓石印本 四冊

330000－1701－0046882 普 811.5/1037.01/5/c2 集部/楚辭類
楚辭章句十七卷 (漢)王逸撰 (宋)洪興祖補注 民國八年(1919)上海文瑞樓石印本 四冊

330000－1701－0046884　GP13161　子部/藝術類/書畫之屬

褉堪藏扇初集不分卷　顧燮光藏　民國十六年(1927)金佳石好樓影印本　一冊

330000－1701－0046885　普811.5/1037.01/5/c3　集部/楚辭類

楚辭章句十七卷　(漢)王逸撰　(宋)洪興祖補注　民國八年(1919)上海文瑞樓石印本　四冊

330000－1701－0046892　GP13162　集部/別集類/宋別集

徐公文集三十卷　(宋)徐鉉撰　**徐公文集補遺一卷**　(宋)徐鉉撰　徐乃昌輯　**徐公文集校記一卷**　徐乃昌撰　民國南陵徐乃昌刻藍印本　一冊　缺三十卷(一至三十)

330000－1701－0046893　GP05174　集部/曲類/散曲之屬

盪氣迴腸曲三卷外集一卷　王悠然輯　民國二十年(1931)上海大江書鋪鉛印本　一冊

330000－1701－0046906　SBC1888　史部/傳記類/別傳之屬/事狀

會稽鮑養田先生事略一卷　民國抄本　一冊

330000－1701－0046911　GP13184　史部/政書類/公牘檔冊之屬

國立北平故宮博物院工作報告不分卷(民國二十一年至二十三年)　國立北平故宮博物院編　民國國立北平故宮博物院鉛印本　一冊

330000－1701－0046913　SBC1902　史部/政書類/軍政之屬/邊政

邊疆文徵不分卷　民國抄本　四冊

330000－1701－0046915　普811.5/2540/3　集部/楚辭類

楚辭集註八卷後語六卷辯證二卷　(宋)朱熹撰　民國十七年(1928)掃葉山房石印本　四冊

330000－1701－0046918　普811.5/2540/7　集部/楚辭類

楚辭集註八卷後語六卷辯證二卷　(宋)朱熹撰　民國十二年(1923)上海掃葉山房石印本　四冊

330000－1701－0046921　GP05176　子部/雜著類/雜說之屬

文壇登龍術不分卷　章克標撰　民國二十二年(1933)鉛印本　二冊

330000－1701－0046922　普913.021/3042/c1　類叢部/叢書類/彙編之屬

國立中央研究院歷史語言研究所單刊　國立中央研究院歷史語言研究所編　民國上海商務印書館鉛印本暨影印本　一冊　存一種

330000－1701－0046923　普913.021/4408　史部/金石類/石之屬/目録

叕盦叢刊　黃立猷輯　民國十五年(1926)沔陽黃立猷鉛印本　二冊　存一種

330000－1701－0046937　普913.021/3042/c2　類叢部/叢書類/彙編之屬

國立中央研究院歷史語言研究所單刊　國立中央研究院歷史語言研究所編　民國上海商務印書館鉛印本暨影印本　一冊　存一種

330000－1701－0046940　SBC1898　集部/別集類

春花秋月館詩話二卷　黃馭白撰　民國抄本　一冊

330000－1701－0046941　普913.021/4487/c1　史部/目録類/專録之屬

石廬金石書志二十二卷　林鈞撰　民國十二年(1923)南昌林氏寶岱閣刻本　十二冊

330000－1701－0046944　普913.021/3042/c3　類叢部/叢書類/彙編之屬

國立中央研究院歷史語言研究所單刊　國立中央研究院歷史語言研究所編　民國上海商務印書館鉛印本暨影印本　一冊　存一種

330000－1701－0046945　SBC1897　集部/別集類

薌聞集□□卷　民國抄本　一冊　存二卷(一至二)

330000－1701－0046947　普 913.021/3042/2/c2　類叢部/叢書類/彙編之屬
國立中央研究院歷史語言研究所單刊　國立中央研究院歷史語言研究所編　民國上海商務印書館鉛印本暨影印本　一册　存一種

330000－1701－0046949　普 913.021/4487/c2　史部/目録類/專録之屬
石廬金石書志二十二卷　林鈞撰　民國十二年(1923)南昌林氏寶岱閣刻本　十二册

330000－1701－0046952　GP05179　史部/政書類/儀制之屬
江蘇編訂禮制會喪禮草案二卷喪服草案五卷　姚文枏撰　民國二十一年(1932)鉛印本　二册

330000－1701－0046955　普 913.021/4487/c3　史部/目録類/專録之屬
石廬金石書志二十二卷　林鈞撰　民國十二年(1923)南昌林氏寶岱閣刻本　十二册

330000－1701－0046958　普 913.021/3199　史部/金石類
非儒非俠齋金石叢著十種　顧燮光撰　民國會稽顧氏金佳石好樓石印本暨鉛印本　二册　存一種

330000－1701－0046960　普 913.021/4487/c4　史部/目録類/專録之屬
石廬金石書志二十二卷　林鈞撰　民國十二年(1923)南昌林氏寶岱閣刻本　十二册

330000－1701－0046966　GP13198　子部/宗教類/道教之屬
老子古義二卷　楊樹達撰　民國十一年(1922)上海中華書局鉛印本　一册

330000－1701－0046974　普 913.021/3199.2　史部/金石類/總志之屬/目録
古誌新目初編四卷　顧燮光輯　民國二十三年(1934)石印非儒非俠齋金石叢著本　金石壽題記　二册

330000－1701－0046986　GP05202　經部/小學類/文字之屬
字典翻音易知不分卷　蔡振堅撰　民國石印本　一册

330000－1701－0046987　SBC1912　子部/雜著類
新聞筆記一卷故聞筆記一卷　錢蔭喬輯　民國抄本　一册

330000－1701－0046989　GP05181　集部/小説類/短篇之屬
虞初志七卷　(明)袁宏道評　民國六年(1917)上海掃葉山房石印本　四册

330000－1701－0046991　SBC1913　子部/小説家類/雜事之屬
越屑一卷　錢蔭喬輯　民國十七年(1928)抄本　一册

330000－1701－0046994　GP07635　子部/醫家類/養生之屬/導引、氣功
因是子静坐法續編不分卷　蔣維喬撰　民國十一年(1922)上海商務印書館鉛印本　一册

330000－1701－0047000　GP07636　子部/醫家類/養生之屬/導引、氣功
因是子静坐法續編不分卷　蔣維喬撰　民國十二年(1923)上海商務印書館鉛印本　一册

330000－1701－0047002　GP05183　集部/總集類/彙編之屬
嵩園叢刻　民國鉛印本　一册　存一種

330000－1701－0047003　普 913.021/3410/c1　史部/金石類/總志之屬
湫漻齋叢書十種　陳準輯　民國瑞安陳氏刻本　一册　存一種

330000－1701－0047007　GP13190　子部/宗教類/佛教之屬/經
中阿含經六十卷　(晉)釋僧伽提婆譯　民國元年(1912)常州天寧寺刻本　十二册

330000－1701－0047008　普 811.51/4047/c1　經部/小學類/訓詁之屬/方言
屈宋方言攷一卷　李翹撰　民國十四年(1925)芬熏館刻本　一册

330000－1701－0047009　普 913.021/3410/c2　史部/金石類/總志之屬
湫漻齋叢書十種　陳準輯　民國瑞安陳氏刻本　一冊　存一種

330000－1701－0047010　普 811.5/4412　類叢部/叢書類/彙編之屬
喜咏軒叢書三十四種　陶湘編　民國十五年至二十年(1926－1931)武進陶氏涉園石印本　二冊　存二種

330000－1701－0047012　普 913.021/3410/c3　史部/金石類/總志之屬
湫漻齋叢書十種　陳準輯　民國瑞安陳氏刻本　一冊　存一種

330000－1701－0047013　普 811.51/4047/c2　經部/小學類/訓詁之屬/方言
屈宋方言攷一卷　李翹撰　民國十四年(1925)芬熏館刻本　一冊

330000－1701－0047015　SBC1915　子部/雜著類/雜纂之屬
李步青雜記不分卷　民國抄本　一冊

330000－1701－0047017　普 811.51/4047/c3　經部/小學類/訓詁之屬/方言
屈宋方言攷一卷　李翹撰　民國十四年(1925)芬熏館刻本　一冊

330000－1701－0047022　普 913.023/1113/c1　史部/金石類/總志之屬
清儀閣所藏古器物文十卷　(清)張廷濟輯　民國十四年(1925)上海商務印書館影印本　十冊

330000－1701－0047023　普 811.5/44122　集部/楚辭類
陳蕭二家繪離騷圖不分卷　(明)陳洪綬　(清)蕭雲從繪　羅振常輯　民國十三年(1924)蟫隱廬影印本　四冊

330000－1701－0047024　普 811.52/0071　集部/楚辭類
離騷三種　民國二年(1913)上海文瑞樓石印本　三冊

330000－1701－0047026　普 913.023/1113/c2　史部/金石類/總志之屬
清儀閣所藏古器物文十卷　(清)張廷濟輯　民國十四年(1925)上海商務印書館影印本　十冊

330000－1701－0047028　GP07637　子部/儒家類/儒學之屬/經濟
政理古微一卷　林損撰　民國天新印書局鉛印本　一冊

330000－1701－0047031　普 913.023/1113/c3　史部/金石類/總志之屬
清儀閣所藏古器物文十卷　(清)張廷濟輯　民國十四年(1925)上海商務印書館影印本　十冊

330000－1701－0047035　普 811.52/2323　集部/楚辭類
離騷章義一卷　傅熊湘撰　民國十三年(1924)鉛印本　一冊

330000－1701－0047043　普 811.52/0799　集部/楚辭類
讀騷大例一卷　郭焯瑩撰　民國二十年(1931)北平文學同盟社鉛印本　一冊

330000－1701－0047044　GP05185　集部/總集類/郡邑之屬
鹿山社詩錄一卷　徐大昌等撰　民國四年(1915)中華書局鉛印本　一冊

330000－1701－0047049　普 811.51/7771　子部/藝術類/書畫之屬/法帖
屈原賦二十五篇不分卷　(清)王仁堪等書　民國香港統文書局石印本　一冊

330000－1701－0047052　GP13219　史部/傳記類/別傳之屬/事狀
巢隱老人自祭文一卷巢隱里居呻吟語一卷自輓一卷　鄒福保撰　民國石印本　一冊

330000－1701－0047055　SBC1909　集部/別集類
詩賦傳家不分卷　民國抄本　一冊

330000－1701－0047057　普 913.023/2805.2/c1　史部/目録類/專録之屬
參加倫敦中國藝術國際展覽會出品目錄四卷　倫敦中國藝術國際展覽會籌備委員會編輯　民國二十四年(1935)鉛印本　一册

330000－1701－0047073　普 913.023/2805.2/c2　史部/目録類/專録之屬
參加倫敦中國藝術國際展覽會出品目錄四卷　倫敦中國藝術國際展覽會籌備委員會編輯　民國二十四年(1935)鉛印本　一册

330000－1701－0047074　GP13223　史部/地理類/專志之屬
蘭州五泉山修建記一卷重修小西湖記一卷　劉爾炘撰　民國和通印刷館鉛印本　一册

330000－1701－0047075　普 913.023/2805.2/c3　史部/目録類/專録之屬
參加倫敦中國藝術國際展覽會出品目錄四卷　倫敦中國藝術國際展覽會籌備委員會編輯　民國二十四年(1935)鉛印本　一册

330000－1701－0047078　普 913.023/2805.2/c4　史部/目録類/專録之屬
參加倫敦中國藝術國際展覽會出品目錄四卷　倫敦中國藝術國際展覽會籌備委員會編輯　民國二十四年(1935)鉛印本　一册

330000－1701－0047081　GP13224　史部/政書類/公牘檔册之屬
錫山學務文牘三編二卷　錢基厚編　民國九年(1920)鉛印本　一册

330000－1701－0047083　普 951.009824/3547/6/c2　史部/紀傳類/正史之屬
百衲本二十四史　張元濟輯　民國上海商務印書館影印本　一百十册　存六種

330000－1701－0047084　普 811.604/1220　類叢部/叢書類/自著之屬
孫隘堪所著書四種　孫德謙撰　民國十二年至十七年(1923－1928)元和孫氏四益宧刻本　一册　存一種

330000－1701－0047085　GP05187　類叢部/叢書類/自著之屬
澹園雜著八卷　(清)虞景璜撰　**附錄一卷**　民國十三年(1924)鎮海虞氏鉛印本　一册

330000－1701－0047086　SBC1931　集部/别集類
逸叟雜著不分卷　民國抄本　二册

330000－1701－0047095　SBC1929　子部/醫家類/傷寒金匱之屬
三車帶脈傷寒伏氣摘錄一卷　民國二十六年(1937)王子純抄本　一册

330000－1701－0047096　SBC1928　子部/醫家類/婦科之屬
摘錄竹林女科一卷　民國二十四年(1935)王子純抄本　一册

330000－1701－0047105　SBC1927　子部/醫家類/針灸之屬/經絡腧穴
經外奇穴一卷　民國二十四年(1935)王子純抄本　一册

330000－1701－0047107　GP05189　子部/天文曆算類/曆法之屬
諸天講十五卷　康有爲撰　民國十九年(1930)鉛印本　二册

330000－1701－0047113　GP05190　史部/政書類/邦計之屬
中華全國商會聯合會章程一卷　中華全國商會聯合會編　民國元年(1912)鉛印本　一册

330000－1701－0047119　GP05192　史部/地理類/雜志之屬
吴興合璧四卷首一卷　(清)陳文煜撰　民國十一年(1922)鉛印本　阮毅成題記　一册

330000－1701－0047120　普 811.52/4412　類叢部/叢書類/彙編之屬
喜咏軒叢書三十四種　陶湘編　民國十五年至二十年(1926－1931)武進陶氏涉園石印本　二册　存二種

330000－1701－0047125　普 913.021/8015　史部/金石類/總志之屬/目録

金石書目一卷　稿本　一冊

330000－1701－0047127　GP13205　類叢部/叢書類/自著之屬
崇雅堂叢書十四種　楊晨撰　民國二十五年(1936)楊紹翰鉛印本　一冊　存二種

330000－1701－0047128　SBC1951　集部/詞類/别集之屬
眉月庱詞藁四卷　孫養臞撰　民國抄本　一冊

330000－1701－0047134　SBC1953　集部/别集類
詩集一卷　民國抄本　一冊

330000－1701－0047135　普 811.52/4412.1　類叢部/叢書類/彙編之屬
喜咏軒叢書三十四種　陶湘編　民國十五年至二十年(1926－1931)武進陶氏涉園石印本　三冊　存一種

330000－1701－0047150　普 811.52/4630　集部/楚辭類
離騷義証一卷　楊潛齋撰　民國鉛印本　一冊

330000－1701－0047159　SBC1926　子部/醫家類/眼科之屬
眼科一卷　民國抄本　一冊

330000－1701－0047167　普 913.023/6037　史部/金石類//總志之屬/圖像
待時軒傳古别録圖一卷　羅福頤摹　**附説一卷**　羅振玉撰　民國十七年(1928)上虞羅氏石印本　一冊

330000－1701－0047173　GP13232　子部/宗教類/佛教之屬
溈山警策大香守遂註合刻　民國十二年(1923)杭州刻經處刻本　一冊

330000－1701－0047175　普 913.023/6051　史部/金石類
雪堂所藏古器物圖一卷　羅振玉藏並編　民國十二年(1923)影印本　一冊

330000－1701－0047181　SBC1958　子部/雜著類/雜纂之屬
蜩隱廬隨筆不分卷　范耀雯撰　稿本　三冊

330000－1701－0047186　普 811.52/8363/c1　集部/楚辭類
離騷集傳一卷　(宋)錢杲之撰　民國七年(1918)海虞鐵琴銅劍樓據宋本影印本　一冊

330000－1701－0047190　普 811.52/8363/c2　集部/楚辭類
離騷集傳一卷　(宋)錢杲之撰　民國七年(1918)海虞鐵琴銅劍樓據宋本影印本　一冊

330000－1701－0047192　SBC1956　史部/傳記類/日記之屬
蜩廬日記不分卷(民國十四年六月至十五年一月)　范耀雯撰　稿本　一冊

330000－1701－0047197　GP13233　子部/宗教類/佛教之屬
溈山警策大香守遂註合刻　民國十二年(1923)杭州刻經處刻本　一冊

330000－1701－0047200　普 913.0251/1116　史部/金石類/石之屬/目録
國立北平圖書館藏碑目一卷附塔銘一卷　范騰端編　民國三十年(1941)上海開明書店鉛印本　一冊

330000－1701－0047201　SBC1971　史部/地理類/遊記之屬/紀行
馬建忠南行記一卷　民國抄本　一冊

330000－1701－0047202　GP13234　子部/宗教類/佛教之屬
溈山警策大香守遂註合刻　民國十二年(1923)杭州刻經處刻本　一冊

330000－1701－0047211　SBC1972　史部/傳記類/總傳之屬
名醫籍貫著述考不分卷　張山雷撰　民國抄本　一冊

330000－1701－0047224　普 951.009824/3547/6/c3　史部/紀傳類/正史之屬

百衲本二十四史　張元濟輯　民國上海商務印書館影印本　七百十二册　存二十二種

330000－1701－0047228　GP13210　類叢部/叢書類/郡邑之屬
台州叢書己集十二種　楊晨輯　民國八年(1919)黄巖楊氏石印本　二册　存四種

330000－1701－0047229　SBC1973　史部/地理類/雜志之屬
香港圖志不分卷　稿本　二册

330000－1701－0047233　普 811.608/4032　集部/總集類/選集之屬/斷代
當代駢文類纂十卷　李定彝編　**續編二卷**　包延輝編　民國九年(1920)上海國華書局鉛印本　十册

330000－1701－0047234　SBC1970　子部/工藝類/觀賞之屬/奇石
談玉一卷　民國堵福詵抄本　一册

330000－1701－0047241　GP05224　類叢部/叢書類/彙編之屬
東方文教研究院叢書□□種　民國三十二年至三十三年(1943－1944)四川東方文教研究院鉛印本　謝幼偉題記　一册　存二種

330000－1701－0047242　SBC1966　史部/地理類/專志之屬/古跡
徐州五大古蹟一卷果樹園藝一卷　堵福詵輯　民國抄本　一册

330000－1701－0047249　SBC1967　史部/地理類/專志之屬/古跡
上海古蹟談一卷　堵福詵輯　民國抄本　一册

330000－1701－0047256　普 913.0252/6037/c2　史部/金石類/總志之屬/目録
内府藏器箸録表二卷附録一卷　羅福頤撰　民國二十二年(1933)墨緣堂石印本　一册

330000－1701－0047274　SBC1968　史部/金石類/郡邑之屬
紹興出土古物調查記一卷　張拯亢撰　民國抄本　一册

330000－1701－0047276　GP07613　類叢部/叢書類/自著之屬
澹園雜著八卷　(清)虞景璜撰　**附録一卷**　民國十三年(1924)鎮海虞氏鉛印本　一册

330000－1701－0047283　SBC1964　子部/雜著類/雜纂之屬
説冬至一卷　民國抄本　一册

330000－1701－0047286　GP05229　經部/四書類/大學之屬/傳説
大學述義一卷　陳全三撰　民國二十一年(1932)鉛印本　一册

330000－1701－0047291　普 811.608/4033/4/1　類叢部/叢書類/彙編之屬
四部備要　中華書局編　民國二十五年(1936)上海中華書局鉛印本　八册　存一種

330000－1701－0047292　GP05230　類叢部/叢書類/彙編之屬
宋人小説二十八種　涵芬樓編　民國上海商務印書館鉛印本　一册　存一種

330000－1701－0047293　SBC1984　集部/别集類
袁天庚詩稿一卷　袁天庚撰　稿本　一册

330000－1701－0047294　普 913.0253/6037　史部/金石類/總志之屬/目録
内府藏器箸録表二卷附録一卷　羅福頤撰　民國二十二年(1933)墨緣堂石印本　一册

330000－1701－0047296　GP05231　子部/雜著類/雜説之屬
投轄録一卷　(宋)王明清撰　民國十五年(1926)上海商務印書館鉛印本　一册

330000－1701－0047303　普 913.0253/6051　史部/金石類/總志之屬/目録
雪堂所藏金石文字簿録一卷　羅振玉撰　民國十六年(1927)東方學會影印本　一册

330000－1701－0047307　SBC1989　子部/藝術類/書畫之屬

近時名人畫錄並字蹟一卷　民國抄本　一冊

330000－1701－0047309　SBC1990　史部/傳記類/日記之屬

壬戌年紀事不分卷　覺廬撰　稿本　一冊

330000－1701－0047315　SBC1991　史部/傳記類/日記之屬

日記不分卷（民國十八年、二十一至二十二年）　覺廬撰　稿本　八冊

330000－1701－0047316　普913.0253/6051.2　類叢部/叢書類/彙編之屬

東方學會叢書初集十三種　羅振玉編　民國十三年（1924）東方學會鉛印本　一冊　存一種

330000－1701－0047332　普913.025123/4033　史部/金石類/總志之屬/目録

吳中金石錄目三卷　曹允源等纂　民國鉛印本　張惠衣題記　一冊

330000－1701－0047335　GP13248　集部/總集類/郡邑之屬

竹洲文獻二卷　楊貽誠編　民國二十五年（1936）鄞縣縣立女子中學校友會鉛印本　一冊

330000－1701－0047338　普913.03/1036/4/c2　史部/金石類/總志之屬/文字

金石萃編一百六十卷　（清）王昶撰　**金石續編二十一卷首一卷**　（清）陸耀遹撰　**金石萃編補正四卷**　（清）方履籛撰　民國十年（1921）上海掃葉山房石印本　三十二冊

330000－1701－0047340　GP13249　集部/總集類/郡邑之屬

竹洲文獻二卷　楊貽誠編　民國二十五年（1936）鄞縣縣立女子中學校友會鉛印本　一冊

330000－1701－0047350　普913.03/1036.02/2　史部/金石類/總志之屬/文字

金石萃編一百六十卷　（清）王昶撰　**金石續編二十一卷首一卷**　（清）陸耀遹撰　**金石萃編補正四卷**　（清）方履籛撰　民國八年（1919）上海掃葉山房石印本　二冊　缺四卷（補正一至四）

330000－1701－0047351　GP05238　類叢部/類書類/通類之屬

古事比五十二卷　（清）方中德輯　民國十三年（1924）上海書局石印本　六冊

330000－1701－0047364　普913.03/1036.2/c1　類叢部/叢書類/彙編之屬

嘉草軒叢書十一種　羅振玉編　民國七年（1918）上虞羅氏日本影印本　三冊　存一種

330000－1701－0047371　普913.03/1036.021　史部/金石類/總志之屬/文字

金石萃編一百六十卷　（清）王昶撰　**金石續編二十一卷首一卷**　（清）陸耀遹撰　**金石萃編補正四卷**　（清）方履籛撰　民國八年（1919）上海掃葉山房石印本　八冊　缺一百六十卷（一至一百六十）

330000－1701－0047375　普913.03/1036.2/c2　類叢部/叢書類/彙編之屬

嘉草軒叢書十一種　羅振玉編　民國七年（1918）上虞羅氏日本影印本　三冊　存一種

330000－1701－0047383　普913.03/1036.2/c3　類叢部/叢書類/彙編之屬

嘉草軒叢書十一種　羅振玉編　民國七年（1918）上虞羅氏日本影印本　三冊　存一種

330000－1701－0047388　SBC2020　子部/雜著類

雜記一卷　稿本　一冊

330000－1701－0047389　GP05243　經部/群經總義類

三經本義三卷　謝汝霖撰　民國石印本　謝幼偉題記　一冊

330000－1701－0047397　SBC1999　集部/詞類/別集之屬

紅樹白雲山館詞草一卷　張默君撰　民國抄本　一冊

330000－1701－0047399　SBC2018　集部/別

集類

越雅堂詩存不分卷　王繼和撰　稿本　一冊

330000－1701－0047406　GP13260　集部/別集類/清別集

頤志齋文集十二卷　(清)丁晏撰　民國三十八年(1949)鉛印本　二冊

330000－1701－0047410　GP05252　子部/叢編

清代筆記叢刊四十一種　文明書局編　民國上海文明書局石印本　三冊　存一種

330000－1701－0047415　GP13261　子部/醫家類/方書之屬/單方驗方

重訂驗方新編十八卷　(清)鮑相璈等輯　民國元年(1912)上海鴻寶齋書局石印本　六冊

330000－1701－0047418　GP05247　史部/地理類/遊記之屬/紀行

西秦旅行記一卷　侯鴻鑑撰　民國八年(1919)上海中華書局鉛印本　侯鴻鑑題記　一冊

330000－1701－0047420　GP13277　集部/別集類

壁山閣存稿一卷　黄華表撰　民國二十四年(1935)鉛印本　一冊

330000－1701－0047428　GP07607　史部/地理類/遊記之屬

瀛談五卷附錄一卷　關賡麟撰　民國十五年(1926)中華工程師學會鉛印本　二冊

330000－1701－0047430　GP05248　史部/地理類/遊記之屬/紀行

西秦旅行記一卷　侯鴻鑑撰　民國八年(1919)上海中華書局鉛印本　一冊

330000－1701－0047437　普913.03/3132/c1　史部/金石類/石之屬

藝海廔金石文字一卷　(清)顧湘舟輯　民國十一年(1922)上海震亞圖書局石印本　一冊

330000－1701－0047439　GP13278　集部/詞類/總集之屬

唐宋諸賢絕妙詞選三卷　(宋)黄昇輯　民國十一年(1922)羅振常據羅莊影宋抄本影印本　三冊

330000－1701－0047441　普913.03/2540　史部/金石類

遯盦金石叢書十五種　吴隱輯　民國三年至十年(1914－1921)山陰吴氏西泠印社木活字印本　四冊　存一種

330000－1701－0047442　GP07614　類叢部/叢書類/自著之屬

澹園雜著八卷　(清)虞景璜撰　**附錄一卷**　民國十三年(1924)鎮海虞氏鉛印本　一冊

330000－1701－0047443　普913.03/3132/c2　史部/金石類/石之屬

藝海廔金石文字一卷　(清)顧湘舟輯　民國十一年(1922)上海震亞圖書局石印本　一冊

330000－1701－0047464　GP05256　經部/孝經類/傳說之屬

孝經白話解說一卷　朱領中撰　民國二十一年(1932)上海明善書局石印本　一冊

330000－1701－0047465　SBC2035　集部/別集類

松顛唫邁集不分卷　孫養臞撰　稿本　一冊

330000－1701－0047468　普951.009824/3547/6/c4　史部/紀傳類/正史之屬

百衲本二十四史　張元濟輯　民國上海商務印書館影印本　八百二十冊

330000－1701－0047469　SBC2031　史部/地理類/遊記之屬/紀勝

鴛湖董竹鄉遊記錄不分卷　民國抄本　一冊

330000－1701－0047471　GP05257　集部/別集類/清別集

張薔菴先生九錄錄十卷首一卷補遺一卷　(清)張謇撰　(清)顧公毅編　民國三十六年(1947)南通翰墨林印書局鉛印本　四冊

330000－1701－0047473　SBC2036　史部/金石類/金之屬/目録

國朝金文著録表不分卷　民國抄本　一札

330000－1701－0047480　SBC2030　史部/政書類/邦計之屬/貿易
解決箇舊錫砂出口之問題一卷　民國八年(1919)稿本　一冊

330000－1701－0047483　SBC2037　史部/地理類/專志之屬
浙江名勝紀要不分卷　錢文選輯　稿本　一冊

330000－1701－0047484　GP13264　子部/雜著類/雜説之屬
朱蓉生駁康學書札一卷　(清)朱一新撰　民國上海商務印書館鉛印本　一冊

330000－1701－0047488　普 913.03/2798/c1　史部/金石類/總志之屬/文字
鮑少筠所藏金石文字一卷　金蓉鏡編　民國十二年(1923)石印本　一冊

330000－1701－0047490　GP05259　類叢部/叢書類/自著之屬
木硯齋叢書　童振藻撰　民國鉛印本　一冊　存一種

330000－1701－0047491　SBC2038　集部/別集類
護花室吟草不分卷　林世澤撰　稿本　二冊

330000－1701－0047493　GP05260　類叢部/叢書類/自著之屬
木硯齋叢書　童振藻撰　民國鉛印本　一冊　存一種

330000－1701－0047500　普 913.03/2798/c2　史部/金石類/總志之屬/文字
鮑少筠所藏金石文字一卷　金蓉鏡編　民國十二年(1923)石印本　一冊

330000－1701－0047505　GP05267　類叢部/叢書類/自著之屬
萬木草堂叢書　康有爲撰　民國上海廣智書局鉛印本　二冊　存一種

330000－1701－0047512　GP07608　類叢部/叢書類/自著之屬
蔆園叢書九種　張慎儀撰　民國元年(1912)德化吕鴻文鉛印本　一冊　存一種

330000－1701－0047516　GP05274　類叢部/叢書類/彙編之屬
龍谿精舍叢書六十種　鄭國勳編　民國潮陽鄭氏家塾刻本　一百二十冊

330000－1701－0047542　GP07610　子部/小説家類/異聞之屬
縠觫紀聞三卷　項乃登輯　民國十六年(1927)鉛印本　一冊

330000－1701－0047543　GP13295　子部/宗教類/佛教之屬
回鄉語録一卷　心菴頭陀撰　民國二十一年(1932)上海明善書局鉛印本　一冊

330000－1701－0047546　普 913.03/6051/c1、普 913.03/6051.3/c1　史部/金石類/金之屬/文字
貞松堂集古遺文十六卷補遺三卷　羅振玉輯　民國二十年(1931)石印本　十冊

330000－1701－0047549　GP07618　集部/總集類/郡邑之屬
黄岡二處士集三種三十五卷　汪燊輯　民國二十四年(1935)黄岡汪氏鉛印本　十冊

330000－1701－0047551　GP13296　子部/宗教類/道教之屬
文昌帝君心懺註解一卷　南中居士撰　**文昌帝君陰騭文句解一卷**　南中居士録　民國六年(1917)北京道德學社鉛印本　都銘題記　一冊

330000－1701－0047553　普 913.03/6051/c2、普 913.03/6051.3/c2　史部/金石類/金之屬/文字
貞松堂集古遺文十六卷補遺三卷　羅振玉輯　民國二十年(1931)石印本　十九冊

330000－1701－0047555　SBC2057　經部/小學類/文字之屬/字書/字體
真草隸篆四體三字經一卷　民國重慶大同書

局石印本　一册

330000－1701－0047559　普913.03/6051.2/c1　史部/金石類/金之屬/文字

貞松堂集古遺文續編三卷　羅振玉輯　民國二十三年(1934)上海蟫隐廬石印本　三册

330000－1701－0047562　GP07620　集部/别集類

希魯文稿一卷　張希魯撰　民國石印本　一册

330000－1701－0047565　普913.03/6051.2/c2　史部/金石類/金之屬/文字

貞松堂集古遺文續編三卷　羅振玉輯　民國二十三年(1934)上海蟫隐廬石印本　二册　缺一卷(三)

330000－1701－0047570　普913.03/6051.2/(2)　史部/金石類/金之屬/文字

貞松堂集古遺文續編三卷　羅振玉輯　民國二十三年(1934)上海蟫隐廬石印本　一册

330000－1701－0047574　GP05275　子部/儒家類/儒學之屬/性理

畜德錄二十卷　(清)席啟圖輯　民國上海掃葉山房石印本　静溪題詩　六册

330000－1701－0047580　普811.6087/8097/2/c2　集部/總集類/選集之屬/斷代

清朝駢體正宗評本十二卷　(清)曾燠輯　(清)姚燮評　民國上海文瑞樓石印本　四册

330000－1701－0047581　普913.03/6051.3/(2)　史部/金石類/金之屬/文字

貞松堂集古遺文十六卷補遺三卷　羅振玉輯　民國二十年(1931)石印本　一册　存三卷(補遺一至三)

330000－1701－0047586　普913.03/4799　史部/金石類/總志之屬

金石薈錦集不分卷　胡光煒輯　民國石印本　一册　存第一册

330000－1701－0047587　普913.03/7243.2　史部/金石類

嘉業堂金石叢書五種　劉承幹輯　民國吳興劉氏刻本　八册　存一種

330000－1701－0047590　GP05282　類叢部/叢書類/自著之屬

甓勤齋遺書二種附一種　龍璋撰輯　民國攸縣龍氏鉛印本　十册　存一種

330000－1701－0047593　普811.6087/8097/2/1　集部/總集類/選集之屬/斷代

清朝駢體正宗評本十二卷　(清)曾燠輯　(清)姚燮評　民國上海文瑞樓石印本　四册

330000－1701－0047601　GP13325　經部/小學類/文字之屬/說文/專著

說文部首述義八卷六書辨一卷　徐紹楨撰　民國十九年(1930)上海中原書局石印本　一册

330000－1701－0047603　GP05284　類叢部/叢書類/彙編之屬

遯盦叢編甲集四種乙集七種　吳隱編　民國二年至五年(1913－1916)西泠印社木活字印本　一册　存一種

330000－1701－0047607　SBC2085　集部/别集類/唐五代别集

強恕齋本唐樊紹述遺文一卷　(唐)樊宗師撰　(清)張庚輯注　民國抄本　一册

330000－1701－0047609　GP05285　類叢部/叢書類/郡邑之屬

遼海叢書八十種附一種　金毓黻編　民國二十年至二十三年(1931－1934)遼海書社鉛印本([康熙]廣寧縣志卷七至八原缺)　四册　存一種

330000－1701－0047611　GP13331　史部/傳記類/總傳之屬/家乘

竹岡陳氏宗譜一卷　陳仲翔編纂　民國抄本　一册

330000－1701－0047613　GP13332　史部/傳記類/總傳之屬/家乘

玉環大筠崗戴氏宗譜一卷　(清)戴堯仁撰　民國抄本　一册

330000－1701－0047622　GP13307　類叢部/叢書類/彙編之屬
復性書院叢刊二十七種　馬浮編　民國二十九年至三十七年(1940－1948)復性書院刻本暨鉛印本　一冊　存一種

330000－1701－0047623　GP05290　類叢部/叢書類/郡邑之屬
揚州叢刻二十四種　陳恒和編　民國十九年至二十三年(1930－1934)揚州陳恒和書林刻三十六年(1947)印本　八冊

330000－1701－0047629　普 913.03/7553　類叢部/叢書類/家集之屬
丹徒陳氏著述十九種　□□編　民國石印本暨鉛印本　一冊　存一種

330000－1701－0047630　普 913.03/7278/c1　史部/金石類/總志之屬/文字
小校經閣金文拓本十八卷　劉體智藏並輯　民國二十四年(1935)廬江劉氏小校經閣石印本　十八冊

330000－1701－0047635　普 811.6088/2714.02　集部/總集類/選集之屬/斷代
當代駢文類纂十卷　李定彝編　**續編二卷**　包延輝編　民國九年(1920)上海國華書局鉛印本　二冊　存二卷(續編一至二)

330000－1701－0047636　普 913.03/7278/c2　史部/金石類/總志之屬/文字
小校經閣金文拓本十八卷　劉體智藏並輯　民國二十四年(1935)廬江劉氏小校經閣石印本　十八冊

330000－1701－0047637　普 913.03/8002/2　類叢部/叢書類/自著之屬
蘇齋叢書十八種　(清)翁方綱撰　民國十三年(1924)上海博古齋影印本　八冊　存二種

330000－1701－0047639　普 811.6088/4008/c1　集部/別集類
學制齋駢文二卷　李詳撰　民國四年(1915)江寧蔣國榜鉛印本　二冊

330000－1701－0047644　普 811.6088/4008/c2　集部/別集類
學制齋駢文二卷　李詳撰　民國四年(1915)江寧蔣國榜鉛印本　二冊

330000－1701－0047649　普 811.6088/4008/c3　集部/別集類
學制齋駢文二卷　李詳撰　民國四年(1915)江寧蔣國榜鉛印本　二冊

330000－1701－0047650　普 913.03/7278/c3　史部/金石類/總志之屬/文字
小校經閣金文拓本十八卷　劉體智藏並輯　民國二十四年(1935)廬江劉氏小校經閣石印本　十八冊

330000－1701－0047655　普 913.0449/7775　子部/藝術類/書畫之屬/書法書品
集古求真十三卷首一卷末一卷　歐陽輔纂輯　民國十二年(1923)江西開智書局石印本　四冊

330000－1701－0047658　普 811.608981/1097　集部/總集類/郡邑之屬
滇騈體文鈔一卷　王燦輯　民國三十六年(1947)鉛印本　一冊

330000－1701－0047661　普 913.03/8737/c1　史部/金石類
考古學社考古叢書乙編　民國二十三年(1934)、二十四年(1935)東莞容庚頌齋鉛印本　一冊

330000－1701－0047663　普 913.03/8737/c2　史部/金石類
考古學社考古叢書乙編　民國二十三年(1934)、二十四年(1935)東莞容庚頌齋鉛印本　一冊

330000－1701－0047665　普 913.0464/0087/c1　史部/金石類
遯盦金石叢書十五種　吳隱輯　民國三年至十年(1914－1921)山陰吳氏西泠印社木活字印本　四冊　存一種

330000－1701－0047670　普 913.0464/0087/c2　史部/金石類

遯盦金石叢書十五種　吴隱輯　民國三年至十年(1914－1921)山陰吴氏西泠印社木活字印本　四冊　存一種

330000－1701－0047672　普 913.03/8737/2　史部/金石類/總志之屬/通考
獨笑齋金石文攷第二集八卷　(清)鄭業斆撰　民國石印本　二冊

330000－1701－0047676　普 811.608999/3216　集部/總集類/氏族之屬
守約堂駢文彙鈔四卷　潘鍾華輯　民國二十六年(1937)鉛印本　一冊

330000－1701－0047685　GP07621　史部/傳記類/總傳之屬
壺盤小傳一卷　黄藴深編　民國二十三年(1934)鉛印本　一冊

330000－1701－0047688　普 913.044/5324　史部/金石類/總志之屬/雜著
中國金石學講義第二編不分卷　陸和九撰　民國二十年(1931)輔仁大學鉛印本　一冊

330000－1701－0047690　普 913.0449/1146　史部/金石類/總志之屬
張氏吉金貞石錄五卷　(清)張塤輯　民國十八年(1929)刻本　二冊

330000－1701－0047692　普 913.0464/2323　史部/金石類
遯盦金石叢書十五種　吴隱輯　民國三年至十年(1914－1921)山陰吴氏西泠印社木活字印本　一冊　存一種

330000－1701－0047698　普 913.0449/2610/c2　史部/金石類/總志之屬/圖像
二百蘭亭齋收藏金石記不分卷　(清)吴雲撰　民國據清咸豐六年(1856)歸安吴雲刻本影印本　四冊

330000－1701－0047699　普 913.0449/2722/c1　類叢部/叢書類/自著之屬
默厂所著書　鮑鼎撰　民國石印本　一冊　存一種

330000－1701－0047700　普 913.0449/2722/c2　類叢部/叢書類/自著之屬
默厂所著書　鮑鼎撰　民國石印本　一冊　存一種

330000－1701－0047704　普 913.0449/4686/c1　史部/金石類/總志之屬
陳氏金石叢書□□種　陳準輯　民國瑞安陳準湫漻齋刻本　二冊　存一種

330000－1701－0047705　普 913.0449/4686/c2　史部/金石類/總志之屬
陳氏金石叢書□□種　陳準輯　民國瑞安陳準湫漻齋刻本　二冊　存一種

330000－1701－0047706　GP13346　子部/宗教類/佛教之屬/經咒
密呪圓因往生集一卷　(西夏)釋智廣　(西夏)釋慧真編集　(西夏)釋金剛幢譯定　民國五年(1916)金陵刻經處刻本　一冊

330000－1701－0047707　GP05322　類叢部/叢書類/彙編之屬
展社叢書　民國鉛印本　一冊　存一種

330000－1701－0047710　GP13347　子部/宗教類/佛教之屬/經咒
密呪圓因往生集一卷　(西夏)釋智廣　(西夏)釋慧真編集　(西夏)釋金剛幢譯定　民國五年(1916)金陵刻經處刻本　一冊

330000－1701－0047711　普 913.0449/7540　類叢部/叢書類/家集之屬
丹徒陳氏著述十九種　□□編　民國石印本暨鉛印本　一冊　存一種

330000－1701－0047712　普 913.0449/7540.2　類叢部/叢書類/家集之屬
丹徒陳氏著述十九種　□□編　民國石印本暨鉛印本　一冊　存一種

330000－1701－0047720　SBC2320　集部/小説類/長篇之屬
老殘遊記二十卷　(清)劉鶚撰　民國抄本　四冊

330000－1701－0047722　普913.0464/4034　類叢部/叢書類/彙編之屬
六經堪叢書十三種　羅振玉編　民國東方學會鉛印本　一册　存一種

330000－1701－0047736　普811.67/0833/c1　集部/别集類
介盦駢體文賸一卷　許湝祥撰　民國二十一年(1932)鉛印本　一册

330000－1701－0047739　普811.67/2280　集部/别集類/清别集
叢桂山房遺稿二卷　(清)任錫庸撰　民國九年(1920)上海聚珍仿宋印書局鉛印本　二册

330000－1701－0047740　普811.67/0833/c2　集部/别集類
介盦駢體文賸一卷　許湝祥撰　民國二十一年(1932)鉛印本　一册

330000－1701－0047748　普811.67/0833/c3　集部/别集類
介盦駢體文賸一卷　許湝祥撰　民國二十一年(1932)鉛印本　一册

330000－1701－0047752　普811.67/1133.01　集部/别集類/清别集
廣雅堂駢體文箋注九卷　(清)張之洞撰　陳崇祖箋注　民國十五年(1926)江夏陳氏問心齋鉛印本　四册

330000－1701－0047760　普811.67/1133.01/2　集部/别集類/清别集
張文襄公駢文箋二卷　(清)張之洞撰　(清)郭中廣箋　民國六年(1917)上海國學昌明社鉛印本　二册

330000－1701－0047770　GP05314　史部/地理類/雜志之屬
蘭州古今注一卷　張維撰　民國三十二年(1943)甘肅省地方文獻徵集會鉛印本　一册

330000－1701－0047773　GP07625　新學/政治法律/刑法
自首問題一卷　陶鏞撰　民國鉛印本　一册

330000－1701－0047780　GP07626　集部/别集類
山外樓詩稿一卷塵天閣詩草一卷　徐商濟撰　民國八年(1919)鉛印本　一册

330000－1701－0047784　GP13366　集部/詩文評類/詩評之屬
古今詩選參考不分卷　胡適等撰　民國石印本　一册

330000－1701－0047786　普913.08/1024.03　類叢部/叢書類
盉盦著書　民國鉛印本　一册　存一種

330000－1701－0047787　普913.0464/8002　史部/金石類
遯盦金石叢書十五種　吴隱輯　民國三年至十年(1914－1921)山陰吴氏西泠印社木活字印本　三册　存一種

330000－1701－0047788　SBC2325　史部/雜史類/斷代之屬
英傑歸真一卷　(太平天國)洪仁玕撰　民國抄本　一册

330000－1701－0047789　GP13370　子部/宗教類/道教之屬/道藏
道藏舉要一百七十六種　上海商務印書館編　民國上海商務印書館影印本　一百十一册　存三十七種

330000－1701－0047791　SBC2327　子部/雜家類
尹文子一卷　民國抄本　一册

330000－1701－0047796　GP05297　史部/傳記類/總傳之屬
柏堂師友言行記四卷　(清)方宗誠輯　民國十五年(1926)京華印書局鉛印本　一册

330000－1701－0047798　普951.009824/3547/8　史部/紀傳類/正史之屬
二十四史附考證　民國上海中華書局鉛印本　五百册

330000－1701－0047804　SBC2323　子部/儒

家類/儒學之屬/蒙學
弟子職一卷 (清)孫同元注 民國抄本 一冊

330000－1701－0047805 SBC2328 子部/工藝類/文房四寶之屬/硯
硯箋四卷 (宋)高似孫撰 民國抄本 一冊

330000－1701－0047811 SBC2322 類叢部/類書類/通類之屬
類書不分卷 民國抄本 十二冊

330000－1701－0047814 SBC2335 集部/別集類/清別集
校經室文集補遺一卷 (清)孫葆田撰 **校經室文集校勘記一卷** 民國抄本 一冊

330000－1701－0047821 GP05300 史部/金石類/郡邑之屬/文字
贛石錄三卷 邵啟賢輯 民國九年(1920)石印本 二冊

330000－1701－0047830 普 811.67/2680.203/c1 集部/別集類/清別集
有正味齋駢體文(有正味齋駢體文箋註)二十四卷首一卷 (清)吳錫麒撰 (清)王廣業箋 (清)葉聯芬注 民國尚友山房石印本 八冊

330000－1701－0047831 普 811.67/2680.203/c2 集部/別集類/清別集
有正味齋駢體文(有正味齋駢體文箋註)二十四卷首一卷 (清)吳錫麒撰 (清)王廣業箋 (清)葉聯芬注 民國尚友山房石印本 八冊

330000－1701－0047832 普 913.08/7214/c1 史部/金石類
嘉業堂金石叢書五種 劉承幹輯 民國吳興劉氏刻本 二十二冊

330000－1701－0047833 GP13371 史部/政書類/邦交之屬
清季外交史料六種 (清)王彥威輯 王亮編 民國二十一年至二十四年(1932－1935)北平外交史料編纂處鉛印本 四冊 存二種

330000－1701－0047837 普 913.08/7514/c1 史部/金石類
百一廬金石叢書十種 陳乃乾輯 民國十年(1921)海寧陳氏影印本 十冊

330000－1701－0047844 SBC2338 集部/別集類/清別集
巢水山莊詩鈔摘錄一卷 (清)王西溥撰 民國抄本 一冊

330000－1701－0047850 普 913.08/7514/c2 史部/金石類
百一廬金石叢書十種 陳乃乾輯 民國十年(1921)海寧陳氏影印本 十冊

330000－1701－0047851 普 913.08/7701/c1 史部/金石類/金之屬/圖像
夢坡室獲古叢編十二卷 周慶雲藏 鄒壽祺編 民國十六年(1927)上海周慶雲夢坡室影印本 十二冊

330000－1701－0047856 普 913.08/7214/c2 史部/金石類
嘉業堂金石叢書五種 劉承幹輯 民國吳興劉氏刻本 十二冊 存二種

330000－1701－0047858 普 913.08/7514/c3 史部/金石類
百一廬金石叢書十種 陳乃乾輯 民國十年(1921)海寧陳氏影印本 十冊

330000－1701－0047861 普 811.67/3118/c1 集部/別集類/清別集
浮碧山館駢文二卷 (清)馮可鏞撰 民國六年(1917)寧波鈞和公司鉛印本 一冊

330000－1701－0047862 普 811.67/3118/c2 集部/別集類/清別集
浮碧山館駢文二卷 (清)馮可鏞撰 民國六年(1917)寧波鈞和公司鉛印本 一冊

330000－1701－0047863 普 811.67/3118/c3 集部/別集類/清別集
浮碧山館駢文二卷 (清)馮可鏞撰 民國六年(1917)寧波鈞和公司鉛印本 一冊

330000－1701－0047864　普 913.08/7514/c4　史部/金石類

百一廬金石叢書十種　陳乃乾輯　民國十年(1921)海寧陳氏影印本　十册

330000－1701－0047865　普 913.08/7214/c3　史部/金石類

嘉業堂金石叢書五種　劉承幹輯　民國吳興劉氏刻本　十二册　存二種

330000－1701－0047866　GP13376　集部/總集類/酬唱之屬

石社詩存第一輯不分卷　九思等撰　民國十四年(1925)鉛印本　一册

330000－1701－0047867　普 913.08/7701/c2　史部/金石類/金之屬/圖像

夢坡室獲古叢編十二卷　周慶雲藏　鄒壽祺編　民國十六年(1927)上海周慶雲夢坡室影印本　十二册

330000－1701－0047870　SBC2348　史部/地理類/方志之屬/郡縣志

常竹牕修海鹽澉水誌二卷　(宋)常棠撰　(明)樊維城編　民國抄本　一册

330000－1701－0047872　普 811.67/3289　類叢部/叢書類/彙編之屬

小鷗波館集四種　(清)潘曾瑩撰　民國二十六年(1937)潘氏歲可堂刻本　一册　存一種

330000－1701－0047877　GP13390、GP13391、GP13392　類叢部/叢書類/自著之屬

梅園叢刊　干人俊撰　民國油印本　三册　存三種

330000－1701－0047881　普 811.67/4048/4　集部/別集類/清別集

六大家箋註袁文大成六卷　(清)袁枚撰　(清)石藴玉等箋　周緝熙彙訂增輯　民國十一年(1922)碧梧山莊石印本　六册

330000－1701－0047883　GP13377　集部/總集類/彙編之屬

音注陳后山戴石屏詩二卷　(清)王士禛選　曹繡君音注　民國十八年(1929)上海文明書局鉛印本　一册

330000－1701－0047886　普 913.084/0087　史部/金石類

藝術叢編十七種　姬佛陀編　民國五年至九年(1916－1920)上海倉聖明智大學影印本　一册　存六種

330000－1701－0047888　SBC2346　史部/目録類/專録之屬

文津閣四庫全書吳興人著作一卷　民國京師圖書館抄本　一册

330000－1701－0047891　GP05306　史部/政書類/邦計之屬

調查瓊崖實業報告書不分卷　彭程萬　殷汝驪編　民國九年(1920)廣東東雅印務有限公司鉛印本　一册

330000－1701－0047893　GP13378　集部/總集類/彙編之屬

名家選定詩文讀本　文明書局編　民國二十三年(1934)上海文明書局鉛印本　一册　存一種

330000－1701－0047899　GP13379　集部/總集類/選集之屬/斷代

音注韋蘇州柳柳州詩二卷　(清)沈德潛選　曹繡君音注　民國二十年(1931)上海文明書局鉛印本　一册

330000－1701－0047907　GP13397　類叢部/叢書類/彙編之屬

又滿樓叢書十六種　趙詒琛編　民國九年至十四年(1920－1925)崑山趙氏又滿樓刻本　一册　存二種

330000－1701－0047909　普 913.084/0861　史部/目録類/專録之屬

敦煌石室寫經題記與敦煌雜錄二輯　許國霖輯　民國二十六年(1937)上海商務印書館鉛印本　二册

330000－1701－0047916　普 811.67/2641　集部/詞類/別集之屬

留餘堂賦草一卷　吳其元撰　民國二十二年(1933)慶元藝文鉛石印社鉛印本　一册

330000－1701－0047918　GP13460　類叢部/叢書類/自著之屬
晚晴室遺墨　馬介泉撰　民國二十二年(1933)鉛印本　一册　存一種

330000－1701－0047919　普913.0464/4448/c2　史部/金石類/總志之屬/文字
循園金石文字跋尾二卷　范壽銘撰　顧燮光輯錄　**綴學堂河朔碑刻跋尾一卷**　陳漢章撰　民國十二年(1923)會稽顧燮光金佳石好樓杭州石印本　一册

330000－1701－0047923　普913.092/4031.021/c1　史部/傳記類/總傳之屬
金石學錄續補二卷附錄一卷拾遺一卷　褚德彝撰　民國八年(1919)餘杭褚氏石畫樓鉛印本　一册

330000－1701－0047926　普913.0464/4448/c3　史部/金石類/總志之屬/文字
循園金石文字跋尾二卷　范壽銘撰　顧燮光輯錄　**綴學堂河朔碑刻跋尾一卷**　陳漢章撰　民國十二年(1923)會稽顧燮光金佳石好樓杭州石印本　一册

330000－1701－0047927　普913.0464/4448/2　史部/金石類/總志之屬
范鼎卿先生所著書三種　范壽銘撰　民國會稽顧燮光金佳石好樓石印本　一册　存一種

330000－1701－0047931　普913.092/4031.021/c2　史部/傳記類/總傳之屬
金石學錄續補二卷附錄一卷拾遺一卷　褚德彝撰　民國八年(1919)餘杭褚氏石畫樓鉛印本　二册

330000－1701－0047936　GP13597　類叢部/叢書類
瀛洲館叢書　民國二十八年(1939)廣倉學宭石印本　二册　存一種

330000－1701－0047937　普913.0951044/4429/c1　史部/叢編
述窠雜纂　黄任恆撰　民國十四年(1925)南海黄氏鉛印本　二册　存一種

330000－1701－0047941　GP07630　集部/總集類/尺牘之屬
唐宋十大家尺牘十四卷　文明書局輯　民國上海文明書局石印本　一册　存一種

330000－1701－0047946　普913.084/7163/c1　類叢部/叢書類/自著之屬
泉壽譯叢　錢稻孫譯　民國鉛印本　一册　存一種

330000－1701－0047950　普913.0951044/4429/c2　史部/叢編
述窠雜纂　黄任恆撰　民國十四年(1925)南海黄氏鉛印本　二册　存一種

330000－1701－0047954　GP13598　子部/藝術類/書畫之屬/法帖
吳愙齋篆書夏小正一卷　(清)吳大澂書　民國石印本　一册

330000－1701－0047959　普913.0951044/4429/c3　史部/叢編
述窠雜纂　黄任恆撰　民國十四年(1925)南海黄氏鉛印本　二册　存一種

330000－1701－0047963　普913.084/7163/c2　類叢部/叢書類/自著之屬
泉壽譯叢　錢稻孫譯　民國鉛印本　一册　存一種

330000－1701－0047967　普913.092/4031　史部/金石類
遯盦金石叢書十五種　吳隱輯　民國三年至十年(1914－1921)山陰吳氏西泠印社木活字印本　二册　存一種

330000－1701－0047972　GP13384　集部/詞類/別集之屬
黄山樵唱一卷　朱師轍撰　民國二十一年(1932)燕京刻本　一册

330000－1701－0047975　GP13603　史部/叢編

國立北平研究院史學研究所政治史料叢編 民國二十六年(1937)國立北平研究院總辦事處出版課影印本暨鉛印本　一册　存一種

330000 - 1701 - 0047980　普 913.095111/3149　史部/金石類/總志之屬
河南省開封河北道所屬各縣古物調查表不分卷　民國七年(1918)印鑄局鉛印本　一册

330000 - 1701 - 0047981　SBC2368　史部/地理類/方志之屬/郡縣志
[民國]蕭山縣志稿三十三卷首一卷末一卷　彭延慶修　姚瑩俊纂　張宗海續修　楊士龍續纂　稿本　十四册　存二十九卷(首,一至十九、二十二至二十七、三十二至三十三,末)

330000 - 1701 - 0047988　普 913.095111/3199/c1　史部/金石類
非儒非俠齋金石叢著十種　顧燮光撰　民國會稽顧氏金佳石好樓石印本暨鉛印本　二册　存一種

330000 - 1701 - 0047991　GP13611　子部/工藝類/文房四寶之屬/硯
葉氏二硯齋搨本不分卷　葉堯階編　民國石印本　一册

330000 - 1701 - 0047992　GP05332　史部/傳記類/總傳之屬/家乘
[浙江餘姚]阮氏宗譜不分卷　阮本照纂修　民國十四年(1925)鉛印本　一册

330000 - 1701 - 0047994　GP13671　子部/藝術類/篆刻之屬/印譜
拊焦桐館印存不分卷　蔡真篆刻　民國十八年(1929)上海慎修書社石印本　二册

330000 - 1701 - 0047995　普 913.095111/3199/c2　史部/金石類
非儒非俠齋金石叢著十種　顧燮光撰　民國會稽顧氏金佳石好樓石印本暨鉛印本　二册　存一種

330000 - 1701 - 0047997　普 913.095111/3199/c3　史部/金石類
非儒非俠齋金石叢著十種　顧燮光撰　民國會稽顧氏金佳石好樓石印本暨鉛印本　二册　存一種

330000 - 1701 - 0047999　普 913.095111/3199/c4　史部/金石類
非儒非俠齋金石叢著十種　顧燮光撰　民國會稽顧氏金佳石好樓石印本暨鉛印本　二册　存一種

330000 - 1701 - 0048000　GP13387　類叢部/叢書類/彙編之屬
復性書院叢刊二十七種　馬浮編　民國二十九年至三十七年(1940 - 1948)復性書院刻本暨鉛印本　一册　存三種

330000 - 1701 - 0048003　GP13672　子部/藝術類/篆刻之屬/印譜
靜龕印集不分卷　朱義方篆　民國鉛印本　二册

330000 - 1701 - 0048007　GP13673　子部/藝術類/篆刻之屬/印譜
黟山人黄牧甫先生印存二卷　(清)黄士陵篆　黄少牧編　**少牧印一卷**　黄少牧篆　民國二十四年(1935)上海西泠印社潛泉印泥發行所石印本　四册

330000 - 1701 - 0048014　SBC2332　史部/傳記類/别傳之屬/墓誌
名人誌傳不分卷　陳寶琛等撰　民國抄本　二册

330000 - 1701 - 0048015　GP05335　集部/别集類
歸雲樓題畫詩二卷　徐世昌撰　民國十三年(1924)影印本　二册

330000 - 1701 - 0048016　GP13690　史部/金石類/錢幣之屬/雜著
晴韻館收藏古泉述記十卷　(清)金錫鬯撰　民國十九年(1930)中國書店影印本　四册

330000 - 1701 - 0048019　SBC2331　史部/編年類/斷代之屬
國朝實錄□□卷　民國吳興劉氏嘉業堂抄本　三册　存四卷(聖祖一百十五、世宗一百五

十七、仁宗一百二十至一百二十一)

330000－1701－0048020 普 913.095111/3199.2/c1、普 913.095111/3199.3/c1 史部/金石類

非儒非俠齋金石叢著十種 顧燮光撰 民國會稽顧氏金佳石好樓石印本暨鉛印本 三冊 存二種

330000－1701－0048021 SBC2330 史部/詔令奏議類/奏議之屬

王文敏公奏疏補遺一卷 (清)王懿榮撰 民國抄本 一冊

330000－1701－0048024 普 913.095111/3199.2/c2、普 913.095111/3199.3/c2 史部/金石類

非儒非俠齋金石叢著十種 顧燮光撰 民國會稽顧氏金佳石好樓石印本暨鉛印本 三冊 存二種

330000－1701－0048025 GP05347 史部/政書類/律令之屬/判牘

南昌判牘偶存四卷 王熾昌撰 民國九年(1920)石印本 一冊

330000－1701－0048031 普 913.095111/3199.2/c3 史部/金石類

非儒非俠齋金石叢著十種 顧燮光撰 民國會稽顧氏金佳石好樓石印本暨鉛印本 二冊 存一種

330000－1701－0048033 普 913.095111/3199.2/c4 史部/金石類

非儒非俠齋金石叢著十種 顧燮光撰 民國會稽顧氏金佳石好樓石印本暨鉛印本 二冊 存一種

330000－1701－0048043 GP05339 類叢部/叢書類/自著之屬

約園演講集 張壽鏞撰 民國鉛印本 一冊 存一種

330000－1701－0048051 GP13692 史部/金石類/錢幣之屬/雜著

咸豐大錢攷一卷 張絅伯編 民國上海銀行週報社鉛印本 一冊

330000－1701－0048052 普 913.095111/4431 史部/金石類/總志之屬/圖像

新鄭出土古器圖志初編一卷續編一卷附編一卷 靳雲鶚編 民國十二年(1923)漢口新鄭出土古器圖志總發行所影印本暨鉛印本 一冊 存一卷(初編)

330000－1701－0048054 GP05340 史部/傳記類/別傳之屬/年譜

齊巨山先生[周華]年譜一卷附世系表 齊中嶔編 民國三十四年(1945)焚硯堂木活字印本 余紹宋題記 一冊

330000－1701－0048055 普 913.095111/3199.3/c3 史部/金石類

非儒非俠齋金石叢著十種 顧燮光撰 民國會稽顧氏金佳石好樓石印本暨鉛印本 一冊 存一種

330000－1701－0048058 SBC2377 子部/天文曆算類/天文之屬

繪圖步天歌一卷 民國十九年(1930)張宗耀抄本 張宗耀題記 一冊

330000－1701－0048059 普 812.018/2648 集部/曲類/曲評曲話曲目之屬

詞餘講義十二章 吳梅撰 民國八年(1919)北京大學出版部鉛印本 一冊

330000－1701－0048063 普 812.021/2541/c1 集部/曲類/曲評曲話曲目之屬

傳奇彙考八卷 民國三年(1914)古今書室石印本 八冊

330000－1701－0048064 普 812.04/2252 集部/曲類

新曲苑三十四種附一種 任訥編 民國二十九年(1940)上海中華書局鉛印本 十二冊

330000－1701－0048065 普 913.095114/2816/c1 史部/金石類/郡邑之屬

安徽通志稿金石古物考十七卷例目一卷安徽金石古物存真一卷 徐乃昌纂 民國安徽通志館石印本 十八冊

330000－1701－0048068　普 812.021/2541/c2　集部/曲類/曲評曲話曲目之屬
傳奇彙考八卷　民國三年(1914)古今書室石印本　八册

330000－1701－0048069　SBC2391　子部/雜著類/雜纂之屬
經書摘録一卷　民國抄本　一册

330000－1701－0048070　普 812.021/4406　史部/目録類/專録之屬
曲海總目提要四十六卷　(清)黄文暘撰　民國十七年(1928)上海大東書局鉛印本　十六册

330000－1701－0048073　GP13675　子部/藝術類/篆刻之屬/印譜
飛鴻遺蹟二卷　穆六田輯　民國二十六年(1937)奉天萃文齋石印本　二册

330000－1701－0048074　普 913.095114/2816/c2　史部/金石類/郡邑之屬
安徽通志稿金石古物考十七卷例目一卷安徽金石古物存真一卷　徐乃昌纂　民國安徽通志館石印本　十八册

330000－1701－0048077　普 913.095114/2816/c3　史部/金石類/郡邑之屬
安徽通志稿金石古物考十七卷例目一卷安徽金石古物存真一卷　徐乃昌纂　民國安徽通志館石印本　十八册

330000－1701－0048078　普 913.095111/7511　史部/金石類/郡邑之屬/文字
河陰金石考二卷　蔣藩　陳雲路輯　民國七年(1918)刻本　二册

330000－1701－0048079　普 913.095114/2816/c4　史部/金石類/郡邑之屬
安徽通志稿金石古物考十七卷例目一卷安徽金石古物存真一卷　徐乃昌纂　民國安徽通志館石印本　十七册　缺一卷(例目)

330000－1701－0048082　普 812.03/4488　集部/曲類
元劇聯套述例一卷　蔡瑩撰　民國二十二年(1933)上海商務印書館鉛印本　陳廉泉題記　一册

330000－1701－0048092　GP13676　史部/金石類/璽印之屬
簠齋古印集不分卷　(清)陳介祺輯　民國神州國光社石印本　四册

330000－1701－0048098　GP13678　子部/藝術類/篆刻之屬/印譜
士一居印存不分卷　張樾丞纂　張少丞　張幼丞輯　民國二十四年(1935)舊京同古堂石印本　一册

330000－1701－0048103　SBC2390　子部/雜著類/雜説之屬
梵天廬叢録不分卷　柴萼撰　民國抄本　一册

330000－1701－0048106　普 913.095121/1111/c1　史部/金石類/郡邑之屬/目録
北平金石目一卷　國立北平研究院史學研究會纂　民國二十三年(1934)國立北平研究院出版部鉛印本　一册

330000－1701－0048107　普 812.04/0701/c1　集部/詞類/詞話之屬
詞謔四卷　(明)□□撰　盧前校訂　民國二十五年(1936)中華書局鉛印本　一册

330000－1701－0048109　SBC2394　子部/術數類/相宅相墓之屬
乾坤地理要旨一卷　民國抄本　一册

330000－1701－0048111　普 913.095123/4033/c1　史部/金石類/郡邑之屬/文字
南通縣金石志一卷　南通淨緣社編　費範九拓集　民國三十七年(1948)影印本　一册

330000－1701－0048112　普 812.04/0701/c2　集部/詞類/詞話之屬
詞謔四卷　(明)□□撰　盧前校訂　民國二十六年(1937)中華書局鉛印本　一册

330000－1701－0048114　普 913.095121/1111/c2　史部/金石類/郡邑之屬/目録

北平金石目一卷　國立北平研究院史學研究會纂　民國二十三年(1934)國立北平研究院出版部鉛印本　一册

330000-1701-0048117　普812.07/3432　集部/曲類/曲韻曲譜曲律之屬

度曲須知二卷　(明)沈寵綏撰　民國二十三年(1934)上海商務印書館影印本　二册

330000-1701-0048118　普812.04/5544/c1　集部/曲類

曲苑十四種三十一卷　陳乃乾輯　民國十年(1921)海寧陳氏影印本　十册

330000-1701-0048121　普913.095122/2254　史部/金石類/總志之屬

山東古物調查表不分卷　民國八年(1919)印鑄局鉛印本　二册

330000-1701-0048124　普812.07/3432/2/c1　集部/曲類/曲韻曲譜曲律之屬

度曲須知二卷　(明)沈寵綏撰　民國十四年(1925)上海商務印書館影印本　四册

330000-1701-0048126　普913.095123/6051.2　類叢部/叢書類/彙編之屬

嘉草軒叢書十一種　羅振玉編　民國七年(1918)上虞羅氏日本影印本　一册　存一種

330000-1701-0048129　普812.04/5544/c2　集部/曲類

曲苑十四種三十一卷　陳乃乾輯　民國十年(1921)海寧陳氏影印本　十册

330000-1701-0048130　普812.07/3432/2/c2　集部/曲類/曲韻曲譜曲律之屬

度曲須知二卷　(明)沈寵綏撰　民國十四年(1925)上海商務印書館影印本　四册

330000-1701-0048131　普812.07/3432/2/c3　集部/曲類/曲韻曲譜曲律之屬

度曲須知二卷　(明)沈寵綏撰　民國十一年(1922)上海商務印書館影印本　四册

330000-1701-0048133　GP13682　史部/金石類/錢幣之屬/雜著

晴韻館收藏古泉述記十卷　(清)金錫鬯撰　民國十九年(1930)中國書店影印本　四册

330000-1701-0048134　普812.042/4442/c1　集部/曲類/曲評曲話曲目之屬

曲品二卷　(明)吕天成撰　**傳奇品二卷**　(清)高奕撰　民國十一年(1922)國立北京大學出版部鉛印本　一册

330000-1701-0048136　普913.095123/4033/c2　史部/金石類/郡邑之屬/文字

南通縣金石志一卷　南通淨緣社編　費範九拓集　民國三十七年(1948)影印本　一册

330000-1701-0048137　普812.08/2648/c1　集部/曲類/曲選之屬

曲選不分卷　吴梅選　民國十三年(1924)東南大學鉛印本　一册

330000-1701-0048140　普812.09/0832/c1　集部/曲類/曲評曲話曲目之屬

中國戲曲史一卷　許之衡編　民國北京大學鉛印本　一册

330000-1701-0048143　普812.042/4442/c2　集部/曲類/曲評曲話曲目之屬

曲品二卷　(明)吕天成撰　**傳奇品二卷**　(清)高奕撰　民國十一年(1922)國立北京大學出版部鉛印本　一册

330000-1701-0048144　普812.08/2648/c2　集部/曲類/曲選之屬

曲選不分卷　吴梅選　民國十三年(1924)東南大學鉛印本　一册

330000-1701-0048145　普812.09/0832/c2　集部/曲類/曲評曲話曲目之屬

戲曲史一卷　許之衡編　民國北京大學鉛印本　一册

330000-1701-0048146　GP13695　類叢部/叢書類/彙編之屬

自明誠廔叢書五種　龍官崇編　民國二十三年至二十六年(1934-1937)順德龍氏中和園鉛印本　嚴邦英題記　二册　存一種

330000－1701－0048147　GP05355　史部/傳記類/總傳之屬/家乘

[浙江餘杭]禹航張氏宗譜六卷　張祺庵編　民國九年至十二年(1920－1923)木活字印本　六冊

330000－1701－0048148　普812.08/2648.2/c1、普812.08/2648.3/c1　集部/戲劇類/總集之屬

奢摩他室曲叢　吳梅輯　民國十七年(1928)上海商務印書館影印本暨鉛印本　二十四冊

330000－1701－0048150　普812.108/1022　集部/曲類/散曲之屬

盪氣迴腸曲三卷外集一卷　王悠然輯　民國二十二年(1933)上海大江書鋪鉛印本　一冊

330000－1701－0048151　SBC2380　子部/術數類/陰陽五行之屬

選擇要旨不分卷　濟陽舜撰　稿本　一冊

330000－1701－0048153　普913.095123/4033/c3　史部/金石類/郡邑之屬/文字

南通縣金石志一卷　南通淨緣社編　費範九拓集　民國三十七年(1948)影印本　涂香盦題記　一冊

330000－1701－0048155　SBC2408　集部/別集類/清別集

葉吉臣遺稿一卷　(清)葉吉臣撰　民國抄本　余紹宋批校　一冊

330000－1701－0048158　GP05361　史部/傳記類/總傳之屬/仕宦

關帝史略演詞一卷　民國鉛印本　一冊

330000－1701－0048159　普812.108/1137/2　集部/曲類/散曲之屬

重刊增益詞林摘艷十卷　(明)張祿輯　民國二十二年(1933)影印本　六冊

330000－1701－0048162　GP05362　史部/傳記類/總傳之屬/仕宦

關帝史略演詞一卷　民國鉛印本　一冊

330000－1701－0048163　GP13696　史部/金石類

非儒非俠齋金石叢著十種　顧燮光撰　民國會稽顧氏金佳石好樓石印本暨鉛印本　一冊　存一種

330000－1701－0048165　普812.108/2180/c1　集部/曲類

飲虹簃癸甲叢刊　盧前編　民國成都茹古書局刻本　七冊　存十一種

330000－1701－0048167　GP05365　史部/傳記類/總傳之屬/家乘

[浙江嘉興]金氏如心堂譜不分卷　金兆蕃纂　民國二十三年(1934)刻本　一冊

330000－1701－0048168　GP13685　史部/金石類/總志之屬

金石錄續跋六卷　(清)葉奕苞撰　民國二十六年(1937)國學圖書館影印本　二冊

330000－1701－0048171　GP05366　子部/宗教類/佛教之屬

華嚴集聯三百不分卷　李叔同書　民國十九年(1930)上海開明書店影印本　一冊

330000－1701－0048172　普913.095123/7543/c2　史部/金石類/總志之屬/通考

奄城訪古紀一卷　陳志良撰　**金山訪古記綱要一卷**　金祖同撰　民國二十四年(1935)秀洲學會影印本　陳志良題記　一冊

330000－1701－0048173　普913.095124/1048　史部/金石類

遯盦金石叢書十五種　吳隱輯　民國三年至十年(1914－1921)山陰吳氏西泠印社木活字印本　四冊　存一種

330000－1701－0048174　普913.095124/1048/2/c2　史部/金石類

遯盦金石叢書十五種　吳隱輯　民國三年至十年(1914－1921)山陰吳氏西泠印社木活字印本　四冊　存一種

330000－1701－0048175　普913.095124/1048/2/c3　史部/金石類

遯盦金石叢書十五種　吳隱輯　民國三年至

十年(1914－1921)山陰吳氏西泠印社木活字印本　四册　存一種

330000－1701－0048176　普812.108/2204.2　集部/曲類/散曲之屬

散曲叢刊十五種　任訥輯　民國二十年(1931)上海中華書局鉛印本　任童節題記　二十八册

330000－1701－0048182　SBC2383　子部/術數類

奇門真機不分卷　李理山撰　稿本　二册

330000－1701－0048184　GP05356　經部/小學類/文字之屬/字書

今字解剖不分卷附補遺一篇　王有宗撰　民國二十四年(1935)上海商務印書館石印本　二册

330000－1701－0048185　GP05368　史部/傳記類/總傳之屬/家乘

[浙江常山]浙常李氏宗譜四卷首一卷　李春芳纂修　民國三十六年(1947)吳雙集齋木活字印本　徐白江題記　四册

330000－1701－0048186　普812.108/2180/c2　集部/曲類

飲虹簃癸甲叢刊　盧前編　民國成都茹古書局刻本　七册　存十一種

330000－1701－0048187　SBC2407　史部/地理類/方志之屬/郡縣志

峽川備志稿一卷附朱杏伯先生醫案一卷　民國抄本　一册

330000－1701－0048188　普913.095123/7543/c1　史部/金石類/總志之屬/通考

奄城訪古紀一卷　陳志良撰　**金山訪古記綱要一卷**　金祖同撰　民國二十四年(1935)秀洲學會影印本　一册

330000－1701－0048189　普812.08/2648.2/c2、普812.08/2648.3/c2　集部/戲劇類/總集之屬

奢摩他室曲叢　吳梅輯　民國十七年(1928)上海商務印書館影印本暨鉛印本　二十四册

330000－1701－0048190　普812.08/0832　集部/曲類/曲選之屬

曲選一卷　許之衡編　民國鉛印本　一册

330000－1701－0048192　SBC2406　子部/儒家類/儒學之屬/蒙學

蒙學識字引階一卷　民國抄本　一册

330000－1701－0048193　GP05357　史部/叢編

東北文獻叢書□□種　國立東北大學文科研究所編　民國三十一年至三十三年(1942－1944)國立東北大學文科研究所石印本　一册　存一種

330000－1701－0048194　普913.095123/8037/c1　史部/金石類/總志之屬/通考

奄城訪古紀一卷　陳志良撰　**金山訪古記綱要一卷**　金祖同撰　民國二十四年(1935)秀洲學會影印本　一册　存一卷(金山訪古記綱要)

330000－1701－0048196　普913.095124/3199/c1　史部/金石類

非儒非俠齋金石叢著十種　顧燮光撰　民國會稽顧氏金佳石好樓石印本暨鉛印本　一册　存一種

330000－1701－0048197　SBC2405　子部/藝術類/書畫之屬/畫譜

蘆雁譜一卷　民國抄本　一册

330000－1701－0048198　普812.108/2180.2　集部/曲類

飲虹簃所刻曲三十種　盧前編　民國二十五年(1936)金陵盧氏刻本　二十二册

330000－1701－0048200　普913.095124/3199/c2　史部/金石類

非儒非俠齋金石叢著十種　顧燮光撰　民國會稽顧氏金佳石好樓石印本暨鉛印本　一册　存一種

330000－1701－0048203　普913.095123/8037/c2　史部/金石類/總志之屬/通考

奄城訪古紀一卷　陳志良撰　**金山訪古記綱要**

要一卷　金祖同撰　民國二十四年(1935)秀洲學會影印本　一册　存一卷(金山訪古記綱要)

330000－1701－0048206　SBC2404　子部/藝術類/書畫之屬/總論

別下齋書畫録七卷補闕一卷　(清)蔣光煦輯　民國抄本　管偉、管振志校跋　查子春校　一册　存三卷(一至三)

330000－1701－0048209　普 913.095124/3199/2/c1　史部/金石類

非儒非俠齋金石叢著十種　顧燮光撰　民國會稽顧氏金佳石好樓石印本暨鉛印本　一册　存一種

330000－1701－0048210　GP05369　集部/曲類/曲評曲話曲目之屬

學曲例言一卷　陳栩撰　民國八年(1919)鉛印本　一册

330000－1701－0048211　普 913.095124/3199/2/c2　史部/金石類

非儒非俠齋金石叢著十種　顧燮光撰　民國會稽顧氏金佳石好樓石印本暨鉛印本　一册　存一種

330000－1701－0048213　普 913.095124/3199/2/c3　史部/金石類

非儒非俠齋金石叢著十種　顧燮光撰　民國會稽顧氏金佳石好樓石印本暨鉛印本　一册　存一種

330000－1701－0048214　普 913.095124/3199/2/c4　史部/金石類

非儒非俠齋金石叢著十種　顧燮光撰　民國會稽顧氏金佳石好樓石印本暨鉛印本　一册　存一種

330000－1701－0048215　普 812.1085/2813　集部/曲類/曲韻曲譜曲律之屬

彙纂元譜南曲九宮正始不分卷　(明)徐慶卿撰　(清)鈕少雅訂　民國二十五年(1936)戲曲文獻流通會據清初鈔本影印本　十册

330000－1701－0048217　GP05370　子部/雜著類/雜說之屬

見聞雜誌不分卷　民國抄本　一册

330000－1701－0048218　普 913.095123/2741/c1　史部/金石類/郡邑之屬/目録

江蘇金石志二十四卷待訪目二卷　民國十六年(1927)影印本　二十六册

330000－1701－0048219　普 812.1085/2180.3/c1　集部/曲類/曲選之屬

元曲別裁集二卷　盧前編　民國十七年(1928)上海開明書店鉛印本　一册

330000－1701－0048220　普 812.1086/1003/c1　集部/曲類/曲選之屬

明代婦人散曲集一卷　(明)王端淑選輯　民國二十六年(1937)上海中華書局鉛印本　一册

330000－1701－0048221　GP13707　史部/金石類

杭州古蕩新石器時代遺址之試探報告不分卷　浙江省立西湖博物館　吳越史地研究會編　民國二十五年(1936)鉛印本　一册

330000－1701－0048222　普 812.1085/2180.3/c2　集部/曲類/曲選之屬

元曲別裁集二卷　盧前編　民國十七年(1928)上海開明書店鉛印本　一册

330000－1701－0048224　普 812.1086/1003/c2　集部/曲類/曲選之屬

明代婦人散曲集一卷　(明)王端淑選輯　民國二十六年(1937)上海中華書局鉛印本　一册

330000－1701－0048225　普 812.1085/2180.3/c3　集部/曲類/曲選之屬

元曲別裁集二卷　盧前編　民國十七年(1928)上海開明書店鉛印本　一册

330000－1701－0048226　普 812.1087/2204　集部/曲類/散曲之屬

散曲叢刊十五種　任訥輯　民國二十年(1931)上海中華書局鉛印本　二册　存一種

330000－1701－0048227　普 812.1085/2180.3/c4　集部/曲類/曲選之屬
元曲別裁集二卷　盧前編　民國十七年(1928)上海開明書店鉛印本　一冊

330000－1701－0048228　SBC2403　集部/別集類
雪香齋稾一卷　傅元龍撰　民國抄本　余紹宋跋　一冊

330000－1701－0048230　普 913.095123/2741/c2　史部/金石類/郡邑之屬/目録
江蘇金石志二十四卷待訪目二卷　民國十六年(1927)影印本　二十六冊

330000－1701－0048231　GP13708、M608188　史部/地理類/專志之屬/古跡
河朔古蹟圖識二卷　范壽銘輯　顧燮光攝影　民國三十二年(1943)影印本　二冊

330000－1701－0048232　GP13709　子部/工藝類/觀賞之屬/奇石
石雅三編十二卷　章鴻釗撰　民國十六年(1927)鉛印本　三冊

330000－1701－0048234　普 812.1108/2180.2/c1　集部/曲類/散曲之屬
曲雅一卷　盧前輯　**論曲絶句一卷**　盧前撰　民國二十年(1931)上海開明書店影印本　一冊

330000－1701－0048235　普 812.108/2180.3/c1　集部/曲類/散曲之屬
續曲雅一卷　盧前輯　民國二十二年(1933)上海開明書店鉛印本　一冊

330000－1701－0048237　普 812.1108/2180.2/c2　集部/曲類/散曲之屬
曲雅一卷　盧前輯　**論曲絶句一卷**　盧前撰　民國二十年(1931)上海開明書店影印本　一冊

330000－1701－0048240　普 812.108/2180.3/c2　集部/曲類/散曲之屬
續曲雅一卷　盧前輯　民國二十二年(1933)上海開明書店鉛印本　一冊

330000－1701－0048242　SBC2424　經部/小學類/訓詁之屬/字詁
傳家寶文字竅一卷　民國抄本　一冊

330000－1701－0048243　GP07596　集部/別集類
抱一廬詩存一卷　鄭汝璋撰　民國三十五年(1946)溫州朱公茂印書局鉛印本　鄭汝璋題記　一冊

330000－1701－0048244　SBC2418　史部/目録類/總録之屬/私撰
邵裴子藏書目不分卷　民國抄本　一冊

330000－1701－0048245　GP05375　史部/地理類/雜志之屬
花谿閒筆初編一卷續編一卷　吳鼎昌撰　民國三十二年(1943)貴州企業股份有限公司印刷所鉛印本　二冊

330000－1701－0048247　GP05376　史部/地理類/雜志之屬
花谿閒筆初編一卷續編一卷　吳鼎昌撰　民國三十二年(1943)貴州企業股份有限公司印刷所鉛印本　二冊

330000－1701－0048248　SBC2421　子部/宗教類/道教之屬
道德真經註疏八卷　(南朝齊)顧歡撰　民國八年(1919)吳興劉氏嘉業堂刻本　李翹批校　二冊

330000－1701－0048253　普 812.16/1033　集部/曲類
飲虹簃癸甲叢刊　盧前編　民國成都茹古書局刻本　一冊　存一種

330000－1701－0048254　普 913.095124/4412　類叢部/叢書類/彙編之屬
嘉業堂叢書五十七種　劉承幹輯　民國吳興劉氏嘉業堂刻本　八冊　存一種

330000－1701－0048258　普 812.18/3134/c1　類叢部/叢書類/自著之屬
勴堂遺書八種　顧家相撰　民國八年至十九年(1919－1930)會稽顧氏鉛印本　一冊　存

一種

330000－1701－0048262　普 913.095124/4452/c1　史部/金石類/郡邑之屬
越中金石記十卷越中金石目二卷　（清）杜春生撰　民國八年(1919)山陰吳隱刻本　八冊

330000－1701－0048264　普 812.16/3938　集部/曲類/曲評曲話曲目之屬
淮海新聲一卷　（明）逍遙館主人撰　民國抄本　一冊

330000－1701－0048265　普 812.16/0824　集部/曲類/散曲之屬
散曲叢刊十五種　任訥輯　民國二十年(1931)上海中華書局鉛印本　三冊　存一種

330000－1701－0048272　普 812.18/3134/c2　類叢部/叢書類/自著之屬
勵堂遺書八種　顧家相撰　民國八年至十九年(1919－1930)會稽顧氏鉛印本　一冊　存一種

330000－1701－0048273　普 812.15/2040　集部/曲類/散曲之屬
散曲叢刊十五種　任訥輯　民國二十年(1931)上海中華書局鉛印本　一冊　存一種

330000－1701－0048274　普 812.16/4444/c1　集部/曲類/散曲之屬
太平清調迦陵音一卷　（明）葉華撰　**迦陵音指迷十六觀一卷**　（宋）張炎撰　民國十九年(1930)故宮博物院圖書館影印本　一冊

330000－1701－0048275　普 812.18/3134/c3　類叢部/叢書類/自著之屬
勵堂遺書八種　顧家相撰　民國八年至十九年(1919－1930)會稽顧氏鉛印本　一冊　存一種

330000－1701－0048276　SBC2432　史部/目録類/總録之屬/私撰
文選樓藏書記六卷　民國抄本　五冊　缺一卷(一)

330000－1701－0048278　普 812.18/3134/c4　類叢部/叢書類/自著之屬
勵堂遺書八種　顧家相撰　民國八年至十九年(1919－1930)會稽顧氏鉛印本　一冊　存一種

330000－1701－0048282　普 913.095124/4452/c2　史部/金石類/郡邑之屬
越中金石記十卷越中金石目二卷　（清）杜春生撰　民國八年(1919)山陰吳隱刻本　八冊

330000－1701－0048285　普 812.18/3134/c5　類叢部/叢書類/自著之屬
勵堂遺書八種　顧家相撰　民國八年至十九年(1919－1930)會稽顧氏鉛印本　一冊　存一種

330000－1701－0048291　GP13723　史部/政書類/邦計之屬/營田
白塔湖流水冊十七卷　金吉全等編　民國十三年(1924)白塔湖編夫局木活字印本　十七冊

330000－1701－0048292　普 951.00999/1144　史部/史評類/詠史之屬
詠史記事一卷　張翥撰　民國十四年(1925)鉛印本　一冊

330000－1701－0048293　普 812.2/1022　集部/曲類/散曲之屬
盪氣迴腸曲三卷外集一卷　王悠然輯　民國二十年(1931)上海大江書鋪鉛印本　一冊

330000－1701－0048294　普 812.16/4444/c2　集部/曲類/散曲之屬
太平清調迦陵音一卷　（明）葉華撰　**迦陵音指迷十六觀一卷**　（宋）張炎撰　民國十九年(1930)故宮博物院圖書館影印本　一冊

330000－1701－0048296　普 812.3086/3140　集部/曲類/散曲之屬
太霞新奏十四卷　（明）馮夢龍輯　民國影印本　六冊

330000－1701－0048297　普 812.16/4444/c3　集部/曲類/散曲之屬
太平清調迦陵音一卷　（明）葉華撰　**迦陵音**

指迷十六觀一卷　(宋)張炎撰　民國十九年(1930)故宫博物院圖書館影印本　一册

330000－1701－0048301　普 812.3/4212　集部/戲劇類/雜劇之屬
紅樓夢散套十六折　(清)吳鎬撰　民國上海啟新圖書局石印本　六册

330000－1701－0048306　普 812.408/0028　集部/曲類
昇平署月令承應戲不分卷　國立北平故宫博物院文獻館編　民國二十五年(1936)國立北平故宫博物院文獻館鉛印本　一册

330000－1701－0048310　普 812.17/1020　集部/曲類/散曲之屬
紅豆曲二卷　(清)王維新撰　民國二十三年(1934)北流十萬卷樓刻朱印本　陳柱題記　一册

330000－1701－0048311　普 812.3/7765/c1　集部/曲類
元明樂府套數舉略三卷　周明泰選輯　民國二十一年(1932)石印本　三册

330000－1701－0048313　SBC2430　經部/春秋穀梁傳類/傳說之屬
穀梁大義述補闕不分卷　張慰祖撰　民國抄本　一册

330000－1701－0048315　普 812.3/7765/c2　集部/曲類
元明樂府套數舉略三卷　周明泰選輯　民國二十一年(1932)石印本　三册

330000－1701－0048319　GP13718　經部/小學類/音韻之屬/韻書
韻典不分卷　李炳衛等編　民國二十三年(1934)北平民社鉛印本　四册

330000－1701－0048322　普 812.17/3289　集部/別集類/清別集
庚戌春闈紀事詩一卷癸丑鎖闈日記一卷花間笛譜一卷　(清)潘曾瑩撰　民國二十九年(1940)潘氏影印本　慧娟題記　一册

330000－1701－0048325　普 951.01094/6033/2/c1　類叢部/叢書類/彙編之屬
四部備要　中華書局編　民國二十五年(1936)上海中華書局鉛印本　十二册　存一種

330000－1701－0048327　普 951.01094/6033/2/c2　類叢部/叢書類/彙編之屬
四部備要　中華書局編　民國二十五年(1936)上海中華書局鉛印本　十二册　存一種

330000－1701－0048328　普 812.4085/1020/c1　集部/戲劇類/總集之屬/雜劇
古今雜劇三十種　(元)□□輯　民國十三年(1924)中國書店據日本刊本影印本　五册

330000－1701－0048331　普 812.4085/1060/c1　集部/戲劇類/總集之屬/雜劇
元明雜劇二十七種　(明)□□輯　民國十八年(1929)南京國學圖書館影印本　六册

330000－1701－0048332　普 812.18/2180　集部/曲類/散曲之屬
飲虹樂府九卷　盧前撰　民國三十七年(1948)飲虹簃刻本　四册

330000－1701－0048334　普 812.4085/1060/c2　集部/戲劇類/總集之屬/雜劇
元明雜劇二十七種　(明)□□輯　民國十八年(1929)南京國學圖書館影印本　六册

330000－1701－0048338　GP05397　子部/小說家類/異聞之屬
太平廣記五百卷　(宋)李昉等撰　民國十五年(1926)上海掃葉山房石印本　四十册

330000－1701－0048342　普 812.4085/2342　類叢部/叢書類/彙編之屬
四部備要　中華書局編　民國二十五年(1936)上海中華書局鉛印本　八册　存一種

330000－1701－0048345　GP13752　史部/政書類/邦計之屬
財政部南京造幣分廠四年分報告書不分卷　夏翊宸編　民國四年(1915)鉛印本　一册

330000－1701－0048355　GP13754　史部/政書類/邦計之屬/營田

蘇屬清丈各縣沙洲表不分卷　民國抄本　一冊

330000－1701－0048356　SBC2435　集部/別集類

慎獨居文稿初集一卷二集一卷詩草一卷　稿本　四冊

330000－1701－0048357　普 951.016/4054　史部/紀傳類

西周史徵五十七卷　李泰棻撰　民國十六年(1927)鉛印本　六冊

330000－1701－0048358　普 812.4085/2342/3/c1　集部/戲劇類/總集之屬/雜劇

元曲選一百種一百卷　(明)臧懋循編　**論曲一卷**　(元)陶宗儀等撰　**元曲論一卷**　民國七年(1918)上海商務印書館據明博古堂本影印本　四十八冊

330000－1701－0048361　GP13755　集部/別集類/清別集

孫竹堂觀察書牘輯要一卷　(清)孫士達撰　孫祖同輯　民國二十二年(1933)會稽孫祖同鉛印本　一冊

330000－1701－0048366　GP05398　經部/禮記類/傳說之屬

禮記正義七十卷　(漢)鄭玄注　(唐)孔穎達疏　民國十六年(1927)番禺潘氏據宋紹熙三年(1192)兩浙東路茶司本影刻藍印本　二十四冊

330000－1701－0048374　普 951.016/1260/2　類叢部/叢書類/彙編之屬

四部備要　中華書局編　民國二十五年(1936)上海中華書局鉛印本　二冊　存一種

330000－1701－0048376　GP13757　史部/政書類/邦計之屬

中國財政史講義二卷　民國八年(1919)鉛印本　二冊

330000－1701－0048380　GP13758　新學/理學/文學

社會政策不分卷　胡鈞編　民國八年(1919)鉛印本　一冊

330000－1701－0048381　GP05394　史部/地理類/遊記之屬/紀行

金華洞天行紀一卷　(宋)方鳳撰　(明)張燧輯　**金華游錄注一卷**　(清)徐沁撰　**金華洞人物古蹟記一卷**　(宋)謝翱撰　民國二十三年(1934)金華何炳松鉛印本　林崇鍏題記　一冊

330000－1701－0048382　GP05401　子部/藝術類/書畫之屬/畫録

秘殿珠林二十四卷　(清)張照等輯　民國上海有正書局石印本　八冊

330000－1701－0048384　SBC2462　集部/總集類/題詠之屬

退築編二卷附錄二卷　王寶珩輯　稿本　一冊

330000－1701－0048386　普 812.4085/1020/c2　集部/戲劇類/總集之屬/雜劇

古今雜劇三十種　(元)□□輯　民國十三年(1924)中國書店據日本刊本影印本　三冊　存十五種

330000－1701－0048392　普 812.4085/2342/3/c2　集部/戲劇類/總集之屬/雜劇

元曲選一百種一百卷　(明)臧懋循編　**論曲一卷**　(元)陶宗儀等撰　**元曲論一卷**　民國七年(1918)上海商務印書館據明博古堂本影印本　四十八冊

330000－1701－0048394　普 812.4085/8609　集部/戲劇類/總集之屬/雜劇

元曲大觀三十種　錦文堂主人輯　民國十年(1921)上海錦文堂書局影印本　六十冊

330000－1701－0048397　SBC2463　子部/雜著類/雜考之屬

春廬讀書記四卷　俞煦甡撰　民國抄本　六冊

330000－1701－0048399　GP05403　集部/別

集類
翰林風月樓詩鈔一卷　萬宗乾撰　民國二十二年(1933)銅仁江村草堂鉛印本　一册

330000－1701－0048403　GP05396　類叢部/叢書類/自著之屬
默厂所著書　鮑鼎撰　民國石印本　二册
存一種

330000－1701－0048405　普 812.4085/8609/(2)　集部/戲劇類/總集之屬/雜劇
元曲大觀三十種　錦文堂主人輯　民國十年(1921)上海錦文堂書局影印本　二十九册
存二十九種

330000－1701－0048412　普 951.0163/2683/c1　史部/雜史類/斷代之屬
國語韋解補正二十一卷　吳曾祺撰　民國十六年(1927)上海商務印書館鉛印本　四册

330000－1701－0048414　普 951.0163/2683/c2　史部/雜史類/斷代之屬
國語韋解補正二十一卷　吳曾祺撰　民國二年(1913)上海商務印書館鉛印本　四册

330000－1701－0048415　普 951.0163/2683/c3　史部/雜史類/斷代之屬
國語韋解補正二十一卷　吳曾祺撰　民國二年(1913)上海商務印書館鉛印本　四册

330000－1701－0048422　SBC2459　子部/醫家類
吼結秘書不分卷　邱夢蓀輯　稿本　二册

330000－1701－0048430　SBC2471　子部/醫家類/方書之屬
洴澼百金方不分卷　民國抄本　一册

330000－1701－0048437　GP13777　史部/政書類/公牘檔册之屬
中華民國自由黨章程一卷　民國鉛印本　一册

330000－1701－0048443　普 951.0163/3483/2/c1　史部/雜史類/斷代之屬
國語詳注二十一卷　沈鎔輯注　民國十七年(1928)上海文明書局、中華書局鉛印本　四册

330000－1701－0048453　普 812.46/3433　集部/戲劇類/雜劇之屬
紅拂雜劇一卷　(明)凌濛初編　民國影印本　一册

330000－1701－0048459　普 812.46/1155/c1　集部/曲類/曲選之屬
北曲拾遺一卷　(明)□□撰　民國二十四年(1935)商務印書館鉛印本　一册

330000－1701－0048463　普 812.46/1155/c2　集部/曲類/曲選之屬
北曲拾遺一卷　(明)□□撰　民國二十四年(1935)商務印書館鉛印本　一册

330000－1701－0048464　普 812.46/1155/c3　集部/曲類/曲選之屬
北曲拾遺一卷　(明)□□撰　民國二十四年(1935)商務印書館鉛印本　一册

330000－1701－0048465　普 812.46/2836/c1　集部/戲劇類/雜劇之屬
歌代歗雜劇一卷　(明)徐渭撰　民國二十年(1931)國學圖書館據抄本影印本　一册

330000－1701－0048466　GP05407　子部/雜著類/雜說之屬
古器物學研究議一卷　羅振玉撰　民國天津貽安堂經籍鋪鉛印本　一册

330000－1701－0048471　普 812.46/2836/c2　集部/戲劇類/雜劇之屬
歌代歗雜劇一卷　(明)徐渭撰　民國二十年(1931)國學圖書館據抄本影印本　一册

330000－1701－0048474　普 951.0163/4067/6　史部/雜史類/斷代之屬
王覺斯手批國語讀本二十一卷　(三國吳)韋昭注　(宋)宋庠補音　(清)王鐸批點　民國二十三年(1934)遼海書社影印本　六册

330000－1701－0048475　普 812.4085/2342/4　類叢部/叢書類/彙編之屬

四部備要　中華書局編　民國二十五年(1936)上海中華書局鉛印本　十六册　存一種

330000－1701－0048476　普 812.46/2836/c3　集部/戲劇類/雜劇之屬
歌代歗雜劇一卷　(明)徐渭撰　民國二十年(1931)國學圖書館據抄本影印本　一册

330000－1701－0048477　SBC2485　史部/金石類/錢幣之屬
古泉叢書十五種　民國上海醫學書局石印本　二册　存一種

330000－1701－0048482　普 812.46/2836/c4　集部/戲劇類/雜劇之屬
歌代歗雜劇一卷　(明)徐渭撰　民國二十年(1931)國學圖書館據抄本影印本　一册

330000－1701－0048486　普 812.4085/3024　類叢部/叢書類/彙編之屬
永樂大典戲文三種　葉恭綽輯　民國二十年(1931)古今小品書籍印行會鉛印本　一册

330000－1701－0048489　普 812.46/2549　集部/戲劇類/雜劇之屬
雜劇十段錦十集　(明)朱有燉撰　民國二年(1913)南蘭陵誦芬室據明嘉靖三十七年(1558)紹陶室刻本影印本　四册

330000－1701－0048495　普 812.47/3663/c1　集部/戲劇類/雜劇之屬
逍遙巾一卷附贈答詩一卷　(清)湯貽汾撰　(清)聽雲居士　(清)茗山老人評點　黄憲臣加評　民國二十五年(1936)南京襄社影印本　一册

330000－1701－0048496　普 951.0163/4067/13　類叢部/叢書類/彙編之屬
四部備要　中華書局編　民國二十五年(1936)上海中華書局鉛印本　六册　存一種

330000－1701－0048498　普 812.47/2332/c1　類叢部/叢書類
雁來紅叢報　民國鉛印本　一册　存二種

330000－1701－0048499　普 812.46/2836/2/c2　集部/戲劇類/雜劇之屬
四聲猿四卷　(明)徐渭撰　民國貴池劉氏暖紅室刻本　一册

330000－1701－0048501　普 812.47/3663/c2　集部/戲劇類/雜劇之屬
逍遙巾一卷附贈答詩一卷　(清)湯貽汾撰　(清)聽雲居士　(清)茗山老人評點　黄憲臣加評　民國二十五年(1936)南京襄社影印本　一册

330000－1701－0048503　普 812.47/1137　集部/曲類/散曲之屬
筆歌二卷首一卷　(清)張潮撰　民國抄本　二册

330000－1701－0048504　GP05415　經部/四書類/總義之屬/傳說
新註四書白話解説三十六卷　江希張注　民國刻本　七册　缺十四卷(新註孟子白話解説一至十四)

330000－1701－0048506　普 951.0163/4067/14/c2　史部/雜史類/斷代之屬
國語二十一卷　(三國吳)韋昭解　**校刊明道本韋氏解國語札記一卷**　(清)黄丕烈撰　民國影印本　三册

330000－1701－0048508　GP05414　史部/政書類/律令之屬/律例
訴狀程式大全六卷　斯文編　民國十年(1921)共和書局鉛印本　六册

330000－1701－0048510　普 951.0163/4067/14/c3　史部/雜史類/斷代之屬
國語二十一卷　(三國吳)韋昭解　**校刊明道本韋氏解國語札記一卷**　(清)黄丕烈撰　民國影印本　三册

330000－1701－0048511　普 812.46/2836/2/c1　集部/戲劇類/雜劇之屬
四聲猿四卷　(明)徐渭撰　民國貴池劉氏暖紅室刻藍印本　一册

330000－1701－0048512　普 812.47/2332/c2

類叢部/叢書類

雁來紅叢報　民國鉛印本　一册　存二種

330000－1701－0048514　普 812.47/2332.2　類叢部/叢書類

雁來紅叢報　民國鉛印本　一册　存三種

330000－1701－0048516　普 812.46/2836/2/c3　集部/戲劇類/雜劇之屬

四聲猿四卷　(明)徐渭撰　民國貴池劉氏暖紅室刻本　一册

330000－1701－0048518　普 812.47/2623　集部/戲劇類/總集之屬/傳奇

臨春閣一卷通天臺一卷　(清)灌隱主人撰　民國八年(1919)貴池劉氏暖紅室刻朱印本　一册

330000－1701－0048522　GP05416　史部/傳記類/總傳之屬/技藝

歷代畫史彙傳二十四卷首一卷附録一卷　(清)彭蘊璨編　民國九年(1920)上海掃葉山房石印本　十二册

330000－1701－0048524　普 812.47/4634/2/c1　集部/戲劇類/傳奇之屬

吟風閣傳奇四集　(清)楊潮觀撰　民國二年(1913)上海六藝仁記書局鉛印本　四册

330000－1701－0048525　普 812.46/2836.2　集部/戲劇類/雜劇之屬

四聲猿四卷　(明)徐渭撰　民國八年(1919)貴池劉氏暖紅室刻朱印本　二册

330000－1701－0048528　普 812.47/2898　集部/戲劇類

寫心劇十六齣　(清)徐種緣撰　民國抄本　四册

330000－1701－0048529　普 812.47/4634/2/c2　集部/戲劇類/傳奇之屬

吟風閣傳奇四集　(清)楊潮觀撰　民國二年(1913)上海六藝仁記書局鉛印本　四册

330000－1701－0048531　SBC2490　史部/地理類/方志之屬/郡縣志

[天啓]衢州府志十六卷　(明)林應翔修　(明)葉秉敬等纂　(明)丁明登增修　民國抄本　余紹宋跋　一册　存三卷(二至四)

330000－1701－0048532　GP13779　史部/史表類/通代之屬

支那五千年大事一覽表不分卷　陳敬第編　民國浙西書林鉛印本　四册

330000－1701－0048539　普 812.48/2180/2　集部/戲劇類/雜劇之屬

飲虹五種　盧前撰　民國十六年(1927)鉛印本　一册

330000－1701－0048545　普 812.48/6002　集部/戲劇類/總集之屬/雜劇

小三吾亭外集　冒廣生撰　民國二十三年(1934)鉛印本　一册　存二種

330000－1701－0048548　普 812.48/9022　集部/戲劇類/雜劇之屬

祝梁怨雜劇一卷南北曲散套一卷　常任俠撰　民國二十四年(1935)鉛印本　一册

330000－1701－0048552　普 812.5085/6702.01/c1　類叢部/叢書類/彙編之屬

喜咏軒叢書三十四種　陶湘編　民國十五年至二十年(1926－1931)武進陶氏涉園石印本　二册　存一種

330000－1701－0048556　普 812.5085/6702.01/c2　類叢部/叢書類/彙編之屬

喜咏軒叢書三十四種　陶湘編　民國十五年至二十年(1926－1931)武進陶氏涉園石印本　二册　存一種

330000－1701－0048558　普 812.47/6615　集部/戲劇類/總集之屬/雜劇

清人雜劇初集九種　鄭振鐸輯　民國二十年(1931)長樂鄭氏影印本　一册　存一種

330000－1701－0048559　普 951.0163/3483　史部/雜史類/斷代之屬

國語詳注二十一卷　沈鎔輯注　民國五年(1916)上海文明書局、中華書局鉛印本　章嶔題記　四册

330000－1701－0048561　普 951.0163/3483/2/c2　史部/雜史類/斷代之屬

國語詳注二十一卷　沈鎔輯注　民國十五年(1926)上海文明書局、中華書局鉛印本　四冊

330000－1701－0048565　GP13784　子部/雜著類/雜説之屬

愛國濟民一卷　民國刻本　一冊

330000－1701－0048566　普 951.0163/4067.02　史部/雜史類/通代之屬

國語補韋四卷　(清)黄模撰　民國二十四年(1935)淳安邵氏古鑑齋汴京刻朱印本　一冊

330000－1701－0048573　SBC2499　史部/傳記類/日記之屬

吾暇堂日札一卷僦巢日記一卷　稿本　一冊

330000－1701－0048582　普 951.0165/0002/6　類叢部/叢書類/彙編之屬

袖珍古書讀本三十種　中華書局編　民國十九年(1930)上海中華書局鉛印本　六冊　存一種

330000－1701－0048585　普 812.5086/2724/2/c2　集部/曲類/曲選之屬

繪圖綴白裘十二集四十八卷　(清)玩花主人輯　(清)錢德蒼增輯　民國四年(1915)上海富華圖書館石印本　十二冊

330000－1701－0048590　普 812.5087/1022　集部/戲劇類/總集之屬/傳奇

玉生香傳奇四種曲　民國八年(1919)碧梧山莊石印本　六冊

330000－1701－0048591　普 812.5086/2724/2/c3　集部/曲類/曲選之屬

繪圖綴白裘十二集四十八卷　(清)玩花主人輯　(清)錢德蒼增輯　民國四年(1915)上海富華圖書館石印本　六冊　存二十四卷(二集一至四、三集一至四、六集一至四、七集一至四、八集一至四、十二集一至四)

330000－1701－0048593　普 951.0165/0002/9　類叢部/叢書類/彙編之屬

四部備要　中華書局編　民國二十五年(1936)上海中華書局鉛印本　六冊　存一種

330000－1701－0048594　普 951.0165/0002/7　史部/雜史類/斷代之屬

戰國策三十三卷　(漢)高誘注　**重刻剡川姚氏本戰國策札記三卷**　(清)黄丕烈撰　民國十三年(1924)上海鴻寶齋書局石印本　四冊

330000－1701－0048596　SBC2509　史部/金石類/石之屬

夢碧簃石言六卷　顧燮光撰　稿本　六冊

330000－1701－0048599　普 812.547/4421/3/c1　集部/戲劇類/總集之屬/傳奇

暖紅室彙刻傳奇　劉世珩編　民國八年(1919)貴池劉氏暖紅室刻本　二冊　存一種

330000－1701－0048603　普 812.547/4421/3/c2　集部/戲劇類/總集之屬/傳奇

暖紅室彙刻傳奇　劉世珩編　民國八年(1919)貴池劉氏暖紅室刻本　二冊　存一種

330000－1701－0048606　普 812.547/4421/3/c3　集部/戲劇類/總集之屬/傳奇

暖紅室彙刻傳奇　劉世珩編　民國八年(1919)貴池劉氏暖紅室刻本　二冊　存一種

330000－1701－0048607　普 812.547/4421/3/c4　集部/戲劇類/傳奇之屬

董解元西廂四卷　(金)董解元撰　(□)顧渚山樵點定　民國八年(1919)貴池劉氏暖紅室刻暖紅室彙刻傳奇本　濮一乘批並跋　二冊

330000－1701－0048608　GP13741　史部/政書類/律令之屬/治獄

東陽官產鐵案錄一卷　王桂林編　民國十年(1921)鉛印本　一冊

330000－1701－0048610　普 812.5086/2724/2/c3/1　集部/曲類/曲選之屬

繪圖綴白裘十二集四十八卷　(清)玩花主人輯　(清)錢德蒼增輯　民國十二年(1923)上海啟新書局石印本　二冊　存八卷(五集一至四、六集一至四)

330000－1701－0048612　普951.0165/0002/8/c1　史部/雜史類/斷代之屬
戰國策三十三卷　(漢)高誘注　**重刻剡川姚氏本戰國策札記三卷**　(清)黄丕烈撰　民國石印本　五冊

330000－1701－0048613　普951.01638/4964/6　類叢部/叢書類/彙編之屬
四部備要　中華書局編　民國二十五年(1936)上海中華書局鉛印本　一冊　存一種

330000－1701－0048621　GP13743　史部/地理類/水利之屬
浙西水利芻議一卷　民國四年(1915)石印本　一冊

330000－1701－0048626　普812.55/0067/3　集部/戲劇類/傳奇之屬
陳眉公批評琵琶記二卷四十二齣　(元)高明撰　(明)陳繼儒評　民國六年(1917)上海掃葉山房石印本　四冊

330000－1701－0048630　普812.55/0850/c1　集部/戲劇類/總集之屬/傳奇
暖紅室彙刻傳奇　劉世珩編　民國八年(1919)貴池劉氏暖紅室刻本　二冊　存一種

330000－1701－0048632　普951.0165/0743/c2　史部/雜史類/斷代之屬
戰國策詳註三十三卷　郭希汾輯註　民國十九年(1930)上海文明書局鉛印本　六冊

330000－1701－0048635　普812.55/0850/c2　集部/戲劇類/總集之屬/傳奇
暖紅室彙刻傳奇　劉世珩編　民國八年(1919)貴池劉氏暖紅室刻本　二冊　存一種

330000－1701－0048638　普812.55/0850/c3　集部/戲劇類/總集之屬/傳奇
暖紅室彙刻傳奇　劉世珩編　民國八年(1919)貴池劉氏暖紅室刻本　二冊　存一種

330000－1701－0048642　普951.0165/0743/c3　史部/雜史類/斷代之屬
戰國策詳註三十三卷　郭希汾輯註　民國八年(1919)上海文明書局鉛印本　六冊

330000－1701－0048644　普951.0165/2378/2　史部/雜史類/斷代之屬
戰國策三十三卷　(漢)高誘注　**重刻剡川姚氏本戰國策札記三卷**　(清)黄丕烈撰　民國石印本　五冊

330000－1701－0048647　普812.55/1035/c1　集部/戲劇類/雜劇之屬
西廂記五卷首一卷末一卷　(元)王德信　(元)關漢卿撰　(清)毛奇齡論定　**會真記一卷**　(唐)元稹撰　民國誦芬室影印本　四冊　缺一卷(首)

330000－1701－0048649　普812.55/1035/c2　集部/戲劇類/雜劇之屬
西廂記五卷首一卷末一卷　(元)王德信　(元)關漢卿撰　(清)毛奇齡論定　**會真記一卷**　(唐)元稹撰　民國誦芬室影印本　四冊　缺一卷(首)

330000－1701－0048654　普951.021/1020/(2)　史部/紀傳類/正史之屬
漢書補注一百卷首一卷　王先謙撰　**姚惜抱先生前漢書評點一卷**　(清)姚鼐撰　(清)吴汝綸輯　民國五年(1916)上海同文圖書館石印本　四十冊

330000－1701－0048655　SBC2516　史部/金石類/金之屬/雜著
金石隨錄不分卷　稿本　一冊

330000－1701－0048657　普812.55/0067/12/c1　集部/戲劇類/傳奇之屬
陳眉公批評琵琶記二卷四十二齣　(元)高明撰　(明)陳繼儒評　**眉公先生釋義琵琶記二卷**　(明)陳繼儒撰　民國貴池劉氏暖紅室刻本　一乘題記　二冊

330000－1701－0048660　GP05431　史部/傳記類/總傳之屬/家乘
[浙江紹興]山陰州山吴氏支譜不分卷　吴隱纂修　**梓里記一卷**　(清)吴鳳翥撰　民國五年(1916)木活字印本　一冊

330000－1701－0048661　GP13747　史部/地

理類/水利之屬

導淮芻議一卷 吳竟志撰 民國抄本 一冊

330000－1701－0048664 普 812.55/1035/12/c1 集部/戲劇類/雜劇之屬

西廂記五卷 (元)王德信 (元)關漢卿撰 **附元人增對弈一卷** (元)王生撰 **附五本解證一卷** (明)淩濛初撰 **附五劇箋疑一卷** (明)閔遇五撰 **附會真記詩歌賦說跋一卷附商調蝶戀花十闋一卷** (宋)趙令畤撰 **附李日華南西廂記二卷** (明)李日華撰 **附陸天池南西廂記二卷** (明)陸采撰 **附園林午夢一卷** (明)李開先撰 民國八年(1919)貴池劉氏暖紅室刻暖紅室彙刻傳奇本 姚華題記 十冊

330000－1701－0048667 普 812.55/1035/4 集部/戲劇類/雜劇之屬

增像第六才子書五卷首一卷 (元)王德信 (元)關漢卿撰 (清)金人瑞評 民國八年(1919)上海天寶書局石印本 五冊

330000－1701－0048670 普 951.0165/2683/c1 史部/雜史類/斷代之屬

戰國策補註三十三卷 吳曾祺撰 民國四年(1915)上海商務印書館鉛印本 四冊

330000－1701－0048672 普 951.0165/2683/c4 史部/雜史類/斷代之屬

戰國策補註三十三卷 吳曾祺撰 民國二十二年(1933)上海商務印書館鉛印本 四冊

330000－1701－0048673 普 951.0165/0743/c1 史部/雜史類/斷代之屬

戰國策詳註三十三卷 郭希汾輯註 民國十六年(1927)上海文明書局鉛印本 六冊

330000－1701－0048674 普 951.021/1020/2 史部/紀傳類/正史之屬

漢書補注一百卷首一卷 王先謙撰 **姚惜抱先生前漢書評點一卷** (清)姚鼐撰 (清)吳汝綸輯 民國五年(1916)上海同文圖書館石印本 四十冊

330000－1701－0048677 普 812.55/0067/13 集部/戲劇類/傳奇之屬

新刊巾箱蔡伯喈琵琶記二卷 (元)高明撰 民國影印本 二冊

330000－1701－0048678 GP05431/1 史部/傳記類/總傳之屬/家乘

[浙江紹興]山陰州山吳氏支譜不分卷 吳隱纂修 **梓里記一卷** (清)吳鳳翥撰 民國五年(1916)木活字印本 一冊

330000－1701－0048679 GP05431/1/1 史部/傳記類/總傳之屬/家乘

[浙江紹興]山陰州山吳氏支譜不分卷 吳隱纂修 **梓里記一卷** (清)吳鳳翥撰 民國五年(1916)木活字印本 一冊

330000－1701－0048680 普 812.55/1035/12/c2 集部/戲劇類/總集之屬/傳奇

暖紅室彙刻傳奇 劉世珩編 民國八年(1919)貴池劉氏暖紅室刻本 八冊 存一種

330000－1701－0048681 GP13749 史部/政書類/邦交之屬

庚子賠款退還之實際與希望不分卷 袁希濤撰 民國十三年(1924)石印本 一冊

330000－1701－0048682 普 812.55/0067/14/c1 集部/戲劇類/傳奇之屬

琵琶記四卷附錄一卷 (元)高明撰 民國蟫隱廬影印本 四冊

330000－1701－0048684 普 951.021/1020.06/c1 類叢部/叢書類/自著之屬

楚風樓雜著□□種 周正權撰 民國鉛印本 一冊 存一種

330000－1701－0048688 普 951.021/1020.06/c2 類叢部/叢書類/自著之屬

楚風樓雜著□□種 周正權撰 民國鉛印本 一冊 存一種

330000－1701－0048689 普 812.55/0067/14/c2 集部/戲劇類/傳奇之屬

琵琶記四卷附錄一卷 (元)高明撰 民國蟫隱廬影印本 四冊

330000－1701－0048692　普951.021/1160　類叢部/叢書類/彙編之屬
四部備要　中華書局編　民國二十五年(1936)上海中華書局鉛印本　三十二冊　存一種

330000－1701－0048696　GP05442　子部/雜著類/雜說之屬
愛書堂筆記一卷　任起華撰　民國二十一年(1932)鉛印本　一冊

330000－1701－0048700　GP13750　史部/政書類/通制之屬
歷代典制韻語不分卷　劉翰臣撰　民國十九年(1930)鉛印本　一冊

330000－1701－0048705　GP13790　史部/政書類/公牘檔冊之屬
浙江巡按使巡視富陽縣宣言一卷　民國富陽久昌公司鉛印本　一冊

330000－1701－0048721　GP05451　史部/傳記類/別傳之屬/事狀
錢武肅王功德史一卷　錢文選輯　民國二十四年(1935)錢氏鉛印本　一冊

330000－1701－0048726　GP13791　史部/傳記類/日記之屬
開縣知事岑兆鳳軍事日記一卷　岑兆鳳撰　民國鉛印本　一冊

330000－1701－0048727　SBC2531　子部/雜著類
蟄盦襍綴不分卷　小墨林館主輯　民國抄本　二冊

330000－1701－0048731　GP13793　史部/政書類/軍政之屬
大元帥訓軍官詞演說一卷　張作霖撰　民國石印本　一冊

330000－1701－0048733　GP05457　子部/醫家類/針灸之屬
鍼灸簡易一卷　溫主卿撰　民國二十三年(1934)上海國醫書館石印本　一冊

330000－1701－0048740　GP05458　史部/目録類
皇漢醫籍書目一卷　居水莊主人輯　民國裘吉生讀有用書樓抄本　一冊

330000－1701－0048744　GP05459　集部/別集類/清別集
敦艮齋遺書十七卷　(清)徐潤第撰　民國十年(1921)鉛印本　五冊

330000－1701－0048747　SBC2540　子部/雜著類/雜考之屬
陔餘叢考詩考二卷　(清)趙翼撰　民國海寧管氏靜得樓抄本　一冊

330000－1701－0048755　SBC2537　史部/傳記類/日記之屬
越縵堂日記摘鈔一卷　(清)李慈銘撰　民國抄本　一冊

330000－1701－0048768　普951.021/1160/8　史部/紀傳類/正史之屬
百衲本二十四史　張元濟輯　民國上海商務印書館影印本　三十二冊　存一種

330000－1701－0048780　普812.55/1035/23　集部/戲劇類/雜劇之屬
西廂記五劇五本　(元)王德信　(元)關漢卿撰　民國八年(1919)貴池劉氏暖紅室刻朱、藍印本　二冊

330000－1701－0048782　GP05466　集部/別集類
浮槎館吟草三卷　江蘊琛撰　民國二十五年(1936)鉛印本　一冊

330000－1701－0048785　普812.56/0014、普812.56/1080/2/c1　集部/戲劇類/總集之屬/傳奇
暖紅室彙刻傳奇　劉世珩編　民國八年(1919)貴池劉氏暖紅室刻本　四冊　存二種

330000－1701－0048798　普951.021/1160/14/c1　史部/紀傳類/正史之屬
二十四史附考證　民國上海涵芬樓據清乾隆武英殿本影印本　十六冊　存一種

330000－1701－0048802　普 951.021/1160/14/c2　史部/紀傳類/正史之屬

二十四史附考證　民國上海涵芬樓據清乾隆武英殿本影印本　十六冊　存一種

330000－1701－0048805　普 812.55/1035.07　集部/曲類/曲韻曲譜曲律之屬

西廂記曲譜不分卷　(清)殷溎深撰　張芬校正兼繕底　民國十年(1921)上海朝記書莊石印本　二冊

330000－1701－0048806　普 951.021/1160/19　史部/紀傳類/正史之屬

二十四史附考證　民國上海第一書局鉛印本　二十冊　存一種

330000－1701－0048809　普 951.021/1160/17　史部/紀傳類/正史之屬

二十四史附考證　民國上海涵芬樓據清乾隆武英殿本影印本　十六冊　存一種

330000－1701－0048810　普 812.56/1080/2/c2　集部/戲劇類/總集之屬/傳奇

暖紅室彙刻傳奇　劉世珩編　民國八年(1919)貴池劉氏暖紅室刻本　二冊　存一種

330000－1701－0048812　普 812.55/2861　集部/戲劇類/傳奇之屬

殺狗記二卷三十六齣　(明)徐畛撰　民國貴池劉氏暖紅室刻本　二冊

330000－1701－0048813　普 812.56/1171/c1　集部/戲劇類/總集之屬/傳奇

暖紅室彙刻傳奇　劉世珩編　民國八年(1919)貴池劉氏暖紅室刻本　二冊　存一種

330000－1701－0048814　SBC2548　集部/別集類/清別集

海槎遺詩四卷　(清)曹大經撰　民國抄本　鄭曰章、朱培跋　二冊

330000－1701－0048815　普 812.56/2145/c1　集部/戲劇類/總集之屬/傳奇

蘭室新書　民國影印本　二冊　存一種

330000－1701－0048816　普 812.56/1171/c2　集部/戲劇類/總集之屬/傳奇

暖紅室彙刻傳奇　劉世珩編　民國八年(1919)貴池劉氏暖紅室刻本　二冊　存一種

330000－1701－0048817　GP13799　新學/政治法律/政治

共和黨永康分部黨員錄一卷　民國二年(1913)石印本　一冊

330000－1701－0048818　普 812.56/2145/c2　集部/戲劇類/總集之屬/傳奇

蘭室新書　民國影印本　二冊　存一種

330000－1701－0048825　SBC2547　集部/別集類/清別集

方望溪先生改文稿一卷　(清)方苞撰　金梁改寫　稿本　一冊

330000－1701－0048827　普 951.021/1160/9　史部/紀傳類/正史之屬

四史四百十五卷　劉承幹輯　民國吳興劉氏嘉業堂影宋刻本　五十二冊　存一種

330000－1701－0048830　普 812.56/2317　集部/戲劇類/雜劇之屬

蘇門嘯十二卷　(明)傅一臣撰　民國影印本　六冊

330000－1701－0048832　GP05475　集部/曲類/散曲之屬

霜厓曲錄二卷　吳梅撰　盧前編　民國二十三年(1934)上海商務印書館鉛印本　一冊

330000－1701－0048842　GP13805　史部/政書類/公牘檔冊之屬

慈谿共和黨分部黨員錄一卷　民國二年(1913)鉛印本　一冊

330000－1701－0048845　GP05477　類叢部/叢書類/彙編之屬

曲石叢書二十種　李根源編　民國十二年至二十一年(1923－1932)騰衝李氏蘇州刻本　一冊　存一種

330000－1701－0048848　普 812.56/2543　集部/戲劇類/總集之屬

明周憲王樂府三種　(明)朱有燉撰　民國十六年(1927)上海蟫隱廬據明宣德刻本影印本　二册

330000－1701－0048855　普812.56/2557、普812.56/2823　類叢部/叢書類/彙編之屬
喜咏軒叢書三十四種　陶湘編　民國十五年至二十年(1926－1931)武進陶氏涉園石印本　三册　存二種

330000－1701－0048859　普951.023/0417/c1　史部/紀傳類/正史之屬
謝氏後漢書補逸五卷　(三國吴)謝承撰　(清)姚之駰輯　(清)孫志祖增訂　民國二十年(1931)國學圖書館影印本　一册

330000－1701－0048860　普951.023/0417/c2　史部/紀傳類/正史之屬
謝氏後漢書補逸五卷　(三國吴)謝承撰　(清)姚之駰輯　(清)孫志祖增訂　民國二十年(1931)國學圖書館影印本　一册

330000－1701－0048861　普951.023/0417/c3　史部/紀傳類/正史之屬
謝氏後漢書補逸五卷　(三國吴)謝承撰　(清)姚之駰輯　(清)孫志祖增訂　民國二十年(1931)國學圖書館影印本　一册

330000－1701－0048863　普951.023/1020/c1　史部/紀傳類/正史之屬
後漢書集解九十卷首一卷續志集解三十卷　王先謙撰　民國四年(1915)長沙王氏虚受堂刻十二年(1923)印本　三十册

330000－1701－0048865　普812.56/2691　集部/戲劇類/傳奇之屬
畫中人二卷三十四齣　(明)吴炳撰　(明)畫隱先生評　民國貴池劉氏暖紅室刻藍印本　二册

330000－1701－0048866　普951.023/0417/2/c1　史部/紀傳類/正史之屬
謝氏後漢書補逸六卷　(三國吴)謝承撰　(清)姚之駰輯　(清)孫志祖增訂　孫峻補訂　民國十七年(1928)錢塘孫氏壽松堂刻本　二册

330000－1701－0048867　GP05488　史部/傳記類/總傳之屬/家乘
[浙江嘉善]嘉善吴張世系圖一卷　民國抄本　一册

330000－1701－0048868　普951.023/0417/2/c2　史部/紀傳類/正史之屬
謝氏後漢書補逸六卷　(三國吴)謝承撰　(清)姚之駰輯　(清)孫志祖增訂　孫峻補訂　民國十七年(1928)錢塘孫氏壽松堂刻本　二册

330000－1701－0048875　普951.023/1020/c2　史部/紀傳類/正史之屬
後漢書集解九十卷首一卷續志集解三十卷　王先謙撰　民國四年(1915)長沙王氏虚受堂刻十二年(1923)印本　一册　存三卷(後漢書集解六十至六十二)

330000－1701－0048877　普812.56/3663/7　集部/戲劇類/傳奇之屬
牡丹亭還魂記四卷五十五齣　(明)湯顯祖撰　民國十七年(1928)上海掃葉山房石印本　四册

330000－1701－0048879　普951.023/1020/c3　史部/紀傳類/正史之屬
後漢書集解九十卷首一卷續志集解三十卷　王先謙撰　民國四年(1915)長沙王氏虚受堂刻十二年(1923)印本　三十册

330000－1701－0048881　普812.56/3663/5　集部/戲劇類/傳奇之屬
牡丹亭還魂記二卷五十五齣　(明)湯顯祖撰　民國木石居影印本　四册

330000－1701－0048888　GP05491　子部/雜著類/雜纂之屬
敬鄉筆述八卷　徐士鑾輯　民國二十一年(1932)津門徐氏濠園刻本　八十一叟題記　四册

330000－1701－0048890　GP05492　史部/地理類/山川之屬/山志

峩眉導遊不分卷附錄一卷　鄧少琴編　民國二十七年(1938)成都開明書店鉛印本　一冊

330000－1701－0048896　GP05493　集部/別集類

未能免俗齋詩鈔一卷　郝樹賢撰　民國九年(1920)石印本　一冊

330000－1701－0048898　普812.56/3663/11　集部/戲劇類/總集之屬/傳奇

暖紅室彙刻傳奇　劉世珩編　民國八年(1919)貴池劉氏暖紅室刻本　六冊　存一種

330000－1701－0048900　普812.56/7148/8　集部/戲劇類/傳奇之屬

繡像繪圖燕子箋傳奇二卷四十二齣　(明)阮大鋮撰　民國上海進步書局石印本　一冊

330000－1701－0048904　普812.56/7148.2/c1　集部/戲劇類/總集之屬/傳奇

暖紅室彙刻傳奇　劉世珩編　民國八年(1919)貴池劉氏暖紅室刻本　二冊　存一種

330000－1701－0048907　SBC2571　類叢部/叢書類/自著之屬

鶴臯文萃三種　毛誦華撰　民國抄本　十五冊

330000－1701－0048911　GP05495　集部/別集類

勁草堂藯稿　姜繼襄撰　民國十一年(1922)石印本　一冊

330000－1701－0048917　普812.56/7148.2/c2　集部/戲劇類/總集之屬/傳奇

暖紅室彙刻傳奇　劉世珩編　民國八年(1919)貴池劉氏暖紅室刻本　二冊　存一種

330000－1701－0048918　GP05506　類叢部/叢書類/家集之屬

嘉興譚氏遺書九種　譚新嘉編　民國元年至二十五年(1912－1936)嘉興譚氏承啟堂刻藍印本　十二冊

330000－1701－0048920　普812.56/7128　集部/戲劇類/總集之屬/傳奇

暖紅室彙刻傳奇　劉世珩編　民國八年(1919)貴池劉氏暖紅室刻本　二冊　存一種

330000－1701－0048924　普812.56/7148/c1　集部/戲劇類/傳奇之屬

詠懷堂新編燕子箋記二卷四十二齣　(明)阮大鋮撰　民國八年(1919)刻誦芬室叢刊本　董康題記　二冊

330000－1701－0048929　GP05497　子部/雜著類/雜說之屬

生活鏡不分卷附錄一卷　王立才撰　民國九年(1920)鉛印本　一冊

330000－1701－0048933　普812.57/1020　集部/戲劇類/傳奇之屬

滄桑艷二卷二十齣　丁傳靖填詞　游毅之論文　石淩漢正拍　民國三年(1914)掃葉山房石印本　二冊

330000－1701－0048934　GP05498　新學/兵制/陸軍

軍士教科測圖學教程不分卷附錄一卷　浙江軍用圖書編譯館編　民國三年(1914)鉛印本　一冊

330000－1701－0048935　普951.023/4088　史部/紀傳類

越縵堂讀史札記十一種三十卷　(清)李慈銘撰　民國國立北平北海圖書館鉛印本　一冊　存一種

330000－1701－0048938　普951.023/4088/(2)/c1　史部/紀傳類

越縵堂讀史札記十一種三十卷　(清)李慈銘撰　民國國立北平北海圖書館鉛印本　二冊　存二種

330000－1701－0048939　普812.56/7148/3　集部/戲劇類/傳奇之屬

繪圖燕子箋記四卷四十二齣　(明)阮大鋮撰　(清)雪韻堂批點　民國石印本　一冊

330000－1701－0048943　普951.023/4088/(2)/c2　史部/紀傳類

越縵堂讀史札記十一種三十卷　(清)李慈銘

撰　民國國立北平北海圖書館鉛印本　二冊　存二種

330000－1701－0048945　普 812.56/7148/4/c1　集部/戲劇類/總集之屬/傳奇

暖紅室彙刻傳奇　劉世珩編　民國八年(1919)貴池劉氏暖紅室刻本　二冊　存一種

330000－1701－0048950　普 951.023/4464　類叢部/叢書類/彙編之屬

四部備要　中華書局編　民國二十五年(1936)上海中華書局鉛印本　三十冊　存一種

330000－1701－0048953　普 951.023/4464/2　史部/紀傳類/正史之屬

四史四百十五卷　劉承幹輯　民國吳興劉氏嘉業堂影宋刻本　四十冊　存一種

330000－1701－0048961　GP05511　類叢部/叢書類/郡邑之屬

山左先喆遺書　山東省立圖書館編　民國瑞安陳氏裒殷堂鉛印本　一冊　存一種

330000－1701－0048967　GP05508　類叢部/叢書類/自著之屬

獨見曉齋叢書□□種　陳懷撰　民國十四年(1925)穎川書舍刻本　一冊　存一種

330000－1701－0048970　SBC2590　集部/別集類

燼餘詩草選錄三卷　民國古香抄本　三冊

330000－1701－0048972　SBC2581　子部/醫家類

醫識二卷　陸懋勳撰　民國抄本　一冊

330000－1701－0048976　普 812.55/1035/13/c1　集部/戲劇類/雜劇之屬

新校注古本西廂記五卷　(元)王德信撰　(明)王驥德校注　(明)徐渭附解　(明)沈璟評　**古本西廂記考一卷**　(明)王驥德撰　民國十九年(1930)北平富晉書社、東來閣書莊據明萬曆四十二年(1614)王氏香雪居刻本影印本　六冊

330000－1701－0048984　普 812.55/1035/13/c2　集部/戲劇類/雜劇之屬

新校注古本西廂記五卷　(元)王德信撰　(明)王驥德校注　(明)徐渭附解　(明)沈璟評　**古本西廂記考一卷**　(明)王驥德撰　民國十九年(1930)北平富晉書社、東來閣書莊據明萬曆四十二年(1614)王氏香雪居刻本影印本　六冊

330000－1701－0048985　GP05514　史部/傳記類/總傳之屬/家乘

[浙江松陽]雙溪王氏宗譜三卷　王宗錞纂修　民國十四年(1925)木活字印本　三冊

330000－1701－0048986　GP13815　史部/雜史類/斷代之屬

宣德別錄十卷　吳廷燮撰　民國六年(1917)鉛印本　二冊

330000－1701－0048990　SBC2605　子部/術數類/相宅相墓之屬

鈐訣一卷　(明)劉基撰　民國海寧管氏靜得樓抄本　管元耀校並跋　一冊

330000－1701－0048993　GP13816　史部/傳記類/總傳之屬/人表

辛亥殉難表不分卷　吳慶坻輯　民國鉛印本　一冊

330000－1701－0049000　SBC2603　子部/雜著類

鴿峰草堂雜記一卷　周大輔撰　稿本　一冊

330000－1701－0049003　普 812.57/0010　集部/戲劇類/傳奇之屬

紅羊刼傳奇二卷　(清)高平撰　民國影印本　一冊

330000－1701－0049009　普 812.57/1292/7/c1　集部/戲劇類/傳奇之屬

繡像繪圖桃花扇傳奇二卷四十齣　(清)孔尚任撰　民國上海進步書局石印本　二冊

330000－1701－0049017　普 951.021/2632　史部/紀傳類/正史之屬

漢書點勘二卷附一卷　(清)吳汝綸撰　民國

八年(1919)深澤王氏鉛印本　三册

330000－1701－0049022　普 951.021/2632/2　史部/紀傳類/正史之屬

漢書點勘六卷附一卷　(清)吴汝綸撰　民國徐文霨刻朱印本　一册　存二卷(一至二)

330000－1701－0049023　GP05540　經部/四書類/總義之屬/傳説

荆川傳稿不分卷　(明)唐順之撰　(清)吕留良評　民國三十七年(1948)鉛印本　一册

330000－1701－0049031　普 812.57/1292/7/c2　集部/戲劇類/傳奇之屬

繡像繪圖桃花扇傳奇二卷四十齣　(清)孔尚任撰　民國上海進步書局石印本　二册

330000－1701－0049033　普 812.57/1292/8　集部/戲劇類/傳奇之屬

桃花扇二卷四十齣　(清)孔尚任撰　民國十七年(1928)上海掃葉山房石印本　四册

330000－1701－0049037　普 812.57/1242/c1　集部/戲劇類/傳奇之屬

錫六環二卷二十四回　(清)孫埏撰　民國五年(1916)奉化湖瀾書塾刻本　二册

330000－1701－0049041　GP05524　經部/小學類/文字之屬/字書/字體

古籀餘論三卷　(清)孫詒讓撰　民國十八年(1929)燕京大學刻本　二册

330000－1701－0049043　普 951.023/4464/10　史部/紀傳類/正史之屬

百衲本二十四史　張元濟輯　民國上海商務印書館影印本　四十册　存一種

330000－1701－0049052　SBC2611　子部/工藝類/日用器物之屬/陶瓷

瓷器彙説不分卷　邵裴子輯　稿本　一册

330000－1701－0049054　GP05526　集部/詩文評類/文法之屬

中國文法通論不分卷　劉復撰　民國九年(1920)上海羣益書社鉛印本　一册

330000－1701－0049055　普 812.57/1242/c2　集部/戲劇類/傳奇之屬

錫六環二卷二十四回　(清)孫埏撰　民國五年(1916)奉化湖瀾書塾刻本　二册

330000－1701－0049064　普 812.57/1242/2　子部/宗教類/佛教之屬

法雨晨飛七種　民國刻本　一册　存一種

330000－1701－0049065　GP05533　集部/詩文評類/詩評之屬

詩家正法眼藏一卷　劉子芬撰　民國二十三年(1934)鉛印本　一册

330000－1701－0049080　GP05535　經部/小學類/文字之屬

詞言通釋六卷　鍾歆撰　民國九年(1920)鉛印本　一册

330000－1701－0049085　GP05541　經部/四書類/總義之屬/傳説

荆川傳稿不分卷　(明)唐順之撰　(清)吕留良評　民國三十七年(1948)鉛印本　一册

330000－1701－0049090　SBC2622　子部/醫家類/婦科之屬/通論

寧坤秘笈竹林寺女科一卷附續一卷　民國抄本　一册

330000－1701－0049093　GP13827　史部/政書類/軍政之屬/邊政

靖海紀事二卷　(清)施琅撰　民國油印本　三册

330000－1701－0049098　普 812.57/1292/5/c1　集部/戲劇類/總集之屬/傳奇

暖紅室彙刻傳奇　劉世珩編　民國八年(1919)貴池劉氏暖紅室刻本　二册　存一種

330000－1701－0049100　SBC2625　經部/小學類/文字之屬/説文

説文易檢二卷　張兆鏞編　民國峽川張氏六有齋抄本　一册

330000－1701－0049101　GP05537　類叢部/叢書類/彙編之屬

退菴叢書　王文炳輯　民國二十年(1931)浙

江圖書館鉛印本　徐植材題記　二冊　存一種

330000－1701－0049109　普 812.56/3663.2/2　集部/戲劇類/傳奇之屬

玉茗堂南柯記二卷四十四齣　(明)湯顯祖撰　民國貴池劉氏暖紅室刻本　二冊

330000－1701－0049114　GP13829　史部/雜史類/斷代之屬

天平天國史事日誌不分卷　民國油印本　二冊

330000－1701－0049115　普 812.56/4430　類叢部/叢書類/彙編之屬

喜咏軒叢書三十四種　陶湘編　民國十五年至二十年(1926－1931)武進陶氏涉園石印本　二冊　存一種

330000－1701－0049117　普 951.023/4464/20　史部/紀傳類/正史之屬

二十四史附考證　民國上海民國第一圖書局鉛印本　十六冊　存一種

330000－1701－0049118　普 951.023/4464/12　史部/紀傳類/正史之屬

二十四史附考證　民國上海涵芬樓據清乾隆武英殿本影印本　十二冊　存一種

330000－1701－0049119　SBC2637　集部/別集類/清別集

戴意園詩稿一卷　(清)戴□□撰　民國抄本　一冊

330000－1701－0049120　普 812.57/1292.2/c1　集部/戲劇類/總集之屬/傳奇

暖紅室彙刻傳奇　劉世珩編　民國八年(1919)貴池劉氏暖紅室刻本　二冊　存一種

330000－1701－0049121　GP13830　史部/雜史類/斷代之屬

粵東剿匪紀略五卷　(清)陳坤編　民國油印本　三冊

330000－1701－0049123　GP05539　經部/四書類/總義之屬/傳說

荆川傳稿不分卷　(明)唐順之撰　(清)吕留良評　民國三十七年(1948)鉛印本　一冊

330000－1701－0049124　普 812.57/2623　集部/戲劇類/總集之屬/傳奇

暖紅室彙刻傳奇　劉世珩編　民國八年(1919)貴池劉氏暖紅室刻本　一冊　存一種

330000－1701－0049125　普 812.57/1292.2/c2　集部/戲劇類/總集之屬/傳奇

暖紅室彙刻傳奇　劉世珩編　民國八年(1919)貴池劉氏暖紅室刻本　二冊　存一種

330000－1701－0049131　普 812.57/2623.2　集部/戲劇類/總集之屬/傳奇

暖紅室彙刻傳奇　劉世珩編　民國八年(1919)貴池劉氏暖紅室刻本　二冊　存一種

330000－1701－0049147　GP05544　史部/傳記類/總傳之屬/家乘

[浙江紹興]山陰州山吴氏支譜不分卷　吴隱纂修　**梓里記一卷**　(清)吴鳳翥撰　民國五年(1916)木活字印本　一冊

330000－1701－0049155　GP13836　史部/地理類

中國地學會地學叢書七卷首一卷　張相文編　民國十七年(1928)鉛印本　二冊

330000－1701－0049160　GP05551　史部/傳記類/總傳之屬/家乘

[全國]錢氏家乘不分卷　錢文選輯　民國十四年(1925)鉛印本　一冊

330000－1701－0049164　GP05544/1　史部/傳記類/總傳之屬/家乘

[浙江紹興]山陰州山吴氏支譜不分卷　吴隱纂修　**梓里記一卷**　(清)吴鳳翥撰　民國五年(1916)木活字印本　一冊

330000－1701－0049168　GP05552　子部/雜著類/雜說之屬

夷白子二卷　(清)顔錡撰　民國六年(1917)鉛印本　一冊

330000－1701－0049169　GP05544/1/1　史

部/傳記類/總傳之屬/家乘

[浙江紹興]山陰州山吴氏支譜不分卷 吴隱纂修 **梓里記一卷** (清)吴鳳翥撰 民國五年(1916)木活字印本 一册

330000-1701-0049171 GP05544/1/1/1 史部/傳記類/總傳之屬/家乘

[浙江紹興]山陰州山吴氏支譜不分卷 吴隱纂修 **梓里記一卷** (清)吴鳳翥撰 民國五年(1916)木活字印本 一册

330000-1701-0049176 GP05553 集部/總集類/酬唱之屬

噓寒集一卷 吴進賢輯 民國二十年(1931)鉛印本 一册

330000-1701-0049180 GP13857 史部/傳記類/别傳之屬/事狀

李蓮英一卷 (日本)古彦培在撰 民國石印本 一册

330000-1701-0049184 普951.023094/0417 史部/紀傳類/正史之屬

謝氏後漢書補逸五卷 (三國吴)謝承撰 (清)姚之駰輯 (清)孫志祖增訂 民國二十年(1931)國學圖書館影印本 一册

330000-1701-0049186 SBC2648 集部/曲類

梅花落四卷 民國抄本 四册

330000-1701-0049188 GP05555 史部/地理類/遊記之屬/紀行

天台方巖游記一卷 錢文選撰 民國二十四年(1935)鉛印本 一册

330000-1701-0049217 普951.023094/7218/2 類叢部/叢書類/彙編之屬

四部備要 中華書局編 民國二十五年(1936)上海中華書局鉛印本 三册 存一種

330000-1701-0049218 SBC2644 集部/别集類/清别集

襟上酒痕集一卷 (清)曹大經撰 (清)汪澍評 民國二十八年(1939)朱培抄本 朱培跋並過録鄭曰章跋 一册

330000-1701-0049223 普812.57/3460 集部/戲劇類/傳奇之屬

長生殿二卷五十齣 (清)洪昇撰 民國十七年(1928)上海掃葉山房石印本 二册

330000-1701-0049226 普951.024/2587 史部/史抄類

三國菁華錄二卷 (清)朱鈞輯 民國三年(1914)上海煥文書局石印本 二册

330000-1701-0049235 普812.57/4037/2 集部/戲劇類/總集之屬/傳奇

十二家評點李笠翁十種曲 (清)李漁編 民國七年(1918)上海朝記書莊石印本 一册 存一種

330000-1701-0049238 GP13862 史部/傳記類/别傳之屬/事狀

畢公岐山[永豐]榮哀錄不分卷 畢紹鑫 畢紹森輯 民國七年(1918)鉛印本 一册

330000-1701-0049239 GP05565 史部/地理類/專志之屬/祠墓

西湖朱文公祠崇祀錄二卷 朱承業纂輯 民國十五年(1926)刻本 二册

330000-1701-0049244 普812.57/3460/2/c1 集部/戲劇類/總集之屬/傳奇

暖紅室彙刻傳奇 劉世珩編 民國八年(1919)貴池劉氏暖紅室刻本 二册 存一種

330000-1701-0049246 GP05566 史部/地理類/專志之屬/祠墓

西湖朱文公祠崇祀錄二卷 朱承業纂輯 民國十五年(1926)刻本 二册

330000-1701-0049248 普812.57/3460/2/c2 集部/戲劇類/總集之屬/傳奇

暖紅室彙刻傳奇 劉世珩編 民國八年(1919)貴池劉氏暖紅室刻本 二册 存一種

330000-1701-0049250 GP05567 史部/地理類/專志之屬/祠墓

西湖朱文公祠崇祀錄二卷 朱承業纂輯 民國十五年(1926)刻本 二册

330000－1701－0049255　普 812.57/3460/2/c3　集部/戲劇類/總集之屬/傳奇
暖紅室彙刻傳奇　劉世珩編　民國八年(1919)貴池劉氏暖紅室刻本　二冊　存一種

330000－1701－0049259　普 812.57/4428/c1　集部/總集類/彙編之屬
書畫名人小集　民國上海聚珍倣宋印書局鉛印本　一冊　存一種

330000－1701－0049261　普 812.57/3460/8　集部/戲劇類/傳奇之屬
繡像繪圖長生殿傳奇四卷　(清)洪昇填詞　(清)吳人論文　民國上海進步書局石印本　四冊

330000－1701－0049262　GP13863　類叢部/叢書類/自著之屬
西堂全集四種附一種　(清)尤侗撰　民國上海文瑞堂石印本　一冊　存一種

330000－1701－0049265　普 812.57/4428/c2　集部/總集類/彙編之屬
書畫名人小集　民國上海聚珍倣宋印書局鉛印本　一冊　存一種

330000－1701－0049273　GP13864　類叢部/叢書類/自著之屬
願學齋叢刊七種　羅繼祖撰　民國二十五年(1936)上虞羅氏墨緣堂石印本　一冊　存一種

330000－1701－0049277　普 951.021/3427　史部/紀傳類/正史之屬
漢書評注一百卷　(明)凌稚隆輯　民國十二年(1923)上海掃葉山房石印本　三十二冊

330000－1701－0049284　GP05568　史部/地理類/山川之屬/山志
雲棲志十卷首一卷　項士元纂　民國二十三年(1934)新光印書館鉛印本　二冊

330000－1701－0049286　普 951.021/4088/c2　史部/紀傳類
越縵堂讀史札記十一種三十卷　(清)李慈銘撰　民國國立北平北海圖書館鉛印本　章嶔題記　二冊　存一種

330000－1701－0049292　SBC2659　集部/別集類/清別集
鶴洲殘稿詩一卷詞一卷　(清)朱彝爵撰　民國抄本　周丁盦題簽　一冊

330000－1701－0049296　普 951.021/4088/c3　史部/紀傳類
越縵堂讀史札記十一種三十卷　(清)李慈銘撰　民國國立北平北海圖書館鉛印本　二冊　存一種

330000－1701－0049297　SBC2665　集部/別集類/清別集
桐華館詩鈔三卷　(清)胡金題撰　民國抄本　周丁盦題簽　一冊

330000－1701－0049301　SBC2660　集部/別集類/清別集
月湖秋瑟二卷花墩琴雅二卷　(清)馮登府撰　民國抄本　思莘居士題簽並校跋　一冊

330000－1701－0049304　普 951.021/4217　史部/史評類
惜抱軒漢書評點一卷　(清)姚鼐撰　民國四年(1915)貴陽金氏鉛印本　一冊

330000－1701－0049305　普 951.024/4088　史部/紀傳類
越縵堂讀史札記十一種三十卷　(清)李慈銘撰　民國國立北平北海圖書館鉛印本　一冊　存一種

330000－1701－0049310　普 951.021/4217/2　史部/史評類
姚惜抱先生前漢書評點一卷　(清)姚鼐撰　民國五年(1916)上海同文圖書館石印本　一冊

330000－1701－0049316　SBC2661　集部/別集類/清別集
刪後文集一卷　(清)陳梓撰　**金屑詞一卷**　(清)胡金題撰　民國抄本　周丁盦題簽　一冊

330000－1701－0049317　普 951.021/7535.02/c1　類叢部/叢書類/彙編之屬

求恕齋叢書三十一種　劉承幹編　民國吳興劉氏嘉業堂刻本　一册　存一種

330000－1701－0049320　GP13866　史部/傳記類/別傳之屬/事狀

康南海傳一卷　梁啓超撰　民國鉛印本　一册

330000－1701－0049324　普 951.021/7535.02/c2　類叢部/叢書類/彙編之屬

求恕齋叢書三十一種　劉承幹編　民國吳興劉氏嘉業堂刻本　一册　存一種

330000－1701－0049333　GP05582　集部/詩文評類

文學津梁十二種　周鍾游編　民國五年(1916)上海有正書局石印本　八册

330000－1701－0049345　普 812.57/4448.4　集部/戲劇類/總集之屬/傳奇

江州淚傳奇一卷四齣　(清)蔣士銓填詞　(清)鶴亭居士正拍　(清)夢樓居士題評　民國八年(1919)碧梧山莊石印玉生香傳奇四種曲本　陳回題記　一册

330000－1701－0049351　GP05591　史部/地理類/專志之屬/祠墓

吳山汪王廟志畧續編一卷　戴振聲　汪濂編　民國二十五年(1936)石印本　一册

330000－1701－0049352　GP05585　集部/別集類

天機樓詩一卷　張成撰　**善藏樓詩一卷**　胡尚焯撰　民國三十七年(1948)鉛印本　一册

330000－1701－0049360　GP05593　集部/總集類/題詠之屬

石門題詠錄四卷　劉燿東輯　民國二十三年(1934)啓後亭鉛印本　一册

330000－1701－0049362　GP05586　集部/別集類

天機樓詩一卷　張成撰　**善藏樓詩一卷**　胡尚焯撰　民國三十七年(1948)鉛印本　朱君襄題記　周政跋　一册

330000－1701－0049366　GP05594　子部/雜著類/雜說之屬

紫桃軒雜綴四卷又綴二卷　(明)李日華撰　民國十六年(1927)上海有正書局石印本　四册

330000－1701－0049368　GP05595　子部/雜著類/雜說之屬

紫桃軒雜綴四卷又綴二卷　(明)李日華撰　民國十六年(1927)上海有正書局石印本　四册

330000－1701－0049372　普 951.024/7765/c1　類叢部/叢書類/彙編之屬

琹社叢書　民國十九年(1930)鉛印本　一册　存一種

330000－1701－0049373　普 951.024/7765/c2　類叢部/叢書類/彙編之屬

琹社叢書　民國十九年(1930)鉛印本　一册　存一種

330000－1701－0049377　普 951.024/7540/8　史部/紀傳類/正史之屬

二十四史附考證　民國上海中華書局鉛印本　十六册　存一種

330000－1701－0049379　SBC2669　史部/紀傳類/正史之屬

史記志疑三十六卷　(清)梁玉繩撰　**史記集疑補一卷**　高誼輯　民國抄本　七册　存十三卷(三至十四、史記集疑補)

330000－1701－0049388　普 951.024/7540/5　史部/紀傳類/正史之屬

四史四百十五卷　劉承幹輯　民國吳興劉氏嘉業堂影宋刻本　二十一册　存一種

330000－1701－0049396　GP13873　史部/傳記類/別傳之屬/年譜

宗忠簡公[澤]年譜二卷　宋嘉謨編　民國六年(1917)常熟桐柏山莊鉛印本　海虞潛夫題記　一册

330000－1701－0049398　GP05599　集部/總集類/郡邑之屬

鹿山社詩錄一卷　徐大昌等撰　民國四年(1915)中華書局鉛印本　一冊

330000－1701－0049402　GP05600　集部/總集類/郡邑之屬

鹿山吟社第三集一卷　商寶慈編　民國二十年(1931)鉛印本　一冊

330000－1701－0049404　GP05601　集部/總集類/郡邑之屬

鹿山吟社第三集一卷　商寶慈編　民國二十年(1931)鉛印本　一冊

330000－1701－0049413　普812.57/4493.3/3　集部/戲劇類/雜劇之屬

桃谿雪二卷二十齣　(清)黃燮清撰　(清)李光溥評文　民國八年(1919)上海掃葉山房石印本　二冊

330000－1701－0049421　普812.57/4493.3/4　集部/戲劇類/雜劇之屬

桃谿雪二卷二十齣　(清)黃燮清撰　(清)李光溥評文　民國十二年(1923)永康五彩石印局石印本　一冊

330000－1701－0049424　GP13875　史部/傳記類/別傳之屬/年譜

拙園老人壬申自述一卷　程良駿撰　民國二十一年(1932)鉛印本　一冊

330000－1701－0049429　普951.0241/2790　史部/雜史類/斷代之屬

魏略輯本二十五卷補遺一卷　(晉)魚豢撰　張鵬一輯　民國十三年(1924)陝西文獻徵輯處刻本　章嶔題簽並記　二冊

330000－1701－0049434　普812.57/6770/c1　集部/戲劇類/傳奇之屬

酬紅記一卷九齣　(清)趙野航填詞　(清)小鶴正譜　民國三年(1914)掃葉山房石印本　一冊

330000－1701－0049435　普951.025/2648/c1　史部/紀傳類/正史之屬

晉書斠注一百三十卷　吳士鑑　劉承幹注　民國十七年(1928)吳興劉氏嘉業堂刻本　六十冊

330000－1701－0049436　普812.57/6770/c2　集部/戲劇類/傳奇之屬

酬紅記一卷九齣　(清)趙野航填詞　(清)小鶴正譜　民國三年(1914)掃葉山房石印本　一冊

330000－1701－0049439　普812.57/7593.2　集部/戲劇類/總集之屬/傳奇

玉獅堂傳奇十種　(清)陳烺撰　民國石印本　一冊　存一種

330000－1701－0049447　普951.025/2648/c2　史部/紀傳類/正史之屬

晉書斠注一百三十卷　吳士鑑　劉承幹注　民國十七年(1928)吳興劉氏嘉業堂刻本　六十冊

330000－1701－0049454　普812.57/7540/c1　集部/戲劇類/傳奇之屬

梅花夢傳奇二卷　(清)陳森撰　民國十年(1921)據清道光稿本影印本　二冊

330000－1701－0049457　GP13877　史部/傳記類/總傳之屬/忠孝

東陽五孝記畧一卷　金蘊章輯　民國十九年(1930)上海宏大善書局石印本　一冊

330000－1701－0049459　普812.57/7540/c2　集部/戲劇類/傳奇之屬

梅花夢傳奇二卷　(清)陳森撰　民國十年(1921)據清道光稿本影印本　二冊

330000－1701－0049466　SBC2693　集部/總集類/彙編之屬

古今詩詞雜掇一卷　民國抄本　一冊

330000－1701－0049475　普812.57/4493.5　集部/戲劇類/傳奇之屬

宓妃影傳奇一卷四齣　(清)黃燮清撰　民國石印本　陳回題記　一冊

330000－1701－0049477　GP13879　史部/傳

記類/别傳之屬/年譜
鍾文叔自著年譜一卷 鍾壽康撰 民國木活字印本 一册

330000－1701－0049479 普951.02408/4430/c2 史部/史抄類
三國志捃華二卷 莊適輯 民國七年(1918)上海商務印書館鉛印本 二册

330000－1701－0049482 GP13881 史部/傳記類/别傳之屬/年譜
先大夫部昀府君[王甲榮]年譜一卷 王邁常 王蘧常撰 民國鉛印本 一册

330000－1701－0049483 普951.02408/4430/c3 史部/史抄類
三國志捃華二卷 莊適輯 民國七年(1918)上海商務印書館鉛印本 二册

330000－1701－0049485 普951.02408/4430/c4 史部/史抄類
三國志捃華二卷 莊適輯 民國七年(1918)上海商務印書館鉛印本 二册

330000－1701－0049493 普812.7/8012 集部/戲劇類
金玉緣一卷 民國抄本 一册

330000－1701－0049500 普812.6/1242 集部/戲劇類/雜劇之屬
京都三慶班京調 民國石印本 十册

330000－1701－0049507 普951.025/3002/4/c1 類叢部/叢書類/彙編之屬
四部備要 中華書局編 民國二十五年(1936)上海中華書局鉛印本 二十册 存一種

330000－1701－0049512 普951.025/3002/4/c2 史部/紀傳類/正史之屬
二十四史附考證 民國上海中華書局鉛印本 二十册 存一種

330000－1701－0049520 普812.6/2732 集部/戲劇類/雜劇之屬
京調□□種 民國石印本 四册 存十六種

330000－1701－0049523 普812.7/0127 集部/戲劇類
龍虎鬥不分卷 民國七年(1918)抄本 一册

330000－1701－0049524 普951.025/3002/6 史部/紀傳類/正史之屬
百衲本二十四史 張元濟輯 民國上海商務印書館影印本 二十三册 存一種

330000－1701－0049525 普812.7/0530 集部/曲類
靖逆記一卷難中福一卷 民國石印本 一册

330000－1701－0049526 GP05617 子部/宗教類/其他宗教之屬/其他
景教流行中國碑頌正詮一卷 (葡萄牙)陽瑪諾撰 民國十六年(1927)上海土山灣慈母堂鉛印本 一册

330000－1701－0049527 普812.6/0023 集部/戲劇類/雜劇之屬
京調□□種 民國石印本 四册 存二十種

330000－1701－0049529 普812.7/1141 集部/戲劇類
灘簧不分卷 張夢雲編 民國抄本 一册

330000－1701－0049531 普812.7/1143.01 集部/曲類
梅蘭芳黛玉葬花曲本一卷觀梅蘭芳黛玉葬花劇詩鈔一卷 孥戡道人輯 民國五年(1916)開智新書局石印本 一册

330000－1701－0049541 普813.1262/7280/4/c1 子部/小説家類/雜事之屬
世説新語六卷 (南朝宋)劉義慶撰 (南朝梁)劉孝標注 民國六年(1917)商務印書館鉛印本 二册

330000－1701－0049545 GP05619 史部/政書類
癸戊紀念録一卷 邵啟等撰 民國七年(1918)鉛印本 一册

330000－1701－0049547 普813.1262/7280/4(2) 子部/小説家類/雜事之屬

世說新語六卷　(南朝宋)劉義慶撰　(南朝梁)劉孝標注　民國六年(1917)商務印書館鉛印本　六冊

330000－1701－0049548　普812.7/2008　集部/曲類
雙龍會不分卷　民國抄本　一冊

330000－1701－0049551　普812.7/2027　集部/曲類
雙魚墜一卷四回魚家樂一卷四回雙珠鳳投倪一卷　民國抄本　一冊

330000－1701－0049555　普812.7/2723　集部/戲劇類
紹戲不分卷　民國抄本　一冊

330000－1701－0049558　普951.025/3002.01　史部/紀傳類/正史之屬
晉書斠注一百三十卷　吳士鑑　劉承幹注　民國十七年(1928)吳興劉氏嘉業堂刻本　五十冊

330000－1701－0049562　普812.7/3081　集部/曲類/曲藝之屬
新印校正灘簧二卷　民國上海文元書局石印本　二冊

330000－1701－0049567　普812.7/3447　集部/曲類/曲藝之屬
斗姥閣不分卷　民國抄本　一冊

330000－1701－0049569　SBC2714　集部/別集類
聽香閣詩草一卷　朱培撰　稿本　朱寵跋　一冊

330000－1701－0049575　GP05628　史部/地理類/方志之屬/郡縣志
[乾隆]烏青鎮志十二卷　(清)董世寧纂修　民國七年(1918)鉛印本　二冊

330000－1701－0049576　普813.1262/7280/2/c1　子部/小說家類/雜事之屬
唐寫本世說新書一卷　(南朝宋)劉義慶撰　(南朝梁)劉孝標注　民國五年(1916)上虞羅振玉影印本　一冊

330000－1701－0049579　普813.1262/7280/2/c2　子部/小說家類/雜事之屬
唐寫本世說新書一卷　(南朝宋)劉義慶撰　(南朝梁)劉孝標注　民國五年(1916)上虞羅振玉影印本　一冊

330000－1701－0049580　普813.1262/7280/2/c3　子部/小說家類/雜事之屬
唐寫本世說新書一卷　(南朝宋)劉義慶撰　(南朝梁)劉孝標注　民國五年(1916)上虞羅振玉影印本　一冊

330000－1701－0049581　普951.025/7170　史部/地理類/總志之屬/斷代
晉書地理志註二卷　馬與龍撰　民國二十一年(1932)馬氏時習堂鉛印本　二冊

330000－1701－0049585　GP13889　新學/史志/臣民傳記
日本軍神廣瀨中佐傳一卷　民國鉛印本　一冊

330000－1701－0049587　GP05631、GP05635　類叢部/叢書類/家集之屬
武林丁氏家集十三種　丁立誠　丁立中撰　民國錢塘丁氏嘉惠堂鉛印本　二冊　存二種

330000－1701－0049590　GP05632　子部/雜著類/雜考之屬
古書疑義舉例札迻一卷　馬敘倫撰　民國七年(1918)杭縣馬敘倫鉛印本　馬敘倫批校並題記　一冊

330000－1701－0049598　GP05649　史部/傳記類/總傳之屬/家乘
[浙江衢州]姚氏宗譜三卷　姚義孚修　姚智淵纂　民國十八年(1929)餘慶堂木活字印本　二冊

330000－1701－0049602　普813.116/4441/2/c1　類叢部/叢書類/彙編之屬
四部備要　中華書局編　民國二十五年(1936)上海中華書局鉛印本　一冊　存一種

330000－1701－0049605　GP05650　史部/傳記類/總傳之屬/家乘
[浙江杭州]戴氏遷杭族譜不分卷　戴兆田編　民國十七年(1928)刻本　二册

330000－1701－0049607　普813.116/4441/2/c2　類叢部/叢書類/彙編之屬
四部備要　中華書局編　民國二十五年(1936)上海中華書局鉛印本　一册　存一種

330000－1701－0049608　GP05651　史部/傳記類/總傳之屬/家乘
[江蘇吴縣]吴縣管氏家譜不分卷　管禮秉纂修　民國十年(1921)鉛印本　二册

330000－1701－0049609　普813.116/4441/2/c3　類叢部/叢書類/彙編之屬
四部備要　中華書局編　民國二十五年(1936)上海中華書局鉛印本　一册　存一種

330000－1701－0049613　普951.02408/4430/c1　史部/史抄類
三國志捃華二卷　莊適輯　民國十四年(1925)上海商務印書館鉛印本　二册

330000－1701－0049616　普813.1165/8700/2　類叢部/叢書類/彙編之屬
英譯先秦羣經諸子叢書　鄭麐編譯　民國三十四年(1945)鉛印本　一册　存一種

330000－1701－0049622　GP13884　史部/傳記類/別傳之屬/事狀
李文誠公行狀一卷　李淵碩撰　民國七年(1918)鉛印本　一册

330000－1701－0049626　GP05636　史部/地理類/山川之屬/山志
泰山道里記一卷　(清)聶鈫撰　民國十一年(1922)鉛印本　一册

330000－1701－0049636　GP05637　史部/地理類/遊記之屬/紀勝
天目山游記一卷詩一卷和詩一卷金華北山游記一卷　錢文選撰　民國二十四年(1935)浙江正楷印書局鉛印本　一册

330000－1701－0049639　GP05638　史部/地理類/遊記之屬/紀勝
天目山游記一卷詩一卷和詩一卷金華北山游記一卷　錢文選撰　民國二十四年(1935)浙江正楷印書局鉛印本　一册

330000－1701－0049640　GP05639　史部/地理類/遊記之屬/紀勝
天目山游記一卷詩一卷和詩一卷金華北山游記一卷　錢文選撰　民國二十四年(1935)浙江正楷印書局鉛印本　一册

330000－1701－0049650　GP05640　史部/地理類/遊記之屬/紀勝
天目山游記一卷詩一卷和詩一卷金華北山游記一卷　錢文選撰　民國二十四年(1935)浙江正楷印書局鉛印本　一册

330000－1701－0049651　GP05641　史部/地理類/遊記之屬/紀勝
天目山游記一卷詩一卷和詩一卷金華北山游記一卷　錢文選撰　民國二十四年(1935)浙江正楷印書局鉛印本　一册

330000－1701－0049652　GP05654　史部/地理類/專志之屬/園林
竹垞小志五卷　(清)阮元訂　(清)楊蟠等輯　民國十三年(1924)鉛印本　一册

330000－1701－0049653　GP13898　史部/傳記類/別傳之屬/年譜
苓泉居士[楊壽枏]自訂年譜二卷　楊壽枏撰　民國三十二年(1943)鉛印本　一册

330000－1701－0049654　GP13908　史部/傳記類/總傳之屬
南匯大團盛氏十賢分祠六十週紀念會刊不分卷　盛家泾等編　民國二十年(1931)鉛印本　讀書樓主人跋　一册

330000－1701－0049655　GP05655　集部/總集類/酬唱之屬
慎社第四集文錄一卷詩錄一卷詞錄一卷　永嘉慎社編　民國十一年(1922)慎社石印本　一册

330000－1701－0049656　普 951.0259/2237/2/c1　史部/雜史類/斷代之屬
十六國春秋一百卷　(北魏)崔鴻撰　民國元年(1912)鄂官書處刻本　十二冊

330000－1701－0049659　GP05656　集部/別集類
愛餘室文集一卷詩集一卷詞集一卷別集一卷　莫永貞撰　民國二十三年(1934)上海中華書局鉛印本　一冊　存一卷(詩集)

330000－1701－0049663　GP05642　類叢部/叢書類/自著之屬
綴學堂叢稿初集(見山樓叢書)十種　陳漢章撰　民國二十五年(1936)鉛印本　一冊　存二種

330000－1701－0049664　GP05657　史部/政書類/律令之屬/判牘
南昌判牘偶存四卷　王熾昌撰　民國九年(1920)石印本　一冊

330000－1701－0049668　GP05658　史部/傳記類/日記之屬
衡廬日錄一卷(民國二十三年四月初六日至五月一日)附南嶽遊記一卷(民國二十三年四月初六日至十五日)　傅增湘撰　民國二十四年(1935)天津大公報社鉛印本　一冊

330000－1701－0049669　GP05659　史部/雜史類/通代之屬
海濱大事記五卷　林繩武輯　民國二十四年(1935)琯江留耕齋鉛印本　一冊

330000－1701－0049674　普 813.15/7732/3　類叢部/叢書類/彙編之屬
四部叢刊三編七十一種　張元濟等編　民國二十四年至二十五年(1935－1936)上海商務印書館影印本　八冊　存一種

330000－1701－0049675　GP05660　集部/別集類
惜惜盦詩稿一卷　陳庚仝撰　民國二十三年(1934)鉛印本　陳荆鴻題記　一冊

330000－1701－0049676　GP13902　史部/傳記類/別傳之屬/事狀
史量才先生赴告不分卷　史必恕輯　民國二十三年(1934)石印本　一冊

330000－1701－0049677　普 951.0261/4014/6　史部/紀傳類/正史之屬
二十四史附考證　民國上海民國第一圖書局鉛印本　十二冊　存一種

330000－1701－0049680　普 951.0259/2237/4　類叢部/叢書類/彙編之屬
四部備要　中華書局編　民國二十五年(1936)上海中華書局鉛印本　二冊　存一種

330000－1701－0049688　GP05643　史部/傳記類/日記之屬
南行日記一卷(民國二十四年四月二十一日至六月十六日)　唐肯撰　民國鉛印本　一冊

330000－1701－0049694　普 813.14/1212　類叢部/叢書類/彙編之屬
四部備要　中華書局編　民國二十五年(1936)上海中華書局鉛印本　三冊　存一種

330000－1701－0049698　普 951.0261/4014/3　史部/紀傳類/正史之屬
二十四史附考證　民國上海中華書局鉛印本　十二冊　存一種

330000－1701－0049701　GP13905　史部/傳記類/別傳之屬/年譜
晏海澄先生[安瀾]年譜四卷附錄一卷　金兆豐編　民國二十年(1931)鎮安晏氏北平刻本　四冊

330000－1701－0049704　普 813.16/3140　子部/小說家類/異聞之屬
繪圖情史二十四卷　(清)詹詹外史評輯　民國元年(1912)上海書局石印本　六冊

330000－1701－0049705　GP13939　子部/宗教類/其他宗教之屬/基督教
成功寶訣一卷　(美國)馬爾騰撰　奚若譯　民國元年(1912)基督教青年合會總委辦鉛印本　一冊

330000－1701－0049714　GP05663　史部/政書類/律令之屬/判牘
四西齋決事八卷　(清)孫鼎烈撰　民國二十四年(1935)鉛印本　二冊

330000－1701－0049716　普813.16/4009　史部/雜史類/通代之屬
歷朝野史九卷　(明)查應光輯　**歷朝野史續編二卷**　周鍾游輯　民國六年(1917)上海有正書局鉛印本　四冊

330000－1701－0049717　普813.17/1032　子部/小說家類/雜事之屬
吴門畫舫錄二卷　(清)西溪山人撰　**吴門畫舫續錄内編三卷投贈三卷**　(清)箇中生撰　民國四年(1915)上海有正書局鉛印本　四冊

330000－1701－0049720　GP13923　子部/雜著類
中國學術論著集要五卷　民國鉛印本　五冊

330000－1701－0049728　GP13924　經部/小學類/文字之屬/字書/訓蒙
千字文訓纂一卷附札記一卷　唐詠裳撰　民國二十二年(1933)鉛印本　一冊

330000－1701－0049732　普813.17/1043/2　子部/雜著類/雜纂之屬
漁洋説部精華十二卷　(清)王士禛撰　(清)劉堅輯　民國三年(1914)埽葉山房石印本　四冊

330000－1701－0049733　GP13941　子部/工藝類/日用器物之屬/陶瓷
瓷史二卷　黄裔編　民國十六年(1927)刻本　一冊

330000－1701－0049740　普951.0262/3427/3/c1　史部/紀傳類/正史之屬
百衲本二十四史　張元濟輯　民國上海商務印書館影印本　三十六冊　存一種

330000－1701－0049741　普951.0262/3427/3/c2　史部/紀傳類/正史之屬
百衲本二十四史　張元濟輯　民國上海商務印書館影印本　三十六冊　存一種

330000－1701－0049742　普951.0262/3427/4　類叢部/叢書類/彙編之屬
四部備要　中華書局編　民國二十五年(1936)上海中華書局鉛印本　十六冊　存一種

330000－1701－0049758　普951.0264/4260/4/c1　類叢部/叢書類/彙編之屬
四部備要　中華書局編　民國二十五年(1936)上海中華書局鉛印本　六冊　存一種

330000－1701－0049760　普951.0263/4416/5、普951.0264/4260/5、普951.0265/4260/3　史部/紀傳類/正史之屬
百衲本二十四史　張元濟輯　民國上海商務印書館影印本　三十六冊　存三種

330000－1701－0049763　GP05666　類叢部/叢書類/彙編之屬
嘉業堂叢書五十七種　劉承幹輯　民國吴興劉氏嘉業堂刻本　四冊　存一種

330000－1701－0049765　GP13947　子部/工藝類/文房四寶之屬/墨
墨法輯要一卷　(明)沈繼孫撰　**中山狼圖一卷**　(明)程大約撰　**利瑪竇題寶像圖一卷附贈墨苑文一卷**　民國十六年(1927)涉園刻藍印本　一冊

330000－1701－0049771　GP05668　集部/别集類
盤山集三卷　盧伯炎撰　民國三十四年(1945)鉛印本　盧伯炎題記　一冊

330000－1701－0049776　GP05671　類叢部/叢書類/自著之屬
多伽羅香館叢書□□種　張采田撰　民國元年(1912)孱守齋刻本　四冊　存一種

330000－1701－0049777　普813.17/1157/c1　子部/小説家類/諧謔之屬
遣愁集十四卷　(清)張貴勝纂輯　民國十三年(1924)上海商務印書館鉛印本　八冊

330000－1701－0049786　普951.0264/4260/4/c2　史部/紀傳類/正史之屬

二十四史附考證 民國上海中華書局鉛印本 六冊 存一種

330000－1701－0049787 普 813.17/1157/c2 子部/小說家類/諧謔之屬

遣愁集十四卷 （清）張貴勝纂輯 民國十三年（1924）上海商務印書館鉛印本 八冊

330000－1701－0049788 普 813.17/1157/c3 子部/小說家類/諧謔之屬

遣愁集十四卷 （清）張貴勝纂輯 民國十六年（1927）上海商務印書館鉛印本 八冊

330000－1701－0049790 普 813.17/2030/2 子部/小說家類/雜事之屬

對山書屋墨餘錄四卷 （清）毛祥麟撰 民國二年（1913）上海中華藝文社鉛印本 四冊

330000－1701－0049793 普 813.17/3308/2/c2 子部/雜著類/雜說之屬

梁氏筆記三種二十七卷 （清）梁章鉅撰 民國七年（1918）上海掃葉山房石印本 二冊 存一種

330000－1701－0049800 GP05673 子部/宗教類/佛教之屬

道學論衡二卷 釋太虛撰 民國七年（1918）上海覺社鉛印本 二冊

330000－1701－0049801 普 813.17/2634 子部/小說家類/雜事之屬

我佛山人劄記小說四卷 （清）吳研人撰 民國上海掃葉山房石印本 二冊

330000－1701－0049808 普 813.17/2634.1 子部/小說家類/雜事之屬

我佛山人滑稽談不分卷 （清）吳研人撰 民國上海掃葉山房石印本 二冊

330000－1701－0049818 普 951.0265/4260/6/c1 類叢部/叢書類/彙編之屬

四部備要 中華書局編 民國二十五年（1936）上海中華書局鉛印本 四冊 存一種

330000－1701－0049835 普 951.0265/4014/2 史部/紀傳類/正史之屬

百衲本二十四史 張元濟輯 民國上海商務印書館影印本 三十二冊 存一種

330000－1701－0049847 普 951.0266/4014/7 史部/紀傳類/正史之屬

二十四史附考證 民國上海民國第一圖書局鉛印本 十六冊 存一種

330000－1701－0049853 普 951.0266/4014/6 類叢部/叢書類/彙編之屬

四部備要 中華書局編 民國二十五年（1936）上海中華書局鉛印本 二十冊 存一種

330000－1701－0049854 GP05680 集部/別集類

雲峯閣詩存一卷詞存一卷 金英撰 民國鉛印本 徐定戡題記 一冊

330000－1701－0049859 普 951.0267/2628/4 史部/紀傳類/正史之屬

二十四史附考證 民國上海中華書局鉛印本 二十冊 存一種

330000－1701－0049860 普 951.0267/2628/2/c1 史部/紀傳類/正史之屬

百衲本二十四史 張元濟輯 民國上海商務印書館影印本 五十冊 存一種

330000－1701－0049870 普 813.17/4917 子部/雜著類/雜編之屬

簷曝雜記四卷 （清）趙翼撰 民國有正書局鉛印本 二冊

330000－1701－0049873 普 813.27/2767/5 子部/小說家類/異聞之屬

閱微草堂筆記二十四卷 （清）紀昀撰 民國上海中華圖書館石印本 六冊

330000－1701－0049876 普 951.0267/2628/2/c2 史部/紀傳類/正史之屬

百衲本二十四史 張元濟輯 民國上海商務印書館影印本 五十冊 存一種

330000－1701－0049880 普 813.27/2767/7/c2 子部/小說家類/異聞之屬

詳註閱微草堂筆記二十四卷　(清)紀昀撰　謝璿詳註　民國十年(1921)上海會文堂書局石印本　十冊

330000－1701－0049886　普 813.27/2767/8　子部/小說家類/異聞之屬
閱微草堂筆記二十四卷　(清)紀昀撰　民國石印本　四冊

330000－1701－0049890　GP05682　子部/醫家類/外科之屬/癰疽、疔瘡
重刊刺疔捷法一卷　(清)張鏡撰　民國二十五年(1936)石印本　一冊

330000－1701－0049891　普 813.27/2767/7/c1　子部/小說家類/異聞之屬
詳註閱微草堂筆記二十四卷　(清)紀昀撰　謝璿　陸鍾渭詳註　民國十三年(1924)上海會文堂書局石印本　十冊

330000－1701－0049896　普 813.17/4462　子部/小說家類/異聞之屬
繪圖足本宣講拾遺六卷首一卷　(清)莊跛仙輯　民國上海啟新書局鉛印本　六冊

330000－1701－0049920　GP13974　史部/傳記類
天荒地老錄一卷兩重虛齋百詠一卷　廉泉輯　民國京師良公祠鉛印本　一冊

330000－1701－0049922　普 813.27/2767.041　子部/小說家類/異聞之屬
紀說偶鈔一卷　(清)紀昀撰　**曼殊別誌一卷**　(清)毛奇齡撰　民國抄本　一冊

330000－1701－0049926　SBC0828　集部/曲類/曲韻曲譜曲律之屬
花月生曲譜十齣　民國抄本　九冊

330000－1701－0049928　GP05683　集部/別集類
鉤心集詩草一卷　陳之錡撰　民國二十四年(1935)上海中華書局鉛印本　一冊

330000－1701－0049932　普 951.0267/2628.02/c1　類叢部/叢書類/彙編之屬
東方學會叢書二集□□種　羅振玉編　民國十六年(1927)東方學會鉛印本　四冊　存一種

330000－1701－0049933　普 813.27/2767.042　子部/小說家類/雜事之屬
紀文達公筆記類編一卷　(清)紀昀撰　丁福保編輯　民國上海醫學書局鉛印本　一冊

330000－1701－0049935　GP13975　子部/藝術類/遊藝之屬/謎語
春謎大觀二卷　王文濡編輯　民國二十四年(1935)上海進步書局鉛印本　二冊

330000－1701－0049936　普 951.0267/2628.02/c2　類叢部/叢書類/彙編之屬
東方學會叢書二集□□種　羅振玉編　民國十六年(1927)東方學會鉛印本　四冊　存一種

330000－1701－0049943　普 813.2/8723　子部/小說家類/異聞之屬
校鐫鴛渚誌餘雪窗談異二卷　(明)釣鴛湖客評述　民國油印本　二冊

330000－1701－0049946　普 813.17/8799　子部/小說家類/雜事之屬
板橋筆記小說四卷　(清)鄭燮撰　民國上海大德書局石印本　柏醉少主題記　四冊

330000－1701－0049952　GP05687　子部/醫家類/類編之屬
何氏醫學叢書　何炳元編　民國二十年(1931)上海六也堂書藥局鉛印本　何幼廉題記　二冊　存一種

330000－1701－0049954　普 813.2/2684　集部/小說類/短篇之屬
繪圖古今眼前報四卷　(清)吳鑒芳撰　民國八年(1919)上海育文書局石印本　一冊

330000－1701－0049957　GP13978　史部/雜史類/斷代之屬
八年回憶錄一卷　俞曦撰　民國三十六年(1947)鉛印本　一冊

330000－1701－0049960　普 813.225/1030/3　子部/小說家類/異聞之屬

詳註搜神記二十卷　（晉）干寶撰　**詳註搜神後記十卷**　（晉）陶潛撰　民國十八年（1929）上海掃葉山房石印本　一冊

330000－1701－0049973　SBC0827　集部/曲類/曲韻曲譜曲律之屬

陶情室曲譜□□卷　民國抄本　七冊　存七卷（□□、八、十、十四至十五、十七至十八）

330000－1701－0049981　普 813.27/3060　子部/小說家類/瑣語之屬

夜雨秋燈錄二卷續錄二卷三錄二卷　（清）宣鼎撰　民國十三年（1924）上海沈鶴記書局石印本　一冊

330000－1701－0049986　GP13980　子部/藝術類/遊藝之屬/雜藝

喪志錄一卷　任訥撰　民國二十五年（1936）鉛印本　一冊

330000－1701－0049988　普 813.27/3084　子部/小說家類/雜事之屬

師竹廬隨筆二卷　竇鎮撰　民國八年（1919）木活字印本　二冊

330000－1701－0049989　普 813.27/3144　子部/小說家類/雜事之屬

繪圖昔柳摭談八卷　（清）馮梓華編　汪人驥重輯　民國三年（1914）上海大聲圖書局鉛印本　四冊

330000－1701－0049990　普 813.26/6624/c2　集部/小說類/短篇之屬

剪燈新話四卷　（明）瞿佑撰　**剪燈餘話五卷**　（明）李禎撰　民國二十二年（1933）上海華通書局鉛印本　一冊

330000－1701－0049996　普 813.26/6624/c3　集部/小說類/短篇之屬

剪燈新話四卷　（明）瞿佑撰　**剪燈餘話五卷**　（明）李禎撰　民國二十年（1931）上海華通書局鉛印本　一冊

330000－1701－0050001　普 813.24/2644/c2　子部/小說家類/異聞之屬

鬼董狐五卷　民國五年（1916）上海商務印書館鉛印本　一冊

330000－1701－0050002　GP13984　經部/小學類/訓詁之屬/方言

俗語考原不分卷　李鑑堂集　民國二十六年（1937）鉛印本　一冊

330000－1701－0050003　普 813.27/0763　子部/小說家類/異聞之屬

洞靈小志八卷　郭則澐撰　民國二十三年（1934）郭氏蜇園刻本　四冊

330000－1701－0050004　GP13961　新學/學校

國立北京大學校史畧一卷　國立北京大學志編纂處編　民國二十二年（1933）國立北京大學志編纂處鉛印本　一冊

330000－1701－0050006　普 813.24/2644/c3　子部/小說家類/異聞之屬

鬼董狐五卷　民國五年（1916）上海商務印書館鉛印本　一冊

330000－1701－0050007　普 813.27/0763.02　子部/小說家類/異聞之屬

洞靈續志八卷　郭則澐撰　民國二十三年（1934）郭氏蟄伏園刻藍印本　四冊

330000－1701－0050009　普 813.27/1014　子部/小說家類/雜事之屬

漁磯漫鈔十卷　（清）雷琳　（清）汪琇瑩　（清）莫劍光輯　民國二年（1913）埽葉山房石印本　四冊

330000－1701－0050019　GP13985　子部/儒家類/儒學之屬/禮教/鑑戒

八德須知二集八卷　蔡振紳編輯　民國二十年（1931）上海宏大善書局石印本　一冊　存一卷（二）

330000－1701－0050026　GP05710　類叢部/叢書類/彙編之屬

喜咏軒叢書三十四種　陶湘編　民國十五年至二十年（1926－1931）武進陶氏涉園石印本

二册　存一種

330000－1701－0050035　普 813.27/3675/2　子部/小說家類/異聞之屬

翼駧稗編八卷　(清)湯用中撰　(清)徐廷華評　民國四年(1915)上海國學維持社鉛印本　二册　存四卷(五至八)

330000－1701－0050038　GP05711　史部/目録類/專録之屬

譯書經眼錄八卷　顧燮光輯　民國二十四年(1935)會稽顧氏杭州金佳石好樓石印本　二册

330000－1701－0050047　GP13988　史部/傳記類/日記之屬

繫猿檢事册一卷(民國十四年三月至十六年二月)　馮柏巖撰　民國抄本　一册

330000－1701－0050048　GP05712　史部/目録類/專録之屬

譯書經眼錄八卷　顧燮光輯　民國二十四年(1935)會稽顧氏杭州金佳石好樓石印本　二册

330000－1701－0050058　GP05713　史部/目録類/專録之屬

譯書經眼錄八卷　顧燮光輯　民國二十四年(1935)會稽顧氏杭州金佳石好樓石印本　二册

330000－1701－0050060　GP13989　史部/傳記類/總傳之屬/列女

十洲品花記一卷附錄雜作一卷　悔痴主人撰　民國三年(1914)鉛印本　一册

330000－1701－0050061　普 813.27/1042.2/c4　子部/小說家類/異聞之屬

淞隱漫錄十二卷　(清)王韜撰　民國十三年(1924)上海鑄記書局石印本　六册

330000－1701－0050070　GP13990　子部/兵家類/兵法之屬

素書一卷　(漢)黄石公撰　張元昭編　民國元年(1912)鉛印本　一册

330000－1701－0050077　普 813.27/4440/c1　子部/小說家類/諧謔之屬

苦海新談四卷　(清)林真撰　民國四年(1915)杭州西湖悦圃鉛印本　一册

330000－1701－0050080　普 813.27/1042.2/2/c2　集部/小說類/短篇之屬

詳註聊齋志異圖詠十六卷　(清)蒲松齡撰　(清)吕湛恩注　民國上海大成書局石印本　十六册

330000－1701－0050081　GP13992　子部/儒家類/儒學之屬/蒙學

修訂弟子規一卷　民國二十七年(1938)馬德剛鉛印本　一册

330000－1701－0050085　普 813.27/1042.3/c1　子部/小說家類/異聞之屬

遯窟讕言十二卷　(清)王韜撰　民國十二年(1923)上海大文書局石印本　三册

330000－1701－0050087　普 813.27/1042.3/c2　子部/小說家類/異聞之屬

遯窟讕言十二卷　(清)王韜撰　民國十二年(1923)上海大文書局石印本　六册

330000－1701－0050088　普 813.27/4440/c2　子部/小說家類/諧謔之屬

苦海新談四卷　(清)林真撰　民國四年(1915)杭州西湖悦圃鉛印本　一册

330000－1701－0050089　普 813.27/4440/c3　子部/小說家類/諧謔之屬

苦海新談四卷　(清)林真撰　民國四年(1915)杭州西湖悦圃鉛印本　一册

330000－1701－0050090　普 813.27/4440/c4　子部/小說家類/諧謔之屬

苦海新談四卷　(清)林真撰　民國四年(1915)杭州西湖悦圃鉛印本　一册

330000－1701－0050094　GP05709　類叢部/叢書類/彙編之屬

喜咏軒叢書三十四種　陶湘編　民國十五年至二十年(1926－1931)武進陶氏涉園石印本　三册　存一種

330000－1701－0050097　普 951.0268/4014/2/c1　類叢部/叢書類/彙編之屬

四部備要　中華書局編　民國二十五年(1936)上海中華書局鉛印本　四冊　存一種

330000－1701－0050103　普 951.0268/4014/2/c2　類叢部/叢書類/彙編之屬

四部備要　中華書局編　民國二十五年(1936)上海中華書局鉛印本　四冊　存一種

330000－1701－0050104　普 813.27/4442/c1　集部/小說類/短篇之屬

聊齋志異評註十六卷　(清)蒲松齡撰　(清)王士禛評　(清)吕湛恩注　(清)但明倫新評　民國上海商務書局鉛印本　八冊

330000－1701－0050105　普 951.0268/4014/2/c3　類叢部/叢書類/彙編之屬

四部備要　中華書局編　民國二十五年(1936)上海中華書局鉛印本　四冊　存一種

330000－1701－0050110　普 813.27/4442/c2　集部/小說類/短篇之屬

聊齋志異評註十六卷　(清)蒲松齡撰　(清)王士禛評　(清)吕湛恩注　(清)但明倫新評　民國上海商務書局鉛印本　八冊

330000－1701－0050115　GP13925　史部/傳記類/總傳之屬/釋道

覺者像傳三卷　姬覺彌編　民國石印本　一冊

330000－1701－0050119　GP13993　新學/雜著

壬子夏期講演會講稿不分卷　民國元年(1912)浙江教育司鉛印本　一冊

330000－1701－0050120　普 813.27/4442/2　集部/小說類/短篇之屬

評註聊齋志異圖詠十六卷　(清)蒲松齡撰　(清)王士禛評　(清)吕湛恩注　(清)但明倫新評　民國十一年(1922)上海掃葉山房石印本　十六冊

330000－1701－0050122　普 813.27/2642/2　子部/小說家類/異聞之屬

拍案驚異十八卷　民國元年(1912)上海鑄記書局石印本　二冊

330000－1701－0050124　GP13994　史部/目録類/專録之屬

西泠印社金石印譜法帖藏書目一卷　西泠印社編　民國二年(1913)上海西泠印社石印本　一冊

330000－1701－0050125　GP13927　史部/目録類/書志之屬/提要

讀書敏求記校證補輯類記一卷　章鈺撰　民國十三年(1924)鉛印本　一冊

330000－1701－0050129　GP13996、GP13997　類叢部/叢書類/彙編之屬

合衆圖書館叢書十五種　合衆圖書館編　民國二十九年至三十七年(1940－1948)鉛印本暨石印本　二冊　存二種

330000－1701－0050131　GP13928　史部/地理類/專志之屬/祠墓

臥龍山倉帝廟立石記一卷　唐風撰　**西園雅集小約一卷**　王世裕撰　民國二十一年(1932)山陰周氏鉛印本　一冊

330000－1701－0050148　普 951.03/7772.01/c1　史部/紀傳類/正史之屬

灌陽唐春卿先生唐書本紀注十卷　(宋)歐陽修撰　唐景崇注　民國二十四年(1935)北平好望書店鉛印本　四冊

330000－1701－0050149　GP13998　史部/目録類/專録之屬

涵江火災書畫展覽會特刊不分卷　福建涵江火災善後委員會編　民國二十二年(1933)鉛印本　一冊

330000－1701－0050150　普 813.27/4442.3/c2　集部/小說類/短篇之屬

聊齋志異拾遺一卷　(清)蒲松齡撰　民國二年(1913)上海民國編譯書局鉛印本　陶運題簽　一冊

330000－1701－0050154　普 813.27/4442.4　類叢部/叢書類/彙編之屬

得月簃叢書初刻十種次刻十種　(清)榮譽輯　民國鉛印本　一册　存一種

330000－1701－0050155　普 951.03/7772.01/c2　史部/紀傳類/正史之屬

灌陽唐春卿先生唐書本紀注十卷　(宋)歐陽修撰　唐景崇注　民國二十四年(1935)北平好望書店鉛印本　四册

330000－1701－0050157　GP13999　類叢部/叢書類/彙編之屬

蘭石軒叢刊　民國十九年(1930)蘭石軒鉛印本　一册　存一種

330000－1701－0050164　GP05727　史部/地理類/遊記之屬/紀勝

天目山遊記一卷　郝國璽撰　民國二十年(1931)上海商務印書館鉛印本　一册

330000－1701－0050167　GP14000　史部/目録類/專録之屬

晉振書畫古物展覽會出品錄不分卷　民國十二年(1923)鉛印本　一册

330000－1701－0050168　GP05728　史部/地理類/遊記之屬/紀勝

天目山遊記一卷　郝國璽撰　民國二十年(1931)上海商務印書館鉛印本　一册

330000－1701－0050176　GP14001　子部/藝術類/書畫之屬

古畫真跡考一卷　李鴻儀撰　民國十二年(1923)上海錦文堂石印本　一册

330000－1701－0050178　GP05730　集部/別集類

大荒集不分卷　林語堂撰　民國二十三年(1934)上海生活書店鉛印本　二册

330000－1701－0050183　GP14002　子部/藝術類/書畫之屬/書法書品

書品一卷　(清)盧派撰　民國二十六年(1937)鉛印本　一册

330000－1701－0050192　GP05733　經部/小學類/文字之屬/字書/訓蒙

重輯倉頡篇二卷　(秦)李斯等撰　姬覺彌輯　民國九年(1920)上海廣倉學宭鉛印本　四册

330000－1701－0050193　GP14003　史部/傳記類/總傳之屬/技藝

海上墨林四卷續印增錄一卷　楊逸編輯　民國八年(1919)上海豫園書畫善會刻十年(1921)增刻本　二册

330000－1701－0050195　普 813.27/8043.1　子部/小說家類/異聞之屬

右台仙館筆記十六卷　(清)俞樾撰　民國十年(1921)上海朝記書莊、蘇州振新書社石印本　八册

330000－1701－0050199　GP13931　集部/別集類

壺史四卷　蔡卓勳撰　民國二十三年(1934)小瀛壺仙館鉛印本　一册

330000－1701－0050200　GP14027　史部/雜史類/斷代之屬

亦村雅集一卷　蔣維喬　唐肯　湯中撰　民國鉛印本　一册

330000－1701－0050202　普 813.4/4029/c2　集部/小說類/長篇之屬

古佚小說叢刊初集三種　陳乃乾輯　民國十七年(1928)海寧陳氏慎初堂鉛印本　二册　存二種

330000－1701－0050204　普 813.28/7232　子部/小說家類/異聞之屬

拍案驚異十八卷　民國四年(1915)上海錦章書局石印本　二册

330000－1701－0050206　GP13932　集部/別集類/清別集

名花十友譜一卷附錄一卷　(清)梁紹壬撰　民國三年(1914)西泠印社木活字印本　一册

330000－1701－0050207　普 813.56/5704/2　集部/小說類/短篇之屬

繪圖今古奇觀六卷四十回　(明)抱甕老人輯　民國二年(1913)文萃書局石印本　六册

330000－1701－0050208　普813.3/2777　集部/總集類/選集之屬/斷代

夢筆生花初編八卷二編八卷三編八卷四編八卷　(清)繆艮輯　民國二年(1913)尚古書局石印本　三册

330000－1701－0050209　GP14028　集部/總集類/酬唱之屬

遏雲集不分卷　章梫輯　民國二十七年(1938)天津金石書畫石印本　一册

330000－1701－0050211　GP05735　集部/總集類/彙編之屬

百朋集一卷　賀師章輯　民國十八年(1929)石印本　一册

330000－1701－0050214　GP05747　集部/別集類

居易齋詩存□□卷外集一卷　靳志撰　民國鉛印本　一册

330000－1701－0050218　普813.4/4332/3/c1　子部/小説家類/雜事之屬

新刊大宋宣和遺事四卷　民國四年(1915)上海商務印書館鉛印本　四册

330000－1701－0050219　GP13935　新學/動植物學/動物學

警犬馴養管理法三卷　錢錫霖譯　民國五年(1916)鉛印本　三册

330000－1701－0050221　普813.4/4332/3/c2　子部/小説家類/雜事之屬

新刊大宋宣和遺事四卷　民國四年(1915)上海商務印書館鉛印本　四册

330000－1701－0050224　普813.4/4332/3/c3　子部/小説家類/雜事之屬

新刊大宋宣和遺事四卷　民國四年(1915)上海商務印書館鉛印本　四册

330000－1701－0050228　普951.0269/8042/3/c1　類叢部/叢書類/彙編之屬

四部備要　中華書局編　民國二十五年(1936)上海中華書局鉛印本　六册　存一種

330000－1701－0050232　GP05737　集部/別集類

理齋類稿十卷　蔣兆燮撰　民國二十二年(1933)鉛印本　一册

330000－1701－0050233　普951.0269/8042/3/c2　類叢部/叢書類/彙編之屬

四部備要　中華書局編　民國二十五年(1936)上海中華書局鉛印本　六册　存一種

330000－1701－0050239　GP05750　集部/總集類/尺牘之屬

女子書翰文二卷　包天笑編　民國上海有正書局石印本　二册

330000－1701－0050240　GP05739　集部/別集類

能登集不分卷　周岸登撰　民國二十九年(1940)石印本　釋果玲題記　一册

330000－1701－0050248　普813.37/4432/c1　子部/小説家類/雜事之屬

夢言六卷　(清)萍浪生輯　民國四年(1915)上海埽葉山房石印本　二册

330000－1701－0050249　SBC2748　集部/詞類/別集之屬

影邊癡語一卷　(清)金石撰　民國抄本　一册

330000－1701－0050251　普813.37/4432/c2　子部/小説家類/雜事之屬

夢言六卷　(清)萍浪生輯　民國四年(1915)上海埽葉山房石印本　四册

330000－1701－0050256　普813.56/5704/9　集部/小説類/短篇之屬

大字足本全圖今古奇觀八卷四十回　(明)抱甕老人輯　民國十八年(1929)上海掃葉山房石印本　八册

330000－1701－0050259　GP14034　集部/別集類/清別集

柳齋詩草不分卷　趙棒編　民國二十五年(1936)趙棒影印本　一册

330000－1701－0050260　普 813.4/8041　集部/小說類/長篇之屬

建安虞氏新刊平話五種　民國據建安虞氏刻本影印本　四冊　存四種

330000－1701－0050262　GP14035　集部/別集類

逸塘詩存一卷　王揖唐撰　**今傳是樓主人[王揖唐]年譜一卷**　李元暉撰　民國三十年(1941)刻藍印本　一冊

330000－1701－0050263　GP14036　集部/詞類/別集之屬

靈鶼蒲桃鏡館詞一卷　(清)譚恩闓撰　民國十九年(1930)鉛印本　一冊

330000－1701－0050267　GP05754　史部/地理類/遊記之屬/紀行

武夷遊記一卷　蔣叔南撰　民國七年(1918)鉛印本　一冊

330000－1701－0050270　普 813.4/8041/2　集部/小說類/長篇之屬

至治新刊全相平話三國志三卷　民國十八年(1929)上海涵芬樓據元至治建安虞氏刻本影印本　三冊

330000－1701－0050273　GP05755　史部/傳記類/別傳之屬/事狀

熊成基事略不分卷　(清)傅善慶撰　民國元年(1912)石印本　一冊

330000－1701－0050275　GP05741　集部/總集類/氏族之屬

守約堂遺詩彙鈔三卷　潘鍾華輯　民國十四年(1925)潘鍾華刻本　一冊

330000－1701－0050277　普 951.0331/9913.3/6　集部/別集類/唐五代別集

唐陸宣公集二十二卷　(唐)陸贄撰　民國上海會文堂新記書局石印本　四冊

330000－1701－0050281　普 813.4/1001　集部/小說類/長篇之屬

建安虞氏新刊平話五種　民國據建安虞氏刻本影印本　五冊

330000－1701－0050292　GP05760　類叢部/叢書類/自著之屬

綴學堂叢稿初集(見山樓叢書)十種　陳漢章撰　民國二十五年(1936)鉛印本　一冊　存一種

330000－1701－0050295　普 813.4/1064　集部/小說類/長篇之屬

三國志平話三卷　(元)□□撰　民國十七年(1928)海寧陳氏慎初堂鉛印古佚小說叢刊初集本　王閣題記　一冊

330000－1701－0050299　普 813.4/1064/3　集部/小說類/長篇之屬

至治新刊全相平話三國志三卷　民國十八年(1929)上海涵芬樓據元至治建安虞氏刻本影印本　三冊

330000－1701－0050302　GP05762　史部/傳記類/日記之屬

衡廬日錄一卷(民國二十三年四月初六日至五月一日)附南嶽遊記一卷(民國二十三年四月初六日至十五日)　傅增湘撰　民國二十四年(1935)天津大公報社鉛印本　一冊

330000－1701－0050305　普 813.56/6075/7　集部/小說類/長篇之屬

第一才子書十六卷一百二十回　(明)羅貫中撰　(清)毛宗崗　(清)金人瑞評　民國石印本　三冊　存三卷(九至十、十六)

330000－1701－0050308　普 813.55/0810/6(2)　集部/小說類/長篇之屬

評註圖像水滸傳七十五卷七十回首一卷　(元)施耐庵撰　(清)金人瑞評　民國上海校經山房成記石印本　十六冊　缺六卷(七十至七十五)

330000－1701－0050312　GP05744　史部/地理類/遊記之屬/紀勝

青城指南不分卷　青城常道藏室編　民國二十八年(1939)青城古常道觀刻本　一冊

330000－1701－0050319　GP05745　史部/地理類/方志之屬/通志

[民國]昭通等八縣圖説一卷　陳秉仁纂　民國八年(1919)雲南學會鉛印本　一册

330000－1701－0050321　GP14037　集部/總集類/題詠之屬
機絲夜月圖題詠集不分卷　田福祺編　民國十八年(1929)鉛印本　一册

330000－1701－0050323　普813.56/6075/9　集部/小説類/長篇之屬
增像全圖三國演義十六卷一百二十回　(明)羅本撰　(清)毛宗崗評　民國二年(1913)上海鴻文書局石印本　八册

330000－1701－0050325　普813.55/0810/17　集部/小説類/長篇之屬
第五才子書施耐菴水滸傳七十五卷七十回　(元)施耐庵撰　(清)金人瑞評　民國二十三年(1934)上海中華書局據明貫華堂刻本影印本　二十三册　存七十卷(六至七十五)

330000－1701－0050327　普813.56/6075/11/c2　集部/小説類/長篇之屬
增像全圖三國演義十六卷首一卷一百二十回　(明)羅本撰　(清)毛宗崗評　民國上海進步書局石印本　十二册

330000－1701－0050328　GP05746　集部/別集類
翠岫盦詩一卷　應功九撰　亞雲室詩一卷　周志勤撰　民國二十一年(1932)鉛印本　一册

330000－1701－0050333　GP14038　集部/詞類/別集之屬
詩餘口業一卷　陳夔撰　民國二十二年(1933)微志廬鉛印本　一册

330000－1701－0050339　普813.55/0810/19　集部/小説類/長篇之屬
評註圖像水滸傳三十五卷七十回首一卷　(元)施耐庵撰　(清)金人瑞評　民國上海錦章圖書局石印本　十二册

330000－1701－0050340　普813.56/6075/12　集部/小説類/長篇之屬
第一才子書三十四卷一百二十回　(明)羅貫中撰　(清)毛宗崗　(清)金人瑞評　民國三年(1914)中華書局鉛印本　十六册

330000－1701－0050343　普951.0263/4416/4、普951.0265/4260/2　史部/紀傳類/正史之屬
二十四史附考證　民國上海中華書局鉛印本　十二册　存二種

330000－1701－0050355　普813.56/6075/16/c1　集部/小説類/長篇之屬
三國志通俗演義二十四卷　(明)羅本撰　民國十八年(1929)上海涵芬樓據明弘治七年(1494)刻本影印本　二十四册

330000－1701－0050356　GP14040　集部/總集類/酬唱之屬
癸酉九日掃葉樓登高詩集一卷　夏敬觀等撰　民國二十三年(1934)鉛印本　一册

330000－1701－0050358　普813.57/1012/2/c1　集部/小説類/長篇之屬
增像七俠五義傳六卷一百回　(清)石玉崑撰　(清)俞樾重編　民國八年(1919)上海昌文書局石印本　二册

330000－1701－0050366　GP05774　集部/總集類/選集之屬/斷代
湄江吟社詩存第一輯　胡哲敷等撰　民國三十二年(1943)湄江吟社石印本　一册

330000－1701－0050367　普813.57/1012/2/c2　集部/小説類/長篇之屬
繪圖七俠五義八卷一百回　(清)石玉崑撰　(清)俞樾重編　民國十三年(1924)上海會文堂書局石印本　八册

330000－1701－0050370　普951.037/4471/3/c1　史部/紀傳類/正史之屬
舊五代史一百五十卷目錄二卷附攷證　(宋)薛居正等撰　(清)邵晉涵等輯　民國十四年(1925)吳興劉氏嘉業堂刻本　三十二册

330000－1701－0050377　普951.037/4471/3/c2　史部/紀傳類/正史之屬

舊五代史一百五十卷目錄二卷附攷證 （宋）薛居正等撰 （清）邵晉涵等輯 民國十四年(1925)吳興劉氏嘉業堂刻本 二十三冊 缺七卷(一百三十七至一百四十三)

330000－1701－0050378 GP05775 類叢部/叢書類/彙編之屬
六經堪叢書十三種 羅振玉編 民國東方學會鉛印本 三冊 存一種

330000－1701－0050385 GP14048 集部/別集類
青蕤盦詞四卷詩四卷 蔣兆蘭撰 民國二十八年(1939)金陵刻本 二冊 存四卷(詞一至四)

330000－1701－0050388 GP05776 史部/政書類/公牘檔冊之屬
商務印書館成績概略不分卷 民國二年(1913)鉛印本 一冊

330000－1701－0050389 普813.57/1012.2/3/c1 集部/小說類/長篇之屬
增像小五義全傳六卷一百二十四回 （清）石玉崑撰 民國八年(1919)上海昌文書局石印本 二冊

330000－1701－0050391 SBC1051 類叢部/叢書類/自著之屬
香雪崦叢書□□種 （清）平步青撰 民國楊越等抄本 二十冊 存九種

330000－1701－0050394 GP05777 史部/政書類/公牘檔冊之屬
商務印書館成績概略不分卷 民國三年(1914)鉛印本 一冊

330000－1701－0050399 普813.57/1012.2/3/c2 集部/小說類/長篇之屬
增像小五義傳二十五卷一百二十四回 （清）石玉崑撰 民國鉛印本 六冊

330000－1701－0050401 普813.57/1012.2/4 集部/小說類/長篇之屬
繡像繪圖小五義傳六卷一百二十四回 （清）石玉崑撰 民國上海大成書局石印本 二冊

330000－1701－0050415 普951.037/4471/4 史部/紀傳類/正史之屬
舊五代史一百五十卷目錄二卷附錄二卷 （宋）薛居正等撰 民國據四庫全書本影印本 六十冊

330000－1701－0050416 普813.56/1033/c2 集部/小說類/長篇之屬
繪圖西漢演義四卷一百回 （明）甄偉撰 民國上海天寶書局石印本 四冊

330000－1701－0050417 GP05778 類叢部/叢書類/彙編之屬
墨海金壺一百十五種 （清）張海鵬輯 民國十年(1921)上海博古齋據清嘉慶虞山張氏刻本影印本 二冊 存一種

330000－1701－0050425 SBC2741 子部/醫家類/醫案之屬
寓意草一卷 （明）喻昌撰 （明）胡周鼒評 （清）金麟趾增批 民國抄本 二冊

330000－1701－0050431 GP14052 集部/別集類/清別集
伏敔堂詩錄選一卷 （清）江湜撰 吉亮工選 民國十五年(1926)影印本 一冊

330000－1701－0050437 普813.56/2616/10 集部/小說類/長篇之屬
新說西遊記十六卷一百回 （明）吳承恩撰 （清）張書紳注 民國十年(1921)上海中新書局石印本 十六冊

330000－1701－0050438 普813.57/1021/3 集部/小說類/長篇之屬
大字足本五虎平西演義四卷一百十二回 民國上海廣益書局石印本 四冊

330000－1701－0050445 普813.57/1021.2/3 集部/小說類/長篇之屬
大字足本五虎平南演義二卷四十二回 民國上海廣益書局石印本 二冊

330000－1701－0050450 普813.57/1017/(2) 集部/小說類/長篇之屬
品花寶鑑六卷六十回 （清）陳森撰 民國鉛

印本　五冊　存五卷(一至五)

330000－1701－0050458　普 813.56/2616/13　集部/小說類/長篇之屬
繡像西遊原旨二十四卷一百回　(明)吳承恩撰　(清)劉一明解　民國十三年(1924)上海大成書局石印本　十三冊

330000－1701－0050459　普 813.56/2616/14　集部/小說類/長篇之屬
繪圖增像西遊記八卷一百回　(明)吳承恩撰　(清)陳士斌詮解　民國十一年(1922)上海錦章圖書局石印本　八冊

330000－1701－0050462　普 813.57/1027　集部/小說類/長篇之屬
繡像秘本濃情快史六卷二十四回　(清)天仙閣主花太歲編　民國十七年(1928)香港正義書局石印本　六冊

330000－1701－0050469　普 222.08/3043　子部/宗教類/佛教之屬
宋藏遺珍　上海影印宋版藏經會　北平三時學會輯　民國二十四年(1935)上海影印宋版藏經會、北平三時學會影印本暨鉛印本　一百二十冊

330000－1701－0050473　SBC1314　集部/別集類/清別集
安越堂外集十卷　(清)平步青撰　楊越編　民國抄本　一冊　存一卷(一)

330000－1701－0050475　普 813.56/3140.2　集部/小說類/短篇之屬
全像古今小說四十卷　(明)馮夢龍撰　民國三十六年(1947)上海商務印書館鉛印本　六冊

330000－1701－0050477　普 813.57/10301　集部/小說類/長篇之屬
新刊繡像評講濟公傳四卷一百二十回繡像評演接續後部濟公傳四卷一百二十回　郭廣瑞撰　民國上海天寶書局石印本　二冊

330000－1701－0050481　GP14060　集部/總集類/選集之屬/斷代
三子游草不分卷　高夔等撰　民國四年(1915)鉛印本　一冊

330000－1701－0050482　普 222.088/7773　子部/宗教類/佛教之屬/大藏
藏要第一輯□□種　歐陽漸輯　民國南京支那內學院鉛印本　二十六冊　存二十四種

330000－1701－0050487　GP14079　集部/別集類
橘弈廬稿四卷　王熾昌撰　民國九年(1920)石印本　一冊　存一卷(劫餘枯禪偈)

330000－1701－0050500　GP05792　史部/目録類/通論之屬/掌故瑣記
書舶庸譚四卷　董康撰　民國十九年(1930)上海大東書局影印本　三冊

330000－1701－0050502　GP14080　集部/詞類/別集之屬
懊儂詞一卷　李遂賢撰　民國十九年(1930)哈爾賓鉛印本　李遂賢題記　一冊

330000－1701－0050508　普 813.56/4618/3　集部/小說類/長篇之屬
繡像韓湘子全傳四卷三十回　(明)楊爾曾撰　民國石印本　四冊

330000－1701－0050509　普 813.57/1044/2/c2　集部/小說類/長篇之屬
繪圖皆大歡喜四卷二十回　(清)天花藏舉撰　民國文益書局石印本　一冊

330000－1701－0050540　普 813.56/4433/5　集部/小說類/長篇之屬
繡像封神演義八卷一百回　(明)許仲琳撰　(明)鍾惺評　民國上海公興書局鉛印本　八冊

330000－1701－0050548　普 813.56/5013/4　集部/小說類/長篇之屬
繡像西漢演義四卷一百回　(明)甄偉撰　**繡像東漢演義二卷一百二十六回**　(明)謝昭撰　民國十二年(1923)上海錦章圖書局石印本　六冊

330000－1701－0050554　GP14072　集部/詞類/别集之屬
半舫齋詩餘一卷　廖恩燾撰　民國二十八年(1939)鉛印本　一册

330000－1701－0050555　普222.3/6753　子部/宗教類/佛教之屬/經
明成祖寫經不分卷　民國影印本　三册

330000－1701－0050560　GP14083　集部/别集類
盧冀野少作四卷　盧前撰　民國鉛印本　一册

330000－1701－0050564　GP05812　經部/小學類/音韻之屬
龐氏音學遺書四種　(清)龐大堃撰　民國二十四年(1935)常熟龐樹階據稿本影印本　二册　存一種

330000－1701－0050566　GP14084　集部/别集類/清别集
梅花詩謎一卷　(清)吴熙載撰　民國影印本　一册

330000－1701－0050567　GP05813　類叢部/叢書類/自著之屬
崇雅堂叢書十四種　楊晨撰　民國二十五年(1936)楊紹翰鉛印本　一册　存二種

330000－1701－0050568　普813.57/1112/c2　集部/小説類/長篇之屬
歷史小説南宋志飛龍傳四卷五十回　(明)研石山樵訂正　民國十三年(1924)上海千頃堂書局石印本　四册

330000－1701－0050571　GP05814　類叢部/叢書類/自著之屬
崇雅堂叢書十四種　楊晨撰　民國二十五年(1936)楊紹翰鉛印本　一册　存二種

330000－1701－0050574　GP14085　集部/别集類/明别集
个山遺集七卷　(明)劉淑英撰　民國二十三年(1934)梅花書屋鉛印本　二册

330000－1701－0050575　普222.31/1030/2/c1　子部/宗教類/佛教之屬/經
仁王護國般若波羅密多經二卷　(唐)釋不空譯　民國十一年(1922)奉化孫鏘刻本　一册

330000－1701－0050576　GP05815　類叢部/叢書類/自著之屬
崇雅堂叢書十四種　楊晨撰　民國二十五年(1936)楊紹翰鉛印本　一册　存二種

330000－1701－0050580　普222.33/3014　子部/宗教類/佛教之屬/經
大方廣佛華嚴經八十一卷復菴和尚華嚴綸貫一卷　(唐)釋實叉難陀譯　民國二十五年(1936)上海佛學書局鉛印本　十六册

330000－1701－0050584　普222.31/1030/2/c2　子部/宗教類/佛教之屬/經
仁王護國般若波羅密多經二卷　(唐)釋不空譯　民國十一年(1922)奉化孫鏘刻本　一册

330000－1701－0050586　普951.037094/7772　類叢部/叢書類/郡邑之屬
豫章叢書六十種附一種　胡思敬編　民國四年至九年(1915－1920)南昌豫章叢書編刻局刻本　一册　存一種

330000－1701－0050587　GP14086　集部/總集類/彙編之屬
空谷流馨集文編一卷詩編一卷詞編一卷聯編一卷簡編一卷附編二卷　汪大鐵輯　民國三十七年(1948)鉛印本　二册

330000－1701－0050588　GP05816　史部/傳記類/總傳之屬/家乘
王謝世表一卷　黄鞠友編　民國二十三年(1934)鉛印本　一册

330000－1701－0050591　普813.57/1072/4/c1　集部/小説類/長篇之屬
繡像惡姻緣傳十二卷一百回　(清)西周生撰　民國上海進步書局石印本　四册

330000－1701－0050595　GP14088　集部/别集類
嵩漲詩集二卷　章寶銓撰　民國八年(1919)

石印本　一冊

330000－1701－0050597　GP14087　集部/別集類

行役吟一卷　居正撰　民國三十六年(1947)上海大東書局鉛印本　一冊

330000－1701－0050602　GP05818　集部/總集類/酬唱之屬

小羅浮社唱和詩存四卷首一卷白門消寒分會詩一卷　楊芃棫輯　民國七年(1918)鉛印本　二冊

330000－1701－0050603　普813.57/1072/4/c2　集部/小說類/長篇之屬

繡像惡姻緣傳十二卷一百回　(清)西周生撰　民國上海進步書局石印本　十二冊

330000－1701－0050605　GP14089　集部/別集類

金城集五卷　高一涵撰　民國三十五年(1946)鉛印本　二冊

330000－1701－0050606　GP05819　集部/總集類/氏族之屬

荻溪章氏詩存不分卷　章奎輯　民國十七年(1928)鉛印本　一冊

330000－1701－0050608　GP14090　集部/總集類/選集之屬/通代

血淚詩文選二卷　劉不同輯錄　民國南京王吉源印書館鉛印本　一冊

330000－1701－0050610　GP14091　集部/別集類

東遊草一卷　徐道政撰　民國八年(1919)上海新學會社鉛印本　一冊

330000－1701－0050613　普813.57/1081/c1　集部/曲類/彈詞之屬

繡像再生緣全傳六卷七十八回　(清)陳端生撰　民國石印本　六冊

330000－1701－0050614　GP14092　史部/雜史類/斷代之屬

五卅竹枝詞一卷　覺遠廬主編　民國十五年(1926)上海大新印刷公司鉛印本　一冊

330000－1701－0050616　普813.56/6075/16/c2　集部/小說類/長篇之屬

三國志通俗演義二十四卷　(明)羅本撰　民國十八年(1929)上海涵芬樓據明弘治七年(1494)刻本影印本　二十四冊

330000－1701－0050617　GP14073　類叢部/叢書類/郡邑之屬

錫山先哲叢刊十二種　侯鴻鑑等輯　民國十一年至二十年(1922－1931)上海中華書局鉛印本　二冊　存一種

330000－1701－0050622　普222.33/5544　子部/宗教類/佛教之屬/經

古寫本華嚴音義二卷　民國二十九年(1940)墨緣堂影印本　一冊

330000－1701－0050626　普813.57/1081/c2　集部/曲類/彈詞之屬

繡像再生緣全傳六卷七十八回　(清)陳端生撰　民國石印本　六冊

330000－1701－0050629　普813.56/5071/8/c2　集部/小說類/長篇之屬

東周列國全志二十七卷一百八回　(清)蔡奡評點　民國上海天寶書局石印本　四冊

330000－1701－0050633　GP05801　子部/雜著類/雜說之屬

冰壺讀書錄不分卷　周慤撰　民國鉛印本　周慤題記　一冊

330000－1701－0050635　普222.33/6032　子部/宗教類/佛教之屬/經

華嚴經綸貫一卷　(宋)釋復菴撰　**華嚴經入法界品十八問答一卷**　(唐)釋澄觀撰　**誡酒肉慈慧法門一卷**　(宋)釋遵式撰　民國十二年(1923)杭州刻經處刻本　一冊

330000－1701－0050638　普813.57/1361/2　集部/小說類/長篇之屬

武則天四大奇案六卷六十四回　民國九年(1920)上海書局石印本　一冊

330000－1701－0050641　GP05820　集部/別集類
惺園文鈔二卷詩鈔一卷　王式一撰　民國二十四年(1935)鉛印本　一冊　存二卷(一至二)

330000－1701－0050643　GP14094　集部/別集類
鸞巢詩稿一卷詞稿一卷懷瓊詞一卷　張鴻撰　民國二十八年(1939)鉛印本　一冊

330000－1701－0050644　GP05821　集部/總集類/題詠之屬
華道人梅序一卷　孫華撰　民國十年(1921)鉛印本　一冊

330000－1701－0050646　普 813.57/1083/c2　集部/小說類/長篇之屬
批評增像野叟曝言二十卷一百五十回　(清)夏敬渠撰　民國二十一年(1932)石印本　二十冊

330000－1701－0050647　普 222.34/3833.02　類叢部/叢書類/自著之屬
七經堪叢刊　羅振玉撰　民國二十六年(1937)上虞羅氏石印本　一冊　存一種

330000－1701－0050650　普 222.34/0028　子部/宗教類/佛教之屬/經
佛說無量壽經二卷　(三國魏)釋康僧鎧譯　民國十四年(1925)杭州佛學會石印本　二冊

330000－1701－0050652　GP05823　類叢部/叢書類/彙編之屬
遯盦叢編甲集四種乙集七種　吳隱編　民國二年至五年(1913－1916)西泠印社木活字印本　一冊　存一種

330000－1701－0050653　普 813.56/6075.02/2　集部/小說類/長篇之屬
繡像後三國演義東晉六卷西晉四卷　(清)陳氏尺蠖齋評釋　民國二年(1913)普新書局石印本　八冊

330000－1701－0050654　普 813.57/1081/c2/1　集部/小說類/長篇之屬
新刻大破紅州四卷三十二回　民國石印本　一冊　存一卷(四)

330000－1701－0050663　GP14095　集部/別集類/清別集
爇鞠軒詩草二卷　(清)范榮棣撰　**附採蓮集詩草一卷**　(清)周月英撰　民國元年(1912)鉛印本　一冊

330000－1701－0050668　GP14074　集部/總集類/域外之屬
和詩選七卷　王長春選　民國三十一年(1942)上海華中印書局鉛印本　一冊

330000－1701－0050671　GP14096　集部/詞類/別集之屬
柯亭長短句三卷附詞論一卷　蔡嵩雲撰　民國三十七年(1948)上海中華書局鉛印本　一冊

330000－1701－0050675　普 222.34/4403/c1　子部/宗教類/佛教之屬/經疏
阿彌陀經白話解釋二卷附修行方法一卷　釋印光鑒定　黄智海述　**蓮池大師西方發願文簡註一卷**　釋印光鑒定　李圓淨述　民國十七年(1928)鉛印本　一冊

330000－1701－0050678　GP14097　集部/詞類/詞話之屬
詞話彙刊六種附一種　嵇錦楓輯　民國十六年(1927)蘇州中報館鉛印本　二冊　存一種

330000－1701－0050680　普 813.57/2074　集部/小說類/長篇之屬
繪圖雙鳳奇緣四卷八十回　(清)雪樵主人撰　民國九年(1920)上海書局石印本　四冊

330000－1701－0050681　普 222.34/4403/c2　子部/宗教類/佛教之屬/經疏
阿彌陀經白話解釋二卷附修行方法一卷　釋印光鑒定　黄智海述　**蓮池大師西方發願文簡註一卷**　釋印光鑒定　李圓淨述　民國十八年(1929)鉛印本　一冊

330000－1701－0050684　GP14098　集部/總集類/氏族之屬

伏舍傳唫集四卷　何鏞等撰　民國二十五年(1936)會稽壽氏鉛印本　一冊

330000－1701－0050685　普 222.36/8600/c1　子部/宗教類/佛教之屬
悉曇三書　民國五年至六年(1916－1917)上虞羅氏影印本　一冊　存一種

330000－1701－0050686　普 813.57/2074/2　集部/小說類/長篇之屬
繪圖雙鳳奇緣四卷八十回　(清)雪樵主人撰　民國海左書局石印本　東山葭亭題簽　四冊

330000－1701－0050689　普 813.57/2143　集部/小說類/長篇之屬
閩都別記雙峰夢二十卷四百回　(清)何求撰　民國十六年(1927)石印本　二十冊

330000－1701－0050691　普 222.36/8600/c2　子部/宗教類/佛教之屬
悉曇三書　民國五年至六年(1916－1917)上虞羅氏影印本　一冊　存一種

330000－1701－0050693　普 813.56/8084/3　集部/小說類/長篇之屬
新刻金瓶梅詞話一百回附圖一卷　(明)蘭陵笑笑生撰　民國二十二年(1933)古佚小說刊行會影印本　二十一冊

330000－1701－0050695　GP14099　集部/詞類/別集之屬
寸灰詞一卷　宣哲撰　民國三十三年(1944)法喜龕刻本　一冊

330000－1701－0050701　GP14077　集部/總集類/選集之屬/斷代
聊園錦繡不分卷　蘭言晶報社編　民國二十一年至二十四年(1932－1935)蘭言晶報館鉛印本　福田題記　九冊

330000－1701－0050702　普 222.34/8646　子部/宗教類/佛教之屬/經疏
佛說阿彌陀經要解一卷　(後秦)釋鳩摩羅什譯　(明)釋智旭撰　民國十四年(1925)影印本　二冊

330000－1701－0050705　GP05827　史部/地理類/專志之屬/祠墓
建修萬季野先生祠墓紀念刊一卷徵信錄一卷　建修萬季野先生祠墓事務所輯　民國二十六年(1937)寧波建修萬季野先生祠墓事務所鉛印本　一冊

330000－1701－0050709　普 222.34/8646/3/c1　子部/宗教類/佛教之屬/經疏
佛說阿彌陀經要解一卷　(後秦)釋鳩摩羅什譯　(明)釋智旭撰　**蕅益大師傳一卷**　(清)彭紹升撰　民國二十二年(1933)潮陽郭氏雙百鹿齋刻本　一冊

330000－1701－0050710　普 222.38/1165/c2　子部/宗教類/佛教之屬/經
楞嚴正脈疏摘科會經不分卷　張圓成撰　民國十年(1921)上海商務印書館鉛印本　一冊

330000－1701－0050711　普 813.56/8084/4/c1　集部/小說類/長篇之屬
繪圖第一奇書十六卷一百回　(明)蘭陵笑笑生撰　民國香港舊小說社石印本　十六冊

330000－1701－0050713　普 813.56/8022　集部/小說類/長篇之屬
繡像韓湘子全傳四卷三十回　(明)楊爾曾撰　民國上海沈鶴記書局石印本　四冊

330000－1701－0050714　GP05838　史部/傳記類
杏蔭堂彙刻三種　許浩基撰　民國二十一年(1932)吳興許氏杏蔭堂刻本　四冊　存一種

330000－1701－0050716　普 222.38/1165/c3　子部/宗教類/佛教之屬/經
楞嚴正脈疏摘科會經不分卷　張圓成撰　民國十年(1921)上海商務印書館鉛印本　一冊

330000－1701－0050718　普 813.56/8084/4/c2　集部/小說類/長篇之屬
繪圖第一奇書十六卷一百回　(明)蘭陵笑笑生撰　民國香港舊小說社石印本　八冊

330000－1701－0050719　普 222.38/1165/c4　子部/宗教類/佛教之屬/經

楞嚴正脈疏摘科會經不分卷　張圓成撰　民國十年(1921)上海商務印書館鉛印本　一冊

330000－1701－0050721　普 222.34/8646/3/c2　子部/宗教類/佛教之屬/經疏

佛說阿彌陀經要解一卷　(後秦)釋鳩摩羅什譯　(明)釋智旭撰　**蕅益大師傳一卷**　(清)彭紹升撰　民國二十二年(1933)潮陽郭氏雙百鹿齋刻本　一冊

330000－1701－0050725　普 222.38/1165/c1　子部/宗教類/佛教之屬/經

楞嚴正脈疏摘科會經不分卷　張圓成撰　民國十年(1921)上海商務印書館鉛印本　一冊

330000－1701－0050727　GP14111　集部/別集類

南湖集四卷補遺一卷　廉泉撰　孫道毅編　民國十三年(1924)上海中華書局鉛印本　一冊

330000－1701－0050733　普 813.56/8022/2　集部/小說類/長篇之屬

湘子十二度韓昌黎全傳八卷三十回　(明)楊爾曾撰　**金丹大要二卷**　(元)陳致虛撰　民國碧梧山莊影印本　十冊

330000－1701－0050738　普 813.56/8242/2c2　集部/小說類/短篇之屬

第九才子書捉鬼傳四卷十回　(清)劉璋編　民國上海錦章圖書局石印本　一冊

330000－1701－0050746　普 222.38/2012　子部/宗教類/佛教之屬

淨土三部經音義集四卷　(日本)釋信瑞撰　民國鉛印本　一冊

330000－1701－0050754　GP14116　集部/別集類

賓虹詩草三卷補遺一卷　黃賓虹撰　民國二十二年(1933)石印本　一冊

330000－1701－0050755　普 222.38/2643　子部/宗教類/佛教之屬/經

千手千眼觀世音菩薩廣大圓滿無礙大悲心陀羅尼經一卷　(唐)釋伽梵達摩譯　**大悲心呪像解一卷千手千眼法寶真言圖一卷千手眼大悲心呪行法一卷**　(宋)釋知禮輯　**千手眼大悲心呪懺法一卷**　民國石印本　一冊

330000－1701－0050756　普 951.0382/0100　類叢部/叢書類/郡邑之屬

豫章叢書六十種附一種　胡思敬編　民國四年至九年(1915－1920)南昌豫章叢書編刻局刻本　二冊　存一種

330000－1701－0050763　普 813.57/0046/3　集部/小說類/長篇之屬

繪圖萬花樓傳六卷六十八回　唐在田撰　民國十四年(1925)上海沈鶴記書局石印本　六冊

330000－1701－0050764　普 222.38/2643/2　子部/宗教類/佛教之屬/經

佛說千手千眼觀世音菩薩廣大圓滿無礙大悲心陀羅尼經一卷　(唐)釋伽梵達磨譯　民國十一年(1922)江陵鄧氏石印本　一冊

330000－1701－0050774　GP14109　史部/史評類/史論之屬

史論課孫艸二卷　王樹榮撰　民國二十年(1931)鉛印本　二冊

330000－1701－0050784　普 222.38/2643/3　子部/宗教類/佛教之屬/經

千手千眼觀世音菩薩廣大圓滿無礙大悲心陀羅尼經一卷　(唐)釋伽梵達摩譯　民國十七年(1928)柏香書屋刻本　一冊

330000－1701－0050785　SBC1560　子部/醫家類/醫案之屬

醫案□□卷　徐三行輯　民國抄本　十七冊　存二十卷(本草補讀、醫科雜錄、濟世養生集、便易經驗集、養生經驗補遺、附刊歷驗良方、新增諸家經驗秘方、鮑竺生先生案、顧氏隨診方案、附膏方、陳莘田先生外科醫案二至三、各種雜病方藥錄、方案存查、禊湖仁壽醫室徐師門診方案、史氏寔法痘診、良方集腋下、方案備查、良方抄集、治驗病錄)

330000－1701－0050791　普 813.57/0046

集部/小說類/長篇之屬
繪圖萬花樓傳六卷六十八回 唐在田撰 民國上海進步書局石印本 六冊

330000－1701－0050798 普 813.57/2613 集部/小說類/長篇之屬
玉樓春四卷二十四回 (清)白雲道人撰 (清)無緣居士點評 民國上海鍊石齋書局石印本 一冊

330000－1701－0050805 普 813.57/2613/2 集部/小說類/長篇之屬
玉樓春四卷二十四回 (清)白雲道人撰 (清)無緣居士點評 民國五年(1916)石印本 四冊

330000－1701－0050816 普 813.57/2622/2 集部/小說類/長篇之屬
花月痕全書十六卷五十二回 (清)魏秀仁撰 (清)棲霞居士評 民國十一年(1922)上海掃葉山房石印本 四冊

330000－1701－0050821 GP05847 經部/小學類/文字之屬/說文/專著
說文轉注攷四卷 姜忠奎撰 民國二十二年(1933)濟南東方書社石印本 二冊

330000－1701－0050822 普 222.8/0434/2 子部/宗教類/佛教之屬/大藏
藏要第一輯□□種 歐陽漸輯 民國南京支那内學院鉛印本 二冊 存一種

330000－1701－0050829 普 222.38/2753/2 子部/宗教類/佛教之屬/經
大佛頂如來密因修證了義諸菩薩萬行首楞嚴經十卷附音釋 (唐)釋般刺密帝譯 (唐)釋彌伽釋迦譯語 (唐)房融筆受 民國二十九年(1940)國光印書局鉛印本 一冊

330000－1701－0050841 普 813.57/2622/3/c4 集部/小說類/長篇之屬
花月痕全書十六卷五十二回 (清)魏秀仁撰 (清)棲霞居士評 民國七年(1918)上海育文書局石印本 劉承幹題簽並記 二冊

330000－1701－0050842 普 951.0382/7438/4 類叢部/叢書類/彙編之屬
四部備要 中華書局編 民國二十五年(1936)上海中華書局鉛印本 二冊 存一種

330000－1701－0050845 普 813.57/0883/c2 集部/小說類/長篇之屬
繡像繪圖施公案全集四十六卷五百二十四回 民國上海進步書局石印本 十二冊

330000－1701－0050847 普 951.0382/7438/5 類叢部/叢書類/彙編之屬
嘉業堂叢書五十七種 劉承幹輯 民國吳興劉氏嘉業堂刻本 六冊 存一種

330000－1701－0050849 普 813.57/2762/c2 集部/小說類/長篇之屬
繡像綠野仙踪八卷八十回 (清)李百川撰 民國上海華英書局石印本 八冊

330000－1701－0050859 普 813.57/2634/c1 集部/小說類/長篇之屬
二十年目睹之怪現狀八卷一百八回 (清)吳趼人撰 民國十八年(1929)上海世界書局石印本 八冊

330000－1701－0050870 普 229.15/2733 子部/宗教類/佛教之屬/諸宗
天樂鳴空集三卷 (明)鮑宗肇撰 民國二十年(1931)潮陽郭氏雙百鹿齋刻本 二冊

330000－1701－0050876 普 813.57/2846/c1 集部/小說類/長篇之屬
繡像繪圖繪芳園全錄八卷八十回 (清)西泠野樵撰 民國上海進步書局石印本 八冊

330000－1701－0050884 普 813.57/2846/c2 集部/小說類/長篇之屬
繡像繪圖繪芳園全錄八卷八十回 (清)西泠野樵撰 民國上海進步書局石印本 八冊

330000－1701－0050885 普 813.57/2644/10/c2 集部/小說類/長篇之屬
增補齊省堂儒林外史六十回 (清)吳敬梓撰 民國三年(1914)育文書局石印本 六冊

330000－1701－0050888 GP05856 經部/易

類/傳說之屬

易經講義五卷　楊鍾斗撰　民國五年(1916)鉛印本　五册

330000－1701－0050889　普 813.57/2644/3　集部/小說類/長篇之屬

增補齊省堂儒林外史六十回　(清)吳敬梓撰　民國十四年(1925)鴻章書局石印本　六册

330000－1701－0050897　民 558.924/32391　史部/政書類/公牘檔冊之屬

浙江省礦務局籌備室工作報告一卷　民國二十六年(1937)油印本　一册

330000－1701－0050898　GP14127　史部/史評類/詠史之屬

全史宫詞二十卷　(清)史夢蘭撰　民國十年(1921)上海著易堂書局鉛印本　一册

330000－1701－0050899　普 913.09513/6037/c2　史部/金石類/郡邑之屬

滿洲金石志六卷補遺一卷外編一卷　羅福頤輯　民國二十六年(1937)滿日文化協會石印本　三册　缺二卷(補遺、外編)

330000－1701－0050903　普 223.2/8013　子部/宗教類/佛教之屬/經咒

慈悲道場懺法十卷　題(南朝梁)武帝蕭衍撰　民國二十五年(1936)釋範成影印本　一册

330000－1701－0050905　普 913.09513/6037/c1　史部/金石類/郡邑之屬

滿洲金石志六卷補遺一卷外編一卷　羅福頤輯　民國二十六年(1937)滿日文化協會石印本　四册

330000－1701－0050908　普 222.88/0046　子部/宗教類/佛教之屬/經咒

御製滿漢蒙古西番合璧大藏全咒八十卷附目錄八卷欽定同文韻統六卷阿禮嘎禮一卷讀咒法一卷　(清)章嘉呼圖克圖等輯并撰　民國上海涵芬樓據清乾隆内府刻本影印本　八十八册

330000－1701－0050909　GP14139　集部/詞類/別集之屬

雁村詞一卷外編一卷　蔡晉鏞撰　民國二十二年(1933)吳縣徐氏卓觀齋刻本　一册

330000－1701－0050911　普 913.095124/6051　史部/金石類/郡邑之屬

兩浙佚金佚石集存一卷　羅振玉輯　民國六年(1917)上虞羅氏影印本　一册

330000－1701－0050922　普 223.5/4461　子部/宗教類/佛教之屬

華嚴五十三參圖贊不分卷　廣倉學宭編　民國十三年(1924)上海廣倉學宭影印本　一册

330000－1701－0050929　普 913.095151/1046　史部/金石類/總志之屬

汾陽縣金石類編十卷首一卷補遺十卷　王堉昌編　民國二十四年至二十五年(1935－1936)石印本　十二册

330000－1701－0050935　GP14130　集部/別集類/清別集

偷閒小草二卷　(清)亢樹枏撰　民國十五年(1926)亢衣懷堂刻本　一册

330000－1701－0050936　普 229.3/4023/2　子部/宗教類/佛教之屬/總録

五燈會元二十卷　(宋)釋普濟撰　民國十九年(1930)據宋寶祐刻本影印本　十二册

330000－1701－0050942　普 913.095151/1046.2　史部/金石類/總志之屬

盂縣金石志略二卷　王堉昌撰　民國二十三年(1934)石印本　一册

330000－1701－0050944　普 813.57/2727/2　集部/小說類/長篇之屬

繡像緑牡丹全傳六卷六十四回　民國三年(1914)上海鴻文書局石印本　六册

330000－1701－0050945　GP14131　集部/別集類/清別集

就菊居詩存二卷　(清)程炳藻撰　民國金華大同印務局鉛印本　一册

330000－1701－0050949　普 813.57/3314　集部/小說類/長篇之屬

繡像清風閘四卷三十二回　(清)浦琳撰　民國石印本　一册

330000－1701－0050956　普 813.57/2727/4　集部/小説類/長篇之屬

繡像緑牡丹全傳六卷六十四回　民國五年(1916)上海鑄記書局石印本　六册

330000－1701－0050961　GP14132　集部/别集類/清别集

星祖和尚梅花詩百首一卷　(清)釋道雄撰　**南洲和尚山居詩一卷**　(清)釋宏月撰　**禪師花月詩一卷**　(清)釋常明輯　民國釋海林木活字印本　一册

330000－1701－0050968　GP14144　集部/别集類

松隣書札不分卷附詩詞　吴昌綬撰　張祖廉輯　民國十四年(1925)影印本　二册

330000－1701－0050975　GP14133　類叢部/叢書類/自著之屬

樸學齋叢刊十一種　胡韞玉撰　民國十二年(1923)安吴胡氏鉛印本　一册　存二種

330000－1701－0050984　GP05869　集部/詞類/别集之屬

中興鼓吹二卷　盧前撰　民國三十三年(1944)雙流黄氏濟忠堂刻菇如齋叢書本　黄東貽題記　一册

330000－1701－0050991　GP05876　子部/小説家類/雜事之屬

堅瓠集六十六卷　(清)褚人獲撰　民國十五年(1926)柏香書屋鉛印本　十五册

330000－1701－0050994　普 913.095151/2502　史部/金石類/總志之屬

定襄金石攷四卷　牛誠修輯　民國二十一年(1932)雪華館鉛印本　四册

330000－1701－0050999　GP14136　集部/詞類/别集之屬

秀道人詠梅詞一卷　況周頤撰　民國九年(1920)惜陰堂鉛印本　一册

330000－1701－0051009　GP14136/1　集部/詞類/别集之屬

秀道人詠梅詞一卷　況周頤撰　民國九年(1920)惜陰堂鉛印本　一册

330000－1701－0051015　普 813.57/40311　集部/小説類/長篇之屬

繡像大漢三合明珠寶劍全傳四卷四十二回　民國上海鴻文書局石印本　一册

330000－1701－0051016　普 913.095153/1120.2　史部/金石類/郡邑之屬

隴右金石録補二卷　張維撰　民國三十七年(1948)甘肅省文獻徵集委員會鉛印本　一册

330000－1701－0051021　SBC2788　集部/别集類

孫氏文稿不分卷　稿本　二册

330000－1701－0051022　普 913.095161/4401/c1　史部/金石類/總志之屬

西北科學考查團叢刊　民國二十年(1931)中國學術團體協會西北科學考查團理事會鉛印本　一册　存一種

330000－1701－0051024　普 229.36/3060　子部/宗教類/佛教之屬/諸宗

正法眼藏六卷　(宋)釋宗杲撰　民國重慶華巖佛學院刻本　六册

330000－1701－0051027　普 813.57/3577　集部/小説類/長篇之屬

繡像清風閘四卷三十二回　(清)浦琳撰　民國五年(1916)上海鑄記書局石印本　四册

330000－1701－0051038　GP05881　集部/總集類/氏族之屬

語溪徐氏三世遺詩一卷　徐益藩輯　民國二十九年(1940)鉛印本　一册

330000－1701－0051040　普 913.095161/4401/c2　史部/金石類/總志之屬

西北科學考查團叢刊　民國二十年(1931)中國學術團體協會西北科學考查團理事會鉛印本　一册　存一種

330000－1701－0051041　普 813.57/3478/2　集部/小說類/長篇之屬

繪像中東大戰演義全集二十回　（清）洪興全撰　民國石印本　一冊

330000－1701－0051045　GP05882　集部/總集類/氏族之屬

語溪徐氏三世遺詩一卷　徐益藩輯　民國二十九年(1940)鉛印本　一冊

330000－1701－0051046　GP05883　集部/總集類/氏族之屬

語溪徐氏三世遺詩一卷　徐益藩輯　民國二十九年(1940)鉛印本　一冊

330000－1701－0051047　普 913.095153/1120　史部/金石類/郡邑之屬

隴右金石錄十卷校補一卷　張維撰　民國三十二年(1943)甘肅省文獻徵集委員會鉛印本　十一冊

330000－1701－0051050　普 913.095161/4401.2　史部/金石類/總志之屬

高昌專集贅言一卷　黄文弼撰　民國二十年(1931)鉛印本　一冊

330000－1701－0051054　GP05872　史部/目録類/總録之屬

故宫普通書目六卷　故宫博物院圖書館編　民國二十三年(1934)北平故宫博物院圖書館鉛印本　三冊

330000－1701－0051055　GP14148　集部/總集類/彙編之屬

笙磬集二種　民國十年(1921)慕雲山房王氏木活字印本　一冊

330000－1701－0051057　普 913.095181/4043/c1　史部/金石類/總志之屬

九保金石文存一卷　李根源輯　民國八年(1919)鉛印本　一冊

330000－1701－0051064　GP05893　史部/目録類/總録之屬/私撰

雪泥屋遺書目録一卷補遺一卷　（清）牟庭撰　民國瑞安陳氏裒殷堂鉛印本　一冊

330000－1701－0051065　普 229.38/1062/2/c1　子部/宗教類/佛教之屬/諸宗

龍舒淨土文十一卷附龍舒直音一卷　（宋）王日休撰　**佛說阿彌陀經一卷**　（後秦）釋鳩摩羅什譯　民國十五年(1926)鉛印本　一冊

330000－1701－0051072　普 229.38/1062/2/c2　子部/宗教類/佛教之屬/諸宗

龍舒淨土文十一卷附龍舒直音一卷　（宋）王日休撰　**佛說阿彌陀經一卷**　（後秦）釋鳩摩羅什譯　民國十五年(1926)鉛印本　一冊

330000－1701－0051073　普 913.1/6784　史部/金石類/甲骨之屬/文字

柏根氏舊藏甲骨文字一卷考釋一卷　（加拿大）明義士編　民國二十四年(1935)齊魯大學國學研究所鉛印本暨石印本　一冊

330000－1701－0051074　GP05887　類叢部/叢書類/彙編之屬

又滿樓叢書十六種　趙詒琛編　民國九年至十四年(1920－1925)崑山趙氏又滿樓刻本　一冊　存一種

330000－1701－0051075　普 229.38/1062/3　子部/宗教類/佛教之屬/諸宗

龍舒淨土文十卷首一卷末一卷　（宋）王日休撰　民國十六年(1927)上海佛經流通處鉛印本　一冊

330000－1701－0051083　普 913.102/4423　子部/天文曆算類/曆法之屬

殷曆譜上編四卷下編十卷　董作賓撰　民國三十四年(1945)國立中央研究院歷史語言研究所石印本　四冊

330000－1701－0051086　普 229.38/1062/6　子部/宗教類/佛教之屬/諸宗

龍舒淨土文十一卷附龍舒直音一卷　（宋）王日休撰　**佛說阿彌陀經一卷**　（後秦）釋鳩摩羅什譯　民國十五年(1926)鉛印本　一冊

330000－1701－0051087　普 813.57/4012/c3　集部/小說類/長篇之屬

繡像綠野仙踪八卷八十回　（清）李百川撰

民國元年(1912)上海書局石印本　七冊　缺一卷(四)

330000－1701－0051089　普 913.1111/1200/c1　類叢部/叢書類/彙編之屬
吉石庵叢書二十七種　羅振玉輯　民國上虞羅氏影印本　二冊　存一種

330000－1701－0051091　普 229.38/1600/6　子部/宗教類/佛教之屬/諸宗
印光法師文鈔四卷附錄一卷　釋聖量撰　民國十六年(1927)浙江印刷公司鉛印本　南屏山人題記　四冊

330000－1701－0051092　普 913.095181/4043/c2　史部/金石類/總志之屬
九保金石文存一卷　李根源輯　民國八年(1919)鉛印本　一冊

330000－1701－0051097　SBC2804　史部/傳記類/別傳之屬/事狀
龍伯公[富槐]事略一卷　方熾撰　**龍伯公手簡集腋一卷**　民國抄本　一冊

330000－1701－0051098　普 813.57/3828/2　集部/小說類/短篇之屬
繡像飛仙劒俠奇緣四卷三十回　孫玉聲撰　民國十八年(1929)上海沈鶴記書局石印本　四冊

330000－1701－0051100　普 913.1111/1200/c2　類叢部/叢書類/彙編之屬
吉石庵叢書二十七種　羅振玉輯　民國上虞羅氏影印本　一冊　存一種

330000－1701－0051101　普 913.095181/4043/c3　史部/金石類/總志之屬
九保金石文存一卷　李根源輯　民國八年(1919)鉛印本　一冊

330000－1701－0051105　GP14162　類叢部/叢書類/郡邑之屬
蜀皁文獻彙刊九種附一種　徐仲達編　民國十六年(1927)木活字印本　十四冊

330000－1701－0051106　普 913.13/1000　史部/金石類/陶之屬
簠室殷契類纂正編十四卷附編一卷存疑十四卷待攷一卷　王襄撰　民國九年(1920)天津博物院石印本　沈倬章題記　四冊

330000－1701－0051107　SBC2798　集部/詩文評類/詩評之屬
桃華聖解盦詩評二卷　(清)李慈銘撰　李文糺輯　稿本　一冊

330000－1701－0051108　普 813.57/4031　集部/小說類/長篇之屬
繪圖足本鏡花緣十二卷一百回　(清)李汝珍撰　民國十三年(1924)上海啟新書局鉛印本　十二冊

330000－1701－0051110　普 913.095191/3110　史部/金石類
嘉業堂金石叢書五種　劉承幹輯　民國吳興劉氏刻本　六冊　存一種

330000－1701－0051112　GP14151　集部/總集類/酬唱之屬
玉泉游草一卷　李稷勳等撰　民國四年(1915)石印本　一冊

330000－1701－0051115　GP05890　集部/別集類
蒿盦類稿三十二卷續稿三卷奏稿四卷　馮煦撰　民國十二年(1923)刻本　二冊　存四卷(奏稿一至四)

330000－1701－0051119　SBC2799　集部/別集類/清別集
名山藏副本二卷附贈言集一卷　(清)齊周華撰　民國抄本　一冊　存一卷(游記)

330000－1701－0051122　普 913.13/2546/c1　史部/金石類/甲骨之屬/文字
甲骨學文字編十四卷附錄二卷補遺一卷　朱芳圃編　民國二十二年(1933)上海商務印書館石印本　二冊

330000－1701－0051123　GP05891　史部/目錄類
諸史然疑校訂附引得不分卷　引得編纂處編

民國二十一年(1932)燕京大學圖書館鉛印本　一冊

330000－1701－0051128　普 913.13/2546/c2　史部/金石類/甲骨之屬/文字

甲骨學文字編十四卷附錄二卷補遺一卷　朱芳圃編　民國二十二年(1933)上海商務印書館石印本　二冊

330000－1701－0051129　普 913.13/2546/c3　史部/金石類/甲骨之屬/文字

甲骨學文字編十四卷附錄二卷補遺一卷　朱芳圃編　民國二十三年(1934)上海商務印書館石印本　二冊

330000－1701－0051131　GP05895　經部/四書類/論語之屬

論語集註述要十卷首一卷　鄭浩撰　民國二十二年(1933)鉛印本　三冊

330000－1701－0051137　普 229.38/1120/2/c1　子部/宗教類/佛教之屬

徑中徑又徑徵義三卷　(清)張師誠輯　(清)徐槐廷注　民國十年(1921)海鹽徐氏刻本　一冊

330000－1701－0051138　普 813.57/3889/3　集部/小說類/長篇之屬

新輯海公小紅袍全傳四卷四十二回　民國十三年(1924)上海江東書局石印本　四冊

330000－1701－0051140　GP14153　類叢部/叢書類/自著之屬

月河草堂叢書三種　蔣清瑞撰　民國歸安蔣氏月河草堂刻本　一冊　存一種

330000－1701－0051142　普 229.38/1120/2/c2　子部/宗教類/佛教之屬

徑中徑又徑徵義三卷　(清)張師誠輯　(清)徐槐廷注　民國十年(1921)海鹽徐氏刻本　一冊

330000－1701－0051145　普 229.38/1120/2/c3　子部/宗教類/佛教之屬

徑中徑又徑徵義三卷　(清)張師誠輯　(清)徐槐廷注　民國十年(1921)海鹽徐氏刻本　一冊

330000－1701－0051147　普 229.38/1120/2/c4　子部/宗教類/佛教之屬

徑中徑又徑徵義三卷　(清)張師誠輯　(清)徐槐廷注　民國十年(1921)海鹽徐氏刻本　一冊

330000－1701－0051170　普 813.57/5514.041/2　集部/別集類/清別集

紅樓二百詠二卷　(清)黃昌麟撰　(清)丁日昌　(清)黄釗評　民國六年(1917)石竹山房石印本　二冊

330000－1701－0051176　普 913.095192/8002　史部/金石類/郡邑之屬/文字

粵東金石略九卷首一卷附二卷　(清)翁方綱撰　民國抄本　二冊

330000－1701－0051195　GP05903　集部/總集類/選集之屬/斷代

唐四名家集　(明)毛晉輯　民國十五年(1926)上海涵芬樓據明海虞毛氏汲古閣刻本影印本　一冊　存一種

330000－1701－0051204　普 229.4/6322　子部/宗教類/佛教之屬

明科釋氏源流二卷　民國二十四年(1935)影印本　一冊　存一卷(下)

330000－1701－0051214　SBC2813　集部/別集類

賀稿不分卷　民國抄本　一冊

330000－1701－0051230　普 231.13/5308/2　子部/宗教類/道教之屬

感應篇直講一卷　民國十二年(1923)胡務本堂刻本　一冊

330000－1701－0051235　GP14158　集部/總集類/題詠之屬

蓉蔭曝書圖記題詠一卷　李鏡渠編　民國三十四年(1945)木活字印本　一冊

330000－1701－0051239　普 813.57/4423.3　集部/別集類/宋別集

范文正公集十二卷補編四卷年譜一卷年譜補遺一卷鄱陽遺事錄一卷義莊規矩一卷遺蹟一卷褒賢集五卷言行拾遺事錄四卷　(宋)范仲淹撰　(明)毛一鷺彙編　民國八年(1919)上海掃葉山房石印本　十二册

330000－1701－0051240　GP05907　集部/别集類
補學齋文鈔二卷附外集　胡調元撰　民國二年(1913)鉛印本　一册

330000－1701－0051243　普 231/4441　史部/傳記類/總傳之屬/釋道
韓仙傳一卷　(唐)韓若雲撰　民國十二年(1923)韓靖盦抄本　金石壽批校並跋　一册

330000－1701－0051245　普 231.22/7517/c1　子部/宗教類/道教之屬
梓潼帝君陰隲文註證新編四卷　(清)馮勸撰　民國九年(1920)馮振怡鉛印本　二册

330000－1701－0051247　SBC2819　集部/總集類/彙編之屬
漸聲集一卷　民國抄本　一册

330000－1701－0051248　GP05908　集部/别集類
補學齋文鈔二卷附外集　胡調元撰　民國二年(1913)鉛印本　一册

330000－1701－0051249　普 813.57/6058.02/c1　集部/小説類/長篇之屬
歷朝史演義八卷四十八回　(清)吕撫輯　蔡成增訂　民國十四年(1925)上海大東書局石印本　八册

330000－1701－0051254　普 231.22/7517/c2　子部/宗教類/道教之屬
梓潼帝君陰隲文註證新編四卷　(清)馮勸撰　民國九年(1920)馮振怡鉛印本　二册

330000－1701－0051256　普 813.57/6058.02/c2　集部/小説類/長篇之屬
歷朝史演義八卷四十八回　(清)吕撫輯　蔡成增訂　民國十四年(1925)上海大東書局石印本　八册

330000－1701－0051259　普 813.57/6058.02/c3　集部/小説類/長篇之屬
歷朝史演義八卷四十八回　(清)吕撫輯　蔡成增訂　民國十四年(1925)上海大東書局石印本　八册

330000－1701－0051261　普 231.22/7517/c3　子部/宗教類/道教之屬
梓潼帝君陰隲文註證新編四卷　(清)馮勸撰　民國九年(1920)馮振怡鉛印本　二册

330000－1701－0051264　普 913.13/6051.3/c1　史部/金石類/甲骨之屬
殷虚書契菁華一卷　羅振玉編　民國三年(1914)上虞羅振玉影印本　一册

330000－1701－0051267　普 813.57/4064　集部/小説類/長篇之屬
繪圖大明奇俠傳六卷五十四回　民國三年(1914)上海文元書局石印本　二册

330000－1701－0051269　普 913.13/6051.3/c2　史部/金石類/甲骨之屬
殷虚書契菁華一卷　羅振玉編　民國三年(1914)上虞羅振玉影印本　一册

330000－1701－0051271　普 913.13/6051.3/c3　史部/金石類/甲骨之屬
殷虚書契菁華一卷　羅振玉編　民國三年(1914)上虞羅振玉影印本　一册

330000－1701－0051273　SBC2825　子部/小説家類/雜事之屬
諸國見聞一卷　民國抄本　一册

330000－1701－0051274　普 813.57/4064/2　集部/小説類/長篇之屬
繪圖大明奇俠傳六卷五十四回　民國十六年(1927)上海沈鶴記書局石印本　一册

330000－1701－0051283　普 813.57/4081　集部/小説類/長篇之屬
新輯左公平西全傳四卷三十二回　民國五年(1916)鑄記書局石印本　四册

330000－1701－0051288　GP14175　集部/詞

類/詞話之屬

織餘瑣述二卷　況卜娛撰　民國八年(1919)木活字印本　一冊

330000－1701－0051290　普 813.57/4192　集部/小説類/長篇之屬

繡像奸判假鴛鴦六卷七十八回　民國十七年(1928)上海沈鶴記書局石印本　六冊

330000－1701－0051294　普 231.13/5308/c1　子部/宗教類/道教之屬

太上感應篇直講一卷首一卷附錄一卷　釋印光鑒定　民國十八年(1929)鉛印本　一冊

330000－1701－0051295　普 913.13/6051.4　史部/金石類/甲骨之屬

鐵雲藏龜之餘一卷　羅振玉編　民國十六年(1927)影印本　一冊

330000－1701－0051300　普 813.57/7513/2/c1　集部/小説類/長篇之屬

燕山外史註釋二卷　(清)陳球撰　(清)傅聲谷輯註　民國上海廣益書局石印本　二冊

330000－1701－0051302　普 231.4/7733/2　子部/宗教類/道教之屬

呂祖全書三十二卷續編一卷　(清)劉體恕彙輯　民國十六年(1927)上海錦章圖書館石印本　八冊

330000－1701－0051305　GP05922　史部/政書類/律令之屬/律例

暫行刑律二卷　中華民國司法部編　民國九年(1920)司法部刻本　一冊

330000－1701－0051307　普 231.4/7733/3　子部/宗教類/道教之屬

呂祖全書三十二卷續編一卷　(清)劉體恕彙輯　民國九年(1920)上海文華山房石印本　八冊

330000－1701－0051308　普 231.13/5308/c2　子部/宗教類/道教之屬

太上感應篇直講一卷首一卷附錄一卷　釋印光鑒定　民國十八年(1929)鉛印本　一冊

330000－1701－0051311　GP05923　子部/兵家類/操練之屬

騎射集成不分卷　何元杰編述　民國二十五年(1936)杭州浙江正楷印書局鉛印本　一冊

330000－1701－0051312　普 813.57/6085/2/c2　集部/小説類/長篇之屬

新刻繪圖粉妝樓全傳六卷八十回　(清)竹溪山人撰　民國元年(1912)石印本　二冊

330000－1701－0051317　GP05924　子部/兵家類/操練之屬

騎射集成不分卷　何元杰編述　民國二十五年(1936)杭州浙江正楷印書局鉛印本　一冊

330000－1701－0051321　普 813.57/6263　集部/小説類/短篇之屬

繡像素梅姐全傳四卷二十回　(清)嗤嗤道人撰　(清)蘇潭道人評定　民國七年(1918)上海煉石齋書局石印本　四冊

330000－1701－0051322　GP05916　子部/雜著類/雜說之屬

右史新編不分卷　(清)趙曾望纂　民國五年(1916)石印本　二冊

330000－1701－0051323　GP05925　子部/兵家類/操練之屬

騎射集成不分卷　何元杰編述　民國二十五年(1936)杭州浙江正楷印書局鉛印本　一冊

330000－1701－0051325　普 232.08/2611/2/c1　史部/目録類/專録之屬

道藏目錄詳註四卷　(明)白雲霽撰　民國天津徐氏退耕堂影印文津閣四庫全書本　四冊

330000－1701－0051327　普 231/3420/3　史部/傳記類/總傳之屬/釋道

新鐫繡像列仙傳四卷　(明)洪應明輯　民國十年(1921)上海大成書局石印本　三冊　缺一卷(一)

330000－1701－0051328　普 913.1449/0734　史部/金石類/甲骨之屬/文字

甲骨文字研究二卷附錄一卷　郭沫若撰　民國二十年(1931)上海大東書局石印本　二冊

330000－1701－0051329　普 813.57/7513/4/c3　集部/小說類/長篇之屬

燕山外史註釋八卷　(清)陳球撰　(清)傅聲谷輯註　民國五年(1916)上海會文堂石印本　一冊

330000－1701－0051333　普 232.08/2611/2/c2　史部/目録類/專録之屬

道藏目錄詳註四卷　(明)白雲霽撰　民國天津徐氏退耕堂影印文津閣四庫全書本　四冊

330000－1701－0051337　GP05918　集部/別集類

浣花集四卷　羅華撰　民國二十一年(1932)鉛印本　一冊

330000－1701－0051340　普 813.57/6724/c2　集部/小說類/長篇之屬

繡像明季英雄珍珠錦繡袍四卷四十回　民國三年(1914)文元書莊石印本　四冊

330000－1701－0051348　普 813.57/7513/5/c1　集部/小說類/長篇之屬

燕山外史註釋二卷　(清)陳球撰　(清)傅聲谷輯註　民國二年(1913)上海大成書局石印本　四冊

330000－1701－0051352　普 813.57/7267/3　集部/小說類/長篇之屬

老殘遊記二十章　(清)劉鶚撰　民國四年(1915)上海文藝書室石印本　一冊

330000－1701－0051356　GP14191　子部/藝術類/遊藝之屬/棋弈

日本國手丈和弈譜四卷　(日本)丈和撰　民國三年(1914)上海文瑞樓石印本　四冊

330000－1701－0051357　GP05927　史部/地理類/遊記之屬/紀行

羅浮游記彙刊初編不分卷　鍾寶華輯　民國二十六年(1937)羅浮山酥醪觀道同圖書館刻本　一冊

330000－1701－0051359　普 813.57/7267/5/c1　集部/小說類/長篇之屬

老殘遊記二十章　(清)劉鶚撰　民國二年(1913)上海新中華書局石印本　四冊

330000－1701－0051360　普 813.57/7513/5/c3　集部/小說類/長篇之屬

燕山外史註釋二卷　(清)陳球撰　(清)傅聲谷輯註　民國上海錦章圖書局石印本　二冊

330000－1701－0051361　普 231.4/4017　子部/宗教類/道教之屬/雜著

張三丰先生全集八卷　(明)張三丰撰　(清)李西月重編　**張三丰祖師無根樹詞註解一卷**　(明)劉悟元註　(明)李西月增解　**靈寶畢法三卷**　題(唐)鍾離權撰　(唐)吕嵓傳　**吕祖師編年詩集年譜七卷**　(清)李西月編　民國十五年(1926)上海中原書局石印本　八冊

330000－1701－0051363　普 813.57/7267/5/c2　集部/小說類/長篇之屬

老殘遊記二十章　(清)劉鶚撰　民國二年(1913)上海新中華書局石印本　四冊

330000－1701－0051364　普 913.13/6051　史部/金石類/甲骨之屬

殷虛書契前編八卷　羅振玉輯　民國元年(1912)上虞羅氏日本影印本　四冊

330000－1701－0051366　普 813.57/7267/5/c3　集部/小說類/長篇之屬

老殘遊記四卷二十章　(清)劉鶚撰　民國三年(1914)上海中原書局石印本　四冊

330000－1701－0051368　普 232.089/3145　子部/宗教類/道教之屬

濟一子證道秘書十七種　(清)傅金銓輯　民國十年(1921)上海中原書局石印本　十六冊

330000－1701－0051370　普 813.57/7513/5/c4　集部/小說類/長篇之屬

燕山外史註釋二卷　(清)陳球撰　(清)傅聲谷輯註　民國上海錦章圖書局石印本　二冊

330000－1701－0051371　GP14193　子部/農家農學類/園藝之屬/花卉

蘭蕙小史三卷附一卷　吳恩元編輯　民國十二年(1923)吳恩元、唐駝鉛印本　三冊

330000－1701－0051377　普 813.57/4468/2　集部/小說類/長篇之屬
繪圖花田金玉緣四卷十六回　民國上海鍊石書局石印本　四册

330000－1701－0051387　GP14209　集部/小說類/長篇之屬
繪圖國恥演義二卷十六回　吳公雄撰　民國十三年(1924)上海世界書局石印本　二册

330000－1701－0051389　普 813.57/4485.1　集部/小說類/長篇之屬
繪圖乾隆遊江南八集七十六回　民國上海錦章圖書局石印本　八册

330000－1701－0051393　普 813.57/7267/8/c1　集部/小說類/長篇之屬
繪圖老殘新遊記四卷十六章　楊塵因撰　民國十四年(1925)上海世界書局石印本　四册

330000－1701－0051394　普 913.13/6051.2　史部/金石類/甲骨之屬
殷虛書契續編六卷　羅振玉輯　民國二十二年(1933)上虞羅氏影印本　六册

330000－1701－0051399　普 813.57/7267/11　集部/小說類/長篇之屬
繪圖老殘遊記四卷二十章　(清)劉鶚撰　民國十四年(1925)上海世界書局石印本　四册

330000－1701－0051404　普 913.13/7510/c1　史部/金石類/甲骨之屬/文字
契學概論不分卷　陳晉撰　民國二十二年(1933)上海中華書局石印本　一册

330000－1701－0051409　普 913.13/7510/c2　史部/金石類/甲骨之屬/文字
契學概論不分卷　陳晉撰　民國二十二年(1933)上海中華書局石印本　一册

330000－1701－0051410　GP14213　史部/傳記類/總傳之屬/斷代
兒女英雄逸史一卷　冰叟撰　民國鉛印本　一册

330000－1701－0051411　GP05933　類叢部/叢書類/彙編之屬
涵芬樓祕笈五十一種　孫毓修等輯　民國五年至十五年(1916－1926)上海商務印書館影印本暨鉛印本　二册　存一種

330000－1701－0051413　普 913.13/7510/c3　史部/金石類/甲骨之屬/文字
契學概論不分卷　陳晉撰　民國二十二年(1933)上海中華書局石印本　一册

330000－1701－0051417　普 913.13/7510/c4　史部/金石類/甲骨之屬/文字
契學概論不分卷　陳晉撰　民國二十二年(1933)上海中華書局石印本　一册

330000－1701－0051419　GP05947　子部/雜著類/雜品之屬
多能鄙事十二卷　(明)劉基編　民國六年(1917)上海榮華書局石印本　八册

330000－1701－0051420　GP05936　類叢部/類書類/通類之屬
古事比五十二卷　(清)方中德輯　民國十三年(1924)上海書局石印本　六册

330000－1701－0051428　GP05941　集部/詞類/別集之屬
珠玉詞一卷補遺一卷　(宋)晏殊撰　林大椿編校　**珠玉詞校記一卷**　林大椿撰　民國二十三年(1934)上海商務印書館鉛印本　一册

330000－1701－0051431　GP05939　集部/別集類
染雪庵遺稿五卷　朱兆蓉撰　陳栩編　民國六年(1917)中華圖書館石印本　一册

330000－1701－0051435　GP05940　集部/詞類/別集之屬
珠玉詞一卷補遺一卷　(宋)晏殊撰　林大椿編校　**珠玉詞校記一卷**　林大椿撰　民國十九年(1930)上海商務印書館鉛印本　一册

330000－1701－0051438　GP05942　集部/詞類/別集之屬
珠玉詞一卷補遺一卷　(宋)晏殊撰　林大椿編校　**珠玉詞校記一卷**　林大椿撰　民國二

十三年(1934)上海商務印書館鉛印本　一册

330000－1701－0051442　GP14189　子部/農家農學類/園藝之屬/花卉

春暉堂花卉圖說十二卷　許衍灼撰　民國十二年(1923)上海新學會社石印本　四册

330000－1701－0051443　GP05943　史部/地理類/遊記之屬/紀行

台灣旅行記一卷　侯鴻鑑撰　民國八年(1919)鉛印本　侯鴻鑑題記　一册

330000－1701－0051446　GP05945　經部/春秋左傳類/傳說之屬

左傳擷華二卷　林紓評選　民國十四年(1925)上海商務印書館鉛印本　二册

330000－1701－0051449　GP14225　集部/小說類/短篇之屬

悲華經舍小說存不分卷　洪佛矢撰　民國抄本　一册

330000－1701－0051450　GP05946　集部/詩文評類/文法之屬/文法

左氏文法百篇二卷　馮守愚編　民國四年(1915)上海煦中編譯社石印本　二册

330000－1701－0051451　普232.089/7716/c1　子部/宗教類/道教之屬/雜著

真誥二十卷　(南朝梁)陶弘景撰　民國上海涵芬樓影印本　四册

330000－1701－0051455　普232.089/7716/c2　子部/宗教類/道教之屬/雜著

真誥二十卷　(南朝梁)陶弘景撰　民國上海涵芬樓影印本　四册

330000－1701－0051458　普232.089/7416　子部/宗教類/道教之屬

方壺外史八卷附悟真篇詩小序一卷　(明)陸西星撰　民國四年(1915)香山鄭觀應等鉛印本　六册

330000－1701－0051467　普913.13/8037/c1　史部/金石類/甲骨之屬/文字

甲骨文辨證上集不分卷　金祖同撰　民國三十年(1941)影印本　一册

330000－1701－0051469　普813.57/8022　集部/小說類/長篇之屬

新編前明正德白牡丹傳八卷四十六回　(清)石琮編　民國九年(1920)上海育文書局石印本　四册

330000－1701－0051471　普913.13/8037/c2　史部/金石類/甲骨之屬/文字

甲骨文辨證上集不分卷　金祖同撰　民國三十年(1941)影印本　一册

330000－1701－0051476　普913.1449/2546/c1　史部/金石類/甲骨之屬/文字

甲骨學商史編十卷　朱芳圃編　民國二十四年(1935)上海中華書局石印本　二册

330000－1701－0051477　普813.57/8045/3　集部/小說類/長篇之屬

全圖足本蕩寇志全傳十六卷一百四十回末一卷　(清)俞萬春撰　(清)范辛來　(清)邵恩祖評　民國十二年(1923)上海啟新書局石印本　五册

330000－1701－0051479　GP14226　集部/戲劇類

紹興文戲桂花亭三打麒麟關一卷　民國上海益民書局石印本　一册

330000－1701－0051481　普913.1449/2546/c2　史部/金石類/甲骨之屬/文字

甲骨學商史編十卷　朱芳圃編　民國二十四年(1935)上海中華書局石印本　二册

330000－1701－0051484　GP05955　集部/別集類

愚山詩鈔一卷　余光榮撰　民國十七年(1928)上海玫瑰園鉛印本　一册

330000－1701－0051485　GP14227　集部/戲劇類

紹興文戲秦雪梅二本吊孝一卷　民國上海益民書局石印本　一册

330000－1701－0051488　普913.1449/2546/

c3　史部/金石類/甲骨之屬/文字

甲骨學商史編十卷　朱芳圃編　民國二十四年(1935)上海中華書局石印本　二册

330000－1701－0051489　普 913.1449/2546/c4　史部/金石類/甲骨之屬/文字

甲骨學商史編十卷　朱芳圃編　民國二十四年(1935)上海中華書局石印本　願堂題記　二册

330000－1701－0051497　普 913.2023/0200/c2　史部/金石類/金之屬/圖像

栘林館吉金圖識一卷　丁麟年輯　民國三十年(1941)孫海波影印本　一册

330000－1701－0051498　普 813.57/8221/2　集部/小說類/長篇之屬

繪圖劍俠飛仙傳六卷四十回　民國四年(1915)上海醉經堂石印本　三册

330000－1701－0051499　GP14234　集部/曲類/寶卷之屬

古佛當來下生彌勒出西寶卷一卷　民國三年(1914)趙源齋木活字印本　香仙姑題記　一册

330000－1701－0051500　普 813.57/4714/c2　集部/小說類/長篇之屬

繪圖秘本殺子報全傳四卷二十回　民國九年(1920)石印本　一册

330000－1701－0051502　普 813.57/8221/3　集部/小說類/長篇之屬

繪圖劍俠飛仙傳六卷四十回　民國十七年(1928)上海萃英書局石印本　四册

330000－1701－0051511　GP14236　集部/曲類/曲藝之屬

真好唱不分卷　民國石印本　二册

330000－1701－0051515　普 234/4434/6　類叢部/叢書類/彙編之屬

四部備要　中華書局編　民國二十五年(1936)上海中華書局鉛印本　四册　存一種

330000－1701－0051517　普 913.1449/0013　史部/金石類/甲骨之屬/文字

殷虛文字待問編十三卷　商承祚編　民國刻本　一册

330000－1701－0051518　普 813.57/4833　集部/小說類/長篇之屬

後三國石珠演義全傳四卷三十回　(清)梅溪遇安氏撰　民國十七年(1928)上海受古書店、中一書局石印本　四册

330000－1701－0051522　GP14239　集部/曲類/曲藝之屬

新刻張小姐賣花記二卷　民國石印本　一册

330000－1701－0051523　普 913.184/2844/c1　史部/金石類/甲骨之屬/文字

甲骨文字理惑一卷　徐英撰　民國二十六年(1937)上海中華書局影印本　一册

330000－1701－0051524　GP05960　史部/傳記類/總傳之屬

闡義二十二卷　(清)吳肅公撰　民國二十年(1931)南陵徐氏影印本　遯廬題記　四册

330000－1701－0051525　普 813.58/7474　集部/小說類/長篇之屬

繡像月唐集八種　民國上海燮記書局石印本　八册

330000－1701－0051527　普 813.57/9092/c2　集部/小說類/短篇之屬

繪圖火燒上海洪廟演義二卷十二回　民國石印本　二册

330000－1701－0051529　普 913.184/2844/c2　史部/金石類/甲骨之屬/文字

甲骨文字理惑一卷　徐英撰　民國二十六年(1937)上海中華書局影印本　無病題記　一册

330000－1701－0051533　GP14230　集部/曲類/寶卷之屬

繪圖寶卷三十七種　民國石印本暨鉛印本　六十四册

330000－1701－0051535　普 913.19/4773.1/

c1　類叢部/叢書類/彙編之屬
國立中央研究院歷史語言研究所單刊　國立中央研究院歷史語言研究所編　民國上海商務印書館鉛印本暨影印本　一册　存一種

330000－1701－0051539　普 813.58/2645　集部/小說類/長篇之屬
繡像新刻吴越春秋四卷四十八回　民國三年(1914)上海文益書局石印本　四册

330000－1701－0051540　普 913.19/4773.1/c2　類叢部/叢書類/彙編之屬
國立中央研究院歷史語言研究所單刊　國立中央研究院歷史語言研究所編　民國上海商務印書館鉛印本暨影印本　一册　存一種

330000－1701－0051541　普 813.58/7720　集部/小說類/長篇之屬
新出繪圖八段緊前傳四卷五十回　(清)周緝庵編輯　民國十一年(1922)上海燮記書局石印本　四册

330000－1701－0051543　普 813.58/5076　集部/小說類/長篇之屬
新編繪圖義俠神怪小説乾坤印初集四卷二集四卷三集四卷四集四卷五集四卷六集四卷七集四卷八集四卷九集四卷十集四卷十一集四卷十二集四卷十三集四卷十四集四卷十五集四卷十六集四卷　(清)史長嘯　(清)紅塵清静　(清)陳掃花編輯　民國十四年至十七年(1925－1928)上海全球書局石印本　十六册　缺一卷(六集四)

330000－1701－0051544　普 913.19/4773.1/c3　類叢部/叢書類/彙編之屬
國立中央研究院歷史語言研究所單刊　國立中央研究院歷史語言研究所編　民國上海商務印書館鉛印本暨影印本　一册　存一種

330000－1701－0051546　普 813.57/8606　集部/小說類/長篇之屬
圖像新撰五劍十八義四卷四十回後集四卷三十二回　民國上海錦章圖書局石印本　四册

330000－1701－0051548　普 234/4434/4　子部/宗教類/道教之屬/雜著
抱朴子内篇二十卷外篇五十卷　(晉)葛洪撰　**抱朴子附篇十卷**　(清)繼昌等撰　民國九年(1920)上海掃葉山房石印本　八册

330000－1701－0051551　普 234.6/2627.07　類叢部/叢書類/彙編之屬
四部備要　中華書局編　民國二十五年(1936)上海中華書局鉛印本　一册　存一種

330000－1701－0051554　普 913.2023/1730　史部/金石類/總志之屬/圖像
㠭齋吉金録不分卷　(清)陳介祺藏　鄧實輯　民國七年(1918)風雨樓影印本　八册

330000－1701－0051571　GP05697　經部/小學類/文字之屬/説文/專著
説文古籀三補十四卷坿録一卷　強運開輯　民國二十四年(1935)上海商務印書館石印本　二册

330000－1701－0051573　普 813.6/3822　集部/小說類/長篇之屬
劍腥録五十三章　林紓撰　民國二年(1913)北京平報社鉛印本　一册

330000－1701－0051575　普 813.57/5000.2/c1　集部/小說類/長篇之屬
第一美女錦香亭四卷十六回　(清)素菴主人編　民國上海文元書局石印本　一册

330000－1701－0051580　普 813.57/5000.2/c2　集部/小說類/長篇之屬
第一美女錦香亭四卷十六回　(清)素菴主人編　民國上海文元書局石印本　四册

330000－1701－0051583　普 913.2023/2743/c3　史部/金石類/金之屬/圖像
夢坡室獲古叢編十二卷　周慶雲藏　鄒壽祺編　民國十六年(1927)上海周慶雲夢坡室影印本　十二册

330000－1701－0051586　普 259.092/6004　史部/政書類
清季教案史料二卷　國立北平故宫博物院文獻館編　民國二十六年(1937)、三十七年

(1948)國立北平故宫博物院鉛印本　二册

330000－1701－0051599　普259.2/2337　子部/宗教類/其他宗教之屬/基督教

名理探五卷　(葡萄牙)傅汎際譯義　(明)李之藻譯述　民國二十年(1931)上海鉛印本　三册

330000－1701－0051608　普290/7310　子部/宗教類/道教之屬/雜著

種梅心法二卷　(清)楊臥雲注　民國十年(1921)刻本　一册

330000－1701－0051614　普913.2023/2743/c2　史部/金石類/金之屬/圖像

夢坡室獲古叢編十二卷　周慶雲藏　鄒壽祺編　民國十六年(1927)上海周慶雲夢坡室影印本　十二册

330000－1701－0051615　普814.08/0023　集部/總集類/選集之屬/斷代

國文教範二卷　吳闓生評解　高步瀛集箋　民國二年(1913)京師國群鑄一社石印本　一册

330000－1701－0051619　普913.2023/2743/c1　史部/金石類/金之屬/圖像

夢坡室獲古叢編十二卷　周慶雲藏　鄒壽祺編　民國十六年(1927)上海周慶雲夢坡室影印本　十二册

330000－1701－0051624　普913.1449/7553/c1、普913.1449/7559/c1、普913.1449/7553.2　類叢部/叢書類/家集之屬

丹徒陳氏著述十九種　□□編　民國石印本暨鉛印本　三册　存三種

330000－1701－0051626　普323.09165/4408/2　類叢部/叢書類/郡邑之屬

吳興叢書六十六種　劉承幹編　民國吳興劉氏嘉業堂刻本　四册　存一種

330000－1701－0051628　普813.57/5047/c2　集部/小說類/長篇之屬

繪圖歷朝通俗演義十一種　蔡東帆輯　民國上海會文堂新記書局石印本　十册　存一種

330000－1701－0051630　普913.1449/7553/c2　類叢部/叢書類/家集之屬

丹徒陳氏著述十九種　□□編　民國石印本暨鉛印本　一册　存一種

330000－1701－0051631　GP05978　子部/兵家類/兵法之屬

孫子書三卷　(明)趙本學注　民國鉛印本　三册

330000－1701－0051634　善008711　集部/總集類/彙編之屬

文體不分卷　民國抄本　三册

330000－1701－0051635　普813.57/5047/c1　集部/小說類/長篇之屬

繪圖歷朝通俗演義十一種　蔡東帆輯　民國上海會文堂新記書局石印本　十册　存一種

330000－1701－0051636　普913.1449/7553/c3　類叢部/叢書類/家集之屬

丹徒陳氏著述十九種　□□編　民國石印本暨鉛印本　一册　存一種

330000－1701－0051640　GP14240　集部/曲類/曲藝之屬

繪圖時調山歌不分卷　民國石印本　四册

330000－1701－0051654　GP14240/1　集部/曲類/曲藝之屬

繪圖時調山歌不分卷　民國石印本　四册

330000－1701－0051655　普814.08/1003.2/c1　集部/總集類/選集之屬/通代

歷代詩文評註讀本　王文濡編　民國上海文明書局鉛印本　二册　存一種

330000－1701－0051658　GP14241　集部/曲類/曲藝之屬

時調山歌□□集　民國石印本　四册　存四集(漁、樵、耕、讀)

330000－1701－0051660　普814.08/1003.2/c2　集部/總集類/選集之屬/通代

歷代詩文評註讀本　王文濡編　民國上海文明書局鉛印本　二册　存一種

330000－1701－0051661　GP14242　集部/曲類/曲藝之屬
改良繪圖新鮮時調不分卷　民國石印本　四册

330000－1701－0051665　普 814.08/1003.2/c3　集部/總集類/選集之屬/通代
歷代詩文評註讀本　王文濡編　民國上海文明書局鉛印本　二册　存一種

330000－1701－0051667　GP05981　經部/小學類/文字之屬/字書/字體
古籒拾遺三卷附宋政和禮器文字攷一卷　(清)孫詒讓撰　民國七年(1918)上海掃葉山房石印本　二册

330000－1701－0051670　GP14270　子部/雜著類/雜編之屬
公教大學教材不分卷　公教大學編　民國公教大學輔仁社鉛印本　一册

330000－1701－0051673　普 813.57/5514/2　集部/小説類/長篇之屬
繪圖紅樓夢十卷一百二十回　(清)曹霑　(清)高鶚撰　民國十四年(1925)上海世界書局石印本　十册

330000－1701－0051680　普 913.1449/7540　類叢部/叢書類/家集之屬
丹徒陳氏著述十九種　□□編　民國石印本暨鉛印本　一册　存一種

330000－1701－0051682　普 814.08/1003.2/c4　集部/總集類/選集之屬/通代
歷代詩文評註讀本　王文濡編　民國上海文明書局鉛印本　二册　存一種

330000－1701－0051689　普 814.08/1011/c1　集部/總集類/選集之屬/通代
古今滑稽文選六卷　雷瑨輯　民國四年(1915)上海掃葉山房石印本　六册

330000－1701－0051693　普 814.08/1043　類叢部/叢書類/彙編之屬
晦堂叢書□□種　民國五年(1916)湖南官書報局鉛印本　十册　存一種

330000－1701－0051695　善 008716　集部/詞類/别集之屬
鏡海樓詞稿一卷　(清)楊鳳翰撰　民國海寧管氏静得樓抄本　一册

330000－1701－0051701　普 814.08/1011/c2　集部/總集類/選集之屬/通代
古今滑稽文選六卷　雷瑨輯　民國四年(1915)上海掃葉山房石印本　傅櫑題記　六册

330000－1701－0051711　GP14251　集部/小説類/長篇之屬
蔣老五殉情史青樓恨十四回　喬培璋編　民國九年(1920)上海文益書局石印本　一册

330000－1701－0051717　普 814.08/1015　集部/總集類/選集之屬/通代
秦漢短篇古文二卷　王引才撰　民國八年(1919)上海商務印書館鉛印本　一册

330000－1701－0051719　普 913.2023/6037　史部/金石類/金之屬/圖像
貞松堂吉金圖三卷　羅振玉撰　民國二十四年(1935)上虞羅氏墨緣堂影印本　三册

330000－1701－0051723　普 813.57/5514/4/c2　集部/小説類/長篇之屬
增評加註全圖紅樓夢十五卷首一卷一百二十回　(清)曹霑　(清)高鶚撰　(清)王希廉　(清)張新之　(清)姚燮評　民國十四年(1925)上海同文書局石印本　十六册

330000－1701－0051729　普 814.08/1003　集部/總集類/選集之屬/通代
歷代詩文評註讀本　王文濡編　民國上海文明書局鉛印本　二册　存一種

330000－1701－0051730　GP14275　集部/詞類/别集之屬
石蓮闇詞一卷　吳重憙撰　民國四年(1915)刻本　一册

330000－1701－0051739　普 913.1449/3000　史部/金石類/甲骨之屬
殷契卜辭一卷　容庚編　**殷契卜辭釋文一卷**

容庚　瞿潤緡釋　**殷契卜辭文編一卷附錄一卷備查一卷檢字一卷**　瞿潤緡撰集　民國二十二年(1933)北平哈佛燕京學社石印本　三冊

330000－1701－0051746　GP14277　集部/詞類/別集之屬
蒼齋詞錄一卷　劉得天撰　民國三十年(1941)邛郲劉氏嘉遯室刻本　一冊

330000－1701－0051748　普913.1449/4067　類叢部/叢書類/彙編之屬
孔德圖書館叢書　孔德圖書館編　民國鉛印本暨影印本　一冊　存一種

330000－1701－0051751　GP14278　經部/小學類/文字之屬/字書/訓蒙
文字蒙求四卷　(清)王筠撰　民國十六年(1927)上海大一統書局石印本　一冊

330000－1701－0051754　普913.1449/6051.2　史部/金石類/甲骨之屬
殷虛書契考釋一卷　羅振玉撰　民國三年(1914)上虞羅氏永慕園影印本　一冊

330000－1701－0051757　GP14257　類叢部/叢書類/家集之屬
陟岡樓叢刊甲集十三種乙集二種　潘承弼編　民國三十二年至三十三年(1943－1944)吳縣潘氏石印本　八冊

330000－1701－0051760　普913.1449/6051.2/2　史部/金石類/甲骨之屬
殷虛文字類編十四卷檢字一卷殷虛書契考釋一卷待問編十三卷　羅振玉撰　商承祚編　民國十二年至十五年(1923－1926)刻本　一冊　存一卷(殷虛書契考釋)

330000－1701－0051770　普913.1449/6051.202　史部/金石類/甲骨之屬
殷虛書契考釋三卷　羅振玉撰　民國十六年(1927)東方學會影印本　二冊

330000－1701－0051771　普323.094/2848/c1　史部/政書類/通制之屬
宋會要不分卷　(宋)陳騤　(宋)京鏜等纂修　(清)徐松輯　民國二十五年(1936)國立北平圖書館影印本　一百八十八冊

330000－1701－0051778　GP14281　集部/詞類/別集之屬
春燈詞一卷　劉麟生撰　民國三十年(1941)鉛印本　劉麟生題記　一冊

330000－1701－0051780　普913.1449/6051.4　史部/金石類
藝術叢編十七種　姬佛陀編　民國五年至九年(1916－1920)上海倉聖明智大學影印本　二冊　存一種

330000－1701－0051781　GP06020　集部/詞類/總集之屬
唐五代詞選三卷　(清)成肇麐輯　民國上海涵芬樓鉛印本　一冊

330000－1701－0051783　GP14282　集部/別集類
明十三陵小樂府一卷　凌啟鴻撰　民國十三年(1924)鉛印本　一冊

330000－1701－0051792　普323.0924/4660/2/c1　類叢部/叢書類/自著之屬
崇雅堂叢書十四種　楊晨撰　民國二十五年(1936)楊紹翰鉛印本　四冊　存一種

330000－1701－0051793　普813.57/5514/11　集部/小說類/長篇之屬
石頭記八卷八十回　(清)曹霑撰　民國上海有正書局石印本　二十冊

330000－1701－0051797　普913.2023/7543/c1　史部/金石類/金之屬/圖像
海外中國銅器圖錄第一集不分卷　陳夢家撰　民國三十五年(1946)上海商務印書館鉛印本暨影印本　二冊

330000－1701－0051798　普813.57/5514/11(2)　集部/小說類/長篇之屬
石頭記八卷八十回　(清)曹霑撰　民國十六年(1927)上海有正書局石印本　十二冊

330000－1701－0051799　普913.2023/7543/

c2　史部/金石類/金之屬/圖像
海外中國銅器圖錄第一集不分卷　陳夢家撰　民國三十五年(1946)上海商務印書館鉛印本暨影印本　二冊

330000－1701－0051803　普 323.0924/4660/2/c2　類叢部/叢書類/自著之屬
崇雅堂叢書十四種　楊晨撰　民國二十五年(1936)楊紹翰鉛印本　四冊　存一種

330000－1701－0051805　普 323.0924/4660/2/c3　類叢部/叢書類/自著之屬
崇雅堂叢書十四種　楊晨撰　民國二十五年(1936)楊紹翰鉛印本　四冊　存一種

330000－1701－0051809　普 323.0924/4660/2/c4　類叢部/叢書類/自著之屬
崇雅堂叢書十四種　楊晨撰　民國二十五年(1936)楊紹翰鉛印本　四冊　存一種

330000－1701－0051812　普 913.2023/7543/c3　史部/金石類/金之屬/圖像
海外中國銅器圖錄第一集不分卷　陳夢家撰　民國三十五年(1946)上海商務印書館鉛印本暨影印本　二冊

330000－1701－0051815　普 913.1449/6051.5　史部/金石類/甲骨之屬
殷虛文字類編十四卷檢字一卷殷虛書契考釋一卷待問編十三卷　羅振玉撰　商承祚編　民國十二年至十五年(1923－1926)刻本　四冊　存二卷(殷虛文字類編十四、檢字)

330000－1701－0051816　普 913.2023/7543/c4　史部/金石類/金之屬/圖像
海外中國銅器圖錄第一集不分卷　陳夢家撰　民國三十五年(1946)上海商務印書館鉛印本暨影印本　二冊

330000－1701－0051821　普 913.1449/6051.3　史部/金石類/總志之屬
夻古叢編十種　羅振玉輯　民國上虞羅氏影印本　一冊　存一種

330000－1701－0051825　普 913.2023/8004　史部/金石類/金之屬/通考
善齋吉金錄二十八卷　劉體智撰　民國二十四年(1935)廬江劉氏影印本　十五冊

330000－1701－0051826　善 008732　史部/傳記類/別傳之屬/事狀
東山(查繼佐)外紀二卷　(清)劉振麟　(清)周驤輯　民國抄本　一冊

330000－1701－0051830　GP14292　集部/詩文評類/詩評之屬
初白菴詩評三卷詞綜偶評一卷　(清)查慎行撰　(清)張載華輯　民國上海六藝書局石印本　四冊　存一卷(詩評下)

330000－1701－0051841　普 913.1449/7559/c2　史部/金石類/甲骨之屬
殷虛書契考釋小箋一卷　陳邦福撰　民國十四年(1925)鉛印丹徒陳氏著述本　陳邦懷題記　一冊

330000－1701－0051843　普 913.20251/1062　史部/金石類/金之屬/目録
三代秦漢金文著錄表八卷補遺一卷　王國維撰　羅福頤校補　民國二十二年(1933)墨緣堂石印本　四冊

330000－1701－0051844　GP06043　集部/詞類/別集之屬
莽廬詞稿一卷　吳漢聲撰　民國十九年(1930)上海華豐印刷鑄字所鉛印本　一冊

330000－1701－0051847　GP06044　集部/詞類/別集之屬
莽廬詞稿一卷　吳漢聲撰　民國十九年(1930)上海華豐印刷鑄字所鉛印本　一冊

330000－1701－0051848　普 814.08/1146/c1　集部/總集類/選集之屬/通代
古今文綜不分卷　張相輯　民國五年(1916)上海中華書局鉛印本　四十冊

330000－1701－0051851　普 913.20251/1062.06　史部/金石類/金之屬/目録
國朝金文著錄表校記一卷　羅福頤撰　民國二十二年(1933)墨緣堂石印本　一冊

330000－1701－0051855　普 814.08/1146/c2　集部/總集類/選集之屬/通代

古今文綜不分卷　張相輯　民國十三年(1924)上海中華書局鉛印本　四十冊

330000－1701－0051856　普 913.20253/1234　史部/金石類/金之屬/目録

讀雪齋金文目手稿不分卷　(清)孫汝梅撰　民國十六年(1927)影印本　一冊

330000－1701－0051858　GP14287　史部/傳記類/別傳之屬/事狀

先考仲我府君[朱孔彰]行狀一卷　朱師轍撰　民國鉛印本　一冊

330000－1701－0051859　普 323.094/2848/c2　史部/政書類/通制之屬

宋會要不分卷　(宋)陳騤　(宋)京鏜等纂修　(清)徐松輯　民國二十五年(1936)國立北平圖書館影印本　一百九十九冊

330000－1701－0051860　普 814.08/1146/c3　集部/總集類/選集之屬/通代

古今文綜不分卷　張相輯　民國五年(1916)上海中華書局鉛印本　四十冊

330000－1701－0051862　GP14288　史部/傳記類/別傳之屬/事狀

先考仲我府君[朱孔彰]行狀一卷　朱師轍撰　民國鉛印本　一冊

330000－1701－0051864　GP06026　類叢部/叢書類/彙編之屬

退菴叢書　王文炳輯　民國二十年(1931)浙江圖書館鉛印本　二冊　存一種

330000－1701－0051866　GP14289　史部/傳記類/別傳之屬/事狀

先考仲我府君[朱孔彰]行狀一卷　朱師轍撰　民國鉛印本　一冊

330000－1701－0051867　GP14290　史部/傳記類/別傳之屬/事狀

先考仲我府君[朱孔彰]行狀一卷　朱師轍撰　民國鉛印本　一冊

330000－1701－0051871　GP06027　經部/小學類/文字之屬/字書/字體

古籀餘論三卷　(清)孫詒讓撰　民國十八年(1929)燕京大學刻本　二冊

330000－1701－0051875　普 913.20253/4716/c1　史部/金石類/總志之屬

湫漻齋叢書十種　陳準輯　民國瑞安陳氏刻本　一冊　存二種

330000－1701－0051876　普 814.08/1146/c4　集部/總集類/選集之屬/通代

古今文綜不分卷　張相輯　民國五年(1916)上海中華書局鉛印本　四十冊

330000－1701－0051878　GP06049　子部/雜著類/雜纂之屬

冷齋夜話十卷　(宋)釋惠洪撰　民國四年(1915)上海掃葉山房石印本　一冊

330000－1701－0051880　普 913.20253/4716/c2　史部/金石類/總志之屬

湫漻齋叢書十種　陳準輯　民國瑞安陳氏刻本　一冊　存二種

330000－1701－0051881　普 813.57/5514.021/c1　集部/小說類/長篇之屬

紅樓復夢十六卷一百回　(清)陳少海撰　民國六年(1917)上海榮華書局石印本　十六冊

330000－1701－0051883　普 913.20253/4716/c3　史部/金石類/總志之屬

湫漻齋叢書十種　陳準輯　民國瑞安陳氏刻本　一冊　存二種

330000－1701－0051885　普 913.203/2643/c1　史部/金石類/金之屬

愙齋集古録二十六卷　(清)吳大澂撰　民國六年(1917)上海涵芬樓影印本　二十六冊

330000－1701－0051887　普 913.20253/4716/c4　史部/金石類/總志之屬

湫漻齋叢書十種　陳準輯　民國瑞安陳氏刻本　一冊　存二種

330000－1701－0051891　GP14293　類叢部/

叢書類/彙編之屬

華西協合大學國學叢書 民國成都華西協合大學哈佛燕京學社鉛印本 一册 存一種

330000－1701－0051892 普 813.57/5514.021/c2 集部/小說類/長篇之屬

紅樓復夢十六卷一百回 (清)陳少海撰 民國十二年(1923)上海啟新書局石印本 十六册

330000－1701－0051893 善 008738 史部/傳記類/科舉録之屬/總録

海昌外志選舉志一卷 (清)談遷撰 民國抄本 一册

330000－1701－0051896 普 913.203/2643/c2 史部/金石類/金之屬

愙齋集古錄二十六卷 (清)吳大澂撰 民國六年(1917)上海涵芬樓影印本 二十六册

330000－1701－0051897 善 008737 史部/地理類/方志之屬/郡縣志

海昌外志不分卷 (清)談遷撰 民國抄本 管元耀校補 一册

330000－1701－0051898 GP14294 類叢部/叢書類/彙編之屬

華西協合大學國學叢書 民國成都華西協合大學哈佛燕京學社鉛印本 一册 存一種

330000－1701－0051901 普 913.203/1023/2 史部/金石類/金之屬/文字

嘯堂集古錄二卷 (宋)王俅撰 民國刻蘇州振新書社朱印本 二册

330000－1701－0051903 GP14295 集部/別集類/宋別集

白石道人歌曲四卷別集一卷 (宋)姜夔撰 **詩詞評論一卷補遺一卷逸事一卷補遺一卷** 民國有正書局石印本 一册

330000－1701－0051906 普 913.203/2643/(2)/c1 史部/金石類/金之屬

愙齋集古錄二十六卷釋文賸稿二卷 (清)吳大澂撰 民國六年(1917)、八年(1919)上海涵芬樓影印本 二十八册

330000－1701－0051907 普 913.203/1023/3 史部/金石類/金之屬/文字

嘯堂集古錄二卷 (宋)王俅撰 民國抄本 二册

330000－1701－0051910 普 913.203/1062 史部/金石類/金之屬/目録

國朝金文著錄表六卷 王國維撰 民國鉛印本 王文燾題簽並跋 一册

330000－1701－0051911 GP06051 子部/小說家類/雜事之屬

庸盦筆記六卷 (清)薛福成撰 民國六年(1917)上海掃葉山房石印本 三册

330000－1701－0051912 GP14304 集部/別集類

清寂堂詩錄五卷 林思進撰 民國四年至二十一年(1915－1932)霜柑小閣成都刻本 林思進題記 二册

330000－1701－0051914 GP06052 子部/小說家類/雜事之屬

庸盦筆記六卷 (清)薛福成撰 民國十二年(1923)上海文明書局石印本 四册

330000－1701－0051917 善 008733 史部/傳記類/總傳之屬/郡邑

紫峽文獻錄二卷 (清)曹宗載撰 民國海寧管氏靜得樓抄本 一册

330000－1701－0051919 普 813.57/5514.022/2/c1 集部/小說類/長篇之屬

繡像紅樓夢補四卷四十八回 (清)歸鋤子撰 民國三年(1914)上海共和書局石印本 四册

330000－1701－0051923 GP06053 集部/別集類

大荒集不分卷 林語堂撰 民國二十三年(1934)上海生活書店鉛印本 二册

330000－1701－0051924 普 913.203/1113 子部/藝術類/書畫之屬/法帖

張叔未寫清儀閣集古款識一卷 (清)張廷濟書 **陳簠齋寫東武劉氏款識一卷** (清)陳介

祺書　民國八年(1919)上海商務印書館石印本　一冊

330000－1701－0051925　普813.57/5514.022/2/c2　集部/小說類/長篇之屬
繡像紅樓夢補四卷四十八回　(清)歸鋤子撰　民國十二年(1923)上海啟新書局石印本　六冊

330000－1701－0051927　善008744　史部/地理類/水利之屬
浙江海塘紀事詩不分卷　(清)蕭文昭撰　民國二十六年(1937)抄本　許如山題記　一冊

330000－1701－0051930　GP14297　集部/別集類/唐五代別集
杜詩註解節鈔一卷　(唐)杜甫撰　(清)顧淳慶輯注　民國十六年(1927)上海科學儀器館據顧氏抄本影印本　一冊

330000－1701－0051936　GP06057　史部/地理類/專志之屬/古跡
林社二十五周年紀念徵文一卷　林社編　民國十四年(1925)鉛印本　一冊

330000－1701－0051942　普913.203/2643/(2)/c2　史部/金石類/金之屬
䇫齋集古録二十六卷釋文賸稿二卷　(清)吳大澂撰　民國六年(1917)、八年(1919)上海涵芬樓影印本　二十六冊　缺一卷(八)

330000－1701－0051943　善008743　史部/地理類/方志之屬/郡縣志
[乾隆]花溪志補遺一卷　(清)許良謨纂　民國七年(1918)朱俊抄本　朱承業校並跋　一冊

330000－1701－0051946　GP14307　集部/詞類/總集之屬
絶妙好詞箋七卷　(宋)周密輯　(清)查爲仁　(清)厲鶚箋　民國三年(1914)上海有正書局石印本　三冊

330000－1701－0051948　善008742　史部/地理類/方志之屬/郡縣志
[乾隆]寧志餘聞八卷　(清)周廣業纂　民國二十二年(1933)抄本　四冊

330000－1701－0051950　普323.0945/4404　史部/政書類/律令之屬
慶元條法事類八十卷附開禧重修尚書吏部侍郎右選格二卷　(宋)謝深甫等纂修　民國三十七年(1948)燕京大學圖書館刻本(卷一至二、十八至二十七、三十三至三十五、三十八至四十六、五十三至七十二原缺)　十六冊

330000－1701－0051951　GP14310　集部/別集類/宋別集
朱淑真斷腸詩集十卷補遺一卷後集七卷斷腸詞一卷　(宋)朱淑真撰　(宋)鄭元佐注　民國四年(1915)中華圖書館石印本　文達題簽　二冊

330000－1701－0051952　普913.20523/2722　類叢部/叢書類/自著之屬
默厂所著書　鮑鼎撰　民國石印本　一冊　存二種

330000－1701－0051953　善008741　史部/地理類/方志之屬/郡縣志
[乾隆]寧志餘聞八卷　(清)周廣業纂　民國抄本　六冊

330000－1701－0051955　GP06061　新學/工藝/雜工
罐頭製造法不分卷　民國油印本　二冊

330000－1701－0051958　善008752　子部/雜著類/雜考之屬
闢毛先聲四卷　(清)蔣元撰　**附錄一卷**　民國二十一年(1932)平湖胡士瑩霜紅簃抄本　二冊

330000－1701－0051959　普913.2084/1062　類叢部/叢書類/自著之屬
海寧王忠慤公遺書四十四種　王國維撰　民國十六年至十七年(1927－1928)海寧王氏鉛印本暨石印本　一冊　存一種

330000－1701－0051961　GP06063　集部/別集類/清別集
真意齋遺著一卷詩外一卷　(清)許楣撰　民

國十一年(1922)鉛印本　一冊

330000－1701－0051962　普814.08/1138/c2　集部/總集類/氏族之屬

雙璧樓燕貽集内編一卷外編一卷　張逢鑣編　民國八年(1919)杭州鉛印本　一冊

330000－1701－0051964　普913.22/1132　史部/金石類/金之屬/文字

毛公鼎斠釋一卷　張之綱撰　民國二十三年(1934)上海鉛印本　同莊題記　一冊

330000－1701－0051969　普913.22/3653/c1　子部/藝術類/書畫之屬/法帖

曶鼎八家真本彙存不分卷　邊成編　民國三十四年(1945)影印本　一冊

330000－1701－0051972　普913.22/3653/c2　子部/藝術類/書畫之屬/法帖

曶鼎八家真本彙存不分卷　邊成編　民國三十四年(1945)影印本　一冊

330000－1701－0051973　普913.22/3653/c3　子部/藝術類/書畫之屬/法帖

曶鼎八家真本彙存不分卷　邊成編　民國三十四年(1945)影印本　一冊

330000－1701－0051981　普814.08/2749/c1　集部/詩文評類/文評之屬

文章指南五卷　(明)歸有光選　(清)許佐蒐輯　民國十三年(1924)上海大東書局鉛印本　五冊

330000－1701－0051984　普913.22/6005　類叢部/叢書類/彙編之屬

國立中央研究院歷史語言研究所專刊　國立中央研究院歷史語言研究所輯　民國鉛印本、石印本暨刻本　二冊　存一種

330000－1701－0051987　普814.08/2749/c2　集部/詩文評類/文評之屬

文章指南五卷　(明)歸有光選　(清)許佐蒐輯　民國十三年(1924)上海大東書局鉛印本　五冊

330000－1701－0051993　普814.08/2624/5　集部/總集類/選集之屬/通代

古文觀止十二卷　(清)吳乘權　(清)吳大職輯　民國上海大成書局石印本　六冊

330000－1701－0051995　GP14315　集部/詞類/別集之屬

澹廬詩餘二卷　徐鋆撰　民國鉛印本　一冊

330000－1701－0051998　普913.203/2643.2/c1　史部/金石類/金之屬

愙齋集古錄釋文賸稿一卷　(清)吳大澂撰　民國八年(1919)上海涵芬樓影印本　一冊

330000－1701－0052001　GP14316　集部/詞類/別集之屬

盪瀾簃詞鈔一卷　朱應徵撰　民國鉛印本　一冊

330000－1701－0052003　普913.203/2643.2/c2　史部/金石類/金之屬

愙齋集古錄釋文賸稿一卷　(清)吳大澂撰　民國八年(1919)上海涵芬樓影印本　一冊

330000－1701－0052006　普913.203/2643.2/c3　史部/金石類/金之屬

愙齋集古錄釋文賸稿一卷　(清)吳大澂撰　民國八年(1919)上海涵芬樓影印本　一冊

330000－1701－0052007　普913.2223/6051　史部/金石類/總志之屬/文字

秦公敦一卷　民國十二年(1923)影印本　一冊

330000－1701－0052008　普814.08/2624/11　集部/總集類/選集之屬/通代

古文觀止十二卷　(清)吳乘權　(清)吳大職輯　民國三年(1914)上海鴻寶齋石印本　二冊

330000－1701－0052016　普913.223/1113/c1　史部/金石類/總志之屬/文字

焦山周鼎文不分卷　(清)張廷濟　(清)徐同柏撰　民國九年(1920)上海天真美術館影印本　一冊

330000－1701－0052018　普913.203/2644/

c2　史部/金石類
山陰吳氏遯盦金石叢書(遯盦金石叢書)　吳隱輯　民國山陰吳氏西泠印社刻本　九册　存一種

330000－1701－0052021　普 913.203/2644/c3　史部/金石類
山陰吳氏遯盦金石叢書(遯盦金石叢書)　吳隱輯　民國山陰吳氏西泠印社刻本　九册　存一種

330000－1701－0052024　普 913.223/1113/c2　史部/金石類/總志之屬/文字
焦山周鼎文不分卷　(清)張廷濟　(清)徐同柏撰　民國九年(1920)上海天真美術館影印本　一册

330000－1701－0052025　普 814.08/2624.012/c1　集部/總集類/選集之屬/通代
言文對照古文觀止十二卷　(清)吳乘權　(清)吳大職輯　廣益書局編譯　民國十四年(1925)上海廣益書局石印本　七册

330000－1701－0052026　普 913.2323/1233/c1　史部/金石類/金之屬/圖像
河南通志文物志吉金編二種　孫海波編　民國影印本　二册　存一種

330000－1701－0052027　GP05997　經部/小學類/文字之屬/字書
虛字折中四卷　吳熙纂　民國十四年(1925)上海古今圖書店鉛印本　一册

330000－1701－0052031　普 913.2323/1233/c2　史部/金石類/金之屬/圖像
河南通志文物志吉金編二種　孫海波編　民國影印本　二册　存一種

330000－1701－0052032　GP06071　集部/別集類/唐五代別集
柳柳州文評註讀本二卷　(唐)柳宗元撰　王楚香評註　民國十二年(1923)上海大東書局石印本　一册

330000－1701－0052033　普 913.2323/1233/c3　史部/金石類/金之屬/圖像
河南通志文物志吉金編二種　孫海波編　民國影印本　二册　存一種

330000－1701－0052035　GP06072　史部/編年類/通代之屬
綱鑑總論二卷　(清)陳受頤撰　民國三年(1914)上海會文堂書局石印本　二册

330000－1701－0052036　普 913.325/1744　史部/金石類/石之屬/目録
漢石存目不分卷　(清)尹彭壽撰　民國影印本　王修題記　一册

330000－1701－0052037　普 814.08/2624/c2　集部/總集類/選集之屬/通代
古文觀止十二卷　(清)吳乘權　(清)吳大職輯　民國十九年(1930)上海商務印書館鉛印本　六册

330000－1701－0052038　普 913.3251/1262.022　史部/金石類/總志之屬/目録
再續寰宇訪碑錄二卷　羅振玉撰　民國上虞羅氏面城精舍石印本　二册

330000－1701－0052043　GP06073　新學/政治法律/政治
美國政要三十八卷　上海自由社編輯　民國元年(1912)上海商務印書館石印本　十册

330000－1701－0052045　普 913.325/2147　史部/金石類/石之屬/目録
南北響堂寺及其附近石刻目錄四卷　何士驥　劉厚滋編纂　民國二十五年(1936)國立北平研究院總辦事處出版課鉛印本　一册

330000－1701－0052046　普 913.3251/1262.022/2　史部/金石類/總志之屬/目録
再續寰宇訪碑錄二卷　羅振玉撰　民國上虞羅氏面城精舍石印本　二册

330000－1701－0052052　普 814.08/2624/c3　集部/總集類/選集之屬/通代
古文觀止十二卷　(清)吳乘權　(清)吳大職輯　民國十九年(1930)上海商務印書館鉛印本　六册

330000－1701－0052058　普 913.3251/3199　史部/金石類/總志之屬/目録

古誌彙目初集二卷　顧燮光輯　民國九年(1920)衛輝雲記石印局石印本　一冊

330000－1701－0052063　GP06075　子部/小說家類/異聞之屬

瓜圃述異二卷補一卷靈感誌異一卷　金梁撰　民國二十五年(1936)鉛印本　一冊

330000－1701－0052064　普 913.3251/3199/2/c1　史部/金石類

非儒非俠齋金石叢著十種　顧燮光撰　民國會稽顧氏金佳石好樓石印本暨鉛印本　二冊　存一種

330000－1701－0052065　普 913.3251/3199/2/c2　史部/金石類

非儒非俠齋金石叢著十種　顧燮光撰　民國會稽顧氏金佳石好樓石印本暨鉛印本　二冊　存一種

330000－1701－0052066　普 913.3251/3199/2/c3　史部/金石類

非儒非俠齋金石叢著十種　顧燮光撰　民國會稽顧氏金佳石好樓石印本暨鉛印本　二冊　存一種

330000－1701－0052068　GP06076　子部/小說家類/異聞之屬

瓜圃述異二卷補一卷靈感誌異一卷　金梁撰　民國二十五年(1936)鉛印本　一冊

330000－1701－0052071　普 814.08/2632.2　集部/總集類/選集之屬/通代

模範文選甲編三卷　程演生選　民國鉛印本　一冊

330000－1701－0052072　GP06077　子部/小說家類/異聞之屬

瓜圃述異二卷補一卷靈感誌異一卷　金梁撰　民國二十五年(1936)鉛印本　一冊

330000－1701－0052073　GP14332　類叢部/叢書類/郡邑之屬

安徽叢書六期二十五種　安徽叢書編審會輯　民國二十一年至二十五年(1932－1936)影印本　一冊　存第三期一種

330000－1701－0052074　普 913.203/2644/c4　史部/金石類

山陰吴氏遯盦金石叢書(遯盦金石叢書)　吴隱輯　民國山陰吴氏西泠印社刻本　九冊　存一種

330000－1701－0052078　GP14333　類叢部/叢書類/彙編之屬

茗香館叢鈔　李正墀輯　民國鉛印本暨石印本　一冊　存一種

330000－1701－0052080　普 913.3251/3199.2/c1　史部/金石類

非儒非俠齋金石叢著十種　顧燮光撰　民國會稽顧氏金佳石好樓石印本暨鉛印本　一冊　存一種

330000－1701－0052081　普 913.3251/3199.2/c3　史部/金石類

非儒非俠齋金石叢著十種　顧燮光撰　民國會稽顧氏金佳石好樓石印本暨鉛印本　一冊　存一種

330000－1701－0052082　普 913.3251/3199.2/2/c1　史部/金石類

非儒非俠齋金石叢著十種　顧燮光撰　民國會稽顧氏金佳石好樓石印本暨鉛印本　二冊　存一種

330000－1701－0052083　普 913.3251/3199.2/2/c2　史部/金石類

非儒非俠齋金石叢著十種　顧燮光撰　民國會稽顧氏金佳石好樓石印本暨鉛印本　二冊　存一種

330000－1701－0052084　普 913.3251/3428　類叢部/叢書類/彙編之屬

可園叢書　江蘇省立蘇州圖書館輯　民國江蘇省立蘇州圖書館鉛印本　一冊　存一種

330000－1701－0052092　普 913.20449/2664/c1　類叢部/叢書類/彙編之屬

國立武漢大學叢書　商務印書館編　民國上

海商務印書館石印本　二册　存一種

330000－1701－0052096　普 913.20449/2664/c2　類叢部/叢書類/彙編之屬

國立武漢大學叢書　商務印書館編　民國上海商務印書館石印本　二册　存一種

330000－1701－0052097　GP14329　史部/雜史類/斷代之屬

文獻叢編增刊(清三藩史料)六輯　北平故宫博物院編　民國二十年至二十一年(1931－1932)北平故宫博物院鉛印本　四册　缺二輯(五至六)

330000－1701－0052100　普 814.08/26321.2　集部/總集類/選集之屬/通代

古詩鈔二十卷原目一卷附目四卷　(清)吴汝綸撰　民國十七年(1928)北平武彊賀氏刻朱印本　十四册

330000－1701－0052103　普 913.33/1131/c1　子部/藝術類/書畫之屬/法帖

張遷碑一卷　民國石印本　一册

330000－1701－0052104　普 913.33/0095　史部/金石類/石之屬

唐小本釋氏碑二十種　鐵琴銅劍樓輯　民國二十六年(1937)上海商務印書館影印本　四册

330000－1701－0052106　普 913.33/1131/c2　子部/藝術類/書畫之屬/法帖

漢張遷碑不分卷　民國二十七年(1938)長沙商務印書館影印本　李宣龔題簽並記　一册

330000－1701－0052111　GP06080　子部/雜著類/雜説之屬

老學庵筆記二卷　(宋)陸游撰　民國六年(1917)上海掃葉山房石印本　二册

330000－1701－0052112　普 913.33/1140/c1　子部/藝術類/書畫之屬/法帖

宋拓張猛龍碑一卷　民國十四年(1925)上海商務印書館石印本　一册

330000－1701－0052113　普 814.08/3025/c3　集部/總集類/選集之屬/通代

銅琶金縷甲集二卷乙集二卷丙集二卷丁集二卷　上海進步書局編　民國十四年(1925)上海文明書局石印本　四册

330000－1701－0052115　普 913.33/1140/c2　子部/藝術類/書畫之屬/法帖

舊拓張猛龍碑一卷　民國二十八年(1939)長沙商務印書館影印本　一册

330000－1701－0052117　普 913.33/0844　史部/金石類/石之屬

石鼓攷綴五種　許莊撰　民國三十六年(1947)貴陽許學寈石印本　一册

330000－1701－0052118　普 913.33/1140/2/c1　子部/藝術類/書畫之屬/法帖

初拓張猛龍碑一卷　民國十一年(1922)上海有正書局影印本　一册

330000－1701－0052131　普 913.33/1008　子部/藝術類/書畫之屬

金拓蜀先主廟碑不分卷　(金)王庭筠撰書篆　民國有正書局影印本　一册

330000－1701－0052132　GP14337　史部/傳記類/日記之屬

古虞新紀一卷(民國三十年閏七月初一日至三十二年五月二十九日)　彝卿撰　稿本　一册

330000－1701－0052133　GP14346　子部/雜著類/雜説之屬

所貝扎錄一卷　民國抄本　一册

330000－1701－0052135　普 913.33/1140/2/c2　子部/藝術類/書畫之屬/法帖

初拓張猛龍碑一卷　民國上海有正書局影印本　一册

330000－1701－0052136　普 913.33/1040/c2　史部/金石類/石之屬/文字

明拓石鼓文不分卷石鼓文續集一卷　趙鎬編　民國八年(1919)上海有正書局影印本　一册

330000－1701－0052138　普 913.3251/6051/c1　類叢部/叢書類/彙編之屬

東方學會叢書初集十三種　羅振玉編　民國十三年(1924)東方學會鉛印本　二冊　存一種

330000－1701－0052145　普 913.33/1040/c1　史部/金石類/石之屬/文字

明拓石鼓文不分卷石鼓文續集一卷　趙鎬編　民國有正書局影印本　一冊

330000－1701－0052146　普 913.203/7110/3　史部/金石類/金之屬/文字

積古齋鐘鼎彝器款識十卷　(清)阮元撰　民國十八年(1929)上海掃葉山房石印本　五冊

330000－1701－0052147　GP14347　類叢部/叢書類/自著之屬

名山全集三十四種　錢振鍠撰　民國木活字印本暨鉛印本　一冊

330000－1701－0052150　普 913.333/1084/c1　史部/金石類/石之屬/文字

初拓元公姬夫人墓誌二卷　民國有正書局影印本　一冊

330000－1701－0052151　普 913.3251/6051/c2　類叢部/叢書類/彙編之屬

東方學會叢書初集十三種　羅振玉編　民國十三年(1924)東方學會鉛印本　二冊　存一種

330000－1701－0052156　普 913.3251/6051.2　史部/金石類/郡邑之屬

滿州金石志別錄二卷　羅福頤輯　民國二十五年(1936)滿日文化協會石印本　一冊

330000－1701－0052161　普 913.333/1084/c2　史部/金石類/石之屬/文字

初拓元公姬夫人墓誌二卷　民國七年(1918)有正書局影印本　佩英題記　一冊

330000－1701－0052162　普 814.08/3714　集部/總集類/選集之屬/通代

蔡氏古文評註補正全集十卷　(清)過珙選　蔡鑄補正　民國七年(1918)上海商務印書館鉛印本　十冊

330000－1701－0052163　普 913.33/1158/c1　史部/金石類/石之屬/文字

初拓張陶二夫人墓誌二卷　民國上海有正書局影印本　一冊

330000－1701－0052164　普 814.08/3594　史部/地理類/方志之屬/郡縣志

[民國]松夏志十二卷附上湖文鈔二卷首一卷松陵文略二卷首一卷　連光樞纂　民國二十年(1931)枕湖樓鉛印本　一冊　存三卷(松陵文略首、一至二)

330000－1701－0052165　GP14340　子部/藝術類/篆刻之屬/印譜

夢華盦印集一卷　夢華撰　民國鈐印本　湃鷗、天游後人題記　一冊

330000－1701－0052167　普 913.33/1158/c2　史部/金石類/石之屬/文字

初拓張陶二夫人墓誌二卷　民國六年(1917)上海有正書局影印本　沈駿程題簽並記　一冊

330000－1701－0052170　GP14341　集部/總集類/彙編之屬

庚辰嘯社百期紀念刊不分卷　嘯社編　民國嘯社鉛印本　一冊

330000－1701－0052171　普 814.08/3714.2　集部/總集類/選集之屬/通代

連元閣詳訂古文評註全集十卷　(清)過珙　(清)黃越選評　民國四年(1915)上海廣益書局石印本　一冊

330000－1701－0052173　普 913.2323/7718　史部/金石類/總志之屬/圖像

新鄭古器圖錄不分卷　關百益撰　民國十八年(1929)上海商務印書館影印本　二冊

330000－1701－0052174　GP14350　子部/藝術類/書畫之屬/總論

寶迂閣書畫錄四卷附錄一卷　陳夔麟撰　民國四年(1915)石印本　二冊　缺二卷(二至三)

330000－1701－0052175　GP14342　子部/宗教類/道教之屬/雜著
抱朴子校補一卷　孫人和撰　民國鉛印本　一册

330000－1701－0052177　普 913.23449/0038　史部/金石類/金之屬/通考
綴遺齋彝器款識攷釋三十卷首一卷　(清)方濬益撰　方燕年補編　民國二十四年(1935)上海商務印書館影印本(卷十五原缺)　十四册

330000－1701－0052179　普 913.33/1164/c2　史部/傳記類/别傳之屬/墓誌
張黑女墓誌一卷　民國有正書局影印本　一册

330000－1701－0052181　普 913.203/2672　史部/金石類/金之屬/文字
吉金文錄四卷附錄一卷　吴闓生輯　民國二十一年(1932)刻藍印本　余紹宋題記　二册

330000－1701－0052182　普 814.08/3025/c1　集部/總集類/選集之屬/通代
銅琵金縷甲集二卷乙集二卷丙集二卷丁集二卷　上海進步書局編　民國二十年(1931)上海文明書局石印本　四册

330000－1701－0052183　GP14351　子部/農家農學類/農藝之屬/茶酒
改良中國茶葉說一卷　(美國)韋達德撰　馬小進譯　民國四年(1915)稅務處鉛印本　一册

330000－1701－0052184　普 913.33/1164/2　史部/傳記類/别傳之屬/墓誌
魏張黑女墓誌一卷　民國上海藝苑真賞社影印本　一册

330000－1701－0052188　普 814.08/4217.06/c1　類叢部/叢書類/彙編之屬
桐城吴先生羣書點勘　(清)吴汝綸點勘　吴闓生輯　民國三年(1914)京師國羣鑄一社鉛印本　章嶔題記　一册　存一種

330000－1701－0052189　GP14343　史部/金石類/陶之屬
遯盦古陶存不分卷　吴隱輯　民國西泠印社拓本　四册

330000－1701－0052190　普 913.33/1173/c1　史部/金石類
遯盦金石叢書十五種　吴隱輯　民國三年至十年(1914－1921)山陰吴氏西泠印社木活字印本　一册　存一種

330000－1701－0052191　GP14352　史部/政書類/邦計之屬/鹽法
駁張謇君改革全國鹽政計畫書條議一卷　通國鹽業聯合議會撰　民國通國鹽業聯合議會鉛印本　一册

330000－1701－0052192　普 814.08/4217.06/c2　類叢部/叢書類/彙編之屬
桐城吴先生羣書點勘　(清)吴汝綸點勘　吴闓生輯　民國三年(1914)京師國羣鑄一社鉛印本　一册　存一種

330000－1701－0052193　普 913.203/3041　史部/金石類/金之屬/文字
永壽靈壺齋吉金文字三卷　民國石印本　三册

330000－1701－0052194　普 814.08/4217.07/c1　類叢部/叢書類/彙編之屬
桐城吴先生羣書點勘　(清)吴汝綸點勘　吴闓生輯　民國三年(1914)京師國羣鑄一社鉛印本　一册　存一種

330000－1701－0052196　GP14344　集部/别集類
寄簃詩存四卷　洪汝怡撰　民國二十二年(1933)鉛印本　一册

330000－1701－0052199　GP14345　集部/别集類
寄簃詩存四卷　洪汝怡撰　民國二十二年(1933)鉛印本　一册

330000－1701－0052200　普 913.33/1124　子部/藝術類/書畫之屬/法帖
舊拓北魏始平公楊大眼造像記不分卷　俞荔

盦藏　民國二十五年(1936)上海中華書局影印本　一册

330000－1701－0052201　GP14353　集部/別集類
冷香館文鈔二卷　沈廉撰　民國十一年(1922)定海湯濬木活字印本　一册

330000－1701－0052203　普 814.08/3714.2/3　集部/總集類/選集之屬/通代
詳訂古文評註全集八卷　(清)過珙　(清)黄越評選　民國上海鴻章圖書局石印本　八册

330000－1701－0052205　普 814.08/4217.07/c2　類叢部/叢書類/彙編之屬
桐城吳先生羣書點勘　(清)吳汝綸點勘　吳闓生輯　民國三年(1914)京師國羣鑄一社鉛印本　一册　存一種

330000－1701－0052206　普 913.33/2611　史部/金石類/石之屬/文字
吳天發神懺碑一卷　民國上海有正書局石印本　一册

330000－1701－0052207　普 913.33/1173/c2　史部/金石類
遯盦金石叢書十五種　吳隱輯　民國三年至十年(1914－1921)山陰吳氏西泠印社木活字印本　一册　存一種

330000－1701－0052209　普 913.3252/3146/c1　史部/金石類/石之屬/目録
河南圖書館藏石目一卷　李根源　何日章編　民國十四年(1925)河南官印刷局鉛印本　一册

330000－1701－0052210　普 913.33/1173/c3　史部/金石類
遯盦金石叢書十五種　吳隱輯　民國三年至十年(1914－1921)山陰吳氏西泠印社木活字印本　一册　存一種

330000－1701－0052212　普 814.08/4217.028/c4　集部/總集類/選集之屬/通代
新古文辭類纂六十卷首一卷　蔣瑞藻纂集　民國十一年(1922)上海中華書局石印本　二十四册

330000－1701－0052215　GP14357　集部/別集類
海粟子初存文一卷　沈維驤撰　民國四年(1915)京華印書局鉛印本　一册

330000－1701－0052216　普 913.33/2611.07/c1　史部/金石類/石之屬/文字
天發神讖碑攷一卷　(清)吳玉搢録　(清)徐堅藏　民國影印本　一册

330000－1701－0052217　普 913.3252/3146/c2　史部/金石類/石之屬/目録
河南圖書館藏石目一卷　李根源　何日章編　民國十四年(1925)河南官印刷局鉛印本　一册

330000－1701－0052218　GP14358　史部/地理類/水利之屬
揚子江防汛專刊七章　揚子江防汛委員會編　民國二十二年(1933)揚子江防汛委員會鉛印本　周象賢題記　一册

330000－1701－0052220　普 913.33/2611.07/c2　史部/金石類/石之屬/文字
天發神讖碑攷一卷　(清)吳玉搢録　(清)徐堅藏　民國影印本　一册

330000－1701－0052223　普 913.33/2621　史部/金石類/石之屬/文字
明初拓魏賈使君碑不分卷　民國上海有正書局影印本　一册

330000－1701－0052228　普 913.3253/1026/2/c1　類叢部/叢書類/彙編之屬
東方學會叢書初集十三種　羅振玉編　民國十三年(1924)東方學會鉛印本　一册　存一種

330000－1701－0052229　GP14360　集部/總集類/選集之屬/斷代
逸社詩存不分卷　陳夔龍等撰　民國六年(1917)木活字印本　一册

330000－1701－0052231　普 913.23449/

2722/c1　類叢部/叢書類/自著之屬
默厂所著書　鮑鼎撰　民國石印本　一册　存一種

330000－1701－0052234　普 913.33/2620/c1　史部/金石類/石之屬
明揭魏嵩高靈廟碑不分卷　民國九年(1920)上海文明書局影印本　一册

330000－1701－0052235　普 913.3253/1026/2/c2　類叢部/叢書類/彙編之屬
東方學會叢書初集十三種　羅振玉編　民國十三年(1924)東方學會鉛印本　一册　存一種

330000－1701－0052236　普 913.33/2620/c2　史部/金石類/石之屬
明揭魏嵩高靈廟碑不分卷　民國九年(1920)上海文明書局影印本　一册

330000－1701－0052239　普 913.33/2620/c3　史部/金石類/石之屬
明揭魏嵩高靈廟碑不分卷　民國九年(1920)上海文明書局影印本　一册

330000－1701－0052240　普 913.3253/1027　史部/金石類/石之屬/目録
漢石字存一卷畫存一卷　王修編　民國王修影印本　一册

330000－1701－0052248　普 913.23449/2722/c2　類叢部/叢書類/自著之屬
默厂所著書　鮑鼎撰　民國石印本　一册　存一種

330000－1701－0052250　普 913.2423/2609/c1　史部/金石類/錢幣之屬/雜著
泉幣圖說六卷　(清)吳文炳　(清)吳鸞撰　民國十六年(1927)上海來青閣書莊影印本　二册

330000－1701－0052252　普 913.33/2620/2/c1　子部/藝術類/書畫之屬/法帖
嵩高靈廟碑一卷　民國上海有正書局影印本　一册

330000－1701－0052253　普 913.33/0000/c1　子部/藝術類/書畫之屬/法帖
最初精拓爨龍顔碑不分卷　民國上海有正書局石印本　一册

330000－1701－0052254　普 913.33/2620/2/c2　子部/藝術類/書畫之屬/法帖
嵩高靈廟碑一卷　民國五年(1916)上海有正書局影印本　一册

330000－1701－0052256　普 913.2423/2609/c2　史部/金石類/錢幣之屬/雜著
泉幣圖說六卷　(清)吳文炳　(清)吳鸞撰　民國十六年(1927)上海來青閣書莊影印本　二册

330000－1701－0052257　普 913.23449/6051/c1　類叢部/叢書類/自著之屬
松翁居遼後所著書三種　羅振玉撰　民國十八年至二十年(1929－1931)上虞羅氏石印本　一册　存一種

330000－1701－0052263　普 913.33/0000/c2　史部/金石類/石之屬/文字
初拓爨龍顔碑不分卷　(南朝宋)爨道慶撰文　民國十年(1921)上海商務印書館影印本　一册

330000－1701－0052264　普 913.33/1183　史部/金石類/石之屬/文字
宋拓龍藏寺碑一卷　民國有正書局影印本　一册

330000－1701－0052265　普 913.23449/6051/c2　類叢部/叢書類/自著之屬
松翁居遼後所著書三種　羅振玉撰　民國十八年至二十年(1929－1931)上虞羅氏石印本　一册　存一種

330000－1701－0052266　普 913.203/4491/2/c1　史部/金石類/金之屬/文字
歷代鐘鼎彝器欵識二十卷　(宋)薛尚功撰　民國古書流通處影印本　四册

330000－1701－0052267　普 913.33/2627　史部/傳記類/別傳之屬/墓誌

魏故持莭督幽豫二州諸軍事冠軍將軍豫州刺史樂陵王元君墓志銘不分卷 民國影印本 一冊

330000－1701－0052268 普 913.33/1185/c1 子部/藝術類/書畫之屬/法帖
張司直書李元靜先生碑一卷 （唐）張從申書 民國有正書局影印本 一冊

330000－1701－0052272 普 913.33/1185/c2 子部/藝術類/書畫之屬/法帖
張司直書李元靜先生碑一卷 （唐）張從申書 民國有正書局影印本 一冊

330000－1701－0052273 普 913.33/2636 子部/藝術類/書畫之屬/法帖
舊拓吴禪國山碑不分卷附殘字 民國二十五年（1936）上海中華書局影印本 一冊

330000－1701－0052275 普 913.33/0024 史部/金石類/石之屬/文字
明拓唐紀太山銘不分卷 民國二十五年（1936）上海中華書局影印本 二冊

330000－1701－0052276 普 913.203/4491/2/c2 史部/金石類/金之屬/文字
歷代鐘鼎彝器欵識二十卷 （宋）薛尚功撰 民國古書流通處影印本 四冊

330000－1701－0052278 普 913.203/4491/2/c3 史部/金石類/金之屬/文字
歷代鐘鼎彝器欵識二十卷 （宋）薛尚功撰 民國古書流通處影印本 四冊

330000－1701－0052280 普 913.33/2640 史部/金石類/石之屬/文字
魏墓誌三種合冊不分卷 民國有正書局影印本 一冊

330000－1701－0052282 普 913.33/1711 史部/金石類
古物同欣社叢刊 古物同欣社輯 民國十三年（1924）北京隸古齋影印本 一冊 存一種

330000－1701－0052283 普 913.33/0031 史部/金石類/石之屬/文字
爨寶子碑一卷 民國六年（1917）上海有正書局影印本 一冊

330000－1701－0052284 普 913.33/0034/c1 史部/金石類/石之屬/文字
高湛墓誌一卷 民國八年（1919）上海商務印書館影印本 一冊

330000－1701－0052285 普 913.2423/1083 史部/金石類/錢幣之屬/文字
泉貨彙攷十二卷 （清）王錫棨撰 民國十三年（1924）上海中華書局影印本 十二冊

330000－1701－0052287 普 913.33/1758/c1 史部/金石類/石之屬/文字
初拓刁惠公墓誌一卷 民國有正書局影印本 一冊

330000－1701－0052289 普 913.33/1758/c2 史部/金石類/石之屬/文字
初拓刁惠公墓誌一卷 民國八年（1919）有正書局影印本 一冊

330000－1701－0052291 GP14378 集部/總集類/酬唱之屬
復廬同音集二卷 楊世環編 民國石印本 一冊

330000－1701－0052292 普 913.33/0034/c2 史部/金石類/石之屬/文字
高湛墓誌一卷 民國八年（1919）上海商務印書館影印本 一冊

330000－1701－0052293 GP14366 集部/總集類/選集之屬/斷代
雁後合鈔五卷 詹勵吾輯 民國三十六年（1947）鉛印本 一冊

330000－1701－0052294 普 913.33/0081 子部/藝術類/書畫之屬/法帖
宋拓唐姜柔遠碑一卷 （唐）姜晞書 民國有正書局影印本 一冊

330000－1701－0052295 普 913.2423/1124/c1 史部/金石類/錢幣之屬/雜著
錢志新編二十卷 （清）張崇懿輯 **嘉蔭簃論**

泉截句二卷　(清)劉喜海撰　民國十二年(1923)上海掃葉山房據清咸豐五年(1855)綵衣堂刻本影印本　八冊

330000－1701－0052299　GP14379　史部/政書類/公牘檔冊之屬

漢冶萍商辦調查歷史不分卷　民國鉛印本　一冊

330000－1701－0052300　普913.33/0084　史部/金石類/石之屬/文字

明拓唐鄭太子廟碑一卷　(唐)盧照鄰撰　民國二十五年(1936)上海中華書局影印本　一冊

330000－1701－0052302　普913.33/2012　子部/藝術類/書畫之屬/法帖

季子白盤銘一卷　(清)吳大澂書　**新莽量銘一卷漢司徒袁安殘碑一卷**　羅振玉書　民國影印本　一冊

330000－1701－0052303　GP14368　史部/史評類/史學之屬

史學研究法大綱三卷　李泰棻撰　民國九年(1920)武學書館鉛印本　一冊

330000－1701－0052306　普913.2423/3117　史部/金石類/錢幣之屬/圖像

古今錢譜不分卷　(清)馮雲鵬　(清)馮雲鵷輯　民國七年(1918)上海千頃堂書局石印本　四冊

330000－1701－0052309　普913.2423/1124/c2　史部/金石類/錢幣之屬/雜著

錢志新編二十卷　(清)張崇懿輯　**嘉蔭簃論泉截句二卷**　(清)劉喜海撰　民國十二年(1923)上海掃葉山房據清咸豐五年(1855)綵衣堂刻本影印本　八冊

330000－1701－0052311　GP14369　史部/傳記類/別傳之屬/事狀

吳興周夢坡先生哀思錄不分卷　周延礽輯　民國二十四年(1935)鉛印本　一冊

330000－1701－0052315　普913.2423/1124/c3　史部/金石類/錢幣之屬/雜著

錢志新編二十卷　(清)張崇懿輯　**嘉蔭簃論泉截句二卷**　(清)劉喜海撰　民國十二年(1923)上海掃葉山房據清咸豐五年(1855)綵衣堂刻本影印本　八冊

330000－1701－0052318　GP14370　史部/傳記類/別傳之屬/年譜

錢士青先生[文選]編年事略一卷　甘澤沛　王永清編　民國二十五年(1936)鉛印本　一冊

330000－1701－0052326　GP14371　子部/醫家類/婦科之屬/廣嗣

續嗣珍寶一卷　民國二十一年(1932)鉛印本　一冊

330000－1701－0052330　普814.08/4054/5　集部/總集類/選集之屬/通代

古文筆法二十卷　(清)李扶九編集　民國天寶書局石印本　一冊

330000－1701－0052334　普913.33/2646　史部/金石類/石之屬/文字

唐石刻鈔不分卷　民國抄本　一冊

330000－1701－0052335　普913.2423/4377/c1　史部/金石類/錢幣之屬/文字

古泉叢話四卷　(清)戴熙撰　民國十三年(1924)上海中華書局影印本　四冊

330000－1701－0052336　普913.33/2229/c1　子部/藝術類/書畫之屬/法帖

漢少室石闕一卷　民國上海藝苑真賞社影印本　一冊

330000－1701－0052338　普913.33/2721/c1　子部/藝術類/書畫之屬/法帖

宋拓魯峻碑及碑陰二卷　民國有正書局影印本　一冊

330000－1701－0052339　普913.2423/4377/c2　史部/金石類/錢幣之屬/文字

古泉叢話四卷　(清)戴熙撰　民國十三年(1924)上海中華書局影印本　四冊

330000－1701－0052340　GP14381　集部/別

集類
吟珠一卷　少華撰　民國十九年(1930)鉛印本　少華題記　一册

330000－1701－0052342　普 913.33/2229/c2　子部/藝術類/書畫之屬/法帖
漢少室石闕一卷　民國十年(1921)上海藝苑真賞社影印本　一册

330000－1701－0052343　普 913.33/2611/3　史部/金石類/石之屬
明拓吴天發神讖碑不分卷　民國十七年(1928)上海商務印書館影印本　一册

330000－1701－0052348　普 913.33/2683　史部/傳記類/别傳之屬/墓誌
原拓魏鄭道忠墓誌一卷　民國有正書局影印本　一册

330000－1701－0052352　GP14383　經部/群經總義類/石經之屬
漢熹平石經殘字集錄一卷補遺一卷　羅振玉輯　民國十八年(1929)石印本　馬浮題記　一册

330000－1701－0052354　普 913.33/2242/c1　史部/金石類/石之屬/文字
初拓崔敬邕墓誌一卷　民國七年(1918)有正書局影印本　一册

330000－1701－0052355　普 913.33/2242/c2　史部/金石類/石之屬/文字
初拓崔敬邕墓誌一卷　民國七年(1918)有正書局影印本　一册

330000－1701－0052359　普 913.33/2512/c1　史部/傳記類/别傳之屬/墓誌
朱君山墓誌銘一卷　民國影印本　一册

330000－1701－0052360　普 913.33/2512/c2　史部/金石類/石之屬/文字
初搨朱君山墓誌銘一卷　民國十三年(1924)上海文明書局影印本　一册

330000－1701－0052361　普 913.33/2512/c3　史部/傳記類/别傳之屬/墓誌
朱君山墓誌銘一卷　民國影印本　一册

330000－1701－0052364　普 913.33/2672　史部/金石類/石之屬
六朝志銘叢錄初集不分卷　吴隱纂輯　顧燮光編目　民國九年(1920)上海西泠印社影印本　一册

330000－1701－0052366　普 913.33/3413　子部/藝術類/書畫之屬
漢碑額不分卷　金鐾石華樓收藏　丁仁鑒定　民國二十六年(1937)上海中華書局影印本　一册

330000－1701－0052368　普 913.33/2721/c2　子部/藝術類/書畫之屬/法帖
宋拓魯峻碑及碑陰二卷　民國八年(1919)上海有正書局影印本　一册

330000－1701－0052369　普 913.2423/7718　史部/金石類/錢幣之屬/圖像
方城幣譜一卷　闞百益藏并編　民國十八年(1929)拓本　二册

330000－1701－0052370　普 913.33/2772/c1　子部/藝術類/書畫之屬/法帖
明拓伊闕佛龕碑不分卷　(唐)褚遂良書　(唐)岑文本撰　民國有正書局石印本　一册

330000－1701－0052372　普 913.203/6051　史部/金石類/金之屬/文字
三代吉金文存二十卷　羅振玉輯　民國二十五年(1936)上虞羅氏百爵齋影印本　二十册

330000－1701－0052373　普 913.33/3416/c1　子部/藝術類/書畫之屬/法帖
明拓漢隸四種不分卷　民國上海有正書局影印本　一册

330000－1701－0052374　普 913.33/2772/c2　子部/藝術類/書畫之屬/法帖
明拓伊闕佛龕碑不分卷　(唐)褚遂良書　(唐)岑文本撰　民國有正書局石印本　一册

330000－1701－0052377　GP14373　集部/别集類/清别集

小倦遊閣文稿二卷　(清)包世臣撰　民國六年(1917)華陽王氏菊飲軒鉛印本　一册

330000－1701－0052378　普 913.33/3416/c2　子部/藝術類/書畫之屬/法帖
明拓漢隸四種不分卷　民國上海有正書局影印本　一册

330000－1701－0052380　GP06131　類叢部/叢書類/彙編之屬
靜園叢書十種　沈光瑩編　民國七年(1918)聚珍倣宋印書局鉛印本(籀史卷下原缺)　十六册

330000－1701－0052381　普 814.08/4217/2　集部/總集類/選集之屬/通代
名家圈點箋註批評古文辭類纂七十四卷　(清)姚鼐纂　徐斯異等編輯　民國十三年(1924)上海廣益書局石印本　十六册

330000－1701－0052383　GP14374　集部/別集類
妙山集六卷　陳鍾祺撰　民國二十二年(1933)鉛印本　一册

330000－1701－0052385　GP06132　類叢部/叢書類/自著之屬
勴堂遺書八種　顧家相撰　民國八年至十九年(1919－1930)會稽顧氏鉛印本　一册　存一種

330000－1701－0052386　GP14375　子部/工藝類/日用器物之屬/几案
存素堂校寫几譜三種　朱啓鈐編　民國二十三年(1934)中國營造學社石印本　一册

330000－1701－0052388　普 913.33/3421/c1　史部/金石類/石之屬
白石神君碑不分卷　民國十二年(1923)上海藝苑真賞社影印本　一册

330000－1701－0052390　普 913.33/3421/c2　史部/金石類/石之屬
白石神君碑不分卷　民國十二年(1923)上海大東書局影印本　一册

330000－1701－0052391　普 913.33/3073　史部/金石類/石之屬/文字
安陽漢刻四種　民國八年(1919)上海藝苑真賞社影印本　一册

330000－1701－0052397　普 913.33/3421/c3　史部/金石類/石之屬
白石神君碑不分卷　民國五年(1916)上海藝苑真賞社影印本　一册

330000－1701－0052399　GP14377　集部/別集類/明別集
霜猨集校訂補注一卷　(明)周同谷撰　孟森注　民國五年(1916)上海商務印書館鉛印本　一册

330000－1701－0052401　普 913.203/8022　史部/金石類/金之屬/文字
鐘鼎款識原器拓片第一一卷　民國有正書局石印本　一册

330000－1701－0052402　普 913.2425/7124　史部/金石類/錢幣之屬/雜著
歷代古錢目二卷　(清)朱煒校　民國抄本　二册

330000－1701－0052405　普 913.33/3423　子部/藝術類/書畫之屬/法帖
漢幽州刺史朱君碑不分卷　民國上海有正書局影印本　一册

330000－1701－0052408　GP14386　史部/史評類/詠史之屬
讀史千詠六卷　徐公修撰　民國二十三年(1934)山光塔影樓刻朱印本　二册

330000－1701－0052409　普 913.243/7160　史部/金石類/錢幣之屬/文字
貨布文字考四卷首一卷末一卷　(清)馬昂撰　民國十三年(1924)上虞羅福保石印本　二册

330000－1701－0052410　GP14385　史部/地理類/專志之屬/寺觀
北平廟宇通檢二卷　許道齡撰　民國二十五年(1936)國立北平研究院總辦事處出版課鉛

印本　二册

330000－1701－0052411　普913.33/3427　子部/藝術類/書畫之屬/法帖

漢衛尉卿衡方碑不分卷　民國八年(1919)上海藝苑真賞社影印本　一册

330000－1701－0052412　普913.33/3131/2/c1　史部/金石類/石之屬/文字

宋韓蘄王碑釋文二卷　(清)顧沅輯　民國瑞安陳氏湫漻齋刻本　一册

330000－1701－0052416　普913.33/3131/2/c2　史部/金石類/石之屬/文字

宋韓蘄王碑釋文二卷　(清)顧沅輯　民國瑞安陳氏湫漻齋刻本　一册

330000－1701－0052417　普913.33/3433/c1　史部/金石類/石之屬

漢涼州刺史魏君碑不分卷　民國上海有正書局影印本　一册

330000－1701－0052418　普913.20449/0734.4/c1　史部/金石類/金之屬/文字

殷周青銅器銘文研究不分卷　郭沫若撰　民國二十年(1931)上海大東書局影印本　二册

330000－1701－0052419　普913.244/4429　史部/金石類/錢幣之屬/雜著

古錢雜詠二卷　葉德輝撰并注　民國抄本　二册

330000－1701－0052420　GP14395　子部/宗教類/道教之屬

通關文二卷　(清)劉一明撰　民國二十年(1931)杭州明德道場鉛印本　一册

330000－1701－0052422　普913.33/3433/c2　史部/金石類/石之屬

漢涼州刺史魏君碑不分卷　民國上海有正書局影印本　一册

330000－1701－0052423　普913.33/3403/c1、普913.33/3457/c1　史部/金石類/石之屬/文字

黄小松藏漢碑五種　(清)黄易藏　民國上海有正書局影印本　二册　存二種

330000－1701－0052426　普913.20449/0734.4/c2　史部/金石類/金之屬/文字

殷周青銅器銘文研究不分卷　郭沫若撰　民國二十年(1931)上海大東書局影印本　二册

330000－1701－0052428　普913.33/3442/c1　子部/藝術類/書畫之屬/法帖

舊拓漢楊伯起碑一卷　民國十一年(1922)上海商務印書館影印本　一册

330000－1701－0052429　普913.24449/0072　史部/政書類/邦計之屬/錢幣

制錢通考三卷　(清)唐與崑輯　民國上海聚珍倣宋印書局鉛印本　一册

330000－1701－0052430　普913.33/3403/c2　史部/金石類/石之屬/文字

黄小松藏漢碑五種　(清)黄易藏　民國上海有正書局影印本　一册　存一種

330000－1701－0052432　普913.33/3442/c2　子部/藝術類/書畫之屬/法帖

舊拓漢楊伯起碑一卷　民國十五年(1926)上海商務印書館影印本　一册

330000－1701－0052433　GP06137　子部/小說家類

筆記小說大觀二百二十二種　進步書局輯　民國上海進步書局石印本　三册　存一種

330000－1701－0052434　普913.33/3442/c3　史部/金石類/石之屬

宋拓漢太尉楊震碑不分卷　民國二十二年(1933)江西歐陽氏集古山房影印本　一册

330000－1701－0052436　GP06127　史部/史評類/考訂之屬

校史偶得不分卷　陳寶煐撰　民國鉛印本　一册

330000－1701－0052437　GP14396　經部/四書類/總義之屬/傳說

四書纂疏二十六卷札記一卷　(宋)趙順孫撰　民國十四年(1925)聖風書苑據清康熙通志

堂經解本影印本　八冊

330000－1701－0052439　普 913.24449/1104
史部/金石類/錢幣之屬/雜著
錢錄十二卷　(清)張端木撰　民國十六年(1927)南洋星洲新國民日報館鉛印本　一冊

330000－1701－0052441　普 913.33/3412/c1
史部/金石類/石之屬/文字
漢石經殘字一卷　(清)端方藏　民國有正書局影印本　一冊

330000－1701－0052444　普 913.33/3412/c2
史部/金石類/石之屬/文字
漢石經殘字一卷　(清)端方藏　民國七年(1918)有正書局影印本　一冊

330000－1701－0052445　普 814.08/4217/10/c1　類叢部/叢書類/彙編之屬
四部備要　中華書局編　民國二十五年(1936)上海中華書局鉛印本　十四冊　存一種

330000－1701－0052449　普 913.33/3412/c3
史部/金石類/石之屬/文字
漢石經殘字一卷　(清)端方藏　民國有正書局影印本　一冊

330000－1701－0052452　GP14389　集部/別集類
求我山人雜著六卷首一卷　莊景仲撰　**附錄一卷**　民國十八年(1929)鉛印本　二冊

330000－1701－0052455　GP14391　子部/雜著類/雜說之屬
毛夷庚先生國學講述彙輯不分卷　毛夷庚撰　莊觀澄　孫浙生筆錄　民國三十年(1941)浙贛鐵路局鉛印本　一冊

330000－1701－0052456　普 913.33/4010/c1
史部/金石類/石之屬
古石刻零拾不分卷　容庚撰　民國二十三年(1934)影印本暨鉛印本　一冊

330000－1701－0052465　普 913.33/4010/c2
史部/金石類/石之屬
古石刻零拾不分卷　容庚撰　民國二十三年(1934)影印本暨鉛印本　一冊

330000－1701－0052466　普 913.33/44221/2/c1　子部/藝術類/書畫之屬/法帖
宋拓夏承碑一卷　民國十八年(1929)上海商務印書館影印本　一冊

330000－1701－0052467　普 913.33/44221/2/c2　子部/藝術類/書畫之屬/法帖
宋拓夏承碑一卷　民國十七年(1928)上海商務印書館影印本　一冊

330000－1701－0052469　普 913.33/4431
史部/金石類/石之屬/文字
黄初殘石碑一卷　民國十九年(1930)上海神州國光社影印本　一冊

330000－1701－0052471　普 814.08/4217/10/c2　類叢部/叢書類/彙編之屬
袖珍古書讀本三十種　中華書局編　民國十九年(1930)上海中華書局鉛印本　八冊　存一種

330000－1701－0052473　普 913.33/4057
史部/金石類/石之屬
明李文正公石鼓全文硯拓本不分卷　(明)李東陽摹　民國影印本　一冊

330000－1701－0052475　GP14399　集部/別集類/清別集
小綠天庵遺詩二卷六舟山野紀事詩一卷　(清)釋達受撰　民國九年(1920)海寧姚氏古樸山房鉛印本　一冊

330000－1701－0052477　GP06152　經部/易類/專著之屬
易義別識二卷　齊洪昌撰　民國十年(1921)臨海縣公立圖書館石印本　一冊

330000－1701－0052478　普 814.08/4418/5/c1　集部/總集類/選集之屬/通代
古文析義初編六卷二編八卷　(清)林雲銘評註　民國十三年(1924)上海萃英書局石印本　十四冊

330000－1701－0052479　普 913.33/44221.2/c1　經部/群經總義類/石經之屬/專考
漢熹平周易石經殘碑錄一卷　文素松輯　民國十九年(1930)文氏思簡廔影印本　一册

330000－1701－0052480　普 814.08/4217/11　集部/總集類/選集之屬/通代
古文辭類纂七十五卷附録一卷　(清)姚鼐纂輯　**校勘記一卷**　(清)李承淵撰　民國七年(1918)上海會文堂書局石印本　十二册

330000－1701－0052487　普 913.33/3452　子部/藝術類/書畫之屬/法帖
漢泰山都尉孔君碑一卷　民國十四年(1925)上海有正書局影印本　一册

330000－1701－0052493　GP14401　子部/藝術類/篆刻之屬/印譜
西京職官印録二卷　(清)徐堅輯　民國二十四年(1935)上海商務印書館影印本　二册

330000－1701－0052494　普 913.33/3453　史部/金石類/石之屬/文字
東海廟殘碑一卷　民國有正書局影印本　一册

330000－1701－0052499　普 814.08/4217.01/c1　集部/總集類/選集之屬/通代
古文辭類纂評註七十四卷　(清)姚鼐纂輯　沈伯經等評注　民國四年(1915)上海文明書局鉛印本　十六册

330000－1701－0052500　普 913.33/3457/c2　史部/金石類/石之屬/文字
黄小松藏漢碑五種　(清)黄易藏　民國上海有正書局影印本　一册　存一種

330000－1701－0052501　普 814.08/4418/5/c2　集部/總集類/選集之屬/通代
古文析義初編六卷二編八卷　(清)林雲銘評註　民國十三年(1924)上海萃英書局石印本　八册　存八卷(二編一至八)

330000－1701－0052503　GP06155　新學/政治法律/律例
法政學堂講義□□種　民國鉛印本　一册　存一種

330000－1701－0052508　GP14404　史部/目録類/書志之屬/提要
滂喜齋藏書記三卷　(清)潘祖蔭藏　葉昌熾撰　**滂喜齋宋元本書目一卷**　陳乃乾輯　民國十三年(1924)海寧陳氏慎初堂鉛印本　二册

330000－1701－0052510　普 814.08/4217.01/c3　集部/總集類/選集之屬/通代
古文辭類纂評註七十四卷　(清)姚鼐纂輯　沈伯經等評注　民國四年(1915)上海文明書局鉛印本　十六册

330000－1701－0052512　普 913.2484/2700/c3　史部/金石類/錢幣之屬
古泉叢書十五種　民國上海醫學書局石印本　一册　存一種

330000－1701－0052513　GP14405　類叢部/叢書類/自著之屬
越中喻氏崇德堂叢著　喻長鑒撰　民國十六年(1927)紹興喻氏崇德堂鉛印本　二册　存一種

330000－1701－0052514　普 913.33/4073.2　子部/藝術類/書畫之屬/法帖
明拓唐栖先塋記不分卷　(唐)李季卿撰　(唐)李陽冰書　(唐)粟光刻　民國二十五年(1936)上海中華書局影印本　一册

330000－1701－0052516　普 913.33/7121/c1　史部/金石類/石之屬/通考
石鼓爲秦刻石考一卷原器原拓圖　馬衡撰　民國二十年(1931)影印本　一册

330000－1701－0052519　GP14407　集部/別集類
願堂詩録三卷　酈承銓撰　民國三十三年(1944)長沙公益印刷書館鉛印本　一册

330000－1701－0052521　普 913.33/3472/c1　子部/藝術類/書畫之屬/法帖
漢劉熊碑不分卷　民國有正書局影印本　一册

330000－1701－0052522　普 913. 33/4080/c1　子部/藝術類/書畫之屬/法帖

漢西狹頌不分卷　(漢)李翕書　秦文錦藏　民國八年(1919)上海藝苑真賞社影印本　一冊

330000－1701－0052523　普 913. 33/3472/c2　子部/藝術類/書畫之屬/法帖

漢劉熊碑不分卷　民國七年(1918)有正書局影印本　一冊

330000－1701－0052524　普 913. 33/4080/c2　子部/藝術類/書畫之屬/法帖

漢西狹頌不分卷　(漢)李翕書　秦文錦藏　民國十三年(1924)上海藝苑真賞社影印本　一冊

330000－1701－0052526　普 913. 33/4080/c3　子部/藝術類/書畫之屬/法帖

漢西狹頌不分卷　(漢)李翕書　秦文錦藏　民國上海藝苑真賞社影印本　一冊

330000－1701－0052532　普 913. 33/3472/2　子部/藝術類/書畫之屬/法帖

歷代碑帖大觀五十種　高時顯輯　民國上海中華書局影印本　一冊　存一種

330000－1701－0052539　普 913. 33/3477/c1　史部/金石類/石之屬/文字

漢開母石闕不分卷　民國上海藝苑真賞社影印本　一冊

330000－1701－0052542　GP14420　類叢部/叢書類/彙編之屬

福建叢書□□種　民國三十七年(1948)鉛印本　二冊　存一種

330000－1701－0052547　普 913. 33/5581　子部/藝術類/書畫之屬/法帖

海內初拓第一曹全碑不分卷　民國二十七年(1938)上海文明書局影印本　一冊

330000－1701－0052549　普 913. 33/3477/c3　史部/金石類/石之屬/文字

漢開母石闕不分卷　民國十一年(1922)上海藝苑真賞社影印本　一冊

330000－1701－0052551　普 814. 08/4217. 02/4　集部/總集類/選集之屬/通代

評校音註續古文辭類纂三十四卷　王先謙輯　王文濡校注　民國十九年(1930)上海文明書局鉛印本　八冊

330000－1701－0052552　普 913. 33/6034　史部/金石類/石之屬/文字

碑別字續拾一卷　羅福葆輯　民國二十八年(1939)墨緣堂石印本　一冊

330000－1701－0052556　普 913. 33/3477/c2　史部/金石類/石之屬/文字

漢開母石闕不分卷　民國十年(1921)上海藝苑真賞社影印本　一冊

330000－1701－0052558　GP14421　集部/別集類

梁巨川先生遺筆一卷　梁濟撰　民國影印本　一冊

330000－1701－0052560　普 913. 33/6051　史部/金石類/金之屬/文字

唐代海東藩閥誌存一卷　羅振玉編　民國二十六年(1937)石印本　一冊

330000－1701－0052566　普 913. 33/3494/c1　史部/金石類/石之屬/文字

黃小松藏漢碑五種　(清)黃易藏　民國上海有正書局影印本　一冊　存一種

330000－1701－0052569　普 913. 33/6051. 2/c1、普 913. 33/6051. 4/c1、普 913. 33/6051. 5/c1、普 913. 33/6051. 6/c1　類叢部/叢書類/自著之屬

松翁居遼後所著書三種　羅振玉撰　民國十八年至二十年(1929－1931)上虞羅氏石印本　四冊　存一種

330000－1701－0052571　普 814. 08/4217. 02/6/c2　集部/總集類/選集之屬/通代

續古文辭類纂三十四卷　王先謙輯　民國七年(1918)上海會文堂書局石印本　八冊

330000－1701－0052572　GP06162　經部/小學類/文字之屬/說文/專著

說文古籀補補十四卷附錄一卷　丁佛言撰　民國十九年(1930)北平富晉書社影印本　四册

330000－1701－0052574　普913.33/6051.2/c2　類叢部/叢書類/自著之屬
松翁居遼後所著書三種　羅振玉撰　民國十八年至二十年(1929－1931)上虞羅氏石印本　一册　存一種

330000－1701－0052577　普913.33/3494/c2　史部/金石類/石之屬/文字
黄小松藏漢碑五種　(清)黄易藏　民國上海有正書局影印本　一册　存一種

330000－1701－0052579　普913.33/6051.2/c3、普913.33/6051.4/c2、普913.33/6051.5/c2、普913.33/6051.6/c2　類叢部/叢書類/自著之屬
松翁居遼後所著書三種　羅振玉撰　民國十八年至二十年(1929－1931)上虞羅氏石印本　四册　存一種

330000－1701－0052580　普814.08/4217.02/7　集部/總集類/選集之屬/通代
箋注批評續古文辭類纂三十四卷　徐斯異等編輯　民國十七年(1928)上海廣益書局石印本　十六册

330000－1701－0052581　普913.249/3016　史部/金石類/錢幣之屬/雜著
宋元明錢史不分卷　民國三十三年(1944)朱志揚抄本　逸溪題簽　一册

330000－1701－0052584　GP06171　史部/傳記類/總傳之屬/釋道
月旦堂仙佛奇踪合刻八卷　(明)洪應明撰　民國二十年(1931)武進陶氏石印本　三册

330000－1701－0052587　普913.2723/3052　史部/金石類/金之屬/圖像
簠齋藏鏡二卷　(清)陳介祺藏　民國十四年(1925)蟫隱廬影印本　二册

330000－1701－0052588　普913.203/7110/2/c3　史部/金石類/金之屬/文字
積古齋鐘鼎款識稿本四卷　(清)阮元撰　民國影印本　一册

330000－1701－0052593　GP06172　子部/小説家類/瑣語之屬
岐海瑣譚集十六卷　(明)姜準輯　民國二十五年(1936)浙江省永嘉區徵輯鄉先哲遺著委員會鉛印本　四册

330000－1701－0052594　普913.395152/1024/c1　子部/藝術類/書畫之屬/法帖
漢西嶽華山碑一卷　民國影印本　一册

330000－1701－0052595　普913.33/4872　史部/金石類/金之屬/文字
精拓散氏盤銘放大本一卷　民國七年(1918)上海有正書局影印本　一册

330000－1701－0052596　普814.08/4423　集部/總集類/選集之屬/斷代
苕岑叢書十一種　余端輯　民國九年(1920)鉛印本　一册

330000－1701－0052598　普913.33/6051.3/c1　經部/群經總義類/石經之屬
漢熹平石經殘字集録補遺一卷　羅振玉輯　民國二十年(1931)石印本　一册

330000－1701－0052600　普913.27464/4487　史部/金石類
石廬金石叢刊　林鈞輯　民國十八年(1929)福州西泠石廬鉛印本　一册　存一種

330000－1701－0052601　普913.33/6051.3/c2　經部/群經總義類/石經之屬
漢熹平石經殘字集録補遺一卷　羅振玉輯　民國二十年(1931)石印本　一册

330000－1701－0052602　普814.08/4217.02/8/c2　類叢部/叢書類/彙編之屬
袖珍古書讀本三十種　中華書局編　民國十九年(1930)上海中華書局鉛印本　八册　存一種

330000－1701－0052605　普913.33/6051.91　子部/藝術類/書畫之屬/法帖

六朝墓誌菁英不分卷　羅振玉編　民國六年(1917)影印本　一冊

330000－1701－0052608　普 913.395152/1024/c2　子部/藝術類/書畫之屬/法帖
漢西嶽華山碑一卷　民國二十一年(1932)上海商務印書館影印本　一冊

330000－1701－0052614　GP14410　集部/別集類/清別集
培遠堂偶存稿不分卷　(清)陳宏謀撰　民國二十年(1931)嵊縣魏頌唐鉛印本　一冊

330000－1701－0052615　普 913.203/7110/2/c1　史部/金石類/金之屬/文字
積古齋鐘鼎款識稿本四卷　(清)阮元撰　民國影印本　三冊

330000－1701－0052618　普 913.203/7110/2/c2　史部/金石類/金之屬/文字
積古齋鐘鼎款識稿本四卷　(清)阮元撰　民國影印本　三冊

330000－1701－0052624　普 814.08/4426/c1　集部/總集類/選集之屬/通代
續源文鈔三卷　黄維時撰　民國二十八年(1939)鉛印本　一冊

330000－1701－0052625　GP14412　集部/別集類
珍帚齋詩草一卷畫稿一卷　姚景瀛撰　**謇謇詩草一卷**　姚繼虺撰　民國三十五年(1946)影印本　元善題記　一冊

330000－1701－0052626　普 913.395152/1024/2/c1、普 913.395152/1024/3/c1、普 913.395152/1024/4/c1　史部/金石類/石之屬/文字
宋拓華山廟碑三種合璧　(漢)郭香察書　民國上海有正書局影印本　三冊

330000－1701－0052627　普 913.395152/1024/2/c2、普 913.395152/1024/3/c2　史部/金石類/石之屬/文字
宋拓華山廟碑三種合璧　(漢)郭香察書　民國上海有正書局影印本　二冊　存二種

330000－1701－0052628　普 913.395152/1024/4/c2　史部/金石類/石之屬/文字
宋拓華山廟碑三種合璧　(漢)郭香察書　民國上海有正書局影印本　一冊　存一種

330000－1701－0052630　普 913.33/7121/c2　史部/金石類/石之屬/通考
石鼓爲秦刻石考一卷原器原拓圖　馬衡撰　民國二十年(1931)影印本　一冊

330000－1701－0052632　普 913.33/7121/c3　史部/金石類/石之屬/通考
石鼓爲秦刻石考一卷原器原拓圖　馬衡撰　民國二十年(1931)影印本　一冊

330000－1701－0052633　普 913.3/1108　史部/傳記類/總傳之屬
琬琰文錄不分卷　民國抄本　三冊

330000－1701－0052634　普 913.33/7182.2/c1　史部/金石類/石之屬/通考
石鼓文疏記一卷　馬敘倫撰　民國二十四年(1935)上海商務印書館影印本　一冊

330000－1701－0052635　普 913.3/3199　史部/金石類
非儒非俠齋金石叢著十種　顧燮光撰　民國會稽顧氏金佳石好樓石印本暨鉛印本　一冊　存一種

330000－1701－0052639　普 913.33/7182.2/c2　史部/金石類/石之屬/通考
石鼓文疏記一卷　馬敘倫撰　民國二十四年(1935)上海商務印書館影印本　一冊

330000－1701－0052641　普 814.08/4426/c2　集部/總集類/選集之屬/通代
續源文鈔三卷　黄維時撰　民國二十八年(1939)鉛印本　一冊

330000－1701－0052642　普 913.3/1113　史部/金石類/總志之屬/圖像
金石文字一卷　(清)張廷濟藏　民國三十四年(1945)石印本　一冊

330000－1701－0052643　普 814.08/4426/c3

集部/總集類/選集之屬/通代

續源文鈔三卷 黄維時撰 民國二十八年(1939)鉛印本 一冊

330000－1701－0052645 普 913.3/4661 史部/金石類/金之屬/圖像

楊星吾吉金集一卷 楊守敬輯 民國石印本 沈駿程跋 一冊

330000－1701－0052646 普 913.33/7182.2/c3 史部/金石類/石之屬/通考

石鼓文疏記一卷 馬敘倫撰 民國二十四年(1935)上海商務印書館影印本 一冊

330000－1701－0052654 普 814.08/4457 集部/總集類/選集之屬/斷代

國文新範六卷 蔡郕輯 民國四年(1915)上海會文堂石印本 六冊

330000－1701－0052655 GP14428 史部/傳記類/别傳之屬/事狀

先室吳夫人事略一卷 朱景彝撰 民國十九年(1930)寶彝室鉛印本 一冊

330000－1701－0052657 普 913.395152/1024/5 子部/藝術類/書畫之屬/法帖

歷代碑帖大觀五十種 高時顯輯 民國上海中華書局影印本 一冊 存一種

330000－1701－0052660 普 814.08/4217.021 集部/總集類/選集之屬/通代

精選廣註王氏古文辭類纂不分卷 王先謙輯 秦同培選 民國十四年(1925)上海世界書局石印本 四冊

330000－1701－0052664 GP14429 集部/總集類/郡邑之屬

永嘉四靈詩四卷附徐道暉集徐致中集補闕一卷 (宋)徐照 (宋)徐璣撰 **重雕宋本永嘉四靈詩札記一卷** 徐乃昌撰 民國十四年(1925)南陵徐乃昌刻本 二冊

330000－1701－0052670 普 913.33/6051.7 類叢部/叢書類/彙編之屬

嘉草軒叢書十一種 羅振玉編 民國七年(1918)上虞羅氏日本影印本 一冊 存一種

330000－1701－0052672 GP06176 類叢部/叢書類/彙編之屬

中國學院國學系叢書 民國二十二年(1933)北平中國學院出版科鉛印本 一冊 存一種

330000－1701－0052675 普 913.395152/2074/c1 史部/金石類/郡邑之屬/文字

關中石刻文字新編四卷 (清)毛鳳枝撰 民國二十四年(1935)會稽顧氏石印本 二冊

330000－1701－0052678 普 814.08/4217.0221/c2 集部/總集類/選集之屬/通代

精選廣註黎氏古文辭類纂不分卷 (清)黎庶昌輯 秦同培選 民國十四年(1925)上海世界書局石印本 四冊

330000－1701－0052682 普 913.395152/2074/c2 史部/金石類/郡邑之屬/文字

關中石刻文字新編四卷 (清)毛鳳枝撰 民國二十四年(1935)會稽顧氏石印本 二冊

330000－1701－0052683 普 913.33/6051.8/c1 經部/群經總義類/石經之屬

漢熹平石經殘字二卷集錄一卷補遺一卷 羅振玉輯 民國十九年至二十年(1930－1931)石印本 三冊 缺一卷(補遺)

330000－1701－0052685 普 913.33/7420/c2 史部/金石類/石之屬

隨上方寺塔槃遺刻不分卷漢黽池五瑞圖題名不分卷 民國有正書局影印本 一冊

330000－1701－0052686 普 814.08/4217.028/c1 集部/總集類/選集之屬/通代

新古文辭類纂六十卷首一卷 蔣瑞藻纂集 民國十一年(1922)上海中華書局石印本 二十四冊

330000－1701－0052687 普 913.395152/2074/c3 史部/金石類/郡邑之屬/文字

關中石刻文字新編四卷 (清)毛鳳枝撰 民國二十四年(1935)會稽顧氏石印本 二冊

330000－1701－0052688 普 913.33/7420/c1 史部/金石類/石之屬

隨上方寺塔槃遺刻不分卷漢黽池五瑞圖題名

不分卷 民國有正書局影印本 一册

330000－1701－0052689 普 913.33/6051.8/c2 經部/群經總義類/石經之屬

漢熹平石經殘字二卷集錄一卷補遺一卷 羅振玉輯 民國十九年至二十年(1930－1931)石印本 四册

330000－1701－0052698 普 913.33/6051.9 史部/金石類/總志之屬

聋古叢編十種 羅振玉輯 民國上虞羅氏影印本 一册 存一種

330000－1701－0052702 普 913.3449/0044/2 史部/金石類/石之屬/通考

校碑隨筆六卷續二卷 方若撰 民國十二年(1923)華璋書局石印本 六册

330000－1701－0052703 GP14413 集部/總集類/選集之屬/斷代

雁後合鈔五卷 詹勵吾輯 民國三十六年(1947)鉛印本 一册

330000－1701－0052707 普 913.395152/5018 史部/金石類/石之屬/通考

漢延熹西嶽華山廟碑續考四卷 秦更年編 民國十七年(1928)江都秦氏石藥簃上海鉛印本 二册

330000－1701－0052713 普 913.3449/0044/3 史部/金石類/石之屬/通考

校碑隨筆不分卷補遺一卷僞刻一卷 方若撰 民國天津中東石印局石印本 鄒校 一册

330000－1701－0052715 普 913.3449/7700 史部/金石類/石之屬/通考

爨龍顔碑考釋一卷 趙詒琛輯 民國二十五年(1936)崑山趙氏刻對樹書屋叢刻本 趙詒琛題記 一册

330000－1701－0052718 普 913.33/7532/c1 史部/金石類

百一廬金石叢書十種 陳乃乾輯 民國十年(1921)海寧陳氏影印本 一册 存一種

330000－1701－0052720 普 913.395152/4420/c1 史部/金石類/石之屬/文字

大代華岳廟碑一卷 民國有正書局影印本 一册

330000－1701－0052722 普 913.3449/8048/c1 史部/金石類/總志之屬

湫漻齋叢書十種 陳準輯 民國瑞安陳氏刻本 一册 存一種

330000－1701－0052723 普 913.395152/4420/c2 史部/金石類/石之屬/文字

大代華岳廟碑一卷 民國有正書局影印本 一册

330000－1701－0052724 GP14433 集部/別集類

夢選樓文鈔二卷詩鈔二卷 胡宗楙撰 民國二十五年(1936)永康胡氏津門刻本 張崟題記 一册 存二卷(文鈔一至二)

330000－1701－0052728 普 913.3449/8048/c2 史部/金石類/總志之屬

湫漻齋叢書十種 陳準輯 民國瑞安陳氏刻本 一册 存一種

330000－1701－0052732 普 913.33/7532/c2 史部/金石類

百一廬金石叢書十種 陳乃乾輯 民國十年(1921)海寧陳氏影印本 一册 存一種

330000－1701－0052733 普 913.395152/6051.2 類叢部/叢書類/彙編之屬

雲窗叢刻十種十四卷 羅振玉輯 民國三年(1914)上虞羅氏日本京都東山僑舍影印本 一册 存一種

330000－1701－0052734 普 913.3449/2624/c1 類叢部/叢書類

慤齋叢書 民國上海文瑞樓書局影印本 二册 存一種

330000－1701－0052735 普 913.395152/4469 史部/金石類

嘉業堂金石叢書五種 劉承幹輯 民國吳興劉氏刻本 二册 存一種

330000－1701－0052736　普 913.3449/8048/c3　史部/金石類/總志之屬

湫漻齋叢書十種　陳準輯　民國瑞安陳氏刻本　一冊　存一種

330000－1701－0052738　普 913.33/7540　類叢部/叢書類/家集之屬

丹徒陳氏著述十九種　□□編　民國石印本暨鉛印本　一冊　存一種

330000－1701－0052740　普 913.395153/6051　史部/金石類/郡邑之屬/目録

鳴沙山石室祕録一卷　羅振玉撰　民國國粹學報社鉛印本　一冊

330000－1701－0052743　普 913.3449/2624/c2　類叢部/叢書類

愙齋叢書　民國上海文瑞樓書局影印本　二冊　存一種

330000－1701－0052745　GP14437　子部/醫家類/綜合之屬/通論

醫鏡十六卷首一卷　(清)顧靖遠撰　民國十年(1921)杭城武林印書館鉛印本　四冊

330000－1701－0052749　普 913.3449/3199/c1　史部/金石類

非儒非俠齋金石叢著十種　顧燮光撰　民國會稽顧氏金佳石好樓石印本暨鉛印本　一冊　存一種

330000－1701－0052755　GP06194　子部/雜著類/雜纂之屬

碎金不分卷　民國二十四年(1935)國立北平故宫博物院文獻館影印本　一冊

330000－1701－0052756　普 913.423/1047　史部/金石類/玉之屬/圖像

陶齋古玉圖一卷　(清)端方藏　王大隆輯　民國二十五年(1936)上海來青閣影印本　二冊

330000－1701－0052764　普 913.3449/3199/c2　史部/金石類

非儒非俠齋金石叢著十種　顧燮光撰　民國會稽顧氏金佳石好樓石印本暨鉛印本　一冊　存一種

330000－1701－0052765　GP14445　新學/全體學/附心靈學

心理建設論一卷附錄一卷　邵元沖撰　民國鉛印本　一冊

330000－1701－0052766　普 814.08/7586　集部/總集類/選集之屬/通代

古文比四卷　陳曾則輯　民國十四年(1925)上海中華書局鉛印本　四冊

330000－1701－0052771　普 913.3464/2330　類叢部/叢書類/郡邑之屬

山左先喆遺書　山東省立圖書館編　民國瑞安陳氏褎殷堂鉛印本　一冊　存一種

330000－1701－0052772　普 913.395171/4241　類叢部/叢書類/彙編之屬

古學彙刊第一集三十四種第二集二十七種　鄧實等編　民國元年至三年(1912－1914)上海國粹學報社鉛印本　一冊　存一種

330000－1701－0052773　普 913.3449/3199/c3　史部/金石類

非儒非俠齋金石叢著十種　顧燮光撰　民國會稽顧氏金佳石好樓石印本暨鉛印本　一冊　存一種

330000－1701－0052774　普 814.082/4420/20　類叢部/叢書類/彙編之屬

四部備要　中華書局編　民國二十五年(1936)上海中華書局鉛印本　二十二冊　存一種

330000－1701－0052775　GP14446　子部/儒家類/儒學之屬/經濟

抸畫齋統一分治芻議一卷附封建篇一卷法家篇一卷　孫輿撰　民國五年(1916)鉛印本　一冊

330000－1701－0052777　普 913.3449/3199/c4　史部/金石類

非儒非俠齋金石叢著十種　顧燮光撰　民國會稽顧氏金佳石好樓石印本暨鉛印本　一冊　存一種

330000－1701－0052779　普 913.423/6653/c1　史部/金石類/總志之屬

湫漻齋叢書十種　陳準輯　民國瑞安陳氏刻本　一冊　存一種

330000－1701－0052780　普 913.3464/3146　史部/金石類/石之屬/文字

河南圖書館藏石跋一卷　羅振玉等撰　何日章輯　民國十四年(1925)河南官印刷局鉛印本　一冊

330000－1701－0052781　普 913.395193/4648/c1　類叢部/叢書類/彙編之屬

東方學會叢書初集十三種　羅振玉編　民國十三年(1924)東方學會鉛印本　一冊　存一種

330000－1701－0052782　普 913.395193/4648/c2　類叢部/叢書類/彙編之屬

東方學會叢書初集十三種　羅振玉編　民國十三年(1924)東方學會鉛印本　一冊　存一種

330000－1701－0052784　GP06196　子部/小說家類/異聞之屬

夷堅志一百八十卷志補二十五卷再補一卷　(宋)洪邁撰　**夷堅志校勘記一卷**　張元濟撰　民國十六年(1927)上海商務印書館鉛印本　二十冊

330000－1701－0052791　GP06189　經部/小學類/文字之屬/說文/專著

說文古文疏證一卷　舒連景撰　民國二十六年(1937)上海商務印書館石印本　一冊

330000－1701－0052793　普 814.08/8003/3　集部/總集類/選集之屬/通代

重訂古文釋義新編八卷　(清)余誠評註　民國三年(1914)上海錦章書局石印本　八冊

330000－1701－0052794　GP14448　子部/雜著類/雜說之屬

國鑑一卷　唐文治撰　民國二十一年(1932)鉛印本　一冊

330000－1701－0052797　普 913.3958/4741/c1　子部/藝術類/書畫之屬/法帖

舊拓好大王碑一卷　民國八年(1919)上海有正書局影印本　一冊

330000－1701－0052798　普 913.3958/4741/c2　子部/藝術類/書畫之屬/法帖

舊拓好大王碑一卷　民國八年(1919)上海有正書局影印本　一冊

330000－1701－0052799　GP06191　史部/目録類/總録之屬/私撰

書目舉要一卷　周貞亮　李之鼎編　民國九年(1920)南城李之鼎宜秋館刻本　一冊

330000－1701－0052800　普 913.423/6653/c2　史部/金石類/總志之屬

湫漻齋叢書十種　陳準輯　民國瑞安陳氏刻本　一冊　存一種

330000－1701－0052801　普 913.3464/4448/c1　史部/金石類/總志之屬

范鼎卿先生所著書三種　范壽銘撰　民國會稽顧燮光金佳石好樓石印本　二冊　存二種

330000－1701－0052805　GP06192　史部/目録類/總録之屬/私撰

書目舉要一卷　周貞亮　李之鼎編　民國九年(1920)南城李之鼎宜秋館刻本　一冊

330000－1701－0052807　GP14449　類叢部/叢書類/彙編之屬

宋人小說二十八種　涵芬樓編　民國上海商務印書館鉛印本　三冊　存一種

330000－1701－0052808　GP06197　集部/總集類/選集之屬/通代

歷代詩文評註讀本　王文濡編　民國上海文明書局鉛印本　二冊　存一種

330000－1701－0052810　普 814.08/8064/201　集部/總集類/選集之屬/通代

詳註經史百家雜鈔二十六卷　(清)曾國藩纂　民國十九年(1930)上海掃葉山房石印本　十二冊

330000－1701－0052811　普 913.33/7716

史部/金石類/石之屬

水前拓瘞鶴銘不分卷 （南朝梁）華阳真逸撰（南朝梁）上皇山樵書　民國七年（1918）上虞羅振玉影印本　一冊

330000－1701－0052812　GP06198　集部/總集類/選集之屬/通代

歷代詩文評註讀本　王文濡編　民國上海文明書局鉛印本　二冊　存一種

330000－1701－0052813　GP06193　類叢部/叢書類/彙編之屬

邈園叢書二十六種　羅振常編　民國上海蟫隱廬謄寫版印三十三年（1944）吳興周延年彙編印本　一冊　存一種

330000－1701－0052814　普 814.08/8064/2　集部/總集類/選集之屬/通代

古文四象四卷　（清）曾國藩輯　民國七年（1918）上海有正書局鉛印本　四冊

330000－1701－0052815　GP14450　類叢部/叢書類/自著之屬

桂林梁先生遺書六種　梁濟撰　民國十六年（1927）上海商務印書館鉛印本　四冊

330000－1701－0052818　GP06199　集部/總集類/選集之屬/通代

歷代詩文評註讀本　王文濡編　民國上海文明書局鉛印本　二冊　存一種

330000－1701－0052820　普 913.3464/4448/c2　史部/金石類/總志之屬

范鼎卿先生所著書三種　范壽銘撰　民國會稽顧爕光金佳石好樓石印本　二冊　存二種

330000－1701－0052823　普 913.33/7716/2　子部/藝術類/書畫之屬/法帖

舊拓瘞鶴銘不分卷　民國十九年（1930）上海神州國光社影印本　一冊

330000－1701－0052825　普 913.3464/4448/c3　史部/金石類/總志之屬

范鼎卿先生所著書三種　范壽銘撰　民國會稽顧爕光金佳石好樓石印本　二冊　存二種

330000－1701－0052826　GP06200　集部/總集類/彙編之屬

教科適用古今小品精華二卷　中華書局編　民國五年（1916）上海中華書局鉛印本　二冊

330000－1701－0052828　普 913.3464/4448/c4　史部/金石類/總志之屬

范鼎卿先生所著書三種　范壽銘撰　民國會稽顧爕光金佳石好樓石印本　二冊　存二種

330000－1701－0052833　普 814.082/0845/3　集部/總集類/選集之屬/通代

六朝文絜箋注十二卷　（清）許槤輯並評（清）黎經誥箋注　民國上海朝記書莊石印本　四冊

330000－1701－0052835　GP14443　集部/別集類

味筍齋詩鈔一卷　姚琮撰　民國三十四年（1945）重慶鉛印本　一冊

330000－1701－0052836　普 913.33/7716/3　子部/藝術類/書畫之屬/法帖

匋齋藏瘞鶴銘兩種合冊　（清）端方藏　民國上海有正書局影印本　一冊

330000－1701－0052837　GP06202　子部/藝術類/書畫之屬

最新時裝百美圖詠不分卷　陸子常繪　花影樓主人編　民國四年（1915）上海才記書紙棧石印本　二冊

330000－1701－0052842　GP14452　集部/別集類

秋蟲吟艸一卷俛仰麈詩存一卷　陳迹撰　民國油印本　一冊

330000－1701－0052844　GP14443/1　集部/別集類

味筍齋詩鈔一卷　姚琮撰　民國三十四年（1945）重慶鉛印本　姚琮題記　一冊

330000－1701－0052848　普 913.3464/5010/c1　史部/金石類/總志之屬/題跋

定庵題跋一卷　由雲龍撰　民國二十七年（1938）鉛印本　李根源題記　一冊

330000－1701－0052849　普 913.33/7716/4　史部/金石類/石之屬
水前拓本瘞鶴銘不分卷　(南朝梁)華阳真逸撰　(南朝梁)上皇山樵書　民國有正書局石印本　一册

330000－1701－0052850　普 913.423/6653/c3　史部/金石類/總志之屬
湫漻齋叢書十種　陳準輯　民國瑞安陳氏刻本　一册　存一種

330000－1701－0052851　GP14444　集部/別集類
康南海文集彙編八卷　康有爲撰　民國六年(1917)交通圖書館石印本　八册

330000－1701－0052852　普 913.3464/5010/c2　史部/金石類/總志之屬/題跋
定庵題跋一卷　由雲龍撰　民國二十七年(1938)鉛印本　一册

330000－1701－0052853　GP06204　經部/詩類/傳說之屬
詩經通論十八卷前一卷　(清)姚際恆撰　民國十六年至十七年(1927－1928)成都書局刻本　八册

330000－1701－0052855　普 913.408/2241　史部/金石類/玉之屬
嶺南玉社叢書　嶺南玉社編輯　民國十四年(1925)嶺南玉社鉛印本　二册　存第一集

330000－1701－0052856　GP06205　集部/別集類
寒碧軒詩一卷　林景行撰　民國十年(1921)鉛印本　一册

330000－1701－0052857　GP14468　經部/小學類/文字之屬/說文/傳說
說文解字注十五卷附六書音均表五卷　(清)段玉裁撰　**說文部目分韻一卷**　(清)陳煥編　**說文通檢十四卷首一卷末一卷**　(清)黎永椿編　**說文解字注匡謬八卷**　(清)徐承慶撰　民國二十二年(1933)上海掃葉山房石印本　八册

330000－1701－0052860　普 913.3449/0044　史部/金石類
遯盦金石叢書十五種　吴隱輯　民國三年至十年(1914－1921)山陰吴氏西泠印社木活字印本　六册　存一種

330000－1701－0052863　GP14453　史部/政書類/公牘檔册之屬
上海市博物館徵集陳列品辦法不分卷　上海市博物館編　民國二十四年(1935)上海市博物館鉛印本　一册

330000－1701－0052865　GP14454　集部/別集類
清吟草堂遺著不分卷　朱鳳儀撰　民國十三年(1924)鉛印本　一册

330000－1701－0052866　普 913.49/8337　史部/金石類/玉之屬
玉說薈刊二十種　錢啓同等輯　民國二十年(1931)鉛印本　一册

330000－1701－0052873　GP14455　集部/別集類
瑜孫詩艸一卷續編一卷　王瑾撰　民國三十二年(1943)油印本　一册

330000－1701－0052881　普 814.082/4420.013　集部/總集類/選集之屬/通代
文選集釋二十四卷　(清)朱珔撰　民國十七年(1928)上海受古書店影印本　十六册

330000－1701－0052890　GP14457　史部/目録類
江西詩派十八家敘目一卷　賴愷元撰　民國油印本　一册

330000－1701－0052891　普 913.395111/3199/2/c1　史部/金石類/石之屬/目録
河朔新碑目三卷附河南古物調查表證誤一卷　顧燮光撰　民國十五年(1926)上海聚珍印書局鉛印本　一册

330000－1701－0052893　普 814.082/0845/10　集部/總集類/選集之屬/通代
六朝文絜四卷　(清)許槤輯並評　民國三年

(1914)上海掃葉山房石印本　二册

330000－1701－0052895　普913.513/3010　史部/叢編
國立北平研究院史學研究會文字史料叢編　民國二十五年(1936)國立北平研究院總辦事處出版課影印本　一册　存一種

330000－1701－0052896　普814.0815/4427/c2　子部/雜著類/雜纂之屬
左孟莊騷精華錄二卷　林紓評註　民國十四年(1925)上海商務印書館鉛印本　二册

330000－1701－0052900　GP14458　集部/別集類/清別集
篤素堂雜著四卷　(清)張英撰　**澄懷園語四卷**　(清)張廷玉撰　民國上海聚珍倣宋印書局鉛印本　二册

330000－1701－0052901　普913.395122/2144/c1　子部/藝術類/書畫之屬/法帖
廟堂碑唐本不分卷　(唐)虞世南撰並書　民國上海文明書局影印本　一册

330000－1701－0052903　普913.395111/3199/c1　史部/金石類
非儒非俠齋金石叢著十種　顧燮光撰　民國會稽顧氏金佳石好樓石印本暨鉛印本　二册　存一種

330000－1701－0052904　普814.082/0845/12/c2　類叢部/叢書類/彙編之屬
四部備要　中華書局編　民國二十五年(1936)上海中華書局鉛印本　一册　存一種

330000－1701－0052905　普913.395122/2144/c2　子部/藝術類/書畫之屬/法帖
廟堂碑唐本不分卷　(唐)虞世南撰並書　民國十三年(1924)上海文明書局影印本　一册

330000－1701－0052906　普814.0815/4427/c1　子部/雜著類/雜纂之屬
左孟莊騷精華錄二卷　林紓評註　民國四年(1915)上海商務印書館鉛印本　二册

330000－1701－0052907　普913.395111/3199/c2　史部/金石類
非儒非俠齋金石叢著十種　顧燮光撰　民國會稽顧氏金佳石好樓石印本暨鉛印本　二册　存一種

330000－1701－0052911　普913.395111/3199/2/c4　史部/金石類/石之屬/目録
河朔新碑目三卷附河南古物調查表證誤一卷　顧燮光撰　民國十五年(1926)上海聚珍印書局鉛印本　一册

330000－1701－0052912　普814.08/8742/c1　類叢部/叢書類
鄭義門叢書　民國鉛印本　六册　存一種

330000－1701－0052913　GP06211　子部/雜著類/雜說之屬
掌固零拾四卷　王嵩儒輯錄　民國二十五年(1936)彝寶齋印書局鉛印本　四册

330000－1701－0052914　普814.082/0845/14/c1　集部/總集類/選集之屬/通代
六朝文絜四卷　(清)許槤輯並評　民國六年(1917)上海掃葉山房石印本　二册

330000－1701－0052915　普913.395113/1024　史部/金石類/石之屬/文字
明拓唐峿臺銘一卷　(唐)元結撰　民國二十五年(1936)上海中華書局石印本　一册

330000－1701－0052920　普913.395115/3199/c1　史部/金石類
非儒非俠齋金石叢著十種　顧燮光撰　民國會稽顧氏金佳石好樓石印本暨鉛印本　一册　存一種

330000－1701－0052926　普913.513/7183　史部/金石類/陶之屬/文字
漢張叔敬墓辟央瓦盆文附釋一卷　馬鏡清雙鉤　民國影印本　一册

330000－1701－0052927　普913.395115/3199/c2　史部/金石類
非儒非俠齋金石叢著十種　顧燮光撰　民國會稽顧氏金佳石好樓石印本暨鉛印本　一册　存一種

330000－1701－0052929　普 913.395122/2144/4　子部/藝術類/書畫之屬/法帖

初拓出土本虞世南東廟堂碑不分卷　(唐)虞世南撰并書　民國有正書局影印本　一册

330000－1701－0052931　普 913.395115/3199/2　史部/金石類

非儒非俠齋金石叢著十種　顧燮光撰　民國會稽顧氏金佳石好樓石印本暨鉛印本　一册　存一種

330000－1701－0052932　GP14470　史部/紀傳類/正史之屬

謝氏後漢書補逸六卷　(三國吳)謝承撰　(清)姚之駰輯　(清)孫志祖增訂　孫峻補訂　民國十七年(1928)錢塘孫氏壽松堂刻本　二册

330000－1701－0052933　GP06214　子部/宗教類/佛教之屬/諸宗

天樂鳴空集三卷　(明)鮑宗肇撰　民國二十年(1931)潮陽郭氏雙百鹿齋刻本　二册

330000－1701－0052936　普 913.395121/4442　史部/金石類/石之屬/目録

畿輔碑目二卷畿輔待訪碑目二卷　(清)樊彬輯　民國二十四年(1935)河北博物院鉛印本　一册

330000－1701－0052940　普 814.082/0845/14/c2　集部/總集類/選集之屬/通代

六朝文絜四卷　(清)許槤輯並評　民國六年(1917)上海掃葉山房石印本　一册

330000－1701－0052944　普 913.395122/4021/c1　子部/藝術類/書畫之屬/法帖

李仲璇修孔廟碑不分卷　民國九年(1920)上海寶霞印社影印本　一册

330000－1701－0052946　普 913.395122/1231/c1　史部/金石類/郡邑之屬/雜著

曲阜碑碣考四卷　孔祥霖輯　民國四年(1915)上海廣智書局鉛印本　一册

330000－1701－0052947　GP14471　集部/別集類

西谿詩鈔十卷　商寶慈撰　民國鉛印本　一册

330000－1701－0052950　普 913.3766/6051　史部/金石類/總志之屬

㕈古叢編十種　羅振玉輯　民國上虞羅氏影印本　一册　存一種

330000－1701－0052951　普 913.395122/4021/c2　子部/藝術類/書畫之屬/法帖

李仲璇修孔廟碑不分卷　民國九年(1920)上海寶霞印社影印本　一册

330000－1701－0052954　普 913.395122/1231/c2　史部/金石類/郡邑之屬/雜著

曲阜碑碣考四卷　孔祥霖輯　民國四年(1915)上海廣智書局鉛印本　一册

330000－1701－0052955　GP06223　類叢部/叢書類/自著之屬

莊大久先生遺著(武進莊大久先生遺著)　(清)莊有可撰　民國十九年(1930)鉛印本　一册　存一種

330000－1701－0052956　普 913.395122/4021/c3　子部/藝術類/書畫之屬/法帖

李仲璇修孔廟碑不分卷　民國九年(1920)上海寶霞印社影印本　一册

330000－1701－0052957　GP14461　史部/雜史類

灌叟撮記一卷　灌叟(胡碧澂)撰　民國十四年(1925)鉛印本　一册

330000－1701－0052959　普 913.395122/4021/c4　子部/藝術類/書畫之屬/法帖

李仲璇修孔廟碑不分卷　民國九年(1920)上海寶霞印社影印本　一册

330000－1701－0052960　普 913.395122/1231/c3　史部/金石類/郡邑之屬/雜著

曲阜碑碣考四卷　孔祥霖輯　民國四年(1915)上海廣智書局鉛印本　一册

330000－1701－0052962　普 913.395122/1231/c4　史部/金石類/郡邑之屬/雜著

曲阜碑碣考四卷　孔祥霖輯　民國四年(1915)上海廣智書局鉛印本　一冊

330000－1701－0052966　GP14473　子部/雜著類/雜考之屬
弢齋述學三卷　徐世昌撰　民國十年(1921)鉛印本　一冊

330000－1701－0052967　GP14462　經部/小學類/文字之屬/字書/通論
文字學發凡三卷首一卷　馬宗霍撰　民國二十四年(1935)上海商務印書館石印本　一冊

330000－1701－0052969　普 913.395122/1262　類叢部/叢書類/彙編之屬
古學彙刊第一集三十四種第二集二十七種　鄧實等編　民國元年至三年(1912－1914)上海國粹學報社鉛印本　一冊　存一種

330000－1701－0052970　民 630.763/32395　史部/政書類/公牘檔冊之屬
浙江省第一區區農場二十三年度事業進行計劃不分卷　民國抄本　一冊

330000－1701－0052972　普 913.395122/5011　史部/金石類/石之屬/文字
秦瑯琊刻石一卷　民國八年(1919)上海藝苑真賞社影印本　一冊

330000－1701－0052975　普 913.51704/7214/c1　史部/金石類
竹園陶說一卷古玉考一卷　劉子芬撰　民國十四年(1925)石印本　一冊

330000－1701－0052977　普 913.51704/7214/c2　史部/金石類
竹園陶說一卷古玉考一卷　劉子芬撰　民國十四年(1925)石印本　一冊

330000－1701－0052979　普 913.51704/7214/c3　史部/金石類
竹園陶說一卷古玉考一卷　劉子芬撰　民國十四年(1925)石印本　一冊

330000－1701－0052982　普 913.5223/3083　史部/金石類/陶之屬/圖像
宋鈞窯瓷圖錄一卷　民國影印本　一冊

330000－1701－0052983　GP14464　史部/金石類
非儒非俠齋金石叢著十種　顧燮光撰　民國會稽顧氏金佳石好樓石印本暨鉛印本　一冊　存一種

330000－1701－0052985　普 913.395122/5025　史部/金石類/石之屬/文字
泰山秦篆二十九字南宋精拓本一卷附魯孝王石刻一卷　民國上海有正書局影印本　一冊

330000－1701－0052989　普 913.395122/6051　史部/金石類/郡邑之屬
山左冢墓遺文一卷　羅振玉輯　民國上虞羅氏刻本　一冊

330000－1701－0052991　GP14465　史部/政書類/公牘檔冊之屬
重修兩浙忠義祠徵信錄不分卷　民國十五年(1926)鉛印本　一冊

330000－1701－0052995　普 913.533/6051.3　史部/金石類
雪堂專錄四種　羅振玉撰　民國七年(1918)上虞羅氏石印本　一冊　存一種

330000－1701－0052996　普 814.082/4420.014/2　類叢部/叢書類/彙編之屬
四部叢刊　張元濟等編　民國八年(1919)上海商務印書館影印本　三十冊　存一種

330000－1701－0052997　普 913.395122/3267　史部/金石類/石之屬
崑山見存石刻錄四卷　潘鳴鳳編　民國二十四年(1935)崑山縣教育局鉛印本　一冊

330000－1701－0052999　普 913.384/3199/c3　史部/金石類/石之屬
夢碧簃石言六卷　顧燮光撰　民國十四年(1925)上海科學儀器館鉛印本　三冊

330000－1701－0053003　普 913.395124/1028/c1　子部/藝術類/書畫之屬/法帖
舊拓五代慈雲嶺開路記不分卷　高存道藏

民國二十五年(1936)上海中華書局影印本　一冊

330000－1701－0053007　GP06222　史部/目録類/總録之屬/彙刻
復性書院擬先刻諸書簡目五卷　馬浮編　民國三十四年(1945)復性書院刻本　一冊

330000－1701－0053014　普913.395124/1028/c2　子部/藝術類/書畫之屬/法帖
舊拓五代慈雲嶺開路記不分卷　高存道藏　民國二十五年(1936)上海中華書局影印本　一冊

330000－1701－0053017　普814.08/8081/2/c1　集部/總集類/選集之屬/通代
天下才子必讀書十五卷末一卷　(清)金人瑞選評　民國上海有正書局鉛印本　六冊

330000－1701－0053020　普913.395124/1028/c3　子部/藝術類/書畫之屬/法帖
舊拓五代慈雲嶺開路記不分卷　高存道藏　民國二十五年(1936)上海中華書局影印本　一冊

330000－1701－0053021　普814.082/1133/3　集部/總集類/選集之屬/通代
漢魏六朝百三名家集一百十八卷　(明)張溥輯　民國十四年(1925)上海掃葉山房石印本　四十八冊

330000－1701－0053023　普814.08/8081/2/c3　集部/總集類/選集之屬/通代
天下才子必讀書十五卷末一卷　(清)金人瑞選評　民國上海有正書局鉛印本　六冊

330000－1701－0053031　普913.395124/6051　史部/金石類/郡邑之屬/文字
兩浙冢墓遺文一卷補遺一卷　羅振玉輯　民國上虞羅氏刻本　一冊

330000－1701－0053036　普913.395151/2799　史部/金石類/郡邑之屬
山右訪碑錄一卷　(清)魯燮光撰　民國二十五年(1936)陳錫鈞抄本　一冊

330000－1701－0053037　GP06227　集部/別集類
百八鐘聲一卷　潘守廉撰　民國二十二年(1933)鉛印本　一冊

330000－1701－0053039　GP14475　集部/總集類/選集之屬/斷代
慕雲集存八卷附錄一卷　汪定執編　民國二十年(1931)鉛印本　汪定執、紹濂主人題記　一冊

330000－1701－0053040　普814.082/4420.019　集部/總集類/選集之屬/通代
文選類詁一卷　丁福保撰　民國十四年(1925)上海醫學書局鉛印本　一冊

330000－1701－0053041　普913.533/1027　史部/金石類/石之屬
漢安甋㼽磚錄一卷拾遺一卷　王修撰　民國十九年(1930)影印本暨鉛印本　一冊

330000－1701－0053042　GP06228　集部/別集類
百八和聲一卷　潘守廉撰　民國二十三年(1934)鉛印本　一冊

330000－1701－0053044　普913.395151/2799/2　史部/金石類/總志之屬
顧氏金石輿地叢書第一集八種　顧燮光編　民國十八年(1929)會稽顧氏金佳石好樓鉛印本暨石印本　一冊　存二種

330000－1701－0053048　GP14476　集部/別集類
懺昔樓詩存一卷　袁克權撰　民國刻本　一冊

330000－1701－0053049　普814.08/8064.3　集部/總集類/選集之屬/通代
經史百家簡編二卷　(清)曾國藩纂　民國四年(1915)上海商務印書館鉛印本　二冊

330000－1701－0053050　GP14486　史部/傳記類/總傳之屬/斷代
明遺民錄四十八卷　孫靜菴撰　民國元年(1912)上海新中華圖書館鉛印本　十二冊

330000－1701－0053054　普 913.384/3199/c4　史部/金石類
非儒非俠齋金石叢著十種　顧燮光撰　民國會稽顧氏金佳石好樓石印本暨鉛印本　三册　存一種

330000－1701－0053057　GP06229　子部/雜著類/雜説之屬
丁巳消寒錄一卷　翟衡璣撰　民國七年(1918)鉛印本　方□題記　一册

330000－1701－0053059　GP06234　經部/三禮總義類/通禮雜禮之屬
懷堂家禮訂疑十卷　(清)周植撰　民國十七年(1928)赤坎華文印務局鉛印本　六册

330000－1701－0053062　GP14487　史部/政書類/邦計之屬
調查瓊崖實業報告書不分卷　彭程萬　殷汝驪編　民國九年(1920)廣東東雅印務有限公司鉛印本　一册

330000－1701－0053063　普 814.082/1133/4/c1　集部/總集類/選集之屬/通代
漢魏六朝百三名家集一百二十一卷　(明)張溥輯　民國十三年(1924)湖南古書流通處刻本　一百册

330000－1701－0053064　普 913.395151/2843　史部/金石類/郡邑之屬/文字
河東三十五縣碑攷不分卷　徐增祥撰　民國九年(1920)油印本　江左知道人題記　一册

330000－1701－0053065　普 913.52449/0832/c1　子部/工藝類/日用器物之屬/陶瓷
飲流齋説瓷十卷　許之衡撰　民國廣州中華印刷局鉛印本　二册

330000－1701－0053066　普 913.52449/0832/c2　子部/工藝類/日用器物之屬/陶瓷
飲流齋説瓷十卷　許之衡撰　民國十三年(1924)上海朝記書莊鉛印本　四册

330000－1701－0053069　GP14488　集部/別集類
畏廬文集一卷　林紓撰　民國十二年(1923)上海商務印書館鉛印本　伯蓀跋　一册

330000－1701－0053071　GP06236　子部/雜著類/雜説之屬
人學篇二卷附觀廬日日規律一卷　孟昭章撰　民國八年(1919)鉛印本　一册

330000－1701－0053072　GP14489　集部/別集類
畏廬文集一卷　林紓撰　民國三年(1914)上海商務印書館鉛印本　一册

330000－1701－0053074　GP06237　子部/雜著類/雜説之屬
人學篇二卷附觀廬日日規律一卷　孟昭章撰　民國八年(1919)鉛印本　一册

330000－1701－0053076　普 913.52449/0832/c3　子部/工藝類/日用器物之屬/陶瓷
飲流齋説瓷十卷　許之衡撰　民國鉛印本　二册

330000－1701－0053077　GP06238　集部/別集類
蜕庵詩存三卷　龍賡言撰　民國十四年(1925)萬載龍氏鉛印本　一册

330000－1701－0053078　GP14479　類叢部/叢書類/彙編之屬
冬榮山館編書□□種　民國二年(1913)石印本　一册　存一種

330000－1701－0053079　GP06239　經部/小學類/音韻之屬/古今韻説
音韻學通論八卷　馬宗霍撰　民國二十年(1931)上海商務印書館鉛印本　三册

330000－1701－0053081　GP06240　類叢部/叢書類/彙編之屬
燕京大學圖書館叢書　燕京大學圖書館編　民國北平燕京大學圖書館鉛印本暨影印本　一册　存一種

330000－1701－0053082　普 913.52449/4658　子部/工藝類/日用器物之屬/陶瓷
古月軒瓷考一卷　楊歗谷撰　民國二十二年

(1933)北平雅韻齋鉛印本　一冊

330000－1701－0053084　普 913.533/6051/c1、普 913.533/6051.4　類叢部/叢書類/彙編之屬

嘉草軒叢書十一種　羅振玉編　民國七年(1918)上虞羅氏日本影印本　二冊　存二種

330000－1701－0053088　普 913.384/3199/2/c1　史部/金石類/石之屬

夢碧簃石言六卷　顧燮光撰　民國十四年(1925)上海科學儀器館鉛印本　三冊

330000－1701－0053089　GP14480　子部/儒家類/儒學之屬/禮教/鑑戒

人道實行錄十卷　金潛撰　民國八年(1919)鉛印本　二冊

330000－1701－0053095　GP14481　集部/別集類

潛厂零集四卷　民國十九年(1930)鉛印本　一冊

330000－1701－0053096　普 913.533/6051/c2　類叢部/叢書類/彙編之屬

嘉草軒叢書十一種　羅振玉編　民國七年(1918)上虞羅氏日本影印本　一冊　存一種

330000－1701－0053097　普 913.52951/4410　子部/工藝類/日用器物之屬/陶瓷

瓷史二卷　黃裔編　民國十六年(1927)刻本　樨園老人題簽並記　一冊

330000－1701－0053098　普 323.097/3547.302/2　史部/政書類/通制之屬

皇朝續文獻通考四百卷勘誤表一卷　劉錦藻撰　民國鉛印本　一百冊

330000－1701－0053099　普 913.52951/7147　子部/工藝類/日用器物之屬/陶瓷

增補古今瓷器源流考二卷　邵蟄民輯　余棨昌增補　民國二十七年(1938)鉛印本　二冊

330000－1701－0053101　普 814.0825/1003/c1　集部/總集類/選集之屬/通代

歷代詩文評註讀本　王文濡編　民國上海文明書局鉛印本　二冊　存一種

330000－1701－0053103　普 913.384/3199/2/c2　史部/金石類/石之屬

夢碧簃石言六卷　顧燮光撰　民國十四年(1925)上海科學儀器館鉛印本　三冊

330000－1701－0053104　GP14482　集部/總集類/酬唱之屬

三君酬唱集三卷附錄一卷雙紅豆圖題詠彙錄一卷　孫雄輯　民國四年(1915)油印本　一冊

330000－1701－0053105　普 913.96/0044.2　子部/藝術類/書畫之屬/法帖

六朝墓誌菁英二編不分卷　民國影印本　一冊

330000－1701－0053108　普 913.533/6051.2　史部/金石類/陶之屬/文字

恒農冢墓遺文不分卷　羅振玉輯　民國四年(1915)上虞羅振玉永慕園影印本　一冊

330000－1701－0053109　普 913.96/0044.2c2　子部/藝術類/書畫之屬/法帖

六朝墓誌菁英二編不分卷　民國影印本　一冊

330000－1701－0053111　普 913.5295124/2533/c1　類叢部/叢書類/彙編之屬

賓鴻堂叢書□□種　朱鴻達編　民國二十六年(1937)杭州賓鴻堂鉛印本　一冊　存一種

330000－1701－0053112　普 913.5295124/2533/c2　類叢部/叢書類/彙編之屬

賓鴻堂叢書□□種　朱鴻達編　民國二十六年(1937)杭州賓鴻堂鉛印本　一冊　存一種

330000－1701－0053113　普 913.5295124/2533/c3　類叢部/叢書類/彙編之屬

賓鴻堂叢書□□種　朱鴻達編　民國二十六年(1937)杭州賓鴻堂鉛印本　朱鴻達題記　一冊　存一種

330000－1701－0053114　普 814.0825/1003/c2　集部/總集類/選集之屬/通代

歷代詩文評註讀本 王文濡編 民國上海文明書局鉛印本 二册 存一種

330000－1701－0053115 普 814.082/1133.04 集部/總集類/選集之屬/通代

漢魏六朝百三家集選七十二卷 （明）張溥輯 民國六年(1917)都門書局鉛印本 十二册

330000－1701－0053121 普 913.96/4969 史部/金石類/石之屬

漢魏六朝冢墓遺文圖錄十卷補遺一卷後記一卷 楊萬里撰集 民國石印本暨鉛印本 三册

330000－1701－0053132 普 914/0724/2c1 史部/地理類/遊記之屬/紀行

使西紀程一卷 （清）郭嵩燾撰 民國鉛印本 一册

330000－1701－0053134 普 914/0724/2c2 史部/地理類/遊記之屬/紀行

使西紀程一卷 （清）郭嵩燾撰 民國鉛印本 一册

330000－1701－0053135 普 913.5323/4171 類叢部/叢書類/彙編之屬

廣倉學宭叢書(學術叢編)甲類四十九種乙類十五種 姬佛陀編 民國五年至七年(1916－1918)上海倉聖明智大學鉛印本暨石印本 一册 存一種

330000－1701－0053145 GP14494 史部/傳記類/日記之屬

道光二十九年己酉三願堂日記一卷 （清）趙彥偁撰 民國十九年(1930)影印本 一册

330000－1701－0053152 GP14495 子部/宗教類/其他宗教之屬/基督教

元也里可溫考一卷 陳垣撰 民國六年(1917)鉛印本 陳垣題記 一册

330000－1701－0053154 GP14504 集部/總集類/選集之屬/通代

漢魏六朝詩三百首七卷 周貞亮輯 民國十七年(1928)沔陽盧氏慎始基齋刻朱印本 一册

330000－1701－0053160 GP14496 史部/金石類

非儒非俠齋金石叢著十種 顧燮光撰 民國會稽顧氏金佳石好樓石印本暨鉛印本 一册 存一種

330000－1701－0053168 GP06248 類叢部/叢書類/彙編之屬

嘉業堂叢書五十七種 劉承幹輯 民國吳興劉氏嘉業堂刻本 一册 存一種

330000－1701－0053171 GP06249 類叢部/叢書類/彙編之屬

嘉業堂叢書五十七種 劉承幹輯 民國吳興劉氏嘉業堂刻本 一册 存一種

330000－1701－0053197 普 814.083/0023/2 集部/總集類/選集之屬/通代

唐宋文舉要甲編八卷乙編四卷 高步瀛撰 民國二十四年(1935)北平直隸書局鉛印本 八册 存八卷(甲編一至八)

330000－1701－0053200 普 913.5395124/1200/c1 史部/金石類/陶之屬/文字

溫州古甓記不分卷 （清）孫詒讓撰 民國鉛印本 一册

330000－1701－0053202 普 814.082/4420/13 類叢部/叢書類/彙編之屬

嘉草軒叢書十一種 羅振玉編 民國七年(1918)上虞羅氏日本影印本 十六册 存一種

330000－1701－0053205 普 913.5395124/1200/c2 史部/金石類/陶之屬/文字

溫州古甓記不分卷 （清）孫詒讓撰 民國鉛印本 一册

330000－1701－0053206 普 913.5395124/1200/c3 史部/金石類/陶之屬/文字

溫州古甓記不分卷 （清）孫詒讓撰 民國鉛印本 一册

330000－1701－0053207 普 915/1008/c3 史部/地理類

浙江圖書館叢書三十種 丁謙撰 民國四年

(1915)浙江圖書館刻本　二十八册

330000－1701－0053208　普 913.62449/7553　史部/金石類/石之屬/文字

億年堂叢書　陳邦福撰　民國石印本　一册　存一種

330000－1701－0053209　普 814.082/4420/14　集部/總集類/選集之屬/通代

文選六十卷　(南朝梁)蕭統輯　(唐)李善注　**文選考異十卷**　(清)胡克家撰　民國上海大中華圖書公司影印本　十六册

330000－1701－0053211　普 814.083/1003/c1　集部/總集類/選集之屬/通代

歷代詩文評註讀本　王文濡編　民國上海文明書局鉛印本　二册　存一種

330000－1701－0053212　普 814.083/1003/c2　集部/總集類/選集之屬/通代

歷代詩文評註讀本　王文濡編　民國上海文明書局鉛印本　二册　存一種

330000－1701－0053216　普 915/1008/c4　史部/地理類

浙江圖書館叢書三十種　丁謙撰　民國四年(1915)浙江圖書館刻本　吴慶坻題記　二十八册

330000－1701－0053217　普 915/1008/c1　史部/地理類

浙江圖書館叢書三十種　丁謙撰　民國四年(1915)浙江圖書館刻本　二十八册

330000－1701－0053218　普 913.715/1104　類叢部/叢書類/彙編之屬

國立北京大學研究院文史叢刊　國立北京大學研究院文史部輯　民國上海商務印書館鉛印本暨影印本　一册　存一種

330000－1701－0053219　GP14509　子部/宗教類/佛教之屬

佛學叢書□□種　丁福保輯　民國上海醫學書局鉛印本暨影印本　一册　存一種

330000－1701－0053221　普 913.71/7780　史部/金石類/陶之屬/文字

陶鉨文字合譜一卷　民國十九年(1930)上海神州國光社影印本　一册

330000－1701－0053224　普 913.712/2621　史部/金石類/璽印之屬

封泥彙編不分卷　吳幼潛輯　民國二十年(1931)山陰吳氏饌籀簃影印本　一册

330000－1701－0053225　GP14510　子部/宗教類/道教之屬

莊子哲學一卷　蘇甲榮撰　民國十九年(1930)鉛印本　一册

330000－1701－0053226　普 913.711/6051　史部/金石類

楚雨樓叢書初集八種　羅振玉撰　民國上虞羅氏影印本　一册　存一種

330000－1701－0053227　普 915/1008/c2　史部/地理類

浙江圖書館叢書三十種　丁謙撰　民國四年(1915)浙江圖書館刻本　二十八册

330000－1701－0053228　GP14511　集部/別集類/金別集

元遺山詩集箋注十四卷　(金)元好問撰　(元)張德輝類次　(清)施國祁箋　**元遺山詩集箋注年譜一卷**　(清)施國祁訂　**元遺山全集附錄一卷**　(明)儲瓘輯　(清)華希閔增　**元遺山全集補載一卷**　(清)施國祁輯　民國十二年(1923)掃葉山房石印本　八册

330000－1701－0053229　普 913.543/0054　史部/金石類/陶之屬/文字

瓦削文字譜一卷　文素松輯　民國二十年(1931)萍鄉文氏思簡樓影印本　一册

330000－1701－0053237　GP14512　集部/別集類

大休上人遺著一卷附百怪圖一卷　周冠九輯　民國二十二年(1933)鉛印本　一册

330000－1701－0053238　普 915.1/18401　史部/地理類/總志之屬/通代

灰畫集二十卷　(清)李培輯　民國訓練總監

編輯局鉛印本　十冊

330000－1701－0053239　普 913.715/6051　史部/金石類/總志之屬
㕡古叢編十種　羅振玉輯　民國上虞羅氏影印本　一冊　存一種

330000－1701－0053248　普 913.715/7540/c1　史部/金石類/璽印之屬/通考
漢封泥考略一卷　陳直撰　民國石印本　陳直題記　一冊

330000－1701－0053249　普 913.715/7540/c2　史部/金石類/璽印之屬/通考
漢封泥考略一卷　陳直撰　民國石印本　陳直題記　一冊

330000－1701－0053250　普 915/8748/c1　史部/地理類
鄭開陽雜著十一卷　(明)鄭若曾撰　民國二十一年(1932)陶風樓影印清康熙本　四冊

330000－1701－0053251　普 913.623/1177/c1　史部/金石類/總志之屬
漢晉西陲木簡彙編二編附釋文　張鳳輯　民國二十年(1931)上海有正書局影印本暨鉛印本　一冊

330000－1701－0053253　普 915/8748/c2　史部/地理類
鄭開陽雜著十一卷　(明)鄭若曾撰　民國二十一年(1932)陶風樓影印清康熙本　四冊

330000－1701－0053255　普 915/8748/c3　史部/地理類
鄭開陽雜著十一卷　(明)鄭若曾撰　民國二十一年(1932)陶風樓影印清康熙本　四冊

330000－1701－0053257　普 814.082/4420.07/4/c2　集部/總集類/選集之屬/通代
評註昭明文選十五卷首一卷葉星衛附註一卷　(清)于光華輯　民國九年(1920)上海掃葉山房石印本　十六冊

330000－1701－0053260　普 913.023/2320/c1　史部/傳記類/總傳之屬
東漢書姓名韻不分卷　(清)傅山輯　民國二十五年(1936)山西書局鉛印本　二十冊

330000－1701－0053261　普 915.023/2320/c2　史部/傳記類/總傳之屬
東漢書姓名韻不分卷　(清)傅山輯　民國二十五年(1936)山西書局鉛印本　十九冊

330000－1701－0053262　普 915/1724　類叢部/叢書類/彙編之屬
六經堪叢書十三種　羅振玉編　民國東方學會鉛印本　一冊　存一種

330000－1701－0053267　普 913.623/1177/c2　史部/金石類/總志之屬
漢晉西陲木簡彙編二編附釋文　張鳳輯　民國二十年(1931)上海有正書局影印本暨鉛印本　一冊

330000－1701－0053268　普 915/2614　類叢部/叢書類/彙編之屬
求恕齋叢書三十一種　劉承幹編　民國吳興劉氏嘉業堂刻本　五冊　存一種

330000－1701－0053273　普 814.082/4420.021　集部/總集類/選集之屬/通代
續文選十四卷著作人姓名錄一卷　(明)胡震亨撰　民國九年(1920)上海進化書局影印本　二冊

330000－1701－0053275　普 915.046/2605　史部/雜史類/斷代之屬
西夏書事四十二卷　(清)吳廣成撰　民國二十四年(1935)北平隆福寺文奎堂據清道光五年(1825)小峴山房刻本影印本　八冊

330000－1701－0053285　普 814.083/3706　類叢部/叢書類/彙編之屬
四部備要　中華書局編　民國二十五年(1936)上海中華書局鉛印本　三冊　存一種

330000－1701－0053287　普 915.1/1144　類叢部/叢書類/自著之屬
甘氏家藏稿四種附一種　甘鵬雲撰　民國二十七年至二十八年(1938－1939)甘氏崇雅堂鉛印本　一冊　存一種

330000－1701－0053293　普 915.1/1221/c1　史部/目録類/專録之屬
方志考稿甲集六編　瞿宣穎撰　民國十九年(1930)北平天春書社鉛印本　三冊

330000－1701－0053297　普 913.60449/1062　類叢部/叢書類/彙編之屬
雲窗叢刻十種十四卷　羅振玉輯　民國三年(1914)上虞羅氏日本京都東山僑舍影印本　一冊　存一種

330000－1701－0053299　普 915.1/1221/c2　史部/目録類/專録之屬
方志考稿甲集六編　瞿宣穎撰　民國十九年(1930)北平天春書社鉛印本　三冊

330000－1701－0053303　GP14514　集部/別集類/清別集
清儀閣詩稿一卷　(清)張廷濟撰　民國二十一年(1932)依幻廬影印本　一冊

330000－1701－0053304　善 008850　經部/小學類/音韻之屬/韻書
韻書稿二十卷　稿本　二十冊

330000－1701－0053307　普 915.1/12211　史部/目録類/專録之屬
中國地方志綜錄不分卷　朱士嘉撰　民國二十四年(1935)上海商務印書館石印本　三冊

330000－1701－0053315　普 915.1/12212/c1　史部/目録類/專録之屬
故宮方志目一卷附錄一卷索引一卷　故宮博物院圖書館編　民國二十年(1931)北平故宮博物院圖書館鉛印本　一冊

330000－1701－0053317　普 814.083/3706/2　集部/總集類/彙編之屬
初唐四傑文集二十一卷　民國六年(1917)上海江左書林石印本　四冊

330000－1701－0053321　普 915.1/12212/c2　史部/目録類/專録之屬
故宮方志目一卷附錄一卷索引一卷　故宮博物院圖書館編　民國二十年(1931)北平故宮博物院圖書館鉛印本　一冊

330000－1701－0053324　普 814.083/3423/2/c2　集部/總集類/選集之屬/通代
唐宋八家文讀本三十卷　(清)沈德潛評點　民國上海著易堂鉛印本　二冊

330000－1701－0053326　普 913.7923/6051　史部/金石類/金之屬
增訂歷代符牌圖錄二卷補遺一卷　羅振玉輯　羅福葆　羅福頤和橅　民國十四年(1925)東方學會影印本　一冊

330000－1701－0053329　普 814.083/3423/2/c1　集部/總集類/選集之屬/通代
唐宋八家文讀本三十卷　(清)沈德潛評點　民國上海勤裕艸堂鉛印本　六冊

330000－1701－0053331　普 814.083/3706/3　集部/總集類/彙編之屬
初唐四傑文集二十一卷　民國六年(1917)上海江左書林石印本　四冊

330000－1701－0053332　普 913.61449/9948　史部/金石類
居延漢簡考釋釋文四卷考證二卷　勞榦撰　民國三十三年(1944)石印國立中央研究院歷史語言研究所專刊本　傅斯年、陳訓慈題記　六冊

330000－1701－0053336　普 913.7923/6051/2　史部/金石類/金之屬/圖像
歷代符牌圖錄二卷　羅振玉輯　民國三年(1914)影印本　一冊

330000－1701－0053343　普 913.79449/8048　史部/金石類/金之屬/通考
古兵符考畧殘稾一卷　(清)翁大年撰　民國五年(1916)石印本　一冊

330000－1701－0053348　普 915.1/12212/c3　史部/目録類/專録之屬
故宮方志目一卷附錄一卷索引一卷　故宮博物院圖書館編　民國二十年(1931)北平故宮博物院圖書館鉛印本　一冊

330000－1701－0053350　普 913.8123/6051　史部/金石類/陶之屬/圖像

古明器圖録四卷　羅振玉輯　民國五年(1916)上虞羅氏影印本　一冊

330000－1701－0053351　GP06250　經部/小學類/文字之屬/說文/專著
說文說餘稿不分卷　吴琨編　何弘署書　民國二十八年(1939)石印本　一冊

330000－1701－0053354　普915.1/12212.2　史部/目録類/專録之屬
故宫方志目續編一卷　國立北平故宫博物院編　民國三十七年(1948)國立北平故宫博物院鉛印本　一冊

330000－1701－0053360　普913.8723/6037　子部/工藝類/日用器物之屬
傳世古尺圖録一卷圖一卷　羅福頤撰　民國二十六年(1937)遼東石印本　一冊

330000－1701－0053362　普915.1/12213　史部/目録類/專録之屬
國立北平圖書館方志目録不分卷索引不分卷　國立北平圖書館編　民國二十二年(1933)國立北平圖書館鉛印本　四冊

330000－1701－0053364　普913.82/2603　史部/金石類/石之屬/文字
魏齊造像二十品不分卷　(清)沈樹鏞藏　(清)趙之謙選定　民國有正書局影印本　一冊

330000－1701－0053366　普915.1/12213.2　史部/目録類/專録之屬
國立北平圖書館方志目録二編不分卷索引不分卷　國立北平圖書館編　民國二十五年(1936)國立北平圖書館鉛印本　一冊

330000－1701－0053373　GP14521　史部/政書類/公牘檔冊之屬
孫寶琦罪言一卷　孫寶琦撰　民國鉛印本　一冊

330000－1701－0053386　GP14522　史部/政書類/邦計之屬/錢幣
儲獎通不分卷　民國油印本　一冊

330000－1701－0053391　普814.083/4484/c1　集部/總集類/氏族之屬
唐南陽樊氏遺文二卷　樊鎮輯　民國三十二年(1943)綿絳書屋刻本　樊鎮題記　一冊

330000－1701－0053395　普814.083/4484/c2　集部/總集類/氏族之屬
唐南陽樊氏遺文二卷　樊鎮輯　民國三十二年(1943)綿絳書屋刻本　樊鎮題記　一冊

330000－1701－0053404　GP14525　子部/藝術類/遊藝之屬/聯語
商卜文集聯一卷詩一卷　丁仁撰　民國十七年(1928)石印本　一冊

330000－1701－0053417　GP14498　子部/雜著類/雜纂之屬
弭兵古義四卷　王式通撰　民國十八年(1929)北平北海圖書館鉛印本　一冊

330000－1701－0053423　GP14499　集部/詩文評類
中國小說史大略不分卷　民國鉛印本　一冊

330000－1701－0053427　普814.083/4280.04　集部/總集類/選集之屬/斷代
唐文粹簡編六卷　(清)厲鶚　(清)譚獻評點　張相編　民國五年(1916)上海中華書局鉛印本　三冊

330000－1701－0053437　GP14502　經部/四書類/大學之屬/傳說
古本大學解一卷七經問答一卷　姚永樸撰　民國二十五年(1936)廬江吴氏鉛印本　一冊

330000－1701－0053441　普814.085/1063　集部/總集類/彙編之屬
元四家集三十四卷　陳乃乾輯　民國十一年(1922)上海古書流通處影印本　十六冊

330000－1701－0053462　GP14546　子部/雜著類/雜考之屬
弢齋述學三卷　徐世昌撰　民國十年(1921)鉛印本　一冊

330000－1701－0053464　GP14547　類叢部/

叢書類/彙編之屬

國立北京大學研究院文史叢刊 國立北京大學研究院文史部輯 民國上海商務印書館鉛印本暨影印本 一冊 存一種

330000－1701－0053483 GP14552 史部/政書類

變法經緯公例論二卷 (清)張鶴齡撰 民國二年(1913)刻本 二冊

330000－1701－0053496 GP14533 子部/儒家類/儒學之屬/俗訓

勸孝快讀一卷 寒世子輯 民國上海護生報社石印本 一冊

330000－1701－0053499 普814.086/0024 集部/總集類/彙編之屬

陳白沙湛甘泉先生南嶽詩文二卷 康和聲輯 民國二十五年(1936)南嶽圖書館鉛印本 一冊

330000－1701－0053506 GP14555 集部/別集類

勞謙室文集三卷 胡遠濬撰 民國十六年(1927)鉛印本 一冊

330000－1701－0053509 GP14535 集部/別集類

志摩的詩不分卷 徐志摩撰 民國鉛印本 一冊

330000－1701－0053513 GP14536 子部/雜著類/雜纂之屬

日用快覽不分卷 世界書局編 民國十四年(1925)上海世界書局石印本 一冊

330000－1701－0053518 GP14537 史部/地理類/遊記之屬/紀行

汴梁賣書記三卷附開明書店新書目錄一卷 民國上海開明書店鉛印本 一冊

330000－1701－0053521 GP14558 史部/傳記類/別傳之屬/事狀

愧荀集一卷 朱正元編 民國二十四年(1935)鉛印本 一冊

330000－1701－0053523 GP14538 集部/別集類/清別集

蓺鞠軒詩草二卷 (清)范榮棣撰 **附採蓮集詩草一卷** (清)周月英撰 民國元年(1912)鉛印本 一冊

330000－1701－0053524 GP14559 集部/別集類/明別集

河村集四卷詩集一卷 (明)戴重撰 民國十四年(1925)鉛印本 張和聲題記 一冊

330000－1701－0053530 GP14540 史部/地理類/雜志之屬

杭俗新年百詠二卷 (清)陳炎編輯 民國石印本 健堂題記 一冊

330000－1701－0053535 GP14541 集部/曲類/散曲之屬

盪氣迴腸曲三卷外集一卷 王悠然輯 民國二十年(1931)上海大江書鋪鉛印本 一冊

330000－1701－0053536 GP14561 史部/目録類/通論之屬/掌故瑣記

書林清話十卷 葉德輝撰 民國九年(1920)葉德輝觀古堂刻本 四冊

330000－1701－0053543 普915.1/3126/c1 類叢部/叢書類/彙編之屬

四部叢刊續編七十七種 張元濟等編 民國二十三年(1934)上海商務印書館影印本 二百十冊 存一種

330000－1701－0053550 普915.1/3115 史部/目録類/專録之屬

天春園方志目不分卷後編不分卷 任鳳苞撰 民國二十五年(1936)荊溪任氏天春園刻本 四冊

330000－1701－0053555 GP14545 子部/藝術類/書畫之屬/法帖

康南海先生墨蹟不分卷附南海先生所著書目一卷 康有爲書 俠安居士編 民國二十三年(1934)上海馬啓新書局石印本暨鉛印本 四冊

330000－1701－0053560 GP14586 集部/別

集類/明別集
許伯清詩稿一卷遺詩輯補一卷　(明)許學夷撰　民國十一年(1922)鉛印本　一册

330000－1701－0053564　普 915.1/3126/c2　類叢部/叢書類/彙編之屬
四部叢刊續編七十七種　張元濟等編　民國二十三年(1934)上海商務印書館影印本　一百六十九册　存一種

330000－1701－0053565　GP14567　新學/議論
大糞主義一卷　聶其杰撰　民國十四年(1925)鉛印本　一册

330000－1701－0053566　GP14587　類叢部/叢書類/彙編之屬
渭南嚴氏孝義家塾叢書十一種　嚴式誨編　民國十九年至二十年(1930－1931)渭南嚴氏刻本　一册　存一種

330000－1701－0053567　GP14568　集部/別集類
清河君設續放生會於西溪徵求詩文以韻語代啓一卷　周慶雲撰　民國刻本　一册

330000－1701－0053569　GP14569　集部/別集類
清河君設續放生會於西溪徵求詩文以韻語代啓一卷　周慶雲撰　民國刻本　一册

330000－1701－0053580　HJL6082　集部/別集類
茹荼軒文集十一卷　張錫恭撰　民國十二年(1923)華亭封氏簣進齋刻本　四册

330000－1701－0053582　HJL6083　集部/別集類
介盦駢體文賸一卷　許湝祥撰　民國二十一年(1932)鉛印本　一册

330000－1701－0053583　HJL6084　集部/別集類
問楳山館詩鈔二卷豔體詩賸一卷　舒昌森撰　**凝香書屋詩鈔一卷**　舒昌洽撰　民國十六年(1927)鉛印本　一册

330000－1701－0053587　HJL6086　集部/別集類/清別集
吟梅仙館詩稿一卷詞稿一卷　(清)蔣汝僩撰　民國十七年(1928)鉛印本　一册

330000－1701－0053588　HJL6106　集部/詩文評類/詩評之屬
批本隨園詩話十六卷補遺十卷附錄一卷　冒廣生撰　民國十五年(1926)中國圖書公司和記鉛印本　二册

330000－1701－0053590　GP14588　子部/醫家類/溫病之屬/痧症
增圖痧驚合璧四卷　民國六年(1917)上海文益書局石印本　四册

330000－1701－0053592　普 814.086/3025　集部/總集類/選集之屬/通代
明清六才子文　進步書局編輯所編輯　民國四年(1915)上海文明書局石印本　四册

330000－1701－0053595　普 915.1/2160　類叢部/叢書類/彙編之屬
鳴沙石室佚書(鳴沙石室古佚書)初編十九種　羅振玉編　民國二年(1913)上虞羅氏據唐寫本影印本　一册　存一種

330000－1701－0053598　GP14589　史部/目録類/總録之屬/官修
江蘇第一圖書館覆校善本書目四卷　胡宗武　曹掾梁編　民國七年(1918)南京江蘇第一圖書館鉛印本　四册

330000－1701－0053611　HJH6110　集部/別集類
奇觚廎詩集三卷前集一卷補遺一卷遺詞一卷　葉昌熾撰　民國十五年(1926)刻本　五册

330000－1701－0053620　普 814.083/6073　集部/總集類/選集之屬/通代
吕晚村唐宋八大家文選八卷　(清)吕留良選　民國元年(1912)上海神州圖書局石印本　六册

330000－1701－0053631　HJL6112　集部/別集類/清別集

十六觀齋遺集五卷　(清)何維棟撰　民國十四年(1925)鉛印本　二册

330000－1701－0053632　GP14573　子部/儒家類/儒學之屬/禮教/鑑戒
人道實行錄十卷　金濳撰　民國八年(1919)鉛印本　二册

330000－1701－0053637　GP14574　集部/別集類
虛靜齋詩初定藁一卷　孫祖同撰　民國九年(1920)上海聚珍倣宋印書局鉛印本　一册

330000－1701－0053638　GP14592　集部/曲類/曲韻曲譜曲律之屬
度曲須知二卷　(明)沈寵綏撰　民國二十三年(1934)上海商務印書館影印本　二册

330000－1701－0053646　GP14578　子部/醫家類/婦科之屬/廣嗣
軒轅黄帝後嗣論一卷　陳養吾編撰　民國三十二年(1943)精玄閣鉛印本　一册

330000－1701－0053657　GP14593　集部/別集類
面圃盧詩草二卷　王鍾俊撰　民國十二年(1923)鉛印本　一册

330000－1701－0053660　HJL6115　集部/別集類
海日樓詩二卷　沈曾植撰　民國刻本　一册

330000－1701－0053664　HJL6116　類叢部/叢書類/彙編之屬
集古齋叢鈔□□種　民國瑞安集古齋書舍石印本　二册　存一種

330000－1701－0053667　GP06322　類叢部/叢書類/自著之屬
鄒鳳崗先生所著書四種　(清)鄒嶧賢撰　民國九年(1920)敬齋書室刻本　三册　存一種

330000－1701－0053670　GP14594　集部/總集類/酬唱之屬
僧鱗集一卷　董玉書編　民國十九年(1930)鉛印本　一册

330000－1701－0053676　GP06323　集部/別集類/清別集
師二明齋遺稿四卷　(清)江雲龍撰　**先府君行述一卷**　(清)江彝藻撰　民國十年(1921)鉛印本　一册

330000－1701－0053684　GP14597　子部/術數類/命書相書之屬
命理探原八卷補遺一卷　袁阜撰　民國四年(1915)江都袁氏潤德堂刻本　四册

330000－1701－0053693　HJL6119　類叢部/叢書類/自著之屬
煙霞草堂遺書十七種　(清)劉光蕡撰　民國八年至十年(1919－1921)王典章思過齋江蘇刻本　六册

330000－1701－0053697　普 814.084/4444　子部/藝術類/書畫之屬/題跋
明十大名家評校仿蘇寫本蘇黄題跋　(清)黄嘉惠輯　民國中華圖書館石印本　八册

330000－1701－0053698　普 814.087/3677/c1　史部/史評類/考訂之屬
證璧集四卷　況周頤輯　民國十三年(1924)刻惜陰堂叢書本　況琦題記　二册

330000－1701－0053702　普 814.084/4032　集部/總集類/彙編之屬
宋人集　李之鼎輯　民國南城李氏宜秋館刻本　徐行恭題記　十六册　存二十種

330000－1701－0053703　GP06326　史部/地理類/遊記之屬/紀行
少室觀雪圖記一卷附雲史遊嵩高少室諸詩一卷　楊圻撰　民國二十年(1931)鉛印本　一册

330000－1701－0053704　普 814.087/3677/c2　集部/詞類/總集之屬
惜陰堂叢書　趙尊嶽輯　民國十三年至十五年(1924－1926)武進趙氏刻本　二册　存一種

330000－1701－0053711　HJL6136　集部/別集類

話夢集二卷 何剛德撰 民國十四年(1925)何剛德刻本 一冊

330000－1701－0053718 HJL6137 類叢部/叢書類/自著之屬
最樂亭三種 (清)朱福清撰 民國六年至十二年(1917－1923)嘉興朱氏刻本 五冊

330000－1701－0053724 GP14600 集部/總集類/彙編之屬
國文不分卷 民國油印本 一冊

330000－1701－0053726 GP14601 子部/藝術類/書畫之屬/總論
中國版畫史樣本不分卷 鄭振鐸編 民國二十九年(1940)中國版畫史社鉛印本 一冊

330000－1701－0053732 GP14602 史部/金石類/甲骨之屬/圖像
庫方二氏藏甲骨卜辭不分卷 (英國)庫全英藏 (美國)方法斂藏並摹 民國二十四年(1935)上海商務印書館影印本 一冊

330000－1701－0053740 GP06331 經部/詩類/文字音義之屬
毛詩古音諧讀五卷附反切詳論一卷考古音辨一卷 楊恭桓撰 民國十七年(1928)京華印書局鉛印本 二冊

330000－1701－0053746 GP14603 史部/傳記類/別傳之屬/事狀
杭州徐吉生先生訃告一卷 徐恩溥 徐恩詒輯 民國二十四年(1935)上海大東書局影印本 金慎行題詞 一冊

330000－1701－0053748 GP06332 類叢部/叢書類/自著之屬
遯廬叢書八種 余重耀撰 民國鉛印本 一冊 存一種

330000－1701－0053755 GP06333 經部/小學類/文字之屬
蒼石山房整理故籍文字學□□種 石廣權撰 民國上海商務印書館石印本 一冊 存一種

330000－1701－0053758 GP14604 史部/傳記類/別傳之屬/事狀
嵊縣趙詩高公紀念集不分卷 民國二十一年(1932)影印本 一冊

330000－1701－0053771 HJL6141 集部/別集類
小瓶花齋詩集八卷 吳允徠撰 民國十四年(1925)鉛印本 一冊

330000－1701－0053772 普 814.087/1003.2/c3 集部/總集類/選集之屬/通代
歷代詩文評註讀本 王文濡編 民國上海文明書局鉛印本 四冊 存一種

330000－1701－0053774 普 814.087/1113/c1 集部/總集類/彙編之屬
戊戌六君子遺集九種 張元濟輯 民國六年(1917)上海商務印書館鉛印本 六冊

330000－1701－0053776 普 814.087/1003.2/c4 集部/總集類/選集之屬/通代
歷代詩文評註讀本 王文濡編 民國上海文明書局鉛印本 四冊 存一種

330000－1701－0053779 普 814.087/1113/c4 集部/總集類/彙編之屬
戊戌六君子遺集九種 張元濟輯 民國八年(1919)上海商務印書館鉛印本 六冊

330000－1701－0053780 GP14606 子部/小說家類/雜事之屬
湖上散記一卷 小蝶(陳蘧)撰 民國漢文書局鉛印本 一冊

330000－1701－0053786 GP14607 類叢部/叢書類/彙編之屬
雙楳景闇叢書十六種 葉德輝編 民國鉛印本 四冊

330000－1701－0053787 GP14585 史部/傳記類/總傳之屬/斷代
清史稿補一卷清詩補二卷 金梁撰 民國三十一年(1942)鉛印本 一冊

330000－1701－0053789 普 915.1/3744 史

部/目録類/專録之屬

國立湖南大學圖書館方志目錄初編一卷　國立湖南大學圖書館編　民國國立湖南大學圖書館石印本　一册

330000－1701－0053793　普 814.0844/2741/2　集部/總集類/選集之屬/斷代

遼文存六卷附錄二卷　繆荃孫輯　民國來青閣影印本　二册　缺二卷(附錄一至二)

330000－1701－0053801　普 814.0844/4429　史部/叢編

述窠雜纂　黄任恆撰　民國十四年(1925)南海黄氏鉛印本　一册　存一種

330000－1701－0053810　GP14608　史部/目録類/總録之屬/官修

浙江圖書館保存類書目四卷附錄一卷　浙江圖書館編　民國四年(1915)浙江圖書館鉛印本　一册

330000－1701－0053819　普 814.087/1011　集部/總集類/選集之屬/斷代

新文選四卷　雷瑨輯　民國三年(1914)上海掃葉山房石印本　四册

330000－1701－0053823　普 814.087/7268　類叢部/叢書類/彙編之屬

百鶴樓叢著□□種　劉盼遂輯　民國二十五年(1936)北平來薰閣書店鉛印本　四册　存一種

330000－1701－0053824　GP06338　類叢部/叢書類/家集之屬

雙硯齋叢書六種　鄧邦述編　民國江寧鄧氏刻本　一册　存一種

330000－1701－0053837　GP14613　集部/別集類

海雲樓文集一卷　陳曾則撰　民國十四年(1925)鉛印本　一册

330000－1701－0053842　HJL6397　集部/總集類/郡邑之屬

天津文鈔七卷　華光鼎輯　王守恂編　民國九年(1920)鉛印本　四册

330000－1701－0053852　普 915.1/4540　史部/地理類/遊記之屬/紀行

恐高寒齋遊記二種　袁勵準撰　民國刻本　一册

330000－1701－0053854　普 814.087/4445.2　集部/總集類/選集之屬/斷代

蓼花軒續集不分卷　民國抄本　四册

330000－1701－0053856　普 814.087/7532　類叢部/叢書類

述廬叢刊　民國刻本　一册　存一種

330000－1701－0053861　普 915.1/4544　史部/地理類/遊記之屬

古今遊記叢鈔十六種　題莫釐涵青氏輯　民國三年(1914)涵青山房石印本　六册

330000－1701－0053864　HJL6090　集部/別集類/清別集

師二宗齋遺集二卷　(清)關棠撰　陳三立輯　民國四年(1915)木活字印本　一册

330000－1701－0053874　GP14619　史部/目録類/總録之屬/官修

浙江圖書館觀覽類書目補編二卷　浙江圖書館編　民國四年(1915)浙江圖書館鉛印本　一册

330000－1701－0053881　GP14621　史部/目録類/總録之屬/私撰

鐵山居士所藏經目一卷　鐵山居士撰　稿本　一册

330000－1701－0053886　普 814.087/2550　集部/總集類/彙編之屬

康南海梁任公文集合刻不分卷　朱振新編　民國三年(1914)上海共和編譯局石印本　二十四册

330000－1701－0053892　普 915.1/4577/2　史部/地理類/遊記之屬/紀勝

遊志續編一卷　(元)陶宗儀輯　民國十四年(1925)武進陶湘蓴園據明嘉靖四十年(1561)錢穀抄本影印本　二册

330000－1701－0053893　GP14622　史部/目録類/總録之屬/官修

浙江圖書館觀覽類書目四卷補遺一卷附錄一卷　浙江圖書館編　民國四年(1915)浙江圖書館鉛印本　五冊

330000－1701－0053900　普915.1/45501　史部/地理類/雜志之屬

東南攬勝不分卷　東南交通周覽會宣傳組編輯　民國二十四年(1935)全國經濟委員會東南交通周覽會鉛印本　一冊

330000－1701－0053903　普814.088/5073　集部/總集類/郡邑之屬

螭陽第一集四卷第二集二卷　螭陽社編　民國六年至七年(1917－1918)鉛印本　六冊

330000－1701－0053909　普915.1/46041/c1　史部/地理類/遊記之屬/紀行

壬申南北漫遊日記一卷俚言一卷附錄一卷　謝慧霖撰　民國二十一年(1932)重慶中西鉛石印局鉛印本　一冊

330000－1701－0053910　普915.1/46041/c2　史部/地理類/遊記之屬/紀行

壬申南北漫遊日記一卷俚言一卷附錄一卷　謝慧霖撰　民國二十一年(1932)重慶中西鉛石印局鉛印本　一冊

330000－1701－0053912　GP14627　史部/雜史類/斷代之屬

戰國策詳註三十三卷　郭希汾輯註　民國十三年(1924)上海文明書局鉛印本　六冊

330000－1701－0053927　普814.08913/0167/c1　集部/總集類/郡邑之屬

瀏陽二傑文二卷　(清)譚嗣同　(清)唐才常撰　民國鉛印本　二冊

330000－1701－0053928　普814.08913/0167/c2　集部/總集類/郡邑之屬

瀏陽二傑文二卷　(清)譚嗣同　(清)唐才常撰　民國鉛印本　二冊

330000－1701－0053934　GP14636　子部/藝術類/篆刻之屬/印論

篆刻要言一卷　張孝申撰　民國十八年(1929)上海中華書局鉛印本　一冊

330000－1701－0053936　GP14644　子部/雜著類/雜說之屬

淮南舊注校理三卷校理之餘一卷　吳承仕撰　民國十三年(1924)歙吳氏付文楷齋刻本　一冊

330000－1701－0053944　GP14637　集部/別集類

淨名軒驂鸞錄二卷養齋詩錄一卷　民國鉛印本　余紹宋跋　一冊

330000－1701－0053950　普814.087/4911　類叢部/叢書類/郡邑之屬

雲南叢書初編一百四十一種二編三十七種　趙藩　陳榮昌等輯　民國雲南叢書處刻本　四冊　存一種

330000－1701－0053961　普814.08915/2616　集部/總集類/郡邑之屬

南昌邑乘文徵二十四卷詩徵五卷　魏元曠輯　民國二十四年(1935)鉛印本　十四冊

330000－1701－0053982　普915.1/4626　史部/地理類/遊記之屬/紀行

北行記一卷　吳履祺撰　民國八年(1919)黄文獻堂木活字印本　一冊

330000－1701－0053983　HJL6124　集部/別集類

小槐簃吟稿八卷　丁立誠撰　吳慶坻編選　民國八年(1919)錢塘丁氏嘉惠堂鉛印武林丁氏家集本　劉承幹題簽並記　四冊

330000－1701－0054015　普915.1/4644/c1　史部/地理類/遊記之屬/紀勝

蔣叔南游記第一集不分卷　蔣希召撰　民國十年(1921)鉛印本　二冊

330000－1701－0054020　普814.087/3025/c1　集部/總集類/彙編之屬

侯魏汪三家文合鈔四卷　進步書局編輯所編　民國四年(1915)上海文明書局石印本　四冊

330000－1701－0054021　普 915.1/4644/c2　史部/地理類/遊記之屬/紀勝
蔣叔南游記第一集不分卷　蔣希召撰　民國十年(1921)鉛印本　二冊

330000－1701－0054023　普 814.08924/1132　集部/總集類/郡邑之屬
當湖詩文逸二十二卷　(清)張憲和編　民國十八年(1929)刻朱印本　八冊

330000－1701－0054025　普 814.087/3025/c2　集部/總集類/彙編之屬
侯魏汪三家文合鈔四卷　進步書局編輯所編　民國七年(1918)上海文明書局石印本　四冊

330000－1701－0054026　GP14645　史部/金石類/總志之屬/圖像
二百蘭亭齋收藏金石記不分卷　(清)吳雲撰　民國據清咸豐六年(1856)歸安吳雲刻本影印本　四冊

330000－1701－0054030　GP14632　集部/別集類
蝶野詩存三卷　陳蘧撰　民國鉛印本　一冊

330000－1701－0054033　普 814.08924/1199　集部/總集類/氏族之屬
度予亭三逸遺集三卷首一卷外編一卷　(明)張文郁　(明)張元聲　(明)張亨梧撰　張燮編　民國二十八年(1939)天台久記印刷社鉛印本　一冊

330000－1701－0054042　普 814.08981/5091　類叢部/叢書類/郡邑之屬
雲南叢書初編一百四十一種二編三十七種　趙藩　陳榮昌等輯　民國雲南叢書處刻本　二十八冊　存一種

330000－1701－0054048　普 323.097/4328　史部/政書類/律令之屬/律例
批本處現行事宜二卷　(清)載齡　(清)文啟編　民國二十六年(1937)北平故宮博物院文獻館影印本　一冊

330000－1701－0054051　GP14647　子部/宗教類/佛教之屬
歷史感應統紀四卷首一卷　許止淨編纂　民國十八年(1929)鉛印本　楊夢齡題記　四冊

330000－1701－0054053　普 814.087/31641　集部/總集類/選集之屬/斷代
汪羅彭薛四家合鈔　國學扶輪社輯　民國四年(1915)中國圖書公司鉛印本　六冊

330000－1701－0054057　普 915.1/4650　史部/地理類/遊記之屬/紀行
陝豫蘇浙閩桂粵七省遊記一卷　盧雲青撰　民國二十五年(1936)鉛印本　一冊

330000－1701－0054059　GP14648　史部/地理類/雜志之屬
湖南各縣調查筆記不分卷　曾繼梧編　民國二十年(1931)鉛印本　一冊

330000－1701－0054066　GP14654　集部/別集類
壽雲堂詩集一卷　蔣蘭畬撰　民國鉛印本　一冊

330000－1701－0054071　普 814.08999/7540　集部/總集類/氏族之屬
聽雨軒文存三卷　(清)陳其旋　(清)陳其鎔　(清)陳鸞鑣撰　民國十七年(1928)鉛印本　一冊

330000－1701－0054072　GP14655　類叢部/叢書類/郡邑之屬
敬鄉樓叢書三十八種　黃羣編　民國十七年至二十四年(1928－1935)永嘉黃氏鉛印本　一冊　存第四輯一種

330000－1701－0054078　普 814.08992/8095　集部/總集類/郡邑之屬
潮州文概四卷　翁輝東輯　民國二十一年(1932)鉛印本　二冊

330000－1701－0054081　普 814.087/6051　集部/總集類/彙編之屬
明季三孝廉集　羅振玉輯　民國八年(1919)上虞羅氏鉛印本　十冊

330000－1701－0054088　GP06376　集部/別集類/清別集
盟水齋詩鈔四卷　(清)蔡燕綦撰　民國刻本　一冊

330000－1701－0054091　HJL6415　集部/別集類/清別集
猶得住樓詩選一卷詞選一卷附文一卷　(清)李媞撰　**附錄一卷**　民國十四年(1925)鉛印本　一冊

330000－1701－0054093　普951.0382/7438.01/c2、普951.0382/7438.012/c1　類叢部/叢書類/彙編之屬
嘉業堂叢書五十七種　劉承幹輯　民國吳興劉氏嘉業堂刻本　十冊　存二種

330000－1701－0054097　普814.08999/0742　類叢部/叢書類/家集之屬
侯官郭氏家集彙刊十二種　郭則澐編　民國二十三年(1934)侯官郭氏刻本　十七冊

330000－1701－0054099　普951.0382/7438.012/c2　類叢部/叢書類/彙編之屬
嘉業堂叢書五十七種　劉承幹輯　民國吳興劉氏嘉業堂刻本　四冊　存一種

330000－1701－0054100　HJL6416　類叢部/叢書類/自著之屬
分類廣註曾文正公五種八卷　(清)曾國藩撰　民國十一年(1922)上海世界書局石印本　六冊

330000－1701－0054105　普951.0382/7438.012/c3　類叢部/叢書類/彙編之屬
嘉業堂叢書五十七種　劉承幹輯　民國吳興劉氏嘉業堂刻本　四冊　存一種

330000－1701－0054108　普951.0382/7438.012/c4　類叢部/叢書類/彙編之屬
嘉業堂叢書五十七種　劉承幹輯　民國吳興劉氏嘉業堂刻本　四冊　存一種

330000－1701－0054112　GP14663　集部/總集類/酬唱之屬
六朝民肖影題辭不分卷　李鏡燧編　民國二十二年(1933)李氏鉛印本　一冊

330000－1701－0054113　HJH6417　集部/別集類/漢魏六朝別集
陶淵明文集十卷　(晉)陶潛撰　民國二年(1913)上海著易堂書局石印本　四冊

330000－1701－0054124　普814.08999/7720　集部/總集類/郡邑之屬
甬上屠氏家集八卷　屠彝輯　屠志恆補傳　民國八年(1919)既勤堂木活字印本　六冊

330000－1701－0054129　普814.08999/1010/c1　集部/總集類/氏族之屬
先澤殘存八種　王元增輯　民國九年(1920)嘉定王元增鉛印本　一冊

330000－1701－0054135　普814.08999/1010/c2　集部/總集類/氏族之屬
先澤殘存八種　王元增輯　民國十五年(1926)嘉定王元增鉛印本　一冊

330000－1701－0054136　GP14665　子部/藝術類/書畫之屬/法帖
玉笥山房墨蹟不分卷　顧廷綸書　民國二十六年(1937)石印本　二冊

330000－1701－0054137　HJH6419　集部/別集類/清別集
香屑集十八卷首一卷末一卷　(清)黃之雋撰　(清)陳邦直注　民國四年(1915)上海掃葉山房石印本　四冊

330000－1701－0054138　普814.08999/10101　集部/總集類/氏族之屬
太原先德集文二卷詩七卷　王壽慈輯　民國七年(1918)婁東二原莊祠刻本　三冊　缺二卷(詩一至二)

330000－1701－0054140　GP14666　子部/藝術類/書畫之屬/法帖
玉笥山房墨蹟不分卷　顧廷綸書　民國二十六年(1937)石印本　二冊

330000－1701－0054141　GP14657　集部/別集類

雲峯閣詩存一卷詞存一卷　金英撰　民國屺思樓鉛印本　鬯山題記　一册

330000－1701－0054145　HJH6420　集部/別集類/清別集

復初齋詩集七十卷　(清)翁方綱撰　民國四年(1915)石印本　十六册

330000－1701－0054149　普 814.08999/1111　類叢部/叢書類/郡邑之屬

關隴叢書□□種　張鵬一編　民國十一年(1922)鉛印本　三册　存一種

330000－1701－0054153　GP14658　子部/術數類

神秘家庭保安全書十卷　(明)張全一撰　民國十七年(1928)宏文圖書館石印本　一册

330000－1701－0054156　HJL6129　類叢部/叢書類/自著之屬

魏氏全書三十八種　魏元曠撰　民國二十二年(1933)刻本　二十八册

330000－1701－0054159　HJL6421　類叢部/叢書類/自著之屬

晨風廬叢刊十八種　周慶雲撰　民國吳興周氏夢坡室刻本　三册　存一種

330000－1701－0054160　GP14668　史部/地理類/專志之屬/祠墓

建修萬季野先生祠墓紀念刊一卷徵信錄一卷　建修萬季野先生祠墓事務所輯　民國二十六年(1937)寧波建修萬季野先生祠墓事務所鉛印本　一册

330000－1701－0054161　普 814.08999/1123/c1　集部/總集類/氏族之屬

大理張氏詩文存遺四卷　張耀曾輯　民國二十四年(1935)張耀曾鉛印本　一册

330000－1701－0054163　普 814.08999/1123/c2　集部/總集類/氏族之屬

大理張氏詩文存遺四卷　張耀曾輯　民國二十四年(1935)張耀曾鉛印本　一册

330000－1701－0054167　HJL6422　類叢部/叢書類/自著之屬

晨風廬叢刊十八種　周慶雲撰　民國吳興周氏夢坡室刻本　三册　存一種

330000－1701－0054168　普 814.08999/11231　集部/總集類/氏族之屬

度予亭三逸遺集三卷首一卷外編一卷　(明)張文郁　(明)張元聲　(明)張亨梧撰　張變編　民國二十八年(1939)天台久記印刷社鉛印本　一册

330000－1701－0054173　普 814.08999/11232/c3　集部/總集類/氏族之屬

雙璧樓燕貽集内編一卷外編一卷　張逢鑣編　民國八年(1919)杭州鉛印本　唐默亭題記　一册

330000－1701－0054176　GP14660　史部/傳記類/別傳之屬/事狀

周鳳山先生哀思錄不分卷　周淦編　民國二十一年(1932)鉛印本　一册

330000－1701－0054177　普 814.08999/11232/c4　集部/總集類/氏族之屬

雙璧樓燕貽集内編一卷外編一卷　張逢鑣編　民國八年(1919)杭州鉛印本　一册

330000－1701－0054181　普 814.08999/11233　集部/總集類/氏族之屬

竇林張氏遺稿一卷　趙炳麟輯　民國十二年(1923)晉陽日報社鉛印本　一册

330000－1701－0054184　普 814.08999/8010　集部/總集類/氏族之屬

陟岡集四卷附錄一卷　金兆梓輯　民國三十八年(1949)中華書局鉛印本　三册

330000－1701－0054189　普 323.2092/2541/6/c1　史部/傳記類/總傳之屬/仕宦

歷代名臣言行錄二十四卷　(清)朱桓輯　民國十五年(1926)上海錦章圖書局石印本　八册

330000－1701－0054197　普 323.2092/2541/6/c2　史部/傳記類/總傳之屬/仕宦

歷代名臣言行錄二十四卷　(清)朱桓輯　民

國十五年(1926)上海錦章圖書局石印本　八册

330000－1701－0054198　GP14672　史部/目録類/總録之屬/官修
浙江圖書館保存類書目四卷附錄一卷　浙江圖書館編　民國四年(1915)浙江圖書館鉛印本　一册

330000－1701－0054201　普814.08999/1249　集部/總集類/氏族之屬
婁東孫氏家集三卷　孫文喆編　民國二十二年(1933)刻本　三册

330000－1701－0054202　GP14680　集部/詞類/總集之屬
宋詞鈔十二卷附錄一卷　王官壽輯　民國十一年(1922)鉛印本　七册

330000－1701－0054209　普814.08999/2122　集部/總集類/彙編之屬
雲間兩何君集二種　姚光編　民國二十一年(1932)金山姚氏復廬據明嘉靖本影印本　八册

330000－1701－0054212　普814.08924/3594/c1　史部/地理類/方志之屬/郡縣志
[民國]松夏志十二卷附上湖文鈔二卷首一卷松陵文略二卷首一卷　連光樞纂　民國二十年(1931)枕湖樓鉛印本　一册　存三卷(上湖文鈔首、甲乙)

330000－1701－0054216　普814.08924/3594/c2　史部/地理類/方志之屬/郡縣志
[民國]松夏志十二卷附上湖文鈔二卷首一卷松陵文略二卷首一卷　連光樞纂　民國二十年(1931)枕湖樓鉛印本　一册　存三卷(上湖文鈔首、甲乙)

330000－1701－0054219　普814.265/2874/5　類叢部/叢書類/彙編之屬
四部備要　中華書局編　民國二十五年(1936)上海中華書局鉛印本　一册　存一種

330000－1701－0054220　普814.08924/3594.2　史部/地理類/方志之屬/郡縣志
[民國]松夏志十二卷附上湖文鈔二卷首一卷松陵文略二卷首一卷　連光樞纂　民國二十年(1931)枕湖樓鉛印本　一册　存三卷(松陵文略首、上下)

330000－1701－0054228　HJL6130　集部/別集類/清別集
賀先生文集四卷書牘二卷　(清)賀濤撰　徐世昌編　民國三年(1914)、九年(1920)徐世昌京師刻本　五册

330000－1701－0054236　GP14674　集部/別集類/明別集
詠懷堂詩集四卷外集二卷丙子詩一卷戊寅詩一卷辛巳詩二卷　(明)阮大鋮撰　民國十七年(1928)國立中央大學國學圖書館鉛印本　一册　存四卷(一至四)

330000－1701－0054246　普814.08924/3651/2/c1　集部/總集類/郡邑之屬
縉雲文徵二十卷補編一卷　(清)湯成烈輯　民國二十七年(1938)文華閣鉛印本　四册

330000－1701－0054248　普915.1/6107/7　子部/小說家類/異聞之屬
山海經十八卷　(晉)郭璞撰　民國石印本　三册

330000－1701－0054259　普814.08924/3651/2/c2　集部/總集類/郡邑之屬
縉雲文徵二十卷補編一卷　(清)湯成烈輯　民國二十七年(1938)文華閣鉛印本　四册

330000－1701－0054269　GP14677　子部/工藝類/日用器物之屬/雕刻
竹人錄二卷　(清)金元鈺撰　民國十一年(1922)鉛印本　漁郇題簽並記　一册

330000－1701－0054271　普915.1/6107/9　子部/小說家類/異聞之屬
山海經十八卷　(晉)郭璞撰　民國上海涵芬樓據明正統道藏本影印本　二册

330000－1701－0054276　GP14681　集部/別集類
蕉園詩稿十二卷　慤士撰　民國三十五年

(1946)鉛印本　一册

330000 - 1701 - 0054277　普 814. 08924/4413/2　類叢部/叢書類/郡邑之屬

四明叢書一百六十七種　張壽鏞編　民國四明張氏約園刻本　二册　存一種

330000 - 1701 - 0054279　GP14678　史部/政書類/邦計之屬/賦稅

均賦餘議坿雜稿一卷　金蓉鏡輯　民國六年(1917)鉛印本　一册

330000 - 1701 - 0054280　普 814. 08999/2643/3　集部/總集類/氏族之屬

溆浦吳氏遺著存略一卷　吳俠虎輯　民國三十年(1941)鉛印本　一册

330000 - 1701 - 0054284　GP14682　子部/雜著類/雜說之屬

骨董瑣記八卷續記四卷　鄧之誠輯　民國二十二年(1933)鉛印本　二册　存四卷(續記一至四)

330000 - 1701 - 0054286　普 915. 1/6107. 013　類叢部/叢書類/彙編之屬

求恕齋叢書三十一種　劉承幹編　民國吳興劉氏嘉業堂刻本　六册　存一種

330000 - 1701 - 0054289　普 814. 269/0020/8/c2　類叢部/叢書類/彙編之屬

四部備要　中華書局編　民國二十五年(1936)上海中華書局鉛印本　四册　存一種

330000 - 1701 - 0054299　HJL6431　集部/別集類/清別集

秋蟪吟館詩鈔六卷來雲閣詞鈔一卷文鈔一卷　(清)金和撰　民國三年(1914)上元金氏鉛印本　六册

330000 - 1701 - 0054309　GP14684　新學/理學/理學

周秦哲學史不分卷　陸懋德撰　民國十二年(1923)京華印書局鉛印本　一册

330000 - 1701 - 0054312　普 951. 04/5245/3　史部/紀傳類/正史之屬

百衲本二十四史　張元濟輯　民國上海商務印書館影印本　一百三十六册　存一種

330000 - 1701 - 0054326　GP14686　子部/醫家類/醫案之屬

臨證彙集一卷　倪明主編　民國二十五年(1936)鎮海倪奎照鉛印本　一册

330000 - 1701 - 0054332　HJL6149　集部/別集類/清別集

頤園書牘二卷　(清)李本方撰　民國十五年(1926)鉛印本　二册

330000 - 1701 - 0054333　GP14687　集部/別集類

悔餘生詩五卷　吳慶坻撰　民國十五年(1926)鉛印本　二册

330000 - 1701 - 0054335　普 814. 08999/4073　集部/總集類/氏族之屬

袁氏閨鈔一卷　袁之球輯　民國七年(1918)鉛印本　一册

330000 - 1701 - 0054343　普 814. 3/4007/2　類叢部/叢書類/彙編之屬

四部備要　中華書局編　民國二十五年(1936)上海中華書局鉛印本　四册　存一種

330000 - 1701 - 0054351　普 951. 04/5245/4　史部/紀傳類/正史之屬

二十四史附考證　民國上海中華書局鉛印本　七十八册　存一種

330000 - 1701 - 0054358　GP14689　集部/詞類/總集之屬

惜陰堂叢書　趙尊嶽輯　民國十三年至十五年(1924 - 1926)武進趙氏刻本　二册　存一種

330000 - 1701 - 0054361　普 814. 08999/4192　史部/傳記類/總傳之屬/家乘

[浙江黄巖]黄巖柯氏宗譜八卷家集五卷　柯玟主修　柯驊威纂　民國九年(1920)木活字印本　五册　存五卷(家集一至五)

330000 - 1701 - 0054362　普 814. 3/0147/2/

c2　類叢部/叢書類/彙編之屬
四部備要　中華書局編　民國二十五年(1936)上海中華書局鉛印本　六冊　存一種

330000－1701－0054367　普814.24/0440.3　類叢部/叢書類/自著之屬
諸葛武侯全集五種二十卷　(三國蜀)諸葛亮撰　(清)張澍輯　民國七年(1918)江左書林石印本　六冊

330000－1701－0054369　GP14697　集部/別集類/清別集
鈍翁遺稿四卷　(清)姚元鉦撰　民國上海姚文棟、姚文枬鉛印本　一冊

330000－1701－0054373　普814.3/0147/2/c3　類叢部/叢書類/彙編之屬
四部備要　中華書局編　民國二十五年(1936)上海中華書局鉛印本　六冊　存一種

330000－1701－0054382　普814.23/4422.2/3　類叢部/叢書類/彙編之屬
四部備要　中華書局編　民國二十五年(1936)上海中華書局鉛印本　六冊　存一種

330000－1701－0054384　GP14698　集部/別集類
靜遠堂詩畫集二卷　郁華撰　民國二十九年(1940)鉛印本　一冊

330000－1701－0054391　普814.08924/7701/c2　類叢部/叢書類/自著之屬
晨風廬叢刊十八種　周慶雲撰　民國吳興周氏夢坡室刻本　六冊　存一種

330000－1701－0054398　普814.08924/7701/c3　集部/總集類/郡邑之屬
潯溪文徵十六卷　周慶雲輯　民國吳興周氏夢坡室刻藍印本　七冊

330000－1701－0054401　GP14701　子部/術數類/相宅相墓之屬
地理學新義二卷附錄一卷　俞仁宇編輯　民國二十四年(1935)餘姚普文明書局鉛印本　一冊

330000－1701－0054403　普814.24/5544.2　類叢部/叢書類/彙編之屬
四部叢刊　張元濟等編　民國上海商務印書館影印本　二冊　存一種

330000－1701－0054404　HJH6098　集部/別集類
狷叟詩刪存四卷續存一卷　許淮祥撰　民國十一年(1922)刻本　二冊

330000－1701－0054410　普814.3/4007.2/2/c1、普814.3/4007.2/2/c2、普814.3/4026/4　類叢部/叢書類/彙編之屬
四部備要　中華書局編　民國二十五年(1936)上海中華書局鉛印本　二十二冊　存三種

330000－1701－0054412　GP14703　集部/別集類
壽藻堂雜存二卷　陳作霖撰　民國五年(1916)鉛印本　一冊

330000－1701－0054414　普814.3/4007.2/2/c3　類叢部/叢書類/彙編之屬
四部備要　中華書局編　民國二十五年(1936)上海中華書局鉛印本　四冊　存一種

330000－1701－0054430　普814.08924/8730/c1　集部/總集類/郡邑之屬
新溪文述八卷首一卷　鄭之章輯　民國十九年(1930)新塍通俗圖書館鉛印本　二冊

330000－1701－0054432　普323.20926/2619　史部/史表類/斷代之屬
明督撫年表五卷　吳廷燮撰　民國鉛印本　五冊

330000－1701－0054434　普814.3/4007.3/2　集部/別集類/唐五代別集
樊南文集箋註八卷　(唐)李商隱撰　(清)馮浩箋注　民國五年(1916)上海廣益書局、文瑞樓石印本　八冊

330000－1701－0054435　普814.08924/8730/c2　集部/總集類/郡邑之屬
新溪文述八卷首一卷　鄭之章輯　民國十九

年(1930)新塍通俗圖書館鉛印本　二冊

330000－1701－0054445　普 814.08953/4480　類叢部/叢書類/彙編之屬

六經堪叢書十三種　羅振玉編　民國東方學會鉛印本　一冊　存一種

330000－1701－0054448　GP14726　史部/史表類/通代之屬

古驩室張氏紀年叢刊　張之銘撰　民國實學通藝館鉛印本　一冊　存一種

330000－1701－0054454　普 814.08999/4443　集部/總集類/氏族之屬

唐南陽樊氏遺文二卷　樊鎮輯　民國三十二年(1943)綿絳書屋刻本　一冊

330000－1701－0054456　HJL6439　集部/別集類/宋別集

新註朱淑真斷腸詩集十卷後集八卷　(宋)朱淑真撰　(宋)鄭元佐註　民國十五年(1926)南陵徐氏影印本　二冊

330000－1701－0054458　GP14738　史部/編年類/斷代之屬

民國春秋一卷　嚴偉撰　民國五年(1916)上海中華書局鉛印本　一冊

330000－1701－0054461　HJL6170　集部/總集類/彙編之屬

汲古閣景鈔南宋六十家小集　(宋)陳起輯　民國十年(1921)上海古書流通處據明汲古閣景鈔宋本影印本(安晚堂詩集卷一至五、十三至六十原缺)　八冊　存一種

330000－1701－0054463　普 814.08999/4474　集部/總集類/氏族之屬

西峴薛氏擴残集不分卷　(清)薛鍾斗輯　民國五年(1916)油印本　一冊

330000－1701－0054464　普 814.3/1024/c1　類叢部/叢書類/彙編之屬

四部備要　中華書局編　民國二十五年(1936)上海中華書局鉛印本　六冊　存一種

330000－1701－0054465　GP14727　史部/傳記類/別傳之屬/事狀

錢武肅王功德史一卷　錢文選輯　民國二十四年(1935)錢氏鉛印本　錢文選題記　一冊

330000－1701－0054470　普 814.3/1024/c2　類叢部/叢書類/彙編之屬

四部備要　中華書局編　民國二十五年(1936)上海中華書局鉛印本　六冊　存一種

330000－1701－0054471　普 814.3/1024/2/c1　類叢部/叢書類/彙編之屬

四部備要　中華書局編　民國二十五年(1936)上海中華書局鉛印本　一冊　存一種

330000－1701－0054472　普 814.08981/0044　集部/總集類/郡邑之屬

晉寧詩徵十卷首一卷文徵十卷首一卷補遺一卷　方樹梅輯　民國二十七年(1938)昆明開智公司鉛印本　六冊

330000－1701－0054473　普 814.3/1024/2/c2　類叢部/叢書類/彙編之屬

四部備要　中華書局編　民國二十五年(1936)上海中華書局鉛印本　一冊　存一種

330000－1701－0054475　GP14740　史部/金石類/石之屬/圖像

石畫歷代聖賢像一卷續述一卷　上海淨緣社編　民國三十四年(1945)上海淨緣社影印本　一冊

330000－1701－0054480　HJL6169　類叢部/叢書類/自著之屬

桐鄉勞先生遺稿四種　勞乃宣撰　民國十六年(1927)桐鄉盧氏刻朱印本　十二冊

330000－1701－0054482　普 814.08981/1097　集部/總集類/郡邑之屬

滇六家文選　王燦輯　民國三十五年(1946)鉛印本　二冊

330000－1701－0054491　普 814.08981/1097.2　集部/總集類/郡邑之屬

玉溪文徵五卷　王燦　李鴻祥輯　民國三十六年至三十七年(1947－1948)昆明市玉溪同鄉會鉛印本　五冊

330000－1701－0054497　GP14732　經部/書類/傳說之屬
書集傳六卷　（宋）蔡沈撰　民國商務印書館鉛印本　四冊

330000－1701－0054500　GP14744　集部/別集類
初日樓稿一卷　羅莊撰　民國十年（1921）上虞羅氏鉛印本　一冊

330000－1701－0054503　GP14733　史部/傳記類/日記之屬
憲政研究所聽講日記不分卷　沈維誠撰　民國抄本　一冊

330000－1701－0054505　GP06430　史部/目録類/總録之屬/官修
江蘇第一圖書館覆校善本書目四卷　胡宗武　曹掾梁編　民國七年（1918）南京江蘇第一圖書館鉛印本　四冊

330000－1701－0054524　GP06431　史部/目録類/總録之屬
南通圖書館第一次目錄不分卷　南通圖書館編　民國三年（1914）南通翰墨林書局鉛印本　七冊

330000－1701－0054528　HJL6158　集部/別集類/明別集
王文莊公集十卷　（明）王鴻儒撰　**王文莊公凝齋集校勘記一卷**　張嘉謀撰　民國十四年（1925）河南官書局刻本　四冊

330000－1701－0054541　GP06424　史部/政書類/公牘檔冊之屬
青白之廣濟一卷　洪式閭輯　民國十七年（1928）鉛印本　一冊

330000－1701－0054547　普814.24/5544.2/3/c2　類叢部/叢書類/彙編之屬
四部備要　中華書局編　民國二十五年（1936）上海中華書局鉛印本　二冊　存一種

330000－1701－0054549　GP06425　史部/政書類/公牘檔冊之屬
青白之廣濟一卷　洪式閭輯　民國十七年（1928）鉛印本　一冊

330000－1701－0054551　GP06434　子部/兵家類/兵法之屬
評註七子兵略七卷　（清）陳玖撰　民國十五年（1926）上海武學書局石印本　四冊

330000－1701－0054553　GP06435　子部/兵家類/兵法之屬
評註七子兵略七卷　（清）陳玖撰　民國十五年（1926）上海武學書局石印本　四冊

330000－1701－0054554　GP14760　子部/雜著類/雜說之屬
儒道兩家哲學系統不分卷　黄子通撰　民國三十一年（1942）湖南藍田國立師範學院鉛印本　一冊

330000－1701－0054555　普814.24/5544.2/3/c3　類叢部/叢書類/彙編之屬
四部備要　中華書局編　民國二十五年（1936）上海中華書局鉛印本　二冊　存一種

330000－1701－0054558　普814.08981/4043.2　類叢部/叢書類/彙編之屬
曲石叢書二十種　李根源編　民國鉛印本　二十六冊　存一種

330000－1701－0054560　GP14761　子部/藝術類/書畫之屬/畫法畫品
畫法要錄十七卷首一卷　余紹宋撰　民國上海中華書局鉛印本　四冊

330000－1701－0054566　GP14762　史部/地理類/方志之屬/郡縣志
［民國］天津市概要十三卷首一卷　天津市市志編纂處編　民國二十三年（1934）天津市政府鉛印本　二冊

330000－1701－0054567　普814.08999/5000　類叢部/叢書類/家集之屬
鈍公叢存□□種　劉達武編　民國二十二年（1933）長沙鉛印本　七冊　存一種

330000－1701－0054575　普814.08999/5090/c1　集部/總集類/氏族之屬

錫山秦氏文鈔十二卷首一卷　秦毓鈞輯　**校刊記一卷**　秦卓梓撰　民國十九年(1930)詠烈堂鉛印本　六冊

330000－1701－0054577　普814.3/4026.2/c2　集部/别集類/唐五代别集

李太白文集三十卷　(唐)李白撰　民國二年(1913)上海文瑞樓石印本　八冊

330000－1701－0054580　普814.3/4026.2/c3　集部/别集類/唐五代别集

李太白文集三十卷　(唐)李白撰　民國二年(1913)上海文瑞樓石印本　八冊

330000－1701－0054582　普814.08999/5090/c2　集部/總集類/氏族之屬

錫山秦氏文鈔十二卷首一卷　秦毓鈞輯　**校刊記一卷**　秦卓梓撰　民國十九年(1930)詠烈堂鉛印本　六冊

330000－1701－0054595　普814.3/1142.07/2　類叢部/叢書類/彙編之屬

四部備要　中華書局編　民國二十五年(1936)上海中華書局鉛印本　四冊　存一種

330000－1701－0054596　HJL6174　類叢部/叢書類/彙編之屬

渭南嚴氏孝義家塾叢書十一種　嚴式誨編　民國十九年至二十年(1930－1931)渭南嚴氏刻本　一冊　存一種

330000－1701－0054601　HJL6175　集部/别集類

平齋詩存三卷續編三卷　何剛德撰　民國十八年(1929)、二十年(1931)刻本　四冊

330000－1701－0054602　普814.3/1142.2　類叢部/叢書類/郡邑之屬

廣東叢書　廣東叢書編輯委員會編　民國商務印書館影印本暨鉛印本　八冊　存一種

330000－1701－0054603　GP06441　新學/史志/别國史

非洲播道之開祖一卷　(英國)馬搜撰　(英國)瑞思義譯　許家惺述　民國十二年(1923)上海廣學會鉛印本　一冊

330000－1701－0054611　GP14747　集部/總集類/選集之屬/斷代

唐文粹簡編六卷　(清)厲鶚　(清)譚獻評點　張相編　民國十一年(1922)上海中華書局鉛印本　六冊

330000－1701－0054613　普814.3/1287　類叢部/叢書類/郡邑之屬

四明叢書一百六十七種　張壽鏞編　民國四明張氏約園刻本　一冊　存一種

330000－1701－0054615　GP14765　子部/小說家類

顧氏明朝四十家小説四十種　(明)顧元慶輯　民國四年(1915)上海國粹扶輪社石印本　八冊

330000－1701－0054629　GP14766　史部/傳記類/總傳之屬/技藝

歷代畫史彙傳二十四卷首一卷附錄一卷　(清)彭蘊璨編　民國十一年(1922)上海掃葉山房石印本　十二冊

330000－1701－0054632　普814.3/4480.2/c1　集部/别集類/唐五代别集

新刊五百家註音辯昌黎先生文集四十卷序傳碑記一卷外集十卷　(唐)韓愈撰　(宋)魏仲舉輯注　**韓文類譜十卷**　(宋)吕大防撰　(宋)魏仲舉輯　**晦庵朱侍講先生韓文考異十卷**　(宋)朱熹撰　民國元年(1912)上海商務印書館影印本　四十冊

330000－1701－0054635　GP14749　史部/史評類/詠史之屬

南史紀豔詩四卷　陶隆偉撰　民國十三年(1924)上海掃葉山房石印本　一冊

330000－1701－0054644　普814.3/4480.2/c2　集部/别集類/唐五代别集

新刊五百家註音辯昌黎先生文集四十卷序傳碑記一卷外集十卷　(唐)韓愈撰　(宋)魏仲舉輯注　**韓文類譜十卷**　(宋)吕大防撰　(宋)魏仲舉輯　**晦庵朱侍講先生韓文考異十卷**　(宋)朱熹撰　民國七年(1918)上海商務印書館影印本　四十冊

330000－1701－0054648　GP14768　集部/曲類/彈詞之屬

二十五史彈詞輯註十二卷歷代帝皇真像一卷　(明)楊慎編　(清)孫德威輯註　楊達奇增訂　民國七年(1918)上海碧梧山莊石印本　四冊

330000－1701－0054650　普814.3/4026/6　集部/別集類/唐五代別集

李太白文集三十六卷　(唐)李白撰　(清)王琦輯注　民國三年(1914)掃葉山房石印本　二十四冊

330000－1701－0054655　GP14769　集部/曲類/曲評曲話曲目之屬

螾廬曲談四卷　王季烈撰　民國十七年(1928)上海商務印書館石印本　二冊

330000－1701－0054659　GP14751　史部/地理類/總志之屬/斷代

中華民國疆域沿革錄不分卷　王念倫編　民國二十四年(1935)北平五典書房鉛印本　王念倫題記　一冊

330000－1701－0054676　GP14772　史部/政書類/公牘檔冊之屬

北平故宮博物院文獻館一覽一卷　故宮博物院編　民國二十一年(1932)故宮博物院鉛印本　一冊

330000－1701－0054678　普814.3/2144　類叢部/叢書類/郡邑之屬

四明叢書一百六十七種　張壽鏞編　民國四明張氏約園刻本　一冊　存一種

330000－1701－0054683　GP14774　新學/地學/地理學

地文大意一卷　國立北平師範大學編　民國國立北平師範大學鉛印本　癡叟題記　一冊

330000－1701－0054688　普915.1/7117.014/2　類叢部/叢書類/彙編之屬

四部備要　中華書局編　民國二十五年(1936)上海中華書局鉛印本　十二冊　存一種

330000－1701－0054704　普814.3/7731.301/c2　集部/別集類/唐五代別集

駱臨海集十卷附錄一卷　(唐)駱賓王撰　(清)陳熙晉注　民國二十六年(1937)義烏黄氏鉛印本　四冊

330000－1701－0054711　GP14786　集部/總集類/氏族之屬

先澤殘存八種　王元增輯　民國九年(1920)嘉定王元增鉛印本　一冊

330000－1701－0054712　普814.3/7731.301/c5　集部/別集類/唐五代別集

駱臨海集十卷附錄一卷　(唐)駱賓王撰　(清)陳熙晉注　民國二十六年(1937)義烏黄氏鉛印本　四冊

330000－1701－0054727　普814.3/4480.3/3　類叢部/叢書類/彙編之屬

四部備要　中華書局編　民國二十五年(1936)上海中華書局鉛印本　十二冊　存一種

330000－1701－0054739　普814.25/7731.2/2/c1　集部/別集類/漢魏六朝別集

陶淵明文集十卷　(晉)陶潛撰　民國八年(1919)上海著易堂書局石印本　四冊

330000－1701－0054751　普814.3/4480.6/c1　集部/別集類/唐五代別集

韓集箋正五卷昌黎先生詩文年譜一卷　(清)方成珪撰　民國十五年(1926)瑞安陳氏湫漻齋鉛印本　四冊

330000－1701－0054759　普814.3/4480.6/c2　集部/別集類/唐五代別集

韓集箋正五卷昌黎先生詩文年譜一卷　(清)方成珪撰　民國十五年(1926)瑞安陳氏湫漻齋鉛印本　四冊

330000－1701－0054778　普814.25/7731.2/4　集部/別集類/漢魏六朝別集

陶淵明文集十卷　(晉)陶潛撰　民國六年(1917)上海會文堂書局石印本　一冊

330000－1701－0054786　普814.3/4680/c1

類叢部/叢書類/郡邑之屬
四明叢書一百六十七種 張壽鏞編 民國四明張氏約園刻本 二册 存一種

330000－1701－0054794 HJL6469 集部/別集類/清別集
悅雲山房集十七卷 (清)劉敦元撰 民國八年(1919)天津徐世昌鉛印本 四册

330000－1701－0054799 普 814.3/4680/c2 類叢部/叢書類/郡邑之屬
四明叢書一百六十七種 張壽鏞編 民國四明張氏約園刻本 二册 存一種

330000－1701－0054802 HJL6212 集部/別集類/清別集
素心簃集四卷詩集二卷補遺一卷 (清)顧蓮撰 高夑輯 民國二年(1913)金山高氏寒隱草堂刻八年(1919)補刻本 四册

330000－1701－0054803 GP14795 史部/地理類/雜志之屬
雲間雜識二卷 (明)李紹文撰 民國二十五年(1936)上海縣修志局鉛印本 一册

330000－1701－0054829 GP14782 史部/政書類/儀制之屬/典禮
祭祀冠服圖一卷 政事堂禮制館編 民國三年(1914)政事堂禮制館石印本 一册

330000－1701－0054839 GP14799 類叢部/叢書類
中國學術叢書 民國十四年(1925)上海中國書店影印本 一册 存一種

330000－1701－0054848 GP14802 集部/別集類
滄趣樓詩集十卷聽水齋詞一卷 陳寶琛撰 民國二十七年(1938)陳氏刻本 二册

330000－1701－0054865 GP14803 史部/政書類/公牘檔册之屬
杭縣律師公會要覽不分卷 吳華編輯 民國二十一年(1932)杭縣律師公會鉛印本 一册

330000－1701－0054866 普 814.4/1031.5 類叢部/叢書類/彙編之屬
嘉業堂叢書五十七種 劉承幹輯 民國吳興劉氏嘉業堂刻本 十册 存一種

330000－1701－0054870 普 814.3/4731.06 類叢部/叢書類/彙編之屬
桐城吳先生羣書點勘 (清)吳汝綸撰 民國蓮池書社鉛印本 一册 存一種

330000－1701－0054876 普 814.3/4731.4 類叢部/叢書類/彙編之屬
四部叢刊 張元濟等編 民國上海商務印書館影印本 八册 存一種

330000－1701－0054879 GP14805 史部/政書類/公牘檔册之屬
鰲江建設事業商榷書一卷 舒國華撰 民國十八年(1929)油印本 一册

330000－1701－0054880 GP14808 集部/別集類
補讀書齋筆談不分卷 王守恂撰 民國鉛印本 一册

330000－1701－0054882 普 814.3/4731.5 集部/別集類/唐五代別集
山曉閣選唐大家柳柳州全集四卷 (唐)柳宗元撰 (清)孫琮評 民國上海廣益書局石印本 四册

330000－1701－0054884 GP14806 史部/政書類/公牘檔册之屬
濟南地方法院檢察處工作報告書不分卷 周文濱編 民國二十三年(1934)油印本 一册

330000－1701－0054893 普 915.1/7140、普 915.1/7140.2 類叢部/叢書類/郡邑之屬
豫章叢書六十種附一種 胡思敬編 民國四年至九年(1915－1920)南昌豫章叢書編刻局刻本 三册 存二種

330000－1701－0054900 GP14811 集部/別集類
安樂鄉人詩四卷詩續一卷七十後詩一卷藥夢詞二卷詞續一卷七十後詞一卷 金兆蕃撰 民國二十年(1931)、二十八年(1939)刻本

一册

330000－1701－0054905　普915.1/73121/c1　類叢部/叢書類/彙編之屬

金陵大學中國文化研究所叢刊　金陵大學中國文化研究所編　民國金陵大學中國文化研究所刻本、鉛印本暨影印本　一册　存一種

330000－1701－0054909　普915.1/73121/c2　類叢部/叢書類/彙編之屬

金陵大學中國文化研究所叢刊　金陵大學中國文化研究所編　民國金陵大學中國文化研究所刻本、鉛印本暨影印本　一册　存一種

330000－1701－0054912　GP14812　集部/別集類

壽藻堂詩集八卷文續一卷　陳作霖撰　民國鉛印本　一册

330000－1701－0054920　GP14813　史部/傳記類/總傳之屬/家乘

沈氏歷代像傳一卷　沈錫榮撰　民國元年(1912)石印本　一册

330000－1701－0054923　普814.3/7242　集部/別集類/唐五代別集

劉夢得文集三十卷外集十卷　(唐)劉禹錫撰　民國二年(1913)毘陵董康影印本　十二册

330000－1701－0054924　GP14814　史部/目録類/書志之屬/提要

錢氏所藏堪輿書提要一卷　錢文選編　民國三十一年(1942)鉛印本　一册

330000－1701－0054926　普915.1/7504/c1　史部/地理類/遊記之屬/紀行

仰逋居遊記十四卷　陳誂撰　民國十四年(1925)鉛印本　一册

330000－1701－0054927　GP14807　史部/金石類/石之屬/通考

金石苑六卷　(清)劉喜海輯　民國影印本　六册

330000－1701－0054928　GP14815　集部/別集類/宋別集

趙清獻公集十卷目錄二卷　(宋)趙抃撰　民國八年(1919)衢縣公祠刻本　四册

330000－1701－0054930　普814.4/0024/c1　類叢部/叢書類/郡邑之屬

續金華叢書六十種　胡宗楙編　民國十三年(1924)永康胡氏夢選樓刻本　三册　存一種

330000－1701－0054934　GP14816　史部/傳記類/總傳之屬

錢公林富配戴太夫人百齡冥紀追慶錄不分卷　錢文選編　民國二十一年(1932)鉛印本　一册

330000－1701－0054935　普915.1/7504/c2　史部/地理類/遊記之屬/紀行

仰逋居遊記十四卷　陳誂撰　民國十四年(1925)鉛印本　一册

330000－1701－0054936　普814.4/0024/c2　類叢部/叢書類/郡邑之屬

續金華叢書六十種　胡宗楙編　民國十三年(1924)永康胡氏夢選樓刻本　三册　存一種

330000－1701－0054937　普814.3/7424/3　集部/別集類/唐五代別集

重刊校正笠澤叢書四卷補遺詩一卷續補遺一卷　(唐)陸龜蒙撰　民國三年(1914)上海掃葉山房石印本　三册

330000－1701－0054939　GP14819　集部/別集類

倥偬集不分卷　陳幹撰　民國二年(1913)鉛印本　一册

330000－1701－0054942　普814.25/7731.7　類叢部/叢書類/彙編之屬

續古逸叢書四十七種　張元濟等編　民國十一年(1922)至一九五七年上海商務印書館影印本　一册　存一種

330000－1701－0054943　普814.4/1080　集部/別集類/宋別集

石徂徠先生集二卷　(宋)石介撰　徐守揆輯　**附錄一卷**　(宋)歐陽修等撰　民國二十二年(1933)鉛印本　一册

330000－1701－0054951　GP14823　子部/藝術類/書畫之屬/法帖
古今名人墨蹟大觀不分卷　高時顯輯　民國十七年(1928)上海中華書局影印本　一册

330000－1701－0054953　GP14825　經部/孝經類/傳說之屬
孝行經圖不分卷　王震編　民國二十五年(1936)上海孤兒院影印本　一册

330000－1701－0054959　HJL6185　類叢部/叢書類/彙編之屬
思園叢書五種　宗惟恭編　民國三十七年(1948)合衆圖書館得版編印本　二册　存一種

330000－1701－0054974　HJL6187　類叢部/叢書類/自著之屬
晨風廬叢刊十八種　周慶雲撰　民國吳興周氏夢坡室刻本　五册　存一種

330000－1701－0054991　HJL6197　集部/別集類/清別集
訥盦類稿四卷　(清)李恩綬撰　民國十三年(1924)冬心草堂刻本　四册

330000－1701－0055003　HJH6226　集部/別集類/清別集
范伯子文集十二卷　(清)范當世撰　民國十八年(1929)鉛印本　二册

330000－1701－0055015　HJL6233　集部/別集類/明別集
陶庵遺藁三卷劄記二卷續稿一卷　(明)歸子慕撰　民國二年(1913)常熟歸氏壽與讀書室鉛印本　劉承幹題簽並記　一册

330000－1701－0055017　HJL6234　集部/別集類/清別集
瓶廬詩鈔四卷詞鈔一卷文鈔一卷　(清)翁同龢撰　翁永孫輯　民國元年(1912)常熟開文社鉛印本　二册

330000－1701－0055026　HJL6239　集部/別集類/明別集
劉柘山先生遺集二卷　(明)劉樸撰　民國十一年(1922)石印本　一册

330000－1701－0055050　普814.4/11431　類叢部/叢書類/彙編之屬
四部叢刊　張元濟等編　民國上海商務印書館影印本　六册　存一種

330000－1701－0055063　普814.4/1145/c1　集部/別集類/宋別集
橫浦先生文集二十卷　(宋)張九成撰　(宋)郎曄編　**無垢先生橫浦心傳錄三卷橫浦日新一卷**　(宋)于恕編　**施先生孟子發題一卷**　(宋)施操德撰　**橫浦先生家傳一卷**　(宋)張榕撰　民國十四年(1925)海鹽張氏據明萬曆刻本影印本　八册

330000－1701－0055068　普814.4/2540　類叢部/叢書類/彙編之屬
四部叢刊　張元濟等編　民國上海商務印書館影印本　五十册　存一種

330000－1701－0055071　普814.4/1145/c3　集部/別集類/宋別集
橫浦先生文集二十卷　(宋)張九成撰　(宋)郎曄編　**無垢先生橫浦心傳錄三卷橫浦日新一卷**　(宋)于恕編　**施先生孟子發題一卷**　(宋)施操德撰　**橫浦先生家傳一卷**　(宋)張榕撰　民國十四年(1925)海鹽張氏據明萬曆刻本影印本　八册

330000－1701－0055112　HJL6246　集部/別集類/清別集
培園詩集一卷　(清)錢本誠撰　(清)彭啟豐輯　民國四年(1915)聽邠館刻本　一册

330000－1701－0055116　GP14827　集部/別集類/清別集
范伯子詩集十九卷　(清)范當世撰　**蘊素軒詩稿四卷**　姚倚雲撰　民國鉛印本　栗長題記　一册

330000－1701－0055118　普814.3/4432/c1　類叢部/叢書類/自著之屬
樊諫議集七家注五種附一種　(唐)樊宗師撰　樊鎮輯　民國紹興樊氏緜絳書屋刻本　二

冊　缺附一種

330000－1701－0055119　普 915.1/8526　史部/政書類/軍政之屬
九邊圖考一卷　（明）程道生輯　民國八年（1919）武進莊氏玉青館影印本　一冊

330000－1701－0055122　普 814.4/1000/c1　集部/別集類/宋別集
四明文獻集五卷　（宋）王應麟撰　（明）鄭真輯　**深寧先生文鈔摭餘編三卷**　（宋）王應麟撰　（清）葉熊輯　**深寧先生年譜一卷**　（清）錢大昕編　**王深寧先生年譜一卷**　（清）陳僅纂輯　（清）張恕編次　**王深寧先生年譜一卷**　（清）張大昌輯　民國五年（1916）仁和王存善鉛印本　四冊

330000－1701－0055127　GP14829　子部/術數類/命書相書之屬
命理探原八卷補遺一卷　袁阜撰　民國四年（1915）江都袁氏潤德堂刻本　四冊

330000－1701－0055132　普 814.4/1000/c3　集部/別集類/宋別集
四明文獻集五卷　（宋）王應麟撰　（明）鄭真輯　**深寧先生文鈔摭餘編三卷**　（宋）王應麟撰　（清）葉熊輯　**深寧先生年譜一卷**　（清）錢大昕編　**王深寧先生年譜一卷**　（清）陳僅纂輯　（清）張恕編次　**王深寧先生年譜一卷**　（清）張大昌輯　民國五年（1916）仁和王存善鉛印本　四冊

330000－1701－0055133　普 915.1/7144.01　類叢部/叢書類/彙編之屬
求恕齋叢書三十一種　劉承幹編　民國吴興劉氏嘉業堂刻本　一冊　存一種

330000－1701－0055135　普 814.3/4432/c2　類叢部/叢書類/自著之屬
樊諫議集七家注五種附一種　（唐）樊宗師撰　樊鎮輯　民國紹興樊氏緜絳書屋刻本　二冊　缺附一種

330000－1701－0055151　普 814.3/4432.02/c1　集部/別集類/唐五代別集
樊諫議集附錄甲集一卷補遺一卷乙集一卷補遺一卷　（唐）樊宗師撰　樊鎮輯　民國十年（1921）紹興樊氏綿絳書屋鉛印本　一冊　存二卷（甲集、甲集補遺）

330000－1701－0055153　普 814.3/4480　集部/別集類/唐五代別集
韓昌黎先生文集三十卷外集文編十卷遺文一卷　（唐）韓愈撰　（唐）李漢編　民國石印本　六冊

330000－1701－0055155　普 814.3/4432.02/c4　集部/別集類/唐五代別集
樊諫議集附錄甲集一卷補遺一卷乙集一卷補遺一卷　（唐）樊宗師撰　樊鎮輯　民國十年（1921）紹興樊氏綿絳書屋鉛印本　一冊

330000－1701－0055157　普 814.3/4432.022/c1　集部/別集類/唐五代別集
樊諫議集附錄乙集一卷補遺一卷　（唐）樊宗師撰　樊鎮輯　民國十年（1921）紹興樊氏綿絳書屋鉛印本　一冊

330000－1701－0055159　HJL6510　集部/別集類/清別集
遵義鄭徵君遺著二十一卷　（清）鄭珍撰　**埘屈廬詩稿四卷**　（清）鄭同知撰　民國三年至四年（1914－1915）陳夔龍花近樓刻本　八冊

330000－1701－0055164　HJH6251　集部/別集類/宋別集
黄山谷書牘一卷　（宋）黄庭堅撰　民國三年（1914）上海商務印書館鉛印本　二冊

330000－1701－0055165　普 814.3/4480.01　集部/別集類/唐五代別集
韓集箋正五卷昌黎先生詩文年譜一卷　（清）方成珪撰　民國十五年（1926）瑞安陳氏湫漻齋鉛印本　四冊

330000－1701－0055167　普 814.3/4432.022/c2　集部/別集類/唐五代別集
樊諫議集附錄乙集一卷補遺一卷　（唐）樊宗師撰　樊鎮輯　民國十年（1921）紹興樊氏綿絳書屋鉛印本　一冊

330000－1701－0055172　普 814.3/4432.022/c4　集部/别集類/唐五代别集

樊諫議集附録乙集一卷補遺一卷　(唐)樊宗師撰　樊鎮輯　民國十年(1921)紹興樊氏綿絳書屋鉛印本　一册

330000－1701－0055176　普 814.3/4432.023/c1　集部/别集類/唐五代别集

樊諫議集附録丙集一卷　(清)樊學淮輯　民國九年(1920)緜絳書屋刻本　一册

330000－1701－0055177　HJH6254　集部/别集類/宋别集

陸渭南書牘一卷　(宋)陸游撰　民國二年(1913)上海商務印書館鉛印本　二册

330000－1701－0055182　普 814.3/4432.023/c3　集部/别集類/唐五代别集

樊諫議集附録丙集一卷　(清)樊學淮輯　民國九年(1920)緜絳書屋刻本　一册

330000－1701－0055185　普 814.3/4480.06/2　集部/别集類/唐五代别集

昌黎先生集四十卷外集十卷遺文一卷　(唐)韓愈撰　(唐)李漢編　**朱子校昌黎先生集傳一卷**　(宋)朱熹撰　**韓集點勘四卷**　(清)陳景雲撰　民國十七年(1928)上海蟫隱廬據宋世綵堂刻本影印本　一册　存四卷(韓集點勘一至四)

330000－1701－0055187　普 814.4/1031/5/(2)/c2　類叢部/叢書類/彙編之屬

四部備要　中華書局編　民國二十五年(1936)上海中華書局鉛印本　二十册　存一種

330000－1701－0055190　普 814.3/4432.2/c1　類叢部/叢書類/自著之屬

樊諫議集七家注五種附一種　(唐)樊宗師撰　樊鎮輯　民國紹興樊氏緜絳書屋刻本　一册　存一種

330000－1701－0055193　普 814.4/1031/5/(2)/c3　類叢部/叢書類/彙編之屬

四部備要　中華書局編　民國二十五年(1936)上海中華書局鉛印本　二十册　存一種

330000－1701－0055195　普 814.3/4480.061　集部/别集類/唐五代别集

韓文公集點勘一卷　(清)吳汝綸編　民國四年(1915)京師國羣鑄一社鉛印本　章嶔題記　一册

330000－1701－0055198　普 814.3/4432.2/c2　類叢部/叢書類/自著之屬

樊諫議集七家注五種附一種　(唐)樊宗師撰　樊鎮輯　民國紹興樊氏緜絳書屋刻本　一册　存一種

330000－1701－0055202　普 814.3/4432.2/c5　類叢部/叢書類/自著之屬

樊諫議集七家注五種附一種　(唐)樊宗師撰　樊鎮輯　民國紹興樊氏緜絳書屋刻本　一册　存一種

330000－1701－0055208　普 814.3/4432.3/c1　集部/别集類/唐五代别集

樊紹述集注二卷　(唐)樊宗師撰　(清)孫之騄輯　**絳守居園池記一卷**　(唐)樊宗師撰　民國五年(1916)樊氏刻本　二册

330000－1701－0055215　HJL6258　集部/總集類/郡邑之屬

蛟川詩繫三十一卷首一卷　(清)姚燮輯　民國二年(1913)鉛印本　八册

330000－1701－0055220　GP14833　子部/小説家類/雜事之屬

三水小牘二卷逸文一卷附録一卷　(唐)皇甫枚撰　民國七年(1918)裘翀曼抄本　裘翀曼跋　一册

330000－1701－0055223　普 814.4/2730　類叢部/叢書類/彙編之屬

嘉業堂叢書五十七種　劉承幹輯　民國吳興劉氏嘉業堂刻本　十二册　存一種

330000－1701－0055226　HJH6515　集部/總集類/選集之屬/通代

古宫詞三百首□□卷　(清)張蹇注　民國抄

本　一册　存一卷(一)

330000－1701－0055231　普 814.4/1228/c1　集部/别集類/宋别集

孫明復小集三卷附録一卷　(宋)孫復撰　民國二十四年(1935)鉛印本　一册

330000－1701－0055232　GP14834　史部/金石類/石之屬/通考

新刻古今碑帖考一卷　(明)朱晨編　民國油印本　一册

330000－1701－0055237　普 814.4/1228/c2　集部/别集類/宋别集

孫明復小集三卷附録一卷　(宋)孫復撰　民國二十四年(1935)鉛印本　一册

330000－1701－0055245　GP14837　史部/金石類/郡邑之屬/目録

浙江省金石待訪目録不分卷　毛春翔編撰　民國抄本　一册

330000－1701－0055260　普 814.3/4432.3/c2　集部/别集類/唐五代别集

樊紹述集注二卷　(唐)樊宗師撰　(清)孫之騄輯　**絳守居園池記一卷**　(唐)樊宗師撰　民國五年(1916)樊氏刻本　二册

330000－1701－0055279　GP14840　史部/金石類/郡邑之屬/目録

浙江金石目□□卷　繆荃孫編撰　顧燮光補校　稿本　二册　存二卷(一、三)

330000－1701－0055280　GP06537　集部/别集類

鐵華樓詩集一卷　傅毓衡撰　民國三十三年(1944)油印本　一册

330000－1701－0055287　GP14843　子部/藝術類/篆刻之屬/印譜

中國歷代印存不分卷　民國影印本　一册

330000－1701－0055296　普 814.4/2226　類叢部/叢書類/郡邑之屬

四明叢書一百六十七種　張壽鏞編　民國四明張氏約園刻本　一册　存一種

330000－1701－0055298　GP14877　史部/目録類/總録之屬/官修

江南圖書館善本書目五卷　江南圖書館編　民國南京江南圖書館鉛印本　一册

330000－1701－0055301　普 814.3/4432.3/2/c1　集部/别集類/唐五代别集

樊紹述集二卷　(唐)樊宗師撰　(清)孫之騄輯　民國七年(1918)上海文明書局石印本　一册

330000－1701－0055303　GP06541　類叢部/叢書類/彙編之屬

抱經樓叢刊五種　沈德壽編　民國十五年至十六年(1926－1927)慈谿沈氏鉛印本　六册

330000－1701－0055305　普 814.3/4432.3/2/c2　集部/别集類/唐五代别集

樊紹述集二卷　(唐)樊宗師撰　(清)孫之騄輯　民國七年(1918)上海文明書局石印本　一册

330000－1701－0055308　普 814.4/2880/2/c2　集部/别集類/宋别集

徐公文集三十卷　(宋)徐鉉撰　**徐公文集補遺一卷**　(宋)徐鉉撰　徐乃昌輯　**徐公文集校記一卷**　徐乃昌撰　民國八年(1919)南陵徐乃昌影刻宋明州本　五册　缺二卷(補遺、校記)

330000－1701－0055310　普 814.3/4432.4/c2　類叢部/叢書類/自著之屬

樊諫議集七家注五種附一種　(唐)樊宗師撰　樊鎮輯　民國紹興樊氏緜絳書屋刻本　一册　存一種

330000－1701－0055320　普 814.3/4432.4/c4　類叢部/叢書類/自著之屬

樊諫議集七家注五種附一種　(唐)樊宗師撰　樊鎮輯　民國紹興樊氏緜絳書屋刻本　一册　存一種

330000－1701－0055328　普 814.3/4432.4/2/c1　類叢部/叢書類/郡邑之屬

續金華叢書六十種　胡宗楙編　民國十三年

(1924)永康胡氏夢選樓刻本　一册　存一種

330000－1701－0055331　GP14911　經部/易類

易經證釋不分卷　陸宗興撰　民國二十七年(1938)天津救世新教會鉛印本　張宗祥題記　十册

330000－1701－0055332　普 814.3/4432.4/2/c3　類叢部/叢書類/郡邑之屬

續金華叢書六十種　胡宗楙編　民國十三年(1924)永康胡氏夢選樓刻本　一册　存一種

330000－1701－0055333　GP14912　史部/金石類/錢幣之屬/文字

貨布文字考四卷首一卷末一卷　(清)馬昂撰　民國十三年(1924)上虞羅福保石印本　二册

330000－1701－0055338　普 814.3/4432.41/c3　類叢部/叢書類/自著之屬

樊諫議集七家注五種附一種　(唐)樊宗師撰　樊鎮輯　民國紹興樊氏緜絳書屋刻本　一册　存一種

330000－1701－0055339　普 915.1/9477/c1　類叢部/叢書類/彙編之屬

展社叢書　民國鉛印本　一册　存一種

330000－1701－0055340　GP14913　類叢部/叢書類/自著之屬

章氏叢書續編七種　章炳麟撰　民國三十二年(1943)成都薛氏崇禮堂刻本　四册

330000－1701－0055341　普 814.4/2323　類叢部/叢書類/郡邑之屬

吴興叢書六十六種　劉承幹編　民國吴興劉氏嘉業堂刻本　四册　存一種

330000－1701－0055343　普 915.1/9477/c2　類叢部/叢書類/彙編之屬

展社叢書　民國鉛印本　一册　存一種

330000－1701－0055348　普 814.3/4432.41/c4　類叢部/叢書類/自著之屬

樊諫議集七家注五種附一種　(唐)樊宗師撰　樊鎮輯　民國紹興樊氏緜絳書屋刻本　一册　存一種

330000－1701－0055350　GP14817　史部/傳記類/别傳之屬/事狀

錢士青都轉六秩壽言彙編不分卷　錢文選編　民國二十二年(1933)鉛印本　二册

330000－1701－0055355　普 814.087/6022/c1　集部/總集類/選集之屬/斷代

太平天國文鈔一卷詩鈔一卷聯語鈔一卷附錄三卷　羅邕　沈祖基輯　民國二十三年(1934)上海商務印書館鉛印本　二册

330000－1701－0055359　GP06550　集部/總集類/選集之屬/斷代

滄社詩錄一卷　曹尹甫編輯　民國十一年(1922)上海滄社油印本　一册

330000－1701－0055361　GP14818　史部/政書類/邦交之屬

外交文牘　外交部編　民國外交部鉛印本　三册　存一種

330000－1701－0055367　普 814.087/6022/c2　集部/總集類/選集之屬/斷代

太平天國文鈔一卷詩鈔一卷聯語鈔一卷附錄三卷補遺二卷　羅邕　沈祖基輯　民國二十四年(1935)上海商務印書館鉛印本　二册

330000－1701－0055369　GP14963　史部/傳記類/别傳之屬/事狀

先考仲我府君[朱孔彰]行狀一卷　朱師轍撰　民國鉛印本　一册

330000－1701－0055374　普 814.087/6022/(2)/c1　集部/總集類/選集之屬/斷代

太平天國文鈔一卷詩鈔一卷聯語鈔一卷附錄一卷　羅邕　沈祖基輯　民國二十年(1931)上海商務印書館鉛印本　三册

330000－1701－0055375　GP14964　子部/藝術類/書畫之屬/法帖

白陽山人行草詩卷一卷　(明)陳淳書　民國十八年(1929)上海神州國光社石印本　一册

330000－1701－0055378　普 814.087/6022/(2)/c2　集部/總集類/選集之屬/斷代

太平天國文鈔一卷詩鈔一卷聯語鈔一卷附錄一卷　羅邕　沈祖基輯　民國二十年(1931)上海商務印書館鉛印本　三册

330000－1701－0055382　GP14966　子部/藝術類/書畫之屬/法帖

米海岳方圓菴記一卷　(宋)米芾書　民國影印本　一册

330000－1701－0055385　普 915.2/1027　史部/地理類/遊記之屬/紀行

東遊瑣記一卷　施復侯撰　民國十八年(1929)鉛印本　一册

330000－1701－0055386　GP06554　集部/別集類

從政錄四卷編餘一卷外編一卷　錢基厚撰　民國六年(1917)鉛印本　一册

330000－1701－0055387　普 814.4/4407.2/c1　集部/別集類/宋別集

黄太史精華録六卷　(宋)黄庭堅撰　任淵選　民國十九年(1930)上海商務印書館鉛印本　一册

330000－1701－0055388　GP14967　史部/目録類

上海市歷史文獻圖書館石刻拓本分類目錄不分卷　上海市歷史文獻圖書館編　民國上海市歷史文獻圖書館油印本　二册

330000－1701－0055392　GP14880　經部/易類/傳說之屬

周易禪解十卷　(明)釋智旭撰　民國四年(1915)金陵刻經處刻本　三册

330000－1701－0055393　普 814.4/4407.2/c2　集部/別集類/宋別集

黄太史精華録六卷　(宋)黄庭堅撰　任淵選　民國十九年(1930)上海商務印書館鉛印本　一册

330000－1701－0055394　GP14881　經部/易類

易藏叢書六種　杭辛齋撰　民國十一年(1922)上海研幾學社鉛印本　八册

330000－1701－0055395　GP14970　子部/藝術類/書畫之屬/法帖

有元故奉議大夫福建閩海道肅政廉訪副使仇府君墓碑銘不分卷　(元)趙孟頫撰并書　民國影印本　一册

330000－1701－0055403　普 814.3/4432.42/c2　類叢部/叢書類/自著之屬

樊諫議集七家注五種附一種　(唐)樊宗師撰　樊鎮輯　民國紹興樊氏緜絳書屋刻本　一册　存一種

330000－1701－0055404　GP14972　史部/金石類/甲骨之屬/文字

殷虛文字存真第一集考釋一卷　關百益選拓　許敬參考釋　民國二十二年(1933)河南博物館影印本　一册

330000－1701－0055415　普 814.3/4432.5/c1　集部/別集類/唐五代別集

唐樊紹述遺文一卷附錄一卷　(唐)樊宗師撰　(清)張庚輯注　民國十四年(1925)山陰樊氏緜絳書屋刻朱印本　一册

330000－1701－0055416　GP14974　子部/藝術類/書畫之屬

故宮藏本宋人法書不分卷　北平故宮博物院編　民國十九年(1930)北平故宮博物院影印本　一册

330000－1701－0055419　GP14975　子部/藝術類/書畫之屬/法帖

伊墨卿先生真蹟一卷　(清)伊秉綬書　民國十五年(1926)上海商務印書館影印本　一册

330000－1701－0055424　普 814.3/4432.5/c2　集部/別集類/唐五代別集

唐樊紹述遺文一卷附錄一卷　(唐)樊宗師撰　(清)張庚輯注　民國十四年(1925)山陰樊氏緜絳書屋刻朱印本　一册

330000－1701－0055433　GP14976　史部/傳記類/別傳之屬/事狀

先妣王太夫人[采玉]事略一卷　蔣中正撰　于右任書　民國十年(1921)影印本　一冊

330000－1701－0055435　M000117　集部/別集類

乙丑重編飲冰室文集八十卷　梁啟超撰　民國十五年(1926)中華書局鉛印本　四十三冊　存四十三卷(二至二十六、三十六至五十三)

330000－1701－0055439　M000001　經部/小學類/文字之屬/字書/字典

康熙字典十二集三十六卷總目一卷檢字一卷辨似一卷等韻一卷補遺一卷備考一卷　(清)張玉書等纂修　民國十六年(1927)上海廣倉學宭影印本　鍾遜夫題記　十二冊

330000－1701－0055441　HJL6807　類叢部/叢書類/彙編之屬

四庫全書珍本初集二百三十種　中央圖書館籌備處輯　民國二十三年至二十四年(1934－1935)上海商務印書館據文淵閣本影印本　一千九百六十冊

330000－1701－0055445　GP14977　史部/地理類/雜志之屬

東南攬勝不分卷　東南交通周覽會宣傳組編輯　民國二十四年(1935)全國經濟委員會東南交通周覽會鉛印本　一冊

330000－1701－0055450　GP06560、GP06561、GP06562　類叢部/叢書類/彙編之屬

嘉業堂叢書五十七種　劉承幹輯　民國吳興劉氏嘉業堂刻本　三冊　存三種

330000－1701－0055452　普814.3/4432.6/c3　類叢部/叢書類/自著之屬

樊諫議集七家注五種附一種　(唐)樊宗師撰　樊鎮輯　民國紹興樊氏緜絳書屋刻本　一冊　存一種

330000－1701－0055454　M000002、M004202　子部/藝術類/書畫之屬

王氏書畫苑四十四種　(明)王世貞輯　(明)詹景鳳補　民國十一年(1922)泰東圖書局據明刻本影印本　二十五冊　存四十二種

330000－1701－0055457　普915.2/1133　史部/地理類/遊記之屬/紀行

東遊感想錄一卷(民國十九年)　張之江撰　民國二十年(1931)鉛印本　一冊

330000－1701－0055459　普814.3/4432.6/c4　類叢部/叢書類/自著之屬

樊諫議集七家注五種附一種　(唐)樊宗師撰　樊鎮輯　民國紹興樊氏緜絳書屋刻本　一冊　存一種

330000－1701－0055464　GP14882　經部/易類/傳說之屬

周易講義十卷　碧雲子講述　民國二十四年(1935)金華經訓山房鉛印本　四冊

330000－1701－0055466　普814.3/4432.6/2　類叢部/叢書類/自著之屬

樊諫議集七家注五種附一種　(唐)樊宗師撰　樊鎮輯　民國紹興樊氏緜絳書屋刻本　一冊　存一種

330000－1701－0055469　GP14980　子部/宗教類/道教之屬

孫不二女功內丹次第詩註一卷　陳攖寧撰　民國二十三年(1934)上海翼化堂善書局刻本　一冊

330000－1701－0055470　M000118、M603945　子部/藝術類/書畫之屬/法帖

六朝墓誌菁華四集不分卷　上海有正書局輯　民國九年(1920)上海有正書局影印本　十二冊　存第一至三集

330000－1701－0055473　普814.3/4432.7/c2　類叢部/叢書類/自著之屬

樊諫議集七家注五種附一種　(唐)樊宗師撰　樊鎮輯　民國紹興樊氏緜絳書屋刻本　一冊　存一種

330000－1701－0055474　GP14886　史部/金石類/石之屬/文字

六朝碑誌文錄九卷　李孟楚輯　民國抄本

八冊

330000－1701－0055475　普 814.4/3474/c1　集部/别集類/宋别集

沈忠敏公龜谿集十二卷附錄一卷　(宋)沈與求撰　民國二年(1913)吳興劉氏嘉業堂刻本　四冊

330000－1701－0055482　普 814.4/3474/c3　集部/别集類/宋别集

沈忠敏公龜谿集十二卷附錄一卷　(宋)沈與求撰　民國二年(1913)吳興劉氏嘉業堂刻本　四冊

330000－1701－0055484　M000003　集部/總集類/選集之屬/通代

評註昭明文選十五卷首一卷葉星衛附註一卷　(清)于光華輯　民國八年(1919)上海掃葉山房石印本　六冊　存七卷(首,一、四至五、十一、十五,附註)

330000－1701－0055485　普 814.4/3497/c1　類叢部/叢書類/郡邑之屬

四明叢書一百六十七種　張壽鏞編　民國四明張氏約園刻本　二冊　存一種

330000－1701－0055486　HJH6535　集部/别集類/清别集

香屑集十八卷首一卷末一卷　(清)黄之雋撰　(清)陳邦直注　民國二年(1913)上海掃葉山房石印本　四冊

330000－1701－0055488　M000119　類叢部/叢書類/彙編之屬

說郛一百卷　(元)陶宗儀編　張宗祥重校　民國十九年(1930)上海商務印書館鉛印本　八冊　存十八卷(二十一至二十二、二十五至二十九、三十二至三十五、六十九至七十、九十三至九十四、九十八至一百)

330000－1701－0055490　普 814.4/3497/c2　類叢部/叢書類/郡邑之屬

四明叢書一百六十七種　張壽鏞編　民國四明張氏約園刻本　二冊　存一種

330000－1701－0055499　M000004、M000007、M600009　史部/地理類/方志之屬/郡縣志

[民國]鄞縣通志六志五十一編附圖一函　張傳保　汪煥章修　陳訓正　馬瀛纂　民國二十四年(1935)至一九五一年寧波鄞縣通志館鉛印本　盧宗堉題記　十三冊　存二十五編(輿地志甲、乙、丙、丁、戊、己、庚、辛、壬、癸,輿地志子、丑、寅、卯、辰、巳,博物志甲、乙,食貨志甲、乙、丙、丁、戊、己、庚)

330000－1701－0055500　普 814.4/4430/3　類叢部/叢書類/彙編之屬

四部備要　中華書局編　民國二十五年(1936)上海中華書局鉛印本　八冊　存一種

330000－1701－0055503　M000005　子部/醫家類/方書之屬/單方驗方

經驗方二卷　(清)沈善兼撰　民國八年(1919)武林許氏擇古齋鉛印本　一冊

330000－1701－0055504　普 814.4/4000　集部/總集類/彙編之屬

宋人集　李之鼎輯　民國南城李氏宜秋館刻本　二冊　存一種

330000－1701－0055507　普 814.3/4432.9/c1　類叢部/叢書類/自著之屬

樊諫議集七家注五種附一種　(唐)樊宗師撰　樊鎮輯　民國紹興樊氏緜絳書屋刻本　一冊　存一種

330000－1701－0055508　HJH6292　類叢部/叢書類/自著之屬

彊邨遺書六種外編二種附一種　朱祖謀撰　民國二十二年(1933)刻本　十二冊　存九種

330000－1701－0055512　普 915.2/2142/2　史部/地理類/雜志之屬

使東述略一卷　(清)何如璋撰　民國鉛印本　一冊

330000－1701－0055513　普 814.3/4432.9/c2　類叢部/叢書類/自著之屬

樊諫議集七家注五種附一種　(唐)樊宗師撰　樊鎮輯　民國紹興樊氏緜絳書屋刻本　一

冊　存一種

330000－1701－0055517　GP14984　史部/金石類/石之屬/目録

國立北平圖書館藏碑目一卷附塔銘一卷　范騰端編　民國三十年(1941)上海開明書店鉛印本　一冊

330000－1701－0055524　M000120、M004235　經部/叢編

宋本十三經註疏附校勘記　(清)阮元撰　(清)盧宣旬摘錄　民國十六年(1927)上海掃葉山房石印本　四十冊

330000－1701－0055526　普915.2/4410　類叢部/叢書類/自著之屬

榴花館雜著　蕭瑞麟撰　民國鉛印本　一冊　存一種

330000－1701－0055527　GP14987　史部/目録類/總録之屬/私撰

郘亭知見傳本書目十六卷　(清)莫友芝撰　民國國學扶輪社鉛印本　六冊

330000－1701－0055528　M000006、M000008、M600005　史部/地理類/方志之屬/郡縣志

[民國]鄞縣通志六志五十一編附圖一卷　張傳保　汪煥章修　陳訓正　馬瀛纂　民國二十四年(1935)至一九五一年寧波鄞縣通志館鉛印本　十三冊　存二十三編(輿地志甲、乙、丙、丁、戊、己、庚、辛、壬、癸,輿地志子、丑、寅、卯、辰、巳,博物志甲、乙,工程志甲、乙、丙、丁、戊)

330000－1701－0055529　GP14983　子部/藝術類/書畫之屬/法帖

楹聯墨蹟大觀十卷　高時顯輯　民國十七年(1928)上海中華書局影印本　十冊

330000－1701－0055551　GP14989　史部/金石類/石之屬/目録

千唐誌齋藏石目錄一卷　張鈁藏　郭玉堂編　民國二十四年(1935)墨景堂鉛印本　一冊

330000－1701－0055553　GP14990　子部/藝術類/書畫之屬/法帖

舊拓趙松雪蘭亭十三跋一卷　(元)趙孟頫撰並書　民國上海有正書局影印本　一冊

330000－1701－0055555　GP15021　子部/藝術類/書畫之屬

矩園餘墨紀書畫絕句一卷　葉恭綽撰　**辛亥以來藏書紀事詩一卷**　倫明撰　**廣東藏書紀事詩一卷**　徐紹棨撰　**廣東宋元明經籍槧本紀略一卷**　黄慈博撰　民國鉛印本　一冊

330000－1701－0055557　M000009、M605821、M605823、M606760　子部/醫家類/本草之屬/歷代綜合本草

本草綱目五十二卷圖三卷奇經八脈攷一卷脈訣攷證一卷瀕湖脈學一卷　(明)李時珍撰　**本草萬方鍼線八卷藥品總目一卷**　(清)蔡烈先輯　**本草綱目拾遺十卷首一卷**　(清)趙學敏輯　民國上海錦章圖書局石印本　十六冊　存五十四卷(三至五十;本草綱目拾遺首,一至二、六至八)

330000－1701－0055564　GP15022　集部/別集類

遐庵談藝錄不分卷　葉恭綽撰　民國鉛印本　一冊

330000－1701－0055566　M000010　史部/地理類/方志之屬/郡縣志

[民國]上林縣志十六卷首一卷　楊盟　李毓傑修　黄誠沅纂　民國二十三年(1934)廣西上林縣圖書館鉛印本　一冊　存一卷(十五)

330000－1701－0055567　普814.4/4453.2　集部/總集類/氏族之屬

經進三蘇文集事略本　羅振常輯　民國上海蟫隱廬鉛印本　二十冊　存三種

330000－1701－0055569　GP15023　史部/地理類/雜志之屬

揚州畫舫錄十八卷　(清)李斗撰　民國古今書室石印本　八冊

330000－1701－0055571　M000121　經部/叢編

重刊宋本十三經註疏附校勘記 (清)阮元撰 (清)盧宣旬摘錄 民國二十一年(1932)上海錦章圖書局石印本 五十冊 存九種

330000 - 1701 - 0055572 M000011、M005882、M006355、M008533 集部/總集類/選集之屬/斷代

夢筆生花初編八卷二編八卷三編八卷四編八卷 (清)繆艮輯 民國石印本 四冊 存十六卷(二編五至八、三編五至八、四編一至八)

330000 - 1701 - 0055578 M000013 史部/地理類/方志之屬/郡縣志

[熙寧]長安志二十卷 (宋)宋敏求纂 **長安志圖三卷** (元)李好文撰 民國二十年(1931)長安縣志局鉛印本 一冊 存六卷(十五至二十)

330000 - 1701 - 0055589 M000014、M000437、M003726、M003727、M004340、M004548、M006240、M006446、M006608、M006839、M007324、M007917 - 8 史部/編年類/通代之屬

資治通鑑二百九十四卷目錄三十卷 (宋)司馬光撰 (元)胡三省音注 **續資治通鑑二百二十卷** (清)畢沅編集 民國十四年(1925)上海掃葉山房石印本 五十一冊 存三百七十三卷(一至六、十四至二十、二十八至一百二十七、一百三十六至二百四十五、二百六十六至二百八十七,續資治通鑑一至四十四、五十三至七十五、一百四十五至一百六十六、一百七十五至二百六、二百十四至二百二十)

330000 - 1701 - 0055592 GP15024 集部/總集類/選集之屬/斷代

嘉道六家絕句六卷 民國八年(1919)上海掃葉山房石印本 四冊

330000 - 1701 - 0055596 GP15025 集部/別集類/唐五代別集

重刊五百家註音辯昌黎先生文集四十卷 (唐)韓愈撰 民國上海文瑞樓石印本 十二冊

330000 - 1701 - 0055601 M000015、M004234 子部/叢編

子書四十八種 五鳳樓主人輯 民國九年(1920)上海五鳳樓石印本 十八冊 存十八種

330000 - 1701 - 0055604 GP15026 集部/詩文評類/文法之屬

中國修辭學研究法不分卷 鄭奠編 民國鉛印本 一冊

330000 - 1701 - 0055611 M000122 史部/政書類/邦交之屬

清季外交史料六種 (清)王彥威輯 王亮編 民國二十一年至二十四年(1932 - 1935)北平外交史料編纂處鉛印本 五十二冊 存一種

330000 - 1701 - 0055621 GP14997 史部/傳記類/別傳之屬

帆影樓紀事不分卷附小萬柳堂王惲畫目一卷 吳芝瑛編 民國石印本 一冊

330000 - 1701 - 0055623 M000123、M000124、M003695、M003821、M003928 史部/政書類/邦交之屬

清季外交史料六種 (清)王彥威輯 王亮編 民國二十一年至二十四年(1932 - 1935)北平外交史料編纂處鉛印本 六十一冊 存三種

330000 - 1701 - 0055624 GP15028 新學/天學

天文儀器志略一卷 常福元撰 民國京華印書局鉛印本 一冊

330000 - 1701 - 0055627 GP06597 類叢部/叢書類/自著之屬

蓬萊吳灌先著述三種 (清)吳脈鬯撰 民國十二年(1923)山西洗心總社鉛印本 一冊 存一種

330000 - 1701 - 0055629 M000016 史部/目録類/總録之屬/禁燬

清代禁燬書目四種四卷 (清)姚覲元編 民國十九年(1930)上海大東書局鉛印本 一冊

330000－1701－0055631　GP14998　集部/别集類
山居詩一卷行脚集一卷了不了草一卷　釋了心撰　民國三十七年(1948)釋智海刻本　釋幻覺題記　一冊

330000－1701－0055636　M000017　史部/目録類/總録之屬/禁燬
清代禁燬書目四種四卷　(清)姚覲元編　民國杭州抱經堂書局石印本　四冊

330000－1701－0055637　GP15029　子部/儒家類/儒學之屬/禮教/家訓
治家格言繹義二卷　(清)戴翊清撰　民國十七年(1928)青白印刷社鉛印本　二冊

330000－1701－0055640　GP15000　史部/傳記類/别傳之屬/事狀
古吳玉逸生七旬壽言不分卷　張省三編　民國十八年(1929)石印本　二冊

330000－1701－0055643　GP15001　集部/别集類
自然室詩槀三卷　馮振撰　民國二十二年(1933)鉛印本　馮振題記　一冊

330000－1701－0055644　GP15030　集部/别集類
養復園詩集不分卷　程潛撰　民國三十七年(1948)上海中國詩學會鉛印本　程潛題記　一冊

330000－1701－0055645　M000018　子部/法家類
韓非子二十卷　(秦)韓非撰　**識誤三卷**　(清)顧廣圻撰　民國十三年(1924)上海會文堂書局石印本　一冊　存五卷(一至五)

330000－1701－0055648　GP15002　新學/船政
運輸概論講義不分卷　民國石印本　一冊

330000－1701－0055650　M000019　子部/法家類
管子二十四卷　(唐)房玄齡注　民國三年(1914)上海掃葉山房石印本　一冊　存四卷(一至四)

330000－1701－0055653　M000020　集部/詞類/别集之屬
越縵堂詞錄二卷　(清)李慈銘撰　民國二十四年(1935)上海商務印書館鉛印本　一冊

330000－1701－0055665　M000021、M005271、M006179、M008365　子部/醫家類/類編之屬
國醫百家□□種　裘慶元輯　民國六年至九年(1917－1920)紹興醫藥學報社鉛印本　冷善居士、素翁、素莊題記　王雲岐跋　八冊　存六種

330000－1701－0055666　HJL6550　集部/别集類/清别集
陳東塾先生遺詩一卷補遺一卷　(清)陳澧撰　汪兆鏞輯　民國二十年(1931)刻本　一冊

330000－1701－0055669　普 814.4/4762/c1　集部/别集類/宋别集
胡正惠公遺集二卷　(宋)胡則撰　民國五年(1916)庫川胡氏石印本　一冊

330000－1701－0055674　普 814.4/4762/c2　集部/别集類/宋别集
胡正惠公遺集二卷　(宋)胡則撰　民國五年(1916)庫川胡氏石印本　王張威跋　一冊

330000－1701－0055678　普 814.4/4762/c3　集部/别集類/宋别集
胡正惠公遺集二卷　(宋)胡則撰　民國五年(1916)庫川胡氏石印本　一冊

330000－1701－0055679　普 814.4/4917/c1　類叢部/叢書類/彙編之屬
嘉業堂叢書五十七種　劉承幹輯　民國吳興劉氏嘉業堂刻本　一冊　存一種

330000－1701－0055683　M000022、M004277　經部/群經總義類/石經之屬
漢熹平石經殘字二卷集錄一卷補遺一卷　羅振玉輯　民國十九年至二十年(1930－1931)石印本　三冊　缺一卷(補遺)

330000－1701－0055685　普 814.4/4917/c2　類叢部/叢書類/彙編之屬

嘉業堂叢書五十七種　劉承幹輯　民國吳興劉氏嘉業堂刻本　一册　存一種

330000－1701－0055687　GP15031　史部/地理類

武林紀實不分卷　彭思賢編　稿本　一册

330000－1701－0055690　M000126、M000313、M000314、M000315、M005540　史部/紀傳類/正史之屬

二十四史附考證　民國上海涵芬樓據清乾隆武英殿本影印本　二十二册　存三種

330000－1701－0055695　GP15032　子部/藝術類/書畫之屬/法帖

明陸文裕公詩卷真跡不分卷　（明）陸文裕書　民國上海時中書局石印本　一册

330000－1701－0055699　GP15033　子部/雜著類/雜說之屬

師古小言不分卷　黄文彬撰　民國二十三年（1934）杭州浙江印刷公司鉛印本　一册

330000－1701－0055702　M000023　子部/儒家類/儒學之屬/蒙學

重訂幼學須知句解四卷　（清）程允升撰　民國上海掃葉山房影印本　四册

330000－1701－0055709　M000127、M000176　類叢部/叢書類/自著之屬

張季子九録附一種　張謇撰　張怡祖編　民國二十一年（1932）上海中華書局鉛印本　十一册　存四種

330000－1701－0055720　普 323.47/4211　史部/政書類/邦計之屬/荒政

孚惠全書六十四卷　（清）彭元瑞等輯　民國石印本　十三册

330000－1701－0055721　M000024　子部/醫家類/喉科口齒之屬/喉痧

喉科金鑰全書二卷　（清）袁仁賢撰　民國十二年（1923）華豐印刷鑄字所鉛印本　一册

330000－1701－0055724　M000025　子部/醫家類/婦科之屬/産科

達生編一卷　（清）亟齋居士撰　（清）汪家駒增訂　民國十五年（1926）上海宏大善書局石印本　一册

330000－1701－0055728　M000026　子部/醫家類/類編之屬

醫藥叢書十一種　裘慶元輯　民國五年至十年（1916－1921）紹興醫藥學報社刻本　二册　存一種

330000－1701－0055730　M000128　史部/紀傳類/正史之屬

後漢書集解九十卷首一卷續志集解三十卷　王先謙撰　民國四年（1915）長沙王氏虛受堂刻十二年（1923）印本　三十册

330000－1701－0055733　M000027　子部/醫家類/方書之屬/單方驗方

摘方備要一卷　民國上海大一統書局石印本　一册

330000－1701－0055734　普 814.4/4458/3　類叢部/叢書類/彙編之屬

四部備要　中華書局編　民國二十五年（1936）上海中華書局鉛印本　十八册　存一種

330000－1701－0055738　普 814.4/4936/3　類叢部/叢書類/彙編之屬

抱經樓叢刊五種　沈德壽編　民國十五年至十六年（1926－1927）慈谿沈氏鉛印本　一册　存一種

330000－1701－0055740　普 814.4/4481/2　集部/别集類/宋别集

蘇魏公文集七十二卷目録二卷附墓志銘一卷　（宋）蘇頌撰　民國十四年（1925）石印本　十册

330000－1701－0055741　M000028　子部/醫家類/本草之屬/本草雜著

本草求真□□卷　（清）黄宫繡纂　民國石印本　二册　存四卷（八至十一）

330000－1701－0055743　M000129　史部/紀傳類/正史之屬
二十四史附考證　民國影印本　十六册　存一種

330000－1701－0055748　GP15035　集部/小説類/長篇之屬
洞冥記十卷三十八回　（清）吕惟一輯　民國十八年（1929）上海宏大善書局石印本　五册

330000－1701－0055750　普814.4/4467　集部/總集類/郡邑之屬
永嘉詩人祠堂叢刻十四種　冒廣生輯　民國四年（1915）如皋冒氏刻本　二册　存一種

330000－1701－0055751　M000029　集部/詞類/别集之屬
東坡樂府箋三卷　（宋）蘇軾撰　朱祖謀編年圈點　龍沐勛校箋　民國二十五年（1936）上海商務印書館鉛印本　二册

330000－1701－0055756　普814.4/4950/2　集部/别集類/宋别集
趙清獻公集十卷目録二卷　（宋）趙抃撰　民國八年（1919）衢縣公祠刻本　四册

330000－1701－0055757　M000130　子部/雜著類/雜説之屬
淮南鴻烈集解二十一卷　（漢）劉安撰　（漢）高誘注　劉文典集解　**淮南天文訓補注一卷**　（清）錢塘撰　民國二十二年（1933）上海商務印書館鉛印本　六册

330000－1701－0055759　M000030、M003937　子部/醫家類/綜合之屬/通論
御纂醫宗金鑑九十卷首一卷　（清）吴謙等撰　民國商務印書館鉛印本　十七册　存六十四卷（内科一至十四、二十至二十五、三十六至三十八、四十四至七十四，外科一至十）

330000－1701－0055772　GP15037　子部/藝術類/書畫之屬/法帖
宋高宗書千字文一卷　（宋）高宗趙構書　民國南洋官書總局石印本　一册

330000－1701－0055774　M000031　子部/醫家類/針灸之屬/針法灸法
太乙神鍼方一卷　（清）范培蘭撰　民國八年（1919）刻本　一册

330000－1701－0055783　M000032　子部/醫家類/外科之屬/癰疽、疔瘡
重刊刺疔捷法一卷　（清）張鏡撰　民國二十年（1931）石印本　一册

330000－1701－0055792　M000033　集部/小説類/長篇之屬
繡像繪圖足本東周列國志十六卷一百八回　（清）蔡奡評點　民國十五年（1926）上海掃葉山房石印本　八册　存八卷（九至十六）

330000－1701－0055794　普814.4/5565　類叢部/叢書類/彙編之屬
嘉業堂叢書五十七種　劉承幹輯　民國吴興劉氏嘉業堂刻本　四册　存一種

330000－1701－0055797　M000131　子部/宗教類/佛教之屬
吴都法乘三十卷　（明）周永年撰　民國二十五年（1936）影印本　沙野萍題記　五册　存十六卷（一至五、十至十二、二十三至三十）

330000－1701－0055807　M000034　類叢部/叢書類/彙編之屬
涵芬樓祕笈五十一種　孫毓修等輯　民國五年至十五年（1916－1926）上海商務印書館影印本暨鉛印本　八十册

330000－1701－0055808　GP15041　史部/金石類
金石鱗爪不分卷　彭思賢撰　稿本　一册

330000－1701－0055810　M000132、M002555、M006767、M007240、M007719　史部/地理類/山川之屬/山志
黄山志定本七卷首一卷　（清）閔麟嗣撰　民國油印本　七册

330000－1701－0055814　HJH6311　集部/别集類/清别集
聊齋先生文集四卷　（清）蒲松齡撰　民國四年（1915）上海國學維持社鉛印本　二册

330000－1701－0055815　HJH6312　集部/別集類/清別集

聊齋先生文集四卷　(清)蒲松齡撰　民國四年(1915)上海國學維持社鉛印本　二冊

330000－1701－0055823　GP15042　子部/雜著類

壽盦書堂筆記二卷　彭思賢撰　稿本　二冊

330000－1701－0055824　M000133　史部/史評類/史論之屬

百大家評註史記十卷　(清)朱子蕃輯　民國六年(1917)上海同文圖書館石印本　九冊　缺一卷(二)

330000－1701－0055826　HJL6557　集部/總集類/郡邑之屬

潯溪詩徵四十卷補遺一卷詞徵二卷　周慶雲輯　民國六年(1917)周氏夢坡室刻本　十五冊　缺十二卷(二十九至四十)

330000－1701－0055827　M000035　集部/詞類/別集之屬

晁氏琴趣外篇六卷補遺一卷　(宋)晁補之撰　**晁氏琴趣外篇校記一卷**　林大椿撰　民國二十三年(1934)上海商務印書館鉛印本　一冊

330000－1701－0055832　M000036　子部/宗教類/佛教之屬

佛學叢書□□種　丁福保輯　民國上海醫學書局鉛印本暨影印本　一冊　存一種

330000－1701－0055834　GP15017　史部/金石類/甲骨之屬/文字

甲骨集古詩聯上編一卷　簡經綸撰　民國二十六年(1937)上海商務印書館影印本　一冊

330000－1701－0055839　M000135　經部/小學類/訓詁之屬/字詁

言文一貫虛字使用法不分卷　周善培撰　民國三年(1914)鉛印本　一冊

330000－1701－0055840　M000037　子部/宗教類/佛教之屬/經

佛說阿彌陀經一卷　(後秦)釋鳩摩羅什譯　**佛說阿彌陀經一卷**　(南朝宋)釋求那跋陀譯　**般若波羅蜜多心經一卷大悲神咒一卷佛說大藏正教血盆經一卷**　民國浙杭西湖慧空經房刻本　一冊

330000－1701－0055843　M000136　史部/地理類/方志之屬/郡縣志

續修台州府志芻議一卷　符璋撰　民國十五年(1926)刻朱印本　一冊

330000－1701－0055849　M000137　史部/地理類/方志之屬

江灣里志十五卷附刊一卷　錢淦等纂修　民國十三年(1924)鉛印本　一冊　存九卷(八至十五、附刊)

330000－1701－0055850　HJL6317　類叢部/叢書類/自著之屬

晨風廬叢刊十八種　周慶雲撰　民國吳興周氏夢坡室刻本　四冊　存一種

330000－1701－0055853　M000038　類叢部/叢書類/彙編之屬

四部叢刊三編七十一種　張元濟等編　民國二十四年至二十五年(1935－1936)上海商務印書館影印本　八冊　存一種

330000－1701－0055855　普919.1/2738　史部/地理類/遊記之屬/紀行

南洋旅行記四卷　侯鴻鑑撰　民國九年(1920)無錫競志女學校鉛印本　四冊

330000－1701－0055856　GP15046　新學/學校

高二教材不分卷　民國石印本　一冊

330000－1701－0055860　M000138　史部/紀傳類/正史之屬

二十四史附考證　民國上海民國第一圖書局鉛印本　一冊　存一種

330000－1701－0055863　GP15047　史部/目録類/總録之屬/官修

浙江省立圖書館出版木印書目一卷鉛印書目一卷　浙江省立圖書館編　民國二十五年(1936)浙江省立圖書館鉛印本　一冊

330000－1701－0055869　M000139　類叢部/叢書類/彙編之屬
復性書院叢刊二十七種　馬浮編　民國二十九年至三十七年(1940－1948)復性書院刻本暨鉛印本　一冊　存二種

330000－1701－0055872　M000039　子部/儒家類/儒學之屬
儒學一卷　林子儒編　民國二十五年(1936)杭州國學善書館鉛印本　一冊

330000－1701－0055873　普 951. 04093/7556/6　史部/紀事本末類/通代之屬
歷朝紀事本末(九朝紀事本末)九種　(清)陳如升　(清)朱記榮輯　(清)慎記主人增輯　民國十四年(1925)上海校經山房成記書局石印本　六冊　存一種

330000－1701－0055874　M000040　新學/議論/通論
閻伯川先生言論輯要不分卷　太原綏靖公署辦公處輯　民國二十六年(1937)鉛印本　二冊

330000－1701－0055880　M000140　史部/地理類/山川之屬/山志
西天目祖山志八卷首一卷末一卷補遺一卷　(明)釋廣賓撰　(清)釋際界增訂　民國十五年(1926)鉛印本　二冊

330000－1701－0055885　M000141、M003816　史部/傳記類/總傳之屬/仕宦
歷代循吏傳八卷　(清)朱軾　(清)蔡世遠輯　民國三年(1914)鉛印本　三冊　存六卷(一至六)

330000－1701－0055887　M000041　史部/地理類/水利之屬
癸亥拒閘團紀事一卷　趙官賢等撰　民國十四年(1925)鉛印本　一冊

330000－1701－0055892　GP15018　子部/藝術類/篆刻之屬/印譜
近代名人印脫不分卷　王邈達　童心安等篆　民國鈐印本　二冊

330000－1701－0055894　M000042　子部/雜著類/雜說之屬
嬰寧什箸　陳訓正撰　民國十八年(1929)鉛印本　一冊　存一種

330000－1701－0055895　M000142　史部/地理類/山川之屬/山志
南雁蕩山志十三卷首一卷　周喟編　民國七年(1918)瑞安戴氏詠古齋刻本　四冊　存八卷(一至八)

330000－1701－0055898　M000043　集部/別集類
悼何姬詩一卷　朱蘭撰　民國十四年(1925)鉛印本　一冊

330000－1701－0055900　GP15050　史部/政書類/邦計之屬
第一次縣知事覲見大總統訓詞不分卷　民國鉛印本　一冊

330000－1701－0055901　GP15019　集部/別集類
自然室詩續集一卷　馮振撰　民國三十一年(1942)鉛印本　馮振題記　一冊

330000－1701－0055910　M000044　類叢部/叢書類/郡邑之屬
雲南叢書初編一百四十一種二編三十七種　趙藩　陳榮昌等輯　民國雲南叢書處刻本　一冊　存一種

330000－1701－0055923　M000045　史部/傳記類/別傳之屬/年譜
張文貞公[玉書]年譜一卷　(清)丁傳靖編　張學華補　民國十五年(1926)松蔭堂刻本　一冊

330000－1701－0055924　GP15052　經部/小學類/文字之屬/說文/傳說
說文解字詁林提要一卷　丁福保編　民國十七年(1928)上海醫學書局石印本　一冊

330000－1701－0055929　M000144　集部/詞類/別集之屬
玉琴齋詞不分卷　(清)余懷撰　民國十七年

(1928)國學圖書館影印本　一册

330000－1701－0055938　M000145　子部/雜著類/雜説之屬
包安吳説儲上一卷　(清)包世臣撰　民國二十五年(1936)陶風樓石印本　一册

330000－1701－0055942　M000146　史部/雜史類/斷代之屬
滿清外史八卷外編三卷　載甦氏輯　民國新中華圖書館鉛印本　十册

330000－1701－0055943　M000147　史部/地理類/水利之屬
餘姚黃山附子兩湖定案錄不分卷　張寶琛等編　民國十二年(1923)石印本　一册

330000－1701－0055952　普951.0417/4442　子部/雜著類/雜説之屬
石林燕語十卷　(宋)葉夢得撰　(宋)宇文紹奕考異　**石林燕語校一卷**　(清)葉德輝撰　**石林燕語辨十卷**　(宋)汪應辰撰　民國中華圖書館石印本　四册

330000－1701－0055955　HJH6326　集部/别集類/宋别集
陳龍川書牘一卷　(宋)陳亮撰　民國三年(1914)上海商務印書館鉛印本　二册

330000－1701－0055959　普814.4/6030.3　類叢部/叢書類/郡邑之屬
續金華叢書六十種　胡宗楙編　民國十三年(1924)永康胡氏夢選樓刻本　十册　存一種

330000－1701－0055961　普951.0418/7510　史部/雜史類/斷代之屬
宣靖備史四卷　(明)陳霆撰　民國二年(1913)南昌問影樓刻本　二册

330000－1701－0055963　M000148　集部/别集類
嘯月山房文集一卷詩集一卷　黃道傳撰　民國十三年(1924)鉛印本　一册

330000－1701－0055966　民793.73/0240/c1　子部/藝術類/遊藝之屬/謎語
春謎大觀二卷　王文濡編輯　民國上海進步書局鉛印本　二册

330000－1701－0055975　M000149　經部/小學類/文字之屬/字書/通論
文字學三卷　顧震福編　民國北京女子高等師范學校鉛印本　一册

330000－1701－0055981　M000150　史部/政書類/公牘檔册之屬
政事紀畧二卷　沈錫榮撰　民國元年(1912)石印本　二册

330000－1701－0055985　GP06660　史部/傳記類/總傳之屬/家乘
[江蘇溧陽]吳越錢氏溧陽小宗慶系譜四十三卷首一卷系圖八卷溧陽南山錢氏義田録二卷　錢逢選等纂修　民國十四年(1925)雝肅堂木活字印本　三十六册

330000－1701－0055989　M000151　史部/雜史類/斷代之屬
清初三大疑案考實三卷　孟森撰　民國鉛印本　一册

330000－1701－0055996　M000152　史部/目録類/總録之屬
目錄一卷　民國抄本　一册

330000－1701－0056001　GP15020　史部/目録類/書志之屬/題跋
矩園餘墨序跋第二輯一卷補遺一卷自作畫題識一卷　葉恭綽撰　民國鉛印本　一册

330000－1701－0056003　普814.4/4453/3　集部/别集類/宋别集
東坡集四十卷後集二十卷奏議十五卷内制集十卷樂語一卷外制集三卷應詔集十卷續集十二卷　(宋)蘇軾撰　**東坡集校記二卷**　繆荃孫撰　**東坡先生年譜一卷**　(宋)王宗稷撰　**東坡先生墓志銘一卷**　(宋)蘇轍撰　民國影印本　四十八册

330000－1701－0056005　GP00238　子部/藝術類/書畫之屬
張中原書畫義展作品選不分卷　張中原繪

民國三十年(1941)影印本　張中原題記　一冊

330000－1701－0056009　M000153　類叢部/叢書類/自著之屬

雙槐廬叢書　李權撰　民國鍾祥李氏雙槐廬鉛印本　一冊　存一種

330000－1701－0056010　HJL6573　集部/別集類/清別集

怡雲草堂詩存一卷詞鈔一卷　(清)蔣大鏞撰　民國十七年(1928)鉛印本　一冊

330000－1701－0056015　M000046　史部/政書類/邦交之屬

俄藏相威特極東巡回覆命書一卷　(清)世增譯　錢恂評讀　民國抄本　一冊

330000－1701－0056016　M000154　史部/地理類/專志之屬

聯語摭餘一卷　(清)衡田耄人撰　民國八年(1919)衡田祟睦堂木活字印本　一冊

330000－1701－0056017　GP00350　子部/藝術類/書畫之屬/畫譜

王石谷山水冊不分卷　(清)王翬繪　民國十七年(1928)上海中華書局影印本　一冊

330000－1701－0056020　M000047　集部/別集類/清別集

帶耕堂遺詩五卷首一卷吴中判牘一卷蒯公子範歷任治所崇祀錄一卷　(清)蒯德模撰　程先甲編　民國十八年(1929)蒯壽樞等江寧刻本　少英題記　一冊　存一卷(蒯公子範歷任治所崇祀錄)

330000－1701－0056021　M000155　史部/傳記類/日記之屬

東游日記一卷(民國十五年六月三日至七月二十六日)　周肇祥撰　民國京華印書局鉛印本　一冊

330000－1701－0056028　M000156　集部/詩文評類/詩評之屬

歷代詩話二十七種五十七卷考索一卷　(清)何文煥輯　民國上海文實公司石印本　三冊　存十卷(詩品一至三、詩式、二十四詩品、全唐詩話三至四、後山詩話、臨漢隱居詩話、竹坡詩話)

330000－1701－0056032　M000048　子部/農家農學類/總論之屬

各項農事參攷資料不分卷　浙江省農業改進所編　民國油印本　一冊

330000－1701－0056033　普 925.109/8030　類叢部/類書類/專類之屬

年華錄四卷　(清)全祖望撰　民國十八年(1929)上海商務印書館鉛印本　二冊

330000－1701－0056035　M000049　史部/雜史類/外紀之屬

安南棄守本末一卷補一卷安南棄守本末校記一卷　柳詒徵撰　民國二十六年(1937)江蘇省立國學圖書館影印本　一冊　缺一卷(補)

330000－1701－0056038　普 814.4/7438/3　類叢部/叢書類/彙編之屬

四部備要　中華書局編　民國二十五年(1936)上海中華書局鉛印本　八冊　存一種

330000－1701－0056042　M000050　經部/春秋穀梁傳類/傳說之屬

春秋穀梁傳注十五卷　柯劭忞撰　民國十六年(1927)鉛印本　四冊

330000－1701－0056043　普 925.1091/2133　史部/金石類/石之屬/圖像

石畫歷代聖賢像一卷續述一卷　上海淨緣社編　民國三十四年(1945)上海淨緣社影印本　一冊

330000－1701－0056044　M000157　經部/四書類/孟子之屬/傳說

孟子外書補逸箋証十卷　徐文緯撰　民國十二年(1923)建德教育社石印本　一冊

330000－1701－0056059　M000052　史部/地理類/防務之屬/陸防

雲南北界勘察記八卷附錄二卷　尹明德等撰　民國二十二年(1933)鉛印本　一冊

330000－1701－0056063　M000053　史部/傳記類/别傳之屬
孫文小史一卷　民國鉛印本　一册

330000－1701－0056065　M000054　史部/金石類/總志之屬/圖像
新鄭出土古器圖志初編一卷續編一卷附編一卷　靳雲鶚編　民國十二年(1923)漢口新鄭出土古器圖志總發行所影印本暨鉛印本　一册　存一卷(附編)

330000－1701－0056066　GP06655　類叢部/叢書類/郡邑之屬
豫章叢書六十種附一種　胡思敬編　民國四年至九年(1915－1920)南昌豫章叢書編刻局刻本　一册　存一種

330000－1701－0056069　GP00352　子部/藝術類/書畫之屬/畫譜
近代名人畫册不分卷　謝雲山編　民國三十年(1941)藝苑真賞分社影印本　一册

330000－1701－0056070　普814.4/7212/8　集部/别集類/宋别集
岳忠武王文集八卷首一卷末一卷　(宋)岳飛撰　(清)黄邦寧纂修　民國元年(1912)上海江左書林石印本　四册

330000－1701－0056076　普814.4/7212/9　集部/别集類/宋别集
岳忠武王文集八卷首一卷末一卷　(宋)岳飛撰　(清)黄邦寧纂修　(清)郝延年補修　民國十年(1921)曹鋥鉛印本　四册

330000－1701－0056081　GP15063　子部/兵家類/兵法之屬
趙註孫子五卷　(明)趙本學解引類　民國石印本　四册

330000－1701－0056082　M000056　史部/政書類/軍政之屬/兵制
浙江裁撤軍隊商榷書一卷　民國鉛印本　一册

330000－1701－0056083　普814.4/7212.2/c2　集部/别集類/宋别集
宋岳鄂王文集三卷　(宋)岳飛撰　錢汝雯編　民國十三年(1924)鉛印本　二册

330000－1701－0056087　GP00355　子部/藝術類/書畫之屬/法帖
宋御庫所藏薛稷搨蘭亭序不分卷　(晉)王羲之書　民國三十七年(1948)上海安定珂羅版社影印本　一册

330000－1701－0056090　M000057　史部/政書類/邦計之屬
修築省道之利益一卷　周鳳岐撰　民國鉛印本　一册

330000－1701－0056092　普915.8/4727　史部/地理類/外紀之屬
朝鮮聞見錄一卷　民國山西省政府鉛印本　一册

330000－1701－0056094　普814.4/7443/5　類叢部/叢書類/彙編之屬
四部備要　中華書局編　民國二十五年(1936)上海中華書局鉛印本　四册　存一種

330000－1701－0056095　M000058　史部/政書類/公牘檔册之屬
行總浙江分署業務報告不分卷(民國三十六年一至三月)　民國三十六年(1947)油印本　一册

330000－1701－0056102　M000059　子部/儒家類/儒學之屬/蒙學
初級蒙學修身教科書六十課不分卷附圖一卷　(清)俞莊撰　民國石印本　一册

330000－1701－0056109　普925.109163/4044　史部/傳記類/總傳之屬/儒林
孔氏弟子籍一卷　袁嘉穀輯　民國二十年(1931)雲南崇文印書館石印本　一册

330000－1701－0056116　GP00368　子部/藝術類/書畫之屬/畫譜
嵩山居士畫集不分卷　(清)馮超然繪　民國三十年(1941)影印本　一册

330000－1701－0056119　GP00380　子部/藝

術類/書畫之屬/法帖

岳武穆草書前出師表帖一卷 (宋)岳飛書 民國四年(1915)上海進步書局石印本 一册

330000－1701－0056121 GP15072 子部/藝術類/書畫之屬/總論

歷代書畫舫十二卷 (明)張丑撰 民國十年(1921)上海錦文堂石印本 八册

330000－1701－0056129 普915.9/5520/c1 史部/叢編

國立中山大學語言歷史學研究所史料叢刊 民國國立中山大學語言歷史學研究所鉛印本 一册 存一種

330000－1701－0056130 普915.9/5520/c2 史部/叢編

國立中山大學語言歷史學研究所史料叢刊 民國國立中山大學語言歷史學研究所鉛印本 一册 存一種

330000－1701－0056131 GP15126 子部/宗教類/佛教之屬/經

妙法蓮華經七卷佛頂尊勝陀羅尼一卷 (後秦)釋鳩摩羅什譯 民國十二年(1923)影印本 四册

330000－1701－0056132 普915.9/5520/2 類叢部/叢書類/彙編之屬

六經堪叢書十三種 羅振玉編 民國東方學會鉛印本 一册 存一種

330000－1701－0056134 普915.9/7529 史部/地理類/雜志之屬

海國聞見錄二卷 (清)陳倫炯撰 (清)吴省蘭輯 民國仁和葉希明抄本 二册

330000－1701－0056139 M000158、M006860 史部/目録類/總録之屬/私撰

鄞范氏天一閣書目内編十卷 馮貞羣編 民國二十六年至二十九年(1937－1940)寧波重修天一閣委員會鉛印本 二册 存四卷(劫餘書目一至四)

330000－1701－0056140 GP00382 子部/藝術類/書畫之屬/法帖

湖州妙嚴寺記不分卷 (元)牟巘記撰 (元)趙孟頫書并篆 民國影印本 一册

330000－1701－0056141 HJL6346 集部/總集類/彙編之屬

宋人集 李之鼎輯 民國南城李氏宜秋館刻本 十六册 存八種

330000－1701－0056143 M000060 史部/傳記類/别傳之屬

吴興陳藹士先生六旬晉九壽啟一卷 吴興陳藹士先生六旬晉九壽典籌備會撰 民國三十六年(1947)鉛印本 一册

330000－1701－0056144 普925.109/1008 史部/傳記類/總傳之屬/仕宦

百歲敘譜六卷 (清)丁文策 (清)陳師錫 (清)沈九如輯 民國十一年(1922)上海中華書局鉛印本 六册

330000－1701－0056149 M000061 史部/雜史類/斷代之屬

龍田泣慕記一卷附點絳脣十六闋 賀揚靈撰 民國三十一年(1942)鉛印本 一册

330000－1701－0056150 M000159 史部/傳記類/别傳之屬

屈映光一卷 越史氏編 民國鉛印本 一册

330000－1701－0056151 M000160 史部/雜史類/斷代之屬

亂黨之真相一卷 民國三年(1914)鉛印本 一册

330000－1701－0056152 普814.4/7500/10/c1 集部/别集類/宋别集

龍川文集三十卷首一卷補遺一卷 (宋)陳亮撰 **附錄二卷辨譌考異二卷** (清)胡鳳丹撰 民國七年(1918)上海掃葉山房石印本 八册

330000－1701－0056154 M000062 史部/政書類/邦交之屬

五九國恥書紳寶册一卷 許國英編撰 沈宗伊書 民國上海文學圖書館石印本 一册

330000－1701－0056155　GP00383　子部/藝術類/書畫之屬/法帖

趙文敏書度人經真蹟不分卷　(元)趙孟頫書　民國二十九年(1940)上海文明書局影印本　一冊

330000－1701－0056158　M000063　新學/工藝/雜工

生絲審查法一卷　高等蠶業講習所編　民國高等蠶業講習所石印本　一冊

330000－1701－0056160　普814.4/7500/10/c2　集部/别集類/宋别集

龍川文集三十卷首一卷補遺一卷　(宋)陳亮撰　**附録二卷辨譌考異二卷**　(清)胡鳳丹撰　民國七年(1918)上海掃葉山房石印本　八冊

330000－1701－0056161　GP00384　子部/藝術類/書畫之屬/法帖

趙文敏書琴賦真蹟不分卷　(元)趙孟頫書　民國二十九年(1940)上海文明書局影印本　一冊

330000－1701－0056163　M000064　新學/農政/蠶務

絲場管理法一卷　高等蠶業講習所編　民國高等蠶業講習所石印本　一冊

330000－1701－0056164　M000161　史部/金石類/石之屬/文字

玉煙堂本瘞鶴銘一卷　民國抄本　一冊

330000－1701－0056166　M000065　新學/工藝/雜工

生絲整理法講義一卷　高等蠶業講習所編　民國高等蠶業講習所石印本　一冊

330000－1701－0056168　GP00385　子部/藝術類/書畫之屬/法帖

再和楊公濟梅花十絕不分卷　(元)趙孟頫書　民國影印本　一冊

330000－1701－0056169　M000162　子部/藝術類/篆刻之屬/印譜

印譜不分卷　民國鈐印本　一冊

330000－1701－0056170　G000042　集部/曲類/彈詞之屬

新編繡像雙連筆全傳四卷三十二回　民國上海文元書莊石印本　一冊　存一卷(三)

330000－1701－0056173　M000163　史部/傳記類/别傳之屬/事狀

桐鄉鄭書田先生暨德配汪夫人八旬薦福榮褒録三卷首一卷附録一卷　鄭惟章輯　民國八年(1919)鉛印本　一冊

330000－1701－0056175　M000066　史部/傳記類/别傳之屬

陸文端公[潤庠]榮哀録一卷　何實睿輯　民國五年(1916)蘇州觀西萃成祥印刷所鉛印本　一冊

330000－1701－0056178　GP00386　子部/藝術類/書畫之屬/畫譜

吴秋農山水冊不分卷　(清)吴穀祥繪　民國十九年(1930)蘇州振新書局影印本　一冊

330000－1701－0056181　M000164　史部/地理類/專志之屬/寺觀

明州岳林寺志六卷　(清)戴明琮撰　民國抄本　一冊

330000－1701－0056184　M000067　史部/政書類/公牘檔冊之屬

中華民國元年上學期浙江教育統計圖表不分卷　民國二年(1913)浙江行政公署石印本　一冊

330000－1701－0056185　GP00387　子部/藝術類/書畫之屬/畫譜

金拱北遺墨　金城繪　民國十六年至十八年(1927－1929)可讀廬影印本　一冊　存一集

330000－1701－0056188　M000068　集部/小說類/長篇之屬

警世小說樗蒲刦二卷三十二回　民國抄本　二冊

330000－1701－0056190　M000069　史部/政書類/公牘檔冊之屬

浙江省臨時議會第三屆開會議決案不分卷

浙江省臨時議會編　民國元年(1912)鉛印本　一冊

330000－1701－0056193　M000165　集部/別集類
養復園詩集不分卷　程潛撰　民國三十一年(1942)渝州刻本　一冊

330000－1701－0056196　GP00388　子部/藝術類/書畫之屬/畫譜
錢罄室山水卷不分卷　(明)錢穀繪　民國二十年(1931)上海神州國光社影印本　一冊

330000－1701－0056197　普951.042/0000/2　史部/雜史類/斷代之屬
南渡錄四卷附傳一卷　(宋)辛棄疾撰　民國上海廣益書局石印本　二冊

330000－1701－0056200　M000070　史部/地理類/方志之屬/郡縣志
[民國]鱐陽志四卷　張拯滋纂　民國九年(1920)鉛印本　一冊

330000－1701－0056202　GP00389　子部/藝術類/書畫之屬/畫譜
松江派山水十二幀不分卷　(明)沈士充等繪　民國十六年(1927)上海商務印書館影印本　一冊

330000－1701－0056204　普814.4/7528　集部/總集類/彙編之屬
宋人集　李之鼎輯　民國南城李氏宜秋館刻本　四冊　存一種

330000－1701－0056205　GP00390　子部/藝術類/書畫之屬/畫譜
吴漁山山水畫冊不分卷　(清)吴歷繪　民國十五年(1926)中國書局影印本　一冊

330000－1701－0056211　M000166　集部/別集類
雞鳴集四卷附錄一卷補編一卷　馮壽梅撰　民國三十六年(1947)磬園木活字印本　一冊

330000－1701－0056212　GP06679　集部/別集類
大隱廬詩草一卷　許公武撰　民國二十五年(1936)鉛印本　一冊

330000－1701－0056216　GP00406　子部/藝術類/書畫之屬/法帖
真草千文一卷　(元)趙孟頫書　民國影印本　一冊

330000－1701－0056218　普814.4/7523　類叢部/叢書類/彙編之屬
四部叢刊　張元濟等編　民國八年(1919)上海商務印書館影印本　八冊　存一種

330000－1701－0056219　M000072　史部/地理類/山川之屬/山志
莫干山志十三卷　周慶雲撰　民國十五年至十六年(1926－1927)吴興周氏刻藍印本　四冊

330000－1701－0056223　GP00407　子部/藝術類/書畫之屬/法帖
真草千文一卷　(元)趙孟頫書　民國影印本　一冊

330000－1701－0056225　HJL5444　集部/總集類/彙編之屬
宋人集　李之鼎輯　民國南城李氏宜秋館刻本　一冊　存一種

330000－1701－0056233　M000167、M604896、M605465　類叢部/叢書類/彙編之屬
小説叢書　民國十五年(1926)上海掃葉山房石印本　三冊　存一種

330000－1701－0056234　GP00408　子部/藝術類/書畫之屬/法帖
故漢太史司馬公侍妾隨清娱墓志銘一卷　(唐)褚遂良撰并書　民國二年(1913)上海中國圖書公司影印本　一冊

330000－1701－0056237　M000073　新學/工藝/工學
鐵道行政汎論十三章　(日本)杉田百助撰　交通部路政司調查課　考工科譯　民國二年(1913)交通部鉛印本　四冊

330000－1701－0056239　GP00475　子部/藝術類/書畫之屬/法帖

宋拓褚河南雁塔聖教序不分卷　(唐)褚遂良書　民國八年(1919)有正書局石印本　一冊

330000－1701－0056240　M000074　史部/地理類/專志之屬/古跡

河朔古蹟圖識二卷　范壽銘輯　顧燮光攝影　民國三十二年(1943)影印本　一冊　存一卷(下)

330000－1701－0056241　GP00409　子部/藝術類/書畫之屬/法帖

故漢太史司馬公侍妾隨清娛墓志銘一卷　(唐)褚遂良撰并書　民國二年(1913)上海中國圖書公司影印本　一冊

330000－1701－0056242　M000168　類叢部/叢書類/自著之屬

海寧王靜安先生遺書四十三種　王國維撰　民國二十九年(1940)商務印書館長沙石印本　一冊　存一種

330000－1701－0056244　GP00476　子部/藝術類/書畫之屬/法帖

宋拓褚河南雁塔聖教序不分卷　(唐)褚遂良書　民國八年(1919)有正書局石印本　一冊

330000－1701－0056247　GP00410　子部/藝術類/書畫之屬/法帖

褚河南臨蘭亭序一卷　(唐)褚遂良書　民國二十九年(1940)上海文明書局影印本　一冊

330000－1701－0056249　M000075　史部/傳記類/別傳之屬

吳興陳勤士先生六十壽相不分卷　民國二十五年(1936)影印本　一冊

330000－1701－0056250　GP00477　子部/藝術類/書畫之屬/法帖

宋拓褚河南雁塔聖教序不分卷　(唐)褚遂良書　民國有正書局石印本　一冊

330000－1701－0056252　M000076　史部/地理類/方志之屬/郡縣志

行政記一卷　民國抄本　一冊

330000－1701－0056253　HJL6352　集部/別集類/清別集

知止盦文集四卷補遺一卷　(清)黄宗起撰　**退齋文存一卷**　黄世礽撰　民國四年(1915)鉛印本　二冊

330000－1701－0056254　M000169　類叢部/叢書類/彙編之屬

涵芬樓祕笈五十一種　孫毓修等輯　民國五年至十五年(1916－1926)上海商務印書館影印本暨鉛印本　一冊　存一種

330000－1701－0056258　M000077　集部/總集類/酬唱之屬

六十述懷百家酬唱錄一卷　黄端履輯　民國二十五年(1936)鉛印本　一冊

330000－1701－0056261　M000078　史部/政書類/公牘檔冊之屬

浙江省政府委員會會議錄(第二十六次至五十次)不分卷　民國油印本　一冊

330000－1701－0056262　M000170　子部/藝術類/篆刻之屬/印譜

玉蘭仙館印譜不分卷　(清)董熊篆　民國三年(1914)夢坡室影印本　二冊

330000－1701－0056264　M000079　史部/政書類

考選制度大要不分卷　沈士遠撰　民國三十六年(1947)油印本　一冊

330000－1701－0056266　GP00411　子部/藝術類/書畫之屬/法帖

宋賢書翰不分卷　(宋)蔡襄等書　國立北平故宮博物院編　民國二十六年(1937)國立北平故宮博物院影印本　一冊

330000－1701－0056269　GP00412　子部/藝術類/書畫之屬/法帖

宋賢書翰不分卷　(宋)蔡襄等書　國立北平故宮博物院編　民國二十六年(1937)國立北平故宮博物院影印本　一冊

330000－1701－0056272　GP00413　子部/藝術類/書畫之屬/法帖

宋四家墨寶不分卷 (宋)蔡襄等書 民國十九年(1930)北平故宮博物院古物館影印本 一冊

330000－1701－0056282 HJL6588 集部/別集類/清別集
黔靈山樵詩鈔四卷 (清)路璜漁撰 徐世昌編 民國十四年(1925)天津退畊堂鉛印本 一冊

330000－1701－0056283 HJL6356 集部/別集類/清別集
瓶廬詩補遺一卷校異一卷詞一卷 (清)翁同龢撰 張蘭思輯 民國十年(1921)上海聚珍倣宋印書局鉛印本 劉承幹題記 一冊

330000－1701－0056291 普 814.4/7212.2/c3 集部/別集類/宋別集
宋岳鄂王文集三卷 (宋)岳飛撰 錢汝雯編 民國十三年(1924)鉛印本 二冊

330000－1701－0056293 HJL6590 集部/別集類/清別集
軥錄齋稿四卷 (清)夏煒如撰 民國二年(1913)夏勤邦刻本 二冊

330000－1701－0056295 M000080 史部/政書類/公牘檔冊之屬
浙江省各縣經濟調查報告書不分卷 浙江經濟學會編 民國鉛印本 一冊

330000－1701－0056297 普 814.4/7212.3 集部/別集類/宋別集
宋岳忠武王全集二十八卷 (宋)岳飛撰 (宋)岳珂編 民國四年(1915)國學書局石印本 四冊

330000－1701－0056298 M000081 史部/傳記類/別傳之屬/事狀
浙江省長沈公叔詹[金鑑]行狀一卷 邵章撰 民國鉛印本 一冊

330000－1701－0056299 GP00478 子部/藝術類/書畫之屬/法帖
明拓伊闕佛龕碑不分卷 (唐)褚遂良書 (唐)岑文本撰 民國九年(1920)上海有正書局石印本 一冊

330000－1701－0056301 普 951.044/0060 類叢部/叢書類/彙編之屬
求恕齋叢書三十一種 劉承幹編 民國吳興劉氏嘉業堂刻本 一冊 存一種

330000－1701－0056303 GP00479 子部/藝術類/書畫之屬/法帖
明拓伊闕佛龕碑不分卷 (唐)褚遂良書 (唐)岑文本撰 民國九年(1920)上海有正書局石印本 一冊

330000－1701－0056304 M000082 集部/總集類/酬唱之屬
槐居唱和一卷 五文如居士輯 民國二十二年(1933)五石齋鉛印本 一冊

330000－1701－0056307 GP00480 子部/藝術類/書畫之屬/法帖
明拓伊闕佛龕碑不分卷 (唐)褚遂良書 (唐)岑文本撰 民國有正書局石印本 一冊

330000－1701－0056312 GP00481 子部/藝術類/書畫之屬/法帖
宋拓褚河南同州聖教序不分卷 (唐)褚遂良書 民國有正書局石印本 一冊

330000－1701－0056313 GP06688 子部/兵家類/武術技巧之屬
少林拳術精義一卷 (北魏)釋達摩撰 (唐)釋般刺密諦譯 **服氣圖說一卷** 民國七年(1918)上海大聲圖書局石印本 一冊

330000－1701－0056315 M000083 史部/傳記類/別傳之屬/事狀
菊亭先生[沈恒熺]行述不分卷 沈乃址撰 民國石印本暨鉛印本 一冊

330000－1701－0056316 M000171 集部/總集類/選集之屬/斷代
王荆公唐百家詩選二十卷 (宋)王安石輯 民國上海商務印書館鉛印本 二冊 存十四卷(一至十四)

330000－1701－0056317 GP00482 子部/藝

術類/書畫之屬/法帖

宋拓褚河南同州聖教序不分卷　(唐)褚遂良書　民國有正書局石印本　一册

330000－1701－0056320　普814.4/7230　類叢部/叢書類/彙編之屬

嘉業堂叢書五十七種　劉承幹輯　民國吳興劉氏嘉業堂刻本　十二册　存一種

330000－1701－0056322　GP00483　子部/藝術類/書畫之屬/法帖

宋拓王右軍書不分卷　(晉)王羲之書　民國七年(1918)上海商務印書館影印本　一册

330000－1701－0056324　GP00484　子部/藝術類/書畫之屬/法帖

宋拓王右軍書不分卷　(晉)王羲之書　民國二十四年(1935)上海商務印書館影印本　一册

330000－1701－0056325　M000172、M001094、M007050、M007601　類叢部/叢書類/家集之屬

樸學齋叢書第一集二十八種　胡韞玉編　民國二十九年(1940)安吳胡氏鉛印本　八册

330000－1701－0056326　GP00415　子部/藝術類/書畫之屬/法帖

唐房梁公碑一卷　(唐)褚遂良書　民國十年(1921)上海有正書局影印本　一册

330000－1701－0056328　GP00485　子部/藝術類/書畫之屬/法帖

宋拓王右軍書不分卷　(晉)王羲之書　民國二十二年(1933)上海商務印書館影印本　一册

330000－1701－0056330　GP06696　子部/雜著類/雜說之屬

師古小言不分卷　黄文彬撰　民國二十三年(1934)杭州浙江印刷公司鉛印本　一册

330000－1701－0056331　GP00487　子部/藝術類/書畫之屬/法帖

宋拓褚河南聖教序一卷　(唐)褚遂良書　民國十一年(1922)上海有正書局影印本　一册

330000－1701－0056332　GP00417　子部/藝術類/書畫之屬/畫譜

王石谷長江萬里圖一卷　(清)王翬繪　民國影印本　一册

330000－1701－0056339　GP00419　子部/藝術類/書畫之屬

傳樸堂印人書畫集一卷　葛昌楹編　民國十三年(1924)上海慎修書社影印本　一册

330000－1701－0056342　GP00488　子部/藝術類/書畫之屬/法帖

唐拓漢玄儒婁先生碑不分卷　民國十八年(1929)上海有正書局影印本　一册

330000－1701－0056344　HJL6360　集部/别集類/清别集

瓶廬詩稿八卷　(清)翁同龢撰　翁斌孫輯　民國八年(1919)邵松年武昌刻本　四册

330000－1701－0056345　普925.1086/1254/c1　史部/傳記類/總傳之屬/斷代

明遺民錄四十八卷　孫靜菴撰　民國元年(1912)上海新中華圖書館鉛印本　十二册

330000－1701－0056346　普925.1086/1254/c2　史部/傳記類/總傳之屬/斷代

明遺民錄四十八卷　孫靜菴撰　民國元年(1912)上海新中華圖書館鉛印本　十二册

330000－1701－0056348　GP00454　子部/藝術類/書畫之屬/法帖

宋拓黄庭經一卷　(晉)王羲之書　民國七年(1918)上海有正書局影印本　一册

330000－1701－0056351　M000173　子部/宗教類/道教之屬

列子八卷　(晉)張湛注　(唐)殷敬順釋文　民國石印本　一册　存四卷(五至八)

330000－1701－0056355　M000174　子部/雜著類/雜考之屬

評點百二十子二十六卷補遺十三卷　(明)歸有光輯　(明)文震孟參訂　民國石印本　一册　存一卷(補遺九)

330000－1701－0056356　GP00455　子部/藝術類/書畫之屬/法帖

宋拓王右軍金剛經一卷　(晉)王羲之書　民國五年(1916)上海有正書局影印本　一册

330000－1701－0056357　M000084　子部/藝術類/書畫之屬/法帖

草字彙十二卷附補　(清)石梁輯　民國存古齋石印本　四册　存八卷(子、丑、寅、卯、午、未、申、酉)

330000－1701－0056358　普951.044/5245/3　史部/紀傳類/正史之屬

百衲本二十四史　張元濟輯　民國上海商務印書館影印本　十六册　存一種

330000－1701－0056361　M000175　集部/詞類/詞話之屬

詞謔四卷　(明)□□撰　盧前校訂　民國二十六年(1937)中華書局鉛印本　一册

330000－1701－0056364　GP00457　子部/藝術類/書畫之屬/法帖

宋搨樂毅論一卷　(晉)王羲之書　民國十八年(1929)上海文明書局影印本　一册

330000－1701－0056365　M000085　子部/儒家類/儒學之屬/蒙學

三字經一卷　民國二十二年(1933)上海漢文正楷印書局鉛印本　一册

330000－1701－0056368　M000086　集部/曲類/散曲之屬

楊升庵夫婦散曲八卷　任訥編校　民國二十三年(1934)上海商務印書館鉛印本　一册

330000－1701－0056371　普814.5/4777/3/c2　類叢部/叢書類/郡邑之屬

續金華叢書六十種　胡宗楙編　民國十三年(1924)永康胡氏夢選樓刻本　六册　存一種

330000－1701－0056373　M000177　集部/總集類/選集之屬/斷代

唐人萬首絶句選七卷　(宋)洪邁選　(清)王士禛輯　民國二十二年(1933)上海商務印書館鉛印本　一册　存四卷(四至七)

330000－1701－0056375　M000087、M007929　集部/詩文評類/詩評之屬

越縵堂詩話三卷　(清)李慈銘撰　蔣瑞藻編　民國十四年(1925)上海商務印書館鉛印本　二册

330000－1701－0056377　普814.5/4911　集部/别集類/元别集

趙文敏公松雪齋全集十卷外集一卷續集一卷　(元)趙孟頫撰　民國五年(1916)上海同文圖書館石印本　四册

330000－1701－0056378　GP00458　子部/藝術類/書畫之屬/法帖

宋拓黄庭經一卷　(晉)王羲之書　民國十三年(1924)文明書局影印本　一册

330000－1701－0056381　M000088　集部/詞類/别集之屬

越縵堂詞錄二卷　(清)李慈銘撰　民國二十四年(1935)上海商務印書館鉛印本　一册

330000－1701－0056383　M000089　子部/儒家類/儒學之屬/禮教

五種遺規　(清)陳弘謀輯並撰　民國六年(1917)上海商務印書館鉛印本　五册

330000－1701－0056386　M000178　子部/雜著類/雜編之屬

殘簡從新□□卷　民國上海神州圖書局石印本　二册　存二卷(二至三)

330000－1701－0056387　GP00460　子部/藝術類/書畫之屬/法帖

趙文敏書阡表真蹟一卷　(元)趙孟頫書　民國二十九年(1940)上海文明書局影印本　一册

330000－1701－0056389　GP00524　子部/藝術類/書畫之屬/法帖

米芾尺牘不分卷　(宋)米芾撰並書　民國三十六年(1947)國立北平故宫博物院影印本　一册

330000－1701－0056391　M000179　類叢部/叢書類/自著之屬

十力叢書　熊十力撰　民國三十六年(1947)鉛印本　四册　存一種

330000－1701－0056396　普 814.5/7139　集部/總集類/彙編之屬
元四家集三十四卷　陳乃乾輯　民國十一年(1922)上海古書流通處影印本　八册　存一種

330000－1701－0056397　GP00525　子部/藝術類/書畫之屬/法帖
宋米南宫書蜀素帖一卷　(宋)米芾書　民國三十七年(1948)國立北平故宫博物院影印本　一册

330000－1701－0056398　M000090　史部/政書類/軍政之屬/邊政
桂邊要塞之編成不分卷　民國抄本　三册

330000－1701－0056400　M000091　新學/政治法律/制度
市政府論九章　阮毅成撰　民國美豐祥印書館鉛印本　一册

330000－1701－0056402　M000180　集部/别集類
函雅廬文稿三卷詩稿一卷　余重耀撰　民國十二年(1923)鉛印本　二册

330000－1701－0056407　GP00461　子部/藝術類/書畫之屬/法帖
初拓精本褚千字文一卷　(唐)褚遂良書　民國江西開智書局影印本　一册

330000－1701－0056409　普 814.5/2120/2/(2)　類叢部/叢書類/彙編之屬
四部備要　中華書局編　民國二十五年(1936)上海中華書局鉛印本　八册　存一種

330000－1701－0056410　M000092　子部/宗教類
宗教記稿不分卷　民國抄本　一册

330000－1701－0056411　M000181　集部/别集類
誦芬堂文稿七編三卷　錢文選撰　民國三十七年(1948)鉛印本　一册

330000－1701－0056412　GP00462　子部/藝術類/書畫之屬/法帖
舊拓褚遂良千字文帖一卷　(唐)褚遂良書　民國上海科學儀器館影印本　一册

330000－1701－0056413　M000093　史部/政書類/邦計之屬/賦税
關税紀要不分卷　孫榮枝撰　民國抄本　一册

330000－1701－0056414　GP00526　子部/藝術類/書畫之屬
宋歐陽修集古録跋不分卷　(宋)歐陽修書　民國二十五年(1936)國立北平故宫博物院影印本　一册

330000－1701－0056415　M000182　子部/雜著類/雜説之屬
香祖筆記十二卷　(清)王士禛撰　民國九年(1920)上海掃葉山房石印本　四册

330000－1701－0056417　普 814.5/2120/3　集部/别集類/元别集
虞文靖公道園全集六十卷　(元)虞集撰　民國元年(1912)存古書局補刻本　十六册

330000－1701－0056418　M000094　史部/政書類/邦計之屬/營田
蘭谿實驗縣清查地粮紀要不分卷　民國油印本　一册

330000－1701－0056419　普 814.4/7772/8　集部/别集類/宋别集
歐陽文忠公全集一百五十三卷　(宋)歐陽修撰　**首一卷附録五卷**　民國上海錦章書局石印本　十七册　缺十卷(二十一至三十)

330000－1701－0056421　M000183　史部/目録類/總録之屬/官修
浙江省立圖書館善本書目甲編四卷　毛春翔編　民國二十五年(1936)浙江圖書館鉛印本　一册

330000－1701－0056422　GP00527　子部/藝

術類/書畫之屬/法帖
宋吳琚詩帖不分卷 （宋）吳琚書　民國二十八年（1939）國立北平故宫博物院影印本　一册

330000－1701－0056424　HJH6367　集部/别集類
觀堂集林二十卷　王國維撰　民國十二年（1923）烏程蔣氏密韻樓鉛印本　六册

330000－1701－0056426　M000095　史部/政書類/公牘檔册之屬
杭市縣清丈報告書第五編不分卷　民國抄本　一册

330000－1701－0056427　GP00528　子部/藝術類/書畫之屬/法帖
宋吳琚詩帖不分卷 （宋）吳琚書　民國二十八年（1939）國立北平故宫博物院影印本　一册

330000－1701－0056429　GP00463　子部/藝術類/書畫之屬/法帖
名人真蹟　民國中華書局影印本　一册　存一種

330000－1701－0056430　M000096　史部/政書類/公牘檔册之屬
鄞縣甲南小學四十周年紀念刊不分卷　鄞縣甲南小學編　民國油印本　一册

330000－1701－0056436　M000097　史部/政書類/公牘檔册之屬
西康建省委員會工作報告不分卷（民國二十六年十二月）　西康建省委員會秘書處編　民國二十六年（1937）西康建省委員會秘書處鉛印本　一册

330000－1701－0056439　GP00464　子部/藝術類/書畫之屬/法帖
名人真蹟　民國中華書局影印本　一册　存一種

330000－1701－0056441　M007838　史部/目録類/書志之屬/提要
書帶草堂書録不分卷　稿本　一册

330000－1701－0056443　M000098　史部/政書類/公牘檔册之屬
貴州省政府工作報告不分卷（民國二十七年二月）　貴州省政府秘書處編　民國二十七年（1938）貴州省政府秘書處鉛印本　一册

330000－1701－0056444　M000099　史部/政書類/公牘檔册之屬
貴州省政府工作報告不分卷（民國二十七年六月）　貴州省政府秘書處編　民國二十七年（1938）貴州省政府秘書處鉛印本　一册

330000－1701－0056446　M000100　史部/政書類/公牘檔册之屬
貴州省政府工作報告不分卷（民國二十七年八月）　貴州省政府秘書處編　民國二十七年（1938）貴州省政府秘書處鉛印本　一册

330000－1701－0056447　普 814.4/7772.04　集部/别集類/宋别集
歐陽文評註讀本二卷 （宋）歐陽修撰　黄興洛評注　民國十二年（1923）上海大東書局石印本　二册

330000－1701－0056448　M000101　史部/政書類/公牘檔册之屬
貴州省政府工作報告不分卷（民國二十七年九月）　貴州省政府秘書處編　民國二十七年（1938）貴州省政府秘書處鉛印本　一册

330000－1701－0056449　GP00465　子部/藝術類/書畫之屬/法帖
名人真蹟　民國中華書局影印本　一册　存一種

330000－1701－0056450　M000102　史部/政書類/公牘檔册之屬
貴州省政府工作報告不分卷（民國二十七年十一月）　貴州省政府秘書處編　民國二十七年（1938）貴州省政府秘書處鉛印本　一册

330000－1701－0056453　M000103　史部/政書類/公牘檔册之屬
貴州省政府工作報告不分卷（民國二十七年十二月）　貴州省政府秘書處編　民國二十

七年(1938)貴州省政府秘書處鉛印本　一冊

330000－1701－0056456　普 814.4/7772.4/c1　集部/别集類/宋别集
六一居士文集五卷外集錄二卷　(宋)歐陽修撰　民國二年(1913)上海會文堂書局石印本　六冊

330000－1701－0056458　M000104　史部/傳記類/總傳之屬
内傳稿第叁集不分卷　民國抄本　一冊

330000－1701－0056459　M000184、M000185　集部/别集類
誦芬堂文稿初編一卷續編一卷　錢文選撰　民國十九年(1930)鉛印本　二冊

330000－1701－0056460　普 814.4/7772.4/c2　集部/别集類/宋别集
六一居士文集五卷外集錄二卷　(宋)歐陽修撰　民國二年(1913)上海會文堂書局石印本　四冊

330000－1701－0056461　M000105　子部/兵家類/兵法之屬
施氏七書講義四十二卷　(金)施子美撰　民國十六年(1927)上海自強書局石印本　十冊

330000－1701－0056462　GP00466　子部/藝術類/書畫之屬/法帖
歷代碑帖大觀五十種　高時顯輯　民國十七年(1928)上海中華書局影印本　一冊　存一種

330000－1701－0056464　普 951.044/5245/5　史部/紀傳類/正史之屬
二十四史附考證　民國上海中華書局鉛印本　八冊　存一種

330000－1701－0056467　GP00529　子部/藝術類/書畫之屬/法帖
宋米襄陽辨法帖真蹟不分卷　(宋)米芾書　民國十年(1921)上海藝苑真賞社影印本　一冊

330000－1701－0056470　M000186　史部/傳記類
沁水賈氏塋廟石刻文稿一卷　賈景德撰　民國二十五年(1936)太原鉛印本　一冊

330000－1701－0056475　普 925.10924/4490/c1　史部/傳記類/總傳之屬/釋道
國清高僧傳一卷附寒山子詩一卷　釋蘊光編　民國二十五年(1936)鉛印本　一冊

330000－1701－0056476　普 925.10924/4490/c2　史部/傳記類/總傳之屬/釋道
國清高僧傳一卷附寒山子詩一卷　釋蘊光編　民國二十五年(1936)鉛印本　一冊

330000－1701－0056477　普 925.10924/4490/c3　史部/傳記類/總傳之屬/釋道
國清高僧傳一卷附寒山子詩一卷　釋蘊光編　民國二十五年(1936)鉛印本　一冊

330000－1701－0056478　M000187　子部/藝術類/篆刻之屬/印論
治印雜說不分卷　王世纂　民國六年(1917)鉛印本　一冊

330000－1701－0056484　GP00468　子部/藝術類/書畫之屬/法帖
楷書習字帖　民國上海有正書局影印本　一冊　存一種

330000－1701－0056489　GP00469　子部/藝術類/書畫之屬/法帖
蕭山縣學重建大成殿記一卷　(元)張伯淳撰　(元)趙孟頫書　民國上海有正書局影印本　一冊

330000－1701－0056494　GP06712　集部/總集類/選集之屬/斷代
翼社叢刊第一集　翼社輯　民國五年(1916)鉛印本　一冊

330000－1701－0056498　HJH6373　史部/傳記類/别傳之屬/事狀
洞庭席嘏卿先生言行録四集　席裕康輯　民國七年(1918)石印本　四冊

330000－1701－0056518　HJL6616　類叢部/

叢書類/家集之屬
雙硯齋叢書六種 鄧邦述編 民國江寧鄧氏刻本 十二冊

330000－1701－0056543 M000188 史部/政書類/邦交之屬
清季外交史料六種 (清)王彥威輯 王亮編 民國二十一年至二十四年(1932－1935)北平外交史料編纂處鉛印本 一冊 存一種

330000－1701－0056544 普814.6/0018 類叢部/叢書類/郡邑之屬
沔陽叢書十二種 盧弼編 民國十一年至十五年(1922－1926)沔陽盧氏慎始基齋刻二十年(1931)彙印本 四冊

330000－1701－0056545 普814.5/2348/c1 類叢部/叢書類/彙編之屬
嘉業堂叢書五十七種 劉承幹輯 民國吳興劉氏嘉業堂刻本 四冊 存一種

330000－1701－0056546 M000106 經部/詩類/文字音義之屬
毛詩正韻四卷附毛詩韻例一卷 丁以此撰 民國十三年(1924)日照丁氏留餘堂刻本 四冊

330000－1701－0056547 M000189 史部/地理類/方志之屬/通志
勵堂遺書八種 顧家相撰 民國八年至十九年(1919－1930)會稽顧氏鉛印本 余紹宋題記 一冊 存一種

330000－1701－0056549 M000107 子部/術數類/相宅相墓之屬
謝氏地理書二種附錄不分卷 謝復撰 民國十三年(1924)鉛印本 二冊

330000－1701－0056550 普814.5/2348/c3 類叢部/叢書類/彙編之屬
嘉業堂叢書五十七種 劉承幹輯 民國吳興劉氏嘉業堂刻本 四冊 存一種

330000－1701－0056554 M000108 史部/傳記類/雜傳之屬
師尊故里紀要一卷 □昌泰撰 民國三十四年(1945)石印本 一冊

330000－1701－0056556 M000190 經部/小學類/文字之屬/字書/古文
名原二卷 (清)孫詒讓撰 民國上海千頃堂書局影印本 一冊

330000－1701－0056558 M000109 史部/政書類/公牘檔冊之屬
嘉善登壽公所第一第二兩屆徵信錄不分卷 民國元年(1912)石印本 一冊

330000－1701－0056559 M000191 史部/地理類/輿圖之屬/郡縣
修訂浙江全省輿圖並水陸道里記不分卷 (清)宗源瀚等纂 民國四年(1915)杭州武林印書館石印本 十四冊

330000－1701－0056561 M000110 子部/術數類/相宅相墓之屬
地理辨正疏五卷首一卷末一卷 (清)張心言撰 民國上海錦章圖書局石印本 四冊

330000－1701－0056567 M000192 子部/小說家類/異聞之屬
冶城客論一卷 (明)陸采撰 民國三十六年(1947)金陵秘笈徵獻樓刻本 一冊

330000－1701－0056568 GP00471 子部/藝術類/書畫之屬/法帖
宋拓大觀帖殘本不分卷 (晉)王羲之書 民國上海藝苑真賞社影印本 一冊

330000－1701－0056569 GP00530 子部/藝術類/書畫之屬/法帖
蘇文忠題挑耳圖真蹟不分卷 (宋)蘇軾書 (清)端方藏 民國二十九年(1940)上海文明書局、中華書局影印本 一冊

330000－1701－0056571 M000193、M000194、M000195、M000196、M000197、M000198、M605955 子部/小說家類
筆記小說大觀二百二十二種 進步書局輯 民國上海進步書局石印本 三十九冊 存七種

330000－1701－0056572　GP00472　子部/藝術類/書畫之屬/畫譜

王念慈先生繪西湖十二景畫册一卷　王屺繪　民國二十年(1931)上海碧梧山莊影印本　一册

330000－1701－0056573　普814.4/8005　類叢部/叢書類/郡邑之屬

廣東叢書　廣東叢書編輯委員會編　民國商務印書館影印本暨鉛印本　六册　存二種

330000－1701－0056574　GP00531　子部/藝術類/書畫之屬/法帖

宋拓東坡西樓帖三卷　(宋)蘇軾撰並書　民國七年(1918)有正書局石印本　一册

330000－1701－0056575　GP00473　子部/藝術類/書畫之屬/法帖

宋米芾詩牘不分卷　(宋)米芾書　民國二十四年(1935)國立北平故宫博物院影印本　一册

330000－1701－0056579　M000111　史部/政書類/軍政之屬/兵制

歷代武舉考一卷　(清)譚吉璁撰　**續刑法敘略一卷**　(清)譚瑄撰　民國元年(1912)譚新嘉刻朱印本　一册

330000－1701－0056580　普814.4/8017　類叢部/叢書類/彙編之屬

四部備要　中華書局編　民國二十五年(1936)上海中華書局鉛印本　八册　存一種

330000－1701－0056581　GP00532　子部/藝術類/書畫之屬/法帖

宋拓東坡西樓帖三卷　(宋)蘇軾撰並書　民國有正書局石印本　一册

330000－1701－0056584　GP00474　子部/藝術類/書畫之屬/法帖

漢碑範八卷　張祖翼選臨　民國十二年(1923)上海文明書局石印本　二册

330000－1701－0056586　M000112　集部/別集類/清別集

吴聖徵祭酒尺牘二卷　(清)吴錫麒撰　羅傳珍注　民國五年(1916)上海富華圖書館石印本　洪潤生題記　四册

330000－1701－0056588　GP00533　子部/藝術類/書畫之屬/法帖

宋搨蘇東坡小楷二種不分卷　(宋)蘇軾書　民國二十九年(1940)上海文明書局、中華書局影印本　一册

330000－1701－0056594　GP00555　子部/藝術類/書畫之屬/法帖

蘇文忠書愛酒歌真蹟不分卷　(宋)蘇軾書　裴氏壯陶閣藏　民國二十九年(1940)上海文明書局、中華書局影印本　一册

330000－1701－0056597　GP00589　子部/藝術類/書畫之屬/法帖

蘇文忠天際烏雲帖真蹟一卷　(宋)蘇軾書　民國十七年(1928)上海商務印書館影印本　一册

330000－1701－0056598　普814.5/2638　類叢部/叢書類/彙編之屬

嘉業堂叢書五十七種　劉承幹輯　民國吴興劉氏嘉業堂刻本　二册　存一種

330000－1701－0056601　M000113　集部/別集類/唐五代別集

駱賓王文集十卷　(唐)駱賓王撰　**考異一卷**　(清)顧廣圻撰　民國十六年(1927)上海鴻寶齋書局石印本　二册

330000－1701－0056602　GP00559　子部/藝術類/書畫之屬/法帖

蘇文忠書前赤壁賦不分卷　(宋)蘇軾書　民國十二年(1923)北京延光室影印本　一册

330000－1701－0056604　M000114　子部/墨家類

墨辯新注二卷　魯大東撰　民國二十五年(1936)上海中華書局鉛印本　一册

330000－1701－0056605　GP00560　子部/藝術類/書畫之屬/法帖

宋蘇軾書前赤壁賦不分卷　(宋)蘇軾書　民國二十六年(1937)國立北平故宫博物院影印

本　一册

330000－1701－0056610　GP00590　子部/藝術類/書畫之屬/法帖

蘇文忠天際烏雲帖真蹟一卷　（宋）蘇軾書　民國十四年（1925）上海商務印書館影印本　陳光漢題記　一册

330000－1701－0056614　GP00569　子部/藝術類/書畫之屬/畫譜

王石谷仿李營丘古木寒山卷不分卷　（清）王翬繪　民國十一年（1922）上海中華書局影印本　一册

330000－1701－0056616　GP00570　子部/藝術類/書畫之屬/畫譜

小百梅集一卷　（清）改琦繪　民國十八年（1929）上海商務印書館影印本　一册

330000－1701－0056617　M000115　史部/傳記類/總傳之屬/技藝

越中歷代畫人傳二卷方外畫人傳一卷閨秀畫人傳一卷　王瞻民輯　民國十七年（1928）上海西泠印社鉛印本　一册

330000－1701－0056618　M000199　子部/儒家類/儒家之屬

國教問題一卷　（清）孫榮枝撰　民國六年（1917）寧波宏久印制局鉛印本　一册

330000－1701－0056621　GP06728　集部/總集類/選集之屬/通代

古今百美香閨艷詩四卷偶談一卷　（清）席蕙蘭撰　民國上海文華書局石印本　四册

330000－1701－0056625　GP00571　子部/藝術類/書畫之屬/畫譜

蕭尺木山水册一卷　（清）蕭雲從繪　民國二十年（1931）上海神州國光社影印本　一册

330000－1701－0056626　GP00595　子部/藝術類/書畫之屬/法帖

宋搨葉有道碑不分卷　（唐）李邕撰並書　民國十五年（1926）上海文明書局影印本　一册

330000－1701－0056627　普 814.5/2644/3/c1　類叢部/叢書類/郡邑之屬

續金華叢書六十種　胡宗楙編　民國十三年（1924）永康胡氏夢選樓刻本　四册　存一種

330000－1701－0056628　GP06729　子部/小説家類/瑣語之屬

夜雨秋燈錄二卷續錄二卷三錄二卷　（清）宣鼎撰　民國十三年（1924）上海沈鶴記書局石印本　六册

330000－1701－0056629　M000116　子部/宗教類/道教之屬

重訂莊子集註三卷　阮毓崧輯　民國二十五年（1936）上海中華書局鉛印本　五册

330000－1701－0056630　M000200　子部/藝術類/書畫之屬/畫譜

三希堂畫寶分類大觀十集四十二卷　莫厘山人編　民國十四年（1925）大華書局石印本　二册　存二卷（人物一、五）

330000－1701－0056631　GP00572　子部/藝術類/書畫之屬/畫譜

羅兩峰畫羅漢册不分卷　（清）羅聘繪　民國十二年（1923）上海中華書局影印本　一册

330000－1701－0056634　GP00596　子部/藝術類/書畫之屬/畫譜

黄瘦瓢人物册一卷　（清）黄慎繪　民國十四年（1925）上海文明書局影印本　一册

330000－1701－0056635　普 814.5/2644/3/c2　類叢部/叢書類/郡邑之屬

續金華叢書六十種　胡宗楙編　民國十三年（1924）永康胡氏夢選樓刻本　四册　存一種

330000－1701－0056636　普 925.1093/1197/c1　類叢部/叢書類/自著之屬

小雙寂庵叢書十九種　張惟驤撰　民國武進張氏小雙寂庵刻本　八册　存一種

330000－1701－0056637　GP06730、GP06731　子部/叢編

清人説薈初集二十種二集二十種　雷瑨輯　民國十七年（1928）上海掃葉山房石印本　十二册

330000－1701－0056638　普 814.5/2644/3/c3　類叢部/叢書類/郡邑之屬
續金華叢書六十種　胡宗楙編　民國十三年(1924)永康胡氏夢選樓刻本　四冊　存一種

330000－1701－0056639　普 814.6/0026.2　集部/别集類/明别集
文徵明彙稿二卷　(明)文徵明撰　民國十八年(1929)神州國光社鉛印本　二冊

330000－1701－0056640　普 814.5/2644/3/c4　類叢部/叢書類/郡邑之屬
續金華叢書六十種　胡宗楙編　民國十三年(1924)永康胡氏夢選樓刻本　四冊　存一種

330000－1701－0056641　GP00575　子部/藝術類/書畫之屬/法帖
定武蘭亭真本一卷　(晉)王羲之撰並書　民國二十三年(1934)北平故宫博物院影印本　一冊

330000－1701－0056642　普 925.1093/1197/c2　類叢部/叢書類/自著之屬
小雙寂庵叢書十九種　張惟驤撰　民國武進張氏小雙寂庵刻本　八冊　存一種

330000－1701－0056643　GP00617　子部/藝術類/書畫之屬/法帖
蘇帖捃華一卷　(宋)蘇軾書　民國七年(1918)上海天真館影印本　一冊

330000－1701－0056649　GP00630　子部/藝術類/書畫之屬/法帖
宋拓魏黄初修孔子廟碑不分卷　(三國魏)梁鵠書　民國七年(1918)上海有正書局影印本　一冊

330000－1701－0056659　普 925.1093/4171　史部/傳記類/總傳之屬/姓名
廣倉千家姓一卷　姬覺彌撰　民國八年(1919)上海廣倉學會影印本　一冊

330000－1701－0056660　GP00576　子部/藝術類/書畫之屬/法帖
宋拓定武本蘭亭序一卷　(晉)王羲之書　民國二十二年(1933)北平故宫博物院影印本　一冊

330000－1701－0056662　M000230　集部/别集類
孫中山先生手札墨跡不分卷　孫文書　民國十五年(1926)太平洋學社影印本　一冊

330000－1701－0056668　M000231、M008602　子部/藝術類/書畫之屬/畫譜
馬駘畫寶十五種二十四卷　馬駘繪　民國十七年(1928)世界書局石印本　十一冊　存十二種

330000－1701－0056669　GP00577　子部/藝術類/書畫之屬/法帖
宋拓定武蘭亭序一卷　(晉)王羲之書　民國三十二年(1943)故宫博物院影印本　一冊

330000－1701－0056670　GP00578　子部/藝術類/書畫之屬/法帖
宋搨十七帖一卷　(晉)王羲之書　民國九年(1920)上海文明書局影印本　一冊

330000－1701－0056673　M000202　子部/藝術類/書畫之屬
清代名人手札甲集六卷附小傳　吴長瑛輯　民國十五年(1926)華南印書社影印本　五冊　存五卷(一、三至六)

330000－1701－0056675　GP00579　子部/藝術類/書畫之屬/法帖
宋拓十七帖不分卷　(晉)王羲之書　民國九年(1920)上海文明書局影印本　一冊

330000－1701－0056677　M000232、M004782、M004890　史部/地理類/山川之屬/水志
西湖新志十四卷補遺六卷　胡祥翰輯　民國十五年(1926)鉛印本　四冊　存十三卷(二至十四)

330000－1701－0056679　普 814.4/8017/4　集部/别集類/宋别集
南豐先生元豐類藁五十卷　(宋)曾鞏撰　(清)顧崧齡輯　**續附南豐先生行狀碑誌哀挽一卷外文二卷**　(清)顧崧齡輯　民國據清康

熙五十六年(1717)長洲顧崧齡刻本影印本　十二册

330000－1701－0056682　M000233　集部/楚辭類

楚辭章句十七卷　(漢)王逸撰　(宋)洪興祖補注　民國元年(1912)上海文瑞樓石印本　楊學耕題記　四册

330000－1701－0056683　GP00580　子部/藝術類/書畫之屬/法帖

宋拓十七帖不分卷　(晉)王羲之書　民國九年(1920)上海文明書局影印本　一册

330000－1701－0056687　GP00631　子部/藝術類/書畫之屬/法帖

宋拓魏黄初修孔子廟碑不分卷　(三國魏)梁鵠書　民國上海有正書局影印本　一册

330000－1701－0056688　M000203、M000404、M000405　子部/藝術類/書畫之屬/法帖

歷代碑帖大觀五十種　高時顯輯　民國上海中華書局影印本　十三册　存十三種

330000－1701－0056693　普 814.6/0030/2　類叢部/叢書類/自著之屬

六如居士全集四種　(明)唐寅撰　民國四年(1915)上海廣益書局石印本　四册

330000－1701－0056694　GP00632　子部/藝術類/書畫之屬/法帖

宋拓魏黄初修孔子廟碑不分卷　(三國魏)梁鵠書　民國上海有正書局影印本　一册

330000－1701－0056696　M000235　史部/傳記類/別傳之屬/事狀

黄膺白先生家傳一卷　沈亦雲撰　民國三十四年(1945)鉛印本　一册

330000－1701－0056698　普 814.4/8017.2/c2　集部/別集類/宋別集

南豐先生元豐類藁五十卷　(宋)曾鞏撰　(清)顧崧齡輯　**續附南豐先生行狀碑誌哀挽一卷外文二卷**　(清)顧崧齡輯　民國據清康熙五十六年(1717)長洲顧崧齡刻本影印本　十二册

330000－1701－0056699　GP00633　子部/藝術類/書畫之屬/法帖

宋拓魏黄初修孔子廟碑不分卷　(三國魏)梁鵠書　民國上海有正書局影印本　一册

330000－1701－0056700　GP06739　集部/別集類

清吟草堂遺著不分卷　朱鳳儀撰　民國十三年(1924)鉛印本　一册

330000－1701－0056701　普 814.6/0030/2(2)/c1　類叢部/叢書類/自著之屬

六如居士全集四種　(明)唐寅撰　民國七年(1918)上海廣益書局石印本　六册

330000－1701－0056702　M000236　史部/地理類/方志之屬/郡縣志

[同治]盛湖志十四卷首一卷末一卷　(清)仲廷機纂　**盛湖志補四卷**　(清)仲虎騰纂　民國九年至十四年(1920－1925)烏程周慶雲刻藍印本　五册　存十一卷(首,一至四、八至十三)

330000－1701－0056705　GP00635　子部/藝術類/書畫之屬/法帖

宋拓顔平原東方畫贊不分卷　(唐)顔真卿書　民國四年(1915)上海有正書局影印本　二册

330000－1701－0056707　M000204　子部/墨家類

定本墨子閒詁校補二卷附編一卷　李笠撰　民國二十五年(1936)上海商務印書館鉛印本　二册

330000－1701－0056711　普 814.6/0030/2(2)/c3　類叢部/叢書類/自著之屬

六如居士全集四種　(明)唐寅撰　民國十八年(1929)上海廣益書局石印本　六册

330000－1701－0056712　M000205　集部/總集類/選集之屬/斷代

唐詩三百首註疏六卷　(清)孫洙編　(清)章燮註　民國五年(1916)上海錦章圖書局石印

本　六冊　存三卷（一至三）

330000－1701－0056718　GP00642　子部/藝術類/書畫之屬/法帖
成都蘇帖不分卷　（宋）蘇軾書　民國影印本　五冊

330000－1701－0056719　普 814.6/0030/3　類叢部/叢書類/自著之屬
六如居士全集四種　（明）唐寅撰　民國上海國學昌明社石印本　四冊

330000－1701－0056721　M000206、M000224、M003397　經部/小學類/文字之屬/說文/傳說
說文解字詁林十五卷首一卷前編三卷後編一卷補編一卷附編一卷通檢一卷　丁福保編　民國二十年（1931）商務印書館石印本　六十三冊

330000－1701－0056722　GP06718　史部/地理類/總志之屬/斷代
元史地理通釋四卷　張郁文輯　民國十四年（1925）蘇州利蘇印書社鉛印本　二冊

330000－1701－0056725　GP00696　子部/藝術類/書畫之屬/畫譜
禹之鼎人物山水畫冊一卷　（清）禹之鼎繪　民國十四年（1925）上海商務印書館影印本　一冊

330000－1701－0056727　GP00673　史部/金石類/石之屬/文字
宋搨歐陽詢緣果道場磚塔下舍利記不分卷　（唐）歐陽詢撰並書　民國十二年（1923）上海商務印書館影印本　一冊

330000－1701－0056728　普 925.1093/7122/c1　史部/傳記類/總傳之屬/姓名
歷代名人姓氏全編三十二卷　民國有正書局石印本　二十四冊

330000－1701－0056729　M000237　史部/地理類/山川之屬/山志
雁蕩山圖一卷　羅覺清撰　民國十四年（1925）急先學社石印本　一冊

330000－1701－0056730　GP06719　經部/書類/傳說之屬
東萊先生書說十三卷禹貢圖說一卷　（宋）吕祖謙撰　民國十七年（1928）中社影印本（卷十至十三原缺）　二冊

330000－1701－0056731　普 925.1093/7122/c2　史部/傳記類/總傳之屬/姓名
歷代名人姓氏全編三十二卷　民國有正書局石印本　二十四冊

330000－1701－0056734　普 925.1093/7514/c1　史部/傳記類/總傳之屬/姓名
別號索引一卷補遺一卷　陳乃乾輯　陶毓英編　民國三十二年（1943）開明書店鉛印本　一冊

330000－1701－0056735　M000239、M007014　史部/地理類/水利之屬
黄巖縣興修水利報告書不分卷　章育等編　民國三十五年（1946）黄巖縣水利會鉛印本　二冊

330000－1701－0056736　GP06720　經部/書類/傳說之屬
東萊先生書說十三卷禹貢圖說一卷　（宋）吕祖謙撰　民國十七年（1928）中社影印本（卷十至十三原缺）　二冊

330000－1701－0056738　M000240　子部/藝術類/書畫之屬/法帖
大唐太宗文皇帝製三藏聖教序一卷　劉春霖書　民國十三年（1924）上海文明書局石印本　一冊

330000－1701－0056739　GP00643　子部/藝術類/書畫之屬/法帖
唐顏魯公論座位帖不分卷　（唐）顏真卿書　民國上海藝苑真賞社影印本　一冊

330000－1701－0056743　M000207　子部/藝術類/書畫之屬/畫譜
芥子園畫傳初集六卷二集九卷三集六卷　（清）王槩　（清）王蓍　（清）王臬輯　民國三十六年（1947）上海錦章書局石印本　四冊

存六卷(初集一至六)

330000－1701－0056746　M000208　子部/雜家類

讀吕氏春秋記一卷　馬敘倫撰　民國二十二年(1933)上海商務印書館鉛印本　一册

330000－1701－0056747　GP00644　子部/藝術類/書畫之屬/法帖

隋丁道護書啓法寺碑不分卷　(隋)丁道護書　民國上海有正書局影印本　一册

330000－1701－0056748　普814.6/0033/c1　集部/别集類/明别集

方簡肅公文集十卷附録一卷　(明)方良永撰　(明)鄭茂編　民國十六年(1927)莆田涵江圖書館鉛印本　一册

330000－1701－0056750　普925.1093/7514/c2　史部/傳記類/總傳之屬/姓名

别號索引一卷　陳乃乾輯　陶毓英編　民國二十五年(1936)共讀樓鉛印本　一册

330000－1701－0056752　普814.6/0033/c2　集部/别集類/明别集

方簡肅公文集十卷附録一卷　(明)方良永撰　(明)鄭茂編　民國十六年(1927)莆田涵江圖書館鉛印本　一册

330000－1701－0056754　M000209、M000229　經部/小學類/文字之屬/說文/傳說

說文解字詁林十五卷首一卷前編三卷後編一卷補編一卷附編一卷通檢一卷　丁福保編　民國十七年(1928)上海醫學書局石印本　六十六册

330000－1701－0056755　GP06721　類叢部/叢書類/自著之屬

綴學堂叢稿初集(見山樓叢書)十種　陳漢章撰　民國二十五年(1936)鉛印本　二册　存一種

330000－1701－0056756　GP00645　子部/藝術類/書畫之屬/法帖

唐李北海古詩真蹟不分卷　(唐)李邕書　民國九年(1920)無錫文華書局影印本　一册

330000－1701－0056757　普925.1093/7514/1/c2　史部/傳記類/總傳之屬/姓名

别號索引一卷　陳乃乾輯　陶毓英編　民國二十五年(1936)共讀樓鉛印本　一册

330000－1701－0056758　GP06722　類叢部/叢書類/自著之屬

綴學堂叢稿初集(見山樓叢書)十種　陳漢章撰　民國二十五年(1936)鉛印本　二册　存一種

330000－1701－0056759　M000241　子部/醫家類/類編之屬

何氏醫學叢書　何炳元編　民國上海六也堂書藥局鉛印本　四册　存一種

330000－1701－0056765　GP00646　子部/藝術類/書畫之屬/法帖

五代楊凝式書神仙起居法墨蹟不分卷　(五代)楊凝式書　民國二十五年(1936)國立北平故宫博物院影印本　一册

330000－1701－0056767　GP00668　子部/藝術類/書畫之屬/法帖

宋拓聖教序一卷　(唐)太宗李世民撰　(唐)釋懷仁集　(晉)王羲之書　民國十六年(1927)上海商務印書館影印本　一册

330000－1701－0056768　HJH6809　類叢部/類書類/通類之屬

欽定古今圖書集成一萬卷目録四十卷　(清)蔣廷錫　(清)陳夢雷等輯　民國抄本　三千八百八十六册　缺二千四百九十一卷(乾象典六十一至八十,庶徵典三十七至三十八,坤輿典四十九至六十四、七十一至七十二、七十九至八十、一百一至一百二十,職方典十一至十四、二十五至二十六、二十九至三十、三十三至四十四、四十七至五十、六十五至六十六、六十九至七十、八十一至九十四、一百七至一百八、一百五十五至一百八十六、一百九十一至二百二十四、二百四十五至二百四十六、二百四十九至二百五十、二百五十五至二百五十六、二百六十九至二百八十四、二百八十七至二百八十八、三百五至三百二十四、三

百三十三至三百三十四、三百三十九至三百四十、三百四十五至三百六十六、三百六十九至三百七十四、三百八十一至三百八十二、三百八十七至三百九十、四百七至四百八、四百十三至四百十四、四百十九至四百二十四、四百三十三至四百三十四、四百三十九至四百四十四、四百四十七至四百四十八、四百五十七至四百六十、四百六十九至四百七十二、四百七十五至四百七十六、五百六十九至五百八十四、六百五至六百八、六百二十五至六百二十六、六百二十九至六百四十、六百四十三至六百四十四、六百四十七至七百四、七百三十一至七百五十、七百九十九至八百十、八百十七至八百四十、九百一至九百二十二、九百五十一至九百五十四、九百七十一至九百七十二、九百七十七至九百八十、一千三至一千四、一千十五至一千三十四、一千三十七至一千三十八、一千六十一至一千六十四、一千七十一至一千七十四、一千七十七至一千七十八、一千一百十三至一千一百十四、一千一百十九至一千一百二十、一千一百四十一至一千一百四十二、一千一百四十七至一千一百四十八、一千一百五十九至一千一百六十二、一千一百六十七至一千一百七十、一千一百八十九至一千二百四、一千二百七至一千二百八、一千二百十三至一千二百十四、一千二百十九至一千二百二十二、一千二百二十五至一千二百三十、一千二百四十七至一千二百四十八、一千二百五十三至一千二百五十四、一千二百八十九至一千二百九十、一千二百九十三至一千二百九十四、一千三百十五至一千三百十六、一千三百十九至一千三百二十、一千三百二十五至一千三百二十六、一千三百二十九至一千三百三十二、一千三百三十五至一千三百三十六、一千三百四十三至一千三百四十八、一千三百五十一至一千三百五十二、一千三百五十五至一千三百五十八、一千三百六十五至一千三百六十六、一千三百六十九至一千三百七十二、一千三百八十一至一千三百八十二、一千三百九十三至一千三百九十四、一千三百九十九至一千四百、一千四百十五至一千四百十八、一千四百二十一至一千四百二十二、一千四百二十五至一千四百二十六、一千四百三十三至一千四百三十六、一千四百四十一至一千四百四十二、一千四百四十五至一千四百四十六、一千四百四十九至一千四百五十、一千四百五十三至一千四百五十六、一千四百六十五至一千四百六十六、一千四百七十五至一千四百七十八、一千四百九十三至一千四百九十四、一千四百九十七至一千四百九十八、一千五百三至一千五百六、一千五百九至一千五百十、一千五百十三至一千五百二十八、一千五百三十三至一千五百四十二，山川典一百五十九至一百七十二、一百七十五至一百八十、二百一至二百四、二百二十一至二百四十，邊裔典七至八、十七至十八、三十五至三十六、三十九至四十八、五十五至五十六、一百二十五至一百二十六、一百三十三至一百三十四，皇極典六十五至八十、一百五十五至一百六十、一百八十三至一百八十四、一百九十一至一百九十二、一百九十五至二百、二百二十一至二百四十，宮闈典三至六、八十一至八十二，官常典一至四十、六十一至八十、一百六十一至二百、二百四十一至二百六十、三百一至三百二十、三百四十一至三百六十、三百九十三至三百九十四、四百一至四百二十、五百二十三至五百四十二、六百一至六百二十、七百三至七百二十二、七百六十一至八百，交誼典六十一至八十，氏族典一百八十七至一百八十八、一百九十三至一百九十四、一百九十九至二百二十、二百六十七至二百六十八、二百七十一至二百七十四、二百七十九至二百八十、三百七至三百八、三百十五至三百十八、五百四十一至五百五十四、五百五十七至五百五十八、六百二十五至六百四十，人事典二十一至二十二，閨媛典三至四、七至八、三十七至三十八、八十一至九十、九十三至九十六、一百十一至一百十二、一百二十一至一百二十二、一百三十七至一百四十、一百四十三至一百四十六、一百五十五至一百五十八、一百八十一至一百八十二、一百八十七至一百八十八、一百九十一至一百九十二、二百二十五至二百二十八、二百三十一至二百三十二、二百三十五至二百三十六、二百三十九至二百四十、二百四十五至二百四十六、三百二十九至三百四十四，藝術典三至六、十五至二十、二十七至二十八、三十一至四十六、四十九至五十、五十九至六十四、六十九至八十、八十三至八十四、八十七至九十二、九十五至一百六、一百九至一百十、一百十三至一百二十二、一百二十五至一百三十六、一百三十九至一百四十四、一百五十一至一百五十二、一百五十五至一百五十六、一百六十七至一百七十二、一百七十五至一百七十六、一百八十五至一百九十四、一百九十七至二百、二百三至二百四、二百七至二百八、二百二十七至二百三十、二百三十三至二百三十六、二百四十一至二百八十、二百八十三至二百八十六、二百八十九至二百九十、二百九十五至二百九十六、二百九十九至三百、三百十五至三百四十、三百四十七至三百六十二、三百八十一至三百八十六、三百八十九至三百九十、三百九十三至四百、四百五至四百十六、四百十九至四百二十、四百二十三至四百二十八、四百三十一至四百三十二、四百三十九至四百四十、四百六十一至四百六十八、四百七十五至四百八十、四百八十三至四百八十四、四百九十三至五百、五百十三至五百十四、五百二十一至五百二十二、五百二十五至五百二十八、五百三十一至五百三十四、五百三十七至五百三十八、五百四十一至五百六十、五百六十三至五百六十四、五百八十一至六百二十、六百四十一至六百四十四、六百四十七至六百五十八、六百六十一至六百六十六、六百七十五至六百八十、六百八十三至六百八十四、六百八十七至六百九十二、六百九十五至六百九十六、六百九十九至七百、七百五至七百八、七百十三至七百二十二、七百二十五至七百二十八、七百四十一至七百四十六、七百五十一至七百六十、七百六十三至七百八十、七百八十五至八百、八百五至八百十、八百十五至八百二十，神異典二百六十一至二百六十二、二百八十五至二百八十八、三百一至三百二十，禽蟲典一百二十一至一百二十六、一百二十九至一百四十六、一百四十九至一百五十、一百五十三至一百六十、一百六十三至一百七十六、一百七十九至一百九十，草木典一至二、五至六、十九至二十四、二十七至三十四、四十一至四十二、四十五至五十六、七十一至七十二、七十七至八十、九十四、一百、二百四十一至二百四十六、二百七十二，經籍典一至二、八十六、一百一至一百四、三百一至三百二、三百五至三百六、三百五十三至三百六十八、三百七十三至三百七十六、三百七十九至三百八十，學行典一百三十一至一百三十四、一百三十七至一百四十、二百九十九至三百，文學典六十九至七十、七十五至七十六、八十七至八十八、二百一至二百二十，字學典四十一至四十四、五十九至六十四、六十七至一百四、一百十三至一百四十四、一百四十七至一百六十，選舉典一至一百三十六，銓衡典一至一百二十，食貨典一至二十二、四十五至四十六、四十九至六十、七十三至七十四、一百四十一至一百五十二、一百五十五至一百六十、二百十八至二百二十二、三百十一至三百十二、三百二十一至三百五十、三百五十五至三百六十，禮儀典一至二十，戎政典七至八、七十三至九十二，考工典十五至十六、二十九至三十、三十三至三十四、四十三至五十、五十三至五十四、六十一至六十二、六十五至六十六、七十九至八十、八十五至八十六、一百一至一百二、一百十一至一百三十二、一百三十七至一百三十八、一百九十三至二百十二、二百十七至二百十八、二百二十五至二百二十六、二百三十一至二百三十二、二百四十三至二百五十二）

330000－1701－0056769　GP06743　子部/雜著類/雜纂之屬

研經社雜誌不分卷　民國鉛印本　一冊

330000 － 1701 － 0056771　M000210、M001363、M001796、M002689、M004614、M005917　史部/地理類/方志之屬/郡縣志

上海市自治志圖表不分卷上海市自治志大事

記三編上海市自治市公牘三編上海市自治志規則規約章程三編　楊逸編　民國四年(1915)鉛印本　七冊

330000－1701－0056772　GP00697　子部/藝術類/書畫之屬/畫譜

梅影書屋畫集一卷　吳湖帆　潘靜淑繪　民國二十八年(1939)影印本　吳湖帆題記　一冊

330000－1701－0056774　M000242、M004286　子部/醫家類/方書之屬/歷代方書

經驗良方大全十卷首一卷　(清)黄伯垂撰　(清)王士雄續編　民國十年(1921)上海文明書局石印本　六冊

330000－1701－0056778　GP00670　子部/藝術類/書畫之屬/畫譜

姚公綬心賞山水冊不分卷　(明)姚綬繪　民國上海文明書局影印本　一冊

330000－1701－0056780　M000211　新學/政治法律/制度

現行中華法規大全不分卷　共和編譯局編輯　民國十三年(1924)上海共和編譯局石印本　二冊

330000－1701－0056782　M000243　子部/醫家類/類編之屬

聿修堂醫學叢書十三種　(日本)丹波元簡編　民國二十四年(1935)上海皇漢醫學編譯社鉛印本　七冊　存六種

330000－1701－0056783　GP00671　子部/藝術類/書畫之屬/畫譜

湯雨生羅浮十二景不分卷　(清)湯貽汾繪　民國二十五年(1936)上海商務印書館影印本　一冊

330000－1701－0056784　M000212　史部/地理類/專志之屬/寺觀

舜帝廟志三卷　谷暘編舜　**帝遺跡考一卷**　古月氏輯　民國抄本　二冊

330000－1701－0056788　GP00698　類叢部/叢書類/自著之屬

松翁居遼後所著書三種　羅振玉撰　民國十八年至二十年(1929－1931)上虞羅氏石印本　一冊　存一種

330000－1701－0056789　GP00672　子部/藝術類/書畫之屬

文衡山先生三絕卷不分卷　(明)文徵明繪並書　民國十四年(1925)上海商務印書館影印本　一冊

330000－1701－0056790　M000244　子部/醫家類/類編之屬

王氏潛齋醫書五種　(清)王士雄撰　民國十五年(1926)上海萃英書局石印本　七冊　缺一卷(溫熱經緯五)

330000－1701－0056792　M000213　史部/金石類/石之屬/文字

吳天發神讖碑一卷　民國八年(1919)上海有正書局石印本　一冊

330000－1701－0056794　GP00699　子部/藝術類/書畫之屬/畫譜

樓辛壺西湖十景畫冊一卷　樓邨繪　民國十七年(1928)上海慎修書社影印本　一冊

330000－1701－0056796　GP00674　子部/藝術類/書畫之屬/法帖

宋拓王右軍書不分卷　(晉)王羲之書　民國十年(1921)上海商務印書館影印本　一冊

330000－1701－0056797　M000245　集部/別集類/明別集

王次回疑雨集註四卷　(明)王彥泓撰　(□)句漏後裔釋　民國十年(1921)上海文明書局石印本　四冊

330000－1701－0056798　GP06747　類叢部/叢書類/自著之屬

康居筆記彙函十三種十四卷　徐珂撰　民國二十二年(1933)徐新六鉛印本　二冊

330000－1701－0056801　GP00700　子部/藝術類/書畫之屬/法帖

宋拓中興頌不分卷　故宮博物院編　民國三十二年(1943)故宮博物院影印本　二冊

330000－1701－0056802　GP06748　類叢部/叢書類/自著之屬

康居筆記彙函十三種十四卷　徐珂撰　民國二十二年(1933)徐新六鉛印本　二册

330000－1701－0056803　GP06749　類叢部/叢書類/自著之屬

康居筆記彙函十三種十四卷　徐珂撰　民國二十二年(1933)徐新六鉛印本　徐新六題簽　二册

330000－1701－0056805　GP06724　類叢部/叢書類/彙編之屬

國立中央研究院歷史語言研究所專刊　國立中央研究院歷史語言研究所輯　民國鉛印本、石印本暨刻本　二册　存一種

330000－1701－0056808　GP00701　子部/藝術類/書畫之屬/畫譜

黄小松仿古山水册一卷　(清)黄易繪　民國十四年(1925)上海文明書局影印本　一册

330000－1701－0056811　普814.6/0041/3/c1　集部/别集類/明别集

遜志齋集三十卷拾遺十卷續拾遺一卷附録一卷　(明)方孝孺撰　民國十七年(1928)寧海胡氏味善居刻本　十八册

330000－1701－0056813　M000214　集部/别集類

游蜀草三卷　張壽鏞撰　民國二十七年(1938)鉛印本　一册

330000－1701－0056817　GP00675　史部/傳記類

中國歷代帝后像不分卷　高山澤輯　民國上海有正書局影印本　一册

330000－1701－0056819　M000215、M000216、M000217、M000223、M000226、M000228、M000246、M000247、M000248、M000249、M000317、M000318　史部/紀傳類/正史之屬

二十四史附考證　民國十二年(1923)上海中華書局影印本　八十五册　存十二種

330000－1701－0056822　GP00676　子部/藝術類/書畫之屬/畫譜

奚鐵生西谿泛雨圖卷不分卷　(清)奚岡繪　民國八年(1919)上海中華書局影印本　一册

330000－1701－0056823　普814.4/8769/4　集部/總集類/彙編之屬

鐵函心史晞髮集合刊　鄭貞文輯　民國三十年(1941)永安風行印刷社鉛印本　一册

330000－1701－0056827　GP00677　子部/藝術類/書畫之屬/法帖

宋游丞相藏蘭亭玉泉本一卷　(晉)王羲之書　民國十八年(1929)上海商務印書館影印本　一册

330000－1701－0056828　GP00702　子部/藝術類/書畫之屬/畫譜

戴文節銷寒小景册一卷　(清)戴熙繪　民國十四年(1925)上海文明書局影印本　一册

330000－1701－0056829　普814.6/0041/3/c2　集部/别集類/明别集

遜志齋集三十卷拾遺十卷續拾遺一卷附録一卷　(明)方孝孺撰　民國十七年(1928)寧海胡氏味善居刻本　十八册

330000－1701－0056831　GP00683　子部/藝術類/書畫之屬/法帖

柳公權玄秘塔不分卷　(唐)柳公權書　民國石印本　一册

330000－1701－0056832　GP00703　子部/藝術類/書畫之屬/畫譜

戴文節山水册一卷　(清)戴熙繪　民國十七年(1928)上海中華書局影印本　一册

330000－1701－0056834　GP00684　子部/藝術類/書畫之屬/畫譜

松禪戲墨不分卷　(清)翁同龢繪　錢冲父藏　民國二十四年(1935)上海商務印書館影印本　一册

330000－1701－0056835　M000218、M000219　類叢部/叢書類/自著之屬

晨風廬叢刊十八種　周慶雲撰　民國吳興周氏夢坡室刻本　二册　存一種

330000－1701－0056838　GP00704　子部/藝術類/書畫之屬/法帖
宋蔡襄自書詩札不分卷　(宋)蔡襄書　民國三十年(1941)故宫博物院影印本　一册

330000－1701－0056840　GP00685　子部/藝術類/書畫之屬/畫譜
錢竹初山水精品一卷　(清)錢維喬繪　民國十四年(1925)上海商務印書館影印本　一册

330000－1701－0056844　普 814.4/8769/5　集部/别集類/宋别集
心史二卷　(宋)鄭思肖撰　民國二十四年(1935)抄本　一册

330000－1701－0056846　GP00686　子部/藝術類/書畫之屬/畫譜
龔半千授徒畫稿不分卷　(清)龔賢繪　民國二十四年(1935)上海商務印書館影印本　一册

330000－1701－0056850　GP00687　子部/藝術類/書畫之屬/畫譜
藍田叔仿梅道人山水卷不分卷　(清)藍瑛繪　民國十五年(1926)上海商務印書館影印本　一册

330000－1701－0056853　M000220　集部/别集類/明别集
任司直詩鈔一卷文鈔二卷　(明)任瀚撰　曾世禮輯　民國鉛印本　二册

330000－1701－0056855　GP00705　子部/藝術類/書畫之屬/法帖
宋蔡襄自書詩札不分卷　(宋)蔡襄書　民國三十年(1941)故宫博物院影印本　一册

330000－1701－0056856　普 814.4/8773/c2　類叢部/叢書類/彙編之屬
嘉業堂叢書五十七種　劉承幹輯　民國吴興劉氏嘉業堂刻本　二册　存一種

330000－1701－0056859　GP00688　子部/藝術類/書畫之屬/畫譜
郭忠恕輞川圖卷不分卷　(宋)郭忠恕繪　民國十五年(1926)上海商務印書館影印本　一册

330000－1701－0056861　普 814.4/8773/c1　類叢部/叢書類/彙編之屬
嘉業堂叢書五十七種　劉承幹輯　民國吴興劉氏嘉業堂刻本　二册　存一種

330000－1701－0056862　普 814.6/0041/7/c1　集部/别集類/明别集
方正學先生遜志齋全集二十四卷首一卷　(明)方孝孺撰　(明)張紹謙纂　民國二年(1913)上海共和圖書館石印本　十二册

330000－1701－0056863　GP00707　子部/藝術類/書畫之屬/畫譜
張老薑山水畫册一卷　(清)張鏐繪　民國十六年(1927)上海中華書局影印本　一册

330000－1701－0056864　GP00689　子部/藝術類/書畫之屬/畫譜
黄小松山水册一卷　(清)黄易繪　民國十五年(1926)上海商務印書館影印本　一册

330000－1701－0056867　GP07589　子部/雜著類/雜説之屬
東坡筆記二卷　(明)毛鳳苞輯　民國上海有正書局鉛印本　一册

330000－1701－0056868　M000221　史部/地理類/水利之屬
勘沂紀略一卷　王寶槐撰　民國鉛印本　一册

330000－1701－0056869　普 814.6/0041/7/c2　集部/别集類/明别集
方正學先生遜志齋全集二十四卷首一卷　(明)方孝孺撰　(明)張紹謙纂　民國二年(1913)上海共和圖書館石印本　十二册

330000－1701－0056870　GP00691　子部/藝術類/書畫之屬/畫譜
陳藍州畫册一卷　(清)陳豪繪　民國十九年(1930)上海商務印書館影印本　一册

330000－1701－0056871　M000222　史部/目録類/總録之屬/私撰

雙鑑樓藏書續記二卷　傅增湘撰　民國十九年(1930)江安傅增湘藏園刻本　二册

330000－1701－0056876　GP00692　子部/藝術類/書畫之屬/法帖

晉索靖書出師頌真蹟不分卷　(晉)索靖書　民國九年(1920)上海商務印書館影印本　一册

330000－1701－0056877　GP00693　子部/藝術類/書畫之屬/法帖

晉索靖書出師頌真蹟不分卷　(晉)索靖書　民國九年(1920)上海商務印書館影印本　一册

330000－1701－0056887　GP00708　子部/藝術類/書畫之屬/畫録

邊頤公畫册一卷　(清)邊壽民繪　民國十四年(1925)上海中華書局影印本　一册

330000－1701－0056896　GP00709　子部/藝術類/書畫之屬/法帖

舊拓龍門二十品二卷　民國十年(1921)上海有正書局石印本　二册

330000－1701－0056911　普951.04402/4429　史部/叢編

述窠雜纂　黄任恆撰　民國十四年(1925)南海黄氏鉛印本　一册　存一種

330000－1701－0056914　普814.6/0057/c1　集部/别集類/明别集

商文毅公集六卷　(明)商輅撰　(明)張一魁編　民國八年(1919)武進王家琦木活字印本　二册

330000－1701－0056917　GP06757　子部/藝術類/遊藝之屬/棋弈

奕萃一卷官子一卷　(清)卞文恒撰　民國二年(1913)上海千頃堂石印本　一册　存一卷(奕萃)

330000－1701－0056918　M000225　子部/醫家類/醫案之屬

臨證指南醫案十卷　(清)葉桂撰　(清)徐大椿評　**種福堂續選臨證指南四卷**　(清)葉桂論　民國十七年(1928)錦文堂石印本　八册　存六卷(一至六)

330000－1701－0056919　GP00710　子部/藝術類/書畫之屬/法帖

舊拓龍門二十品二卷　民國四年(1915)上海有正書局石印本　二册

330000－1701－0056923　普814.6/0057/c3　集部/别集類/明别集

商文毅公集六卷　(明)商輅撰　(明)張一魁編　民國八年(1919)武進王家琦木活字印本　二册

330000－1701－0056928　普814.6/0107　類叢部/叢書類/彙編之屬

又滿樓叢書十六種　趙詒琛編　民國九年至十四年(1920－1925)崑山趙氏又滿樓刻本　一册　存一種

330000－1701－0056930　GP00711　子部/藝術類/書畫之屬/法帖

廣武將軍碑不分卷　民國七年(1918)上海商務印書館影印本　一册

330000－1701－0056933　M000227　史部/目録類/總録之屬/私撰

篆刻參考書傳本書目一卷　王敦化編　民國二十九年(1940)王敦化沂風堂鉛印本　一册

330000－1701－0056944　普925.1095/3163　史部/傳記類/總傳之屬

虎嘯龍吟不分卷　顧明道輯　民國抄本　十册

330000－1701－0056947　GP06770　集部/總集類/酬唱之屬

重游泮水唱和集一卷　毛顯麟等撰　民國十八年(1929)鉛印本　一册

330000－1701－0056948　普951.044093/4049/3　史部/紀事本末類/通代之屬

歷朝紀事本末(九朝紀事本末)九種　(清)陳如升　(清)朱記榮輯　(清)慎記主人增輯　民國十四年(1925)上海校經山房成記書局石印本　一册　存一種

330000－1701－0056950　GP06759　史部/傳記類/別傳之屬/事狀

夢坡五十壽言一卷　周延礽編　**夢坡四十初度贈答詩存一卷**　周慶雲撰　**百齡合壽贈言一卷**　邱曾撰　民國二年(1913)鉛印本　一册

330000－1701－0056969　GP06760　史部/傳記類/別傳之屬/事狀

張適園先生哀輓録不分卷　(清)張懿德堂編　民國十七年(1928)鉛印本　一册

330000－1701－0056979　普 951.044094/4624　類叢部/叢書類/郡邑之屬

遼海叢書八十種附一種　金毓黻編　民國二十年至二十三年(1931－1934)遼海書社鉛印本([康熙]廣寧縣志卷七至八原缺)　一册　存一種

330000－1701－0056983　GP06761　集部/總集類/酬唱之屬

鴛湖紅豆唱和録三卷　陸飈輯　民國二十四年(1935)一樹梅花館鉛印本　一册

330000－1701－0056988　普 814.6/0431/c1　集部/別集類/明別集

謝文正公歸田稿八卷　(明)謝遷撰　**謝文正公年譜一卷**　(明)倪宗正編　民國七年(1918)閣老第木活字印本　二册

330000－1701－0056996　普 925.109816/2504/c1　史部/傳記類/總傳之屬

藩獻記四卷　(明)朱謀㙔撰　民國杭州抱經堂書局鉛印本　一册

330000－1701－0056998　HJL6667　集部/別集類/清別集

一樹梅花老屋詩三卷　(清)姚濟撰　(清)張文虎删定　民國七年(1918)姚氏松韻草堂鉛印本　一册

330000－1701－0056999　普 814.6/0431/c2　集部/別集類/明別集

謝文正公歸田稿八卷　(明)謝遷撰　**謝文正公年譜一卷**　(明)倪宗正編　民國七年(1918)閣老第木活字印本　二册

330000－1701－0057005　普 925.109816/2504/c2　史部/傳記類/總傳之屬

藩獻記四卷　(明)朱謀㙔撰　民國杭州抱經堂書局鉛印本　一册

330000－1701－0057017　GP00713　史部/金石類/石之屬/文字

宋拓龍藏寺碑一卷　民國四年(1915)上海有正書局石印本　一册

330000－1701－0057018　普 814.6/0710　集部/別集類/明別集

嶠雅二卷　(明)鄺露撰　民國影印本　二册

330000－1701－0057019　普 814.6/07101　集部/別集類/明別集

循夫先生集四卷附録一卷　(明)郭廷序撰　民國十三年(1924)鉛印本　二册

330000－1701－0057023　GP00714　史部/金石類/石之屬

魏封宗聖侯孔羨碑不分卷　民國有正書局石印本　一册

330000－1701－0057025　GP00715　子部/藝術類/書畫之屬/法帖

李仲璇修孔廟碑不分卷　民國九年(1920)上海寶霞印社影印本　一册

330000－1701－0057026　M000316　史部/傳記類/別傳之屬/事狀

齊太翁孟芳先生六旬晋六壽言録十三卷首一卷　齊太和堂編輯　民國十一年(1922)上海聚珍仿宋印書局鉛印本　九册　缺一卷(二)

330000－1701－0057036　普 925.10984/3232.04　史部/傳記類/總傳之屬/忠孝

浙江杭屬錢塘縣忠義録名册不分卷　程良駇編　民國十二年(1923)油印本　一册

330000－1701－0057039　GP00716　子部/藝術類/書畫之屬/法帖

蘭亭序一卷　民國九年(1920)上海文明書局影印本　馮幵跋　一册

330000－1701－0057047　普 925.10984/3232.041　史部/傳記類/總傳之屬/忠孝

浙江杭屬仁和縣忠義録名冊不分卷　程良駿編　民國十二年(1923)油印本　二冊

330000－1701－0057049　普 814.5/4146/2　類叢部/叢書類/郡邑之屬

仙居叢書第一集十二種　李鏡渠編　民國二十四年(1935)鉛印本　二冊　存一種

330000－1701－0057051　普 925.10984/3232.042/c2　史部/傳記類/總傳之屬/忠孝

浙江杭屬仁錢二縣忠義録名冊不分卷　程良駿編　民國十二年(1923)油印本　二冊

330000－1701－0057052　M000319、M000326　類叢部/叢書類/彙編之屬

嘉業堂叢書五十七種　劉承幹輯　民國吳興劉氏嘉業堂刻本　二冊　存二種

330000－1701－0057054　GP00717　子部/藝術類/書畫之屬/法帖

蘭亭序一卷　民國九年(1920)上海文明書局影印本　一冊

330000－1701－0057056　普 925.10984/3232.043/c2　史部/傳記類/總傳之屬/忠孝

浙江杭屬各縣忠義録名冊不分卷　程良駿編　民國十二年(1923)油印本　一冊

330000－1701－0057060　GP00718　子部/藝術類/書畫之屬/法帖

蘭亭序一卷　民國二十九年(1940)上海文明書局影印本　一冊

330000－1701－0057062　普 925.10984/3233　史部/傳記類/總傳之屬/忠孝

浙江湖屬烏程縣忠義録名冊不分卷　程良駿編　民國十二年(1923)油印本　一冊

330000－1701－0057063　GP00719　子部/藝術類/書畫之屬/法帖

蘭亭序一卷　民國十三年(1924)上海文明書局影印本　一冊

330000－1701－0057068　GP06791　集部/別集類

市陰叢稿一卷　薛元燕撰　民國二十四年(1935)鉛印本　一冊

330000－1701－0057072　GP00720　子部/藝術類/書畫之屬/法帖

開皇蘭亭序一卷　(晉)王羲之撰並書　民國二十九年(1940)上海文明書局影印本　一冊

330000－1701－0057074　GP06792　集部/別集類

市陰叢稿一卷　薛元燕撰　民國二十四年(1935)鉛印本　一冊

330000－1701－0057075　M000320　史部/地理類/方志之屬

河套圖志六卷　張鵬一編　民國十一年(1922)在山草堂鉛印本　二冊

330000－1701－0057076　GP06793　集部/別集類

市陰叢稿一卷　薛元燕撰　民國二十四年(1935)鉛印本　一冊

330000－1701－0057077　GP00748　子部/藝術類/書畫之屬/法帖

宋搨薛少保書信行禪師碑一卷　(唐)薛稷書　民國上海有正書局影印本　一冊

330000－1701－0057079　GP00721　子部/藝術類/書畫之屬/法帖

宋張樗寮華嚴經墨蹟一卷　(宋)張即之書　民國上海有正書局石印本　一冊

330000－1701－0057081　GP00722　子部/藝術類/書畫之屬/法帖

宋張樗寮華嚴經墨蹟一卷　(宋)張即之書　民國上海有正書局石印本　一冊

330000－1701－0057088　GP00749　子部/藝術類/書畫之屬/法帖

宋搨薛少保書信行禪師碑一卷　(唐)薛稷書　民國上海有正書局影印本　一冊

330000－1701－0057090　GP00723　子部/藝術類/書畫之屬/法帖

宋張樗寮華嚴經墨蹟一卷　（宋）張即之書　民國十一年（1922）上海有正書局石印本　一册

330000－1701－0057091　GP00750　子部/藝術類/書畫之屬/法帖

初拓鄭文公碑一卷　（北魏）鄭道昭書　民國十一年（1922）上海有正書局影印本　一册

330000－1701－0057093　GP00734、GP00735　子部/藝術類/書畫之屬/畫譜

任渭長人物初集一卷二集一卷　（清）任熊繪　民國十九年（1930）上海慎修書社影印本　二册

330000－1701－0057094　普925.10984/7280　類叢部/叢書類/郡邑之屬

四明叢書一百六十七種　張壽鏞編　民國四明張氏約園刻本　二册　存一種

330000－1701－0057095　普814.5/4351.04/2　集部/别集類/元别集

剡源文鈔四卷　（元）戴表元撰　（清）黄宗羲選定　民國四明張氏約園刻朱印本　一册

330000－1701－0057096　M000322　子部/宗教類/佛教之屬/論

大乘起信論一卷　（唐）釋實叉難陀譯　民國上海佛學書局石印本　一册

330000－1701－0057100　M000323　集部/别集類

起聖齋詩集十一卷古韻闡微一卷　尹桐陽撰　民國十八年（1929）上海文明書局鉛印本　一册

330000－1701－0057102　GP00736、GP00737　子部/藝術類/書畫之屬/畫譜

任伯年寫生第一集一卷第二集一卷　（清）任頤繪　民國二十一年（1932）上海慎修書社影印本　二册

330000－1701－0057105　M000324　子部/宗教類/佛教之屬/經疏

般若波羅蜜多心經解釋一卷　鈕有恒釋　民國三十六年（1947）刻本　一册

330000－1701－0057109　普814.6/1022/2　集部/别集類/明别集

龍谿王先生全集二十卷大象義述一卷附錄一卷　（明）王畿撰　（明）丁賓編　民國上海明善書局石印本　五册

330000－1701－0057112　M000325　史部/目録類/總録之屬

保文堂書局書目一卷　保文堂書局編　民國十八年（1929）南京保文堂書局石印本　一册

330000－1701－0057113　M000327、M006997　史部/地理類/方志之屬/郡縣志

光福志十二卷首一卷補編一卷附錄一卷　（清）徐傅編　民國十八年（1929）蘇城毛上珍鉛印本　蔣蓮僧題記　二册

330000－1701－0057117　普951.046/1188/7　史部/紀事本末類/通代之屬

歷朝紀事本末（九朝紀事本末）九種　（清）陳如升　（清）朱記榮輯　（清）慎記主人增輯　民國十四年（1925）上海校經山房成記書局石印本　一册　存一種

330000－1701－0057125　GP00788　子部/藝術類/書畫之屬/法帖

名人真蹟　民國中華書局影印本　一册　存一種

330000－1701－0057131　GP07535　史部/政書類/公牘檔册之屬

酒捐編查釀缸暫行規則一卷　民國杭州文粹印刷局鉛印本　一册

330000－1701－0057133　GP00751　子部/藝術類/書畫之屬/法帖

初拓鄭文公碑一卷　（北魏）鄭道昭書　民國八年（1919）上海有正書局影印本　一册

330000－1701－0057135　HJH6679　集部/别集類/清别集

桴亭先生集外文一卷　（清）陸世儀撰　**先儒陸子從祀文廟錄一卷**　民國十六年（1927）刻本　一册

330000－1701－0057136　GP06799　史部/地

理類/雜志之屬

雙溪拾遺吟一卷 語水老農撰 民國鉛印本 一冊

330000－1701－0057141 GP00752 子部/藝術類/書畫之屬/法帖

初拓鄭文公碑一卷 （北魏）鄭道昭書 民國上海有正書局影印本 一冊

330000－1701－0057142 GP06797 經部/四書類/大學之屬/傳說

大學古本質言一卷 （清）劉沅撰 民國八年（1919）杭州明德慈善社鉛印本 一冊

330000－1701－0057144 GP07533 新學/商務/稅則

修正印花稅法一卷附施行細則一卷 民國鉛印本 一冊

330000－1701－0057146 GP07545 史部/政書類/邦計之屬

紹縣天樂鄉盪湖塘鋪石板路徵信錄一卷 民國十一年（1922）木活字印本 一冊

330000－1701－0057150 GP00753 子部/藝術類/書畫之屬/法帖

初拓鄭文公碑一卷 （北魏）鄭道昭書 民國上海有正書局影印本 一冊

330000－1701－0057153 GP06798 集部/別集類

大鶴山人手寫詩稾小冊一卷 鄭文焯書 民國六年（1917）震亞圖書局石印本 一冊

330000－1701－0057155 GP00754 史部/金石類/石之屬/文字

初拓崔敬邕墓誌一卷 民國有正書局影印本 一冊

330000－1701－0057160 GP00755 子部/藝術類/書畫之屬/法帖

舊拓好大王碑一卷 民國十四年（1925）上海有正書局影印本 一冊

330000－1701－0057162 GP07536 史部/政書類/公牘檔冊之屬

酌擬整頓酒捐章程一卷 民國杭州文粹印刷局鉛印本 一冊

330000－1701－0057164 GP00756 子部/藝術類/書畫之屬/法帖

宋拓索靖月儀帖一卷 （晉）索靖書 民國十年（1921）上海有正書局影印本 一冊

330000－1701－0057167 普 814.6/1024 類叢部/叢書類/彙編之屬

嘉業堂叢書五十七種 劉承幹輯 民國吳興劉氏嘉業堂刻本 二冊 存一種

330000－1701－0057168 GP00757 子部/藝術類/書畫之屬/法帖

宋拓索靖月儀帖一卷 （晉）索靖書 民國上海有正書局影印本 一冊

330000－1701－0057170 GP00758 子部/藝術類/書畫之屬/法帖

宋拓晉索靖月儀一卷 （晉）索靖書 民國上海有正書局影印本 一冊

330000－1701－0057171 GP00774 子部/藝術類/書畫之屬/法帖

吳大澂篆書陶公廟碑一卷 （清）吳大澂書 民國九年（1920）蘇州振新書社影印本 一冊

330000－1701－0057172 M000328 史部/地理類/方志之屬/郡縣志

[嘉慶]朱涇志十卷 （清）朱棟纂 民國五年（1916）鉛印本 一冊 存三卷（三至五）

330000－1701－0057175 普 814.6/1025 類叢部/叢書類/郡邑之屬

續金華叢書六十種 胡宗楙編 民國十三年（1924）永康胡氏夢選樓刻本 二冊 存三種

330000－1701－0057176 GP00775 子部/藝術類/書畫之屬/法帖

吳大澂篆書陶公廟碑一卷 （清）吳大澂書 民國九年（1920）蘇州振新書社影印本 一冊

330000－1701－0057178 M000329 子部/藝術類/書畫之屬/法帖

蜩隱老人書千字文一卷 范耀雯書 民國二

十三年(1934)石印本　一冊

330000－1701－0057181　GP00776　子部/藝術類/書畫之屬/法帖
吳大澂隸書三關口鑿道記一卷　(清)吳大澂書　民國十年(1921)蘇州振新書社影印本　一冊

330000－1701－0057183　GP00769　子部/藝術類/書畫之屬/畫録
鹿牀畫絮一卷　(清)戴熙撰　民國九年(1920)上海中華書局石印本　一冊

330000－1701－0057185　GP07534　史部/政書類/邦計之屬/賦税
財政部核定浙江省征收菸捐章程一卷　財政部編　民國鉛印本　一冊

330000－1701－0057187　普951.047/5245/5　史部/紀傳類/正史之屬
百衲本二十四史　張元濟輯　民國上海商務印書館影印本　三十二冊　存一種

330000－1701－0057189　普814.6/1026/c2　集部/别集類/明别集
半山藏稿二十卷　(明)王叔果撰　民國二十四年(1935)鉛印本　四冊

330000－1701－0057191　GP00777　子部/藝術類/書畫之屬/法帖
吳大澂隸書三關口鑿道記一卷　(清)吳大澂書　民國十年(1921)蘇州振新書社影印本　一冊

330000－1701－0057192　M000330　子部/藝術類/書畫之屬/法帖
翁松禪墨蹟十集　(清)翁同龢書　民國上海商務印書館影印本　二冊

330000－1701－0057194　GP00778　子部/藝術類/書畫之屬/法帖
明姚廣孝書金剛經正楷一卷　(明)姚廣孝書　民國上海有正書局石印本　一冊

330000－1701－0057195　普814.6/1032/6　集部/别集類/明别集
王文成公全書三十八卷　(明)王守仁撰　民國十七年(1928)上海大一統書局石印本　十二冊

330000－1701－0057196　M000331　子部/宗教類/佛教之屬/諸宗
印光法師嘉言錄不分卷　李圓淨編　民國十八年(1929)上海大中書局鉛印本　一冊

330000－1701－0057201　M000332　子部/宗教類/佛教之屬/總録
普賢行願品五譯合行一卷　湯薌銘編　民國三十一年(1942)北京菩提學會鉛印本　一冊

330000－1701－0057202　GP00779　子部/藝術類/書畫之屬/法帖
祝京兆書豔詞真蹟一卷　(明)祝允明書　民國上海有正書局石印本　一冊

330000－1701－0057203　普814.6/1026/c3　集部/别集類/明别集
半山藏稿二十卷　(明)王叔果撰　民國二十四年(1935)鉛印本　四冊

330000－1701－0057204　GP00770　子部/藝術類/書畫之屬/法帖
戴文節百子箴一卷　(清)戴熙書　民國上海中華書局影印本　一冊

330000－1701－0057209　GP07537　史部/政書類/邦計之屬/賦税
財政部核定浙江修正統捐徵收局地點表一卷　財政部編　民國鉛印本　一冊

330000－1701－0057210　GP00780　子部/藝術類/書畫之屬/法帖
祝京兆書豔詞真蹟一卷　(明)祝允明書　民國上海有正書局石印本　一冊

330000－1701－0057211　普814.5/4624　集部/别集類/元别集
東維子文集三十卷附錄一卷　(元)楊維楨撰　民國上海涵芬樓影印本　六冊

330000－1701－0057212　GP00772　子部/藝術類/書畫之屬/法帖

吳中丞說文部首墨蹟一卷　(清)吳大澂書　民國五年(1916)石印本　一冊

330000－1701－0057216　普 814.6/1032/5/c3　集部/別集類/明別集
王文成公全書三十八卷　(明)王守仁撰　民國二年(1913)上海中華圖書館影印本　十二冊

330000－1701－0057217　GP00773　子部/藝術類/書畫之屬/法帖
吳中丞說文部首墨蹟一卷　(清)吳大澂書　民國七年(1918)石印本　一冊

330000－1701－0057218　GP00786　子部/藝術類/書畫之屬/法帖
錢南園臨論坐帖一卷　(清)錢灃書　民國上海震亞圖書局石印本　一冊

330000－1701－0057222　GP00787　子部/藝術類/書畫之屬/法帖
錢南園臨論坐帖一卷　(清)錢灃書　民國上海震亞圖書局石印本　一冊

330000－1701－0057224　M000333　子部/宗教類/佛教之屬/經
華嚴經十地品第二地章不分卷　(唐)釋實叉難陀譯　民國二十二年(1933)上海佛學書局石印本　一冊

330000－1701－0057225　普 814.6/1032/5/c1　集部/別集類/明別集
王文成公全書三十八卷　(明)王守仁撰　民國二年(1913)上海中華圖書館影印本　十二冊

330000－1701－0057226　M000334　集部/別集類/清別集
劫餘吟一卷續集一卷　(清)方山民撰　民國十一年(1922)鉛印本　江北詩人題記　一冊

330000－1701－0057229　GP00789　子部/藝術類/書畫之屬/法帖
名人真蹟　民國中華書局影印本　一冊　存一種

330000－1701－0057236　GP00790　子部/藝術類/書畫之屬/法帖
唐明皇鶺鴒頌一卷　(唐)玄宗李隆基書　民國二十一年(1932)北平故宮博物院石印本　一冊

330000－1701－0057238　GP00791　子部/藝術類/書畫之屬/法帖
張司直玄靜先生碑一卷　(唐)張從申書　民國二十三年(1934)上海商務印書館影印本　一冊

330000－1701－0057241　M000335　子部/小說家類/異聞之屬
燈下閑談二卷　民國十一年(1922)上海商務印書館鉛印本　一冊

330000－1701－0057242　GP00792　子部/藝術類/書畫之屬/法帖
唐人草書月儀帖墨蹟一卷　民國杭州西泠印社影印本　一冊

330000－1701－0057245　GP00886　子部/藝術類/書畫之屬/法帖
名人真蹟　民國中華書局影印本　一冊　存一種

330000－1701－0057246　M000336　子部/醫家類/類編之屬
國醫小叢書三十七種　上海國醫書局輯　民國上海國醫書局鉛印本　五冊　存五種

330000－1701－0057248　GP00793　子部/藝術類/書畫之屬/法帖
明唐荆川草書詩稾真蹟一卷　(明)唐順之書　民國十五年(1926)上海藝苑真賞社影印本　一冊

330000－1701－0057249　GP07532　史部/政書類/邦計之屬/賦稅
財政部核定浙江省督查各縣征收稅項簡章一卷　財政部編　民國鉛印本　一冊

330000－1701－0057250　普 925.109817/1126/c1　史部/傳記類/總傳之屬/列女
列朝后妃傳稿二卷　張采田撰　民國十八年

(1929)綠櫻花館平氏鉛印本　張爾田題記　二冊

330000－1701－0057251　GP00794　子部/藝術類/書畫之屬/法帖

明祝京兆艸書五雲裘歌一卷　(明)祝允明書　民國上海藝苑真賞社影印本　一冊

330000－1701－0057252　GP00795　子部/藝術類/書畫之屬/法帖

明祝京兆艸書五雲裘歌一卷　(明)祝允明書　民國上海藝苑真賞社影印本　一冊

330000－1701－0057253　M000337　集部/別集類/清別集

相牛相鶴之堂偶筆一卷　(清)凌霞撰　民國安慶正誼書局鉛印本　一冊

330000－1701－0057254　GP00860　子部/藝術類/書畫之屬/法帖

吳昌碩臨阮刻北宋本獵碣字一卷　吳昌碩書　民國石印本　一冊

330000－1701－0057258　普 925.109817/1126/c2　史部/傳記類/總傳之屬/列女

列朝后妃傳稿二卷　張采田撰　民國十八年(1929)綠櫻花館平氏鉛印本　二冊

330000－1701－0057266　普 925.109817/3541　史部/傳記類/總傳之屬/斷代

前清十一朝皇帝真像一卷　民國上海有正書局影印本　一冊

330000－1701－0057268　GP00796　子部/藝術類/書畫之屬/法帖

明王寵臨帖一卷　(明)王寵書　民國二十六年(1937)國立北平故宮博物院影印本　一冊

330000－1701－0057269　M000338　集部/別集類/清別集

楚辭遠遊篇愚鼓辭合刊二卷　(清)王夫之撰　民國鉛印本　一冊

330000－1701－0057274　GP00797　子部/藝術類/書畫之屬

明宣宗書畫合璧一卷　(明)宣宗朱瞻基書畫　民國二十五年(1936)國立北平故宮博物院影印本　一冊

330000－1701－0057275　GP07538　史部/政書類/邦計之屬/賦稅

財政部核定浙江省徵收統捐章程一卷附施行細則一卷　財政部編　民國杭州文粹印局鉛印本　一冊

330000－1701－0057278　M000339　史部/詔令奏議類/奏議之屬

張潛園書廣雅相國奏議一卷附函電一卷　(清)張之洞撰　(清)張曾疇書　民國石印本暨鉛印本　一冊

330000－1701－0057279　GP00798　子部/藝術類/書畫之屬/法帖

唐人十二月朋友相聞書一卷　民國二十三年(1934)國立北平故宮博物院影印本　一冊

330000－1701－0057281　M000340　史部/傳記類/別傳之屬/事狀

孫立言先生赴告一卷　駱泰撰　民國石印本　一冊

330000－1701－0057283　普 925.10983/2128　史部/地理類/專志之屬/祠墓

尊賢祠考略六卷　侯學愈撰　民國十八年(1929)錫山陶氏循聽堂鉛印本　一冊

330000－1701－0057285　GP00862　子部/藝術類/書畫之屬/法帖

張廉卿李剛介碑不分卷　(清)張裕釗撰並書　民國六年(1917)上海文明書局石印本　一冊

330000－1701－0057291　M000341　史部/傳記類/別傳之屬/事狀

王薌泉先生赴告一卷　王樹堂等撰　民國鉛印本　一冊

330000－1701－0057295　GP00863　子部/藝術類/書畫之屬/法帖

張廉卿書李剛介碑不分卷　(清)張裕釗撰並書　民國十一年(1922)上海文明書局石印本　一冊

330000－1701－0057298　GP07539　史部/政書類/邦計之屬/賦稅

財政部核定浙江省各徵收局章程一卷附簿記及交代冊並報告各表暨保證券印結等式一卷　財政部編　民國杭州文粹印局鉛印本　一冊

330000－1701－0057299　M000342　史部/傳記類/別傳之屬/事狀

鄭雪荘先生赴告一卷　鄭宏疇等撰　民國鉛印本　一冊

330000－1701－0057302　M000343　史部/傳記類/別傳之屬/事狀

何明倫先生訃告一卷　何應欽撰　民國鉛印本　一冊

330000－1701－0057305　GP00881　子部/藝術類/書畫之屬/法帖

舊拓文徵明千字文帖一卷　(明)文徵明書　民國上海科學儀器館石印本　一冊

330000－1701－0057306　GP00882　子部/藝術類/書畫之屬/法帖

祝枝山古詩十九首一卷　(明)祝允明書　民國十二年(1923)上海文明書局石印本　一冊

330000－1701－0057307　普951.047/5245/4　史部/紀傳類/正史之屬

二十四史附考證　民國上海中華書局鉛印本　二十冊　存一種

330000－1701－0057311　GP00883　子部/藝術類/書畫之屬/法帖

祝枝山古詩十九首一卷　(明)祝允明書　民國十六年(1927)上海文明書局石印本　一冊

330000－1701－0057315　GP00884　子部/藝術類/書畫之屬/法帖

文衡山自書詩稿一卷　(明)文徵明撰並書

文壽承徐公行狀小楷一卷　(明)文彭撰並書　民國十五年(1926)上海文明書局石印本　一冊

330000－1701－0057316　GP00865　子部/藝術類/書畫之屬/法帖

劉石菴墨蹟一卷　(清)劉墉書　民國七年(1918)上海商務印書館石印本　一冊

330000－1701－0057319　GP00885　子部/藝術類/書畫之屬/法帖

名人真蹟　民國中華書局影印本　一冊　存一種

330000－1701－0057320　GP00866　子部/藝術類/書畫之屬/法帖

劉石菴墨蹟一卷　(清)劉墉書　民國二十八年(1939)商務印書館石印本　一冊

330000－1701－0057324　GP00867　子部/藝術類/書畫之屬/法帖

劉石庵相國行楷書真蹟一卷　(清)劉墉書　民國彪蒙書局石印本　一冊

330000－1701－0057325　GP00890　子部/藝術類/書畫之屬/法帖

宋搨郎官石記序一卷　(唐)張旭書　民國十三年(1924)上海文明書局石印本　一冊

330000－1701－0057330　GP00891　子部/藝術類/書畫之屬/法帖

白雪道人自書詩卷一卷　(清)王鐸書　民國十八年(1929)上海神州國光社石印本　一冊

330000－1701－0057331　GP07542　史部/政書類/公牘檔冊之屬

浙江咨議局修正各種規則一卷　民國鉛印本　一冊

330000－1701－0057332　GP00892　子部/藝術類/書畫之屬/法帖

名人真蹟　民國中華書局影印本　一冊　存一種

330000－1701－0057336　GP00893　子部/藝術類/書畫之屬/法帖

翁覃谿劉石庵行楷合冊不分卷　(清)翁方綱　(清)劉墉書　民國十八年(1929)上海神州國光社石印本　一冊

330000－1701－0057337　GP00894　子部/藝術類/書畫之屬/法帖

翁蘇齋書金剛經真蹟一卷 （清）翁方綱書 民國石印本 一冊

330000－1701－0057338 GP00895 子部/藝術類/書畫之屬/法帖
翁覃溪先生詩序二種一卷 （清）翁方綱書 民國石印本 一冊

330000－1701－0057342 GP00896 史部/傳記類/別傳之屬/墓誌
清故署兩廣總督山東巡撫袁公[樹勛]神道碑一卷 陳三立撰 何維樸書 民國石印本 一冊

330000－1701－0057343 GP00868 子部/藝術類/書畫之屬/法帖
包安吳家書臨帖兩種合冊一卷 （清）包世臣書 民國十一年(1922)有正書局石印本 一冊

330000－1701－0057344 普 814.6/1220/2 集部/別集類/明別集
孫忠靖公集十卷首一卷 （明）孫傳庭撰 民國三年(1914)閻錫山鉛印本 九冊

330000－1701－0057345 GP00897 子部/藝術類/書畫之屬/法帖
鄧石如篆書雪浪齋銘一卷 （清）鄧石如書 民國石印本 一冊

330000－1701－0057347 GP00898 子部/藝術類/書畫之屬/法帖
鄧石如篆書張子西銘一卷 （清）鄧石如書 民國六年(1917)上海文明書局石印本 一冊

330000－1701－0057348 GP00900 子部/藝術類/書畫之屬/法帖
完白山民索鶴啓一卷 （清）鄧石如書 民國上海有正書局石印本 一冊

330000－1701－0057349 GP00899 子部/藝術類/書畫之屬/法帖
鄧石如篆書張子西銘一卷 （清）鄧石如書 民國八年(1919)上海文明書局石印本 一冊

330000－1701－0057350 M000344、M002635、M003093、M003495、M609701、M609960 史部/目録類/總録之屬/地方
大清畿輔書徵四十一卷 徐世昌纂 民國天津徐氏鉛印本 十二冊 存三十一卷(一至六、九至十、十三至十七、二十一至三十八)

330000－1701－0057352 GP00901 子部/藝術類/書畫之屬/法帖
鄧完白先生隸書墨蹟一卷 （清）鄧石如書 民國上海有正書局石印本 一冊

330000－1701－0057353 GP00869 子部/藝術類/書畫之屬/法帖
包安吳家書臨帖兩種合冊一卷 （清）包世臣書 民國有正書局石印本 一冊

330000－1701－0057355 M000345 子部/雜著類/雜編之屬
家庭實用圖書集成不分卷 廣文書局編輯所編 民國上海廣文書局石印本 二冊

330000－1701－0057357 GP00902 子部/藝術類/書畫之屬/法帖
鄧石如書司馬溫公家儀一卷 （清）鄧石如書 民國九年(1920)有正書局石印本 一冊

330000－1701－0057360 GP00870 子部/藝術類/書畫之屬/法帖
張廉卿書滕王閣記一卷 （清）張裕釗書 民國上海朝記書莊石印本 一冊

330000－1701－0057361 普 814.6/1077/c1 集部/總集類/氏族之屬
明儒王心齋先生遺集五卷 （明）王艮撰 **明儒王一菴先生遺集二卷年譜一卷** （明）王棟撰 **明儒王東厓先生遺集二卷首一卷** （明）王襞撰 **明儒王東堧東隅東日天真四先生殘稿一卷王東堧小傳一卷** （明）王東堧撰 袁承業輯 **明儒王心齋先生弟子師承表一卷** 袁承業輯 民國元年(1912)國粹學報社上海鉛印本 六冊

330000－1701－0057363 GP00903 子部/藝術類/書畫之屬/法帖
鄧石如書司馬溫公家儀一卷 （清）鄧石如書

民國有正書局石印本　一冊

330000－1701－0057364　GP00904　子部/藝術類/書畫之屬/法帖

鄧石如書司馬溫公家儀一卷　(清)鄧石如書　民國有正書局石印本　一冊

330000－1701－0057366　GP06822　新學/政治法律/政治

日本在中國之勢力一卷　(美國)柏來士撰　民國六年(1917)鉛印本　一冊

330000－1701－0057369　M000346　經部/小學類/文字之屬/說文/專著

許氏說文解字部首不分卷　童斐撰　民國十八年(1929)光華大學石印本　一冊

330000－1701－0057370　GP00905　子部/藝術類/書畫之屬/法帖

鄧石如楷書隸書三種合冊不分卷　(清)鄧石如書　民國上海有正書局石印本　一冊

330000－1701－0057371　GP00871　子部/藝術類/書畫之屬/法帖

張廉卿書滕王閣記一卷　(清)張裕釗書　民國上海朝記書莊石印本　一冊

330000－1701－0057374　普814.6/1077/c2　集部/總集類/氏族之屬

明儒王心齋先生遺集五卷　(明)王艮撰　**明儒王一菴先生遺集二卷年譜一卷**　(明)王棟撰　**明儒王東厓先生遺集二卷首一卷**　(明)王襞撰　**明儒王東堧東隅東日天真四先生殘稿一卷王東堧小傳一卷**　(明)王東堧撰　袁承業輯　**明儒王心齋先生弟子師承表一卷**　袁承業輯　民國元年(1912)國粹學報社上海鉛印本　六冊

330000－1701－0057375　GP00906　子部/藝術類/書畫之屬/法帖

鄧石如篆書十五種不分卷　(清)鄧石如書　民國十九年(1930)上海文明書局石印本　劍心題記　六冊

330000－1701－0057376　M000347　子部/儒家類/儒學之屬/禮教/家訓

精本了凡四訓一卷附錄一卷　(明)袁黃撰　歇浦學人集注　民國十三年(1924)上海中華書局鉛印本　一冊

330000－1701－0057377　GP00872　子部/藝術類/書畫之屬/法帖

石鼓文一卷　吳昌碩書　民國求古齋書局影印本　蔣徑題記　一冊

330000－1701－0057378　GP06823　集部/別集類/清別集

劍閒齋遺集七卷附一卷　(清)陳瀚撰　民國七年(1918)北京石印本　二冊

330000－1701－0057380　普814.6/1247　集部/別集類/明別集

滄螺集六卷　(明)孫作撰　民國古書流通處據虞山汲古閣寫本影印本　二冊

330000－1701－0057382　普925.109846/7744　類叢部/叢書類/郡邑之屬

廣東叢書　廣東叢書編輯委員會編　民國商務印書館影印本暨鉛印本　六冊　存一種

330000－1701－0057383　GP06824　集部/別集類

木鐸千聲十六卷首一卷附錄一卷　潘守廉撰　袁紹昂續撰　民國二十三年(1934)鉛印本　一冊

330000－1701－0057384　M000348　集部/曲類/寶卷之屬

浙江溫州府平陽縣白梅村七世修行玉英寶卷二卷　民國三年(1914)文益書局石印本　吳連奎題記　一冊

330000－1701－0057386　M000349　子部/宗教類/佛教之屬/諸宗

蓮宗諸祖略傳四卷附蓮宗警語一卷　釋貫通編　民國四年(1915)揚州藏經院刻本　一冊

330000－1701－0057387　GP00873　子部/藝術類/書畫之屬/法帖

張廉卿書崔瑗座右銘士孫瑞漢鏡銘一卷　(清)張裕釗書　民國石印本　一冊

330000－1701－0057388　普 814.6/1106　集部/别集類/明别集
隆恩堂遺編二卷　(明)項顥撰　民國十二年(1923)建德教育圖書社石印本　二册

330000－1701－0057390　HJH5579　集部/别集類
屈翁詩稿十二卷泰西新史雜詠一卷　李世伸撰　民國十四年(1925)刻本　二册

330000－1701－0057394　普 951.047093/4049/3　史部/紀事本末類/通代之屬
歷朝紀事本末(九朝紀事本末)九種　(清)陳如升　(清)朱記榮輯　(清)慎記主人增輯　民國十四年(1925)上海校經山房成記書局石印本　二册　存一種

330000－1701－0057395　普 925.109847/1039　史部/傳記類/總傳之屬/忠孝
庚子京師褒卹録四卷校記一卷補録一卷　王守恂編　民國九年(1920)鉛印本　章嶔題記　五册

330000－1701－0057398　GP00874　子部/藝術類/書畫之屬/法帖
劉石庵墨蹟一卷　(清)劉墉書　民國石印本　一册

330000－1701－0057400　M000350　子部/藝術類/書畫之屬/法帖
趙松雪道教碑不分卷　(元)趙孟頫書　民國影印本　一册

330000－1701－0057404　M000351　子部/藝術類/遊藝之屬/聯語
西湖楹聯四卷新增續西湖楹聯一卷　民國六年(1917)西湖鑫記書社石印本　四册

330000－1701－0057405　普 814.6/1110　集部/别集類/明别集
白石山房逸稿五卷首一卷　(明)張丁撰　(清)張朝煌輯　民國三年(1914)浦江張尚絅等木活字印本　四册

330000－1701－0057411　M000352　集部/曲類/寶卷之屬
何仙姑寶卷二卷　民國三年(1914)上海文益書局石印本　一册

330000－1701－0057412　GP00876　子部/藝術類/書畫之屬/法帖
沈文墨迹合璧一卷　(明)沈周　(明)文徵明書　民國上海有正書局石印本　一册

330000－1701－0057414　GP00907　子部/藝術類/書畫之屬/法帖
白鸚鵡賦一卷　(唐)韓愈書　民國石印本　一册

330000－1701－0057415　普 814.6/1110/2　類叢部/叢書類/郡邑之屬
續金華叢書六十種　胡宗楙編　民國十三年(1924)永康胡氏夢選樓刻本　一册　存一種

330000－1701－0057416　GP00877　子部/藝術類/書畫之屬/法帖
祝枝山書赤壁賦兩鬼詩不分卷　(明)祝允明書　民國二十二年(1933)上海商務印書館影印本　一册

330000－1701－0057417　M000353　經部/小學類/文字之屬/字書/字典
新字典十二卷拾遺一卷檢字一卷附録一卷勘誤一卷補編一卷　陸爾奎等編纂　民國元年(1912)上海商務印書館鉛印本　六册

330000－1701－0057418　GP00908　子部/藝術類/書畫之屬/書法書品
黄穆甫雙鉤名人眞蹟不分卷　(清)黄士陵雙鉤　民國十五年(1926)南海鄒氏毅齋刻本　四册

330000－1701－0057421　GP00878　子部/藝術類/書畫之屬/法帖
明拓唐圭峯禪師碑一卷　民國六年(1917)上海有正書局影印本　一册

330000－1701－0057422　GP06830　子部/小説家類/雜事之屬
退醒廬筆記二卷　孫家振撰　民國十四年(1925)上海圖書館石印本　一册

330000－1701－0057424　M000354　集部/總集類/酬唱之屬

儒林盛事集一卷　張熾昌編　民國十五年(1926)石印本　一冊

330000－1701－0057425　GP06831　子部/小說家類/雜事之屬

退醒廬筆記二卷　孫家振撰　民國十四年(1925)上海圖書館石印本　二冊

330000－1701－0057426　普814.6/1117　類叢部/叢書類/郡邑之屬

豫章叢書六十種附一種　胡思敬編　民國四年至九年(1915－1920)南昌豫章叢書編刻局刻本　一冊　存一種

330000－1701－0057428　GP00879　子部/藝術類/書畫之屬/法帖

宋拓唐姜柔遠碑一卷　(唐)姜晞書　民國有正書局影印本　一冊

330000－1701－0057429　GP00909　子部/藝術類/書畫之屬/法帖

宋拓藏眞律公帖一卷　民國二十九年(1940)國立北平故宮博物院影印本　一冊

330000－1701－0057430　M000355　經部/小學類/文字之屬/字書

說文或體一卷　民國石印本　一冊

330000－1701－0057433　GP00910　子部/藝術類/書畫之屬/法帖

啟瀯寺碑一卷　民國石印本　一冊

330000－1701－0057436　GP00880　子部/藝術類/書畫之屬/法帖

宋拓唐姜柔遠碑一卷　(唐)姜晞書　民國有正書局影印本　一冊

330000－1701－0057437　M000356　子部/雜著類/雜說之屬

踽間先生講學錄一卷　民國抄本　一冊

330000－1701－0057440　普814.6/1131　類叢部/叢書類/彙編之屬

滄海叢書十六種附七種　張伯楨編　民國二年至二十四年(1913－1935)東莞張氏刻本　四冊　存一種

330000－1701－0057444　普814.6/1932　集部/別集類/明別集

耿天臺先生全書十六卷首一卷　(明)耿定向撰　民國十四年(1925)武昌正信印務館鉛印本　八冊

330000－1701－0057446　普814.6/2714　集部/別集類/明別集

陶庵遺藁三卷劄記二卷續稿一卷　(明)歸子慕撰　民國二年(1913)常熟歸氏壽與讀書室鉛印本　一冊

330000－1701－0057451　GP07551　史部/政書類/邦計之屬/賦稅

財政部核定浙江省統捐捐率不分卷　財政部編　民國鉛印本　一冊

330000－1701－0057458　GP06834、GP06835　集部/總集類/彙編之屬

當代八家文鈔　胡君復輯　民國十五年(1926)上海商務印書館鉛印本　六冊　存二種

330000－1701－0057461　GP07550　史部/政書類/律令之屬

浙江杭縣地方審判廳暫行處務規則不分卷　民國油印本　一冊

330000－1701－0057462　普814.6/2726　子部/雜著類/雜說之屬

月蟬筆露二卷　(清)侯玄汸撰　民國二十一年(1932)鉛印本　一冊

330000－1701－0057464　普814.6/2731　類叢部/叢書類/郡邑之屬

廣東叢書　廣東叢書編輯委員會編　民國商務印書館影印本暨鉛印本　三冊　存一種

330000－1701－0057465　GP06836　類叢部/叢書類/郡邑之屬

南林叢刊正集五種次集七種　周延年編　民國二十五年(1936)、二十八年(1939)南林周氏鉛印本　一冊　存三種

330000－1701－0057466　M000357　子部/藝術類/書畫之屬/畫譜

長風鉛筆畫風景集一卷　陳綺石編繪　民國二十四年(1935)長風藝術會影印本　一册

330000－1701－0057467　GP00911　子部/藝術類/書畫之屬/法帖

劉梁合璧一卷　(清)劉墉　(清)梁同書書　民國上海有正書局石印本　一册

330000－1701－0057468　GP00914　子部/藝術類/書畫之屬/法帖

明于忠肅公手跡一卷　(明)于謙書　民國上海有正書局石印本　一册

330000－1701－0057472　M000358　集部/別集類

晚緑居詩藁四卷首一卷詩餘一卷　周茂榕撰　方積鈺　江五民編次　民國五年(1916)寧波鈞和公司鉛印本　一册　存二卷(一至二)

330000－1701－0057473　GP00912　子部/藝術類/書畫之屬/法帖

明于忠肅公手跡一卷　(明)于謙書　民國上海有正書局石印本　一册

330000－1701－0057474　GP06837　類叢部/叢書類/郡邑之屬

南林叢刊正集五種次集七種　周延年編　民國二十五年(1936)、二十八年(1939)南林周氏鉛印本　一册　存三種

330000－1701－0057475　GP00913　子部/藝術類/書畫之屬/法帖

明于忠肅公手跡一卷　(明)于謙書　民國上海有正書局石印本　一册

330000－1701－0057476　GP07554　史部/傳記類/別傳之屬/年譜

八九回憶記一卷　葉爲銘撰　民國二十七年(1938)鉛印本　一册

330000－1701－0057477　GP00915　子部/藝術類/書畫之屬/法帖

徐文定公墨蹟一卷　(明)徐光啟書　民國二十二年(1933)上海土山灣印書館影印本　一册

330000－1701－0057478　M000359　集部/別集類

綴珍集一卷　孫肇圻撰　民國鉛印本　一册

330000－1701－0057479　GP06840　史部/史抄類

前漢書精華錄四卷後漢書精華錄二卷三國菁華錄二卷　朱鈞編　民國三年(1914)上海煥文書局石印本　八册

330000－1701－0057483　GP07523　類叢部/叢書類/自著之屬

寄寄山房全集七種附一種　張翼廷撰　民國二十一年(1932)鉛印本　十六册

330000－1701－0057485　M000360　集部/別集類

轉蓬集一卷　陳中嶽撰　民國二十一年(1932)天津大公報館鉛印本　一册

330000－1701－0057487　GP00916　子部/藝術類/書畫之屬/法帖

舊拓董香光千字文帖一卷　(明)董其昌書　民國石印本　一册

330000－1701－0057489　M000361　類叢部/叢書類/彙編之屬

復廬叢書□□種　姚光輯　民國金山姚氏復廬鉛印本　一册　存一種

330000－1701－0057490　GP00917　子部/藝術類/書畫之屬/法帖

董其昌書山抹微雲詞一卷　(明)董其昌書　民國上海大眾書局石印本　一册

330000－1701－0057491　GP06848　子部/宗教類/佛教之屬/總録

公民修養叢書□□種　劉仁航編　民國十年(1921)上海公民書局鉛印本　二册　存一種

330000－1701－0057495　GP00918　子部/藝術類/書畫之屬/法帖

董香光臨天馬賦一卷　(明)董其昌書　民國石印本　一册

330000－1701－0057498　GP07557　集部/詞類/別集之屬

趣園詩餘六卷　汪曾武撰　**漱紅館詞賸一卷**　吳慶雲撰　民國三十年(1941)鉛印本　一册

330000－1701－0057499　GP00919　子部/藝術類/書畫之屬/法帖

董香光臨天馬賦一卷　(明)董其昌書　民國石印本　一册

330000－1701－0057500　普925.109847/2622　史部/傳記類/總傳之屬/斷代

辛亥殉難記六卷首一卷辛亥殉難表不分卷　吳慶坻輯　民國十年(1921)鉛印本　一册

330000－1701－0057501　M000362　集部/別集類

劈天集一卷詩餘一卷　賀揚靈撰　民國三十二年(1943)鉛印本　一册

330000－1701－0057502　GP00920　子部/藝術類/書畫之屬/法帖

黄山谷七祖山題詩一卷　(宋)黄庭堅書　民國影印本　二册

330000－1701－0057506　GP00951　子部/藝術類/書畫之屬/法帖

三希堂蘇長公法帖三卷　(宋)蘇軾書　民國八年(1919)上海有正書局影印本　三册

330000－1701－0057507　普814.6/2738　集部/別集類/明別集

侯忠節公全集十八卷首一卷　(明)侯峒曾撰　民國二十二年(1933)鉛印本　六册

330000－1701－0057508　M000363　集部/別集類

如如老人灰餘詩草十卷　鳳瑞撰　民國鉛印本　二册

330000－1701－0057511　GP00956　子部/宗教類/佛教之屬

金剛般若波羅蜜經一卷　(後秦)釋鳩摩羅什譯　(清)翁方綱書　民國石印本　一册

330000－1701－0057513　GP06850　類叢部/叢書類

宋氏雜箸　宋慈襃撰　民國刻本　一册　存一種

330000－1701－0057517　GP00978　子部/藝術類/書畫之屬/法帖

蘇黄墨寶合册一卷　(宋)蘇軾　(宋)黄庭堅書　民國石印本　一册

330000－1701－0057519　M000364、M001358　史部/地理類/方志之屬/通志

[民國]重修浙江通志初稿不分卷　浙江通志館修　余紹宋等纂　民國三十七年(1948)鉛印本　四册

330000－1701－0057520　GP00979　子部/藝術類/書畫之屬

缶廬老人詩書畫第一集一卷　吳昌碩書畫　吳邁輯　民國十八年(1929)中華藝術大學影印本　一册

330000－1701－0057523　GP00980　子部/藝術類/書畫之屬/法帖

薛汾陰石淙詩一卷　(唐)薛曜書　民國石印本　一册

330000－1701－0057524　GP06842　史部/地理類/雜志之屬

花谿閒筆一卷　吳鼎昌撰　民國二十九年(1940)貴州日報社鉛印本　一册

330000－1701－0057529　M000365　集部/別集類

邛游詩鈔一卷文存一卷　樊平章撰　民國三十五年(1946)鉛印本　樊平章題記　一册

330000－1701－0057531　GP00981　子部/宗教類/佛教之屬

金剛般若波羅蜜經一卷　(後秦)釋鳩摩羅什譯　汪大燮書　民國石印本　一册

330000－1701－0057535　GP00921　子部/藝術類/書畫之屬/法帖

白陽山人行草詩卷一卷　(明)陳淳書　民國十八年(1929)上海神州國光社石印本　一册

330000－1701－0057537　M000366　集部/別集類
海藏樓詩一卷　鄭孝胥撰　民國十三年(1924)上海掃葉山房石印本　一册

330000－1701－0057539　普814.6/1171/6/c2　集部/別集類/明別集
明張文忠公詩集六卷文集十一卷　(明)張居正撰　民國十一年(1922)上海掃葉山房石印本　四册

330000－1701－0057540　M000367　經部/小學類/文字之屬/字書/訓蒙
中華民國聯字造句法二卷　神州圖書局編輯　民國二年(1913)上海神州圖書局石印本　二册

330000－1701－0057541　GP06853　集部/別集類
涵春館詩稿三編三卷附一卷　王慶芝撰　民國二十年(1931)常熟開文社鉛印本　一册

330000－1701－0057544　M000368　子部/小說家類/雜事之屬
南亭筆記十六卷　(清)李伯元(李寶嘉)撰　民國八年(1919)上海大東書局石印本　四册

330000－1701－0057545　GP06843　類叢部/叢書類/郡邑之屬
赤城遺書彙刊十六種　金嗣獻編　民國四年(1915)太平金氏木活字印本　一册　存三種

330000－1701－0057548　普951.05/3030/3　史部/紀傳類/正史之屬
二十四史附考證　民國上海中華書局鉛印本　三十册　存一種

330000－1701－0057549　GP00922　子部/藝術類/書畫之屬/法帖
明董文敏行楷琵琶行真蹟卷一卷　(明)董其昌書　民國藝苑真賞分社影印本　一册

330000－1701－0057550　M000369　集部/別集類
玉岑遺稿四卷　謝觀虞撰　民國三十八年(1949)王春渠鉛印本　一册

330000－1701－0057553　普814.6/1189　集部/別集類/明別集
張愈光詩文選八卷　(明)張含撰　(明)楊慎批選　**附錄一卷**　民國元年(1912)劍川騰越李根源鉛印本　四册

330000－1701－0057554　M000370　集部/別集類
淡遠樓詩二卷　費師洪撰　民國二十三年(1934)鉛印本　一册

330000－1701－0057556　GP00923　子部/藝術類/書畫之屬/法帖
董玄宰草書一卷　(明)董其昌書　民國十八年(1929)神州國光社石印本　一册

330000－1701－0057558　普814.6/2148/c2　集部/別集類/明別集
卓忠毅遺稿三卷首一卷　(明)卓敬撰　(清)林從炯編　林維喬補編　民國十八年(1929)陶社石印本　一册

330000－1701－0057559　M000371、M000440　集部/別集類
水竹邨人集十二卷　徐世昌撰　民國九年(1920)石印本　六册

330000－1701－0057560　GP00924　集部/別集類
何詩孫手書詩稿四卷　何維樸撰並書　民國十四年(1925)鹿川閣影印本　二册

330000－1701－0057561　GP00982　子部/藝術類/書畫之屬/法帖
蔣仲叔隸書一卷　(清)蔣和書　民國二十四年(1935)上海商務印書館石印本　一册

330000－1701－0057562　GP06844　集部/總集類/酬唱之屬
栩園倡和集不分卷　陳栩編　民國七年(1918)交通圖書館石印本　四册

330000－1701－0057563　普814.6/1190.2/c1　集部/別集類/明別集
張蒼水集二卷附錄一卷　(明)張煌言撰　民國鉛印本　二册

330000－1701－0057565　GP00925　集部/别集類

何詩孫手書詩稿四卷　何維樸撰並書　民國十四年(1925)鹿川閣影印本　二册

330000－1701－0057566　GP06855　類叢部/叢書類/自著之屬

晨風廬叢刊十八種　周慶雲撰　民國吳興周氏夢坡室刻本　一册　存一種

330000－1701－0057567　普 814.6/1190.2/c2　集部/别集類/明别集

張蒼水集二卷附録一卷　(明)張煌言撰　民國鉛印本　一册

330000－1701－0057568　普 925.109847/3146　史部/傳記類/總傳之屬/忠孝

庚子辛亥忠烈像贊不分卷　馮恕輯　民國二十年(1931)影印本　一册

330000－1701－0057569　GP00983　子部/藝術類/書畫之屬/法帖

蔣仲叔隸書一卷　(清)蔣和書　民國二十四年(1935)上海商務印書館石印本　一册

330000－1701－0057571　普 814.6/1190.3　類叢部/叢書類/郡邑之屬

四明叢書一百六十七種　張壽鏞編　民國四明張氏約園刻本　六册　存一種

330000－1701－0057572　GP00984　子部/藝術類/書畫之屬/法帖

虞世南汝南公主墓誌墨跡一卷　(唐)虞世南書　民國有正書局影印本　一册

330000－1701－0057573　GP06845　集部/别集類

蔣觀雲先生遺詩一卷　(清)蔣智由撰　吕美蓀輯　民國二十二年(1933)鉛印本　一册

330000－1701－0057578　GP00985　子部/藝術類/書畫之屬/法帖

虞世南汝南公主墓誌墨跡一卷　(唐)虞世南書　民國有正書局影印本　一册

330000－1701－0057580　GP00986　子部/藝術類/書畫之屬/法帖

黄石齋書王忠文祠記一卷　(明)黄道周書　民國十八年(1929)上海神州國光社影印本　一册

330000－1701－0057582　GP00926　子部/藝術類/書畫之屬/法帖

張廉卿書千字文楷書一卷　(清)張裕釗書　民國石印本　一册

330000－1701－0057586　GP00987　子部/藝術類/書畫之屬/法帖

唐懷素真蹟一卷　(唐)釋懷素書　民國二十八年(1939)西泠印社影印本　一册

330000－1701－0057587　GP00927　子部/藝術類/書畫之屬/法帖

鄧完白書五言詩一卷　(清)鄧石如書　民國影印本　一册

330000－1701－0057588　GP00989　子部/藝術類/書畫之屬/法帖

梅赧翁手書山谷梅花詩真跡不分卷　(清)梅調鼎書　民國影印本　一册

330000－1701－0057594　GP00991　子部/藝術類/書畫之屬/法帖

康南海先生書開歲忽六十詩一卷　康有爲書　民國石印本　一册

330000－1701－0057597　GP00992　子部/藝術類/書畫之屬/法帖

懷素草書四十二章經真蹟一卷　(唐)釋懷素書　民國二十二年(1933)上海中華書局影印本　一册

330000－1701－0057604　GP00993　子部/藝術類/書畫之屬/法帖

唐聖母帖一卷　(唐)釋懷素書　民國八年(1919)上海藝苑眞賞社影印本　一册

330000－1701－0057608　GP00994　子部/藝術類/書畫之屬/法帖

唐懷素自敘眞蹟一卷　(唐)釋懷素書　民國杭州西泠印社影印本　一册

330000－1701－0057610　GP00995　子部/藝術類/書畫之屬/法帖
唐懷素小草千字文一卷　(唐)釋懷素書　民國杭州西泠印社影印本　一冊

330000－1701－0057612　GP06864　集部/詩文評類/詩評之屬
三唐詩品三卷　宋育仁撰　民國攷雋堂刻本　一冊

330000－1701－0057613　普 951.05/3487.02　類叢部/叢書類/自著之屬
柯劭忞先生遺著三種　柯劭忞撰　民國十六年(1927)國立北京大學研究院文史部鉛印本　一冊　存一種

330000－1701－0057614　GP00996　子部/藝術類/書畫之屬/法帖
趙撝叔篆書一卷　(清)趙之謙書　民國二十二年(1933)西泠印社影印本　一冊

330000－1701－0057616　GP00997　子部/藝術類/書畫之屬/法帖
唐陸柬之書陸機文賦一卷　(唐)陸柬之書　民國二十三年(1934)北京故宮博物院影印本　一冊

330000－1701－0057617　GP00928　子部/藝術類/書畫之屬/法帖
石庵精楷一卷　(清)劉墉書　民國有正書局影印本　一冊

330000－1701－0057618　GP01000　子部/藝術類/書畫之屬/法帖
大唐河南府陽翟縣善才寺文蕩律師塔碑銘并序一卷　(唐)盧渙撰　(唐)褚遂良書　民國石印本　一冊

330000－1701－0057621　GP06858　集部/總集類/選集之屬/通代
國故論著集要不分卷　民國鉛印本　一冊

330000－1701－0057623　GP00929　子部/藝術類/書畫之屬/法帖
北宋拓蘇書醉翁亭記一卷　(宋)蘇軾書　民國十四年(1925)上海有正書局石印本　一冊

330000－1701－0057625　M000372　集部/別集類
橫海樓詩集甲稿一卷　陳蔚撰　民國十四年(1925)鉛印本　一冊

330000－1701－0057626　HJL5608　集部/別集類
悔餘生詩五卷　吴慶坻撰　民國十五年(1926)鉛印本　二冊

330000－1701－0057628　GP00930　子部/藝術類/書畫之屬/法帖
北宋拓蘇書醉翁亭記一卷　(宋)蘇軾書　民國上海有正書局石印本　錢倫體題記　一冊

330000－1701－0057630　M000373　集部/別集類
始奏集一卷　李家煌撰　民國十七年(1928)鉛印本　一冊

330000－1701－0057631　GP00931　子部/藝術類/書畫之屬/法帖
北宋拓蘇書醉翁亭記一卷　(宋)蘇軾書　民國七年(1918)上海有正書局石印本　一冊

330000－1701－0057634　GP00932　子部/藝術類/書畫之屬/法帖
北宋拓醉翁亭記一卷　(宋)蘇軾書　民國五年(1916)上海有正書局石印本　一冊

330000－1701－0057637　M000374、M007436　類叢部/叢書類/家集之屬
桂林周氏家集　周家彦編　民國二十三年(1934)桂林周氏青島鉛印本　四冊　存六種

330000－1701－0057638　GP00933　子部/藝術類/書畫之屬/法帖
宋拓蘇書豐樂亭記一卷　(宋)蘇軾書　民國上海有正書局石印本　一冊

330000－1701－0057639　普 951.05/7722/c1　史部/編年類/斷代之屬
元史弼違二卷　(明)周復俊撰　民國二十五年(1936)崑山趙氏對樹書屋刻對樹書屋叢刻本　周慤題記　一冊

330000－1701－0057642　GP00935　史部/金石類/石之屬/文字
唐搨溫泉銘一卷　(唐)太宗李世民書　民國九年(1920)上海文明書局影印本　一冊

330000－1701－0057643　M000375　子部/藝術類/遊藝之屬/聯語
集宋四家詞聯一卷　林葆恒輯　民國二十五年(1936)刻本　一冊

330000－1701－0057646　GP06861　類叢部/叢書類
張氏叢書　民國元年(1912)刻本　一冊　存一種

330000－1701－0057650　GP01001　子部/藝術類/書畫之屬/法帖
大唐河南府陽翟縣善才寺文蕩律師塔碑銘并序一卷　(唐)盧澳撰　(唐)褚遂良書　民國石印本　一冊

330000－1701－0057653　M000376　史部/傳記類/別傳之屬/事狀
輓誄不分卷　民國抄本　一冊

330000－1701－0057654　GP01002　子部/藝術類/書畫之屬/法帖
岳忠武奏草真蹟一卷　(宋)岳飛書　民國二十七年(1938)商務印書館影印本　一冊

330000－1701－0057655　M005258　子部/藝術類/書畫之屬/法帖
名人真蹟　民國中華書局影印本　一冊　存一種

330000－1701－0057658　GP01003　子部/藝術類/書畫之屬/法帖
元俞和書忠祐廟碑一卷　(元)俞和書　民國二十五年(1936)國立北平故宮博物院影印本　一冊

330000－1701－0057659　M000377　史部/金石類/石之屬
秦篆會稽碣石嶧山三種不二字合冊一卷　民國上海有正書局影印本　陳逸卿題記　一冊

330000－1701－0057661　GP00937　子部/藝術類/書畫之屬/法帖
名人真蹟　民國中華書局影印本　一冊　存一種

330000－1701－0057663　GP01004　子部/藝術類/書畫之屬/法帖
元俞和書忠祐廟碑一卷　(元)鮮于樞書　民國二十五年(1936)國立北平故宮博物院影印本　一冊

330000－1701－0057664　GP01005　子部/藝術類/書畫之屬/法帖
鄧文原章草眞跡一卷　(元)鄧文原書　民國三十六年(1947)國立北平故宮博物院影印本　一冊

330000－1701－0057665　GP00938　子部/藝術類/書畫之屬/法帖
名人真蹟　民國中華書局影印本　一冊　存一種

330000－1701－0057667　普814.6/2749/4　集部/別集類/明別集
震川先生集三十卷別集十卷附錄一卷　(明)歸有光撰　民國上海中華圖書館石印本　八冊

330000－1701－0057671　GP01006　子部/藝術類/書畫之屬/畫譜
秋庭晨課圖一卷　方君璧繪　民國影印本　一冊

330000－1701－0057672　M000378　子部/宗教類/佛教之屬
香山勸世經文□□卷　民國抄本　一冊　存一卷(一)

330000－1701－0057677　GP01007　子部/藝術類/書畫之屬/法帖
元趙孟頫書急就章一卷　(元)趙孟頫書　民國三十二年(1943)國立北平故宮博物院影印本　一冊

330000－1701－0057679　GP01008　子部/藝術類/書畫之屬/畫譜

齊白石畫冊一卷　齊白石(齊璜)繪　民國二十八年(1939)香港中華書局影印本　一冊

330000－1701－0057681　M000379　子部/藝術類/書畫之屬/法帖
吴愙齋先生篆書白鶴泉銘一卷　(清)吴大澂書　民國二十年(1931)蘇州振新書社石印本　一冊

330000－1701－0057682　普 814.6/2750/c1　類叢部/叢書類/彙編之屬
嘉業堂叢書五十七種　劉承幹輯　民國吴興劉氏嘉業堂刻本　三冊　存一種

330000－1701－0057684　普 814.6/2531/c1　類叢部/叢書類/自著之屬
舜水遺書四種附録一卷　(明)朱之瑜撰　民國二年(1913)山陰湯壽潛鉛印本　十二冊

330000－1701－0057685　M000380　子部/藝術類/書畫之屬/法帖
化度寺碑不分卷　(唐)歐陽詢書　天虚我生選　民國家庭工業社影印本　馮雄聲題記　一冊

330000－1701－0057688　GP00939　史部/傳記類/别傳之屬/墓誌
魏崔敬邕墓誌銘不分卷　民國影印本　一冊

330000－1701－0057692　普 814.6/2531/c2　類叢部/叢書類/自著之屬
舜水遺書四種附録一卷　(明)朱之瑜撰　民國二年(1913)山陰湯壽潛鉛印本　十二冊

330000－1701－0057693　GP00940　子部/藝術類/書畫之屬/法帖
唐明皇鶺鴒頌一卷　(唐)玄宗李隆基書　民國二十一年(1932)北平故宫博物院影印本　一冊

330000－1701－0057694　M000381　子部/藝術類/書畫之屬/法帖
舊拓元夢英篆書千字文一卷　(宋)夢英書　民國二十五年(1936)上海中華書局影印本　一冊

330000－1701－0057695　普 814.6/2531/c3　類叢部/叢書類/自著之屬
舜水遺書四種附録一卷　(明)朱之瑜撰　民國二年(1913)山陰湯壽潛鉛印本　十二冊

330000－1701－0057697　GP00941　子部/藝術類/書畫之屬/法帖
孔祭酒碑不分卷　民國七年(1918)上海商務印書館影印本　一冊

330000－1701－0057698　普 814.6/2750/c3　類叢部/叢書類/彙編之屬
嘉業堂叢書五十七種　劉承幹輯　民國吴興劉氏嘉業堂刻本　三冊　存一種

330000－1701－0057700　普 814.6/2750/(2)/c1　類叢部/叢書類/彙編之屬
嘉業堂叢書五十七種　劉承幹輯　民國吴興劉氏嘉業堂刻本　六冊　存一種

330000－1701－0057702　普 814.6/2750/(2)/c2　類叢部/叢書類/彙編之屬
嘉業堂叢書五十七種　劉承幹輯　民國吴興劉氏嘉業堂刻本　六冊　存一種

330000－1701－0057703　GP00946　子部/藝術類/書畫之屬/法帖
沈子培先生海日樓遺墨一卷　沈曾植書　民國上海佛記書局石印本　一冊

330000－1701－0057706　GP01009　子部/藝術類/書畫之屬/法帖
唐馮承素臨蘭亭帖一卷　(唐)馮承素書　民國二十八年(1939)國立北平故宫博物院影印本　一冊

330000－1701－0057707　GP01011　子部/藝術類/書畫之屬/法帖
泰山經石峪金剛經墨拓二卷　瓶齋主人　李瑞清藏　民國五年(1916)上海震亞圖書局影印本　二冊

330000－1701－0057708　普 951.05/7722/c2　史部/編年類/斷代之屬
元史弼違二卷　(明)周復俊撰　民國二十五年(1936)崑山趙氏對樹書屋刻對樹書屋叢刻

本　周慤題記　一册

330000－1701－0057710　GP06873　經部/小學類/音韻之屬/韻書

夏炘詩古韻表二十二部集說二卷　(清)夏炘撰　民國鉛印本　一册

330000－1701－0057711　GP01013　子部/藝術類/書畫之屬/法帖

宋拓道因法師碑一卷　(唐)李儼撰　(唐)歐陽通書　民國上海有正書局石印本　一册

330000－1701－0057713　GP01014　子部/藝術類/書畫之屬/法帖

宋拓道因法師碑一卷　(唐)李儼撰　(唐)歐陽通書　民國上海有正書局石印本　一册

330000－1701－0057714　GP01015　子部/藝術類/書畫之屬/法帖

李猛厂先生遺墨一卷　(清)李葆恂書　民國石印本　一册

330000－1701－0057715　普951.05/7722/c3　史部/編年類/斷代之屬

元史弼違二卷　(明)周復俊撰　民國二十五年(1936)崑山趙氏對樹書屋刻對樹書屋叢刻本　周慤題記　一册

330000－1701－0057719　GP01018　子部/藝術類/書畫之屬/法帖

元龔璛七賢詩蹟一卷　(元)龔璛書　民國二十八年(1939)商務印書館石印本　一册

330000－1701－0057720　GP01019　子部/藝術類/書畫之屬

千字文集古不分卷　袁俊輯並書　民國十七年(1928)財政部印刷局石印本　一册

330000－1701－0057721　GP06882　史部/目録類/專録之屬

續藏經目錄不分卷　(日本)中野達慧編　民國十一年(1922)商務印書館鉛印本　一册

330000－1701－0057722　GP01020　史部/金石類/石之屬/文字

原拓泰山金剛經一卷　民國上海碧梧山莊石印本　三册

330000－1701－0057724　GP01021　子部/藝術類/書畫之屬/法帖

朱文公論語集註草稿眞蹟一卷　民國八年(1919)上海商務印書館影印本　一册

330000－1701－0057725　GP01022　子部/藝術類/書畫之屬/法帖

趙松雪手札一卷　(元)趙孟頫書　民國上海有正書局影印本　季宣題記　一册

330000－1701－0057726　GP01023　子部/藝術類/書畫之屬/法帖

明拓泰山金剛經不二字一卷　民國上海佛記書局石印本　四册

330000－1701－0057727　普925.109847/5050/c1　史部/傳記類/總傳之屬/忠孝

錫山秦氏後雙孝徵文彙錄不分卷附錄秦氏後雙孝全案一卷　(清)秦中毅輯　民國九年(1920)無錫秦氏鉛印本　一册

330000－1701－0057728　GP06883　集部/別集類/宋別集

增廣箋註簡齋詩集三十卷無住詞一卷外集一卷附錄一卷　(宋)陳與義撰　(宋)胡穉箋注　**胡學士續添簡齋詩箋正誤一卷**　(宋)胡穉撰　**簡齋先生年譜一卷**　(宋)胡穉編　**增廣箋註簡齋詩集校勘記一卷**　馮煦撰　民國九年(1920)蔣氏湖上草堂刻本　六册

330000－1701－0057729　GP00947　子部/藝術類/書畫之屬/法帖

海日樓遺墨一卷　沈曾植書　民國上海佛記書局石印本　一册

330000－1701－0057731　GP01024　子部/藝術類/書畫之屬/法帖

泰山經石峪金剛經集聯二卷　曾熙　李瑞清　譚延闓輯　民國九年(1920)上海震亞圖書局石印本　二册

330000－1701－0057732　GP00948　子部/藝術類/書畫之屬/法帖

海日樓遺墨一卷　沈曾植書　民國上海佛記

書局石印本　一册

330000－1701－0057733　GP01025　子部/藝術類/書畫之屬/法帖

元拓泰山經石峪金剛經集詩集聯一卷　朱鼎一厂居士選　民國十六年(1927)上海出版公司石印本　二册

330000－1701－0057734　普814.6/2616　集部/别集類/明别集

射陽先生存稿四卷　(明)吴承恩撰　民國十九年(1930)故宫博物院圖書館鉛印本　二册

330000－1701－0057735　普925.109847/5050/c2　史部/傳記類/總傳之屬/忠孝

錫山秦氏後雙孝徵文彙録不分卷附録秦氏後雙孝全案一卷　(清)秦中毅輯　民國九年(1920)無錫秦氏鉛印本　一册

330000－1701－0057736　GP00949　子部/藝術類/書畫之屬/法帖

何子貞楷書前後赤壁賦一卷　(清)何紹基書　民國八年(1919)上海文明書局影印本　一册

330000－1701－0057741　GP00950　子部/藝術類/書畫之屬/法帖

名人真蹟　民國中華書局影印本　一册　存一種

330000－1701－0057742　M000382　史部/金石類/石之屬

原拓秦會稽石刻一卷　民國上海碧梧山莊影印本　一册

330000－1701－0057743　M000383　史部/傳記類/别傳之屬/墓誌

資政大夫鎮海陳公墓表一卷　金賢寀撰　民國十三年(1924)影印本　一册

330000－1701－0057745　普814.6/2623　集部/别集類/明别集

大雅堂摘稿二卷　(明)况叔祺撰　民國二十二年(1933)高安藍氏鉛印本　一册

330000－1701－0057752　GP01026　子部/藝術類/書畫之屬/法帖

唐鄭虔艸書大人賦真蹟一卷　(唐)鄭虔書　民國十一年(1922)無錫理工製版所影印本　一册

330000－1701－0057754　G000161、M605822、M606333　史部/金石類/總志之屬

顧氏金石輿地叢書第一集八種　顧燮光編　民國十八年(1929)會稽顧氏金佳石好樓鉛印本暨石印本　四册　存四種

330000－1701－0057755　M000384　子部/藝術類/書畫之屬/法帖

周君田泉生壙志一卷　金賢寀撰　朱孝臧書　民國十三年(1924)影印本　一册

330000－1701－0057756　GP01027　子部/藝術類/書畫之屬/法帖

元明人書集册一卷　民國二十年(1931)北平古物陳列所影印本　一册

330000－1701－0057757　普814.6/2750.2/c1　類叢部/叢書類/彙編之屬

嘉業堂叢書五十七種　劉承幹輯　民國吴興劉氏嘉業堂刻本　三册　存一種

330000－1701－0057761　普814.6/2750.2/c2　類叢部/叢書類/彙編之屬

嘉業堂叢書五十七種　劉承幹輯　民國吴興劉氏嘉業堂刻本　三册　存一種

330000－1701－0057762　GP01043　子部/藝術類/書畫之屬/法帖

吴清卿書古文論語一卷附録許氏説文引論語三十六條一卷　(清)吴大澂書　民國二年(1913)蘇州振新書社石印本　二册

330000－1701－0057771　M000385　史部/傳記類/别傳之屬/墓誌

世界美術家吴縣沈女士靈表一卷　張謇撰並書　民國十三年(1924)上海商務印書館影印本　一册

330000－1701－0057773　普814.6/3030/2　類叢部/叢書類/彙編之屬

四部備要　中華書局編　民國二十五年

(1936)上海中華書局鉛印本　十二册　存一種

330000－1701－0057775　普 925.109848/1140　史部/傳記類/總傳之屬/忠孝
浙江孝節錄初集二卷　張大庚　王昌杰編　民國二十四年(1935)上海明善書局鉛印本　王震明題記　四册

330000－1701－0057778　GP07517　史部/雜史類
人云亦云一卷　傅煥編　民國九年(1920)鉛印本　一册

330000－1701－0057779　M000386　史部/傳記類/別傳之屬/墓誌
天門源泉許君墓志銘一卷　陳衍撰　曾熙書　民國影印本　一册

330000－1701－0057783　GP01044　子部/藝術類/書畫之屬/法帖
吳大澂篆文孝經一卷　(清)吳大澂書　民國二年(1913)蘇州振新書社影印本　一册

330000－1701－0057785　M000387　史部/傳記類/別傳之屬/墓誌
清故奉政大夫贈通議大夫戶部七品小京官葛君[嗣溁]墓表一卷　陳寶琛撰並書　**清故奉政大夫晉贈通議大夫戶部七品小京官葛府君墓志銘一卷**　秦樹聲撰並書　**葛雲威農部家傳一卷**　金蓉鏡撰　羅振玉書　民國石印本　一册

330000－1701－0057789　GP01045　子部/藝術類/書畫之屬/法帖
魏孝昌石窟碑一卷　(北魏)袁翻撰　(北魏)王實書　民國影印本　一册

330000－1701－0057791　GP01028　子部/藝術類/書畫之屬/法帖
傅青主墨蹟一卷　(清)傅山書　民國二十三年(1934)上海商務印書館影印本　一册

330000－1701－0057793　普 925.10985/1038　史部/傳記類/總傳之屬/忠孝
金華縣義祀祠譜錄十二卷　民國十年(1921)石印本　四册

330000－1701－0057794　GP01046　史部/金石類/石之屬/文字
大代華岳廟碑一卷　民國有正書局影印本　一册

330000－1701－0057795　GP01029　子部/藝術類/書畫之屬/法帖
漁洋山人手柬一卷　(清)王士禛書　民國十六年(1927)上海商務印書館影印本　一册

330000－1701－0057796　GP01047　史部/金石類/石之屬/文字
大代華岳廟碑一卷　民國有正書局影印本　一册

330000－1701－0057797　GP01048　子部/藝術類/書畫之屬/法帖
翁覃溪手鈎化度寺碑一卷　(唐)歐陽詢書　(清)翁方綱重摹　民國上海有正書局影印本　一册

330000－1701－0057800　GP01049　子部/藝術類/書畫之屬/法帖
篆千字文一卷　(唐)李冰陽書　民國上海碧梧山莊石印本　一册

330000－1701－0057801　GP01050　子部/藝術類/書畫之屬/法帖
黃石齋先生逸詩不分卷　(明)黃道周書　民國九年(1920)上海有正書局影印本　一册

330000－1701－0057802　GP01053　子部/藝術類/書畫之屬/法帖
原石拓醉翁亭記一卷　(宋)蘇軾書　民國二十三年(1934)上海中華書局石印本　一册

330000－1701－0057804　M000388　子部/藝術類/書畫之屬/法帖
韓宗石墨一卷　韓澄輯　民國八年(1919)影印本　一册

330000－1701－0057807　GP01054　史部/金石類/石之屬/文字
初拓高湛墓誌一卷　民國二十年(1931)上海

商務印書館影印本　一冊

330000－1701－0057808　M000389　子部/藝術類/書畫之屬/法帖

名人真蹟　民國中華書局影印本　一冊　存一種

330000－1701－0057811　GP01055　子部/藝術類/書畫之屬/法帖

北齊平秦王高歸彥造像一卷　民國八年(1919)上海古望書局石印本　一冊

330000－1701－0057813　GP01056　子部/藝術類/書畫之屬/法帖

最初拓劉懿墓誌銘一卷　民國上海有正書局石印本　一冊

330000－1701－0057817　GP01057　子部/藝術類/書畫之屬/法帖

舊拓爨寶子碑一卷　民國上海有正書局石印本　一冊

330000－1701－0057820　M000391　子部/藝術類/書畫之屬/法帖

名人真蹟　民國中華書局影印本　一冊　存一種

330000－1701－0057821　GP01058　子部/藝術類/書畫之屬/法帖

最初精拓爨龍顔碑不分卷　民國四年(1915)上海有正書局石印本　一冊

330000－1701－0057822　GP01059　子部/藝術類/書畫之屬/法帖

最初精拓爨龍顔碑不分卷　民國四年(1915)上海有正書局石印本　一冊

330000－1701－0057823　普814.6/3034　類叢部/叢書類/郡邑之屬

赤城遺書彙刊十六種　金嗣獻編　民國四年(1915)太平金氏木活字印本　一冊　存一種

330000－1701－0057824　GP01060　史部/金石類/石之屬/文字

中岳嵩高靈廟碑不分卷　民國八年(1919)上海有正書局影印本　一冊

330000－1701－0057825　GP01061　子部/藝術類/書畫之屬/法帖

嵩高靈廟碑一卷　民國上海有正書局影印本　一冊

330000－1701－0057829　M000392　經部/小學類/訓詁之屬/爾雅

爾雅諍郭二卷　(清)朱學聃編　民國二十五年(1936)鉛印本　一冊

330000－1701－0057830　GP01062　子部/藝術類/書畫之屬/法帖

臨川李氏藏舊官坛碑一卷　民國上海震亞圖書局石印本　一冊

330000－1701－0057833　GP01063　子部/藝術類/書畫之屬/法帖

元宋仲溫臨書譜眞蹟一卷　(明)宋克書　民國二十九年(1940)上海文明書局影印本　一冊

330000－1701－0057836　M000393　集部/別集類

己未集一卷　張朝墉撰　民國八年(1919)上海聚珍倣宋印書局鉛印本　一冊

330000－1701－0057839　GP01030　子部/藝術類/書畫之屬/法帖

王覺斯楷書八關齋會記不分卷　(清)王鐸書　民國二十四年(1935)上海商務印書館影印本　一冊

330000－1701－0057841　GP01031　子部/藝術類/書畫之屬/法帖

清儀老人遺墨不分卷　(清)張廷濟書　民國七年(1918)天真影印本　二冊

330000－1701－0057843　普814.6/2810　集部/別集類/明別集

東溪先生文集十九卷首一卷末一卷　(明)徐霈撰　民國十五年(1926)木活字印本　汪志莊題記　四冊

330000－1701－0057847　GP01033　子部/藝術類/書畫之屬/法帖

元趙孟頫七札不分卷　(元)趙孟頫書　民國

二十五年(1936)國立北平故宫博物院影印本　一冊

330000－1701－0057850　GP01034　子部/藝術類/書畫之屬/法帖
元趙孟頫書絕交書不分卷　(元)趙孟頫書　民國二十六年(1937)國立北平故宫博物院影印本　一冊

330000－1701－0057853　GP01035　子部/藝術類/書畫之屬/法帖
元趙孟頫鮮于樞行草合冊不分卷　(元)趙孟頫　(元)鮮于樞書　民國二十五年(1936)國立北平故宫博物院影印本　一冊

330000－1701－0057855　M000394　子部/藝術類/書畫之屬
春豔寫影一卷　吴虞公撰　但杜宇畫　民國九年(1920)上海世界書局石印本　一冊

330000－1701－0057857　GP01036　子部/藝術類/書畫之屬/法帖
元趙孟頫集冊不分卷　(元)趙孟頫書　民國三十年(1941)故宫博物院影印本　一冊

330000－1701－0057860　M000395　史部/傳記類/别傳之屬/事狀
洺陽去思錄一卷　民國鉛印本　一冊

330000－1701－0057862　普814.6/3248　類叢部/叢書類/郡邑之屬
續金華叢書六十種　胡宗楙編　民國十三年(1924)永康胡氏夢選樓刻本　二冊　存一種

330000－1701－0057864　M000396　集部/别集類/清别集
雪堂燕山集一卷雪堂遼海集一卷　(清)傅作楫撰　民國抄本　一冊

330000－1701－0057867　M000397　集部/别集類
惜惜盦詩稿一卷　陳庚仝撰　民國二十三年(1934)鉛印本　一冊

330000－1701－0057874　GP01037　子部/藝術類/書畫之屬/法帖
元趙孟頫集冊不分卷　(元)趙孟頫書　民國三十年(1941)故宫博物院影印本　一冊

330000－1701－0057875　GP01038　子部/藝術類/書畫之屬/法帖
元趙孟頫書小學卷不分卷　(元)趙孟頫書　民國二十六年(1937)國立北平故宫博物院影印本　一冊

330000－1701－0057878　GP01039　子部/藝術類/書畫之屬/法帖
趙孟頫四札墨蹟不分卷　(元)趙孟頫書　民國十五年(1926)上海有正書局影印本　一冊

330000－1701－0057880　普925.10986/2650/3　類叢部/叢書類/彙編之屬
四部備要　中華書局編　民國二十五年(1936)上海中華書局鉛印本　一冊　存一種

330000－1701－0057881　GP01040　子部/藝術類/書畫之屬/法帖
趙松雪書膽巴碑真迹不分卷　(元)趙孟頫書　民國上海有正書局影印本　一冊

330000－1701－0057883　M000251　史部/目録類/總録之屬
知無涯齋書目不分卷　民國石印本　一冊

330000－1701－0057884　GP01041　子部/藝術類/書畫之屬/法帖
趙文敏公書真蹟一卷　(元)趙孟頫書　民國上海文明書局影印本　一冊

330000－1701－0057885　M000250　子部/宗教類/佛教之屬/經疏
大乘密嚴經疏十卷　(唐)釋法藏撰　民國八年(1919)金陵刻經處刻本　四冊

330000－1701－0057887　GP01042　子部/藝術類/書畫之屬/法帖
趙文敏公書真蹟一卷　(元)趙孟頫書　民國上海文明書局影印本　一冊

330000－1701－0057890　M000252　子部/藝術類/遊藝之屬/聯語
名人楹聯真蹟大全不分卷附屏條堂幅不分卷

劉再蘇搜集　民國十四年(1925)上海世界書局影印本　二冊

330000－1701－0057893　M000253、M007106　史部/目録類/總録之屬/私撰
書目答問五卷別錄一卷國朝箸述諸家姓名略一卷　(清)張之洞撰　民國四年(1915)上海掃葉山房石印本　二冊

330000－1701－0057895　M000254、M003480、M003677　集部/曲類/曲韻曲譜曲律之屬
琵琶記曲譜四卷　(清)殷溎深撰　民國十年(1921)上海朝記書莊石印本　七冊　存三卷(一至二、四)

330000－1701－0057905　普 814.6/3614/c1　類叢部/叢書類/郡邑之屬
吳興叢書六十六種　劉承幹編　民國吳興劉氏嘉業堂刻本　一冊　存一種

330000－1701－0057909　M000256　集部/小說類/長篇之屬
原本石頭記八卷八十回　(清)曹霑撰　民國九年(1920)上海有正書局石印本　八冊　存七卷(二至八)

330000－1701－0057910　M000398　史部/傳記類/別傳之屬/事狀
誥授光祿大夫陳公堯齋先生哀誄錄一卷　民國鉛印本　一冊

330000－1701－0057914　M000399　史部/地理類/雜志之屬
園林春色一卷　任桐撰　民國十七年(1928)鉛印本　一冊

330000－1701－0057915　普 814.6/3614/c2　類叢部/叢書類/郡邑之屬
吳興叢書六十六種　劉承幹編　民國吳興劉氏嘉業堂刻本　一冊　存一種

330000－1701－0057916　M000257　史部/地理類/雜志之屬
征蒙一助不分卷　汪濬慕劉輯　民國元年(1912)甬江郡鉛印本　一冊

330000－1701－0057917　普 814.6/3614/c3　類叢部/叢書類/郡邑之屬
吳興叢書六十六種　劉承幹編　民國吳興劉氏嘉業堂刻本　一冊　存一種

330000－1701－0057919　M000400　集部/別集類
蛻塵軒詩存二卷詩餘附存二卷聊復軒詩存一卷詩餘附存一卷　施贊唐撰　**吳興家粹輯存一卷**　施贊唐輯　民國八年(1919)木活字印本　二冊　存四卷(詩存一至二、詩餘一至二)

330000－1701－0057923　普 925.10986/3463　史部/傳記類/總傳之屬/隱逸
清逸錄一卷　(清)洪恩寀撰　民國二十一年(1932)鉛印本　一冊

330000－1701－0057924　M000258、M003900、M006637、M007629　史部/地理類/專志之屬/書院
南廱志二十四卷　(明)黄佐撰　民國二十年(1931)江蘇省立國學圖書館影印本　八冊

330000－1701－0057925　GP01064　子部/藝術類/書畫之屬/法帖
元宋仲溫臨書譜眞蹟一卷　(明)宋克書　民國二十九年(1940)上海文明書局影印本　一冊

330000－1701－0057927　M000401　史部/傳記類/別傳之屬/墓誌
伍府君墓誌銘一卷　曾熙撰並書　民國石印本　一冊

330000－1701－0057928　普 925.10986/8048/c1　史部/傳記類/總傳之屬/隱逸
檇李高逸傳一卷　金蓉鏡等撰　民國五年(1916)鉛印本　一冊

330000－1701－0057930　M000259　史部/傳記類/別傳之屬
壺翁自述一卷　戴啟文撰　民國六年(1917)鉛印本　一冊

330000－1701－0057931　GP01065　子部/藝

術類/書畫之屬/法帖

漢汲黯傳不分卷　(元)趙孟頫書　民國影印本　一册

330000－1701－0057932　普 814.6/3632　類叢部/叢書類/彙編之屬

適園叢書七十四種　張鈞衡編　民國二年至六年(1913－1917)烏程張氏刻本(唐大詔令集卷十四至二十四、八十七至九十八原缺)一册　存一種

330000－1701－0057933　M000260　集部/總集類/選集之屬/通代

佳句摘錄不分卷　樵者選　稿本　一册

330000－1701－0057935　M000261　史部/目録類/版本之屬/通論

中國版本略說一卷　中國科學社編　民國二十年(1931)中國科學社鉛印本　一册

330000－1701－0057937　M000402　史部/傳記類/别傳之屬/墓誌

夫人程氏塔銘并序一卷　民國石印本　一册

330000－1701－0057938　GP01066　史部/金石類/石之屬/文字

初搨司馬景和妻墓誌銘不分卷　民國十八年(1929)上海中華書局、文明書局影印本　一册

330000－1701－0057939　M000403　子部/宗教類/佛教之屬/諸宗

幻庵文集六卷　范古農撰　民國三十六年(1947)上海大法輪書局、上海佛學書局鉛印本　三册

330000－1701－0057940　普 925.10986/8048/c2　史部/傳記類/總傳之屬/隱逸

檇李高逸傳一卷　金蓉鏡等撰　民國五年(1916)鉛印本　一册

330000－1701－0057941　M000262　史部/地理類/山川之屬/山志

西天目祖山志八卷首一卷末一卷補遺一卷　(明)釋廣賓撰　(清)釋際界增訂　民國二十年(1931)上海宏大善書局石印本　二册

330000－1701－0057942　普 925.10986/8048/c3　史部/傳記類/總傳之屬/隱逸

檇李高逸傳一卷　金蓉鏡等撰　民國五年(1916)鉛印本　一册

330000－1701－0057946　M000264　史部/地理類/方志之屬/郡縣志

[民國]木瀆小志六卷首一卷附光福諸山記一卷　張郁文輯　民國十年(1921)蘇州華興印書局鉛印本　二册

330000－1701－0057947　M000265　史部/地理類/山川之屬/山志

廬山續志稿七卷首一卷　吳宗慈纂　江西省文獻委員會編　民國三十六年(1947)鉛印本　八册

330000－1701－0057948　GP01070　史部/金石類/石之屬/文字

晉爨寶子碑一卷　民國十二年(1923)上海藝苑真賞社影印本　一册

330000－1701－0057951　M000266　集部/别集類/元别集

所安遺集一卷　(元)陳泰撰　民國九年(1920)影印本　一册

330000－1701－0057955　GP01071　子部/藝術類/書畫之屬/法帖

宋板東坡手寫金剛經一卷　(宋)蘇軾書　民國影印本　一册

330000－1701－0057956　GP01072　子部/藝術類/書畫之屬/法帖

明宋仲溫急就章眞蹟一卷　(明)宋克書　民國十七年(1928)京華印書局影印本　一册

330000－1701－0057957　普 814.6/3734、普 814.6/4017　類叢部/叢書類/郡邑之屬

雲南叢書初編一百四十一種二編三十七種　趙藩　陳榮昌等輯　民國雲南叢書處刻本　十一册　存二種

330000－1701－0057966　M000406　子部/藝術類/遊藝之屬/雜藝

游泳教範一卷附河川渡過法一卷　民國石印

本　一册

330000－1701－0057974　普 925.10987/1149　史部/傳記類/總傳之屬/郡邑

慰志彙編二卷　(清)張嘉榮編　民國十一年(1922)盛澤張氏希范堂鉛印本　一册

330000－1701－0057976　M000267　類叢部/叢書類/彙編之屬

四部備要　中華書局編　民國二十五年(1936)上海中華書局鉛印本　一册　存一種

330000－1701－0057979　M000407　子部/宗教類/道教之屬

洞天秘笈一卷　章舒文撰　劉乾祥證義　民國抄本　一册

330000－1701－0057980　HJL1358　子部/宗教類/道教之屬/戒律

文昌帝君陰騭文註證不分卷　(清)潘成雲輯　民國十二年(1923)佛學推行社鉛印本　一册

330000－1701－0057981　普 814.6/4014　集部/總集類/彙編之屬

明季三孝廉集　羅振玉輯　民國八年(1919)上虞羅氏鉛印本　四册　存一種

330000－1701－0057983　GP01073　子部/藝術類/書畫之屬/法帖

明宋仲溫急就章眞蹟一卷　(明)宋克書　民國二十三年(1934)和記印書館影印本　一册

330000－1701－0057988　M000269　集部/詩文評類/詩評之屬

冷禪室詩話一卷　海納川撰　民國上海文瑞樓石印本　一册

330000－1701－0057992　普 814.6/4027　集部/别集類/明别集

重編燼餘集六卷首一卷　(明)李魯撰　丘復輯　民國二十三年(1934)丘復鉛印本　一册

330000－1701－0057995　M000270　子部/儒家類/儒學之屬/蒙學

增訂三字經一卷　(宋)王應麟撰　章炳麟重訂　劉松齡增訂　劉警凡增註　民國二十八年(1939)私立吳興緫校同學會鉛印本　一册

330000－1701－0057997　GP01074　子部/藝術類/書畫之屬/法帖

唐葉慧明碑一卷　民國上海藝苑真賞社影印本　一册

330000－1701－0058001　GP01075　子部/藝術類/書畫之屬/法帖

舊拓薛刻書譜一卷附釋文一卷　(唐)孫過庭撰並書　民國十五年(1926)上海商務印書館影印本　一册

330000－1701－0058002　普 814.6/4029/c1　類叢部/叢書類/彙編之屬

滄海叢書十六種附七種　張伯楨編　民國二年至二十四年(1913－1935)東莞張氏刻本　二册　存一種

330000－1701－0058005　M000271　史部/目録類/總録之屬/彙刻

四部叢刊目錄一卷　商務印書館編　民國上海商務印書館鉛印本暨影印本　一册

330000－1701－0058009　GP01076　子部/藝術類/書畫之屬/法帖

舊拓薛刻書譜一卷附釋文一卷　(唐)孫過庭撰並書　民國十年(1921)上海商務印書館影印本　一册

330000－1701－0058011　M000272　史部/目録類/專録之屬

景印國藏善本叢刊樣本不分卷　景印國藏善本叢刊委員會編　民國二十六年(1937)商務印書館鉛印本暨影印本　一册

330000－1701－0058013　普 925.10987/1777.2　集部/别集類/清别集

香閨夢六卷　(清)邵颿撰　民國十一年(1922)上海碧梧山莊石印本　六册

330000－1701－0058014　GP01077　子部/藝術類/書畫之屬/法帖

晉王羲之快雪時晴帖一卷　(晉)王羲之書　民國三十年(1941)故宫博物院影印本　一册

330000－1701－0058015　HJL1737　子部/藝術類/書畫之屬
嶺南畫徵略十二卷補遺一卷　汪兆鏞撰　民國番禺汪氏鉛印本　二册

330000－1701－0058016　HJL1361　子部/儒家類/儒學之屬/禮教/女範
女小學四卷　許鼎臣編　民國十二年(1923)陝西督軍劉鉛印本　二册

330000－1701－0058017　GP06917　經部/易類/傳說之屬
易學入門一卷易學探原經傳解三卷　黄元炳撰　民國二十二年(1933)無錫黄氏觀蝶樓鉛印本　一册　缺三卷(易學探原經傳解一至三)

330000－1701－0058018　M000273　類叢部/叢書類/彙編之屬
金陵秘笈　民國三十七年(1948)金陵秘笈徵獻樓刻本　一册　存一種

330000－1701－0058021　HJL1362　子部/藝術類/書畫之屬/總論
三虞堂書畫目二卷附碑帖目一卷論書畫詩二卷　(清)景賢撰　蘇宗仁編　民國二十二年(1933)北平蘇宗仁鉛印本　一册

330000－1701－0058023　普 925.10987/2510/c1　史部/傳記類/總傳之屬/列女
古今女將傳贊二卷　朱孔彰編述　民國二十六年(1937)成都刻本　一册

330000－1701－0058025　M000274　史部/政書類/邦計之屬/荒政
救荒輯要初編十二卷　上海書業正心團輯　民國十一年(1922)上海尚古山房石印本　一册

330000－1701－0058026　GP06917/1　經部/易類/傳說之屬
易學入門一卷易學探原經傳解三卷　黄元炳撰　民國二十二年(1933)無錫黄氏觀蝶樓鉛印本　一册　缺三卷(易學探原經傳解一至三)

330000－1701－0058027　普 925.10987/2510/c2　史部/傳記類/總傳之屬/列女
古今女將傳贊二卷　朱孔彰編述　民國二十六年(1937)成都刻本　一册

330000－1701－0058028　GP01078　子部/藝術類/書畫之屬/法帖
元趙孟頫書黄庭經不分卷　(元)趙孟頫書　民國二十五年(1936)國立北平故宫博物院影印本　一册

330000－1701－0058032　M000275　子部/雜著類
圖繪經商獻曝錄不分卷　丁方鎮撰　李巘評　周湘繪　民國二十年(1931)甬東壽世草堂鉛印本　一册

330000－1701－0058033　GP06917/1/1　經部/易類/傳說之屬
易學入門一卷易學探原經傳解三卷　黄元炳撰　民國二十二年(1933)無錫黄氏觀蝶樓鉛印本　一册　缺三卷(易學探原經傳解一至三)

330000－1701－0058035　普 814.6/4029/c2　類叢部/叢書類/彙編之屬
滄海叢書十六種附七種　張伯楨編　民國二年至二十四年(1913－1935)東莞張氏刻本　二册　存一種

330000－1701－0058036　GP01080　子部/藝術類/書畫之屬/法帖
唐孫過庭書譜一卷附釋文一卷　(唐)孫過庭書　民國三十七年(1948)國立北平故宫博物院影印本　趙儒珍題記　一册

330000－1701－0058037　HJL1416　子部/小說家類/雜事之屬
讀書堂西征隨筆一卷　(清)汪景祺撰　民國十七年(1928)故宫博物院圖書館掌故部鉛印本　一册

330000－1701－0058038　M000276　集部/別集類/宋別集
黄太史精華録六卷　(宋)黄庭堅撰　任淵選

民國二十四年(1935)上海商務印書館鉛印本　一册

330000－1701－0058046　M000277　集部/總集類/選集之屬/通代

古文百篇二卷　商務印書館編譯所輯選　民國十四年(1925)上海商務印書館鉛印本　二册

330000－1701－0058047　GP01084　子部/藝術類/書畫之屬/法帖

唐虞世南臨蘭亭帖一卷　(唐)虞世南書　民國二十七年(1938)北平故宫博物院影印本　一册

330000－1701－0058050　M000278　新學/政治法律/政治

觀奕閒評不分卷　(日本)有賀長雄撰　民國二年(1913)鉛印本　一册

330000－1701－0058053　GP01085　子部/藝術類/書畫之屬/法帖

宋米南宫書蜀素帖一卷　(宋)米芾書　民國二十三年(1934)國立北平故宫博物院影印本　一册

330000－1701－0058054　M000279　子部/藝術類/書畫之屬/法帖

吴讓之趙撝叔胡荄甫篆書墨蹟合册不分卷　(清)吳廷揚　(清)趙之謙　(清)胡澍書　民國七年(1918)有正書局影印本　一册

330000－1701－0058055　普 814.6/40331　類叢部/叢書類/彙編之屬

有不爲齋叢書　林語堂編　民國上海時代圖書公司鉛印本　六册　存一種

330000－1701－0058058　M000408、M000409　集部/别集類

譚祖安先生手寫詩册　譚延闓撰　民國二十年(1931)影印本　二册　存二種

330000－1701－0058060　HJH1417、HJH1418、HJH1419　類叢部/叢書類/彙編之屬

進德叢書八種　丁福保編　民國上海醫學書局鉛印本　三册　存三種

330000－1701－0058063　GP01086　史部/金石類/石之屬/文字

宋搨歐陽詢緣果道場磚塔下舍利記不分卷　(唐)歐陽詢撰並書　民國十二年(1923)上海商務印書館影印本　一册

330000－1701－0058064　HJL1741　子部/藝術類/篆刻之屬/印譜

太上感應篇印譜四卷　葉鴻翰篆　民國十年(1921)永嘉葉鴻翰懷古齋刻鈐印本　四册

330000－1701－0058067　GP01087　子部/藝術類/書畫之屬/法帖

元趙孟頫尺牘詩翰不分卷　(元)趙孟頫書　民國二十五年(1936)國立北平故宫博物院影印本　一册

330000－1701－0058068　普 814.6/40331/2　類叢部/叢書類/彙編之屬

有不爲齋叢書　林語堂編　民國上海時代圖書公司鉛印本　四册　存一種

330000－1701－0058071　GP01088　子部/藝術類/書畫之屬/法帖

元鮮于樞行草真蹟不分卷　(元)鮮于樞書　民國二十五年(1936)國立北平故宫博物院影印本　一册

330000－1701－0058073　GP01089　子部/藝術類/書畫之屬/法帖

晉王右軍三帖墨迹一卷　(晉)王羲之書　民國二十三年(1934)國立北平故宫博物院影印本　一册

330000－1701－0058074　GP06927　集部/别集類/清别集

璇璣碎錦春吟回文合刻　(清)李暘撰　民國三年(1914)掃葉山房石印本　一册　存一種

330000－1701－0058076　GP01090　經部/小學類/音韻之屬/韻書

唐寫本王仁昫刊謬補缺切韻一卷　民國三十六年(1947)北平故宫博物院影印本　一册

330000－1701－0058081　M000410　子部/藝術類/書畫之屬/畫譜

木刻人物素描集一卷　民國石印本　一冊

330000－1701－0058082　HJL5631　經部/小學類/訓詁之屬/方言

屈宋方言攷一卷　李翹撰　民國十四年(1925)芬熏館刻本　一冊

330000－1701－0058083　GP06928　集部/別集類/宋別集

曾南豐文集四卷　(宋)曾鞏撰　民國四年(1915)上海會文堂石印本　一冊

330000－1701－0058085　HJL1367　子部/儒家類/儒學之屬/禮教/鑑戒

人道大義錄不分卷　夏震武撰　民國二年(1913)鉛印本　劉承幹題記　一冊

330000－1701－0058086　M000411　子部/藝術類/書畫之屬

依幻廬書畫集不分卷　依幻廬藏　民國二十一年(1932)影印本　一冊

330000－1701－0058089　GP06934　集部/總集類/郡邑之屬

靈越賡春集一卷附錄一卷　章梫編　民國木活字印本　一冊

330000－1701－0058092　M000413　史部/政書類/公牘檔冊之屬

六倉分鄉分段面積計算冊不分卷　民國十四年(1925)石印本　一冊

330000－1701－0058093　M000281　子部/藝術類/書畫之屬/法帖

蘇長公雪堂帖二卷　(宋)蘇軾撰並書　民國五年(1916)上海有正書局影印本　一冊

330000－1701－0058095　M000414　集部/總集類/選集之屬/斷代

感舊集十六卷　(清)王士禛選　(清)盧見曾補傳　民國八年(1919)上海有正書局石印本　八冊

330000－1701－0058099　M000282　史部/金石類/石之屬/文字

石鼓文不二字一卷　顧言行摹　**石鼓文句釋一卷**　湯臨澤撰　民國十七年(1928)石印本　郁白題記　一冊

330000－1701－0058100　M000415、M004260、M006380　子部/小說家類/異聞之屬

螢窗異草初編四卷二編四卷三編四卷四編四卷　(清)長白浩歌子撰　(清)隨園老人續評　(清)柳橋居士重訂　民國上海錦章圖書局石印本　六冊　存十卷(一至四、二編一至四、四編一至二)

330000－1701－0058101　M000268　類叢部/叢書類/彙編之屬

四部備要　中華書局編　民國二十五年(1936)上海中華書局鉛印本　一冊　存一種

330000－1701－0058102　M000416　集部/總集類/選集之屬/斷代

夢筆生花初編八卷二編八卷三編八卷四編八卷　(清)繆艮輯　民國十八年(1929)上海大海書局石印本　八冊

330000－1701－0058105　M000283　子部/藝術類/書畫之屬/法帖

吴愙齋先生篆書周真人廟碑一卷　(清)吳大澂書　民國二十年(1931)蘇州振新書社石印本　一冊

330000－1701－0058106　M000417、M003688　類叢部/叢書類/彙編之屬

國立北京大學研究院文史叢刊　國立北京大學研究院文史部輯　民國上海商務印書館鉛印本暨影印本　十四冊　存一種

330000－1701－0058107　M000284、M000285、M000301、M000308、M000309、M000310、M000311、M000312　史部/紀傳類/正史之屬

二十四史附考證　民國十二年(1923)上海中華書局影印本　四十二冊　存八種

330000－1701－0058108　GP06931　集部/小

說類/長篇之屬

古佚小說叢刊初集三種　陳乃乾輯　民國十七年(1928)海寧陳氏慎初堂鉛印本　四冊

330000－1701－0058119　GP01091　子部/藝術類/書畫之屬/法帖

趙文敏觀音殿記一卷　(元)趙孟頫書　民國九年(1920)上海進步書局石印本　一冊

330000－1701－0058120　GP06937　集部/別集類

寬城隨筆一卷　吳樵撰　民國六年(1917)錫成公司鉛印本　一冊

330000－1701－0058122　HJL1437　子部/宗教類/佛教之屬/經疏

大般涅槃經疏三德指歸一百卷　(晉)釋曇無讖譯　(南朝宋)釋慧嚴　(南朝宋)釋慧觀　(南朝宋)謝靈運治　(隋)釋灌頂疏　(唐)釋湛然再治　(宋)釋智圓述記　**大般涅槃經玄義發源機要六卷**　(宋)釋智圓撰　民國十四年(1925)揚州宛虹橋眾香庵刻本　三十六冊

330000－1701－0058126　GP01092　子部/藝術類/書畫之屬/法帖

趙松雪洛神賦一卷　(元)趙孟頫書　民國二十一年(1932)上海大東書局影印本　一冊

330000－1701－0058132　GP01093　子部/藝術類/書畫之屬

敘古千文一卷　(宋)胡寅撰　鄭孝胥書　民國十一年(1922)石印本　一冊

330000－1701－0058133　M000418　子部/醫家類/醫案之屬

臨證指南醫案八卷　(清)葉桂撰　民國石印本　一冊　存一卷(六)

330000－1701－0058138　HJL1505　子部/宗教類/佛教之屬

觀世音菩薩本迹感應頌四卷首一卷　許止淨述　**金剛經功德頌一卷**　許止淨述　劉契淨注　民國十六年(1927)上海中華書局鉛印本　二冊

330000－1701－0058140　M000287　子部/天文曆算類/曆法之屬

新鐫增補時憲臺曆袖裏璇璣星命須知一卷萬年曆一卷　民國李光明莊刻本　二冊

330000－1701－0058141　M000419　子部/醫家類/醫案之屬

臨證指南醫案八卷　(清)葉桂撰　民國上海文益書局石印本　三冊　存三卷(三至四、八)

330000－1701－0058146　M000420、M001089、M003673、M006840、M007611　集部/總集類/選集之屬/斷代

希社叢編不分卷　希社編　民國二年至八年(1913－1919)鉛印本　七冊　存五冊(一至五)

330000－1701－0058148　GP01095　子部/藝術類/書畫之屬/法帖

東海神廟碑一卷　(清)翟雲升書　民國十八年(1929)上海求古齋石印本　一冊

330000－1701－0058150　HJL1506　史部/金石類/總志之屬

湫漻齋叢書十種　陳準輯　民國瑞安陳氏刻本　一冊　存一種

330000－1701－0058152　M000421　集部/總集類/選集之屬/斷代

八股餘韻一卷附錄一卷　王世裕輯　民國二十二年(1933)鉛印本　一冊

330000－1701－0058154　M000288　子部/藝術類/遊藝之屬/劇藝

國劇身段譜不分卷　齊如山撰　民國二十一年(1932)鉛印本　一冊

330000－1701－0058156　HJL1507　子部/儒家類/儒學之屬

切近編四卷　(清)桑調元　(清)沈廷芳輯　民國十八年(1929)南京國學圖書館影印本　一冊

330000－1701－0058157　M000422　子部/醫家類/本草之屬/歷代綜合本草

本草原始合雷公炮製四卷 （明）李中立撰 民國上海校經山房石印本 一册 存一卷（三）

330000－1701－0058161 M000289 子部/儒家類/儒學之屬/性理
聞見隨錄八卷 王守愚撰 民國十三年（1924）弘文印書局鉛印本 二册

330000－1701－0058165 GP01097 子部/藝術類/書畫之屬/法帖
乾嘉名人手札真蹟不分卷 民國十六年（1927）上海有益書局影印本 一册

330000－1701－0058169 GP01098 子部/藝術類/書畫之屬/法帖
何子貞臨麓山寺碑一卷 （清）何紹基書 民國六年（1917）石印本 一册

330000－1701－0058171 M000290 子部/術數類/陰陽五行之屬
奇門闡易初集四卷 韋汝霖撰 民國十六年（1927）龍眠張氏鉛印本 二册 存二卷（一至二）

330000－1701－0058176 GP01099 子部/藝術類/書畫之屬/法帖
吳清卿書說文解字建首一卷 （清）吳大澂書 民國五年（1916）上海商務印書館石印本 一册

330000－1701－0058177 M000291 集部/別集類
平昌度歲記一卷武林舊思錄一卷靈軒讀畫記一卷 陳蘧撰 稿本 一册

330000－1701－0058180 GP01100 子部/藝術類/書畫之屬/法帖
吳愙齋尺牘一卷 （清）吳大澂撰並書 民國八年（1919）上海商務印書館影印本 一册

330000－1701－0058181 普 814.6/40331.3/c2 類叢部/叢書類/自著之屬
袁中郎集 （明）袁宏道撰 民國上海時代圖書公司石印本 四册 存十卷（瓶花齋集一至十）

330000－1701－0058183 M000423 集部/詩文評類/詩評之屬
對牀夜語五卷 （宋）范晞文撰 民國六年（1917）上海朝記書莊石印本 二册

330000－1701－0058185 M000292 史部/地理類/方志之屬/郡縣志
［雍正］白鹽井志八卷 （清）劉邦瑞纂修 民國抄本 二册 存二卷（七至八）

330000－1701－0058186 GP01101 集部/別集類/清別集
袁忠節公遺札不分卷 （清）袁昶撰 民國三十七年（1948）影印本 一册

330000－1701－0058187 GP06946 史部/地理類/專志之屬/祠墓
新州葉氏杭墓攷一卷 本族保墓會輯 民國十二年至十四年（1923－1925）鉛印本 一册

330000－1701－0058190 M000424 集部/別集類/清別集
大川漫草四卷 （清）涂水清撰 民國七年（1918）處州啟明書局石印本 二册

330000－1701－0058192 GP01102 子部/藝術類/書畫之屬/法帖
西泠八家尺牘一卷 （清）丁敬等書 民國西泠印社影印本 一册

330000－1701－0058194 HJL1512 子部/儒家類/儒學之屬/性理
朱子性理吟註釋二卷 （清）李熙和纂 馬紹英註釋 民國五年（1916）刻本 二册

330000－1701－0058196 M000293 子部/藝術類/書畫之屬/法帖
觀滄閣集古書不分卷 民國影印本 一册

330000－1701－0058199 M000425 集部/總集類/酬唱之屬
鷗隱廬七十壽詩彙編一卷 趙卓卿等撰 民國十二年（1923）石印本 一册

330000－1701－0058202 M000294 子部/藝術類/書畫之屬/法帖

宋拓顏書李元靖碑不分卷　（唐）顏真卿書　民國影印本　四册

330000－1701－0058203　GP01103　子部/藝術類/書畫之屬/法帖

傅青主先生自書詩稿不分卷　（清）傅山書　民國上海有正書局影印本　一册

330000－1701－0058206　M000426　集部/詩文評類/詩評之屬

古今詩學大全六卷　世界書局編輯所編輯　民國十五年（1926）上海世界書局石印本　三册　存二種

330000－1701－0058207　GP06948　集部/詞類/别集之屬

彊邨語業三卷詞賸稿二卷集外詞一卷遺書一卷　朱祖謀撰　民國十三年（1924）歸安朱氏託鵑樓刻本　四册

330000－1701－0058209　HJH1513　類叢部/叢書類/彙編之屬

上海和平藝社叢書　民國上海和平藝社鉛印本　二册　存一種

330000－1701－0058210　M000295　子部/藝術類/書畫之屬/法帖

三希堂法帖精華五種　民國十四年（1925）世界書局影印本　八册

330000－1701－0058213　普814.6/4428　類叢部/叢書類/郡邑之屬

吴興叢書六十六種　劉承幹編　民國吴興劉氏嘉業堂刻本　十册　存一種

330000－1701－0058215　GP06953　史部/傳記類/别傳之屬

聽薌廬贈言彙録不分卷　嚴翕受編　民國十一年（1922）木活字印本　一册

330000－1701－0058218　M000296　史部/政書類/公牘檔册之屬

甌海觀政録八卷　黄慶瀾編　民國十年（1921）鉛印本　八册

330000－1701－0058228　M000297、M001845、M609923　子部/藝術類/書畫之屬/法帖

古今尺牘墨蹟大觀不分卷　高時顯輯　民國十七年（1928）中華書局影印本　十册　存十册（一至二、九至十六）

330000－1701－0058229　GP06949　子部/雜著類/雜説之屬

石橋滘書四卷　褚傳誥撰　民國油印本　一册

330000－1701－0058232　M000298　子部/藝術類/書畫之屬/法帖

明清名人尺牘墨寶第一集六卷第二集六卷第三集六卷　文明書局輯　民國十四年（1925）上海文明書局影印本　十八册

330000－1701－0058233　M000427　類叢部/叢書類/彙編之屬

涵芬樓祕笈五十一種　孫毓修等輯　民國五年至十五年（1916－1926）上海商務印書館影印本暨鉛印本　一册　存一種

330000－1701－0058237　HJL1226　類叢部/叢書類/自著之屬

勴堂遺書八種　顧家相撰　民國八年至十九年（1919－1930）會稽顧氏鉛印本　一册　存一種

330000－1701－0058240　M000299　子部/雜著類/雜説之屬

淮南鴻烈集解二十一卷　（漢）劉安撰　（漢）高誘注　劉文典集解　**淮南天文訓補注一卷**　（清）錢塘撰　民國十三年（1924）上海商務印書館鉛印本　六册

330000－1701－0058243　HJH1227　子部/宗教類/道教之屬/戒律

文昌帝君覺世鴻文圖説四卷　（清）沈維基撰　民國十九年（1930）據清乾隆三十一年（1766）東平州署刻本影印本　四册

330000－1701－0058246　GP01106　子部/藝術類/書畫之屬/法帖

鶴巢老人墨寶不分卷　（清）顧淳慶書　民國

十六年(1927)石印本　一册

330000－1701－0058247　M000428　集部/别集類

吉田松陰遺墨三卷　(日本)吉田松陰撰　國民叢書社編輯　民國商務印書館鉛印本　一册

330000－1701－0058248　HJH1761　子部/雜著類/雜説之屬

戒殺名理不分卷　聶其杰撰　民國十七年(1928)鉛印本　一册

330000－1701－0058250　HJH1228　子部/藝術類/書畫之屬/總論

三虞堂書畫目二卷附碑帖目一卷論書畫詩二卷　(清)景賢撰　蘇宗仁編　民國二十二年(1933)北平蘇宗仁鉛印本　一册

330000－1701－0058251　M000429　子部/醫家類/本草之屬/歷代綜合本草

本草從新十八卷　(清)吴儀洛輯　民國二年(1913)上海廣益書局石印本　三册　存十二卷(一至三、十至十八)

330000－1701－0058252　HJL1762　子部/醫家類

溼症金壺録一卷雜證名方一卷褎春廬醫案一卷　謝掄元撰　民國止止居鉛印本　一册

330000－1701－0058257　GP01107　子部/藝術類/書畫之屬/法帖

高爽泉楷書二種真蹟二卷　(清)高塏書　民國石印本　一册

330000－1701－0058269　HJL1516　子部/藝術類/音樂之屬/總論

中國音樂史五卷附編二卷　鄭覲文撰　民國十八年(1929)上海大同樂會鉛印本　四册

330000－1701－0058280　普 814.6/4416　集部/别集類/明别集

定軒存稿十六卷拾遺一卷　(明)黄孔昭撰　民國四年(1915)太平金氏木活字印本　二册

330000－1701－0058286　普 814.6/4250　集部/别集類/明别集

戒菴文集二十卷　(明)靳貴撰　民國二十五年(1936)影印本　四册

330000－1701－0058290　普 925.10987/7227.01/c1　史部/傳記類/總傳之屬/列女

列女傳斠注三卷　陳漢章撰　民國鉛印本　一册

330000－1701－0058292　M000430　子部/醫家類/本草之屬/歷代綜合本草

本草從新十八卷　(清)吴儀洛輯　民國石印本　一册　存十一卷(四至九、十四至十八)

330000－1701－0058295　M000300　類叢部/叢書類/彙編之屬

國立北京大學研究院文科研究所油印論文　民國三十一年(1942)國立北京大學研究院文科研究所油印本　一册　存一種

330000－1701－0058298　M000431　集部/總集類/選集之屬/通代

古文喈鳳新編八卷　(清)汪基輯　民國三年(1914)上海著易堂石印本　八册

330000－1701－0058299　普 925.10987/7227.01/c2　史部/傳記類/總傳之屬/列女

列女傳斠注三卷　陳漢章撰　民國鉛印本　一册

330000－1701－0058303　普 925.10987/7227.01/c3　史部/傳記類/總傳之屬/列女

列女傳斠注三卷　陳漢章撰　民國鉛印本　一册

330000－1701－0058305　GP01108　子部/藝術類/書畫之屬/法帖

影印吴紫庭先生墨蹟一卷　(清)吴鳳來撰並書　民國十九年(1930)義烏黄侗影印本　一册

330000－1701－0058309　普 323.47/5515　類叢部/叢書類/彙編之屬

求恕齋叢書三十一種　劉承幹編　民國吴興劉氏嘉業堂刻本　二册　存一種

330000－1701－0058310　M000432　集部/別集類/宋別集

石林居士建康集八卷補遺一卷　（宋）葉夢得撰　**石林先生兩鎮建康紀年略一卷**　（清）葉廷琯編　民國九年（1920）石竹山房書局石印本　四冊

330000－1701－0058316　普 814.6/4408/c1　集部/別集類/清別集

豐草菴詩集十一卷文前集三後集三卷寶雲詩集七卷禪樂府一卷　（清）董說撰　民國吳興劉氏嘉業堂刻朱印本　六冊

330000－1701－0058317　GP01109　子部/藝術類/書畫之屬/法帖

影印吳紫庭先生墨蹟一卷　（清）吳鳳來撰並書　民國十九年（1930）義烏黃侗影印本　一冊

330000－1701－0058318　普 323.709/2343　史部/政書類/儀制之屬/專志/科舉校規

清代殿試考略一卷　傅增湘輯述　**臚傳紀事一卷**　（清）繆彤撰　**藏園藏卷目錄一卷**　民國二十二年（1933）天津大公報社鉛印本　一冊

330000－1701－0058321　普 814.6/4423　集部/別集類/明別集

傍秋菴文集四卷采隱草詩集二卷　（明）莫秉清撰　民國二十年（1931）鉛印本　四冊

330000－1701－0058322　GP01110　子部/藝術類/書畫之屬/法帖

影印吳紫庭先生墨蹟一卷　（清）吳鳳來撰並書　民國十九年（1930）義烏黃侗影印本　一冊

330000－1701－0058324　GP07502　史部/傳記類/總傳之屬/家乘

[江蘇昆山]趙氏家乘十六卷　趙詒琛　趙詒紳編纂　民國七年（1918）刻本　六冊

330000－1701－0058328　普 814.6/4426　集部/別集類/明別集

未軒公文集十二卷補遺二卷　（明）黃仲昭撰　**附錄一卷**　（明）楊廉輯　民國十六年（1927）黃氏刻本　六冊

330000－1701－0058330　GP06957　史部/傳記類/科舉錄之屬/歷科鄉試錄

遊庠錄二卷　汝仁龍等編　民國十三年（1924）鉛印本　二冊

330000－1701－0058332　普 323.7092/1197　史部/傳記類/科舉錄之屬/歷科登科錄

明清巍科姓氏錄二卷　張惟驤輯　民國十九年（1930）武進張氏小雙寂庵刻小雙寂庵叢書朱印本　一冊

330000－1701－0058333　HJL1234　集部/別集類

海岸梵音一卷　周慶雲撰　民國八年（1919）夢坡室刻本　劉承幹題記　一冊

330000－1701－0058336　普 323.70924/3036、普 323.70925/1021　史部/傳記類/科舉錄之屬/歷科登科錄

宋元科舉三錄　徐乃昌輯　民國十二年（1923）南陵徐乃昌刻本　三冊　存二種

330000－1701－0058340　HJL1235　集部/總集類/選集之屬/通代

小學弦歌選本一卷　（清）李元度輯　周子秀選　民國十六年（1927）刻本　一冊

330000－1701－0058341　M000302　子部/藝術類/書畫之屬/法帖

譚延闓書燕京舊聞冊一卷　譚延闓書　簡叔乾藏　民國二十六年（1937）上海中華書局石印本　一冊

330000－1701－0058344　M000433　子部/藝術類/遊藝之屬/聯語

楹聯錄存七卷　（清）俞樾撰　民國十二年（1923）上海掃葉山房石印本　四冊

330000－1701－0058347　M000434　集部/總集類/郡邑之屬

滬瀆同聲續集不分卷　郁葆青輯　陳詩選　民國二十四年（1935）鉛印本　莊毅題記　一冊

330000 - 1701 - 0058350　M000303　集部/總集類/題詠之屬
幻園室人宋夢仙女史之遺畫不分卷　許鑅輯　民國四年(1915)石印本　一冊

330000 - 1701 - 0058356　GP06968　史部/金石類/石之屬/文字
億年堂叢書　陳邦福撰　民國石印本　一冊　存一種

330000 - 1701 - 0058357　M000435　集部/總集類/選集之屬/斷代
唐人萬首絶句選七卷　(宋)洪邁選　(清)王士禛輯　民國二十三年(1934)上海商務印書館鉛印本　二冊

330000 - 1701 - 0058358　普 925. 10987/7227.02　史部/傳記類/總傳之屬/列女
廣列女傳二十卷附錄一卷　(清)劉開輯　民國六年(1917)兩浙節孝總祠鉛印本　四冊

330000 - 1701 - 0058361　普 814. 6/4408/c2　類叢部/叢書類/郡邑之屬
吳興叢書六十六種　劉承幹編　民國吳興劉氏嘉業堂刻本　六冊　存一種

330000 - 1701 - 0058363　M000304　史部/雜史類/斷代之屬
明季三朝野史四卷　(清)顧炎武輯　民國元年(1912)灑墨山房石印本　一冊　存二卷(一至二)

330000 - 1701 - 0058364　M000436、M607956　集部/總集類/選集之屬/斷代
千首宋人絕句十卷　(清)嚴長明輯　民國二十四年(1935)上海商務印書館鉛印本　二冊

330000 - 1701 - 0058369　GP01111　子部/藝術類/書畫之屬/法帖
名人真蹟　民國中華書局影印本　一冊　存一種

330000 - 1701 - 0058370　M000305　史部/地理類/遊記之屬/紀行
瓊遊筆記一卷　夏壽華撰　民國三年(1914)廣東活版公司鉛印本　一冊

330000 - 1701 - 0058374　M000438　類叢部/叢書類/彙編之屬
涵芬樓祕笈五十一種　孫毓修等輯　民國五年至十五年(1916 - 1926)上海商務印書館影印本暨鉛印本　一冊　存二種

330000 - 1701 - 0058375　M000306　子部/農家農學類/農藝之屬/產品加工
麻紡績不分卷　民國石印本　一冊

330000 - 1701 - 0058379　GP01112　子部/藝術類/書畫之屬/法帖
名人真蹟　民國中華書局影印本　一冊　存一種

330000 - 1701 - 0058381　M000307　史部/地理類/山川之屬/山志
平陽雁蕩山志五卷　(明)陳玭修　(明)陳文源會輯　民國抄本　一冊

330000 - 1701 - 0058384　M000439　子部/醫家類/外科之屬/癰疽、疔瘡
增訂治疔彙要三卷過氏醫案一卷　(清)過鑄撰　民國二十九年(1940)石印本　二冊

330000 - 1701 - 0058389　GP01113　子部/藝術類/書畫之屬/書法書品
陳玉方小楷墨迹一卷　(清)陳希祖書　民國有正書局影印本　一冊

330000 - 1701 - 0058391　GP01114　子部/藝術類/書畫之屬/法帖
初搨原石七姬志一卷　(明)宋克書　民國九年(1920)上海文明書局影印本　一冊

330000 - 1701 - 0058394　M000441　史部/金石類/石之屬
君子留真譜一卷　李濬之輯　民國二十二年(1933)影印本　一冊

330000 - 1701 - 0058396　M000444　類叢部/叢書類/家集之屬
重印旌孝公遺籍三種　朱詒彬編　民國十八年(1929)朱詒彬鉛印本　一冊　存一種

330000 - 1701 - 0058399　M000442　集部/

別集類

淮南郾已氏舊學　吳保初撰　民國二十七年(1938)鉛印本　一册　存一種

330000－1701－0058403　GP01115　子部/藝術類/書畫之屬/法帖

七姬權厝志一卷　(明)宋克書　民國十三年(1924)上海文明書局影印本　一册

330000－1701－0058406　M000443　集部/總集類/氏族之屬

吳興徐氏遺稿三種　徐益彬編　民國七年(1918)上海聚珍倣宋印書局鉛印本　一册　存一種

330000－1701－0058408　GP01116　子部/藝術類/書畫之屬/法帖

初搨原石七姬志一卷　(明)宋克書　民國十三年(1924)上海文明書局影印本　一册

330000－1701－0058412　HJL1529　子部/雜著類/雜編之屬

安士全書四種　(清)周夢顏撰　民國十一年(1922)上海佛學推行社鉛印本　四册

330000－1701－0058414　GP01117　子部/藝術類/書畫之屬/法帖

七姬權厝志一卷　(明)宋克書　民國十三年(1924)上海文明書局影印本　一册

330000－1701－0058420　GP01119　子部/藝術類/書畫之屬/法帖

曹文恪公墨跡一卷　(清)曹秀先書　民國七年(1918)江西官局石印本　一册

330000－1701－0058422　GP01118　子部/藝術類/書畫之屬/法帖

曹文恪公墨跡一卷　(清)曹秀先書　民國七年(1918)江西官局石印本　一册

330000－1701－0058423　GP07496　集部/總集類/郡邑之屬

剡川詩鈔十二卷　(清)彭祖訓選　(清)舒順方編　(清)董彥琦輯　民國四年(1915)四明孫氏七千卷樓鉛印本　二册

330000－1701－0058428　M000524　史部/傳記類/別傳之屬

余覺沈壽夫婦痛史一卷附當代名人題詠一卷　余覺撰　民國十五年(1926)石印本　一册

330000－1701－0058432　M000525　史部/雜史類/斷代之屬

居仁日覽不分卷　阮忠樞等編　民國四年(1915)石印本　一册

330000－1701－0058435　GP01120　子部/藝術類/書畫之屬/法帖

王良常楷書論書賸語一卷　(清)王澍書　民國三年(1914)上海文明書局石印本　一册

330000－1701－0058436　M000526　集部/別集類/宋別集

棠湖詩藁一卷　(宋)岳珂撰　民國八年(1919)影印本　一册

330000－1701－0058445　HJH1244　子部/雜著類/雜說之屬

六研齋筆記四卷二筆四卷三筆四卷　(明)李日華撰　民國上海有正書局影印本(筆記卷三至四、二筆卷一至二原缺)　六册

330000－1701－0058446　GP01121　子部/藝術類/書畫之屬/法帖

快雨堂詩稿一卷　(清)王文治書　民國上海文明書局影印本　一册

330000－1701－0058451　M000527　史部/金石類/石之屬/文字

故交通部技監漢粵川鐵路督辦詹君之碑一卷　民國石印本　一册

330000－1701－0058452　HJH1532　類叢部/叢書類/郡邑之屬

吳興叢書六十六種　劉承幹編　民國吳興劉氏嘉業堂刻本　二册　存一種

330000－1701－0058454　M000445　子部/藝術類/書畫之屬/法帖

吳清卿書說文解字建首一卷　(清)吳大澂書　民國二十六年(1937)上海商務印書館石印本　一册

330000－1701－0058455　HJH1245　子部/雜著類/雜說之屬
容齋隨筆十六卷續筆十六卷三筆十六卷四筆十六卷五筆十卷首一卷　（宋）洪邁撰　民國二年（1913）上海掃葉山房石印本　十冊

330000－1701－0058457　M000528　經部/四書類/總義之屬/傳說
覆宋淳祐本四書　民國十四年（1925）壽春孫氏小墨妙亭京師刻本　十四冊

330000－1701－0058458　GP01122　子部/藝術類/書畫之屬/法帖
名人真蹟　民國中華書局影印本　一冊　存一種

330000－1701－0058462　HJH1246　子部/小說家類/異聞之屬
新齊諧五卷續新齊諧三卷　（清）袁枚撰　民國三年（1914）上海錦章圖書局石印本　八冊

330000－1701－0058465　GP01124　子部/藝術類/書畫之屬/法帖
趙撝叔北魏字冊一卷　（清）趙之謙書　民國二十年（1931）文明書局石印本　一冊

330000－1701－0058466　M000529　子部/宗教類/佛教之屬
金剛般若波羅蜜經二卷　（清）俞樾注　**般若波羅蜜多心經一卷**　（唐）釋玄奘譯　民國四年（1915）奉化孫鏘鉛印本　一冊

330000－1701－0058468　M000446　子部/藝術類/書畫之屬/法帖
篆書百家姓一卷　黄靄農書　民國十三年（1924）蘇州振新書社影印本　一冊

330000－1701－0058469　HJL1247　子部/雜著類/雜說之屬
潛書二卷　（清）唐甄撰　（清）王聞遠編　民國上海大經綸書局石印本　二冊

330000－1701－0058470　M000530　子部/醫家類/方書之屬/單方驗方
經驗藥方一卷　民國鉛印本　一冊

330000－1701－0058473　GP01125　史部/傳記類/別傳之屬/墓誌
夏君繼室左淑人墓誌銘一卷　陳三立撰　鄭孝胥書　民國石印本　一冊

330000－1701－0058474　M000447　集部/別集類
實園詩稿一卷　邢淡撰　民國十七年（1928）金華競利印刷所鉛印本　一冊

330000－1701－0058477　GP01126　子部/藝術類/書畫之屬/法帖
康南海先生戊戌輪舟中與徐君勉書及丁巳跋後一卷　康有爲書　民國六年（1917）石印本　一冊

330000－1701－0058480　M000448、M003462　史部/傳記類/別傳之屬/事狀
紹興王臥山先生百齡追紀徵文集不分卷　王福珅　王家襄輯　民國十二年（1923）鉛印本　耀庭題記　二冊

330000－1701－0058487　M000531　集部/別集類
笑矣乎草四卷　管窺子撰　民國二十二年（1933）木活字印本　四冊

330000－1701－0058488　GP01127　史部/傳記類/別傳之屬/事狀
錢母蒯太淑人傳一卷　陸潤庠書　民國影印本　一冊

330000－1701－0058494　M000532　集部/別集類
石雪齋詩稿四卷　徐宗浩撰　民國十五年（1926）鉛印本　一冊

330000－1701－0058496　GP01128　子部/藝術類/書畫之屬/法帖
梁任公臨鄭文公龍藏寺碑不分卷　梁啓超書　民國十六年（1927）上海商務書館石印本　一冊

330000－1701－0058500　M000449　子部/藝術類/遊藝之屬/聯語
周克鼎銘集聯搨本一卷　秦文錦編　民國十

六年(1927)上海藝苑真賞社影印本　一冊

330000－1701－0058504　M000533　子部/宗教類/佛教之屬

卡埑儀軌不分卷　民國抄本　二冊

330000－1701－0058506　M000450　類叢部/叢書類/郡邑之屬

雲南叢書初編一百四十一種二編三十七種　趙藩　陳榮昌等輯　民國雲南叢書處刻本　一冊　存一種

330000－1701－0058510　GP01129　集部/別集類

寐叟題跋一集二卷二集二卷　沈曾植撰並書　民國十五年(1926)上海商務印書館石印本　二冊　存二卷(二集一至二)

330000－1701－0058511　M000534　子部/宗教類/道教之屬

三聖經直講三卷　(清)悟真子撰　民國十七年(1928)鉛印本　一冊

330000－1701－0058516　M000451　集部/詞類/別集之屬

彊邨語業二卷　朱祖謀撰　民國十三年(1924)歸安朱氏託鵑樓刻本　一冊

330000－1701－0058519　M000452　子部/藝術類/書畫之屬/法帖

泉唐朱研臣先生遺墨一卷　(清)朱大勳撰並書　(清)朱景彝編　**附朱氏先德錄一卷**　(清)朱景彝撰　民國六年(1917)上海商務印書館影印本暨鉛印本　一冊

330000－1701－0058521　M000535　子部/宗教類/佛教之屬/經疏

大金剛威德甚深初級道總義三身寶藏之行筆錄五卷　民國鉛印本　五冊

330000－1701－0058523　HJL1781　史部/雜史類/斷代之屬

夢蕉亭雜記二卷　陳夔龍撰　民國十四年(1925)刻本　二冊

330000－1701－0058525　M000453　子部/藝術類/書畫之屬/畫譜

齊白石畫冊初集一卷　齊白石(齊璜)繪　民國十七年(1928)北京胡氏石墨居影印本　一冊

330000－1701－0058527　M000536　集部/總集類/選集之屬/斷代

淞濱吟社甲集一卷乙集一卷　周慶雲輯　民國四年(1915)吳興周氏夢坡室刻晨風廬叢刊本　蠶龕題記　二冊

330000－1701－0058536　M000537、M004304　類叢部/類書類/通類之屬

永樂大典二萬二千八百七十七卷　(明)解縉等輯　民國二十八年(1939)影印本　四十八冊　存三百六十八卷(四百八十五至四百八十六、四百八十九至四百九十、五百三十八至五百四十一、五百五十一至五百五十三、六百二十三至六百二十四、六百六十一至六百六十二、七百八十二至七百八十四、八百七至八百八、八百二十一至八百二十三、八百四十九至八百五十一、八百九十五至八百九十六、八百九十九至九百二、九百五至九百七、九百十七至九百二十二、九百七十五至九百七十六、九百七十八、九百八十、一千三十六至一千三十七、一千五十六、一千一百八十七、一千一百九十一至一千一百九十二、一千二百、二千一百九十至二千一百九十一、二千二百十七至二千二百十八、二千二百三十六至二千二百三十七、二千二百五十四至二千二百五十六、四千九百二十三至四千九百四十、八千一百九十九、八千二百六十八至八千二百六十九、八千二百七十五、八千三百三十九、八千四百十三至八千四百十四、八千五百六至八千五百七、八千五百二十六至八千五百二十七、八千五百八十七至八千五百八十八、八千六百二十八至八千六百二十九、八千六百四十七至八千六百四十八、八千七百六、八千八百四十一至八千八百四十五、八千九百八至八千九百十、八千九百七十八至八千九百八十一、九千五百六十一至九千七百六十六、一萬一千九百五至一萬一千九百七、一萬八千二百七至一萬八千二百九、一萬八千二百二

十二至一萬八千二百二十四、一萬八千二百四十四至一萬八千二百四十五、一萬八千四百二至一萬八千四百三、一萬八千七百六十四至一萬八千七百七十一、一萬九千四百十六至一萬九千四百二十六、一萬九千六百三十六至一萬九千六百三十七、一萬九千七百三十五、一萬九千七百三十七至一萬九千七百三十九、一萬九千七百四十二至一萬九千七百四十三、一萬九千七百八十一至一萬九千七百八十六、一萬九千七百八十九至一萬九千七百九十二、一萬九千九百三十一、二萬一百二十一至二萬一百二十二）

330000－1701－0058542　HJL1250　集部/曲類/曲韻曲譜曲律之屬
新定九宮大成南北詞宮譜八十一卷總目三卷閏一卷　（清）周祥鈺　（清）鄒金生等撰　民國十二年（1923）古書流通處影印本　五十册

330000－1701－0058554　HJH1484　子部/宗教類/佛教之屬
觀音經呪靈感彙編不分卷　聶其杰編　民國十七年（1928）上海江蘇第二監獄鉛印本　一册

330000－1701－0058555　HJH1253　子部/雜著類/雜纂之屬
平等閣筆記二卷　狄葆賢撰　民國二年（1913）上海有正書局鉛印本　二册

330000－1701－0058559　GP06987　類叢部/叢書類/自著之屬
湖濱補讀廬叢刻五種十三卷　鍾廣生撰　民國二十年（1931）鉛印本　四册　存四種

330000－1701－0058565　HJH1254　子部/小說家類/諧謔之屬
改良繪圖解人頤廣集八卷　（清）胡澹庵撰　（清）錢德蒼增訂　民國上海燮記書莊石印本　二册

330000－1701－0058568　普925.1099/3236　史部/傳記類/總傳之屬/技藝
江湖異人傳圖詠四卷　孫靜庵編　民國三年（1914）上海國學書室石印本　二册

330000－1701－0058573　HJH1255　集部/別集類/清別集
春在堂隨筆十卷小浮梅閒話一卷　（清）俞樾撰　民國元年（1912）國華書局石印本　四册

330000－1701－0058574　M000454　類叢部/叢書類/家集之屬
雙井黃氏家集　黃鼎燮等編　民國四年（1915）石印本　一册　存一種

330000－1701－0058575　GP01132　子部/藝術類/書畫之屬/法帖
趙氏一門書法一卷　（元）趙孟頫書　民國二十四年（1935）北平故宮博物院影印本　一册

330000－1701－0058580　M000542、M007035　經部/小學類/文字之屬/字書/訓蒙
文字蒙求四卷　（清）王筠撰　民國上海文瑞樓石印本　二册

330000－1701－0058582　GP01133　子部/藝術類/書畫之屬/法帖
歐陽文忠公集古錄跋尾一卷　（宋）歐陽修書　民國十三年（1924）京華印書局影印本　一册

330000－1701－0058586　GP01134　子部/藝術類/書畫之屬/法帖
宋文信國墨蹟一卷　（宋）文天祥書　民國影印本　一册

330000－1701－0058593　M000455　集部/總集類/題詠之屬
淮上題襟集二卷　俞錫疇等撰　民國十九年（1930）鉛印本　一册

330000－1701－0058595　GP01135　子部/藝術類/書畫之屬/法帖
眉山蘇氏三世遺翰一卷　（宋）蘇洵等書　民國二十二年（1933）國立北平故宮博物院影印本　一册

330000－1701－0058596　M000538　類叢部/叢書類/彙編之屬
國立中央研究院歷史語言研究所專刊　國立中央研究院歷史語言研究所輯　民國鉛印

本、石印本暨刻本　四冊　存一種

330000－1701－0058597　M000456　集部/總集類/酬唱之屬
璧水春長集一卷附補錄　陳夔龍輯　民國二十二年(1933)鉛印本　一冊

330000－1701－0058599　HJL1494　子部/宗教類/道教之屬
老子故二卷　馬其昶撰　民國九年(1920)馬氏抱潤軒刻本　一冊

330000－1701－0058603　M000539　類叢部/叢書類/彙編之屬
上海滄社叢書　民國十四年(1925)上海滄社鉛印本　一冊　存一種

330000－1701－0058605　M000457　史部/雜史類/斷代之屬
常寧平亂紀略二卷　周仲衡撰　民國三十五年(1946)鉛印本　一冊

330000－1701－0058607　GP01136　子部/藝術類/書畫之屬/法帖
和靖處士真跡一卷　民國影印本　一冊

330000－1701－0058610　HJH1256　子部/雜著類/雜説之屬
避暑錄話二卷　(宋)葉夢得撰　民國上海中華圖書館石印本　二冊

330000－1701－0058611　GP01137　子部/藝術類/書畫之屬/法帖
漢尹宙碑舊拓本不分卷　秦文錦藏　民國十五年(1926)上海藝苑真賞社影印本　一冊

330000－1701－0058612　GP06991　集部/總集類/酬唱之屬
虎林銷夏集一卷　沈鈞輯　民國三年(1914)杭城興業印書局鉛印本　一冊

330000－1701－0058614　M000540　集部/别集類/清别集
兩當軒集二十卷補遺二卷附錄四卷攷異二卷　(清)黄景仁撰　(清)黄志述輯　民國十四年(1925)上海掃葉山房石印本　六冊　缺二卷(補遺一至二)

330000－1701－0058615　GP06992　集部/總集類/酬唱之屬
虎林銷夏集一卷　沈鈞輯　民國三年(1914)杭城興業印書局鉛印本　一冊

330000－1701－0058619　M000458　史部/傳記類/别傳之屬/事狀
張逸雲先生行狀一卷　金賢寀撰　民國鉛印本　一冊

330000－1701－0058622　M000541　子部/雜著類/雜纂之屬
寄園寄所寄十二卷　(清)趙吉士輯　民國鑄記書局石印本　招山題簽　八冊

330000－1701－0058623　M000459、M001901　史部/傳記類/别傳之屬/事狀
倦塵老人七十壽言集不分卷　方仁元等輯　民國十年(1921)鉛印本　二冊

330000－1701－0058624　普814.6/5026　類叢部/叢書類/郡邑之屬
四明叢書一百六十七種　張壽鏞編　民國四明張氏約園刻本　二冊　存一種

330000－1701－0058629　HJH1258　子部/雜著類/雜纂之屬
兩般秋雨盦隨筆八卷　(清)梁紹壬撰　民國二年(1913)上海掃葉山房石印本　四冊

330000－1701－0058630　HJL1290　子部/法家類
商君書解詁五卷附錄二卷　朱師轍撰　民國十年(1921)鉛印本　二冊

330000－1701－0058641　HJL1487　子部/雜著類/雜説之屬
齊東野語二十卷　(宋)周密撰　民國二十二年(1933)上海商務印書館鉛印本　四冊

330000－1701－0058642　普814.6/4441　類叢部/叢書類/郡邑之屬
吳興叢書六十六種　劉承幹編　民國吳興劉氏嘉業堂刻本　一冊　存一種

330000－1701－0058643　M000460　集部/總集類/酬唱之屬

漱石生六十唱和集一卷　孫玉聲輯　民國十二年(1923)鉛印本　一冊

330000－1701－0058645　M000543、M002388、M004791　史部/目録類/總録之屬/官修

陝西圖書館書目不分卷續編不分卷　高樹基等編　民國六年(1917)陝西圖書館鉛印本　六冊

330000－1701－0058648　HJL1489　子部/宗教類/佛教之屬

觀世音菩薩本迹感應頌四卷首一卷　許止淨述　**金剛經功德頌一卷**　許止淨述　劉契淨注　民國十五年(1926)刻十九年(1930)印本　四冊

330000－1701－0058650　M000461　集部/總集類/氏族之屬

唐氏先世遺文一卷荆川公佚文一卷　唐鼎元輯　**太常遺箸一卷**　(明)唐鶴徵撰　唐鼎元等輯　**殢花詞一卷**　(清)唐祖命撰　民國鉛印本　一冊

330000－1701－0058653　M000544　集部/别集類

樊山滑稽詩文初集一卷附滑稽小説琴樓夢一卷　樊增祥撰　民國二年(1913)上海廣益書局鉛印本　一冊

330000－1701－0058656　HJH1260　集部/小説類/長篇之屬

圖像鏡花緣全傳二十卷一百回首一卷　(清)李汝珍撰　民國三年(1914)上海錦章圖書局石印本　六冊

330000－1701－0058658　M000545　子部/雜著類/雜考之屬

古書校讀法一卷　胡韞玉編　民國十四年(1925)安吳胡氏鉛印本　一冊

330000－1701－0058659　GP01138　子部/藝術類/書畫之屬/法帖

漢西狹頌不分卷　(漢)李翕書　秦文錦藏　民國十三年(1924)上海藝苑真賞社影印本　一冊

330000－1701－0058661　M000462　子部/工藝類/文房四寶之屬/硯

古硯攷二卷　民國抄本　二冊

330000－1701－0058663　M000546　子部/雜著類/雜説之屬

淮南鴻烈集解二十一卷　(漢)劉安撰　(漢)高誘注　劉文典集解　**淮南天文訓補注一卷**　(清)錢塘撰　民國十三年(1924)上海商務印書館鉛印本　六冊

330000－1701－0058667　M000463　子部/工藝類/文房四寶之屬/硯

端溪硯史一卷　(清)吳蘭修編　**古銅器攷一卷人參攷一卷**　民國抄本　一冊

330000－1701－0058668　GP06995　史部/傳記類/别傳之屬/事狀

胡稑薌先生哀輓録不分卷　胡慶衍編　民國九年(1920)鉛印本　一冊

330000－1701－0058671　GP01139　子部/藝術類/書畫之屬/法帖

漢西狹頌不分卷　(漢)李翕書　秦文錦藏　民國上海藝苑真賞社影印本　一冊

330000－1701－0058674　M000547　子部/藝術類/篆刻之屬/印譜

印字類纂十二卷　孟昭鴻纂摹　民國二十二年(1933)上海西泠印社石印本　四冊

330000－1701－0058678　GP01140　子部/藝術類/書畫之屬/法帖

漢李翕西狹頌不分卷　民國上海藝苑真賞社影印本　一冊

330000－1701－0058684　M000464　集部/别集類

薇香館詩存二卷　戴壽昌撰　民國十二年(1923)鉛印本　一冊

330000－1701－0058685　HJL1871　類叢部/

叢書類/彙編之屬
宋人小說二十八種 涵芬樓編 民國上海商務印書館鉛印本 一册 存一種

330000－1701－0058686 GP01141 子部/藝術類/書畫之屬/法帖
漢李翕西狹頌不分卷 民國上海藝苑真賞社影印本 一册

330000－1701－0058691 GP01142 史部/金石類/石之屬
漢石門頌不分卷 民國十一年(1922)上海藝苑真賞社影印本 于奮題記 一册

330000－1701－0058693 G000295 子部/藝術類/書畫之屬/法帖
鄧石如隸書長聯集册一卷 (清)鄧石如書 民國十三年(1924)石印本 一册

330000－1701－0058694 M000465、M006568 類叢部/叢書類/彙編之屬
雲在山房叢書十七種 楊壽枏編 民國十七年(1928)無錫楊氏鉛印本 二册 存五種

330000－1701－0058695 普814.6/5592 類叢部/叢書類/郡邑之屬
沔陽叢書十二種 盧弼編 民國十一年至十五年(1922－1926)沔陽盧氏慎始基齋刻二十年(1931)彙印本 十册

330000－1701－0058696 HJL1872、HJL1873 類叢部/叢書類/彙編之屬
宋人小說二十八種 涵芬樓編 民國上海商務印書館鉛印本 五册 存二種

330000－1701－0058698 M000466 子部/藝術類/書畫之屬/畫譜
新新百美圖正集不分卷 沈伯塵繪 民國六年(1917)上海國學書室石印本 二册

330000－1701－0058700 GP01143 史部/金石類/石之屬
漢石門頌不分卷 民國八年(1919)上海藝苑真賞社影印本 一册

330000－1701－0058703 GP01144 史部/金石類/石之屬
漢石門頌不分卷 民國上海藝苑真賞社影印本 一册

330000－1701－0058705 M000467 集部/別集類
雲石山房詩草一卷 沈廷傑撰 民國二十五年(1936)鉛印本 一册

330000－1701－0058706 普925.10993/0003 史部/傳記類/總傳之屬/文苑
唐才子傳十卷 (元)辛文房撰 民國影印本 二册

330000－1701－0058707 HJL1263 子部/雜著類/雜說之屬
原人訂本四卷 陳澹然撰 民國七年(1918)蓋平李恩元石印本 三册

330000－1701－0058708 普814.6/6000/c2 集部/別集類/明別集
江峰漫稿十二卷 (明)吕高撰 (清)李開先選 民國二十三年(1934)國學圖書館影印本 四册

330000－1701－0058710 M000468 子部/宗教類/佛教之屬
佛學叢書□□種 丁福保輯 民國上海醫學書局鉛印本暨影印本 一册 存一種

330000－1701－0058711 HJL1496 子部/天文曆算類/算書之屬
周髀算經二卷 (漢)趙爽注 (北周)甄鸞重述 (唐)李淳風等注釋 **周髀音義一卷** (宋)李籍撰 民國八年(1919)上海商務印書館影印四部叢刊本 劉承幹題記 二册

330000－1701－0058713 M000548、M602969 子部/醫家類/方書之屬/成方藥目
醫方概要不分卷 李疇人編 **舌苔歌訣一卷** 方仁淵撰 **四言脈訣一卷** (清)李中梓撰 **經絡歌訣一卷** (清)汪昂撰 民國二十四年(1935)吳縣醫醒社鉛印本 二册

330000－1701－0058715 普814.6/5329/c3 集部/別集類/明別集

江峰漫稿十二卷　(明)吕高撰　(清)李開先選　民國二十三年(1934)國學圖書館影印本　四冊

330000－1701－0058716　HJL1264　子部/宗教類/佛教之屬
佛學叢書□□種　丁福保輯　民國上海醫學書局鉛印本暨影印本　一冊　存一種

330000－1701－0058717　M000469　子部/宗教類/佛教之屬/論疏
八不十門義釋一卷　(隋)釋吉藏疏　黎养正釋　民國十七年(1928)鉛印本　一冊

330000－1701－0058718　M000549　類叢部/叢書類/自著之屬
松翁居遼後所著書三種　羅振玉撰　民國十八年至二十年(1929－1931)上虞羅氏石印本　一冊　存一種

330000－1701－0058720　GP06999　史部/地理類/雜志之屬
北平史蹟叢書二種　張江裁輯　民國二十六年(1937)國立北平研究院史學研究會鉛印本　一冊

330000－1701－0058723　HJH1497　子部/藝術類/書畫之屬/總論
三虞堂書畫目二卷附碑帖目一卷論書畫詩二卷　(清)景賢撰　蘇宗仁編　民國二十二年(1933)北平蘇宗仁鉛印本　一冊

330000－1701－0058724　M000470　子部/宗教類/佛教之屬/諸宗
聖者賢行願王釋義一卷　(清)章嘉遊戲金剛造　湯薌銘譯　民國三十一年(1942)北京菩提學會鉛印本　一冊

330000－1701－0058726　M000550　新學/重學/力學
力學不分卷　民國石印本　隱耕題簽　一冊

330000－1701－0058728　M000551　子部/宗教類/道教之屬/戒律
返性圖十卷　民國二十年(1931)江西廣昌信善堂符占元石印本　二冊

330000－1701－0058729　普323.70927/3521　史部/傳記類/科舉録之屬/歷科登科録
清代兩浙科第表一卷　章乃羹輯　民國三十五年(1946)稿本　一冊

330000－1701－0058731　GP07000　史部/史評類/考訂之屬
史董不分卷　教育部第五服務團研究部編　民國二十九年(1940)三台文華石印社石印本　一冊

330000－1701－0058733　M000552、M002560、M006466、M006722、M007610　集部/戲劇類/總集之屬/傳奇
玉獅堂傳奇十種　(清)陳烺撰　民國石印本　十冊　存八種

330000－1701－0058739　GP07003　史部/政書類/邦計之屬
營口商業概要一卷　顧義撰　民國十五年(1926)鉛印本　一冊

330000－1701－0058749　GP07480　史部/政書類/邦計之屬/賦稅
財政部核定浙江省徵收牙帖捐稅暫行簡章一卷　財政部編　民國鉛印本　一冊

330000－1701－0058752　HJL1232　子部/醫家類/兒科之屬/通論
幼科鐵鏡六卷　(清)夏鼎撰　民國三年(1914)貴池劉氏唐石簃刻貴池先哲遺書本　劉承幹題簽並記　二冊

330000－1701－0058754　GP07481　史部/政書類/公牘檔冊之屬
浙江省民商事習慣調查會報告六卷　浙江民商事習慣調查會編　民國浙江民商事習慣調查會鉛印本　五冊　缺一卷(三)

330000－1701－0058756　M000553　集部/別集類
味荀齋詩鈔一卷　姚琮撰　民國石印本　一冊

330000－1701－0058761　GP07004　子部/宗教類/佛教之屬/經

百喻經二卷 （天竺）僧伽斯那撰 （南朝齊）釋求那毗地譯 民國三年（1914）金陵刻經處刻本 陳訓慈跋 一冊

330000－1701－0058763 M000554 子部/藝術類/遊藝之屬/雜藝
益智圖二卷燕几圖一卷副本一卷 （清）童叶庚撰 **益智續圖一卷** （清）童昂 （清）童昶 （清）童晏撰 （清）童叶庚編 **益智字圖一卷附一卷** （清）祝梅君撰 民國十一年（1922）上海商務印書館石印本 六冊

330000－1701－0058764 GP01145 史部/金石類/石之屬/文字
安陽漢刻四種 民國十一年（1922）上海藝苑真賞社影印本 一冊

330000－1701－0058768 GP01146 子部/藝術類/書畫之屬/法帖
漢楊淮表紀不分卷 民國上海藝苑真賞社影印本 一冊

330000－1701－0058770 M000555、M006525、M007710 新學/議論/論政
不忍雜誌彙編初集六卷二集六卷 康有爲撰 民國三年（1914）上海書局石印本 九冊 存九卷（初集一至六、二集一至三）

330000－1701－0058773 M000471 史部/目録類/專録之屬
藏逸經書標目一卷 （明）釋道開撰 民國七年（1918）北京刻經處刻本 一冊

330000－1701－0058778 HJH1503 史部/目録類/專録之屬
琴書存目六卷別錄二卷 周慶雲編 民國三年（1914）烏程周氏夢坡室刻本 四冊

330000－1701－0058779 GP01147 子部/藝術類/書畫之屬/法帖
漢孔宙碑不分卷 民國上海藝苑真賞社影印本 一冊

330000－1701－0058780 M000472 子部/藝術類/篆刻之屬/印論
篆法入門三卷 周鍾麟撰 民國二十一年（1932）上海求古齋書帖局石印本 二冊

330000－1701－0058781 HJL1827 子部/藝術類/遊藝之屬/聯語
楹帖偶存第一集不分卷 民國十四年（1925）影印本 一冊

330000－1701－0058787 M000556 類叢部/叢書類/彙編之屬
國立中央研究院歷史語言研究所單刊 國立中央研究院歷史語言研究所編 民國上海商務印書館鉛印本暨影印本 二冊 存一種

330000－1701－0058789 GP01149 子部/藝術類/書畫之屬/法帖
漢循吏聞憙長韓仁銘一卷 民國上海商務印書館影印本 一冊

330000－1701－0058792 GP01150 史部/金石類/石之屬/文字
漢開母石闕不分卷 民國十二年（1923）上海藝苑真賞社影印本 一冊

330000－1701－0058793 M000473 子部/藝術類/篆刻之屬/印論
篆法點畫辨訣一卷 （清）鞠履厚輯 民國石印本 一冊

330000－1701－0058794 普323.70927/3574 史部/傳記類/科舉録之屬/歷科鄉試録
清歷朝秀才錄二卷 民國抄本 二冊

330000－1701－0058796 M000557 集部/別集類
龍顧山房詩賸集四卷詩餘續集一卷 郭則澐撰 **臨漪館詩稿三卷詞稿一卷** 俞璡撰 **臥虎閣詩一卷詞一卷** 郭則壽撰 民國鉛印本 一冊 缺三卷（臨漪館詩稿二至三、詞稿）

330000－1701－0058803 M000474 子部/藝術類/書畫之屬/畫譜
大悲法師禪餘集二卷 釋大悲繪 民國二十二年（1933）影印本 一冊 存一卷（一）

330000－1701－0058805 GP01151 史部/金石類/石之屬/文字

漢開母石闕不分卷　民國十三年(1924)上海藝苑真賞社影印本　一冊

330000 - 1701 - 0058807　HJH1441　類叢部/叢書類/彙編之屬

進德叢書八種　丁福保編　民國上海醫學書局鉛印本　一冊　存一種

330000 - 1701 - 0058810　M000515　子部/藝術類/書畫之屬/畫譜

大悲法師禪餘集二卷　釋大悲繪　民國二十二年(1933)影印本　二冊

330000 - 1701 - 0058811　GP01152　子部/藝術類/書畫之屬/法帖

宋拓西樓蘇帖不分卷　(宋)蘇軾書　民國影印本　六冊

330000 - 1701 - 0058812　GP07483　史部/政書類/公牘檔冊之屬

浙江省統捐捐率一卷　民國鉛印本　一冊

330000 - 1701 - 0058814　M000558　集部/總集類/選集之屬/斷代

新文選四卷　雷瑨輯　民國十年(1921)上海掃葉山房石印本　四冊

330000 - 1701 - 0058815　普 925.10995/2691　史部/傳記類/總傳之屬/姓名

程氏人物志八卷　(清)程之康撰　民國三十六年(1947)鉛印本　程中行題簽　四冊

330000 - 1701 - 0058817　M000475　子部/藝術類/書畫之屬/畫録

毘陵畫徵錄二卷補遺一卷　李寶凱輯　民國二十二年(1933)鉛印本　一冊

330000 - 1701 - 0058821　M000559、M000624　史部/編年類/斷代之屬

二思堂清鑑易知錄前編四卷正編二十八卷附國際交涉重要事實摘錄一卷十朝大事表一卷　許國英輯　沈文浩重編　民國二十年(1931)上海大成書局鉛印本　鶴揚靈題記　十二冊

330000 - 1701 - 0058826　M000476　集部/別集類

珠巖齋文初編九卷　王宇高撰　民國二十五年(1936)鉛印本　陳寥士題記　一冊　存五卷(一至五)

330000 - 1701 - 0058829　M000560　集部/詩文評類/詩評之屬

學詩初步三卷　張廷華　吳玉編　民國十一年(1922)上海文明書局鉛印本　一冊

330000 - 1701 - 0058833　HJL1460　類叢部/叢書類/彙編之屬

龍潭精舍叢刻十五種　劉海涵編　民國十年至二十年(1921 - 1931)刻本　一冊　存一種

330000 - 1701 - 0058835　M000561　子部/藝術類/書畫之屬

習字秘訣一卷　王虛洲　蔣湘帆　蔣和編輯　民國十年(1921)上海世界書局石印本　一冊

330000 - 1701 - 0058840　GP01153　子部/藝術類/書畫之屬/法帖

明宋仲溫書四體用筆十法眞蹟一卷　(明)宋克書　民國二十三年(1934)和記印書館影印本　一冊

330000 - 1701 - 0058841　GP07005　集部/總集類/氏族之屬

四隱集四卷　(宋)柴望等撰　(清)柴亨榮輯　民國江山柴氏祠堂木活字印本　一冊

330000 - 1701 - 0058843　M000562　經部/小學類/文字之屬/字書/通論

文字學形義篇不分卷　朱宗萊撰　民國七年(1918)北京大學出版部鉛印本　一冊

330000 - 1701 - 0058849　M000477　史部/傳記類/別傳之屬/事狀

永康陳母徐太孺人七旬壽言錄一卷　陳煥章　陳漢章編　民國杭州興業印書局鉛印本　一幅

330000 - 1701 - 0058850　GP01154　子部/藝術類/書畫之屬/法帖

宋拓多寶塔碑不分卷　(唐)顔真卿書　民國

影印本　一冊

330000－1701－0058852　HJL5692　集部/别集類/宋别集
四明文獻集五卷　(宋)王應麟撰　(明)鄭真輯　**深寧先生文鈔摭餘編三卷**　(宋)王應麟撰　(清)葉熊輯　**深寧先生年譜一卷**　(清)錢大昕編　**王深寧先生年譜一卷**　(清)陳僅纂輯　(清)張恕編次　**王深寧先生年譜一卷**　(清)張大昌輯　民國五年(1916)仁和王存善鉛印本　四册

330000－1701－0058854　M000563　子部/天文曆算類/曆法之屬
念四年通書一卷　民國二十三年(1934)石印本　一册

330000－1701－0058856　M000564　史部/金石類/石之屬/通考
校碑隨筆不分卷　方若撰　民國七年(1918)上海朝記書莊石印本　四册

330000－1701－0058859　普925.10996/2611/c1　史部/傳記類/總傳之屬/斷代
皇明遺民傳七卷　(朝鮮)□□撰　民國二十五年(1936)國立北京大學影印本　三册

330000－1701－0058860　M000478　集部/别集類
覺廬遺詩一卷　鄭廷鑑撰　民國十年(1921)周毓邠木活字印本　一册

330000－1701－0058862　GP07006　集部/總集類
湫聲詩草一卷　葉鋤非等撰　民國鉛印本　□□題記　一册

330000－1701－0058863　HJL6723　集部/總集類/郡邑之屬
續梁溪詩鈔二十四卷　侯學愈輯　民國九年(1920)鉛印本　四册　存十一卷(一至十一)

330000－1701－0058864　普925.10996/2611/c2　史部/傳記類/總傳之屬/斷代
皇明遺民傳七卷　(朝鮮)□□撰　民國二十五年(1936)國立北京大學影印本　三册

330000－1701－0058865　GP07007　集部/别集類
醉靈軒文存三卷　陳蘧撰　民國鉛印本　二册

330000－1701－0058867　GP07009　集部/總集類/酬唱之屬
西泠餞别圖詩稿一卷　民國鉛印本　一册

330000－1701－0058874　GP07442　史部/政書類/邦計之屬
大總統頒定教育要旨一卷　民國四年(1915)鉛印本　一册

330000－1701－0058875　HJL1462　子部/雜著類/雜考之屬
過庭錄十六卷　(清)宋鳳翔撰　民國十九年(1930)北平富晉書社石印本　六册

330000－1701－0058877　GP01155　子部/藝術類/書畫之屬/法帖
宋拓岳麓寺碑一卷　(唐)李邕書　民國二十二年(1933)故宮博物院影印本　一册

330000－1701－0058881　HJL1275　子部/醫家類/類編之屬
醫人鍼砭四種　民國十一年(1922)長沙厥中小補堂善書流通處刻本　四册

330000－1701－0058887　GP01157　史部/金石類/石之屬
宋拓漢婁壽碑不分卷　民國七年(1918)上海商務印書館影印本　一册

330000－1701－0058890　GP01158　史部/金石類/石之屬
宋拓漢婁壽碑不分卷　民國八年(1919)上海商務印書館影印本　一册

330000－1701－0058897　GP01159　子部/藝術類/書畫之屬/法帖
最初拓張遷碑及碑陰不分卷　民國上海有正書局影印本　一册

330000－1701－0058899　GP07023　集部/别集類

壁山閣存稿一卷　黄華表撰　民國二十四年(1935)鉛印本　黄華表題記　一册

330000－1701－0058901　GP01160　子部/藝術類/書畫之屬/法帖

唐巍栖梧書善才寺碑一卷　民國上海有正書局影印本　一册

330000－1701－0058903　HJL6724　集部/總集類/郡邑之屬

東莞詩錄六十五卷首一卷　張其淦輯　民國十年(1921)東莞張氏刻本　十九册　存五十七卷(首、一至五十六)

330000－1701－0058906　GP01163　子部/藝術類/書畫之屬/法帖

唐褚遂良臨蘭亭帖不分卷　(唐)褚遂良書　民國二十七年(1938)國立北平故宫博物院影印本　一册

330000－1701－0058910　M000565　史部/傳記類/雜傳之屬

清芬集二卷首一卷　王文炳輯　民國九年(1920)鉛印本　唐默亭題記　一册

330000－1701－0058912　HJL1278　類叢部/叢書類/彙編之屬

龍潭精舍叢刻十五種　劉海涵編　民國十年至二十年(1921－1931)刻本　一册　存一種

330000－1701－0058916　HJL1458　子部/儒家類/儒學之屬/蒙學

訓蒙十種　民國七年(1918)王典章思過齋刻本　一册

330000－1701－0058923　M000566　經部/小學類/文字之屬/説文/專著

説文古籀補補十四卷附録一卷　丁佛言撰　民國十三年(1924)石印本　四册

330000－1701－0058926　HJL1280　子部/雜著類/雜説之屬

鬱岡齋筆麈四卷　(明)王肯堂撰　民國十九年(1930)國立北平圖書館鉛印本　二册

330000－1701－0058928　GP01164　子部/藝術類/書畫之屬/法帖

唐褚遂良書倪寬贊不分卷　(唐)褚遂良書　民國二十九年(1940)國立北平故宫博物院影印本　一册

330000－1701－0058930　HJL1459　類叢部/叢書類/彙編之屬

顔李學三種　徐世昌輯　民國天津徐氏刻本　一册　存一種

330000－1701－0058931　HJH1281　類叢部/叢書類/彙編之屬

進德叢書八種　丁福保編　民國上海醫學書局鉛印本　一册　存一種

330000－1701－0058935　GP01165　子部/藝術類/書畫之屬

宋人法書不分卷　民國二十四年(1935)北平故宫博物院影印本　五册

330000－1701－0058938　GP07027　集部/總集類/尺牘之屬

分類往還學界模範尺牘正編二卷續編二卷　劉再蘇等編　民國十七年(1928)上海世界書局石印本　四册

330000－1701－0058941　HJL1444　子部/小説家類/異聞之屬

燈下閑談二卷　民國十八年(1929)上海商務印書館鉛印本　一册

330000－1701－0058943　GP01167　史部/金石類/石之屬

唐揭孟法師碑不分卷　民國十四年(1925)上海文明書局影印本　一册

330000－1701－0058947　GP07028　類叢部/類書類/專類之屬

古今楹聯類纂十二卷附慶弔雜件備覽二卷　雲后編輯　民國十四年(1925)上海會文堂書局石印本　二册　存二卷(慶弔雜件備覽一至二)

330000－1701－0058948　HJL1450　類叢部/叢書類/彙編之屬

宋人小説二十八種　涵芬樓編　民國上海商

務印書館鉛印本　一册　存一種

330000－1701－0058955　M000567　集部/別集類
甬山堂詩集六卷　周世棠撰　民國十九年(1930)鉛印本　一册

330000－1701－0058956　GP01168　史部/金石類/石之屬
唐搨孟法師碑不分卷　民國石印本　一册

330000－1701－0058959　M000568　子部/醫家類/綜合之屬/通論
中醫改進芻論一卷　張二仲撰　民國十三年(1924)廣州開智書局鉛印本　一册

330000－1701－0058962　M000569　史部/目録類/總録之屬/官修
江蘇省立蘇州圖書館圖書目錄不分卷(第三期)　蔣鏡寰　陳子彝撰　民國二十四年(1935)江蘇省立蘇州圖書館鉛印本　一册

330000－1701－0058964　GP01169　子部/藝術類/書畫之屬/法帖
唐搨褚河南孟法師碑不分卷　(唐)褚遂良書　民國上海有正書局影印本　一册

330000－1701－0058966　M000570　史部/目録類/總録之屬/官修
江蘇省立蘇州圖書館圖書目錄不分卷(第三期)　蔣鏡寰　陳子彝撰　民國二十四年(1935)江蘇省立蘇州圖書館鉛印本　張惠衣題記　一册

330000－1701－0058970　HJH1446　子部/儒家類/儒學之屬/禮教
倫書七卷　陳曾矩輯　民國六年(1917)申江鉛印本　一册

330000－1701－0058973　M000571　子部/藝術類/書畫之屬/法帖
梅花百詠一卷　(明)文徵明撰並書　民國石印本　一册

330000－1701－0058974　HJL1855、HJL1856、HJL1857、HJL1858　子部/儒家類/儒家之屬
曾子四種　嚴式誨輯　民國九年至十二年(1920－1923)渭南嚴氏孝義家塾成都刻本　五册

330000－1701－0058975　M000572　集部/別集類
散原精舍詩別集一卷　陳三立撰　民國二十年(1931)上海商務印書館鉛印本　一册

330000－1701－0058976　M000573　史部/傳記類/別傳之屬/事狀
清故誥授光禄大夫經筵講官軍機大臣協辦大學士外務部尚書瞿文慎公[鴻禨]行狀一卷　余肇康撰　民國上海聚珍倣宋印書局鉛印本　一册

330000－1701－0058979　M000574　集部/詞類/總集之屬
詞莂一卷　朱祖謀輯　張爾田補錄　民國二十二年(1933)刻朱印本　一册

330000－1701－0058980　HJH6731　集部/詩文評類/文法之屬
民國適用最新女子尺牘四卷　(清)蚊睫巢父撰　民國二年(1913)掃葉山房石印本　二册

330000－1701－0058982　HJL1282　子部/宗教類/道教之屬/神符
誠化錄八卷　曹廣楨繹　民國十七年(1928)上海誠化社鉛印本　六册

330000－1701－0058983　M000575　史部/雜史類/斷代之屬
趨庭隅錄一卷　楊景熾等輯　**附楊味雲先生創興棉業記一卷**　顧潛撰　民國三十年(1941)鉛印本　一册

330000－1701－0058984　HJH6732　集部/總集類/選集之屬/通代
青樓韻語四卷　(明)朱元亮輯註併校證　(明)張夢徵彙選併摹像　民國三年(1914)上海掃葉山房石印本　二册

330000－1701－0058986　M000479　子部/藝術類/書畫之屬/法帖
鄧石如篆書習字帖一卷　(清)鄧石如書　民

國十八年(1929)上海文明書局影印本　一冊

330000－1701－0058988　GP07433　史部/政書類/邦交之屬

清宣統朝中日交涉史料六卷　北平故宫博物院編　民國二十二年(1933)北平故宫博物院鉛印本　三冊

330000－1701－0058990　M000576　集部/別集類/唐五代別集

豐溪始祖存稿一卷　(唐)吕從慶撰　民國十五年(1926)影印本　一冊

330000－1701－0058994　HJH6733　集部/別集類

海藏樓詩一卷　鄭孝胥撰　民國五年(1916)文藝雜志社石印本　一冊

330000－1701－0058995　HJL1284　史部/雜史類/斷代之屬

萝蕉亭雜記二卷　陳夔龍撰　民國十四年(1925)刻本　劉承幹題簽並記　二冊

330000－1701－0058997　M000480　集部/別集類

適可居詩集五卷鳳山牧笛譜二卷　胡善曾撰　民國五年(1916)鉛印本　一冊

330000－1701－0058999　HJH6735　集部/詩文評類/詩評之屬

漁洋詩話二卷　(清)王士禛撰　民國元年(1912)掃葉山房石印本　一冊

330000－1701－0059000　M000577　史部/目録類

晚晴簃未選詩集目錄一卷　民國鉛印本　一冊

330000－1701－0059001　M000481　史部/金石類/石之屬/文字

初拓劉懿墓誌銘一卷　民國十二年(1923)上海有正書局石印本　一冊

330000－1701－0059003　M000578　史部/目録類

晚晴簃已選詩集目錄一卷　民國鉛印本　一冊

330000－1701－0059004　HJL1285　史部/傳記類/總傳之屬/技藝

書史會要九卷補遺一卷　(元)陶宗儀撰　民國十八年(1929)武進陶氏逸園刻本　四冊

330000－1701－0059006　M000482　史部/傳記類/別傳之屬/墓誌

刁惠公墓誌銘一卷　民國十二年(1923)有正書局影印本　一冊

330000－1701－0059007　GP07434　類叢部/叢書類/自著之屬

貞松老人遺稿甲集八種乙集四種丙集二種　羅振玉撰　民國三十年至三十六年(1941－1947)上虞羅氏鉛印本　一冊　存一種

330000－1701－0059011　M000483　集部/別集類/清別集

明遺老傅青主自書詩一卷　(清)傅山撰　民國石印本　一冊

330000－1701－0059013　HJL1286　史部/目録類/通論之屬/掌故瑣記

書舶庸譚四卷　董康撰　民國十九年(1930)上海大東書局影印本　三冊

330000－1701－0059017　M000484　史部/紀傳類/正史之屬

新元史帖木兒傳一卷　柯劭忞撰　民國刻本　一冊

330000－1701－0059020　HJH6734　集部/詩文評類/詩評之屬

中山後山詩話合刻二卷　(宋)劉攽　(宋)陳師道撰　民國上海中華圖書館石印本　一冊

330000－1701－0059021　HJH6736　集部/詩文評類/詩評之屬

漁洋詩話二卷　(清)王士禛撰　民國元年(1912)掃葉山房石印本　一冊

330000－1701－0059025　HJH6737　集部/別集類/漢魏六朝別集

陶淵明文集十卷　(晉)陶潛撰　民國二年

(1913)上海著易堂書局石印本　四冊

330000－1701－0059027　M000485　史部/傳記類/别傳之屬/事狀

張克誠先生傳一卷　蔣維喬撰　民國佛教會貧兒教養院石印科石印本　一冊

330000－1701－0059032　HJH6738　集部/别集類/宋别集

岳忠武王文集八卷首一卷末一卷　(宋)岳飛撰　(清)黄邦寧纂修　民國元年(1912)上海江左書林石印本　四冊

330000－1701－0059033　M000579　史部/傳記類/别傳之屬

言行錄四卷　席裕康輯　民國七年(1918)石印本　一冊　存一卷(孝子集)

330000－1701－0059037　M000486　集部/曲類/寶卷之屬

張氏三娘賣花寶卷全集一卷　民國十三年(1924)杭州慧空經房釋守政刻本　一冊

330000－1701－0059042　M000487　子部/藝術類/書畫之屬/法帖

趙撝叔手札不分卷　(清)趙之謙書　民國上海有正書局影印本　一冊　存下冊

330000－1701－0059046　M000580　集部/總集類/酬唱之屬

壽文一卷　李士偉等輯　民國亞東製版印刷局鉛印本　一冊

330000－1701－0059049　HJH1289　史部/金石類

周王子頹器識攷一卷　關葆謙撰　許鈞參正并書　民國十二年(1923)河南金石志修纂處刻本　一冊

330000－1701－0059052　M000488　子部/藝術類/書畫之屬/法帖

惜抱軒手札不分卷　(清)姚鼐撰並書　民國二十五年(1936)上海商務印書館影印本　三冊

330000－1701－0059055　GP01170　子部/藝術類/書畫之屬/法帖

蘭亭五種不分卷　(晉)王羲之書　民國影印本　一冊

330000－1701－0059058　M000489　子部/藝術類/書畫之屬/書法書品

書譜不分卷　(唐)孫過庭撰　民國十四年(1925)影印本　一冊

330000－1701－0059060　GP01171　子部/藝術類/書畫之屬/法帖

蘇黄米蔡墨寶不分卷　(宋)蘇軾等書　民國上海有正書局影印本　一冊　存二種(米芾、蔡襄)

330000－1701－0059061　M000490　集部/别集類

譚祖安先生手寫詩冊　譚延闓撰　民國二十年(1931)影印本　一冊　存一種

330000－1701－0059066　GP07039　史部/地理類

横雲景物志一卷　横雲居士撰　民國鉛印本　一冊

330000－1701－0059067　M000491　經部/小學類/文字之屬/字書/字體

隸辨八卷　(清)顧藹吉撰　民國十九年(1930)掃葉山房石印本　八冊

330000－1701－0059069　GP01173　子部/藝術類/書畫之屬/法帖

明拓曹全碑不分卷　民國影印本　一冊

330000－1701－0059072　普925.10996/7744　類叢部/叢書類/郡邑之屬

廣東叢書　廣東叢書編輯委員會編　民國商務印書館影印本暨鉛印本　六冊　存一種

330000－1701－0059074　M000492　子部/雜著類/雜説之屬

歸田錄二卷補遺一卷　(宋)歐陽修撰　民國二十三年(1934)上海商務印書館鉛印本　一冊

330000－1701－0059075　M000493　子部/

雜著類/雜說之屬

歸田錄二卷補遺一卷　(宋)歐陽修撰　民國十九年(1930)上海商務印書館鉛印本　一册

330000－1701－0059077　GP07435　集部/詞類/詞話之屬

學詞百法一卷　劉坡公編　民國十五年(1926)上海世界書局鉛印本　一册

330000－1701－0059082　HJL1946　子部/雜家類

公孫龍子注一卷校勘記一卷篇目攷一卷附錄一卷　(清)陳澧撰　民國十四年(1925)番禺汪氏微尚齋刻本　一册

330000－1701－0059085　GP01175　子部/藝術類/書畫之屬/法帖

初拓滋蕙堂靈飛經一卷　(唐)鍾紹京書　民國五年(1916)上海有正書局影印本　一册

330000－1701－0059091　M000581　史部/傳記類/別傳之屬

柳无涯先生追悼錄一卷　柳冀高　柳景高輯　民國七年(1918)鉛印本　一册

330000－1701－0059093　GP01176　子部/藝術類/書畫之屬/法帖

舊拓靈飛經一卷　(唐)鍾紹京書　民國上海有正書局影印本　一册

330000－1701－0059094　HJH6742　集部/總集類/選集之屬/斷代

宮閨百詠四卷　(清)陳其泰編次　民國六年(1917)上海掃葉山房石印本　二册

330000－1701－0059095　M000582　史部/傳記類/別傳之屬

懷寧貞孝胡七姑言行略一卷附傳表詩詞不分卷　舒景蘅撰　民國十四年(1925)木活字印本　一册

330000－1701－0059100　GP01177　子部/藝術類/書畫之屬/法帖

宋搨蘇書兩種不分卷　(宋)蘇軾書　民國影印本　一册

330000－1701－0059101　HJL1866　子部/醫家類/醫經之屬

黃帝素問二十四卷靈樞經二十四卷校勘記一卷附一卷　民國十七年(1928)中國學會影印本　十二册

330000－1701－0059103　GP07436　史部/目録類/總録之屬/私撰

凌氏鴻術堂捐助書目一卷　吳興圖書館編　民國吳興圖書館鉛印本　一册

330000－1701－0059105　M000494　子部/雜著類/雜說之屬

仇池筆記二卷　(宋)蘇軾撰　民國二十二年(1933)上海商務印書館鉛印本　一册

330000－1701－0059106　GP01178　子部/藝術類/書畫之屬/法帖

唐搨蘭亭序真跡不分卷　民國影印本　一册

330000－1701－0059110　M000583　史部/傳記類/別傳之屬/事狀

方母鄭夫人行述一卷　江五民撰　**哀啟一卷**　方傳淇　方傳洵　方傳濟撰　民國二十二年(1933)鉛印本　一册

330000－1701－0059111　GP07041　子部/小說家類/雜事之屬

金壺七墨六種　(清)黃鈞宰撰　民國九年(1920)上海掃葉山房石印本　四册

330000－1701－0059113　M000584　集部/別集類

醉靈軒詩存十卷　陳蘧撰　民國十七年(1928)上海聚珍倣宋印書局鉛印本　一册　存五卷(一至五)

330000－1701－0059115　M000495　類叢部/叢書類/彙編之屬

宋人小說二十八種　涵芬樓編　民國上海商務印書館鉛印本　一册　存一種

330000－1701－0059116　M000585　集部/別集類

儀孝堂詩集二卷　何承徽撰　民國六年(1917)鉛印本　一册

330000－1701－0059119　M000496　類叢部/叢書類/彙編之屬
宋人小說二十八種　涵芬樓編　民國上海商務印書館鉛印本　一册　存一種

330000－1701－0059120　GP01179　子部/藝術類/書畫之屬/法帖
宋搨賜潘貴妃蘭亭序不分卷　民國影印本　一册

330000－1701－0059122　M000586　史部/傳記類/總傳之屬/技藝
宋元明清四朝真跡不分卷　民國梅溪百幅齋主人退翁敬容氏抄本　一册

330000－1701－0059123　HJH6744　集部/別集類/清別集
四憶堂詩集六卷遺稿一卷　（清）侯方域撰　（清）賈開宗等選註　民國二年（1913）上海掃葉山房石印本　二册

330000－1701－0059125　M000497　集部/別集類
艮園詩集四卷首一卷後集四卷末一卷　江五民撰　民國五年（1916）上海鉛印本　一册　存五卷（一至四、末）

330000－1701－0059128　M000587、M007078、M007995　集部/別集類
蒿盦類稿三十二卷續稿三卷　馮煦撰　民國二年（1913）刻本　十二册

330000－1701－0059132　HJL1909　集部/別集類/清別集
愧菴遺著集要五卷　（清）楊甲仁撰　民國十年（1921）刻本　一册

330000－1701－0059133　GP01180　子部/藝術類/書畫之屬/法帖
蘭亭序一卷　民國十三年（1924）上海文明書局影印本　一册

330000－1701－0059135　HJH6745　集部/別集類/清別集
壯悔堂文集十卷遺稿一卷年譜一卷　（清）侯方域撰　（清）賈開宗等評點　民國上海掃葉山房石印本　四册

330000－1701－0059145　GP01181　子部/藝術類/書畫之屬/法帖
蘭亭序一卷　民國二十九年（1940）文明書局影印本　一册

330000－1701－0059146　HJL1950　子部/小說家類/雜事之屬
不遠復齋見聞雜志十卷　張廷驤輯　民國四年（1915）鉛印本　二册

330000－1701－0059149　HJH0142　經部/小學類/文字之屬/說文
說文外編聲讀表七卷　民國抄本　一册

330000－1701－0059150　普814.6/4694.3　集部/別集類/明別集
升菴遺文錄三卷附錄一卷　（明）楊慎撰　楊崇煥輯　民國二十一年（1932）雪鴻印刷社石印本　一册

330000－1701－0059156　GP01182　子部/藝術類/書畫之屬/法帖
玉枕蘭亭原石本不分卷　民國影印本　一册

330000－1701－0059160　GP07046　子部/工藝類/日用器物之屬
傳世古尺錄一卷附諸史律歷志彙抄一卷古今尺度比較表一卷　羅福頤撰　民國三十年（1941）鉛印本　一册

330000－1701－0059161　普814.6/4700　類叢部/叢書類/郡邑之屬
續金華叢書六十種　胡宗楙編　民國十三年（1924）永康胡氏夢選樓刻本　十六册　存一種

330000－1701－0059166　M000588　集部/別集類
非菴詩草一卷非翁詩稿一卷　譚延闓撰　民國二十年（1931）石印本　一册

330000－1701－0059168　GP01183　子部/藝術類/書畫之屬/法帖
初搨玉枕蘭亭一卷　（晉）王羲之書　民國二

十九年(1940)文明書局、中華書局影印本　一册

330000－1701－0059174　GP01184　子部/藝術類/書畫之屬/法帖

宋搨東方像贊不分卷　(晉)王羲之書　民國上海藝苑真賞社影印本　一册

330000－1701－0059177　M000589　集部/曲類/曲評曲話曲目之屬

鞠部叢談校補一卷　羅惇曧撰　李釋戡校補　樊山批　民國十五年(1926)涉園刻本　一册

330000－1701－0059180　HJL1913　子部/雜著類/雜説之屬

劉子十卷　(北齊)劉晝撰　(唐)袁孝政注　民國十三年(1924)海寧陳氏影印本　五册

330000－1701－0059181　HJL0145　經部/小學類/訓詁之屬/方言

屈宋方言攷一卷　李翹撰　民國十四年(1925)芬熏館刻本　一册

330000－1701－0059182　M000590　經部/詩類/專著之屬

湖北存古學堂毛詩學一卷　馬貞榆撰　民國鉛印本　一册

330000－1701－0059185　GP07048、M608143　集部/别集類

志頤堂詩文集文篇三卷詩十二卷題跋文二卷　沙元炳撰　民國二十二年(1933)如皋沙志頤堂鉛印本　六册

330000－1701－0059188　普 925. 10997/3434/c1　類叢部/叢書類/彙編之屬

六經堪叢書十三種　羅振玉編　民國東方學會鉛印本　二十册　存一種

330000－1701－0059202　M000592　類叢部/叢書類/彙編之屬

己卯叢編四種　趙詒琛　王大隆輯　民國二十八年(1939)鉛印本　一册　存一種

330000－1701－0059205　HJL1830　子部/宗教類/佛教之屬

梁皇懺隨聞錄十卷首一卷　釋諦閑講　釋寶静輯　民國十四年(1925)中央刻經院鉛印本　四册

330000－1701－0059207　HJH6750　類叢部/叢書類/自著之屬

隨園三十六種　(清)袁枚撰　民國二年(1913)上海中華圖書館鉛印本　十六册　存二種

330000－1701－0059210　普 925. 10997/3434/c2　類叢部/叢書類/彙編之屬

六經堪叢書十三種　羅振玉編　民國東方學會鉛印本　十二册　存一種

330000－1701－0059212　M000593　經部/書類/傳説之屬

尚書駢枝一卷　(清)孫詒讓撰　民國石印本　一册

330000－1701－0059217　GP07013　史部/傳記類/别傳之屬/事狀

瞿文慎公[鴻禨]行狀一卷　余肇康撰　民國上海聚珍倣宋印書局鉛印本　樊鎮題記　一册

330000－1701－0059218　M000594　經部/小學類/文字之屬/説文/專著

説文鑰一卷前編一卷後編一卷　丁福保編　民國二十二年(1933)梁谿丁氏上海石印本　一册

330000－1701－0059221　M000499　集部/别集類/宋别集

四明文獻集五卷　(宋)王應麟撰　(明)鄭真輯　**深寧先生文鈔摭餘編三卷**　(宋)王應麟撰　(清)葉熊輯　**深寧先生年譜一卷**　(清)錢大昕編　**王深寧先生年譜一卷**　(清)陳僅纂輯　(清)張恕編次　**王深寧先生年譜一卷**　(清)張大昌輯　民國五年(1916)仁和王存善鉛印本　一册　存三卷[深寧先生年譜、王深寧先生年譜(陳僅撰)、王深寧先生年譜(張大昌輯)]

330000－1701－0059222　GP07014　集部/别集類
橘弈廬稿四卷　王熾昌撰　民國九年(1920)石印本　一册　存二卷(甕葉集、劫餘枯禪偈)

330000－1701－0059224　HJH6752　集部/總集類/選集之屬/通代
新選詳註國文讀本六卷　雷瑨編輯　雷瑊註釋　民國三年(1914)掃葉山房石印本　六册

330000－1701－0059233　HJL1302　子部/宗教類/道教之屬
果報類編四種　民國石印本　二册

330000－1701－0059236　普 925.10997/3558/c1　史部/傳記類/總傳之屬/斷代
清史列傳八十卷　中華書局編　民國十七年(1928)上海中華書局鉛印本　八十册

330000－1701－0059239　HJL1469　子部/宗教類/佛教之屬/經疏
大佛頂如來密因修證了義諸菩薩萬行首楞嚴經易知錄十卷　(清)釋默庵撰　民國八年(1919)七塔寺刻本　十册

330000－1701－0059240　HJL1833　類叢部/類書類/專類之屬
潛龍讀書表十二卷　陳電飛編　民國十七年(1928)中華書局石印本　四册

330000－1701－0059247　GP01187　子部/藝術類/書畫之屬/法帖
米海岳方圓菴記一卷　(宋)米芾書　民國影印本　一册

330000－1701－0059249　M000500　史部/政書類/公牘檔冊之屬
緯成股份有限公司戊辰年股東名冊不分卷　緯成股份有限公司編　民國鉛印本　一册

330000－1701－0059252　普 925.10997/3558/c2　史部/傳記類/總傳之屬/斷代
清史列傳八十卷　中華書局編　民國十七年(1928)上海中華書局鉛印本　七十九册　缺一卷(三十三)

330000－1701－0059255　GP01188　子部/藝術類/書畫之屬/法帖
米海岳方圓菴記一卷　(宋)米芾書　民國影印本　耿如題記　一册

330000－1701－0059260　M000595　子部/宗教類/道教之屬/道藏
重刊道藏輯要　(清)蔣予蒲輯　(清)閻永和增輯　民國十八年(1929)鉛印本　一册　存四種

330000－1701－0059263　M000501　史部/史表類/通代之屬
歷代甲子紀年表不分卷　張之銘輯　民國二十七年(1938)上海實學通藝館石印本　二幀

330000－1701－0059265　M000502　史部/傳記類/總傳之屬
規復兩浙節孝總祠事蹟一卷　民國三年(1914)鉛印本　一册

330000－1701－0059273　GP01189　子部/藝術類/書畫之屬/法帖
米襄陽章聖天臨殿記明道觀壁記真蹟不分卷　(宋)米芾書　民國十三年(1924)上海文明書局影印本　一册

330000－1701－0059276　M000503　類叢部/叢書類/自著之屬
潤德堂叢書　袁樹珊撰　民國十六年(1927)上海文化書局石印本　四册　存一種

330000－1701－0059277　M000596　類叢部/叢書類/自著之屬
潛廬叢書　何紹韓撰　民國二十五年(1936)東陽何紹韓杭州潛廬刻本　一册　存一種

330000－1701－0059280　普 925.10997/3558/c4　史部/傳記類/總傳之屬/斷代
清史列傳八十卷　中華書局編　民國十七年(1928)上海中華書局鉛印本　八十册

330000－1701－0059285　GP01190　子部/藝術類/書畫之屬/法帖
米襄陽章聖天臨殿記明道觀壁記真蹟不分卷　(宋)米芾書　民國十三年(1924)上海文明

書局影印本　一册

330000－1701－0059287　M000597　史部/傳記類/總傳之屬/斷代
辛亥殉難記五卷首一卷辛亥殉難表不分卷　吳慶坻輯　民國五年(1916)鉛印本　一册

330000－1701－0059289　HJL0150　子部/雜著類/雜説之屬
讀經救國論六卷　孫雄撰　民國十六年(1927)鉛印本　二册

330000－1701－0059291　GP01191　經部/群經總義類/石經之屬
三體石經未裂本一卷　民國十三年(1924)上海文明書局影印本暨鉛印本　一册

330000－1701－0059293　M000598　史部/傳記類/科舉録之屬/歷科登科録
平湖采芹錄四卷　(清)葛金烺輯　葛嗣浵等增輯　民國四年(1915)刻本　二册

330000－1701－0059296　M000504　子部/宗教類/佛教之屬/諸宗
綠救度佛母修持一卷　民國鉛印本　一册

330000－1701－0059298　HJH0152、HJH0153　經部/叢編
演孔叢書　康有爲撰　民國五年(1916)上海廣智書局鉛印本　二册　存二種

330000－1701－0059299　M000505　子部/儒家類/儒學之屬/禮教/女範
金科輯要閨範篇三卷　都劫司　武昌侯輯　顯祿侯定　民國杭州同道益善書局鉛印本　一册

330000－1701－0059300　HJL1308　子部/雜著類/雜編之屬
安士全書四種　(清)周夢顔撰　民國十一年(1922)上海佛學推行社鉛印本　四册

330000－1701－0059301　GP01192　子部/藝術類/書畫之屬/法帖
最初拓瘞鶴銘一卷　民國十二年(1923)華商書局石印本　一册

330000－1701－0059303　普 814.6/75101　類叢部/叢書類/郡邑之屬
吳興叢書六十六種　劉承幹編　民國吳興劉氏嘉業堂刻本　六册　存一種

330000－1701－0059305　GP01193　子部/藝術類/書畫之屬/法帖
宋元墨寶第一集一卷　民國上海有正書局石印本　一册

330000－1701－0059307　M000599　集部/總集類/酬唱之屬
壽萱集不分卷　唐文治等撰　陸灝等輯　民國十年(1921)陸氏橘香廬鉛印本　一册

330000－1701－0059309　M000506　子部/儒家類/儒學之屬/禮教/女範
金科輯要閨範篇三卷　都劫司　武昌侯輯　顯祿侯定　民國十一年(1922)北京金科流通處鉛印本　一册

330000－1701－0059312　普 925.10997/3637　史部/傳記類/總傳之屬/郡邑
廣陵私乘一卷　湯寅臣撰　民國揚州集賢齋鉛印本　一册

330000－1701－0059314　GP01194　子部/藝術類/書畫之屬/法帖
宋拓真絳帖不分卷　民國影印本　一册

330000－1701－0059315　M000600　子部/雜著類/雜説之屬
新唯識論一卷　熊十力撰　民國二十一年(1932)浙江省立圖書館鉛印本　一册

330000－1701－0059318　GP01195　史部/金石類/石之屬/文字
北魏石門銘不分卷　(北魏)王遠書　民國十一年(1922)上海藝苑真賞社影印本　迂叟題記　一册

330000－1701－0059321　普 323.70927/90213/1　集部/詩文評類/詩評之屬
今傳是樓詩話一卷　王揖唐撰　民國十九年(1930)王修抄本　王修題記　與古籍普查登記編號 330000－1701－0059316 合册

330000－1701－0059324　M000507　子部/宗教類/道教之屬

聖教精華錄續編十卷首一卷末一卷　江西泰和正化文社編　民國三十二年(1943)中華一元學會鉛印本　二冊

330000－1701－0059326　M000601　類叢部/叢書類/郡邑之屬

雲南叢書初編一百四十一種二編三十七種　趙藩　陳榮昌等輯　民國雲南叢書處刻本　一冊　存一種

330000－1701－0059327　普814.6/7519　類叢部/叢書類/郡邑之屬

台州叢書後集十七種　楊晨輯　民國四年(1915)黃巖楊氏刻本　一冊　存一種

330000－1701－0059330　M000508　集部/詞類/總集之屬

漚社詞鈔二十卷附和作一卷　朱孝臧等撰　民國二十二年(1933)鉛印本　一冊

330000－1701－0059335　M000602　集部/總集類/題詠之屬

來青閣題詠彙編補遺不分卷　王慶芝輯　民國十四年(1925)鉛印本　一冊

330000－1701－0059336　M000509　子部/儒家類/儒學之屬/性理

萬教丹經一卷　段正元講　民國北京道德學社鉛印本　一冊

330000－1701－0059339　HJL1312　子部/儒家類/儒學之屬/經濟

歷代尊孔記一卷孔教外論一卷　程淯輯　民國二十二年(1933)上海中國道德會鉛印本　一冊

330000－1701－0059342　HJH1471　子部/藝術類/音樂之屬/琴學

會琴實紀六卷首一卷　葉希明編　民國九年(1920)木活字印本　一冊

330000－1701－0059353　普814.6/7041　類叢部/叢書類/郡邑之屬

雲南叢書初編一百四十一種二編三十七種　趙藩　陳榮昌等輯　民國雲南叢書處刻本　一冊　存一種

330000－1701－0059354　HJL1474　類叢部/叢書類/彙編之屬

渭南嚴氏孝義家塾叢書十一種　嚴式誨編　民國十九年至二十年(1930－1931)渭南嚴氏刻本　四冊　存一種

330000－1701－0059356　HJL1965　經部/群經總義類

明倫通義錄序目一卷　曹廣權撰輯　民國鉛印本　一冊

330000－1701－0059370　HJH1966　子部/儒家類/儒學之屬/性理

子問二卷　(清)劉沅撰　民國北京道德學社鉛印本　二冊

330000－1701－0059371　HJH1313　類叢部/叢書類/自著之屬

寓園叢書七種　張其淦撰　民國十九年(1930)鉛印本　一冊　存一種

330000－1701－0059377　HJH6767　集部/總集類/酬唱之屬

栩園倡和集不分卷　陳栩編　民國七年(1918)交通圖書館石印本　四冊

330000－1701－0059378　GP01196　子部/藝術類/書畫之屬/法帖

舊拓石門銘一卷　(北魏)王遠書　民國八年(1919)上海有正書局石印本　一冊

330000－1701－0059380　HJL1971　子部/宗教類/佛教之屬

佛學叢書□□種　丁福保輯　民國上海醫學書局鉛印本暨影印本　一冊　存一種

330000－1701－0059382　HJH1543　類叢部/叢書類/自著之屬

勴堂遺書八種　顧家相撰　民國八年至十九年(1919－1930)會稽顧氏鉛印本　一冊　存一種

330000－1701－0059383　M000603　集部/

總集類/選集之屬/通代
唐宋十大家全集　(清)儲欣輯　民國十四年(1925)上海大通書局石印本　二册　存一種

330000－1701－0059391　HJL1968　子部/宗教類/佛教之屬
佛學叢書□□種　丁福保輯　民國上海醫學書局鉛印本暨影印本　一册　存一種

330000－1701－0059397　GP07081　類叢部/叢書類/自著之屬
勱堂遺書八種　顧家相撰　民國八年至十九年(1919－1930)會稽顧氏鉛印本　一册　存一種

330000－1701－0059398　HJL1536　類叢部/叢書類/彙編之屬
喜咏軒叢書三十四種　陶湘編　民國十五年至二十年(1926－1931)武進陶氏涉園石印本　三册　存一種

330000－1701－0059403　M000604　子部/醫家類/傷寒金匱之屬/綜合
湯液經六卷首一卷末一卷附錄一卷　題(商)伊尹撰　(漢)張機廣論　楊師尹考次　劉復補修　民國三十七年(1948)劉氏一錢閣曾福臻鉛印本　一册

330000－1701－0059404　普814.6/8048　集部/别集類/明别集
正氣堂集十六卷鎮閩議稿一卷續集七卷餘集四卷洗海近事二卷　(明)俞大猷撰　民國二十三年(1934)國學圖書館影印本　十二册

330000－1701－0059407　M000510　子部/宗教類/佛教之屬
密戒纂錄四種註釋一卷　釋貢噶呼圖克圖撰　民國油印本　一册

330000－1701－0059411　M000511　子部/宗教類/佛教之屬
一切經音義通檢二卷首一卷　陳作霖編　民國十二年(1923)上元蔣氏慎修書屋鉛印本　蘇國榜題記　二册

330000－1701－0059412　M000605　史部/地理類/遊記之屬/紀勝
雁蕩紀遊一卷　孫肇圻撰　民國二十五年(1936)簫心劍氣樓鉛印本　一册

330000－1701－0059413　HJL1319　史部/傳記類/總傳之屬/釋道
漢天師世家一卷續編一卷　(明)張國祥撰　張元旭續編　民國七年(1918)鉛印本　劉承幹題記　二册

330000－1701－0059415　GP07082　類叢部/叢書類/自著之屬
勱堂遺書八種　顧家相撰　民國八年至十九年(1919－1930)會稽顧氏鉛印本　一册　存一種

330000－1701－0059417　M000606　集部/總集類/彙編之屬
北海題襟集四種　民國鉛印本　一册

330000－1701－0059423　M000512　類叢部/叢書類/自著之屬
晨風廬叢刊十八種　周慶雲撰　民國吳興周氏夢坡室刻本　一册　存一種

330000－1701－0059424　M000607　集部/詞類/别集之屬
春禪詞社詞一卷　趙熙撰　民國六年(1917)刻本　許肇南題記　一册

330000－1701－0059425　HJL1969　子部/宗教類/佛教之屬
佛學叢書□□種　丁福保輯　民國上海醫學書局鉛印本暨影印本　一册　存一種

330000－1701－0059430　M000513　經部/易類/傳說之屬
周易正言三卷讀易須知一卷　李郁撰　民國二十五年(1936)上海中國易學社鉛印本　三册

330000－1701－0059433　M000514　子部/雜著類/雜說之屬
煙嶼樓讀書志十六卷筆記八卷　(清)徐時棟撰　民國十七年(1928)鄞縣徐方來蘧學齋鉛印本　二册　存八卷(筆記一至八)

330000－1701－0059436　GP01197　子部/藝術類/書畫之屬/法帖
文殊般若經一卷　民國八年(1919)上海藝苑真賞社影印本　一册

330000－1701－0059437　普814.6/75301　類叢部/叢書類/郡邑之屬
四明叢書一百六十七種　張壽鏞編　民國四明張氏約園刻本　一册　存一種

330000－1701－0059442　GP07019　史部/傳記類/别傳之屬/事狀
晴川先生[孫之騄]事畧一卷　樊鎮輯　民國七年(1918)紹興樊氏刻本　一册

330000－1701－0059444　HJL1970　子部/宗教類/佛教之屬
佛學叢書□□種　丁福保輯　民國上海醫學書局鉛印本暨影印本　一册　存一種

330000－1701－0059446　HJL1967　子部/宗教類/佛教之屬
佛學叢書□□種　丁福保輯　民國上海醫學書局鉛印本暨影印本　一册　存一種

330000－1701－0059447　HJL1545　子部/宗教類/佛教之屬
佛學叢書□□種　丁福保輯　民國上海醫學書局鉛印本暨影印本　六册　存一種

330000－1701－0059450　HJH1322　史部/傳記類/别傳之屬/事狀
夢坡五十壽言一卷　周延礽編　**夢坡四十初度贈答詩存一卷**　周慶雲撰　**百齡合壽贈言一卷**　邱曾撰　民國二年(1913)鉛印本　一册

330000－1701－0059451　HJL0162　史部/目録類/專録之屬
説文目録一卷存目一卷附説文解字詁林序及纂例一卷　丁福保編　民國十三年(1924)無錫丁氏鉛印本　一册

330000－1701－0059454　HJH1323　史部/傳記類/别傳之屬/事狀
夢坡五十壽言一卷　周延礽編　**夢坡四十初度贈答詩存一卷**　周慶雲撰　**百齡合壽贈言一卷**　邱曾撰　民國二年(1913)鉛印本　一册

330000－1701－0059459　HJH6774　集部/别集類/明别集
返生香一卷附集一卷　(明)葉小鸞撰　**窈聞一卷續一卷**　(明)葉紹袁撰　民國據清光緒二十二年(1896)羊城夢盦刻本影印本　四册

330000－1701－0059464　HJL1923　史部/目録類/專録之屬
陶風樓藏書畫目不分卷　國學圖書館編　民國二十一年(1932)國學圖書館鉛印本　二册

330000－1701－0059475　HJH6777　集部/别集類/清别集
星輝樓詩鈔一卷　(清)周善登撰　民國五年(1916)桐鄉周氏研華堂刻本　一册

330000－1701－0059483　HJL1975　類叢部/叢書類/家集之屬
震澤先生别集四種七卷　(明)王永熙編　民國九年(1920)刻本　二册

330000－1701－0059496　HJH1936　集部/别集類/清别集
晚悔菴筆記五卷雜著一卷附一卷　(清)黄曙軒撰　民國二十三年(1934)大梁鉛印本　五册

330000－1701－0059505　HJL1979　史部/叢編
國立中山大學語言歷史學研究所史料叢刊　民國國立中山大學語言歷史學研究所鉛印本　二册　存一種

330000－1701－0059508　HJH1551　子部/宗教類/道教之屬
關帝明聖真經一卷附應驗靈籤一卷　民國上海宏大善書局石印本　一册

330000－1701－0059509　HJL0171　類叢部/叢書類/彙編之屬
葩廬叢書　高燮輯　民國高吹萬葩廬鉛印本　二册　存一種

330000－1701－0059512　HJH1980　子部/雜著類/雜說之屬
槐軒約言一卷　（清）劉沅撰　民國北京道德學社鉛印本　一册

330000－1701－0059513　HJL1337　史部/目録類/專録之屬
琴操存目四卷　周慶雲撰　民國十八年（1929）吳興周氏夢坡室刻藍印本　四册

330000－1701－0059514　HJL6786　集部/别集類
紅鵞館詩鈔二卷　路朝霖撰　**嘯亭詩鈔一卷**　路承鋆撰　民國十四年（1925）徐氏退畊堂鉛印本　一册

330000－1701－0059520　HJH1983　類叢部/叢書類/彙編之屬
進德叢書八種　丁福保編　民國上海醫學書局鉛印本　一册　存一種

330000－1701－0059534　HJL0177　經部/四書類/總義之屬
四書億二卷　（清）李仲昭撰　民國二十二年（1933）浙江印刷公司鉛印蘭雪堂叢書本　李鏡渠題記　二册

330000－1701－0059536　HJL1556　子部/宗教類/佛教之屬/諸宗
寄禪安禪師語錄一卷　釋敬安撰　民國四年（1915）寧波文鈺齋刻本　一册

330000－1701－0059539　HJL1340　子部/宗教類/其他宗教之屬/伊斯蘭教
古蘭經三十卷　姬覺彌等譯　民國二十年（1931）上海廣倉學宭石印本　八册

330000－1701－0059541　HJL1801　子部/工藝類/觀賞之屬/雜賞
勇盧閒詰一卷　（清）趙之謙撰　民國六年（1917）無錫縣圖書館木活字印本　一册

330000－1701－0059554　HJH6794　類叢部/叢書類/自著之屬
舜水遺書四種附錄一卷　（明）朱之瑜撰　民國二年（1913）山陰湯壽潛鉛印本　十一册

330000－1701－0059575　HJL1349　類叢部/叢書類/自著之屬
平齋家言三卷　何剛德撰　民國十一年至十二年（1922－1923）古閩何氏刻本　二册

330000－1701－0059583　HJL1811　子部/藝術類/書畫之屬/總論
大觀錄二十卷　（清）吳升輯　民國九年（1920）武進李氏聖譯樓鉛印本　二十三册

330000－1701－0059589　HJL1813　子部/雜著類/雜說之屬
影印足本楊光先不得已二卷　（清）楊光先撰　民國十八年（1929）中社影印本　二册

330000－1701－0059594　HJL1355　子部/工藝類/文房四寶之屬/墨
涉園墨萃十二種　陶湘輯　民國十八年（1929）武進陶氏刻本暨石印本　十四册

330000－1701－0059599　HJL1991　類叢部/叢書類/彙編之屬
說郛一百卷　（元）陶宗儀編　張宗祥重校　民國十六年（1927）上海商務印書館鉛印本　四十册

330000－1701－0059601　HJL1992　子部/宗教類/佛教之屬/大藏
藏要第一輯□□種　歐陽漸輯　民國南京支那內學院鉛印本　二册　存一種

330000－1701－0059603　HJL1993　類叢部/叢書類/彙編之屬
宋人小說二十八種　涵芬樓編　民國上海商務印書館鉛印本　二册　存一種

330000－1701－0059606　GP01198　子部/藝術類/書畫之屬/法帖
文殊般若經一卷　民國八年（1919）上海藝苑真賞社影印本　一册

330000－1701－0059610　M000608　子部/儒家類/儒學之屬/俗訓
格言聯璧不分卷　（清）金纓輯　民國石印本　一册

330000－1701－0059614　GP01199　子部/藝術類/書畫之屬/法帖

宋拓景君碑一卷　民國十九年(1930)上海藝苑真賞社影印本　一冊

330000－1701－0059618　M000609　經部/小學類/音韻之屬

文字學音篇五章　錢玄同撰　民國十年(1921)北京大學出版部鉛印本　一冊

330000－1701－0059620　M000520　集部/別集類

韌盦雜藁偶存二卷　王錫鑾撰　民國三年(1914)都門鉛印本　一冊

330000－1701－0059621　GP01200　子部/藝術類/書畫之屬/法帖

漢景君銘一卷銘陰一卷　民國十五年(1926)上海藝苑真賞社影印本　一冊　存一卷(銘陰)

330000－1701－0059624　M000610　集部/別集類

悼何姬詩一卷　朱蘭撰　民國十四年(1925)鉛印本　一冊

330000－1701－0059625　GP01201　子部/藝術類/書畫之屬/法帖

漢禮器碑一卷碑陰一卷　秦文錦藏　民國上海藝苑真賞社影印本　一冊　缺一卷(碑陰)

330000－1701－0059626　M000516　子部/宗教類/道教之屬/戒律

正心修身編六種九卷　民國三年(1914)北京大清銀行清理處鉛印本　石泉題記　一冊

330000－1701－0059628　GP01202　子部/藝術類/書畫之屬/法帖

禮器碑陰一卷　民國十五年(1926)上海藝苑真賞社影印本　一冊

330000－1701－0059629　M000611　史部/金石類/石之屬/通考

校碑隨筆不分卷　方若撰　民國七年(1918)上海朝記書莊石印本　一冊

330000－1701－0059631　普 925.10997/4010/6　史部/傳記類/總傳之屬/斷代

清朝先正事略六十卷　(清)李元度撰　民國上海文瑞樓石印本　十五冊　缺一卷(一)

330000－1701－0059632　HJL1996　子部/雜著類/雜說之屬

捫燭脞存十二卷首一卷　(清)陳僅撰　民國三年(1914)鄞縣陳氏繼雅堂木活字印本　六冊

330000－1701－0059633　M000612　史部/雜史類/斷代之屬

三十三日脱難記一卷　(清)楊兆鏊撰　楊泰頤輯　民國十二年(1923)鉛印本暨影印本　一冊

330000－1701－0059636　GP07418　類叢部/叢書類/彙編之屬

復性書院叢刊二十七種　馬浮編　民國二十九年至三十七年(1940－1948)復性書院刻本暨鉛印本　三冊　存一種

330000－1701－0059638　M000517　子部/宗教類/佛教之屬/經咒

十一面觀音菩薩念誦法一卷　(清)釋多傑覺拔口授　民國鉛印本　一冊

330000－1701－0059639　M000613　史部/金石類/總志之屬

顧氏金石輿地叢書第一集八種　顧燮光編　民國十八年(1929)會稽顧氏金佳石好樓鉛印本暨石印本　一冊　存一種

330000－1701－0059640　GP01203　子部/藝術類/書畫之屬/法帖

禮器碑陰一卷　民國上海藝苑真賞社影印本　一冊

330000－1701－0059644　GP01204　子部/藝術類/書畫之屬/法帖

漢孔彪碑一卷　民國上海藝苑真賞社影印本　一冊

330000－1701－0059645　GP01205　子部/藝術類/書畫之屬/法帖

漢封龍山頌一卷　民國上海藝苑真賞社影印本　一冊

330000－1701－0059649　M000614　類叢部/叢書類/家集之屬
武林丁氏家集十三種　丁立誠　丁立中撰　民國錢塘丁氏嘉惠堂鉛印本　一冊　存三種

330000－1701－0059651　GP01206　子部/藝術類/書畫之屬/法帖
漢鄭固碑不分卷　民國上海藝苑真賞社影印本　一冊

330000－1701－0059653　普814.6/7533　集部/別集類/明別集
淇園編二卷　（明）陳道潛撰　（清）陳震龍輯　民國二十年（1931）涵江印書局鉛印本　二冊

330000－1701－0059654　GP01207　子部/藝術類/書畫之屬/法帖
漢魯峻碑一卷　民國上海藝苑真賞社影印本　一冊

330000－1701－0059657　GP01208　子部/藝術類/書畫之屬/法帖
漢少室石闕一卷　民國十一年（1922）上海藝苑真賞社影印本　一冊

330000－1701－0059659　M000615　集部/總集類/彙編之屬
五朝詩別裁集　（清）沈德潛等輯　民國掃葉山房石印本　二冊　存一種

330000－1701－0059662　GP01209　子部/藝術類/書畫之屬/法帖
漢少室石闕一卷　民國十三年（1924）上海藝苑真賞社影印本　一冊

330000－1701－0059665　GP01210　子部/藝術類/書畫之屬/法帖
漢華山碑一卷　民國上海藝苑真賞社影印本　一冊

330000－1701－0059667　M000519　子部/宗教類/佛教之屬/經
妙法蓮華經二卷　（後秦）釋鳩摩羅什譯　民國刻本　一冊

330000－1701－0059668　普814.6/7544/c1　集部/別集類/明別集
蓮山堂文集二卷　（明）陳如松撰　民國七年（1918）上海陳氏鉛印本　一冊

330000－1701－0059669　M000616　經部/書類/專著之屬
尚書傳授同異考一卷　（清）邵懿辰撰　民國十八年（1929）仁和邵氏刻半巖廬所箸書本　邵章題記　一冊

330000－1701－0059670　GP01211　子部/藝術類/書畫之屬/法帖
漢白石神君碑一卷　民國十三年（1924）上海藝苑真賞社影印本　一冊

330000－1701－0059674　GP01212　子部/藝術類/書畫之屬/法帖
禮器碑側一卷　民國十五年（1926）上海藝苑真賞社影印本　一冊

330000－1701－0059678　GP01213　子部/藝術類/書畫之屬/法帖
禮器碑側一卷　民國上海藝苑真賞社影印本　一冊

330000－1701－0059680　M000521　子部/藝術類/書畫之屬/法帖
名人真蹟　民國中華書局影印本　一冊　存一種

330000－1701－0059682　普814.6/7544/c2　集部/別集類/明別集
蓮山堂文集二卷　（明）陳如松撰　民國七年（1918）上海陳氏鉛印本　一冊

330000－1701－0059683　M000616/1、M602761　類叢部/叢書類/自著之屬
桐鄉勞先生遺稿四種　勞乃宣撰　民國十六年（1927）桐鄉盧氏刻本　十冊　存三種

330000－1701－0059684　HJL1619　史部/雜史類/斷代之屬

陳眉公訂正剿奴議撮一卷　(明)于燕芳撰
建州攷一卷　(明)陳繼儒撰　民國十七年(1928)國立中央大學圖書館鉛印本　一冊

330000－1701－0059685　GP01215　子部/藝術類/書畫之屬/法帖
越州石氏楷帖不分卷　民國石印本　一冊

330000－1701－0059687　普 814.6/7544/c3　集部/别集類/明别集
蓮山堂文集二卷　(明)陳如松撰　民國七年(1918)上海陳氏鉛印本　一冊

330000－1701－0059688　GP01216　子部/藝術類/書畫之屬/法帖
六朝人書左氏傳一卷　民國上海有正書局石印本　一冊

330000－1701－0059691　GP01217　子部/藝術類/書畫之屬/法帖
六朝人書左氏傳一卷　民國上海有正書局石印本　一冊

330000－1701－0059692　HJL2001　子部/儒家類/儒學之屬/禮教/女範
閨範四卷　(明)吕坤注　民國十六年(1927)據明刻影印本　四冊

330000－1701－0059693　M000522　子部/藝術類/書畫之屬/法帖
名人真蹟　民國中華書局影印本　一冊　存一種

330000－1701－0059696　GP07432　新學/議論/論政
國體諍議一卷　楊度等撰　民國鉛印本　一冊

330000－1701－0059697　M000617　經部/小學類/音韻之屬/等韻
四聲切韻表一卷凡例一卷　(清)江永編　**四聲切韻表校正一卷**　(清)夏燮撰　民國十九年(1930)北平富晉書社石印本　一冊

330000－1701－0059701　M000523　史部/傳記類/别傳之屬/事狀
周子悼亡錄不分卷　周郁清輯　民國平湖浙江印刷所鉛印本　一冊

330000－1701－0059704　M000619　類叢部/叢書類/自著之屬
勴堂遺書八種　顧家相撰　民國八年至十九年(1919－1930)會稽顧氏鉛印本　一冊　存一種

330000－1701－0059706　HJL0194　經部/易類/傳說之屬
周易古筮攷十卷　尚秉和輯　民國十五年(1926)刻本　四冊

330000－1701－0059707　HJL2002　子部/醫家類/外科之屬/外科方
劉涓子鬼遺方五卷　(南朝齊)龔慶宣撰　民國五年(1916)南陵徐氏影宋刻朱印本　一冊

330000－1701－0059711　M000620　史部/金石類/石之屬/文字
孔明先生碑文解一卷　民國三十年(1941)杭州忠銓堂石印本　一冊

330000－1701－0059713　M000621　經部/四書類/論語之屬/傳說
論語文解二卷　錢穆撰　民國七年(1918)上海商務印書館鉛印本　二冊

330000－1701－0059719　M000622　史部/傳記類/别傳之屬/事狀
先府君[陳懷]行狀一卷　陳謐撰　民國十二年(1923)石印本　一冊

330000－1701－0059721　GP07092　史部/傳記類/别傳之屬/事狀
愧荀集一卷　朱正元編　民國二十四年(1935)鉛印本　一冊

330000－1701－0059724　M000618　類叢部/叢書類/自著之屬
勴堂遺書八種　顧家相撰　民國八年至十九年(1919－1930)會稽顧氏鉛印本　一冊　存一種

330000－1701－0059733　HJL0198　史部/政

書類/儀制之屬

江蘇編訂禮制會喪禮草案三卷喪服草案五卷 姚文枏撰 民國二十一年(1932)鉛印本 二冊

330000－1701－0059740 GP01218 子部/藝術類/書畫之屬/法帖

潘齡皋墨蹟一卷 潘齡皋書 民國石印本 一冊

330000－1701－0059741 普814.6/7560 類叢部/叢書類/彙編之屬

丁丑叢編十種 趙詒琛 王大隆編 民國二十六年(1937)鉛印本 滕固題記 一冊 存一種

330000－1701－0059743 HJL1899 子部/宗教類/佛教之屬

歷史感應統紀四卷首一卷 許止淨編纂 民國十八年(1929)鉛印本 四冊

330000－1701－0059745 GP01219 子部/藝術類/書畫之屬/法帖

潘齡皋墨蹟一卷 潘齡皋書 民國石印本 一冊

330000－1701－0059750 M000667 子部/藝術類/書畫之屬/書法書品

承晉齋積聞錄一卷 (清)梁巘撰 民國三年(1914)安徽官紙印刷局鉛印本 一冊

330000－1701－0059753 GP07111 經部/禮記類/傳說之屬

禮記恆解四十九卷 (清)劉沅輯注 民國十三年(1924)致福樓刻本 十冊

330000－1701－0059756 M000668 子部/宗教類/道教之屬

莊子補正十卷補遺一卷 (晉)郭象注 (唐)成玄英疏 劉文典撰 民國三十六年(1947)上海商務印書館鉛印本 五冊

330000－1701－0059761 M000624 集部/總集類/題詠之屬

遯園褉俎一卷 馬忠駿輯 民國十三年(1924)石印本 一冊

330000－1701－0059762 GP01221 子部/藝術類/書畫之屬/法帖

鄭道昭雲峯山論經書不分卷 (北魏)鄭道昭書 民國七年(1918)上海有正書局石印本 一冊

330000－1701－0059765 GP01222 子部/藝術類/書畫之屬/法帖

鄭道昭雲峯山論經書不分卷 (北魏)鄭道昭書 民國七年(1918)上海有正書局石印本 一冊

330000－1701－0059767 M000625 集部/別集類

松陵文牘一卷 丁祖蔭撰 民國三年(1914)常熟丁氏淑照堂鉛印本 一冊

330000－1701－0059768 M000669 史部/金石類/甲骨之屬/文字

簠室殷契徵文十二卷考釋十二卷考釋勘誤一卷 王襄撰 民國十四年(1925)天津博物院石印本 四冊

330000－1701－0059774 HJL2005 子部/雜著類/雜編之屬

安士全書四種 (清)周夢顏撰 民國十一年(1922)上海佛學推行社鉛印本 四冊

330000－1701－0059775 GP01223 子部/藝術類/書畫之屬/法帖

唐李懷琳書絕交書一卷 (唐)李懷琳書 民國上海有正書局影印本 一冊

330000－1701－0059777 GP01224 子部/藝術類/書畫之屬/法帖

唐李懷琳書絕交書一卷 (唐)李懷琳書 民國上海有正書局影印本 一冊

330000－1701－0059779 M000626 史部/傳記類/別傳之屬/事狀

會稽何烈婦遺札題辭一卷 民國十年(1921)鉛印本 一冊

330000－1701－0059781 GP07095 子部/宗教類/道教之屬

老子道德經二卷 (三國魏)王弼注 嚴復評

點　民國二十二年(1933)上海商務印書館鉛印本　一冊

330000－1701－0059782　M000670　史部/金石類/陶之屬

簠室殷契類纂正編十四卷附編一卷存疑十四卷待攷一卷　王襄撰　民國十八年(1929)河北第一博物院石印本　二冊

330000－1701－0059787　普814.6/7708/c1　類叢部/叢書類/郡邑之屬

敬鄉樓叢書三十八種　黄羣編　民國十七年至二十四年(1928－1935)永嘉黄氏鉛印本　一冊　存第四輯一種

330000－1701－0059788　HJH2017　子部/宗教類/佛教之屬/諸宗

淨土津要六種　民國鉛印本　二冊

330000－1701－0059789　GP07096　子部/儒家類/儒學之屬/禮教/鑑戒

帝範二卷校記一卷臣軌二卷校記一卷　民國十三年(1924)東方學會鉛印本　一冊

330000－1701－0059792　M000627　史部/目録類/通論之屬/考訂

古今僞書考考釋一卷　(清)姚際恒撰　金受申考釋　民國十三年(1924)北京中華印刷局鉛印本　二冊

330000－1701－0059795　普814.6/7708/c2　類叢部/叢書類/郡邑之屬

敬鄉樓叢書三十八種　黄羣編　民國十七年至二十四年(1928－1935)永嘉黄氏鉛印本　一冊　存第四輯一種

330000－1701－0059796　普814.6/7708/c3　類叢部/叢書類/郡邑之屬

敬鄉樓叢書三十八種　黄羣編　民國十七年至二十四年(1928－1935)永嘉黄氏鉛印本　一冊　存第四輯一種

330000－1701－0059801　M000679　史部/政書類/儀制之屬

忠烈祠祭禮一卷　政事堂禮制館編　民國四年(1915)政事堂禮制館鉛印本　一冊

330000－1701－0059803　M000628、M002537　子部/宗教類/佛教之屬/諸宗

大乘止觀法門宗圓記十二卷　(宋)釋了然撰　民國石印本　三冊　存三卷(一至二、四)

330000－1701－0059805　普814.6/8354　類叢部/叢書類/郡邑之屬

四明叢書一百六十七種　張壽鏞編　民國四明張氏約園刻本　十冊　存一種

330000－1701－0059807　HJL2006　子部/雜著類/雜説之屬

南屏濟祖筆録第一集一卷　朱道臧　王本祈編　民國七年(1918)上海集雲軒鉛印本　一冊

330000－1701－0059808　普814.6/7714/c1　集部/別集類/清別集

閻古古全集六卷　(清)閻爾梅撰　張相文重編　民國十一年(1922)北京中國地學會鉛印本　六冊

330000－1701－0059813　M000629　子部/藝術類/遊藝之屬/聯語

宋詞集聯一卷　趙祖望撰　民國二十年(1931)上海西泠印社影印本　一冊

330000－1701－0059814　HJL0216　經部/小學類/訓詁之屬/爾雅

西域爾雅一卷　(清)王初桐撰　民國十八年(1929)國學圖書館影印本　一冊

330000－1701－0059818　HJL1629　子部/醫家類/醫經之屬/内經

靈素集註節要四卷　(清)陳念祖撰　民國八年(1919)頤性室石印本　一冊

330000－1701－0059819　M000671　子部/宗教類/佛教之屬/諸宗

心燈錄六卷　(清)湛愚老人撰　**筠州黄蘗山斷際禪師傳心法要一卷**　(唐)裴休集并序　民國三十六年(1947)香港永發印務有限公司鉛印本　一冊

330000－1701－0059821　HJH0217　類叢部/叢書類/自著之屬

鐵研坐韈書五種　桑宣撰　民國八年(1919)宛平桑氏鉛印本　三冊　存一種

330000－1701－0059824　普 814.6/7714/c2　集部/别集類/清别集

閻古古全集六卷　(清)閻爾梅撰　張相文重編　民國十一年(1922)北京中國地學會鉛印本　六冊

330000－1701－0059830　GP07424　類叢部/叢書類/自著之屬

煙霞草堂遺書十七種續刻四種附一種　(清)劉光蕡撰　民國八年至十四年(1919－1925)王典章思過齋蘇州刻本　一冊　存一種

330000－1701－0059831　M000672　集部/總集類/酬唱之屬

龜山遯叟唱和集一卷　蔣魯材輯　民國麗水啟明印刷所鉛印本　一冊

330000－1701－0059833　M000630　新學/雜著/小説

伊朔譯評不分卷　陳春生演話　民國八年(1919)上海協和書局鉛印本　祝眉氏題記　一冊

330000－1701－0059837　M000631　史部/傳記類/總傳之屬/家乘

[福建閩侯]西清王氏族譜不分卷　王孝綺增修　民國二十三年(1934)鉛印本　王孝綺、王世穎題記　一冊

330000－1701－0059842　HJL2009　子部/宗教類/道教之屬

老子古註二卷　李翹撰　民國十八年(1929)芬薫館鉛印本　李翹題記　二冊

330000－1701－0059843　GP07100　史部/傳記類/總傳之屬/斷代

復社姓氏二卷補録一卷　(明)吳應箕輯　(清)吳銘道補録　民國貴池劉氏刻本　一冊

330000－1701－0059846　M000673　集部/總集類/選集之屬

莊公去思集一卷　民國杭州興業印書局鉛印本　一冊

330000－1701－0059857　M000674　子部/雜著類/雜説之屬

欲海回狂集三卷首一卷　(清)周思仁(夢顔)撰　民國十一年(1922)刻本　一冊

330000－1701－0059863　GP07104　集部/别集類

曼鋒三十自述一卷　汪嶔撰　民國鉛印本　一冊

330000－1701－0059864　M000632　子部/宗教類/佛教之屬

南嶽單傳記一卷　(清)釋弘儲表　民國二十四年(1935)南嶽福嚴寺影印本　一冊

330000－1701－0059874　M000675、M006804、M008218　新學/議論/通論

閻伯川先生言論輯要不分卷　太原綏靖公署辦公處輯　民國二十六年(1937)鉛印本　八冊

330000－1701－0059877　M000633　集部/别集類/清别集

愧庵遺著集要五卷　(清)楊甲仁撰　民國十年(1921)刻本　一冊

330000－1701－0059880　GP07117　子部/藝術類/書畫之屬

元牘記二卷　(明)盛時泰撰　民國十八年(1929)國立中央大學國學圖書館鉛印本　一冊

330000－1701－0059882　M000676　史部/傳記類/總傳之屬/郡邑

於越有明一代三不朽圖贊一卷　(明)張岱撰　民國七年(1918)鉛印本　一冊

330000－1701－0059886　M000634　史部/傳記類/别傳之屬

楊仁山居士[文會]别傳一卷　張爾田撰　民國刻本　一冊

330000－1701－0059888　M000677　子部/雜著類/雜説之屬

金陵賣書記二卷　公奴撰　民國鉛印本　一冊

330000－1701－0059891　M000635　子部/藝術類/書畫之屬/法帖

初拓南田叢帖五種　(清)惲恪書　民國上海有正書局影印本　四冊　存四種

330000－1701－0059896　M000678　子部/醫家類/醫理之屬/綜合

謝利恒先生全書　謝觀撰　民國二十四年(1935)澄齋醫社鉛印本　一冊　存一種

330000－1701－0059900　M000636　子部/藝術類/書畫之屬/畫譜

冷月畫集甲種第二集不分卷　陶鏞繪　民國十六年(1927)蘇州新中國畫社影印本　一冊

330000－1701－0059901　GP01227　子部/藝術類/書畫之屬/法帖

明瞿忠宣公式耜論朝事書一卷　(明)瞿式耜撰並書　民國上海有正書局石印本　一冊

330000－1701－0059909　M000637　史部/雜史類/斷代之屬

辛壬春秋四十八卷　尚秉和纂輯　張鼎彝評點　民國十三年(1924)辛壬歷史編輯社刻本　十六冊

330000－1701－0059913　GP07106　史部/傳記類/日記之屬

三願堂日記不分卷(道光二十九年)　(清)趙彥偁撰　民國十九年(1930)影印本　陳訓慈跋　一冊

330000－1701－0059915　GP07120　類叢部/叢書類/自著之屬

孫隘堪所著書四種　孫德謙撰　民國十二年至十七年(1923－1928)元和孫氏四益宧刻本　一冊　存一種

330000－1701－0059917　HJH1384　集部/曲類/彈詞之屬

繪圖天雨花二十卷六十回　民國十九年(1930)上海廣益書局石印本　十冊

330000－1701－0059919　HJL1889　子部/農家農學類/農藝之屬/茶酒

酒經三卷　(宋)朱肱撰　民國影宋刻朱印本　一冊

330000－1701－0059930　普814.6/77311　集部/別集類/清別集

榮木堂詩集十二卷文集六卷　(清)陶汝鼐撰　**陶密菴先生年譜一卷**　(清)梅英傑編　民國九年至十年(1920－1921)溈嶠遺書館刻本　二冊　存六卷(文集一至六)

330000－1701－0059931　GP07127　經部/叢編

十三經讀本　唐文治輯　民國十三年(1924)吳江施肇曾醒園刻本　七冊　存一種

330000－1701－0059934　GP07128　經部/四書類/總義之屬/傳說

四書白話註解　許伏民　童官卓編　民國上海羣學社石印本　十三冊　存三種

330000－1701－0059937　M000680　史部/政書類/儀制之屬/典禮

祭祀冠服制一卷　政事堂禮制館編　民國三年(1914)政事堂禮制館鉛印本　一冊

330000－1701－0059941　M000681　集部/詞類/別集之屬

香宋詞三卷　趙熙撰　民國六年(1917)霜甘小閣成都刻本　一冊

330000－1701－0059947　HJL0079　經部/書類/傳說之屬

尚書駢枝一卷　(清)孫詒讓撰　民國鉛印本　一冊

330000－1701－0059957　HJH1790　子部/藝術類/遊藝之屬/博戲

牙牌靈數一卷　民國六年(1917)石印本　一冊

330000－1701－0059961　M000638　集部/總集類

辛亥同人未是草一卷　章嶔等撰　民國鉛印本　一冊

330000－1701－0059962　M000639　集部/別集類

松隣書札不分卷附詩詞　吳昌綬撰　張祖廉輯　民國十四年(1925)影印本　二册

330000－1701－0059968　GP01230　子部/藝術類/書畫之屬/法帖

姜西溟先生墨迹不分卷　(清)姜宸英書　民國上海有正書局影印本　一册

330000－1701－0059970　M000640　子部/醫家類/養生之屬/導引、氣功

倣照禪宗之靜坐法一卷附録一卷　劉大心撰　民國八年(1919)武林印書館鉛印本　一册

330000－1701－0059971　M000682　史部/傳記類/日記之屬

湘軺日記一卷(清光緒二十九年五月二十二日至十一月一日)特科紀事一卷　(清)吕珮芬撰　民國二十六年(1937)北平北江舊廬鉛印本　一册

330000－1701－0059972　GP07410　史部/地理類/方志之屬/郡縣志

錫金識小録十二卷　(清)黄印輯　民國十九年(1930)無錫侯學愈環溪草堂鉛印本　六册

330000－1701－0059975　GP01231　子部/藝術類/書畫之屬/法帖

南海書一天園詩稿一卷　康有爲撰並書　民國十二年(1923)上海有正書局石印本　一册

330000－1701－0059981　M000642　子部/宗教類/道教之屬/戒律

文昌帝君曉世文一卷　民國十年(1921)吳守謙刻本　一册

330000－1701－0059983　M000683　子部/醫家類/綜合之屬

醫綱講義□□卷　徐首簣編　民國鉛印本　一册　存三卷(一至三)

330000－1701－0059985　GP01232　子部/藝術類/書畫之屬/法帖

漢碑範八卷　張祖翼選臨　民國十四年(1925)上海文明書局石印本　二册

330000－1701－0059990　M000643　子部/藝術類/音樂之屬/琴學

梅庵琹譜二卷　王賓魯講授　徐卓編述　民國二十年(1931)南通楳盦琹社石印本　一册

330000－1701－0059995　M000684　類叢部/叢書類/彙編之屬

松鄰叢書二十種　吳昌綬編　民國六年至七年(1917－1918)仁和吳氏雙照樓刻本　一册　存三種

330000－1701－0059998　M000644　子部/藝術類/音樂之屬/琴學

白石道人琴曲古怨釋一卷　(宋)姜夔撰　馮水釋　民國十三年(1924)刻本　一册

330000－1701－0059999　GP07411　集部/别集類/清别集

晚香廬詩詞鈔不分卷　(清)韓潮撰　民國二十五年(1936)鉛印本　一册

330000－1701－0060002　M000645　集部/别集類

含嘉室詩集八卷　吳士鑑撰　民國元年(1912)鉛印本　二册

330000－1701－0060004　GP01234　子部/藝術類/書畫之屬/法帖

吕留良先生家書真蹟四卷　(清)吕留良書　民國七年(1918)上海大東書局石印本　一册　存二卷(三至四)

330000－1701－0060005　普814.6/7732/2/c1　集部/别集類/明别集

陶元暉中丞遺集二卷首一卷附録一卷跋一卷　(明)陶朗先撰　民國九年(1920)上海聚珍倣宋印書局鉛印本　二册

330000－1701－0060012　GP01235　子部/藝術類/書畫之屬/法帖

翁臨化度寺碑一卷　(清)翁方綱臨　民國上海震亞圖書局石印本　一册

330000－1701－0060015　普814.6/7732/2/c4　集部/别集類/明别集

陶元暉中丞遺集二卷首一卷附録一卷跋一卷　(明)陶朗先撰　民國九年(1920)上海聚珍

倣宋印書局鉛印本　陶慧斧題記　二册

330000－1701－0060025　GP01238　子部/藝術類/書畫之屬/法帖

梁山舟孫安人誄墨跡不分卷　(清)吳錫麒撰　(清)梁同書書　民國上海世界畫報社石印本　一册

330000－1701－0060030　HJH0088　經部/四書類/總義之屬/傳說

四書纂疏二十六卷札記一卷　(宋)趙順孫撰　民國十四年(1925)聖風書苑據清康熙通志堂經解本影印本　八册

330000－1701－0060031　GP01239　子部/藝術類/書畫之屬/法帖

梁山舟孫安人誄墨跡不分卷　(清)吳錫麒撰　(清)梁同書書　民國上海世界畫報社石印本　一册

330000－1701－0060032　普 814.6/7732.3　集部/别集類/明别集

陶元暉中丞遺集續編一卷附錄一卷　(明)陶朗先撰　民國二十年(1931)鉛印本　一册

330000－1701－0060034　GP01240　子部/藝術類/書畫之屬/法帖

李申耆手札不分卷　(清)李兆洛書　民國有正書局石印本　一册

330000－1701－0060040　GP07137　集部/别集類

松心堂文鈔二卷詩鈔一卷　施景舜撰　許鼎臣編　民國九年(1920)文渠草堂鉛印本　一册　存一卷(詩鈔)

330000－1701－0060043　M000685　史部/金石類

遯盦金石叢書十五種　吳隱輯　民國三年至十年(1914－1921)山陰吳氏西泠印社木活字印本　一幅　存一種

330000－1701－0060049　普 814.6/7744　類叢部/叢書類/郡邑之屬

廣東叢書　廣東叢書編輯委員會編　民國商務印書館影印本暨鉛印本　三册　存一種

330000－1701－0060050　GP01241　子部/藝術類/書畫之屬/法帖

錢南園書壽序一卷　(清)錢灃書　民國石印本　一册

330000－1701－0060053　GP01242　子部/藝術類/書畫之屬/法帖

錢南園楷書墨蹟一卷　(清)錢灃書　民國上海有正書局石印本　一册

330000－1701－0060056　HJL2019　子部/宗教類/佛教之屬/諸宗

印光法師文鈔四卷附錄一卷　釋聖量撰　民國十八年(1929)上海中華書局鉛印本　四册

330000－1701－0060059　GP01248　子部/藝術類/書畫之屬/法帖

錢南園墨蹟一卷　(清)錢灃撰並書　民國七年(1918)上海商務印書館石印本　一册

330000－1701－0060060　GP01243　子部/藝術類/書畫之屬/法帖

南園書樂志論一卷　(清)錢灃書　民國上海震亞圖書局石印本　一册

330000－1701－0060066　GP01244　子部/藝術類/書畫之屬/法帖

南園先生大楷册一卷　(清)錢灃書　民國上海震亞圖書局石印本　一册

330000－1701－0060071　M000686　集部/總集類/郡邑之屬

歷朝杭郡詩輯十六卷　(清)丁丙編　民國三年(1914)寅報館鉛印本　一册　存三卷(一至三)

330000－1701－0060075　GP01245　子部/藝術類/書畫之屬/法帖

何義門書桃花源記一卷　(清)何焯書　民國二十二年(1933)上海商務書局影印本　一册

330000－1701－0060076　HJH2020　子部/宗教類/佛教之屬/經

地藏菩薩本願經三卷　(唐)釋實叉難陀譯　**地藏菩薩本願經校勘記一卷**　范古農撰　**地藏菩薩本願經音釋一卷**　民國十九年(1930)

刻本　一冊

330000－1701－0060079　M000648　史部/雜史類/斷代之屬

宰桐紀略一卷附載一卷　楊思義撰　民國二十八年(1939)鉛印本　一冊

330000－1701－0060080　GP01246　子部/藝術類/書畫之屬/法帖

何子貞臨黑女志墨跡一卷　(清)何紹基書　民國長沙華新石印局石印本　一冊

330000－1701－0060081　M000649　子部/醫家類/醫話醫論之屬

景景醫話一卷醫譚錄舊一卷　陸晉笙撰　民國五年(1916)鉛印本　一冊

330000－1701－0060083　M000652　經部/小學類/文字之屬/說文/專著

說文鑰續集不分卷　丁福保編　民國石印本　一冊

330000－1701－0060087　HJL1391　經部/小學類/音韻之屬/韻書

草書禮部韻寶五卷　(宋)高宗趙構書　民國據日本延享四年(1747)刻本影印本　六冊

330000－1701－0060091　M000650　集部/別集類

夢僊詩稿續集一卷　孫雲撰　民國十四年(1925)鉛印本　一冊

330000－1701－0060092　M000651　集部/詞類/別集之屬

波外樂章四卷　喬曾劬撰　民國二十九年(1940)石印本　一冊

330000－1701－0060094　M000653　史部/傳記類/總傳之屬/列女

斯氏節烈合編二種　斯福求輯　民國四年(1915)鉛印本　一冊

330000－1701－0060095　普 925．10997/6641/c1　史部/傳記類/總傳之屬/仕宦

清代徵獻類編五種　嚴懋功撰　民國二十一年(1932)上海文瑞樓書局、無錫學海堂書局鉛印本　八冊

330000－1701－0060096　普 925．10997/6641/c2　史部/傳記類/總傳之屬/仕宦

清代徵獻類編五種　嚴懋功撰　民國二十一年(1932)上海文瑞樓書局、無錫學海堂書局鉛印本　琴劍廬主題記　八冊

330000－1701－0060099　GP07414　史部/政書類/公牘檔冊之屬

廣東東江沿河建築碉樓處所並水師守望巡緝章程一卷　民國鉛印本　一冊

330000－1701－0060103　M000654　集部/詩文評類/詩評之屬

學詩入門一卷　達文社編　民國七年(1918)上海達文社鉛印本　一冊

330000－1701－0060106　M000655　子部/儒家類/儒學之屬/經濟

說苑二十卷　(漢)劉向撰　民國上海涵芬樓鉛印本　二冊

330000－1701－0060107　HJL0208　經部/三禮總義類/通禮雜禮之屬

喪禮易從四卷　(清)葉裕仁撰　民國二十二年(1933)無錫丁彥章鉛印本　一冊

330000－1701－0060110　HJL0209　經部/儀禮類/傳說之屬

喪禮集要三卷附錄一卷　丁彥章撰　民國二十二年(1933)鉛印本　一冊

330000－1701－0060111　M000656　子部/藝術類/書畫之屬/法帖

蘇東坡書赤壁賦一卷　(宋)蘇軾撰並書　民國北京中央刻經院影印本　一冊

330000－1701－0060112　M000657、M005795　子部/藝術類/遊藝之屬/謎語

春謎大觀二卷　王文濡編輯　民國六年(1917)上海進步書局鉛印本　二冊

330000－1701－0060114　HJL1394　子部/儒家類/儒學之屬

切近編四卷　(清)桑調元　(清)沈廷芳輯

民國十八年(1929)南京國學圖書館影印本　一册

330000－1701－0060116　M000658　子部/藝術類/遊藝之屬/謎語

春謎大觀二卷　王文濡編輯　民國十年(1921)上海進步書局鉛印本　一册　存一卷(下)

330000－1701－0060117　GP01247　子部/藝術類/書畫之屬/法帖

何子貞書廖夫人墓志不分卷　(清)何紹基書　民國十年(1921)上海商務印書館影印本　一册

330000－1701－0060118　M000659　集部/別集類

松客詩一卷　黄式敘撰　民國十六年(1927)鉛印本　一册

330000－1701－0060119　普925.10997/8033　史部/傳記類/總傳之屬/斷代

清史稿補一卷清詩補二卷　金梁撰　民國三十一年(1942)鉛印本　一册

330000－1701－0060120　M000660　子部/雜著類

玉歷至寶鈔勸世一卷附經驗神效良方一卷　王子達重編　民國十七年(1928)上海宏大善書局石印本　一册

330000－1701－0060126　GP01249　子部/藝術類/書畫之屬/法帖

錢南園墨蹟一卷　(清)錢灃撰並書　民國二十三年(1934)上海商務印書館石印本　一册

330000－1701－0060127　GP01250　子部/藝術類/書畫之屬/法帖

翁叔平隸書三種墨蹟不分卷　(清)翁同龢書　民國八年(1919)上海有正書局石印本　一册

330000－1701－0060131　M000661、M001302、M001303、M001304、M001305、M001306、M001307、M002754　子部/叢編

評註諸子菁華錄十八種十八卷　張之純編纂　民國上海商務印書館鉛印本　八册　存八卷(八、十、十二至十五、十七至十八)

330000－1701－0060134　GP01251　子部/藝術類/書畫之屬/法帖

翁叔平隸書三種墨蹟不分卷　(清)翁同龢書　民國八年(1919)上海有正書局石印本　一册

330000－1701－0060135　M000687　史部/傳記類/總傳之屬/列女

休甯率溪程氏烈婦合傳不分卷　程龍標　程錫祥輯　民國十年(1921)率溪程氏同善堂鉛印本　一册

330000－1701－0060138　GP01252　子部/藝術類/書畫之屬/法帖

南海書一天園記一卷　康有爲撰並書　民國上海有正書局石印本　胡得跋　一册

330000－1701－0060139　HJL2023　子部/宗教類/佛教之屬/總録

一念成佛法要二卷　陳海超撰　民國二十年(1931)上海商務印書館鉛印本　二册

330000－1701－0060143　HJL1722　子部/藝術類/書畫之屬/畫法畫品

畫法要錄十七卷首一卷　余紹宋撰　民國十九年(1930)上海中華書局鉛印本　四册

330000－1701－0060146　M000662　集部/曲類/曲韻曲譜曲律之屬

盛世元音不分卷　民國抄本　一册

330000－1701－0060147　普814.6/7773　集部/別集類/明別集

萬一樓集五十六卷續集六卷外集十卷　(明)駱問禮撰　民國四年(1915)木活字印本　十二册

330000－1701－0060149　M000688　集部/別集類

歸雲樓集十六卷　徐世昌撰　民國刻藍印本　五册

330000－1701－0060151　GP01253　子部/藝

術類/書畫之屬/法帖
南海書一天園記一卷 康有爲撰並書 民國上海有正書局石印本 一冊

330000－1701－0060153 HJL1723 類叢部/叢書類/自著之屬
潤德堂叢書 袁樹珊撰 民國鎮江潤德堂鉛印本 四冊 存一種

330000－1701－0060154 M000689 子部/術數類/命書相書之屬
滴天髓闡微四卷 （明）劉基注 （清）任鐵樵增注 民國二十二年(1933)影印本 四冊

330000－1701－0060162 M000690 史部/傳記類/別傳之屬/事狀
清林文直公[紹年]行述一卷 林葆恆撰 民國五年(1916)刻本 一冊

330000－1701－0060164 M000663 子部/雜著類/雜說之屬
尊聞錄一卷附錄一卷 熊十力撰 高贊非記述 民國十九年(1930)鉛印本 一冊

330000－1701－0060167 M000664 子部/雜著類/雜說之屬
雞肋編三卷 （宋）莊綽撰 民國二十二年(1933)上海商務印書館鉛印本 一冊

330000－1701－0060171 M000665 集部/別集類
鄭學齋文存甲集二卷 孫雄撰 民國十年(1921)刻本 一冊

330000－1701－0060172 M000691 史部/政書類/儀制之屬
孔子廟位次編校錄一卷 民國鉛印本 一冊

330000－1701－0060176 M000666 子部/儒家類/儒學之屬/性理
昌儒醒世鏡正編一卷前編一卷附編一卷 （明）王守仁撰 民國十二年(1923)杭州停雲軒鉛印本 一冊

330000－1701－0060178 M000692 類叢部/叢書類/自著之屬
學鐸社叢書五種 楊踐形撰 易學研究會編 民國十四年(1925)世界書局鉛印本 四冊

330000－1701－0060179 HJL2025 子部/宗教類/佛教之屬/諸宗
宗鏡綱要二卷 沈惟賢編輯 民國二十四年(1935)青島佛學會鉛印本 一冊

330000－1701－0060186 HJH1399 子部/小說家類
古今筆記精華錄二十四卷 胡樸盦編輯 民國七年(1918)上海廣益書局石印本 十八冊 缺六卷(一至六)

330000－1701－0060188 HJL2026 子部/宗教類/道教之屬
修真不死方三卷 印權輯並注 民國十九年(1930)宏大善書局石印本 三冊

330000－1701－0060191 普814.7/00302 集部/別集類/清別集
遊楚吟一卷 （清）章濂撰 民國三年(1914)建新局石印本 一冊

330000－1701－0060194 HJL1592 子部/雜著類/雜說之屬
春渚紀聞十卷 （宋）何薳撰 民國二十二年(1933)上海商務印書館鉛印本 二冊

330000－1701－0060205 普814.7/0031/c1 集部/別集類/清別集
新淦公遺稿三卷附錄一卷 （清）章定瑜撰 章乃羹輯 民國二十二年(1933)鉛印本 一冊

330000－1701－0060209 M000693 經部/小學類/音韻之屬
音韻學叢書二十種 嚴式誨輯 民國渭南嚴氏成都刻本 一冊 存一種

330000－1701－0060213 普814.7/0031/c3 集部/別集類/清別集
新淦公遺稿三卷附錄一卷 （清）章定瑜撰 章乃羹輯 民國二十二年(1933)鉛印本 一冊

330000－1701－0060215　普 925.10997/8324.022/c1　史部/傳記類/總傳之屬/通代
碑傳集補六十卷首二卷末一卷　閔爾昌纂　民國二十一年(1932)北平燕京大學國學研究所鉛印本　二十四册

330000－1701－0060216　HJL2028　類叢部/叢書類/彙編之屬
宋人小説二十八種　涵芬樓編　民國上海商務印書館鉛印本　二册　存一種

330000－1701－0060218　M000694　集部/詩文評類/詩評之屬
歷代詩話二十七種五十七卷考索一卷　(清)何文焕輯　民國上海文寶公司石印本　十六册

330000－1701－0060222　HJL1594　子部/宗教類/道教之屬
老子古註二卷　李翹撰　民國十八年(1929)芬薰館鉛印本　李翹題記　二册

330000－1701－0060225　普 925.10997/8324.022/c2　史部/傳記類/總傳之屬/通代
碑傳集補六十卷首二卷末一卷　閔爾昌纂　民國二十一年(1932)北平燕京大學國學研究所鉛印本　二十四册

330000－1701－0060230　HJL1596　子部/宗教類/佛教之屬/經疏
大方廣佛華嚴經入不思議解脱境界普賢行願品輯要疏一卷　釋諦閑撰　民國十六年(1927)上海國光印書局鉛印本　一册

330000－1701－0060232　GP01254　子部/藝術類/書畫之屬/法帖
趙撝叔手札墨蹟不分卷　(清)趙之謙書　民國上海有正書局影印本　鬱鬱居士跋　二册

330000－1701－0060233　HJL0106　經部/詩類/文字音義之屬
詩聲類十二卷分例一卷　(清)孔廣森撰　民國十三年(1924)渭南嚴式誨成都賁園刻本　二册

330000－1701－0060234　M000695　集部/總集類/郡邑之屬
四明文獻二卷　(明)鄭真輯　民國二十四年(1935)約園鉛印本　周子美題記　二册

330000－1701－0060235　HJL1406　子部/雜著類/雜説之屬
俟後編六卷補錄一卷　(明)王敬臣撰　**仁孝先生事略附錄一卷**　(清)彭定求輯　民國十三年(1924)承業堂鉛印本　一册

330000－1701－0060236　HJH1595　子部/宗教類/佛教之屬/經咒
慈悲三昧水懺申義疏三卷　釋諦閑撰　民國十四年(1925)鉛印本　二册

330000－1701－0060239　M000696　史部/傳記類/總傳之屬/釋道
景德傳燈錄三十卷　(宋)釋道原輯　民國八年(1919)常州天寧寺刻經處刻本　十四册

330000－1701－0060241　GP01255　子部/藝術類/書畫之屬/法帖
趙撝叔手札不分卷　(清)趙之謙書　民國上海有正書局影印本　二册

330000－1701－0060243　HJH1597　類叢部/叢書類/自著之屬
莊大久先生遺著(武進莊大久先生遺著)　(清)莊有可撰　民國十九年(1930)鉛印本　二册　存二種

330000－1701－0060248　普 814.7/0032/c1　類叢部/叢書類/彙編之屬
福建叢書□□種　民國三十七年(1948)鉛印本　二册　存一種

330000－1701－0060252　普 814.7/0032/c2　類叢部/叢書類/彙編之屬
永思堂叢書　民國鉛印本　一册　存一種

330000－1701－0060256　M000697　史部/傳記類/別傳之屬/事狀
戩壽堂百卌合慶壽言不分卷　姬覺彌編　民國十二年(1923)上海愛儷園鉛印本　八册

330000－1701－0060261　HJL2032　子部/宗

教類/佛教之屬/論
發菩提心經論二卷　(後秦)釋鳩摩羅什譯　民國十七年(1928)刻本　一册

330000－1701－0060263　HJL1598　子部/宗教類/佛教之屬/諸宗
印光法師文鈔四卷附錄一卷　釋聖量撰　民國十三年(1924)上海商務印書館鉛印本　四册

330000－1701－0060268　M000698　子部/宗教類/佛教之屬
金剛頂瑜伽略述三十七尊心要一卷　(唐)釋不空說　民國十四年(1925)支那内學院刻本　一册

330000－1701－0060272　GP01259　子部/藝術類/書畫之屬/法帖
故摠管張公墓志銘一卷　(元)趙孟頫書　民國石印本　一册

330000－1701－0060273　GP01260　子部/藝術類/書畫之屬/法帖
趙文敏書太平興國禪寺碑一卷　(元)趙孟頫書　民國三年(1914)上海商務印書館影印本　一册

330000－1701－0060282　普 925.10997/8324.022/c3　史部/傳記類/總傳之屬/通代
碑傳集補六十卷首二卷末一卷　閔爾昌纂　民國二十一年(1932)北平燕京大學國學研究所鉛印本　二十二册

330000－1701－0060283　M000699　子部/宗教類/佛教之屬
黄山記全集二卷　民國二十二年(1933)漢口中和善堂刻本　二册

330000－1701－0060284　HJL1599　子部/宗教類/道教之屬/戒律
文昌帝君覺世鴻文圖說四卷　(清)沈維基撰　民國十九年(1930)據清乾隆三十一年(1766)東平州署刻本影印本　四册

330000－1701－0060287　普 925.10997/8324.022/c4　史部/傳記類/總傳之屬/通代
碑傳集補六十卷首二卷末一卷　閔爾昌纂　民國二十一年(1932)北平燕京大學國學研究所鉛印本　二十四册

330000－1701－0060288　M000700　集部/曲類
元劇聯套述例一卷　蔡瑩撰　民國二十二年(1933)上海商務印書館鉛印本　一册

330000－1701－0060293　GP01261　子部/藝術類/書畫之屬/法帖
趙子昂行書文賦一卷　(元)趙孟頫書　民國江西開智書局石印本　一册

330000－1701－0060295　M000701　子部/儒家類/儒學之屬/性理
儒教傳心錄一卷　陳寅亮編　民國二十五年(1936)鉛印本　一册

330000－1701－0060299　M000704　史部/叢編
國立北平研究院史學研究會社會史料叢編　民國二十四年(1935)北平國立北平研究院總辦事處出版課鉛印本　四册　存一種

330000－1701－0060302　HJL1603　子部/宗教類/道教之屬
老子故二卷　馬其昶撰　民國九年(1920)馬氏抱潤軒刻本　一册

330000－1701－0060304　M000702　類叢部/叢書類/自著之屬
貞松老人遺稿甲集八種乙集四種丙集二種　羅振玉撰　民國三十年至三十六年(1941－1947)上虞羅氏鉛印本　一册　存一種

330000－1701－0060310　HJL1604　子部/宗教類/佛教之屬/經疏
妙法蓮華經卓解六卷　(後秦)釋鳩摩羅什譯　(清)徐昌治注　民國十一年(1922)海鹽徐氏刻本　三册

330000－1701－0060311　普 327.1/7242　史部/政書類/邦交之屬
外交綱要一卷　劉樹屏撰　民國四年(1915)京華書局鉛印本　一册

330000 - 1701 - 0060313　M000703　集部/小說類/長篇之屬

石頭記八卷八十回　(清)曹霑撰　民國上海有正書局石印本　一册　存一卷(一)

330000 - 1701 - 0060314　HJL0239　子部/雜著類/雜說之屬

讀經救國論六卷　孫雄撰　民國十六年(1927)鉛印本　二册

330000 - 1701 - 0060322　M000705　集部/詞類/總集之屬

詞選二卷附錄一卷　(清)張惠言輯　民國上海掃葉山房石印本　一册

330000 - 1701 - 0060334　HJL0113　經部/孝經類/傳說之屬

孝經正解一卷　(清)徐大紳撰　民國二十一年(1932)鉛印本　一册

330000 - 1701 - 0060340　普 327. 512027/1000　史部/政書類/邦交之屬

清季外交史料六種　(清)王彥威輯　王亮編　民國二十一年至二十四年(1932 - 1935)北平外交史料編纂處鉛印本　四册　存二種

330000 - 1701 - 0060347　普 327.51/1123　史部/政書類/邦交之屬

清季各國照會目錄四卷　張德澤編　民國二十四年至二十五年(1935 - 1936)國立北平故宫博物院文獻館鉛印本　一册　存一卷(三)

330000 - 1701 - 0060354　HJL1176　子部/雜著類/雜編之屬

安士全書四種　(清)周夢顏撰　民國七年(1918)陝西趙步雲刻本　六册

330000 - 1701 - 0060357　HJH814. 3/4026. 2　集部/別集類/唐五代別集

李太白文集三十卷　(唐)李白撰　民國二年(1913)上海文瑞樓石印本　八册

330000 - 1701 - 0060370　GP01262　史部/傳記類/別傳之屬/墓誌

朱君山墓誌銘一卷　民國影印本　一册

330000 - 1701 - 0060371　普 925. 10998/4424/c1　史部/傳記類

林處士楊烈婦哀輓合錄一卷　柯驊威等撰　民國弘文印刷公司鉛印本　一册

330000 - 1701 - 0060372　GP01263　史部/金石類/石之屬/文字

魏齊造像二十品不分卷　(清)沈樹鏞藏　(清)趙之謙選定　民國有正書局影印本　鮑蓀觀款　一册

330000 - 1701 - 0060376　GP07173　子部/農家農學類/園藝之屬/花卉

蘭蕙小史三卷附一卷　吳恩元編輯　民國十二年(1923)吳恩元、唐駝鉛印本　吳長壽記　三册

330000 - 1701 - 0060381　HJL1178　史部/政書類/考工之屬/營造

崇陵工程做法一百二十八卷　民國油印本　三十四册

330000 - 1701 - 0060386　普 925. 10998/4424/c2　史部/傳記類

林處士楊烈婦哀輓合錄一卷　柯驊威等撰　民國弘文印刷公司鉛印本　一册

330000 - 1701 - 0060389　GP01264　史部/金石類/石之屬/文字

魏齊造像二十品不分卷　(清)沈樹鏞藏　(清)趙之謙選定　民國有正書局影印本　一册

330000 - 1701 - 0060390　HJL2039　子部/宗教類/佛教之屬/諸宗

超脱真詮一卷　民國十九年(1930)鉛印本　一册

330000 - 1701 - 0060393　M000706　史部/傳記類/別傳之屬/事狀

季君蟄夫[同]哀輓錄一卷　民國五年(1916)溫州雲鮮印書館石印本　一册

330000 - 1701 - 0060399　HJL1179　子部/雜著類/雜說之屬

南村輟耕錄三十卷　(元)陶宗儀撰　民國十

二年至十四年(1923－1925)武進陶氏影元刻本　十冊

330000－1701－0060404　HJL2040　子部/宗教類/佛教之屬/諸宗
印光法師嘉言錄不分卷　李圓淨編　民國十八年(1929)上海大中書局鉛印本　一冊

330000－1701－0060411　HJL2041　子部/宗教類/佛教之屬/經
二課合解七卷首一卷　釋興慈撰　民國十六年(1927)上海法藏寺鉛印本　二冊

330000－1701－0060417　GP01265　史部/金石類/石之屬
西嶽華山廟碑三種　民國有正書局石印本　三冊

330000－1701－0060424　普814.7/0121/5/c2　集部/別集類/清別集
校訂定盦全集十卷　(清)龔自珍撰　**定盦年譜藁本一卷**　(清)黄守恒撰　民國二十一年(1932)上海掃葉山房石印本　五冊　缺三卷(九至十、定盦年譜藁本)

330000－1701－0060426　HJL2042　子部/藝術類/篆刻之屬/印譜
糞翁治印不分卷　鄧鐵篆　民國二十年(1931)鈐拓本　二冊

330000－1701－0060427　M000707　集部/總集類/尺牘之屬
新編分類尺牘大全十四卷　文明書局編輯　民國二十年(1931)上海文明書局石印本　十二冊

330000－1701－0060428　HJH0248　經部/書類/傳說之屬
書集傳六卷　(宋)蔡沈撰　民國商務印書館鉛印本　二冊

330000－1701－0060432　普327.5112895/2400　史部/政書類/邦交之屬
藏案紀畧一卷　民國鉛印本　澹止盦題記　一冊

330000－1701－0060433　M000708　新學/幼學
伊索寓言不分卷　(希臘)伊索撰　林紓　嚴培南　嚴璩譯述　民國十三年(1924)上海商務印書館鉛印本　一冊

330000－1701－0060437　GP01325　子部/藝術類/書畫之屬/法帖
蘇東坡書赤壁賦一卷　(宋)蘇軾撰並書　民國北京感化學校影印本　一冊

330000－1701－0060438　GP01326　子部/藝術類/書畫之屬/法帖
蘇東坡書赤壁賦一卷　(宋)蘇軾撰並書　民國北京感化學校影印本　一冊

330000－1701－0060440　M000709　子部/小說家類
中國寓言四卷　沈德鴻編纂　民國十五年(1926)上海商務印書館鉛印本　一冊

330000－1701－0060443　M000710　史部/金石類/金之屬/文字
積古齋鐘鼎彝器款識十卷　(清)阮元撰　民國上海中華圖書館影印本　六冊

330000－1701－0060447　M000711　史部/史抄類
史記菁華錄六卷　(清)姚祖恩輯評　民國八年(1919)上海錦章圖書局石印本　毓韶題記　六冊

330000－1701－0060448　HJL1181　集部/總集類/選集之屬/通代
殘本文館詞林十八卷　(唐)許敬宗等輯　民國十三年(1924)毘陵董氏誦芬室據日本高野山原本影印本　十二冊

330000－1701－0060449　HJH814.3/4432/c3　類叢部/叢書類/自著之屬
樊諫議集七家注五種附一種　(唐)樊宗師撰　樊鎮輯　民國紹興樊氏緜絳書屋刻本　二冊　缺附一種

330000－1701－0060450　GP01329　子部/藝術類/書畫之屬/法帖

唐拓多寶塔碑一卷　(唐)顔真卿書　民國八年(1919)上海有正書局影印本　一冊

330000－1701－0060451　普 814.7/0121.2/(4)　集部/别集類/清别集
定盦文集三卷續集四卷續録一卷古今體詩二卷己亥雜詩一卷詞録一卷詞選四卷　(清)龔自珍撰　民國上海商務印書館影印四部叢刊本　吴龔題記　三冊

330000－1701－0060452　普 327.5129/0000　史部/政書類/邦交之屬
籌辦夷務始末道光朝八十卷　(清)文慶等撰　**籌辦夷務始末咸豐朝八十卷**　(清)賈楨等撰　**籌辦夷務始末同治朝一百卷**　(清)寶鋆等撰　民國十八年至十九年(1929－1930)故宫博物院影印本　一百十六冊　存二十八卷(光緒七至八、十九至二十、二十七至二十八、四十五至四十六、七十七至七十八,咸豐十一至十二、三十九至四十、六十一至六十二、七十七至七十八,同治一至二、三十一至三十二、五十九至六十、八十五至八十六、九十一至九十二)

330000－1701－0060454　HJH814.3/4432/c4　類叢部/叢書類/自著之屬
樊諫議集七家注五種附一種　(唐)樊宗師撰　樊鎮輯　民國紹興樊氏緜絳書屋刻本　二冊　缺附一種

330000－1701－0060455　M000712　子部/小說家類/諧謔之屬
遣愁集十四卷　(清)張貴勝纂輯　民國八年(1919)上海商務印書館鉛印本　八冊

330000－1701－0060457　普 925.1099923/2600　史部/傳記類/總傳之屬/郡邑
毘陵人品記十卷　(明)毛憲撰　(明)吴亮增修　民國二十五年(1936)毗陵毛氏木活字印本　四冊

330000－1701－0060458　M000713　子部/術數類
漢鏡齋秘書四種　(清)程芝雲輯　民國十年(1921)泰華圖書館石印本　四冊

330000－1701－0060463　HJL1182　類叢部/叢書類/彙編之屬
顔李學三種　徐世昌輯　民國天津徐氏刻本　五冊

330000－1701－0060473　普 327.5129/1000/c1　史部/政書類/邦交之屬
清季外交史料六種　(清)王彦威輯　王亮編　民國二十一年至二十四年(1932－1935)北平外交史料編纂處鉛印本　十二冊　存二種

330000－1701－0060474　普 327.5129/1000/c2　史部/政書類/邦交之屬
清季外交史料六種　(清)王彦威輯　王亮編　民國二十一年至二十四年(1932－1935)北平外交史料編纂處鉛印本　十二冊　存二種

330000－1701－0060478　M000714、M006699　子部/術數類
新鐫曆法便覽象吉備要通書大全二十九卷　(清)魏鑑撰　民國上海文瑞樓、錦章圖書局、校經山房石印本　十二冊

330000－1701－0060479　GP01327　子部/藝術類/書畫之屬/法帖
蘇東坡赤壁賦一卷　(宋)蘇軾撰並書　民國二十一年(1932)上海商務印書館影印本　一冊

330000－1701－0060485　GP01328　子部/藝術類/書畫之屬/法帖
蘇東坡書赤壁賦一卷　(宋)蘇軾撰並書　民國八年(1919)上海商務印書館影印本　一冊

330000－1701－0060489　M000715　史部/史評類/史論之屬
百大家評註史記十卷　(清)朱子蕃輯　民國十三年(1924)上海錦章圖書局石印本　□痕老人題記　十冊

330000－1701－0060498　M000716　經部/小學類/文字之屬/字書/通論
文字學形義篇不分卷　朱宗萊撰　民國十八年(1929)北大學院出版部鉛印本　一冊

330000－1701－0060499　HJH814.3/4432.

02/c2　集部/別集類/唐五代別集

樊諫議集附錄甲集一卷補遺一卷乙集一卷補遺一卷　(唐)樊宗師撰　樊鎮輯　民國十年(1921)紹興樊氏綿絳書屋鉛印本　一冊

330000－1701－0060509　M000717　子部/醫家類/養生之屬

延壽新法一卷　伍廷芳撰　民國三年(1914)上海商務印書館鉛印本　一冊

330000－1701－0060510　GP07156　子部/藝術類/書畫之屬/法帖

翁松禪相國尺牘真蹟不分卷　(清)翁同龢書　民國九年(1920)上海中華書局影印本　十二冊

330000－1701－0060511　HJH814.3/4432.02/c3　集部/別集類/唐五代別集

樊諫議集附錄甲集一卷補遺一卷乙集一卷補遺一卷　(唐)樊宗師撰　樊鎮輯　民國十年(1921)紹興樊氏綿絳書屋鉛印本　一冊

330000－1701－0060512　GP01333　子部/藝術類/書畫之屬/法帖

張氏通波阡表不分卷　(元)楊維楨撰并書　民國有正書局影印本　一冊

330000－1701－0060514　HJH814.3/4432.022/c3　集部/別集類/唐五代別集

樊諫議集附錄乙集一卷補遺一卷　(唐)樊宗師撰　樊鎮輯　民國十年(1921)紹興樊氏綿絳書屋鉛印本　一冊

330000－1701－0060520　M000718　子部/儒家類/儒學之屬/俗訓

人譜一卷人譜類記二卷　(明)劉宗周撰　民國天津華新印刷局鉛印本　一冊

330000－1701－0060521　HJH814.3/4432.023/c2　集部/別集類/唐五代別集

樊諫議集附錄丙集一卷　(清)樊學淮輯　民國九年(1920)緜絳書屋刻本　一冊

330000－1701－0060523　普814.7/0047.2/c2　集部/別集類

一山文存十二卷　章梫撰　民國七年(1918)吳興劉氏嘉業堂刻本　四冊

330000－1701－0060525　HJH0255　經部/四書類/總義之屬/傳說

四書纂疏二十六卷札記一卷　(宋)趙順孫撰　民國十四年(1925)聖風書苑據清康熙通志堂經解本影印本　八冊

330000－1701－0060526　GP01334　子部/藝術類/書畫之屬/法帖

張氏通波阡表不分卷　(元)楊維楨撰并書　民國有正書局影印本　一冊

330000－1701－0060530　HJH814.3/4432.2/c3　類叢部/叢書類/自著之屬

樊諫議集七家注五種附一種　(唐)樊宗師撰　樊鎮輯　民國紹興樊氏緜絳書屋刻本　一冊　存一種

330000－1701－0060532　普925.1099923/3430　史部/傳記類/總傳之屬/郡邑

太倉鄉先賢畫象一卷　凌祖詒輯　民國三十六年(1947)上海百宋印刷局鉛印本　一冊

330000－1701－0060533　GP01336　子部/藝術類/書畫之屬/法帖

唐拓九成宮一卷　(唐)歐陽詢書　民國上海有正書局影印本　一冊

330000－1701－0060534　普814.7/0047.2/c3　集部/別集類

一山文存十二卷　章梫撰　民國七年(1918)吳興劉氏嘉業堂刻本　四冊

330000－1701－0060535　M000719　史部/傳記類/別傳之屬/事狀

朱母汪太夫人六十壽言不分卷　朱孔陽輯　民國十九年(1930)鉛印本　一冊

330000－1701－0060536　GP01337　子部/藝術類/書畫之屬/法帖

唐拓九成宮醴泉銘一卷　(唐)歐陽詢書　民國上海有正書局影印本　一冊

330000－1701－0060540　普925.1099923/4016　史部/傳記類/總傳之屬/斷代

南吴舊話録二十四卷補遺一卷附録一卷 (清)李延昰口授 (清)李尚絅補撰 (清)李漢徵引釋 (清)蔣烈編 民國四年(1915)鉛印本 馮貞羣題記 六册

330000－1701－0060542 HJH814.3/4432.2/c4 類叢部/叢書類/自著之屬

樊諫議集七家注五種附一種 (唐)樊宗師撰 樊鎮輯 民國紹興樊氏緜絳書屋刻本 一册 存一種

330000－1701－0060543 GP01338 子部/藝術類/書畫之屬/法帖

初搨書譜一卷 (唐)孫過庭撰並書 民國有正書局影印本 一册

330000－1701－0060545 普814.7/0047.21 集部/別集類

一山文存一卷 章梫撰 民國鉛印本 一册

330000－1701－0060549 HJH814.3/4432.3/c3 集部/別集類/唐五代別集

樊紹述集注二卷 (唐)樊宗師撰 (清)孫之騄輯 **絳守居園池記一卷** (唐)樊宗師撰 民國五年(1916)樊氏刻本 二册

330000－1701－0060552 HJH814.3/4432.3/c4 集部/別集類/唐五代別集

樊紹述集注二卷 (唐)樊宗師撰 (清)孫之騄輯 **絳守居園池記一卷** (唐)樊宗師撰 民國五年(1916)樊氏刻本 二册

330000－1701－0060553 HJH2057 類叢部/叢書類/彙編之屬

進德叢書八種 丁福保編 民國上海醫學書局鉛印本 一册 存一種

330000－1701－0060557 HJH814.3/4432.4 類叢部/叢書類/自著之屬

樊諫議集七家注五種附一種 (唐)樊宗師撰 樊鎮輯 民國紹興樊氏緜絳書屋刻本 一册 存一種

330000－1701－0060559 HJH814.3/4432.4/c4 類叢部/叢書類/自著之屬

樊諫議集七家注五種附一種 (唐)樊宗師撰 樊鎮輯 民國紹興樊氏緜絳書屋刻本 一册 存一種

330000－1701－0060563 HJH814.3/4432.4/2/c2 類叢部/叢書類/郡邑之屬

續金華叢書六十種 胡宗楙編 民國十三年(1924)永康胡氏夢選樓刻本 一册 存一種

330000－1701－0060564 普814.7/0121.3/2 類叢部/叢書類/彙編之屬

四部叢刊 張元濟等編 民國八年(1919)上海商務印書館影印本 一册 存一種

330000－1701－0060569 HJH814.3/4432.41 類叢部/叢書類/自著之屬

樊諫議集七家注五種附一種 (唐)樊宗師撰 樊鎮輯 民國紹興樊氏緜絳書屋刻本 一册 存一種

330000－1701－0060571 普814.7/0121.4 子部/藝術類/書畫之屬/法帖

龔定庵詩文真蹟三種不分卷 (清)龔自珍書 民國二十年(1931)上海中華書局影印本 一册

330000－1701－0060572 HJL1567 史部/政書類/律令之屬/刑制

重詳定刑統三十卷 (宋)竇儀等撰 民國七年(1918)國務院法制局刻本 五册 缺五卷(二十一至二十五)

330000－1701－0060574 HJH0261 類叢部/叢書類/彙編之屬

四部叢刊 張元濟等編 民國上海商務印書館影印本 二册 存一種

330000－1701－0060576 HJH814.3/4432.41/c2 類叢部/叢書類/自著之屬

樊諫議集七家注五種附一種 (唐)樊宗師撰 樊鎮輯 民國紹興樊氏緜絳書屋刻本 一册 存一種

330000－1701－0060579 HJH814.3/4432.42 類叢部/叢書類/自著之屬

樊諫議集七家注五種附一種 (唐)樊宗師撰 樊鎮輯 民國紹興樊氏緜絳書屋刻本 一

冊　存一種

330000－1701－0060582　HJL0262　類叢部/叢書類/彙編之屬

四部叢刊　張元濟等編　民國上海商務印書館影印本　八冊　存一種

330000－1701－0060583　HJH814.3/4432.5/c3　集部/别集類/唐五代别集

唐樊紹述遺文一卷附録一卷　(唐)樊宗師撰　(清)張庚輯注　民國十四年(1925)山陰樊氏縣絳書屋刻本　一冊

330000－1701－0060585　HJH2052　集部/别集類/清别集

篤素堂雜著四卷　(清)張英撰　**澄懷園語四卷**　(清)張廷玉撰　民國上海聚珍倣宋印書局鉛印本　二冊

330000－1701－0060587　普327.5129/1005.2/c1　史部/政書類/邦交之屬

清季外交史料六種　(清)王彥威輯　王亮編　民國二十一年至二十四年(1932－1935)北平外交史料編纂處鉛印本　二十四冊　存一種

330000－1701－0060589　M000720　類叢部/叢書類/彙編之屬

進德叢書八種　丁福保編　民國上海醫學書局鉛印本　一冊　存一種

330000－1701－0060590　普327.5129/1005.2/c2　史部/政書類/邦交之屬

清季外交史料六種　(清)王彥威輯　王亮編　民國二十一年至二十四年(1932－1935)北平外交史料編纂處鉛印本　十一冊　存一種

330000－1701－0060596　HJH814.3/4432.5/c4　集部/别集類/唐五代别集

唐樊紹述遺文一卷附録一卷　(唐)樊宗師撰　(清)張庚輯注　民國十四年(1925)山陰樊氏縣絳書屋刻本　一冊

330000－1701－0060599　HJH814.3/4432.6　類叢部/叢書類/自著之屬

樊諫議集七家注五種附一種　(唐)樊宗師撰　樊鎮輯　民國紹興樊氏縣絳書屋刻本　一冊　存一種

330000－1701－0060601　HJL0263　經部/小學類/文字之屬/説文/傳説

説文解字詁林十五卷首一卷前編三卷後編一卷補編一卷附編一卷通檢一卷　丁福保編　民國十七年(1928)上海醫學書局石印本　六十六冊

330000－1701－0060604　HJH814.3/4432.6/c2　類叢部/叢書類/自著之屬

樊諫議集七家注五種附一種　(唐)樊宗師撰　樊鎮輯　民國紹興樊氏縣絳書屋刻本　一冊　存一種

330000－1701－0060606　M000721　子部/儒家類/儒學之屬/禮教

端木真傳一卷　茅善培訂正　民國十四年(1925)鉛印本　一冊

330000－1701－0060607　HJL2054　類叢部/叢書類/彙編之屬

宋人小説二十八種　涵芬樓編　民國上海商務印書館鉛印本　四冊　存一種

330000－1701－0060608　普327.5129/1005.3　史部/政書類/邦交之屬

清季外交史料六種　(清)王彥威輯　王亮編　民國二十一年至二十四年(1932－1935)北平外交史料編纂處鉛印本　一百六十四冊

330000－1701－0060612　GP01339　史部/金石類/石之屬/文字

匋齋藏魯相乙瑛碑一卷　(清)端方藏　民國十五年(1926)上海有正書局影印本　一冊

330000－1701－0060613　M000722、M006702　子部/宗教類/道教之屬/戒律

金科輯要三集三十六卷　都劫司　武昌侯輯　民國十三年(1924)北京金科流通處鉛印本　六冊　存十八卷(上集首、七至八;中集首,一至二、六至十,末;下集六至十、末)

330000－1701－0060614　HJH2055　子部/宗教類/佛教之屬

佛學叢書□□種　民國上海商務印書館鉛印本　三冊　存一種

330000－1701－0060618　GP01340　史部/金石類/石之屬/文字

匋齋藏魯相乙瑛碑一卷　（清）端方藏　民國上海有正書局影印本　一冊

330000－1701－0060619　HJL0009　經部/小學類/文字之屬/字書/通論

文字通詮八卷　楊譽龍編　民國十四年(1925)上海中華書局石印本　四冊

330000－1701－0060630　M000723　史部/傳記類/别傳之屬

黄君介卿言行璅記一卷　踽盦老人編　民國十年(1921)鉛印本　踽盦老人題記　一冊

330000－1701－0060631　HJL0011　經部/小學類/文字之屬/説文/專著

説文鑰一卷前編一卷後編一卷　丁福保編　民國二十二年(1933)梁谿丁氏上海石印本　一冊

330000－1701－0060632　GP07188　類叢部/叢書類/彙編之屬

番禺葉氏遐庵叢書□□種　葉恭綽輯　民國番禺葉氏影印本暨鉛印本　一冊　存一種

330000－1701－0060635　M000724　新學/政治法律/政治

上國民政府并告全國同胞救亡書一卷　閔天培撰　民國二十二年(1933)上海大真圖書館鉛印本　一冊

330000－1701－0060638　HJL1188　子部/宗教類/佛教之屬/諸宗

華嚴原人論合解二卷　（唐）釋宗密論　（元）釋圓覺解　（明）楊嘉祚刪合　民國上海有正書局鉛印本　一冊

330000－1701－0060639　HJL0012　經部/小學類/文字之屬/説文/專著

説文鑰續集不分卷　丁福保編　民國石印本　一冊

330000－1701－0060640　M000725　史部/金石類/甲骨之屬

殷虚文字類編十四卷檢字一卷　羅振玉撰　民國二十五年(1936)逐无涯齋石印本　一冊

330000－1701－0060642　普 814.7/0060　集部/别集類

涉江先生文鈔一卷　唐晏撰　民國四年(1915)鉛印本　一冊

330000－1701－0060646　HJH814.3/4432.6/2/c2　類叢部/叢書類/自著之屬

樊諫議集七家注五種附一種　（唐）樊宗師撰　樊鎮輯　民國紹興樊氏緜絳書屋刻本　一冊　存一種

330000－1701－0060649　HJH814.3/4432.7　類叢部/叢書類/自著之屬

樊諫議集七家注五種附一種　（唐）樊宗師撰　樊鎮輯　民國紹興樊氏緜絳書屋刻本　一冊　存一種

330000－1701－0060651　HJH1688　子部/醫家類/針灸之屬

鍼灸詮述不分卷　黄石屏撰　民國四年(1915)鉛印本　一冊

330000－1701－0060653　普 925.1099924/0096　史部/傳記類/總傳之屬/郡邑

瑞安藝術傳一卷選舉志一卷　（清）童煜編　民國二十三年(1934)榮光石印局石印本　一冊

330000－1701－0060655　M000726　集部/詞類/别集之屬

玉琴齋詞不分卷　（清）余懷撰　民國十七年(1928)國學圖書館影印本　四冊

330000－1701－0060657　HJH1689　子部/雜著類/雜説之屬

補拙隨筆二卷　潘紳撰　民國二十五年(1936)鉛印本　二冊

330000－1701－0060658　M000727　史部/政書類/邦交之屬

上海租界問題三卷　王揖唐撰　民國上海聚

珍倣宋印書局鉛印本　一册

330000－1701－0060659　M000728　史部/傳記類/别傳之屬/事狀

錢武肅王功德史一卷　錢文選輯　民國二十四年(1935)錢氏鉛印本　一册

330000－1701－0060661　M000729　史部/傳記類/别傳之屬/年譜

錢士青先生[文選]編年事略一卷　甘澤沛　王永清編　民國二十五年(1936)鉛印本　一册

330000－1701－0060668　HJH814.3/4432.8　類叢部/叢書類/自著之屬

樊諫議文五家注三種　(唐)樊宗師撰　樊鎮輯　民國紹興樊氏緜絳書屋刻本　四册

330000－1701－0060669　HJH2059　史部/傳記類/總傳之屬/儒林

明儒學案書後一卷　夏成吉撰　民國九年(1920)開封新民社石印部石印本　一册

330000－1701－0060671　HJL1687　子部/宗教類/佛教之屬/諸宗

淨土津梁十三種　(清)釋了慰輯　民國十一年(1922)上海商務印書館據清乾隆北京衍法寺刻本影印本　九册

330000－1701－0060672　HJL2060、HJL2061、HJL2062　類叢部/叢書類/彙編之屬

宋人小説二十八種　涵芬樓編　民國上海商務印書館鉛印本　四册　存三種

330000－1701－0060673　HJH814.3/4432.9/c3　類叢部/叢書類/自著之屬

樊諫議集七家注五種附一種　(唐)樊宗師撰　樊鎮輯　民國紹興樊氏緜絳書屋刻本　一册　存一種

330000－1701－0060674　HJL0017　經部/小學類/文字之屬/説文

説文理董後編六卷　(清)吳穎芳撰　民國十八年(1929)中社影印本　二册

330000－1701－0060675　HJL0018　類叢部/叢書類/自著之屬

王文貞集七種附一種　王祖畬撰　民國刻本　一册　存一種

330000－1701－0060676　HJH814.3/4480/c2　集部/别集類/唐五代别集

韓昌黎先生文集三十卷外集文編十卷遺文一卷　(唐)韓愈撰　(唐)李漢編　民國石印本　六册

330000－1701－0060678　HJH2063　類叢部/叢書類/彙編之屬

進德叢書八種　丁福保編　民國上海醫學書局鉛印本　一册　存一種

330000－1701－0060682　HJL1191　子部/醫家類/本草之屬/歷代綜合本草

本草綱目五十二卷圖三卷奇經八脈攷一卷脈訣攷證一卷瀕湖脈學一卷　(明)李時珍撰　**本草萬方鍼線八卷藥品總目一卷**　(清)蔡烈先輯　**本草綱目拾遺十卷首一卷**　(清)趙學敏輯　民國上海錦章圖書局石印本　二十四册

330000－1701－0060691　M000730　史部/傳記類/總傳之屬/文苑

梨園影事不分卷　徐慕雲編　民國二十二年(1933)鉛印本　二册

330000－1701－0060692　HJL0019　史部/目録類/專録之屬

經解提綱總目一卷　姚文棟撰　民國十四年(1925)刻本　一册

330000－1701－0060693　HJH1692　史部/目録類/專録之屬

參加倫敦中國藝術國際展覽會出品目録四卷　倫敦中國藝術國際展覽會籌備委員會編輯　民國二十四年(1935)鉛印本　一册

330000－1701－0060695　普327.5144/4834　史部/政書類/邦交之屬

清光緒朝中法交涉史料二十二卷　北平故宫博物院編　民國二十一年至二十二年(1932－1933)北平故宫博物院鉛印本　十一册

330000－1701－0060696　HJH2065　子部/宗教類/佛教之屬/諸宗
真大英雄言行錄二卷　丑先難編輯　民國二十年(1931)刻本　一册

330000－1701－0060697　M000731　子部/小說家類/異聞之屬
新齊諧五卷續新齊諧三卷　(清)袁枚撰　民國上海錦章圖書局石印本　四册

330000－1701－0060709　普 814.7/0070.2　集部/別集類/清別集
章實齋文鈔一卷　(清)章學誠撰　民國六年(1917)菊飲軒鉛印本　一册

330000－1701－0060711　M000732　子部/儒家類/儒學之屬/禮教/女範
訓女寶箴一卷　吕咸熙編　民國十年(1921)上海大衆書局鉛印本　一册

330000－1701－0060713　GP01341　子部/藝術類/書畫之屬/法帖
宋拓皇甫君碑一卷　(唐)歐陽詢書　民國六年(1917)上海有正書局影印本　一册

330000－1701－0060714　普 814.7/0070.3　集部/總集類/郡邑之屬
禹域叢書三種十二卷　禹域新聞社輯　民國鉛印本　三册　存一種

330000－1701－0060722　GP01342　子部/藝術類/書畫之屬/法帖
宋拓皇甫君碑一卷　(唐)歐陽詢書　民國上海有正書局影印本　一册

330000－1701－0060726　M000733　子部/叢編
秦淮香艷叢書　□□輯　民國十七年(1928)上海掃葉山房石印本　十册　存十一種

330000－1701－0060728　HJH814.3/4480.2/c3　集部/別集類/唐五代別集
新刊五百家註音辯昌黎先生文集四十卷序傳碑記一卷外集十卷　(唐)韓愈撰　(宋)魏仲舉輯注　**韓文類譜十卷**　(宋)吕大防撰　(宋)魏仲舉輯　**晦庵朱侍講先生韓文考異十卷**　(宋)朱熹撰　民國元年(1912)上海商務印書館影印本　四十册

330000－1701－0060729　普 814.7/0070.3/(2)　集部/總集類/郡邑之屬
禹域叢書三種十二卷　禹域新聞社輯　民國鉛印本　四册　存一種

330000－1701－0060730　M000793　新學/政治法律
天津特别市市政府法規彙編不分卷(民國十七年八月至十八年一月)　天津特别市市政府秘書處編　民國十八年(1929)鉛印本　一册

330000－1701－0060741　GP01345　子部/藝術類/書畫之屬/法帖
宋拓李元靖碑不分卷　(唐)顔真卿書　民國影印本　二册

330000－1701－0060743　M000794　子部/術數類/相宅相墓之屬
錢氏地理辨正參解五卷附録一卷　錢文選撰　民國三十七年(1948)鉛印本　一册

330000－1701－0060744　HJH814.3/4480.2/c4　集部/別集類/唐五代別集
新刊五百家註音辯昌黎先生文集四十卷序傳碑記一卷外集十卷　(唐)韓愈撰　(宋)魏仲舉輯注　**韓文類譜十卷**　(宋)吕大防撰　(宋)魏仲舉輯　**晦庵朱侍講先生韓文考異十卷**　(宋)朱熹撰　民國元年(1912)上海商務印書館影印本　二十八册

330000－1701－0060745　普 814.7/0074　集部/別集類/明別集
寒香館遺稿十卷　(明)辛陞撰　民國鉛印本　四册

330000－1701－0060746　M000795　史部/傳記類/科舉録之屬/總録
海鹽士林録六卷　(清)朱俎莘編　朱廖元等續編　民國二十一年(1932)海鹽朱氏十三古印齋鉛印本　一册　存二卷(一至二)

330000－1701－0060751　GP01346　子部/藝

術類/書畫之屬/法帖

宋搨麻姑仙壇記不分卷 (唐)顔真卿撰並書 民國九年(1920)上海文明書局影印本 一册

330000－1701－0060754 GP01347 子部/藝術類/書畫之屬/法帖

宋搨麻姑仙壇記不分卷 (唐)顔真卿撰並書 民國九年(1920)上海文明書局影印本 一册

330000－1701－0060755 普925.1099924/1042 史部/傳記類/總傳之屬

梯香樓名人尺櫝集小傳不分卷 王孝偁輯 稿本 一册

330000－1701－0060758 普814.7/00741 集部/别集類/清别集

名山藏副本初集二卷贈言集一卷 (清)齊周華撰 民國九年(1920)杭州武林印書館鉛印本 二册

330000－1701－0060763 HJH1200 子部/雜著類/雜説之屬

紫桃軒雜綴四卷又綴二卷 (明)李日華撰 民國十六年(1927)上海有正書局石印本 四册

330000－1701－0060765 M000796 子部/宗教類/道教之屬

老子道德經二卷 (三國魏)王弼注 **音義一卷** (唐)陸德明撰 **附識一卷老子校勘記一卷** 民國九年(1920)浙江圖書館刻本 一册

330000－1701－0060769 普327.5158/4726 類叢部/叢書類/彙編之屬

文獻叢書 國立北平故宫博物院輯 民國國立北平故宫博物院鉛印本 一册 存一種

330000－1701－0060773 M000734 新學/理學

人生指南一卷 蕭始撰 民國二十四年(1935)上海廿字崇德社石印本 一册

330000－1701－0060775 HJH1202 類叢部/叢書類/彙編之屬

唐人説薈(唐代叢書)一百六十五種 (清)陳世熙(一題王文誥)輯 民國上海掃葉山房石印本 八册 存九十五種

330000－1701－0060776 GP01348 子部/藝術類/書畫之屬/法帖

宋搨澄清堂帖二卷 (晉)王羲之書 民國二十九年(1940)文明書局影印本 一册

330000－1701－0060777 M000797 子部/醫家類/養生之屬/導引、氣功

運氣學講義不分卷 傅崇黻編述 民國鉛印本 一册

330000－1701－0060780 M000735、M002187 子部/小說家類/雜事之屬

蓴鄉贅筆四卷 (清)董含撰 民國三年(1914)上海光華編輯社石印本 四册

330000－1701－0060781 HJL0093 經部/禮記類/傳說之屬

六朝寫本禮記子本疏義一卷 (南朝梁)皇侃撰 (南朝陳)鄭灼增益 民國五年(1916)影印本 一册

330000－1701－0060783 GP07195 集部/别集類

新州葉氏詩存一卷 葉爲銘撰 民國二年(1913)鉛印本 一册

330000－1701－0060784 M000736 子部/宗教類/道教之屬

上清黄庭内景經一卷 務成子注 民國二十七年(1938)上海道德書局鉛印本 一册

330000－1701－0060786 普925.1099924/1044/c1 史部/傳記類/總傳之屬/儒林

台學統一百卷 (清)王棻輯 民國七年(1918)吳興劉氏嘉業堂刻本 四十册

330000－1701－0060787 HJH1201 子部/宗教類/佛教之屬

雲棲法彙二十九種 (明)釋袾宏撰 (明)王宇春等輯 民國三年(1914)上海有正書局鉛印本 三册 存一種

330000－1701－0060789　GP01349　子部/藝術類/書畫之屬/法帖

澄清堂帖二卷　(晉)王羲之書　民國影印本　一冊

330000－1701－0060794　GP07196　子部/宗教類/道教之屬

太上道德經講義四卷　(清)宋常星注　民國二十八年(1939)上海道德書局鉛印本　二冊

330000－1701－0060795　M000737　子部/儒家類/儒學之屬/禮教

新刻全本成語考二卷　(明)邱濬撰　民國廣州醉經堂石印本　一冊

330000－1701－0060796　GP01350　子部/藝術類/書畫之屬/法帖

澄清堂帖二卷　(晉)王羲之書　民國影印本　一冊

330000－1701－0060804　HJH814.3/4480.3/2　集部/別集類/唐五代別集

昌黎先生集四十卷外集十卷遺文一卷　(唐)韓愈撰　(唐)李漢編　**朱子校昌黎先生集傳一卷**　(宋)朱熹撰　**韓集點勘四卷**　(清)陳景雲撰　民國上海蟫隱廬據宋世綵堂刻本影印本　十六冊

330000－1701－0060807　普925.1099924/1044/c2　史部/傳記類/總傳之屬/儒林

台學統一百卷　(清)王棻輯　民國七年(1918)吳興劉氏嘉業堂刻本　四十冊

330000－1701－0060808　GP07197　類叢部/叢書類/彙編之屬

三教心法六種　民國二十五年(1936)上海明善書局鉛印本　二冊　存一種

330000－1701－0060809　M000798　子部/藝術類/書畫之屬/書法書品

書法菁華八卷　(清)劉墉撰　民國十三年(1924)上海圖書公司石印本　四冊

330000－1701－0060810　GP07202　類叢部/叢書類/彙編之屬

醉靈軒叢書　民國鉛印本　一冊　存一種

330000－1701－0060814　普925.1099924/1123/c2　史部/傳記類/總傳之屬/郡邑

於越有明一代三不朽圖贊一卷　(明)張岱撰　民國七年(1918)鉛印本　六冊

330000－1701－0060816　普814.7/0088/2　類叢部/叢書類/彙編之屬

四部備要　中華書局編　民國二十五年(1936)上海中華書局鉛印本　四冊　存一種

330000－1701－0060820　GP01352　子部/藝術類/書畫之屬/法帖

北宋拓爭坐位帖一卷　(唐)顏真卿書　民國上海有正書局石印本　一冊

330000－1701－0060823　普925.1099924/1123/2/c1　史部/傳記類/總傳之屬/郡邑

於越有明一代三不朽圖贊一卷　(明)張岱撰　民國七年(1918)鉛印本　一冊

330000－1701－0060826　普925.1099924/1123/2/c2　史部/傳記類/總傳之屬/郡邑

於越有明一代三不朽圖贊一卷　(明)張岱撰　民國七年(1918)鉛印本　一冊

330000－1701－0060828　GP01353　子部/藝術類/書畫之屬/法帖

北宋拓爭坐位帖一卷　(唐)顏真卿書　民國上海有正書局石印本　一冊

330000－1701－0060830　M000738　史部/目録類/總録之屬

直隸書局書目一卷　直隸書局編　民國二十二年(1933)北平直隸書局鉛印本　一冊

330000－1701－0060834　普925.1099924/1123/2/c3　史部/傳記類/總傳之屬/郡邑

於越有明一代三不朽圖贊一卷　(明)張岱撰　民國七年(1918)鉛印本　一冊

330000－1701－0060836　GP01355　子部/藝術類/書畫之屬/法帖

原拓塼塔銘兩種合冊不分卷　(唐)上官靈芝撰　(唐)敬客書　民國四年(1915)上海有正書局影印本　一冊

330000－1701－0060839　普 925.1099924/1123/2/c4　史部/傳記類/總傳之屬/郡邑
於越有明一代三不朽圖贊一卷　（明）張岱撰　民國七年（1918）鉛印本　一冊

330000－1701－0060841　HJL1205　子部/藝術類/篆刻之屬/印譜
郭頻伽印存一卷　褚德彝藏並拓　民國三年（1914）鈐拓本　一冊

330000－1701－0060842　GP01356　子部/藝術類/書畫之屬/法帖
原拓塼塔銘不分卷　（唐）上官靈芝撰　（唐）敬客書　民國有正書局影印本　一冊

330000－1701－0060847　GP01358　子部/藝術類/書畫之屬/法帖
唐虞書南書黄庭經真蹟不分卷　（唐）虞世南書　民國十年（1921）無錫文華書局影印本　一冊

330000－1701－0060855　GP07214　集部/別集類
正氣呼天集一卷　張嘿君撰　民國三十年（1941）重慶翼社籌備處鉛印本　一冊

330000－1701－0060856　GP01359　子部/藝術類/書畫之屬/法帖
南唐澄心堂拓右軍父子四人法帖一卷　（晉）王羲之等書　民國二十三年（1934）上海商務印書館影印本　一冊

330000－1701－0060860　HJH814.3/4480.6/c3　集部/別集類/唐五代別集
韓集箋正五卷昌黎先生詩文年譜一卷　（清）方成珪撰　民國十五年（1926）瑞安陳氏湫漻齋鉛印本　四冊

330000－1701－0060865　普 925.1099924/2533/c1、普 925.1099924/2533.2　類叢部/叢書類/自著之屬
最樂亭三種　（清）朱福清撰　民國六年至十二年（1917－1923）嘉興朱氏刻本　四冊　存二種

330000－1701－0060868　GP01361　子部/藝術類/書畫之屬/法帖
宋高宗書千字文一卷　（宋）高宗趙構書　民國二十五年（1936）北平故宫博物院影印本　一冊

330000－1701－0060869　GP01362　子部/藝術類/書畫之屬/法帖
唐虞世南臨蘭亭帖一卷　（唐）虞世南書　民國二十七年（1938）北平故宫博物院影印本　一冊

330000－1701－0060874　M000799　集部/別集類
吉光集　蕭遠撰　民國鉛印本　一冊　存一種

330000－1701－0060875　普 925.1099924/2533/c3　類叢部/叢書類/自著之屬
最樂亭三種　（清）朱福清撰　民國六年至十二年（1917－1923）嘉興朱氏刻本　二冊　存一種

330000－1701－0060876　普 330.44/4130/5/c1　類叢部/叢書類/彙編之屬
四部備要　中華書局編　民國二十五年（1936）上海中華書局鉛印本　二冊　存一種

330000－1701－0060878　普 925.1099924/2533/c4　類叢部/叢書類/自著之屬
最樂亭三種　（清）朱福清撰　民國六年至十二年（1917－1923）嘉興朱氏刻本　二冊　存一種

330000－1701－0060880　普 330.44/4130/5/c2　類叢部/叢書類/彙編之屬
四部備要　中華書局編　民國二十五年（1936）上海中華書局鉛印本　二冊　存一種

330000－1701－0060882　M000800　史部/政書類/軍政之屬
浙江警務研究所講義十種　民國石印本　十冊

330000－1701－0060888　HJH814.3/4731.2/2　集部/別集類/唐五代別集
河東先生集四十五卷外集二卷外集補遺一卷

龍城錄二卷附錄二卷集傳一卷 （唐）柳宗元撰 （宋）廖瑩中注 **廖藥洲事輯一卷** 羅振常撰 民國十二年（1923）蟫隱廬據宋世綵堂本影印本 二十冊

330000－1701－0060889 HJL1207 類叢部/叢書類/彙編之屬
四部叢刊 張元濟等編 民國上海商務印書館影印本 一冊 存一種

330000－1701－0060895 M000801 集部/曲類/曲評曲話曲目之屬
曲品二卷 （明）吕天成撰 **傳奇品二卷** （清）高奕撰 民國七年（1918）北京大學出版部鉛印本 一冊

330000－1701－0060902 GP07205 集部/詩文評類/詩評之屬
漁洋山人詩問二卷律詩定體一卷 （清）王士禛撰 **然燈記聞一卷** （清）王士禛授 （清）何世璂錄 民國元年（1912）掃葉山房石印本 一冊

330000－1701－0060906 普 814.7/0167.3/c2 類叢部/叢書類/自著之屬
譚瀏陽全集六種附續編一卷 （清）譚嗣同撰 民國六年（1917）上海文明書局鉛印本 六冊

330000－1701－0060910 GP07206 子部/術數類
歷代災祥錄一卷 （清）鄧清安編輯 民國二十二年（1933）鉛印本 一冊

330000－1701－0060913 HJH814.3/4731.4/c2 類叢部/叢書類/彙編之屬
四部叢刊 張元濟等編 民國上海商務印書館影印本 八冊 存一種

330000－1701－0060914 普 814.7/0167.3/c3 類叢部/叢書類/自著之屬
譚瀏陽全集六種附續編一卷 （清）譚嗣同撰 民國六年（1917）上海文明書局鉛印本 六冊

330000－1701－0060923 M000802 集部/戲劇類/總集之屬/雜劇
盛明雜劇三十種 （明）沈泰輯 民國十四年（1925）上海中國書店據董氏刻本影印本 十冊

330000－1701－0060926 M000739 史部/傳記類/總傳之屬
鄭齋壽言存稿五卷 孫雄撰 民國五年（1916）鉛印本 一冊

330000－1701－0060928 HJH814.3/7731.301/c3 集部/別集類/唐五代別集
駱臨海集十卷附錄一卷 （唐）駱賓王撰 （清）陳熙晉注 民國二十六年（1937）義烏黄氏鉛印本 越周、駱允協題記 四冊

330000－1701－0060933 HJH814.3/7731.301/c4 集部/別集類/唐五代別集
駱臨海集十卷附錄一卷 （唐）駱賓王撰 （清）陳熙晉注 民國二十六年（1937）義烏黄氏鉛印本 四冊

330000－1701－0060935 M000740 新學/雜著
羅斯福自述我怎樣改造美國一卷 （美國）羅斯福撰 李國欽譯 民國三十五年（1946）鉛印本 一冊

330000－1701－0060941 普 333.09124/8027/c3 史部/政書類/邦計之屬/地政
浙江省杭縣土地統計不分卷 俞俊民等編 民國二十三年（1934）浙江省民政廳鉛印本 一冊

330000－1701－0060942 HJL2085 史部/金石類/總志之屬
湫漻齋叢書十種 陳準輯 民國瑞安陳氏刻本 二冊 存一種

330000－1701－0060946 M000741 史部/傳記類/別傳之屬/事狀
陶廬伉儷五十壽言不分卷 朱榮溥等輯 民國八年（1919）上海聚珍倣宋印書局鉛印本 一冊

330000－1701－0060951 HJL2087 史部/傳

記類/總傳之屬
柏堂師友言行記四卷 （清）方宗誠輯 民國十五年（1926）京華印書局鉛印本 一冊

330000－1701－0060952 M000803 子部/雜著類/雜說之屬
勸告國民愛國一卷 民國鉛印本 一冊

330000－1701－0060954 GP07221 類叢部/叢書類/彙編之屬
墨海金壺一百十五種 （清）張海鵬輯 民國十年（1921）上海博古齋據清嘉慶虞山張氏刻本影印本 二冊 存一種

330000－1701－0060955 M000742 經部/詩類/三家詩之屬
詩外傳十卷 （漢）韓嬰撰 （清）周廷寀校注 民國二十年（1931）刻藍印本 二冊

330000－1701－0060957 HJH2086 類叢部/叢書類/自著之屬
勴堂遺書八種 顧家相撰 民國八年至十九年（1919－1930）會稽顧氏鉛印本 一冊 存一種

330000－1701－0060961 M000804 子部/兵家類/兵法之屬
趙註孫子五卷 （明）趙本學解引類 民國十八年（1929）益新書社石印本 四冊

330000－1701－0060964 GP07222 集部/總集類/選集之屬/通代
歷代詩文評註讀本 王文濡編 民國上海文明書局鉛印本 二冊 存一種

330000－1701－0060970 M000805 類叢部/叢書類/自著之屬
非儒非俠齋著書二種 顧燮光撰 民國杭州金佳石好樓石印本 二冊 存一種

330000－1701－0060972 GP07223 史部/目録類/專録之屬
清華醫室藏書類目二卷 釋清華編 民國二十一年（1932）鉛印本 二冊

330000－1701－0060976 GP07227 集部/別集類
求我山人雜著六卷首一卷 莊景仲撰 **附錄一卷** 民國十八年（1929）鉛印本 二冊

330000－1701－0060984 M000806 集部/小說類/短篇之屬
蝶階外史續編二卷 （清）高繼珩撰 民國九年（1920）上海廣益書局石印本 一冊

330000－1701－0060986 HJL2071 子部/宗教類/佛教之屬/經咒
御製滿漢蒙古西番合璧大藏全咒八十卷附目錄八卷欽定同文韻統六卷阿禮嘎禮一卷讀咒法一卷 （清）章嘉呼圖克圖等輯并撰 民國上海涵芬樓據清乾隆內府刻本影印本 八十八冊

330000－1701－0060990 M000743 史部/傳記類/別傳之屬/事狀
李母韓宜人哀思錄一卷 民國十六年（1927）杭州長興印刷所鉛印本 一冊

330000－1701－0060991 M000807 經部/春秋左傳類/傳說之屬
春秋左氏疑義答問五卷 章炳麟撰 民國二十四年（1935）章氏國學講習會鉛印本 一冊

330000－1701－0060992 M000744 子部/墨家類
墨經懸解二卷 陳無咎撰 民國二十四年（1935）上海中國揆度學社鉛印本 陳無咎題記 二冊

330000－1701－0060994 普329.91/911866/1200.2 集部/別集類
孫中山先生廿年來手札四卷 孫文撰 鄧澤如輯 民國十六年（1927）述志公司石印本 四冊

330000－1701－0060995 普814.7/0744 類叢部/叢書類/家集之屬
侯官郭氏家集彙刊十二種 郭則澐編 民國二十三年（1934）侯官郭氏刻本 一冊 存一種

330000－1701－0060996 GP07213 子部/藝

術類/遊藝之屬/酒令

折枝雅故五卷 麴禪氏撰 民國江蘇第一監獄鉛印本 一冊

330000－1701－0061002 M000745 子部/雜著類/雜說之屬

塔西隨記三卷 （清）萍迹子撰 民國鉛印本 一冊

330000－1701－0061009 M000809 史部/政書類/公牘檔冊之屬

中州從政錄一卷 江瀚撰 民國元年（1912）京師京華印書局鉛印本 一冊

330000－1701－0061011 M000746 史部/傳記類/別傳之屬/事狀

伍封翁子飛先生哀輓錄一卷 伍承喬輯 民國九年（1920）鉛印本 一冊

330000－1701－0061012 M000747 類叢部/叢書類/彙編之屬

冒氏叢書 冒廣生編 民國二十五年（1936）上海商務印書館鉛印本 三冊 存一種

330000－1701－0061013 M000810 子部/藝術類/書畫之屬/書法書品

書學源流論不分卷 張宗祥撰 民國十年（1921）上海聚珍倣宋印書局鉛印本 莫之盦題簽 一冊

330000－1701－0061014 普814.7/0809 集部/別集類/清別集

乘餘集二卷 （清）許新堂撰 民國十一年（1922）刻本 二冊

330000－1701－0061024 HJL1716 子部/醫家類/傷寒金匱之屬/傷寒論

傷寒論十卷 （漢）張仲景撰 （晉）王叔和輯 民國十二年（1923）惲鐵樵據明萬曆趙開美刻本影印本 六冊

330000－1701－0061029 HJL2072 類叢部/類書類/通類之屬

欽定古今圖書集成一萬卷目錄四十卷 （清）蔣廷錫 （清）陳夢雷等輯 民國抄本 四十五冊 存九十卷（官常典五十七至七十、二百十三至二百十四、五百六十三至五百六十四、五百七十三至五百七十四、七百三至七百四、七百七十一至七百七十二，坤輿典三至四、二十一至四十六、九十一至九十二，邊裔典八十七至八十八，職方典九百九十五至九百九十八、一千二百二十三至一千二百二十四，神異典二百二十三至二百二十四，草木典二百六十五至二百六十六，藝術典四百七十七至四百七十八，禽蟲典五十三至五十四，考工典四十一至四十二，戎政典二百四十一至二百四十二，樂律典八十九至九十二，選舉典一百二十七至一百三十，經籍典四百三十五至四百三十六、四百四十一至四百四十二，字學典一百十五至一百十六，學行典一百四十五至一百四十六）

330000－1701－0061032 GP07246 集部/總集類/題詠之屬

耆吟引玉編一卷 錢衡同編 民國八年（1919）鉛印本 一冊

330000－1701－0061037 HJL0083 經部/孝經類/傳說之屬

孝經古注二卷首一卷 （清）管名篙輯 民國木活字印茶簃叢書本 劉承幹跋 二冊

330000－1701－0061038 GP07247 集部/別集類

杭州雜詩一卷續一卷 王守恂撰 民國六年（1917）鉛印本 一冊 存一卷（續）

330000－1701－0061053 HJH814.4/1000/c2 集部/別集類/宋別集

四明文獻集五卷 （宋）王應麟撰 （明）鄭真輯 **深寧先生文鈔摭餘編三卷** （宋）王應麟撰 （清）葉熊輯 **深寧先生年譜一卷** （清）錢大昕編 **王深寧先生年譜一卷** （清）陳僅纂輯 （清）張恕編次 **王深寧先生年譜一卷** （清）張大昌輯 民國五年（1916）仁和王存善鉛印本 四冊

330000－1701－0061054 HJH2096 子部/藝術類/書畫之屬/畫譜

靈峰探梅圖一卷補梅圖一卷 周慶雲編 民

國三年(1914)上海文明書局影印本　二册

330000－1701－0061064　HJH814.4/1031/5/(2)　類叢部/叢書類/彙編之屬
四部備要　中華書局編　民國二十五年(1936)上海中華書局鉛印本　二十册　存一種

330000－1701－0061066　M000811　集部/別集類/清別集
穉澥詩集六卷附錄一卷　(清)毛澂撰　民國六年(1917)京師鉛印本　二册

330000－1701－0061068　GP07250　子部/宗教類/道教之屬
南華經副墨八卷　(明)陸西星撰　民國上海受古書店、中一書局石印本　六册

330000－1701－0061069　M000748　子部/工藝類/觀賞之屬/奇石
石言一卷附畫石歌一卷　楊復明撰　民國十七年(1928)金陵美利生印書館鉛印攖寧室叢著本　楊復明題記　一册

330000－1701－0061070　M000812　史部/史評類/考訂之屬
讀兩漢書記一卷　馬敘倫撰　民國十九年(1930)上海商務印書館鉛印本　一册

330000－1701－0061074　HJL2072/1　類叢部/類書類/通類之屬
欽定古今圖書集成一萬卷目錄四十卷　(清)蔣廷錫　(清)陳夢雷等輯　民國抄本　四册　存八卷(官常典五十七至六十二、五百六十三至五百六十四)

330000－1701－0061075　M000813　集部/別集類
養真室集九卷　王嘉詵撰　民國十三年(1924)彭城王氏刻本　四册

330000－1701－0061078　M000749　集部/別集類
風雨閉門齋詩稿五卷鄉居百絕一卷留都游草一卷　王德鍾撰　**風雨閉門齋外集一卷**　王德錡輯錄　民國十九年(1930)鉛印本　一册

330000－1701－0061081　HJH814.4/1031.5/c2　類叢部/叢書類/彙編之屬
嘉業堂叢書五十七種　劉承幹輯　民國吳興劉氏嘉業堂刻本　十册　存一種

330000－1701－0061086　M000814　集部/別集類
畏廬續集一卷　林紓撰　民國十二年(1923)上海商務印書館鉛印本　一册

330000－1701－0061091　普814.7/0811/c1　類叢部/叢書類/家集之屬
新安許氏先集四種　許同莘編　民國無錫許氏簡素堂刻本暨鉛印本　二册　存一種

330000－1701－0061093　HJL2074　類叢部/叢書類/彙編之屬
江氏聚珍版叢書四集二十八種　江杏溪輯　民國十三年(1924)蘇州文學山房木活字印本　六册

330000－1701－0061097　普814.7/0811/c3　類叢部/叢書類/家集之屬
新安許氏先集四種　許同莘編　民國無錫許氏簡素堂刻本暨鉛印本　二册　存一種

330000－1701－0061098　M000815　類叢部/叢書類/自著之屬
越縵四種六卷　陳祖培撰　民國九年(1920)紹興印刷所鉛印本　一册

330000－1701－0061102　M000751　史部/金石類/總志之屬
湫漻齋叢書十種　陳準輯　民國瑞安陳氏刻本　一册　存二種

330000－1701－0061104　普814.7/0448　集部/別集類/清別集
養雲樓詩鈔十三卷古文鈔六卷駢文鈔六卷　(清)謝鶴年撰　民國十三年(1924)稻香書屋刻本　十册

330000－1701－0061106　M000816　史部/目録類/總録之屬/徵訪
南獻遺徵箋一卷　鄭文焯輯　范希曾箋　民國二十年(1931)淮陰范氏刻本　一册

330000－1701－0061114　HJH814.4/1145/c4　集部/別集類/宋別集

橫浦先生文集二十卷　（宋）張九成撰　（宋）朗曄編　**無垢先生橫浦心傳錄三卷橫浦日新一卷**　（宋）于恕編　**施先生孟子發題一卷**　（宋）施操德撰　**橫浦先生家傳一卷**　（宋）張榕撰　民國十四年（1925）海鹽張氏據明萬曆刻本影印本　八册

330000－1701－0061115　普925.1099924/4460　史部/傳記類/總傳之屬/郡邑

越蔭錄一卷傳芳錄一卷　（清）杜甲撰　民國二十八年（1939）鉛印本　一册

330000－1701－0061119　普925.1099924/4734/c1　史部/傳記類/總傳之屬/郡邑

永康人物記五卷　胡宗楙編　民國二十一年（1932）永康胡氏夢選樓刻本　一册

330000－1701－0061120　GP01426　子部/藝術類/書畫之屬/法帖

漢韓敕造立孔廟禮器碑一卷　民國真賞社影印本　一册

330000－1701－0061121　GP01428　子部/藝術類/書畫之屬/法帖

宋拓白石神君碑一卷　民國五年（1916）上海藝苑真賞社影印本　一册

330000－1701－0061123　GP01429　子部/藝術類/書畫之屬/法帖

顏真卿麻姑仙壇記不分卷　（唐）顏真卿撰並書　民國上海藝苑真賞社影印本　一册

330000－1701－0061125　普925.1099924/4734/c3　史部/傳記類/總傳之屬/郡邑

永康人物記五卷　胡宗楙編　民國二十一年（1932）永康胡氏夢選樓刻本　一册

330000－1701－0061127　GP01430　子部/藝術類/書畫之屬/法帖

唐釋懷素聖母帖一卷　（唐）釋懷素書　民國上海藝苑真賞社影印本　一册

330000－1701－0061128　普925.1099924/7701/c2　史部/傳記類/總傳之屬/郡邑

歷代兩浙詞人小傳十六卷　周慶雲輯　民國十一年（1922）烏程周氏夢坡室刻本　五册

330000－1701－0061129　M000752　集部/別集類/清別集

惕齋遺集四卷續集二卷補遺一卷首一卷末一卷　（清）周蘊良撰　民國二十四年（1935）會稽周氏誦清芬館刻本　二册

330000－1701－0061130　GP01431　子部/藝術類/書畫之屬/法帖

唐釋懷素聖母帖一卷　（唐）釋懷素書　民國上海藝苑真賞社影印本　一册

330000－1701－0061131　GP01432　子部/藝術類/書畫之屬/法帖

唐釋懷素聖母帖一卷　（唐）釋懷素書　民國上海藝苑真賞社影印本　一册

330000－1701－0061133　M000753　史部/金石類/石之屬/文字

石鼓讀七種　（清）吳東發撰　民國十五年（1926）海寧陳乃乾慎初堂據清乾隆刻本影印本　一册

330000－1701－0061134　普925.1099924/7701/c4　史部/傳記類/總傳之屬/郡邑

歷代兩浙詞人小傳十六卷　周慶雲輯　民國十一年（1922）烏程周氏夢坡室刻藍印本　九册

330000－1701－0061135　M000754　類叢部/叢書類/彙編之屬

桐城吳先生羣書點勘　（清）吳汝綸撰　民國徐文霨刻本　四册　存一種

330000－1701－0061136　HJH814.4/1145/c2　集部/別集類/宋別集

橫浦先生文集二十卷　（宋）張九成撰　（宋）朗曄編　**無垢先生橫浦心傳錄三卷橫浦日新一卷**　（宋）于恕編　**施先生孟子發題一卷**　（宋）施操德撰　**橫浦先生家傳一卷**　（宋）張榕撰　民國十四年（1925）海鹽張氏據明萬曆刻本影印本　八册

330000－1701－0061143　HJH2103　子部/

儒家類/儒學之屬/性理

楊園菁華錄四卷 （清）張履祥撰 （清）沈志本纂 民國二十四年（1935）楊園學社鉛印本 一冊

330000－1701－0061144 HJL0042 經部/小學類/訓詁之屬/譯語

蒙漢合璧五方元音不分卷 （清）樊騰鳳撰 海山譯 民國六年（1917）石印本 一冊

330000－1701－0061147 M000817 史部/金石類/石之屬/文字

石鼓釋文十卷 強運開撰 民國二十四年（1935）上海商務印書館石印本 二冊

330000－1701－0061148 HJL2104 子部/儒家類/儒學之屬/性理

性理彙解附參四卷 （清）柳棻撰 民國二十三年（1934）書正堂據稿本影印本 柳詒徵題記 一冊

330000－1701－0061153 普925.1099924/7731 史部/地理類/方志之屬/郡縣志

南潯擷秀錄一卷 周慶雲編 民國八年（1919）刻本 一冊

330000－1701－0061154 HJL0043 經部/書類/傳說之屬

尚書駢枝一卷 （清）孫詒讓撰 民國石印本 陳準題記 一冊

330000－1701－0061159 M000818 子部/藝術類/書畫之屬

上谷三孝子手蹟不分卷 （清）金元鈺輯 顧維新重輯 民國二十二年（1933）影印本 一冊

330000－1701－0061160 HJL0044 經部/小學類/訓詁之屬/譯語

悉曇入門一卷 釋密林輯 民國十七年（1928）石印本 一冊

330000－1701－0061165 HJL2107 史部/目録類/總録之屬/官修

南京圖書局書畫目一卷 南京圖書局編 民國南京圖書局鉛印本 一冊

330000－1701－0061167 M000819 史部/政書類/公牘檔冊之屬

各省省地方財政調查報告 童蒙正編 民國二十三年（1934）油印本 一冊 存一種

330000－1701－0061169 M000820 史部/政書類/公牘檔冊之屬

各省省地方財政調查報告 童蒙正編 民國二十三年（1934）油印本 一冊 存一種

330000－1701－0061174 M000821 史部/政書類/公牘檔冊之屬

各省省地方財政調查報告 童蒙正編 民國二十三年（1934）油印本 一冊 存一種

330000－1701－0061175 普814.7/0815 集部/別集類

復庵遺集二十四卷（奏議三卷出使公牘一卷佐輶牘存二卷禁煙牘存六卷文集四卷詩集二卷書劄五卷家書節鈔一卷） 許玨撰 許同范等輯 民國十一年（1922）無錫許氏鉛印本 八冊

330000－1701－0061177 M000755 子部/宗教類/其他宗教之屬/基督教

道腴一貫一卷 （英國）馮馬利亞撰 劉永齡譯 民國五年（1916）上海廣學會鉛印本 一冊

330000－1701－0061178 M000822 史部/政書類/公牘檔冊之屬

各省省地方財政調查報告 童蒙正編 民國二十三年（1934）油印本 一冊 存一種

330000－1701－0061179 HJH1676 子部/雜著類/雜說之屬

池北偶談二十六卷 （清）王士禛撰 民國三年（1914）錦章圖書局鉛印本 六冊

330000－1701－0061183 M000823 經部/叢編

十三經讀本 唐文治輯 民國十三年（1924）吳江施肇曾醒園刻本 四冊 存一種

330000－1701－0061188 HJL2109 子部/工藝類/文房四寶之屬/硯

閲微草堂硯譜一卷　(清)紀昀輯　民國五年(1916)石印本　一冊

330000－1701－0061192　普 336.3/6735　史部/政書類/公牘檔冊之屬
清九朝京省報銷冊目錄不分卷　國立北京大學研究所國學門明清史料整理會編　民國十四年(1925)北平國立北京大學研究所國學門明清史料整理會鉛印本　一冊

330000－1701－0061207　M000824　史部/金石類/金之屬/文字
貞松堂集古遺文十六卷續編三卷補遺三卷　羅振玉輯　民國二十年(1931)、二十三年(1934)石印本　十四冊

330000－1701－0061210　GP01433　子部/藝術類/書畫之屬/法帖
宋拓岳麓寺碑一卷　(唐)李邕書　民國二十二年(1933)故宫博物院影印本　朱立題記　一冊

330000－1701－0061212　G000476　集部/別集類
勞生餘稿不分卷　韓澄撰　稿本　邵章題記　一冊

330000－1701－0061217　M000758　子部/宗教類/道教之屬
莊子集釋十卷　(清)郭慶藩輯　民國上海埽葉山房石印本　二冊　存六卷(一至三、八至十)

330000－1701－0061218　GP07279　史部/政書類/律令之屬/判牘
新編詳注端午橋判牘菁華一卷　(清)端方撰　襟霞閣主編纂　民國上海東亞書局鉛印本　一冊

330000－1701－0061222　GP01434　子部/藝術類/書畫之屬/法帖
宋搨雲麾李秀碑一卷　(唐)李邕書　民國影印本　一冊

330000－1701－0061226　普 814.7/10251　類叢部/叢書類/自著之屬
香雪崦叢書四種　(清)平步青撰　民國六年至十四年(1917－1925)刻本暨鉛印本　六冊　存一種

330000－1701－0061228　GP07280　史部/政書類/律令之屬/判牘
新編評註張船山判牘菁華一卷　(清)張問陶撰　平襟亞編纂　民國上海東亞書局鉛印本　一冊

330000－1701－0061229　M000826　集部/別集類
松泉游草六卷　趙鶴清撰　民國二十一年(1932)鉛印本　一冊　存三卷(四至六)

330000－1701－0061230　GP01435　子部/藝術類/書畫之屬/法帖
唐搨九成宫醴泉銘一卷　(唐)歐陽詢書　民國十年(1921)上海商務印書館影印本　一冊

330000－1701－0061239　M000827　史部/傳記類/日記之屬
東游日記一卷(光緒二十九年二月初九至六月初八)　(清)蔣黼撰　民國五年(1916)刻本　一冊

330000－1701－0061240　普 336.50907/4211/c1　史部/政書類/邦計之屬/荒政
孚惠全書六十四卷　(清)彭元瑞等輯　民國石印本　十二冊

330000－1701－0061241　普 336.50907/4211/c2　史部/政書類/邦計之屬/荒政
孚惠全書六十四卷　(清)彭元瑞等輯　民國石印本　十二冊

330000－1701－0061242　普 814.7/10251.2/c1　集部/別集類/清別集
安越堂外集十卷附駢文一卷　(清)平步青撰　楊越編　民國十三年(1924)紹興四有書局鉛印本　二冊

330000－1701－0061243　M000759　子部/術數類/相宅相墓之屬
地理五訣八卷　(清)趙廷楝撰　民國石印本　四冊

330000－1701－0061244　GP01437　子部/藝術類/書畫之屬/法帖

唐拓夫子廟堂碑一卷　(唐)虞世南撰並書　民國上海有正書局影印本　一冊

330000－1701－0061245　普814.7/10251.2/c2　集部/別集類/清別集

安越堂外集十卷附駢文一卷　(清)平步青撰　楊越編　民國十三年(1924)紹興四有書局鉛印本　王恕常題記　二冊

330000－1701－0061246　M000828　子部/藝術類/書畫之屬

安吉莫伯衡先生遺墨一卷　莫永貞書　**哀輓錄一卷**　莫庸輯　民國二十二年(1933)影印本暨鉛印本　一冊

330000－1701－0061250　普925.1099981/0044　史部/傳記類/總傳之屬/郡邑

滇南碑傳集三十二卷首一卷末一卷　方樹梅輯　民國二十九年(1940)上海開明書店鉛印本　六冊

330000－1701－0061251　GP01438　子部/藝術類/書畫之屬/法帖

唐拓夫子廟堂碑一卷　(唐)虞世南撰並書　民國影印本　一冊

330000－1701－0061253　普814.7/10251.2/c3　集部/別集類/清別集

安越堂外集十卷附駢文一卷　(清)平步青撰　楊越編　民國十三年(1924)紹興四有書局鉛印本　二冊

330000－1701－0061254　M000760　子部/雜著類

醒人鐘六卷　(清)盧勷生　(清)鄧修善編輯　(清)余蘭善鈔錄　民國上海宏大善書總發行所石印本　一冊

330000－1701－0061261　GP07281　史部/政書類/律令之屬/判牘

新編評註袁子才判牘菁華不分卷　(清)袁枚撰　平襟亞編纂　民國上海東亞書局鉛印本　一冊

330000－1701－0061264　普925.1099951/7741　類叢部/叢書類/彙編之屬

求恕齋叢書三十一種　劉承幹編　民國吳興劉氏嘉業堂刻本　一冊　存一種

330000－1701－0061265　GP07282　史部/政書類/律令之屬/判牘

新編評註于成龍判牘菁華不分卷　(清)于成龍撰　平襟亞編纂　民國上海東亞書局鉛印本　一冊

330000－1701－0061266　GP01439　子部/藝術類/書畫之屬/法帖

唐拓夫子廟堂碑一卷　(唐)虞世南撰並書　民國影印本　一冊

330000－1701－0061267　M000829　集部/別集類

花近樓詩存初編三卷續編二卷三編二卷四編二卷五編二卷六編二卷七編二卷八編二卷　陳夔龍撰　民國三年至十五年(1914－1926)上海刻本　一冊　存二卷(八編一至二)

330000－1701－0061269　普814.7/0833　集部/別集類/清別集

穆亭集十卷　(清)施濟清撰　民國二十三年(1934)鉛印本　二冊

330000－1701－0061271　M000830　史部/政書類/公牘檔冊之屬

杭縣律師公會要覽不分卷　吳華編輯　民國二十二年(1933)杭縣律師公會鉛印本　一冊

330000－1701－0061277　GP01441　子部/藝術類/書畫之屬/法帖

宋游丞相藏蘭亭玉泉本一卷　(晉)王羲之書　民國二十四年(1935)上海商務印書館影印本　一冊

330000－1701－0061280　普925.1099981/1042　史部/傳記類/總傳之屬/郡邑

雲南鄉賢事略一卷　民國鉛印本　一冊

330000－1701－0061286　HJL0310　經部/小學類/文字之屬/說文/專著

說文古籀補補十四卷附錄一卷　丁佛言撰

民國十三年(1924)石印本　四册

330000－1701－0061287　GP07262　集部/總集類/題詠之屬
華谿八景徵題一卷　程士毅撰　民國鉛印本　一册

330000－1701－0061289　M000761　子部/雜著類/雜考之屬
古書疑義舉例七卷　(清)俞樾撰　民國十四年(1925)上海古書流通處影印本　三册

330000－1701－0061292　普 925.1099981/5091　史部/傳記類/總傳之屬/仕宦
滇南名宦傳十卷　秦光玉編纂　民國昆明于乃仁、于乃義鉛印本　五册

330000－1701－0061296　M000762　史部/地理類/遊記之屬/紀行
羅浮游記一卷　民國石印本　陳鵬題記　一册

330000－1701－0061297　M000831　史部/金石類/石之屬/文字
天發神讖碑考一卷　(清)周在浚撰　**附録一卷**　(清)王著撰　**天發神讖碑續考一卷**　(清)汪鋆撰　**吴天發神讖文補考一卷**　羅振玉撰　民國十五年(1926)東方學會鉛印本　一册

330000－1701－0061298　HJH814.4/2880/2/(2)　類叢部/叢書類/彙編之屬
四部備要　中華書局編　民國二十五年(1936)上海中華書局鉛印本　四册　存一種

330000－1701－0061299　HJL0311　經部/小學類/文字之屬/說文
說文解字韻譜五卷　(五代)徐鍇撰　民國十五年(1926)南陵徐乃昌據元種善堂刻本影印本　五册

330000－1701－0061302　GP07263　史部/傳記類/科舉録之屬
清代徵士記三卷　袁丕元撰　民國二十三年(1934)石印本　一册

330000－1701－0061303　普 925.1099992/7527/c1、普 925.1099992/7527.3/c2　類叢部/叢書類/家集之屬
聚德堂叢書十二種　陳伯陶輯　民國東莞陳氏刻本　七册　存二種

330000－1701－0061304　GP01442　子部/藝術類/書畫之屬/法帖
清道人節臨六朝碑四種帖不分卷　李瑞清書　民國上海震亞圖書局影印本　一册

330000－1701－0061307　GP07286　集部/别集類
夢坡詩存十二卷　周慶雲撰　民國九年(1920)刻藍印本　四册

330000－1701－0061315　GP01447　子部/藝術類/書畫之屬/法帖
傅青主墨蹟一卷　(清)傅山書　民國二十三年(1934)上海商務印書館影印本　一册

330000－1701－0061317　M000832　集部/别集類
端叓六十後詩詞一卷　魏友枋撰　民國三十五年(1946)菜緣社鉛印本　一册

330000－1701－0061318　普 925.1099992/7527/c2　類叢部/叢書類/家集之屬
聚德堂叢書十二種　陳伯陶輯　民國東莞陳氏刻本　五册　存一種

330000－1701－0061319　HJH814.4/2880/2　集部/别集類/宋别集
徐公文集三十卷　(宋)徐鉉撰　**徐公文集補遺一卷**　(宋)徐鉉撰　徐乃昌輯　**徐公文集校記一卷**　徐乃昌撰　民國八年(1919)南陵徐乃昌影刻宋明州本　八册

330000－1701－0061321　M000764　子部/術數類/占卜之屬
卜筮正宗十四卷　(清)王維德撰　民國三年(1914)上海鑄記書局石印本　四册

330000－1701－0061324　普 814.7/1034/c1　集部/别集類
冬花遺集五卷　王家桂　陳鋭輯　民國九年

(1920)鉛印本　一册

330000－1701－0061325　GP01448　子部/藝術類/書畫之屬/法帖
宋拓唐雲麾將軍碑一卷　(唐)李邕書　民國影印本　一册

330000－1701－0061326　普925.1099992/7527/(2)　類叢部/叢書類/家集之屬
聚德堂叢書十二種　陳伯陶輯　民國東莞陳氏刻本　四册　存一種

330000－1701－0061328　M000765　新學/幼學
伊索寓言不分卷　(希臘)伊索撰　林紓　嚴培南　嚴璩譯述　民國九年(1920)上海商務印書館鉛印本　一册

330000－1701－0061331　M000833　子部/儒家類/儒學之屬/性理
子問二卷又問一卷　(清)劉沅撰　民國二十三年(1934)致福樓刻本　一册　存一卷(子問二)

330000－1701－0061332　普814.7/1034/c2　集部/别集類
冬花遺集五卷　王家桂　陳鋭輯　民國九年(1920)鉛印本　一册

330000－1701－0061333　M000834　子部/宗教類/道教之屬/雜著
張三丰先生全集八卷　(明)張三丰撰　(清)李西月重編　**張三丰祖師無根樹詞註解一卷**　(明)劉悟元註　(明)李西月增解　**靈寶畢法三卷**　題(唐)鍾離權撰　(唐)吕嵒傳　**吕祖師編年詩集年譜七卷**　(清)李西月編　民國十五年(1926)上海中原書局石印本　八册

330000－1701－0061335　M000766　史部/傳記類/别傳之屬/事狀
先祖考介軒府君[樊恭煕]行述一卷　樊廣勤撰　民國四年(1915)鉛印本　一册

330000－1701－0061336　GP07288　子部/藝術類/篆刻之屬/印論
篆法辨訣一卷　(清)承培元撰　(清)張之純注　民國二年(1913)南蘭惲毓齡刻本　一册

330000－1701－0061338　GP01449　子部/藝術類/書畫之屬/法帖
宋拓唐雲麾將軍碑一卷　(唐)李邕書　民國影印本　一册

330000－1701－0061339　M000767　子部/宗教類/佛教之屬/論疏
入中論善顯密意疏十四卷　釋法尊釋　民國三十一年(1942)世界佛學苑漢藏教理院鉛印本　謝幼偉題記　三册

330000－1701－0061340　普814.7/0863　類叢部/叢書類/自著之屬
許文肅公集四種　(清)許景澄撰　盛沅編輯　民國七年(1918)鉛印本　二册　存一種

330000－1701－0061342　普925.1099992/7527.3/c1　史部/傳記類/總傳之屬/郡邑
元廣東遺民録二卷附録一卷　清谿漁隱撰　民國十一年(1922)刻本　二册

330000－1701－0061344　GP01450　史部/金石類/石之屬/圖像
觀滄閣藏魏齊造像記不分卷　王度公藏　民國二十四年(1935)上海商務印書館影印本　一册

330000－1701－0061347　M000769　史部/金石類/郡邑之屬
洹洛訪古記二卷　羅振常撰　民國二十五年(1936)蟫隱廬石印本　二册

330000－1701－0061348　普814.7/0863/(2)　類叢部/叢書類/自著之屬
許文肅公集四種　(清)許景澄撰　盛沅編輯　民國七年(1918)鉛印本　四册　存三種

330000－1701－0061350　GP01451　史部/金石類/石之屬/圖像
觀滄閣藏魏齊造像記不分卷　王度公藏　民國二十四年(1935)上海商務印書館影印本　一册

330000－1701－0061351　M000770　集部/

別集類

西苕溪詩鈔三卷　俞礎撰　民國三十二年(1943)鉛印本　一册

330000－1701－0061352　GP01452　史部/金石類/石之屬/圖像

百漢碑硯齋縮刻漢碑不分卷　(清)王應綬摹刻　民國影印本　一册

330000－1701－0061356　HJL0057　類叢部/叢書類/自著之屬

王文貞集七種附一種　王祖畬撰　民國刻本　一册　存一種

330000－1701－0061365　普 925.1099995/1010　史部/傳記類/別傳之屬/事狀

永感錄不分卷　王景濂輯　民國十四年(1925)鉛印本　一册

330000－1701－0061366　HJL0317　經部/易類/傳說之屬

周易質八卷首一卷末三卷　鄧蘗撰　民國十四年(1925)鉛印本　六册

330000－1701－0061371　M000835　子部/儒家類/儒學之屬/經濟

大學衍義補一百六十卷首一卷　(明)丘濬撰　(明)陳仁錫評　民國二十年(1931)瓊州海口海南書局鉛印本　二十册

330000－1701－0061376　GP07447　史部/政書類/邦計之屬/戶政

選舉人資格說明書一卷　浙江省諮議局籌辦處撰　民國浙江省諮議局籌辦處鉛印本　一册

330000－1701－0061378　普 336.89235/7740　史部/政書類/邦計之屬/賦稅

蘇松財賦考一卷　(清)周夢顏輯　民國二年(1913)崑山縣參事會鉛印本　一册

330000－1701－0061379　M000836　史部/編年類/通代之屬

增評加批歷史綱鑑補三十九卷首一卷　(明)王世貞　(明)袁黄纂　**資治明紀綱目二十卷　資治明紀綱目三編一卷**　(清)張廷玉等撰　民國二十一年(1932)上海錦章圖書局石印本　十六册　缺二十一卷(資治明紀綱目一至二十、資治明紀綱目三編)

330000－1701－0061384　HJL1643　史部/目録類/專録之屬

清華醫室藏書類目二卷　釋清華編　民國二十一年(1932)鉛印本　二册

330000－1701－0061386　GP07448　史部/政書類/邦計之屬/賦稅

販賣烟酒特許牌照稅條例一卷　民國鉛印本　一册

330000－1701－0061388　GP07291　史部/史評類/史學之屬

史目表一卷　錢恂撰　民國元年(1912)歸安錢氏杭州刻朱印本　一册

330000－1701－0061390　HJL1644　子部/醫家類/方書之屬/單方驗方

海上效方一卷　姚心源撰　民國十八年(1929)鉛印本　一册

330000－1701－0061392　M000837　類叢部/叢書類/自著之屬

廣雅堂四種　(清)張之洞撰　民國南皮張氏刻本　四册

330000－1701－0061396　M000771　集部/別集類/清別集

武林失守雜感詩百首一卷申江避寇雜感詩百首一卷　(清)陳春曉撰　民國三十二年(1943)鉛印本　一册

330000－1701－0061397　GP07292　史部/史評類/史學之屬

史目表一卷　錢恂撰　民國元年(1912)歸安錢氏杭州刻朱印本　一册

330000－1701－0061399　GP07293　史部/史評類/史學之屬

史目表一卷　錢恂撰　民國元年(1912)歸安錢氏杭州刻朱印本　一册

330000－1701－0061400　M000772　子部/

醫家類/診法之屬/其他診法
歷代名醫外診察病法五卷 蔣廷錫編纂 民國十九年(1930)上海千頃堂書局鉛印本 四冊

330000－1701－0061401 GP07450 史部/政書類/邦計之屬/賦稅
販賣烟酒特許牌照稅條例施行細則一卷 民國鉛印本 一冊

330000－1701－0061406 M000773 集部/別集類
石芙蓉館集十卷首一卷 趙佩茳撰 民國三十六年(1947)鉛印本 余紹宋題記 二冊

330000－1701－0061408 M000774 子部/宗教類/其他宗教之屬
四教考略一卷 (英國)季理斐撰 民國十二年(1923)上海廣學會鉛印本 一冊

330000－1701－0061410 普 925.1099992/7527.3/c3 史部/傳記類/總傳之屬/郡邑
元廣東遺民錄二卷附錄一卷 清谿漁隱撰 民國十一年(1922)刻本 二冊

330000－1701－0061411 GP07451 史部/政書類/律令之屬/律例
南北和會中之法律問題一卷 愚廠撰 民國鉛印本 一冊

330000－1701－0061412 M000838 史部/地理類/水利之屬
江浙水利聯合會審查員對於太湖局水利工程計畫大綱實地調查報告不分卷 江浙水利聯合會編 民國十年(1921)鉛印本 一冊

330000－1701－0061415 普 925.1099995/1118 史部/傳記類/總傳之屬/家乘
項氏源流攷不分卷 項士元編 民國油印本 一冊

330000－1701－0061418 M000775 子部/醫家類/方書之屬
香巖徑二卷 陸晉笙選 陸成一 吳霞赤 陸膺一編 民國十八年(1929)蘇州陸氏鉛印本 符雪年題簽並記 二冊

330000－1701－0061420 M000839 史部/傳記類/總傳之屬
浙江省建設人員養成所校友錄不分卷 民國十九年(1930)石印本 一冊

330000－1701－0061424 HJH814.4/3474/c2 類叢部/叢書類/彙編之屬
嘉業堂叢書五十七種 劉承幹輯 民國吳興劉氏嘉業堂刻本 四冊 存一種

330000－1701－0061426 M000840 史部/政書類/邦計之屬/賦稅
粵省整理土地清賦進行程序一卷 民國鉛印本 一冊

330000－1701－0061430 M000841 類叢部/叢書類/彙編之屬
進德叢書八種 丁福保編 民國上海醫學書局鉛印本 一冊 存一種

330000－1701－0061431 普 925.1099995/1123 類叢部/叢書類
陶然齋叢刊 張清漣編 民國三十六年(1947)開封張氏陶然齋鉛印本 一冊 存一種

330000－1701－0061433 HJH814.4/3474/c4 集部/別集類/宋別集
沈忠敏公龜谿集十二卷附錄一卷 (宋)沈與求撰 民國二年(1913)吳興劉氏求恕齋刻朱印本 四冊

330000－1701－0061437 M000776 史部/地理類/專志之屬
國立中央大學國學圖書館小史不分卷 國立中央大學國學圖書館編 民國十七年(1928)國立中央大學國學圖書館鉛印本 一冊

330000－1701－0061439 HJH814.4/3497/c3 類叢部/叢書類/郡邑之屬
四明叢書一百六十七種 張壽鏞編 民國四明張氏約園刻本 二冊 存一種

330000－1701－0061441 M000842 新學/學校
教育綱要一卷 民國鉛印本 一冊

330000－1701－0061442　HJH1647　子部/宗教類/佛教之屬

金剛般若波羅密經一卷觀世音菩薩普門品一卷　（後秦）釋鳩摩羅什譯　民國石印本　一冊

330000－1701－0061444　GP07458　新學/商務/稅則

屠宰稅簡章一卷　民國鉛印本　一冊

330000－1701－0061446　M000843　子部/藝術類/書畫之屬/書法書品

書法津梁四卷　（清）包世臣撰　民國十一年(1922)上海三益書局石印本　四冊

330000－1701－0061448　GP01453　子部/藝術類/書畫之屬/法帖

宋搨爭坐帖一卷　（唐）顔真卿書　民國九年(1920)上海文明書局影印本　一冊

330000－1701－0061451　HJH814.4/4000/c2　集部/總集類/彙編之屬

宋人集　李之鼎輯　民國南城李氏宜秋館刻本　三冊　存一種

330000－1701－0061452　普925.1099995/1123.2/c1　史部/傳記類/總傳之屬/家乘

[浙江海寧]橫山張氏西支墓圖記一卷　張兆鏞輯　民國十九年(1930)鉛印本　一冊

330000－1701－0061454　M000777　子部/藝術類/書畫之屬/法帖

張季直書千字文一卷　張謇書　民國二十一年(1932)上海商務印書館石印本　一冊

330000－1701－0061457　M000844　子部/醫家類/方書之屬/單方驗方

急治彙編初集一卷二集一卷　張穌荼輯　民國四年(1915)石印本　二冊

330000－1701－0061459　GP01454　子部/藝術類/書畫之屬/畫録

董東山御苑風景冊不分卷　（清）董邦達繪　民國十四年(1925)上海文明書局影印本　一冊

330000－1701－0061460　普925.1099995/1123.2/c2　史部/傳記類/總傳之屬/家乘

[浙江海寧]橫山張氏西支墓圖記一卷　張兆鏞輯　民國十九年(1930)鉛印本　一冊

330000－1701－0061461　M000778　子部/藝術類/書畫之屬/法帖

清歗閣藏帖一卷　民國影印本　一冊

330000－1701－0061462　GP07456　史部/政書類/公牘檔冊之屬

提議典當業條例法案經過報告不分卷　袁蓉安　王錫榮撰　民國八年(1919)鉛印本　一冊

330000－1701－0061463　HJH1648　子部/宗教類/佛教之屬/經咒

慈悲地藏懺法三卷　民國石印本　三冊

330000－1701－0061466　普925.1099995/1123.2/c3　史部/傳記類/總傳之屬/家乘

[浙江海寧]橫山張氏西支墓圖記一卷　張兆鏞輯　民國十九年(1930)鉛印本　一冊

330000－1701－0061468　M000845　經部/小學類/文字之屬/說文

說文解字古文疏證一卷　李杲撰　民國二十六年(1937)刻本　夏承燾題記　一冊

330000－1701－0061471　M000779　子部/藝術類/書畫之屬/法帖

吳讓之趙撝叔胡荄甫篆書墨蹟合冊不分卷　（清）吳廷揚　（清）趙之謙　（清）胡澍書　民國七年(1918)有正書局影印本　一冊

330000－1701－0061472　GP01455　子部/藝術類/書畫之屬/畫譜

趙幹江行初雪圖一卷　（宋）趙幹繪　民國二十一年(1932)北平故宮博物院影印本　一冊

330000－1701－0061477　HJH1649　子部/宗教類/佛教之屬/經

地藏菩薩本願經三卷　（唐）釋實叉難陀譯　民國石印本　三冊

330000－1701－0061478　GP01456　子部/藝

術類/書畫之屬/畫譜

宋牟益搗衣圖不分卷 (宋)牟益繪 民國二十五年(1936)北平故宫博物院影印本 一册

330000－1701－0061481 M000780 子部/藝術類/書畫之屬/法帖

吴窓齋尺牘一卷 (清)吴大澂撰並書 民國十一年(1922)上海商務印書館影印本 一册

330000－1701－0061482 GP07303 類叢部/叢書類/自著之屬

綴學堂叢稿初集(見山樓叢書)十種 陳漢章撰 民國二十五年(1936)鉛印本 一册 存二種

330000－1701－0061484 M000781 史部/金石類/總志之屬/通考

獨笑齋金石文攷第一集五卷 (清)鄭業斆撰 民國十八年(1929)慧業堂石印本 一册

330000－1701－0061485 HJL1650 子部/宗教類/佛教之屬/經疏

佛説阿彌陀經要解一卷 (後秦)釋鳩摩羅什譯 (明)釋智旭撰 民國十五年(1926)影印本 二册

330000－1701－0061489 GP07304 類叢部/叢書類/自著之屬

崇雅堂叢書十四種 楊晨撰 民國二十五年(1936)楊紹翰鉛印本 二册 存一種

330000－1701－0061493 HJL1651 子部/宗教類/佛教之屬/大藏

大藏秘咒十四種 羅迦陵選 民國十九年(1930)廣倉學宭石印本 一册

330000－1701－0061495 M000846 史部/傳記類/别傳之屬/事狀

陳介石先生[黻宸]哀輓録不分卷 陳同輯 民國浙甌務本公司石印本 一册

330000－1701－0061497 M000782 子部/雜著類/雜説之屬

菿漢微言一卷 章炳麟口述 吴承仕記 民國五年(1916)鉛印本 章炳麟題記 一册

330000－1701－0061499 GP01458 子部/藝術類/書畫之屬/畫譜

明王翹寫意草蟲卷一卷 (明)王翹繪 民國十八年(1929)上海神州國光社影印本 一册

330000－1701－0061501 GP01459 子部/藝術類/書畫之屬/畫譜

梅瞿山黄山十九景不分卷 (清)梅清繪 民國二十三年(1934)上海商務印書館影印本 一册

330000－1701－0061502 普344.03/7118/2 類叢部/叢書類/彙編之屬

四部叢刊三編七十一種 張元濟等編 民國二十四年至二十五年(1935－1936)上海商務印書館影印本 十二册 存一種

330000－1701－0061525 GP07305 類叢部/叢書類/自著之屬

崇雅堂叢書十四種 楊晨撰 民國二十五年(1936)楊紹翰鉛印本 二册 存一種

330000－1701－0061526 普814.7/1038/c1 集部/别集類

文貞文集十卷别集四卷制義一卷 王祖畬撰 民國十年(1921)溪山書屋刻本 六册

330000－1701－0061529 GP07463 史部/政書類/邦計之屬

虎林絲織股份有限公司第二、四屆營業報告二卷 民國鉛印本 二册

330000－1701－0061531 普814.7/1038/c2 集部/别集類

文貞文集十卷别集四卷制義一卷 王祖畬撰 民國十年(1921)溪山書屋刻本 六册

330000－1701－0061533 GP07464 史部/政書類/邦計之屬

虎林絲織股份有限公司第四屆紅利清册一卷 民國鉛印本 一册

330000－1701－0061545 HJH814.4/4407.3/c3 集部/别集類/宋别集

黄太史精華録六卷 (宋)黄庭堅撰 任淵選 民國十九年(1930)上海商務印書館鉛印本

一冊

330000－1701－0061552　HJH1652　子部/藝術類/遊藝之屬/博戲
牙牌靈數一卷　民國六年(1917)石印本　一冊

330000－1701－0061555　M000847　經部/小學類/文字之屬/字書/字體
六書通十卷首一卷附百體福壽全圖　(清)閔齊伋撰　(清)畢弘述篆訂　民國三十五年(1946)上海錦章圖書局石印本　五冊

330000－1701－0061559　GP01460　子部/藝術類/書畫之屬/畫譜
黄子久富春山居圖一卷　(元)黄公望繪　民國影印本　一冊

330000－1701－0061563　HJL1653　子部/雜著類
一亭攷古雜記一卷　(清)毛慶臻撰　民國十六年(1927)南陵徐乃昌影印本　一冊

330000－1701－0061567　M000783　子部/藝術類/書畫之屬
古書真跡考一卷　李鴻儀撰　民國十二年(1923)上海錦文堂石印本　一冊

330000－1701－0061569　GP01461　子部/藝術類/書畫之屬/畫譜
吴仲圭漁父圖卷一卷　(元)吴鎮繪　民國二十五年(1936)上海商務印書館影印本　一冊

330000－1701－0061570　M000848　子部/宗教類/道教之屬/經文
玉樞經篇二十四卷首一卷末一卷　(清)姚燮撰　民國十一年(1922)上海新學會社鉛印本　一冊　存七卷(首、一至六)

330000－1701－0061576　M000784　類叢部/叢書類/自著之屬
屯園叢書　劉次源撰　民國劉氏鉛印本　梁昌景題記　三冊　存一種

330000－1701－0061577　HJH0326　經部/小學類/音韻之屬/等韻
音學辨微一卷　(清)江永撰　**榕村等韻辨疑正誤一卷**　(清)李光地撰　**康熙字典等均圖辨惑一卷常孰黄廷鑑三十六字母辨一卷**　(清)黄廷鑑撰　民國十二年(1923)渭南嚴式誨孝義家塾成都敦睦堂刻本　一冊

330000－1701－0061579　M000849　類叢部/叢書類/自著之屬
勴堂遺書八種　顧家相撰　民國八年至十九年(1919－1930)會稽顧氏鉛印本　二冊　存一種

330000－1701－0061581　M000785　集部/别集類
嗚堅白齋詩存十二卷補遺一卷　沈汝瑾撰　民國十年(1921)刻本　四冊

330000－1701－0061584　GP01462　子部/藝術類/書畫之屬/法帖
宋拓褚河南哀冊一卷　(唐)褚遂良書　民國上海有正書局影印本　一冊

330000－1701－0061587　M000850　史部/傳記類/别傳之屬/事狀
瑞安陳孟冲先生哀輓録不分卷　陳洵編　民國十一年(1922)瑞安敬業石印局石印本　一冊

330000－1701－0061588　M000786　經部/易類/傳説之屬
周易孟氏學三卷補遺一卷孟氏易傳授攷一卷　沈祖縣撰　民國二十五年(1936)章氏國學講習會鉛印本　程耿題記　一冊

330000－1701－0061589　M000851、M006625　類叢部/叢書類/自著之屬
層冰草堂叢書九種附一種　古直撰　民國中華書局鉛印本　四冊　存三種

330000－1701－0061592　普925.1099995/2731　集部/總集類/氏族之屬
鮑氏誦先録九卷　鮑友恪輯　民國二十五年(1936)鉛印本　五冊

330000－1701－0061593　GP01463　子部/藝術類/書畫之屬/法帖

宋拓褚河南哀冊一卷　(唐)褚遂良書　民國上海有正書局影印本　一冊

330000－1701－0061597　GP07315　經部/禮記類/傳說之屬

禮記恆解四十九卷　(清)劉沅輯注　民國北京道德學社鉛印本　十冊

330000－1701－0061599　GP01464　子部/藝術類/書畫之屬/法帖

宋拓孤本孟法師碑一卷　(唐)褚遂良書　民國江西開智書局影印本　一冊

330000－1701－0061600　M000852、M006830　史部/編年類/通代之屬

增評加批歷史綱鑑補三十九卷首一卷　(明)王世貞　(明)袁黄纂　**資治明紀綱目二十卷　資治明紀綱目三編一卷**　(清)張廷玉等撰　民國上海廣益書局石印本　十八冊

330000－1701－0061602　HJL1658　類叢部/叢書類/自著之屬

確菴先生遺書　(清)陳瑚撰　民國太倉圖書館刻本　四冊　存一種

330000－1701－0061603　M000787　子部/藝術類/書畫之屬/法帖

名人真蹟　民國中華書局影印本　一冊　存一種

330000－1701－0061608　GP01465　子部/藝術類/書畫之屬/法帖

宋拓雲麾碑一卷　(唐)李邕書　民國八年(1919)上海有正書局影印本　一冊

330000－1701－0061609　GP07478　史部/政書類/邦計之屬/賦稅

財政部核定浙江省徵收地丁暫行章程一卷　財政部編　民國鉛印本　一冊

330000－1701－0061612　M000788　經部/孝經類/傳說之屬

孝經一卷附二十四孝圖說一卷　(唐)玄宗李隆基注　王震繪　民國據宋刻本影印本　一冊

330000－1701－0061615　GP01466　子部/藝術類/書畫之屬/法帖

宋拓雲麾碑一卷　(唐)李邕書　民國上海有正書局影印本　一冊

330000－1701－0061619　M000853　類叢部/叢書類/自著之屬

隨園三十六種　(清)袁枚撰　民國十年(1921)上海中華圖書館鉛印本　一冊　存一種

330000－1701－0061620　GP01467　子部/藝術類/書畫之屬/法帖

宋拓雲麾李秀碑一卷　(唐)李邕書　民國影印本　一冊

330000－1701－0061622　M000789　史部/金石類/總志之屬

鄴中片羽第三集二卷　黄濬撰集　民國三十一年(1942)北京琉璃廠通古齋影印本　二冊

330000－1701－0061626　M000854　史部/傳記類/別傳之屬/事狀

瑞安陳醉石先生哀輓錄不分卷　民國六年(1917)石印本　一冊

330000－1701－0061627　GP01468　子部/藝術類/書畫之屬/法帖

楷書習字帖　民國上海有正書局影印本　一冊　存一種

330000－1701－0061628　M000855　史部/傳記類/別傳之屬/事狀

胡君鐵夫[麟鎮]哀輓錄不分卷　民國十七年(1928)漖瑞大街張順大號石印本　一冊

330000－1701－0061632　GP01469　子部/藝術類/書畫之屬/法帖

宋拓十三行一卷　(晉)王獻之書　民國上海有正書局影印本　一冊

330000－1701－0061633　HJL0572　類叢部/叢書類/彙編之屬

葩廬叢書　高燮輯　民國高吹萬葩廬鉛印本　二冊　存一種

330000－1701－0061634　M000856　經部/易類/傳說之屬
古周易訂詁十六卷解經處答客問一卷　（明）何楷撰　民國上海中國書店影印本　八册

330000－1701－0061638　HJL0573　類叢部/叢書類/郡邑之屬
義烏先哲遺書五種　黄侗編　民國二十二年至二十四年(1933－1935)義烏黄氏鉛印本　一册　存一種

330000－1701－0061639　GP01471　子部/藝術類/書畫之屬/法帖
北宋拓聖教序一卷　（晉）王羲之書　（唐）釋懷仁集　民國上海有正書局影印本　一册

330000－1701－0061640　HJL0574　經部/四書類/中庸之屬/傳說
中庸誼證一卷　陳文撰　民國十一年(1922)鉛印本　一册

330000－1701－0061641　M000790　史部/金石類
藝術叢編十七種　姬佛陀編　民國五年至九年(1916－1920)上海倉聖明智大學影印本　一册　存一種

330000－1701－0061642　GP07317　類叢部/叢書類/郡邑之屬
沔陽叢書十二種　盧弼編　民國十一年至十五年(1922－1926)沔陽盧氏慎始基齋刻二十年(1931)彙印本　一册

330000－1701－0061643　M000857　史部/史評類/詠史之屬
吴越紀事詩一百二十首一卷　錢文選撰　民國二十六年(1937)鉛印本　一册

330000－1701－0061647　HJH0575　經部/四書類/大學之屬/傳說
大學古本質言一卷　（清）劉沅撰　民國六年(1917)北京道德學社鉛印本　一册

330000－1701－0061654　GP07466　史部/政書類/邦計之屬
蕭山勸學所收支徵信册一卷　民國鉛印本　一册

330000－1701－0061655　HJL0576　經部/四書類/中庸之屬/傳說
中庸講義一卷　袁金鎧撰　民國十三年(1924)鉛印本　一册

330000－1701－0061660　GP01472　子部/藝術類/書畫之屬/法帖
歷代碑帖大觀五十種　高時顯輯　民國上海中華書局影印本　一册　存一種

330000－1701－0061662　M000792　子部/雜著類/雜説之屬
民國圖治芻議一卷　伍廷芳撰　民國四年(1915)鉛印本　一册

330000－1701－0061663　普925.1099995/3411　史部/傳記類/總傳之屬/家乘
沈氏歷代像傳一卷　沈錫榮撰　民國元年(1912)石印本　一册

330000－1701－0061666　GP01473　史部/傳記類/別傳之屬/墓誌
魏元纂墓誌銘一卷　民國影印本　一册

330000－1701－0061670　GP07467　史部/政書類/邦計之屬
林章撚絲廠丁巳年二月至十二月收付帳略一卷　民國六年(1917)鉛印本　一册

330000－1701－0061674　GP01474　史部/傳記類/別傳之屬/墓誌
魏元纂墓誌銘一卷　民國影印本　一册

330000－1701－0061677　普925.1099995/4040　史部/金石類/石之屬/文字
騰衝李氏碑志五種　李根源等輯　民國十二年(1923)泰東圖書局影印本　五册

330000－1701－0061678　HJL0578　經部/小學類/文字之屬/説文/傳說
説文解字段注攷正十五卷　（清）馮桂芬撰　民國十六年(1927)據稿本影印本　八册

330000－1701－0061679　M000858　集部/曲類/曲選之屬

元曲三百首一卷附錄一卷　任中敏編　民國二十年(1931)上海民智書局鉛印本　一册

330000－1701－0061682　GP01475　子部/藝術類/書畫之屬/法帖

明拓漢隸四種不分卷　民國十一年(1922)上海有正書局影印本　一册

330000－1701－0061683　GP07322　經部/群經總義類

讀經示要三卷　熊十力撰　民國三十八年(1949)正中書局鉛印本　蔣志澄題記　三册

330000－1701－0061688　普 925.1099995/4472　史部/傳記類/別傳之屬/墓誌

葛氏兩世墓表誌銘不分卷　(清)俞樾等撰　民國石印本　一册

330000－1701－0061691　HJL1662　子部/儒家類/儒學之屬/禮教/鑑戒

聖祖仁皇帝庭訓格言類編一卷　(清)世宗胤禛撰　(清)郭振墉編　民國湘陰郭氏清聞山館刻本　一册

330000－1701－0061693　M000860　集部/總集類/選集之屬/斷代

王荆公唐百家詩選二十卷　(宋)王安石輯　民國二十三年(1934)上海商務印書館鉛印本　三册

330000－1701－0061698　M000861　史部/史抄類

史記菁華錄六卷　(清)姚祖恩輯評　民國上海商務印書館鉛印本　三册

330000－1701－0061700　GP07324　經部/小學類/音韻之屬/韻書

唐寫本切韻殘卷三卷　(隋)陸法言撰　民國十年(1921)石印本　癶广題記　一册

330000－1701－0061702　普 925.1099995/4980　史部/傳記類/總傳之屬/家乘

新陽趙氏清芬錄三卷　趙詒琛編　民國六年(1917)新陽趙詒琛義莊刻本　一册

330000－1701－0061703　M000862　集部/總集類/氏族之屬

午夢堂全集十種　(明)葉紹袁編　民國五年(1916)唐氏寧儉堂鉛印本　二册　存五種

330000－1701－0061704　GP07325　經部/小學類/音韻之屬/韻書

唐寫本切韻殘卷三卷　(隋)陸法言撰　民國十年(1921)石印本　一册

330000－1701－0061705　GP01476　子部/藝術類/書畫之屬/法帖

明拓漢隸四種不分卷　民國七年(1918)上海有正書局影印本　一册

330000－1701－0061706　普 925.1099995/4980.2　類叢部/叢書類/彙編之屬

乙亥叢編十六種　趙詒琛　王保譿　王大隆編　民國二十四年(1935)鉛印本　一册　存一種

330000－1701－0061707　GP07326　子部/宗教類/道教之屬

黄庭經講義一卷　陳攖寧撰　民國二十三年(1934)上海翼化堂善書局鉛印本　一册

330000－1701－0061709　GP01477　子部/藝術類/書畫之屬/法帖

舊拓唐少林寺戒壇銘一卷　(唐)李邕書　**蘭亭序一卷**　(晉)王羲之書　民國影印本　一册

330000－1701－0061710　GP01478　子部/藝術類/書畫之屬/法帖

舊拓唐少林寺戒壇銘一卷　(唐)李邕書　**蘭亭序一卷**　(晉)王羲之書　民國影印本　一册

330000－1701－0061713　GP01479　子部/藝術類/書畫之屬/法帖

舊拓唐少林寺戒壇銘一卷　(唐)李邕書　**蘭亭序一卷**　(晉)王羲之書　民國影印本　一册

330000－1701－0061715　GP01482　子部/藝術類/書畫之屬/法帖

明拓漢孔季將碑陰不分卷　民國上海有正書

局影印本　一冊

330000－1701－0061720　HJL0340　經部/四書類/論語之屬/傳說

論語要略一卷　(清)許珏輯　民國十一年(1922)無錫許氏刻本　一冊

330000－1701－0061733　HJL0359　經部/小學類/訓詁之屬/方言

屈宋方言攷一卷　李翹撰　民國十四年(1925)芬熏館刻朱印本　一冊

330000－1701－0061734　HJH0592　經部/禮記類/傳說之屬

禮記正義七十卷　(漢)鄭玄注　(唐)孔穎達疏　民國十六年(1927)番禺潘氏據宋紹熙三年(1192)兩浙東路茶司本影刻藍印本　二十四冊

330000－1701－0061735　HJH0357　類叢部/叢書類/自著之屬

寓園叢書七種　張其淦撰　民國十九年(1930)鉛印本　二冊　存一種

330000－1701－0061742　HJH814.4/4950/2/c2　集部/別集類/宋別集

趙清獻公集十卷目錄二卷　(宋)趙抃撰　民國八年(1919)衢縣公祠刻本　四冊

330000－1701－0061744　HJL0358　經部/書類/傳說之屬

尚書駢枝一卷　(清)孫詒讓撰　民國鉛印本　一冊

330000－1701－0061752　HJH0343　子部/雜著類/雜說之屬

讀經救國論六卷　孫雄撰　民國十六年(1927)鉛印本　二冊

330000－1701－0061754　HJH0593　經部/孝經類/傳說之屬

孝經說三卷　陳伯陶撰　民國十六年(1927)香港鉛印本　一冊

330000－1701－0061755　HJL0345　經部/大戴禮記類/傳說之屬

大戴禮記斠補三卷　(清)孫詒讓撰　民國三年(1914)瑞安廣明印刷所石印本　三冊

330000－1701－0061757　HJL0346　經部/讖緯類/春秋緯之屬

春秋五行災異卦炁屬比考一卷　(清)王銘西撰　民國二十四年(1935)國學圖書館影印本　一冊

330000－1701－0061761　HJH814.4/7212.2/c3　集部/別集類/宋別集

宋岳鄂王文集三卷　(宋)岳飛撰　錢汝雯編　民國十三年(1924)鉛印本　二冊

330000－1701－0061764　HJH814.4/7212.2/c4　集部/別集類/宋別集

宋岳鄂王文集三卷　(宋)岳飛撰　錢汝雯編　民國十三年(1924)鉛印本　二冊

330000－1701－0061772　HJH0602　經部/儀禮類/分篇之屬

士冠禮一卷昏禮一卷　民國鉛印本　一冊

330000－1701－0061774　HJL0603　經部/讖緯類/春秋緯之屬

春秋緯史集傳四十卷　(清)陳省欽撰　民國十三年(1924)陳鍾祺鉛印本　四冊

330000－1701－0061795　HJL0612　經部/小學類/音韻之屬

諧聲譜五十卷　(清)張惠言撰　(清)張成孫補　**諧聲譜校記一卷**　戴姜福撰　民國二十三年(1934)武林葉氏石印本　十二冊

330000－1701－0061805　HJL0380、HJL0381　類叢部/叢書類/彙編之屬

江氏聚珍版叢書四集二十八種　江杏溪輯　民國十三年(1924)蘇州文學山房木活字印本　六冊

330000－1701－0061821　HJH814.4/8017.2　集部/別集類/宋別集

南豐先生元豐類藁五十卷　(宋)曾鞏撰　(清)顧崧齡輯　**續附南豐先生行狀碑誌哀挽一卷外文二卷**　(清)顧崧齡輯　民國據清康熙五十六年(1717)長洲顧崧齡刻本影印本

十二册

330000－1701－0061829　HJH814.4/8773/c3　類叢部/叢書類/彙編之屬

嘉業堂叢書五十七種　劉承幹輯　民國吳興劉氏嘉業堂刻本　二册　存一種

330000－1701－0061832　HJH814.4/8773/c4　類叢部/叢書類/彙編之屬

嘉業堂叢書五十七種　劉承幹輯　民國吳興劉氏嘉業堂刻本　二册　存一種

330000－1701－0061849　HJL0629　經部/小學類/文字之屬/字書/通論

蒼石山房文字談不分卷　石廣權撰　民國十八年(1929)上海商務印書館石印本　二册

330000－1701－0061852　HJH814.5/2348/c2　集部/別集類/元別集

傅與礪詩集八卷文集十一卷附録一卷　(元)傅若金撰　**緑窗遺藁一卷**　(元)孫淑撰　民國三年(1914)吳興劉氏嘉業堂刻朱印本　四册

330000－1701－0061857　HJH814.6/0030/2/(2)/c2　類叢部/叢書類/自著之屬

六如居士全集四種　(明)唐寅撰　民國四年(1915)上海廣益書局石印本　六册

330000－1701－0061860　HJH814.5/4777/3　類叢部/叢書類/郡邑之屬

續金華叢書六十種　胡宗楙編　民國十三年(1924)永康胡氏夢選樓刻本　六册　存一種

330000－1701－0061865　普925.1099995/8010　史部/傳記類/總傳之屬/家乘

金氏家傳墓誌一卷　王舟瑤　何奏簧撰　民國石印本　一册

330000－1701－0061866　HJL0437　經部/春秋左傳類/傳說之屬

讀左質疑四卷首一卷　王祖畬撰　民國七年(1918)太倉唐氏茹經室刻本　劉承幹題記　二册

330000－1701－0061870　HJH0438　經部/詩類/傳說之屬

誦詩隨筆一卷　袁金鎧撰　民國十年(1921)京華印書局鉛印本　袁金鎧題記　一册

330000－1701－0061874　HJL0440　經部/書類/傳說之屬

東萊先生書說十三卷禹貢圖說一卷　(宋)吕祖謙撰　民國十七年(1928)中社影印本(卷十至十三原缺)　二册

330000－1701－0061876　HJL0441　經部/春秋總義類/專著之屬

春秋屬比攷例二卷　(清)王銘西撰　民國二十四年(1935)國學圖書館陶風樓影印本　一册

330000－1701－0061881　HJL0442　類叢部/叢書類/自著之屬

寓園叢書七種　張其淦撰　民國十九年(1930)鉛印本　二册　存一種

330000－1701－0061884　HJL0443　子部/醫家類/類編之屬

醫古微六種　張驥撰　民國二十四年(1935)雙流張氏義生堂成都刻本　一册　存一種

330000－1701－0061888　HJH814.6/0041/3/c3　集部/別集類/明別集

遜志齋集三十卷拾遺十卷續拾遺一卷附録一卷　(明)方孝孺撰　民國十七年(1928)寧海胡氏味善居刻本　王質園題記　十八册

330000－1701－0061890　HJH814.6/0041/3/c4　集部/別集類/明別集

遜志齋集三十卷拾遺十卷續拾遺一卷附録一卷　(明)方孝孺撰　民國十七年(1928)寧海胡氏味善居刻本　李洣題記　十八册

330000－1701－0061894　HJH814.6/0041/7/c3　集部/別集類/明別集

方正學先生遜志齋全集二十四卷首一卷　(明)方孝孺撰　(明)張紹謙纂　民國二年(1913)上海共和圖書館石印本　十二册

330000－1701－0061895　HJH814.6/0057/c2　集部/別集類/明別集

商文毅公集六卷　(明)商輅撰　(明)張一魁編　民國八年(1919)武進王家琦木活字印本　二册

330000－1701－0061906　HJH814.6/1026　集部/别集類/明别集
半山藏稿二十卷　(明)王叔果撰　民國二十四年(1935)鉛印本　四册

330000－1701－0061907　HJH814.6/1026/c4　集部/别集類/明别集
半山藏稿二十卷　(明)王叔果撰　民國二十四年(1935)鉛印本　四册

330000－1701－0061908　HJL0455　經部/四書類/大學之屬/傳説
大學通義一卷　曹元弼撰　民國二十一年(1932)刻本　一册

330000－1701－0061912　HJH814.6/1032/5/c2　集部/别集類/明别集
王文成公全書三十八卷　(明)王守仁撰　民國二年(1913)上海中華圖書館影印本　十二册

330000－1701－0061914　HJL8323　史部/政書類/邦計之屬/鹽法
鹽法通志一百卷首一卷　周慶雲纂　民國四年(1915)文明書局鉛印本　三十二册

330000－1701－0061915　HJL0639　經部/易類/傳説之屬
周易孔義三卷　(明)高攀龍撰　(清)秦堈編　民國十三年(1924)王氏思過齋金陵刻本　一册

330000－1701－0061920　HJL7096　史部/金石類
墨庵金石薹書　民國石印本　一册　存一種

330000－1701－0061922　HJL7075　類叢部/叢書類/彙編之屬
金陵大學中國文化研究所叢刊　金陵大學中國文化研究所編　民國金陵大學中國文化研究所刻本、鉛印本暨影印本　一册　存一種

330000－1701－0061926　HJL7097　史部/金石類/總志之屬/圖像
新鄭古器圖録不分卷　關百益撰　民國十八年(1929)上海商務印書館影印本　二册

330000－1701－0061928　HJL0459　經部/小學類/音韻之屬
音韻學叢書二十種　嚴式誨輯　民國渭南嚴氏成都刻本　三册　存二種

330000－1701－0061929　HJL7963　史部/金石類/金之屬/圖像
夢坡室獲古叢編十二卷　周慶雲藏　鄒壽祺編　民國十六年(1927)上海周慶雲夢坡室影印本　十一册　存十一卷(一、三至十二)

330000－1701－0061931　HJH814.6/1077/c3　集部/總集類/氏族之屬
明儒王心齋先生遺集五卷　(明)王艮撰　**明儒王一菴先生遺集二卷年譜一卷**　(明)王棟撰　**明儒王東厓先生遺集二卷首一卷**　(明)王襞撰　**明儒王東堧東隅東日天真四先生殘稿一卷王東堧小傳一卷**　(明)王東堧撰　袁承業輯　**明儒王心齋先生弟子師承表一卷**　袁承業輯　民國元年(1912)國粹學報社上海鉛印本　六册

330000－1701－0061933　HJL7961　經部/群經總義類/石經之屬
宋拓蜀石經殘本八卷　(清)劉體乾輯　民國十五年(1926)廬江劉氏影印本　八册

330000－1701－0061941　M000863　史部/史評類/史論之屬
最新史事論十二卷　雷瑨輯　民國三年(1914)上海掃葉山房石印本　六册

330000－1701－0061942　HJH814.6/1171/6　集部/别集類/明别集
明張文忠公詩集六卷文集十一卷　(明)張居正撰　民國十一年(1922)上海掃葉山房石印本　四册

330000－1701－0061946　M000864　集部/詩文評類/文法之屬/函牘格式

註釋尺牘進階三卷　李澹吾編纂　民國七年(1918)商務印書館鉛印本　三册

330000－1701－0061947　M000893　史部/地理類/山川之屬/水志
淮陰縣水利報告書一卷　趙邦彦輯　民國鉛印本　一册

330000－1701－0061949　M000894　集部/詞類/詞話之屬
詞源二卷　(宋)張炎編　民國七年(1918)國立北京大學出版部鉛印本　一册

330000－1701－0061950　GP07327　子部/宗教類/道教之屬
黄庭經講義一卷　陳攖寧撰　民國二十三年(1934)上海翼化堂善書局鉛印本　一册

330000－1701－0061951　HJL0462　類叢部/叢書類/彙編之屬
百川書屋叢書六種續編五種　陶湘編　民國十九年至二十年(1930－1931)武進陶氏涉園影印本　一册　存一種

330000－1701－0061954　M000865　史部/傳記類/别傳之屬
項君亮明哀輓録一卷　民國十六年(1927)浙瑞隆茂石印本　一册

330000－1701－0061956　M000866　史部/傳記類/别傳之屬
鄭秉南先生哀輓録一卷　民國十八年(1929)溫州務本印刷局石印本　一册

330000－1701－0061959　M000867　史部/傳記類/别傳之屬/事狀
瑞安王弼西君哀輓録一卷　劉勍等撰　民國六年(1917)溫州美成和石印本　一册

330000－1701－0061960　HJL0463　經部/易類/傳説之屬
周易兩讀十二卷首一卷　(宋)程頤傳　(宋)朱熹本義　李楷林輯　**周易音均表一卷**　李楷林輯　民國十四年(1925)刻本　一册

330000－1701－0061962　普925.1099995/7923　史部/傳記類/總傳之屬/家乘
吴門滕氏世略抄一卷　(清)滕文昭撰　民國二十四年(1935)寶山滕氏鉛印本　一册

330000－1701－0061966　M000868　子部/藝術類/書畫之屬/畫法畫品
風景畫法一卷　吕濬撰　民國三年(1914)上海世界雜誌社石印本　一册

330000－1701－0061967　M000896　集部/别集類
南海先生遺稿一卷　康有爲撰　民國上海有正書局石印本　一册

330000－1701－0061969　M000869　集部/詞類/總集之屬
女子絶妙好詞十四卷　(清)周銘輯　民國四年(1915)上海中華圖書館石印本　四册

330000－1701－0061970　M000897、M007454　集部/别集類
不匱室詩鈔八卷詩餘一卷　胡漢民撰　民國二十五年(1936)國葬典禮委員會石印本　二册

330000－1701－0061972　M000870　史部/編年類/斷代之屬
藻思堂清鑑易知録前編四卷正編二十八卷　許國英編輯　**十朝大事表一卷國際交涉重要事實摘録一卷**　民國七年(1918)藻思堂鉛印本　十三册

330000－1701－0061975　HJL7974　史部/傳記類/科舉録之屬/歷科登科録
宋元科舉三録　徐乃昌輯　民國十二年(1923)南陵徐乃昌刻藍印本　四册

330000－1701－0061978　M000898　史部/政書類/公牘檔册之屬
浙江民政廳考察專員調查報告特刊一卷　陳萬里等撰　民國十八年(1929)鉛印本　一册

330000－1701－0061981　M000871　集部/别集類
清溪鈔存九卷　劉福穰撰　民國二十七年(1938)松陽林雲飛、潘宗麟油印本　倪祥塤

跋　一冊

330000－1701－0061982　HJL8216　史部/傳記類/總傳之屬/技藝

元逸民畫傳一卷　徐世昌錄　民國十四年(1925)退耕堂刻藍印本　一冊

330000－1701－0061984　GP01484　子部/藝術類/書畫之屬/法帖

舊拓急就章兩種不分卷　民國影印本　一冊

330000－1701－0061986　M000872　新學/議論

對於柯璜君新思潮疑問之意見一卷　韓梯雲撰　民國十年(1921)天津社會教育星期報社鉛印本　一冊

330000－1701－0061987　M000899　經部/易類/傳說之屬

周易恒解五卷　(清)劉沅撰　民國十一年(1922)北京道德學社印刷所鉛印本　五冊

330000－1701－0061988　GP01483　子部/藝術類/書畫之屬/法帖

匋齋藏宋拓麓山寺碑不分卷　(唐)李邕撰並書　(清)端方藏　民國四年(1915)上海有正書局影印本　一冊

330000－1701－0061990　HJH814.6/2531/c4　類叢部/叢書類/自著之屬

舜水遺書四種附錄一卷　(明)朱之瑜撰　民國二年(1913)山陰湯壽潛鉛印本　十二冊

330000－1701－0061991　M000873、M000874　類叢部/叢書類/自著之屬

晨風廬叢刊十八種　周慶雲撰　民國吳興周氏夢坡室刻本　二冊　存四種

330000－1701－0061993　HJH814.6/2531/c5　類叢部/叢書類/自著之屬

舜水遺書四種附錄一卷　(明)朱之瑜撰　民國二年(1913)山陰湯壽潛鉛印本　十二冊

330000－1701－0061994　普925.1099995/8742/c1　史部/傳記類/總傳之屬/家乘

讃揚續錄一卷　鄭孝純輯　民國十二年(1923)鉛印本　一冊

330000－1701－0061998　GP01485　子部/藝術類/書畫之屬/法帖

舊拓急就章兩種不分卷　民國影印本　一冊

330000－1701－0062003　M000875　集部/別集類

簫心劍氣樓詩存辛未集一卷　孫肇圻撰　民國二十一年(1932)鉛印本　一冊

330000－1701－0062004　GP01486　子部/藝術類/書畫之屬/法帖

唐拓十七帖一卷　(晉)王羲之書　民國上海有正書局影印本　一冊

330000－1701－0062005　普925.1099995/8742/c2　史部/傳記類/總傳之屬/家乘

讃揚續錄一卷　鄭孝純輯　民國十二年(1923)鉛印本　一冊

330000－1701－0062008　GP01487　子部/藝術類/書畫之屬/法帖

唐拓十七帖一卷　(晉)王羲之書　民國上海有正書局影印本　一冊

330000－1701－0062010　M000900　子部/宗教類/佛教之屬/經

大方廣如來不思議境界經一卷　(唐)釋實叉難陀譯　**文殊師利所說摩訶般若波羅蜜經一卷**　(南朝梁)釋曼陀羅僊譯　**文殊師利所說般若波羅蜜經一卷**　(南朝梁)釋僧伽婆羅譯　民國二十三年(1934)潮陽郭氏雙百鹿齋刻本　一冊

330000－1701－0062020　M000902　集部/詞類/別集之屬

寄榆詞一卷　魏㦤撰　民國二十六年(1937)剡溪濟美堂袁氏刻本　一冊

330000－1701－0062022　M000876　史部/傳記類/總傳之屬/儒林

湘學略一卷　李肖聃撰　民國三十五年(1946)國立湖南大學鉛印本　一冊

330000－1701－0062023　GP01488　史部/金

石類/石之屬/文字

初拓李璧碑不分卷　民國二十三年(1934)上海文明書局影印本　一冊

330000－1701－0062026　M000877　史部/傳記類/别傳之屬/事狀

吴興周夢坡先生訃告一卷年譜一卷墓表一卷墓誌銘一卷畫史一卷　周延礽輯　民國二十三年(1934)影印本暨鉛印本　一冊　存一卷(年譜)

330000－1701－0062029　GP01489　史部/金石類/石之屬/文字

初拓李璧碑不分卷　民國影印本　一冊

330000－1701－0062030　M000903　子部/宗教類/佛教之屬/經

佛説月上女經二卷　(隋)釋闍那崛多譯　民國二十二年(1933)潮陽郭氏雙百鹿齋刻本　一冊

330000－1701－0062034　M000904　子部/藝術類/遊藝之屬/聯語

篆文聯語集四種四卷　吴受福編　民國十二年(1923)上海鴻文齋石印本　二冊

330000－1701－0062035　普814.7/0873　集部/别集類/清别集

穆亭集十卷　(清)施濟清撰　民國二十三年(1934)鉛印本　二冊

330000－1701－0062036　GP01490　子部/藝術類/書畫之屬/法帖

唐拓定武蘭亭序一卷　(晋)王羲之書　民國十三年(1924)上海文明書局影印本　一冊

330000－1701－0062038　M000878、M602984　子部/農家農學類/園藝之屬

本省造林要義不分卷　龔瀛撰　民國二十五年(1936)農推所油印本　二冊

330000－1701－0062043　普925.1165/7771.3　史部/地理類/雜志之屬

三間彙考五卷　(清)屈見復輯　民國抄本　四冊

330000－1701－0062053　普814.7/0892　集部/别集類/清别集

古歙許靜夫先生遺集二卷　(清)許炳勳撰　民國鉛印本　一冊

330000－1701－0062054　普925.123/4460　類叢部/叢書類/郡邑之屬

四明叢書一百六十七種　張壽鏞編　民國四明張氏約園刻本　四冊　存一種

330000－1701－0062056　M000905　經部/詩類/三家詩之屬

韓詩外傳十卷　(漢)韓嬰撰　(清)周廷寀校注　**校注拾遺一卷**　(清)周宗杬撰　**補逸一卷**　(清)趙懷玉輯　民國六年(1917)上海商務印書館鉛印本　四冊

330000－1701－0062058　HJL7977　史部/傳記類/總傳之屬/家乘

[浙江慈溪]慈谿林氏宗譜四卷　林端儀等纂修　民國十二年(1923)鉛印本　四冊

330000－1701－0062061　GP07343　史部/政書類/邦交之屬

清季外交史料六種　(清)王彦威輯　王亮編　民國二十一年至二十四年(1932－1935)北平外交史料編纂處鉛印本　四冊　存二種

330000－1701－0062066　HJH814.6/2749/4/c2　集部/别集類/明别集

震川先生集三十卷别集十卷附録一卷　(明)歸有光撰　民國上海中華圖書館石印本　八冊

330000－1701－0062068　GP07344　集部/别集類/清别集

讀書樓詩集六卷　(清)吴應奎撰　民國五年(1916)安吉吴氏雍睦堂影印本　二冊

330000－1701－0062071　HJH814.6/2750/c2　類叢部/叢書類/彙編之屬

嘉業堂叢書五十七種　劉承幹輯　民國吴興劉氏嘉業堂刻本　三冊　存一種

330000－1701－0062074　GP07346　集部/詩文評類/文法之屬/文法

作文初步四卷　江山淵編　民國八年(1919)上海文明書局鉛印本　二册

330000－1701－0062076　M000906　子部/小說家類/瑣語之屬

觚賸八卷續編四卷　(清)鈕琇輯　民國上海文瑞樓石印本　六册

330000－1701－0062077　HJL0473　經部/小學類/文字之屬/說文/傳說

說文解字段注攷正十五卷　(清)馮桂芬撰　民國十六年(1927)據稿本影印本　八册

330000－1701－0062078　M000879　集部/别集類

楊昀谷先生遺詩八卷補錄一卷　楊增犖撰　民國二十四年(1935)鉛印本　二册

330000－1701－0062079　普 814.7/10422　集部/别集類/清别集

石樵詩稿一卷附文稿一卷　(清)王梅生撰　**醒癡詩稿一卷**　(清)王魯存撰　民國八年(1919)鉛印本　一册

330000－1701－0062080　GP07347　集部/詩文評類/文法之屬/文法

作文初步四卷　江山淵編　民國四年(1915)上海文明書局鉛印本　一册

330000－1701－0062081　HJH814.6/2750.2/c3　類叢部/叢書類/彙編之屬

嘉業堂叢書五十七種　劉承幹輯　民國吳興劉氏嘉業堂刻本　三册　存一種

330000－1701－0062082　M000880　集部/詞類/别集之屬

式谿詞一卷　吴士鑑撰　民國二十五年(1936)鉛印本　一册

330000－1701－0062086　M000881　類叢部/叢書類/彙編之屬

叢書集成筆劃索引不分卷　勵乃麟撰　民國三十五年(1946)稿本　一册

330000－1701－0062087　M000907　集部/總集類/選集之屬/通代

詳註六朝文絜八卷　吳承烜註釋　民國六年(1917)上海國華書局鉛印本　四册

330000－1701－0062092　M000882　子部/農家農學類/園藝之屬

最近我國農林行政概要不分卷　藍夢九撰　民國三十六年(1947)油印本　一册

330000－1701－0062094　M000883　集部/别集類

山青雲白軒詩草二卷　傅宛撰　民國十一年(1922)鉛印本　二册

330000－1701－0062101　M000908　子部/藝術類/音樂之屬/總論

中樂尋源二卷　童斐撰　民國二十四年(1935)上海商務印書館石印本　一册

330000－1701－0062103　M000884　史部/政書類/公牘檔册之屬

浙江省衢縣保安警察隊獨立分隊中華民國二十六年十一月份經常費支出計算科目附屬表一卷　民國二十六年(1937)稿本　一册

330000－1701－0062108　M000885、M007910　集部/别集類

聖遺詩四卷　楊鍾羲撰　民國十年(1921)石印本　二册

330000－1701－0062111　M000886　集部/别集類/清别集

曝書亭集詩註二十二卷　(清)朱彝尊撰　(清)楊謙注　**朱竹垞先生年譜一卷**　(清)楊謙撰　民國四年(1915)木石居石印本　十册

330000－1701－0062112　HJL0476　經部/易類/傳說之屬

邵村學易二十卷　張其淦撰　民國十五年(1926)鉛印本　四册

330000－1701－0062115　HJL7975　史部/傳記類/總傳之屬/技藝

元逸民畫傳一卷　徐世昌錄　民國十四年(1925)退耕堂刻本　一册

330000－1701－0062117　M000887　史部/

史評類/史論之屬

百大家評註史記十卷　（清）朱子蕃輯　民國八年（1919）上海圖書館石印本　十冊

330000－1701－0062121　GP07350　集部/詞類/總集之屬

草堂詩餘四卷　武林逸史編　民國十五年（1926）中國書店鉛印本　二冊

330000－1701－0062122　M000888　集部/別集類/唐五代別集

薛濤詩一卷　（唐）薛濤撰　民國四年（1915）上海掃葉山房石印本　一冊

330000－1701－0062123　HJL7976　史部/雜史類/斷代之屬

滿洲實錄八卷　民國十九年（1930）遼寧通志館影印本　八冊

330000－1701－0062124　GP01491　子部/藝術類/書畫之屬/法帖

唐拓定武蘭亭序一卷　（晉）王羲之書　民國二十九年（1940）上海文明書局影印本　一冊

330000－1701－0062127　M000909　集部/別集類

倚梅閣詩集四卷詩續集一卷詞鈔一卷詞續集一卷　沈韻蘭撰　民國五年（1916）鉛印本　一冊

330000－1701－0062128　M000889　子部/雜著類/雜說之屬

三餘札記四卷　劉文典撰　民國二十四年（1935）、二十八年（1939）上海商務印書館鉛印本　三冊

330000－1701－0062130　GP01492　子部/藝術類/書畫之屬/法帖

蘭亭序一卷　民國二十九年（1940）上海文明書局影印本　一冊

330000－1701－0062131　HJH814.6/3030/2/c2　類叢部/叢書類/彙編之屬

四部備要　中華書局編　民國二十五年（1936）上海中華書局鉛印本　十八冊　存一種

330000－1701－0062136　M000890　史部/編年類/斷代之屬

清史攬要六卷　（日本）增田貢撰　民國上海商務印書館鉛印本　二冊

330000－1701－0062137　GP01493　子部/藝術類/書畫之屬/法帖

蘭亭序一卷　民國九年（1920）上海文明書局影印本　一冊

330000－1701－0062138　HJL0478　經部/詩類/文字音義之屬

毛詩正韻四卷附毛詩韻例一卷　丁以此撰　民國十三年（1924）日照丁氏留餘堂刻二十年（1931）山東省立圖書館印本　二冊

330000－1701－0062141　M000891　集部/別集類

靈璞閣詩二卷附孫言草一卷　張惠衣撰　民國三十三年（1944）鉛印本　張惠衣題記　一冊

330000－1701－0062144　M000910　史部/地理類/遊記之屬/紀勝

徐霞客遊記十卷外編一卷　（明）徐弘祖撰　（明）季夢良編　**遊記補編一卷**　（清）葉廷甲撰　民國上海中華圖書館石印本　八冊

330000－1701－0062147　GP01494　子部/藝術類/書畫之屬/法帖

蘭亭序一卷　民國二十九年（1940）上海文明書局影印本　一冊

330000－1701－0062148　M000892　史部/政書類/公牘檔冊之屬

國立北平故宮博物院工作報告不分卷（民國三十四年十月至三十五年十二月）　國立北平故宮博物院編　民國三十六年（1947）國立北平故宮博物院鉛印本　一冊

330000－1701－0062153　GP01495　子部/藝術類/書畫之屬/法帖

宋搨玉枕蘭亭一卷　（晉）王羲之書　民國二十九年（1940）上海文明書局影印本　一冊

330000－1701－0062157　HJL0480　類叢部/

叢書類/彙編之屬

四部叢刊 張元濟等編 民國十八年(1929)上海商務印書館影印本 一冊 存一種

330000－1701－0062158 HJH7214 史部/金石類

楚雨樓叢書初集八種 羅振玉撰 民國上虞羅氏影印本 一冊 存一種

330000－1701－0062162 HJH7215 類叢部/叢書類/彙編之屬

永慕園叢書六種 羅振玉編 民國三年(1914)上虞羅氏影印本 三冊 存一種

330000－1701－0062164 M000911 集部/別集類

慧明居士遺稿二卷湖影詞一卷 周演巽撰 民國十三年(1924)鉛印本 一冊

330000－1701－0062172 GP01496 子部/藝術類/書畫之屬/法帖

蘭亭序一卷 民國二十九年(1940)上海文明書局影印本 一冊

330000－1701－0062174 M000912 集部/詞類/別集之屬

山禽餘響一卷 邵瑞彭撰 民國二十五年(1936)壯學堂刻朱印本 一冊

330000－1701－0062178 普814.7/10011/c1 集部/別集類/清別集

石延壽館文集一卷 (清)王慶雲撰 民國三十二年(1943)王孝綺鉛印本 一冊

330000－1701－0062180 M000913 集部/詞類/別集之屬

八百里荷花館題畫詞一卷 袁天庚撰 民國二十三年(1934)鉛印本 一冊

330000－1701－0062185 GP01497 子部/藝術類/書畫之屬/法帖

蘭亭序三種不分卷 民國影印本 一冊

330000－1701－0062186 M000914 集部/總集類/選集之屬/通代

樂府詩集一百卷目錄二卷 (宋)郭茂倩編 民國元年(1912)鄂官書處刻本 十六冊

330000－1701－0062191 普814.7/10011/c2 集部/別集類/清別集

石延壽館文集一卷 (清)王慶雲撰 民國三十二年(1943)王孝綺鉛印本 一冊

330000－1701－0062194 M000915 集部/總集類/彙編之屬

五唐人集 (明)毛晉編 民國上海醫學書局據明汲古閣刻本影印本 六冊

330000－1701－0062196 GP01498 子部/藝術類/書畫之屬/法帖

蘭亭序三種不分卷 民國影印本 一冊

330000－1701－0062201 HJL8198 子部/藝術類/書畫之屬

水流雲在圖記二卷 陳夔龍撰 民國石印本 二冊

330000－1701－0062203 GP01499 子部/藝術類/書畫之屬/法帖

蘭亭序三種不分卷 民國影印本 一冊

330000－1701－0062207 GP01500 子部/藝術類/書畫之屬/法帖

唐人寫大比尼經一卷 民國十九年(1930)上海商務印書館影印本 一冊

330000－1701－0062208 M000916 集部/別集類/清別集

夢樓詩集二十四卷 (清)王文治撰 民國五年(1916)同文圖書館石印本 六冊

330000－1701－0062209 M000995 子部/宗教類/道教之屬

莊子十卷附校勘記一卷 (晉)郭象注 (唐)陸德明音義 民國九年(1920)浙江圖書館刻本 四冊

330000－1701－0062212 M000996 類叢部/叢書類/自著之屬

確菴先生遺書 (清)陳瑚撰 民國太倉圖書館刻本 四冊 存一種

330000－1701－0062214 HJH814.6/40331/

c2　類叢部/叢書類/彙編之屬
有不爲齋叢書　林語堂編　民國上海時代圖書公司鉛印本　六冊　存一種

330000－1701－0062215　M000917　集部/別集類/明別集
青邱高季迪先生詩集十八卷首一卷遺詩一卷扣舷集一卷附錄一卷鳧藻集五卷　（明）高啓撰　（清）金檀輯注　民國三年(1914)東吳浦氏影印本　十二冊

330000－1701－0062218　GP01501、GP01502、GP01503、GP01504　子部/藝術類/書畫之屬/法帖
寫經真蹟　民國十八年(1929)上海中華書局影印本　四冊　存一種

330000－1701－0062219　M000997　史部/地理類/方志之屬/郡縣志
[民國]南潯志六十卷首一卷附南潯擷秀錄一卷　周慶雲纂　民國八年至十一年(1919－1922)刻本　十四冊　存五十五卷(五至四十五、四十八至六十,南潯擷秀錄)

330000－1701－0062222　HJL0482　經部/易類/傳說之屬
周易傳義合闡十二卷　（清）陳瑚撰　民國十三年(1924)理學社刻本　四冊

330000－1701－0062224　普814.7/1013　集部/別集類/清別集
祗平居士集三十卷　（清）王元啓撰　民國三十一年(1942)孫氏影印本　六冊

330000－1701－0062225　M000998　類叢部/叢書類/郡邑之屬
仙居叢書第一集十二種　李鏡渠編　民國二十四年(1935)鉛印本　五冊　存一種

330000－1701－0062229　M000999　史部/傳記類/別傳之屬/事狀
錢士青都轉六秩壽言彙編不分卷　錢文選編　民國二十二年(1933)鉛印本　二冊

330000－1701－0062233　GP01505　子部/藝術類/書畫之屬/法帖
宋搨雲麾碑一卷　（唐）李邕書　民國影印本　一冊

330000－1701－0062234　M000918　新學/商務
工商部中華國貨展覽會實錄三卷附錄一卷　中華民國工商部編　民國十八年(1929)鉛印本　六冊

330000－1701－0062235　GP01506　子部/藝術類/書畫之屬/法帖
定武蘭亭放大本一卷　（晉）王羲之書　民國影印本　一冊

330000－1701－0062238　M001000　史部/雜史類/斷代之屬
聖德紀略一卷傈直紀略一卷恩遇紀略一卷舊聞紀略一卷　瞿鴻禨撰　民國九年(1920)影印本　一冊

330000－1701－0062241　HJH814.6/4408/c3　集部/別集類/清別集
豐草菴詩集十一卷文前集三後集三卷寶雲詩集七卷禪樂府一卷　（清）董說撰　民國吳興劉氏嘉業堂刻朱印本　六冊

330000－1701－0062242　HJH8199　子部/藝術類/書畫之屬
水流雲在圖記二卷　陳夔龍撰　民國石印本　二冊

330000－1701－0062244　HJL7863　子部/藝術類/書畫之屬/畫譜
清代帝后像第一輯不分卷第二輯不分卷　北平故宫博物院輯　民國十八年(1929)影印本　二冊

330000－1701－0062254　HJH6847　史部/政書類/通制之屬
皇朝續文獻通考四百卷勘誤表一卷　劉錦藻撰　民國鉛印本　一百冊

330000－1701－0062256　普814.7/1017　類叢部/叢書類/郡邑之屬
吳興叢書六十六種　劉承幹編　民國吳興劉氏嘉業堂刻本　一冊　存一種

330000－1701－0062259　HJL0486　經部/易類/傳說之屬

周易通解三卷釋義一卷　(清)卞斌撰　民國七年(1918)卞氏石印本　三册

330000－1701－0062269　M001002　集部/別集類

冷香館詩鈔二卷文鈔二卷　沈廉撰　民國八年(1919)、十一年(1922)定海湯濬木活字印本　二册

330000－1701－0062272　HJL0488　經部/書類/傳說之屬

尚書駢枝一卷　(清)孫詒讓撰　民國鉛印本　一册

330000－1701－0062276　M001003　史部/傳記類/總傳之屬/姓名

青樓小名錄八卷　(清)趙慶楨輯　民國四年(1915)上海中國圖書公司鉛印本　四册

330000－1701－0062277　HJL0489　經部/書類/傳說之屬

尚書駢枝一卷　(清)孫詒讓撰　民國鉛印本　一册

330000－1701－0062282　HJL0490　經部/書類/傳說之屬

尚書駢枝一卷　(清)孫詒讓撰　民國鉛印本　一册

330000－1701－0062284　HJH0491　經部/書類/傳說之屬

尚書駢枝一卷　(清)孫詒讓撰　民國鉛印本　一册

330000－1701－0062287　HJH0492　經部/書類/傳說之屬

尚書駢枝一卷　(清)孫詒讓撰　民國鉛印本　一册

330000－1701－0062288　M001004　子部/墨家類

墨子閒詁十五卷目錄一卷附錄一卷後語二卷　(清)孫詒讓撰　民國掃葉山房石印本　八册

330000－1701－0062291　HJH0493　經部/書類/傳說之屬

尚書駢枝一卷　(清)孫詒讓撰　民國鉛印本　一册

330000－1701－0062293　HJH0494　經部/書類/傳說之屬

尚書駢枝一卷　(清)孫詒讓撰　民國鉛印本　一册

330000－1701－0062298　M001005　子部/小說家類/雜事之屬

古今筆記譚四卷　民國十三年(1924)仁記書局石印本　四册

330000－1701－0062299　普814.7/10201　集部/別集類/清別集

務敏書塾詩稿一卷文稿一卷日記一卷先德述略一卷　(清)王自新撰　民國十五年(1926)鉛印本　一册

330000－1701－0062307　M001006　集部/別集類/明別集

震川先生集三十卷別集十卷附錄一卷　(明)歸有光撰　民國上海中華圖書館石印本　八册

330000－1701－0062309　普814.7/1021/c2　集部/別集類

默盦集十卷　王舟瑤撰　民國二年(1913)上海國光書局鉛印本　三册

330000－1701－0062310　HJH814.6/6000　集部/別集類/明別集

江峰漫稿十二卷　(明)吕高撰　(清)李開先選　民國二十三年(1934)國學圖書館影印本　四册

330000－1701－0062313　HJL0496　經部/易類

易藏叢書六種　杭辛齋撰　民國十一年(1922)上海研幾學社鉛印本　八册

330000－1701－0062314　普814.7/1021/c3　集部/別集類

默盦集十卷　王舟瑤撰　民國二年(1913)上

海國光書局鉛印本　三冊

330000－1701－0062317　GP07376　類叢部/叢書類/彙編之屬
復性書院叢刊二十七種　馬浮編　民國二十九年至三十七年(1940－1948)復性書院刻本暨鉛印本　三冊　存一種

330000－1701－0062318　GP01507　子部/藝術類/書畫之屬/法帖
宋搨集王書聖教序一卷　(晉)王羲之書　民國影印本　一冊

330000－1701－0062319　普 814.7/1022　類叢部/叢書類/郡邑之屬
雲南叢書初編一百四十一種二編三十七種　趙藩　陳榮昌等輯　民國雲南叢書處刻本　二冊　存一種

330000－1701－0062320　M001007　集部/別集類/清別集
晦薌詩鈔八卷　(清)諸聯撰　民國埽葉山房石印本　四冊

330000－1701－0062323　普 814.7/10831　類叢部/叢書類/郡邑之屬
豫章叢書六十種附一種　胡思敬編　民國四年至九年(1915－1920)南昌豫章叢書編刻局刻本　四冊　存一種

330000－1701－0062324　普 951.05093/7556/5　史部/紀事本末類/通代之屬
歷朝紀事本末(九朝紀事本末)九種　(清)陳如升　(清)朱記榮輯　(清)慎記主人增輯　民國十四年(1925)上海校經山房成記書局石印本　一冊　存一種

330000－1701－0062325　M001008　經部/群經總義類/文字音義之屬
經傳釋詞十卷　(清)王引之撰　王時潤點勘　**研究說文書目一卷**　王時潤撰　民國十三年(1924)上海文瑞樓石印本　四冊

330000－1701－0062330　HJL6897　史部/金石類/石之屬/通考
金石苑六卷　(清)劉喜海輯　民國影印本　六冊

330000－1701－0062350　GP01511　子部/藝術類/書畫之屬/法帖
晉王右軍真蹟一卷　(晉)王羲之書　民國影印本　一冊

330000－1701－0062355　GP01512　子部/藝術類/書畫之屬/法帖
漢衡方碑不分卷　民國上海藝苑真賞社影印本　一冊

330000－1701－0062360　GP01513　子部/藝術類/書畫之屬/法帖
漢衡方碑不分卷　民國八年(1919)上海藝苑真賞社影印本　一冊

330000－1701－0062362　普 814.7/1024、普 814.7/1024.2　集部/別集類/清別集
王蘇州遺書十二卷首一卷補編一卷　(清)王仁堪撰　王孝繩編輯　民國二十三年至二十五年(1934－1936)鉛印本　七冊

330000－1701－0062363　普 814.7/1084　類叢部/叢書類/自著之屬
寫禮廎遺箸四種　(清)王頌蔚撰　民國四年(1915)鲟溪王氏刻本　一冊　存二種

330000－1701－0062375　GP01518　史部/傳記類/別傳之屬
帆影樓紀事不分卷附小萬柳堂王惲畫目一卷　吳芝瑛編　民國石印本　一冊

330000－1701－0062377　普 814.7/10871　類叢部/叢書類/郡邑之屬
黔南叢書六十一種　任可澄等編　民國十一年至三十二年(1922－1943)貴陽文通書局鉛印本暨刻本　一冊　存三種

330000－1701－0062380　M001009　史部/雜史類/斷代之屬
庚申外史二卷　(明)權衡撰　民國交通圖書館石印本　一冊

330000－1701－0062382　HJL0503　經部/小學類/音韻之屬

音韻學叢書二十種　嚴式誨輯　民國渭南嚴氏成都刻本　三冊　存二種

330000－1701－0062384　GP01519　史部/金石類/石之屬/文字
晉任城太守夫人孫氏之碑一卷　民國石印本　二冊

330000－1701－0062385　M001010　子部/雜著類
圖繪經商獻曝錄不分卷　丁方鎮撰　李巘評　周湘繪　民國十九年(1930)甬東壽世草堂鉛印本　于冠三題記　一冊

330000－1701－0062387　M000919　集部/總集類/選集之屬/通代
歷代女子文集十二卷　(明)趙世杰選輯　民國十一年(1922)上海掃葉山房石印本　四冊

330000－1701－0062388　普814.7/1043/4　集部/别集類/清别集
帶經堂集七種九十二卷　(清)王士禛撰　(清)程哲編　民國十年(1921)上海錦文堂影印本　二十四冊

330000－1701－0062393　M000920　新學/理學
新編小物理學一卷附錄一卷　(日本)木村駿吉撰　樊炳清譯　民國石印本　一冊

330000－1701－0062395　普814.7/1043/5　集部/别集類/清别集
帶經堂集七種九十二卷　(清)王士禛撰　(清)程哲編　民國十年(1921)上海錦文堂影印本　八冊　存二種

330000－1701－0062396　G000594　集部/别集類/清别集
黔輶集一卷　李哲明撰　民國十七年(1928)刻本　一冊

330000－1701－0062398　M001011　子部/宗教類/佛教之屬/總録
竹窗隨筆一卷二筆一卷三筆一卷　(明)釋袾宏撰　民國三年(1914)上海有正書局鉛印本　三冊

330000－1701－0062399　GP01520　史部/傳記類
高氏三世誦芬帖一卷　(明)高材等書　民國十一年(1922)石印本　一冊

330000－1701－0062401　M000921　類叢部/叢書類/自著之屬
濱虹雜著三種　黄賓虹述　民國七年(1918)鉛印本　梅廬題記　一冊

330000－1701－0062404　HJL0417　經部/叢編
十三經讀本　唐文治輯　民國十三年(1924)吳江施肇曾醒園刻本　一百冊

330000－1701－0062405　GP01536　子部/藝術類/書畫之屬/法帖
唐柳公權正書不分卷　(唐)柳公權書　民國石印本　一冊

330000－1701－0062406　GP01521　子部/藝術類/書畫之屬/法帖
說文部首篆文墨蹟一卷許敘篆文墨蹟一卷　(清)楊沂孫書　民國五年(1916)蘇州振新書局石印本　一冊

330000－1701－0062410　M001012　子部/叢編
道藏本子書五種　傅增湘輯　民國七年(1918)雙鑑樓影印本　四冊

330000－1701－0062413　GP01538　子部/藝術類/書畫之屬/法帖
張猛龍碑不分卷　民國七年(1918)上海商務印書館影印本　一冊

330000－1701－0062416　M000922　集部/總集類/酬唱之屬
小羅浮社唱和詩存四卷首一卷白門消寒分會詩一卷　楊芃棫輯　民國七年(1918)鉛印本　二冊

330000－1701－0062420　M000923　集部/别集類
南枝集三卷　(越南)阮尚贇撰　民國十四年(1925)鉛印本　一冊

330000－1701－0062421　GP01540　集部/別集類
題梅百詠一卷續一卷　高振霄撰　民國二十四年(1935)朱孔陽影印本　一冊　存一卷(題梅百詠)

330000－1701－0062423　M000924　史部/傳記類/别傳之屬/事狀
貴陽陳庸菴尚書七袠壽言不分卷　陳昌豫輯　民國十五年(1926)鉛印本　四冊

330000－1701－0062426　GP01541　史部/傳記類/别傳之屬/墓誌
隋元公姬氏墓誌銘合冊不分卷　民國影印本　一冊

330000－1701－0062427　GP01524　子部/藝術類/書畫之屬/法帖
宋搨懷仁集書半截碑一卷　(晉)王羲之書　(唐)釋大雅集　民國二十二年(1933)上海文明書局影印本　一冊

330000－1701－0062428　M001013　集部/别集類
漸齋詩存五卷　延鴻撰　民國二十年(1931)鉛印本　一冊

330000－1701－0062430　GP01526　子部/藝術類/書畫之屬/法帖
宋拓化度寺碑一卷虞恭公碑一卷　(唐)歐陽詢書　民國影印本　一冊

330000－1701－0062434　GP01514　子部/藝術類/書畫之屬/法帖
宋拓張猛龍碑一卷　民國上海有正書局影印本　一冊

330000－1701－0062436　M001014　史部/雜史類/斷代之屬
莊史案輯論一卷　朱邦彥撰　民國木活字印本　一冊

330000－1701－0062439　GP01527　子部/藝術類/書畫之屬/法帖
宋搨皇甫誕碑一卷　(唐)歐陽詢書　民國影印本　一冊

330000－1701－0062441　GP01515　子部/藝術類/書畫之屬/法帖
宋拓張猛龍碑一卷　民國上海有正書局影印本　一冊

330000－1701－0062442　GP01543　子部/藝術類/書畫之屬/法帖
歷代碑帖大觀五十種　高時顯輯　民國上海中華書局影印本　一冊　存一種

330000－1701－0062443　M001015　史部/雜史類/斷代之屬
傅戈莊鹽店被焚案記實一卷　丁叔言撰　民國二十一年(1932)和記印刷局鉛印本　一冊

330000－1701－0062445　M001016　子部/宗教類/佛教之屬/總録
天童和尚闢妄救略說十卷　(明)釋圓悟撰　(明)釋真啟編　民國八年(1919)上海有正書局鉛印本　一冊　存三卷(一至三)

330000－1701－0062446　GP01516　子部/藝術類/書畫之屬/法帖
章草草訣歌一卷　民國二十年(1931)北平自青榭影印本　一冊

330000－1701－0062447　HJL0510　經部/小學類/音韻之屬/等韻
音學辨微一卷　(清)江永撰　**榕村等韻辨疑正誤一卷**　(清)李光地撰　**康熙字典等均圖辨惑一卷常孰黄廷鑑三十六字母辨一卷**　(清)黄廷鑑撰　民國十二年(1923)渭南嚴式誨孝義家塾成都敦睦堂刻本　一冊

330000－1701－0062449　M000926　經部/孝經類/傳說之屬
孝經一卷弟子職一卷　(清)任兆麟集註　民國商務印書館鉛印本　一冊

330000－1701－0062451　GP01544　史部/金石類/石之屬/文字
初拓姬夫人誌不分卷　民國六年(1917)上海藝苑真賞社影印本　一冊

330000－1701－0062452　GP01528　子部/藝術類/書畫之屬/法帖

魯相乙瑛碑一卷　民國有正書局影印本　一冊

330000－1701－0062453　M001017　史部/傳記類/別傳之屬/事狀
海寧鍾符卿先生實政記一卷　王宗炎撰　民國二十二年(1933)鉛印本　一冊

330000－1701－0062454　GP01545　史部/金石類/石之屬/文字
初拓張陶二夫人墓誌二卷　民國八年(1919)上海有正書局影印本　一冊

330000－1701－0062455　GP01517　子部/藝術類/書畫之屬/法帖
章草草訣歌一卷　民國十八年(1929)北平自青榭影印本　一冊

330000－1701－0062457　HJL0511　經部/詩類/專著之屬
詩義會通四卷　吳闓生撰　民國十六年(1927)文學社刻本　四冊

330000－1701－0062459　M001018　史部/傳記類/別傳之屬/事狀
陸建中先生九十壽言不分卷　陸涵秋輯　民國十四年(1925)鉛印本　一冊

330000－1701－0062460　HJL6850　史部/金石類/金之屬/目録
國朝金文著録表六卷　王國維撰　**國朝金文著録表補遺二卷附録一卷校勘記一卷校補一卷**　鮑鼎撰　民國二十年(1931)石印本　六冊

330000－1701－0062461　GP01568　子部/藝術類/書畫之屬/畫譜
梅瞿山水墨山水一卷　(清)梅清繪　民國十八年(1929)上海神州國光社影印本　一冊

330000－1701－0062462　M001019　史部/傳記類/別傳之屬
汪漢溪先生哀輓録不分卷　民國十六年(1927)鉛印本　一冊

330000－1701－0062464　GP01569　史部/金石類/石之屬/文字
初拓董美人墓誌一卷　民國二十三年(1934)上海商務印書館影印本　一冊

330000－1701－0062465　M001020　史部/傳記類/別傳之屬/事狀
伍母王太夫人七秩壽言録一卷　伍文淵輯　民國鉛印本　一冊

330000－1701－0062466　M001021　史部/目録類/總録之屬/氏族
海寧渤海陳氏著録二卷續編一卷補遺一卷　(清)陳敬璋編　陳其謙　陳大綸重輯　民國二十二年(1933)鉛印本　一冊

330000－1701－0062468　HJL0514　類叢部/叢書類/彙編之屬
渭南嚴氏孝義家塾叢書十一種　嚴式誨編　民國十九年至二十年(1930－1931)渭南嚴氏刻本　六冊　存一種

330000－1701－0062469　GP01570　史部/金石類/石之屬/文字
初拓董美人墓誌一卷　民國二十三年(1934)上海商務印書館影印本　蘇新生跋　一冊

330000－1701－0062471　GP01529　子部/藝術類/書畫之屬/法帖
魯相乙瑛碑一卷　民國有正書局影印本　一冊

330000－1701－0062472　GP01546　史部/金石類/石之屬/文字
初拓張陶二夫人墓誌銘二卷　民國有正書局影印本　一冊

330000－1701－0062473　GP01530　子部/藝術類/書畫之屬
漢碑額不分卷　金鳌石華樓收藏　丁仁鑒定　民國二十六年(1937)上海中華書局影印本　一冊

330000－1701－0062476　GP01571　子部/藝術類/書畫之屬/法帖
李仲璇修孔廟碑不分卷　民國九年(1920)上海寶霞印社影印本　一冊

330000－1701－0062479　GP01531　子部/藝術類/書畫之屬/法帖
明拓韓敕禮器碑一卷　民國影印本　一冊

330000－1701－0062480　M000927　子部/雜著類/雜説之屬
鳌金積弊一卷　黄華撰　民國三十七年(1948)清平山人抄本　一冊

330000－1701－0062481　HJH7436　史部/政書類/通制之屬
皇朝續文獻通考四百卷勘誤表一卷　劉錦藻撰　民國鉛印本　一百冊

330000－1701－0062482　GP01532　子部/藝術類/書畫之屬/法帖
六朝大方廣佛華嚴經一卷　民國十八年(1929)中華書局影印本　一冊

330000－1701－0062484　普 814.7/1044/c1　類叢部/叢書類/郡邑之屬
吴興叢書六十六種　劉承幹編　民國吴興劉氏嘉業堂刻本　一冊　存一種

330000－1701－0062485　GP01573　史部/金石類/石之屬/文字
魏司馬景和妻墓誌銘一卷　民國六年(1917)上海藝苑真賞社影印本　一冊

330000－1701－0062487　普 814.7/1044/c2　類叢部/叢書類/郡邑之屬
吴興叢書六十六種　劉承幹編　民國吴興劉氏嘉業堂刻本　一冊　存一種

330000－1701－0062488　GP01572　子部/藝術類/書畫之屬/法帖
宋拓明拓褚河南枯樹賦合冊不分卷　(唐)褚遂良書　民國上海有正書局影印本　一冊

330000－1701－0062491　GP01533　子部/藝術類/書畫之屬/法帖
初拓張猛龍碑一卷　民國四年(1915)上海有正書局影印本　一冊

330000－1701－0062492　GP01547　經部/群經總義類/石經之屬/專考
魏正始石經殘字尚書一卷春秋一卷　陳乃乾輯　民國十二年(1923)海寧陳氏慎初堂據上虞羅氏假本影印本　二冊

330000－1701－0062493　GP01534　子部/藝術類/書畫之屬/法帖
初拓張猛龍碑一卷　民國十四年(1925)上海有正書局影印本　一冊

330000－1701－0062494　M000929　集部/别集類/清别集
春在堂隨筆十卷小浮梅閒話一卷　(清)俞樾撰　民國元年(1912)國華書局石印本　一冊

330000－1701－0062495　普 814.7/10441　集部/别集類/清别集
默史遺稿四卷　(清)王樹森撰　民國九年(1920)鉛印本　一冊

330000－1701－0062497　M001022　史部/傳記類/别傳之屬/事狀
郭節母廖太夫人清芬錄不分卷　郭兆霖輯　民國鉛印本　四冊

330000－1701－0062499　GP01535　子部/藝術類/書畫之屬/畫譜
鏡江畫譜不分卷　(清)馬濤繪　民國二十三年(1934)利利印務局影印本　二冊

330000－1701－0062502　GP01548　子部/藝術類/書畫之屬/法帖
楊沂孫篆説文部首大字本一卷　(清)楊沂孫書　民國十二年(1923)上海古今圖書店石印本　一冊

330000－1701－0062503　M000930　集部/總集類/選集之屬/通代
六朝文絜箋注十二卷　(清)許槤輯並評　(清)黎經誥箋注　民國十五年(1926)上海掃葉山房石印本　四冊

330000－1701－0062504　GP01574　史部/傳記類/别傳之屬/墓誌
魏王僧墓誌銘一卷　民國影印本　一冊

330000－1701－0062505　HJL0515　經部/孝

經類/傳說之屬
孝經說三卷 陳伯陶撰 民國十六年(1927)香港鉛印本 一册

330000－1701－0062507 GP01549 子部/藝術類/書畫之屬/法帖
楊沂孫篆說文部首大字本一卷 (清)楊沂孫書 民國十二年(1923)上海古今圖書店石印本 一册

330000－1701－0062508 M000931 類叢部/叢書類/彙編之屬
得月簃叢書初刻十種次刻十種 (清)榮譽輯 民國鉛印本 一册 存一種

330000－1701－0062512 M001023 史部/傳記類/别傳之屬
碧天記一卷 林澤撰 民國鉛印本 一册

330000－1701－0062514 M000932 子部/兵家類/操練之屬
國術大全不分卷 中央技擊學會編 民國十八年(1929)上海拳術研究會石印本 四册

330000－1701－0062517 GP01550 子部/藝術類/書畫之屬/法帖
宋拓皇甫君碑一卷 (唐)歐陽詢書 民國二十三年(1934)上海商務印書館影印本 一册

330000－1701－0062522 M001024 集部/别集類
溫故廬近著摘鈔一卷 黄祿祥撰 民國二十年(1931)鉛印本 一册

330000－1701－0062524 GP01551 子部/藝術類/書畫之屬/法帖
唐拓十七帖一卷 (晉)王羲之書 民國上海藝苑真賞社影印本 一册

330000－1701－0062525 M001025 類叢部/叢書類/彙編之屬
丁丑叢編十種 趙詒琛 王大隆輯 民國二十六年(1937)鉛印本 四册

330000－1701－0062529 M000933 子部/小說家類/瑣語之屬
笠翁香豔叢錄三卷 (清)李漁撰 民國十二年(1923)江左書林石印本 三册

330000－1701－0062532 GP01552 子部/藝術類/書畫之屬/法帖
秦碣石門頌一卷 民國上海藝苑真賞社影印本 一册

330000－1701－0062535 M000934 集部/别集類
負暄山館詩草一卷 黄棣華撰 民國十六年(1927)香港永發印務有限公司鉛印本 一册

330000－1701－0062538 GP01577 子部/藝術類/書畫之屬/畫譜
名畫選粹二卷 天覕生選輯 民國十五年(1926)上海大東書局石印本 二册

330000－1701－0062539 GP01554 子部/藝術類/書畫之屬/法帖
蘭亭序三種不分卷 民國影印本 一册

330000－1701－0062540 M001026 集部/别集類
庸謹堂文存一卷附續歲華紀感一卷 唐詠裳撰 民國二十二年(1933)紹興鉛印本 一册

330000－1701－0062541 GP01555 子部/藝術類/書畫之屬/法帖
宋拓定武蘭亭一卷 (晉)王羲之書 民國六年(1917)有正書局影印本 一册

330000－1701－0062543 GP01582 子部/藝術類/書畫之屬/法帖
寫經真蹟 民國十八年(1929)上海中華書局影印本 一册 存一種

330000－1701－0062544 M000935 集部/别集類/宋别集
四明文獻集五卷 (宋)王應麟撰 (明)鄭真輯 **深寧先生文鈔摭餘編三卷** (宋)王應麟撰 (清)葉熊輯 **深寧先生年譜一卷** (清)錢大昕編 **王深寧先生年譜一卷** (清)陳僅纂輯 (清)張恕編次 **王深寧先生年譜一卷** (清)張大昌輯 民國五年(1916)仁和王存善鉛印本 四册

330000－1701－0062545　GP01583　子部/藝術類/書畫之屬/法帖

唐雲麾將軍李思訓碑一卷　（唐）李邕書　民國上海藝苑真賞社影印本　一冊

330000－1701－0062548　GP01584　子部/藝術類/書畫之屬/法帖

漢曹全碑一卷　民國上海藝苑真賞社影印本　一冊

330000－1701－0062549　M000936　集部/别集類/清别集

袁文箋正十六卷補注一卷　（清）袁枚撰　（清）石韞玉箋　民國十八年（1929）上海中原書局石印本　六冊

330000－1701－0062551　GP01585　子部/藝術類/書畫之屬/法帖

漢乙瑛碑一卷　民國上海藝苑真賞社影印本　一冊

330000－1701－0062553　M000937　集部/别集類/清别集

復初齋詩集七十卷　（清）翁方綱撰　民國四年（1915）石印本　十六冊

330000－1701－0062554　M000938　集部/别集類

望雲廬遺稿二卷　孫元琅撰　民國二十一年（1932）鉛印本　一冊

330000－1701－0062555　M000939　集部/别集類

觀山文稿十卷首一卷　章乃羹撰　民國二十四年（1935）鉛印本　二冊

330000－1701－0062556　M000940　子部/雜著類/雜説之屬

東山談苑八卷　（清）余懷編　民國二十三年（1934）襄社影印本　二冊

330000－1701－0062560　普 951. 05094/3547.01/c2　史部/雜史類/斷代之屬

蒙古源流箋證八卷首一卷　沈曾植撰　張爾田校補　民國二十一年（1932）嘉興沈氏刻二十三年（1934）重修海日樓遺書本　張爾田題記　二冊

330000－1701－0062562　HJL6858　史部/目録類/總録之屬/地方

溫州經籍志三十三卷首一卷外編二卷辨誤一卷　（清）孫詒讓撰　民國十年（1921）浙江公立圖書館刻本　十六冊

330000－1701－0062564　M001027　子部/醫家類/兒科之屬

看護嬰孩法一卷　安陸循道會樂師姆撰　民國十二年（1923）上海廣學會鉛印本　一冊

330000－1701－0062565　M001028　集部/别集類

雁蕩吟二卷　朱鵬撰　民國九年（1920）溫州務本石印本　一冊

330000－1701－0062566　HJL6859　史部/目録類/總録之屬/官修

省立第二圖書館書目續編六卷附錄一卷三編七卷　曹允源編　民國六年（1917）、十年（1921）蘇州江蘇省立第二圖書館刻本　六冊

330000－1701－0062568　M001029　經部/四書類/總義之屬/傳説

四書集註十九卷　（宋）朱熹撰　民國三友實業社石印本　瞿題記　一冊

330000－1701－0062572　HJL6967　史部/金石類/石之屬/雜著

唐李思訓碑校勘記六章　阮永墀撰　民國二十年（1931）鉛印本　一冊

330000－1701－0062576　M001030　子部/醫家類/方書之屬/單方驗方

校正增廣驗方新編八卷　（清）鮑相璈輯　（清）張紹棠增訂　**痧症全書一卷**　（清）王凱輯　（清）張紹棠增訂　**咽喉祕集二卷**　（清）海山仙館輯　（清）張紹棠增訂　**白喉治法忌表抉微一卷**　民國上海中華書局鉛印本　十冊

330000－1701－0062584　普 951. 05094/3547.01/c1　類叢部/叢書類/自著之屬

海日樓遺書九種　沈曾植撰　民國姚家埭沈

氏刻本　二冊　存一種

330000－1701－0062585　M001031　子部/術數類/相宅相墓之屬
地理辨正翼六卷　(清)蔣平階輯　(清)榮錫勳補翼　**披肝露膽經一卷**　(明)劉基撰　民國三年(1914)成都尚古鍾氏刻本　董鴻逵跋　四冊

330000－1701－0062586　HJH7376　子部/藝術類/遊藝之屬/博戲
牙牌靈數一卷　民國六年(1917)石印本　一冊

330000－1701－0062587　HJL6861　史部/目録類/版本之屬/書影
盋山書影第一輯不分卷第二輯不分卷　柳詒徵編　民國十八年(1929)國學圖書館影印本　三冊

330000－1701－0062590　M000941　集部/總集類/謠諺之屬
滬諺外編二卷　胡祖德編　民國十二年(1923)石印本　二冊

330000－1701－0062591　普951.05094/3547.01/c3　類叢部/叢書類/自著之屬
海日樓遺書九種　沈曾植撰　民國姚家埭沈氏刻本　二冊　存一種

330000－1701－0062592　HJL0520　經部/禮記類/傳說之屬
禮記正義七十卷　(漢)鄭玄注　(唐)孔穎達疏　**校勘記二卷**　潘宗周撰　民國十六年(1927)番禺潘氏據宋紹熙三年(1192)兩浙東路茶司本影刻藍印本　二十六冊

330000－1701－0062597　普951.05094/4110　史部/紀傳類/正史之屬
新元史二百五十七卷　柯劭忞撰　民國天津徐世昌退耕堂刻本　六十冊

330000－1701－0062598　M000942　史部/傳記類/別傳之屬/事狀
楊氏重闈紀念二集不分卷　民國鉛印本　一冊

330000－1701－0062599　普814.7/1121　類叢部/叢書類/郡邑之屬
雲南叢書初編一百四十一種二編三十七種　趙藩　陳榮昌等輯　民國雲南叢書處刻本　二冊　存一種

330000－1701－0062600　HJL7378　史部/紀傳類/正史之屬
謝氏後漢書補逸五卷　(三國吳)謝承撰　(清)姚之駰輯　(清)孫志祖增訂　民國二十年(1931)國學圖書館影印本　一冊

330000－1701－0062602　M001032　史部/傳記類/別傳之屬
朝雲過眼錄(錢葆真紀念冊)不分卷　民國上海中華書局鉛印本　一冊

330000－1701－0062606　HJL6862　史部/目録類/總録之屬/官修
無錫縣立第一高等小學校圖書館目錄甲編不分卷　朱正色編　民國九年(1920)鉛印本　一冊

330000－1701－0062607　HJL0523　經部/禮記類/傳說之屬
禮記正義七十卷　(漢)鄭玄注　(唐)孔穎達疏　**校勘記二卷**　潘宗周撰　民國十六年(1927)番禺潘氏據宋紹熙三年(1192)兩浙東路茶司本影刻藍印本　二十四冊　缺二卷(校勘記一至二)

330000－1701－0062610　M000943　子部/醫家類/溫病之屬
溫病條辨六卷首一卷　(清)吳瑭撰　民國六年(1917)上海鍊石書局石印本　一冊

330000－1701－0062611　HJL7379　史部/雜史類/斷代之屬
三朝遼事實錄十七卷總畧一卷　(明)王在晉撰　民國二十年(1931)江蘇省立國學圖書館影印本　十冊

330000－1701－0062614　M001033　史部/傳記類/別傳之屬/墓誌
皇考鶴齡公暨妣褚太淑人墓表一卷附錄皇妣

褚太淑人舉殯輓聯一卷吳外姑褚太淑人行述一卷亡室顧恭人墓志一卷附錄亡室顧恭人輓聯一卷輓亡室顧恭人詩一卷冢婦邵孺人壙碣一卷附錄冢婦邵孺人舉殯輓聯一卷　吳中聲輯　民國二十年(1931)鉛印本　一册

330000－1701－0062616　M001034　集部/別集類
世徽樓詩稿四卷　葉楚傖撰　民國三十五年(1946)上海正中書局鉛印本　一册

330000－1701－0062619　普 814.7/10443/c1　類叢部/叢書類/自著之屬
玩芳艸堂叢書　(清)王棻撰　民國上海國光書局鉛印本　八册　存一種

330000－1701－0062620　M000944　類叢部/叢書類/彙編之屬
宋人小說二十八種　涵芬樓編　民國上海商務印書館鉛印本　二册　存一種

330000－1701－0062621　M001035　集部/別集類
槃薖詩鈔二卷　周家謙撰　民國十七年(1928)紫蓬山房刻本　二册

330000－1701－0062622　普 814.7/10443/c4　類叢部/叢書類/自著之屬
玩芳艸堂叢書　(清)王棻撰　民國上海國光書局鉛印本　八册　存一種

330000－1701－0062623　HJL7380　史部/雜史類/斷代之屬
嘉靖東南平倭通錄一卷附隆慶平倭一卷國朝典彙一卷　(明)徐學聚撰　民國二十一年(1932)江蘇省立國學圖書館影印本　一册

330000－1701－0062624　HJL6863　史部/目録類/總録之屬/官修
無錫縣立圖書館鄉賢部書目一卷　劉君勛編　民國九年(1920)無錫縣立圖書館鉛印本　一册

330000－1701－0062625　普 814.7/1043.3　集部/別集類/清別集
帶經堂集七種九十二卷　(清)王士禛撰　(清)程哲編　民國十年(1921)上海錦文堂石印本　四册　存一種

330000－1701－0062627　M000945　集部/總集類/選集之屬/斷代
社作選刊不分卷　民國鉛印本　二册

330000－1701－0062629　HJL6864　史部/目録類/總録之屬/官修
太倉縣立圖書館藏書目錄八卷首一卷末一卷　徐福墉編　民國十三年(1924)鉛印本　二册

330000－1701－0062630　M001036　子部/工藝類/文房四寶之屬/墨
知白齋墨譜不分卷　郭恩嘉輯　民國九年(1920)上海西泠印社影印本　二册

330000－1701－0062632　GP01556　史部/金石類/石之屬
西嶽華山廟碑三種　民國有正書局石印本　一册　存一種

330000－1701－0062633　普 814.7/1048　類叢部/叢書類/自著之屬
王煙客先生集五種附三種　(清)王時敏撰　鄒登泰輯　民國五年(1916)蘇州振新書社鉛印本　六册

330000－1701－0062635　HJL7381　史部/政書類/軍政之屬/邊政
經畧復國要編十四卷圖一卷附一卷後附一卷　(明)宋應昌撰　民國十九年(1930)國學圖書館影印本　八册

330000－1701－0062637　GP01557　史部/金石類/石之屬
西嶽華山廟碑三種　民國有正書局石印本　一册　存一種

330000－1701－0062638　GP01594　史部/金石類/石之屬
隋上方寺塔槃遺刻一卷漢黾池五端圖題名一卷　民國有正書局石印本　一册

330000－1701－0062641　GP01558　史部/金

石類/石之屬

西嶽華山廟碑三種　民國有正書局石印本　一冊　存一種

330000－1701－0062643　HJL6869　史部/目録類/總録之屬/私撰

上善堂宋元板精鈔舊鈔書目一卷　（清）孫從添撰　民國十八年（1929）瑞安陳氏刻本　一冊

330000－1701－0062644　HJL6865　史部/目録類/通論之屬/義例

校讐新義十卷　杜定友撰　民國十九年（1930）上海中華書局鉛印本　二冊

330000－1701－0062645　普814.7/10481　集部/别集類/清别集

緣督軒遺稿一卷　（清）王敬銘撰　**王書衡先生文稿一卷**　王式通撰　民國四年（1915）上海商務報館鉛印本　一冊

330000－1701－0062647　GP01559　史部/金石類/石之屬

西嶽華山廟碑三種　民國有正書局石印本　一冊　存一種

330000－1701－0062651　GP01595　子部/藝術類/書畫之屬/法帖

鍾繇道德經一卷　（三國魏）鍾繇書　民國二十五年（1936）廣倉學宭影印本　一冊

330000－1701－0062654　GP01597　子部/藝術類/書畫之屬/畫譜

大滌子畫宋元吟韻一卷　（清）釋道濟繪　民國十八年（1929）上海神州國光社影印本　一冊

330000－1701－0062658　M000946　史部/政書類/儀制之屬

歷代建元類聚考一卷補遺一卷　張之銘編　民國抄本　一冊

330000－1701－0062660　HJL7383　史部/紀傳類/正史之屬

史記訂補八卷　李笠撰　民國十三年（1924）瑞安李氏横經室刻本　四冊

330000－1701－0062661　普814.7/1050/c1　集部/别集類/清别集

丁中翰遺集二卷首一卷詩文補遺一卷　（清）丁泰撰　柯志頤輯　民國九年（1920）鉛印本　一冊

330000－1701－0062663　GP01560　子部/藝術類/書畫之屬/法帖

宋拓麓山寺碑一卷　（唐）李邕撰並書　民國影印本　一冊

330000－1701－0062666　GP01598　子部/藝術類/書畫之屬/畫譜

王蓬心山水冊一卷　（清）王宸繪　民國二十年（1931）上海慎修書社影印本　一冊

330000－1701－0062667　普814.7/1050/c2　集部/别集類/清别集

丁中翰遺集二卷首一卷詩文補遺一卷　（清）丁泰撰　柯志頤輯　民國九年（1920）鉛印本　一冊

330000－1701－0062668　M000947　子部/雜著類/雜說之屬

葑漢昌言六卷　章炳麟撰　民國二十四年（1935）章氏國學講習會鉛印本　一冊

330000－1701－0062672　GP01599　子部/藝術類/書畫之屬/畫譜

王蓬心山水冊一卷　（清）王宸繪　民國二十年（1931）上海慎修書社影印本　一冊

330000－1701－0062673　HJL6868　類叢部/叢書類/自著之屬

孫隘堪所著書四種　孫德謙撰　民國十二年至十七年（1923－1928）元和孫氏四益宧刻本　一冊　存一種

330000－1701－0062675　GP01600　子部/藝術類/書畫之屬/畫譜

董香光山水冊一卷　（明）董其昌繪　民國二十年（1931）上海慎修書社影印本　一冊

330000－1701－0062676　GP01561　子部/藝術類/書畫之屬/法帖

宋安師文初拓爭座位一卷　（唐）顔真卿書

民國二十年(1931)上海愼修書社影印本　一冊

330000－1701－0062679　普347/2642.2　史部/政書類/律令之屬

漢律考七卷　程樹德撰　民國八年(1919)京師刻本　四冊

330000－1701－0062680　M000948　史部/地理類/方志之屬/郡縣志

黄巖南鄉賓興彙刊續編不分卷　鄭滔編　民國三十四年(1945)鉛印本　一冊

330000－1701－0062685　GP01601　子部/藝術類/書畫之屬/畫譜

張篁邨周牧山山水合冊不分卷　(清)張宗蒼　(清)周笠繪　民國二十一年(1932)上海愼修書社影印本　一冊

330000－1701－0062693　HJL6870　史部/目録類/專録之屬

經解提綱總目一卷　姚文棟撰　民國十四年(1925)刻本　一冊

330000－1701－0062694　HJL6871　史部/目録類/總録之屬/官修

江南圖書館善本書目五卷　江南圖書館編　民國南京江南圖書館鉛印本　一冊

330000－1701－0062697　M001037　集部/別集類

樊山集外八卷　樊增祥撰　民國三年(1914)上海廣益書局石印本　六冊

330000－1701－0062698　GP01602　子部/藝術類/書畫之屬/畫譜

國畫一輯不分卷　許正華等繪　民國十八年(1929)中大藝術科影印本　國威、朱天任題記　朱家珍跋　一冊

330000－1701－0062704　HJL6872　史部/目録類/專録之屬

鐵華館藏集部善本書目一卷　(清)蔣鳳藻撰　民國十九年(1930)刻湫漻齋叢書本　劉承幹題簽並記　一冊

330000－1701－0062705　民347.5/2680　史部/政書類/律令之屬/律例

審斷須知不分卷　魏頌唐輯　民國四年(1915)浙江印刷公司鉛印本　一冊

330000－1701－0062709　GP01603　子部/藝術類/書畫之屬/畫譜

心漢閣扇集四集　民國十六年至十九年(1927－1930)愼修書社影印本　一冊　存一集(四)

330000－1701－0062710　M000949　集部/別集類

兢生遺稿一卷　黄乾瑋撰　民國十一年(1922)鉛印本　一冊

330000－1701－0062712　HJL0529　經部/禮記類/傳說之屬

禮記正義七十卷　(漢)鄭玄注　(唐)孔穎達疏　**校勘記二卷**　潘宗周撰　民國十六年(1927)番禺潘氏據宋紹熙三年(1192)兩浙東路茶司本影刻藍印本　二十七冊　存六十七卷(四至七十)

330000－1701－0062715　GP01564　子部/藝術類/書畫之屬/法帖

右軍墨寶不分卷　(晉)王羲之書　民國影印本　一冊

330000－1701－0062717　M000950　集部/總集類/選集之屬/斷代

南社叢選文選十卷詩選十二卷詞選二卷　胡韞玉選錄　民國十三年(1924)上海國學社鉛印本　十二冊

330000－1701－0062718　M001038　史部/傳記類/日記之屬

李文清公日記十六卷(道光十四年至十五年、十七年至二十一年、二十三年至咸豐十一年、同治元年至四年)　(清)李棠階撰　民國四年(1915)項城張鎮芳影印本　十六冊

330000－1701－0062723　GP01604　子部/藝術類/書畫之屬

中國清代名畫集不分卷　上海市美術館籌備

處編　民國三十七年(1948)安定珂羅版社影印本　一册

330000－1701－0062724　民 951.0813/4000　史部/叢編

鄂故叢書二種　湖北通志館編　民國三十六年(1947)湖北通志館鉛印本　二册　存一種

330000－1701－0062725　GP01565　子部/藝術類/書畫之屬/法帖

鄰蘇老人手書題跋不分卷　楊守敬書　民國五年(1916)武昌楊氏觀海堂石印本　一册

330000－1701－0062729　GP01605　子部/藝術類/書畫之屬

明清十大家蘭竹扇集一卷　(明)周天球等繪　民國二十二年(1933)上海慎修書社影印本　一册

330000－1701－0062731　GP01566　子部/藝術類/書畫之屬/法帖

鄰蘇老人手書題跋不分卷　楊守敬書　民國五年(1916)武昌楊氏觀海堂石印本　一册

330000－1701－0062733　M000951　經部/春秋左傳類/傳說之屬

曲江書屋新訂批註左傳快讀十八卷首一卷　(清)李紹崧輯　民國十年(1921)上海錦章圖書局石印本　十二册

330000－1701－0062734　HJL6873　史部/目録類/總録之屬/私撰

國學用書類述不分卷　支偉成編　民國十六年(1927)上海泰東圖書局鉛印本　二册

330000－1701－0062735　GP01606　子部/藝術類/書畫之屬

中國近百年名畫集不分卷　上海市美術館籌備處編　民國三十六年(1947)安定珂羅版社影印本　一册

330000－1701－0062740　HJL7375　史部/傳記類/總傳之屬/家乘

前明常熟瞿氏四代忠賢遺像不分卷　瞿啟甲輯　民國九年(1920)石印本　一册

330000－1701－0062741　M001039　類叢部/叢書類/彙編之屬

袖珍古書讀本三十種　中華書局編　民國十九年(1930)上海中華書局鉛印本　六册　存一種

330000－1701－0062744　GP01607　子部/藝術類/書畫之屬/畫譜

清十大家山水扇集一卷　(清)程邃等繪　民國二十二年(1933)上海慎修書社影印本　一册

330000－1701－0062747　GP01567　子部/藝術類/書畫之屬/法帖

宋拓十七帖不分卷　(晉)王羲之書　民國二十九年(1940)商務印書館影印本　一册

330000－1701－0062750　GP01608　子部/藝術類/書畫之屬/畫譜

清十二名家花卉扇集一卷　(清)余鍔等繪　民國二十二年(1933)上海慎修書社影印本　一册

330000－1701－0062753　M000952　集部/詞類/總集之屬

海寧三家詞三卷　陳乃乾輯　民國二十五年(1936)鉛印本　一册

330000－1701－0062755　HJH0460　經部/群經總義類/文字音義之屬

相臺書塾刊正九經三傳沿革例一卷　(宋)岳柯撰　民國二年(1913)吳興張鈞衡刻朱印本　一册

330000－1701－0062756　M001040　集部/別集類

澹園詩稿七卷首一卷　田樹藩撰　民國二十五年(1936)中華印書局鉛印本　四册

330000－1701－0062758　GP01609　子部/藝術類/書畫之屬/畫譜

望雲軒名畫全集五卷　吳頤編　民國十九年(1930)上海慎修書社影印本　五册

330000－1701－0062760　GP01615　子部/藝術類/書畫之屬/畫譜

楊子鶴山水册一卷　(清)楊晉繪　民國二十年(1931)上海慎修書社影印本　一册

330000－1701－0062769　GP01610　子部/藝術類/書畫之屬/畫譜

天繪閣畫粹第一集不分卷　民國十九年(1930)天繪閣影印本　一册

330000－1701－0062772　M001041　集部/别集類/宋别集

龍川文集三十卷首一卷　(宋)陳亮撰　**附録二卷辨譌考異二卷**　(清)胡鳳丹撰　民國十二年(1923)上海掃葉山房石印本　八册

330000－1701－0062775　GP01616　子部/藝術類/書畫之屬/畫譜

高尚之畫册不分卷　高峻繪　民國影印本　高峻題記　一册

330000－1701－0062779　普814.7/1131　類叢部/叢書類/彙編之屬

滄海叢書十六種附七種　張伯楨編　民國二年至二十四年(1913－1935)東莞張氏刻本　四册　存一種

330000－1701－0062784　GP01617　子部/藝術類/書畫之屬/畫譜

刁光胤寫生花卉册不分卷　(唐)刁光胤繪　民國二十年(1931)北平故宫博物院影印本　一册

330000－1701－0062787　M000953、M610306　史部/政書類/公牘檔册之屬

黎副總統書牘二卷二集二卷三集二卷　黎元洪撰　民國元年(1912)上海廣益書局鉛印本　二册　存二卷(黎副總統書牘一至二)

330000－1701－0062788　HJH6878　史部/目録類/書志之屬/題跋

思適齋書跋四卷　(清)顧廣圻撰　王大隆輯　民國二十四年(1935)秀水王大隆學禮齋刻藍印本　二册

330000－1701－0062795　M000954　新學/雜著

趣談彙刊　廣學會編　民國八年(1919)上海廣學書局鉛印本　一册　存一種

330000－1701－0062796　GP01588　子部/藝術類/書畫之屬/畫法畫品

天下有山堂畫藝不分卷　(清)汪之元撰　民國六年(1917)學海圖書館石印本　二册

330000－1701－0062799　M000955　子部/小說家類/雜事之屬

讀書堂西征隨筆一卷　(清)汪景祺撰　民國十七年(1928)故宫博物院圖書館掌故部鉛印本　一册

330000－1701－0062800　GP01611　子部/藝術類/書畫之屬

故宫名畫梅集第一集不分卷第二集不分卷　民國二十五年(1936)、三十一年(1942)國立北平故宫博物院影印本　二册

330000－1701－0062803　HJL7388　史部/政書類/公牘檔册之屬

張文襄公奏稿五十卷首一卷公牘稿二十八卷函稿六卷函稿續編一卷電稿六十六卷　(清)張之洞撰　民國七年至九年(1918－1920)鉛印本　二十六册　存五十三卷(奏稿一至五十、函稿一至三)

330000－1701－0062804　GP01589　史部/金石類/石之屬/文字

吴天發神讖碑一卷　民國五年(1916)上海有正書局石印本　一册

330000－1701－0062806　普814.7/12441　集部/别集類/清别集

溉堂前集九卷後集六卷續集六卷文集五卷詩餘二卷　(清)孫枝蔚撰　民國陝西教育圖書社鉛印本　趙儷生題記　十四册

330000－1701－0062807　M001042　類叢部/叢書類/自著之屬

章氏遺書七種外編十種　(清)章學誠撰　民國十五年(1926)上海掃葉山房石印本　六册

330000－1701－0062808　GP01618　子部/藝術類/書畫之屬/法帖

漁洋山人手柬一卷　(清)王士禛書　民國十

六年(1927)上海商務印書館影印本　一冊

330000－1701－0062809　HJL6879　史部/目録類/總録之屬/私撰

郋園四部書敘錄一卷刻板書提要一卷　劉肇隅編　民國十六年(1927)觀古堂刻朱印本　一冊

330000－1701－0062810　M000956　類叢部/叢書類/自著之屬

默厂所著書　鮑鼎撰　民國石印本　一冊　存一種

330000－1701－0062811　HJL0535　史部/政書類/儀制之屬

江蘇編訂禮制會喪禮草案三卷喪服草案五卷　姚文枬撰　民國二十一年(1932)鉛印本　二冊

330000－1701－0062812　普814.7/1246　類叢部/叢書類/彙編之屬

求恕齋叢書三十一種　劉承幹編　民國吳興劉氏嘉業堂刻本　六冊　存一種

330000－1701－0062813　普814.7/11331　史部/政書類/公牘檔冊之屬

張文襄公奏稿五十卷首一卷公牘稿二十八卷謝摺四卷函稿六卷續編一卷電稿六十六卷　(清)張之洞撰　民國七年至九年(1918－1920)鉛印本　七十七冊

330000－1701－0062814　GP01590　史部/金石類/石之屬/文字

吴天發神讖碑一卷　民國影印本　一冊

330000－1701－0062815　M001043　子部/雜著類/雜纂之屬

平等閣筆記二卷　狄葆賢撰　民國二年(1913)上海有正書局鉛印本　二冊

330000－1701－0062816　GP01619　子部/藝術類/書畫之屬/畫譜

元吳鎮墨竹譜不分卷　(元)吳鎮繪　民國三十年(1941)故宫博物院影印本　一冊

330000－1701－0062818　M001044　集部/總集類/選集之屬/通代

歷代詩文評註讀本　王文濡編　民國上海文明書局鉛印本　三冊　存一種

330000－1701－0062819　M000957　集部/總集類/選集之屬/斷代

南社叢刻　南社編輯　民國鉛印本　一冊　存一種

330000－1701－0062820　普925.1244/7717.22/c2　史部/傳記類/别傳之屬/年譜

關夫子編年集注一卷　張茲編　民國十四年(1925)石印本　一冊

330000－1701－0062823　HJL6880　史部/金石類/總志之屬

湫漻齋叢書十種　陳準輯　民國瑞安陳氏刻本　一冊　存二種

330000－1701－0062825　GP01627　子部/藝術類/書畫之屬/畫譜

惲壽平山水畫冊不分卷　(清)惲格繪　民國二十年(1931)北平故宫博物院影印本　一冊

330000－1701－0062826　GP01612　子部/藝術類/書畫之屬/畫譜

名畫琳瑯不分卷　民國二十三年(1934)北平故宫博物院影印本　一冊

330000－1701－0062828　M001045　集部/詩文評類/詩評之屬

甌北詩話十二卷　(清)趙翼撰　民國十三年(1924)上海掃葉山房石印本　四冊

330000－1701－0062830　HJL0536　經部/小學類/音韻之屬/韻書

欽定同文韻統六卷　(清)允祿等輯　民國二十年(1931)上海商務印書館據清乾隆内府刻朱墨套印本影印本　三冊

330000－1701－0062831　GP01613　子部/藝術類/書畫之屬/畫譜

新羅山人百獸圖一卷　(清)華喦繪　民國十八年(1929)上海神州國光社影印本　一冊

330000－1701－0062832　M000958、M609028

集部/總集類/尺牘之屬

十大名家家書十卷 平襟亞編 秋痕廔主評 民國十五年(1926)上海共和書局鉛印本 二冊 存二種

330000－1701－0062833 GP01628 子部/藝術類/書畫之屬/畫譜

惲壽平山水畫冊不分卷 (清)惲格繪 民國二十一年(1932)北平故宫博物院影印本 一冊

330000－1701－0062834 HJL6881 類叢部/叢書類/彙編之屬

集古齋叢鈔□□種 民國石印本 五冊 存一種

330000－1701－0062836 M001046 子部/宗教類/道教之屬

南華真經解四卷 (清)宣穎撰 民國三年(1914)尚古山房石印本 四冊

330000－1701－0062837 普925.1244/7717.22/c3 史部/傳記類/别傳之屬/年譜

關夫子編年集注一卷 張茲編 民國十四年(1925)石印本 顧公度題記 一冊

330000－1701－0062843 HJL6882 史部/金石類

非儒非俠齋金石叢著十種 顧燮光撰 民國會稽顧氏金佳石好樓石印本暨鉛印本 一冊 存一種

330000－1701－0062844 M001047 史部/紀傳類/正史之屬

史記新校注様張一卷 張森楷撰 民國二十四年(1935)鉛印本 一冊

330000－1701－0062845 GP01629 子部/藝術類/書畫之屬

藝舟書畫譜不分卷 民國二十五年(1936)藝舟書畫會影印本 一冊

330000－1701－0062846 普925.1244/7717.23 史部/傳記類/别傳之屬/事狀

關壯繆侯事迹八卷附錄一卷 韓組康撰 民國三十七年(1948)鉛印本 四冊

330000－1701－0062849 GP01630 子部/藝術類/書畫之屬/畫譜

虛靜齋所藏名畫集一卷 孫祖同輯 民國二十三年(1934)上海商務印書館影印本 一冊

330000－1701－0062851 M000959 類叢部/叢書類/彙編之屬

蜀藏 民國成都昌福公司鉛印本 二冊 存一種

330000－1701－0062852 HJL6883 史部/目録類/專録之屬

石廬金石書志二十二卷 林鈞撰 民國十二年(1923)南昌林氏寳岱閣刻本 十二冊

330000－1701－0062855 M001048 子部/藝術類/書畫之屬/畫法畫品

畫梅辯難初編四卷二編四卷三編四卷 傅崇黻撰 傅煥等記述 民國三年(1914)興業印書局、四年(1915)武林印書館、八年(1919)武林印書館鉛印本 一冊 存四卷(初編一至四)

330000－1701－0062858 M000960 集部/别集類

飲冰室壬寅文集十八卷癸卯文集□□卷 梁啓超撰 民國錦章圖書局石印本 十七冊 存十七卷(壬寅二至十六,癸卯一、三)

330000－1701－0062865 HJL7171 類叢部/叢書類/郡邑之屬

南陵先哲遺書五種 徐乃昌輯 民國二十三年(1934)南陵徐乃昌影印本 十冊 存一種

330000－1701－0062869 GP01638 子部/藝術類/書畫之屬/畫譜

泰山殘石樓藏畫集錦不分卷 高邕藏 民國影印本 一冊

330000－1701－0062870 GP01639 子部/藝術類/書畫之屬

墨巢秘笈藏影第一集不分卷第二集不分卷 李宣龔藏 民國二十四年(1935)上海商務印書館影印本 二冊

330000－1701－0062872 M001049 集部/

別集類

望虹樓遺箸三卷　陶熙孫撰　民國二十四年(1935)鉛印本　一册

330000－1701－0062873　M000961　子部/雜著類/雜説之屬

容齋隨筆十六卷續筆十六卷三筆十六卷四筆十六卷五筆十卷首一卷　(宋)洪邁撰　民國十年(1921)上海掃葉山房石印本　勵乃驥題記　四册　缺十卷(五筆一至十)

330000－1701－0062874　普814.7/1262.2/c1　集部/别集類/清别集

孫淵如外集五卷附録一卷　(清)孫星衍撰　王重民輯　民國二十一年(1932)國立北平圖書館鉛印本　一册

330000－1701－0062876　普814.7/1262.2/c2　集部/别集類/清别集

孫淵如外集五卷附録一卷　(清)孫星衍撰　王重民輯　民國二十一年(1932)國立北平圖書館鉛印本　一册

330000－1701－0062877　M001050　集部/别集類

寥天廬詩續鈔二卷首一卷　宋慈裒撰　民國鉛印本　一册

330000－1701－0062879　普814.7/20221/c1　集部/别集類/清别集

休復居詩集六卷文集六卷附一卷　(清)毛嶽生撰　民國二十五年(1936)寶山滕氏據清道光嘉定黄氏刻本影印本　四册

330000－1701－0062882　普814.7/1262.2/c3　集部/别集類/清别集

孫淵如外集五卷附録一卷　(清)孫星衍撰　王重民輯　民國二十一年(1932)國立北平圖書館鉛印本　一册

330000－1701－0062883　M000962　子部/宗教類/道教之屬

道言五種　(清)陶素耜輯　(清)玉溪子批　民國十九年(1930)上海翼化堂書局石印本　八册

330000－1701－0062884　M001051　史部/政書類/邦計之屬

内國公債類編二卷　民國十五年(1926)京華印書局鉛印本　二册

330000－1701－0062887　M000963　史部/傳記類/别傳之屬/事狀

壽言彙輯三卷　陳翰輯　民國十六年(1927)鉛印本　一册

330000－1701－0062888　普814.7/20221/c2　集部/别集類/清别集

休復居詩集六卷文集六卷附一卷　(清)毛嶽生撰　民國二十五年(1936)寶山滕氏據清道光嘉定黄氏刻本影印本　四册

330000－1701－0062890　GP01641　子部/藝術類/書畫之屬/畫譜

鄭仁山指畫山水册一卷　鄭仁山繪　民國二十三年(1934)杭州大中央印書館影印本　一册

330000－1701－0062892　M000964　子部/雜著類/雜説之屬

天下太平説法一卷　民國鉛印本　一册

330000－1701－0062894　GP01642　子部/藝術類/書畫之屬/畫譜

鄭仁山指畫山水册一卷　鄭仁山繪　民國二十三年(1934)杭州大中央印書館影印本　一册

330000－1701－0062896　M000965　子部/兵家類/兵法之屬

讀史兵略綴言不分卷　蔣廷黻撰　民國京華書局鉛印本　一册

330000－1701－0062897　GP01690　子部/藝術類/書畫之屬/畫譜

歷代名人畫譜不分卷　(明)顧炳輯　民國十六年(1927)上海受古書店石印本　四册

330000－1701－0062900　GP01692　子部/藝術類/書畫之屬/畫譜

百尺樓叢畫八卷　汪鏷繪　民國八年(1919)朝記書莊石印本　八册

330000－1701－0062905　M001052　子部/醫家類/婦科之屬/產科

達生編二卷　（清）亟齋居士撰　**痘証經驗遂生編一卷福幼編一卷**　（清）莊一夔撰　民國鉛印本　一册

330000－1701－0062907　普 814.7/2022/c2　集部/別集類/清別集

雕菰集二十四卷　（清）焦循撰　**蜜梅花館文録一卷詩録一卷**　（清）焦廷琥撰　民國蘇州文學山房木活字印本　十五册　存二十四卷（一至二十四）

330000－1701－0062909　M609812、M001053、M609312、M608809　集部/别集類

萍鷗小舫詩鈔四卷　鍾熊祥撰　民國十六年（1927）鉛印本　四册

330000－1701－0062911　M001054、M007009　集部/別集類

聆風簃詩八卷詞一卷　黄濬撰　民國三十年（1941）刻藍印本　四册

330000－1701－0062913　HJL6887　史部/目録類/總録之屬/私撰

蕘圃藏書題識十卷補遺一卷刻書題識一卷補遺一卷　（清）黄丕烈撰　繆荃孫等輯　民國五年至八年（1916－1919）金陵書局刻本　十册

330000－1701－0062916　M000966　史部/傳記類/日記之屬

衡廬日錄一卷（民國二十三年四月初六日至五月一日）附南嶽遊記一卷（民國二十三年四月初六日至十五日）　傅增湘撰　民國二十四年（1935）傅氏藏園刻本　一册

330000－1701－0062917　M001055　集部/别集類

爰居閣詩十卷　梁鴻志撰　民國二十七年（1938）刻二十八年（1939）印本　胡劍吟跋　四册

330000－1701－0062920　普 814.7/1380　集部/别集類/清别集

曠觀園文集八卷詩集十三卷　（清）武全文撰　民國十三年（1924）太原盂縣教育會鉛印本　二册　存十卷（文集一至四、詩集一至六）

330000－1701－0062923　GP01647　子部/藝術類/書畫之屬/畫譜

陸廉夫編年畫册一卷　陸恢繪　民國三十五年（1946）影印本　一册

330000－1701－0062927　HJH0541　經部/四書類/大學之屬/傳說

大學通義一卷　曹元弼撰　民國二十一年（1932）刻本　劉承幹題記　一册

330000－1701－0062928　M001056　集部/別集類

澹園遺稿一卷　柯鴻年撰　民國十八年（1929）北平刻本　一册

330000－1701－0062930　GP01648　子部/藝術類/書畫之屬/畫録

白龍山人近畫不分卷　王震繪　民國十九年（1930）昌明藝術專科學校影印本　一册

330000－1701－0062932　M001057　集部/別集類

蒹葭樓詩二卷　黄節撰　民國二十三年（1934）鉛印本　一册

330000－1701－0062935　GP01649　子部/藝術類/書畫之屬/畫譜

樓辛壺西湖十景畫册一卷　樓邨繪　民國二十二年（1933）上海慎修書社影印本　一册

330000－1701－0062936　M001058　集部/別集類/清別集

蒳園詩稿二卷　（清）吳焯撰　民國十二年（1923）吳用威刻本　徐行恭題記　二册

330000－1701－0062941　GP01650　子部/藝術類/書畫之屬/畫譜

陳從周畫集不分卷　陳從周繪　民國三十八年（1949）影印本　一册

330000－1701－0062943　GP01651　子部/藝術類/書畫之屬/畫譜

陳從周畫集不分卷　陳從周繪　民國三十八年(1949)影印本　陳從周題記　一册

330000－1701－0062946　GP01652　子部/藝術類/書畫之屬/畫譜

查梅壑山水册不分卷　(清)查士標繪　民國十二年(1923)上海中華書局影印本　一册

330000－1701－0062947　M001059　子部/宗教類/道教之屬

古本道德經校刊二卷　(晉)王弼注　何士驥校　民國二十五年(1936)國立北平研究院鉛印本　三册

330000－1701－0062951　M001061　史部/金石類/石之屬/文字

河南圖書館藏石跋一卷　羅振玉等撰　何日章輯　民國十四年(1925)河南官印刷局鉛印本　一册

330000－1701－0062953　GP01653　子部/藝術類/書畫之屬/畫譜

趙撝叔花卉册不分卷　(清)趙之謙繪　民國八年(1919)上海中華書局影印本　一册

330000－1701－0062956　GP01654　子部/藝術類/書畫之屬

故宫名畫竹集第一集不分卷　民國二十二年(1933)國立北平故宫博物院影印本　一册

330000－1701－0062959　GP01696　子部/藝術類/書畫之屬/畫譜

吴友如仕女走獸墨寶二卷　(清)吴友如繪　民國四年(1915)上海書局石印本　二册

330000－1701－0062961　GP01657　子部/藝術類/書畫之屬/畫譜

李似山墨竹譜不分卷　(清)李景黄繪　民國十二年(1923)上海中華書局石印本　一册

330000－1701－0062963　HJH7174　類叢部/叢書類/彙編之屬

四部叢刊續編七十七種　張元濟等編　民國二十三年(1934)上海商務印書館影印本　一册　存一種

330000－1701－0062965　M001062　史部/目録類/總録之屬/官修

國立清華大學圖書館中文書目不分卷　施廷鏞等編　民國二十年(1931)北平國立清華大學圖書館鉛印本　一册

330000－1701－0062968　普814.7/1714　類叢部/叢書類/家集之屬

雙硯齋叢書六種　鄧邦述編　民國江寧鄧氏刻本　八册　存二種

330000－1701－0062969　M001063、M609041、M610169　集部/别集類

舊京詩存八卷文存八卷　孫雄撰　民國二十年(1931)鉛印本　四册

330000－1701－0062970　GP01658　子部/藝術類/書畫之屬/畫譜

清釋石濤畫羅漢册不分卷　(清)釋道濟繪　民國二十四年(1935)故宫博物院影印本　一册

330000－1701－0062977　GP01659　子部/藝術類/書畫之屬/畫録

明卞文瑜摹古山水册不分卷　(明)卞文瑜繪　民國三十四年(1945)故宫博物院影印本　一册

330000－1701－0062979　M001064　史部/傳記類/别傳之屬/事狀

百尺梧桐閣壽言彙録一卷　于樹深輯　民國六年(1917)鉛印本　一册

330000－1701－0062980　普925.13/4007.2　類叢部/叢書類/彙編之屬

求恕齋叢書三十一種　劉承幹編　民國吴興劉氏嘉業堂刻本　四册　存一種

330000－1701－0062983　M001065　新學/農政/畜牧

畜産學不分卷　袁肅之撰　民國油印本　一册

330000－1701－0062985　M001066　子部/藝術類/書畫之屬/法帖

吴愙齋尺牘一卷　(清)吴大澂撰並書　民國

八年(1919)上海商務印書館影印本　一册

330000－1701－0062986　GP01660　子部/藝術類/書畫之屬/畫録
明陸治寫生册不分卷　(明)陸治繪　民國二十五年(1936)國立北平故宫博物院影印本　一册

330000－1701－0062988　M001067　史部/傳記類/别傳之屬/事狀
吴興周夢坡先生訃告一卷年譜一卷墓表一卷墓誌銘一卷畫史一卷　周延礽輯　民國二十三年(1934)影印本暨鉛印本　四册

330000－1701－0062990　普814.7/2101　集部/别集類/清别集
抱經堂文集三十四卷　(清)盧文弨撰　民國上海涵芬樓據閩縣李氏觀槿齋刻本影印本　八册

330000－1701－0062992　GP01661　子部/藝術類/書畫之屬/畫譜
明文伯仁詩意圖不分卷　(明)文伯仁繪　民國二十五年(1936)國立北平故宫博物院影印本　一册

330000－1701－0062993　HJL6857　類叢部/叢書類/自著之屬
羣碧樓叢書(羣碧樓自著書)五種　鄧邦述撰　民國刻本　五册　存二種

330000－1701－0062994　M001080　史部/雜史類/斷代之屬
國語集解二十一卷　徐元誥輯　民國十九年(1930)上海中華書局鉛印本　六册

330000－1701－0062995　GP01677　子部/藝術類/書畫之屬/畫譜
明陳章侯隱居十六觀不分卷　(明)陳洪綬繪　民國二十二年(1933)北平故宫博物館影印本　一册

330000－1701－0062999　HJL6893　史部/金石類
遯盦金石叢書十五種　吴隱輯　民國三年至十年(1914－1921)山陰吴氏西泠印社木活字印本　二册　存一種

330000－1701－0063002　普925.13/4430.5　史部/傳記類
薛濤不分卷　張篷舟輯　民國三十八年(1949)上海鉛印本　張篷舟題記　一册

330000－1701－0063004　普925.13/4453.2/c1　史部/傳記類/别傳之屬/年譜
少陵[杜甫]新譜六卷　李春坪輯　民國二十四年(1935)北平來薰閣書店鉛印本　李春坪題記　一册

330000－1701－0063005　普814.7/1730/c1　集部/别集類/清别集
巽盦集七卷　(清)鄧濂撰　民國二十四年(1935)石印本　一册

330000－1701－0063006　普814.7/1730/c2　集部/别集類/清别集
巽盦集七卷　(清)鄧濂撰　民國二十四年(1935)石印本　一册

330000－1701－0063008　普925.13/4453.2/c2　史部/傳記類/别傳之屬/年譜
少陵[杜甫]新譜六卷　李春坪輯　民國二十四年(1935)北平來薰閣書店鉛印本　一册

330000－1701－0063009　普925.14/0013.22/c1　史部/傳記類
杏蔭堂彙刻三種　許浩基撰　民國二十一年(1932)吴興許氏杏蔭堂刻本　一册　存一種

330000－1701－0063010　普925.1099992/7527.2　類叢部/叢書類/家集之屬
聚德堂叢書十二種　陳伯陶輯　民國東莞陳氏刻本　二册　存一種

330000－1701－0063016　普814.7/1746　集部/别集類/清别集
憩園存稿一卷課兒草一卷　(清)邵世恩撰　民國邵承烈抄本　邵承烈題記　一册

330000－1701－0063017　普951.05094/4110/2　史部/紀傳類/正史之屬
新元史二百五十七卷　柯劭忞撰　**新元史正**

誤表一卷　曹介仁等撰　民國鉛印本　五十九册

330000－1701－0063020　普 925.14/0013.22/c2　史部/傳記類

杏蔭堂彙刻三種　許浩基撰　民國二十一年(1932)吳興許氏杏蔭堂刻本　一册　存一種

330000－1701－0063021　普 951.05094/4110.07　類叢部/叢書類/自著之屬

柯劭忞先生遺著三種　柯劭忞撰　民國十六年(1927)國立北京大學研究院文史部鉛印本　一册　存一種

330000－1701－0063024　普 925.14/0013.22/2/c1　史部/傳記類

杏蔭堂彙刻三種　許浩基撰　民國吳興許氏杏蔭堂鉛印本　一册　存一種

330000－1701－0063025　普 951.05094/7730/c1　史部/紀傳類/别史之屬

蒙兀兒史記□□卷　屠寄撰　民國武進屠氏結一宧刻本　章嶔題簽　十册　存七十九卷(存卷一至六、十三至十五、十九至五十四及三十四處墨釘)

330000－1701－0063029　M001068　子部/藝術類/書畫之屬/書法書品

行書備要一卷　童式規書　民國二十二年(1933)上海商務印書館石印本　一册

330000－1701－0063031　普 925.14/0013.22/2/c2　史部/傳記類

杏蔭堂彙刻三種　許浩基撰　民國吳興許氏杏蔭堂鉛印本　一册　存一種

330000－1701－0063035　普 925.14/0013.22/2/c1　史部/傳記類

杏蔭堂彙刻三種　許浩基撰　民國吳興許氏杏蔭堂鉛印本　一册　存一種

330000－1701－0063037　M001069　經部/詩類

詩名著選二卷經濟通論小序一卷老子口義一卷　林損撰　民國鉛印本　一册

330000－1701－0063039　M001070　子部/藝術類/書畫之屬/法帖

玉笥山房墨蹟不分卷　顧廷綸書　民國二十六年(1937)石印本　二册

330000－1701－0063042　普 951.05094/7730/c2　史部/紀傳類/别史之屬

蒙兀兒史記□□卷　屠寄撰　民國武進屠氏結一宧刻本　十册　存七十九卷(存卷一至六、十三至十五、十九至五十四及三十四處墨釘)

330000－1701－0063046　GP01674　子部/藝術類/書畫之屬/畫譜

黄尊古山水册一卷　(清)黄鼎繪　民國十八年(1929)上海中華書局影印本　一册

330000－1701－0063047　M001071、M002522、M007011　史部/地理類/水利之屬

淮系年表全編不分卷　武同舉纂繪　民國十八年(1929)鉛印本暨影印本　武同舉題記　四册

330000－1701－0063048　普 814.7/2124/c1　集部/别集類/清别集

十六觀齋遺集五卷　(清)何維棟撰　民國十四年(1925)鉛印本　二册

330000－1701－0063051　M000967　史部/傳記類/日記之屬

寒雲日記二卷　袁克文撰　民國二十五年(1936)嘉興劉秉義影印本　一册

330000－1701－0063052　GP01676　子部/藝術類/書畫之屬/畫譜

龔柴丈山水册不分卷　(清)龔賢繪　民國十八年(1929)上海神州國光社影印本　一册

330000－1701－0063055　普 814.7/2124/c2　集部/别集類/清别集

十六觀齋遺集五卷　(清)何維棟撰　民國十四年(1925)鉛印本　二册

330000－1701－0063056　M001072　集部/别集類

禪靈老人文集二卷　周樹昌撰　民國十四年

(1925)石印本　一册

330000－1701－0063061　HJL6995　史部/金石類/總志之屬

范鼎卿先生所著書三種　范壽銘撰　民國會稽顧燮光金佳石好樓石印本　二册　存二種

330000－1701－0063062　M001073　子部/醫家類/傷寒金匱之屬/傷寒論

傷寒論十卷　（漢）張仲景撰　（晉）王叔和輯　民國十二年(1923)惲鐵樵據明萬曆趙開美刻本影印本　六册

330000－1701－0063063　普 814.7/11881　類叢部/叢書類/郡邑之屬

吳興叢書六十六種　劉承幹編　民國吳興劉氏嘉業堂刻本　五册　存一種

330000－1701－0063065　GP01662　子部/藝術類/書畫之屬/畫譜

明藍瑛仿古山水册不分卷　（清）藍瑛繪　民國二十九年(1940)國立北平故宫博物院影印本　一册

330000－1701－0063067　HJH6996　史部/金石類/石之屬/文字

金石文字辨異補編五卷　楊紹廉撰　民國十三年(1924)石印本　楊紹廉題記　五册

330000－1701－0063069　M000968　史部/傳記類/别傳之屬/事狀

世德堂楊氏六秩雙慶壽言彙編二卷　民國七年(1918)鉛印本　二册

330000－1701－0063072　M001074　史部/傳記類/别傳之屬

鄭松園先生哀思錄不分卷　鄭抱天編　民國二十五年(1936)黄巖友成局鉛印本　一册

330000－1701－0063073　HJL6997　史部/金石類/總志之屬

陳氏金石叢書□□種　陳準輯　民國瑞安陳準湫漻齋刻本　二册　存一種

330000－1701－0063074　GP01699　子部/藝術類/書畫之屬

域外所藏中國古畫集　鄭振鐸編　民國影印本　三册　存一種

330000－1701－0063076　GP01663　子部/藝術類/書畫之屬/畫譜

清王原祁山水畫册一卷　（清）王原祁繪　民國三十年(1941)北平故宫博物院影印本　一册

330000－1701－0063077　HJL6998　史部/金石類/總志之屬

湫漻齋叢書十種　陳準輯　民國瑞安陳氏刻本　一册　存一種

330000－1701－0063078　HJH7399　史部/雜史類/斷代之屬

明季遼事叢刊四種　羅振玉輯　民國二十五年(1936)僞滿日文化協會石印本　一册　存一種

330000－1701－0063079　普 814.7/11881/(2)　類叢部/叢書類/郡邑之屬

吳興叢書六十六種　劉承幹編　民國吳興劉氏嘉業堂刻本　六册　存一種

330000－1701－0063081　GP01700　子部/藝術類/書畫之屬

金石家書畫集不分卷　高時顯　丁仁編　**金石家書畫集小傳一卷**　西泠印社纂輯　民國十三年(1924)西泠印社影印本暨鉛印本　十册

330000－1701－0063082　HJL6999　史部/金石類

非儒非俠齋金石叢著十種　顧燮光撰　民國會稽顧氏金佳石好樓石印本暨鉛印本　四册　存三種

330000－1701－0063083　GP01664　子部/藝術類/書畫之屬/畫譜

龔半千授徒畫稿不分卷　（清）龔賢繪　民國二十四年(1935)上海商務印書館影印本　一册

330000－1701－0063084　M001075　史部/政書類/公牘檔册之屬

交通銀行營業報告書一卷(民國二十一年) 交通銀行編　民國二十一年(1932)交通銀行總管理處鉛印本　一册

330000－1701－0063088　HJH7400　類叢部/叢書類/自著之屬

願學齋叢刊七種　羅繼祖撰　民國二十五年(1936)上虞羅氏墨緣堂石印本　一册　存一種

330000－1701－0063090　M000969　新學/商務

紹屬典業事務所辛酉年紀事録一卷　孫慶達編　民國十一年(1922)鉛印本　一册

330000－1701－0063091　GP01665　子部/藝術類/書畫之屬/畫譜

龔半千授徒畫稿不分卷　(清)龔賢繪　民國二十四年(1935)上海商務印書館影印本　一册

330000－1701－0063094　M001076　史部/傳記類/别傳之屬

初度自述百韻一卷　吴桐林撰　民國十三年(1924)鉛印本　一册

330000－1701－0063095　HJL7000　史部/金石類

非儒非俠齋金石叢著十種　顧燮光撰　民國會稽顧氏金佳石好樓石印本暨鉛印本　一册　存一種

330000－1701－0063096　M000972、M000989、M000971、M000970　集部/别集類

稊園詩集　關賡麟撰　民國南京中華全國鐵路協會鉛印本　四册　存六種

330000－1701－0063097　GP01666　子部/藝術類/書畫之屬/畫譜

王石谷載竹圖卷一卷　(清)王翬繪　民國二十三年(1934)上海商務印書館影印本　一册

330000－1701－0063098　HJL7001　子部/藝術類/書畫之屬

元牘記二卷　(明)盛時泰撰　民國十八年(1929)國立中央大學國學圖書館鉛印本　一册

330000－1701－0063099　普814.7/2133　集部/别集類/清别集

秋水亭詩鈔一卷飲湪軒隨筆二卷　(清)伍宇澄撰　民國二十年(1931)鉛印本　一册

330000－1701－0063100　M001077　子部/天文曆算類/曆法之屬

中華民國十七年通俗曆書一卷　中央觀象臺製　民國十六年(1927)石印本　一册

330000－1701－0063101　M001078　子部/藝術類/書畫之屬/法帖

王忠慤公遺墨二卷　王國維書　民國十九年(1930)石印本　二册

330000－1701－0063104　普925.14/1000.22/c1　集部/别集類/宋别集

四明文獻集五卷　(宋)王應麟撰　(明)鄭真輯　**深寧先生文鈔摭餘編三卷**　(宋)王應麟撰　(清)葉熊輯　**深寧先生年譜一卷**　(清)錢大昕編　**王深寧先生年譜一卷**　(清)陳僅撰　(清)張恕編次　**王深寧先生年譜一卷**　(清)張大昌輯　民國五年(1916)仁和王存善鉛印本　一册　存二卷[王深寧先生年譜(陳僅撰)、王深寧先生年譜(張大昌輯)]

330000－1701－0063107　GP01667　子部/藝術類/書畫之屬/畫譜

鄒一桂聯芳譜花卉册一卷　(清)鄒一桂繪　民國二十年(1931)北平古物陳列所影印本　一册

330000－1701－0063111　M000973　集部/别集類

鈍廬詩集五卷首一卷文集八卷首一卷　曹炳麟撰　民國二十年(1931)句溪艸堂鉛印本　四册

330000－1701－0063114　普925.14/1000.22/c2　集部/别集類/宋别集

四明文獻集五卷　(宋)王應麟撰　(明)鄭真輯　**深寧先生文鈔摭餘編三卷**　(宋)王應麟撰　(清)葉熊輯　**深寧先生年譜一卷**　(清)

錢大昕編　**王深寧先生年譜一卷**　（清）陳僅撰　（清）張恕編次　**王深寧先生年譜一卷**　（清）張大昌輯　民國五年(1916)仁和王存善鉛印本　一冊　存三卷[深寧先生年譜、王深寧先生年譜(陳僅撰)、王深寧先生年譜(張大昌輯)]

330000－1701－0063116　M000974　集部/總集類/酬唱之屬

庸庵尚書重賦鹿鳴集錄不分卷　陳夔龍輯　民國二十三年(1934)上海中華書局鉛印本　四冊

330000－1701－0063117　GP01668　子部/藝術類/書畫之屬/法帖

明太祖世宗御筆不分卷　（明）太祖朱元璋　（明）世宗朱厚熜書　民國八年(1919)上海天真美術館影印本　一冊

330000－1701－0063118　HJH7183　史部/目録類/總録之屬/私撰

上善堂宋元板精鈔舊鈔書目一卷　（清）孫從添撰　民國十八年(1929)瑞安陳氏刻本　一冊

330000－1701－0063119　普951.05094/9038.071/c1　史部/雜史類/斷代之屬

元祕史譯音用字攷一卷　陳垣撰　民國二十三年(1934)國立中央研究院歷史語言研究所北平刻本　一冊

330000－1701－0063122　普951.05094/9038.071/c2　史部/雜史類/斷代之屬

元祕史譯音用字攷一卷　陳垣撰　民國二十三年(1934)國立中央研究院歷史語言研究所北平刻本　一冊

330000－1701－0063123　M001079　史部/雜史類/斷代之屬

國語詳注二十一卷　沈鎔輯注　民國九年(1920)上海文明書局鉛印本　四冊

330000－1701－0063124　普925.14/1000.22/c3　集部/別集類/宋別集

四明文獻集五卷　（宋）王應麟撰　（明）鄭真輯　**深寧先生文鈔摭餘編三卷**　（宋）王應麟撰　（清）葉熊輯　**深寧先生年譜一卷**　（清）錢大昕編　**王深寧先生年譜一卷**　（清）陳僅撰　（清）張恕編次　**王深寧先生年譜一卷**　（清）張大昌輯　民國五年(1916)仁和王存善鉛印本　一冊　存二卷[王深寧先生年譜(陳僅撰)、王深寧先生年譜(張大昌輯)]

330000－1701－0063128　普814.7/2010/c1　集部/別集類/清別集

焦雨田先生遺集四卷　（清）焦雲龍撰　焦迺琨編　焦振滄補編　民國二十五年(1936)鉛印本　一冊

330000－1701－0063129　GP01701　子部/藝術類/書畫之屬

金石家書畫集不分卷　高時顯　丁仁編　**金石家書畫集小傳一卷**　西泠印社纂輯　民國十三年(1924)西泠印社影印本暨鉛印本　十冊

330000－1701－0063133　普925.14/1031.2/c1　史部/傳記類/別傳之屬/年譜

王荊公[安石]年譜考略二十五卷首三卷雜錄二卷附錄一卷　（清）蔡上翔撰　**王文公年譜考略節要附存二卷**　（清）楊希閔撰　民國十九年(1930)燕京大學國學研究所鉛印本　六冊

330000－1701－0063136　GP01669　子部/藝術類/書畫之屬/畫譜

椒石畫冊不分卷　（清）潘嵐繪　民國影印本　二冊

330000－1701－0063137　M001082、M001081　類叢部/叢書類/彙編之屬

中國書店影印書　中國書店輯　民國中國書店影印本　三冊　存二種

330000－1701－0063139　普814.7/2010/c2　集部/別集類/清別集

焦雨田先生遺集四卷　（清）焦雲龍撰　焦迺琨編　焦振滄補編　民國二十五年(1936)鉛印本　一冊

330000－1701－0063140　HJL6903　史部/金石類/金之屬/文字
貞松堂集古遺文十六卷續編三卷補遺三卷　羅振玉輯　民國二十年(1931)、二十三年(1934)石印本　十一册

330000－1701－0063141　普925.14/1031.2/c2　史部/傳記類/别傳之屬/年譜
王荆公[安石]年譜考略二十五卷首三卷雜録二卷附録一卷　(清)蔡上翔撰　**王文公年譜考略節要附存二卷**　(清)楊希閔撰　民國十九年(1930)燕京大學國學研究所鉛印本　六册

330000－1701－0063142　普814.7/2022/c1　集部/别集類/清别集
雕菰集二十四卷　(清)焦循撰　**蜜梅花館文録一卷詩録一卷**　(清)焦廷琥撰　民國蘇州文學山房木活字印本　十六册

330000－1701－0063148　普925.14/1031.2/c3　史部/傳記類/别傳之屬/年譜
王荆公[安石]年譜考略二十五卷首三卷雜録二卷附録一卷　(清)蔡上翔撰　**王文公年譜考略節要附存二卷**　(清)楊希閔撰　民國十九年(1930)燕京大學國學研究所鉛印本　六册

330000－1701－0063149　GP01670　子部/藝術類/書畫之屬/畫譜
宋人畫册不分卷　民國二十四年(1935)上海商務印書館影印本　一册

330000－1701－0063152　M000975　史部/地理類/專志之屬/祠墓
重修西湖錢王祠落成紀念册一卷　錢文選編　民國二十九年(1940)鉛印本　錢士青題記　一册

330000－1701－0063158　M000976　集部/詞類/總集之屬
衆香詞六卷　(清)徐樹敏　(清)錢岳輯　民國二十三年(1934)上海大東書局影印本　六册

330000－1701－0063161　M001083　史部/政書類/邦計之屬/賦税
湖北省賦税源流三卷　民國鉛印本　一册

330000－1701－0063163　普814.7/21431　集部/别集類/清别集
竹如意館遺集十四卷　(清)熊松之撰　民國二十一年(1932)刻本　六册

330000－1701－0063164　普951.06/1084/c1　類叢部/叢書類/彙編之屬
嘉業堂叢書五十七種　劉承幹輯　民國吴興劉氏嘉業堂刻本　十册　存一種

330000－1701－0063165　HJL7007　史部/金石類/總志之屬
顧氏金石輿地叢書第一集八種　顧燮光編　民國十八年(1929)會稽顧氏金佳石好樓鉛印本暨石印本　八册

330000－1701－0063166　M001084　集部/别集類
延秋室詩稿一卷　嚴廷楨撰　民國八年(1919)西泠印社影印本　一册

330000－1701－0063168　HJL7190　史部/目録類/專録之屬
補鈔文瀾閣四庫闕簡記録不分卷　張宗祥撰　民國十五年(1926)刻本　一册

330000－1701－0063169　M000977　史部/史抄類
史記精華八卷　中華書局編　民國十七年(1928)上海中華書局鉛印本　八册

330000－1701－0063171　M001085　集部/别集類
雛蟬詩稿一卷　周演巽撰　民國十四年(1925)鉛印本　一册

330000－1701－0063174　M000978　集部/别集類/唐五代别集
元次山集十二卷　(唐)元結撰　民國二年(1913)石竹山房石印本　四册

330000－1701－0063176　M000979　集部/

詞類/詞話之屬

最淺學詞法七章　傅汝楫編　民國九年(1920)上海大東書局石印本　一册

330000－1701－0063178　M000980　集部/詞類/總集之屬

女子絶妙好詞十四卷　(清)周銘輯　民國四年(1915)上海中華圖書館石印本　四册

330000－1701－0063181　普951.06/1084/c2　史部/紀傳類/正史之屬

明史考證攟逸四十二卷附錄一卷　(清)王頌蔚撰　王季烈補　民國五年(1916)吳興劉氏嘉業堂刻嘉業堂叢書本　錢泰題記　十册

330000－1701－0063183　M000981　集部/別集類/清別集

亭林詩集五卷文集六卷餘集一卷　(清)顧炎武撰　民國十七年(1928)上海掃葉山房石印本　四册

330000－1701－0063186　M000982　集部/總集類/選集之屬/通代

安越堂古文觀止十二卷　(清)吳乘權　(清)吳大職輯　民國十二年(1923)紹興四有書局鉛印本　六册

330000－1701－0063188　M000983　子部/宗教類/道教之屬

體真心易九卷　汪啟濩撰　鍾至誠評點　民國二年(1913)寧波蔡復陽石印本　一册　存四卷(一至四)

330000－1701－0063189　普951.06/1111/c1　史部/紀傳類/正史之屬

明史本紀二十四卷　(清)張廷玉等修　**明史本紀原本補本異同錄二十四卷**　段瓊林撰　民國二十一年(1932)故宮博物院影印本暨鉛印本　五册

330000－1701－0063191　M000984　集部/總集類/彙編之屬

五唐人詩集　(明)毛晉編　民國十五年(1926)上海涵芬樓影印本　五册

330000－1701－0063193　普951.06/1111/c2　史部/紀傳類/正史之屬

明史本紀二十四卷　(清)張廷玉等修　**明史本紀原本補本異同錄二十四卷**　段瓊林撰　民國二十一年(1932)故宮博物院影印本暨鉛印本　五册

330000－1701－0063195　普814.7/2157/c2　集部/別集類/清別集

晴江閣文鈔一卷　(清)何絜撰　**晴江閣文鈔校勘記一卷**　柳詒徵撰　民國十九年(1930)國學圖書館影印本　一册

330000－1701－0063196　M000985　子部/儒家類/儒學之屬/蒙學

課子隨筆六卷　(清)張師載輯　**續編一卷**　(清)徐桐撰　民國七年(1918)上海文瑞樓石印本　四册

330000－1701－0063197　普951.06/1111/c3　史部/紀傳類/正史之屬

明史本紀二十四卷　(清)張廷玉等修　**明史本紀原本補本異同錄二十四卷**　段瓊林撰　民國二十一年(1932)故宮博物院影印本暨鉛印本　五册

330000－1701－0063198　普814.7/2157/c3　集部/別集類/清別集

晴江閣文鈔一卷　(清)何絜撰　**晴江閣文鈔校勘記一卷**　柳詒徵撰　民國十九年(1930)國學圖書館影印本　一册

330000－1701－0063203　HJL7009　史部/金石類/金之屬/通考

宣鑪彙釋十二卷　邵鋭撰　民國十七年(1928)菰香館鉛印本　二册

330000－1701－0063205　HJH7406　史部/傳記類/別傳之屬/年譜

默盦居士[王舟瑤]自定年譜一卷　王舟瑤撰　**默盦居士[王舟瑤]年譜續編一卷**　王敬禮撰　**誌銘家傳附錄一卷**　章梫等撰　民國十五年(1926)黄巖王氏鉛印本　一册

330000－1701－0063206　HJL7010　史部/金石類/石之屬

夢碧簃石言六卷　顧燮光撰　民國十四年(1925)上海科學儀器館鉛印本　三冊

330000－1701－0063207　M001086　集部/別集類
庸謹堂詩鈔二卷　唐詠裳撰　民國十七年(1928)鉛印本　一冊

330000－1701－0063208　HJL7011　史部/金石類/石之屬/目録
毅盦叢刊　黄立猷輯　民國十五年(1926)沔陽黄立猷鉛印本　四冊　存一種

330000－1701－0063209　M001087　集部/別集類
敬鄉樓詩三卷　黄羣撰　民國三十六年(1947)永嘉鄭樓黄氏石印本　一冊

330000－1701－0063210　HJL7012　史部/金石類/石之屬/目録
毅盦叢刊　黄立猷輯　民國十五年(1926)沔陽黄立猷鉛印本　二冊　存一種

330000－1701－0063212　M001088　類叢部/叢書類/彙編之屬
守山閣叢書一百十二種　(清)錢熙祚輯　民國十一年(1922)上海博古齋影印清金山錢氏重編增刻墨海金壺本　一冊　存一種

330000－1701－0063213　HJL7013　類叢部/叢書類/家集之屬
丹徒陳氏著述十九種　□□編　民國石印本暨鉛印本　一冊　存一種

330000－1701－0063214　GP01718　子部/藝術類/書畫之屬/畫譜
馬江香草蟲畫冊不分卷　(清)馬荃繪　民國十三年(1924)上海文明書局影印本　一冊

330000－1701－0063216　HJL7014　史部/目録類/書志之屬/提要
抱經樓藏書志六十四卷　沈德壽編　民國十三年(1924)美天印局鉛印本　二十冊

330000－1701－0063217　GP01719　子部/藝術類/書畫之屬/畫譜
奚鐵生西谿泛雨圖卷不分卷　(清)奚岡繪　民國十二年(1923)上海中華書局影印本　一冊

330000－1701－0063219　GP01711　子部/藝術類/書畫之屬/畫譜
名人書畫三十集　商務印書館輯　民國上海商務印書館影印本　二十九冊　存二十九集(一至二十九)

330000－1701－0063221　GP01720　子部/藝術類/書畫之屬/畫譜
黄尊古仿古山水冊一卷　(清)黄鼎繪　民國十四年(1925)上海文明書局影印本　一冊

330000－1701－0063222　M001090　集部/別集類
潛廬詩稿一卷　張逸叟撰　民國十二年(1923)張氏木活字印本　一冊

330000－1701－0063224　普814.7/12001.2/c1　類叢部/叢書類/彙編之屬
集古齋叢鈔□□種　民國瑞安集古齋書舍石印本　二冊　存一種

330000－1701－0063229　HJH7195　史部/地理類/方志之屬/郡縣志
[民國]南潯志六十卷首一卷　周慶雲纂　民國九年至十一年(1920－1922)刻本　十六冊

330000－1701－0063230　M001091　集部/別集類
青蓮花館詩存一卷　陳康壽撰　**附錄一卷**　陳康瑞輯　民國九年(1920)青蓮花館鉛印本　一冊

330000－1701－0063232　M000986　集部/別集類/清別集
宋氏綿津詩鈔八卷　(清)宋犖撰　(清)邵長衡選　民國掃葉山房石印本　四冊

330000－1701－0063233　普814.7/12001.2/c2　類叢部/叢書類/彙編之屬
集古齋叢鈔□□種　民國瑞安集古齋書舍石印本　二冊　存一種

330000－1701－0063236　GP01721　子部/藝術類/書畫之屬
鄭板橋題高南阜畫冊不分卷　(清)鄭燮書　(清)高鳳翰繪　民國二十一年(1932)愿齋書社影印本　一冊

330000－1701－0063237　M001092　子部/藝術類/書畫之屬/總論
寒松閣談藝瑣錄六卷　(清)張鳴珂撰　民國十二年(1923)上海文明書局鉛印本　一冊

330000－1701－0063238　HJL7409　史部/詔令奏議類/奏議之屬
寓燕疏草二卷　(明)錢桓撰　民國二年(1913)聽邠館刻本　二冊

330000－1701－0063239　M000987　集部/別集類/清別集
有正味齋駢體文(有正味齋駢體文箋註)二十四卷首一卷　(清)吳錫麒撰　(清)王廣業箋　(清)葉聯芬注　民國上海文瑞樓石印本　八冊

330000－1701－0063240　HJH7197　史部/編年類/通代之屬
資治通鑑二百九十四卷　(宋)司馬光撰　(元)胡三省音注　**通鑑釋文辯誤十二卷**　(元)胡三省撰　民國六年(1917)上海商務印書館鉛印本　六十冊

330000－1701－0063241　GP01796　子部/藝術類/書畫之屬/法帖
趙文敏書急就篇附釋文不分卷　(元)趙孟頫書　民國四年(1915)上海商務印書館影印本　一冊

330000－1701－0063243　HJL7018　史部/目録類/總録之屬/私撰
雙鑑樓藏書續記二卷　傅增湘撰　民國十九年(1930)江安傅增湘藏園刻本　二冊

330000－1701－0063244　GP01722　子部/藝術類/書畫之屬/畫譜
馬扶羲梅花冊不分卷　(清)馬元馭繪　杭州横香室藏　高時顯鑒定　民國十一年(1922)上海中華書局影印本　一冊

330000－1701－0063247　GP01797　子部/藝術類/書畫之屬/法帖
趙文敏書急就篇附釋文不分卷　(元)趙孟頫書　民國十八年(1929)上海商務印書館影印本　一冊

330000－1701－0063249　M001093、M006791　集部/詞類/類編之屬
安徽清代名家詞第一集十一種　安徽叢書編印處輯　民國安徽叢書編印處影印本　七冊

330000－1701－0063250　GP01724　子部/藝術類/書畫之屬/法帖
晉王珣伯遠帖墨迹一卷　(晉)王珣書　民國影印本　一冊

330000－1701－0063251　GP01798　子部/藝術類/書畫之屬/法帖
趙文敏書急就篇附釋文不分卷　(元)趙孟頫書　民國二十二年(1933)上海商務印書館影印本　一冊

330000－1701－0063253　HJL6911　史部/目録類/總録之屬/地方
海昌藝文志二十四卷　(清)管庭芬撰　蔣學堅續輯　**海昌藝文志姓氏韻編一卷**　管元耀編　民國十年(1921)海昌管元耀鉛印本　劉承幹題記　四冊

330000－1701－0063254　M000988　集部/別集類
樊樊山全集□□種　樊增祥撰　民國十五年(1926)上海廣益書局鉛印本　六冊　存一種

330000－1701－0063258　HJH7020　類叢部/叢書類/彙編之屬
渭南嚴氏孝義家塾叢書十一種　嚴式誨編　民國十九年至二十年(1930－1931)渭南嚴氏刻本　一冊　存一種

330000－1701－0063260　GP01799　子部/藝術類/書畫之屬/法帖
張司直書李元靜先生碑一卷　(唐)張從申書　民國九年(1920)有正書局影印本　一冊

330000－1701－0063261　GP01725　子部/藝術類/書畫之屬/法帖

晉王羲之快雪時晴帖墨迹一卷　(晉)王羲之書　民國影印本　一册

330000－1701－0063264　HJH7411　經部/樂類/樂理之屬

樂書正誤一卷　(宋)樓鑰撰　民國三年(1914)影宋刻朱印本　一册

330000－1701－0063266　GP01801　子部/藝術類/書畫之屬/法帖

唐搨柳書金剛經一卷　(唐)柳公權書　民國影印本　一册

330000－1701－0063268　GP01726　子部/藝術類/書畫之屬/法帖

晉王獻之中秋帖墨迹一卷　(晉)王獻之書　民國影印本　一册

330000－1701－0063269　M000990　經部/小學類/文字之屬/字書/字體

漢隸字源五卷碑目一卷附字一卷　(宋)婁機撰　民國據咫進齋本影印本　六册

330000－1701－0063273　M001095　集部/詩文評類/詩評之屬

唐詩研究一卷　費有容編　民國十五年(1926)上海大東書局石印本　一册

330000－1701－0063274　GP01731　子部/藝術類/書畫之屬/畫譜

沙山春人物扇集畫譜一卷　(清)沙馥繪　民國十四年(1925)育材書局影印本　二册

330000－1701－0063278　GP01751　子部/藝術類/書畫之屬/畫法畫品

天下有山堂畫藝不分卷　(清)汪之元撰　民國六年(1917)學海圖書館石印本　二册

330000－1701－0063280　M001096　集部/詩文評類/文法之屬

傅氏白話文法一卷　傅子東撰　民國三十八年(1949)江油縣中壩鎮興中印刷廠鉛印本　一册

330000－1701－0063281　M000991　史部/傳記類/别傳之屬

關夫子全集七卷　(清)錢謙益原輯　榮朝申重編　民國十一年(1922)上海朝記書莊、江左書林鉛印本　四册

330000－1701－0063282　HJL7412　史部/目録類/總録之屬/官修

太倉縣立圖書館藏書目錄八卷首一卷末一卷　徐福墉編　民國十三年(1924)鉛印本　二册

330000－1701－0063284　GP01829　子部/藝術類/書畫之屬/畫譜

謝閒鷗人物仕女畫譜不分卷　謝翔繪　民國十二年(1923)上海朝記書莊石印本　二册

330000－1701－0063285　M001097　集部/總集類/尺牘之屬

歷朝名媛尺牘二卷　民國五年(1916)上海有正書局石印本　一册

330000－1701－0063289　HJL7023　史部/金石類/石之屬

漢碑文範四卷附編一卷　吳闓生撰　民國十五年(1926)武強賀氏刻朱印本　一册

330000－1701－0063290　GP01834　子部/藝術類/書畫之屬/畫譜

雲溪山館畫稿不分卷　民國四年(1915)上海同文書局石印本　二册

330000－1701－0063291　M000992　集部/總集類/選集之屬/通代

古文辭類纂評註七十四卷　(清)姚鼐纂輯　沈伯經等評注　民國六年(1917)上海文明書局鉛印本　十六册

330000－1701－0063292　GP01752　子部/藝術類/書畫之屬/畫譜

詩品畫譜大觀不分卷　(清)諸乃方繪　民國十三年(1924)上海啟新書局石印本　二册

330000－1701－0063293　M001098　集部/詞類/類編之屬

唐宋金元詞鉤沈四十八卷　周泳先輯　民國

二十六年(1937)上海商務印書館鉛印本　二冊

330000－1701－0063296　M000993　集部/別集類/清別集
增廣詳註嚶求集四卷　(清)繆艮撰　(清)倪照註　民國上海文瑞樓石印本　一冊

330000－1701－0063299　GP01743　子部/藝術類/書畫之屬/畫譜
可竹軒畫譜不分卷　張熊等繪　可竹軒主人編　民國十三年(1924)上海育智書局石印本　二冊

330000－1701－0063303　M000994、M001128　集部/別集類/宋別集
東坡集四十卷後集二十卷奏議十五卷内制集十卷樂語一卷外制集三卷應詔集十卷續集十二卷　(宋)蘇軾撰　**東坡集校記二卷**　繆荃孫撰　**東坡先生年譜一卷**　(宋)王宗稷撰　**東坡先生墓志銘一卷**　(宋)蘇轍撰　民國影印本　四十八冊

330000－1701－0063304　GP01753　子部/藝術類/書畫之屬/畫譜
詩品畫譜大觀不分卷　(清)諸乃方繪　民國十三年(1924)上海啟新書局石印本　二冊

330000－1701－0063314　GP01754　子部/藝術類/書畫之屬
經頤淵金石詩書畫合集三種　經亨頤撰　民國二十五年(1936)上海中華書局影印本暨鉛印本　三冊

330000－1701－0063315　普814.7/1221　集部/別集類/清別集
四槐寄廬類藁八卷　(清)孫鼎烈撰　民國二十三年(1934)鉛印本　二冊

330000－1701－0063316　HJL6915　史部/金石類
山陰吳氏遯盦金石叢書(遯盦金石叢書)　吳隱輯　民國山陰吳氏西泠印社刻本　九冊　存一種

330000－1701－0063318　HJH7200　史部/傳記類/總傳之屬/姓名
青樓小名錄八卷　(清)趙慶楨輯　民國四年(1915)上海中國圖書公司鉛印本　四冊

330000－1701－0063320　GP01859　子部/藝術類/書畫之屬/畫譜
胡元潤金陵古蹟一卷　(清)胡玉昆繪　民國二十三年(1934)上海商務印書館影印本　一冊

330000－1701－0063322　GP01745　子部/藝術類/書畫之屬
振青社書畫譜不分卷　振青社書畫社編　民國三年(1914)石印本　一冊

330000－1701－0063325　GP01755　子部/藝術類/書畫之屬/法帖
漢隸十六種一卷　吕培書　民國二十八年(1939)上海大眾書局石印本　一冊

330000－1701－0063334　HJH6916　史部/目録類/書志之屬/提要
滂喜齋藏書記三卷　(清)潘祖蔭藏　葉昌熾撰　潘承弼增編　民國三年(1914)吳縣潘仲午刻十七年(1928)潘承厚增刻印本　二冊

330000－1701－0063335　GP01756　子部/藝術類/書畫之屬
浙江永嘉區藝術展覽會書畫紀念冊不分卷　許蟠雲等輯　民國二十五年(1936)上海宣和印社影印本　宋慈褒題記　一冊

330000－1701－0063337　HJL7416　史部/傳記類/別傳之屬
寒山三種　民國三年(1914)雙照樓刻朱印本　劉承幹題記　一冊

330000－1701－0063338　M001099　集部/詩文評類/詩評之屬
學詩初步三卷　張廷華　吳玉編　民國十三年(1924)上海文明書局鉛印本　一冊

330000－1701－0063339　HJL6917　史部/目録類/總録之屬/地方
四庫湖北先正遺書提要四卷存目四卷　盧弼輯　**四庫湖北先正遺書札記一卷**　盧弼撰

民國十一年(1922)沔陽盧氏慎始基齋刻本　四冊

330000－1701－0063341　M001100、M001594　集部/總集類/選集之屬/通代
雁山鴻爪三卷　周起渭輯　民國二十三年(1934)樂清天一書局鉛印本　二冊

330000－1701－0063343　GP01757　史部/地理類/專志之屬/宫殿
圓明園圖不分卷　(清)唐岱　(清)沈源繪　民國影印本　二冊

330000－1701－0063345　GP01758　子部/藝術類/書畫之屬/畫譜
穆清邈齋陸氏藏畫不分卷　陸佑申輯　民國十四年至二十四年(1925－1935)影印本　二冊

330000－1701－0063346　普951.06/1111.2/4　史部/紀傳類/正史之屬
百衲本二十四史　張元濟輯　民國上海商務印書館影印本　一百冊　存一種

330000－1701－0063348　GP01760　子部/藝術類/書畫之屬/畫譜
倦圃一卷　(清)周之恒繪　民國影印本　一冊

330000－1701－0063349　GP01788　子部/藝術類/書畫之屬/畫譜
夢坡畫史一卷　周慶雲繪　民國二十三年(1934)影印本　一冊

330000－1701－0063353　普951.06/1111.2/6　史部/紀傳類/正史之屬
二十四史附考證　民國上海第一書局鉛印本　四十冊　存一種

330000－1701－0063355　M001101　集部/別集類
民國新年越中竹枝詞一卷　章乃穀撰　民國元年(1912)上海文會書局鉛印本　一冊

330000－1701－0063356　HJL6918　史部/目録類/總録之屬
福州藏書樓書目初編六卷　民國元年(1912)鉛印本　一冊

330000－1701－0063358　GP02013　子部/藝術類/書畫之屬/畫譜
翟琴峰先生臨趙吴興飲中八仙圖一卷　(清)翟繼昌繪　民國影印本　一冊

330000－1701－0063359　M001102　子部/醫家類/方書之屬/單方驗方
便易經驗集一卷　(清)毛世洪輯　(清)汪瑜增訂　民國十年(1921)上海宏大善書局石印本　一冊

330000－1701－0063361　GP02027　史部/金石類/石之屬
十友名言不分卷　鄒安輯　民國八年(1919)廣倉學窘影印本　一冊

330000－1701－0063362　GP02014　子部/藝術類/書畫之屬/畫譜
倪墨耕人物一卷　(清)倪寶田繪　民國十九年(1930)蘇州振新書社影印本　一冊

330000－1701－0063363　M001103　集部/別集類
猛悔樓詩五卷補遺一卷　王世鼐撰　民國三十三年(1944)鉛印本　江家瑂題記　一冊

330000－1701－0063364　HJL6919　史部/地理類/專志之屬
國立中央大學國學圖書館小史不分卷　國立中央大學國學圖書館編　民國十七年(1928)國立中央大學國學圖書館鉛印本　一冊

330000－1701－0063366　HJL6920　史部/目録類/總録之屬/官修
北京大學圖書館貴重書目一卷　黄文弼編　民國十一年(1922)國立北京大學圖書館鉛印本　一冊

330000－1701－0063368　GP02015　子部/藝術類/書畫之屬/畫譜
邵僧彌畫冊不分卷　(清)邵彌繪　民國二十年(1931)上海神州國光社影印本　一冊

浙江圖書館
民國時期傳統裝幀書籍普查登記目録

（五）

浙江省民國時期傳統裝幀書籍普查登記目録

國家圖書館出版社
National Library of China Publishing House

書名筆畫字頭索引

一畫

二畫

三畫

四畫

五畫

六畫

七畫

八畫

九畫

十畫

十一畫

十二畫

十三畫

十四畫

十五畫

十六畫

十七畫

十八畫

十九畫

二十畫

二十一畫

二十二畫

二十三畫

二十四畫

二十五畫

二十六畫

二十七畫

二十八畫

二十九畫

三十畫

其他

書名筆畫索引

一畫

二畫

三畫

四畫

五畫

六畫

七畫

八畫

九畫

十畫

十一畫

十二畫

十三畫

十四畫

十五畫

十六畫

十七畫

十八畫

十九畫

二十畫

二十一畫

二十二畫

二十三畫

二十四畫

二十五畫

二十六畫

二十七畫

二十八畫

二十九畫

三十畫

其他

浙江圖書館

民國時期傳統裝幀書籍普查登記目録

（四）

浙江省民國時期傳統裝幀書籍普查登記目録

國家圖書館出版社
National Library of China Publishing House

330000－1701－0090558　SZD0122　史部/傳記類/別傳之屬/事狀
朱博士[駿聲]事略一卷　(清)孫詒讓撰　民國抄本　一冊

330000－1701－0090559　SZD0124　史部/傳記類/別傳之屬
董仲舒傳一卷　(漢)班固撰　民國朱孔彰抄本　一冊

330000－1701－0090560　M605556　集部/別集類
天嬰室叢稿第二輯十卷　陳訓正撰　民國二十年(1931)鉛印本　二冊

330000－1701－0090561　M605557　集部/別集類
天嬰室叢稿第二輯十卷　陳訓正撰　民國二十年(1931)鉛印本　二冊

330000－1701－0090562　M605558　集部/別集類
天嬰室叢稿第二輯十卷　陳訓正撰　民國二十年(1931)鉛印本　二冊

330000－1701－0090564　M605559　集部/別集類
天嬰室叢稿第二輯十卷　陳訓正撰　民國二十年(1931)鉛印本　二冊

330000－1701－0090565　M605560　集部/別集類
天嬰室叢稿第二輯十卷　陳訓正撰　民國二十年(1931)鉛印本　二冊

330000－1701－0090566　M605561　集部/別集類
天嬰室叢稿第二輯十卷　陳訓正撰　民國二十年(1931)鉛印本　二冊

330000－1701－0090567　M605562　集部/別集類
天嬰室叢稿第二輯十卷　陳訓正撰　民國二十年(1931)鉛印本　二冊

330000－1701－0090568　M605563　集部/別集類
天嬰室叢稿第二輯十卷　陳訓正撰　民國二十年(1931)鉛印本　二冊

330000－1701－0090572　M605564　集部/別集類
天嬰室叢稿第二輯十卷　陳訓正撰　民國二十年(1931)鉛印本　二冊

330000－1701－0090573　M605565　集部/別集類
天嬰室叢稿第二輯十卷　陳訓正撰　民國二十年(1931)鉛印本　二冊

330000－1701－0090574　M006717　史部/傳記類
杏蔭堂彙刻三種　許浩基撰　民國吳興許氏杏蔭堂鉛印本　一冊　存一種

330000－1701－0090575　M605566　集部/別集類
天嬰室叢稿第二輯十卷　陳訓正撰　民國二十年(1931)鉛印本　二冊

330000－1701－0090576　M006551　子部/宗教類/其他宗教之屬/基督教
問答釋義五卷　(德國)韓寧鎬撰　民國十一年(1922)兖州府天主堂鉛印本　一冊　存一卷(五)

330000－1701－0090577　M605567　集部/別集類
天嬰室叢稿第二輯十卷　陳訓正撰　民國二十年(1931)鉛印本　二冊

330000－1701－0090578　M605568　集部/別集類
天嬰室叢稿第二輯十卷　陳訓正撰　民國二十年(1931)鉛印本　二冊

330000－1701－0090579　M605569　集部/別集類
天嬰室叢稿第二輯十卷　陳訓正撰　民國二十年(1931)鉛印本　二冊

330000－1701－0090582　M605570　集部/

別集類

天嬰室叢稿第二輯十卷　陳訓正撰　民國二十年(1931)鉛印本　二册

330000－1701－0090583　M605571　集部/別集類

天嬰室叢稿第二輯十卷　陳訓正撰　民國二十年(1931)鉛印本　二册

330000－1701－0090585　M605572　集部/別集類

天嬰室叢稿第二輯十卷　陳訓正撰　民國二十年(1931)鉛印本　二册

330000－1701－0090587　M605573　集部/別集類

天嬰室叢稿第二輯十卷　陳訓正撰　民國二十年(1931)鉛印本　二册

330000－1701－0090588　M605574　集部/別集類

天嬰室叢稿第二輯十卷　陳訓正撰　民國二十年(1931)鉛印本　二册

330000－1701－0090589　M006552、M007914　集部/別集類/清別集

硯亭詩鈔五卷　(清)袁履方撰　民國二十六年(1937)陳詩影印本　二册

330000－1701－0090591　M605575　集部/別集類

天嬰室叢稿第二輯十卷　陳訓正撰　民國二十年(1931)鉛印本　二册

330000－1701－0090592　M605548　史部/傳記類/別傳之屬/事狀

桐鄉鄭書田先生暨德配汪夫人八旬薦福榮褒録三卷首一卷附錄一卷　鄭惟章輯　民國八年(1919)鉛印本　一册

330000－1701－0090595　M605631、M608832　子部/藝術類/遊藝之屬/謎語

猶賢集二卷　(清)俞渭編　民國七年(1918)蕭山合義和印書局鉛印本　二册

330000－1701－0090596　M605576　集部/別集類

天嬰室叢稿第二輯十卷　陳訓正撰　民國二十年(1931)鉛印本　二册

330000－1701－0090597　M605577　集部/別集類

天嬰室叢稿第二輯十卷　陳訓正撰　民國二十年(1931)鉛印本　二册

330000－1701－0090598　M605547　史部/傳記類/別傳之屬/事狀

桐鄉鄭書田先生暨德配汪夫人八旬薦福榮褒録三卷首一卷附錄一卷　鄭惟章輯　民國八年(1919)鉛印本　一册

330000－1701－0090600　M605578　集部/別集類

天嬰室叢稿第二輯十卷　陳訓正撰　民國二十年(1931)鉛印本　一册　存五卷(塔樓集、北邁集、末麗詞、炎虎今樂府、紫萸詞)

330000－1701－0090601　M006553　史部/目録類/總録之屬

影印清初殿版銅活字本古今圖書集成分典發售目錄一卷　民國二十八年(1939)中華書局鉛印本　一册

330000－1701－0090602　M605549　史部/傳記類/別傳之屬/事狀

桐鄉鄭書田先生暨德配汪夫人八旬薦福榮褒録三卷首一卷附錄一卷　鄭惟章輯　民國八年(1919)鉛印本　一册

330000－1701－0090603　M006718　史部/傳記類/總傳之屬/列女

王烈婦劉夫人哀辭不分卷　民國十二年(1923)影印本　一册

330000－1701－0090607　M605579　集部/別集類

天嬰室叢稿第二輯十卷　陳訓正撰　民國二十年(1931)鉛印本　一册　存五卷(塔樓集、北邁集、末麗詞、炎虎今樂府、紫萸詞)

330000－1701－0090613　M006719　史部/政書類/公牘檔册之屬

浙區戰時食鹽收運處人事章則彙編不分卷 浙區戰時食鹽收運處人事股編　民國油印本　一冊

330000－1701－0090614　M006554　史部/政書類/公牘檔冊之屬
蔣委員長訓詞釋義一卷　蔣中正撰　民國二十二年(1933)鉛印本　一冊

330000－1701－0090621　M006720　子部/宗教類/佛教之屬
華嚴字母音譜一卷　民國十八年(1929)刻本　一冊

330000－1701－0090622　M006555　史部/政書類/公牘檔冊之屬
信函公牘集錦不分卷　陶壽鴻等撰　民國抄本　一冊

330000－1701－0090623　M006721　集部/小說類/短篇之屬
小小說　中華書局編輯　民國上海中華書局鉛印本　一冊　存一種

330000－1701－0090625　M006556　史部/傳記類/總傳之屬
浙閩同鄉齒錄一卷　浙閩會館同人編　民國三年(1914)石印本　一冊

330000－1701－0090628　M605627、M606451　史部/金石類/璽印之屬/文字
選集漢印分韻二卷　(清)袁日省輯　(清)謝雲生臨摹　**續集漢印分韻二卷**　(清)謝景卿輯並臨摹　民國十三年(1924)上海掃葉山房影印本　二冊

330000－1701－0090632　G609008　類叢部/叢書類/彙編之屬
渭南嚴氏孝義家塾叢書十一種　嚴式誨編　民國十九年至二十年(1930－1931)渭南嚴氏刻本　二冊　存一種

330000－1701－0090633　M006723　子部/術數類/命書相書之屬
鬼谷算命術一卷　(西周)王通撰　(漢)諸葛亮注釋　民國十四年(1925)上海國粹保存會石印本　一冊

330000－1701－0090635　M006558　史部/政書類/公牘檔冊之屬
革命文牘類編不分卷　民國石印本　二冊　存二冊(四、六)

330000－1701－0090638　M006724　子部/宗教類/佛教之屬/經
白衣大慈五印心陀羅尼經一卷　民國北平中央刻經院鉛印本　一冊

330000－1701－0090639　M605595　史部/詔令奏議類/奏議之屬
端忠敏公奏稿十六卷　(清)端方撰　民國七年(1918)鉛印本　十六冊

330000－1701－0090642　M605628　類叢部/叢書類/自著之屬
舜水遺書四種附錄一卷　(明)朱之瑜撰　民國二年(1913)山陰湯壽潛鉛印本　十二冊

330000－1701－0090643　M006725　經部/春秋公羊傳類/傳說之屬
教科適用公羊傳精華一卷　中華書局編　民國上海中華書局鉛印本　一冊

330000－1701－0090646　M006726　史部/傳記類/別傳之屬/事狀
毛烈婦留香錄二卷　(清)江內民輯　民國十一年(1922)鉛印本　一冊

330000－1701－0090649　M006560　子部/醫家類/醫案之屬
王氏醫案繹注十卷附錄一卷　(清)王士雄撰　石念祖繹注　民國十五年(1926)上海商務印書館鉛印本　二冊　存八卷(一至三、七至十,附錄)

330000－1701－0090652　M605629　集部/總集類/選集之屬/斷代
采風錄一卷　國風社編　**今傳是樓詩話一卷**　王揖唐撰　民國鉛印本　一冊

330000－1701－0090653　M006727　史部/金石類/總志之屬/目録

雪堂所藏金石書畫展覽目録一卷 羅振玉藏並編 民國鉛印本 一冊

330000－1701－0090654 M006561 子部/宗教類/道教之屬

增經敬竈全書不分卷 民國十七年(1928)上海宏大善書局石印本 一冊

330000－1701－0090657 M006728、M007036 子部/小説家類/雜事之屬

蓴鄉贅筆四卷 (清)董含撰 民國交通圖書館石印本 三冊 存三卷(一至二、四)

330000－1701－0090658 M006562 子部/醫家類/喉科口齒之屬/白喉

白喉全生集一卷 (清)李紀方輯 民國六年(1917)蕭山合義和印書局鉛印本 一冊

330000－1701－0090660 M006563 史部/目録類/總録之屬/私撰

觀雲草堂藏書目録不分卷 稿本 一冊

330000－1701－0090664 M006730 經部/小學類/文字之屬/字書/訓蒙

澄衷蒙學堂字課圖説四卷檢字一卷類字一卷 澄衷學校編 民國十七年(1928)石印本 一冊 存三卷(一、類字、檢字)

330000－1701－0090671 M006732 集部/别集類/宋别集

音注陸放翁詩一卷 (宋)陸游撰 (宋)劉辰翁選本 王文濡音注 民國十六年(1927)上海文明書局鉛印本 一冊

330000－1701－0090676 M006733 史部/地理類/遊記之屬/紀勝

黄山吟一卷 徐鋆撰 民國鉛印本 一冊

330000－1701－0090678 SZD0135 史部/政書類/公牘檔冊之屬

清史館功課簿不分卷 稿本 一冊

330000－1701－0090680 M006564 子部/宗教類/佛教之屬

金剛般若波羅蜜經一卷 (後秦)釋鳩摩羅什譯 **般若波羅蜜多心經一卷** (唐)釋玄奘譯 民國刻本 一冊

330000－1701－0090681 M006734 集部/詞類/詞話之屬

木皮詞一卷 劉階平編 民國二十二年(1933)天津大公報社鉛印本 一冊

330000－1701－0090682 SZD0136 史部/傳記類/别傳之屬/年譜

石隱山人[朱駿聲]自訂年譜一卷 (清)朱駿聲撰 (清)程朝儀訂補 朱師轍補注 民國朱師轍稿本 一冊

330000－1701－0090688 M006735 集部/曲類/曲選之屬

石渠寶笈元曲選樣本不分卷 商務印書館編 民國上海商務印書館鉛印本暨石印本 一冊

330000－1701－0090691 M006736、M006740 類叢部/叢書類/彙編之屬

香艷叢書三百二十六種 (清)蟲天子輯 民國三年(1914)上海中國圖書公司和記鉛印本 四冊 存十八種

330000－1701－0090692 SZD0144 史部/傳記類/總傳之屬/斷代

清初諸先生事略不分卷 民國抄本 朱師轍題簽 二冊

330000－1701－0090693 M006566 集部/别集類

曉齋詩稿一卷文稿一卷隨筆一卷 王壽昌撰 **喬倩詩詞一卷** 王邁撰 民國二十五年(1936)古閩王氏影印本 一冊

330000－1701－0090696 M006567 新學/工藝/汽機總

内燃機關十一章附内燃機關圖 張元訓繪圖 民國十四年(1925)石印本 一冊

330000－1701－0090705 M605583 類叢部/叢書類/郡邑之屬

續金華叢書六十種 胡宗楙編 民國十三年(1924)永康胡氏夢選樓刻本 十一冊 存六種

330000－1701－0090708　M006570、M007132　集部/别集類/清别集
廣雅堂詩集四卷　(清)張之洞撰　民國二十四年(1935)鉛印本　二册

330000－1701－0090710　M006571　集部/總集類/選集之屬/斷代
詩詞筆選一卷　秦秋田撰　稿本　一册

330000－1701－0090720　M605584　集部/别集類/宋别集
六一居士文集五卷外集錄二卷　(宋)歐陽修撰　民國二年(1913)上海會文堂書局石印本　三册　存三卷(文集一、外集錄一至二)

330000－1701－0090727　M605630　集部/詞類/總集之屬
漚社詞鈔□□集　漚社輯　民國石印本　三册　存八集(十三、二十四,補二至六、十一)

330000－1701－0090728　SZD0152　集部/詞類
清真詞朱方和韻合刊十二卷　(宋)周邦彦撰　(宋)方千里　朱師轍和　稿本　二册

330000－1701－0090729　M006575、M007168　經部/易類/傳説之屬
周易變通解二卷首一卷末一卷　(清)萬裕澐注　民國三十二年(1943)鉛印本　二册

330000－1701－0090730　SZD0153　集部/詞類
清真詞朱方和韻合刊十二卷　(宋)周邦彦撰　(宋)方千里　朱師轍和　稿本　馬一浮、張宗祥、黄賓虹題簽　一册

330000－1701－0090731　M605588　類叢部/叢書類/彙編之屬
求恕齋叢書三十一種　劉承幹編　民國吳興劉氏嘉業堂刻本　四册　存一種

330000－1701－0090732　M006738　史部/目録類/書志之屬/提要
四部叢刊書錄一卷　商務印書館編　民國十一年(1922)上海商務印書館鉛印本　一册

330000－1701－0090733　M006739　集部/總集類/尺牘之屬
歷代名人家書不分卷　四願齋主編輯　民國二十八年(1939)長沙商務印書館鉛印本　一册

330000－1701－0090743　M006741　子部/宗教類/道教之屬/雜著
張三丰先生全集八卷　(明)張三丰撰　(清)李西月重編　**張三丰祖師無根樹詞註解一卷**　(明)劉悟元註　(明)李西月增解　**靈寶畢法三卷**　題(唐)鍾離權撰　(唐)吕嵒傳　民國八年(1919)上海明善書局石印本　二册　存四卷(一至四)

330000－1701－0090747　M605530、M606767　類叢部/叢書類/自著之屬
諸葛武侯全集五種二十卷　(三國蜀)諸葛亮撰　(清)張澍輯　民國七年(1918)江左書林石印本　八册

330000－1701－0090751　M605531　集部/戲劇類/雜劇之屬
增批繪像第六才子書八卷　(元)王德信　(元)關漢卿撰　(清)金人瑞評　**六才子西廂文一卷**　**唐六如先生文韻一卷**　(明)祝允明評定　(明)念庵居士輯　民國十三年(1924)上海啓新書局石印本　一册　存三卷(一至二、西廂文)

330000－1701－0090754　M006576、M602189　集部/别集類
芬陀利館瓻稿五卷　周大封撰　民國八年(1919)鉛印本　二册

330000－1701－0090757　M605532　集部/詞類/總集之屬
宋詞賞心錄一卷　(清)端木埰輯　民國二十二年(1933)上海開明書店影印本　一册

330000－1701－0090763　M006579　子部/醫家類/方書之屬/單方驗方
不知醫必要四卷　(清)梁廉夫撰　民國四年(1915)江山奇氣樓鉛印本　一册　存二卷(三至四)

330000－1701－0090764　M006580　類叢部/叢書類
雕龍叢鈔□□種　民國文字同盟社鉛印本　一冊　存一種

330000－1701－0090770　M605533　經部/小學類/訓詁之屬
通俗常言疏證四卷　孫錦標編　民國十四年(1925)南通翰墨林石印本　一冊　存一卷(二)

330000－1701－0090772　M605550　史部/地理類/方志之屬/郡縣志
[民國]平陽縣志九十八卷首一卷　王理孚修　劉紹寬纂　民國十四年至十五年(1925－1926)刻本　六冊　存十九卷(首、一至十八)

330000－1701－0090773　M605586　類叢部/叢書類/彙編之屬
適園叢書七十四種　張鈞衡編　民國二年至六年(1913－1917)烏程張氏刻本(唐大詔令集卷十四至二十四、八十七至九十八原缺)　五十五冊　存二十七種

330000－1701－0090778　M006586　集部/別集類
夢仙詩稿一卷　孫雲撰　民國十三年(1924)都門鉛印本　一冊

330000－1701－0090781　M006587　史部/史評類/史論之屬
鏡古錄四卷　袁紹英　袁紹基輯　民國十八年(1929)周氏師古堂刻本　四冊

330000－1701－0090783　M006589　經部/孝經類/正文之屬
孝經一卷　戴傳賢書　民國影印本　一冊

330000－1701－0090786　M006590　類叢部/叢書類/自著之屬
寫禮廎遺箸四種　(清)王頌蔚撰　民國四年(1915)鮮溪王氏刻本　一冊　存二種

330000－1701－0090790　M006742　子部/雜著類
雜抄一卷　民國抄本　一冊

330000－1701－0090792　M600705　類叢部/叢書類/彙編之屬
四部備要　中華書局編　民國二十五年(1936)上海中華書局鉛印本　八冊　存一種

330000－1701－0090793　M600710、M600711　類叢部/叢書類/彙編之屬
四部備要　中華書局編　民國二十五年(1936)上海中華書局鉛印本　二冊　存二種

330000－1701－0090794　民812.6/7212　集部/戲劇類/雜劇之屬
孤臣淚二十二場　劉運中撰　民國鉛印本　一冊

330000－1701－0090797　M006743　集部/別集類
招隱山房襍箸不分卷　戴敔文撰　稿本　二冊

330000－1701－0090800　G005594、G005730　集部/曲類/彈詞之屬
新編繡像雙連筆全傳四卷三十二回　民國上海文元書莊石印本　四冊　存三卷(一至四)

330000－1701－0090801　M006591、M006940　集部/小說類/長篇之屬
老殘遊記四卷二十章　(清)劉鶚撰　民國四年(1915)新小說社石印本　三冊　存三卷(一至二、四)

330000－1701－0090802　M605552　集部/別集類/清別集
聊齋全集四種　(清)蒲松齡撰　民國九年(1920)上海中華圖書館石印本　一冊　存一種

330000－1701－0090805　M006592　新學/圖學
圖學講義不分卷　王濟組編　**正射投影畫法不分卷**　民國石印本　一冊

330000－1701－0090807　SZD0092　史部/傳記類/日記之屬
遊蜀日記不分卷(民國二十四年二月二十二日至二十六年一月十一日)　朱師轍撰　稿

本　十冊

330000－1701－0090808　M006593、M007984　新學/政治法律/制度

民法實用講義□編　劉鍾英等編　民國司法行政部法官訓練所鉛印本　二冊　存二編(三、五)

330000－1701－0090811　M006594　集部/小説類/長篇之屬

洞冥記十卷三十八回　(清)吕惟一輯　民國十八年(1929)鉛印本　一冊　存二卷(九至十)

330000－1701－0090813　SZD0093　史部/傳記類/日記之屬

南歸日記二卷(民國二十八年四月二十一日至十月二十四日)故都重返日記八卷(民國二十八年十月三十一日至三十五年八月二十八日)　朱師轍撰　稿本　十冊

330000－1701－0090814　M006745　子部/雜著類

徐友白五洲鍼艾一卷　徐友白撰　民國十八年(1929)上海宏大善書局石印本　一冊

330000－1701－0090818　M006595　史部/傳記類/日記之屬

影印李蓴客先生手稿越縵堂日記様本不分卷　民國九年(1920)北京浙江公會鉛印本暨影印本　一冊

330000－1701－0090819　M605554　史部/金石類/金之屬/文字

雙劍誃吉金文選二卷坿錄一卷　于省吾撰　民國二十二年(1933)北平大業印刷局石印本　一冊　存二卷(下、坿錄)

330000－1701－0090821　M605555　史部/地理類/山川之屬/山志

天台山方外志三十卷　(明)釋傳燈撰　民國十一年(1922)上海集雲軒鉛印本　八冊

330000－1701－0090822　M006596　經部/小學類/音韻之屬

字音學五章古韻學五章　民國石印本　梓銘題簽　一冊

330000－1701－0090827　M006747、M007531　集部/别集類/清别集

錢牧齋先生尺牘三卷　(清)錢謙益撰　民國影印本　三冊　存二卷(一至二)

330000－1701－0090829　M605551　類叢部/叢書類/彙編之屬

説郛一百卷　(元)陶宗儀編　張宗祥重校　民國十六年(1927)上海商務印書館鉛印本　九冊　存十七卷(二至十八)

330000－1701－0090830　M006598　新學/地學

地學歌畧不分卷　葉瀾　葉瀚撰　民國石印本　二冊

330000－1701－0090831　M006599　子部/醫家類/婦科之屬

婦科講義一卷　楊子鈞編述　民國石印本　一冊

330000－1701－0090832　M006748、M609752　集部/總集類/選集之屬/斷代

新文精華五卷　陸翔輯　民國十年(1921)上海世界書局石印本　二冊　存四卷(二至五)

330000－1701－0090836　M006601　類叢部/叢書類/郡邑之屬

續金華叢書六十種　胡宗楙編　民國十三年(1924)永康胡氏夢選樓刻本　一冊　存一種

330000－1701－0090839　SZD0103　集部/詞類/别集之屬

臨嘯閣詞四卷拾遺二卷　(清)朱駿聲撰　民國抄本　邵瑞彭、朱師轍校並跋　一冊

330000－1701－0090841　M006602　類叢部/叢書類/自著之屬

小雙寂庵叢書十九種　張惟驤撰　民國武進張氏小雙寂庵刻本　一冊　存一種

330000－1701－0090842　M006603　子部/天文曆算類/曆法之屬

中華民國三十七年農曆通書一卷　民國三十

六年(1947)上海劉德記書局石印本　一册

330000－1701－0090844　M006604　子部/天文曆算類/曆法之屬

中華民國二十七年歲在戊寅農曆通書一卷　民國二十六年(1937)石印本　一册

330000－1701－0090845　M006750　史部/政書類/公牘檔册之屬

淞滬抗日陣亡將士追悼會徵信錄一卷　民國二十一年(1932)鉛印本　一册

330000－1701－0090847　M006605　子部/天文曆算類/曆法之屬

中華民國三十三年歲在甲申農曆通書一卷　民國三十二年(1943)石印本　一册

330000－1701－0090848　M605596、M606447　史部/地理類/方志之屬/郡縣志

民國新修合川縣志八十三卷　鄭賢書等修　張森楷纂　民國十年(1921)刻本　三册　存五卷(十五、三十七至三十八、六十九至七十)

330000－1701－0090849　M006606　子部/天文曆算類/曆法之屬

中華民國三十七年歲在戊子農曆通書一卷　民國三十六年(1947)石印本　一册

330000－1701－0090850　M605666　類叢部/叢書類/彙編之屬

遯盦叢編甲集四種乙集七種　吳隱編　民國二年至五年(1913－1916)西泠印社木活字印本　一册　存一種

330000－1701－0090851　SZD0104　史部/傳記類/總傳之屬/文苑

清史文苑傳不分卷　稿本　三册

330000－1701－0090852　M006751　史部/傳記類/總傳之屬/家乘

長巷沈氏宗譜節鈔不分卷　妙山陳氏重修宗譜序一卷　陳鍾祺撰　**續谿廟子山王氏譜序目一卷**　王集成撰　民國抄本　一册

330000－1701－0090853　M006607　史部/傳記類/日記之屬

春池館日記不分卷(民國十一年至十二年)　玉虬撰　稿本　一册

330000－1701－0090859　M006752　史部/政書類/律令之屬

小相瑣述一卷　王景松撰　民國鉛印本　一册

330000－1701－0090862　M006609　子部/術數類/相宅相墓之屬

增圖地理大全二十三種　(清)鄒廷猷編輯　民國上海校經山房石印本　三册　存一種

330000－1701－0090863　SZD0109　子部/雜著類

少濱筆記一卷　朱師轍撰　稿本　一册

330000－1701－0090864　M605664　集部/別集類/唐五代別集

駱臨海集十卷附錄一卷　(唐)駱賓王撰　(清)陳熙晉注　民國二十六年(1937)義烏黄氏鉛印本　鄭雨苹題記　四册

330000－1701－0090866　SZD0110　集部/詞類/别集之屬

續和清真詞一卷　朱師轍撰　稿本　一册

330000－1701－0090867　M006753　史部/傳記類/日記之屬

汪姓資料不分卷(民國四年正月初一至十二月二十九日)　民國四年(1915)稿本　一册

330000－1701－0090868　M006754　子部/雜著類/雜説之屬

陳言自珍不分卷　陳銳編撰　稿本　一册

330000－1701－0090871　SZD0111　集部/詞類/别集之屬

倚玉詞一卷黄山詞一卷　朱師轍撰　稿本　邵瑞彭跋　二册

330000－1701－0090875　SZD0112　集部/别集類

綺霞樓詩鈔不分卷　朱師轍撰　稿本　五册

330000－1701－0090877　M006755　新學/議論/論政

成都民間意識社民族問題叢書□□種　民間意識社編　民國二十五年(1936)成都民間意識社鉛印本　一册　存一種

330000－1701－0090881　M605585　史部/傳記類/總傳之屬/斷代
清朝先正事略六十卷　(清)李元度撰　民國上海文瑞樓石印本　一册　存三卷(十三至十五)

330000－1701－0090882　M006756　子部/雜著類/雜纂之屬
聖哲嘉言類纂初編二卷續編二卷附録一卷　華文祺　楊鍾鈺編　民國二十五年(1936)鉛印本　一册

330000－1701－0090885　M006817、M007115、M007927　類叢部/類書類/通類之屬
淵鑑類函四百五十卷目録四卷　(清)張英　(清)王士禛等輯　民國六年(1917)同文圖書館影印本　二十七册　存二百三十九卷(八至五十四、六十二至七十二、八十五至一百十、一百二十至一百四十九、一百六十二至一百八十二、二百八至二百八十四、四百二十四至四百五十)

330000－1701－0090887　M006757　史部/地理類/水利之屬
都江堰治本工程計劃綱要不分卷　四川省水利局編　民國二十九年(1940)四川省水利局鉛印本　一册

330000－1701－0090894　M605535　子部/農家農學類/蠶桑之屬
古今合纂殖桑法一卷　金步瀛撰　民國十九年(1930)鉛印本　一册

330000－1701－0090896　M605534、M607189　集部/總集類/尺牘之屬
歷代名人小簡二卷　吳曾祺輯　民國十五年(1926)上海商務印書館鉛印本　二册

330000－1701－0090897　M605536　子部/藝術類/音樂之屬/琴學
琴學入門二卷　(清)張鶴輯　民國上海中華圖書館石印本　一册　存一卷(上)

330000－1701－0090899　M605537　史部/傳記類/別傳之屬
王夫人哀輓錄不分卷　民國鉛印本　一册

330000－1701－0090901　GP09801　子部/宗教類/道教之屬/道藏
道藏一千二百五十八種　(明)張宇初等編　民國十二年至十五年(1923－1926)上海涵芬樓影印本　一千一百二十册

330000－1701－0090902　M605538　子部/宗教類/道教之屬/方法
丹經指南二卷附補虧正法一卷　張松谷撰　民國十四年(1925)鉛印本　一册

330000－1701－0090910　M605539　子部/藝術類/遊藝之屬/博戲
太任文房牙牌說一卷　鄭太任撰　民國十九年(1930)鉛印本　一册

330000－1701－0090915　M006758　集部/別集類
沈演文課一卷　沈演撰　稿本　一册

330000－1701－0090918　M605601　子部/醫家類/本草之屬/歷代綜合本草
本草綱目五十二卷瀕湖脉學一卷奇經八脉攷一卷脉訣攷證一卷圖一卷　(明)李時珍撰　**本草萬方鍼線八卷藥品總目一卷**　(清)蔡烈先輯　**本草綱目拾遺十卷首一卷**　(清)趙學敏輯　民國五年(1916)上海鴻寶齋石印本　十册　缺五卷(本草綱目十至十四)

330000－1701－0090920　M006759　子部/宗教類/道教之屬
闡道篇□□篇　題孚佑帝君撰　(清)李玄真注　民國杭州明德道場鉛印本　一册　存一篇(中)

330000－1701－0090922　M006760　子部/宗教類/佛教之屬/經疏
心經文句一卷　(明)宋濂撰　**心經注解一卷**　(清)朱珪撰　**持誦觀世音心經併聖號靈感**

録一卷　民國鉛印本　一册

330000－1701－0090925　M006761　子部/儒家類/儒學之屬

盡孝社詩文集一卷　民國盡孝社興學部石印本　一册

330000－1701－0090928　M006762　子部/宗教類/道教之屬/經文

玉樞經籥二十四卷首一卷末一卷　(清)姚變撰　民國十一年(1922)上海新學會社鉛印本　四册

330000－1701－0090930　M006763　史部/政書類/公牘檔册之屬

浙江省諮議局臨時議會省議會一二屆議決案分類彙編不分卷　民國鉛印本　二册

330000－1701－0090934　M006764　子部/宗教類/佛教之屬

佛學叢書□□種　丁福保輯　民國上海醫學書局鉛印本暨影印本　一册　存一種

330000－1701－0090939　M006611　子部/天文曆算類/曆法之屬

大中華民國十九年通用國曆一卷　民國十八年(1929)石印本　一册

330000－1701－0090942　M006765、G609204、G610618　新學/醫學/方書

萬國藥方八卷　(美國)洪士提反譯　民國四年(1915)美華書館石印本　七册　存七卷(一至五、七至八)

330000－1701－0090946　M006613　集部/別集類

一飛信稿簿不分卷　吴一飛撰　民國二十四年(1935)稿本　一册

330000－1701－0090947　M006766　經部/春秋左傳類/專著之屬

春暉樓讀左日記一卷春秋列國戰守形勢一卷　(清)張鼎撰　**張銘齋先生年譜一卷**　盧學源編　民國二十五年(1936)盧學源鉛印本　一册

330000－1701－0090949　M006614　新學/兵制

兵學□□卷　民國石印本　一册　存一卷(一)

330000－1701－0090952　M006768　史部/金石類/郡邑之屬

河朔古蹟志四例四卷　顧燮光撰　民國四年(1915)神州國光社石印本　一册

330000－1701－0090953　SZD0166　集部/詞類/詞話之屬

詞源二卷　(宋)張炎編　民國二十年(1931)朱福祖抄本　朱師轍跋　一册

330000－1701－0090954　M006769　史部/目録類

書目叢刻二卷　陳准輯　民國十九年(1930)瑞安陳氏湫漻齋刻本　一册

330000－1701－0090966　M006616　新學/農政/畜牧

畜產學通論五章　丁耀宗撰　民國油印本　一册

330000－1701－0090967　M006617　新學/農政/農務

農政學及農業法規四章　朱隱青撰　民國二十六年(1937)油印本　一册

330000－1701－0090971　M006771　史部/雜史類/斷代之屬

四朝佚聞二卷　金梁撰　民國二十五年(1936)復東印刷局鉛印本　一册

330000－1701－0090972　M605541　集部/曲類/寶卷之屬

江南松江府華亭縣白沙村孝脩回郎寶卷二卷附七七寶卷一卷知過必改一卷　民國七年(1918)上海文益書局石印本　一册

330000－1701－0090974　M006772　史部/雜史類/外紀之屬

東亞各國史四卷　民國南京高等師範學校鉛印本　一册　存一卷(一)

330000－1701－0090977　M006773　史部/政書類/公牘檔冊之屬

紹興縣新安鄉梅湖公案一卷　民國二年(1913)鉛印本　一冊

330000－1701－0090978　M006774　史部/傳記類/別傳之屬/事狀

鄞縣邵母夏孺人彰節錄一卷　民國鉛印本　一冊

330000－1701－0090982　M006775　集部/別集類

寄心瑣語一卷　余其鏘撰　民國七年(1918)鉛印本　一冊

330000－1701－0090984　M006618　史部/政書類/律令之屬

法令規章不分卷　民國三十六年(1947)抄本　一冊

330000－1701－0090985　M006776　集部/詞類/別集之屬

聽潮音館詞集三卷　蔡寶善撰　民國十九年(1930)鉛印本　一冊

330000－1701－0090987　M006620　集部/別集類

魏鐵三遺詩一卷　魏􀀀撰　何壽謙輯遺　民國二十一年(1932)梧州大公報鉛印本　一冊

330000－1701－0090988　M006777　集部/別集類

南豐劉先生文集四卷補遺一卷　劉孚京撰　民國八年(1919)上海聚珍倣宋印書局鉛印本　一冊　存一卷(一)

330000－1701－0090991　M006621　史部/地理類/雜志之屬

舊上海一卷　黃協塤編　民國三年(1914)振寰書局石印本　一冊

330000－1701－0090993　M006622　史部/傳記類/日記之屬

甬游日記不分卷　民國十五年(1926)稿本　一冊

330000－1701－0090997　SZD0157　史部/紀傳類/正史之屬

史記補注二卷　朱師轍撰　稿本　二冊

330000－1701－0091001　M006624、M007116、M007315、M007609　史部/編年類/斷代之屬

註釋清鑑輯覽二十八卷　文明書局編輯　民國七年(1918)文明書局鉛印本　十二冊

330000－1701－0091005　M006778　集部/曲類/散曲之屬

霜厓曲錄二卷　吳梅撰　盧前編　民國二十年(1931)上海商務印書館鉛印本　一冊

330000－1701－0091008　M006779　集部/別集類

嚴先生遺箸一卷　嚴修撰　民國鉛印本　一冊

330000－1701－0091011　M006780　集部/別集類

退步軒詩稿四卷詩餘一卷　林脩華撰　民國二十六年(1937)寧波鈞和印刷公司鉛印本　一冊

330000－1701－0091015　M006782　類叢部/叢書類/家集之屬

武林丁氏家集十三種　丁立誠　丁立中撰　民國錢塘丁氏嘉惠堂鉛印本　二冊　存一種

330000－1701－0091018　SZD0164　史部/傳記類/別傳之屬/事狀

朱博士[駿聲]事略一卷　(清)孫詒讓撰　民國抄本　朱師轍題簽並記　一冊

330000－1701－0091023　M006627　子部/醫家類/外科之屬/瘋症、黴瘡

黴瘡方法二卷　(明)陳司成撰　民國石印本　一冊　存一卷(下)

330000－1701－0091024　M006628　子部/雜著類/雜纂之屬

人海記二卷　(清)查慎行輯　民國四年(1915)掃葉山房石印本　一冊　存一卷(上)

330000－1701－0091029　M605542　史部/傳記類/總傳之屬/釋道

八十八祖傳贊五卷　(明)釋德清述　(明)高乘埏補　民國二年(1913)常州天寧寺刻本　一册　存三卷(三至五)

330000－1701－0091031　M006783　類叢部/叢書類/郡邑之屬

雲南叢書初編一百四十一種二編三十七種　趙藩　陳榮昌等輯　民國雲南叢書處刻本　五册　存一種

330000－1701－0091032　M006631、M007802　類叢部/叢書類/彙編之屬

國學彙編三集四十一種　國學研究社編　民國十二年至十四年(1923－1925)上海國學研究社鉛印本　四册　存一集二十種

330000－1701－0091034　M605543　子部/雜著類/雜説之屬

樗盦筆記一卷　毛宗智撰　民國鉛印本　一册

330000－1701－0091036　M006784　類叢部/叢書類/自著之屬

擱寧室叢著七種　楊復明撰　民國十九年(1930)南京美利生印書館鉛印本　一册　存一種

330000－1701－0091038　M006632　集部/別集類/清別集

姜徵君遺詩二卷附遺詞一卷　(清)姜秉初撰　朱啟灝輯　民國二十七年(1938)四樂草堂鉛印本　一册

330000－1701－0091039　M006785　類叢部/叢書類/自著之屬

散溪遺書八種　蔡克猷撰　民國十年(1921)劉邦元等鉛印本　一册　存一種

330000－1701－0091044　M006786　新學/重學/力學

水力學四編　劉崇漢撰　民國十九年(1930)石印本　一册

330000－1701－0091046　M006634　子部/雜著類

增廣好生錄六卷　(清)周思義原輯　(清)高觀海增纂　民國十四年(1925)杭州華興石印公司石印本　一册

330000－1701－0091048　M605545　子部/藝術類/書畫之屬/畫法畫品

畫法要錄六卷首一卷　余紹宋撰　民國十五年(1926)北京京城印書局鉛印本　一册　存三卷(首、一至二)

330000－1701－0091051　M006635　子部/小說家類/雜事之屬

中國偵探譚三十六黨史一卷　陶嘯秋撰　民國十三年(1924)上海世界書局石印本　一册

330000－1701－0091053　M608028　類叢部/叢書類/自著之屬

章氏叢書十三種　章炳麟撰　民國六年至八年(1917－1919)浙江圖書館刻本　三册　存二種

330000－1701－0091057　M605626　史部/金石類/石之屬

夢碧簃石言六卷　顧燮光撰　民國十四年(1925)上海科學儀器館鉛印本　一册　缺四卷(三至六)

330000－1701－0091061　M006638　史部/目録類/總録之屬/私撰

修綆堂書目第三期不分卷　修綆堂書店編　民國二十三年(1934)北平修綆堂書店鉛印本　一册

330000－1701－0091063　M006789　子部/工藝類/日用器物之屬

織物原料不分卷　金培元編　民國石印本　一册

330000－1701－0091064　M006787　新學/政治法律

羅馬法不分卷　康煥棟述　民國上海法政大學鉛印本　一册

330000－1701－0091066　M600727　集部/別集類/唐五代別集

唐女郎魚玄機詩一卷　(唐)魚玄機撰　民國二十五年(1936)上海中華書局鉛印本　一册

330000－1701－0091068　M006639　集部/別集類

澹園詩稿□□卷　田樹藩撰　民國三十七年(1948)大華印書局鉛印本　一册　存三卷(十二至十四)

330000－1701－0091069　M600728　集部/別集類/唐五代別集

唐女郎魚玄機詩一卷　(唐)魚玄機撰　民國二十五年(1936)上海中華書局鉛印本　一册

330000－1701－0091071　M006788　新學/電學

電氣測定不分卷　民國石印本　一册

330000－1701－0091074　SZD0171　集部/詞類/別集之屬

片玉詞一卷　(宋)周邦彦撰　民國朱師轍抄本　一册

330000－1701－0091078　M006790　新學/議論/論政

君憲救國論三卷　楊度撰　民國籌安會鉛印本　一册

330000－1701－0091079　M006640　子部/宗教類/佛教之屬

康藏佛教與西康諾那呼圖克圖應化事略不分卷　羅傑等撰　丁石僧等增纂　**先師諾那呼圖克圖行狀一卷**　韓大載等撰　**金剛上師諾那呼圖克圖佛學問答開示語錄一卷**　釋貝嘛把藏唵紀錄　**噶納上師禮祝偈一卷**　民國上海瑜伽精舍鉛印本　一册

330000－1701－0091092　M006792　子部/術數類/命書相書之屬

命學新義不分卷　潘子端撰　民國二十八年(1939)文明書局鉛印本　一册

330000－1701－0091094　M006643　新學/政治法律

民法總則不分卷　林文琴編　民國上海法政大學鉛印本　一册

330000－1701－0091096　M006793　子部/宗教類/道教之屬

太上感應篇直講一卷　釋印光鑒定　民國六年(1917)華章石印局石印本　一册

330000－1701－0091097　M006794　子部/醫家類/綜合之屬

奉天醫會講義十門不分卷　劉景素撰　民國十年(1921)奉天福陞厚石印本　一册

330000－1701－0091098　M006644、M008292　史部/傳記類/日記之屬

旅杭不分卷　民國三年至四年(1914－1915)、六年至七年(1917－1918)稿本　二册

330000－1701－0091100　M006645　集部/別集類/清別集

影印胡文忠公書牘一卷　(清)胡林翼撰並書　民國影印本　一册

330000－1701－0091101　M006646　新學/商務/稅則

克利荷蘭財政支配法譯稿一卷　張一廖譯　稿本　張鳳跋　一册

330000－1701－0091102　M006795　子部/藝術類/書畫之屬/畫譜

吟華閣畫稿一卷　吳淑娟繪　民國四年(1915)影印本　一册

330000－1701－0091103　SZD0175　經部/小學類/文字之屬/說文

蒙學說文初編一卷　民國抄本　一册

330000－1701－0091104　M600733、M605867、M607233、M607544、M607545　類叢部/叢書類/彙編之屬

四部備要　中華書局編　民國二十五年(1936)上海中華書局鉛印本　十册　存八種

330000－1701－0091105　SZD0176　子部/雜著類/雜說之屬

論衡三十卷　(漢)王充撰　民國十二年(1923)上海掃葉山房石印本　三册　缺一卷(十)

330000－1701－0091116　M006647　子部/藝術類/書畫之屬/畫録

墨潤堂改良本畫譜一卷　民國二年(1913)墨潤堂石印本　一册

330000－1701－0091117　M006648、M007306　史部/傳記類/總傳之屬/郡邑

皖志列傳稿九卷　金天翮撰　民國二十五年(1936)鉛印本　八册

330000－1701－0091118　M605599　集部/曲類/寶卷之屬

浙江杭州府錢塘縣白蛇寶卷二卷　民國四年(1915)上海文益書局石印本　一册

330000－1701－0091120　M006649　新學/農政/農務

土壤學講義提要八章　余皓撰　**附録不分卷**　厲菊儀編　民國葉相甫石印本　一册

330000－1701－0091122　M605590　子部/宗教類/佛教之屬/諸宗

淨土意語一卷浄土十問一卷附十法界迷悟因果緣起圖說一卷　釋德安撰　民國二十三年(1934)鉛印本　一册

330000－1701－0091124　M006650　史部/傳記類/總傳之屬

長河六逸會一卷　民國二十二年(1933)來嗣穀鉛印本　一册

330000－1701－0091125　SZD0177　經部/書類/專著之屬

尚書甘誓爲布告韻文之祖一卷　朱師轍撰　稿本　一册

330000－1701－0091126　M006652　史部/金石類/金之屬/文字

鐘鼎款識原器拓片第一一卷　民國十年(1921)有正書局石印本　一册

330000－1701－0091128　M604591、M605600　子部/醫家類/醫經之屬/内經

内經知要二卷　(清)李中梓輯注　(清)薛雪補注　民國上海商務印書館鉛印本　二册

330000－1701－0091130　M006798　子部/藝術類/遊藝之屬/雜藝

游泳教範一卷附河川渡過法一卷　民國鉛印本　一册

330000－1701－0091138　M605589　子部/宗教類/佛教之屬/諸宗

淨土意語一卷浄土十問一卷附十法界迷悟因果緣起圖說一卷　釋德安撰　民國二十三年(1934)鉛印本　一册

330000－1701－0091140　M006808　子部/天文曆算類/曆法之屬

中華民國三十六年歲在丁亥農曆通書一卷　民國三十五年(1946)石印本　一册

330000－1701－0091142　M006651　新學/醫學

病理學不分卷　邵駿群編　民國石印本　一册

330000－1701－0091143　M006799　新學/醫學/方書

方劑學一卷　楊則民編述　民國石印本　一册

330000－1701－0091144　M006653　史部/政書類/公牘檔册之屬

浙江民商事習慣五期不分卷附浙江民事單行規章不分卷　民國鉛印本　一册

330000－1701－0091148　M006809、M007320　集部/詞類/總集之屬

近人詞録二卷　雷瑨輯　民國四年(1915)上海掃葉山房石印本　二册

330000－1701－0091149　M605591　子部/宗教類/佛教之屬/諸宗

淨土意語一卷浄土十問一卷附十法界迷悟因果緣起圖說一卷　釋德安撰　民國二十三年(1934)鉛印本　一册

330000－1701－0091151　M605639　史部/傳記類/別傳之屬/事狀

張氏旌節錄不分卷　張懷德輯　民國九年(1920)張懷德刻本　一册

330000－1701－0091152　M006800　子部/術數類/陰陽五行之屬

推背圖說不分卷　題(唐)袁天罡撰　(唐)李淳風注　民國抄本　一册

330000－1701－0091154　M605592　子部/宗教類/佛教之屬/諸宗

淨土意語一卷浄土十問一卷附十法界迷悟因果緣起圖說一卷　釋德安撰　民國二十三年(1934)鉛印本　一册

330000－1701－0091157　SZD0181　經部/小學類/文字之屬/說文

釋詞補注一卷　(清)朱駿聲撰　朱師轍注　民國抄本　朱師轍題簽　一册

330000－1701－0091159　M605593　子部/宗教類/佛教之屬/諸宗

淨土意語一卷浄土十問一卷附十法界迷悟因果緣起圖說一卷　釋德安撰　民國二十三年(1934)鉛印本　一册

330000－1701－0091161　SZD0182　經部/小學類/音韻之屬

音韻學述要一卷　朱師轍撰　稿本　一册

330000－1701－0091164　SZD0066　經部/小學類/音韻之屬

音韻述要二卷附錄二卷　朱師轍撰　稿本　二册

330000－1701－0091167　SZD0183　史部/傳記類/日記之屬

朱師轍日記一卷(民國三年十二月一日至五年六月二十七日)　朱師轍撰　稿本　一册

330000－1701－0091169　M605594　子部/醫家類/傷寒金匱之屬/傷寒論

傷寒論研究四卷　惲鐵樵撰　民國十三年(1924)上海惲鐵樵鉛印本　一册　存二卷(三至四)

330000－1701－0091174　SZD0187　新學/議論

上教育部書一卷　朱孔彰撰　民國民立石印局石印本　一册

330000－1701－0091176　SZD0189　史部/傳記類/總傳之屬/家乘

[安徽合肥]合肥董氏宗譜敘　朱孔彰撰　民國抄本　一册

330000－1701－0091182　M006801　子部/天文曆算類/曆法之屬

中華民國二十七年歲在戊寅農曆通書一卷　民國二十六年(1937)石印本　一册

330000－1701－0091184　M006802　子部/醫家類/兒科之屬

兒科灸法大全一卷　民國抄本　一册

330000－1701－0091185　M006803　子部/宗教類/佛教之屬

心經淺注精神化學一卷　向新撰　民國三十三年(1944)石印本　一册

330000－1701－0091198　M006806　子部/宗教類/佛教之屬/經

佛說阿彌陀經一卷觀世音菩薩普門品經一卷金剛般若波羅蜜經一卷　(後秦)釋鳩摩羅什譯　**般若波羅蜜多心經一卷**　(唐)釋玄奘譯　**大方廣佛華嚴經普賢菩薩行願品一卷**　(唐)釋般若譯　**大佛頂首楞嚴經大勢至菩薩念佛圓通章一卷**　(唐)釋密諦譯　民國刻本　一册

330000－1701－0091213　M006654　史部/目録類/總録之屬/彙刻

續彙刻書目十卷閏集一卷　羅振玉撰　民國三年(1914)連平范氏雙魚室刻本　十一册

330000－1701－0091214　M600758　類叢部/叢書類/彙編之屬

四部備要　中華書局編　民國二十五年(1936)上海中華書局鉛印本　一册　存一種

330000－1701－0091220　M600766、M600767、M600769、M600771、M600782、M600784、M600788、M600790、M600791、M600792、M600793、M600802、M600803、M600814、

M600820、M600821、M600823、M600825、M600830、M600831、M600835、M600837、M600840、M600841、M600843、M600844、M600845、M600846、M600847、M600849、M600851、M600852、M600858、M600860、M600863、M600866、M600869、M600870、M600876、M600879、M600881、M600883、M600886、M600889、M600890、M600891、M600893、M600895、M600898、M600904、M600909、M600911、M600917、M600918、M600924、M600926、M600928、M600932、M600933、M600935、M600938、M600942、M600946、M600951、M600952、M600955、M600958、M600959、M600984、M600985、M600990、M600995、M600996、M601001、M601003、M601004、M601006、M601008、M601011、M601022、M601024、M601026、M601027、M601029、M601030、M601035、M601038、M601040、M601043、M601045、M601046、M601047、M601048、M601051、M601052、M601056、M601059、M601068、M601071、M601799、M605942　類叢部/叢書類/彙編之屬

四庫全書珍本初集二百三十種　中央圖書館籌備處輯　民國二十三年至二十四年(1934－1935)上海商務印書館據文淵閣本影印本　七百六十七冊　存九十九種

330000－1701－0091222　M600765、M600783、M600804、M600836、M600940、M601005、M601031、M601039、M601041、M601058、M601069、M601072　類叢部/叢書類/彙編之屬

四庫全書珍本初集二百三十種　中央圖書館籌備處輯　民國二十三年至二十四年(1934－1935)上海商務印書館據文淵閣本影印本　五十二冊　存十二種

330000－1701－0091223　M600774、M600884、M600986　類叢部/叢書類/彙編之屬

四庫全書珍本初集二百三十種　中央圖書館籌備處輯　民國二十三年至二十四年(1934－1935)上海商務印書館據文淵閣本影印本　十一冊　存三種

330000－1701－0091224　M006655　子部/藝術類/書畫之屬/法帖

宋拓孔宙碑不分卷　(清)端方藏　民國七年(1918)有正書局石印本　一冊

330000－1701－0091227　M006656　集部/曲類/寶卷之屬

硃砂寶卷二卷　民國二年(1913)石潭括囊二郎抄本　二冊

330000－1701－0091229　M006807　子部/宗教類/佛教之屬/經

佛說無量壽經二卷　(三國魏)釋康僧鎧譯　民國三十年(1941)刻本　一冊

330000－1701－0091230　M600764、M600768、M600770、M600772、M600777、M600779、M600789、M600805、M600806、M600809、M600810、M600816、M600827、M600832、M600834、M600854、M600856、M600861、M600862、M600865、M600867、M600873、M600875、M600877、M600882、M600885、M600894、M600896、M600897、M600919、M600921、M600925、M600930、M600931、M600934、M600936、M600941、M600943、M600944、M600953、M600954、M600961、M600972、M600977、M600978、M600987、M600988、M601020、M601025、M601032、M601042、M601044、M601055、M601070　類叢部/叢書類/彙編之屬

四庫全書珍本初集二百三十種　中央圖書館籌備處輯　民國二十三年至二十四年(1934－1935)上海商務印書館據文淵閣本影印本　五百四十九冊　存五十四種

330000－1701－0091234　M006657　類叢部/叢書類/自著之屬

沈寄簃先生遺書甲編二種乙編四種　沈家本撰　民國刻本　二冊　存一種

330000－1701－0091241　M600775、M600780、M600822、M600833、M600838、M600842、M600848、M600880、M600887、M600899、M600900、M600923　類叢部/叢書類/彙編之屬

四庫全書珍本初集二百三十種 中央圖書館籌備處輯 民國二十三年至二十四年(1934－1935)上海商務印書館據文淵閣本影印本 一百二十冊 存二十九種

330000－1701－0091242 M006658 子部/雜著類/雜説之屬
何氏語林三十卷 (明)何良俊撰並注 民國十八年(1929)鉛印本 六冊

330000－1701－0091245 M006811 子部/宗教類/佛教之屬/經疏
普賢行願品別行疏鈔擷一卷附摘華嚴纂靈紀一卷 釋幻修編 民國九年(1920)鉛印本 一冊

330000－1701－0091247 SZD0072 經部/小學類/文字之屬/説文
説文重文箋二卷 朱孔彰撰 朱師轍補編 稿本 二冊

330000－1701－0091249 M006659 史部/目録類/總録之屬/官修
京師圖書館善本簡明書目不分卷 京師圖書館編 民國五年(1916)京師圖書館鉛印本 四冊

330000－1701－0091250 M006812 類叢部/叢書類/彙編之屬
進德叢書八種 丁福保編 民國上海醫學書局鉛印本 一冊 存一種

330000－1701－0091251 M600762、M600773、M600776、M600778、M600781、M600786、M600794、M600798、M600907 類叢部/叢書類/彙編之屬
四庫全書珍本初集二百三十種 中央圖書館籌備處輯 民國二十三年至二十四年(1934－1935)上海商務印書館據文淵閣本影印本 程耿批校 六十一冊 存九種

330000－1701－0091252 M006660、M007987 集部/别集類
藝風堂文漫存辛壬稾三卷癸甲稾四卷乙丁稾五卷 繆荃孫撰 民國刻本 三冊 存七卷(辛壬稾一至三、癸甲稾一至四)

330000－1701－0091253 SZD0073 經部/小學類/文字之屬/説文
説文重文箋五卷 朱孔彰撰 朱師轍校 朱師鼎篆書 稿本 一冊

330000－1701－0091255 M006813 集部/總集類/選集之屬/斷代
石城詩社同人詩草第二集一卷 劉子芬編 民國二十六年(1937)鉛印本 一冊

330000－1701－0091256 M006661 史部/目録類/總録之屬/私撰
東海藏書樓書目不分卷 徐允中藏並編 民國九年(1920)武林鉛印本 四冊

330000－1701－0091259 M006662 史部/雜史類/斷代之屬
醴陵兵燹紀略一卷附錄一卷 民國鉛印本 一冊

330000－1701－0091260 M006814 類叢部/叢書類/彙編之屬
蒹葭樓叢書□□種 民國上海商務印書館鉛印本 一冊 存一種

330000－1701－0091261 M600763、M600785、M600787、M600795、M600796、M600799、M600800、M600808、M600811、M600812、M600813、M600815、M600817、M600818、M600819、M600824、M600826、M600828、M600829、M600839、M600857、M600859、M600864、M600868、M600872、M600874、M600878、M600888、M600892、M600901、M600902、M600903、M600905、M600906、M600908、M600910、M600912、M600913、M600914、M600915、M600916、M600922、M600939、M600964、M600966、M600967、M600968、M600969、M600974、M600976、M600982、M600989、M600993、M600994、M600997、M600998、M600999、M601000、M601002、M601009、M601010、M601014、M601015、M601016、M601017、M601021、M601033、M601034、M601037、M601060、

M606325、M607361　類叢部/叢書類/彙編之屬

四庫全書珍本初集二百三十種　中央圖書館籌備處輯　民國二十三年至二十四年(1934－1935)上海商務印書館據文淵閣本影印本　四百九十二冊　存七十五種

330000－1701－0091264　M006815　集部/別集類

孫中山手札二十三通一卷　孫文書　民國影印本　一冊

330000－1701－0091265　M006816　史部/目録類/總録之屬/彙刻

彙刻書目二十卷　(清)顧修輯　(清)朱學勤補輯　**彙刻書目二編十卷**　周毓邠輯　民國八年(1919)上海千頃堂書局石印本　六冊　存十卷(二編一至十)

330000－1701－0091271　M006664　集部/曲類/曲韻曲譜曲律之屬

一笠菴北詞廣正譜十八卷　(明)徐廣卿撰　(清)鈕少雅樂句　(清)李玉更定　民國影印本(卷十二至十三、十五原缺)　一冊　存三卷(十至十一、十四)

330000－1701－0091273　SZD0191　史部/傳記類/別傳之屬/事狀

先考仲我府君[朱孔彰]行狀一卷　朱師轍撰　稿本　一冊

330000－1701－0091275　M006663　子部/儒家類/儒學之屬/蒙學

聲律啟蒙撮要二卷新增對類一卷　(清)車萬育撰　(清)夏大觀刪補　(清)王之斡箋釋　民國八年(1919)上海錦章圖書局石印本　一冊

330000－1701－0091279　M006818　子部/宗教類/道教之屬/雜著

玉準輪科輯要二十七卷　民國十四年(1925)北京天華館鉛印本　十五冊

330000－1701－0091281　SZD0192　史部/傳記類/別傳之屬/事狀

劉先生[師培]行述一卷　陳鐘凡撰　民國抄本　一冊

330000－1701－0091282　M006665　子部/醫家類/兒科之屬/痘疹

痲症集成四卷　(清)朱載揚撰　民國十二年(1923)浙江體育專門學校鉛印本　一冊

330000－1701－0091283　SZD0193　子部/儒家類/儒學之屬/勸學

新安講學會講議一卷　胡敬菴撰　民國油印本　一冊

330000－1701－0091287　SZD0195　子部/兵家類/操練之屬

誓師要言一卷　民國朱孔彰抄本　一冊

330000－1701－0091288　M006667　史部/政書類/律令之屬/律例

法庫□□編　董堅志編纂　民國法學研究所石印本　二冊　存二編(二、四)

330000－1701－0091296　M006669　子部/宗教類/其他宗教之屬/基督教

中華基督教會年鑑第一期不分卷　中華續行委辦會編製　民國三年(1914)上海商務印書館鉛印本　一冊

330000－1701－0091298　M006670　史部/目録類/總録之屬/官修

湖北官書處新刊書目一卷　湖北官書處編　民國元年(1912)湖北官書處刻本　一冊

330000－1701－0091300　M006671　子部/醫家類/方書之屬/歷代方書

集驗良方拔萃二卷癸卯年續補集驗拔萃良方一卷　(清)恬素氏輯　民國十四年(1925)上海宏大善書局石印本　一冊

330000－1701－0091303　M006672　類叢部/叢書類/自著之屬

海寧王忠慤公遺書四十四種　王國維撰　民國十六年至十七年(1927－1928)海寧王氏鉛印本暨石印本　一冊　存二種

330000－1701－0091304　SZD0098　集部/別集類/清別集

傳經室詩存四卷　(清)朱駿聲撰　民國抄本　朱師轍題簽並校　一冊

330000－1701－0091305　SZD0099　集部/別集類/清別集
傳經室詩存五卷　(清)朱駿聲撰　民國抄本　朱師轍校並跋　三冊

330000－1701－0091312　M603110　集部/別集類/唐五代別集
李長吉集四卷外卷一卷　(唐)李賀撰　(清)黃淳耀評點　民國中國詩畫會社影印本　四冊

330000－1701－0091314　M603111　子部/工藝類/日用器物之屬/陶瓷
匋雅二卷　陳瀏撰　民國十二年(1923)上海古瓷研究會石印本　四冊

330000－1701－0091316　M603112、M610646　子部/小說家類/異聞之屬
太平廣記五百卷目錄十卷　(宋)李昉等撰　民國二十三年(1934)北平文友堂書坊據明談刻本影印本　六十冊

330000－1701－0091319　M603113　史部/目録類/總録之屬/官修
浙江圖書館觀覽類書目四卷補遺一卷附錄一卷　浙江圖書館編　民國四年(1915)浙江圖書館鉛印本　一冊　存一卷(子部)

330000－1701－0091320　M006821　史部/目録類/總録之屬
四部叢刊續編第一期書目不分卷　商務印書館編　民國二十三年(1934)上海商務印書館鉛印本　一冊

330000－1701－0091321　M006822、M007529　集部/別集類/元別集
趙文敏公松雪齋全集十卷外集一卷續集一卷　(元)趙孟頫撰　民國上海海左書局石印本　五冊　存九卷(一、五至十,外集,續集)

330000－1701－0091322　M006823　集部/總集類/尺牘之屬
歷代名人書札續編二卷　吳曾祺輯　民國上海商務印書館鉛印本　一冊　存一卷(一)

330000－1701－0091329　M006827　集部/總集類/尺牘之屬
古今尺牘大觀中編不分卷　姚漢章　何實睿纂輯　民國九年(1920)上海中華書局鉛印本　十二冊

330000－1701－0091331　M006824　史部/目録類/總録之屬/私撰
來青閣書目不分卷　來青閣書莊編　民國上海來青閣書莊石印本　一冊　存新舊書大廉價目錄二十三年四月第一期

330000－1701－0091336　M006825　史部/雜史類/斷代之屬
江左用兵記一卷　林述慶撰　民國鉛印本　一冊

330000－1701－0091339　M006826、M007258　子部/醫家類/外科之屬/外科方
鮮溪外治方選二卷　(清)陸晉笙輯　民國三十七年(1948)石印本　二冊

330000－1701－0091345　M006828　史部/政書類/律令之屬/判牘
各省審判廳判牘不分卷　法學研究社編　民國元年(1912)法學研究社石印本　十二冊

330000－1701－0091348　G005566　子部/宗教類/佛教之屬
宗教圓鏡錄□□卷　(清)釋寬量輯　民國十七年(1928)葉爲銘抄本　葉爲銘題記　九冊　存九卷(二至十)

330000－1701－0091354　SZD0210　經部/書類
尚書漢注不分卷　朱孔彰輯　稿本　三冊

330000－1701－0091355　M006831　史部/目録類/總録之屬/彙刻
古書流通處舊書目錄一卷　古書流通處編　民國十年(1921)古書流通處石印本　二冊

330000－1701－0091359　M006832　史部/政書類/公牘檔冊之屬

故宫博物院報告(民國十九年)不分卷 北平故宫博物院編 民國十九年(1930)北平故宫博物院鉛印本 一册

330000－1701－0091360 SZD0212 經部/小學類/文字之屬/說文

說文粹二編一卷 朱孔彰撰 民國抄本 一册

330000－1701－0091363 M006833、M007798 子部/雜著類/雜說之屬

教科適用淮南子精華二卷 中華書局編 民國上海中華書局鉛印本 二册

330000－1701－0091365 SZD0213 經部/小學類/文字之屬/說文

說文粹初編三卷二編三卷三編三卷 朱孔彰撰 稿本 八册 缺三卷(初編一至三)

330000－1701－0091369 M006674 史部/目録類/書志之屬/提要

國學書目提要不分卷 上海醫學書局編 民國上海醫學書局鉛印本 一册

330000－1701－0091371 M006834 子部/醫家類/綜合之屬/通論

醫學心悟六卷 (清)程國彭撰 民國鉛印本 一册 存二卷(五至六)

330000－1701－0091375 M006675 史部/目録類/書志之屬/提要

國學書目提要不分卷 上海醫學書局編 民國上海醫學書局鉛印本 一册

330000－1701－0091376 SZD0215 經部/小學類/文字之屬/說文

說文重文補箋三卷 朱孔彰撰 民國抄本 一册 存一卷(三)

330000－1701－0091380 M006677 集部/小說類/短篇之屬

事實小說當代名人之特殊愛情一卷 錢�時編 民國十年(1921)種山草堂鉛印本 一册

330000－1701－0091382 SZD0216 經部/易類/傳說之屬

六十四卦經解八卷 (清)朱駿聲撰 民國抄本 馬一浮題簽 朱師轍校並題簽 八册

330000－1701－0091383 M006676 史部/政書類/公牘檔册之屬

審查通訊不分卷 民國石印本 一册

330000－1701－0091385 SZD0217 經部/易類

易經傳互卦巵言一卷 (清)朱駿聲撰 民國抄本 朱師轍校並題記 一册

330000－1701－0091388 M006678 新學/政治法律/制度

分類詳解司法公文程式大全六編 張虚白編輯 民國十四年(1925)上海大東書局鉛印本 一册 存三編(四至六)

330000－1701－0091391 M006679 集部/小說類/長篇之屬

芙蓉劍□□回 民國鉛印本 一册 存十回(二十三至三十二)

330000－1701－0091392 M600797、M600945、M600960、M600963、M600970、M600973、M600975、M600983、M601012、M601013、M601018、M601019、M601023、M601053 類叢部/叢書類/彙編之屬

四庫全書珍本初集二百三十種 中央圖書館籌備處輯 民國二十三年至二十四年(1934－1935)上海商務印書館據文淵閣本影印本 一百五册 存十四種

330000－1701－0091393 SZD0218 經部/易類

易鄭氏爻辰廣義一卷 (清)朱駿聲撰 民國抄本 朱師轍校並題簽 一册

330000－1701－0091395 SZD0219 經部/易類

易章句異同一卷 (清)朱駿聲撰 民國抄本 朱師轍校 一册

330000－1701－0091396 M600807、M600850、M600927、M600949、M600956、M600991 類叢部/叢書類/彙編之屬

四庫全書珍本初集二百三十種　中央圖書館籌備處輯　民國二十三年至二十四年(1934－1935)上海商務印書館據文淵閣本影印本　三十六冊　存六種

330000－1701－0091398　M006681　子部/叢編

清人說薈初集二十種　雷瑨輯　民國二年(1913)掃葉山房石印本　一冊　存一種

330000－1701－0091400　SZD0220　集部/詞類/別集之屬

拜石詞一卷　(清)朱駿聲撰　民國朱孔彰抄本　一冊

330000－1701－0091401　M600801、M600871、M601050　類叢部/叢書類/彙編之屬

四庫全書珍本初集二百三十種　中央圖書館籌備處輯　民國二十三年至二十四年(1934－1935)上海商務印書館據文淵閣本影印本　二十八冊　存三種

330000－1701－0091412　M006683　類叢部/叢書類/自著之屬

翹勲軒叢稿十一種　彭作楨撰　民國十九年至二十二年(1930－1933)鉛印本　一冊　存一種

330000－1701－0091413　M006684　史部/政書類/律令之屬

刀筆大全五種　八公山人編輯　民國十二年(1923)上海東南書局鉛印本　五冊

330000－1701－0091437　M006689　史部/傳記類/日記之屬

旅滬日記不分卷(民國十九年八月二日至二十一年四月八日)　陳志進撰　民國十九年至二十年(1930－1931)稿本　二冊

330000－1701－0091438　M006690　類叢部/叢書類/郡邑之屬

南陵先哲遺書五種　徐乃昌輯　民國二十三年(1934)南陵徐乃昌影印本　一冊　存一種

330000－1701－0091440　M006691　子部/雜著類/雜纂之屬

來件不分卷　李瑞清等撰　民國元年(1912)大共和日報鉛印本　二冊

330000－1701－0091443　M006356　史部/政書類/邦交之屬

國際條約大全四卷　李定夷撰　民國二年(1913)醒民社石印本　一冊　存三卷(一至三)

330000－1701－0091448　M006357　集部/小說類/長篇之屬

蜀山劍俠傳□□集□□回　還珠樓主撰　民國鉛印本　一冊　存一卷(三)

330000－1701－0091449　SZD0224　史部/傳記類

孔孟紀年一卷　(清)朱駿聲撰　朱師轍注　稿本　一冊

330000－1701－0091456　M006358　子部/雜著類/雜說之屬

時事瞽說一卷　鄭國良撰　民國元年(1912)豐南正式遵時養蒙家塾刻本　一冊

330000－1701－0091461　M006359　子部/宗教類/佛教之屬

感化叢刊□□種　萬鈞編　民國無錫萬氏鉛印本　一冊　存一種

330000－1701－0091463　M006360　經部/小學類/音韻之屬/韻書

剔弊廣增分韻五方元音三卷首一卷　(清)趙培梓輯　民國上海錦章圖書局石印本　四冊

330000－1701－0091464　M006361　子部/雜著類/雜考之屬

日知錄集釋三十二卷首一卷栞誤二卷續栞誤二卷　(清)黄汝成撰　民國大華圖書館石印本　一冊　存四卷(栞誤一至二、續栞誤一至二)

330000－1701－0091465　M006362　子部/天文曆算類/曆法之屬

中華民國三十年歲在辛巳農曆通書一卷　民國二十九年(1940)石印本　一冊

330000－1701－0091466　M006693　子部/藝術類
美術叢書三集五十九種　鄧實輯　民國四年(1915)上海神州國光社鉛印本　十六冊　存二十九種

330000－1701－0091469　M006835　子部/藝術類/遊藝之屬/聯語
梡鞠錄二卷　朱祖謀編　民國鉛印本　一冊

330000－1701－0091477　M006836、M007213　集部/詞類/詞話之屬
詞話彙刊六種附一種　嵇錦楓輯　民國十六年(1927)蘇州中報館鉛印本　二冊　存一種

330000－1701－0091480　M006837　子部/醫家類/醫案之屬
臨證指南醫案八卷　(清)葉桂撰　民國石印本　一冊　存四卷(五至八)

330000－1701－0091483　M006838　經部/小學類/音韻之屬/韻書
中原音韻二卷　(元)周德清輯　**太和正音譜二卷**　(明)朱權編　民國十五年(1926)上海古書流通處影印本　一冊　存一卷(中原音韻二)

330000－1701－0091484　M006694、M008184　子部/藝術類
美術叢書二集六十九種　鄧實輯　民國二年至三年(1913－1914)上海神州國光社鉛印本　十九冊　存二十六種

330000－1701－0091495　M006851　史部/政書類/公牘檔冊之屬
十三省省地方財政調查簡報不分卷　童蒙正撰　民國油印本　一冊

330000－1701－0091500　M006843　史部/政書類/邦計之屬/地政
土地政策不分卷　蕭明新編　民國河南反省院石印股石印本　二冊

330000－1701－0091503　M006844　子部/宗教類/佛教之屬
感應叢刊　歇浦學人撰　民國十二年(1923)上海佛學推行所鉛印本　二冊　存一種

330000－1701－0091504　M608114　史部/史抄類
史記菁華錄六卷　(清)姚祖恩輯評　民國上海商務印書館鉛印本　三冊

330000－1701－0091506　M001591、M006852、M007930　集部/總集類/選集之屬/通代
詳註分類咏物詩選八卷　(清)俞琰輯　(清)易開縉　(清)孫溶鳴註　民國上海大通書局石印本　五冊　存五卷(二至五、七)

330000－1701－0091507　M608115　集部/小說類/長篇之屬
繡像洪秀全演義十集三十二卷一百七十四回　黄世仲撰　民國石印本　陳維華題記　一冊　存一卷(三集一)

330000－1701－0091509　M006853　子部/雜著類/雜纂之屬
甲寅錄存不分卷　俞奇曾輯　稿本　二冊

330000－1701－0091511　M006845　史部/目録類/總録之屬/私撰
整書隨記不分卷　陶承杏編　民國三十一年至三十二年(1942－1943)稿本　一冊

330000－1701－0091516　M608116、M608135、M609375　史部/地理類
中華歷史地理大辭典十二集　章嶔編　民國中華圖書館石印本　九冊　存九集(子集、丑集、寅集、卯集、辰集、巳集、午集、未集、酉集)

330000－1701－0091517　M006846　子部/宗教類/佛教之屬
千手眼大悲心呪行法一卷　(宋)釋知禮集　**千手眼大悲心呪懺法一卷千手千眼大悲心陀羅尼像解一卷千手眼大悲心呪行法辯訛一卷**　(明)釋智旭述　**禮拜觀想偈略釋一卷**　(唐)釋湛然撰　(明)釋智旭釋　**入法性觀禮佛門一卷懺壇軌式一卷大悲心呪行法方便議一卷**　民國五年(1916)金陵刻經處刻本　一冊

330000－1701－0091518　M006854　集部/

總集類/選集之屬/斷代

飲廉夏定侯等詩合集不分卷 稿本 一册

330000－1701－0091520 M006855 集部/總集類/選集之屬/通代

會意詩一卷 麗生輯 稿本 一册

330000－1701－0091524 M600853 類叢部/叢書類/彙編之屬

四庫全書珍本初集二百三十種 中央圖書館籌備處輯 民國二十三年至二十四年(1934－1935)上海商務印書館據文淵閣本影印本 八册 存一種

330000－1701－0091526 M600855、M600992、M601036 類叢部/叢書類/彙編之屬

四庫全書珍本初集二百三十種 中央圖書館籌備處輯 民國二十三年至二十四年(1934－1935)上海商務印書館據文淵閣本影印本 三册 存三種

330000－1701－0091527 M006871 類叢部/叢書類/郡邑之屬

海陵叢刻二十三種 韓國鈞編 民國八年至十四年(1919－1925)鉛印本、刻本暨石印本 六册 存一種

330000－1701－0091530 M006848 史部/地理類/方志之屬/郡縣志

平陽縣志□□卷 民國石印本 一册 存地圖

330000－1701－0091534 M006363 子部/天文曆算類/曆法之屬

歲次辛酉中華民國十年曆本一卷 民國十年(1921)上海商務印書館石印本 一册

330000－1701－0091535 M608117 子部/藝術類/書畫之屬

張中原書畫義展作品選不分卷 張中原繪 民國三十年(1941)影印本 一册

330000－1701－0091537 M006364 子部/天文曆算類/曆法之屬

中華帝國洪憲元年曆書一卷 民國十四年(1925)石印本 一册

330000－1701－0091538 M006856 集部/別集類

感懷草不分卷 民國四年(1915)稿本 一册

330000－1701－0091539 M608118 子部/宗教類/佛教之屬/經疏

佛說仁王護國般若波羅密經疏五卷 (後秦)釋鳩摩羅什譯 (隋)釋智顗說 (隋)釋灌頂記 民國十一年(1922)刻本 三册

330000－1701－0091541 M006850 史部/傳記類/總傳之屬/家乘

[浙江蕭山]蕭山胡氏家乘二卷首一卷 胡福培編 民國十六年(1927)敦本堂木活字印本 五册

330000－1701－0091545 M006857 史部/傳記類/日記之屬

西崦日錄不分卷 虛塵老人撰 民國二十七年(1938)稿本 一册

330000－1701－0091546 M608119 子部/醫家類/類編之屬

讀有用書樓醫書選刊□□種 民國杭州三三醫社鉛印本 一册 存一種

330000－1701－0091549 M006858 子部/宗教類/佛教之屬/諸宗

勸閱廣慧隆清燃將巴尊者所造七寶藏論文一卷 巴竹仁波傑撰 賴沄江等譯 民國三十四年(1945)成都佛化印書局石印本 一册

330000－1701－0091559 M608122 史部/金石類/石之屬/圖像

南陽漢畫象集一卷 關百益編 民國十九年(1930)上海中華書局影印本暨鉛印本 一册

330000－1701－0091562 M608123 史部/傳記類/別傳之屬/墓誌

清故陝西華州知州調署渭南縣知縣楊君[調元]墓誌銘一卷 陳三立撰 鄭孝胥書 民國石印本 一册

330000－1701－0091567 M006861、M008582 新學/電學

電機十三章 民國石印本 二册 存七章

（四至六、十至十三）

330000－1701－0091568　M006365　集部/總集類/選集之屬/斷代

清代閨秀詩鈔八卷　紅梅閣主人輯　清暉樓主人續輯　民國十一年（1922）上海中華新教育社石印本　四冊

330000－1701－0091569　M006862　類叢部/叢書類/彙編之屬

雲在山房叢書十七種　楊壽枏編　民國十七年（1928）無錫楊氏鉛印本　一冊　存一種

330000－1701－0091573　M006863、M008467　子部/宗教類/佛教之屬/經疏

大方廣圓覺脩多羅了義經講義二卷附戊午講經會同緣錄一卷　釋諦閑講演　民國八年（1919）上海商務印書館鉛印本　二冊

330000－1701－0091576　M006366　集部/詩文評類/文評之屬

韓文研究法一卷柳文研究法一卷　林紓撰　民國十三年（1924）上海商務印書館鉛印本　一冊

330000－1701－0091579　M006864　集部/詩文評類/文法之屬/公文程式

現行公文法程講義五卷附公文練習一卷法例一卷選材一卷　邵餘經編述　民國石印本　一冊

330000－1701－0091580　M608124　經部/小學類/文字之屬/字書/古文

六朝別字記一卷　（清）趙之謙撰　民國十三年（1924）上海商務印書館影印本　一冊

330000－1701－0091582　M006865　集部/別集類

芬陀利室詩存二卷附錄一卷　胡君復撰　民國二十一年（1932）鉛印本　一冊

330000－1701－0091585　M006866　子部/儒家類/儒學之屬/蒙學

課子隨筆十卷　（清）張師載輯　民國七年（1918）郁文館石印本　一冊　存二卷（一至二）

330000－1701－0091586　M608125　新學/理學/文學

初期白話詩稿一卷　劉復輯　民國二十二年（1933）北平星雲堂書店影印本　一冊

330000－1701－0091588　M006367　集部/別集類/明別集

疑雨集四卷　（明）王彥泓撰　民國元年（1912）上海掃葉山房石印本　二冊

330000－1701－0091592　M608126　子部/藝術類/書畫之屬/法帖

聯搨大觀　秦文錦編集　民國上海藝苑真賞社影印本　一冊　存一種

330000－1701－0091596　M608127　史部/傳記類/總傳之屬

清代學者象傳樣本不分卷　葉恭綽編　民國十七年（1928）上海商務印書館影印本　一冊

330000－1701－0091597　M006867、M007786　子部/宗教類/道教之屬

大成捷要三卷　靜覺子心印口訣　明陽子原註頂批　蘭馨子參訂圈點　民國二十三年（1934）山東印書館鉛印本　二冊　存二卷（上、下）

330000－1701－0091598　M007006、M008314　集部/曲類/寶卷之屬

雞鳴寶卷二卷　民國抄本　二冊

330000－1701－0091599　M608128　子部/藝術類/書畫之屬/法帖

于右任墨寶一卷　于右任書　趙紹安輯　民國十九年（1930）上海華商書局影印本　一冊

330000－1701－0091601　M006868　子部/農家農學類/農藝之屬/作物種植

麥作學不分卷　韓雁門編述　盛于德抄　民國石印本　一冊

330000－1701－0091602　M007007　集部/別集類

寥天廬詩鈔四卷　宋慈褒撰　民國刻朱印本　一冊

330000－1701－0091604　M006368　集部/戲劇類
紹興文戲抄本一卷　民國抄本　一冊

330000－1701－0091610　M600920　類叢部/叢書類/彙編之屬
四庫全書珍本初集二百三十種　中央圖書館籌備處輯　民國二十三年至二十四年(1934－1935)上海商務印書館據文淵閣本影印本　八十九冊　存一種

330000－1701－0091622　M006869　子部/宗教類/道教之屬/經文
玉樞經籥二十四卷首一卷末一卷　(清)姚燮撰　民國九年(1920)石印本　六冊

330000－1701－0091623　G602336　史部/傳記類/總傳之屬/技藝
箬溪藝人徵畧四卷附錄一卷　王修輯　民國長興王氏刻本　王修題記　二冊　存二卷(一至二)

330000－1701－0091627　M007008　類叢部/叢書類/自著之屬
積石叢稿五種　張舜徽撰　民國三十五年(1946)蘭州壯議軒鉛印本　張舜徽題記　一冊

330000－1701－0091633　M006870　史部/傳記類/日記之屬
糊塗日記不分卷　民國二十七年(1938)稿本　一冊

330000－1701－0091635　M006369　類叢部/叢書類/自著之屬
章氏叢書十三種　章炳麟撰　民國十三年(1924)上海古書流通處影印本　十一冊　存十一種

330000－1701－0091637　M006370　類叢部/叢書類/自著之屬
章氏叢書十三種　章炳麟撰　民國十三年(1924)上海古書流通處影印本　九冊　存八種

330000－1701－0091645　M006371　集部/別集類
無題詩一卷　魏在田撰　民國鉛印本　一冊

330000－1701－0091646　M006372　史部/目録類
影印古本醫學叢書樣本一卷　民國十九年(1930)上海中醫書局影印本暨鉛印本　一冊

330000－1701－0091647　M006373　史部/傳記類/職官録之屬/總録
青島市政府職員錄不分卷　青島市政府秘書處第一科銓敍股編　民國二十五年(1936)鉛印本　一冊

330000－1701－0091653　M608130　集部/詩文評類/詩評之屬
雪橋詩話十二卷續集八卷　楊鍾羲撰　民國二年至六年(1913－1917)南林劉氏求恕齋刻本　二十冊

330000－1701－0091656　M007010　史部/傳記類/日記之屬
日記及零用帳不分卷(民國二十二年六月九日至九月十五日)　吳一飛撰　民國二十二年(1933)稿本　一冊

330000－1701－0091658　M605719　史部/地理類/山川之屬/山志
靈峰志四卷補遺一卷　周慶雲輯　民國元年(1912)周慶雲夢坡室刻本　二冊

330000－1701－0091662　M605779　史部/地理類/方志之屬/通志
[民國]重修浙江通志初稿不分卷　浙江通志館修　余紹宋等纂　民國三十七年(1948)鉛印本　一冊

330000－1701－0091663　M608131　類叢部/叢書類/彙編之屬
求恕齋叢書三十一種　劉承幹編　民國吳興劉氏嘉業堂刻本　二十五冊　存一種

330000－1701－0091664　M605720　史部/地理類/山川之屬/山志
靈峰志四卷補遺一卷　周慶雲輯　民國元年(1912)周慶雲夢坡室刻本　二冊

330000－1701－0091667　M605721、M610412　類叢部/叢書類/郡邑之屬

續金華叢書六十種　胡宗楙編　民國十三年(1924)永康胡氏夢選樓刻本　二十四冊　存八種

330000－1701－0091668　M007012　子部/農家農學類/農藝之屬/作物種植

稻作學講義五章　丁耀興編　民國石印本　一冊　存四章(一至四)

330000－1701－0091670　M006872　史部/政書類/公牘檔冊之屬

秦中文牘公電一卷公牘一卷附錄三卷　李根源撰　薛正清編錄　民國十二年(1923)鉛印本　一冊

330000－1701－0091671　M608132　子部/藝術類/書畫之屬/總論

寒松閣談藝瑣錄六卷　(清)張鳴珂撰　民國十二年(1923)上海文明書局鉛印本　一冊

330000－1701－0091675　M608133　子部/工藝類/日用器物之屬/陶瓷

飲流齋說瓷十卷　許之衡撰　民國十三年(1924)上海朝記書莊鉛印本　一冊　存二卷(四至五)

330000－1701－0091676　M007013　新學/農政/農務

農話一卷　(清)陳啓謙撰　民國元年(1912)上海商務印書館鉛印本　一冊

330000－1701－0091678　M605722　類叢部/叢書類/彙編之屬

復廬叢書□□種　姚光輯　民國金山姚氏復廬鉛印本　一冊　存一種

330000－1701－0091682　M605724　集部/別集類

賓虹詩草一卷　黄賓虹撰　民國二十二年(1933)石印本　一冊

330000－1701－0091683　M608137　子部/宗教類/佛教之屬/諸宗

修習止觀坐禪法要二卷　(隋)釋智顗撰　民國上海佛學書局影印本　一冊

330000－1701－0091685　M007015　子部/天文曆算類/曆法之屬

中華民國二十年國曆通書一卷　民國十九年(1930)石印本　一冊

330000－1701－0091687　M608138　子部/宗教類/佛教之屬/經

一切如來心祕密全身舍利寶篋印陀羅尼經一卷附一卷　(唐)釋不空譯　民國二十六年(1937)上海佛學書局石印本　一冊

330000－1701－0091689　M605725　史部/地理類/方志之屬/郡縣志

[民國]鄞縣通志樣本不分卷　民國二十五年(1936)鄞縣通志館鉛印本　一冊

330000－1701－0091690　M608139　子部/宗教類/道教之屬

太上感應篇纘義二卷　(清)俞樾注　民國十一年(1922)鉛印本　一冊

330000－1701－0091691　M007016　集部/曲類/寶卷之屬

五花緣寶卷八回　民國十年(1921)抄本　一冊

330000－1701－0091693　M608140　子部/宗教類/佛教之屬/經

一切如來心祕密全身舍利寶篋印陀羅尼經一卷附一卷　(唐)釋不空譯　民國二十六年(1937)上海佛學書局石印本　一冊

330000－1701－0091696　M605726　史部/地理類/方志之屬/郡縣志

[民國]鄞縣通志樣本不分卷　民國二十五年(1936)鄞縣通志館鉛印本　一冊

330000－1701－0091697　M007017　經部/四書類/總義之屬/傳說

四書集註十九卷　(宋)朱熹撰　民國二十七年(1938)上海商務印書館鉛印本　六冊

330000－1701－0091698　M605727　史部/地理類/方志之屬/郡縣志

[民國]鄞縣通志樣本不分卷　民國二十五年(1936)鄞縣通志館鉛印本　一冊

330000－1701－0091701　M007018　類叢部/叢書類/彙編之屬
丙子叢編十二種　趙詒琛　王大隆編　民國二十五年(1936)鉛印本　葛昌楣題記　三冊　存十種

330000－1701－0091702　M608141　子部/雜著類
道藏真目一卷　民國十四年(1925)杭州武林鉛石印刷公司鉛印本　一冊

330000－1701－0091703　M605728　史部/傳記類/别傳之屬/墓誌
清故陝西華州知州調署渭南縣知縣楊君[調元]墓誌銘一卷　陳三立撰　鄭孝胥書　民國石印本　一冊

330000－1701－0091705　M605729　集部/别集類/清别集
瓶廬叢稿十卷　(清)翁同龢撰　民國二十四年(1935)上海商務印書館據手稿本影印本　四冊　存四冊

330000－1701－0091706　M608142　子部/宗教類/道教之屬
評註道學十三經四卷　(清)涵虚子輯註　民國上海錦文堂石印本　二冊　存二卷(三至四)

330000－1701－0091709　M605730　集部/總集類/酬唱之屬
鷗隱廬詠壽彙刊不分卷　湯壽潛等撰　民國石印本　一冊

330000－1701－0091710　M007019　子部/宗教類/佛教之屬
决定生西日課不分卷　歐陽柱撰　民國石印本　一冊

330000－1701－0091711　M605731　類叢部/叢書類/彙編之屬
浙江中醫專校講義三十三種　浙江中醫專校編　民國二十七年(1938)浙江中醫專門學校鉛印本　一冊　存一種

330000－1701－0091713　M602867、M605732　類叢部/叢書類/自著之屬
崇雅堂叢書十四種　楊晨撰　民國二十五年(1936)楊紹翰鉛印本　三冊　存三種

330000－1701－0091714　M007020　子部/醫家類/類編之屬
陳竹園醫學初階□□種　陳其桄加評　陳福昌編輯　陳福蔭　陳福增批點　何彥　張開泰校輯　民國九年(1920)滇垣天元堂本醫館鉛印本　一冊　存一種

330000－1701－0091715　M605733　類叢部/叢書類/自著之屬
崇雅堂叢書十四種　楊晨撰　民國二十五年(1936)楊紹翰鉛印本　二冊　存一種

330000－1701－0091717　M605734　史部/地理類/方志之屬/通志
[民國]重修浙江通志初稿不分卷　浙江通志館修　余紹宋等纂　民國三十七年(1948)鉛印本　三冊

330000－1701－0091718　M007021　史部/政書類/公牘檔冊之屬
陸軍測量局辦事細則圖例書例不分卷　民國石印本　一冊

330000－1701－0091719　M605735　史部/地理類/方志之屬/通志
[民國]重修浙江通志初稿不分卷　浙江通志館修　余紹宋等纂　民國三十七年(1948)鉛印本　二冊

330000－1701－0091720　M605736　史部/地理類/方志之屬/通志
[民國]重修浙江通志初稿不分卷　浙江通志館修　余紹宋等纂　民國三十七年(1948)鉛印本　二冊

330000－1701－0091721　M605737　史部/地理類/方志之屬/通志
[民國]重修浙江通志初稿不分卷　浙江通志館修　余紹宋等纂　民國三十七年(1948)鉛

印本　二冊

330000－1701－0091722　M605738　史部/地理類/方志之屬/通志
[民國]重修浙江通志初稿不分卷　浙江通志館修　余紹宋等纂　民國三十七年(1948)鉛印本　二冊

330000－1701－0091723　M605739　史部/地理類/方志之屬/通志
[民國]重修浙江通志初稿不分卷　浙江通志館修　余紹宋等纂　民國三十七年(1948)鉛印本　二冊

330000－1701－0091724　M605740　史部/地理類/方志之屬/通志
[民國]重修浙江通志初稿不分卷　浙江通志館修　余紹宋等纂　民國三十七年(1948)鉛印本　二冊

330000－1701－0091725　M605741　史部/地理類/方志之屬/通志
[民國]重修浙江通志初稿不分卷　浙江通志館修　余紹宋等纂　民國三十七年(1948)鉛印本　二冊

330000－1701－0091726　M605742　史部/地理類/方志之屬/通志
[民國]重修浙江通志初稿不分卷　浙江通志館修　余紹宋等纂　民國三十七年(1948)鉛印本　二冊

330000－1701－0091728　M605743　史部/地理類/方志之屬/通志
[民國]重修浙江通志初稿不分卷　浙江通志館修　余紹宋等纂　民國三十七年(1948)鉛印本　二冊

330000－1701－0091729　M608144　子部/宗教類/佛教之屬/諸宗
淨土津要續編五種　民國二十二年(1933)上海商務印書館鉛印本　二冊

330000－1701－0091731　M605744　史部/地理類/方志之屬/通志
[民國]重修浙江通志初稿不分卷　浙江通志館修　余紹宋等纂　民國三十七年(1948)鉛印本　二冊

330000－1701－0091733　M605745　史部/地理類/方志之屬/通志
[民國]重修浙江通志初稿不分卷　浙江通志館修　余紹宋等纂　民國三十七年(1948)鉛印本　二冊

330000－1701－0091735　M605746　史部/地理類/方志之屬/通志
[民國]重修浙江通志初稿不分卷　浙江通志館修　余紹宋等纂　民國三十七年(1948)鉛印本　二冊

330000－1701－0091736　M605747　史部/地理類/方志之屬/通志
[民國]重修浙江通志初稿不分卷　浙江通志館修　余紹宋等纂　民國三十七年(1948)鉛印本　二冊

330000－1701－0091737　民813.58/3129.1　集部/小說類/長篇之屬
繪圖俠女情仇記十六回　通俗小說社編輯　民國十三年(1924)上海世界書局石印本　一冊

330000－1701－0091739　M608145　子部/宗教類/佛教之屬/諸宗
淨土津要六種　民國二十二年(1933)上海商務印書館鉛印本　一冊　存三種

330000－1701－0091740　M605748　史部/地理類/方志之屬/通志
[民國]重修浙江通志初稿不分卷　浙江通志館修　余紹宋等纂　民國三十七年(1948)鉛印本　二冊

330000－1701－0091743　M608146　子部/宗教類/佛教之屬/諸宗
淨土津要六種　民國二十二年(1933)上海商務印書館鉛印本　一冊　存三種

330000－1701－0091746　M608147　類叢部/叢書類/彙編之屬
約園叢書　張壽鏞編　民國四明張氏約園影

印本　一册　存一種

330000－1701－0091749　M605749　史部/地理類/方志之屬/通志
[民國]重修浙江通志初稿不分卷　浙江通志館修　余紹宋等纂　民國三十七年(1948)鉛印本　二册

330000－1701－0091753　M605750　史部/地理類/方志之屬/通志
[民國]重修浙江通志初稿不分卷　浙江通志館修　余紹宋等纂　民國三十七年(1948)鉛印本　二册

330000－1701－0091754　M007022、M007308、M007997　史部/傳記類/總傳之屬/斷代
大清畿輔先哲傳四十卷附列女傳六卷　徐世昌撰　民國天津徐氏刻本　二十二册

330000－1701－0091757　M605751　史部/地理類/方志之屬/通志
[民國]重修浙江通志初稿不分卷　浙江通志館修　余紹宋等纂　民國三十七年(1948)鉛印本　二册

330000－1701－0091760　M605752　史部/地理類/方志之屬/通志
[民國]重修浙江通志初稿不分卷　浙江通志館修　余紹宋等纂　民國三十七年(1948)鉛印本　二册

330000－1701－0091761　M605753　史部/地理類/方志之屬/通志
[民國]重修浙江通志初稿不分卷　浙江通志館修　余紹宋等纂　民國三十七年(1948)鉛印本　二册

330000－1701－0091762　M608148　子部/雜著類/雜編之屬
簷曝雜記四卷　(清)趙翼撰　民國有正書局鉛印本　一册　存二卷(三至四)

330000－1701－0091763　M605754　史部/地理類/方志之屬/通志
[民國]重修浙江通志初稿不分卷　浙江通志館修　余紹宋等纂　民國三十七年(1948)鉛印本　二册

330000－1701－0091768　M605755　史部/地理類/方志之屬/通志
[民國]重修浙江通志初稿不分卷　浙江通志館修　余紹宋等纂　民國三十七年(1948)鉛印本　二册

330000－1701－0091770　M007023、M007437　集部/别集類/清别集
翁松禪家書二集　(清)翁同龢撰　民國二十八年(1939)上海商務印書館影印本　二册

330000－1701－0091771　M608149　子部/宗教類/道教之屬
老莊正義合編　民國上海古書流通處據清光緒刻本影印本　一册　存一種

330000－1701－0091775　M605756　史部/地理類/方志之屬/通志
[民國]重修浙江通志初稿不分卷　浙江通志館修　余紹宋等纂　民國三十七年(1948)鉛印本　二册

330000－1701－0091776　M605757　史部/地理類/方志之屬/通志
[民國]重修浙江通志初稿不分卷　浙江通志館修　余紹宋等纂　民國三十七年(1948)鉛印本　二册

330000－1701－0091778　M608150　集部/别集類
西湖補詩一卷　六一翁撰　民國十九年(1930)鉛印本　一册

330000－1701－0091780　M608151　史部/地理類/方志之屬/郡縣志
[光緒]杭州府志一百七十八卷首八卷　(清)陳璚等修　(清)王棻等纂　屈映光續修　陸懋勳續纂　齊耀珊重修　吳廛坻重纂　民國十一年(1922)鉛印本　七十一册　存一百六十六卷(首一至八,一至三十、三十三至一百六十)

330000－1701－0091783　M605758　史部/地理類/方志之屬/通志

[民國]重修浙江通志初稿不分卷　浙江通志館修　余紹宋等纂　民國三十七年(1948)鉛印本　二册

330000－1701－0091784　M605759　史部/地理類/方志之屬/通志
[民國]重修浙江通志初稿不分卷　浙江通志館修　余紹宋等纂　民國三十七年(1948)鉛印本　二册

330000－1701－0091785　M007024　集部/別集類
海陰文集二卷　周芾亭撰　民國抄本　一册

330000－1701－0091787　M605760　史部/地理類/方志之屬/通志
[民國]重修浙江通志初稿不分卷　浙江通志館修　余紹宋等纂　民國三十七年(1948)鉛印本　二册

330000－1701－0091790　M608152　集部/總集類/選集之屬/斷代
雁後合鈔五卷　詹勵吾輯　民國三十六年(1947)鉛印本　一册

330000－1701－0091795　M608153　集部/別集類
鼓山集三卷　張寅撰　民國十四年(1925)鉛印本　一册

330000－1701－0091796　M007025　集部/曲類/寶卷之屬
瑞珠寶卷二卷　民國抄本　一册

330000－1701－0091797　M608154　集部/別集類
民園詩集四卷首一卷後集四卷末一卷　江五民撰　民國五年(1916)上海鉛印本　一册　存五卷(後集一至四、末)

330000－1701－0091799　M007026　史部/目録類/總録之屬/私撰
中國文選參考二卷　陳錫襄編　民國十九年(1930)油印本　一册

330000－1701－0091800　M605761　史部/地理類/方志之屬/通志
[民國]重修浙江通志初稿不分卷　浙江通志館修　余紹宋等纂　民國三十七年(1948)鉛印本　二册

330000－1701－0091803　M605762　史部/地理類/方志之屬/通志
[民國]重修浙江通志初稿不分卷　浙江通志館修　余紹宋等纂　民國三十七年(1948)鉛印本　二册

330000－1701－0091804　M608155　類叢部/叢書類/自著之屬
勬堂遺書八種　顧家相撰　民國八年至十九年(1919－1930)會稽顧氏鉛印本　二册　存一種

330000－1701－0091808　M007027　子部/術數類/相宅相墓之屬
陽宅總論四卷　竹冠道人撰　民國十九年(1930)抄本　一册

330000－1701－0091809　M605763　史部/地理類/方志之屬/通志
[民國]重修浙江通志初稿不分卷　浙江通志館修　余紹宋等纂　民國三十七年(1948)鉛印本　一册

330000－1701－0091812　M007028　子部/宗教類/佛教之屬
依怙長修攝要儀軌一卷　貢噶上師傳授　陳濟博譯　李秉威錄藏文　民國石印本　一册

330000－1701－0091815　M605764　史部/地理類/方志之屬/通志
[民國]重修浙江通志初稿不分卷　浙江通志館修　余紹宋等纂　民國三十七年(1948)鉛印本　一册

330000－1701－0091818　M605765　史部/地理類/方志之屬/通志
[民國]重修浙江通志初稿不分卷　浙江通志館修　余紹宋等纂　民國三十七年(1948)鉛印本　一册

330000－1701－0091819　M007029　集部/

詩文評類/詩評之屬
古今詩選參考不分卷　嚴羽等撰　民國石印本　一冊

330000－1701－0091820　M605766　史部/地理類/方志之屬/通志
[民國]重修浙江通志初稿不分卷　浙江通志館修　余紹宋等纂　民國三十七年(1948)鉛印本　一冊

330000－1701－0091824　M007030　子部/雜家類
呂氏春秋研究不分卷呂氏春秋選篇不分卷　李孟楚編　民國油印本　一冊

330000－1701－0091829　M007031　集部/別集類/清別集
小種字林柱銘偶存不分卷　吳受福撰　民國二十二年(1933)檇李郭氏刻本　一冊

330000－1701－0091830　M605767　史部/地理類/方志之屬/通志
[民國]重修浙江通志初稿不分卷　浙江通志館修　余紹宋等纂　民國三十七年(1948)鉛印本　一冊

330000－1701－0091832　M605768　史部/地理類/方志之屬/通志
[民國]重修浙江通志初稿不分卷　浙江通志館修　余紹宋等纂　民國三十七年(1948)鉛印本　一冊

330000－1701－0091834　M605769　史部/地理類/方志之屬/通志
[民國]重修浙江通志初稿不分卷　浙江通志館修　余紹宋等纂　民國三十七年(1948)鉛印本　一冊

330000－1701－0091836　M603118、M610577　史部/地理類/方志之屬/郡縣志
[寶慶]會稽續志八卷　(宋)張淏纂修　民國十五年(1926)據清嘉慶十三年(1808)刻本影印本　三冊

330000－1701－0091838　M605770、M606990　史部/地理類/方志之屬/通志
[民國]重修浙江通志初稿不分卷　浙江通志館修　余紹宋等纂　民國三十七年(1948)鉛印本　二冊

330000－1701－0091840　M605771、M606991　史部/地理類/方志之屬/通志
[民國]重修浙江通志初稿不分卷　浙江通志館修　余紹宋等纂　民國三十七年(1948)鉛印本　二冊

330000－1701－0091841　M603119、M610576　史部/地理類/方志之屬/郡縣志
嘉泰會稽志二十卷　(宋)沈作賓修　(宋)施宿等纂　民國十五年(1926)據清嘉慶十三年(1808)采鞠軒刻本影印本　七冊　存十五卷(一至二、八至二十)

330000－1701－0091842　M605772、M606992　史部/地理類/方志之屬/通志
[民國]重修浙江通志初稿不分卷　浙江通志館修　余紹宋等纂　民國三十七年(1948)鉛印本　二冊

330000－1701－0091844　M605773、M606993　史部/地理類/方志之屬/通志
[民國]重修浙江通志初稿不分卷　浙江通志館修　余紹宋等纂　民國三十七年(1948)鉛印本　二冊

330000－1701－0091845　M605774、M606994　史部/地理類/方志之屬/通志
[民國]重修浙江通志初稿不分卷　浙江通志館修　余紹宋等纂　民國三十七年(1948)鉛印本　二冊

330000－1701－0091847　M006374　史部/金石類/總志之屬/文字
循園金石文字跋尾二卷　范壽銘撰　顧燮光輯錄　**綴學堂河朔碑刻跋尾一卷**　陳漢章撰　民國十二年(1923)會稽顧燮光金佳石好樓杭州石印本　一冊

330000－1701－0091848　M605775　史部/地理類/方志之屬/通志
[民國]重修浙江通志初稿不分卷　浙江通志

館修　余紹宋等纂　民國三十七年(1948)鉛印本　一冊

330000－1701－0091850　M605776　史部/地理類/方志之屬/通志
[民國]重修浙江通志初稿不分卷　浙江通志館修　余紹宋等纂　民國三十七年(1948)鉛印本　一冊

330000－1701－0091852　M603120、M603235、M603838、M607859、M609479　史部/地理類/方志之屬/郡縣志
[嘉慶]餘杭縣志四十卷　(清)張吉安修　(清)朱文藻纂　(清)崔應榴　(清)董作棟續纂　民國八年(1919)吳蘭孫鉛印本　八冊

330000－1701－0091853　M605777　史部/地理類/方志之屬/通志
[民國]重修浙江通志初稿不分卷　浙江通志館修　余紹宋等纂　民國三十七年(1948)鉛印本　一冊

330000－1701－0091855　M006375　類叢部/叢書類/郡邑之屬
開化叢書　葉渭清輯　民國十八年(1929)木活字印本　一冊　存一種

330000－1701－0091856　M605778　史部/地理類/方志之屬/通志
[民國]重修浙江通志初稿不分卷　浙江通志館修　余紹宋等纂　民國三十七年(1948)鉛印本　一冊

330000－1701－0091858　民 350.46/7555　史部/雜史類/斷代之屬
生活影跡摘記一卷　陳東夫撰　民國油印本　陳東夫題記　一冊

330000－1701－0091859　M605780、M606979　史部/地理類/方志之屬/通志
[民國]重修浙江通志初稿不分卷　浙江通志館修　余紹宋等纂　民國三十七年(1948)鉛印本　三冊

330000－1701－0091860　M605781、M606980　史部/地理類/方志之屬/通志
[民國]重修浙江通志初稿不分卷　浙江通志館修　余紹宋等纂　民國三十七年(1948)鉛印本　三冊

330000－1701－0091862　M605782、M606981　史部/地理類/方志之屬/通志
[民國]重修浙江通志初稿不分卷　浙江通志館修　余紹宋等纂　民國三十七年(1948)鉛印本　三冊

330000－1701－0091864　M006376　類叢部/叢書類/彙編之屬
甌風雜誌彙刊　甌風社編　民國鉛印本　一冊　存四種

330000－1701－0091865　M605783、M606982　史部/地理類/方志之屬/通志
[民國]重修浙江通志初稿不分卷　浙江通志館修　余紹宋等纂　民國三十七年(1948)鉛印本　三冊

330000－1701－0091867　M006377　集部/別集類
畏廬文集一卷　林紓撰　民國十六年(1927)上海商務印書館鉛印本　一冊

330000－1701－0091869　M605784、M606983　史部/地理類/方志之屬/通志
[民國]重修浙江通志初稿不分卷　浙江通志館修　余紹宋等纂　民國三十七年(1948)鉛印本　三冊

330000－1701－0091870　M605785、M606984　史部/地理類/方志之屬/通志
[民國]重修浙江通志初稿不分卷　浙江通志館修　余紹宋等纂　民國三十七年(1948)鉛印本　三冊

330000－1701－0091871　M605786、M606985　史部/地理類/方志之屬/通志
[民國]重修浙江通志初稿不分卷　浙江通志館修　余紹宋等纂　民國三十七年(1948)鉛印本　三冊

330000－1701－0091874　M605787、M606986　史部/地理類/方志之屬/通志

［民國］重修浙江通志初稿不分卷 浙江通志館修 余紹宋等纂 民國三十七年（1948）鉛印本 三冊

330000－1701－0091875 M006378 史部/地理類/專志之屬/寺觀

江南蘇州府報恩講寺志一卷 （清）釋敏曦集 民國九年（1920）刻本 一冊

330000－1701－0091876 M605788、M606987 史部/地理類/方志之屬/通志

［民國］重修浙江通志初稿不分卷 浙江通志館修 余紹宋等纂 民國三十七年（1948）鉛印本 三冊

330000－1701－0091878 M605789、M606988 史部/地理類/方志之屬/通志

［民國］重修浙江通志初稿不分卷 浙江通志館修 余紹宋等纂 民國三十七年（1948）鉛印本 三冊

330000－1701－0091880 M605790、M606969 史部/地理類/方志之屬/通志

［民國］重修浙江通志初稿不分卷 浙江通志館修 余紹宋等纂 民國三十七年（1948）鉛印本 三冊

330000－1701－0091881 M605791、M606970 史部/地理類/方志之屬/通志

［民國］重修浙江通志初稿不分卷 浙江通志館修 余紹宋等纂 民國三十七年（1948）鉛印本 三冊

330000－1701－0091882 M605792、M606971 史部/地理類/方志之屬/通志

［民國］重修浙江通志初稿不分卷 浙江通志館修 余紹宋等纂 民國三十七年（1948）鉛印本 三冊

330000－1701－0091883 M605793、M606972 史部/地理類/方志之屬/通志

［民國］重修浙江通志初稿不分卷 浙江通志館修 余紹宋等纂 民國三十七年（1948）鉛印本 三冊

330000－1701－0091885 M605794、M606973 史部/地理類/方志之屬/通志

［民國］重修浙江通志初稿不分卷 浙江通志館修 余紹宋等纂 民國三十七年（1948）鉛印本 三冊

330000－1701－0091886 M006379 史部/傳記類/總傳之屬/釋道

仙佛辨一卷附純陽吕祖傳南屏濟祖傳一卷 陳滄然撰 民國十一年（1922）鉛印本 一冊

330000－1701－0091887 M006382 集部/別集類

畏廬續集一卷 林紓撰 民國五年（1916）上海商務印書館鉛印本 一冊

330000－1701－0091888 M006383 集部/別集類

畏廬文集一卷 林紓撰 民國二年（1913）上海商務印書館鉛印本 一冊

330000－1701－0091889 HJL1944 子部/宗教類/佛教之屬/大藏

影印宋磧砂藏經六千三百六十二卷附首冊二卷 影印宋版藏經會輯 民國二十五年（1936）上海影印宋版藏經會鉛印本 五百九十二冊 缺十卷（大般若波羅蜜多經三百四十一至三百五十）

330000－1701－0091896 M007032 史部/雜史類/斷代之屬

清代文字獄檔九輯 北平故宮博物院文獻館編 民國二十年至二十三年（1931－1934）北平故宮博物院、國立北平研究院鉛印本 一冊 存一輯（九）

330000－1701－0091901 M608156、M608157 類叢部/叢書類/自著之屬

勱堂遺書八種 顧家相撰 民國八年至十九年（1919－1930）會稽顧氏鉛印本 三冊 存二種

330000－1701－0091902 M608158 類叢部/叢書類/自著之屬

勱堂遺書八種 顧家相撰 民國八年至十九年（1919－1930）會稽顧氏鉛印本 一冊 存

一種

330000－1701－0091903　M608159　集部/詞類/别集之屬

鹹酸橋屋詞一卷附庸謹堂歲華紀感一卷　唐詠裳撰　民國十三年至十五年(1924－1926)鉛印本　一册

330000－1701－0091905　M608160　集部/别集類/清别集

幸草亭詩鈔二卷　(清)楊文瑩撰　民國八年(1919)錢塘楊氏勖采堂鉛印本　二册

330000－1701－0091906　M608161　集部/别集類/清别集

幸草亭詩鈔二卷　(清)楊文瑩撰　民國八年(1919)錢塘楊氏勖采堂鉛印本　二册

330000－1701－0091907　M608162　集部/别集類/清别集

幸草亭詩鈔二卷　(清)楊文瑩撰　民國八年(1919)錢塘楊氏勖采堂鉛印本　二册

330000－1701－0091908　M608163　集部/别集類

觀山文稿十卷首一卷　章乃羹撰　民國二十四年(1935)鉛印本　二册

330000－1701－0091909　M605795、M606974　史部/地理類/方志之屬/通志

[民國]重修浙江通志初稿不分卷　浙江通志館修　余紹宋等纂　民國三十七年(1948)鉛印本　三册

330000－1701－0091911　M608164　集部/别集類

觀山文稿十卷首一卷　章乃羹撰　民國二十四年(1935)鉛印本　二册

330000－1701－0091913　M605796、M606975　史部/地理類/方志之屬/通志

[民國]重修浙江通志初稿不分卷　浙江通志館修　余紹宋等纂　民國三十七年(1948)鉛印本　三册

330000－1701－0091915　M605797、M606976　史部/地理類/方志之屬/通志

[民國]重修浙江通志初稿不分卷　浙江通志館修　余紹宋等纂　民國三十七年(1948)鉛印本　三册

330000－1701－0091917　M608165　集部/别集類/清别集

汪穰卿遺著八卷　(清)汪康年撰　汪詒年輯　**汪穰卿先生年譜一卷**　汪詒年撰　民國九年(1920)錢塘汪詒年鉛印本　四册

330000－1701－0091918　M605798、M606977　史部/地理類/方志之屬/通志

[民國]重修浙江通志初稿不分卷　浙江通志館修　余紹宋等纂　民國三十七年(1948)鉛印本　三册

330000－1701－0091920　M605799、M606978　史部/地理類/方志之屬/通志

[民國]重修浙江通志初稿不分卷　浙江通志館修　余紹宋等纂　民國三十七年(1948)鉛印本　三册

330000－1701－0091922　M605800、M606914　史部/地理類/方志之屬/通志

[民國]重修浙江通志初稿不分卷　浙江通志館修　余紹宋等纂　民國三十七年(1948)鉛印本　二册

330000－1701－0091923　M605801、M606915　史部/地理類/方志之屬/通志

[民國]重修浙江通志初稿不分卷　浙江通志館修　余紹宋等纂　民國三十七年(1948)鉛印本　二册

330000－1701－0091924　M605802、M606916　史部/地理類/方志之屬/通志

[民國]重修浙江通志初稿不分卷　浙江通志館修　余紹宋等纂　民國三十七年(1948)鉛印本　二册

330000－1701－0091925　M608166　集部/詞類/别集之屬

慮尊詞一卷然脂詞一卷　陳夔撰　民國十一年(1922)鉛印本　一册

330000－1701－0091926　M605803、M606917　史部/地理類/方志之屬/通志

[民國]重修浙江通志初稿不分卷　浙江通志館修　余紹宋等纂　民國三十七年(1948)鉛印本　二册

330000－1701－0091927　M605804、M606968　史部/地理類/方志之屬/通志

[民國]重修浙江通志初稿不分卷　浙江通志館修　余紹宋等纂　民國三十七年(1948)鉛印本　三册

330000－1701－0091928　M608167　集部/總集類/氏族之屬

雙璧賡燕貽集内編一卷外編一卷　張逢鑣編　民國八年(1919)杭州鉛印本　一册

330000－1701－0091930　M605805、M606967　史部/地理類/方志之屬/通志

[民國]重修浙江通志初稿不分卷　浙江通志館修　余紹宋等纂　民國三十七年(1948)鉛印本　三册

330000－1701－0091932　M605806、M606966　史部/地理類/方志之屬/通志

[民國]重修浙江通志初稿不分卷　浙江通志館修　余紹宋等纂　民國三十七年(1948)鉛印本　三册

330000－1701－0091934　M608168　集部/別集類

訒菴詩鈔一卷　彭敦穀撰　民國十二年(1923)鉛印本　一册

330000－1701－0091935　M605807、M606965　史部/地理類/方志之屬/通志

[民國]重修浙江通志初稿不分卷　浙江通志館修　余紹宋等纂　民國三十七年(1948)鉛印本　三册

330000－1701－0091937　M007034　經部/詩類/傳説之屬

毛詩説六卷詩藴二卷　(清)莊有可撰　民國二十三年(1934)上海商務印書館影印本　六册

330000－1701－0091938　M608169　集部/別集類

訒菴詩鈔一卷　彭敦穀撰　民國十二年(1923)鉛印本　一册

330000－1701－0091940　M608170　集部/別集類

訒菴詩鈔一卷　彭敦穀撰　民國十二年(1923)鉛印本　一册

330000－1701－0091942　M608171　集部/別集類

訒菴詩鈔一卷　彭敦穀撰　民國十二年(1923)鉛印本　一册

330000－1701－0091943　M006939　集部/總集類/選集之屬/通代

評註昭明文選十五卷首一卷葉星衛附註一卷　(清)于光華輯　民國十三年(1924)上海掃葉山房石印本　味筍齋題記　十六册

330000－1701－0091944　M608172　集部/別集類

雲石山房詩草一卷　沈廷傑撰　民國二十五年(1936)鉛印本　一册

330000－1701－0091945　M608173　集部/別集類

雲石山房詩草一卷　沈廷傑撰　民國二十五年(1936)鉛印本　一册

330000－1701－0091947　M608174　集部/別集類

望虹樓遺箸三卷　陶熙孫撰　民國二十四年(1935)鉛印本　一册

330000－1701－0091950　M605808、M606964　史部/地理類/方志之屬/通志

[民國]重修浙江通志初稿不分卷　浙江通志館修　余紹宋等纂　民國三十七年(1948)鉛印本　三册

330000－1701－0091953　M605809、M606963　史部/地理類/方志之屬/通志

[民國]重修浙江通志初稿不分卷　浙江通志館修　余紹宋等纂　民國三十七年(1948)鉛

印本　三冊

330000－1701－0091957　M608175、M610578
　集部/別集類
悔餘生詩五卷　吳慶坻撰　民國十五年(1926)鉛印本　二冊

330000－1701－0091962　M608176　類叢部/叢書類/彙編之屬
四庫全書珍本初集二百三十種　中央圖書館籌備處輯　民國二十三年至二十四年(1934－1935)上海商務印書館據文淵閣本影印本　一冊　存一種

330000－1701－0091963　M605810、M606904
　史部/地理類/方志之屬/通志
[民國]重修浙江通志初稿不分卷　浙江通志館修　余紹宋等纂　民國三十七年(1948)鉛印本　二冊

330000－1701－0091964　M605811、M606905
　史部/地理類/方志之屬/通志
[民國]重修浙江通志初稿不分卷　浙江通志館修　余紹宋等纂　民國三十七年(1948)鉛印本　二冊

330000－1701－0091965　M605812、M606906
　史部/地理類/方志之屬/通志
[民國]重修浙江通志初稿不分卷　浙江通志館修　余紹宋等纂　民國三十七年(1948)鉛印本　二冊

330000－1701－0091966　M605813、M606907
　史部/地理類/方志之屬/通志
[民國]重修浙江通志初稿不分卷　浙江通志館修　余紹宋等纂　民國三十七年(1948)鉛印本　二冊

330000－1701－0091967　M605814、M606908
　史部/地理類/方志之屬/通志
[民國]重修浙江通志初稿不分卷　浙江通志館修　余紹宋等纂　民國三十七年(1948)鉛印本　二冊

330000－1701－0091968　M605815、M606909
　史部/地理類/方志之屬/通志
[民國]重修浙江通志初稿不分卷　浙江通志館修　余紹宋等纂　民國三十七年(1948)鉛印本　二冊

330000－1701－0091970　M605816、M606910
　史部/地理類/方志之屬/通志
[民國]重修浙江通志初稿不分卷　浙江通志館修　余紹宋等纂　民國三十七年(1948)鉛印本　二冊

330000－1701－0091971　M605817、M606911
　史部/地理類/方志之屬/通志
[民國]重修浙江通志初稿不分卷　浙江通志館修　余紹宋等纂　民國三十七年(1948)鉛印本　二冊

330000－1701－0091972　M605818、M606912
　史部/地理類/方志之屬/通志
[民國]重修浙江通志初稿不分卷　浙江通志館修　余紹宋等纂　民國三十七年(1948)鉛印本　二冊

330000－1701－0091973　M605819、M606913
　史部/地理類/方志之屬/通志
[民國]重修浙江通志初稿不分卷　浙江通志館修　余紹宋等纂　民國三十七年(1948)鉛印本　二冊

330000－1701－0091974　M605820、M606413
　史部/地理類/方志之屬/通志
[民國]重修浙江通志初稿不分卷　浙江通志館修　余紹宋等纂　民國三十七年(1948)鉛印本　二冊

330000－1701－0091979　M601061、M610837
　類叢部/叢書類/彙編之屬
四庫全書珍本初集二百三十種　中央圖書館籌備處輯　民國二十三年至二十四年(1934－1935)上海商務印書館據文淵閣本影印本　四冊　存一種

330000－1701－0091980　M007037　子部/藝術類/篆刻之屬/印譜
鐵盦摹七家名人印彙不分卷　民國鈐印本　一冊

330000－1701－0091986　M006874　史部/傳記類

忠義張公夢蓮暨配節孝王太安人傳略四種　民國八年(1919)鉛印本　一冊

330000－1701－0091988　M006875　子部/宗教類/佛教之屬/經

佛説孛經一卷　(三國吳)釋支謙譯　民國十四年(1925)陳蔚鉛印本　一冊

330000－1701－0091989　M608178　類叢部/叢書類/自著之屬

玩芳艸堂叢書　(清)王棻撰　民國上海國光書局鉛印本　八冊　存一種

330000－1701－0091992　M603121　史部/地理類/方志之屬/郡縣志

[乾隆]烏青鎮志十二卷　(清)董世寧纂修　民國七年(1918)鉛印本　二冊

330000－1701－0091993　M608179　類叢部/叢書類/彙編之屬

求恕齋叢書三十一種　劉承幹編　民國吳興劉氏嘉業堂刻本　十四冊　存六種

330000－1701－0091996　M603122　史部/地理類/方志之屬/郡縣志

[民國]宣平縣志十四卷首一卷末一卷　何横　張高修　鄒家箴等纂　民國二十三年(1934)鉛印本　八冊　缺二卷(首、十一)

330000－1701－0091997　M006876　集部/總集類/酬唱之屬

太平洋鼓吹集六卷外鈔一卷　陳孝威編　民國三十二年(1943)桂林拔提書店鉛印本　一冊

330000－1701－0092001　M006877　集部/別集類

松鄰遺集十卷　吳昌綬撰　吳蕊圓輯　民國十八年(1929)刻朱印本　一冊

330000－1701－0092002　M007038　子部/宗教類/佛教之屬/諸宗

華嚴原人論合解二卷　(唐)釋宗密論　(元)釋圓覺解　(明)楊嘉祚刪合　民國九年(1920)上海有正書局鉛印本　一冊

330000－1701－0092004　M006878　史部/政書類/公牘檔冊之屬

軍事委員會運輸統制局暫行組織條例不分卷　民國二十九年(1940)油印本　一冊

330000－1701－0092006　M608180　史部/地理類/專志之屬/祠墓

會稽山大禹陵廟攷略不分卷　賀揚靈輯　民國二十四年(1935)鉛印本　一冊

330000－1701－0092007　M605824　子部/醫家類/醫話醫論之屬

證治心得十二卷　(清)吳炳撰　民國十五年(1926)惜陰書屋鉛印本　三冊　存九卷(一至三、七至十二)

330000－1701－0092008　M007039、M007576　集部/詩文評類/詩評之屬

平等閣詩話二卷　狄葆賢撰　民國六年(1917)上海有正書局鉛印本　二冊

330000－1701－0092009　M608181　子部/藝術類/書畫之屬/法帖

宋拓蘇書豐樂亭記一卷　(宋)蘇軾書　民國上海有正書局石印本　一冊

330000－1701－0092010　M006879　子部/醫家類/婦科之屬/產科

達生編二卷　(清)亟齋居士撰　民國九年(1920)淮陰氏鉛印本　一冊

330000－1701－0092013　M006880　集部/詩文評類/詩評之屬

白話詩平議一卷　稿本　一冊

330000－1701－0092014　M603123　史部/金石類/石之屬

明李文正公石鼓全文硯拓本不分卷　(明)李東陽摹　民國影印本　一冊

330000－1701－0092015　M006881　新學/政治法律

强制執行法五章　張步瀛述　**民事訴訟執行規則五章**　民國司法行政部法官訓練所鉛印

本　一册

330000－1701－0092016　M007040、M007630　史部/編年類/通代之屬

增評加批歷史綱鑑補三十九卷首一卷　(明)王世貞　(明)袁黄纂　**資治明紀綱目二十卷資治明紀綱目三編一卷**　(清)張廷玉等撰　民國二十一年(1932)上海錦章圖書局石印本　二册　存二十一卷(資治明紀綱目一至二十、資治通鑑綱目三編)

330000－1701－0092017　M605597、M605825　子部/醫家類/本草之屬/歷代綜合本草

本草綱目五十二卷圖三卷奇經八脈攷一卷脈訣攷證一卷瀕湖脈學一卷　(明)李時珍撰　**本草萬方鍼線八卷藥品總目一卷**　(清)蔡烈先輯　**本草綱目拾遺十卷首一卷**　(清)趙學敏輯　民國三年(1914)上海商務印書館石印本　七册　存二十五卷(四至六、十四至十五、十八至二十七、三十三至三十五、五十一至五十二,本草綱目拾遺六至十)

330000－1701－0092020　M603124　子部/宗教類/佛教之屬/經疏

佛説阿彌陀經要解一卷　(後秦)釋鳩摩羅什譯　(明)釋智旭撰　**蕅益大師傳一卷**　(清)彭紹升撰　民國二十二年(1933)潮陽郭氏雙百鹿齋刻本　一册

330000－1701－0092022　M006882　子部/宗教類/佛教之屬/經疏

佛説四十二章經一卷　(漢)釋迦葉摩騰　(漢)釋竺法蘭譯　**八大人覺經一卷**　(漢)釋安清譯　民國鉛印本　一册

330000－1701－0092023　M007042　集部/别集類

觀酒狂齋詩續録一卷　詹勵吾撰　民國三十七年(1948)鉛印本　一册

330000－1701－0092024　M603125　子部/宗教類/佛教之屬

金剛般若波羅蜜經一卷　(後秦)釋鳩摩羅什譯　**金剛呪一卷般若波羅蜜多心經一卷**　(唐)釋玄奘譯　**金剛證驗賦一卷**　(宋)釋智覺撰　民國十九年(1930)潮陽郭氏雙百鹿齋刻本　一册

330000－1701－0092025　M006883、M007620　集部/别集類

竹居小牘十二卷　張士珩撰　民國三年(1914)竹居刻本　二册

330000－1701－0092027　M608182　子部/藝術類/書畫之屬/法帖

最初拓禮器碑及碑陰不分卷　民國四年(1915)有正書局石印本　一册　存碑陰

330000－1701－0092028　M007043　子部/宗教類/佛教之屬

金剛般若波羅密經一卷　(後秦)釋鳩摩羅什譯　**觀世音菩薩普門品一卷**　民國八年(1919)寧城千歲坊文光齋刻本　一册

330000－1701－0092031　M603126　集部/别集類

海藏樓詩十三卷　鄭孝胥撰　民國三年至二十六年(1914－1937)武昌刻本　四册

330000－1701－0092033　M007044　子部/宗教類/佛教之屬/經

大方廣佛華嚴經淨行品偈一卷　(唐)釋實叉難陀譯　民國十三年(1924)影印本　一册

330000－1701－0092034　M608183、M611177　類叢部/叢書類/彙編之屬

適園叢書七十四種　張鈞衡編　民國二年至六年(1913－1917)烏程張氏刻本(唐大詔令集卷十四至二十四、八十七至九十八原缺)　二十册　存七種

330000－1701－0092035　M603127　經部/小學類/文字之屬/字書/字體

古籀拾遺三卷附宋政和禮器文字攷一卷　(清)孫詒讓撰　民國七年(1918)上海掃葉山房石印本　四册

330000－1701－0092036　M006885　史部/目録類/總録之屬/官修

太倉縣立圖書館藏書目録八卷首一卷末一卷　徐福墉編　民國十三年(1924)鉛印本

二冊

330000－1701－0092039　M603128　史部/史抄類

歐陽文忠公五代史抄二十卷　（宋）歐陽修撰　（明）茅坤輯　民國八年（1919）上海會文堂書局石印本　四冊

330000－1701－0092040　M007045　集部/曲類/寶卷之屬

大乘銷釋明證地獄寶卷二卷　（明）羅因撰　民國二十六年（1937）刻本　二冊

330000－1701－0092042　M006886　史部/傳記類/總傳之屬

兩浙鹽政機關職員錄一卷　兩浙鹽運使公署總務科編　民國九年（1920）兩浙鹽運使公署總務科鉛印本　一冊

330000－1701－0092044　M006887　子部/儒家類/儒學之屬/禮教

儒教八德錄八卷附錄一卷　潘守廉　袁紹昂撰　民國二十三年（1934）鉛印本　一冊

330000－1701－0092045　M603129　子部/叢編

周秦諸子校注十種　陳乃乾輯　民國中國學會影印本　十冊

330000－1701－0092047　M608184　子部/宗教類/佛教之屬

雲棲法彙附錄六卷　孫峻編　民國二十九年（1940）釋源智刻藍印本　二冊

330000－1701－0092049　M006889　子部/宗教類/佛教之屬

金剛經句解便蒙一卷附心經句解便蒙一卷　（清）曹良弼撰集　民國十六年（1927）中央刻經院鉛印本　一冊

330000－1701－0092050　M007046　子部/宗教類/其他宗教之屬

嘆世無爲卷一卷　民國八年（1919）刻本　一冊

330000－1701－0092057　M007047　子部/雜著類/雜編之屬

叢錄不分卷　民國大共和日報鉛印本　一冊

330000－1701－0092060　M007048　集部/小說類/長篇之屬

金粉世家十二集一百一十二回　張恨水撰　民國二十一年（1932）上海世界書局鉛印本　一冊　存一集（六）

330000－1701－0092061　M006888　史部/政書類/公牘檔冊之屬

浙江省縣知事交代心得一卷浙江省縣知事交代補則一卷財政部徵收官交代條例一卷　民國鉛印本　一冊

330000－1701－0092064　M007049　子部/宗教類/其他宗教之屬/基督教

普天頌讚不分卷　民國鉛印本　一冊

330000－1701－0092067　M603130　經部/小學類/文字之屬/字書/古文

鐘鼎字源五卷附錄一卷　（清）汪立名撰　民國掃葉山房石印本　三冊

330000－1701－0092070　M006890　史部/政書類/邦計之屬/戶政

戶口概要講義七章　民國浙江寧波公安局長警補習所石印本　一冊

330000－1701－0092072　M006891　史部/傳記類/總傳之屬/家乘

［浙江杭州］重修汪氏遷杭支譜補遺一卷　汪怡纂　民國二十二年（1933）鉛印本　一冊

330000－1701－0092073　M006892　集部/曲類/寶卷之屬

循環寶卷二卷　民國二十五年（1936）隴西氏抄本　二冊

330000－1701－0092082　M006893　集部/曲類/寶卷之屬

雙恩寶卷二卷　民國二十五年（1936）隴西氏抄本　二冊

330000－1701－0092083　M006894　集部/曲類/寶卷之屬

玉釵寶卷二卷 民國隴西氏抄本 二册

330000－1701－0092085 M006895 子部/術數類/相宅相墓之屬
俯察總索提綱賦一卷附諸家五行並五九星圖式一卷 (明)劉基撰 暨省齋註 民國十四年(1925)鉛印本 一册

330000－1701－0092087 M605826 子部/醫家類/養生之屬/導引、氣功
因是子靜坐法續編不分卷 蔣維喬撰 民國十一年(1922)上海商務印書館鉛印本 一册

330000－1701－0092090 M007051、M007327 子部/儒家類/儒家之屬
孔氏家語十卷 (三國魏)王肅注 民國五年(1916)石印本 五册

330000－1701－0092092 M601064 類叢部/叢書類/自著之屬
晨風廬叢刊十八種 周慶雲撰 民國吳興周氏夢坡室刻本 四册 存一種

330000－1701－0092093 M601065 類叢部/叢書類/自著之屬
晨風廬叢刊十八種 周慶雲撰 民國吳興周氏夢坡室刻本 四册 存一種

330000－1701－0092094 M006896 子部/醫家類/養生之屬/導引、氣功
易筋經義一卷 (北魏)釋達摩撰 民國冀成子抄本 一册

330000－1701－0092095 M007052 經部/四書類/孟子之屬/傳說
孟子文評不分卷 (清)趙承謨評點 民國五年(1916)上海晉益書局石印本 四册

330000－1701－0092096 M602631、M605827 類叢部/叢書類/自著之屬
晨風廬叢刊十八種 周慶雲撰 民國吳興周氏夢坡室刻本 六册 存二種

330000－1701－0092097 M006897 類叢部/叢書類/彙編之屬
史地教育叢刊 國立浙江大學史地教育研究室編輯 民國國立浙江大學史地教育研究室石印本 一册 存一種

330000－1701－0092099 M601067 集部/別集類
斶戲齋詩編年集八卷避寇集一卷芳杜詞賸一卷 馬浮撰 **斶戲齋詩前集二卷** 馬浮撰 張立民 楊蔭林輯錄 民國二十九年(1940)、三十六年(1947)刻本 六册

330000－1701－0092100 M605828 類叢部/叢書類/家集之屬
長沙瞿氏叢刊五種 瞿宣穎編 民國二十二年至二十四年(1933－1935)長沙瞿氏鉛印本 一册 存一種

330000－1701－0092101 M007053 史部/地理類/遊記之屬/紀行
鄭州旅行記一卷 侯鴻鑑撰 民國十七年(1928)鉛印本 一册

330000－1701－0092105 M605829 史部/史評類/詠史之屬
詠史記事一卷 張翥撰 民國十四年(1925)鉛印本 一册

330000－1701－0092108 M601066 子部/宗教類/道教之屬
老子古義二卷 楊樹達撰 民國十一年(1922)上海中華書局鉛印本 一册

330000－1701－0092110 M006899 子部/儒家類/儒學之屬/蒙學
蒙養釋義一卷 (宋)王應麟撰 (清)李垚民增删 (清)曠峋嶁注釋 **關聖帝君覺世真經一卷太上感應篇一卷文昌帝君陰騭文一卷** (清)李垚民註釋 民國十三年(1924)唐氏裕德社刻本 一册

330000－1701－0092112 M605830 集部/別集類
竹平安館詩鈔二卷附詞一卷 阮堉撰 民國十九年(1930)杭州鉛印本 一册

330000－1701－0092120 M605831 子部/工藝類/日用器物之屬/雕刻

竹人録二卷　(清)金元鈺撰　民國二十七年(1938)鄞縣秦彥沖睿識閣鉛印本　一册

330000－1701－0092121　M605832、M606535　類叢部/叢書類/自著之屬

勱堂遺書八種　顧家相撰　民國八年至十九年(1919－1930)會稽顧氏鉛印本　二册　存二種

330000－1701－0092123　M007054　子部/宗教類/道教之屬/雜著

大學註解一卷善緣一卷　題昊天梓潼帝君注　民國杭州光華局石印本　一册

330000－1701－0092124　M605833　類叢部/叢書類/自著之屬

約園演講集　張壽鏞撰　民國鉛印本　一册　存一種

330000－1701－0092129　M605834　經部/四書類/總義之屬/傳説

四書纂疏二十六卷札記一卷　(宋)趙順孫撰　民國十四年(1925)聖風書苑據清康熙通志堂經解本影印本　一册　存四卷(孟子一至四)

330000－1701－0092130　M006901　集部/總集類/選集之屬/通代

國文不分卷　(清)鄭燮等撰　**浙大高工土木同學會章程一卷浙江高工通學生互助會章程一卷野外演習一卷高中以上學校軍事教育查閲章程一卷戰術教程講義一卷步兵操典講義一卷物理學實驗教程一卷**　民國十八年(1929)石印本　一册

330000－1701－0092131　M006902　集部/别集類

萝檣紐室詩存二卷　李文紈撰　稿本　一册

330000－1701－0092132　M605835　類叢部/叢書類/自著之屬

趙柏巖集十三種　趙炳麟撰　民國十一年(1922)鉛印本　一册　存一種

330000－1701－0092134　M007055　子部/叢編

評註諸子菁華録十八種十八卷　張之純編纂　民國上海商務印書館鉛印本　一册　存一卷(一)

330000－1701－0092135　M605836　集部/别集類/唐五代别集

樊紹述集注二卷　(唐)樊宗師撰　(清)孫之騄輯　**絳守居園池記一卷**　(唐)樊宗師撰　民國五年(1916)樊氏刻本　二册

330000－1701－0092136　M605837　集部/别集類/唐五代别集

樊紹述集注二卷　(唐)樊宗師撰　(清)孫之騄輯　**絳守居園池記一卷**　(唐)樊宗師撰　民國五年(1916)樊氏刻本　二册

330000－1701－0092140　SZD0230　集部/總集類/選集之屬/通代

如話詩鈔不分卷　(清)朱駿聲輯　民國抄本　一册

330000－1701－0092141　M006903　史部/金石類/玉之屬/通考

玉説二卷　李迺宣　張承鋆輯　民國二十二年(1933)鉛印本　一册

330000－1701－0092143　M605838、M609682　史部/傳記類/日記之屬

澗于日記不分卷(光緒四年十月初一日至二十一年五月三十日)　(清)張珮綸撰　民國豐潤張氏澗于草堂石印本　十四册

330000－1701－0092144　M006904　史部/政書類/公牘檔册之屬

蘇浙皖贛湘鄂豫陝晉魯冀察綏十三省民國二十一年度各縣省税統計圖表不分卷　童蒙正編　民國二十五年(1936)油印本　一册

330000－1701－0092148　M006384　子部/宗教類/佛教之屬/經疏

楞嚴説通十卷　(清)劉道開撰　民國十一年(1922)上海中華書局鉛印本　二册　存五卷(一至五)

330000－1701－0092153　SZD0234　經部/小學類/文字之屬/字書/通論

六書假借經徵四卷　(清)朱駿聲撰　民國朱孔彰抄本　朱師轍題簽並記　一册　存一卷(二)

330000－1701－0092154　M007058　史部/目録類/總録之屬/私撰

來青閣書目不分卷　來青閣書莊編　民國上海來青閣書莊石印本　一册　存廉價書目編號第七期

330000－1701－0092163　M007059、M007581、M007976、M608861　史部/傳記類/總傳之屬/斷代

清代名人軼事十六卷　葛虛存撰　民國六年(1917)上海會文堂書局石印本　五册　存十四卷(一至四、七至十六)

330000－1701－0092166　SZD0236　史部/傳記類/别傳之屬/事狀

朱博士[駿聲]事略一卷　(清)孫詒讓撰　民國朱孔彰抄本　一册

330000－1701－0092169　M006905　子部/醫家類/方書之屬/單方驗方

應驗良方不分卷　民國抄本　一册

330000－1701－0092171　M007060　類叢部/叢書類/自著之屬

俞氏編著叢書(泗水集)二十編　俞印民撰　民國十三年(1924)上海大華文化社鉛印本　三册　存六編(八至九、十三至十六)

330000－1701－0092172　M006906　子部/宗教類/佛教之屬

成唯識論學記八卷　(唐)釋太賢輯　民國十年(1921)上海商務印書館鉛印本　四册

330000－1701－0092173　M006385　史部/地理類/雜志之屬

董太夫人經塯寫真一卷　周慶雲輯　民國影印本　一册

330000－1701－0092177　M006907　子部/宗教類/佛教之屬/論

唯識二十論述記四卷　(唐)釋窺基撰　**唯識二十論一卷**　(天竺)世親菩薩造　(唐)釋玄奘譯　民國十二年(1923)萍寄盧鉛印本　二册

330000－1701－0092178　M007061　子部/術數類/相宅相墓之屬

地理辨正疏五卷首一卷末一卷　(清)張心言撰　民國九年(1920)上海會文堂書局石印本　一册　存二卷(首、一)

330000－1701－0092179　M006908　子部/宗教類/佛教之屬/論

唯識二十論會譯二卷　(天竺)世親菩薩造　(唐)釋玄奘　(北魏)釋瞿曇般若流支　(南朝陳)釋真諦譯　民國九年(1920)金陵刻經處刻本　一册

330000－1701－0092184　M605839　類叢部/叢書類/自著之屬

寄寄山房全集七種附一種　張翼廷撰　民國二十一年(1932)鉛印本　六册　存五種

330000－1701－0092187　M006909、M006910　子部/宗教類/佛教之屬/大藏

大藏經□□種　民國三十三年(1944)普慧大藏經刊行會鉛印本　九册　存二種

330000－1701－0092190　M605840　史部/金石類/甲骨之屬/義例

契文舉例二卷　(清)孫詒讓撰　民國六年(1917)上虞羅氏影印吉石庵叢書本　漢輔氏跋　一册　存一卷(上)

330000－1701－0092191　M006388　子部/天文曆算類/曆法之屬

中華民國二十五年國民曆一卷　國立中央研究院天文研究所編製　民國二十四年(1935)鉛印本　一册

330000－1701－0092192　SZD0239　經部/小學類

小學識餘二卷　(清)朱駿聲撰　民國抄本　朱師轍題簽並校　一册

330000－1701－0092195　M605841　子部/藝術類/篆刻之屬

雲莊印話一卷　(清)阮充輯　民國木活字印

本　馮軒批校並跋　一册

330000－1701－0092199　M006911　子部/宗教類/佛教之屬/總録

念佛四大要訣一卷　（清）釋古崑撰　**玉峯法師傳一卷**　民國鉛印本　一册

330000－1701－0092201　M006912　子部/宗教類/佛教之屬

僧伽應化錄一卷　釋演音輯　**僧伽和尚欲入涅槃說六度經一卷**　（唐）釋僧伽撰　民國二十五年（1936）南通狼山廣教寺鉛印本暨影印本　一册

330000－1701－0092202　M605842　集部/別集類/清別集

風月廬詩稿一卷　（清）徐煥謨撰　民國五年（1916）桐鄉徐氏愛日館刻朱印本　一册

330000－1701－0092203　SZD0241　子部/雜著類

手澤錄一卷　（清）朱駿聲撰　朱孔彰輯　**中興聞見錄一卷**　朱孔彰編　**急就篇一卷**　朱孔彰集注　稿本　朱師轍題記　一册

330000－1701－0092211　M007063　新學/學校

教育學不分卷　（美國）陶爾戴撰　（美國）何樂益譯　民國九年（1920）上海光學會鉛印本　一册

330000－1701－0092212　M605843、M609834、M610302　經部/小學類/訓詁之屬/方言

南通方言疏證四卷首一卷　孫錦標編　民國二年（1913）南通翰墨林書局石印本　四册

330000－1701－0092214　M006389　子部/藝術類/遊藝之屬/聯語

上虞羅雪堂君集殷墟文字楹帖一卷　羅振玉撰　民國十七年（1928）潘祖翼抄本　潘祖翼題記　一册

330000－1701－0092216　M006913　子部/宗教類/佛教之屬

佛學叢書□□種　民國上海商務印書館鉛印本　一册　存一種

330000－1701－0092218　M006390　子部/藝術類/書畫之屬/法帖

趙文敏書仇公墓碑一卷　（元）趙孟頫書　民國上海文明書局影印本　一册

330000－1701－0092219　M007065　集部/別集類

夏穗卿詩一卷　夏曾佑撰　民國戴克讓抄本　一册

330000－1701－0092222　M006391　史部/傳記類/總傳之屬/家乘

[浙江海寧]海昌鵬坡陸氏宗譜三十卷首二卷　陸鶴翔續纂　民國三年（1914）陸氏希賢祠刻本　一册　存二卷（二十六至二十七）

330000－1701－0092223　M007066　集部/別集類

留青詩記一卷　蝶野居士撰　民國漢文書局鉛印本　一册

330000－1701－0092224　M006392　史部/目録類/通論之屬/掌故瑣記

中國書肆變遷考一卷　陳豪楚撰　民國二十四年（1935）稿本　一册

330000－1701－0092225　M605844　類叢部/叢書類/彙編之屬

四部備要　中華書局編　民國二十五年（1936）上海中華書局鉛印本　一册　存一種

330000－1701－0092226　M007067　子部/術數類/雜術之屬

中國二千年之預言七種七卷　（清）金人瑞評　（清）張之洞詳解　民國鉛印本　一册

330000－1701－0092228　M006394　子部/藝術類/書畫之屬/畫譜

戴醇士爲魏稼孫寫山水冊一卷　（清）戴熙繪　民國十一年（1922）上海神州國光社影印本　一册

330000－1701－0092230　M006915　新學/兵制/陸軍

日本輜重兵演習記事四編　郭克爲譯　民國陸軍大學校鉛印本　一册

330000－1701－0092232　M605845　類叢部/叢書類/彙編之屬
四部備要　中華書局編　民國二十五年(1936)上海中華書局鉛印本　一册　存二種

330000－1701－0092233　M006395　子部/藝術類/書畫之屬/法帖
譚組庵墨蹟不分卷　譚延闓書　譚仲煇藏　民國二十六年(1937)上海中華書局石印本　一册

330000－1701－0092234　M006916　子部/宗教類/佛教之屬
觀世音菩薩本迹感應頌四卷首一卷　許止淨述　**金剛經功德頌一卷**　許止淨述　劉契淨注　民國十六年(1927)上海中華書局鉛印本　一册　缺二卷(一至二)

330000－1701－0092235　M605846　集部/別集類
湖上家書六卷　陳栩撰　民國二十三年(1934)鉛印本　一册

330000－1701－0092237　M006396　子部/藝術類/書畫之屬/畫譜
鄧青城石册一卷　鄧春澍繪　民國十六年(1927)無錫理工製版所石印本　一册

330000－1701－0092238　M605847　子部/儒家類/儒家之屬
先聖大訓六卷　(宋)楊簡撰　民國四明張氏約園刻朱印本　一册　存一卷(二)

330000－1701－0092239　M007068、M007543　子部/儒家類/儒學之屬/性理
性理救世書三卷　唐文治撰　民國鉛印本　二册

330000－1701－0092241　M605848　子部/儒家類/儒家之屬
先聖大訓六卷　(宋)楊簡撰　民國四明張氏約園刻朱印本　一册　存一卷(二)

330000－1701－0092243　M006917　史部/傳記類/別傳之屬/事狀
武進朱稺竹先生六十壽言一卷　朱溥恩輯　民國二十五年(1936)鉛印本　一册

330000－1701－0092244　M007069　子部/雜著類/雜說之屬
民國民照心鏡一卷　馬相伯撰　民國鉛印本　一册

330000－1701－0092245　M006397　集部/總集類/題詠之屬
重得喬楮堂繪西浦圖詩一卷清芬錄摘鈔一卷　(清)劉敔瑞輯　民國十八年(1929)鉛印本　一册

330000－1701－0092246　M006918　史部/傳記類/日記之屬
癸甲日記不分卷(民國二年十二月至五年四月)　民國二年至五年(1913－1916)稿本　一册

330000－1701－0092247　M007070　新學/政治法律
靳總理與各國報館記者談話節略一卷　民國鉛印本　一册

330000－1701－0092248　M601073　類叢部/叢書類/彙編之屬
四部叢刊　張元濟等編　民國上海商務印書館影印本　二千七十册　存三百十二種

330000－1701－0092250　M006398　子部/農家農學類/農藝之屬/作物種植
作物學講義不分卷　王皖公編纂　民國九年(1920)油印本　一册

330000－1701－0092251　M006919　子部/醫家類/兒科之屬/通論
新纂兒科診斷學八卷　何廉臣撰述　民國上海大東書局鉛印本　一册

330000－1701－0092253　M605849　史部/地理類/遊記之屬/紀行
南洋旅行記四卷　侯鴻鑑撰　民國九年(1920)無錫競志女學校鉛印本　二册　存二卷(二至三)

330000－1701－0092254　M007071　集部/

總集類/選集之屬/斷代
文藝觀摩錄□□集 民國鉛印本 二册 存二集(國文部成績、乙集)

330000－1701－0092255 M006399 子部/農家農學類/農藝之屬/作物種植
作物學四卷 民國油印本 一册

330000－1701－0092256 SZD0247 集部/詞類/别集之屬
臨嘯閣詞選不分卷 (清)朱駿聲撰 民國三十二年(1943)朱師轍等抄本 朱師轍校並跋 一册

330000－1701－0092257 M006400 子部/農家農學類/蠶桑之屬
養蠶學講義十一卷 王皖公編纂 民國油印本 一册

330000－1701－0092259 M006401 子部/農家農學類/蠶桑之屬
栽桑學不分卷製絲學不分卷 民國油印本 一册

330000－1701－0092260 M006402 新學/化學/化學
有機化學講義不分卷 民國油印本 一册

330000－1701－0092262 M006403 子部/農家農學類/獸醫之屬
獸醫學不分卷 民國石印本 一册

330000－1701－0092265 M006404 子部/農家農學類/農藝之屬/作物種植
農林土木學不分卷 民國石印本 一册

330000－1701－0092267 M006405 新學/動植物學/植物學
森林經理學不分卷 民國石印本 一册

330000－1701－0092268 SZD0249 經部/春秋總義類/傳說之屬
春秋平議一卷 (清)朱駿聲撰 民國二十五年(1936)華西協合大學哈佛燕京學社鉛印本 一册

330000－1701－0092269 M006406 新學/動植物學/植物學
森林管理學不分卷 民國石印本 一册

330000－1701－0092272 M006407 子部/農家農學類/農藝之屬/土壤耕作
肥料學講義十一章 林森編輯 民國九年(1920)石印本 二册

330000－1701－0092275 M006408 新學/農政/樹藝
果樹園藝學不分卷 林森編 民國石印本 二册

330000－1701－0092278 M006409 子部/農家農學類/農藝之屬/作物種植
造林學不分卷 民國石印本 一册

330000－1701－0092279 SZD0252 集部/别集類
半隱山人文集不分卷 朱孔彰撰 民國抄本 朱師轍題簽並校 二册

330000－1701－0092280 M006410 史部/傳記類/别傳之屬/事狀
金子久訃告一卷 金濬輯 民國十年(1921)石印本暨鉛印本 一册

330000－1701－0092281 SZD0254 集部/别集類
半隱襍文一卷 朱孔彰撰 民國抄本 一册

330000－1701－0092282 M006411 史部/傳記類/日記之屬
陳乙白日記不分卷(民國十二年至二十六年) 陳乙白撰 稿本 二十一册

330000－1701－0092283 SZD0255 經部/小學類/文字之屬/說文
說文襍錄一卷 朱孔彰撰 民國抄本 一册

330000－1701－0092284 M006920、M007919 史部/政書類/儀制之屬/雜禮
星遺祭集不分卷 陶壽鴻撰 稿本 二册

330000－1701－0092285 M603131 史部/傳記類/别傳之屬/事狀
張適園先生哀輓録不分卷 (清)張懿德堂編

民國十七年(1928)鉛印本　一册

330000－1701－0092287　M603132、M606236　子部/醫家類/類編之屬

藥盦醫學叢書　惲鐵樵撰　民國十七年(1928)上海惲鐵樵醫寓鉛印本　二册　存二種

330000－1701－0092288　M603133　史部/目録類/版本之屬/通論

中國版本略説一卷　中國科學社編　民國二十年(1931)中國科學社鉛印本　一册

330000－1701－0092289　M006921　子部/醫家類/綜合之屬/通論

中醫指導録一卷中藥品類指導録一卷金元四大家醫學的批評及指導一卷傷寒論要義一卷金匱要義一卷温熱病大綱一卷時病平議一卷婦科要義一卷幼科要義一卷　民國鉛印本　一册

330000－1701－0092293　M007072　子部/天文曆算類/曆法之屬

中華民國二十一年國曆通書一卷　民國二十年(1931)石印本　一册

330000－1701－0092294　M605850、M605861　類叢部/叢書類/彙編之屬

四部備要　中華書局編　民國二十五年(1936)上海中華書局鉛印本　十五册　存二種

330000－1701－0092295　M006922　子部/藝術類/遊藝之屬/詩鐘

訒齋隨筆雜記不分卷　稿本　一册

330000－1701－0092296　M006923　集部/別集類

閒情草不分卷　民國七年(1918)稿本　一册

330000－1701－0092297　M603134　史部/傳記類/別傳之屬/事狀

丹徒戴公壺翁哀輓録一卷　高雲麟等撰　**壺翁自述一卷**　戴啟文撰　**壺翁別傳一卷**　吴慶坻撰　民國鉛印本　一册

330000－1701－0092298　M605851　類叢部/叢書類/彙編之屬

四部備要　中華書局編　民國二十五年(1936)上海中華書局鉛印本　五册　存一種

330000－1701－0092299　G005913　類叢部/叢書類/自著之屬

疚齋小品八種　冒廣生撰　民國六年(1917)刻如皋冒氏叢書本　陳閎慧題記　一册　存三種

330000－1701－0092300　M608186　子部/宗教類/佛教之屬/經

千手千眼觀世音菩薩廣大圓滿無礙大悲心陀羅尼經一卷　(唐)釋伽梵達摩譯　**大悲心呪像解一卷千手千眼法寶真言圖一卷千手眼大悲心呪行法一卷**　(宋)釋知禮輯　**千手眼大悲心呪懺法一卷**　民國十二年(1923)上海商務印書館石印本　一册

330000－1701－0092301　M603135　集部/別集類/清別集

師二明齋遺稿四卷　(清)江雲龍撰　**先府君行述一卷**　(清)江彛藻撰　民國十年(1921)鉛印本　一册

330000－1701－0092303　M608187　子部/藝術類/書畫之屬

浙江永嘉區藝術展覽會書畫紀念册不分卷　許蟠雲等輯　民國二十五年(1936)上海宣和印社影印本　一册

330000－1701－0092304　M605852　類叢部/叢書類/彙編之屬

四部備要　中華書局編　民國二十五年(1936)上海中華書局鉛印本　一册　存一種

330000－1701－0092305　M603136　史部/目録類/總録之屬/私撰

雲間韓氏藏書目不分卷附書影　(清)韓應陛藏並編　民國十九年(1930)影印本　一册

330000－1701－0092307　M006926、M008642　史部/傳記類

丁酉日記不分卷旡舛小廔日記不分卷平橋小

住記不分卷与金与聞之齋日記不分卷　民國十五年至十六年(1926－1927)稿本　五册

330000－1701－0092309　M605853、M605890、M605891、M605892、M605893、M605894、M605895、M610546、M610547、M610548、M610549　類叢部/叢書類/彙編之屬

四部備要　中華書局編　民國二十五年(1936)上海中華書局鉛印本　二十四册　存十種

330000－1701－0092310　M603137、M604294　史部/地理類/方志之屬/郡縣志

[民國]台州府志一百四十卷首一卷　喻長霖等纂修　章梫繪圖　民國二十五年(1936)上海游民習勤所鉛印本　十五册　存六十九卷(首,一至四、四十四至五十三、六十四至八十、一百至一百四、一百九至一百四十)

330000－1701－0092315　M605854　類叢部/叢書類/彙編之屬

四部備要　中華書局編　民國二十五年(1936)上海中華書局鉛印本　六册　存一種

330000－1701－0092317　M006927　子部/雜著類

廣化新編二十回附報應實錄神效藥方　(清)楊正生輯　民國十二年(1923)杭州弘文興記印書局鉛印本　一册

330000－1701－0092320　M602618、M603138、M604008　史部/地理類/方志之屬/郡縣志

[民國]台州府志一百四十卷首一卷　喻長霖等纂修　章梫繪圖　民國二十五年(1936)上海游民習勤所鉛印本　十九册　存七十卷(首,一至二十四、三十一至四十七、四十八至五十三、六十至六十三、七十六至八十、八十五至九十、一百二十九至一百三十一、一百三十二至一百三十五)

330000－1701－0092321　M608189　子部/藝術類/書畫之屬

襟堪藏扇初集不分卷　顧燮光藏　民國十六年(1927)金佳石好樓影印本　一册

330000－1701－0092322　M605855　子部/墨家類

定本墨子閒詁校補二卷附編一卷　李笠撰　民國二十五年(1936)上海商務印書館鉛印本　二册

330000－1701－0092324　M608190　集部/别集類/清别集

秋聲館吟稿一卷　(清)符之恒撰　民國十三年(1924)錢塘吳氏刻本　一册

330000－1701－0092325　M605856、M605857　類叢部/叢書類/彙編之屬

四部備要　中華書局編　民國二十五年(1936)上海中華書局鉛印本　六册　存二種

330000－1701－0092327　M608191　子部/藝術類/書畫之屬/畫譜

蘭君畫册第二集不分卷　王蘭繪　民國二十一年(1932)香祖書畫社影印本　一册

330000－1701－0092329　M006928　子部/儒家類/儒學之屬/蒙學

繪圖增註千字文一卷繪圖增註朱子治家格言一卷地理千金賦一卷新鐫謹遵依時憲未來歷百中經詳明四餘七政經緯通微一卷百中經一卷營謀小集一卷　民國石印本　一册

330000－1701－0092330　M602524、M603139　史部/地理類/方志之屬/郡縣志

紹興縣志四種合刊　紹興縣修志委員會輯　民國二十五年(1936)紹興縣修志委員會鉛印本(道光會稽縣志稾卷二至五、十至十三、二十至二十二原缺)　十六册　存一種

330000－1701－0092332　M607271　類叢部/叢書類/彙編之屬

别下齋叢書二十七種　(清)蔣光煦編　民國十二年(1923)上海商務印書館據清蔣氏刻本影印本　十七册　存二十六種

330000－1701－0092333　M608192　子部/藝術類/書畫之屬/法帖

漢張遷碑不分卷　民國二十六年(1937)上海商務印書館影印本　一册

330000－1701－0092334　M006929、M007765　子部/儒家類/儒學之屬/經濟

文章經濟不分卷　民國抄本　二册

330000－1701－0092336　M603140　集部/別集類

安樂鄉人詩四卷藥夢詞二卷　金兆蕃撰　民國二十年(1931)刻本　一册

330000－1701－0092340　M006930　子部/宗教類/佛教之屬

佛學叢書□□種　丁福保輯　民國上海醫學書局鉛印本暨影印本　一册　存一種

330000－1701－0092341　M608193　史部/傳記類/別傳之屬/事狀

王同伯先生家傳一卷　(清)姚寶侃撰　高豐書並篆　民國影印本　一册

330000－1701－0092342　M603141　子部/醫家類/方書之屬/歷代方書

古今名醫萬方類編三十二卷　曹繩彦輯　民國八年(1919)上海大東書局石印本　八册

330000－1701－0092345　M603142　集部/別集類/清別集

張文襄公詩集四卷　(清)張之洞撰　民國六年(1917)上海集益書局石印本　四册

330000－1701－0092346　M608194　子部/藝術類/書畫之屬

永感集一卷　朱景彝藏　民國二十六年(1937)朱氏寶彝室影印本　一册

330000－1701－0092349　M603143　集部/別集類/金別集

元遺山詩集箋注十四卷　(金)元好問撰　(元)張德輝類次　(清)施國祁箋　**元遺山詩集箋注年譜一卷**　(清)施國祁訂　**元遺山全集附錄一卷**　(明)儲瓘輯　(清)華希閔增　**元遺山全集補載一卷**　(清)施國祁輯　民國十二年(1923)掃葉山房石印本　八册

330000－1701－0092351　M006931　集部/總集類/酬唱之屬

栖情集一卷　民國鉛印本　一册

330000－1701－0092356　M608195　集部/別集類/清別集

渚陸鴻飛集一卷　(清)吳焯撰　民國十三年(1924)吳用威刻本　一册

330000－1701－0092359　M603144　集部/別集類/宋別集

范文正公集十二卷補編四卷年譜一卷年譜補遺一卷鄱陽遺事錄一卷義莊規矩一卷遺蹟一卷褒賢集五卷言行拾遺事錄四卷　(宋)范仲淹撰　(明)毛一鷺彙編　民國八年(1919)上海掃葉山房石印本　十二册

330000－1701－0092362　M007077　史部/目録類/總録之屬/官修

浙江公立圖書館保存類目錄四卷浙江公立圖書館通常類目錄五卷補遺一卷　浙江公立圖書館編　民國八年(1919)浙江公立圖書館油印本　四册　存五卷(三至四;通常類目三、五,補遺)

330000－1701－0092363　M603145　史部/雜史類/斷代之屬

滿清稗史十六種附二種　陸保璿輯　民國三年(1914)新中國圖書局鉛印本　十八册

330000－1701－0092373　M608196　史部/目録類/版本之屬/書影

故宫善本書影初編一卷　故宫博物院圖書館編　民國十八年(1929)故宫博物院圖書館影印本　一册

330000－1701－0092378　M006932　史部/政書類/公牘檔册之屬

中華民國元年杭縣縣議會議决案不分卷　民國元年(1912)鉛印本　一册

330000－1701－0092384　M608197　史部/目録類/版本之屬/書影

重整内閣大庫殘本書影一卷　故宫博物院文獻館輯　民國二十二年(1933)北平故宫博物院文獻館影印本　一册

330000－1701－0092386　M608198　子部/藝術類/書畫之屬/法帖

雙鈎唐李陽冰書滑臺新驛記一卷　（唐）李陽冰書　（清）貝墉雙鈎　金鑿石華樓藏　民國二十五年（1936）上海中華書局影印本　一册

330000－1701－0092387　M007080　史部/目録類/總録之屬
聚珍倣宋版四部備要單行本定價一覽一卷　民國二十四年（1935）中華書局鉛印本　一册

330000－1701－0092390　M608199　類叢部/叢書類/自著之屬
湖濱補讀廬叢刻五種十三卷　鍾廣生撰　民國二十年（1931）鉛印本　一册　存一種

330000－1701－0092391　M006934　經部/春秋左傳類/專著之屬
春秋一百二十四國輿圖直指一卷　民國抄本　一册

330000－1701－0092393　M608200　史部/金石類/總志之屬
范鼎卿先生所著書三種　范壽銘撰　民國會稽顧燮光金佳石好樓石印本　二册　存二種

330000－1701－0092396　M608201　類叢部/叢書類/郡邑之屬
義烏先哲遺書五種　黄侗編　民國二十二年至二十四年（1933－1935）義烏黄氏鉛印本　一册　存一種

330000－1701－0092397　M007081　新學/商務
商人寶庫八種　世界書局編輯所編　民國十五年（1926）上海世界書局石印本　三册

330000－1701－0092398　M608202　類叢部/叢書類/郡邑之屬
義烏先哲遺書五種　黄侗編　民國二十二年至二十四年（1933－1935）義烏黄氏鉛印本　一册　存一種

330000－1701－0092400　SZD0258　史部/傳記類/總傳之屬/儒林
宋元學案總目一卷　民國朱孔彰抄本　一册

330000－1701－0092401　M006936、M006937　類叢部/叢書類/自著之屬
錢塘吴祁甫廣文遺箸　吴承志撰　民國抄本　二册　存二種

330000－1701－0092403　M608203　集部/別集類/清別集
汪穰卿遺著八卷　（清）汪康年撰　汪詒年輯　**汪穰卿先生年譜一卷**　汪詒年撰　民國九年（1920）錢塘汪詒年鉛印本　四册

330000－1701－0092405　M603146　史部/地理類/方志之屬/郡縣志
［民國］湯溪縣志二十卷首一卷　丁燮　薛達修　戴鴻熙纂　民國二十年（1931）金震東石印局鉛印本　章春茂題記　十二册

330000－1701－0092408　M006938　子部/藝術類/遊藝之屬/聯語
俗語巧對不分卷　田櫌豐撰　稿本　一册

330000－1701－0092409　M608204　集部/總集類/題詠之屬
春帆入蜀圖題詠詩一卷詞一卷附録二卷　戴振聲輯　民國十九年（1930）戴氏鉛印本　一册

330000－1701－0092412　M007082　子部/雜著類/雜纂之屬
雜録一卷　民國抄本　一册

330000－1701－0092414　M608205　集部/總集類/題詠之屬
春帆入蜀圖題詠詩一卷詞一卷附録二卷　戴振聲輯　民國十九年（1930）戴氏鉛印本　一册

330000－1701－0092416　M603147　史部/地理類/方志之屬/郡縣志
［乾隆］烏青鎮志十二卷　（清）董世寧纂修　民國七年（1918）鉛印本　二册

330000－1701－0092417　M608206　集部/總集類/題詠之屬
春帆入蜀圖題詠詩一卷詞一卷附録二卷　戴振聲輯　民國十九年（1930）戴氏鉛印本　一册

330000－1701－0092418　M608207　集部/總集類/氏族之屬

雙璧賡燕貽集内編一卷外編一卷　張逢鏕編　民國八年(1919)杭州鉛印本　一冊

330000－1701－0092419　M007083　集部/總集類/尺牘之屬

歷代名人小簡二卷　吳曾祺輯　民國十三年(1924)上海商務印書館鉛印本　二冊

330000－1701－0092420　M603148　史部/地理類/方志之屬/郡縣志

[光緒]文登縣志十四卷首一卷　李祖年修　于霖逢纂　民國二十二年(1933)鉛印本　七冊　存十卷(五至十四)

330000－1701－0092424　M603149　類叢部/叢書類/彙編之屬

百川書屋叢書六種續編五種　陶湘編　民國十九年至二十年(1930－1931)武進陶氏涉園影印本　一冊　存一種

330000－1701－0092425　SZD0260　史部/傳記類/別傳之屬/事狀

汪母黄太淑人八十壽序一卷　朱孔彰撰　稿本　一冊

330000－1701－0092428　M007085　類叢部/叢書類/彙編之屬

國學彙編三集四十一種　國學研究社編　民國十二年至十四年(1923－1925)上海國學研究社鉛印本　四冊　存十一種

330000－1701－0092430　M603150　子部/宗教類/佛教之屬/經疏

佛説阿彌陀經要解一卷　(後秦)釋鳩摩羅什譯　(明)釋智旭撰　**蕅益大師傳一卷**　(清)彭紹升撰　民國二十二年(1933)潮陽郭氏雙百鹿齋刻本　一冊

330000－1701－0092431　M608208　集部/別集類

誦芬堂文稿初編一卷　錢文選撰　民國十三年(1924)鉛印本　一冊

330000－1701－0092433　M006941　集部/詩文評類/文法之屬/公文程式

公文書程式分類詳解不分卷公文書程式令一卷司法公文書程式一卷　杜洌泉編輯　民國上海會文堂書局石印本　四冊

330000－1701－0092434　M603151　類叢部/叢書類/彙編之屬

續古逸叢書四十七種　張元濟等編　民國十一年(1922)至一九五七年上海商務印書館影印本　五冊　存一種

330000－1701－0092435　M608209、M608936　集部/別集類

山青雲白軒詩草二卷　傅宛撰　民國十一年(1922)鉛印本　二冊

330000－1701－0092437　M603152　史部/地理類/方志之屬/郡縣志

[民國]萬源縣志十卷首一卷末一卷　劉子敬修　賀維翰纂　民國二十一年(1932)鉛印本　六冊

330000－1701－0092438　M608210　史部/目録類/版本之屬/書影

吳興劉氏嘉業堂善本書景五卷　劉承幹輯　民國十八年(1929)吳興劉氏嘉業堂影印本　五冊

330000－1701－0092439　M006942　集部/小説類/長篇之屬

增像全圖東周列國志二十七卷首一卷一百八回　(清)蔡奡評點　民國上海廣益書局石印本　四冊　存十六卷(首、一至十五)

330000－1701－0092441　M608211　史部/目録類/版本之屬/書影

吳興劉氏嘉業堂善本書景五卷　劉承幹輯　民國十八年(1929)吳興劉氏嘉業堂影印本　五冊

330000－1701－0092442　M603153　史部/地理類/方志之屬/郡縣志

[民國]遂安縣志十卷首一卷末一卷　羅柏麓　周樹美修　姚桓等纂　民國十九年(1930)鉛印本　八冊

330000－1701－0092443　SZD0262　子部/雜著類
仲我筆記不分卷　朱孔彰撰　稿本　朱師轍題簽　五冊

330000－1701－0092444　M608213　史部/目録類/版本之屬/書影
吳興劉氏嘉業堂善本書景五卷　劉承幹輯　民國十八年(1929)吳興劉氏嘉業堂影印本　五冊

330000－1701－0092445　M608214　史部/目録類/版本之屬/書影
吳興劉氏嘉業堂善本書景五卷　劉承幹輯　民國十八年(1929)吳興劉氏嘉業堂影印本　五冊

330000－1701－0092446　M603156　史部/地理類/方志之屬/郡縣志
紹興縣志四種合刊　紹興縣修志委員會輯　民國二十五年(1936)紹興縣修志委員會鉛印本(道光會稽縣志稾卷二至五、十至十三、二十至二十二原缺)　三冊　存一種

330000－1701－0092447　M006943、M611263　史部/政書類/公牘檔冊之屬
黎副總統書牘二卷二集二卷三集二卷　黎元洪撰　民國元年(1912)新中國圖書局鉛印本　六冊

330000－1701－0092448　M006944　子部/宗教類/佛教之屬
觀世音菩薩尋聲救苦普門示現圖一卷　萬鈞集證　**觀世音經一卷**　(後秦)釋鳩摩羅什譯　民國十八年(1929)無錫萬氏鉛印本　一冊

330000－1701－0092449　M603154　類叢部/叢書類/郡邑之屬
遼海叢書八十種附一種　金毓黻編　民國二十年至二十三年(1931－1934)遼海書社鉛印本([康熙]廣寧縣志卷七至八原缺)　一冊　存一種

330000－1701－0092450　M608215　史部/目録類/版本之屬/書影
吳興劉氏嘉業堂善本書景五卷　劉承幹輯　民國十八年(1929)吳興劉氏嘉業堂影印本　五冊

330000－1701－0092451　M608216　史部/目録類/版本之屬/書影
吳興劉氏嘉業堂善本書景五卷　劉承幹輯　民國十八年(1929)吳興劉氏嘉業堂影印本　五冊

330000－1701－0092452　M608217　史部/目録類/版本之屬/書影
吳興劉氏嘉業堂善本書景五卷　劉承幹輯　民國十八年(1929)吳興劉氏嘉業堂影印本　五冊

330000－1701－0092453　M608218　史部/目録類/版本之屬/書影
吳興劉氏嘉業堂善本書景五卷　劉承幹輯　民國十八年(1929)吳興劉氏嘉業堂影印本　五冊

330000－1701－0092454　M603155　史部/地理類/方志之屬/郡縣志
[民國]臨海縣志稿四十二卷首一卷　張熙鼎修　張寅重修　何奏簧纂　蔣鳳鳴　洪鋭心繪　民國二十四年(1935)鉛印本　二十二冊

330000－1701－0092455　M006945　子部/宗教類/佛教之屬/經疏
心經文句一卷　(明)宋濂撰　**摩訶般若波羅蜜多心經註解一卷**　(清)朱珪撰　民國十年(1921)五洲大藥房、實學通藝館鉛印本　一冊

330000－1701－0092456　M608219　史部/目録類/版本之屬/書影
吳興劉氏嘉業堂善本書景五卷　劉承幹輯　民國十八年(1929)吳興劉氏嘉業堂影印本　五冊

330000－1701－0092457　M608220　史部/目録類/版本之屬/書影
吳興劉氏嘉業堂善本書景五卷　劉承幹輯　民國十八年(1929)吳興劉氏嘉業堂影印本

五冊

330000－1701－0092458　SZD0263　經部/小學類/文字之屬/說文
說文簡本初編□□卷　朱孔彰撰　民國油印本　一冊　存一卷(一)

330000－1701－0092459　M608221　史部/目録類/版本之屬/書影
吳興劉氏嘉業堂善本書景五卷　劉承幹輯　民國十八年(1929)吳興劉氏嘉業堂影印本　五冊

330000－1701－0092460　M608227　史部/目録類/版本之屬/書影
吳興劉氏嘉業堂善本書景五卷　劉承幹輯　民國十八年(1929)吳興劉氏嘉業堂影印本　五冊

330000－1701－0092461　M608222　史部/目録類/版本之屬/書影
吳興劉氏嘉業堂善本書景五卷　劉承幹輯　民國十八年(1929)吳興劉氏嘉業堂影印本　五冊

330000－1701－0092462　M608223　史部/目録類/版本之屬/書影
吳興劉氏嘉業堂善本書景五卷　劉承幹輯　民國十八年(1929)吳興劉氏嘉業堂影印本　五冊

330000－1701－0092463　M608224　史部/目録類/版本之屬/書影
吳興劉氏嘉業堂善本書景五卷　劉承幹輯　民國十八年(1929)吳興劉氏嘉業堂影印本　五冊

330000－1701－0092464　M608225　史部/目録類/版本之屬/書影
吳興劉氏嘉業堂善本書景五卷　劉承幹輯　民國十八年(1929)吳興劉氏嘉業堂影印本　五冊

330000－1701－0092465　M608226　史部/目録類/版本之屬/書影
吳興劉氏嘉業堂善本書景五卷　劉承幹輯　民國十八年(1929)吳興劉氏嘉業堂影印本　五冊

330000－1701－0092466　M608228　史部/目録類/版本之屬/書影
吳興劉氏嘉業堂善本書景五卷　劉承幹輯　民國十八年(1929)吳興劉氏嘉業堂影印本　五冊

330000－1701－0092467　M006946　類叢部/叢書類/彙編之屬
唐人說薈(唐代叢書)一百六十五種　(清)陳世熙(一題王文誥)輯　民國十四年(1925)上海掃葉山房石印本　十六冊

330000－1701－0092468　M608229　史部/目録類/版本之屬/書影
吳興劉氏嘉業堂善本書景五卷　劉承幹輯　民國十八年(1929)吳興劉氏嘉業堂影印本　五冊

330000－1701－0092469　M608230　史部/目録類/版本之屬/書影
吳興劉氏嘉業堂善本書景五卷　劉承幹輯　民國十八年(1929)吳興劉氏嘉業堂影印本　五冊

330000－1701－0092470　M608231　史部/目録類/版本之屬/書影
吳興劉氏嘉業堂善本書景五卷　劉承幹輯　民國十八年(1929)吳興劉氏嘉業堂影印本　五冊

330000－1701－0092471　M608232　史部/目録類/版本之屬/書影
吳興劉氏嘉業堂善本書景五卷　劉承幹輯　民國十八年(1929)吳興劉氏嘉業堂影印本　五冊

330000－1701－0092473　SZD0264　經部/小學類/文字之屬/說文
說文簡本初編□□卷　朱孔彰撰　民國油印本　一冊　存一卷(一)

330000－1701－0092474　M006947　子部/兵家類/操練之屬

改訂應用戰法命令正篇三章　賀忠良撰　民國元年(1912)漢武社鉛印本　一冊

330000－1701－0092475　M608233　史部/目録類/版本之屬/書影

吳興劉氏嘉業堂善本書景五卷　劉承幹輯　民國十八年(1929)吳興劉氏嘉業堂影印本　五冊

330000－1701－0092476　M608234　史部/目録類/版本之屬/書影

吳興劉氏嘉業堂善本書景五卷　劉承幹輯　民國十八年(1929)吳興劉氏嘉業堂影印本　五冊

330000－1701－0092477　M006948、M007758　集部/別集類

文貞文集十卷別集四卷制義一卷　王祖畲撰　民國十年(1921)溪山書屋刻本　六冊

330000－1701－0092478　SZD0265　子部/雜著類

光被四表解一卷　朱師轍撰　稿本　一冊

330000－1701－0092479　M608235　史部/目録類/版本之屬/書影

吳興劉氏嘉業堂善本書景五卷　劉承幹輯　民國十八年(1929)吳興劉氏嘉業堂影印本　五冊

330000－1701－0092480　M608236　史部/目録類/版本之屬/書影

吳興劉氏嘉業堂善本書景五卷　劉承幹輯　民國十八年(1929)吳興劉氏嘉業堂影印本　五冊

330000－1701－0092481　M608237　史部/目録類/版本之屬/書影

吳興劉氏嘉業堂善本書景五卷　劉承幹輯　民國十八年(1929)吳興劉氏嘉業堂影印本　五冊

330000－1701－0092482　M608238　史部/目録類/版本之屬/書影

吳興劉氏嘉業堂善本書景五卷　劉承幹輯　民國十八年(1929)吳興劉氏嘉業堂影印本　五冊

330000－1701－0092483　M006949　子部/天文曆算類/曆法之屬

中華民國三十五年諏吉通書一卷　戴月德撰　民國三十四年(1945)石印本　一冊

330000－1701－0092484　M006950　史部/傳記類/日記之屬

辛亥劄記不分卷　居正撰　民國三十六年(1947)上海大東書局鉛印本　一冊

330000－1701－0092485　M608239　史部/目録類/版本之屬/書影

吳興劉氏嘉業堂善本書景五卷　劉承幹輯　民國十八年(1929)吳興劉氏嘉業堂影印本　五冊

330000－1701－0092486　M608240　史部/目録類/版本之屬/書影

吳興劉氏嘉業堂善本書景五卷　劉承幹輯　民國十八年(1929)吳興劉氏嘉業堂影印本　六冊

330000－1701－0092487　M608241　史部/目録類/版本之屬/書影

吳興劉氏嘉業堂善本書景五卷　劉承幹輯　民國十八年(1929)吳興劉氏嘉業堂影印本　六冊

330000－1701－0092488　M608242　史部/目録類/版本之屬/書影

吳興劉氏嘉業堂善本書景五卷　劉承幹輯　民國十八年(1929)吳興劉氏嘉業堂影印本　六冊

330000－1701－0092489　SZD0266　經部/讖緯類

緯書釋名序一卷　朱師轍撰　稿本　一冊

330000－1701－0092490　SZD0267　經部/詩類

四家詩述要一卷　朱師轍撰　稿本　一冊

330000－1701－0092491　M007086　子部/醫家類/本草之屬/歷代綜合本草

本草從新十八卷 （清）吳儀洛輯 民國上海理文軒書莊石印本 四冊

330000－1701－0092492 SZD0268 集部/別集類
少濱文稿不分卷 朱師轍撰 稿本 三冊

330000－1701－0092493 M007087 子部/宗教類/佛教之屬
觀世音菩薩三寶救生經不分卷 （北魏）孫敬德説 （清）裘象坤編 民國十四年(1925)厲蘊山鉛印本 一冊

330000－1701－0092494 SZD0269 子部/雜著類/雜説之屬
備忘錄不分卷 朱師轍撰 稿本 一冊

330000－1701－0092495 M007089 子部/醫家類/類編之屬
周氏醫學叢書二十九種 （清）周學海編 民國影印本 六冊 存二種

330000－1701－0092496 SZD0270 集部/詞類/别集之屬
和清真詞稿不分卷 朱師轍撰 稿本 一冊

330000－1701－0092497 SZD0271 子部/法家類
商君書解詁五卷附錄二卷 朱師轍撰 稿本 三冊 存四卷(二、五,附錄一至二)

330000－1701－0092498 M608212 史部/目録類/版本之屬/書影
吴興劉氏嘉業堂善本書景五卷 劉承幹輯 民國十八年(1929)吳興劉氏嘉業堂影印本 五冊

330000－1701－0092499 SZD0272 史部/地理類/專志之屬/祠墓
學刱建驪山老母祠議一卷 （清）俞樾撰 民國朱師鼎篆書抄本 一冊

330000－1701－0092501 SZD0273 經部/群經總義類
經學通論二卷 朱師轍撰 稿本 一冊

330000－1701－0092502 M006412 子部/雜著類/雜纂之屬
左孟莊騷精華錄二卷 林紓評註 民國十四年(1925)上海商務印書館鉛印本 二冊

330000－1701－0092503 M605598 子部/醫家類/本草之屬/歷代綜合本草
本草綱目五十二卷圖三卷奇經八脈攷一卷脈訣攷證一卷瀕湖脈學一卷 （明）李時珍撰 **本草萬方鍼線八卷藥品總目一卷** （清）蔡烈先輯 **本草綱目拾遺十卷首一卷** （清）趙學敏輯 民國三年(1914)上海商務印書館石印本 二冊 存十二卷(五至十一、本草綱目拾遺卷六至十)

330000－1701－0092506 M006951、M006952 類叢部/叢書類/自著之屬
分類廣註曾文正公五種八卷 （清）曾國藩撰 民國二十年(1931)上海世界書局石印本 四冊 存五卷(家書一至三、年表、榮哀錄)

330000－1701－0092507 M007090 子部/醫家類/内科之屬
雜症學講義一卷 金澄甫編 民國鉛印本 一冊

330000－1701－0092508 M006413 子部/天文曆算類/曆法之屬
同文堂機器紅字頭通書一卷 民國十四年(1925)佛山同文堂朱墨石印本 一冊

330000－1701－0092509 M605602 子部/醫家類/本草之屬/歷代綜合本草
本草綱目五十二卷圖一卷脉訣攷證一卷瀕湖脈學一卷奇經八脉攷一卷 （明）李時珍撰 **本草萬方鍼線八卷藥品總目一卷** （清）蔡烈先輯 **本草綱目拾遺十卷首一卷** （清）趙學敏輯 民國五年(1916)上海鴻寶齋書局石印本 三冊 存十九卷(十五至十八、二十九至三十七、四十七至五十二)

330000－1701－0092510 M007091 子部/醫家類/内科之屬
雜證學講義一卷 孫祖燧 張顥編 民國鉛印本 二冊

330000－1701－0092513　M007092　子部/醫家類/内科之屬
雜證學講義一卷　馬□□編　民國鉛印本　一冊

330000－1701－0092519　M605604　子部/醫家類/本草之屬/歷代綜合本草
本草綱目五十二卷瀕湖脉學一卷奇經八脉攷一卷脉訣攷證一卷　(明)李時珍撰　**本草萬方鍼線八卷**　(清)蔡烈先輯　**本草綱目拾遺十卷首一卷**　(清)趙學敏輯　民國五年至六年(1916－1917)上海鴻寶齋書局石印本　一冊　存十五卷(三十八至五十二)

330000－1701－0092521　M006415　子部/宗教類/佛教之屬/經
佛説大乘無量壽莊嚴清淨平等覺經一卷　釋承貫會集各譯　釋慈濟重校補遺　民國鉛印本　一冊

330000－1701－0092522　M006953　子部/天文曆算類/曆法之屬
中華民國三十年歲在辛巳農曆通書一卷　民國二十九年(1940)石印本　一冊

330000－1701－0092525　M006416　新學/動植物學/植物學
森林保護學四卷　汪和耕編　民國石印本　二冊

330000－1701－0092528　M605610　集部/別集類
谷園詩鈔二卷　許正衡撰　民國十五年(1926)許爾馨鉛印本　一冊

330000－1701－0092529　M006954、M006955　子部/宗教類/道教之屬
果報奇聞錄初集二卷二集五卷　新華編輯社編輯　民國十二年(1923)上海新華書局鉛印本　二冊

330000－1701－0092530　M007094　集部/總集類/選集之屬/斷代
唐文一卷　俞奇曾輯　民國抄本　一冊

330000－1701－0092533　M007095　史部/傳記類/日記之屬
蔚山日記一卷　稿本　一冊

330000－1701－0092539　M006956　子部/小說家類
古今説部精華甲集十二種　陳琰編輯　民國上海六藝書局石印本　一冊

330000－1701－0092542　M006417　新學/動植物學/植物學
農學大意講義二十三章　王皖公編　民國石印本　一冊

330000－1701－0092544　M006418　新學/動植物學/植物學
植物病理學講義二卷　民國石印本　一冊

330000－1701－0092546　M007096　集部/別集類
名山乙亥存稿四卷謫星文章四卷　錢振鍠撰　民國木活字印本　一冊

330000－1701－0092547　M006419　新學/動植物學/植物學
林學大意六章　民國石印本　一冊

330000－1701－0092550　M006420　新學/圖學/測繪
測量學二卷　民國十年(1921)石印本　二冊

330000－1701－0092553　M007097、M007488　子部/宗教類/道教之屬/戒律
金科輯要三集三十六卷　都劫司　武昌侯輯　民國北京金科流通處鉛印本　九冊　存十四卷(上集一至六、九至十,末;下集七至十、末)

330000－1701－0092554　SZD0001　史部/目録類/總録之屬
觀海堂書目不分卷　朱師轍編　稿本　六冊

330000－1701－0092556　M006421　子部/農家農學類/農藝之屬/土壤耕作
肥料學講義十三章　民國十年(1921)石印本　一冊

330000－1701－0092557　M007098　類叢

部/叢書類/彙編之屬

芋園叢書一百三十種 黄肇沂輯 民國二十四年(1935)南海黄氏刻朱印本 一冊 存總目

330000－1701－0092559 SZD0003 史部/目録類/總録之屬

觀海堂分類目錄四卷 朱師轍編 稿本 四冊

330000－1701－0092561 M006422 新學/動植物學/植物學

森林利用學二卷 周鶴笙撰 民國石印本 一冊

330000－1701－0092563 M007099 子部/醫家類/類編之屬

潛齋醫學叢書十四種 曹炳章編 民國石印本 一冊 存一種

330000－1701－0092565 M605611 子部/雜著類/雜纂之屬

研經社雜誌□□卷 民國鉛印本 一冊 存一卷(一)

330000－1701－0092567 SZD0004 史部/目録類/總録之屬

畿輔清代名著目錄一卷 民國抄本 一冊

330000－1701－0092569 M605612 集部/總集類/酬唱之屬

滄海贈言集一卷 袁之球輯 民國鉛印本 一冊

330000－1701－0092570 SZD0005 史部/目録類/總録之屬

咨政院書目不分卷 朱師轍編 稿本 二冊

330000－1701－0092571 M605613 類叢部/叢書類/彙編之屬

古學彙刊第一集三十四種第二集二十七種 鄧實等編 民國元年至三年(1912－1914)上海國粹學報社鉛印本 一冊 存四種

330000－1701－0092572 M007100 史部/目録類/總録之屬/彙刻

古書流通處書目一卷 古書流通處編 民國石印本 一冊

330000－1701－0092574 SZD0067 經部/小學類/音韻之屬

音韻述要一卷 朱師轍撰 稿本 一冊

330000－1701－0092576 M006423 新學/動植物學/植物學

昆蟲學講義二卷 王皖公編 民國九年(1920)石印本 一冊

330000－1701－0092579 SZD0068 經部/小學類/音韻之屬

音韻述要一卷 朱師轍撰 稿本 一冊

330000－1701－0092582 M006424 新學/動植物學/動物學

狩獵學一卷 民國石印本 一冊

330000－1701－0092583 M605614 集部/總集類/郡邑之屬

剡川詩鈔續編十二卷首一卷末一卷 江五民輯 民國五年(1916)四明孫氏七千卷樓鉛印本 一冊 存六卷(七至十二)

330000－1701－0092584 SZD0069 經部/小學類/音韻之屬

說文通訓定聲聲母錄一卷 朱師轍撰 稿本 一冊

330000－1701－0092586 M605615 集部/總集類/郡邑之屬

剡川詩鈔十二卷 (清)彭祖訓選 (清)舒順方編 (清)董彦琦輯 民國四年(1915)四明孫氏七千卷樓鉛印本 一冊 存六卷(七至十二)

330000－1701－0092588 M006425 新學/動植物學/植物學

林政學三卷附森林法規一卷 汪普生編述 民國十一年(1922)石印本 一冊

330000－1701－0092589 M605616 集部/總集類/郡邑之屬

剡川詩鈔十二卷 (清)彭祖訓選 (清)舒順

方編　(清)董彥琦輯　民國四年(1915)四明孫氏七千卷樓鉛印本　一冊　存六卷(七至十二)

330000－1701－0092590　M605617　集部/總集類/郡邑之屬
剡川詩鈔十二卷　(清)彭祖訓選　(清)舒順方編　(清)董彥琦輯　民國四年(1915)四明孫氏七千卷樓鉛印本　一冊　存六卷(七至十二)

330000－1701－0092591　M605618　集部/總集類/郡邑之屬
剡川詩鈔十二卷　(清)彭祖訓選　(清)舒順方編　(清)董彥琦輯　民國四年(1915)四明孫氏七千卷樓鉛印本　一冊　存六卷(七至十二)

330000－1701－0092593　M605619　類叢部/叢書類/自著之屬
鐵研氐蘉書五種　桑宣撰　民國八年(1919)宛平桑氏鉛印本　一冊　存一種

330000－1701－0092595　M605620　史部/傳記類/別傳之屬/事狀
周節母邊氏旌額墓圖家傳詩文詞彙編一卷　孫樹禮輯　民國十八年(1929)邊桐鉛印本　一冊

330000－1701－0092598　M605621　史部/傳記類/別傳之屬/事狀
周節母邊氏旌額墓圖家傳詩文詞彙編一卷　孫樹禮輯　民國十八年(1929)邊桐鉛印本　一冊

330000－1701－0092599　M006426　新學/動植物學/植物學
植物生理學六卷經濟植物各論一卷經濟植物學講義一卷　民國石印本　一冊

330000－1701－0092600　M007101　子部/醫家類/綜合之屬/通論
家庭治病新書一卷　張拯滋撰　民國二十一年(1932)上海萬有書局石印本　一冊

330000－1701－0092601　M006427　新學/農政/農務
土垠學九章　民國石印本　一冊

330000－1701－0092602　M007102　史部/目録類/書志之屬/提要
四部備要書目提要四卷　中華書局編　民國二十五年(1936)上海中華書局鉛印本　四冊

330000－1701－0092604　M605623　史部/傳記類/別傳之屬/事狀
豐玉堂壽言不分卷　何豐林等撰　民國九年(1920)杭州武林印書館鉛印本　一冊

330000－1701－0092605　M605622　史部/傳記類/別傳之屬/事狀
豐玉堂壽言不分卷　何豐林等撰　民國九年(1920)杭州武林印書館鉛印本　一冊

330000－1701－0092607　M006958、M008208　集部/別集類/明別集
天目山齋歲編二十八卷　(明)吳維嶽撰　民國四年(1915)吳氏雍睦堂影印本　二冊

330000－1701－0092610　M605624　集部/別集類
約園演講集一卷　張壽鏞撰　民國鉛印本　一冊

330000－1701－0092612　M605625　史部/金石類/石之屬
夢碧簃石言六卷　顧燮光撰　民國十四年(1925)上海科學儀器館鉛印本　二冊　存四卷(一至四)

330000－1701－0092613　M006959　集部/總集類/課藝之屬
檇李文社課藝不分卷　葛昌楳等撰　陸仲襄輯　民國十四年(1925)鉛印本　一冊

330000－1701－0092616　M007104、M008057　集部/曲類/寶卷之屬
新刻説唱大唐硃砂記全傳二卷　民國石印本　二冊

330000－1701－0092617　M006428　集部/別集類

竹間唫榭續集第一輯二卷　徐行恭撰　民國鉛印本　一册

330000－1701－0092619　M006960　子部/宗教類/佛教之屬/律

釋門章服儀一卷　(唐)釋道宣撰　民國北京中央刻經院鉛印本　一册

330000－1701－0092621　M605634　集部/小説類/長篇之屬

增評加註全圖紅樓夢十五卷首一卷一百二十回　(清)曹霑　(清)高鶚撰　(清)王希廉　(清)張新之　(清)姚燮評　民國十四年(1925)上海掃葉山房石印本　一册　存一卷(九)

330000－1701－0092623　M006429　子部/藝術類/書畫之屬

清季記勝百景圖一卷　民國十年(1921)刻本　一册

330000－1701－0092624　M602797、M605635、M610568　子部/小説家類/雜事之屬

秦淮廣紀三卷　繆荃孫撰　民國十三年(1924)上海商務印書館鉛印本　三册

330000－1701－0092625　M006961　集部/別集類/清別集

新輯秋水軒尺牘二卷　(清)許思湄撰　(清)婁世瑞注　(清)寄虹軒主人輯　民國元年(1912)上海會文堂石印本　葉志超題記　二册

330000－1701－0092627　M006430　史部/政書類/公牘檔册之屬

浙省大有利官商合股商辦電業股份有限公司第十七屆報告一卷　民國十六年(1927)鉛印本　一册

330000－1701－0092630　M007105　子部/雜著類

玉歷至寶鈔勸世一卷　王子達重編　民國十一年(1922)杭州朱華卿鉛印本　一册

330000－1701－0092632　M006431　史部/政書類/邦計之屬

疏濬桐江上游航路修正案一卷　民國七年(1918)鉛印本　一册

330000－1701－0092633　M605636　集部/別集類/清別集

名山藏副本初集二卷贈言集一卷　(清)齊周華撰　民國九年(1920)杭州武林印書館鉛印本　二册

330000－1701－0092635　M006962　集部/詩文評類/文法之屬/函牘格式

活套稱呼尺牘合璧四卷首一卷　江耀亭輯　民國九年(1920)上海錦章圖書局石印本　三册　存四卷(首,一至二、四)

330000－1701－0092640　M605637　子部/宗教類/佛教之屬/經

金光明最勝王經十卷附藏文漢文日文英文陀羅尼四種四卷　(唐)釋義浄譯　民國十四年(1925)杭州金光明法會鉛印本　二册

330000－1701－0092643　M006963　史部/傳記類/總傳之屬

南京市政府職員錄一卷　民國鉛印本　一册

330000－1701－0092649　SZD0078　子部/雜著類

朱孔彰雜録不分卷　朱孔彰撰　稿本　三册

330000－1701－0092651　M006964　史部/傳記類/日記之屬

日記一卷(民國五年元月至六年三月)　稿本　一册

330000－1701－0092654　M605638　子部/宗教類/佛教之屬/總録

普賢行願品五譯合行一卷　湯薌銘編　民國三十一年(1942)北京菩提學會鉛印本　一册

330000－1701－0092655　M007107　子部/術數類/相宅相墓之屬

三元三要八宅救害明鏡二卷　(唐)楊筠松撰　民國石印本　一册　存一卷(下)

330000－1701－0092656　SZD0096　集部/別

集類

聖和老人文鈔不分卷　朱孔彰撰　稿本　四冊

330000－1701－0092657　M605640　集部/戲劇類/傳奇之屬

幻緣記傳奇二卷　由雲龍撰　民國二十八年(1939)鉛印本　一冊

330000－1701－0092659　M007108　子部/儒家類/儒學之屬/禮教/女範

女教教規一卷附錄一卷太上校訂感應篇一卷文昌帝君陰騭文一卷關聖帝君覺世經一卷文昌帝君慾海迴瀾寶訓一卷　民國二十八年(1939)鉛印本　一冊

330000－1701－0092661　SZD0117　集部/別集類

黃山樵詩鈔十卷　朱師轍撰　稿本　李哲明、柯劭忞跋　一冊　存一卷(一)

330000－1701－0092662　M007109　子部/墨家類

教科適用墨子精華一卷　中華書局編　民國上海中華書局鉛印本　一冊

330000－1701－0092663　M007110　集部/別集類/清別集

錢牧齋先生尺牘三卷　(清)錢謙益撰　民國影印本　二冊

330000－1701－0092666　M605642　類叢部/叢書類/郡邑之屬

豫章叢書六十種附一種　胡思敬編　民國四年至九年(1915－1920)南昌豫章叢書編刻局刻本　一冊　存一種

330000－1701－0092667　M006965　子部/天文曆算類/曆法之屬

中華民國三十八年陰陽合曆通書一卷　民國三十七年(1948)上海劉源記石印本　一冊

330000－1701－0092668　M605643　史部/傳記類/別傳之屬/事狀

張公約園逝世周年紀念冊不分卷　民國三十五年(1946)鉛印本　一冊

330000－1701－0092669　SZD0274　經部/小學類/文字之屬

文字學一卷附錄一卷　朱師轍撰　稿本　一冊

330000－1701－0092670　M006433　史部/政書類/律令之屬

法令全書不分卷　印鑄局編纂處編纂　民國元年至十二年(1912－1923)印鑄局鉛印本　四冊

330000－1701－0092671　M605644　史部/傳記類/別傳之屬/事狀

竺夫人紀念冊一卷　諸葛麒　陳訓慈編　民國二十七年(1938)鉛印本　一冊

330000－1701－0092673　SZD0275　經部/小學類/文字之屬

文字學七卷附錄一卷　朱師轍撰　稿本　一冊

330000－1701－0092674　M006434　子部/藝術類/篆刻之屬/印論

續三十五舉一卷　(清)黃子高撰　民國十一年(1922)上海商務印書館石印本　一冊

330000－1701－0092676　M006966　子部/醫家類/綜合之屬/雜著

筆花醫鏡四卷　(清)江涵暾撰　民國七年(1918)上海文益書局石印本　一冊　存二卷(一至二)

330000－1701－0092677　M605645　集部/別集類

天放樓詩集七卷紅鶴詞一卷　金天羽撰　**同翰遺詩一卷**　金同翰撰　**天放樓詩集定本校勘記一卷**　陳旭旦撰　民國三十六年(1947)鉛印本　一冊

330000－1701－0092678　M605646、M608647、M611169　史部/職官類/官箴之屬

將吏法言八卷　徐世昌撰　民國八年(1919)靜遠堂鉛印本　四冊

330000－1701－0092679　M006435　集部/總集類/選集之屬

農村合作文選第一輯不分卷　江西省農村合作委員會編　民國二十三年(1934)江西省農村合作委員會鉛印本　一册

330000－1701－0092680　M006967　史部/目録類/總録之屬/私撰
大華書店書目不分卷(第一號)　大華書店編　民國二十二年(1933)蘇州大華書店石印本　一册

330000－1701－0092683　M006968、M007369　新學/醫學/外科
人體解剖學講義三卷　傅文耀編　民國石印本　三册

330000－1701－0092684　M007111　子部/小説家類/異聞之屬
見聞録四卷　(清)徐岳撰　民國石印本　一册

330000－1701－0092688　M007112　子部/小説家類
中國寓言四卷　沈德鴻編纂　民國八年(1919)上海商務印書館鉛印本　一册

330000－1701－0092690　M605647　子部/藝術類/書畫之屬/法帖
褚河南臨蘭亭絹本真蹟不分卷　(唐)褚遂良書　民國四年(1915)上海商務印書館影印本　一册

330000－1701－0092692　M006969　新學/理學/文學
山西大學校文學科詞章學講義不分卷　民國石印本　一册

330000－1701－0092693　M007114　史部/史抄類
史記菁華録六卷　(清)姚祖恩輯評　民國石印本　一册　存一卷(四)

330000－1701－0092696　M006970、M603799　集部/別集類/元別集
不繫舟漁集十六卷　(元)陳高撰　民國鉛印本　三册　存十二卷(五至十六)

330000－1701－0092703　M006971　史部/傳記類/日記之屬
公私日記一卷(七月六日至八月一日)　施夷撰　稿本　一册

330000－1701－0092706　M007117　史部/政書類/公牘檔册之屬
民國軍政民政文牘合編三卷新民國文粹一卷女革命文粹一卷　新黄氓編　民國二年(1913)上海廣益書局鉛印本　三册　存三卷(民國軍政民政文牘合編一至三)

330000－1701－0092708　M605649　集部/戲劇類
梅村唱詞一卷　梅村輯　民國十八年(1929)鉛印本　一册

330000－1701－0092711　M007118　子部/小説家類/異聞之屬
坐花誌果二卷　民國上海新華書局鉛印本　一册

330000－1701－0092713　M006972　子部/宗教類/佛教之屬/經疏
心經幽贊聽講表記一卷　民國石印本　一册

330000－1701－0092717　M605651　類叢部/叢書類/彙編之屬
四部叢刊　張元濟等編　民國上海商務印書館影印本　一册　存一種

330000－1701－0092719　M007120　史部/目録類/版本之屬/書影
百衲本二十四史樣本一卷　上海商務印書館編　民國二十年(1931)上海商務印書館鉛印本暨影印本　一册

330000－1701－0092720　M006973　子部/宗教類/道教之屬
太上感應讀篇一卷　民國上海明善書局石印本　一册

330000－1701－0092721　M006436　集部/別集類
六十生日自述詩一卷　吴進思撰　民國鉛印本　一册

330000－1701－0092722　M605653　集部/曲類/曲韻曲譜曲律之屬

崑曲粹存初集不分卷　崑山國學保存會輯　民國八年(1919)上海朝記書莊石印本　一冊　存一種

330000－1701－0092723　M006974　史部/政書類/公牘檔冊之屬

全浙教育會聯合會民國十年八月臨時會議決案一卷附錄一卷　浙江省教育會編　民國鉛印本　一冊

330000－1701－0092726　M006437　集部/詩文評類/文評之屬

中華文學史五章　程鏕編　民國油印本　一冊

330000－1701－0092728　M006438　史部/目録類/專録之屬

夢坡室收藏琴譜提要一卷　周慶雲撰　民國刻本　一冊

330000－1701－0092729　M605654　子部/儒家類/儒學之屬/經濟

說苑二十卷　(漢)劉向撰　民國上海涵芬樓鉛印本　一冊　存五卷(十六至二十)

330000－1701－0092730　M006439、M007004　類叢部/叢書類/自著之屬

退廬全書十二種　胡思敬撰　民國南昌退廬刻本　四冊　存一種

330000－1701－0092731　M605655　子部/雜著類/雜說之屬

愛國濟民一卷　民國刻本　一冊

330000－1701－0092735　M605656　子部/宗教類/佛教之屬/經疏

毗盧遮那成佛神變加持經義釋二卷　(唐)釋一行撰　民國十八年(1929)中央刻經院鉛印本　一冊

330000－1701－0092736　M605657　子部/宗教類/佛教之屬/經

大方等大雲經四卷　(晉)釋曇無讖譯　民國二年(1913)刻本　一冊

330000－1701－0092737　M006440　子部/工藝類/日用器物之屬

織物解剖八章　陶平叔編　民國十五年(1926)影印本　一冊

330000－1701－0092739　M605658　史部/金石類/總志之屬/通考

獨笑齋金石文攷第二集八卷　(清)鄭業斆撰　民國石印本　一冊　存四卷(五至八)

330000－1701－0092740　M006976　史部/傳記類/總傳之屬/技藝

海上墨林四卷續印增錄一卷第二次續印增錄一卷　楊逸編輯　民國八年(1919)上海豫園書畫善會刻十年(1921)、十八年(1929)增刻本　一冊　存四卷(三至四、續印增錄、第二次續印增錄)

330000－1701－0092742　M007121　子部/術數類/陰陽五行之屬

奇門遁甲統宗十二卷　(三國蜀)諸葛亮撰　民國上海錦章圖書局石印本　四冊

330000－1701－0092744　M007122　史部/目録類/總録之屬/私撰

四庫薈要目錄索引一卷　胡鳴盛撰　民國十九年(1930)鉛印本　一冊

330000－1701－0092745　M006977　集部/別集類/清別集

願香室筆記內編一卷外編一卷雜編一卷附錄一卷　(清)王佩華撰　民國十年(1921)太倉圖書館刻本　以菴題記　一冊

330000－1701－0092750　M006978　史部/目録類/總録之屬/官修

北平圖書館善本書目乙編續目四卷　國立北平圖書館編　民國二十六年(1937)鉛印本　一冊

330000－1701－0092751　M006441　集部/小說類/長篇之屬

南屏濟祖全傳二卷二十回　天花藏主編　民國十三年(1924)上海交通印刷所鉛印本　二冊

330000－1701－0092755　M006442　新學/商務

工廠管理十三章　民國石印本　隱耕題記　一冊

330000－1701－0092756　M006443　史部/政書類/公牘檔冊之屬

乙亥嘯社六十同期紀年刊一卷　吳梅編　民國二十四年(1935)鉛印本　一冊

330000－1701－0092759　M006444　集部/戲劇類/雜劇之屬

今樂攷證十二卷　(清)姚燮撰　民國二十四年(1935)北京大學影印本　一冊　存二卷(緣起、宋劇)

330000－1701－0092760　M605659、M606142　子部/宗教類/佛教之屬

佛學叢書□□種　民國上海商務印書館鉛印本　二冊　存二種

330000－1701－0092763　M605660　子部/宗教類/佛教之屬

佛學叢書□□種　民國上海商務印書館鉛印本　一冊　存一種

330000－1701－0092765　M006445　集部/別集類/明別集

玄蓋副草二十卷目錄二卷　(明)吳稼竳撰　民國五年(1916)吳氏雍睦堂影印本　五冊　存十七卷(一至六、十至二十)

330000－1701－0092767　M007123　子部/兵家類/兵法之屬

孫子十家註十三卷　(漢)曹操等註　**遺説一卷**　(宋)鄭友賢撰　**孫子敘錄一卷**　(清)畢以珣撰　民國十年(1921)上海章福記書局石印本　三冊

330000－1701－0092773　M006447　集部/別集類/清別集

漁洋山人精華録箋注十二卷補一卷年譜一卷　(清)王士禛撰　(清)金榮箋注　(清)徐淮纂輯　民國據清鳳翽堂刻本影印本　十二冊

330000－1701－0092776　M007124　經部/四書類/論語之屬

論語流論□□卷　錢基博撰　民國抄本　一冊　存一卷(九)

330000－1701－0092779　M007125　子部/天文曆算類/曆法之屬

中華民國二十六年歲在丁丑通書一卷　民國二十五年(1936)石印本　一冊

330000－1701－0092780　M006448　子部/藝術類/書畫之屬

陳章侯繪博古葉子一卷　(明)陳洪綬繪　民國十九年(1930)蟫隱廬鉛印本暨石印本　一冊

330000－1701－0092782　M006449　新學/政治法律/政治

正續共和正解一卷　勞乃宣撰　民國鉛印本　一冊

330000－1701－0092783　M007126　經部/禮記類/分篇之屬

禮運注一卷　康有爲撰　民國抄本　一冊

330000－1701－0092788　M006450　集部/別集類

寂齋文存一卷　查猛濟撰　民國十九年(1930)鉛印本　一冊

330000－1701－0092790　M007127　子部/雜著類/雜纂之屬

荔盦雜錄一卷　民國抄本　一冊

330000－1701－0092792　M605662　類叢部/叢書類/彙編之屬

適園叢書七十四種　張鈞衡編　民國二年至六年(1913－1917)烏程張氏刻本(唐大詔令集卷十四至二十四、八十七至九十八原缺)　七冊　存四種

330000－1701－0092796　M007128、M610343　史部/金石類

非儒非俠齋金石叢著十種　顧燮光撰　民國會稽顧氏金佳石好樓石印本暨鉛印本　二冊　存一種

330000－1701－0092797　M006451　史部/政書類/邦計之屬

審計部二十二年度事前監督審計工作報告不分卷　審計部編　民國二十二年(1933)鉛印本　一冊

330000－1701－0092802　M605663　子部/宗教類/道教之屬

方壺外史八卷附悟真篇詩小序一卷　(明)陸西星撰　民國四年(1915)香山鄭觀應等鉛印本　一冊　存一卷(悟真篇詩小序)

330000－1701－0092804　M006453、M007780　集部/別集類

劬盦官書拾存四卷　羅正鈞撰　民國九年(1920)湘潭羅氏養正齋刻本　二冊

330000－1701－0092805　M007130　子部/醫家類/方書之屬

醫方一卷　民國抄本　一冊

330000－1701－0092807　M007131　子部/醫家類/針灸之屬

金針賦穴道經絡不分卷　民國抄本　一冊

330000－1701－0092808　M006979　子部/醫家類/針灸之屬/經絡腧穴

姤復遺音二卷　(清)□文光撰　□鞏補訂　民國二年(1913)宏文社鉛印本　二冊

330000－1701－0092809　M006454　史部/政書類/邦計之屬

上八甲實在冊一卷　貳白瀝莊編　民國三十七年(1948)鉛印本　一冊

330000－1701－0092811　M006455　史部/政書類/邦計之屬/營田

白塔湖田畝流水冊不分卷　白塔湖水利公會編　民國三十五年(1946)鉛印本　一冊

330000－1701－0092812　M007133　新學/學校

檢定小學教員章程彙刊不分卷　浙江小學教員檢定委員會編　民國六年(1917)鉛印本　一冊

330000－1701－0092813　M006456　子部/醫家類/綜合之屬

學術研究報告一卷　金寶善述　民國鉛印本　沈鈞儒題記　一冊

330000－1701－0092816　M007134　新學/兵制

航空戰術講授錄不分卷　民國油印本　一冊

330000－1701－0092817　M605665、M606302　史部/金石類

嘉業堂金石叢書五種　劉承幹輯　民國吳興劉氏刻本　四冊　存一種

330000－1701－0092821　M006457　史部/傳記類/總傳之屬

家事簿記大全二卷　民國上海廣文書局石印本　一冊　存一卷(一)

330000－1701－0092824　M006458　子部/藝術類/遊藝之屬/棋弈

全圖百局象棋譜八卷　民國石印本　一冊　存二卷(三至四)

330000－1701－0092825　M006982　集部/別集類

聞川綴舊詩二卷　唐佩金撰　民國十六年(1927)小桃花庵鉛印本　一冊

330000－1701－0092833　M007135　史部/政書類/邦計之屬

湖北省地方二十二年度財政調查報告四卷　童蒙正　徐宗士編　民國二十四年(1935)油印本　一冊

330000－1701－0092834　M007136　史部/政書類/邦計之屬

湖北省地方財政調查報告四卷　民國油印本　一冊　存三卷(二至四)

330000－1701－0092836　M006983　集部/總集類/酬唱之屬

稀齡贈言三卷　錢綬槃輯　民國三年(1914)海上寄廬刻本　一冊

330000－1701－0092838　M007137　史部/

政書類/邦計之屬
湖南省地方財政調查報告四卷 童蒙正 李名魁編 民國油印本 二冊

330000－1701－0092840 M006984、M007807 史部/目録類/總録之屬/官修
江蘇省立國學圖書館圖書總目四十四卷補編十二卷 江蘇省立國學圖書館編 民國二十二年至二十五年(1933－1936)江蘇省立國學圖書館鉛印本 九冊 存十八卷(二十至二十三、二十七至二十八、四十二至四十三,補編三至十二)

330000－1701－0092847 M006459 集部/總集類/選集之屬/斷代
大共和日報叢錄不分卷 民國大共和日報鉛印本 一冊

330000－1701－0092849 M006460 集部/總集類/選集之屬/斷代
大共和日報文苑不分卷 民國大共和日報鉛印本 一冊

330000－1701－0092854 M006462 子部/宗教類/佛教之屬/諸宗
密宗大綱六章 黄奉西譯述 民國十二年(1923)上海有正書局石印本 一冊

330000－1701－0092858 M006463 子部/醫家類/養生之屬
養生保命錄一卷 民國北平中央刻經院佛經善書局鉛印本 一冊

330000－1701－0092861 M006985 子部/宗教類/佛教之屬/經疏
大金剛威德起分次第講義筆錄四卷 古洗里袞却多吉講授 民國二十年(1931)石印本 四冊

330000－1701－0092870 M603157 史部/地理類/方志之屬/郡縣志
[民國]烏青鎮志四十四卷首一卷 盧學溥修 朱辛彝 張惟驤纂 民國二十五年(1936)刻本 十二冊

330000－1701－0092871 M602163、M603158 史部/地理類/方志之屬/郡縣志
[民國]雙林鎮志三十二卷首一卷 (清)蔡蓉升纂 蔡蒙續纂 民國六年(1917)上海商務印書館鉛印本 三冊 存三卷(三十至三十二)

330000－1701－0092872 M603159 史部/地理類/方志之屬/郡縣志
[民國]新昌縣志二十卷附新昌農事調查一卷 金城修 陳畬纂 **沃州詩存一卷** (宋)潘音撰 **沃州文存一卷** (宋)徐霖撰 民國八年(1919)鉛印本 九冊 存十八卷(一至二、五至十五、十八至二十,沃洲詩存、文存)

330000－1701－0092874 M603160 史部/地理類/方志之屬/通志
[民國]浙江新志三卷 姜卿雲纂 民國二十五年(1936)杭州正中書局鉛印本 二冊

330000－1701－0092875 M605859 類叢部/叢書類/彙編之屬
四部備要 中華書局編 民國二十五年(1936)上海中華書局鉛印本 四冊 存一種

330000－1701－0092876 M603161 史部/地理類/方志之屬/郡縣志
[民國]瑞安縣志稿不分卷 瑞安縣修志委員會纂 民國二十七年(1938)瑞安縣修志委員會鉛印本 五冊

330000－1701－0092877 M603162 史部/地理類/方志之屬/郡縣志
[光緒]青田縣志十八卷首一卷 (清)雷銑修 (清)王棻纂 民國二十四年(1935)鉛印本 二冊 存五卷(十二至十六)

330000－1701－0092878 M605860 類叢部/叢書類/彙編之屬
四部備要 中華書局編 民國二十五年(1936)上海中華書局鉛印本 二十冊 存一種

330000－1701－0092879 M603165 史部/地理類/方志之屬/郡縣志
[民國]寶山縣續志十七卷首一卷末一卷 張

允高等修　錢淦　袁希濤纂　民國十年(1921)鉛印本　二冊　存八卷(一至三、十四至十七,末)

330000－1701－0092882　SZD0158　史部/傳記類/總傳之屬/斷代
清史列傳稿　朱孔彰撰　稿本　三十八冊

330000－1701－0092883　M603166　史部/地理類/方志之屬/郡縣志
[民國]臨海縣志稿四十二卷首一卷　張熙鼎修　張寅重修　何奏簧纂　蔣鳳鳴　洪鋭心繪　民國二十四年(1935)鉛印本　十五冊　存二十八卷(三至五、八至十、十七至二十一、二十五至三十九、四十一至四十二)

330000－1701－0092886　M603163　史部/地理類/方志之屬/郡縣志
[民國]汝城縣志三十五卷首一卷末一卷　陳必聞修　盧純道等纂　民國二十一年(1932)鉛印本　七冊　存二十九卷(首,一至十三、十八至二十三、二十八至三十五,末)

330000－1701－0092889　M603164　史部/地理類/方志之屬/郡縣志
民國新修合川縣志八十三卷　鄭賢書等修　張森楷纂　民國十年(1921)刻本　二十冊　存四十七卷(三至四、六至十一、十六至二十、二十二至三十四、三十七、四十四至五十二、五十八至六十八)

330000－1701－0092894　M605862　子部/藝術類/書畫之屬/書法畫品
畫梅辯難初編四卷二編四卷三編四卷　傅崇黻撰　傅煥等記述　民國三年(1914)興業印書局、四年(1915)武林印書館、八年(1919)武林印書館鉛印本　一冊　存四卷(初編一至四)

330000－1701－0092895　M602789、M603063、M603408、M605863、M609724、M610168　史部/雜史類/斷代之屬
清代文字獄檔九輯　北平故宫博物院文獻館編　民國二十年至二十三年(1931－1934)北平故宫博物院、國立北平研究院鉛印本　八冊　存八輯(一至八)

330000－1701－0092896　M603167　史部/地理類/方志之屬/郡縣志
[民國]壽昌縣志十卷首一卷　陳煥　潘紹雋修　陳舉愷纂　方仰賢繪圖　民國十九年(1930)金華大同印務局鉛印本　八冊　存八卷(三至十)

330000－1701－0092897　M605864　史部/目録類/總録之屬/官修
北京大學圖書館貴重書目一卷　黄文弼編　民國十一年(1922)國立北京大學圖書館鉛印本　一冊

330000－1701－0092900　M605865、M608806　子部/醫家類/類編之屬
醫古微六種　張驥撰　民國二十四年(1935)雙流張氏義生堂成都刻本　三冊　存一種

330000－1701－0092901　M603168　史部/地理類/方志之屬/郡縣志
民國上海縣志二十卷　吳馨等修　姚文枬等纂　民國二十五年(1936)鉛印本　六冊

330000－1701－0092903　M602165、M603169　史部/地理類/方志之屬/郡縣志
[民國]龍游縣志四十卷首一卷末一卷　余紹宋撰　民國十四年(1925)北京京城印書局鉛印本　十六冊

330000－1701－0092904　M605866　史部/政書類/邦交之屬
清季外交史料六種　(清)王彦威輯　王亮編　民國二十一年至二十四年(1932－1935)北平外交史料編纂處鉛印本　二冊　存一種

330000－1701－0092907　M605868　史部/目録類/總録之屬/彙刻
宛委别藏四十種樣本一卷　商務印書館編　民國二十四年(1935)上海商務印書館鉛印本　一冊

330000－1701－0092911　M601074、M607219、M607221、M607222、M607223、M607224、M607225　類叢部/叢書類/彙編之屬

四部叢刊　張元濟等編　民國上海商務印書館影印本　二千六十二册　存三百十七種

330000－1701－0092912　SZD0101　史部/傳記類/總傳之屬/斷代
清史列傳稿　朱師轍撰　稿本　九十三册

330000－1701－0092914　M603170　史部/地理類/方志之屬/通志
[民國]福建通志五十一總卷六百十一分卷　李厚基等修　沈瑜慶　陳衍等纂　民國二十七年(1938)刻本　一百册

330000－1701－0092917　M605869　史部/目録類
原版影印借月山房叢書樣本一卷　上海博古齋書莊編　民國上海博古齋書莊影印本　一册

330000－1701－0092922　M605870　史部/目録類/總録之屬/彙刻
四部備要樣本一卷　中華書局編　民國上海中華書局鉛印本　一册

330000－1701－0092927　M608243　史部/目録類/版本之屬/書影
吳興劉氏嘉業堂善本書景五卷　劉承幹輯　民國十八年(1929)吳興劉氏嘉業堂影印本　六册

330000－1701－0092928　M608244　史部/目録類/版本之屬/書影
吳興劉氏嘉業堂善本書景五卷　劉承幹輯　民國十八年(1929)吳興劉氏嘉業堂影印本　六册

330000－1701－0092929　M605871　集部/別集類/清別集
名山藏副本初集二卷贈言集一卷　(清)齊周華撰　民國九年(1920)杭州武林印書館鉛印本　二册

330000－1701－0092931　M603422、M605872、M609704、M611456　史部/傳記類/日記之屬
翁文恭公日記不分卷(清咸豐八年至光緒三十年)　(清)翁同龢撰　民國十四年(1925)上海商務印書館影印本　二十二册　存册一至四、六、十二至十五、十八至二十、二十四、二十六、三十至三十五、三十七、四十

330000－1701－0092932　M608245　史部/目録類/版本之屬/書影
吳興劉氏嘉業堂善本書景五卷　劉承幹輯　民國十八年(1929)吳興劉氏嘉業堂影印本　六册

330000－1701－0092934　M603938、M604411、M604439、M605873、M606441、M609267、M610033　史部/傳記類/日記之屬
翁文恭公日記不分卷(清咸豐八年至光緒三十年)　(清)翁同龢撰　民國十四年(1925)上海商務印書館影印本　二十六册　存册一、三、七至八、十、十二至十五、十七、十九、二十一至二十三、二十五、二十七至三十一、三十三至三十五、三十八至四十

330000－1701－0092935　SZD0155　史部/目録類
清史稿列傳目錄　稿本　六册

330000－1701－0092936　M605874、M601866　史部/地理類/水利之屬
麻溪改壩爲橋始末記四卷首一卷　王念祖纂　民國八年(1919)蕺社鉛印本　二册

330000－1701－0092938　M605875　類叢部/叢書類/自著之屬
煙霞草堂遺書十七種　(清)劉光蕡撰　民國八年至十年(1919－1921)王典章思過齋江蘇刻本　五册　存十五種

330000－1701－0092940　SZD0119　史部/目録類/總録之屬/史志
清藝文志長編　吳士鑑輯　稿本　九册

330000－1701－0092942　M605876　史部/目録類/總録之屬
目錄不分卷　民國鉛印本　一册

330000－1701－0092943　SZD0118　史部/目録類/總録之屬/史志
清代藝文志　章鈺纂修　朱師轍校補　稿本

十三冊

330000－1701－0092944　M605877　子部/藝術類/書畫之屬/法帖

明孫仲牆藏宋拓夏承碑一卷　（清）沈翰摹　民國八年（1919）上海商務印書館影印本　一冊

330000－1701－0092947　M605878、M610539　子部/藝術類/遊藝之屬/謎語

燈謎叢錄一卷　蔡克仁輯　民國十年（1921）杭州楊耀松文元堂刻本　三冊

330000－1701－0092948　M602643、M602644、M602645、M602646、M602728、M602729、M602730、M602731、M605879、M605913、M606791　子部/小說家類

筆記小說大觀二百二十二種　進步書局輯　民國上海進步書局石印本　三十六冊　存十五種

330000－1701－0092952　M605880　子部/雜著類/雜說之屬

怎樣生活二卷　凌獨見編　民國三十一年（1942）江山獨見書店鉛印本　一冊　存一卷（上）

330000－1701－0092954　M602133、M605881　史部/目録類/總録之屬/彙刻

叢書舉要六十卷附校誤記一卷徵刻南北宋人集啓一卷　楊守敬原編　李之鼎補編　民國三年（1914）南城李之鼎宜秋館南昌鉛印本　四十三冊　存六十卷（一至六十）

330000－1701－0092958　M605882、M606323、M606781　史部/傳記類/總傳之屬/技藝

國朝書識十七卷　（清）馮金伯纂輯　民國十二年（1923）上海中華書局鉛印本　四冊

330000－1701－0092959　M605883　經部/小學類

稷香館叢書八種三十六卷　吳甌輯　民國二十四年（1935）北平癸酉編譯會據手稿本影印本　八冊　存四種

330000－1701－0092962　M605884　經部/小學類

稷香館叢書八種三十六卷　吳甌輯　民國二十四年（1935）北平癸酉編譯會據手稿本影印本　一冊　存二種

330000－1701－0092964　M605885　經部/小學類

稷香館叢書八種三十六卷　吳甌輯　民國二十四年（1935）北平癸酉編譯會據手稿本影印本　一冊　存二種

330000－1701－0092965　M605886　經部/小學類

稷香館叢書八種三十六卷　吳甌輯　民國二十四年（1935）北平癸酉編譯會據手稿本影印本　一冊　存二卷

330000－1701－0092967　M605887　經部/小學類

稷香館叢書八種三十六卷　吳甌輯　民國二十四年（1935）北平癸酉編譯會據手稿本影印本　一冊　存二卷

330000－1701－0092970　M605888　經部/小學類

稷香館叢書八種三十六卷　吳甌輯　民國二十四年（1935）北平癸酉編譯會據手稿本影印本　一冊　存二卷

330000－1701－0092973　SZD0351　史部/目録類/總録之屬/史志

清史藝文志　章鈺纂修　朱師轍訂補　稿本　十七冊

330000－1701－0092978　M605896　類叢部/叢書類/彙編之屬

四部叢刊　張元濟等編　民國上海商務印書館影印本　三冊　存一種

330000－1701－0092983　M605898、M605903　類叢部/叢書類/彙編之屬

四部叢刊　張元濟等編　民國上海商務印書館影印本　六冊　存二種

330000－1701－0092988　M605901、M605904

類叢部/叢書類/彙編之屬

四部叢刊 張元濟等編 民國八年(1919)上海商務印書館影印本 十三册 存二種

330000－1701－0092993 M603171、M611124 史部/地理類/方志之屬/郡縣志

光緒台州府志一百卷首一卷 (清)趙亮熙 (清)郭式昌修 王舟瑶等纂 民國十五年(1926)台州旅杭同鄉會鉛印本 六十册

330000－1701－0092994 M603172 史部/地理類/方志之屬/郡縣志

光緒台州府志一百卷首一卷 (清)趙亮熙 (清)郭式昌修 王舟瑶等纂 民國十五年(1926)台州旅杭同鄉會鉛印本 六十册

330000－1701－0092995 M006986 史部/目録類/總録之屬/官修

無錫縣圖書館第一次目錄不分卷 侯鴻鑑編 民國四年(1915)無錫圖書館石印本 一册

330000－1701－0092997 M007138 史部/政書類/邦計之屬

湖南省地方二十二年度財政調查報告四卷 童蒙正 李名魁編 民國二十四年(1935)油印本 一册

330000－1701－0093002 M007140 經部/群經總義類

孔賈經疏异同評一卷 陳漢章撰 民國木活字印本 一册

330000－1701－0093006 M007141 史部/目録類/總録之屬/私撰

大華書店書目不分卷(第五期) 大華書店編 民國二十四年(1935)蘇州大華書店石印本 一册

330000－1701－0093008 M006464 集部/曲類/寶卷之屬

繪圖二度梅寶卷二卷 楊菊生編輯 民國上海廣記書局石印本 一册

330000－1701－0093009 M007142 經部/小學類/訓詁之屬/字詁

虛字易解四卷 童斐撰 民國八年(1919)上海華昌書局石印本 四册

330000－1701－0093010 SZD0276 史部/目録類/總録之屬/史志

清代藝文略一卷 朱師轍撰 民國鉛印本 朱師轍批校 一册

330000－1701－0093011 M603173、M603198、M603753、M604009 史部/地理類/方志之屬/郡縣志

[民國]台州府志一百四十卷首一卷 喻長霖等纂修 章梫繪圖 民國二十五年(1936)上海游民習勤所鉛印本 二十七册 存九十九卷(五至四十三、四十八至七十五、八十一至八十四、九十一至一百十四、一百二十五至一百二十八)

330000－1701－0093012 M007143 子部/藝術類/書畫之屬/畫譜

畫譜樣本不分卷 民國上海世界書局影印本 一册

330000－1701－0093014 M603174 史部/地理類/方志之屬/郡縣志

[萬曆]秀水縣志十卷 民國十四年(1925)金蓉鏡鉛印本 二册 存四卷(一至二、九至十)

330000－1701－0093016 M006465 子部/小說家類/瑣語之屬

懺因醒囈一卷 程善之編纂 民國六年(1917)上海有正書局石印本 一册

330000－1701－0093017 M603175 史部/地理類/方志之屬/通志

[民國]黑龍江志稿六十二卷首一卷附大事志四卷 萬福麟修 張伯英等纂 民國二十一年至二十二年(1932－1933)鉛印本 三十二册

330000－1701－0093018 M007144 史部/史表類/斷代之屬

季明封爵表一卷 毛乃庸撰 民國二十二年(1933)國學圖書館石印本 一册

330000－1701－0093020 SZD0278 史部/傳

記類/别傳之屬/墓誌

清故處士朱君[孔彰]墓誌銘一卷 夏孫桐撰 稿本 一册

330000－1701－0093024 M603176 史部/地理類/方志之屬/郡縣志

[民國]朔方道志三十一卷首一卷 馬福祥 陳必淮修 王之臣纂 民國十六年(1927)天津華泰印書館鉛印本 八册

330000－1701－0093025 SZD0279 集部/詞類/别集之屬

勺廬詞一卷 洪汝闓撰 民國抄本 朱師轍校 二册

330000－1701－0093028 M603177 史部/地理類/方志之屬/郡縣志

[民國]川沙縣志二十四卷首一卷 方鴻鎧 陸炳麟修 黄炎培纂 俞乃文 陸修澤 茅人駿測繪 民國二十六年(1937)上海國光書局鉛印本 十二册

330000－1701－0093033 M006990 子部/宗教類/佛教之屬/經疏

首楞嚴經義海三十卷 (宋)釋子璿集義疏注經并科 (宋)釋曉月標指要義 (宋)釋仁岳集解 (宋)釋咸輝排經入注 民國八年(1919)常州天寧寺刻經處刻本 八册

330000－1701－0093035 M006467 史部/地理類/雜志之屬

松江竹枝詞一卷 民國抄本 一册

330000－1701－0093038 M006468 史部/目録類/書志之屬/提要

山左先喆遺書提要一卷 王獻唐編 民國瑞安仿古印書局鉛印本 一册

330000－1701－0093040 M006991 集部/别集類/明别集

楊忠愍公全集四卷首一卷 (明)楊繼盛撰 民國十年(1921)古越積善堂石印本 一册

330000－1701－0093043 M006469 史部/目録類/總録之屬

簡要書目一卷 民國十四年(1925)上海佛經流通處鉛印本 一册

330000－1701－0093044 M007145 子部/雜著類

國學叢編不分卷 章炳麟等編 民國北平中國大學鉛印本 一册

330000－1701－0093045 M007146 史部/政書類/邦計之屬/荒政

籌欵救急説明書一卷 梁樞忠撰 民國京華印書局鉛印本 一册

330000－1701－0093050 M006487 史部/政書類/邦計之屬

石門縣地褋漕南款目簿一卷 民國十八年(1929)雲舫抄本 雲舫題記 一册

330000－1701－0093051 M006992 史部/目録類/總録之屬/官修

海寧縣公立圖書館書目一卷附金石保存處金石拓本目録一卷 朱尚編訂 民國十二年(1923)海寧縣公立圖書館鉛印本 一册

330000－1701－0093052 M007147 集部/曲類/寶卷之屬

忠良寶卷二卷 民國九年(1920)抄本 二册

330000－1701－0093053 M605905 類叢部/叢書類/彙編之屬

對樹書屋叢刻六種 趙詒琛編 民國二十一年至二十五年(1932－1936)崑山趙氏對樹書屋刻本 一册 存一種

330000－1701－0093054 M006470 史部/目録類/書志之屬/提要

欽定四庫全書總目二百卷首一卷 (清)紀昀等撰 **四庫未收書目提要五卷** (清)阮元撰 **四庫全書總目未收書目索引四卷** 陳乃乾編纂 民國十五年(1926)上海大東書局石印本暨鉛印本 一册 存九卷(四庫未收書目提要一至五、四庫全書總目未收書目索引一至四)

330000－1701－0093055 M007148 集部/别集類

蒹葭里館詩二卷 吴用威撰 民國八年

(1919)鉛印本　一册　存一卷(二)

330000－1701－0093058　M007149　集部/詩文評類/文評之屬

文類不分卷　稿本　一册

330000－1701－0093060　M007150　史部/目録類/書志之屬/提要

文學叢書書目提要不分卷　上海醫學書局撰　民國上海醫學書局鉛印本　一册

330000－1701－0093061　M603028、M605906　集部/詞類/總集之屬

長興詞存六卷　溫匋輯　民國十五年(1926)鉛印本　二册

330000－1701－0093066　M006472　子部/天文曆算類/曆法之屬

中華民國三十八年歲在己丑農曆通書一卷　民國三十七年(1948)上海劉德記書局石印本　一册

330000－1701－0093067　M006473　子部/天文曆算類/曆法之屬

中華民國五年日用通書一卷　民國四年(1915)商務印書館石印本　一册

330000－1701－0093068　M605907　類叢部/叢書類/郡邑之屬

遼海叢書八十種附一種　金毓黻編　民國二十年至二十三年(1931－1934)遼海書社鉛印本([康熙]廣寧縣志卷七至八原缺)　二册　存二種

330000－1701－0093070　M006474　子部/天文曆算類/曆法之屬

中華民國三十五年歲在丙戌農曆通書一卷　民國三十四年(1945)石印本　一册

330000－1701－0093072　M006993　集部/總集類/選集之屬/通代

國文高士不分卷　民國石印本　一册

330000－1701－0093075　M006994　史部/雜史類

中國近代史問答三章　民國石印本　一册

330000－1701－0093076　M006475　子部/天文曆算類/曆法之屬

中華民國九年曆書一卷　教育部中央觀象臺編　民國八年(1919)石印本　一册

330000－1701－0093077　SZD0284　史部/政書類/公牘檔冊之屬

縣教育會籌辦茶捐錄一卷　民國抄本　一册

330000－1701－0093083　M006998　集部/總集類/酬唱之屬

蘭觴集一卷附袁夢白先生吟稿一卷　周大封編　民國十八年(1929)鉛印本　一册

330000－1701－0093086　M006999　史部/政書類/軍政之屬

歷代民兵考畧二卷　徐炳龍輯　民國二十三年(1934)鉛印本　一册

330000－1701－0093090　M006476　子部/天文曆算類/曆法之屬

中華民國三十六年歲在丁亥農曆通書一卷　民國三十五年(1946)石印本　一册

330000－1701－0093091　M007000　集部/詩文評類

文品彙鈔不分卷　郭紹虞輯訂　民國十九年(1930)鉛印本　一册

330000－1701－0093092　M006477　子部/天文曆算類/曆法之屬

中華民國二十四年歲在乙亥通書一卷　民國二十三年(1934)石印本　一册

330000－1701－0093094　M007151　子部/術數類/相宅相墓之屬

宅運新案二卷　策羣撰　民國十九年(1930)上海文明書局鉛印本　二册

330000－1701－0093095　M007001　集部/詞類/别集之屬

曼陀羅寱詞一卷　沈曾植撰　民國十四年(1925)上海商務印書館鉛印本　一册

330000－1701－0093096　M006478　子部/天文曆算類/曆法之屬

中華民國十六年歲次丁卯時憲通書一卷　民國十五年(1926)上海鑄記書局石印本　一冊

330000－1701－0093099　M006479　子部/天文曆算類/曆法之屬
中華民國三十四年歲在乙酉農曆通書一卷　民國三十三年(1944)石印本　一冊

330000－1701－0093100　M007152、M007617　類叢部/叢書類/自著之屬
君子館類稿　毛昌傑撰　民國二十七年(1938)鉛印本　五冊　存二種

330000－1701－0093104　M605909　史部/傳記類/總傳之屬/郡邑
歷代兩浙詞人小傳十六卷　周慶雲輯　民國十一年(1922)烏程周氏夢坡室刻本　五冊

330000－1701－0093105　M006480　子部/天文曆算類/曆法之屬
中華民國十四年歲次乙丑時憲通書一卷　民國十三年(1924)石印本　一冊

330000－1701－0093106　M007003　新學/政治法律/律例
民律債權編不分卷　朱荓講述　民國石印本　一冊

330000－1701－0093107　M006481　子部/天文曆算類/曆法之屬
中華民國二十九年農曆通書一卷　民國二十八年(1939)石印本　一冊

330000－1701－0093108　M006482　子部/天文曆算類/曆法之屬
中華民國二十六年歲在丁丑通書一卷　民國二十五年(1936)石印本　一冊

330000－1701－0093109　M605910、M609894　集部/别集類/唐五代别集
韓集箋正五卷昌黎先生詩文年譜一卷　(清)方成珪撰　民國十五年(1926)瑞安陳氏湫漻齋鉛印本　二冊　存四卷(一至二、四至五)

330000－1701－0093111　M006483　子部/天文曆算類/曆法之屬
中華民國三十八年歲在己丑農曆通書一卷　民國三十七年(1948)上海劉德記書局石印本　一冊

330000－1701－0093112　SZD0287　史部/目録類/總録之屬/氏族
錢氏藝文志略一卷　(清)錢師璟輯　民國抄本　朱師轍題簽　一冊

330000－1701－0093115　M604339、M605911、M609251、M610673　集部/别集類
吴白屋先生遺書二十卷　吴芳吉撰　吴宓編訂　**附録一卷**　周光午編　民國二十三年(1934)長沙周光午刻本　六冊

330000－1701－0093117　M006484　子部/天文曆算類/曆法之屬
中華民國九年陰陽合曆通書一卷　民國八年(1919)石印本　一冊

330000－1701－0093118　M605912　史部/政書類/儀制之屬/典禮
國朝宫史續編一百卷　(清)慶桂等纂修　民國二十一年(1932)北平故宫博物院圖書館鉛印本　十冊　缺十五卷(五十四至六十八)

330000－1701－0093119　M006485　子部/天文曆算類/曆法之屬
中華民國二十四年歲在乙亥通書一卷　民國二十三年(1934)石印本　一冊

330000－1701－0093120　M007153　類叢部/叢書類/彙編之屬
香艷叢書三百二十六種　(清)蟲天子輯　民國三年(1914)上海中國圖書公司和記鉛印本　四十冊　存一百七十種

330000－1701－0093121　SZD0290　子部/儒家類/儒學之屬
柳翼謀先生河南大學演講集不分卷　柳詒徵撰　民國抄本　一冊

330000－1701－0093122　M006486　集部/總集類/酬唱之屬
來臺集一卷　汪文溥編　民國九年(1920)鉛印本　一冊

330000－1701－0093123　M007005　集部/曲類/寶卷之屬
湛然寶卷二卷　民國二十九年(1940)抄本　二册

330000－1701－0093124　SZD0291　經部/詩類/專著之屬
毛詩鳥名今釋一卷　民國抄本　一册

330000－1701－0093128　M605915　類叢部/叢書類/彙編之屬
涵芬樓祕笈五十一種　孫毓修等輯　民國五年至十五年(1916－1926)上海商務印書館影印本暨鉛印本　十一册　存七種

330000－1701－0093129　SZD0294　史部/傳記類/别傳之屬/事狀
能觀法師小傳一卷　民國抄本　朱師轍校　一册

330000－1701－0093132　SZD0295　子部/雜著類/雜説之屬
讀諸子札記□□卷　陶鴻慶撰　民國抄本　朱師轍批校　一册　存一卷(十三)

330000－1701－0093134　M605917、M610341　史部/目録類/總録之屬/私撰
詒莊樓書目八卷　王修藏並撰　民國十九年(1930)長興王修鉛印本　王修跋　四册

330000－1701－0093136　SZD0296　集部/總集類/選集之屬
詠史詩一卷　民國抄本　一册

330000－1701－0093139　M605918　子部/宗教類/佛教之屬
密菴和尚語錄二卷　(宋)釋咸傑撰　(宋)釋崇岳　(宋)釋了悟等編　民國十一年(1922)天童藏經閣刻本　一册

330000－1701－0093141　SZD0297　集部/别集類
充隱文稿不分卷　朱師轍撰　稿本　一册

330000－1701－0093145　SZD0298　集部/别集類
充隱文稿不分卷　朱師轍撰　稿本　一册

330000－1701－0093146　M605920　子部/宗教類/佛教之屬/諸宗
淨土意語一卷浄土十問一卷附十法界迷悟因果緣起圖説一卷　釋德安撰　民國二十三年(1934)鉛印本　一册

330000－1701－0093147　SZD0299　集部/别集類
擬古詩十九首一卷　朱師轍撰　稿本　一册

330000－1701－0093149　M006488　子部/宗教類/佛教之屬/經咒
大准提菩薩焚修悉地懺悔玄文一卷　郭寅皋　梁榮楝節補　民國九年(1920)刻本　一册

330000－1701－0093151　M006489　集部/别集類
畏廬詩存二卷　林紓撰　民國十四年(1925)上海商務印書館鉛印本　一册

330000－1701－0093152　SZD0300　史部/目録類/總録之屬/史志
清代藝文略二卷　朱師轍撰　稿本　一册

330000－1701－0093154　SZD0301　史部/目録類/總録之屬/氏族
先大父朱豐芑博士遺箸書目一卷　朱師轍撰　稿本　一册

330000－1701－0093155　M006490　集部/總集類/題詠之屬
懷雲圖題詠集一卷　江蔚雲輯　民國三十八年(1949)陽波閣石印本　一册

330000－1701－0093157　SZD0302　史部/目録類/總録之屬/氏族
先大父豐芑博士遺箸書目一卷先君仲我協修遺箸書目一卷　朱師轍撰　稿本　一册

330000－1701－0093158　M605921、M606245　類叢部/叢書類/自著之屬
勱堂遺書八種　顧家相撰　民國八年至十九年(1919－1930)會稽顧氏鉛印本　二册　存二種

330000－1701－0093159　M006491　集部/別集類

畏廬文集一卷　林紓撰　民國三年(1914)上海商務印書館鉛印本　一册

330000－1701－0093161　M605922　子部/宗教類/佛教之屬/諸宗

蓮華生大師應化史略一卷　諾那呼圖克圖逞列匠磋譯義　王淨圓筆受　民國二十三年(1934)杭州鉛印本　一册

330000－1701－0093162　M006492　新學/醫學

病理學講義□□卷　許勉齋編　民國石印本　一册　存一編(上)

330000－1701－0093164　M605923　子部/藝術類/書畫之屬/畫譜

張子祥課徒畫稿四卷　丁寶書臨摹　民國二十二年(1933)上海中華書局影印本　一册　存二卷(二至三)

330000－1701－0093165　M006493　史部/地理類/專志之屬/祠墓

越祠紀略一卷　曾厚章編　民國十二年(1923)鉛印本　一册

330000－1701－0093166　M605924　子部/宗教類/佛教之屬/經疏

楞伽阿跋多羅寶經合轍四卷　(明)釋通潤撰　民國上海佛學書局鉛印本　四册

330000－1701－0093167　M605925　類叢部/叢書類/自著之屬

舜水遺書四種附録一卷　(明)朱之瑜撰　民國二年(1913)山陰湯壽潛鉛印本　十册　缺三卷(文集八至九、十一)

330000－1701－0093169　M605926　類叢部/叢書類/自著之屬

舜水遺書四種附録一卷　(明)朱之瑜撰　民國二年(1913)山陰湯壽潛鉛印本　五册　存三種

330000－1701－0093172　M605927　類叢部/叢書類/自著之屬

舜水遺書四種附録一卷　(明)朱之瑜撰　民國二年(1913)山陰湯壽潛鉛印本　一册　存二種

330000－1701－0093173　M006494　新學/算學/數學

統計學二卷　民國仁錢自治研究所石印本　一册

330000－1701－0093174　M605928　子部/藝術類/書畫之屬/法帖

董玄宰草書一卷　(明)董其昌書　民國十八年(1929)神州國光社石印本　一册

330000－1701－0093176　M605929　史部/雜史類/通代之屬

明清史料乙編不分卷　國立中央研究院歷史語言研究所編　民國二十五年(1936)上海商務印書館鉛印本　十册

330000－1701－0093177　M006495　新學/政治法律

司法院法官訓練所講義　民國鉛印本　二册　存一種

330000－1701－0093178　M605930　史部/雜史類/通代之屬

明清史料丙編不分卷　國立中央研究院歷史語言研究所編　民國二十五年(1936)上海商務印書館鉛印本　十册

330000－1701－0093179　M006496　史部/傳記類/別傳之屬

蟫香館別記一卷　陳中嶽輯　民國二十二年(1933)鉛印本　一册

330000－1701－0093184　M007154　史部/傳記類/總傳之屬/家乘

歷代祖考祖妣系譜一卷　民國抄本　一册

330000－1701－0093188　M007155　集部/別集類

陳莘農先生詩稿一卷　陳燮疇撰　枕溪老人抄校　民國抄本　一册

330000－1701－0093205　M007340　史部/

目録類/總録之屬/私撰

測海樓舊本書目四卷附錄一卷 吳引孫藏 陳乃乾輯 民國二十一年(1932)北平富晉書社鉛印本 二册

330000－1701－0093206 M007341 子部/儒家類/儒學之屬/性理

儒門語要六卷 (清)倪元坦撰 民國長春德源印刷局鉛印本 一册 存三卷(一至三)

330000－1701－0093207 SZD0303 史部/目録類/總録之屬/氏族

先大父豐芑博士遺箸書目一卷先君仲我協修遺箸書目一卷朱充隱箸書目一卷 朱師轍撰 稿本 一册

330000－1701－0093208 M007156 子部/宗教類/佛教之屬

儒理談空一卷附我說十二篇一卷 民國抄本 一册

330000－1701－0093212 M007157 史部/傳記類/日記之屬

俞序文日記□□卷(一月一日至二十九日、三月一日至三日、四月四日) 俞序文撰 稿本 一册 存一卷(一)

330000－1701－0093213 M604692、M604759、M605931 史部/政書類/邦交之屬

清季外交史料六種 (清)王彦威輯 王亮編 民國二十一年至二十四年(1932－1935)北平外交史料編纂處鉛印本 四十二册 存一種

330000－1701－0093221 M007342 子部/醫家類/方書之屬/單方驗方

歸安凌氏飼鶴亭集方一卷 (清)凌奐纂 民國十七年(1928)鉛印本 一册

330000－1701－0093224 M605933 集部/詩文評類/詩評之屬

讀杜韓筆記二卷 (清)李黼平撰 民國二十三年(1934)上海中華書局鉛印本 一册

330000－1701－0093225 SZD0305 史部/目録類/總録之屬/私撰

黔臨嘯閣藏書存目一卷 朱師轍撰 稿本 一册

330000－1701－0093226 M007159 子部/雜著類/雜說之屬

困言一卷附非共和論一卷 (朝鮮)曹兢燮撰 民國鉛印本 一册

330000－1701－0093229 M007160 子部/雜著類/雜說之屬

國學沿革史不分卷 稿本 一册

330000－1701－0093231 M007343 集部/總集類/選集之屬

國文不分卷 民國石印本 一册

330000－1701－0093232 M605932 史部/金石類

非儒非俠齋金石叢著十種 顧燮光撰 民國會稽顧氏金佳石好樓石印本暨鉛印本 一册 存一種

330000－1701－0093236 M007161 新學/天學

天文歌略一卷 (清)葉瀾撰 民國抄本 一册

330000－1701－0093244 M007344 集部/别集類

偪側吟三卷附錄三卷 江家珺撰 民國三十五年(1946)稿本 一册

330000－1701－0093246 M605935、M609644 集部/别集類/清别集

瓶廬叢稿十卷 (清)翁同龢撰 民國二十四年(1935)上海商務印書館據手稿本影印本 十册

330000－1701－0093247 M007345 子部/雜著類/雜說之屬

鶴舫中年政論一卷 金天羽撰 民國三十七年(1948)鉛印本 陳從周題記 一册

330000－1701－0093248 M007162 史部/目録類/總録之屬/史志

漢書藝文志方技補注二卷義生堂書目提要一

卷 （漢）班固撰 （唐）顔師古注 張驥補注 民國二十四年（1935）成都義生堂刻本 一册

330000－1701－0093249 M605936、M609363 類叢部/叢書類

江寧蔣氏湖上草堂叢刻 民國江寧蔣氏湖上草堂鉛印本 二册

330000－1701－0093250 SZD0307 史部/目録類/總録之屬/私撰

傳經室文集目録一卷 朱師轍撰 稿本 一册

330000－1701－0093252 M605937 集部/總集類/選集之屬/斷代

京錫游草不分卷 胡韞玉 傅熊湘 高燮撰 民國八年（1919）鉛印本 一册

330000－1701－0093253 SZD0308 史部/目録類/總録之屬/私撰

朱氏家藏各類書目一卷 稿本 一册

330000－1701－0093254 M007163 史部/詔令奏議類/奏議之屬

姬覺彌上大總統書一卷 姬覺彌撰 民國石印本 一册

330000－1701－0093255 M605938 史部/金石類/石之屬/目録

河南圖書館藏石目一卷 李根源 何日章編 民國十四年（1925）河南官印刷局鉛印本 一册

330000－1701－0093256 M007346 史部/政書類/公牘檔册之屬

稽核手册第一輯一卷 徐之潮編 民國三十一年（1942）石印本 一册

330000－1701－0093257 M605939 史部/政書類/邦交之屬

藏案紀畧一卷 外交部政務司編 民國鉛印本 一册

330000－1701－0093258 M605940 集部/别集類/明别集

江峰漫稿十二卷 （明）吕高撰 （清）李開先選 民國二十三年（1934）國學圖書館影印本 四册

330000－1701－0093260 M007164 史部/政書類/公牘檔册之屬

建德縣育嬰清節兩堂忠義孝節兩祠徵信録一卷 民國九年（1920）鉛印本 一册

330000－1701－0093262 M007347 子部/醫家類/外科之屬

花柳皮肤科學三卷 沈錦鏡編 民國十四年（1925）石印本 一册

330000－1701－0093263 M605944 子部/小説家類/雜事之屬

金壺七墨六種 （清）黄鈞宰撰 民國九年（1920）上海掃葉山房石印本 四册

330000－1701－0093264 M605945 集部/别集類/宋别集

劍南詩鈔六卷 （宋）陸游撰 （清）楊大鶴選 民國十二年（1923）上海掃葉山房石印本 六册

330000－1701－0093265 M601075 類叢部/叢書類/彙編之屬

四部叢刊 張元濟等編 民國上海商務印書館影印本 一千七百四十九册 存二百八十七種

330000－1701－0093267 M007165 史部/目録類/總録之屬/私撰

書目不分卷 民國抄本 一册

330000－1701－0093269 M602185、M603178 史部/地理類/方志之屬/郡縣志

［民國］壽昌縣志十卷首一卷 陳煥 潘紹儁修 陳舉愷纂 方仰賢繪圖 民國十九年（1930）金華大同印務局鉛印本 八册

330000－1701－0093273 M007166 史部/金石類/總志之屬

中國金石學概要三卷 馬衡撰 民國抄本 三册

330000－1701－0093274　M007348、M007907　史部/金石類
孔德研究所叢刊　孔德研究所編　民國鉛印本暨影印本　二冊　存一種

330000－1701－0093276　M605946　經部/小學類/文字之屬/說文
說文解字十五卷標目一卷　（漢）許慎撰　（宋）徐鉉等校定　民國十八年（1929）上海掃葉山房影印本　三冊　存十二卷（四至十五）

330000－1701－0093277　M603179、M601934　史部/地理類/方志之屬/郡縣志
［弘治］上海志八卷　（明）郭經修　（明）唐錦纂　民國二十九年（1940）昆明中華書局據明弘治十七年（1504）刻本影印本　二冊

330000－1701－0093278　M605947　子部/宗教類/佛教之屬
釋門法戒錄一卷　郭慧濬編　民國二十六年（1937）蘇州弘化社鉛印本　一冊

330000－1701－0093279　M007167　子部/術數類/占候之屬
蔣大鴻分金法一卷　民國抄本　一冊

330000－1701－0093280　M605948　子部/宗教類/佛教之屬/論疏
辯中邊論述記六卷　（唐）釋窺基撰　民國元年（1912）江西刻經處刻本　三冊

330000－1701－0093281　M603180　史部/地理類/方志之屬/郡縣志
［民國］上海縣續志三十卷首一卷末一卷　吳馨等修　姚文枏等纂　曾廷芳繪圖　民國七年（1918）上海文廟南園志局刻本　十二冊

330000－1701－0093283　M007349　新學/氣學/水學
水利大意七章　民國石印本　一冊

330000－1701－0093284　M605949　集部/總集類/酬唱之屬
重九唱和詩前編一卷後編一卷首二卷　姚文棟輯　民國六年（1917）鉛印本　一冊

330000－1701－0093285　M603181　史部/地理類/方志之屬/郡縣志
［民國］上海縣續志三十卷首一卷末一卷　吳馨等修　姚文枏等纂　曾廷芳繪圖　民國七年（1918）上海文廟南園志局刻本　十冊　缺五卷（十九至二十三）

330000－1701－0093288　M603182　史部/地理類/方志之屬/郡縣志
［民國］衢縣志三十卷首一卷　鄭永禧纂　民國二十六年（1937）鉛印本　二十冊

330000－1701－0093289　M605950　類叢部/叢書類/自著之屬
晨風廬叢刊十八種　周慶雲撰　民國吳興周氏夢坡室刻本　一冊　存一種

330000－1701－0093292　M605951　類叢部/叢書類/郡邑之屬
河間叢書　民國九年（1920）務本公司石印本　一冊　存一種

330000－1701－0093293　M007350　新學/商務/商學
會計習題集一卷　民國抄本　一冊

330000－1701－0093294　M605952　集部/詩文評類/詩評之屬
可園詩話八卷　陳作霖撰　民國八年（1919）鉛印本　一冊

330000－1701－0093295　M603183　史部/地理類/方志之屬/郡縣志
光緒金華縣志十六卷首一卷附咸同間金華殉難人姓名錄一卷　（清）鄧鍾玉等纂　民國四年（1915）錢人龍鉛印本　十冊

330000－1701－0093298　M603184　史部/地理類/方志之屬/郡縣志
［民國］麗水縣志十四卷　李鍾嶽　李郁芬修　孫壽芝纂　民國十五年（1926）麗水啓明印刷所鉛印本　十冊

330000－1701－0093300　M603185、M603186　史部/地理類/方志之屬/郡縣志
紹興縣志四種合刊　紹興縣修志委員會輯

民國二十五年(1936)紹興縣修志委員會鉛印本(道光會稽縣志稾卷二至五、十至十三、二十至二十二原缺) 十冊 存二種

330000－1701－0093301 M605954 子部/藝術類/書畫之屬/畫譜
吕半隱山水冊不分卷 (清)吕潛繪 (清)王相藏 民國十一年(1922)上海文明書局影印本 一冊

330000－1701－0093303 M007351 史部/傳記類/日記之屬
日記一卷(民國二十二年九月十二日至二十三年二月十七日) 稿本 一冊

330000－1701－0093307 M603187 史部/地理類/方志之屬/郡縣志
[民國]鎮海縣新志備稿二卷 董祖羲纂 民國二十年(1931)上海蔚文印刷局鉛印本 二冊

330000－1701－0093308 M605956 集部/小說類/長篇之屬
增像全圖東周列國志二十七卷首一卷一百八回 (清)蔡奡評點 民國上海文明書局石印本 一冊 存二卷(四至五)

330000－1701－0093310 M007352 史部/地理類/專志之屬/寺觀
雲門顯聖寺志四卷 (清)趙甸編 民國抄本 一冊

330000－1701－0093311 M603188 史部/地理類/方志之屬/郡縣志
[民國]新塍鎮志二十六卷首一卷 朱士楷纂輯 民國九年(1920)平湖綺春閣鉛印本 四冊

330000－1701－0093313 M007170 集部/別集類
大至閣詩一卷 諸宗元撰 民國抄本 一冊

330000－1701－0093314 M605957 集部/曲類/寶卷之屬
新刻西瓜寶卷全集一卷 民國五年(1916)上海文益書局石印本 一冊

330000－1701－0093316 M007171 集部/別集類
節庵先生遺詩六卷 梁鼎芬撰 余紹宋輯 民國十二年(1923)沔陽盧氏慎始基齋武昌刻朱印本 二冊

330000－1701－0093317 M007353 子部/醫家類/方書之屬
肘後方書小引不分卷 民國抄本 一冊

330000－1701－0093318 M605958 集部/曲類/寶卷之屬
新刻洛陽橋寶卷全集一卷 民國五年(1916)上海文益書局石印本 一冊

330000－1701－0093320 M605959 集部/曲類/寶卷之屬
繪圖懊惱祖師歡喜寶卷二卷 民國六年(1917)上海文益書局石印本 一冊 存一卷(一)

330000－1701－0093321 M603189 史部/地理類/方志之屬/郡縣志
[民國]新塍鎮志二十六卷首一卷 朱士楷纂輯 民國九年(1920)平湖綺春閣鉛印本 四冊

330000－1701－0093322 M605960 史部/地理類/輿圖之屬/園林
頤和園簡明圖說一卷 北平市管理頤和園事務所編 民國二十四年(1935)北平市管理頤和園事務所鉛印本 一冊

330000－1701－0093323 M007172 集部/別集類/清別集
陳芠潭翁遺詩三卷 (清)陳芠潭撰 陳伯平輯 民國十年(1921)鉛印本 一冊

330000－1701－0093324 M603190 史部/地理類/方志之屬/郡縣志
[民國]清苑縣志六卷 金良驥 劉雲亭修 姚壽昌纂 民國二十三年(1934)鉛印本 六冊

330000－1701－0093328 M603191 史部/地理類/方志之屬/郡縣志

[民國]歸綏縣志不分卷 鄭植昌修 鄭裕孚纂 民國二十三年(1934)鉛印本 三冊

330000－1701－0093329 M007173 新學/政治法律/政治

政治學概論八章 金祖懋編 **政治學二十章** 楊公達編 民國上海法政大學鉛印本 一冊

330000－1701－0093331 M605961 集部/曲類/寶卷之屬

新刻黄糠寶卷二卷 民國二年(1913)上海文益書局石印本 一冊

330000－1701－0093333 M603192 史部/地理類/方志之屬/郡縣志

[乾隆]烏青鎮志十二卷 (清)董世寧纂修 民國七年(1918)鉛印本 二冊

330000－1701－0093335 M603193 史部/地理類/方志之屬/郡縣志

[民國]朔方道志三十一卷首一卷 馬福祥 陳必淮修 王之臣纂 民國十六年(1927)天津華泰印書館鉛印本 八冊

330000－1701－0093339 M605962 集部/曲類/寶卷之屬

杏花寶卷一卷 民國杭州廣記書局石印本 一冊

330000－1701－0093340 M007174 類叢部/叢書類/彙編之屬

金陵大學中國文化研究所叢刊 金陵大學中國文化研究所編 民國金陵大學中國文化研究所刻本、鉛印本暨影印本 二冊 存一種

330000－1701－0093344 M605963 子部/雜著類/雜說之屬

戒淫文輯證二卷 民國十年(1921)上海宏大善書局石印本 一冊

330000－1701－0093345 M602649、M605964 子部/術數類/相宅相墓之屬

謝氏地理書二種附錄不分卷 謝復撰 民國十三年(1924)鉛印本 二冊

330000－1701－0093347 SZD0324 史部/傳記類/别傳之屬/事狀

先考仲我府君[朱孔彰]行狀一卷 朱師轍撰 民國鉛印本 一冊

330000－1701－0093349 SZD0325 史部/傳記類/别傳之屬/事狀

先考仲我府君[朱孔彰]行狀一卷 朱師轍撰 民國鉛印本 一冊

330000－1701－0093353 M605965 史部/目録類/總録之屬/彙刻

增輯書目畣問五卷别錄一卷清朝箸述諸家姓名略一卷 (清)張之洞撰 民國十年(1921)上海朝記書莊石印本 一冊 存二卷(經部、史部)

330000－1701－0093356 M007354 子部/雜著類/雜纂之屬

拾得草不分卷 稿本 一冊

330000－1701－0093359 SZD0327 經部/小學類/文字之屬/字書

文字形義學講義一卷 朱師轍撰 **釋說文讀若例一卷** 朱孔彰撰 民國鉛印本 一冊

330000－1701－0093361 M007355 史部/傳記類/日記之屬

啟懇日記一卷(二月十三日至五月二日) 稿本 一冊

330000－1701－0093362 M605966 集部/曲類/寶卷之屬

太平寶卷二卷 民國二年(1913)上海文益書局石印本 一冊 存一卷(上)

330000－1701－0093363 M007356 史部/傳記類/日記之屬

真誠日記一卷(民國二十五年八月一日至九月六日、十月九日至十一月二十三日) 維芳撰 民國二十五年(1936)稿本 二冊

330000－1701－0093364 M603194 史部/地理類/方志之屬/郡縣志

[民國]麗水縣志十四卷 李鍾嶽 李郁芬修 孫壽芝纂 民國十五年(1926)麗水啓明印

刷所鉛印本　一册　存三卷(十二至十四)

330000－1701－0093365　M605967　集部/曲類/寶卷之屬
趙氏賢孝寶卷二卷　民國上海文益書局石印本　一册

330000－1701－0093366　M007176　子部/宗教類/佛教之屬/經
佛説阿彌陀經一卷　(後秦)釋鳩摩羅什譯　民國十三年(1924)葉恭綽抄本　一册

330000－1701－0093367　M605968　集部/曲類/寶卷之屬
趙氏賢孝寶卷二卷　民國上海文益書局石印本　一册

330000－1701－0093368　SZD0344　子部/法家類
商君書解詁五卷附録二卷　朱師轍撰　稿本　一册

330000－1701－0093371　M605969　子部/宗教類/佛教之屬/論
止觀門論七十七頌一卷六門教授習定論一卷　(唐)釋義净譯　民國七年(1918)金陵刻經處刻本　一册

330000－1701－0093377　M605971　子部/宗教類/佛教之屬
佛學院講義□□種　民國鉛印本　一册　存一種

330000－1701－0093378　M007464　集部/詞類/别集之屬
痂梅癸未前存詞不分卷　江家瑂撰　稿本　一册

330000－1701－0093381　M605972　子部/宗教類/佛教之屬
佛學院講義□□種　民國鉛印本　一册　存一種

330000－1701－0093382　SZD0345　子部/法家類
商君書解詁五卷附録二卷　朱師轍撰　稿本　二册

330000－1701－0093383　M007357　史部/目録類/總録之屬/私撰
誦清芬館藏書總目　稿本　三册　存三種

330000－1701－0093384　M007358　史部/傳記類/雜傳之屬
江山樓回想録一卷　千葉老人撰　稿本　一册

330000－1701－0093385　M007465　史部/政書類/邦交之屬
解決山東懸案條約一卷　民國十一年(1922)鉛印本　一册

330000－1701－0093387　M603195　史部/地理類/方志之屬/郡縣志
[民國]瑞安縣志稿不分卷　瑞安縣修志委員會纂　民國二十七年(1938)瑞安縣修志委員會鉛印本　三册

330000－1701－0093388　M603196、M606242、M607480、M607560　類叢部/叢書類/彙編之屬
求恕齋叢書三十一種　劉承幹編　民國吴興劉氏嘉業堂刻本　四册　存四種

330000－1701－0093390　M603197　史部/地理類/方志之屬/郡縣志
[民國]歙縣志十六卷　石國柱　樓文釗修　許承堯纂　民國二十六年(1937)歙縣旅滬同鄉會鉛印本　十六册

330000－1701－0093392　M603199　史部/地理類/方志之屬/郡縣志
[民國]蕭山縣志稿三十三卷首一卷末一卷　彭延慶修　姚瑩俊纂　張宗海續修　楊士龍續纂　民國二十四年(1935)鉛印本　六册　存十六卷(首,一、四至九、二十五至二十九、三十二至三十三,末)

330000－1701－0093394　M605973、M609908　集部/别集類/清别集
鴻雪樓詩選初集四卷外集一卷名媛詩話八卷　(清)沈善寶撰　民國十三年(1924)沈敏元

鉛印本　二册　存八卷(名媛詩話一至八)

330000－1701－0093395　M603200　史部/地理類/方志之屬/郡縣志

[萬曆]秀水縣志十卷　(明)李培修　(明)黄洪憲等纂　金蓉鏡校補　民國十四年(1925)金蓉鏡鉛印本　四册

330000－1701－0093397　M007179、M007641　類叢部/叢書類/彙編之屬

國立中央研究院歷史語言研究所專刊　國立中央研究院歷史語言研究所輯　民國鉛印本、石印本暨刻本　二册　存一種

330000－1701－0093398　M605974　子部/宗教類/佛教之屬/經疏

阿彌陀經白話解釋二卷附修行方法一卷　釋印光鑒定　黄智海述　民國十七年(1928)鉛印本　一册

330000－1701－0093399　M603202　集部/别集類/清别集

梅村詩集箋注十八卷　(清)吴偉業撰　(清)吴翌鳳箋注　民國中華圖書館石印本　八册

330000－1701－0093400　M605975　子部/宗教類/佛教之屬

道學論衡二卷　釋太虚撰　民國七年(1918)上海覺社鉛印本　二册

330000－1701－0093401　M603203　集部/别集類/清别集

煙霞萬古樓詩集二卷　(清)王曇撰　**仲瞿詩録一卷**　(清)徐渭仁輯　民國六年(1917)上海掃葉山房石印本　三册

330000－1701－0093402　M007180　史部/雜史類/斷代之屬

戡定閩叛紀略一卷　民國石印本　一册

330000－1701－0093404　M605976　史部/傳記類/日記之屬

翁文恭公軍機處日記不分卷　(清)翁同龢撰　民國二十八年(1939)燕京大學圖書館影印本　二册

330000－1701－0093406　M603204　集部/總集類/選集之屬/通代

六朝文絜箋注十二卷　(清)許槤輯並評　(清)黎經誥箋注　民國上海朝記書莊石印本　四册

330000－1701－0093407　M605977　子部/藝術類/書畫之屬/法帖

唐賀季真草書孝經一卷　(唐)賀知章書　(日本)堀博摹刻　民國上海有正書局影印本　一册

330000－1701－0093410　M603205　集部/别集類/明别集

明張文忠公詩集六卷文集十一卷　(明)張居正撰　民國十一年(1922)上海掃葉山房石印本　四册

330000－1701－0093411　M007181　史部/傳記類/别傳之屬/事狀

廣德錢誦芬堂先德榮哀録一卷　錢文選輯　民國二十四年(1935)鉛印本　一册

330000－1701－0093412　M605979　集部/别集類

鈍廬詩集五卷首一卷文集八卷首一卷　曹炳麟撰　民國二十年(1931)句溪艸堂鉛印本　一册　存五卷(文集首、一至四)

330000－1701－0093413　M603206　史部/史評類/考訂之屬

廿二史劄記三十六卷首一卷補遺一卷　(清)趙翼撰　民國上海文瑞樓石印本　十二册

330000－1701－0093415　M605980　子部/術數類/命書相書之屬

滴天髓闡微四卷　(明)劉基注　(清)任鐵樵增注　民國二十二年(1933)影印本　一册　存一卷(二)

330000－1701－0093416　M603207　集部/總集類/選集之屬/通代

歷代詩文評註讀本　王文濡編　民國上海文明書局鉛印本　三册　存一種

330000－1701－0093418　M605981　史部/

傳記類/總傳之屬/技藝

海上墨林四卷續印增錄一卷第二次續印增錄一卷 楊逸編輯 民國八年(1919)上海豫園書畫善會刻十年(1921)、十八年(1929)增刻本 一册 存一卷(三)

330000－1701－0093419 M603208 史部/傳記類/總傳之屬/斷代

明遺民錄四十八卷 孫靜菴撰 民國元年(1912)上海新中華圖書館鉛印本 十二册

330000－1701－0093420 M605982 集部/總集類/選集之屬/斷代

落葉集四卷 孫雄輯 民國十五年(1926)鉛印本 一册

330000－1701－0093422 M603209 類叢部/叢書類/彙編之屬

涵芬樓祕笈五十一種 孫毓修等輯 民國五年至十五年(1916－1926)上海商務印書館影印本暨鉛印本 四册 存一種

330000－1701－0093423 M605983 集部/別集類

橫海樓詩集甲稿一卷 陳蔚撰 民國十四年(1925)鉛印本 一册

330000－1701－0093425 M603211 子部/小說家類/雜事之屬

庸盦筆記六卷 (清)薛福成撰 民國六年(1917)上海掃葉山房石印本 三册

330000－1701－0093426 M007183 史部/目録類/總録之屬/官修

函購印刷價目冊不分卷 中原印務局編 民國二十三年(1934)鉛印本 一册

330000－1701－0093429 M007184 史部/傳記類/總傳之屬/通代

涵芬樓古今文鈔小傳四卷首一卷附錄一卷 商務印書館編譯所編纂 民國十四年(1925)上海商務印書館鉛印本 一册

330000－1701－0093430 M007466 史部/政書類/邦交之屬

解決山東懸案條約一卷 民國十一年(1922)鉛印本 一册

330000－1701－0093432 M007359 子部/醫家類/類編之屬

醫藥叢書第一集六種 裘慶元輯 民國五年(1916)杭州三三醫社刻本 六册

330000－1701－0093434 M601076 史部/編年類/通代之屬

資治通鑑二百九十四卷 (宋)司馬光撰 (元)胡三省音注 **通鑑釋文辯誤十二卷** (元)胡三省撰 民國二十三年(1934)上海商務印書館鉛印本 五十九册 缺五卷(二百五至二百九)

330000－1701－0093435 M601077 史部/編年類/通代之屬

資治通鑑二百九十四卷 (宋)司馬光撰 (元)胡三省音注 **通鑑釋文辯誤十二卷** (元)胡三省撰 民國六年(1917)上海商務印書館鉛印本 五十八册 缺十卷(一至十)

330000－1701－0093437 M007467 史部/政書類/邦交之屬

化簡稅關則例國際公約一卷 民國鉛印本 一册

330000－1701－0093439 M007186 集部/詩文評類/詩評之屬

柏褘隨筆一卷 稿本 一册

330000－1701－0093440 M007468 史部/政書類/邦交之屬

限制軍備會議討論太平洋及遠東問題議決案不分卷 民國鉛印本 一册

330000－1701－0093441 M007187 子部/術數類/命書相書之屬

立命真度表五卷 蕭仁壽撰 民國十五年(1926)鉛印本 五册

330000－1701－0093442 M007469 史部/政書類/律令之屬

禁止淫刊公約一卷 民國鉛印本 一册

330000－1701－0093444 M007470 史部/

政書類/邦交之屬

九國間關於中國關稅稅則之條約一卷 民國鉛印本 一冊

330000－1701－0093446 M007471 子部/雜著類

雜抄不分卷 民國抄本 一冊

330000－1701－0093448 M007361 類叢部/叢書類/自著之屬

雙流劉鑑泉先生遺書二百二十種 劉咸炘撰 徐國光 王道相編輯 民國成都尚友書塾推十圖書經理處刻本、稿本暨抄本 一冊 存一種

330000－1701－0093449 M007472 史部/政書類/律令之屬/律例

國際法庭規約一卷 民國十年(1921)鉛印本 一冊

330000－1701－0093453 M007473 史部/政書類/律令之屬

禁止販賣婦孺公約一卷 民國鉛印本 一冊

330000－1701－0093454 M605985 經部/小學類/文字之屬/說文/傳說

說文解字詁林提要一卷 丁福保編 民國十七年(1928)上海醫學書局石印本 一冊

330000－1701－0093455 M007474 集部/別集類

東廬吟草四卷 金梁撰 民國鉛印本 一冊

330000－1701－0093459 M007476 史部/政書類/邦交之屬

限制軍備會議討論太平洋及遠東問題議決案不分卷 民國鉛印本 一冊

330000－1701－0093460 M605986 經部/易類

易經證釋不分卷 陸宗輿撰 民國二十七年(1938)天津救世新教會鉛印本 一冊

330000－1701－0093462 M007477 集部/別集類/清別集

澗于集二十卷(澗于集奏議六卷電稿一卷譯署函稿一卷古今體詩四卷文集二卷書牘六卷) (清)張佩綸撰 民國七年至十五年(1918－1926)張氏澗于草堂刻本 一冊 存二卷(電稿、譯署函稿)

330000－1701－0093464 M605987、M608942、M610382 集部/別集類/清別集

躬恥齋文鈔十四卷別集一卷後編六卷附崇祀鄉賢錄一卷躬恥齋詩鈔十四卷首一卷後編七卷校勘記二卷 (清)宗稷辰撰 民國二年(1913)吳門鉛印本 四冊 存二十二卷(詩鈔首、一至十四,詩鈔後編一至七)

330000－1701－0093469 M605988 集部/詞類/別集之屬

困學厂叢刊 民國三十四年(1945)水周堂木活字印本 一冊 存一種

330000－1701－0093471 M605989 史部/地理類/雜志之屬

金陵古今圖攷一卷 (明)陳沂撰 民國十八年(1929)中社影印本 一冊

330000－1701－0093473 M605990 類叢部/叢書類/郡邑之屬

山左先喆遺書 山東省立圖書館編 民國瑞安陳氏裒殷堂鉛印本 一冊 存一種

330000－1701－0093476 M605991 集部/別集類

飲冰室全集四十八卷 梁啓超撰 民國五年(1916)上海中華書局鉛印本 四十八冊

330000－1701－0093478 M007362 子部/宗教類/佛教之屬

初機淨業指南一卷 黃慶瀾撰 民國十一年(1922)鉛印本 一冊

330000－1701－0093481 M605992 子部/宗教類/佛教之屬

宋藏遺珍 上海影印宋版藏經會 北平三時學會輯 民國二十四年(1935)上海影印宋版藏經會、北平三時學會影印本暨鉛印本 十二冊 存四種

330000－1701－0093482 M007363 集部/

別集類/清別集

詠史偶編一卷消寒分詠一卷詠菊三十首一卷　（清）臧穀撰　民國五年（1916）刻本　一冊

330000－1701－0093485　M007189　史部/地理類/雜志之屬

叢臺集四卷首一卷　何遂輯　民國十一年（1922）石印本　一冊

330000－1701－0093486　SZD0354　史部/傳記類/總傳之屬/儒林

清儒學案二百八卷　徐世昌撰　稿本　一冊　存一卷（二十四）

330000－1701－0093487　M007364　史部/目録類/總録之屬/私撰

書目計數不分卷　稿本　定叔題記　一冊

330000－1701－0093490　M605993　子部/宗教類/佛教之屬/經

妙法蓮華經妙德玄記二十八卷　（後秦）釋鳩摩羅什譯　釋根慧記　民國二十九年（1940）上海法雲印經會鉛印本　八冊

330000－1701－0093495　M007190　史部/傳記類/別傳之屬/事狀

汪母潘太夫人七十壽辰徵集詩文不分卷　汪龍標等輯　民國九年（1920）鉛印本　一冊

330000－1701－0093498　SZD0355　經部/四書類/論語之屬

論語漢注不分卷　朱孔彰編　民國抄本　一冊

330000－1701－0093499　M007191　集部/別集類/清別集

一�草堂詩鈔四卷　（清）莊鼎彝撰　民國二十三年（1934）鉛印本　一冊

330000－1701－0093504　M603212　史部/史評類/考訂之屬

史董不分卷　教育部第五服務團研究部編　民國二十九年（1940）三台文華石印社石印本　一冊

330000－1701－0093507　M007479　史部/載記類

吴王張士誠載記五卷　支偉成輯　任致遠述　民國二十一年（1932）上海泰東圖書局鉛印本　四冊　存四卷（二至五）

330000－1701－0093509　SZD0353　經部/小學類/文字之屬/字書

古文籀文與小篆緐簡辨一卷　朱師轍撰　稿本　一冊

330000－1701－0093510　M007192　史部/政書類/公牘檔冊之屬

桃潭事略二卷　汪詠沂撰　民國九年（1920）鉛印本　二冊

330000－1701－0093511　M007480　子部/藝術類/書畫之屬/法帖

舊拓唐嵩陽觀聖德感應頌二卷　（唐）徐浩書　民國二十五年（1936）上海中華書局影印本　一冊　存一卷（二）

330000－1701－0093514　M603213　子部/藝術類/書畫之屬/畫譜

近世一百名家畫集四卷　錢病鶴（錢雲鶴）編　民國七年（1918）圖畫研究會石印本　雲溪山樵題記　一冊　存一卷（一）

330000－1701－0093516　SZD0352　史部/傳記類/總傳之屬/斷代

清史列傳稿　稿本　十八冊

330000－1701－0093518　M007193　類叢部/叢書類/郡邑之屬

台州叢書己集十二種　楊晨輯　民國八年（1919）黄巖楊氏石印本　二冊　存四種

330000－1701－0093526　M007481　史部/傳記類/總傳之屬/家乘

張氏金鑑堂宗譜一卷　張景星纂　民國三十年（1941）鉛印本　一冊

330000－1701－0093529　M007194　史部/目録類/通論之屬

藴珍叢鈔不分卷　民國抄本　一冊

330000－1701－0093530　M007195　經部/

小學類/文字之屬/字書/通論
文字學概說一卷 民國抄本 一冊

330000－1701－0093531 M007365 集部/別集類/清別集
虛白山房詩續集一卷 （清）朱鳳毛撰 民國抄本 一冊

330000－1701－0093532 M007196、M007573、M007939 史部/傳記類/日記之屬
雲從日錄不分卷(民國十二年九月至十二月、十三年一月至三月) 兆龍撰 民國十二年至十三年(1923－1924)稿本 四冊

330000－1701－0093534 M603214、M604721 子部/藝術類/書畫之屬/畫譜
近世一百名家畫集四卷 錢病鶴(錢雲鶴)編 民國七年(1918)圖畫研究會石印本 二冊 存一卷(一)

330000－1701－0093535 M007482、M008310 集部/別集類
百尺梧桐閣詩選二卷 趙光榮撰 民國九年(1920)大成書局鉛印本 二冊

330000－1701－0093536 M603215 史部/地理類/方志之屬/郡縣志
光緒台州府志一百卷首一卷 （清）趙亮熙（清）郭式昌修 王舟瑤等纂 民國十五年(1926)台州旅杭同鄉會鉛印本 二冊 存四卷(五十至五十一、八十六至八十七)

330000－1701－0093538 M007483 集部/別集類/清別集
朱衎廬先生遺稿續編二卷補遺一卷拜竹龕楹聯偶存一卷 （清）朱昌燕撰 張兆鏞輯 民國二十三年(1934)孫氏望雲廬鉛印本 一冊

330000－1701－0093539 M603216 史部/地理類/方志之屬/郡縣志
[民國]德清縣新志十四卷 吳翯臯 王任化修 程森纂 徐克芳 嚴明揚製圖 民國二十一年(1932)鉛印本 吳原題記 四冊

330000－1701－0093540 M007366 集部/總集類/選集之屬/通代
國文講義一卷 范傚文編 民國石印本 一冊

330000－1701－0093542 M007367 新學/醫學/衛生學
衛生學講義一卷 陸昭編 民國石印本 一冊

330000－1701－0093544 M007368 新學/醫學
生理學講義一卷 徐駿撰 民國石印本 一冊

330000－1701－0093545 M007484 史部/政書類/公牘檔冊之屬
道慈業務實習所溯源語錄不分卷 民國二十八年(1939)鉛印本 一冊

330000－1701－0093547 M007198 史部/目録類/總録之屬/私撰
書目一卷 民國抄本 一冊

330000－1701－0093548 M603218 集部/總集類/選集之屬/通代
玉臺新詠十卷 （南朝陳）徐陵編 民國十一年(1922)南陵徐乃昌據明小宛堂本影刻本 二冊

330000－1701－0093550 M007486 史部/政書類/邦計之屬
審計部二十年度事前監督審計工作報告不分卷 審計部編 民國二十年(1931)鉛印本 一冊

330000－1701－0093551 M603219 子部/藝術類/書畫之屬/畫譜
張子祥課徒畫稿四卷 丁寶書臨摹 民國二十二年(1933)上海中華書局影印本 一冊 存一卷(三)

330000－1701－0093552 M007199 史部/編年類/通代之屬
胡刻資治通鑑校字記四卷 熊羅宿撰 民國八年(1919)刻朱印本 二冊

330000－1701－0093553 M007487 史部/

政書類/公牘檔冊之屬
宦滇略存二卷 葉新藻撰 民國三年(1914)武昌协記印書館鉛印本 一冊

330000－1701－0093554 M007370 史部/傳記類/總傳之屬/家乘
[廣東中山]南溪盛氏家譜一卷 盛鴻燾纂修 民國二十年(1931)鉛印本 一冊

330000－1701－0093555 M603220 史部/地理類/方志之屬/郡縣志
[康熙]德清縣誌十卷 (清)侯元棐修 (清)王振孫等纂 民國元年(1912)德清縣續修縣志事務所石印本 三冊 存七卷(一至七)

330000－1701－0093557 M603221 史部/地理類/方志之屬/郡縣志
[嘉慶]德清縣續志十卷 (清)周紹濂修 (清)許宗彥 (清)徐養原纂 民國元年(1912)石印本 二冊

330000－1701－0093558 M007200 集部/詩文評類/文法之屬/雜著
普通文料大全三十卷 廣文書局編輯所編輯 民國上海世界書局石印本 一冊 存十五卷(一至十五)

330000－1701－0093563 M007371 史部/史評類/考訂之屬
校史隨筆一卷 張元濟撰 民國二十八年(1939)商務印書館鉛印本 二冊

330000－1701－0093564 M603224 史部/地理類/方志之屬/郡縣志
[嘉慶]咸寧縣志二十六卷首一卷 (清)高廷法 (清)沈琮修 (清)陸耀遹 (清)董祐誠纂 民國二十五年(1936)鉛印本 三冊 存十一卷(首,一至五、二十至二十四)

330000－1701－0093566 M007372 史部/傳記類/日記之屬
啟憑日記一卷(民國十七年一月一日至五月二十五日) 民國十七年(1928)稿本 一冊

330000－1701－0093567 M007373 子部/農家農學類/農藝之屬/作物種植
麥作學二十八章 孫逢吉編 民國十七年(1928)石印本 一冊 存十四章(一至十四)

330000－1701－0093570 M603225 史部/地理類/方志之屬/通志
[宣統]新疆圖志一百十六卷首一卷 袁大化修 王樹枏 王學曾纂 民國十二年(1923)東方學會鉛印本 三十二冊

330000－1701－0093571 M007489 新學/商務
工廠管理八章 朱雨聲編 民國二十一年(1932)石印本 一冊

330000－1701－0093575 M603226 史部/地理類/方志之屬/郡縣志
紹興縣志四種合刊 紹興縣修志委員會輯 民國二十五年(1936)紹興縣修志委員會鉛印本(道光會稽縣志稾卷二至五、十至十三、二十至二十二原缺) 三冊 存一種

330000－1701－0093576 M007374 子部/儒家類/儒學之屬
西銘述一卷 (清)費崇朱編 民國抄本 一冊

330000－1701－0093578 G607361 經部/群經總義類/傳說之屬
十三經獨斷一卷 趙曾望撰 民國鉛印本 一冊

330000－1701－0093582 M603227 史部/地理類/方志之屬/郡縣志
[民國]嵊縣志三十二卷首一卷 牛蔭麐 羅毅修 丁謙 余重耀纂 民國二十四年(1935)鉛印本 二十冊

330000－1701－0093589 M007376 史部/政書類/考工之屬
浙省改良紙料圖說一卷 民國鉛印本 一冊

330000－1701－0093590 M007377 集部/總集類/選集之屬/通代
分陽雜錄不分卷 民國六年(1917)稿本 一冊

330000－1701－0093591　M007378　史部/傳記類/日記之屬

長吟短吟之室日記一卷(民國廿一年十二月廿八日至卅一日)繭盦日記一卷(民國廿二年一月一日至廿五日)三不惑盦日記一卷(民國廿六年七月十八日至八月十日)　民國二十一年至二十六年(1932－1937)稿本　一册

330000－1701－0093593　M007203、M007205　類叢部/叢書類/彙編之屬

古今説部叢書二百七十二種　國學扶輪社輯　民國四年(1915)中國圖書公司和記鉛印本　九册　存四十六種

330000－1701－0093594　M601078　類叢部/叢書類/彙編之屬

四部叢刊續編七十七種　張元濟等編　民國二十三年(1934)上海商務印書館影印本　五百十册　存七十六種

330000－1701－0093596　M007490　集部/別集類

蠡睫園合稿不分卷　周大烈撰　民國曬印本　一册

330000－1701－0093598　M007491　集部/曲類/寶卷之屬

雙金錠不分卷　民國抄本　一册

330000－1701－0093599　M007492　史部/地理類/方志之屬/郡縣志

[民國]瑞安縣志稿□□卷　瑞安縣修志委員會編　民國二十七年(1938)瑞安縣修志委員會鉛印本　宋慈褎題記　一册　存二卷(七至八)

330000－1701－0093601　M007493　史部/傳記類/日記之屬

日記不分卷(民國二十年十一月一日至二十一年八月三日)　聰強撰　稿本　二册

330000－1701－0093602　M605994　子部/宗教類/佛教之屬/經

妙法蓮華經妙德玄記二十八卷　(後秦)釋鳩摩羅什譯　釋根慧記　民國二十九年(1940)上海法雲印經會鉛印本　六册　缺三卷(二、四至五)

330000－1701－0093604　M007494　類叢部/叢書類/彙編之屬

雙肇樓叢書　張江裁(張涵鋭)輯　民國鉛印本　一册　存京津風土叢書十七種

330000－1701－0093607　M605996　子部/宗教類/佛教之屬/諸宗

聖救度佛母修持法不分卷　諾那呼圖克圖撰　吴潤江編　民國二十七年(1938)上海覺圓精舍鉛印本　一册

330000－1701－0093609　M603228　史部/地理類/方志之屬/郡縣志

[民國]鄞縣通志六志五十一編附圖一卷　張傳保　汪煥章修　陳訓正　馬瀛纂　民國二十四年(1935)至一九五一年寧波鄞縣通志館鉛印本　十四册　存二十七編(輿地志甲、乙、丙、丁、戊、己、庚、辛、壬、癸上下、子、寅、卯、辰、巳,文獻志甲下、乙、丙、丁、戊上、庚中,食貨志甲、乙、丙、丁上下、戊上下、己上)

330000－1701－0093611　M603229、M603608、M604490、M608830　史部/地理類/方志之屬/郡縣志

[民國]鄞縣通志六志五十一編附圖一函　張傳保　汪煥章修　陳訓正　馬瀛纂　民國二十四年(1935)至一九五一年寧波鄞縣通志館鉛印本　十四册　存二十二編(輿地志辛、壬、癸上下、子、丑、甲、乙、丙、丁、戊、己,政教志甲、乙、寅下,食貨志丁下、戊上,博物志甲、乙,文獻志甲上、己、庚上下、戊中下)

330000－1701－0093612　M605997　子部/宗教類/佛教之屬

佛心經品亦通大隨求陀羅尼二卷　(唐)釋流志譯　民國影印本　一册

330000－1701－0093613　M605998　子部/宗教類/佛教之屬

佛心經品亦通大隨求陀羅尼二卷　(唐)釋流志譯　民國影印本　一册

330000－1701－0093614　M007379　子部/宗教類/道教之屬

經濟尋源九卷後集三卷　(清)南陽覺空子編　民國二十年(1931)北京天華館鉛印本　五冊

330000－1701－0093615　M603230　史部/地理類/方志之屬/郡縣志

至順鎮江志二十一卷首一卷附録一卷　(元)脱因修　(元)俞希魯纂　**校勘記二卷**　(清)劉文淇撰　民國十二年(1923)如皋冒廣生刻本　三冊　存九卷(首、一至八)

330000－1701－0093616　M605999　集部/別集類/唐五代別集

杜詩註解節鈔一卷　(唐)杜甫撰　(清)顧淳慶輯注　民國十六年(1927)上海科學儀器館據顧氏抄本影印本　一冊

330000－1701－0093618　M603231　史部/地理類/方志之屬/郡縣志

紹興縣志四種合刊　紹興縣修志委員會輯　民國二十五年(1936)紹興縣修志委員會鉛印本(道光會稽縣志稾卷二至五、十至十三、二十至二十二原缺)　三冊　存一種

330000－1701－0093619　M606000　史部/傳記類/總傳之屬/斷代

辛亥殉難記五卷首一卷辛亥殉難表不分卷　吳慶坻輯　民國五年(1916)鉛印本　一冊　存目録

330000－1701－0093621　M606001　子部/宗教類/佛教之屬

集古今佛道論衡實録五卷　(唐)釋道宣撰　**續集古今佛道論衡一卷**　(唐)釋智昇撰　民國二年(1913)常州天寧寺刻本　二冊

330000－1701－0093622　M603232　史部/地理類/方志之屬/郡縣志

光緒浦江縣志十五卷首一卷附咸同殉難録二卷　(清)善廣修　(清)張景青等纂　民國五年(1916)鉛印本　十六冊

330000－1701－0093623　M603233、M607531　史部/地理類/方志之屬/郡縣志

[光緒]當塗縣鄉土志二卷　(清)歐陽�纂　民國五年(1916)南京美新印社石印本　二冊

330000－1701－0093625　M603234　史部/地理類/方志之屬/郡縣志

[民國]新塍鎮志二十六卷首一卷　朱士楷纂輯　民國九年(1920)平湖綺春閣鉛印本　蔡制題記　四冊

330000－1701－0093627　M603236、M608289　史部/地理類/方志之屬/郡縣志

[嘉慶]德清縣續志十卷　(清)周紹濂修　(清)許宗彥　(清)徐養原纂　民國元年(1912)石印本　二冊　存八卷(一至八)

330000－1701－0093629　M603237、M603839　史部/地理類/方志之屬/郡縣志

[民國]新昌縣志二十卷附新昌農事調查一卷　金城修　陳畬纂　**沃州詩存一卷**　(宋)潘音撰　**沃州文存一卷**　(宋)徐霖撰　民國八年(1919)鉛印本　十一冊

330000－1701－0093634　M603238　經部/詩類/傳說之屬

放齋詩說四卷首一卷　(宋)曹粹中撰　張壽鏞輯　民國三十三年(1944)鉛印本　一冊

330000－1701－0093635　M603239　史部/地理類/方志之屬/郡縣志

[民國]廣德縣志稿五十九卷首一卷末一卷　錢文選編　民國三十七年(1948)鉛印本　一冊

330000－1701－0093639　M603240　類叢部/叢書類/自著之屬

湖濱補讀廬叢刻五種十三卷　鍾廣生撰　民國二十年(1931)鉛印本　一冊　存一種

330000－1701－0093642　M603241　集部/總集類/尺牘之屬

錢塘吳氏舊藏名人書簡不分卷　(清)吳錫麒編　民國十四年(1925)石印本　四冊

330000－1701－0093646　M603242　史部/地理類/方志之屬/郡縣志

[民國]昌化縣志十八卷首一卷　陳培珽等修　許昌言等纂　民國十三年(1924)鉛印本　八冊

330000－1701－0093666　M606002　子部/宗教類/佛教之屬/諸宗
淨土生無生論註一卷　(明)釋傳燈撰　(明)釋正寂註　民國十三年(1924)杭州刻經處刻本　一冊

330000－1701－0093670　M606003　子部/宗教類/佛教之屬
出苦飛航不分卷　何侃如撰　民國三十四年(1945)鉛印本　一冊

330000－1701－0093673　M606004　子部/宗教類/佛教之屬/諸宗
聖救度佛母修持法不分卷　諾那呼圖克圖撰　吳潤江編　民國二十四年(1935)上海覺圓精舍鉛印本　一冊

330000－1701－0093676　M606005　子部/宗教類/佛教之屬/諸宗
聖救度佛母修持法不分卷　諾那呼圖克圖撰　吳潤江編　民國二十四年(1935)上海覺圓精舍鉛印本　一冊

330000－1701－0093678　M606006　子部/宗教類/佛教之屬/諸宗
聖救度佛母修持法不分卷　諾那呼圖克圖撰　吳潤江編　民國二十四年(1935)上海覺圓精舍鉛印本　一冊

330000－1701－0093679　M606007　子部/宗教類/佛教之屬/經疏
解深密經注十卷　歐陽漸編　民國六年(1917)金陵刻經處刻本　三冊

330000－1701－0093681　M606008　子部/宗教類/佛教之屬/總録
一念成佛法要二卷　陳海超撰　民國二十年(1931)上海商務印書館鉛印本　二冊

330000－1701－0093684　M606009　子部/宗教類/佛教之屬/總録
一念成佛法要二卷　陳海超撰　民國二十年(1931)上海商務印書館鉛印本　釋廣覺題記　二冊

330000－1701－0093688　M606010　子部/宗教類/佛教之屬/總録
一念成佛法要二卷　陳海超撰　民國二十年(1931)上海商務印書館鉛印本　二冊

330000－1701－0093690　M606011、M608626、M609483、M610386　史部/目録類/總録之屬/私撰
東海藏書樓書目不分卷　徐允中藏並編　民國九年(1920)武林鉛印本　六冊

330000－1701－0093696　M606012　子部/宗教類/佛教之屬
金剛般若波羅蜜經一卷般若波羅蜜多心經一卷大悲心陀羅尼咒一卷　(後秦)釋鳩摩羅什譯　(清)葉衍蘭書　民國二十一年(1932)影印本　一冊

330000－1701－0093697　M606013　子部/宗教類/佛教之屬
金剛般若波羅蜜經一卷般若波羅蜜多心經一卷大悲心陀羅尼咒一卷　(後秦)釋鳩摩羅什譯　(清)葉衍蘭書　民國二十一年(1932)影印本　一冊

330000－1701－0093698　M007495　史部/政書類/邦交之屬
浙江交涉署交涉節要一卷浙江交涉公署交涉節要一卷　民國六年(1917)石印本　二冊

330000－1701－0093699　M007496　史部/政書類/邦交之屬
浙江交涉署交涉節要二卷　民國四年(1915)石印本　二冊

330000－1701－0093701　M007497　子部/術數類/相宅相墓之屬
地名圖形一卷附甘瑞柏先生南幹龍脈派一卷　民國抄本　一冊

330000－1701－0093703　M007498　子部/醫家類/綜合之屬
景景室醫稿雜存一卷　陸晉笙撰　民國鉛印

本　一冊

330000－1701－0093704　M007499　子部/藝術類/遊藝之屬/聯語

楹聯集錦一卷　民國抄本　一冊

330000－1701－0093705　M007210　集部/總集類/氏族之屬

伏舍傳唫集四卷　何鏞等撰　民國二十五年(1936)會稽壽氏鉛印本　一冊

330000－1701－0093709　M007501　子部/儒家類/儒學之屬/蒙學

課子隨筆鈔十卷　(清)張師載編輯　民國石印本　三冊　缺二卷(一至二)

330000－1701－0093713　M007211　子部/藝術類/遊藝之屬/雜藝

繪圖遊戲全書十六卷　廣文書局編輯所編　民國十二年(1923)上海世界書局石印本　一冊

330000－1701－0093714　M007502　新學/政治法律

現行法制大意三編　柴宗瀠講述　民國石印本　一冊

330000－1701－0093718　M603243　史部/地理類/方志之屬/郡縣志

紹興縣志四種合刊　紹興縣修志委員會輯　民國二十五年(1936)紹興縣修志委員會鉛印本(道光會稽縣志稾卷二至五、十至十三、二十至二十二原缺)　四冊　存一種

330000－1701－0093720　M007503　子部/術數類/相宅相墓之屬

形家集要戀頭心法四卷　(宋)賴布衣撰　民國十九年(1930)鉛印本　一冊

330000－1701－0093721　M602586、M603244　史部/地理類/方志之屬/郡縣志

[民國]咸寧長安兩縣續志二十二卷　翁檉修　宋聯奎纂　張綱維　樊思敬繪圖　民國二十五年(1936)鉛印本　二冊　存六卷(一至六)

330000－1701－0093722　M603245　史部/地理類/方志之屬/郡縣志

[民國]咸寧長安兩縣續志二十二卷　翁檉修　宋聯奎纂　張綱維　樊思敬繪圖　民國二十五年(1936)鉛印本　六冊

330000－1701－0093724　M603246　史部/地理類/方志之屬/郡縣志

紹興縣志四種合刊　紹興縣修志委員會輯　民國二十五年(1936)紹興縣修志委員會鉛印本(道光會稽縣志稾卷二至五、十至十三、二十至二十二原缺)　三冊　存一種

330000－1701－0093727　M606020　子部/宗教類/佛教之屬/經

佛説金剛般若波羅密經一卷歷朝金剛經持驗紀一卷　(清)沈明哉編校　民國十二年(1923)刻本　一冊

330000－1701－0093729　M603247　史部/地理類/方志之屬/郡縣志

紹興縣志四種合刊　紹興縣修志委員會輯　民國二十五年(1936)紹興縣修志委員會鉛印本(道光會稽縣志稾卷二至五、十至十三、二十至二十二原缺)　一冊　存一種

330000－1701－0093730　M606021　史部/雜史類/斷代之屬

居仁日覽不分卷　阮忠樞等編　民國四年(1915)石印本　一冊

330000－1701－0093734　M606022　子部/宗教類/佛教之屬/論疏

十二門論疏四卷序疏一卷　(唐)釋吉藏撰　民國四年(1915)金陵刻經處刻七年(1918)補刻本　二冊　缺二卷(三至四)

330000－1701－0093735　M603248　史部/地理類/方志之屬/郡縣志

[民國]松陽縣志十四卷首一卷末一卷　吕耀鈐　陳訓舒　秦豐元修　高煥然纂　高自珍測繪　丁光畫圖　民國十五年(1926)木活字印本　三冊　存四卷(九至十二)

330000－1701－0093736　M606023　子部/

宗教類/佛教之屬/論疏
十二門論疏四卷序疏一卷 （唐）釋吉藏撰 民國四年（1915）金陵刻經處刻七年（1918）補刻本 二冊 缺二卷（三至四）

330000－1701－0093737 M007212 史部/目録類/專録之屬
中國地方志綜錄不分卷統計表一卷統計圖一卷索引一卷附錄一卷 朱士嘉撰 民國二十六年（1937）上海商務印書館石印本 一冊

330000－1701－0093739 M606024 子部/宗教類/佛教之屬/諸宗
淨土生無生論註一卷 （明）釋傳燈撰 （明）釋正寂註 民國十三年（1924）杭州刻經處刻本 一冊

330000－1701－0093740 M603249 集部/別集類
市隂叢稿一卷 薛元燕撰 民國二十四年（1935）鉛印本 應野平題記 一冊

330000－1701－0093741 M606025 子部/宗教類/佛教之屬/諸宗
淨土生無生論註一卷 （明）釋傳燈撰 （明）釋正寂註 民國十三年（1924）杭州刻經處刻本 一冊

330000－1701－0093742 M606026 子部/宗教類/佛教之屬/諸宗
淨土生無生論註一卷 （明）釋傳燈撰 （明）釋正寂註 民國十三年（1924）杭州刻經處刻本 一冊

330000－1701－0093745 M007504 子部/雜著類/雜編之屬
見聞集廣不分卷 稿本 一冊

330000－1701－0093752 M007506、M007985 子部/宗教類/道教之屬
修道要訣□□卷 民國抄本 二冊 存二卷（一至二）

330000－1701－0093753 M007507 史部/目録類/書志之屬/題跋
藏書題識五卷 （清）汪璐輯 民國二十七年（1938）鉛印本（卷三至五原缺） 一冊

330000－1701－0093754 M007215 集部/總集類/選集之屬/通代
聖嘆批才子古文歷朝九卷大家十七卷 （清）金人瑞批 （清）王之績評註 民國九年（1920）上海掃葉山房石印本 六冊

330000－1701－0093759 M007216 集部/詩文評類/文法之屬/函牘格式
新撰句解共和尺牘四卷 賀群上編輯 民國八年（1919）上海廣益書局石印本 一冊

330000－1701－0093760 M007380 子部/雜著類/雜纂之屬
慶挽襍文一卷 民國抄本 一冊

330000－1701－0093761 M007508 史部/叢編
耕蔭叢刊□□種 民國鉛印本 一冊 存一種

330000－1701－0093764 G006248 子部/醫家類/類編之屬
張氏醫書七種 （清）張璐 （清）張登 （清）張倬撰 民國石印本 一冊 存一種

330000－1701－0093765 M007381 集部/別集類
竟無詩文一卷 歐陽漸撰 民國三十年（1941）支那内學院刻本 一冊

330000－1701－0093766 M007509 類叢部/叢書類/自著之屬
鳳臺山館著書□□種 潘宗鼎撰 民國鉛印本 一冊 存一種

330000－1701－0093768 M603250 集部/別集類
聽香讀畫軒文鈔一卷詩鈔一卷詞鈔一卷聯語彙錄一卷 馬逸臣撰 孫葆英輯 民國二十八年（1939）鉛印本 一冊

330000－1701－0093769 M007510 史部/傳記類/日記之屬
日記不分卷（民國五年九月至六年十二月）

傅霞光撰　稿本　一冊

330000－1701－0093772　M007383　集部/別集類

篠吟館詩存一卷　余晉芳撰　民國二十三年(1934)鉛印本　一冊

330000－1701－0093773　M007218　子部/叢編

評註諸子菁華錄十八種十八卷　張之純編纂　民國上海商務印書館鉛印本　二冊　存二卷(八至九)

330000－1701－0093776　M007384　史部/目録類/版本之屬

各種仿宋版式樣本一卷　董康輯　民國二十三年(1934)鉛印本　一冊

330000－1701－0093777　M603252　經部/群經總義類/文字音義之屬

經傳釋詞十卷　(清)王引之撰　王時潤點勘　民國上海古書流通處影印本　四冊

330000－1701－0093779　M007511　集部/小説類/長篇之屬

忠岳傳後集不分卷　民國抄本　一冊

330000－1701－0093780　M606027　子部/宗教類/佛教之屬/諸宗

發菩提心論教相義演一卷　釋文殊揭諦編　民國二十三年(1934)鉛印本　一冊

330000－1701－0093781　M603253　類叢部/叢書類/家集之屬

武林丁氏家集十三種　丁立誠　丁立中撰　民國錢塘丁氏嘉惠堂鉛印本　一冊　存一種

330000－1701－0093782　M007512　子部/雜著類/雜纂之屬

桐江雜録不分卷　民國五年(1916)抄本　二冊

330000－1701－0093783　M007385　子部/雜著類/雜説之屬

棣華館筆記一卷　陳斐然撰　民國九年(1920)石印本　一冊

330000－1701－0093785　M606028　子部/宗教類/佛教之屬/諸宗

發菩提心論教相義演一卷　釋文殊揭諦編　民國二十三年(1934)鉛印本　一冊

330000－1701－0093786　M603254　集部/別集類/清別集

雲津詩鈔二卷文鈔四卷　(清)楊世植撰　民國楊際時等石印本　一冊　存四卷(文鈔一至四)

330000－1701－0093787　M608256　類叢部/叢書類/郡邑之屬

義烏先哲遺書五種　黄侗編　民國二十二年至二十四年(1933－1935)義烏黄氏鉛印本　一冊　存一種

330000－1701－0093788　M606029　經部/易類/傳説之屬

周易禪解十卷　(明)釋智旭撰　民國四年(1915)金陵刻經處刻本　三冊

330000－1701－0093789　M007513　史部/傳記類/總傳之屬/家乘

[浙江富陽]富春陸氏宗譜不分卷富春安民陳氏宗譜不分卷　民國七年(1918)木活字印本　一冊

330000－1701－0093790　M603255　集部/別集類

寥天一廬文稿一卷詩稿一卷　余重耀撰　民國鉛印本　一冊

330000－1701－0093791　M608257　集部/別集類

雲石山房詩草一卷　沈廷傑撰　民國二十五年(1936)鉛印本　一冊

330000－1701－0093795　M608258　集部/別集類

己未集一卷　張朝墉撰　民國八年(1919)上海聚珍倣宋印書局鉛印本　一冊

330000－1701－0093796　M603256　集部/別集類/清別集

夢紅豆邨詩集十四卷　(清)黄大華撰　民國

二十三年(1934)鉛印本　二冊

330000－1701－0093797　M007386　史部/政書類/公牘檔冊之屬
君憲問題文電彙編不分卷　楊度等編　民國四年(1915)北京正蒙印書局鉛印本　邵欽權題記　二冊

330000－1701－0093798　M606030　子部/宗教類/佛教之屬
盂蘭盆報恩大齋勝會儀軌輯要一卷　(清)釋儀潤輯　民國九年(1920)揚州東鄉磚橋刻經處刻本　一冊

330000－1701－0093800　M608259　集部/總集類/酬唱之屬
晨風廬唱和續集十二卷　周慶雲輯　民國吳興周氏夢坡室刻藍印本　一冊　存一卷(一)

330000－1701－0093801　M007219　子部/術數類/相宅相墓之屬
地理錄要四卷　(清)蔣平階撰　民國四年(1915)上海會文堂書局石印本　四冊

330000－1701－0093802　M606031　史部/傳記類/總傳之屬/釋道
八十八祖傳贊五卷　(明)釋德清述　(明)高乘埏補　民國二年(1913)常州天寧寺刻本　二冊

330000－1701－0093804　M608260　集部/別集類
無題詩一卷　魏在田撰　民國鉛印本　一冊

330000－1701－0093805　M007514　集部/總集類/氏族之屬
桐照林氏歷代壽考文詩彙錄二卷首一卷　林時霝輯　民國十一年(1922)鉛印本　一冊

330000－1701－0093806　M606032　史部/傳記類/總傳之屬/釋道
八十八祖傳贊五卷　(明)釋德清述　(明)高乘埏補　民國二年(1913)常州天寧寺刻本　二冊

330000－1701－0093807　M603257　集部/別集類/清別集
夢紅豆邨詩集十四卷　(清)黄大華撰　民國二十三年(1934)鉛印本　一冊

330000－1701－0093810　M606033　子部/宗教類/佛教之屬
勅賜圓照禪寺茚溪和尚語錄北集一卷附錄一卷雜著一卷　(清)釋超見錄　民國鉛印本　一冊

330000－1701－0093811　M603258　集部/別集類
一山文存十二卷　章梫撰　民國七年(1918)吳興劉氏嘉業堂刻本　四冊

330000－1701－0093812　M007220　新學/雜著/雜記
新時代忠告不分卷　民國鉛印本　一冊

330000－1701－0093813　M007515　子部/宗教類/佛教之屬/經
妙法蓮華經七卷　(後秦)釋鳩摩羅什譯　民國二十五年(1936)抄本　一冊　存二卷(六至七)

330000－1701－0093814　M007387　集部/別集類
屈翁詩稿十二卷泰西新史雜詠一卷　李世伸撰　民國十四年(1925)刻本　二冊

330000－1701－0093816　M608262　集部/別集類
寄傲盦遺集三卷　黄壽曾撰　民國十九年(1930)鉛印本　一冊

330000－1701－0093818　M007516、M007871　集部/別集類/清別集
簠齋尺牘不分卷　(清)陳介祺撰　陳敬第輯　民國八年(1919)上海商務印書館影印本　沈倬章跋　五冊

330000－1701－0093819　M603259　史部/傳記類/總傳之屬
錢公林富配戴太夫人百齡冥紀追慶錄不分卷　錢文選編　民國二十一年(1932)鉛印本　一冊

330000 – 1701 – 0093821　M606034　子部/宗教類/佛教之屬

勅賜圓照禪寺茚溪和尚語錄北集一卷附錄一卷雜著一卷　(清)釋超見錄　民國鉛印本　一册

330000 – 1701 – 0093823　M608263　集部/別集類

寄傲盦遺集三卷　黄壽曾撰　民國十九年(1930)鉛印本　一册

330000 – 1701 – 0093824　M606035　子部/宗教類/佛教之屬

勅賜圓照禪寺茚溪和尚語錄北集一卷附錄一卷雜著一卷　(清)釋超見錄　民國鉛印本　一册

330000 – 1701 – 0093825　M608266　集部/別集類

觀山文稿十卷首一卷　章乃羹撰　民國二十四年(1935)鉛印本　二册

330000 – 1701 – 0093826　M603260　子部/宗教類/道教之屬

古本道德經校刊二卷　(晉)王弼注　何士驥校　民國二十五年(1936)國立北平研究院鉛印本　三册

330000 – 1701 – 0093828　M608264　集部/別集類

刪亭文集二卷續集二卷　周同愈撰　民國二十四年(1935)無錫周氏鉛印本　一册

330000 – 1701 – 0093830　M007388　子部/雜著類/雜纂之屬

蔭巢漫錄四卷　稿本　一册　存一卷(一)

330000 – 1701 – 0093831　M608265　集部/別集類

畏廬文集一卷　林紓撰　民國十四年(1925)上海商務印書館鉛印本　一册

330000 – 1701 – 0093832　M603261　子部/藝術類/書畫之屬/法帖

王忠慤公遺墨二卷　王國維書　民國十九年(1930)石印本　二册

330000 – 1701 – 0093837　M608267　集部/別集類

觀山文稿十卷首一卷　章乃羹撰　民國二十四年(1935)鉛印本　二册

330000 – 1701 – 0093839　M603263　史部/雜史類/斷代之屬

簷醉雜記三卷　徐沅撰　民國十七年(1928)無錫楊氏鉛印本　一册

330000 – 1701 – 0093840　M601079、M607187、M607188、M607269　類叢部/叢書類/彙編之屬

四部叢刊三編七十一種　張元濟等編　民國二十四年至二十五年(1935 – 1936)上海商務印書館影印本　四百七十七册　缺二十三卷(罪惟録六十七至八十九)

330000 – 1701 – 0093844　M608268　集部/別集類

觀山文稿十卷首一卷　章乃羹撰　民國二十四年(1935)鉛印本　二册

330000 – 1701 – 0093845　M603264　集部/總集類/選集之屬/斷代

三子游草不分卷　高燮等撰　民國四年(1915)鉛印本　一册

330000 – 1701 – 0093846　M608269　集部/總集類/郡邑之屬

諸暨詩英十一卷續編七卷　徐道政編　民國二十五年(1936)鉛印本　四册

330000 – 1701 – 0093848　M608270　集部/總集類/郡邑之屬

諸暨詩英十一卷續編七卷　徐道政編　民國二十五年(1936)鉛印本　四册

330000 – 1701 – 0093849　M608271　集部/總集類/郡邑之屬

諸暨詩英十一卷續編七卷　徐道政編　民國二十五年(1936)鉛印本　四册

330000 – 1701 – 0093851　M603265　集部/別集類/清別集

船屯漁唱箋釋一卷　(清)張綦母撰　周喟箋　民國五年(1916)石印本　一册

330000－1701－0093852　M608272　集部/別集類

含嘉室詩集八卷　吴士鑑撰　民國元年(1912)鉛印本　二册

330000－1701－0093853　M603266　類叢部/叢書類/自著之屬

濱虹雜著三種　黄賓虹述　民國七年(1918)鉛印本　一册

330000－1701－0093855　M608273　集部/別集類

悔餘生詩五卷　吴慶坻撰　民國十五年(1926)鉛印本　二册

330000－1701－0093857　M603267　集部/詞類/別集之屬

東江別集五卷集外詩一卷　(清)沈謙撰　民國九年(1920)上海聚珍倣宋印書局鉛印本　一册

330000－1701－0093859　M608274　史部/雜史類/斷代之屬

鴉片事略二卷　(清)李圭撰　民國二十年(1931)國立北平圖書館鉛印本　一册

330000－1701－0093860　M603268　集部/別集類

李子瑾文録二卷附書一卷　李瑜撰　民國二十三年(1934)鉛印本　一册

330000－1701－0093861　民951.00911/7794　史部/紀傳類/正史之屬

史記識誤三卷　周尚木撰　民國十七年(1928)石印本　一册

330000－1701－0093864　M007389　子部/醫家類/婦科之屬/產科

產科學講義七卷產科手術學二卷　瞿紹衡撰　民國鉛印本　七册

330000－1701－0093867　M608275　集部/別集類/清別集

繁露書帷文集二卷　(清)陳省欽撰　民國八年(1919)武林印書館鉛印本　一册

330000－1701－0093868　M603269　史部/金石類

非儒非俠齋金石叢著十種　顧燮光撰　民國會稽顧氏金佳石好樓石印本暨鉛印本　二册　存一種

330000－1701－0093871　M007390　新學/政治法律/制度

華國共和制議一卷　雷宇仁撰　民國十七年(1928)刻本　一册

330000－1701－0093872　M603270　集部/別集類

偁山遺集四卷　章錫光撰　民國十一年(1922)會稽章氏琴鶴軒刻本　一册

330000－1701－0093874　M608276　集部/總集類/酬唱之屬

六十初度酬唱集一卷　許祖謙輯　民國二十一年(1932)鉛印本　一册

330000－1701－0093877　M007225　子部/宗教類/佛教之屬/經

鴉嘛阿納答嘎經一卷鴉嘛阿納答嘎供讚一卷鴉嘛阿納答嘎禮讚一卷鴉嘛阿納答嘎吉祥讚一卷　民國抄本　一册

330000－1701－0093879　M007391　集部/別集類/清別集

八囍齋隨筆一卷　(清)潘祖蔭撰　李少微編　民國二十五年(1936)鉛印本　一册

330000－1701－0093880　M608277　集部/總集類/酬唱之屬

六十初度酬唱集一卷　許祖謙輯　民國二十一年(1932)鉛印本　一册

330000－1701－0093883　M608278　集部/總集類/酬唱之屬

六十初度酬唱集一卷　許祖謙輯　民國二十一年(1932)鉛印本　一册

330000－1701－0093884　M603271　類叢部/叢書類/彙編之屬

景印元明善本叢書十種　商務印書館編　民國二十六年至二十九年(1937－1940)上海商

務印書館影印本　一冊　存一種

330000－1701－0093895　M007517　史部/傳記類/日記之屬
吳原日記簿(民國二十四年五月至十二月、二十五年四月至六月)不分卷　吳原撰　稿本　三冊

330000－1701－0093896　G607399　史部/金石類
百一廬金石叢書十種　陳乃乾輯　民國十年(1921)海寧陳氏影印本　一冊　存一種

330000－1701－0093897　M007518　集部/戲劇類/傳奇之屬
黃粱夢一卷　(唐)李泌撰　**南柯記一卷**　(明)湯顯祖撰　**續黃粱一卷**　(清)蒲松齡撰　**反黃粱一卷蝴蝶夢一卷**　(清)管世灝撰　**歲寒三友一卷夢幻一卷龍門一卷反黃粱一卷**　(清)王韜撰　**夢中夢一卷**　民國抄本　一冊

330000－1701－0093898　M007392　史部/政書類/公牘檔冊之屬
首都建設委員會工作類編初集不分卷　首都建設委員會編　民國鉛印本　一冊

330000－1701－0093900　M007393　集部/別集類
匏廬論詩絕句一卷　郭曾炘撰　民國十三年(1924)石印本　一冊

330000－1701－0093902　M007394　史部/紀傳類/正史之屬
史記紀年考三卷　劉坦撰　民國二十七年(1938)上海商務印書館石印本　一冊

330000－1701－0093904　M007226　集部/總集類/選集之屬/通代
國文注釋不分卷　稿本　一冊

330000－1701－0093907　M007227　史部/地理類/雜志之屬
古地名對照不分卷　稿本　一冊

330000－1701－0093911　M007519　子部/術數類/命書相書之屬
五行旺弱摘要一卷　民國抄本　一冊

330000－1701－0093912　M007228　史部/傳記類/日記之屬
日記一卷(民國六年一月十四日至八月四日)　韓大寶撰　民國六年(1917)稿本　一冊

330000－1701－0093913　M603272　類叢部/叢書類/彙編之屬
國立中央研究院歷史語言研究所專刊　國立中央研究院歷史語言研究所輯　民國鉛印本、石印本暨刻本　二冊　存一種

330000－1701－0093915　M007229　子部/醫家類/養生之屬
養生三要不分卷　(清)袁開昌纂輯　民國七年(1918)江都袁氏潤德堂刻本　一冊

330000－1701－0093916　M603273　子部/藝術類/書畫之屬/法帖
陳曼生手札墨迹一卷　(清)陳鴻壽書　民國有正書局影印本　一冊

330000－1701－0093917　M603274　子部/藝術類/書畫之屬/法帖
陳曼生手札墨迹一卷　(清)陳鴻壽書　民國有正書局影印本　一冊

330000－1701－0093918　M007520　史部/傳記類/別傳之屬/事狀
經歷誌畧一卷　(清)余之芹撰　民國十年(1921)鉛印本　一冊

330000－1701－0093919　M603275　子部/藝術類/書畫之屬/法帖
陳曼生手札墨迹一卷　(清)陳鴻壽書　民國有正書局影印本　一冊

330000－1701－0093921　M603276　子部/雜著類/雜考之屬
求是編四卷　(清)王裕承撰　民國十五年(1926)王槐蔭堂鉛印本　四冊

330000－1701－0093922　M608280　集部/曲類/寶卷之屬

新編陳英還魂柳蘭英伸冤寶卷二卷 民國上海廣記書局鉛印本 一册

330000－1701－0093923 M007521 集部/別集類/清別集

新體廣註秋水軒尺牘二卷 (清)許思湄撰 陸翔註 民國十三年(1924)上海世界書局石印本 一册 存一卷(二)

330000－1701－0093924 M603277 史部/地理類/遊記之屬/紀勝

雁蕩紀遊一卷 孫肇圻撰 民國二十五年(1936)簫心劍氣樓鉛印本 一册

330000－1701－0093926 M603278 史部/目録類/書志之屬/題跋

思適齋集外書跋輯存不分卷 (清)顧廣圻撰 蔣祖詒輯 民國二十四年(1935)吳縣鄒百耐百擁樓鉛印本 一册

330000－1701－0093927 M608282 子部/宗教類/佛教之屬/經疏

佛説觀無量壽佛經一卷 (南朝宋)釋畺良耶舍譯 民國三十三年(1944)重慶華巖刻經處刻本 一册

330000－1701－0093928 M608283 類叢部/叢書類/自著之屬

吾暇堂叢稿 諸宗元撰 民國十九年(1930)上海鉛印本 一册 存一種

330000－1701－0093929 M603279 集部/別集類

約園雜箸三編八卷 張壽鏞撰 民國三十四年(1945)鉛印本 二册

330000－1701－0093930 M606036 子部/宗教類/佛教之屬

佛學院講義□□種 民國鉛印本 一册 存一種

330000－1701－0093931 M608284 集部/別集類

九山吟草一卷 姚琮撰 民國二十三年(1934)鉛印本 一册

330000－1701－0093932 M606037 子部/宗教類/佛教之屬

念佛三昧寶王論三卷 (唐)釋飛錫撰 民國鉛印本 一册

330000－1701－0093933 M608285 集部/別集類

九山吟草一卷 姚琮撰 民國二十三年(1934)鉛印本 一册

330000－1701－0093934 M603280 集部/總集類/郡邑之屬

四明文獻二卷 (明)鄭真輯 民國二十四年(1935)約園鉛印本 二册

330000－1701－0093936 M007523 子部/醫家類/醫案之屬

藥園醫案一卷管窺一得一卷白喉問答一卷抉癧芻言一卷德宗請脈記一卷 (清)杜鍾駿撰 民國京華書局鉛印本 一册

330000－1701－0093937 M606038 子部/宗教類/佛教之屬/經

妙法蓮華經妙德玄記一卷 (後秦)釋鳩摩羅什譯 釋根慧記 民國二十九年(1940)上海法雲印經會鉛印本 一册

330000－1701－0093938 M007395 集部/別集類

蠹園十藁十卷 陳蠹園撰 民國二十三年(1934)鉛印本 一册

330000－1701－0093939 M608286 集部/別集類

小林草堂文稿一卷附詩稿一卷 朱天存撰 民國二十年(1931)鉛印本 一册

330000－1701－0093940 M606039 子部/宗教類/佛教之屬/經

妙法蓮華經妙德玄記一卷 (後秦)釋鳩摩羅什譯 釋根慧記 民國二十九年(1940)上海法雲印經會鉛印本 一册

330000－1701－0093941 M603281 經部/儀禮類/傳説之屬

喪禮集要三卷附録一卷 丁彦章撰 民國二

十二年(1933)鉛印本　一冊

330000－1701－0093942　M606040　子部/宗教類/佛教之屬/經

妙法蓮華經妙德玄記一卷　(後秦)釋鳩摩羅什譯　釋根慧記　民國二十九年(1940)上海法雲印經會鉛印本　一冊

330000－1701－0093943　M608287　類叢部/叢書類/自著之屬

石仙遺著　謝彦華撰　民國石印本　一冊　存一種

330000－1701－0093945　M606041　子部/宗教類/佛教之屬/經

妙法蓮華經妙德玄記一卷　(後秦)釋鳩摩羅什譯　釋根慧記　民國二十九年(1940)上海法雲印經會鉛印本　一冊

330000－1701－0093947　M606042　子部/宗教類/佛教之屬/經

妙法蓮華經妙德玄記一卷　(後秦)釋鳩摩羅什譯　釋根慧記　民國二十九年(1940)上海法雲印經會鉛印本　一冊

330000－1701－0093949　M606043　子部/宗教類/佛教之屬/經疏

盂蘭盆經折衷疏一卷　(晉)釋竺法護譯　(清)釋靈耀疏　(清)釋儀潤參訂　民國鉛印本　一冊

330000－1701－0093950　M608288、M609963　子部/宗教類/道教之屬

莊子十卷附校勘記一卷　(晉)郭象注　(唐)陸德明音義　民國九年(1920)浙江圖書館刻本　四冊

330000－1701－0093951　M603282　類叢部/叢書類/自著之屬

孫隘堪所著書四種　孫德謙撰　民國十二年至十七年(1923－1928)元和孫氏四益宧刻本　四冊　存三種

330000－1701－0093954　M606044　子部/宗教類/佛教之屬/諸宗

聖者賢行願王釋義一卷　(清)章嘉遊戲金剛造　湯薌銘譯　民國三十一年(1942)北京菩提學會鉛印本　一冊

330000－1701－0093955　M606045　子部/宗教類/佛教之屬/諸宗

聖者賢行願王釋義一卷　(清)章嘉遊戲金剛造　湯薌銘譯　民國三十一年(1942)北京菩提學會鉛印本　一冊

330000－1701－0093957　M007396　子部/宗教類/其他宗教之屬

師尊壽辰特別講演一卷附録一卷　段正元講　民國二十五年(1936)闡揚孔子大同真義祈禱世界和平大會鉛印本　一冊

330000－1701－0093958　M608290　集部/別集類/清別集

鴻雪樓詩選初集四卷外集一卷名媛詩話八卷　(清)沈善寶撰　民國十三年(1924)沈敏元鉛印本　二冊　存八卷(名媛詩話一至八)

330000－1701－0093961　M601080　類叢部/叢書類/彙編之屬

選印宛委別藏四十種　故宫博物院編　民國二十四年(1935)國立北平故宫博物院影印本　一百五十冊

330000－1701－0093962　M606046　子部/宗教類/佛教之屬/經咒

日誦經咒簡要科儀不分卷　世界佛教居士林編　民國二十一年(1932)上海佛學書局鉛印本　一冊

330000－1701－0093965　M606047　子部/宗教類/佛教之屬

賢首諸乘法數十二卷　民國二十九年(1940)鉛印本　一冊

330000－1701－0093966　M606048　子部/宗教類/佛教之屬

賢首諸乘法數十二卷　民國二十九年(1940)鉛印本　一冊

330000－1701－0093969　M606049　史部/目録類/專録之屬

續藏經目錄不分卷　(日本)中野達慧編　民

國十一年(1922)商務印書館鉛印本　一冊

330000－1701－0093970　M606050　史部/目録類/專録之屬
續藏經目錄不分卷　(日本)中野達慧編　民國十一年(1922)商務印書館鉛印本　一冊

330000－1701－0093973　M606051　史部/目録類/專録之屬
續藏經目錄不分卷　(日本)中野達慧編　民國十一年(1922)商務印書館鉛印本　一冊

330000－1701－0093975　M606052　史部/目録類/專録之屬
續藏經目錄不分卷　(日本)中野達慧編　民國十一年(1922)商務印書館鉛印本　一冊

330000－1701－0093978　M606053　史部/目録類/專録之屬
續藏經目錄不分卷　(日本)中野達慧編　民國十一年(1922)商務印書館鉛印本　一冊

330000－1701－0093979　M608291　集部/别集類
招隱山房詩鈔十二卷　戴啟文撰　民國十五年(1926)刻本　六冊

330000－1701－0093982　M007525、M007932　集部/别集類/清别集
桂之華軒詩集四卷補遺一卷文集九卷補遺一卷　(清)朱銘盤撰　**曼君先生紀年錄一卷**　(清)鄭肇經編　民國二十三年(1934)泰興鄭餘慶堂鉛印本　二冊

330000－1701－0093983　M603284　史部/金石類/石之屬/圖像
觀滄閣藏魏齊造像記不分卷　王度公藏　民國二十四年(1935)上海商務印書館影印本　一冊

330000－1701－0093986　M608292　子部/宗教類/佛教之屬/論疏
大乘起信論義記講義四卷附錄一卷　(日本)織田得能撰　黃士復譯　民國十年(1921)上海商務印書館鉛印本　四冊

330000－1701－0093989　M602809、M603285、M610106　集部/詩文評類/詩評之屬
歷代詩話續編二十九種　丁福保輯　民國五年(1916)無錫丁氏鉛印本　二十一冊　存二十四種

330000－1701－0093992　M608293　類叢部/叢書類/自著之屬
崇雅堂叢書十四種　楊晨撰　民國二十五年(1936)楊紹翰鉛印本　二冊　存一種

330000－1701－0093994　M007230　子部/雜著類/雜説之屬
文料不分卷　杏廬主人輯　稿本　一冊

330000－1701－0094000　M603286　集部/詩文評類/文評之屬
文心雕龍十卷　(南朝梁)劉勰撰　(清)黃叔琳注　(清)紀昀評　民國十三年(1924)上海啓新書局石印本　四冊

330000－1701－0094002　SZD0363　集部/别集類
潘毅遠孝經鄭氏解疏序一卷　朱孔彰撰　民國抄本　一冊

330000－1701－0094005　M608294　集部/别集類
訒菴詩鈔一卷　彭敦毅撰　民國十二年(1923)鉛印本　一冊

330000－1701－0094006　M007231、M008017　史部/傳記類/日記之屬
程龕日記(民國八年十一月初三日至二十七年三月初十日)　稿本　二冊

330000－1701－0094009　M603287　集部/詞類/類編之屬
詞學全書四種　(清)查培繼編　民國木石居石印本　六冊

330000－1701－0094010　M608295　集部/别集類
訒菴詩鈔一卷　彭敦毅撰　民國十二年(1923)鉛印本　一冊

330000－1701－0094013　M007397　類叢部/叢書類/自著之屬

香雪崦叢書四種　（清）平步青撰　民國六年至十四年（1917－1925）刻本暨鉛印本　一册　存一種

330000－1701－0094016　M608296　集部/別集類

訒菴詩鈔一卷　彭敦毅撰　民國十二年（1923）鉛印本　一册

330000－1701－0094019　M007526　集部/詩文評類/文法之屬

中國最新仕商尺牘教科書二卷　周天鵬撰　民國二年（1913）上海會文學社石印本　一册

330000－1701－0094020　M007232　子部/宗教類/道教之屬/方法

救時金丹四卷　唐光先纂修　梁志賢編輯　民國七年（1918）鹽城義新壇鉛印本　一册

330000－1701－0094027　M007527　類叢部/叢書類/彙編之屬

合眾圖書館叢書十五種　合眾圖書館編　民國二十九年至三十七年（1940－1948）鉛印本暨石印本　一册　存二種

330000－1701－0094029　M606058、M606177　子部/宗教類/佛教之屬/經疏

妙法蓮華經入疏二十卷　（後秦）釋鳩摩羅什譯　（隋）釋智者疏並記　（宋）釋道威注　民國十年（1921）揚州藏經院刻本　八册　存十六卷（一至十四、十七至十八）

330000－1701－0094036　M007398　史部/傳記類/總傳之屬

清芬世守錄一卷　羅肇輝等輯　民國鉛印本　一册

330000－1701－0094037　SZD0366　史部/紀傳類/正史之屬

清史稿帝紀□□卷　朱孔彰撰　稿本　一册　存一卷（二）

330000－1701－0094039　M601081、M601084、M601085、M601087、M601088、M601092、M601094、M601096、M601097、M601099、M601102、M601103、M601107、M601128、M601131、M601135、M601141、M601144、M601145、M601147、M601149、M601156、M601162、M601166、M601168、M601170、M601173、M601175、M601181、M601216、M601218、M601220、M601222、M601224、M601227、M601230、M601232、M601272、M601275、M601277、M601280、M601282、M601283、M601285、M601287、M601290、M601293、M601296、M601361、M601362、M601364、M601365、M601368、M601371、M601374、M601376、M601381、M601382、M601383、M601386、M601387、M601389、M601392、M601395、M601397、M601401、M601402、M601406、M601410、M601412、M601415、M601422、M601425、M601430、M601434、M601437、M601439、M601441、M601442、M601444、M601446、M601449、M601452、M601453、M601455、M601460、M601491、M601504、M601514、M601517、M601520、M601522、M601524、M601526、M601528、M601530、M601532、M601535、M601537、M601543、M601545、M601550、M601552、M601555、M601557、M601561、M601565、M601570、M601573、M601575、M601583、M601585、M601640、M607362　類叢部/叢書類/彙編之屬

四部叢刊　張元濟等編　民國上海商務印書館影印本　七百三十九册　存一百十三種

330000－1701－0094040　M601082、M601091、M601093、M601105、M601120、M601142、M601178、M601209、M601213、M601215、M601284、M601294、M601317、M601333、M601338、M601342、M601353、M601372、M601378、M601405、M601408、M601418、M601423、M601436、M601474、M601477、M601481、M601574、M601589、M601613、M601615、M601620、M601632、M601633　類叢部/叢書類/彙編之屬

四部叢刊　張元濟等編　民國上海商務印書館

館影印本　一百十五冊　存三十四種

330000－1701－0094041　M601083　類叢部/叢書類/彙編之屬

四部叢刊　張元濟等編　民國上海商務印書館影印本　二冊　存一種

330000－1701－0094042　M601086、M601090、M601095、M601100、M601108、M601109、M601111、M601116、M601119、M601122、M601138、M601154、M601163、M601186、M601189、M601191、M601204、M601206、M601211、M601214、M601238、M601241、M601245、M601254、M601255、M601258、M601260、M601262、M601266、M601279、M601289、M601295、M601303、M601319、M601324、M601328、M601337、M601352、M601356、M601369、M601379、M601420、M601427、M601464、M601467、M601485、M601495、M601501、M601503、M601510、M601518、M601525、M601536、M601539、M601546、M601549、M601571、M601576、M601579、M601586、M601595、M601598、M601601、M601603、M601606、M601616、M601619、M601622、M601631、M601642、M601645、M601659、M608310　類叢部/叢書類/彙編之屬

四部叢刊　張元濟等編　民國上海商務印書館影印本　三百九十三冊　存七十四種

330000－1701－0094043　SZD0367　集部/別集類

聖和老人禖稿不分卷　朱孔彰撰　稿本　二冊

330000－1701－0094044　M601089　類叢部/叢書類/彙編之屬

四部叢刊　張元濟等編　民國上海商務印書館影印本　五冊　存一種

330000－1701－0094046　M606059　子部/宗教類/佛教之屬

各地佛教史三卷　李翌灼述　（日本）島地墨雷　（日本）生田得能撰　釋聽雲　釋海秋譯

朝鮮佛教史一卷台灣佛教之現狀一卷　釋妙吉撰　民國鉛印本　一冊

330000－1701－0094047　M606060　子部/宗教類/佛教之屬

各地佛教史三卷　李翌灼述　（日本）島地墨雷　（日本）生田得能撰　釋聽雲　釋海秋譯

朝鮮佛教史一卷台灣佛教之現狀一卷　釋妙吉撰　民國鉛印本　一冊

330000－1701－0094049　SZD0368　集部/別集類

聖和老人文稿不分卷　朱孔彰撰　民國抄本　朱師轍題簽　一冊

330000－1701－0094052　M601090　類叢部/叢書類/彙編之屬

四部叢刊　張元濟等編　民國上海商務印書館影印本　五冊　存一種

330000－1701－0094053　M606061　子部/宗教類/佛教之屬

釋迦如來應化事蹟不分卷　（清）釋永珊撰並繪　民國二十三年(1934)上海佛學書局影印本　四冊

330000－1701－0094057　SZD0369　集部/別集類

聖和老人詩文稿不分卷　朱孔彰撰　稿本　九冊

330000－1701－0094060　M007399　子部/宗教類/道教之屬

西天指路一卷　慈光社編　民國二十四年(1935)山東煙台慈光社鉛印本　一冊

330000－1701－0094061　M608297　子部/儒家類/儒學之屬/性理

楊園菁華錄四卷　（清）張履祥撰　（清）沈志本纂　民國二十四年(1935)楊園學社鉛印本　一冊

330000－1701－0094063　M606062　子部/宗教類/佛教之屬

念佛三昧寶王論三卷　（唐）釋飛錫撰　民國上海佛學書局鉛印本　一冊

330000－1701－0094065　M608298　類叢部/叢書類
爰居閣叢書　梁鴻志輯　民國二十三年(1934)鉛印本　一冊　存一種

330000－1701－0094068　SZD0370　集部/別集類
半隱襍錄不分卷　朱孔彰撰　稿本　一冊

330000－1701－0094070　G006119　史部/雜史類/斷代之屬
德宗請脉記一卷　(清)杜鐘駿撰　民國京華書局鉛印本　一冊

330000－1701－0094071　M606063　子部/宗教類/佛教之屬
念佛三昧寶王論三卷　(唐)釋飛錫撰　民國上海佛學書局鉛印本　一冊

330000－1701－0094072　M608299　集部/別集類
横海樓詩集甲稿一卷　陳蔚撰　民國十四年(1925)鉛印本　一冊

330000－1701－0094073　M606064　子部/宗教類/佛教之屬
念佛三昧寶王論三卷　(唐)釋飛錫撰　民國上海佛學書局鉛印本　一冊

330000－1701－0094074　M007400　子部/儒家類/儒學之屬
忍字輯略五卷　(清)朱錫珍輯　民國十四年(1925)鉛印本　一冊

330000－1701－0094078　M608300　史部/地理類/專志之屬/書院
敷文書院志略不分卷　魏頌唐輯　民國二十四年(1935)浙江財務學校鉛印本　一冊

330000－1701－0094080　M606065　子部/宗教類/佛教之屬
念佛三昧寶王論三卷　(唐)釋飛錫撰　民國上海佛學書局鉛印本　一冊

330000－1701－0094081　M007233　子部/農家農學類/蠶桑之屬
蠶體解剖學不分卷　民國石印本　一冊

330000－1701－0094082　M606066　子部/宗教類/佛教之屬
念佛三昧寶王論三卷　(唐)釋飛錫撰　民國上海佛學書局鉛印本　一冊

330000－1701－0094084　M608301　集部/別集類
散原精舍詩二卷續集三卷　陳三立撰　民國十一年(1922)上海商務印書館鉛印本　二冊

330000－1701－0094086　M007401　子部/醫家類/方書之屬
秘方□□卷　民國抄本　一冊　存一卷(二)

330000－1701－0094088　M608302　史部/史評類/詠史之屬
清宫詞一卷　吴士鑑撰　民國二十六年(1937)吴秉澂鉛印本　一冊

330000－1701－0094089　M601098　類叢部/叢書類/彙編之屬
四部叢刊　張元濟等編　民國八年(1919)上海商務印書館影印本　一冊　存一種

330000－1701－0094090　M606067　子部/宗教類/佛教之屬/諸宗
修習止觀坐禪法要二卷六妙法門一卷　(隋)釋智顗撰　民國二十八年(1939)上海法雲印經會鉛印本　一冊

330000－1701－0094093　M608303　史部/傳記類/別傳之屬/年譜
劉文成公[基]年譜稿二卷　劉燿東編　民國二十八年(1939)南田山啓後亭鉛印本　洪煥椿題記　一冊

330000－1701－0094094　M601101　類叢部/叢書類/彙編之屬
四部叢刊　張元濟等編　民國上海商務印書館影印本　三冊　存一種

330000－1701－0094095　M606068　子部/宗教類/佛教之屬/大藏
大藏經□□種　民國三十三年(1944)普慧大

藏經刊行會鉛印本　二册　存一種

330000－1701－0094096　M007234　史部/傳記類/別傳之屬
逸廬自述一卷　逸廬主人撰　民國鉛印本　一册

330000－1701－0094097　M007402　集部/別集類/清別集
維摩室遺訓四卷　(清)莊怡孫分類摘錄　莊鍾濟編　民國二年(1913)毗陵刻本　二册

330000－1701－0094099　M606070　子部/宗教類/佛教之屬/論疏
十二門論義記科會一卷　釋幻修講　張元成錄　民國九年(1920)鉛印本　一册

330000－1701－0094100　M608304　史部/傳記類/別傳之屬/年譜
劉文成公[基]年譜稿二卷　劉燿東編　民國二十八年(1939)南田山啓後亭鉛印本　劉燿東題記　一册

330000－1701－0094103　M608305　史部/地理類/水利之屬
治湖箴言一卷　胡雨人撰　民國八年(1919)鉛印本　一册

330000－1701－0094104　M606071　子部/宗教類/佛教之屬/論疏
十二門論義記科會一卷　釋幻修講　張元成錄　民國九年(1920)鉛印本　一册

330000－1701－0094105　M007530　史部/編年類/斷代之屬
清史要略四卷　陳懷輯　民國九年(1920)北京大學出版社鉛印本　一册

330000－1701－0094107　M608306　集部/詞類/別集之屬
鹹酸橋屋詞一卷附庸謹堂歲華紀感一卷　唐詠裳撰　民國十三年至十五年(1924－1926)鉛印本　一册

330000－1701－0094108　M007236、M602801、M608803、M609344　集部/詞類/總集之屬
衆香詞六卷　(清)徐樹敏　(清)錢岳輯　民國二十二年(1933)上海大東書局影印本　六册

330000－1701－0094109　M007403　子部/雜著類/雜說之屬
求我齋雜綴一卷　金鞏撰　民國抄本　一册

330000－1701－0094111　M608307　集部/別集類
珠巖齋文初編九卷　王宇高撰　民國二十五年(1936)鉛印本　一册　存五卷(一至五)

330000－1701－0094113　M608308　集部/別集類
甬山堂詩集六卷　周世棠撰　民國十九年(1930)鉛印本　一册

330000－1701－0094114　M007237　子部/藝術類/音樂之屬
軍歌二卷　民國石印本　一册

330000－1701－0094116　M007404　集部/別集類
蒼玉山房唫草一卷　民國抄本　一册

330000－1701－0094119　M007534　子部/醫家類/方書之屬/單方驗方
重訂驗方新編十八卷　(清)鮑相璈等輯　民國十年(1921)上海天寶書局石印本　一册

330000－1701－0094122　M608309　史部/傳記類/總傳之屬/技藝
丁丑劫餘印存小傳二十卷　丁仁等輯　民國二十八年(1939)鉛印本　一册

330000－1701－0094124　M001515、M001516、M601104、M601112、M601113、M601114、M601117、M601118、M601127、M601130、M601132、M601133、M601134、M601148、M601151、M601164、M601169、M601177、M601183、M601200、M601205、M601208、M601223、M601225、M601228、M601234、M601244、M601249、M601251、M601259、M601273、M601281、M601288、M601299、M601300、M601311、M601313、M601321、

M601325、M601340、M601343、M601346、M601348、M601351、M601354、M601367、M601370、M601377、M601384、M601391、M601396、M601398、M601400、M601403、M601409、M601411、M601413、M601416、M601433、M601435、M601438、M601447、M601451、M601454、M601456、M601458、M601461、M601462、M601463、M601465、M601469、M601471、M601472、M601473、M601475、M601478、M601479、M601480、M601487、M601489、M601492、M601493、M601497、M601499、M601511、M601527、M601533、M601538、M601544、M601558、M601563、M601569、M601572、M601581、M601584、M601591、M601594、M601596、M601604、M601608、M601611、M601618、M601621、M601629、M601635、M601637、M601641、M601644、M601657、M601658、M601660、M601661、M607376、M607716、M607751 類叢部/叢書類/彙編之屬

四部叢刊 張元濟等編 民國上海商務印書館影印本 六百八十二冊 存一百十五種

330000－1701－0094125 M007535 子部/醫家類/婦科之屬/產科

經產要訣一卷 民國抄本 一冊

330000－1701－0094126 M603288、M607395 類叢部/叢書類/彙編之屬

士禮居黄氏叢書十九種附四種 （清）黄丕烈輯 民國四年（1915）上海石竹山房據清黄氏刻本影印本 十冊 存九種

330000－1701－0094127 M007405 集部/小說類/短篇之屬

哀情小說情天決死者十五章 民國石印本 一冊

330000－1701－0094128 M601106、M601115 類叢部/叢書類/彙編之屬

四部叢刊 張元濟等編 民國上海商務印書館影印本 五冊 存二種

330000－1701－0094129 M007406 史部/傳記類/總傳之屬/家乘

［浙江］趙氏宗譜一卷 趙洪纂修 民國二十五年（1936）鉛印本 一冊

330000－1701－0094130 M007239 子部/藝術類/書畫之屬

半讀山房藏書畫目錄一卷 稿本 一冊

330000－1701－0094132 M603289 子部/醫家類/方書之屬/單方驗方

梅氏驗方新編七卷 （清）梅啓照編 天虛我生重編 民國二十三年（1934）家庭工業社鉛印本 七冊

330000－1701－0094134 M608311 類叢部/叢書類/彙編之屬

四部叢刊 張元濟等編 民國上海商務印書館影印本 一冊 存一種

330000－1701－0094135 M603290 經部/小學類/文字之屬/字書

中國文字的構造法一卷 馬敘倫撰 民國十七年（1928）鉛印本 一冊

330000－1701－0094140 M007241 史部/地理類/山川之屬/水志

長江大觀圖一卷附瀟湘八景圖一卷 民國抄本 一冊

330000－1701－0094141 M603292 集部/別集類/清別集

鎔經室集四卷 （清）張濬撰 民國六年（1917）鉛印本 二冊

330000－1701－0094143 M007242 集部/詩文評類/詩評之屬

隨園詩話選鈔一卷 民國十五年（1926）抄本 笠生氏題記 一冊

330000－1701－0094145 M603293 集部/詞類/總集之屬

惜陰堂叢書 趙尊嶽輯 民國十三年至十五年（1924－1926）武進趙氏刻本 三冊 存一種

330000－1701－0094146　M603294　史部/金石類/總志之屬
湫漻齋叢書十種　陳準輯　民國瑞安陳氏刻本　一冊　存一種

330000－1701－0094148　M608313　類叢部/叢書類/彙編之屬
四部叢刊　張元濟等編　民國上海商務印書館影印本　二冊　存一種

330000－1701－0094149　M007408　集部/詞類/類編之屬
六十家詞集　劉毓盤輯　民國鉛印本　一冊　存三十八種

330000－1701－0094151　M007243　子部/宗教類/佛教之屬
西方公據一卷　民國十四年至十五年(1925－1926)普陀佛經流通處刻本　一冊

330000－1701－0094153　M007409　史部/政書類/軍政之屬
軍箴五卷　唐文治撰　民國十四年(1925)、十五年(1926)無錫國學專修館鉛印本　一冊

330000－1701－0094154　M601110、M601124、M601125、M601139、M601146、M601167、M601179、M601182、M601190、M601274、M601291、M601323、M601335、M601350、M601355、M601358、M601360、M601385、M601390、M601448、M601450、M601470、M601482、M601484、M601494、M601498、M601505、M601529、M601542、M601548、M601560、M601578、M601587、M601590、M601599、M601600、M601627、M601652、M601653　類叢部/叢書類/彙編之屬
四部叢刊　張元濟等編　民國上海商務印書館影印本　二百七十六冊　存三十九種

330000－1701－0094155　M603295　史部/金石類/石之屬/文字
億年堂叢書　陳邦福撰　民國石印本　一冊　存一種

330000－1701－0094156　M601867、M603296　史部/地理類/遊記之屬/紀勝
雙龍紀勝四卷首一卷　黃維時編　民國二十二年(1933)金華金震東鉛印本　二冊

330000－1701－0094157　M007244　集部/別集類
江漁詩鈔一卷　周暐撰　民國十二年(1923)鉛印本　一冊

330000－1701－0094159　M603297　子部/儒家類/儒學之屬/經濟
拸畫齋統一分治芻議一卷附封建篇一卷法家篇一卷　孫輿撰　民國五年(1916)鉛印本　一冊

330000－1701－0094160　M603298　集部/別集類/清別集
亦有秋齋詩鈔二卷　(清)鈕福疇撰　民國七年(1918)烏程鈕氏鉛印本　一冊

330000－1701－0094162　M603299　類叢部/叢書類/家集之屬
婁東周氏叢刊初輯四種　周慤編　民國二十六年(1937)婁東周氏冰壺堂影印本　周慤題記　一冊　存二種

330000－1701－0094163　M007245　子部/藝術類/遊藝之屬/劇藝
大通學院宣傳部表演會表演□□種　大通學院宣傳部輯　民國石印本　一冊　存一種

330000－1701－0094167　M603300　集部/別集類
寄傲盦遺集三卷　黃壽曾撰　民國十九年(1930)鉛印本　一冊

330000－1701－0094168　M602954、M603301、M609633　史部/目録類/總録之屬
故宮普通書目六卷　故宮博物院圖書館編　民國二十三年(1934)北平故宮博物院圖書館鉛印本　三冊

330000－1701－0094170　M007536　史部/地理類/水利之屬
治水工程節要四卷　李澍撰　民國十四年

(1925)武昌正信印務館鉛印本　一册

330000－1701－0094171　M007246　子部/雜著類/雜説之屬

學術文録講義不分卷　北京女子高等師範學校編　民國鉛印本　一册

330000－1701－0094172　M007537　新學/報章

新聞報館三十年紀念册不分卷　上海新聞報館編　民國十二年(1923)上海新聞報館鉛印本　一册

330000－1701－0094179　M007249　子部/藝術類/遊藝之屬/聯語

湘綺樓聯語四卷　王闓運撰　民國六年(1917)刻本　一册

330000－1701－0094183　M606072　子部/宗教類/佛教之屬/經

楞伽阿跋多羅寶經四卷　(南朝宋)釋求那跋陀羅譯　民國上海佛學書局鉛印本　一册

330000－1701－0094184　M606073　子部/宗教類/佛教之屬/經

楞伽阿跋多羅寶經四卷　(南朝宋)釋求那跋陀羅譯　民國上海佛學書局鉛印本　一册

330000－1701－0094187　M606074　子部/宗教類/佛教之屬/經

楞伽阿跋多羅寶經四卷　(南朝宋)釋求那跋陀羅譯　民國上海佛學書局鉛印本　一册

330000－1701－0094188　M606075　子部/宗教類/佛教之屬/經

楞伽阿跋多羅寶經四卷　(南朝宋)釋求那跋陀羅譯　民國上海佛學書局鉛印本　一册

330000－1701－0094189　M601121　類叢部/叢書類/彙編之屬

四部叢刊　張元濟等編　民國上海商務印書館影印本　一册　存一種

330000－1701－0094190　M007410　子部/雜著類/雜編之屬

安士全書四種　(清)周夢顔撰　民國十一年(1922)上海佛學推行社鉛印本　二册　存三種

330000－1701－0094192　M007411　經部/四書類/大學之屬

大學朱王辨正不分卷　任道遠撰　民國八年(1919)稿本　一册

330000－1701－0094194　M007412　新學/政治法律/政治

國家原理十三章　石泉撰　民國石印本　一册

330000－1701－0094195　M007250　子部/藝術類/書畫之屬/法帖

金冬心隸書書畫小記帖一卷　(清)金農書　民國四年(1915)上海進步書局石印本　一册

330000－1701－0094196　M007538　史部/政書類

城鎮鄉地方自治制講義二卷　民國石印本　一册

330000－1701－0094197　M007539　新學/電學

直流電機學□□卷　楊耀德翻譯　民國十八年(1929)石印本　一册　存一卷(一)

330000－1701－0094198　M007540　新學/算學

投影圖學十章　莫善祥撰　民國二十年(1931)浙大工學院經售股石印本　一册

330000－1701－0094201　M007541　子部/醫家類/針灸之屬

鍼灸醫案不分卷　孫濟岡輯　民國十九年(1930)石印本　一册

330000－1701－0094204　M007413　新學/工藝/雜工

紡織機器圖十三章　民國石印本　一册

330000－1701－0094207　M007414　史部/目録類/總録之屬

金陵大學圖書館中文地理書目不分卷　金陵大學圖書館圖書研究部編　民國十五年

(1926)油印本　一冊

330000－1701－0094209　M007542　集部/別集類
詩史閣主人六十自壽詩一卷　孫雄撰　民國鉛印本　一冊

330000－1701－0094211　M007251　子部/醫家類/綜合之屬
陳竹園醫學初階二卷　陳其桄加評　陳福昌編輯　陳福蔭　陳福增批點　何彥　張開泰校輯　民國元年(1912)鉛印本　一冊　存一卷(一)

330000－1701－0094215　M007544　史部/傳記類/別傳之屬/事狀
錢母高太夫人五十壽言一卷　錢季寅輯　民國十八年(1929)鉛印本　一冊

330000－1701－0094216　M007415　史部/政書類/公牘檔冊之屬
常熟籌防要牘備覽一卷　楊畦韭輯　民國八年(1919)錫成公司鉛印本　一冊

330000－1701－0094217　M007416　集部/別集類
且食蛤蜊齋詩　徐祖武撰　民國鉛印本　五冊　存五種

330000－1701－0094219　M606076　子部/宗教類/佛教之屬/諸宗
密教綱要四卷　(日本)釋權田雷斧撰　王弘願譯　民國八年(1919)潮安刻經處刻本　一冊　存二卷(三至四)

330000－1701－0094221　M606077　子部/宗教類/佛教之屬/經疏
楞伽經句義通説要旨四卷　(明)陸西星撰　民國七年(1918)金陵刻經處刻本　一冊

330000－1701－0094223　M606078　史部/地理類/山川之屬/山志
靈巖山志八卷首一卷末一卷　張一留編述　民國三十七年(1948)上海印公紀念會鉛印本　一冊

330000－1701－0094227　M007545　史部/地理類/遊記之屬/紀勝
黄山遊記附詩一卷　孫肇圻撰　民國二十六年(1937)無錫孫氏蕭心劍氣樓鉛印本　一冊

330000－1701－0094228　M007252　新學/全體學
心理學四十五課　陸志韋編　民國石印本　一冊

330000－1701－0094229　M606079　子部/宗教類/佛教之屬
隋天台智者大師別傳一卷　(隋)釋灌頂撰　**輯註四卷**　(宋)釋曇照註　釋興慈輯　民國十九年(1930)上海法藏寺刻本　一冊

330000－1701－0094230　M007560　子部/宗教類/佛教之屬/諸宗
顯密圓通成佛心要集二卷　(宋)釋道㲀集　民國上海佛學書局影印本　一冊

330000－1701－0094232　M606080　子部/宗教類/佛教之屬
隋天台智者大師別傳一卷　(隋)釋灌頂撰　**輯註四卷**　(宋)釋曇照註　釋興慈輯　民國十九年(1930)上海法藏寺刻本　一冊

330000－1701－0094236　M606081　子部/宗教類/佛教之屬/經
大乘無上三經　釋超一譯　民國二十五年(1936)無錫眞言研究社鉛印本　一冊

330000－1701－0094237　M601123、M601136、M601140、M601143、M601155、M601174、M601226、M601253、M601270、M601278、M601297、M601301、M601304、M601308、M601310、M601314、M601322、M601326、M601327、M601332、M601357、M601359、M601363、M601373、M601394、M601421、M601459、M601468、M601483、M601490、M601521、M601567、M601588、M601592、M601593、M601597、M601605、M601607、M601624、M601628、M601638、M601643、M601648、M601649、M601650、M601654、M610183　類叢部/叢書類/彙編之屬

四部叢刊　張元濟等編　民國上海商務印書館影印本　三百一冊　存四十六種

330000－1701－0094239　M606082　子部/宗教類/佛教之屬/經
大乘無上三經　釋超一譯　民國二十五年(1936)無錫眞言研究社鉛印本　一冊

330000－1701－0094242　M606084　子部/宗教類/佛教之屬/經疏
楞伽阿跋多羅寶經合轍四卷　(明)釋通潤撰　民國上海佛學書局鉛印本　四冊

330000－1701－0094245　M007253　史部/傳記類/科舉録之屬/總録
海鹽士林錄六卷　(清)朱組莘編　朱廖元等續編　民國二十一年(1932)海鹽朱氏十三古印齋鉛印本　三冊

330000－1701－0094250　M606085　子部/宗教類/佛教之屬/諸宗
密教綱要四卷　(日本)釋權田雷斧撰　王弘願譯　民國八年(1919)潮安刻經處刻本　二冊

330000－1701－0094252　M606086　子部/宗教類/佛教之屬/經疏
觀經疏鈔演義二卷　釋諦閑演義　民國十八年(1929)石印本　一冊

330000－1701－0094254　M606087　子部/宗教類/佛教之屬/經疏
佛說觀無量壽佛經疏四卷　(南朝宋)釋畺良耶舍譯　(唐)釋善導集記　民國十三年(1924)南京佛經流通處刻本　二冊

330000－1701－0094255　M007417　子部/儒家類/儒學之屬/性理
儒門法語一卷　(清)彭定求編　(清)彭清鵬補編　民國十一年(1922)長洲彭氏承業堂鉛印本　一冊

330000－1701－0094257　M606088　子部/宗教類/佛教之屬/諸宗
淨土指歸集二卷　(明)釋大佑輯　民國元年(1912)揚州藏經院刻本　二冊

330000－1701－0094258　M606089　子部/宗教類/佛教之屬/諸宗
淨土指歸集二卷　(明)釋大佑輯　民國元年(1912)揚州藏經院刻本　二冊

330000－1701－0094260　M007418　史部/傳記類/總傳之屬/通代
高士傳三卷　(晉)皇甫謐撰　**廣高士傳三卷**　(清)倪釗輯　民國三年(1914)鉛印本　四冊

330000－1701－0094261　M606090　子部/宗教類/佛教之屬/諸宗
淨土指歸集二卷　(明)釋大佑輯　民國元年(1912)揚州藏經院刻本　二冊

330000－1701－0094262　M007546　子部/農家農學類/農藝之屬/作物種植
食用作物四卷　韓雁門編　民國二十六年(1937)石印本　一冊

330000－1701－0094263　M606091　子部/宗教類/佛教之屬/諸宗
淨土指歸集二卷　(明)釋大佑輯　民國元年(1912)揚州藏經院刻本　二冊

330000－1701－0094265　M007547　子部/雜著類/雜纂之屬
思古齋隨筆五卷　民國抄本　二冊

330000－1701－0094266　M601126　類叢部/叢書類/彙編之屬
四部叢刊　張元濟等編　民國上海商務印書館影印本　八十冊　存一種

330000－1701－0094267　M601129　史部/編年類/通代之屬
資治通鑑考異三十卷　(宋)司馬光撰　民國上海商務印書館影印四部叢刊本　王準題記　六冊

330000－1701－0094268　M601137　類叢部/叢書類/彙編之屬
四部叢刊　張元濟等編　民國上海商務印書館影印本　一冊　存一種

330000－1701－0094269　M007548　史部/地理類/遊記之屬/紀勝

子午山紀遊冊不分卷　趙愷　豐子愷　李瑜編　民國石印本　一冊

330000－1701－0094270　M007419　子部/宗教類/佛教之屬/總録

一切經音義彙編提要一卷　丁福保撰　民國上海醫學書局鉛印本　一冊

330000－1701－0094271　M603302、M604141、M604412、M607183、M608829、M609583、M610506　史部/編年類/斷代之屬

大清宣統政紀四十三卷　金毓黻編　民國二十三年(1934)大連遼海書社鉛印本　十六冊

330000－1701－0094272　M007549　子部/農家農學類/農藝之屬/茶酒

祁門茶業改良場二十六年度業務報告一卷祁門茶業改良場二十八度茶樹品種改良茶樹栽培試驗調整舊式茶園計劃大綱不分卷祁門茶業改良場二十八年製茶研究工作計劃大綱一卷祁門茶業改良場技術員工訓練計劃大綱一卷祁門茶業改良場化學研究計劃大綱一卷　民國油印本　一冊

330000－1701－0094273　M603303、M610478　集部/别集類

舊京文存八卷詩存八卷　孫雄撰　民國二十年(1931)鉛印本　二冊　存八卷(舊京文存一至八)

330000－1701－0094274　M007420　史部/政書類/公牘檔冊之屬

公牘講義一卷附錄一卷　民國司法行政部法官訓練所美利生印書館鉛印本　一冊

330000－1701－0094275　M603304　史部/金石類/石之屬/目録

南北響堂寺及其附近石刻目錄四卷　何士驥　劉厚滋編纂　民國二十五年(1936)國立北平研究院總辦事處出版課鉛印本　一冊

330000－1701－0094276　M606092　子部/宗教類/佛教之屬/諸宗

蓮宗諸祖略傳四卷附蓮宗警語一卷　釋貫通編　民國四年(1915)揚州藏經院刻本　一冊

330000－1701－0094277　M007280、M007550、M008187　集部/總集類/選集之屬/通代

論說大觀六十二卷　中華書局編　民國上海中華書局鉛印本　五冊　存十一卷(五至九、十六至十九、二十二至二十三)

330000－1701－0094278　M007255　類叢部/叢書類/自著之屬

曾文正公全集十六種　(清)曾國藩撰　民國十七年(1928)上海鴻寶齋書局石印本　二冊　存一種

330000－1701－0094279　M603305　子部/雜著類/雜說之屬

煙嶼樓讀書志十六卷筆記八卷　(清)徐時棟撰　民國十七年(1928)鄞縣徐方來蘧學齋鉛印本　二冊　存八卷(筆記一至八)

330000－1701－0094280　M606093　子部/宗教類/佛教之屬/諸宗

蓮宗諸祖略傳四卷附蓮宗警語一卷　釋貫通編　民國四年(1915)揚州藏經院刻本　一冊

330000－1701－0094281　M603306　集部/别集類

蒹葭樓詩二卷　黄節撰　民國二十三年(1934)鉛印本　一冊

330000－1701－0094282　M606094　子部/宗教類/佛教之屬/諸宗

釋淨土羣疑論六卷　(唐)釋懷感撰　民國二年(1913)金陵刻經處刻本　二冊

330000－1701－0094284　M007421　史部/地理類/遊記之屬/紀行

房山紀游一卷　陳詵撰　民國鉛印本　項吉士題記　一冊

330000－1701－0094285　M603307　子部/天文曆算類/算書之屬

澹寧齋算稿四種　王積沂撰　民國二十四年至二十五年(1935－1936)平湖綺春閣書莊石印本　四冊

330000－1701－0094286　M007551　集部/總集類/郡邑之屬
四川省藝文一卷　稿本　一册

330000－1701－0094287　M606095　子部/宗教類/佛教之屬/諸宗
天樂鳴空集三卷　(明)鮑宗肇撰　民國二十年(1931)潮陽郭氏雙百鹿齋刻本　二册

330000－1701－0094288　M608314、M608316、M608317、M608320、M608321　類叢部/叢書類/彙編之屬
四部叢刊　張元濟等編　民國上海商務印書館影印本　二十九册　存五種

330000－1701－0094290　M603308　經部/易類/傳説之屬
周易古義七卷　楊樹達撰集　民國十八年(1929)上海中華書局鉛印本　二册

330000－1701－0094292　M606096　子部/宗教類/佛教之屬/經
佛説月上女經二卷　(隋)釋闍那崛多譯　民國二十二年(1933)潮陽郭氏雙百鹿齋刻本　一册

330000－1701－0094295　M606097　子部/宗教類/佛教之屬/經
佛説月上女經二卷　(隋)釋闍那崛多譯　民國二十二年(1933)潮陽郭氏雙百鹿齋刻本　一册

330000－1701－0094296　M603309　史部/目録類/總録之屬/彙刻
續彙刻書目十卷閏集一卷　羅振玉撰　民國三年(1914)連平范氏雙魚室刻本　三册　存三卷(甲、乙、丙)

330000－1701－0094297　M606098　子部/宗教類/佛教之屬/經
佛説月上女經二卷　(隋)釋闍那崛多譯　民國二十二年(1933)潮陽郭氏雙百鹿齋刻本　一册

330000－1701－0094298　M007422　集部/曲類/曲韻曲譜曲律之屬
四郎探母曲譜一卷　陳彦衡撰　民國二十年(1931)潛樂社石印本　鑄九題記　一册

330000－1701－0094299　M605943、M606239、M606918、M607284、M607285、M607287、M607288、M607478、M607744、M608315、M608319、M608322　類叢部/叢書類/彙編之屬
四部叢刊　張元濟等編　民國上海商務印書館影印本　五十七册　存十種

330000－1701－0094300　M603310　史部/目録類/總録之屬/彙刻
續彙刻書目十卷閏集一卷　羅振玉撰　民國三年(1914)連平范氏雙魚室刻本　十册　存十卷(甲、乙、丙、丁、戊、己、庚、辛、壬、癸)

330000－1701－0094301　M007552、M007553、M007554、M007555　類叢部/叢書類/彙編之屬
四部備要　中華書局編　民國二十五年(1936)上海中華書局鉛印本　十九册　存四種

330000－1701－0094303　M007256、G008153、G010693　經部/春秋左傳類/傳説之屬
增批輯註東萊博議四卷　(宋)吕祖謙撰　(清)劉鍾英輯注　民國十三年(1924)鉛印本　三册　存三卷(一、三至四)

330000－1701－0094304　M603311　類叢部/叢書類/自著之屬
得天廬存稿二種　壽鵬飛撰　民國三十年(1941)鉛印本　一册　存一種

330000－1701－0094307　M603312　集部/别集類/宋别集
南湖集十卷附錄三卷　(宋)張鎡撰　民國十三年(1924)杭州廣壽慧雲禪寺刻藍印本　四册

330000－1701－0094308　M007424　史部/地理類/專志之屬/寺觀
紹興開元寺供奉古佛藏經事蹟彙誌不分卷　民國二十五年(1936)鉛印本　谷翁題記　一册

330000－1701－0094309　M603313　集部/別集類/唐五代別集

玉川子詩集五卷　(唐)盧仝撰　(清)孫之騄註　**玉川子詩注勘譌表一卷**　孫峻撰　民國十二年(1923)濟陽盧永祥刻藍印本　五册

330000－1701－0094313　M007257　史部/地理類/遊記之屬/紀行

兩京紀遊二卷　民國十二年(1923)傳經堂鉛印本　一册

330000－1701－0094314　M607237、M608318　類叢部/叢書類/彙編之屬

四部叢刊續編七十七種　張元濟等編　民國二十三年(1934)上海商務印書館影印本　四册　存二種

330000－1701－0094315　M601150、M601152　類叢部/叢書類/彙編之屬

四部叢刊　張元濟等編　民國上海商務印書館影印本　十一册　存一種

330000－1701－0094318　M603314　類叢部/叢書類/郡邑之屬

吳興叢書六十六種　劉承幹編　民國吳興劉氏嘉業堂刻本　十一册　存三種

330000－1701－0094319　M007425　子部/儒家類/儒學之屬/禮教/家訓

治家格言繹義二卷　(清)戴翊清撰　民國九年(1920)石印本　一册

330000－1701－0094323　M007259、M603707　史部/雜史類/斷代之屬

滿清十三朝秘史　歐陽紹熙編纂　民國七年(1918)上海廣益書局鉛印本　五册　存八卷(三至十)

330000－1701－0094329　M007260　集部/總集類/酬唱之屬

繡溪酬唱集二卷附錄一卷　王鍊心　王念田輯　民國二十八年(1939)石印本　一册

330000－1701－0094336　M007261　子部/宗教類/佛教之屬/諸宗

禪髓集證三卷　兊昊氏輯述　民國十七年(1928)存誠廬鉛印本　一册

330000－1701－0094339　M601153、M601176、M601306　類叢部/叢書類/彙編之屬

四部叢刊　張元濟等編　民國上海商務印書館影印本　六册　存三種

330000－1701－0094343　M007426　新學/光學/光學

航空照相判讀學一卷航空照相利用學一卷　民國油印本　顧錫校題記　一册

330000－1701－0094344　M007264、M008562　集部/詩文評類/類編之屬

南亭四話九卷　(清)李伯元(李寶嘉)編輯　民國十四年(1925)上海大東書局石印本　四册

330000－1701－0094347　M608325、M608334、M608336　類叢部/叢書類/彙編之屬

四庫全書珍本初集二百三十種　中央圖書館籌備處輯　民國二十三年至二十四年(1934－1935)上海商務印書館據文淵閣本影印本　三册　存三種

330000－1701－0094348　M007427　新學/政治法律/制度

各項問題一卷　民國石印本　一册

330000－1701－0094353　M601157、M601160、M601165、M601192、M601239、M601247、M601320、M601506、M601519、M601540、M601547、M601577、M607234、M610295　類叢部/叢書類/彙編之屬

四部叢刊　張元濟等編　民國上海商務印書館影印本　四十一册　存十二種

330000－1701－0094356　M007428　史部/地理類/專志之屬/寺觀

壽峰先覺寺志畧一卷　民國抄本　一册

330000－1701－0094357　M007556、M008058　經部/周禮類/傳說之屬

周禮□□卷　(漢)鄭玄注　民國影印本　二册　存五卷(五至六、七至九)

330000－1701－0094358　M601158、M601159、M601171、M601197、M601210、M601330、M601345、M601428、M601445、M601476、M601486、M601500、M601609、M601612、M601656　類叢部/叢書類/彙編之屬

四部叢刊　張元濟等編　民國上海商務印書館影印本　四十一册　存十五種

330000－1701－0094360　M007429　經部/春秋左傳類

左氏蒙求一卷　(元)吳化龍撰　民國抄本　一册

330000－1701－0094361　M608326　類叢部/叢書類/彙編之屬

四庫全書珍本初集二百三十種　中央圖書館籌備處輯　民國二十三年至二十四年(1934－1935)上海商務印書館據文淵閣本影印本　二册　存一種

330000－1701－0094363　M007557　子部/宗教類/道教之屬

三大聖經不分卷　民國浙江杭州迦音社鉛印本　一册

330000－1701－0094366　M007431　子部/藝術類/遊藝之屬/劇藝

幾禮居戲曲叢書四種　周明泰編　民國二十一年(1932)商務印刷館直隸書局鉛印本　一册　存一種

330000－1701－0094367　M608328　類叢部/叢書類/彙編之屬

四庫全書珍本初集二百三十種　中央圖書館籌備處輯　民國二十三年至二十四年(1934－1935)上海商務印書館據文淵閣本影印本　一册　存一種

330000－1701－0094368　M007558　集部/別集類/清別集

新體廣註小倉山房尺牘八卷　(清)袁枚撰　(清)胡光斗箋釋　(清)徐楨增註　民國八年(1919)上海廣文書局石印本　二册

330000－1701－0094376　M007265　史部/政書類/邦交之屬

支那瓜分之命運不分卷　(日本)中島端撰　田雄飛譯　民國石印本　一册

330000－1701－0094377　M007432　新學/政治法律/政治

世界學説總評　鄧孝然撰　民國十年(1921)昌福公司鉛印本　一册　存一種

330000－1701－0094378　M608331　子部/宗教類/佛教之屬/總録

覺世叢書　林旭高撰述　民國鉛印本　一册　存一種

330000－1701－0094382　M007266　子部/雜著類

玉歷至寶鈔勸世一卷附經驗神效良方一卷　民國十三年(1924)鉛印本　一册

330000－1701－0094384　M007433　子部/雜著類/雜纂之屬

古今文不分卷　民國二十二年(1933)抄本　一册

330000－1701－0094385　M603372、M606110　史部/地理類/方志之屬/郡縣志

[民國]南潯志六十卷首一卷　周慶雲纂　民國九年至十一年(1920－1922)刻本　四册　存十一卷(十五至十九、三十八至四十、四十五至四十七)

330000－1701－0094386　M608332　史部/傳記類/別傳之屬

項君亮明哀輓録一卷　民國十六年(1927)浙瑞隆茂石印本　一册

330000－1701－0094387　M007267　集部/總集類/選集之屬/斷代

宋四六摘句一卷　稿本　一册

330000－1701－0094389　M608333　集部/戲劇類/雜劇之屬

紅雪樓九種曲　(清)蔣士銓撰　民國十二年(1923)上海朝記書局影印本　一册　存一種

330000－1701－0094390　M601161　類叢部/叢書類/彙編之屬
四部叢刊　張元濟等編　民國上海商務印書館影印本　三冊　存一種

330000－1701－0094393　M007269　子部/宗教類/道教之屬/雜著
邱祖語錄一卷附錄一卷　(元)丘處機撰　民國二十一年(1932)益義道社經典研究部石印本　一冊

330000－1701－0094394　M603373　史部/地理類/方志之屬/郡縣志
[康熙]德清縣誌十卷　(清)侯元棐修　(清)王振孫等纂　民國元年(1912)德清縣續修縣志事務所石印本　一冊　存三卷(一至三)

330000－1701－0094396　M007435　史部/地理類/遊記之屬/紀行
秦游日錄一卷登太華記一卷　傅增湘撰　民國二十一年(1932)天津大公報館鉛印本　一冊

330000－1701－0094399　M007561　集部/總集類/選集之屬/通代
歷代女子文集十二卷　(明)趙世杰選輯　民國十七年(1928)上海掃葉山房石印本　一冊　存目錄、姓氏

330000－1701－0094400　M608337　類叢部/叢書類/自著之屬
天馬山房叢箸六種　馬敘倫撰　民國鉛印本　一冊

330000－1701－0094403　M603315　子部/藝術類/書畫之屬
經頤淵金石詩書畫合集三種　經亨頤撰　民國二十五年(1936)上海中華書局影印本暨鉛印本　三冊

330000－1701－0094404　M608338　集部/總集類/郡邑之屬
潯溪詩徵四十卷補遺一卷　周慶雲輯　民國六年(1917)周氏夢坡室刻本　二十冊

330000－1701－0094405　M007562　新學/醫學
生理學講義十三章　民國石印本　一冊

330000－1701－0094406　M007271　子部/儒家類/儒學之屬/性理
王學指津不分卷　(明)王守仁演稿　張覺善　李道淵校錄　**南屏濟祖來復說一卷**　釋來復撰　民國九年(1920)鉛印本　一冊

330000－1701－0094407　M603316　集部/別集類
大休上人遺著一卷附百怪圖一卷　周冠九輯　民國二十二年(1933)鉛印本　一冊

330000－1701－0094412　M007563　新學/醫學
生理學講義十二章　民國石印本　二冊

330000－1701－0094415　M603317　類叢部/叢書類/自著之屬
樊諫議集七家注五種附一種　(唐)樊宗師撰　樊鎮輯　民國紹興樊氏緜絳書屋刻本　樊鎮題記　二冊　缺附一種

330000－1701－0094416　M608339　類叢部/類書類/通類之屬
淵鑑類函四百五十卷目錄四卷　(清)張英　(清)王士禛等輯　民國十五年(1926)同文書局影印本　二十三冊　存一百八十九卷(一百四十八至二百二十六、三百四十一至四百五十)

330000－1701－0094417　M007564　新學/醫學
病理學概論三卷　陸昭編　民國石印本　三冊

330000－1701－0094420　M608340　子部/小說家類/諧謔之屬
苦海新談四卷　(清)林真撰　民國四年(1915)杭州西湖悅圃鉛印本　一冊

330000－1701－0094424　M007565　新學/醫學
病理學講義一卷　朱士昌編　民國石印本

一册

330000－1701－0094427　M606267、M608341　史部/叢編

鄂故叢書二種　湖北通志館輯　民國三十六年(1947)湖北通志館鉛印本　三册

330000－1701－0094428　M007272、M008157、M008443　子部/醫家類/類編之屬

紹興醫藥學報彙編　民國鉛印本　八册　存八種

330000－1701－0094429　M007566　子部/醫家類/外科之屬

外科學講義一卷　楊則民編述　民國石印本　一册

330000－1701－0094430　M606099　子部/宗教類/佛教之屬/經疏

佛說四十二章經解一卷佛遺教經解一卷　(明)釋智旭撰　**八大人覺經略解一卷**　(漢)釋安清譯　(明)釋智旭解　民國二十三年(1934)潮陽郭氏雙百鹿齋刻本　一册

330000－1701－0094434　M603318、M610529　史部/政書類/公牘檔冊之屬

西湖博覽會總報告書不分卷　西湖博覽會編纂　民國二十年(1931)西湖博覽會鉛印本　四册　存會務報告第五至八章、農業館研究報告

330000－1701－0094435　M608342　史部/地理類/方志之屬/郡縣志

[民國]上海縣續志三十卷首一卷末一卷　吳馨等修　姚文枏等纂　曾廷芳繪圖　民國七年(1918)上海文廟南園志局刻本　十二册

330000－1701－0094437　M606100　子部/宗教類/佛教之屬/經

佛說十善業道經一卷　(唐)釋實叉難陀譯　**釋迦世尊成道記略一卷**　海屍道人編　**十善業道經節要一卷見聞錄一卷**　(明)釋智旭撰　民國二十四年(1935)潮陽郭氏雙百鹿齋刻本　一册

330000－1701－0094438　M007567　子部/醫家類/兒科之屬/通論

幼科講義一卷　吳煥成撰　民國石印本　一册

330000－1701－0094439　M606101　子部/宗教類/佛教之屬/經

佛說十善業道經一卷　(唐)釋實叉難陀譯　**釋迦世尊成道記略一卷**　海屍道人編　**十善業道經節要一卷見聞錄一卷**　(明)釋智旭撰　民國二十四年(1935)潮陽郭氏雙百鹿齋刻本　一册

330000－1701－0094440　M603319　史部/目録類/版本之屬/書影

吳興劉氏嘉業堂善本書景五卷　劉承幹輯　民國十八年(1929)吳興劉氏嘉業堂影印本　六册

330000－1701－0094441　M007438　史部/傳記類/別傳之屬/事狀

石青陽先生訃告不分卷　民國二十四年(1935)鉛印本　一册

330000－1701－0094443　M007273　史部/目録類/總録之屬/私撰

千頃堂書局圖書目錄不分卷　千頃堂書局編　民國二十三年(1934)千頃堂書局石印本　一册

330000－1701－0094444　M606102　子部/宗教類/佛教之屬/經

大方廣如來不思議境界經一卷　(唐)釋實叉難陀譯　**文殊師利所說摩訶般若波羅蜜經一卷**　(南朝梁)釋曼陀羅僊譯　**文殊師利所說般若波羅蜜經一卷**　(南朝梁)釋僧伽婆羅譯　民國二十三年(1934)潮陽郭氏雙百鹿齋刻本　一册

330000－1701－0094445　M007439　史部/傳記類/別傳之屬/事狀

伍秩庸博士哀思錄不分卷　伍朝樞輯　民國十二年(1923)鉛印本　一册

330000－1701－0094446　M606103　子部/宗教類/佛教之屬/經

大方廣如來不思議境界經一卷 （唐）釋實叉難陀譯 **文殊師利所説摩訶般若波羅蜜經一卷** （南朝梁）釋曼陀羅僊譯 **文殊師利所説般若波羅蜜經一卷** （南朝梁）釋僧伽婆羅譯 民國二十三年（1934）潮陽郭氏雙百鹿齋刻本 一册

330000－1701－0094449 M606104 子部/宗教類/佛教之屬/經

大方廣如來不思議境界經一卷 （唐）釋實叉難陀譯 **文殊師利所説摩訶般若波羅蜜經一卷** （南朝梁）釋曼陀羅僊譯 **文殊師利所説般若波羅蜜經一卷** （南朝梁）釋僧伽婆羅譯 民國二十三年（1934）潮陽郭氏雙百鹿齋刻本 一册

330000－1701－0094450 M608343 史部/地理類/方志之屬/郡縣志

［同治］盛湖志十四卷首一卷末一卷 （清）仲廷機纂 **盛湖志補四卷** （清）仲虎騰纂 民國九年至十三年（1920－1924）烏程周慶雲刻本 八册

330000－1701－0094452 M603320 集部/總集類/彙編之屬

空谷流馨集文編一卷詩編一卷詞編一卷聯編一卷簡編一卷附編二卷 汪大鐵輯 民國三十七年（1948）鉛印本 二册

330000－1701－0094453 M007274 史部/目録類/專録之屬

復初齋書局第一期書目一卷 復初齋書局編 民國二十三年（1934）杭州復初齋書局鉛印本 一册

330000－1701－0094454 M606105 集部/曲類/寶卷之屬

繡像雙貴圖寶卷二卷 民國六年（1917）上海文益書局石印本 二册

330000－1701－0094455 M606106 集部/曲類/寶卷之屬

趙千金烈女寶卷二卷 民國十三年（1924）上海文益書局石印本 一册

330000－1701－0094456 M603321 類叢部/叢書類/家集之屬

諸暨馮氏叢刻五種四十四卷 馮振音編 民國六年（1917）鉛印本 七册 缺八卷（蒼源剩草一至八）

330000－1701－0094457 M608344 子部/宗教類/佛教之屬/經疏

普賢行願品别行疏鈔擷一卷附摘華嚴纂靈紀一卷 釋幻修編 民國十二年（1923）杭州刻經處刻本 一册

330000－1701－0094459 M606109 子部/藝術類/遊藝之屬/聯語

集殷虚文字楹帖不分卷 章鈺撰 羅振玉輯 民國十六年（1927）東方學會石印本 一册

330000－1701－0094460 M007440 史部/政書類/邦交之屬

民國十七年條約不分卷 民國十七年（1928）鉛印本 一册

330000－1701－0094461 M007275 子部/藝術類/篆刻之屬

西泠印社潛泉印泥發行所出品目錄一卷 吴振平編 民國二十四年（1935）西泠印社鉛印本 一册

330000－1701－0094463 M606107 集部/别集類

陳仲權先生遺著一卷 陳以義撰 **倚雲樓唱和集一卷** 程雲修撰 **陳仲權烈士紀念集一卷** 陳乃和 陳乃斌輯 民國二十五年（1936）鉛印本 一册

330000－1701－0094464 M608345 類叢部/叢書類/自著之屬

最樂亭三種 （清）朱福清撰 民國六年至十二年（1917－1923）嘉興朱氏刻本 二册 存一種

330000－1701－0094466 M606108 子部/宗教類/佛教之屬/諸宗

淨土生無生論註一卷 （明）釋傳燈撰 （明）釋正寂註 民國十三年（1924）杭州刻經處刻

本　一册

330000 - 1701 - 0094467　M608346　類叢部/叢書類/自著之屬

最樂亭三種　(清)朱福清撰　民國六年至十二年(1917 - 1923)嘉興朱氏刻本　二册　存一種

330000 - 1701 - 0094468　M007441　史部/政書類/邦交之屬

外交文牘　外交部編　民國外交部鉛印本　七册　存四種

330000 - 1701 - 0094473　M603322　史部/金石類/總志之屬

范鼎卿先生所著書三種　范壽銘撰　民國會稽顧燮光金佳石好樓石印本　二册　存二種

330000 - 1701 - 0094474　M608347　集部/別集類

慎江草堂詩四卷　黄迂撰　民國十三年(1924)鉛印本　四册

330000 - 1701 - 0094479　M603323　史部/目録類/總録之屬

琉璃廠書肆記一卷　(清)李文藻撰　**後記一卷**　繆荃孫撰　民國十四年(1925)中國書店鉛印本　一册

330000 - 1701 - 0094480　M007442　史部/政書類/律令之屬

中華民國憲法十三章　國民大會制定　民國十二年(1923)鉛印本　一册

330000 - 1701 - 0094481　M608348　集部/別集類

雛蟬詩稿一卷　周演巽撰　民國十四年(1925)鉛印本　一册

330000 - 1701 - 0094482　M606111　子部/宗教類/佛教之屬/諸宗

蓮宗諸祖略傳四卷附蓮宗警語一卷　釋貫通編　民國四年(1915)揚州藏經院刻本　一册

330000 - 1701 - 0094483　M603324　史部/傳記類/總傳之屬/釋道

高僧傳初集節要二卷二集節要二卷三集節要二卷　梅光羲編　民國二十三年(1934)上海商務印書館鉛印本　三册

330000 - 1701 - 0094484　M007568　類叢部/類書類/通類之屬

淵鑑類函四百五十卷目録四卷　(清)張英(清)王士禛等輯　民國六年(1917)同文圖書館影印本　二十三册　存一百六十五卷(四至六十六、八十五至一百二十四、一百九十九至二百十九、三百九十一至三百九十九、四百至四百二十四、四百四十四至四百五十)

330000 - 1701 - 0094485　M608349　集部/別集類

丁子居賸草一卷詩餘一卷　丁三在撰　民國十年(1921)丁氏鉛印本　一册

330000 - 1701 - 0094488　M007276　史部/目録類/專録之屬

嘉慶重修一統志樣本一卷　上海商務印書館編　民國二十三年(1934)上海商務印書館鉛印本暨影印本　一册

330000 - 1701 - 0094490　M603325、M609522、M610407　史部/傳記類/總傳之屬/仕宦

清代徵獻類編五種　嚴懋功撰　民國二十一年(1932)上海文瑞樓書局、無錫學海堂書局鉛印本　七册　存四種

330000 - 1701 - 0094491　M606112　史部/地理類/方志之屬/郡縣志

[民國]蕭山縣志稿三十三卷首一卷末一卷　彭延慶修　姚瑩俊纂　張宗海續修　楊士龍續纂　民國二十四年(1935)鉛印本　一册　存二卷(首、一)

330000 - 1701 - 0094492　M608350　集部/別集類

雪嚼香吟一卷　羅傳珍撰　民國二十六年(1937)鉛印本　一册

330000 - 1701 - 0094493　M007569　集部/別集類

舊讀不厭齋己未詩稿一卷　單溥元撰　民國

十一年(1922)合肥啟新印刷社鉛印本　一冊

330000－1701－0094494　M608351　集部/別集類

黃維時詩存四卷　黃維時撰　民國二十八年(1939)鉛印本　二冊

330000－1701－0094496　M606113　史部/目録類/專録之屬

國立北平故宫博物院院字號箱文物清冊一卷　國立北平故宫博物院編　民國二十六年(1937)鉛印本　一冊

330000－1701－0094497　M007277　史部/傳記類/日記之屬

湘綺樓日記樣本一卷附預約簡章　商務印書館編　民國十六年(1927)上海商務印書館鉛印本　一冊

330000－1701－0094498　M608352　集部/別集類

黃維時詩存四卷　黃維時撰　民國二十八年(1939)鉛印本　二冊

330000－1701－0094503　M603326　類叢部/叢書類/自著之屬

崇雅堂叢書十四種　楊晨撰　民國二十五年(1936)楊紹翰鉛印本　一冊　存一種

330000－1701－0094507　M608353　集部/別集類/清別集

朱衎廬先生遺稿八卷補編一卷朱衎廬舊藏鈔本書目一卷　(清)朱昌燕撰　張宗祥編　民國鉛印本　二冊

330000－1701－0094509　M606115　史部/傳記類/總傳之屬/釋道

增訂佛祖道影四卷　釋虚雲輯　民國二十四年(1935)福建鼓山涌泉禪寺刻本　四冊

330000－1701－0094512　M606116　史部/金石類/石之屬

非非室藏石工具一卷　張鳳撰　民國油印本　一冊

330000－1701－0094513　M007278、M007602　集部/別集類/清別集

猶存草堂詩鈔十二卷　(清)金玉撰　民國三年(1914)中華圖書館鉛印本　二冊

330000－1701－0094514　M007458、M606360　子部/宗教類/佛教之屬

佛學叢書□□種　丁福保輯　民國上海醫學書局鉛印本暨影印本　二冊　存二種

330000－1701－0094518　M007570　集部/別集類/清別集

許鄭學廬存稿八卷首一卷　(清)王紹蘭撰　民國二十九年(1940)燕京大學據清道光二十九年(1849)刻本影印本　五冊

330000－1701－0094519　M007281　集部/別集類

无恙續稿不分卷(民國二十一年至二十六年)　楊無恙撰　民國三十一年(1942)油印本　一冊

330000－1701－0094520　M007283　集部/總集類

陶社叢編甲集三種　謝鼎鎔輯　民國三十三年(1944)鉛印本　一冊

330000－1701－0094521　M007443　集部/別集類

乙亥黃山雜詩一卷　民國徽州福生書局鉛印本　一冊

330000－1701－0094525　M007446　子部/兵家類/兵法之屬

行伍須知一卷　民國石印本　一冊

330000－1701－0094526　M007572　子部/雜著類/雜説之屬

文壇登龍術不分卷　章克標撰　民國二十二年(1933)鉛印本　一冊

330000－1701－0094528　M007447　集部/小説類/長篇之屬

京本通俗小説　民國十四年(1925)鉛印本　二冊　存一種

330000－1701－0094531　M603327　集部/

別集類

世徽樓詩稿四卷　葉楚傖撰　民國三十五年(1946)上海正中書局鉛印本　一冊

330000－1701－0094532　M603328　子部/雜著類/雜說之屬

諺說一卷　(清)毛稚黄撰　(清)傅焕述　民國十八年(1929)石印本　一冊

330000－1701－0094534　G609313　類叢部/叢書類/彙編之屬

學津討原二十集一百七十三種　(清)張海鵬編　民國十一年(1922)上海商務印書館據清嘉慶十年(1805)虞山張氏照曠閣刻本影印本　一冊　存二種

330000－1701－0094537　M608354　集部/別集類

含嘉室詩集八卷　吴士鑑撰　民國元年(1912)鉛印本　二冊

330000－1701－0094539　M603330　史部/史評類/考訂之屬

古史新證一卷　王國維撰　民國二十四年(1935)北平來薰閣影印本　陳濟川題記　一冊

330000－1701－0094540　M608355　集部/別集類/唐五代別集

樊諫議集附錄甲集一卷補遺一卷　(唐)樊宗師撰　樊鎮輯　民國十年(1921)紹興樊氏綿絳書屋鉛印本　一冊

330000－1701－0094541　M007574、M602859、M604607、M610117　集部/別集類/清別集

鄭板橋全集六卷　(清)鄭燮撰　民國鑄記書局石印本　四冊

330000－1701－0094543　M007449　集部/別集類

雙修閣詩存二卷　張元默撰　民國十年(1921)鉛印本　一冊

330000－1701－0094544　M603331　子部/藝術類/書畫之屬/法帖

泉唐朱研臣先生遺墨一卷　(清)朱大勳撰並書　(清)朱景彝編　**附朱氏先德錄一卷**　(清)朱景彝撰　民國六年(1917)上海商務印書館影印本暨鉛印本　迩題記　一冊

330000－1701－0094546　M608356　集部/別集類/清別集

幸草亭詩鈔二卷　(清)楊文瑩撰　民國八年(1919)錢塘楊氏勖采堂鉛印本　二冊

330000－1701－0094547　M007450、M007879　史部/地理類/雜志之屬

說杭州十八章　鍾毓龍撰　稿本　二冊　存二章(十二、十四)

330000－1701－0094548　M608357　集部/別集類/清別集

幸草亭詩鈔二卷　(清)楊文瑩撰　民國八年(1919)錢塘楊氏勖采堂鉛印本　二冊

330000－1701－0094549　M603332　史部/傳記類/別傳之屬/事狀

伍梯雲博士哀思錄不分卷　伍梯雲先生追悼大會輯　民國二十四年(1935)鉛印本　一冊

330000－1701－0094550　M007575、M008204　集部/總集類/選集之屬/通代

詳註分類咏物詩選八卷　(清)俞琰輯　(清)易開緇　(清)孫洊鳴註　民國十四年(1925)上海大通書局石印本　二冊　存二卷(一、八)

330000－1701－0094552　M608358　集部/別集類/清別集

幸草亭詩鈔二卷　(清)楊文瑩撰　民國八年(1919)錢塘楊氏勖采堂鉛印本　一冊

330000－1701－0094553　M007451　新學/工藝/汽機總

電氣鐵道九章　民國石印本　一冊

330000－1701－0094554　M603333　史部/傳記類/別傳之屬/事狀

黄膺白先生故舊感憶錄不分卷　黄膺白先生紀念刊編輯委員會編　民國二十六年(1937)鉛印本　一冊

330000－1701－0094555　M608359　集部/別集類/清別集

幸草亭詩鈔二卷　(清)楊文瑩撰　民國八年(1919)錢塘楊氏勖采堂鉛印本　二冊

330000－1701－0094556　M608360　集部/別集類/清別集

幸草亭詩鈔二卷　(清)楊文瑩撰　民國八年(1919)錢塘楊氏勖采堂鉛印本　一冊　存一卷(下)

330000－1701－0094557　M007452　子部/藝術類/書畫之屬/法帖

金冬心隸書書畫小記帖一卷　(清)金農書　民國上海進步書局石印本　一冊

330000－1701－0094558　M603334　集部/總集類/選集之屬/通代

雁山鴻爪三卷　周起渭輯　民國二十三年(1934)樂清天一書局鉛印本　二冊

330000－1701－0094559　M007577　集部/總集類/選集之屬/通代

歷代詩文評註讀本　王文濡編　民國上海文明書局鉛印本　四冊　存一種

330000－1701－0094560　M608361　史部/地理類/方志之屬/郡縣志

[乾隆]金山縣志二十卷首一卷　(清)常琬修　(清)焦以敬等纂　民國十八年(1929)據清乾隆十六年(1751)刻本影印本　四冊

330000－1701－0094561　M603335　集部/詞類/別集之屬

秀道人詠梅詞一卷　況周頤撰　民國九年(1920)惜陰堂鉛印本　一冊

330000－1701－0094563　M007453　新學/工藝/工學

機械製圖七章不分卷　莫善祥撰　鍾成章繪　民國十九年(1930)浙江高級工科中學石印本　一冊

330000－1701－0094564　M007578、M008256　子部/醫家類/方書之屬/成方藥目

湯頭歌訣一卷附經絡歌訣一卷　(清)汪昂撰　民國商務印書館鉛印本　二冊

330000－1701－0094565　M603336　史部/政書類/公牘檔冊之屬

緘三公牘稿二卷　沈緘三撰　民國十年(1921)鉛印本　二冊

330000－1701－0094567　M603337　史部/政書類/公牘檔冊之屬

緘三公牘稿二卷　沈緘三撰　民國十年(1921)鉛印本　二冊

330000－1701－0094569　M603338　類叢部/叢書類/自著之屬

勴堂遺書八種　顧家相撰　民國八年至十九年(1919－1930)會稽顧氏鉛印本　二冊　存一種

330000－1701－0094570　M007455、M007760　集部/別集類

薏園文鈔六卷　高誼撰　民國二十七年(1938)鉛印本　二冊

330000－1701－0094573　M603339、M603587、M603740、M604010、M609094　史部/地理類/方志之屬/郡縣志

[嘉慶]涇縣志三十二卷首一卷附二卷　(清)李德淦　(清)周鶴立修　(清)洪亮吉纂　民國三年(1914)涇縣翟氏石印本　十三冊　存三十二卷(首,一至十一、十五至三十二,樂輸上、下)

330000－1701－0094575　M603340　經部/書類/傳説之屬

尚書駢枝一卷　(清)孫詒讓撰　民國鉛印本　一冊

330000－1701－0094576　M603341　經部/書類/傳説之屬

尚書駢枝一卷　(清)孫詒讓撰　民國鉛印本　一冊

330000－1701－0094577　M603342　經部/書類/傳説之屬

尚書駢枝一卷　(清)孫詒讓撰　民國鉛印本　一冊

330000－1701－0094578　M007456　史部/金石類/石之屬
元氏誌録一卷　范壽銘撰　民國石印本　一册

330000－1701－0094580　M603343　經部/書類/傳說之屬
尚書駢枝一卷　(清)孫詒讓撰　民國鉛印本　一册

330000－1701－0094581　M007284　子部/儒家類/儒學之屬/禮教
五種遺規　(清)陳弘謀輯並撰　民國十一年(1922)上海商務印書館鉛印本　一册　存一種

330000－1701－0094582　M603344　經部/書類/傳說之屬
尚書駢枝一卷　(清)孫詒讓撰　民國鉛印本　一册

330000－1701－0094583　M007457　子部/藝術類/書畫之屬/法帖
漢郃陽令曹全碑不分卷　民國十五年(1926)上海有正書局影印本　一册

330000－1701－0094584　M603345　經部/書類/傳說之屬
尚書駢枝一卷　(清)孫詒讓撰　民國鉛印本　一册

330000－1701－0094586　M603346　集部/總集類/尺牘之屬
冬暄草堂師友牋存不分卷　陳漢第　陳敬第輯　民國二十六年(1937)上海中華書局影印本　六册

330000－1701－0094587　M007285　新學/學校
新體師範講義　民國上海商務印書館鉛印本　三册　存四種

330000－1701－0094591　M007459　集部/別集類
青島安慶留別手書稿一卷附蒙古會議開幕詞一卷開發蒙藏與西北國防論一卷　馬福祥撰並書　民國二十年(1931)石印本　一册

330000－1701－0094592　M606117、M607564　類叢部/叢書類/自著之屬
彊邨遺書六種外編二種附一種　朱祖謀撰　民國二十二年(1933)刻本　二册　存二種

330000－1701－0094595　M603347　類叢部/叢書類/郡邑之屬
敬鄉樓叢書三十八種　黄羣編　民國十七年至二十四年(1928－1935)永嘉黄氏鉛印本　一册　存第四輯一種

330000－1701－0094598　M603348　史部/傳記類/總傳之屬
藩獻記四卷　(明)朱謀㙔撰　民國杭州抱經堂書局鉛印本　一册

330000－1701－0094599　M606120　子部/宗教類/佛教之屬
最極清淨菩薩戒藏持戒行相菩提正道論一卷　(明)釋宗喀巴造　湯薌銘翻譯　高觀如屬文　吳劍君證語　民國二十五年(1936)菩提學會鉛印本　一册

330000－1701－0094600　M602648、M603349、M603350、M606332　史部/金石類/總志之屬
顧氏金石輿地叢書第一集八種　顧燮光編　民國十八年(1929)會稽顧氏金佳石好樓鉛印本暨石印本　七册　存五種

330000－1701－0094602　M606121　子部/宗教類/佛教之屬
最極清淨菩薩戒藏持戒行相菩提正道論一卷　(明)釋宗喀巴造　湯薌銘翻譯　高觀如屬文　吳劍君證語　民國二十五年(1936)菩提學會鉛印本　一册

330000－1701－0094603　M007460　史部/目録類/總録之屬/私撰
書目一卷　民國抄本　一册

330000－1701－0094604　M603351、M606334　史部/金石類/總志之屬
顧氏金石輿地叢書第一集八種　顧燮光編　民國十八年(1929)會稽顧氏金佳石好樓鉛印

本暨石印本　三冊　存三種

330000－1701－0094606　M603352、M607230　子部/藝術類/書畫之屬/畫譜
雲溪山館畫稿不分卷　民國四年(1915)上海同文書局石印本　二冊

330000－1701－0094607　M603353　集部/總集類/郡邑之屬
滬瀆同聲續集不分卷　郁葆青輯　陳詩選　民國二十四年(1935)鉛印本　一冊

330000－1701－0094608　M606122　子部/宗教類/佛教之屬/諸宗
教觀綱宗一卷教觀綱宗釋義一卷　(明)釋智旭撰　民國二十九年(1940)上海法云印經會鉛印本　一冊

330000－1701－0094609　M603354　子部/小說家類/諧謔之屬
苦海新談四卷　(清)林真撰　民國四年(1915)杭州西湖悅圃鉛印本　一冊

330000－1701－0094610　M603355　子部/小說家類/諧謔之屬
苦海新談四卷　(清)林真撰　民國四年(1915)杭州西湖悅圃鉛印本　一冊

330000－1701－0094613　M007286　史部/政書類/律令之屬/律例
欽定總管内務府現行則例五十七卷　(清)裕誠等修　(清)文璧等纂　民國二十六年(1937)國立北平故宮博物院文獻館鉛印本　一冊　存二卷(堂上一至二)

330000－1701－0094615　M601172　類叢部/叢書類/彙編之屬
四部叢刊　張元濟等編　民國上海商務印書館影印本　一冊　存一種

330000－1701－0094619　M606123　子部/藝術類/書畫之屬/法帖
宋拓王右軍金剛經一卷　(晉)王羲之書　民國五年(1916)上海有正書局影印本　一冊

330000－1701－0094621　M007461　子部/宗教類/道教之屬
老子道德經斠義□□卷　民國油印本　一冊　存一卷(下篇)

330000－1701－0094622　M007462　經部/詩類/傳說之屬
毛詩講義不分卷　李孟楚編　民國油印本　二冊

330000－1701－0094625　M007579　類叢部/叢書類/彙編之屬
香艷叢書三百二十六種　(清)蟲天子輯　民國三年(1914)上海中國圖書公司和記鉛印本　十四冊　存三十八種

330000－1701－0094633　M007287　集部/别集類
蜕私軒集五卷蜕私軒讀經記三卷　姚永樸撰　民國六年(1917)鉛印本　一冊

330000－1701－0094640　M002599　類叢部/類書類/通類之屬
初學記三十卷　(唐)徐堅等撰　民國七年(1918)江左書林石印本　八冊

330000－1701－0094644　M603329　史部/目録類/總録之屬/彙刻
復性書院擬先刻諸書簡目五卷　馬浮編　民國三十四年(1945)復性書院刻本　一冊

330000－1701－0094645　M007288　史部/地理類
中國歷史地理大辭典不分卷　民國鉛印本　一冊

330000－1701－0094647　M007290、M007628　子部/叢編
娛萱室小品六十種　雷瑨輯　民國六年(1917)上海掃葉山房石印本　七冊　存五十八種

330000－1701－0094652　M007291　史部/史抄類
二十四史輯要樣本一卷　民國十七年(1928)上海中華書局鉛印本　一冊

330000－1701－0094654　M007292　史部/傳記類/總傳之屬/家乘

[浙江蕭山]蕭山趙隝趙氏世系之圖一卷　民國抄本　一册

330000－1701－0094655　M608364　子部/藝術類/書畫之屬/法帖

宋拓玄秘塔不分卷　(唐)裴休撰　(唐)柳公權書　民國上海有正書局影印本　一册

330000－1701－0094656　M007293　子部/農家農學類/蠶桑之屬

養蠶法三章　陳滓編　民國石印本　一册

330000－1701－0094659　M007294　集部/別集類

感逝叢刊四種　唐詠裳撰　民國十九年(1930)紹興印刷局鉛印本　一册　存二種

330000－1701－0094660　M007580　子部/術數類/陰陽五行之屬

增廣玉匣記通書二卷　(清)朱說霖重校　民國十七年(1928)上海文昌書局石印本　一册　存一卷(一)

330000－1701－0094661　M608365　子部/藝術類/書畫之屬/法帖

宋拓玄秘塔不分卷　(唐)裴休撰　(唐)柳公權書　民國上海有正書局影印本　一册

330000－1701－0094663　M608366　子部/藝術類/書畫之屬/法帖

廟堂碑唐本不分卷　(唐)虞世南撰並書　民國十三年(1924)上海文明書局影印本　一册

330000－1701－0094664　M606124　經部/春秋總義類/文字音義之屬

春秋三家異文覈一卷　(清)朱駿聲撰　民國二十五年(1936)成都華西協合大學哈佛燕京學社鉛印本　一册

330000－1701－0094665　M608367　子部/藝術類/書畫之屬/畫譜

董香光山水册一卷　(明)董其昌繪　民國二十五年(1936)中華書局影印本　一册

330000－1701－0094668　M606125　經部/春秋總義類/傳說之屬

春秋平議一卷　(清)朱駿聲撰　民國二十五年(1936)華西協合大學哈佛燕京學社鉛印本　一册

330000－1701－0094673　M007582　史部/目録類/總録之屬

上海廣益書局圖書目錄一卷　廣益書局編　民國上海廣益書局石印本　一册

330000－1701－0094674　M007295　子部/藝術類/音樂之屬/總論

淛江工校國樂社講義不分卷　民國石印本　一册

330000－1701－0094675　M606126、M606264　子部/宗教類/佛教之屬

續人天寶鑑十卷　(清)釋默庵輯　民國十三年(1924)刻本　三册　存三卷(八至十)

330000－1701－0094677　M606127　史部/傳記類/總傳之屬/釋道

天台九祖傳二卷附錄一卷　(宋)釋志磐撰

釋迦如來涅槃禮讚文一卷　(宋)釋仁岳撰

天台智者大師齋忌禮讚文一卷　(宋)釋遵式撰　民國七年(1918)揚州集雲齋刻本　一册

330000－1701－0094679　M007583、M007584　類叢部/叢書類/彙編之屬

古今說部叢書二百七十二種　國學扶輪社輯　民國四年(1915)中國圖書公司和記鉛印本　四册　存二十種

330000－1701－0094681　M608368　子部/藝術類/書畫之屬/畫譜

董香光山水册一卷　(明)董其昌繪　民國二十五年(1936)中華書局影印本　一册

330000－1701－0094683　M608369　子部/藝術類/書畫之屬/畫譜

吴秋農人物山水精品不分卷　(清)吴穀祥繪　民國上海中華書局影印本　一册

330000－1701－0094684　M007298　經部/小學類/文字之屬/字書

字學七種二卷補遺一卷　(清)李祕園撰　民國石印本　一冊

330000－1701－0094688　M608370　子部/宗教類/佛教之屬/經疏
大方廣佛華嚴經疏科文表解不分卷　(唐)釋澄觀撰　李圓淨編　民國二十八年(1939)上海佛學書局鉛印本　一冊

330000－1701－0094690　M606128　史部/地理類/專志之屬/寺觀
武林梵志五卷　(明)吳之鯨撰　民國十六年(1927)刻本　四冊

330000－1701－0094692　M606129　史部/地理類/專志之屬/寺觀
武林梵志五卷　(明)吳之鯨撰　民國十六年(1927)刻本　四冊

330000－1701－0094693　M606130　史部/地理類/專志之屬/寺觀
武林梵志五卷　(明)吳之鯨撰　民國十六年(1927)刻本　四冊

330000－1701－0094695　M608371　子部/宗教類/佛教之屬/經疏
大方廣佛華嚴經疏科文表解不分卷　(唐)釋澄觀撰　李圓淨編　民國二十八年(1939)上海佛學書局鉛印本　一冊

330000－1701－0094697　M007720　集部/別集類
士學集一卷　張怡祖撰　民國鉛印本　一冊

330000－1701－0094698　SZD0381　經部/書類/專著之屬
尚書研究不分卷　朱師轍撰　民國河南大學石印本　一冊

330000－1701－0094699　M608372　集部/別集類
無題詩一卷　魏在田撰　民國鉛印本　一冊

330000－1701－0094700　M007299　集部/總集類/選集之屬/斷代
詩詞專刊六卷　國立中山大學中國語言文學研究會輯　民國二十年(1931)國立中山大學中國語言文學研究會鉛印本　一冊　存四卷(三至六)

330000－1701－0094701　M606131　史部/目録類/總録之屬/官修
浙江省立圖書館出版木印書目一卷鉛印書目一卷　浙江省立圖書館編　民國二十五年(1936)浙江省立圖書館鉛印本　一冊

330000－1701－0094702　M608373　集部/別集類
無題詩一卷　魏在田撰　民國鉛印本　一冊

330000－1701－0094703　M007721　子部/儒家類/儒學之屬/性理
倫理詩教一卷　傅煥編述　民國鉛印本　一冊

330000－1701－0094704　M608374　集部/別集類
無題詩一卷　魏在田撰　民國鉛印本　一冊

330000－1701－0094705　民 329.91197/7211　子部/藝術類/書畫之屬/法帖
魏字中山先生史略一卷　劉翼天編集　民國二十四年(1935)南京正中書局影印本　一冊

330000－1701－0094706　M606132　史部/地理類/山川之屬/水志
西湖新志補遺六卷　胡祥翰輯　民國十二年(1923)鉛印本　一冊

330000－1701－0094710　M608375　集部/別集類
無題詩一卷　魏在田撰　民國鉛印本　魏在田題記　一冊

330000－1701－0094712　M606133　子部/宗教類/佛教之屬/諸宗
相宗綱要不分卷　梅光羲編　民國十一年(1922)上海商務印書館鉛印本　一冊

330000－1701－0094716　M007723　史部/金石類/石之屬/文字
宋拓龍藏寺碑一卷　民國十八年(1929)中華

書局石印本　一册

330000－1701－0094717　M606134　子部/宗教類/佛教之屬

隋天台智者大師別傳一卷　(隋)釋灌頂撰　**輯註四卷**　(宋)釋曇照註　釋興慈輯　民國十九年(1930)上海法藏寺刻本　一册

330000－1701－0094718　M007301　集部/總集類/酬唱之屬

癸酉上巳莫愁湖修禊詩一卷　關賡麟輯　民國鉛印本　一册

330000－1701－0094719　M606135　子部/宗教類/佛教之屬

隋天台智者大師別傳一卷　(隋)釋灌頂撰　**輯註四卷**　(宋)釋曇照註　釋興慈輯　民國十九年(1930)上海法藏寺刻本　一册

330000－1701－0094720　M007724　子部/藝術類/書畫之屬/法帖

縮印唐顏勤禮碑一卷　民國十九年(1930)金佳石好廔石印本　一册

330000－1701－0094722　M007302　類叢部/叢書類/郡邑之屬

吴中文獻小叢書三十二種　僞江蘇省立蘇州圖書館編纂委員會編　民國二十八年至三十二年(1939－1943)僞江蘇省立蘇州圖書館鉛印本　一册　存一種

330000－1701－0094723　M007303　類叢部/叢書類/自著之屬

林修竹治河叢書　林修竹撰　民國十五年(1926)山東河務總局鉛印本　二册　存一種

330000－1701－0094724　M601180、M601248、M601250、M601375、M601602、M601623、M601636　類叢部/叢書類/彙編之屬

四部叢刊　張元濟等編　民國上海商務印書館影印本　三十册　存七種

330000－1701－0094725　M007304　經部/小學類/文字之屬/說文/傳說

新訂說文部首六書例讀不分卷　饒炯撰　民國七年(1918)崇義堂刻本　一册

330000－1701－0094727　M007725　史部/目録類

影印元明善本叢書十種樣本一卷　商務印書館編　民國二十六年(1937)上海商務印書館鉛印本　一册

330000－1701－0094728　M608376　史部/史評類/考訂之屬

校史偶得不分卷　陳寶烋撰　民國鉛印本　一册

330000－1701－0094729　M608377　集部/總集類/彙編之屬

雲間兩何君集二種　姚光編　民國二十一年(1932)金山姚氏復廬據明嘉靖本影印本　三册　存一種

330000－1701－0094731　M608379　子部/宗教類/道教之屬

老子道德經二卷　(三國魏)王弼注　**音義一卷**　(唐)陸德明撰　**附識一卷老子校勘記一卷**　民國九年(1920)浙江圖書館刻本　一册

330000－1701－0094732　M007726　集部/別集類

散原精舍詩二卷續集三卷　陳三立撰　民國十五年(1926)上海商務印書館鉛印本　一册　存一卷(續集下)

330000－1701－0094733　M602810、M602850、M606136　集部/詩文評類/類編之屬

清詩話四十三種　丁福保輯　民國五年(1916)上海文明書局鉛印本　四册　存十二種

330000－1701－0094734　M608378　子部/宗教類/道教之屬

老子道德經二卷　(三國魏)王弼注　**音義一卷**　(唐)陸德明撰　**附識一卷老子校勘記一卷**　民國九年(1920)浙江圖書館刻本　一册

330000－1701－0094735　M007727　史部/政書類/公牘檔册之屬

陸軍第六師各團營内務細則四十八章首一章

民國四年(1915)鉛印本　一册

330000－1701－0094737　M608380　類叢部/叢書類/自著之屬
晨風廬叢刊十八種　周慶雲撰　民國吳興周氏夢坡室刻本　一册　存一種

330000－1701－0094738　M608381　類叢部/叢書類/自著之屬
晨風廬叢刊十八種　周慶雲撰　民國吳興周氏夢坡室刻本　一册　存一種

330000－1701－0094739　M608382　類叢部/叢書類/自著之屬
晨風廬叢刊十八種　周慶雲撰　民國吳興周氏夢坡室刻本　一册　存一種

330000－1701－0094740　M606137、M609082、M609805、M610191　史部/紀傳類/正史之屬
漢書評注一百卷　(明)凌稚隆輯　民國十二年(1923)上海掃葉山房石印本　十八册　存五十八卷(一至七、十五至十六、二十、四十二至八十四、九十四至九十五、九十八至一百)

330000－1701－0094742　M608383　史部/傳記類/總傳之屬
規復兩浙節孝總祠事蹟一卷附募捐啟一卷採訪節孝現行法令一卷　民國三年(1914)鉛印本　一册

330000－1701－0094744　M608384　集部/別集類
觚庵詩存四卷　俞明震撰　民國九年(1920)上海聚珍倣宋印書局鉛印本　一册

330000－1701－0094745　M007728　子部/宗教類/道教之屬/戒律
金科輯要三集三十六卷　都劫司　武昌侯輯　民國北京金科流通處鉛印本　四册　存八卷(上集首,一至二、七至十,末)

330000－1701－0094746　M602131、M603356　史部/地理類/方志之屬/郡縣志
[民國]竹林八圩志十二卷首一卷　祝廷錫纂　民國二十一年(1932)石印本　四册

330000－1701－0094747　M608385　集部/別集類
觚庵詩存四卷　俞明震撰　民國九年(1920)上海聚珍倣宋印書局鉛印本　一册

330000－1701－0094749　M603357　集部/總集類/郡邑之屬
鹿山社詩錄一卷　徐大昌等撰　民國四年(1915)中華書局鉛印本　一册

330000－1701－0094750　M007729　史部/地理類/遊記之屬/紀行
孫文定公南遊記一卷　(清)孫嘉淦撰　民國鉛印本　豈士跋　一册

330000－1701－0094751　M608386　集部/別集類/唐五代別集
駱臨海集十卷附錄一卷　(唐)駱賓王撰　(清)陳熙晉注　民國二十六年(1937)義烏黄氏鉛印本　四册

330000－1701－0094753　M007307　子部/宗教類/佛教之屬/律
授三皈五戒八戒正範三卷授幽冥戒正範一卷條例一卷　民國十三年(1924)杭州昭慶寺慧空經房刻本　一册

330000－1701－0094754　M603358　經部/小學類/訓詁之屬/爾雅
雅學攷一卷　(清)胡元玉撰　民國二十五年(1936)國立北京大學出版組鉛印本　一册

330000－1701－0094755　M608387　史部/地理類/專志之屬/寺觀
寒山寺志三卷　葉昌熾撰　民國十一年(1922)吳縣潘氏刻本　二册

330000－1701－0094756　M603359　經部/小學類/訓詁之屬/方言
屈宋方言攷一卷　李翹撰　民國十四年(1925)芬熏館刻本　一册

330000－1701－0094758　M608388　史部/地理類/專志之屬/書院
敷文書院志略不分卷　魏頌唐輯　民國二十四年(1935)浙江財務學校鉛印本　一册

330000－1701－0094760　M603360　類叢部/叢書類/郡邑之屬

四明叢書一百六十七種　張壽鏞編　民國四明張氏約園刻本　二冊　存二種

330000－1701－0094761　M606138、M608636　集部/總集類/選集之屬/斷代

名賢生日詩十卷附名人生日表一卷　孫雄輯　民國十年(1921)鉛印本　二冊　存三卷(一、三,名人生日表)

330000－1701－0094763　M608389　史部/地理類/專志之屬/書院

敷文書院志略不分卷　魏頌唐輯　民國二十四年(1935)浙江財務學校鉛印本　一冊

330000－1701－0094764　M007731　新學/學校

高級中學師範科小學教材研究課程暫行標準一卷小學學科教學法大綱一卷　民國石印本　一冊

330000－1701－0094765　M608390　史部/地理類/專志之屬/書院

敷文書院志略不分卷　魏頌唐輯　民國二十四年(1935)浙江財務學校鉛印本　一冊

330000－1701－0094766　M007732　史部/傳記類/别傳之屬/事狀

志哀一卷　民國二年(1913)廊房三條麗華石印本　一冊

330000－1701－0094768　M007586　子部/天文曆算類/曆法之屬

中西對照六十年陰陽日歷不分卷　民國十八年(1929)上海掃葉山房石印本　一冊　存陰陽日曆第六十三至一百二十四葉、氣候表

330000－1701－0094769　M606139、M610029　史部/目録類/總録之屬/官修

江蘇省立國學圖書館圖書總目四十四卷補編十二卷　江蘇省立國學圖書館編　民國二十二年至二十五年(1933－1936)江蘇省立國學圖書館鉛印本　五冊　存十卷(十九、二十四至二十五、三十一至三十二、三十五至三十六、三十九至四十一)

330000－1701－0094772　M608391　史部/叢編

蒙古史料校注四種附二種　王國維撰　民國十五年(1926)清華學校研究院鉛印本　四冊

330000－1701－0094777　M606140　子部/宗教類/佛教之屬/經

藥師琉璃光如來本願功德經一卷　(唐)釋玄奘譯　**佛説無量壽經二卷**　(三國魏)釋康僧鎧譯　**佛説阿彌陀經一卷**　(後秦)釋鳩摩羅什譯　民國十一年(1922)鉛印本　一冊

330000－1701－0094778　M007733　史部/傳記類/别傳之屬/墓誌

清授奉直大夫晉封通奉大夫大理院推事加五級中書科中書金君[燾]墓志銘一卷　陳寶琛撰　鄭孝胥書　民國石印本　一冊

330000－1701－0094780　M603362　史部/傳記類/别傳之屬/事狀

黄膺白先生家傳一卷　沈亦雲撰　民國三十四年(1945)鉛印本　一冊

330000－1701－0094782　M007734　史部/傳記類/别傳之屬/墓誌

清故淑人元配楊淑人[筠貞]墓誌一卷　左念康撰並書　民國石印本　一冊

330000－1701－0094783　M604523、M604651、M606141、M609787　史部/目録類/總録之屬/官修

北京人文科學研究所藏書簡目不分卷書名索引不分卷　北京人文科學研究所編　民國二十七年(1938)北京人文科學研究所鉛印本　八冊

330000－1701－0094784　M007588　史部/目録類/總録之屬/私撰

東來閣書目一卷　東來閣書店編　民國二十二年(1933)北平東來閣書店鉛印本　一冊

330000－1701－0094785　M007735　集部/别集類

卍雲詩稿一卷　雲泉法師撰　民國三年

(1914)童玉華等鉛印本　一冊

330000－1701－0094786　M603363　史部/政書類/儀制之屬/專志/科舉校規

清代殿試考略一卷　傳增湘輯述　**臚傳紀事一卷**　(清)繆彤撰　**藏園藏卷目錄一卷**　民國二十二年(1933)天津大公報社鉛印本　一冊

330000－1701－0094787　M603364　史部/傳記類/別傳之屬/事狀

壽言彙輯三卷　陳翰輯　民國十六年(1927)鉛印本　一冊

330000－1701－0094788　M007589　類叢部/叢書類/自著之屬

海寧王靜安先生遺書四十三種　王國維撰　民國二十九年(1940)商務印書館長沙石印本　二十七冊　存十九種

330000－1701－0094789　M007736　史部/傳記類/別傳之屬/事狀

陳秉衡先生赴啟一卷　陳必秀　陳必偉撰　民國石印本　一冊

330000－1701－0094792　M608392　集部/詞類/別集之屬

鹹酸橋屋詞一卷附庸謹堂歲華紀感一卷　唐詠裳撰　民國十三年至十五年(1924－1926)鉛印本　一冊

330000－1701－0094793　M608393　集部/詞類/別集之屬

鹹酸橋屋詞一卷附庸謹堂歲華紀感一卷　唐詠裳撰　民國十三年至十五年(1924－1926)鉛印本　二冊

330000－1701－0094794　M606143　類叢部/叢書類/自著之屬

樸學齋叢刊十一種　胡韞玉撰　民國十二年(1923)安吳胡氏鉛印本　一冊　存四種

330000－1701－0094795　M007737　史部/傳記類/別傳之屬/事狀

余棋卿先生訃啓一卷　余淑祖啓　民國石印本　一冊

330000－1701－0094796　M606144　子部/宗教類/佛教之屬/經

金光明最勝王經十卷附藏文漢文日文英文陀羅尼四種四卷　(唐)釋義浄譯　民國十四年(1925)杭州金光明法會鉛印本　二冊

330000－1701－0094798　M606145　子部/宗教類/佛教之屬/經

金光明最勝王經十卷附藏文漢文日文英文陀羅尼四種四卷　(唐)釋義浄譯　民國十四年(1925)杭州金光明法會鉛印本　二冊

330000－1701－0094799　M007738　史部/傳記類/總傳之屬/郡邑

髮逆咸豐庚申辛酉兩次陷杭死難烈士傳錄(浙江杭州府仁和縣紳民忠義錄傳)不分卷　程良駇輯　民國十二年(1923)石印本　五冊

330000－1701－0094800　M608394、M609053　史部/雜史類/斷代之屬

清開國史料考六卷補一卷　謝國楨輯　民國二十年(1931)國立北平圖書館鉛印本　二冊

330000－1701－0094802　M606146　子部/宗教類/佛教之屬/經

金光明最勝王經十卷附藏文漢文日文英文陀羅尼四種四卷　(唐)釋義浄譯　民國十四年(1925)杭州金光明法會鉛印本　二冊

330000－1701－0094803　M608395　集部/別集類/清別集

幸草亭詩鈔二卷　(清)楊文瑩撰　民國八年(1919)錢塘楊氏勖采堂鉛印本　二冊

330000－1701－0094804　M606147　子部/宗教類/佛教之屬/經

金光明最勝王經十卷附藏文漢文日文英文陀羅尼四種四卷　(唐)釋義浄譯　民國十四年(1925)杭州金光明法會鉛印本　二冊

330000－1701－0094805　M602972、M603365、M603366、M603367、M603368、M603369、M603370、M603371、M603844、M607449　類叢部/叢書類/自著之屬

槐軒全書二十一種附九種　(清)劉沅撰　民

國致福樓刻本　四十二册　存九種

330000－1701－0094807　M007739　子部/宗教類/佛教之屬
觀禮堂三教真傳　民國九年(1920)觀禮堂刻本　一册　存一種

330000－1701－0094808　M608396　集部/別集類
延秋室詩稿一卷　嚴廷楨撰　民國八年(1919)西泠印社影印本　一册

330000－1701－0094811　M608397　史部/金石類/陶之屬/文字
溫州古甓記不分卷　(清)孫詒讓撰　民國鉛印本　一册

330000－1701－0094812　M606148　類叢部/叢書類/彙編之屬
嘉業堂叢書五十七種　劉承幹輯　民國吳興劉氏嘉業堂刻本　二册　存一種

330000－1701－0094813　M608398　集部/別集類
越叟詠梅詩稿一卷　朱怙生撰　民國三十五年(1946)鉛印本　唅政題記　一册

330000－1701－0094814　SZD0382　經部/小學類/文字之屬/説文
説文假借彙釋一卷　民國抄本　一册

330000－1701－0094816　M606149、M607435　史部/傳記類/總傳之屬/釋道
增訂佛祖道影四卷　釋虛雲輯　民國二十四年(1935)福建鼓山涌泉禪寺刻本　四册

330000－1701－0094817　M007310　史部/金石類/總志之屬/目録
百扇室帖目不分卷附歷代名人書千文目錄　民國三年(1914)稿本　一册

330000－1701－0094819　M007311　新學/議論/論政
時評雜議不分卷　不平人撰　稿本　一册

330000－1701－0094823　M608399　集部/總集類/郡邑之屬
滬瀆同聲集不分卷　郁葆青輯　陳詩選　民國二十二年(1933)鉛印本　一册

330000－1701－0094824　SZD0289　史部/目録類/專録之屬
文字獄案簡目一卷　民國抄本　一册

330000－1701－0094827　M007312　類叢部/叢書類/自著之屬
心史叢刊十六種　孟森撰　民國五年至六年(1916－1917)上海商務印書館鉛印本　一册　存三種

330000－1701－0094828　M606150　史部/傳記類/總傳之屬/家乘
[全國]錢氏家乘不分卷　錢文選輯　民國十四年(1925)鉛印本　一册

330000－1701－0094830　M608400　集部/總集類/郡邑之屬
滬瀆同聲集不分卷　郁葆青輯　陳詩選　民國二十二年(1933)鉛印本　一册

330000－1701－0094831　M608401　集部/總集類/郡邑之屬
滬瀆同聲集不分卷　郁葆青輯　陳詩選　民國二十二年(1933)鉛印本　一册

330000－1701－0094833　M603374　子部/雜著類/雜説之屬
趨庭隨筆一卷　江庸撰　民國二十三年(1934)朝陽學院出版部鉛印本　一册

330000－1701－0094834　SZD0373　集部/別集類
充隱文稿不分卷　朱師轍撰　稿本　二册

330000－1701－0094836　M603375　史部/金石類/郡邑之屬/雜著
曲阜碑碣考四卷　孔祥霖輯　民國四年(1915)上海廣智書局鉛印本　一册

330000－1701－0094837　M603376、M603377　類叢部/叢書類/彙編之屬
復性書院叢刊二十七種　馬浮編　民國二十九年至三十七年(1940－1948)復性書院刻本

暨鉛印本　三册　存一種

330000－1701－0094838　M606151　史部/金石類
國立北平圖書館金石叢編　民國二十七年(1938)上海商務印書館影印本　七册　存一種

330000－1701－0094843　SZD0374　史部/傳記類/總傳之屬/斷代
清紀□□卷　朱師轍撰　稿本　一册　存一卷(一)

330000－1701－0094847　SZD0375　集部/别集類
充隱文稿不分卷　朱師轍撰　民國抄本　一册

330000－1701－0094850　SZD0376　集部/别集類
充隱詩文稿不分卷　朱師轍撰　稿本　一册

330000－1701－0094851　M606152　子部/宗教類/佛教之屬
般若心經秘鍵畧註一卷　(日本)釋空海撰　(日本)釋覺鑁註　**阿彌陀秘釋一卷**　(日本)釋覺鑁釋　民國上海佛學書局石印本　一册

330000－1701－0094852　M606153　子部/宗教類/佛教之屬
般若心經秘鍵畧註一卷　(日本)釋空海撰　(日本)釋覺鑁註　**阿彌陀秘釋一卷**　(日本)釋覺鑁釋　民國上海佛學書局石印本　一册

330000－1701－0094854　M606154　子部/宗教類/佛教之屬/諸宗
删定止觀六卷天台智者大師傳論一卷天台止觀統例一卷　(唐)梁肅撰　民國十一年(1922)北京刻經處刻本　三册

330000－1701－0094855　SZD0378　經部/書類/專著之屬
尚書研究不分卷　朱師轍撰　稿本　二册

330000－1701－0094856　M606155　子部/宗教類/佛教之屬/經疏
彌陀畧解圓中鈔二卷　(明)釋大佑解　(明)釋傳燈鈔　民國二年(1913)揚州藏經院刻本　二册

330000－1701－0094859　SZD0383　子部/法家類
商子五卷　民國抄本　一册　存一卷(一)

330000－1701－0094862　M007740　集部/小説類/短篇之屬
紅紅傳一卷　民國四年(1915)抄本　一册

330000－1701－0094864　M608402　集部/總集類/郡邑之屬
滬瀆同聲集不分卷　郁葆青輯　陳詩選　民國二十二年(1933)鉛印本　一册

330000－1701－0094866　M007741　新學/政治法律
憲法綱要二卷　民國石印本　一册

330000－1701－0094867　SZD0385　史部/政書類/公牘檔册之屬
清史稿編纂人名録不分卷　民國抄本　一册

330000－1701－0094869　M007742　史部/傳記類/别傳之屬/事狀
胡君[光墉]墓誌銘一卷安定支祠古花樓落成徵詩遺藁一卷　沈恩孚撰　**胡雪騆先生傳一卷安定支祠記一卷**　黄守恒撰　**古花樓圖記一卷**　黄世祚撰　**雪園記一卷**　蔣元慶撰　**胡雪騆墓記一卷**　胡保良撰　民國十一年(1922)鉛印本　一册

330000－1701－0094871　SZD0386　史部/史評類/史論之屬
中國史學概論不分卷　朱希祖撰　民國輔仁大學鉛印本　朱師轍題簽　一册

330000－1701－0094872　M007743　史部/傳記類/總傳之屬/技藝
畫徵録三卷續録二卷明人附録一卷　(清)張庚撰　民國八年(1919)上海有正書局鉛印本　一册　存三卷(一至三)

330000－1701－0094873　SZD0393　經部/小

學類/文字之屬

古文奇字與小篆緐簡辨一卷 朱師轍撰 民國抄本 一冊

330000－1701－0094876 M007744 集部/別集類

南沙顧六瑄先生遺集不分卷 顧良璧撰 民國十八年(1929)顧氏上海鉛印本 一冊

330000－1701－0094882 M007590 子部/天文曆算類/曆法之屬

中華民國三十年歲在辛巳農曆通書一卷 民國二十九年(1940)石印本 一冊

330000－1701－0094885 M007591 子部/天文曆算類/曆法之屬

中華民國三十六年歲在丁亥農曆通書一卷 民國三十五年(1946)石印本 一冊

330000－1701－0094886 M007313 子部/醫家類/養生之屬

于飛經十卷 葉德輝撰 民國十六年(1927)湘靈書社鉛印本 一冊

330000－1701－0094888 M007592 子部/天文曆算類/曆法之屬

中華民國三十八年歲在己丑農曆通書一卷 民國三十七年(1948)石印本 一冊

330000－1701－0094889 M007314 集部/別集類/明別集

六如居士集外艷詩四卷 (明)唐寅撰 民國九年(1920)上海襟霞閣影印本 翼孫題記 一冊

330000－1701－0094890 M007745 集部/別集類

匡廬山居詩一卷 陳三立撰 民國石印本 一冊

330000－1701－0094893 M007593 子部/天文曆算類/曆法之屬

中華民國廿四年通用國曆一卷 民國二十三年(1934)石印本 一冊

330000－1701－0094895 M007746 集部/別集類

痡壄堂詩集二卷 嚴復撰 民國十五年(1926)鉛印本 二冊

330000－1701－0094897 M007594 集部/詩文評類/詩評之屬

詩學津梁二卷 (清)張清平撰 民國五年(1916)保定印書館石印本 二冊

330000－1701－0094898 SZD0387 史部/史評類/史論之屬

中國通史不分卷 民國輔仁大學鉛印本 一冊

330000－1701－0094899 M007747 集部/別集類

陳墨西先生癸酉述懷一卷 陳貞瑞撰 民國鉛印本 一冊

330000－1701－0094900 M007595 集部/別集類/清別集

新體廣註雪鴻軒尺牘二卷 (清)龔萼撰 朱詩隱 徐慎幾註 民國十四年(1925)上海世界書局石印本 一冊 存一卷(二)

330000－1701－0094902 SZD0388 新學/學校

國學概論不分卷 民國河南大學石印本 一冊

330000－1701－0094903 M007748 子部/工藝類/日用器物之屬/陶瓷

陶說六卷 (清)朱琰撰 民國二十年(1931)刻本 三冊 存四卷(一至三、六)

330000－1701－0094904 SZD0389 史部/編年類/斷代之屬

清史纂要不分卷 民國河南大學石印本 一冊

330000－1701－0094906 M007317 集部/曲類/散曲之屬

楊升庵夫婦散曲八卷 任訥編校 民國十八年(1929)上海商務印書館鉛印本 一冊

330000－1701－0094908 M007749 史部/

政書類/邦計之屬/錢幣
貨幣論二卷 民國石印本 一冊

330000－1701－0094909 SZD0390 經部/小學類/音韻之屬
音韻學二卷 朱芳圃撰 民國河南大學石印本 一冊

330000－1701－0094910 SZD0392 子部/雜著類/雜說之屬
北京農業專門學校國文研究社旨趣書一卷 尹炎武撰 民國油印本 一冊

330000－1701－0094916 G006574 史部/傳記類/總傳之屬/忠孝
浙江紹屬諸暨縣忠義錄名冊不分卷 民國十二年(1923)油印本 一冊

330000－1701－0094917 M007750 集部/別集類
小園詩稿一卷 趙寶卿撰 民國油印本 一冊

330000－1701－0094921 M007751 集部/戲劇類
劇目不分卷 陳優優編訂 稿本 二冊

330000－1701－0094922 M007319 集部/總集類/彙編之屬
禹生四唱 劉成禺輯 民國鉛印本 一冊 存一種

330000－1701－0094923 M007752 子部/雜著類/雜說之屬
孔廣森王氏醫治序一卷孔廣森武成頌并序一卷 民國抄本 一冊

330000－1701－0094926 M007753 類叢部/叢書類/自著之屬
漢陽黃氏叢刻 黃嗣艾輯 民國二十年(1931)刻本 一冊 存一種

330000－1701－0094927 M007598 子部/雜著類/雜說之屬
分甘餘話四卷 (清)王士禛撰 民國五年(1916)上海掃葉山房石印本 一冊

330000－1701－0094930 M007754 史部/傳記類/別傳之屬/事狀
戴蓬源先生赴告一卷 戴學熙輯 民國影印本 一冊

330000－1701－0094931 M007599 子部/雜著類/雜說之屬
分甘餘話四卷 (清)王士禛撰 民國元年(1912)上海掃葉山房石印本 一冊

330000－1701－0094932 SZD0394 子部/雜著類
北魏六鎮攷辨不分卷 朱師轍撰 稿本 一包

330000－1701－0094934 M007600 史部/傳記類/別傳之屬/事狀
遺思錄一卷 胡劍吟輯 民國二十三年(1934)鉛印本暨影印本 一冊

330000－1701－0094936 M007321 類叢部/叢書類/家集之屬
樸學齋叢書第二集 胡韞玉編 民國三十五年(1946)安吳胡氏樸學齋鉛印本 一冊 存四種

330000－1701－0094942 M007757 集部/別集類/清別集
吳烈士遺詩二卷 (清)吳祿貞撰 民國影印本 一冊

330000－1701－0094944 SZD0395 經部/群經總義類
經學通論不分卷 朱師轍撰 稿本 三冊

330000－1701－0094945 M606156 子部/宗教類/佛教之屬/經疏
彌陀畧解圓中鈔二卷 (明)釋大佑解 (明)釋傳燈鈔 民國二年(1913)揚州藏經院刻本 二冊

330000－1701－0094947 M606157 子部/宗教類/佛教之屬/經疏
彌陀畧解圓中鈔二卷 (明)釋大佑解 (明)釋傳燈鈔 民國二年(1913)揚州藏經院刻本 二冊

330000－1701－0094948　M007322　子部/儒家類/儒學之屬/禮教/鑑戒

分類詳註曾文正公治家全書六種二十卷　廣益書局輯　民國上海廣益書局石印本　一册　存一卷(家訓)

330000－1701－0094949　M606158　子部/宗教類/佛教之屬/經疏

彌陀畧解圓中鈔二卷　(明)釋大佑解　(明)釋傳燈鈔　民國二年(1913)揚州藏經院刻本　二册

330000－1701－0094950　M606159　子部/宗教類/佛教之屬/經疏

彌陀畧解圓中鈔二卷　(明)釋大佑解　(明)釋傳燈鈔　民國二年(1913)揚州藏經院刻本　二册

330000－1701－0094952　M606160　子部/宗教類/佛教之屬/經疏

彌陀畧解圓中鈔二卷　(明)釋大佑解　(明)釋傳燈鈔　民國二年(1913)揚州藏經院刻本　二册

330000－1701－0094953　M606161　子部/宗教類/佛教之屬/經疏

彌陀畧解圓中鈔二卷　(明)釋大佑解　(明)釋傳燈鈔　民國二年(1913)揚州藏經院刻本　二册

330000－1701－0094954　M007759　史部/叢編

史料叢書　國立中央研究院歷史語言研究所編　民國國立中央研究院歷史語言研究所鉛印本暨影印本　一册　存一種

330000－1701－0094955　M606162　子部/宗教類/佛教之屬/經疏

彌陀畧解圓中鈔二卷　(明)釋大佑解　(明)釋傳燈鈔　民國二年(1913)揚州藏經院刻本　二册

330000－1701－0094957　M606163　子部/宗教類/佛教之屬/經疏

彌陀畧解圓中鈔二卷　(明)釋大佑解　(明)釋傳燈鈔　民國二年(1913)揚州藏經院刻本　二册

330000－1701－0094958　M606164　子部/宗教類/佛教之屬/經疏

彌陀畧解圓中鈔二卷　(明)釋大佑解　(明)釋傳燈鈔　民國二年(1913)揚州藏經院刻本　二册

330000－1701－0094959　M606165　子部/宗教類/佛教之屬/律

四分律比丘戒相表記不分卷　釋曇昉輯　民國二十四年(1935)上海佛學書局影印本　一册

330000－1701－0094961　M606166　子部/宗教類/佛教之屬/律

四分律比丘戒相表記不分卷　釋曇昉輯　民國二十四年(1935)上海佛學書局影印本　一册

330000－1701－0094963　SZD0396　經部/易類/傳說之屬

鄭氏爻辰補一卷　(清)戴棠撰　民國抄本　一册

330000－1701－0094965　M606168　子部/宗教類/佛教之屬/律

四分律比丘戒相表記不分卷　釋曇昉輯　民國中華書局影印本　一册

330000－1701－0094966　M606169　子部/宗教類/佛教之屬/律

四分律比丘戒相表記不分卷　釋曇昉輯　民國中華書局影印本　一册

330000－1701－0094967　M007323　集部/詩文評類/詩評之屬

詩學不分卷　黄節編　民國十四年(1925)國立北京大學出版部鉛印本　一册

330000－1701－0094969　M606167　子部/宗教類/佛教之屬/律

四分律比丘戒相表記不分卷　釋曇昉輯　民國中華書局影印本　一册

330000－1701－0094970　SZD0397　史部/傳記類/别傳之屬/事狀

淮陰侯列傳一卷　(漢)司馬遷撰　民國抄本　一册

330000－1701－0094974　M603378　史部/地理類/方志之屬/郡縣志

[光緒]杭州府志一百七十八卷首八卷　(清)陳璚等修　(清)王棻等纂　屈映光續修　陸懋勳續纂　齊耀珊重修　吴廛坻重纂　民國十一年(1922)鉛印本　二册　存四卷(三十六至三十八、一百五十六)

330000－1701－0094975　M606170　子部/宗教類/佛教之屬/律

四分律比丘戒相表記不分卷　釋曇昉輯　民國中華書局影印本　一册

330000－1701－0094976　M606171　子部/宗教類/佛教之屬/律

四分律比丘戒相表記不分卷　釋曇昉輯　民國中華書局影印本　一册

330000－1701－0094977　M606172　子部/宗教類/佛教之屬/律

四分律比丘戒相表記不分卷　釋曇昉輯　民國中華書局影印本　一册

330000－1701－0094982　M608403　集部/别集類

蠖齋詩三卷詩話三卷　陳寶熯撰　民國鉛印本　一册

330000－1701－0094983　M606173　子部/宗教類/佛教之屬/律

四分律比丘戒相表記不分卷　釋曇昉輯　民國中華書局影印本　一册

330000－1701－0094985　M606174　子部/宗教類/佛教之屬/律

四分律比丘戒相表記不分卷　釋曇昉輯　民國中華書局影印本　一册

330000－1701－0094986　M608404　集部/别集類

蠖齋詩三卷詩話三卷　陳寶熯撰　民國鉛印本　一册

330000－1701－0094987　M603379　類叢部/叢書類/彙編之屬

丁丑叢編十種　趙詒琛　王大隆輯　民國二十六年(1937)鉛印本　一册　存一種

330000－1701－0094988　M608405　集部/别集類

蠖齋詩三卷詩話三卷　陳寶熯撰　民國鉛印本　一册

330000－1701－0094990　M007762　新學/圖學/測繪

測繪課程□□卷　民國木活字印本　二册　存二卷(一、四)

330000－1701－0094991　M603891、M606175　集部/曲類/寶卷之屬

八寶雙鸞釵寶卷二卷　民國四年(1915)上海文益書局石印本　二册

330000－1701－0094993　M608406　集部/别集類

蠖齋詩三卷詩話三卷　陳寶熯撰　民國鉛印本　一册

330000－1701－0094994　M606176　子部/宗教類/佛教之屬

梁皇懺隨聞録十卷首一卷　釋諦閑講　釋寶静輯　民國十四年(1925)中央刻經院鉛印本　四册

330000－1701－0094995　M608407　集部/别集類

蠖齋文一卷詩一卷　陳寶熯撰　民國鉛印本　一册

330000－1701－0094997　M603380　史部/地理類/遊記之屬/紀行

武夷遊記一卷　蔣叔南撰　民國七年(1918)鉛印本　一册

330000－1701－0094998　M608408　集部/别集類

蠖齋文一卷詩一卷　陳寶熯撰　民國鉛印本

一册

330000－1701－0095000　M007325　史部/政書類/公牘檔冊之屬

袁大總統書牘二卷　袁世凱撰　吳硯雲編　民國元年（1912）上海廣益書局鉛印本　一冊

330000－1701－0095001　M606178　子部/宗教類/佛教之屬/經疏

解深密經注十卷　歐陽漸編　民國六年（1917）金陵刻經處刻本　三冊

330000－1701－0095002　M603381　史部/傳記類/總傳之屬/忠孝

浙江孝節錄初集二卷　張大庚　王昌杰編　民國二十四年（1935）上海明善書局鉛印本　四冊

330000－1701－0095003　M606179　經部/春秋總義類/傳說之屬

春秋平議一卷　（清）朱駿聲撰　民國二十五年（1936）華西協合大學哈佛燕京學社鉛印本　一冊

330000－1701－0095005　M007326　史部/政書類/公牘檔冊之屬

袁大總統書牘二卷　袁世凱撰　吳硯雲編　民國三年（1914）上海廣益書局鉛印本　一冊　存一卷（二）

330000－1701－0095009　M007604　子部/叢編

評註諸子菁華錄十八種十八卷　張之純編纂　民國上海商務印書館鉛印本　五冊　存五卷（三至七）

330000－1701－0095010　M603382　史部/地理類/專志之屬/祠墓

祀禹錄不分卷　賀揚靈輯　民國二十五年（1936）鉛印本　一冊

330000－1701－0095011　M606181　子部/宗教類/佛教之屬

刻藏緣起一卷　民國八年（1919）揚州藏經院刻本　一冊

330000－1701－0095013　M606182　子部/宗教類/佛教之屬

刻藏緣起一卷　民國八年（1919）揚州藏經院刻本　一冊

330000－1701－0095014　M603383、M610224　類叢部/叢書類/彙編之屬

嘉業堂叢書五十七種　劉承幹輯　民國吳興劉氏嘉業堂刻本　十八冊　存七種

330000－1701－0095015　M606183　子部/雜著類/雜纂之屬

勝蓮華室漫錄一卷附錄一卷　駱季和撰　民國二十四年（1935）紹興淩霄社鉛印本　一冊

330000－1701－0095016　M603384　經部/春秋穀梁傳類/傳說之屬

春秋穀梁傳注十五卷　柯劭忞撰　民國十六年（1927）鉛印本　四冊

330000－1701－0095017　M606198　史部/傳記類/總傳之屬/釋道

清世宗御製三十二祖傳讚不分卷　（清）世宗胤禛撰　民國七年（1918）揚州藏經院刻本　一冊

330000－1701－0095019　M606184　子部/宗教類/佛教之屬

佛學叢書□□種　民國上海商務印書館鉛印本　一冊　存一種

330000－1701－0095020　M007328　子部/醫家類/兒科之屬/通論

兒科輯要四卷婦女回生丹一卷　姚濟蒼編　**經驗良方一卷**　鍾明理撰　民國十七年（1928）北京天華館鉛印本　一冊

330000－1701－0095021　M606185　子部/宗教類/佛教之屬/經疏

彌陀畧解圓中鈔二卷　（明）釋大佑解　（明）釋傳燈鈔　民國二年（1913）揚州藏經院刻本　二冊

330000－1701－0095024　M603385　集部/別集類

子承雜組初稾一卷　吳貞纘撰　民國二十一

年(1932)濟南大中華仿宋印刷局鉛印本 一册

330000－1701－0095026 M606186 子部/宗教類/佛教之屬/經疏
彌陀畧解圓中鈔二卷 (明)釋大佑解 (明)釋傳燈鈔 民國二年(1913)揚州藏經院刻本 二册

330000－1701－0095027 M606187 子部/宗教類/佛教之屬/經疏
彌陀畧解圓中鈔二卷 (明)釋大佑解 (明)釋傳燈鈔 民國二年(1913)揚州藏經院刻本 二册

330000－1701－0095029 M603386 類叢部/叢書類/自著之屬
十力叢書 熊十力撰 民國三十六年(1947)鉛印本 二册 存一種

330000－1701－0095030 M606188 子部/宗教類/佛教之屬/經疏
彌陀畧解圓中鈔二卷 (明)釋大佑解 (明)釋傳燈鈔 民國二年(1913)揚州藏經院刻本 二册

330000－1701－0095032 M606189 子部/宗教類/佛教之屬/經疏
彌陀畧解圓中鈔二卷 (明)釋大佑解 (明)釋傳燈鈔 民國二年(1913)揚州藏經院刻本 二册

330000－1701－0095033 M603387 史部/金石類/總志之屬
范鼎卿先生所著書三種 范壽銘撰 民國會稽顧燮光金佳石好樓石印本 一册 存一種

330000－1701－0095037 M603388 史部/編年類/通代之屬
世史正綱三十二卷 (明)丘濬撰 民國二十五年(1936)文昌郭氏家塾鉛印本 十册

330000－1701－0095038 M606190 史部/地理類/方志之屬/郡縣志
[民國]上海縣續志三十卷首一卷末一卷 吴馨等修 姚文枏等纂 曾廷芳繪圖 民國七年(1918)上海文廟南園志局刻本 一册 存一卷(十八)

330000－1701－0095039 M007329 集部/總集類/選集之屬/通代
評校音註續古文辭類纂三十四卷 王先謙輯 王文濡校注 民國十九年(1930)上海文明書局鉛印本 八册

330000－1701－0095040 M603389 集部/總集類/選集之屬/斷代
清人絶句選一卷 陳友琴編 民國二十四年(1935)上海開明書店鉛印本 一册

330000－1701－0095041 M606191 史部/地理類/方志之屬/郡縣志
[民國]南潯志六十卷首一卷 周慶雲纂 民國九年至十一年(1920－1922)刻本 一册 存五卷(十五至十九)

330000－1701－0095044 M603390 集部/總集類/域外之屬
和詩選七卷 王長春選 民國三十一年(1942)上海華中印書局鉛印本 一册

330000－1701－0095047 M603391 子部/術數類/相宅相墓之屬
地理學新義二卷附錄一卷 俞仁宇編輯 民國二十四年(1935)餘姚普文明書局鉛印本 一册

330000－1701－0095049 M007330 史部/目録類/書志之屬/提要
國學書目提要不分卷 上海醫學書局編 民國上海醫學書局鉛印本 一册

330000－1701－0095051 M603392 史部/傳記類/日記之屬
小滄桑記二卷(清咸豐十年至同治二年) (清)姚濟撰 民國五年(1916)鉛印本 二册

330000－1701－0095052 M606193 史部/地理類/山川之屬/山志
南雁蕩山志十三卷首一卷 周喟編 民國七年(1918)瑞安戴氏詠古齋刻本 二册 存十卷(首、一至九)

330000－1701－0095053　M007763　新學/地學
地形學教程□□卷　民國木活字印本　二册　存二卷(一至二)

330000－1701－0095057　SZD0400　史部/目録類/通論之屬
校勘學不分卷　朱師轍撰　稿本　一包

330000－1701－0095058　M603393　集部/總集類/郡邑之屬
新溪詩初鈔六卷　(清)李元繡　(清)沈莘士輯　**新溪詩續鈔十卷**　(清)許楨輯　**新溪詩三鈔六卷**　(清)朱士楷輯　鄭綸章補輯　民國十五年(1926)鉛印本　四册　缺六卷(三鈔一至六)

330000－1701－0095059　M007764　史部/目録類/書志之屬/提要
山右叢書初編書目提要一卷　山西省文獻委員會輯　民國二十六年(1937)鉛印本　一册

330000－1701－0095060　M007605　子部/雜著類
民族福音一卷　民國上海明善書局石印本　一册

330000－1701－0095061　M606194　史部/政書類/邦計之屬/賦稅
浙江財政紀略不分卷　魏頌唐編輯　民國十四年(1925)鉛印本　一册

330000－1701－0095063　M606195　子部/儒家類/儒學之屬/性理
胡子衡齊八卷　(明)胡直撰　民國上海古書流通處影印本　三册

330000－1701－0095065　M007606　集部/詩文評類
中國文學指南二卷　邵伯棠撰　民國十四年(1925)上海文會堂書局石印本　二册

330000－1701－0095066　M606196　經部/易類
易藏叢書六種　杭辛齋撰　民國十一年(1922)上海研幾學社鉛印本　三册　存五種

330000－1701－0095067　M603394　類叢部/叢書類/彙編之屬
客人叢書三種　古直編　民國十九年至二十年(1930－1931)梅縣古氏鉛印本　一册　存一種

330000－1701－0095068　M606197　史部/傳記類/總傳之屬/釋道
清世宗御製三十二祖傳讚不分卷　(清)世宗胤禛撰　民國七年(1918)揚州藏經院刻本　一册

330000－1701－0095069　M603395　類叢部/叢書類/郡邑之屬
杭州所著書三種附一種　王守恂撰　民國六年(1917)鉛印本　一册

330000－1701－0095075　M603396　史部/傳記類/總傳之屬/技藝
金石家書畫集小傳一卷　西泠印社纂輯　民國西泠印社鉛印本　蒙老題簽並記　一册

330000－1701－0095077　M606199　史部/目録類/總録之屬/官修
浙江圖書館觀覽類書目四卷補遺一卷附錄一卷　浙江圖書館編　民國四年(1915)浙江圖書館鉛印本　三册　存一卷(子部)

330000－1701－0095078　M007766　子部/宗教類/佛教之屬/論疏
唯識三十論要釋一卷　(唐)□□撰　民國二十三年(1934)刻本　謝幼偉題記　一册

330000－1701－0095080　M606200　子部/宗教類/佛教之屬
八識規矩頌註發明三卷　(唐)釋玄奘註　(明)釋普泰補註　(清)釋本金發明　民國八年(1919)寧波千歲坊文光齋刻本　六册

330000－1701－0095081　M608409　集部/別集類
蠖齋文一卷詩一卷　陳寶烘撰　民國鉛印本　一册

330000－1701－0095082　M603397　史部/地理類/專志之屬/古跡

林社二十五年紀念冊一卷 杭州西湖甌學館編 民國十四年(1925)鉛印本 一冊

330000－1701－0095083 M007767 類叢部/叢書類/自著之屬

萬木草堂叢書 康有爲撰 民國刻本 五冊 存一種

330000－1701－0095085 M606201 類叢部/類書類/通類之屬

永樂大典二萬二千八百七十七卷 (明)解縉等輯 民國影印本 一冊 存一卷(七千五百四十三)

330000－1701－0095086 M007332 子部/宗教類/佛教之屬

雲棲法彙二十九種 (明)釋袾宏撰 (明)王宇春等輯 民國十三年(1924)長沙經書印刷處木活字印本 一冊 存一種

330000－1701－0095088 M608410 集部/別集類

蠖齋文一卷詩一卷 陳寶熯撰 民國鉛印本 一冊

330000－1701－0095090 M606202 史部/地理類/專志之屬/寺觀

廣壽慧雲寺志七卷 (清)丁丙 (清)孫峻輯 民國十七年(1928)玉照堂刻藍印本 二冊

330000－1701－0095091 M608411 集部/別集類

蠖齋文一卷詩一卷 陳寶熯撰 民國鉛印本 一冊

330000－1701－0095092 M608412 集部/別集類

蠖齋文一卷詩一卷 陳寶熯撰 民國鉛印本 一冊

330000－1701－0095094 M606203 子部/宗教類/佛教之屬/論

讚法界頌釋一卷 (宋)釋施護譯 (清)釋續法註 民國十七年(1928)天津刻經處刻本 一冊

330000－1701－0095095 M608413 集部/別集類

蠖齋文一卷詩一卷 陳寶熯撰 民國鉛印本 一冊

330000－1701－0095096 M608414 集部/別集類

蠖齋文一卷詩一卷 陳寶熯撰 民國鉛印本 一冊

330000－1701－0095097 M007768 子部/宗教類/佛教之屬/論

佛學概論二卷 釋太虛撰 民國十九年(1930)刻本 一冊

330000－1701－0095098 M608415 集部/別集類

蠖齋文一卷詩一卷 陳寶熯撰 民國鉛印本 一冊

330000－1701－0095101 M608416 集部/別集類

蠖齋文一卷詩一卷 陳寶熯撰 民國鉛印本 一冊

330000－1701－0095103 M603399 類叢部/叢書類/彙編之屬

曲石叢書二十種 李根源編 民國鉛印本 一冊 存一種

330000－1701－0095104 M007769 史部/政書類/公牘檔冊之屬

紹籍省議員呈請規復紹興豫倉清查縣管地方捐稅全案一卷 王以銓輯 民國八年(1919)鉛印本 一冊

330000－1701－0095105 M007333 史部/雜史類/斷代之屬

辛亥遜清政變發源記四編 彭芬輯 民國二十二年(1933)鉛印本 一冊

330000－1701－0095108 M606204 子部/宗教類/佛教之屬/論

顯識論一卷轉識論一卷 (南朝陳)釋真諦譯 民國十一年(1922)金陵刻經處刻本 一冊

330000－1701－0095110　M603400　子部/藝術類/書畫之屬/畫法畫品

小蓬萊閣畫鑑七卷獵古集一卷　（清）李修易撰　（清）李厥猷編訂　民國二十三年（1934）上海商務印書館鉛印本　一册

330000－1701－0095111　SZD0401　集部/別集類

仲我詩文集一卷　朱孔彰撰　民國抄本　一册

330000－1701－0095113　M608417　集部/別集類

非儒非俠齋文集四卷外集一卷詩集二卷聯語偶存初集一卷　顧燮光撰　**福豔樓遺詩一卷**　陸珊撰　民國二十五年（1936）杭州顧廬石印本　三册

330000－1701－0095114　M603401　子部/宗教類/道教之屬

濟一子證道秘書十七種　（清）傅金銓輯　民國上海江左書林石印本　一册　存一種

330000－1701－0095115　M608418、M609230　子部/小說家類/雜事之屬

秘本舊小說　民國國學維持社鉛印本　四册　存一種

330000－1701－0095117　M603402　經部/小學類/文字之屬/說文/專著

湖樓筆談說文經字一卷　（清）俞樾輯　（清）宋文蔚疏證　民國二十三年（1934）上海商務印書館石印本　葛逸雲題記　一册

330000－1701－0095118　M007334　集部/別集類

夢坡詩存十四卷文存五卷詞存二卷　周慶雲撰　民國二十二年（1933）刻本　七册

330000－1701－0095119　M604336、M608419、M609027、M609740、M611255　史部/史抄類

史記精華八卷　中華書局編　民國十七年（1928）上海中華書局鉛印本　六册　存六卷（一至二、四至五、七至八）

330000－1701－0095120　SZD0402　集部/總集類

文鈔不分卷　民國胡樸安抄本　一册

330000－1701－0095121　M603403　子部/藝術類/書畫之屬/畫法畫品

論畫輯要八種　馬克明輯　民國二十二年（1933）上海商務印書館鉛印本　一册

330000－1701－0095124　M603404　史部/目録類/總録之屬

知無涯齋書目不分卷　民國石印本　一册

330000－1701－0095125　M607540、M608420　史部/目録類/總録之屬/官修

壬子文瀾閣所存書目五卷　錢恂編　**文瀾閣目補一卷**　章箴編　民國元年（1912）浙江圖書館刻十二年（1923）補刻本　二册　存四卷（一至三、五）

330000－1701－0095127　M608421　集部/別集類

嚴幾道文鈔五卷詩鈔一卷　嚴復撰　蔣貞金輯　貢少芹編　**吳摯甫先生致嚴幾道書一卷**　（清）吳汝綸撰　民國十一年（1922）上海國華書局鉛印本　一册

330000－1701－0095128　M007771　史部/地理類/方志之屬/郡縣志

紹興縣修志採訪事例一卷　宋承家撰　民國六年（1917）紹興縣修志採訪處鉛印本　一册

330000－1701－0095129　M007335　集部/別集類

落拓吟四卷　嚴毅撰　民國八年（1919）鉛印本　一册

330000－1701－0095130　M608422　子部/叢編

六子全書　（明）顧春輯　民國三年（1914）右文社據明嘉靖十二年（1533）吳郡顧氏世德堂刻本影印本　二十册

330000－1701－0095131　M007772　子部/雜著類/雜纂之屬

預言叢鈔一卷　民國抄本　一册

330000－1701－0095132　民 386.83/1788　史部/政書類/公牘檔冊之屬
承築餘武省道汽車股份有限公司整股股東名冊一卷零股股東名冊一卷　民國鉛印本　一冊

330000－1701－0095133　M007773　子部/藝術類/書畫之屬/畫譜
褜碪課讀圖一卷　(清)陳鑅繪　(清)王錫振輯　(清)孫衣言等題跋　民國六年(1917)上海神州國光社石印本　一冊

330000－1701－0095134　M007336　史部/政書類/公牘檔冊之屬
各省區將軍巡按使巡閱使都統護軍使鎮守使等聯名電奏一卷　民國鉛印本　一冊

330000－1701－0095142　M007775　史部/傳記類/別傳之屬/事狀
歸潁川黄夫人行狀一卷　陳其采撰　民國鉛印本　一冊

330000－1701－0095144　M007776　集部/別集類/清別集
聊齋先生文集四卷　(清)蒲松齡撰　民國四年(1915)上海國學維持社鉛印本　一冊　存二卷(三至四)

330000－1701－0095146　M606205　子部/宗教類/佛教之屬/經疏
楞伽經句義通説要旨四卷　(明)陸西星撰　民國七年(1918)金陵刻經處刻本　一冊

330000－1701－0095147　SZD0408　子部/儒家類/儒學之屬
新序刺奢一卷　(漢)劉向撰　民國油印本　朱師轍批校　一冊

330000－1701－0095148　M606206　子部/宗教類/佛教之屬/經疏
楞伽經句義通説要旨四卷　(明)陸西星撰　民國七年(1918)金陵刻經處刻本　一冊

330000－1701－0095150　M606207　子部/宗教類/佛教之屬/諸宗
宗鏡錄法相義節要一卷　(宋)釋延壽集　梅光義節要　民國二十四年(1935)上海商務印書館鉛印本　一冊

330000－1701－0095151　M606208　子部/宗教類/佛教之屬/諸宗
宗鏡錄法相義節要一卷　(宋)釋延壽集　梅光義節要　民國二十四年(1935)上海商務印書館鉛印本　一冊

330000－1701－0095152　M606209　子部/宗教類/佛教之屬/經
藥師瑠璃光如來本願功德經一卷　(唐)釋玄奘譯　**佛説無量壽經二卷**　(三國魏)釋康僧鎧譯　**佛説阿彌陀經一卷**　(後秦)釋鳩摩羅什譯　民國十一年(1922)鉛印本　一冊

330000－1701－0095153　M606210　史部/地理類/專志之屬/寺觀
武林梵志五卷　(明)吳之鯨撰　民國十六年(1927)刻朱印本　二冊　存二卷(四至五)

330000－1701－0095155　SZD0409　史部/目録類
半隱山人文集目錄一卷　朱師轍編　稿本　一冊

330000－1701－0095156　M007777　類叢部/叢書類/自著之屬
崇仁黄氏叢刻□□種　黄維翰撰　民國刻本　三冊　存二種

330000－1701－0095157　M606211　子部/宗教類/佛教之屬/經
藥師瑠璃光七佛本願功德經二卷　(唐)釋義淨譯　吳潤江　王家齊編校　**藥師七佛供養儀軌輯要一卷**　梅光義輯　民國二十四年(1935)鉛印本　一冊

330000－1701－0095158　M606212　子部/宗教類/佛教之屬/經
藥師瑠璃光七佛本願功德經二卷　(唐)釋義淨譯　吳潤江　王家齊編校　**藥師七佛供養儀軌輯要一卷**　梅光義輯　民國二十四年(1935)鉛印本　一冊

330000－1701－0095162　SZD0410　史部/目

録類
續定史書目錄一卷　朱師轍編　稿本　一冊

330000－1701－0095163　M606213　子部/宗教類/佛教之屬/經疏
藥師經疏鈔擇要三卷科文一卷　(清)伯亭老人疏鈔　(清)普霈擇要　民國六年(1917)揚州藏經院刻本　三冊

330000－1701－0095166　M007613　集部/總集類
陶社叢編丙集十一種　謝鼎鎔輯　民國三十六年(1947)鉛印本　一冊

330000－1701－0095167　M606214　子部/宗教類/佛教之屬
盂蘭盆報恩大齋勝會儀軌輯要一卷　(清)釋儀潤輯　民國九年(1920)揚州東鄉磚橋刻經處刻本　一冊

330000－1701－0095169　M606215　子部/宗教類/佛教之屬/經疏
妙法蓮華經五味玄記不分卷　(隋)釋智顗教　釋根慧撰　民國二十九年(1940)上海法雲印經會鉛印本　一冊

330000－1701－0095171　M007778　史部/傳記類/總傳之屬/家乘
上海倪王家乘二卷　錢基博輯　民國鉛印本　一冊

330000－1701－0095173　M606216　子部/宗教類/佛教之屬/經疏
妙法蓮華經五味玄記不分卷　(隋)釋智顗教　釋根慧撰　民國二十九年(1940)上海法雲印經會鉛印本　一冊

330000－1701－0095177　M007614　史部/傳記類/總傳之屬
規復兩浙節孝總祠事蹟一卷重建兩浙節孝總祠徵信全錄一卷　民國刻本　一冊

330000－1701－0095178　M606217　子部/宗教類/佛教之屬
中論科判一卷附品目攝領表一卷　民國四年(1915)金陵刻經處刻本　一冊

330000－1701－0095179　M007779　子部/醫家類/醫話醫論之屬
存存齋醫話藁二卷　(清)趙彥暉撰　民國四年(1915)紹興裘氏刻本　一冊　存一卷(一)

330000－1701－0095180　M606218　子部/宗教類/佛教之屬
中論科判一卷附品目攝領表一卷　民國四年(1915)金陵刻經處刻本　一冊

330000－1701－0095182　M606219　子部/宗教類/佛教之屬
中論科判一卷附品目攝領表一卷　民國四年(1915)金陵刻經處刻本　一冊

330000－1701－0095184　M007615　史部/政書類/邦交之屬
外交新紀元一卷　陳榮廣　王幾道編　民國六年(1917)上海泰東圖書局鉛印本　一冊

330000－1701－0095186　M606220　子部/宗教類/佛教之屬/諸宗
淨土生無生論註一卷　(明)釋傳燈撰　(明)釋正寂註　民國十三年(1924)杭州刻經處刻本　一冊

330000－1701－0095188　M007616　史部/目録類/總録之屬/私撰
粹芬閣珍藏善本書目一卷　沈知方編　民國二十三年(1934)上海世界書局鉛印本　一冊

330000－1701－0095191　M606221　子部/宗教類/佛教之屬/諸宗
淨土生無生論註一卷　(明)釋傳燈撰　(明)釋正寂註　民國十三年(1924)杭州刻經處刻本　一冊

330000－1701－0095192　M007781　經部/小學類/文字之屬/字書/通論
六書解例不分卷　馬敘倫撰　民國二十年(1931)上海商務印書館石印本　一冊

330000－1701－0095195　SZD0412　經部/小學類/文字之屬/說文
說文古均聲系略例一卷　田錫鴻撰　民國抄本　一冊

330000－1701－0095196　M606222　子部/宗教類/佛教之屬/諸宗
教觀綱宗一卷教觀綱宗釋義一卷　(明)釋智旭撰　民國二十九年(1940)上海法云印經會鉛印本　一冊

330000－1701－0095199　M007782　子部/藝術類/書畫之屬
畫目不分卷　民國鉛印本　一冊

330000－1701－0095202　M007783　子部/藝術類/篆刻之屬/印論
篆刻入門一卷　孔雲白撰　民國三十七年(1948)上海商務印書館影印本　一冊

330000－1701－0095203　M007337　集部/別集類/唐五代別集
音註韓文公文集四十卷外集十二卷　(唐)韓愈撰　(唐)李漢編　(宋)祝充音注　(宋)魏仲舉輯注　民國二十三年(1934)北平文祿堂據宋刻本影印本　十冊

330000－1701－0095204　G006653　集部/小說類/長篇之屬
繡像繪圖兒女英雄傳八卷四十回　(清)文康撰　(清)董恂評　民國上海天寶書局石印本　二冊　存二卷(五至六)

330000－1701－0095205　M007619　經部/小學類/文字之屬/說文
轉注正義一卷　李翹撰　民國石印本　一冊

330000－1701－0095208　M606223　子部/宗教類/佛教之屬
隋天台智者大師別傳一卷　(隋)釋灌頂撰
輯註四卷　(宋)釋曇照註　釋興慈輯　民國十九年(1930)上海法藏寺刻本　一冊

330000－1701－0095209　M007338　集部/別集類
荃察余齋詩續存一卷　鄧鎔撰　民國十六年(1927)鉛印本　鄧鎔題記　一冊

330000－1701－0095212　M606224　子部/宗教類/佛教之屬
隋天台智者大師別傳一卷　(隋)釋灌頂撰
輯註四卷　(宋)釋曇照註　釋興慈輯　民國十九年(1930)上海法藏寺刻本　一冊

330000－1701－0095213　M007784　子部/宗教類/佛教之屬
佛學大辭典樣本一卷　丁福保編　民國八年(1919)上海醫學書局鉛印本　一冊

330000－1701－0095222　M606225　子部/宗教類/佛教之屬/經疏
佛說觀無量壽佛經義蘊三卷　(南朝宋)釋畺良耶舍譯　釋曼殊撰　民國鉛印本　二冊

330000－1701－0095224　M007785　子部/藝術類/書畫之屬/法帖
吴皇象書急就章一卷　(三國吴)皇象書　民國十九年(1930)影印本　一冊

330000－1701－0095226　M606226　子部/宗教類/佛教之屬
佛學院講義□□種　民國武昌印經處鉛印本　二冊　存一種

330000－1701－0095227　M008083　集部/總集類/選集之屬
美術文選一卷　(清)李天根輯　民國成都大同印刷局鉛印本　一冊

330000－1701－0095228　G006654　集部/小說類/長篇之屬
繡像繪圖續兒女英雄全傳八卷三十二回　(清)趙子衡撰　民國上海天寶書局石印本　二冊

330000－1701－0095230　M606227　子部/宗教類/佛教之屬
觀世音菩薩普門品義疏記會本四卷　(宋)釋知禮撰　民國十年(1921)北京刻經處刻本　四冊

330000－1701－0095233　M606228　子部/宗教類/佛教之屬
觀世音菩薩普門品義疏記會本四卷　(宋)釋知禮撰　民國十年(1921)北京刻經處刻本　四冊

330000－1701－0095235　M606229　子部/宗教類/佛教之屬

觀世音菩薩普門品義疏記會本四卷　(宋)釋知禮撰　民國十年(1921)北京刻經處刻本　一冊

330000－1701－0095239　SZD0414　史部/傳記類/别傳之屬/事狀

抑齋程先生[朝儀]行狀一卷　胡元吉撰　民國抄本　一冊

330000－1701－0095243　SZD0415　集部/别集類

中華民國擊壤歌一卷　朱孔彰撰　稿本　一冊

330000－1701－0095246　SZD0416　子部/雜著類/雜說之屬

諸子學通論二卷　民國輔仁大學鉛印本　一冊　存一卷(二)

330000－1701－0095249　SZD0417　子部/雜著類/雜說之屬

諸子學通論二卷　民國輔仁大學鉛印本　一冊　存一卷(二)

330000－1701－0095250　M007621　子部/儒家類/儒學之屬/性理

朱子小學節本二卷　(清)高愈纂註　江畬經節錄　民國二十四年(1935)上海商務印書館鉛印本　一冊

330000－1701－0095252　SZD0418　史部/目録類/專録之屬

清軍機處檔案目錄不分卷　故宫博物院文獻部編　民國油印本　一冊

330000－1701－0095255　M007622　史部/目録類/總録之屬/私撰

宋經樓書店臨時書目□□卷　宋經樓書店編　民國三十四年(1945)油印本　一冊　存一卷(十一卷第一期)

330000－1701－0095257　M007623　子部/宗教類/佛教之屬

諸法集要經十卷　(印度)觀無畏尊者集　(宋)釋日稱等譯　民國上海佛學書局影印本　一冊　存四卷(四至七)

330000－1701－0095258　M007787　史部/目録類/總録之屬/私撰

宋經樓書目□□卷　宋經樓書店編　民國三十五年(1946)油印本　一冊　存一卷(十一卷第三期)

330000－1701－0095264　SZD0419　史部/目録類/專録之屬

清宫檔案目錄不分卷　民國油印本　一冊

330000－1701－0095265　M007624　史部/紀傳類/正史之屬

百衲本二十四史　張元濟輯　民國上海商務印書館影印本　三冊　存一種

330000－1701－0095267　M007788　集部/詩文評類/文評之屬

文槩一卷　(清)劉熙載撰　民國二十四年(1935)雙流黄氏濟忠堂刻本　一冊

330000－1701－0095268　SZD0420　史部/目録類/總録之屬/私撰

書目不分卷　民國油印本　一冊

330000－1701－0095269　M007625　史部/傳記類/總傳之屬/斷代

清史列傳樣本不分卷　中華書局編　民國上海中華書局鉛印本　一冊

330000－1701－0095270　SZD0421　史部/政書類/公牘檔冊之屬

故宫博物院文獻館同人錄一卷　民國油印本　一冊

330000－1701－0095271　M007789　史部/目録類/專録之屬

陶風樓藏拓本影片目一卷　江蘇省立國學圖書館編　民國二十五年(1936)江蘇省立國學圖書館鉛印本　一冊

330000－1701－0095272　民388.798/1231　史部/政書類/公牘檔冊之屬

飛雲江義渡大紀念改良十年成績書不分卷

吳之翰撰　民國五年(1916)石印本　一冊

330000－1701－0095274　M608423　子部/宗教類/佛教之屬/經疏

藥師經旁解一卷附錄一卷　(唐)釋玄奘譯　何子培輯註　民國二十三年(1934)上海佛學書局鉛印本　一冊

330000－1701－0095275　M007790　史部/目録類/總録之屬/官修

江蘇省立蘇州圖書館圖書目錄不分卷(第二至三期)　蔣鏡寰　陳子彝撰　民國二十一年(1932)、二十四年(1935)江蘇省立蘇州圖書館鉛印本　二冊

330000－1701－0095277　M007626　經部/小學類/文字之屬/字書/字典

分類辭源樣本不分卷　世界書局編輯所編　民國十五年(1926)上海世界書局石印本　一冊

330000－1701－0095278　M608424　史部/地理類/水利之屬

泖河測量報告書一卷　水利委員會第三測量隊撰　民國四年(1915)浙江水利委員會鉛印本　一冊

330000－1701－0095279　SZD0422　史部/政書類/公牘檔冊之屬

雍正硃批諭旨未錄人名表一卷　民國油印本　一冊

330000－1701－0095281　M007791　類叢部/叢書類/彙編之屬

慎始基齋叢書十一種　盧靖編　民國沔陽盧氏慎始基齋鉛印本　一冊　存一種

330000－1701－0095282　M608425　子部/儒家類/儒學之屬/蒙學

新增繪圖幼學故事瓊林四卷首一卷　(清)程登吉撰　(清)鄒聖脈增補　民國上海錦章圖書局石印本　一冊

330000－1701－0095284　M608426　史部/金石類/總志之屬

范鼎卿先生所著書三種　范壽銘撰　民國會稽顧燮光金佳石好樓石印本　二冊　存二種

330000－1701－0095285　M007792　史部/目録類/總録之屬/官修

省立第二圖書館書目續編六卷附錄一卷三編七卷　曹允源編　民國六年(1917)、十年(1921)蘇州江蘇省立第二圖書館刻本　六冊

330000－1701－0095286　SZD0423　史部/政書類/公牘檔冊之屬

校對雍正硃批諭旨已錄及不錄奏摺人名表不分卷　民國油印本　二冊

330000－1701－0095288　M608427　史部/金石類

非儒非俠齋金石叢著十種　顧燮光撰　民國會稽顧氏金佳石好樓石印本暨鉛印本　一冊　存一種

330000－1701－0095292　SZD0424　史部/傳記類/總傳之屬/人表

同光兩朝奏摺人名表一卷　民國油印本　一冊

330000－1701－0095293　M608428　集部/別集類

冰雪寮詩鈔二卷　釋淡雲撰　民國十九年(1930)鉛印本　二冊

330000－1701－0095295　SZD0425　史部/政書類/公牘檔冊之屬

實錄目錄表不分卷　民國油印本　一冊

330000－1701－0095296　M608429　集部/別集類

冰雪寮詩鈔二卷　釋淡雲撰　民國十九年(1930)鉛印本　一冊

330000－1701－0095297　M608430　集部/別集類

函雅廬文稿三卷詩稿一卷　余重耀撰　民國十二年(1923)鉛印本　二冊

330000－1701－0095298　M007794　子部/藝術類/篆刻之屬/印譜

戎小帖印稿初集一卷　民國鈐印本　一冊

330000－1701－0095302　SZD0426　史部/政書類/公牘檔冊之屬

参政院秘書廳職員一覽表一卷　民國油印本　朱師轍題簽　一冊

330000－1701－0095303　M608431　集部/別集類/清別集

新淦公遺稿三卷附錄一卷　(清)章定瑜撰　章乃羹輯　民國二十二年(1933)鉛印本　一冊

330000－1701－0095304　M007795　集部/總集類/郡邑之屬

越社叢刊一卷　越社編輯　民國元年(1912)越鐸日報社鉛印本　一冊

330000－1701－0095307　M608432　史部/目録類/專録之屬

參加倫敦中國藝術國際展覽會出品目錄四卷　倫敦中國藝術國際展覽會籌備委員會編輯　民國二十四年(1935)鉛印本　一冊

330000－1701－0095309　M608433　集部/詞類/別集之屬

鹹酸橋屋詞一卷附庸謹堂歲華紀感一卷　唐詠裳撰　民國十三年至十五年(1924－1926)鉛印本　一冊

330000－1701－0095311　M608434　集部/別集類

歸黔吟一卷　陳貽蓀撰　民國二十五年(1936)鉛印本　一冊

330000－1701－0095312　SZD0427　史部/政書類/公牘檔冊之屬

参政院参政一覽表一卷　民國油印本　一冊

330000－1701－0095316　M608435　子部/宗教類/佛教之屬/總録

西方路二卷附錄四卷　(清)胡衍虞編　民國十年(1921)關中康寄遙上海鉛印本　一冊

330000－1701－0095320　M608436　史部/金石類

非儒非俠齋金石叢著十種　顧燮光撰　民國會稽顧氏金佳石好樓石印本暨鉛印本　一冊　存一種

330000－1701－0095321　M608437　子部/宗教類/佛教之屬

因明大疏刪注一卷　熊十力撰　民國二十五年(1936)上海商務印書館鉛印本　一冊

330000－1701－0095324　M608438　集部/別集類

畏廬續集一卷　林紓撰　民國五年(1916)上海商務印書館鉛印本　一冊

330000－1701－0095326　M007797　史部/雜史類/斷代之屬

南明野史三卷首一卷附錄一卷　(清)南沙三餘氏撰　民國二十二年(1933)上海商務印書館鉛印本　一冊　存三卷(中、下,附錄)

330000－1701－0095328　M608439　史部/地理類/遊記之屬/紀行

峨眉紀游一卷　樓藜然撰　民國元年(1912)成都刻本　一冊

330000－1701－0095330　M608440　集部/別集類

觚庵詩存四卷　俞明震撰　民國九年(1920)上海聚珍倣宋印書局鉛印本　一冊

330000－1701－0095331　SZD0428　史部/政書類/公牘檔冊之屬

参政院参政一覽表一卷　民國油印本　一冊

330000－1701－0095332　M007799　子部/天文曆算類/曆法之屬

星命須知一卷訂正萬年書一卷　唐在田撰　民國十八年(1929)石印本　一冊

330000－1701－0095334　SZD0429　史部/政書類/公牘檔冊之屬

國務院行政機構職員錄一卷　民國抄本　朱師轍校補　一冊

330000－1701－0095335　M608441　類叢部/叢書類/自著之屬

樊諫議集七家注五種附一種　(唐)樊宗師撰　樊鎮輯　民國紹興樊氏緜絳書屋刻本　一

冊　存一種

330000－1701－0095338　SZD0430　史部/政書類/公牘檔冊之屬

輔仁大學教職員一覽表一卷　民國油印本　一冊

330000－1701－0095339　M007800、M609555　集部/詩文評類/文法之屬

尺牘幼學七卷　王藝撰　民國十二年(1923)上海古今圖書店石印本　二冊　存四卷(四至七)

330000－1701－0095340　M608442　集部/別集類

戊午集一卷　張朝墉撰　民國七年(1918)上海聚珍倣宋印書局鉛印本　一冊

330000－1701－0095341　M608443　集部/別集類

南枝集三卷　(越南)阮尚贒撰　民國十四年(1925)鉛印本　一冊

330000－1701－0095342　SZD0431　史部/政書類/公牘檔冊之屬

輔仁大學學生名單考試題不分卷　稿本　一冊

330000－1701－0095343　M608444　集部/別集類

小林草堂文稿一卷附詩稿一卷　朱天存撰　民國二十年(1931)鉛印本　一冊

330000－1701－0095344　M007801　史部/目録類/總録之屬/官修

廣雅版片印行所書目一卷　民國十六年(1927)鉛印本　一冊

330000－1701－0095345　SZD0432　史部/傳記類/總傳之屬/人表

旅京江南高等同學會人名錄一卷　民國油印本　一冊

330000－1701－0095352　M007631　史部/目録類/總録之屬/彙刻

景印四庫全書珍本初集目錄一卷　商務印書館編　民國二十四年(1935)上海商務印書館鉛印本　一冊

330000－1701－0095354　M007632　史部/地理類/水利之屬

浙西水利芻議一卷　民國鉛印本　一冊

330000－1701－0095357　M007803　史部/目録類/總録之屬/私撰

汲古閣珍藏秘本書目一卷　(清)毛扆書　民國三年(1914)上海掃葉山房石印本　一冊

330000－1701－0095359　M007804　史部/傳記類/總傳之屬/仕宦

貳臣傳十二卷逆臣傳四卷　民國二十五年(1936)中央陸軍軍官學校成都分校鉛印本　二冊

330000－1701－0095360　民 378.9816/8063　史部/政書類/公牘檔冊之屬

全國運動大會開會辭一卷　戴傳賢等講　民國石印本　一冊

330000－1701－0095361　民 340.11/3417　史部/政書類/律令之屬

法理學一卷　民國新生活石印本　一冊

330000－1701－0095362　民 334.1/2000/c1　史部/政書類/公牘檔冊之屬

重慶市合作金庫章則彙編不分卷　重慶市合作金庫調查統計室編　民國三十二年(1943)重慶市合作金庫調查統計室油印本　一冊

330000－1701－0095363　民 628.129/3030　新學/礦務

鑛業法規一卷　民國鉛印本　一冊

330000－1701－0095365　民 811.3036/1014　集部/詩文評類/文評之屬

宋詞上去聲字與戲曲關係及四聲體考證不分卷附錄及補遺一卷　王季點撰　民國石印本　一冊

330000－1701－0095366　民 558/0861　新學/礦務/礦學

地質礦物標本採集及處理法初稿不分卷　施

昕更撰　稿本　一册

330000－1701－0095367　民 811.18/7150/c1　集部/別集類
西泠酬唱集二卷附東甌唱酬集一卷南湖唱酬集一卷北平唱酬集一卷　阮中立撰　民國石印本　一册

330000－1701－0095368　民 613.74/4422/c2　子部/醫家類/養生之屬/導引、氣功
因是子靜坐法不分卷附錄不分卷　蔣維喬撰　民國四年(1915)上海商務印書館鉛印本　一册

330000－1701－0095369　民 334.1/2000/c2　史部/政書類/公牘檔册之屬
重慶市合作金庫章則彙編不分卷　重慶市合作金庫調查統計室編　民國三十二年(1943)重慶市合作金庫調查統計室油印本　一册

330000－1701－0095370　民 334.236/2631　史部/政書類/公牘檔册之屬
保證責任吳江縣震澤蠶業生産合作社聯合社卅六年度工作報告不分卷　吳江縣震澤蠶業生産合作社聯合社編　民國三十七年(1948)油印本　一册

330000－1701－0095371　民 817.2/0805　集部/曲類/彈詞之屬
尚湖春彈詞十六回　許泰編　民國抄本　一册

330000－1701－0095372　民 630.763/3239.2　史部/政書類/公牘檔册之屬
浙江省農業改進所松陽縣中心農場廿七年份工作報告一卷　民國二十七年(1938)油印本　一册

330000－1701－0095373　民 811.18/7150/c2　集部/別集類
西泠酬唱集二卷附東甌唱酬集一卷南湖唱酬集一卷北平唱酬集一卷　阮中立撰　民國石印本　一册

330000－1701－0095374　SZD0433　史部/傳記類/別傳之屬/事狀
王母黄太淑人八十壽序一卷　朱孔彰撰　稿本　一册

330000－1701－0095377　M007634　新學/農政/農務
農業政策七章　陶因編　民國鉛印本　一册

330000－1701－0095381　SZD0435　經部/小學類/文字之屬
古文奇字與小篆緐簡辨一卷　朱師轍撰　稿本　一册

330000－1701－0095385　SZD0437　經部/易類/文字音義之屬
易緯辨終備韻讀一卷　(漢)鄭玄注　朱師轍補釋韻讀　稿本　一册

330000－1701－0095388　SZD0439　史部/政書類/公牘檔册之屬
朱師轍呈稿不分卷　朱師轍撰　稿本　四册

330000－1701－0095389　M606230　類叢部/叢書類/彙編之屬
知不足齋叢書一百九十五種　(清)鮑廷博輯　(清)鮑士恭續輯　民國十年(1921)上海古書流通處據清鮑氏刻本影印本　二册　存一種

330000－1701－0095390　M606231、M611018　子部/儒家類/儒學之屬/性理
胡子衡齊八卷　(明)胡直撰　民國上海古書流通處影印本　三册

330000－1701－0095392　M602852、M606232、M610560　類叢部/叢書類/自著之屬
貞松老人遺稿乙集四種　羅振玉撰　民國三十二年(1943)上虞羅福頤鉛印本　三册　存二種

330000－1701－0095393　M606233　子部/宗教類/佛教之屬/諸宗
密教綱要四卷　(日本)釋權田雷斧撰　王弘願譯　民國八年(1919)潮安刻經處刻本　一册　存二卷(一至二)

330000－1701－0095396　M007637　史部/

傳記類/别傳之屬/事狀

張蟾芬先生哀輓録一卷　張石麟　張仁麟輯　民國二十五年(1936)鉛印本　一册

330000－1701－0095397　M606235　史部/傳記類/别傳之屬/事狀

花夫人哀輓録一卷　吴慶坻　吴士鑑述　民國七年(1918)鉛印本　一册

330000－1701－0095400　M007638　集部/别集類

避寇集一卷芳杜詞賸一卷　馬浮撰　民國二十九年(1940)、三十六年(1947)嘉州刻本　一册

330000－1701－0095403　M606238、M604597　類叢部/叢書類/彙編之屬

四部備要　中華書局編　民國二十五年(1936)上海中華書局鉛印本　二册　存一種

330000－1701－0095410　M007806　史部/目録類/總録之屬/私撰

宋經樓門售臨時書目第一期一卷　宋經樓書店編　民國油印本　一册

330000－1701－0095412　M608445　集部/别集類/清别集

幸草亭詩鈔二卷　(清)楊文瑩撰　民國八年(1919)錢塘楊氏勖采堂鉛印本　一册　存一卷(上)

330000－1701－0095413　M606240　類叢部/叢書類/彙編之屬

四部叢刊　張元濟等編　民國上海商務印書館影印本　二册　存一種

330000－1701－0095416　M608446　史部/雜史類/斷代之屬

鴉片事略二卷　(清)李圭撰　民國二十年(1931)國立北平圖書館鉛印本　一册

330000－1701－0095417　SZD0440　史部/政書類/公牘檔册之屬

參政院函牘一卷　林長民撰　民國三年(1914)稿本　一册

330000－1701－0095420　M608449　集部/别集類/清别集

鴻雪樓詩選初集四卷外集一卷名媛詩話八卷　(清)沈善寶撰　民國十三年(1924)沈敏元鉛印本　四册

330000－1701－0095421　M608447　集部/别集類/清别集

團桂樓剩稿一卷　(清)陳金鑑撰　**醉月軒吟草二卷**　(清)陸慧撰　民國十五年(1926)陳其謙鉛印本　一册

330000－1701－0095422　M007640、M007961　子部/小説家類/異聞之屬

夷堅志一百八十卷志補二十五卷再補一卷　(宋)洪邁撰　**夷堅志校勘記一卷**　張元濟撰　民國十六年(1927)上海商務印書館鉛印本　二十册

330000－1701－0095423　M608448　集部/别集類/清别集

團桂樓剩稿一卷　(清)陳金鑑撰　**醉月軒吟草二卷**　(清)陸慧撰　民國十五年(1926)陳其謙鉛印本　一册

330000－1701－0095425　M007808　史部/政書類/公牘檔册之屬

浙江省統捐捐率一卷　民國鉛印本　一册

330000－1701－0095427　M606241　子部/雜著類

中國學術論著集要五卷　民國鉛印本　一册　存一卷(三)

330000－1701－0095428　SZD0441　史部/傳記類/總傳之屬/文苑

無錫金匱縣儒學呈錫金文苑事實册一卷　無錫金匱縣儒學造送　稿本　一册

330000－1701－0095429　M608450　史部/史評類/考訂之屬

校史偶得不分卷　陳寶熿撰　民國鉛印本　一册

330000－1701－0095433　M007809　新學/醫學/藥品

藥物學講義三卷藥用動物學講義一卷　杜士璋編　**藥物學講義一卷**　馬湯楹編　**藥物學講義一卷藥用植物學講義一卷**　魏子祥編　民國鉛印本　一册

330000－1701－0095434　M007642　史部/傳記類/總傳之屬/姓名

西漢書姓名韻不分卷　（清）傅山編　民國二十五年(1936)山西書局鉛印本　六册

330000－1701－0095436　SZD0442　史部/傳記類/總傳之屬/郡邑

江都縣志陳本禮逢衡傳一卷　民國抄本　一册

330000－1701－0095437　M608451　類叢部/叢書類/自著之屬

最樂亭三種　（清）朱福清撰　民國六年至十二年(1917－1923)嘉興朱氏刻本　二册　存一種

330000－1701－0095438　M007810　新學/政治法律

全國註冊條例一卷人文生物學一卷　黎國昌講授　**盧宜江筆記一卷平時國際公法講義二編二卷附錄一卷**　汪馥炎編　民國上海法政大學鉛印本　一册

330000－1701－0095439　M608452　集部/詞類/別集之屬

慮尊詞一卷然脂詞一卷　陳夔撰　民國十一年(1922)鉛印本　一册

330000－1701－0095442　M608453　集部/詞類/別集之屬

慮尊詞一卷然脂詞一卷　陳夔撰　民國十一年(1922)鉛印本　一册

330000－1701－0095443　M007811　類叢部/叢書類/彙編之屬

國立浙江大學文科研究所叢刊　國立浙江大學文科研究所史地學部編　民國三十一年(1942)國立浙江大學文科研究所史地學部石印本　一册

330000－1701－0095447　M606244　史部/傳記類/別傳之屬/事狀

伍母王太夫人七秩壽言錄一卷　伍文淵輯　民國鉛印本　一册

330000－1701－0095448　M007812　子部/雜著類/雜說之屬

知寒軒談薈甲集四卷　郭則澐輯　民國三十六年(1947)油印本　二册

330000－1701－0095449　M608454　集部/別集類

函雅廬文稿三卷詩稿一卷　余重耀撰　民國十二年(1923)鉛印本　二册

330000－1701－0095450　M608455　史部/地理類/方志之屬/郡縣志

[嘉慶]餘杭縣志四十卷　（清）張吉安修　（清）朱文藻纂　（清）崔應榴　（清）董作棟續纂　民國八年(1919)吳蘭孫鉛印本　六册　存三十卷(六至十、十六至四十)

330000－1701－0095454　M608457　集部/別集類

靈璞閣詩二卷附孫言草一卷　張惠衣撰　民國三十三年(1944)鉛印本　一册

330000－1701－0095456　M608458　史部/地理類/山川之屬/山志

靈巖山志八卷首一卷末一卷　張一留編述　民國三十七年(1948)上海印公紀念會鉛印本　心畊老人題記　一册

330000－1701－0095457　M608459　集部/別集類

葑里賸稿四卷　張原煒撰　民國三十四年(1945)張氏鉛印本　一册

330000－1701－0095459　M608460　集部/總集類/酬唱之屬

同聲集二卷附錄一卷自集一卷　徐致青輯　民國八年(1919)同安石印本　二册

330000－1701－0095461　M608461　集部/總集類/酬唱之屬

同聲集二卷附錄一卷自集一卷　徐致青輯　民國八年(1919)同安石印本　二册

330000－1701－0095462　M608462　集部/別集類
小林草堂文稿一卷附詩稿一卷　朱天存撰　民國二十年(1931)鉛印本　一冊

330000－1701－0095463　M606246、M608948、M610044、M611165　集部/別集類/清別集
躬恥齋文鈔十四卷別集一卷後編六卷附崇祀鄉賢錄一卷躬恥齋詩鈔十四卷首一卷後編七卷校勘記二卷　(清)宗稷辰撰　民國二年(1913)吳門鉛印本　四冊　存二十二卷(一至十四、文鈔別集、文鈔後編一至六、崇祀鄉賢錄)

330000－1701－0095465　M608463　集部/別集類
小林草堂文稿一卷附詩稿一卷　朱天存撰　民國二十年(1931)鉛印本　一冊

330000－1701－0095466　M606247、M607020　子部/宗教類/佛教之屬
雲棲法彙附錄六卷　孫峻編　民國二十九年(1940)釋源智刻藍印本　二冊

330000－1701－0095467　M603406　史部/傳記類/總傳之屬/斷代
辛亥殉難記五卷首一卷辛亥殉難表不分卷　吳慶坻輯　民國五年(1916)鉛印本　一冊

330000－1701－0095469　M608464　集部/別集類/清別集
菊隱廬詩錄二卷　(清)唐恭安撰　民國十三年(1924)瓶花齋鉛印本　一冊

330000－1701－0095471　M608465　集部/別集類
冰雪寮詩鈔二卷　釋淡雲撰　民國十九年(1930)鉛印本　一冊

330000－1701－0095472　M606248　史部/傳記類/總傳之屬/家乘
[浙江東陽]東陽何氏第二十三次脩譜紀念刊不分卷　何紹韓編　民國二十三年(1934)鉛印本　一冊

330000－1701－0095473　M606249　子部/藝術類/書畫之屬/畫譜
戴務旃山水傳青主題詠詩畫冊不分卷　(清)戴本孝繪　(清)傅山題詠　民國八年(1919)上海中華書局影印本　一冊

330000－1701－0095474　M608466　集部/別集類
冰雪寮詩鈔二卷　釋淡雲撰　民國十九年(1930)鉛印本　一冊

330000－1701－0095475　M608467　集部/別集類
觚庵詩存四卷　俞明震撰　民國九年(1920)上海聚珍倣宋印書局鉛印本　一冊

330000－1701－0095476　M606250　子部/宗教類/佛教之屬
八識規矩頌註發明三卷　(唐)釋玄奘註　(明)釋普泰補註　(清)釋本金發明　民國八年(1919)寧波千歲坊文光齋刻本　六冊

330000－1701－0095477　M606251　子部/宗教類/佛教之屬
八識規矩頌註發明三卷　(唐)釋玄奘註　(明)釋普泰補註　(清)釋本金發明　民國八年(1919)寧波千歲坊文光齋刻本　六冊

330000－1701－0095478　M608468　集部/別集類
觚庵詩存四卷　俞明震撰　民國九年(1920)上海聚珍倣宋印書局鉛印本　一冊

330000－1701－0095480　M606252　子部/宗教類/佛教之屬
八識規矩頌註發明三卷　(唐)釋玄奘註　(明)釋普泰補註　(清)釋本金發明　民國八年(1919)寧波千歲坊文光齋刻本　六冊

330000－1701－0095481　M606253　經部/小學類/文字之屬/字書/字體
隸辨八卷　(清)顧藹吉撰　民國十九年(1930)掃葉山房石印本　八冊

330000－1701－0095482　M608469　集部/別集類

丁子居賸草一卷詩餘一卷　丁三在撰　民國十年(1921)丁氏鉛印本　一册

330000－1701－0095483　M603405　史部/目録類/總録之屬/彙刻
古佚書錄叢輯　民國二十二年(1933)國立北平圖書館中華圖書館協會鉛印本　一册

330000－1701－0095484　M608470　集部/別集類
丁子居賸草一卷詩餘一卷　丁三在撰　民國十年(1921)丁氏鉛印本　朱杉題記　一册

330000－1701－0095485　M606254　史部/地理類/山川之屬/山志
九華山志八卷首一卷　釋德森編輯　民國二十七年(1938)蘇州弘化社鉛印本　二册

330000－1701－0095488　M606255　史部/地理類/山川之屬/山志
九華山志八卷首一卷　釋德森編輯　民國二十七年(1938)蘇州弘化社鉛印本　二册

330000－1701－0095489　M606256　史部/地理類/山川之屬/山志
九華山志八卷首一卷　釋德森編輯　民國二十七年(1938)蘇州弘化社鉛印本　二册

330000－1701－0095490　M007645　集部/小說類/短篇之屬
繪圖續今古奇觀六卷三十回　(清)即空觀主人撰　民國石印本　六册

330000－1701－0095492　M606257　經部/易類/傳說之屬
周易禪解十卷　(明)釋智旭撰　民國四年(1915)金陵刻經處刻本　二册　存七卷(四至十)

330000－1701－0095493　M603407　史部/編年類/斷代之屬
民國春秋一卷　嚴偉撰　民國五年(1916)上海中華書局鉛印本　一册

330000－1701－0095494　M008099　子部/醫家類/綜合之屬/通論
症候通論□□編　楊則民撰　民國石印本　一册　存一編(下)

330000－1701－0095495　M608471　集部/總集類/酬唱之屬
山居唱和集一卷　金泯瀾輯　民國石印本　一册

330000－1701－0095497　M608472　集部/總集類/酬唱之屬
山居唱和集一卷　金泯瀾輯　民國石印本　一册

330000－1701－0095498　M606258　類叢部/叢書類/自著之屬
圓瑛法彙　釋圓瑛撰　民國上海佛學書局石印本　一册　存一種

330000－1701－0095500　M606259　類叢部/叢書類/自著之屬
小雙寂庵叢書十九種　張惟驤撰　民國武進張氏小雙寂庵刻本　二册　存二種

330000－1701－0095501　M603409　類叢部/叢書類/彙編之屬
燕京大學圖書館叢書　燕京大學圖書館編　民國北平燕京大學圖書館鉛印本暨影印本　一册　存一種

330000－1701－0095503　M608473　集部/別集類
白石山房詩鈔三卷補遺一卷　張宗江撰　民國八年(1919)鉛印本　一册

330000－1701－0095505　M603410　集部/總集類/題詠之屬
春帆入蜀圖題詠詩一卷詞一卷附錄二卷　戴振聲輯　民國十九年(1930)戴氏鉛印本　一册

330000－1701－0095507　M606260　類叢部/叢書類/自著之屬
章氏叢書十三種　章炳麟撰　民國六年至八年(1917－1919)浙江圖書館刻本　二册　存一種

330000－1701－0095514　M007646　集部/別集類
梁任公文鈔不分卷　梁啓超書　民國四年(1915)上海共和編譯局石印本　三册

330000－1701－0095516　M603411　集部/總集類/彙編之屬
五朝詩別裁集　(清)沈德潛等輯　民國掃葉山房石印本　四册　存一種

330000－1701－0095518　M603412、M603788　類叢部/叢書類/彙編之屬
雙肇樓叢書　張江裁(張涵鋭)輯　民國鉛印本　二册　存清代燕都梨園史料九種

330000－1701－0095521　M007649　子部/雜著類
一亭攷古雜記一卷　(清)毛慶臻撰　民國十六年(1927)南陵徐乃昌影印本　一册

330000－1701－0095522　M007650　集部/總集類/氏族之屬
午夢堂全集十種　(明)葉紹袁編　民國五年(1916)唐氏寧儉堂鉛印本　二册　存五種

330000－1701－0095523　M603413　史部/目録類/總録之屬/私撰
好古堂書目五卷收藏宋元板書目一卷　(清)姚際恒編　民國十八年(1929)南京中社影印本　一册

330000－1701－0095524　M603414　集部/詞類/别集之屬
水雲樓詞二卷續一卷補遺一卷　(清)蔣春霖撰　民國二十二年(1933)上海漢文正楷印書局鉛印本　一册

330000－1701－0095527　M603415　史部/金石類
非儒非俠齋金石叢著十種　顧燮光撰　民國會稽顧氏金佳石好樓石印本暨鉛印本　一册　存一種

330000－1701－0095529　M603416　類叢部/叢書類/郡邑之屬
續金華叢書六十種　胡宗楙編　民國十三年(1924)永康胡氏夢選樓刻本　二册　存一種

330000－1701－0095531　M007651　集部/别集類/清别集
音注方望溪文一卷　(清)方苞撰　王先謙選　民國十三年(1924)上海文明書局鉛印本　一册

330000－1701－0095532　M603417　類叢部/叢書類/郡邑之屬
續金華叢書六十種　胡宗楙編　民國十三年(1924)永康胡氏夢選樓刻本　二册　存一種

330000－1701－0095533　M608476　集部/别集類
浣花軒詩集一卷　施毓敏撰　民國二十八年(1939)鉛印本　一册

330000－1701－0095536　M603418　類叢部/叢書類/郡邑之屬
續金華叢書六十種　胡宗楙編　民國十三年(1924)永康胡氏夢選樓刻本　二册　存一種

330000－1701－0095537　M603419　集部/詞類/别集之屬
黄山樵唱一卷　朱師轍撰　民國二十一年(1932)燕京刻朱印本　一册

330000－1701－0095540　M007813　子部/宗教類/佛教之屬
稾齋一卷　民國十七年(1928)普識抄本　一册

330000－1701－0095542　M603420　經部/小學類/音韻之屬/韻書
唐寫本切韻殘卷三卷　(隋)陸法言撰　民國十年(1921)石印本　一册

330000－1701－0095543　M007814　子部/醫家類/婦科之屬/通論
編輯婦科心法要訣目録不分卷　民國抄本　一册

330000－1701－0095544　M007815　子部/宗教類/其他宗教之屬
祈福集一卷　民國抄本　一册

330000－1701－0095545　M603421　史部/傳記類/總傳之屬

規復兩浙節孝總祠事蹟一卷附募捐啟一卷採訪節孝現行法令一卷　民國三年(1914)鉛印本　一冊

330000－1701－0095546　M007652　史部/目録類/專録之屬

影印宋藏遺珍敘目一卷　民國二十五年(1936)影印本暨鉛印本　一冊

330000－1701－0095547　M007816　子部/雜著類

墨記一卷　民國抄本　一冊

330000－1701－0095548　M007839　史部/政書類/公牘檔冊之屬

示我周行不分卷　民國抄本　一冊

330000－1701－0095549　M007653　史部/目録類/總録之屬/彙刻

四部叢刊續編預約樣本一卷　商務印書館輯　民國二十三年(1934)商務印書館鉛印本　一冊

330000－1701－0095550　M603423　經部/群經總義類/傳說之屬

兩漢傳經表二卷　(清)蔣曰豫輯　民國鉛印本　一冊

330000－1701－0095551　M007654　史部/目録類/版本之屬/書影

四部叢刊第二次預約樣本一卷　上海商務印書館編　民國十五年(1926)上海商務印書館影印本暨鉛印本　一冊

330000－1701－0095552　M603424　子部/藝術類/書畫之屬/法帖

快雪堂法書不分卷　民國上海有正書局影印本　五冊

330000－1701－0095554　M608474　集部/別集類

横海樓詩集甲稿一卷　陳蔚撰　民國十四年(1925)鉛印本　一冊

330000－1701－0095555　M007840　史部/傳記類/日記之屬

民國三十八年日記不分卷　稿本　一冊

330000－1701－0095556　M603425　集部/別集類

珍帚齋詩草一卷畫稿一卷　姚景瀛撰　**謇謇詩草一卷**　姚繼虺撰　民國三十五年(1946)影印本　一冊

330000－1701－0095557　M608475　集部/別集類

浣花軒詩集一卷　施毓敏撰　民國二十八年(1939)鉛印本　一冊

330000－1701－0095558　M603426　子部/藝術類/書畫之屬

春艷寫影一卷　吳虞公撰　但杜宇畫　民國九年(1920)上海世界書局石印本　一冊

330000－1701－0095559　M007818　史部/傳記類/日記之屬

病鵑日記不分卷(民國三年九月二十六號至民國四年二月十一號)　稿本　一冊

330000－1701－0095561　M007841　集部/詞類/別集之屬

斷紅詞一卷　鍾韻玉撰　稿本　一冊

330000－1701－0095562　M603427　史部/地理類/水利之屬

江浙水利聯合會審查員對於太湖局水利工程計畫大綱實地調查報告不分卷　江浙水利聯合會編　民國十年(1921)鉛印本　一冊

330000－1701－0095564　M007842　子部/術數類/命書相書之屬

李淳風選擇異書一卷　民國抄本　一冊

330000－1701－0095565　M007819　集部/別集類

隨筆不分卷　馬啟元撰　稿本　一冊

330000－1701－0095566　M007655　史部/目録類/總録之屬/彙刻

四庫全書珍本初集樣本一卷　商務印書館編

民國二十三年(1934)上海商務印書館鉛印本暨影印本　一冊

330000－1701－0095567　M007656　史部/目録類/總録之屬/私撰

樹仁書店書目一卷　民國二十六年(1937)上海樹仁書店石印本　一冊

330000－1701－0095568　M007657　集部/詞類/總集之屬

雍園詞鈔九卷　楊公庶輯　民國三十五年(1946)鉛印本　一冊

330000－1701－0095569　M007820　集部/别集類/清别集

枕山書屋始存稿一卷　(清)虞峻撰　**鋤經堂遺詩一卷**　(清)余燮撰　民國抄本　一冊

330000－1701－0095573　M603428　史部/地理類/方志之屬/郡縣志

[民國]慈利縣志二十卷首一卷　田興奎等修　吴恭亨纂　民國十二年(1923)鉛印本　四冊

330000－1701－0095575　M007843　集部/别集類

雜稿不分卷　照古撰　稿本　二冊

330000－1701－0095576　M603429　史部/目録類/總録之屬/氏族

海寧渤海陳氏著録二卷續編一卷補遺一卷　(清)陳敬璋編　陳其謙　陳大綸重輯　民國二十二年(1933)鉛印本　一冊

330000－1701－0095578　M603430　史部/地理類/方志之屬/郡縣志

[光緒]杭州府志校勘記十六卷　吴憲奎編　民國十五年(1926)鉛印本　一冊

330000－1701－0095580　M603431　史部/地理類/方志之屬/郡縣志

[光緒]杭州府志校勘記十六卷　吴憲奎編　民國十五年(1926)鉛印本　一冊

330000－1701－0095582　M603432　經部/群經總義類/文字音義之屬

經傳釋詞十卷　(清)王引之撰　王時潤點勘　**研究說文書目一卷**　王時潤撰　民國十三年(1924)上海文瑞樓石印本　四冊

330000－1701－0095584　M007658　史部/政書類/邦計之屬/鹽法

蘆鹺撮要一卷　曾仰豐　谷塞額輯　民國十三年(1924)石印本　一冊

330000－1701－0095585　M608477　集部/别集類

葯園詩草一卷　王仁溥撰　民國十八年(1929)鉛印本　一冊

330000－1701－0095586　M608478　集部/總集類/氏族之屬

某石軒集四卷　林芝蔚編　民國十六年(1927)鉛印本　一冊

330000－1701－0095587　M007844　集部/别集類

友蘭軒詩草不分卷　斯叔英撰　稿本　一冊

330000－1701－0095588　M608479　集部/總集類/氏族之屬

某石軒集四卷　林芝蔚編　民國十六年(1927)鉛印本　一冊

330000－1701－0095589　M603433　史部/地理類/方志之屬/郡縣志

[光緒]杭州府志一百七十八卷首八卷　(清)陳璚等修　(清)王棻等纂　屈映光續修　陸懋勳續纂　齊耀珊重修　吴廛坻重纂　民國十一年(1922)鉛印本　七十九冊　存一百八十二卷(首一至八,一至九十四、九十七至一百三十四、一百三十七至一百七十八)

330000－1701－0095590　M007659　史部/目録類/總録之屬

國立浙江大學圖書館特藏書籍目錄一卷　國立浙江大學圖書館編　民國三十六年(1947)油印本　一冊

330000－1701－0095592　M608480　集部/别集類/宋别集

宋岳鄂王文集三卷　(宋)岳飛撰　錢汝雯編

民國十三年(1924)鉛印本　二册

330000－1701－0095593　SZD0443　史部/傳記類/别傳之屬/事狀
王君傳炯小傳一卷　朱師轍撰　稿本　一册

330000－1701－0095594　M608481　集部/别集類/宋别集
宋岳鄂王文集三卷　(宋)岳飛撰　錢汝雯編　民國十三年(1924)鉛印本　二册

330000－1701－0095595　M007845　史部/政書類/公牘檔册之屬
蕉葉山館雜稿不分卷　民國抄本　一册

330000－1701－0095597　SZD0444　集部/别集類
困學襍稿一卷　朱師轍撰　稿本　一册

330000－1701－0095598　M007846　史部/目録類/專録之屬
浙江方志目錄不分卷　稿本　一册

330000－1701－0095599　M007660　史部/目録類/總録之屬/官修
四一圖書館善本普通書目初編三卷　四一圖書館編　民國三十四年(1945)四一圖書館鉛印本　一册

330000－1701－0095600　M608482、M95600　史部/傳記類/别傳之屬/年譜
宋岳鄂王[飛]年譜六卷首一卷末一卷　錢汝雯編　**宋岳鄂王文集三卷**　(宋)岳飛撰　錢汝雯編　民國十三年(1924)鉛印本　四册　存七卷(年譜二至五、文集上中下)

330000－1701－0095605　SZD0445　子部/雜家類
鶡冠子韻補一卷　朱師轍撰　稿本　一册

330000－1701－0095606　M007661　子部/宗教類/道教之屬
老子研究一卷老子道德經講義一卷　李孟楚編　民國油印本　一册

330000－1701－0095614　M007848　集部/别集類
味淡居士詩稿一卷　民國抄本　一册

330000－1701－0095616　M608486　類叢部/叢書類/家集之屬
武林丁氏家集十三種　丁立誠　丁立中撰　民國錢塘丁氏嘉惠堂鉛印本　一册　存一種

330000－1701－0095619　M007823　子部/醫家類/方書之屬
醫方不分卷　民國抄本　一册

330000－1701－0095622　M008097　史部/目録類/專録之屬
玄義諸書舉略答賀君昌羣一卷　馬一浮撰　民國石印本　一册

330000－1701－0095623　M608487　集部/别集類
五言樓詩草初集五卷　唐鼎元撰　**桐花僊館詩草一卷**　錢靖遠撰　民國二十年(1931)鉛印本　二册

330000－1701－0095626　M007824　史部/傳記類/日記之屬
太高廬日記不分卷(民國十六年八月十三日至十七年二月三十日)　稿本　二册

330000－1701－0095627　M608488　集部/别集類
五言樓詩草初集五卷　唐鼎元撰　**桐花僊館詩草一卷**　錢靖遠撰　民國二十年(1931)鉛印本　二册

330000－1701－0095631　M007825　集部/别集類
篔莊詩草一卷　睦生撰　稿本　一册

330000－1701－0095632　M608489　集部/别集類
萍鷗小舫詩鈔四卷　鍾熊祥撰　民國十六年(1927)鉛印本　四册

330000－1701－0095635　M007826　類叢部/類書類/專類之屬
歲時雜語一卷　民國抄本　一册

330000－1701－0095637　M608490　集部/

別集類

慎江草堂詩四卷　黄迂撰　民國十三年(1924)鉛印本　二册

330000－1701－0095639　M007662　集部/別集類/漢魏六朝別集

謝靈運詩一卷附録三卷　(南朝宋)謝靈運撰　李孟楚編　民國油印本　一册

330000－1701－0095643　M603434　史部/地理類/方志之屬/郡縣志

[光緒]杭州府志一百七十八卷首八卷　(清)陳璚等修　(清)王棻等纂　屈映光續修　陸懋勳續纂　齊耀珊重修　吳慶坻重纂　民國十一年(1922)鉛印本　五十四册　存一百二十四卷(首一至二,七至八,十四至十五、三十三至三十五、四十至五十六、七十六至九十四、九十七至一百五、一百九至一百七十八)

330000－1701－0095644　M007663　史部/傳記類/別傳之屬/事狀

朱府君赴告一卷　朱鴻鈞等撰　民國十五年(1926)鉛印本　一册

330000－1701－0095650　M608491　集部/別集類/唐五代別集

玉川子詩集五卷　(唐)盧仝撰　(清)孫之騄註　**玉川子詩注勘譌表一卷**　孫峻撰　民國十二年(1923)濟陽盧永祥刻藍印本　五册

330000－1701－0095653　M608492　集部/別集類/唐五代別集

玉川子詩集五卷　(唐)盧仝撰　(清)孫之騄註　**玉川子詩注勘譌表一卷**　孫峻撰　民國十二年(1923)濟陽盧永祥刻藍印本　五册

330000－1701－0095655　M007829　史部/傳記類/日記之屬

苦匏日記不分卷(民國十九年一月一日至二十年二月十六日)　苦匏撰　稿本　一册

330000－1701－0095656　M007849　子部/農家農學類/農藝之屬

種樹書一卷　(元)俞宗本撰　**蠶桑説一卷廣蚕桒説輯補二卷**　(明)沈煉撰　民國四年(1915)抄本　一册

330000－1701－0095658　M603435　史部/地理類/方志之屬/郡縣志

[光緒]杭州府志一百七十八卷首八卷　(清)陳璚等修　(清)王棻等纂　屈映光續修　陸懋勳續纂　齊耀珊重修　吳慶坻重纂　民國十一年(1922)鉛印本　三十六册　存七十九卷(四十至四十一、四十三至五十、五十五至五十六、八十二至八十六、九十至九十四、九十七至一百二、一百十四至一百十五、一百十九至一百六十三、一百六十五、一百七十四至一百七十六)

330000－1701－0095663　M007665　史部/傳記類/別傳之屬

鵑恨集二卷　程學恂輯　民國十三年(1924)刻本　一册

330000－1701－0095664　M606261　史部/雜史類/斷代之屬

國難叢書第一輯　民國二十六年(1937)軍事新聞社出版部鉛印本　一册　存一種

330000－1701－0095666　M007666　史部/傳記類/別傳之屬/事狀

[許□□]哀啟一卷　許兆鳳　許兆鸞撰　民國鉛印本　一册

330000－1701－0095667　M608493　集部/別集類/唐五代別集

玉川子詩集五卷　(唐)盧仝撰　(清)孫之騄註　**玉川子詩注勘譌表一卷**　孫峻撰　民國十二年(1923)濟陽盧永祥刻藍印本　五册

330000－1701－0095668　M608494　史部/地理類/遊記之屬/紀行

金陵遊記一卷　姚濮撰　民國七年(1918)鉛印本　一册

330000－1701－0095669　M608495　集部/別集類

無題詩一卷　魏在田撰　民國鉛印本　一册

330000－1701－0095670　M606262　類叢部/叢書類/彙編之屬

寶顏堂祕笈二百二十八種　（明）陳繼儒編　民國十一年(1922)上海文明書局石印本　一冊　存四種

330000－1701－0095673　M007667　集部/總集類/氏族之屬
唐南陽樊氏遺文二卷　樊鎮輯　民國三十四年(1945)綿絳書屋刻本　一冊

330000－1701－0095674　M608496　集部/別集類/清別集
名山藏副本初集二卷贈言集一卷　（清）齊周華撰　民國九年(1920)杭州武林印書館鉛印本　四冊　存二卷(一至二)

330000－1701－0095677　M609478、M608497　集部/別集類/清別集
名山藏副本初集二卷贈言集一卷　（清）齊周華撰　民國九年(1920)杭州武林印書館鉛印本　二冊　存二卷(一至二)

330000－1701－0095678　M606263　經部/春秋總義類/文字音義之屬
春秋三家異文覈一卷　（清）朱駿聲撰　民國二十五年(1936)成都華西協合大學哈佛燕京學社鉛印本　一冊

330000－1701－0095679　M608498　類叢部/叢書類/自著之屬
最樂亭三種　（清）朱福清撰　民國六年至十二年(1917－1923)嘉興朱氏刻本　二冊　存一種

330000－1701－0095681　M603436　史部/地理類/方志之屬/郡縣志
[光緒]杭州府志一百七十八卷首八卷　（清）陳璚等修　（清）王棻等纂　屈映光續修　陸懋勳續纂　齊耀珊重修　吳慶坻重纂　民國十一年(1922)鉛印本　十八冊　存三十八卷(四十八至五十、八十二至八十四、九十三至九十四、一百二十三至一百二十五、一百二十八至一百三十、一百三十三至一百四十三、一百五十一至一百五十六、一百五十九至一百六十、一百七十二至一百七十六)

330000－1701－0095682　M608499　集部/詞類/別集之屬
慮尊詞一卷然脂詞一卷　陳夔撰　民國十一年(1922)鉛印本　一冊

330000－1701－0095683　M007668　史部/目録類/總録之屬/官修
元西湖書院重整書目一卷附錄一卷　（元）胡師安等撰　**南廱志經籍考二卷**　（明）梅鷟撰　**内板經書紀略一卷**　（明）劉若愚撰　民國六年至七年(1917－1918)仁和吳氏雙照樓刻朱印本　一冊

330000－1701－0095687　M608500　集部/別集類/唐五代別集
樊諫議集附錄甲集一卷補遺一卷　（唐）樊宗師撰　樊鎮輯　民國十年(1921)紹興樊氏綿絳書屋鉛印本　一冊

330000－1701－0095688　M606265　子部/宗教類/佛教之屬
八識規矩頌註發明三卷　（唐）釋玄奘註　（明）釋普泰補註　（清）釋本金發明　民國八年(1919)寧波千歲坊文光齋刻本　六冊

330000－1701－0095689　M608501　史部/目録類/專録之屬
石廬金石書志二十二卷　林鈞撰　民國十二年(1923)南昌林氏寶岱閣刻本　十二冊

330000－1701－0095691　M603437　史部/地理類/方志之屬/郡縣志
[光緒]杭州府志一百七十八卷首八卷　（清）陳璚等修　（清）王棻等纂　屈映光續修　陸懋勳續纂　齊耀珊重修　吳慶坻重纂　民國十一年(1922)鉛印本　七冊　存十四卷(一百二十八至一百三十、一百三十三至一百三十四、一百四十二至一百四十三、一百五十三至一百五十四、一百七十二至一百七十六)

330000－1701－0095695　民 814.3/4480.91/c2　集部/詩文評類/文評之屬
韓文研究法一卷柳文研究法一卷　林紓撰　民國四年(1915)上海商務印書館鉛印本　一冊

330000－1701－0095696　民 336.29/4030　史部/政書類/邦計之屬

浙江省杭州市民國三十七年上半年度總決算書不分卷　周象賢　汪慶恩編　民國三十七年(1948)油印本　一册

330000－1701－0095697　民 811.18/7524　類叢部/叢書類/自著之屬

秋攎樓叢書　陳伯英撰　民國二十年(1931)石印本　一册　存一種

330000－1701－0095698　民 814.8/4043/c1　集部/别集類

寂齋文存一卷　查猛濟撰　民國十九年(1930)鉛印本　方志超題記　一册

330000－1701－0095699　民 336.892424/4030.2　史部/政書類/邦計之屬

浙江省杭州市民國三十六年度歲入歲出總分預算書不分卷　周象賢　汪慶恩編　民國三十六年(1947)油印本　一册

330000－1701－0095700　民 630.95144/7734　新學/農政

建設叢書　民國三十一年(1942)油印本　一册

330000－1701－0095703　民 813.58/4491/2/c1　集部/小説類/長篇之屬

繡像洪秀全演義十集三十二卷一百七十四回　黄世仲撰　民國石印本　二册　存八卷(初集一至二、二集一至二、三集一至二、四集一至二)

330000－1701－0095704　民 814.8/7761/c1　集部/别集類

芥軒詩文稿一卷　周冕群撰　民國二十五年(1936)鉛印本　一册

330000－1701－0095705　民 814.8/8012.3/c1　集部/别集類

燕知草一卷附重過西園碼頭殘稿一卷　俞平伯撰　民國十九年(1930)上海開明書店鉛印本　一册　缺一卷(重過西園碼頭殘稿)

330000－1701－0095706　民 925.18/4454.8/c1　史部/傳記類/别傳之屬/事狀

黄慧增居士往生紀念册不分卷　渾渾山人等編　民國二十二年(1933)上海中華書局鉛印本　一册

330000－1701－0095707　民 369.5/3147　史部/政書類/公牘檔册之屬

江蘇監獄感化會講演彙記一卷　民國十四年(1925)江蘇第二監獄鉛印本　一册

330000－1701－0095708　民 631.1/3239　史部/政書類/公牘檔册之屬

浙江省油茶棉絲管理處民國二十八年度工作報告不分卷　浙江省油茶棉絲管理處編　民國二十八年(1939)油印本　一册

330000－1701－0095709　民 813.58/5023　集部/小説類/長篇之屬

陳炯明歷史演義二十回　東粤浮生編輯　民國上海光餘通譯社石印本　一册

330000－1701－0095710　民 814.8/8012.3/c2　集部/别集類

燕知草一卷附重過西園碼頭殘稿一卷　俞平伯撰　民國十九年(1930)上海開明書店鉛印本　一册　缺一卷(重過西園碼頭殘稿)

330000－1701－0095711　民 794.8/5251　子部/農家農學類/鳥獸蟲之屬

秘本蟋蟀譜一卷　蟋蟀研究會編輯　民國十三年(1924)上海世界書局石印本　一册

330000－1701－0095712　民 329.911971/6024/c1　史部/傳記類/别傳之屬/事狀

國父之大學時代不分卷　羅香林撰　民國三十四年(1945)重慶獨立出版社鉛印本　一册

330000－1701－0095714　民 329.911971/6024/c2　史部/傳記類/别傳之屬/事狀

國父之大學時代不分卷　羅香林撰　民國三十四年(1945)重慶獨立出版社鉛印本　一册

330000－1701－0095717　民 336.892424/4030.3/c1　史部/政書類/公牘檔册之屬

杭州市政府三十七年度地方歲出分預算書不分卷　周象賢　汪慶恩編　民國三十七年

(1948)油印本　一册

330000－1701－0095719　民 636.3/0422　史部/政書類/公牘檔册之屬

浙江省蠶種業會計辦法不分卷　諸壯嵩等編　民國二十六年(1937)浙江省蠶種業協會石印本　一册

330000－1701－0095723　M603438　史部/地理類/方志之屬/郡縣志

[光緒]杭州府志一百七十八卷首八卷　(清)陳璚等修　(清)王棻等纂　屈映光續修　陸懋勳續纂　齊耀珊重修　吴廑坻重纂　民國十一年(1922)鉛印本　一册　存二卷(五十三至五十四)

330000－1701－0095724　M603439、M603573、M603787　史部/地理類/方志之屬/郡縣志

[光緒]杭州府志一百七十八卷首八卷　(清)陳璚等修　(清)王棻等纂　屈映光續修　陸懋勳續纂　齊耀珊重修　吴廑坻重纂　民國十一年(1922)鉛印本　二十八册　存六十五卷(首一至八,一、三十九至四十一、四十五至四十七、五十一至五十九、六十二至七十五、七十九至八十四、一百三至一百二十二、一百五十三)

330000－1701－0095727　M606266　史部/傳記類/别傳之屬/事狀

伍母王太夫人七秩壽言録一卷　伍文淵輯　民國鉛印本　一册

330000－1701－0095729　M603440　集部/曲類/曲藝之屬

山歌十卷　(明)馮夢龍輯　民國二十四年(1935)朱瑞軒傳經堂書店鉛印本　一册

330000－1701－0095734　M603441　子部/雜著類/雜説之屬

三餘札記二卷　劉文典撰　民國二十四年(1935)上海商務印書館鉛印本　二册

330000－1701－0095735　M606268　子部/宗教類/佛教之屬/諸宗

五重唯識觀注一卷　(唐)釋窺基撰　梅光羲編　民國刻本　一册

330000－1701－0095738　M606269　子部/宗教類/佛教之屬/諸宗

五重唯識觀注一卷　(唐)釋窺基撰　梅光羲編　民國刻本　一册

330000－1701－0095739　M603442　經部/三禮總義類/名物制度之屬

三禮名物　吴承仕撰　民國十九年(1930)歙縣吴氏鉛印本　一册　存一種

330000－1701－0095740　M606270　子部/宗教類/佛教之屬/諸宗

五重唯識觀注一卷　(唐)釋窺基撰　梅光羲編　民國刻本　一册

330000－1701－0095742　M007669　史部/目録類/總録之屬/私撰

梁飲冰叢帖目録一卷書目目録一卷梁廷燦年譜目一卷　民國抄本　一册

330000－1701－0095744　M603443　子部/藝術類/書畫之屬/法帖

初拓滋蕙堂靈飛經一卷　(唐)鍾紹京書　民國上海有正書局影印本　一册

330000－1701－0095746　M606271　史部/目録類/總録之屬/地方

金陵刻經處書目一卷　金陵刻經處編　民國金陵刻經處刻本　一册

330000－1701－0095747　M603444　史部/傳記類/總傳之屬/家乘

清皇室四譜四卷　唐邦治輯　民國十二年(1923)上海聚珍仿宋印書局鉛印本　二册

330000－1701－0095750　M606272　子部/儒家類/儒學之屬/性理

王陽明先生傳習録集評四卷　(清)孫奇逢等參評　(清)陶潯霍　梁啓超續評　孫鏘輯校　民國三年(1914)上海新學會社鉛印本　二册

330000－1701－0095753　M606273　子部/宗教類/佛教之屬/經疏

彌陀畧解圓中鈔二卷　（明）釋大佑解　（明）釋傳燈鈔　民國二十二年（1933）上海佛學書局影印本　二册

330000－1701－0095755　M606274　子部/宗教類/佛教之屬/經疏
彌陀畧解圓中鈔二卷　（明）釋大佑解　（明）釋傳燈鈔　民國二年（1913）揚州藏經院刻本　二册

330000－1701－0095757　M606275　子部/宗教類/佛教之屬/經疏
彌陀畧解圓中鈔二卷　（明）釋大佑解　（明）釋傳燈鈔　民國二年（1913）揚州藏經院刻本　二册

330000－1701－0095761　M606276　子部/宗教類/佛教之屬/經疏
彌陀畧解圓中鈔二卷　（明）釋大佑解　（明）釋傳燈鈔　民國二年（1913）揚州藏經院刻本　二册

330000－1701－0095775　M606277、M606289　子部/宗教類/佛教之屬/經疏
彌陀畧解圓中鈔二卷　（明）釋大佑解　（明）釋傳燈鈔　民國二年（1913）揚州藏經院刻本　二册

330000－1701－0095776　M606278、M606290　子部/宗教類/佛教之屬/經疏
彌陀畧解圓中鈔二卷　（明）釋大佑解　（明）釋傳燈鈔　民國二年（1913）揚州藏經院刻本　二册

330000－1701－0095778　M603445　史部/傳記類/總傳之屬/斷代
清帝系后妃皇子皇女四考四卷附年表一卷　吳昌綬輯　民國六年（1917）鉛印本　一册

330000－1701－0095781　M603447　經部/春秋總義類/傳說之屬
春秋平議一卷　（清）朱駿聲撰　民國二十五年（1936）華西協合大學哈佛燕京學社鉛印本　一册

330000－1701－0095783　M603448　經部/春秋總義類/傳說之屬
春秋平議一卷　（清）朱駿聲撰　民國二十五年（1936）華西協合大學哈佛燕京學社鉛印本　一册

330000－1701－0095788　M603449　子部/雜著類/雜考之屬
日知錄校記一卷目次校記一卷　黄侃撰　民國二十二年（1933）國立中央大學出版組鉛印本　一册

330000－1701－0095791　M606280　子部/醫家類/方書之屬/單方驗方
串雅内編四卷外編四卷　（清）趙學敏輯　民國三年（1914）上海掃葉山房石印本　一册　存二卷（外編三至四）

330000－1701－0095793　M606281　集部/别集類/宋别集
朱淑真斷腸詩集十卷補遺一卷後集七卷斷腸詞一卷　（宋）朱淑真撰　（宋）鄭元佐注　民國四年（1915）中華圖書館石印本　二册

330000－1701－0095797　M606282　集部/别集類/宋别集
朱淑真斷腸詩集十卷補遺一卷後集七卷斷腸詞一卷　（宋）朱淑真撰　（宋）鄭元佐注　民國四年（1915）中華圖書館石印本　一册　存八卷（後集一至七、斷腸詞）

330000－1701－0095799　M603451　子部/叢編
六子全書　（明）顧春輯　民國三年（1914）右文社據明嘉靖十二年（1533）吳郡顧氏世德堂刻本影印本　二册　存一種

330000－1701－0095801　M606283　子部/宗教類/佛教之屬/諸宗
密教綱要四卷　（日本）釋權田雷斧撰　王弘願譯　民國八年（1919）潮安刻經處刻本　一册　存二卷（一至二）

330000－1701－0095802　M603452　類叢部/叢書類/彙編之屬
抱經樓叢刊五種　沈德壽編　民國十五年至

十六年(1926－1927)慈谿沈氏鉛印本　一册　存一種

330000－1701－0095805　M603453　史部/傳記類/别傳之屬/年譜

陸閏生先生[宗輿]五十自述記一卷附駐日時代交涉案情　陸宗輿撰　民國十四年(1925)北京日報鉛印本　一册

330000－1701－0095806　M606284、M607561　類叢部/叢書類/郡邑之屬

雲南叢書初編一百四十一種二編三十七種　趙藩　陳榮昌等輯　民國雲南叢書處刻本　二册　存一種

330000－1701－0095809　M601184　類叢部/叢書類/彙編之屬

四部叢刊　張元濟等編　民國上海商務印書館影印本　二册　存一種

330000－1701－0095810　M606285　集部/詞類/别集之屬

夢坡詞存二卷　周慶雲撰　民國二十二年(1933)刻藍印本　一册

330000－1701－0095812　M606286　子部/宗教類/佛教之屬/經疏

彌陀畧解圓中鈔二卷　(明)釋大佑解　(明)釋傳燈鈔　民國二年(1913)揚州藏經院刻本　二册

330000－1701－0095813　M606287　子部/宗教類/佛教之屬/經疏

彌陀畧解圓中鈔二卷　(明)釋大佑解　(明)釋傳燈鈔　民國二年(1913)揚州藏經院刻本　二册

330000－1701－0095814　M601185、M601207、M601240、M601488、M601512、M601562　類叢部/叢書類/彙編之屬

四部叢刊　張元濟等編　民國上海商務印書館影印本　六十五册　存六種

330000－1701－0095815　M606288　子部/宗教類/佛教之屬/經疏

彌陀畧解圓中鈔二卷　(明)釋大佑解　(明)釋傳燈鈔　民國二年(1913)揚州藏經院刻本　二册

330000－1701－0095816　M606291　子部/宗教類/佛教之屬/經疏

彌陀畧解圓中鈔二卷　(明)釋大佑解　(明)釋傳燈鈔　民國二年(1913)揚州藏經院刻本　釋懷淨批　一册　存一卷(上)

330000－1701－0095818　M606292　子部/宗教類/佛教之屬/經疏

彌陀畧解圓中鈔二卷　(明)釋大佑解　(明)釋傳燈鈔　民國二十二年(1933)上海佛學書局影印本　二册

330000－1701－0095819　M601187、M601242、M601252、M601267、M601309、M601312、M601316、M601318、M601339、M601388、M601404、M601407、M601426、M601431、M601457、M601554、M601582　類叢部/叢書類/彙編之屬

四部叢刊　張元濟等編　民國上海商務印書館影印本　六十八册　存十七種

330000－1701－0095822　M606293　子部/宗教類/佛教之屬/經疏

彌陀畧解圓中鈔二卷　(明)釋大佑解　(明)釋傳燈鈔　民國二十二年(1933)上海佛學書局影印本　二册

330000－1701－0095823　M606294　子部/宗教類/佛教之屬/經疏

彌陀畧解圓中鈔二卷　(明)釋大佑解　(明)釋傳燈鈔　民國二十二年(1933)上海佛學書局影印本　二册

330000－1701－0095824　M606295　子部/宗教類/佛教之屬/經疏

彌陀畧解圓中鈔二卷　(明)釋大佑解　(明)釋傳燈鈔　民國二十二年(1933)上海佛學書局影印本　一册

330000－1701－0095825　M606296　子部/宗教類/佛教之屬/經疏

彌陀畧解圓中鈔二卷　(明)釋大佑解　(明)

釋傳燈鈔　民國二十二年(1933)上海佛學書局影印本　一冊

330000－1701－0095826　M601188、M601243　類叢部/叢書類/彙編之屬
四部叢刊　張元濟等編　民國上海商務印書館影印本　二冊　存二種

330000－1701－0095827　M603454　史部/目録類
室名索引不分卷　陳乃乾輯　陶毓英編　民國二十二年(1933)海寧陳乃乾共讀樓鉛印本　陶承杏、陳乃乾題記　一冊

330000－1701－0095828　M606297　集部/總集類/題詠之屬
華道人梅序一卷　孫華撰　民國十年(1921)鉛印本　一冊

330000－1701－0095831　M603455　集部/別集類
五言樓詩草初集五卷　唐鼎元撰　**桐花僊館詩草一卷**　錢靖遠撰　民國二十年(1931)鉛印本　一冊　存三卷(一至三)

330000－1701－0095832　M603456　史部/政書類/邦計之屬
浙江省會各業調查錄一卷　浙江省政府秘書處服用國貨研究會編　民國二十三年(1934)油印本　一冊

330000－1701－0095834　M606300　子部/宗教類/佛教之屬
悉曇字記一卷　(唐)釋智廣撰　民國六年(1917)上海倉聖明智大學校石印本　一冊

330000－1701－0095835　M603457、M607129　子部/藝術類/書畫之屬/書法書品
集古求真十三卷首一卷末一卷　歐陽輔纂輯　民國十二年(1923)江西開智書局石印本　七冊　缺一卷(十二)

330000－1701－0095837　M606301　子部/宗教類/佛教之屬/經疏
佛說阿彌陀經要解一卷　(後秦)釋鳩摩羅什譯　(明)釋智旭撰　民國十五年(1926)影印本　一冊

330000－1701－0095839　M603458　子部/雜著類/雜説之屬
梵天廬叢録三十七卷　柴萼撰　民國十五年(1926)上海中華書局石印本　十八冊

330000－1701－0095845　M603459　子部/宗教類/佛教之屬
佛學叢書□□種　丁福保輯　民國上海醫學書局鉛印本暨影印本　一冊　存一種

330000－1701－0095846　M606304　史部/金石類/金之屬/文字
毛公鼎斠釋一卷　張之綱撰　民國二十三年(1934)上海鉛印本　一冊

330000－1701－0095847　M606305　史部/金石類/金之屬/文字
毛公鼎斠釋一卷　張之綱撰　民國二十三年(1934)上海鉛印本　一冊

330000－1701－0095848　M606306　史部/金石類/金之屬/文字
毛公鼎斠釋一卷　張之綱撰　民國二十三年(1934)上海鉛印本　一冊

330000－1701－0095849　M606307　史部/金石類/金之屬/文字
毛公鼎斠釋一卷　張之綱撰　民國二十三年(1934)上海鉛印本　一冊

330000－1701－0095851　M601193　類叢部/叢書類/彙編之屬
四部叢刊　張元濟等編　民國上海商務印書館影印本　六冊　存一種

330000－1701－0095852　M606308　史部/金石類/金之屬/文字
毛公鼎斠釋一卷　張之綱撰　民國二十三年(1934)上海鉛印本　一冊

330000－1701－0095853　M606309　史部/金石類/金之屬/文字
毛公鼎斠釋一卷　張之綱撰　民國二十三年(1934)上海鉛印本　一冊

330000－1701－0095854　M601194　子部/儒家類/儒學之屬/經濟

揚子法言十三卷附音義一卷　(漢)揚雄撰　(晉)李軌注　民國上海商務印書館影印四部叢刊本　哲夫題記　一冊

330000－1701－0095855　M606310　史部/金石類/金之屬/文字

毛公鼎斠釋一卷　張之綱撰　民國二十三年(1934)上海鉛印本　一冊

330000－1701－0095856　M601195、M601566　類叢部/叢書類/彙編之屬

四部叢刊　張元濟等編　民國上海商務印書館影印本　十二冊　存二種

330000－1701－0095857　M606311　史部/金石類/金之屬/文字

毛公鼎斠釋一卷　張之綱撰　民國二十三年(1934)上海鉛印本　一冊

330000－1701－0095858　M601196　類叢部/叢書類/彙編之屬

四部叢刊　張元濟等編　民國上海商務印書館影印本　二冊　存一種

330000－1701－0095861　M606312　史部/金石類/金之屬/文字

毛公鼎斠釋一卷　張之綱撰　民國二十三年(1934)上海鉛印本　一冊

330000－1701－0095863　M601198　類叢部/叢書類/彙編之屬

四部叢刊　張元濟等編　民國上海商務印書館影印本　一冊　存一種

330000－1701－0095864　M606313　史部/金石類/金之屬/文字

毛公鼎斠釋一卷　張之綱撰　民國二十三年(1934)上海鉛印本　一冊

330000－1701－0095865　M601199、M601202、M601212、M601236、M601246、M601256　類叢部/叢書類/彙編之屬

四部叢刊　張元濟等編　民國上海商務印書館影印本　十六冊　存六種

330000－1701－0095866　M606314　史部/金石類/金之屬/文字

毛公鼎斠釋一卷　張之綱撰　民國二十三年(1934)上海鉛印本　一冊

330000－1701－0095868　M606315　史部/金石類/金之屬/文字

毛公鼎斠釋一卷　張之綱撰　民國二十三年(1934)上海鉛印本　一冊

330000－1701－0095870　M606316　史部/金石類/金之屬/文字

毛公鼎斠釋一卷　張之綱撰　民國二十三年(1934)上海鉛印本　一冊

330000－1701－0095873　M606317　子部/宗教類/道教之屬

三聖經靈驗圖註不分卷　民國上海宏大善書局石印本　一冊

330000－1701－0095875　M606318、M607286　類叢部/叢書類/彙編之屬

涉聞梓舊二十五種　(清)蔣光煦輯　民國十三年(1924)上海商務印書館據清海昌蔣氏刻本影印本　二十冊

330000－1701－0095877　M007670　史部/金石類/甲骨之屬/文字

殷虛文字存真第一集考釋一卷　關百益選拓　許敬參考釋　民國二十二年(1933)河南博物館影印本　一冊

330000－1701－0095878　M007671　集部/別集類

孫中山先生致蔣介石手札一卷　民國影印本　一冊

330000－1701－0095880　M608502　集部/別集類

葯園詩草一卷　王仁溥撰　民國十八年(1929)鉛印本　一冊

330000－1701－0095881　M608503　集部/別集類

南歸集一卷　張翥撰　民國十三年(1924)鉛印本　一冊

330000－1701－0095882　M007672　子部/藝術類/書畫之屬/畫譜
木刻紀程第一期一卷　民國三十四年(1945)鐵木藝術社鉛印本　一册

330000－1701－0095883　M608504　集部/别集類
南歸集一卷　張翥撰　民國十三年(1924)鉛印本　一册

330000－1701－0095884　M007673　史部/地理類/方志之屬
苗族圖譜一卷　民國影印本　一册

330000－1701－0095885　M608505　史部/地理類/方志之屬/郡縣志
[民國]廣德縣志稿五十九卷首一卷末一卷　錢文選編　民國三十七年(1948)鉛印本　一册

330000－1701－0095886　M606319　史部/傳記類/别傳之屬/事狀
陶廬伉儷五十壽言不分卷　朱榮溥等輯　民國八年(1919)上海聚珍倣宋印書局鉛印本　一册

330000－1701－0095887　M608506　集部/别集類
一山文存十二卷　章梫撰　民國七年(1918)吴興劉氏嘉業堂刻本　四册

330000－1701－0095889　M608507　集部/别集類
何詩孫手書詩稿四卷　何維樸撰並書　民國十四年(1925)鹿川閣影印本　二册

330000－1701－0095892　M608508　集部/别集類
何詩孫手書詩稿四卷　何維樸撰並書　民國十四年(1925)鹿川閣影印本　一册　存二卷(三至四)

330000－1701－0095893　M606320、M606903　史部/地理類/方志之屬/通志
[民國]重修浙江通志初稿不分卷　浙江通志館修　余紹宋等纂　民國三十七年(1948)鉛印本　二册

330000－1701－0095896　M608509　集部/别集類
白石山房詩鈔三卷補遺一卷　張宗江撰　民國八年(1919)鉛印本　一册

330000－1701－0095897　M606321、M606862　史部/目録類/總録之屬/官修
諸暨圖書館目錄初編八卷首一卷　樓藜然編　民國九年(1920)石印本　四册

330000－1701－0095898　M608510　集部/别集類
白石山房詩鈔三卷補遺一卷　張宗江撰　民國八年(1919)鉛印本　一册

330000－1701－0095899　M608511　集部/别集類
白石山房詩鈔三卷補遺一卷　張宗江撰　民國八年(1919)鉛印本　一册

330000－1701－0095907　M608512　集部/别集類
白石山房詩鈔三卷補遺一卷　張宗江撰　民國八年(1919)鉛印本　一册

330000－1701－0095908　M608513　集部/别集類
白石山房詩鈔三卷補遺一卷　張宗江撰　民國八年(1919)鉛印本　一册

330000－1701－0095909　M007691　類叢部/叢書類/彙編之屬
四部備要　中華書局編　民國二十五年(1936)上海中華書局鉛印本　八册　存一種

330000－1701－0095910　M608514　集部/别集類
白石山房詩鈔三卷補遺一卷　張宗江撰　民國八年(1919)鉛印本　一册

330000－1701－0095911　M608515　集部/别集類
白石山房詩鈔三卷補遺一卷　張宗江撰　民國八年(1919)鉛印本　一册

330000－1701－0095912　M601201　類叢部/叢書類/彙編之屬
四部叢刊　張元濟等編　民國上海商務印書館影印本　一冊　存一種

330000－1701－0095913　M608516　集部/別集類
白石山房詩鈔三卷補遺一卷　張宗江撰　民國八年(1919)鉛印本　一冊

330000－1701－0095915　M608517　集部/別集類
鶴影留痕集一卷　汪嶔撰　民國鉛印本　一冊

330000－1701－0095916　M608518　類叢部/叢書類/家集之屬
武林丁氏家集十三種　丁立誠　丁立中撰　民國錢塘丁氏嘉惠堂鉛印本　一冊　存一種

330000－1701－0095919　M608519　集部/別集類/唐五代別集
少陵詩鈔一卷　(唐)杜甫撰　(清)顧廷綸編　民國十六年(1927)科學儀器館據顧氏手抄本影印本　一冊

330000－1701－0095921　M608520　史部/地理類/雜志之屬
園林春色一卷　任桐撰　民國十七年(1928)鉛印本　一冊

330000－1701－0095925　M007674　子部/宗教類/佛教之屬/經咒
白衣大士神咒一卷附靈異一卷　民國北平中央刻經院鉛印本　一冊

330000－1701－0095928　M601203、M601329、M601331　類叢部/叢書類/彙編之屬
四部叢刊　張元濟等編　民國上海商務印書館影印本　八冊　存三種

330000－1701－0095930　M608522　史部/傳記類/總傳之屬/通代
中國藏書家攷略不分卷　楊立誠　金步瀛編　民國十八年(1929)浙江省立圖書館鉛印本　一冊

330000－1701－0095931　M608523　史部/傳記類/總傳之屬/通代
中國藏書家攷略不分卷　楊立誠　金步瀛編　民國十八年(1929)浙江省立圖書館鉛印本　一冊

330000－1701－0095932　M007675　子部/藝術類/遊藝之屬/博戲
牙牌靈數一卷　民國六年(1917)石印本　一冊

330000－1701－0095935　M606324　類叢部/叢書類/彙編之屬
選印宛委別藏四十種　故宮博物院編　民國二十四年(1935)上海商務印書館影印本　二冊　存一種

330000－1701－0095937　M603460　類叢部/叢書類/郡邑之屬
續金華叢書六十種　胡宗楙編　民國十三年(1924)永康胡氏夢選樓刻本　二冊　存一種

330000－1701－0095938　M608524　史部/傳記類/總傳之屬/通代
中國藏書家攷略不分卷　楊立誠　金步瀛編　民國十八年(1929)浙江省立圖書館鉛印本　一冊

330000－1701－0095942　M608525　類叢部/叢書類/自著之屬
章氏叢書十三種　章炳麟撰　民國六年至八年(1917－1919)浙江圖書館刻本　二冊　存一種

330000－1701－0095946　M603461　類叢部/叢書類/郡邑之屬
續金華叢書六十種　胡宗楙編　民國十三年(1924)永康胡氏夢選樓刻本　二冊　存一種

330000－1701－0095947　M603462　類叢部/叢書類/郡邑之屬
續金華叢書六十種　胡宗楙編　民國十三年(1924)永康胡氏夢選樓刻本　二冊　存一種

330000－1701－0095949　M603463　類叢部/叢書類/郡邑之屬

續金華叢書六十種　胡宗楙編　民國十三年(1924)永康胡氏夢選樓刻本　二册　存一種

330000－1701－0095950　M603464　類叢部/叢書類/郡邑之屬

續金華叢書六十種　胡宗楙編　民國十三年(1924)永康胡氏夢選樓刻本　二册　存一種

330000－1701－0095951　M007677　經部/小學類/文字之屬/說文

說文粹三編三卷　朱孔彰撰　民國石印本　一册　存一卷(上)

330000－1701－0095952　M603465　類叢部/叢書類/郡邑之屬

續金華叢書六十種　胡宗楙編　民國十三年(1924)永康胡氏夢選樓刻本　二册　存一種

330000－1701－0095955　M606328　集部/總集類/選集之屬/通代

評校音注古文辭類纂七十四卷　(清)姚鼐輯　王文濡校注　民國十九年(1930)上海文明書局鉛印本　五册　存三十六卷(一至三十六)

330000－1701－0095956　M606329　子部/藝術類/書畫之屬/法帖

草字彙十二卷附補　(清)石梁輯　民國十年(1921)上海掃葉山房石印本　一册　存二卷(申、酉)

330000－1701－0095958　M601217、M601336　類叢部/叢書類/彙編之屬

四部叢刊　張元濟等編　民國上海商務印書館影印本　二册　存二種

330000－1701－0095959　M601219　類叢部/叢書類/彙編之屬

四部叢刊　張元濟等編　民國上海商務印書館影印本　二册　存一種

330000－1701－0095960　M601221　類叢部/叢書類/彙編之屬

四部叢刊　張元濟等編　民國上海商務印書館影印本　二册　存一種

330000－1701－0095962　M606330、M606420　集部/總集類/彙編之屬

當代八家文鈔　胡君復輯　民國十四年(1925)中國圖書公司和記鉛印本　七册　存三種

330000－1701－0095964　M606331　子部/藝術類/書畫之屬/畫譜

馬駘畫寶十五種二十四卷　馬駘繪　民國十七年(1928)世界書局石印本　二册　存二種

330000－1701－0095965　M608526　類叢部/叢書類/自著之屬

樊諫議集七家注五種附一種　(唐)樊宗師撰　樊鎮輯　民國紹興樊氏緜絳書屋刻本　一册　存一種

330000－1701－0095967　M603466　史部/目録類

室名索引不分卷　陳乃乾輯　陶毓英編　民國二十二年(1933)海寧陳乃乾共讀樓鉛印本　一册

330000－1701－0095968　M608527　類叢部/叢書類/郡邑之屬

雲南叢書初編一百四十一種二編三十七種　趙藩　陳榮昌等輯　民國雲南叢書處刻本　一册　存一種

330000－1701－0095969　M608528　史部/地理類/雜志之屬

金陵古今圖攷一卷　(明)陳沂撰　民國十八年(1929)中社影印本　一册

330000－1701－0095971　M608529　史部/地理類/雜志之屬

金陵古今圖攷一卷　(明)陳沂撰　民國十八年(1929)中社影印本　顧天樞題記　一册

330000－1701－0095973　M608530　集部/別集類

竹間唫榭集十卷　徐行恭撰　民國十八年(1929)杭州刻本　四册

330000－1701－0095979　M608531　子部/藝術類/書畫之屬/法帖

當代名人書林不分卷　樊增祥等書　王春渠輯　民國二十一年(1932)影印本　一冊

330000－1701－0095984　M608532　集部/別集類/清別集

明秋館選課一卷古今體詩存一卷詞賸一卷附曲兩齣　(清)裘凌仙撰　民國三年(1914)鉛印本　一冊　存一卷(選課)

330000－1701－0095992　M608533　史部/叢編

國立北平研究院史學研究會文字史料叢編　民國二十五年(1936)國立北平研究院總辦事處出版課影印本　一冊　存一種

330000－1701－0095995　M608534　子部/藝術類/書畫之屬/畫譜

陳玉几花卉冊一卷　(清)陳撰繪　民國十八年(1929)上海商務印書館影印本　一冊

330000－1701－0095997　M606343　史部/政書類/公牘檔冊之屬

靈巖山篤修淨土道場啟建大殿記一卷　釋印光撰　許止淨書　民國二十四年(1935)石印本　一冊

330000－1701－0095999　M608535　史部/金石類/石之屬/文字

漢熹平石經不分卷　阿維越輯　民國二十年(1931)上海神州國光社影印本　一冊

330000－1701－0096001　M601229、M601231、M601235、M601261、M601263、M601264、M601268、M601271、M607377　類叢部/叢書類/彙編之屬

四部叢刊　張元濟等編　民國上海商務印書館影印本　二十七冊　存七種

330000－1701－0096002　M608536　史部/金石類/石之屬/文字

唐拓全石唐順陵碑孤本一卷　(唐)武三思撰　(唐)睿宗李旦書　高愚鑽藏　民國九年(1920)上海中華書局影印本　四冊

330000－1701－0096003　M606336　子部/雜著類

先正淺顯格言一卷　董賢化編輯　民國二十五年(1936)鉛印本　一冊

330000－1701－0096004　M007679、M008071　集部/總集類/尺牘之屬

玉茗堂尺牘六卷　(明)湯顯祖撰　(明)沈際飛選　民國有正書局鉛印本　二冊

330000－1701－0096006　M603109、M606383　子部/宗教類/佛教之屬/大藏

影印宋磧砂藏經六千三百六十二卷附首冊二卷　影印宋版藏經會輯　民國二十五年(1936)上海影印宋版藏經會鉛印本　五百九十三冊

330000－1701－0096007　M601233　子部/術數類/占卜之屬

易林十六卷　(漢)焦贛撰　民國上海商務印書館影印四部叢刊本　程耿題記　十六冊

330000－1701－0096008　M603467　集部/別集類/宋別集

朱淑真斷腸詩集十卷補遺一卷後集七卷斷腸詞一卷　(宋)朱淑真撰　(宋)鄭元佐注　民國四年(1915)中華圖書館石印本　二冊

330000－1701－0096009　M606337、M607546、M607550　類叢部/叢書類/彙編之屬

四部叢刊　張元濟等編　民國上海商務印書館影印本　五冊　存二種

330000－1701－0096011　M007680　集部/總集類/選集之屬/斷代

千首宋人絕句十卷　(清)嚴長明輯　民國二十三年(1934)上海商務印書館鉛印本　二冊

330000－1701－0096012　M608537　集部/別集類

庸謹堂詩鈔二卷　唐詠裳撰　民國十七年(1928)鉛印本　一冊

330000－1701－0096016　M606338　子部/宗教類/佛教之屬/經

佛說千手千眼觀世音菩薩廣大圓滿無礙大悲心陀羅尼經一卷　(唐)釋伽梵達磨譯　民國十一年(1922)江陵鄧氏石印本　一冊

330000－1701－0096018　M007681　子部/小說家類/雜事之屬

小家語四卷　（清）海上漠鴻氏隨筆　民國交通圖書館石印本　一册　存二卷（三至四）

330000－1701－0096020　M603468　類叢部/叢書類/郡邑之屬

遼海叢書八十種附一種　金毓黻編　民國二十年至二十三年（1931－1934）遼海書社鉛印本（［康熙］廣寧縣志卷七至八原缺）　一册　存二種

330000－1701－0096021　M606339　子部/宗教類/佛教之屬

根本論一卷　（暹羅）釋安慧撰　李天鐸注　民國十四年（1925）杭州明德道場鉛印本　一册

330000－1701－0096023　M606340　子部/藝術類/遊藝之屬/聯語

宋詞集聯一卷　趙祖望撰　民國二十年（1931）上海西泠印社影印本　一册

330000－1701－0096024　M007682　史部/政書類/律令之屬/判牘

清朝名吏判牘　民國上海東亞書局鉛印本　一册　存一種

330000－1701－0096025　M606341　子部/宗教類/佛教之屬/經

金光明最勝王經十卷附藏文漢文日文英文陀羅尼四種四卷　（唐）釋義浄譯　民國十四年（1925）杭州金光明法會鉛印本　二册

330000－1701－0096026　M606342　史部/地理類/專志之屬/祠墓

社祭私約一卷祭祀儀節一卷落成祝文一卷常祭祝文一卷柬邀襄禮一卷　民國刻本　一册

330000－1701－0096027　M608538　集部/别集類

蔚岑遺稿四卷　劉蔚岑撰　民國二十一年（1932）鉛印本　一册

330000－1701－0096028　M608539　集部/總集類/氏族之屬

某石軒集四卷　林芝蔚編　民國十六年（1927）鉛印本　一册

330000－1701－0096029　M007683　子部/醫家類/傷寒金匱之屬/金匱要略

金匱學講義一卷金匱要略講義一卷　何公旦編　民國鉛印本　一册

330000－1701－0096030　M606344　子部/儒家類/儒學之屬/性理

昌儒醒世鏡正編一卷前編一卷附編一卷　（明）王守仁撰　民國十二年（1923）杭州停雲軒鉛印本　一册

330000－1701－0096031　M007998　新學/議論/通論

閻伯川先生言論輯要不分卷　太原綏靖公署辦公處輯　民國二十六年（1937）鉛印本　七册

330000－1701－0096032　M603469　類叢部/叢書類/郡邑之屬

續金華叢書六十種　胡宗楙編　民國十三年（1924）永康胡氏夢選樓刻本　二册　存一種

330000－1701－0096034　M608540　集部/總集類/酬唱之屬

同聲集二卷附録一卷自集一卷　徐致青輯　民國八年（1919）同安石印本　一册　存二卷（上下）

330000－1701－0096036　M606345　史部/金石類/甲骨之屬/通考

甲骨書録解題五卷附録二卷甲骨論文解題三卷附録一卷甲骨學論著索引一卷　邵子風撰　民國二十四年（1935）上海商務印書館石印本　一册

330000－1701－0096037　M608541　集部/總集類/酬唱之屬

同聲集二卷附録一卷自集一卷　徐致青輯　民國八年（1919）同安石印本　一册　存二卷（上下）

330000－1701－0096039　M602487、M603470　集部/别集類

綠陰山房詩稿四卷　臧槐撰　民國十六年(1927)木活字印本　四册

330000－1701－0096041　M608542　集部/别集類
白石山房詩鈔三卷補遺一卷　張宗江撰　民國八年(1919)鉛印本　一册

330000－1701－0096042　M603471　經部/春秋總義類/文字音義之屬
春秋三家異文覈一卷　(清)朱駿聲撰　民國二十五年(1936)成都華西協合大學哈佛燕京學社鉛印本　一册

330000－1701－0096043　M606346　子部/儒家類/儒學之屬/俗訓
格言合璧不分卷附三聖經　(清)金纓輯　民國十七年(1928)鉛印本　一册

330000－1701－0096045　M603472　集部/别集類/清别集
春在堂隨筆十卷小浮梅閒話一卷　(清)俞樾撰　民國元年(1912)國華書局石印本　四册

330000－1701－0096047　M608543　集部/别集類
白石山房詩鈔三卷補遺一卷　張宗江撰　民國八年(1919)鉛印本　一册

330000－1701－0096048　M606347　集部/别集類
曉齋詩稿一卷文稿一卷隨筆一卷　王壽昌撰　**喬倩詩詞一卷**　王邁撰　民國二十五年(1936)古閩王氏影印本　鄭孝胥題記　一册

330000－1701－0096049　M608544　集部/别集類
白石山房詩鈔三卷補遺一卷　張宗江撰　民國八年(1919)鉛印本　一册

330000－1701－0096051　M606348　史部/金石類/陶之屬/文字
陶鉩文字合譜一卷　民國十九年(1930)上海神州國光社影印本　一册

330000－1701－0096052　M603473、M610287　集部/總集類/選集之屬/斷代
感舊集十六卷　(清)王士禛選　(清)盧見曾補傳　民國八年(1919)上海有正書局石印本　八册

330000－1701－0096056　M606349　子部/藝術類/書畫之屬/畫録
毘陵畫徵錄二卷補遺一卷　李寶凱輯　民國二十二年(1933)鉛印本　一册

330000－1701－0096057　M608545　史部/地理類/山川之屬/山志
靈峰志四卷補遺一卷　周慶雲輯　民國元年(1912)周慶雲夢坡室刻本　二册

330000－1701－0096059　M603510　史部/傳記類/别傳之屬/事狀
蘄水湯先生[化龍]遺念錄一卷　民國八年(1919)鉛印本　一册

330000－1701－0096060　M606350　史部/政書類/考工之屬/營造
營造法式三十四卷看詳一卷附錄一卷　(宋)李誡撰　民國十四年(1925)武進陶氏刻本　八册

330000－1701－0096061　M608547　史部/地理類/山川之屬/山志
靈峰志四卷補遺一卷　周慶雲輯　民國元年(1912)周慶雲夢坡室刻本　周湘舲題記　二册

330000－1701－0096065　M606351　集部/曲類
曲苑十四種三十一卷　陳乃乾輯　民國十年(1921)海寧陳氏影印本　二册　存一種

330000－1701－0096067　M608548　史部/地理類/山川之屬/山志
靈峰志四卷補遺一卷　周慶雲輯　民國元年(1912)周慶雲夢坡室刻本　二册

330000－1701－0096068　M606352　集部/戲劇類/傳奇之屬
笠翁傳奇十種二十卷　(清)李漁撰　民國上海校經成記石印本　四册　存四種

330000－1701－0096069　M601827、M604587　子部/藝術類
美術叢書初集二集三集四集二百七十九種　鄧實輯　黃賓虹續輯　民國二十五年(1936)上海神州國光社鉛印本　一百十四冊　存二百二十三種

330000－1701－0096070　M608549　集部/別集類/清別集
幸草亭詩鈔二卷　(清)楊文瑩撰　民國八年(1919)錢塘楊氏勖采堂鉛印本　二冊

330000－1701－0096071　M608550　集部/別集類/清別集
幸草亭詩鈔二卷　(清)楊文瑩撰　民國八年(1919)錢塘楊氏勖采堂鉛印本　二冊

330000－1701－0096073　M606353　子部/宗教類/佛教之屬
安樂妙寶一卷　金弘恕編輯　民國二十八年(1939)上海佛學書局鉛印本　一冊

330000－1701－0096075　M603102　類叢部/叢書類/彙編之屬
說庫一百七十種　王文濡編　民國四年(1915)上海文明書局石印本(浮生六記卷五至六原缺)　四十冊　存一百二十九種

330000－1701－0096077　M606355　子部/宗教類/佛教之屬
金剛般若波羅密經分段貫釋一卷　(後秦)釋鳩摩羅什譯　王驤陸釋　**般若波羅密多心經分段貫釋一卷**　(唐)釋玄奘譯　王驤陸釋　民國二十七年(1938)天津印心精舍鉛印本　一冊

330000－1701－0096078　M601828、M601956　類叢部/叢書類/彙編之屬
漢魏叢書三十八種　(明)程榮輯　民國十四年(1925)上海商務印書館據明萬曆程氏刻本影印本　二十一冊　存二十六種

330000－1701－0096079　G608394、G610228　集部/別集類/明別集
龍谿王先生全集二十卷大象義述一卷附錄一卷　(明)王畿撰　(明)丁賓編　民國上海明善書局石印本　三冊　存十四卷(一至十四)

330000－1701－0096081　M606356　子部/宗教類/道教之屬
老子考證一卷　湯仰暉撰　民國二十八年(1939)鉛印本　一冊

330000－1701－0096083　M606357　子部/宗教類/佛教之屬
宗喀巴大師顯密修行次第科頌一卷　釋能海輯　**菩提道次第攝修求加持頌一卷**　民國刻本　一冊

330000－1701－0096087　M606358　集部/詞類/別集之屬
半櫻詞二卷　林鵾翔撰　民國十六年(1927)鉛印本　一冊

330000－1701－0096088　M606359　集部/詞類/別集之屬
半櫻詞二卷　林鵾翔撰　民國十六年(1927)鉛印本　一冊

330000－1701－0096095　M606362　類叢部/叢書類/自著之屬
遯廬叢書八種　余重耀撰　民國鉛印本　二冊　存二種

330000－1701－0096096　M606363　史部/地理類/山川之屬/山志
西天目祖山志八卷首一卷末一卷補遺一卷　(明)釋廣賓撰　(清)釋際界增訂　民國二十年(1931)上海宏大善書局石印本　二冊

330000－1701－0096097　M007687　子部/醫家類/内科之屬
雜症學講義二卷金匱學講義□□卷　馬湯楹編　民國鉛印本　一冊　存三卷(一至二、金匱學講義二)

330000－1701－0096100　M007685　子部/醫家類/傷寒金匱之屬/傷寒論
傷寒學講義七卷　王仲香編　民國鉛印本　一冊　存二卷(一至二)

330000－1701－0096101　M603103　集部/别集類/唐五代别集
韓集箋正五卷昌黎先生詩文年譜一卷　（清）方成珪撰　民國十五年(1926)瑞安陳氏湫漻齋鉛印本　二册　存二卷(三、昌黎先生詩文年譜)

330000－1701－0096103　M007686　子部/醫家類/傷寒金匱之屬/金匱要略
金匱要略講義□□卷　孫祖燧　李芷洲編　民國鉛印本　一册　存二卷(一至二)

330000－1701－0096105　M603104　類叢部/叢書類/自著之屬
舜水遺書四種附録一卷　(明)朱之瑜撰　民國二年(1913)山陰湯壽潛鉛印本　十二册

330000－1701－0096108　M606364　史部/地理類/山川之屬/山志
西天目祖山志八卷首一卷末一卷補遺一卷　(明)釋廣賓撰　(清)釋際界增訂　民國二十年(1931)上海宏大善書局石印本　二册

330000－1701－0096109　M603105　類叢部/叢書類/彙編之屬
蘭雪堂叢書　民國二十二年(1933)浙江印刷公司鉛印本　二册　存一種

330000－1701－0096112　M606365　經部/叢編
十三經讀本　唐文治輯　民國十三年(1924)吴江施肇曾醒園刻本　一册　存一種

330000－1701－0096114　M007688　新學/醫學
病理學講義□□卷　馬湯楹　陸無病　李芷洲編　民國鉛印本　二册　存二卷(二至三)

330000－1701－0096115　M606366　子部/藝術類/篆刻之屬/印譜
吴倉石印譜不分卷　吴昌碩篆　民國有正書局鈐拓本　四册

330000－1701－0096116　M603106　史部/傳記類/日記之屬
越縵堂日記不分卷(清同治二年四月朔至光緒十五年七月初十)　(清)李慈銘撰　民國九年(1920)北京浙江公會影印本　五十一册

330000－1701－0096118　M601829　史部/紀傳類/正史之屬
百衲本二十四史　張元濟輯　民國上海商務印書館影印本　八百二十册

330000－1701－0096119　M007689　子部/宗教類/其他宗教之屬/其他
宗教天演合論一卷　(英國)季理斐撰　張純一編　民國十二年(1923)上海廣學會鉛印本　一册

330000－1701－0096120　M606367　經部/群經總義類/石經之屬
漢熹平石經殘字集録補遺一卷　羅振玉輯　民國二十年(1931)石印本　一册

330000－1701－0096122　M603107　史部/傳記類/日記之屬
越縵堂日記補不分卷(清咸豐四年三月十四日至同治二年三月三十日)　(清)李慈銘撰　民國二十五年(1936)上海商務印書館影印本　十三册

330000－1701－0096123　M603108　史部/傳記類/日記之屬
越縵堂日記補不分卷(清咸豐四年三月十四日至同治二年三月三十日)　(清)李慈銘撰　民國二十五年(1936)上海商務印書館影印本　十三册

330000－1701－0096129　M007690　子部/宗教類/道教之屬
樂育堂語録四卷　(清)黄元吉講　民國八年(1919)鉛印本　一册

330000－1701－0096130　M603474　經部/叢編
錢氏四種　(清)錢坫撰　民國中國書店據清嘉慶擁萬堂本影印本　三册　存二種

330000－1701－0096131　M603475　經部/叢編
錢氏四種　(清)錢坫撰　民國中國書店據清

嘉慶擁萬堂本影印本　三冊　存二種

330000－1701－0096133　M606370　子部/宗教類/佛教之屬/經咒
大悲懺儀合節一卷　民國九年(1920)浙杭西湖慧空經房刻本　一冊

330000－1701－0096134　M007693　集部/曲類/散曲之屬
菉猗曲定二卷　姚華撰　民國三十六年(1947)貴陽文通書局鉛印本　一冊

330000－1701－0096136　M603476　經部/小學類/音韻之屬/等韻
四聲切韻表三卷首一卷末一卷　(清)江永撰　(清)汪曰楨補正　民國二十二年(1933)大東書局據清光緒三年(1877)會稽學社刻本影印本　二冊

330000－1701－0096138　M606371、M606417、M606615　史部/金石類/總志之屬
顧氏金石輿地叢書第一集八種　顧燮光編　民國十八年(1929)會稽顧氏金佳石好樓鉛印本暨石印本　三冊　存三種

330000－1701－0096139　M007830　子部/醫家類/醫案之屬
九峯醫案不分卷　(清)王九峯撰　民國抄本　一冊

330000－1701－0096140　M603477　子部/雜著類/雜考之屬
古書疑義舉例七卷　(清)俞樾撰　民國十四年(1925)上海古書流通處影印本　三冊

330000－1701－0096141　M606372　集部/別集類
彈山詩槀一卷　屈爔撰　民國二十九年(1940)鉛印本　一冊

330000－1701－0096143　M007694　集部/別集類/清別集
小倉山房詩集三十七卷補遺二卷　(清)袁枚撰　民國石印本　一冊　存四卷(二十四至二十七)

330000－1701－0096144　M608546　史部/地理類/山川之屬/山志
靈峰志四卷補遺一卷　周慶雲輯　民國元年(1912)周慶雲夢坡室刻本　二冊

330000－1701－0096145　M602855、M602856、M606373　史部/雜史類/斷代之屬
國難叢書第一輯　民國二十六年(1937)軍事新聞社出版部鉛印本　三冊　存三種

330000－1701－0096146　M603478　子部/雜著類/雜考之屬
古書疑義舉例七卷　(清)俞樾撰　民國十四年(1925)上海古書流通處影印本　三冊

330000－1701－0096148　M606374　集部/別集類
望雲樓詩稿一卷續編一卷　褚成婉撰　民國二年(1913)石印本　一冊

330000－1701－0096149　M603479　類叢部/叢書類/彙編之屬
涵芬樓祕笈五十一種　孫毓修等輯　民國五年至十五年(1916－1926)上海商務印書館影印本暨鉛印本　一冊　存一種

330000－1701－0096151　M606375　史部/傳記類/別傳之屬/墓誌
清故湖南提學使吴府君[慶坻]墓志銘一卷　姚詒慶撰　**吴母花夫人傳一卷**　周雲撰　民國鉛印本　一冊

330000－1701－0096152　M007831　集部/詞類/別集之屬
復堂詞一卷　(清)譚獻撰　**憂畏軒遺稿一卷**　(清)姚啟聖撰　**寄生草一卷**　(清)姚夫人沈氏撰　民國俞奇曾抄本　一冊

330000－1701－0096153　M606376　集部/別集類
寄傲盦遺集三卷　黃壽曾撰　民國十九年(1930)鉛印本　一冊

330000－1701－0096155　M007696　新學/動植物學/動物學
動物淺說□□卷　民國三年(1914)上海廣學

會鉛印本　一册　存一卷(一)

330000－1701－0096157　M606377　史部/地理類/專志之屬

西泠印社志稿六卷附編一卷　孫志敏　秦康祥編　民國三十六年(1947)油印本　一册

330000－1701－0096159　M603481　史部/叢編

述窠雜纂　黄任恆撰　民國十四年(1925)南海黄氏鉛印本　二册　存一種

330000－1701－0096160　M007697　集部/別集類/唐五代別集

李義山詩集十六卷　(唐)李商隱撰　(清)姚培謙箋　民國七年(1918)中華書局據清乾隆松桂讀書堂刻本影印本　四册

330000－1701－0096161　M606378　類叢部/叢書類/郡邑之屬

仙居叢書第一集十二種　李鏡渠編　民國二十四年(1935)鉛印本　一册　存一種

330000－1701－0096162　M603482　經部/春秋總義類/傳說之屬

春秋平議一卷　(清)朱駿聲撰　民國二十五年(1936)華西協合大學哈佛燕京學社鉛印本　一册

330000－1701－0096165　M606379　集部/別集類

龐檗子遺集二卷　龐樹柏撰　民國六年(1917)王蘊章等鉛印本　一册

330000－1701－0096166　M007698　史部/目録類/總録之屬/官修

江蘇省立蘇州圖書館印行所發售木刻圖書目録一卷　江蘇省立蘇州圖書館編　民國二十四年(1935)江蘇省立蘇州圖書館鉛印本　一册

330000－1701－0096167　M007832　集部/別集類/清別集

雙佗綺語一卷　(清)陶方琦撰　**坿李越縵詞二首一卷**　(清)李慈銘撰　民國二十一年(1932)俞奇曾抄本　一册

330000－1701－0096169　M606380　子部/宗教類/佛教之屬/經疏

楞伽阿跋多羅寶經合轍四卷　(明)釋通潤撰　民國上海佛學書局鉛印本　四册

330000－1701－0096172　M602763、M606381　類叢部/叢書類/自著之屬

香雪崦叢書四種　(清)平步青撰　民國六年至十四年(1917－1925)刻本暨鉛印本　六册　存一種

330000－1701－0096173　M007699　子部/醫家類/醫話醫論之屬

秦氏同門二集一卷　秦氏同門會編　民國二十四年(1935)上海秦氏同門會鉛印本　一册

330000－1701－0096174　M007833　子部/術數類/命書相書之屬

運轉鴻鈞一卷祖武克繩一卷　許德和　吳廷霄推評　稿本　一册

330000－1701－0096176　M606382　史部/地理類/山川之屬/山志

雲棲志十卷首一卷　項士元纂　民國二十三年(1934)新光印書館鉛印本　一册　缺五卷(六至十)

330000－1701－0096178　M007700　集部/詩文評類/文法之屬

初學論說文範四卷　邵伯棠撰　民國四年(1915)上海會文堂石印本　二册　存二卷(一至二)

330000－1701－0096180　M603483　類叢部/叢書類/彙編之屬

華西協合大學國學叢書　民國成都華西協合大學哈佛燕京學社鉛印本　三册　存一種

330000－1701－0096181　M007834　集部/別集類

大可詩存二卷　俞奇曾撰　民國二十四年(1935)稿本　一册

330000－1701－0096185　M603484　類叢部/叢書類/彙編之屬

華西協合大學國學叢書　民國成都華西協合

大學哈佛燕京學社鉛印本　三冊　存一種

330000－1701－0096188　M007702　史部/目録類/總録之屬/私撰

掃葉山房書目四卷　掃葉山房主人編　民國上海掃葉山房石印本　一冊

330000－1701－0096190　M608551　史部/傳記類/日記之屬

越縵堂日記補不分卷(清咸豐四年三月十四日至同治二年三月三十日)　(清)李慈銘撰　民國二十五年(1936)上海商務印書館影印本　十三冊

330000－1701－0096194　M603485　史部/傳記類/别傳之屬/年譜

韓湘巖先生[錫胙]年譜二卷附錄一卷　劉耀東纂　民國三十六年(1947)啟後亭鉛印本　一冊

330000－1701－0096196　M007835　集部/别集類

招隱山房雜著不分卷　戴啟文撰　稿本　一冊

330000－1701－0096198　M603486　集部/總集類/酬唱之屬

鷗隱廬詠壽彙刊不分卷　湯壽潛等撰　民國石印本　一冊

330000－1701－0096201　M608552　史部/地理類/方志之屬/郡縣志

[民國]重輯張堰志十二卷首一卷末一卷　姚裕廉　范炳垣纂修　民國九年(1920)金山姚氏松韻草堂鉛印本　二冊

330000－1701－0096206　M603101　類叢部/叢書類/彙編之屬

四部叢刊續編七十七種　張元濟等編　民國二十三年(1934)上海商務印書館影印本　一百六十八冊　存一種

330000－1701－0096207　M608553　類叢部/叢書類/自著之屬

勱堂遺書八種　顧家相撰　民國八年至十九年(1919－1930)會稽顧氏鉛印本　一冊　存一種

330000－1701－0096208　G007332、M007836、G008347　子部/雜著類/雜纂之屬

談古錄不分卷　稿本　三冊

330000－1701－0096209　M608554　類叢部/叢書類/自著之屬

勱堂遺書八種　顧家相撰　民國八年至十九年(1919－1930)會稽顧氏鉛印本　一冊　存一種

330000－1701－0096212　M603487　子部/藝術類/篆刻之屬/印譜

伏廬選藏鉢印彙存不分卷　陳漢第藏並輯　民國二十九年(1940)上海西泠印社石印本　三冊

330000－1701－0096215　M007837　子部/醫家類/外科之屬

瘍科合參不分卷　民國抄本　一冊

330000－1701－0096217　M608555　集部/總集類/酬唱之屬

百日酬唱錄二卷　林襟宇編　民國三年(1914)永嘉林氏刻本　一冊

330000－1701－0096218　G006733　集部/别集類/清别集

西湖百詠一卷　(清)鄭曰敬撰　民國九年(1920)木活字印本　一冊

330000－1701－0096220　M603488　子部/藝術類/書畫之屬

金拓蜀先主廟碑不分卷　(金)王庭筠撰書篆　民國有正書局影印本　一冊

330000－1701－0096224　M603489　子部/宗教類/佛教之屬/論疏

十二門論義記科會一卷　釋幻修講　張元成錄　民國九年(1920)鉛印本　一冊

330000－1701－0096225　M603490　子部/宗教類/佛教之屬/論疏

十二門論義記科會一卷　釋幻修講　張元成錄　民國九年(1920)鉛印本　一冊

330000－1701－0096228　M608556　類叢部/叢書類/郡邑之屬

湖北先正遺書七十二種七百二十七卷　盧靖編　民國十二年(1923)沔陽盧氏慎始基齋影印本　一册　存一種

330000－1701－0096232　M007704、M008257　子部/小說家類/雜事之屬

我佛山人筆記四種四卷　(清)吳研人撰　民國四年(1915)瑞華書局石印本　三册　存三卷(二至四)

330000－1701－0096233　M007706　集部/别集類/宋别集

教科適用蘇詩精華一卷　(宋)蘇軾撰　民國上海中華書局鉛印本　一册

330000－1701－0096236　M007999　子部/宗教類/佛教之屬/經疏

般若波羅蜜多心經幽贊二卷　(唐)釋窺基撰　民國五年(1916)金陵刻經處刻本　一册

330000－1701－0096238　M606384　子部/叢編

清代筆記叢刊樣本不分卷　民國二十四年(1935)上海文明書局石印本　一册

330000－1701－0096240　M007707　類叢部/叢書類/彙編之屬

香艷叢書三百二十六種　(清)蟲天子輯　民國三年(1914)上海中國圖書公司和記鉛印本　九册　存四十六種

330000－1701－0096241　M606385　集部/戲劇類

真正京都頭等名角曲本　民國石印本　三册　存十五種

330000－1701－0096243　M608557　類叢部/叢書類/彙編之屬

四部叢刊續編七十七種　張元濟等編　民國二十三年(1934)上海商務印書館影印本　一册　存一種

330000－1701－0096245　M603491　子部/藝術類/書畫之屬/法帖

明拓曹全碑不分卷　民國影印本　一册

330000－1701－0096247　M608558　集部/總集類/郡邑之屬

滬瀆同聲集不分卷　郁葆青輯　陳詩選　民國二十二年(1933)鉛印本　一册

330000－1701－0096249　M603492　史部/目録類/總録之屬/官修

故宫殿本書庫現存目三卷附錄一卷　陶湘編　民國二十二年(1933)北平故宫博物院圖書館鉛印本　三册

330000－1701－0096250　M608559　集部/别集類/清别集

菊隱廬詩錄二卷　(清)唐恭安撰　民國十三年(1924)瓶花齋鉛印本　一册

330000－1701－0096252　M608560　史部/傳記類/總傳之屬

規復兩浙節孝總祠事蹟一卷附募捐啟一卷採訪節孝現行法令一卷　民國三年(1914)鉛印本　一册

330000－1701－0096253　M608561　史部/傳記類/總傳之屬

規復兩浙節孝總祠事蹟一卷附募捐啟一卷採訪節孝現行法令一卷　民國三年(1914)鉛印本　一册

330000－1701－0096254　M603493　子部/藝術類/書畫之屬/法帖

包安吳家書臨帖兩種合册一卷　(清)包世臣書　民國有正書局石印本　一册

330000－1701－0096255　M608562　史部/傳記類/總傳之屬

規復兩浙節孝總祠事蹟一卷附募捐啟一卷採訪節孝現行法令一卷　民國三年(1914)鉛印本　一册

330000－1701－0096256　M608563　史部/傳記類/總傳之屬

規復兩浙節孝總祠事蹟一卷附募捐啟一卷採訪節孝現行法令一卷　民國三年(1914)鉛印本　一册

330000－1701－0096257　M603494　史部/叢編
史料叢書　國立中央研究院歷史語言研究所編　民國國立中央研究院歷史語言研究所鉛印本暨影印本　一册　存一種

330000－1701－0096258　M608564　史部/傳記類/總傳之屬
規復兩浙節孝總祠事蹟一卷附募捐啟一卷採訪節孝現行法令一卷　民國三年(1914)鉛印本　一册

330000－1701－0096259　M606386　集部/戲劇類
真正京都頭等名角曲本　民國上海文宜書局石印本　一册　存五種

330000－1701－0096261　M603495　子部/宗教類/佛教之屬
佛學叢書□□種　丁福保輯　民國上海醫學書局鉛印本暨影印本　一册　存一種

330000－1701－0096262　M608565　史部/傳記類/總傳之屬
規復兩浙節孝總祠事蹟一卷附募捐啟一卷採訪節孝現行法令一卷　民國三年(1914)鉛印本　一册

330000－1701－0096263　M608566　史部/傳記類/總傳之屬
規復兩浙節孝總祠事蹟一卷附募捐啟一卷採訪節孝現行法令一卷　民國三年(1914)鉛印本　一册

330000－1701－0096264　M608567　史部/傳記類/總傳之屬
規復兩浙節孝總祠事蹟一卷附募捐啟一卷採訪節孝現行法令一卷　民國三年(1914)鉛印本　一册

330000－1701－0096266　M603496　史部/目録類/總録之屬/官修
故宮善本書目三卷　張允亮輯　民國二十三年(1934)北平故宮博物院圖書館鉛印本　一册

330000－1701－0096268　M606387　類叢部/叢書類/彙編之屬
知不足齋叢書一百九十五種　(清)鮑廷博輯　(清)鮑士恭續輯　民國十年(1921)上海古書流通處據清鮑氏刻本影印本　五册　存四種

330000－1701－0096269　M606501、M608568、M609491　類叢部/叢書類/自著之屬
玩芳艸堂叢書　(清)王棻撰　民國上海國光書局鉛印本　八册　存一種

330000－1701－0096270　M603497　史部/目録類/總録之屬/官修
故宮所藏殿本書目五卷　故宮博物院圖書館編　民國二十二年(1933)故宮博物院圖書館鉛印本　一册

330000－1701－0096273　M608569　史部/政書類/邦計之屬
魏頌唐偶存稿三卷　魏頌唐撰　民國十六年(1927)鉛印本　二册

330000－1701－0096276　M608570　子部/雜著類/雜説之屬
樗盦筆記一卷　毛宗智撰　民國鉛印本　一册

330000－1701－0096278　M608571　子部/雜著類/雜説之屬
樗盦筆記一卷　毛宗智撰　民國鉛印本　一册

330000－1701－0096279　M603498　史部/目録類/專録之屬
故宮方志目一卷附錄一卷索引一卷　故宮博物院圖書館編　民國二十年(1931)北平故宮博物院圖書館鉛印本　一册

330000－1701－0096281　M608572　集部/別集類
萍鷗小舫詩鈔四卷　鍾熊祥撰　民國十六年(1927)鉛印本　四册

330000－1701－0096282　M603499　史部/目録類/總録之屬

故宫普通書目六卷　故宫博物院圖書館編　民國二十三年(1934)北平故宫博物院圖書館鉛印本　三册

330000－1701－0096283　M608573　集部/別集類

南枝集三卷　(越南)阮尚贒撰　民國十四年(1925)鉛印本　一册

330000－1701－0096284　M608574　集部/別集類

南枝集三卷　(越南)阮尚贒撰　民國十四年(1925)鉛印本　一册

330000－1701－0096285　M608575　集部/別集類

南枝集三卷　(越南)阮尚贒撰　民國十四年(1925)鉛印本　一册

330000－1701－0096286　M603500　子部/宗教類/佛教之屬/諸宗

聖救度佛母修持法不分卷　諾那呼圖克圖撰　吴潤江編　民國二十四年(1935)上海覺圓精舍鉛印本　一册

330000－1701－0096287　M608576　集部/別集類

南枝集三卷　(越南)阮尚贒撰　民國十四年(1925)鉛印本　一册

330000－1701－0096288　M007708　子部/小説家類/異聞之屬

勸戒録類編二十四章　(清)梁恭辰撰　丁福保編　梅光羲删訂　民國十二年(1923)醫學書局鉛印本　二册

330000－1701－0096289　M608577　集部/別集類

南枝集三卷　(越南)阮尚贒撰　民國十四年(1925)鉛印本　一册

330000－1701－0096290　M608578　集部/別集類

南枝集三卷　(越南)阮尚贒撰　民國十四年(1925)鉛印本　一册

330000－1701－0096291　M603501、M603746　子部/宗教類/佛教之屬/論疏

大乘起信論義記講義四卷附録一卷　(日本)織田得能撰　黄士復譯　民國十年(1921)上海商務印書館鉛印本　二册　存二卷(一至二)

330000－1701－0096293　M608579　集部/別集類

南枝集三卷　(越南)阮尚贒撰　民國十四年(1925)鉛印本　一册

330000－1701－0096294　M608580　集部/別集類

南枝集三卷　(越南)阮尚贒撰　民國十四年(1925)鉛印本　一册

330000－1701－0096295　M608581　集部/別集類

南枝集三卷　(越南)阮尚贒撰　民國十四年(1925)鉛印本　一册

330000－1701－0096296　M007709　子部/醫家類/方書之屬/單方驗方

鮮溪單方選二卷　陸晉笙輯　民國七年(1918)石印本　二册

330000－1701－0096297　M608582　集部/別集類

南枝集三卷　(越南)阮尚贒撰　民國十四年(1925)鉛印本　二册

330000－1701－0096299　M603502　集部/別集類

觀水游山集一卷　丁仁撰　民國二十六年(1937)石印本　一册

330000－1701－0096306　M603504　史部/傳記類/別傳之屬/年譜

藝風老人[繆荃孫]年譜一卷　繆荃孫撰　**繆藝風先生行狀一卷**　夏孫桐撰　民國二十五年(1936)北平文禄堂刻本　一册

330000－1701－0096308　M603505　子部/雜著類/雜説之屬

師古小言不分卷　黄文彬撰　民國二十三年

(1934)杭州浙江印刷公司鉛印本　一冊

330000－1701－0096309　M603506　子部/雜著類/雜說之屬
師古小言不分卷　黄文彬撰　民國二十三年(1934)杭州浙江印刷公司鉛印本　一冊

330000－1701－0096314　M603508　集部/別集類
蠲戲齋詩編年集八卷避寇集一卷芳杜詞賸一卷　馬浮撰　**蠲戲齋詩前集二卷**　馬浮撰　張立民　楊蔭林輯錄　民國二十九年(1940)、三十六年(1947)刻本　三冊　存六卷(編年集三至八)

330000－1701－0096316　M603509、M609939　子部/雜著類
中國學術論著集要不分卷　國立北京大學中國文學系教授會編　民國鉛印本　三冊　存冊一至二、四

330000－1701－0096321　M603511　類叢部/叢書類/彙編之屬
知不足齋叢書一百九十五種　(清)鮑廷博輯　(清)鮑士恭續輯　民國十年(1921)上海古書流通處據清鮑氏刻本影印本　十二冊　存十五種

330000－1701－0096328　M007712　子部/醫家類/養生之屬
五養秘訣一卷　(清)吳淑度撰　民國十九年(1930)上海宏大善書局鉛印本　一冊

330000－1701－0096334　M007713　子部/藝術類/遊藝之屬/聯語
集聯不分卷　稿本　一冊

330000－1701－0096338　M007716　集部/別集類
塵羹集一卷　稿本　一冊

330000－1701－0096343　M007717　史部/目録類/總録之屬
教育部審定公布商務印書館圖書目錄一卷附女學校書目一卷英文書目一卷　民國四年(1915)上海商務印書館鉛印本　一冊

330000－1701－0096344　M007718　集部/別集類
秋明集詩三卷詞一卷　沈尹默撰　民國鉛印本　一冊　存二卷(詩一至二)

330000－1701－0096347　M008000　新學/重學/力學
水力機械學三編　民國油印本　一冊

330000－1701－0096348　M008001　新學/重學/力學
水力機械學四編電力分配學不分卷　民國石印本　老齊題記　一冊　存三編(二至四)

330000－1701－0096351　M008002　史部/傳記類/總傳之屬/列女
懿範聞見錄一卷　單士釐撰　民國二十二年(1933)鉛印本　一冊

330000－1701－0096374　M603071　子部/雜著類/雜說之屬
石橋潛書四卷　褚傳誥撰　民國八年(1919)鉛印本　一冊

330000－1701－0096375　M608583　集部/總集類/尺牘之屬
冬暄草堂師友牋存不分卷　陳漢第　陳敬第輯　民國二十六年(1937)上海中華書局影印本　六冊

330000－1701－0096377　M603072　集部/別集類/清別集
怡雲山館駢體文二卷　(清)繆德棻撰　民國十八年(1929)鉛印本　一冊

330000－1701－0096378　M608584　史部/地理類/專志之屬/古跡
洪武京城圖志一卷　(明)禮部撰　民國十八年(1929)南京中社影印本　一冊

330000－1701－0096379　M603073　子部/雜著類/雜說之屬
椶窗雜記四卷　汪兆鏞撰　民國三十二年(1943)鉛印本　一冊

330000－1701－0096381　M008095　經部/

小學類/文字之屬/字書/通論

文字學形義篇不分卷 朱宗萊撰 民國九年(1920)北京大學出版部鉛印本 錢玄同題記 一冊

330000－1701－0096384 M603074 史部/目録類/通論之屬/掌故瑣記

書舶庸譚四卷 董康撰 民國十九年(1930)上海大東書局影印本 三冊

330000－1701－0096386 M608585 史部/編年類/通代之屬

資治通鑑二百九十四卷 (宋)司馬光撰 (元)胡三省音注 **通鑑釋文辯誤十二卷** (元)胡三省撰 民國六年(1917)上海商務印書館鉛印本 五十冊 存二百四十五卷(一至十八、二十二至二十五、二十七至三十八、四十、四十四至四十八、五十至九十二、一百八至一百二十七、一百三十四至一百九十四、二百至二百四、二百二十至二百四十四、二百五十至二百九十四,通鑑釋文辯誤七至十二)

330000－1701－0096390 M603075 類叢部/叢書類/自著之屬

銕研廵蘐書(鐵研齋叢書)五種 桑宣撰 民國八年(1919)宛平桑氏鉛印本 八冊

330000－1701－0096393 M608586 類叢部/叢書類/彙編之屬

知不足齋叢書一百九十五種 (清)鮑廷博輯 (清)鮑士恭續輯 民國十年(1921)上海古書流通處據清鮑氏刻本影印本 一冊 存二種

330000－1701－0096395 M608587 類叢部/叢書類/自著之屬

船山遺書六十六種附一種 (清)王夫之撰 民國二十二年(1933)上海太平洋書店鉛印本 三十冊 存四十三種

330000－1701－0096398 M603076 子部/醫家類/醫話醫論之屬

證治心得十二卷 (清)吳炳撰 民國十五年(1926)惜陰書屋鉛印本 四冊

330000－1701－0096399 M603077 子部/藝術類/書畫之屬/法帖

楹聯墨蹟大觀十卷 高時顯輯 民國十七年(1928)上海中華書局影印本 十冊

330000－1701－0096400 M008003 經部/小學類/文字之屬/說文/專著

文源十二卷附錄二卷 林義光撰 民國九年(1920)石印本 二冊 存六卷(一至六)

330000－1701－0096402 M603078 史部/傳記類/日記之屬

李文清公日記十六卷(道光十四年至十五年、十七年至二十一年、二十三年至咸豐十一年、同治元年至四年) (清)李棠階撰 民國四年(1915)項城張鎮芳影印本 十六冊

330000－1701－0096403 M008004 史部/傳記類/別傳之屬/事狀

[楊嘉]哀輓錄一卷 民國十年(1921)石印本 一冊

330000－1701－0096404 M603079 類叢部/叢書類/彙編之屬

四部叢刊 張元濟等編 民國上海商務印書館影印本 四冊 存一種

330000－1701－0096406 M603512 史部/地理類/方志之屬/郡縣志

[民國]閩江金山志十三卷 林其蓉纂 民國二十六年(1937)遠東書局鉛印本 三冊

330000－1701－0096407 M008005 史部/地理類/專志之屬/祠墓

永康縣貞節祠志一卷 程士毅編 民國三十七年(1948)鉛印本 一冊

330000－1701－0096409 M603080 集部/總集類/選集之屬/通代

玉臺新詠十卷 (南朝陳)徐陵編 (清)吳兆宜注 (清)程琰刪補 民國四年(1915)掃葉山房石印本 六冊

330000－1701－0096410 M603513 經部/孝經類/傳說之屬

孝經一卷附二十四孝圖說一卷 (唐)玄宗李

隆基注　王震繪　民國據宋刻本影印本　一册

330000－1701－0096411　M608588　類叢部/叢書類/自著之屬
船山遺書六十六種附一種　（清）王夫之撰　民國二十二年（1933）上海太平洋書店鉛印本　十二册　存十八種

330000－1701－0096412　M008006　史部/政書類/邦計之屬
籌辦贛吉二省銀行幣制錄要一卷　孫德至編　民國三年（1914）鉛印本暨石印本　一册

330000－1701－0096413　M603081　經部/小學類/文字之屬/字書/字典
分類辭源十二集　世界書局編輯所編　民國十五年（1926）上海世界書局石印本　十二册

330000－1701－0096414　M603514　子部/藝術類/書畫之屬/總論
平津館鑒藏書畫記一卷　（清）孫星衍撰　民國鉛印本　一册

330000－1701－0096416　M008007　史部/傳記類/别傳之屬/事狀
瞿母傅太夫人行述一卷　朱啓鈐撰　民國十九年（1930）鉛印本　一册

330000－1701－0096419　M603515　類叢部/叢書類/郡邑之屬
吳興叢書六十六種　劉承幹編　民國吳興劉氏嘉業堂刻本　十二册　存一種

330000－1701－0096420　M603082　子部/藝術類/書畫之屬/書法書品
君子館論書絶句一百二十首一卷　邊成撰　袁照注　民國三十三年（1944）君子館刻本　一册

330000－1701－0096421　M603083　子部/藝術類/書畫之屬/總論
墨緣彙觀四卷　（清）安岐撰　民國九年（1920）上海廣雅書局石印本　四册

330000－1701－0096422　M008008　史部/傳記類/别傳之屬
褒揚錄二卷　陳去病編　民國二十年（1931）鉛印本　一册

330000－1701－0096425　M603084　子部/藝術類/書畫之屬/總論
墨緣彙觀四卷　（清）安岐撰　民國九年（1920）上海廣雅書局石印本　四册

330000－1701－0096426　M603516　史部/傳記類/别傳之屬
奚萼銜先生四十初度引延錄不分卷　民國十四年（1925）影印本　一册

330000－1701－0096427　M608589　類叢部/叢書類/自著之屬
船山遺書六十六種附一種　（清）王夫之撰　民國二十二年（1933）上海太平洋書店鉛印本　一册　存二種

330000－1701－0096428　M603517　經部/群經總義類/石經之屬/通考
漢石經殘石集一卷　白堅拓傳　民國十九年（1930）白堅鉛印本　一册

330000－1701－0096431　M603085　子部/雜著類/雜説之屬
論衡三十卷　（漢）王充撰　民國十四年（1925）上海掃葉山房石印本　六册

330000－1701－0096432　M608590　類叢部/叢書類/彙編之屬
楝亭（楝亭藏書）十二種六十九卷　（清）曹寅編　民國十年（1921）上海古書流通處據清康熙四十五年（1706）揚州詩局刻本影印本　十册　存四種

330000－1701－0096433　M603518　子部/藝術類/遊藝之屬/聯語
石鼓集聯不分卷　（清）王同集　民國十二年（1923）仁和王禔石印本　一册

330000－1701－0096434　M603086　子部/小説家類/雜事之屬
退醒廬筆記二卷　孫家振撰　民國十四年（1925）上海圖書館石印本　二册

330000－1701－0096436　M603087　集部/別集類/明别集

王遵巖集十卷　(明)王慎中撰　(清)張汝瑚選　高煌選輯　民國四年(1915)上海振寰書局鉛印本　四册

330000－1701－0096440　M608591　類叢部/叢書類/彙編之屬

涵芬樓祕笈五十一種　孫毓修等輯　民國五年至十五年(1916－1926)上海商務印書館影印本暨鉛印本　三十九册　存五集二十七種

330000－1701－0096441　M008096　子部/宗教類/佛教之屬/諸宗

勸修淨土切要一卷　(清)真益願撰　民國八年(1919)金陵刻經處刻本　一册

330000－1701－0096442　M008009　類叢部/叢書類/彙編之屬

香艷叢書三百二十六種　(清)蟲天子輯　民國三年(1914)上海中國圖書公司和記鉛印本　四册　存四十種

330000－1701－0096443　M603519　類叢部/叢書類/彙編之屬

士禮居黄氏叢書十九種附四種　(清)黄丕烈輯　民國四年(1915)上海石竹山房據清黄氏刻本影印本　三十册

330000－1701－0096445　M603088　集部/總集類/彙編之屬

空谷流馨集文編一卷詩編一卷詞編一卷聯編一卷簡編一卷附編二卷　汪大鐵輯　民國三十七年(1948)鉛印本　二册

330000－1701－0096450　M608592、M608593、M608657、M608660　類叢部/叢書類/彙編之屬

四庫全書珍本初集二百三十種　中央圖書館籌備處輯　民國二十三年至二十四年(1934－1935)上海商務印書館據文淵閣本影印本　十八册　存四種

330000－1701－0096451　M603089　子部/藝術類/書畫之屬/法帖

吴愙齋尺牘一卷　(清)吴大澂撰並書　民國十一年(1922)上海商務印書館影印本　一册

330000－1701－0096453　M603090　史部/目録類/書志之屬/題跋

思適齋集外書跋輯存不分卷　(清)顧廣圻撰　蔣祖詒輯　民國二十四年(1935)吴縣鄒百耐百擁樓鉛印本　一册

330000－1701－0096456　M603091、M610024　集部/别集類/明别集

射陽先生存稿四卷　(明)吴承恩撰　民國十九年(1930)故宫博物院圖書館鉛印本　二册

330000－1701－0096457　M608594　類叢部/叢書類/彙編之屬

四部叢刊　張元濟等編　民國上海商務印書館影印本　一册　存一種

330000－1701－0096462　M603092　史部/政書類/公牘檔冊之屬

山西六政三事彙編六卷　山西村政處編　民國十八年(1929)山西村政處鉛印本　四册

330000－1701－0096466　M603093　史部/金石類/郡邑之屬/文字

關中石刻文字新編四卷　(清)毛鳳枝撰　民國二十四年(1935)會稽顧氏石印本　二册

330000－1701－0096467　M608595　類叢部/叢書類/彙編之屬

四庫全書珍本初集二百三十種　中央圖書館籌備處輯　民國二十三年至二十四年(1934－1935)上海商務印書館據文淵閣本影印本　六册　存一種

330000－1701－0096469　M603094　集部/别集類

含嘉室詩集八卷　吴士鑑撰　民國元年(1912)鉛印本　一册　存四卷(一至四)

330000－1701－0096471　M608596、M608860　類叢部/叢書類/彙編之屬

四庫全書珍本初集二百三十種　中央圖書館籌備處輯　民國二十三年至二十四年(1934－1935)上海商務印書館據文淵閣本影印本　四

册　存二種

330000－1701－0096473　M603095　集部/别集類

大荒集不分卷　林語堂撰　民國二十三年(1934)上海生活書店鉛印本　二册

330000－1701－0096474　M608597　集部/總集類/選集之屬/斷代

宋詩鈔補八十六卷　(清)管庭芬　(清)蔣光煦編　民國四年(1915)上海商務印書館鉛印本　八册

330000－1701－0096476　M603096　集部/詩文評類/詩評之屬

歷代詩話二十七種五十七卷考索一卷　(清)何文焕輯　民國上海文實公司石印本　十六册

330000－1701－0096477　M603520　集部/别集類

靈璅閣詩二卷附孫言草一卷　張惠衣撰　民國三十三年(1944)鉛印本　一册

330000－1701－0096478　M604151、M608598、M609106　史部/編年類/通代之屬

資治通鑑二百九十四卷　(宋)司馬光撰　(元)胡三省音注　**通鑑釋文辯誤十二卷**　(元)胡三省撰　民國六年(1917)上海商務印書館鉛印本　三十九册　存一百九十九卷(十六至二十六、三十二至四十七、五十三至九十七、一百三至二百四、二百五十五至二百七十九)

330000－1701－0096479　M008011　子部/宗教類/佛教之屬/經

千手千眼觀世音菩薩廣大圓滿無礙大悲心陀羅尼一卷　(唐)釋伽梵達摩譯　民國鉛印本　一册

330000－1701－0096480　M603521、M610991　子部/宗教類/道教之屬

濟一子證道秘書十七種　(清)傅金銓輯　民國上海江左書林石印本　二册　存三種

330000－1701－0096483　M008012　史部/目録類/總録之屬/私撰

書目不分卷　稿本　一册

330000－1701－0096495　M008013　類叢部/叢書類/自著之屬

桐鄉勞先生遺稿四種　勞乃宣撰　民國十六年(1927)桐鄉盧氏刻本　三册　存二種

330000－1701－0096496　M008014　子部/工藝類/文房四寶之屬/硯

九十九硯齋硯譜一卷　(清)紀昀輯　民國五年(1916)北洋印刷局影印本　一册

330000－1701－0096497　M008015　史部/傳記類/總傳之屬/家乘

[浙江紹興]紹縣白洋朱氏宗譜三十二卷首一卷　朱衡清修　朱德齋　朱子方纂　民國十五年(1926)朱氏玉泉堂木活字印本　一册　存二卷(十至十一)

330000－1701－0096509　M603097　史部/目録類/專録之屬

陶風樓藏名人手札目不分卷　國學圖書館編　民國鉛印本　一册

330000－1701－0096510　M603522　集部/總集類/尺牘之屬

緇林尺牘一卷　(清)道古編集　民國二十三年(1934)上海商務印書館鉛印本　一册

330000－1701－0096511　M008016　集部/别集類

逸廬詩稿不分卷　逸廬主人撰　稿本　一册

330000－1701－0096512　M603098　集部/詩文評類

昭昧詹言十卷續八卷續録二卷附録一卷陶詩附考一卷　(清)方東樹撰　民國七年(1918)上海亞東圖書館鉛印本　四册

330000－1701－0096514　M603099、M603100　集部/總集類/尺牘之屬

道咸同光名人手札第一集四卷第二集四卷　商務印書館輯　民國十三年(1924)上海商務印書館影印本　四册

330000－1701－0096515　M603523　類叢部/叢書類/彙編之屬

四部叢刊　張元濟等編　民國上海商務印書館影印本　一冊　存一種

330000－1701－0096516　M008018　集部/別集類

杏花村叟詩刪存鈔一卷　鍾釗撰　民國抄本　一冊

330000－1701－0096522　M603524　子部/宗教類/佛教之屬/諸宗

淨土津要六種　民國十九年(1930)上海商務印書館鉛印本　一冊　存三種

330000－1701－0096524　M008019　子部/藝術類/音樂之屬

國樂演奏會特刊不分卷　霄霓國樂學會輯　民國二十六年(1937)鉛印本　一冊

330000－1701－0096528　M008020　子部/兵家類/兵法之屬

軍之運用法一卷　楊慶塀譯　景謙編　張紀修　民國石印本　一冊

330000－1701－0096529　M603525　經部/小學類

稷香館叢書八種三十六卷　吳甌輯　民國二十四年(1935)北平癸酉編譯會據手稿本影印本　二冊　存一種

330000－1701－0096530　M008021　史部/傳記類/別傳之屬/事狀

滬軍都督陳公英士[其美]行狀一卷　邵元沖撰　民國六年(1917)鉛印本　一冊

330000－1701－0096532　M008022　子部/宗教類/道教之屬

純陽傳道錄二卷諸真說道篇一卷　(清)葉道善　(清)陳靈璧輯　民國鉛印本　一冊

330000－1701－0096533　M603526　史部/傳記類/別傳之屬/年譜

唐孟郊年譜一卷附錄一卷　華忱之編　民國二十九年(1940)國立北京大學圖書館鉛印本　一冊

330000－1701－0096537　M008023　子部/雜著類/雜說之屬

浙江省立模範講演團講演稿□□卷　民國鉛印本　一冊　存一卷(六)

330000－1701－0096539　M603527　子部/宗教類/道教之屬

通關文二卷　(清)劉一明撰　民國二十年(1931)杭州明德道場鉛印本　一冊

330000－1701－0096540　M008025　子部/藝術類/書畫之屬/法帖

萬松心畫不分卷　英華書　民國影印本　一冊

330000－1701－0096544　M603528　類叢部/叢書類/自著之屬

康居筆記彙函十三種十四卷　徐珂撰　民國二十二年(1933)徐新六鉛印本　蕖川題記　二冊

330000－1701－0096545　M601830　子部/小說家類

筆記小說大觀二百二十二種　進步書局輯　民國上海進步書局石印本　三十九冊　存二十三種

330000－1701－0096547　M008027　子部/雜著類/雜說之屬

古禾雜識四卷　(清)項映薇撰　(清)王壽增　吳受福續增　民國刻本　一冊

330000－1701－0096562　M603529　經部/詩類/文字音義之屬

詩聲類十二卷分例一卷　(清)孔廣森撰　民國十三年(1924)渭南嚴式誨成都賁園刻本　二冊

330000－1701－0096564　M603530　經部/小學類/音韻之屬

音韻學叢書二十種　嚴式誨輯　民國渭南嚴氏成都刻本　一冊　存一種

330000－1701－0096571　M603531、M607530　子部/藝術類/篆刻之屬/印譜

十鐘山房印舉三十卷　(清)陳介祺藏並輯

民國十一年(1922)上海商務印書館涵芬樓影印本　十册　缺四卷(十六至十九)

330000－1701－0096576　M603532　史部/金石類/石之屬

曹娥孝女廟碑不分卷　民國慎初堂朱氏鉛印本暨石印本　一册

330000－1701－0096589　M603533　史部/目録類/總録之屬/私撰

鄞范氏天一閣書目内編十卷　馮貞羣編　民國二十六年至二十九年(1937－1940)寧波重修天一閣委員會鉛印本　四册

330000－1701－0096590　M008028　子部/藝術類/書畫之屬/畫譜

畫譜不分卷　民國石印本　一册

330000－1701－0096594　M008029　集部/總集類/題詠之屬

劍青五十學佛圖不分卷　民國影印本　一册

330000－1701－0096596　M008030、M610257　史部/紀傳類/正史之屬

謝氏後漢書補逸六卷　(三國吴)謝承撰　(清)姚之駰輯　(清)孫志祖增訂　孫峻補訂　民國十七年(1928)錢塘孫氏壽松堂刻本　二册

330000－1701－0096607　M603534　類叢部/叢書類/彙編之屬

渭南嚴氏孝義家塾叢書十一種　嚴式誨編　民國十九年至二十年(1930－1931)渭南嚴氏刻本　一册　存一種

330000－1701－0096611　M603535、M610508　類叢部/叢書類/自著之屬

章氏叢書十三種　章炳麟撰　民國六年至八年(1917－1919)浙江圖書館刻本　三册　存二種

330000－1701－0096613　M008031　集部/詞類/别集之屬

困學厂叢刊　民國三十四年(1945)油印本　一册　存一種

330000－1701－0096617　M603536　史部/政書類/公牘檔册之屬

北平故宫博物院文獻館一覽一卷　故宫博物院編　民國二十一年(1932)故宫博物院鉛印本　一册

330000－1701－0096618　M008032　子部/醫家類/養生之屬

同善鐘一卷附鄙擬除病中和湯一卷　姚符撰　民國九年(1920)鉛印本　一册

330000－1701－0096621　M603537、M607562　子部/藝術類/遊藝之屬/聯語

娉花媚竹館宋詞集聯八卷　俞鎮輯　民國二十五年(1936)海印樓鉛印本　二册

330000－1701－0096623　M603538　史部/地理類/方志之屬/郡縣志

[光緒]永康縣志十六卷首一卷　(清)李汝爲　(清)郭文翹總修　(清)潘樹棠等纂修　民國二十一年(1932)鉛印本　一册　存五卷(首、一至四)

330000－1701－0096626　M008033　子部/藝術類/書畫之屬/法帖

南屏晚鐘碑銘一卷　民國石印本　一册

330000－1701－0096627　M603539　史部/地理類/方志之屬/郡縣志

杭州府志風俗物產單行本八卷　(清)陳璚等修　(清)王棻等纂　屈映光續修　陸懋勳續纂　齊耀珊重修　吴慶坻重纂　民國十三年(1924)鉛印本　二册

330000－1701－0096630　M603540　集部/别集類

蔣觀雲先生遺詩一卷　(清)蔣智由撰　吕美蓀輯　民國二十二年(1933)鉛印本　吕美蓀題記　一册

330000－1701－0096632　M008034　史部/目録類/總録之屬

目錄一卷　稿本　一册

330000－1701－0096634　M008035　子部/宗教類/佛教之屬

御錄經海一滴六卷　(清)世宗胤禛輯錄　民國八年(1919)金陵刻經處刻本　六册

330000－1701－0096635　M603541　史部/地理類/專志之屬/古跡
海昌勝蹟志八卷補綴一卷　管元耀輯　民國二十一年(1932)海寧管氏靜得樓刻本　四册

330000－1701－0096636　M603542　史部/地理類/山川之屬/水志
蕭山湘湖志八卷外編一卷續志一卷　周易藻編　民國十六年(1927)周氏鉛印本　五册

330000－1701－0096638　M603543　史部/地理類/方志之屬/郡縣志
[民國]景寧縣續志十七卷首一卷　吳呂熙修　柳景元纂　民國二十二年(1933)刻本　一册　存四卷(九至十二)

330000－1701－0096645　M008037　子部/宗教類/佛教之屬/律
菩薩戒本記一卷菩薩戒羯磨記一卷　(唐)釋遁倫撰　**菩薩戒本宗要一卷**　(唐)釋太賢撰　民國八年(1919)金陵刻經處刻本　一册

330000－1701－0096646　M601832　類叢部/叢書類/彙編之屬
玄覽堂叢書續集二十一種　鄭振鐸輯　民國三十六年(1947)國立中央圖書館影印本　二十四册　存一種

330000－1701－0096647　M603544　子部/藝術類/書畫之屬/法帖
翁松禪相國尺牘真蹟不分卷　(清)翁同龢書　民國九年(1920)上海中華書局影印本　三册

330000－1701－0096649　M603545　子部/藝術類/書畫之屬/總論
内務部古物陳列所書畫目錄十四卷附三卷補遺二卷　何煜纂　謝剛國　吳瀛編　民國十四年(1925)北京京華印書局鉛印本　十册

330000－1701－0096652　M601833　類叢部/叢書類/彙編之屬
玄覽堂叢書三十三種　鄭振鐸輯　民國三十年(1941)上海影印本　二十二册　存十一種

330000－1701－0096654　M603546　史部/目録類/專録之屬
中國地方志綜錄不分卷　朱士嘉撰　民國二十四年(1935)上海商務印書館石印本　二册

330000－1701－0096656　M602979、M603547、M604474、M608914、M610004、M610307　集部/詞類/總集之屬
御選歷代詩餘一百二十卷　(清)聖祖玄燁定　(清)沈辰垣等輯　民國上海蟫隱廬影印本　二十九册　存七十七卷(六至九、十四至十五、二十至二十一、二十四至三十三、四十六至四十九、五十三至六十、六十五至七十九、八十五至一百十、一百十五至一百二十)

330000－1701－0096659　M603548　類叢部/叢書類/自著之屬
景行齋叢刊　沈能毅撰　民國鉛印本　一册　存一種

330000－1701－0096661　M008038　子部/宗教類/佛教之屬
戒殺放生一卷　王與楫輯　民國十年(1921)鉛印本　一册

330000－1701－0096665　M603549　史部/地理類/專志之屬
西泠印社志稿六卷附編一卷　孫志敏　秦康祥編　民國三十六年(1947)油印本　一册　缺一卷(附編)

330000－1701－0096666　M008039　子部/宗教類/佛教之屬/諸宗
往生極樂錄一卷　丑先難編輯　民國十六年(1927)長沙坡子街善書流通處刻本　一册

330000－1701－0096669　M008040　子部/宗教類/道教之屬/經文
最上一乘慧命經一卷　(清)柳華陽撰并註　民國十四年(1925)鉛印本　一册

330000－1701－0096672　M008041　子部/儒家類/儒學之屬/蒙學
國文經緯貫通大義八卷　唐文治講授　民國

十四年(1925)無錫西溪唐公館、國學專修館鉛印本　一册　存二卷(三至四)

330000－1701－0096677　M008042　史部/傳記類/别傳之屬

贈證道居士序一卷　程霖生撰　**證道居士醫述一卷**　鹿川十髮翁撰　**證道醫㢊弟子記一卷**　袁金壽　李卓然撰　民國鉛印本　一册

330000－1701－0096678　M008043　子部/宗教類/佛教之屬/經

地藏菩薩本願經三卷　(唐)釋實叉難陀譯　**地藏菩薩本願經校勘記一卷**　范古農撰　**地藏菩薩本願經音釋一卷**　民國刻本　一册

330000－1701－0096679　M008044　子部/宗教類/佛教之屬

金剛經石註一卷　(清)石成金撰　民國十四年(1925)同道益善書局鉛印本　一册

330000－1701－0096680　M008102　史部/地理類/水利之屬

燕趙水利論一卷　白月恒撰　民國鉛印本　一册

330000－1701－0096689　M606400　子部/宗教類/佛教之屬

淨住子淨行法門一卷首一卷　(南朝齊)蕭子良撰　**淨住子淨行法門頌一卷**　(南朝齊)王融撰　民國十一年(1922)北京刻經處刻本　一册

330000－1701－0096690　M606401　史部/目録類/專録之屬

番禺許西園書畫詩詞聯額漫存一卷　許炳榛輯　民國十六年(1927)鉛印本　一册

330000－1701－0096691　M606402　子部/宗教類/佛教之屬/論

華嚴原人論合解二卷　(唐)釋宗密論　(元)釋圓覺解　(明)楊嘉祚删合　民國四年(1915)揚州藏經院刻本　一册

330000－1701－0096692　M606403　子部/宗教類/佛教之屬/論疏

瑜伽師地論本地分中菩薩地初持瑜伽處戒品纂釋二卷　湯薌銘譯纂　民國二十九年(1940)鉛印本　二册

330000－1701－0096693　M606404　史部/目録類/專録之屬

陶風樓藏名人手札目不分卷　國學圖書館編　民國鉛印本　一册

330000－1701－0096695　M608599　集部/别集類

雲石山房詩草一卷　沈廷傑撰　民國二十五年(1936)鉛印本　一册

330000－1701－0096696　M606405　集部/别集類/清别集

冬暄草堂遺詩不分卷　(清)陳豪撰　民國石印本　一册

330000－1701－0096697　M608600　集部/别集類

天放樓文言十一卷附錄一卷　金天羽撰　民國十六年(1927)蘇州文新印刷公司鉛印本　二册

330000－1701－0096698　M606406　類叢部/叢書類/彙編之屬

國立中央研究院歷史語言研究所單刊　國立中央研究院歷史語言研究所編　民國上海商務印書館鉛印本暨影印本　一册　存一種

330000－1701－0096700　M606407　經部/小學類/文字之屬/字書/訓蒙

千字文註一卷　(南朝梁)周興嗣編　(清)汪嘯尹輯　(清)孫謙益注　民國二十五年(1936)成都薛氏崇禮堂刻本　一册

330000－1701－0096702　M606408　史部/金石類/玉之屬

玉説薈刊二十種　錢啓同等輯　民國二十年(1931)鉛印本　一册

330000－1701－0096703　M608601　集部/總集類/酬唱之屬

來臺集一卷　汪文溥編　民國九年(1920)鉛印本　一册

330000－1701－0096704　M603550、M604641、M610034　集部/别集類

南豐劉先生文集四卷補遺一卷　劉孚京撰　民國八年(1919)上海聚珍倣宋印書局鉛印本　三册　存四卷(二至四、補遺)

330000－1701－0096705　M606409　史部/金石類/總志之屬/文字

鮑少筠所藏金石文字一卷　金蓉鏡編　民國十二年(1923)石印本　一册

330000－1701－0096706　M603551　子部/宗教類/佛教之屬

法一禪師示居士參禪要語一卷附錄四卷　劉大心輯　民國十年(1921)杭州武林印書館鉛印本　一册

330000－1701－0096707　M608602　集部/别集類

天放樓詩集九卷　金天羽撰　民國十一年(1922)上海有正書局鉛印本　二册

330000－1701－0096709　M608603　集部/别集類

天放樓詩集九卷　金天羽撰　民國十一年(1922)上海有正書局鉛印本　沈機題記　二册

330000－1701－0096710　M603552、M604779、M609290、M610000、M610517　集部/總集類/選集之屬/通代

安越堂古文觀止十二卷　(清)吴乘權　(清)吴大職輯　民國十二年(1923)紹興四有書局鉛印本　六册

330000－1701－0096712　M602146、M606410　史部/地理類/方志之屬/通志

[民國]重修浙江通志初稿不分卷　浙江通志館修　余紹宋等纂　民國三十七年(1948)鉛印本　四册

330000－1701－0096713　M608604　集部/别集類/清别集

鎔經室集四卷　(清)張濬撰　民國六年(1917)鉛印本　二册

330000－1701－0096714　M602149、M606411　史部/地理類/方志之屬/通志

[民國]重修浙江通志初稿不分卷　浙江通志館修　余紹宋等纂　民國三十七年(1948)鉛印本　四册

330000－1701－0096715　M603553、M604105　史部/金石類/總志之屬

歙縣金石志十四卷　葉爲銘輯　民國二十五年(1936)杭州紫城葉氏家廟鉛印本　六册

330000－1701－0096716　M608605　集部/别集類

冰雪寮詩鈔二卷　釋淡雲撰　民國十九年(1930)鉛印本　一册

330000－1701－0096717　M602145、M606412　史部/地理類/方志之屬/通志

[民國]重修浙江通志初稿不分卷　浙江通志館修　余紹宋等纂　民國三十七年(1948)鉛印本　四册

330000－1701－0096718　M603554、M603555　子部/雜著類/雜説之屬

煙嶼樓讀書志十六卷筆記八卷　(清)徐時棟撰　民國十七年(1928)鄞縣徐方來蘧學齋鉛印本　朱鼎煦題記　八册

330000－1701－0096719　M608606　類叢部/叢書類/自著之屬

勱堂遺書八種　顧家相撰　民國八年至十九年(1919－1930)會稽顧氏鉛印本　二册　存一種

330000－1701－0096721　M608607　集部/詞類/别集之屬

慮尊詞一卷然脂詞一卷　陳夔撰　民國十一年(1922)鉛印本　一册

330000－1701－0096722　M608608　集部/詞類/别集之屬

慮尊詞一卷然脂詞一卷　陳夔撰　民國十一年(1922)鉛印本　一册

330000－1701－0096723　M603556　經部/春秋穀梁傳類/傳説之屬

春秋穀梁傳注十五卷　柯劭忞撰　民國十六年(1927)鉛印本　四册

330000－1701－0096724　M608609　集部/別集類
庸謹堂詩鈔二卷　唐詠裳撰　民國十七年(1928)鉛印本　一册

330000－1701－0096725　M606414　集部/別集類
歸黔吟一卷　陳貽蓀撰　民國二十五年(1936)鉛印本　陳貽蓀題記　一册

330000－1701－0096726　M608610　子部/宗教類/佛教之屬/諸宗
印光法師文鈔四卷附錄一卷　釋聖量撰　民國十八年(1929)上海中大書局鉛印本　四册

330000－1701－0096727　M606415　史部/傳記類/總傳之屬/姓名
程氏人物志八卷　(清)程之康撰　民國三十六年(1947)鉛印本　四册

330000－1701－0096731　M608611　子部/宗教類/佛教之屬/諸宗
印光法師文鈔二卷附錄一卷　釋聖量撰　民國九年(1920)上海商務印書館鉛印本　二册

330000－1701－0096732　M606418　史部/目録類/版本之屬/書影
重印聚珍倣宋版五開大本四部備要樣本不分卷　中華書局編　民國中華書局鉛印本　一册

330000－1701－0096735　M606419　類叢部/叢書類/彙編之屬
四部備要　中華書局編　民國二十五年(1936)上海中華書局鉛印本　二册　存一種

330000－1701－0096736　M008046　子部/宗教類/道教之屬/雜著
心傳韻語五卷　(清)何謙撰　民國杭州同道益善書局鉛印本　二册

330000－1701－0096738　M608612　集部/別集類
慎江草堂詩四卷　黄迂撰　民國十三年(1924)鉛印本　二册

330000－1701－0096739　M606421　史部/傳記類/別傳之屬/事狀
怙德錄一卷　黄任恒編　民國八年(1919)保粹堂刻本　一册

330000－1701－0096741　M606422　史部/傳記類/別傳之屬/事狀
怙德錄一卷　黄任恒編　民國八年(1919)保粹堂刻本　一册

330000－1701－0096743　M608613　史部/傳記類/日記之屬
翁文恭公日記不分卷(清咸豐八年至光緒三十年)　(清)翁同龢撰　民國十四年(1925)上海商務印書館影印本　十册　存己巳、庚午、辛未、乙亥、丙子、丁丑、戊寅、己卯、丁酉

330000－1701－0096745　民 811.18/75403　史部/地理類/雜志之屬
南疆詞草一卷　陳希豪撰　民國三十七年(1948)石印本　一册

330000－1701－0096746　民 811.18/1260　集部/別集類
秋白遺稿二卷首一卷　孫景謝撰　民國十九年(1930)鉛印本　一册

330000－1701－0096755　M608614　集部/別集類
一芝草堂稿二卷雜稿一卷　吳懋祺撰　民國二年(1913)石印本　二册

330000－1701－0096757　M603557、M604113　史部/傳記類/總傳之屬/家乘
[全國]錢氏家乘不分卷　錢文選輯　民國十四年(1925)鉛印本　三册

330000－1701－0096759　M606423　史部/地理類/雜志之屬
天台風俗志二卷　陳鍾祺撰　民國二十九年(1940)鉛印本　一册

330000－1701－0096762　M608615　子部/

宗教類/佛教之屬/諸宗
印光法師文鈔四卷附錄一卷 釋聖量撰 民國十三年(1924)上海商務印書館鉛印本 四冊

330000－1701－0096764 M008047 集部/別集類
雙照樓詩詞藁二卷 汪兆銘撰 曾仲鳴編 民國十九年(1930)民信公司鉛印本 一冊

330000－1701－0096765 M603558 史部/傳記類/別傳之屬/年譜
崇德老人自訂年譜一卷附廉儉救國說一卷 聶曾紀芬撰 瞿宣穎輯 民國二十年(1931)聶氏家庭出版社鉛印本 一冊

330000－1701－0096766 M606424 類叢部/叢書類/自著之屬
晨風廬叢刊十八種 周慶雲撰 民國吳興周氏夢坡室刻本 一冊 存一種

330000－1701－0096767 M606425 子部/宗教類/佛教之屬/諸宗
刪定止觀六卷天台智者大師傳論一卷天台止觀統例一卷 (唐)梁肅撰 民國十一年(1922)北京刻經處刻本 三冊

330000－1701－0096769 M608616、M608958 經部/小學類/文字之屬/說文/傳說
說文段注訂補十四卷 (清)王紹蘭撰 民國三年(1914)吳興劉氏嘉業堂刻本 四冊

330000－1701－0096770 M603559 史部/傳記類/別傳之屬/事狀
錢士青都轉六秩壽言彙編不分卷 錢文選編 民國二十二年(1933)鉛印本 一冊

330000－1701－0096772 M606426 子部/宗教類/佛教之屬
三藏法數不分卷 (明)釋一如集註 **三藏法數通檢一卷** 黄中撰 民國十二年(1923)上海醫學書局鉛印本 四冊

330000－1701－0096776 M008050 類叢部/叢書類/自著之屬
壽櫟廬叢書九種 吳之英撰 民國九年(1920)名山吳氏刻本 七冊 存二種

330000－1701－0096778 M603560 類叢部/叢書類/自著之屬
王靜安先生遺著 王國維撰 民國北平來薰閣影印本 一冊 存一種

330000－1701－0096779 M606427 史部/地理類/水利之屬
浙西水利芻議一卷 民國四年(1915)石印本 一冊

330000－1701－0096782 M603561 子部/藝術類/書畫之屬
經頤淵金石詩書畫合集三種 經亨頤撰 民國二十五年(1936)上海中華書局影印本暨鉛印本 一冊

330000－1701－0096783 M008051 集部/別集類
竹間吟榭集十卷 徐行恭撰 民國十八年(1929)杭州刻藍印本 三冊

330000－1701－0096785 M606428 子部/藝術類/書畫之屬/法帖
趙集賢書道德經真蹟一卷 (元)趙孟頫書 民國上海延古齋影印本 一冊

330000－1701－0096786 M603562 史部/傳記類/別傳之屬
王公竹齋治喪委員會公啟不分卷 民國二十三年(1934)鉛印本 一冊

330000－1701－0096789 M603563 集部/小說類/長篇之屬
繪圖說唐前傳三卷六十八回後傳二卷四十二回首一卷 民國石印本 一冊 存一卷(前傳一)

330000－1701－0096790 M608617 集部/別集類
誦芬堂文稿三編八卷補遺一卷 錢文選撰 民國二十五年(1936)鉛印本 二冊

330000－1701－0096793 M606429 史部/地理類/山川之屬/山志

靈峰志四卷補遺一卷　周慶雲輯　民國元年(1912)周慶雲夢坡室刻本　二冊

330000－1701－0096794　M608618　史部/傳記類/别傳之屬/事狀
魏文節公事略一卷　魏頌唐輯　民國二十五年(1936)鉛印本　一冊

330000－1701－0096795　M603564　經部/小學類/文字之屬/字書
今字解剖不分卷附補遺一篇　王有宗撰　民國二十四年(1935)上海商務印書館石印本　二冊

330000－1701－0096796　M008048　子部/儒家類/儒學之屬/蒙學
課子隨筆十卷　(清)張師載輯　民國十一年(1922)刻本　二冊　存四卷(一至四)

330000－1701－0096799　M008052　新學/學校
學校一卷選舉一卷　民國石印本　一冊

330000－1701－0096801　M608619　史部/傳記類/别傳之屬/事狀
魏文節公事略一卷　魏頌唐輯　民國二十五年(1936)鉛印本　一冊

330000－1701－0096802　M603565　子部/工藝類/日用器物之屬/陶瓷
飲流齋説瓷十卷　許之衡撰　民國十三年(1924)上海朝記書莊鉛印本　一冊　存三卷(八至十)

330000－1701－0096805　M608620　史部/金石類
百一廬金石叢書十種　陳乃乾輯　民國十年(1921)海寧陳氏影印本　十冊

330000－1701－0096806　民369.5/3237　史部/政書類/律令之屬
浙江省監獄署暫行細則一卷　民國油印本　一冊

330000－1701－0096807　M008053　子部/藝術類/書畫之屬/法帖
宋拓晉唐小楷十一種至寶不分卷　抱殘守缺齋藏　民國上海有正書局影印本　二冊

330000－1701－0096808　M603566　子部/宗教類/道教之屬
方壺外史八卷附悟真篇詩小序一卷　(明)陸西星撰　民國四年(1915)香山鄭觀應等鉛印本　六冊

330000－1701－0096810　M606430　史部/雜史類/斷代之屬
太平天國起義記一卷　(清)洪仁玕　(瑞士)韓山文撰　簡又文譯　民國二十四年(1935)燕京大京圖書館鉛印本　一冊

330000－1701－0096811　M604530、M608621　史部/編年類/通代之屬
資治通鑑二百九十四卷　(宋)司馬光撰　(元)胡三省音注　**通鑑釋文辯誤十二卷**　(元)胡三省撰　民國六年(1917)上海商務印書館鉛印本　四十一冊　存二百八卷(十一至二十六、四十三至六十二、六十八至一百二、九十八至二百二十四、二百四十五至二百四十九、二百六十至二百六十四)

330000－1701－0096812　M008054　史部/目録類/總録之屬/禁燬
禁書總録二卷附錄一卷　陳乃乾校輯　民國二十一年(1932)海寧陳乃乾慎初堂鉛印本　二冊

330000－1701－0096816　M603567　集部/别集類/清别集
廣雅堂詩集不分卷　(清)張之洞撰　民國中國詩畫會社石印本　一冊

330000－1701－0096818　M008154　史部/目録類/總録之屬/私撰
大華書店書目不分卷(第三期)　大華書店編　民國二十三年(1934)蘇州大華書店石印本　一冊

330000－1701－0096820　M603568　集部/詩文評類/類編之屬
清詩話四十三種　丁福保輯　民國五年

(1916)上海文明書局鉛印本　一册　存六種

330000－1701－0096824　M606388　史部/地理類/雜志之屬
百夷傳一卷　(明)錢古訓編　民國十八年(1929)國學圖書館影印本　一册

330000－1701－0096825　M603569　史部/地理類/方志之屬/郡縣志
[民國]蕭山縣志稿三十三卷首一卷末一卷　彭延慶修　姚瑩俊纂　張宗海續修　楊士龍續纂　民國二十四年(1935)鉛印本　十六册

330000－1701－0096828　M008055　史部/金石類/石之屬/文字
金石文字辨異補編五卷　楊紹廉撰　民國十三年(1924)石印本　五册

330000－1701－0096829　M603570　子部/宗教類/佛教之屬/經
佛説大白傘蓋總持達喇呢經一卷　(元)釋俊辯　(元)釋真治譯　民國十四年(1925)鉛印本　一册

330000－1701－0096831　M603571　集部/總集類/選集之屬/斷代
汪羅彭薛四家合鈔　國學扶輪社輯　民國四年(1915)中國圖書公司鉛印本　五册　缺二卷(汪大紳文鈔三至四)

330000－1701－0096832　M606389、M606390　集部/戲劇類/總集之屬/傳奇
十二家評點李笠翁十種曲　(清)李漁編　民國七年(1918)上海朝記書莊石印本　二册　存二種

330000－1701－0096834　M603572　子部/宗教類/佛教之屬/經疏
募刻佛教全藏疏一卷　民國八年(1919)刻朱印本　一册

330000－1701－0096835　M008147　類叢部/叢書類/自著之屬
更生齋全集□□種　周祥駿撰　民國三十三年(1944)劉子文、焦曉樓石印本　四册　存五種

330000－1701－0096836　M008148　子部/宗教類/佛教之屬/諸宗
宗鏡綱要二卷　沈惟賢編輯　民國二十四年(1935)青島佛學會鉛印本　一册

330000－1701－0096837　M606391　史部/目録類/總録之屬/私撰
中國書店新舊書目□□卷　中國書店編　民國二十二年至二十五年(1933－1936)石印本　一册　存一卷(二十)

330000－1701－0096838　M606392　子部/藝術類/書畫之屬/書法書品
標準行書之研究一卷　黄仲明撰　民國二十五年(1936)石印本　一册

330000－1701－0096839　M008149　子部/宗教類/道教之屬
彙纂功過格十二卷首一卷末一卷　民國二十一年(1932)鉛印本　八册

330000－1701－0096840　M606393、M607438　子部/工藝類/日用器物之屬/錦繡
絲繡叢刊　朱啓鈐輯　民國無冰閣鉛印本　二册　存三種

330000－1701－0096841　M608622　史部/編年類/通代之屬
資治通鑑二百九十四卷　(宋)司馬光撰　(元)胡三省音注　**通鑑釋文辯誤十二卷**　(元)胡三省撰　民國六年(1917)上海商務印書館鉛印本　五册　存二十五卷(六十三至六十七、七十三至七十七、一百七十至一百七十九、二百二十至二百二十四)

330000－1701－0096842　M603575　經部/春秋公羊傳類/傳説之屬
公羊権論一卷　徐震撰　民國十九年(1930)刻本　一册

330000－1701－0096843　M008150　史部/傳記類/别傳之屬/事狀
節孝高母李太夫人哀思録不分卷　高夔輯　民國十八年至十九年(1929－1930)上海聚珍仿宋印書局鉛印本　二册

330000－1701－0096845　M008056　子部/藝術類/篆刻之屬/印譜

鐵柔鐵筆二十種　楊鵬升篆　和平等編　民國二十四年(1935)鈐拓本　四冊　存四種

330000－1701－0096846　M603576　類叢部/叢書類/郡邑之屬

山左先喆遺書　山東省立圖書館編　民國瑞安陳氏裒殷堂鉛印本　一冊　存一種

330000－1701－0096847　M606395　集部/總集類/郡邑之屬

潯溪詩徵四十卷補遺一卷詞徵二卷　周慶雲輯　民國六年(1917)周氏夢坡室刻藍印本　一冊　存一卷(三十七)

330000－1701－0096849　M606396　集部/別集類/清別集

立懦齋外集殘稿一卷　(清)顧壽楨撰　民國十六年(1927)科學儀器館影印本　一冊

330000－1701－0096850　G607638　集部/別集類

嵩溗詩集二卷　章寶銓撰　民國八年(1919)石印本　一冊

330000－1701－0096852　M608627、M610174　史部/目録類/通論之屬/掌故瑣記

書林清話十卷　葉德輝撰　民國九年(1920)葉德輝觀古堂刻本　四冊

330000－1701－0096853　M606397　子部/藝術類/遊藝之屬/聯語

商卜文集聯一卷詩一卷　丁仁撰　民國十七年(1928)石印本　一冊

330000－1701－0096855　M608623　類叢部/叢書類/自著之屬

舜水遺書四種附錄一卷　(明)朱之瑜撰　民國二年(1913)山陰湯壽潛鉛印本　十二冊

330000－1701－0096856　M606398　子部/宗教類/佛教之屬

佛學叢書□□種　丁福保輯　民國上海醫學書局鉛印本暨影印本　二冊　存二種

330000－1701－0096858　M608624　類叢部/叢書類/自著之屬

舜水遺書四種附錄一卷　(明)朱之瑜撰　民國二年(1913)山陰湯壽潛鉛印本　十二冊

330000－1701－0096860　M606399　子部/藝術類/篆刻之屬/印譜

般若波羅蜜多心經印譜一卷　金南治篆刻　民國鈐印本　一冊

330000－1701－0096864　M008151　經部/小學類/音韻之屬/韻書

增補同音字類標韻二卷續編一卷外編一卷　石韞玉增輯　民國紹興育新書局石印本　二冊　缺二卷(續編、外編)

330000－1701－0096865　M606432　史部/目録類/總録之屬/地方

平湖經籍志八卷　陸惟鍌纂　民國二十六年(1937)平湖陸惟鍌求是齋刻藍印本　二冊

330000－1701－0096867　M008152　新學/政治法律

所有權之變遷不分卷　郁元英撰　民國鉛印本　一冊

330000－1701－0096868　M008153　集部/詩文評類/文法之屬/函牘格式

詳註通用尺牘六卷附錄二卷　中華書局編輯　民國上海中華書局鉛印本　二冊　存二卷(四至五)

330000－1701－0096871　M008155　史部/政書類/律令之屬/判牘

樊山判牘四卷　樊增祥撰　民國上海煥文書局石印本　四冊

330000－1701－0096876　M008156　子部/術數類/相宅相墓之屬

撼龍經批注校補六卷疑龍經批注校補三卷　(唐)楊益撰　(清)寇宗集注　(清)高其倬批點　民國石印本　三冊　存六卷(一至六)

330000－1701－0096879　M606433　子部/藝術類/書畫之屬

石室祕寶二卷　存古學會編　民國影印本

二册

330000－1701－0096880　M603577、M603578、M603579　史部/金石類/石之屬/文字

宋拓華山廟碑三種合璧　（漢）郭香察書　民國上海有正書局影印本　三册

330000－1701－0096882　M606434　史部/金石類/金之屬/文字

毛公鼎斠釋一卷　張之綱撰　民國二十三年(1934)上海鉛印本　一册

330000－1701－0096883　M608625　集部/別集類/明別集

遜志齋集三十卷拾遺十卷續拾遺一卷附録一卷　（明）方孝孺撰　民國十七年(1928)寧海胡氏味善居刻本　十八册

330000－1701－0096885　M606435　子部/宗教類/佛教之屬/諸宗

天樂鳴空集三卷　（明）鮑宗肇撰　民國二十年(1931)潮陽郭氏雙百鹿齋刻本　二册

330000－1701－0096887　M606436、M610262　史部/紀傳類/正史之屬

四史四百十五卷　劉承幹輯　民國吳興劉氏嘉業堂影宋刻本　十一册　存一種

330000－1701－0096888　M008158　子部/宗教類/佛教之屬/諸宗

南岳繼起和尚語録十卷　（清）釋濟璣等編　民國影印本　三册

330000－1701－0096890　M606437　史部/地理類/水利之屬

續刻杜白二湖四浦水利全書一卷　葉瀚編　楊振驥纂　民國六年(1917)鉛印本　一册

330000－1701－0096891　M608628　史部/地理類/方志之屬/郡縣志

[民國]廣德縣志稿五十九卷首一卷末一卷　錢文選編　民國三十七年(1948)鉛印本　一册

330000－1701－0096892　M603580　集部/詞類/別集之屬

南唐二主詞彙箋一卷　（五代）李璟　（五代）李煜撰　唐圭璋輯　民國三十六年(1947)正中書局鉛印本　一册

330000－1701－0096894　M608629、M610451　類叢部/叢書類/彙編之屬

求恕齋叢書三十一種　劉承幹編　民國吳興劉氏嘉業堂刻本　三十九册　存八種

330000－1701－0096895　M603581、M610035　史部/傳記類/日記之屬

寒雲日記二卷　袁克文撰　民國二十五年(1936)嘉興劉秉義影印本　二册

330000－1701－0096896　M606438　子部/農家農學類/蠶桑之屬

古今合纂殖桑法一卷　金步瀛撰　民國十九年(1930)鉛印本　一册

330000－1701－0096897　M608630　集部/詞類/別集之屬

鹹酸橋屋詞一卷附庸謹堂歲華紀感一卷　唐詠裳撰　民國十三年至十五年(1924－1926)鉛印本　一册

330000－1701－0096899　M606439　子部/雜著類/雜編之屬

安士全書四種　（清）周夢顔撰　民國七年(1918)陝西趙步雲刻本　一册　存一種

330000－1701－0096900　M603582　子部/叢編

周秦諸子校注十種　陳乃乾輯　民國中國學會影印本　十册

330000－1701－0096901　M608631　史部/傳記類/總傳之屬/家乘

[浙江杭州]重修汪氏遷杭支譜四卷首一卷　汪怡纂　民國二十一年(1932)鉛印本　三册

330000－1701－0096902　M008159　史部/政書類/律令之屬/律例

增修訴狀程式大全六卷　斯文編　民國十三年(1924)共和書局鉛印本　一册　存一卷(三)

330000－1701－0096904　M008059　新學/雜著/叢編

生計彙編一卷　雨塵子撰　**時局彙編一卷歷史彙編二卷地理彙編四卷**　中國之新民撰　**兵事彙編一卷**　奮翮生撰　**法律彙編一卷**　馮宗幹撰　民國石印本　一冊

330000－1701－0096906　M603583　史部/傳記類/別傳之屬

項君亮明哀輓錄一卷　民國十六年(1927)浙瑞隆茂石印本　一冊

330000－1701－0096907　M606440　史部/傳記類/別傳之屬/事狀

張適園先生哀輓錄不分卷　(清)張懿德堂編　民國十七年(1928)鉛印本　一冊

330000－1701－0096908　M608632、M609689/1　子部/小說家類/雜事之屬

堅瓠集六十六卷　(清)褚人獲撰　民國十五年(1926)柏香書屋鉛印本　十五冊

330000－1701－0096909　M008060　集部/詩文評類/詩評之屬

鍾嶸詩品集釋三卷　葉長青纂　民國二十二年(1933)上海華通書局鉛印本　長風閣主人題簽並記　一冊

330000－1701－0096910　M608633　集部/別集類

畏廬續集一卷　林紓撰　民國十二年(1923)上海商務印書館鉛印本　一冊

330000－1701－0096913　M608634　類叢部/叢書類/自著之屬

樊諫議集七家注五種附一種　(唐)樊宗師撰　樊鎮輯　民國紹興樊氏緜綘書屋刻本　二冊　缺附一種

330000－1701－0096914　M608635　集部/別集類/明別集

遜志齋集三十卷拾遺十卷續拾遺一卷附錄一卷　(明)方孝孺撰　民國十七年(1928)寧海胡氏味善居刻本　十八冊

330000－1701－0096915　M008160　集部/曲類/寶卷之屬

雪梅寶卷三官堂二卷　民國三年(1914)上海文益書局石印本　一冊

330000－1701－0096917　M603585　子部/藝術類/書畫之屬/法帖

六朝墓誌菁華四集不分卷　上海有正書局輯　民國九年(1920)上海有正書局影印本　四冊　存第四集

330000－1701－0096918　M608637　集部/總集類/選集之屬/斷代

名賢生日詩十卷附名人生日表一卷　孫雄輯　民國十年(1921)鉛印本　六冊

330000－1701－0096920　M608638、M610654　史部/政書類/公牘檔冊之屬

辦理四庫全書檔案二卷記過檔案一卷四庫館職員記過統計表一卷　王重民編　民國二十三年(1934)國立北平圖書館鉛印本　二冊

330000－1701－0096921　M603586　類叢部/叢書類/彙編之屬

適園叢書七十四種　張鈞衡編　民國二年至六年(1913－1917)烏程張氏刻本(唐大詔令集卷十四至二十四、八十七至九十八原缺)　二冊　存一種

330000－1701－0096923　M008161　子部/宗教類/佛教之屬/諸宗

禪髓錄三卷　無心居士選輯　民國十三年(1924)存誠廬鉛印本　一冊

330000－1701－0096927　M008162　集部/小說類/長篇之屬

繡像繪圖後列國志八卷六十回　民國三年(1914)上海共和書局石印本　五冊　存七卷(一至六、八)

330000－1701－0096928　M603588　子部/叢編

清代筆記叢刊四十一種　文明書局編　民國上海文明書局石印本　四冊　存一種

330000－1701－0096933　M008163　集部/戲劇類/傳奇之屬

長生殿二卷五十齣 (清)洪昇撰 民國十七年(1928)上海掃葉山房石印本 三冊

330000－1701－0096936 M008164 子部/宗教類/道教之屬
三聖經靈驗圖註不分卷 民國九年(1920)石印本 一冊

330000－1701－0096938 M008165 子部/雜著類
因果實錄一卷 民國二十一年(1932)上海明善書局石印本 一冊

330000－1701－0096941 M603589 經部/小學類/文字之屬/說文/傳說
說文釋例二十卷 (清)王筠撰 民國四年(1915)掃葉山房石印本 八冊

330000－1701－0096942 M603590 子部/雜著類/雜考之屬
炳燭編四卷 (清)李賡芸撰 (清)潘祖蔭等編 民國古今圖書館影印本 四冊

330000－1701－0096945 M603591 集部/詩文評類/詩評之屬
唐詩紀事八十一卷 (宋)計有功撰 民國六年(1917)上海文明書局鉛印本 十冊

330000－1701－0096954 M008166 子部/宗教類/道教之屬
經濟尋源九卷 (清)南陽覺空子編 民國九年(1920)上海文寶書局石印本 五冊

330000－1701－0096955 M008062 子部/兵家類/武術技巧之屬
少林拳術精義一卷 (北魏)釋達摩撰 (唐)釋般剌密諦譯 **服氣圖說一卷** 民國七年(1918)上海大聲圖書局石印本 一冊

330000－1701－0096958 M603592 集部/總集類/郡邑之屬
諸暨詩英十一卷續編七卷 徐道政編 民國二十五年(1936)鉛印本 張紫峯題記 四冊

330000－1701－0096964 M008167 集部/小說類/長篇之屬
增像洞冥寶記十卷三十回 民國石印本 一冊

330000－1701－0096967 M008168 子部/宗教類/佛教之屬/諸宗
淨土津要六種 民國十年(1921)上海商務印書館鉛印本 二冊

330000－1701－0096969 M008169 子部/雜著類/雜編之屬
公教大學教材不分卷 公教大學編 民國公教大學輔仁社鉛印本 一冊

330000－1701－0096970 M602964、M608640、M608843、M609501、M610062 集部/別集類
畸園第三次手定詩稿十七種三十二卷 陳遹聲撰 民國十一年(1922)影印本 十五冊 存十一種

330000－1701－0096972 M603593 類叢部/叢書類/郡邑之屬
安徽叢書六期二十五種 安徽叢書編審會輯 民國二十一年至二十五年(1932－1936)影印本 一冊 存第三期一種

330000－1701－0096973 M608641 史部/政書類/邦計之屬
中國經濟史講稿不分卷 李劍農編著 民國三十二年(1943)湖南新中國書局鉛印本 二冊

330000－1701－0096975 M606442 集部/別集類/清別集
培遠堂偶存稿不分卷 (清)陳宏謀撰 民國二十年(1931)嵊縣魏頌唐鉛印本 一冊

330000－1701－0096977 M608642 類叢部/叢書類/彙編之屬
進德叢書八種 丁福保編 民國上海醫學書局鉛印本 一冊 存一種

330000－1701－0096981 M008063 子部/小說家類/雜事之屬
金壺浪墨真本一卷 (清)潘德輿撰 民國十五年(1926)上海著易堂印刷所鉛印本 一冊

330000－1701－0096982　M608643　新學/議論/論政
富強商榷論一卷　盛鴻燾撰　民國二十一年(1932)鉛印本　一冊

330000－1701－0096984　M008171　史部/傳記類/別傳之屬
趙舒訃告哀啟不分卷　趙桂汪等編　民國三十七年(1948)鉛印本　一冊

330000－1701－0096986　M608644　史部/編年類/斷代之屬
民國春秋一卷　嚴偉撰　民國五年(1916)上海中華書局鉛印本　一冊

330000－1701－0096988　M608645、M610103　類叢部/叢書類/自著之屬
雙流劉鑑泉先生遺書二百二十種　劉咸炘撰　徐國光　王道相編輯　民國成都尚友書塾推十圖書經理處刻本、稿本暨抄本　二冊　存一種

330000－1701－0096989　M603594、M608814　子部/醫家類/類編之屬
醫藥叢書十一種　裘慶元輯　民國五年至十年(1916－1921)紹興醫藥學報社刻本　二冊　存二種

330000－1701－0096990　M608646、M609630、M609900　集部/別集類
箋經室遺集二十卷　曹元忠撰　王大隆編　民國三十年(1941)吳縣王氏學禮齋鉛印本　六冊

330000－1701－0096991　M606443　集部/別集類
橫海樓詩集甲稿一卷　陳蔚撰　民國十四年(1925)鉛印本　一冊

330000－1701－0096992　M008173　史部/政書類/邦交之屬
光緒條約一百二卷　許同莘　汪毅　張承棨輯　民國三年(1914)外交部印刷所鉛印本　三十四冊

330000－1701－0096993　M603595　史部/史評類/詠史之屬
今樂府一卷　(清)陳梓撰　(清)鄭亦亭評　民國四年(1915)文新書局石印本　一冊

330000－1701－0096996　M606444　史部/地理類/雜志之屬
臨海要覽一卷　項元勛編　民國五年(1916)杭州武林印書館鉛印本　唐然亭題記　一冊

330000－1701－0096997　M603596　史部/地理類/方志之屬/郡縣志
[嘉慶]餘杭縣志四十卷　(清)張吉安修　(清)朱文藻纂　(清)崔應榴　(清)董作棟續纂　民國八年(1919)吳蘭孫鉛印本　八冊

330000－1701－0097001　M606445　集部/別集類
青黂文彙七卷首一卷　陳立樹撰　民國二十二年(1933)鉛印本　一冊

330000－1701－0097002　M008174　子部/雜著類/雜纂之屬
碎金指迷全集一卷　南通合修社編　民國十一年(1922)上海宏大善書局石印本　一冊

330000－1701－0097005　M606446　類叢部/叢書類/彙編之屬
蘭雪堂叢書　民國二十二年(1933)浙江印刷公司鉛印本　二冊　存一種

330000－1701－0097006　M603597　經部/春秋左傳類/傳說之屬
春秋左傳二卷　(晉)杜預註釋　民國鉛印本　一冊　存一卷(二)

330000－1701－0097007　M008175　子部/宗教類/佛教之屬
訂正第十五版佛學撮要一卷　丁福保編　梅光羲節錄　民國上海醫學書局鉛印本　一冊

330000－1701－0097009　M603598　類叢部/叢書類/自著之屬
康居筆記彙函十三種十四卷　徐珂撰　民國二十二年(1933)徐新六鉛印本　二冊

330000－1701－0097010　M008176　子部/

雜著類
中外人害一卷　徐友白撰　民國十三年(1924)上海宏大善書局石印本　一册

330000－1701－0097012　M603599　集部/總集類/酬唱之屬
徵題超山梅花小啓一卷　錢庚等編　民國鉛印本　一册

330000－1701－0097013　M606448　史部/傳記類/別傳之屬/事狀
魏文節公事略一卷　魏頌唐輯　民國二十五年(1936)鉛印本　一册

330000－1701－0097014　M603600　經部/小學類/音韻之屬/韻書
韻目表一卷　錢恂撰　民國元年(1912)歸安錢氏杭州刻本　一册

330000－1701－0097016　M008072　集部/詩文評類/文法之屬/函牘格式
詳註通用尺牘六卷附錄二卷　中華書局編輯　民國五年(1916)上海中華書局鉛印本　二册　存四卷(五至六、附錄一至二)

330000－1701－0097017　M008064　子部/儒家類/儒學之屬/俗訓
平旦鐘聲二卷毁滅淫書文一卷　(清)好德書齋編　民國悲憫生鉛印本　一册

330000－1701－0097019　M606449　史部/傳記類/別傳之屬/事狀
魏文節公事略一卷　魏頌唐輯　民國二十五年(1936)鉛印本　一册

330000－1701－0097023　M606450　類叢部/叢書類/彙編之屬
四部叢刊　張元濟等編　民國上海商務印書館影印本　二册　存一種

330000－1701－0097025　M008177　史部/傳記類/職官録之屬/總録
職員錄不分卷(民國五年第二期)　印鑄局官書科編纂　民國五年(1916)印鑄局發行所鉛印本　六册

330000－1701－0097026　M608650　史部/目録類/版本之屬/書影
吳興劉氏嘉業堂善本書景五卷　劉承幹輯　民國十八年(1929)吳興劉氏嘉業堂影印本　五册

330000－1701－0097030　M608651　史部/目録類/版本之屬/書影
吳興劉氏嘉業堂善本書景五卷　劉承幹輯　民國十八年(1929)吳興劉氏嘉業堂影印本　三册　存三卷(一至二、五)

330000－1701－0097034　M608652　類叢部/叢書類/彙編之屬
嘉業堂叢書五十七種　劉承幹輯　民國吳興劉氏嘉業堂刻本　六册　存二種

330000－1701－0097038　M606452　子部/醫家類/類編之屬
藥盦醫學叢書　惲鐵樵撰　民國十七年(1928)上海惲鐵樵醫寓鉛印本　三册　存三種

330000－1701－0097046　M008066　類叢部/叢書類/彙編之屬
新青年叢書　民國十四年(1925)上海世界書局石印本　一册　存一種

330000－1701－0097048　M606453　子部/醫家類/類編之屬
藥盦醫學叢書　惲鐵樵撰　民國十七年(1928)上海惲鐵樵醫寓鉛印本　二册　存二種

330000－1701－0097054　M008065　集部/總集類/酬唱之屬
雲鳳新婚集不分卷　盧丙輯　民國二十年(1931)鉛印本　一册

330000－1701－0097055　M606454　集部/別集類
天嬰室叢稿第一輯九卷　陳訓正撰　民國十四年(1925)鉛印本　四册

330000－1701－0097060　M606455　集部/別集類

天嬰室叢稿第一輯九卷　陳訓正撰　民國十四年(1925)鉛印本　四册

330000－1701－0097061　M606456　集部/别集類
天嬰室叢稿第一輯九卷　陳訓正撰　民國十四年(1925)鉛印本　四册

330000－1701－0097062　M606457　集部/别集類
天嬰室叢稿第一輯九卷　陳訓正撰　民國十四年(1925)鉛印本　四册

330000－1701－0097065　M606458　集部/别集類
天嬰室叢稿第一輯九卷　陳訓正撰　民國十四年(1925)鉛印本　四册

330000－1701－0097066　M606459　集部/别集類
天嬰室叢稿第一輯九卷　陳訓正撰　民國十四年(1925)鉛印本　四册

330000－1701－0097069　M606460　集部/别集類
天嬰室叢稿第一輯九卷　陳訓正撰　民國十四年(1925)鉛印本　四册

330000－1701－0097070　M606461　集部/别集類
天嬰室叢稿第一輯九卷　陳訓正撰　民國十四年(1925)鉛印本　四册

330000－1701－0097071　M606462　集部/别集類
天嬰室叢稿第一輯九卷　陳訓正撰　民國十四年(1925)鉛印本　四册

330000－1701－0097072　M007850　經部/易類/正文之屬
周易九卷略例一卷　(三國魏)王弼注　(晉)韓康伯注　民國三十五年(1946)蘭溪葉渭清抄本　馬一浮、葉渭清題記　一册

330000－1701－0097073　M008178　子部/雜著類/雜説之屬
慈護編四卷　民國中華書局鉛印本　一册

330000－1701－0097074　M008179　子部/儒家類/儒學之屬/禮教/鑑戒
八德指南一卷　滄洲子註　民國上海明善書局石印本　一册

330000－1701－0097075　M007853　史部/地理類/專志之屬/寺觀
西溪永興寺志略一卷　莊紹周輯　民國石印本　一册

330000－1701－0097076　M007854　集部/别集類
招隱山房全集二卷　胡文達撰　稿本　一册

330000－1701－0097077　M007855　子部/醫家類/醫案之屬
良方隨錄不分卷　盟鷗閣主人撰　稿本　一册

330000－1701－0097078　M007856　史部/目録類/總録之屬/私撰
小萬卷樓藏書海外同文目錄一卷答東洋近出古書問一卷　姚文棟輯　**皕宋樓藏書源流攷一卷**　(日本)搗田翰撰　**皕宋樓藏書源流攷書後一卷**　沈湛鈞撰　民國抄本　一册

330000－1701－0097080　M606463　集部/别集類
天嬰室叢稿第一輯九卷　陳訓正撰　民國十四年(1925)鉛印本　四册

330000－1701－0097081　M608653　集部/别集類
盤山集三卷　盧伯炎撰　民國三十四年(1945)鉛印本　盧伯炎題記　一册

330000－1701－0097082　M606464　集部/别集類
天嬰室叢稿第一輯九卷　陳訓正撰　民國十四年(1925)鉛印本　四册

330000－1701－0097083　M603601　類叢部/叢書類/彙編之屬
寶顏堂祕笈二百二十八種　(明)陳繼儒編

民國十一年(1922)上海文明書局石印本　四十八冊　存二百二十六種

330000－1701－0097084　M608654　類叢部/叢書類/彙編之屬
涵芬樓祕笈五十一種　孫毓修等輯　民國五年至十五年(1916－1926)上海商務印書館影印本暨鉛印本　一冊　存一種

330000－1701－0097086　M606465　集部/別集類
天嬰室叢稿第一輯九卷　陳訓正撰　民國十四年(1925)鉛印本　四冊

330000－1701－0097087　M008180　子部/兵家類/操練之屬
新兵馬術教育必攜一卷　浙江軍用圖書編譯館編輯　民國三年(1914)杭州浙江兵事雜誌社鉛印本　一冊

330000－1701－0097089　M606466　集部/別集類
天嬰室叢稿第一輯九卷　陳訓正撰　民國十四年(1925)鉛印本　四冊

330000－1701－0097090　M008182　史部/傳記類/科舉録之屬
康熙朝科舉錄一卷　稿本　一冊

330000－1701－0097091　M008181　子部/儒家類/儒學之屬/俗訓
格言聯璧不分卷　(清)金纓輯　民國七年(1918)上海尚古山房石印本　一冊

330000－1701－0097092　M607379、M608655、M608656、M608658　類叢部/叢書類/彙編之屬
四庫全書珍本初集二百三十種　中央圖書館籌備處輯　民國二十三年至二十四年(1934－1935)上海商務印書館據文淵閣本影印本　十八冊　存四種

330000－1701－0097094　M606467　集部/別集類
天嬰室叢稿第一輯九卷　陳訓正撰　民國十四年(1925)鉛印本　四冊

330000－1701－0097096　M008183　子部/宗教類/道教之屬
中學参同一卷　民國九年(1920)石印本　一冊

330000－1701－0097097　M606468　集部/別集類
天嬰室叢稿第一輯九卷　陳訓正撰　民國十四年(1925)鉛印本　四冊

330000－1701－0097098　M606469　集部/別集類
天嬰室叢稿第一輯九卷　陳訓正撰　民國十四年(1925)鉛印本　四冊

330000－1701－0097099　M606470　集部/別集類
天嬰室叢稿第一輯九卷　陳訓正撰　民國十四年(1925)鉛印本　四冊

330000－1701－0097102　M606471　集部/別集類
天嬰室叢稿第一輯九卷　陳訓正撰　民國十四年(1925)鉛印本　四冊

330000－1701－0097103　M606472　集部/別集類
天嬰室叢稿第一輯九卷　陳訓正撰　民國十四年(1925)鉛印本　四冊

330000－1701－0097104　M008185　集部/總集類/選集之屬/通代
宋元明文評註讀本不分卷　王文濡編　金熙　汪勁扶註　民國六年(1917)上海文明書局鉛印本　二冊

330000－1701－0097105　M606473　集部/別集類
天嬰室叢稿第一輯九卷　陳訓正撰　民國十四年(1925)鉛印本　四冊

330000－1701－0097107　M606474　集部/別集類
天嬰室叢稿第一輯九卷　陳訓正撰　民國十四年(1925)鉛印本　四冊

330000－1701－0097109　M606475　集部/別集類
天嬰室叢稿第一輯九卷　陳訓正撰　民國十四年(1925)鉛印本　四冊

330000－1701－0097110　M606476　集部/別集類
天嬰室叢稿第一輯九卷　陳訓正撰　民國十四年(1925)鉛印本　四冊

330000－1701－0097111　M606477　集部/別集類
天嬰室叢稿第一輯九卷　陳訓正撰　民國十四年(1925)鉛印本　四冊

330000－1701－0097113　M606478　集部/別集類
天嬰室叢稿第一輯九卷　陳訓正撰　民國十四年(1925)鉛印本　四冊

330000－1701－0097116　M608659　類叢部/叢書類/彙編之屬
四庫全書珍本初集二百三十種　中央圖書館籌備處輯　民國二十三年至二十四年(1934－1935)上海商務印書館據文淵閣本影印本　八冊　存一種

330000－1701－0097117　M606479　集部/別集類
天嬰室叢稿第一輯九卷　陳訓正撰　民國十四年(1925)鉛印本　四冊

330000－1701－0097119　M606480　集部/別集類
天嬰室叢稿第一輯九卷　陳訓正撰　民國十四年(1925)鉛印本　四冊

330000－1701－0097120　M606481　集部/別集類
天嬰室叢稿第一輯九卷　陳訓正撰　民國十四年(1925)鉛印本　四冊

330000－1701－0097122　M606482　集部/別集類
天嬰室叢稿第一輯九卷　陳訓正撰　民國十四年(1925)鉛印本　四冊

330000－1701－0097125　M606483　集部/別集類
天嬰室叢稿第一輯九卷　陳訓正撰　民國十四年(1925)鉛印本　四冊

330000－1701－0097127　M606484　集部/別集類
天嬰室叢稿第一輯九卷　陳訓正撰　民國十四年(1925)鉛印本　四冊

330000－1701－0097129　M606485　集部/別集類
天嬰室叢稿第一輯九卷　陳訓正撰　民國十四年(1925)鉛印本　四冊

330000－1701－0097133　M606486　集部/別集類
天嬰室叢稿第一輯九卷　陳訓正撰　民國十四年(1925)鉛印本　四冊

330000－1701－0097134　M606487　集部/別集類
天嬰室叢稿第一輯九卷　陳訓正撰　民國十四年(1925)鉛印本　四冊

330000－1701－0097135　M606488　集部/別集類
天嬰室叢稿第一輯九卷　陳訓正撰　民國十四年(1925)鉛印本　四冊

330000－1701－0097136　M008076　類叢部/叢書類/自著之屬
隨園全集三十九種　(清)袁枚撰　民國十九年(1930)國學書局鉛印本　一冊　存一種

330000－1701－0097137　M606489　集部/別集類
天嬰室叢稿第一輯九卷　陳訓正撰　民國十四年(1925)鉛印本　四冊

330000－1701－0097138　M608662　集部/總集類/選集之屬/通代
古詩源十四卷　(清)沈德潛輯　民國上海商務印書館鉛印本　四冊

330000－1701－0097139　M606490　集部/

別集類

天嬰室叢稿第一輯九卷　陳訓正撰　民國十四年(1925)鉛印本　四册

330000－1701－0097140　M608663　集部/別集類

蠖齋文一卷詩一卷　陳寶燠撰　民國鉛印本　一册

330000－1701－0097141　M008186　史部/傳記類/別傳之屬/事狀

靖安胡上將拙如勳匪殉難榮哀錄不分卷　民國二十年(1931)鉛印本　四册

330000－1701－0097142　M608664　集部/別集類

蠖齋文一卷詩一卷　陳寶燠撰　民國鉛印本　一册

330000－1701－0097143　M608665　集部/別集類

蠖齋文一卷詩一卷　陳寶燠撰　民國鉛印本　一册

330000－1701－0097145　M608666　集部/別集類

蠖齋文一卷詩一卷　陳寶燠撰　民國鉛印本　一册

330000－1701－0097146　M608667　集部/別集類

蠖齋文一卷詩一卷　陳寶燠撰　民國鉛印本　一册

330000－1701－0097147　M608668　集部/別集類

蠖齋文一卷詩一卷　陳寶燠撰　民國鉛印本　一册

330000－1701－0097148　M008067　子部/雜著類/雜説之屬

戒淫快讀一卷　寒世子輯　民國上海護生報社石印本　一册

330000－1701－0097149　M608669　集部/別集類

蠖齋文一卷詩一卷　陳寶燠撰　民國鉛印本　一册

330000－1701－0097150　M008078　集部/小説類/長篇之屬

六不先生記一卷十回　何勁編輯　民國元年(1912)湖南長沙模範講演團鉛印本　一册

330000－1701－0097151　M606491　集部/別集類

天嬰室叢稿第一輯九卷　陳訓正撰　民國十四年(1925)鉛印本　四册

330000－1701－0097152　M606492　集部/別集類

天嬰室叢稿第一輯九卷　陳訓正撰　民國十四年(1925)鉛印本　四册

330000－1701－0097158　M603602　類叢部/叢書類/彙編之屬

寶顔堂祕笈二百二十八種　(明)陳繼儒編　民國十一年(1922)上海文明書局石印本　一册　存七種

330000－1701－0097161　M008188　類叢部/叢書類/彙編之屬

四部備要　中華書局編　民國二十五年(1936)上海中華書局鉛印本　八册　存一種

330000－1701－0097164　M603603、M603780　史部/地理類/方志之屬/郡縣志

紹興縣志四種合刊　紹興縣修志委員會輯　民國二十五年(1936)紹興縣修志委員會鉛印本(道光會稽縣志稾卷二至五、十至十三、二十至二十二原缺)　十四册　存一種

330000－1701－0097170　M008079　子部/儒家類/儒學之屬/禮教/鑑戒

八德須知初集八卷　蔡振紳編輯　民國二十一年(1932)上海明善書局石印本　四册

330000－1701－0097171　M008189　子部/醫家類/婦科之屬/產科

達生編一卷　(清)亟齋居士撰　(清)南方恒人述　**福幼編一卷遂生編一卷**　民國十七年(1928)孝豐萬豐印務局鉛印本　一册

330000－1701－0097172　M603604　類叢部/叢書類/彙編之屬
選印宛委別藏四十種　故宫博物院編　民國二十四年(1935)上海商務印書館影印本　三冊　存一種

330000－1701－0097175　M008190　史部/目録類/總録之屬/私撰
書目不分卷　稿本　一冊

330000－1701－0097176　M008191　史部/傳記類/别傳之屬
張濟才先生[銀生]赴告不分卷　民國二十一年(1932)鉛印本　一冊

330000－1701－0097186　M008192　集部/總集類/選集之屬/斷代
太平天國文鈔一卷詩鈔一卷聯語鈔一卷附錄一卷　羅邕　沈祖基輯　民國二十年(1931)上海商務印書館鉛印本　羅鴻濤題記　一冊　存一卷(文鈔)

330000－1701－0097188　M008193　子部/兵家類/操練之屬
再版新兵教育日課預定表一卷　民國鉛印本　一冊

330000－1701－0097192　M008194　子部/宗教類/佛教之屬/諸宗
蓮宗真諦二卷　竺潛僧撰　民國十七年(1928)存誠廬鉛印本　一冊

330000－1701－0097194　M008195　子部/藝術類/遊藝之屬/聯語
楹聯錄存三卷附錄一卷　(清)俞樾撰　民國三年(1914)尚古山房石印本　二冊

330000－1701－0097196　M008074　集部/總集類/尺牘之屬
普通簡要尺牘三卷　民國上海沅益書社石印本　一冊　存一卷(中)

330000－1701－0097198　M008196　子部/醫家類/綜合之屬/雜著
摘錄指南論篇不分卷　民國抄本　一冊

330000－1701－0097200　M608670　集部/别集類
蠖齋文一卷詩一卷　陳寶熯撰　民國鉛印本　一冊

330000－1701－0097201　M008197　子部/宗教類/佛教之屬/經咒
白衣觀音大士神咒一卷敬錄靈異一卷　民國北平中央刻經院佛經善書局鉛印本　一冊

330000－1701－0097202　M608671　集部/别集類
蠖齋文一卷詩一卷　陳寶熯撰　民國鉛印本　一冊

330000－1701－0097203　M603605　類叢部/叢書類/自著之屬
彊邨遺書六種外編二種附一種　朱祖謀撰　民國二十二年(1933)刻本　十二冊

330000－1701－0097204　M608672　集部/别集類
蠖齋文一卷詩一卷　陳寶熯撰　民國鉛印本　一冊

330000－1701－0097206　M008080　子部/儒家類/儒學之屬/禮教/鑑戒
八德須知二集八卷　蔡振紳編輯　民國二十年(1931)明善書局石印本　四冊

330000－1701－0097208　M008081　集部/别集類/清别集
漁洋山人精華錄箋注十二卷補一卷附錄一卷年譜一卷　(清)王士禛撰　(清)金榮箋注　(清)徐淮纂輯　民國上海有正書局石印本　六冊

330000－1701－0097209　M608673、M608674　類叢部/叢書類/彙編之屬
四部叢刊　張元濟等編　民國上海商務印書館影印本　二冊　存二種

330000－1701－0097211　M606493　集部/别集類
天嬰室叢稿第一輯九卷　陳訓正撰　民國十四年(1925)鉛印本　四冊

330000－1701－0097212　M606494　集部/別集類

天嬰室叢稿第一輯九卷　陳訓正撰　民國十四年(1925)鉛印本　四冊

330000－1701－0097213　M008199　子部/宗教類/佛教之屬/經

佛遺教經一卷　吳有章詮證　民國十四年(1925)香山慈幼院鉛印本　一冊

330000－1701－0097214　M606495　集部/別集類

天嬰室叢稿第一輯九卷　陳訓正撰　民國十四年(1925)鉛印本　四冊

330000－1701－0097215　M008263　新學/史志/諸國史

史學不分卷　稿本　一冊

330000－1701－0097216　M008082　集部/別集類/清別集

漁洋山人精華錄箋注十二卷補一卷附錄一卷年譜一卷　(清)王士禛撰　(清)金榮箋注　(清)徐淮纂輯　民國十年(1921)上海有正書局石印本　六冊

330000－1701－0097218　M606496　集部/別集類

天嬰室叢稿第一輯九卷　陳訓正撰　民國十四年(1925)鉛印本　四冊

330000－1701－0097219　M608675　類叢部/叢書類/彙編之屬

四部叢刊三編七十一種　張元濟等編　民國二十四年至二十五年(1935－1936)上海商務印書館影印本　一冊　存一種

330000－1701－0097220　M008200　子部/宗教類/佛教之屬

看破世界一卷　香花道人重編　民國上海佛經流通處石印本　一冊

330000－1701－0097222　M603606、M603607　類叢部/叢書類/彙編之屬

復性書院叢刊二十七種　馬浮編　民國二十九年至三十七年(1940－1948)復性書院刻本暨鉛印本　八冊　存二種

330000－1701－0097223　M606497　集部/別集類

天嬰室叢稿第一輯九卷　陳訓正撰　民國十四年(1925)鉛印本　一冊　存一卷(無邪雜箸)

330000－1701－0097224　M008201　集部/曲類/寶卷之屬

新刻龍鳳鎖寶卷二卷　民國上海廣記書局石印本　一冊

330000－1701－0097226　G609460　新學/學校

高等小學堂習字範本一卷　民國刻本　一冊

330000－1701－0097227　M608676　類叢部/叢書類/彙編之屬

四部備要　中華書局編　民國二十五年(1936)上海中華書局鉛印本　一冊　存一種

330000－1701－0097228　M008202　集部/曲類/寶卷之屬

新刻徐子建雙蝴蝶寶卷一卷　民國五年(1916)上海文益書局石印本　一冊

330000－1701－0097230　M008203　子部/儒家類/儒學之屬/禮教/女範

勸釋纏脚論一卷　(清)曾鳴玉等撰　民國天足會鉛印本　一冊

330000－1701－0097232　M606498　集部/總集類/選集之屬/斷代

近代詩鈔不分卷　陳衍輯　民國十二年(1923)上海商務印書館鉛印本　二十四冊

330000－1701－0097233　M603609　史部/傳記類/別傳之屬/事狀

山陰沈翰齋先生訃告一卷　沈光照等撰　民國二十二年(1933)鉛印本　一冊

330000－1701－0097235　M008205　史部/傳記類/別傳之屬/事狀

宋侍郎胡忠佑公事跡錄一卷　程鳳山輯　民國二十二年(1933)上海新華書局鉛印本

一册

330000－1701－0097236　M008084　集部/別集類

歲寒吟一卷　戴振聲撰　稿本　一册

330000－1701－0097237　M608680、M608681　類叢部/叢書類/彙編之屬

四部備要　中華書局編　民國二十五年(1936)上海中華書局鉛印本　七册　存二種

330000－1701－0097238　M008069　子部/儒家類/儒學之屬/禮教

青年指南一卷附華盛頓日記一卷福熙上將軍令十則一卷　孟澤民撰　民國十四年(1925)上海教育圖書館鉛印本　一册

330000－1701－0097239　M603610　子部/藝術類/書畫之屬/法帖

名人真蹟　民國中華書局影印本　一册　存一種

330000－1701－0097241　M008206　史部/傳記類/職官録之屬/總録

杭州市政府職員錄不分卷　杭州市政府編　民國二十六年(1937)杭州市政府鉛印本　一册

330000－1701－0097244　M603611　史部/金石類/金之屬

增訂歷代符牌圖錄二卷補遺一卷　羅振玉輯　羅福葆　羅福頤和橅　民國十四年(1925)東方學會影印本　一册

330000－1701－0097246　M608678　類叢部/叢書類/彙編之屬

四部叢刊　張元濟等編　民國上海商務印書館影印本　二册　存一種

330000－1701－0097248　M603612　子部/法家類

鄧析子五種合帙　陳乃乾編　民國十八年(1929)中國學會影印本　二册

330000－1701－0097249　M606499　類叢部/叢書類/彙編之屬

知不足齋叢書一百九十五種　(清)鮑廷博輯　(清)鮑士恭續輯　民國十年(1921)上海古書流通處據清鮑氏刻本影印本　二册　存三種

330000－1701－0097251　M608679　類叢部/叢書類/彙編之屬

四部叢刊　張元濟等編　民國上海商務印書館影印本　十六册　存一種

330000－1701－0097253　M008209　子部/宗教類/道教之屬

悟真濟衆壇煉丹道場靈覭錄一卷　楊漢章纂修　吳治一編輯　民國十五年(1926)常州悟真濟衆壇鉛印本　一册

330000－1701－0097254　M603613　集部/別集類/漢魏六朝別集

阮步兵詠懷詩注一卷　(晉)阮籍撰　黄節集注　民國十五年(1926)鉛印本　一册

330000－1701－0097255　M601831、M604626　集部/戲劇類/傳奇之屬

六十種曲一百二十卷　(明)毛晉編　民國二十四年(1935)上海開明書店鉛印本　五十七册　存五十八種

330000－1701－0097256　M603614　史部/傳記類/別傳之屬/事狀

世德堂楊氏六秩雙慶壽言彙編二卷　民國七年(1918)鉛印本　二册

330000－1701－0097262　M008210　子部/雜著類/雜說之屬

封氏聞見記校證十卷　(唐)封演撰　趙貞信校證　**序錄一卷附錄一卷引得一卷**　民國二十二年(1933)哈佛燕京社鉛印本　二册

330000－1701－0097263　M608682　子部/醫家類/婦科之屬/廣嗣

續嗣珍寶一卷　民國二十一年(1932)鉛印本　一册

330000－1701－0097264　M603615　集部/總集類/郡邑之屬

太倉十子詩選十卷　(清)吳偉業輯　民國二

十二年(1933)太倉圖書館鉛印本　二冊

330000－1701－0097267　M603616　類叢部/叢書類/彙編之屬
求恕齋叢書三十一種　劉承幹編　民國吳興劉氏嘉業堂刻本　二冊　存一種

330000－1701－0097268　M603983、M604518、M608683　史部/傳記類/别傳之屬/年譜
宋岳鄂王[飛]年譜六卷首一卷末一卷　錢汝雯編　**宋岳鄂王文集三卷**　(宋)岳飛撰　錢汝雯編　民國十三年(1924)鉛印本　四冊　存七卷(年譜首,一、六,末;文集上中下)

330000－1701－0097270　M008211　子部/宗教類/佛教之屬
敬告華山大眾一卷　釋廣慧撰　**佛教與總理遺教的平等觀一卷**　釋廣慧撰　劉家駒初譯　楊質夫校譯　**孝園敬告隆昌寺大眾詞一卷**　民國鉛印本　一冊

330000－1701－0097271　M008087　子部/雜著類/雜說之屬
案証真言一卷　段正元撰　民國北平道德學社印刷所鉛印本　一冊

330000－1701－0097272　M603617　類叢部/叢書類/彙編之屬
求恕齋叢書三十一種　劉承幹編　民國吳興劉氏嘉業堂刻本　二冊　存一種

330000－1701－0097275　M606500　史部/地理類/總志之屬/通代
灰畫集二十卷　(清)李培輯　民國訓練總監編輯局鉛印本　一冊　存二卷(一至二)

330000－1701－0097276　M608684　史部/雜史類/斷代之屬
武昌開國實録二卷　胡祖舜撰　民國三十七年(1948)鉛印本　一冊　存一卷(上)

330000－1701－0097279　M008068　子部/儒家類/儒學之屬/禮教
五種遺規　(清)陳弘謀輯並撰　民國十一年(1922)上海商務印書館鉛印本　一冊　存一種

330000－1701－0097280　M608685、M609488、M610502　集部/别集類/唐五代别集
駱臨海集十卷附録一卷　(唐)駱賓王撰　(清)陳熙晉注　民國二十六年(1937)義烏黄氏鉛印本　四冊

330000－1701－0097281　M008098、M008114、M008212　類叢部/叢書類/彙編之屬
浙江第一監獄教誨叢書　民國浙江第一監獄印刷科石印本　三冊　存三種

330000－1701－0097282　M008213　子部/宗教類/道教之屬
太上感應篇集傳四卷　(清)惠棟箋　(清)俞樾纘義　(清)姚學塽注　民國十九年(1930)潮陽郭氏雙百鹿齋刻本　四冊

330000－1701－0097283　M008214　子部/宗教類/佛教之屬
觀世音菩薩感應靈課一卷　民國二十二年(1933)潮陽郭氏雙百鹿齋刻本　一冊

330000－1701－0097284　M608686　類叢部/叢書類/自著之屬
銕研厽虈書(鐵研齋叢書)五種　桑宣撰　民國八年(1919)宛平桑氏鉛印本　一冊　存一種

330000－1701－0097286　M008215　子部/宗教類/道教之屬
關聖帝君明聖經誦本一卷附明聖經靈驗一卷　郭泰棣編　**蒙養三種三卷**　章炳麟重訂　江謙增訂　民國十九年(1930)、二十二年(1933)潮陽郭氏輔仁堂刻本　一冊

330000－1701－0097288　M008088　史部/傳記類/别傳之屬/事狀
吴錦堂先生銅像彙録不分卷　民國鉛印本　一冊

330000－1701－0097293　M008091　子部/宗教類/道教之屬/經文
高上玉皇普度尊經三卷附玉皇心印妙經一卷　民國十六年(1927)同善社石印本　一冊

330000－1701－0097295　M008216　新學/

政治法律
行政警察學不分卷　民國二十三年(1934)警官高等學校鉛印本　一冊

330000－1701－0097297　M603618　類叢部/叢書類/彙編之屬
求恕齋叢書三十一種　劉承幹編　民國吳興劉氏嘉業堂刻本　二冊　存一種

330000－1701－0097298　M008217　集部/別集類/清別集
汪悔翁詩續鈔一卷　(清)汪士鐸撰　民國十五年(1926)江寧鄧氏影印本　一冊

330000－1701－0097301　M606502　類叢部/叢書類/自著之屬
巢經巢全集十八種　(清)鄭珍撰　民國二十九年(1940)貴州省政府鉛印並據清刻板彙印本　一冊　存一種

330000－1701－0097305　M603619　類叢部/叢書類/彙編之屬
景印元明善本叢書十種　商務印書館編　民國二十六年至二十九年(1937－1940)上海商務印書館影印本　三冊　存一種

330000－1701－0097307　M603620　集部/詞類/詞韻之屬
詞林正韻三卷發凡一卷　(清)戈載撰　民國四年(1915)掃葉山房石印本　四冊

330000－1701－0097309　M007858　子部/醫家類/眼科之屬
眼科雜錄不分卷　民國抄本　一冊

330000－1701－0097310　M603621　子部/法家類
管子校義二卷　李哲明撰　民國二十年(1931)公記印書局鉛印本　一冊

330000－1701－0097311　M604669、M608687、M609943　類叢部/叢書類/自著之屬
變風變雅賡叢書□□種　陳柱撰　民國北流陳氏十萬卷樓刻本　四冊　存一種

330000－1701－0097313　M007859　史部/傳記類/日記之屬
待死續錄一卷　稿本　一冊

330000－1701－0097314　M603622　子部/法家類
管子校義二卷　李哲明撰　民國二十年(1931)公記印書局鉛印本　一冊

330000－1701－0097317　M007860　子部/宗教類/道教之屬/神符
諸真符命一卷附全真執事榜一卷　民國抄本　一冊

330000－1701－0097325　M007861　集部/戲劇類/雜劇之屬
桃花聖解盦樂府二種二卷　(清)李慈銘撰　民國三十四年(1945)徐生翁抄本　一冊

330000－1701－0097329　M007862　史部/地理類/專志之屬/園林
浙杭大螺螄山易園記一卷附易園二十咏一卷　易揚遠撰　民國十三年(1924)稿本　一冊

330000－1701－0097330　M007863　集部/別集類
梨花軒吟艸不分卷　梨花軒主撰　稿本　二冊

330000－1701－0097331　M007864　集部/別集類
匏琴閣詩三卷　(清)陳昶撰　民國俞大可抄本　一冊

330000－1701－0097332　M008219　子部/宗教類/其他宗教之屬
摩尼教入中國考不分卷　陳垣撰　**摩尼教殘經二卷**　陳垣校錄　民國油印本　章嶔題簽　一冊　存摩尼教入中國考

330000－1701－0097333　M008220　子部/宗教類/其他宗教之屬
火祆教入中國考十二章　陳垣撰　民國油印本　章嶔題簽　一冊

330000－1701－0097334　M008221　史部/政書類/公牘檔冊之屬

浙江省政府會議錄不分卷　民國石印本　四冊

330000－1701－0097335　M008222　史部/政書類/公牘檔冊之屬

浙江省第三區三十五年上半年度工作報告不分卷　鄭小隱編　民國三十五年(1946)油印本　一冊

330000－1701－0097336　M008223　史部/政書類/公牘檔冊之屬

浙江省各縣經濟調查報告書不分卷　浙江經濟學會編　民國鉛印本　一冊

330000－1701－0097337　M008224　子部/術數類/占卜之屬

龜經集成四卷　(清)慎旃輯　民國十八年(1929)抄本　四冊

330000－1701－0097338　M008225　史部/詔令奏議類/奏議之屬

袁忠節公請剿拳匪奏摺原稿一卷　(清)袁昶撰　民國影印本　一冊

330000－1701－0097339　M008226　集部/總集類/題詠之屬

澹巖公是是圖題辭一卷珊浦公落帆歸隱圖題辭一卷　陳振麟　陳振鰲　陳振煌編　民國二十五年(1936)鉛印本　一冊

330000－1701－0097340　M008227　子部/宗教類/道教之屬

明聖經注解三卷　(清)胡印田撰　民國十九年(1930)潮陽郭氏輔仁堂刻本　一冊

330000－1701－0097341　M008228　經部/群經總義類/傳說之屬

羣經生物學衡齊九卷　張長撰　民國二十三年(1934)鉛印本　二冊

330000－1701－0097342　M008229　史部/傳記類/別傳之屬/事狀

錢母陳太夫人七十壽辭彙刊不分卷　李光業等編　民國二十四年(1935)鉛印本　一冊

330000－1701－0097343　M008230　子部/宗教類/佛教之屬/經

佛說阿彌陀經一卷　(後秦)釋鳩摩羅什譯

拔一切業障根本得生淨土陀羅尼一卷　(南朝宋)釋求那跋陀羅譯　民國鉛印本　一冊

330000－1701－0097344　M008232　類叢部/叢書類/彙編之屬

三教心法六種　民國二十五年(1936)上海明善書局鉛印本　九冊

330000－1701－0097345　M008233　子部/宗教類/佛教之屬/諸宗

初機淨業指南一卷　黃慶瀾撰　民國十四年(1925)北京感化學校鉛印本　一冊

330000－1701－0097346　M008234　類叢部/叢書類/彙編之屬

煇鴻樓叢鈔四種　陶承杏輯　民國二十九年(1940)稿本　一冊

330000－1701－0097347　M008235　集部/曲類/曲藝之屬

新編東調大雙蝴蝶全傳三十回　民國抄本　一冊　存十五回(一至十五)

330000－1701－0097348　M008236　新學/政治法律

中立之國際法論不分卷　(日本)遠藤源六撰　王廣圻節譯　民國鉛印本　一冊

330000－1701－0097349　M008237　類叢部/叢書類/自著之屬

巢經巢全集十八種　(清)鄭珍撰　民國二十九年(1940)貴州省政府鉛印並據清刻板彙印本　二冊　存一種

330000－1701－0097350　M008238　子部/宗教類/道教之屬/戒律

文昌帝君陰騭文註證不分卷　(清)潘成雲輯　民國十二年(1923)佛學推行社鉛印本　一冊

330000－1701－0097351　M008239　史部/傳記類/總傳之屬

江蘇省教育會會員姓名一覽表一卷　江蘇省教育會編　民國元年(1912)鉛印本　一冊

330000－1701－0097352　M008240　史部/雜史類/外紀之屬

李氏復仇實録一卷　李贊皋撰　民國二十四年(1935)遼陽李氏鉛印本　一冊

330000－1701－0097353　M008241　史部/目録類/總録之屬/私撰

宋經樓書店舊本書目不分卷　宋經樓書店編　民國二十五年(1936)油印本　一冊

330000－1701－0097354　M008242　集部/總集類

綠窗閒繕不分卷　民國元年(1912)抄本　二冊

330000－1701－0097355　M008243　類叢部/叢書類/彙編之屬

四部備要　中華書局編　民國二十五年(1936)上海中華書局鉛印本　三冊　存一種

330000－1701－0097356　M008244　子部/兵家類/兵法之屬

枝隊戰術實施必携不分卷　兩江教練處編譯　民國鉛印本　一冊

330000－1701－0097357　M008245　集部/總集類/選集之屬/斷代

中華民國自由文章四編　鑄黄山人輯　民國元年(1912)石印本　四冊

330000－1701－0097358　M008247　集部/曲類

平調仙莊會全集四回　民國周石琴抄本　一冊

330000－1701－0097359　M008248　子部/術數類/雜術之屬

明野史燒餅歌一卷財運預知法一卷郭太真像贊一卷彌陀經一卷流年運氣歌一卷　民國元年(1912)殳山施氏樹樑抄本　一冊

330000－1701－0097360　M008249　新學/議論/論政

新湖南一卷　(清)楊毓麟撰　民國鉛印本　一冊

330000－1701－0097361　M008250　集部/小說類/長篇之屬

軍情小說湘纍怨十回　民國抄本　一冊

330000－1701－0097362　M008251　子部/儒家類/儒學之屬/蒙學

學堂日記圖說一卷　(清)梁溪晦齋氏輯　民國二十二年(1933)上海明善書局石印本　一冊

330000－1701－0097363　M008252　集部/總集類/尺牘之屬

歷代名人書札二卷　吳曾祺輯　民國六年(1917)上海商務印書館鉛印本　二冊

330000－1701－0097364　M008253　子部/藝術類/書畫之屬

人間相不分卷　豐子愷繪　民國二十四年(1935)上海開明書店影印本　一冊

330000－1701－0097365　M008254　集部/小說類/短篇之屬

僧道鬬法一卷　民國中華書局鉛印本　一冊

330000－1701－0097366　M008255　史部/雜史類

中華革命滴血記初集不分卷　民國石印本　一冊

330000－1701－0097367　M008258　經部/四書類/總義之屬

學庸綜詮　胡洪受撰　民國三十三年(1944)江西河口怡茂石印所石印本　一冊

330000－1701－0097368　M008259　新學/學校

清華學校研究院緣起一卷章程一卷　民國十五年(1926)鉛印本　一冊

330000－1701－0097369　M008260　子部/宗教類/道教之屬

倉聖宮極樂園詩二卷　民國十一年(1922)上海崇文會鉛印本　一冊

330000－1701－0097370　M008261　史部/傳記類/別傳之屬

廣德錢孝女徵文錄一卷　民國三十一年(1942)鉛印本　一冊

330000－1701－0097371　M008262　子部/醫家類/婦科之屬

婦科方不分卷　民國抄本　一冊

330000－1701－0097372　M008264　集部/別集類

詩艸不分卷　程萬里撰　稿本　一冊

330000－1701－0097373　M008265　史部/傳記類/日記之屬

日記雜稿不分卷　民國四年(1915)稿本　一冊

330000－1701－0097374　M008266　子部/醫家類/方書之屬

醫方不分卷　民國抄本　一冊

330000－1701－0097375　M008267　子部/術數類/相宅相墓之屬

陽宅審辨不分卷　民國抄本　一冊

330000－1701－0097376　M008268　新學/政治法律/刑法

刑法不分卷　(日本)岡田朝太郎講授　江庸口譯　阮性存筆錄　民國抄本　一冊

330000－1701－0097377　M008269　子部/雜著類

雜稿不分卷　民國抄本　一冊

330000－1701－0097378　M008270　史部/目録類/總録之屬/官修

館報第二卷新置圖書保存類目錄不分卷　稿本　一冊

330000－1701－0097379　M008271　集部/總集類/酬唱之屬

虁蕙軒主人詠懷引玉集不分卷　張樹筠編　民國十八年(1929)鉛印本　一冊

330000－1701－0097380　M008272　子部/宗教類/佛教之屬

苦海寶筏二卷　黄維時編　民國二十八年(1939)佛學研究院鉛印本　一冊

330000－1701－0097381　M008273　史部/目録類/總録之屬

直隸書局書籍目錄一卷　直隸書局編　民國十二年(1923)鉛印本　一冊

330000－1701－0097382　M008274　史部/雜史類/斷代之屬

光復軍志八卷　龔翼星撰　民國八年(1919)天津華新印刷局鉛印本　一冊

330000－1701－0097383　M008275　史部/政書類/公牘檔冊之屬

浙江省第五區合作事業會議彙編不分卷　民國二十九年(1940)浙江省第五區行政督察專員公署油印本　一冊

330000－1701－0097385　M606503　史部/史評類/考訂之屬

校史偶得不分卷　陳寶煐撰　民國鉛印本　一冊

330000－1701－0097388　M606504　史部/史評類/考訂之屬

校史偶得不分卷　陳寶煐撰　民國鉛印本　一冊

330000－1701－0097389　M606505　史部/史評類/考訂之屬

校史偶得不分卷　陳寶煐撰　民國鉛印本　一冊

330000－1701－0097390　M606506　史部/史評類/考訂之屬

校史偶得不分卷　陳寶煐撰　民國鉛印本　一冊

330000－1701－0097391　M606508　史部/史評類/考訂之屬

校史偶得不分卷　陳寶煐撰　民國九年(1920)鉛印本　一冊

330000－1701－0097392　M606507　史部/史評類/考訂之屬

校史偶得不分卷　陳寶煐撰　民國九年(1920)鉛印本　一冊

330000－1701－0097393　M606509　史部/史評類/考訂之屬

校史偶得不分卷　陳寶熯撰　民國九年(1920)鉛印本　一冊

330000－1701－0097394　M603623　子部/宗教類/佛教之屬/諸宗

因明入正理論疏敘瑞源記八卷　(唐)釋窺基撰　(日本)釋濬鳳潭記　民國十七年(1928)上海商務印書館鉛印本　三冊　存六卷(一至六)

330000－1701－0097397　M603624、M603627　史部/金石類/石之屬/文字

黄小松藏漢碑五種　(清)黄易藏　民國四年(1915)上海有正書局影印本　二冊　存二種

330000－1701－0097399　M608688　類叢部/叢書類/彙編之屬

娟鏡樓叢刻七種　張祖廉輯　民國九年(1920)嘉善張氏鉛印本　二冊　存五種

330000－1701－0097400　M606510　史部/史評類/考訂之屬

校史偶得不分卷　陳寶熯撰　民國九年(1920)鉛印本　一冊

330000－1701－0097401　M603625　史部/金石類/石之屬/文字

泰山秦篆二十九字南宋精拓本一卷附魯孝王石刻一卷　民國上海有正書局影印本　一冊

330000－1701－0097402　M601834　類叢部/叢書類/彙編之屬

玄覽堂叢書三十三種　鄭振鐸輯　民國三十年(1941)上海影印本　三十三冊　存十一種

330000－1701－0097403　M608689　史部/傳記類/别傳之屬/年譜

皇清誥授光禄大夫毓慶宫行走吏部右侍郎先考子松府君[夏同善]年譜一卷皇清誥封一品夫人先妣屠夫人行狀一卷　(清)夏敦復纂　民國九年(1920)上海聚珍倣宋印書局鉛印本　一冊

330000－1701－0097404　M603626　子部/藝術類/書畫之屬/法帖

楊龢甫先生手蹟四種不分卷　(清)楊調元書　民國三年(1914)石印本　一冊

330000－1701－0097406　M608690　類叢部/叢書類/彙編之屬

辛巳叢編九種　趙詒琛　王大隆輯　民國三十年(1941)鉛印本　一冊　存二種

330000－1701－0097409　M606511　史部/金石類/總志之屬

范鼎卿先生所著書三種　范壽銘撰　民國會稽顧燮光金佳石好樓石印本　二冊　存二種

330000－1701－0097410　M608691、M609484、M610167　集部/别集類

招隱山房詩鈔十二卷　戴啟文撰　民國十五年(1926)刻本　六冊

330000－1701－0097412　M606512、M606528　史部/金石類/總志之屬

范鼎卿先生所著書三種　范壽銘撰　民國會稽顧燮光金佳石好樓石印本　三冊

330000－1701－0097413　M608692　史部/金石類/總志之屬

湫漻齋叢書十種　陳準輯　民國瑞安陳氏刻本　一冊　存一種

330000－1701－0097416　M603629　史部/地理類/方志之屬/郡縣志

[乾隆]烏青鎮志十二卷　(清)董世寧纂修　民國七年(1918)鉛印本　一冊　存六卷(七至十二)

330000－1701－0097417　M608693、M610258　子部/藝術類/書畫之屬/書法書品

草書要領五卷　姬覺彌編　民國二十六年(1937)廣倉學宭石印本　五冊

330000－1701－0097418　M606513　子部/儒家類/儒學之屬/性理

楊園菁華錄四卷　(清)張履祥撰　(清)沈志本纂　民國二十四年(1935)楊園學社鉛印本　一冊

330000－1701－0097419　M606514　子部/儒家類/儒學之屬/性理

楊園菁華錄四卷　（清）張履祥撰　（清）沈志本纂　民國二十四年（1935）楊園學社鉛印本　一冊

330000－1701－0097422　M606515　子部/儒家類/儒學之屬/性理

楊園菁華錄四卷　（清）張履祥撰　（清）沈志本纂　民國二十四年（1935）楊園學社鉛印本　一冊

330000－1701－0097428　M603630　史部/地理類/山川之屬/水志

蕭山湘湖志八卷外編一卷續志一卷　周易藻編　民國十六年（1927）周氏鉛印本　竺可楨題記　五冊

330000－1701－0097429　M608695　類叢部/叢書類/彙編之屬

宋人小説二十八種　涵芬樓編　民國上海商務印書館鉛印本　一冊　存一種

330000－1701－0097430　M606516　史部/地理類/山川之屬/山志

普陀洛迦新志十二卷首一卷　許止淨述　王亨彥輯　民國二十年（1931）鉛印本　四冊

330000－1701－0097434　M603631　史部/金石類/石之屬/文字

明拓石鼓文不分卷石鼓文續集一卷　趙鎬編　民國有正書局影印本　一冊

330000－1701－0097436　M608696　史部/地理類/遊記之屬/紀行

金陵遊記一卷　姚濮撰　民國七年（1918）鉛印本　一冊

330000－1701－0097439　M601835　史部/金石類

非儒非俠齋金石叢著十種　顧燮光撰　民國會稽顧氏金佳石好樓石印本暨鉛印本　一冊　存一種

330000－1701－0097440　M603632　子部/藝術類/書畫之屬/法帖

宋拓太清樓書譜不分卷　（唐）孫過庭書　民國十三年（1924）有正書局影印本　一冊

330000－1701－0097441　M608697　類叢部/叢書類/彙編之屬

四部叢刊　張元濟等編　民國上海商務印書館影印本　哲夫跋　一冊　存一種

330000－1701－0097446　M601836　經部/小學類/文字之屬/字書/字典

新編中華字典十二集十二卷總目一卷檢字一卷辨似一卷補遺一卷　許伏民等編　民國六年（1917）上海羣學書社石印本　五冊

330000－1701－0097448　M606519　類叢部/叢書類/自著之屬

北流陳柱尊叢書□□種　陳柱撰　民國十八年（1929）上海中華書局鉛印本　二冊　存一種

330000－1701－0097453　M608698　子部/藝術類/書畫之屬/畫譜

唐六如畫稿四卷　（明）唐寅繪　民國十年（1921）上海民聲書局石印本　一冊　存一卷（二）

330000－1701－0097454　M606520　類叢部/叢書類/自著之屬

晨風廬叢刊十八種　周慶雲撰　民國吳興周氏夢坡室刻本　一冊　存一種

330000－1701－0097456　M608699　子部/工藝類/日用器物之屬/陶瓷

飲流齋說瓷十卷　許之衡撰　民國十三年（1924）上海朝記書莊鉛印本　一冊　存三卷（八至十）

330000－1701－0097457　M606521　子部/宗教類/道教之屬

老子道德經二卷　（三國魏）王弼注　**音義一卷**　（唐）陸德明撰　**附識一卷老子校勘記一卷**　民國九年（1920）浙江圖書館刻本　一冊

330000－1701－0097459　M601837　史部/地理類/山川之屬/山志

清涼山志八卷首一卷　（明）釋鎮澄修　釋印

光增訂　民國二十二年(1933)蘇州弘化社鉛印本　一冊

330000－1701－0097462　M608700　集部/別集類

雪嚼香吟一卷　羅傳珍撰　民國二十六年(1937)鉛印本　一冊

330000－1701－0097463　M606522　類叢部/叢書類/彙編之屬

復性書院叢刊二十七種　馬浮編　民國二十九年至三十七年(1940－1948)復性書院刻本暨鉛印本　二冊　存一種

330000－1701－0097466　M608701　集部/別集類

蠖齋詩三卷詩話三卷　陳寶煐撰　民國鉛印本　一冊

330000－1701－0097468　M601838、M602054、M603845　子部/藝術類/書畫之屬/總論

佩文齋書畫譜一百卷　(清)孫岳頒等輯　民國八年(1919)上海掃葉山房石印本　六冊　存三十五卷(七至十五、二十四至二十九、三十七至四十二、五十九至六十六、七十五至八十)

330000－1701－0097469　M606523　集部/別集類

聽雨樓詩鈔二卷　胡慶榮撰　民國二十一年(1932)鉛印本　二冊

330000－1701－0097470　M603634　子部/藝術類/書畫之屬/畫法畫品

小蓬萊閣畫鑑七卷獵古集一卷　(清)李修易撰　(清)李厥猷編訂　民國二十三年(1934)上海商務印書館鉛印本　一冊

330000－1701－0097472　M608702　子部/宗教類/佛教之屬

觀世音菩薩靈異紀二卷　萬鈞編　民國十五年(1926)北京感化學校鉛印本　一冊

330000－1701－0097475　M603635　子部/小說家類/雜事之屬

漁磯漫鈔十卷　(清)雷琳　(清)汪琇瑩　(清)莫劍光輯　民國二年(1913)埽葉山房石印本　四冊

330000－1701－0097477　M606524　集部/總集類/氏族之屬

作朋集三卷附錄一卷　(明)嚴調御　(明)嚴武順　(明)嚴敕撰　民國八年(1919)上海聚珍仿宋印書局鉛印本　一冊

330000－1701－0097478　M008092　子部/宗教類/道教之屬/經文

般若波羅蜜多性經一卷　(唐)吕純陽注　**阿那圓性經一卷**　(宋)李修元著并釋　**般若波羅蜜多心經一卷**　民國二十六年(1937)西安陝西省宗教哲學研究社鉛印本　一冊

330000－1701－0097479　M608703　集部/別集類

黄維時詩存四卷　黄維時撰　民國二十八年(1939)鉛印本　二冊

330000－1701－0097481　M601839　類叢部/叢書類/彙編之屬

知不足齋叢書一百九十五種　(清)鮑廷博輯　(清)鮑士恭續輯　民國十年(1921)上海古書流通處據清鮑氏刻本影印本　一冊　存一種

330000－1701－0097482　M606525　史部/目録類/總録之屬/官修

浙江圖書館觀覽類書目四卷補遺一卷附錄一卷　浙江圖書館編　民國四年(1915)浙江圖書館鉛印本　三冊　缺二卷(補遺、附錄)

330000－1701－0097486　M606526　史部/地理類/水利之屬

橫橋堰水利記一卷附泖河案牘一卷　(清)徐用福輯　民國元年(1912)鉛印本　一冊

330000－1701－0097488　M603636　類叢部/叢書類/彙編之屬

四部叢刊　張元濟等編　民國上海商務印書館影印本　四冊　存一種

330000－1701－0097498　M608704　集部/總集類/郡邑之屬

嬀陽詩課二卷　嬀陽詩學社編　民國鉛印本　二冊

330000－1701－0097502　M603637　類叢部/叢書類/彙編之屬
四部備要　中華書局編　民國二十五年(1936)上海中華書局鉛印本　四冊　存一種

330000－1701－0097504　M606527　集部/總集類/酬唱之屬
重游泮水唱和集一卷　毛顯麟等撰　民國十八年(1929)鉛印本　一冊

330000－1701－0097506　M603638　集部/總集類/選集之屬/斷代
唐詩三百首註疏二卷　(清)孫洙編　(清)章燮註　民國古香書屋鉛印本　二冊

330000－1701－0097507　M608705　史部/目録類/版本之屬/書影
重印聚珍倣宋版五開大本四部備要樣本不分卷　中華書局編　民國二十三年(1934)中華書局鉛印本　一冊

330000－1701－0097509　M603639　子部/小說家類
古今筆記精華錄二十四卷　古今圖書局編譯部編纂　民國四年(1915)上海廣益書局石印本　十六冊　存十五卷(一至十五)

330000－1701－0097510　M601840　類叢部/叢書類/彙編之屬
知不足齋叢書一百九十五種　(清)鮑廷博輯　(清)鮑士恭續輯　民國十年(1921)上海古書流通處據清鮑氏刻本影印本　一冊　存一種

330000－1701－0097511　M603640　子部/叢編
秦淮香艷叢書　□□輯　民國十七年(1928)上海掃葉山房石印本　一冊　存二種

330000－1701－0097513　M608706　集部/別集類
茾里膭稿四卷　張原煒撰　民國三十四年(1945)張氏鉛印本　一冊

330000－1701－0097514　M606529、M606532　史部/金石類
非儒非俠齋金石叢著十種　顧燮光撰　民國會稽顧氏金佳石好樓石印本暨鉛印本　二冊　存二種

330000－1701－0097515　M606530　類叢部/叢書類/自著之屬
崇雅堂叢書十四種　楊晨撰　民國二十五年(1936)楊紹翰鉛印本　一冊　存二種

330000－1701－0097517　M603641　類叢部/叢書類/郡邑之屬
湖北先正遺書七十二種七百二十七卷　盧靖編　民國十二年(1923)沔陽盧氏慎始基齋影印本　六冊　存一種

330000－1701－0097518　M608707　集部/別集類
綠天簃詩集一卷詞集一卷　張汝釗撰　民國十四年(1925)鉛印本　一冊

330000－1701－0097520　M601841　類叢部/叢書類/彙編之屬
知不足齋叢書一百九十五種　(清)鮑廷博輯　(清)鮑士恭續輯　民國十年(1921)上海古書流通處據清鮑氏刻本影印本　四冊　存一種

330000－1701－0097523　M608708　集部/別集類
含嘉室詩集八卷　吳士鑑撰　民國元年(1912)鉛印本　二冊

330000－1701－0097524　M603642　史部/金石類/石之屬
漢安甋㼾磚錄一卷拾遺一卷　王修撰　民國十九年(1930)影印本暨鉛印本　一冊

330000－1701－0097527　M608709　集部/別集類
函雅廬文稿三卷詩稿一卷　余重耀撰　民國十二年(1923)鉛印本　二冊

330000－1701－0097528　M606531　集部/別集類

望虹樓遺箸三卷　陶熙孫撰　民國二十四年(1935)鉛印本　張宗祥跋　一册

330000－1701－0097529　M601842　類叢部/叢書類/彙編之屬

知不足齋叢書一百九十五種　(清)鮑廷博輯　(清)鮑士恭續輯　民國十年(1921)上海古書流通處據清鮑氏刻本影印本　二册　存一種

330000－1701－0097530　M603643　子部/兵家類

黄石公素書解一卷　程昌祺撰　民國二十三年(1934)成都華西協和大學哈佛燕京學會鉛印本　一册

330000－1701－0097531　M608710　集部/别集類

函雅廬文稿三卷詩稿一卷　余重耀撰　民國十二年(1923)鉛印本　二册

330000－1701－0097533　M603644　史部/叢編

國立中山大學語言歷史學研究所史料叢刊　民國國立中山大學語言歷史學研究所鉛印本　二册　存一種

330000－1701－0097534　M608711　集部/别集類

春生詩草一卷　王聿鑫撰　民國二十四年(1935)杭州鉛印本　一册

330000－1701－0097537　M603645　史部/叢編

史料叢書　國立中央研究院歷史語言研究所編　民國國立中央研究院歷史語言研究所鉛印本暨影印本　一册　存一種

330000－1701－0097538　M008090　史部/地理類/遊記之屬/紀勝

燕京紀遊一卷　張肇崧撰　民國三年(1914)北京共和印刷局鉛印本　一册

330000－1701－0097539　M608712　集部/别集類

春生詩草一卷　王聿鑫撰　民國二十四年(1935)杭州鉛印本　一册

330000－1701－0097540　M608713　集部/别集類

春生詩草一卷　王聿鑫撰　民國二十四年(1935)杭州鉛印本　一册

330000－1701－0097542　M606533、M607198　史部/目録類/總録之屬/官修

浙江公立圖書館保存類目録續編四卷通常類目録續編四卷補遺附録一卷勘誤表一卷　浙江公立圖書館編　民國七年(1918)浙江公立圖書館鉛印本　二册

330000－1701－0097543　M603646　類叢部/叢書類/彙編之屬

中國學院國學系叢書　民國二十二年(1933)北平中國學院出版科鉛印本　一册　存一種

330000－1701－0097544　M601843、M601844、M601845、M601846、M601847、M601848、M601849　類叢部/叢書類/彙編之屬

知不足齋叢書一百九十五種　(清)鮑廷博輯　(清)鮑士恭續輯　民國十年(1921)上海古書流通處據清鮑氏刻本影印本　九册　存十種

330000－1701－0097547　M603647　史部/傳記類/總傳之屬/儒林

孔氏弟子籍一卷　袁嘉穀輯　民國二十年(1931)雲南崇文印書館石印本　一册

330000－1701－0097550　M603648、M604055　史部/目録類/總録之屬

故宫普通書目六卷　故宫博物院圖書館編　民國二十三年(1934)北平故宫博物院圖書館鉛印本　三册

330000－1701－0097551　M608714　類叢部/叢書類/郡邑之屬

義烏先哲遺書五種　黄侗編　民國二十二年至二十四年(1933－1935)義烏黄氏鉛印本　一册　存一種

330000－1701－0097553　M606534　史部/

目録類/總録之屬/官修

四庫目略四卷　楊立誠編　民國十八年(1929)浙江省立圖書館鉛印本　四冊

330000－1701－0097555　M603649　集部/詩文評類/詩評之屬

湘綺樓說詩八卷　王闓運撰　王簡編輯　民國二十三年(1934)成都書局鉛印本　四冊

330000－1701－0097556　M608715　類叢部/叢書類/郡邑之屬

義烏先哲遺書五種　黄侗編　民國二十二年至二十四年(1933－1935)義烏黄氏鉛印本　一冊　存一種

330000－1701－0097558　M008093　子部/宗教類/道教之屬

太上感應篇註講證案彙編四卷首一卷　釋印光鑒定　民國十四年(1925)上海中華書局鉛印本　二冊

330000－1701－0097559　M608716　集部/別集類

雲石山房詩草一卷　沈廷傑撰　民國二十五年(1936)鉛印本　一冊

330000－1701－0097560　M602938、M602939、M603650　類叢部/叢書類/郡邑之屬

惜硯樓叢刊八種　林慶雲編　民國二十四年(1935)瑞安林氏鉛印本　三冊　存三種

330000－1701－0097564　M603651　集部/詞類/別集之屬

淮海居士長短句三卷　(宋)秦觀撰　民國十九年(1930)北平故宫博物院圖書館影印本　一冊

330000－1701－0097566　M608717　集部/別集類

雛蟬詩稿一卷　周演巽撰　民國十四年(1925)鉛印本　一冊

330000－1701－0097568　M603652　集部/曲類/散曲之屬

擊筑餘音一卷　(明)熊開元撰　民國十三年(1924)沔陽盧氏慎始基齋刻本　一冊

330000－1701－0097569　M608718　集部/別集類

警榧盦詩集一卷文集一卷　許元穎撰　民國二十六年(1937)黄巖友成局鉛印本　一冊

330000－1701－0097571　M008094　子部/宗教類/佛教之屬/經疏

淨名經集解關中疏二卷　(唐)釋道液撰　民國十八年(1929)上海商務印書館鉛印本　二冊

330000－1701－0097573　M606536　史部/傳記類/總傳之屬/仕宦

關帝史略演詞一卷　民國鉛印本　一冊

330000－1701－0097577　M608719　集部/別集類

海濱集四卷　王春林撰　民國二十四年(1935)崇明報館鉛印本　一冊

330000－1701－0097578　M608720　集部/別集類/清別集

玩花軒吟草二卷詩餘一卷　(清)褚成烈撰　民國十年(1921)鉛印本　一冊

330000－1701－0097579　M606537　史部/地理類/專志之屬/祠墓

錢王祠產補編一卷　錢文選編　民國二十六年(1937)鉛印本　一冊

330000－1701－0097580　M606538　史部/地理類/專志之屬/祠墓

錢王祠產補編一卷　錢文選編　民國二十六年(1937)鉛印本　一冊

330000－1701－0097582　M608721　集部/別集類/清別集

鴻雪樓詩選初集四卷外集一卷名媛詩話八卷　(清)沈善寶撰　民國十三年(1924)沈敏元鉛印本　四冊

330000－1701－0097583　M608722　集部/別集類

青贛文彙七卷首一卷　陳立樹撰　民國二十二年(1933)鉛印本　一冊

330000－1701－0097584　M606539　史部/地理類/專志之屬/祠墓
西湖朱文公祠崇祀錄二卷　朱承業纂輯　民國十五年(1926)刻本　二冊

330000－1701－0097586　M606540　史部/地理類/專志之屬/祠墓
西湖朱文公祠崇祀錄二卷　朱承業纂輯　民國十五年(1926)刻本　二冊

330000－1701－0097587　M608723　類叢部/叢書類/郡邑之屬
義烏先哲遺書五種　黄侗編　民國二十二年至二十四年(1933－1935)義烏黄氏鉛印本　三冊　存二種

330000－1701－0097588　M606541　史部/史抄類
史記菁華錄六卷　(清)姚祖恩輯評　民國上海商務印書館鉛印本　三冊

330000－1701－0097589　M601850　類叢部/叢書類/彙編之屬
漢魏叢書三十八種　(明)程榮輯　民國十四年(1925)上海商務印書館據明萬曆程氏刻本影印本　二十冊　存二十種

330000－1701－0097590　M606542　史部/史抄類
史記菁華錄六卷　(清)姚祖恩輯評　民國上海商務印書館鉛印本　三冊

330000－1701－0097591　M608724　類叢部/叢書類/郡邑之屬
義烏先哲遺書五種　黄侗編　民國二十二年至二十四年(1933－1935)義烏黄氏鉛印本　三冊　存二種

330000－1701－0097593　M608725　類叢部/叢書類/郡邑之屬
義烏先哲遺書五種　黄侗編　民國二十二年至二十四年(1933－1935)義烏黄氏鉛印本　三冊　存二種

330000－1701－0097594　M606543　史部/地理類/遊記之屬/紀行
游滇紀事一卷　錢文選撰　民國十九年(1930)鉛印本　一冊

330000－1701－0097595　M608726　集部/別集類
無題詩一卷　魏在田撰　民國鉛印本　一冊

330000－1701－0097596　M606544　史部/地理類/遊記之屬/紀行
游滇紀事一卷　錢文選撰　民國十九年(1930)鉛印本　一冊

330000－1701－0097598　M608727　集部/別集類
無題詩一卷　魏在田撰　民國鉛印本　一冊

330000－1701－0097600　M606545　史部/目録類/總録之屬/官修
四庫目略四卷　楊立誠編　民國十八年(1929)浙江省立圖書館鉛印本　四冊

330000－1701－0097601　M608728　集部/別集類
無題詩一卷　魏在田撰　民國鉛印本　一冊

330000－1701－0097602　M608729　集部/別集類
無題詩一卷　魏在田撰　民國鉛印本　一冊

330000－1701－0097604　M606546　史部/目録類/總録之屬/官修
四庫目略四卷　楊立誠編　民國十八年(1929)浙江省立圖書館鉛印本　楊立誠題記　四冊

330000－1701－0097605　M608730　集部/別集類
無題詩一卷　魏在田撰　民國鉛印本　一冊

330000－1701－0097606　M606547　史部/目録類/總録之屬/官修
四庫目略四卷　楊立誠編　民國十八年(1929)浙江省立圖書館鉛印本　四冊

330000－1701－0097608　M601851　類叢部/叢書類/彙編之屬
漢魏叢書三十八種　(明)程榮輯　民國十四

年(1925)上海商務印書館據明萬曆程氏刻本影印本　十冊　存十一種

330000－1701－0097610　M608731　集部/別集類
無題詩一卷　魏在田撰　民國鉛印本　一冊

330000－1701－0097611　M606548　類叢部/叢書類
啓後亭叢著　劉燿東編　民國三十六年(1947)啓後亭鉛印本　一冊　存一種

330000－1701－0097613　M608732　集部/別集類
無題詩一卷　魏在田撰　民國鉛印本　一冊

330000－1701－0097614　M606549　史部/目録類/總録之屬/官修
文瀾閣目索引一卷　楊立誠編　民國十八年(1929)浙江省立圖書館鉛印本　一冊

330000－1701－0097615　M608733　集部/別集類
無題詩一卷　魏在田撰　民國鉛印本　一冊

330000－1701－0097617　M608734　集部/別集類
無題詩一卷　魏在田撰　民國鉛印本　一冊

330000－1701－0097618　M606550　史部/地理類/專志之屬/寺觀
靈峯寺志九卷首一卷　吳清修　葉向陽　王華纂　民國二十四年(1935)浙江正楷印書局鉛印本　一冊

330000－1701－0097619　M606551　史部/地理類/專志之屬/寺觀
靈峯寺志九卷首一卷　吳清修　葉向陽　王華纂　民國二十四年(1935)浙江正楷印書局鉛印本　一冊

330000－1701－0097620　M608735　集部/別集類
無題詩一卷　魏在田撰　民國鉛印本　一冊

330000－1701－0097621　M606552　史部/地理類/專志之屬/寺觀
靈峯寺志九卷首一卷　吳清修　葉向陽　王華纂　民國二十四年(1935)浙江正楷印書局鉛印本　一冊

330000－1701－0097622　M608736　集部/別集類
沃洲散人漫吟二卷　俞濬鑑撰　民國十九年(1930)鉛印本　二冊

330000－1701－0097625　M608737　集部/別集類/清別集
培遠堂偶存稿不分卷　(清)陳宏謀撰　民國二十年(1931)嵊縣魏頌唐鉛印本　魏頌唐題記　一冊

330000－1701－0097627　M608738　史部/地理類/山川之屬/水志
蕭山湘湖志八卷外編一卷續志一卷　周易藻編　民國十六年(1927)周氏鉛印本　三冊　存六卷(一至四、八,外編)

330000－1701－0097639　M608739　集部/別集類
南歸集一卷　張翥撰　民國十三年(1924)鉛印本　一冊

330000－1701－0097655　M603653　類叢部/叢書類/彙編之屬
玄覽堂叢書續集二十一種　鄭振鐸輯　民國三十六年(1947)國立中央圖書館影印本　二十九冊　存九種

330000－1701－0097658　M601852　類叢部/叢書類/自著之屬
晨風廬叢刊十八種　周慶雲撰　民國吳興周氏夢坡室刻本　三冊　存一種

330000－1701－0097660　M601853　類叢部/叢書類/彙編之屬
求恕齋叢書三十一種　劉承幹編　民國吳興劉氏嘉業堂刻本　一冊　存一種

330000－1701－0097663　M603654　子部/小說家類/雜事之屬
讀書堂西征隨筆一卷　(清)汪景祺撰　民國十七年(1928)故宮博物院圖書館掌故部鉛印

本　一册

330000－1701－0097664　M601854　類叢部/叢書類/彙編之屬
四部叢刊　張元濟等編　民國上海商務印書館影印本　三册　存一種

330000－1701－0097666　M603655　集部/詩文評類/文評之屬
文心雕龍十卷　(南朝梁)劉勰撰　(清)黄叔琳注　(清)紀昀評　民國十三年(1924)上海啓新書局石印本　四册

330000－1701－0097669　M603656　子部/小説家類/雜事之屬
秦淮畫舫録二卷畫舫餘譚一卷三十六春小譜四卷　(清)捧花生撰　民國二十三年(1934)鉛印本　一册　存一卷(秦淮畫舫録一)

330000－1701－0097672　M603658　類叢部/叢書類/彙編之屬
墨海金壺一百十五種　(清)張海鵬輯　民國十年(1921)上海博古齋據清嘉慶虞山張氏刻本影印本　四册　存一種

330000－1701－0097675　M603657　類叢部/叢書類/彙編之屬
四庫全書珍本初集二百三十種　中央圖書館籌備處輯　民國二十三年至二十四年(1934－1935)上海商務印書館據文淵閣本影印本　一册　存一種

330000－1701－0097677　M601855、M601856、M601857、M601858、M601859　類叢部/叢書類/彙編之屬
四部備要　中華書局編　民國二十五年(1936)上海中華書局鉛印本　十册　存四種

330000－1701－0097679　M008276　類叢部/叢書類/自著之屬
君子館類稿　毛昌傑撰　民國二十七年(1938)鉛印本　一册　存一種

330000－1701－0097681　M008277　史部/傳記類/别傳之屬
念劬集一卷　朱健行輯　民國二十三年(1934)鉛印本　一册

330000－1701－0097684　M008278　史部/政書類/邦交之屬
宣統條約不分卷　張承棨　范緒良　胡振平　許同莘　鳳恭寶編　民國外交部鉛印本　二册

330000－1701－0097690　M606553　子部/宗教類/佛教之屬
密菴和尚語録二卷　(宋)釋咸傑撰　(宋)釋崇岳　(宋)釋了悟等編　民國十一年(1922)天童藏經閣刻本　一册

330000－1701－0097691　M008279　子部/儒家類/儒學之屬/禮教/家訓
朱柏廬先生治家格言(朱子家訓)一卷　(清)朱用純撰　民國二十四年(1935)三友實業社石印本　一册

330000－1701－0097692　M608740　集部/别集類
竹間唫榭集十卷　徐行恭撰　民國十八年(1929)杭州刻本　四册

330000－1701－0097697　M008280　類叢部/叢書類/家集之屬
蒯氏家集四種　蒯壽樞輯　民國十八年(1929)合肥蒯氏江寧刻本　一册　存一種

330000－1701－0097698　M608741、M608742　集部/别集類
艮園詩集四卷首一卷後集四卷末一卷　江五民撰　民國五年(1916)上海鉛印本　二册

330000－1701－0097701　M606554　經部/四書類/大學之屬/傳説
大學述義一卷附録一卷　徐紹楨撰　**讀大學法一卷**　民國十七年(1928)商務印書館鉛印本　一册

330000－1701－0097702　M601859　類叢部/叢書類/郡邑之屬
湖北先正遺書七十二種七百二十七卷　盧靖編　民國十二年(1923)沔陽盧氏慎始基齋影印本　一册　存一種

330000－1701－0097703　M008281　子部/雜著類

護生語一卷　鈍道人輯　民國二十三年(1934)成都協美印刷公司鉛印本　一冊

330000－1701－0097705　M008282　子部/雜著類

止善真詮一卷　金蓮花室主人纘義　民國十二年(1923)上海中國道德純一慈濟會鉛印本　一冊

330000－1701－0097709　M603659　史部/地理類/專志之屬/古跡

蘭亭志四卷附錄近人題詠一卷　張若霞編　民國二十五年(1936)鉛印本　一冊

330000－1701－0097710　M606555　類叢部/叢書類/彙編之屬

說庫一百七十種　王文濡編　民國四年(1915)上海文明書局石印本(浮生六記卷五至六原缺)　六十冊

330000－1701－0097712　M608743、M609920　史部/傳記類/日記之屬

祁忠敏公日記十五卷(明崇禎四年至弘光元年)　(明)祁彪佳撰　**祁忠敏公年譜一卷**　(明)王思任撰　(清)梁廷枏　(清)龔沅補編　民國二十六年(1937)紹興縣修志委員會鉛印本　四冊　缺五卷(山居拙錄、自鑒錄、棄錄、甲申日曆、乙酉日曆)

330000－1701－0097716　M601860　類叢部/叢書類/彙編之屬

四庫全書珍本初集二百三十種　中央圖書館籌備處輯　民國二十三年至二十四年(1934－1935)上海商務印書館據文淵閣本影印本　一冊　存一種

330000－1701－0097719　M008284　集部/別集類/清別集

老學庵詩一卷詞一卷　(清)孫紹洙撰　孫誦昭編　民國二十五年(1936)孫誦昭油印本　一冊

330000－1701－0097729　M606556　集部/戲劇類/總集之屬/雜劇

元曲選一百種一百卷　(明)臧懋循編　**論曲一卷**　(元)陶宗儀等撰　**元曲論一卷**　民國七年(1918)上海商務印書館據明博古堂本影印本　一冊　存二種

330000－1701－0097731　M603660　史部/地理類/專志之屬/寺觀

常熟縣破山興福寺志四卷　(明)程嘉燧輯　民國八年(1919)鉛印本　一冊

330000－1701－0097734　M008285　集部/別集類

平養堂疏稿一卷平養文待十六卷附錄一卷詩存二卷聯存一卷　王龍文撰　**素庵文藁二卷**　王玨撰　民國九年(1920)刻本　一冊　存四卷(文待附錄、詩存一至二、聯存)

330000－1701－0097736　M603661　類叢部/叢書類/自著之屬

飲流齋著叢書　許之衡撰　民國石印本暨刻本　一冊　存一種

330000－1701－0097738　M608744　集部/別集類

望虹樓遺箸三卷　陶熙孫撰　民國二十四年(1935)鉛印本　一冊

330000－1701－0097740　M008286　新學/政治法律

羅馬法六編　張煜全編　民國鉛印本　一冊

330000－1701－0097742　M008287　子部/藝術類/書畫之屬/法帖

小楷正則一卷　張槁梧書　民國十年(1921)上海商務印書館石印本　一冊

330000－1701－0097744　M608745　類叢部/叢書類/郡邑之屬

義烏先哲遺書五種　黃侗編　民國二十二年至二十四年(1933－1935)義烏黃氏鉛印本　二冊　存一種

330000－1701－0097745　M008288　史部/傳記類/別傳之屬/事狀

海鹽談少琴先生[庭梧]誌銘行狀一卷附象贊

筆記佚事一卷 盧學源等撰 **談鳳威先生小傳一卷** 許清澄撰 民國二十五年(1936)石印本 一册

330000－1701－0097746 M603663 類叢部/叢書類/自著之屬
勵耘書屋叢刻八種 陳垣撰 民國刻本 二册 存二種

330000－1701－0097747 M008289 子部/雜著類/雜説之屬
歸田錄二卷補遺一卷 (宋)歐陽修撰 民國二十二年(1933)上海商務印書館鉛印本 一册

330000－1701－0097748 M606557 類叢部/叢書類/彙編之屬
四部備要 中華書局編 民國二十五年(1936)上海中華書局鉛印本 二册 存一種

330000－1701－0097749 M603664 史部/地理類/專志之屬/祠墓
顧先生祠會祭題名弟一卷子一卷 顧淳德輯 民國石印本 一册

330000－1701－0097750 M606558 類叢部/叢書類/彙編之屬
四部備要 中華書局編 民國二十五年(1936)上海中華書局鉛印本 一册 存一種

330000－1701－0097753 M608746 類叢部/叢書類/郡邑之屬
義烏先哲遺書五種 黄侗編 民國二十二年至二十四年(1933－1935)義烏黄氏鉛印本 一册 存一種

330000－1701－0097754 M608747 集部/別集類
警梱盦詩集一卷文集一卷 許元穎撰 民國二十六年(1937)黄巖友成局鉛印本 一册

330000－1701－0097757 M608748 集部/別集類
雲石山房詩草一卷 沈廷傑撰 民國二十五年(1936)鉛印本 一册

330000－1701－0097758 M603665 史部/傳記類/總傳之屬/技藝
海上墨林四卷續印增錄一卷 楊逸編輯 民國八年(1919)上海豫園書畫善會刻十年(1921)增刻本 一册 存二卷(一至二)

330000－1701－0097759 M606559 類叢部/叢書類/彙編之屬
四部備要 中華書局編 民國二十五年(1936)上海中華書局鉛印本 一册 存一種

330000－1701－0097760 M608749 集部/別集類
雲石山房詩草一卷 沈廷傑撰 民國二十五年(1936)鉛印本 一册

330000－1701－0097762 M008290 史部/目録類/總録之屬/私撰
慎初堂所藏精本書目一卷 陳乃乾撰 民國石印本 一册

330000－1701－0097764 M608750 類叢部/叢書類/自著之屬
崇雅堂叢書十四種 楊晨撰 民國二十五年(1936)楊紹翰鉛印本 一册 存一種

330000－1701－0097765 M008291 史部/金石類/玉之屬/雜著
中國玉器的名稱之見於經籍者一卷 龔啟聰撰 稿本 一册

330000－1701－0097766 M603666 史部/傳記類/總傳之屬/忠孝
女二十四孝圖説并詩不分卷 潘守廉編 民國二十五年(1936)上海三友實業社有限公司石印本 一册

330000－1701－0097770 M608751 類叢部/叢書類/自著之屬
崇雅堂叢書十四種 楊晨撰 民國二十五年(1936)楊紹翰鉛印本 一册 存一種

330000－1701－0097771 M606560 類叢部/叢書類/彙編之屬
四部備要 中華書局編 民國二十五年(1936)上海中華書局鉛印本 二册 存一種

330000－1701－0097772　M603667　子部/雜著類/雜說之屬
嬰寧什箸　陳訓正撰　民國十八年(1929)鉛印本　一冊　存一種

330000－1701－0097775　M008293　史部/地理類/專志之屬/祠墓
餘杭俞氏宗祠規條一卷　俞人蔚　俞人萃訂　民國十三年(1924)石印本　一冊

330000－1701－0097777　M606561　史部/目録類/總録之屬/官修
壬子文瀾閣所存書目五卷　錢恂編　民國元年(1912)浙江圖書館刻本　四冊

330000－1701－0097779　M603668　史部/地理類/方志之屬/郡縣志
[光緒]杭州府志一百七十八卷首八卷　(清)陳璚等修　(清)王棻等纂　屈映光續修　陸懋勳續纂　齊耀珊重修　吴廛坻重纂　民國十一年(1922)鉛印本　十五冊　存三十五卷(首三至四、七至八,二至四、九至十九、二十六至三十、三十三至三十五、一百十六至一百二十二、一百四十四至一百四十五)

330000－1701－0097782　M008294　史部/地理類/雜志之屬
新疆禮俗志一卷　王樹枏撰　民國新疆官書局鉛印本　一冊

330000－1701－0097783　M008295　史部/地理類/雜志之屬
新疆物候志一卷　王樹枏撰　民國新疆官書局鉛印本　一冊

330000－1701－0097785　M603669　子部/宗教類/佛教之屬
金剛般若波羅蜜經一卷　(後秦)釋鳩摩羅什譯　**金剛呪一卷般若波羅蜜多心經一卷**　(唐)釋玄奘譯　**金剛證驗賦一卷**　(宋)釋智覺撰　民國十九年(1930)潮陽郭氏雙百鹿齋刻本　一冊

330000－1701－0097786　M606562　集部/別集類
九山吟草一卷　姚琮撰　民國二十三年(1934)鉛印本　一冊

330000－1701－0097788　M601861、M601862、M601863、M601864、M601865　類叢部/叢書類/彙編之屬
四部叢刊　張元濟等編　民國上海商務印書館影印本　十冊　存七種

330000－1701－0097790　M606563　集部/別集類
九山吟草一卷　姚琮撰　民國二十三年(1934)鉛印本　一冊

330000－1701－0097791　M008296　史部/政書類/邦計之屬/荒政
籌濟編輯要一卷　何鍵編　民國二十年(1931)鉛印本　一冊

330000－1701－0097792　M606564　集部/別集類
九山吟草一卷　姚琮撰　民國二十三年(1934)鉛印本　一冊

330000－1701－0097793　M603670　集部/別集類/宋別集
宋徽宗詩集一卷附錄一卷　張子祺輯　民國三十四年(1945)鉛印本　一冊

330000－1701－0097794　M008297　史部/傳記類/別傳之屬
愍孝録一卷　項士元輯　民國三年(1914)稿本　一冊

330000－1701－0097796　M606565　史部/地理類/專志之屬/寺觀
靈峯寺志九卷首一卷　吴清修　葉向陽　王華纂　民國二十四年(1935)浙江正楷印書局鉛印本　一冊

330000－1701－0097797　M606566　史部/地理類/專志之屬/寺觀
靈峯寺志九卷首一卷　吴清修　葉向陽　王華纂　民國二十四年(1935)浙江正楷印書局鉛印本　一冊

330000－1701－0097799　M606567　史部/地理類/專志之屬/寺觀
靈峯寺志九卷首一卷　吳清修　葉向陽　王華纂　民國二十四年(1935)浙江正楷印書局鉛印本　一册

330000－1701－0097801　M603671　子部/宗教類/道教之屬/經文
太上十三經十七卷　(清)涵虛子編　民國十二年(1923)玉仙子刻本　一册

330000－1701－0097804　M606568　史部/金石類
非儒非俠齋金石叢著十種　顧燮光撰　民國會稽顧氏金佳石好樓石印本暨鉛印本　二册　存一種

330000－1701－0097805　M008298　類叢部/叢書類/彙編之屬
浙江第一監獄教誨叢書　民國浙江第一監獄印刷科石印本　四册　存四種

330000－1701－0097807　M606569　史部/金石類
非儒非俠齋金石叢著十種　顧燮光撰　民國會稽顧氏金佳石好樓石印本暨鉛印本　二册　存一種

330000－1701－0097808　M606570　集部/別集類
函雅廬文稿三卷詩稿一卷　余重耀撰　民國十二年(1923)鉛印本　二册

330000－1701－0097811　M606571　集部/別集類
天放樓詩續集五卷紅鶴山房詞一卷　金天羽撰　民國二十一年(1932)鉛印本　一册

330000－1701－0097813　M604686、M606572　子部/宗教類/佛教之屬/論疏
成唯識論音響補遺十卷　(清)釋紹覺音義　(清)釋新伊合響　(清)釋智素補遺　民國七年(1918)揚州藏經院刻本　十册

330000－1701－0097816　M008299　史部/政書類/儀制之屬
忠烈祠祭禮一卷　政事堂禮制館編　民國四年(1915)政事堂禮制館鉛印本　一册

330000－1701－0097818　M603673　子部/宗教類/佛教之屬/經
藥師瑠璃光如來本願功德經一卷附東方文一卷回向文一卷　(唐)釋玄奘譯　**郭子彬先生傳贊一卷**　許止淨撰　**先考子彬府君行述一卷**　董康撰　民國二十二年(1933)潮陽郭氏雙百鹿齋刻本　一册

330000－1701－0097819　M606573　史部/政書類/律令之屬/律例
審斷須知不分卷　魏頌唐輯　民國四年(1915)浙江印刷公司鉛印本　一册

330000－1701－0097820　M008300　史部/傳記類/別傳之屬/事狀
朱母陳夫人訃告不分卷　民國十七年(1928)石印本　一册

330000－1701－0097822　M606574　子部/藝術類/書畫之屬/書法書品
書學源流論不分卷　張宗祥撰　民國十年(1921)上海聚珍倣宋印書局鉛印本　一册

330000－1701－0097824　M008301　史部/金石類
遯盦金石叢書十五種　吳隱輯　民國三年至十年(1914－1921)山陰吳氏西泠印社木活字印本　二册　存一種

330000－1701－0097825　M603674　子部/宗教類/佛教之屬/經
藥師瑠璃光如來本願功德經一卷附東方文一卷回向文一卷　(唐)釋玄奘譯　**郭子彬先生傳贊一卷**　許止淨撰　**先考子彬府君行述一卷**　董康撰　民國二十二年(1933)潮陽郭氏雙百鹿齋刻本　一册

330000－1701－0097826　M606575　史部/政書類/邦計之屬/營田
量沙紀畧六章　張鴻編　民國六年(1917)鉛印本　一册

330000－1701－0097828　M008302　經部/

群經總義類/傳說之屬
經傳發微 民國十九年(1930)桐城點石齋石印本 一册 存一種

330000－1701－0097829 M603675 史部/金石類/金之屬/文字
毛公鼎斠釋一卷 張之綱撰 民國二十三年(1934)上海鉛印本 一册

330000－1701－0097830 M606576 類叢部/叢書類/郡邑之屬
括蒼叢書第一集八種 劉燿東編 民國二十七年(1938)鉛印本(滑疑集詩卷二原缺) 十六册

330000－1701－0097833 M008303 子部/農家農學類/農藝之屬/土壤耕作
廣東之重要土系概論不分卷 鄧植儀撰 民國油印本 一册

330000－1701－0097834 M606577 史部/政書類/邦交之屬
清季外交史料六種 (清)王彥威輯 王亮編 民國二十一年至二十四年(1932－1935)北平外交史料編纂處鉛印本 十二册 存一種

330000－1701－0097838 M606578 史部/目録類/專録之屬
參加倫敦中國藝術國際展覽會出品目録四卷 倫敦中國藝術國際展覽會籌備委員會編輯 民國二十四年(1935)鉛印本 一册

330000－1701－0097839 M603676 類叢部/叢書類/彙編之屬
合衆圖書館叢書十五種 合衆圖書館編 民國二十九年至三十七年(1940－1948)鉛印本暨石印本 一册 存一種

330000－1701－0097841 M606579 史部/目録類/專録之屬
參加倫敦中國藝術國際展覽會出品目録四卷 倫敦中國藝術國際展覽會籌備委員會編輯 民國二十四年(1935)鉛印本 一册

330000－1701－0097842 M606580 史部/目録類/專録之屬
參加倫敦中國藝術國際展覽會出品目録四卷 倫敦中國藝術國際展覽會籌備委員會編輯 民國二十四年(1935)鉛印本 一册

330000－1701－0097845 M602195、M606581 類叢部/類書類/通類之屬
欽定古今圖書集成一萬卷目録四十卷 (清)蔣廷錫 (清)陳夢雷等輯 民國二十三年(1934)中華書局影印本 四十册 存五百四十二卷(明倫彙編交誼典一至二十四、四十九至六十、九十七至一百二十,明倫彙編氏族典十四至二十六、五十四至八十、一百八至一百二十一、一百四十七至三百七十二、四百四十二至五百三十一、六百二十至六百四十,明倫彙編人事典三十三至四十三,明倫彙編閨媛典十三至七十五、三百六十至三百七十六)

330000－1701－0097847 M603677 史部/傳記類/總傳之屬/姓名
毗陵名人疑年録六卷 張維驤編 民國三十三年(1944)上海常州旅滬同鄉會鉛印本 一册

330000－1701－0097848 M608752 集部/别集類
觚庵詩存四卷 俞明震撰 民國九年(1920)上海聚珍倣宋印書局鉛印本 一册

330000－1701－0097850 M608753 集部/别集類
丁子居賸草一卷詩餘一卷 丁三在撰 民國十年(1921)丁氏鉛印本 一册

330000－1701－0097852 M608754 集部/别集類/清别集
思僭室詩集一卷 (清)施寯撰 **問雲閣詩集一卷** (清)宋實綺撰 民國二十年(1931)鉛印本 一册

330000－1701－0097854 M603679 集部/詞類/别集之屬
黄山樵唱一卷 朱師轍撰 民國二十一年(1932)燕京刻本 一册

330000－1701－0097855 M007865 集部/

別集類

寄生詩艸一卷　王星共撰　稿本　一册

330000－1701－0097856　M608755　集部/別集類/清別集

思償室詩集一卷　(清)施寯撰　**問雲閣詩集一卷**　(清)宋實綺撰　民國二十年(1931)鉛印本　一册

330000－1701－0097858　M603680　史部/地理類/水利之屬

東壩答問一卷　羅致勳撰　民國二十五年(1936)鉛印本　金松岑題簽　一册

330000－1701－0097859　M608756　集部/別集類

函雅廬文稿三卷詩稿一卷　余重耀撰　民國十二年(1923)鉛印本　二册

330000－1701－0097860　M007866　史部/傳記類/別傳之屬

台星閣履歷一卷　(清)齊中嶔編　民國三十六年(1947)天台齊中嶔抄本　一册

330000－1701－0097862　M608757　集部/別集類

厚莊文鈔三卷詩鈔二卷　劉紹寬撰　民國八年(1919)刻本　二册

330000－1701－0097863　M601868　史部/地理類/專志之屬/寺觀

倉帝廟志一卷　(清)劉正誼編　**續倉帝廟志一卷**　陳艮仙　周毅修輯　**臥龍山倉帝廟立石記一卷**　唐風撰　**西園雅集小約一卷**　王世裕撰　民國二十五年(1936)山陰周氏鉛印本　一册

330000－1701－0097864　M007867　史部/地理類/雜志之屬

浙東三郡紀略一卷　齊中嶔編　稿本　一册

330000－1701－0097865　M603681　史部/目録類/書志之屬/提要

滂喜齋藏書記三卷　(清)潘祖蔭藏　葉昌熾撰　**滂喜齋宋元本書目一卷**　陳乃乾輯　民國十三年(1924)海寧陳氏慎初堂鉛印本　二册

330000－1701－0097867　M608758　集部/別集類

訒菴詩鈔一卷　彭敦毅撰　民國十二年(1923)鉛印本　一册

330000－1701－0097868　M007868　史部/地理類/雜志之屬

浙東三郡紀略一卷　齊中嶔編　民國抄本　一册

330000－1701－0097869　M608759　集部/別集類

訒菴詩鈔一卷　彭敦毅撰　民國十二年(1923)鉛印本　一册

330000－1701－0097870　M603682　史部/地理類/專志之屬/寺觀

竹堂寺志補一卷陽山景福庵紀畧補一卷　釋融泉撰　民國六年(1917)鉛印本　一册

330000－1701－0097871　M601869　史部/地理類/山川之屬/山志

峨眉山志八卷首一卷　(清)蔣超纂　釋印光增訂　民國二十三年(1934)蘇州弘化社鉛印本　一册　存四卷(一至四)

330000－1701－0097873　M608760　集部/別集類/清別集

惺𦶜焚餘稾一卷　(清)陳敬璋撰　民國十七年(1928)陳大綸鉛印本　一册

330000－1701－0097874　M608761　集部/別集類/清別集

惺𦶜焚餘稾一卷　(清)陳敬璋撰　民國十七年(1928)陳大綸鉛印本　一册

330000－1701－0097875　M608762　集部/別集類/清別集

惺𦶜焚餘稾一卷　(清)陳敬璋撰　民國十七年(1928)陳大綸鉛印本　一册

330000－1701－0097876　M603683　史部/目録類/總録之屬/彙刻

叢書書目彙編不分卷補遺一卷　沈乾一編纂

民國十八年(1929)上海醫學書局鉛印本　二册

330000－1701－0097877　M608763　集部/別集類/清別集

霓仙遺稿一卷　(清)葉同春撰　民國十一年(1922)石印本　一册

330000－1701－0097878　M601870、M601998、M602128、M603758、M609821、M610173、M611377　史部/目録類/總録之屬/地方

溫州經籍志三十三卷首一卷外編二卷辨誤一卷　(清)孫詒讓撰　民國十年(1921)浙江公立圖書館刻本　十六册

330000－1701－0097881　M603684　史部/金石類/錢幣之屬/雜著

泉幣圖說六卷　(清)吳文炳　(清)吳鸞撰　民國十六年(1927)上海來青閣書莊影印本　二册

330000－1701－0097882　M007870　類叢部/叢書類/彙編之屬

小學佚書四十六種　(清)馬國瀚輯　民國七年(1918)李石抄本　李石題記　五册

330000－1701－0097884　M603685　史部/政書類/邦計之屬/錢幣

制錢通考三卷　(清)唐與崑輯　民國上海聚珍倣宋印書局鉛印本　一册

330000－1701－0097885　M601871、M607128　史部/金石類/總志之屬

范鼎卿先生所著書三種　范壽銘撰　民國會稽顧燮光金佳石好樓石印本　二册　存二種

330000－1701－0097887　M007873　史部/傳記類/總傳之屬/家乘

上海曹氏續修族譜四卷　曹浩修　民國十四年(1925)鉛印本　四册

330000－1701－0097888　M603686　子部/藝術類/書畫之屬/法帖

翁松禪相國尺牘真蹟不分卷　(清)翁同龢書　民國九年(1920)上海中華書局影印本　九册

330000－1701－0097889　M007874　集部/總集類/題詠之屬

刪艸拾錦不分卷　張光第輯　稿本　一册

330000－1701－0097890　M007880　子部/兵家類/兵法之屬

孫子二卷　(春秋)孫武撰　**陰符經序陰符經序考陰符經原評一卷**　(明)唐順之撰　民國抄本　一册　缺一卷(孫子下)

330000－1701－0097891　M601872　類叢部/叢書類/彙編之屬

古學彙刊第一集三十四種第二集二十七種　鄧實等編　民國元年至三年(1912－1914)上海國粹學報社鉛印本　一册　存第一集七種

330000－1701－0097892　M007875　集部/別集類/清別集

謫麐堂遺集四卷　(清)戴望撰　民國吳興劉氏嘉業堂刻本　二册

330000－1701－0097893　M007876　史部/傳記類/日記之屬

戊午日記不分卷　陶鏞撰　稿本　一册

330000－1701－0097894　M007877　集部/小說類/長篇之屬

析紅樓夢不分卷　鄭逸梅撰　稿本　二册

330000－1701－0097902　M008304　子部/術數類/相宅相墓之屬

沈氏玄空學六卷　(清)沈紹勳撰　江志伊編　王則先補編　民國二十二年(1933)杭州新新文記印刷公司鉛印本　六册

330000－1701－0097905　M008305　史部/傳記類/別傳之屬/事狀

陳母楊太夫人八旬晉二壽言錄八卷　陳調元輯　民國二十年(1931)陳樹德堂鉛印本　二册

330000－1701－0097907　M008306　子部/藝術類/書畫之屬/題跋

梅花庵題畫隨錄不分卷　王綺輯　稿本　八册

330000－1701－0097912　M008307　史部/目録類/總録之屬/私撰
梅花盦書目計數不分卷　定叔編　民國七年(1918)稿本　一册

330000－1701－0097915　M008308、M008613　史部/金石類/總志之屬/目録
古誌彙目□□卷　顧燮光輯　稿本　三册　存三卷(四、六至七)

330000－1701－0097917　M008309　新學/重學/力學
水力機械學四編電力分配學不分卷　民國石印本　一册　存三編(二至四)

330000－1701－0097919　M008311　史部/雜史類/斷代之屬
案頭隨見錄不分卷　民國抄本　一册

330000－1701－0097920　M008312　新學/醫學/藥品
藥物學講義一卷　邢誦華編述　民國石印本　一册

330000－1701－0097922　M008313　史部/傳記類/别傳之屬/事狀
[趙梵清]哀思録一卷　趙枚輯　民國十四年(1925)棣華樓鉛印本　一册

330000－1701－0097924　M008315　集部/曲類/寶卷之屬
桂貞寶卷二卷　民國余炳升抄本　二册

330000－1701－0097925　M008316　史部/政書類/邦交之屬
退款興學之請願一卷　民國石印本　一册

330000－1701－0097926　M008317　子部/宗教類/佛教之屬
清老和尚語錄一卷　民國抄本　一册

330000－1701－0097930　M008319　史部/目録類/專録之屬
褐木廬藏劇目附録一卷補遺一卷續補遺一卷　宋春舫編　民國鉛印本　一册

330000－1701－0097931　M008320　子部/宗教類/道教之屬
天師道與濱海地域之關係一卷　陳寅恪撰　民國鉛印本　一册

330000－1701－0097934　M601873　類叢部/叢書類/郡邑之屬
台州叢書後集十七種　楊晨輯　民國四年(1915)黄巖楊氏刻本　一册　存三種

330000－1701－0097937　M608765　集部/别集類
北溟詩藁二卷補遺一卷　江起鯤撰　民國二十二年(1933)寧波鈞和公司鉛印本　一册

330000－1701－0097938　M608764　集部/别集類
北溟詩藁二卷補遺一卷　江起鯤撰　民國二十二年(1933)寧波鈞和公司鉛印本　一册

330000－1701－0097943　M601874　類叢部/叢書類/郡邑之屬
吴興叢書六十六種　劉承幹編　民國吴興劉氏嘉業堂刻本　十九册　存一種

330000－1701－0097944　M608766　集部/别集類
北溟詩藁二卷補遺一卷　江起鯤撰　民國二十二年(1933)寧波鈞和公司鉛印本　一册

330000－1701－0097945　M608767　集部/别集類
北溟詩藁二卷補遺一卷　江起鯤撰　民國二十二年(1933)寧波鈞和公司鉛印本　一册

330000－1701－0097947　M608768　集部/别集類
北溟詩藁二卷補遺一卷　江起鯤撰　民國二十二年(1933)寧波鈞和公司鉛印本　一册

330000－1701－0097950　M608769　集部/别集類
北溟詩藁二卷補遺一卷　江起鯤撰　民國二十二年(1933)寧波鈞和公司鉛印本　一册

330000－1701－0097951　M608770　集部/别集類

北溟詩藁二卷補遺一卷　江起鯤撰　民國二十二年(1933)寧波鈞和公司鉛印本　一册

330000－1701－0097952　M601875　史部/紀傳類/正史之屬
百衲本二十四史　張元濟輯　民國上海商務印書館影印本　二十八册　存一種

330000－1701－0097953　M608771　集部/别集類
北溟詩藁二卷補遺一卷　江起鯤撰　民國二十二年(1933)寧波鈞和公司鉛印本　一册

330000－1701－0097954　M608772　集部/别集類
北溟詩藁二卷補遺一卷　江起鯤撰　民國二十二年(1933)寧波鈞和公司鉛印本　一册

330000－1701－0097956　M608773　集部/别集類
北溟詩藁二卷補遺一卷　江起鯤撰　民國二十二年(1933)寧波鈞和公司鉛印本　一册

330000－1701－0097957　M608774　集部/别集類
北溟詩藁二卷補遺一卷　江起鯤撰　民國二十二年(1933)寧波鈞和公司鉛印本　一册

330000－1701－0097958　M008321　子部/宗教類/佛教之屬
金剛般若波羅蜜經一卷　(後秦)釋鳩摩羅什譯　民國上海新華書局鉛印本　一册

330000－1701－0097959　M608775　集部/别集類
北溟詩藁二卷補遺一卷　江起鯤撰　民國二十二年(1933)寧波鈞和公司鉛印本　一册

330000－1701－0097960　M608776　集部/别集類
北溟詩藁二卷補遺一卷　江起鯤撰　民國二十二年(1933)寧波鈞和公司鉛印本　一册

330000－1701－0097961　M608777　集部/别集類
北溟詩藁二卷補遺一卷　江起鯤撰　民國二十二年(1933)寧波鈞和公司鉛印本　一册

330000－1701－0097962　M608778　集部/别集類
北溟詩藁二卷補遺一卷　江起鯤撰　民國二十二年(1933)寧波鈞和公司鉛印本　一册

330000－1701－0097964　M601876　史部/紀傳類/正史之屬
百衲本二十四史　張元濟輯　民國上海商務印書館影印本　一册　存一種

330000－1701－0097965　M608779　集部/别集類
北溟詩藁二卷補遺一卷　江起鯤撰　民國二十二年(1933)寧波鈞和公司鉛印本　一册

330000－1701－0097967　M608780　集部/别集類
北溟詩藁二卷補遺一卷　江起鯤撰　民國二十二年(1933)寧波鈞和公司鉛印本　一册

330000－1701－0097968　M008322　史部/傳記類/日記之屬
甦餘日記一卷(道光九年至十三年)　(清)蔣階撰　(清)吴涑輯　民國刻本　一册

330000－1701－0097971　M606583、M607001、M607044　子部/宗教類/佛教之屬/經疏
大般涅槃經疏三德指歸一百卷　(晉)釋曇無讖譯　(南朝宋)釋慧嚴　(南朝宋)釋慧觀　(南朝宋)謝靈運治　(隋)釋灌頂疏　(唐)釋湛然再治　(宋)釋智圓述記　**大般涅槃經玄義發源機要六卷**　(宋)釋智圓撰　民國十四年(1925)揚州宛虹橋眾香庵刻本　十五册　存四十五卷(十二至三十五、五十四至六十八、大般涅槃經玄義發源機要一至六)

330000－1701－0097973　M601877　集部/詞類/總集之屬
御選歷代詩餘一百二十卷　(清)聖祖玄燁定　(清)沈辰垣等輯　民國上海蟫隱廬影印本　二册　存四卷(十六至十七、六十三至六十四)

330000－1701－0097975　M608781　類叢

部/叢書類/彙編之屬

求恕齋叢書三十一種 劉承幹編 民國吳興劉氏嘉業堂刻本 十三册 存二種

330000－1701－0097976 M008323 史部/地理類/雜志之屬

九曜池殘存一卷 黄仲榆編 民國三十六年(1947)油印本 黄仲榆題記 一册

330000－1701－0097978 M008324 子部/農家農學類/鳥獸蟲之屬

秋興必覽二卷 (清)無悶道人撰 (清)王孫經補遺 民國三十三年(1944)木活字印本 一册

330000－1701－0097979 M601878 子部/藝術類/書畫之屬/畫譜

任渭長先生畫傳四種(任渭長四種) (清)任熊繪 民國四年(1915)上海錦文堂書局石印本 一册 存一種

330000－1701－0097981 M604712、M606584、M607057 子部/宗教類/佛教之屬/經疏

大般涅槃經疏三德指歸一百卷 (晉)釋曇無讖譯 (南朝宋)釋慧嚴 (南朝宋)釋慧觀 (南朝宋)謝靈運治 (隋)釋灌頂疏 (唐)釋湛然再治 (宋)釋智圓述記 **大般涅槃經玄義發源機要六卷** (宋)釋智圓撰 民國十四年(1925)揚州宛虹橋眾香庵刻本 十九册 存五十七卷(十二至十七、二十一至三十二、五十四至七十七、九十至九十八,大般涅槃經玄義發源機要一至六)

330000－1701－0097982 M608782 類叢部/叢書類/彙編之屬

巾子居叢刊 民國鉛印本 一册 存一種

330000－1701－0097986 M606585、M607000 子部/宗教類/佛教之屬/經疏

大般涅槃經疏三德指歸一百卷 (晉)釋曇無讖譯 (南朝宋)釋慧嚴 (南朝宋)釋慧觀 (南朝宋)謝靈運治 (隋)釋灌頂疏 (唐)釋湛然再治 (宋)釋智圓述記 **大般涅槃經玄義發源機要六卷** (宋)釋智圓撰 民國十四年(1925)揚州宛虹橋眾香庵刻本 二十七册 存八十卷(九至十一、二十四至一百)

330000－1701－0097990 M606586 子部/宗教類/佛教之屬/經疏

大般涅槃經疏三德指歸一百卷 (晉)釋曇無讖譯 (南朝宋)釋慧嚴 (南朝宋)釋慧觀 (南朝宋)謝靈運治 (隋)釋灌頂疏 (唐)釋湛然再治 (宋)釋智圓述記 **大般涅槃經玄義發源機要六卷** (宋)釋智圓撰 民國十四年(1925)揚州宛虹橋眾香庵刻本 十册 存二十九卷(十八至三十二、五十四至五十六、九十至一百)

330000－1701－0097991 M608783 集部/別集類

清臣詩紀一卷續一卷 石橋撰 民國天台麗美石印社石印本 一册 存一卷(清臣詩紀續)

330000－1701－0097992 M608784 集部/別集類/宋別集

南湖集十卷附錄三卷 (宋)張鎡撰 民國十三年(1924)杭州廣壽慧雲禪寺刻藍印本 四册

330000－1701－0097995 M606587 子部/醫家類/醫案之屬

當代全國名醫驗案類編十四卷 何廉臣評選 民國二十五年(1936)上海大東書局鉛印本 八册

330000－1701－0097996 M008325 子部/宗教類/佛教之屬/經疏

大方廣圓覺脩多羅了義經講義二卷附戊午講經會同緣錄一卷 釋諦閑講演 民國十六年(1927)上海商務印書館鉛印本 二册

330000－1701－0097998 M606588 子部/宗教類/道教之屬

重訂莊子集註三卷 阮毓崧輯 民國二十五年(1936)上海中華書局鉛印本 五册

330000－1701－0098000 M608785 集部/別集類/宋別集

南湖集十卷附錄三卷 (宋)張鎡撰 民國十

三年(1924)杭州廣壽慧雲禪寺刻藍印本　德果和尚題記　四冊

330000－1701－0098004　M601880　子部/儒家類/儒家之屬
荀子集解二十卷首一卷　(唐)楊倞注　王先謙集解　民國二十二年(1933)上海商務印書館據清光緒十七年(1891)長沙王氏刻本影印本　二冊　存四卷(首、十八至二十)

330000－1701－0098005　M008326　子部/醫家類/類編之屬
醫古微六種　張驥撰　民國二十四年(1935)雙流張氏義生堂成都刻本　一冊　存一種

330000－1701－0098006　M606589　子部/宗教類/佛教之屬/經疏
彌陀畧解圓中鈔二卷　(明)釋大佑解　(明)釋傳燈鈔　民國二年(1913)揚州藏經院刻本　二冊

330000－1701－0098007　M608786　類叢部/叢書類/自著之屬
樊諫議集七家注五種附一種　(唐)樊宗師撰　樊鎮輯　民國紹興樊氏緜絳書屋刻本　一冊　存三種

330000－1701－0098008　M008103　集部/詞類/别集之屬
頤和園詞一卷　王國維撰　民國元年(1912)石印本　蔚園題簽並記　一冊

330000－1701－0098009　M606590　子部/宗教類/佛教之屬/經疏
彌陀畧解圓中鈔二卷　(明)釋大佑解　(明)釋傳燈鈔　民國二年(1913)揚州藏經院刻本　二冊

330000－1701－0098010　M606591　子部/宗教類/佛教之屬/經疏
彌陀畧解圓中鈔二卷　(明)釋大佑解　(明)釋傳燈鈔　民國二年(1913)揚州藏經院刻本　二冊

330000－1701－0098011　M606592　子部/宗教類/佛教之屬/經疏
彌陀畧解圓中鈔二卷　(明)釋大佑解　(明)釋傳燈鈔　民國二年(1913)揚州藏經院刻本　一冊　存一卷(下)

330000－1701－0098012　M601881　史部/雜史類/斷代之屬
南明野史三卷首一卷附錄一卷　(清)南沙三餘氏撰　民國十九年(1930)上海商務印書館鉛印本　一冊　存二卷(首、上)

330000－1701－0098013　M608787　類叢部/叢書類/自著之屬
樊諫議集七家注五種附一種　(唐)樊宗師撰　樊鎮輯　民國紹興樊氏緜絳書屋刻本　二冊　缺附一種

330000－1701－0098014　M008327　史部/目録類/專録之屬
隴右方志錄一卷　張維纂　民國二十二年(1933)蘭州俊華印書館鉛印本　一冊

330000－1701－0098016　M606593　子部/宗教類/佛教之屬/論疏
成唯識論著述三種　(唐)釋窺基撰　民國五年至九年(1916－1920)金陵刻經處刻本　七冊

330000－1701－0098017　M601882、M609076　史部/史抄類
史逡二卷　姚琮撰　民國三十四年(1945)鉛印本　姚琮題記　二冊

330000－1701－0098018　M608788　類叢部/叢書類/自著之屬
樊諫議集七家注五種附一種　(唐)樊宗師撰　樊鎮輯　民國紹興樊氏緜絳書屋刻本　一冊　存二種

330000－1701－0098020　M606594　子部/宗教類/佛教之屬/論疏
成唯識論著述三種　(唐)釋窺基撰　民國五年至九年(1916－1920)金陵刻經處刻本　五冊　存二種

330000－1701－0098021　M601883、M603789　史部/地理類/專志之屬/古跡

宋平江城坊攷五卷首一卷附錄一卷補遺二卷吳中氏族志攷補一卷吳中氏族志一卷吳中故市攷一卷 王謇撰 民國十四年(1925)鉛印本 三册 存六卷(宋平江城坊攷首、一至五)

330000－1701－0098022 M608789 類叢部/叢書類/自著之屬
樊諫議集七家注五種附一種 (唐)樊宗師撰 樊鎮輯 民國紹興樊氏緜絳書屋刻本 一册 存一種

330000－1701－0098023 M601884 子部/小説家類
顧氏文房小説四十種五十八卷 (明)顧元慶輯 民國十四年(1925)上海商務印書館據明刻本影印本 二册 存八種

330000－1701－0098024 M608790 類叢部/叢書類/彙編之屬
嘉業堂叢書五十七種 劉承幹輯 民國吳興劉氏嘉業堂刻本 一册 存一種

330000－1701－0098025 M008328 史部/史評類/史論之屬
讀行朝録書後一卷 民國五年(1916)老尹抄本 一册

330000－1701－0098026 M606595、M609744 集部/詩文評類/詩評之屬
古今詩學大全六卷 世界書局編輯所編輯 民國十五年(1926)上海世界書局石印本 三册 存二種

330000－1701－0098028 M606596 子部/藝術類/書畫之屬/畫譜
童之風人物仕女畫譜不分卷 童之風繪 民國十四年(1925)上海圖書館影印本 一册

330000－1701－0098029 M608791 類叢部/叢書類/彙編之屬
嘉業堂叢書五十七種 劉承幹輯 民國吳興劉氏嘉業堂刻本 一册 存一種

330000－1701－0098030 M606597 史部/目録類/版本之屬/書影
重印聚珍倣宋版五開大本四部備要樣本不分卷 中華書局編 民國二十三年(1934)中華書局鉛印本 一册

330000－1701－0098031 M608792 類叢部/叢書類/彙編之屬
嘉業堂叢書五十七種 劉承幹輯 民國吳興劉氏嘉業堂刻本 二册 存一種

330000－1701－0098032 M606598 集部/別集類/唐五代別集
唐女郎魚玄機詩一卷 (唐)魚玄機撰 民國二十五年(1936)上海中華書局鉛印本 一册

330000－1701－0098034 M606599 類叢部/叢書類/彙編之屬
四部備要 中華書局編 民國二十五年(1936)上海中華書局鉛印本 一册 存一種

330000－1701－0098035 M008329 集部/小說類/短篇之屬
第九才子書捉鬼傳四卷十回 (清)劉璋編 民國石印本 一册

330000－1701－0098036 M608793 集部/別集類
天放樓詩續集五卷紅鶴山房詞一卷 金天羽撰 民國二十一年(1932)鉛印本 一册

330000－1701－0098040 M606601 類叢部/叢書類/輯佚之屬
影印學津討原樣本一卷 商務印書館編 民國上海商務印書館鉛印本暨影印本 一册

330000－1701－0098041 M008331 史部/政書類/邦計之屬/鹽法
鹽法通志一百卷首一卷 周慶雲纂 民國七年(1918)鉛印本 二册 存六卷(二十八至三十三)

330000－1701－0098044 M601885 子部/藝術類/書畫之屬
書林藻鑑十二卷 馬宗霍輯 民國二十四年(1935)上海商務印書館鉛印本 一册 存三卷(九至十一)

330000－1701－0098045　M606602　史部/目録類/版本之屬/書影

重印聚珍倣宋版五開大本四部備要樣本不分卷　中華書局編　民國二十三年(1934)中華書局鉛印本　一冊

330000－1701－0098046　M606603　史部/政書類/公牘檔冊之屬

籌募海甯賑捐會海甯壬申賑餘管理委員會徵信錄不分卷　民國二十四年(1935)鉛印本　一冊

330000－1701－0098047　M008332　史部/目録類/專録之屬

近百年内已故名家書展目錄一卷　上海市美術館籌備處編　民國三十六年(1947)鉛印本　一冊

330000－1701－0098049　M008333　子部/雜著類/雜說之屬

軍人精神譚不分卷　興武將軍行署編演　民國石印本　一冊

330000－1701－0098050　M606604　史部/政書類/公牘檔冊之屬

籌募海甯賑捐會海甯壬申賑餘管理委員會徵信錄不分卷　民國二十四年(1935)鉛印本　一冊

330000－1701－0098051　M601886、M601887　子部/叢編

百子全書　(清)崇文書局編　民國上海掃葉山房石印本　二冊　存一種

330000－1701－0098053　M606605　史部/政書類/公牘檔冊之屬

浙江省臨時議會議決案不分卷　浙江省臨時議會編　民國元年(1912)鉛印本　一冊

330000－1701－0098056　M008334　經部/小學類/文字之屬/字書

最新改良繪圖七言雜字一卷　民國上海劉德記書局石印本　一冊

330000－1701－0098057　M008335　史部/傳記類/日記之屬

曲園日記一卷(光緒十八年二月初十至四月初三日)　(清)俞樾撰　民國石印本　一冊

330000－1701－0098059　M606606　史部/目録類/總録之屬/地方

台州經籍志四十卷　項士元編　民國四年(1915)鉛印本　十六冊

330000－1701－0098062　M606631　集部/總集類/選集之屬/斷代

翼社叢刊第一集　翼社輯　民國六年(1917)上海翼社事務所鉛印本　一冊

330000－1701－0098065　M008337　子部/小說家類/雜事之屬

婦女騙局全書□□編　章秋谷纂　民國石印本　一冊　存四編(一至四)

330000－1701－0098066　M608794　集部/別集類/唐五代別集

樊紹述集注二卷　(唐)樊宗師撰　(清)孫之騄輯　**絳守居園池記一卷**　(唐)樊宗師撰　民國五年(1916)樊氏刻本　二冊

330000－1701－0098067　M606607、M606932、M609176、M611152　史部/目録類/總録之屬/地方

台州經籍志四十卷　項士元編　民國四年(1915)鉛印本　十六冊

330000－1701－0098070　M608795　集部/別集類/清別集

明秋館選課一卷古今體詩存一卷詞賸一卷附曲兩齣　(清)裘凌仙撰　民國三年(1914)鉛印本　二冊

330000－1701－0098072　M008338　子部/儒家類/儒學之屬/性理

陽明粹言一卷　(明)王守仁撰　柯岷輯　民國十二年(1923)山西洗心總社鉛印本　一冊

330000－1701－0098074　M608796　集部/別集類/清別集

明秋館選課一卷古今體詩存一卷詞賸一卷附曲兩齣　(清)裘凌仙撰　民國三年(1914)鉛印本　一冊

330000－1701－0098077　M608797　集部/別集類/清別集

明秋館選課一卷古今體詩存一卷詞賸一卷附曲兩齣　(清)裘凌仙撰　民國三年(1914)鉛印本　一冊

330000－1701－0098080　M008339　子部/藝術類/遊藝之屬/博戲

牙牌靈數八種　民國石印本　一冊

330000－1701－0098081　M608798、M608877、M609534　類叢部/叢書類/郡邑之屬

涇川叢書四十四種續七種　(清)趙紹祖 (清)趙繩祖編　民國六年(1917)翟鳳翔等據嘉慶至道光涇縣趙氏古墨齋刻本影印本　八冊　存二十一種

330000－1701－0098082　M601889　類叢部/類書類/專類之屬

年華録四卷　(清)全祖望撰　民國十八年(1929)上海商務印書館鉛印本　一冊　存二卷(三至四)

330000－1701－0098085　M008340　新學/學校

社會教育白話宣講書第二編不分卷　國民教育實進會編　民國上海國民教育實進會鉛印本　一冊

330000－1701－0098086　M601890　類叢部/類書類/專類之屬

年華録四卷　(清)全祖望撰　民國十八年(1929)上海商務印書館鉛印本　一冊　存二卷(三至四)

330000－1701－0098094　M601891　類叢部/叢書類/彙編之屬

四部備要　中華書局編　民國二十五年(1936)上海中華書局鉛印本　一冊　存一種

330000－1701－0098096　M007878　集部/小説類

小説講義二卷　徐君梅撰　民國油印本　一冊　存一卷(下)

330000－1701－0098097　M601892　子部/藝術類/篆刻之屬/印譜

印譜不分卷　(清)董熊輯　民國三年(1914)周慶雲石印本　一冊

330000－1701－0098101　M601893　類叢部/叢書類/彙編之屬

選印宛委別藏四十種　故宫博物院編　民國二十四年(1935)上海商務印書館影印本　一冊　存一種

330000－1701－0098104　M007881　子部/醫家類/婦科之屬/產科

竹林寺婦產良方不分卷　民國十七年(1928)寶豐堂徐德鑫抄本　一冊

330000－1701－0098105　M007882　史部/傳記類/日記之屬

壬戌日記不分卷　徐瑞徵撰　稿本　一冊

330000－1701－0098108　M007883　集部/別集類/清別集

讀選樓詩稿十卷　(清)王采蘋撰　民國六年(1917)抄本　一冊

330000－1701－0098109　M007884　史部/傳記類/日記之屬

吳原日記一卷　吳原撰　民國二十三年(1934)稿本　一冊

330000－1701－0098111　M007885　史部/目録類/總録之屬/官修

文瀾閣四庫全書補抄什記一卷　民國抄本　一冊

330000－1701－0098113　M007886　史部/金石類/郡邑之屬/文字

越中金石山會兩邑續記十卷　顧燮光編　民國三十四年(1945)陶承杏抄本　五冊

330000－1701－0098114　M007887　集部/戲劇類

玉梅怨四幕一卷　白蘅撰　民國抄本　一冊

330000－1701－0098115　M007888　子部/醫家類/養生之屬

宗教類/佛教之屬/諸宗

刪定止觀六卷天台智者大師傳論一卷天台止觀統例一卷 （唐）梁肅撰 民國十一年(1922)北京刻經處刻本 三冊

330000－1701－0098164 M606619 子部/醫家類/醫話醫論之屬

嬾園醫語二卷 傅崇黻語錄 浙江中醫專門學校學生記錄 民國十年(1921)浙江中醫專門學校鉛印本 二冊

330000－1701－0098165 M603701 子部/藝術類/書畫之屬/法帖

唐拓九成宮醴泉銘一卷 （唐）歐陽詢書 民國上海有正書局影印本 一冊

330000－1701－0098166 M606620 集部/別集類

沃洲散人漫吟二卷 俞濬鑑撰 民國十九年(1930)鉛印本 一冊 存一卷(一)

330000－1701－0098168 M603702 子部/藝術類/書畫之屬/總論

平津館鑒藏書畫記一卷 （清）孫星衍撰 民國鉛印本 一冊

330000－1701－0098169 M606621 子部/宗教類/佛教之屬

觀世音菩薩本迹感應頌四卷首一卷 許止淨述 **金剛經功德頌一卷** 許止淨述 劉契淨注 民國十六年(1927)上海中華書局鉛印本 一冊 存三卷(首、一至二)

330000－1701－0098170 M603703 子部/宗教類/佛教之屬/經

佛說大白傘蓋總持達喇呢經一卷 （元）釋俊辯 （元）釋真治譯 民國十四年(1925)鉛印本 一冊

330000－1701－0098172 M606622 新學/工藝

染色學大意六卷 朱光燾編 民國石印本 一冊 存一卷(六)

330000－1701－0098173 M603704 集部/別集類

珍帚齋詩草一卷畫稿一卷 姚景瀛撰 **騫騫詩草一卷** 姚繼虺撰 民國三十五年(1946)影印本 一冊

330000－1701－0098174 M606623 史部/政書類/公牘檔冊之屬

浙江省圖書審查會第二部高初小學校校長互選人名冊不分卷 民國鉛印本 一冊

330000－1701－0098175 M603705 子部/藝術類/書畫之屬/法帖

龍門造像二十品不分卷 高繹求藏 民國十二年(1923)上海古今圖書店影印本 一冊

330000－1701－0098176 M606624 子部/宗教類/佛教之屬

佛學叢書□□種 丁福保輯 民國上海醫學書局鉛印本暨影印本 一冊 存一種

330000－1701－0098179 M603706、M609742、M610561 集部/小說類/長篇之屬

全圖足本蕩寇志全傳十六卷一百四十回末一卷 （清）俞萬春撰 （清）范辛來 （清）邵恩祖評 民國十二年(1923)上海啟新書局石印本 十二冊 存十二卷(一、三至八、十、十二至十四、十六)

330000－1701－0098180 M606625 史部/地理類/水利之屬

視察無錫江陰武進丹陽丹徒金壇宜興溧陽水利記錄一卷 林保元 華毓鵬 龔允文撰 民國鉛印本 一冊

330000－1701－0098181 M606626 子部/宗教類/佛教之屬

佛學叢書□□種 丁福保輯 民國上海醫學書局鉛印本暨影印本 二冊 存二種

330000－1701－0098184 M606627 史部/政書類/公牘檔冊之屬

浙江省政府會議紀錄彙刊不分卷 浙江省政府秘書處編 民國十七年至十九年(1928－1930)浙江省政府秘書處鉛印本 二冊 存第五至六編

330000－1701－0098185 M603708 子部/

叢編
六子全書　(明)顧春輯　民國三年(1914)右文社據明嘉靖十二年(1533)吳郡顧氏世德堂刻本影印本　六冊　存一種

330000－1701－0098186　M606628、M607558　史部/地理類/水利之屬
豫河三志十二卷首一卷末一卷　陳汝珍修　民國二十一年(1932)開明印書局鉛印本　六冊

330000－1701－0098187　M606629　史部/政書類/律令之屬
浙江省現行法規彙編不分卷　浙江省政府秘書處編輯　民國二十三年(1934)浙江省政府秘書處鉛印本　二冊　存第四至五類

330000－1701－0098189　M606630　史部/政書類/律令之屬
浙江省現行法規彙編不分卷　浙江省政府秘書處編輯　民國二十三年(1934)浙江省政府秘書處鉛印本　一冊　存第五類

330000－1701－0098192　M603709　史部/目録類/總録之屬/官修
文瀾閣目索引一卷　楊立誠編　民國十八年(1929)浙江省立圖書館鉛印本　一冊

330000－1701－0098193　M608805　史部/傳記類/總傳之屬
規復兩浙節孝總祠事蹟一卷附募捐啟一卷採訪節孝現行法令一卷　民國三年(1914)鉛印本　一冊

330000－1701－0098197　M603865、M608807、M611241　子部/藝術類/書畫之屬/畫録
曝畫紀餘十二卷　秦潛輯　民國十九年(1930)梁溪秦氏鉛印本　三冊　存十卷(一、四至十二)

330000－1701－0098198　M603711　史部/目録類/總録之屬/私撰
東海藏書樓書目不分卷　徐允中藏並編　民國十三年(1924)武林鉛印本　一冊

330000－1701－0098200　M603712、M609803　集部/别集類/清别集
補蘿書屋詩鈔四卷　(清)李飛英撰　陳樹鈞輯　民國四年(1915)太平陳氏刻本　二冊

330000－1701－0098201　M608808、M610457　史部/目録類/專録之屬
書目長編二卷補遺一卷補校一卷　邵瑞彭等輯　民國十七年(1928)京師鉛印本　二冊

330000－1701－0098207　M608810　類叢部/叢書類/自著之屬
隅樓叢書四種　古直撰　民國十五年至十七年(1926－1928)上海聚珍倣宋印書局鉛印本　一冊　存一種

330000－1701－0098208　M603714　子部/雜著類/雜説之屬
樗盦筆記一卷　毛宗智撰　民國鉛印本　一冊

330000－1701－0098210　M603715　子部/雜著類/雜説之屬
樗盦筆記一卷　毛宗智撰　民國鉛印本　一冊

330000－1701－0098211　M608811　集部/别集類
望虹樓遺箸三卷　陶熙孫撰　民國二十四年(1935)鉛印本　一冊

330000－1701－0098214　M608812　集部/總集類/彙編之屬
書畫名人小集　民國上海聚珍倣宋印書局鉛印本　一冊　存一種

330000－1701－0098217　M603716　集部/詞類/詞話之屬
詞源疏證二卷　(宋)張炎編　蔡楨疏證　民國二十一年(1932)金陵大學中國文化研究所鉛印本　高雲題記　一冊

330000－1701－0098220　M608813　集部/别集類
曉齋詩稿一卷文稿一卷隨筆一卷　王壽昌撰　**喬倩詩詞一卷**　王邁撰　民國二十五年(1936)古閩王氏影印本　一冊

330000－1701－0098223　M603717　類叢部/叢書類/自著之屬

彊邨遺書六種外編二種附一種　朱祖謀撰　民國二十二年(1933)刻本　一冊　存一種

330000－1701－0098231　M608815、M610649　類叢部/叢書類/家集之屬

天蘇閣叢刊十五種　徐新六輯　民國三年(1914)、十二年(1923)杭縣徐氏鉛印本　五冊　存八種

330000－1701－0098236　M601899　史部/地理類/山川之屬/山志

莫干山志十三卷　周慶雲撰　民國十五年至十六年(1926－1927)吳興周氏刻藍印本　一冊　存六卷(四至九)

330000－1701－0098238　M603718　集部/戲劇類/雜劇之屬

新校注古本西廂記五卷　(元)王德信撰　(明)王驥德校注　(明)徐渭附解　(明)沈璟評　**古本西廂記考一卷**　(明)王驥德撰　民國十九年(1930)北平富晉書社、東來閣書莊據明萬曆四十二年(1614)王氏香雪居刻本影印本　一冊　存序例、標目、圖

330000－1701－0098239　M603719　子部/宗教類/佛教之屬/諸宗

聖救度佛母修持法不分卷　諾那呼圖克圖撰　吳潤江編　民國二十四年(1935)上海覺圓精舍鉛印本　一冊

330000－1701－0098242　M603720　史部/目録類/總録之屬/官修

南京圖書局閲覽室檢查書目二編五卷　南京圖書局編　民國南京圖書局鉛印本　一冊　存三卷(經、史、子)

330000－1701－0098245　M606608　史部/傳記類/日記之屬

越縵堂日記不分卷(清同治二年四月朔至光緒十五年七月初十)　(清)李慈銘撰　民國九年(1920)北京浙江公會影印本　五十一冊

330000－1701－0098246　M603721　集部/總集類/郡邑之屬

永嘉詩人祠堂叢刻十四種　冒廣生輯　民國四年(1915)如皋冒氏刻本　一冊　存一種

330000－1701－0098248　M603722　史部/目録類/總録之屬/官修

浙江省立圖書館善本書目甲編四卷　毛春翔編　民國二十五年(1936)浙江省立圖書館鉛印本　一冊

330000－1701－0098249　M603723　史部/目録類/總録之屬/官修

省立第二圖書館書目續編六卷附錄一卷　曹允源編　民國六年(1917)蘇州江蘇省立第二圖書館刻本　二冊

330000－1701－0098251　M603765、M608817、M610352　史部/目録類/總録之屬/私撰

蕘圃藏書題識十卷補遺一卷刻書題識一卷補遺一卷　(清)黄丕烈撰　繆荃孫等輯　民國五年至八年(1916－1919)金陵書局刻本　九冊　存十一卷(一至九,刻書題識、補遺)

330000－1701－0098253　M603724　史部/叢編

述窠雜纂　黄任恆撰　民國十四年(1925)南海黄氏鉛印本　一冊　存一種

330000－1701－0098254　M608818　類叢部/類書類/通類之屬

清初殿版銅活字印古今圖書集成樣本不分卷　中華書局編　民國二十三年(1934)中華書局鉛印本暨影印本　一冊

330000－1701－0098255　M603725　類叢部/叢書類/彙編之屬

四部備要　中華書局編　民國二十五年(1936)上海中華書局鉛印本　六冊　存一種

330000－1701－0098257　M608819、M609521、M609996　史部/目録類/總録之屬/私撰

章氏四當齋藏書目三卷書名通檢一卷　章鈺藏　顧廷龍編校　瞿潤緡助編　民國二十七年(1938)北平燕京大學圖書館鉛印本　五冊

330000－1701－0098258　M608820　史部/叢編

蒙古史料校注四種附二種　王國維撰　民國十五年(1926)清華學校研究院鉛印本　二册　存二種

330000－1701－0098259　M603726　類叢部/叢書類/彙編之屬

又滿樓叢書十六種　趙詒琛編　民國九年至十四年(1920－1925)崑山趙氏又滿樓刻本　一册　存四種

330000－1701－0098260　M608821　子部/雜著類/雜説之屬

東山談苑八卷　(清)余懷編　民國二十三年(1934)襄社影印本　一册　存四卷(一至四)

330000－1701－0098261　M601900　集部/别集類/清别集

明秋館選課一卷古今體詩存一卷詞賸一卷附曲兩齣　(清)裘凌仙撰　民國三年(1914)鉛印本　一册

330000－1701－0098263　M608822　類叢部/叢書類/自著之屬

遯廬叢書八種　余重耀撰　民國鉛印本　二册　存三種

330000－1701－0098264　M603727　集部/别集類/清别集

小倦遊閣文稿二卷　(清)包世臣撰　民國六年(1917)華陽王氏菊飲軒鉛印本　一册

330000－1701－0098265　M603728　子部/藝術類/書畫之屬/畫録

虚齋名畫續録四卷補遺一卷　龐元濟撰　民國十三年(1924)吴興龐氏刻十四年(1925)補刻本　擥古室主題記　四册

330000－1701－0098266　M608823　史部/目録類/通論之屬/掌故瑣記

書林清話十卷　葉德輝撰　民國九年(1920)葉德輝觀古堂刻本　四册

330000－1701－0098267　M608824　集部/總集類/選集之屬/斷代

落葉集四卷　孫雄輯　民國十五年(1926)鉛印本　一册

330000－1701－0098269　M603729　子部/醫家類/類編之屬

醫藥叢書第二集六種　裘慶元輯　民國七年(1918)紹興醫藥學報社刻本　六册

330000－1701－0098270　M608826　集部/别集類

草堂之靈十六卷　楊鈞撰　民國十七年(1928)長沙成化書局鉛印本　四册

330000－1701－0098272　M007892　子部/儒家類

修道録一卷　朱鎔宙原稿　柯岷增潤　**集思録一卷**　民國鉛印本　一册

330000－1701－0098273　M604782、M608827、M609040、M609565　史部/目録類/總録之屬/私撰

五十萬卷樓藏書目録初編二十二卷　莫伯驥撰　民國二十五年(1936)東莞莫氏鉛印本　十五册　存十五卷(一至二、六至十八)

330000－1701－0098274　M007893　新學/工藝

機織法四卷　民國十五年(1926)石印本　一册

330000－1701－0098277　M007894　經部/四書類/大學之屬/傳説

大學古本質言一卷　(清)劉沅撰　民國八年(1919)石印本　一册

330000－1701－0098278　M007895　經部/周禮類/傳説之屬

周禮正義八十六卷　(清)孫詒讓撰　民國二十年(1931)楚學社刻朱印本　一册　存一卷(一)

330000－1701－0098279　M007896　史部/史評類/史論之屬

歷史上國難的教訓一卷　吴其昌撰　民國鉛印本　一册

330000－1701－0098280　M007897　新學/農政/農務
農業經營學不分卷　韓雁門編　民國油印本　一冊

330000－1701－0098281　M007898　新學/史志/諸國史
世界民族復興史不分卷　民國油印本　一冊

330000－1701－0098282　M007900　史部/目録類/總録之屬
北平市立第一普通圖書館圖書總目表不分卷　朱英等編　民國二十四年(1935)鉛印本　八冊

330000－1701－0098283　M007901　史部/地理類/專志之屬
重纂文瀾閣志一卷附浙江圖書館創始文錄一卷　民國陶承杏抄本　一冊

330000－1701－0098284　M007902　史部/政書類/儀制之屬/專志/紀元
重校訂紀元編三卷　羅振玉重編　民國十四年(1925)東方學會鉛印本　三冊

330000－1701－0098285　M007903　史部/雜史類/斷代之屬
殘明紀事一卷　(清)羅謙撰　國學扶輪社校輯　民國四年(1915)上海中國圖書廣嗣和記鉛印本　一冊

330000－1701－0098286　M601901　史部/地理類/山川之屬/山志
南雁蕩山志十三卷首一卷　周喟編　民國七年(1918)瑞安戴氏詠古齋刻本　四冊

330000－1701－0098289　M601902　集部/詞類/別集之屬
黄山樵唱一卷　朱師轍撰　民國二十一年(1932)燕京刻本　一冊

330000－1701－0098291　M601903　集部/詞類/別集之屬
黄山樵唱一卷　朱師轍撰　民國二十一年(1932)燕京刻本　一冊

330000－1701－0098293　M601904　集部/別集類
白石山房詩鈔三卷補遺一卷　張宗江撰　民國八年(1919)鉛印本　一冊

330000－1701－0098296　M606632　集部/別集類
章太炎文鈔五卷　章炳麟撰　民國三年(1914)上海中華圖書館石印本　胡文達跋　五冊

330000－1701－0098297　M601905　集部/別集類/清別集
文木山房集四卷　(清)吴敬梓撰　**春華小草一卷靓粧詞鈔一卷**　(清)吴烺撰　**吴敬梓年譜一卷**　胡適撰　民國二十年(1931)上海亞東圖書館鉛印本　二冊

330000－1701－0098298　M608828　集部/別集類
匏廬詩存九卷　郭曾炘撰　民國十六年(1927)刻本　四冊

330000－1701－0098299　M606633　子部/宗教類/佛教之屬
密菴和尚語錄二卷　(宋)釋咸傑撰　(宋)釋崇岳　(宋)釋了悟等編　民國十一年(1922)天童藏經閣刻本　一冊

330000－1701－0098300　M601906、M601907　史部/紀傳類/正史之屬
百衲本二十四史　張元濟輯　民國上海商務印書館影印本　二冊　存二種

330000－1701－0098302　M606634　子部/宗教類/佛教之屬/論
大乘起信論一卷　(南朝梁)釋真諦　(唐)釋實叉難陀譯　徐文霨　黄士復編纂　民國十年(1921)上海商務印書館鉛印本　一冊

330000－1701－0098304　M606635　集部/總集類/題詠之屬
石門題詠錄四卷　劉燿東輯　民國二十三年(1934)啓後亭鉛印本　一冊

330000－1701－0098307　M606636　子部/

藝術類/書畫之屬/畫録

大風堂臨摹敦煌壁畫二卷　張大千撰　民國三十三年(1944)成都西南印書局石印本　一册

330000－1701－0098313　M606667　史部/政書類/邦計之屬/地政

中國土地問題及其對策不分卷　吴文暉撰　民國油印本　一册

330000－1701－0098314　M606637　子部/宗教類/佛教之屬/經疏

佛說觀無量壽佛經疏四卷　(南朝宋)釋畺良耶舍譯　(唐)釋善導集記　民國十三年(1924)南京佛經流通處刻本　二册

330000－1701－0098315　M601908　類叢部/叢書類/彙編之屬

復性書院叢刊二十七種　馬浮編　民國二十九年至三十七年(1940－1948)復性書院刻本暨鉛印本　一册　存一種

330000－1701－0098318　M606638　史部/地理類/專志之屬/寺觀

靈峯寺志九卷首一卷　吴清修　葉向陽　王華纂　民國二十四年(1935)浙江正楷印書局鉛印本　一册

330000－1701－0098320　M606639　史部/地理類/專志之屬/寺觀

靈峯寺志九卷首一卷　吴清修　葉向陽　王華纂　民國二十四年(1935)浙江正楷印書局鉛印本　一册

330000－1701－0098321　M606640　史部/地理類/專志之屬/寺觀

靈峯寺志九卷首一卷　吴清修　葉向陽　王華纂　民國二十四年(1935)浙江正楷印書局鉛印本　一册

330000－1701－0098323　M601909　類叢部/叢書類/彙編之屬

復性書院叢刊二十七種　馬浮編　民國二十九年至三十七年(1940－1948)復性書院刻本暨鉛印本　一册　存一種

330000－1701－0098328　M606641　史部/地理類/專志之屬/寺觀

靈峯寺志九卷首一卷　吴清修　葉向陽　王華纂　民國二十四年(1935)浙江正楷印書局鉛印本　一册

330000－1701－0098330　M606642　史部/地理類/專志之屬/寺觀

靈峯寺志九卷首一卷　吴清修　葉向陽　王華纂　民國二十四年(1935)浙江正楷印書局鉛印本　一册

330000－1701－0098331　M606643　史部/地理類/專志之屬/寺觀

靈峯寺志九卷首一卷　吴清修　葉向陽　王華纂　民國二十四年(1935)浙江正楷印書局鉛印本　一册

330000－1701－0098333　M606644　史部/地理類/專志之屬/寺觀

靈峯寺志九卷首一卷　吴清修　葉向陽　王華纂　民國二十四年(1935)浙江正楷印書局鉛印本　一册

330000－1701－0098336　M601910　類叢部/叢書類/彙編之屬

復性書院叢刊二十七種　馬浮編　民國二十九年至三十七年(1940－1948)復性書院刻本暨鉛印本　一册　存二種

330000－1701－0098339　M606645　史部/地理類/專志之屬/寺觀

靈峯寺志九卷首一卷　吴清修　葉向陽　王華纂　民國二十四年(1935)浙江正楷印書局鉛印本　一册

330000－1701－0098340　M606646　史部/地理類/專志之屬/寺觀

靈峯寺志九卷首一卷　吴清修　葉向陽　王華纂　民國二十四年(1935)浙江正楷印書局鉛印本　一册

330000－1701－0098344　M606647　史部/地理類/專志之屬/寺觀

靈峯寺志九卷首一卷　吴清修　葉向陽　王

華纂　民國二十四年(1935)浙江正楷印書局鉛印本　一冊

330000－1701－0098346　M606648　史部/地理類/專志之屬/寺觀

靈峯寺志九卷首一卷　吳清修　葉向陽　王華纂　民國二十四年(1935)浙江正楷印書局鉛印本　一冊

330000－1701－0098349　M606649　史部/地理類/專志之屬/寺觀

靈峯寺志九卷首一卷　吳清修　葉向陽　王華纂　民國二十四年(1935)浙江正楷印書局鉛印本　一冊

330000－1701－0098350　M606650　史部/地理類/專志之屬/寺觀

靈峯寺志九卷首一卷　吳清修　葉向陽　王華纂　民國二十四年(1935)浙江正楷印書局鉛印本　一冊

330000－1701－0098351　M606651　史部/地理類/專志之屬/寺觀

靈峯寺志九卷首一卷　吳清修　葉向陽　王華纂　民國二十四年(1935)浙江正楷印書局鉛印本　一冊

330000－1701－0098354　M606652　史部/地理類/專志之屬/寺觀

靈峯寺志九卷首一卷　吳清修　葉向陽　王華纂　民國二十四年(1935)浙江正楷印書局鉛印本　一冊

330000－1701－0098358　M606653　史部/地理類/專志之屬/寺觀

靈峯寺志九卷首一卷　吳清修　葉向陽　王華纂　民國二十四年(1935)浙江正楷印書局鉛印本　一冊

330000－1701－0098362　M606654　史部/目録類/總録之屬

影印津逮祕書樣本不分卷守山閣叢書樣本不分卷　博古齋輯　民國上海博古齋影印本　二冊

330000－1701－0098364　M606655　史部/目録類/總録之屬/私撰

杭州抱經堂書局第三期舊書目錄不分卷　杭州抱經堂書局編　民國十七年(1928)杭州抱經堂書局鉛印本　一冊

330000－1701－0098368　M606656　史部/目録類/總録之屬/私撰

千頃堂書局古今書目錄不分卷　千頃堂書局編　民國八年(1919)上海千頃堂書局石印本　一冊

330000－1701－0098370　M606657　史部/目録類/總録之屬/私撰

千頃堂書局古今書目錄不分卷　千頃堂書局編　民國十四年(1925)上海千頃堂書局石印本　一冊

330000－1701－0098373　M606658　史部/傳記類/職官録之屬/總録

全國内務行政人員簡歷冊不分卷　内政部民政司編　民國三十三年(1944)内政部民政司鉛印本　一冊

330000－1701－0098376　M606659　史部/傳記類/職官録之屬/總録

全國内務行政人員簡歷冊不分卷　内政部民政司編　民國三十三年(1944)内政部民政司鉛印本　一冊

330000－1701－0098377　M601911　類叢部/叢書類/彙編之屬

適園叢書七十四種　張鈞衡編　民國二年至六年(1913－1917)烏程張氏刻本(唐大詔令集卷十四至二十四、八十七至九十八原缺)　一百十五冊　存五十一種

330000－1701－0098378　M606660　史部/傳記類/職官録之屬/總録

全國内務行政人員簡歷冊不分卷　内政部民政司編　民國三十三年(1944)内政部民政司鉛印本　一冊

330000－1701－0098379　M606661　史部/傳記類/職官録之屬/總録

全國内務行政人員簡歷冊不分卷　内政部民

政司編　民國三十三年(1944)内政部民政司鉛印本　一册

330000－1701－0098380　M606662　子部/藝術類/書畫之屬/法帖

黄石齋先生書孝經一卷　(明)黄道周書　民國上海有正書局影印本　一册

330000－1701－0098383　M606663　子部/宗教類/佛教之屬/經疏

彌陀畧解圓中鈔二卷　(明)釋大佑解　(明)釋傳燈鈔　民國二年(1913)揚州藏經院刻本　二册

330000－1701－0098385　M606664　子部/宗教類/佛教之屬/經疏

彌陀畧解圓中鈔二卷　(明)釋大佑解　(明)釋傳燈鈔　民國二年(1913)揚州藏經院刻本　二册

330000－1701－0098386　M606665　史部/目録類/專録之屬

參加倫敦中國藝術國際展覽會出品目錄四卷　倫敦中國藝術國際展覽會籌備委員會編輯　民國二十四年(1935)鉛印本　一册

330000－1701－0098389　M606666　史部/政書類/邦計之屬/地政

中國土地問題及其對策不分卷　吴文暉撰　民國油印本　一册

330000－1701－0098399　M606668　史部/政書類/邦計之屬/地政

中國土地問題及其對策不分卷　吴文暉撰　民國油印本　一册

330000－1701－0098401　M608831、M609654　類叢部/叢書類/彙編之屬

景印元明善本叢書十種　商務印書館編　民國二十六年至二十九年(1937－1940)上海商務印書館影印本　六十一册　存二種

330000－1701－0098403　M601912　史部/目録類/總録之屬/私撰

東海藏書樓書目不分卷　徐允中藏並編　民國十三年(1924)武林鉛印本　六册

330000－1701－0098409　M601913　類叢部/叢書類/彙編之屬

四庫全書珍本初集二百三十種　中央圖書館籌備處輯　民國二十三年至二十四年(1934－1935)上海商務印書館據文淵閣本影印本　十四册　存一種

330000－1701－0098415　M601914　類叢部/叢書類/彙編之屬

四部叢刊　張元濟等編　民國八年(1919)上海商務印書館影印本　二册　存一種

330000－1701－0098417　M601915　類叢部/叢書類/彙編之屬

四部叢刊　張元濟等編　民國八年(1919)上海商務印書館影印本　二册　存一種

330000－1701－0098418　M601916　經部/易類

易藏叢書六種　杭辛齋撰　民國十一年(1922)上海研幾學社鉛印本　一册　存二種

330000－1701－0098421　M601917、M601918　經部/易類

易藏叢書六種　杭辛齋撰　民國十一年(1922)上海研幾學社鉛印本　二册　存三種

330000－1701－0098427　M601919　經部/易類

易藏叢書六種　杭辛齋撰　民國十一年(1922)上海研幾學社鉛印本　一册　存二種

330000－1701－0098430　M601920　類叢部/叢書類/彙編之屬

復性書院叢刊二十七種　馬浮編　民國二十九年至三十七年(1940－1948)復性書院刻本暨鉛印本　六册　存一種

330000－1701－0098435　M608833　類叢部/叢書類/家集之屬

聚德堂叢書十二種　陳伯陶輯　民國東莞陳氏刻本　二十二册

330000－1701－0098439　M606669　子部/宗教類/佛教之屬/論疏

大乘起信論會譯一卷　(南朝梁)釋真諦

(唐)釋實叉難陀譯 **起信論一心二門大意一卷** (南朝梁)釋智愷撰 民國十年(1921)北京刻經處刻本 一册

330000－1701－0098442 M608834 類叢部/叢書類/彙編之屬
履齋叢刻 民國鉛印本 四册 存一種

330000－1701－0098443 M606670 史部/地理類/方志之屬/郡縣志
[民國]紹興地志述略不分卷 尹幼蓮纂 民國二十年(1931)鉛印本 一册

330000－1701－0098445 M606671 子部/宗教類/佛教之屬
金剛頂經彙釋八種八卷 (唐)釋不空等譯 民國十一年(1922)北京刻經處刻本 一册

330000－1701－0098447 M606672 子部/宗教類/佛教之屬/論疏
攝大乘論釋十卷 (天竺)世親菩薩造 (唐)釋玄奘譯 民國五年(1916)金陵刻經處刻本 四册

330000－1701－0098449 M606673 子部/宗教類/佛教之屬/論疏
攝大乘論釋十卷 (天竺)世親菩薩造 (唐)釋玄奘譯 民國五年(1916)金陵刻經處刻本 四册

330000－1701－0098451 M606674 子部/宗教類/佛教之屬/論疏
攝大乘論釋十卷 (天竺)世親菩薩造 (唐)釋玄奘譯 民國五年(1916)金陵刻經處刻本 三册

330000－1701－0098453 M606675 子部/宗教類/佛教之屬/論疏
攝大乘論釋十卷 (天竺)世親菩薩造 (唐)釋玄奘譯 民國五年(1916)金陵刻經處刻本 三册

330000－1701－0098456 M606676 子部/宗教類/佛教之屬/論疏
攝大乘論釋十卷 (天竺)世親菩薩造 (唐)釋玄奘譯 民國五年(1916)金陵刻經處刻本 三册

330000－1701－0098457 M606677 子部/宗教類/佛教之屬
攝大乘論釋十卷 (天竺)世親菩薩造 (唐)釋玄奘譯 民國五年(1916)金陵刻經處刻本 三册

330000－1701－0098459 M606678 子部/宗教類/佛教之屬/論
攝大乘論本三卷 (唐)釋玄奘譯 民國七年(1918)金陵刻經處刻本 一册

330000－1701－0098461 M606679 子部/宗教類/佛教之屬/論
攝大乘論本三卷 (唐)釋玄奘譯 民國七年(1918)金陵刻經處刻本 一册

330000－1701－0098463 M606680 史部/政書類/公牘檔册之屬
福建省銀行民國三十四年度營業報告書一卷 福建省銀行編 民國鉛印本 一册

330000－1701－0098466 M608835 集部/別集類/清別集
紅藤館詩三卷附舊德錄一卷 (清)朱善祥撰 民國九年(1920)刻本 一册

330000－1701－0098467 M606681 史部/傳記類/別傳之屬/事狀
永康陳母徐太孺人七旬壽言錄一卷 陳煥章 陳漢章編 民國杭州興業印書局鉛印本 一册

330000－1701－0098468 M608836 集部/別集類
寄傲龕遺集三卷 黄壽曾撰 民國十九年(1930)鉛印本 一册

330000－1701－0098469 M606682 史部/政書類/邦計之屬
內國公債類編二卷 民國十五年(1926)京華印書局鉛印本 一册 存一卷(二)

330000－1701－0098470 M608837、M609274 史部/金石類

非儒非俠齋金石叢著十種 顧燮光撰 民國會稽顧氏金佳石好樓石印本暨鉛印本 二册 存一種

330000－1701－0098472 M608838 類叢部/叢書類/自著之屬
勴堂遺書八種 顧家相撰 民國八年至十九年(1919－1930)會稽顧氏鉛印本 一册 存一種

330000－1701－0098473 M606683 子部/藝術類/書畫之屬/法帖
玉笥山房墨蹟不分卷 顧廷綸書 民國二年(1913)科學儀器館石印本 一册

330000－1701－0098475 M608839 類叢部/叢書類/自著之屬
勴堂遺書八種 顧家相撰 民國八年至十九年(1919－1930)會稽顧氏鉛印本 一册 存一種

330000－1701－0098478 M608840 史部/目録類/總録之屬/官修
故宫所藏觀海堂書目四卷 楊守敬藏 何澄一編 民國二十一年(1932)北平故宫博物院圖書館鉛印本 一册

330000－1701－0098479 M606685 史部/政書類/公牘檔册之屬
浙江省議會民國九年常年會議決案不分卷補録一卷 浙江省議會編 民國九年(1920)鉛印本 一册

330000－1701－0098482 M608841 集部/總集類/選集之屬/斷代
落葉集四卷 孫雄輯 民國十五年(1926)鉛印本 一册

330000－1701－0098483 M606686 子部/宗教類/佛教之屬
法一禪師示居士參禪要語一卷附録四卷 劉大心輯 民國十年(1921)杭州武林印書館鉛印本 一册

330000－1701－0098484 M606687 子部/宗教類/佛教之屬/諸宗
始終心要義疏一卷 釋靜修撰 民國二十六年(1937)良華印刷所鉛印本 一册

330000－1701－0098485 M608842 集部/總集類/尺牘之屬
冬暄草堂師友牋存不分卷 陳漢第 陳敬第輯 民國二十六年(1937)上海中華書局影印本 二册

330000－1701－0098486 M606688 子部/宗教類/佛教之屬/諸宗
始終心要義疏一卷 釋靜修撰 民國二十六年(1937)良華印刷所鉛印本 一册

330000－1701－0098487 M606689 子部/宗教類/佛教之屬/諸宗
始終心要義疏一卷 釋靜修撰 民國二十六年(1937)良華印刷所鉛印本 一册

330000－1701－0098489 M606690 史部/雜史類/通代之屬
甘寧青歷代大事紀□□卷副編□□卷 慕少堂編輯 民國二十五年(1936)蘭州俊華印書館鉛印本 一册 存七卷(大事紀十五,副篇一至二、五至七、十三)

330000－1701－0098490 M007904 史部/政書類/公牘檔册之屬
政府大政方針宣言一卷 熊希齡等撰 民國鉛印本 一册

330000－1701－0098491 M606691 子部/藝術類/書畫之屬/法帖
王覺斯草書墨蹟一卷 (清)王鐸書 民國上海有正書局石印本 一册

330000－1701－0098494 M606692 子部/藝術類/書畫之屬/法帖
漢泰山都尉孔君碑一卷 民國十四年(1925)上海有正書局影印本 一册

330000－1701－0098497 M007908 集部/別集類/清別集
玲瓏簾詞一卷渚陸鴻飛集一卷 (清)吳焯撰 民國十三年(1924)吳用威刻朱印本 一册 缺一卷(渚陸鴻飛集)

330000－1701－0098498　M606693　史部/政書類/公牘檔冊之屬
浙江省議會第二屆常年會議決案不分卷　浙江省議會編　民國五年(1916)鉛印本　一册

330000－1701－0098499　M606694　史部/政書類/公牘檔冊之屬
浙江省議會第二屆常年會議決案不分卷　浙江省議會編　民國五年(1916)鉛印本　一册

330000－1701－0098500　M606695　史部/政書類/公牘檔冊之屬
浙江省議會第二屆常會議事錄不分卷　浙江省議會編　民國五年(1916)鉛印本　一册

330000－1701－0098502　M007912　史部/史評類/史論之屬
外報輿論一斑一卷　中國國民黨中央執行委員會宣傳部編　民國三十年(1941)鉛印本　一册

330000－1701－0098503　M007913　集部/詞類/别集之屬
樵歌三卷補遺一卷　(宋)朱敦儒撰　民國十六年(1927)北新書局鉛印本　王涓芹題簽並記　一册

330000－1701－0098504　M007915　史部/目録類/專録之屬
有正書局出版各種碑帖目錄提要一卷附名畫類一卷書籍類一卷　有正書局輯　民國三年(1914)上海有正書局鉛印本　一册

330000－1701－0098505　M007916　史部/雜史類/斷代之屬
明季遼事叢刊四種　羅振玉輯　民國二十五年(1936)僞滿日文化協會石印本　一册　存一種

330000－1701－0098511　M608844　類叢部/叢書類/自著之屬
崇雅堂叢書十四種　楊晨撰　民國二十五年(1936)楊紹翰鉛印本　一册　存二種

330000－1701－0098513　M608845　類叢部/叢書類/自著之屬
崇雅堂叢書十四種　楊晨撰　民國二十五年(1936)楊紹翰鉛印本　一册　存二種

330000－1701－0098514　M008341　子部/雜著類
王中書勸孝歌一卷　(唐)王中書撰　民國上海宏大善書總發行所石印本　一册

330000－1701－0098516　M608846　子部/儒家類/儒學之屬/俗訓
格言聯璧不分卷　(清)金纓輯　民國十年(1921)維揚張瑞曾刻本　一册

330000－1701－0098517　M008342　史部/史評類/詠史之屬
桂堂清故宫詩一百首一卷　周大烈撰　民國鉛印本　一册

330000－1701－0098518　M606696　史部/政書類/公牘檔冊之屬
中華民國元年浙江省第二次臨時省議會議決案□□卷　民國元年(1912)鉛印本　一册　存一卷(一)

330000－1701－0098520　M608847　史部/雜史類/斷代之屬
文獻叢編四十六輯　國立北平故宫博物院文獻館編　民國十九年至三十二年(1930－1943)國立北平故宫博物院鉛印本　十册　存十輯(四至十三)

330000－1701－0098522　M606697　子部/宗教類/佛教之屬
佛學叢書□□種　民國上海商務印書館鉛印本　一册　存一種

330000－1701－0098523　M008343　子部/宗教類/道教之屬
潘真人明德真經誦本一卷　民國二十二年(1933)明善書局石印本　一册

330000－1701－0098526　M008344　子部/宗教類/道教之屬
戒殺歌一卷　寒世子撰　民國二十一年(1932)明善書局石印本　一册

330000－1701－0098527　M608848　史部/地理類/方志之屬/郡縣志
[光緒]杭州府志一百七十八卷首八卷　（清）陳璚等修　（清）王棻等纂　屈映光續修　陸懋勳續纂　齊耀珊重修　吴廪坻重纂　民國十一年(1922)鉛印本　八十册

330000－1701－0098528　M601921　子部/墨家類
定本墨子閒詁校補二卷附編一卷　李笠撰　民國十四年(1925)上海商務印書館鉛印本　二册

330000－1701－0098530　M008345　子部/雜著類
理性釋疑一卷　北海老人撰　民國九年(1920)山東同善分社石印本　一册

330000－1701－0098531　M606699　子部/宗教類/佛教之屬
略述法相義三卷　（日本）釋聞證輯　民國四年(1915)金陵刻經處刻本　一册

330000－1701－0098533　M603730　史部/傳記類/别傳之屬/年譜
錢牧齋先生[謙益]年譜一卷　金鶴沖輯　**東澗遺老錢公别傳一卷**　（清）顧苓撰　民國三十年(1941)鉛印本　一册

330000－1701－0098535　M603731　史部/傳記類/别傳之屬/年譜
錢牧齋先生[謙益]年譜一卷　金鶴沖輯　**東澗遺老錢公别傳一卷**　（清）顧苓撰　民國三十年(1941)鉛印本　一册

330000－1701－0098536　M606700　史部/政書類/公牘檔册之屬
浙江省議會臨時會議員質問書不分卷　浙江省議會編　民國二年至五年(1913－1916)鉛印本　一册

330000－1701－0098537　M008346　子部/宗教類/佛教之屬
金剛般若波羅蜜經一卷般若波羅蜜多心經一卷　（後秦）釋鳩摩羅什譯　民國石印本　八十八叟題記　一册

330000－1701－0098538　M008347　新學/政治法律
共通原則論一卷　郭步陶撰　民國二十四年(1935)上海新聞報館收發處鉛印本　一册

330000－1701－0098543　M603732　史部/目録類/總録之屬/私撰
販書偶記二十卷　孫殿起撰　民國二十五年(1936)冀縣孫殿起借閒居鉛印本　八册

330000－1701－0098544　M606701　史部/政書類/公牘檔册之屬
浙江省議會要覽上編不分卷　浙江省議會編　民國六年(1917)鉛印本　一册

330000－1701－0098545　M603733　集部/别集類
寐叟乙卯稿一卷　沈曾植撰　民國六年(1917)四益宧寫刻本　一册

330000－1701－0098546　M008348　子部/宗教類/佛教之屬/諸宗
異方便淨土傳燈歸元鏡三祖實錄二卷　（清）釋智達拈頌　民國十二年(1923)上海有正書局影印本　一册

330000－1701－0098547　M606702　史部/政書類/公牘檔册之屬
浙江省議會臨時會議決案不分卷　浙江省議會編　民國九年(1920)鉛印本　一册

330000－1701－0098550　M606703　史部/政書類/邦計之屬
浙江省地方歲出入預算書不分卷　浙江省議會編　民國元年至十四年(1912－1925)浙江省議會鉛印本　一册

330000－1701－0098552　M008349　子部/儒家類/儒學之屬/俗訓
勸孝歌一卷　（唐）王中書撰　民國上海明善書局石印本　一册

330000－1701－0098554　M603734　史部/金石類/總志之屬

湫漻齋叢書十種　陳準輯　民國瑞安陳氏刻本　一冊　存一種

330000－1701－0098557　M606704　史部/政書類/邦計之屬

浙江省地方歲出入預算書不分卷　浙江省議會編　民國元年至十四年(1912－1925)浙江省議會鉛印本　一冊

330000－1701－0098559　M606705　史部/政書類/公牘檔冊之屬

浙江省議會第一屆常年會議事錄不分卷　浙江省議會編　民國二年(1913)、五年(1916)鉛印本　一冊

330000－1701－0098560　M603735　史部/金石類/甲骨之屬/文字

甲骨文字研究二卷附錄一卷　郭沫若撰　民國二十年(1931)上海大東書局石印本　二冊

330000－1701－0098565　M608850　集部/戲劇類

真正京都頭等名角曲本　民國上海章福記書局石印本　一冊　存五種

330000－1701－0098568　M603736　史部/目録類/總録之屬/官修

北平圖書館善本書目四卷補遺一卷　趙萬里撰集　民國二十二年(1933)刻本　四冊

330000－1701－0098569　M606706　史部/政書類/公牘檔冊之屬

浙江省議會第一屆常年會議決案不分卷　浙江省議會編　民國二年(1913)鉛印本　一冊

330000－1701－0098571　M603737　史部/目録類/總録之屬/私撰

雙鑑樓藏書續記二卷　傅增湘撰　民國十九年(1930)江安傅增湘藏園刻朱印本　一冊　存一卷(上)

330000－1701－0098572　M606707　子部/天文曆算類/曆法之屬

中華民國三年曆書一卷　教育部中央觀象臺編　民國二年(1913)鉛印本　一冊

330000－1701－0098573　M606872、M608849　史部/地理類/方志之屬/郡縣志

[光緒]杭州府志一百七十八卷首八卷　(清)陳璚等修　(清)王棻等纂　屈映光續修　陸懋勳續纂　齊耀珊重修　吳慶坻重纂　民國十一年(1922)鉛印本　六十八冊　存一百五十五卷(首一至八,一至五十九、七十九至八十四、九十七至一百七十八)

330000－1701－0098576　M603738　史部/傳記類/別傳之屬/年譜

皇清誥授光祿大夫毓慶宮行走吏部右侍郎先考子松府君[夏同善]年譜一卷皇清誥封一品夫人先妣屠夫人行狀一卷　(清)夏敦復纂　民國九年(1920)上海聚珍倣宋印書局鉛印本　一冊

330000－1701－0098577　M606708　子部/宗教類/佛教之屬/經疏

大方廣佛華嚴經疏鈔會本八十卷附錄一卷　(唐)釋澄觀撰述　**大方廣佛華嚴經入不思議解脫境界普賢行願品別行疏鈔會本四卷**　(唐)釋澄觀述別行疏　(唐)釋宗密述隨疏鈔　**大方廣佛華嚴經疏鈔會本略科十卷大方廣佛華嚴經普賢行願品別行疏鈔會本略科一卷**　民國三十三年(1944)華嚴疏鈔編印會鉛印本　十二冊　存三十二卷(十四至二十九、三十二至三十三、七十七,附錄;大方廣佛華嚴經入不思議解脫境界普賢行願品別行疏鈔會本二至四;大方廣佛華嚴經疏鈔會本略科三至十;大方廣佛華嚴經普賢行願品別行疏鈔會本略科)

330000－1701－0098582　M603739　史部/地理類/方志之屬/郡縣志

[民國]定海縣志十六卷首一卷　陳訓正　馬瀛纂修　施臯　顏聖介　張紀隆測繪　民國十三年(1924)旅滬同鄉會鉛印本　六冊

330000－1701－0098583　M601922　子部/藝術類/書畫之屬/畫法畫品

松壺畫憶二卷　(清)錢杜撰　民國上海有正書局石印本　一冊

330000－1701－0098591　M608851　子部/宗教類/佛教之屬/律

外内密戒律手冊不分卷　(天竺)馬鳴菩薩等撰　民國鉛印本　一冊

330000－1701－0098592　M604672、M606709　子部/宗教類/佛教之屬/經疏

大方廣佛華嚴經疏鈔會本八十卷附録一卷　(唐)釋澄觀撰述　**大方廣佛華嚴經入不思議解脱境界普賢行願品別行疏鈔會本四卷**　(唐)釋澄觀述別行疏　(唐)釋宗密述隨疏鈔　**大方廣佛華嚴經疏鈔會本略科十卷大方廣佛華嚴經普賢行願品別行疏鈔會本略科一卷**　民國三十三年(1944)華嚴疏鈔編印會鉛印本　三十二冊　缺二十三卷(一至十、三十四至四十三、七十一至七十三)

330000－1701－0098593　M608852　集部/總集類/尺牘之屬

歷代名人小簡續編二卷　吴曾祺輯　民國三年(1914)上海商務印書館鉛印本　二冊

330000－1701－0098595　M608853　類叢部/叢書類/自著之屬

曾文正公家書六種彙刊　(清)曾國藩撰　民國十五年(1926)掃葉山房石印本　七冊　存四種

330000－1701－0098597　M606710　史部/地理類/山川之屬/山志

峨眉山志八卷首一卷　(清)蔣超纂　釋印光增訂　民國二十三年(1934)蘇州弘化社鉛印本　二冊

330000－1701－0098599　M606711　史部/地理類/山川之屬/山志

峨眉山志八卷首一卷　(清)蔣超纂　釋印光增訂　民國二十三年(1934)蘇州弘化社鉛印本　二冊

330000－1701－0098600　M606712　史部/地理類/山川之屬/山志

峨眉山志八卷首一卷　(清)蔣超纂　釋印光增訂　民國二十三年(1934)蘇州弘化社鉛印本　二冊

330000－1701－0098601　M606713　子部/宗教類/佛教之屬

佛學叢書□□種　民國上海商務印書館鉛印本　一冊　存一種

330000－1701－0098603　M606714　子部/宗教類/佛教之屬

佛學叢書□□種　民國上海商務印書館鉛印本　一冊　存一種

330000－1701－0098607　M606715　子部/宗教類/佛教之屬

佛學叢書□□種　民國上海商務印書館鉛印本　一冊　存一種

330000－1701－0098612　M608854　集部/別集類

小亭林山館詩稿一卷　顧以溥撰　張宗祥寫　民國十八年(1929)石印本　一冊

330000－1701－0098615　M608855　集部/別集類

歸黔吟一卷　陳貽蓀撰　民國二十五年(1936)鉛印本　一冊

330000－1701－0098619　M608856　類叢部/叢書類/自著之屬

清都散客二種　(明)趙南星撰　民國上海中華書局鉛印本　一冊

330000－1701－0098622　M603741　集部/別集類

柳溪竹枝詞一卷續柳溪竹枝詞一卷　周斌撰　民國四年(1915)鉛印本　一冊

330000－1701－0098625　M608857　類叢部/叢書類/自著之屬

審影樓所著書　朱濟美撰　民國十四年(1925)鉛印本　二冊　存一種

330000－1701－0098627　M603742　經部/小學類/訓詁之屬/方言

俗語考原不分卷　李鑑堂集　民國二十六年(1937)鉛印本　一冊

330000－1701－0098629　M603743　史部/

傳記類/别傳之屬/年譜
韓湘巖先生[錫胙]年譜二卷附録一卷 劉耀東纂 民國三十六年(1947)敀後亭鉛印本 一册

330000－1701－0098630 M608858、M609797 史部/地理類/雜志之屬
上海掌故叢書第一集 上海通社輯 民國二十五年(1936)上海中華書局鉛印本 六册 存九種

330000－1701－0098634 M601923 集部/别集類
桂伯華先生遺詩一卷 桂念祖撰 民國鉛印本 一册

330000－1701－0098636 M603745 子部/宗教類/佛教之屬/諸宗
聖救度佛母修持法不分卷 諾那呼圖克圖撰 吳潤江編 民國二十七年(1938)上海覺圓精舍鉛印本 一册

330000－1701－0098641 M608859 經部/小學類/文字之屬/說文
說文提要一卷 (清)陳建侯撰 民國十年(1921)上海掃葉山房石印本 一册

330000－1701－0098647 M601924 類叢部/叢書類/彙編之屬
雪堂叢刻(國學叢刊)五十二種 羅振玉編 民國四年(1915)上虞羅氏鉛印本 一册 存一種

330000－1701－0098650 M603747 類叢部/叢書類/自著之屬
彊邨遺書六種外編二種附一種 朱祖謀撰 民國二十二年(1933)刻本 一册 存一種

330000－1701－0098654 M601925 史部/地理類/專志之屬/古跡
河朔古蹟圖識二卷 范壽銘輯 顧燮光攝影 民國三十二年(1943)影印本 一册 存一卷(下)

330000－1701－0098658 M601926 史部/地理類/山川之屬/山志
南雁蕩山志十三卷首一卷 周喟編 民國七年(1918)瑞安戴氏詠古齋刻本 四册

330000－1701－0098659 M603748 子部/宗教類/佛教之屬/諸宗
相宗綱要續編九卷 梅光羲編 民國十五年(1926)上海商務印書館鉛印本 一册

330000－1701－0098660 M601927 史部/金石類
非儒非俠齋金石叢著十種 顧燮光撰 民國會稽顧氏金佳石好樓石印本暨鉛印本 一册 存一種

330000－1701－0098662 M603749 史部/金石類/石之屬/文字
初拓崔敬邕墓誌一卷 民國七年(1918)有正書局影印本 一册

330000－1701－0098665 M601928 類叢部/叢書類/彙編之屬
玄覽堂叢書續集二十一種 鄭振鐸輯 民國三十六年(1947)國立中央圖書館影印本 五十九册 存六種

330000－1701－0098669 M608863、M610242 史部/傳記類/總傳之屬/列女
廣列女傳二十卷附録一卷 (清)劉開輯 民國六年(1917)兩浙節孝總祠鉛印本 四册

330000－1701－0098671 M603751、M608949 史部/目録類/總録之屬/地方
金華經籍志二十四卷外編一卷存疑一卷辨誤一卷 胡宗楙纂 民國十四年(1925)永康胡氏夢選樓刻本 八册

330000－1701－0098676 M601929 類叢部/叢書類/彙編之屬
玄覽堂叢書續集二十一種 鄭振鐸輯 民國三十六年(1947)國立中央圖書館影印本 十九册 存三種

330000－1701－0098677 M606716 子部/宗教類/佛教之屬
因明大疏删注一卷 熊十力撰 民國二十五年(1936)上海商務印書館鉛印本 一册

330000－1701－0098680　M606717、M607651　史部/地理類/方志之屬/通志

[民國]重修浙江通志初稿不分卷　浙江通志館修　余紹宋等纂　民國三十七年(1948)鉛印本　四册

330000－1701－0098682　M601930　子部/雜著類/雜說之屬

淮南鴻烈集解二十一卷　(漢)劉安撰　(漢)高誘注　劉文典集解　**淮南天文訓補注一卷**　(清)錢塘撰　民國二十二年(1933)上海商務印書館鉛印本　六册

330000－1701－0098683　M608865　集部/别集類

雲峯閣詩存一卷詞存一卷　金英撰　民國屺思樓鉛印本　一册

330000－1701－0098684　M606718、M607652　史部/地理類/方志之屬/通志

[民國]重修浙江通志初稿不分卷　浙江通志館修　余紹宋等纂　民國三十七年(1948)鉛印本　四册

330000－1701－0098685　M606719、M607653　史部/地理類/方志之屬/通志

[民國]重修浙江通志初稿不分卷　浙江通志館修　余紹宋等纂　民國三十七年(1948)鉛印本　四册

330000－1701－0098686　M608866　集部/别集類

盤山集三卷　盧伯炎撰　民國三十四年(1945)鉛印本　一册

330000－1701－0098688　M601931　史部/地理類/專志之屬/寺觀

天童寺續志二卷首一卷　釋淨心修　釋蓮萍纂　民國九年(1920)天童寺刻本　二册

330000－1701－0098689　M608867　集部/詞類/總集之屬

絕妙好詞箋七卷　(宋)周密輯　(清)查爲仁　(清)厲鶚箋　**續鈔一卷**　(清)余集輯　**又續鈔一卷**　(清)徐楙補錄　民國上海掃葉山房石印本　四册

330000－1701－0098691　M606720、M607654　史部/地理類/方志之屬/通志

[民國]重修浙江通志初稿不分卷　浙江通志館修　余紹宋等纂　民國三十七年(1948)鉛印本　四册

330000－1701－0098693　M606721、M607655　史部/地理類/方志之屬/通志

[民國]重修浙江通志初稿不分卷　浙江通志館修　余紹宋等纂　民國三十七年(1948)鉛印本　四册

330000－1701－0098694　M601932　史部/傳記類/總傳之屬/列女

列女傳斠注三卷　陳漢章撰　民國鉛印本　一册

330000－1701－0098695　M606722、M607656　史部/地理類/方志之屬/通志

[民國]重修浙江通志初稿不分卷　浙江通志館修　余紹宋等纂　民國三十七年(1948)鉛印本　四册

330000－1701－0098696　M606723、M607657　史部/地理類/方志之屬/通志

[民國]重修浙江通志初稿不分卷　浙江通志館修　余紹宋等纂　民國三十七年(1948)鉛印本　四册

330000－1701－0098697　M608868　史部/目録類/版本之屬/通論

書林餘話二卷　葉德輝撰　民國十七年(1928)滬上澹園劉肇隅鉛印本　一册　存一卷(下)

330000－1701－0098698　M606724、M607658　史部/地理類/方志之屬/通志

[民國]重修浙江通志初稿不分卷　浙江通志館修　余紹宋等纂　民國三十七年(1948)鉛印本　四册

330000－1701－0098700　M606725、M607659　史部/地理類/方志之屬/通志

[民國]重修浙江通志初稿不分卷　浙江通志

館修　余紹宋等纂　民國三十七年(1948)鉛印本　四冊

330000－1701－0098701　M603754　類叢部/叢書類/彙編之屬
嘉業堂叢書五十七種　劉承幹輯　民國吳興劉氏嘉業堂刻本　四冊　存一種

330000－1701－0098702　M608869　類叢部/叢書類/彙編之屬
甌風雜誌二十四期　甌風雜誌社編　民國二十三年至二十四年(1934－1935)甌風雜志社鉛印本　一冊

330000－1701－0098703　M601933　史部/傳記類/總傳之屬/技藝
琴史補二卷琴史續八卷　周慶雲纂　民國八年(1919)烏程周氏夢坡室刻本　四冊

330000－1701－0098704　M606726、M607660　史部/地理類/方志之屬/通志
[民國]重修浙江通志初稿不分卷　浙江通志館修　余紹宋等纂　民國三十七年(1948)鉛印本　四冊

330000－1701－0098707　M606727、M607661　史部/地理類/方志之屬/通志
[民國]重修浙江通志初稿不分卷　浙江通志館修　余紹宋等纂　民國三十七年(1948)鉛印本　四冊

330000－1701－0098709　M606728、M607662　史部/地理類/方志之屬/通志
[民國]重修浙江通志初稿不分卷　浙江通志館修　余紹宋等纂　民國三十七年(1948)鉛印本　四冊

330000－1701－0098710　M608870　史部/地理類/雜志之屬
盛湖竹枝詞二卷雜錄一卷　沈雲撰　民國七年(1918)鉛印本　一冊

330000－1701－0098712　M606729、M607663　史部/地理類/方志之屬/通志
[民國]重修浙江通志初稿不分卷　浙江通志館修　余紹宋等纂　民國三十七年(1948)鉛印本　四冊

330000－1701－0098713　M608871　史部/金石類/郡邑之屬/目録
河朔新碑目三卷附河南古物調查表證誤一卷　顧燮光撰　民國十五年(1926)上海科學儀器館鉛印本　一冊

330000－1701－0098714　M007922　子部/宗教類/道教之屬/經文
三聖經靈驗圖註不分卷　民國十年(1921)上海徐勝記石印本　一冊

330000－1701－0098715　M603755、M604192　類叢部/叢書類/郡邑之屬
揚州叢刻二十四種　陳恒和編　民國十九年至二十三年(1930－1934)揚州陳恒和書林刻三十六年(1947)印本　二冊　存一種

330000－1701－0098716　M606730、M607664　史部/地理類/方志之屬/通志
[民國]重修浙江通志初稿不分卷　浙江通志館修　余紹宋等纂　民國三十七年(1948)鉛印本　四冊

330000－1701－0098717　M606743　史部/地理類/方志之屬/通志
[民國]重修浙江通志初稿不分卷　浙江通志館修　余紹宋等纂　民國三十七年(1948)鉛印本　三冊

330000－1701－0098718　M606731　史部/地理類/方志之屬/通志
[民國]重修浙江通志初稿不分卷　浙江通志館修　余紹宋等纂　民國三十七年(1948)鉛印本　三冊

330000－1701－0098719　M606732　史部/地理類/方志之屬/通志
[民國]重修浙江通志初稿不分卷　浙江通志館修　余紹宋等纂　民國三十七年(1948)鉛印本　三冊

330000－1701－0098720　M606733　史部/地理類/方志之屬/通志
[民國]重修浙江通志初稿不分卷　浙江通志

館修　余紹宋等纂　民國三十七年(1948)鉛印本　三册

330000－1701－0098722　M606734　史部/地理類/方志之屬/通志
[民國]重修浙江通志初稿不分卷　浙江通志館修　余紹宋等纂　民國三十七年(1948)鉛印本　三册

330000－1701－0098723　M606735　史部/地理類/方志之屬/通志
[民國]重修浙江通志初稿不分卷　浙江通志館修　余紹宋等纂　民國三十七年(1948)鉛印本　三册

330000－1701－0098724　M602193、M603756　史部/目録類/總録之屬/地方
台州經籍志四十卷　項士元編　民國四年(1915)鉛印本　六册　存十八卷(一至十二、二十一至二十四、二十八至二十九)

330000－1701－0098725　M606736　史部/地理類/方志之屬/通志
[民國]重修浙江通志初稿不分卷　浙江通志館修　余紹宋等纂　民國三十七年(1948)鉛印本　三册

330000－1701－0098726　M606737　史部/地理類/方志之屬/通志
[民國]重修浙江通志初稿不分卷　浙江通志館修　余紹宋等纂　民國三十七年(1948)鉛印本　三册

330000－1701－0098728　M606738　史部/地理類/方志之屬/通志
[民國]重修浙江通志初稿不分卷　浙江通志館修　余紹宋等纂　民國三十七年(1948)鉛印本　三册

330000－1701－0098729　M606739　史部/地理類/方志之屬/通志
[民國]重修浙江通志初稿不分卷　浙江通志館修　余紹宋等纂　民國三十七年(1948)鉛印本　三册

330000－1701－0098730　M606740　史部/地理類/方志之屬/通志
[民國]重修浙江通志初稿不分卷　浙江通志館修　余紹宋等纂　民國三十七年(1948)鉛印本　三册

330000－1701－0098731　M601935、M601968　史部/地理類/方志之屬/郡縣志
[民國]新塍鎮志二十六卷首一卷　朱士楷纂輯　民國九年(1920)平湖綺春閣鉛印本　三册　存十九卷(首、一至十八)

330000－1701－0098733　M606741　史部/地理類/方志之屬/通志
[民國]重修浙江通志初稿不分卷　浙江通志館修　余紹宋等纂　民國三十七年(1948)鉛印本　三册

330000－1701－0098735　M606742　史部/地理類/方志之屬/通志
[民國]重修浙江通志初稿不分卷　浙江通志館修　余紹宋等纂　民國三十七年(1948)鉛印本　三册

330000－1701－0098736　M608872、M610010、M610648　子部/術數類/命書相書之屬
滴天髓闡微四卷　(明)劉基注　(清)任鐵樵增注　民國二十二年(1933)影印本　三册　存三卷(一、三至四)

330000－1701－0098738　M606744　史部/地理類/方志之屬/通志
[民國]重修浙江通志初稿不分卷　浙江通志館修　余紹宋等纂　民國三十七年(1948)鉛印本　三册

330000－1701－0098739　M606745　史部/地理類/方志之屬/通志
[民國]重修浙江通志初稿不分卷　浙江通志館修　余紹宋等纂　民國三十七年(1948)鉛印本　三册

330000－1701－0098742　M604580、M608873、M609604、M609886　史部/目録類/書志之屬/提要
晚明史籍考二十卷附通檢一卷　謝國楨輯

民國二十二年(1933)國立北平圖書館鉛印本　十冊

330000－1701－0098743　M606746　史部/地理類/方志之屬/通志
[民國]重修浙江通志初稿不分卷　浙江通志館修　余紹宋等纂　民國三十七年(1948)鉛印本　四冊

330000－1701－0098744　M601936　類叢部/叢書類/自著之屬
木硯齋叢書　童振藻撰　民國鉛印本　一冊　存一種

330000－1701－0098746　M606747　史部/地理類/方志之屬/通志
[民國]重修浙江通志初稿不分卷　浙江通志館修　余紹宋等纂　民國三十七年(1948)鉛印本　四冊

330000－1701－0098747　M606748　史部/地理類/方志之屬/通志
[民國]重修浙江通志初稿不分卷　浙江通志館修　余紹宋等纂　民國三十七年(1948)鉛印本　四冊

330000－1701－0098749　M601937　類叢部/叢書類/自著之屬
崇雅堂叢書十四種　楊晨撰　民國二十五年(1936)楊紹翰鉛印本　四冊　存一種

330000－1701－0098752　M007921　集部/小說類/長篇之屬
歷代神仙通鑑三集二十二卷附圖一卷　(清)徐衢述　(清)李理　(清)王太素贊　(清)程毓奇續　民國上海江東茂記書局石印本　一冊　存一卷(十三)

330000－1701－0098753　M007923　史部/政書類/律令之屬/律例
增修訴狀程式大全六卷　斯文編　民國十三年(1924)共和書局鉛印本　一冊　存一卷(三)

330000－1701－0098754　M007924　集部/別集類/清別集
筠廊偶筆二卷二筆一卷　(清)宋犖撰　民國石印本　一冊

330000－1701－0098755　M007926　史部/目録類/總録之屬/私撰
杭州抱經堂書局上海分局第二期書目一卷　杭州抱經堂書局上海分局編　民國二十八年(1939)杭州抱經堂書局上海分局石印本　一冊

330000－1701－0098756　M007928　集部/別集類/唐五代別集
杜詩鏡銓二十卷　(唐)杜甫撰　(清)楊倫輯　**讀書堂杜工部文集註解二卷**　(清)張溍撰　民國三年(1914)著易堂書局石印本　八冊

330000－1701－0098757　M007931　子部/宗教類/道教之屬
純陽吕祖度吿寶鑑不分卷　(唐)純陽帝君吕祖撰　民國十年(1921)上海宏大善書局石印本　一冊

330000－1701－0098758　M007933　史部/目録類/版本之屬/書影
百衲本二十四史預約樣本一卷　上海商務印書館編　民國二十三年(1934)上海商務印書館鉛印本暨影印本　一冊

330000－1701－0098759　M007935　子部/宗教類/其他宗教之屬/基督教
使徒紀略一卷　(美國)劉樂義譯　民國九年(1920)上海廣學會鉛印本　一冊

330000－1701－0098761　M007937　史部/地理類/專志之屬/寺觀
湖隱禪院記事十卷　釋安仁輯　民國十年(1921)刻本　一冊

330000－1701－0098768　M008350　集部/小說類/長篇之屬
新刊繡像評講濟公傳四卷一百二十回　郭廣瑞撰　民國石印本　四冊

330000－1701－0098769　M601938　類叢部/叢書類/彙編之屬
適園叢書七十四種　張鈞衡編　民國二年至

六年(1913－1917)烏程張氏刻本(唐大詔令集卷十四至二十四、八十七至九十八原缺)　二十四冊　存十二種

330000－1701－0098770　M008085　子部/儒家類/儒學之屬/性理
儒學入門二卷　民國十四年(1925)西泠留雲軒刻本　一冊

330000－1701－0098773　M606749　子部/宗教類/佛教之屬
悉曇略一卷　釋大勇阿闍梨講授　民國十二年(1923)影印本　一冊

330000－1701－0098776　M606750　子部/宗教類/佛教之屬
金剛般若波羅蜜經一卷　(後秦)釋鳩摩羅什譯　**般若波羅蜜多心經一卷**　民國二十八年(1939)影印本　一冊

330000－1701－0098777　M008352　子部/術數類/命書相書之屬
稱骨書一卷　民國抄本　一冊

330000－1701－0098778　M608876　集部/別集類/清別集
通介堂文集一卷　(清)徐灝撰　民國十三年(1924)徐紹楨鉛印本　一冊

330000－1701－0098779　M606751　子部/宗教類/佛教之屬
金剛般若波羅蜜經一卷　(後秦)釋鳩摩羅什譯　**般若波羅蜜多心經一卷**　民國二十八年(1939)影印本　一冊

330000－1701－0098780　M008086　子部/宗教類/道教之屬
彙纂玉皇心印妙經大全□□卷　(清)通虛子輯　民國八年(1919)上海同善分社石印本　一冊　存一卷(九)

330000－1701－0098782　M606752　子部/宗教類/佛教之屬
金剛般若波羅蜜經一卷　(後秦)釋鳩摩羅什譯　**般若波羅蜜多心經一卷**　民國二十八年(1939)影印本　一冊

330000－1701－0098783　M008353　新學/雜著
改良家政小史一卷　(美國)亮樂月撰　袁玉英述　民國十一年(1922)上海廣學會鉛印本　一冊

330000－1701－0098784　M606753　子部/宗教類/佛教之屬
金剛般若波羅蜜經一卷　(後秦)釋鳩摩羅什譯　**般若波羅蜜多心經一卷**　民國二十八年(1939)影印本　一冊

330000－1701－0098785　M606754　子部/宗教類/佛教之屬/論
大智度論一百卷　(天竺)龍樹菩薩造　(後秦)釋鳩摩羅什譯　民國二十九年(1940)上海佛學書局影印本　十冊

330000－1701－0098786　M601939　類叢部/叢書類/自著之屬
鐵研爼籖書五種　桑宣撰　民國八年(1919)宛平桑氏鉛印本　二冊　存一種

330000－1701－0098787　M606755　子部/宗教類/佛教之屬/論
大智度論一百卷　(天竺)龍樹菩薩造　(後秦)釋鳩摩羅什譯　民國二十九年(1940)上海佛學書局影印本　十冊

330000－1701－0098789　M008354　子部/宗教類/其他宗教之屬/基督教
基督教總論二十五章　(美國)步格撰　(美國)潘慎文選譯　民國七年(1918)上海廣學會鉛印本　一冊

330000－1701－0098790　M608878　子部/天文曆算類/曆法之屬
中華民國三十六年歲在丁亥農曆通書一卷　民國三十五年(1946)石印本　一冊

330000－1701－0098791　M603757　史部/傳記類/總傳之屬/家乘
沈氏歷代像傳一卷　沈錫榮撰　民國元年(1912)石印本　一冊

330000－1701－0098792　M608879　集部/

曲類/彈詞之屬

二十五史彈詞輯註十二卷歷代帝皇真像一卷 （明）楊慎編 （清）孫德威輯註 楊達奇增訂 民國七年(1918)上海碧梧山莊石印本 四冊

330000-1701-0098794 M008089 子部/藝術類/書畫之屬

真蹟日錄初集一卷二集一卷三集一卷 （明）張丑撰 民國七年(1918)刻本 一冊

330000-1701-0098795 M608880 集部/曲類/彈詞之屬

二十五史彈詞輯註十二卷歷代帝皇真像一卷 （明）楊慎編 （清）孫德威輯註 楊達奇增訂 民國七年(1918)上海碧梧山莊石印本 一冊 存二卷(一、歷代帝皇真像)

330000-1701-0098796 M008355 子部/宗教類/其他宗教之屬/基督教

歷史上之基督十章一卷 （英國）顧樂偉撰 （英國）莫安仁譯 周雲路述 民國八年(1919)上海廣學會鉛印本 一冊

330000-1701-0098798 M608881、M610312、M611116 史部/目録類/總録之屬/私撰

揚州吴氏測海樓藏書目錄七卷 吴引孫藏 富晉書社編 民國二十年(1931)北平富晉書社石印本 四冊

330000-1701-0098801 M608882、M609340、M609841 集部/别集類/宋别集

岳忠武王文集八卷首一卷末一卷 （宋）岳飛撰 （清）黄邦寧纂修 民國元年(1912)上海江左書林石印本 三冊 存八卷(首、一至七)

330000-1701-0098802 M602275、M603759 史部/地理類/方志之屬/郡縣志

[民國]臨海縣志稿四十二卷首一卷 張熙鼎修 張寅重修 何奏簧纂 蔣鳳鳴 洪銳心繪 民國二十四年(1935)鉛印本 二十二冊

330000-1701-0098803 G602665 史部/傳記類/總傳之屬/技藝

清朝書畫家筆錄四卷 竇鎮輯 民國九年(1920)上海自強書局石印本 四冊

330000-1701-0098804 M608883 類叢部/叢書類/家集之屬

樸學齋叢書第一集二十八種 胡韞玉編 民國二十九年(1940)安吳胡氏鉛印本 一冊 存三種

330000-1701-0098806 M603760 史部/目録類/版本之屬/書影

吴興劉氏嘉業堂善本書景五卷 劉承幹輯 民國十八年(1929)吴興劉氏嘉業堂影印本 四冊 存四卷(一至二、四至五)

330000-1701-0098807 M603761 經部/小學類/文字之屬/字書

虛字折中四卷 吴熙纂 民國十四年(1925)上海古今圖書店鉛印本 一冊

330000-1701-0098808 M008100 類叢部/叢書類/自著之屬

琴志樓叢書 易順鼎撰 民國鉛印本 一冊 存二種

330000-1701-0098809 M603762 集部/别集類/清别集

瘦龕吟草一卷 （清）雲韶撰 民國石印本 一冊

330000-1701-0098813 M608884、M609849 類叢部/叢書類/彙編之屬

四部備要 中華書局編 民國二十五年(1936)上海中華書局鉛印本 四冊 存一種

330000-1701-0098816 M603763、M603810 史部/地理類/方志之屬/郡縣志

[光緒]杭州府志一百七十八卷首八卷 （清）陳璚等修 （清）王棻等纂 屈映光續修 陸懋勳續纂 齊耀珊重修 吴廑㡳重纂 民國十一年(1922)鉛印本 二十一冊 存五十卷(首一至六,二至八、十二至十九、二十二至二十三、二十八至三十、九十至九十四、九十七至一百五、一百六十一至一百六十五、一百六

十九至一百七十一、一百七十七至一百七十八）

330000－1701－0098817　M008101　史部/傳記類/日記之屬

怒齋日新録二卷泰岱望雲録一卷　陳志進撰　稿本　一冊

330000－1701－0098818　M603764　集部/別集類

愛餘室文集一卷詩集一卷詞集一卷別集一卷　莫永貞撰　民國二十三年(1934)上海中華書局鉛印本　一冊

330000－1701－0098819　M008104　史部/政書類/公牘檔冊之屬

臨海縣議會民國二年四月例會議決案不分卷　民國石印本　一冊

330000－1701－0098822　M008105　新學/電學

電燈及照明六章　馮飈雲編　民國石印本　一冊

330000－1701－0098824　M008106　集部/別集類

寒假追憶一卷昨夜的歸途上一卷經濟與學問一卷本校高中停辦有感一卷談談命運一卷青年應有的覺悟一卷雜感四卷校景略記一卷憶鴿一卷紅妹姊姊的死一卷一位朋友一卷談談畢業一卷讀玉梨魂後有感一卷　樓敬祥撰　稿本　一冊

330000－1701－0098825　M008107　子部/宗教類/道教之屬

唱道真言五卷　(清)鶴臞子輯　民國六年(1917)上海翼化堂石印本　一冊

330000－1701－0098827　M008108　集部/總集類/郡邑之屬

瑞安詩徵七卷文徵十二卷　瑞安縣修志委員會編　民國三十五年(1946)瑞安縣修志委員會鉛印本　六冊　缺五卷(文徵一至五)

330000－1701－0098828　M008109　子部/藝術類/書畫之屬/法帖

大唐太宗文皇帝製三藏聖教序一卷　(唐)褚遂良書　高爾夔臨　民國影印本　一冊

330000－1701－0098829　M008110　史部/政書類/邦計之屬/通紀

經濟大意不分卷　民國石印本　一冊

330000－1701－0098830　M008111　子部/宗教類/道教之屬

太上老君說常清靜經一卷附大乘金剛經論語一卷　民國十二年(1923)浙江蕭山合義和印書局鉛印本　一冊

330000－1701－0098832　M008112　史部/目録類/總録之屬/私撰

喜無聞齋書目六卷　蔣伯潛撰　民國三十七年(1948)稿本　一冊

330000－1701－0098833　M008357　類叢部/叢書類/郡邑之屬

雲南叢書初編一百四十一種二編三十七種　趙藩　陳榮昌等輯　民國雲南叢書處刻本　四冊　存一種

330000－1701－0098835　M008113　史部/政書類

攷察美國航空報告一卷　黄鈞撰　民國鉛印本　一冊

330000－1701－0098836　M601940　史部/雜史類

掌故叢編十輯　故宮博物院文獻館編　民國十七年至十八年(1928－1929)鉛印本　十冊

330000－1701－0098837　M008358　集部/別集類

弦外集一卷　畏名撰　民國六年(1917)鉛印本　程子敬批並跋　養愚子題記　一冊

330000－1701－0098839　M008359　史部/傳記類/別傳之屬

闡潛録甲編不分卷　民國九年(1920)鉛印本　一冊

330000－1701－0098840　M008360　集部/詩文評類/文評之屬

石橋文論一卷　褚傳誥撰　民國四年(1915)石印本　一冊

330000－1701－0098842　M008361　子部/儒家類/儒家之屬
孔經哲學發微不分卷　廖平撰　民國二年(1913)上海中華書局石印本　一冊

330000－1701－0098845　M601941　史部/地理類/山川之屬/山志
雞足山志補四卷　趙藩　李根源輯　民國二年(1913)京師鉛印本　一冊

330000－1701－0098847　M008362　子部/雜著類/雜纂之屬
守拙軒輯錄不分卷　高宗陸輯　稿本　一冊

330000－1701－0098848　M008115　史部/傳記類/别傳之屬
溫奕垣先生哀啟一卷　溫其瑞撰　民國鉛印本　一冊

330000－1701－0098853　M008116　史部/傳記類/别傳之屬/事狀
馮紀亮先生訃啟一卷　馮受艮等撰　民國影印本暨鉛印本　一冊

330000－1701－0098855　M601942　史部/地理類/山川之屬/山志
雞足山志補四卷　趙藩　李根源輯　民國二年(1913)京師鉛印本　一冊

330000－1701－0098857　M601943　史部/政書類/邦交之屬
清季外交史料六種　(清)王彦威輯　王亮編　民國二十一年至二十四年(1932－1935)北平外交史料編纂處鉛印本　一冊　存二種

330000－1701－0098860　M601944　史部/地理類/專志之屬/寺觀
天童寺續志二卷首一卷　釋淨心修　釋蓮萍纂　民國九年(1920)天童寺刻本　二冊

330000－1701－0098862　M601945　類叢部/叢書類/自著之屬
銕研亝叢書(鐵研齋叢書)五種　桑宣撰　民國八年(1919)宛平桑氏鉛印本　六冊　存四種

330000－1701－0098863　M603766　史部/目録類/總録之屬/私撰
蕘圃藏書題識十卷補遺一卷刻書題識一卷補遺一卷　(清)黄丕烈撰　繆荃孫等輯　民國五年至八年(1916－1919)金陵書局刻本　一冊　存一卷(三)

330000－1701－0098865　M008363　子部/宗教類/其他宗教之屬/基督教
週年瞻禮公課二卷　民國二十九年(1940)鉛印本　一冊　存一卷(上)

330000－1701－0098866　M604021、M604335、M608885、M610298　經部/詩類/傳說之屬
詩經原始十八卷首二卷　(清)方玉潤撰　民國十三年(1924)上海泰東圖書局石印本　八冊

330000－1701－0098867　M008117　集部/詩文評類
中國古代文學史講義不分卷中國古代文學史講義補一卷齊魯韓毛異同論一卷王莽傳一卷劉歆傳一卷與友人論詩書中成語書一卷　民國油印本　一冊

330000－1701－0098868　M603767　集部/曲類/曲選之屬
北曲拾遺一卷　(明)□□撰　民國二十四年(1935)商務印書館鉛印本　笠父跋　一冊

330000－1701－0098869　M601946　類叢部/叢書類/自著之屬
十力叢書　熊十力撰　民國三十六年(1947)鉛印本　四冊　存一種

330000－1701－0098870　M608886　類叢部/叢書類/彙編之屬
雙肇樓叢書　張江裁(張涵鋭)輯　民國鉛印本　二冊　存清代燕都梨園史料六種

330000－1701－0098871　M008364　子部/藝術類/遊藝之屬/雜藝
戲法大觀□□編　民國石印本　一冊　存一

編(四)

330000－1701－0098873　M603768　集部/曲類/散曲之屬
曲雅一卷　盧前輯　**論曲絶句一卷**　盧前撰　民國二十年(1931)上海開明書店影印本　一册

330000－1701－0098874　M601947、M601948　集部/别集類/唐五代别集
樊諫議集附録甲集一卷補遺一卷乙集一卷補遺一卷　(唐)樊宗師撰　樊鎮輯　民國十年(1921)紹興樊氏綿絳書屋鉛印本　二册

330000－1701－0098875　M603769　史部/紀傳類/正史之屬
明史本紀二十四卷　(清)張廷玉等修　**明史本紀原本補本異同録二十四卷**　段瓊林撰　民國二十一年(1932)故宫博物院影印本暨鉛印本　五册

330000－1701－0098878　M601949　類叢部/叢書類/彙編之屬
續古逸叢書四十七種　張元濟等編　民國十一年(1922)至一九五七年上海商務印書館影印本　六册　存二種

330000－1701－0098880　M008366　集部/總集類/選集之屬/通代
古文觀止十二卷　(清)吴乘權　(清)吴大職輯　民國上海商務印書館鉛印本　一册　存二卷(十一至十二)

330000－1701－0098882　M008367　子部/宗教類/佛教之屬
感化叢刊□□種　萬鈞編　民國無錫萬氏鉛印本　一册　存一種

330000－1701－0098883　M603770　集部/總集類/題詠之屬
深山讀書圖題詠二集不分卷　錢季寅編　民國二十年(1931)四明錢氏問菊軒鉛印本　一册

330000－1701－0098884　M603771　史部/地理類/方志之屬/郡縣志
[民國]德清縣新志十四卷　吴翯皋　王任化修　程森纂　徐克芳　嚴明揚製圖　民國二十一年(1932)鉛印本　十二册

330000－1701－0098886　M008368　類叢部/叢書類/彙編之屬
通俗教育小叢刻　民國鉛印本　一册　存一種

330000－1701－0098889　M601950　史部/地理類/山川之屬/山志
靈峰志四卷補遺一卷　周慶雲輯　民國元年(1912)周慶雲夢坡室刻本　二册

330000－1701－0098892　M601951、M607356　類叢部/叢書類/彙編之屬
四部叢刊　張元濟等編　民國八年(1919)上海商務印書館影印本　三册　存二種

330000－1701－0098893　M008369　類叢部/叢書類/自著之屬
和欽全集三種　虞銘新撰　民國二十五年至二十七年(1936－1938)鉛印本　二册

330000－1701－0098895　M008118　經部/小學類/文字之屬/字書/字典
辭源十二卷檢字一卷附録五卷　陸爾奎等編　民國上海商務印書館鉛印本　九册　存九卷(二至十)

330000－1701－0098896　M601952　類叢部/叢書類/彙編之屬
辛巳叢編九種　趙詒琛　王大隆輯　民國三十年(1941)鉛印本　四册

330000－1701－0098898　M603772　經部/小學類/文字之屬/説文
説文理董後編六卷　(清)吴穎芳撰　民國十八年(1929)中社影印本　二册

330000－1701－0098899　M601953　類叢部/叢書類/彙編之屬
辛巳叢編九種　趙詒琛　王大隆輯　民國三十年(1941)鉛印本　四册

330000－1701－0098901　M008370　子部/

宗教類/佛教之屬/經疏

佛說阿彌陀經簡釋一卷 （後秦）釋鳩摩羅什譯 （明）釋袾宏疏鈔 （清）徐槐廷標擷 **拔一切業障根本得生淨土陀羅尼一卷廣大圓滿無礙大悲心陀羅尼一卷般若波羅蜜多心經一卷** （後秦）釋鳩摩羅什譯 孫鏘約參 民國七年(1918)鉛印本 一冊

330000－1701－0098902 M601954 子部/小說家類/異聞之屬

洞靈小志八卷 郭則澐撰 民國二十三年(1934)郭氏蟄伏園刻藍印本 四冊

330000－1701－0098904 M603773 子部/藝術類/書畫之屬/法帖

篆書百家姓一卷 黄靄農書 民國十三年(1924)蘇州振新書社影印本 一冊

330000－1701－0098905 M008119 史部/地理類/方志之屬/通志

重修浙江通志體例綱要及目錄一卷 浙江省通志館修 余紹宋 孫延釗等纂 民國油印本 一冊

330000－1701－0098906 M601955 史部/地理類/雜志之屬

吉林地志一卷雞林舊聞錄五卷 魏聲龢纂 民國二年(1913)吉長日報社鉛印本 一冊

330000－1701－0098908 M603774 集部/總集類/酬唱之屬

鴛湖紅豆唱和錄三卷 陸飃輯 民國二十四年(1935)一樹梅花館鉛印本 一冊

330000－1701－0098910 M601956 類叢部/叢書類/彙編之屬

漢魏叢書三十八種 （明）程榮輯 民國十四年(1925)上海商務印書館據明萬曆程氏刻本影印本 二冊 存五種

330000－1701－0098913 M603775 集部/總集類/氏族之屬

誦芬堂課草二卷 錢若洋 錢若錦撰 錢文選輯 民國十八年(1929)鉛印本 若洋題記 一冊

330000－1701－0098914 M008120 史部/目録類/總録之屬/私撰

蕟書目錄不分卷 稿本 一冊

330000－1701－0098917 M601957 史部/地理類/專志之屬/寺觀

七塔寺志八卷 陳寥士纂 民國二十六年(1937)鉛印本 一冊

330000－1701－0098918 M601958 史部/地理類/專志之屬/寺觀

七塔寺志八卷 陳寥士纂 民國二十六年(1937)鉛印本 一冊

330000－1701－0098919 M008372 子部/宗教類/佛教之屬

金剛般若波羅密經一卷般若波羅密多心經一卷 了空居士演繹 民國十九年(1930)明善書局石印本 一冊

330000－1701－0098920 M008121 史部/政書類/公牘檔冊之屬

滬寧滬杭甬鐵路管理局出租地畝規則一卷 民國鉛印本 一冊

330000－1701－0098921 M603776 子部/藝術類/書畫之屬/法帖

漢劉熊碑不分卷 民國有正書局影印本 一冊

330000－1701－0098922 M601959 類叢部/叢書類/彙編之屬

四部叢刊 張元濟等編 民國上海商務印書館影印本 二冊 存一種

330000－1701－0098924 M601960 類叢部/叢書類/郡邑之屬

關中叢書五十三種 宋聯奎輯 民國二十三年至二十五年(1934－1936)陝西通志館鉛印本 一冊 存一種

330000－1701－0098925 M008122 子部/術數類/相宅相墓之屬

撼龍經解不分卷 （唐）楊益撰 （清）梁汝鼇註解 民國二十年(1931)嵇山周魯亭抄本 二冊

330000－1701－0098927　M601961　經部/小學類/訓詁之屬/爾雅
爾雅釋例五卷　(清)陳玉澍撰　民國十年(1921)南京高等師範學校鉛印本　一册

330000－1701－0098928　M008373　子部/宗教類/佛教之屬/經
千手千眼觀世音菩薩廣大圓滿無礙大悲心陀羅尼一卷　(唐)釋伽梵達摩譯　**大悲心陀羅尼經一卷往生淨土神咒一卷往生咒後加四句偈一卷**　民國九年(1920)杭州武林印書館鉛印本　一册

330000－1701－0098929　M601962　史部/地理類/輿圖之屬/郡縣
修訂浙江全省輿圖並水陸道里記不分卷　(清)宗源瀚等纂　民國四年(1915)杭州武林印書館石印本　七册

330000－1701－0098932　M008123　集部/別集類
遊歐吟草一卷　張振夏撰　稿本　一册

330000－1701－0098935　M601964　子部/小說家類
筆記小說大觀二百二十二種　進步書局輯　民國上海進步書局石印本　八册　存一種

330000－1701－0098938　M008124　史部/金石類/玉之屬
簠齋藏玉印一卷　(清)陳介祺輯　民國十年(1921)上海神州國光社影印本　一册

330000－1701－0098939　M601963　史部/地理類/輿圖之屬/郡縣
修訂浙江全省輿圖並水陸道里記不分卷　(清)宗源瀚等纂　民國四年(1915)杭州武林印書館石印本　一册

330000－1701－0098942　M601965　史部/叢編
鄉土志叢編第一集十種　燕京大學圖書館輯　民國二十六年(1937)燕京大學圖書館鉛印本　十册

330000－1701－0098943　M008126　集部/別集類
默盦集十卷　王舟瑤撰　民國二年(1913)上海國光書局鉛印本　三册

330000－1701－0098944　M601966、M602270　子部/藝術類/書畫之屬
清代名人手札甲集六卷附小傳　吳長瑛輯　民國十五年(1926)華南印書社影印本　三册　存三卷(三、五至六)

330000－1701－0098945　M008127　子部/宗教類/道教之屬/雜著
心傳韻語五卷　(清)何謙撰　民國八年(1919)奉化何紹裕、何紹庭石印本　五册

330000－1701－0098947　M008128　史部/傳記類/別傳之屬
羅宿堂節孝集一卷　吳寶炬輯　民國十五年(1926)鉛印本　一册

330000－1701－0098949　M603777　集部/總集類/彙編之屬
寒隱社叢書　寒隱社編　民國元年(1912)寒隱社鉛印本　一册　存一種

330000－1701－0098950　M008129　史部/傳記類/別傳之屬/年譜
錢士青先生[文選]年譜一卷　陳鳳章編　民國三十一年(1942)鉛印本　一册

330000－1701－0098952　M603778　史部/地理類/方志之屬/郡縣志
[乾隆]烏青鎮志十二卷　(清)董世寧纂修　民國七年(1918)鉛印本　二册

330000－1701－0098953　M606756　子部/宗教類/佛教之屬/經
藥師瑠璃光如來本願功德經一卷附東方文一卷回向文一卷　(唐)釋玄奘譯　**郭子彬先生傳贊一卷**　許止淨撰　**先考子彬府君行述一卷**　董康撰　民國二十二年(1933)潮陽郭氏雙百鹿齋刻本　一册

330000－1701－0098954　M008130　子部/雜著類
救世津梁一卷　民國十年(1921)鉛印本

一册

330000－1701－0098956　M603779、M603911、M604682、M611171　史部/地理類/方志之屬/郡縣志

［民國］鄞縣通志六志五十一編附圖一函　張傳保　汪焕章修　陳訓正　馬瀛纂　民國二十四年(1935)至一九五一年寧波鄞縣通志館鉛印本　十册　存二十編(輿地志甲、乙、丙、丁、戊、己、庚、辛、壬、癸,輿地志子、丑、寅、卯、辰,政教志庚下、辛、壬上,工程志甲、乙上)

330000－1701－0098957　M606757　集部/曲類/散曲之屬

太平清調迦陵音一卷　(明)葉華撰　**迦陵音指迷十六觀一卷**　(宋)張炎撰　民國十九年(1930)故宫博物院圖書館影印本　一册

330000－1701－0098958　M008131　史部/雜史類/斷代之屬

辛亥四川路事罪言不分卷　王人文撰　民國二十五年(1936)石印本　一册

330000－1701－0098961　M603781　史部/地理類/方志之屬/郡縣志

紹興縣志四種合刊　紹興縣修志委員會輯　民國二十五年(1936)紹興縣修志委員會鉛印本(道光會稽縣志稟卷二至五、十至十三、二十至二十二原缺)　五册　存一種

330000－1701－0098963　M008132　子部/宗教類/佛教之屬

觀世音經誦本一卷　民國八年(1919)奉化孫氏七千卷樓刻本　一册

330000－1701－0098966　M603782　史部/金石類/甲骨之屬

殷虚書契菁華一卷　羅振玉編　民國三年(1914)上虞羅振玉影印本　一册

330000－1701－0098967　M008133　子部/宗教類/道教之屬/經文

洞玄度人寶懺諸天無上真經二卷菩提圓妙經一卷附鐘偈一卷　(明)張三丰撰　民國十四年(1925)杭州吴山九九老壇刻本　一册

330000－1701－0098968　M603783　史部/金石類/甲骨之屬

殷虚書契菁華一卷　羅振玉編　民國三年(1914)上虞羅振玉影印本　一册

330000－1701－0098970　M008374　子部/宗教類/佛教之屬/諸宗

淨土法要一卷　(明)釋袾宏降述　民國二十四年(1935)老實念佛會油印本　簡慕靈題記　一册

330000－1701－0098972　M606758　類叢部/叢書類/彙編之屬

袖珍古書讀本三十種　中華書局編　民國十九年(1930)上海中華書局鉛印本　一册　存一種

330000－1701－0098974　M603784　子部/藝術類/書畫之屬/法帖

宋拓石鼓文不分卷　民國七年(1918)上海有正書局影印本　一册

330000－1701－0098978　M008375　子部/宗教類/道教之屬

道門語要一卷　民國上海明善書局鉛印本　一册

330000－1701－0098979　M606759、M608920　史部/地理類

中華歷史地理大辭典十二集　章嶔編　民國二年(1913)中華圖書館石印本　四册　存三集(丑集、寅集、亥集)

330000－1701－0098980　M603785　子部/藝術類/書畫之屬/畫譜

王小梅寫景人物册不分卷　(清)王素繪　民國十七年(1928)上海中華書局、文明書局影印本　一册

330000－1701－0098982　M601967　子部/藝術類/書畫之屬/法帖

古今名人墨蹟大觀不分卷　高時顯輯　民國十七年(1928)上海中華書局影印本　四十八册

330000－1701－0098983　M008134　經部/小學類/文字之屬/字書/訓蒙

白話解字第一期一卷　陸世英　施崇恩編輯　民國杭州陸宅、施宅刻本　一册

330000－1701－0098985　M008376　子部/宗教類/道教之屬

三聖經直講三卷　(清)悟真子撰　民國二十二年(1933)上海明善書局鉛印本　一册

330000－1701－0098987　M603786　子部/藝術類/書畫之屬/畫譜

龔柴丈山水册不分卷　(清)龔賢繪　民國十八年(1929)上海神州國光社影印本　一册

330000－1701－0098988　M008377　子部/宗教類/道教之屬

修道真言一卷　(宋)玉蟾子輯　民國明善書局石印本　一册

330000－1701－0098989　M008135　經部/小學類/文字之屬/字書/訓蒙

白話解字第一期一卷　陸世英　施崇恩編輯　民國杭州陸宅、施宅刻本　一册

330000－1701－0098993　M008136　子部/醫家類/養生之屬

中國養生説輯覽十八編　沈宗元編纂　民國十九年(1930)平民書店等鉛印本　一册

330000－1701－0098994　M008378　子部/宗教類/其他宗教之屬/其他

林子三教正宗統論一卷　(明)林兆恩撰　(明)義心堂門人摘刊　民國二十一年(1932)上海明善書局石印本　一册

330000－1701－0098995　M601969　史部/地理類/方志之屬/郡縣志

[光緒]剡源鄉志二十四卷首一卷　(清)趙霈濤纂　民國五年(1916)鉛印本　一册　存三卷(十六至十八)

330000－1701－0098997　M008379　經部/孝經類/傳説之屬

文昌孝經讀本一卷　民國二十一年(1932)上海明善書局鉛印本　一册

330000－1701－0098999　M606761　新學/議論/論政

人格平等論一卷附錄一卷　郭步陶撰　民國二十五年(1936)鉛印本　一册

330000－1701－0099001　M601970　類叢部/叢書類/彙編之屬

寶顏堂祕笈二百二十八種　(明)陳繼儒編　民國十一年(1922)上海文明書局石印本　一册　存四種

330000－1701－0099002　M008137　子部/宗教類/佛教之屬/論疏

無量壽經優婆提舍願生偈註二卷　(北魏)釋菩提流支譯論　(東魏)釋曇鸞註解　**讃阿彌陀佛偈一卷略論安樂淨土義一卷**　(東魏)釋曇鸞撰　民國十一年(1922)北京刻經處刻本　二册

330000－1701－0099004　M008380　類叢部/叢書類/郡邑之屬

廣東叢書　廣東叢書編輯委員會編　民國商務印書館影印本暨鉛印本　四册　存一種

330000－1701－0099008　M606762、M607547　子部/儒家類/儒學之屬/經濟

説苑二十卷　(漢)劉向撰　民國上海涵芬樓鉛印本　四册

330000－1701－0099010　M008138　子部/宗教類/道教之屬

天語三頌錄一卷　楊覲東編　民國十九年(1930)石印本　一册

330000－1701－0099011　M604388、M608888、M610441、M610080　子部/墨家類

墨子閒詁十五卷目錄一卷附錄一卷後語二卷　(清)孫詒讓撰　民國掃葉山房石印本　八册

330000－1701－0099013　M601971　子部/小説家類/雜事之屬

秦淮畫舫錄二卷畫舫餘譚一卷三十六春小譜四卷　(清)捧花生撰　民國二十三年(1934)鉛印本　二册　存二卷(秦淮畫舫錄一至二)

330000－1701－0099014　M008139　集部/總集類/氏族之屬

周源溪少溪元度三先生殘詩一卷　(明)周瑞　(明)周士弘　(明)周莊撰　袁承業編注　民國二年(1913)東臺袁氏鉛印本　一册

330000－1701－0099017　M608889　類叢部/叢書類/彙編之屬

奇晉齋叢書十六種　(清)陸烜編　民國元年(1912)冰雪山房據清陸氏刻本影印本　一册　存二種

330000－1701－0099020　M601972　史部/地理類/方志之屬/通志

[民國]浙江新志三卷　姜卿雲纂　民國二十五年(1936)杭州正中書局鉛印本　一册　存一卷(上)

330000－1701－0099022　M604629、M608890、M608919　史部/政書類/公牘檔册之屬

民國軍政民政文牘合編三卷新民國文粹一卷女革命文粹一卷　新黄氓編　民國二年(1913)上海廣益書局鉛印本　四册

330000－1701－0099023　M603794　史部/目録類/專録之屬

書目長編二卷補遺一卷補校一卷　邵瑞彭等輯　民國十七年(1928)京師鉛印本　二册

330000－1701－0099026　M610413　類叢部/叢書類/彙編之屬

己卯叢編四種　趙詒琛　王大隆輯　民國二十八年(1939)鉛印本　一册　存一種

330000－1701－0099027　M601973　史部/傳記類/總傳之屬/家乘

分修港南徐氏支譜四卷　徐賢唐修輯　民國二十四年(1935)石印本　三册

330000－1701－0099028　M603790　子部/雜著類/雜說之屬

紫桃軒雜綴四卷又綴二卷　(明)李日華撰　民國十六年(1927)上海有正書局石印本　四册

330000－1701－0099030　M608891　史部/目録類/版本之屬/書影

重印聚珍倣宋版五開大本四部備要樣本不分卷　中華書局編　民國二十三年(1934)中華書局鉛印本　一册

330000－1701－0099031　M606764　集部/總集類/選集之屬/斷代

南社叢刻　南社編輯　民國鉛印本　一册　存一種

330000－1701－0099032　M601974　史部/政書類/公牘檔册之屬

山西村政彙編十二卷　閻錫山輯　民國十七年(1928)山西村政處鉛印本　四册　存八卷(村政彙編一至八)

330000－1701－0099034　M603791　類叢部/叢書類/彙編之屬

小醉經閣叢刻十種　民國二年(1913)上海中華藝文社鉛印本　八册　存一種

330000－1701－0099036　M606765　集部/總集類/題詠之屬

梅鶴幻影圖題咏一卷　馮度輯　民國二十二年(1933)影印本　一册

330000－1701－0099037　M608892、M610286　類叢部/叢書類/彙編之屬

士禮居黄氏叢書十九種附四種　(清)黄丕烈輯　民國十一年(1922)上海博古齋據清黄氏刻本增輯影印本　八册　存二種

330000－1701－0099038　M603792　集部/詞類/别集之屬

黄山樵唱一卷　朱師轍撰　民國二十一年(1932)燕京刻本　一册

330000－1701－0099040　M601975　史部/地理類/山川之屬/山志

峨眉山志八卷首一卷　(清)蔣超纂　釋印光增訂　民國二十三年(1934)蘇州弘化社鉛印本　一册　缺四卷(五至八)

330000－1701－0099041　M603795　集部/詞類/别集之屬

黄山樵唱一卷　朱師轍撰　民國二十一年

(1932)燕京刻本　一冊

330000－1701－0099044　M606766　史部/傳記類/總傳之屬/姓名
重訂南社姓氏錄二卷　南社編　民國五年(1916)鉛印本　一冊

330000－1701－0099046　M603793　史部/傳記類/別傳之屬/事狀
容菴弟子記四卷　沈祖憲　吳闓生編　民國二年(1913)鉛印本　一冊

330000－1701－0099047　M601976　史部/地理類/方志之屬/郡縣志
[道光]偏關志二卷　(明)盧承業修　(清)馬振文增修　王有宗纂　民國四年(1915)鉛印本　二冊

330000－1701－0099049　M601977　史部/地理類/山川之屬/山志
普陀洛迦新志十二卷首一卷　許止淨述　王亨彥輯　民國二十年(1931)鉛印本　四冊

330000－1701－0099052　M601978　史部/地理類/山川之屬/山志
普陀洛迦新志十二卷首一卷　許止淨述　王亨彥輯　民國二十年(1931)鉛印本　四冊

330000－1701－0099053　M603796　史部/目録類/專録之屬
補鈔文瀾閣四庫闕簡記錄不分卷　張宗祥撰　民國十五年(1926)刻本　一冊

330000－1701－0099055　M601979　史部/地理類/山川之屬/山志
普陀洛迦新志十二卷首一卷　許止淨述　王亨彥輯　民國二十年(1931)鉛印本　四冊

330000－1701－0099056　M604397、M604473、M608893、M609590、M610310　史部/傳記類/總傳之屬/斷代
明遺民錄四十八卷　孫靜菴撰　民國元年(1912)上海新中華圖書館鉛印本　十二冊

330000－1701－0099058　M008140　子部/雜著類
三教心傳一卷　(清)巡天御史撰　民國十八年(1929)江西湖口慈善會鉛印本　一冊

330000－1701－0099059　M008141　子部/宗教類/佛教之屬
淨業纂要十一種　武昌佛乘修學會編　民國刻本　一冊

330000－1701－0099064　M606768、M604758　類叢部/叢書類/彙編之屬
四部備要　中華書局編　民國二十五年(1936)上海中華書局鉛印本　二冊　存一種

330000－1701－0099066　M008381　子部/儒家類/儒學之屬/禮教
青年修養錄十八編　趙鉦鐸編纂　民國上海商務印書館鉛印本　一冊　存六編(四至九)

330000－1701－0099069　M603797　子部/藝術類/書畫之屬/書法畫品
談畫不分卷　王逸撰　民國二十五年(1936)大石堂鉛印本　一冊

330000－1701－0099070　M601980　史部/地理類/方志之屬/郡縣志
[民國]餘姚六倉志四十四卷首一卷末一卷　楊積芳纂　杜志文　張德海測繪　民國九年(1920)鉛印本　四冊　存二十一卷(五至十、十六至二十五、四十至四十四)

330000－1701－0099071　M603798　子部/小說家類/雜事之屬
鄉隅紀聞一卷　楊質安撰　民國十年(1921)鉛印本　一冊

330000－1701－0099072　M606769　子部/農家農學類/蠶桑之屬
古今合纂殖桑法一卷　金步瀛撰　民國十九年(1930)鉛印本　一冊

330000－1701－0099075　M008382　類叢部/叢書類
雁來紅叢報　民國鉛印本　一冊　存五種

330000－1701－0099077　M608894　集部/詩文評類/詩評之屬

歷代詩話續編二十九種　丁福保輯　民國五年(1916)無錫丁氏鉛印本　二册　存二種

330000－1701－0099078　M008384　子部/醫家類/類編之屬
衛生叢書　民國二年(1913)鉛印本　一册　存一種

330000－1701－0099080　M606770　子部/藝術類/篆刻之屬/印譜
春暉堂印始八卷　(清)吳蒼雷摹古　(清)汪啟淑鑒藏　民國十二年(1923)上海印學社影印本　一册　存一卷(一)

330000－1701－0099081　M008142　集部/總集類/彙編之屬
禹生四唱　劉成禺輯　民國二十三年(1934)鉛印本　一册　存二種

330000－1701－0099083　M008383　集部/曲類/寶卷之屬
三世修道黄氏寶卷二卷　民國二年(1913)上海文益書局石印本　一册　存一卷(上集)

330000－1701－0099087　M608895　子部/宗教類/道教之屬
關帝明聖真經一卷附關聖帝君世系攷証一卷應驗靈籤一卷　民國十三年(1924)上海宏大善書局石印本　一册

330000－1701－0099088　M606771　史部/傳記類/别傳之屬
徐聽然入道後之大事記一卷附記一卷　顧孝珣撰　民國石印本　一册

330000－1701－0099089　M601981　類叢部/叢書類/自著之屬
章氏叢書十三種　章炳麟撰　民國六年至八年(1917－1919)浙江圖書館刻本　一册　存一種

330000－1701－0099091　M008143　子部/宗教類/佛教之屬
戒殺放生文一卷　(明)釋袾宏撰　**戒殺四十八問一卷**　(清)周思仁撰　民國八年(1919)北京刻經處刻本　一册

330000－1701－0099094　M008144　史部/雜史類/外紀之屬
校正三國史記五十卷　(朝鮮)金富軾撰　民國五年(1916)鉛印本　四册

330000－1701－0099095　M606772　史部/傳記類/别傳之屬
徐聽然入道後之大事記一卷附記一卷　顧孝珣撰　民國石印本　一册

330000－1701－0099097　M603800　集部/别集類
嚴範孫先生古近體詩存稿三卷　嚴修撰　民國二十二年(1933)鉛印本　一册

330000－1701－0099098　M606773　史部/傳記類/别傳之屬
徐聽然入道後之大事記一卷附記一卷　顧孝珣撰　民國石印本　一册

330000－1701－0099099　M601982、M601983　類叢部/叢書類/彙編之屬
四部叢刊　張元濟等編　民國上海商務印書館影印本　三册　存二種

330000－1701－0099101　M608896　史部/目録類/總録之屬/禁燬
清代禁燬書目四種索引四卷　民國二十年(1931)杭州抱經堂書局鉛印本　四册

330000－1701－0099102　M603801　集部/曲類/寶卷之屬
繪圖張義雙釘記寶卷二卷　民國上海惜陰書局石印本　一册

330000－1701－0099103　M606774　子部/藝術類/書畫之屬/畫譜
小百梅集一卷　(清)改琦繪　民國十八年(1929)上海商務印書館影印本　一册

330000－1701－0099106　M603802　集部/曲類/寶卷之屬
孟姜仙女寶卷一卷　民國上海文益書局石印本　一册

330000－1701－0099107　M606775　集部/

曲類/寶卷之屬

張氏三娘賣花寶卷全集一卷 民國十三年(1924)杭州慧空經房釋守政刻本 一冊

330000－1701－0099108 M608897 類叢部/叢書類/彙編之屬

四部叢刊 張元濟等編 民國上海商務印書館影印本 三冊 存一種

330000－1701－0099109 M603803 子部/藝術類/遊藝之屬/聯語

寒柯堂宋詩集聯五卷 余紹宋輯 民國三十二年(1943)鉛印本 一冊

330000－1701－0099110 M601984 史部/地理類/專志之屬/祠墓

岳忠武王初瘞志不分卷 民國二十四年(1935)西湖岳王廟產保管委員會鉛印本 一冊

330000－1701－0099112 M603804 集部/曲類/寶卷之屬

龐公寶卷不分卷 民國三年(1914)上海文益書局石印本 一冊

330000－1701－0099113 M601985 史部/地理類/山川之屬/山志

南雁蕩山志十三卷首一卷 周喟編 民國七年(1918)瑞安戴氏詠古齋刻本 四冊

330000－1701－0099114 M008385 集部/曲類/曲藝之屬

繪圖時調山歌不分卷 民國石印本 三冊 存三集(中、華、民)

330000－1701－0099116 M603805 集部/曲類/寶卷之屬

龐公寶卷不分卷 民國三年(1914)上海文益書局石印本 二冊

330000－1701－0099117 M601986 子部/宗教類/道教之屬/雜著

真誥二十卷 (南朝梁)陶弘景撰 民國上海涵芬樓影印本 陶在東題記 四冊

330000－1701－0099119 M601987 經部/四書類/論語之屬

論語時訓不分卷 陳訓正撰 民國三十年(1941)鉛印本 陳訓慈題記 一冊

330000－1701－0099120 M603806、M607409、M610314 史部/金石類/總志之屬

顧氏金石輿地叢書第一集八種 顧燮光編 民國十八年(1929)會稽顧氏金佳石好樓鉛印本暨石印本 三冊 存二種

330000－1701－0099121 M601988 類叢部/叢書類/彙編之屬

四部備要 中華書局編 民國二十五年(1936)上海中華書局鉛印本 六冊 存一種

330000－1701－0099122 M606778 集部/別集類

潛厂零集四卷 民國十九年(1930)鉛印本 一冊

330000－1701－0099123 M603807 集部/總集類/選集之屬/通代

註釋宋元明詩三百首六卷 (清)朱梓 (清)冷昌言編 民國中華書局鉛印本 一冊

330000－1701－0099124 M008386 集部/曲類/曲藝之屬

繪圖時調山歌不分卷 民國石印本 三冊 存三集(春、夏、冬)

330000－1701－0099125 M608898 子部/叢編

清代筆記叢刊四十一種 文明書局編 民國上海文明書局石印本 一冊 存一種

330000－1701－0099126 M601989 史部/金石類

杭州古蕩新石器時代遺址之試探報告不分卷 浙江省立西湖博物館 吴越史地研究會編 民國二十五年(1936)鉛印本 一冊

330000－1701－0099129 M603808 集部/小說類/長篇之屬

繪圖足本鏡花緣十二卷一百回 (清)李汝珍撰 民國十三年(1924)上海啟新書局鉛印本 四冊 存四卷(七至九、十二)

330000－1701－0099130　M601990　史部/目録類/總録之屬/官修
浙江省立圖書館善本書目甲編四卷　毛春翔編　民國二十五年(1936)浙江省立圖書館鉛印本　一册

330000－1701－0099131　M606779　類叢部/叢書類/彙編之屬
潛泉叢鈔　吳隱輯　民國西泠印社刻本暨石印本　二册　存一種

330000－1701－0099134　M008387　集部/曲類/曲藝之屬
最新時調山歌□□集　民國石印本　三册　存三集(匏、革、石)

330000－1701－0099135　M603809　史部/政書類/邦計之屬
紹縣天樂鄉盪湖塘鋪石板路徵信錄一卷　民國十一年(1922)木活字印本　一册

330000－1701－0099136　M606780　子部/藝術類/遊藝之屬/聯語
采唐集三卷附集張遷碑字一卷　吕佩芬編　**附錄一卷**　馬其昶　陳寶琛撰　民國二十五年(1936)上海商務印書館石印本　三册

330000－1701－0099138　M608899、M609832　集部/別集類/清別集
大川漫草四卷　(清)涂水清撰　民國七年(1918)處州啟明書局石印本　二册

330000－1701－0099139　M008388　集部/曲類/曲藝之屬
繪圖最新各種時調山歌十二集　民國蔣春記書局石印本　十一册　缺一集(子)

330000－1701－0099141　M601991、M602885　史部/目録類/總録之屬/官修
四庫目略四卷　楊立誠編　民國十八年(1929)浙江省立圖書館鉛印本　四册

330000－1701－0099142　M608900、M609614、M610247　類叢部/叢書類/自著之屬
劉申叔先生遺書七十四種　劉師培撰　民國二十五年(1936)寧武南氏鉛印本　四十册　存四十四種

330000－1701－0099143　M008389　集部/曲類/曲藝之屬
新刻龍鳳鎖三集　民國十一年(1922)紹興思義堂刻本　一册

330000－1701－0099145　M601992　集部/別集類/清別集
伏敔堂詩錄選一卷　(清)江湜撰　吉亮工選　民國十五年(1926)影印本　一册

330000－1701－0099146　M008146　集部/別集類/清別集
天影盦全集　(清)李壽蓉撰　李天民輯　民國三十二年(1943)長沙李氏鉛印本　四册

330000－1701－0099147　M008390　集部/曲類/曲藝之屬
繡像綵雲毬十二卷一百六十回　民國上海章福記書局石印本　十二册

330000－1701－0099149　M008391　集部/曲類/曲藝之屬
新刻雙貴圖真本一卷　民國八年(1919)紹興思義堂刻本　一册

330000－1701－0099150　M008392　子部/藝術類/遊藝之屬/謎語
新刻小才子一卷　民國湶記刻本　一册

330000－1701－0099152　M601993　史部/地理類/遊記之屬/紀行
峨眉紀游一卷　樓藜然撰　民國元年(1912)成都刻本　一册

330000－1701－0099154　M008393　集部/戲劇類
戲劇節抄不分卷　民國抄本　一册

330000－1701－0099155　M008394　子部/術數類/陰陽五行之屬
陰陽遁圖不分卷　周仁壽編製　稿本　一册

330000－1701－0099156　M610414　類叢部/叢書類/自著之屬
崇仁黃氏叢刻□□種　黃維翰撰　民國刻本

二册　存一種

330000－1701－0099159　M610415　類叢部/叢書類/自著之屬
崇仁黄氏叢刻□□種　黄維翰撰　民國刻本　一册　存一種

330000－1701－0099162　M610416　集部/别集類/清别集
僑園詩文集四卷　（清）姚麟撰　民國二十五年（1936）鉛印本　一册

330000－1701－0099163　M606782　類叢部/叢書類/自著之屬
船山遺書六十六種附一種　（清）王夫之撰　民國二十二年（1933）上海太平洋書店鉛印本　十册　存十九種

330000－1701－0099165　M008395　子部/醫家類/外科之屬
外科秘本不分卷　民國抄本　一册

330000－1701－0099167　M008396　子部/藝術類/篆刻之屬/印譜
東遊鴻雪不分卷　民國二十五年（1936）鈐印本　一册

330000－1701－0099168　M008397　集部/别集類
相思日記四十章　陸秀蘭撰　民國九年（1920）上海世界書局石印本　一册

330000－1701－0099169　M606783　史部/金石類
非儒非俠齋金石叢著十種　顧燮光撰　民國會稽顧氏金佳石好樓石印本暨鉛印本　一册　存一種

330000－1701－0099171　M606784　史部/金石類
非儒非俠齋金石叢著十種　顧燮光撰　民國會稽顧氏金佳石好樓石印本暨鉛印本　一册　存一種

330000－1701－0099172　M008398　集部/曲類/曲藝之屬
時調山歌□□集　民國石印本　二册　存二集（盛、穀）

330000－1701－0099173　M606785　史部/目録類/專録之屬
補鈔文瀾閣四庫闕簡記錄不分卷　張宗祥撰　民國十五年（1926）刻本　一册

330000－1701－0099175　M606786　史部/目録類/專録之屬
補鈔文瀾閣四庫闕簡記錄不分卷　張宗祥撰　民國十五年（1926）刻本　一册

330000－1701－0099176　M606787　史部/目録類/專録之屬
補鈔文瀾閣四庫闕簡記錄不分卷　張宗祥撰　民國十五年（1926）刻本　一册

330000－1701－0099177　M606788　史部/目録類/專録之屬
補鈔文瀾閣四庫闕簡記錄不分卷　張宗祥撰　民國十五年（1926）刻本　一册

330000－1701－0099178　M008399　集部/曲類/曲藝之屬
改良小放牛一卷　民國刻本　一册

330000－1701－0099179　M606789　史部/目録類/專録之屬
補鈔文瀾閣四庫闕簡記錄不分卷　張宗祥撰　民國十五年（1926）刻本　一册

330000－1701－0099180　M008400　集部/曲類/曲藝之屬
最新精本壽昌尋母一卷　民國泉記書莊刻本　一册

330000－1701－0099181　M606790　類叢部/叢書類/自著之屬
最樂亭三種　（清）朱福清撰　民國六年至十二年（1917－1923）嘉興朱氏刻本　二册　存一種

330000－1701－0099183　M008401　集部/曲類/曲藝之屬
新出之板小菜打仗一卷　民國泉記書莊刻本

一册

330000－1701－0099184　M608901　集部/總集類/彙編之屬
雲間兩何君集二種　姚光編　民國二十一年(1932)金山姚氏復廬據明嘉靖本影印本　三册　存一種

330000－1701－0099185　M008402　子部/藝術類/遊藝之屬
俗不傷雅時派言子一卷　民國三十年(1941)泉記書莊刻本　一册

330000－1701－0099186　M008403　集部/曲類/曲藝之屬
新刻龍鳳劍二本　民國淥記刻本　二册

330000－1701－0099187　M606792　類叢部/叢書類/彙編之屬
英譯先秦羣經諸子叢書　鄭麐編譯　民國三十四年(1945)鉛印本　一册　存一種

330000－1701－0099190　M606793　子部/宗教類/佛教之屬/諸宗
大乘止觀法門四卷　(南朝陳)釋慧思撰　民國十二年(1923)上海佛經流通處石印本　一册

330000－1701－0099191　M606794　子部/宗教類/佛教之屬/諸宗
大乘止觀法門四卷　(南朝陳)釋慧思撰　民國十二年(1923)上海佛經流通處石印本　一册

330000－1701－0099192　M601994　類叢部/叢書類/自著之屬
船山遺書六十六種附一種　(清)王夫之撰　民國二十二年(1933)上海太平洋書店鉛印本　五十四册　存三十二種

330000－1701－0099193　M610417　集部/曲類/曲韻曲譜曲律之屬
元詞斠律四卷　王玉章纂輯　民國二十五年(1936)上海商務印書館鉛印本　二册　缺一卷(三)

330000－1701－0099196　M606795　子部/宗教類/佛教之屬/諸宗
大乘止觀法門四卷　(南朝陳)釋慧思撰　民國十二年(1923)上海佛經流通處石印本　一册

330000－1701－0099197　M609942、M610418　集部/曲類/曲韻曲譜曲律之屬
元詞斠律四卷　王玉章纂輯　民國二十五年(1936)上海商務印書館鉛印本　三册

330000－1701－0099198　M606796　子部/農家農學類/蠶桑之屬
古今合纂殖桑法一卷　金步瀛撰　民國十九年(1930)鉛印本　一册

330000－1701－0099200　M606797　子部/農家農學類/蠶桑之屬
古今合纂殖桑法一卷　金步瀛撰　民國十九年(1930)鉛印本　一册

330000－1701－0099201　M606798　子部/農家農學類/蠶桑之屬
古今合纂殖桑法一卷　金步瀛撰　民國十九年(1930)鉛印本　一册

330000－1701－0099202　M606799　子部/農家農學類/蠶桑之屬
古今合纂殖桑法一卷　金步瀛撰　民國十九年(1930)鉛印本　一册

330000－1701－0099203　M606800　子部/農家農學類/蠶桑之屬
古今合纂殖桑法一卷　金步瀛撰　民國十九年(1930)鉛印本　一册

330000－1701－0099205　M008404　子部/天文曆算類/曆法之屬
丙子年通書便覽一卷(民國二十五年)　洪堂燕　洪鑾聲　洪永言選　民國二十四年(1935)繼成堂石印本　一册

330000－1701－0099206　M008405　集部/曲類/曲藝之屬
柳陰記二本　民國二十五年(1936)成都淥記書社刻本　三册

330000－1701－0099207　M606801　史部/金石類
非儒非俠齋金石叢著十種　顧燮光撰　民國會稽顧氏金佳石好樓石印本暨鉛印本　四册　存三種

330000－1701－0099208　M008406　集部/曲類/曲藝之屬
二度梅三集　民國淥記刻本　三册

330000－1701－0099209　M606802　史部/金石類
非儒非俠齋金石叢著十種　顧燮光撰　民國會稽顧氏金佳石好樓石印本暨鉛印本　二册　存二種

330000－1701－0099211　M606803　史部/金石類
非儒非俠齋金石叢著十種　顧燮光撰　民國會稽顧氏金佳石好樓石印本暨鉛印本　二册　存二種

330000－1701－0099213　M606804　史部/金石類
非儒非俠齋金石叢著十種　顧燮光撰　民國會稽顧氏金佳石好樓石印本暨鉛印本　二册　存二種

330000－1701－0099214　M606805　史部/金石類
非儒非俠齋金石叢著十種　顧燮光撰　民國會稽顧氏金佳石好樓石印本暨鉛印本　二册　存二種

330000－1701－0099215　M606806、M607627　史部/地理類/方志之屬/通志
[民國]重修浙江通志初稿不分卷　浙江通志館修　余紹宋等纂　民國三十七年(1948)鉛印本　四册

330000－1701－0099216　M610419　史部/目録類/總録之屬/官修
浙江公立圖書館保存類目錄四卷　浙江公立圖書館編　民國十年(1921)浙江公立圖書館石印本　二册

330000－1701－0099217　M606807、M607628　史部/地理類/方志之屬/通志
[民國]重修浙江通志初稿不分卷　浙江通志館修　余紹宋等纂　民國三十七年(1948)鉛印本　四册

330000－1701－0099218　M606808、M607629　史部/地理類/方志之屬/通志
[民國]重修浙江通志初稿不分卷　浙江通志館修　余紹宋等纂　民國三十七年(1948)鉛印本　四册

330000－1701－0099219　M610420　史部/目録類/總録之屬/官修
南京圖書局閱覽室檢查書目二編五卷　南京圖書局編　民國南京圖書局鉛印本　一册　存三卷(經、史、子)

330000－1701－0099220　M606809、M607630　史部/地理類/方志之屬/通志
[民國]重修浙江通志初稿不分卷　浙江通志館修　余紹宋等纂　民國三十七年(1948)鉛印本　四册

330000－1701－0099221　M606810、M607631　史部/地理類/方志之屬/通志
[民國]重修浙江通志初稿不分卷　浙江通志館修　余紹宋等纂　民國三十七年(1948)鉛印本　四册

330000－1701－0099222　M601995　類叢部/叢書類/自著之屬
船山遺書六十六種附一種　(清)王夫之撰　民國二十二年(1933)上海太平洋書店鉛印本　十三册　存十五種

330000－1701－0099223　M606811、M607632　史部/地理類/方志之屬/通志
[民國]重修浙江通志初稿不分卷　浙江通志館修　余紹宋等纂　民國三十七年(1948)鉛印本　四册

330000－1701－0099224　M606812、M607633　史部/地理類/方志之屬/通志
[民國]重修浙江通志初稿不分卷　浙江通志

館修　余紹宋等纂　民國三十七年(1948)鉛印本　四册

330000－1701－0099225　M606813、M607634　史部/地理類/方志之屬/通志
[民國]重修浙江通志初稿不分卷　浙江通志館修　余紹宋等纂　民國三十七年(1948)鉛印本　四册

330000－1701－0099226　M606814、M607635　史部/地理類/方志之屬/通志
[民國]重修浙江通志初稿不分卷　浙江通志館修　余紹宋等纂　民國三十七年(1948)鉛印本　四册

330000－1701－0099227　M007938　經部/四書類/論語之屬/專著
論語講義選鈔一卷　濟公庠序編　民國十四年(1925)刻本　一册

330000－1701－0099228　M606815、M607636　史部/地理類/方志之屬/通志
[民國]重修浙江通志初稿不分卷　浙江通志館修　余紹宋等纂　民國三十七年(1948)鉛印本　四册

330000－1701－0099229　M606816、M607637　史部/地理類/方志之屬/通志
[民國]重修浙江通志初稿不分卷　浙江通志館修　余紹宋等纂　民國三十七年(1948)鉛印本　四册

330000－1701－0099230　M606817、M607638　史部/地理類/方志之屬/通志
[民國]重修浙江通志初稿不分卷　浙江通志館修　余紹宋等纂　民國三十七年(1948)鉛印本　四册

330000－1701－0099231　M606818、M607639　史部/地理類/方志之屬/通志
[民國]重修浙江通志初稿不分卷　浙江通志館修　余紹宋等纂　民國三十七年(1948)鉛印本　四册

330000－1701－0099232　M007940　史部/傳記類/日記之屬
越縵堂日記補荀抄一卷　(清)李慈銘撰　民國二十七年(1938)陶承杏抄本　一册

330000－1701－0099233　M007941　集部/別集類
間居吟一卷　戴振聲撰　稿本　一册

330000－1701－0099234　M007942　集部/詩文評類/詩評之屬
詩學不分卷　黄節編　民國八年(1919)北京大學出版部鉛印本　一册

330000－1701－0099235　M007943　史部/目録類/總録之屬/私撰
景杜堂纂輯書目不分卷　吳廷燮撰　民國鉛印本　一册

330000－1701－0099236　M007944　新學/理學/理學
羅素學説之批評一卷　唐煥章撰　民國十年(1921)石印本　一册

330000－1701－0099237　M007945　史部/雜史類/斷代之屬
東陵盗案彙編三卷　民國鉛印本　一册

330000－1701－0099238　M007947　史部/目録類/總録之屬
杭州市立中學圖書目錄不分卷　民國二十四年(1935)石印本　一册

330000－1701－0099239　M007948　史部/傳記類/日記之屬
東陵行役日記一卷　寶熙撰　民國十七年(1928)稿本　一册

330000－1701－0099240　M007949　集部/別集類
潛子詩鈔五卷　高毓浵撰　民國八年(1919)鉛印本　一册

330000－1701－0099241　M007950　子部/藝術類/書畫之屬/書法書品
行書備要一卷　童式規書　民國二十二年(1933)上海商務印書館石印本　一册

330000－1701－0099242　M007951　集部/

別集類
蝸牛舍詩四卷　范罕撰　民國十二年(1923)鉛印本　一册

330000－1701－0099243　M606819、M607640　史部/地理類/方志之屬/通志
[民國]重修浙江通志初稿不分卷　浙江通志館修　余紹宋等纂　民國三十七年(1948)鉛印本　四册

330000－1701－0099244　M606820、M607641　史部/地理類/方志之屬/通志
[民國]重修浙江通志初稿不分卷　浙江通志館修　余紹宋等纂　民國三十七年(1948)鉛印本　四册

330000－1701－0099246　M008407　子部/宗教類/佛教之屬
金剛般若波羅蜜經一卷　(後秦)釋鳩摩羅什譯　**般若波羅蜜多心經一卷**　(唐)釋玄奘譯　民國二十四年(1935)無錫大文齋鉛印本　一册

330000－1701－0099249　M608902　史部/雜史類/斷代之屬
滿清十三朝秘史　歐陽紹熙編纂　民國上海廣益書局鉛印本　二册　存四卷(四至七)

330000－1701－0099250　M608903　子部/藝術類/篆刻之屬/印論
治印雜説不分卷　王世纂　民國六年(1917)鉛印本　一册

330000－1701－0099252　M008408　子部/藝術類/書畫之屬/法帖
草字彙十二卷附補　(清)石梁輯　民國二十二年(1933)上海商務印書館影印本　五册　缺二卷(辰、巳)

330000－1701－0099254　M608904　類叢部/叢書類/自著之屬
心史叢刊十六種　孟森撰　民國五年至六年(1916－1917)上海商務印書館鉛印本　一册　存五種

330000－1701－0099256　M601996　類叢部/叢書類/彙編之屬
國立北京大學研究所國學門叢書　民國北京大學研究所鉛印本暨影印本　一册

330000－1701－0099257　M608905　子部/叢編
清人説薈初集二十種　雷瑨輯　民國上海掃葉山房石印本　一册　存三種

330000－1701－0099260　M601997　史部/雜史類
掌故叢編十輯　故宫博物院文獻館編　民國十七年至十八年(1928－1929)鉛印本　八册　缺二卷(一、六)

330000－1701－0099261　M008409　集部/小説類/長篇之屬
石頭記八卷八十回　(清)曹霑撰　民國上海有正書局石印本　十册　存四卷(一至四)

330000－1701－0099262　M008410　子部/雜著類
不可録一卷　(清)陳海曙輯　民國八年(1919)上海宏大善書局石印本　一册

330000－1701－0099263　M608906　集部/詩文評類/文評之屬
文心雕龍十卷　(南朝梁)劉勰撰　(清)黄叔琳注　(清)紀昀評　民國四年(1915)埽葉山房石印本　一册　存二卷(三至四)

330000－1701－0099265　M603811　史部/傳記類/别傳之屬/墓誌
蔣肅菴先生墓誌銘一卷　朱大符撰　張人傑書　民國石印本　一册

330000－1701－0099266　M008411　子部/儒家類/儒學之屬
切近編四卷　(清)桑調元　(清)沈廷芳輯　民國十八年(1929)南京國學圖書館影印本　一册

330000－1701－0099267　M603812　子部/雜著類/雜説之屬
仇池筆記二卷　(宋)蘇軾撰　民國二十二年(1933)上海商務印書館鉛印本　一册

330000－1701－0099268　M608907、M609587　集部/小說類/長篇之屬
古佚小說叢刊初集三種　陳乃乾輯　民國十七年(1928)海寧陳氏慎初堂鉛印本　二冊　存一種

330000－1701－0099269　M008412　史部/傳記類/別傳之屬/事狀
玉岑詞人悼感錄一卷　陸丹林編　民國二十四年(1935)謝夢鯉鉛印本　一冊

330000－1701－0099270　M608908　史部/地理類/遊記之屬/紀行
西秦旅行記一卷　侯鴻鑑撰　民國八年(1919)上海中華書局鉛印本　一冊

330000－1701－0099272　M608909　子部/藝術類/書畫之屬/畫法畫品
小蓬萊閣畫鑑七卷獵古集一卷　(清)李修易撰　(清)李厥猷編訂　民國二十三年(1934)上海商務印書館鉛印本　一冊

330000－1701－0099273　M603813　史部/地理類/方志之屬/郡縣志
[民國]鎮海縣志四十五卷首一卷　洪錫範　盛鴻燾修　王榮商　楊敏曾纂　民國二十年(1931)上海蔚文印刷局鉛印本　一冊　存四卷(三十一至三十四)

330000－1701－0099274　M608910、M610192　集部/別集類
燕知草一卷附重過西園碼頭殘稿一卷　俞平伯撰　民國十九年(1930)上海開明書店鉛印本　二冊

330000－1701－0099275　M603814　經部/小學類/文字之屬/字書/字體
古籀餘論三卷　(清)孫詒讓撰　民國十八年(1929)燕京大學刻本　一冊　存二卷(一至二)

330000－1701－0099276　M604546、M608911、M610136、M611398　類叢部/叢書類/彙編之屬
四部備要　中華書局編　民國二十五年(1936)上海中華書局鉛印本　十三冊　存一種

330000－1701－0099277　M603822　子部/雜著類/雜說之屬
東坡筆記二卷　(明)毛鳳苞輯　民國上海有正書局鉛印本　一冊

330000－1701－0099278　M603815　子部/藝術類/遊藝之屬/棋弈
尊天爵齋奕譜一卷　(清)傅延燾撰　民國上海文瑞樓石印本　一冊

330000－1701－0099280　M603816　子部/藝術類/書畫之屬/畫譜
吳仲圭漁父圖卷一卷　(元)吳鎮繪　民國二十六年(1937)上海商務印書館影印本　一冊

330000－1701－0099281　M610421　類叢部/叢書類/自著之屬
寓園叢書七種　張其淦撰　民國十九年(1930)鉛印本　一冊　存一種

330000－1701－0099282　M608913　子部/儒家類/儒學之屬/禮教/家訓
雙節堂庸訓四卷　(清)汪輝祖撰　民國六年(1917)彩華石印局石印本　一冊

330000－1701－0099283　M603817　子部/工藝類/文房四寶之屬/叢録
蕉窗九錄一卷　(明)項元汴撰　民國三年(1914)西泠印社木活字印本　二冊

330000－1701－0099285　M008413　集部/曲類/曲藝之屬
白娘娘雷峯寶塔全本一卷薄命辭竈一卷　民國石印本　一冊

330000－1701－0099287　M610422　類叢部/叢書類/自著之屬
越中喻氏崇德堂叢著　喻長鑒撰　民國十六年(1927)紹興喻氏崇德堂鉛印本　二冊　存一種

330000－1701－0099288　M008414　子部/醫家類/外科之屬/通論
外科圖說四卷　(清)高文晉輯　民國石印本

一冊

330000－1701－0099290　M008415　類叢部/叢書類/自著之屬
共讀樓叢書□□種　陳乃乾輯　民國二十三年(1934)海寧陳乃乾共讀樓鉛印本　一冊　存一種

330000－1701－0099292　M610423　類叢部/叢書類/家集之屬
丹徒陳氏著述十九種　□□編　民國石印本暨鉛印本　一冊　存一種

330000－1701－0099296　M610424　史部/政書類/邦計之屬
建國後策一卷附建國策一卷中華民國憲法私案一卷　(日本)今井嘉幸撰　民國鉛印本　一冊

330000－1701－0099297　M008416　子部/儒家類/儒學之屬/禮教/家訓
杜文波先生傳家必讀一卷　(清)杜文波撰　民國二十年(1931)石印本　一冊

330000－1701－0099300　M603820　集部/總集類/題詠之屬
菱湖圖詠三卷　董玉書輯　民國十八年(1929)上海鉛印本　一冊

330000－1701－0099301　M008417　史部/傳記類/職官録之屬
駐外使領館職員錄一卷附錄一卷　民國二十四年(1935)鉛印本　一冊

330000－1701－0099302　M603821　經部/小學類/文字之屬/字書
虛字折中四卷　吳熙纂　民國十四年(1925)上海古今圖書店鉛印本　一冊

330000－1701－0099303　M008418　子部/儒家類/儒學之屬/禮教/鑑戒
八德須知二集八卷附誌一卷　蔡振紳編輯　民國二十一年(1932)明善書局石印本　四冊

330000－1701－0099312　M008419　史部/史抄類
史記菁華錄六卷　(清)姚祖恩輯評　民國三年(1914)會文堂石印本　六冊

330000－1701－0099313　M008420　集部/總集類/選集之屬/斷代
文苑集成不分卷　鋏華外史輯　民國六年(1917)稿本　一冊

330000－1701－0099316　M606821、M607642　史部/地理類/方志之屬/通志
[民國]重修浙江通志初稿不分卷　浙江通志館修　余紹宋等纂　民國三十七年(1948)鉛印本　四冊

330000－1701－0099318　M606822、M607643　史部/地理類/方志之屬/通志
[民國]重修浙江通志初稿不分卷　浙江通志館修　余紹宋等纂　民國三十七年(1948)鉛印本　四冊

330000－1701－0099319　M601999　子部/醫家類/方書之屬/單方驗方
丹溪心法附餘二十四卷首一卷　(明)方廣輯　民國九年(1920)浙紹墨潤堂石印本　一冊

330000－1701－0099321　M603823　子部/儒家類/儒學之屬/蒙學
三字經一卷　民國二十二年(1933)上海漢文正楷印書局鉛印本　一冊

330000－1701－0099322　M606823、M607644　史部/地理類/方志之屬/通志
[民國]重修浙江通志初稿不分卷　浙江通志館修　余紹宋等纂　民國三十七年(1948)鉛印本　四冊

330000－1701－0099324　M606824、M607645　史部/地理類/方志之屬/通志
[民國]重修浙江通志初稿不分卷　浙江通志館修　余紹宋等纂　民國三十七年(1948)鉛印本　四冊

330000－1701－0099325　M008421　史部/政書類/邦計之屬/賦稅
民國九年本縣請改田賦案卷不分卷　民國九年(1920)抄本　一冊

330000－1701－0099326　M606825、M607646　史部/地理類/方志之屬/通志

［民國］重修浙江通志初稿不分卷　浙江通志館修　余紹宋等纂　民國三十七年(1948)鉛印本　四册

330000－1701－0099327　M603824　子部/小説家類/雜事之屬

蓴鄉贅筆四卷　(清)董含撰　民國三年(1914)上海光華編輯社石印本　四册

330000－1701－0099330　M008423　子部/宗教類/道教之屬/雜著

西山先生莅粵語録節要一卷　民國鉛印本　一册

330000－1701－0099331　M606826、M607647　史部/地理類/方志之屬/通志

［民國］重修浙江通志初稿不分卷　浙江通志館修　余紹宋等纂　民國三十七年(1948)鉛印本　四册

330000－1701－0099332　M602000　史部/地理類/輿圖之屬/郡縣

修訂浙江全省輿圖並水陸道里記不分卷　(清)宗源瀚等纂　民國四年(1915)杭州武林印書館石印本　十一册

330000－1701－0099333　M606827、M607648　史部/地理類/方志之屬/通志

［民國］重修浙江通志初稿不分卷　浙江通志館修　余紹宋等纂　民國三十七年(1948)鉛印本　四册

330000－1701－0099334　M608915、M610081　子部/小説家類/雜事之屬

金壺七墨六種　(清)黄鈞宰撰　民國九年(1920)上海掃葉山房石印本　三册

330000－1701－0099335　M606828、M607649　史部/地理類/方志之屬/通志

［民國］重修浙江通志初稿不分卷　浙江通志館修　余紹宋等纂　民國三十七年(1948)鉛印本　四册

330000－1701－0099336　M606829、M607650　史部/地理類/方志之屬/通志

［民國］重修浙江通志初稿不分卷　浙江通志館修　余紹宋等纂　民國三十七年(1948)鉛印本　四册

330000－1701－0099337　M603825　經部/群經總義類/文字音義之屬

經傳釋詞十卷　(清)王引之撰　王時潤點勘　民國上海古書流通處影印本　四册

330000－1701－0099339　M608916、M609799　集部/别集類

待焚詩稿十卷　陳柱撰　民國十八年(1929)無錫中國學術討論社鉛印本　陳柱題記　二册

330000－1701－0099340　M606830、M609966　集部/别集類/清别集

灃西草堂集八卷附録一卷　(清)柏景偉撰　民國十三年(1924)金陵思過齋刻本　五册

330000－1701－0099341　M603826　經部/群經總義類/文字音義之屬

經詞衍釋十卷補遺一卷　(清)吴昌瑩撰　民國上海古書流通處影印本　四册

330000－1701－0099343　M608917　類叢部/叢書類/自著之屬

南園叢稿十二種二十四卷　張相文撰　**泗陽張沌谷居士年譜一卷榮哀録一卷**　張星烺撰輯　民國十八年至二十四年(1929－1935)北平中國地學會鉛印本　一册　存三種

330000－1701－0099344　M606831　子部/藝術類/書畫之屬/法帖

總理遺墨不分卷　孫文書　民國二十二年(1933)中國國民黨執行委員會影印本　一册

330000－1701－0099345　M008424　集部/曲類/寶卷之屬

雪梅寶卷二卷　民國上海廣記書局石印本　一册

330000－1701－0099349　M603827　史部/地理類/遊記之屬/紀勝

徐霞客遊記十卷外編一卷　(明)徐弘祖撰

(明)季夢良編　**遊記補編一卷**　(清)葉廷甲撰　民國上海中華圖書館石印本　八册

330000－1701－0099350　M608918　類叢部/叢書類/彙編之屬
袖珍古書讀本三十種　中華書局編　民國十九年(1930)上海中華書局鉛印本　四册　存二種

330000－1701－0099351　M008425　集部/曲類/寶卷之屬
新出繪圖金枝寶卷二卷　民國石印本　一册

330000－1701－0099355　M606832　集部/曲類/彈詞之屬
繪圖小金錢全傳四卷二十四回　民國六年(1917)上海萃英書局石印本　四册

330000－1701－0099357　M008426　集部/曲類/寶卷之屬
何仙姑寶卷二卷　民國三年(1914)上海文益書局石印本　一册

330000－1701－0099359　M603828　集部/別集類
悔餘生詩五卷　吳慶坻撰　民國十五年(1926)鉛印本　一册　存二卷(四至五)

330000－1701－0099360　M606833　史部/目録類/總録之屬/官修
紹興縣立圖書館通常類書目不分卷　紹興縣立圖書館編　民國二十三年(1934)鉛印本　一册

330000－1701－0099362　M008427　子部/宗教類/佛教之屬
好生救劫篇一卷　民國十年(1921)上海宏大善書局石印本　一册

330000－1701－0099363　M603829　子部/兵家類/操練之屬
太極拳使用法不分卷　楊澄甫撰　民國國術館油印本　一册

330000－1701－0099364　M008428　集部/詩文評類/文法之屬/函牘格式
最新分類尺牘大觀不分卷　進步書局編　民國十八年(1929)上海文明書局石印本　十二册

330000－1701－0099367　M603830、M603831　類叢部/叢書類/彙編之屬
嘉業堂叢書五十七種　劉承幹輯　民國吳興劉氏嘉業堂刻本　二册　存二種

330000－1701－0099369　M608921　類叢部/叢書類/自著之屬
非儒非俠齋著書二種　顧燮光撰　民國杭州金佳石好樓石印本　一册　存一種

330000－1701－0099370　M008429　子部/醫家類/方書之屬/單方驗方
驗方新編十六卷　(清)鮑相璈輯　民國石印本　一册　存一卷(九)

330000－1701－0099374　M602001　史部/地理類/輿圖之屬/郡縣
修訂浙江全省輿圖並水陸道里記不分卷　(清)宗源瀚等纂　民國四年(1915)杭州武林印書館石印本　十一册

330000－1701－0099375　M608961　類叢部/叢書類/自著之屬
勱堂遺書八種　顧家相撰　民國八年至十九年(1919－1930)會稽顧氏鉛印本　二册　存一種

330000－1701－0099379　M608922　類叢部/叢書類/家集之屬
儲氏叢書□□種　民國十九年(1930)上海述學社鉛印本　一册　存一種

330000－1701－0099381　M602007　史部/目録類/書志之屬/提要
適園藏書志十六卷　張鈞衡撰　民國五年(1916)南林張氏家塾刻本　六册

330000－1701－0099383　M610425　史部/目録類/總録之屬/私撰
雲間韓氏藏書目不分卷附書影　(清)韓應陛藏並編　民國十九年(1930)影印本　一册

330000－1701－0099385　M604590、M608923　集部/别集類/清别集

黛方山莊詩集六卷詩餘一卷文錄一卷試帖詩一卷　(清)黎吉雲撰　**黛方山莊詩集校記一卷讀樾喬公碑傳後記一卷**　黎錦熙撰　民國二十六年(1937)黎錦熙據清同治五年(1866)長沙刻本影印本暨鉛印本　二册

330000－1701－0099387　M603832　史部/金石類/總志之屬/文字

金石萃編一百六十卷　(清)王昶撰　**金石續編二十一卷首一卷**　(清)陸耀遹撰　**金石萃編補正四卷**　(清)方履籛撰　民國八年(1919)上海掃葉山房石印本　九册　存七十一卷(二十一至二十七、三十六至五十六、一百十八至一百六十)

330000－1701－0099388　M610426　集部/别集類/清别集

新淦公遺稿三卷附錄一卷　(清)章定瑜撰　章乃羹輯　民國二十二年(1933)鉛印本　一册

330000－1701－0099389　M606835　史部/傳記類/職官録之屬/總録

全國内務行政人員簡歷册不分卷　内政部民政司編　民國三十三年(1944)内政部民政司鉛印本　一册

330000－1701－0099390　M608924　集部/總集類/選集之屬/斷代

中華民國名人詩鈔十卷　吳芹編　民國三年(1914)上海廣益書局石印本　四册

330000－1701－0099391　M606836　史部/傳記類/職官録之屬/總録

全國内務行政人員簡歷册不分卷　内政部民政司編　民國三十三年(1944)内政部民政司鉛印本　一册

330000－1701－0099393　M606837　史部/傳記類/職官録之屬/總録

全國内務行政人員簡歷册不分卷　内政部民政司編　民國三十三年(1944)内政部民政司鉛印本　一册

330000－1701－0099394　M606838　史部/傳記類/職官録之屬/總録

全國内務行政人員簡歷册不分卷　内政部民政司編　民國三十三年(1944)内政部民政司鉛印本　一册

330000－1701－0099395　M602002　史部/地理類/方志之屬/郡縣志

[民國]膠澳志十二卷附一卷　趙琪修　袁榮叜纂　民國十七年(1928)山東膠澳商埠局鉛印本　十册　存十二卷(一至十二)

330000－1701－0099396　M608925　史部/目録類/總録之屬/私撰

來薰閣書目不分卷　陳杭編　民國北平琉璃廠來薰閣鉛印本　二册　存第六期上下編

330000－1701－0099398　M603833　史部/地理類/方志之屬/郡縣志

[民國]黑龍江通志綱要二卷　金梁纂修　民國十四年(1925)鉛印本　一册　存一卷(下)

330000－1701－0099399　M602868、M610427　類叢部/叢書類/彙編之屬

盋山圖書館藏寫本書四種　柳詒徵編　民國十八年(1929)影印本　二册　存一種

330000－1701－0099400　M606839　史部/傳記類/職官録之屬/總録

全國内務行政人員簡歷册不分卷　内政部民政司編　民國三十三年(1944)内政部民政司鉛印本　一册

330000－1701－0099402　M608926　子部/小説家類/異聞之屬

螢窗異草初編四卷二編四卷三編四卷四編四卷　(清)長白浩歌子撰　(清)隨園老人續評　(清)柳橋居士重訂　民國上海錦章圖書局石印本　一册　存二卷(二編三至四)

330000－1701－0099403　M606840　史部/傳記類/職官録之屬/總録

全國内務行政人員簡歷册不分卷　内政部民政司編　民國三十三年(1944)内政部民政司鉛印本　一册

330000－1701－0099404　M603834　類叢部/叢書類/家集之屬

待時軒叢刊六種　羅福頤輯　民國二十二年至二十六年(1933－1937)上虞羅氏石印本　一册　存一種

330000－1701－0099405　M606841　史部/傳記類/職官録之屬/總録

全國内務行政人員簡歷冊不分卷　内政部民政司編　民國三十三年(1944)内政部民政司鉛印本　一册

330000－1701－0099406　M606844　史部/傳記類/職官録之屬/總録

全國内務行政人員簡歷冊不分卷　内政部民政司編　民國三十三年(1944)内政部民政司鉛印本　一册

330000－1701－0099407　M606842　史部/傳記類/職官録之屬/總録

全國内務行政人員簡歷冊不分卷　内政部民政司編　民國三十三年(1944)内政部民政司鉛印本　一册

330000－1701－0099409　M606843　史部/傳記類/職官録之屬/總録

全國内務行政人員簡歷冊不分卷　内政部民政司編　民國三十三年(1944)内政部民政司鉛印本　一册

330000－1701－0099410　M602003　史部/金石類/甲骨之屬/文字

甲骨學商史編十卷　朱芳圃編　民國二十四年(1935)上海中華書局石印本　二册

330000－1701－0099411　M606845　史部/傳記類/職官録之屬/總録

全國内務行政人員簡歷冊不分卷　内政部民政司編　民國三十三年(1944)内政部民政司鉛印本　一册

330000－1701－0099412　M606846　史部/傳記類/職官録之屬/總録

全國内務行政人員簡歷冊不分卷　内政部民政司編　民國三十三年(1944)内政部民政司鉛印本　一册

330000－1701－0099413　M606847　史部/傳記類/職官録之屬/總録

全國内務行政人員簡歷冊不分卷　内政部民政司編　民國三十三年(1944)内政部民政司鉛印本　一册

330000－1701－0099414　M602004　史部/金石類/甲骨之屬/文字

甲骨學商史編十卷　朱芳圃編　民國二十四年(1935)上海中華書局石印本　二册

330000－1701－0099416　M606848　史部/傳記類/職官録之屬/總録

全國内務行政人員簡歷冊不分卷　内政部民政司編　民國三十三年(1944)内政部民政司鉛印本　一册

330000－1701－0099417　M606849　史部/傳記類/職官録之屬/總録

全國内務行政人員簡歷冊不分卷　内政部民政司編　民國三十三年(1944)内政部民政司鉛印本　一册

330000－1701－0099418　M602005　類叢部/叢書類/彙編之屬

復性書院叢刊二十七種　馬浮編　民國二十九年至三十七年(1940－1948)復性書院刻本暨鉛印本　一册　存一種

330000－1701－0099419　M606850　史部/傳記類/職官録之屬/總録

全國内務行政人員簡歷冊不分卷　内政部民政司編　民國三十三年(1944)内政部民政司鉛印本　一册

330000－1701－0099421　M608927　史部/目録類/總録之屬/官修

四庫目略四卷　楊立誠編　民國十八年(1929)浙江省立圖書館鉛印本　四册

330000－1701－0099424　M610428　集部/別集類

南歸集一卷　張翥撰　民國十三年(1924)鉛印本　一册

330000－1701－0099425　M608928、M609719　集部/别集類/清别集
飲中半士詩鈔四卷詩餘一卷　(清)徐元湝撰　民國十六年(1927)鉛印本　二册

330000－1701－0099426　M608929　集部/别集類
靈峯先生集十一卷　夏震武撰　民國五年(1916)劉子民、何紹韓鉛印本　一册　存八卷(四下、五至十一)

330000－1701－0099427　M610429　集部/别集類/清别集
留我相庵詩草四卷文集四卷詞一卷花月平分館綺語二卷　(清)吕光辰撰　民國二年(1913)刻本(文集卷一至四原缺)　二册

330000－1701－0099428　M602006　類叢部/叢書類/彙編之屬
復性書院叢刊二十七種　馬浮編　民國二十九年至三十七年(1940－1948)復性書院刻本暨鉛印本　一册　存一種

330000－1701－0099429　M608930、M610380　集部/詞類/别集之屬
東江别集五卷集外詩一卷　(清)沈謙撰　民國九年(1920)上海聚珍倣宋印書局鉛印本　三册　存五卷(二至五、集外詩)

330000－1701－0099432　M606851　集部/别集類
盤山集三卷　盧伯炎撰　民國三十四年(1945)鉛印本　一册

330000－1701－0099436　M602008　類叢部/叢書類/彙編之屬
辛巳叢編九種　趙詒琛　王大隆輯　民國三十年(1941)鉛印本　四册

330000－1701－0099437　M007952　史部/政書類/律令之屬/刑制
刑法分則二卷　民國鉛印本　一册　存一卷(下)

330000－1701－0099439　M007953　集部/總集類/彙編之屬
詩史閣叢刊甲集六卷　孫雄輯　民國十六年(1927)鉛印本　孫雄題記　二册

330000－1701－0099440　M602009　史部/目録類/總録之屬/地方
台州經籍志四十卷　項士元編　民國四年(1915)鉛印本　十四册　缺三卷(十一至十三)

330000－1701－0099441　M603835、M603836、M603637、M603846、M603847、M603848、M603849、M603850、M603852、M603853、M603854、M603855　類叢部/叢書類/彙編之屬
四部備要　中華書局編　民國二十五年(1936)上海中華書局鉛印本　五十七册　存十六種

330000－1701－0099442　M602010、M602192　史部/目録類/總録之屬/地方
台州經籍志四十卷　項士元編　民國四年(1915)鉛印本　七册　缺十一卷(三十至四十)

330000－1701－0099445　M602011　子部/雜著類/雜説之屬
鶴林玉露十八卷　(宋)羅大經撰　民國十五年(1926)上海商務印書館鉛印本　一册　存六卷(七至十二)

330000－1701－0099446　M007954　子部/宗教類/道教之屬/經文
玉樞寶經頌解一卷附一行子或問一卷　孫善鏘輯　民國十年(1921)奉化孫善鏘杭州刻本　一册

330000－1701－0099447　M602012　史部/地理類/山川之屬/山志
金華赤松山志一卷　(宋)倪守約撰　民國二十三年(1934)金華金震東鉛印本　一册

330000－1701－0099450　M602013　史部/地理類/方志之屬/郡縣志
[民國]竹林八圩志十二卷首一卷　祝廷錫纂　民國二十一年(1932)石印本　四册

330000－1701－0099451　M609881、M610430

類叢部/叢書類/自著之屬

南園叢稿十二種二十四卷 張相文撰 **泗陽張沌谷居士年譜一卷榮哀錄一卷** 張星烺撰輯 民國十八年至二十四年(1929－1935)北平中國地學會鉛印本 三册 存四種

330000－1701－0099452 M602014 史部/地理類/專志之屬/古跡

海昌勝蹟志八卷補綴一卷 管元耀輯 民國二十一年(1932)海寧管氏靜得樓刻本 三册

330000－1701－0099453 M007955 子部/宗教類/道教之屬

修仙必讀不分卷 民國九年(1920)長沙粟顯忠刻十年(1921)周扱寰等印本 一册

330000－1701－0099455 M602015 類叢部/叢書類/郡邑之屬

關中叢書五十三種 宋聯奎輯 民國二十三年至二十五年(1934－1936)陝西通志館鉛印本 二册 存二種

330000－1701－0099457 M610431 史部/地理類/專志之屬/祠墓

重修西湖錢王祠落成紀念册一卷 錢文選編 民國二十九年(1940)鉛印本 一册

330000－1701－0099459 M610432 史部/地理類/專志之屬/祠墓

重修西湖錢王祠落成紀念册一卷 錢文選編 民國二十九年(1940)鉛印本 一册

330000－1701－0099460 M007956 史部/政書類/公牘檔冊之屬

大中華紡織股份有限公司章程並修改案一卷 民國八年(1919)上海商務印書館鉛印本 一册

330000－1701－0099461 M603840、M604645、M609932、M610473 史部/雜史類

史料叢刊初編 羅振玉輯 民國十三年(1924)東方學會鉛印本 十册

330000－1701－0099465 M602017 史部/地理類/專志之屬/園林

滄浪亭新志八卷 蔣瀚澄輯 民國十八年(1929)鉛印本 一册

330000－1701－0099466 M008430 子部/醫家類/眼科之屬

眼科雜証丹方不分卷 民國陳秋雲抄本 一册

330000－1701－0099467 M603841 集部/總集類/彙編之屬

書畫名人小集 民國上海聚珍倣宋印書局鉛印本 一册 存一種

330000－1701－0099468 M602018 子部/農家農學類/園藝之屬/花卉

蘭蕙小史三卷附一卷 吳恩元編輯 民國十二年(1923)吳恩元、唐駝鉛印本 三册

330000－1701－0099469 M007957 集部/別集類

花信樓雜稿一卷 洪炳文撰 民國石印本 一册

330000－1701－0099470 M008431 集部/曲類

戲文摘錄不分卷 民國抄本 一册

330000－1701－0099472 M007958 經部/易類/傳說之屬

易學入門一卷易學探原經傳解三卷 黄元炳撰 民國二十二年(1933)無錫黄氏觀蝶樓鉛印本 一册 缺三卷(易學探原經傳解一至三)

330000－1701－0099474 M008432 子部/宗教類/佛教之屬

佛經抄錄不分卷 民國抄本 一册

330000－1701－0099475 M007959 子部/小説家類/雜事之屬

世説新語六卷首一卷 (南朝宋)劉義慶撰 (南朝梁)劉孝標注 民國元年(1912)鄂官書處刻本 三册 缺一卷(六)

330000－1701－0099477 M008433 史部/政書類/公牘檔冊之屬

賬本不分卷 稿本 一册

330000－1701－0099479　M008434　史部/傳記類/日記之屬

日記不分卷(民國十三年七月十六日至十一月初十日)　曉城撰　民國十三年(1924)稿本　一册

330000－1701－0099480　M008435　史部/目録類/總録之屬/私撰

書目不分卷　民國十年(1921)稿本　一册

330000－1701－0099481　M007962　類叢部/叢書類/彙編之屬

蘭雪堂叢書　民國油印本　二册　存一種

330000－1701－0099482　M008436　史部/雜史類/斷代之屬

瑣聞襍組不分卷　民國四年(1915)稿本　二册

330000－1701－0099483　M007963　子部/術數類/相宅相墓之屬

自得齋地理叢説補遺不分卷　(清)沈竹礽撰　民國抄本　一册

330000－1701－0099484　M007964　史部/傳記類/總傳之屬/家乘

柯氏譜丁一卷　稿本　一册

330000－1701－0099485　M008437　新學/雜著

剪報不分卷　稿本　一册

330000－1701－0099486　M007965　史部/傳記類/日記之屬

施新日記一卷(民國二十二年一月一日至四月卅日)　施新撰　稿本　一册

330000－1701－0099487　M007966　集部/戲劇類

痂梅談戲　鄭逸梅撰　民國二十五年(1936)稿本　一册　存一種

330000－1701－0099488　M007967　子部/宗教類/佛教之屬

德時輪金剛灌頂儀軌筆記一卷　冉麟瑞編纂　民國二十三年(1934)稿本　一册

330000－1701－0099489　M007968　子部/宗教類/佛教之屬

德時輪非常灌頂一卷　民國抄本　一册

330000－1701－0099490　M007969　類叢部/叢書類/彙編之屬

浙江第一監獄教誨叢書　民國浙江第一監獄印刷科石印本　一册　存一種

330000－1701－0099494　M608931　經部/小學類/訓詁之屬/字詁

文始九卷　章炳麟撰　民國二年(1913)浙江圖書館據章炳麟手寫稿本影印本　一册

330000－1701－0099495　M606852　子部/醫家類/類編之屬

退思廬醫書四種合刻　嚴鴻志撰　民國十年(1921)寧波汲綆書莊石印本　一册　存一種

330000－1701－0099497　M603842　史部/傳記類/總傳之屬

藩獻記四卷　(明)朱謀㙔撰　民國杭州抱經堂書局鉛印本　一册

330000－1701－0099498　M608932、M609571　子部/宗教類/其他宗教之屬/基督教

不得已二卷　(清)楊光先撰　民國十八年(1929)中社據清抄本影印本　二册

330000－1701－0099499　M603843　子部/宗教類/佛教之屬/論疏

中論潤文畧解四卷　(天竺)龍樹菩薩造　(天竺)青目菩薩釋　(後秦)釋鳩摩羅什譯　(清)管禮昌略解　民國八年(1919)上海有正書局鉛印本　謝幼偉題記　二册

330000－1701－0099500　M608933　集部/别集類/清别集

榮木堂詩集十二卷文集六卷　(清)陶汝鼐撰　**陶密菴先生年譜一卷**　(清)梅英傑編　民國九年至十年(1920－1921)溈嶠遺書館刻本　六册

330000－1701－0099503　M608934　類叢部/叢書類/彙編之屬

復性書院叢刊二十七種　馬浮編　民國二十

九年至三十七年(1940－1948)復性書院刻本暨鉛印本　一冊　存一種

330000－1701－0099505　M608935　史部/地理類/方志之屬/郡縣志
[民國]台州府志樣本不分卷　民國二十五年(1936)上海游民習勤所鉛印本　一冊

330000－1701－0099506　M008534　史部/目録類/總録之屬/私撰
書目答問五卷別錄一卷國朝箸述諸家姓名略一卷　(清)張之洞撰　民國石印本　一冊　缺二卷(一至二)

330000－1701－0099507　M606854　集部/別集類
越叟詠梅詩稿一卷　朱怙生撰　民國三十五年(1946)鉛印本　一冊

330000－1701－0099511　M606855　集部/別集類
越叟詠梅詩稿一卷　朱怙生撰　民國三十五年(1946)鉛印本　一冊

330000－1701－0099512　M008535　集部/曲類/曲藝之屬
新刻拜新年一卷　民國刻本　一冊

330000－1701－0099513　M602020　史部/叢編
述窠雜纂　黄任恒撰　民國十四年(1925)南海黄氏鉛印本　一冊　存一種

330000－1701－0099515　M606856　集部/別集類
燕知草一卷附重過西園碼頭殘稿一卷　俞平伯撰　民國十九年(1930)上海開明書店鉛印本　一冊　缺一卷(重過西園碼頭殘稿)

330000－1701－0099517　M608937　史部/地理類/方志之屬/郡縣志
鄞縣通志人物編不分卷　陳訓正纂　民國二十七年(1938)鉛印本　一冊

330000－1701－0099518　M606857　子部/宗教類/佛教之屬
梵語雜名一卷　釋禮言集　民國二十九年(1940)上海佛學書局影印本　一冊

330000－1701－0099520　M008536　集部/曲類/曲藝之屬
念四朵綉花一卷　民國刻本　一冊

330000－1701－0099521　M608938　史部/地理類/方志之屬/郡縣志
鄞縣通志人物編不分卷　陳訓正纂　民國二十七年(1938)鉛印本　一冊

330000－1701－0099522　M606858、M606866　類叢部/叢書類/自著之屬
默厂所著書　鮑鼎撰　民國石印本　二冊　存二種

330000－1701－0099526　M008537　集部/曲類/曲藝之屬
新刻蘇調杭州景致拱宸橋一卷　民國杭城文彙堂刻本　一冊

330000－1701－0099527　M603851　類叢部/叢書類/彙編之屬
四部備要　中華書局編　民國二十五年(1936)上海中華書局鉛印本　八冊　存一種

330000－1701－0099528　M602021　史部/地理類/專志之屬/祠墓
周元公祠志略十卷首一卷　周鳳歧等編　民國十八年(1929)鉛印本　二冊

330000－1701－0099530　M008538　集部/曲類/曲藝之屬
時調新曲初集一卷　民國十八年(1929)上海振圜小說社石印本　一冊

330000－1701－0099532　M608939　集部/別集類
雛蟫詩稿一卷　周演巽撰　民國十四年(1925)鉛印本　一冊

330000－1701－0099533　M608940　子部/雜著類/雜編之屬
安士全書四種　(清)周夢顔撰　民國十一年(1922)上海佛學推行社鉛印本　一冊　存

二種

330000－1701－0099535　M008438　子部/宗教類/佛教之屬
净身神呪一卷净土地神呪一卷净天地神呪一卷量天尊一卷　民國三十三年(1944)尹希官抄本　一冊

330000－1701－0099536　M008439　新學/雜著
常識弟一冊一卷　尹希官撰　稿本　一冊

330000－1701－0099537　M602022　史部/地理類/山川之屬/山志
莫干山志十三卷　周慶雲撰　民國十五年至十六年(1926－1927)吳興周氏刻藍印本　四冊

330000－1701－0099538　M008539　集部/曲類/寶卷之屬
新刻花名寶卷一卷　民國十一年(1922)上海文益書局石印本　一冊

330000－1701－0099540　M602023、M602162　史部/地理類/山川之屬/山志
莫干山志十三卷　周慶雲撰　民國十五年至十六年(1926－1927)吳興周氏刻藍印本　四冊

330000－1701－0099541　M608941　集部/別集類
庸海集一卷庸海二集一卷鬩逢困敦集一卷　陳訓正撰　民國十四年(1925)鉛印天嬰室叢稿本　坦園主人題記　一冊

330000－1701－0099542　M008540　集部/曲類/曲藝之屬
新刻死望郎全本一卷　民國刻本　一冊

330000－1701－0099543　M602024　類叢部/叢書類/自著之屬
晨風廬叢刊十八種　周慶雲撰　民國吳興周氏夢坡室刻本　一冊　存一種

330000－1701－0099545　M602025　史部/傳記類/別傳之屬/事狀
黃膺白先生家傳一卷　沈亦雲撰　民國三十四年(1945)鉛印本　一冊

330000－1701－0099546　M008440　子部/雜著類
正堂子本願十三篇真經一卷　民國三十二年(1943)上海宏大善書局石印本　一冊

330000－1701－0099548　M606860　史部/政書類/邦交之屬
清季外交史料六種　(清)王彦威輯　王亮編　民國二十一年至二十四年(1932－1935)北平外交史料編纂處鉛印本　六冊　存一種

330000－1701－0099549　M008541　集部/曲類/曲藝之屬
新刻女童子老一卷　民國刻本　一冊

330000－1701－0099550　M608943　集部/總集類/郡邑之屬
諸暨詩英十一卷續編七卷　徐道政編　民國二十五年(1936)鉛印本　四冊

330000－1701－0099551　M602026、M607673　子部/小說家類/異聞之屬
洞靈小志八卷　郭則澐撰　民國二十三年(1934)郭氏蟄伏園刻藍印本　四冊

330000－1701－0099553　M008542　集部/曲類/曲藝之屬
新刻童子老一卷　民國刻本　一冊

330000－1701－0099555　M608944　子部/宗教類/道教之屬
老子道德經二卷　(三國魏)王弼注　**音義一卷**　(唐)陸德明撰　**附識一卷老子校勘記一卷**　民國九年(1920)浙江圖書館刻本　一冊

330000－1701－0099557　M602027　史部/地理類/方志之屬/郡縣志
[同治]盛湖志十四卷首一卷末一卷　(清)仲廷機纂　**盛湖志補四卷**　(清)仲虎騰纂　民國九年至十四年(1920－1925)烏程周慶雲刻藍印本　三冊　存六卷(盛湖志十一至十二、補一至四)

330000－1701－0099558　M608945　集部/別集類
竹間唫榭續集第一輯二卷　徐行恭撰　民國鉛印本　一册

330000－1701－0099559　M008442　子部/藝術類/書畫之屬/法帖
草字彙十二卷附補　(清)石梁輯　民國六年(1917)上海商務印書館影印本　三册　存六卷(辰、巳、午、未、申、酉)

330000－1701－0099560　M602028　史部/目録類/總録之屬/官修
京師圖書館善本簡明書目不分卷　京師圖書館編　民國五年(1916)京師圖書館鉛印本　三册

330000－1701－0099561　M608946　史部/金石類/總志之屬
湫漻齋叢書十種　陳準輯　民國瑞安陳氏刻本　一册　存二種

330000－1701－0099566　M608947　史部/地理類/遊記之屬/紀勝
黄山游記一卷善卷庚桑二洞紀游一卷杭州白龍潭游記一卷游鳳陽明陵紀事一卷　錢文選編　民國二十六年(1937)鉛印本　一册

330000－1701－0099568　M008543　子部/宗教類/其他宗教之屬
各堂都圖明王不分卷　民國抄本　一册

330000－1701－0099569　M606864　集部/小説類/長篇之屬
清宫歷史演義十四卷一百二十回　許慕羲撰　民國十三年(1924)上海廣益書局石印本　三册　存三卷(四、九、十四)

330000－1701－0099572　M008544　子部/術數類/相宅相墓之屬
新訂王氏羅經透解二卷首一卷　(清)王道亨輯　民國上海校經山房石印本　三册

330000－1701－0099575　M602052、M606865　集部/小説類/長篇之屬
中華全史通俗演義八卷四十八回　(清)吕撫輯　蔡東藩增訂　民國八年(1919)上海大東書局石印本　六册　缺二卷(一、八)

330000－1701－0099577　M610433　類叢部/類書類/通類之屬
清初殿版銅活字印古今圖書集成樣本不分卷　中華書局編　民國二十三年(1934)中華書局鉛印本暨影印本　一册

330000－1701－0099578　M608950　集部/別集類/清別集
惕齋遺集四卷續集二卷補遺一卷首一卷末一卷　(清)周藴良撰　民國二十四年(1935)會稽周氏誦清芬館刻本　一册　缺四卷(惕齋遺集一至四)

330000－1701－0099579　M008545　子部/術數類/相宅相墓之屬
羅經解定四卷附羅經問答一卷　(清)胡國楨撰　民國上海錦章圖書局石印本　四册

330000－1701－0099580　M606867　史部/政書類/公牘檔册之屬
黎副總統政書三十四卷　黎元洪撰　易國幹等編　民國四年(1915)上海古今圖書局石印本　二十四册

330000－1701－0099582　M008444　子部/藝術類/書畫之屬
任渭長姚梅伯詩畫合璧二集　(清)任熊繪　(清)姚燮題詩　錢雲鶴臨摹　民國十五年(1926)上海世界書局石印本　二册

330000－1701－0099583　M606868　史部/傳記類/別傳之屬
徐聽然入道後之大事記一卷附記一卷　顧孝珣撰　民國石印本　一册

330000－1701－0099584　M604470、M608951、M609578、M609961　集部/別集類/清別集
澗于集二十卷(澗于集奏議六卷電稿一卷譯署函稿一卷古今體詩四卷文集二卷書牘六卷)　(清)張佩綸撰　民國七年至十五年(1918－1926)張氏澗于草堂刻本　七册　存八卷(奏議一至六、古今體詩一至二)

330000－1701－0099585　M606869　史部/傳記類/別傳之屬

徐聽然入道後之大事記一卷附記一卷　顧孝珣撰　民國石印本　一册

330000－1701－0099586　M008446　子部/術數類/占卜之屬

六十四卦斷不分卷　民國抄本　一册

330000－1701－0099588　M606870　史部/傳記類/別傳之屬

徐聽然入道後之大事記一卷附記一卷　顧孝珣撰　民國石印本　一册

330000－1701－0099589　M008546　子部/宗教類/道教之屬

闡道要言一卷　(□)中和山人撰　民國杭州同道善書鉛石印刷局鉛印本　一册

330000－1701－0099590　M602918、M609045、M610434、M611170　類叢部/叢書類/彙編之屬

嘉業堂叢書五十七種　劉承幹輯　民國吳興劉氏嘉業堂刻本　十三册　存五種

330000－1701－0099592　M008447　集部/別集類

伯循遺作不分卷　伯循撰　民國抄本　余紹宋題記　一册

330000－1701－0099594　M608952　史部/目録類/總録之屬/私撰

雙鑑樓善本書目四卷　傅增湘編　民國十八年(1929)江安傅增湘藏園刻本　一册　存二卷(三至四)

330000－1701－0099595　M604290、M606871　史部/地理類/方志之屬/郡縣志

[光緒]杭州府志一百七十八卷首八卷　(清)陳璚等修　(清)王棻等纂　屈映光續修　陸懋勳續纂　齊耀珊重修　吳廛坻重纂　民國十一年(1922)鉛印本　三十二册　存八十卷(首五至八,二至十五、二十二至七十五、一百四十八至一百五十、一百五十九至一百六十三)

330000－1701－0099596　M608953　集部/別集類/唐五代別集

樊紹述集注二卷　(唐)樊宗師撰　(清)孫之騄輯　**絳守居園池記一卷**　(唐)樊宗師撰　民國五年(1916)樊氏刻本　一册　存一卷(一)

330000－1701－0099597　M008445　史部/雜史類/斷代之屬

黑韃事略一卷　(宋)彭大雅撰　(宋)徐霆疏證　民國鉛印本　一册

330000－1701－0099598　M008448　集部/曲類/曲韻曲譜曲律之屬

鐵冠圖一卷　民國抄本　一册

330000－1701－0099599　M008449　子部/宗教類/道教之屬

老子正詁二卷　高亨撰　民國十九年(1930)東北大學工廠鉛印本　二册

330000－1701－0099600　M008547　史部/地理類/總志之屬

地理釋名不分卷　稿本　一册

330000－1701－0099601　M008548　子部/宗教類/道教之屬/雜著

指玄篇秘註一卷　(清)滄海老人撰　民國上海宏大善書局石印本　一册

330000－1701－0099602　M008549　子部/宗教類/道教之屬/雜著

邱祖語錄一卷　(元)丘處機撰　**長春祖師傳一卷**　(清)莊騫撰　民國十年(1921)漢口同善社總事務所鉛印本　一册

330000－1701－0099603　M008550　子部/兵家類/武術技巧之屬

拳法不分卷跌打損傷方不分卷　民國抄本　一册

330000－1701－0099604　M008551　子部/宗教類/佛教之屬

輔教廣覺禪師本傳一卷　朱同生編　民國三十六年(1947)南京蓮華精舍鉛印本　一册

330000－1701－0099607　M008553　子部/

宗教類/其他宗教之屬/基督教
樫園雨露記四卷 任乃樫述 謝常霈輯 民國十年(1921)杭州内地會鉛印本 一册

330000－1701－0099610 M008450 史部/地理類/雜志之屬
棠志拾遺二卷 張官倬編 民國三十六年(1947)新奎光石印館石印本 二册

330000－1701－0099612 M603858 類叢部/叢書類/彙編之屬
四部備要 中華書局編 民國二十五年(1936)上海中華書局鉛印本 一册 存一種

330000－1701－0099614 M008554 集部/總集類/選集之屬/斷代
增註唐詩三百首二卷 (清)孫洙編 錢黎民補註 民國上海鑄記書局石印本 祖植題記 四册

330000－1701－0099617 M603859 子部/法家類
鄧析子一卷 民國上海中華書局鉛印本 一册

330000－1701－0099618 M008451 史部/傳記類/别傳之屬
[丁立中]哀輓録不分卷 民國十年(1921)鉛印本 一册

330000－1701－0099620 M602029 經部/詩類/傳說之屬
毛詩鄭箋平議十卷 黄焯撰 民國三十四年(1945)國立武漢大學鉛印本 一册

330000－1701－0099621 M603860 類叢部/叢書類/彙編之屬
四部備要 中華書局編 民國二十五年(1936)上海中華書局鉛印本 三册 存一種

330000－1701－0099622 M008452 集部/别集類
賓虹詩草三卷補遺一卷 黄賓虹撰 民國二十二年(1933)石印本 一册

330000－1701－0099623 M008555 集部/總集類/選集之屬/斷代
唐詩三百首註釋六卷 (清)孫洙編 (清)章爕註 民國鑄記書局石印本 一册 存一卷(三)

330000－1701－0099624 M603861 類叢部/叢書類/彙編之屬
四部備要 中華書局編 民國二十五年(1936)上海中華書局鉛印本 九册 存一種

330000－1701－0099625 M008453 子部/宗教類/佛教之屬
佛學叢書□□種 民國上海商務印書館鉛印本 二册 存一種

330000－1701－0099626 M008556 集部/小說類/短篇之屬
聊齋志異新評十六卷 (清)蒲松齡撰 (清)王士禛評 (清)吕湛恩注 (清)但明倫新評 民國鉛印本 一册 存二卷(十三至十四)

330000－1701－0099627 M603862 史部/目録類/專録之屬
中國地方志綜錄不分卷 朱士嘉撰 民國二十四年(1935)上海商務印書館石印本 三册

330000－1701－0099630 M603863 子部/宗教類/佛教之屬
金剛頂瑜伽略述三十七尊心要一卷 (唐)釋不空說 民國十四年(1925)支那内學院刻本 一册

330000－1701－0099631 M603864 集部/别集類
含嘉室詩集八卷 吳士鑑撰 民國元年(1912)鉛印本 一册 存四卷(一至四)

330000－1701－0099632 M608954 子部/工藝類/日用器物之屬/几案
存素堂校寫几譜三種 朱啓鈐編 民國二十三年(1934)中國營造學社石印本 一册

330000－1701－0099634 M602030 史部/地理類/專志之屬/園林
竹垞小志五卷 (清)阮元訂 (清)楊蟠等輯 民國十三年(1924)鉛印本 一册

330000－1701－0099635　M608955　史部/目録類/專録之屬

琴書存目六卷別錄二卷　周慶雲編　民國三年(1914)烏程周氏夢坡室刻本　四册

330000－1701－0099637　M008557　集部/小說類/短篇之屬

詳註聊齋志異圖詠十六卷　(清)蒲松齡撰　(清)吕湛恩注　民國上海簡青齋書局石印本　二册　存四卷(五至八)

330000－1701－0099638　M602031　子部/醫家類/綜合之屬/通論

類證治裁八卷首一卷　(清)林珮琴撰　民國四年(1915)上海千頃堂書局石印本　五册　缺三卷(六至八)

330000－1701－0099639　M608956　類叢部/叢書類/自著之屬

樊諫議集七家注五種附一種　(唐)樊宗師撰　樊鎮輯　民國紹興樊氏緜絳書屋刻本　二册　存三種

330000－1701－0099644　M008558　集部/小說類/短篇之屬

詳註聊齋志異圖詠十六卷　(清)蒲松齡撰　(清)吕湛恩注　民國上海天寶書局石印本　一册　存二卷(三至四)

330000－1701－0099645　M603867　史部/地理類/方志之屬/郡縣志

嘉泰會稽志二十卷　(宋)沈作賓修　(宋)施宿等纂　民國十五年(1926)據清嘉慶十三年(1808)采鞠軒刻本影印本　九册

330000－1701－0099646　M610435、M610436　類叢部/叢書類/彙編之屬

四部備要　中華書局編　民國二十五年(1936)上海中華書局鉛印本　二册　存二種

330000－1701－0099648　M608957、M609061　經部/小學類/文字之屬/說文/傳說

說文段注訂補十四卷　(清)王紹蘭撰　民國三年(1914)吳興劉氏嘉業堂刻本　四册

330000－1701－0099649　M603868　集部/別集類/清別集

清儀閣詩稿一卷　(清)張廷濟撰　民國二十一年(1932)依幻廬影印本　一册

330000－1701－0099651　M008559　集部/小說類/短篇之屬

詳註聊齋志異圖詠十六卷　(清)蒲松林撰　(清)吕湛恩注　民國上海錦章圖書局石印本　二册　存二卷(一、五)

330000－1701－0099653　M608959　經部/小學類/文字之屬/說文/傳說

說文段注訂補十四卷　(清)王紹蘭撰　民國三年(1914)吳興劉氏嘉業堂刻本　四册

330000－1701－0099655　M602790、M602791、M602947、M608960　類叢部/叢書類/彙編之屬

嘉業堂叢書五十七種　劉承幹輯　民國吳興劉氏嘉業堂刻本　十一册　存四種

330000－1701－0099658　M603869　史部/政書類/邦計之屬/賦稅

均賦餘議坿雜稿一卷　金蓉鏡輯　民國六年(1917)鉛印本　一册

330000－1701－0099659　M008560　集部/小說類/短篇之屬

詳註聊齋志異新評十六卷首一卷　(清)蒲松齡撰　(清)吕湛恩注　(清)王士禛評　(清)但明倫批　民國石印本　一册　存四卷(九至十二)

330000－1701－0099660　M602036　類叢部/叢書類/彙編之屬

漢魏叢書三十八種　(明)程榮輯　民國十四年(1925)上海商務印書館據明萬曆程氏刻本影印本　二十册　存十九種

330000－1701－0099661　M603870　子部/藝術類/書畫之屬/法帖

王福盦書說文部目一卷　王禔書　民國二十二年(1933)上海西泠印社石印本　一册

330000－1701－0099664　M008561　集部/總集類/選集之屬/斷代

當代百家酬世文庫二十六卷　劉再蘇編輯

民國二十一年(1932)上海世界書局石印本　八冊　存十五卷(十二至二十六)

330000－1701－0099665　M603871　史部/目録類/專録之屬

癖泉書室所藏泉幣書目四卷附錄一卷　宗惟恭編　民國二十三年(1934)上元宗氏癖泉書室鉛印本　一冊

330000－1701－0099666　M602033　子部/醫家類/類編之屬

聿修堂醫學叢書十三種　(日本)丹波元簡編　民國二十四年(1935)上海皇漢醫學編譯社鉛印本　六冊　存五種

330000－1701－0099668　M603872　類叢部/叢書類/自著之屬

湖濱補讀廬叢刻五種十三卷　鍾廣生撰　民國二十年(1931)鉛印本　三冊　存二種

330000－1701－0099669　M008563　子部/宗教類/道教之屬/戒律

陰騭文圖證不分卷　(清)費丹旭繪圖　(清)許光清集證　民國感應集同人據清道光二十四年(1844)海昌蔣氏别下齋刻本影印本　二冊

330000－1701－0099670　民329.91198/1251　史部/傳記類/别傳之屬/事狀

哀思錄初編七卷二編四卷三編四卷　孫中山先生葬事籌備處編　民國孫中山先生葬事籌備處鉛印本　三冊

330000－1701－0099671　M008455　史部/傳記類/别傳之屬

周烈婦傳贊不分卷　周繼源編　民國二年(1913)石印本　一冊

330000－1701－0099672　M603873　經部/小學類/文字之屬/說文/專著

說文古籀補補十四卷附錄一卷　丁佛言撰　民國十三年(1924)石印本　一冊

330000－1701－0099675　M603874　史部/地理類/方志之屬/郡縣志

[光緒]杭州府志一百七十八卷首八卷　(清)陳璚等修　(清)王棻等纂　屈映光續修　陸懋勳續纂　齊耀珊重修　吳慶坻重纂　民國十一年(1922)鉛印本　三十六冊　存八十六卷(首三至六,三十一至三十九、五十七至六十一、六十四至六十九、七十三至七十五、七十九至一百八、一百十四至一百十八、一百五十四至一百五十五、一百五十七至一百七十八)

330000－1701－0099676　M607289、M607291、M607292、M607293、M610437　類叢部/叢書類/彙編之屬

四部叢刊三編七十一種　張元濟等編　民國二十四年至二十五年(1935－1936)上海商務印書館影印本　八冊　存一種

330000－1701－0099677　M602034　子部/醫家類/本草之屬/本草雜著

修事指南一卷　(清)張叡撰　民國十六年(1927)杭州抱經堂書局石印本　一冊

330000－1701－0099679　M606873　子部/宗教類/佛教之屬/論

大乘百法明門論本地分中略錄名數解一卷　(唐)釋窺基撰　**大乘百法明門論本地分中略錄名數疏二卷**　(唐)釋普光撰　**大乘五蘊論一卷**　(唐)釋玄奘譯　**大乘廣五蘊論一卷**　(唐)釋地婆訶羅譯　民國四年至五年(1915－1916)金陵刻經處刻本　一冊

330000－1701－0099680　M606874　子部/宗教類/佛教之屬/論

大乘百法明門論本地分中略錄名數解一卷　(唐)釋窺基撰　**大乘百法明門論本地分中略錄名數疏二卷**　(唐)釋普光撰　**大乘五蘊論一卷**　(唐)釋玄奘譯　**大乘廣五蘊論一卷**　(唐)釋地婆訶羅譯　民國四年至五年(1915－1916)金陵刻經處刻本　一冊

330000－1701－0099681　M602035　類叢部/叢書類/自著之屬

晨風廬叢刊十八種　周慶雲撰　民國吳興周氏夢坡室刻本　四冊　存一種

330000－1701－0099682　M008456　集部/

別集類
瞿文慎公詩選遺墨不分卷　瞿鴻禨撰　瞿宣樸　瞿宣治　瞿宣穎編　民國八年(1919)長沙瞿氏超覽樓石印本　三册

330000－1701－0099684　M606875　子部/宗教類/佛教之屬/論
大乘百法明門論本地分中略錄名數解一卷　(唐)釋窺基撰　**大乘百法明門論本地分中略錄名數疏二卷**　(唐)釋普光撰　**大乘五蘊論一卷**　(唐)釋玄奘譯　**大乘廣五蘊論一卷**　(唐)釋地婆訶羅譯　民國四年至五年(1915－1916)金陵刻經處刻本　一册

330000－1701－0099687　M008457　史部/傳記類/別傳之屬/事狀
顧母杜太君懿範錄不分卷　顧倬輯　民國二十五年(1936)石印本　一册

330000－1701－0099688　M606876　子部/宗教類/佛教之屬/論
大乘百法明門論本地分中略錄名數解一卷　(唐)釋窺基撰　**大乘百法明門論本地分中略錄名數疏二卷**　(唐)釋普光撰　**大乘五蘊論一卷**　(唐)釋玄奘譯　**大乘廣五蘊論一卷**　(唐)釋地婆訶羅譯　民國四年至五年(1915－1916)金陵刻經處刻本　一册

330000－1701－0099692　M610438　經部/小學類/文字之屬/說文/專著
說文古籀三補十四卷坿錄一卷　強運開輯　民國二十四年(1935)上海商務印書館石印本　二册

330000－1701－0099693　M008458　新學/礦務
浙江硝磺處三十一年年報不分卷　民國三十一年(1942)油印本　一册

330000－1701－0099695　M606878　子部/宗教類/佛教之屬/諸宗
瑜伽師地論菩薩地眞實品一卷　(唐)釋玄奘譯　**瑜伽眞實品敘一卷**　歐陽漸撰　民國十年(1921)金陵刻經處刻本　一册

330000－1701－0099696　M008459　史部/傳記類/別傳之屬/事狀
羅春霆訃告行述不分卷　羅宜愚編　民國三十五年(1946)石印藍印本　一册

330000－1701－0099698　M606880　史部/傳記類/別傳之屬/事狀
良鄉公[王承穀]榮哀錄一卷　王修輯　民國二十一年(1932)鉛印本　一册

330000－1701－0099699　M606881　史部/地理類/遊記之屬/紀勝
天目山游記一卷詩一卷和詩一卷金華北山游記一卷　錢文選撰　民國二十四年(1935)浙江正楷印書局鉛印本　劉漫孤觀款　一册

330000－1701－0099700　G007405　子部/醫家類/醫案之屬
臨證指南醫案十卷　(清)葉桂撰　民國二十年(1931)江陰寶文堂刻朱墨套印本　九册　缺一卷(七)

330000－1701－0099702　M606882　史部/地理類/遊記之屬/紀勝
天目山游記一卷詩一卷和詩一卷金華北山游記一卷　錢文選撰　民國二十四年(1935)浙江正楷印書局鉛印本　劉漫孤觀款　一册

330000－1701－0099704　M008460　子部/宗教類/道教之屬/經文
九天應元雷聲普化天尊玉樞寶經一卷　民國刻本　一册

330000－1701－0099707　M606883　史部/傳記類/別傳之屬/事狀
嵊縣趙詩高公紀念集不分卷　民國二十一年(1932)影印本　一册

330000－1701－0099711　M606886　史部/地理類/方志之屬/通志
[民國]重修浙江通志初稿不分卷　浙江通志館修　余紹宋等纂　民國三十七年(1948)鉛印本　二册

330000－1701－0099712　M008461　集部/總集類/選集之屬/斷代

浙江大學土木系民二五級徵求稿彙編不分卷 土木系民二五級級會編 民國石印本 一册

330000－1701－0099713 M008462 史部/地理類/雜志之屬

硤石續志青蘿池之故事不分卷 硤石青蘿池館主輯 民國十一年(1922)稿本 一册

330000－1701－0099714 民 369.85/4030 史部/政書類/公牘檔冊之屬

杭州市冬令救濟委員會辦理三十四年度冬令救濟徵信錄不分卷 杭州市冬令救濟委員會編 民國三十五年(1946)杭州市冬令救濟委員會油印本 一册

330000－1701－0099715 M606884 史部/地理類/方志之屬/通志

[民國]重修浙江通志初稿不分卷 浙江通志館修 余紹宋等纂 民國三十七年(1948)鉛印本 三册

330000－1701－0099716 M008463 史部/傳記類/總傳之屬

分類傳記不分卷 民國抄本 一册

330000－1701－0099717 M606885 史部/地理類/方志之屬/通志

[民國]重修浙江通志初稿不分卷 浙江通志館修 余紹宋等纂 民國三十七年(1948)鉛印本 三册

330000－1701－0099718 M610440 類叢部/叢書類/自著之屬

貞松老人遺稿丙集二種 羅振玉撰 民國三十六年(1947)上虞羅福頤鉛印本 一册

330000－1701－0099719 M602037 類叢部/叢書類/彙編之屬

漢魏叢書三十八種 (明)程榮輯 民國十四年(1925)上海商務印書館據明萬曆程氏刻本影印本 二十九册 存二十七種

330000－1701－0099720 M008464 史部/地理類/雜志之屬

西康建設大計意見書一卷 鄧驤撰 民國鉛印本 一册

330000－1701－0099722 M606887 史部/地理類/方志之屬/通志

[民國]重修浙江通志初稿不分卷 浙江通志館修 余紹宋等纂 民國三十七年(1948)鉛印本 二册

330000－1701－0099723 M606888 史部/地理類/方志之屬/通志

[民國]重修浙江通志初稿不分卷 浙江通志館修 余紹宋等纂 民國三十七年(1948)鉛印本 二册

330000－1701－0099724 M008465 史部/地理類/總志之屬

中國概況□□章 民國抄本 一册 存一章[三(人文地理)]

330000－1701－0099725 M606889 史部/地理類/方志之屬/通志

[民國]重修浙江通志初稿不分卷 浙江通志館修 余紹宋等纂 民國三十七年(1948)鉛印本 二册

330000－1701－0099728 M606890 史部/地理類/方志之屬/通志

[民國]重修浙江通志初稿不分卷 浙江通志館修 余紹宋等纂 民國三十七年(1948)鉛印本 二册

330000－1701－0099729 M008466 史部/政書類/公牘檔冊之屬

桓樓籌筆不分卷 陳廷英撰 民國湖南巡按使公署政報處鉛印本 一册

330000－1701－0099730 M606891 史部/地理類/方志之屬/通志

[民國]重修浙江通志初稿不分卷 浙江通志館修 余紹宋等纂 民國三十七年(1948)鉛印本 二册

330000－1701－0099731 M606892 史部/地理類/方志之屬/通志

[民國]重修浙江通志初稿不分卷 浙江通志館修 余紹宋等纂 民國三十七年(1948)鉛

印本　二册

330000－1701－0099732　M606893　史部/地理類/方志之屬/通志
[民國]重修浙江通志初稿不分卷　浙江通志館修　余紹宋等纂　民國三十七年(1948)鉛印本　二册

330000－1701－0099733　M606894　史部/地理類/方志之屬/通志
[民國]重修浙江通志初稿不分卷　浙江通志館修　余紹宋等纂　民國三十七年(1948)鉛印本　二册

330000－1701－0099734　M606895　史部/地理類/方志之屬/通志
[民國]重修浙江通志初稿不分卷　浙江通志館修　余紹宋等纂　民國三十七年(1948)鉛印本　二册

330000－1701－0099735　M610442　子部/藝術類/遊藝之屬/聯語
寒柯堂宋詩集聯五卷　余紹宋輯　民國三十二年(1943)鉛印本　一册

330000－1701－0099736　M606896　史部/地理類/方志之屬/通志
[民國]重修浙江通志初稿不分卷　浙江通志館修　余紹宋等纂　民國三十七年(1948)鉛印本　二册

330000－1701－0099737　M602038、M602040、M602041　史部/紀傳類/正史之屬
百衲本二十四史　張元濟輯　民國上海商務印書館影印本　三十二册　存三種

330000－1701－0099738　M602039　類叢部/叢書類/彙編之屬
四部叢刊三編七十一種　張元濟等編　民國二十四年至二十五年(1935－1936)上海商務印書館影印本　四册　存一種

330000－1701－0099739　M610443　史部/傳記類/總傳之屬/儒林
聖學宗傳十八卷　(明)周汝登撰　民國二十年(1931)上海鴻寶齋書局石印本　一册　存二卷(七至八)

330000－1701－0099740　M606897　史部/地理類/方志之屬/通志
[民國]重修浙江通志初稿不分卷　浙江通志館修　余紹宋等纂　民國三十七年(1948)鉛印本　二册

330000－1701－0099741　M606898　史部/地理類/方志之屬/通志
[民國]重修浙江通志初稿不分卷　浙江通志館修　余紹宋等纂　民國三十七年(1948)鉛印本　二册

330000－1701－0099743　M606899　史部/地理類/方志之屬/通志
[民國]重修浙江通志初稿不分卷　浙江通志館修　余紹宋等纂　民國三十七年(1948)鉛印本　二册

330000－1701－0099744　M606900　史部/地理類/方志之屬/通志
[民國]重修浙江通志初稿不分卷　浙江通志館修　余紹宋等纂　民國三十七年(1948)鉛印本　二册

330000－1701－0099745　M606901　史部/地理類/方志之屬/通志
[民國]重修浙江通志初稿不分卷　浙江通志館修　余紹宋等纂　民國三十七年(1948)鉛印本　二册

330000－1701－0099746　M008468　集部/别集類/清别集
養晦堂詩集不分卷　(清)陶澐撰　民國抄本　一册

330000－1701－0099747　M606902　史部/地理類/方志之屬/通志
[民國]重修浙江通志初稿不分卷　浙江通志館修　余紹宋等纂　民國三十七年(1948)鉛印本　一册

330000－1701－0099748　M008469　史部/傳記類/雜傳之屬
揚州唐襄文公崇祀錄一卷　唐鼎元編　民國

十六年(1927)鉛印本　一册

330000－1701－0099749　M610444　類叢部/叢書類/郡邑之屬
敬鄉樓叢書三十八種　黄羣編　民國十七年至二十四年(1928－1935)永嘉黄氏鉛印本　一册　存第三輯一種

330000－1701－0099750　M602042　史部/地理類/山川之屬/山志
靈峰志四卷補遺一卷　周慶雲輯　民國元年(1912)周慶雲夢坡室刻本　二册

330000－1701－0099751　M610445　類叢部/叢書類/彙編之屬
雙肇樓叢書　張江裁(張涵鋭)輯　民國鉛印本　一册　存清代燕都梨園史料三種

330000－1701－0099752　M602043　史部/目録類/總録之屬/私撰
八千卷樓書目二十卷　(清)丁丙藏　丁立中撰　民國十二年(1923)錢塘丁氏鉛印本　十册

330000－1701－0099754　M602045　史部/傳記類/總傳之屬/斷代
清史列傳八十卷　中華書局編　民國十七年(1928)上海中華書局鉛印本　十六册　存十六卷(六十五至八十)

330000－1701－0099755　M008470　經部/小學類/音韻之屬/韻書
形聲類篇五卷　(清)丁履恒撰　民國國立北京大學影印本　一册

330000－1701－0099756　M008471　史部/目録類/總録之屬/史志
清代藝文略一卷　朱師轍撰　民國鉛印本　朱師轍批校　一册

330000－1701－0099757　M602044　史部/傳記類/總傳之屬/斷代
清史列傳八十卷　中華書局編　民國十七年(1928)上海中華書局鉛印本　四十册　存四十卷(一至二十四、六十五至八十)

330000－1701－0099758　M610446　子部/雜著類/雜説之屬
勸告國民愛國一卷　民國鉛印本　一册

330000－1701－0099759　M007970　史部/政書類/公牘檔册之屬
中國西部科學院民國二十年度報告書一卷　中國西部科學院輯　民國二十一年(1932)石印本　一册

330000－1701－0099760　M610447　類叢部/叢書類/彙編之屬
四部叢刊　張元濟等編　民國上海商務印書館影印本　一册　存一種

330000－1701－0099761　M007971　子部/藝術類/書畫之屬/法帖
南園行書册一卷　(清)錢灃書　民國七年(1918)上海震亞圖書局影印本　一册

330000－1701－0099763　M007972　集部/總集類/選集之屬/通代
歷代詩文評註讀本　王文濡編　民國上海文明書局鉛印本　四册　存一種

330000－1701－0099764　M007973　類叢部/叢書類/自著之屬
譚瀏陽全集六種附續編一卷　(清)譚嗣同撰　民國十三年(1924)上海文明書局鉛印本　六册

330000－1701－0099766　M007974　史部/雜史類/斷代之屬
滿清稗史十六種附二種　陸保璿輯　民國二年(1913)新中國圖書局鉛印本　一册　存一種

330000－1701－0099767　M007975　史部/目録類/總録之屬/官修
四庫全書總目未收書目索引四卷　陳乃乾編　民國十五年(1926)上海大東書局鉛印本　一册　存一卷(一)

330000－1701－0099768　M007978　集部/別集類
吕碧城集五卷　吕碧城撰　民國十八年

(1929)上海中華書局鉛印本　一册　存四卷(一至四)

330000－1701－0099769　M007979　史部/雜史類/斷代之屬
湖南辛亥光復記一卷　鄒永成編　民國鉛印本　一册

330000－1701－0099770　M007980　子部/醫家類
中國醫藥八傑圖一卷　宋大仁撰　民國三十二年(1943)鉛印本　一册

330000－1701－0099778　M608962　類叢部/叢書類/自著之屬
崇雅堂叢書十四種　楊晨撰　民國二十五年(1936)楊紹翰鉛印本　四册　存一種

330000－1701－0099779　M008472　類叢部/叢書類
複習叢書□□種　民國油印本　一册　存二種

330000－1701－0099781　M608963　經部/四書類/總義之屬/傳說
四書纂疏二十六卷札記一卷　(宋)趙順孫撰　民國十四年(1925)聖風書苑據清康熙通志堂經解本影印本　八册

330000－1701－0099785　M608964　集部/總集類/郡邑之屬
海藻二十八卷補遺一卷　嚴昌堉輯　民國三十二年(1943)海上嚴氏淵雷室鉛印本　八册

330000－1701－0099788　M008474　史部/傳記類/别傳之屬/事狀
陶勤肅公行述一卷　(清)陶葆廉　(清)陶保霖撰　**陶勤肅公墓銘一卷**　(清)陳豪撰　民國鉛印本　老漁題記　一册

330000－1701－0099789　M606919　子部/農家農學類/蠶桑之屬
古今合纂殖桑法一卷　金步瀛撰　民國十九年(1930)鉛印本　一册

330000－1701－0099790　M608965　類叢部/叢書類/郡邑之屬
吴興叢書六十六種　劉承幹編　民國吴興劉氏嘉業堂刻本　一册　存一種

330000－1701－0099791　M008475　史部/傳記類/總傳之屬
編譯所職員録一卷　民國鉛印本　一册

330000－1701－0099793　M008476、M008509　子部/藝術類/書畫之屬/畫録
悲鴻畫集不分卷　徐悲鴻繪　民國二十二年(1933)上海中華書局影印本　二册

330000－1701－0099797　M603987、M604524、M608966、M609883　史部/傳記類/别傳之屬/年譜
王荆公[安石]年譜考略二十五卷首三卷雜録二卷附録一卷　(清)蔡上翔撰　**王文公年譜考略節要附存二卷**　(清)楊希閔撰　民國十九年(1930)燕京大學國學研究所鉛印本　陳光漢批校並記　六册

330000－1701－0099798　M601237　類叢部/叢書類/彙編之屬
四部叢刊　張元濟等編　民國上海商務印書館影印本　四册　存一種

330000－1701－0099799　M606920　子部/農家農學類/蠶桑之屬
古今合纂殖桑法一卷　金步瀛撰　民國十九年(1930)鉛印本　一册

330000－1701－0099800　M008477　子部/兵家類/兵法之屬
黄子二十篇一卷　黄書霖撰　民國六年(1917)金陵印刷社鉛印本　靳雲鵬題簽　一册

330000－1701－0099801　M008478　史部/地理類/方志之屬/郡縣志
營口縣志目録一卷　民國十一年(1922)稿本　一册

330000－1701－0099802　M606921　子部/農家農學類/蠶桑之屬
古今合纂殖桑法一卷　金步瀛撰　民國十九

年(1930)鉛印本　一冊

330000－1701－0099804　M606922　子部/術數類/相宅相墓之屬

堪輿闢謬傳真二卷　劉公中編　民國十七年(1928)杭州抱經堂書局鉛印本　一冊　存一卷(上編)

330000－1701－0099806　M608967　史部/目録類/書志之屬/題跋

黄顧遺書六種十六卷　王大隆輯　民國二十二年至二十九年(1933－1940)秀水王氏學禮齋刻本　一冊　存一種

330000－1701－0099807　M606923　集部/詩文評類/文評之屬

文學研究法四卷　姚永樸撰　民國上海商務印書館鉛印本　二冊　存二卷(一至二)

330000－1701－0099809　M606924　子部/宗教類/佛教之屬/經疏

楞伽阿跋多羅寶經科解十卷　(明)釋真貴撰　民國十二年(1923)蕪湖佛經流通所刻本　十冊

330000－1701－0099812　M606925　子部/宗教類/佛教之屬/諸宗

大乘入道次第章一卷　(唐)釋智周撰　民國九年(1920)北京刻經處刻本　一冊

330000－1701－0099813　M606926　子部/宗教類/佛教之屬/諸宗

大乘入道次第章一卷　(唐)釋智周撰　民國九年(1920)北京刻經處刻本　一冊

330000－1701－0099814　M606927　子部/宗教類/佛教之屬/諸宗

大乘入道次第章一卷　(唐)釋智周撰　民國九年(1920)北京刻經處刻本　一冊

330000－1701－0099816　M608968、M610253、M611047　史部/傳記類/總傳之屬/家乘

[浙江鎮海]大楓林徐氏宗譜不分卷　徐良拭　徐桴纂修　民國二十四年(1935)鉛印本　四冊

330000－1701－0099819　M606928　新學/商務

工商部中華國貨展覽會實錄三卷附錄一卷　中華民國工商部編　民國十八年(1929)鉛印本　六冊

330000－1701－0099822　M606929、M607124　子部/術數類/命書相書之屬

命理四種　樂吾氏編輯　民國二十四年(1935)上海乾乾書社鉛印本　二冊　存二種

330000－1701－0099823　M008479　集部/別集類/清別集

復出齋集外詩校記一卷　稿本　一冊

330000－1701－0099824　M008480　新學/醫學

病理學原理一卷　陸□英撰　民國石印本　一冊

330000－1701－0099825　M608969　集部/別集類

天放樓續集　金天羽撰　民國二十二年(1933)鉛印本　一冊　存一種

330000－1701－0099827　M606930　集部/總集類/尺牘之屬

工商業尺牘偶存不分卷補遺一卷公司注册文件一卷　天虛我生(陳壽嵩)稿　民國十七年(1928)家庭工業社鉛印本　一冊

330000－1701－0099828　M008481　子部/醫家類/綜合之屬

國醫文範一卷　楊則民輯　民國石印本　一冊

330000－1701－0099832　M608970　集部/別集類/元別集

柳貫上京紀行詩一卷　(元)柳貫撰　民國十九年(1930)北平故宮博物院圖書館影印本　一冊

330000－1701－0099834　M008482　子部/醫家類/傷寒金匱之屬/傷寒論

傷寒論講義□□卷　民國石印本　一冊　存一卷(辨太陽脈證并治下)

330000－1701－0099835　M606931　新學/商務/商學

國貨調查錄不分卷　浙江省會各界服用國貨會編輯　民國二十三年(1934)浙江省會各界服用國貨會鉛印本　一冊

330000－1701－0099836　M008483　新學/醫學/內科

內科學講義一卷　許勉齋撰　民國石印本　一冊

330000－1701－0099837　M608971　史部/傳記類/總傳之屬/郡邑

穫堂舊話一卷師友淵源錄一卷　繆九疇撰　民國六年(1917)江陰繆氏思範室刻本　一冊

330000－1701－0099841　M606933　子部/宗教類/佛教之屬/論

瑜伽師地論一百卷　(唐)釋玄奘譯　**瑜伽師地論敘二卷**　歐陽漸編　民國六年(1917)金陵刻經處刻本　一冊　存二卷(敘一至二)

330000－1701－0099842　M008484　新學/醫學/內科

內科學講義一卷　許勉齋撰　民國石印本　一冊

330000－1701－0099843　M603876　子部/藝術類

美術叢書初集二集三集四集二百七十九種　鄧實輯　黄賓虹續輯　民國二十五年(1936)上海神州國光社鉛印本　二十冊　存二十五種

330000－1701－0099844　M008485　子部/醫家類/醫話醫論之屬

時賢論醫集一卷　楊子鈞輯　民國石印本　一冊

330000－1701－0099845　M608972　子部/藝術類/書畫之屬/法帖

唐拓多寶塔碑一卷　(唐)顏真卿書　民國八年(1919)上海有正書局影印本　一冊

330000－1701－0099848　M008486　新學/算學

算學講義□□編　陶承杏編　民國油印本　一冊　存六編(三至八)

330000－1701－0099852　M606934　子部/宗教類/佛教之屬/論

瑜伽師地論一百卷　(唐)釋玄奘譯　**瑜伽師地論敘二卷**　歐陽漸編　民國六年(1917)金陵刻經處刻本　一冊　存二卷(敘一至二)

330000－1701－0099853　M606935　子部/宗教類/佛教之屬/論

瑜伽師地論一百卷　(唐)釋玄奘譯　**瑜伽師地論敘二卷**　歐陽漸編　民國六年(1917)金陵刻經處刻本　一冊　存二卷(敘一至二)

330000－1701－0099855　M008487　子部/醫家類/本草之屬/歷代綜合本草

本草分經不分卷　(清)姚瀾編輯　民國十二年(1923)鉛印本　一冊

330000－1701－0099856　M606936　子部/宗教類/佛教之屬/經

佛説阿彌陀經一卷　(後秦)釋鳩摩羅什譯　民國三十七年(1948)石印本　一冊

330000－1701－0099857　M608974　史部/地理類/方志之屬/郡縣志

[同治]盛湖志十四卷首一卷末一卷　(清)仲廷機纂　**盛湖志補四卷**　(清)仲虎騰纂　民國九年至十三年(1920－1924)烏程周慶雲刻本　六冊　缺四卷(盛湖志補一至四)

330000－1701－0099861　M008488　子部/宗教類/佛教之屬

入佛問答二卷　(清)問橋居士撰　民國十一年(1922)北京佛經流通處刻朱印本　一冊

330000－1701－0099865　M608975　史部/金石類

非儒非俠齋金石叢著十種　顧燮光撰　民國會稽顧氏金佳石好樓石印本暨鉛印本　二冊　存一種

330000－1701－0099868　M008489　集部/詞類/別集之屬

飲綠樓詩餘一卷　(清)徐燕謀撰　民國油印

本　徐介延題記　一册

330000－1701－0099870　M603877　類叢部/叢書類/彙編之屬
寶顔堂祕笈二百二十八種　（明）陳繼儒編　民國十一年(1922)上海文明書局石印本　一册　存八種

330000－1701－0099872　M008490　子部/宗教類/佛教之屬/經
大方廣佛華嚴經梵行品一卷淨行品一卷　玄根居士書　民國石印本　一册

330000－1701－0099873　M608976　類叢部/叢書類/自著之屬
崇雅堂叢書十四種　楊晨撰　民國二十五年(1936)楊紹翰鉛印本　二册　存一種

330000－1701－0099876　M608977、M610519　史部/地理類/山川之屬/山志
南雁蕩山志十三卷首一卷　周喟編　民國七年(1918)瑞安戴氏詠古齋刻本　四册

330000－1701－0099877　M008491　子部/術數類/相宅相墓之屬
堪輿不分卷　民國抄本　一册

330000－1701－0099878　M608978　集部/别集類
悔餘生詩五卷　吳慶坻撰　民國十五年(1926)鉛印本　二册

330000－1701－0099879　M008492　子部/雜著類/雜説之屬
焦氏支談一卷　（明）焦竑輯　民國三年(1914)成都文殊院刻本　一册

330000－1701－0099881　M608979　集部/别集類
悔餘生詩五卷　吳慶坻撰　民國十五年(1926)鉛印本　二册

330000－1701－0099882　M008494　子部/宗教類/佛教之屬
佛學叢書□□種　丁福保輯　民國上海醫學書局鉛印本暨影印本　一册　存一種

330000－1701－0099883　M008493　集部/總集類/題詠之屬
綠遍池塘草圖詠一卷　吳湖帆輯　民國二十八年(1939)影印本　一册

330000－1701－0099886　M608980　子部/宗教類/佛教之屬/律
在家律要四卷　朱止宜輯　民國上海佛學書局鉛印本　一册

330000－1701－0099887　M601257　子部/雜著類/雜説之屬
論衡三十卷　（漢）王充撰　民國上海商務印書館影印四部叢刊本　斯行健批校　八册

330000－1701－0099888　M608981　史部/目録類/專録之屬
國立北平圖書館書目目錄類不分卷　蕭璋編　民國二十三年(1934)國立北平圖書館鉛印本　二册

330000－1701－0099889　M608982　史部/雜史類/斷代之屬
清開國史料考六卷補一卷　謝國楨輯　民國二十年(1931)國立北平圖書館鉛印本　二册

330000－1701－0099890　M608983　史部/雜史類/斷代之屬
鴉片事略二卷　（清）李圭撰　民國二十年(1931)國立北平圖書館鉛印本　一册

330000－1701－0099891　M608984　史部/雜史類/斷代之屬
鴉片事略二卷　（清）李圭撰　民國二十年(1931)國立北平圖書館鉛印本　一册

330000－1701－0099892　M602747、M608986、M611093　史部/地理類/方志之屬/郡縣志
[嘉慶]餘杭縣志四十卷　（清）張吉安修　（清）朱文藻纂　（清）崔應榴　（清）董作棟續纂　民國八年(1919)吳蘭孫鉛印本　七册　存三十五卷(一至十五、二十一至四十)

330000－1701－0099893　M608985、M610212　史部/地理類/方志之屬/郡縣志
[嘉慶]餘杭縣志四十卷　（清）張吉安修

(清)朱文藻纂　(清)崔應榴　(清)董作棟續纂　民國八年(1919)吳蘭孫鉛印本　八册

330000－1701－0099895　M603878　子部/縱横家類

鬼谷子三卷附録一卷　(南朝梁)陶弘景注　民國上海商務印書館影印四部叢刊本　佚名題記　一册

330000－1701－0099896　M608987　經部/春秋總義類/專著之屬

春秋中國夷狄辨三卷　徐勤撰　民國上海大同譯書局石印本　一册

330000－1701－0099902　M606937　子部/雜著類/雜説之屬

孫文學説一卷　孫文撰　民國八年(1919)上海華强印書局鉛印本　一册

330000－1701－0099903　M606938　集部/總集類/題詠之屬

春帆入蜀圖題詠詩一卷詞一卷附録二卷　戴振聲輯　民國十九年(1930)戴氏鉛印本　一册

330000－1701－0099904　M603879、M607235、M607236、M607477、M607479　類叢部/叢書類/彙編之屬

四部叢刊　張元濟等編　民國上海商務印書館影印本　七册　存五種

330000－1701－0099907　M606939、M609825　史部/政書類/律令之屬

浙江省現行法規彙編不分卷　浙江省政府秘書處編輯　民國二十三年(1934)浙江省政府秘書處鉛印本　六册

330000－1701－0099908　M601265　類叢部/叢書類/彙編之屬

四部叢刊　張元濟等編　民國上海商務印書館影印本　三册　存一種

330000－1701－0099910　M603880　史部/目録類/總録之屬/彙刻

四部叢刊目録一卷　商務印書館編　民國上海商務印書館鉛印本暨影印本　一册

330000－1701－0099911　M606940　史部/政書類/律令之屬

浙江省現行法規彙編不分卷　浙江省政府秘書處編輯　民國二十三年(1934)浙江省政府秘書處鉛印本　一册　存第六類

330000－1701－0099912　M606941　史部/政書類/公牘檔册之屬

浙江地方銀行總行通函彙編續輯不分卷　浙江地方銀行總行總務科編　民國鉛印本　一册

330000－1701－0099916　M606942　史部/政書類/公牘檔册之屬

中華國有鐵路統計總報告不分卷　鐵道部秘書廳研究室編　民國鐵道部秘書廳研究室鉛印本　一册

330000－1701－0099919　M606943　史部/政書類/公牘檔册之屬

中華國有鐵路統計總報告不分卷　鐵道部秘書廳研究室編　民國鐵道部秘書廳研究室鉛印本　一册

330000－1701－0099920　M603881　類叢部/叢書類/彙編之屬

四部備要　中華書局編　民國二十五年(1936)上海中華書局鉛印本　二册　存一種

330000－1701－0099921　M606944　史部/政書類/公牘檔册之屬

浙贛鐵路二十四年度會計統計年報一卷　浙贛鐵路局會計處編　民國二十六年(1937)鉛印本　一册

330000－1701－0099923　M606945　史部/地理類/方志之屬/通志

[民國]重修浙江通志初稿不分卷　浙江通志館修　余紹宋等纂　民國三十七年(1948)鉛印本　四册

330000－1701－0099925　M606946　史部/地理類/方志之屬/通志

[民國]重修浙江通志初稿不分卷　浙江通志館修　余紹宋等纂　民國三十七年(1948)鉛

印本　四冊

330000－1701－0099926　M606947　史部/地理類/方志之屬/通志

[民國]重修浙江通志初稿不分卷　浙江通志館修　余紹宋等纂　民國三十七年(1948)鉛印本　四冊

330000－1701－0099928　M606948　史部/地理類/方志之屬/通志

[民國]重修浙江通志初稿不分卷　浙江通志館修　余紹宋等纂　民國三十七年(1948)鉛印本　四冊

330000－1701－0099930　M606949　史部/地理類/方志之屬/通志

[民國]重修浙江通志初稿不分卷　浙江通志館修　余紹宋等纂　民國三十七年(1948)鉛印本　四冊

330000－1701－0099931　M601269　類叢部/叢書類/彙編之屬

四部叢刊　張元濟等編　民國上海商務印書館影印本　二冊　存一種

330000－1701－0099933　M606950　史部/地理類/方志之屬/通志

[民國]重修浙江通志初稿不分卷　浙江通志館修　余紹宋等纂　民國三十七年(1948)鉛印本　四冊

330000－1701－0099934　M606951　史部/地理類/方志之屬/通志

[民國]重修浙江通志初稿不分卷　浙江通志館修　余紹宋等纂　民國三十七年(1948)鉛印本　四冊

330000－1701－0099935　M606952　史部/地理類/方志之屬/通志

[民國]重修浙江通志初稿不分卷　浙江通志館修　余紹宋等纂　民國三十七年(1948)鉛印本　四冊

330000－1701－0099936　M603882　子部/宗教類/道教之屬

老子考證一卷　湯仰暉撰　民國二十八年(1939)鉛印本　一冊

330000－1701－0099937　M606953　史部/地理類/方志之屬/通志

[民國]重修浙江通志初稿不分卷　浙江通志館修　余紹宋等纂　民國三十七年(1948)鉛印本　四冊

330000－1701－0099938　M606954　史部/地理類/方志之屬/通志

[民國]重修浙江通志初稿不分卷　浙江通志館修　余紹宋等纂　民國三十七年(1948)鉛印本　四冊

330000－1701－0099939　M606955　史部/地理類/方志之屬/通志

[民國]重修浙江通志初稿不分卷　浙江通志館修　余紹宋等纂　民國三十七年(1948)鉛印本　四冊

330000－1701－0099940　M606956　史部/地理類/方志之屬/通志

[民國]重修浙江通志初稿不分卷　浙江通志館修　余紹宋等纂　民國三十七年(1948)鉛印本　四冊

330000－1701－0099941　M603883　集部/別集類

悔餘生詩五卷　吳慶坻撰　民國十五年(1926)鉛印本　一冊　存二卷(四至五)

330000－1701－0099943　M606957　史部/地理類/方志之屬/通志

[民國]重修浙江通志初稿不分卷　浙江通志館修　余紹宋等纂　民國三十七年(1948)鉛印本　四冊

330000－1701－0099945　M606958　史部/地理類/方志之屬/通志

[民國]重修浙江通志初稿不分卷　浙江通志館修　余紹宋等纂　民國三十七年(1948)鉛印本　四冊

330000－1701－0099947　M608988、M609842　集部/詩文評類/類編之屬

清詩話四十三種　丁福保輯　民國十六年

(1927)上海醫學書局鉛印本　二册　存十三種

330000－1701－0099948　M606959　史部/地理類/方志之屬/通志
[民國]重修浙江通志初稿不分卷　浙江通志館修　余紹宋等纂　民國三十七年(1948)鉛印本　四册

330000－1701－0099952　M608989、M610236　子部/小説家類/雜事之屬
新刊大宋宣和遺事四卷　民國四年(1915)上海商務印書館鉛印本　二册

330000－1701－0099953　M608990　集部/戲劇類/總集之屬/雜劇
元曲大觀三十種　錦文堂主人輯　民國十年(1921)上海錦文堂書局影印本　三册　存二種

330000－1701－0099955　M603884　史部/傳記類/總傳之屬/技藝
墨林今話十八卷　(清)蔣寶齡撰　**續編一卷**　(清)蔣茝生撰　民國上海中華書局鉛印本　一册　存姓氏韻目

330000－1701－0099956　M008495　史部/政書類/公牘檔册之屬
全國公路交通委員會第一次常會議事日程不分卷　民國二十六年(1937)油印本　一册

330000－1701－0099957　M603885　史部/地理類/山川之屬/水志
蕭山湘湖志八卷外編一卷續志一卷　周易藻編　民國十六年(1927)周氏鉛印本　五册

330000－1701－0099960　M008496　史部/政書類/公牘檔册之屬
蘭谿實驗縣縣政府整理教育部分檔案的嘗試一卷　民國石印本　一册

330000－1701－0099962　M604496、M608991　子部/雜著類/雜考之屬
炳燭編四卷　(清)李賡芸撰　(清)潘祖蔭等編　民國古今圖書館影印本　二册　存三卷(一、三至四)

330000－1701－0099965　M608992　集部/總集類/選集之屬/斷代
千首宋人絕句十卷　(清)嚴長明輯　民國二十二年(1933)上海商務印書館鉛印本　一册　存五卷(一至五)

330000－1701－0099968　M008498　史部/傳記類/總傳之屬/家乘
徐氏族譜一卷　民國抄本　一册

330000－1701－0099970　M603886　史部/傳記類/别傳之屬/事狀
孫烈士竹丹遺事一卷　柳棄疾等輯　民國六年(1917)鉛印本　一册

330000－1701－0099972　M008499　子部/藝術類/書畫之屬/畫譜
鮑小安百梅畫稿不分卷　鮑小安繪　民國影印本　一册

330000－1701－0099973　M608993　子部/宗教類/道教之屬
三聖經靈驗圖註不分卷　民國上海宏大善書局石印本　一册

330000－1701－0099974　M603887　集部/曲類/寶卷之屬
新出延壽寶卷一卷　民國上海文益書局石印本　一册

330000－1701－0099977　M008500　史部/地理類/輿圖之屬/水圖
峽江圖攷不分卷　(清)國璋編繪　民國十五年(1926)晏文盛書局石印本　二册

330000－1701－0099978　M603888　集部/曲類/寶卷之屬
大明嘉靖江蘇蘇州府玉蜻蜓寶卷二卷　民國上海惜陰書局石印本　一册　存一卷(下)

330000－1701－0099979　M608994　經部/春秋左傳類/傳説之屬
春秋左氏疑義答問五卷　章炳麟撰　民國二十四年(1935)章氏國學講習會鉛印本　一册

330000－1701－0099980　M608995、M609022

類叢部/叢書類/彙編之屬
四部備要 中華書局編 民國二十五年(1936)上海中華書局鉛印本 二冊 存二種

330000－1701－0099983 M603889 集部/曲類/寶卷之屬
再生緣寶卷二卷 民國上海惜陰書局石印本 一冊

330000－1701－0099986 M008501 子部/藝術類/書畫之屬
玉梅花盦臨古不分卷 民國四年(1915)上海震亞圖書局石印本 一冊

330000－1701－0099988 M608997 子部/小說家類/異聞之屬
鬼董狐五卷 民國五年(1916)上海商務印書館鉛印本 一冊

330000－1701－0099990 G007434 史部/金石類
百一廬金石叢書十種 陳乃乾輯 民國十年(1921)海寧陳氏影印本 一冊 存一種

330000－1701－0099991 M008502 集部/別集類/清別集
書札不分卷 (清)□□撰 民國影印本 一冊

330000－1701－0099994 M601286 子部/宗教類/道教之屬
老子道德經二卷 (漢)河上公章句 民國上海商務印書館影印四部叢刊本 朱裕同句讀並題記 一冊

330000－1701－0099995 M008503 子部/宗教類/佛教之屬/諸宗
淨土五經六卷 釋印光輯 民國二十一年(1932)潮陽郭氏雙百鹿齋刻二十二年(1933)印本 一冊

330000－1701－0099996 M008564 子部/藝術類/書畫之屬
精選玉堂楷則一卷 (清)洪鈞等書 民國石印本 一冊

330000－1701－0099998 M008565 子部/藝術類/書畫之屬
楷書精華一卷 (清)銀浦等撰 民國石印本 一冊

330000－1701－0100000 M008567 集部/總集類/氏族之屬
葉氏唱和詩一卷 葉子瑾等撰 稿本 一冊

330000－1701－0100002 M603891 子部/小說家類/雜事之屬
鄉隅紀聞一卷 楊質安撰 民國十年(1921)鉛印本 一冊

330000－1701－0100003 M608998 史部/雜史類/斷代之屬
國難叢書第一輯 民國二十六年(1937)軍事新聞社出版部鉛印本 一冊 存一種

330000－1701－0100005 M606960 史部/地理類/方志之屬/通志
[民國]重修浙江通志初稿不分卷 浙江通志館修 余紹宋等纂 民國三十七年(1948)鉛印本 四冊

330000－1701－0100007 M602246、M607276、M608999、M610119 類叢部/叢書類/自著之屬
李文忠公全集六種一百六十五卷首一卷 (清)李鴻章撰 (清)吳汝綸編錄 民國十年(1921)上海商務印書館據金陵刻本影印本 一百冊

330000－1701－0100009 M606961 史部/地理類/方志之屬/通志
[民國]重修浙江通志初稿不分卷 浙江通志館修 余紹宋等纂 民國三十七年(1948)鉛印本 四冊

330000－1701－0100012 M606962 史部/地理類/方志之屬/通志
[民國]重修浙江通志初稿不分卷 浙江通志館修 余紹宋等纂 民國三十七年(1948)鉛印本 四冊

330000－1701－0100013 M603892 史部/金石類/錢幣之屬/雜著

談泉雜錄五卷 高煥文輯 民國十五年(1926)高氏泉壽山房石印本 一册

330000－1701－0100014 M609000 史部/傳記類/總傳之屬/姓名

别號索引一卷補遺一卷 陳乃乾輯 陶毓英編 民國三十二年(1943)開明書店鉛印本 一册

330000－1701－0100016 M603893 集部/别集類

寒柯堂詩四卷 余紹宋撰 民國三十六年(1947)鉛印本 余紹宋題記 一册

330000－1701－0100017 M609001 類叢部/叢書類/彙編之屬

涵芬樓祕笈五十一種 孫毓修等輯 民國五年至十五年(1916－1926)上海商務印書館影印本暨鉛印本 六册 存五種

330000－1701－0100019 M008504 子部/宗教類/佛教之屬

觀世音菩薩經呪集刊十種附一種 郭鄭喜明輯 民國二年(1913)潮陽郭氏雙百鹿齋刻藍印本 一册

330000－1701－0100021 M603894 類叢部/叢書類/彙編之屬

廣倉學宭叢書(學術叢編)甲類四十九種乙類十五種 姬佛陀編 民國五年至七年(1916－1918)上海倉聖明智大學鉛印本暨石印本 一册 存三種

330000－1701－0100022 M008505 史部/政書類/公牘檔册之屬

浙江省杭江鐵路會計統計年報不分卷(民國二十二年度) 浙江省杭江鐵路會計課編 民國二十三年(1934)鉛印本 一册

330000－1701－0100027 M603895 史部/金石類/錢幣之屬/圖像

古泉拓存一卷 民國影印本 一册

330000－1701－0100028 M603896 子部/宗教類/佛教之屬/經疏

楞嚴說通十卷 (清)劉道開撰 民國十一年(1922)鉛印本 一册 存三卷(六至八)

330000－1701－0100029 M603915、M609002 子部/小說家類/雜事之屬

南亭筆記十六卷 (清)李伯元(寶嘉)撰 民國八年(1919)上海大東書局石印本 四册

330000－1701－0100033 M609003、M610313 子部/雜著類/雜說之屬

骨董瑣記八卷續記四卷 鄧之誠輯 民國二十二年(1933)鉛印本 四册 存八卷(一至八)

330000－1701－0100036 M609004、M610558 集部/總集類/選集之屬/斷代

太平天國文鈔一卷詩鈔一卷聯語鈔一卷附錄三卷 羅邕 沈祖基輯 民國二十三年(1934)上海商務印書館鉛印本 二册

330000－1701－0100038 M601508、M609005、M610193 集部/别集類/清别集

越縵堂詩初集十卷 (清)李慈銘撰 民國二十四年(1935)上海商務印書館鉛印本 三册

330000－1701－0100042 M609007 集部/曲類/散曲之屬

散曲叢刊十五種 任訥輯 民國二十年(1931)上海中華書局鉛印本 一册 存一種

330000－1701－0100043 M008506 子部/宗教類/佛教之屬/經

北魏人書摩訶般若波羅密經殘卷一卷 蘇厚如藏 民國二十四年(1935)北平直隸書局、富晉書社影印本 一册

330000－1701－0100044 M603897 子部/宗教類/佛教之屬

觀世音菩薩本迹感應頌四卷首一卷 許止淨述 **金剛經功德頌一卷** 許止淨述 劉契淨注 民國十五年(1926)上海中華書局鉛印本 二册

330000－1701－0100045 M008507 子部/藝術類/書畫之屬/法帖

曾農髯臨夏承碑全文一卷 曾熙書 民國七年(1918)上海震亞圖書局影印本 一册

330000－1701－0100047　M603898　史部/金石類/璽印之屬/文字

清代玉璽譜一卷　民國十九年(1930)上海會文堂新記書局影印本　一冊

330000－1701－0100049　M603901　類叢部/叢書類/自著之屬

庸謹堂叢書　民國鉛印本　一冊　存一種

330000－1701－0100050　M603899　史部/金石類/錢幣之屬

古泉叢書十五種　民國上海醫學書局石印本　三冊　存三種

330000－1701－0100051　M008508　史部/傳記類/別傳之屬

韓光第遺蹟不分卷　民國十九年(1930)影印本　一冊

330000－1701－0100055　M609008　類叢部/叢書類/自著之屬

直介堂叢刻初編十種續編五種鼻烟叢刻四種　劉聲木撰　民國十八年(1929)廬江劉氏鉛印本　七冊　存四種

330000－1701－0100057　M603900　集部/曲類/寶卷之屬

慈悲普濟天醫寶卷全集一卷　民國十七年(1928)浙江普善堂刻本　一冊

330000－1701－0100058　M610448　集部/別集類

燕知草一卷附重過西園碼頭殘稿一卷　俞平伯撰　民國十九年(1930)上海開明書店鉛印本　一冊　存一卷(重過西園碼頭殘稿)

330000－1701－0100059　M008510　集部/別集類

陳烈士勒生遺集五卷　陳子範撰　民國六年(1917)鉛印本　一冊

330000－1701－0100063　M603902　史部/金石類/錢幣之屬/雜著

言錢別錄二卷補錄一卷　方若撰　民國十七年(1928)鉛印本　二冊

330000－1701－0100066　M610449　史部/目録類/書志之屬/提要

四部叢刊書錄一卷　商務印書館編　民國十八年(1929)上海商務印書館鉛印本　一冊

330000－1701－0100067　M008511　集部/總集類/課藝之屬

全國學生成績新文庫甲編十九卷乙編初集二十卷二集二十卷　中央圖書局編輯部編　民國上海中央圖書公司石印本　一冊　存一卷(乙編初集三)

330000－1701－0100070　M603903　集部/別集類

畸園第三次手定詩稿十七種三十二卷　陳遹聲撰　民國十一年(1922)影印本　二十三冊

330000－1701－0100071　M609009　史部/目録類/總録之屬/彙刻

增訂叢書舉要八十卷附校誤記一卷徵刻南北宋人集啓一卷　楊守敬原編　李之鼎補編　民國七年(1918)宜秋館鉛印本　二冊　存四卷(一至四)

330000－1701－0100072　M008512　子部/雜著類/雜說之屬

勉廬隨筆一卷　民國抄本　臥雲題記　一冊

330000－1701－0100074　M610450　集部/別集類/宋別集

林和靖先生詩集四卷附錄一卷　(宋)林逋撰　**校語一卷**　邵裴子撰　民國二十四年(1935)上海商務印書館鉛印本　一冊

330000－1701－0100075　M603904　史部/金石類/錢幣之屬/雜著

咸豐大錢攷一卷　張絅伯編　民國上海銀行週報社鉛印本　一冊

330000－1701－0100078　M609010　類叢部/叢書類/彙編之屬

潛泉叢鈔　吳隱輯　民國西泠印社刻本暨石印本　二冊　存四種

330000－1701－0100079　M008513　史部/政書類/公牘檔冊之屬

南田縣政府二十一年度年刊不分卷　南田縣政府編　民國二十二年(1933)鉛印本　一册

330000－1701－0100081　M601630、M603905　類叢部/叢書類/彙編之屬

四部叢刊　張元濟等編　民國八年(1919)上海商務印書館影印本　十二册　存一種

330000－1701－0100082　M008514　子部/宗教類/佛教之屬

成唯識論學記八卷　(唐)釋太賢輯　民國二十年(1931)上海商務印書館鉛印本　二册　存四卷(一至四)

330000－1701－0100087　M603906　史部/傳記類/總傳之屬/仕宦

百歲敘譜六卷　(清)丁文策　(清)陳師錫　(清)沈九如輯　民國十一年(1922)上海中華書局鉛印本　六册

330000－1701－0100088　M008515　子部/宗教類/佛教之屬/經

佛説無量壽經二卷　(三國魏)釋康僧鎧譯　民國十四年(1925)杭州佛學會石印本　二册

330000－1701－0100089　M008569　集部/曲類/寶卷之屬

清朝寶卷不分卷　民國抄本　一册

330000－1701－0100090　M609011、M610112　類叢部/叢書類/自著之屬

范聲山雜著八種　(清)范鍇撰輯　民國二十年(1931)北平富晉書社據清道光烏程范氏刻本影印本　四册

330000－1701－0100091　M603907　史部/金石類/錢幣之屬

古泉叢書十五種　民國上海醫學書局石印本　一册　存一種

330000－1701－0100092　M008516　史部/地理類/專志之屬/祠墓

浙江楚湘忠義祠兩湖會館合編二卷　(清)趙瀚編輯　民國鉛印本　一册

330000－1701－0100094　M606989　史部/地理類/方志之屬/通志

[民國]重修浙江通志初稿不分卷　浙江通志館修　余紹宋等纂　民國三十七年(1948)鉛印本　三册

330000－1701－0100095　M603908　史部/傳記類/别傳之屬

西太后二十章　(日本)中久喜信周撰　民國石印本　一册

330000－1701－0100098　M008517　史部/政書類/律令之屬

法學通論二卷　孫智敏編　民國石印本　石泉題簽　一册

330000－1701－0100099　M603909　集部/總集類/氏族之屬

誦芬堂課草二卷　錢若洋　錢若錦撰　錢文選輯　民國十八年(1929)鉛印本　一册

330000－1701－0100100　M606995　子部/宗教類/佛教之屬

禪淨言行録一卷　釋聖鐸輯　釋果願鈔録　民國十七年(1928)松江東禪寺鉛印本　一册

330000－1701－0100101　M606996　子部/宗教類/佛教之屬

禪淨言行録一卷　釋聖鐸輯　釋果願鈔録　民國十七年(1928)松江東禪寺鉛印本　一册

330000－1701－0100103　M606997　子部/宗教類/佛教之屬

禪淨言行録一卷　釋聖鐸輯　釋果願鈔録　民國十七年(1928)松江東禪寺鉛印本　一册

330000－1701－0100104　M603910　集部/别集類/唐五代别集

豐溪始祖存稿一卷　(唐)吕從慶撰　民國十五年(1926)影印本　化天題記　一册

330000－1701－0100106　M008518　子部/宗教類/佛教之屬

千手千眼大悲懺法一卷千手千眼大悲心陀羅尼像解一卷　民國金陵刻經處刻本　一册

330000－1701－0100107　M610453　集部/

别集類/明别集

重訂祝子遺書六卷首一卷末一卷 (明)祝淵撰 祝廷錫編 民國六年(1917)知非樓刻本 二册

330000－1701－0100108 M606998 史部/傳記類/總傳之屬/釋道

國清高僧傳一卷附寒山子詩一卷 釋蘊光編 民國二十五年(1936)鉛印本 一册

330000－1701－0100109 M606999 史部/傳記類/總傳之屬/釋道

國清高僧傳一卷附寒山子詩一卷 釋蘊光編 民國二十五年(1936)鉛印本 一册

330000－1701－0100110 M008519 子部/宗教類/道教之屬

大道經統□□卷 民國鉛印本 一册 存一卷(下)

330000－1701－0100111 M008568 子部/雜著類/雜説之屬

雜文一卷 稿本 一册

330000－1701－0100113 M609012、M609802 經部/叢編

重刊宋本十三經註疏附校勘記 (清)阮元撰校勘記 (清)盧宣旬摘錄校勘記 民國十六年(1927)上海掃葉山房石印本 七册 存四種

330000－1701－0100115 M610454 類叢部/叢書類/家集之屬

武林丁氏家集十三種 丁立誠 丁立中撰 民國錢塘丁氏嘉惠堂鉛印本 一册 存一種

330000－1701－0100116 M607002 史部/地理類/山川之屬/山志

雲棲志十卷首一卷 項士元纂 民國二十三年(1934)新光印書館鉛印本 二册

330000－1701－0100117 M008520 史部/地理類/方志之屬/郡縣志

[民國]萬載縣志十二卷首一卷末一卷文徵詩徵合編不分卷 張藾甫等修 龍賡言纂 民國二十九年(1940)木活字印本 十四册

330000－1701－0100118 M610455 子部/術數類/相宅相墓之屬

形家集要巒頭心法四卷 (宋)賴布衣撰 民國十九年(1930)鉛印本 一册

330000－1701－0100119 M607003 集部/詞類/别集之屬

大厂詞稾九卷 易孺撰 民國二十四年(1935)上海商務印書館影印本 一册

330000－1701－0100121 M603912 史部/目録類

快閣師石山房叢書七種 (清)姚振宗撰 民國二十年(1931)浙江省立圖書館鉛印本 二册 存三種

330000－1701－0100122 M607004 史部/目録類/總録之屬/官修

合眾圖書館藏書分目 合眾圖書館編 民國合眾圖書館鉛印本暨石印本 一册 存一種

330000－1701－0100124 M610086、M610456 類叢部/叢書類/彙編之屬

燕京大學圖書館叢書 燕京大學圖書館編 民國北平燕京大學圖書館鉛印本暨影印本 四册 存一種

330000－1701－0100125 M008521 集部/總集類/選集之屬/通代

新體廣註古文觀止十二卷 (清)吳乘權(清)吳大職輯 黄築巖 劉再蘇註釋 民國石印本 一册 存一卷(二)

330000－1701－0100126 M607005 子部/宗教類/佛教之屬/諸宗

修習止觀坐禪法要二卷 (隋)釋智顗撰 民國上海佛學書局影印本 一册

330000－1701－0100128 M607006 史部/目録類

中華圖書館協會叢書 民國中華圖書館協會鉛印本 一册 存一種

330000－1701－0100129 M008522 集部/總集類/選集之屬/通代

新體廣註古文觀止十二卷 (清)吳乘權

(清)吴大職輯　黄築巖　劉再蘇註釋　民國十三年(1924)上海世界書局石印本　五册　存十卷(三至十二)

330000－1701－0100130　M607007、M607397　子部/雜著類/雜編之屬
安士全書四種　(清)周夢顔撰　民國十八年(1929)上海佛學推行社鉛印本　二册　存三種

330000－1701－0100132　M008523　子部/宗教類/佛教之屬
金剛般若波羅密經解義一卷　(後秦)釋鳩摩羅什譯　(明)釋雪浪解　民國十三年(1924)刻本　一册

330000－1701－0100133　M008570　史部/傳記類/日記之屬
旅泰日記不分卷(四月十九日至拾月初七日)　稿本　一册

330000－1701－0100134　M607008　子部/儒家類/儒學之屬/俗訓
格言合璧不分卷附三聖經　(清)金纓輯　民國十七年(1928)鉛印本　一册

330000－1701－0100136　M008573　子部/雜著類
研經蠡參一卷　王奉豐編　民國二十八年(1939)奉天紅卍字會印刷部鉛印本　一册

330000－1701－0100137　M008574　子部/天文曆算類/曆法之屬
民國二十年國曆一卷　民國十九年(1930)石印本　一册

330000－1701－0100138　M008575　經部/小學類/文字之屬/説文
説文解字字帖不分卷　民國常州新羣書社石印本　一册

330000－1701－0100139　M008576　史部/地理類/雜志之屬
香山欖都嘉慶甲戌同治甲戌兩次菊花會紀事二卷　大光主人撰　民國十一年(1922)欖鎮新市大光印務局鉛印本　一册

330000－1701－0100140　M008577　史部/地理類/專志之屬/寺觀
重修柯橋融光寺徵信録一卷　民國二十四年(1935)鉛印本　一册

330000－1701－0100141　M008578　史部/傳記類/别傳之屬/事狀
先府君[華之鴻]行述一卷　華永源　華懷仁撰　民國鉛印本　一册

330000－1701－0100142　M008579　史部/傳記類/别傳之屬
顔公哀輓録一卷顔母哀輓録一卷　顔樂天等編　民國鉛印本　一册

330000－1701－0100143　M008580　子部/術數類/占候之屬
神仙演教天機妙用斗巾堪合盤天經不分卷　民國抄本　一册

330000－1701－0100144　M008581　子部/宗教類/道教之屬
杭州統壇一卷　民國鉛印本　一册

330000－1701－0100145　M609013　子部/叢編
六子全書　(明)顧春輯　民國三年(1914)右文社據明嘉靖十二年(1533)吴郡顧氏世德堂刻本影印本　六册　存一種

330000－1701－0100146　M008583　子部/宗教類/佛教之屬/論疏
瑜伽師地論本地分菩薩地力種性品疏二卷　王恩洋撰　民國重慶華嚴刻經處刻本　一册

330000－1701－0100148　M008584　子部/藝術類/書畫之屬/書法書品
第一次総評一卷　稿本　一册

330000－1701－0100149　M607009　史部/地理類/山川之屬/山志
清涼山志八卷首一卷　(明)釋鎮澄修　釋印光增訂　民國二十二年(1933)蘇州弘化社鉛印本　二册

330000－1701－0100150　M609014、

M610130、610131　史部/目録類/總録之屬
二徐書目合刻　王存善輯　民國四年(1915)仁和王存善鉛印本　六册

330000－1701－0100151　M607010　史部/地理類/山川之屬/山志
清涼山志八卷首一卷　(明)釋鎮澄修　釋印光增訂　民國二十二年(1933)蘇州弘化社鉛印本　二册

330000－1701－0100153　M008585　子部/雜著類
雜録不分卷　鄭道乾撰　稿本　一册

330000－1701－0100154　M607011　史部/地理類/山川之屬/山志
清涼山志八卷首一卷　(明)釋鎮澄修　釋印光增訂　民國二十二年(1933)蘇州弘化社鉛印本　二册

330000－1701－0100156　M607012　史部/地理類/山川之屬/山志
清涼山志八卷首一卷　(明)釋鎮澄修　釋印光增訂　民國二十二年(1933)蘇州弘化社鉛印本　二册

330000－1701－0100157　M008586　史部/目録類/總録之屬/私撰
書目不分卷　稿本　一册

330000－1701－0100158　M607013　史部/地理類/山川之屬/山志
清涼山志八卷首一卷　(明)釋鎮澄修　釋印光增訂　民國二十二年(1933)蘇州弘化社鉛印本　二册

330000－1701－0100160　M607014　史部/地理類/山川之屬/山志
清涼山志八卷首一卷　(明)釋鎮澄修　釋印光增訂　民國二十二年(1933)蘇州弘化社鉛印本　二册

330000－1701－0100161　M609015　史部/目録類/總録之屬/彙刻
宛委别藏四十種樣本一卷　商務印書館編　民國二十四年(1935)上海商務印書館鉛印本　一册

330000－1701－0100162　M607015、M607325　史部/地理類/山川之屬/山志
清涼山志八卷首一卷　(明)釋鎮澄修　釋印光增訂　民國二十二年(1933)蘇州弘化社鉛印本　二册

330000－1701－0100163　M008587　集部/别集類
丁素文存一卷　丁素撰　稿本　一册

330000－1701－0100164　M609016　史部/目録類/總録之屬/私撰
四存學會出版部書目一卷　四存學會出版部編　民國十六年(1927)鉛印本　一册

330000－1701－0100165　M607016　史部/地理類/山川之屬/山志
普陀洛迦新志十二卷首一卷　許止淨述　王亨彦輯　民國二十年(1931)鉛印本　四册

330000－1701－0100166　M607017　史部/地理類/山川之屬/山志
普陀洛迦新志十二卷首一卷　許止淨述　王亨彦輯　民國二十年(1931)鉛印本　四册

330000－1701－0100167　M609017　子部/農家農學類/蠶桑之屬
古今合纂殖桑法一卷　金步瀛撰　民國十九年(1930)鉛印本　一册

330000－1701－0100169　M607018　史部/地理類/山川之屬/山志
普陀洛迦新志十二卷首一卷　許止淨述　王亨彦輯　民國二十年(1931)鉛印本　三册　存十卷(三至十二)

330000－1701－0100170　M008588　子部/天文曆算類/曆法之屬
中華民國二十四年曆書一卷　民國二十三年(1934)石印本　一册

330000－1701－0100171　M603913　子部/宗教類/道教之屬/道藏
道藏舉要一百七十六種　上海商務印書館編

民國上海商務印書館影印本　二十八冊　存九種

330000－1701－0100173　M607019　史部/地理類/山川之屬/山志

普陀洛迦新志十二卷首一卷　許止淨述　王亨彥輯　民國二十年(1931)鉛印本　二冊　存五卷(三至七)

330000－1701－0100174　M609018　史部/史評類/考訂之屬

校史偶得不分卷　陳寶煐撰　民國九年(1920)鉛印本　一冊

330000－1701－0100175　M008524　集部/詞類/別集之屬

春燈詞一卷　劉麟生撰　民國三十年(1941)鉛印本　一冊

330000－1701－0100177　M607021　子部/宗教類/佛教之屬

雲棲法彙附錄六卷　孫峻編　民國二十九年(1940)釋源智刻藍印本　一冊　存三卷(四至六)

330000－1701－0100178　M607022　子部/宗教類/佛教之屬

雲棲法彙附錄六卷　孫峻編　民國二十九年(1940)釋源智刻藍印本　一冊　存三卷(四至六)

330000－1701－0100179　M609019　集部/別集類/清別集

芙蓉庵燹餘草一卷　(清)蒲華撰　民國十五年(1926)上海聚珍仿宋印書局鉛印本　一冊

330000－1701－0100180　M607023　子部/宗教類/佛教之屬

雲棲法彙附錄六卷　孫峻編　民國二十九年(1940)釋源智刻藍印本　一冊　存三卷(四至六)

330000－1701－0100182　M607024　子部/宗教類/佛教之屬

雲棲法彙附錄六卷　孫峻編　民國二十九年(1940)釋源智刻藍印本　一冊　存三卷(四至六)

330000－1701－0100184　M607025　子部/宗教類/佛教之屬

雲棲法彙附錄六卷　孫峻編　民國二十九年(1940)釋源智刻藍印本　一冊　存三卷(四至六)

330000－1701－0100185　M607026　子部/宗教類/佛教之屬

雲棲法彙附錄六卷　孫峻編　民國二十九年(1940)釋源智刻藍印本　一冊　存三卷(四至六)

330000－1701－0100186　M609020、M609021　類叢部/叢書類/彙編之屬

四部叢刊　張元濟等編　民國上海商務印書館影印本　七冊　存二種

330000－1701－0100188　M607027　子部/宗教類/佛教之屬

雲棲法彙附錄六卷　孫峻編　民國二十九年(1940)釋源智刻藍印本　一冊　存三卷(四至六)

330000－1701－0100191　M008526　子部/藝術類/書畫之屬/法帖

米襄陽章聖天臨殿記明道觀壁記真蹟不分卷　(宋)米芾書　民國二十一年(1932)文明書局影印本　劉光吾題簽　一冊

330000－1701－0100194　M609520、M610459　集部/別集類

厚莊文鈔三卷詩鈔二卷　劉紹寬撰　民國八年(1919)刻本　二冊

330000－1701－0100196　M008527　史部/地理類/方志之屬/郡縣志

杭州府志□□卷　稿本　三冊　存四卷(一至二、二十、宣統志公署)

330000－1701－0100201　M008589　子部/藝術類/書畫之屬/法帖

玉臺名翰一卷　(宋)朱淑真等書　民國十一年(1922)上海文明書局影印本　一冊

330000－1701－0100203　M008528　子部/藝術類/書畫之屬

吳興墨寶不分卷　民國石印本　一冊

330000－1701－0100206　M008529　史部/政書類/公牘檔冊之屬

工作報告不分卷（民國十七年十二月三日至十八年四月三十日）　吳球撰　民國十七年至十八年（1928－1929）稿本　一冊

330000－1701－0100207　M008590　集部/總集類/尺牘之屬

書札一卷　民國影印本　一冊

330000－1701－0100210　M008530　類叢部/叢書類/彙編之屬

上海和平藝社叢書　民國上海和平藝社鉛印本　二冊　存一種

330000－1701－0100211　M609493、M610460　史部/目録類/總録之屬/官修

梁氏飲冰室藏書目錄五卷附錄二卷補遺一卷　國立北平圖書館編纂　民國二十二年（1933）國立北平圖書館鉛印本　二冊　存二卷（三至四）

330000－1701－0100212　M603914　子部/小說家類/雜事之屬

南亭筆記十六卷　（清）李伯元（寶嘉）撰　民國八年（1919）上海大東書局石印本　一冊　存四卷（九至十二）

330000－1701－0100213　M008591　集部/戲劇類

雙剪髮不分卷　民國振明抄本　一冊

330000－1701－0100214　M008531　子部/醫家類/方書之屬/單方驗方

靈機筆談不分卷　（南朝梁）陶弘景撰　民國十八年（1929）醒廬精舍鉛印本　一冊

330000－1701－0100215　M609023　史部/目録類/書志之屬/提要

選印宛委別藏四十種書目提要一卷　民國二十四年（1935）商務印書館鉛印本　一冊

330000－1701－0100218　M603916　集部/小說類/短篇之屬

女聊齋誌異四卷　（清）賈茗輯　民國二年（1913）中華圖書館石印本　三冊　存三卷（二至四）

330000－1701－0100219　M609024　集部/戲劇類/傳奇之屬

錫六環二卷二十四回　（清）孫埏撰　民國五年（1916）奉化湖瀾書塾刻本　二冊

330000－1701－0100221　M008592　子部/宗教類/佛教之屬/經疏

濟佛註解通俗集義金剛般若波羅蜜經一卷　南屏瘋僧彙集　民國三十六年（1947）崇華堂鉛印本　一冊

330000－1701－0100225　M609025　類叢部/叢書類/自著之屬

章氏叢書十三種　章炳麟撰　民國十三年（1924）上海古書流通處影印本　三冊　存一種

330000－1701－0100226　M602296、M609650、M610461　史部/目録類/書志之屬/題跋

文祿堂訪書記五卷　王文進撰　民國三十一年（1942）任邱王文進北京文祿堂書籍鋪鉛印本　五冊

330000－1701－0100231　M609026　集部/別集類

非非室集外詩二卷　張鳳撰　民國三十六年（1947）訓字堂鉛印本　一冊

330000－1701－0100234　M603917　經部/小學類/音韻之屬/韻書

詩韻滙海一卷　民國十五年（1926）上海世界書局石印本　方秉性題記　一冊

330000－1701－0100238　M008593　集部/戲劇類

大保國一卷殺四門擺駕一卷　民國抄本　一冊

330000－1701－0100239　M602802、M603918、M609231、M610189　子部/雜著類/

雜品之屬
新增格古要論十三卷 （明）曹昭撰 （明）王佐校增 民國上海自強書局石印本 七冊 缺一卷（十三）

330000－1701－0100241 M008594 子部/藝術類/書畫之屬/法帖
宋拓黄庭經一卷 （晉）王羲之書 民國上海有正書局影印本 一冊

330000－1701－0100242 M609029 史部/雜史類/斷代之屬
二古軒史譚□□種 民國鉛印本 一冊 存一種

330000－1701－0100244 M609030 集部/別集類
柳塘詩草一卷 江枕山撰 民國二十四年（1935）寄園木活字印本 一冊

330000－1701－0100245 M610462 史部/史評類/詠史之屬
清宫詞一卷 吴士鑑撰 民國二十六年（1937）吴秉澂鉛印本 一冊

330000－1701－0100246 M008595 史部/傳記類/別傳之屬
王立才先生紀念集一卷 民國三十八年（1949）鉛印本 一冊

330000－1701－0100248 M603919、M609837 史部/傳記類/日記之屬
帆輪日記二卷 （清）李厚滋撰 民國石印本 李寶臻題記 二冊 存一卷（上）

330000－1701－0100250 M610463 史部/金石類/陶之屬/文字
溫州古甓記不分卷 （清）孫詒讓撰 民國鉛印本 一冊

330000－1701－0100251 M609031、M609784 集部/別集類
觀堂集林二十卷 王國維撰 民國十二年（1923）烏程蔣氏密韻樓鉛印本 小山題記 六冊

330000－1701－0100252 M008596 史部/政書類/公牘檔冊之屬
崇德堂冊□□卷 民國十三年（1924）木活字印本 一冊 存一卷（一）

330000－1701－0100254 M610464 史部/金石類/陶之屬/文字
溫州古甓記不分卷 （清）孫詒讓撰 民國鉛印本 一冊

330000－1701－0100255 M603064、M609032 子部/雜著類/雜說之屬
鶴林玉露十八卷 （宋）羅大經撰 民國十五年（1926）上海商務印書館鉛印本 三冊

330000－1701－0100256 M603920 集部/別集類
偁山遺集四卷 章錫光撰 民國十一年（1922）會稽章氏琴鶴軒刻本 一冊

330000－1701－0100257 M008597 史部/政書類/公牘檔冊之屬
成德學校冊□□卷 民國十三年（1924）木活字印本 一冊 存一卷（下）

330000－1701－0100259 M609033 子部/雜著類/雜考之屬
萠厓考古錄四卷 （清）鍾褒撰 **校勘記一卷** 鮑鼎撰 民國二十年（1931）中國書店影印本 一冊

330000－1701－0100260 M603921 史部/地理類/山川之屬/山志
清涼山志八卷首一卷 （明）釋鎮澄修 釋印光增訂 民國二十二年（1933）蘇州弘化社鉛印本 一冊 存五卷（四至八）

330000－1701－0100261 M008598 史部/政書類/公牘檔冊之屬
蜀江景賢堂冊□□卷 民國十四年（1925）木活字印本 一冊 存一卷（一）

330000－1701－0100264 M609034 史部/傳記類/別傳之屬/事狀
金學士國史循吏傳稿三卷 （清）朱錦輯 民國十七年（1928）思貽堂刻本 一冊

330000－1701－0100265　M610465　史部/傳記類/日記之屬
求闕齋日記類鈔二卷　(清)曾國藩隨筆　(清)王啟原編　民國九年(1920)上海朝記書莊鉛印本　一冊

330000－1701－0100267　M603922　史部/地理類
邊疆叢書甲集六種　禹貢學會輯　民國二十六年(1937)禹貢學會鉛印本　一冊　存一種

330000－1701－0100268　M609035　類叢部/叢書類/自著之屬
學鐸社叢書五種　楊踐形撰　易學研究會編　民國十四年(1925)世界書局鉛印本　一冊

330000－1701－0100270　M609036　史部/目録類/專録之屬
說文目錄一卷存目一卷附說文解字詁林序及纂例一卷　丁福保編　民國十三年(1924)無錫丁氏鉛印本　一冊

330000－1701－0100274　M609037　史部/傳記類/别傳之屬/事狀
壽言彙輯三卷　陳翰輯　民國十六年(1927)鉛印本　一冊

330000－1701－0100277　M610466　經部/小學類/音韻之屬
韻學源流一卷　(清)莫友芝撰　民國十八年(1929)鉛印本　一冊

330000－1701－0100282　M603923　集部/總集類/選集之屬/斷代
漢短簫鐃歌注一卷　夏敬觀編注　民國二十年(1931)鉛印本　一冊

330000－1701－0100283　M604487、M610467　經部/群經總義類
讀經示要三卷　熊十力撰　民國三十八年(1949)正中書局鉛印本　三冊

330000－1701－0100288　M610468　集部/别集類
丙寅集一卷　張朝墉撰　民國十五年(1926)鉛印本　一冊

330000－1701－0100291　M610469　集部/别集類/唐五代别集
杜詩註解節鈔一卷　(唐)杜甫撰　(清)顧淳慶輯注　民國十六年(1927)上海科學儀器館據顧氏抄本影印本　一冊

330000－1701－0100293　M610470　集部/總集類/酬唱之屬
蘭觴集一卷附袁夢白先生吟稿一卷　周大封編　民國十八年(1929)鉛印本　一冊

330000－1701－0100297　M610471　史部/金石類/總志之屬
范鼎卿先生所著書三種　范壽銘撰　民國會稽顧燮光金佳石好樓石印本　二冊　存二種

330000－1701－0100299　M007981　史部/地理類/遊記之屬/紀行
游蘇紀事一卷　錢文選撰　民國二十五年(1936)鉛印本　一冊

330000－1701－0100300　M007982　類叢部/叢書類/自著之屬
永豐鄉人稿四種　羅振玉撰　民國鉛印本　二冊　存一種

330000－1701－0100301　M007983　史部/政書類/公牘檔冊之屬
杭州市禁葬區域内已葬墳墓登記事略一卷　民國石印本　一冊

330000－1701－0100302　M007986　集部/别集類/清别集
未篩集一卷附枯木禪七十倡和詩一卷　(清)釋超源撰　民國十一年(1922)如臯冒廣生刻本　一冊

330000－1701－0100307　M008599　子部/宗教類/道教之屬/戒律
陰隲文圖證不分卷　(清)費丹旭繪圖　(清)許光清集證　民國十八年(1929)石印本　一冊

330000－1701－0100310　M008600　史部/政書類/公牘檔冊之屬
民國書牘不分卷　民國抄本　一冊

330000－1701－0100311　民 342.224/3239　史部/政書類/律令之屬
浙江省憲法審查會彙編憲草之結果不分卷　浙江省憲法審查會編　民國鉛印本　一册

330000－1701－0100313　M008601　類叢部/類書類/專類之屬
歲時雜語一卷　民國抄本　一册

330000－1701－0100320　M607028　子部/宗教類/佛教之屬/大藏
大日本續藏經一千七百五十六部七千一百四十四卷首一卷目錄二卷　（日本）前田慧雲編　（日本）中野達慧增輯　民國十二年至十四年（1923－1925）上海商務印書館影印本　七百册　存一千四百六種

330000－1701－0100325　M008603　集部/戲劇類
打金冠一卷雙貴啚一卷龍虎閗一卷三官堂一卷萬花樓一卷金玉緣一卷雌雄鞭一卷借妻一卷臥龍崗一卷壽紅袍一卷倭袍一卷掛玉帘一卷吊酒樓一卷劝農一卷劝麓一卷通天霄一卷珠砂傳一卷双合桃一卷　民國抄本　一册

330000－1701－0100328　M008604　史部/政書類/公牘檔册之屬
衡山縣文獻委員會續修縣志徵集材料事項一卷　衡山縣文獻委員會編　民國三十六年（1947）鉛印本　一册

330000－1701－0100336　M008605　集部/詞類/詞話之屬
郭頻迦詞品一卷恭祝誥授光禄大夫宫保太傅中堂一等肅毅伯七袠壽序一卷杭州電氣燈公司章程一卷　民國抄本　一册

330000－1701－0100341　M008606　史部/政書類/公牘檔册之屬
督練公所服務綱要一卷　民國石印本　一册

330000－1701－0100346　M008609　新學/政治法律/政治
中國政治與民生哲學六章　張嘿君撰　民國三十二年（1943）白華草堂鉛印本　一册

330000－1701－0100353　M008610　子部/宗教類/佛教之屬/經
地藏菩薩本願經三卷　（唐）釋實叉難陀譯　民國三十年（1941）重慶華嚴寺佛學院刻經處刻本　一册

330000－1701－0100355　M008611　集部/曲類/曲韻曲譜曲律之屬
琵琶記曲譜不分卷　民國抄本　一册

330000－1701－0100358　M008612　史部/傳記類/别傳之屬
林則徐本傳一卷　民國鉛印本　一册

330000－1701－0100361　M610472　集部/别集類/清别集
先訓導公遺著一卷　（清）阮慶槤撰　阮紹昌輯　民國十七年（1928）阮性純鉛印本　一册

330000－1701－0100373　M008614　集部/總集類/選集之屬/斷代
文稿不分卷　茹嘉鼐等撰　民國抄本　一册

330000－1701－0100379　M008615　新學/政治法律
節錄政治經濟學基礎教程一卷　（蘇聯）列昂捷也夫撰　胡明譯　民國二十六年（1937）浩馨抄本　一册

330000－1701－0100382　M609038　類叢部/叢書類/自著之屬
攖寧室叢著七種　楊復明撰　民國十七年（1928）金陵美利生印書館鉛印本　一册　存一種

330000－1701－0100384　M008616　子部/農家農學類/農藝之屬/土壤耕作
肥料學講義二十一章　民國二十六年（1937）石印本　一册

330000－1701－0100385　M609039、M609707　集部/别集類/唐五代别集
樊紹述集注二卷　（唐）樊宗師撰　（清）孫之騄輯　民國五年（1916）樊氏刻本　二册

330000－1701－0100386　M602061、M609866

史部/地理類/山川之屬/山志

廬山志副刊六種附圖一卷 吴宗慈輯注 民國二十三年(1934)鉛印本 十三冊

330000－1701－0100387 M008617 史部/地理類/水利之屬

黄惠河工程計劃三章 民國石印本 一冊

330000－1701－0100388 M609042 史部/傳記類/總傳之屬/郡邑

歷代兩浙詞人小傳十六卷 周慶雲輯 民國十一年(1922)烏程周氏夢坡室刻本 二冊 存七卷(一至七)

330000－1701－0100391 M008618 經部/叢編

十三經讀本 唐文治輯 民國十三年(1924)吴江施肇曾醒園刻本 二冊 存一種

330000－1701－0100392 M603924 史部/目録類/總録之屬/彙刻

叢書書目彙編不分卷補遺一卷 沈乾一編纂 民國十八年(1929)上海醫學書局鉛印本 三冊

330000－1701－0100394 M603925 史部/地理類/專志之屬/寺觀

東天目山昭明禪寺志十二卷 釋慈壽輯 陳兆元編 民國三年(1914)杭州文粹印局鉛印本 二冊

330000－1701－0100395 M609043 史部/目録類/總録之屬/彙刻

續彙刻書目十卷閏集一卷 羅振玉撰 民國三年(1914)連平范氏雙魚室刻本 十冊 存十卷(甲、乙、丙、丁、戊、己、庚、辛、壬、癸)

330000－1701－0100396 M603926 子部/藝術類/書畫之屬/法帖

顔魯公書顔勤禮碑不分卷 (唐)顔真卿書 民國影印本 一冊

330000－1701－0100398 M602062、M602126 史部/地理類/山川之屬/山志

廬山志十二卷首一卷 吴宗慈編 民國二十二年(1933)鉛印本 十四冊

330000－1701－0100399 M008619 史部/紀傳類/正史之屬

清史稿五百三十六卷目錄五卷 趙爾巽等撰 民國十六年(1927)清史館鉛印本 朱師轍批並題簽 二冊 存四卷(藝文志一至四)

330000－1701－0100401 M603927 史部/目録類/版本之屬/書影

吴興劉氏嘉業堂善本書景五卷 劉承幹輯 民國十八年(1929)吴興劉氏嘉業堂影印本 五冊

330000－1701－0100402 M609044 史部/目録類/總録之屬/私撰

東海藏書樓書目不分卷 徐允中藏並編 民國九年(1920)武林鉛印本 六冊

330000－1701－0100405 M603928 子部/藝術類/篆刻之屬/印論

治印雜説不分卷 王世纂 民國十五年(1926)上海古今圖書店鉛印本 仁傑題記 一冊

330000－1701－0100406 M610474 子部/雜著類/雜説之屬

弢園隨筆一卷 (清)史念祖撰 民國六年(1917)周肇祥刻本 一冊

330000－1701－0100407 M602063 史部/地理類/山川之屬/山志

廬山志十二卷首一卷 吴宗慈編 民國二十二年(1933)鉛印本 十四冊

330000－1701－0100408 M008620 史部/傳記類/別傳之屬/事狀

何明倫先生榮哀錄不分卷 民國十八年(1929)南京美昌牋紙印刷號鉛印本 一冊

330000－1701－0100409 M603929 子部/小説家類/雜事之屬

夢言六卷 (清)萍浪生輯 民國四年(1915)上海埽葉山房石印本 一冊

330000－1701－0100412 M602064 類叢部/叢書類/彙編之屬

選印宛委別藏四十種 故宫博物院編 民國

二十四年(1935)國立北平故宫博物院影印本　一百五十册

330000－1701－0100414　M603930　集部/總集類/選集之屬/斷代
雁後合鈔五卷　詹勵吾輯　民國三十六年(1947)鉛印本　臞翁題記　一册

330000－1701－0100415　M609046　史部/史評類/詠史之屬
清宫詞一卷　吳士鑑撰　民國二十六年(1937)吳秉澂鉛印本　一册

330000－1701－0100416　M610475　集部/詞類/總集之屬
銷魂詞一卷　畢振達輯　民國三年(1914)上海夏星雜誌社鉛印本　一册

330000－1701－0100418　M603931　類叢部/叢書類/郡邑之屬
揚州叢刻二十四種　陳恒和編　民國十九年至二十三年(1930－1934)揚州陳恒和書林刻三十六年(1947)印本　一册　存二種

330000－1701－0100419　M008621　集部/戲劇類
遊園一卷勸粧一卷　民國抄本　一册

330000－1701－0100421　M609047　史部/目録類/總録之屬/地方
溫州經籍志三十三卷首一卷外編二卷辨誤一卷　(清)孫詒讓撰　民國十年(1921)浙江公立圖書館刻本　十六册

330000－1701－0100423　M610476　類叢部/叢書類/彙編之屬
寶彝室集刊八種　朱景彝編　民國十四年(1925)胥山朱氏鉛印本　一册　存一種

330000－1701－0100424　M609048　史部/目録類/總録之屬/彙刻
續彙刻書目十卷閏集一卷　羅振玉撰　民國三年(1914)連平范氏雙魚室刻本　七册　存七卷(乙、丙、丁、戊、己、庚、辛)

330000－1701－0100425　M603932　類叢部/叢書類/家集之屬
武林丁氏家集十三種　丁立誠　丁立中撰　民國錢塘丁氏嘉惠堂鉛印本　一册　存一種

330000－1701－0100426　M602046　史部/地理類/山川之屬/水志
東錢湖志四卷　王榮商纂　陸澍咸　戴彦編　民國五年(1916)刻本　三册

330000－1701－0100430　M603933　子部/儒家類/儒學之屬/禮教/鑑戒
道德約言二卷　北京道德學社編　民國十年(1921)北京道德學社鉛印本　一册　存一卷(二)

330000－1701－0100431　M610477　史部/金石類/總志之屬
河南省開封河北道所屬各縣古物調查表不分卷　民國七年(1918)印鑄局鉛印本　一册

330000－1701－0100434　M602047、M602158　經部/小學類/文字之屬/字書/字典
康熙字典十二集三十六卷總目一卷檢字一卷辨似一卷等韻一卷補遺一卷備考一卷　(清)張玉書等纂修　民國八年(1919)上海掃葉山房石印本　六册　缺二卷(補遺、備考)

330000－1701－0100435　M603934　史部/地理類/方志之屬/通志
續修浙江通志採訪稿一卷　浙江通志局輯　民國五年(1916)鉛印本　一册

330000－1701－0100436　M609049　史部/傳記類/日記之屬
祁忠敏公日記十五卷(明崇禎四年至弘光元年)　(明)祁彪佳撰　**祁忠敏公年譜一卷**　(明)王思任撰　(清)梁廷枏　(清)龔沅補編　民國二十六年(1937)紹興縣修志委員會鉛印本　六册

330000－1701－0100437　M008624　史部/目録類/總録之屬/私撰
壽萱堂書畫碑帖目錄不分卷　稿本　一册

330000－1701－0100439　M603935　子部/藝術類/書畫之屬/法帖

李仲璇修孔廟碑不分卷　民國九年(1920)上海寶霞印社影印本　一冊

330000－1701－0100440　M008625　史部/政書類/公牘檔冊之屬

上虞縣政府工作報告不分卷(民國二十八年)　民國二十八年(1939)稿本　一冊

330000－1701－0100442　M603936　集部/別集類

葯園詩草一卷　王仁溥撰　民國十八年(1929)鉛印本　一冊

330000－1701－0100443　M602048　史部/地理類/山川之屬/山志

南雁蕩山志十三卷首一卷　周喟編　民國七年(1918)瑞安戴氏詠古齋刻本　四冊

330000－1701－0100444　M609050、M609664　集部/別集類

厚莊詩文續集文六卷文外二卷詩四卷　劉紹寬撰　民國二十六年(1937)鉛印本　六冊

330000－1701－0100446　M603937　史部/傳記類/總傳之屬/文苑

杭州西溪奉祀歷代兩浙詞人姓氏錄一卷　周慶雲輯　民國鉛印本　一冊

330000－1701－0100447　M602049　史部/目録類/總録之屬/私撰

詒莊樓書目八卷　王修藏並撰　民國十九年(1930)長興王修鉛印本　四冊

330000－1701－0100448　M610480　集部/總集類/選集之屬/斷代

宋詩選一卷　(清)顧廷倫輯　民國十七年(1928)科學儀器館據編者手寫本影印本　一冊

330000－1701－0100450　M008626　子部/藝術類/書畫之屬/法帖

定武蘭亭宋游丞相藏王沇本一卷　(晉)王羲之書　民國影印本　一冊

330000－1701－0100451　M602050　子部/醫家類/傷寒金匱之屬/傷寒論

傷寒論彙註精華九卷首一卷　汪蓮石編　民國九年(1920)上海掃葉山房石印本　二冊

330000－1701－0100452　M609051　類叢部/叢書類/自著之屬

王靜安先生遺著　王國維撰　民國北平來薰閣影印本　一冊　存一種

330000－1701－0100455　M610481　類叢部/叢書類/彙編之屬

盋山圖書館藏寫本書四種　柳詒徵編　民國十八年(1929)影印本　二冊　存一種

330000－1701－0100456　M609052　史部/傳記類/總傳之屬/家乘

[浙江紹興]金漁墺張氏宗譜六卷　張大昂修　張悌寶纂　民國八年(1919)孝友堂木活字印本　一冊　存一卷(一)

330000－1701－0100457　M008627　子部/藝術類/書畫之屬

書畫冊不分卷　民國神州國光社影印本　一冊

330000－1701－0100458　M603940　集部/別集類

劫後吟一卷　吳廣霈撰　民國七年(1918)鉛印本　一冊

330000－1701－0100459　M603939　史部/地理類/方志之屬/郡縣志

[民國]南潯志六十卷首一卷　周慶雲纂　民國九年至十一年(1920－1922)刻藍印本　四冊　存十三卷(三十五至四十七)

330000－1701－0100460　M602051　類叢部/叢書類/彙編之屬

四部備要　中華書局編　民國二十五年(1936)上海中華書局鉛印本　四冊　存一種

330000－1701－0100461　M008628　史部/政書類/公牘檔冊之屬

中華民國國有鐵路二十三年上半年統計總報告不分卷　鐵道部總務司統計科編　民國二十三年(1934)鉛印本　一冊

330000－1701－0100462　M610482　集部/別集類

厚莊文鈔三卷詩鈔二卷　劉紹寬撰　民國八年(1919)刻本　二册

330000－1701－0100464　M008629　史部/政書類/公牘檔册之屬

中華民國二十三年一月至六月國有鐵路統計總報告續編不分卷　鐵道部秘書廳統計室編　民國二十三年(1934)鉛印本　一册

330000－1701－0100465　M610483　集部/別集類

天嬰室叢稿第一輯九卷　陳訓正撰　民國十四年(1925)鉛印本　四册

330000－1701－0100466　M008630　子部/藝術類/遊藝之屬/棋弈

圍棋譜不分卷　民國抄本　一册

330000－1701－0100467　M603941　類叢部/叢書類/彙編之屬

客人叢書三種　古直編　民國十九年至二十年(1930－1931)梅縣古氏鉛印本　秋谷題記　三册

330000－1701－0100469　M610484　集部/別集類

天嬰室叢稿第一輯九卷　陳訓正撰　民國十四年(1925)鉛印本　四册

330000－1701－0100470　M609055　經部/小學類/文字之屬/說文/傳說

說文段注訂補十四卷　(清)王紹蘭撰　民國三年(1914)吳興劉氏嘉業堂刻本　四册

330000－1701－0100473　M008631　子部/藝術類/書畫之屬

品三鐵華龕管窺金石圖歙縣訪碑圖不分卷　顧麟士等繪　民國影印本　一册

330000－1701－0100474　M610485　集部/別集類

天嬰室叢稿第一輯九卷　陳訓正撰　民國十四年(1925)鉛印本　四册

330000－1701－0100475　M603942　史部/金石類/總志之屬/題跋

定庵題跋一卷　由雲龍撰　民國二十七年(1938)鉛印本　一册

330000－1701－0100476　M609056　經部/小學類/文字之屬/說文/專著

說文解字均隸十二卷　(清)丁楙五撰　民國二十三年(1934)瑞安陳氏裒殷堂石印本　一册　存六卷(七至十二)

330000－1701－0100477　M610486　集部/別集類

天嬰室叢稿第一輯九卷　陳訓正撰　民國十四年(1925)鉛印本　四册

330000－1701－0100481　M603943　集部/詞類/別集之屬

霜紅詞一卷　胡士瑩撰　民國二十年(1931)揚州刻藍印本　一册

330000－1701－0100482　M008632　子部/藝術類/書畫之屬/法帖

鄭蘇戡先生書濟衆亭記一卷　鄭孝胥書　民國十八年(1929)上海商務印書館影印本　一册

330000－1701－0100483　M610487　集部/別集類

天嬰室叢稿第一輯九卷　陳訓正撰　民國十四年(1925)鉛印本　四册

330000－1701－0100484　M609057　集部/別集類

悲華經舍文存二卷附聯語一卷　洪允祥撰　民國二十五年(1936)鉛印本　一册

330000－1701－0100485　M603944　集部/別集類/清別集

清儀閣詩稿一卷　(清)張廷濟撰　民國二十一年(1932)依幻廬影印本　一册

330000－1701－0100486　M609058　集部/別集類

悲華經舍文存二卷附聯語一卷　洪允祥撰　民國二十五年(1936)鉛印本　一册

330000－1701－0100487　M610488　集部/別集類
天嬰室叢稿第一輯九卷　陳訓正撰　民國十四年(1925)鉛印本　二冊　存六卷(哀氷集、秋岸集、逃海集、庸海集、庸海二集、闕逄困敦集)

330000－1701－0100488　M007988　史部/政書類/邦計之屬/通紀
中國食貨史不分卷　民國石印本　一冊

330000－1701－0100489　M609059　集部/別集類
悲華經舍文存二卷附聯語一卷　洪允祥撰　民國二十五年(1936)鉛印本　一冊

330000－1701－0100491　M007989　新學/醫學/内科
内科學不分卷　民國十四年(1925)浙江公立醫藥專門學校油印本　三冊

330000－1701－0100493　G007470　集部/戲劇類
金玉緣一卷　民國錢春帆抄本　一冊

330000－1701－0100494　M609060　史部/傳記類/別傳之屬/事狀
魏文節公事略一卷　魏頌唐輯　民國二十五年(1936)鉛印本　一冊

330000－1701－0100495　M610489　集部/別集類
天嬰室叢稿第一輯九卷　陳訓正撰　民國十四年(1925)鉛印本　一冊　存三卷(庸海集、庸海二集、闕逄困敦集)

330000－1701－0100496　M008633　史部/傳記類/別傳之屬
風樹永懷圖一卷　□竇銘撰　民國四年(1915)稿本　一冊

330000－1701－0100499　M603946　子部/藝術類/書畫之屬
經頤淵金石詩書畫合集三種　經亨頤撰　民國二十五年(1936)上海中華書局影印本暨鉛印本　三冊

330000－1701－0100501　M007991　史部/傳記類/別傳之屬/事狀
彰節錄一卷　繆九疇輯　民國六年(1917)江陰繆氏思範室鉛印本　一冊

330000－1701－0100503　M609062　子部/醫家類/養生之屬/導引、氣功
靜坐平議一卷　王道成撰　民國杭州瀾平小學校仿湖南復性齋本鉛印本　一冊

330000－1701－0100504　M603947　集部/別集類
吟珠一卷　少華撰　民國十九年(1930)鉛印本　一冊

330000－1701－0100505　M602053　經部/小學類/文字之屬/字書/字體
隸字彙十卷　(清)項懷述編錄　民國二年(1913)掃葉山房石印本　二冊　存五卷(六至十)

330000－1701－0100506　G007471　集部/戲劇類
說媒不分卷　民國抄本　一冊

330000－1701－0100507　M609063　史部/政書類/邦交之屬
清光緒朝中日交涉史料八十八卷　北平故宮博物院編　民國二十一年(1932)北平故宮博物院鉛印本　一冊　存二卷(七十三至七十四)

330000－1701－0100508　M609064　集部/別集類
從心回溯草一卷天涯游草一卷　朱劍芝撰
東游紀略一卷　朱景彝述　民國二十六年(1937)鉛印本　一冊

330000－1701－0100509　M007992　子部/宗教類/佛教之屬
千手千眼觀世音菩薩大悲心陀羅尼經箋注一卷　(唐)釋不空譯　萬鈞箋注　民國十八年(1929)上海醫學書局鉛印本　一冊

330000－1701－0100510　G007472　集部/戲劇類

後兩重恩不分卷幽州不分卷　民國錢春帆抄本　一册

330000－1701－0100512　G007473　集部/戲劇類
媒婆不分卷　民國抄本　一冊

330000－1701－0100513　M609065　集部/别集類
從心回溯草一卷天涯游草一卷　朱劍芝撰
東游紀略一卷　朱景彝述　民國二十六年(1937)鉛印本　一册

330000－1701－0100514　M007994　史部/政書類/公牘檔册之屬
甘肅省銀行成立八週年紀念刊一卷　民國三十六年(1947)鉛印本暨石印本　一册

330000－1701－0100515　M609066　史部/目録類/專録之屬
景印國藏善本叢刊樣本不分卷　景印國藏善本叢刊委員會編　民國二十六年(1937)商務印書館鉛印本暨影印本　一册

330000－1701－0100516　M609354、M610490　史部/目録類/總録之屬/官修
浙江公立圖書館通常類圖書目錄五卷附保存類圖書目錄補遺一卷　浙江公立圖書館編　民國十四年(1925)浙江公立圖書館鉛印本　七冊　缺一卷(經部)

330000－1701－0100518　M609067　類叢部/叢書類/自著之屬
海寧王忠慤公遺書四十四種　王國維撰　民國十六年至十七年(1927－1928)海寧王氏鉛印本暨石印本　三册　存五種

330000－1701－0100520　M007996　史部/政書類/公牘檔册之屬
浙江省政府會計處會議記録不分卷　稿本　一冊

330000－1701－0100526　M609068　類叢部/叢書類/自著之屬
心史叢刊十六種　孟森撰　民國五年至六年(1916－1917)上海商務印書館鉛印本　一冊　存八種

330000－1701－0100533　M609069　集部/總集類/氏族之屬
雲和魏氏詩集五種九卷　(清)魏精　(清)魏文瀛撰　魏蘭輯　民國四年(1915)杭州明強印刷局鉛印本　一冊　存四種

330000－1701－0100534　M609070　子部/工藝類/日用器物之屬/雕刻
竹人續錄一卷竹尊宧竹刻脞語一卷　褚德彝撰　民國十九年(1930)鉛印本　一冊

330000－1701－0100535　M609071　史部/雜史類/斷代之屬
直皖秘史一卷　張一麐編輯　民國九年(1920)上海世界書局石印本　一冊

330000－1701－0100536　M609072　子部/雜著類
渾如篇不分卷　(明)沈弘宇撰　民國十五年(1926)北京北新書局鉛印本　一冊

330000－1701－0100537　M603948　類叢部/叢書類/彙編之屬
四部備要　中華書局編　民國二十五年(1936)上海中華書局鉛印本　一冊　存一種

330000－1701－0100538　M603949　子部/宗教類/佛教之屬/論
校補唯識大意二卷　(日本)釋良遍撰　(日本)釋青巒校補　梅光義校訂　洪欣然譯文　民國二十一年(1932)鉛印本　一冊

330000－1701－0100539　M601292　類叢部/叢書類/彙編之屬
四部叢刊　張元濟等編　民國上海商務印書館影印本　四冊　存一種

330000－1701－0100540　M603950　史部/金石類/錢幣之屬
古泉叢書十五種　民國上海醫學書局石印本　一冊　存一種

330000－1701－0100541　M610491　類叢部/叢書類/家集之屬

武林丁氏家集十三種　丁立誠　丁立中撰　民國錢塘丁氏嘉惠堂鉛印本　一冊　存一種

330000－1701－0100542　M610492　類叢部/叢書類/家集之屬
武林丁氏家集十三種　丁立誠　丁立中撰　民國錢塘丁氏嘉惠堂鉛印本　一冊　存一種

330000－1701－0100543　M603951、M609895　史部/金石類/石之屬/目録
毅盦叢刊　黄立猷輯　民國十五年(1926)沔陽黄立猷鉛印本　二冊　存一種

330000－1701－0100545　M603952　子部/宗教類/佛經之屬/經
碧苑壇經三卷首一卷末一卷　(清)王常月演　(清)施守平纂　民國二十二年(1933)明善書局石印本　一冊

330000－1701－0100547　M610493　史部/雜史類/通代之屬
明清史料不分卷乙編不分卷丙編不分卷丁編不分卷　國立中央研究院歷史語言研究所編　民國十九年(1930)鉛印本　一冊　存一冊(一)

330000－1701－0100549　M603953、M604440、M610594　史部/目録類/總録之屬/官修
江蘇省立國學圖書館圖書總目四十四卷補編十二卷　江蘇省立國學圖書館編　民國二十二年至二十五年(1933－1936)江蘇省立國學圖書館鉛印本　四冊　存六卷(十一至十二、二十六、二十八下至三十)

330000－1701－0100550　M603954　史部/傳記類/總傳之屬/仕宦
民國十五年以前之蔣介石先生八卷　毛思誠撰　民國二十六年(1937)鉛印本　二十冊

330000－1701－0100556　M601298　類叢部/叢書類/彙編之屬
四部叢刊　張元濟等編　民國上海商務印書館影印本　五冊　存一種

330000－1701－0100558　M603955　經部/小學類/文字之屬/説文/專著
新定説文古籀考三卷　周名煇撰　民國三十七年(1948)上海開明書店石印本　一冊

330000－1701－0100559　M604029、M610494　子部/宗教類/佛教之屬
歷史感應統紀四卷首一卷　許止淨編纂　民國十八年(1929)鉛印本　三冊　存四卷(首，一至二、四)

330000－1701－0100560　M609073　經部/小學類/文字之屬
中國新文字方案不分卷　王士英擬　民國二十六年(1937)石印本　一冊

330000－1701－0100562　M609074　史部/目録類/書志之屬/提要
國學書目提要不分卷　上海醫學書局編　民國上海醫學書局鉛印本　一冊

330000－1701－0100564　M610495　類叢部/叢書類/自著之屬
晨風廬叢刊十八種　周慶雲撰　民國吳興周氏夢坡室刻本　一冊　存一種

330000－1701－0100565　M609075　集部/總集類/彙編之屬
當代八家文鈔　胡君復輯　民國五年(1916)中國圖書公司和記鉛印本　二冊　存一種

330000－1701－0100566　M610496　集部/别集類
影史樓詩存八卷　程學恂撰　民國三十二年(1943)鉛印本　一冊

330000－1701－0100569　M601302、M601334　類叢部/叢書類/彙編之屬
四部叢刊　張元濟等編　民國上海商務印書館影印本　五冊　存二種

330000－1701－0100571　M609077　史部/地理類/遊記之屬/紀行
金華洞天行紀一卷　(宋)方鳳撰　(明)張燧輯　**金華游録注一卷**　(清)徐沁撰　**金華洞人物古蹟記一卷**　(宋)謝翱撰　民國二十三年(1934)金華何炳松鉛印本　一冊

330000－1701－0100572　M610497　類叢部/叢書類/彙編之屬

顔李叢書三十二種　徐世昌等輯　民國十二年(1923)四存學會鉛印本　一册　存一種

330000－1701－0100573　M609078　史部/政書類/公牘檔册之屬

浙江省立公衆運動場附設通俗圖書館第三週年報告不分卷　浙江省立公衆運動場附設通俗圖書館編　民國浙江省立公衆運動場附設通俗圖書館鉛印本　一册

330000－1701－0100575　M609079　集部/詩文評類/詩評之屬

越縵堂詩話三卷　(清)李慈銘撰　蔣瑞藻編　民國十四年(1925)上海商務印書館鉛印本　一册　存二卷(中、下)

330000－1701－0100576　M610498　類叢部/叢書類/郡邑之屬

義烏先哲遺書五種　黄侗編　民國二十二年至二十四年(1933－1935)義烏黄氏鉛印本　一册　存一種

330000－1701－0100579　M609081　集部/别集類

求我山人雜著六卷首一卷　莊景仲撰　**附録一卷**　民國十八年(1929)鉛印本　二册

330000－1701－0100580　M610499　集部/别集類

柳谿詩稿一卷　向迪琮撰　民國十五年(1926)鉛印本　向迪琮題記　一册

330000－1701－0100581　M601305、M601307、M601366　類叢部/叢書類/彙編之屬

四部叢刊　張元濟等編　民國上海商務印書館影印本　四册　存三種

330000－1701－0100582　M607029　子部/宗教類/佛教之屬/大藏

大日本續藏經一千七百五十六部七千一百四十四卷首一卷目録二卷　(日本)前田慧雲編　(日本)中野達慧增輯　民國十二年至十四年(1923－1925)上海商務印書館影印本　六册　存三種

330000－1701－0100587　M609083　史部/傳記類/别傳之屬/事狀

汪李太君壽言録不分卷　汪嶔輯　民國五年(1916)鉛印本　一册

330000－1701－0100592　M607030　子部/宗教類/佛教之屬/大藏

大日本續藏經一千七百五十六部七千一百四十四卷首一卷目録二卷　(日本)前田慧雲編　(日本)中野達慧增輯　民國十二年至十四年(1923－1925)上海商務印書館影印本　一百四十二册　存四百四十二種

330000－1701－0100593　M603020、M609720、M610501　類叢部/叢書類

餘園叢刻　柯昌濟輯　民國二十四年至二十六年(1935－1937)鉛印本　四册　存一種

330000－1701－0100594　M609084　史部/地理類/雜志之屬

浙路輶軒表不分卷　湯壽潛撰　民國二年(1913)鉛印本　一册

330000－1701－0100600　M609085　類叢部/叢書類/彙編之屬

四部備要　中華書局編　民國二十五年(1936)上海中華書局鉛印本　一册　存一種

330000－1701－0100601　M609086　類叢部/叢書類/彙編之屬

古書叢刊十六種　陳琰輯　民國十一年(1922)古書流通處影印本　一册　存第一輯一種

330000－1701－0100607　M601315　類叢部/叢書類/彙編之屬

四部叢刊　張元濟等編　民國上海商務印書館影印本　二册　存一種

330000－1701－0100608　M609087　子部/小説家類/諧謔之屬

苦海新談四卷　(清)林真撰　民國四年(1915)杭州西湖悦圃鉛印本　一册

330000－1701－0100609　M609088、M610358　集部/別集類/清別集
九曲山房詩鈔十六卷續集一卷　(清)宗聖垣撰　**偶然吟一卷**　(清)宗聖堂撰　民國三年(1914)吳下鉛印本　四册

330000－1701－0100610　M609080　史部/傳記類/別傳之屬/事狀
金學士國史循吏傳稿三卷　(清)朱錦輯　民國十七年(1928)思貽堂刻本　一册

330000－1701－0100613　M609089　子部/宗教類/佛教之屬/經疏
般若波羅蜜多心經直說一卷　(明)釋德清撰　民國陳寶晉、鄭學烺刻本　一册

330000－1701－0100615　M609090　子部/雜著類/雜纂之屬
聖哲嘉言類纂初編二卷續編二卷附録一卷　華文祺　楊鍾鈺編　民國二十五年(1936)鉛印本　一册

330000－1701－0100631　M609091　集部/總集類/酬唱之屬
夏廬同音集二卷　楊世環編　民國石印本　一册

330000－1701－0100632　M602816、M610503　類叢部/叢書類/自著之屬
樸學齋叢刊十一種　胡韞玉撰　民國十二年(1923)安吳胡氏鉛印本　三册　存七種

330000－1701－0100636　M610504　集部/別集類
淲湖遺老集四卷　金蓉鏡撰　民國十七年(1928)刻本　二册

330000－1701－0100639　M609092　集部/總集類/酬唱之屬
夏廬同音集二卷　楊世環編　民國石印本　一册

330000－1701－0100641　M609093　集部/別集類/唐五代別集
玉川子詩集五卷　(唐)盧仝撰　(清)孫之騄註　**玉川子詩注勘譌表一卷**　孫峻撰　民國十二年(1923)濟陽盧永祥刻藍印本　四册

330000－1701－0100642　M601341　類叢部/叢書類/彙編之屬
四部叢刊　張元濟等編　民國上海商務印書館影印本　四册　存一種

330000－1701－0100644　M609915、M610505　類叢部/叢書類/彙編之屬
辛巳叢編九種　趙詒琛　王大隆輯　民國三十年(1941)鉛印本　四册

330000－1701－0100646　M602065　類叢部/叢書類/彙編之屬
國立北平圖書館善本叢書第一集十二種　謝國楨輯　民國二十六年(1937)上海商務印書館影印本　六十八册　存九種

330000－1701－0100649　M609095、M610246、M611012　史部/雜史類/斷代之屬
明季稗史初編十六種　(清)留雲居士輯　民國元年(1912)上海商務印書館鉛印本　三册　存十三種

330000－1701－0100654　M609096　類叢部/叢書類/彙編之屬
四部備要　中華書局編　民國二十五年(1936)上海中華書局鉛印本　一册　存一種

330000－1701－0100656　M609097　史部/史評類/考訂之屬
校史偶得不分卷　陳寶熯撰　民國鉛印本　一册

330000－1701－0100657　M602055　集部/別集類/漢魏六朝別集
何水部詩注四卷首一卷　(南朝梁)何遜撰　何融注　民國三十六年(1947)石印本　一册

330000－1701－0100659　M602056　史部/地理類/專志之屬/寺觀
蓮居庵志十卷　孫峻輯　釋瞻明增訂　民國十九年(1930)釋瞻明刻藍印本　孫祖基題記　二册

330000－1701－0100663　M602057　史部/

地理類/山川之屬/山志
靈峰志四卷補遺一卷　周慶雲輯　民國元年(1912)周慶雲夢坡室刻本　二册

330000－1701－0100664　M601344、M601347、M601349、M601523、M601534、M601541、M601568、M601614、M601617　類叢部/叢書類/彙編之屬
四部叢刊　張元濟等編　民國上海商務印書館影印本　六十四册　存九種

330000－1701－0100667　M602058　史部/地理類/方志之屬/郡縣志
[嘉慶]法華鄉志八卷首一卷末一卷　(清)王鍾纂　(清)胡人鳳續纂　民國十一年(1922)鉛印本　四册

330000－1701－0100670　M602059　史部/地理類/專志之屬/祠墓
吴山汪王廟志畧續編一卷　戴振聲　汪濂編　民國二十五年(1936)石印本　一册

330000－1701－0100672　M602060　史部/地理類/山川之屬/山志
仙巖山志八卷　張揚纂　**仙巖近人詩錄一卷**　姚琮等撰　民國二十二年(1933)籀經樓鉛印本　四册　缺一卷(仙巖近人詩錄)

330000－1701－0100675　M610507　史部/金石類/金之屬/文字
貞松堂集古遺文十六卷補遺三卷　羅振玉輯　民國二十年(1931)石印本　十一册

330000－1701－0100684　M609100　史部/地理類/專志之屬/寺觀
洛陽伽藍記注五卷　周延年撰　民國二十六年(1937)萬潔齋石印本　一册

330000－1701－0100687　M609101　史部/傳記類/總傳之屬/釋道
仙佛辨一卷附純陽吕祖傳南屏濟祖傳一卷　陳澹然撰　民國十一年(1922)鉛印本　一册

330000－1701－0100691　M601729、M602066　類叢部/叢書類/彙編之屬
四部叢刊三編七十一種　張元濟等編　民國二十四年至二十五年(1935－1936)上海商務印書館影印本　四册　存一種

330000－1701－0100692　M609102　史部/目録類/總録之屬/私撰
杭州抱經堂書局第三期舊書目錄不分卷　杭州抱經堂書局編　民國十七年(1928)杭州抱經堂書局鉛印本　一册

330000－1701－0100697　G007494　史部/政書類/邦計之屬
船政條議一卷　王抱一撰　稿本　一册

330000－1701－0100699　M602067　類叢部/叢書類/彙編之屬
四部叢刊　張元濟等編　民國上海商務印書館影印本　一册　存一種

330000－1701－0100700　M609104　類叢部/叢書類/彙編之屬
四部備要　中華書局編　民國二十五年(1936)上海中華書局鉛印本　一册　存一種

330000－1701－0100702　M602068　類叢部/叢書類/彙編之屬
四部叢刊　張元濟等編　民國上海商務印書館影印本　一册　存一種

330000－1701－0100704　M609105　史部/編年類/斷代之屬
藻思堂清鑑易知錄前編四卷正編二十八卷　許國英編輯　**十朝大事表一卷國際交涉重要事實摘錄一卷**　民國七年(1918)藻思堂鉛印本　七册　存十九卷(正編一至十九)

330000－1701－0100705　M602069、M602070、M602071　類叢部/叢書類/彙編之屬
四部叢刊三編七十一種　張元濟等編　民國二十四年至二十五年(1935－1936)上海商務印書館影印本　十二册　存三種

330000－1701－0100711　M603956　史部/地理類/遊記之屬/紀行
桐廬訪古記一卷　候鴻鑒撰　民國十六年(1927)鉛印本　一册

330000－1701－0100714　M609107　史部/目録類/總録之屬/官修

合衆圖書館藏書分目　合衆圖書館編　民國合衆圖書館鉛印本暨石印本　一冊　存一種

330000－1701－0100717　M602072　子部/藝術類/書畫之屬/畫法畫品

論畫輯要八種　馬克明輯　民國十七年(1928)上海商務印書館鉛印本　一冊

330000－1701－0100719　M603957　史部/地理類/遊記之屬/紀行

福州旅行記一卷　侯鴻鑑撰　民國鉛印本　一冊

330000－1701－0100720　M610510　子部/宗教類/佛教之屬/諸宗

印光法師文鈔初編一卷續編一卷　釋聖量撰　民國七年(1918)鉛印本　張之銘題記　二冊

330000－1701－0100721　M602073、M602206　類叢部/類書類/專類之屬

古今楹聯類纂十二卷附慶弔雜件備覽二卷　雲后編輯　民國九年(1920)上海會文堂書局石印本　七冊　缺四卷(六、十,慶弔雜件備覽一至二)

330000－1701－0100723　M603958　子部/儒家類/儒學之屬/性理

畜德錄二十卷　(清)席啟圖輯　民國上海掃葉山房石印本　六冊

330000－1701－0100725　M603959　子部/儒家類/儒學之屬/蒙學

課子隨筆六卷　(清)張師載輯　**續編一卷**　(清)徐桐撰　民國七年(1918)上海文瑞樓石印本　四冊

330000－1701－0100727　M610511　子部/宗教類/佛教之屬/諸宗

印光法師文鈔初編一卷續編一卷　釋聖量撰　民國七年(1918)鉛印本　一冊　缺一卷(續編)

330000－1701－0100731　M602074　類叢部/叢書類/彙編之屬

古學彙刊第一集三十四種第二集二十七種　鄧實等編　民國元年至三年(1912－1914)上海國粹學報社鉛印本　九冊　存十五種

330000－1701－0100733　M603960　集部/總集類/選集之屬/斷代

註釋唐詩三百首六卷　(清)蘅塘退士(孫洙)編　民國中華書局鉛印本　一冊

330000－1701－0100735　M610512　子部/宗教類/佛教之屬/諸宗

印光法師文鈔二卷附錄一卷　釋聖量撰　民國九年(1920)上海商務印書館鉛印本　二冊

330000－1701－0100737　M603961　集部/總集類/選集之屬/斷代

宋詩鈔補八十六卷　(清)管庭芬　(清)蔣光煦編　民國四年(1915)上海商務印書館鉛印本　八冊

330000－1701－0100738　M609108　史部/目録類/總録之屬/官修

壬子文瀾閣所存書目五卷　錢恂編　**文瀾閣目補一卷**　章箴編　民國元年(1912)浙江圖書館刻十二年(1923)補刻本　二冊　缺三卷(一至三)

330000－1701－0100746　G007930、G008856、G611821　子部/宗教類/其他宗教之屬/基督教

道原精萃七種　(法國)倪懷綸輯　民國十三年至十五年(1924－1926)上海土山灣印書館鉛印本　七冊　存六種

330000－1701－0100756　M601380、M601646　類叢部/叢書類/彙編之屬

四部叢刊　張元濟等編　民國上海商務印書館影印本　五冊　存二種

330000－1701－0100759　M610513　史部/地理類/山川之屬/山志

靈峰志四卷補遺一卷　周慶雲輯　民國元年(1912)周慶雲夢坡室刻本　二冊

330000－1701－0100764　M602075　類叢

部/叢書類/彙編之屬
古學彙刊第一集三十四種第二集二十七種 鄧實等編 民國元年至三年(1912－1914)上海國粹學報社鉛印本 九册 存十七種

330000－1701－0100767 M602906、M610514 類叢部/叢書類/彙編之屬
國立中央研究院歷史語言研究所單刊 國立中央研究院歷史語言研究所編 民國上海商務印書館鉛印本暨影印本 二册 存二種

330000－1701－0100774 M609318、M610515 集部/别集類/清别集
小蝸廬文存二卷詩鈔二卷 (清)吳其泰撰
崇祀名宦錄一卷 民國八年(1919)固始吳氏鉛印本 五册

330000－1701－0100788 M610518 類叢部/叢書類/郡邑之屬
黔南叢書六十一種 任可澄等編 民國十一年至三十二年(1922－1943)貴陽文通書局鉛印本暨刻本 一册 存三種

330000－1701－0100793 M002600 集部/詩文評類
南野堂筆記十二卷 (清)吳文溥撰 民國元年(1912)中華國粹書社石印本 四册

330000－1701－0100794 M601393 集部/别集類/唐五代别集
朱文公校昌黎先生文集四十卷外集十卷遺文一卷 (唐)韓愈撰 (宋)朱熹考異 (宋)王伯大音釋 民國上海商務印書館影印四部叢刊本 秦頌如圈點並題記 二册 存十卷(三至十二)

330000－1701－0100795 M610520 史部/史評類/詠史之屬
清宫詞一卷 吳士鑑撰 民國二十六年(1937)吳秉澂鉛印本 一册

330000－1701－0100804 M609109 子部/雜著類
玉歷至寶鈔勸世一卷 王子達重編 民國九年(1920)上海宏大善書局石印本 一册

330000－1701－0100807 M609110 史部/目録類/專録之屬
佛學書目提要一卷 醫學書局編 民國上海醫學書局鉛印本 一册

330000－1701－0100810 M609111 集部/曲類/寶卷之屬
新刻洛陽橋寶卷全集一卷 民國五年(1916)上海文益書局石印本 一册

330000－1701－0100818 M601429 類叢部/叢書類/彙編之屬
四部叢刊 張元濟等編 民國十八年(1929)上海商務印書館影印本 二册 存一種

330000－1701－0100819 M601399、M601502、M601513、M601564、M601580、M601625 類叢部/叢書類/彙編之屬
四部叢刊 張元濟等編 民國上海商務印書館影印本 三十五册 存六種

330000－1701－0100825 M609112 類叢部/叢書類/自著之屬
章氏叢書十三種 章炳麟撰 民國六年至八年(1917－1919)浙江圖書館刻本 六册 存五種

330000－1701－0100831 M609113 類叢部/叢書類/自著之屬
章氏叢書十三種 章炳麟撰 民國六年至八年(1917－1919)浙江圖書館刻本 四册 存四種

330000－1701－0100833 M609114 類叢部/叢書類/自著之屬
章氏叢書十三種 章炳麟撰 民國六年至八年(1917－1919)浙江圖書館刻本 四册 存三種

330000－1701－0100836 M601414 類叢部/叢書類/彙編之屬
四部叢刊 張元濟等編 民國上海商務印書館影印本 二册 存一種

330000－1701－0100838 M609115 類叢部/叢書類/自著之屬

北流陳柱尊叢書□□種　陳柱撰　民國十八年(1929)上海中華書局鉛印本　二冊　存一種

330000－1701－0100839　M602076　類叢部/叢書類/自著之屬
木硯齋叢書　童振藻撰　民國鉛印本　一冊　存一種

330000－1701－0100843　M609116　子部/宗教類/道教之屬
老子道德經二卷　(三國魏)王弼注　**音義一卷**　(唐)陸德明撰　**附識一卷老子校勘記一卷**　民國九年(1920)浙江圖書館刻本　一冊

330000－1701－0100847　M609117　類叢部/叢書類/自著之屬
崇雅堂叢書十四種　楊晨撰　民國二十五年(1936)楊紹翰鉛印本　一冊　存一種

330000－1701－0100848　M610521　史部/金石類
非儒非俠齋金石叢著十種　顧燮光撰　民國會稽顧氏金佳石好樓石印本暨鉛印本　二冊　存一種

330000－1701－0100855　M609118　類叢部/叢書類/自著之屬
崇雅堂叢書十四種　楊晨撰　民國二十五年(1936)楊紹翰鉛印本　一冊　存一種

330000－1701－0100858　M609119　類叢部/叢書類/家集之屬
顧氏家集十種　顧燮光編　民國十八年(1929)會稽顧氏金佳石好樓鉛印本暨石印本　一冊　存一種

330000－1701－0100860　M601417、M601440　類叢部/叢書類/彙編之屬
四部叢刊　張元濟等編　民國上海商務印書館影印本　三冊　存二種

330000－1701－0100865　M602077　子部/藝術類/書畫之屬/法帖
澹藹軒臨唐碑三種　(清)高爾夔書　民國六年(1917)滋德堂石印本　一冊

330000－1701－0100867　M609120、M611194　類叢部/叢書類/家集之屬
諸暨馮氏叢刻五種四十四卷　馮振音編　民國六年(1917)鉛印本　五冊　存二種

330000－1701－0100868　M610522　集部/別集類/清別集
夕陽紅半樓詩詞賸藁一卷　(清)蔣坦撰　民國三年(1914)石印本　一冊

330000－1701－0100869　M602078　史部/金石類/石之屬/文字
魏墓誌三種合冊不分卷　民國有正書局影印本　一冊

330000－1701－0100872　M609121　經部/小學類/訓詁之屬/字詁
文始九卷　章炳麟撰　民國二年(1913)浙江圖書館據章炳麟手寫稿本影印本　一冊

330000－1701－0100873　M601419、M601466、M601531　類叢部/叢書類/彙編之屬
四部叢刊　張元濟等編　民國上海商務印書館影印本　照古題記　五冊　存三種

330000－1701－0100874　M602079　集部/別集類
桂伯華先生遺詩一卷　桂念祖撰　民國鉛印本　一冊

330000－1701－0100875　M610523　集部/總集類/彙編之屬
汲古閣景鈔南宋六十家小集　(宋)陳起輯　民國十年(1921)上海古書流通處據明汲古閣景鈔宋本影印本(安晚堂詩集卷一至五、十三至六十原缺)　十二冊　存五十九種

330000－1701－0100876　M609122　子部/宗教類/佛教之屬/經
佛説金剛般若波羅密經一卷般若波羅密多心經一卷純陽子心經註一卷　民國九年(1920)上海雪竇寺分院刻本　一冊

330000－1701－0100877　M602080　子部/藝術類/書畫之屬/法帖

翁禪相國尺牘不分卷　(清)翁同龢書　民國九年(1920)上海中華書局影印本　四冊

330000 - 1701 - 0100878　M609123　類叢部/叢書類/彙編之屬

適園叢書七十四種　張鈞衡編　民國二年至六年(1913 - 1917)烏程張氏刻本(唐大詔令集卷十四至二十四、八十七至九十八原缺)十二冊　存八種

330000 - 1701 - 0100879　M601424　類叢部/叢書類/彙編之屬

四部叢刊　張元濟等編　民國上海商務印書館影印本　一冊　存一種

330000 - 1701 - 0100881　M610524　史部/目録類/總録之屬/彙刻

續彙刻書目十卷閏集一卷　羅振玉撰　民國三年(1914)連平范氏雙魚室刻本　章嶔題記　一冊　存一卷(甲)

330000 - 1701 - 0100883　M602081　集部/總集類/酬唱之屬

栩園倡和集不分卷　陳栩編　民國七年(1918)交通圖書館石印本　一冊

330000 - 1701 - 0100887　M610525　史部/目録類/總録之屬/彙刻

續彙刻書目十卷閏集一卷　羅振玉撰　民國三年(1914)連平范氏雙魚室刻本　十冊　缺一卷(閏集)

330000 - 1701 - 0100888　M602082　子部/藝術類/書畫之屬/法帖

楹聯墨蹟大觀十卷　高時顯輯　民國十七年(1928)上海中華書局影印本　十冊

330000 - 1701 - 0100889　M602083　類叢部/叢書類/自著之屬

章氏叢書十三種　章炳麟撰　民國六年至八年(1917 - 1919)浙江圖書館刻本　二冊　存一種

330000 - 1701 - 0100891　M602084　類叢部/叢書類/自著之屬

章氏叢書十三種　章炳麟撰　民國六年至八年(1917 - 1919)浙江圖書館刻本　二冊　存一種

330000 - 1701 - 0100892　M602085　類叢部/叢書類/自著之屬

章氏叢書十三種　章炳麟撰　民國六年至八年(1917 - 1919)浙江圖書館刻本　二冊　存一種

330000 - 1701 - 0100893　M609124　類叢部/叢書類/自著之屬

章氏叢書十三種　章炳麟撰　民國六年至八年(1917 - 1919)浙江圖書館刻本　十二冊　存五種

330000 - 1701 - 0100895　M610526　子部/儒家類

修道錄一卷　朱鎔宙原稿　柯岷增潤　**集思錄一卷**　民國鉛印本　一冊

330000 - 1701 - 0100897　M602086　類叢部/叢書類/自著之屬

章氏叢書十三種　章炳麟撰　民國六年至八年(1917 - 1919)浙江圖書館刻本　二冊　存一種

330000 - 1701 - 0100898　M610527、M610924　史部/傳記類/總傳之屬/郡邑

歷代兩浙詞人小傳十六卷　周慶雲輯　民國十一年(1922)烏程周氏夢坡室刻本　四冊

330000 - 1701 - 0100900　M601432　類叢部/叢書類/彙編之屬

四部叢刊　張元濟等編　民國上海商務印書館影印本　二十四冊　存一種

330000 - 1701 - 0100901　M602087　類叢部/叢書類/自著之屬

章氏叢書十三種　章炳麟撰　民國六年至八年(1917 - 1919)浙江圖書館刻本　二冊　存一種

330000 - 1701 - 0100902　M610528　史部/目録類/總録之屬/官修

浙江省立圖書館善本書目甲編四卷　毛春翔編　民國二十五年(1936)浙江省立圖書館鉛

印本　一冊

330000－1701－0100904　M602088　類叢部/叢書類/自著之屬
章氏叢書十三種　章炳麟撰　民國六年至八年(1917－1919)浙江圖書館刻本　二冊　存一種

330000－1701－0100906　M609126、M610742　類叢部/叢書類/彙編之屬
適園叢書七十四種　張鈞衡編　民國二年至六年(1913－1917)烏程張氏刻本(唐大詔令集卷十四至二十四、八十七至九十八原缺)　五十九冊　存二十種

330000－1701－0100909　M610530　史部/傳記類/別傳之屬/事狀
戩壽堂百卅合慶壽言不分卷　姬覺彌編　民國十二年(1923)上海愛儷園鉛印本　一冊

330000－1701－0100911　M610531　集部/別集類
培風樓詩存一卷　邵祖平撰　民國十八年(1929)鉛印本　邵祖平題記　一冊

330000－1701－0100915　M610532　集部/總集類/選集之屬/斷代
宋詩選一卷　(清)顧廷倫輯　民國十七年(1928)科學儀器館據編者手寫本影印本　一冊

330000－1701－0100918　M602090　類叢部/叢書類/自著之屬
章氏叢書十三種　章炳麟撰　民國六年至八年(1917－1919)浙江圖書館刻本　一冊　存一種

330000－1701－0100919　M602091　類叢部/叢書類/自著之屬
章氏叢書十三種　章炳麟撰　民國六年至八年(1917－1919)浙江圖書館刻本　一冊　存一種

330000－1701－0100920　M602092　類叢部/叢書類/自著之屬
章氏叢書十三種　章炳麟撰　民國六年至八年(1917－1919)浙江圖書館刻本　一冊　存一種

330000－1701－0100921　M602093　類叢部/叢書類/自著之屬
章氏叢書十三種　章炳麟撰　民國六年至八年(1917－1919)浙江圖書館刻本　一冊　存一種

330000－1701－0100923　M602094　類叢部/叢書類/自著之屬
章氏叢書十三種　章炳麟撰　民國六年至八年(1917－1919)浙江圖書館刻本　一冊　存一種

330000－1701－0100924　M602095　類叢部/叢書類/自著之屬
章氏叢書十三種　章炳麟撰　民國六年至八年(1917－1919)浙江圖書館刻本　一冊　存一種

330000－1701－0100925　M602096　類叢部/叢書類/自著之屬
章氏叢書十三種　章炳麟撰　民國六年至八年(1917－1919)浙江圖書館刻本　一冊　存一種

330000－1701－0100926　M610533　集部/別集類/清別集
孫淵如外集五卷附錄一卷　(清)孫星衍撰　王重民輯　民國二十一年(1932)國立北平圖書館鉛印本　一冊

330000－1701－0100927　M602097　類叢部/叢書類/自著之屬
章氏叢書十三種　章炳麟撰　民國六年至八年(1917－1919)浙江圖書館刻本　一冊　存一種

330000－1701－0100928　M602098　類叢部/叢書類/自著之屬
章氏叢書十三種　章炳麟撰　民國六年至八年(1917－1919)浙江圖書館刻本　一冊　存一種

330000－1701－0100929　M610534　集部/

別集類/清別集

孫淵如外集五卷附錄一卷　（清）孫星衍撰　王重民輯　民國二十一年(1932)國立北平圖書館鉛印本　一冊

330000－1701－0100930　M602099　類叢部/叢書類/自著之屬

章氏叢書十三種　章炳麟撰　民國六年至八年(1917－1919)浙江圖書館刻本　一冊　存一種

330000－1701－0100932　M602100　類叢部/叢書類/自著之屬

章氏叢書十三種　章炳麟撰　民國六年至八年(1917－1919)浙江圖書館刻本　一冊　存一種

330000－1701－0100933　M602101　類叢部/叢書類/自著之屬

章氏叢書十三種　章炳麟撰　民國六年至八年(1917－1919)浙江圖書館刻本　一冊　存一種

330000－1701－0100934　M609127　類叢部/叢書類/自著之屬

崇雅堂叢書十四種　楊晨撰　民國二十五年(1936)楊紹翰鉛印本　一冊　存一種

330000－1701－0100935　M602102　類叢部/叢書類/自著之屬

章氏叢書十三種　章炳麟撰　民國六年至八年(1917－1919)浙江圖書館刻本　一冊　存一種

330000－1701－0100937　M602103　類叢部/叢書類/自著之屬

章氏叢書十三種　章炳麟撰　民國六年至八年(1917－1919)浙江圖書館刻本　一冊　存一種

330000－1701－0100938　M602104　類叢部/叢書類/自著之屬

章氏叢書十三種　章炳麟撰　民國六年至八年(1917－1919)浙江圖書館刻本　一冊　存一種

330000－1701－0100939　M602105　類叢部/叢書類/自著之屬

章氏叢書十三種　章炳麟撰　民國六年至八年(1917－1919)浙江圖書館刻本　一冊　存一種

330000－1701－0100941　M609128　類叢部/叢書類/自著之屬

崇雅堂叢書十四種　楊晨撰　民國二十五年(1936)楊紹翰鉛印本　一冊　存一種

330000－1701－0100942　M602089　類叢部/叢書類/自著之屬

章氏叢書十三種　章炳麟撰　民國六年至八年(1917－1919)浙江圖書館刻本　二冊　存一種

330000－1701－0100944　M609129　類叢部/叢書類/自著之屬

崇雅堂叢書十四種　楊晨撰　民國二十五年(1936)楊紹翰鉛印本　一冊　存一種

330000－1701－0100946　M609130　集部/別集類/清別集

補拙草堂詩稿三卷文稿一卷　（清）褚成允撰　民國九年(1920)上海聚珍仿宋印書局鉛印本　二冊

330000－1701－0100947　M609131　集部/別集類/清別集

補拙草堂詩稿三卷文稿一卷　（清）褚成允撰　民國九年(1920)上海聚珍仿宋印書局鉛印本　二冊

330000－1701－0100950　M609132　集部/別集類/清別集

補拙草堂詩稿三卷文稿一卷　（清）褚成允撰　民國九年(1920)上海聚珍仿宋印書局鉛印本　二冊

330000－1701－0100952　M603962　集部/別集類/清別集

劉孟塗全集四十四卷附諸家評語一卷　（清）劉開撰　民國四年(1915)上海掃葉山房石印本　八冊　存四十三卷(前集一至十,後集一

至七、九至二十二,文集一至十,駢體文一至二)

330000－1701－0100953　M601443　類叢部/叢書類/彙編之屬
四部叢刊　張元濟等編　民國上海商務印書館影印本　一册　存一種

330000－1701－0100954　M603963　集部/別集類/清別集
夢樓詩集二十四卷　(清)王文治撰　民國五年(1916)同文圖書館石印本　六册

330000－1701－0100955　M603964　史部/金石類/石之屬/通考
校碑隨筆六卷續二卷　方若撰　民國十二年(1923)華璋書局石印本　六册

330000－1701－0100957　M603965　子部/藝術類/書畫之屬/書法書品
集古求真十三卷首一卷末一卷　歐陽輔纂輯　民國十二年(1923)江西開智書局石印本　八册

330000－1701－0100960　M603966　類叢部/叢書類/郡邑之屬
檇李叢書九種　金兆蕃編　民國二十年至二十五年(1931－1936)嘉興金氏刻本　八册　存一種

330000－1701－0100961　M609133　集部/別集類
含嘉室詩集八卷　吴士鑑撰　民國元年(1912)鉛印本　二册

330000－1701－0100962　M609134　集部/別集類
含嘉室詩集八卷　吴士鑑撰　民國元年(1912)鉛印本　二册

330000－1701－0100965　M603967　史部/地理類/方志之屬/郡縣志
紹興縣志四種合刊　紹興縣修志委員會輯　民國二十五年(1936)紹興縣修志委員會鉛印本(道光會稽縣志稾卷二至五、十至十三、二十至二十二原缺)　四册　存一種

330000－1701－0100966　M609135　集部/別集類/明別集
遜志齋集三十卷拾遺十卷續拾遺一卷附録一卷　(明)方孝孺撰　民國十七年(1928)寧海胡氏味善居刻本　俞成濬題記　十八册

330000－1701－0100967　M603968　史部/政書類
浙江縣教育行政制度不分卷　沈光烈撰　民國二十六年(1937)杭州武林公司鉛印本　一册

330000－1701－0100968　M603001、G607940　集部/戲劇類/總集之屬/傳奇
暖紅室彙刻傳奇　劉世珩編　民國八年(1919)貴池劉氏暖紅室刻本　四册　存二種

330000－1701－0100969　M603969　史部/傳記類/別傳之屬/年譜
石濤上人[釋道濟]年譜一卷　傅抱石編　民國三十七年(1948)京滬週刊社鉛印本　一册

330000－1701－0100970　M609137　集部/別集類/唐五代別集
樊諫議集附録甲集一卷補遺一卷　(唐)樊宗師撰　樊鎮輯　民國十年(1921)紹興樊氏綿絳書屋鉛印本　一册

330000－1701－0100971　M603970　史部/地理類/遊記之屬/紀勝
遊志續編一卷　(元)陶宗儀輯　民國十四年(1925)武進陶湘蕚園據明嘉靖四十年(1561)錢穀抄本影印本　二册

330000－1701－0100973　M603971　集部/別集類
流霞書屋遺集四卷首一卷　鄒銓撰　民國二年(1913)上海國光書局鉛印本　一册

330000－1701－0100974　M603972　集部/別集類
流霞書屋遺集四卷首一卷　鄒銓撰　民國二年(1913)上海國光書局鉛印本　一册

330000－1701－0100976　M609139　集部/別集類/唐五代別集

唐女郎魚玄機詩一卷 (唐)魚玄機撰 民國二十五年(1936)上海中華書局鉛印本 一冊

330000－1701－0100977 M603973 史部/地理類/方志之屬/通志
[民國]浙江新志三卷 姜卿雲纂 民國二十五年(1936)杭州正中書局鉛印本 二冊

330000－1701－0100978 M609140 集部/別集類
山外樓詩稿一卷塵天閣詩草一卷 徐商濟撰 民國八年(1919)鉛印本 一冊

330000－1701－0100981 M603974 子部/醫家類/醫話醫論之屬
冷廬醫話五卷 (清)陸以湉撰 民國二十三年(1934)千頃堂書局石印本 一冊

330000－1701－0100982 M609141 類叢部/叢書類/彙編之屬
蒹葭樓叢書□□種 民國上海商務印書館鉛印本 一冊 存一種

330000－1701－0100983 M603975 子部/雜著類
渾如篇不分卷 (明)沈弘宇撰 民國十五年(1926)北京北新書局鉛印本 一冊

330000－1701－0100985 M603976 史部/傳記類/職官録之屬/總録
浙江省職員錄不分卷 浙江省公署號房編 民國十二年至十四年(1923－1925)浙江省公署鉛印本 二冊

330000－1701－0100988 M603977 子部/藝術類/篆刻之屬/印譜
錢君匋印存二卷 錢君匋篆刻 陳宗秀拓 民國三十三年(1944)萬葉樓影印本 二冊

330000－1701－0100989 M603978 子部/藝術類/篆刻之屬/印譜
錢君匋印存二卷 錢君匋篆刻 陳宗秀拓 民國三十三年(1944)萬葉樓影印本 錢君匋題記 一冊 存一卷(一)

330000－1701－0100990 M603979 子部/儒家類/儒學之屬/經濟
政理古微一卷 林損撰 民國鉛印本 一冊

330000－1701－0100993 M603982 史部/政書類/公牘檔冊之屬
浙江清理財政局說明書不分卷 浙江清理財政局編 民國石印本 二冊

330000－1701－0100994 M603980 子部/藝術類/篆刻之屬/印譜
二金蜨堂印存不分卷 (清)趙之謙篆 民國西泠印社鈐拓本 一冊

330000－1701－0100996 M603981 子部/醫家類/類編之屬
國醫百家□□種 裘慶元輯 民國六年至九年(1917－1920)紹興醫藥學報社鉛印本 一冊 存一種

330000－1701－0100999 民 329.91198/4872 史部/傳記類/別傳之屬/事狀
總理逝世四週年紀念刊一卷 松陽各界紀念總理逝世四週年籌備會編 民國十八年(1929)丙寅書社石印本 一冊

330000－1701－0101001 M610231 類叢部/叢書類/彙編之屬
說庫一百七十種 王文濡編 民國四年(1915)上海文明書局石印本(浮生六記卷五至六原缺) 十四冊 存五十五種

330000－1701－0101002 民 925.18/7502 史部/傳記類/別傳之屬/事狀
陳先生朗儕生傳一卷 左珽撰 民國鉛印本 一冊

330000－1701－0101004 民 813.6/7511 子部/宗教類/佛教之屬
世界文言小說和尚緣一卷 陳霽雲撰 蘇耀嵋 李澤純 彭先庚音釋 民國元年(1912)民國公報館鉛印本 一冊

330000－1701－0101006 民 336.892424/4030.3/c2 史部/政書類/公牘檔冊之屬
杭州市政府三十七年度地方歲出分預算書不分卷 周象賢 汪慶恩編 民國三十七年

(1948)油印本　一冊

330000－1701－0101013　M603984　史部/目録類/總録之屬/官修
四庫目略四卷　楊立誠編　民國十八年(1929)浙江省立圖書館鉛印本　一冊　存一卷(史部)

330000－1701－0101014　M610232　類叢部/叢書類/郡邑之屬
涇川叢書四十四種續七種　(清)趙紹祖　(清)趙繩祖編　民國六年(1917)翟鳳翔等據嘉慶至道光涇縣趙氏古墨齋刻本影印本　八冊　存二十四種

330000－1701－0101016　M603985　子部/雜著類/雜說之屬
老學庵筆記六卷　(宋)王明清撰　民國十五年(1926)上海商務印書館鉛印本　二冊

330000－1701－0101019　M603986　子部/雜著類/雜說之屬
歸田錄二卷補遺一卷　(宋)歐陽修撰　民國二十三年(1934)上海商務印書館鉛印本　一冊

330000－1701－0101024　M610233　集部/別集類/清別集
通介堂文集一卷　(清)徐灝撰　民國十三年(1924)徐紹楨鉛印本　一冊

330000－1701－0101026　M610234　史部/傳記類
天荒地老錄一卷兩重虛齋百詠一卷　廉泉輯　民國京師良公祠鉛印本　一冊

330000－1701－0101027　M603988、M604483、M610607、M611180　集部/別集類
畸園第三次手定詩稿十七種三十二卷　陳通聲撰　民國十一年(1922)影印本　六冊　存七種

330000－1701－0101029　M607031　子部/宗教類/佛教之屬/經
佛說五苦章句經一卷　(晉)釋竺曇無蘭譯　**佛說堅意經一卷**　(漢)釋安清譯　**佛說淨飯王般涅槃經一卷**　(南朝宋)沮渠京聲譯　**佛說興起行經二卷**　(漢)釋康孟詳譯　**長爪梵志請問經一卷佛說譬喻經一卷佛說略教誡經一卷佛說療痔病經一卷**　(唐)釋義淨譯　**佛說比丘聽施經一卷**　(晉)釋竺曇無蘭譯　**佛說業報差別經一卷**　(隋)釋瞿曇法智譯　民國元年(1912)刻八年(1919)印本　一冊

330000－1701－0101030　M602750、M603989　史部/金石類/總志之屬
湫漻齋叢書十種　陳準輯　民國瑞安陳氏刻本　二冊　存三種

330000－1701－0101032　M603990　經部/詩類/文字音義之屬
詩攷四卷　(宋)王應麟撰　(清)盧文弨增校　民國二十五年(1936)國學圖書館石印本　二冊

330000－1701－0101035　M607032　子部/宗教類/佛教之屬/經疏
佛說阿彌陀經疏三卷　(唐)釋窺基撰　民國四年(1915)金陵刻經處刻本　一冊

330000－1701－0101038　M607033　子部/宗教類/佛教之屬/經疏
佛說阿彌陀經通贊疏三卷　(唐)釋窺基撰　民國四年(1915)金陵刻經處刻本　一冊

330000－1701－0101039　M607034　子部/宗教類/佛教之屬/經疏
佛說阿彌陀經通贊疏三卷　(唐)釋窺基撰　民國四年(1915)金陵刻經處刻本　一冊

330000－1701－0101040　M603991　史部/金石類/石之屬/通考
漢延熹西嶽華山廟碑續考四卷　秦更年編　民國十七年(1928)江都秦氏石藥簃上海鉛印本　二冊

330000－1701－0101042　M607035　子部/宗教類/佛教之屬/經疏
佛說阿彌陀經通贊疏三卷　(唐)釋窺基撰　民國四年(1915)金陵刻經處刻本　一冊

330000－1701－0101043　M609142　類叢

部/叢書類/自著之屬

貞松老人遺稿甲集八種 羅振玉撰 民國三十年(1941)上虞羅福頤鉛印本暨石印本 六冊

330000－1701－0101044 M610237 史部/地理類/水利之屬

浙西水利芻議一卷 民國鉛印本 一冊

330000－1701－0101045 M607036 子部/宗教類/佛教之屬/經疏

佛說阿彌陀經通贊疏三卷 (唐)釋窺基撰 民國四年(1915)金陵刻經處刻本 一冊

330000－1701－0101046 M603992 新學/學校

國立北京大學校史畧一卷 國立北京大學志編纂處編 民國二十二年(1933)國立北京大學志編纂處鉛印本 一冊

330000－1701－0101047 M607037 子部/宗教類/佛教之屬/經疏

佛說阿彌陀經通贊疏三卷 (唐)釋窺基撰 民國四年(1915)金陵刻經處刻本 一冊

330000－1701－0101048 M602591、M603993、M609166、M610162 史部/目録類/總録之屬/地方

金華經籍志二十四卷外編一卷存疑一卷辨誤一卷 胡宗楙纂 民國十四年(1925)永康胡氏夢選樓刻本 六冊 缺五卷(一至五)

330000－1701－0101049 M607038 子部/宗教類/佛教之屬/經疏

佛說阿彌陀經通贊疏三卷 (唐)釋窺基撰 民國四年(1915)金陵刻經處刻本 一冊

330000－1701－0101050 M610238 史部/編年類/斷代之屬

註釋清鑑輯覽二十八卷 文明書局編輯 民國七年(1918)文明書局鉛印本 十二冊

330000－1701－0101054 M603994 子部/藝術類/篆刻之屬/印譜

讀雪齋印譜不分卷 (清)孫汝梅藏 孫壯輯 民國十三年(1924)上海商務印書館影印本 二冊

330000－1701－0101055 M609143 類叢部/叢書類/自著之屬

勵堂遺書八種 顧家相撰 民國八年至十九年(1919－1930)會稽顧氏鉛印本 一冊 存一種

330000－1701－0101056 M607039 史部/目録類/專録之屬

浙杭西湖慧空經房書本價目表一卷梵本價目表一卷 浙杭西湖慧空經房編 民國二十年(1931)刻本 一冊

330000－1701－0101058 M603995 子部/藝術類/篆刻之屬/印譜

甄古齋印譜一卷 王石經篆刻 民國十三年(1924)上海商務印書館影印本 一冊

330000－1701－0101059 M603996 集部/詞類/別集之屬

揚荷集四卷 邵瑞彭撰 民國十九年(1930)雙玉蟬館刻朱印本 一冊

330000－1701－0101061 M609144 集部/總集類/酬唱之屬

重游泮水唱和集一卷 毛顯麟等撰 民國十八年(1929)鉛印本 一冊

330000－1701－0101062 M610239 史部/目録類/總録之屬/彙刻

四部叢刊目錄一卷 商務印書館編 民國上海商務印書館鉛印本暨影印本 一冊

330000－1701－0101063 M607040 史部/目録類/書志之屬/提要

選印宛委別藏四十種書目提要一卷 民國二十四年(1935)商務印書館鉛印本 一冊

330000－1701－0101065 M609145 子部/宗教類/佛教之屬/諸宗

印光法師文鈔四卷附錄一卷 釋聖量撰 民國十二年(1923)揚州藏經院刻本 二冊 存二卷(一至二)

330000－1701－0101066 M610240 史部/

目録類/總録之屬/彙刻

四部叢刊續編預約樣本一卷 商務印書館輯 民國二十三年(1934)商務印書館鉛印本 一册

330000－1701－0101067 M603997 子部/藝術類/篆刻之屬/印譜

周秦兩漢名人印攷一卷 (清)吳大澂輯 民國上虞羅氏石印本 一册

330000－1701－0101071 M607374、M609224、M610241 類叢部/叢書類/彙編之屬

齊魯大學國學研究所專著彙編 民國開明書店影印本暨鉛印本 四册

330000－1701－0101072 M609146 集部/別集類

北溟詩藁二卷補遺一卷 江起鯤撰 民國二十二年(1933)寧波鈞和公司鉛印本 一册

330000－1701－0101075 M603998 史部/傳記類/別傳之屬/事狀

誥授光禄大夫太子少保郵傳大臣顯考杏蓀府君[盛宣懷]行述不分卷 盛重頤等撰 惲彦彬填諱 民國石印本 一册

330000－1701－0101078 M603999 史部/政書類/公牘檔册之屬

浙江省各縣經濟調查報告書不分卷 浙江經濟學會編 民國鉛印本 一册

330000－1701－0101081 M602108 史部/地理類/水利之屬

浙江水利叢刻 浙江水利委員會編 民國五年(1916)浙江水利委員會鉛印本 一册 存一種

330000－1701－0101083 M604000 類叢部/叢書類/彙編之屬

華西協合大學國學叢書 民國成都華西協合大學哈佛燕京學社鉛印本 三册 存一種

330000－1701－0101084 M607045 史部/地理類/山川之屬/山志

西天目祖山志八卷首一卷末一卷補遺一卷 (明)釋廣賓撰 (清)釋際界增訂 民國二十年(1931)上海宏大善書局石印本 二册

330000－1701－0101085 M609148 史部/金石類/郡邑之屬/目録

鳴沙山石室祕錄一卷 羅振玉撰 民國國粹學報社鉛印本 一册

330000－1701－0101088 M602109 史部/地理類/專志之屬/古跡

金陵勝蹟志十卷 胡祥翰輯 民國十五年(1926)鉛印本 一册

330000－1701－0101090 M602110 子部/藝術類/書畫之屬/畫譜

鄭仁山指畫山水册一卷 鄭仁山繪 民國二十三年(1934)杭州大中央印書館影印本 一册

330000－1701－0101091 M607046 子部/宗教類/佛教之屬

傳戒正範會本四卷傳戒三壇内集三卷 (清)釋讀體撰 民國六年(1917)文光齋、文鈺齋刻本 五册

330000－1701－0101093 M609149 集部/別集類

函雅廬文稿三卷詩稿一卷 余重耀撰 民國十二年(1923)鉛印本 二册

330000－1701－0101094 M607047 子部/宗教類/佛教之屬

傳戒正範會本四卷傳戒三壇内集三卷 (清)釋讀體撰 民國六年(1917)文光齋、文鈺齋刻本 五册

330000－1701－0101095 M609150 集部/詞類/別集之屬

鹹酸橋屋詞一卷附庸謹堂歲華紀感一卷 唐詠裳撰 民國十三年至十五年(1924－1926)鉛印本 一册

330000－1701－0101096 M602111 子部/藝術類/書畫之屬/法帖

鄧石如篆書十五種不分卷 (清)鄧石如書 民國十一年(1922)上海文明書局石印本 六册

330000－1701－0101098　M609151　集部/別集類/清别集

曉霞軒詩詞焚餘集一卷　(清)梁壽賢撰　民國八年(1919)鉛印本　一册

330000－1701－0101099　M607048　子部/宗教類/佛教之屬/諸宗

賢首五教儀科註四十八卷首二卷　(清)釋續法輯並註　民國六年(1917)新都寶光寺經樓刻本　二十六册

330000－1701－0101102　M609152　集部/詞類/别集之屬

東江别集五卷集外詩一卷　(清)沈謙撰　民國九年(1920)上海聚珍倣宋印書局鉛印本　一册

330000－1701－0101104　M609153　集部/詩文評類

昭昧詹言十卷續八卷續錄二卷附錄一卷陶詩附考一卷　(清)方東樹撰　民國七年(1918)上海亞東圖書館鉛印本　四册

330000－1701－0101107　M607049　子部/宗教類/佛教之屬/論疏

成唯識論隨疏十卷　(清)釋明善隨註　(清)釋慧善繼述　**唯識隨疏翼二卷**　(清)錢伊菴筆　民國八年(1919)石印本　十二册

330000－1701－0101109　M602112　史部/地理類/山川之屬/山志

南嶽志二十六卷　(清)李元度輯　**增補南嶽志文集一卷詩集一卷**　李子榮編次　王香余歐陽謙輯　**續增南嶽志文集一卷詩集一卷**　王香余補輯　民國十二年至十三年(1923－1924)衡山王香余、歐陽謙刻本　十八册

330000－1701－0101111　M607050　子部/宗教類/佛教之屬/論疏

成唯識論隨疏十卷　(清)釋明善隨註　(清)釋慧善繼述　**唯識隨疏翼二卷**　(清)錢伊菴筆　民國八年(1919)石印本　十二册

330000－1701－0101112　M609154　集部/別集類/清别集

菊隱廬詩錄二卷　(清)唐恭安撰　民國十三年(1924)瓶花齋鉛印本　一册

330000－1701－0101113　M607051　子部/宗教類/佛教之屬/論疏

成唯識論隨疏十卷　(清)釋明善隨註　(清)釋慧善繼述　**唯識隨疏翼二卷**　(清)錢伊菴筆　民國八年(1919)石印本　十二册

330000－1701－0101114　M601496　類叢部/叢書類/彙編之屬

四部叢刊　張元濟等編　民國上海商務印書館影印本　十三册　存一種

330000－1701－0101115　M609155　集部/別集類/清别集

菊隱廬詩錄二卷　(清)唐恭安撰　民國十三年(1924)瓶花齋鉛印本　一册

330000－1701－0101117　M607052　子部/宗教類/佛教之屬/論疏

成唯識論隨疏十卷　(清)釋明善隨註　(清)釋慧善繼述　**唯識隨疏翼二卷**　(清)錢伊菴筆　民國八年(1919)石印本　十二册

330000－1701－0101118　M602113　史部/地理類/輿圖之屬/郡縣

修訂浙江全省輿圖並水陸道里記不分卷　(清)宗源瀚等纂　民國四年(1915)杭州武林印書館石印本　七册

330000－1701－0101120　M609156　集部/總集類/題詠之屬

石門題詠錄四卷　劉燿東輯　民國二十三年(1934)啓後亭鉛印本　一册

330000－1701－0101121　M602114　史部/地理類/輿圖之屬/郡縣

修訂浙江全省輿圖並水陸道里記不分卷　(清)宗源瀚等纂　民國四年(1915)杭州武林印書館石印本　三册　存舊杭嘉湖府屬圖、舊金衢嚴府屬圖、舊溫處府屬圖

330000－1701－0101123　M609157　集部/別集類/清别集

悜莽焚餘稾一卷　(清)陳敬璋撰　民國十七

年(1928)陳大綸鉛印本　一册

330000－1701－0101124　M609680　子部/醫家類/養生之屬
青年之攝生一卷　丁福保撰　民國上海醫學書局鉛印本　一册

330000－1701－0101126　M609158　集部/別集類/清別集
玩花軒吟草二卷詩餘一卷　(清)褚成烈撰　民國十年(1921)鉛印本　二册

330000－1701－0101128　M610243　子部/術數類/相宅相墓之屬
地理大成五種　(清)葉泰輯　民國石印本　一册　存一種

330000－1701－0101129　M609159　集部/別集類/清別集
培遠堂偶存稿不分卷　(清)陳宏謀撰　民國二十年(1931)嵊縣魏頌唐鉛印本　一册

330000－1701－0101131　M602115、M602116、M602117　史部/叢編
述窠雜纂　黄任恆撰　民國十四年(1925)南海黄氏鉛印本　四册　存一種

330000－1701－0101132　M609160　史部/叢編
鄂故叢書二種　湖北通志館編　民國三十六年(1947)湖北通志館鉛印本　二册　存一種

330000－1701－0101135　M610244　類叢部/叢書類/彙編之屬
涵芬樓祕笈五十一種　孫毓修等輯　民國五年至十五年(1916－1926)上海商務印書館影印本暨鉛印本　十册　存九種

330000－1701－0101136　M609161　類叢部/叢書類/自著之屬
勱堂遺書八種　顧家相撰　民國八年至十九年(1919－1930)會稽顧氏鉛印本　二册　存一種

330000－1701－0101137　M609162　史部/目録類/總録之屬/彙刻
叢書書目彙編不分卷補遺一卷　沈乾一編纂　民國十七年(1928)上海醫學書局鉛印本　四册

330000－1701－0101139　M602118　史部/叢編
述窠雜纂　黄任恆撰　民國十四年(1925)南海黄氏鉛印本　一册　存一種

330000－1701－0101142　M609163　史部/地理類/遊記之屬
瀛談五卷附録一卷　關賡麟撰　民國十五年(1926)中華工程師學會鉛印本　一册　缺三卷(一至三)

330000－1701－0101146　M602119　史部/叢編
述窠雜纂　黄任恆撰　民國十四年(1925)南海黄氏鉛印本　一册　存一種

330000－1701－0101147　M610535　史部/目録類/書志之屬
四明叢書第一集總目序跋輯要一卷　張壽鏞撰　民國二十一年(1932)四明張氏約園刻藍印本　一册

330000－1701－0101148　M609164　史部/目録類/專録之屬
國立北平圖書館善本書目乙編四卷　趙錄綽編　民國二十四年(1935)鉛印本　一册

330000－1701－0101150　M610245　集部/總集類/彙編之屬
歲寒集　民國鉛印本　一册　存一種

330000－1701－0101152　M609165　史部/地理類/雜志之屬
北平史表長編一卷　瞿宣穎撰　民國二十三年(1934)國立北平研究院出版部鉛印本　二册

330000－1701－0101154　M610536　經部/小學類/訓詁之屬/爾雅
爾雅諍郭二卷　(清)朱學瑚編　民國二十五年(1936)鉛印本　一册

330000－1701－0101158　M609167　史部/地理類/遊記之屬/紀行

鄉國補游記三卷　林甄宇撰　民國六年(1917)永嘉林氏刻本　一冊

330000－1701－0101164　M610537　集部/別集類

吳山草堂詩鈔二卷　王廷揚撰　民國二十九年(1940)油印本　一冊

330000－1701－0101165　M609168　史部/雜史類/斷代之屬

蜀辛二卷　秦相撰　民國三年(1914)鉛印本　一冊

330000－1701－0101169　M609169　史部/史評類/詠史之屬

清宮詞一卷　吳士鑑撰　民國二十六年(1937)吳秉澂鉛印本　一冊

330000－1701－0101173　M609170　史部/地理類/遊記之屬/紀行

游滇紀事一卷　錢文選撰　民國十九年(1930)鉛印本　一冊

330000－1701－0101175　M604407、M604637、M609171　史部/地理類/雜志之屬

遼東文獻徵畧八卷校補一卷　金毓黻撰　民國十六年(1927)鉛印本　四冊

330000－1701－0101178　M601509　經部/小學類/文字之屬/說文/傳說

侯官陳恭甫輯說文經字考不分卷　(清)陳壽祺撰　宋文蔚疏證　民國二十三年(1934)上海商務印書館石印本　一冊

330000－1701－0101179　M610538　史部/金石類

嘉業堂金石叢書五種　劉承幹輯　民國吳興劉氏刻本　四冊　存一種

330000－1701－0101183　M609172　子部/藝術類/書畫之屬/法帖

匋齋藏瘞鶴銘兩種合冊　(清)端方藏　民國上海有正書局影印本　一冊

330000－1701－0101187　M609173　史部/目録類/總録之屬/官修

浙江公立圖書館附設印行所書目不分卷　浙江公立圖書館編　民國十一年(1922)刻本　一冊

330000－1701－0101188　M609174　新學/商務

工商部中華國貨展覽會實錄三卷附錄一卷　中華民國工商部編　民國十八年(1929)鉛印本　六冊

330000－1701－0101190　M609175　史部/金石類

非儒非俠齋金石叢著十種　顧燮光撰　民國會稽顧氏金佳石好樓石印本暨鉛印本　一冊　存一種

330000－1701－0101193　M609177　類叢部/叢書類/彙編之屬

四部備要　中華書局編　民國二十五年(1936)上海中華書局鉛印本　三冊　存一種

330000－1701－0101194　M609178　集部/總集類/選集之屬/斷代

宋詩鈔補八十六卷　(清)管庭芬　(清)蔣光煦編　民國四年(1915)上海商務印書館鉛印本　八冊

330000－1701－0101195　M607053　子部/宗教類/佛教之屬/論疏

成唯識論隨疏十卷　(清)釋明善隨註　(清)釋慧善繼述　**唯識隨疏翼二卷**　(清)錢伊菴筆　民國八年(1919)石印本　十二冊

330000－1701－0101196　M609179、M609934　集部/別集類

蠲戲齋詩編年集八卷避寇集一卷芳杜詞賸一卷　馬浮撰　**蠲戲齋詩前集二卷**　馬浮撰　張立民　楊蔭林輯錄　民國二十九年(1940)、三十六年(1947)刻本　五冊　缺二卷(避寇集、芳杜詞賸)

330000－1701－0101197　M604001　類叢部/叢書類/彙編之屬

國立北京大學研究所國學門叢書　民國北京大學研究所鉛印本暨影印本　一冊

330000－1701－0101198　M609180　集部/別集類
如園詩草二卷　蔣夷文撰　民國木活字印本　一冊

330000－1701－0101199　M610248　史部/目録類/版本之屬/專考
宋元本行格表二卷附錄一卷補遺一卷　(清)江標輯　劉肇隅編並補　民國三年(1914)上海文瑞樓石印本　四冊

330000－1701－0101201　M609181　經部/春秋穀梁傳類/傳說之屬
穀梁大義述補闕不分卷　張慰祖撰　民國二十三年(1934)國學圖書館陶風樓影印本　三冊

330000－1701－0101202　M604002　子部/雜著類/雜說之屬
腳氣集一卷　(宋)車若水撰　民國十七年(1928)上海商務印書館鉛印本　一冊

330000－1701－0101203　M610249　類叢部/叢書類/郡邑之屬
黔南叢書六十一種　任可澄等編　民國十一年至三十二年(1922－1943)貴陽文通書局鉛印本暨刻本　三冊　存一集五種

330000－1701－0101204　M602993、M609182　經部/小學類/訓詁之屬/字詁
戴東原轉語釋補四卷首一卷　曾廣源撰　民國十八年(1929)海事編譯局鉛印本　二冊

330000－1701－0101205　M604003　史部/地理類/方志之屬/郡縣志
[民國]續修分水縣志十四卷首一卷　鍾詩傑修　臧承宣纂　王獅測繪　民國三十一年(1942)鉛印本　二冊

330000－1701－0101207　M607054　子部/宗教類/佛教之屬/經
藥師七佛供養儀軌如意王經一卷發願文一卷　(清)釋工布查布舊譯　(清)釋巴爾藏嘉磋補譯　民國二十二年(1933)護國濟民弘法利生藥師七佛法會鉛印本　一冊

330000－1701－0101208　M609183　經部/書類/傳說之屬
尚書駢枝一卷　(清)孫詒讓撰　民國鉛印本　一冊

330000－1701－0101209　M604004　史部/傳記類/別傳之屬/年譜
惜分陰軒主人[周憬]述略一卷　周憬撰　民國九年(1920)無錫周氏鉛印本　一冊

330000－1701－0101210　M607055　子部/宗教類/佛教之屬/經
藥師七佛供養儀軌如意王經一卷發願文一卷　(清)釋工布查布舊譯　(清)釋巴爾藏嘉磋補譯　民國二十二年(1933)護國濟民弘法利生藥師七佛法會鉛印本　一冊

330000－1701－0101211　M604005　子部/宗教類/道教之屬
雙修漸法述記不分卷　平常居士撰　民國鉛印本　一冊

330000－1701－0101212　M607056　子部/宗教類/佛教之屬/經疏
應菴和尚語錄十卷　(宋)釋守詮等編　民國十年(1921)天童藏經閣刻本　一冊　存五卷(六至十)

330000－1701－0101213　M604006　子部/宗教類/道教之屬
雙修漸法述記不分卷　平常居士撰　民國鉛印本　一冊

330000－1701－0101214　M604007　集部/別集類
觚庵詩存四卷　俞明震撰　民國九年(1920)上海聚珍倣宋印書局鉛印本　一冊

330000－1701－0101217　M609893、M610250　史部/傳記類/日記之屬
小滄桑記二卷(清咸豐十年至同治二年)　(清)姚濟撰　民國五年(1916)鉛印本　二冊

330000－1701－0101218　M610251　集部/別集類
借山吟館詩草一卷　齊璜撰　民國十七年(1928)石印本　一冊

330000－1701－0101221　M607058　子部/宗教類/佛教之屬
道學論衡二卷　釋太虛撰　民國七年(1918)上海覺社鉛印本　二冊

330000－1701－0101223　M610252、M611046　史部/傳記類/別傳之屬/事狀
哀思錄初編七卷二編四卷三編四卷　孫中山先生葬事籌備處編　民國孫中山先生葬事籌備處鉛印本　三冊

330000－1701－0101226　M607059　子部/宗教類/佛教之屬
道學論衡二卷　釋太虛撰　民國七年(1918)上海覺社鉛印本　二冊

330000－1701－0101227　M607060　子部/宗教類/佛教之屬/經疏
佛說觀無量壽佛經直指疏二卷　(清)釋續法疏　釋顯親會本　民國虞山興福禪寺、華嚴大學鉛印本　一冊

330000－1701－0101228　M607061　子部/醫家類/傷寒金匱之屬/傷寒論
傷寒論十卷　(漢)張仲景撰　(晉)王叔和輯　民國十二年(1923)惲鐵樵據明萬曆趙開美刻本影印本　一冊　存二卷(一至二)

330000－1701－0101231　M607062　史部/金石類/金之屬/圖像
澹廬藏佛一卷　徐鋆藏　民國十八年(1929)影印本　一冊

330000－1701－0101233　M610254　史部/傳記類/別傳之屬/事狀
秋林感逝錄不分卷　葉希明輯　民國二十五年(1936)鉛印本　一冊

330000－1701－0101235　M604011　史部/地理類/方志之屬/郡縣志
[乾隆]金山縣志二十卷首一卷　(清)常琬修　(清)焦以敬等纂　民國十八年(1929)據清乾隆十六年(1751)刻本影印本　四冊

330000－1701－0101236　M607063　史部/地理類/水利之屬
麻溪改壩爲橋始末記四卷首一卷　王念祖纂　民國八年(1919)蕺社鉛印本　二冊

330000－1701－0101237　M607064　子部/宗教類/佛教之屬
諦師教觀綱宗講錄一卷　釋圓明筆記　民國十八年(1929)寧波鈞和公司鉛印本　一冊

330000－1701－0101239　M604012　集部/別集類
求我山人雜著六卷首一卷　莊景仲撰　**附錄一卷**　民國十八年(1929)鉛印本　二冊

330000－1701－0101240　M610255　新學/政治法律/政治
建國詮真一卷　徐樹錚撰　民國十年(1921)影印本　一冊

330000－1701－0101242　M607065　子部/宗教類/佛教之屬/經疏
佛說觀無量壽佛經疏妙宗鈔會本不分卷　(隋)釋智顗撰疏　(宋)釋知禮述鈔　民國三十三年(1944)普慧大藏經刊行會鉛印本　一冊

330000－1701－0101243　M604013　子部/藝術類/書畫之屬/畫法畫品
畫髓室題畫詩詞選第一集二卷首一卷畫法撮要一卷　沈議編　民國二十二年(1933)上海中華書局鉛印本　一冊

330000－1701－0101244　M607066　子部/宗教類/佛教之屬/經疏
佛說觀無量壽佛經疏妙宗鈔會本不分卷　(隋)釋智顗撰疏　(宋)釋知禮述鈔　民國三十三年(1944)普慧大藏經刊行會鉛印本　一冊

330000－1701－0101245　M607067　子部/宗教類/佛教之屬/經疏
佛說觀無量壽佛經疏妙宗鈔會本不分卷

(隋)釋智顗撰疏　(宋)釋知禮述鈔　民國三十三年(1944)普慧大藏經刊行會鉛印本　一册

330000－1701－0101247　M607068　子部/宗教類/佛教之屬/經疏
佛説觀無量壽佛經疏妙宗鈔會本不分卷　(隋)釋智顗撰疏　(宋)釋知禮述鈔　民國三十三年(1944)普慧大藏經刊行會鉛印本　一册

330000－1701－0101248　M610256　史部/政書類/公牘檔册之屬
中央執行委員會宣傳部十八年度部務一覽不分卷　中央執行委員會宣傳部編　民國十九年(1930)中央執行委員會宣傳部鉛印本　二册

330000－1701－0101249　M604014　史部/地理類/方志之屬/通志
[民國]浙江新志三卷　姜卿雲纂　民國二十五年(1936)杭州正中書局鉛印本　一册　存一卷(上)

330000－1701－0101251　M607069　子部/宗教類/佛教之屬/經疏
佛説觀無量壽佛經疏妙宗鈔會本不分卷　(隋)釋智顗撰疏　(宋)釋知禮述鈔　民國三十三年(1944)普慧大藏經刊行會鉛印本　一册

330000－1701－0101255　M604015　史部/地理類/方志之屬/通志
[民國]浙江新志三卷　姜卿雲纂　民國二十五年(1936)杭州正中書局鉛印本　二册

330000－1701－0101256　M607070　子部/宗教類/佛教之屬/經疏
佛説觀無量壽佛經疏妙宗鈔會本不分卷　(隋)釋智顗撰疏　(宋)釋知禮述鈔　民國三十三年(1944)普慧大藏經刊行會鉛印本　一册

330000－1701－0101257　M607071　子部/宗教類/佛教之屬/經疏
佛説觀無量壽佛經疏妙宗鈔會本不分卷　(隋)釋智顗撰疏　(宋)釋知禮述鈔　民國三十三年(1944)普慧大藏經刊行會鉛印本　一册

330000－1701－0101259　M607072　子部/宗教類/佛教之屬/經疏
佛説觀無量壽佛經疏妙宗鈔會本不分卷　(隋)釋智顗撰疏　(宋)釋知禮述鈔　民國三十三年(1944)普慧大藏經刊行會鉛印本　一册

330000－1701－0101261　M607073　子部/宗教類/佛教之屬/經疏
佛説觀無量壽佛經疏妙宗鈔會本不分卷　(隋)釋智顗撰疏　(宋)釋知禮述鈔　民國三十三年(1944)普慧大藏經刊行會鉛印本　一册

330000－1701－0101263　M607074　子部/宗教類/佛教之屬/經疏
佛説觀無量壽佛經疏妙宗鈔會本不分卷　(隋)釋智顗撰疏　(宋)釋知禮述鈔　民國三十三年(1944)普慧大藏經刊行會鉛印本　一册

330000－1701－0101264　M607075　子部/宗教類/佛教之屬/經疏
佛説觀無量壽佛經疏妙宗鈔會本不分卷　(隋)釋智顗撰疏　(宋)釋知禮述鈔　民國三十三年(1944)普慧大藏經刊行會鉛印本　一册

330000－1701－0101265　M604016　類叢部/叢書類/彙編之屬
復性書院叢刊二十七種　馬浮編　民國二十九年至三十七年(1940－1948)復性書院刻本暨鉛印本　一册　存一種

330000－1701－0101267　M607076　子部/宗教類/佛教之屬/經疏
佛説觀無量壽佛經疏妙宗鈔會本不分卷　(隋)釋智顗撰疏　(宋)釋知禮述鈔　民國三十三年(1944)普慧大藏經刊行會鉛印本　一册

330000－1701－0101268　M610540　子部/儒家類/儒學之屬/禮教

青年修養之最要素不分卷　劉傳厚編輯　民國二十三年(1934)上海新醫藥刊社鉛印本　一册

330000－1701－0101269　M604017　史部/地理類/方志之屬/郡縣志

[嘉慶]山陰縣志校記一卷　(清)李慈銘撰　民國十九年(1930)鉛印本　一册

330000－1701－0101270　M607077　子部/宗教類/佛教之屬/經疏

佛説觀無量壽佛經疏妙宗鈔會本不分卷　(隋)釋智顗撰疏　(宋)釋知禮述鈔　民國三十三年(1944)普慧大藏經刊行會鉛印本　一册

330000－1701－0101272　M607078　子部/宗教類/佛教之屬/經疏

佛説觀無量壽佛經疏妙宗鈔會本不分卷　(隋)釋智顗撰疏　(宋)釋知禮述鈔　民國三十三年(1944)普慧大藏經刊行會鉛印本　一册

330000－1701－0101274　M607079　子部/宗教類/佛教之屬/經疏

佛説觀無量壽佛經疏妙宗鈔會本不分卷　(隋)釋智顗撰疏　(宋)釋知禮述鈔　民國三十三年(1944)普慧大藏經刊行會鉛印本　一册

330000－1701－0101276　M604018　史部/地理類/方志之屬/郡縣志

[嘉慶]山陰縣志校記一卷　(清)李慈銘撰　民國十九年(1930)鉛印本　一册

330000－1701－0101277　M607080　子部/宗教類/佛教之屬

禪淨言行錄一卷　釋聖鐸輯　釋果願鈔錄　民國十七年(1928)松江東禪寺鉛印本　一册

330000－1701－0101278　M607081　子部/宗教類/佛教之屬

禪淨言行錄一卷　釋聖鐸輯　釋果願鈔錄　民國十七年(1928)松江東禪寺鉛印本　一册

330000－1701－0101280　M607082　子部/宗教類/佛教之屬

禪淨言行錄一卷　釋聖鐸輯　釋果願鈔錄　民國十七年(1928)松江東禪寺鉛印本　一册

330000－1701－0101282　M607083　子部/宗教類/佛教之屬

禪淨言行錄一卷　釋聖鐸輯　釋果願鈔錄　民國十七年(1928)松江東禪寺鉛印本　一册

330000－1701－0101284　M607084　史部/政書類/公牘檔册之屬

西湖靈隱寺關於飛來峰爭訟之原委一卷　民國十四年(1925)鉛印本　一册

330000－1701－0101285　M604616、M610541　類叢部/叢書類/郡邑之屬

涇川叢書四十四種續七種　(清)趙紹祖　(清)趙繩祖編　民國六年(1917)翟鳳翔等據嘉慶至道光涇縣趙氏古墨齋刻本影印本　六册　存五種

330000－1701－0101287　M607085　子部/宗教類/佛教之屬

密教通關一卷心經闡祕一卷　釋密林述　民國二十八年(1939)鉛印本　一册

330000－1701－0101289　M609184　類叢部/叢書類/自著之屬

石仙遺著　謝彦華撰　民國石印本　一册　存一種

330000－1701－0101290　M610259　集部/別集類

缶廬集四卷　吳昌碩撰　民國吳興劉承幹刻本　一册　存二卷(一至二)

330000－1701－0101292　M607086　子部/宗教類/佛教之屬

佛學院講義□□種　民國鉛印本　一册　存一種

330000－1701－0101293　M604020、M604024　類叢部/叢書類/彙編之屬

四部備要 中華書局編 民國二十五年(1936)上海中華書局鉛印本 十二冊 存二種

330000－1701－0101295 M610542 史部/地理類/方志之屬/郡縣志

[道光]涇縣續志九卷附一卷 (清)阮文藻修 (清)趙懋曜等纂 民國三年(1914)涇縣翟氏石印本 二冊

330000－1701－0101297 M609185 類叢部/叢書類/彙編之屬

復性書院叢刊二十七種 馬浮編 民國二十九年至三十七年(1940－1948)復性書院刻本暨鉛印本 一冊 存一種

330000－1701－0101298 M607087 子部/宗教類/佛教之屬/律

南山律要 (唐)釋道宣撰述 民國天津刻經處刻本 一冊 存二種

330000－1701－0101299 M604022 集部/別集類

栩園近稿四卷 陳栩撰 **翠樓近草二卷** 陳璻撰 民國二十二年(1933)鉛印本 一冊

330000－1701－0101300 M610260 集部/別集類/清別集

葯園詩稿二卷 (清)吳焯撰 民國十二年(1923)吳用威刻本 二冊

330000－1701－0101304 M604023、M609749 史部/傳記類/總傳之屬/列女

廣列女傳二十卷附錄一卷 (清)劉開輯 民國六年(1917)兩浙節孝總祠鉛印本 二冊 存十一卷(一至五、十六至二十,附錄)

330000－1701－0101305 M609186 經部/小學類/訓詁之屬/字詁

文始九卷 章炳麟撰 民國二年(1913)浙江圖書館據章炳麟手寫稿本影印本 一冊

330000－1701－0101308 M609187 子部/天文曆算類/曆法之屬

中華民國三十六年歲在丁亥農曆通書一卷 民國三十五年(1946)石印本 一冊

330000－1701－0101309 M609188 子部/宗教類/佛教之屬/經

佛說無量壽經二卷 (三國魏)釋康僧鎧譯 民國三十年(1941)刻本 一冊

330000－1701－0101312 M609189 子部/宗教類/佛教之屬/經疏

佛說觀無量壽佛經一卷 (南朝宋)釋畺良耶舍譯 民國三十三年(1944)重慶華巖刻經處刻本 一冊

330000－1701－0101314 M609190、M609854、M611350 子部/宗教類/佛教之屬

三藏法數不分卷 (明)釋一如集註 **三藏法數通檢一卷** 黃中撰 民國十二年(1923)上海醫學書局鉛印本 三冊 存三藏法數第六十九至五百六十四葉

330000－1701－0101318 M609191 子部/工藝類/文房四寶之屬/硯

端溪硯坑考一卷石隱硯談一卷墨餘贅稿一卷 (清)計楠撰 民國十三年(1924)秀水金氏梅花草堂鉛印本 一冊

330000－1701－0101319 M609192 子部/宗教類/道教之屬

老子考證一卷 湯仰暉撰 民國二十八年(1939)鉛印本 一冊

330000－1701－0101320 M609193 子部/醫家類/類編之屬

醫藥叢書十一種 裘慶元輯 民國五年至十年(1916－1921)紹興醫藥學報社刻本 二冊 存二種

330000－1701－0101321 M610261 子部/藝術類/書畫之屬/法帖

宋慶曆內府刻閣帖十卷 (宋)釋希白摹刻 李平書藏 民國十一年(1922)上海中華書局影印本 十冊

330000－1701－0101322 M609194 子部/儒家類/儒學之屬/性理

楊園菁華錄四卷 (清)張履祥撰 (清)沈志本纂 民國二十四年(1935)楊園學社鉛印本

一册

330000－1701－0101323　M609195　子部/宗教類/佛教之屬/經

千手千眼觀世音菩薩廣大圓滿無礙大悲心陀羅尼經一卷　(唐)釋伽梵達摩譯　**大悲心呪像解一卷千手千眼法寶真言圖一卷千手眼大悲心呪行法一卷**　(宋)釋知禮輯　**千手眼大悲心呪懺法一卷**　民國十二年(1923)上海商務印書館石印本　一册

330000－1701－0101324　M609196　子部/宗教類/佛教之屬/論

校補唯識大意二卷　(日本)釋良遍撰　(日本)釋青巒校補　梅光義校訂　洪欣然譯文　民國二十一年(1932)鉛印本　孫峻題記　一册

330000－1701－0101326　M609197　史部/地理類/雜志之屬

園林春色一卷　任桐撰　民國十七年(1928)鉛印本　一册

330000－1701－0101327　M607088　史部/地理類/方志之屬/通志

續修浙江通志採訪稿一卷　浙江通志局輯　民國五年(1916)鉛印本　一册

330000－1701－0101330　M607089　子部/宗教類/佛教之屬

佛學叢書□□種　丁福保輯　民國上海醫學書局鉛印本暨影印本　一册　存一種

330000－1701－0101331　M609199　類叢部/叢書類/彙編之屬

嘉業堂叢書五十七種　劉承幹輯　民國吳興劉氏嘉業堂刻本　二册　存一種

330000－1701－0101332　M604025　子部/宗教類/佛教之屬

康藏佛教與西康諾那呼圖克圖應化事略不分卷　羅傑等撰　丁石僧等增纂　民國二十三年(1934)南京仁德印刷所鉛印本暨石印本　一册

330000－1701－0101335　M607090　子部/宗教類/佛教之屬

佛學叢書□□種　丁福保輯　民國上海醫學書局鉛印本暨影印本　一册　存一種

330000－1701－0101336　M609200　類叢部/叢書類/郡邑之屬

四明叢書一百六十七種　張壽鏞編　民國四明張氏約園刻本　二册　存二種

330000－1701－0101337　M607091　史部/地理類/水利之屬

四川省水利局水利叢書　四川省水利局編　民國二十七年(1938)鉛印本　一册　存一種

330000－1701－0101338　M604026　類叢部/叢書類/郡邑之屬

續金華叢書六十種　胡宗楙編　民國十三年(1924)永康胡氏夢選樓刻本　三册　存三種

330000－1701－0101339　M607092　子部/宗教類/佛教之屬/論

性善惡論六卷　(明)釋傅燈撰　民國十二年至十三年(1923－1924)杭州刻經處刻本　三册

330000－1701－0101340　M604027、M609589、M610276、M611395　集部/詩文評類/詩評之屬

石遺室詩話十三卷　陳衍撰　民國四年(1915)廣益書局石印本　薪叟題記　四册

330000－1701－0101343　M607094　子部/宗教類/佛教之屬/論

佛地經論七卷　(唐)釋玄奘譯　民國五年(1916)金陵刻經處刻本　二册

330000－1701－0101344　M610263　子部/宗教類/佛教之屬/諸宗

淨土五經附編一卷　郭泰棣輯　民國二十四年(1935)雙百鹿齋刻本　一册

330000－1701－0101345　M607095　子部/宗教類/佛教之屬/論

佛地經論七卷　(唐)釋玄奘譯　民國五年(1916)金陵刻經處刻本　二册

330000－1701－0101346　M604028　子部/

雜著類/雜說之屬
常識文範四卷 梁啓超撰 民國五年(1916)上海中華書局鉛印本 四冊

330000－1701－0101350 M610264 史部/政書類/公牘檔冊之屬
浙江省建設廳清理公路資產報告不分卷 曹麗順主編 民國二十六年(1937)浙江省建設廳清理公路資產辦事室鉛印本 一冊

330000－1701－0101351 G608011 經部/樂類/律吕之屬
樂律攷二卷 (清)徐灝撰 民國據清光緒十三年(1887)番禺徐氏刻本影印本 一冊

330000－1701－0101352 M609201、M609686 類叢部/叢書類/彙編之屬
景印元明善本叢書十種 商務印書館編 民國二十六年至二十九年(1937－1940)上海商務印書館影印本 四冊 存一種

330000－1701－0101353 M607096 子部/天文曆算類/曆法之屬
中華民國十七年通俗曆書一卷 中央觀象臺製 民國十六年(1927)石印本 一冊

330000－1701－0101355 M610265 史部/金石類/石之屬/文字
墨林星鳳不分卷 羅振玉輯 民國五年(1916)上虞羅氏影印本 一冊

330000－1701－0101357 M604030 集部/別集類/清別集
冬暄草堂遺詩不分卷 (清)陳豪撰 民國石印本 一冊

330000－1701－0101358 M604031 類叢部/叢書類/彙編之屬
東方學會叢書初集十三種 羅振玉編 民國十三年(1924)東方學會鉛印本 一冊 存一種

330000－1701－0101359 M607097 史部/地理類/防務之屬/陸防
雲南北界勘察記八卷附錄二卷 尹明德等撰 民國二十二年(1933)鉛印本 一冊

330000－1701－0101360 M604032 集部/別集類
宜廬詩稿八卷 胡行之撰 民國三十七年(1948)鉛印本 一冊

330000－1701－0101361 M607126 集部/別集類/清別集
荷香水亭吟草一卷己壬叢稿一卷 (清)徐森撰 民國九年(1920)刻本 一冊

330000－1701－0101365 M604033 子部/雜著類/雜說之屬
石橋瀋書四卷 褚傳誥撰 民國八年(1919)鉛印本 一冊

330000－1701－0101367 M604034 史部/傳記類/總傳之屬/郡邑
龍山詩巢志略四卷 錢繩武輯 民國二十二年(1933)鉛印本 一冊

330000－1701－0101370 M602122 史部/傳記類/總傳之屬/斷代
清史列傳八十卷 中華書局編 民國十七年(1928)上海中華書局鉛印本 六十四冊 缺十六卷(六十五至八十)

330000－1701－0101372 M604035 史部/傳記類/別傳之屬/事狀
秋林感逝錄不分卷 葉希明輯 民國二十五年(1936)鉛印本 一冊

330000－1701－0101373 M609202、M609967 類叢部/叢書類/自著之屬
湖濱補讀廬叢刻五種十三卷 鍾廣生撰 民國二十年(1931)鉛印本 四冊 存四種

330000－1701－0101376 M604036 集部/別集類/清別集
篁齋尺牘不分卷 (清)陳介祺撰 陳敬第輯 民國八年(1919)上海商務印書館影印本 一冊

330000－1701－0101378 M602123 類叢部/叢書類/彙編之屬
四部備要 中華書局編 民國二十五年(1936)上海中華書局鉛印本 十冊 存一種

330000－1701－0101380　M604038　子部/墨家類

墨子刊誤二卷　(清)蘇時學撰　**墨子刊誤刊誤二卷**　陳柱撰　民國十七年(1928)上海中華書局鉛印本　一冊

330000－1701－0101382　M604039　子部/藝術類/篆刻之屬/印論

續三十五舉一卷　(清)黄子高撰　民國十五年(1926)上海商務印書館石印本　一冊

330000－1701－0101383　M602124　史部/地理類/專志之屬/古跡

海昌勝蹟志八卷補綴一卷　管元耀輯　民國二十一年(1932)海寧管氏靜得樓刻本　四冊

330000－1701－0101386　M604040　子部/宗教類/道教之屬/道藏

道藏續編第一集二十三種　(清)閔一得編　民國上海醫學書局鉛印本　四冊

330000－1701－0101388　M602127　史部/地理類/山川之屬/山志

廬山志十二卷首一卷　吳宗慈編　民國二十二年(1933)鉛印本　七冊　缺四卷(九至十二)

330000－1701－0101389　M602125　類叢部/叢書類/彙編之屬

四部備要　中華書局編　民國二十五年(1936)上海中華書局鉛印本　十八冊　存一種

330000－1701－0101392　M609204、M609623/1、M609864　類叢部/叢書類/彙編之屬

求恕齋叢書三十一種　劉承幹編　民國吳興劉氏嘉業堂刻本　六十一冊　存十三種

330000－1701－0101393　M604041　集部/總集類/郡邑之屬

長興詩存四十卷　王修輯　民國九年(1920)長興王氏仁壽堂刻本　一冊　存八卷(十三至二十)

330000－1701－0101395　M604042　子部/宗教類/道教之屬/經文

太上十三經十七卷　(清)涵虛子編　民國十二年(1923)玉仙子刻本　一冊

330000－1701－0101398　M604043　子部/宗教類/佛教之屬

佛心經品亦通大隨求陀羅尼二卷　(唐)釋流志譯　**大隨求即得大陀羅尼明王懺悔法一卷**　民國二十四年(1935)鉛印本　一冊

330000－1701－0101402　M604044　子部/宗教類/道教之屬

玉露金盤二卷　民國十一年(1922)蕭山合義和書局鉛印本　一冊

330000－1701－0101403　M602129　史部/目録類/總録之屬/官修

浙江省立圖書館出版木印書目一卷鉛印書目一卷　浙江省立圖書館編　民國二十五年(1936)浙江省立圖書館鉛印本　一冊

330000－1701－0101404　M607098　子部/醫家類/類編之屬

聿修堂醫學叢書十三種　(日本)丹波元簡編　民國二十四年(1935)上海皇漢醫學編譯社鉛印本　三冊　存三種

330000－1701－0101405　M609205　類叢部/叢書類/家集之屬

武林丁氏家集十三種　丁立誠　丁立中撰　民國錢塘丁氏嘉惠堂鉛印本　六冊　存四種

330000－1701－0101406　M602130　史部/地理類/山川之屬/山志

西天目祖山志八卷首一卷末一卷補遺一卷　(明)釋廣賓撰　(清)釋際界增訂　民國二十年(1931)上海宏大善書局石印本　一冊　缺五卷(首、一至四)

330000－1701－0101410　M607099　子部/醫家類/類編之屬

聿修堂醫學叢書十三種　(日本)丹波元簡編　民國二十四年(1935)上海皇漢醫學編譯社鉛印本　三冊　存三種

330000－1701－0101412　M609206　類叢部/叢書類/家集之屬

武林丁氏家集十三種　丁立誠　丁立中撰　民國錢塘丁氏嘉惠堂鉛印本　一冊　存一種

330000－1701－0101415　M601551　類叢部/叢書類/彙編之屬
四部叢刊　張元濟等編　民國上海商務印書館影印本　四冊　存一種

330000－1701－0101416　M602132　史部/地理類/方志之屬/郡縣志
[民國]麗水縣志十四卷　李鍾嶽　李郁芬修　孫壽芝纂　民國十五年(1926)麗水啓明印刷所鉛印本　十冊

330000－1701－0101417　M609207　類叢部/叢書類/彙編之屬
求恕齋叢書三十一種　劉承幹編　民國吳興劉氏嘉業堂刻本　二冊　存二種

330000－1701－0101418　M610543　史部/雜史類/斷代之屬
出圍城記一卷鎮城竹枝詞一卷　(清)楊棨撰　民國三年(1914)丹徒楊氏揚州刻朱印本　一冊

330000－1701－0101419　M607100　子部/宗教類/佛教之屬
根本說一切有部毗奈耶犯相摘記一卷附錄一卷根本說一切有部毗奈耶自行抄一卷附錄一卷學根本說一切有部律入門次第一卷　釋曇昉集　民國鉛印本　一冊

330000－1701－0101421　M607101　子部/宗教類/佛教之屬
根本說一切有部毗奈耶犯相摘記一卷附錄一卷根本說一切有部毗奈耶自行抄一卷附錄一卷學根本說一切有部律入門次第一卷　釋曇昉集　民國鉛印本　一冊

330000－1701－0101422　M610544　史部/雜史類/斷代之屬
舊聞零拾四種　鄧之誠輯　民國二十八年(1939)鄧氏五石齋鉛印本　一冊　存三種

330000－1701－0101423　M607102　子部/宗教類/佛教之屬
根本說一切有部毗奈耶犯相摘記一卷附錄一卷根本說一切有部毗奈耶自行抄一卷附錄一卷學根本說一切有部律入門次第一卷　釋曇昉集　民國鉛印本　一冊

330000－1701－0101424　M607103　子部/農家農學類/蠶桑之屬
古今合纂殖桑法一卷　金步瀛撰　民國十九年(1930)鉛印本　一冊

330000－1701－0101425　M607104　子部/農家農學類/蠶桑之屬
古今合纂殖桑法一卷　金步瀛撰　民國十九年(1930)鉛印本　一冊

330000－1701－0101426　M610545　集部/別集類
從心回溯草一卷天涯游草一卷　朱劍芝撰
東游紀略一卷　朱景彝述　民國二十六年(1937)鉛印本　一冊

330000－1701－0101427　M607105　子部/農家農學類/蠶桑之屬
古今合纂殖桑法一卷　金步瀛撰　民國十九年(1930)鉛印本　一冊

330000－1701－0101429　M607106　子部/農家農學類/蠶桑之屬
古今合纂殖桑法一卷　金步瀛撰　民國十九年(1930)鉛印本　一冊

330000－1701－0101430　M607107　子部/農家農學類/蠶桑之屬
古今合纂殖桑法一卷　金步瀛撰　民國十九年(1930)鉛印本　一冊

330000－1701－0101432　M607108　子部/農家農學類/蠶桑之屬
古今合纂殖桑法一卷　金步瀛撰　民國十九年(1930)鉛印本　一冊

330000－1701－0101434　M607109　子部/農家農學類/蠶桑之屬
古今合纂殖桑法一卷　金步瀛撰　民國十九年(1930)鉛印本　一冊

330000－1701－0101437　M607110　子部/農家農學類/蠶桑之屬

古今合纂殖桑法一卷　金步瀛撰　民國十九年(1930)鉛印本　一册

330000－1701－0101440　M601553、M601639　類叢部/叢書類/彙編之屬

四部叢刊　張元濟等編　民國上海商務印書館影印本　二册　存二種

330000－1701－0101442　M607111　子部/農家農學類/蠶桑之屬

古今合纂殖桑法一卷　金步瀛撰　民國十九年(1930)鉛印本　一册

330000－1701－0101443　M607113　子部/農家農學類/蠶桑之屬

古今合纂殖桑法一卷　金步瀛撰　民國十九年(1930)鉛印本　一册

330000－1701－0101444　M602134　類叢部/叢書類/彙編之屬

適園叢書七十四種　張鈞衡編　民國二年至六年(1913－1917)烏程張氏刻本(唐大詔令集卷十四至二十四、八十七至九十八原缺)　五十三册　存十三種

330000－1701－0101446　M607114　子部/農家農學類/蠶桑之屬

古今合纂殖桑法一卷　金步瀛撰　民國十九年(1930)鉛印本　一册

330000－1701－0101447　M607115　子部/農家農學類/蠶桑之屬

古今合纂殖桑法一卷　金步瀛撰　民國十九年(1930)鉛印本　一册

330000－1701－0101448　M607116　子部/農家農學類/蠶桑之屬

古今合纂殖桑法一卷　金步瀛撰　民國十九年(1930)鉛印本　一册

330000－1701－0101449　M607117　子部/農家農學類/蠶桑之屬

古今合纂殖桑法一卷　金步瀛撰　民國十九年(1930)鉛印本　一册

330000－1701－0101451　M604045　子部/儒家類/儒學之屬/經濟

歷代尊孔記一卷孔教外論一卷　程淯輯　民國二十三年(1934)上海中國道德會鉛印本　一册

330000－1701－0101452　M609645、M610266　集部/别集類/清别集

李文忠公尺牘不分卷　(清)李鴻章撰　民國五年(1916)合肥李氏石印本　三十一册

330000－1701－0101454　M607118　子部/農家農學類/蠶桑之屬

古今合纂殖桑法一卷　金步瀛撰　民國十九年(1930)鉛印本　一册

330000－1701－0101456　M607119　子部/農家農學類/蠶桑之屬

古今合纂殖桑法一卷　金步瀛撰　民國十九年(1930)鉛印本　一册

330000－1701－0101457　M604046　史部/史評類/考訂之屬

讀兩漢書記一卷　馬敘倫撰　民國十九年(1930)上海商務印書館鉛印本　一册

330000－1701－0101458　M607120　子部/藝術類/書畫之屬/總論

中國文人畫之研究不分卷　(日本)大郵西崖述　陳衡恪譯　民國十一年(1922)中華書局鉛印本　一册

330000－1701－0101459　M604047　集部/别集類

延秋室詩稿一卷　嚴廷楨撰　民國八年(1919)西泠印社影印本　一册

330000－1701－0101462　M601556、M601720　類叢部/叢書類/彙編之屬

四部叢刊　張元濟等編　民國上海商務印書館影印本　三册　存二種

330000－1701－0101463　M604049　子部/宗教類/佛教之屬

梵文大佛頂如来放光悉怛多鉢怛囉陀羅尼會譯一卷　(唐)釋不空　(唐)釋般剌密帝譯

釋常淨注　民國北京刻經處刻本　一册

330000－1701－0101464　M610267　子部/小說家類
筆記小說大觀二百二十二種　進步書局輯　民國上海進步書局石印本　二册　存二種

330000－1701－0101465　M607121　子部/藝術類
美術叢書初集二集三集四集二百七十九種　鄧實輯　黃賓虹續輯　民國二十五年(1936)上海神州國光社鉛印本　一册　存一種

330000－1701－0101467　M607549、M607551、M610550　類叢部/叢書類/彙編之屬
四部叢刊　張元濟等編　民國上海商務印書館影印本　十八册　存三種

330000－1701－0101468　M610268　子部/藝術類/遊藝之屬/聯語
唐詩三百首集聯一卷　丁仁集　民國十八年(1929)鉛印本　一册

330000－1701－0101469　M003817、M607122　史部/傳記類/總傳之屬/技藝
歷代畫史彙傳七十二卷首一卷附錄二卷　(清)彭蘊璨編　民國十一年(1922)上海錦章圖書局石印本　四册　存二十九卷(三十一至三十六、四十四至五十七、六十六至七十二,附錄一至二)

330000－1701－0101471　M610269、M611225　經部/小學類/訓詁之屬/字詁
助字辨略五卷　(清)劉淇撰　民國金粟齋石印本　四册　存四卷(一、三至五)

330000－1701－0101473　M601559　類叢部/叢書類/彙編之屬
四部叢刊　張元濟等編　民國上海商務印書館影印本　一册　存一種

330000－1701－0101474　M610270　子部/藝術類/遊藝之屬/聯語
寒柯堂宋詩集聯四卷　余紹宋輯　民國二十九年(1940)鉛印本　余紹宋題記　一册

330000－1701－0101475　M604051　類叢部/叢書類/彙編之屬
古今文藝叢書十集　何藻編　民國二年至四年(1913－1915)上海廣益書局鉛印本　一册　存三種

330000－1701－0101479　M607125　子部/宗教類/佛教之屬/經
守護國界主陀羅尼經十卷　(唐)釋般若　(唐)釋牟尼室利譯　民國十一年(1922)北京刻經處刻本　三册

330000－1701－0101480　M610271　集部/別集類
繆金源詩詞集四卷　繆金源撰　民國十七年(1928)鉛印本　繆金源題記　一册

330000－1701－0101481　M610272　子部/宗教類/道教之屬
道德經述義二卷　徐紹楨撰　民國十六年(1927)上海商務印書館鉛印本　一册

330000－1701－0101482　M607127　子部/雜著類/雜編之屬
安士全書四種　(清)周夢顏撰　民國十一年(1922)上海佛學推行社鉛印本　一册　存二種

330000－1701－0101485　M610273　類叢部/叢書類/彙編之屬
知不足齋叢書一百九十五種　(清)鮑廷博輯　(清)鮑士恭續輯　民國十年(1921)上海古書流通處據清鮑氏刻本影印本　二册　存三種

330000－1701－0101487　M604052　類叢部/叢書類/自著之屬
巢經巢全集十八種　(清)鄭珍撰　民國二十九年(1940)貴州省政府鉛印並據清刻板彙印本　十册　存五種

330000－1701－0101494　M607130　經部/四書類
學庸新義二種　張新吾撰　民國二十五年(1936)鉛印本　一册

330000－1701－0101499　M607131　子部/藝術類/書畫之屬
上谷三孝子手蹟不分卷　(清)金元鈺輯　顧維新重輯　民國二十二年(1933)影印本　一册

330000－1701－0101500　M609763、M610275　集部/總集類/選集之屬/通代
歷代女子文集十二卷　(明)趙世杰選輯　民國十一年(1922)上海掃葉山房石印本　二册　存八卷(五至十二)

330000－1701－0101501　M607132　子部/宗教類/佛教之屬
安樂妙寶一卷　金弘恕編輯　民國二十八年(1939)上海佛學書局鉛印本　一册

330000－1701－0101502　M607133　子部/雜著類/雜說之屬
新唯識論一卷　熊十力撰　民國二十一年(1932)上海神州國光社鉛印本　一册

330000－1701－0101505　M607134　集部/別集類/宋別集
南湖集十卷附錄三卷　(宋)張鎡撰　民國十三年(1924)杭州廣壽慧雲禪寺刻藍印本　四册

330000－1701－0101506　M610277　史部/傳記類/總傳之屬/儒林
學案小識十四卷首一卷末一卷　(清)唐鑑撰　民國上海文瑞樓石印本　二册　存六卷(八至九、十二至十四,末)

330000－1701－0101507　M607135　集部/別集類/宋別集
南湖集十卷附錄三卷　(宋)張鎡撰　民國十三年(1924)杭州廣壽慧雲禪寺刻藍印本　四册

330000－1701－0101509　M604053　史部/地理類/山川之屬/水志
蕭山湘湖志八卷外編一卷續志一卷　周易藻編　民國十六年(1927)周氏鉛印本　五册

330000－1701－0101510　M607136　集部/別集類/宋別集
南湖集十卷附錄三卷　(宋)張鎡撰　民國十三年(1924)杭州廣壽慧雲禪寺刻藍印本　四册

330000－1701－0101511　M607137　集部/別集類/宋別集
南湖集十卷附錄三卷　(宋)張鎡撰　民國十三年(1924)杭州廣壽慧雲禪寺刻藍印本　四册

330000－1701－0101513　M607138　集部/別集類/宋別集
南湖集十卷附錄三卷　(宋)張鎡撰　民國十三年(1924)杭州廣壽慧雲禪寺刻藍印本　四册

330000－1701－0101515　M607139　集部/別集類/宋別集
南湖集十卷附錄三卷　(宋)張鎡撰　民國十三年(1924)杭州廣壽慧雲禪寺刻藍印本　四册

330000－1701－0101516　M604054　子部/宗教類/道教之屬/雜著
真誥二十卷　(南朝梁)陶弘景撰　民國十六年(1927)上海倉學書院鉛印本　一册　存十一卷(十至二十)

330000－1701－0101517　M607140　集部/別集類/宋別集
南湖集十卷附錄三卷　(宋)張鎡撰　民國十三年(1924)杭州廣壽慧雲禪寺刻藍印本　四册

330000－1701－0101518　M610278　集部/詞類/別集之屬
霞川花隱詞二卷補一卷　(清)李慈銘撰　民國二十九年(1940)中華書局鉛印本　一册

330000－1701－0101521　M610279　集部/總集類/題詠之屬
菱湖圖詠三卷　董玉書輯　民國十八年(1929)上海鉛印本　一册

330000－1701－0101524　M604056　集部/

詞類/别集之屬
香宋詞三卷 趙熙撰 民國六年(1917)霜甘小閣成都刻本 伯建題記 一册

330000－1701－0101525 M604057 史部/金石類/陶之屬/文字
陶鈢文字合譜一卷 民國十九年(1930)上海神州國光社影印本 一册

330000－1701－0101526 M604058 史部/目録類/總録之屬/私撰
鄞范氏天一閣書目内編十卷 馮貞羣編 民國二十六年至二十九年(1937－1940)寧波重修天一閣委員會鉛印本 四册

330000－1701－0101527 M610280 子部/小説家類/雜事之屬
新刊宣和遺事前集一卷後集一卷 民國三年(1914)掃葉山房石印本 二册

330000－1701－0101528 M604059 經部/小學類/文字之屬/説文/傳説
侯官陳恭甫輯説文經字考不分卷 (清)陳壽祺撰 宋文蔚疏證 民國二十三年(1934)上海商務印書館石印本 一册

330000－1701－0101530 M610281 集部/總集類/選集之屬/斷代
希社叢編不分卷 希社編 民國二年至八年(1913－1919)鉛印本 許士豪觀款 一册 存第一册

330000－1701－0101532 M604060 子部/宗教類/佛教之屬/諸宗
龍舒淨土文十一卷附龍舒直音一卷 (宋)王日休撰 **佛説阿彌陀經一卷** (後秦)釋鳩摩羅什譯 民國十五年(1926)鉛印本 獻文題記 一册

330000－1701－0101533 M607112 子部/農家農學類/蠶桑之屬
古今合纂殖桑法一卷 金步瀛撰 民國十九年(1930)鉛印本 一册

330000－1701－0101534 M610282 史部/政書類/公牘檔册之屬
黎副總統書牘二卷二集二卷三集二卷 黎元洪撰 民國元年(1912)上海廣益書局鉛印本 一册 存二卷(黎副總統書牘一至二)

330000－1701－0101535 M604061 史部/傳記類/别傳之屬/事狀
容菴弟子記四卷 沈祖憲 吳闓生編 民國二年(1913)鉛印本 一册

330000－1701－0101537 M604062 史部/金石類
非儒非俠齋金石叢著十種 顧燮光撰 民國會稽顧氏金佳石好樓石印本暨鉛印本 一册 存一種

330000－1701－0101540 M609747、M610283 類叢部/叢書類/家集之屬
嘉興譚氏遺書九種 譚新嘉編 民國元年至二十五年(1912－1936)嘉興譚氏承啟堂刻藍印本 二册 存一種

330000－1701－0101541 M604063 子部/宗教類/佛教之屬
徑中徑又徑徵義三卷 (清)張師誠輯 (清)徐槐廷注 民國十年(1921)海鹽徐氏刻本 一册

330000－1701－0101542 M604064 子部/宗教類/佛教之屬
徑中徑又徑徵義三卷 (清)張師誠輯 (清)徐槐廷注 民國十年(1921)海鹽徐氏刻本 一册

330000－1701－0101543 M602135 史部/地理類/方志之屬/郡縣志
[民國]重修南川縣志十四卷首一卷 柳琅聲等修 韋麟書等纂 民國二十年(1931)鉛印本 二册 存四卷(六至九)

330000－1701－0101544 M604065 子部/宗教類/佛教之屬
徑中徑又徑徵義三卷 (清)張師誠輯 (清)徐槐廷注 民國十年(1921)海鹽徐氏刻本 一册

330000－1701－0101545 M604066 子部/

宗教類/佛教之屬
徑中徑又徑徵義三卷 （清）張師誠輯 （清）徐槐廷注 民國十年（1921）海鹽徐氏刻本 一冊

330000－1701－0101546 M604067 史部/地理類/山川之屬/山志
泰山小史一卷附錄一卷 （明）蕭協中撰 趙新儒校注 民國二十一年（1932）泰山趙氏鉛印本 可鎮題記 一冊

330000－1701－0101547 M609750、M610284 史部/史評類/史論之屬
百大家評註史記十卷 （清）朱子蕃輯 民國十三年（1924）上海錦章圖書局石印本 十冊

330000－1701－0101548 M604068 類叢部/叢書類/彙編之屬
四部叢刊 張元濟等編 民國上海商務印書館影印本 一冊 存一種

330000－1701－0101549 M610285 集部/總集類/選集之屬/通代
歷代平民詩集四卷 張任政輯 民國二十五年（1936）上海商務印書館鉛印本 一冊

330000－1701－0101554 M604069、M607179 類叢部/叢書類/彙編之屬
士禮居黃氏叢書十九種附四種 （清）黃丕烈輯 民國四年（1915）上海石竹山房據清黃氏刻本影印本 二冊 存五種

330000－1701－0101557 M602136 史部/金石類/石之屬/通考
石鼓文疏記一卷 馬敘倫撰 民國二十四年（1935）上海商務印書館影印本 一冊

330000－1701－0101560 M604070 史部/金石類/甲骨之屬/文字
契學概論不分卷 陳晉撰 民國二十二年（1933）上海中華書局石印本 一冊

330000－1701－0101561 M602137 史部/金石類/石之屬/通考
石鼓文疏記一卷 馬敘倫撰 民國二十四年（1935）上海商務印書館影印本 一冊

330000－1701－0101562 M604071 子部/小說家類
中國寓言四卷 沈德鴻編纂 民國六年（1917）上海商務印書館鉛印本 一冊

330000－1701－0101563 M602138 經部/小學類/文字之屬/說文/傳說
說文解字詁林十五卷首一卷前編三卷後編一卷補編一卷附編一卷通檢一卷 丁福保編 民國十七年（1928）上海醫學書局石印本 三冊 存四卷（後編、補編、附編、通檢）

330000－1701－0101564 M604072 集部/詩文評類/詩評之屬
重訂全唐詩話八卷 （宋）尤袤輯 （清）孫濤訂 民國十年（1921）掃葉山房石印本 四冊

330000－1701－0101567 M604073 史部/雜史類/斷代之屬
滿清稗史十六種附二種 陸保璿輯 民國二年（1913）新中國圖書局鉛印本 十四冊 存十四種

330000－1701－0101568 M609208 類叢部/叢書類/郡邑之屬
續金華叢書六十種 胡宗楙編 民國十三年（1924）永康胡氏夢選樓刻本 七冊 存三種

330000－1701－0101569 M602139 史部/地理類/方志之屬/郡縣志
［民國］閩江金山志十三卷 林其蓉纂 民國二十六年（1937）遠東書局鉛印本 三冊

330000－1701－0101570 M610288 史部/史評類/考訂之屬
校史偶得不分卷 陳寶煐撰 民國鉛印本 一冊

330000－1701－0101572 M602140 經部/小學類/文字之屬
詞言通釋六卷 鍾歆撰 民國九年（1920）鉛印本 一冊

330000－1701－0101574 M610289 史部/史評類/考訂之屬
校史偶得不分卷 陳寶煐撰 民國九年

(1920)鉛印本　一册

330000－1701－0101577　M610290　史部/地理類/總志之屬/斷代
今縣釋名六卷　吕式斌撰　民國二十年(1931)鉛印本　一册　存三卷(四至六)

330000－1701－0101578　M604074　類叢部/叢書類/彙編之屬
玄覽堂叢書續集二十一種　鄭振鐸輯　民國三十六年(1947)國立中央圖書館影印本　三十册　存七種

330000－1701－0101579　M609209　類叢部/叢書類/郡邑之屬
續金華叢書六十種　胡宗楙編　民國十三年(1924)永康胡氏夢選樓刻本　六册　存三種

330000－1701－0101580　M607141　集部/別集類/宋別集
南湖集十卷附録三卷　(宋)張鎡撰　民國十三年(1924)杭州廣壽慧雲禪寺刻藍印本　四册

330000－1701－0101582　M602141　集部/別集類/清別集
春在堂尺牘不分卷　(清)俞樾撰　民國上海錦文堂石印本　二册

330000－1701－0101583　M610291　子部/醫家類/醫話醫論之屬
釋名病釋一卷　余巖撰　民國二十七年(1938)華豐印刷鑄字所鉛印本　一册

330000－1701－0101584　M610292　子部/醫家類/醫話醫論之屬
釋名病釋一卷　余巖撰　民國二十七年(1938)華豐印刷鑄字所鉛印本　一册

330000－1701－0101585　M609210　類叢部/叢書類/郡邑之屬
續金華叢書六十種　胡宗楙編　民國十三年(1924)永康胡氏夢選樓刻本　二册　存二種

330000－1701－0101586　M607142　集部/別集類/宋別集
南湖集十卷附録三卷　(宋)張鎡撰　民國十三年(1924)杭州廣壽慧雲禪寺刻藍印本　四册

330000－1701－0101589　M607143　集部/別集類/宋別集
南湖集十卷附録三卷　(宋)張鎡撰　民國十三年(1924)杭州廣壽慧雲禪寺刻藍印本　四册

330000－1701－0101591　M607144　集部/別集類/宋別集
南湖集十卷附録三卷　(宋)張鎡撰　民國十三年(1924)杭州廣壽慧雲禪寺刻藍印本　四册

330000－1701－0101593　M607145　集部/別集類/宋別集
南湖集十卷附録三卷　(宋)張鎡撰　民國十三年(1924)杭州廣壽慧雲禪寺刻藍印本　四册

330000－1701－0101595　M609377、M610293、M611464　類叢部/叢書類/彙編之屬
有不爲齋叢書　林語堂編　民國上海時代圖書公司鉛印本　五册　存一種

330000－1701－0101596　M607146　集部/別集類/宋別集
南湖集十卷附録三卷　(宋)張鎡撰　民國十三年(1924)杭州廣壽慧雲禪寺刻藍印本　四册

330000－1701－0101597　M607147　集部/別集類/宋別集
南湖集十卷附録三卷　(宋)張鎡撰　民國十三年(1924)杭州廣壽慧雲禪寺刻藍印本　四册

330000－1701－0101602　M610551　類叢部/叢書類/彙編之屬
國學選粹□□種　民國越鐸日報鉛印本　一册　存一種

330000－1701－0101604　M609211　史部/

目録類/書志之屬/提要
四部叢刊書錄一卷 商務印書館編 民國十五年(1926)上海商務印書館鉛印本 一册

330000－1701－0101605 M610294 類叢部/叢書類/自著之屬
亭林遺書二十二種附三種 (清)顧炎武撰 (清)席威 (清)朱記榮編 民國上海文瑞樓石印本 一册 存一種

330000－1701－0101607 M607148 子部/宗教類/佛教之屬/諸宗
淨土生無生論講義二卷附錄一卷 (明)釋傳燈撰 季新益述 民國二十二年(1933)蘇州覺社鉛印本 二册

330000－1701－0101608 M610552 史部/史評類/考訂之屬
校史偶得不分卷 陳寶烘撰 民國九年(1920)鉛印本 一册

330000－1701－0101611 M610553 子部/叢編
清人説薈初集二十種 雷瑨輯 民國上海掃葉山房石印本 二册 存九種

330000－1701－0101614 M610296 集部/小説類/短篇之屬
小説名畫大觀二百七十種 胡寄塵編輯 民國五年(1916)上海文明書局石印本 一册 存十四種

330000－1701－0101615 M607149 子部/宗教類/佛教之屬
釋氏文鈔讀本不分卷 釋聖聰輯 民國二十三年(1934)浙杭慧空經房刻本 一册

330000－1701－0101617 M601634、M609212、M609213、M609214、M609215、M609216 類叢部/叢書類/彙編之屬
四部叢刊 張元濟等編 民國上海商務印書館影印本 二十二册 存五種

330000－1701－0101618 M607150 子部/宗教類/佛教之屬
釋氏文鈔讀本不分卷 釋聖聰輯 民國二十三年(1934)浙杭慧空經房刻本 一册

330000－1701－0101625 M610297、M610846 集部/别集類
滄海一波集五卷首一卷 康逸泉撰 民國二十二年(1933)鉛印本 二册

330000－1701－0101626 M607155 子部/宗教類/佛教之屬
釋氏文鈔讀本不分卷 釋聖聰輯 民國二十三年(1934)浙杭慧空經房刻本 一册

330000－1701－0101627 M607151 子部/宗教類/佛教之屬
釋氏文鈔讀本不分卷 釋聖聰輯 民國二十三年(1934)浙杭慧空經房刻本 一册

330000－1701－0101629 M607152 子部/宗教類/佛教之屬
釋氏文鈔讀本不分卷 釋聖聰輯 民國二十三年(1934)浙杭慧空經房刻本 一册

330000－1701－0101630 M607153 子部/宗教類/佛教之屬
釋氏文鈔讀本不分卷 釋聖聰輯 民國二十三年(1934)浙杭慧空經房刻本 一册

330000－1701－0101631 M607154 子部/宗教類/佛教之屬
釋氏文鈔讀本不分卷 釋聖聰輯 民國二十三年(1934)浙杭慧空經房刻本 一册

330000－1701－0101633 M607156 子部/宗教類/佛教之屬
釋氏文鈔讀本不分卷 釋聖聰輯 民國二十三年(1934)浙杭慧空經房刻本 一册

330000－1701－0101634 M607157 子部/宗教類/佛教之屬
釋氏文鈔讀本不分卷 釋聖聰輯 民國二十三年(1934)浙杭慧空經房刻本 一册

330000－1701－0101635 M610299 集部/别集類
彈山詩稾一卷 屈爔撰 民國二十九年(1940)鉛印本 一册

330000－1701－0101636　M607283、M607297、M609221　類叢部/叢書類/彙編之屬

四部叢刊續編七十七種　張元濟等編　民國二十三年(1934)上海商務印書館影印本　十一册　存三種

330000－1701－0101640　M610300　子部/雜著類/雜説之屬

容齋隨筆十六卷續筆十六卷三筆十六卷四筆十六卷五筆十卷首一卷　(宋)洪邁撰　民國十七年(1928)上海掃葉山房石印本　一册　存十卷(五筆一至十)

330000－1701－0101641　M607373、M609218　類叢部/叢書類/彙編之屬

四部叢刊續編七十七種　張元濟等編　民國二十三年(1934)上海商務印書館影印本　十三册　存二種

330000－1701－0101642　M607158　子部/宗教類/佛教之屬

釋氏文鈔讀本不分卷　釋聖聰輯　民國二十三年(1934)浙杭慧空經房刻本　一册

330000－1701－0101643　M607159　子部/宗教類/佛教之屬

釋氏文鈔讀本不分卷　釋聖聰輯　民國二十三年(1934)浙杭慧空經房刻本　一册

330000－1701－0101644　M607160　子部/宗教類/佛教之屬

釋氏文鈔讀本不分卷　釋聖聰輯　民國二十三年(1934)浙杭慧空經房刻本　一册

330000－1701－0101646　M607161　子部/宗教類/佛教之屬

釋氏文鈔讀本不分卷　釋聖聰輯　民國二十三年(1934)浙杭慧空經房刻本　一册

330000－1701－0101647　M609220　類叢部/叢書類/彙編之屬

四部叢刊續編七十七種　張元濟等編　民國二十三年(1934)上海商務印書館影印本　一册　存一種

330000－1701－0101648　M607162　子部/宗教類/佛教之屬

釋氏文鈔讀本不分卷　釋聖聰輯　民國二十三年(1934)浙杭慧空經房刻本　一册

330000－1701－0101649　M607163　子部/宗教類/佛教之屬

釋氏文鈔讀本不分卷　釋聖聰輯　民國二十三年(1934)浙杭慧空經房刻本　一册

330000－1701－0101651　M610301　集部/詩文評類/詩評之屬

歷代詩話續編二十九種　丁福保輯　民國五年(1916)無錫丁氏鉛印本　一册　存二種

330000－1701－0101652　M609217　類叢部/叢書類/彙編之屬

四部叢刊續編七十七種　張元濟等編　民國二十三年(1934)上海商務印書館影印本　二册　存一種

330000－1701－0101653　M607164　子部/宗教類/佛教之屬

釋氏文鈔讀本不分卷　釋聖聰輯　民國二十三年(1934)浙杭慧空經房刻本　一册

330000－1701－0101654　M607165　子部/宗教類/佛教之屬

釋氏文鈔讀本不分卷　釋聖聰輯　民國二十三年(1934)浙杭慧空經房刻本　一册

330000－1701－0101655　M602263、M604075　子部/小説家類/雜事之屬

新刊大宋宣和遺事四卷　民國四年(1915)上海商務印書館鉛印本　四册

330000－1701－0101657　M607166　子部/宗教類/佛教之屬

釋氏文鈔讀本不分卷　釋聖聰輯　民國二十三年(1934)浙杭慧空經房刻本　一册

330000－1701－0101658　M604076　子部/儒家類/儒學之屬/禮教/家訓

明袁了凡四訓一卷附録俞淨意公遇竈神記一卷　(明)袁黄撰　民國十一年(1922)上海佛學推行社鉛印本　一册

330000－1701－0101659　M607167　子部/宗教類/佛教之屬
釋氏文鈔讀本不分卷　釋聖聰輯　民國二十三年(1934)浙杭慧空經房刻本　一冊

330000－1701－0101660　M607168　子部/宗教類/佛教之屬
釋氏文鈔讀本不分卷　釋聖聰輯　民國二十三年(1934)浙杭慧空經房刻本　一冊

330000－1701－0101662　M607169　子部/宗教類/佛教之屬
釋氏文鈔讀本不分卷　釋聖聰輯　民國二十三年(1934)浙杭慧空經房刻本　一冊

330000－1701－0101663　M601701、M609219　類叢部/叢書類/彙編之屬
四部叢刊續編七十七種　張元濟等編　民國二十三年(1934)上海商務印書館影印本　八冊　存一種

330000－1701－0101664　M607170　子部/宗教類/佛教之屬
釋氏文鈔讀本不分卷　釋聖聰輯　民國二十三年(1934)浙杭慧空經房刻本　一冊

330000－1701－0101665　M607171　子部/宗教類/佛教之屬
釋氏文鈔讀本不分卷　釋聖聰輯　民國二十三年(1934)浙杭慧空經房刻本　一冊

330000－1701－0101666　M604077　集部/詞類/總集之屬
校輯宋金元人詞七十種　趙萬里輯　民國二十年(1931)國立中央研究院歷史語言研究所鉛印本　一冊

330000－1701－0101668　M607172　子部/宗教類/佛教之屬
釋氏文鈔讀本不分卷　釋聖聰輯　民國二十三年(1934)浙杭慧空經房刻本　一冊

330000－1701－0101669　M607173　子部/宗教類/佛教之屬
釋氏文鈔讀本不分卷　釋聖聰輯　民國二十三年(1934)浙杭慧空經房刻本　一冊

330000－1701－0101670　M607174　子部/宗教類/佛教之屬
釋氏文鈔讀本不分卷　釋聖聰輯　民國二十三年(1934)浙杭慧空經房刻本　一冊

330000－1701－0101671　M604078　史部/傳記類/別傳之屬/年譜
錢牧齋先生[謙益]年譜一卷　金鶴沖輯　**東澗遺老錢公別傳一卷**　(清)顧苓撰　民國三十年(1941)鉛印本　一冊

330000－1701－0101672　M607175　子部/宗教類/佛教之屬
釋氏文鈔讀本不分卷　釋聖聰輯　民國二十三年(1934)浙杭慧空經房刻本　一冊

330000－1701－0101673　M604388、M610303　子部/雜著類/雜説之屬
景船齋雜記二卷　(清)章有謨撰　民國上海中華圖書館石印本　二冊

330000－1701－0101674　M609222　經部/小學類/文字之屬/字書/通論
字義類例不分卷　陳獨秀撰　民國十四年(1925)上海亞東圖書館石印本　一冊

330000－1701－0101675　M607176　子部/宗教類/佛教之屬
釋氏文鈔讀本不分卷　釋聖聰輯　民國二十三年(1934)浙杭慧空經房刻本　一冊

330000－1701－0101677　M604079　史部/傳記類
杏蔭堂彙刻三種　許浩基撰　民國吳興許氏杏蔭堂鉛印本　一冊　存一種

330000－1701－0101678　M609223　類叢部/叢書類/自著之屬
心史叢刊十四種　孟森撰　民國二十五年(1936)上海大東書局鉛印本　一冊　存六種

330000－1701－0101679　M607177　子部/小說家類
古今筆記精華錄二十四卷　古今圖書局編譯部編纂　民國四年(1915)上海廣益書局石印本　二冊　存三卷(十三、十六至十七)

330000－1701－0101681　M604080　史部/金石類/錢幣之屬/雜著

談泉雜錄五卷　高煥文輯　民國十五年(1926)高氏泉壽山房石印本　一冊

330000－1701－0101682　M610304　子部/宗教類/佛教之屬

觀世音菩薩尋聲救苦普門示現圖一卷　萬鈞集證　**觀世音經一卷**　(後秦)釋鳩摩羅什譯　民國十八年(1929)無錫萬氏鉛印本　一冊

330000－1701－0101684　M604081　類叢部/叢書類/郡邑之屬

遼海叢書八十種附一種　金毓黻編　民國二十年至二十三年(1931－1934)遼海書社鉛印本([康熙]廣寧縣志卷七至八原缺)　二冊　存一種

330000－1701－0101685　M607178　類叢部/叢書類/彙編之屬

四部叢刊　張元濟等編　民國上海商務印書館影印本　三冊　存一種

330000－1701－0101688　M609225　集部/詩文評類/詩評之屬

歷代詩話續編二十九種　丁福保輯　民國五年(1916)無錫丁氏鉛印本　十八冊　存二十二種

330000－1701－0101689　M610305　經部/小學類/音韻之屬/韻書

廣韻五卷　(宋)陳彭年等修　**宋本廣韻校札一卷**　(清)黎庶昌撰　民國上海涵芬樓影印本　五冊

330000－1701－0101691　M604082、M607565、M609689　子部/小說家類/雜事之屬

堅瓠集六十六卷　(清)褚人獲撰　民國十五年(1926)柏香書屋鉛印本　十一冊　存五十卷(丙集一至四、己集一至四、庚集一至四、辛集一至四、壬集一至四、癸集一至四、補集一至六、秘集一至六、廣集一至六、續集一至四、餘集一至四)

330000－1701－0101697　M609227　史部/目録類/總録之屬/私撰

郘亭知見傳本書目十六卷　(清)莫友芝撰　民國七年(1918)上海掃葉山房石印本　六冊

330000－1701－0101698　M604083　史部/政書類/邦計之屬/錢幣

制錢通考三卷　(清)唐與崑輯　民國上海聚珍倣宋印書局鉛印本　一冊

330000－1701－0101699　M604084　史部/政書類/邦計之屬/錢幣

制錢通考三卷　(清)唐與崑輯　民國上海聚珍倣宋印書局鉛印本　一冊

330000－1701－0101703　M609226　史部/金石類/總志之屬

顧氏金石輿地叢書第一集八種　顧燮光編　民國十八年(1929)會稽顧氏金佳石好樓鉛印本暨石印本　八冊

330000－1701－0101704　M604085　史部/傳記類/總傳之屬/家乘

[安徽績溪]績溪廟子山王氏譜二十卷首四卷末四卷　王集成纂修　民國二十五年(1936)敘倫堂鉛印本　四冊

330000－1701－0101706　M604086　類叢部/叢書類/彙編之屬

燕京大學圖書館叢書　燕京大學圖書館編　民國北平燕京大學圖書館鉛印本暨影印本　一冊　存二種

330000－1701－0101709　M604087　子部/儒家類/儒學之屬/性理

昌儒醒世鏡正編一卷前編一卷附編一卷　(明)王守仁撰　民國十二年(1923)杭州停雲軒鉛印本　一冊

330000－1701－0101712　M604088　史部/傳記類/別傳之屬/年譜

涇舟老人洪琴西先生[汝奎]年譜四卷　章洪鈞　陳作霖編　魏家驊重編　民國二十八年(1939)鉛印本　一冊

330000－1701－0101713　M609228、M610640

史部/政書類/儀制之屬

江蘇編訂禮制會喪禮草案三卷喪服草案五卷 姚文枏撰 民國二十一年(1932)鉛印本 二冊

330000－1701－0101717 M604089 史部/傳記類/總傳之屬/仕宦

清代徵獻類編五種 嚴懋功撰 民國二十年(1931)無錫民生公司鉛印本 一冊 存一種

330000－1701－0101720 M609229 集部/別集類

非儒非俠齋文集四卷外集一卷詩集二卷聯語偶存初集一卷 顧燮光撰 **福豔樓遺詩一卷** 陸珊撰 民國二十五年(1936)杭州顧廬石印本 一冊 存三卷(文集三至四、外集)

330000－1701－0101721 M604090 史部/地理類/方志之屬/郡縣志

[萬曆]秀水縣志十卷 (明)李培修 (明)黃洪憲等纂 金蓉鏡校補 民國十四年(1925)金蓉鏡鉛印本 四冊

330000－1701－0101725 M604091 史部/地理類/方志之屬/郡縣志

[民國]定海縣志十六卷首一卷 陳訓正 馬瀛纂修 施臯 顏聖介 張紀隆測繪 民國十三年(1924)旅滬同鄉會鉛印本 六冊

330000－1701－0101727 M604092 史部/地理類/方志之屬/郡縣志

[民國]定海縣志十六卷首一卷 陳訓正 馬瀛纂修 施臯 顏聖介 張紀隆測繪 民國十三年(1924)旅滬同鄉會鉛印本 六冊

330000－1701－0101733 M607541、M609232、M609619 史部/目録類/總録之屬/官修

壬子文瀾閣所存書目五卷 錢恂編 民國元年(1912)浙江圖書館刻本 四冊

330000－1701－0101742 M609233 子部/藝術類/篆刻之屬/印論

治印雜說不分卷 王世纂 民國六年(1917)鉛印本 一冊

330000－1701－0101745 M607180 史部/地理類/雜志之屬

盛湖竹枝詞二卷雜錄一卷 沈雲撰 民國七年(1918)鉛印本 一冊

330000－1701－0101746 M609234 集部/別集類

燕知草一卷附重過西園碼頭殘稿一卷 俞平伯撰 民國十九年(1930)上海開明書店鉛印本 一冊 缺一卷(重過西園碼頭殘稿)

330000－1701－0101751 M604093 史部/地理類/方志之屬/郡縣志

紹興縣志四種合刊 紹興縣修志委員會輯 民國二十五年(1936)紹興縣修志委員會鉛印本(道光會稽縣志稾卷二至五、十至十三、二十至二十二原缺) 七冊 存一種

330000－1701－0101752 M607181 集部/總集類/題詠之屬

蒲塘十景詩一卷 王廷揚輯 民國十四年(1925)鉛印本 一冊

330000－1701－0101755 M607182 史部/目録類/版本之屬/通論

藏書絕句三十二首一卷 楊守敬撰 民國十六年(1927)鉛印本 一冊

330000－1701－0101756 M604094 史部/史表類/通代之屬

歷代甲子紀年表不分卷 張之銘輯 民國二十七年(1938)上海實學通藝館石印本 二幀

330000－1701－0101758 M604359 集部/總集類/選集之屬/斷代

千首宋人絕句十卷 (清)嚴長明輯 民國上海商務印書館鉛印本 二冊

330000－1701－0101763 M604095 史部/金石類/金之屬/圖像

夢坡室獲古叢編十二卷 周慶雲藏 鄒壽祺編 民國十六年(1927)上海周慶雲夢坡室影印本 一冊 存一卷(二)

330000－1701－0101764 M607184 子部/藝術類/書畫之屬/法帖

海日樓遺墨一卷 沈曾植書 民國上海佛記

書局石印本　一冊

330000－1701－0101771　M607185　子部/藝術類/書畫之屬/法帖
林和靖先生詩稿一卷　(宋)林逋書　民國有正書局影印本　一冊

330000－1701－0101772　M604096　史部/傳記類/別傳之屬/事狀
杭州徐吉生先生訃告一卷　徐恩溥　徐恩詒輯　民國二十四年(1935)上海大東書局影印本　一冊

330000－1701－0101775　M604097　子部/藝術類/書畫之屬/法帖
趙文敏公虞文靖公法書不分卷　(元)趙孟頫　(元)虞集書　民國影印本　一冊

330000－1701－0101777　M610554　史部/編年類/斷代之屬
清史綱要十四卷　吳曾祺等編　民國二年(1913)上海商務印書館鉛印本　五冊　存十二卷(一至十二)

330000－1701－0101779　M604098　史部/金石類/石之屬
六朝志銘叢錄初集不分卷　吳隱纂輯　顧燮光編目　民國九年(1920)上海西泠印社影印本　一冊

330000－1701－0101782　M604099　子部/藝術類/書畫之屬/畫譜
松禪戲墨不分卷　(清)翁同龢繪　錢冲父藏　民國二十四年(1935)上海商務印書館影印本　一冊

330000－1701－0101784　M610555　集部/別集類
蠖齋詩三卷詩話三卷　陳寶熐撰　民國鉛印本　一冊

330000－1701－0101787　M604100　子部/藝術類/書畫之屬/畫譜
梅瞿山黄山十九景不分卷　(清)梅清繪　民國二十三年(1934)上海商務印書館影印本　一冊

330000－1701－0101788　M610308　子部/宗教類/佛教之屬
雲棲法彙二十九種　(明)釋袾宏撰　(明)王宇春等輯　民國上海有正書局鉛印本　一冊　存一種

330000－1701－0101791　M610309　類叢部/叢書類/彙編之屬
四部叢刊三編預約樣本一卷附初編續編目錄　商務印書館編　民國二十四年(1935)商務印書館鉛印本　一冊

330000－1701－0101792　M604102　史部/載記類
僞齊錄校補二卷　朱希祖撰　民國三十三年(1944)獨立出版社鉛印本　一冊

330000－1701－0101797　M610556　集部/別集類
行役吟一卷　居正撰　民國三十六年(1947)上海大東書局鉛印本　一冊

330000－1701－0101798　M604103　史部/金石類/石之屬/文字
石鼓讀七種　(清)吳東發撰　民國十五年(1926)海寧陳乃乾慎初堂據清乾隆刻本影印本　一冊

330000－1701－0101801　M609235　集部/別集類
蠖齋文一卷詩一卷　陳寶熐撰　民國鉛印本　一冊

330000－1701－0101802　M610311　集部/詞類/總集之屬
唐五代詞選三卷　(清)成肇麐輯　民國上海涵芬樓鉛印本　一冊

330000－1701－0101804　M610557　類叢部/叢書類/家集之屬
樸學齋叢書第一集二十八種　胡韞玉編　民國二十九年(1940)安吳胡氏鉛印本　二冊　存十四種

330000－1701－0101805　M604104　子部/雜著類/雜說之屬

古器物學研究議一卷 羅振玉撰 民國天津貽安堂經籍鋪鉛印本 一冊

330000－1701－0101808 M609236 集部/別集類
蠖齋文一卷詩一卷 陳寶熿撰 民國鉛印本 一冊 存一卷(文)

330000－1701－0101810 M604106 類叢部/叢書類/彙編之屬
四部備要 中華書局編 民國二十五年(1936)上海中華書局鉛印本 二冊 存一種

330000－1701－0101812 M609237 集部/別集類
蠖齋文一卷詩一卷 陳寶熿撰 民國鉛印本 一冊

330000－1701－0101813 M609240、M609597、M611247 類叢部/類書類/通類之屬
淵鑑類函四百五十卷目録四卷 (清)張英(清)王士禛等輯 民國十五年(1926)同文書局影印本 三十八冊 存二百七十卷(目録一至四,一至三、六十七至八十四、一百二十五至一百九十八、二百二十至三百九十)

330000－1701－0101817 M604107 史部/地理類/山川之屬/水志
蕭山湘湖志八卷外編一卷續志一卷 周易藻編 民國十六年(1927)周氏鉛印本 五冊

330000－1701－0101820 M609238 集部/別集類
蠖齋詩三卷詩話三卷 陳寶熿撰 民國鉛印本 一冊

330000－1701－0101821 M604108 集部/別集類
聽天閣詩存二卷 潘天壽撰 民國三十三年(1944)鉛印本 一冊

330000－1701－0101823 M610812 史部/目録類/總録之屬/地方
台州經籍志四十卷 項士元編 民國四年(1915)鉛印本 十六冊

330000－1701－0101827 M609239 集部/別集類
蠖齋詩三卷詩話三卷 陳寶熿撰 民國鉛印本 一冊

330000－1701－0101828 M604109 集部/總集類/酬唱之屬
笙磬同音集初集一卷二集一卷 程宗伊等撰 民國八年(1919)鉛印本 潤生題記 一冊

330000－1701－0101831 M604110 集部/總集類/酬唱之屬
諸吟壇賜和重游頖水詩一卷 許溎祥編 民國六年(1917)鉛印本 潤生題記 一冊

330000－1701－0101833 M610559 集部/別集類
栩園近稿六卷 陳栩撰 民國漢文書局鉛印本 一冊

330000－1701－0101835 M604111 類叢部/叢書類
爰居閣叢書 梁鴻志輯 民國二十三年(1934)鉛印本 一冊 存一種

330000－1701－0101836 M604112 史部/傳記類/別傳之屬/年譜
徐愚齋自敘年譜一卷上海雜記一卷 (清)徐潤撰 徐廷鑾等續補 民國十六年(1927)香山徐氏鉛印本 一冊

330000－1701－0101841 M604114、M604135、M604145 類叢部/叢書類/彙編之屬
四部備要 中華書局編 民國二十五年(1936)上海中華書局鉛印本 十六冊 存三種

330000－1701－0101843 M604115、M609649、M609955 史部/目録類/書志之屬/題跋
郋園讀書志十六卷 葉德輝撰 民國十七年(1928)上海澹園鉛印本 十五冊 缺一卷(一)

330000－1701－0101844 M609241 史部/傳記類/別傳之屬/事狀
孝行紀實錄二卷 高振霄編 民國二十一年

(1932)鉛印本　一册

330000－1701－0101845　M604116　史部/地理類/專志之屬/寺觀

靈峯寺志九卷首一卷　吳清修　葉向陽　王華纂　民國二十四年(1935)浙江正楷印書局鉛印本　一册

330000－1701－0101848　M609242、M610842　子部/醫家類/醫經之屬/内經

内經知要二卷　(清)李中梓輯注　(清)薛雪補注　民國上海商務印書館鉛印本　二册

330000－1701－0101850　M602667、M609243　類叢部/叢書類/自著之屬

止園叢書第一集五種第二集四種　尹昌衡撰　民國七年(1918)南京商務印書館、上海中華書局鉛印本　十三册

330000－1701－0101852　M604117　子部/藝術類/篆刻之屬/印譜

十鐘山房印舉三十卷　(清)陳介祺藏並輯　民國十一年(1922)上海商務印書館涵芬樓影印本　十二册

330000－1701－0101855　M604118　史部/地理類/方志之屬/郡縣志

乾隆紹興府志校記不分卷　(清)李慈銘撰　民國十八年(1929)鉛印本　一册

330000－1701－0101856　M604119　史部/地理類/方志之屬/郡縣志

[嘉慶]山陰縣志校記一卷　(清)李慈銘撰　民國十九年(1930)鉛印本　一册

330000－1701－0101857　M607190　子部/醫家類/喉科口齒之屬/白喉

白喉治法忌表抉微一卷　(清)耐修子錄并注　民國七年(1918)江蘇嘉定縣光明印刷社鉛印本　一册

330000－1701－0101859　M609244　子部/小說家類/雜事之屬

秦淮廣紀三卷　繆荃孫撰　民國十三年(1924)上海商務印書館鉛印本　二册　存一卷(二)

330000－1701－0101860　M604120　史部/傳記類/別傳之屬

海日樓哀輓錄不分卷　民國十一年(1922)鉛印本　一册

330000－1701－0101861　M607191　子部/醫家類/方書之屬/單方驗方

良方彙選二卷　中華書局編輯　民國八年(1919)上海中華書局鉛印本　一册

330000－1701－0101862　M604121　集部/曲類/寶卷之屬

紅羅寶卷一卷　民國二年(1913)上海文益書局石印本　一册

330000－1701－0101863　M607192　集部/別集類

靈璞閣詩二卷附孫言草一卷　張惠衣撰　民國三十三年(1944)鉛印本　一册

330000－1701－0101864　M610315　史部/傳記類/別傳之屬/事狀

丹徒戴公壺翁哀輓錄一卷　高雲麟等撰　**壺翁自述一卷**　戴啟文撰　**壺翁別傳一卷**　吳慶坻撰　民國鉛印本　一册

330000－1701－0101865　M604122　集部/曲類/寶卷之屬

紅羅寶卷一卷　民國二年(1913)上海文益書局石印本　一册

330000－1701－0101867　M607193　集部/曲類/曲選之屬

元曲別裁集二卷　盧前編　民國十七年(1928)上海開明書店鉛印本　一册

330000－1701－0101869　M610316　史部/傳記類/別傳之屬/事狀

丹徒戴公壺翁哀輓錄一卷　高雲麟等撰　**壺翁自述一卷**　戴啟文撰　**壺翁別傳一卷**　吳慶坻撰　民國鉛印本　一册

330000－1701－0101870　M610317　史部/傳記類/別傳之屬/事狀

丹徒戴公壺翁哀輓錄一卷　高雲麟等撰　**壺翁自述一卷**　戴啟文撰　**壺翁別傳一卷**　吳

慶坻撰　民國鉛印本　一冊

330000－1701－0101873　M609246　史部/目録類/總録之屬/彙刻
增輯書目畣問五卷別錄一卷清朝箸述諸家姓名略一卷　(清)張之洞撰　民國十年(1921)上海朝記書莊石印本　一冊　存二卷(經部、史部)

330000－1701－0101874　M609253、M610318　史部/政書類/邦計之屬/地政
土地政策不分卷　蕭明新編　民國河南反省院石印股石印本　二冊

330000－1701－0101875　M607195　史部/目録類/總録之屬/氏族
唐氏先世著述目錄一卷　唐淵輯　**辛未秋中七詩一卷春池館文稿一卷**　唐淵撰　民國二十年(1931)鉛印本　一冊

330000－1701－0101878　M604123　子部/叢編
清代筆記叢刊四十一種　文明書局編　民國上海文明書局石印本　一冊　存一種

330000－1701－0101880　M607196　子部/藝術類/書畫之屬/法帖
宋拓多寶塔碑(大唐西京千福寺多寶佛塔感應碑文)不分卷　(唐)岑勛撰　(唐)顔真卿書　民國十八年(1929)影印本　一冊

330000－1701－0101881　M610319　集部/別集類
溈皓寤言一卷　李翰昌撰　民國九年(1920)杭州武林印書館鉛印本　一冊

330000－1701－0101882　M604124　集部/曲類/寶卷之屬
雌雄盃寶卷二卷　民國十二年(1923)上海文益書局石印本　二冊

330000－1701－0101884　M607197　史部/地理類/專志之屬/古跡
金陵勝蹟志十卷　胡祥翰輯　民國十五年(1926)鉛印本　一冊

330000－1701－0101885　M610562　子部/術數類/相宅相墓之屬
增圖地理大全二十三種　(清)鄒廷猷編輯　民國上海校經山房石印本　二冊　存一種

330000－1701－0101886　M602624、M602625、M602626、M604125　史部/地理類/方志之屬/郡縣志
紹興縣志四種合刊　紹興縣修志委員會輯　民國二十五年(1936)紹興縣修志委員會鉛印本(道光會稽縣志稾卷二至五、十至十三、二十至二十二原缺)　十一冊　存一種

330000－1701－0101888　M610320　史部/目録類/總録之屬/官修
海寧縣公立圖書館書目一卷附金石保存處金石拓本目錄一卷　朱尚編訂　民國十二年(1923)海寧縣公立圖書館鉛印本　一冊

330000－1701－0101889　M607199、M607557　史部/地理類/專志之屬/寺觀
廣壽慧雲寺志七卷　(清)丁丙　(清)孫峻輯　民國十七年(1928)玉照堂刻藍印本　二冊

330000－1701－0101890　M607272、M609247　類叢部/叢書類/彙編之屬
四庫全書珍本初集二百三十種　中央圖書館籌備處輯　民國二十三年至二十四年(1934－1935)上海商務印書館據文淵閣本影印本　五冊　存二種

330000－1701－0101891　M604126　史部/地理類/方志之屬/郡縣志
紹興縣志四種合刊　紹興縣修志委員會輯　民國二十五年(1936)紹興縣修志委員會鉛印本(道光會稽縣志稾卷二至五、十至十三、二十至二十二原缺)　十六冊　存一種

330000－1701－0101892　M610563　經部/小學類/文字之屬/說文
說文解字十五卷標目一卷　(漢)許慎撰　(宋)徐鉉等校定　民國上海商務印書館據藤花榭刻本影印本　二冊　存九卷(一至八、標目)

330000－1701－0101895　M607201　集部/總集類/酬唱之屬

幼幼集一卷　狄望雲編　民國二十七年(1938)黄巖友成局鉛印本　一册

330000－1701－0101896　M604128、M604129　史部/地理類/方志之屬/郡縣志

紹興縣志四種合刊　紹興縣修志委員會輯　民國二十五年(1936)紹興縣修志委員會鉛印本(道光會稽縣志稾卷二至五、十至十三、二十至二十二原缺)　五册　存一種

330000－1701－0101897　M607202　史部/地理類/水利之屬

浙江水利叢刻　浙江水利委員會編　民國五年(1916)浙江水利委員會鉛印本　一册　存一種

330000－1701－0101900　M609249　經部/小學類/音韻之屬

説音一卷　江謙撰　民國二十五年(1936)上海中華書局鉛印本　一册

330000－1701－0101901　M607203　史部/地理類/雜志之屬

盛湖竹枝詞二卷雜録一卷　沈雲撰　民國七年(1918)鉛印本　鳳題記　一册

330000－1701－0101903　M609250　類叢部/叢書類/家集之屬

武林丁氏家集十三種　丁立誠　丁立中撰　民國錢塘丁氏嘉惠堂鉛印本　一册　存一種

330000－1701－0101904　M602651、M604130、M610039　史部/地理類/方志之屬/郡縣志

紹興縣志四種合刊　紹興縣修志委員會輯　民國二十五年(1936)紹興縣修志委員會鉛印本(道光會稽縣志稾卷二至五、十至十三、二十至二十二原缺)　七册　存一種

330000－1701－0101905　M607204　子部/宗教類/佛教之屬/經疏

大毘盧遮那成佛神變加持經住心品疏註會解一卷　(唐)釋一行疏　(唐)釋靈雲妙極大師註　劉永滇述　民國上海鉛印本　一册

330000－1701－0101908　M604131　史部/地理類/方志之屬/郡縣志

紹興縣志四種合刊　紹興縣修志委員會輯　民國二十五年(1936)紹興縣修志委員會鉛印本(道光會稽縣志稾卷二至五、十至十三、二十至二十二原缺)　九册　存一種

330000－1701－0101909　M607205、M607488　子部/宗教類/佛教之屬

佛學叢書□□種　民國上海商務印書館鉛印本　三册　存三種

330000－1701－0101911　M607206　類叢部/叢書類/彙編之屬

國立北京大學研究院文史叢刊　國立北京大學研究院文史部輯　民國上海商務印書館鉛印本暨影印本　一册　存一種

330000－1701－0101913　M604132　子部/小説家類

筆記小説大觀二百二十二種　進步書局輯　民國上海進步書局石印本　九册　存一種

330000－1701－0101914　M607207　子部/藝術類/書畫之屬

拜李樓遺墨不分卷　溫訇繪　民國十九年(1930)影印本　一册

330000－1701－0101918　M610564　類叢部/叢書類/彙編之屬

四部叢刊三編預約樣本一卷附初編續編目録　商務印書館編　民國二十四年(1935)商務印書館鉛印本　一册

330000－1701－0101920　M604133　史部/地理類/雜志之屬

百夷傳一卷　(明)錢古訓編　民國十八年(1929)國學圖書館影印本　一册

330000－1701－0101921　M607208、M607209、M607210、M607211、M607212、M607213、M607214、M607215、M607216、M607217、M607218、M607220、M607226　類叢部/叢書類/彙編之屬

四部叢刊　張元濟等編　民國上海商務印書

館影印本　七十九冊　存十三種

330000－1701－0101922　M609467、M610321　史部/目録類/總録之屬/私撰

書目答問補正五卷　范希曾編　民國二十四年(1935)江蘇省立國學圖書館鉛印本　二冊

330000－1701－0101923　M609252　史部/目録類/總録之屬/私撰

國學用書類述不分卷　支偉成編　民國十六年(1927)上海泰東圖書局鉛印本　二冊

330000－1701－0101924　M610322　類叢部/叢書類

盉盦著書　民國鉛印本　一冊　存一種

330000－1701－0101925　M604134　子部/藝術類/書畫之屬/畫譜

影印足本芥子園畫譜初集四卷二集四卷三集四卷　(清)王槩　(清)王蓍　(清)王臬輯　民國上海世界書局影印本　二冊　存一卷(二)

330000－1701－0101927　M609254　集部/別集類/清別集

曉霞軒詩詞焚餘集一卷　(清)梁壽賢撰　民國八年(1919)鉛印本　一冊

330000－1701－0101928　M610323　集部/別集類/唐五代別集

少陵詩鈔一卷　(唐)杜甫撰　(清)顧廷綸編　民國十六年(1927)科學儀器館據顧氏手抄本影印本　一冊

330000－1701－0101930　M609255　子部/宗教類/佛教之屬

佛學叢書□□種　丁福保輯　民國上海醫學書局鉛印本暨影印本　一冊　存一種

330000－1701－0101931　M610324　史部/地理類/遊記之屬/紀行

吳郡西山訪古記五卷附鎮揚遊記一卷　李根源撰　民國十五年(1926)上海泰東圖書局鉛印本　一冊

330000－1701－0101934　M604136　子部/藝術類/書畫之屬/畫譜

小百梅集一卷　(清)改琦繪　民國十八年(1929)上海商務印書館影印本　一冊

330000－1701－0101935　M609256　子部/宗教類/佛教之屬

佛學叢書□□種　丁福保輯　民國上海醫學書局鉛印本暨影印本　一冊　存一種

330000－1701－0101936　M604137　子部/藝術類/書畫之屬/畫法畫品

論畫輯要八種　馬克明輯　民國十七年(1928)上海商務印書館鉛印本　一冊

330000－1701－0101938　M610325　史部/地理類/專志之屬/祠墓

岳忠武王初瘞志不分卷　民國二十四年(1935)西湖岳王廟產保管委員會鉛印本　一冊

330000－1701－0101939　M609257　集部/別集類

冰雪寮詩鈔二卷　釋淡雲撰　民國十九年(1930)鉛印本　一冊

330000－1701－0101940　M604138　史部/雜史類/斷代之屬

滿清稗史十六種附二種　陸保璿輯　民國二年(1913)新中國圖書局鉛印本　一冊　存一種

330000－1701－0101941　M609258　集部/別集類

冰雪寮詩鈔二卷　釋淡雲撰　民國十九年(1930)鉛印本　一冊

330000－1701－0101942　M610326　史部/地理類/遊記之屬/紀行

仰逋居遊記十四卷　陳詵撰　民國十四年(1925)鉛印本　一冊

330000－1701－0101943　M609259　集部/別集類

冰雪寮詩鈔二卷　釋淡雲撰　民國十九年(1930)鉛印本　一冊

330000－1701－0101945　M604139　類叢部/叢書類/彙編之屬

四部叢刊　張元濟等編　民國八年(1919)上海商務印書館影印本　二冊　存一種

330000－1701－0101947　M609260　史部/傳記類/總傳之屬/通代

中國藏書家攷略不分卷　楊立誠　金步瀛編　民國十八年(1929)浙江省立圖書館鉛印本　一冊

330000－1701－0101948　M610079、M610565　子部/雜著類/雜說之屬

粟香隨筆八卷二筆八卷三筆八卷四筆八卷五筆八卷　金武祥撰　民國上海埽葉山房石印本　十六冊

330000－1701－0101949　M610327　子部/工藝類/文房四寶之屬/墨

墨表四卷　(明)萬壽祺撰　民國石印本　一冊

330000－1701－0101950　M604140　類叢部/叢書類/自著之屬

潤德堂叢書　袁樹珊撰　民國鎮江潤德堂鉛印本　四冊　存一種

330000－1701－0101951　M609261　類叢部/叢書類/彙編之屬

國立中央研究院歷史語言研究所單刊　國立中央研究院歷史語言研究所編　民國上海商務印書館鉛印本暨影印本　一冊　存一種

330000－1701－0101953　M610328　集部/總集類/彙編之屬

明季三孝廉集　羅振玉編　民國八年(1919)上虞羅氏鉛印本　二冊　存一種

330000－1701－0101954　M609262　史部/目録類/總録之屬/彙刻

美術叢書預約樣本一卷　上海神州國光社編　民國二十五年(1936)上海神州國光社鉛印本　一冊

330000－1701－0101956　M609263　史部/目録類/總録之屬/官修

壬子文瀾閣所存書目五卷　錢恂編　民國元年(1912)浙江圖書館刻本　四冊

330000－1701－0101958　M604142　史部/政書類/公牘檔冊之屬

浙江省議會民國十年常年會議事錄不分卷　浙江省議會編　民國十年(1921)鉛印本　一冊

330000－1701－0101959　M601610、M610111　類叢部/叢書類/彙編之屬

四部叢刊　張元濟等編　民國八年(1919)上海商務印書館影印本　六冊　存一種

330000－1701－0101962　M609264　集部/別集類

雪園叢書文甲集一卷文乙集一卷　李坤撰　民國二年(1913)雲南開智公司鉛印本　一冊

330000－1701－0101963　M609265　類叢部/叢書類/彙編之屬

求恕齋叢書三十一種　劉承幹編　民國吳興劉氏嘉業堂刻本　四冊　存三種

330000－1701－0101964　M604143　史部/目録類/總録之屬/史志

清代藝文略一卷　朱師轍撰　民國二十四年(1935)華西協合大學哈佛燕京學社鉛印本　一冊

330000－1701－0101966　M604144　類叢部/叢書類/自著之屬

湖濱補讀廬叢刻五種十三卷　鍾廣生撰　民國二十年(1931)鉛印本　一冊　存一種

330000－1701－0101968　M602142　類叢部/叢書類/自著之屬

康居筆記彙函十三種十四卷　徐珂撰　民國二十二年(1933)徐新六鉛印本　二冊

330000－1701－0101971　M602914、M609958、M610329　類叢部/叢書類/自著之屬

小雙寂庵叢書十九種　張惟驤撰　民國武進張氏小雙寂庵刻本　十冊　存三種

330000－1701－0101972　M602143　集部/

總集類/選集之屬/斷代

樓幼靜張穆生詩詞合稿四卷　樓巍　張敬熙撰　民國二十一年(1932)鉛印本　一册

330000－1701－0101974　M610330　類叢部/叢書類/自著之屬

素園叢稿八種　姚永樸撰　民國元年(1912)京務印書局石印本(詩抄卷一至二、文鈔一至二、讀經記一至六原缺)　二册

330000－1701－0101975　M602144　集部/總集類/氏族之屬

吳興徐氏遺稿三種　徐益彬編　民國七年(1918)上海聚珍倣宋印書局鉛印本　一册　存二種

330000－1701－0101976　M609266　史部/目録類/總録之屬/官修

浙江省立圖書館出版木印書目一卷鉛印書目一卷　浙江省立圖書館編　民國二十五年(1936)浙江省立圖書館鉛印本　一册

330000－1701－0101977　M609916、M610926　集部/總集類/郡邑之屬

新溪文述八卷首一卷　鄭之章輯　民國十九年(1930)新塍通俗圖書館鉛印本　三册

330000－1701－0101981　M609268　類叢部/叢書類/自著之屬

佳夢軒叢著十一種　(清)奕賡撰　民國二十四年(1935)北平燕京大學圖書館鉛印本　一册

330000－1701－0101982　M610566　子部/醫家類/兒科之屬/痘疹

痲症集成四卷　(清)朱載揚撰　民國九年(1920)浙江體育專門學校鉛印本　一册

330000－1701－0101983　M602147　史部/傳記類/别傳之屬/年譜

宋岳鄂王[飛]年譜六卷首一卷末一卷　錢汝雯編　**宋岳鄂王文集三卷**　(宋)岳飛撰　錢汝雯編　民國十三年(1924)鉛印本　四册　缺三卷(文集上中下)

330000－1701－0101986　M607228　史部/地理類/山川之屬/山志

天台山方外志三十卷　(明)釋傳燈撰　民國十一年(1922)上海集雲軒鉛印本　八册

330000－1701－0101988　M610567　類叢部/叢書類/自著之屬

審影樓所著書　朱濟美撰　民國十四年(1925)鉛印本　二册　存一種

330000－1701－0101989　M602148　集部/别集類/清别集

涵齋遺稿一卷附遺文一卷　(清)徐仁鑄撰　民國八年(1919)鉛印本　一册

330000－1701－0101991　M607227　子部/宗教類/佛教之屬/大藏

藏要第一輯□□種　歐陽漸輯　民國南京支那内學院鉛印本　二十七册　存二十三種

330000－1701－0101993　M602150　子部/雜著類/雜説之屬

紫桃軒雜綴四卷又綴二卷　(明)李日華撰　民國十六年(1927)上海有正書局石印本　四册

330000－1701－0101994　M602578、M609269　集部/别集類

復庵遺集二十四卷(奏議三卷出使公牘一卷佐軺牘存二卷禁煙牘存六卷文集四卷詩集二卷書劄五卷家書節鈔一卷)　許玨撰　許同范等輯　民國十一年(1922)無錫許氏鉛印本　八册

330000－1701－0101998　M602151　史部/金石類/甲骨之屬/文字

甲骨學商史編十卷　朱芳圃編　民國二十四年(1935)上海中華書局石印本　二册

330000－1701－0102000　M602152　史部/傳記類/别傳之屬/年譜

宋岳鄂王[飛]年譜六卷首一卷末一卷　錢汝雯編　**宋岳鄂王文集三卷**　(宋)岳飛撰　錢汝雯編　民國十三年(1924)鉛印本　六册

330000－1701－0102001　M609270　史部/傳記類/總傳之屬

規復兩浙節孝總祠事蹟一卷附募捐啟一卷採訪節孝現行法令一卷　民國三年(1914)鉛印本　一册

330000－1701－0102006　M610332　集部/別集類/清別集
汪穰卿遺著八卷　(清)汪康年撰　汪詒年輯　**汪穰卿先生年譜一卷**　汪詒年撰　民國九年(1920)錢塘汪詒年鉛印本　四册

330000－1701－0102007　M602153　史部/地理類/山川之屬/山志
廬山志副刊六種附圖一卷　吴宗慈輯注　民國二十三年(1934)鉛印本　十三册

330000－1701－0102010　M602154　史部/地理類/山川之屬/山志
廬山志副刊六種附圖一卷　吴宗慈輯注　民國二十三年(1934)鉛印本　一册　存二種

330000－1701－0102014　M610333　史部/政書類/邦計之屬
魏頌唐偶存稿不分卷　魏頌唐撰　民國十六年(1927)鉛印本　一册

330000－1701－0102015　M602155　類叢部/叢書類/自著之屬
勱堂遺書八種　顧家相撰　民國八年至十九年(1919－1930)會稽顧氏鉛印本　二册　存一種

330000－1701－0102017　M610334　史部/政書類/邦計之屬
魏頌唐偶存稿不分卷　魏頌唐撰　民國十六年(1927)鉛印本　一册

330000－1701－0102018　M602156　集部/別集類/清別集
幸草亭詩鈔二卷　(清)楊文瑩撰　民國八年(1919)錢塘楊氏勖采堂鉛印本　二册

330000－1701－0102019　M610335　類叢部/叢書類/彙編之屬
抱經樓叢刊五種　沈德壽編　民國十五年至十六年(1926－1927)慈谿沈氏鉛印本　二册　存一種

330000－1701－0102021　M604146　子部/藝術類/書畫之屬/畫録
秘殿珠林二十四卷　(清)張照等輯　民國上海有正書局石印本　八册

330000－1701－0102024　M604147、M607242　類叢部/叢書類/彙編之屬
四部備要　中華書局編　民國二十五年(1936)上海中華書局鉛印本　四册　存一種

330000－1701－0102030　M609309、M610337、M610798　類叢部/叢書類/郡邑之屬
吴興叢書六十六種　劉承幹編　民國吴興劉氏嘉業堂刻本　七十册　存二十四種

330000－1701－0102031　M604148　史部/目録類/版本之屬/書影
重印聚珍倣宋版五開大本四部備要樣本不分卷　中華書局編　民國二十三年(1934)中華書局鉛印本　一册

330000－1701－0102033　M604149　史部/地理類/方志之屬/郡縣志
[民國]蕭山縣志稿三十三卷首一卷末一卷　彭延慶修　姚瑩俊纂　張宗海續修　楊士龍續纂　民國二十四年(1935)鉛印本　三册　存四卷(首、一至三)

330000－1701－0102036　M604150　史部/地理類/方志之屬/郡縣志
紹興縣志四種合刊　紹興縣修志委員會輯　民國二十五年(1936)紹興縣修志委員會鉛印本(道光會稽縣志槀卷二至五、十至十三、二十至二十二原缺)　四册　存一種

330000－1701－0102043　M604152、M604693　集部/別集類/明別集
山海漫談五卷　(明)任環撰　民國二十一年(1932)國學圖書館影印本　二册

330000－1701－0102047　M610569　子部/小說家類/異聞之屬
鬼董狐五卷　民國五年(1916)上海商務印書館鉛印本　一册

330000－1701－0102051　M607229　類叢

部/叢書類/彙編之屬

仰視千七百二十九鶴齋叢書四集三十一種 (清)趙之謙編 民國十八年(1929)紹興墨潤堂書苑據清光緒六年(1880)會稽趙氏刻本影印本 一册 存一種

330000－1701－0102052 M602159 類叢部/叢書類/彙編之屬

四庫全書珍本初集二百三十種 中央圖書館籌備處輯 民國二十三年至二十四年(1934－1935)上海商務印書館據文淵閣本影印本 一册 存一種

330000－1701－0102056 M602160 子部/宗教類/道教之屬

老子考證一卷 湯仰暉撰 民國二十八年(1939)鉛印本 一册

330000－1701－0102060 M602161 史部/地理類/專志之屬/古跡

海昌勝蹟志八卷補綴一卷 管元耀輯 民國二十一年(1932)海寧管氏靜得樓刻本 一册 存三卷(七至八、補綴)

330000－1701－0102063 M607232 類叢部/叢書類/彙編之屬

四部叢刊 張元濟等編 民國八年(1919)上海商務印書館影印本 一册 存一種

330000－1701－0102069 M602164 類叢部/叢書類/彙編之屬

清代學術叢書五種 黄寶熙編 民國香山黄氏古愚室據刻本影印本 六册

330000－1701－0102072 M602166 子部/藝術類/書畫之屬

灤水聯唫圖不分卷 (清)王學浩繪 民國十七年(1928)顧氏金佳石好樓影印本 一册

330000－1701－0102075 M610570 史部/目録類/總録之屬/官修

壬子文瀾閣所存書目五卷 錢恂編 民國元年(1912)浙江圖書館刻本 四册

330000－1701－0102077 M607238 集部/總集類/氏族之屬

畢燕衍堂四世詩存四卷 (清)畢灝等撰 畢治金編 民國二十二年(1933)上海宏大善書局石印本 一册

330000－1701－0102079 M607239 史部/紀傳類/正史之屬

百衲本二十四史 張元濟輯 民國上海商務印書館影印本 一百一册 存七種

330000－1701－0102084 M610338 集部/别集類

悲華經舍文存二卷附聯語一卷 洪允祥撰 民國二十五年(1936)鉛印本 一册

330000－1701－0102088 M610339 集部/别集類/明别集

商文毅公集六卷 (明)商輅撰 (明)張一魁編 民國八年(1919)武進王家琦木活字印本 二册

330000－1701－0102089 M602167 史部/目録類/書志之屬/題跋

五十萬卷樓羣書跋文七卷 莫伯驥撰 民國三十七年(1948)廣州文光館鉛印本 七册

330000－1701－0102092 M610340 史部/傳記類/總傳之屬/忠孝

浙江杭屬仁錢二縣忠義錄名册不分卷 程良馭編 民國十二年(1923)油印本 二册

330000－1701－0102093 M602168 類叢部/叢書類/彙編之屬

四部叢刊 張元濟等編 民國上海商務印書館影印本 五册 存一種

330000－1701－0102096 M602169 史部/傳記類/别傳之屬/年譜

玉谿生[李商隱]年譜會箋四卷首一卷 張采田撰 民國劉氏求恕齋刻求恕齋叢書本 朱師轍題記 四册

330000－1701－0102097 M610571 集部/别集類/清别集

十栗堂詩鈔四卷賦鈔一卷 (清)葉蓁撰 (清)紀昀編 民國十一年(1922)說蓮池館木活字印本 一册 存二卷(一至二)

330000－1701－0102098　M602170　類叢部/叢書類/彙編之屬
蒹葭樓叢書□□種　民國上海商務印書館鉛印本　一册　存一種

330000－1701－0102101　M610572　子部/宗教類/佛教之屬/諸宗
釋淨土羣疑論六卷　(唐)釋懷感撰　民國二年(1913)金陵刻經處刻本　二册

330000－1701－0102102　M610342　史部/地理類/遊記之屬/紀勝
雙龍紀勝四卷首一卷　黄維時編　民國二十二年(1933)金華金震東鉛印本　黄維時題記　一册　存二卷(首、一)

330000－1701－0102106　M609271　子部/宗教類/佛教之屬/大藏
藏要第一輯□□種　歐陽漸輯　民國南京支那内學院鉛印本　六册　存二種

330000－1701－0102109　M604155、M604156、M604157　類叢部/叢書類/彙編之屬
四部備要　中華書局編　民國二十五年(1936)上海中華書局鉛印本　十四册　存三種

330000－1701－0102110　M609272　集部/詞類/别集之屬
黄山樵唱一卷　朱師轍撰　民國二十一年(1932)燕京刻本　一册

330000－1701－0102112　M609273　子部/宗教類/道教之屬
道竅談一卷三車祕旨一卷　(清)李涵虚撰　民國二十六年(1937)上海丹道刻經會鉛印本　一册

330000－1701－0102114　M604157　類叢部/叢書類/彙編之屬
四部備要　中華書局編　民國二十五年(1936)上海中華書局鉛印本　一册　存二種

330000－1701－0102115　M609275　史部/金石類
非儒非俠齋金石叢著十種　顧燮光撰　民國會稽顧氏金佳石好樓石印本暨鉛印本　二册　存一種

330000－1701－0102117　M609276　史部/傳記類/别傳之屬
孫文小史一卷　民國鉛印本　一册

330000－1701－0102119　M609277　集部/别集類/清别集
小倦遊閣文稿二卷　(清)包世臣撰　民國六年(1917)華陽王氏菊飲軒鉛印本　一册

330000－1701－0102121　M609278、M611205　史部/政書類/儀制之屬/典禮
國朝宫史續編一百卷　(清)慶桂等纂修　民國二十一年(1932)北平故宫博物院圖書館鉛印本　二册　存十一卷(七十五至八十一、九十七至一百)

330000－1701－0102125　M609279　史部/目録類/書志之屬/提要
滂喜齋藏書記三卷　(清)潘祖蔭藏　葉昌熾撰　**滂喜齋宋元本書目一卷**　陳乃乾輯　民國十三年(1924)海寧陳氏慎初堂鉛印本　二册

330000－1701－0102126　M604159、M604160、M604163、M604164、M604165、M604166、M604167、M604168、M604170、M604171、M604173、M604174　類叢部/叢書類/彙編之屬
四部備要　中華書局編　民國二十五年(1936)上海中華書局鉛印本　一百九十六册　存五十八種

330000－1701－0102129　M609280　集部/别集類
缶廬集五卷　吴昌碩撰　民國吴興劉承幹刻本　一册　存三卷(一至三)

330000－1701－0102131　M609281　集部/總集類/氏族之屬
作朋集三卷附録一卷　(明)嚴調御　(明)嚴武順　(明)嚴敕撰　民國八年(1919)上海聚珍仿宋印書局鉛印本　一册

330000－1701－0102132　M601626　類叢

部/叢書類/彙編之屬
四部叢刊 張元濟等編 民國上海商務印書館影印本 九册 存一種

330000－1701－0102134 M609282 集部/別集類
耐盦言志一卷 胡元倓撰 民國十六年(1927)石印本 一册

330000－1701－0102135 M604161 類叢部/叢書類/彙編之屬
四部備要 中華書局編 民國二十五年(1936)上海中華書局鉛印本 一册 存一種

330000－1701－0102136 M604162 類叢部/叢書類/彙編之屬
四部備要 中華書局編 民國二十五年(1936)上海中華書局鉛印本 一册 存一種

330000－1701－0102137 M602171 子部/雜著類/雜說之屬
東坡筆記二卷 (明)毛鳳苞輯 民國八年(1919)上海有正書局鉛印本 一册

330000－1701－0102138 M609283、M610009 集部/總集類/選集之屬/斷代
名賢生日詩十卷附名人生日表一卷 孫雄輯 民國十年(1921)鉛印本 五册 缺一卷(三)

330000－1701－0102141 M602172 經部/小學類/文字之屬/字書/字體
古籀拾遺三卷附宋政和禮器文字攷一卷 (清)孫詒讓撰 民國七年(1918)上海掃葉山房石印本 三册 缺一卷(宋政和禮器文字攷)

330000－1701－0102142 M609284 子部/宗教類/佛教之屬/論疏
釋摩訶衍論十卷 (天竺)馬鳴菩薩本論 (南朝陳)釋真諦譯 (天竺)龍樹菩薩釋論 (晉)釋筏提摩多譯 民國金陵刻經處刻本 四册

330000－1701－0102143 M602173 集部/總集類/彙編之屬
潛社彙刊二十集 吴梅編 民國二十五年(1936)鉛印本 一册

330000－1701－0102144 M609285 子部/宗教類/佛教之屬/論疏
大乘百法明門論本事分中略錄名數開宗義記四卷 (唐)釋曇曠撰 民國九年(1920)金陵刻經處刻本 一册

330000－1701－0102145 M602174 集部/別集類
譚延闓詩札二卷 譚延闓撰 民國二十六年(1937)上海中華書局石印本 一册 存一卷(二)

330000－1701－0102147 M602175 集部/總集類/彙編之屬
書畫名人小集 民國上海聚珍倣宋印書局鉛印本 二册 存一種

330000－1701－0102148 M609286 子部/宗教類/其他宗教之屬/基督教
主制羣徵二卷附贈言一卷 (德國)湯若望撰 民國八年(1919)鉛印本 一册

330000－1701－0102150 M602176 經部/小學類/音韻之屬/韻書
中華新韻一卷 教育部國語推行委員會編 民國影印本 一册

330000－1701－0102153 M609287 史部/目録類/專録之屬
補鈔文瀾閣四庫闕簡記錄不分卷 張宗祥撰 民國十五年(1926)刻本 一册

330000－1701－0102154 M602177 經部/四書類/大學之屬/傳說
大學古本質言一卷 (清)劉沅撰 民國八年(1919)杭州明德慈善社鉛印本 一册

330000－1701－0102156 M604169 類叢部/叢書類/彙編之屬
四部備要 中華書局編 民國二十五年(1936)上海中華書局鉛印本 十二册 存一種

330000－1701－0102157　M602178　子部/藝術類/書畫之屬/法帖

吴清卿書說文解字建首一卷　(清)吳大澂書　民國五年(1916)上海商務印書館石印本　一冊

330000－1701－0102158　M609288　史部/目録類/總録之屬/私撰

陸氏守先閣捐助書目一卷　吳興圖書館編　民國鉛印本　一冊

330000－1701－0102159　M602179　集部/別集類

覺廬遺詩一卷　鄭廷鑑撰　民國十年(1921)周毓邠木活字印本　一冊

330000－1701－0102161　M609289、M609716　集部/總集類/選集之屬/通代

天下才子必讀書十五卷末一卷　(清)金人瑞選評　民國上海有正書局鉛印本　五冊　缺二卷(四至五)

330000－1701－0102163　M602180　子部/宗教類/佛教之屬

歷史感應統紀四卷首一卷　許止淨編纂　民國十八年(1929)鉛印本　四冊

330000－1701－0102164　M602181　經部/詩類/傳說之屬

毛詩鄭箋平議十卷　黄焯撰　民國三十四年(1945)國立武漢大學鉛印本　一冊

330000－1701－0102166　M604172　類叢部/叢書類/彙編之屬

四部備要　中華書局編　民國二十五年(1936)上海中華書局鉛印本　一冊　存一種

330000－1701－0102167　M609291　集部/別集類

大至閣詩一卷　諸宗元撰　民國二十三年(1934)鉛印爰居閣叢書本　梁鴻志題記　一冊

330000－1701－0102169　M602182　子部/叢編

清代筆記叢刊四十一種　文明書局編　民國上海文明書局石印本　二冊　存一種

330000－1701－0102172　M609292　集部/別集類

觀水游山集一卷　丁仁撰　民國二十六年(1937)石印本　一冊

330000－1701－0102173　M610344　類叢部/叢書類/自著之屬

勴堂遺書八種　顧家相撰　民國八年至十九年(1919－1930)會稽顧氏鉛印本　一冊　存一種

330000－1701－0102174　M602183　集部/別集類/宋別集

南湖集十卷附錄三卷　(宋)張鎡撰　民國十三年(1924)杭州廣壽慧雲禪寺刻藍印本　四冊

330000－1701－0102175　M602184　集部/別集類

郋園北遊文存一卷　葉德輝撰　民國十年(1921)財政部印刷局鉛印本　一冊

330000－1701－0102176　M604176　類叢部/叢書類/彙編之屬

四部備要　中華書局編　民國二十五年(1936)上海中華書局鉛印本　八冊　存一種

330000－1701－0102177　M610345　類叢部/叢書類/自著之屬

勴堂遺書八種　顧家相撰　民國八年至十九年(1919－1930)會稽顧氏鉛印本　一冊　存一種

330000－1701－0102179　M610346　集部/總集類/酬唱之屬

東齋酬唱集一卷附錄一卷　蔡晉鏞輯　民國二十五年(1936)刻本　一冊

330000－1701－0102180　M610347　集部/別集類

石雪齋詩稿四卷　徐宗浩撰　民國十五年(1926)鉛印本　一冊

330000－1701－0102181　M610348　集部/

別集類

黑甜吟稿一卷　章紹齡撰　民國六年(1917)章祖銓鉛印本　一册

330000－1701－0102182　M610349　類叢部/叢書類/彙編之屬

上海滄社叢書　民國十四年(1925)上海滄社鉛印本　一册　存一種

330000－1701－0102183　M610351　史部/目録類/總録之屬/官修

南洋中學校藏書目不分卷補遺一卷　陳乃乾撰　民國八年(1919)鉛印本　一册

330000－1701－0102184　M609643、M610350　子部/雜著類/雜說之屬

嶺雲軒瑣記四卷續選四卷　(清)李威撰　民國二十四年(1935)鉛印本　二册

330000－1701－0102185　M610573　類叢部/叢書類/彙編之屬

適園叢書七十四種　張鈞衡編　民國二年至六年(1913－1917)烏程張氏刻本(唐大詔令集卷十四至二十四、八十七至九十八原缺)　五十九册　存二十三種

330000－1701－0102189　M601647　類叢部/叢書類/彙編之屬

四部叢刊　張元濟等編　民國上海商務印書館影印本　一册　存一種

330000－1701－0102190　M601651　類叢部/叢書類/彙編之屬

四部叢刊　張元濟等編　民國上海商務印書館影印本　一册　存一種

330000－1701－0102191　M609294　史部/地理類/專志之屬/古跡

林社二十五周年紀念徵文一卷　林社編　民國十四年(1925)鉛印本　一册

330000－1701－0102193　民342.224/32391.3/c1　史部/政書類/律令之屬

浙江省憲法會議議事錄不分卷　浙江省憲法會議編　民國十年(1921)上海精勤印務局鉛印本　一册

330000－1701－0102194　M601655　集部/詩文評類/文評之屬

文心雕龍十卷闕文補一卷　(南朝梁)劉勰撰　民國上海商務印書館影印四部叢刊本　劍心校並題記　一册

330000－1701－0102195　M609296、M609811、M610222、M611178　類叢部/叢書類/自著之屬

玩芳艸堂叢書　(清)王棻撰　民國上海國光書局鉛印本　七册　存一種

330000－1701－0102196　M604182　類叢部/叢書類/彙編之屬

四部備要　中華書局編　民國二十五年(1936)上海中華書局鉛印本　十一册　存一種

330000－1701－0102198　M609297　集部/總集類/題詠之屬

春帆入蜀圖題詠詩一卷詞一卷附錄二卷　戴振聲輯　民國十九年(1930)戴氏鉛印本　一册

330000－1701－0102200　M609298　史部/傳記類/別傳之屬/事狀

孝行紀實錄二卷　高振霄編　民國二十一年(1932)鉛印本　一册

330000－1701－0102201　M604183、M604184　類叢部/叢書類/彙編之屬

四部叢刊　張元濟等編　民國上海商務印書館影印本　三册　存二種

330000－1701－0102202　M602186　類叢部/叢書類/彙編之屬

求恕齋叢書三十一種　劉承幹編　民國吳興劉氏嘉業堂刻本　二册　存一種

330000－1701－0102204　M609299　集部/別集類

安樂鄉人詩四卷藥夢詞二卷　金兆蕃撰　民國二十年(1931)刻本　陳樹基跋　一册　缺二卷(藥夢詞一至二)

330000－1701－0102206　M604393、M607241　子部/雜著類/雜考之屬

炳燭編四卷　(清)李賡芸撰　(清)潘祖蔭等編　民國古今圖書館影印本　二冊　存二卷(二、四)

330000－1701－0102207　M602187　類叢部/叢書類/彙編之屬
求恕齋叢書三十一種　劉承幹編　民國吳興劉氏嘉業堂刻本　二冊　存一種

330000－1701－0102210　M610353　類叢部/類書類/通類之屬
清初殿版銅活字印古今圖書集成樣本不分卷　中華書局編　民國二十三年(1934)中華書局鉛印本暨影印本　一冊

330000－1701－0102212　M609300　集部/總集類/郡邑之屬
剡川詩鈔補編二卷補遺一卷　江五民輯　民國五年(1916)四明孫氏七千卷樓鉛印本　一冊

330000－1701－0102213　M607243　經部/小學類/文字之屬/說文
說文粹三編三卷　朱孔彰撰　民國石印本　一冊　存一卷(上)

330000－1701－0102215　M610354　集部/別集類
聲越詩錄一卷詞錄一卷　徐震堮撰　民國三十四年(1945)油印本　一冊

330000－1701－0102216　M609301　集部/總集類/郡邑之屬
剡川詩鈔補編二卷補遺一卷　江五民輯　民國五年(1916)四明孫氏七千卷樓鉛印本　一冊

330000－1701－0102217　M609302　集部/別集類
雲石山房詩草一卷　沈廷傑撰　民國二十五年(1936)鉛印本　一冊

330000－1701－0102218　M607244　類叢部/叢書類/彙編之屬
指海一百四十種　(清)錢熙祚編　(清)錢培讓　(清)錢培杰續編　民國二十四年(1935)上海大東書局據清錢氏重編借月山房彙鈔本影印本　二冊　存二種

330000－1701－0102219　M604185　類叢部/叢書類/彙編之屬
四部叢刊　張元濟等編　民國上海商務印書館影印本　十六冊　存一種

330000－1701－0102220　M609303　集部/別集類
觚庵詩存四卷　俞明震撰　民國九年(1920)上海聚珍倣宋印書局鉛印本　一冊

330000－1701－0102221　M609771、M611394　集部/別集類
求我山人雜著六卷首一卷　莊景仲撰　**附錄一卷**　民國十八年(1929)鉛印本　二冊

330000－1701－0102222　M610355　集部/別集類/清別集
寓庸室詩稿一卷　(清)余坤撰　民國七年(1918)余重耀南昌石印本　夏廷棫題記　一冊

330000－1701－0102223　M602188　子部/宗教類/道教之屬
莊子十卷　(晉)郭象注　(唐)陸德明音義　民國七年(1918)成都昌福公司鉛印本　四冊

330000－1701－0102224　M601662、M601663、M601666、M601667、M601669、M601670、M601671、M601672、M601673、M601674、M601675、M601676、M601677、M601678、M601681、M601682、M601683、M601685、M601686、M601687、M601689、M601690、M601691、M601694、M601697、M601698、M601699、M601700、M601703、M601706、M601707、M601709、M601713、M601715、M601716、M601717、M601718、M601796　類叢部/叢書類/彙編之屬
四部叢刊續編七十七種　張元濟等編　民國二十三年(1934)上海商務印書館影印本　二百七冊　存三十八種

330000－1701－0102225　M609304　集部/

别集類

觚庵詩存四卷 俞明震撰 民國九年(1920)上海聚珍倣宋印書局鉛印本 一冊

330000－1701－0102226 M607245 子部/藝術類/遊藝之屬/聯語

集殷虛文字楹帖不分卷 章鈺撰 羅振玉輯 民國十六年(1927)東方學會石印本 一冊

330000－1701－0102229 M609305 集部/别集類

詩史閣壬癸詩存六卷補遺一卷 孫雄撰 民國十三年(1924)鉛印本 二冊 存五卷(一至五)

330000－1701－0102231 M607246 史部/目録類/書志之屬/題跋

矩園餘墨序跋第一輯一卷 葉恭綽撰 民國三十八年(1949)鉛印本 一冊

330000－1701－0102233 M610356 集部/别集類

竹間唫榭集十卷 徐行恭撰 民國十八年(1929)杭州刻藍印本 一冊 存二卷(七至八)

330000－1701－0102234 M609306 集部/别集類/清别集

黝曜室詩存一卷 (清)陳鼎撰 民國十七年(1928)鉛印本 一冊

330000－1701－0102237 M607247 子部/工藝類/日用器物之屬/錦繡

存素堂絲繡錄二卷 朱啓鈐撰 民國十八年(1929)存素堂鉛印本 一冊

330000－1701－0102238 M611396 集部/别集類

松客詩一卷 黄式敘撰 民國十六年(1927)鉛印本 一冊

330000－1701－0102239 M610357 史部/金石類

遯盦金石叢書十五種 吳隱輯 民國三年至十年(1914－1921)山陰吳氏西泠印社木活字印本 一冊 存一種

330000－1701－0102240 M609307 集部/别集類/清别集

晴江閣文鈔一卷 (清)何絜撰 **晴江閣文鈔校勘記一卷** 柳詒徵撰 民國十九年(1930)國學圖書館影印本 二冊 缺一卷(晴江閣文鈔校勘記)

330000－1701－0102241 M607248 子部/宗教類/佛教之屬

弘法大師雜著八種 (日本)釋空海撰 民國十年(1921)、十一年(1922)北京刻經處刻本 一冊

330000－1701－0102242 M607249 史部/地理類/雜志之屬

寧海續記二卷 干人俊撰 民國二十五年(1936)石印本 一冊

330000－1701－0102243 M602190 類叢部/叢書類/彙編之屬

喜咏軒叢書三十四種 陶湘編 民國十五年至二十年(1926－1931)武進陶氏涉園石印本 一冊 存一種

330000－1701－0102244 M609308 史部/政書類/公牘檔冊之屬

浙江實業觀光團染織組調查報告錄一卷 許炳堃等撰 民國石印本 一冊

330000－1701－0102245 M604186 子部/藝術類/書畫之屬/法帖

影印吳紫庭先生墨蹟一卷 (清)吳鳳來撰並書 民國十九年(1930)義烏黄侗影印本 一冊

330000－1701－0102246 M610359 類叢部/叢書類/自著之屬

君子館類稿 毛昌傑撰 民國二十七年(1938)鉛印本 一冊 存一種

330000－1701－0102247 M604188 史部/金石類/石之屬/通考

石鼓文疏記一卷 馬敘倫撰 民國二十四年(1935)上海商務印書館影印本 一冊

330000－1701－0102248 M607250 子部/

宗教類/佛教之屬/經
佛說開覺自性般若波羅蜜多經四卷 （宋）釋惟凈等譯 **說五十頌聖般若波羅蜜經一卷佛說了義般若波羅蜜多經一卷佛說帝釋般若波羅蜜多心經一卷** （宋）釋施護譯 民國九年(1920)北京刻經處刻本 一冊

330000－1701－0102249 M609310 子部/藝術類/書畫之屬/法帖
李仲璇修孔廟碑不分卷 民國九年(1920)上海寶霞印社影印本 一冊

330000－1701－0102250 M609855、M610360 集部/總集類/郡邑之屬
永嘉詩人祠堂叢刻十四種 冒廣生輯 民國四年(1915)如皋冒氏刻本 四冊 存五種

330000－1701－0102251 M607251 子部/宗教類/道教之屬
孫不二女功内丹次第詩註一卷 陳攖寧撰 民國二十三年(1934)上海翼化堂善書局刻本 一冊

330000－1701－0102252 M609311 集部/詞類/別集之屬
鹹酸橋屋詞一卷附庸謹堂歲華紀感一卷 唐詠裳撰 民國十三年至十五年(1924－1926)鉛印本 李一冰跋 一冊

330000－1701－0102253 M610361 類叢部/叢書類/郡邑之屬
永嘉詩人祠堂叢刻十四種 冒廣生輯 民國四年(1915)如皋冒氏刻本 四冊 存六種

330000－1701－0102254 M602191 史部/目録類/總録之屬/地方
台州經籍志四十卷 項士元編 民國四年(1915)鉛印本 十六冊

330000－1701－0102256 M607252 子部/宗教類/佛教之屬/論
瑜伽師地論一百卷 （唐）釋玄奘譯 **瑜伽師地論敘二卷** 歐陽漸編 民國六年(1917)金陵刻經處刻本 一冊 存二卷(敘一至二)

330000－1701－0102258 M607253 史部/地理類/專志之屬/寺觀
招賢寺略記一卷 釋如幻輯 民國九年(1920)刻本 一冊

330000－1701－0102259 M609313 史部/傳記類/別傳之屬
毘陵馬節母懿行題辭不分卷 民國石印本 一冊

330000－1701－0102260 M607254 子部/農家農學類
新昌農事調查六篇 金城撰 民國八年(1919)鉛印本 一冊

330000－1701－0102262 M604189 集部/別集類/清別集
一行居集八卷首一卷附一卷 （清）彭紹升撰 民國十年(1921)金陵刻經處刻本 一冊 存三卷(七至八、附)

330000－1701－0102264 M607255 子部/宗教類/佛教之屬
佛學叢書□□種 丁福保輯 民國上海醫學書局鉛印本暨影印本 二冊 存二種

330000－1701－0102265 M609314 集部/別集類/明別集
陶元暉中丞遺集二卷首一卷附錄一卷跋一卷 （明）陶朗先撰 民國九年(1920)上海聚珍倣宋印書局鉛印本 一冊 存三卷(下、附錄、跋)

330000－1701－0102266 M607256 子部/宗教類/佛教之屬/論疏
異部宗輪論述記三卷 （唐）釋玄奘譯 （唐）釋窺基記 民國十二年(1923)萍寄廬鉛印本 一冊

330000－1701－0102267 M607257 子部/宗教類/佛教之屬/論疏
異部宗輪論述記三卷 （唐）釋玄奘譯 （唐）釋窺基記 民國十二年(1923)萍寄廬鉛印本 一冊

330000－1701－0102268 M604190 子部/宗教類/佛教之屬/經咒

密呪圓因往生集一卷 （西夏）釋智廣 （西夏）釋慧真編集 （西夏）釋金剛幢譯定 民國五年（1916）金陵刻經處刻本 一册

330000－1701－0102270 M604191 子部/宗教類/佛教之屬/經咒
密呪圓因往生集一卷 （西夏）釋智廣 （西夏）釋慧真編集 （西夏）釋金剛幢譯定 民國五年（1916）金陵刻經處刻本 一册

330000－1701－0102271 M602194 類叢部/叢書類/自著之屬
晨風廬叢刊十八種 周慶雲撰 民國吴興周氏夢坡室刻本 一册 存一種

330000－1701－0102272 M609603、M610363 史部/紀傳類
越縵堂讀史札記十一種三十卷 （清）李慈銘撰 民國國立北平北海圖書館鉛印本 五册 存九種

330000－1701－0102273 M609315 集部/别集類
孫中山先生廿年來手札四卷 孫文撰 鄧澤如輯 民國十六年（1927）述志公司石印本 四册

330000－1701－0102275 M609316 集部/詞類/别集之屬
東江别集五卷集外詩一卷 （清）沈謙撰 民國九年（1920）上海聚珍倣宋印書局鉛印本 一册

330000－1701－0102276 M607258 子部/宗教類/佛教之屬/經
妙法蓮華經觀世音菩薩普門品一卷附觀世音菩薩尋聲救苦普門示現圖一卷 （後秦）釋鳩摩羅什譯 民國十八年（1929）石印本 一册

330000－1701－0102277 M604193 子部/藝術類/書畫之屬/法帖
泉唐朱研臣先生遺墨一卷 （清）朱大勳撰並書 （清）朱景彝編 **附朱氏先德録一卷** （清）朱景彝撰 民國六年（1917）上海商務印書館影印本暨鉛印本 徐仲可題記 一册

330000－1701－0102280 M607259 類叢部/叢書類/彙編之屬
永樂大典戲文三種 葉恭綽輯 民國二十年（1931）古今小品書籍印行會鉛印本 一册

330000－1701－0102281 M604194 史部/傳記類/别傳之屬/年譜
陳介石先生［黻宸］年譜一卷 陳謐編 民國二十三年（1934）甌風社鉛印本 二册

330000－1701－0102283 M607260、M607528 史部/目録類/總録之屬/地方
台州經籍志四十卷 項士元編 民國四年（1915）鉛印本 十六册

330000－1701－0102286 M607261 子部/宗教類/佛教之屬/論疏
大乘起信論義記講義四卷附錄一卷 （日本）織田得能撰 黄士復譯 民國十年（1921）上海商務印書館鉛印本 四册

330000－1701－0102287 M609421/1、M610365 史部/目録類/總録之屬/私撰
郘亭知見傳本書目十六卷 （清）莫友芝撰 民國上海西泠印社鉛印本 六册

330000－1701－0102288 M602196 史部/金石類
百一廬金石叢書十種 陳乃乾輯 民國十年（1921）海寧陳氏影印本 五册 存四種

330000－1701－0102289 M607262 子部/宗教類/佛教之屬/論疏
百論疏十六卷 （隋）釋吉藏疏 民國二年（1913）北京刻經處刻本 二册 存六卷（十一至十六）

330000－1701－0102292 M609317 集部/别集類/清别集
惺葊焚餘稾一卷 （清）陳敬璋撰 民國十七年（1928）陳大綸鉛印本 一册

330000－1701－0102293 M602966、M610366 類叢部/叢書類/彙編之屬
丙子叢編十二種 趙詒琛 王大隆編 民國二十五年（1936）鉛印本 三册 存七種

330000 - 1701 - 0102294　M607263　經部/小學類/訓詁之屬/字詁

文始九卷　章炳麟撰　民國二年(1913)浙江圖書館據章炳麟手寫稿本影印本　一冊

330000 - 1701 - 0102295　M607265、M607482　史部/地理類/山川之屬/山志

廬山志十二卷首一卷　吳宗慈編　民國二十二年(1933)鉛印本　十四冊

330000 - 1701 - 0102296　M607264　類叢部/叢書類/彙編之屬

復性書院叢刊二十七種　馬浮編　民國二十九年至三十七年(1940 - 1948)復性書院刻本暨鉛印本　一冊　存一種

330000 - 1701 - 0102298　M610367　子部/雜著類/雜說之屬

樗盦筆記一卷　毛宗智撰　民國鉛印本　一冊

330000 - 1701 - 0102299　M609319　子部/天文曆算類/算書之屬

澹寧齋算稿四種　王積沂撰　民國二十四年至二十五年(1935 - 1936)平湖綺春閣書莊石印本　四冊

330000 - 1701 - 0102302　M610368　史部/政書類/公牘檔冊之屬

國民政府軍事委員會經過紀實不分卷　民國十八年(1929)參謀本部鉛印本　一冊

330000 - 1701 - 0102303　M609320　史部/目録類/總録之屬/私撰

鄞范氏天一閣書目内編十卷　馮貞羣編　民國二十六年至二十九年(1937 - 1940)寧波重修天一閣委員會鉛印本　范鹿其題記　四冊

330000 - 1701 - 0102306　M610369　史部/政書類/公牘檔冊之屬

浙江省臨時政治會議及中央政治會議浙江分會會議紀錄彙刊不分卷　浙江省政府秘書處編　民國十七年(1928)浙江省政府秘書處鉛印本　一冊

330000 - 1701 - 0102308　M611397　史部/政書類/公牘檔冊之屬

安徽黄山建設委員會會議録不分卷　民國二十四年(1935)鉛印本　一冊

330000 - 1701 - 0102309　M604195、M607326　史部/傳記類/總傳之屬/通代

碑傳集補六十卷首二卷末一卷　閔爾昌纂　民國二十一年(1932)北平燕京大學國學研究所鉛印本　二十四冊

330000 - 1701 - 0102311　M609321　集部/别集類

安樂鄉人詩四卷藥夢詞二卷　金兆蕃撰　民國二十年(1931)刻本　一冊　缺二卷(藥夢詞一至二)

330000 - 1701 - 0102312　M602998、M610370　史部/傳記類/日記之屬

越縵堂詹詹録二卷　(清)李慈銘撰　李文糺輯　民國二十二年(1933)李文糺鉛印本　二冊

330000 - 1701 - 0102313　M604196　集部/詞類/别集之屬

柳谿長短句一卷二集一卷　向迪琮撰　民國十八年(1929)雙流向氏刻朱印本　一冊　缺一卷(二集)

330000 - 1701 - 0102314　M609322　類叢部/叢書類/自著之屬

羣碧樓叢書(羣碧樓自著書)五種　鄧邦述撰　民國刻本　五冊　存二種

330000 - 1701 - 0102316　M604197　子部/宗教類/佛教之屬/諸宗

淨土指歸集二卷　(明)釋大佑輯　民國元年(1912)揚州藏經院刻本　一冊　存一卷(上)

330000 - 1701 - 0102320　M604198　子部/宗教類/佛教之屬/諸宗

相宗綱要不分卷　梅光羲編　民國十年(1921)上海商務印書館鉛印本　一冊

330000 - 1701 - 0102321　M610371　子部/宗教類/道教之屬

匡時正鵠正編四卷補遺一卷　彭希涑撰　民

國七年(1918)石印本　一册　缺一卷(正編一)

330000－1701－0102322　M609323　史部/金石類/甲骨之屬/文字
甲骨文辨證上集不分卷　金祖同撰　民國三十年(1941)影印本　一册

330000－1701－0102325　M611399　子部/宗教類/佛教之屬
佛教問答一卷佛教問答選錄一卷　海屍道人編纂　民國十年(1921)上海商務印書館鉛印本　一册

330000－1701－0102327　M604199　史部/金石類/璽印之屬/目録
臨淄封泥文字敘一卷目錄一卷　王獻唐編述　民國二十五年(1936)山東省立圖書館鉛印本　一册

330000－1701－0102328　M604200　史部/金石類/璽印之屬/目録
臨淄封泥文字敘一卷目錄一卷　王獻唐編述　民國二十五年(1936)山東省立圖書館鉛印本　一册

330000－1701－0102331　M611400　子部/醫家類/養生之屬
養生保命錄一卷　民國二十三年(1934)上海三友實業社石印本　一册

330000－1701－0102333　M604201　子部/宗教類/道教之屬
新註道德經白話解說二卷　江希張注　民國九年(1920)上海明善書局石印本　一册

330000－1701－0102334　M610372　史部/地理類/遊記之屬/紀行
京江避壽記一卷　周慶雲撰　民國二十二年(1933)刻本　一册

330000－1701－0102335　M602197　子部/法家類
管子二十四卷　(唐)房玄齡注　民國二十六年(1937)據明刻本影印本　六册

330000－1701－0102337　M609325　集部/別集類
竹平安館詩鈔二卷附詞一卷　阮堉撰　民國十九年(1930)杭州鉛印本　一册

330000－1701－0102338　M611401　集部/曲類/寶卷之屬
浙江杭州府錢塘縣白蛇寶卷二卷　民國四年(1915)上海文益書局石印本　二册

330000－1701－0102340　M604202　子部/宗教類/道教之屬/雜著
真誥二十卷　(南朝梁)陶弘景撰　民國十六年(1927)上海倉學書院鉛印本　二册

330000－1701－0102341　M604203　子部/宗教類/道教之屬/雜著
真誥二十卷　(南朝梁)陶弘景撰　民國十六年(1927)上海倉學書院鉛印本　二册

330000－1701－0102342　M610373　子部/藝術類/遊藝之屬/聯語
宋詞集聯一卷　程柏堂撰　民國二十三年(1934)鎮江江南印書館影印本　一册

330000－1701－0102343　M611402　集部/曲類/寶卷之屬
唐僧寶卷二卷　民國十三年(1924)上海文益書局石印本　一册

330000－1701－0102344　M604204　子部/小說家類
筆記小說大觀二百二十二種　進步書局輯　民國上海進步書局石印本　一册　存二種

330000－1701－0102345　M611403　子部/宗教類/佛教之屬
佛學叢書□□種　丁福保輯　民國上海醫學書局鉛印本暨影印本　一册　存一種

330000－1701－0102346　M609326　集部/別集類
竹平安館詩鈔二卷附詞一卷　阮堉撰　民國十九年(1930)杭州鉛印本　胡穎之校並題記　一册

330000－1701－0102347　M604205　集部/戲劇類/總集之屬/雜劇

元明雜劇二十七種　(明)□□輯　民國十八年(1929)南京國學圖書館影印本　三册　存十四種

330000－1701－0102348　M609327　集部/别集類

竹平安館詩鈔二卷附詞一卷　阮堉撰　民國十九年(1930)杭州鉛印本　一册

330000－1701－0102351　M609328　子部/藝術類/書畫之屬/畫譜

大悲法師禪餘集二卷　釋大悲繪　民國二十二年(1933)影印本　二册

330000－1701－0102352　M602198、M602382　類叢部/類書類/通類之屬

欽定古今圖書集成一萬卷目錄四十卷　(清)蔣廷錫　(清)陳夢雷等輯　民國二十三年(1934)中華書局影印本　八十四册　存一千四十二卷(目錄一至四十,倫彙編交誼典一至一百二十,方輿彙編職方典二百五十二至五百二十二、一千一百七十二至一千二百九十八,明倫彙編官常典五百十六至六百二十,博物彙編藝術典五百二十七至六百三十、七百二十九至八百二十四,博物彙編神異典七十七至二百四十三,理學彙編經籍典二百五十三至二百六十四)

330000－1701－0102353　M609329　集部/别集類

安樂鄉人詩四卷詩續一卷七十後詩一卷藥夢詞二卷詞續一卷七十後詞一卷　金兆蕃撰　民國二十年(1931)、二十八年(1939)刻本　一册

330000－1701－0102354　M610374、M610375　集部/别集類

舊京詩存八卷文存八卷　孫雄撰　民國二十年(1931)鉛印本　四册

330000－1701－0102355　M604207　類叢部/叢書類/彙編之屬

四部備要　中華書局編　民國二十五年(1936)上海中華書局鉛印本　一册　存一種

330000－1701－0102356　M604208　子部/藝術類/篆刻之屬/印譜

玉蘭仙館印譜不分卷　(清)董熊篆　民國三年(1914)夢坡室影印本　二册

330000－1701－0102357　M609330　集部/總集類/酬唱之屬

寵兒編三卷五十自述一卷　陸鍾渭編　民國杭州浙江彙商印刷公司鉛印本　一册

330000－1701－0102358　M604209　子部/藝術類/篆刻之屬/印譜

玉蘭仙館印譜不分卷　(清)董熊篆　民國三年(1914)夢坡室影印本　二册

330000－1701－0102359　M609324/1　史部/傳記類/日記之屬

味水軒日記殘本四卷(明萬曆三十七年三月至四十四年十一月)　(明)李日華撰　民國八年(1919)吳興劉氏嘉業堂刻本　三册　存三卷(二至四)

330000－1701－0102360　M604210　子部/藝術類/篆刻之屬/印譜

玉蘭仙館印譜不分卷　(清)董熊篆　民國三年(1914)夢坡室影印本　二册

330000－1701－0102361　M602199　類叢部/叢書類/彙編之屬

國立北京大學研究所國學門叢書　民國北京大學研究所鉛印本暨影印本　五册

330000－1701－0102362　M604211　子部/藝術類/篆刻之屬/印譜

玉蘭仙館印譜不分卷　(清)董熊篆　民國三年(1914)夢坡室影印本　二册

330000－1701－0102363　M609324　類叢部/叢書類/彙編之屬

嘉業堂叢書五十七種　劉承幹輯　民國吳興劉氏嘉業堂刻本　二册　存二種

330000－1701－0102365　M604212　子部/藝術類/篆刻之屬/印譜

玉蘭仙館印譜不分卷　(清)董熊篆　民國三年(1914)夢坡室影印本　二冊

330000－1701－0102366　M604213　子部/藝術類/篆刻之屬/印譜

玉蘭仙館印譜不分卷　(清)董熊篆　民國三年(1914)夢坡室影印本　二冊

330000－1701－0102367　M604214　子部/藝術類/篆刻之屬/印譜

玉蘭仙館印譜不分卷　(清)董熊篆　民國三年(1914)夢坡室影印本　二冊

330000－1701－0102368　M602200　史部/傳記類/別傳之屬/事狀

吳興周夢坡先生訃告一卷年譜一卷墓表一卷墓誌銘一卷畫史一卷　周延礽輯　民國二十三年(1934)影印本暨鉛印本　一冊

330000－1701－0102369　M604215　子部/藝術類/篆刻之屬/印譜

玉蘭仙館印譜不分卷　(清)董熊篆　民國三年(1914)夢坡室影印本　一冊　存冊一

330000－1701－0102370　M611404　集部/總集類/酬唱之屬

敦交集一卷　(元)魏壽延輯　民國西泠印社木活字印本　一冊

330000－1701－0102371　M602201　集部/別集類/清別集

風月廬詩稿一卷　(清)徐煥謨撰　民國五年(1916)桐鄉徐氏愛日館刻本　一冊

330000－1701－0102373　M611405　子部/雜著類/雜說之屬

嬰寧什箸　陳訓正撰　民國十八年(1929)鉛印本　一冊　存一種

330000－1701－0102374　M611406　子部/雜著類/雜說之屬

嬰寧什箸　陳訓正撰　民國十八年(1929)鉛印本　一冊　存一種

330000－1701－0102375　M611407　子部/雜著類/雜說之屬

嬰寧什箸　陳訓正撰　民國十八年(1929)鉛印本　一冊　存一種

330000－1701－0102376　M601664、M601695、M601696、M601702、M601704、M601710　類叢部/叢書類/彙編之屬

四部叢刊續編七十七種　張元濟等編　民國二十三年(1934)上海商務印書館影印本　三十五冊　存六種

330000－1701－0102377　M609331　史部/編年類/通代之屬

資治通鑑二百九十四卷　(宋)司馬光撰　(元)胡三省音注　**通鑑釋文辯誤十二卷**　(元)胡三省撰　民國六年(1917)上海商務印書館鉛印本　三十二冊　缺一百四十二卷(六十三至七十七、九十八至二百二十四)

330000－1701－0102378　M601665、M611030　類叢部/叢書類/彙編之屬

四部叢刊續編七十七種　張元濟等編　民國二十三年(1934)上海商務印書館影印本　十二冊　存一種

330000－1701－0102380　M611408　子部/宗教類/佛教之屬/經疏

佛說阿彌陀經通解一卷　陳全三解　民國十年(1921)鉛印本　一冊

330000－1701－0102383　M609332　子部/醫家類/醫經之屬/內經

重廣補註黃帝內經素問二十四卷靈樞二十四卷　(唐)王冰注　(宋)林億等校正　(宋)孫兆改誤　(清)錢熙祚校　**內經素問校勘記一卷內經靈樞校勘記一卷**　(清)顧尚之撰　民國十七年(1928)中國學會據錢氏守山閣刻本影印本　馬一浮題記　十二冊

330000－1701－0102384　M611409　史部/地理類/水利之屬

太湖流域治水防災第一策一卷　王清穆撰　民國十三年(1924)蘇州覲西三吳公司鉛印本　一冊

330000－1701－0102386　M611410　史部/

地理類/方志之屬/郡縣志
[乾隆]烏青鎮志十二卷　(清)董世寧纂修　民國七年(1918)鉛印本　二冊

330000 - 1701 - 0102388　M601668　類叢部/叢書類/彙編之屬
四部叢刊續編七十七種　張元濟等編　民國二十三年(1934)上海商務印書館影印本　四冊　存一種

330000 - 1701 - 0102389　M602710、M607332、M611411　經部/四書類/總義之屬/傳說
四書恆解十四卷　(清)劉沅輯注　民國鉛印本　三冊　存三種

330000 - 1701 - 0102390　M611412　子部/雜家類
讀吕氏春秋記一卷　馬敘倫撰　民國二十年(1931)上海商務印書館鉛印本　一冊

330000 - 1701 - 0102391　M611413　子部/藝術類/書畫之屬
吳興墨寶不分卷　民國石印本　一冊

330000 - 1701 - 0102392　M611414　類叢部/叢書類/郡邑之屬
遼海叢書八十種附一種　金毓黻編　民國二十年至二十三年(1931 - 1934)遼海書社鉛印本([康熙]廣寧縣志卷七至八原缺)　一冊　存一種

330000 - 1701 - 0102393　M607270　類叢部/類書類/專類之屬
年華錄四卷　(清)全祖望撰　民國十八年(1929)上海商務印書館鉛印本　二冊

330000 - 1701 - 0102394　M611415　史部/雜史類/斷代之屬
魏略輯本二十五卷補遺一卷　(晉)魚豢撰　張鵬一輯　民國十三年(1924)陕西文獻徵輯處刻本　張扶萬題記　二冊

330000 - 1701 - 0102395　M611416　子部/雜著類
廣化新編二十回附報應實錄神效藥方　(清)楊正生輯　民國十二年(1923)杭州弘文興記印書局鉛印本　一冊

330000 - 1701 - 0102397　M602202　史部/金石類
遯盦金石叢書十五種　吳隱輯　民國三年至十年(1914 - 1921)山陰吳氏西泠印社木活字印本　四冊　存一種

330000 - 1701 - 0102399　M611417　子部/宗教類/佛教之屬/律
在家律要四卷　朱止宜輯　民國上海佛學書局鉛印本　一冊

330000 - 1701 - 0102400　M602203　集部/別集類/宋別集
友林乙藁一卷　(宋)史彌寧撰　民國六年(1917)華陽高氏蒼茫齋據宋刻本影印本　一冊

330000 - 1701 - 0102402　M610376　子部/宗教類/佛教之屬
悉曇字記一卷　(唐)釋智廣撰　民國六年(1917)上海倉聖明智大學校石印本　一冊

330000 - 1701 - 0102403　M610377　集部/別集類
蒿盦類稿三十二卷續稿三卷　馮煦撰　民國刻本　一冊　存三卷(續稿一至三)

330000 - 1701 - 0102404　M602204　類叢部/叢書類/彙編之屬
四部叢刊　張元濟等編　民國上海商務印書館影印本　三冊　存一種

330000 - 1701 - 0102405　M607273　集部/詞類/總集之屬
唐五代詞選三卷　(清)成肇麐輯　民國上海涵芬樓鉛印本　一冊

330000 - 1701 - 0102407　M601679　類叢部/叢書類/彙編之屬
四部叢刊續編七十七種　張元濟等編　民國二十三年(1934)上海商務印書館影印本　二冊　存一種

330000 - 1701 - 0102408　M607274　子部/

宗教類/佛教之屬/總録

竹窗隨筆一卷二筆一卷三筆一卷　(明)釋袾宏撰　民國上海商務印書館影印本　二册　缺一卷(三筆)

330000－1701－0102410　M610378　集部/別集類

鳴原集十卷附五十三參樓吟草一卷　陳夔龍撰　民國十八年至二十六年(1929－1937)鉛印本　一册

330000－1701－0102412　M611418　類叢部/叢書類/自著之屬

濱虹雜著三種　黄賓虹述　民國七年(1918)鉛印本　一册

330000－1701－0102414　M607275　史部/目録類/總録之屬/私撰

好古堂書目五卷收藏宋元板書目一卷　(清)姚際恒編　民國十八年(1929)南京中社影印本　一册

330000－1701－0102415　M611419　集部/別集類

虚靜齋詩賸三卷　孫祖同撰　民國油印本　一册

330000－1701－0102416　M610379　史部/目録類/專録之屬

番禺許西園書畫詩詞聯額漫存一卷　許炳榛輯　民國十六年(1927)鉛印本　一册

330000－1701－0102417　M607277　子部/宗教類/佛教之屬/諸宗

淨土津梁十三種　(清)釋了慰輯　民國上海商務印書館據北京衍法寺刊本影印本　一册　存三種

330000－1701－0102418　M611420　類叢部/叢書類/郡邑之屬

續金華叢書六十種　胡宗楙編　民國十三年(1924)永康胡氏夢選樓刻本　七册　存三種

330000－1701－0102420　M610574　史部/史評類/詠史之屬

清宫詞一卷　吴士鑑撰　民國元年(1912)鉛印本　一册

330000－1701－0102421　M610381　史部/目録類

書目叢刻二卷　陳准輯　民國十九年(1930)瑞安陳氏湫漻齋刻本　二册

330000－1701－0102423　M607278　類叢部/叢書類/彙編之屬

選印宛委別藏四十種　故宫博物院編　民國二十四年(1935)上海商務印書館影印本　二册　存二種

330000－1701－0102425　M610575　子部/宗教類/佛教之屬/諸宗

印光法師嘉言錄不分卷　李圓淨編　民國十八年(1929)上海大中書局鉛印本　一册

330000－1701－0102427　M602205　類叢部/叢書類/彙編之屬

四部叢刊　張元濟等編　民國上海商務印書館影印本　二册　存一種

330000－1701－0102428　M610383　類叢部/叢書類/家集之屬

武林丁氏家集十三種　丁立誠　丁立中撰　民國錢塘丁氏嘉惠堂鉛印本　三册　存一種

330000－1701－0102430　M607280　類叢部/叢書類/彙編之屬

四部叢刊　張元濟等編　民國上海商務印書館影印本　一册　存一種

330000－1701－0102434　M607303　類叢部/叢書類/彙編之屬

佚存叢書六帙十七種　(日本)林衡編　民國十三年(1924)上海商務印書館據日本寬政至文化刻本影印本　三册　存三種

330000－1701－0102436　M601750、M607281　類叢部/叢書類/彙編之屬

四部叢刊三編七十一種　張元濟等編　民國二十四年至二十五年(1935－1936)上海商務印書館影印本　三册　存一種

330000－1701－0102438　M607282　類叢

部/叢書類/彙編之屬
四部叢刊 張元濟等編 民國上海商務印書館影印本 二册 存一種

330000 - 1701 - 0102441 M601680 類叢部/叢書類/彙編之屬
四部叢刊續編七十七種 張元濟等編 民國二十三年(1934)上海商務印書館影印本 三册 存一種

330000 - 1701 - 0102445 M601684、M601688、M601692、M601705、M601708、M601719 類叢部/叢書類/彙編之屬
四部叢刊續編七十七種 張元濟等編 民國二十三年(1934)上海商務印書館影印本 十六册 存六種

330000 - 1701 - 0102448 M601693 類叢部/叢書類/彙編之屬
四部叢刊續編七十七種 張元濟等編 民國二十三年(1934)上海商務印書館影印本 一册 存一種

330000 - 1701 - 0102449 M601711 類叢部/叢書類/彙編之屬
四部叢刊續編七十七種 張元濟等編 民國二十三年(1934)上海商務印書館影印本 五册 存一種

330000 - 1701 - 0102452 M601714 類叢部/叢書類/彙編之屬
四部叢刊續編七十七種 張元濟等編 民國二十三年(1934)上海商務印書館影印本 八册 存一種

330000 - 1701 - 0102453 M610384 集部/總集類/彙編之屬
戊戌六君子遺集九種 張元濟輯 民國六年(1917)上海商務印書館鉛印本 二册 存三種

330000 - 1701 - 0102455 M610385 史部/目録類/總録之屬/官修
文瀾閣目索引一卷 楊立誠編 民國十八年(1929)浙江省立圖書館鉛印本 一册

330000 - 1701 - 0102456 M602207、M602941、M610147 集部/總集類/選集之屬/斷代
近代詩鈔不分卷 陳衍輯 民國十二年(1923)上海商務印書館鉛印本 二十一册 存二十一册(一至四、六至八、十一至二十四)

330000 - 1701 - 0102458 M604216 類叢部/叢書類/彙編之屬
奇晋齋叢書十六種 (清)陸烜編 民國元年(1912)冰雪山房據清陸氏刻本影印本 一册 存四種

330000 - 1701 - 0102462 M610387 史部/目録類/總録之屬/官修
故宫所藏殿本書目五卷 故宫博物院圖書館編 民國二十二年(1933)故宫博物院圖書館鉛印本 一册

330000 - 1701 - 0102463 M602208 類叢部/叢書類/彙編之屬
玄覽堂叢書三十三種 鄭振鐸輯 民國三十年(1941)上海影印本 六十五册 存二十二種

330000 - 1701 - 0102464 M611421 類叢部/叢書類/郡邑之屬
續金華叢書六十種 胡宗楙編 民國十三年(1924)永康胡氏夢選樓刻本 一册 存一種

330000 - 1701 - 0102465 M611422 類叢部/叢書類/郡邑之屬
續金華叢書六十種 胡宗楙編 民國十三年(1924)永康胡氏夢選樓刻本 二册 存二種

330000 - 1701 - 0102466 M610388 集部/别集類/清别集
端虚室賸稿二卷 (清)鮑毓東撰 民國二十四年(1935)南陵徐氏鉛印本 一册

330000 - 1701 - 0102467 M609333 集部/總集類/彙編之屬
當代八家文鈔 胡君復輯 民國五年(1916)中國圖書公司和記鉛印本 四册 存二種

330000 - 1701 - 0102468 M604217 類叢部/叢書類/彙編之屬

古學彙刊第一集三十四種第二集二十七種 鄧實等編 民國元年至三年(1912－1914)上海國粹學報社鉛印本 一冊 存第二集二種

330000－1701－0102471 M609906、M610389 集部/總集類/郡邑之屬
長興詩存四十卷 王修輯 民國九年(1920)長興王氏仁壽堂刻本 五冊 存三十二卷(一至十二、二十一至四十)

330000－1701－0102473 M611423 類叢部/叢書類/郡邑之屬
續金華叢書六十種 胡宗楙編 民國十三年(1924)永康胡氏夢選樓刻本 三冊 存三種

330000－1701－0102474 M604218 史部/傳記類/别傳之屬/事狀
先府君[程良駇]行述一卷 程學鑾撰 民國鉛印本 一冊

330000－1701－0102477 M610390 史部/傳記類/别傳之屬/事狀
晴川先生[孫之騄]事畧一卷 樊鎮輯 民國七年(1918)紹興樊氏刻本 一冊

330000－1701－0102478 M604219 集部/總集類/酬唱之屬
夢園八十述懷酬唱集一卷 孫傳蕙等撰 民國二十二年(1933)鉛印本 一冊

330000－1701－0102479 M609334 集部/别集類
海抱樓文初編一卷續編一卷 朱浩撰 民國三十七年(1948)鉛印本 一冊

330000－1701－0102481 M610391 集部/别集類
天嬰室叢稿第一輯九卷 陳訓正撰 民國十四年(1925)鉛印本 四冊

330000－1701－0102482 M604220 史部/地理類/專志之屬/寺觀
鄧尉聖恩寺志十八卷 (明)周永年編 民國十九年(1930)影印本 鄧尉題記 四冊

330000－1701－0102483 M607294 類叢部/叢書類/自著之屬
皮錫瑞先生遺著 (清)皮錫瑞撰 民國十六年(1927)上海商務印書館影印本 一冊 存一種

330000－1701－0102487 M604221 史部/地理類/山川之屬/山志
莫干山志十三卷 周慶雲撰 民國十五年至十六年(1926－1927)吳興周氏刻藍印本 陶承杏題記 一冊 存三卷(一至三)

330000－1701－0102488 M609335 史部/地理類/水利之屬
黄巖縣興修水利報告書不分卷 章育等編 民國三十五年(1946)黄巖縣水利會鉛印本 一冊

330000－1701－0102489 M604222 史部/地理類/方志之屬/郡縣志
紹興縣志四種合刊 紹興縣修志委員會輯 民國二十五年(1936)紹興縣修志委員會鉛印本(道光會稽縣志槀卷二至五、十至十三、二十至二十二原缺) 七冊 存一種

330000－1701－0102490 M611424 史部/傳記類/總傳之屬
中華列聖紀一卷 徐相任撰 民國十九年(1930)中華書局鉛印本 一冊

330000－1701－0102491 M601722、M601725、M601726、M601732、M601737、M601740、M601742、M601746、M601748、M601749、M601751、M601753、M601754、M601755、M601756、M601759、M601762、M601765、M601771、M601775、M601777、M601781、M601783、M601785、M601787、M601788、M601791、M601793 類叢部/叢書類/彙編之屬
四部叢刊三編七十一種 張元濟等編 民國二十四年至二十五年(1935－1936)上海商務印書館影印本 二百七十三冊 存二十八種

330000－1701－0102494 M604223 集部/曲類/寶卷之屬
張氏三娘賣花寶卷全集一卷 民國十三年(1924)杭州慧空經房釋守政刻本 一冊

330000－1701－0102495　M611425　子部/雜著類/雜説之屬

石橋潛書四卷　褚傳誥撰　民國八年(1919)鉛印本　一册

330000－1701－0102497　M609336　集部/别集類/明别集

稽愆集四卷首一卷　(明)翁萬達撰　翁輝東輯　民國二十四年(1935)鉛印涵暉樓叢書本　夏定域跋　二册

330000－1701－0102498　M604224　子部/醫家類/綜合之屬/通論

中國醫學史十二章　陳邦賢編纂　民國十八年(1929)上海醫學書局鉛印本　一册

330000－1701－0102501　M601721　類叢部/叢書類/彙編之屬

四部叢刊三編七十一種　張元濟等編　民國二十四年至二十五年(1935－1936)上海商務印書館影印本　八册　存一種

330000－1701－0102502　M611426　史部/目録類/總録之屬/私撰

勞氏碎金三卷附録一卷　(清)勞經原等編　吳昌綬輯　**附録一卷**　王大隆　瞿熙邦補輯　民國二十六年(1937)鉛印丁丑叢書本　趙學南題記　一册

330000－1701－0102505　M604225　子部/宗教類/佛教之屬

北山録十卷　(唐)釋神清撰　(宋)釋慧寶注　**北山録註解隨函二卷**　(宋)釋德珪撰　民國據宋熙寧元年(1068)刻本影印本　四册

330000－1701－0102507　M609337　類叢部/叢書類/彙編之屬

四部備要　中華書局編　民國二十五年(1936)上海中華書局鉛印本　一册　存一種

330000－1701－0102509　M610579　子部/宗教類/佛教之屬

佛學叢書□□種　民國上海商務印書館鉛印本　一册　存一種

330000－1701－0102510　M607300　集部/别集類/清别集

水雲樓詞二卷燼餘藁一卷　(清)蔣春霖撰　民國上海有正書局鉛印本　一册

330000－1701－0102511　M604226　子部/藝術類/書畫之屬

藝苑菁華第一集不分卷　海上書畫聯合會選　民國十五年(1926)上海文藝美術社影印本　一册

330000－1701－0102512　M609338　集部/别集類

五言飛鳥集一卷　(印度)泰戈爾撰　姚華譯　民國二十年(1931)上海中華書局鉛印本　一册

330000－1701－0102513　M611427　史部/目録類/總録之屬/私撰

勞氏碎金三卷附録一卷　(清)勞經原等編　吳昌綬輯　**附録一卷**　王大隆　瞿熙邦補輯　民國二十六年(1937)鉛印丁丑叢書本　趙學南題記　一册

330000－1701－0102514　M604227　子部/藝術類/書畫之屬/畫譜

張元春桐廬山水手卷不分卷　(明)張復繪　民國二十七年(1938)商務印書館影印本　一册

330000－1701－0102515　M601723、M601733、M601739、M601741、M601743、M601764　類叢部/叢書類/彙編之屬

四部叢刊三編七十一種　張元濟等編　民國二十四年至二十五年(1935－1936)上海商務印書館影印本　十四册　存六種

330000－1701－0102516　M607301　子部/工藝類/日用器物之屬/陶瓷

飲流齋説瓷十卷　許之衡撰　民國十三年(1924)上海朝記書莊鉛印本　三册

330000－1701－0102519　M609339　集部/别集類/清别集

芙蓉庵燹餘草一卷　(清)蒲華撰　民國十五年(1926)上海聚珍仿宋印書局鉛印本　一册

330000－1701－0102520　M604228　類叢部/叢書類/彙編之屬
說庫一百七十種　王文濡編　民國四年(1915)上海文明書局石印本(浮生六記卷五至六原缺)　十册　存十九種

330000－1701－0102522　M611428　類叢部/叢書類/自著之屬
勱堂遺書八種　顧家相撰　民國八年至十九年(1919－1930)會稽顧氏鉛印本　一册　存一種

330000－1701－0102524　M601724　類叢部/叢書類/彙編之屬
四部叢刊三編七十一種　張元濟等編　民國二十四年至二十五年(1935－1936)上海商務印書館影印本　三册　存一種

330000－1701－0102527　M611430　子部/宗教類/佛教之屬
戒殺放生文一卷　(明)釋袾宏撰　**戒殺四十八問一卷**　(清)周思仁撰　民國八年(1919)北京刻經處刻本　一册

330000－1701－0102528　M607304　類叢部/叢書類/彙編之屬
四部叢刊　張元濟等編　民國上海商務印書館影印本　三册　存一種

330000－1701－0102530　M610580　子部/宗教類/佛教之屬/經疏
大佛頂首楞嚴經攝論二卷　釋太虚造　民國七年(1918)覺社鉛印本　一册

330000－1701－0102531　M611434　集部/詩文評類/類編之屬
南亭四話九卷　(清)李伯元(寶嘉)編輯　民國十四年(1925)上海大東書局石印本　六册　缺二卷(莊諧詩話一、莊諧聯話一)

330000－1701－0102532　M607329、M610392　史部/傳記類/日記之屬
祁忠敏公日記十五卷(明崇禎四年至弘光元年)　(明)祁彪佳撰　**祁忠敏公年譜一卷**　(明)王思任撰　(清)梁廷枏　(清)龔沅補編　民國二十六年(1937)紹興縣修志委員會鉛印本　六册

330000－1701－0102533　M607305　集部/總集類/尺牘之屬
分類箋註文學尺牘大全集二十卷　(明)鍾惺纂輯　(明)馮夢龍訂釋　民國上海求古齋鉛印本　一册　存一卷(八)

330000－1701－0102534　M609341　史部/紀傳類/正史之屬
史記一百三十卷附考證　(漢)司馬遷撰　(南朝宋)裴駰集解　(唐)司馬貞索隱　(唐)張守節正義　**補史記一卷**　(唐)司馬貞撰并注　民國中華圖書館影印本　九册　缺四十一卷(一至四十一)

330000－1701－0102536　M601727、M601728、M601730、M601731、M601734、M601735、M601738、M601744、M601745、M601747、M601768、M601770、M601772、M601773、M601776、M601778、M601779、M601790、M607371　類叢部/叢書類/彙編之屬
四部叢刊三編七十一種　張元濟等編　民國二十四年至二十五年(1935－1936)上海商務印書館影印本　一百八册　存十八種

330000－1701－0102537　M607306　子部/宗教類/佛教之屬
觀世音菩薩普門品玄義記會本四卷　(宋)釋知禮撰　民國十年(1921)北京刻經處刻本　一册　存一卷(一)

330000－1701－0102538　M610581　集部/別集類
白石山房詩鈔三卷補遺一卷　張宗江撰　民國八年(1919)鉛印本　張翃題記　一册

330000－1701－0102539　M609506、M610393　史部/目録類/通論之屬/義例
校讐新義十卷　杜定友撰　民國十九年(1930)上海中華書局鉛印本　二册

330000－1701－0102541　M602210　子部/醫家類/本草之屬/歷代綜合本草

本草綱目五十二卷圖三卷瀕湖脈學一卷奇經八脈攷一卷脉訣攷證一卷 （明）李時珍撰 **本草萬方鍼線八卷** （清）蔡烈先輯 **本草綱目拾遺十卷首一卷** （清）趙學敏輯 民國元年（1912）上海鴻寶齋石印本 十八册 缺六卷（圖下、本草綱目拾遺一至五）

330000－1701－0102542 M604229 史部/地理類/方志之屬/通志
［民國］浙江新志三卷 姜卿雲纂 民國二十五年（1936）杭州正中書局鉛印本 姜卿雲題記 一册 存二卷（上、中）

330000－1701－0102543 M611431 類叢部/叢書類/自著之屬
十力叢書 熊十力撰 民國三十六年（1947）鉛印本 四册 存一種

330000－1701－0102544 M607307 類叢部/叢書類/彙編之屬
寶顏堂祕笈二百二十八種 （明）陳繼儒編 民國十一年（1922）上海文明書局石印本 八册 存四十四種

330000－1701－0102545 M609342 史部/目録類/總録之屬/私撰
中國通藝館書目二卷中國通藝館碑帖目錄一卷 民國二十二年（1933）石印本 一册 缺一卷（二）

330000－1701－0102546 M607308 子部/宗教類/佛教之屬/諸宗
摩訶止觀十卷 （隋）智者大師說 （隋）釋灌頂記 民國二十三年（1934）揚州藏經院刻本 五册

330000－1701－0102548 M610394 集部/別集類/清別集
春雨樓雜文一卷採香詞二卷春雨樓詩一卷附錄一卷 （清）沈彩撰 民國十三年（1924）上虞羅氏蟫隱廬影印本 一册

330000－1701－0102550 M604230 類叢部/叢書類/彙編之屬
四部備要 中華書局編 民國二十五年（1936）上海中華書局鉛印本 二册 存一種

330000－1701－0102551 M607309 子部/宗教類/佛教之屬/諸宗
摩訶止觀十卷 （隋）智者大師說 （隋）釋灌頂記 民國二十三年（1934）揚州藏經院刻本 五册

330000－1701－0102552 M611432 史部/目録類/版本之屬/書影
吳興劉氏嘉業堂善本書景五卷 劉承幹輯 民國十八年（1929）吳興劉氏嘉業堂影印本 一册 存一卷（二）

330000－1701－0102553 M607310 子部/宗教類/佛教之屬/諸宗
摩訶止觀十卷 （隋）智者大師說 （隋）釋灌頂記 民國二十三年（1934）揚州藏經院刻本 五册

330000－1701－0102554 M604231 類叢部/叢書類/彙編之屬
四部備要 中華書局編 民國二十五年（1936）上海中華書局鉛印本 一册 存一種

330000－1701－0102557 M610396 子部/宗教類/佛教之屬/經
地藏菩薩本願經利益存亡品一卷 （唐）釋實义難陁譯 **地藏菩薩靈感錄一卷** （宋）釋常謹輯 李圓淨修正 民國十九年（1930）杭州長興印刷所鉛印本 一册

330000－1701－0102558 M601736、M601757、M601758、M601760、M601761、M601763、M601767、M601769、M601774、M601780、M601782、M601784、M601789、M601794、M601795 類叢部/叢書類/彙編之屬
四部叢刊三編七十一種 張元濟等編 民國二十四年至二十五年（1935－1936）上海商務印書館影印本 一百十四册 存十六種

330000－1701－0102560 M609343 史部/政書類/律令之屬
比部招議不分卷 董康鑒定 民國二十四年（1935）上海大東書局石印本 一册

330000－1701－0102561　M611433　集部/總集類/選集之屬/斷代
唐詩三百首註疏六卷　(清)孫洙編　(清)章燮註　民國上海鴻寶齋書局石印本　一册　存一卷(五)

330000－1701－0102563　M602211　集部/詞類/詞話之屬
詞苑叢談十二卷　(清)徐釚輯　民國上海有正書局鉛印本　四册

330000－1701－0102564　M607311　子部/宗教類/佛教之屬/經疏
般若波羅蜜多心經略疏小鈔二卷　(清)錢謙益輯　民國頻伽精舍鉛印本　一册

330000－1701－0102565　M607312　子部/宗教類/佛教之屬/經疏
般若波羅蜜多心經略疏小鈔二卷　(清)錢謙益輯　民國頻伽精舍鉛印本　一册

330000－1701－0102566　M611435　子部/藝術類/篆刻之屬/印譜
衣雲印存一卷　(清)羅聘篆刻並輯　民國上海神州國光社影印本　一册

330000－1701－0102567　M602212　集部/别集類
市隂叢稿一卷　薛元燕撰　民國二十四年(1935)鉛印本　一册

330000－1701－0102568　M610397　子部/宗教類/佛教之屬/諸宗
印光法師文鈔四卷附錄一卷　釋聖量撰　民國十六年(1927)浙江印刷公司鉛印本　二册　存二卷(三至四)

330000－1701－0102569　M604236　類叢部/叢書類/彙編之屬
四部備要　中華書局編　民國二十五年(1936)上海中華書局鉛印本　六册　存一種

330000－1701－0102570　M607313　史部/傳記類/别傳之屬/事狀
嵊縣王雲衢先生紀念册不分卷　王珪孫輯　民國十七年(1928)上海中華書局鉛印本　一册

330000－1701－0102571　M611436　子部/儒家類/儒學之屬/性理
儒教傳心錄一卷　陳寅亮編　民國二十五年(1936)鉛印本　一册

330000－1701－0102572　M611437　子部/儒家類/儒學之屬/性理
儒教傳心錄一卷　陳寅亮編　民國二十五年(1936)鉛印本　一册

330000－1701－0102573　M609345　史部/目録類/專録之屬
中學國文書目一卷　章炳麟撰　**卅三書閣記一卷**　羅運賢撰　民國二十四年(1935)、二十七年(1938)刻本　一册

330000－1701－0102575　M610398　類叢部/叢書類/郡邑之屬
黔南叢書六十一種　任可澄等編　民國十一年至三十二年(1922－1943)貴陽文通書局鉛印本暨刻本　十册　存三種

330000－1701－0102576　M602213　子部/醫家類/方書之屬/歷代方書
醫學正傳八卷　(明)虞摶輯　民國上海會文堂書局石印本　四册

330000－1701－0102579　M609346　史部/政書類/公牘檔册之屬
浙江省議會民國九年常年會文牘四卷附編一卷　浙江省議會編　民國九年(1920)鉛印本　一册

330000－1701－0102583　M609347　類叢部/叢書類/彙編之屬
東南大學叢書□□種　民國上海商務印書館石印本　一册　存一種

330000－1701－0102586　M610400　史部/政書類/邦計之屬
内國公債類編二卷　民國十五年(1926)京華印書局鉛印本　二册

330000－1701－0102592　M609348　經部/

三禮總義類/通論之屬

禮問一卷政問一卷　民國北京道德學社鉛印本　一冊

330000－1701－0102595　M602215　集部/總集類/選集之屬/斷代

嘉道六家絕句六卷　民國八年(1919)上海掃葉山房石印本　六冊

330000－1701－0102597　M610582　類叢部/叢書類/彙編之屬

求恕齋叢書三十一種　劉承幹編　民國吳興劉氏嘉業堂刻本　三十三冊　存九種

330000－1701－0102603　M607314　史部/傳記類/別傳之屬/事狀

黃膺白先生家傳一卷　沈亦雲撰　民國三十四年(1945)鉛印本　一冊

330000－1701－0102604　M609350　集部/別集類

九山吟草一卷　姚琮撰　民國二十三年(1934)鉛印本　一冊

330000－1701－0102606　M602216　集部/戲劇類/總集之屬/雜劇

元曲大觀三十種　錦文堂主人輯　民國十年(1921)上海錦文堂書局影印本　一冊　存一種

330000－1701－0102607　M610401　史部/傳記類/別傳之屬/年譜

湯貞愍公[貽汾]年譜一卷　陳韶編　民國二十二年(1933)鉛印本　一冊

330000－1701－0102609　M609351　集部/別集類

九山吟草一卷　姚琮撰　民國二十三年(1934)鉛印本　一冊

330000－1701－0102610　M607315　史部/地理類/方志之屬/郡縣志

[民國]海寧州志稿四十一卷首一卷末一卷附志餘一卷藝文志補遺一卷　(清)李圭修　(清)許傳霈等纂　劉蔚仁續修　朱錫恩續纂　盧兆周繪圖　民國十一年(1922)鉛印本　三十一冊　缺一卷(十二)

330000－1701－0102611　M609352　集部/別集類

九山吟草一卷　姚琮撰　民國二十三年(1934)鉛印本　一冊

330000－1701－0102612　M610583　類叢部/叢書類/郡邑之屬

續金華叢書六十種　胡宗楙編　民國十三年(1924)永康胡氏夢選樓刻本　四十二冊　存十六種

330000－1701－0102613　M609353　集部/別集類

九山吟草一卷　姚琮撰　民國二十三年(1934)鉛印本　一冊

330000－1701－0102615　M609949、M610402　集部/別集類/清別集

朱衎廬先生遺稿八卷補編一卷朱衎廬舊藏鈔本書目一卷　(清)朱昌燕撰　張宗祥編　民國鉛印本　二冊

330000－1701－0102616　M602217　類叢部/叢書類/彙編之屬

四部備要　中華書局編　民國二十五年(1936)上海中華書局鉛印本　一冊　存一種

330000－1701－0102618　M607316、M610805　史部/地理類/方志之屬/郡縣志

[民國]海寧州志稿四十一卷首一卷末一卷附志餘一卷藝文志補遺一卷　(清)李圭修　(清)許傳霈等纂　劉蔚仁續修　朱錫恩續纂　盧兆周繪圖　民國十一年(1922)鉛印本　二十七冊　存四十卷(首,一至十一、十三、十五、十七至二十二、二十四、二十六至四十一,末;志餘;藝文志補遺)

330000－1701－0102619　M610403　子部/宗教類/道教之屬

闡道篇□□篇　題孚佑帝君撰　(清)李玄真注　民國杭州明德道場鉛印本　一冊　存一篇(中)

330000－1701－0102620　M609355　史部/

目録類/總録之屬/官修

浙江公立圖書館通常類圖書目錄五卷附保存類圖書目錄補遺一卷 浙江公立圖書館編 民國十四年(1925)浙江公立圖書館鉛印本 五册 存五卷(一至三、五,保存類圖書目錄補遺)

330000－1701－0102625 M609676、M610584 集部/别集類/清别集

汪穰卿遺著八卷 (清)汪康年撰 汪詒年輯 **汪穰卿先生年譜一卷** 汪詒年撰 民國九年(1920)錢塘汪詒年鉛印本 四册

330000－1701－0102626 M610405 子部/雜著類/雜編之屬

安士全書四種 (清)周夢顏撰 民國十一年(1922)上海佛學推行社鉛印本 二册 存一種

330000－1701－0102627 M602218 集部/别集類/宋别集

黄太史精華録六卷 (宋)黄庭堅撰 任淵選 民國二十四年(1935)上海商務印書館鉛印本 一册

330000－1701－0102628 M609356 類叢部/叢書類/郡邑之屬

義烏先哲遺書五種 黄侗編 民國二十二年至二十四年(1933－1935)義烏黄氏鉛印本 一册 存一種

330000－1701－0102629 M602219 集部/詞類/總集之屬

毛刻宋六十家詞勘誤一卷 朱居易編 民國二十五年(1936)上海中華書局鉛印本 一册

330000－1701－0102630 M610406 集部/總集類/酬唱之屬

蘭觴集一卷附袁夢白先生吟稿一卷 周大封編 民國十八年(1929)鉛印本 一册

330000－1701－0102631 M602120 集部/别集類

行役吟一卷 居正撰 民國三十六年(1947)上海大東書局鉛印本 一册

330000－1701－0102634 M602221 子部/藝術類/遊藝之屬/聯語

精選楹聯新編二卷 (清)俞樾撰 民國二年(1913)上海萃英書莊石印本 一册

330000－1701－0102635 M602222 類叢部/叢書類/自著之屬

直介堂叢刻初編十種續編五種鼻烟叢刻四種 劉聲木撰 民國十八年(1929)廬江劉氏鉛印本 一册 存一種

330000－1701－0102636 M609357 類叢部/叢書類/郡邑之屬

義烏先哲遺書五種 黄侗編 民國二十二年至二十四年(1933－1935)義烏黄氏鉛印本 一册 存一種

330000－1701－0102637 M601752、M601766 類叢部/叢書類/彙編之屬

四部叢刊三編七十一種 張元濟等編 民國二十四年至二十五年(1935－1936)上海商務印書館影印本 二册 存二種

330000－1701－0102641 M609358 子部/宗教類/佛教之屬/經疏

佛説阿彌陀經通解一卷 陳全三解 民國十年(1921)鉛印本 一册

330000－1701－0102642 M610408 集部/總集類/氏族之屬

浙西張氏合集十卷 張宗儒輯 民國十年(1921)鉛印本 一册 缺五卷(一至五)

330000－1701－0102643 M609359 史部/目録類/書志之屬/題跋

思適齋集外書跋輯存不分卷 (清)顧廣圻撰 蔣祖詒輯 民國二十四年(1935)吳縣鄒百耐百擁樓鉛印本 一册

330000－1701－0102646 M609360 子部/宗教類/佛教之屬

佛學叢書□□種 民國上海商務印書館鉛印本 一册 存一種

330000－1701－0102648 M609361 史部/地理類/遊記之屬/紀行

五省游行略記一卷　朱全瓅撰　民國十四年(1925)鉛印本　一册

330000－1701－0102651　M604237、M604343　類叢部/叢書類/彙編之屬
涵芬樓祕笈五十一種　孫毓修等輯　民國五年至十五年(1916－1926)上海商務印書館影印本暨鉛印本　四十八册　存六集(二、六至十)

330000－1701－0102652　G007963　子部/藝術類/遊藝之屬/聯語
讀史集聯一卷　(清)楊調元撰　民國五年(1916)上海有正書局鉛印本　一册

330000－1701－0102653　M607317　史部/地理類/專志之屬/寺觀
廣壽慧雲寺志七卷　(清)丁丙　(清)孫峻輯　民國十七年(1928)玉照堂刻藍印本　二册

330000－1701－0102654　M604238　類叢部/叢書類/彙編之屬
四部叢刊　張元濟等編　民國上海商務印書館影印本　七册　存一種

330000－1701－0102655　M609362、M610177　集部/别集類
天嬰室叢稿第一輯九卷　陳訓正撰　民國十四年(1925)鉛印本　三册　存六卷(無邪詩存、無邪詩旁篇、無邪雜箸、哀氷集、秋岸集、逃海集)

330000－1701－0102658　M610410　史部/傳記類/職官録之屬/總録
職員錄不分卷(民國四年第三期)　印鑄局編纂處編纂　民國四年(1915)印鑄局鉛印本　一册

330000－1701－0102660　M610411　史部/地理類/遊記之屬
瀛談五卷附錄一卷　關賡麟撰　民國十五年(1926)中華工程師學會鉛印本　二册

330000－1701－0102662　M607318　史部/地理類/專志之屬/寺觀
廣壽慧雲寺志七卷　(清)丁丙　(清)孫峻輯　民國十七年(1928)玉照堂刻藍印本　二册

330000－1701－0102663　M607319　史部/地理類/專志之屬/寺觀
廣壽慧雲寺志七卷　(清)丁丙　(清)孫峻輯　民國十七年(1928)玉照堂刻藍印本　二册

330000－1701－0102664　M607320　史部/地理類/專志之屬/寺觀
廣壽慧雲寺志七卷　(清)丁丙　(清)孫峻輯　民國十七年(1928)玉照堂刻藍印本　二册

330000－1701－0102666　M604239　史部/叢編
述窠雜纂　黄任恆撰　民國十四年(1925)南海黄氏鉛印本　一册　存一種

330000－1701－0102667　M610412　類叢部/叢書類/郡邑之屬
續金華叢書六十種　胡宗楙編　民國十三年(1924)永康胡氏夢選樓刻本　二十一册　存四種

330000－1701－0102668　M609364　類叢部/叢書類/自著之屬
舜水遺書樣本不分卷　(明)朱之瑜撰　民國二年(1913)山陰湯壽潛鉛印本　一册

330000－1701－0102670　M604240　史部/政書類/公牘檔冊之屬
嘉善縣自治辦公處經管同善接嬰育嬰掩埋等公產徵信錄不分卷　張寶書等編　民國八年(1919)鉛印本　一册

330000－1701－0102672　M607321　史部/地理類/專志之屬/寺觀
廣壽慧雲寺志七卷　(清)丁丙　(清)孫峻輯　民國十七年(1928)玉照堂刻藍印本　二册

330000－1701－0102673　M607322　史部/地理類/專志之屬/寺觀
廣壽慧雲寺志七卷　(清)丁丙　(清)孫峻輯　民國十七年(1928)玉照堂刻藍印本　二册

330000－1701－0102674　M609365　類叢部/叢書類/自著之屬

章氏叢書十三種　章炳麟撰　民國六年至八年(1917－1919)浙江圖書館刻本　一册　存一種

330000－1701－0102675　M607323　史部/地理類/山川之屬/山志
清涼山志八卷首一卷　(明)釋鎮澄修　釋印光增訂　民國二十二年(1933)蘇州弘化社鉛印本　二册

330000－1701－0102676　M609366　史部/政書類/律令之屬/律例
批本處現行事宜二卷　(清)載齡　(清)文啟編　民國二十六年(1937)北平故宮博物院文獻館影印本　一册

330000－1701－0102677　M601786、M601792　類叢部/叢書類/彙編之屬
四部叢刊三編七十一種　張元濟等編　民國二十四年至二十五年(1935－1936)上海商務印書館影印本　秦從士圈點並觀款　三册　存二種

330000－1701－0102679　M607324　史部/地理類/山川之屬/山志
清涼山志八卷首一卷　(明)釋鎮澄修　釋印光增訂　民國二十二年(1933)蘇州弘化社鉛印本　二册

330000－1701－0102680　M609367　集部/總集類/郡邑之屬
剡川詩鈔補編二卷補遺一卷　江五民輯　民國五年(1916)四明孫氏七千卷樓鉛印本　一册

330000－1701－0102681　M610585　集部/別集類/清別集
霓仙遺稿一卷　(清)葉同春撰　民國十一年(1922)石印本　一册

330000－1701－0102683　M609368　新學/政治法律/律例
南京特別市市政法規彙編二集二卷　南京特別市政府祕書處編　民國十九年(1930)南京特別市政府祕書處鉛印本　一册　缺一卷(上)

330000－1701－0102684　M607327　史部/地理類/遊記之屬/紀行
游滇紀事一卷　錢文選撰　民國十九年(1930)鉛印本　一册

330000－1701－0102685　M604242　子部/藝術類/書畫之屬/法帖
定武蘭亭放大本一卷　(晉)王羲之書　民國影印本　一册

330000－1701－0102686　M607328　史部/地理類/水利之屬
蕭山河蕩紀念錄不分卷　莫廷贊　曹鼎新　樓鳳郊編　民國九年(1920)蕭山合義和書局鉛印本　一册

330000－1701－0102687　M604243　子部/藝術類/書畫之屬/畫譜
倦圃一卷　(清)周之恆繪　民國影印本　一册

330000－1701－0102689　M609369、M610766　史部/目録類/專録之屬
琴書存目六卷別錄二卷　周慶雲編　民國三年(1914)烏程周氏夢坡室刻本　陶在東題記　三册　存六卷(一至六)

330000－1701－0102691　M604244　類叢部/叢書類/彙編之屬
復性書院叢刊二十七種　馬浮編　民國二十九年至三十七年(1940－1948)復性書院刻本暨鉛印本　一册　存一種

330000－1701－0102692　M609370　集部/別集類
一山文存十二卷　章梫撰　民國七年(1918)吴興劉氏嘉業堂刻本　四册

330000－1701－0102693　M604245　史部/地理類/遊記之屬/紀勝
廬山新導游不分卷　朱偰撰　民國二十四年(1935)廬山管理局鉛印本　一册

330000－1701－0102694　M607330　史部/

政書類/公牘檔冊之屬

中華民國元年浙江省第二次臨時省議會議決案□□卷 民國元年(1912)鉛印本 一冊 存一卷(一)

330000－1701－0102695 M610586 集部/總集類/氏族之屬

先澤殘存八種 王元增輯 民國十五年(1926)嘉定王元增鉛印本 一冊

330000－1701－0102696 M611438 集部/總集類/選集之屬/通代

童蒙養正詩選三卷附作者姓氏小傳三卷 (清)王錫元輯 王揖唐補輯 民國二十年(1931)合肥王氏刻本 一冊

330000－1701－0102697 M609371 史部/政書類/律令之屬

浙江省現行法規彙編不分卷 浙江省政府秘書處編輯 民國二十三年(1934)浙江省政府秘書處鉛印本 一冊 存第六類

330000－1701－0102698 M604246 子部/儒家類/儒學之屬/性理

昌儒醒世鏡正編一卷前編一卷附編一卷 (明)王守仁撰 民國十二年(1923)杭州停雲軒鉛印本 一冊

330000－1701－0102699 M609372 史部/政書類/公牘檔冊之屬

蘇浙皖贛湘鄂豫陝晉魯冀察綏十三省民國二十一年度各縣省稅統計圖表不分卷 童蒙正編 民國二十五年(1936)油印本 一冊

330000－1701－0102701 M610587 類叢部/叢書類/自著之屬

康居筆記彙函十三種十四卷 徐珂撰 民國二十二年(1933)徐新六鉛印本 二冊

330000－1701－0102702 M611439 集部/總集類/酬唱之屬

六十初度酬唱集一卷 許祖謙輯 民國二十一年(1932)鉛印本 一冊

330000－1701－0102703 M604247 子部/宗教類/道教之屬/道藏

道藏精華錄一百種 守一子輯 民國無錫丁氏鉛印本 二冊 存十一種

330000－1701－0102704 M610036 子部/藝術類/書畫之屬/法帖

悲盦銘志集存一卷 (清)趙之謙書 吳熊輯 民國十三年(1924)上海西泠印社影印本 一冊

330000－1701－0102709 M607331 子部/宗教類/佛教之屬/經

楞伽阿跋多羅寶經宗通三十卷 (明)曾鳳儀撰 民國六年(1917)金陵刻經處刻本 八冊

330000－1701－0102710 M610037 集部/别集類/唐五代别集

樊紹述集注二卷 (唐)樊宗師撰 (清)孫之騄輯 **絳守居園池記一卷** (唐)樊宗師撰 民國五年(1916)樊氏刻本 一冊 存一卷(二)

330000－1701－0102712 M602223 子部/雜著類/雜說之屬

梁氏筆記三種二十七卷 (清)梁章鉅撰 民國十五年(1926)上海掃葉山房石印本 八冊

330000－1701－0102713 M602225 經部/易類

易藏叢書六種 杭辛齋撰 民國十一年(1922)上海研幾學社鉛印本 八冊

330000－1701－0102714 M610588 史部/史評類/詠史之屬

詠史記事一卷 張翥撰 民國十四年(1925)鉛印本 一冊

330000－1701－0102716 M602224 集部/總集類/彙編之屬

空谷流馨集文編一卷詩編一卷詞編一卷聯編一卷簡編一卷附編二卷 汪大鐵輯 民國三十七年(1948)鉛印本 二冊

330000－1701－0102717 M610038 集部/總集類/彙編之屬

汲古閣景鈔南宋六十家小集 (宋)陳起輯 民國十年(1921)上海古書流通處據明汲古閣

景鈔宋本影印本(安晚堂詩集卷一至五、十三至六十原缺)　一冊　存二種

330000－1701－0102719　M611441　集部/別集類

飲恨集一卷　蔣國榜撰　民國十一年(1922)了夢盦鉛印本　一冊

330000－1701－0102720　M607333　史部/地理類/方志之屬/郡縣志

[民國]龍游縣志四十卷首一卷末一卷　余紹宋撰　民國十四年(1925)北京京城印書局鉛印本　一冊　存二卷(三十四至三十五)

330000－1701－0102724　M607334　子部/宗教類/佛教之屬

金剛經疏記科會十卷　(後秦)釋鳩摩羅什譯　(唐)圭峰大師疏　(宋)長水大師記　(明)釋大璸科會　民國十三年(1924)刻本　十冊

330000－1701－0102725　M607335　集部/總集類/選集之屬/斷代

百老吟後編一卷　錢溯耆輯　民國元年(1912)聽豳館刻本　一冊

330000－1701－0102726　M607336　集部/總集類/選集之屬/斷代

百老吟三編一卷　錢溯耆輯　民國四年(1915)聽豳館刻本　一冊

330000－1701－0102729　M611442　史部/傳記類/別傳之屬/事狀

伍氏子飛先生暨張太夫人七秩雙慶壽言錄一卷　伍承喬　伍承宣輯　民國五年(1916)鉛印本　一冊

330000－1701－0102732　M607338　史部/地理類/方志之屬/郡縣志

[民國]定海縣志十六卷首一卷　陳訓正　馬瀛纂修　施臯　顏聖介　張紀隆測繪　民國十三年(1924)旅滬同鄉會鉛印本　五冊

330000－1701－0102733　M607339　史部/金石類/總志之屬

八瓊室金石補正一百三十卷目錄三卷札記四卷祛僞一卷元金石偶存一卷　(清)陸增祥撰　民國十四年(1925)吳興劉氏希古樓刻本　五十五冊　缺二十卷(目錄一,六至八、六十七至六十九、七十九至八十、九十八至一百一、一百四至一百六、一百十三至一百十四、一百二十四至一百二十五)

330000－1701－0102737　M601800　集部/別集類/宋別集

林和靖先生詩集四卷附錄一卷　(宋)林逋撰　**校語一卷**　邵裴子撰　民國二十四年(1935)上海商務印書館鉛印本　一冊

330000－1701－0102739　M601801　經部/小學類/音韻之屬

說音一卷　江謙撰　民國二十五年(1936)上海中華書局鉛印本　一冊

330000－1701－0102741　M610040　集部/別集類/清別集

白華賸草一卷　(清)錢白華撰　民國二十二年(1933)影印本　錢澤農題記　一冊

330000－1701－0102744　M601802、M609765　史部/傳記類/總傳之屬/技藝

國朝書識十七卷　(清)馮金伯纂輯　民國十二年(1923)上海中華書局鉛印本　四冊　存十五卷(一至二、五至十七)

330000－1701－0102746　M604248　史部/地理類/遊記之屬/紀勝

廬山新導游不分卷　朱偰撰　民國二十四年(1935)廬山管理局鉛印本　一冊

330000－1701－0102747　M601803、M601806、M601808、M601813、M601814　史部/紀傳類/正史之屬

二十四史附考證　民國上海中華書局鉛印本　四十三冊　存五種

330000－1701－0102751　M604249　類叢部/叢書類/彙編之屬

袖珍古書讀本三十種　中華書局編　民國十九年(1930)上海中華書局鉛印本　十六冊　存一種

330000－1701－0102752　M610589　史部/地理類/遊記之屬/紀行

五臺山進香記一卷　趙露清撰　民國二十六年(1937)石印本　一冊

330000－1701－0102753　M610042　集部/别集類

鳴原集十卷附五十三參樓吟草一卷　陳夔龍撰　民國十八年至二十六年(1929－1937)鉛印本　一冊　存一卷(二)

330000－1701－0102754　M601804、M601805、M601807、M601809、M601810、M601811、M601815、M601816、M601817、M601818　史部/紀傳類/正史之屬

二十四史附考證　民國上海中華書局鉛印本　一百二冊　存十種

330000－1701－0102755　M604250　集部/總集類/氏族之屬

鶚里曾氏十一世詩　(明)曾熙丙等撰　曾克耑輯　民國三十四年(1945)鉛印本　四冊

330000－1701－0102758　M609374　集部/小說類/長篇之屬

繡像奸判假鴛鴦六卷七十八回　民國十七年(1928)上海沈鶴記書局石印本　六冊

330000－1701－0102759　M604251　史部/傳記類/總傳之屬/技藝

清代畫史增編三十七卷補編一卷　盛鏞輯　民國十六年(1927)上海有正書局鉛印本　六冊

330000－1701－0102763　M607340　子部/宗教類/佛教之屬/經

中阿含經六十卷　(晉)釋僧伽提婆譯　民國元年(1912)常州天寧寺刻本　十二冊

330000－1701－0102764　M611443　子部/宗教類/佛教之屬

佛學叢書□□種　丁福保輯　民國上海醫學書局鉛印本暨影印本　一冊　存一種

330000－1701－0102765　M607341　史部/目録類/總録之屬/官修

文瀾閣目索引一卷　楊立誠編　民國十八年(1929)浙江省立圖書館鉛印本　一冊

330000－1701－0102769　M607342　子部/宗教類/佛教之屬/論疏

攝大乘論釋十卷　(天竺)無性菩薩造　(唐)釋玄奘譯　民國五年(1916)金陵刻經處刻本　四冊

330000－1701－0102771　M601812　史部/紀傳類/正史之屬

二十四史附考證　民國上海中華書局鉛印本　十九冊　存一種

330000－1701－0102773　M607343　子部/宗教類/佛教之屬

金剛般若波羅蜜經講義五卷首一卷附校勘記一卷　江妙煦撰　民國三十一年(1942)上海大法輪書局鉛印本　三冊

330000－1701－0102778　M604255　類叢部/叢書類/彙編之屬

四庫全書珍本初集二百三十種　中央圖書館籌備處輯　民國二十三年至二十四年(1934－1935)上海商務印書館據文淵閣本影印本　一冊　存一種

330000－1701－0102779　M602226　史部/地理類/專志之屬/祠墓

吴山汪王廟志畧續編一卷　戴振聲　汪濂編　民國二十五年(1936)石印本　一冊

330000－1701－0102780　M607344　子部/宗教類/佛教之屬

八識規矩頌註發明三卷　(唐)釋玄奘註　(明)釋普泰補註　(清)釋本金發明　民國八年(1919)寧波千歲坊文光齋刻本　四冊　缺一卷(一)

330000－1701－0102781　M607345　子部/宗教類/佛教之屬/經疏

妙法蓮華經通義二十卷　(明)釋德清述　民國上海佛學書局影印本　五冊

330000－1701－0102782　M604257　史部/目録類/專録之屬

方志考稿甲集六編　瞿宣穎撰　民國十九年(1930)北平天春書社鉛印本　三冊

330000－1701－0102783　M602227　史部/地理類/專志之屬/祠墓
吴山汪王廟志畧續編一卷　戴振聲　汪濂編　民國二十五年(1936)石印本　一冊

330000－1701－0102784　M607346　史部/紀傳類/正史之屬
百衲本二十四史　張元濟輯　民國上海商務印書館影印本　十六冊　存一種

330000－1701－0102787　M609376　史部/傳記類/總傳之屬/斷代
明遺民録四十八卷　孫靜菴撰　民國元年(1912)上海新中華圖書館鉛印本　九冊　存三十六卷(一至八、二十一至四十八)

330000－1701－0102788　M602228　集部/別集類/清別集
僑園詩文集四卷　(清)姚麟撰　民國二十五年(1936)鉛印本　一冊

330000－1701－0102789　M602944、M609977、M610590　類叢部/叢書類/彙編之屬
又滿樓叢書十六種　趙詒琛編　民國九年至十四年(1920－1925)崑山趙氏又滿樓刻本　七冊　存十二種

330000－1701－0102790　M604258　史部/金石類/金之屬/圖像
簠齋吉金録不分卷　(清)陳介祺藏　鄧實輯　民國七年(1918)鄧實風雨樓影印本　一冊

330000－1701－0102794　M602229　集部/總集類/題詠之屬
耆吟引玉編一卷　錢衡同編　民國八年(1919)鉛印本　一冊

330000－1701－0102795　M604259　史部/金石類/錢幣之屬/圖像
新莽貨布范不分卷　(清)劉喜海輯　民國十八年(1929)上海神州國光社影印本　一冊

330000－1701－0102797　M602230　集部/別集類/唐五代別集
少陵詩鈔一卷　(唐)杜甫撰　(清)顧廷綸編　民國十六年(1927)科學儀器館據顧氏手抄本影印本　一冊

330000－1701－0102799　M610043　類叢部/叢書類/彙編之屬
靜園叢書十種　沈光瑩編　民國七年(1918)聚珍倣宋印書局鉛印本(籀史卷下原缺)　一冊　存二種

330000－1701－0102801　民350.915124/3036　史部/地理類/雜志之屬
浙江省淳安縣兵要地誌不分卷　淳安縣政府編　民國三十三年(1944)油印本　一冊

330000－1701－0102804　M602231　類叢部/叢書類/彙編之屬
盋山圖書館藏寫本書四種　柳詒徵編　民國十八年(1929)影印本　一冊　存一種

330000－1701－0102807　M602232　子部/藝術類/書畫之屬/畫譜
沈嘯梅畫稿不分卷　沈枚繪　民國十二年(1923)上海朝記書莊石印本　二冊

330000－1701－0102808　M610045　集部/別集類/清別集
章實齋文鈔一卷　(清)章學誠撰　民國六年(1917)菊飲軒鉛印本　一冊

330000－1701－0102809　M609378　子部/宗教類/佛教之屬
成唯識論學記八卷　(唐)釋太賢輯　民國上海商務印書館鉛印本　四冊

330000－1701－0102810　M610591　集部/詞類/別集之屬
趣園詩餘六卷　汪曾武撰　**漱紅館詞賸一卷**　吴慶雲撰　民國三十年(1941)鉛印本　一冊

330000－1701－0102813　M610046　史部/政書類/公牘檔冊之屬
象山萬無割併之理由一卷附案牘　民國元年(1912)鉛印本　一冊

330000－1701－0102815　M610047　集部/別集類

雙修閣詩存二卷　張元默撰　民國十年(1921)鉛印本　一冊

330000－1701－0102816　M610048　集部/別集類

雙修閣詩存二卷　張元默撰　民國十年(1921)鉛印本　一冊

330000－1701－0102817　M609379　子部/宗教類/佛教之屬

成唯識論學記八卷　(唐)釋太賢輯　民國二十年(1931)上海商務印書館鉛印本　三冊　存六卷(一至六)

330000－1701－0102820　M610049　集部/別集類/清別集

立懦齋外集殘稿一卷　(清)顧壽楨撰　民國十六年(1927)科學儀器館影印本　一冊

330000－1701－0102821　M607348、M607349、M607350、M607351、M607352、M607353、M607354、M607355、M607357、M607368、M607375　類叢部/叢書類/彙編之屬

四部叢刊　張元濟等編　民國上海商務印書館影印本　二十七冊　存十一種

330000－1701－0102825　M610050　史部/雜史類/斷代之屬

四朝佚聞二卷　金梁撰　民國二十五年(1936)復東印刷局鉛印本　一冊

330000－1701－0102826　M602233　類叢部/叢書類/自著之屬

費氏全集四種附二種　(清)費伯雄撰　民國元年(1912)孟河費氏耕心堂鉛印本　一冊　存一種

330000－1701－0102827　M609380　子部/宗教類/佛教之屬/論

唯識二十論會譯二卷　(天竺)世親菩薩造　(唐)釋玄奘　(北魏)釋瞿曇般若流支　(南朝陳)釋真諦譯　民國九年(1920)金陵刻經處刻本　一冊

330000－1701－0102830　M610051　集部/總集類/題詠之屬

華道人梅序一卷　孫華輯　民國十年(1921)鉛印本　一冊

330000－1701－0102831　M610592　史部/政書類/公牘檔冊之屬

奉化孤兒院第三期報告冊不分卷　民國二十三年(1934)鉛印本　一冊

330000－1701－0102833　M601820　史部/政書類/邦交之屬

清光緒朝中日交涉史料八十八卷　北平故宮博物院編　民國二十一年(1932)北平故宮博物院鉛印本　三十四冊　缺二十卷(五十三至五十四、五十七至七十四)

330000－1701－0102834　M604261　史部/地理類/輿圖之屬/郡縣

修訂浙江全省輿圖並水陸道里記不分卷　(清)宗源瀚等纂　民國四年(1915)杭州武林印書館石印本　十一冊　存杭縣至景甯縣

330000－1701－0102837　M610052　史部/叢編

蒙古史料校注四種附二種　王國維撰　民國十五年(1926)清華學校研究院鉛印本　三冊　存五種

330000－1701－0102838　M604484、M609788、M610165、M610593　類叢部/叢書類/彙編之屬

景印元明善本叢書十種　商務印書館編　民國二十六年至二十九年(1937－1940)上海商務印書館影印本　十七冊　存一種

330000－1701－0102839　M604262　類叢部/叢書類/彙編之屬

喜咏軒叢書三十四種　陶湘編　民國十五年至二十年(1926－1931)武進陶氏涉園石印本　一冊　存一種

330000－1701－0102841　M609381、M609770、M609794、M609795、M609796、M610135　類叢部/叢書類/彙編之屬

四部備要　中華書局編　民國二十五年(1936)上海中華書局鉛印本　二十册　存三種

330000－1701－0102843　M610053　集部/別集類

感逝叢刊四種　唐詠裳撰　民國十九年(1930)紹興印刷局鉛印本　一册　存一種

330000－1701－0102844　M609382　類叢部/叢書類/彙編之屬

四部備要　中華書局編　民國二十五年(1936)上海中華書局鉛印本　十四册　存一種

330000－1701－0102845　M610054　集部/別集類

陶令詩零五卷　陶鏞撰　民國石印本　一册

330000－1701－0102846　M611444　史部/目録類/總録之屬/地方

台州經籍志四十卷　項士元編　民國四年(1915)鉛印本　四册　存十一卷(四至七、十四至十七、二十五、三十五至三十六)

330000－1701－0102847　M602234　類叢部/叢書類/自著之屬

月河草堂叢書三種　蔣清瑞撰　民國歸安蔣氏月河草堂刻本　一册　存一種

330000－1701－0102849　M611445　子部/藝術類/書畫之屬/法帖

石琴館臨長垣本華山碑一卷　伊立勳臨　民國四年(1915)上海掃葉山房石印本　一册

330000－1701－0102850　M609383、M609385　類叢部/叢書類/彙編之屬

四部備要　中華書局編　民國二十五年(1936)上海中華書局鉛印本　四册　存二種

330000－1701－0102852　M604265　類叢部/叢書類/彙編之屬

四部備要　中華書局編　民國二十五年(1936)上海中華書局鉛印本　四册　存一種

330000－1701－0102853　M604269　類叢部/叢書類/彙編之屬

娟鏡樓叢刻七種　張祖廉輯　民國九年(1920)嘉善張氏鉛印本　一册　存一種

330000－1701－0102854　M604266　類叢部/叢書類/彙編之屬

四部備要　中華書局編　民國二十五年(1936)上海中華書局鉛印本　一册　存一種

330000－1701－0102855　M610055　集部/別集類

且寄廬吟草二卷　沈鈞撰　民國六年(1917)廣州刻本　一册

330000－1701－0102856　M611446　子部/藝術類/書畫之屬/法帖

龍門造像二十品不分卷　高繹求藏　民國十二年(1923)上海古今圖書店影印本　一册

330000－1701－0102858　M604268　經部/易類/專著之屬

易義別識二卷　齊洪昌撰　民國十年(1921)臨海縣公立圖書館石印本　一册

330000－1701－0102859　M609384　類叢部/叢書類/彙編之屬

四部備要　中華書局編　民國二十五年(1936)上海中華書局鉛印本　四册　存一種

330000－1701－0102860　M604267　子部/雜著類/雜說之屬

容齋隨筆十六卷續筆十六卷三筆十六卷四筆十六卷五筆十卷首一卷　(宋)洪邁撰　民國十七年(1928)上海掃葉山房石印本　十册

330000－1701－0102862　M609386　集部/總集類/郡邑之屬

滬瀆同聲續集不分卷　郁葆青輯　陳詩選　民國二十四年(1935)鉛印本　一册

330000－1701－0102863　M610056　集部/別集類

巢海棠巢壬戌集一卷二硯齋詩集一卷　葉堯階撰　民國十四年(1925)石印本　一册

330000－1701－0102865　M604270、M610674

子部/小說家類/瑣語之屬

岐海瑣譚集十六卷 （明）姜準輯　民國二十五年（1936）浙江省永嘉區徵輯鄉先哲遺著委員會鉛印本　四冊

330000－1701－0102867　民 336.892424/4030.4　史部/政書類/邦計之屬

浙江省杭州市民國三十八年度地方歲入歲出總概算書不分卷 任顯群　陳啟粹編　民國三十八年（1949）油印本　一冊

330000－1701－0102870　M604271　類叢部/叢書類/郡邑之屬

吳興叢書六十六種 劉承幹編　民國吳興劉氏嘉業堂刻本　五冊　存一種

330000－1701－0102872　M601824　史部/史抄類

二十四史輯要六十四卷附二十四史總目一卷二十四史四庫提要一卷 趙華基編　民國十七年（1928）上海中華書局鉛印本　一冊　存五卷（一至五）

330000－1701－0102873　M610595　史部/地理類

浙江圖書館叢書三十種 丁謙撰　民國四年（1915）浙江圖書館刻本　二冊　存五種

330000－1701－0102876　M610057　類叢部/叢書類/彙編之屬

復性書院叢刊二十七種 馬浮編　民國二十九年至三十七年（1940－1948）復性書院刻本暨鉛印本　二冊　存二種

330000－1701－0102879　M604272、M604355、M610676　史部/目録類/書志之屬/題跋

黃顧遺書六種十六卷 王大隆輯　民國二十二年至二十九年（1933－1940）秀水王氏學禮齋刻本　五冊　存二種

330000－1701－0102880　M601825　類叢部/叢書類/自著之屬

張季子九錄附一種 張謇撰　張怡祖編　民國二十一年（1932）上海中華書局鉛印本　六冊　存三種

330000－1701－0102881　M610596　史部/地理類

浙江圖書館叢書三十種 丁謙撰　民國四年（1915）浙江圖書館刻本　一冊　存二種

330000－1701－0102882　M601826　類叢部/叢書類/自著之屬

張季子九錄附一種 張謇撰　張怡祖編　民國二十一年（1932）上海中華書局鉛印本　三冊　存二種

330000－1701－0102884　M610058、M610059　集部/別集類

舊京詩存八卷文存八卷 孫雄撰　民國二十年（1931）鉛印本　四冊

330000－1701－0102886　M610597　史部/目録類/總録之屬/地方

大清畿輔書徵四十一卷 徐世昌纂　民國天津徐氏鉛印本　四冊　存十卷（七至八、十一至十二、十八至二十、三十九至四十一）

330000－1701－0102889　M609516、M610060　史部/目録類/總録之屬/私撰

販書偶記二十卷 孫殿起撰　民國二十五年（1936）冀縣孫殿起借閒居鉛印本　八冊

330000－1701－0102894　M604273　子部/叢編

清代筆記叢刊四十一種 文明書局編　民國上海文明書局石印本　四冊　存一種

330000－1701－0102900　M604274　集部/小説類/長篇之屬

圖像鏡花緣全傳六卷一百回 （清）李汝珍撰　民國六年（1917）上海天寶書局石印本　二冊　存二卷（一、五）

330000－1701－0102902　M604275　集部/詞類/詞話之屬

詞辨二卷介存齋論詞雜箸一卷 （清）周濟編　民國二年（1913）上海掃葉山房石印本　一冊

330000－1701－0102903　M604276　類叢部/叢書類/彙編之屬

景印元明善本叢書十種　商務印書館編　民國二十六年至二十九年(1937－1940)上海商務印書館影印本　一册　存一種

330000－1701－0102910　M604278　子部/農家農學類/農藝之屬/土壤耕作

區種五種五卷附錄一卷　(清)趙夢齡輯　民國五年(1916)石印本　一册

330000－1701－0102913　M611447　子部/藝術類/書畫之屬/法帖

吴皇象書急就章一卷　(三國吳)皇象書　民國十九年(1930)影印本　一册

330000－1701－0102915　M604279　史部/金石類/金之屬

愙齋集古錄二十六卷　(清)吳大澂撰　民國六年(1917)上海涵芬樓影印本　二十六册

330000－1701－0102917　M610598　類叢部/叢書類/家集之屬

諸暨馮氏叢刻五種四十四卷　馮振音編　民國六年(1917)鉛印本　四册　存二種

330000－1701－0102918　M611448　子部/藝術類/書畫之屬/法帖

歷代碑帖大觀五十種　高時顯輯　民國二十四年(1935)上海中華書局影印本　二十五册　存二十五種

330000－1701－0102919　M610063、M610203　類叢部/叢書類/家集之屬

顧氏家集十種　顧燮光編　民國十八年(1929)會稽顧氏金佳石好樓鉛印本暨石印本　二册　存二種

330000－1701－0102921　M610064　集部/總集類/酬唱之屬

蠅塵酬唱集八卷補遺一卷　孫雄編　民國十三年(1924)鉛印本　二册

330000－1701－0102922　M610065　集部/總集類/酬唱之屬

蠅塵酬唱集八卷補遺一卷　孫雄編　民國十三年(1924)鉛印本　二册

330000－1701－0102923　M610066　集部/總集類/酬唱之屬

蠅塵酬唱集八卷補遺一卷　孫雄編　民國十三年(1924)鉛印本　二册

330000－1701－0102924　M609387　類叢部/叢書類/輯佚之屬

輯佚叢刊十一種十九卷　陶棟輯　民國三十七年(1948)上海中華書局鉛印本　一册

330000－1701－0102927　M604280　類叢部/叢書類/彙編之屬

四部叢刊　張元濟等編　民國八年(1919)上海商務印書館影印本　一册　存一種

330000－1701－0102929　M609388　集部/別集類/清別集

歸玄恭遺著一卷附詩鈔一卷　(清)歸莊撰　民國二十一年(1932)上海中華書局鉛印本　一册

330000－1701－0102930　M604281　史部/地理類/遊記之屬

古今遊記叢鈔十六種　(題)莫釐涵青氏輯　民國三年(1914)涵青山房石印本　一册　存二種

330000－1701－0102932　M610599　類叢部/叢書類/自著之屬

莊大久先生遺著(武進莊大久先生遺著)　(清)莊有可撰　民國十九年(1930)鉛印本　一册　存一種

330000－1701－0102933　M602235　集部/詞類/別集之屬

緜桐館詞一卷　(清)楊調元撰　民國三年(1914)木活字印本　一册

330000－1701－0102935　M610067　史部/目録類/總録之屬/私撰

國學用書類述不分卷　支偉成編　民國十六年(1927)上海泰東圖書局鉛印本　二册

330000－1701－0102936　M609389　集部/

別集類

天嬰室叢稿第一輯九卷 陳訓正撰 民國十四年(1925)鉛印本 四冊

330000－1701－0102937 M604282 子部/儒家類/儒學之屬/蒙學

三字經一卷 民國二十二年(1933)上海漢文正楷印書局鉛印本 一冊

330000－1701－0102938 M602236 史部/金石類/石之屬/文字

魏墓誌三種合冊不分卷 民國有正書局影印本 一冊

330000－1701－0102939 M604283 集部/別集類

悔餘生詩五卷 吳慶坻撰 民國十五年(1926)鉛印本 一冊 存三卷(一至三)

330000－1701－0102940 M609390 集部/別集類

天嬰室叢稿第一輯九卷 陳訓正撰 民國十四年(1925)鉛印本 四冊

330000－1701－0102941 M607363 子部/雜著類/雜說之屬

淮南鴻烈集解二十一卷 (漢)劉安撰 (漢)高誘注 民國八年(1919)上海商務印書館影印四部叢刊本 沈松林跋 四冊

330000－1701－0102943 M609391 集部/別集類

天嬰室叢稿第一輯九卷 陳訓正撰 民國十四年(1925)鉛印本 四冊

330000－1701－0102944 M604284 史部/目録類/總録之屬/彙刻

叢書書目彙編不分卷補遺一卷 沈乾一編纂 民國十七年(1928)上海醫學書局鉛印本 一冊

330000－1701－0102945 M604285、M609685 類叢部/叢書類/彙編之屬

國立武漢大學叢書 商務印書館編 民國上海商務印書館石印本 二冊 存一種

330000－1701－0102946 M609392 集部/別集類

天嬰室叢稿第一輯九卷 陳訓正撰 民國十四年(1925)鉛印本 二冊 存三卷(無邪詩存、無邪詩旁篇、無邪雜箸)

330000－1701－0102948 M610068 史部/目録類/總録之屬/彙刻

叢書目錄拾遺十二卷 孫殿起撰 民國二十三年(1934)鉛印本 三冊

330000－1701－0102950 M609393 子部/雜著類/雜說之屬

槐軒約言一卷 (清)劉沅撰 民國北京道德學社鉛印本 一冊

330000－1701－0102951 M610069 類叢部/叢書類/彙編之屬

景印元明善本叢書十種 商務印書館編 民國二十六年至二十九年(1937－1940)上海商務印書館影印本 二冊 存一種

330000－1701－0102952 M607364 集部/詩文評類/詩評之屬

石遺室詩話三十二卷 陳衍撰 民國二十四年(1935)上海商務印書館鉛印本 四冊

330000－1701－0102954 M607367 集部/詞類/別集之屬

晁氏琴趣外篇六卷補遺一卷 (宋)晁補之撰 **晁氏琴趣外篇校記一卷** 林大椿撰 民國二十二年(1933)上海商務印書館鉛印本 一冊

330000－1701－0102955 M609394 集部/別集類

南枝集三卷 (越南)阮尚贒撰 民國十四年(1925)鉛印本 一冊

330000－1701－0102956 M609395 集部/別集類

含嘉室詩集八卷 吳士鑑撰 民國元年(1912)鉛印本 二冊

330000－1701－0102957 M610600 史部/目録類/總録之屬/官修

浙江公立圖書館通常類圖書目錄五卷附保存類圖書目錄補遺一卷　浙江公立圖書館編　民國十四年(1925)浙江公立圖書館鉛印本　四册　存四卷(一至四)

330000－1701－0102959　M603029、M610070　史部/史評類/史論之屬

史論課孫艸二卷　王樹榮撰　民國二十年(1931)鉛印本　二册

330000－1701－0102960　M609396　史部/史評類/詠史之屬

清宮詞一卷　吴士鑑撰　民國二十六年(1937)吴秉澂鉛印本　一册

330000－1701－0102961　M609397　史部/史評類/詠史之屬

清宮詞一卷　吴士鑑撰　民國二十六年(1937)吴秉澂鉛印本　一册

330000－1701－0102962　M611449　子部/藝術類/書畫之屬/法帖

歷代碑帖大觀五十種　高時顯輯　民國二十四年(1935)上海中華書局影印本　一册　存一種

330000－1701－0102963　M609398　史部/史評類/詠史之屬

清宮詞一卷　吴士鑑撰　民國二十六年(1937)吴秉澂鉛印本　一册

330000－1701－0102965　M610071　史部/地理類/遊記之屬

瀛談五卷附錄一卷　關賡麟撰　民國十五年(1926)中華工程師學會鉛印本　一册　存三卷(一至三)

330000－1701－0102966　M609399、M610658　類叢部/叢書類/自著之屬

玩芳艸堂叢書　(清)王棻撰　民國上海國光書局鉛印本　八册　存一種

330000－1701－0102968　M609400　類叢部/叢書類/自著之屬

崇雅堂叢書十四種　楊晨撰　民國二十五年(1936)楊紹翰鉛印本　一册　存二種

330000－1701－0102969　M609401　類叢部/叢書類/自著之屬

崇雅堂叢書十四種　楊晨撰　民國二十五年(1936)楊紹翰鉛印本　一册　存二種

330000－1701－0102971　M609402　集部/别集類/明别集

陶元暉中丞遺集二卷首一卷附録一卷跋一卷　(明)陶朗先撰　民國九年(1920)上海聚珍倣宋印書局鉛印本　二册

330000－1701－0102972　M604286　子部/儒家類/儒學之屬/性理

儒門語要六卷　(清)倪元坦撰　民國十三年(1924)上海大通書局石印本　三册

330000－1701－0102973　M611450　史部/政書類/公牘檔册之屬

蜀江景賢堂册□□卷　民國十四年(1925)木活字印本　一册　存一卷(一)

330000－1701－0102974　M610072　子部/藝術類/書畫之屬/書法書品

君子館論書絶句一百二十首一卷　邊成撰　袁照注　民國三十三年(1944)君子館刻本　一册

330000－1701－0102977　M610073　史部/傳記類/别傳之屬/事狀

錢士青都轉六秩壽言彙編不分卷　錢文選編　民國二十二年(1933)鉛印本　一册

330000－1701－0102978　M604287　集部/曲類/寶卷之屬

繡像秀英寶卷碧玉簪一卷　民國石印本　一册

330000－1701－0102979　M611451　史部/傳記類/别傳之屬/年譜

止叟[韓國鈞]年譜一卷永憶録二卷　韓國鈞撰　民國三十年(1941)鉛印本　一册　存二卷(永憶録一至二)

330000－1701－0102980　M604288　史部/政書類/邦計之屬/地政

嘉興求減浮糧書不分卷　金蓉鏡編　民國三

年(1914)鉛印本　一册

330000－1701－0102981　M611452　史部/史評類/詠史之屬

吴越紀事詩一百二十首一卷　錢文選撰　民國二十六年(1937)鉛印本　一册

330000－1701－0102984　M604289　史部/政書類/邦計之屬

第一次縣知事覲見大總統訓詞不分卷　民國鉛印本　一册

330000－1701－0102985　M611453　史部/傳記類/别傳之屬/墓誌

皇清誥授奉政大夫戶部江西司員外郎晉封朝議大夫詹事府左春坊左庶子仁和許公[學歐]暨德配誥封宜人晉封恭人姜太恭人合葬墓志銘不分卷　(清)邵懿辰撰　(清)戴熙書　民國石印本　一册

330000－1701－0102986　M611454　子部/藝術類/書畫之屬

品三鐵華盦管窺金石圖歙縣訪碑圖不分卷　顧麟士等繪　民國影印本　一册

330000－1701－0102987　M604291　史部/目録類/書志之屬/題跋

重印瓜圃叢刊敘錄續編一卷　金梁撰　民國十七年(1928)鉛印本　一册

330000－1701－0102988　M610075、M610609　集部/别集類

約園雜箸八卷　張壽鏞撰　民國二十五年(1936)鉛印本　三册

330000－1701－0102989　M604292　子部/藝術類/書畫之屬/法帖

六朝墓誌菁華四集不分卷　上海有正書局輯　民國九年(1920)上海有正書局影印本　四册　存第四集

330000－1701－0102990　M609403　史部/地理類/方志之屬/郡縣志

[光緒]杭州府志一百七十八卷首八卷　(清)陳璚等修　(清)王棻等纂　屈映光續修　陸懋勳續纂　齊耀珊重修　吴廛坻重纂　**[光緒]杭州府志校勘記十六卷**　吴憲奎編　民國十一年(1922)、十五年(1926)鉛印本　十六册

330000－1701－0102991　M604293　集部/總集類/酬唱之屬

庸庵尚書重賦鹿鳴集録不分卷　陳夔龍輯　民國二十三年(1934)上海中華書局鉛印本　四册

330000－1701－0102992　M610076　史部/雜史類/斷代之屬

滇省首義後之和平祕史一卷　白雲居士編　民國八年(1919)鉛印本　一册

330000－1701－0102993　M610601　集部/總集類/選集之屬/斷代

武進苔岑社叢編　余端編　民國八年(1919)鉛印本　一册

330000－1701－0102994　M610077　集部/别集類/唐五代别集

樊紹述集注二卷　(唐)樊宗師撰　(清)孫之騄輯　**絳守居園池記一卷**　(唐)樊宗師撰　民國五年(1916)樊氏刻本　二册

330000－1701－0102997　M607378　類叢部/叢書類/彙編之屬

四部叢刊三編七十一種　張元濟等編　民國二十四年至二十五年(1935－1936)上海商務印書館影印本　二十三册　存一種

330000－1701－0103001　M604295　經部/群經總義類/文字音義之屬

經詞衍釋十卷補遺一卷　(清)吴昌瑩撰　民國上海古書流通處影印本　四册

330000－1701－0103002　M607380　史部/政書類/律令之屬

浙江省議會各種章程規則不分卷　浙江省議會編　民國鉛印本　一册

330000－1701－0103003　M610078　史部/政書類/公牘檔册之屬

綏新公路察勘隊工作報告不分卷　尤寅照　龔繼成　陳宗器撰　民國二十四年(1935)鉛

印本　陳宗器題記　一册

330000－1701－0103004　M610603　子部/儒家類/儒學之屬/性理
楊園菁華錄四卷　（清）張履祥撰　（清）沈志本纂　民國二十四年（1935）楊園學社鉛印本　一册

330000－1701－0103005　M604296　集部/別集類/宋別集
林和靖先生詩集四卷附錄一卷　（宋）林逋撰　**校語一卷**　邵裴子撰　民國二十四年（1935）上海商務印書館鉛印本　一册

330000－1701－0103006　M609404　史部/政書類/公牘檔册之屬
浙江省統捐捐率一卷　民國鉛印本　一册

330000－1701－0103007　M607381　史部/政書類/公牘檔册之屬
浙江省議會民國十一年常年會議決案不分卷　浙江省議會編　民國十一年（1922）鉛印本　一册

330000－1701－0103008　M607382　史部/地理類/專志之屬/寺觀
廣壽慧雲寺志七卷　（清）丁丙　（清）孫峻輯　民國十七年（1928）玉照堂刻藍印本　二册

330000－1701－0103009　M610604　子部/儒家類/儒學之屬/性理
楊園菁華錄四卷　（清）張履祥撰　（清）沈志本纂　民國二十四年（1935）楊園學社鉛印本　余紹宋題記　一册

330000－1701－0103010　M604621、M609405、M611082　史部/地理類/方志之屬/郡縣志
［光緒］杭州府志一百七十八卷首八卷　（清）陳璚等修　（清）王棻等纂　屈映光續修　陸懋勳續纂　齊耀珊重修　吳慶坻重纂　民國十一年（1922）鉛印本　二十二册　存五十一卷（二十至二十七、四十五至五十二、五十五至六十六、九十五至九十九、一百六十一至一百七十八）

330000－1701－0103013　M607383　史部/地理類/專志之屬/寺觀
廣壽慧雲寺志七卷　（清）丁丙　（清）孫峻輯　民國十七年（1928）玉照堂刻藍印本　二册

330000－1701－0103014　M607384　史部/地理類/專志之屬/寺觀
廣壽慧雲寺志七卷　（清）丁丙　（清）孫峻輯　民國十七年（1928）玉照堂刻藍印本　二册

330000－1701－0103015　M604297　類叢部/叢書類/彙編之屬
古學彙刊第一集三十四種第二集二十七種　鄧實等編　民國元年至三年（1912－1914）上海國粹學報社鉛印本　二册　存第一集六種

330000－1701－0103016　M609406　子部/天文曆算類/曆法之屬
中華民國三十六年歲在丁亥農曆通書一卷　民國三十五年（1946）石印本　一册

330000－1701－0103017　M607385　史部/地理類/專志之屬/寺觀
廣壽慧雲寺志七卷　（清）丁丙　（清）孫峻輯　民國十七年（1928）玉照堂刻藍印本　二册

330000－1701－0103018　M607386　史部/地理類/專志之屬/寺觀
廣壽慧雲寺志七卷　（清）丁丙　（清）孫峻輯　民國十七年（1928）玉照堂刻藍印本　二册

330000－1701－0103019　M607387　史部/地理類/專志之屬/寺觀
廣壽慧雲寺志七卷　（清）丁丙　（清）孫峻輯　民國十七年（1928）玉照堂刻藍印本　二册

330000－1701－0103020　M609407　類叢部/叢書類/自著之屬
天馬山房叢箸六種　馬敘倫撰　民國鉛印本　一册

330000－1701－0103021　M610605　史部/政書類/公牘檔册之屬
浙江省議會民國十一年第一二次臨時會議決案不分卷　浙江省議會編　民國十一年（1922）鉛印本　一册

330000－1701－0103022　M607388　史部/地理類/專志之屬/寺觀
廣壽慧雲寺志七卷　(清)丁丙　(清)孫峻輯　民國十七年(1928)玉照堂刻藍印本　二冊

330000－1701－0103024　M607389　史部/地理類/專志之屬/寺觀
廣壽慧雲寺志七卷　(清)丁丙　(清)孫峻輯　民國十七年(1928)玉照堂刻藍印本　二冊

330000－1701－0103025　M607390　史部/地理類/專志之屬/寺觀
廣壽慧雲寺志七卷　(清)丁丙　(清)孫峻輯　民國十七年(1928)玉照堂刻藍印本　二冊

330000－1701－0103027　M609408　史部/傳記類/總傳之屬/郡邑
於越有明一代三不朽圖贊一卷　(明)張岱撰　民國七年(1918)鉛印本　一冊

330000－1701－0103028　M607391　史部/地理類/專志之屬/寺觀
廣壽慧雲寺志七卷　(清)丁丙　(清)孫峻輯　民國十七年(1928)玉照堂刻藍印本　二冊

330000－1701－0103030　M607392　史部/地理類/專志之屬/寺觀
廣壽慧雲寺志七卷　(清)丁丙　(清)孫峻輯　民國十七年(1928)玉照堂刻藍印本　二冊

330000－1701－0103031　M610606　集部/曲類/曲韻曲譜曲律之屬
元詞斠律四卷　王玉章纂輯　民國二十五年(1936)上海商務印書館鉛印本　一冊　缺二卷(三至四)

330000－1701－0103032　M609409　集部/別集類
天嬰室叢稿第一輯九卷　陳訓正撰　民國十四年(1925)鉛印本　四冊

330000－1701－0103034　M607393　史部/紀傳類/正史之屬
史記一百三十卷　(漢)司馬遷撰　(明)歸有光等評點　**方望溪平點史記四卷**　(清)方苞撰　民國四年(1915)上海同文圖書館據清光緒武昌張氏刻本影印本　一冊　存五卷(四十三至四十七)

330000－1701－0103038　M609410　集部/別集類
天嬰室叢稿第一輯九卷　陳訓正撰　民國十四年(1925)鉛印本　四冊

330000－1701－0103040　M609411　集部/別集類
天嬰室叢稿第一輯九卷　陳訓正撰　民國十四年(1925)鉛印本　四冊

330000－1701－0103041　M609412　集部/別集類
天嬰室叢稿第一輯九卷　陳訓正撰　民國十四年(1925)鉛印本　四冊

330000－1701－0103042　M609413　集部/別集類
天嬰室叢稿第一輯九卷　陳訓正撰　民國十四年(1925)鉛印本　四冊

330000－1701－0103045　M610608　史部/目録類/總録之屬
北平市立第一普通圖書館圖書總目表不分卷　朱英等編　民國二十四年(1935)鉛印本　四冊

330000－1701－0103046　M604299　類叢部/叢書類/自著之屬
維摩精舍叢書第一函五種　袁煥仙口授　民國三十三年(1944)成都維摩精舍刻本　六冊

330000－1701－0103049　M604300　子部/藝術類/書畫之屬
經頤淵金石詩書畫合集三種　經亨頤撰　民國二十五年(1936)上海中華書局影印本暨鉛印本　三冊

330000－1701－0103050　M604301　子部/藝術類/書畫之屬/法帖
舊拓瘞鶴銘不分卷　民國十九年(1930)上海神州國光社影印本　一冊

330000－1701－0103053　M604302　史部/

金石類/金之屬

周金文存六卷補遺一卷　鄒安輯　民國十年(1921)上海廣倉學宭影印本　三冊　存三卷(五至六、補遺)

330000－1701－0103056　M604303　子部/藝術類/書畫之屬

金石家書畫集不分卷　高時顯　丁仁編　**金石家書畫集小傳一卷**　西泠印社纂輯　民國十三年(1924)西泠印社影印本暨鉛印本　十冊

330000－1701－0103060　M607394　集部/總集類/選集之屬/斷代

唐詩三百首註釋六卷　(清)孫洙編　(清)章燮註　民國鑄記書局石印本　一冊　存一卷(四)

330000－1701－0103061　M604307　類叢部/叢書類/彙編之屬

四部備要　中華書局編　民國二十五年(1936)上海中華書局鉛印本　十二冊　存一種

330000－1701－0103063　M604308　子部/宗教類/佛教之屬

宗喀巴大師顯密修行次第科頌一卷　釋能海輯　**菩提道次第攝修求加持頌一卷**　民國刻本　一冊

330000－1701－0103065　M604309　集部/總集類/彙編之屬

國立浙江大學文學院集刊第二集　國立浙江大學文學院集刊編輯委員會編　民國三十一年(1942)貴州遵義國立浙江大學文學院石印本　一冊　存六種

330000－1701－0103067　M604310　集部/總集類/彙編之屬

國立浙江大學文學院集刊第二集　國立浙江大學文學院集刊編輯委員會編　民國三十一年(1942)貴州遵義國立浙江大學文學院石印本　一冊　存六種

330000－1701－0103068　M604311　集部/總集類/彙編之屬

國立浙江大學文學院集刊第二集　國立浙江大學文學院集刊編輯委員會編　民國三十一年(1942)貴州遵義國立浙江大學文學院石印本　一冊　存六種

330000－1701－0103070　M607398　子部/藝術類/書畫之屬/法帖

西泠八家尺牘一卷　(清)丁敬等書　民國西泠印社影印本　一冊

330000－1701－0103071　M604312　集部/總集類/彙編之屬

國立浙江大學文學院集刊第二集　國立浙江大學文學院集刊編輯委員會編　民國三十一年(1942)貴州遵義國立浙江大學文學院石印本　一冊　存六種

330000－1701－0103072　M604313　集部/總集類/彙編之屬

國立浙江大學文學院集刊第二集　國立浙江大學文學院集刊編輯委員會編　民國三十一年(1942)貴州遵義國立浙江大學文學院石印本　一冊　存六種

330000－1701－0103074　M604314　集部/總集類/彙編之屬

國立浙江大學文學院集刊第二集　國立浙江大學文學院集刊編輯委員會編　民國三十一年(1942)貴州遵義國立浙江大學文學院石印本　一冊　存六種

330000－1701－0103075　M604315　集部/總集類/彙編之屬

國立浙江大學文學院集刊第二集　國立浙江大學文學院集刊編輯委員會編　民國三十一年(1942)貴州遵義國立浙江大學文學院石印本　一冊　存六種

330000－1701－0103076　M607396　集部/總集類/尺牘之屬

分類箋釋文辭大尺牘二十六卷　(明)鍾惺纂輯　(明)馮夢龍訂釋　(清)王鼎增輯　民國上海碧梧山莊鉛印本　一冊　存三卷(二十二至二十四)

330000 - 1701 - 0103078　M602238　集部/別集類/清別集

白城詩偶鈔一卷　(清)張曰銜撰　民國七年(1918)張念祖鉛印本　一册

330000 - 1701 - 0103083　M602239　子部/宗教類/佛教之屬/總録

普賢行願品五譯合行一卷　湯薌銘編　民國三十一年(1942)北京菩提學會鉛印本　一册

330000 - 1701 - 0103084　M607400　史部/傳記類/别傳之屬/事狀

郭寶璇哀輓録不分卷　厲家禎編　民國二十五年(1936)鉛印本　一册

330000 - 1701 - 0103085　M610082　子部/天文曆算類/曆法之屬

三元甲子新萬年歷三卷續萬年書一卷六十年陰陽日歷二卷新帖式全書一卷　鍾之模編　民國十三年(1924)香港統一圖書局石印本　一册　存一卷(六十年陰陽日歷上)

330000 - 1701 - 0103087　M607401　子部/醫家類/醫案之屬

薛案辨疏二卷　(清)徐蓮塘撰　民國七年(1918)紹興醫藥學報社鉛印國醫百家本　王積文題簽並批　一册　存一卷(上)

330000 - 1701 - 0103088　M610083　經部/小學類/音韻之屬

文字學音篇五章　錢玄同撰　民國十年(1921)北京大學出版部鉛印本　一册

330000 - 1701 - 0103092　M611351　類叢部/叢書類/自著之屬

晨風廬叢刊十八種　周慶雲撰　民國吳興周氏夢坡室刻本　一册　存一種

330000 - 1701 - 0103094　M609414　集部/別集類

天嬰室叢稿第一輯九卷　陳訓正撰　民國十四年(1925)鉛印本　四册

330000 - 1701 - 0103095　M604316　集部/總集類/彙編之屬

國立浙江大學文學院集刊第四集　國立浙江大學文學院集刊編輯委員會編　民國三十三年(1944)貴州遵義國立浙江大學文學院石印本　一册　存四種

330000 - 1701 - 0103097　M604317　集部/總集類/彙編之屬

國立浙江大學文學院集刊第四集　國立浙江大學文學院集刊編輯委員會編　民國三十三年(1944)貴州遵義國立浙江大學文學院石印本　一册　存四種

330000 - 1701 - 0103098　M609415　集部/別集類

天嬰室叢稿第一輯九卷　陳訓正撰　民國十四年(1925)鉛印本　二册　存六卷(哀冰集、秋岸集、逃海集、庸海集、庸海二集、闕逢困敦集)

330000 - 1701 - 0103099　M604318　集部/總集類/彙編之屬

國立浙江大學文學院集刊第四集　國立浙江大學文學院集刊編輯委員會編　民國三十三年(1944)貴州遵義國立浙江大學文學院石印本　一册　存四種

330000 - 1701 - 0103102　M604319　集部/總集類/彙編之屬

國立浙江大學文學院集刊第四集　國立浙江大學文學院集刊編輯委員會編　民國三十三年(1944)貴州遵義國立浙江大學文學院石印本　一册　存四種

330000 - 1701 - 0103103　M609416　子部/藝術類/遊藝之屬/聯語

寒柯堂宋詩集聯四卷　余紹宋輯　民國二十九年(1940)鉛印本　余紹宋題記　一册

330000 - 1701 - 0103105　M604320　集部/總集類/彙編之屬

國立浙江大學文學院集刊第四集　國立浙江大學文學院集刊編輯委員會編　民國三十三年(1944)貴州遵義國立浙江大學文學院石印本　一册　存四種

330000 - 1701 - 0103106　M604321　集部/

總集類/彙編之屬

國立浙江大學文學院集刊第四集　國立浙江大學文學院集刊編輯委員會編　民國三十三年(1944)貴州遵義國立浙江大學文學院石印本　一冊　存四種

330000－1701－0103107　M604322　集部/總集類/彙編之屬

國立浙江大學文學院集刊第四集　國立浙江大學文學院集刊編輯委員會編　民國三十三年(1944)貴州遵義國立浙江大學文學院石印本　一冊　存四種

330000－1701－0103108　M611352　類叢部/叢書類/自著之屬

晨風廬叢刊十八種　周慶雲撰　民國吳興周氏夢坡室刻本　一冊　存一種

330000－1701－0103109　M604323　集部/總集類/彙編之屬

國立浙江大學文學院集刊第四集　國立浙江大學文學院集刊編輯委員會編　民國三十三年(1944)貴州遵義國立浙江大學文學院石印本　一冊　存四種

330000－1701－0103110　M610084　史部/傳記類/別傳之屬/事狀

良鄉公[王承穀]榮哀錄一卷　王修輯　民國二十一年(1932)鉛印本　一冊

330000－1701－0103111　M609417、M609418　子部/宗教類/道教之屬

老子道德經二卷　(漢)河上公章句　**沖虛至德真經八卷**　(漢)張湛注　民國上海商務印書館影印四部叢刊本　怡庵題簽　朱師轍批　二冊

330000－1701－0103112　M611353　類叢部/叢書類/自著之屬

晨風廬叢刊十八種　周慶雲撰　民國吳興周氏夢坡室刻本　一冊　存一種

330000－1701－0103113　M604324　類叢部/叢書類/自著之屬

佳夢軒叢著十一種　(清)奕賡撰　民國二十四年(1935)北平燕京大學圖書館鉛印本　八冊

330000－1701－0103114　M611354　子部/宗教類/佛教之屬/論疏

因明入正理論疏瑞源記八卷　(唐)釋玄奘譯　(唐)釋窺基疏　(日本)釋濬鳳潭記　民國十七年(1928)上海商務印書館鉛印本　一冊　存二卷(七至八)

330000－1701－0103116　M610085　集部/別集類/清別集

荷香水亭吟草一卷己壬叢稿一卷　(清)徐森撰　民國九年(1920)刻本　一冊

330000－1701－0103118　M604325　類叢部/叢書類/彙編之屬

喜咏軒叢書三十四種　陶湘編　民國十五年至二十年(1926－1931)武進陶氏涉園石印本　三冊　存三種

330000－1701－0103119　M611355　子部/宗教類/佛教之屬

佛學叢書□□種　民國上海商務印書館鉛印本　一冊　存一種

330000－1701－0103122　M607402　子部/宗教類/佛教之屬/經

佛說大白傘蓋總持達喇呢經一卷　(元)釋俊辯　(元)釋真治譯　民國十四年(1925)鉛印本　一冊

330000－1701－0103124　M607403　子部/宗教類/佛教之屬/經疏

佛說觀無量壽佛經一卷　(南朝宋)釋畺良耶舍譯　民國奉化蔣宅刻朱印本　一冊

330000－1701－0103125　M611356　集部/別集類

天嬰室叢稿第二輯十卷　陳訓正撰　民國二十年(1931)鉛印本　二冊

330000－1701－0103126　M610087　集部/總集類/酬唱之屬

丹山驪唱集一卷　趙璋輯　民國二十三年(1934)平湖浙江印刷所鉛印本　一冊

330000－1701－0103128　M604328　新學/政治法律/制度

現行中華法規大全不分卷　共和編譯局編輯　民國十三年(1924)上海共和編譯局石印本　二册

330000－1701－0103129　M609419　類叢部/叢書類/自著之屬

石仙遺著　謝彦華撰　民國石印本　一册　存一種

330000－1701－0103130　M607404　子部/藝術類/書畫之屬/法帖

楷書習字帖　民國上海有正書局影印本　一册　存一種

330000－1701－0103131　M611357　集部/别集類

天嬰室叢稿第二輯十卷　陳訓正撰　民國二十年(1931)鉛印本　二册

330000－1701－0103132　M604329　子部/小説家類

筆記小説大觀二百二十二種　進步書局輯　民國上海進步書局石印本　三册　存一種

330000－1701－0103133　M607405　子部/藝術類/書畫之屬/法帖

鄧石如楷書隸書三種合册不分卷　(清)鄧石如書　民國上海有正書局石印本　一册

330000－1701－0103134　M610114/1　集部/詩文評類/詩評之屬

在山泉詩話四卷　潘飛聲撰　民國鉛印本　一册　存二卷(三至四)

330000－1701－0103135　M611358　集部/别集類

天嬰室叢稿第二輯十卷　陳訓正撰　民國二十年(1931)鉛印本　二册

330000－1701－0103136　M610088　史部/地理類/遊記之屬/紀行

少室觀雪圖記一卷附雲史遊嵩高少室諸詩一卷　楊圻撰　民國二十年(1931)鉛印本　一册

330000－1701－0103137　M602240　經部/讖緯類/春秋緯之屬

春秋緯史集傳四十卷　(清)陳省欽撰　民國十三年(1924)陳鍾祺鉛印本　四册

330000－1701－0103138　M611359　集部/别集類

天嬰室叢稿第二輯十卷　陳訓正撰　民國二十年(1931)鉛印本　二册

330000－1701－0103139　M604330　史部/傳記類/總傳之屬

闡義二十二卷　(清)吴肅公撰　民國二十年(1931)南陵徐氏影印本　一册　存五卷(一至五)

330000－1701－0103140　M609420　史部/地理類/雜志之屬

東陽記拾遺一卷　(南朝宋)鄭緝之撰　胡宗楙輯　**東陽記攷一卷**　胡宗楙撰　民國十二年(1923)夢選樓刻本　一册

330000－1701－0103141　M604331　史部/傳記類/總傳之屬

闡義二十二卷　(清)吴肅公撰　民國二十年(1931)南陵徐氏影印本　一册　存五卷(一至五)

330000－1701－0103142　M610089　集部/别集類

散原精舍詩别集一卷　陳三立撰　民國二十年(1931)上海商務印書館鉛印本　葛夷之題記　一册

330000－1701－0103143　M611360　集部/别集類

天嬰室叢稿第二輯十卷　陳訓正撰　民國二十年(1931)鉛印本　二册

330000－1701－0103144　M609421　史部/目録類/總録之屬/私撰

郘亭知見傳本書目十六卷　(清)莫友芝撰　民國上海西泠印社鉛印本　一册　存三卷(一至三)

330000－1701－0103145　M611361　集部/

別集類

天嬰室叢稿第二輯十卷　陳訓正撰　民國二十年(1931)鉛印本　二冊

330000－1701－0103146　M607406　類叢部/類書類/通類之屬

欽定古今圖書集成一萬卷目錄四十卷　(清)蔣廷錫　(清)陳夢雷等輯　民國二十三年(1934)中華書局影印本　二十五冊　存三百四十二卷(方輿彙編職方典一千一百五十九至一千二百四十五、一千二百八十五至一千三百八十二,方輿彙編山川典十一至六十六,明倫彙編官常典六百二十一至七百二十一)

330000－1701－0103147　M604332　類叢部/叢書類/家集之屬

樸學齋叢書第一集二十八種　胡蘊玉編　民國二十九年(1940)安吳胡氏鉛印本　二冊　存七種

330000－1701－0103148　M611362　集部/別集類

天嬰室叢稿第二輯十卷　陳訓正撰　民國二十年(1931)鉛印本　二冊

330000－1701－0103149　M610090　集部/別集類

雲石山房詩草一卷　沈廷傑撰　民國二十五年(1936)鉛印本　一冊

330000－1701－0103150　M611363　集部/別集類

天嬰室叢稿第二輯十卷　陳訓正撰　民國二十年(1931)鉛印本　二冊

330000－1701－0103151　M611364　集部/別集類

天嬰室叢稿第二輯十卷　陳訓正撰　民國二十年(1931)鉛印本　二冊

330000－1701－0103152　M604333　史部/雜史類/斷代之屬

匪窟悲思記一卷　樂振葆撰　民國二十五年(1936)鉛印本　一冊

330000－1701－0103153　M611365　集部/別集類

天嬰室叢稿第二輯十卷　陳訓正撰　民國二十年(1931)鉛印本　二冊

330000－1701－0103155　M604334、M609609、M610182　子部/術數類/陰陽五行之屬

欽定協紀辨方書三十六卷　(清)允祿　(清)張照等纂修　民國上海錦章圖書局石印本　六冊　存二十九卷(四至三十二)

330000－1701－0103157　M611366　集部/別集類

天嬰室叢稿第二輯十卷　陳訓正撰　民國二十年(1931)鉛印本　二冊

330000－1701－0103158　M610091　集部/別集類/清別集

瓶廬詩鈔四卷詞鈔一卷文鈔一卷　(清)翁同龢撰　翁永孫輯　**樂齋賸草一卷**　(清)翁琳孫撰　翁永孫輯　民國元年(1912)常熟開文社鉛印本　二冊

330000－1701－0103159　M611367　集部/別集類

天嬰室叢稿第二輯十卷　陳訓正撰　民國二十年(1931)鉛印本　二冊

330000－1701－0103160　M611368　集部/別集類

天嬰室叢稿第二輯十卷　陳訓正撰　民國二十年(1931)鉛印本　二冊

330000－1701－0103161　M609465　集部/別集類/清別集

九曲山房詩鈔十六卷續集一卷　(清)宗聖垣撰　**偶然吟一卷**　(清)宗聖堂撰　民國三年(1914)吳下鉛印本　三冊　存十六卷(一至十六)

330000－1701－0103163　M611369　集部/別集類

天嬰室叢稿第二輯十卷　陳訓正撰　民國二十年(1931)鉛印本　二冊

330000－1701－0103164　M610092　集部/

別集類

從軍雜詠一卷續一卷 孔墉撰 民國十七年(1928)上海聚珍倣宋印書局鉛印本 一冊

330000－1701－0103165 M611370 集部/別集類

天嬰室叢稿第二輯十卷 陳訓正撰 民國二十年(1931)鉛印本 一冊 存五卷(吉留詞、聖塘集、瓕石秋草、瓕石幸草、瓕石春草)

330000－1701－0103166 M609422 經部/易類

易藏叢書六種 杭辛齋撰 民國十一年(1922)上海研幾學社鉛印本 二冊 存一種

330000－1701－0103167 M611371 集部/別集類

天嬰室叢稿第二輯十卷 陳訓正撰 民國二十年(1931)鉛印本 一冊 存五卷(吉留詞、聖塘集、瓕石秋草、瓕石幸草、瓕石春草)

330000－1701－0103168 M607407 類叢部/類書類/通類之屬

欽定古今圖書集成一萬卷目錄四十卷 (清)蔣廷錫 (清)陳夢雷等輯 **古今圖書集成考證二十四卷** 民國二十三年(1934)中華書局影印本 八冊 存二十四卷(考證一至二十四)

330000－1701－0103169 M604337 史部/傳記類/別傳之屬/事狀

貴陽陳庸菴尚書七袠壽言不分卷 陳昌豫輯 民國十五年(1926)鉛印本 四冊

330000－1701－0103171 M602241 史部/地理類/專志之屬/寺觀

天童寺續志二卷首一卷 釋淨心修 釋蓮萍纂 民國九年(1920)天童寺刻本 二冊

330000－1701－0103173 M610093 類叢部/叢書類/彙編之屬

進德叢書八種 丁福保編 民國上海醫學書局鉛印本 一冊 存一種

330000－1701－0103174 M611372 經部/小學類/文字之屬/字書/訓蒙

白話解字第一期一卷 陸世英 施崇恩編輯 民國杭州陸宅、施宅刻本 一冊

330000－1701－0103175 M604338 集部/別集類

大鶴山人手寫詩槀小冊一卷 鄭文焯書 民國六年(1917)震亞圖書局石印本 一冊

330000－1701－0103176 M609423 集部/別集類/唐五代別集

駱臨海集十卷附錄一卷 (唐)駱賓王撰 (清)陳熙晉注 民國二十六年(1937)義烏黄氏鉛印本 駱允協題記 四冊

330000－1701－0103177 M607408 類叢部/叢書類/彙編之屬

知不足齋叢書一百九十五種 (清)鮑廷博輯 (清)鮑士恭續輯 民國十年(1921)上海古書流通處據清鮑氏刻本影印本 三冊 存三種

330000－1701－0103179 M611373 史部/政書類/公牘檔冊之屬

安徽省立圖書館概況不分卷 安徽省立圖書館編 民國二十二年(1933)鉛印本 一冊

330000－1701－0103181 M602242 史部/地理類/專志之屬/寺觀

天童寺續志二卷首一卷 釋淨心修 釋蓮萍纂 民國九年(1920)天童寺刻本 一冊 存二卷(首、上)

330000－1701－0103182 M610094 集部/別集類

清臣詩紀一卷續一卷 石橋撰 民國天台麗美石印社石印本 一冊 存一卷(清臣詩紀)

330000－1701－0103183 M609424 類叢部/叢書類/彙編之屬

求恕齋叢書三十一種 劉承幹編 民國吳興劉氏嘉業堂刻本 八冊 存四種

330000－1701－0103184 M604341 集部/別集類/唐五代別集

唐樊紹述遺文一卷附錄一卷 (唐)樊宗師撰 (清)張庚輯注 民國十四年(1925)山陰樊

氏緜絳書屋刻本　一册

330000－1701－0103185　M604342　類叢部/叢書類/自著之屬

樊諫議集七家注五種附一種　（唐）樊宗師撰　樊鎮輯　民國紹興樊氏緜絳書屋刻本　一册　存二種

330000－1701－0103186　M607410　集部/别集類/清别集

武林失守雜感詩百首一卷申江避寇雜感詩百首一卷　（清）陳春曉撰　民國三十二年(1943)鉛印本　一册

330000－1701－0103188　M610095　類叢部/叢書類/彙編之屬

復性書院叢刊二十七種　馬浮編　民國二十九年至三十七年(1940－1948)復性書院刻本暨鉛印本　二册　存二種

330000－1701－0103189　M607411　子部/宗教類/佛教之屬/諸宗

淨土津要六種　民國二十二年(1933)上海商務印書館鉛印本　二册

330000－1701－0103190　M602243　史部/地理類/方志之屬/郡縣志

紹興縣志四種合刊　紹興縣修志委員會輯　民國二十五年(1936)紹興縣修志委員會鉛印本(道光會稽縣志稾卷二至五、十至十三、二十至二十二原缺)　十六册　存一種

330000－1701－0103191　M607412　史部/目録類/專録之屬

中國地方志綜錄不分卷　朱士嘉撰　民國二十四年(1935)上海商務印書館石印本　三册

330000－1701－0103193　M609425　集部/别集類/清别集

汪穰卿遺著八卷　（清）汪康年撰　汪詒年輯　**汪穰卿先生年譜一卷**　汪詒年撰　民國九年(1920)錢塘汪詒年鉛印本　四册

330000－1701－0103194　M607413　史部/史抄類

史記菁華錄六卷　（清）姚祖恩輯評　民國上海商務印書館鉛印本　三册

330000－1701－0103195　M607414　經部/詩類/三家詩之屬

韓詩外傳十卷　（漢）韓嬰撰　民國涵芬樓鉛印本　二册

330000－1701－0103196　M609426　集部/别集類/清别集

汪穰卿遺著八卷　（清）汪康年撰　汪詒年輯　**汪穰卿先生年譜一卷**　汪詒年撰　民國九年(1920)錢塘汪詒年鉛印本　四册

330000－1701－0103197　M610097　類叢部/叢書類/自著之屬

勴堂遺書八種　顧家相撰　民國八年至十九年(1919－1930)會稽顧氏鉛印本　一册　存一種

330000－1701－0103198　M609427　類叢部/叢書類/彙編之屬

己卯叢編四種　趙詒琛　王大隆輯　民國二十八年(1939)鉛印本　二册　存二種

330000－1701－0103200　M609428　類叢部/叢書類/彙編之屬

丙子叢編十二種　趙詒琛　王大隆編　民國二十五年(1936)鉛印本　一册　存四種

330000－1701－0103201　M607417　集部/總集類/選集之屬/通代

古詩源十四卷　（清）沈德潛輯　民國上海商務印書館鉛印本　四册

330000－1701－0103202　M611374　子部/醫家類/婦科之屬/廣嗣

續嗣珍寶一卷　民國二十一年(1932)鉛印本　一册

330000－1701－0103203　M609429　集部/總集類/郡邑之屬

諸暨詩英十一卷續編七卷　徐道政編　民國二十五年(1936)鉛印本　四册

330000－1701－0103204　M607418　子部/宗教類/佛教之屬/諸宗

禪學講話前編四卷後編序論四卷本論三卷 (日本)日種讓山撰 釋芝峯譯 民國三十二年(1943)鎮江焦山佛學院鉛印本 一册

330000－1701－0103205 M611375 子部/雜著類/雜說之屬
趨庭錄一卷 王一仁輯 民國二十四年(1935)鉛印本 一册

330000－1701－0103206 M609430 集部/別集類
散原精舍詩二卷續集三卷 陳三立撰 民國十一年(1922)上海商務印書館鉛印本 四册

330000－1701－0103208 M609431 集部/別集類
散原精舍詩二卷續集三卷 陳三立撰 民國十一年(1922)上海商務印書館鉛印本 三册 存三卷(續集上中下)

330000－1701－0103209 M607419 史部/目録類/總録之屬/官修
浙江省立圖書館出版木印書目一卷鉛印書目一卷 浙江省立圖書館編 民國二十五年(1936)浙江省立圖書館鉛印本 一册

330000－1701－0103211 M607420 史部/目録類/總録之屬/官修
浙江省立圖書館出版木印書目一卷鉛印書目一卷 浙江省立圖書館編 民國二十五年(1936)浙江省立圖書館鉛印本 一册

330000－1701－0103212 M610099 史部/地理類/雜志之屬
雲南地震考一卷 童振藻撰 民國十五年(1926)雲南省公署樞要處第四課石印本 一册

330000－1701－0103213 M607421 史部/目録類/總録之屬/官修
浙江省立圖書館出版木印書目一卷鉛印書目一卷 浙江省立圖書館編 民國二十五年(1936)浙江省立圖書館鉛印本 一册

330000－1701－0103214 M607422 子部/宗教類/佛教之屬/經
二課合解七卷首一卷 釋興慈撰 民國十六年(1927)上海法藏寺鉛印本 二册

330000－1701－0103216 M602244 類叢部/叢書類/郡邑之屬
吳興叢書六十六種 劉承幹編 民國吳興劉氏嘉業堂刻本 二册 存一種

330000－1701－0103217 M607423 子部/宗教類/佛教之屬
宗喀巴大師顯密修行次第科頌止觀略法一卷文殊真言念誦略法一卷 民國陳阜南刻本 一册 缺一卷(文殊真言念誦略法)

330000－1701－0103220 M609432 類叢部/叢書類/彙編之屬
說庫一百七十種 王文濡編 民國四年(1915)上海文明書局石印本(浮生六記卷五至六原缺) 五十七册 存一百六十一種

330000－1701－0103221 M602245 類叢部/叢書類/家集之屬
重印江都汪氏叢書十三種 陳乃乾 秦更年等編 民國十四年(1925)上海中國書店影印本 一册 存一種

330000－1701－0103222 M607424 子部/宗教類/佛教之屬/經疏
佛說觀無量壽佛經義疏二卷 (南朝宋)釋畺良耶舍譯 (隋)釋慧遠撰疏 民國十一年(1922)北京刻經處刻本 一册

330000－1701－0103224 M607425 子部/宗教類/佛教之屬/諸宗
天竺別集三卷 (宋)釋遵式撰 (宋)釋慧觀編 民國十年(1921)北京刻經處刻本 一册

330000－1701－0103226 M607426 子部/宗教類/佛教之屬/經
佛說五大施經一卷 (宋)釋施護等譯 **佛說戒香經一卷** (宋)釋法賢譯 **佛說木槵子經一卷** 民國十一年(1922)石印本 一册

330000－1701－0103227 M611376 集部/總集類/郡邑之屬
瑞安詩徵七卷文徵十二卷 瑞安縣修志委員

會編　民國三十五年(1946)瑞安縣修志委員會鉛印本　宋慈褒題記　四冊　存七卷(詩徵一至七)

330000－1701－0103229　M607427　子部/宗教類/佛教之屬/經

佛說大乘戒經一卷　(宋)釋施護譯　釋演音書　**十善業道經一卷**　(唐)釋實叉難陀譯　釋演音書　民國二十三年(1934)影印本　一冊

330000－1701－0103230　M610101　類叢部/叢書類/彙編之屬

求恕齋叢書三十一種　劉承幹編　民國吳興劉氏嘉業堂刻本　四冊　存二種

330000－1701－0103231　M607428　子部/宗教類/佛教之屬

依時輪上師相應法一卷　釋法日撰　釋寶金剛譯　**北沙嘛拔哈拉發願文一卷**　民國鉛印本　一冊

330000－1701－0103233　M609433　集部/總集類/選集之屬/斷代

宋詩鈔初集　(清)吕留良　(清)吳之振　(清)吳爾堯輯　民國三年(1914)上海商務印書館據清康熙吳氏刻本影印本(龍雲集鈔一卷、栟櫚集一卷、勉齋集一卷、鶴山集一卷、蛟峰集鈔一卷、雪巖集鈔一卷、縉雲集鈔一卷、玉楮集鈔一卷、滄浪吟鈔一卷、竹齋集鈔一卷、疊山集鈔一卷、仲安集鈔一卷、所南集鈔一卷、魯齊集鈔一卷、玉蟾集鈔一卷、斷腸集鈔一卷原缺)　三十冊　存六十八種

330000－1701－0103234　M602268　子部/工藝類/文房四寶之屬/叢録

蕉窗九錄一卷　(明)項元汴撰　民國三年(1914)西泠印社木活字印本　二冊

330000－1701－0103236　M603032、M610102　類叢部/叢書類/郡邑之屬

續金華叢書六十種　胡宗楙編　民國十三年(1924)永康胡氏夢選樓刻本　二十六冊　存七種

330000－1701－0103241　M611378　類叢部/叢書類/彙編之屬

國立北京大學研究所國學門叢書　民國北京大學研究所鉛印本暨影印本　一冊

330000－1701－0103242　M610610　集部/別集類/明別集

重訂祝子遺書六卷首一卷末一卷　(明)祝淵撰　祝廷錫編　民國六年(1917)知非樓刻本　二冊

330000－1701－0103244　M611379　子部/宗教類/佛教之屬/經

藥師瑠璃光如來本願功德經一卷附東方文一卷回向文一卷　(唐)釋玄奘譯　**郭子彬先生傳贊一卷**　許止淨撰　**先考子彬府君行述一卷**　董康撰　民國二十二年(1933)潮陽郭氏雙百鹿齋刻藍印本　一冊

330000－1701－0103249　M610611　史部/傳記類/別傳之屬/事狀

魏文節公事略一卷　魏頌唐輯　民國二十五年(1936)鉛印本　一冊

330000－1701－0103250　M609434　集部/別集類

歸黔吟一卷　陳貽蓀撰　民國二十五年(1936)鉛印本　一冊

330000－1701－0103252　M609435　史部/傳記類/別傳之屬/事狀

高奇峯先生榮哀錄第一輯不分卷　中國圖書大辭典編輯館編　民國二十三年(1934)中國圖書大辭典編輯館鉛印本　一冊

330000－1701－0103255　M610612　集部/總集類/郡邑之屬

竹洲文獻二卷　楊貽誠編　民國二十五年(1936)鄞縣縣立女子中學校友會鉛印本　一冊

330000－1701－0103256　M609436　類叢部/叢書類/彙編之屬

士禮居黄氏叢書十九種附四種　(清)黄丕烈輯　民國四年(1915)上海石竹山房據清黄氏

刻本影印本　八冊　存八種

330000－1701－0103259　M610614　子部/藝術類/書畫之屬/法帖
唐人寫大比尼經一卷　民國十九年(1930)上海商務印書館影印本　一冊

330000－1701－0103267　M604344　類叢部/類書類/通類之屬
欽定古今圖書集成一萬卷目錄四十卷　(清)蔣廷錫　(清)陳夢雷等輯　民國二十三年(1934)中華書局影印本　四百三十四冊　存五千四百七十一卷(曆象彙編乾象典一至一百,曆象彙編歲功典一至一百十六,曆象彙編曆法典一至一百四十,曆象彙編庶徵典一至一百八十八,方輿彙編坤輿典一至一百四十,方輿彙編職方典一至二百五十一、五百二十三至一千一百七十一、一千二百九十九至一千五百四十四,方輿彙編山川典一至三百二十,方輿彙編邊裔典一至一百四十,明倫彙編皇極典一至三百,明倫彙編宮闈典一至一百四十,明倫彙編官常典一至五百十五、七百二十二至八百,明倫彙編家範典一至一百十六,明倫彙編氏族典一至六百四十,明倫彙編人事典一至一百十二,明倫彙編閨媛典一至三百七十六,博物彙編藝術典一百十一至五百二十六、六百三十一至七百二十八,博物彙編神異典一至七十六、二百四十四至三百二十,理學彙編經籍典二百六十五至五百)

330000－1701－0103271　M602247、M602309、M602410　類叢部/叢書類/彙編之屬
四部備要　中華書局編　民國二十五年(1936)上海中華書局鉛印本　五冊　存三種

330000－1701－0103273　M607433、M607679　子部/雜著類/雜纂之屬
潯雅五集十八卷　周慶雲輯　民國刻藍印本　三冊　存四卷(丙集二至四、丁集三)

330000－1701－0103274　M609437　類叢部/叢書類/彙編之屬
士禮居黃氏叢書十九種附四種　(清)黃丕烈輯　民國四年(1915)上海石竹山房據清黃氏刻本影印本　一冊　存二種

330000－1701－0103275　M607434　史部/金石類/錢幣之屬/圖像
新莽貨布范不分卷　(清)劉喜海輯　民國十八年(1929)上海神州國光社影印本　一冊

330000－1701－0103277　M602248　集部/總集類/選集之屬/斷代
名賢生日詩十卷附名人生日表一卷　孫雄輯　民國十年(1921)鉛印本　六冊

330000－1701－0103279　M602249　子部/宗教類/道教之屬
莊子義證三十三卷附錄二卷校補記一卷　馬敘倫撰　民國十九年(1930)上海商務印書館鉛印本　六冊

330000－1701－0103280　M609438　子部/宗教類/道教之屬
莊子集解八卷　王先謙撰　民國上海涵芬樓影印本　三冊

330000－1701－0103282　M607436　子部/工藝類/文房四寶之屬/墨
李孝美墨譜三卷　(宋)李孝美編　**附校記一卷**　趙萬里撰　民國十九年(1930)故宮博物院圖書館影印本暨鉛印本　一冊

330000－1701－0103283　M602250　集部/總集類/選集之屬/斷代
名賢生日詩十卷附名人生日表一卷　孫雄輯　民國十年(1921)鉛印本　六冊

330000－1701－0103285　M607437　史部/地理類/專志之屬/祠墓
安徽巢湖中廟廟誌一卷　李信孔續修　民國十二年(1923)石印本　一冊

330000－1701－0103287　M607439　史部/地理類/專志之屬/古跡
蘭亭志四卷附錄近人題詠一卷　張若霞編　民國二十五年(1936)鉛印本　一冊

330000－1701－0103288　M611380　子部/宗教類/佛教之屬

北山錄十卷 （唐）釋神清撰 （宋）釋慧寶注 **北山錄註解隨函二卷** （宋）釋德珪撰 民國據宋熙寧元年（1068）刻本影印本 四冊

330000－1701－0103289 M602251 類叢部/叢書類/彙編之屬
燕京大學圖書館叢書 燕京大學圖書館編 民國北平燕京大學圖書館鉛印本暨影印本 二冊 存一種

330000－1701－0103291 M607440 子部/宗教類/佛教之屬
金剛壽命經四種合訂四卷 民國十二年（1923）北京刻經處刻本 一冊

330000－1701－0103293 M611381 子部/宗教類/佛教之屬
北山錄十卷 （唐）釋神清撰 （宋）釋慧寶注 **北山錄註解隨函二卷** （宋）釋德珪撰 民國據宋熙寧元年（1068）刻本影印本 四冊

330000－1701－0103294 M607441 子部/宗教類/佛教之屬
世界佛學苑漢藏教理院叢書 民國重慶漢藏教理院刻本 一冊 存一種

330000－1701－0103295 M611382 史部/傳記類/別傳之屬
總理奉安實錄不分卷 總理奉安專刊編纂委員會編 民國十八年（1929）總理奉安專刊編纂委員會鉛印本 一冊

330000－1701－0103296 M607442 史部/金石類/總志之屬
經鉏堂金石小箋二卷 （清）葉弈苞撰 民國中國書店鉛印本 一冊

330000－1701－0103298 M609440 子部/醫家類/兒科之屬/痘疹
痳症集成四卷 （清）朱載揚撰 民國十二年（1923）浙江體育專門學校鉛印本 一冊

330000－1701－0103299 M602252 集部/總集類/選集之屬/斷代
名賢生日詩十卷附名人生日表一卷 孫雄輯 民國十年（1921）鉛印本 六冊

330000－1701－0103300 M607443 史部/地理類/山川之屬/水志
東錢湖志四卷 王榮商纂 陸澍咸 戴彥編 民國五年（1916）刻本 二冊 存二卷（三至四）

330000－1701－0103302 M602253 類叢部/叢書類/自著之屬
貞松老人遺稿甲集八種 羅振玉撰 民國三十年（1941）上虞羅福頤鉛印本暨石印本 六冊

330000－1701－0103303 M611383 子部/藝術類/書畫之屬/法帖
松坡軍中遺墨不分卷 蔡鍔書 民國六年（1917）上海中華書局影印本 二冊

330000－1701－0103304 M607444 子部/宗教類/佛教之屬
佛心經品亦通大隨求陀羅尼二卷 （唐）釋流志譯 民國影印本 一冊

330000－1701－0103305 M602254 子部/雜著類
圖繪經商獻曝錄不分卷 丁方鎮撰 李巇評 周湘繪 民國二十年（1931）甬東壽世草堂鉛印本 一冊

330000－1701－0103307 M610104 類叢部/叢書類/郡邑之屬
黔南叢書六十一種 任可澄等編 民國十一年至三十二年（1922－1943）貴陽文通書局鉛印本暨刻本 三冊 存一集三種

330000－1701－0103308 M607445 史部/地理類/專志之屬/寺觀
蓮居庵志十卷 孫峻輯 釋瞻明增訂 民國十九年（1930）釋瞻明刻藍印本 二冊

330000－1701－0103309 M611384 子部/藝術類/書畫之屬/法帖
松坡軍中遺墨不分卷 蔡鍔書 民國十五年（1926）北京松坡圖書館石印本 二冊

330000－1701－0103311 M602255 類叢部/叢書類/家集之屬

桂林周氏家集　周家彦編　民國二十三年(1934)桂林周氏青島鉛印本　一册　存一種

330000－1701－0103312　M609441　子部/小説家類/諧謔之屬
苦海新談四卷　(清)林真撰　民國四年(1915)杭州西湖悦圃鉛印本　一册

330000－1701－0103314　M611385　子部/藝術類/書畫之屬/法帖
清道人節臨六朝碑四種帖不分卷　李瑞清書　民國上海震亞圖書局影印本　譽壘題記　一册

330000－1701－0103315　M609442　子部/小説家類/諧謔之屬
苦海新談四卷　(清)林真撰　民國四年(1915)杭州西湖悦圃鉛印本　一册

330000－1701－0103316　M607446　史部/地理類/方志之屬/郡縣志
[民國]雙林鎮志三十二卷首一卷　(清)蔡蓉升纂　蔡蒙續纂　民國六年(1917)上海商務印書館鉛印本　一册　存十四卷(首、一至十三)

330000－1701－0103317　M609443　史部/目録類/總録之屬/彙刻
美術叢書預約樣本一卷　上海神州國光社編　民國二十五年(1936)上海神州國光社鉛印本　一册

330000－1701－0103318　M602256　集部/詞類/詞譜之屬
白香詞譜一卷　(清)舒夢蘭輯　民國元年(1912)振始堂石印本　二册

330000－1701－0103320　M607447　子部/宗教類/佛教之屬/經
佛説大白傘蓋總持達喇呢經一卷　(元)釋俊辯　(元)釋真治譯　民國十四年(1925)鉛印本　一册

330000－1701－0103321　M602257　集部/詞類/詞韻之屬
晚翠軒詞韻一卷　(清)舒夢蘭輯　民國元年(1912)振始堂石印本　二册

330000－1701－0103322　M610105　類叢部/叢書類/郡邑之屬
黔南叢書六十一種　任可澄等編　民國十一年至三十二年(1922－1943)貴陽文通書局鉛印本暨刻本　八册　存一集五種

330000－1701－0103324　M611386　子部/天文曆算類/曆法之屬
殷曆譜上編四卷下編十卷　董作賓撰　民國三十四年(1945)國立中央研究院歷史語言研究所石印本　一册　存七卷(下編四至十)

330000－1701－0103325　M607448　子部/宗教類/佛教之屬/諸宗
幻庵文集六卷　范古農撰　民國三十六年(1947)上海大法輪書局、上海佛學書局鉛印本　一册　存二卷(一、六)

330000－1701－0103327　M602258　子部/小説家類
筆記小説大觀二百二十二種　進步書局輯　民國上海進步書局石印本　二册　存一種

330000－1701－0103328　M611387　集部/别集類
孫中山手札二十三通一卷　孫文書　民國影印本　一册

330000－1701－0103330　M609445、M611037　史部/紀傳類/正史之屬
百衲本二十四史　張元濟輯　民國上海商務印書館影印本　二十册　存一種

330000－1701－0103332　M602259　子部/宗教類/道教之屬
老子述記二卷　朱芾煌撰　民國二十五年(1936)上海商務印書館鉛印本　一册

330000－1701－0103335　M607450　集部/總集類/彙編之屬
國立浙江大學文學院集刊第一集　國立浙江大學文學院集刊編輯委員會編　民國三十年(1941)貴州遵義國立浙江大學文學院石印本　一册　存十種

330000－1701－0103336　M602260　史部/雜史類

掌故叢編十輯　故宫博物院文獻館編　民國十七年至十八年(1928－1929)鉛印本　十册

330000－1701－0103337　M607451　集部/總集類/彙編之屬

國立浙江大學文學院集刊第一集　國立浙江大學文學院集刊編輯委員會編　民國三十年(1941)貴州遵義國立浙江大學文學院石印本　一册　存十種

330000－1701－0103339　M607452　集部/總集類/彙編之屬

國立浙江大學文學院集刊第一集　國立浙江大學文學院集刊編輯委員會編　民國三十年(1941)貴州遵義國立浙江大學文學院石印本　一册　存十種

330000－1701－0103340　M607453　集部/總集類/彙編之屬

國立浙江大學文學院集刊第一集　國立浙江大學文學院集刊編輯委員會編　民國三十年(1941)貴州遵義國立浙江大學文學院石印本　一册　存十種

330000－1701－0103341　M607454　集部/總集類/彙編之屬

國立浙江大學文學院集刊第一集　國立浙江大學文學院集刊編輯委員會編　民國三十年(1941)貴州遵義國立浙江大學文學院石印本　一册　存十種

330000－1701－0103342　M607455　集部/總集類/彙編之屬

國立浙江大學文學院集刊第一集　國立浙江大學文學院集刊編輯委員會編　民國三十年(1941)貴州遵義國立浙江大學文學院石印本　一册　存十種

330000－1701－0103344　M609446　集部/小説類/長篇之屬

中華全史通俗演義八卷四十八回　(清)吕撫輯　蔡東藩增訂　民國八年(1919)上海大東書局石印本　一册　存一卷(二)

330000－1701－0103345　M607456　集部/總集類/彙編之屬

國立浙江大學文學院集刊第一集　國立浙江大學文學院集刊編輯委員會編　民國三十年(1941)貴州遵義國立浙江大學文學院石印本　一册　存十種

330000－1701－0103347　M602261　子部/雜著類/雜考之屬

讀書雜志八十二卷餘編二卷　(清)王念孫撰　民國上海文瑞樓石印本　二十四册

330000－1701－0103348　M607457　集部/總集類/彙編之屬

國立浙江大學文學院集刊第一集　國立浙江大學文學院集刊編輯委員會編　民國三十年(1941)貴州遵義國立浙江大學文學院石印本　一册　存十種

330000－1701－0103349　M609447　史部/目録類/總録之屬/官修

壬子文瀾閣所存書目五卷　錢恂編　民國元年(1912)浙江圖書館刻本　四册

330000－1701－0103350　M607458　集部/總集類/彙編之屬

國立浙江大學文學院集刊第三集　國立浙江大學文學院集刊編輯委員會編　民國三十二年(1943)貴州遵義國立浙江大學文學院石印本　一册　存六種

330000－1701－0103351　M607459　集部/總集類/彙編之屬

國立浙江大學文學院集刊第二集　國立浙江大學文學院集刊編輯委員會編　民國三十一年(1942)貴州遵義國立浙江大學文學院石印本　一册　存六種

330000－1701－0103354　M607460　子部/宗教類/佛教之屬/諸宗

角虎集六卷　(清)釋濟能纂輯　民國八年(1919)金陵刻經處刻本　二册

330000－1701－0103357　M609448　集部/别集類

蠖齋文一卷詩一卷　陳寶熿撰　民國鉛印本　一冊　缺一卷(詩)

330000－1701－0103358　M610615　史部/目録類
快閣師石山房叢書七種　(清)姚振宗撰　民國十八年(1929)浙江省立圖書館鉛印本　四冊　存四種

330000－1701－0103361　M607461　子部/宗教類/道教之屬
莊子十卷附校勘記一卷　(晉)郭象注　(唐)陸德明音義　民國九年(1920)浙江圖書館刻本　二冊　存五卷(四至六、九至十)

330000－1701－0103362　M609449　類叢部/叢書類/彙編之屬
赤城遺書彙刊十六種　金嗣獻編　民國四年(1915)太平金氏木活字印本　一冊　存二種

330000－1701－0103364　M607462　子部/宗教類/道教之屬/經文
太上十三經十七卷　(清)涵虛子編　民國十二年(1923)玉仙子刻本　一冊

330000－1701－0103366　M602263　集部/詞類/別集之屬
南唐二主詞彙箋一卷　(五代)李璟　(五代)李煜撰　唐圭璋輯　民國二十五年(1936)正中書局鉛印本　一冊

330000－1701－0103367　M607463　子部/宗教類/佛教之屬
遊心安樂道一卷　(唐)釋元曉撰　民國金陵刻經處刻本　一冊

330000－1701－0103368　M610108　類叢部/叢書類/彙編之屬
四庫全書珍本初集二百三十種　中央圖書館籌備處輯　民國二十三年至二十四年(1934－1935)上海商務印書館據文淵閣本影印本　一冊　存一種

330000－1701－0103369　M611388　史部/政書類/公牘檔冊之屬
浙贛鐵路杭玉段二十三年度會計統計年報不分卷　浙贛鐵路會計課編　民國二十四年(1935)鉛印本　一冊

330000－1701－0103370　M609450　史部/政書類/邦計之屬
魏頌唐偶存稿不分卷　魏頌唐撰　民國十六年(1927)鉛印本　一冊

330000－1701－0103372　M602264　史部/地理類/專志之屬/寺觀
洛陽伽藍記五卷　(北魏)楊衒之撰　**洛陽伽藍記集證一卷**　(清)吳若準撰　張宗祥補　**集證本洛陽伽藍記正文一卷鉤沉本洛陽伽藍記正文一卷**　民國十九年(1930)上海商務印書館據民國十九年(1930)海寧張氏鐵如意館抄校本影印本　一冊

330000－1701－0103373　M611389　史部/政書類/公牘檔冊之屬
浙贛鐵路二十四年度會計統計年報一卷　浙贛鐵路局會計處編　民國二十六年(1937)鉛印本　一冊

330000－1701－0103375　M607465　子部/宗教類/佛教之屬
楊仁山先生禮拜入觀法一卷　陳汝湜口述　徐文霨筆受　民國十五年(1926)天津刻經處刻本　一冊

330000－1701－0103376　M604481、M609451、M609917　史部/傳記類/總傳之屬/家乘
章氏會譜德慶初編三十卷二編四卷三編十六卷四編十卷　章貽賢撰　民國八年(1919)鉛印本　二十四冊　存四十四卷(初編一至十二、二十六至三十,二編一至四,三編一至十六,四編三至四、六至十)

330000－1701－0103377　M610616　子部/儒家類/儒學之屬/經濟
說苑二十卷　(漢)劉向撰　民國上海涵芬樓鉛印本　四冊

330000－1701－0103378　M611390　史部/政書類/律令之屬
中華民國訓政時期約法不分卷　民國二十年

(1931)石印本　一册

330000－1701－0103379　M607466　類叢部/叢書類/自著之屬
晨風廬叢刊十八種　周慶雲撰　民國吳興周氏夢坡室刻本　一册　存三種

330000－1701－0103381　M611391　史部/政書類/律令之屬
中華民國訓政時期約法不分卷　民國二十年(1931)石印本　一册

330000－1701－0103384　M607467　集部/别集類
芬陀利館瓻稿五卷　周大封撰　民國八年(1919)鉛印本　一册　存二卷(富春三日遊記、問瀨集)

330000－1701－0103385　M611392　史部/政書類/律令之屬
中華民國憲法十三章　國民大會制定　民國三十六年(1947)商務印書館影印本　一册

330000－1701－0103388　M607468　集部/别集類
翠樓吟草六卷附文稿一卷　陳璻撰　民國十八年(1929)鉛印本　一册

330000－1701－0103389　M611393　史部/政書類/律令之屬
中華民國憲法十三章　國民大會制定　民國三十六年(1947)商務印書館影印本　葉□□題記　一册

330000－1701－0103390　M607469　子部/藝術類/書畫之屬/畫譜
當代名畫大觀正集六卷續集六卷　王屺編　民國十四年(1925)上海碧梧山莊影印本　一册　存一卷(正集三)

330000－1701－0103392　M609452　類叢部/叢書類/自著之屬
勱堂遺書八種　顧家相撰　民國八年至十九年(1919－1930)會稽顧氏鉛印本　一册　存一種

330000－1701－0103394　M609453　史部/目録類/總録之屬/官修
浙江省立圖書館善本書目甲編四卷　毛春翔編　民國二十五年(1936)浙江省立圖書館鉛印本　一册

330000－1701－0103397　M607470　子部/宗教類/佛教之屬
穿珠集二卷　(清)釋隆範撰　(清)釋瑤石筆談　民國鉛印本　一册　存一卷(下)

330000－1701－0103398　M609454　史部/傳記類/總傳之屬/家乘
[浙江蕭山]蕭山夏孝湯氏家譜十卷　湯聘之編　民國十八年(1929)良善堂木活字印本　十册

330000－1701－0103399　M610109　類叢部/叢書類/彙編之屬
四庫全書珍本初集二百三十種　中央圖書館籌備處輯　民國二十三年至二十四年(1934－1935)上海商務印書館據文淵閣本影印本　一册　存一種

330000－1701－0103400　M607472　類叢部/叢書類/彙編之屬
金陵大學中國文化研究所叢刊　金陵大學中國文化研究所編　民國金陵大學中國文化研究所刻本、鉛印本暨影印本　一册　存一種

330000－1701－0103401　M607473　子部/藝術類/書畫之屬/法帖
趙撝叔手札真蹟不分卷　(清)趙之謙書　民國十四年(1925)上海求古齋書帖局影印本　一册　存下册

330000－1701－0103403　M604345　集部/曲類/曲韻曲譜曲律之屬
拜月亭曲譜二卷　(清)殷溎深撰　張芬校正兼繕底　民國十年(1921)上海朝記書莊石印本　三册

330000－1701－0103406　M604346　集部/曲類/曲韻曲譜曲律之屬
西廂記曲譜不分卷　(清)殷溎深撰　張芬校

正兼繕底　民國十年(1921)上海朝記書莊石印本　一冊

330000－1701－0103408　M607474　子部/宗教類/佛教之屬/經

華嚴經十地品第二地章不分卷　(唐)釋實叉難陀譯　民國二十二年(1933)上海佛學書局石印本　一冊

330000－1701－0103409　M604347　子部/小說家類/雜事之屬

南亭筆記十六卷　(清)李伯元(寶嘉)撰　民國八年(1919)上海大東書局石印本　三冊　缺四卷(九至十二)

330000－1701－0103410　M607475　集部/別集類

南枝集三卷　(越南)阮尚贇撰　民國十四年(1925)鉛印本　一冊

330000－1701－0103411　M604348　類叢部/叢書類/自著之屬

蓬萊吳灌先著述三種　(清)吳脈鬯撰　民國十二年(1923)山西洗心總社鉛印本　一冊　存一種

330000－1701－0103413　M607476　子部/藝術類/書畫之屬/書法書品

君子館論書絶句一百二十首一卷　邊成撰　袁照注　民國三十三年(1944)君子館刻本　一冊

330000－1701－0103414　M604349　史部/政書類/邦交之屬

外交年鑑二卷附録一卷　外交部統計科編　民國十年(1921)外交部統計科鉛印本　二冊

330000－1701－0103417　M604350　史部/地理類/雜志之屬

湖南各縣調查筆記不分卷　曾繼梧編　民國二十年(1931)鉛印本　二冊

330000－1701－0103418　M610110　子部/宗教類/道教之屬

莊子集解八卷　王先謙撰　民國上海涵芬樓影印本　三冊

330000－1701－0103420　M604351　史部/政書類/公牘檔冊之屬

浙江民政廳考察專員調查報告特刊一卷　陳萬里等撰　民國十八年(1929)鉛印本　一冊

330000－1701－0103423　M604352　類叢部/叢書類/彙編之屬

雲在山房叢書十七種　楊壽枏編　民國十七年(1928)無錫楊氏鉛印本　一冊　存一種

330000－1701－0103430　M607481　子部/宗教類/佛教之屬/經疏

大般若波羅蜜多經知津不分卷附大般若經異譯本一覽表般若部別行經一覽表大般若經易檢表　(唐)釋玄奘譯　(明)釋智旭編　民國十九年(1930)上海佛學書局鉛印本　一冊

330000－1701－0103433　M610113　子部/藝術類/遊藝之屬/聯語

唐詩三百首集聯一卷　丁仁集　民國十八年(1929)鉛印本　一冊

330000－1701－0103437　M602265　子部/雜著類/雜說之屬

煙嶼樓讀書志十六卷筆記八卷　(清)徐時棟撰　民國十七年(1928)鄞縣徐方來蘧學齋鉛印本　六冊　缺八卷(筆記一至八)

330000－1701－0103439　M610114　類叢部/叢書類/彙編之屬

古今文藝叢書十集　何藻編　民國二年至四年(1913－1915)上海廣益書局鉛印本　一冊　存三種

330000－1701－0103441　M611315　史部/傳記類/別傳之屬

王竹齋先生訃告不分卷　王承基等撰　民國二十三年(1934)鉛印本　一冊

330000－1701－0103442　M611316　史部/地理類/雜志之屬

金陵古今圖攷一卷　(明)陳沂撰　民國十八年(1929)中社影印本　一冊

330000－1701－0103446　M611317　史部/地理類/雜志之屬

金陵古今圖攷一卷 (明)陳沂撰 民國十八年(1929)中社影印本 一冊

330000－1701－0103447 M602266 集部/別集類

半日閒齋吟草一卷 徐玉采撰 民國十七年(1928)姚江徐氏懷德堂木活字印本 一冊

330000－1701－0103452 M610115 史部/地理類/雜志之屬

牂牁叢考一卷 胡嶲撰 民國二十五年(1936)鉛印本 應鳴谷題記 一冊

330000－1701－0103456 民 342.224/32391.3/c3 史部/政書類/律令之屬

浙江省憲法會議議事錄不分卷 浙江省憲法會議編 民國十年(1921)上海精勤印務局鉛印本 一冊

330000－1701－0103457 M611318 集部/別集類

雙照樓詩詞藁二卷 汪兆銘撰 曾仲鳴編 民國十九年(1930)民信公司鉛印本 一冊

330000－1701－0103458 M609455 類叢部/叢書類/自著之屬

維摩精舍叢書第一函五種 袁煥仙口授 民國三十三年(1944)成都維摩精舍刻本 許建業題記 六冊

330000－1701－0103459 M610116 子部/雜著類/雜纂之屬

人海記二卷 (清)查慎行輯 民國四年(1915)掃葉山房石印本 一冊 存一卷(上)

330000－1701－0103461 M611319 子部/雜著類/雜說之屬

老屋閒談二卷 竇昀撰 民國二十四年(1935)鉛印本 二冊

330000－1701－0103464 M609456 集部/總集類/郡邑之屬

竹洲文獻二卷 楊貽誠編 民國二十五年(1936)鄞縣縣立女子中學校友會鉛印本 一冊

330000－1701－0103465 M611320 史部/金石類/石之屬/文字

初出土拓王基斷碑一卷 民國十年(1921)有正書局影印本 一冊

330000－1701－0103468 M611321 子部/藝術類/書畫之屬/法帖

宋拓皇甫君碑一卷 (唐)歐陽詢書 民國上海有正書局影印本 一冊

330000－1701－0103469 M609647、M610118 集部/別集類

心太平室集十卷補遺一卷附錄一卷先德集二卷 張一麐撰 民國三十六年(1947)鉛印本 光澤題記 四冊

330000－1701－0103472 M609457 經部/小學類/文字之屬/說文/專著

說文解字均隸十二卷 (清)丁林五撰 民國二十三年(1934)瑞安陳氏褒殷堂石印本 鮑俊英題記 一冊 存六卷(一至六)

330000－1701－0103473 M611322 史部/傳記類/總傳之屬/家乘

[浙江上虞]上虞梁湖陳氏宗譜八卷首一卷 陳維孝修 陳星階 陳寅甫纂 民國十六年(1927)慶餘堂木活字印本 一冊 存二卷(首、一)

330000－1701－0103475 M609458 新學/政治法律/政治

建國詮真一卷 徐樹錚撰 民國十年(1921)影印本 一冊

330000－1701－0103476 M611323 史部/金石類/金之屬/文字

金文編十四卷附錄二卷檢字一卷采用彝器目錄一卷 容庚撰集 民國十四年(1925)貽安堂石印本 五冊

330000－1701－0103477 M610617 集部/別集類

積微居文錄三卷 楊樹達撰 民國二十三年(1934)上海商務印書館鉛印本 三冊

330000－1701－0103479 M609459 類叢

部/叢書類/彙編之屬

知不足齋叢書一百九十五種 (清)鮑廷博輯 (清)鮑士恭續輯 民國十年(1921)上海古書流通處據清鮑氏刻本影印本 三册 存一種

330000－1701－0103480 M611324 史部/傳記類/别傳之屬/事狀

劉學詢哀啟一卷 劉恩言 劉啟言撰 民國二十四年(1935)鉛印本 一册

330000－1701－0103481 M611325 史部/傳記類/總傳之屬/忠孝

浙江杭屬各縣忠義錄名册不分卷 程良馭編 民國十二年(1923)油印本 一册

330000－1701－0103482 M609460 史部/地理類/遊記之屬

古今遊記叢鈔十六種 (題)莫鼇涵青氏輯 民國三年(1914)涵青山房石印本 四册 存十一種

330000－1701－0103484 M602269 子部/藝術類/書畫之屬/法帖

籀聯四編 葉爾愷撰句 秦文錦樵集 民國二十一年(1932)上海藝苑真賞社影印本 一册 存初編

330000－1701－0103485 M610618 類叢部/叢書類/彙編之屬

四部叢刊 張元濟等編 民國上海商務印書館影印本 二册 存一種

330000－1701－0103486 M610120 集部/别集類

靈睨軒文鈔一卷 葉玉麟撰 民國二十三年(1934)鉛印本 一册

330000－1701－0103489 M609738、M610121、M610967 類叢部/叢書類/彙編之屬

念劬廬叢刻初編八種 徐彥寬輯 民國二十年(1931)鉛印本 四册

330000－1701－0103491 M609461 類叢部/叢書類/自著之屬

分類廣註曾文正公五種八卷 (清)曾國藩撰 民國二十年(1931)上海世界書局石印本 一册 存二卷(年表、榮哀錄)

330000－1701－0103493 M609808、M610122 史部/目録類/專録之屬

清華醫室藏書類目二卷 釋清華編 民國二十一年(1932)鉛印本 二册

330000－1701－0103495 M609462 史部/目録類/版本之屬

面城精舍書談稿不分卷 郭曾嘉編 民國三十二年(1943)石印本 一册

330000－1701－0103497 M610619 類叢部/叢書類/彙編之屬

寶顏堂祕笈二百二十八種 (明)陳繼儒編 民國十一年(1922)上海文明書局石印本 九册 存四十四種

330000－1701－0103498 M609463 子部/術數類/雜術之屬

雷峯塔寶一卷 古書保存社編 民國十三年(1924)富士圖書館石印本 一册

330000－1701－0103499 G008301 子部/雜著類/雜說之屬

六研齋筆記四卷二筆四卷三筆四卷 (明)李日華撰 民國上海有正書局影印本(筆記卷三至四、二筆一至二原缺) 一册 存一卷(三筆一)

330000－1701－0103501 M610620 類叢部/叢書類/彙編之屬

四部叢刊 張元濟等編 民國上海商務印書館影印本 八册 存一種

330000－1701－0103502 M609464 子部/醫家類/類編之屬

醫藥叢書十一種 裘慶元輯 民國五年至十年(1916－1921)紹興醫藥學報社刻本 一册 存一種

330000－1701－0103505 M604648、M609466、M610027 集部/總集類/課藝之屬

無錫國學專修館文集初編不分卷 無錫國學專修館編 民國十二年(1923)無錫國學專修

館鉛印本　四册

330000－1701－0103508　M602690、M609469、M610020　經部/讖緯類/春秋緯之屬
春秋緯史集傳四十卷　(清)陳省欽撰　民國十三年(1924)陳鍾祺鉛印本　三册　存三十卷(一至二十、三十一至四十)

330000－1701－0103509　M609470　史部/傳記類/别傳之屬/事狀
存心堂壽言六卷　伍文淵等輯　民國十年(1921)鉛印本　一册

330000－1701－0103510　M609524　集部/總集類/彙編之屬
汲古閣景鈔南宋六十家小集　(宋)陳起輯　民國十年(1921)上海古書流通處據明汲古閣景鈔宋本影印本(安晚堂詩集卷一至五、十三至六十原缺)　一册　存一種

330000－1701－0103513　M609471　經部/小學類/文字之屬/說文/專著
說文鑰續集不分卷　丁福保編　民國石印本　一册

330000－1701－0103515　M609472　史部/目録類/總録之屬/官修
故宫善本書目三卷　張允亮輯　民國二十三年(1934)北平故宫博物院圖書館鉛印本　一册

330000－1701－0103517　M609473　史部/傳記類/别傳之屬/事狀
存心堂壽言六卷　伍文淵等輯　民國十年(1921)鉛印本　一册

330000－1701－0103518　M609474　集部/别集類
勞謙室文集三卷　胡遠濬撰　民國十六年(1927)鉛印本　一册

330000－1701－0103520　M604404、M609475、M610023　史部/目録類/總録之屬/彙刻
續彙刻書目十卷閏集一卷　羅振玉撰　民國三年(1914)連平范氏雙魚室刻本　五册　存八卷(丁、戊、己、庚、辛、壬、癸、閏)

330000－1701－0103521　M609476　史部/目録類/總録之屬/官修
北平圖書館善本書目四卷補遺一卷　趙萬里撰集　民國二十二年(1933)刻本　四册

330000－1701－0103522　M609477　集部/别集類
聽天閣詩存二卷　潘天壽撰　民國三十三年(1944)鉛印本　一册

330000－1701－0103524　M609480、M610655　集部/總集類/酬唱之屬
蠅麈酬唱集八卷補遺一卷　孫雄編　民國十三年(1924)鉛印本　二册

330000－1701－0103525　M609481　集部/别集類
聽雨樓詩鈔二卷　胡慶榮撰　民國二十一年(1932)鉛印本　一册

330000－1701－0103530　M611326　史部/傳記類/總傳之屬/忠孝
浙江杭屬仁和縣忠義録名册不分卷　程良駿編　民國十二年(1923)油印本　一册

330000－1701－0103531　M611327　史部/傳記類/總傳之屬/忠孝
浙江杭屬仁錢二縣忠義録名册不分卷　程良駿編　民國十二年(1923)油印本　二册

330000－1701－0103533　M607483　子部/宗教類/佛教之屬
般若波羅蜜多心經一卷　胡蓮玉集註　民國二十年(1931)石印本　一册

330000－1701－0103534　M611328　史部/傳記類/總傳之屬/忠孝
浙江杭屬錢塘縣忠義録名册不分卷　程良駿編　民國十二年(1923)油印本　一册

330000－1701－0103536　M610621　集部/别集類/唐五代别集
唐女郎魚玄機詩一卷　(唐)魚玄機撰　民國二十五年(1936)上海中華書局鉛印本　一册

330000－1701－0103538　M609485　集部/別集類
詩史閣壬癸詩存六卷補遺一卷　孫雄撰　民國十三年(1924)鉛印本　三册

330000－1701－0103539　M607484　集部/別集類/清別集
仙都百詠一卷　(清)王誥撰　民國二十年(1931)縉雲文華閣石印本　一册

330000－1701－0103540　M610715、M611329　史部/目録類/總録之屬/地方
台州經籍志四十卷　項士元編　民國四年(1915)鉛印本　十六册

330000－1701－0103541　M607485　子部/宗教類/佛教之屬/論疏
因明入正理論疏節錄集註一卷　(唐)釋玄奘譯　(唐)釋窺基疏　梅光羲節錄集註　民國十四年(1925)上海商務印書館鉛印本　一册

330000－1701－0103543　M607486　子部/藝術類/書畫之屬/法帖
唐李懷琳書絕交書一卷　(唐)李懷琳書　民國上海有正書局影印本　一册

330000－1701－0103544　M607487　子部/藝術類/書畫之屬/法帖
姜西溟先生墨迹不分卷　(清)姜宸英書　民國上海有正書局影印本　一册

330000－1701－0103545　M609486　史部/目録類/總録之屬/官修
江蘇省立國學圖書館圖書總目四十四卷補編十二卷　江蘇省立國學圖書館編　民國二十二年至二十五年(1933－1936)江蘇省立國學圖書館鉛印本　十一册　存二十卷(一至八、十三至十八、二十八至三十、三十三至三十四、四十四)

330000－1701－0103546　M610935、M611330　子部/宗教類/佛教之屬
觀世音菩薩本迹感應頌四卷首一卷　許止淨述　**金剛經功德頌一卷**　許止淨述　劉契淨注　民國十五年(1926)上海中華書局鉛印本　二册

330000－1701－0103549　M611331　史部/目録類/總録之屬/私撰
郘亭知見傳本書目十六卷　(清)莫友芝撰　民國上海西泠印社鉛印本　三册　存十三卷(四至十六)

330000－1701－0103550　M610622、M610624－M610639　類叢部/叢書類/彙編之屬
四部備要　中華書局編　民國二十五年(1936)上海中華書局鉛印本　四十四册　存十八種

330000－1701－0103551　M607489　史部/傳記類/別傳之屬/事狀
沈母高太夫人七秩壽言不分卷　沈銘昌等輯　民國四年(1915)餘慶齋鉛印本　一册

330000－1701－0103552　M607490　史部/傳記類/別傳之屬/事狀
沈母高太夫人七秩壽言不分卷　沈銘昌等輯　民國四年(1915)餘慶齋鉛印本　一册

330000－1701－0103554　M607491　集部/詞類/別集之屬
玨庵詞(玨庵詞初集)二卷　壽鑈撰　民國十九年(1930)刻本　一册

330000－1701－0103555　M604660、M604719、M609868、M611332、M611469　類叢部/叢書類/彙編之屬
景印元明善本叢書十種　商務印書館編　民國二十六年至二十九年(1937－1940)上海商務印書館影印本　四十八册　存二種

330000－1701－0103558　M610623　類叢部/叢書類/彙編之屬
四部叢刊　張元濟等編　民國八年(1919)上海商務印書館影印本　一册　存一種

330000－1701－0103559　M607493　子部/宗教類/佛教之屬/諸宗
大乘入道次第章一卷　(唐)釋智周撰　民國九年(1920)北京刻經處刻本　一册

330000－1701－0103561　M609489　類叢部/叢書類/郡邑之屬

義烏先哲遺書五種　黄侗編　民國二十二年至二十四年(1933－1935)義烏黄氏鉛印本　一册　存一種

330000－1701－0103562　M609490　史部/政書類/邦交之屬

藏案紀畧一卷　外交部政務司編　民國鉛印本　一册

330000－1701－0103565　M609492　類叢部/叢書類/自著之屬

寓園叢書七種　張其淦撰　民國十九年(1930)鉛印本　一册　存一種

330000－1701－0103566　M604578、M609494　史部/目録類/專録之屬

國立北平圖書館書目目錄類不分卷　蕭璋編　民國二十三年(1934)國立北平圖書館鉛印本　二册

330000－1701－0103567　M607494　子部/宗教類/佛教之屬/經疏

大般涅槃經疏三德指歸一百卷　(晉)釋曇無讖譯　(南朝宋)釋慧嚴　(南朝宋)釋慧觀　(南朝宋)謝靈運治　(隋)釋灌頂疏　(唐)釋湛然再治　(宋)釋智圓述記　**大般涅槃經玄義發源機要六卷**　(宋)釋智圓撰　民國十四年(1925)揚州宛虹橋衆香庵刻本　十八册　存五十三卷(三十三至五十三、六十九至一百)

330000－1701－0103568　M609495　集部/詞類/別集之屬

碧春詞一卷皕鏡簃詞一卷　徐鋆撰　民國鉛印本　一册

330000－1701－0103569　M609496　集部/詞類/別集之屬

半櫻詞二卷　林鵾翔撰　民國十六年(1927)鉛印本　一册

330000－1701－0103570　M607498　類叢部/叢書類/自著之屬

遯廬叢書八種　余重耀撰　民國鉛印本　一册　存一種

330000－1701－0103571　M610170、M611333　類叢部/叢書類/彙編之屬

景印元明善本叢書十種　商務印書館編　民國二十六年至二十九年(1937－1940)上海商務印書館影印本　四册　存一種

330000－1701－0103572　M607499　史部/地理類/專志之屬/祠墓

建修萬季野先生祠墓紀念刊一卷徵信錄一卷　建修萬季野先生祠墓事務所輯　民國二十六年(1937)寧波建修萬季野先生祠墓事務所鉛印本　一册

330000－1701－0103573　M607500　史部/傳記類/別傳之屬/事狀

錢士青都轉六秩壽言彙編不分卷　錢文選編　民國二十二年(1933)鉛印本　一册

330000－1701－0103574　M607501　子部/宗教類/佛教之屬

佛學叢書□□種　丁福保輯　民國上海醫學書局鉛印本暨影印本　一册　存一種

330000－1701－0103575　M607502　史部/政書類/公牘檔册之屬

浙江省議會常年會議員質問書不分卷　浙江省議會編　民國十三年(1924)浙江省議會鉛印本　一册

330000－1701－0103577　M607503　史部/傳記類/日記之屬

越縵堂詹詹錄二卷　(清)李慈銘撰　李文糺輯　民國二十二年(1933)李文糺鉛印本　二册

330000－1701－0103580　M607504　史部/傳記類/別傳之屬/事狀

吴興周夢坡先生訃告一卷年譜一卷墓表一卷墓誌銘一卷畫史一卷　周延礽輯　民國二十三年(1934)影印本暨鉛印本　四册

330000－1701－0103582　M607505　史部/金石類/石之屬/文字

黄小松藏漢碑五種　(清)黄易藏　民國四年(1915)上海有正書局影印本　五冊

330000－1701－0103583　M607510　史部/目録類

四庫全書總目及未收書目引得不分卷　引得編纂處編　民國二十一年(1932)燕京大學圖書館鉛印本　一冊

330000－1701－0103584　M611334　史部/目録類/總録之屬/私撰

博野蔣氏寄存書目四卷　朱福榮輯　民國二十三年(1934)國立北平圖書館鉛印本　一冊

330000－1701－0103585　M607507　史部/目録類/總録之屬/官修

浙江公立圖書館通常類圖書目錄五卷附保存類圖書目錄補遺一卷　浙江公立圖書館編　民國十四年(1925)浙江公立圖書館鉛印本　三冊　存四卷(二至三、五,保存類圖書目錄補遺)

330000－1701－0103586　M611335　史部/地理類/方志之屬/通志

[民國]重修浙江通志初稿不分卷　浙江通志館修　余紹宋等纂　民國三十七年(1948)鉛印本　四冊

330000－1701－0103587　M607508　集部/別集類

妙山續集一卷　陳鍾祺撰　民國二十六年(1937)鉛印本　一冊

330000－1701－0103589　M611336　史部/地理類/方志之屬/通志

[民國]重修浙江通志初稿不分卷　浙江通志館修　余紹宋等纂　民國三十七年(1948)鉛印本　四冊

330000－1701－0103590　M609498　集部/別集類

望雲樓詩稿一卷續編一卷　褚成婉撰　民國二年(1913)石印本　一冊

330000－1701－0103591　M611337　史部/地理類/方志之屬/通志

[民國]重修浙江通志初稿不分卷　浙江通志館修　余紹宋等纂　民國三十七年(1948)鉛印本　四冊

330000－1701－0103592　M611338　史部/地理類/方志之屬/通志

[民國]重修浙江通志初稿不分卷　浙江通志館修　余紹宋等纂　民國三十七年(1948)鉛印本　四冊

330000－1701－0103594　M607509　類叢部/叢書類/彙編之屬

適園叢書七十四種　張鈞衡編　民國二年至六年(1913－1917)烏程張氏刻本(唐大詔令集卷十四至二十四、八十七至九十八原缺)　一冊　存一種

330000－1701－0103595　M611339　史部/政書類/儀制之屬/典禮

祭祀冠服圖一卷　政事堂禮制館編　民國三年(1914)政事堂禮制館石印本　一冊

330000－1701－0103597　M611340　類叢部/類書類/通類之屬

增補事類統編九十三卷首一卷　(清)黄葆真增輯　民國四年(1915)上海文盛書局石印本　一冊　存九卷(首、一至八)

330000－1701－0103598　M609499　集部/總集類/彙編之屬

國立浙江大學文學院集刊第四集　國立浙江大學文學院集刊編輯委員會編　民國三十三年(1944)貴州遵義國立浙江大學文學院石印本　一冊　存一種

330000－1701－0103599　M604353　集部/別集類

觀山文稿十卷首一卷　章乃羹撰　民國二十四年(1935)鉛印本　二冊

330000－1701－0103600　M607511　集部/總集類/郡邑之屬

蛟川耆舊詩補十二卷　王榮商編　民國七年(1918)刻本　六冊

330000－1701－0103602　M607512　史部/

政書類/邦計之屬/地政

浙江省杭縣土地統計不分卷　俞俊民等編　民國二十三年(1934)浙江省民政廳鉛印本　一冊

330000－1701－0103603　M604354、M604722　類叢部/叢書類/彙編之屬

嘉業堂叢書五十七種　劉承幹輯　民國吳興劉氏嘉業堂刻本　六冊　存一種

330000－1701－0103604　M611342　史部/目録類/專録之屬

書目長編二卷補遺一卷補校一卷　邵瑞彭等輯　民國十七年(1928)京師鉛印本　一冊　存一卷(一)

330000－1701－0103605　M607513　史部/政書類/公牘檔冊之屬

浙江省建設廳清理公路資產報告不分卷　曹麗順主編　民國二十六年(1937)浙江省建設廳清理公路資產辦事室鉛印本　一冊

330000－1701－0103606　M609500　集部/別集類

名山詩集五卷　錢振鍠撰　民國十五年(1926)浙江瑞安刻本　一冊

330000－1701－0103607　M611343　史部/目録類/專録之屬

書目長編二卷補遺一卷補校一卷　邵瑞彭等輯　民國十七年(1928)京師鉛印本　二冊

330000－1701－0103610　M604356　史部/地理類/專志之屬/祠墓

錢王祠產補編一卷　錢文選編　民國二十六年(1937)鉛印本　錢文選題記　一冊

330000－1701－0103612　M607515　史部/傳記類/總傳之屬/忠孝

庚子辛亥忠烈像贊不分卷　馮恕輯　民國二十年(1931)影印本　一冊

330000－1701－0103613　M604357　子部/藝術類/篆刻之屬/印譜

伏廬藏印十二卷　陳漢第藏並輯　民國十四年(1925)上海商務印書館影印本　一冊　存二卷(三至四)

330000－1701－0103614　M609502　史部/傳記類/別傳之屬/年譜

丙辛春秋一卷　王抱一撰　民國九年(1920)鉛印本　一冊

330000－1701－0103615　M607516　子部/宗教類/佛教之屬/經

千手千眼觀世音菩薩廣大圓滿無礙大悲心陀羅尼經一卷　(唐)釋伽梵達摩譯　**大悲心呪像解一卷千手千眼法寶真言圖一卷千手眼大悲心呪行法一卷**　(宋)釋知禮輯　**千手眼大悲心呪懺法一卷**　民國十二年(1923)上海商務印書館石印本　一冊

330000－1701－0103616　M604358　子部/小說家類

筆記小說大觀二百二十二種　進步書局輯　民國上海進步書局石印本　十二冊　存四種

330000－1701－0103618　M607517　子部/儒家類/儒學之屬/禮教/鑑戒

人道實行錄十卷　金潛撰　民國八年(1919)鉛印本　二冊

330000－1701－0103621　M609503　史部/目録類/總録之屬/彙刻

叢書目錄拾遺十二卷　孫殿起撰　民國二十三年(1934)鉛印本　一冊　存三卷(一至三)

330000－1701－0103622　M604360　集部/別集類

疑盦詩庚卷一卷辛卷一卷　許承堯撰　民國二十年(1931)鉛印本　一冊

330000－1701－0103623　M609504　史部/傳記類/日記之屬

翁文恭公軍機處日記不分卷　(清)翁同龢撰　民國二十八年(1939)燕京大學圖書館影印本　二冊

330000－1701－0103624　M611344　史部/目録類/總録之屬/官修

四庫目略四卷　楊立誠編　民國十八年(1929)浙江省立圖書館鉛印本　四冊

330000－1701－0103625　M604361　類叢部/叢書類/彙編之屬
四部叢刊　張元濟等編　民國上海商務印書館影印本　一册　存一種

330000－1701－0103626　M609505　類叢部/叢書類/彙編之屬
復廬叢書□□種　姚光輯　民國金山姚氏復廬鉛印本　一册　存一種

330000－1701－0103627　M604362　經部/小學類/文字之屬/字書/訓蒙
文字蒙求四卷　(清)王筠撰　民國十六年(1927)上海大一統書局石印本　二册

330000－1701－0103628　M611345　子部/宗教類/佛教之屬/經疏
佛遺教經解一卷附卍齋隨筆一卷　陳文鼎撰解　民國十二年(1923)鉛印本　一册

330000－1701－0103629　M604363　史部/傳記類/總傳之屬/忠孝
女二十四孝圖説并詩不分卷　潘守廉編　民國二十五年(1936)上海三友實業社有限公司石印本　一册

330000－1701－0103630　M611346　史部/目録類/總録之屬/彙刻
古佚書録叢輯　民國二十二年(1933)國立北平圖書館中華圖書館協會鉛印本　一册

330000－1701－0103632　M604364　類叢部/叢書類/彙編之屬
求恕齋叢書三十一種　劉承幹編　民國吳興劉氏嘉業堂刻本　五册　存二種

330000－1701－0103633　M602738、M602988、M609508　類叢部/叢書類/彙編之屬
進德叢書八種　丁福保編　民國上海醫學書局鉛印本　三册　存三種

330000－1701－0103634　M604365　史部/雜史類/斷代之屬
二古軒史譚□□種　民國鉛印本　一册　存一種

330000－1701－0103635　M604366　子部/雜著類/雜考之屬
古書校讀法一卷　胡韞玉編　民國十四年(1925)安吳胡氏鉛印本　樸安題記　一册

330000－1701－0103636　M604367　集部/曲類/曲韻曲譜曲律之屬
集成曲譜金集八卷聲集八卷玉集八卷振集八卷　王季烈　劉富樑輯　民國十四年(1925)上海商務印書館石印本　九册　存九卷(金集六,聲集五、七,玉集一、七,振集三至六)

330000－1701－0103638　M611347　史部/政書類/公牘檔册之屬
鄞慈鎮奉四縣聯合治蟲講習會會刊不分卷　民國二十三年(1934)鉛印本　一册

330000－1701－0103639　M611348　子部/藝術類/書畫之屬/畫譜
龔半千授徒畫稿不分卷　(清)龔賢繪　民國二十四年(1935)上海商務印書館影印本　一册

330000－1701－0103641　M611349　經部/群經總義類/石經之屬/專考
漢石經碑圖一卷　張國淦輯　民國二十年(1931)鉛印本　一册

330000－1701－0103642　M609509　類叢部/叢書類/彙編之屬
丁丑叢編十種　趙詒琛　王大隆輯　民國二十六年(1937)鉛印本　一册　存二種

330000－1701－0103643　M604368　類叢部/叢書類/自著之屬
勱堂遺書八種　顧家相撰　民國八年至十九年(1919－1930)會稽顧氏鉛印本　一册　存一種

330000－1701－0103645　M609510　史部/目録類/版本之屬/通論
藏書絶句三十二首一卷　楊守敬撰　民國十六年(1927)鉛印本　一册

330000－1701－0103647　M604369　集部/詞類/別集之屬

香宋詞三卷　趙熙撰　民國六年(1917)霜甘小閣成都刻本　一册

330000－1701－0103650　M609511　類叢部/叢書類

宋氏雜箸　宋慈裒撰　民國刻本　一册　存一種

330000－1701－0103654　M609512　史部/目録類/總録之屬/官修

浙江圖書館觀覽類書目補編二卷　浙江圖書館編　民國四年(1915)浙江圖書館鉛印本　一册

330000－1701－0103655　M604370　集部/别集類/清别集

真意齋遺著一卷詩外一卷　(清)許楣撰　民國十一年(1922)鉛印本　一册

330000－1701－0103657　M609513　集部/總集類/彙編之屬

戊戌六君子遺集九種　張元濟輯　民國六年(1917)上海商務印書館鉛印本　二册　存四種

330000－1701－0103660　M604371　史部/地理類/遊記之屬/紀行

羅浮游記彙刊初編不分卷　鍾寶華輯　民國二十六年(1937)羅浮山酥醪觀道同圖書館刻本　一册

330000－1701－0103662　M604372　子部/工藝類/文房四寶之屬/墨

李孝美墨譜三卷　(宋)李孝美撰　**附校記一卷**　趙萬里撰　**潘膺祉墨評不分卷**　(明)李維楨等撰　民國十九年(1930)故宫博物院圖書館影印本暨鉛印本　一册　存潘膺祉墨評

330000－1701－0103663　M602883、M609514　史部/目録類/總録之屬/官修

浙江圖書館觀覽類書目四卷補遺一卷附錄一卷　浙江圖書館編　民國四年(1915)浙江圖書館鉛印本　四册

330000－1701－0103665　M607518　史部/政書類/律令之屬

浙江省現行法規彙編不分卷　浙江省政府秘書處編輯　民國二十三年(1934)浙江省政府秘書處鉛印本　六册

330000－1701－0103668　M607519　史部/政書類/律令之屬

浙江省現行法規彙編不分卷　浙江省政府秘書處編輯　民國二十三年(1934)浙江省政府秘書處鉛印本　六册

330000－1701－0103669　M607520　史部/政書類/律令之屬

浙江省現行法規彙編不分卷　浙江省政府秘書處編輯　民國二十三年(1934)浙江省政府秘書處鉛印本　四册　存第一至三、五至六類

330000－1701－0103672　M607521　史部/政書類/律令之屬

浙江省現行法規彙編不分卷　浙江省政府秘書處編輯　民國二十三年(1934)浙江省政府秘書處鉛印本　三册　存第一至三、五類

330000－1701－0103675　M607522、M604657　史部/政書類/律令之屬

浙江省現行法規彙編不分卷　浙江省政府秘書處編輯　民國二十三年(1934)浙江省政府秘書處鉛印本　三册　存第一至二類、六至七類

330000－1701－0103678　M607523　子部/宗教類/佛教之屬

金剛般若波羅密經一卷　(後秦)釋鳩摩羅什譯　**摩訶般若波羅密多心經一卷**　民國八年(1919)浙江西湖昭慶寺慧空經房刻本　一册

330000－1701－0103681　M607524　史部/政書類/公牘檔册之屬

浙江省議會浙江省地方歲出入決算書不分卷　浙江省議會編　民國十年(1921)鉛印本　一册

330000－1701－0103683　M607525　類叢部/叢書類/彙編之屬

一粟園叢書　民國刻本　一册　存一種

330000－1701－0103684　M607526　集部/曲類/寶卷之屬

新出延壽寶卷一卷　民國上海文益書局石印本　一冊

330000－1701－0103685　M609515、M610026　史部/目録類/總録之屬/地方

台州經籍志四十卷　項士元編　民國四年(1915)鉛印本　五冊　存十二卷(一至三、十三至二十、二十五)

330000－1701－0103686　M607527　史部/政書類/儀制之屬/雜禮

三國時代薄葬考一卷　于世琦撰　民國二十二年(1933)青島聽濤樓鉛印本　一冊

330000－1701－0103687　M607529　史部/目録類/總録之屬/地方

金華經籍志二十四卷外編一卷存疑一卷辨誤一卷　胡宗楙纂　民國十四年(1925)永康胡氏夢選樓刻本　八冊

330000－1701－0103689　M609517　類叢部/叢書類/彙編之屬

少年叢書　民國十年(1921)上海中華書局鉛印本　一冊　存一種

330000－1701－0103692　M609519　類叢部/叢書類/彙編之屬

己卯叢編四種　趙詒琛　王大隆輯　民國二十八年(1939)鉛印本　一冊　存一種

330000－1701－0103693　M602271　集部/總集類/酬唱之屬

璧水春長集一卷附補録　陳夔龍輯　民國鉛印本　一冊

330000－1701－0103694　M602273　集部/別集類/清別集

文木山房集四卷　(清)吳敬梓撰　**春華小草一卷靚粧詞鈔一卷**　(清)吳烺撰　**吳敬梓年譜一卷**　胡適撰　民國二十年(1931)上海亞東圖書館鉛印本　一冊　存三卷(春華小草、靚粧詞鈔、吳敬梓年譜)

330000－1701－0103695　M602272　集部/別集類/清別集

紫竹山房遺稿一卷　(清)朱承勳撰　(清)朱文治重録　民國二十二年(1933)上海中華書局鉛印本　一冊

330000－1701－0103696　M609523　史部/地理類/雜志之屬

園林春色一卷　任桐撰　民國十七年(1928)鉛印本　一冊

330000－1701－0103697　M602274　類叢部/叢書類/彙編之屬

借月山房彙鈔十六集一百三十五種　(清)張海鵬輯　民國九年(1920)上海博古齋據清虞山張氏刻本影印本　一冊　存三種

330000－1701－0103699　M609518　史部/詔令奏議類/奏議之屬

庸盦尚書奏議十六卷　陳夔龍撰　俞陛雲編輯　民國二年(1913)鉛印本　八冊

330000－1701－0103703　M607532　集部/總集類/酬唱之屬

六十初度酬唱集一卷　許祖謙輯　民國二十一年(1932)鉛印本　一冊

330000－1701－0103705　M607533　集部/總集類/酬唱之屬

六十初度酬唱集一卷　許祖謙輯　民國二十一年(1932)鉛印本　一冊

330000－1701－0103706　M607534　史部/政書類/公牘檔冊之屬

中華民國元年浙江省第二次臨時省議會議決案□□卷　民國元年(1912)鉛印本　一冊　存一卷(一)

330000－1701－0103708　M602276　史部/傳記類/別傳之屬/事狀

桐鄉鄭書田先生暨德配汪夫人八旬薦福榮褒録三卷首一卷附録一卷　鄭惟章輯　民國八年(1919)鉛印本　一冊

330000－1701－0103709　M607535　集部/別集類

寥天廬詩續鈔二卷首一卷　宋慈褒撰　民國

鉛印本　一冊

330000－1701－0103712　M602277　集部/總集類/酬唱之屬

蠅塵酬唱集八卷補遺一卷　孫雄編　民國十三年(1924)鉛印本　二冊

330000－1701－0103715　M607537　史部/目録類/總録之屬/徵訪

待訪之卷補遺一卷待訪書卷再補遺一卷　民國石印本　一冊

330000－1701－0103716　M607538　史部/目録類/總録之屬/徵訪

待訪之卷補遺一卷待訪書卷再補遺一卷　民國石印本　一冊

330000－1701－0103717　M607539　史部/目録類/總録之屬/徵訪

待訪之卷補遺一卷待訪書卷再補遺一卷　民國石印本　一冊

330000－1701－0103720　M610641　史部/目録類/總録之屬/私撰

四庫薈要目錄索引一卷　胡鳴盛撰　民國十九年(1930)鉛印本　一冊

330000－1701－0103725　M607542　史部/目録類/總録之屬/官修

壬子文瀾閣所存書目五卷　錢恂編　**文瀾閣目補一卷**　章箴編　民國元年(1912)浙江圖書館刻十二年(1923)補刻本　一冊　存一卷(五)

330000－1701－0103727　M607543　史部/目録類/總録之屬/官修

壬子文瀾閣所存書目五卷　錢恂編　**文瀾閣目補一卷**　章箴編　民國元年(1912)浙江圖書館刻十二年(1923)補刻本　一冊　存一卷(五)

330000－1701－0103730　M610642　史部/目録類/總録之屬/彙刻

四部叢刊續編預約樣本一卷　商務印書館輯　民國二十三年(1934)商務印書館鉛印本　一冊

330000－1701－0103734　M610643　子部/小說家類/雜事之屬

蓴鄉贅筆四卷　(清)董含撰　民國三年(1914)上海光華編輯社石印本　四冊

330000－1701－0103737　M607548　史部/雜史類/斷代之屬

戰國策補註三十三卷　吳曾祺撰　民國四年(1915)上海商務印書館鉛印本　四冊

330000－1701－0103740　M602267　史部/雜史類/斷代之屬

蒙古源流箋證八卷首一卷　沈曾植撰　張爾田校補　民國二十一年(1932)嘉興沈氏刻本　二冊

330000－1701－0103741　M610644　集部/別集類/清別集

新羅山人集五卷　(清)華喦撰　民國古今圖書館石印本　四冊

330000－1701－0103742　M611233　子部/雜著類/雜說之屬

分甘餘話四卷　(清)王士禛撰　民國五年(1916)上海掃葉山房石印本　一冊

330000－1701－0103745　M611234　集部/小說類/長篇之屬

歷代春艷秘史三集十三卷圖一卷　芸蘭女史撰　民國九年(1920)上海美術圖書社石印本　一冊　存一卷(圖)

330000－1701－0103747　M607552　集部/別集類/唐五代別集

李長吉集四卷外卷一卷　(唐)李賀撰　(清)黃淳耀評　(清)黎簡批點　民國六年(1917)上海會文堂書局石印本　二冊

330000－1701－0103749　M611235　集部/別集類

蠖齋詩三卷詩話三卷　陳寶熯撰　民國鉛印本　一冊

330000－1701－0103750　M607553　子部/宗教類/佛教之屬

徑中徑又徑徵義三卷　(清)張師誠輯　(清)

徐槐廷注　民國十年(1921)海鹽徐氏刻本　一册

330000－1701－0103751　M609546　類叢部/叢書類/彙編之屬

奇晉齋叢書十六種　(清)陸烜編　民國元年(1912)冰雪山房據清陸氏刻本影印本　一册　存一種

330000－1701－0103753　M607554　子部/雜著類/雜説之屬

新唯識論一卷　熊十力撰　民國二十一年(1932)浙江省立圖書館鉛印本　一册

330000－1701－0103754　M610645　史部/目録類/書志之屬/提要

讀書敏求記四卷　(清)錢曾撰　民國三年(1914)上海掃葉山房石印本　四册

330000－1701－0103755　M611236　集部/别集類

蠖齋文一卷詩一卷　陳寶熯撰　民國鉛印本　一册

330000－1701－0103758　M607555　集部/别集類/清别集

伏敔堂詩録選一卷　(清)江湜撰　吉亮工選　民國十五年(1926)影印本　一册

330000－1701－0103759　M602278　史部/傳記類/總傳之屬

規復兩浙節孝總祠事蹟一卷附募捐啟一卷採訪節孝現行法令一卷　民國三年(1914)鉛印本　一册

330000－1701－0103760　M607556　史部/地理類/專志之屬/寺觀

廣壽慧雲寺志七卷　(清)丁丙　(清)孫峻輯　民國十七年(1928)玉照堂刻藍印本　二册

330000－1701－0103763　M607559　子部/宗教類/佛教之屬/經疏

佛説阿彌陀經疏三卷　(唐)釋窺基撰　民國四年(1915)金陵刻經處刻本　一册

330000－1701－0103765　M611237　子部/宗教類/道教之屬

老莊正義合編　民國上海古書流通處據清光緒刻本影印本　六册

330000－1701－0103770　M611238　經部/群經總義類/文字音義之屬

經傳釋詞十卷　(清)王引之撰　王時潤點勘　民國上海古書流通處影印本　四册

330000－1701－0103771　M607563　子部/藝術類/遊藝之屬/酒令

折枝雅故五卷　麴禪氏撰　民國三十一年(1942)刻藍印本　一册

330000－1701－0103773　M607566　子部/宗教類/佛教之屬/論疏

瑜伽師地論本地分中菩薩地初持瑜伽處戒品纂釋二卷　湯薌銘譯纂　民國二十九年(1940)鉛印本　二册

330000－1701－0103775　M602279　史部/傳記類/總傳之屬

規復兩浙節孝總祠事蹟一卷附募捐啟一卷採訪節孝現行法令一卷　民國三年(1914)鉛印本　一册

330000－1701－0103777　M602280　史部/傳記類/總傳之屬

規復兩浙節孝總祠事蹟一卷附募捐啟一卷採訪節孝現行法令一卷　民國三年(1914)鉛印本　一册

330000－1701－0103779　M607567　類叢部/叢書類/彙編之屬

萬松山房叢書二種　胡子晉編　民國十四年(1925)胡子晉影印本　一册　存一種

330000－1701－0103780　M602281　類叢部/叢書類/彙編之屬

四部備要　中華書局編　民國二十五年(1936)上海中華書局鉛印本　六册　存一種

330000－1701－0103781　M611239　子部/儒家類/儒學之屬/性理

彭養光先生益言録一卷　彭養光撰　民國七年(1918)萊陽孫堯天鉛印本　一册

330000－1701－0103782　M611240　史部/地理類/專志之屬/宫殿
故宫博物院前後五年經過記二卷　吴瀛述　民國二十一年(1932)故宫博物院鉛印本　一册　存一卷[二(第十四至四十三葉)]

330000－1701－0103784　M602282　類叢部/叢書類/彙編之屬
復性書院叢刊二十七種　馬浮編　民國二十九年至三十七年(1940－1948)復性書院刻本暨鉛印本　一册　存一種

330000－1701－0103787　M611242　史部/目録類/總録之屬/官修
浙江公立圖書館保存類目錄四卷　浙江公立圖書館編　民國十年(1921)浙江公立圖書館石印本　二册

330000－1701－0103788　M602283　史部/金石類/甲骨之屬
鐵雲藏龜拾遺一卷　(清)劉鶚藏　**鐵雲藏龜拾遺攷釋一卷**　葉玉森撰　民國十四年(1925)丹徒葉氏五鳳硯齋影印本　一册

330000－1701－0103790　M602284　史部/地理類/水利之屬
麻溪改壩爲橋始末記四卷首一卷　王念祖纂　民國八年(1919)蕺社鉛印本　二册

330000－1701－0103791　M611243　史部/目録類/總録之屬/官修
浙江公立圖書館保存類目錄四卷　浙江公立圖書館編　民國十年(1921)浙江公立圖書館石印本　二册

330000－1701－0103793　M602285　經部/小學類/文字之屬/說文/專著
六書釋義二卷　(清)李天根輯　民國十四年(1925)雙流李氏念劬堂刻本　二册

330000－1701－0103795　M611244　集部/總集類/選集之屬/斷代
近代詩鈔不分卷　陳衍輯　民國十二年(1923)上海商務印書館鉛印本　二十四册

330000－1701－0103796　M602286　經部/小學類/訓詁之屬/爾雅
爾雅諍郭二卷　(清)朱學瑚編　民國二十五年(1936)鉛印本　一册

330000－1701－0103797　M602287　經部/小學類/文字之屬/字書/通論
蒼石山房文字談不分卷　石廣權撰　民國十八年(1929)上海商務印書館石印本　二册

330000－1701－0103798　M611245　子部/宗教類/佛教之屬
護生寶典六卷　蓮池放生會輯　民國三十年(1941)蓮池放生會鉛印本　五册

330000－1701－0103800　M609507　史部/目録類/專録之屬
書目長編二卷補遺一卷補校一卷　邵瑞彭等輯　民國十七年(1928)京師鉛印本　一册　缺一卷(一)

330000－1701－0103802　M611246　子部/宗教類/佛教之屬
感化叢刊□□種　萬鈞編　民國無錫萬氏鉛印本　一册　存一種

330000－1701－0103804　M602288　集部/詩文評類/詩評之屬
金詩紀事十六卷　陳衍輯　民國二十五年(1936)上海商務印書館鉛印本　四册

330000－1701－0103806　M602289　史部/目録類/總録之屬/官修
浙江省立圖書館善本書目甲編四卷　毛春翔編　民國二十五年(1936)浙江省立圖書館鉛印本　一册

330000－1701－0103808　M602290　史部/編年類/通代之屬
胡刻通鑑正文校宋記三十卷述略一卷　章鈺撰　**胡刻通鑑正文校宋記附錄三卷**　(宋)胡三省注文　章鈺輯　民國二十年(1931)長洲章氏四當齋刻本　六册

330000－1701－0103811　M602291　史部/史評類/考訂之屬
元西域人華化考八卷附錄一卷　陳垣撰　民

國石印本　二冊

330000－1701－0103813　M602292　史部/傳記類/别傳之屬/事狀

清故誥授光禄大夫經筵講官軍機大臣協辦大學士外務部尚書瞿文慎公[鴻禨]行狀一卷　余肇康撰　民國上海聚珍倣宋印書局鉛印本　一冊

330000－1701－0103814　M602293　史部/傳記類/别傳之屬/事狀

清故誥授光禄大夫經筵講官軍機大臣協辦大學士外務部尚書瞿文慎公[鴻禨]行狀一卷　余肇康撰　民國上海聚珍倣宋印書局鉛印本　一冊

330000－1701－0103816　M602294　集部/詞類/别集之屬

南唐二主詞一卷　(五代)李璟　(五代)李煜撰　民國二十三年(1934)北平來薰閣影印本　一冊

330000－1701－0103817　M607568　史部/金石類/甲骨之屬/通考

甲骨書錄解題五卷附錄二卷甲骨論文解題三卷附錄一卷甲骨學論著索引一卷　邵子風撰　民國二十四年(1935)上海商務印書館石印本　一冊

330000－1701－0103819　M602295　集部/詩文評類/詩評之屬

遼詩紀事十二卷　陳衍輯　民國二十五年(1936)上海商務印書館鉛印本　一冊

330000－1701－0103821　M602297　集部/别集類

梁巨川先生遺筆一卷　梁濟撰　民國影印本　一冊

330000－1701－0103822　M607569　子部/宗教類/佛教之屬/大藏

影印宋磧砂藏經六千三百六十二卷附首冊二卷　影印宋版藏經會輯　民國二十五年(1936)上海影印宋版藏經會鉛印本　謝幼偉跋　二十八冊　存三十四種

330000－1701－0103823　M609527　史部/地理類/方志之屬/郡縣志

[民國]重輯張堰志十二卷首一卷末一卷　姚裕廉　范炳垣纂修　民國九年(1920)金山姚氏松韻草堂鉛印本　二冊

330000－1701－0103825　M602298　子部/藝術類/遊藝之屬/聯語

唐詩三百首集聯一卷　丁仁集　民國十八年(1929)鉛印本　一冊

330000－1701－0103826　M609528　子部/藝術類/書畫之屬

春艷寫影一卷　吳虞公撰　但杜宇畫　民國九年(1920)上海世界書局石印本　一冊

330000－1701－0103829　M602299　集部/總集類/氏族之屬

唐明二翁詩集二卷　(唐)翁承贊　(明)翁萬達撰　翁輝東輯　民國十六年(1927)鉛印本　一冊

330000－1701－0103830　M609529　類叢部/叢書類/自著之屬

章氏叢書十三種　章炳麟撰　民國六年至八年(1917－1919)浙江圖書館刻本　四冊　存二種

330000－1701－0103832　M602300　史部/地理類/水利之屬

橫橋堰水利記一卷附泖河案牘一卷　(清)徐用福輯　民國元年(1912)鉛印本　一冊

330000－1701－0103833　M609530　類叢部/叢書類/自著之屬

章氏叢書十三種　章炳麟撰　民國六年至八年(1917－1919)浙江圖書館刻本　三冊　存二種

330000－1701－0103834　M602301　集部/總集類/彙編之屬

書畫名人小集　民國上海聚珍倣宋印書局鉛印本　二冊　存一種

330000－1701－0103835　M602302　集部/别集類/清别集

紫竹山房遺稿一卷　(清)朱承勳撰　(清)朱文治重錄　民國二十二年(1933)上海中華書局鉛印本　一冊

330000－1701－0103837　M602303　集部/總集類/郡邑之屬
胥社文選一卷詩選一卷詞選一卷附錄一卷　胥社編　民國十五年(1926)鉛印本　一冊

330000－1701－0103839　M609531　類叢部/叢書類/郡邑之屬
吳興叢書六十六種　劉承幹編　民國吳興劉氏嘉業堂刻本　五冊　存二種

330000－1701－0103845　M607570　類叢部/叢書類/自著之屬
船山遺書六十六種附一種　(清)王夫之撰　民國二十二年(1933)上海太平洋書店鉛印本　二冊　存一種

330000－1701－0103849　M607571　史部/政書類/公牘檔冊之屬
浙江省油茶棉絲管理處絲繭部民國二十八年工作報告一卷　浙江省油茶棉絲管理處絲繭部編　**浙江省蠶業管理改進計劃書一卷**　蔣師琦擬　民國二十九年(1940)永康浙江省油茶棉絲管理處絲繭部鉛印本　一冊

330000－1701－0103850　M607572　子部/宗教類/佛教之屬/諸宗
修習止觀坐禪法要二卷六妙法門一卷　(隋)釋智顗撰　民國二十四年(1935)上海法藏講寺鉛印本　一冊

330000－1701－0103851　M604615、M609533、M610138　子部/叢編
清代筆記叢刊四十一種　文明書局編　民國上海文明書局石印本　七冊　存一種

330000－1701－0103852　M607573　集部/別集類
杭州雜詩一卷　王守恂撰　民國鉛印本　一冊

330000－1701－0103854　M607574　史部/地理類/水利之屬
麻溪改壩爲橋始末記四卷首一卷　王念祖纂　民國八年(1919)莪社鉛印本　一冊　缺二卷(三至四)

330000－1701－0103855　M607575　史部/地理類/方志之屬/通志
[民國]黑龍江通志綱要二卷　金梁纂修　民國十四年(1925)鉛印本　一冊

330000－1701－0103856　M607576　集部/別集類
夢坡文存四卷　周慶雲撰　民國二十二年(1933)刻藍印本　三冊

330000－1701－0103858　M607577　子部/醫家類/養生之屬/導引、氣功
因是子靜坐法續編不分卷　蔣維喬撰　民國十一年(1922)上海商務印書館鉛印本　一冊

330000－1701－0103859　M611248　子部/宗教類/佛教之屬/經疏
心經文句一卷　(明)宋濂撰　**摩訶般若波羅蜜多心經註解一卷**　(清)朱珪撰　民國十年(1921)五洲大藥房、實學通藝館鉛印本　一冊

330000－1701－0103861　M607578　子部/宗教類/佛教之屬
安樂妙寶一卷　金弘恕編輯　民國二十八年(1939)上海佛學書局鉛印本　一冊

330000－1701－0103862　M607579　史部/傳記類/總傳之屬/斷代
清帝系后妃皇子皇女四考四卷附年表一卷　吳昌綬輯　民國六年(1917)鉛印本　一冊

330000－1701－0103864　M607580　子部/雜著類/雜說之屬
古器物學研究議一卷　羅振玉撰　民國天津貽安堂經籍鋪鉛印本　一冊

330000－1701－0103865　M611249　子部/宗教類/佛教之屬
佛教問答一卷佛教問答選錄一卷　海屍道人編纂　民國十年(1921)上海商務印書館鉛印本　一冊

330000－1701－0103866　M607581　集部/別集類
復齋先生遺集四卷　費寅撰　張宗祥寫定　民國二十三年(1934)張氏鐵如意館石印本　一册

330000－1701－0103868　M611250　子部/儒家類/儒學之屬/性理
求志齋庸言十則一卷　梅契壽撰　民國九年(1920)鉛印本　一册

330000－1701－0103869　M607582　史部/金石類/總志之屬
清儀閣所藏古器物文樣本一卷附預約簡章　上海商務印書館編　民國十四年(1925)上海商務印書館鉛印本暨影印本　一册

330000－1701－0103871　M611251　子部/儒家類/儒學之屬/性理
求志齋庸言十則一卷　梅契壽撰　民國九年(1920)鉛印本　一册

330000－1701－0103872　M607583　集部/總集類/氏族之屬
先澤殘存八種　王元增輯　民國九年(1920)嘉定王元增鉛印本　一册

330000－1701－0103875　M609536　類叢部/叢書類/郡邑之屬
黔南叢書六十一種　任可澄等編　民國十一年至三十二年(1922－1943)貴陽文通書局鉛印本暨刻本　二册　存四種

330000－1701－0103878　M603043、M607584　類叢部/叢書類/家集之屬
武林丁氏家集十三種　丁立誠　丁立中撰　民國錢塘丁氏嘉惠堂鉛印本　二册　存三種

330000－1701－0103879　M611252　子部/雜著類/雜說之屬
叛世之言一卷　趙健撰　民國十八年(1929)浙江第七中學石印本　一册

330000－1701－0103880　M607585　史部/地理類/水利之屬
橫橋堰水利記一卷附泖河案牘一卷　(清)徐用福輯　民國元年(1912)鉛印本　一册

330000－1701－0103881　M607586　史部/地理類/水利之屬
橫橋堰水利記一卷附泖河案牘一卷　(清)徐用福輯　民國元年(1912)鉛印本　一册

330000－1701－0103882　M611253　子部/宗教類/道教之屬
三聖經感應靈驗圖註不分卷　民國十三年(1924)石印本　一册

330000－1701－0103883　M607587　史部/地理類/方志之屬/通志
[民國]重修浙江通志初稿不分卷　浙江通志館修　余紹宋等纂　民國三十七年(1948)鉛印本　四册

330000－1701－0103885　M607588　史部/地理類/方志之屬/通志
[民國]重修浙江通志初稿不分卷　浙江通志館修　余紹宋等纂　民國三十七年(1948)鉛印本　四册

330000－1701－0103887　M607589　史部/地理類/方志之屬/通志
[民國]重修浙江通志初稿不分卷　浙江通志館修　余紹宋等纂　民國三十七年(1948)鉛印本　四册

330000－1701－0103888　M607590　史部/地理類/方志之屬/通志
[民國]重修浙江通志初稿不分卷　浙江通志館修　余紹宋等纂　民國三十七年(1948)鉛印本　四册

330000－1701－0103889　M611254　子部/宗教類/佛教之屬/諸宗
禪髓錄三卷　無心居士選輯　民國十三年(1924)存誠廬鉛印本　一册

330000－1701－0103890　M607591　史部/地理類/方志之屬/通志
[民國]重修浙江通志初稿不分卷　浙江通志館修　余紹宋等纂　民國三十七年(1948)鉛印本　四册

330000－1701－0103891　M609538　集部/總集類/郡邑之屬
滬瀆同聲集不分卷　郁葆青輯　陳詩選　民國二十二年(1933)鉛印本　一冊

330000－1701－0103892　M607592　史部/地理類/方志之屬/通志
[民國]重修浙江通志初稿不分卷　浙江通志館修　余紹宋等纂　民國三十七年(1948)鉛印本　四冊

330000－1701－0103893　M607593　史部/地理類/方志之屬/通志
[民國]重修浙江通志初稿不分卷　浙江通志館修　余紹宋等纂　民國三十七年(1948)鉛印本　四冊

330000－1701－0103894　M609539　集部/總集類/郡邑之屬
滬瀆同聲集不分卷　郁葆青輯　陳詩選　民國二十二年(1933)鉛印本　一冊

330000－1701－0103895　M607594　史部/地理類/方志之屬/通志
[民國]重修浙江通志初稿不分卷　浙江通志館修　余紹宋等纂　民國三十七年(1948)鉛印本　四冊

330000－1701－0103896　M607595　史部/地理類/方志之屬/通志
[民國]重修浙江通志初稿不分卷　浙江通志館修　余紹宋等纂　民國三十七年(1948)鉛印本　四冊

330000－1701－0103897　M607596　史部/地理類/方志之屬/通志
[民國]重修浙江通志初稿不分卷　浙江通志館修　余紹宋等纂　民國三十七年(1948)鉛印本　四冊

330000－1701－0103898　M607597　史部/地理類/方志之屬/通志
[民國]重修浙江通志初稿不分卷　浙江通志館修　余紹宋等纂　民國三十七年(1948)鉛印本　四冊

330000－1701－0103899　M607598　史部/地理類/方志之屬/通志
[民國]重修浙江通志初稿不分卷　浙江通志館修　余紹宋等纂　民國三十七年(1948)鉛印本　四冊

330000－1701－0103900　M607599　史部/地理類/方志之屬/通志
[民國]重修浙江通志初稿不分卷　浙江通志館修　余紹宋等纂　民國三十七年(1948)鉛印本　四冊

330000－1701－0103901　M607600　史部/地理類/方志之屬/通志
[民國]重修浙江通志初稿不分卷　浙江通志館修　余紹宋等纂　民國三十七年(1948)鉛印本　四冊

330000－1701－0103902　M609540　類叢部/叢書類/彙編之屬
別下齋叢書二十七種　(清)蔣光煦編　民國十二年(1923)上海商務印書館據清蔣氏刻本影印本　二冊　存二種

330000－1701－0103903　M607601　史部/地理類/方志之屬/通志
[民國]重修浙江通志初稿不分卷　浙江通志館修　余紹宋等纂　民國三十七年(1948)鉛印本　四冊

330000－1701－0103904　M607602　史部/地理類/方志之屬/通志
[民國]重修浙江通志初稿不分卷　浙江通志館修　余紹宋等纂　民國三十七年(1948)鉛印本　四冊

330000－1701－0103905　M607603　史部/地理類/方志之屬/通志
[民國]重修浙江通志初稿不分卷　浙江通志館修　余紹宋等纂　民國三十七年(1948)鉛印本　四冊

330000－1701－0103906　M607604　史部/地理類/方志之屬/通志
[民國]重修浙江通志初稿不分卷　浙江通志

館修　余紹宋等纂　民國三十七年(1948)鉛印本　四冊

330000－1701－0103907　M607605　史部/地理類/方志之屬/通志

[民國]重修浙江通志初稿不分卷　浙江通志館修　余紹宋等纂　民國三十七年(1948)鉛印本　四冊

330000－1701－0103908　M607606　史部/地理類/方志之屬/通志

[民國]重修浙江通志初稿不分卷　浙江通志館修　余紹宋等纂　民國三十七年(1948)鉛印本　四冊

330000－1701－0103910　M607607　史部/地理類/方志之屬/通志

[民國]重修浙江通志初稿不分卷　浙江通志館修　余紹宋等纂　民國三十七年(1948)鉛印本　四冊

330000－1701－0103911　M609541　經部/小學類/文字之屬/說文/專著

說文古籀三補十四卷坿錄一卷　強運開輯　民國二十四年(1935)上海商務印書館石印本　一冊　缺七卷(一至七)

330000－1701－0103912　M607608　史部/地理類/方志之屬/通志

[民國]重修浙江通志初稿不分卷　浙江通志館修　余紹宋等纂　民國三十七年(1948)鉛印本　四冊

330000－1701－0103913　M609542　集部/總集類/彙編之屬

雲間兩何君集二種　姚光編　民國二十一年(1932)金山姚氏復廬據明嘉靖本影印本　五冊　存一種

330000－1701－0103916　M609543　類叢部/叢書類/自著之屬

層冰草堂叢書九種附一種　古直撰　民國中華書局鉛印本　一冊　存一種

330000－1701－0103918　M609544　類叢部/叢書類/彙編之屬

雙肇樓叢書　張江裁(張涵銳)輯　民國鉛印本　二冊　存清代燕都梨園史料一種

330000－1701－0103924　M609545　類叢部/叢書類/彙編之屬

古今文藝叢書十集　何藻編　民國二年至四年(1913－1915)上海廣益書局鉛印本　六冊　存十八種

330000－1701－0103933　M609547　史部/傳記類/總傳之屬/姓名

重訂南社姓氏錄二卷　南社編　民國五年(1916)鉛印本　一冊

330000－1701－0103935　M609548　經部/小學類/文字之屬/字書

各經傳記小學十四卷附錄一卷　(清)莊有可撰　民國二十四年(1935)上海商務印書館石印本　七冊

330000－1701－0103938　M609549　類叢部/叢書類/家集之屬

嘉興譚氏遺書九種　譚新嘉編　民國元年至二十五年(1912－1936)嘉興譚氏承啟堂刻藍印本　十二冊

330000－1701－0103939　G010417　集部/別集類/清別集

徐烈婦詩鈔二卷　(清)吳宗愛撰　(清)俞樾　(清)王崇炳編集　**同心梔子圖續編一卷**　(清)應瑩撰　**吳絳雪年譜一卷**　(清)俞樾撰　民國石印本　一冊

330000－1701－0103940　M609550　經部/小學類/音韻之屬/韻書

廣韻五卷　(宋)陳彭年等修　**宋本廣韻校札一卷**　(清)黎庶昌撰　民國上海涵芬樓影印本　一冊　缺四卷(一至四)

330000－1701－0103946　M609551、M609831　集部/總集類/選集之屬/斷代

近代詩鈔不分卷　陳衍輯　民國十二年(1923)上海商務印書館鉛印本　二冊　存二冊(九至十)

330000－1701－0103947　M604378　史部/

傳記類/雜傳之屬
虞山妖亂志二卷附後一卷 （清）馮舒撰　民國鉛印本　一冊

330000－1701－0103950　M604379　史部/雜史類/斷代之屬
出圍城記一卷鎮城竹枝詞一卷 （清）楊棨撰　民國三年（1914）丹徒楊氏揚州刻朱印本　一冊

330000－1701－0103951　M609552　集部/別集類
市陰叢稿一卷 薛元燕撰　民國二十四年（1935）鉛印本　薛元燕題記　一冊

330000－1701－0103953　M604381　史部/地理類/雜志之屬
上海掌故叢書第一集 上海通社輯　民國二十四年（1935）上海通社鉛印本　四冊　存七種

330000－1701－0103954　M609553　類叢部/叢書類/彙編之屬
四部叢刊 張元濟等編　民國上海商務印書館影印本　一冊　存一種

330000－1701－0103956　M604499、M609554　集部/詞類/總集之屬
御選歷代詩餘一百二十卷 （清）聖祖玄燁定　（清）沈辰垣等輯　民國上海蟫隱廬影印本　七冊　存十九卷（十八至十九、三十四至三十九、六十一至六十二、八十至八十四、一百十一至一百十四）

330000－1701－0103959　M604382　類叢部/叢書類/彙編之屬
四部叢刊 張元濟等編　民國上海商務印書館影印本　八冊　存一種

330000－1701－0103960　M611256　史部/地理類/雜志之屬
舊上海一卷 黄協塤編　民國三年（1914）振寰書局石印本　一冊

330000－1701－0103964　M604383　經部/小學類/文字之屬/說文/傳說
侯官陳恭甫輯說文經字考不分卷 （清）陳壽祺撰　宋文蔚疏證　民國二十三年（1934）上海商務印書館石印本　一冊

330000－1701－0103966　M609556　子部/醫家類/醫話醫論之屬
秦氏同門集一卷 秦氏同門學會編輯　民國二十二年（1933）上海秦氏同門學會鉛印本　一冊

330000－1701－0103967　M611257　子部/宗教類/佛教之屬/經
佛遺教經一卷 吳有章詮證　民國十四年（1925）香山慈幼院鉛印本　一冊

330000－1701－0103968　M604384　經部/小學類/文字之屬/說文/專著
湖樓筆談說文經字一卷 （清）俞樾輯　（清）宋文蔚疏證　民國二十三年（1934）上海商務印書館石印本　一冊

330000－1701－0103971　M609557、M611296　經部/易類/易占之屬
焦氏易林四卷 （漢）焦贛撰　民國八年（1919）上海千頃堂書局石印本　四冊

330000－1701－0103972　M604385　子部/小說家類/異聞之屬
繪圖情史二十四卷 （清）詹詹外史評輯　民國元年（1912）上海書局石印本　四冊　存十七卷（四至十三、十八至二十四）

330000－1701－0103973　M611258　集部/曲類/曲藝之屬
越戲大觀十二集 筱鳳彩撰　民國二十年（1931）仁和翔書莊石印本　一冊　存一集（西一）

330000－1701－0103974　M604386、M604724　集部/總集類/選集之屬/通代
古詩源十四卷 （清）沈德潛輯　民國上海商務印書館鉛印本　四冊

330000－1701－0103977　M609559　子部/墨家類
墨子刊誤二卷 （清）蘇時學撰　**墨子刊誤刊**

誤二卷 陳柱撰 民國十七年(1928)上海中華書局鉛印本 一冊

330000－1701－0103980 M610650 史部/傳記類/別傳之屬/事狀
朱母汪太夫人六十壽言不分卷 朱孔陽輯 民國十九年(1930)鉛印本 一冊

330000－1701－0103981 M609561 史部/目録類/總録之屬/官修
浙江省立圖書館出版木印書目一卷鉛印書目一卷 浙江省立圖書館編 民國二十五年(1936)浙江省立圖書館鉛印本 一冊

330000－1701－0103985 M611259 子部/儒家類/儒學之屬/禮教/家訓
精校圈點顏氏家訓二卷 (北齊)顏之推撰 民國上海文瑞樓石印本 一冊

330000－1701－0103987 M609562 新學/政治法律/律例
南京特別市市政法規彙編二集二卷 南京特別市政府祕書處編 民國十九年(1930)南京特別市政府祕書處鉛印本 二冊

330000－1701－0103989 M609563 史部/地理類/雜志之屬
施州考古錄二卷 鄭永禧撰 民國七年(1918)鉛印本 一冊

330000－1701－0103992 M609564、M609952 集部/詩文評類
藝槩六卷 (清)劉熙載撰 民國十六年(1927)北京富晉書社鉛印本 二冊

330000－1701－0103993 M609566 集部/別集類
望虹樓遺箸三卷 陶熙孫撰 民國二十四年(1935)鉛印本 一冊

330000－1701－0103995 M609567 類叢部/叢書類/彙編之屬
國立中央研究院歷史語言研究所專刊 國立中央研究院歷史語言研究所輯 民國鉛印本、石印本暨刻本 二冊 存一種

330000－1701－0103996 M609568 集部/曲類/曲韻曲譜曲律之屬
度曲須知二卷 (明)沈寵綏撰 民國二十三年(1934)上海商務印書館影印本 二冊

330000－1701－0103997 M607609 史部/地理類/方志之屬/通志
[民國]重修浙江通志初稿不分卷 浙江通志館修 余紹宋等纂 民國三十七年(1948)鉛印本 四冊

330000－1701－0103998 M604389 史部/傳記類/總傳之屬/技藝
書林紀事四卷 馬宗霍撰 民國二十四年(1935)上海商務印書館鉛印本 一冊

330000－1701－0103999 M607610 史部/地理類/方志之屬/通志
[民國]重修浙江通志初稿不分卷 浙江通志館修 余紹宋等纂 民國三十七年(1948)鉛印本 四冊

330000－1701－0104000 M609569 史部/地理類/雜志之屬
杭州市各界急賑水災籌募委員會徵信録一卷 民國二十年(1931)鉛印本 一冊

330000－1701－0104001 M607611 史部/地理類/方志之屬/通志
[民國]重修浙江通志初稿不分卷 浙江通志館修 余紹宋等纂 民國三十七年(1948)鉛印本 四冊

330000－1701－0104002 M607612 史部/地理類/方志之屬/通志
[民國]重修浙江通志初稿不分卷 浙江通志館修 余紹宋等纂 民國三十七年(1948)鉛印本 四冊

330000－1701－0104003 M607613 史部/地理類/方志之屬/通志
[民國]重修浙江通志初稿不分卷 浙江通志館修 余紹宋等纂 民國三十七年(1948)鉛印本 四冊

330000－1701－0104005 M607614 史部/

地理類/方志之屬/通志
[民國]重修浙江通志初稿不分卷 浙江通志館修 余紹宋等纂 民國三十七年(1948)鉛印本 四册

330000－1701－0104007 M609570 史部/目録類/總録之屬/官修
浙江圖書館觀覽類書目四卷補遺一卷附錄一卷 浙江圖書館編 民國四年(1915)浙江圖書館鉛印本 二册 存一卷(三)

330000－1701－0104008 M604390 集部/總集類/氏族之屬
吴越錢氏傳芳集一卷附錢王祠神像神位人名表一卷明清兩朝錢氏名人簡明表一卷 (清)錢泳輯 民國二十六年(1937)錢文選鉛印本 一册

330000－1701－0104009 M607615 史部/地理類/方志之屬/通志
[民國]重修浙江通志初稿不分卷 浙江通志館修 余紹宋等纂 民國三十七年(1948)鉛印本 四册

330000－1701－0104011 M611260 類叢部/叢書類/彙編之屬
古書叢刊十六種 陳琰輯 民國十一年(1922)古書流通處影印本 五册 存二種

330000－1701－0104013 M607616 史部/地理類/方志之屬/通志
[民國]重修浙江通志初稿不分卷 浙江通志館修 余紹宋等纂 民國三十七年(1948)鉛印本 四册

330000－1701－0104014 M607617 史部/地理類/方志之屬/通志
[民國]重修浙江通志初稿不分卷 浙江通志館修 余紹宋等纂 民國三十七年(1948)鉛印本 四册

330000－1701－0104015 M604391、M604511 類叢部/叢書類/彙編之屬
四部叢刊 張元濟等編 民國上海商務印書館影印本 三册 存一種

330000－1701－0104016 M607618 史部/地理類/方志之屬/通志
[民國]重修浙江通志初稿不分卷 浙江通志館修 余紹宋等纂 民國三十七年(1948)鉛印本 四册

330000－1701－0104017 M607619 史部/地理類/方志之屬/通志
[民國]重修浙江通志初稿不分卷 浙江通志館修 余紹宋等纂 民國三十七年(1948)鉛印本 四册

330000－1701－0104018 M607620 史部/地理類/方志之屬/通志
[民國]重修浙江通志初稿不分卷 浙江通志館修 余紹宋等纂 民國三十七年(1948)鉛印本 四册

330000－1701－0104019 M604392、M604512 類叢部/叢書類/彙編之屬
四部叢刊 張元濟等編 民國上海商務印書館影印本 二册 存一種

330000－1701－0104020 M607621 史部/地理類/方志之屬/通志
[民國]重修浙江通志初稿不分卷 浙江通志館修 余紹宋等纂 民國三十七年(1948)鉛印本 四册

330000－1701－0104021 M607622 史部/地理類/方志之屬/通志
[民國]重修浙江通志初稿不分卷 浙江通志館修 余紹宋等纂 民國三十七年(1948)鉛印本 四册

330000－1701－0104022 M607623 史部/地理類/方志之屬/通志
[民國]重修浙江通志初稿不分卷 浙江通志館修 余紹宋等纂 民國三十七年(1948)鉛印本 四册

330000－1701－0104023 M609572 子部/宗教類/其他宗教之屬/基督教
不得已二卷 (清)楊光先撰 民國十八年(1929)中社據清抄本影印本 一册 存一卷

（上）

330000－1701－0104025 M607624 史部/地理類/方志之屬/通志
[民國]重修浙江通志初稿不分卷 浙江通志館修 余紹宋等纂 民國三十七年(1948)鉛印本 四冊

330000－1701－0104026 M602304 子部/宗教類/道教之屬/道藏
重刊道藏輯要 （清）蔣予蒲輯 （清）閻永和增輯 民國十八年(1929)鉛印本 一冊 存四種

330000－1701－0104027 M611261 集部/詩文評類/詩評之屬
歷代詩話二十七種五十七卷考索一卷 （清）何文煥輯 民國上海文實公司石印本 三冊 存七卷(全唐詩話五至六、六一詩話、溫公續詩話、中山詩話、紫微詩話、彥周詩話)

330000－1701－0104028 M607625 史部/地理類/方志之屬/通志
[民國]重修浙江通志初稿不分卷 浙江通志館修 余紹宋等纂 民國三十七年(1948)鉛印本 四冊

330000－1701－0104029 M609573 史部/政書類/儀制之屬/典禮
文廟續通考一卷 孫樹義輯 民國二十三年(1934)上海中華書局鉛印本 一冊

330000－1701－0104030 M607626 史部/地理類/方志之屬/通志
[民國]重修浙江通志初稿不分卷 浙江通志館修 余紹宋等纂 民國三十七年(1948)鉛印本 四冊

330000－1701－0104031 M604394 集部/總集類/選集之屬/通代
雁山鴻爪三卷 周起渭輯 民國二十三年(1934)樂清天一書局鉛印本 周起渭題記 二冊

330000－1701－0104032 M609574 集部/別集類
楊無恙和吳槎客哀蘭絕句十九首一卷 楊無恙撰 民國十七年(1928)拏雲精舍鉛印本 一冊

330000－1701－0104033 M604395 類叢部/叢書類/彙編之屬
國學彙編三集四十一種 國學研究社編 民國十二年至十四年(1923－1925)上海國學研究社鉛印本 一冊 存一集八種

330000－1701－0104035 M609575 集部/總集類/題詠之屬
孤山放鶴圖徵詩彙刻一卷 林浮沚輯 民國七年(1918)永嘉林氏古西射堂刻本 一冊

330000－1701－0104037 M609576 集部/總集類/彙編之屬
戊戌六君子遺集九種 張元濟輯 民國六年(1917)上海商務印書館鉛印本 四冊 存六種

330000－1701－0104038 M602305 類叢部/叢書類/自著之屬
晨風廬叢刊十八種 周慶雲撰 民國吳興周氏夢坡室刻本 一冊 存一種

330000－1701－0104042 M602306 史部/地理類/遊記之屬/紀行
五省游行略記一卷 朱全璣撰 民國十四年(1925)鉛印本 一冊

330000－1701－0104043 M604396 集部/詞類/總集之屬
四種詞 民國四川官印刷局刻本 一冊 存一種

330000－1701－0104044 M602307 集部/別集類
節庵先生遺詩六卷 梁鼎芬撰 余紹宋輯 民國十二年(1923)沔陽盧氏慎始基齋武昌刻朱印本 余紹宋題記 二冊

330000－1701－0104045 M609577 類叢部/叢書類/自著之屬
勱堂遺書八種 顧家相撰 民國八年至十九年(1919－1930)會稽顧氏鉛印本 二冊 存

一種

330000－1701－0104047　M604398、M604691、M604710　集部/詩文評類

南野堂筆記十二卷　(清)吳文溥撰　民國元年(1912)中華國粹書社石印本　三册　存九卷(一至六、十至十二)

330000－1701－0104048　M604399　集部/總集類/選集之屬/通代

美人千態詩一卷詞一卷　雷瑨輯　民國三年(1914)上海掃葉山房石印本　二册

330000－1701－0104049　M609579　類叢部/叢書類/自著之屬

天行草堂主人遺稾叢刊十一種　章嶔撰　民國二十四年(1935)鉛印本　章毓寄題記　二册

330000－1701－0104050　M604400　史部/傳記類/總傳之屬/釋道

國清高僧傳一卷附寒山子詩一卷　釋蘊光編　民國二十五年(1936)鉛印本　一册

330000－1701－0104052　M602308　集部/别集類/清别集

冬暄草堂遺詩不分卷　(清)陳豪撰　民國石印本　一册

330000－1701－0104054　M604401　史部/傳記類/别傳之屬/事狀

丹徒戴公壺翁哀輓録一卷　高雲麟等撰　**壺翁自述一卷**　戴啟文撰　**壺翁别傳一卷**　吳慶坻撰　民國鉛印本　一册

330000－1701－0104055　M609580　史部/目録類/專録之屬

說文目錄一卷存目一卷附說文解字詁林序及纂例一卷　丁福保編　民國十三年(1924)無錫丁氏鉛印本　一册

330000－1701－0104056　M609581　集部/總集類/選集之屬/通代

全漢三國晉南北朝詩五十四卷緒言一卷　丁福保輯　民國五年(1916)無錫丁氏鉛印本　十册

330000－1701－0104060　M611265　子部/儒家類/儒學之屬

切近編四卷　(清)桑調元　(清)沈廷芳輯　民國十八年(1929)南京國學圖書館影印本　一册

330000－1701－0104061　M611264　子部/儒家類/儒學之屬

切近編四卷　(清)桑調元　(清)沈廷芳輯　民國十八年(1929)南京國學圖書館影印本　一册

330000－1701－0104063　M609560　子部/宗教類/其他宗教之屬

嘆世無爲卷一卷　民國八年(1919)刻本　一册

330000－1701－0104066　M602310　類叢部/叢書類/自著之屬

勱堂遺書八種　顧家相撰　民國八年至十九年(1919－1930)會稽顧氏鉛印本　二册　存一種

330000－1701－0104067　M602311　子部/小說家類/異聞之屬

鬼董狐五卷　民國五年(1916)上海商務印書館鉛印本　一册

330000－1701－0104070　M602312　子部/小說家類

筆記小說大觀二百二十二種　進步書局輯　民國上海進步書局石印本　一册　存一種

330000－1701－0104072　M602313　史部/傳記類/别傳之屬/事狀

張氏旌節錄不分卷　張懷德輯　民國九年(1920)張懷德刻本　一册

330000－1701－0104073　M604402、M609976　類叢部/叢書類/彙編之屬

丁丑叢編十種　趙詒琛　王大隆輯　民國二十六年(1937)鉛印本　三册　存八種

330000－1701－0104077　M604403　子部/醫家類/類編之屬

無患室叢書　民國二十五年(1936)上海中西

醫藥研究社影印本　二册　存一種

330000－1701－0104081　M611266　類叢部/叢書類/彙編之屬

晉石厂叢書　(清)姚慰祖輯　民國二十三年(1934)海虞瞿啟甲鐵琴銅劍樓刻本　一册　存一種

330000－1701－0104082　M602314　史部/地理類/方志之屬/郡縣志

[民國]新昌縣志二十卷附新昌農事調查一卷　金城修　陳畬纂　**沃州詩存一卷**　(宋)潘音撰　**沃州文存一卷**　(宋)徐霖撰　民國七年(1918)鉛印本　十二册

330000－1701－0104086　M604405、M609964　類叢部/叢書類/彙編之屬

心園叢刻一集五種　徐珂輯　民國十四年(1925)杭縣徐氏鉛印本　二册

330000－1701－0104087　M611267　史部/目録類/書志之屬/提要

國學書目提要不分卷　上海醫學書局編　民國上海醫學書局鉛印本　一册

330000－1701－0104088　M611268　史部/目録類/書志之屬/提要

國學書目提要不分卷　上海醫學書局編　民國上海醫學書局鉛印本　一册

330000－1701－0104091　M602315　史部/傳記類/總傳之屬/技藝

當湖歷代畫人傳九卷補遺一卷　孫振麟纂　民國二十四年(1935)當湖孫氏雪映廬武林刻本　二册

330000－1701－0104093　M604406、M610161　子部/雜著類/雜説之屬

讀子卮言二卷　江瑔撰　民國六年(1917)上海商務印書館鉛印本　二册

330000－1701－0104094　M611269　集部/曲類/寶卷之屬

趙氏賢孝寶卷二卷　民國上海文益書局石印本　一册

330000－1701－0104095　M602316　史部/地理類/專志之屬/寺觀

天童寺續志二卷首一卷　釋淨心修　釋蓮萍纂　民國九年(1920)天童寺刻本　一册　存一卷(下)

330000－1701－0104096　M611270　子部/儒家類/儒學之屬/禮教/女範

女教教規一卷附録一卷太上校訂感應篇一卷文昌帝君陰騭文一卷關聖帝君覺世經一卷文昌帝君慾海迴瀾寶訓一卷　民國二十八年(1939)鉛印本　一册

330000－1701－0104098　M602317　史部/地理類/輿圖之屬/郡縣

修訂浙江全省輿圖並水陸道里記不分卷　(清)宗源瀚等纂　民國四年(1915)杭州武林印書館石印本　四册　存浙江舊溫州府總圖、浙江舊金華府總圖、浙江舊嚴州府總圖、浙江舊寧波府總圖、浙江舊紹興府總圖、浙江舊台州府總圖、浙江全省總圖、浙江舊嘉興府總圖、浙江舊湖州府總圖

330000－1701－0104100　M611271　集部/別集類/唐五代別集

李義山詩話二卷補録一卷　(唐)李商隱撰　民國中華圖書館石印本　一册

330000－1701－0104101　M611272　子部/宗教類/佛教之屬/經

佛遺教經一卷　吳有章詮證　民國十四年(1925)香山慈幼院鉛印本　一册

330000－1701－0104105　M610651　史部/地理類/遊記之屬/紀行

游蘇紀事一卷　錢文選撰　民國二十五年(1936)鉛印本　一册

330000－1701－0104109　M602318　子部/藝術類/遊藝之屬/酒令

折枝雅故五卷　麴禪氏撰　民國江蘇第一監獄鉛印本　一册

330000－1701－0104110　M604408　經部/易類

易藏叢書六種　杭辛齋撰　民國十一年(1922)上海研幾學社鉛印本　一冊　存二種

330000－1701－0104111　M611274　集部/小説類/長篇之屬
歷代春豔秘史三集十三卷圖一卷　芸蘭女史撰　民國九年(1920)上海美術圖書社石印本　一冊　存七卷(一至七)

330000－1701－0104112　M609656、M609931、M610652　史部/雜史類/斷代之屬
文獻叢編增刊(清三藩史料)六輯　北平故宫博物院編　民國二十年至二十一年(1931－1932)北平故宫博物院鉛印本　三冊　存三輯[一(一至一百葉)、三(二百一至三百葉)、四(三百一至四百葉)]

330000－1701－0104113　M602319　經部/易類/傳説之屬
周易易解十卷示兒錄三卷説餘一卷　(清)沈紹勳撰　民國二十年(1931)鉛印本　六冊

330000－1701－0104114　M604409　集部/别集類
汲修齋詩存二卷　鮑元輝撰　民國十九年(1930)鉛印本　一冊

330000－1701－0104118　M602321　類叢部/叢書類/自著之屬
壽櫟廬叢書九種　吳之英撰　民國九年(1920)名山吳氏刻本　一冊　存一種

330000－1701－0104119　M604410　類叢部/叢書類/彙編之屬
甲戌叢編二十種　趙詒琛　王保譿輯　民國二十三年(1934)鉛印本　一冊

330000－1701－0104120　M611275　集部/曲類/寶卷之屬
繪圖梅花戒寶卷二卷　民國五年(1916)上海文益書局石印本　一冊

330000－1701－0104121　M610653　子部/雜著類/雜説之屬
嬰寧什箸　陳訓正撰　民國十八年(1929)鉛印本　一冊　存一種

330000－1701－0104122　M602322　類叢部/叢書類/家集之屬
婁東周氏叢刊初輯四種　周慤編　民國二十六年(1937)婁東周氏冰壺堂影印本　二冊

330000－1701－0104123　M611276　子部/宗教類/道教之屬
評註道學十三經四卷　(清)涵虚子輯註　民國上海錦文堂石印本　四冊

330000－1701－0104126　M602323　集部/别集類
南豐劉先生文集四卷補遺一卷　劉孚京撰　民國十四年(1925)湘潭袁思亮鉛印本　四冊

330000－1701－0104127　M602324　子部/雜著類/雜考之屬
籀廎述林十卷　(清)孫詒讓撰　民國五年(1916)刻本　四冊

330000－1701－0104129　M604413　類叢部/叢書類/彙編之屬
求恕齋叢書三十一種　劉承幹編　民國吳興劉氏嘉業堂刻本　二冊　存一種

330000－1701－0104130　M604414　類叢部/叢書類/自著之屬
寫禮廎遺箸四種　(清)王頌蔚撰　民國四年(1915)鮮溪王氏刻本　君九題記　一冊　存二種

330000－1701－0104132　M604415　史部/政書類/公牘檔冊之屬
北平市政府第一次舉行四郊農民懇親會記錄四卷附與會人名　民國二十三年(1934)鉛印本　一冊

330000－1701－0104133　M602326　經部/小學類/文字之屬/説文/專著
説文古文疏證一卷　舒連景撰　民國二十六年(1937)上海商務印書館石印本　一冊

330000－1701－0104135　M610656　類叢部/叢書類/彙編之屬
進德叢書八種　丁福保編　民國上海醫學書局鉛印本　一冊　存一種

330000－1701－0104137　M602327　類叢部/叢書類/彙編之屬
復性書院叢刊二十七種　馬浮編　民國二十九年至三十七年(1940－1948)復性書院刻本暨鉛印本　一册　存一種

330000－1701－0104138　M604416　類叢部/叢書類/彙編之屬
嘉業堂叢書五十七種　劉承幹輯　民國吳興劉氏嘉業堂刻本　一册　存一種

330000－1701－0104139　M607665　史部/目録類/總録之屬/官修
浙江公立圖書館通常類圖書目錄五卷附保存類圖書目錄補遺一卷　浙江公立圖書館編　民國十四年(1925)浙江公立圖書館鉛印本　五册　存五卷(一至三、五,保存類圖書目錄補遺)

330000－1701－0104140　M602328　類叢部/叢書類/彙編之屬
嘉業堂叢書五十七種　劉承幹輯　民國吳興劉氏嘉業堂刻本　一册　存一種

330000－1701－0104141　M610657　史部/地理類/雜志之屬
臨海要覽一卷　項元勛編　民國五年(1916)杭州武林印書館鉛印本　一册

330000－1701－0104142　M604417　子部/藝術類/書畫之屬/法帖
楹聯名蹟七輯　中華書局輯　民國七年(1918)上海中華書局影印本　二册　存二輯(二、四)

330000－1701－0104143　M602329　史部/傳記類/總傳之屬/列女
斯氏節烈合編二種　斯福求輯　民國四年(1915)鉛印本　一册

330000－1701－0104145　M604418　子部/藝術類/書畫之屬/法帖
楹聯名蹟七輯　中華書局輯　民國七年(1918)上海中華書局影印本　一册　存一輯(二)

330000－1701－0104146　M607666　子部/醫家類/傷寒金匱之屬
包氏醫宗十一種　包桃初　包識生撰　民國十九年(1930)上海包氏醫宗出版部鉛印本　二册　存二種

330000－1701－0104147　M607667　類叢部/叢書類/自著之屬
晨風廬叢刊十八種　周慶雲撰　民國吳興周氏夢坡室刻本　一册　存一種

330000－1701－0104148　M607668　子部/宗教類/佛教之屬/經
華嚴經綸貫一卷　(宋)釋復菴撰　**華嚴經入法界品十八問答一卷**　(唐)釋澄觀撰　**誡酒肉慈慧法門一卷**　(宋)釋遵式撰　民國十二年(1923)杭州刻經處刻本　一册

330000－1701－0104149　M604419　史部/傳記類/別傳之屬/事狀
哀思錄初編七卷二編四卷三編四卷　孫中山先生葬事籌備處編　民國孫中山先生葬事籌備處鉛印本　三册

330000－1701－0104151　M607669　子部/宗教類/佛教之屬/論疏
辯中邊論三卷　(唐)釋玄奘譯　民國六年(1917)金陵刻經處刻本　一册

330000－1701－0104152　M604421　類叢部/叢書類/彙編之屬
葩廬叢書　高燮輯　民國高吹萬葩廬鉛印本　二册　存一種

330000－1701－0104154　M604420　史部/傳記類/別傳之屬/事狀
哀思錄初編七卷二編四卷三編四卷　孫中山先生葬事籌備處編　民國孫中山先生葬事籌備處鉛印本　二册　缺七卷(初編一至七)

330000－1701－0104155　M607670　子部/宗教類/佛教之屬/論
大乘百法明門論本地分中略錄名數解一卷　(唐)釋窺基撰　**大乘百法明門論本地分中略錄名數疏二卷**　(唐)釋普光撰　**大乘五蘊論**

一卷　(唐)釋玄奘譯　**大乘廣五蘊論一卷**　(唐)釋地婆訶羅譯　民國四年至五年(1915－1916)金陵刻經處刻本　一冊

330000－1701－0104156　M607671　子部/宗教類/佛教之屬/經疏
觀經疏鈔演義二卷　釋諦閑演義　民國十八年(1929)石印本　一冊

330000－1701－0104157　M602331　集部/別集類/唐五代別集
李長吉集四卷外卷一卷　(唐)李賀撰　(清)黃淳耀評點　民國中國詩畫會社影印本　四冊

330000－1701－0104158　M607672　史部/目録類/專録之屬
補鈔文瀾閣四庫闕簡記錄不分卷　張宗祥撰　民國十五年(1926)刻本　一冊

330000－1701－0104160　M607674　子部/藝術類/書畫之屬/書法書品
書學源流論不分卷　張宗祥撰　民國十年(1921)上海聚珍倣宋印書局鉛印本　一冊

330000－1701－0104161　M602332　類叢部/叢書類/彙編之屬
四部叢刊三編七十一種　張元濟等編　民國二十四年至二十五年(1935－1936)上海商務印書館影印本　六冊　存二種

330000－1701－0104165　M602333　子部/宗教類/佛教之屬
徑中徑又徑徵義三卷　(清)張師誠輯　(清)徐槐廷注　民國十年(1921)海鹽徐氏刻本　一冊

330000－1701－0104166　M602334　子部/宗教類/佛教之屬
徑中徑又徑徵義三卷　(清)張師誠輯　(清)徐槐廷注　民國十年(1921)海鹽徐氏刻本　一冊

330000－1701－0104167　M604422　集部/別集類/唐五代別集
唐女郎魚玄機詩一卷　(唐)魚玄機撰　民國二十五年(1936)上海中華書局鉛印本　一冊

330000－1701－0104169　M604423　類叢部/叢書類/彙編之屬
四部叢刊　張元濟等編　民國上海商務印書館影印本　二冊　存一種

330000－1701－0104170　M604424　集部/曲類/曲藝之屬
東郭簫鼓兒詞一卷　(清)蒲松齡撰　民國二十年(1931)上海中華書局鉛印本　一冊

330000－1701－0104171　M602897、M604425　類叢部/叢書類/彙編之屬
四部備要　中華書局編　民國二十五年(1936)上海中華書局鉛印本　三冊　存二種

330000－1701－0104172　M604426、M604427　類叢部/叢書類/彙編之屬
四部叢刊　張元濟等編　民國上海商務印書館影印本　二冊　存二種

330000－1701－0104176　M604429　類叢部/叢書類/彙編之屬
四部備要　中華書局編　民國二十五年(1936)上海中華書局鉛印本　二冊　存一種

330000－1701－0104179　M604430　集部/別集類/清別集
真意齋遺著一卷詩外一卷　(清)許楣撰　民國十一年(1922)鉛印本　洪潤生題記　一冊

330000－1701－0104180　M611277　子部/小說家類
廣虞初新志四十卷　(清)黃承增輯　民國掃葉山房石印本　八冊

330000－1701－0104182　M604431　類叢部/叢書類/家集之屬
武林丁氏家集十三種　丁立誠　丁立中撰　民國錢塘丁氏嘉惠堂鉛印本　一冊　存二種

330000－1701－0104183　M604432　集部/總集類/選集之屬/斷代
實君詞稿一卷　劉虛撰　**豐年詩草一卷**　林豐年撰　民國二十二年(1933)杭州虎林中學

出版部鉛印本　一冊

330000－1701－0104184　M611278　子部/藝術類/書畫之屬/法帖
毘陵莊蘩詩女士楷隸楚辭不分卷　莊閑書　民國四年(1915)上海商務印書館影印本　一冊　存上冊

330000－1701－0104187　M604433　類叢部/叢書類/家集之屬
武林丁氏家集十三種　丁立誠　丁立中撰　民國錢塘丁氏嘉惠堂鉛印本　二冊　存二種

330000－1701－0104188　M604434　類叢部/叢書類/彙編之屬
金陵秘笈　民國三十七年(1948)金陵秘笈徵獻樓刻本　一冊　存一種

330000－1701－0104189　M602335　類叢部/叢書類/自著之屬
綴學堂叢稿初集(見山樓叢書)十種　陳漢章撰　民國二十五年(1936)鉛印本　一冊　存一種

330000－1701－0104190　M611279　子部/儒家類/儒學之屬/經濟
政理古微一卷　林損撰　民國鉛印本　一冊

330000－1701－0104191　M604435　類叢部/叢書類/彙編之屬
萬有叢書　民國二十年(1931)上海萬有書局石印本　一冊　存一種

330000－1701－0104192　M604436　子部/雜著類/雜說之屬
東山談苑八卷　(清)余懷編　民國二十三年(1934)襄社影印本　二冊

330000－1701－0104195　M604437　子部/宗教類/佛教之屬/經
佛說金剛般若波羅密經一卷般若波羅密多心經一卷純陽子心經註一卷　民國九年(1920)上海雪竇寺分院刻本　一冊

330000－1701－0104196　M611281　史部/目録類/總録之屬
二徐書目合刻　王存善輯　民國四年(1915)仁和王存善鉛印本　二冊　存一種

330000－1701－0104198　M604438　集部/別集類
望虹樓遺箸三卷　陶熙孫撰　民國二十四年(1935)鉛印本　一冊

330000－1701－0104199　M602337　類叢部/叢書類/自著之屬
清都散客二種　(明)趙南星撰　民國二十五年(1936)上海中華書局鉛印本　一冊

330000－1701－0104201　M602338　類叢部/叢書類/彙編之屬
復性書院叢刊二十七種　馬浮編　民國二十九年至三十七年(1940－1948)復性書院刻本暨鉛印本　一冊　存二種

330000－1701－0104202　M611282　史部/目録類/總録之屬
二徐書目合刻　王存善輯　民國四年(1915)仁和王存善鉛印本　一冊　存一種

330000－1701－0104203　M611283　史部/目録類/總録之屬
二徐書目合刻　王存善輯　民國四年(1915)仁和王存善鉛印本　一冊　存一種

330000－1701－0104204　M602339　集部/別集類
鄭學齋文存甲集二卷　孫雄撰　民國十年(1921)刻本　一冊

330000－1701－0104205　M602340　類叢部/叢書類/彙編之屬
又滿樓叢書十六種　趙詒琛編　民國九年至十四年(1920－1925)崑山趙氏又滿樓刻本　一冊　存一種

330000－1701－0104207　M604441　史部/金石類/石之屬/圖像
甪直保聖寺唐塑一覽不分卷　教育部保存甪直唐塑委員會編　民國十八年(1929)教育部保存甪直唐塑委員會影印本　一冊

330000－1701－0104208　M607680　子部/雜著類/雜纂之屬

潯雅五集十八卷　周慶雲輯　民國刻藍印本　二册　存二卷(丙集二至三)

330000－1701－0104209　M611284　集部/詩文評類/詩評之屬

初白菴詩評三卷詞綜偶評一卷　(清)查慎行撰　(清)張載華輯　民國上海六藝書局石印本　八册

330000－1701－0104210　M604442　子部/藝術類/書畫之屬

白華山人詩書畫真蹟彙編不分卷　(清)厲志書并繪　厲汝熊輯　民國十一年(1922)文明書局影印本　一册

330000－1701－0104211　M602341　子部/儒家類/儒學之屬/性理

昌儒醒世鏡正編一卷前編一卷附編一卷　(明)王守仁撰　民國十二年(1923)杭州停雲軒鉛印本　一册

330000－1701－0104213　M607681　子部/雜著類/雜纂之屬

潯雅五集十八卷　周慶雲輯　民國刻藍印本　一册　存二卷(丙集二至三)

330000－1701－0104216　M602342　集部/別集類/清別集

習苦齋詩集八卷集外詩一卷筆記一卷題跋一卷雜攷一卷　(清)戴熙撰　民國九年(1920)戴克敦鉛印本　四册

330000－1701－0104217　M611285　子部/農家農學類/蠶桑之屬

古今合纂殖桑法一卷　金步瀛撰　民國十九年(1930)鉛印本　一册

330000－1701－0104219　M611286　子部/農家農學類/蠶桑之屬

古今合纂殖桑法一卷　金步瀛撰　民國十九年(1930)鉛印本　一册

330000－1701－0104221　M602343　類叢部/叢書類/郡邑之屬

續金華叢書六十種　胡宗楙編　民國十三年(1924)永康胡氏夢選樓刻本　四册　存一種

330000－1701－0104222　M611287　子部/農家農學類/蠶桑之屬

古今合纂殖桑法一卷　金步瀛撰　民國十九年(1930)鉛印本　一册

330000－1701－0104223　M607683　子部/雜著類/雜纂之屬

潯雅五集十八卷　周慶雲輯　民國刻藍印本　一册　存一卷(丙集三)

330000－1701－0104224　M611288　子部/農家農學類/蠶桑之屬

古今合纂殖桑法一卷　金步瀛撰　民國十九年(1930)鉛印本　一册

330000－1701－0104225　M611289　子部/農家農學類/蠶桑之屬

古今合纂殖桑法一卷　金步瀛撰　民國十九年(1930)鉛印本　一册

330000－1701－0104226　M602344　類叢部/叢書類/郡邑之屬

續金華叢書六十種　胡宗楙編　民國十三年(1924)永康胡氏夢選樓刻本　四册　存一種

330000－1701－0104228　M607684　集部/別集類

天嬰室叢稿第一輯九卷　陳訓正撰　民國十四年(1925)鉛印本　一册　存三卷(庸海集、庸海二集、閼逢困敦集)

330000－1701－0104230　M611290　新學/政治法律

共通原則論一卷　郭步陶撰　民國二十四年(1935)上海新聞報館收發處鉛印本　一册

330000－1701－0104231　M610124、M610125、M610840　類叢部/叢書類/彙編之屬

香艷叢書三百二十六種　(清)蟲天子輯　民國三年(1914)上海中國圖書公司和記鉛印本　十五册　存四十九種

330000－1701－0104234　M602345　類叢部/叢書類/郡邑之屬

續金華叢書六十種　胡宗楙編　民國十三年(1924)永康胡氏夢選樓刻本　四册　存一種

330000－1701－0104235　M610659　子部/宗教類/佛教之屬

佛學叢書□□種　民國上海商務印書館鉛印本　一册　存一種

330000－1701－0104238　M607687　子部/宗教類/佛教之屬

觀世音菩薩本迹感應頌四卷首一卷　許止淨述　**金剛經功德頌一卷**　許止淨述　劉契淨注　民國十六年(1927)上海中華書局鉛印本　一册　存三卷(首、一至二)

330000－1701－0104246　M604443　集部/别集類/宋别集

白石道人詩集二卷集外詩一卷詩説一卷　(宋)姜夔撰　**附録一卷附録補遺一卷**　民國有正書局石印本　一册

330000－1701－0104249　M604444　類叢部/叢書類/彙編之屬

四部備要　中華書局編　民國二十五年(1936)上海中華書局鉛印本　一册　存一種

330000－1701－0104250　M607688　子部/宗教類/佛教之屬/經

藥師琉璃光如來本願功德經一卷首一卷　(唐)釋玄奘詔譯　民國二十六年(1937)蘇州弘化社鉛印本　一册

330000－1701－0104251　M604445　史部/目録類/版本之屬/書影

重印聚珍倣宋版五開大本四部備要樣本不分卷　中華書局編　民國二十三年(1934)中華書局鉛印本　一册

330000－1701－0104254　M607689　集部/别集類

浣花軒詩集一卷　施毓敏撰　民國二十八年(1939)鉛印本　一册

330000－1701－0104256　M607690　集部/别集類

大休上人遺著一卷附百怪圖一卷　周冠九輯　民國二十二年(1933)鉛印本　一册

330000－1701－0104257　M604446　子部/宗教類/佛教之屬

觀世音菩薩本迹感應頌四卷首一卷　許止淨述　**金剛經功德頌一卷**　許止淨述　劉契淨注　民國十五年(1926)上海中華書局鉛印本　一册　存三卷(三至四、金剛經功德頌)

330000－1701－0104258　M602346　子部/雜著類/雜説之屬

欲海回狂集三卷首一卷　(清)周思仁(周夢顔)撰　民國十一年(1922)刻本　一册

330000－1701－0104260　M602347　集部/詞類/總集之屬

宋詞三百首一卷　朱祖謀編　民國十三年(1924)刻本　一册

330000－1701－0104261　M610660　子部/雜著類/雜編之屬

安士全書四種　(清)周夢顔撰　民國十一年(1922)上海佛學推行社鉛印本　二册　存三種

330000－1701－0104262　M602348　經部/讖緯類/春秋緯之屬

春秋緯史集傳四十卷　(清)陳省欽撰　民國十三年(1924)陳鍾祺鉛印本　四册

330000－1701－0104263　M604447　集部/詞類/總集之屬

校輯宋金元人詞七十種　趙萬里輯　民國二十年(1931)國立中央研究院歷史語言研究所鉛印本　三册

330000－1701－0104264　M611292　子部/小説家類/異聞之屬

太平廣記五百卷　(宋)李昉等撰　民國十五年(1926)上海掃葉山房石印本　二册　存二十七卷(三百四十四至三百五十六、四百八十七至五百)

330000－1701－0104266　M602349　類叢

部/叢書類/彙編之屬
景印元明善本叢書十種 商務印書館編 民國二十六年至二十九年(1937－1940)上海商務印書館影印本 八册 存一種

330000－1701－0104269 M611293 子部/儒家類/儒學之屬/性理
陽明粹言一卷 (明)王守仁撰 柯岷輯 民國十二年(1923)山西洗心總社鉛印本 一册

330000－1701－0104271 M604448 子部/叢編
清代筆記叢刊四十一種 文明書局編 民國上海文明書局石印本 四册 存一種

330000－1701－0104272 M602350 史部/政書類/儀制之屬/典禮
祭祀冠服圖一卷 政事堂禮制館編 民國三年(1914)政事堂禮制館石印本 一册

330000－1701－0104273 M610128 史部/雜史類/斷代之屬
滿清稗史十六種附二種 陸保璿輯 民國二年(1913)新中國圖書局鉛印本 一册 存一種

330000－1701－0104275 M611294 子部/藝術類/書畫之屬/畫譜
芥子園畫傳一卷海上名人畫譜一卷 民國石印本 一册 存一卷(海上名人畫譜)

330000－1701－0104277 M609593、M610127、M611019 史部/編年類/斷代之屬
清史綱要十四卷 吳曾祺等編 民國二年(1913)上海商務印書館鉛印本 六册

330000－1701－0104279 M611295 集部/小説類/長篇之屬
繪圖中華民國史演義八卷四十二回 陸律西編 民國十一年(1922)上海中央圖書公司石印本 八册

330000－1701－0104281 M604449、M604450 類叢部/叢書類/自著之屬
十力叢書 熊十力撰 民國三十六年(1947)鉛印本 七册 存二種

330000－1701－0104284 M609582 集部/別集類
無雙譜七律詩一卷 汝仁龍撰 民國十一年(1922)鉛印本 一册

330000－1701－0104285 M610661 類叢部/叢書類/彙編之屬
巾子居叢刊 民國鉛印本 一册 存一種

330000－1701－0104287 M611297 子部/宗教類/佛教之屬/總録
竹窗隨筆一卷二筆一卷三筆一卷 (明)釋袾宏撰 民國三年(1914)上海有正書局鉛印本 一册 存一卷(竹窗三筆)

330000－1701－0104289 M611298 子部/術數類/相宅相墓之屬
謝氏地理書二種附錄不分卷 謝復撰 民國十三年(1924)鉛印本 二册

330000－1701－0104293 M611299 子部/術數類/相宅相墓之屬
謝氏地理書二種附錄不分卷 謝復撰 民國十三年(1924)鉛印本 二册

330000－1701－0104294 M604451 類叢部/叢書類/郡邑之屬
湖北先正遺書七十二種七百二十七卷 盧靖編 民國十二年(1923)沔陽盧氏慎始基齋影印本 一册 存一種

330000－1701－0104297 M610662、M611174 史部/紀傳類/正史之屬
清史稿五百三十六卷目錄五卷 趙爾巽等撰 民國十六年(1927)清史館鉛印本 二册 存十二卷(地理志十七至二十八)

330000－1701－0104299 M603037 史部/傳記類/別傳之屬/事狀
哀思錄初編七卷二編四卷三編四卷 孫中山先生葬事籌備處編 民國孫中山先生葬事籌備處鉛印本 一册 存七卷(初編一至七)

330000－1701－0104300 M609585 集部/別集類/清別集
寓庸室詩稿一卷 (清)余坤撰 民國七年

(1918)余重耀南昌石印本　一册

330000－1701－0104302　M603038　史部/傳記類/别傳之屬/事狀

哀思錄初編七卷二編四卷三編四卷　孫中山先生葬事籌備處編　民國孫中山先生葬事籌備處鉛印本　一册　存七卷(初編一至七)

330000－1701－0104304　M610663　史部/傳記類/别傳之屬/事狀

史量才先生赴告不分卷　史必恕輯　民國二十三年(1934)石印本　一册

330000－1701－0104305　M603039　史部/傳記類/别傳之屬/事狀

哀思錄初編七卷二編四卷三編四卷　孫中山先生葬事籌備處編　民國孫中山先生葬事籌備處鉛印本　一册　存七卷(初編一至七)

330000－1701－0104306　M604453　子部/宗教類/佛教之屬/諸宗

淨土指歸集二卷　(明)釋大佑輯　民國元年(1912)揚州藏經院刻本　二册

330000－1701－0104308　M610132　史部/目録類/總録之屬/私撰

好古堂書目五卷收藏宋元板書目一卷　(清)姚際恒編　民國十八年(1929)南京中社影印本　一册

330000－1701－0104309　M603040　類叢部/叢書類/自著之屬

趙柏巖集十三種　趙炳麟撰　民國十一年(1922)鉛印本　十五册

330000－1701－0104311　M604454　子部/宗教類/佛教之屬/諸宗

傅大士集四卷　(南朝梁)傅翕撰　民國鉛印本　一册

330000－1701－0104312　M609586　史部/傳記類/别傳之屬/事狀

王文成傳本二卷　(清)毛奇齡撰　(清)毛遠宗續補　民國六年(1917)奉化孫氏南屏虹射軒鉛印本　一册

330000－1701－0104313　M610664　子部/宗教類/其他宗教之屬/其他

了道真經不分卷　民國二十一年(1932)石印本　一册

330000－1701－0104314　M604455　子部/宗教類/佛教之屬

歷史感應統紀四卷首一卷　許止淨編纂　民國十八年(1929)鉛印本　獻文題記　一册　存二卷(首、一)

330000－1701－0104316　M603041　類叢部/叢書類/彙編之屬

楝亭(楝亭藏書)十二種六十九卷　(清)曹寅編　民國十年(1921)上海古書流通處據清康熙四十五年(1706)揚州詩局刻本影印本　十册　存五種

330000－1701－0104317　M610133　經部/叢編

重刊宋本十三經註疏附校勘記　(清)阮元撰校勘記　(清)盧宣旬摘錄校勘記　民國十六年(1927)上海掃葉山房石印本　一册　存一種

330000－1701－0104320　M609588　子部/藝術類/書畫之屬/畫録

秘殿珠林二十四卷　(清)張照等輯　民國上海有正書局石印本　五册　存十六卷(二至四、八至二十)

330000－1701－0104321　M610134　子部/藝術類/書畫之屬/畫録

秘殿珠林二十四卷　(清)張照等輯　民國上海有正書局石印本　二册　存四卷(一、五至七)

330000－1701－0104323　M603042　史部/傳記類/别傳之屬/年譜

陸閏生先生[宗輿]五十自述記一卷附駐日時代交涉案情　陸宗輿撰　民國十四年(1925)北京日報鉛印本　一册

330000－1701－0104326　M602351　史部/政書類/儀制之屬/典禮

祭祀冠服制一卷　政事堂禮制館編　民國三年(1914)政事堂禮制館鉛印本　一冊

330000－1701－0104329　M602352、M602353　子部/雜著類/雜說之屬
煙嶼樓讀書志十六卷筆記八卷　(清)徐時棟撰　民國十七年(1928)鄞縣徐方來蘧學齋鉛印本　八冊

330000－1701－0104334　M602769、M603044、M603045、M603046、M603047、M603048　類叢部/叢書類/郡邑之屬
義烏先哲遺書五種　黄侗編　民國二十二年至二十四年(1933－1935)義烏黄氏鉛印本　六冊

330000－1701－0104335　M602354　子部/雜家類
讀吕氏春秋記一卷　馬敘倫撰　民國二十二年(1933)上海商務印書館鉛印本　一冊

330000－1701－0104338　M611300　史部/傳記類/别傳之屬
[丁立中]哀輓録不分卷　民國十年(1921)鉛印本　一冊

330000－1701－0104339　M609591　類叢部/叢書類/彙編之屬
四部叢刊　張元濟等編　民國上海商務印書館影印本　二冊　存一種

330000－1701－0104340　M604456　類叢部/類書類/通類之屬
欽定古今圖書集成一萬卷目録四十卷　(清)蔣廷錫　(清)陳夢雷等輯　民國二十三年(1934)中華書局影印本　一百五十四冊　存一千八百九十二卷(目録一至二十七、三十一至三十二,曆象彙編乾象典十二至三十五、六十一至七十四、八十七至一百,曆象彙編歲功典一至十、二十一至三十一、四十二至五十三、六十五至一百十六,曆象彙編曆法典一至一百二十六,方輿彙編職方典二十二至三十三、一百四十九至一百六十四、三百四十三至三百七十、五百二十三至六百四十六、七百五十六至七百八十六、八百五十一至八百六十二、八百九十至九百五十八、九百八十七至一千、一千五十三至一千一百五十八,明倫彙編官常典七百三十三至七百四十二,明倫彙編人事典二十二至三十二,博物彙編藝術典二十一至五百四十、五百五十三至七百四十八、七百六十一至七百八十四,博物彙編神異典二十四至三十二、六十五至七十六、一百十一至一百二十二、一百五十二至一百七十七、二百九十四至三百二十,博物彙編禽蟲典三十六至四十七、一百四十九至一百六十一,理學彙編經籍典一至二百五十二、三百六十七至三百八十,理學彙編學行典一至十二、九十三至一百四、一百五十六至一百六十八、二百四十七至二百五十九)

330000－1701－0104342　M611301　史部/地理類/專志之屬/古跡
金陵勝蹟志十卷　胡祥翰輯　民國十五年(1926)鉛印本　一冊

330000－1701－0104343　M602355　子部/藝術類/書畫之屬/書法書品
書法秘訣一卷　(清)□□撰　**書法輯要一卷**　文成郁輯　民國二十三年(1934)南京無錫錫成印刷公司鉛印本　一冊

330000－1701－0104344　M610666　集部/别集類/明别集
眉庵詩集二卷　(明)楊基撰　民國上海有正書局石印本　一冊　存一卷(一)

330000－1701－0104345　M603049　類叢部/叢書類/彙編之屬
滄海叢書十六種附七種　張伯楨編　民國二年至二十四年(1913－1935)東莞張氏刻本　一冊　存一種

330000－1701－0104351　M611303　史部/目録類/通論之屬
目録學發微一卷　余嘉錫撰　民國北京大學出版部鉛印本　一冊

330000－1701－0104353　M611304　經部/小學類/訓詁之屬/字詁
文始九卷　章炳麟撰　民國二年(1913)浙江

圖書館據章炳麟手寫稿本影印本　一册

330000－1701－0104355　M603050　集部/別集類
寐叟題跋一集二卷二集二卷　沈曾植撰並書　民國十五年(1926)上海商務印書館石印本　四册

330000－1701－0104356　M609592　史部/雜史類/斷代之屬
國難叢書第一輯　民國二十六年(1937)軍事新聞社出版部鉛印本　四册　存四種

330000－1701－0104358　M611305　史部/政書類/律令之屬
中華民國國會組織法一卷參議院議員選舉法一卷眾議院議員選舉法一卷眾議院議員各省覆選區表一卷籌備國會事務局官制一卷　浙江都督府公報處輯　民國元年(1912)浙江都督府公報處鉛印本　一册

330000－1701－0104360　M602356　集部/別集類/清別集
誃臺賸草一卷　(清)李之芬撰　(清)李濤編輯　民國山陰李氏石印本　一册

330000－1701－0104361　M611306　史部/傳記類/總傳之屬/仕宦
關帝史略演詞一卷　民國鉛印本　一册

330000－1701－0104362　M603051　史部/紀傳類/正史之屬
魏書宗室傳注校補一卷　羅振玉撰　民國三十二年(1943)鉛印本　一册

330000－1701－0104363　M602357　經部/書類/傳說之屬
東萊先生書說十三卷禹貢圖說一卷　(宋)吕祖謙撰　民國十七年(1928)中社影印本(卷十至十三原缺)　二册

330000－1701－0104364　M610667　史部/傳記類/總傳之屬/郡邑
龍山詩巢志略四卷　錢繩武輯　民國二十二年(1933)鉛印本　一册

330000－1701－0104365　M603052　集部/別集類
蠖齋文一卷詩一卷　陳寶煐撰　民國鉛印本　一册

330000－1701－0104366　M611307　史部/傳記類/總傳之屬/仕宦
關帝史略演詞一卷　民國鉛印本　一册

330000－1701－0104367　M611308　史部/傳記類/總傳之屬/仕宦
關帝史略演詞一卷　民國鉛印本　一册

330000－1701－0104368　M602358　集部/別集類
悔餘生詩五卷　吳慶坻撰　民國十五年(1926)鉛印本　二册

330000－1701－0104370　M610139　類叢部/叢書類/彙編之屬
香艷叢書三百二十六種　(清)蟲天子輯　民國三年(1914)上海中國圖書公司和記鉛印本　一册　存一種

330000－1701－0104371　M611309　史部/傳記類/別傳之屬/事狀
岳王史略演詞一卷　袁世凱撰　民國三年(1914)鉛印本　一册

330000－1701－0104372　M602359　子部/小說家類/雜事之屬
漁磯漫鈔十卷　(清)雷琳　(清)汪琇瑩　(清)莫劍光輯　民國二年(1913)埽葉山房石印本　四册

330000－1701－0104373　M609594、M610976　集部/別集類/唐五代別集
玉谿生詩詳註六卷首一卷　(唐)李商隱撰　(清)馮浩注　民國十九年(1930)崇古山房石印本　四册　存四卷(三至六)

330000－1701－0104374　M610668　集部/別集類
竹間唫榭續集第一輯二卷　徐行恭撰　民國鉛印本　一册

330000－1701－0104375　M602360　子部/雜著類/雜考之屬
四寸學六卷　(清)張雲璈撰　民國三十年(1941)燕京大學圖書館鉛印本　二册

330000－1701－0104377　M611310　類叢部/叢書類/自著之屬
章氏叢書十三種　章炳麟撰　民國六年至八年(1917－1919)浙江圖書館刻本　五册　存四種

330000－1701－0104378　M610140　子部/醫家類/類編之屬
潛齋醫學叢書十四種　曹炳章編　民國七年(1918)集古閣石印本　一册　存一種

330000－1701－0104380　M609679、M610221、M610669　集部/詩文評類/詩評之屬
元詩紀事四十五卷　陳衍輯　民國二十五年(1936)上海商務印書館鉛印本　十二册

330000－1701－0104381　M602361　集部/總集類/選集之屬/斷代
八股餘韻一卷附錄一卷　王世裕輯　民國二十二年(1933)鉛印本　一册

330000－1701－0104385　M602362　類叢部/叢書類/自著之屬
澹園雜著八卷　(清)虞景璜撰　**附錄一卷**　民國十三年(1924)鎮海虞氏鉛印本　一册

330000－1701－0104386　M610670　子部/藝術類/書畫之屬/法帖
王福盦篆書詠懷詩一卷　王禔書　民國十九年(1930)上海西泠印社石印本　一册

330000－1701－0104387　M602363　集部/别集類
懺昔樓詩存一卷　袁克權撰　民國刻本　一册

330000－1701－0104391　M610671　子部/雜著類/雜說之屬
樗盦筆記一卷　毛宗智撰　民國鉛印本　一册

330000－1701－0104392　M603005、M609596、M610180　集部/詩文評類
文學津梁十二種　周鍾游編　民國七年(1918)上海有正書局石印本　三册　存七種

330000－1701－0104393　M602364　史部/傳記類/别傳之屬/年譜
石濤上人[釋道濟]年譜一卷　傅抱石編　民國三十七年(1948)京滬週刊社鉛印本　一册

330000－1701－0104394　M611312　類叢部/叢書類/自著之屬
樊諫議集七家注五種附一種　(唐)樊宗師撰　樊鎮輯　民國紹興樊氏緜絳書屋刻本　一册　存一種

330000－1701－0104398　M611313　史部/傳記類/總傳之屬/家乘
[浙江天台]天台妙山陳氏宗譜六十九卷　陳恩蓉編　民國十八年(1929)天官第鉛印本　一册　存五卷(六十五至六十九)

330000－1701－0104399　M610015、M610672　經部/小學類/文字之屬/字書/通論
蒼石山房文字談不分卷　石廣權撰　民國十八年(1929)上海商務印書館石印本　二册

330000－1701－0104401　M603053　史部/傳記類/總傳之屬/斷代
敏求軒述記十六卷　(清)陳世箴輯　民國四年(1915)掃葉山房石印本　四册

330000－1701－0104402　M611314　史部/地理類/專志之屬/寺觀
廣壽慧雲寺志七卷　(清)丁丙　(清)孫峻輯　民國十七年(1928)玉照堂刻藍印本　二册

330000－1701－0104403　M610141　集部/詩文評類/文評之屬
文心雕龍十卷　(南朝梁)劉勰撰　(清)黄叔琳注　(清)紀昀評　民國上海文瑞樓石印本　一册　存二卷(一至二)

330000－1701－0104404　M609598　子部/儒家類
於越尊孔會叢刊不分卷　紹興尊孔會編　民

國鉛印本　一冊

330000－1701－0104405　M610142　史部/目録類/總録之屬/官修
合衆圖書館藏書分目　合衆圖書館編　民國合衆圖書館鉛印本暨石印本　一冊　存一種

330000－1701－0104407　M603054　子部/小説家類/雜事之屬
退醒廬筆記二卷　孫家振撰　民國十四年(1925)上海圖書館石印本　二冊

330000－1701－0104408　M610143　子部/宗教類/道教之屬/雜著
大學註解一卷善緣一卷　題昊天梓潼帝君注　民國杭州光華局石印本　一冊

330000－1701－0104410　M609599、M610933　集部/詞類/别集之屬
湘雨樓詞五卷　(清)張祖同撰　民國十年(1921)刻本　四冊

330000－1701－0104411　M603055　子部/雜著類/雜考之屬
陔餘叢考四十三卷　(清)趙翼撰　民國上海文瑞樓石印本　十六冊

330000－1701－0104412　M610144　子部/小説家類/雜事之屬
讀書堂西征隨筆一卷　(清)汪景祺撰　民國十七年(1928)故宫博物院圖書館掌故部鉛印本　一冊

330000－1701－0104413　M603056　集部/詞類/詞話之屬
評點白雨齋詞話八卷　(清)陳廷焯撰　王時潤評點　民國十八年(1929)上海文瑞樓石印本　四冊

330000－1701－0104416　M609600　集部/别集類/清别集
儉德堂文存不分卷　(清)劉庠撰　王耕心選　民國二十四年(1935)鉛印本　一冊

330000－1701－0104417　M603057　類叢部/叢書類/自著之屬
六如居士全集四種　(明)唐寅撰　民國上海國學昌明社石印本　四冊

330000－1701－0104418　M609601　子部/宗教類/道教之屬
三聖經解三卷　民國十一年(1922)鉛印本　一冊

330000－1701－0104420　M609602　類叢部/叢書類/自著之屬
勱堂遺書八種　顧家相撰　民國八年至十九年(1919－1930)會稽顧氏鉛印本　一冊　存一種

330000－1701－0104421　M610146　經部/小學類/文字之屬/説文/專著
説文古本攷十四卷　(清)沈濤撰　民國十五年(1926)上海醫學書局影印本　一冊　存一卷(一上)

330000－1701－0104423　M603058　史部/地理類/雜志之屬
北平史表長編一卷　瞿宣穎撰　民國二十三年(1934)國立北平研究院出版部鉛印本　二冊

330000－1701－0104425　M609845、M610148　類叢部/叢書類/彙編之屬
四部備要　中華書局編　民國二十五年(1936)上海中華書局鉛印本　三冊　存一種

330000－1701－0104427　M609605　集部/總集類/選集之屬/斷代
王章詩存合刻　劉承幹編　民國十五年(1926)吴興劉氏嘉業堂刻本　三冊　存一種

330000－1701－0104428　M610149　集部/小説類/長篇之屬
燕山外史註釋八卷　(清)陳球撰　(清)傅聲谷輯註　民國上海廣益書局石印本　一冊

330000－1701－0104429　M610150　史部/目録類/版本之屬/通論
中國版本略説一卷　中國科學社編　民國二十年(1931)中國科學社鉛印本　一冊

330000－1701－0104430　M609607　子部/宗教類/道教之屬/雜著

大學註解一卷善緣一卷　題昊天梓潼帝君注　民國杭州光華局石印本　一册

330000－1701－0104434　M609608　史部/目録類/總録之屬/官修

欽定四庫全書簡明目錄二十卷　(清)紀昀等撰　**四庫未收書目提要五卷**　(清)阮元撰　民國八年(1919)上海掃葉山房石印本　一册　存五卷(四庫未收書目提要一至五)

330000－1701－0104436　M610152　史部/目録類/總録之屬/私撰

凌氏鴻術堂捐助書目一卷　吳興圖書館編　民國吳興圖書館鉛印本　一册

330000－1701－0104439　M610153　集部/別集類

鶴影留痕集一卷　汪嶔撰　民國鉛印本　一册

330000－1701－0104442　M603059　子部/藝術類/書畫之屬/書法書品

君子館論書絕句一百二十首一卷　邊成撰　袁照注　民國三十三年(1944)君子館刻本　一册

330000－1701－0104444　M609610　經部/小學類/文字之屬/字書/古文

古籀蒙求一卷　朱大可纂　朱其石書　民國二十四年(1935)石印本　一册

330000－1701－0104445　M603060　集部/別集類/清別集

黝曜室詩存一卷　(清)陳鼎撰　民國十七年(1928)鉛印本　一册

330000－1701－0104446　M610154　類叢部/叢書類/郡邑之屬

遼海叢書八十種附一種　金毓黻編　民國二十年至二十三年(1931－1934)遼海書社鉛印本([康熙]廣寧縣志卷七至八原缺)　一册　存一種

330000－1701－0104448　M602365　史部/史評類/史論之屬

二百大家評註國史成績論斷大全十二卷　(明)張位纂　(明)李廷機纂注　(明)葉向高纂評　民國十二年(1923)求古齋石印本　十二册

330000－1701－0104449　M603061　子部/宗教類/佛教之屬/總録

公民修養叢書□□種　劉仁航編　民國十年(1921)上海公民書局鉛印本　二册　存一種

330000－1701－0104450　M609611　類叢部/叢書類/彙編之屬

有不爲齋叢書　林語堂編　民國上海時代圖書公司鉛印本　一册　存一種

330000－1701－0104451　M602366　史部/史抄類

歐陽文忠公五代史抄二十卷　(宋)歐陽修撰　(明)茅坤輯　民國八年(1919)上海會文堂書局石印本　四册

330000－1701－0104453　M610155　類叢部/叢書類/自著之屬

勴堂遺書八種　顧家相撰　民國八年至十九年(1919－1930)會稽顧氏鉛印本　二册　存一種

330000－1701－0104455　M609612　類叢部/叢書類/自著之屬

蛾術堂集十四種　(清)沈豫撰　民國二十年(1931)上海蟫隱廬據清道光十八年(1838)刻本影印本　四册　存十一種

330000－1701－0104456　M603062　集部/別集類

成都顧先生詩集十卷補遺一卷　顧印愚撰　程康輯　民國二十一年(1932)寧鄉程康顧廬上海鉛印本　二册

330000－1701－0104457　M602367　史部/政書類/儀制之屬

江蘇編訂禮制會喪禮草案三卷喪服草案五卷　姚文枏撰　民國二十一年(1932)鉛印本　二册

330000－1701－0104460　M604586、M609613、M611011　史部/史評類/史論之屬

清代史論十六卷　蔡郕撰　民國四年(1915)上海會文堂書局石印本　七册　存十四卷(一至八、十一至十六)

330000－1701－0104461　M610156　史部/目録類/總録之屬/官修

南洋中學校藏書目不分卷補遺一卷　陳乃乾撰　民國八年(1919)鉛印本　一册

330000－1701－0104462　M602368　經部/小學類/文字之屬/字書/通論

文字學形義篇不分卷　朱宗萊撰　民國七年(1918)北京大學出版部鉛印本　一册

330000－1701－0104466　M603065　史部/金石類/石之屬

夢碧簃石言六卷　顧燮光撰　民國十四年(1925)上海科學儀器館鉛印本　三册

330000－1701－0104467　M603066　史部/金石類/石之屬

夢碧簃石言六卷　顧燮光撰　民國十四年(1925)上海科學儀器館鉛印本　三册

330000－1701－0104469　M603067　史部/金石類/石之屬

夢碧簃石言六卷　顧燮光撰　民國十四年(1925)上海科學儀器館鉛印本　三册

330000－1701－0104470　M609615　類叢部/叢書類/自著之屬

曾文正公全集十六種　(清)曾國藩撰　民國十三年(1924)上海中華圖書館鉛印本　三册　存一種

330000－1701－0104471　M611187　史部/目録類/總録之屬/官修

浙江省立圖書館善本書目甲編四卷　毛春翔編　民國二十五年(1936)浙江省立圖書館鉛印本　一册

330000－1701－0104472　M602369　經部/小學類/訓詁之屬/方言

屈宋方言攷一卷　李翘撰　民國十四年(1925)芬熏館刻本　一册

330000－1701－0104473　M603068　史部/金石類/石之屬

夢碧簃石言六卷　顧燮光撰　民國十四年(1925)上海科學儀器館鉛印本　三册

330000－1701－0104474　M603069　史部/金石類/石之屬

夢碧簃石言六卷　顧燮光撰　民國十四年(1925)上海科學儀器館鉛印本　三册

330000－1701－0104476　M603070　集部/總集類/選集之屬/通代

童蒙養正詩選三卷附作者姓氏小傳三卷　(清)王錫元輯　王揖唐補輯　民國二十年(1931)合肥王氏刻本　一册

330000－1701－0104477　M610675　類叢部/叢書類/彙編之屬

嘉業堂叢書五十七種　劉承幹輯　民國吳興劉氏嘉業堂刻本　十八册　存五種

330000－1701－0104478　M611188　史部/目録類/總録之屬/地方

台州經籍志四十卷　項士元編　民國四年(1915)鉛印本　十六册

330000－1701－0104480　M609618　集部/别集類/清别集

北戌草一卷附龍江紀事一卷　(清)張光藻撰　民國十九年(1930)鉛印本　一册

330000－1701－0104482　M609621　類叢部/叢書類/自著之屬

天馬山房叢箸六種　馬敘倫撰　民國鉛印本　一册

330000－1701－0104483　M609622　史部/叢編

滿清野史　□□輯　民國成都昌福公司鉛印本　一册　存一種

330000－1701－0104484　M604568、M609623　類叢部/叢書類/彙編之屬

求恕齋叢書三十一種　劉承幹編　民國吳興

劉氏嘉業堂刻本　八册　存五種

330000－1701－0104485　M611189　史部/目録類/總録之屬/地方
台州經籍志四十卷　項士元編　民國四年(1915)鉛印本　十六册

330000－1701－0104486　M611190　史部/目録類/總録之屬/地方
台州經籍志四十卷　項士元編　民國四年(1915)鉛印本　十六册

330000－1701－0104487　M611191　集部/總集類/題詠之屬
春帆入蜀圖題詠詩一卷詞一卷附録二卷　戴振聲輯　民國十九年(1930)戴氏鉛印本　一册

330000－1701－0104489　M602370　史部/目録類/專録之屬
書畫書録解題十二卷　余紹宋撰　民國二十一年(1932)國立北平圖書館鉛印本　六册

330000－1701－0104491　M602371　集部/别集類/清别集
夢紅豆邨詩集十四卷　(清)黄大華撰　民國二十三年(1934)鉛印本　一册

330000－1701－0104493　M602372　子部/雜著類/雜考之屬
籀廎述林十卷　(清)孫詒讓撰　民國五年(1916)刻本　四册

330000－1701－0104494　M609624　類叢部/叢書類/自著之屬
約園演講集　張壽鏞撰　民國鉛印本　一册　存一種

330000－1701－0104495　M602373　史部/傳記類/别傳之屬/事狀
亭秋館哀辭不分卷　陳夔龍輯　民國五年(1916)木活字印本　一册

330000－1701－0104496　M611192　集部/總集類/氏族之屬
作朋集三卷附録一卷　(明)嚴調御　(明)嚴武順　(明)嚴敕撰　民國八年(1919)上海聚珍仿宋印書局鉛印本　一册

330000－1701－0104498　M609625　史部/目録類/通論之屬/考訂
古文舊書考四卷附訪餘録一卷　(日本)島田翰撰　民國十六年(1927)深縣王雨藻玉堂鉛印本　一册　存一卷(訪餘録)

330000－1701－0104499　M602374　集部/總集類/選集之屬/斷代
唐詩三百首註疏二卷　(清)孫洙編　(清)章燮註　民國古香書屋鉛印本　二册

330000－1701－0104500　M604457　子部/小説家類
筆記小説大觀二百二十二種　進步書局輯　民國上海進步書局石印本　一册　存一種

330000－1701－0104502　M602375　子部/雜著類/雜考之屬
炳燭編四卷　(清)李賡芸撰　(清)潘祖蔭等編　民國古今圖書館影印本　四册

330000－1701－0104503　M611193　集部/别集類
天嬰室叢稿第一輯九卷　陳訓正撰　民國十四年(1925)鉛印本　四册

330000－1701－0104504　M604458　子部/藝術類/書畫之屬/書法書品
書法要録十七卷首一卷　余紹宋撰　民國十九年(1930)上海中華書局鉛印本　四册

330000－1701－0104505　M602376　子部/醫家類/養生之屬/導引、氣功
静坐平議一卷　王道成撰　民國杭州瀾平小學校仿湖南復性齋本鉛印本　一册

330000－1701－0104507　M609626　集部/别集類
觀山文稿十卷首一卷　章乃羹撰　民國二十四年(1935)鉛印本　一册　缺五卷(六至十)

330000－1701－0104508　M602377　史部/地理類/遊記之屬/紀勝

蔣叔南游記第一集不分卷　蔣希召撰　民國十年(1921)鉛印本　二册

330000－1701－0104509　M604459　集部/總集類/彙編之屬

國立浙江大學文學院集刊第三集　國立浙江大學文學院集刊編輯委員會編　民國三十二年(1943)貴州遵義國立浙江大學文學院石印本　一册　存六種

330000－1701－0104510　M604460　集部/總集類/彙編之屬

國立浙江大學文學院集刊第三集　國立浙江大學文學院集刊編輯委員會編　民國三十二年(1943)貴州遵義國立浙江大學文學院石印本　一册　存六種

330000－1701－0104512　M609627　集部/詞類/别集之屬

霜紅詞一卷　胡士瑩撰　民國二十年(1931)揚州刻藍印本　一册

330000－1701－0104513　M609628、M610214　集部/别集類

守梅山房詩稿四卷首一卷附録一卷補遺一卷　傅振海撰　民國十四年(1925)鉛印本　傅國芬題記　二册

330000－1701－0104514　M603003　史部/金石類

杭州古蕩新石器時代遺址之試探報告不分卷　浙江省立西湖博物館　吴越史地研究會編　民國二十五年(1936)鉛印本　一册

330000－1701－0104515　M610157　類叢部/叢書類/彙編之屬

適園叢書七十四種　張鈞衡編　民國二年至六年(1913－1917)烏程張氏刻本(唐大詔令集卷十四至二十四、八十七至九十八原缺)　十九册　存八種

330000－1701－0104517　M602378　史部/傳記類/總傳之屬/姓名

歷代名人姓氏全編三十二卷　民國有正書局石印本　二十四册

330000－1701－0104518　M609629　集部/别集類

西谿詩鈔十卷　商寶慈撰　民國鉛印本　一册

330000－1701－0104520　M611195　類叢部/叢書類/自著之屬

晨風廬叢刊十八種　周慶雲撰　民國吴興周氏夢坡室刻本　一册　存一種

330000－1701－0104521　M611196　類叢部/叢書類/自著之屬

晨風廬叢刊十八種　周慶雲撰　民國吴興周氏夢坡室刻本　一册　存一種

330000－1701－0104522　M611197　類叢部/叢書類/自著之屬

晨風廬叢刊十八種　周慶雲撰　民國吴興周氏夢坡室刻本　一册　存一種

330000－1701－0104523　M603010　經部/易類

易藏叢書六種　杭辛齋撰　民國十一年(1922)上海研幾學社鉛印本　八册

330000－1701－0104524　M611198　類叢部/叢書類/自著之屬

晨風廬叢刊十八種　周慶雲撰　民國吴興周氏夢坡室刻本　一册　存一種

330000－1701－0104525　M611199　類叢部/叢書類/自著之屬

晨風廬叢刊十八種　周慶雲撰　民國吴興周氏夢坡室刻本　一册　存一種

330000－1701－0104526　M604461　集部/總集類/彙編之屬

國立浙江大學文學院集刊第三集　國立浙江大學文學院集刊編輯委員會編　民國三十二年(1943)貴州遵義國立浙江大學文學院石印本　一册　存六種

330000－1701－0104527　M611200　類叢部/叢書類/自著之屬

晨風廬叢刊十八種　周慶雲撰　民國吴興周氏夢坡室刻本　一册　存一種

330000－1701－0104528　M602379　子部/藝術類/書畫之屬/題跋

訴鷗軒畫跋二卷　陳方鏞撰　民國二十一年(1932)鉛印本　一册

330000－1701－0104529　M604462　集部/總集類/彙編之屬

國立浙江大學文學院集刊第三集　國立浙江大學文學院集刊編輯委員會編　民國三十二年(1943)貴州遵義國立浙江大學文學院石印本　一册　存六種

330000－1701－0104530　M611201　類叢部/叢書類/自著之屬

晨風廬叢刊十八種　周慶雲撰　民國吳興周氏夢坡室刻本　一册　存一種

330000－1701－0104531　M602380　子部/藝術類/書畫之屬/題跋

訴鷗軒畫跋二卷　陳方鏞撰　民國二十一年(1932)鉛印本　一册

330000－1701－0104532　M602381　子部/藝術類/書畫之屬/題跋

訴鷗軒畫跋二卷　陳方鏞撰　民國二十一年(1932)鉛印本　一册

330000－1701－0104533　M604463　集部/總集類/彙編之屬

國立浙江大學文學院集刊第三集　國立浙江大學文學院集刊編輯委員會編　民國三十二年(1943)貴州遵義國立浙江大學文學院石印本　一册　存六種

330000－1701－0104534　M611202　類叢部/叢書類/自著之屬

晨風廬叢刊十八種　周慶雲撰　民國吳興周氏夢坡室刻本　一册　存一種

330000－1701－0104535　M611203　類叢部/叢書類/自著之屬

晨風廬叢刊十八種　周慶雲撰　民國吳興周氏夢坡室刻本　一册　存一種

330000－1701－0104536　M604464　集部/總集類/彙編之屬

國立浙江大學文學院集刊第三集　國立浙江大學文學院集刊編輯委員會編　民國三十二年(1943)貴州遵義國立浙江大學文學院石印本　一册　存六種

330000－1701－0104537　M611204　類叢部/叢書類/自著之屬

晨風廬叢刊十八種　周慶雲撰　民國吳興周氏夢坡室刻本　一册　存一種

330000－1701－0104538　M604465　集部/總集類/彙編之屬

國立浙江大學文學院集刊第三集　國立浙江大學文學院集刊編輯委員會編　民國三十二年(1943)貴州遵義國立浙江大學文學院石印本　一册　存六種

330000－1701－0104540　M603004　經部/叢編

仿宋相臺五經附考證相臺書塾刊正九經三傳沿革例一卷　(宋)岳珂撰　民國十三年(1924)奉新宋氏卷雨廔據清乾隆四十八年(1783)武英殿本影印本　七册　存一種

330000－1701－0104541　M604466　集部/總集類/彙編之屬

國立浙江大學文學院集刊第三集　國立浙江大學文學院集刊編輯委員會編　民國三十二年(1943)貴州遵義國立浙江大學文學院石印本　一册　存六種

330000－1701－0104542　M609631　史部/編年類/斷代之屬

太祖高皇帝實錄稿本三種　羅振玉輯　民國二十二年(1933)上虞羅氏史料整理處影印本　四册

330000－1701－0104544　M604467　子部/宗教類/佛教之屬/經

佛說月上女經二卷　(隋)釋闍那崛多譯　民國二十二年(1933)潮陽郭氏雙百鹿齋刻本　一册

330000－1701－0104545　M609632　史部/地理類/方志之屬/郡縣志

民國新修合川縣志八十三卷　鄭賢書等修　張森楷纂　民國十年(1921)刻本　勵乃驥跋　一冊　存一卷(一)

330000－1701－0104546　M604468　子部/藝術類/書畫之屬/法帖

有元故奉議大夫福建閩海道肅政廉訪副使仇府君墓碑銘不分卷　(元)趙孟頫撰并書　民國影印本　一冊

330000－1701－0104547　M604469　子部/藝術類/書畫之屬/法帖

右任墨緣第一集不分卷　于右任書　民國二十一年(1932)蘇州友聲文藝社影印本　二冊

330000－1701－0104549　M610158　子部/宗教類/佛教之屬/經

南無般若波羅蜜多心經一卷　趙鶴書　民國十五年(1926)香港文華印務公司石印本　一冊

330000－1701－0104550　M603006　集部/曲類/曲藝之屬

山歌十卷　(明)馮夢龍輯　民國二十四年(1935)朱瑞軒傳經堂書店鉛印本　阿英題記　一冊

330000－1701－0104551　M602383　集部/總集類/尺牘之屬

陶風樓藏名賢手札不分卷　柳詒徵輯　民國十九年(1930)國學圖書館影印本　八冊

330000－1701－0104553　M609737、M610159　史部/目録類/總録之屬/官修

黄巖九峯圖書館書目五卷　黄巖九峰圖書館編　民國七年(1918)黄巖九峰圖書館石印本　二冊

330000－1701－0104554　M609634　史部/地理類/專志之屬/祠墓

重修浙江西湖岳忠武王廟墓徵信錄一卷附錄一卷　黄元秀輯　民國十二年(1923)鉛印本　一冊

330000－1701－0104555　M603007　經部/小學類/文字之屬/説文/傳説

説文解字句讀三十卷　(清)王筠撰　民國涵芬樓影印王氏家刻本　十四冊

330000－1701－0104556　M610160　集部/總集類/氏族之屬

問松里鄭氏詩存一卷　鄭之章輯　民國十二年(1923)鉛印本　一冊

330000－1701－0104557　M604471　類叢部/叢書類/彙編之屬

四部備要　中華書局編　民國二十五年(1936)上海中華書局鉛印本　三冊　存一種

330000－1701－0104558　M603008　新學/理學/理學

周秦哲學史不分卷　陸懋德撰　民國十二年(1923)京華印書局鉛印本　一冊

330000－1701－0104559　M609635　史部/地理類/方志之屬/郡縣志

[民國]定海縣志十六卷首一卷　陳訓正　馬瀛纂修　施臯　顔聖介　張紀隆測繪　民國十三年(1924)旅滬同鄉會鉛印本　一冊

330000－1701－0104561　M604472、M609839　史部/雜史類/斷代之屬

明季稗史續編六種　民國元年(1912)上海商務印書館鉛印本　二冊　存二種

330000－1701－0104562　M603009　經部/小學類/文字之屬/説文/專著

説文鑰一卷前編一卷後編一卷　丁福保編　民國二十二年(1933)梁谿丁氏上海石印本　一冊

330000－1701－0104563　M609636　集部/總集類/郡邑之屬

長興詩存四十卷　王修輯　民國九年(1920)長興王氏仁壽堂刻本　一冊　存八卷(十二至十九)

330000－1701－0104564　M611206　子部/宗教類/道教之屬/雜著

心傳韻語五卷　(清)何謙撰　民國杭州同道益善書局鉛印本　二冊

330000－1701－0104565　M603011　子部/雜著類/雜說之屬
改正湘山野錄三卷續一卷　（宋）釋文瑩撰　民國六年（1917）上海有正書局鉛印本　一册

330000－1701－0104567　M610163　集部/別集類
稼溪詩草二卷　黄維翰撰　民國十年（1921）南昌刻本　二册

330000－1701－0104569　M611207　子部/雜著類/雜說之屬
毛夷庚先生國學講述彙輯不分卷　毛夷庚撰　莊觀澄　孫浙生筆錄　民國三十年（1941）浙贛鐵路局鉛印本　一册

330000－1701－0104570　M604475　史部/雜史類/斷代之屬
亂黨之真相一卷　民國三年（1914）鉛印本　一册

330000－1701－0104571　M603012　集部/別集類
綴珍集一卷　孫肇圻撰　民國鉛印本　一册

330000－1701－0104572　M611208　子部/雜著類/雜纂之屬
小兒戲三卷　陳立樹撰　民國十年（1921）迎瑞堂木活字印本　一册

330000－1701－0104573　M609638　集部/詞類/別集之屬
淮海居士長短句三卷　（宋）秦觀撰　民國十九年（1930）北平故宫博物院圖書館影印本　一册

330000－1701－0104574　M609661、M610164　類叢部/叢書類/彙編之屬
宋人小說二十八種　涵芬樓編　民國上海商務印書館鉛印本　三册　存一種

330000－1701－0104575　M604476　史部/目録類/專録之屬
海源閣宋元秘本書目四卷　楊保彝編　民國二十年（1931）山東省立圖書館鉛印本　一册

330000－1701－0104577　M609639　史部/目録類/總録之屬/官修
北平圖書館善本書目四卷補遺一卷　趙萬里撰集　民國二十二年（1933）刻本　四册

330000－1701－0104579　M611209　經部/小學類/文字之屬/字書/通論
文字學形義篇不分卷　朱宗萊撰　民國七年（1918）北京大學出版部鉛印本　一册

330000－1701－0104580　M604477　集部/別集類
南歸集一卷　張翥撰　民國十三年（1924）鉛印本　一册

330000－1701－0104581　M603014　集部/別集類
望雲廬遺稿二卷　孫元琅撰　民國二十一年（1932）鉛印本　一册

330000－1701－0104582　M604478　類叢部/叢書類/家集之屬
天蘇閣叢刊十五種　徐新六輯　民國三年（1914）、十二年（1923）杭縣徐氏鉛印本　一册　存三種

330000－1701－0104584　M611210　子部/藝術類/書畫之屬/書法書品
論書絕句六十首一卷　胡元常撰　民國中國書店鉛印本　一册

330000－1701－0104585　M603015　子部/藝術類/書畫之屬/法帖
玉笥山房墨蹟不分卷　顧廷綸書　民國二十六年（1937）石印本　二册

330000－1701－0104586　M611211　集部/別集類
蠡睫園合稿不分卷　周大烈撰　民國曬印本　逷潛題記　一册

330000－1701－0104588　M604479　類叢部/叢書類/自著之屬
庸謹堂叢書　民國鉛印本　一册　存一種

330000－1701－0104590　M611212　類叢

部/叢書類/彙編之屬
巾子居叢刊 民國鉛印本 一册 存一種

330000－1701－0104591 M604480 集部/總集類/彙編之屬
汲古閣景鈔南宋六十家小集 (宋)陳起輯 民國十年(1921)上海古書流通處據明汲古閣景鈔宋本影印本(安晚堂詩集卷一至五、十三至六十原缺) 三册 存二種

330000－1701－0104593 M602776、M602777、M602828、M602904、M609641 類叢部/叢書類/自著之屬
勱堂遺書八種 顧家相撰 民國八年至十九年(1919－1930)會稽顧氏鉛印本 六册 存五種

330000－1701－0104594 M611213 類叢部/叢書類/彙編之屬
巾子居叢刊 民國鉛印本 一册 存一種

330000－1701－0104595 M611214 史部/傳記類/别傳之屬/事狀
李資政公哀輓録不分卷 民國二十三年(1934)鉛印本 一册

330000－1701－0104596 M611215 類叢部/叢書類/自著之屬
崇雅堂叢書十四種 楊晨撰 民國二十五年(1936)楊紹翰鉛印本 二册 存一種

330000－1701－0104597 M603018 類叢部/叢書類/彙編之屬
燕京大學圖書館叢書 燕京大學圖書館編 民國北平燕京大學圖書館鉛印本暨影印本 一册 存一種

330000－1701－0104598 M611216 類叢部/叢書類/自著之屬
崇雅堂叢書十四種 楊晨撰 民國二十五年(1936)楊紹翰鉛印本 二册 存一種

330000－1701－0104599 M610166 史部/史評類/詠史之屬
詠史記事一卷 張翥撰 民國十四年(1925)鉛印本 一册

330000－1701－0104600 M603019 類叢部/叢書類/自著之屬
玄嬰什箸 陳訓正撰 民國三十年(1941)鉛印本 一册 存一種

330000－1701－0104602 M611217 史部/金石類/總志之屬/通考
獨笑齋金石文攷第一集五卷 (清)鄭業斆撰 民國十八年(1929)慧業堂石印本 一册

330000－1701－0104603 M603021 集部/總集類/題詠之屬
慎始基齋校書圖題詞一卷附卷外詩一卷 盧弼輯 民國二十四年(1935)鉛印本 一册

330000－1701－0104605 M603022 史部/目録類/總録之屬/私撰
鄞范氏天一閣書目内編十卷 馮貞羣編 民國二十六年至二十九年(1937－1940)寧波重修天一閣委員會鉛印本 四册

330000－1701－0104606 M611218 史部/目録類/總録之屬/官修
浙江公立圖書館保存類目録四卷 浙江公立圖書館編 民國十年(1921)浙江公立圖書館石印本 一册

330000－1701－0104609 M603023 類叢部/叢書類/彙編之屬
適園叢書七十四種 張鈞衡編 民國二年至六年(1913－1917)烏程張氏刻本(唐大詔令集卷十四至二十四、八十七至九十八原缺) 二册 存一種

330000－1701－0104611 M604482 史部/傳記類/别傳之屬/年譜
陸閏生先生[宗輿]五十自述記一卷附駐日時代交涉案情 陸宗輿撰 民國十四年(1925)北京日報鉛印本 一册

330000－1701－0104612 M603024 史部/傳記類/别傳之屬/事狀
黄膺白先生家傳一卷 沈亦雲撰 民國三十四年(1945)鉛印本 一册

330000－1701－0104613 M611219 子部/

宗教類/佛教之屬/大藏
大藏經□□種 民國大藏經會鉛印本 一冊 存一種

330000－1701－0104614 M603025 經部/小學類/音韻之屬/韻書
唐寫本切韻殘卷三卷 (隋)陸法言撰 民國十年(1921)石印本 一冊

330000－1701－0104617 M604485 史部/目録類/總録之屬/私撰
書目舉要一卷 周貞亮 李之鼎編 民國九年(1920)南城李之鼎宜秋館刻本 一冊

330000－1701－0104618 M610677 類叢部/叢書類/郡邑之屬
續金華叢書六十種 胡宗楙編 民國十三年(1924)永康胡氏夢選樓刻本 三十八冊 存八種

330000－1701－0104620 M602739、M604486、M609729 集部/別集類
艮園文集十二卷 江五民撰 民國十九年(1930)寧波鉛印本 四冊

330000－1701－0104622 M603027 子部/雜著類/雜考之屬
讀書雜志八十二卷餘編二卷 (清)王念孫撰 民國上海文瑞樓石印本 二十四冊

330000－1701－0104624 M604488 史部/目録類/版本之屬/書影
重印聚珍倣宋版五開大本四部備要樣本不分卷 中華書局編 民國二十三年(1934)中華書局鉛印本 一冊

330000－1701－0104625 M604489 子部/藝術類/書畫之屬/法帖
青玉版十三行不分卷 (晉)王獻之書 民國上海有正書局影印本 一冊

330000－1701－0104628 M610171 史部/目録類
書目叢刻二卷 陳准輯 民國十九年(1930)瑞安陳氏湫漻齋刻本 一冊 存一卷(上善堂宋元板精鈔舊鈔書目)

330000－1701－0104630 M610678 類叢部/叢書類/郡邑之屬
續金華叢書六十種 胡宗楙編 民國十三年(1924)永康胡氏夢選樓刻本 二十冊 存三種

330000－1701－0104633 M604491 集部/別集類
寐叟題跋一集二卷二集二卷 沈曾植撰並書 民國十五年(1926)上海商務印書館石印本 二冊 存一卷(一集二)

330000－1701－0104634 M603030 史部/地理類/專志之屬
國立中央大學國學圖書館小史不分卷 國立中央大學國學圖書館編 民國十七年(1928)國立中央大學國學圖書館鉛印本 一冊

330000－1701－0104636 M604492 史部/金石類/石之屬/文字
魏齊造像二十品不分卷 (清)沈樹鏞藏 (清)趙之謙選定 民國有正書局影印本 一冊

330000－1701－0104637 M603031 史部/傳記類/總傳之屬/郡邑
龍山詩巢志略四卷 錢繩武輯 民國二十二年(1933)鉛印本 一冊

330000－1701－0104641 M603033 類叢部/叢書類/彙編之屬
楊家駱清代著述志資料叢書 楊家駱輯 民國中國圖書大辭典編輯館影印本 一冊 存一種

330000－1701－0104643 M610679 史部/地理類/方志之屬/郡縣志
[民國]竹林八圩志十二卷首一卷 祝廷錫纂 民國二十一年(1932)石印本 毛春翔題記 四冊

330000－1701－0104645 M603034 史部/傳記類/別傳之屬/事狀
趙伯先[聲]傳一卷 柳詒徵撰 民國鉛印本 一冊

330000－1701－0104647　M610175　史部/史評類/史論之屬

明史例案九卷　劉承幹撰　民國四年(1915)吳興劉氏嘉業堂刻本　四冊

330000－1701－0104648　M610176　史部/史評類/史論之屬

明史例案九卷　劉承幹撰　民國四年(1915)吳興劉氏嘉業堂刻本　四冊

330000－1701－0104649　M603035　集部/別集類/清別集

蒼雪大師南來堂詩集四卷補編四卷附錄四卷　(清)釋讀徹撰　王培孫輯　**蒼雪大師行年考略一卷**　陳乃乾撰　民國二十九年(1940)上海鉛印本　三冊

330000－1701－0104650　M610680　史部/地理類/方志之屬/郡縣志

[民國]竹林八圩志十二卷首一卷　祝廷錫纂　民國二十一年(1932)石印本　四冊

330000－1701－0104652　M603036　子部/宗教類/道教之屬

老子道德經箋注一卷　丁福保撰　**老子道德經書目攷一卷**　周雲青撰　民國十六年(1927)上海醫學書局鉛印本　一冊

330000－1701－0104655　M610681　史部/地理類/方志之屬/郡縣志

[民國]竹林八圩志十二卷首一卷　祝廷錫纂　民國二十一年(1932)石印本　四冊

330000－1701－0104662　M609642　類叢部/叢書類/彙編之屬

辛巳叢編九種　趙詒琛　王大隆輯　民國三十年(1941)鉛印本　一冊　存六種

330000－1701－0104667　M609646　集部/別集類/宋別集

江湖長翁詩鈔一卷　(宋)陳造撰　民國上海有正書局鉛印本　一冊

330000－1701－0104669　M602962、M602963　集部/別集類/明別集

詠懷堂詩集四卷外集二卷丙子詩一卷戊寅詩一卷辛巳詩二卷　(明)阮大鋮撰　民國十七年(1928)國立中央大學國學圖書館鉛印本　二冊　存四卷(外集一至二、丙子詩、戊寅詩)

330000－1701－0104672　M609648　史部/政書類/公牘檔冊之屬

緯成股份有限公司甲子年股東名冊不分卷　緯成股份有限公司編　民國十三年(1924)鉛印本　一冊

330000－1701－0104675　M611221　史部/傳記類/日記之屬

甦餘日記一卷(道光九年至十三年)　(清)蔣階撰　(清)吳涑輯　民國刻本　一冊

330000－1701－0104676　M602965　史部/地理類/遊記之屬/紀行

游滇紀事一卷　錢文選撰　民國十九年(1930)鉛印本　一冊

330000－1701－0104677　M611222　史部/目録類/書志之屬/提要

適園藏書志十六卷　張鈞衡撰　民國五年(1916)南林張氏家塾刻本　六冊

330000－1701－0104678　M611223　集部/別集類/清別集

帶耕堂遺詩五卷首一卷吳中判牘一卷蒯公子範歷任治所崇祀錄一卷　(清)蒯德模撰　程先甲編　民國十八年(1929)蒯壽樞等江寧刻本　一冊　存一卷(蒯公子範歷任治所崇祀錄)

330000－1701－0104679　M602753、M609651　史部/金石類

非儒非俠齋金石叢著十種　顧燮光撰　民國會稽顧氏金佳石好樓石印本暨鉛印本　二冊　存二種

330000－1701－0104681　M610682　子部/雜著類/雜說之屬

嬰寧什箸　陳訓正撰　民國十八年(1929)鉛印本　一冊　存一種

330000－1701－0104682　M611224　類叢部/叢書類/彙編之屬

國立中央研究院歷史語言研究所專刊　國立中央研究院歷史語言研究所輯　民國鉛印本、石印本暨刻本　四冊　存一種

330000－1701－0104683　M609652　集部/總集類/選集之屬/斷代
石城詩社同人詩草第一集一卷　劉子芬編　民國二十四年(1935)鉛印本　一冊

330000－1701－0104684　M610683　子部/雜著類/雜說之屬
嬰寧什箸　陳訓正撰　民國十八年(1929)鉛印本　一冊　存一種

330000－1701－0104685　M602967　類叢部/叢書類/自著之屬
晨風廬叢刊十八種　周慶雲撰　民國吳興周氏夢坡室刻本　一冊　存一種

330000－1701－0104686　M610684　子部/雜著類/雜說之屬
嬰寧什箸　陳訓正撰　民國十八年(1929)鉛印本　一冊　存一種

330000－1701－0104687　M611226　子部/宗教類/佛教之屬
放生文圖說一卷　(明)釋袾宏撰　民國北平中央刻經院鉛印本　一冊

330000－1701－0104688　M610685　子部/雜著類/雜說之屬
嬰寧什箸　陳訓正撰　民國十八年(1929)鉛印本　一冊　存一種

330000－1701－0104691　M611227　史部/傳記類/別傳之屬/事狀
高奇峯先生榮哀錄第一輯不分卷　中國圖書大辭典編輯館編　民國二十三年(1934)中國圖書大辭典編輯館鉛印本　一冊

330000－1701－0104692　M610178、M611069　史部/史評類/史論之屬
明史例案九卷　劉承幹撰　民國四年(1915)吳興劉氏嘉業堂刻本　四冊

330000－1701－0104693　M610686　子部/雜著類/雜說之屬
嬰寧什箸　陳訓正撰　民國十八年(1929)鉛印本　一冊　存一種

330000－1701－0104694　M610179　經部/易類/專著之屬
周易明義四卷序要二卷易外傳八卷　彭俞撰　民國六年(1917)油印本　四冊　存十一卷(周易明義二至四、易外傳一至八)

330000－1701－0104696　M610687　子部/雜著類/雜說之屬
嬰寧什箸　陳訓正撰　民國十八年(1929)鉛印本　一冊　存一種

330000－1701－0104697　M611228　集部/詩文評類/詩評之屬
平等閣詩話二卷　狄葆賢撰　民國六年(1917)上海有正書局鉛印本　二冊

330000－1701－0104699　M609653　經部/詩類/三家詩之屬
詩攷補訂五卷　(宋)王應麟撰　(清)盧文弨增校　楊晨補訂　民國四年(1915)石印本　二冊

330000－1701－0104700　M610688　子部/雜著類/雜說之屬
嬰寧什箸　陳訓正撰　民國十八年(1929)鉛印本　一冊　存一種

330000－1701－0104702　M602971　集部/總集類/郡邑之屬
四明清詩略三十二卷首三卷　(清)董沛輯　**續稿八卷**　忻江明輯　**姓氏韻編一卷**　民國十九年(1930)中華書局鉛印本　二十冊

330000－1701－0104703　M611229　子部/小說家類/雜事之屬
繪圖昔柳摭談八卷　(清)馮梓華編　汪人驥重輯　民國三年(1914)上海大聲圖書局鉛印本　四冊

330000－1701－0104705　M609655　經部/孝經類/傳說之屬
孝行經圖不分卷　王震編　民國二十五年

(1936)上海孤兒院影印本　一冊

330000－1701－0104706　M609657　集部/詩文評類/詩評之屬
俠龕隨筆二卷　陳中嶽撰　民國十五年(1926)鉛印本　一冊

330000－1701－0104708　M609658　集部/詞類/别集之屬
式谿詞一卷　吳士鑑撰　民國二十五年(1936)鉛印本　一冊

330000－1701－0104709　M609659　集部/詞類/别集之屬
式谿詞一卷　吳士鑑撰　民國二十五年(1936)鉛印本　一冊

330000－1701－0104710　M609660　集部/詞類/别集之屬
式谿詞一卷　吳士鑑撰　民國二十五年(1936)鉛印本　一冊

330000－1701－0104711　M602987　類叢部/叢書類/彙編之屬
寶彝室集刊八種　朱景彝編　民國十四年(1925)胥山朱氏鉛印本　五冊

330000－1701－0104714　M610705、M611232　類叢部/叢書類/彙編之屬
士禮居黄氏叢書十九種附四種　(清)黄丕烈輯　民國四年(1915)上海石竹山房據清黄氏刻本影印本　三冊　存三種

330000－1701－0104717　M602973　子部/藝術類/遊藝之屬/酒令
折枝雅故五卷　麴禪氏撰　民國江蘇第一監獄鉛印本　一冊

330000－1701－0104718　M609663　類叢部/叢書類/郡邑之屬
續金華叢書六十種　胡宗楙編　民國十三年(1924)永康胡氏夢選樓刻本　六冊　存五種

330000－1701－0104721　M602974　史部/地理類/專志之屬/宫殿
圓明園攷一卷　程演生輯　民國十七年(1928)上海中華書局鉛印本　一冊

330000－1701－0104723　M602975　史部/地理類/遊記之屬/紀勝
廬山新導游不分卷　朱偰撰　民國二十四年(1935)廬山管理局鉛印本　一冊

330000－1701－0104724　G008358　集部/别集類/清别集
冶父星祖梅花詩百首一卷　(清)釋道雄撰　**冶父山居詩一卷**　(清)釋宏月撰　**禪師花月詩一卷**　(清)釋常明輯　民國二十五年(1936)釋海林木活字印本　一冊

330000－1701－0104725　M602976　史部/地理類/遊記之屬/紀行
東遊感想錄一卷(民國十九年)　張之江撰　民國二十年(1931)鉛印本　一冊

330000－1701－0104726　M602977　子部/儒家類/儒學之屬
餘山先生遺書十卷　(清)勞史撰　(清)桑調元　(清)沈廷芳編　**附餘山先生行狀一卷**　(清)桑調元撰　民國鉛印本　一冊　存五卷(一至五)

330000－1701－0104729　M602978　子部/工藝類/日用器物之屬/陶瓷
景德鎮陶歌一卷　(清)龔鉽撰　民國中國書店鉛印本　一冊

330000－1701－0104733　M602980　史部/金石類/錢幣之屬/雜著
錢志新編二十卷　(清)張崇懿輯　**嘉蔭簃論泉截句二卷**　(清)劉喜海撰　民國十二年(1923)上海掃葉山房據清咸豐五年(1855)綵衣堂刻本影印本　八冊

330000－1701－0104735　M610181　子部/儒家類/儒學之屬/經濟
說苑二十卷　(漢)劉向撰　民國上海涵芬樓鉛印本　一冊　存五卷(六至十)

330000－1701－0104736　M602981　史部/雜史類/斷代之屬
滿夷猾夏始末記八卷首一卷外編三卷　楊敦

頤輯　民國元年(1912)上海新中華圖書館鉛印本　十二冊

330000－1701－0104738　M602982　集部/別集類

北溟詩藁二卷補遺一卷　江起鯤撰　民國二十二年(1933)寧波鈞和公司鉛印本　一冊

330000－1701－0104739　M602983　類叢部/叢書類/彙編之屬

文獻叢書　國立北平故宫博物院輯　民國國立北平故宫博物院鉛印本　一冊　存一種

330000－1701－0104741　M609665　集部/別集類/清別集

孫淵如外集五卷附録一卷　(清)孫星衍撰　王重民輯　民國二十一年(1932)國立北平圖書館鉛印本　一冊

330000－1701－0104742　M602386　經部/小學類/文字之屬/說文/專著

說文匡鄦不分卷　石廣權撰　民國二十二年(1933)上海商務印書館石印本　一冊

330000－1701－0104743　M609666　集部/別集類/清別集

孫淵如外集五卷附録一卷　(清)孫星衍撰　王重民輯　民國二十一年(1932)國立北平圖書館鉛印本　一冊

330000－1701－0104744　M602985　史部/地理類/專志之屬/祠墓

錢王祠產補編一卷　錢文選編　民國二十六年(1937)鉛印本　一冊

330000－1701－0104745　M609667　集部/別集類/唐五代別集

唐樊紹述遺文一卷附録一卷　(唐)樊宗師撰　(清)張庚輯注　民國十四年(1925)山陰樊氏緜絳書屋刻本　一冊

330000－1701－0104746　M611231　類叢部/叢書類/彙編之屬

士禮居黄氏叢書十九種附四種　(清)黄丕烈輯　民國四年(1915)上海石竹山房據清黄氏刻本影印本　二十二冊　存十六種

330000－1701－0104747　M602986　集部/別集類/清別集

丁中翰遺集二卷首一卷詩文補遺一卷　(清)丁泰撰　柯志頤輯　民國九年(1920)鉛印本　一冊

330000－1701－0104750　M610184　史部/目録類/書志之屬/提要

欽定四庫全書總目二百卷首一卷　(清)紀昀等撰　**四庫未收書目提要五卷**　(清)阮元撰　**四庫全書總目未收書目索引四卷**　陳乃乾編纂　民國十五年(1926)上海大東書局石印本暨鉛印本　二冊　存三卷(四庫全書總目未收書目索引二至四)

330000－1701－0104751　M602384　經部/孝經類/正文之屬

至聖孝經一卷附古本大學一卷文昌帝君孝經一卷　民國十年(1921)兩浙節孝總祠鉛印本　一冊

330000－1701－0104752　M609668　子部/宗教類/道教之屬

老子考證一卷　湯仰暉撰　民國二十八年(1939)鉛印本　一冊

330000－1701－0104754　M610689　史部/傳記類/別傳之屬/事狀

孝行紀實録二卷　高振霄編　民國二十一年(1932)鉛印本　一冊

330000－1701－0104755　M609669　史部/目録類/專録之屬

殷契書録二卷　陳振東撰　民國十九年(1930)鉛印本　一冊

330000－1701－0104756　M602387　集部/戲劇類/雜劇之屬

歌代歗雜劇一卷　(明)徐渭撰　民國二十年(1931)國學圖書館據抄本影印本　一冊

330000－1701－0104757　M609670　子部/宗教類/佛教之屬/諸宗

真大英雄言行錄二卷　丑先難編輯　民國二十年(1931)刻本　一冊

330000－1701－0104758　M602388　集部/別集類

賓虹詩草三卷補遺一卷　黄賓虹撰　民國二十二年(1933)石印本　一册

330000－1701－0104760　M610185　類叢部/叢書類/郡邑之屬

四明叢書一百六十七種　張壽鏞編　民國四明張氏約園刻朱印本　三册　存二種

330000－1701－0104761　M602989　集部/詞類/别集之屬

樵歌三卷補遺一卷　(宋)朱敦儒撰　民國十六年(1927)北新書局鉛印本　一册

330000－1701－0104763　M602389　子部/儒家類/儒學之屬/經濟

政理古微一卷　林損撰　民國鉛印本　一册

330000－1701－0104765　M609671　子部/宗教類/佛教之屬/諸宗

印光法師文鈔四卷附錄一卷　釋聖量撰　民國十八年(1929)上海中華書局鉛印本　一册　存一卷(二)

330000－1701－0104766　M602390　史部/傳記類/總傳之屬

鄭齋壽言存稿五卷　孫雄撰　民國五年(1916)鉛印本　一册

330000－1701－0104767　M602990　集部/總集類/選集之屬/通代

古文比四卷　陳曾則輯　民國二十年(1931)上海中華書局鉛印本　四册

330000－1701－0104770　M602991　集部/戲劇類/傳奇之屬

錫六環二卷二十四回　(清)孫埏撰　民國五年(1916)奉化孫鏘刻本　一册

330000－1701－0104771　M610186　史部/目録類/書志之屬/提要

四部寓眼録二卷　(清)周廣業撰　民國二十二年(1933)上虞羅振常蟫隱廬鉛印本　一册

330000－1701－0104773　M610187　史部/目録類/總録之屬/彙刻

宛委别藏四十種樣本一卷　商務印書館編　民國二十四年(1935)上海商務印書館鉛印本　一册

330000－1701－0104774　M602992　史部/傳記類/總傳之屬

鄭齋壽言存稿五卷　孫雄撰　民國五年(1916)鉛印本　一册

330000－1701－0104775　M610690　史部/目録類/總録之屬/官修

浙江圖書館觀覽類書目補編二卷　浙江圖書館編　民國四年(1915)浙江圖書館鉛印本　一册

330000－1701－0104777　M610188　類叢部/叢書類/自著之屬

審影樓所著書　朱濟美撰　民國十四年(1925)鉛印本　二册　存一種

330000－1701－0104780　M610691　經部/小學類/文字之屬/字書/通論

六書解例不分卷　馬敘倫撰　民國二十年(1931)上海商務印書館石印本　一册

330000－1701－0104781　M602994　子部/雜著類/雜説之屬

嬰寧什箸　陳訓正撰　民國十八年(1929)鉛印本　一册　存一種

330000－1701－0104782　M602995　子部/雜著類/雜説之屬

嬰寧什箸　陳訓正撰　民國十八年(1929)鉛印本　一册　存一種

330000－1701－0104783　M602391　史部/金石類/石之屬

漢安甋㽇磚録一卷拾遺一卷　王修撰　民國十九年(1930)影印本暨鉛印本　一册

330000－1701－0104784　M602996　史部/傳記類/日記之屬

西行日記二卷(清光緒二十四年九月十日至二十五年正月二十日)　陳斐然撰　民國八年(1919)石印本　一册

330000－1701－0104786　M602392　子部/藝術類
郎靜山攝影專刊一卷　郎靜山攝並輯　民國二十八年(1939)影印本暨鉛印本　一冊

330000－1701－0104787　M602393　史部/目録類/總録之屬/私撰
博野蔣氏寄存書目四卷　朱福榮輯　民國二十三年(1934)國立北平圖書館鉛印本　一冊

330000－1701－0104788　M610692　史部/史評類/詠史之屬
息廬詠史一卷　金梁撰　民國二十六年(1937)鉛印本　一冊

330000－1701－0104790　M602997　集部/小説類/長篇之屬
琴樓夢小説一卷　樊增祥撰　民國三年(1914)大共和日報石印本　一冊

330000－1701－0104791　M602394　集部/詩文評類/文法之屬/文法
左氏文法百篇二卷　馮守愚編　民國四年(1915)上海煦中編譯社石印本　二冊

330000－1701－0104792　M610693　史部/史評類/詠史之屬
息廬詠史一卷　金梁撰　民國二十六年(1937)鉛印本　一冊

330000－1701－0104794　M602395　集部/別集類/清別集
一樹梅花老屋詩三卷　(清)姚濟撰　(清)張文虎刪定　民國七年(1918)姚氏松韻草堂鉛印本　一冊

330000－1701－0104799　M602396　類叢部/叢書類/彙編之屬
華西協合大學國學叢書　民國成都華西協合大學哈佛燕京學社鉛印本　一冊　存一種

330000－1701－0104800　M602999　史部/金石類/石之屬/文字
石鼓釋文十卷　強運開撰　民國二十四年(1935)上海商務印書館石印本　二冊

330000－1701－0104805　M602397　史部/目録類/書志之屬/題跋
思適齋書跋四卷　(清)顧廣圻撰　王大隆輯　民國二十四年(1935)秀水王大隆學禮齋刻藍印本　二冊

330000－1701－0104808　M603000　集部/戲劇類/總集之屬/傳奇
暖紅室彙刻傳奇　劉世珩編　民國八年(1919)貴池劉氏暖紅室刻本　二冊　存一種

330000－1701－0104810　M602398　史部/傳記類/別傳之屬/事狀
伍封翁子飛先生哀輓錄一卷　伍承喬輯　民國九年(1920)鉛印本　一冊

330000－1701－0104815　M602399　史部/雜史類/斷代之屬
陳眉公訂正剿奴議撮一卷　(明)于燕芳撰
建州攷一卷　(明)陳繼儒撰　民國十七年(1928)國立中央大學圖書館鉛印本　一冊

330000－1701－0104816　M610694　史部/史評類/詠史之屬
息廬詠史一卷　金梁撰　民國二十六年(1937)鉛印本　一冊

330000－1701－0104818　M610695　史部/史評類/詠史之屬
息廬詠史一卷　金梁撰　民國二十六年(1937)鉛印本　一冊

330000－1701－0104821　M603002　集部/別集類
復齋先生遺集四卷　費寅撰　張宗祥寫定　民國二十三年(1934)張氏鐵如意館石印本　一冊

330000－1701－0104827　M602401　經部/小學類/文字之屬/説文/傳説
説文解字注箋十四卷　(清)段玉裁注　(清)徐灝箋　**説文檢字篇三卷説文重文檢字篇一卷説文疑難檢字篇一卷今文檢字篇一卷**　徐樾編　民國十七年(1928)上海中原書局石印本　八冊

330000－1701－0104828　M610696　史部/史評類/詠史之屬
息廬詠史一卷　金梁撰　民國二十六年(1937)鉛印本　一冊

330000－1701－0104830　M610697　史部/史評類/詠史之屬
息廬詠史一卷　金梁撰　民國二十六年(1937)鉛印本　一冊

330000－1701－0104831　M602402　經部/小學類/文字之屬/字書/通論
字義類例不分卷　陳獨秀撰　民國十四年(1925)上海亞東圖書館石印本　一冊

330000－1701－0104834　M602403　類叢部/叢書類/彙編之屬
仰視千七百二十九鶴齋叢書四集三十一種　(清)趙之謙編　民國十八年(1929)紹興墨潤堂書苑據清光緒六年(1880)會稽趙氏刻本影印本　二十四冊

330000－1701－0104835　M609672　集部/總集類/郡邑之屬
禹域叢書三種十二卷　禹域新聞社輯　民國鉛印本　四冊　存一種

330000－1701－0104839　M609673　子部/宗教類/佛教之屬
根本論一卷　(暹羅)釋安慧撰　李天鐸注　民國十四年(1925)杭州明德道場鉛印本　一冊

330000－1701－0104841　M609674　集部/總集類/選集之屬/斷代
合訂天台三聖二和詩集不分卷　(唐)釋寒山　(唐)釋豐干　(唐)釋拾得撰　(明)釋梵琦　(明)釋濟岳和　民國二十年(1931)上海法藏寺刻本　一冊

330000－1701－0104844　M609675　集部/別集類
宜廬詩稿八卷　胡行之撰　民國三十七年(1948)鉛印本　一冊

330000－1701－0104846　M602404　史部/傳記類/別傳之屬/事狀
萝坡五十壽言一卷　周延礽編　**萝坡四十初度贈答詩存一卷**　周慶雲撰　**百齡合壽贈言一卷**　邱曾撰　民國二年(1913)鉛印本　一冊

330000－1701－0104847　M610698　類叢部/叢書類/彙編之屬
曲石叢書二十種　李根源編　民國十二年至二十一年(1923－1932)騰衝李氏蘇州刻本　一冊　存一種

330000－1701－0104850　M602405　集部/別集類/清別集
誃臺賸草一卷　(清)李之芬撰　(清)李濤編輯　民國山陰李氏石印本　一冊

330000－1701－0104851　M611150　經部/小學類/文字之屬
詞言通釋六卷　鍾歆撰　民國九年(1920)鉛印本　一冊

330000－1701－0104854　M610699　子部/宗教類/佛教之屬/經疏
心經文句一卷　(明)宋濂撰　**心經注解一卷**　(清)朱珪撰　**持誦觀世音心經併聖號靈感錄一卷**　民國鉛印本　一冊

330000－1701－0104856　M611151　史部/目録類/總録之屬/地方
台州經籍志四十卷　項士元編　民國四年(1915)鉛印本　十三冊　存三十三卷(一至二十九、三十五至三十八)

330000－1701－0104858　M609677、M610220　子部/宗教類/佛教之屬
佛學叢書□□種　丁福保輯　民國上海醫學書局鉛印本暨影印本　四冊　存三種

330000－1701－0104862　M610700　史部/傳記類/別傳之屬/年譜
侯官陳石遺先生[衍]年譜四卷　陳聲暨編　王真續編　葉長青補訂　民國刻本　一冊　存三卷(一至三)

330000－1701－0104867　M609678　類叢

部/叢書類/彙編之屬

甲戌叢編二十種　趙詒琛　王保譿輯　民國二十三年(1934)鉛印本　一冊

330000－1701－0104869　M611154　新學/政治法律/政治

上國民政府并告全國同胞救亡書一卷　閔天培撰　民國二十二年(1933)上海大真圖書館鉛印本　一冊

330000－1701－0104873　M611155　史部/政書類/公牘檔冊之屬

國民政府軍事委員會經過紀實不分卷　民國十八年(1929)参謀本部鉛印本　一冊

330000－1701－0104877　M611156　子部/雜著類/雜說之屬

槼寧什箸　陳訓正撰　民國十八年(1929)鉛印本　一冊　存一種

330000－1701－0104879　M610200　史部/史評類/詠史之屬

清宮詞一卷　吳士鑑撰　民國元年(1912)鉛印本　一冊

330000－1701－0104881　M611157　子部/雜著類/雜說之屬

趨庭隨筆一卷　江庸撰　民國二十三年(1934)朝陽學院出版部鉛印本　一冊

330000－1701－0104882　M611158　子部/藝術類/書畫之屬/法帖

初拓張猛龍碑一卷　民國上海有正書局影印本　一冊

330000－1701－0104883　M604634、M610201　集部/别集類

草堂之靈十六卷　楊鈞撰　民國十七年(1928)長沙成化書局鉛印本　四冊

330000－1701－0104884　M602406　史部/地理類/遊記之屬/紀行

天台方巖游記一卷　錢文選撰　民國二十四年(1935)鉛印本　一冊

330000－1701－0104885　M610701　類叢部/叢書類/自著之屬

圓菴最近叢刻　陳垣撰　民國鉛印本　一冊　存二種

330000－1701－0104887　M602407　類叢部/叢書類/家集之屬

武林丁氏家集十三種　丁立誠　丁立中撰　民國錢塘丁氏嘉惠堂鉛印本　一冊　存一種

330000－1701－0104888　M610202　史部/傳記類/别傳之屬/事狀

晴川先生[孫之騄]事略一卷　樊鎮輯　民國五年(1916)紹興樊氏鉛印本　一冊

330000－1701－0104889　M609681　集部/别集類

竹間唫榭續集第一輯二卷　徐行恭撰　民國鉛印本　一冊

330000－1701－0104891　M602408　子部/小說家類

中國寓言四卷　沈德鴻編纂　民國六年(1917)上海商務印書館鉛印本　一冊

330000－1701－0104892　M602409　類叢部/叢書類/自著之屬

澹園雜著八卷　(清)虞景璜撰　**附錄一卷**　民國十三年(1924)鎮海虞氏鉛印本　一冊

330000－1701－0104895　M610204　類叢部/叢書類/自著之屬

琴志樓叢書　易順鼎撰　民國鉛印本　二冊　存一種

330000－1701－0104898　M602827、M609683、M611220　類叢部/叢書類/家集之屬

武林丁氏家集十三種　丁立誠　丁立中撰　民國錢塘丁氏嘉惠堂鉛印本　三冊　存三種

330000－1701－0104900　M610205　集部/别集類

小三松堂詩集四卷小三松堂雜著一卷　潘敦先撰　民國二十四年(1935)古吳潘氏鉛印本　二冊

330000－1701－0104901　M609684　史部/

傳記類/别傳之屬
南海先生[康有爲]傳一卷 陸乃翔 陸敦騤編 民國十八年(1929)萬木草堂鉛印本 一册

330000－1701－0104908 M604493 類叢部/叢書類/彙編之屬
四部備要 中華書局編 民國二十五年(1936)上海中華書局鉛印本 一册 存一種

330000－1701－0104909 M604494 史部/傳記類/總傳之屬/技藝
書林紀事四卷 馬宗霍撰 民國二十四年(1935)上海商務印書館鉛印本 一册

330000－1701－0104910 M604495 集部/别集類/清别集
北戍草一卷附龍江紀事一卷 (清)張光藻撰 民國十九年(1930)廣德錢文選鉛印本 一册

330000－1701－0104911 M609687 史部/目録類/總録之屬/彙刻
古書流通處書目一卷文明書局出版各種圖書一卷 古書流通處編 民國上海文明書局石印本 一册

330000－1701－0104913 M604497 集部/别集類
柳溪竹枝詞一卷續柳溪竹枝詞一卷 周斌撰 民國四年(1915)鉛印本 一册

330000－1701－0104914 M609688 史部/傳記類/總傳之屬/列女
列女傳斠注三卷 陳漢章撰 民國鉛印本 一册

330000－1701－0104915 M604498、M604567 集部/總集類/郡邑之屬
嶺南三大家詩選二十四卷 (清)王隼編 民國十年(1921)上海國華書局石印本 三册

330000－1701－0104917 M604500 子部/藝術類/書畫之屬/法帖
蘭亭序一卷 民國二十九年(1940)上海文明書局影印本 一册

330000－1701－0104918 M604501 子部/藝術類/書畫之屬/畫譜
原板初印芥子園畫譜二集不分卷 (清)王概摹並編 民國影印彩色套印本 四册

330000－1701－0104919 M604502 子部/藝術類/書畫之屬/法帖
最初精拓爨龍顔碑不分卷 民國七年(1918)有正書局石印本 一册

330000－1701－0104920 M611161 史部/政書類/律令之屬/律例
審斷須知不分卷 魏頌唐輯 民國四年(1915)浙江印刷公司鉛印本 一册

330000－1701－0104921 M609690 新學/地學/地志學
地質研究所師弟修業記不分卷 章鴻釗 翁文灝纂 民國五年(1916)京華印書局鉛印本 一册

330000－1701－0104923 M609692 集部/别集類
天放樓文言十一卷附録一卷 金天羽撰 民國十六年(1927)蘇州文新印刷公司鉛印本 二册

330000－1701－0104924 M604504、M609756 類叢部/叢書類/彙編之屬
奇晉齋叢書十六種 (清)陸烜編 民國元年(1912)冰雪山房據清陸氏刻本影印本 三册 存七種

330000－1701－0104925 M611162 類叢部/叢書類/自著之屬
晨風廬叢刊十八種 周慶雲撰 民國吳興周氏夢坡室刻本 一册 存一種

330000－1701－0104927 M611163 子部/雜著類
護生語一卷 鈍道人輯 民國二十三年(1934)成都協美印刷公司鉛印本 一册

330000－1701－0104928 M609693 集部/總集類/氏族之屬
作朋集三卷附録一卷 (明)嚴調御 (明)嚴

武順　(明)嚴敕撰　民國八年(1919)上海聚珍仿宋印書局鉛印本　一冊

330000－1701－0104930　M609694　史部/目録類/總録之屬/官修

浙江省立圖書館善本書目甲編四卷　毛春翔編　民國二十五年(1936)浙江省立圖書館鉛印本　一冊

330000－1701－0104931　M611164　子部/儒家類/儒學之屬

忍字輯略五卷　(清)朱錫珍輯　民國十八年(1929)鉛印本　一冊

330000－1701－0104932　M610206　集部/別集類/清別集

范伯子詩集十九卷　(清)范當世撰　**蘊素軒詩稿四卷**　姚倚雲撰　民國鉛印本　四冊

330000－1701－0104934　M609695　史部/目録類/書志之屬/提要

適園藏書志十六卷　張鈞衡撰　民國五年(1916)南林張氏家塾刻本　三冊　存八卷(一至八)

330000－1701－0104935　M602915　類叢部/叢書類/自著之屬

小雙寂庵叢書十九種　張惟驤撰　民國武進張氏小雙寂庵刻本　二冊　存二種

330000－1701－0104936　M609696　集部/別集類/宋別集

增廣箋註簡齋詩集三十卷無住詞一卷外集一卷附錄一卷　(宋)陳與義撰　(宋)胡稺箋注　**胡學士續添簡齋詩箋正誤一卷**　(宋)胡稺撰　**簡齋先生年譜一卷**　(宋)胡稺編　**增廣箋註簡齋詩集校勘記一卷**　馮煦撰　民國九年(1920)蔣氏湖上草堂刻本　六冊

330000－1701－0104937　M610207　史部/目録類/總録之屬/官修

内閣大庫書檔舊目補七卷　國立中央研究院歷史語言研究所編　民國二十五年(1936)上海商務印書館鉛印本　一冊

330000－1701－0104940　M602942　史部/雜史類/斷代之屬

義烏兵事紀略一卷附錄鄉先生詩詞一卷詩餘一卷　黄侗輯　民國二十一年(1932)石古山房鉛印本　一冊

330000－1701－0104941　民 635.31/0452　史部/政書類/軍政之屬/馬政

中國馬政史不分卷　謝成俠編撰　民國三十二年(1943)陸軍獸醫學校獸醫畜牧雜誌社鉛印本　謝成俠題記　一冊

330000－1701－0104942　M610208　史部/雜史類/斷代之屬

文獻叢編四十六輯　國立北平故宫博物院文獻館編　民國十九年至三十二年(1930－1943)國立北平故宫博物院鉛印本　四冊　存四輯(一至三、五)

330000－1701－0104943　M604510　類叢部/叢書類/彙編之屬

四部備要　中華書局編　民國二十五年(1936)上海中華書局鉛印本　三冊　存一種

330000－1701－0104946　M602917　集部/別集類

安樂鄉人詩四卷詩續一卷七十後詩一卷藥夢詞二卷詞續一卷七十後詞一卷　金兆蕃撰　民國二十年(1931)、二十八年(1939)刻本　一冊

330000－1701－0104947　M611167　集部/總集類/郡邑之屬

會稽郡故書雜集八種　周作人輯　民國四年(1915)會稽周氏刻本　一冊

330000－1701－0104948　M604513　類叢部/叢書類/彙編之屬

四部備要　中華書局編　民國二十五年(1936)上海中華書局鉛印本　四冊　存一種

330000－1701－0104949　M611168　經部/書類/傳說之屬

尚書駢枝一卷　(清)孫詒讓撰　民國鉛印本　一冊

330000－1701－0104950　M602919　類叢

部/叢書類/彙編之屬

番禺葉氏遐庵叢書□□種 葉恭綽輯 民國番禺葉氏影印本暨鉛印本 一册 存一種

330000－1701－0104951 M602920 類叢部/叢書類/彙編之屬

番禺葉氏遐庵叢書□□種 葉恭綽輯 民國番禺葉氏影印本暨鉛印本 一册 存一種

330000－1701－0104952 M602922 史部/地理類/遊記之屬/紀勝

贛江歸櫂記一卷 李法章撰 民國九年(1920)鉛印本 一册

330000－1701－0104953 M602921 集部/别集類/清别集

竹如意館遺集十四卷 (清)熊松之撰 民國二十一年(1932)刻朱印本 六册

330000－1701－0104954 M610209 史部/地理類/遊記之屬/紀勝

遊志續編一卷 (元)陶宗儀輯 民國十四年(1925)武進陶湘萼園據明嘉靖四十年(1561)錢穀抄本影印本 忠銘題記 一册

330000－1701－0104957 M602923 集部/總集類/選集之屬/斷代

三子游草不分卷 高夑等撰 民國四年(1915)鉛印本 海颿題記 一册

330000－1701－0104959 M602924 史部/地理類/遊記之屬/紀行

吴郡西山訪古記五卷附鎮揚遊記一卷 李根源撰 民國十五年(1926)上海泰東圖書局鉛印本 一册

330000－1701－0104960 M602925 子部/藝術類/書畫之屬/總論

盛京故宫書畫記一卷 金梁撰 民國二年(1913)大公報館鉛印本 一册

330000－1701－0104961 M604514 類叢部/叢書類/彙編之屬

四部叢刊 張元濟等編 民國上海商務印書館影印本 三册 存一種

330000－1701－0104963 M609697 史部/目録類/書志之屬/題跋

藏園羣書題記八卷 傅增湘撰 民國三十二年(1943)企驎軒鉛印本 四册

330000－1701－0104965 M602926 集部/總集類/彙編之屬

雲謡集雜曲子一卷雲謡集雜曲子校記一卷 朱孝臧撰 **詞莂一卷** 朱孝臧輯 張爾田補録 民國二十一年(1932)刻朱印本 龍沐勛跋 一册

330000－1701－0104966 M604515 類叢部/叢書類/彙編之屬

四部叢刊 張元濟等編 民國上海商務印書館影印本 一册 存一種

330000－1701－0104967 M609698 集部/别集類/唐五代别集

唐樊紹述遺文一卷附録一卷 (唐)樊宗師撰 (清)張庚輯注 民國十四年(1925)山陰樊氏緜绛書屋刻本 一册

330000－1701－0104968 M604516 類叢部/叢書類/彙編之屬

四部叢刊 張元濟等編 民國上海商務印書館影印本 一册 存一種

330000－1701－0104969 M609699 史部/政書類/邦計之屬

浙江省各縣三十五年度歲入歲出預算書不分卷 浙江省政府會計處編 民國三十五年(1946)浙江省政府會計處油印本 一册 存下册

330000－1701－0104970 M610211 新學/農政/蠶務

抗戰前後浙江省蠶業會要不分卷 浙江省蠶業推廣委員會編 民國三十五年(1946)浙江省蠶業推廣委員會油印本 一册

330000－1701－0104971 M604517 集部/詞類/别集之屬

舊月簃詞一卷 陳曾壽撰 民國十年(1921)鉛印本 一册

330000－1701－0104974　M609700　類叢部/叢書類/彙編之屬
嘉業堂叢書五十七種　劉承幹輯　民國吳興劉氏嘉業堂刻本　三冊　存二種

330000－1701－0104976　M602927　子部/宗教類/佛教之屬/諸宗
龍舒淨土文十一卷附龍舒直音一卷　（宋）王日休撰　**佛說阿彌陀經一卷**　（後秦）釋鳩摩羅什譯　民國十五年（1926）鉛印本　慧風居士題記　一冊

330000－1701－0104977　M604519　子部/雜著類/雜説之屬
齊物論釋一卷　章炳麟撰　民國元年（1912）上海頻伽精舍鉛印本　郁生題記　一冊

330000－1701－0104978　M602928　史部/史評類/詠史之屬
清宮詞一卷　吳士鑑撰　民國二十六年（1937）吳秉澂鉛印本　金石壽題記　一冊

330000－1701－0104979　M610213　集部/別集類/清別集
古紅梅閣集八卷　（清）劉履芬撰　民國十五年（1926）鉛印本　一冊

330000－1701－0104980　M602929　經部/春秋公羊傳類/傳說之屬
公羊権論一卷　徐震撰　民國十九年（1930）刻本　徐震題記　一冊

330000－1701－0104981　M604520　類叢部/叢書類/自著之屬
晨風廬叢刊十八種　周慶雲撰　民國吳興周氏夢坡室刻本　一冊　存一種

330000－1701－0104982　M609702、M610226　史部/政書類/律令之屬
浙江省現行法規彙編不分卷　浙江省政府秘書處編輯　民國二十三年（1934）浙江省政府秘書處鉛印本　三冊　存第四、六至九類

330000－1701－0104983　M604529　子部/雜著類/雜考之屬
籀廎述林十卷　（清）孫詒讓撰　民國五年（1916）刻本　四冊

330000－1701－0104984　M609703　史部/政書類/律令之屬
浙江省現行法規彙編不分卷　浙江省政府秘書處編輯　民國二十三年（1934）浙江省政府秘書處鉛印本　四冊　存第一至四類、七至九類

330000－1701－0104985　M604522　集部/總集類/彙編之屬
宋人集　李之鼎輯　民國南城李氏宜秋館刻本　一冊　存一種

330000－1701－0104986　M602930　集部/別集類
回風堂詩六卷前錄二卷　馮幵撰　民國蕭山朱氏別宥齋刻一九六〇年油印修補本　朱鼎煦題記　二冊

330000－1701－0104988　M602411　集部/別集類
函雅盧文稿三卷詩稿一卷　余重耀撰　民國十二年（1923）鉛印本　二冊

330000－1701－0104990　M602412　集部/別集類
函雅盧文稿三卷詩稿一卷　余重耀撰　民國十二年（1923）鉛印本　二冊

330000－1701－0104991　M602931　集部/總集類/題詠之屬
春帆入蜀圖題詠詩一卷詞一卷附錄二卷　戴振聲輯　民國十九年（1930）戴氏鉛印本　一冊

330000－1701－0104992　M602413　集部/別集類/唐五代別集
玉川子詩集五卷　（唐）盧仝撰　（清）孫之騄註　**玉川子詩注勘譌表一卷**　孫峻撰　民國十二年（1923）濟陽盧永祥刻藍印本　五冊

330000－1701－0104993　M602932　集部/別集類/清別集
蘭薰館遺稿四卷　（清）陶玉珂撰　民國七年（1918）上海聚珍倣宋印書局鉛印本　二冊

330000－1701－0104994　M610215　集部/總集類/尺牘之屬

冬晅草堂師友箋存不分卷　陳漢第　陳敬第輯　民國二十六年(1937)上海中華書局影印本　四册

330000－1701－0104996　M602933　史部/傳記類/日記之屬

東游日記一卷(民國十五年六月三日至七月二十六日)　周肇祥撰　民國京華印書局鉛印本　一册

330000－1701－0104997　M602414　史部/傳記類/别傳之屬/事狀

清故誥授光禄大夫經筵講官軍機大臣協辦大學士外務部尚書瞿文愼公[鴻禨]行狀一卷　余肇康撰　民國上海聚珍倣宋印書局鉛印本　一册

330000－1701－0104999　M602934　史部/雜史類/斷代之屬

湘軍志平議一卷　郭振墉撰　民國五年(1916)清聞山館刻本　一册

330000－1701－0105000　M610216　集部/别集類

寥天一廬文稿一卷詩稿一卷　余重耀撰　民國鉛印本　一册

330000－1701－0105001　M604525　集部/總集類/選集之屬/斷代

清閨秀正始再續集初編四卷　單士釐輯　民國歸安錢氏鉛印本　二册　存一卷(一)

330000－1701－0105002　M602935　集部/别集類

介盦駢體文賸一卷　許溎祥撰　民國二十一年(1932)鉛印本　一册

330000－1701－0105003　M602415　史部/金石類/總志之屬/通考

獨笑齋金石文攷第二集八卷　(清)鄭業斆撰　民國石印本　二册

330000－1701－0105005　M610217　史部/地理類/方志之屬/郡縣志

[民國]紹興地志述略不分卷　尹幼蓮纂　民國二十年(1931)鉛印本　一册

330000－1701－0105006　M602936　史部/傳記類/總傳之屬/郡邑

越蔭録一卷傳芳録一卷　(清)杜甲撰　民國二十八年(1939)鉛印本　一册

330000－1701－0105010　M602416　子部/雜著類/雜説之屬

改正湘山野録三卷續一卷　(宋)釋文瑩撰　民國六年(1917)上海有正書局鉛印本　一册

330000－1701－0105011　M602937　集部/别集類/清别集

愓齋遺集四卷續集二卷補遺一卷首一卷末一卷　(清)周藴良撰　民國二十四年(1935)會稽周氏誦清芬館刻本　二册

330000－1701－0105012　M610218　史部/目録類/專録之屬

國立北平圖書館書目目録類不分卷　蕭璋編　民國二十三年(1934)國立北平圖書館鉛印本　二册

330000－1701－0105013　M602417　史部/金石類/總志之屬

湫漻齋叢書十種　陳準輯　民國瑞安陳氏刻本　一册　存二種

330000－1701－0105014　M602940　史部/金石類

遯盦金石叢書十五種　吴隱輯　民國三年至十年(1914－1921)山陰吴氏西泠印社木活字印本　六册　存一種

330000－1701－0105015　M602418　史部/目録類/總録之屬/官修

中法大學圖書館中文書目不分卷　中法大學圖書館編　民國二十二年(1933)中法大學圖書館鉛印本　一册

330000－1701－0105017　M604528　類叢部/叢書類/彙編之屬

四部備要　中華書局編　民國二十五年(1936)上海中華書局鉛印本　二册　存一種

330000－1701－0105019　M610219　史部/政書類/公牘檔冊之屬
緘三公牘稿二卷　沈緘三撰　民國十年(1921)鉛印本　二冊

330000－1701－0105021　M602945　史部/史評類/詠史之屬
今樂府一卷　(清)陳梓撰　(清)鄭亦亭評　民國四年(1915)文新書局石印本　一冊

330000－1701－0105022　M602943　集部/別集類/清別集
瓶廬詩鈔四卷詞鈔一卷文鈔一卷　(清)翁同龢撰　翁永孫輯　民國元年(1912)常熟開文社鉛印本　二冊

330000－1701－0105023　M609705　史部/傳記類/總傳之屬/忠孝
庚子京師褒卹錄四卷校記一卷補錄一卷　王守恂編　民國九年(1920)鉛印本　四冊　存四卷(一至四)

330000－1701－0105026　M609706、M609725　集部/別集類/唐五代別集
樊紹述集注二卷　(唐)樊宗師撰　(清)孫之騄輯　民國五年(1916)樊氏刻本　二冊

330000－1701－0105027　M602946　史部/紀傳類/正史之屬
史記訂補八卷　李笠撰　民國十三年(1924)瑞安李氏横經室刻本　李笠題記　四冊

330000－1701－0105029　M611173　史部/地理類/方志之屬/郡縣志
紹興縣志四種合刊　紹興縣修志委員會輯　民國二十五年(1936)紹興縣修志委員會鉛印本(道光會稽縣志稾卷二至五、十至十三、二十至二十二原缺)　七冊　存一種

330000－1701－0105030　M611172　類叢部/叢書類/郡邑之屬
吴興叢書六十六種　劉承幹編　民國吴興劉氏嘉業堂刻本　十四冊　存三種

330000－1701－0105031　M609727　集部/總集類/酬唱之屬
五旬酬唱集一卷　徐履謙編　民國七年(1918)鉛印本　一冊

330000－1701－0105032　M602948　史部/傳記類/別傳之屬/事狀
錢武肅王功德史一卷　錢文選輯　民國二十四年(1935)錢氏鉛印本　一冊

330000－1701－0105035　M609708　類叢部/叢書類/彙編之屬
嘉業堂叢書五十七種　劉承幹輯　民國吴興劉氏嘉業堂刻本　一冊　存一種

330000－1701－0105036　M602949　集部/別集類/清別集
繡子先生集二十卷　(清)李黼平撰　民國二十三年(1934)李雲儔鉛印本　四冊

330000－1701－0105038　M602950　集部/別集類
遯廬文稿甲編一卷　余重耀撰　民國二十五年(1936)鉛印遯廬叢書本　余重耀題記　一冊

330000－1701－0105041　M609709　集部/別集類
譚祖安先生手寫詩冊五卷　譚延闓撰　民國二十年(1931)影印本　四冊

330000－1701－0105042　M602951　集部/別集類
回風堂詩六卷前錄二卷　馮幵撰　民國蕭山朱氏別宥齋刻一九六〇年油印修補本　二冊

330000－1701－0105044　M602952　經部/小學類/訓詁之屬/爾雅
雅學攷一卷　(清)胡元玉撰　民國二十五年(1936)國立北京大學出版組鉛印本　一冊

330000－1701－0105047　M602953　集部/別集類
蔚岑遺稿四卷　劉蔚岑撰　民國二十一年(1932)鉛印本　一冊

330000－1701－0105053　M602955　經部/小學類/文字之屬/說文/專著

說文解字研究法不分卷　馬敘倫撰　民國十八年(1929)上海商務印書館石印本　一冊

330000－1701－0105054　M602956　子部/儒家類/儒家之屬
孔經哲學發微不分卷　廖平撰　民國二年(1913)上海中華書局石印本　一冊

330000－1701－0105055　M602957　子部/醫家類/方書之屬/成方藥目
達仁堂藥目不分卷　樂達仁編　民國二年(1913)京都達仁堂刻本　一冊

330000－1701－0105056　M611176　子部/農家農學類/農藝之屬/茶酒
祁門之茶業不分卷　安徽省立茶業改良場編　民國二十二年(1933)安徽省立茶業改良場鉛印本　一冊

330000－1701－0105058　M602958　集部/別集類
蔚岑遺稿四卷　劉蔚岑撰　民國二十一年(1932)鉛印本　一冊

330000－1701－0105061　M602959　子部/醫家類/養生之屬
延壽新法一卷　伍廷芳撰　民國三年(1914)上海商務印書館鉛印本　一冊

330000－1701－0105063　M602960　史部/地理類/雜志之屬
園林春色一卷　任桐撰　民國十七年(1928)鉛印本　一冊

330000－1701－0105067　M610223　子部/宗教類/其他宗教之屬/其他
衆喜粗言五卷　(清)陳衆喜撰　民國十八年(1929)謝氏尚德齋刻本　葉青大題記　徐良能觀款　三冊　存三卷(一、三、五)

330000－1701－0105068　M602961　集部/別集類/明別集
詠懷堂詩集四卷外集二卷丙子詩一卷戊寅詩一卷辛巳詩二卷　(明)阮大鋮撰　民國十七年(1928)國立中央大學國學圖書館鉛印本　一冊　存二卷(丙子詩、戊寅詩)

330000－1701－0105072　M602807　集部/總集類/選集之屬/通代
新古文辭類纂六十卷首一卷　蔣瑞藻纂集　民國十一年(1922)上海中華書局石印本　十二冊　存二十九卷(首、一至二十八)

330000－1701－0105073　M602808　集部/別集類
求我山人雜著六卷首一卷　莊景仲撰　**附錄一卷**　民國十八年(1929)鉛印本　二冊

330000－1701－0105085　M611179　集部/總集類/酬唱之屬
重游泮水唱和集一卷　毛顯麟等撰　民國十八年(1929)鉛印本　一冊

330000－1701－0105086　M604577　史部/地理類/方志之屬/郡縣志
[民國]膠澳志十二卷附一卷　趙琪修　袁榮叜纂　民國十七年(1928)山東膠澳商埠局鉛印本　十冊　存十二卷(一至十二)

330000－1701－0105088　M604534　類叢部/叢書類/彙編之屬
四部叢刊　張元濟等編　民國上海商務印書館影印本　一冊　存一種

330000－1701－0105090　M604535、M604544　類叢部/叢書類/彙編之屬
四部備要　中華書局編　民國二十五年(1936)上海中華書局鉛印本　二冊　存三種

330000－1701－0105091　M609711　子部/宗教類/道教之屬
老子覈詁四卷老子稱經及篇章考一卷老子失文一卷引用書目一卷　馬敘倫撰　民國十三年(1924)鉛印本　二冊

330000－1701－0105093　M604536、M604540、M604563、M604566　類叢部/叢書類/彙編之屬
四部叢刊　張元濟等編　民國上海商務印書館影印本　六冊　存四種

330000－1701－0105094　M610702　史部/傳記類/別傳之屬

永康應君冠北[驥良]哀辭錄一卷 吕公望等撰 民國鉛印本 一册

330000－1701－0105095 M609712 集部/總集類/氏族之屬

作朋集三卷附錄一卷 （明）嚴調御 （明）嚴武順 （明）嚴敕撰 民國八年（1919）上海聚珍仿宋印書局鉛印本 一册

330000－1701－0105096 M611181 類叢部/叢書類/彙編之屬

復廬叢書□□種 姚光輯 民國金山姚氏復廬鉛印本 一册 存一種

330000－1701－0105097 M604537、M604538、M604541、M604543、M604551、M604560、M604561、M604562 類叢部/叢書類/彙編之屬

四部備要 中華書局編 民國二十五年（1936）上海中華書局鉛印本 十四册 存八種

330000－1701－0105098 M611182 類叢部/叢書類/彙編之屬

復廬叢書□□種 姚光輯 民國金山姚氏復廬鉛印本 一册 存一種

330000－1701－0105099 M610703 史部/傳記類/别傳之屬/事狀

吴芝瑛夫人傳略一卷遺著一卷榮哀錄一卷 惠泉編 民國二十五年（1936）無錫雙飛閣鉛印本 一册

330000－1701－0105101 M609714 子部/醫家類/方書之屬/成方藥目

達仁堂藥目不分卷 樂達仁編 民國二年（1913）京都達仁堂刻本 一册

330000－1701－0105102 M611184 史部/目録類/總録之屬/地方

台州經籍志四十卷 項士元編 民國四年（1915）鉛印本 十六册

330000－1701－0105103 M611185 史部/目録類/總録之屬/地方

台州經籍志四十卷 項士元編 民國四年（1915）鉛印本 十六册

330000－1701－0105104 M609715 集部/詞類/别集之屬

八百里湖荷花漁唱二卷 袁天庚撰 民國二十三年（1934）鉛印本 一册

330000－1701－0105105 M604539 子部/宗教類/道教之屬/道藏

道藏一千二百五十八種 （明）張宇初等編 民國十二年至十五年（1923－1926）上海涵芬樓影印本 一册 存七種

330000－1701－0105106 M604569、M609965 經部/詩類/三家詩之屬

詩三家義集疏二十八卷首一卷 王先謙撰 民國四年（1915）長沙王氏虚受堂刻本 十册

330000－1701－0105107 M610704 史部/目録類/總録之屬/地方

台州經籍志四十卷 項士元編 民國四年（1915）鉛印本 十四册 存三十五卷（四至三十四、三十七至四十）

330000－1701－0105108 M602814 類叢部/叢書類/自著之屬

崇雅堂叢書十四種 楊晨撰 民國二十五年（1936）楊紹翰鉛印本 一册 存二種

330000－1701－0105109 M609717 史部/雜史類/斷代之屬

莊史案輯論一卷 朱邦彦撰 民國木活字印本 一册

330000－1701－0105110 M609718 史部/傳記類/總傳之屬/忠孝

東陽五孝記畧一卷 金蘊章輯 民國十九年（1930）上海宏大善書局石印本 一册

330000－1701－0105111 M604542 類叢部/叢書類/彙編之屬

四部備要 中華書局編 民國二十五年（1936）上海中華書局鉛印本 一册 存一種

330000－1701－0105112 M602811 史部/傳記類/總傳之屬/姓名

重訂南社姓氏錄二卷 南社編 民國五年（1916）鉛印本 一册

330000－1701－0105113　M602812　集部/詩文評類/詩評之屬

合肥詩話三卷　李家孚撰　民國十八年(1929)蘇州鉛印本　張之屏跋　一冊

330000－1701－0105114　M602813　子部/雜著類/雜考之屬

讀書小記二卷　馬敘倫撰　民國二十二年(1933)上海商務印書館鉛印本　一冊

330000－1701－0105115　M609968　類叢部/叢書類/彙編之屬

嘉業堂叢書五十七種　劉承幹輯　民國吳興劉氏嘉業堂刻本　十二冊　存八種

330000－1701－0105117　M602815　子部/雜著類/雜考之屬

讀書續記五卷　馬敘倫撰　民國二十二年(1933)上海商務印書館鉛印本　二冊

330000－1701－0105119　M602817　史部/目録類/總録之屬/私撰

雙鑑樓藏書續記二卷　傅增湘撰　民國十九年(1930)江安傅增湘藏園刻本　二冊

330000－1701－0105120　M604545　類叢部/叢書類/彙編之屬

知不足齋叢書一百九十五種　(清)鮑廷博輯　(清)鮑士恭續輯　民國十年(1921)上海古書流通處據清鮑氏刻本影印本　十二冊　存五種

330000－1701－0105121　M602818　集部/別集類

㑳山遺集四卷　章錫光撰　民國十一年(1922)會稽章氏琴鶴軒刻本　一冊

330000－1701－0105122　M609721　新學/地學/地理學

地理學講義一卷　張宗祥編　民國中合印書公司鉛印本　一冊

330000－1701－0105123　M602819　集部/別集類

聽雨樓詩鈔二卷　胡慶榮撰　民國二十一年(1932)鉛印本　一冊

330000－1701－0105125　M602820　集部/別集類

淮南𨛭已氏舊學　吳保初撰　民國二十七年(1938)鉛印本　二冊　存一種

330000－1701－0105126　M609722　史部/地理類/專志之屬/祠墓

越祠紀略一卷　曾厚章編　民國十二年(1923)鉛印本　一冊

330000－1701－0105127　M602821　子部/藝術類/書畫之屬

元牘記二卷　(明)盛時泰撰　民國十八年(1929)國立中央大學國學圖書館鉛印本　一冊

330000－1701－0105128　M609723　史部/叢編

滿清野史　□□輯　民國成都昌福公司鉛印本　一冊　存一種

330000－1701－0105130　M602822　子部/工藝類/觀賞之屬/雜賞

勇盧閒詰一卷　(清)趙之謙撰　民國六年(1917)無錫縣圖書館木活字印本　一冊

330000－1701－0105132　M604784、M609969　史部/史評類/史論之屬

明史例案九卷　劉承幹撰　民國四年(1915)吳興劉氏嘉業堂刻本　四冊

330000－1701－0105134　M602823　集部/別集類/清別集

無盡庵遺集九卷　(清)周實撰　民國元年(1912)上海國光印刷所鉛印本　一冊　缺五卷(文、詩一至四)

330000－1701－0105137　M609970　類叢部/叢書類/郡邑之屬

吳興叢書六十六種　劉承幹編　民國吳興劉氏嘉業堂刻本　三十三冊　存九種

330000－1701－0105139　M602824　史部/傳記類/別傳之屬/事狀

魏文節公事略一卷　魏頌唐輯　民國二十五年(1936)鉛印本　一冊

330000－1701－0105142　M602825　經部/小學類/文字之屬
詞言通釋六卷　鍾歆撰　民國九年(1920)鉛印本　一冊

330000－1701－0105143　M602826　經部/詩類/三家詩之屬
詩攷補訂五卷　(宋)王應麟撰　(清)盧文弨增校　楊晨補訂　民國四年(1915)石印本　二冊

330000－1701－0105145　M609728　類叢部/叢書類/自著之屬
章氏叢書十三種　章炳麟撰　民國六年至八年(1917－1919)浙江圖書館刻本　三冊　存二種

330000－1701－0105146　M602829　史部/地理類/雜志之屬
西湖百絕二卷　許炳璈撰　民國十七年(1928)鉛印本　許奏雲題記　一冊

330000－1701－0105147　M609730　集部/總集類/氏族之屬
問松里鄭氏詩存一卷　鄭之章輯　民國十二年(1923)鉛印本　一冊

330000－1701－0105148　M602830　史部/史評類/詠史之屬
吴越雜事詩一百首一卷　(清)余恩鑅撰　民國十一年(1922)余紹宋鉛印本　一冊

330000－1701－0105150　M609731　類叢部/叢書類/彙編之屬
滄海叢書十六種附七種　張伯楨編　民國二年至二十四年(1913－1935)東莞張氏刻本　二冊　存一種

330000－1701－0105151　M602832　集部/別集類
望虹樓遺箸三卷　陶熙孫撰　民國二十四年(1935)鉛印本　一冊

330000－1701－0105152　M604547　類叢部/叢書類/彙編之屬
四部備要　中華書局編　民國二十五年(1936)上海中華書局鉛印本　一冊　存一種

330000－1701－0105153　M602831　集部/別集類
望虹樓遺箸三卷　陶熙孫撰　民國二十四年(1935)鉛印本　一冊

330000－1701－0105154　M609732　類叢部/叢書類/彙編之屬
東方文教研究院叢書□□種　民國三十二年至三十三年(1943－1944)四川東方文教研究院鉛印本　一冊　存一種

330000－1701－0105155　M602833　集部/別集類/清別集
味藿軒詩鈔一卷　(清)金受鋆撰　(清)金炳麟編　民國十一年(1922)刻本　一冊

330000－1701－0105159　M604548　類叢部/叢書類/彙編之屬
四部備要　中華書局編　民國二十五年(1936)上海中華書局鉛印本　三冊　存一種

330000－1701－0105160　M610706、M611094　史部/地理類/方志之屬/郡縣志
[嘉慶]餘杭縣志四十卷　(清)張吉安修　(清)朱文藻纂　(清)崔應榴　(清)董作棟續纂　民國八年(1919)吳蘭孫鉛印本　八冊

330000－1701－0105161　M604549　集部/詞類/詞話之屬
詞謔四卷　(明)□□撰　盧前校訂　民國二十五年(1936)中華書局鉛印本　一冊

330000－1701－0105162　M602834　集部/別集類
寒柯堂詩四卷　余紹宋撰　民國三十六年(1947)鉛印本　余紹宋題記　一冊

330000－1701－0105164　M604550　集部/別集類
弱歲吟稿一卷　徐祖武撰　民國二十一年(1932)鉛印本　一冊

330000－1701－0105167　M602835　史部/目録類/總録之屬/私撰

藝風藏書再續記不分卷　繆荃孫撰　民國二十九年(1940)燕京大學圖書館鉛印本　一冊

330000－1701－0105168　M609971　集部/别集類/元别集
柳貫上京紀行詩一卷　(元)柳貫撰　民國十九年(1930)北平故宫博物院圖書館影印本　一冊

330000－1701－0105169　M602836　史部/傳記類/總傳之屬/儒林
湘學略一卷　李肖聃撰　民國三十五年(1946)國立湖南大學鉛印本　一冊

330000－1701－0105170　M611095　史部/政書類/公牘檔冊之屬
全浙教育會聯合會民國十年八月臨時會議決案一卷附錄一卷　浙江省教育會編　民國鉛印本　一冊

330000－1701－0105171　M604552　集部/曲類/寶卷之屬
花枷良願龍圖寶卷□□卷　民國石印本　馬益題記　一冊　存一卷(下)

330000－1701－0105172　M602837　史部/雜史類/斷代之屬
嘉靖東南平倭通錄一卷附隆慶平倭一卷國朝典彙一卷　(明)徐學聚撰　民國二十一年(1932)江蘇省立國學圖書館影印本　一冊

330000－1701－0105173　M609972　史部/金石類/石之屬
曹娥孝女廟碑不分卷　民國慎初堂朱氏鉛印本暨石印本　一冊

330000－1701－0105175　M611096　類叢部/叢書類/彙編之屬
進德叢書八種　丁福保編　民國上海醫學書局鉛印本　一冊　存一種

330000－1701－0105176　M604553　類叢部/叢書類/自著之屬
吾暇堂叢稿　諸宗元撰　民國十九年(1930)上海鉛印本　一冊　存一種

330000－1701－0105177　M611097　類叢部/叢書類/自著之屬
晨風廬叢刊十八種　周慶雲撰　民國吳興周氏夢坡室刻本　一冊　存一種

330000－1701－0105178　M609973　經部/小學類/音韻之屬/韻書
中華新韻一卷　教育部國語推行委員會編　民國三十年(1941)成都茹古書局刻朱印本　一冊

330000－1701－0105179　M609974　經部/小學類/音韻之屬/韻書
中華新韻一卷　教育部國語推行委員會編　民國三十年(1941)成都茹古書局刻朱印本　一冊

330000－1701－0105180　M602838　史部/地理類/專志之屬/祠墓
重修西湖錢王祠落成紀念冊一卷　錢文選編　民國二十九年(1940)鉛印本　一冊

330000－1701－0105181　M611098　集部/總集類/選集之屬/斷代
彤美集二卷補遺一卷　許國鳳編　民國十年(1921)鉛印本　一冊

330000－1701－0105184　M611099　集部/總集類/選集之屬/斷代
彤美集二卷補遺一卷　許國鳳編　民國十年(1921)鉛印本　一冊

330000－1701－0105185　M602839　集部/别集類
濂希遺書四卷　柯岷撰　民國十五年(1926)鉛印本　一冊

330000－1701－0105187　M602840　集部/别集類
濂希遺書四卷　柯岷撰　民國十五年(1926)鉛印本　一冊

330000－1701－0105189　M611100　經部/易類
易藏叢書六種　杭辛齋撰　民國十一年(1922)上海研幾學社鉛印本　一冊　存二種

330000－1701－0105190　M604556　集部/總集類/選集之屬/斷代

希社叢編不分卷　希社編　民國二年至八年(1913－1919)鉛印本　一冊　存第二冊

330000－1701－0105191　M602841　集部/別集類/清別集

朱衎廬先生遺稿八卷補編一卷朱衎廬舊藏鈔本書目一卷　(清)朱昌燕撰　張宗祥編　民國鉛印本　二冊

330000－1701－0105193　M602842　經部/易類

易藏叢書六種　杭辛齋撰　民國十一年(1922)上海研幾學社鉛印本　四冊　存一種

330000－1701－0105194　M611101　史部/地理類/方志之屬/郡縣志

[民國]海寧州志稿四十一卷首一卷末一卷附志餘一卷藝文志補遺一卷　(清)李圭修　(清)許傳霈等纂　劉蔚仁續修　朱錫恩續纂　盧兆周繪圖　民國十一年(1922)鉛印本　七冊　存十一卷(二十一至二十二、二十六至二十八、三十至三十三、三十六至三十七)

330000－1701－0105195　M604557　類叢部/叢書類/彙編之屬

四部備要　中華書局編　民國二十五年(1936)上海中華書局鉛印本　四冊　存一種

330000－1701－0105196　M602843　集部/總集類/彙編之屬

元人十種詩　(明)毛晉輯　民國十五年(1926)上海商務印書館據明毛氏汲古閣刻本影印本　十七冊　存九種

330000－1701－0105198　M611102　史部/地理類/方志之屬/郡縣志

[民國]海寧州志稿四十一卷首一卷末一卷附志餘一卷藝文志補遺一卷　(清)李圭修　(清)許傳霈等纂　劉蔚仁續修　朱錫恩續纂　盧兆周繪圖　民國十一年(1922)鉛印本　三冊　存四卷(二十一至二十二、二十七至二十八)

330000－1701－0105200　M604558　類叢部/叢書類/彙編之屬

四部備要　中華書局編　民國二十五年(1936)上海中華書局鉛印本　三冊　存一種

330000－1701－0105204　M602844、M602845　類叢部/叢書類/彙編之屬

古今文藝叢書十集　何藻編　民國二年至四年(1913－1915)上海廣益書局鉛印本　二十一冊　存第一至四集六十五種

330000－1701－0105205　M604559　集部/小說類/長篇之屬

劍腥錄五十三章　林紓撰　民國二年(1913)北京平報社鉛印本　一冊

330000－1701－0105211　M611103　子部/雜著類

救世津梁一卷　民國十年(1921)鉛印本　一冊

330000－1701－0105212　M610707　經部/小學類/音韻之屬/韻書

韻目表一卷　錢恂撰　民國元年(1912)歸安錢氏杭州刻本　一冊

330000－1701－0105214　M610708　經部/小學類/音韻之屬/韻書

韻目表一卷　錢恂撰　民國元年(1912)歸安錢氏杭州刻本　一冊

330000－1701－0105216　M610709　經部/小學類/音韻之屬/韻書

韻目表一卷　錢恂撰　民國元年(1912)歸安錢氏杭州刻本　一冊

330000－1701－0105217　M611104　史部/地理類/方志之屬/郡縣志

[民國]黑龍江通志綱要二卷　金梁纂修　民國十四年(1925)鉛印本　一冊　存一卷(下)

330000－1701－0105218　M602846　類叢部/叢書類/彙編之屬

四部備要　中華書局編　民國二十五年(1936)上海中華書局鉛印本　八冊　存一種

330000－1701－0105219　M611105　史部/地理類/雜志之屬

上海特別市公用局一覽不分卷　上海特別市市政府秘書處編纂室編　民國十七年(1928)上海特別市市政府秘書處鉛印本　二冊

330000－1701－0105221　M602847　類叢部/叢書類/彙編之屬

士禮居黄氏叢書十九種附四種　(清)黄丕烈輯　民國四年(1915)上海石竹山房據清黄氏刻本影印本　二十二冊　存十二種

330000－1701－0105222　M611106　史部/地理類/水利之屬

湘湖調查報告書不分卷湘湖計畫報告書不分卷(民國十六年)　孔雪雄　張渭斌編輯　浙江省黨部編　民國十六年(1927)第三中山大學鉛印本　一冊

330000－1701－0105224　M611107　史部/地理類/方志之屬/郡縣志

[民國]象山縣志三十二卷首一卷　李洣等修　陳漢章等纂　民國十六年(1927)寧波天勝印刷公司鉛印本　八冊　存十七卷(十六至三十二)

330000－1701－0105225　M609733　集部/别集類/清别集

小種字林柱銘偶存不分卷　吳受福撰　民國二十二年(1933)檇李郭氏刻本　一冊

330000－1701－0105228　M609734　史部/政書類/公牘檔冊之屬

提議典當業條例法案經過報告不分卷　袁蓉安　王錫榮撰　民國八年(1919)鉛印本　一冊

330000－1701－0105230　M609735　史部/政書類/邦計之屬/鹽法

駁張謇君改革全國鹽政計畫書條議一卷　通國鹽業聯合議會撰　民國通國鹽業聯合議會鉛印本　一冊

330000－1701－0105233　M610710　史部/政書類/律令之屬/律例

審斷須知不分卷　魏頌唐輯　民國四年(1915)浙江印刷公司鉛印本　一冊

330000－1701－0105236　M609736　子部/醫家類/醫話醫論之屬

嬾園醫語二卷　傅崇黻語錄　浙江中醫專門學校學生記錄　民國十年(1921)浙江中醫專門學校鉛印本　一冊　存一卷(一)

330000－1701－0105237　M610711　集部/别集類

葑里賸稿四卷　張原煒撰　民國三十四年(1945)張氏鉛印本　一冊

330000－1701－0105238　M604564　經部/小學類

稷香館叢書八種三十六卷　吳甌輯　民國二十四年(1935)北平癸酉編譯會據手稿本影印本　三冊　存一種

330000－1701－0105240　M610225　集部/别集類/清别集

清邃堂遺詩六卷　(清)顔宗儀撰　民國三十二年(1943)上海涵芬樓據海鹽顔氏大海明月樓寫本影印本　二冊

330000－1701－0105241　M610712　史部/政書類/邦計之屬/賦税

浙志田賦略一卷附浙西各縣銀米科則表　民國鉛印本　一冊

330000－1701－0105248　M610227　史部/傳記類/總傳之屬/技藝

當湖歷代畫人傳九卷補遺一卷　孫振麟纂　民國二十四年(1935)當湖孫氏雪映廬武林刻朱印本　二冊

330000－1701－0105251　M610713　經部/易類/專著之屬

易義别識二卷　齊洪昌撰　民國十年(1921)臨海縣公立圖書館石印本　一冊

330000－1701－0105252　M610228　集部/詞類/别集之屬

雲淙琴趣二卷　邵章撰　民國十九年(1930)邵氏倬盦刻朱印本　一冊

330000－1701－0105253　M609741　子部/雜著類/雜説之屬

紫桃軒雜綴四卷又綴二卷　(明)李日華撰　民國十六年(1927)上海有正書局石印本　一册　存三卷(一至三)

330000－1701－0105254　M610229　集部/詞類/别集之屬

香蘭詞一卷　袁毓麐撰　民國二十一年(1932)刻朱印本　一册

330000－1701－0105257　M609975　史部/政書類/邦交之屬

外交文牘　外交部編　民國外交部鉛印本　三册　存一種

330000－1701－0105258　M604570　子部/醫家類/醫理之屬/綜合

謝利恒先生全書　謝觀撰　民國二十四年(1935)澄齋醫社鉛印本　一册　存一種

330000－1701－0105260　M609743　子部/小説家類/異聞之屬

談異八卷　(清)伊園撰　民國三年(1914)上海掃葉山房石印本　四册

330000－1701－0105262　M604571　類叢部/叢書類/家集之屬

重印江都汪氏叢書十三種　陳乃乾　秦更年等編　民國十四年(1925)上海中國書店影印本　十册　存五種

330000－1701－0105264　M610714　史部/目録類/總録之屬/地方

台州經籍志四十卷　項士元編　民國四年(1915)鉛印本　十六册

330000－1701－0105267　M609745　子部/小説家類/雜事之屬

世説新語六卷　(南朝宋)劉義慶撰　(南朝梁)劉孝標注　民國六年(1917)商務印書館鉛印本　六册

330000－1701－0105268　M609978　類叢部/叢書類/自著之屬

崇雅堂叢書十四種　楊晨撰　民國二十五年(1936)楊紹翰鉛印本　一册　存二種

330000－1701－0105269　M609979　類叢部/叢書類/自著之屬

崇雅堂叢書十四種　楊晨撰　民國二十五年(1936)楊紹翰鉛印本　一册　存二種

330000－1701－0105270　M609746　子部/醫家類/類編之屬

家庭醫藥顧問社醫藥叢書　家庭醫藥顧問社出版部輯　民國鉛印本　一册　存一種

330000－1701－0105279　M609748　類叢部/叢書類/自著之屬

皮錫瑞先生遺著　(清)皮錫瑞撰　民國十六年(1927)上海商務印書館影印本　一册　存一種

330000－1701－0105283　M604572　類叢部/類書類/通類之屬

清初殿版銅活字印古今圖書集成樣本不分卷　中華書局編　民國二十三年(1934)中華書局鉛印本暨影印本　一册

330000－1701－0105286　M602419　類叢部/叢書類/自著之屬

湖濱補讀廬叢刻五種十三卷　鍾廣生撰　民國二十年(1931)鉛印本　一册　存一種

330000－1701－0105287　M604573　類叢部/類書類/通類之屬

欽定古今圖書集成一萬卷目録四十卷　(清)蔣廷錫　(清)陳夢雷等輯　**古今圖書集成考證二十四卷**　民國二十三年(1934)中華書局影印本　二册　存二卷(考證十五、十七中)

330000－1701－0105288　M602420　子部/雜著類/雜説之屬

民國圖治芻議一卷　伍廷芳撰　民國四年(1915)鉛印本　一册

330000－1701－0105291　M609751　集部/别集類

漪香山館文集不分卷　吳曾祺撰　民國二十四年(1935)上海商務印書館鉛印本　一册

330000－1701－0105295　M602421、M602422　集部/總集類/選集之屬/斷代
國學叢選十八集　高燮等編　民國國學商兑會鉛印本　二册　存八集(一至二、十三至十八)

330000－1701－0105296　M604574　類叢部/類書類/通類之屬
欽定古今圖書集成一萬卷目錄四十卷　(清)蔣廷錫　(清)陳夢雷等輯　民國二十三年(1934)中華書局影印本　十七册　存一百八十六卷(目錄二十五、三十四、三十六,博物彙編藝術典一百至一百十、一百四十七至一百六十、一百七十五至二百二十九、五百至五百十三、五百二十七至五百四十、五百五十三至五百六十四、六百五至六百三十、六百五十八至六百六十九、六百八十一至七百五)

330000－1701－0105298　M602848　經部/春秋總義類/專著之屬
春秋中國夷狄辨三卷　徐勤撰　民國上海大同譯書局石印本　一册

330000－1701－0105300　M602849　集部/詞類/別集之屬
晁氏琴趣外篇六卷補遺一卷　(宋)晁補之撰　**晁氏琴趣外篇校記一卷**　林大椿撰　民國二十二年(1933)上海商務印書館鉛印本　一册

330000－1701－0105304　M602851　史部/傳記類/總傳之屬/技藝
書林紀事四卷　馬宗霍撰　民國二十四年(1935)上海商務印書館鉛印本　一册

330000－1701－0105305　M604575、M610819　類叢部/類書類/通類之屬
欽定古今圖書集成一萬卷目錄四十卷　(清)蔣廷錫　(清)陳夢雷等輯　民國二十三年(1934)中華書局影印本　八册　存一百十卷(博物彙編藝術典一百四十七至一百六十、一百七十五至一百八十八、二百十七至二百二十九、五百二十七至五百四十,方輿彙編職方典一百四十九至一百六十四、二百九十三至三百三、三百四十三至三百七十)

330000－1701－0105306　M602744、M609754　史部/雜史類/斷代之屬
滿清稗史十六種附二種　陸保璿輯　民國新中國圖書局鉛印本　三册　存四種

330000－1701－0105308　M611108　集部/別集類
耳順集一卷丁戊餘生草一卷丁戊餘生草補遺一卷　陳栩撰　民國二十六年(1937)鉛印本　一册

330000－1701－0105310　M610716　子部/宗教類/佛教之屬
放生殺生現報錄一卷　(清)江永撰　**江慎齋先生[永]年譜一卷**　(清)汪錦波輯　民國十二年(1923)中華書局鉛印本　一册

330000－1701－0105311　M602853　經部/小學類/文字之屬/說文/專著
湖樓筆談說文經字一卷　(清)俞樾輯　(清)宋文蔚疏證　民國二十三年(1934)上海商務印書館石印本　一册

330000－1701－0105312　M609755　集部/別集類/宋別集
四明文獻集五卷　(宋)王應麟撰　(明)鄭真輯　**深寧先生文鈔摭餘編三卷**　(宋)王應麟撰　(清)葉熊輯　**深寧先生年譜一卷**　(清)錢大昕編　**王深寧先生年譜一卷**　(清)陳僅纂輯　(清)張恕編次　**王深寧先生年譜一卷**　(清)張大昌輯　民國五年(1916)仁和王存善鉛印本　一册　存三卷[深寧先生年譜、王深寧先生年譜(陳僅撰)、王深寧先生年譜(張大昌輯)]

330000－1701－0105313　M602854　經部/小學類/文字之屬/說文/傳說
侯官陳恭甫輯說文經字考不分卷　(清)陳壽祺撰　宋文蔚疏證　民國二十三年(1934)上海商務印書館石印本　一册

330000－1701－0105314　M610717　子部/宗教類/佛教之屬

金剛般若波羅密經一卷 (後秦)釋鳩摩羅什譯 **摩訶般若波羅密多心經一卷往生淨土真言一卷普回向真言一卷** 民國十三年(1924)刻本 一册

330000－1701－0105316 M602857 經部/小學類/訓詁之屬/爾雅
西域爾雅一卷 (清)王初桐撰 民國十八年(1929)國學圖書館影印本 一册

330000－1701－0105317 M602858 史部/史評類/考訂之屬
校史偶得不分卷 陳寶熯撰 民國九年(1920)鉛印本 一册

330000－1701－0105318 M602860 集部/別集類
雲峯閣詩存一卷詞存一卷 金英撰 民國屺思樓鉛印本 一册

330000－1701－0105322 M609757 史部/史評類/考訂之屬
校史偶得不分卷 陳寶熯撰 民國鉛印本 一册

330000－1701－0105327 M609758 史部/史評類/考訂之屬
校史偶得不分卷 陳寶熯撰 民國鉛印本 一册

330000－1701－0105328 M602861 子部/儒家類/儒學之屬/禮教/家訓
雙節堂庸訓四卷 (清)汪輝祖撰 民國六年(1917)彩華石印局石印本 一册

330000－1701－0105329 M609759 史部/史評類/考訂之屬
校史偶得不分卷 陳寶熯撰 民國九年(1920)鉛印本 一册

330000－1701－0105330 M602870 史部/地理類/遊記之屬/紀勝
天目山游記一卷詩一卷和詩一卷金華北山游記一卷 錢文選撰 民國二十四年(1935)浙江正楷印書局鉛印本 一册

330000－1701－0105332 M602862 集部/詩文評類
中國中古文學史講義一卷 劉師培編 民國十二年(1923)國立北京大學出版部鉛印本 一册

330000－1701－0105334 M602863 史部/地理類/遊記之屬/紀行
錢塘紀遊詩二卷 余光黄撰 民國二十四年(1935)鉛印本 余光黄題記 一册

330000－1701－0105335 M611109 史部/金石類/石之屬/通考
校碑隨筆不分卷補遺一卷僞刻一卷 方若撰 民國天津中東石印局石印本 二册

330000－1701－0105337 M609760 經部/小學類/文字之屬/說文/專著
新定說文古籀考三卷 周名輝撰 民國三十七年(1948)上海開明書店石印本 一册

330000－1701－0105338 M610718 史部/目録類/總録之屬/氏族
干溪曹氏歷世所著書目一卷 民國二十四年(1935)鉛印本 一册

330000－1701－0105339 M602423 史部/政書類/邦計之屬/荒政
救荒輯要初編十二卷 上海書業正心團輯 民國十一年(1922)上海尚古山房石印本 一册

330000－1701－0105341 M609761 子部/工藝類/日用器物之屬
傳世古尺錄一卷附諸史律歷志彙抄一卷古今尺度比較表一卷 羅福頤撰 民國三十年(1941)鉛印本 一册

330000－1701－0105342 M602865 子部/雜著類/雜考之屬
弢齋述學三卷 徐世昌撰 民國十年(1921)鉛印本 一册

330000－1701－0105343 M602424 經部/小學類/文字之屬/說文/專著
說文古籀三補十四卷坿錄一卷 強運開輯

民國二十四年(1935)上海商務印書館石印本　二冊　缺七卷(一至七)

330000－1701－0105344　M609762　集部/別集類
吉田松陰遺墨三卷　(日本)吉田松陰撰　國民叢書社編輯　民國商務印書館鉛印本　一冊

330000－1701－0105345　M602866　史部/傳記類/總傳之屬/姓名
廣倉千家姓一卷　姬覺彌撰　民國八年(1919)上海廣倉學會影印本　一冊

330000－1701－0105349　M611110　類叢部/叢書類/彙編之屬
説庫一百七十種　王文濡編　民國四年(1915)上海文明書局石印本(浮生六記卷五至六原缺)　三冊　存十四種

330000－1701－0105351　M609764　子部/醫家類/綜合之屬/通論
張氏醫學叢書　張贊臣編纂　民國上海中國醫藥書局鉛印本　一冊　存一種

330000－1701－0105360　M604576　史部/地理類/方志之屬/郡縣志
[民國]膠澳志十二卷附一卷　趙琪修　袁榮叜纂　民國十七年(1928)山東膠澳商埠局鉛印本　十一冊

330000－1701－0105362　M609980　史部/政書類/公牘檔冊之屬
浙江清理財政局説明書不分卷　浙江清理財政局編　民國石印本　二冊

330000－1701－0105363　M602425　集部/別集類/清別集
秋水集十卷補遺一卷　(清)嚴繩孫撰　民國六年(1917)無錫縣圖書館木活字印本　四冊

330000－1701－0105364　M609981　集部/別集類
寐叟乙卯稿一卷　沈曾植撰　民國六年(1917)四益宧寫刻本　一冊

330000－1701－0105365　M602426　史部/金石類/總志之屬/目録
簠齋藏古冊目並題記一卷　(清)陳介祺撰　民國九年(1920)鉛印本　一冊

330000－1701－0105366　M609767　集部/詞類/類編之屬
詞學叢刊□□種　民國二十二年(1933)上海南京書店鉛印本　一冊　存一種

330000－1701－0105367　M602869　子部/醫家類/醫經之屬/内經
靈素商兑一卷附砭新醫一卷附箴病人一卷　余巖撰　民國鉛印本　一冊

330000－1701－0105368　M609982　經部/群經總義類/文字音義之屬
干禄字書箋證補一卷附錄一卷　羅振玉箋　孫祖同　俞鴻籌補　民國石印本　一冊

330000－1701－0105370　M602427　史部/目録類/書志之屬/題跋
思適齋集外書跋輯存不分卷　(清)顧廣圻撰　蔣祖詒輯　民國二十四年(1935)吳縣鄒百耐百擁樓鉛印本　一冊

330000－1701－0105371　M609983　集部/別集類
觚庵詩存四卷　俞明震撰　民國九年(1920)上海聚珍倣宋印書局鉛印本　一冊

330000－1701－0105373　M602871　集部/別集類/清別集
立懦齋外集殘稿一卷　(清)顧壽楨撰　民國十六年(1927)科學儀器館影印本　一冊

330000－1701－0105374　M602428　史部/地理類/專志之屬/宮殿
圓明園攷一卷　程演生輯　民國十七年(1928)上海中華書局鉛印本　一冊

330000－1701－0105375　M609984　集部/別集類/清別集
亦有秋齋詩鈔二卷　(清)鈕福疇撰　民國七年(1918)烏程鈕氏鉛印本　一冊

330000－1701－0105376　M602429　類叢部/叢書類/彙編之屬

可園叢書　江蘇省立蘇州圖書館輯　民國江蘇省立蘇州圖書館鉛印本　一册　存一種

330000－1701－0105377　M602872　史部/地理類/遊記之屬/紀行

天台方巖游記一卷　錢文選撰　民國二十四年(1935)鉛印本　一册

330000－1701－0105378　M609768、M609769　類叢部/叢書類/彙編之屬

四部備要　中華書局編　民國二十五年(1936)上海中華書局鉛印本　五册　存二種

330000－1701－0105380　M604579、M610017　史部/目録類/總録之屬/官修

梁氏飲冰室藏書目錄五卷附錄二卷補遺一卷　國立北平圖書館編纂　民國二十二年(1933)國立北平圖書館鉛印本　二册　存六卷(經、史、叢、附錄一至二、補遺)

330000－1701－0105381　M602873　集部/詞類/别集之屬

八百里荷花館題畫詞一卷　袁天庚撰　民國二十三年(1934)鉛印本　一册

330000－1701－0105382　M602430　類叢部/叢書類/郡邑之屬

吴興叢書六十六種　劉承幹編　民國吴興劉氏嘉業堂刻本　二册　存一種

330000－1701－0105383　M609985　類叢部/叢書類/家集之屬

武林丁氏家集十三種　丁立誠　丁立中撰　民國錢塘丁氏嘉惠堂鉛印本　一册　存二種

330000－1701－0105385　M602874　史部/史評類/考訂之屬

校史偶得不分卷　陳寶煐撰　民國九年(1920)鉛印本　一册

330000－1701－0105386　M602875　集部/詞類/别集之屬

式谿詞一卷　吴士鑑撰　民國二十五年(1936)鉛印本　一册

330000－1701－0105387　M602431　集部/别集類

畸園第三次手定詩稿十七種三十二卷　陳遹聲撰　民國十一年(1922)影印本　二十三册

330000－1701－0105388　M609986　經部/小學類

小學金石論叢五卷補遺一卷　楊樹達撰　民國二十六年(1937)上海商務印書館鉛印本　二册

330000－1701－0105389　M602876　集部/總集類/選集之屬/斷代

落葉集四卷　孫雄輯　民國十五年(1926)鉛印本　一册

330000－1701－0105392　M602877　史部/地理類/遊記之屬/紀勝

天目山游記一卷詩一卷和詩一卷金華北山游記一卷　錢文選撰　民國二十四年(1935)浙江正楷印書局鉛印本　一册

330000－1701－0105394　M611111　集部/詩文評類/文法之屬/雜著

普通文料大全三十卷　廣文書局編輯所編輯　民國上海世界書局石印本　一册　存十五卷(一至十五)

330000－1701－0105395　M610719　類叢部/叢書類/自著之屬

勴堂遺書八種　顧家相撰　民國八年至十九年(1919－1930)會稽顧氏鉛印本　一册　存一種

330000－1701－0105396　M609987　史部/傳記類/日記之屬

湘軺日記一卷(清光緒二十九年五月二十二日至十一月一日)特科紀事一卷　(清)吕珮芬撰　民國二十六年(1937)北平北江舊廬鉛印本　一册

330000－1701－0105397　M602432　集部/别集類/清别集

寓庸室詩稿一卷　(清)余坤撰　民國七年(1918)余重耀南昌石印本　一册

330000－1701－0105398　M611112　子部/藝術類/書畫之屬/題跋

趙似昇長生冊三卷　周嵩堯撰　民國八年(1919)鉛印本　一冊　存二卷(一至二)

330000－1701－0105399　M602878　集部/別集類/清別集

曉霞軒詩詞焚餘集一卷　(清)梁壽賢撰　民國八年(1919)鉛印本　一冊

330000－1701－0105400　M609988　子部/兵家類/兵法之屬

軍人圭臬二卷　周詩撰　民國十七年(1928)鉛印本　二冊

330000－1701－0105403　M602433　史部/史評類/詠史之屬

吳越紀事詩一百二十首一卷　錢文選撰　民國二十六年(1937)鉛印本　一冊

330000－1701－0105404　M604581、M604582　史部/雜史類

掌故叢編十輯　故宮博物院文獻館編　民國十七年至二十年(1928－1931)鉛印本　二冊　存二輯(一至二)

330000－1701－0105405　M609989　類叢部/叢書類/彙編之屬

遯盦叢編甲集四種乙集七種　吳隱編　民國二年至五年(1913－1916)西泠印社木活字印本　一冊　存一種

330000－1701－0105406　M602434　集部/詩文評類/文評之屬

文心雕龍十卷　(南朝梁)劉勰撰　(清)黃叔琳注　(清)紀昀評　民國四年(1915)掃葉山房石印本　二冊　缺四卷(一至四)

330000－1701－0105410　M604583　史部/傳記類/雜傳之屬

我的終身事業一卷　楊家駱撰　民國二十六年(1937)中國辭典館鉛印本　楊家駱題記　一冊

330000－1701－0105411　民330.95124/2680.2/c1　史部/政書類/邦計之屬

魏頌唐偶存稿不分卷　魏頌唐撰　民國十六年(1927)鉛印本　一冊

330000－1701－0105412　民336.89241/10264　史部/政書類/公牘檔冊之屬

浙江省天台縣三十二年度出征抗敵軍人家屬優待經費歲出入預算書一卷浙江省天台縣三十三年度出征抗敵軍人家屬優待經費歲出入概算書一卷　民國油印本　二冊

330000－1701－0105414　M602879　集部/別集類/明別集

重訂祝子遺書六卷首一卷末一卷　(明)祝淵撰　祝廷錫編　民國六年(1917)知非樓刻本　二冊

330000－1701－0105416　M602880　史部/史評類/詠史之屬

清宮詞一卷　吳士鑑撰　民國二十六年(1937)吳秉瀓鉛印本　一冊

330000－1701－0105417　M604584　子部/儒家類/儒學之屬/經濟

歷代尊孔記一卷孔教外論一卷　程淯輯　民國二十三年(1934)上海中國道德會鉛印本　一冊

330000－1701－0105421　M602881　子部/雜著類/雜說之屬

弢園隨筆一卷　(清)史念祖撰　民國六年(1917)周肇祥刻本　一冊

330000－1701－0105425　M604585　類叢部/叢書類/彙編之屬

嘉業堂叢書五十七種　劉承幹輯　民國吳興劉氏嘉業堂刻本　三冊　存三種

330000－1701－0105429　M602882　集部/小說類/長篇之屬

琴樓夢小說一卷　樊增祥撰　民國三年(1914)大共和日報石印本　一冊

330000－1701－0105431　M602435　子部/雜著類/雜說之屬

桐陰清話八卷　(清)倪鴻撰　民國十三年(1924)上海掃葉山房石印本　四冊

330000－1701－0105433　M602436　類叢部/叢書類
宋氏雜箸　宋慈襃撰　民國刻本　一册　存一種

330000－1701－0105437　M602884　類叢部/叢書類/家集之屬
武林丁氏家集十三種　丁立誠　丁立中撰　民國錢塘丁氏嘉惠堂鉛印本　一册　存一種

330000－1701－0105440　M609772　類叢部/叢書類/家集之屬
樸學齋叢書第一集二十八種　胡韞玉編　民國二十九年(1940)安吳胡氏鉛印本　二册　存四種

330000－1701－0105442　M610720　子部/雜著類/雜編之屬
安士全書四種　(清)周夢顔撰　民國十一年(1922)上海佛學推行社鉛印本　四册

330000－1701－0105444　M602886　史部/地理類/雜志之屬
臨海要覽一卷　項元勛編　民國五年(1916)杭州武林印書館鉛印本　一册

330000－1701－0105446　M610721　子部/雜著類/雜編之屬
安士全書四種　(清)周夢顔撰　民國十八年(1929)上海佛學推行社鉛印本　四册

330000－1701－0105449　M602437　史部/金石類/石之屬
漢安甎庼磚録一卷拾遺一卷　王修撰　民國十九年(1930)影印本暨鉛印本　一册

330000－1701－0105450　M602887　史部/傳記類/别傳之屬/墓誌
鑑湖女俠秋君墓表一卷　徐自華撰　吳芝瑛書　民國上海大眾書局石印本　一册

330000－1701－0105454　M610722　子部/雜著類/雜編之屬
安士全書四種　(清)周夢顔撰　民國七年(1918)陝西趙步雲刻本　六册

330000－1701－0105455　M602888　史部/目録類/總録之屬/官修
北平圖書館善本書目四卷補遺一卷　趙萬里撰集　民國二十二年(1933)刻藍印本　四册

330000－1701－0105457　M609773　子部/雜著類
中國學術論著集要不分卷　國立北京大學中國文學系教授會編　民國鉛印本　二册　存二册(一、四)

330000－1701－0105459　M602889　經部/群經總義類/石經之屬
皕忍堂模刻唐開成石壁十二經　張宗昌編　民國十五年(1926)掖縣張宗昌皕忍堂摹刻本　二册　存一種

330000－1701－0105462　M609774　類叢部/叢書類/自著之屬
天馬山房叢箸六種　馬敘倫撰　民國鉛印本　一册

330000－1701－0105463　M602890　史部/政書類/邦計之屬/賦税
海關常關地址道里表一卷　黄錫銓等編纂　民國三年(1914)北京税務處鉛印本　一册

330000－1701－0105464　M609775、M611038　子部/醫家類/醫案之屬
淮陰吳鞠通先生醫案五卷　(清)吳瑭撰　民國杭州有益山房鉛印本　二册　存三卷(一至二、四)

330000－1701－0105467　M610005　集部/總集類/題詠之屬
鄭齋感逝詩題詞彙録一卷　孫雄輯　民國七年(1918)鉛印本　一册

330000－1701－0105468　M602891　經部/周禮類/傳説之屬
周禮十二卷　(漢)鄭玄注　(唐)陸德明音義　民國二十三年(1934)北平文禄堂據宋刻本影印本　六册

330000－1701－0105469　M611113　集部/别集類/宋别集

山谷詩集注内集二十卷外集十七卷别集二卷　(宋)黄庭堅撰　(宋)任淵　(宋)史容　(宋)史季溫注　民國四年(1915)上海著易堂據清光緒二十一年至二十五年(1895－1899)刻宣統二年(1910)印本影印本　七册　存十七卷(外集一至十七)

330000－1701－0105471　M610723　子部/醫家類/眼科之屬
銀海精微一卷　(唐)孫思邈輯　陳滋評　民國十九年(1930)上海千頃堂書局石印本　一册

330000－1701－0105472　M609776　類叢部/叢書類/郡邑之屬
遼海叢書八十種附一種　金毓黻編　民國二十年至二十三年(1931－1934)遼海書社鉛印本([康熙]廣寧縣志卷七至八原缺)　五册　存一種

330000－1701－0105473　M610724　子部/小説家類/異聞之屬
新溪病餘生述異一卷　屠鳳翔撰　民國三年(1914)南潯古香室刻本　一册

330000－1701－0105474　M609990　史部/目録類/書志之屬/題跋
藏園羣書題記續集六卷　傅增湘撰　民國二十七年(1938)江安傅增湘藏園鉛印本　三册

330000－1701－0105477　M602892　集部/别集類/清别集
茗香館遺草一卷　(清)祝幼珊撰　民國十八年(1929)祝履中鉛印本　一册

330000－1701－0105480　M609991　子部/小説家類
筆記小説大觀二百二十二種　進步書局輯　民國上海進步書局石印本　十二册　存十種

330000－1701－0105481　M602893　史部/傳記類/總傳之屬/仕宦
百歲敘譜六卷　(清)丁文策　(清)陳師錫　(清)沈九如輯　民國十一年(1922)上海中華書局鉛印本　六册

330000－1701－0105483　M610725　子部/兵家類/兵法之屬
古兵法彙纂一卷　軍學編輯局編　民國軍學編輯局鉛印本　一册

330000－1701－0105484　M602438　類叢部/叢書類/郡邑之屬
惜硯樓叢刊八種　林慶雲編　民國二十四年(1935)瑞安林氏鉛印本　一册　存一種

330000－1701－0105485　M609777　類叢部/叢書類/彙編之屬
乙亥叢編十六種　趙詒琛　王保譿　王大隆編　民國二十四年(1935)鉛印本　四册

330000－1701－0105489　M611114　子部/儒家類/儒學之屬/俗訓
平旦鐘聲二卷毁滅淫書文一卷　(清)好德書齋編　民國悲憫生鉛印本　一册

330000－1701－0105490　M610726　史部/政書類/律令之屬/律例
審斷須知不分卷　魏頌唐輯　民國四年(1915)浙江印刷公司鉛印本　一册

330000－1701－0105491　M602894　類叢部/叢書類/彙編之屬
古書叢刊十六種　陳琰輯　民國十一年(1922)古書流通處影印本　十册　存第一輯三種

330000－1701－0105492　M609992　子部/藝術類/遊藝之屬/聯語
宋詞集聯一卷　程柏堂撰　民國二十三年(1934)鎮江江南印書館影印本　一册

330000－1701－0105493　M602439　史部/金石類
竹園陶説一卷古玉考一卷　劉子芬撰　民國十四年(1925)石印本　一册

330000－1701－0105494　M611115　集部/戲劇類/傳奇之屬
錫六環二卷二十四回　(清)孫埏撰　民國五年(1916)奉化湖瀾書塾刻本　二册

330000－1701－0105495　M609778　類叢部/叢書類/自著之屬
崇雅堂叢書十四種　楊晨撰　民國二十五年(1936)楊紹翰鉛印本　一冊　存一種

330000－1701－0105496　M602895　集部/曲類/散曲之屬
續曲雅一卷　盧前輯　民國二十二年(1933)上海開明書店鉛印本　一冊

330000－1701－0105497　M602440　史部/雜史類/斷代之屬
明季稗史續編六種　民國元年(1912)上海商務印書館鉛印本　三冊

330000－1701－0105499　M602441　類叢部/叢書類/自著之屬
舜水遺書四種附錄一卷　(明)朱之瑜撰　民國二年(1913)山陰湯壽潛鉛印本　十一冊　存三種

330000－1701－0105500　M602896　集部/別集類
蠖齋詩三卷詩話三卷　陳寶煐撰　民國鉛印本　一冊

330000－1701－0105501　M609993　史部/政書類/考工之屬/營造
工段營造録一卷揚州畫舫録涉及營造之紀述一卷　(清)李斗撰　民國二十年(1931)中國營造學社鉛印本　一冊

330000－1701－0105504　M602442　子部/藝術類/書畫之屬/書法書品
漢溪書法通解八卷　(清)戈守智撰　民國上海朝記書莊石印本　四冊

330000－1701－0105505　M609994　子部/醫家類/婦科之屬/廣嗣
續嗣珍寶一卷　民國二十一年(1932)鉛印本　一冊

330000－1701－0105506　M602443　史部/金石類
非儒非俠齋金石叢著十種　顧燮光撰　民國會稽顧氏金佳石好樓石印本暨鉛印本　二冊　存一種

330000－1701－0105507　M609780　集部/別集類/清別集
立懦齋外集殘稿一卷　(清)顧壽楨撰　民國十六年(1927)科學儀器館影印本　一冊

330000－1701－0105508　M611117　子部/儒家類/儒學之屬/禮教/家訓
顔氏家訓七卷補遺一卷重校正一卷　(北齊)顔之推撰　(清)趙曦明注　(清)盧文弨補
顔氏家訓注補正一卷　(清)錢大昕撰　民國崇新書局石印本　六冊

330000－1701－0105509　M610727　史部/傳記類/別傳之屬/事狀
郭節母廖太夫人清芬錄不分卷　郭兆霖輯　民國鉛印本　四冊

330000－1701－0105510　M609781　子部/宗教類/佛教之屬
西方公據一卷　民國十四年至十五年(1925－1926)普陀佛經流通處刻本　一冊

330000－1701－0105511　M602444　子部/宗教類/道教之屬/經文
玉樞經籥二十四卷首一卷末一卷　(清)姚燮撰　民國十一年(1922)上海新學會社鉛印本　一冊

330000－1701－0105512　M611118　子部/儒家類/儒學之屬/性理
求志齋庸言十則一卷　梅契壽撰　民國九年(1920)鉛印本　一冊

330000－1701－0105514　M602898　經部/小學類/文字之屬/字書
虛字折中四卷　吳熙纂　民國十四年(1925)上海古今圖書店鉛印本　一冊

330000－1701－0105515　M602445　類叢部/叢書類/彙編之屬
雙肇樓叢書　張江裁(張涵鋭)輯　民國鉛印本　二冊　存清代燕都梨園史料二種

330000－1701－0105516　M609782　史部/

傳記類/别傳之屬/事狀

桐鄉鄭書田先生暨德配汪夫人八旬薦福榮褒録三卷首一卷附録一卷 鄭惟章輯 民國八年(1919)鉛印本 一册

330000－1701－0105518 M611119 子部/醫家類/類編之屬

醫藥叢書第一集六種 裘慶元輯 民國五年(1916)杭州三三醫社刻本 一册 存一種

330000－1701－0105519 M609783 集部/别集類

貞孝先生遺墨五卷 吳受福撰 民國二十二年(1933)檇李郭氏刻本 二册

330000－1701－0105520 M610728 新學/政治法律/政治

上國民政府并告全國同胞救亡書一卷 閔天培撰 民國二十二年(1933)上海大真圖書館鉛印本 一册

330000－1701－0105521 M602446 類叢部/叢書類/自著之屬

勵堂遺書八種 顧家相撰 民國八年至十九年(1919－1930)會稽顧氏鉛印本 一册 存一種

330000－1701－0105522 M609995 子部/雜著類/雜説之屬

鬱岡齋筆麈四卷 (明)王肯堂撰 民國十九年(1930)國立北平圖書館鉛印本 二册

330000－1701－0105524 M602447 經部/小學類/文字之屬

幽求室字説一卷附説文足部字攷原一卷 胡吉宣撰 民國影印本 一册

330000－1701－0105525 M602448 類叢部/叢書類/自著之屬

章氏叢書十三種 章炳麟撰 民國六年至八年(1917－1919)浙江圖書館刻本 一册 存一種

330000－1701－0105526 M609785 子部/藝術類/遊藝之屬/聯語

娉花媚竹館宋詞集聯八卷 俞鎮輯 民國二十五年(1936)海印樓鉛印本 一册 存四卷(一至四)

330000－1701－0105527 M604588 史部/政書類/公牘檔冊之屬

甌海觀政録八卷 黄慶瀾編 民國十年(1921)鉛印本 八册

330000－1701－0105528 M602449 集部/别集類/明别集

霜猨集校訂補注一卷 (明)周同谷撰 孟森注 民國五年(1916)上海商務印書館鉛印本 一册

330000－1701－0105529 M610729 子部/宗教類/道教之屬

莊子十卷附校勘記一卷 (晉)郭象注 (唐)陸德明音義 民國九年(1920)浙江圖書館刻本 三册 存七卷(一至三、七至十)

330000－1701－0105531 M602450 經部/四書類/總義之屬/傳説

四書白話註解 許伏民 童官卓編 民國上海羣學社石印本 五册 存一種

330000－1701－0105532 M609786 史部/金石類/石之屬/文字

金石文字辨異補編五卷 楊紹廉撰 民國石印本 五册

330000－1701－0105533 M602451 史部/傳記類/别傳之屬/事狀

吳興周夢坡先生訃告一卷年譜一卷墓表一卷墓誌銘一卷畫史一卷 周延礽輯 民國二十三年(1934)影印本暨鉛印本 一册 存一卷(年譜)

330000－1701－0105534 M609997 集部/别集類/清别集

立懦齋外集殘稿一卷 (清)顧壽楨撰 民國十六年(1927)科學儀器館影印本 一册

330000－1701－0105535 M602452 集部/别集類/清别集

靈芬館詩初集四卷二集十卷三集四卷 (清)郭麐撰 民國二年(1913)上海掃葉山房石印

本　八冊

330000－1701－0105537　M609998　史部/政書類/儀制之屬/典禮

文廟續通考一卷　孫樹義輯　民國二十三年(1934)上海中華書局鉛印本　一冊

330000－1701－0105538　M602453　集部/總集類/郡邑之屬

瀏陽二傑文二卷　(清)譚嗣同　(清)唐才常撰　民國鉛印本　二冊

330000－1701－0105540　M609999　類叢部/叢書類/自著之屬

遯廬叢書八種　余重耀撰　民國鉛印本　四冊　存六種

330000－1701－0105541　M602454　史部/傳記類/總傳之屬/忠孝

金華縣義祀祠譜錄十二卷　民國十年(1921)石印本　四冊

330000－1701－0105543　M602455　類叢部/叢書類/郡邑之屬

四明叢書一百六十七種　張壽鏞編　民國四明張氏約園刻本　一冊　存一種

330000－1701－0105545　M602456　類叢部/類書類/通類之屬

增補事類統編九十三卷首一卷　(清)黄葆真增輯　民國四年(1915)上海文盛書局石印本　十二冊

330000－1701－0105547　M602032　子部/醫家類/醫經之屬/内經

内經知要二卷　(清)李中梓輯注　(清)薛雪補注　民國上海商務印書館鉛印本　一冊　存一卷(二)

330000－1701－0105549　M610001　史部/目録類/專録之屬

參加倫敦中國藝術國際展覽會出品目錄四卷　倫敦中國藝術國際展覽會籌備委員會編輯　民國二十四年(1935)鉛印本　一冊

330000－1701－0105551　M610002　史部/目録類/總録之屬/私撰

清吟閣書目四卷　(清)瞿世瑛撰　民國三年(1914)石印本　一冊

330000－1701－0105552　M610730　子部/宗教類/佛教之屬/諸宗

相宗綱要不分卷　梅光羲編　民國十年(1921)上海商務印書館鉛印本　一冊

330000－1701－0105553　M602457　集部/别集類/清别集

曝書亭集二十三卷詞七卷附錄一卷　(清)朱彝尊撰　民國四年(1915)中華圖書館石印本　四冊　缺二十三卷(一至二十三)

330000－1701－0105558　M604589　子部/小說家類

高坡異纂三卷　(明)楊儀撰　**說聽二卷**　(明)陸延枝撰　民國石印本　一冊　存二卷(高坡異纂下、說聽下)

330000－1701－0105559　M604592　史部/政書類/公牘檔冊之屬

浙江民政廳考察專員調查報告特刊一卷　陳萬里等撰　民國十八年(1929)鉛印本　一冊

330000－1701－0105560　M609789　類叢部/叢書類/彙編之屬

適園叢書七十四種　張鈞衡編　民國二年至六年(1913－1917)烏程張氏刻本(唐大詔令集卷十四至二十四、八十七至九十八原缺)　八冊　存二種

330000－1701－0105561　M604593　史部/傳記類/别傳之屬/事狀

張氏旌節錄不分卷　張懷德輯　民國九年(1920)張懷德刻本　一冊

330000－1701－0105562　M604594　經部/四書類/總義之屬/傳說

四書纂疏二十六卷札記一卷　(宋)趙順孫撰　民國十四年(1925)聖風書苑據清康熙通志堂經解本影印本　六冊　存二十二卷(大學、論語四至十、孟子一至十四)

330000－1701－0105563　M609790　類叢

部/叢書類/彙編之屬

香艷叢書三百二十六種 (清)蟲天子輯 民國三年(1914)上海中國圖書公司和記鉛印本 四冊 存九種

330000－1701－0105567 M610006 集部/別集類

鄭齋感逝詩甲集四卷乙集一卷 孫雄撰 民國七年(1918)鉛印本 二冊

330000－1701－0105568 M609791 類叢部/叢書類/彙編之屬

香艷叢書三百二十六種 (清)蟲天子輯 民國三年(1914)上海中國圖書公司和記鉛印本 二冊 存四種

330000－1701－0105569 M611120 子部/宗教類/佛教之屬

夢授真經註解一卷 悟真子註 **孚佑帝君後五品仙經一卷** 民國慈善會刻本 一冊

330000－1701－0105571 M604595 類叢部/叢書類/彙編之屬

復性書院叢刊二十七種 馬浮編 民國二十九年至三十七年(1940－1948)復性書院刻本暨鉛印本 八冊 存一種

330000－1701－0105572 M611121 集部/別集類

南陽草堂一卷 鄧佩韋撰 民國二十二年(1933)鉛印本 一冊

330000－1701－0105573 M609792 類叢部/叢書類/彙編之屬

雙肇樓叢書 張江裁(張涵鋭)輯 民國鉛印本 一冊 存清代燕都梨園史料五種

330000－1701－0105574 M604643、M610007 史部/政書類/考工之屬/營造

中國建築史三卷 樂嘉藻撰 民國二十二年(1933)鉛印本 漆意若題記 三冊

330000－1701－0105575 M611122 子部/醫家類/類編之屬

勉齋醫學叢書 許勉齋撰 民國二十六年(1937)鉛印本 一冊

330000－1701－0105578 M611123 集部/別集類/清別集

名山藏副本初集二卷贈言集一卷 (清)齊周華撰 民國九年(1920)杭州武林印書館鉛印本 一冊 存二卷(二、諸公贈言集)

330000－1701－0105579 M604596 經部/小學類/文字之屬/說文

說文粹三編三卷 朱孔彰撰 民國石印本 一冊 存一卷(上)

330000－1701－0105580 M602899 子部/藝術類/遊藝之屬/棋弈

桃花泉奕譜二卷 (清)范世勳撰 民國上海千頃堂石印本 一冊 存一卷(下)

330000－1701－0105584 M602900 史部/目録類/專録之屬

中國文學選讀書目不分卷 吴虞重訂 民國十四年(1925)成都茹古書局刻本 一冊

330000－1701－0105585 M609793 集部/別集類/清別集

晚香廬詩詞鈔不分卷 (清)韓潮撰 民國二十五年(1936)鉛印本 一冊

330000－1701－0105586 M611125 史部/政書類/公牘檔冊之屬

國民黨宣言規約一卷 國民黨浙支部輯 民國元年(1912)鉛印本 一冊

330000－1701－0105589 M604598 史部/雜史類/斷代之屬

聖德紀略一卷僟直紀略一卷恩遇紀略一卷舊聞紀略一卷 瞿鴻禨撰 民國九年(1920)影印本 一冊

330000－1701－0105590 M611126 類叢部/叢書類/家集之屬

武林丁氏家集十三種 丁立誠 丁立中撰 民國錢塘丁氏嘉惠堂鉛印本 二冊 存一種

330000－1701－0105592 M602901 集部/別集類

芬陀利館瓿稿五卷 周大封撰 民國八年(1919)鉛印本 周大封題記 一冊 存一卷

(西山遊記)

330000－1701－0105593　M611127　經部/四書類/大學之屬/傳說
大學古本質言一卷　(清)劉沅撰　民國八年(1919)杭州明德慈善社鉛印本　一册

330000－1701－0105595　M604599　子部/儒家類/儒學之屬/性理
昌儒醒世鏡正編一卷前編一卷附編一卷　(明)王守仁撰　民國十二年(1923)杭州停雲軒鉛印本　一册

330000－1701－0105596　M602902　類叢部/叢書類/彙編之屬
金陵大學中國文化研究所叢刊　金陵大學中國文化研究所編　民國金陵大學中國文化研究所刻本、鉛印本暨影印本　一册　存一種

330000－1701－0105597　M609798　集部/總集類/選集之屬/通代
古詩源十四卷　(清)沈德潛輯　民國上海商務印書館鉛印本　二册　存七卷(八至十四)

330000－1701－0105598　M604600　子部/宗教類/佛教之屬/論
性善惡論六卷　(明)釋傳燈撰　民國十二年至十三年(1923－1924)杭州刻經處刻本　三册

330000－1701－0105601　M602903　類叢部/叢書類/彙編之屬
墨香簃叢編六種　楊嘉編　民國石印本　溟子題記　一册　存二種

330000－1701－0105605　M602905　集部/別集類/清別集
幸草亭詩鈔二卷　(清)楊文瑩撰　民國八年(1919)錢塘楊氏勵采堂鉛印本　二册

330000－1701－0105608　M610011　類叢部/叢書類/彙編之屬
雪堂叢刻(國學叢刊)五十二種　羅振玉編　民國四年(1915)上虞羅氏鉛印本　一册　存一種

330000－1701－0105609　M611128　經部/孝經類/正文之屬
至聖孝經一卷附古本大學一卷文昌帝君孝經一卷　民國十年(1921)兩浙節孝總祠鉛印本　一册

330000－1701－0105610　M604638、M609800　類叢部/叢書類/自著之屬
貞松老人遺稿乙集四種　羅振玉撰　民國三十二年(1943)上虞羅福頤鉛印本　二册　存一種

330000－1701－0105613　M604602　史部/傳記類/總傳之屬/家乘
[江蘇無錫]錢氏宗譜備要不分卷　錢宗濂纂修　民國十一年(1922)木活字印本　二册

330000－1701－0105614　M602907　集部/別集類
庚午集一卷　張朝墉撰　民國十九年(1930)鉛印本　一册

330000－1701－0105615　M610012　史部/傳記類/別傳之屬/事狀
錢士青都轉七秩壽言彙編三卷首一卷　民國三十一年(1942)鉛印本　一册

330000－1701－0105616　M602908　集部/別集類
庚午集一卷　張朝墉撰　民國十九年(1930)鉛印本　一册

330000－1701－0105617　M611129　史部/地理類/方志之屬/郡縣志
[乾隆]烏青鎮志十二卷　(清)董世寧纂修　民國七年(1918)鉛印本　二册

330000－1701－0105619　M602909　子部/藝術類/遊藝之屬/聯語
娉花媚竹館宋詞集聯八卷　俞鎮輯　民國二十五年(1936)海印樓鉛印本　二册

330000－1701－0105620　M604603　史部/金石類/石之屬/圖像
角直保聖寺唐塑一覽不分卷　教育部保存角直唐塑委員會編　民國十八年(1929)教育部

保存角直唐塑委員會影印本　一册

330000－1701－0105621　M611130　子部/宗教類/佛教之屬/律

梵網經菩薩戒集證一卷　釋妙朗撰　**佛說梵網經菩薩戒本一卷**　(後秦)釋鳩摩羅什譯　民國十七年(1928)鉛印本　一册

330000－1701－0105623　M602910　集部/別集類

濤園詩集四卷　沈瑜慶撰　民國九年(1920)李宣龔鉛印本　一册　存二卷(三至四)

330000－1701－0105624　M609801　類叢部/叢書類/彙編之屬

士禮居黃氏叢書十九種附四種　(清)黃丕烈輯　民國四年(1915)上海石竹山房據清黃氏刻本影印本　四册　存七種

330000－1701－0105625　M604604　史部/金石類/總志之屬

愙齋甎瓦録一卷　(清)吳大澂跋識　民國西泠印社影印本　一册

330000－1701－0105626　M611131　集部/詞類/別集之屬

式谿詞一卷　吳士鑑撰　民國二十五年(1936)鉛印本　一册

330000－1701－0105627　M610013　史部/政書類/公牘檔册之屬

浙江省臨時政治會議及中央政治會議浙江分會會議紀録彙刊不分卷　浙江省政府秘書處編　民國十七年(1928)浙江省政府秘書處鉛印本　一册

330000－1701－0105629　M610014　史部/政書類/公牘檔册之屬

浙江省臨時政治會議及中央政治會議浙江分會會議紀録彙刊不分卷　浙江省政府秘書處編　民國十七年(1928)浙江省政府秘書處鉛印本　一册

330000－1701－0105630　M602912　集部/別集類/清別集

愧廬文鈔二卷詩鈔一卷聯稿一卷　(清)胡鍾生撰　蔡元培選　民國三年(1914)上海越社鉛印本　一册

330000－1701－0105631　M611132　類叢部/叢書類/自著之屬

崇雅堂叢書十四種　楊晨撰　民國二十五年(1936)楊紹翰鉛印本　一册　存二種

330000－1701－0105632　M604605　子部/藝術類/篆刻之屬/印譜

交泰殿寶譜不分卷　故宮博物院文獻館輯　民國十八年(1929)故宮博物院文獻館影印本　一册

330000－1701－0105634　M611133　史部/紀傳類/正史之屬

史記訂補八卷　李笠撰　民國十三年(1924)瑞安李氏橫經室刻本　四册

330000－1701－0105635　M602913　類叢部/叢書類/彙編之屬

丁丑叢編十種　趙詒琛　王大隆輯　民國二十六年(1937)鉛印本　四册

330000－1701－0105636　M604613　子部/藝術類/書畫之屬

白華山人詩書畫真蹟彙編不分卷　(清)厲志書并繪　厲汝熊輯　民國十一年(1922)文明書局影印本　一册

330000－1701－0105637　M610016　經部/群經總義類/文字音義之屬

唐寫本經典釋文殘卷校語補正一卷　馬敘倫撰　民國鉛印本　一册

330000－1701－0105638　M604606　子部/雜著類/雜說之屬

偕隱廡漫筆二卷　金濤撰　民國二十年至二十一年(1931－1932)浙江省立圖書館鉛印本　一册　存一卷(一)

330000－1701－0105639　M611134　集部/別集類/明別集

陶元暉中丞遺集二卷首一卷附録一卷跋一卷　(明)陶朗先撰　民國九年(1920)上海聚珍倣宋印書局鉛印本　二册

330000－1701－0105643　M610018　集部/別集類
畏廬三集一卷　林紓撰　民國十三年(1924)上海商務印書館鉛印本　一冊

330000－1701－0105645　M609804　集部/別集類
雙修閣詩存二卷　張元默撰　民國十年(1921)鉛印本　一冊

330000－1701－0105648　M609806　集部/別集類
束柴病叟詩二卷　龐樹階撰　民國二十五年(1936)吳門刻本　一冊

330000－1701－0105649　M609807　集部/別集類
東山先生詩一卷　張天爵撰　民國二十四年(1935)鉛印本　一冊

330000－1701－0105650　M609809　史部/地理類/遊記之屬/紀勝
黄山吟一卷　徐鋆撰　民國鉛印本　一冊

330000－1701－0105651　M609810　史部/傳記類/別傳之屬
鏡臺餘韻不分卷　王俟編　民國二十二年(1933)鉛印本　一冊

330000－1701－0105652　M609813　史部/政書類/公牘檔冊之屬
浙江省政府會議紀錄彙刊不分卷　浙江省政府秘書處編　民國十七年至十九年(1928－1930)浙江省政府秘書處鉛印本　一冊　存第四編

330000－1701－0105653　M609814、M609815　集部/別集類
蒹葭里館詩二卷　吳用威撰　民國八年(1919)鉛印本　二冊

330000－1701－0105662　M604609　集部/總集類/選集之屬/斷代
唐六名家集　(明)毛晉輯　民國十五年(1926)上海商務印書館據明毛氏汲古閣刻本影印本　一冊　存一種

330000－1701－0105665　M610019　史部/傳記類/總傳之屬/斷代
辛亥殉難記五卷首一卷辛亥殉難表不分卷　吳慶坻輯　民國五年(1916)鉛印本　一冊　存目錄

330000－1701－0105667　M604611　子部/藝術類/書畫之屬/畫譜
清操軒畫賸不分卷　趙詠清繪　民國十五年(1926)上海大德書局石印本　胡慶桓、鄭修元、王鴻賓題記　一冊

330000－1701－0105670　M604612　史部/傳記類/別傳之屬/事狀
張又萊先生赴告一卷　張天惠等撰　民國二十二年(1933)石印本　一冊

330000－1701－0105671　M611135　集部/別集類
椿花閣詩集八卷　段朝端撰　民國八年(1919)鉛印本　一冊　存四卷(一至四)

330000－1701－0105675　M610021　經部/詩類/專著之屬
詩經學一卷　胡韞玉編　民國安吳胡氏鉛印本　一冊

330000－1701－0105676　M604614　史部/傳記類/總傳之屬/仕宦
民國十五年以前之蔣介石先生八卷　毛思誠撰　民國二十六年(1937)鉛印本　二十冊

330000－1701－0105677　M611136　子部/宗教類/佛教之屬/諸宗
相宗綱要不分卷　梅光羲編　民國十一年(1922)上海商務印書館鉛印本　一冊

330000－1701－0105678　M602458　集部/別集類/宋別集
岳忠武王文集八卷首一卷末一卷　(宋)岳飛撰　(清)黄邦寧纂修　民國元年(1912)上海江左書林石印本　四冊

330000－1701－0105681　M602459　子部/藝術類/書畫之屬/畫法畫品
風景畫法一卷　吕濬撰　民國三年(1914)上

海世界雜誌社石印本　一册

330000－1701－0105686　M610022　史部/目録類/專録之屬
癖泉書室所藏泉幣書目四卷附錄一卷　宗惟恭編　民國二十三年(1934)上元宗氏癖泉書室鉛印本　一册

330000－1701－0105687　M602460　類叢部/叢書類/輯佚之屬
經典集林三十種三十二卷　(清)洪頤煊撰録　民國十五年(1926)海寧陳乃乾慎初堂據清嘉慶問經堂叢書本影印本　一册

330000－1701－0105689　M611138　集部/別集類
鐵山文稿一卷詩稿一卷　余重耀撰　民國鉛印本　一册

330000－1701－0105692　M602461　子部/宗教類/道教之屬/道藏
道藏舉要一百七十六種　上海商務印書館編　民國上海商務印書館影印本　一册　存二種

330000－1701－0105697　M602462　史部/史評類/史論之屬
橫山史論一卷　(清)裘璉撰　(清)胡二齋評選　民國三年(1914)鉛印本　一册

330000－1701－0105698　M604617　類叢部/叢書類/彙編之屬
四部備要　中華書局編　民國二十五年(1936)上海中華書局鉛印本　二册　存一種

330000－1701－0105699　M602463　子部/儒家類/儒學之屬/性理
楊園菁華錄四卷　(清)張履祥撰　(清)沈志本纂　民國二十四年(1935)楊園學社鉛印本　一册

330000－1701－0105700　M602464　經部/小學類/文字之屬/字書/通論
文字學發凡三卷首一卷　馬宗霍撰　民國二十四年(1935)上海商務印書館石印本　一册

330000－1701－0105701　M602465　類叢部/叢書類/自著之屬
勴堂遺書八種　顧家相撰　民國八年至十九年(1919－1930)會稽顧氏鉛印本　一册　存一種

330000－1701－0105705　M604619　子部/醫家類/方書之屬/歷代方書
大德重校聖濟總錄二百卷　(宋)徽宗趙佶修　民國八年(1919)上海文瑞樓石印本　十册　存四十卷(一百一至一百四十)

330000－1701－0105707　M602466　類叢部/叢書類/自著之屬
廣雅堂四種　(清)張之洞撰　民國南皮張氏刻本　二册　存二種

330000－1701－0105709　M610025　類叢部/叢書類/彙編之屬
國立北京大學研究院文史叢刊　國立北京大學研究院文史部輯　民國上海商務印書館鉛印本暨影印本　一册　存一種

330000－1701－0105711　M604620　史部/金石類/總志之屬
雪古叢編十種　羅振玉輯　民國上虞羅氏影印本　一册　存一種

330000－1701－0105712　M602467　集部/詞類/別集之屬
寄榆詞一卷　魏鹹撰　民國二十六年(1937)剡溪濟美堂袁氏刻本　一册

330000－1701－0105717　M602468、M602493　集部/總集類/選集之屬/通代
詳註經史百家雜鈔二十六卷　(清)曾國藩纂　民國十九年(1930)上海掃葉山房石印本　十二册

330000－1701－0105718　M604622　史部/傳記類/別傳之屬/事狀
張壽鏞行述一卷　張康潮等撰　**張詠霓先生創辦光華大學記一卷**　吕思勉撰　**編輯四明叢書記聞一卷**　馮貞羣撰　民國三十五年(1946)鉛印本　一册

330000－1701－0105722　M602469　子部/小說家類
顧氏明朝四十家小說四十種　(明)顧元慶輯　民國四年(1915)上海國粹扶輪社石印本　八冊

330000－1701－0105723　M604623　史部/傳記類/別傳之屬/事狀
省長惠農陳公六十壽言一卷　梁鴻志等撰　民國二十八年(1939)鉛印本　一冊

330000－1701－0105724　M604624　子部/藝術類/書畫之屬/法帖
古今尺牘墨蹟大觀不分卷　高時顯輯　民國十七年(1928)中華書局影印本　五冊　存五冊(十二至十六)

330000－1701－0105725　M604625　子部/宗教類/佛教之屬/論疏
攝大乘論釋十卷　(天竺)無性菩薩造　(唐)釋玄奘譯　民國五年(1916)金陵刻經處刻本　四冊

330000－1701－0105728　M602771　類叢部/叢書類/彙編之屬
自青榭叢書　卓定謀輯　民國鉛印本　一冊　存一種

330000－1701－0105729　M610028　類叢部/叢書類/彙編之屬
吉石庵叢書二十七種　羅振玉輯　民國上虞羅氏影印本　一冊　存一種

330000－1701－0105730　G008730、G011067　集部/小說類/長篇之屬
民族小說繡像洪秀全演義四集八卷五十四回　(清)黄世仲撰　民國石印本　八冊

330000－1701－0105732　M602772　類叢部/叢書類/自著之屬
崇雅堂叢書十四種　楊晨撰　民國二十五年(1936)楊紹翰鉛印本　一冊　存二種

330000－1701－0105734　M602773　史部/地理類/專志之屬/宮殿
圓明園攷一卷　程演生輯　民國十七年(1928)上海中華書局鉛印本　一冊

330000－1701－0105738　M602774　史部/傳記類/別傳之屬/事狀
晴川先生[孫之騄]事略一卷　樊鎮輯　民國五年(1916)紹興樊氏鉛印本　一冊

330000－1701－0105739　G008796　集部/總集類/郡邑之屬
禹域叢書三種十二卷　禹域新聞社輯　民國鉛印本　一冊　存一種

330000－1701－0105742　M602775　史部/傳記類/別傳之屬/年譜
含嘉室自訂年譜一卷　吴士鑑撰　民國鉛印本　一冊

330000－1701－0105748　M602778　集部/別集類
寄傲龕遺集三卷　黄壽曾撰　民國十九年(1930)鉛印本　一冊

330000－1701－0105751　M602779　集部/別集類
芬陀利館瓿稿五卷　周大封撰　民國八年(1919)鉛印本　一冊　存二卷(富春三日遊記、問瀨集)

330000－1701－0105752　M602780　集部/別集類
風雨雞鳴錄不分卷　蔡璜撰　民國十五年(1926)蘇州工業專校鉛印本　一冊

330000－1701－0105756　M602782　集部/別集類
澳門雜詩一卷　汪兆鏞撰　民國七年(1918)鉛印本　一冊

330000－1701－0105759　M602783　集部/別集類
清吟草堂遺著不分卷　朱鳳儀撰　民國十三年(1924)鉛印本　一冊

330000－1701－0105760　M602784　集部/別集類/清別集
新淦公遺稿三卷附錄一卷　(清)章定瑜撰

章乃羹輯　民國二十二年(1933)鉛印本　一册

330000－1701－0105763　M602785　集部/別集類
南枝集三卷　(越南)阮尚贙撰　民國十四年(1925)鉛印本　一册

330000－1701－0105764　M602786　集部/別集類/清別集
緣督軒遺稿一卷　(清)王敬銘撰　**王書衡先生文稿一卷**　王式通撰　民國四年(1915)上海商務報館鉛印本　一册

330000－1701－0105765　M602470　集部/總集類/彙編之屬
汲古閣景鈔南宋六十家小集　(宋)陳起輯　民國十年(1921)上海古書流通處據明汲古閣景鈔宋本影印本(安晚堂詩集卷一至五、十三至六十原缺)　十二册　存三十四種

330000－1701－0105769　M602471　類叢部/叢書類/彙編之屬
古今文藝叢書十集　何藻編　民國二年至四年(1913－1915)上海廣益書局鉛印本　六册　存第一集十八種

330000－1701－0105770　M602472　類叢部/叢書類/自著之屬
勴堂遺書八種　顧家相撰　民國八年至十九年(1919－1930)會稽顧氏鉛印本　一册　存一種

330000－1701－0105771　M602473　史部/金石類
非儒非俠齋金石叢著十種　顧燮光撰　民國會稽顧氏金佳石好樓石印本暨鉛印本　一册　存一種

330000－1701－0105775　M602788　集部/總集類/酬唱之屬
海昌徐逸卿先生重游泮水集一卷　徐家熙輯　民國二十四年(1935)鉛印本　一册

330000－1701－0105778　M602792　集部/別集類
雞鳴集四卷附錄一卷補編一卷　馮壽梅撰　民國三十六年(1947)磬園木活字印本　一册

330000－1701－0105779　M602793　集部/別集類/清別集
寓庸室詩稿一卷　(清)余坤撰　民國七年(1918)余重耀南昌石印本　一册

330000－1701－0105780　M610030　集部/別集類/明別集
重訂祝子遺書六卷首一卷末一卷　(明)祝淵撰　祝廷錫編　民國六年(1917)知非樓刻本　二册

330000－1701－0105782　M602794　史部/目録類/總録之屬/私撰
鄞范氏天一閣書目内編十卷　馮貞羣編　民國二十六年至二十九年(1937－1940)寧波重修天一閣委員會鉛印本　四册

330000－1701－0105783　M602795　類叢部/叢書類/自著之屬
非儒非俠齋著書二種　顧燮光撰　民國杭州金佳石好樓石印本　二册　存一種

330000－1701－0105785　M602796　集部/別集類
鉤心集詩草一卷　陳之錡撰　民國二十四年(1935)上海中華書局鉛印本　一册

330000－1701－0105787　M610032　史部/傳記類/總傳之屬/家乘
[浙江杭州]錢塘沈氏家乘十卷　(清)沈紹勳輯　沈組緜增輯　民國八年(1919)西泠印社木活字印本　三册　存八卷(三至十)

330000－1701－0105788　M602798　史部/金石類/石之屬
洛陽出土石刻時地記一卷　郭玉堂訪記　王廣慶校錄　民國三十年(1941)大華書報社鉛印本　鄭鶴雲題記　一册

330000－1701－0105792　M604627　類叢部/叢書類/彙編之屬
四部叢刊　張元濟等編　民國上海商務印書館影印本　三十六册　存一種

330000－1701－0105794　M602474　子部/雜著類/雜説之屬

儵游浪語三卷　傅向榮撰　民國十五年(1926)味果園刻本　三册

330000－1701－0105797　M611139　子部/雜著類/雜考之屬

古書疑義舉例叢刊四種　鼎文書社輯　民國十三年(1924)長沙鼎文書社刻本　三册

330000－1701－0105800　M602799　史部/雜史類/斷代之屬

滿清稗史十六種附二種　陸保璿輯　民國二年(1913)新中國圖書局鉛印本　一册　存一種

330000－1701－0105801　M611140　子部/宗教類/道教之屬/雜著

真誥二十卷　(南朝梁)陶弘景撰　民國十六年(1927)上海倉學書院鉛印本　二册

330000－1701－0105803　M602800　史部/政書類/公牘檔册之屬

黎副總統政書三十四卷　黎元洪撰　易國幹等編　民國四年(1915)上海古今圖書局石印本　二十四册

330000－1701－0105804　M610731　子部/宗教類/道教之屬

雙修漸法述記不分卷　平常居士撰　民國鉛印本　一册

330000－1701－0105806　M602475　類叢部/叢書類/自著之屬

闞霍初先生遺著　闞鐸撰　民國刻本　一册　存一種

330000－1701－0105808　M611141　子部/儒家類/儒學之屬/禮教/家訓

明袁了凡四訓一卷附録俞淨意公遇竈神記一卷　(明)袁黄撰　民國十一年(1922)上海佛學推行社鉛印本　一册

330000－1701－0105809　M610732　子部/宗教類/道教之屬

雙修漸法述記不分卷　平常居士撰　民國鉛印本　一册

330000－1701－0105812　M610733　子部/宗教類/道教之屬

雙修漸法述記不分卷　平常居士撰　民國鉛印本　一册

330000－1701－0105813　M611142　集部/别集類

寄傲龕遺集三卷　黄壽曾撰　民國十九年(1930)鉛印本　一册

330000－1701－0105814　M602476　史部/傳記類/别傳之屬/事狀

吴芝瑛夫人傳略一卷遺著一卷榮哀録一卷　惠泉編　民國二十五年(1936)無錫雙飛閣鉛印本　一册

330000－1701－0105815　M602803　史部/雜史類/通代之屬

歷朝野史九卷　(明)查應光輯　**歷朝野史續編二卷**　周鍾游輯　民國六年(1917)上海有正書局鉛印本　一册

330000－1701－0105816　M610734　子部/宗教類/道教之屬

雙修漸法述記不分卷　平常居士撰　民國鉛印本　一册

330000－1701－0105817　M611143　史部/傳記類/别傳之屬/年譜

八九回憶記一卷　葉爲銘撰　民國二十七年(1938)鉛印本　一册

330000－1701－0105820　M611144　史部/傳記類/别傳之屬/事狀

周節母邊氏旌額墓圖家傳詩文詞彙編一卷　孫樹禮輯　民國十八年(1929)邊桐鉛印本　一册

330000－1701－0105822　M602804、M610331　集部/詞類/類編之屬

彊村叢書一百七十八種　朱祖謀輯並撰校記　民國六年(1917)歸安朱氏刻十一年(1922)校補印本　三十九册　存一百六十七種

330000－1701－0105823　M611145　子部/宗教類/佛教之屬/諸宗
念佛鏡二卷　(唐)釋道鏡　(唐)釋善道集　民國三年(1914)金陵刻經處刻本　一册

330000－1701－0105826　M604628　史部/雜史類/斷代之屬
清談十卷　胡懷琛編　民國五年(1916)上海廣益書局鉛印本　一册　存二卷(一至二)

330000－1701－0105827　M611146　子部/小說家類/瑣語之屬
岐海瑣譚集十六卷　(明)姜準輯　民國二十五年(1936)浙江省永嘉區徵輯鄉先哲遺著委員會鉛印本　四册

330000－1701－0105828　M602477　集部/别集類/清别集
蒼雪大師南來堂詩集四卷補編四卷附録四卷　(清)釋讀徹撰　王培孫輯　**蒼雪大師行年考略一卷**　陳乃乾撰　民國二十九年(1940)上海鉛印本　三册

330000－1701－0105829　M611147　史部/傳記類/總傳之屬/郡邑
皖志列傳稿九卷　金天翮撰　民國二十五年(1936)鉛印本　八册

330000－1701－0105831　M610735　史部/傳記類/總傳之屬/斷代
國學會會員所在地調查表二卷　民國二十五年(1936)鉛印本　一册

330000－1701－0105833　M602805　類叢部/叢書類/家集之屬
顧氏家集十種　顧燮光編　民國十八年(1929)會稽顧氏金佳石好樓鉛印本暨石印本　四册

330000－1701－0105834　M611148　史部/目録類/總録之屬/地方
台州經籍志四十卷　項士元編　民國四年(1915)鉛印本　十六册

330000－1701－0105836　M611149　史部/目録類/總録之屬/地方
台州經籍志四十卷　項士元編　民國四年(1915)鉛印本　十六册

330000－1701－0105837　M610736　子部/宗教類/佛教之屬/經疏
心經文句一卷　(明)宋濂撰　**心經注解一卷**　(清)朱珪撰　**持誦觀世音心經併聖號靈感録一卷**　民國鉛印本　一册

330000－1701－0105838　M602806　子部/宗教類/道教之屬
道言五種　(清)陶素耜輯　(清)玉溪子批　民國十九年(1930)上海翼化堂書局石印本　八册

330000－1701－0105839　M610737　子部/宗教類/佛教之屬/經疏
心經文句一卷　(明)宋濂撰　**心經注解一卷**　(清)朱珪撰　**持誦觀世音心經併聖號靈感録一卷**　民國鉛印本　一册

330000－1701－0105841　M604630　類叢部/叢書類/彙編之屬
復性書院叢刊二十七種　馬浮編　民國二十九年至三十七年(1940－1948)復性書院刻本暨鉛印本　一册　存一種

330000－1701－0105843　M604631　史部/目録類/書志之屬/題跋
重印瓜圃叢刊敘録續編一卷　金梁撰　民國十七年(1928)鉛印本　一册

330000－1701－0105844　M602478　子部/宗教類/佛教之屬/諸宗
天樂鳴空集三卷　(明)鮑宗肇撰　民國二十年(1931)潮陽郭氏雙百鹿齋刻本　二册

330000－1701－0105848　M604632　子部/宗教類/道教之屬/方法
丹經指南二卷附補虧正法一卷　張松谷撰　民國十四年(1925)鉛印本　一册

330000－1701－0105849　M604633　子部/宗教類/佛教之屬
佛學叢書□□種　民國上海商務印書館鉛印本　一册　存一種

330000－1701－0105850　M610738　史部/目録類/總録之屬

金陵大學圖書館中文地理書目不分卷　金陵大學圖書館圖書研究部編　民國十五年(1926)油印本　一冊

330000－1701－0105858　M604635　子部/藝術類/遊藝之屬/聯語

集宋四家詞聯一卷　林葆恒輯　民國二十五年(1936)刻本　一冊

330000－1701－0105859　M604636　集部/總集類/彙編之屬

戊戌六君子遺集九種　張元濟輯　民國十五年(1926)上海商務印書館鉛印本　二冊　存三種

330000－1701－0105862　M602479　史部/傳記類/總傳之屬/仕宦

關帝史略演詞一卷　民國鉛印本　一冊

330000－1701－0105864　M604639　集部/詩文評類

文學津梁十二種　周鍾游編　民國五年(1916)上海有正書局石印本　一冊　存二種

330000－1701－0105865　M602732　集部/別集類

靈璅閣詩二卷附孫言草一卷　張惠衣撰　民國三十三年(1944)鉛印本　一冊

330000－1701－0105867　M602733　集部/別集類

靈璅閣詩二卷附孫言草一卷　張惠衣撰　民國三十三年(1944)鉛印本　一冊

330000－1701－0105868　M602734　集部/別集類

靈璅閣詩二卷附孫言草一卷　張惠衣撰　民國三十三年(1944)鉛印本　一冊

330000－1701－0105870　M604640　史部/雜史類/斷代之屬

直皖秘史一卷　張一麐編輯　民國九年(1920)上海世界書局石印本　一冊

330000－1701－0105872　M602735　集部/詩文評類/詩評之屬

詩人玉屑二十卷　(宋)魏慶之撰　民國三年(1914)上海掃葉山房石印本　六冊

330000－1701－0105876　M604642　集部/別集類/清別集

白城詩偶鈔一卷　(清)張曰銜撰　民國七年(1918)張念祖鉛印本　一冊

330000－1701－0105877　M602736　集部/別集類/宋別集

歐陽文忠公全集一百五十三卷　(宋)歐陽修撰　**首一卷附錄五卷**　民國上海錦章書局石印本　六冊　存二十五卷(一百三十四至一百五十三、附錄一至五)

330000－1701－0105880　M602480　史部/金石類/總志之屬

范鼎卿先生所著書三種　范壽銘撰　民國會稽顧燮光金佳石好樓石印本　一冊　存一種

330000－1701－0105881　M609865　類叢部/叢書類/彙編之屬

求恕齋叢書三十一種　劉承幹編　民國吳興劉氏嘉業堂刻本　二冊　存二種

330000－1701－0105882　M604644　子部/宗教類/道教之屬

通關文二卷　(清)劉一明撰　民國二十年(1931)杭州明德道場鉛印本　一冊

330000－1701－0105883　M602737　類叢部/叢書類/彙編之屬

四部備要　中華書局編　民國二十五年(1936)上海中華書局鉛印本　十二冊　存一種

330000－1701－0105885　M602481　類叢部/叢書類/彙編之屬

宋人小說二十八種　涵芬樓編　民國上海商務印書館鉛印本　一冊　存一種

330000－1701－0105886　M604646　集部/詩文評類/類編之屬

淮海先生詩詞叢話一卷補遺一卷　秦國璋輯

民國三年(1914)無錫秦氏嘉會堂刻本　一冊

330000－1701－0105888　M602740　史部/史評類/詠史之屬

吴越紀事詩一百二十首一卷　錢文選撰　民國二十六年(1937)鉛印本　一冊

330000－1701－0105889　M602482　類叢部/叢書類/彙編之屬

宋人小說二十八種　涵芬樓編　民國上海商務印書館鉛印本　一冊　存一種

330000－1701－0105890　M602741　子部/小說家類/異聞之屬

太平廣記五百卷　(宋)李昉等撰　民國十五年(1926)上海掃葉山房石印本　四十冊

330000－1701－0105891　M602483　集部/總集類/酬唱之屬

遊經樓閒關疊韻唱和集一卷補遺一卷　陶紹萊輯　民國十八年(1929)鉛印本　一冊

330000－1701－0105893　M602484　類叢部/叢書類/彙編之屬

宋人小說二十八種　涵芬樓編　民國上海商務印書館鉛印本　二冊　存一種

330000－1701－0105894　M604647　子部/藝術類/書畫之屬

清代名人手札甲集六卷附小傳　吳長瑛輯　民國十五年(1926)華南印書社影印本　一冊

330000－1701－0105895　M602742　集部/總集類/選集之屬/斷代

鹿鳴社稿初集二卷　汪張黻　徐映璞編　民國三十五年(1946)鉛印本　一冊

330000－1701－0105897　M609867　類叢部/叢書類/彙編之屬

燕京大學圖書館叢書　燕京大學圖書館編　民國北平燕京大學圖書館鉛印本暨影印本　一冊　存一種

330000－1701－0105898　M602485　子部/雜著類/雜考之屬

古書校讀法一卷　胡韞玉編　民國十四年(1925)安吳胡氏鉛印本　一冊

330000－1701－0105899　M602743　子部/小說家類/異聞之屬

鬼董狐五卷　民國五年(1916)上海商務印書館鉛印本　一冊

330000－1701－0105900　M610739　子部/宗教類/佛教之屬/論疏

十二門論義記科會一卷　釋幻修講　張元成錄　民國九年(1920)鉛印本　一冊

330000－1701－0105903　M602488　子部/小說家類/雜事之屬

板橋筆記小說四卷　(清)鄭燮撰　民國上海大德書局石印本　四冊

330000－1701－0105905　M602489　史部/傳記類/總傳之屬/斷代

敏求軒述記十六卷　(清)陳世箴輯　民國四年(1915)掃葉山房石印本　四冊

330000－1701－0105906　M609869　經部/小學類/文字之屬/字書/通論

中國文字之原始及其構造二編　蔣善國撰　民國二十四年(1935)上海商務印書館石印本　二冊

330000－1701－0105907　M602490　集部/詩文評類/文法之屬/函牘格式

註釋尺牘進階三卷　李澹吾編纂　民國七年(1918)商務印書館鉛印本　一冊

330000－1701－0105908　M611045　史部/政書類/公牘檔冊之屬

杭縣律師公會要覽不分卷　吳華編輯　民國二十二年(1933)杭縣律師公會鉛印本　一冊

330000－1701－0105909　M602491　子部/宗教類/道教之屬

老子考證一卷　湯仰暉撰　民國二十八年(1939)鉛印本　一冊

330000－1701－0105910　M609870　類叢部/叢書類/郡邑之屬

續金華叢書六十種　胡宗楙編　民國十三年(1924)永康胡氏夢選樓刻本　一冊　存一種

330000－1701－0105912　M602492　新學/商務
工商部中華國貨展覽會實錄三卷附錄一卷　中華民國工商部編　民國十八年(1929)鉛印本　六冊

330000－1701－0105913　M602745　集部/詞類/別集之屬
柯亭長短句三卷附詞論一卷　蔡嵩雲撰　民國三十七年(1948)上海中華書局鉛印本　一冊

330000－1701－0105914　M609872　史部/政書類/儀制之屬/典禮
祭祀冠服圖一卷　政事堂禮制館編　民國三年(1914)政事堂禮制館石印本　一冊

330000－1701－0105917　M602746　子部/宗教類/道教之屬
重訂莊子集註三卷　阮毓崧輯　民國二十五年(1936)上海中華書局鉛印本　五冊

330000－1701－0105918　M602494　集部/總集類/選集之屬/通代
續文選十四卷著作人姓名錄一卷　(明)胡震亨撰　民國九年(1920)上海進化書局影印本　六冊

330000－1701－0105919　M604649　史部/目録類/總録之屬/官修
浙江公立圖書館保存類目錄四卷　浙江公立圖書館編　民國十年(1921)浙江公立圖書館石印本　一冊　存二卷(經部、史部)

330000－1701－0105920　M604650　集部/別集類/清別集
琴鶴山房殘稿二卷　(清)趙銘撰　金兆蕃輯　民國元年(1912)金兆蕃鉛印本　一冊

330000－1701－0105921　M602495　集部/別集類/宋別集
山谷詩集注內集二十卷外集十七卷別集二卷　(宋)黃庭堅撰　(宋)任淵　(宋)史容　(宋)史季溫注　民國四年(1915)上海著易堂據清光緒二十一年至二十五年(1895－1899)刻宣統二年(1910)印本影印本　十六冊

330000－1701－0105924　M609873　史部/政書類/儀制之屬/通禮
祀天通禮一卷附理由說明書　政事堂禮制館編　民國三年(1914)政事堂禮制館鉛印本　一冊

330000－1701－0105927　M609874　史部/政書類/儀制之屬
祀孔典禮一卷附說明書　政事堂禮制館編　民國三年(1914)政事堂禮制館鉛印本　一冊

330000－1701－0105929　M602496　集部/曲類/散曲之屬
散曲叢刊十五種　任訥輯　民國二十年(1931)上海中華書局鉛印本　二十八冊

330000－1701－0105930　M602749　史部/地理類/方志之屬/郡縣志
道光東陽縣志二十七卷首一卷　(清)党金衡修　(清)王恩注纂　民國三年(1914)東陽商務石印公司石印本　七冊　存十八卷(五至十二、十五至十七、二十一至二十七)

330000－1701－0105931　M604652　子部/醫家類/醫理之屬/綜合
謝利恒先生全書　謝觀撰　民國二十四年(1935)澄齋醫社鉛印本　一冊　存一種

330000－1701－0105933　M609875　史部/政書類/儀制之屬/典禮
相見禮一卷附說明書一卷　政事堂禮制館編　民國四年(1915)政事堂禮制館鉛印本　一冊

330000－1701－0105934　M602497　經部/孝經類/傳說之屬
孝經一卷弟子職一卷　(清)任兆麟集註　民國商務印書館鉛印本　一冊

330000－1701－0105935　M604653　類叢部/叢書類/彙編之屬
進德叢書八種　丁福保編　民國上海醫學書

局鉛印本　一册　存一種

330000－1701－0105936　M611048　史部/金石類/石之屬/文字

天發神讖碑考一卷　(清)周在浚撰　**附錄一卷**　(清)王著撰　**天發神讖碑續考一卷**　(清)汪照撰　**吳天發神讖文補考一卷**　羅振玉撰　民國十五年(1926)東方學會鉛印本　一册

330000－1701－0105937　M610740　史部/目録類

快閣師石山房叢書七種　(清)姚振宗撰　民國十八年(1929)浙江省立圖書館鉛印本　四册　存四種

330000－1701－0105938　M602498　類叢部/叢書類/彙編之屬

得月簃叢書初刻十種次刻十種　(清)榮譽輯　民國鉛印本　一册　存一種

330000－1701－0105939　M609816　類叢部/叢書類/彙編之屬

嘉業堂叢書五十七種　劉承幹輯　民國吳興劉氏嘉業堂刻本　錢泰題記　十三册　存七種

330000－1701－0105940　M602751　子部/雜著類/雜說之屬

平齋臆說二卷　何剛德撰　民國二十三年(1934)刻藍印本　一册

330000－1701－0105941　M609876　子部/藝術類/書畫之屬/畫譜

寉巢人物畫稿三千法二集六卷　王寉撰並繪　民國十八年(1929)上海碧梧山莊石印本　六册

330000－1701－0105942　M604654　類叢部/叢書類/自著之屬

康居筆記彙函十三種十四卷　徐珂撰　民國二十二年(1933)徐新六鉛印本　二册

330000－1701－0105943　M602499　集部/詞類/別集之屬

樵歌三卷補遺一卷　(宋)朱敦儒撰　民國十六年(1927)北新書局鉛印本　一册

330000－1701－0105944　M611049　史部/金石類/金之屬/文字

金文編十四卷附錄二卷檢字一卷采用彝器目錄一卷　容庚撰集　民國十四年(1925)貽安堂石印本　五册

330000－1701－0105945　M602752　子部/雜著類/雜說之屬

平齋臆說二卷　何剛德撰　民國二十三年(1934)刻本　一册

330000－1701－0105947　M611050　史部/金石類/玉之屬/通考

玉說二卷　李迺宣　張承鋆輯　民國二十二年(1933)鉛印本　一册

330000－1701－0105949　M602757　集部/別集類

五言樓詩草初集五卷　唐鼎元撰　**桐花僊館詩草一卷**　錢靖遠撰　民國二十年(1931)鉛印本　二册

330000－1701－0105950　M604655　類叢部/叢書類/郡邑之屬

吳興叢書六十六種　劉承幹編　民國吳興劉氏嘉業堂刻本　二册　存三種

330000－1701－0105951　M602500　史部/雜史類/斷代之屬

庚子西狩叢談四卷　吳永口述　劉治襄筆記　民國十七年(1928)北京廣華印刷局鉛印本　二册

330000－1701－0105953　M602501　史部/傳記類/總傳之屬/斷代

明遺民錄四十八卷　孫靜菴撰　民國元年(1912)上海新中華圖書館鉛印本　十二册

330000－1701－0105954　M602502　子部/雜著類/雜考之屬

純常子枝語四十卷　(清)文廷式撰　民國三十二年(1943)刻本　二十四册

330000－1701－0105957　M602754　史部/

地理類/方志之屬/郡縣志

[民國]麗水縣志十四卷 李鍾嶽 李郁芬修 孫壽芝纂 民國十五年(1926)麗水啓明印刷所鉛印本 六册 存七卷(一、四至五、八至十一)

330000－1701－0105959 M602503 集部/別集類/清別集

雲來山館詩鈔六卷 (清)張興烈撰 民國四年(1915)虎林張氏申江刻本 二册

330000－1701－0105960 M602504 集部/別集類

寒柯堂詩四卷 余紹宋撰 民國三十六年(1947)鉛印本 一册

330000－1701－0105961 M602755 集部/別集類

望虹樓遺箸三卷 陶熙孫撰 民國二十四年(1935)鉛印本 一册

330000－1701－0105962 M611051 史部/傳記類/別傳之屬/事狀

吴興周夢坡先生訃告一卷年譜一卷墓表一卷墓誌銘一卷畫史一卷 周延礽輯 民國二十三年(1934)影印本暨鉛印本 一册 存一卷(訃告)

330000－1701－0105966 M609877 子部/工藝類/文房四寶之屬/叢録

蕉窗九錄一卷 (明)項元汴撰 民國三年(1914)西泠印社木活字印本 二册

330000－1701－0105967 M602756 集部/別集類

五言樓詩草初集五卷 唐鼎元撰 **桐花僊館詩草一卷** 錢靖遠撰 民國二十年(1931)鉛印本 二册

330000－1701－0105969 M602758 集部/別集類

五言樓詩草初集五卷 唐鼎元撰 **桐花僊館詩草一卷** 錢靖遠撰 民國二十年(1931)鉛印本 二册

330000－1701－0105971 M602759 集部/總集類/郡邑之屬

七家詩綜 柯志頤輯 民國十三年(1924)鉛印本 一册

330000－1701－0105973 M609878 類叢部/叢書類/郡邑之屬

吴興叢書六十六種 劉承幹編 民國吴興劉氏嘉業堂刻本 二册 存四種

330000－1701－0105974 M602760 類叢部/叢書類/彙編之屬

蘭雪堂叢書 民國二十二年(1933)浙江印刷公司鉛印本 二册 存一種

330000－1701－0105975 M610741 史部/目録類/專録之屬

續藏經目錄不分卷 (日本)中野達慧編 民國十一年(1922)商務印書館鉛印本 一册

330000－1701－0105977 M611052 史部/傳記類/別傳之屬/事狀

先考仲我府君[朱孔彰]行狀一卷 朱師轍撰 民國鉛印本 一册

330000－1701－0105978 M609817 類叢部/叢書類/自著之屬

獨見曉齋叢書□□種 陳懷撰 民國十四年(1925)潁川書舍刻本 一册 存一種

330000－1701－0105980 M609879 子部/小說家類/雜事之屬

梓聞漫拾三卷 謝鼎鎔述 民國八年(1919)鉛印本 一册

330000－1701－0105981 M611053 史部/傳記類/別傳之屬/事狀

先考仲我府君[朱孔彰]行狀一卷 朱師轍撰 民國鉛印本 一册

330000－1701－0105982 M604656 史部/目録類/總録之屬

保文堂書局書目一卷 保文堂書局編 民國十八年(1929)南京保文堂書局石印本 一册

330000－1701－0105983 M602762 集部/詞類/別集之屬

淮海居士長短句三卷　（宋）秦觀撰　民國十九年（1930）北平故宮博物院圖書館影印本　一冊

330000－1701－0105985　M609818　集部/別集類
淮南跽已氏舊學　吴保初撰　民國二十七年（1938）鉛印本　一冊　存一種

330000－1701－0105986　M609880　類叢部/叢書類/彙編之屬
甲戌叢編二十種　趙詒琛　王保譿輯　民國二十三年（1934）鉛印本　二冊

330000－1701－0105987　M602505　子部/雜著類/雜説之屬
平齋臆説二卷　何剛德撰　民國二十三年（1934）刻藍印本　一冊

330000－1701－0105988　M609819　類叢部/叢書類/彙編之屬
復廬叢書□□種　姚光輯　民國金山姚氏復廬鉛印本　一冊　存一種

330000－1701－0105989　M602764　史部/傳記類/别傳之屬/事狀
錢士青都轉六秩壽言彙編不分卷　錢文選編　民國二十二年（1933）鉛印本　二冊

330000－1701－0105990　M602506　集部/別集類
稊園詩集　關賡麟撰　民國南京中華全國鐵路協會鉛印本　一冊　存二種

330000－1701－0105992　M609820　集部/別集類/清別集
黄鶴雲集四卷　（清）黄翼曾撰　民國鉛印本　一冊

330000－1701－0105993　M602507　集部/總集類/選集之屬/斷代
漢短簫鐃歌注一卷　夏敬觀編注　民國二十年（1931）鉛印本　一冊

330000－1701－0105995　M611054　史部/傳記類/别傳之屬/事狀
先考仲我府君［朱孔彰］行狀一卷　朱師轍撰　民國鉛印本　一冊

330000－1701－0105997　M611055　史部/傳記類/别傳之屬/事狀
先考仲我府君［朱孔彰］行狀一卷　朱師轍撰　民國鉛印本　一冊

330000－1701－0105999　M611056　史部/傳記類/别傳之屬/事狀
先考仲我府君［朱孔彰］行狀一卷　朱師轍撰　民國鉛印本　一冊

330000－1701－0106000　M611057　史部/傳記類/别傳之屬/事狀
先考仲我府君［朱孔彰］行狀一卷　朱師轍撰　民國鉛印本　一冊

330000－1701－0106001　M604658　集部/詞類/類編之屬
彊村叢書一百七十八種　朱祖謀輯並撰校記　民國六年（1917）歸安朱氏刻十一年（1922）校補印本　一冊　存二種

330000－1701－0106002　M611058　史部/傳記類/别傳之屬/事狀
先考仲我府君［朱孔彰］行狀一卷　朱師轍撰　民國鉛印本　一冊

330000－1701－0106003　M602765　集部/別集類/清別集
白華賸草一卷　（清）錢白華撰　民國二十二年（1933）影印本　錢澤農題記　一冊

330000－1701－0106004　M602766　集部/詞類/別集之屬
式谿詞一卷　吴士鑑撰　民國二十五年（1936）鉛印本　一冊

330000－1701－0106005　M611059　史部/傳記類/别傳之屬/事狀
先考仲我府君［朱孔彰］行狀一卷　朱師轍撰　民國鉛印本　一冊

330000－1701－0106006　M611060　史部/傳記類/别傳之屬/事狀

先考仲我府君[朱孔彰]行狀一卷 朱師轍撰 民國鉛印本 一册

330000－1701－0106008 M609823 集部/别集類/清别集

劫餘吟一卷續集一卷 (清)方山民撰 民國十一年(1922)鉛印本 江北詩人題記 一册

330000－1701－0106010 M602767 集部/總集類/酬唱之屬

虎林銷夏集一卷 沈鈞輯 民國三年(1914)杭城興業印書局鉛印本 王葆楨題記 一册

330000－1701－0106011 M611061 史部/傳記類/别傳之屬/事狀

先考仲我府君[朱孔彰]行狀一卷 朱師轍撰 民國鉛印本 一册

330000－1701－0106012 M609822 史部/傳記類/别傳之屬

伏廬六十自述一卷 陳漢第撰 民國二十二年(1933)刻朱印本 一册

330000－1701－0106013 M602768 集部/别集類

寒柯堂詩四卷 余紹宋撰 民國三十六年(1947)鉛印本 余紹宋題記 一册

330000－1701－0106015 M609882 史部/史評類/詠史之屬

清宫詞一卷 吴士鑑撰 民國二十六年(1937)吴秉澂鉛印本 一册

330000－1701－0106017 M602770 子部/小説家類/雜事之屬

紀文達公筆記類編一卷 (清)紀昀撰 丁福保編輯 民國上海醫學書局鉛印本 一册

330000－1701－0106018 M610743 類叢部/叢書類/彙編之屬

國立中央研究院歷史語言研究所專刊 國立中央研究院歷史語言研究所輯 民國鉛印本、石印本暨刻本 一册 存一種

330000－1701－0106021 M609824 史部/政書類/律令之屬

浙江省現行法規彙編不分卷 浙江省政府秘書處編輯 民國二十三年(1934)浙江省政府秘書處鉛印本 六册

330000－1701－0106024 M609884 史部/雜史類

掌故叢編十輯 故宫博物院文獻館編 民國十七年至二十年(1928－1931)鉛印本 二册 存二輯(一至二)

330000－1701－0106025 M602508 子部/宗教類/道教之屬

老子述記二卷 朱芾煌撰 民國二十五年(1936)上海商務印書館鉛印本 一册

330000－1701－0106026 M609885 類叢部/叢書類/自著之屬

章氏叢書補編七種 章炳麟撰 民國十三年(1924)鉛印本 一册 存一種

330000－1701－0106027 M602509 子部/雜著類/雜説之屬

嬰寧什箸 陳訓正撰 民國十八年(1929)鉛印本 一册 存一種

330000－1701－0106029 M602510 史部/傳記類/總傳之屬/列女

列女傳斠注三卷 陳漢章撰 民國鉛印本 一册

330000－1701－0106030 M609826 集部/别集類

憶一卷 俞平伯撰 民國十四年(1925)北京樸社影印本 一册

330000－1701－0106033 M609827 子部/醫家類/類編之屬

潛齋醫學叢書十四種 曹炳章編 民國七年(1918)集古閣石印本 八册 存六種

330000－1701－0106037 M611062 子部/宗教類/道教之屬

關聖帝君明聖經誦本一卷附明聖經靈驗一卷 郭泰棣編 **蒙養三種三卷** 章炳麟重訂 江謙增訂 民國十九年(1930)、二十二年(1933)潮陽郭氏輔仁堂刻本 一册

330000－1701－0106039　M610744　子部/宗教類/佛教之屬
歷史感應統紀四卷首一卷　許止淨編纂　民國十八年(1929)鉛印本　四册

330000－1701－0106040　M610745　子部/宗教類/道教之屬
三聖經直講三卷　(清)悟真子撰　民國十七年(1928)鉛印本　一册

330000－1701－0106042　M610746　新學/工藝/工學
機械製圖不分卷　陸守忠編述　民國石印本　一册

330000－1701－0106045　M611063　子部/宗教類/佛教之屬
觀世音菩薩感應靈課一卷　民國二十二年(1933)潮陽郭氏雙百鹿齋刻本　一册

330000－1701－0106046　M609888　類叢部/叢書類/彙編之屬
進德叢書八種　丁福保編　民國上海醫學書局鉛印本　一册　存一種

330000－1701－0106047　M602511　類叢部/叢書類/彙編之屬
適園叢書七十四種　張鈞衡編　民國二年至六年(1913－1917)烏程張氏刻本(唐大詔令集卷十四至二十四、八十七至九十八原缺)　一册　存一種

330000－1701－0106048　M602680　集部/別集類
海日樓詩二卷　沈曾植撰　民國刻本　一册

330000－1701－0106050　M602681　類叢部/叢書類/彙編之屬
四部叢刊　張元濟等編　民國上海商務印書館影印本　一册　存一種

330000－1701－0106053　M609889　子部/宗教類/佛教之屬
佛學叢書□□種　民國上海商務印書館鉛印本　一册　存一種

330000－1701－0106054　M602682　集部/別集類
虛靜齋詩初定藁一卷　孫祖同撰　民國九年(1920)上海聚珍倣宋印書局鉛印本　一册

330000－1701－0106056　M602683　集部/別集類
寒柯堂詩四卷　余紹宋撰　民國三十六年(1947)鉛印本　一册

330000－1701－0106057　M602684　集部/別集類/清別集
可山詩集四卷附集三卷　(清)錢鎔撰　民國十七年(1928)鉛印本　一册　缺二卷(附集二至三)

330000－1701－0106059　M609890　類叢部/叢書類/自著之屬
野棠軒全集五種　奭良撰　民國十八年(1929)吉林奭氏刻本暨鉛印本　一册　存一種

330000－1701－0106060　M602685　史部/地理類/遊記之屬/紀行
天台方巖游記一卷　錢文選撰　民國二十四年(1935)鉛印本　一册

330000－1701－0106061　M602512　史部/傳記類/別傳之屬/事狀
世德堂楊氏六秩雙慶壽言彙編二卷　民國七年(1918)鉛印本　二册

330000－1701－0106063　M602686　子部/小說家類/瑣語之屬
今雨談屑一卷　陳中嶽撰　民國二十一年(1932)鉛印本　一册

330000－1701－0106065　M602687　集部/別集類
轉蓬集一卷　陳中嶽撰　民國二十一年(1932)天津大公報館鉛印本　一册

330000－1701－0106067　M609891　史部/金石類/石之屬/目録
千唐誌齋藏石目録一卷　張鈁藏　郭玉堂編　民國二十四年(1935)墨景堂鉛印本　一册

330000－1701－0106068　M602688　史部/目録類/專録之屬
補鈔文瀾閣四庫闕簡記錄不分卷　張宗祥撰　民國十五年(1926)刻本　一冊

330000－1701－0106069　M609892　子部/宗教類/佛教之屬
歷史感應統紀四卷首一卷　許止淨編纂　民國十八年(1929)鉛印本　三冊　缺一卷(二)

330000－1701－0106071　M602689　集部/總集類/酬唱之屬
六朝民肖影題辭不分卷　李鏡燧編　民國二十二年(1933)李氏鉛印本　一冊

330000－1701－0106072　M602513　子部/小說家類/異聞之屬
觳觫紀聞三卷　項乃登輯　民國十六年(1927)鉛印本　一冊

330000－1701－0106074　M602691　集部/總集類/彙編之屬
汲古閣景鈔南宋六十家小集　(宋)陳起輯　民國十年(1921)上海古書流通處據明汲古閣景鈔宋本影印本(安晚堂詩集卷一至五、十三至六十原缺)　十二冊　存二十八種

330000－1701－0106075　M610747　子部/宗教類/道教之屬/經文
玉樞經籥二十四卷首一卷末一卷　(清)姚夔撰　民國十一年(1922)上海新學會社鉛印本　四冊

330000－1701－0106077　M611065　子部/宗教類/佛教之屬/經疏
大方廣佛華嚴經入不思議解脱境界普賢行願品一卷　(唐)釋般若譯　釋弘傘鈔輯　民國十七年(1928)上海江蘇第二監獄鉛印本　一冊

330000－1701－0106079　M610748　史部/目録類/通論之屬/義例
校讐新義十卷　杜定友撰　民國十九年(1930)上海中華書局鉛印本　二冊

330000－1701－0106080　M611066　史部/金石類/總志之屬/題跋
定庵題跋一卷　由雲龍撰　民國二十七年(1938)鉛印本　一冊

330000－1701－0106081　M610749　類叢部/叢書類/彙編之屬
渭南嚴氏孝義家塾叢書十一種　嚴式誨編　民國十九年至二十年(1930－1931)渭南嚴氏刻本　一冊　存一種

330000－1701－0106082　M611067　子部/雜著類/雜考之屬
籀廎述林十卷　(清)孫詒讓撰　民國五年(1916)刻本　四冊

330000－1701－0106083　M602692　史部/編年類/通代之屬
資治通鑑二百九十四卷　(宋)司馬光撰　(元)胡三省音注　**通鑑釋文辯誤十二卷**　(元)胡三省撰　民國六年(1917)上海商務印書館鉛印本　六十冊

330000－1701－0106085　M609828　類叢部/叢書類/彙編之屬
四部備要　中華書局編　民國二十五年(1936)上海中華書局鉛印本　四冊　存一種

330000－1701－0106088　M611068　類叢部/叢書類/彙編之屬
春暉叢書□□種　張天錫輯　民國鉛印本　一冊　存一種

330000－1701－0106091　M609829　集部/別集類/清別集
越縵堂詩續集十卷　(清)李慈銘撰　由雲龍編　民國二十二年(1933)上海商務印書館鉛印本　一冊

330000－1701－0106092　M609896　集部/總集類/選集之屬/斷代
宋詩選一卷　(清)顧廷倫輯　民國十七年(1928)科學儀器館據編者手寫本影印本　一冊

330000－1701－0106104　M609833　史部/金石類/錢幣之屬/雜著

咸豐大錢攷一卷　張絅伯編　民國上海銀行週報社鉛印本　一冊

330000－1701－0106105　M602514　類叢部/叢書類/彙編之屬
四部備要　中華書局編　民國二十五年(1936)上海中華書局鉛印本　二十冊　存一種

330000－1701－0106108　M609897　集部/別集類
培風樓詩存一卷　邵祖平撰　民國十八年(1929)鉛印本　一冊

330000－1701－0106109　M609835　史部/目録類
百衲本二十四史影印描潤始末記一卷　張元濟撰　民國二十二年(1933)上海商務印書館鉛印本　一冊

330000－1701－0106111　M611070　類叢部/叢書類/自著之屬
桐鄉勞先生遺稿四種　勞乃宣撰　民國十六年(1927)桐鄉盧氏刻本　一冊　存一種

330000－1701－0106112　M609836　經部/小學類/文字之屬/說文/專著
新定說文古籀考三卷　周名煇撰　民國三十七年(1948)上海開明書店石印本　一冊

330000－1701－0106113　M611071　史部/政書類/公牘檔冊之屬
杭縣律師公會要覽不分卷　吳華編輯　民國二十二年(1933)杭縣律師公會鉛印本　一冊

330000－1701－0106115　M610750　史部/地理類/遊記之屬/紀行
天台方巖游記一卷　錢文選撰　民國二十四年(1935)鉛印本　一冊

330000－1701－0106116　M609838　子部/儒家類/儒學之屬/禮教/家訓
精校圈點顔氏家訓二卷　(北齊)顔之推撰　民國上海文瑞樓石印本　一冊

330000－1701－0106118　M609898　史部/傳記類/別傳之屬/年譜
錢牧齋先生[謙益]年譜一卷　金鶴沖輯　**東澗遺老錢公別傳一卷**　(清)顧苓撰　民國三十年(1941)鉛印本　一冊

330000－1701－0106121　M611072　史部/政書類/公牘檔冊之屬
杭縣律師公會要覽不分卷　吳華編輯　民國二十二年(1933)杭縣律師公會鉛印本　一冊

330000－1701－0106122　M610751、M610817　史部/目録類/通論之屬/考訂
古文舊書考四卷附訪餘錄一卷　(日本)島田翰撰　民國十六年(1927)深縣王雨藻玉堂鉛印本　五冊

330000－1701－0106123　M609899　史部/傳記類/別傳之屬/年譜
錢牧齋先生[謙益]年譜一卷　金鶴沖輯　**東澗遺老錢公別傳一卷**　(清)顧苓撰　民國三十年(1941)鉛印本　一冊

330000－1701－0106124　M602515　集部/別集類/清別集
廣雅堂詩集不分卷　(清)張之洞撰　民國中國詩畫會社石印本　四冊

330000－1701－0106125　M602693　史部/史評類/史論之屬
最新史事論十二卷　雷瑨輯　民國三年(1914)上海掃葉山房石印本　四冊　存十卷(一至十)

330000－1701－0106126　M610752　史部/紀傳類
越縵堂讀史札記十一種三十卷　(清)李慈銘撰　民國國立北平北海圖書館鉛印本　二冊　存二種

330000－1701－0106127　M602516　集部/詩文評類/文法之屬/函牘格式
唐著寫信必讀二卷　(清)唐芸洲撰　民國四年(1915)上海國粹書局石印本　二冊

330000－1701－0106133　M602694　子部/宗教類/佛教之屬/總録

釋字談禪一卷　毛蒙正撰　民國二十五年(1936)鉛印本　一册

330000－1701－0106134　M609901　集部/別集類/清別集

左文襄公家書二卷　(清)左宗棠撰　民國上海聚珍倣宋印書局鉛印本　二册

330000－1701－0106135　M602695　史部/史評類/史論之屬

東社讀史隨筆二卷　獨醒主人撰　民國上海文明書局鉛印本　一册

330000－1701－0106136　M602696　集部/別集類

靈璅閣詩二卷附孫言草一卷　張惠衣撰　民國三十三年(1944)鉛印本　張宗祥題記　一册

330000－1701－0106137　M609902　集部/別集類

悔復堂詩一卷外録一卷　應啟墀撰　**寥陽館詩草一卷附録一卷**　姚壽祁撰　民國三十一年(1942)鉛印本　一册

330000－1701－0106138　M602697　集部/別集類

靈璅閣詩二卷附孫言草一卷　張惠衣撰　民國三十三年(1944)鉛印本　一册

330000－1701－0106141　M602517　史部/政書類/公牘檔册之屬

北平故宫博物院文獻館一覽一卷　故宫博物院編　民國二十一年(1932)故宫博物院鉛印本　一册

330000－1701－0106142　M602698　史部/傳記類/別傳之屬

海日樓哀輓録不分卷　民國十一年(1922)鉛印本　一册

330000－1701－0106144　M602699　史部/史抄類

史記菁華録六卷　(清)姚祖恩輯評　民國上海商務印書館鉛印本　三册

330000－1701－0106146　M602518　子部/藝術類/書畫之屬/法帖

翁松禪相國尺牘真蹟不分卷　(清)翁同龢書　民國九年(1920)上海中華書局影印本　十二册

330000－1701－0106148　M602700　類叢部/叢書類/彙編之屬

有不爲齋叢書　林語堂編　民國上海時代圖書公司鉛印本　六册　存一種

330000－1701－0106149　M602519、M602520　集部/總集類/選集之屬/斷代

宋詩鈔初集　(清)吕留良　(清)吴之振　(清)吴爾堯輯　民國三年(1914)上海商務印書館據清康熙吴氏刻本影印本(龍雲集鈔一卷、栟櫚集一卷、勉齋集一卷、鶴山集一卷、蛟峰集鈔一卷、雪巖集鈔一卷、縉雲集鈔一卷、玉楮集鈔一卷、滄浪吟鈔一卷、竹齋集鈔一卷、疊山集鈔一卷、仲安集鈔一卷、所南集鈔一卷、魯齊集鈔一卷、玉蟾集鈔一卷、斷腸集鈔一卷原缺)　四十册

330000－1701－0106153　M609903　史部/傳記類/別傳之屬/事狀

錢武肅王功德史一卷　錢文選輯　民國二十四年(1935)錢氏鉛印本　一册

330000－1701－0106154　M602701　類叢部/叢書類/自著之屬

潤德堂叢書　袁樹珊撰　民國鎮江潤德堂鉛印本　四册　存一種

330000－1701－0106158　M609904　集部/別集類

海棠香館吟草初集一卷　汪國樹撰　民國二十五年(1936)杭州醫林新誌社鉛印本　一册

330000－1701－0106160　M609905　集部/別集類

聽雨樓詩鈔二卷　胡慶榮撰　民國二十一年(1932)鉛印本　胡慶榮題記　一册

330000－1701－0106168　M602521　集部/詩文評類/詩評之屬

歷代詩話二十七種五十七卷考索一卷 （清）何文煥輯　民國上海文實公司石印本　十六冊

330000－1701－0106170　M604659　類叢部/叢書類/彙編之屬
景印元明善本叢書十種　商務印書館編　民國二十六年至二十九年（1937－1940）上海商務印書館影印本　五冊　存一種

330000－1701－0106171　M602522　類叢部/叢書類/郡邑之屬
仙居叢書第一集十二種　李鏡渠編　民國二十四年（1935）鉛印本　五冊　存一種

330000－1701－0106172　M609907　子部/宗教類/其他宗教之屬/其他
外王芻談錄不分卷　段正元撰　民國鉛印本　一冊

330000－1701－0106175　M602523　類叢部/叢書類/郡邑之屬
仙居叢書第一集十二種　李鏡渠編　民國二十四年（1935）鉛印本　二冊　存一種

330000－1701－0106182　M611073　史部/傳記類/別傳之屬/事狀
岳王史略演詞一卷　袁世凱撰　民國三年（1914）鉛印本　一冊

330000－1701－0106183　M604661　子部/宗教類/佛教之屬/論
般若融心論一卷　（明）釋傳燈撰　民國十六年（1927）杭州昭慶慧空經房刻本　一冊

330000－1701－0106184　M602702　集部/別集類
蔣觀雲先生遺詩一卷　（清）蔣智由撰　吕美蓀輯　民國二十二年（1933）鉛印本　一冊

330000－1701－0106186　M604662　子部/宗教類/佛教之屬/論
般若融心論一卷　（明）釋傳燈撰　民國十六年（1927）杭州昭慶慧空經房刻本　一冊

330000－1701－0106187　M609848　類叢部/叢書類/彙編之屬
四部備要　中華書局編　民國二十五年（1936）上海中華書局鉛印本　三冊　存一種

330000－1701－0106189　M604663　子部/宗教類/佛教之屬/論
般若融心論一卷　（明）釋傳燈撰　民國十六年（1927）杭州昭慶慧空經房刻本　一冊

330000－1701－0106190　M611074　子部/宗教類/佛教之屬/經疏
心經幽贊聽講表記一卷　民國石印本　一冊

330000－1701－0106193　M609909　新學/政治法律/制度
浙江省自治法一卷施行法一卷附屬法一卷　民國鉛印本　一冊

330000－1701－0106196　M610754　類叢部/叢書類/自著之屬
遯廬叢書八種　余重耀撰　民國鉛印本　七冊

330000－1701－0106197　M604664　類叢部/叢書類/家集之屬
武林丁氏家集十三種　丁立誠　丁立中撰　民國錢塘丁氏嘉惠堂鉛印本　二冊　存三種

330000－1701－0106198　M609851　史部/雜史類/斷代之屬
越絕書十五卷　（漢）袁康撰　民國二十五年（1936）上海中華書局鉛印四部備要本　陶承杏校並題記　一冊

330000－1701－0106200　M609910　新學/政治法律/制度
浙江省自治法一卷施行法一卷　民國鉛印本　一冊

330000－1701－0106203　M602703　史部/地理類/遊記之屬/紀行
蜀輶詩記二卷　俞陛雲撰　民國十年（1921）鉛印本　一冊

330000－1701－0106204　M604665　子部/宗教類/佛教之屬/論疏

釋摩訶衍論十卷　(天竺)馬鳴菩薩本論　(南朝陳)釋真諦譯　(天竺)龍樹菩薩釋論　(晉)釋筏提摩多譯　民國金陵刻經處刻本　四冊

330000－1701－0106205　M609911　子部/小說家類/瑣語之屬

今雨談屑一卷　陳中嶽撰　民國二十一年(1932)鉛印本　一冊

330000－1701－0106206　M611075　史部/地理類/專志之屬/祠墓

重修浙江西湖岳忠武王廟墓徵信錄一卷附錄一卷　黄元秀輯　民國十二年(1923)鉛印本　一冊

330000－1701－0106209　M604666　集部/別集類/清別集

子固齋詩存一卷　(清)田維翰撰　**癯仙遺詩一卷**　(清)田維壽撰　民國四年(1915)田文烈石印本　一冊

330000－1701－0106210　M610755　經部/小學類/音韻之屬/韻書

韻目表一卷　錢恂撰　民國元年(1912)歸安錢氏杭州刻本　一冊

330000－1701－0106211　M609912　子部/宗教類/道教之屬

雙修漸法述記不分卷　平常居士撰　民國鉛印本　一冊

330000－1701－0106213　M610756　經部/小學類/音韻之屬/韻書

韻目表一卷　錢恂撰　民國元年(1912)歸安錢氏杭州刻本　一冊

330000－1701－0106214　M609913　史部/史評類/考訂之屬

讀兩漢書記一卷　馬敘倫撰　民國十九年(1930)上海商務印書館鉛印本　一冊

330000－1701－0106216　M611076　史部/目録類/總録之屬/私撰

雙鑑樓藏書續記二卷　傅增湘撰　民國十九年(1930)江安傅增湘藏園刻本　二冊

330000－1701－0106217　M610757　經部/小學類/音韻之屬/韻書

韻目表一卷　錢恂撰　民國元年(1912)歸安錢氏杭州刻本　一冊

330000－1701－0106221　M610758　經部/小學類/音韻之屬/韻書

韻目表一卷　錢恂撰　民國元年(1912)歸安錢氏杭州刻本　一冊

330000－1701－0106223　M610759　經部/小學類/音韻之屬/韻書

韻目表一卷　錢恂撰　民國元年(1912)歸安錢氏杭州刻本　一冊

330000－1701－0106224　M611077　史部/傳記類/別傳之屬/事狀

誥授光禄大夫太子少保郵傳大臣顯考杏蓀府君[盛宣懷]行述不分卷　盛重頤等撰　惲彦彬填諱　民國石印本　一冊

330000－1701－0106225　M602706　史部/地理類/水利之屬

浙西水利芻議一卷　民國四年(1915)石印本　一冊

330000－1701－0106226　M609914　類叢部/叢書類/自著之屬

拙修草堂叢述　董玉書撰　民國鉛印本　一冊　存二種

330000－1701－0106228　M610760　經部/小學類/音韻之屬/韻書

韻目表一卷　錢恂撰　民國元年(1912)歸安錢氏杭州刻本　一冊

330000－1701－0106229　M602525　史部/地理類/方志之屬/郡縣志

[民國]松陽縣志十四卷首一卷末一卷　吕耀鈐　陳訓舒　秦豐元修　高煥然纂　高自珍測繪　丁光畫圖　民國十五年(1926)木活字印本　高煥然跋　七冊　缺三卷(九至十一)

330000－1701－0106230　M611078　經部/儀禮類/傳說之屬

喪禮集要三卷附錄一卷　丁彦章撰　民國二

十二年(1933)鉛印本　一册

330000－1701－0106231　M610761　經部/小學類/音韻之屬/韻書
韻目表一卷　錢恂撰　民國元年(1912)歸安錢氏杭州刻本　一册

330000－1701－0106232　M610762　經部/小學類/音韻之屬/韻書
韻目表一卷　錢恂撰　民國元年(1912)歸安錢氏杭州刻本　一册

330000－1701－0106233　M610763　經部/小學類/音韻之屬/韻書
韻目表一卷　錢恂撰　民國元年(1912)歸安錢氏杭州刻本　一册

330000－1701－0106234　M602526　史部/地理類/方志之屬/郡縣志
[民國]南潯志六十卷首一卷　周慶雲纂　民國九年至十一年(1920－1922)刻本　十三册　存五十卷(首,五至十四、二十至五十八)

330000－1701－0106235　M611079　子部/宗教類/道教之屬
關聖帝君明聖經誦本一卷附明聖經靈驗一卷　郭泰棣編　民國十九年(1930)潮陽郭氏輔仁堂刻藍印本　一册

330000－1701－0106237　M610764　經部/小學類/音韻之屬/韻書
韻目表一卷　錢恂撰　民國元年(1912)歸安錢氏杭州刻本　一册

330000－1701－0106239　M610765　經部/小學類/音韻之屬/韻書
韻目表一卷　錢恂撰　民國元年(1912)歸安錢氏杭州刻本　一册

330000－1701－0106240　M611080　子部/宗教類/道教之屬
關聖帝君明聖經誦本一卷附明聖經靈驗一卷　郭泰棣編　民國十九年(1930)潮陽郭氏輔仁堂刻藍印本　一册

330000－1701－0106242　M611081　子部/宗教類/道教之屬
關聖帝君明聖經誦本一卷附明聖經靈驗一卷　郭泰棣編　民國十九年(1930)潮陽郭氏輔仁堂刻本　一册

330000－1701－0106244　M604667　史部/史評類/史論之屬
中國文化史不分卷　梁啓超講述　民國鉛印本　顧敦鍒題記　一册

330000－1701－0106247　M610767　史部/史評類/考訂之屬
元西域人華化考八卷附錄一卷　陳垣撰　民國石印本　二册

330000－1701－0106249　M602707　史部/地理類/雜志之屬
乍浦竹枝詞一卷　(清)林中麒撰　民國二十二年(1933)高氏華雲閣鉛印本　一册

330000－1701－0106250　M610768　類叢部/叢書類/彙編之屬
渭南嚴氏孝義家塾叢書十一種　嚴式誨編　民國十九年至二十年(1930－1931)渭南嚴氏刻本　一册　存一種

330000－1701－0106251　M602708　類叢部/叢書類/自著之屬
越縵四種六卷　陳祖培撰　民國九年(1920)紹興印刷所鉛印本　一册

330000－1701－0106252　M610769　子部/雜著類/雜編之屬
安士全書四種　(清)周夢顔撰　民國十一年(1922)上海佛學推行社鉛印本　一册　存一種

330000－1701－0106253　M604668　集部/別集類
散原精舍詩二卷續集三卷　陳三立撰　民國十一年(1922)上海商務印書館鉛印本　二册　存三卷(散原精舍詩上、續集上中)

330000－1701－0106254　M602709　集部/別集類/清別集
碧漪坊人遺草一卷　(清)陸惟燦撰　民國七

年(1918)鉛印本　一册

330000－1701－0106257　M610770　集部/別集類

天嬰室叢稿第二輯十卷　陳訓正撰　民國二十年(1931)鉛印本　二册

330000－1701－0106260　M610771　集部/別集類

天嬰室叢稿第二輯十卷　陳訓正撰　民國二十年(1931)鉛印本　二册

330000－1701－0106261　M602711　史部/傳記類/日記之屬

越縵堂詹詹錄二卷　(清)李慈銘撰　李文紀輯　民國二十二年(1933)李文紀鉛印本　二册

330000－1701－0106262　M610772　集部/別集類

天嬰室叢稿第二輯十卷　陳訓正撰　民國二十年(1931)鉛印本　二册

330000－1701－0106264　M602712　類叢部/叢書類/彙編之屬

少年叢書　民國十年(1921)上海中華書局鉛印本　一册　存一種

330000－1701－0106268　M610773　集部/別集類

天嬰室叢稿第二輯十卷　陳訓正撰　民國二十年(1931)鉛印本　二册

330000－1701－0106270　M602713　史部/傳記類/總傳之屬/技藝

東臯印人傳二卷　(清)黄學圯輯　民國西泠印社鉛印本　一册

330000－1701－0106273　M602714　類叢部/叢書類/彙編之屬

可園叢書　江蘇省立蘇州圖書館輯　民國江蘇省立蘇州圖書館鉛印本　一册　存一種

330000－1701－0106276　M604670、M609295、M610362　集部/別集類/清別集

越縵堂文集十二卷　(清)李慈銘撰　民國十九年(1930)國立北平圖書館鉛印本　三册　存九卷(一至五、九至十二)

330000－1701－0106278　M602715　集部/別集類

蒿盦類稿三十二卷續稿三卷奏稿四卷　馮煦撰　民國十二年(1923)刻本　二册　存四卷(奏稿一至四)

330000－1701－0106279　M610774　集部/別集類

天嬰室叢稿第二輯十卷　陳訓正撰　民國二十年(1931)鉛印本　二册

330000－1701－0106281　M610775　集部/別集類

天嬰室叢稿第二輯十卷　陳訓正撰　民國二十年(1931)鉛印本　二册

330000－1701－0106282　M602716　子部/藝術類/書畫之屬/畫譜

香豔花影一卷　錢病鶴(錢雲鶴)繪　劉景蘇輯並書　民國十年(1921)上海美育珍賞社影印本　一册

330000－1701－0106283　M604671　集部/總集類/選集之屬/斷代

戈亭風雨集二卷　朱希主編　朱槃選輯　民國三十三年(1944)鉛印本　潤生題記　一册

330000－1701－0106284　M610776　集部/別集類

天嬰室叢稿第二輯十卷　陳訓正撰　民國二十年(1931)鉛印本　二册

330000－1701－0106285　M602717　子部/儒家類/儒學之屬/性理

儒教傳心錄一卷　陳寅亮編　民國二十五年(1936)鉛印本　一册

330000－1701－0106305　M604673、M604675、M604676　類叢部/叢書類/彙編之屬

四部備要　中華書局編　民國二十五年(1936)上海中華書局鉛印本　十册　存三種

330000－1701－0106308　M604674　類叢

部/叢書類/彙編之屬

四部備要　中華書局編　民國二十五年(1936)上海中華書局鉛印本　二冊　存一種

330000－1701－0106314　M602527　史部/地理類/方志之屬/郡縣志

[光緒]青田縣志十八卷首一卷　(清)雷銑修　(清)王棻纂　民國二十四年(1935)鉛印本　九冊　缺五卷(五至九)

330000－1701－0106320　M602528　史部/地理類/方志之屬/郡縣志

[民國]重修南川縣志十四卷首一卷　柳琅聲等修　韋麟書等纂　民國二十年(1931)鉛印本　六冊　存七卷(首、一至六)

330000－1701－0106321　M604678　子部/宗教類/佛教之屬/論疏

大乘起信論義記講義四卷附錄一卷　(日本)織田得能撰　黄士復譯　民國十年(1921)上海商務印書館鉛印本　一冊　存一卷(二)

330000－1701－0106326　M604679　子部/宗教類/佛教之屬/大藏

藏要第一輯□□種　歐陽漸輯　民國南京支那内學院鉛印本　五冊　存一種

330000－1701－0106328　M602529　子部/小説家類/雜事之屬

金壺七墨六種　(清)黄鈞宰撰　民國九年(1920)上海掃葉山房石印本　四冊

330000－1701－0106330　M604680　集部/小説類/長篇之屬

琴樓夢小説一卷　樊增祥撰　民國三年(1914)大共和日報石印本　一冊

330000－1701－0106331　M602530　子部/宗教類/道教之屬

方壺外史八卷附悟真篇詩小序一卷　(明)陸西星撰　民國四年(1915)香山鄭觀應等鉛印本　五冊

330000－1701－0106332　M609852　集部/曲類/曲評曲話曲目之屬

曲品二卷　(明)吕天成撰　**傳奇品二卷**　(清)高奕撰　民國七年(1918)北京大學出版部鉛印本　一冊

330000－1701－0106335　M604681　子部/宗教類/道教之屬

南屏曉鐘一卷　孫福鏘編輯　民國十一年(1922)杭州城北重興慈濟老壇鉛印本　一冊

330000－1701－0106336　M602531　類叢部/叢書類/自著之屬

直介堂叢刻初編十種續編五種鼻烟叢刻四種　劉聲木撰　民國十八年(1929)廬江劉氏鉛印本　四冊　存一種

330000－1701－0106337　M602532　史部/傳記類/别傳之屬/事狀

瑞安王弼西君哀輓錄一卷　劉劼等撰　民國六年(1917)溫州美成和石印本　一冊

330000－1701－0106339　M602533　集部/别集類

求我山人雜著六卷首一卷　莊景仲撰　**附錄一卷**　民國十八年(1929)鉛印本　二冊

330000－1701－0106342　M602718　集部/别集類

始奏集一卷　李家煌撰　民國十七年(1928)鉛印本　一冊

330000－1701－0106343　M604683　史部/地理類/雜志之屬

杭州市各界急賑水災籌募委員會徵信録一卷　民國二十年(1931)鉛印本　一冊

330000－1701－0106344　M602719　史部/地理類/遊記之屬/紀行

蜀輶詩記二卷　俞陛雲撰　民國十年(1921)鉛印本　一冊

330000－1701－0106345　M609853　子部/雜著類/雜編之屬

安士全書四種　(清)周夢顔撰　民國十一年(1922)上海佛學推行社鉛印本　一冊　存一種

330000－1701－0106347　M604684　子部/

小說家類/異聞之屬

閱微草堂筆記二十四卷　(清)紀昀撰　民國上海中華圖書館石印本　四冊　存十二卷(七至十八)

330000－1701－0106348　M602721　新學/理學

人生指南一卷　蕭始撰　民國二十四年(1935)上海廿字崇德社石印本　一冊

330000－1701－0106350　M602534　集部/別集類

楊昀谷先生遺詩八卷補錄一卷　楊增犖撰　民國二十四年(1935)鉛印本　二冊

330000－1701－0106351　M602722　史部/地理類/雜志之屬

寧海漫記四卷　干人俊撰　民國二十二年(1933)木活字印本　一冊

330000－1701－0106352　M610777　經部/四書類/論語之屬/專著

論語講義選鈔一卷　濟公庠序編　民國十四年(1925)刻本　一冊

330000－1701－0106353　M602535　史部/金石類

非儒非俠齋金石叢著十種　顧燮光撰　民國會稽顧氏金佳石好樓石印本暨鉛印本　一冊　存一種

330000－1701－0106354　M602723、M609856　史部/傳記類/別傳之屬/事狀

戩壽堂百卅合慶壽言不分卷　姬覺彌編　民國十二年(1923)上海愛儷園鉛印本　七冊

330000－1701－0106356　M602725　史部/傳記類/別傳之屬

孫文小史一卷　民國鉛印本　一冊

330000－1701－0106359　M610778　史部/地理類/專志之屬/祠墓

岳忠武王初瘞志不分卷　民國二十四年(1935)西湖岳王廟產保管委員會鉛印本　一冊

330000－1701－0106361　M602726　史部/目録類/版本之屬/通論

書林餘話二卷　葉德輝撰　民國十七年(1928)滬上澹園劉肇隅鉛印本　一冊　存一卷(上)

330000－1701－0106362　M611083　史部/地理類/方志之屬/郡縣志

[光緒]杭州府志一百七十八卷首八卷　(清)陳璚等修　(清)王棻等纂　屈映光續修　陸懋勳續纂　齊耀珊重修　吴慶坻重纂　民國十一年(1922)鉛印本　三十七冊　存八十一卷(三十六至四十四、六十至七十八、一百九至一百十一、一百十六至一百六十五)

330000－1701－0106363　M609857　集部/別集類

黛吟樓詩稿一卷詞稿一卷文稿一卷　温倩華撰　**哀輓集一卷**　鄧翺厂等撰　民國十年(1921)鉛印本　一冊

330000－1701－0106366　M602727　類叢部/叢書類/彙編之屬

嘉業堂叢書五十七種　劉承幹輯　民國吳興劉氏嘉業堂刻本　一冊　存一種

330000－1701－0106367　M611084　集部/別集類/清別集

菊隱廬詩錄二卷　(清)唐恭安撰　民國十三年(1924)瓶花齋鉛印本　一冊

330000－1701－0106368　M604688　史部/目録類/總録之屬/官修

文瀾閣目索引一卷　楊立誠編　民國十八年(1929)浙江省立圖書館鉛印本　一冊

330000－1701－0106369　M604689　子部/宗教類/佛教之屬/論疏

大乘起信論講義二卷　釋圓瑛撰　民國二十二年(1933)上海商務印書館鉛印本　二冊

330000－1701－0106370　M609858　集部/別集類/唐五代別集

杜詩註解節鈔一卷　(唐)杜甫撰　(清)顧淳慶輯注　民國十六年(1927)上海科學儀器館

據顧氏抄本影印本　一册

330000－1701－0106372　M609859　集部/別集類/清別集

黝曜室詩存一卷　(清)陳鼎撰　民國十七年(1928)鉛印本　一册

330000－1701－0106375　M609860　史部/傳記類/科舉録之屬/總録

海鹽士林錄六卷　(清)朱俎莘編　朱廖元等續編　民國二十一年(1932)海鹽朱氏十三古印齋鉛印本　二册　存四卷(一至四)

330000－1701－0106379　M609861　史部/傳記類/別傳之屬/年譜

金正希[聲]先生年譜一卷附錄一卷　(清)程錫類撰　民國十七年(1928)金兆蕃思貽堂刻本　一册

330000－1701－0106380　M609862　集部/總集類/酬唱之屬

庸庵尚書重賦鹿鳴集錄不分卷　陳夔龍輯　民國二十三年(1934)上海中華書局鉛印本　四册

330000－1701－0106381　M609863　集部/總集類/彙編之屬

沈刻四婦人集　(清)沈綺雲編　民國十二年(1923)海寧陳氏慎初堂據清嘉慶雲間古倪園沈氏刻本影印本　一册　存一種

330000－1701－0106384　M611085　集部/別集類

鼓山集三卷　張寅撰　民國十四年(1925)鉛印本　一册

330000－1701－0106386　M602536、M602641　類叢部/叢書類/彙編之屬

抱經樓叢刊五種　沈德壽編　民國十五年至十六年(1926－1927)慈谿沈氏鉛印本　二册　存一種

330000－1701－0106387　M611086　史部/目録類/總録之屬/官修

浙江圖書館觀覽類書目四卷補遺一卷附錄一卷　浙江圖書館編　民國四年(1915)浙江圖書館鉛印本　二册　存一卷(子部)

330000－1701－0106389　M611087　子部/宗教類/佛教之屬/經疏

佛說仁王護國般若波羅密經疏五卷　(後秦)釋鳩摩羅什譯　(隋)釋智顗說　(隋)釋灌頂記　民國十一年(1922)刻本　三册

330000－1701－0106390　M602537　史部/目録類

欽定四庫全書提要樣本不分卷　民國遼海書社鉛印本　一册

330000－1701－0106391　M611088　集部/別集類

翠樓吟草六卷附文稿一卷　陳璟撰　民國十八年(1929)鉛印本　一册

330000－1701－0106393　M611089　集部/別集類/清別集

補蘿書屋詩鈔四卷　(清)李飛英撰　陳樹鈞輯　民國四年(1915)太平陳氏刻本　二册

330000－1701－0106395　M611090　集部/別集類/清別集

曉霞軒詩詞焚餘集一卷　(清)梁壽賢撰　民國八年(1919)鉛印本　一册

330000－1701－0106397　M602538　史部/傳記類/別傳之屬/事狀

錢士青都轉六秩壽言彙編不分卷　錢文選編　民國二十二年(1933)鉛印本　二册

330000－1701－0106398　M604694　子部/宗教類/佛教之屬/諸宗

念佛鏡二卷　(唐)釋道鏡　(唐)釋善道集　民國三年(1914)金陵刻經處刻本　一册

330000－1701－0106399　M611091　史部/目録類/總録之屬/官修

浙江公立圖書館保存類目錄續編四卷通常類目錄續編四卷補遺附錄一卷勘誤表一卷　浙江公立圖書館編　民國七年(1918)浙江公立圖書館鉛印本　一册　存六卷(保存類目錄續編一至四、通常類目錄續編一至二)

330000－1701－0106400　M604695　子部/宗教類/佛教之屬/諸宗

念佛鏡二卷　(唐)釋道鏡　(唐)釋善道集　民國三年(1914)金陵刻經處刻本　一冊

330000－1701－0106402　M602539　集部/別集類

山青雲白軒詩草二卷　傅宛撰　民國十一年(1922)鉛印本　二冊

330000－1701－0106405　M604696　子部/宗教類/佛教之屬/諸宗

念佛鏡二卷　(唐)釋道鏡　(唐)釋善道集　民國三年(1914)金陵刻經處刻本　一冊

330000－1701－0106406　M604697　子部/宗教類/佛教之屬/經

華嚴經綸貫一卷　(宋)釋復菴撰　**華嚴經入法界品十八問答一卷**　(唐)釋澄觀撰　**誡酒肉慈慧法門一卷**　(宋)釋遵式撰　民國十二年(1923)杭州刻經處刻本　一冊

330000－1701－0106407　M602540　集部/詞類/別集之屬

式谿詞一卷　吳士鑑撰　民國二十五年(1936)鉛印本　一冊

330000－1701－0106408　M602541　集部/別集類/唐五代別集

少陵詩鈔一卷　(唐)杜甫撰　(清)顧廷綸編　民國十六年(1927)科學儀器館據顧氏手抄本影印本　一冊

330000－1701－0106409　M611092　子部/宗教類/佛教之屬

佛學叢書□□種　丁福保輯　民國上海醫學書局鉛印本暨影印本　一冊　存一種

330000－1701－0106410　M604698　子部/宗教類/佛教之屬

根本論一卷　(暹羅)釋安慧撰　李天鐸注　民國十四年(1925)杭州明德道場鉛印本　一冊

330000－1701－0106412　M609918　集部/別集類/清別集

孫淵如外集五卷附錄一卷　(清)孫星衍撰　王重民輯　民國二十一年(1932)國立北平圖書館鉛印本　一冊

330000－1701－0106413　M602543　類叢部/叢書類/自著之屬

勵堂遺書八種　顧家相撰　民國八年至十九年(1919－1930)會稽顧氏鉛印本　一冊　存一種

330000－1701－0106417　M609919　類叢部/叢書類/自著之屬

小雙寂庵叢書十九種　張惟驤撰　民國武進張氏小雙寂庵刻本　一冊　存一種

330000－1701－0106420　M602544　集部/曲類/曲評曲話曲目之屬

詞餘講義十二章　吳梅撰　民國八年(1919)北京大學出版部鉛印本　一冊

330000－1701－0106424　M602545　史部/地理類/遊記之屬/紀行

游杭紀略二卷　楊祚昌輯　民國十年(1921)杭州文元堂書莊鉛印本　一冊

330000－1701－0106425　M609921　經部/群經總義類/傳說之屬

讀經拾瀋一卷　(清)平步青撰　民國十三年(1924)紹興四有書局鉛印香雪崦叢書本　陶承杏題記　一冊

330000－1701－0106430　M609922　類叢部/叢書類/自著之屬

綴學堂叢稿初集(見山樓叢書)十種　陳漢章撰　民國二十五年(1936)鉛印本　二冊　存一種

330000－1701－0106433　M609924　史部/政書類/儀制之屬/典禮

國朝宮史續編一百卷　(清)慶桂等纂修　民國二十一年(1932)北平故宮博物院圖書館鉛印本　四冊　存三十卷(五十四至六十八、八十二至九十六)

330000－1701－0106437　M602658　史部/地理類/方志之屬/郡縣志

[乾隆]烏青鎮志十二卷 (清)董世寧纂修 民國七年(1918)鉛印本 二册

330000－1701－0106438 M609925 史部/傳記類/别傳之屬/年譜

疇隱居士自訂年譜一卷 丁福保撰 民國無錫丁氏鉛印本 一册

330000－1701－0106439 M602659 史部/地理類/方志之屬/郡縣志

[嘉慶]德清縣續志十卷 (清)周紹濂修 (清)許宗彥 (清)徐養原纂 民國元年(1912)石印本 二册

330000－1701－0106442 M602660 集部/詞類/類編之屬

詞學全書四種 (清)查培繼編 民國木石居石印本 六册

330000－1701－0106443 M602661 史部/目録類/總録之屬/禁燬

清代禁燬書目四種四卷 (清)姚覲元編 民國杭州抱經堂書局石印本 四册

330000－1701－0106446 M609926 史部/詔令奏議類/奏議之屬

蘇州織造李煦奏摺一卷 (清)李煦撰 國立北平故宫博物院文獻館編 民國二十六年(1937)國立北平故宫博物院鉛印本 一册

330000－1701－0106447 M602662 史部/地理類/方志之屬/郡縣志

[民國]路橋志略二卷 楊晨編 民國四年(1915)石印本 一册 存一卷(下)

330000－1701－0106448 M609927 子部/宗教類/其他宗教之屬/基督教

主制羣徵二卷附贈言一卷 (德國)湯若望撰 民國八年(1919)鉛印本 一册

330000－1701－0106450 M609928 史部/雜史類/斷代之屬

陳眉公訂正剿奴議撮一卷 (明)于燕芳撰

建州攷一卷 (明)陳繼儒撰 民國十七年(1928)國立中央大學圖書館鉛印本 一册

330000－1701－0106451 M602663 集部/詩文評類/類編之屬

清詩話四十三種 丁福保輯 民國五年(1916)上海文明書局鉛印本 二十册

330000－1701－0106452 M602664 史部/傳記類/總傳之屬/仕宦

百歲敘譜六卷 (清)丁文策 (清)陳師錫 (清)沈九如輯 民國二十年(1931)上海中華書局鉛印本 六册

330000－1701－0106454 M609929 子部/儒家類/儒學之屬/經濟

歷代尊孔記一卷孔教外論一卷 程淯輯 民國二十二年(1933)上海中國道德會鉛印本 一册

330000－1701－0106455 M602665 集部/詩文評類/詩評之屬

續詩人玉屑八卷 (清)蔣瀾纂輯 民國十二年(1923)上海掃葉山房石印本 四册

330000－1701－0106457 M602666 子部/雜著類/雜編之屬

家庭實用圖書集成不分卷 廣文書局編輯所編 民國八年(1919)上海廣文書局石印本 十九册 缺一册(七編下)

330000－1701－0106458 M602546 子部/藝術類/遊藝之屬/聯語

簫心劍氣樓聯語一卷 孫肇圻撰 民國二十一年(1932)鉛印本 一册

330000－1701－0106460 M602547 史部/史評類/詠史之屬

清宫詞一卷 吴士鑑撰 民國元年(1912)鉛印本 一册

330000－1701－0106461 M609930 子部/雜著類/雜考之屬

四寸學六卷 (清)張雲璈撰 民國三十年(1941)燕京大學圖書館鉛印本 一册 存三卷(一至三)

330000－1701－0106464 M602548 集部/别集類

斡珠仙館詩存七卷陶陶集一卷詞附一卷　吳慶燾撰　民國十五年(1926)鉛印本　二册

330000－1701－0106466　M602668　集部/詞類/總集之屬

毛刻宋六十家詞勘誤一卷　朱居易編　民國二十五年(1936)上海中華書局鉛印本　一册

330000－1701－0106467　M602669　集部/别集類/清别集

歸玄恭遺著一卷附詩鈔一卷　(清)歸莊撰　民國十二年(1923)上海中華書局鉛印本　一册

330000－1701－0106468　M602549　類叢部/叢書類/家集之屬

顧氏家集十種　顧燮光編　民國十八年(1929)會稽顧氏金佳石好樓鉛印本暨石印本　一册

330000－1701－0106470　M610779　經部/儀禮類/分篇之屬

學記集義訓俗一卷補遺一卷再補遺一卷校勘記一卷　姚明煇撰　民國七年(1918)武昌高等師範學校鉛印本　一册

330000－1701－0106471　M602670　集部/詩文評類/詩評之屬

初白菴詩評三卷詞綜偶評一卷　(清)查慎行撰　(清)張載華輯　民國上海六藝書局石印本　六册

330000－1701－0106472　M602671　子部/雜著類/雜品之屬

多能鄙事十二卷　(明)劉基編　民國六年(1917)上海榮華書局石印本　八册

330000－1701－0106473　M610780　子部/宗教類/佛教之屬/總録

念佛四大要訣一卷　(清)釋古崑撰　**玉峯法師傳一卷**　民國鉛印本　一册

330000－1701－0106474　M602672、M602673　集部/總集類/尺牘之屬

道咸同光名人手札第一集四卷第二集四卷　商務印書館輯　民國十三年(1924)上海商務印書館影印本　八册

330000－1701－0106478　M602674　類叢部/叢書類/彙編之屬

嘉業堂叢書五十七種　劉承幹輯　民國吳興劉氏嘉業堂刻本　十册　存一種

330000－1701－0106480　M602675　子部/藝術類/書畫之屬

圖畫見聞誌六卷　(宋)郭若虛撰　民國上海埽葉山房影印本　六册

330000－1701－0106482　M602676　集部/别集類/清别集

平龕遺稿三卷　(清)陶大均撰　民國九年(1920)石印本　一册

330000－1701－0106483　M602677　子部/雜著類/雜考之屬

古書疑義舉例叢刊四種　鼎文書社輯　民國十三年(1924)長沙鼎文書社刻本　三册

330000－1701－0106493　M602550　史部/政書類/軍政之屬

兵要地理二卷　民國鉛印本　一册　存一卷(二)

330000－1701－0106495　M610781　集部/詩文評類/詩評之屬

合肥詩話三卷　李家孚撰　民國十八年(1929)蘇州鉛印本　一册

330000－1701－0106500　M602551　集部/别集類/唐五代别集

杜詩註解節鈔一卷　(唐)杜甫撰　(清)顧淳慶輯注　民國十六年(1927)上海科學儀器館據顧氏抄本影印本　一册

330000－1701－0106502　M602552　史部/地理類/遊記之屬/紀行

西湖合記五種　楊元愷輯　民國十二年(1923)常熟楊旡恙拏雲精舍鉛印本　一册

330000－1701－0106503　M602553　類叢部/叢書類/彙編之屬

可園叢書　江蘇省立蘇州圖書館輯　民國江

蘇省立蘇州圖書館鉛印本　一册　存一種

330000－1701－0106504　M602554　類叢部/叢書類/自著之屬
章氏叢書補編七種　章炳麟撰　民國十三年(1924)鉛印本　一册　存一種

330000－1701－0106505　M602555　類叢部/叢書類/彙編之屬
雲在山房叢書十七種　楊壽枏編　民國十七年(1928)無錫楊氏鉛印本　一册　存一種

330000－1701－0106506　G010726　子部/藝術類/遊藝之屬/棋弈
弈理指歸圖三卷　(清)施紹闇撰　(清)錢長澤繪　民國抄本暨石印本　六册

330000－1701－0106507　M602556　集部/别集類
醉靈軒詩存十卷　陳蘧撰　民國十七年(1928)上海聚珍倣宋印書局鉛印本　二册

330000－1701－0106523　M609933　史部/雜史類/斷代之屬
薛諧孟筆記二卷附錄一卷　(明)薛寀撰　民國二十八年(1939)薛秉初鉛印本　二册

330000－1701－0106529　M609935　史部/地理類/遊記之屬/紀行
峨眉紀游一卷　樓藜然撰　民國元年(1912)成都刻本　一册

330000－1701－0106533　M609936　集部/别集類
舜若多齋吟草不分卷　張應銘撰　民國二十五年(1936)衢縣阜成紙莊印刷部鉛印本　一册

330000－1701－0106535　M609937　史部/傳記類/總傳之屬
錢公林富配戴太夫人百齡冥紀追慶錄不分卷　錢文選編　民國二十一年(1932)鉛印本　一册

330000－1701－0106539　M609938　史部/政書類/律令之屬
中華民國憲法十三章　國民大會制定　民國十二年(1923)鉛印本　一册

330000－1701－0106545　M609940　類叢部/叢書類/自著之屬
多伽羅香館叢書□□種　張采田撰　民國元年(1912)孱守齋刻本　四册　存一種

330000－1701－0106549　M609941　史部/金石類/甲骨之屬
鐵雲藏龜之餘一卷　羅振玉編　民國十六年(1927)影印本　一册

330000－1701－0106553　M609944　集部/總集類/彙編之屬
戊戌六君子遺集九種　張元濟輯　民國六年(1917)上海商務印書館鉛印本　一册　存一種

330000－1701－0106555　M609945　史部/地理類/專志之屬/古跡
林社二十五周年紀念徵文一卷　林社編　民國十四年(1925)鉛印本　一册

330000－1701－0106558　M609946　類叢部/叢書類/自著之屬
楚風樓雜著□□種　周正權撰　民國鉛印本　一册　存一種

330000－1701－0106567　M609947　史部/傳記類/總傳之屬/家乘
[浙江杭州]高陽許氏家譜四卷塋圖二卷　許引之修　許季湘　許閑纂　民國十年(1921)鉛印本　六册

330000－1701－0106569　M609948　史部/史評類/詠史之屬
詠史記事一卷　張翥撰　民國十四年(1925)鉛印本　一册

330000－1701－0106571　M604699　子部/宗教類/佛教之屬/論
大乘廣百論釋論十卷　(唐)釋玄奘譯　民國六年(1917)金陵刻經處刻本　四册

330000－1701－0106574　M609950　類叢

部/叢書類/自著之屬

得天廬存稿二種　壽鵬飛撰　民國三十年(1941)鉛印本　一册　存一種

330000－1701－0106575　M609951　類叢部/叢書類/自著之屬

得天廬存稿二種　壽鵬飛撰　民國三十年(1941)鉛印本　一册　存一種

330000－1701－0106577　M611001　類叢部/叢書類/彙編之屬

華西協合大學國學叢書　民國成都華西協合大學哈佛燕京學社鉛印本　一册　存一種

330000－1701－0106580　M611002　類叢部/叢書類/彙編之屬

華西協合大學國學叢書　民國成都華西協合大學哈佛燕京學社鉛印本　一册　存一種

330000－1701－0106581　M611003　類叢部/叢書類/彙編之屬

華西協合大學國學叢書　民國成都華西協合大學哈佛燕京學社鉛印本　一册　存一種

330000－1701－0106582　M611004　類叢部/叢書類/彙編之屬

華西協合大學國學叢書　民國成都華西協合大學哈佛燕京學社鉛印本　一册　存一種

330000－1701－0106583　M611005　類叢部/叢書類/彙編之屬

華西協合大學國學叢書　民國成都華西協合大學哈佛燕京學社鉛印本　一册　存一種

330000－1701－0106584　M604700　史部/金石類/金之屬

西清續鑑乙編二十卷　民國二十年(1931)北平古物陳列所影印本　五册　存五卷(三、十一、十三、十八至十九)

330000－1701－0106585　M611006　類叢部/叢書類/彙編之屬

華西協合大學國學叢書　民國成都華西協合大學哈佛燕京學社鉛印本　一册　存一種

330000－1701－0106586　M611007　類叢部/叢書類/彙編之屬

華西協合大學國學叢書　民國成都華西協合大學哈佛燕京學社鉛印本　一册　存一種

330000－1701－0106587　M609953　類叢部/叢書類/彙編之屬

己卯叢編四種　趙詒琛　王大隆輯　民國二十八年(1939)鉛印本　一册　存一種

330000－1701－0106589　M611008　集部/小説類/長篇之屬

繪圖老殘新遊記四卷十六章　楊塵因撰　民國十三年(1924)上海世界書局石印本　一册

330000－1701－0106590　M609954　類叢部/叢書類/彙編之屬

庚辰叢編十種　趙詒琛　王大隆輯　民國二十九年(1940)鉛印本　四册

330000－1701－0106591　M604701　子部/宗教類/佛教之屬/經

金光明最勝王經十卷附藏文漢文日文英文陀羅尼四種四卷　(唐)釋義净譯　民國十四年(1925)杭州金光明法會鉛印本　一册　缺十卷(一至十)

330000－1701－0106595　M604702　子部/藝術類/篆刻之屬/印譜

印字類纂十二卷　孟昭鴻纂摹　民國二十二年(1933)上海西泠印社石印本　四册

330000－1701－0106602　M609956　史部/傳記類/日記之屬

秦輶日記一卷　(清)潘祖蔭撰　民國三年(1914)西泠印社木活字印本　二册

330000－1701－0106603　M611009　集部/曲類/寶卷之屬

繪圖張義雙釘記寶卷二卷　民國上海惜陰書局石印本　一册

330000－1701－0106604　M609957　集部/别集類/清别集

大潛山房詩鈔一卷　(清)劉銘傳撰　民國十一年(1922)上海刻本　一册

330000－1701－0106605　M604703　史部/傳記類/總傳之屬/釋道

敕建護國萬壽戒壇大昭慶律寺同戒錄一卷(民國壬戌冬期)　釋心恒撰　民國十一年(1922)刻本　一冊

330000－1701－0106611　M609959　類叢部/叢書類/郡邑之屬

吳興叢書六十六種　劉承幹編　民國吳興劉氏嘉業堂刻本　十一冊　存六種

330000－1701－0106615　M602557　集部/別集類

誦芬堂文稿三編八卷補遺一卷　錢文選撰　民國二十五年(1936)鉛印本　二冊

330000－1701－0106616　M604704　史部/傳記類/總傳之屬/釋道

敕建護國萬壽戒壇大昭慶律寺同戒錄一卷(民國甲戌冬期)　民國二十三年(1934)刻本　一冊

330000－1701－0106618　M604705　史部/傳記類/總傳之屬/釋道

敕建護國萬壽戒壇大昭慶律寺同戒錄一卷(民國甲戌冬期)　民國二十三年(1934)刻本　一冊

330000－1701－0106622　M604706　子部/宗教類/佛教之屬/經疏

楞嚴經灌頂疏十卷科文一卷序釋一卷圓譚二卷　(清)釋續法撰　民國九年(1920)刻十一年(1922)魯心齋印本　十一冊　存七卷(一至四、五上,圓譚上下)

330000－1701－0106627　M611010　集部/曲類/寶卷之屬

繪圖秦雪梅三元記寶卷二卷　民國上海惜陰書局石印本　二冊

330000－1701－0106632　M604707　子部/宗教類/佛教之屬/經疏

楞嚴經灌頂疏十卷科文一卷序釋一卷圓譚二卷　(清)釋續法撰　民國九年(1920)刻十一年(1922)魯心齋印本　四冊　存四卷(一下、三下、四下、五下)

330000－1701－0106636　M604708　類叢部/叢書類/彙編之屬

四部叢刊　張元濟等編　民國上海商務印書館影印本　四冊　存一種

330000－1701－0106639　M604709　類叢部/叢書類/彙編之屬

四部備要　中華書局編　民國二十五年(1936)上海中華書局鉛印本　一冊　存二種

330000－1701－0106644　M611014　集部/別集類

越叟詠梅詩稿一卷　朱怙生撰　民國三十五年(1946)鉛印本　一冊

330000－1701－0106647　M611015　集部/別集類

越叟詠梅詩稿一卷　朱怙生撰　民國三十五年(1946)鉛印本　一冊

330000－1701－0106649　M611016　集部/別集類

越叟詠梅詩稿一卷　朱怙生撰　民國三十五年(1946)鉛印本　一冊

330000－1701－0106650　M611017　集部/別集類

越叟詠梅詩稿一卷　朱怙生撰　民國三十五年(1946)鉛印本　一冊

330000－1701－0106653　M604711　史部/目録類/總録之屬/私撰

八千卷樓書目二十卷　(清)丁丙藏　丁立中撰　民國十二年(1923)錢塘丁氏鉛印本　十冊

330000－1701－0106659　M611020　史部/目録類/總録之屬/地方

台州經籍志四十卷　項士元編　民國四年(1915)鉛印本　十六冊

330000－1701－0106660　M611021　史部/目録類/總録之屬/禁燬

清代禁燬書目四種索引四卷　民國二十年

(1931)杭州抱經堂書局鉛印本　四冊

330000－1701－0106661　M609962　集部/別集類/唐五代別集

唐樊紹述遺文一卷附錄一卷　(唐)樊宗師撰　(清)張庚輯注　民國十四年(1925)山陰樊氏繇絳書屋刻本　一冊

330000－1701－0106664　M611022　類叢部/叢書類/彙編之屬

四部叢刊　張元濟等編　民國八年(1919)上海商務印書館影印本　八冊　存一種

330000－1701－0106665　M604713　史部/傳記類/總傳之屬/釋道

景德傳燈錄三十卷　(宋)釋道原輯　民國八年(1919)常州天寧寺刻經處刻本　十四冊

330000－1701－0106677　M604714　子部/宗教類/佛教之屬/論

校補唯識大意二卷　(日本)釋良遍撰　(日本)釋青巒校補　梅光義校訂　洪欣然譯文　民國二十一年(1932)鉛印本　一冊

330000－1701－0106678　M604715　子部/宗教類/佛教之屬/論

校補唯識大意二卷　(日本)釋良遍撰　(日本)釋青巒校補　梅光義校訂　洪欣然譯文　民國二十一年(1932)鉛印本　一冊

330000－1701－0106679　M610964　史部/傳記類/別傳之屬/年譜

含嘉室自訂年譜一卷　吳士鑑撰　民國鉛印本　冷道人題記　一冊

330000－1701－0106680　M604716　史部/傳記類/別傳之屬/年譜

拙園老人壬申自述一卷　程良騶撰　民國二十一年(1932)鉛印本　一冊

330000－1701－0106688　M604717　子部/儒家類/儒學之屬

餘山先生遺書十卷　(清)勞史撰　(清)桑調元　(清)沈廷芳編　**附餘山先生行狀一卷**　(清)桑調元撰　民國鉛印本　二冊

330000－1701－0106689　M604718　子部/儒家類/儒學之屬

餘山先生遺書十卷　(清)勞史撰　(清)桑調元　(清)沈廷芳編　**附餘山先生行狀一卷**　(清)桑調元撰　民國鉛印本　一冊　存五卷(一至五)

330000－1701－0106690　M604720　子部/雜著類/雜說之屬

鶴林玉露十八卷　(宋)羅大經撰　民國十五年(1926)上海商務印書館鉛印本　二冊　存十二卷(七至十八)

330000－1701－0106700　M602635　史部/地理類/專志之屬/祠墓

社祭私約一卷祭祀儀節一卷落成祝文一卷常祭祝文一卷柬邀襄禮一卷　民國刻本　一冊

330000－1701－0106704　M610782　子部/宗教類/道教之屬

老子覈詁四卷老子稱經及篇章考一卷老子失文一卷引用書目一卷　馬敘倫撰　民國十三年(1924)鉛印本　二冊

330000－1701－0106707　M611023　類叢部/叢書類/彙編之屬

仰視千七百二十九鶴齋叢書四集三十一種　(清)趙之謙編　民國十八年(1929)紹興墨潤堂書苑據清光緒六年(1880)會稽趙氏刻本影印本　二十四冊

330000－1701－0106709　M602627　集部/詩文評類/詩評之屬

歷代詩話續編二十九種　丁福保輯　民國五年(1916)無錫丁氏鉛印本　二十四冊

330000－1701－0106710　M611024　集部/別集類/清別集

北戍草一卷附龍江紀事一卷　(清)張光藻撰　民國十九年(1930)廣德錢文選鉛印本　一冊

330000－1701－0106711　M610783　集部/別集類

雛蟬詩稿一卷　周演巽撰　民國十四年

(1925)鉛印本　一冊

330000－1701－0106713　M604723　子部/藝術類/遊藝之屬/謎語

燈謎叢錄一卷　蔡克仁輯　民國十年(1921)杭州楊耀松文元堂刻本　一冊

330000－1701－0106714　M602628　史部/傳記類/總傳之屬/斷代

清史列傳八十卷　中華書局編　民國十七年(1928)上海中華書局鉛印本　八十冊　缺一卷(五十五)

330000－1701－0106719　M610784　史部/雜史類/斷代之屬

振事三記一卷　林邕撰　民國二十三年(1934)鉛印本　一冊

330000－1701－0106720　M602629　史部/傳記類/總傳之屬/斷代

清史列傳八十卷　中華書局編　民國十七年(1928)上海中華書局鉛印本　七十冊　存七十卷(九至七十、七十三至八十)

330000－1701－0106722　M611025　子部/墨家類

墨子刊誤二卷　(清)蘇時學撰　**墨子刊誤刊誤二卷**　陳柱撰　民國十七年(1928)上海中華書局鉛印本　一冊

330000－1701－0106723　M610785　集部/別集類

珠巖齋文初編九卷　王宇高撰　民國二十五年(1936)鉛印本　一冊　存五卷(一至五)

330000－1701－0106726　M611026　史部/目録類/總録之屬/禁燬

清代禁燬書目四種四卷　(清)姚覲元編　民國杭州抱經堂書局石印本　四冊

330000－1701－0106727　M604725　集部/楚辭類

楚辭集註八卷後語六卷辯證二卷　(宋)朱熹撰　民國十九年(1930)掃葉山房石印本　四冊

330000－1701－0106732　M611027　史部/雜史類/斷代之屬

戰國策補註三十三卷　吳曾祺撰　民國三年(1914)上海商務印書館鉛印本　四冊

330000－1701－0106734　M604726　史部/地理類/專志之屬/寺觀

天童寺續志二卷首一卷　釋淨心修　釋蓮萍纂　民國九年(1920)天童寺刻本　二冊

330000－1701－0106738　M602632　集部/別集類/明別集

重訂祝子遺書六卷首一卷末一卷　(明)祝淵撰　祝廷錫編　民國六年(1917)知非樓刻本　二冊

330000－1701－0106739　M611028　史部/目録類/總録之屬/官修

壬子文瀾閣所存書目五卷　錢恂編　民國元年(1912)浙江圖書館刻本　三冊

330000－1701－0106740　M604727　史部/傳記類/別傳之屬/事狀

郭節母廖太夫人清芬錄不分卷　郭兆霖輯　民國鉛印本　四冊

330000－1701－0106742　M602633　史部/地理類/專志之屬/祠墓

社祭私約一卷祭祀儀節一卷落成祝文一卷常祭祝文一卷柬邀襄禮一卷　民國刻本　一冊

330000－1701－0106744　M611029　史部/目録類/總録之屬/官修

壬子文瀾閣所存書目五卷　錢恂編　**文瀾閣目補一卷**　章箴編　民國元年(1912)浙江圖書館刻十二年(1923)補刻本　二冊　存二卷(壬子文瀾閣所存書目四至五)

330000－1701－0106748　M602634　史部/地理類/專志之屬/祠墓

社祭私約一卷祭祀儀節一卷落成祝文一卷常祭祝文一卷柬邀襄禮一卷　民國刻本　一冊

330000－1701－0106750　M604728　史部/地理類/專志之屬/寺觀

天童寺續志二卷首一卷　釋淨心修　釋蓮萍

纂　民國九年(1920)天童寺刻本　二冊

330000－1701－0106752　M602636　類叢部/叢書類/家集之屬

武林丁氏家集十三種　丁立誠　丁立中撰　民國錢塘丁氏嘉惠堂鉛印本　四冊　存一種

330000－1701－0106755　M602637　子部/雜著類/雜説之屬

改正湘山野錄三卷續一卷　(宋)釋文瑩撰　民國六年(1917)上海有正書局鉛印本　一冊

330000－1701－0106758　M602638　類叢部/叢書類/家集之屬

顧氏家集十種　顧燮光編　民國十八年(1929)會稽顧氏金佳石好樓鉛印本暨石印本　四冊

330000－1701－0106759　M604730　子部/雜著類/雜説之屬

新唯識論一卷　熊十力撰　民國二十一年(1932)浙江省立圖書館鉛印本　一冊

330000－1701－0106760　M611031　類叢部/叢書類/彙編之屬

四部叢刊　張元濟等編　民國上海商務印書館影印本　二冊　存一種

330000－1701－0106763　M602639　類叢部/叢書類/彙編之屬

雙楳景闇叢書十六種　葉德輝編　民國鉛印本　四冊

330000－1701－0106764　M611032　集部/別集類

求我山人雜著六卷首一卷　莊景仲撰　**附錄一卷**　民國十八年(1929)鉛印本　二冊

330000－1701－0106766　M602640　子部/小説家類/瑣語之屬

岐海瑣譚集十六卷　(明)姜準輯　民國二十五年(1936)浙江省永嘉區徵輯鄉先哲遺著委員會鉛印本　許蟠雲題記　四冊

330000－1701－0106767　M611033　集部/別集類

求我山人雜著六卷首一卷　莊景仲撰　**附錄一卷**　民國十八年(1929)鉛印本　二冊

330000－1701－0106768　M611034　集部/別集類

求我山人雜著六卷首一卷　莊景仲撰　**附錄一卷**　民國十八年(1929)鉛印本　二冊

330000－1701－0106770　M611035　集部/別集類

求我山人雜著六卷首一卷　莊景仲撰　**附錄一卷**　民國十八年(1929)鉛印本　二冊

330000－1701－0106772　M604731　集部/總集類/選集之屬/斷代

希社叢編不分卷　希社編　民國二年至八年(1913－1919)鉛印本　一冊　存第一冊

330000－1701－0106786　M602558　集部/別集類

譚祖安先生手寫詩冊五卷　譚延闓撰　民國二十年(1931)影印本　四冊

330000－1701－0106789　M602559　子部/小説家類

筆記小説大觀二百二十二種　進步書局輯　民國上海進步書局石印本　二冊　存一種

330000－1701－0106791　M602561　子部/醫家類/外科之屬/癰疽、疔瘡

治疔要訣一卷　(清)應其南撰　**爛喉痧痧輯要一卷**　(清)金德鑑撰　**林文忠戒煙方一卷**　**諸症急救良方一卷**　民國八年(1919)石印本　一冊

330000－1701－0106795　M604733　集部/別集類

靈璞閣詩二卷附孫言草一卷　張惠衣撰　民國三十三年(1944)鉛印本　一冊

330000－1701－0106799　M602562　子部/儒家類/儒學之屬

古今格言四卷　江畬經編纂　民國七年(1918)上海商務印書館鉛印本　四冊

330000－1701－0106800　M602563　集部/

總集類/選集之屬/斷代
唐詩三百首註疏二卷 (清)孫洙編 (清)章爕註 民國古香書屋鉛印本 二冊

330000－1701－0106801 M604734 類叢部/叢書類/郡邑之屬
敬鄉樓叢書三十八種 黄羣編 民國十七年至二十四年(1928－1935)永嘉黄氏鉛印本 一冊 存第一輯一種

330000－1701－0106809 M602564 集部/别集類/唐五代别集
駱臨海集十卷附録一卷 (唐)駱賓王撰 (清)陳熙晉注 民國二十六年(1937)義烏黄氏鉛印本 四冊

330000－1701－0106813 M602565、M603574 史部/傳記類/别傳之屬/年譜
宋岳鄂王[飛]年譜六卷首一卷末一卷 錢汝雯編 **宋岳鄂王文集三卷** (宋)岳飛撰 錢汝雯編 民國十三年(1924)鉛印本 三冊 存六卷(年譜二至六、末)

330000－1701－0106814 M604735 子部/宗教類/佛教之屬/諸宗
辯顯密二教論二卷 (日本)釋空海撰 **略敘傳大毗盧遮那成佛神變加持經大教相承傳法次第記一卷** (唐)釋海雲集 民國九年(1920)北京刻經處刻本 一冊

330000－1701－0106817 M611036 經部/小學類/文字之屬/説文
説文解字十五卷標目一卷 (漢)許慎撰 (宋)徐鉉等校定 民國三年(1914)上海商務印書館影印藤花榭刻本 四冊

330000－1701－0106818 M604736 子部/宗教類/佛教之屬/律
南山律要 (唐)釋道宣撰述 民國天津刻經處刻本 六冊 存六種

330000－1701－0106824 M611039 類叢部/叢書類/自著之屬
舜水遺書四種附録一卷 (明)朱之瑜撰 民國二年(1913)山陰湯壽潛鉛印本 十二冊

330000－1701－0106826 M604737 子部/宗教類/佛教之屬/諸宗
聖救度佛母修持法不分卷 諾那呼圖克圖撰 吴潤江編 民國二十四年(1935)上海覺圓精舍鉛印本 一冊

330000－1701－0106827 M611040 類叢部/叢書類/彙編之屬
求恕齋叢書三十一種 劉承幹編 民國吴興劉氏嘉業堂刻本 一冊 存一種

330000－1701－0106828 M602647 子部/小説家類
筆記小説大觀二百二十二種 進步書局輯 民國上海進步書局石印本 四冊 存一種

330000－1701－0106829 M604738 子部/宗教類/佛教之屬
安樂妙寶一卷 金弘恕編輯 民國二十八年(1939)上海佛學書局鉛印本 一冊

330000－1701－0106830 M611041 類叢部/叢書類/彙編之屬
求恕齋叢書三十一種 劉承幹編 民國吴興劉氏嘉業堂刻本 一冊 存一種

330000－1701－0106831 M604739 子部/宗教類/佛教之屬/論
大乘百法明門論一卷八識規矩頌一卷 (明)釋廣益纂釋 民國十五年(1926)鉛印本 一冊

330000－1701－0106832 M611042 經部/小學類/文字之屬
蒼石山房整理故籍文字學□□種 石廣權撰 民國上海商務印書館石印本 一冊 存一種

330000－1701－0106833 M604740 子部/宗教類/佛教之屬/經疏
心經通釋一卷 王恩洋撰 民國三十一年(1942)重慶華巖刻經處刻本 一冊

330000－1701－0106834 M604741 子部/宗教類/佛教之屬/諸宗
傅大士集四卷 (南朝梁)傅翕撰 民國鉛印

本　一册

330000－1701－0106839　M604743　集部/别集類/清别集

新羅山人集五卷　(清)華嵒撰　民國古今圖書館石印本　四册

330000－1701－0106840　M611043　類叢部/叢書類/彙編之屬

復性書院叢刊二十七種　馬浮編　民國二十九年至三十七年(1940－1948)復性書院刻本暨鉛印本　一册　存三種

330000－1701－0106841　M602650　史部/傳記類/總傳之屬/家乘

[浙江衢州]孔氏南宗考略二卷　徐鏡泉纂輯　民國三十七年(1948)鉛印本　一册

330000－1701－0106842　M611044　史部/目録類/總録之屬/私撰

書目答問補正五卷　范希曾編　民國二十四年(1935)江蘇省立國學圖書館鉛印本　二册

330000－1701－0106845　M602652　史部/地理類/方志之屬/郡縣志

[寶慶]會稽續志八卷　(宋)張淏纂修　民國十五年(1926)據清嘉慶十三年(1808)刻本影印本　三册

330000－1701－0106847　M610958　子部/宗教類/佛教之屬

戒殺放生一卷　王與楫輯　民國十年(1921)鉛印本　一册

330000－1701－0106853　M602566　類叢部/叢書類/彙編之屬

涉園叢刻　張元濟編　民國十五年(1926)海鹽張氏影印本　十册　存一種

330000－1701－0106857　M602653　史部/地理類/方志之屬/郡縣志

[民國]歙縣志十六卷　石國柱　樓文釗修　許承堯纂　民國二十六年(1937)歙縣旅滬同鄉會鉛印本　八册　存八卷(二至三、五、八、十至十三)

330000－1701－0106859　M602567　集部/别集類/宋别集

石林居士建康集八卷補遺一卷　(宋)葉夢得撰　**石林先生兩鎮建康紀年略一卷**　(清)葉廷琯編　民國九年(1920)石竹山房書局石印本　四册

330000－1701－0106861　M602654　史部/地理類/方志之屬/郡縣志

[民國]新昌縣志二十卷附新昌農事調查一卷　金城修　陳畬纂　**沃州詩存一卷**　(宋)潘音撰　**沃州文存一卷**　(宋)徐霖撰　民國八年(1919)鉛印本　三册　存七卷(一至二、十三至十七)

330000－1701－0106867　M602655　史部/地理類/方志之屬/郡縣志

[民國]南陵縣志四十八卷首一卷末一卷　余誼密修　徐乃昌纂　民國十三年(1924)鉛印本　十一册　存十六卷(三十二至四十七)

330000－1701－0106869　M602568　類叢部/叢書類/自著之屬

勷堂遺書八種　顧家相撰　民國八年至十九年(1919－1930)會稽顧氏鉛印本　二册　存一種

330000－1701－0106873　M602656　史部/地理類/方志之屬/郡縣志

[嘉慶]餘杭縣志四十卷　(清)張吉安修　(清)朱文藻纂　(清)崔應榴　(清)董作棟續纂　民國八年(1919)吴蘭孫鉛印本　四册　存二十卷(一至二十)

330000－1701－0106874　M602569　史部/地理類/水利之屬

永定河治本計劃二卷附圖二卷　華北水利委員會編輯　民國二十二年(1933)天津華北水利委員會鉛印本　四册

330000－1701－0106875　M610786　史部/目録類/總録之屬/官修

浙江公立圖書館通常類圖書目錄五卷附保存類圖書目錄補遺一卷　浙江公立圖書館編　民國十四年(1925)浙江公立圖書館鉛印本

八册

330000－1701－0106878　M602570、M602571、M602572　類叢部/叢書類/彙編之屬

四部備要　中華書局編　民國二十五年(1936)上海中華書局鉛印本　二十六册　存一種

330000－1701－0106880　M610787　史部/目録類/總録之屬/官修

浙江公立圖書館通常類圖書目錄五卷附保存類圖書目錄補遺一卷　浙江公立圖書館編　民國十四年(1925)浙江公立圖書館鉛印本　八册

330000－1701－0106882　M610788　史部/目録類/總録之屬/官修

浙江公立圖書館通常類圖書目錄五卷附保存類圖書目錄補遺一卷　浙江公立圖書館編　民國十四年(1925)浙江公立圖書館鉛印本　四册　存三卷(一、四至五)

330000－1701－0106889　M602573　集部/總集類/選集之屬/通代

古今文綜不分卷　張相輯　民國五年(1916)上海中華書局鉛印本　十九册　存十九册(一至十、三十二至四十)

330000－1701－0106894　M602574　子部/小說家類/雜事之屬

漁磯漫鈔十卷　(清)雷琳　(清)汪琇瑩　(清)莫劍光輯　民國二年(1913)埽葉山房石印本　四册

330000－1701－0106896　M602575　子部/雜著類/雜考之屬

炳燭編四卷　(清)李賡芸撰　(清)潘祖蔭等編　民國古今圖書館影印本　四册

330000－1701－0106898　M602576　子部/藝術類/書畫之屬/題跋

快雨堂題跋八卷　(清)王文治撰　民國廣智書局鉛印本　一册

330000－1701－0106899　M604746　類叢部/叢書類/自著之屬

劉申叔先生遺書七十四種　劉師培撰　民國二十五年(1936)寧武南氏鉛印本　二册　存四種

330000－1701－0106902　M604747　集部/別集類/清別集

聊齋全集四種　(清)蒲松齡撰　民國九年(1920)上海中華圖書館石印本　六册

330000－1701－0106904　M610789　史部/傳記類/別傳之屬/事狀

晴川先生[孫之騄]事略一卷　樊鎮輯　民國五年(1916)紹興樊氏鉛印本　一册

330000－1701－0106905　M602577　史部/金石類

非儒非俠齋金石叢著十種　顧燮光撰　民國會稽顧氏金佳石好樓石印本暨鉛印本　三册　存一種

330000－1701－0106907　M604748　類叢部/叢書類/彙編之屬

四部備要　中華書局編　民國二十五年(1936)上海中華書局鉛印本　六册　存一種

330000－1701－0106908　M610790　集部/別集類

春生詩草一卷　王聿鑫撰　民國二十四年(1935)杭州鉛印本　一册

330000－1701－0106911　M602579　史部/地理類/方志之屬/郡縣志

[民國]雙林鎮志三十二卷首一卷　(清)蔡蓉升纂　蔡蒙續纂　民國六年(1917)上海商務印書館鉛印本　四册

330000－1701－0106926　M604750　子部/醫家類/綜合之屬/通論

赤水玄珠三十卷附醫旨緒餘二卷醫案五卷　(明)孫一奎撰　民國三年(1914)上海著易堂鉛印本　九册　存二十卷(一至四、八至九、十二至二十,醫旨緒餘上下、醫案三至五)

330000－1701－0106927　M610791　子部/宗教類/佛教之屬

佛學叢書□□種　民國上海商務印書館鉛印

本　一册　存一種

330000－1701－0106931　M604753　類叢部/叢書類/自著之屬

崔東壁遺書前編十九種附一種　（清）崔述撰　民國十三年（1924）上海古書流通處據清道光陳氏刻本影印本　八册　存九種

330000－1701－0106933　M604754　子部/宗教類/佛教之屬

佛學叢書□□種　丁福保輯　民國上海醫學書局鉛印本暨影印本　一册　存一種

330000－1701－0106940　M604755　子部/宗教類/佛教之屬/論疏

大乘起信論義記講義四卷附錄一卷　（日本）織田得能撰　黄士復譯　民國二十二年（1933）上海商務印書館鉛印本　四册

330000－1701－0106941　M604756　子部/宗教類/佛教之屬/論疏

大乘起信論義記講義四卷附錄一卷　（日本）織田得能撰　黄士復譯　民國二十二年（1933）上海商務印書館鉛印本　四册

330000－1701－0106956　M610792　子部/宗教類/道教之屬/雜著

心傳韻語五卷　（清）何謙撰　民國杭州同道益善書局鉛印本　二册

330000－1701－0106966　G008999　子部/儒家類/儒學之屬/禮教/家訓

澄懷園語四卷　（清）張廷玉撰　民國上海文瑞樓石印本　一册

330000－1701－0106968　M604760　子部/宗教類/佛教之屬/大藏

藏要第一輯□□種　歐陽漸輯　民國南京支那内學院鉛印本　六册　存一種

330000－1701－0106971　M610940　類叢部/叢書類/郡邑之屬

續金華叢書六十種　胡宗楙編　民國十三年（1924）永康胡氏夢選樓刻本　十四册　存八種

330000－1701－0106977　M610941　史部/目録類/專録之屬

書畫書錄解題十二卷　余紹宋撰　民國二十一年（1932）國立北平圖書館鉛印本　六册

330000－1701－0106979　M610942　史部/目録類/總録之屬/官修

浙江圖書館觀覽類書目四卷補遺一卷附錄一卷　浙江圖書館編　民國四年（1915）浙江圖書館鉛印本　一册　存一卷（三）

330000－1701－0106981　M610943　史部/傳記類/别傳之屬/年譜

鄰蘇老人[楊守敬]年譜一卷　楊守敬述　熊會貞補述　民國四年（1915）石印本　一册

330000－1701－0106984　M610944　類叢部/叢書類/自著之屬

晨風廬叢刊十八種　周慶雲撰　民國吳興周氏夢坡室刻朱印本　一册　存一種

330000－1701－0106985　M610945　子部/宗教類/佛教之屬

佛學叢書□□種　民國上海商務印書館鉛印本　一册　存一種

330000－1701－0106991　M610946　子部/宗教類/佛教之屬

佛學叢書□□種　丁福保輯　民國上海醫學書局鉛印本暨影印本　二册　存二種

330000－1701－0106994　M610947　史部/傳記類/别傳之屬/事狀

[楊嘉]哀輓錄一卷　民國十年（1921）石印本　一册

330000－1701－0107007　M602580　類叢部/叢書類/彙編之屬

士禮居黄氏叢書十九種附四種　（清）黄丕烈輯　民國十一年（1922）上海博古齋據清黄氏刻本增輯影印本　六册　存一種

330000－1701－0107009　M610948　子部/藝術類/書畫之屬/法帖

宋拓孔宙碑不分卷　民國有正書局石印本　一册

330000－1701－0107012　M602581　子部/農家農學類/園藝之屬/花卉

蘭蕙小史三卷附一卷　吳恩元編輯　唐駝校訂　民國十二年(1923)吳恩元、唐駝鉛印本　三册

330000－1701－0107013　M610950　類叢部/叢書類/彙編之屬

明齋叢刻　鄧之誠輯　民國江寧鄧氏鉛印本　一册　存一種

330000－1701－0107014　M602582　史部/地理類/專志之屬/寺觀

洛陽伽藍記五卷　(北魏)楊衒之撰　**洛陽伽藍記集證一卷**　(清)吳若準撰　張宗祥補　**集證本洛陽伽藍記正文一卷鉤沉本洛陽伽藍記正文一卷**　民國十九年(1930)上海商務印書館據民國十九年(1930)海寧張氏鐵如意館抄校本影印本　一册

330000－1701－0107016　M602583　集部/別集類/清別集

鴻雪樓詩選初集四卷外集一卷名媛詩話八卷　(清)沈善寶撰　民國十三年(1924)沈敏元鉛印本　四册

330000－1701－0107017　M610951　類叢部/叢書類/彙編之屬

進德叢書八種　丁福保編　民國上海醫學書局鉛印本　一册　存一種

330000－1701－0107018　M610952　子部/宗教類/道教之屬/經文

太上十三經十七卷　(清)涵虛子編　民國十二年(1923)玉仙子刻本　一册

330000－1701－0107019　M602584　史部/雜史類/斷代之屬

太平天國叢書第一集　蕭一山輯　民國二十五年(1936)國立編譯館影印本　十册

330000－1701－0107020　M610953　子部/宗教類/道教之屬/經文

太上十三經十七卷　(清)涵虛子編　民國十二年(1923)玉仙子刻本　一册

330000－1701－0107021　M610954　子部/宗教類/道教之屬/經文

太上十三經十七卷　(清)涵虛子編　民國十二年(1923)玉仙子刻本　一册

330000－1701－0107022　M610955　子部/宗教類/道教之屬/經文

太上十三經十七卷　(清)涵虛子編　民國十二年(1923)玉仙子刻本　一册

330000－1701－0107023　M610956　集部/總集類/酬唱之屬

丹山驪唱集一卷　趙璋輯　民國二十三年(1934)平湖浙江印刷所鉛印本　一册

330000－1701－0107024　M610957　史部/地理類/遊記之屬/紀行

游滇紀事一卷　錢文選撰　民國十九年(1930)鉛印本　一册

330000－1701－0107025　M610959　史部/傳記類/別傳之屬/事狀

上海資政第姚氏金婚不分卷　世界女子協會古學部輯　民國八年(1919)鉛印本　一册

330000－1701－0107027　M610960　子部/宗教類/道教之屬

三聖經直講三卷　(清)悟真子撰　民國十七年(1928)鉛印本　一册

330000－1701－0107029　M610961　子部/宗教類/道教之屬

三聖經直講三卷　(清)悟真子撰　民國十七年(1928)鉛印本　一册

330000－1701－0107031　M610963　類叢部/叢書類/家集之屬

顧氏家集十種　顧燮光編　民國十八年(1929)會稽顧氏金佳石好樓鉛印本暨石印本　四册

330000－1701－0107034　M610965　史部/傳記類/總傳之屬/仕宦

清代徵獻類編五種　嚴懋功撰　民國二十一年(1932)上海文瑞樓書局、無錫學海堂書局鉛印本　八册

330000－1701－0107038　M602542　集部/別集類

舊京文存八卷詩存八卷　孫雄撰　民國二十年(1931)鉛印本　二冊　存八卷(舊京文存一至八)

330000－1701－0107041　M610793　子部/雜著類/雜說之屬

槐軒約言一卷　(清)劉沅撰　民國北京道德學社鉛印本　一冊

330000－1701－0107042　M602586　集部/別集類/清別集

明秋館選課一卷古今體詩存一卷詞賸一卷附曲兩齣　(清)裘凌仙撰　民國三年(1914)鉛印本　一冊　缺一卷(選課)

330000－1701－0107044　M602587　類叢部/叢書類/彙編之屬

喜咏軒叢書三十四種　陶湘編　民國十五年至二十年(1926－1931)武進陶氏涉園石印本　三冊　存一種

330000－1701－0107045　M610794　子部/儒家類/儒學之屬/性理

儒教傳心錄一卷　陳寅亮編　民國二十五年(1936)鉛印本　一冊

330000－1701－0107046　M602588　集部/別集類

譚祖安先生手寫詩冊五卷　譚延闓撰　民國二十年(1931)影印本　四冊

330000－1701－0107048　M602589　集部/詩文評類/類編之屬

清詩話四十三種　丁福保輯　民國五年(1916)上海文明書局鉛印本　一冊　存四種

330000－1701－0107055　M610795　史部/政書類/邦交之屬

同治條約二十三卷　許同莘　汪毅　張承棨編　民國四年(1915)外交部圖書處鉛印本　九冊　存二十一卷(一至九、十二至二十三)

330000－1701－0107077　M610966　類叢部/叢書類/彙編之屬

四部備要　中華書局編　民國二十五年(1936)上海中華書局鉛印本　一冊　存一種

330000－1701－0107084　M610968　子部/術數類/相宅相墓之屬

堪輿闢謬傳真二卷　劉公中編　民國十七年(1928)杭州抱經堂書局鉛印本　二冊

330000－1701－0107086　M602590　類叢部/叢書類/自著之屬

蛾術堂集十四種　(清)沈豫撰　民國二十年(1931)上海蟫隱廬據清道光十八年(1838)刻本影印本　六冊

330000－1701－0107092　M610969　類叢部/叢書類/彙編之屬

四部備要　中華書局編　民國二十五年(1936)上海中華書局鉛印本　二冊　存一種

330000－1701－0107094　M602592　子部/宗教類/佛教之屬/經

百喻經二卷　(天竺)僧伽斯那撰　(南朝齊)釋求那毗地譯　民國三年(1914)金陵刻經處刻本　一冊

330000－1701－0107097　M610797　史部/地理類/方志之屬/郡縣志

[民國]定海縣志十六卷首一卷　陳訓正　馬瀛纂修　施皐　顏聖介　張紀隆測繪　民國十三年(1924)旅滬同鄉會鉛印本　六冊

330000－1701－0107101　M602593　集部/詞類/別集之屬

式谿詞一卷　吳士鑑撰　民國二十五年(1936)鉛印本　一冊

330000－1701－0107102　M610796　史部/地理類/方志之屬/郡縣志

[民國]定海縣志十六卷首一卷　陳訓正　馬瀛纂修　施皐　顏聖介　張紀隆測繪　民國十三年(1924)旅滬同鄉會鉛印本　一冊

330000－1701－0107126　M610970　史部/雜史類/斷代之屬

滿清稗史十六種附二種　陸保璿輯　民國二年(1913)新中國圖書局鉛印本　一冊　存

一種

330000－1701－0107130　M610971　子部/儒家類/儒學之屬/俗訓

平旦鐘聲二卷毁滅淫書文一卷　(清)好德書齋編　民國悲憫生鉛印本　一册

330000－1701－0107135　M610972　子部/儒家類/儒學之屬/俗訓

平旦鐘聲二卷毁滅淫書文一卷　(清)好德書齋編　民國悲憫生鉛印本　一册

330000－1701－0107140　M610973　子部/宗教類/佛教之屬/諸宗

淨土津要續編五種　民國二十二年(1933)上海商務印書館鉛印本　二册

330000－1701－0107143　M610975　集部/别集類/清别集

金聖歎全集八卷　(清)金人瑞撰　民國上海錦文堂石印本　四册

330000－1701－0107144　M602594　史部/政書類/公牘檔册之屬

中華民國自由黨章程一卷　民國鉛印本　一册

330000－1701－0107148　M610799　史部/傳記類/别傳之屬/事狀

哀思録初編七卷二編四卷三編四卷　孫中山先生葬事籌備處編　民國孫中山先生葬事籌備處鉛印本　三册

330000－1701－0107151　M602595　集部/總集類/郡邑之屬

姚江詩録八卷　謝寶書編　民國二十年(1931)中華書局鉛印本　六册

330000－1701－0107152　M610977　集部/曲類/寶卷之屬

新刻洛陽橋寶卷全集一卷　民國五年(1916)上海文益書局石印本　一册

330000－1701－0107153　M602597　集部/别集類/清别集

平龕遺稿三卷　(清)陶大均撰　民國九年(1920)石印本　一册

330000－1701－0107155　M602596　史部/地理類/遊記之屬/紀行

蜀輶詩記二卷　俞陛雲撰　民國十年(1921)鉛印本　一册

330000－1701－0107156　M610978　史部/目録類/版本之屬/書影

重印聚珍倣宋版五開大本四部備要樣本不分卷　中華書局編　民國二十三年(1934)中華書局鉛印本　一册

330000－1701－0107165　M602598　集部/别集類

願堂詩錄三卷　酈承銓撰　民國三十三年(1944)長沙公益印刷書館鉛印本　酈承銓題記　一册

330000－1701－0107169　M610962　子部/宗教類/道教之屬

三聖經直講三卷　(清)悟真子撰　民國十七年(1928)鉛印本　一册

330000－1701－0107173　M610979　子部/宗教類/道教之屬

太上感應篇纘義二卷　(清)俞樾注　民國十一年(1922)鉛印本　一册

330000－1701－0107174　M610980　子部/宗教類/道教之屬

太上感應篇纘義二卷　(清)俞樾注　民國十一年(1922)鉛印本　一册

330000－1701－0107175　M602599　類叢部/叢書類/彙編之屬

嘉業堂叢書五十七種　劉承幹輯　民國吴興劉氏嘉業堂刻本　一册　存一種

330000－1701－0107177　M602600　集部/詩文評類/詩評之屬

遼詩紀事十二卷　陳衍輯　民國二十五年(1936)上海商務印書館鉛印本　一册

330000－1701－0107178　M610981　子部/宗教類/佛教之屬/諸宗

華嚴原人論合解二卷　(唐)釋宗密論　(元)釋圓覺解　(明)楊嘉祚刪合　民國九年(1920)上海有正書局鉛印本　一册

330000－1701－0107179　M610982　集部/總集類/氏族之屬

吳越錢氏傳芳集一卷附錢王祠神像神位人名表一卷明清兩朝錢氏名人簡明表一卷　(清)錢泳輯　民國二十六年(1937)錢文選鉛印本　一册

330000－1701－0107182　M610983　子部/藝術類/書畫之屬/畫録

秘殿珠林二十四卷　(清)張照等輯　民國上海有正書局石印本　七册　存二十一卷(一至四、八至二十四)

330000－1701－0107184　M602601　集部/别集類

闕箴齋詩賸四卷　陶壽煌撰　民國十六年(1927)北京慈祥工廠鉛印本　一册

330000－1701－0107186　M610984　新學/商務/商學

國貨調查錄不分卷　浙江省會各界服用國貨會編輯　民國二十三年(1934)浙江省會各界服用國貨會鉛印本　一册

330000－1701－0107192　M602602　經部/詩類/傳説之屬

詩毛氏學三十卷　馬其昶撰　民國五年(1916)京師第一監獄鉛印本　三册

330000－1701－0107193　M602603　類叢部/叢書類/彙編之屬

續古逸叢書四十七種　張元濟等編　民國十一年(1922)至一九五七年上海商務印書館影印本　二册　存一種

330000－1701－0107194　M610985　子部/醫家類/類編之屬

國醫百家□□種　裘慶元輯　民國六年至九年(1917－1920)紹興醫藥學報社鉛印本　一册　存一種

330000－1701－0107196　M610986　子部/醫家類/方書之屬/單方驗方

梅氏驗方新編七卷　(清)梅啓照編　天虛我生重編　民國二十三年(1934)家庭工業社鉛印本　六册　存六卷(二至七)

330000－1701－0107197　M602604　集部/詩文評類/詩評之屬

唐詩研究一卷　費有容編　民國十五年(1926)上海大東書局石印本　一册

330000－1701－0107198　M610987　集部/别集類

陳仲權先生遺著一卷　陳以義撰　**倚雲樓唱和集一卷**　程雲修撰　**陳仲權烈士紀念集一卷**　陳乃和　陳乃斌輯　民國二十五年(1936)鉛印本　一册

330000－1701－0107201　M602605　集部/總集類/選集之屬/斷代

清人絶句選一卷　陳友琴編　民國二十四年(1935)上海開明書店鉛印本　一册

330000－1701－0107204　M602606　類叢部/叢書類/彙編之屬

四部叢刊　張元濟等編　民國上海商務印書館影印本　六册　存一種

330000－1701－0107209　M602607　集部/總集類/選集之屬/通代

歷代平民詩集四卷　張任政輯　民國二十五年(1936)上海商務印書館鉛印本　一册

330000－1701－0107211　M602608　集部/别集類

盤山集三卷　盧伯炎撰　民國三十四年(1945)鉛印本　一册

330000－1701－0107216　M602609　史部/叢編

國立北平研究院史學研究會社會史料叢編　民國二十四年(1935)北平國立北平研究院總辦事處出版課鉛印本　四册　存一種

330000－1701－0107219　M602610　集部/别集類/清别集

孫竹堂觀察書牘輯要一卷　(清)孫士達撰

孫祖同輯　民國二十二年(1933)會稽孫祖同鉛印本　一冊

330000－1701－0107223　M602611　集部/別集類

願堂詩錄三卷　鄺承銓撰　民國三十三年(1944)長沙公益印刷書館鉛印本　一冊

330000－1701－0107228　M602612　類叢部/叢書類/郡邑之屬

吳興叢書六十六種　劉承幹編　民國吳興劉氏嘉業堂刻本　一冊　存一種

330000－1701－0107234　M602613　子部/小說家類/異聞之屬

瓜圃述異二卷補一卷靈感誌異一卷　金梁撰　民國二十五年(1936)鉛印本　一冊

330000－1701－0107237　M602614　集部/別集類/清別集

越吟殘草一卷　(清)平步青撰　民國十二年(1923)紹興四有書局鉛印本　一冊

330000－1701－0107238　M610988　史部/地理類/遊記之屬/紀行

兩京紀遊二卷　民國十二年(1923)傳經堂鉛印本　一冊

330000－1701－0107239　M602615　史部/地理類/遊記之屬/紀行

壬申南北漫遊日記一卷俚言一卷附錄一卷　謝慧霖撰　民國二十一年(1932)重慶中西鉛石印局鉛印本　一冊

330000－1701－0107240　M610989　類叢部/叢書類/彙編之屬

四部叢刊　張元濟等編　民國上海商務印書館影印本　三十冊　存一種

330000－1701－0107241　M602616　類叢部/叢書類/彙編之屬

自明誠廔叢書五種　龍官崇編　民國二十三年至二十六年(1934－1937)順德龍氏中和園鉛印本　一冊　存二種

330000－1701－0107244　M602617　子部/儒家類/儒學之屬/禮教

格言錄一卷　黃元秀選　民國二十四年(1935)鉛印本　一冊

330000－1701－0107245　M610990　史部/雜史類/斷代之屬

國語韋解補正二十一卷　吳曾祺撰　朱元善校訂　民國十六年(1927)上海商務印書館鉛印本　一冊

330000－1701－0107250　M610992　子部/醫家類/養生之屬/導引、氣功

靜坐平議一卷　王道成撰　民國杭州瀾平小學校仿湖南復性齋本鉛印本　一冊

330000－1701－0107253　M610993　史部/政書類/邦交之屬

光緒條約一百二卷　許同莘　汪毅　張承棨輯　民國三年(1914)外交部印刷所鉛印本　一冊　存一卷(五)

330000－1701－0107258　M610994　史部/政書類/邦交之屬

光緒條約一百二卷　許同莘　汪毅　張承棨輯　民國三年(1914)外交部印刷所鉛印本　十九冊　存六十二卷(一至四、八至六十五)

330000－1701－0107261　M602619　史部/雜史類/斷代之屬

聖德紀略一卷僇直紀略一卷恩遇紀略一卷舊聞紀略一卷　瞿鴻禨撰　民國九年(1920)影印本　一冊

330000－1701－0107264　M602620　史部/雜史類/斷代之屬

聖德紀略一卷僇直紀略一卷恩遇紀略一卷舊聞紀略一卷　瞿鴻禨撰　民國九年(1920)影印本　一冊

330000－1701－0107266　M602621　史部/雜史類/斷代之屬

聖德紀略一卷僇直紀略一卷恩遇紀略一卷舊聞紀略一卷　瞿鴻禨撰　民國九年(1920)影印本　一冊

330000－1701－0107269　M602622　集部/

別集類

大休上人遺著一卷附百怪圖一卷　周冠九輯　民國二十二年(1933)鉛印本　一册

330000－1701－0107271　M602623　史部/地理類/方志之屬/郡縣志

紹興縣志四種合刊　紹興縣修志委員會輯　民國二十五年(1936)紹興縣修志委員會鉛印本(道光會稽縣志稾卷二至五、十至十三、二十至二十二原缺)　一册　存一種

330000－1701－0107274　M601712　類叢部/叢書類/彙編之屬

四部叢刊續編七十七種　張元濟等編　民國二十三年(1934)上海商務印書館影印本　五册　存一種

330000－1701－0107279　G009352　史部/傳記類/別傳之屬/墓誌

清故江蘇候補通判署理阜寧縣知縣阮君[本焱]墓誌銘一卷　李詳撰　曾熙書　民國石印本　一册

330000－1701－0107287　M604771　類叢部/叢書類/彙編之屬

四部備要　中華書局編　民國二十五年(1936)上海中華書局鉛印本　二册　存一種

330000－1701－0107295　M610800　類叢部/叢書類/郡邑之屬

續金華叢書六十種　胡宗楙編　民國十三年(1924)永康胡氏夢選樓刻本　八册　存二種

330000－1701－0107303　M610995　類叢部/叢書類/自著之屬

崇雅堂叢書十四種　楊晨撰　民國二十五年(1936)楊紹翰鉛印本　四册　存一種

330000－1701－0107304　M610996　類叢部/叢書類/彙編之屬

進德叢書八種　丁福保編　民國上海醫學書局鉛印本　一册　存一種

330000－1701－0107306　M610997　史部/目録類

快閣師石山房叢書七種　(清)姚振宗撰　民國十八年(1929)浙江省立圖書館鉛印本　一册　存三種

330000－1701－0107319　M610998　史部/傳記類/別傳之屬/事狀

哀思錄初編七卷二編四卷三編四卷　孫中山先生葬事籌備處編　民國孫中山先生葬事籌備處鉛印本　一册　存四卷(二編一至四)

330000－1701－0107322　M604763　類叢部/叢書類/家集之屬

天蘇閣叢刊十五種　徐新六輯　民國三年(1914)、十二年(1923)杭縣徐氏鉛印本　一册　存五種

330000－1701－0107325　M604764　史部/政書類/軍政之屬

綏靖要刊　陸海空軍總司令部參謀處編　民國二十年(1931)杭州長興印刷所鉛印本　一册

330000－1701－0107328　M610999　史部/目録類/總録之屬/私撰

鄞范氏天一閣書目内編十卷　馮貞羣編　民國二十六年至二十九年(1937－1940)寧波重修天一閣委員會鉛印本　四册

330000－1701－0107330　M604765　類叢部/叢書類/郡邑之屬

涇川叢書四十四種續七種　(清)趙紹祖　(清)趙繩祖編　民國六年(1917)翟鳳翔等據嘉慶至道光涇縣趙氏古墨齋刻本影印本　一册　存二種

330000－1701－0107335　M604766　集部/別集類/宋別集

朱淑真斷腸詩集十卷補遺一卷後集七卷斷腸詞一卷　(宋)朱淑真撰　(宋)鄭元佐注　民國四年(1915)中華圖書館石印本　一册　存十二卷(一至十、補遺、斷腸詞)

330000－1701－0107340　M604770　類叢部/叢書類/彙編之屬

四部備要　中華書局編　民國二十五年(1936)上海中華書局鉛印本　六册　存一種

330000－1701－0107350　M604772　類叢部/叢書類/彙編之屬
四部備要　中華書局編　民國二十五年(1936)上海中華書局鉛印本　三冊　存一種

330000－1701－0107364　M604774　類叢部/叢書類/彙編之屬
自明誠廔叢書五種　龍官崇編　民國二十三年至二十六年(1934－1937)順德龍氏中和園鉛印本　一冊　存一種

330000－1701－0107367　M604775　集部/別集類
秋廬詩賸一卷　潘葆延撰　民國六年(1917)鉛印本　洪潤生題記　一冊

330000－1701－0107370　M604776　史部/目録類/專録之屬
補鈔文瀾閣四庫闕簡記錄不分卷　張宗祥撰　民國十五年(1926)刻本　屹山題記　一冊

330000－1701－0107373　M610803　類叢部/叢書類/自著之屬
晨風廬叢刊十八種　周慶雲撰　民國吳興周氏夢坡室刻本　一冊　存一種

330000－1701－0107374　M604777　集部/別集類/清別集
龍川先生詩鈔一卷詩文補抄一卷李氏遺書一卷附錄一卷　(清)李光炘撰　民國鉛印本　一冊

330000－1701－0107376　M610804　類叢部/叢書類/自著之屬
晨風廬叢刊十八種　周慶雲撰　民國吳興周氏夢坡室刻本　一冊　存一種

330000－1701－0107380　M604778　史部/傳記類/總傳之屬
金石學錄續補二卷附錄一卷拾遺一卷　褚德彝撰　民國八年(1919)餘杭褚氏石畫樓鉛印本　一冊

330000－1701－0107384　M604780　史部/傳記類/別傳之屬/事狀
愛日堂壽言四卷　屈映光輯　民國六年(1917)上海聚珍倣宋印書局鉛印本　一冊　存一卷(一)

330000－1701－0107385　M604781　經部/小學類/文字之屬/字書/通論
六書解例不分卷　馬敘倫撰　民國二十年(1931)上海商務印書館石印本　一冊

330000－1701－0107387　M610806　類叢部/叢書類/郡邑之屬
續金華叢書六十種　胡宗楙編　民國十三年(1924)永康胡氏夢選樓刻本　二十三冊　存五種

330000－1701－0107389　M610873　集部/別集類/清別集
沈四山人詩錄六卷附錄一卷　(清)沈謹學撰　民國鉛印本　一冊

330000－1701－0107391　M610874　子部/醫家類/類編之屬
醫藥叢書第四集四種　裘慶元輯　民國十二年(1923)杭州三三醫社刻本　一冊　存一種

330000－1701－0107392　M610875　集部/別集類/宋別集
南湖集十卷附錄三卷　(宋)張鎡撰　民國十三年(1924)杭州廣壽慧雲禪寺刻藍印本　四冊

330000－1701－0107399　M610876　類叢部/叢書類/自著之屬
勴堂遺書八種　顧家相撰　民國八年至十九年(1919－1930)會稽顧氏鉛印本　二冊　存一種

330000－1701－0107401　M610877　史部/雜史類/斷代之屬
清開國史料考六卷補一卷　謝國楨輯　民國二十年(1931)國立北平圖書館鉛印本　二冊

330000－1701－0107404　M610878　集部/別集類
瞿文慎公詩選遺墨不分卷　瞿鴻禨撰　瞿宣樸　瞿宣治　瞿宣穎編　民國八年(1919)長沙瞿氏超覽樓石印本　一冊

330000－1701－0107406　M610879　子部/雜著類/雜纂之屬

聖哲嘉言類纂初編二卷續編二卷附錄一卷　華文祺　楊鍾鈺編　民國二十五年(1936)鉛印本　一冊

330000－1701－0107409　M610880　子部/宗教類/佛教之屬

法雨晨飛七種　民國刻本　一冊　存二種

330000－1701－0107411　M610881　子部/宗教類/佛教之屬/總録

一念成佛法要二卷　陳海超撰　民國二十年(1931)上海商務印書館鉛印本　王金章題記　二冊

330000－1701－0107413　M610882　史部/政書類/公牘檔冊之屬

國民政府軍事委員會經過紀實不分卷　民國十八年(1929)參謀本部鉛印本　一冊

330000－1701－0107415　M610883　子部/醫家類/養生之屬

同善鐘一卷附鄙擬除病中和湯一卷　姚符撰　民國九年(1920)鉛印本　一冊

330000－1701－0107416　M610884　子部/醫家類/養生之屬

同善鐘一卷附鄙擬除病中和湯一卷　姚符撰　民國九年(1920)鉛印本　一冊

330000－1701－0107417　M610885　子部/醫家類/養生之屬

同善鐘一卷附鄙擬除病中和湯一卷　姚符撰　民國九年(1920)鉛印本　一冊

330000－1701－0107425　M610886　集部/別集類

天嬰室叢稿第一輯九卷　陳訓正撰　民國十四年(1925)鉛印本　三冊

330000－1701－0107426　M610807　類叢部/叢書類/郡邑之屬

續金華叢書六十種　胡宗楙編　民國十三年(1924)永康胡氏夢選樓刻本　二十一冊　存五種

330000－1701－0107429　M610887　類叢部/叢書類/家集之屬

武林丁氏家集十三種　丁立誠　丁立中撰　民國錢塘丁氏嘉惠堂鉛印本　一冊　存一種

330000－1701－0107431　M610888　史部/地理類/專志之屬/祠墓

定海成仁祠備錄重編六卷首一卷　孫爾瓚編　民國二十五年(1936)定海中央印書館鉛印本　一冊

330000－1701－0107440　M610889　史部/目録類/專録之屬

參加倫敦中國藝術國際展覽會出品目錄四卷　倫敦中國藝術國際展覽會籌備委員會編輯　民國二十四年(1935)鉛印本　一冊

330000－1701－0107460　M610808　類叢部/叢書類/郡邑之屬

續金華叢書六十種　胡宗楙編　民國十三年(1924)永康胡氏夢選樓刻本　十八冊　存五種

330000－1701－0107466　G010975　子部/宗教類/道教之屬

經懺集成二十種　民國五年(1916)成都守經堂刻本　五冊

330000－1701－0107478　M610891　史部/金石類

非儒非俠齋金石叢著十種　顧燮光撰　民國會稽顧氏金佳石好樓石印本暨鉛印本　二冊　存一種

330000－1701－0107483　M610890　史部/金石類

非儒非俠齋金石叢著十種　顧燮光撰　民國會稽顧氏金佳石好樓石印本暨鉛印本　一冊　存一種

330000－1701－0107491　M610892　史部/目録類/總録之屬/官修

文瀾閣目索引一卷　楊立誠編　民國十八年(1929)浙江省立圖書館鉛印本　一冊

330000－1701－0107522　M610893　類叢

部/叢書類/彙編之屬

浙江第一監獄教誨叢書　民國浙江第一監獄印刷科石印本　一冊　存一種

330000－1701－0107529　M610894　集部/別集類/清別集

古杼秋館詩集四卷　（清）侯楨撰　民國四年（1915）石印本　一冊

330000－1701－0107532　M610895　史部/傳記類/別傳之屬/事狀

魏文節公事略一卷　魏頌唐輯　民國二十五年（1936）鉛印本　一冊

330000－1701－0107541　M610896　類叢部/叢書類/自著之屬

章氏叢書十三種　章炳麟撰　民國六年至八年（1917－1919）浙江圖書館刻本　五冊　存一種

330000－1701－0107544　M610809　類叢部/叢書類/郡邑之屬

續金華叢書六十種　胡宗楙編　民國十三年（1924）永康胡氏夢選樓刻本　十四冊　存二種

330000－1701－0107549　M610897　經部/小學類/訓詁之屬/字詁

文始九卷　章炳麟撰　民國二年（1913）浙江圖書館據章炳麟手寫稿本影印本　一冊

330000－1701－0107550　M610810　類叢部/叢書類/郡邑之屬

續金華叢書六十種　胡宗楙編　民國十三年（1924）永康胡氏夢選樓刻本　二十二冊　存七種

330000－1701－0107560　M610898　經部/小學類/訓詁之屬/字詁

文始九卷　章炳麟撰　民國二年（1913）浙江圖書館據章炳麟手寫稿本影印本　一冊

330000－1701－0107566　M610899　經部/小學類/訓詁之屬/字詁

文始九卷　章炳麟撰　民國二年（1913）浙江圖書館據章炳麟手寫稿本影印本　一冊

330000－1701－0107568　M610900　經部/小學類/訓詁之屬/字詁

文始九卷　章炳麟撰　民國二年（1913）浙江圖書館據章炳麟手寫稿本影印本　一冊

330000－1701－0107571　M610901　經部/小學類/訓詁之屬/字詁

文始九卷　章炳麟撰　民國二年（1913）浙江圖書館據章炳麟手寫稿本影印本　一冊

330000－1701－0107575　M610902　經部/小學類/訓詁之屬/字詁

文始九卷　章炳麟撰　民國二年（1913）浙江圖書館據章炳麟手寫稿本影印本　一冊

330000－1701－0107577　M610903　集部/別集類

天嬰室叢稿第一輯九卷　陳訓正撰　民國十四年（1925）鉛印本　四冊

330000－1701－0107580　M610904　集部/別集類

天嬰室叢稿第一輯九卷　陳訓正撰　民國十四年（1925）鉛印本　二冊　存六卷（哀冰集、秋岸集、逃海集、庸海集、庸海二集、闕逢困敦集）

330000－1701－0107582　M610811　子部/雜著類/雜說之屬

讀經救國論六卷　孫雄撰　民國九年（1920）鉛印本　一冊　存二卷（三至四）

330000－1701－0107693　M610905　經部/易類/傳說之屬

易學入門一卷易學探原經傳解三卷　黃元炳撰　民國二十二年（1933）無錫黃氏觀蝶樓鉛印本　三冊　缺一卷（易學入門）

330000－1701－0107700　M610906　史部/金石類/錢幣之屬/圖像

古泉拓存一卷　民國影印本　一冊

330000－1701－0107702　M610907　子部/藝術類/遊藝之屬/詩鐘

聊社詩鐘一卷即席詩鐘一卷　聊社編　民國二十一年（1932）鉛印本　一冊

330000－1701－0107707　M610908　類叢部/叢書類/郡邑之屬

濰縣文獻叢刊　丁錫田編　民國濰縣丁氏鉛印本　一册　存二種

330000－1701－0107712　M610909　集部/別集類

摹廬詩鈔一卷　陳直撰　民國鉛印本　一册

330000－1701－0107715　M610910　史部/地理類/專志之屬/祠墓

岳忠武王初瘞志不分卷　民國二十四年(1935)西湖岳王廟產保管委員會鉛印本　一册

330000－1701－0107717　M610911　史部/地理類/專志之屬/祠墓

岳忠武王初瘞志不分卷　民國二十四年(1935)西湖岳王廟產保管委員會鉛印本　一册

330000－1701－0107744　M610914　集部/曲類/寶卷之屬

大乘因果九環出塵寶卷一卷　民國十年(1921)鉛印本　一册

330000－1701－0107745　M610915　集部/別集類

天放樓續集　金天羽撰　民國二十二年(1933)鉛印本　一册　存一種

330000－1701－0107748　M610916　子部/宗教類/佛教之屬

釋氏文鈔讀本不分卷　釋聖聰輯　民國二十三年(1934)浙杭慧空經房刻本　一册

330000－1701－0107753　M610917　子部/宗教類/佛教之屬/經

千手千眼觀世音菩薩廣大圓滿無礙大悲心陀羅尼經一卷　(唐)釋伽梵達摩譯　民國十七年(1928)柏香書屋刻本　一册

330000－1701－0107791　M610813　史部/目録類/總録之屬/地方

台州經籍志四十卷　項士元編　民國四年(1915)鉛印本　四册　存十一卷(三十至四十)

330000－1701－0107796　M610918　集部/別集類

橘弈廬稿四卷　王熾昌撰　民國九年(1920)石印本　一册　存一卷(劫餘枯禪偈)

330000－1701－0107797　M610814　集部/別集類

天嬰室叢稿第二輯十卷　陳訓正撰　民國二十年(1931)鉛印本　二册

330000－1701－0107800　M610815　集部/別集類

天嬰室叢稿第二輯十卷　陳訓正撰　民國二十年(1931)鉛印本　二册

330000－1701－0107802　M610919　史部/地理類/專志之屬/祠墓

錢王祠產補編一卷　錢文選編　民國二十六年(1937)鉛印本　一册

330000－1701－0107807　M610816　集部/別集類

天嬰室叢稿第二輯十卷　陳訓正撰　民國二十年(1931)鉛印本　二册

330000－1701－0107808　M610921　集部/總集類/郡邑之屬

永嘉詩人祠堂叢刻十四種　冒廣生輯　民國四年(1915)如皋冒氏刻本　二册　存一種

330000－1701－0107810　G009775　類叢部/叢書類/彙編之屬

香豔叢書三百二十六種　(清)蟲天子輯　民國三年(1914)上海中國圖書公司和記鉛印本　一册　存十八種

330000－1701－0107816　M610922　新學/報章

新聞報館三十年紀念册不分卷　上海新聞報館編　民國十二年(1923)上海新聞報館鉛印本　一册

330000－1701－0107822　M610923　史部/目録類/總録之屬/官修

江南圖書館善本書目五卷　江南圖書館編　民國南京江南圖書館鉛印本　二冊

330000－1701－0107825　M610818　史部/傳記類/總傳之屬/隱逸

檇李高逸傳一卷　金蓉鏡等撰　民國五年(1916)鉛印本　一冊

330000－1701－0107828　G009625　類叢部/叢書類/彙編之屬

古今名著説部大觀三十四種　瓏瓓玲仙館編　民國七年(1918)大東書局石印本　一冊　存一種

330000－1701－0107860　M610925　子部/雜著類/雜説之屬

東山談苑八卷　(清)余懷編　民國二十三年(1934)襄社影印本　二冊

330000－1701－0107867　M610927　集部/别集類

觀山文稿十卷首一卷　章乃羹撰　民國二十四年(1935)鉛印本　二冊

330000－1701－0107869　M610928　史部/目録類

快閣師石山房叢書七種　(清)姚振宗撰　民國十八年(1929)浙江省立圖書館鉛印本　三冊　存三種

330000－1701－0107873　M610929　史部/目録類

快閣師石山房叢書七種　(清)姚振宗撰　民國十八年(1929)浙江省立圖書館鉛印本　三冊　存三種

330000－1701－0107874　M610930　史部/目録類

快閣師石山房叢書七種　(清)姚振宗撰　民國十八年(1929)浙江省立圖書館鉛印本　三冊　存三種

330000－1701－0107875　M610931　史部/目録類

快閣師石山房叢書七種　(清)姚振宗撰　民國十八年(1929)浙江省立圖書館鉛印本　三冊　存三種

330000－1701－0107876　M610932　史部/目録類

快閣師石山房叢書七種　(清)姚振宗撰　民國十八年(1929)浙江省立圖書館鉛印本　二冊　存一種

330000－1701－0107884　M610821　子部/宗教類/佛教之屬

金剛決疑一卷般若波羅蜜多心經直説一卷　(後秦)釋鳩摩羅什譯　(明)釋德清撰　民國陳寶晉、鄭學烺刻本　一冊　存一卷(金剛決疑)

330000－1701－0107901　M610822　子部/藝術類/書畫之屬/法帖

玉筍山房墨蹟不分卷　顧廷綸書　民國二十六年(1937)石印本　二冊

330000－1701－0107916　M610823　集部/别集類

放羊蓬詩一卷天童山寺紀遊一卷阿育王寺紀遊一卷雜詩云尔一卷尤琴妮歌一卷　陶鏞撰　民國石印本　一冊

330000－1701－0107929　M610824　子部/雜著類/雜説之屬

嬰寧什箸　陳訓正撰　民國十八年(1929)鉛印本　一冊　存一種

330000－1701－0107936　M610825　類叢部/叢書類/郡邑之屬

義烏先哲遺書五種　黄侗編　民國二十二年至二十四年(1933－1935)義烏黄氏鉛印本　一冊　存一種

330000－1701－0107983　M610826　集部/總集類/氏族之屬

荻溪章氏詩存不分卷　章奎輯　民國十七年(1928)鉛印本　一冊

330000－1701－0107984　M610827　史部/目録類/總録之屬/氏族

唐氏先世著述目錄一卷　唐淵輯　**辛未秋中七詩一卷春池館文稿一卷**　唐淵撰　民國二

十年(1931)鉛印本　一册

330000－1701－0107985　M610828　史部/目録類/總録之屬/官修

文瀾閣目索引一卷　楊立誠編　民國十八年(1929)浙江省立圖書館鉛印本　一册

330000－1701－0108004　M610829　子部/宗教類/佛教之屬

金剛般若波羅蜜經一卷　(後秦)釋鳩摩羅什譯　諸廣成註釋　民國二十三年(1934)退思草堂鉛印本　一册

330000－1701－0108015　M610830　類叢部/叢書類/郡邑之屬

涇川叢書四十四種續七種　(清)趙紹祖(清)趙繩祖編　民國六年(1917)翟鳳翔等據嘉慶至道光涇縣趙氏古墨齋刻本影印本　一册　存一種

330000－1701－0108021　M610831　史部/雜史類/斷代之屬

八年回憶録一卷　俞曦撰　民國三十六年(1947)鉛印本　一册

330000－1701－0108026　M610934　史部/雜史類/斷代之屬

亂黨之真相一卷　民國三年(1914)鉛印本　一册

330000－1701－0108029　M610832　集部/别集類/唐五代别集

李義山詩集十六卷　(唐)李商隱撰　(清)姚培謙箋　民國七年(1918)中華書局據清乾隆松桂讀書堂刻本影印本　四册

330000－1701－0108034　M610936　類叢部/叢書類/郡邑之屬

遼海叢書八十種附一種　金毓黻編　民國二十年至二十三年(1931－1934)遼海書社鉛印本([康熙]廣寧縣志卷七至八原缺)　四册　存二種

330000－1701－0108041　M604783　子部/儒家類/儒學之屬/經濟

歷代尊孔記一卷孔教外論一卷　程湇輯　民國二十二年(1933)上海中國道德會鉛印本　一册

330000－1701－0108042　M610937　子部/醫家類/醫話醫論之屬

景景醫話一卷醫譚録舊一卷　陸晉笙撰　民國五年(1916)鉛印本　一册

330000－1701－0108044　M610938　子部/宗教類/道教之屬

金仙證論一卷　(清)柳華陽撰並註　民國十四年(1925)北京天華館鉛印本　一册

330000－1701－0108047　M610939　集部/别集類

天嬰室叢稿第一輯九卷　陳訓正撰　民國十四年(1925)鉛印本　四册

330000－1701－0108051　M604785、M604786　類叢部/叢書類/彙編之屬

四部備要　中華書局編　民國二十五年(1936)上海中華書局鉛印本　七册　存二種

330000－1701－0108054　JM60001　史部/傳記類/總傳之屬/家乘

[湖南湘鄉]李報本堂族譜二十四卷首一卷發祥編一卷附録一卷　李前普總纂　李光笏等纂修　民國五年(1916)報本堂木活字印本　三十一册

330000－1701－0108056　M604787　類叢部/叢書類/自著之屬

止園叢書第一集五種第二集四種　尹昌衡撰　民國七年(1918)南京商務印書館、上海中華書局鉛印本　十二册　存八種

330000－1701－0108060　M604788　史部/叢編

述窠雜纂　黄任恒撰　民國十四年(1925)南海黄氏鉛印本　二册　存一種

330000－1701－0108061　M604789　史部/叢編

述窠雜纂　黄任恒撰　民國十四年(1925)南海黄氏鉛印本　一册　存一種

330000 - 1701 - 0108065　JM60002　史部/傳記類/總傳之屬/家乘

[湖南湘鄉]李報本堂族譜二十四卷首一卷發祥編一卷附錄一卷　李前普總纂　李光笏等纂修　民國五年(1916)報本堂木活字印本　一册　存一卷(附錄)

330000 - 1701 - 0108066　M604790　類叢部/叢書類/自著之屬

海寧王忠慤公遺書四十四種　王國維撰　民國十六年至十七年(1927 - 1928)海寧王氏鉛印本暨石印本　一册　存二種

330000 - 1701 - 0108069　JM60003　史部/傳記類/總傳之屬/家乘

[湖南湘陰]東安李氏通譜十二卷首一卷別錄一卷垂絲圖一卷　民國三十八年(1949)隴西郡木活字印本暨石印本　三十四册　缺三卷(十一至十二、別錄)

330000 - 1701 - 0108070　M604791　集部/總集類/郡邑之屬

潯溪詩徵四十卷補遺一卷詞徵二卷　周慶雲輯　民國六年(1917)周氏夢坡室刻本　三册　存五卷(一至三、詞徵一至二)

330000 - 1701 - 0108076　M604792　類叢部/叢書類/彙編之屬

求恕齋叢書三十一種　劉承幹編　民國吳興劉氏嘉業堂刻本　一册　存一種

330000 - 1701 - 0108078　M604793　子部/藝術類/書畫之屬/法帖

六朝墓誌菁華四集不分卷　上海有正書局輯　民國九年(1920)上海有正書局影印本　四册　存第一集

330000 - 1701 - 0108081　M604794　集部/總集類/郡邑之屬

胥社文選一卷詩選一卷詞選一卷附錄一卷　胥社編　民國十五年(1926)鉛印本　一册

330000 - 1701 - 0108083　M604795　史部/目録類

快閣師石山房叢書七種　(清)姚振宗撰　民國二十年(1931)浙江省立圖書館鉛印本　一册　存二種

330000 - 1701 - 0108084　M604796　史部/目録類

快閣師石山房叢書七種　(清)姚振宗撰　民國二十年(1931)浙江省立圖書館鉛印本　勵乃驥題記　一册　存二種

330000 - 1701 - 0108088　M604797　史部/目録類

快閣師石山房叢書七種　(清)姚振宗撰　民國二十年(1931)浙江省立圖書館鉛印本　一册　存三種

330000 - 1701 - 0108090　M604798　史部/地理類/遊記之屬/紀行

恐高寒齋遊記二種　袁勵準撰　民國刻本　一册

330000 - 1701 - 0108095　M604800　子部/宗教類/佛教之屬/經疏

大般涅槃經疏三德指歸一百卷　(晉)釋曇無讖譯　(南朝宋)釋慧嚴　(南朝宋)釋慧觀　(南朝宋)謝靈運治　(隋)釋灌頂疏　(唐)釋湛然再治　(宋)釋智圓述記　**大般涅槃經玄義發源機要六卷**　(宋)釋智圓撰　民國十四年(1925)揚州宛虹橋眾香庵刻本　十三册　存三十八卷(一至二十、二十七至四十四)

330000 - 1701 - 0108097　M604801　子部/宗教類/佛教之屬/經疏

大般涅槃經疏三德指歸一百卷　(晉)釋曇無讖譯　(南朝宋)釋慧嚴　(南朝宋)釋慧觀　(南朝宋)謝靈運治　(隋)釋灌頂疏　(唐)釋湛然再治　(宋)釋智圓述記　**大般涅槃經玄義發源機要六卷**　(宋)釋智圓撰　民國十四年(1925)揚州宛虹橋眾香庵刻本　十八册　存五十四卷(六至十七、三十三至五十三、五十七至七十七)

330000 - 1701 - 0108100　M610833、M610834、M610835　類叢部/叢書類/郡邑之屬

黔南叢書六十一種　任可澄等編　民國十一

年至三十二年(1922－1943)貴陽文通書局鉛印本暨刻本　二十四册　存三集二十九種

330000－1701－0108110　SCM0029　史部/目録類/版本之屬/書影

吴興劉氏嘉業堂善本書景五卷　劉承幹輯　民國十八年(1929)吴興劉氏嘉業堂影印本　六册

330000－1701－0108115　M610838　集部/楚辭類

楚辭校補一卷　聞一多撰　民國三十一年(1942)重慶國民圖書出版社鉛印本　一册

330000－1701－0108120　JM60004　史部/傳記類/總傳之屬/家乘

[湖南長沙]長沙河西楓梓塘劉氏三修族譜十五卷首一卷　劉彦遠纂修　民國三十五年(1946)俊德堂鉛印本　十五册

330000－1701－0108126　JM60005　史部/傳記類/總傳之屬/家乘

[湖南邵陽]爐前周氏四修族譜三十四卷首三卷　周國禓等纂修　民國三十三年(1944)敦睦堂木活字印本　三十七册

330000－1701－0108143　JM60006　史部/傳記類/總傳之屬/家乘

[湖南]蕭氏四修族譜十七卷首三卷　蕭麥秋等主修　蕭秉周等編修　民國十九年(1930)河南堂木活字印本　一册　存一卷(首上)

330000－1701－0108146　JM60007　史部/傳記類/總傳之屬/家乘

[湖南永州]零陵歐陽氏合修族譜□□卷　民國渤海堂木活字印本　二册　存二卷(二至三)

330000－1701－0108150　JM60008　史部/傳記類/總傳之屬/家乘

[湖南永州]零陵歐陽氏合修族譜□□卷　民國渤海堂木活字印本　一册　存一卷(三)

330000－1701－0108156　JM60009　史部/傳記類/總傳之屬/家乘

[湖南湘鄉]湘鄉蘇塘王氏三修族譜三十卷首五卷　王書雲等主修　王永曜總纂　王紹煇等纂修　民國十九年(1930)親睦堂木活字印本　三十五册

330000－1701－0108157　M610863　集部/别集類/清别集

菊隱廬詩錄二卷　(清)唐恭安撰　民國十三年(1924)瓶花齋鉛印本　一册

330000－1701－0108158　JM60010　史部/傳記類/總傳之屬/家乘

[湖南邵陽]邵陽申氏受族五修譜□□卷首七卷　申廣淵等主修　申傳選等纂修　民國三十一年(1942)大受堂木活字印本　十八册　存三十卷(首三,十一、十五至十九、二十一至二十三、二十五、二十九至三十四、四十至五十、九十一至九十二)

330000－1701－0108159　M610841　子部/醫家類/外科之屬/癰疽、疔瘡

治疔要書一卷　民國十六年(1927)上海宏大善書局石印本　一册

330000－1701－0108164　JM60011　史部/傳記類/總傳之屬/家乘

[湖南邵陽]邵陽申氏受族五修譜□□卷首七卷　申廣淵等主修　申傳選等纂修　民國三十一年(1942)大受堂木活字印本　二册　存四卷(十八、四十八至五十)

330000－1701－0108165　M610843　子部/雜著類/雜説之屬

菜根譚前集一卷後集一卷　(明)洪應明撰　民國五年(1916)上海新學會社鉛印本　一册

330000－1701－0108177　M610864　子部/宗教類/道教之屬

太上感應篇註講證案彙編四卷首一卷　釋印光鑒定　民國十二年(1923)上海中華書局鉛印本　二册

330000－1701－0108179　M610865　經部/小學類/文字之屬/字書

中國文字的搆造法一卷　馬敘倫撰　民國十七年(1928)鉛印本　一册

330000－1701－0108180　M610866　子部/宗教類/佛教之屬

歷史感應統紀四卷首一卷　許止淨編纂　民國十八年(1929)鉛印本　四冊

330000－1701－0108182　M610867　集部/別集類/清別集

曉霞軒詩詞焚餘集一卷　(清)梁壽賢撰　民國八年(1919)鉛印本　一冊

330000－1701－0108183　M610868　類叢部/叢書類/自著之屬

晨風廬叢刊十八種　周慶雲撰　民國吳興周氏夢坡室刻本　一冊　存一種

330000－1701－0108184　M610869　類叢部/叢書類/自著之屬

晨風廬叢刊十八種　周慶雲撰　民國吳興周氏夢坡室刻本　一冊　存一種

330000－1701－0108185　M610870　類叢部/叢書類/自著之屬

晨風廬叢刊十八種　周慶雲撰　民國吳興周氏夢坡室刻本　一冊　存一種

330000－1701－0108187　M610871　類叢部/叢書類/自著之屬

晨風廬叢刊十八種　周慶雲撰　民國吳興周氏夢坡室刻本　一冊　存一種

330000－1701－0108190　M610872　史部/地理類/專志之屬/書院

敷文書院志略不分卷　魏頌唐輯　民國二十四年(1935)浙江財務學校鉛印本　一冊

330000－1701－0108194　M610844　集部/別集類

五言飛鳥集一卷　(印度)泰戈爾撰　姚華譯　民國二十年(1931)上海中華書局鉛印本　一冊

330000－1701－0108196　M610858　類叢部/叢書類/彙編之屬

浙江中醫專校講義五十六種　浙江中醫專校編　民國二十七年(1938)浙江中醫專門學校鉛印本　八冊　存十種

330000－1701－0108197　M610845　類叢部/叢書類/彙編之屬

古今說部叢書二百七十二種　國學扶輪社輯　民國四年(1915)中國圖書公司和記鉛印本　一冊　存六種

330000－1701－0108199　M610859　史部/目録類/專録之屬

殷契書錄二卷　陳振東撰　民國十九年(1930)鉛印本　一冊

330000－1701－0108200　M610860　史部/目録類/專録之屬

殷契書錄二卷　陳振東撰　民國十九年(1930)鉛印本　一冊

330000－1701－0108205　M610861　類叢部/叢書類/彙編之屬

復性書院叢刊二十七種　馬浮編　民國二十九年至三十七年(1940－1948)復性書院刻本暨鉛印本　一冊　存一種

330000－1701－0108207　M610847　集部/別集類

無題詩一卷　魏在田撰　民國鉛印本　一冊

330000－1701－0108211　M610848　集部/詞類/別集之屬

樵歌三卷補遺一卷　(宋)朱敦儒撰　民國十五年(1926)北新書局鉛印本　一冊

330000－1701－0108213　M610849　類叢部/叢書類/彙編之屬

四部叢刊　張元濟等編　民國上海商務印書館影印本　一冊　存一種

330000－1701－0108218　M610850　史部/史評類/考訂之屬

校史偶得不分卷　陳寶熯撰　民國鉛印本　一冊

330000－1701－0108220　M610851　史部/史評類/考訂之屬

校史偶得不分卷　陳寶熯撰　民國鉛印本　一冊

330000－1701－0108225　M610852　集部/曲類/寶卷之屬

八寶雙鸞釵寶卷二卷　民國四年(1915)上海文益書局石印本　一册

330000－1701－0108231　M610853　類叢部/叢書類/彙編之屬

國學選粹□□種　民國越鐸日報鉛印本　一册　存一種

330000－1701－0108233　M610854　子部/醫家類/本草之屬/本草雜著

修事指南一卷　(清)張叡撰　民國十六年(1927)杭州抱經堂書局石印本　二册

330000－1701－0108236　M610855　集部/曲類/散曲之屬

散曲叢刊十五種　任訥輯　民國二十年(1931)上海中華書局鉛印本　十八册　存十種

330000－1701－0108260　M610856　集部/别集類/清别集

庚戌春闈紀事詩一卷癸丑鎖闈日記一卷花間笛譜一卷　(清)潘曾瑩撰　民國二十九年(1940)潘氏影印本　一册

330000－1701－0108262　M610857　類叢部/類書類/通類之屬

淵鑑類函四百五十卷目録四卷　(清)張英(清)王士禛等輯　民國六年(1917)同文圖書館影印本　三册　存二十六卷(五十五至六十一、七十三至八十四、四百三十七至四百四十三)

330000－1701－0108264　M610862　類叢部/叢書類/彙編之屬

適園叢書七十四種　張鈞衡編　民國二年至六年(1913－1917)烏程張氏刻本(唐大詔令集卷十四至二十四、八十七至九十八原缺)　七十二册　存三十六種

330000－1701－0108319　民789.3/0001　集部/曲類/曲韻曲譜曲律之屬

京調工尺指南不分卷　民國東南書局石印本　一册

330000－1701－0108349　民785.1/3111.2　集部/曲類/曲韻曲譜曲律之屬

京調工尺譜不分卷　江天一編輯　民國十八年(1929)上海世界書局石印本　一册

330000－1701－0108447　G010063　史部/地理類/雜志之屬

朝奉手册不分卷　民國抄本　一册

330000－1701－0108537　M611455　集部/小説類/短篇之屬

蹇安先生五記一卷　釋蹇安撰　民國二十三年(1934)懷寧潘氏蹔止齋鉛印本　一册

330000－1701－0108549　M008634　史部/政書類/軍政之屬/邊政

西南邊疆問題研究報告不分卷　華中大學中國文學系研究室撰　民國三十一年(1942)石印本　一册

330000－1701－0108559　M008635　集部/總集類/課藝之屬

浙江省立第一中學三年級第一學期國文講義一卷　稿本　一册

330000－1701－0108560　M008636　集部/詞類/總集之屬

歷代詞鈔不分卷　民國抄本　一册

330000－1701－0108561　民017.43/3239.702　史部/目録類/總録之屬/官修

浙江公立圖書館保存類目録續編四卷通常類目録續編四卷補遺附録一卷勘誤表一卷　浙江公立圖書館編　民國七年(1918)浙江公立圖書館鉛印本　二册

330000－1701－0108563　民017.43/3239.93　史部/目録類/總録之屬/官修

浙江省立圖書館善本書目甲編四卷　毛春翔編　民國二十五年(1936)浙江省立圖書館鉛印本　一册

330000－1701－0108564　民017.43/3239.6/c3　史部/目録類/總録之屬/官修

浙江公立圖書館通常類圖書目録五卷附保存類圖書目録補遺一卷　浙江公立圖書館編　民國十四年(1925)浙江公立圖書館鉛印本　八册

330000－1701－0108565　民017.43/3239.7/c2　史部/目録類/總録之屬/官修
浙江公立圖書館保存類目録四卷　浙江公立圖書館編　民國十年(1921)浙江公立圖書館石印本　二册

330000－1701－0108566　民017.43/3239.7/2/c3　史部/目録類/總録之屬/官修
浙江圖書館保存類書目四卷附録一卷　浙江圖書館編　民國四年(1915)浙江圖書館鉛印本　一册

330000－1701－0108585　M611457　集部/別集類/唐五代別集
樊紹述集注二卷　(唐)樊宗師撰　(清)孫之騄輯　**絳守居園池記一卷**　(唐)樊宗師撰　民國五年(1916)樊氏刻本　樊漱圃題記　一册　缺一卷(樊紹述集注二)

330000－1701－0108588　M611461　史部/傳記類/別傳之屬/事狀
秋林感逝録不分卷　葉希明輯　民國二十五年(1936)鉛印本　一册

330000－1701－0108600　M611462　史部/傳記類/別傳之屬/事狀
秋林感逝録不分卷　葉希明輯　民國二十五年(1936)鉛印本　一册

330000－1701－0108610　M611458　史部/傳記類/別傳之屬
李映川先生燕喜録不分卷　民國十一年(1922)雲南崇文印書館石印本　六册

330000－1701－0108617　M611459　史部/傳記類/別傳之屬/事狀
陳一甫先生六秩壽言不分卷　民國二十二年(1933)石印本　一册

330000－1701－0108636　M611463　類叢部/叢書類/自著之屬
貞松老人遺稿丙集二種　羅振玉撰　民國三十六年(1947)上虞羅福頤鉛印本　一册

330000－1701－0108645　M611465　集部/別集類
白屋遺詩七卷　劉大白撰　民國二十四年(1935)開明書店鉛印本　一册

330000－1701－0108654　M611466　集部/別集類
林主席家書一卷　林森撰　民國三十二年(1943)鉛印本　林希岳題記　一册

330000－1701－0108660　M008638　類叢部/叢書類/彙編之屬
有不爲齋叢書　林語堂編　民國上海時代圖書公司鉛印本　一册　存一種

330000－1701－0108662　M611467　類叢部/叢書類/彙編之屬
有不爲齋叢書　林語堂編　民國上海時代圖書公司鉛印本　一册　存一種

330000－1701－0108663　M008639　史部/目録類/通論之屬
目録學講義一卷　民國輔仁大學鉛印本　一册

330000－1701－0108664　M611468　史部/傳記類/別傳之屬/事狀
怙德録一卷　黄任恒編　民國八年(1919)保粹堂刻本　一册

330000－1701－0108667　M611470　集部/別集類
海藏樓詩一卷　鄭孝胥撰　民國五年(1916)文藝雜志社石印本　一册

330000－1701－0108668　M008640　史部/目録類/總録之屬/私撰
蟫隱廬書目第二十六期一卷　蟫隱廬書莊編　民國石印本　一册

330000－1701－0108675　M008641　史部/目録類
碑帖目録不分卷　民國抄本　一册

330000－1701－0108676　M611472　類叢部/叢書類/郡邑之屬
續金華叢書六十種　胡宗楙編　民國十三年(1924)永康胡氏夢選樓刻本　七册　存二種

330000－1701－0108677　M611473　類叢部/叢書類/郡邑之屬
續金華叢書六十種　胡宗楙編　民國十三年(1924)永康胡氏夢選樓刻本　六册　存一種

330000－1701－0108679　M611474　類叢部/叢書類/郡邑之屬
續金華叢書六十種　胡宗楙編　民國十三年(1924)永康胡氏夢選樓刻本　六册　存一種

330000－1701－0108680　M611475　類叢部/叢書類/郡邑之屬
續金華叢書六十種　胡宗楙編　民國十三年(1924)永康胡氏夢選樓刻本　六册　存一種

330000－1701－0108681　M611476　類叢部/叢書類/郡邑之屬
續金華叢書六十種　胡宗楙編　民國十三年(1924)永康胡氏夢選樓刻本　六册　存一種

330000－1701－0108682　M611477　類叢部/叢書類/郡邑之屬
續金華叢書六十種　胡宗楙編　民國十三年(1924)永康胡氏夢選樓刻本　六册　存一種

330000－1701－0108683　M611478　類叢部/叢書類/郡邑之屬
續金華叢書六十種　胡宗楙編　民國十三年(1924)永康胡氏夢選樓刻本　三册　存一種

330000－1701－0108685　M611479　類叢部/叢書類/郡邑之屬
續金華叢書六十種　胡宗楙編　民國十三年(1924)永康胡氏夢選樓刻本　一册　存一種

330000－1701－0108687　HJHB223　類叢部/類書類/通類之屬
子史輯要不分卷　稿本　吟詩翁題簽　一册

330000－1701－0108688　HJHB233　子部/宗教類/道教之屬/道藏
道藏精華錄一百種　守一子輯　民國上海醫學書局鉛印本　一册　存一種

330000－1701－0108690　HJHB238　集部/別集類
介盦駢體文賸一卷　許湝祥撰　民國二十一年(1932)鉛印本　一册

330000－1701－0108693　HJHB243　史部/政書類/律令之屬
法政問答不分卷　民國抄本　一册

330000－1701－0108695　M008645　子部/宗教類/佛教之屬
韓文公論佛骨表糾謬一卷　郭振墉纂　民國二十年(1931)清閒山館鉛印本　一册

330000－1701－0108696　HJLB225　子部/藝術類/書畫之屬/法帖
舊拓千字文八種不分卷　民國上海科學儀器館影印本　八册

330000－1701－0108697　HJLB226　子部/藝術類/書畫之屬/法帖
三希堂小楷八種不分卷　民國上海有正書局影印本　一册

330000－1701－0108698　HJHB240　子部/雜著類
普勸念佛戒殺放生不分卷　民國刻本　一册

330000－1701－0108699　HJHB244　集部/別集類/清別集
錢牧齋書札不分卷　(清)錢謙益撰　(清)徐乃洪選　民國抄本　一册

330000－1701－0108703　HJHB245　子部/農家農學類/園藝之屬/花卉
花史三編　民國五年(1916)抄本　三册

330000－1701－0108705　HJHB241　子部/宗教類/佛教之屬/論疏
成唯識論研究次第一卷　歐陽漸說　民國十三年(1924)刻本　一册

330000－1701－0108707　HJHB242　子部/宗教類/佛教之屬/經

金光明最勝王經十卷附藏文漢文日文英文陀羅尼四種四卷 （唐）釋義净譯 民國十四年(1925)杭州金光明法會鉛印本 二册

330000－1701－0108708 HJLB227 史部/政書類/通制之屬
文獻通考不分卷 民國抄本 二册

330000－1701－0108709 HJHB258 新學/政治法律/刑法
刑法不分卷 民國抄本 一册

330000－1701－0108710 HJHB248 子部/宗教類/佛教之屬/經疏
彌陀畧解圓中鈔二卷 （明）釋大佑解 （明）釋傳燈鈔 民國二十二年(1933)上海佛學書局影印本 一册 存一卷(一)

330000－1701－0108711 HJHB259 新學/理學
經濟學不分卷 民國抄本 一册

330000－1701－0108712 HJLB246 集部/總集類/選集之屬/斷代
國學叢選十八集 高燮等編 民國國學商兑會鉛印本 三册 存八集(一至二、十三至十八)

330000－1701－0108715 HJHB260 史部/目録類/總録之屬/私撰
吳興劉氏求恕齋書畫目録不分卷 民國吳興劉氏求恕齋抄本 一册

330000－1701－0108716 HJHB250 子部/宗教類/佛教之屬/經疏
萬緣金剛般若波羅蜜經集註一卷感應圖説一卷 增德編 民國十九年(1930)北平中央刻經院鉛印本 一册

330000－1701－0108717 HJHB261 史部/目録類/總録之屬/私撰
吳興劉氏求恕齋書目不分卷 民國吳興劉氏求恕齋抄本 一册

330000－1701－0108718 HJHB264 子部/宗教類/佛教之屬/經疏
佛涅槃六經不分卷 釋興慈集 民國二十五年(1936)揚州衆香庵刻本 一册

330000－1701－0108719 HJHB247 類叢部/叢書類/郡邑之屬
吳興叢書六十六種 劉承幹編 民國吳興劉氏嘉業堂刻本 一册 存一種

330000－1701－0108722 HJLB262 史部/傳記類/别傳之屬/年譜
藐叟[楊峴]年譜一卷 （清）楊峴撰 **藐叟年譜續一卷** 劉繼增撰 民國九年(1920)吳興劉氏嘉業堂刻吳興叢書本 劉承幹題記 一册

330000－1701－0108725 HJHB254 子部/宗教類/佛教之屬
决定生西日課不分卷 歐陽柱撰 民國石印本 周延年題記 一册

330000－1701－0108727 HJHB273 史部/政書類/考工之屬/營造
崇陵補樹圖一卷崇陵補樹圖記一卷 曹元弼撰 民國吳興劉氏嘉業堂抄本 一册

330000－1701－0108729 HJHB270 子部/藝術類/書畫之屬/畫譜
張熊畫譜不分卷 （清）張熊繪 民國石印本 一册

330000－1701－0108731 HJHB274 史部/目録類/總録之屬/私撰
吳興劉氏嘉業堂書目不分卷 民國抄本 一册

330000－1701－0108733 HJHB267 子部/宗教類/佛教之屬/經疏
佛説阿彌陀經疏三卷 （唐）釋窺基撰 民國四年(1915)金陵刻經處刻本 一册

330000－1701－0108734 HJHB271 子部/雜著類/雜説之屬
論説二卷 稿本 一册

330000－1701－0108736 HJHB256 子部/宗教類/佛教之屬

道學論衡二卷　釋太虚撰　民國七年(1918)上海覺社鉛印本　一册　存一卷(上)

330000－1701－0108737　HJHB272　史部/雜史類/斷代之屬

甲子逼宫各處來函不分卷　民國吳興劉氏求恕齋抄本　一册

330000－1701－0108738　HJHB276　子部/藝術類/書畫之屬/法帖

翁方綱漢隸四種不分卷　(清)翁方綱書　民國有文書局影印本　一册

330000－1701－0108739　HJHB252　子部/宗教類/道教之屬

太上感應篇不分卷　修繼撰　民國漢文正楷印書局鉛印本　一册

330000－1701－0108740　HJLB278　史部/傳記類/總傳之屬/斷代

大清畿輔先哲傳四十卷附列女傳六卷　徐世昌撰　民國天津徐氏刻本　十五册　存三十卷(一、四至十二、十七至三十、三十三至三十四、三十七至四十)

330000－1701－0108748　HJHB293　子部/宗教類/道教之屬

太上無極洞慈真元天心寶懺三十六卷首一卷終一卷　(清)志善纂　民國二十四年(1935)鉛印本　一册

330000－1701－0108752　HJHB283　史部/政書類/公牘檔册之屬

周宅百年好合不分卷　稿本　一册

330000－1701－0108753　HJHB284　集部/别集類

潯燈紀事一卷　民國抄本　一册

330000－1701－0108754　SCM0001　史部/目録類/總録之屬/私撰

來青閣書目不分卷　來青閣書莊編　民國上海來青閣書莊石印本　一册　存第九期

330000－1701－0108756　HJHB285　集部/别集類

張人傑信札留底不分卷　張人傑撰　稿本　一册

330000－1701－0108759　SCM0006　類叢部/叢書類/彙編之屬

岱廬叢著□□種　民國二十三年(1934)鉛印本　一册　存一種

330000－1701－0108761　HJHB286　集部/小説類

妻歟財歟不分卷　稿本　一册

330000－1701－0108762　SCM0011　史部/目録類/專録之屬

補鈔文瀾閣四庫闕簡記録不分卷　張宗祥撰　民國十五年(1926)刻本　一册

330000－1701－0108764　SCM0007　史部/目録類/通論之屬/考訂

古文舊書考四卷附訪餘録一卷　(日本)島田翰撰　民國十六年(1927)深縣王雨藻玉堂鉛印本　四册　缺一卷(訪餘録)

330000－1701－0108766　SCM0004　史部/目録類/專録之屬

道藏經目録四卷續道藏經目録一卷　民國十五年(1926)上海涵芬樓影印本　一册

330000－1701－0108767　SCM0008　史部/目録類/總録之屬/地方

海昌藝文志二十四卷　(清)管庭芬撰　蔣學堅續輯　**海昌藝文志姓氏韻編一卷**　管元耀編　民國十年(1921)海昌管元耀鉛印本　四册

330000－1701－0108768　HJHB287　集部/别集類

農爲工商之本説一卷　稿本　一册

330000－1701－0108769　SCM0009　史部/目録類/總録之屬/彙刻

叢書書目彙編不分卷補遺一卷　沈乾一編纂　民國十七年(1928)上海醫學書局鉛印本　四册

330000－1701－0108770　SCM0013　類叢

部/叢書類/彙編之屬

適園叢書七十四種 張鈞衡編 民國二年至六年(1913－1917)烏程張氏刻本(唐大詔令集卷十四至二十四、八十七至九十八原缺) 十六册 存一種

330000－1701－0108773 HJHB288 史部/目録類/總録之屬/私撰

書目不分卷 民國抄本 一册

330000－1701－0108776 M008654 史部/政書類/邦交之屬

□□條約原文一卷 民國三十四年(1945)抄本 主題記 一册

330000－1701－0108778 HJLB289 史部/政書類

輿地考一卷學校考一卷官制考一卷銓選考一卷賦役考一卷漕運考一卷鹽法考一卷錢法考一卷兵制考一卷弭盜考一卷海防考一卷治河考一卷水利考一卷 民國抄本 一册

330000－1701－0108780 HJHB299 史部/政書類/公牘檔册之屬

李議員慶芳撤消清帝尊號及優待費商榷書駁議一卷 許樹百撰 民國油印本 一册

330000－1701－0108781 HJHB290 史部/目録類/版本之屬/書影

樣本不分卷 民國石印本 一册

330000－1701－0108782 SCM0010 史部/目録類/總録之屬/官修

故宫善本書目三卷 張允亮輯 民國二十三年(1934)北平故宫博物院圖書館鉛印本 一册

330000－1701－0108786 SCM0021 史部/目録類/總録之屬/私撰

郘亭知見傳本書目十六卷 (清)莫友芝撰 民國石印本 四册

330000－1701－0108787 SCM0031 史部/目録類/專録之屬

民國癸丑暮春浙江師範學堂展覽書畫眼見録不分卷 王綺輯 民國二年(1913)稿本 定叔題簽 一册

330000－1701－0108788 SCM0014 史部/目録類/總録之屬/私撰

鄞范氏天一閣書目内編十卷 馮貞羣編 民國二十六年至二十九年(1937－1940)寧波重修天一閣委員會鉛印本 四册

330000－1701－0108792 SCM0032 史部/目録類/總録之屬/私撰

黄氏蔘綏閣舊本書目初編一卷 楊宰綱(楊嘉)編 民國九年(1920)稿本 一册

330000－1701－0108794 SCM0026 史部/目録類/總録之屬/私撰

八千卷樓書目二十卷 (清)丁丙藏 丁立中撰 民國十二年(1923)錢塘丁氏鉛印本 十册

330000－1701－0108795 SCM0033 史部/目録類/總録之屬/私撰

溫州經籍現存目不分卷 楊嘉編 稿本 一册

330000－1701－0108796 SCM0016 史部/目録類/版本之屬/書影

百衲本二十四史預約樣本一卷 上海商務印書館編 民國十九年(1930)上海商務印書館鉛印本暨影印本 劉承幹題記 一册

330000－1701－0108798 SCM0036 史部/金石類

遯盦金石叢書十五種 吴隱輯 民國三年至十年(1914－1921)山陰吴氏西泠印社木活字印本 六册 存一種

330000－1701－0108800 SCM0034 史部/目録類/版本之屬/書影

吴興劉氏嘉業堂善本書景五卷 劉承幹輯 民國十八年(1929)吴興劉氏嘉業堂影印本 五册

330000－1701－0108801 SCM0037 史部/目録類/總録之屬

書目三種合刻三卷 民國三年(1914)掃葉山房石印本 三册

330000－1701－0108803　SCM0023　史部/目録類/總録之屬/官修

江蘇省立國學圖書館圖書總目四十四卷補編十二卷　江蘇省立國學圖書館編　民國二十二年至二十五年(1933－1936)江蘇省立國學圖書館鉛印本　三十册

330000－1701－0108804　SCM0027　史部/目録類/總録之屬/私撰

嘉業藏書樓明刊本書目四卷　劉承幹編　民國二十九年(1940)鉛印本　一册

330000－1701－0108805　SCM0017　史部/目録類/總録之屬

二徐書目合刻　王存善輯　民國四年(1915)仁和王存善鉛印本　一册　存一種

330000－1701－0108807　SCM0028　史部/目録類/版本之屬/書影

涉園所見宋板書影第一輯不分卷第二輯不分卷　陶湘輯　民國二十六年(1937)陶湘影印本　二册

330000－1701－0108809　M008643　集部/別集類

萊壽軒詩一卷　錢萊公撰　民國鉛印本　一册

330000－1701－0108811　SCM0024　史部/目録類/總録之屬/官修

江蘇第一圖書館覆校善本書目四卷　胡宗武　曹掾梁編　民國七年(1918)南京江蘇第一圖書館鉛印本　二册　存二卷(二至三)

330000－1701－0108812　SCM0018　史部/目録類/總録之屬/私撰

千頃堂書目三十二卷　(清)黄虞稷撰　民國影印本　十六册

330000－1701－0108813　SCM0030　史部/目録類/版本之屬/書影

吴興劉氏嘉業堂善本書景五卷　劉承幹輯　民國十八年(1929)吴興劉氏嘉業堂影印本　五册

330000－1701－0108815　SCM0025　史部/目録類/總録之屬

國立浙江大學圖書館特藏書籍目錄一卷　國立浙江大學圖書館編　民國三十六年(1947)油印本　毛春翔題簽並記　一册

330000－1701－0108818　M008644　史部/地理類/方志之屬/郡縣志

[民國]紹興縣志資料第一輯不分卷　紹興縣修志委員會纂　民國二十八年(1939)紹興縣修志委員會鉛印本　二册

330000－1701－0108820　SCM0020　史部/目録類/專録之屬

嘉興藏目錄一卷續藏經目錄一卷　民國九年(1920)北京刻經處刻本　一册

330000－1701－0108821　M611480　史部/目録類/總録之屬

影印津逮祕書樣本不分卷守山閣叢書樣本不分卷　博古齋輯　民國上海博古齋影印本　一册

330000－1701－0108823　HJHB313　子部/宗教類/佛教之屬

修行集要不分卷　周澄輯　民國二年(1913)石印本　一册

330000－1701－0108825　M611481　史部/目録類/版本之屬/書影

重印正統道藏樣本不分卷　商務印書館編　民國上海商務印書館石印本暨鉛印本　一册

330000－1701－0108826　HJHB303　經部/春秋總義類/專著之屬

春秋中國夷狄辨三卷　徐勤撰　民國上海大同譯書局石印本　一册

330000－1701－0108830　HJHB304　史部/目録類/版本之屬/書影

影印漢滿蒙藏四體合璧大藏全咒及同文韻統樣本一卷　商務印書館編　民國上海商務印書館鉛印本暨影印本　一册

330000－1701－0108832　HJLB305　經部/四書類/總義之屬/傳說

四書疑義新解□□卷　(清)姚惟寅撰　民國

抄本　一册　存一卷(下)

330000－1701－0108837　M008647　新學/兵制

拾遺不分卷　稿本　一册

330000－1701－0108838　M008648　史部/政書類

稟浙江撫憲術不分卷　張守拙撰　稿本　一册

330000－1701－0108841　M008649　集部/總集類/尺牘之屬

歷代名人尺牘精華錄十二卷　民國上海國學昌明社石印本　一册　存五卷(二至三、八至十)

330000－1701－0108842　M611482　子部/藝術類/書畫之屬/題跋

訴鷗軒畫跋二卷　陳方鏞撰　民國二十一年(1932)鉛印本　一册

330000－1701－0108845　M611471　子部/宗教類/佛教之屬

楞伽阿跋多羅寶經義記二卷　釋太虛口義　陳慧秉記　釋蓮瑞謄　民國十四年(1925)鉛印本　朱中翰題記　一册　存一卷(上)

330000－1701－0108846　HJHB306　史部/地理類/遊記之屬/紀勝

黄山紀遊一卷白嶽紀遊一卷嚴子陵釣臺紀一卷　蔣維喬撰　民國油印本　一册

330000－1701－0108849　M008651　史部/金石類/石之屬/題跋

梅花草盦石刻題跋一卷　(清)丁彦辰撰　民國吴興劉氏嘉業堂抄本　一册

330000－1701－0108850　M008650　集部/總集類/選集之屬

東社第一集不分卷　東社編　民國三年(1914)商務印書館鉛印本　一册

330000－1701－0108855　M008652　子部/天文曆算類/曆法之屬

曆範三卷　(清)李子金撰　民國河南省立圖書館抄本　一册　存一卷(二)

330000－1701－0108856　HJHB309　子部/雜著類/雜編之屬

雜纂不分卷　民國鉛印本　一册

330000－1701－0108857　M008653　子部/雜著類

佚名雜錄不分卷　稿本　一册

330000－1701－0108858　HJHB310　史部/紀傳類/正史之屬

三國志六十五卷　(晉)陳壽撰　(南朝宋)裴松之注　民國吴興劉氏嘉業堂影宋刻朱印本　一册　存二卷(蜀志十一至十二)

330000－1701－0108861　HJHB317　史部/目録類/總録之屬/私撰

嘉業藏書樓書目不分卷　稿本　七册

330000－1701－0108863　HJHB318　史部/目録類/總録之屬/私撰

嘉業藏書樓叢書細目不分卷　稿本　六册

330000－1701－0108864　HJHB319　史部/目録類/總録之屬/私撰

嘉業堂叢書目錄不分卷　民國油印本　一册

330000－1701－0108866　M008655　史部/地理類/防務之屬

將乙級廿八期戰蹟旅行參考一卷　民國油印本　一册

330000－1701－0108870　HJHB320　集部/別集類

芸隱詩草□□卷　周善敦撰　稿本　一册　存一卷(下)

330000－1701－0108872　HJHB322　集部/別集類

游杭吟草□□卷　民國抄本　一册　存一卷(二)

330000－1701－0108874　M008656　子部/藝術類/書畫之屬/題跋

趙松雪蘭亭十三跋一卷　(元)趙孟頫撰并書　民國八年(1919)有正書局影印本　一册

330000－1701－0108875　HJHB324　集部/別集類/清别集

大衍集一卷附約仙遺稿一卷　(清)胡僉撰　張壽鏞輯　民國四明張氏約園刻朱印本　一冊　存一卷(大衍集)

330000－1701－0108876　M611484　子部/藝術類/書畫之屬/法帖

樂志論一卷　(清)錢灃書　民國上海震亞圖書局石印本　一冊

330000－1701－0108879　HJHB345　史部/傳記類/别傳之屬/墓誌

蔣肅菴先生墓誌銘一卷　朱大符撰　張人傑書　民國石印本　四冊

330000－1701－0108882　HJLB365　子部/藝術類/書畫之屬/法帖

初拓出土本虞世南東廟堂碑不分卷　(唐)虞世南撰并書　民國有正書局影印本　一冊

330000－1701－0108883　HJLB385　子部/藝術類/書畫之屬/法帖

宋拓十七帖不分卷　(晉)王羲之書　民國上海有正書局影印本　一冊

330000－1701－0108886　HJLB386　子部/藝術類/書畫之屬/法帖

明于忠肅公手跡一卷　(明)于謙書　民國上海有正書局石印本　一冊

330000－1701－0108888　HJLB367　子部/藝術類/書畫之屬/法帖

初拓真賞齋法帖三卷　民國上海有正書局影印本　一冊

330000－1701－0108889　HJLB387　子部/藝術類/書畫之屬/法帖

宋拓褚河南雁塔聖教序一卷　(唐)褚遂良書　民國有正書局影印本　一冊

330000－1701－0108890　HJLB368　子部/藝術類/書畫之屬/法帖

張司直書李元靜先生碑一卷　(唐)張從申書　民國有正書局影印本　一冊

330000－1701－0108891　HJLB425　子部/藝術類/書畫之屬/法帖

蘇禮部臨古八種不分卷　民國石印本　一冊

330000－1701－0108892　HJLB369　史部/金石類/石之屬/文字

魏墓誌三種合冊不分卷　民國有正書局影印本　一冊

330000－1701－0108893　HJHB364　子部/藝術類/書畫之屬/法帖

薛汾陰石淙詩一卷　(唐)薛曜書　民國十七年(1928)上海有正書局影印本　一冊

330000－1701－0108894　HJLB370　子部/藝術類/書畫之屬/法帖

鐵梅庵顧鄭鄉先生合臨書譜不分卷　(清)鐵保　(清)顧廷綸書　民國三年(1914)石印本　一冊

330000－1701－0108895　HJLB388　子部/藝術類/書畫之屬/法帖

王夢樓行書一卷　(清)王文治書　民國上海有正書局石印本　一冊

330000－1701－0108896　HJLB371　子部/藝術類/書畫之屬/法帖

何子貞臨石門頌禮器碑合冊不分卷　(清)何紹基書　民國上海有正書局影印本　一冊

330000－1701－0108897　HJLB372　子部/藝術類/書畫之屬/法帖

唐賀季真草書孝經一卷　(唐)賀知章書　(日本)堀博摹刻　民國上海有正書局影印本　一冊

330000－1701－0108898　HJLB389　子部/藝術類/書畫之屬/法帖

宋拓太清樓書譜不分卷　(唐)孫過庭書　民國上海有正書局影印本　一冊

330000－1701－0108899　HJLB347　子部/藝術類/書畫之屬/法帖

北宋拓蘇書醉翁亭記一卷　(宋)蘇軾書　民國上海有正書局石印本　一冊

330000－1701－0108900　HJHB328　史部/傳記類/别傳之屬/事狀

先業師王公孟謙家傳一卷　嚴昌堉撰　錢振鍠書　民國石印本　一册

330000－1701－0108902　HJHB329　史部/傳記類/别傳之屬/事狀

先業師王公孟謙家傳一卷　嚴昌堉撰　錢振鍠書　民國石印本　一册

330000－1701－0108903　HJLB390　子部/藝術類/書畫之屬/法帖

宋拓薛紹彭書譜不分卷　(唐)孫過庭書　民國上海有正書局石印本　一册

330000－1701－0108904　HJHB348　子部/藝術類/書畫之屬/法帖

海日樓遺墨一卷　沈曾植書　民國上海佛記書局石印本　二册

330000－1701－0108905　HJHB374　子部/藝術類/書畫之屬/法帖

張季直大楷習字範本一卷　張謇書　民國元年(1912)有正書局石印本　一册

330000－1701－0108906　HJHB349　子部/藝術類/書畫之屬/法帖

狼山觀音巖觀音造象記一卷　張謇書　民國上海有正書局石印本　一册

330000－1701－0108907　HJLB391　子部/藝術類/書畫之屬/法帖

張廉卿大楷墨迹不分卷　(清)張裕釗書　民國有正書局石印本　一册

330000－1701－0108908　HJLB375　子部/藝術類/書畫之屬/法帖

劉梁合璧一卷　(清)劉墉　(清)梁同書書　民國上海有正書局石印本　一册

330000－1701－0108909　HJLB392　子部/藝術類/書畫之屬/法帖

張廉卿大楷墨迹不分卷　(清)張裕釗書　民國有正書局石印本　一册

330000－1701－0108911　HJLB350　子部/藝術類/書畫之屬/法帖

魯相乙瑛碑一卷　民國有正書局影印本　一册

330000－1701－0108912　HJLB376　子部/藝術類/書畫之屬/法帖

沈文墨迹合璧一卷　(明)沈周　(明)文徵明書　民國上海有正書局石印本　一册

330000－1701－0108913　HJLB377　子部/藝術類/書畫之屬/法帖

虞世南汝南公主墓誌墨跡一卷　(唐)虞世南書　民國有正書局影印本　一册

330000－1701－0108914　HJLB330　子部/藝術類/書畫之屬/法帖

黄庭經一卷　民國上海有正書局影印本　一册

330000－1701－0108915　HJLB393　子部/藝術類/書畫之屬/法帖

舊拓皇甫誕碑一卷　(唐)歐陽詢書　民國影印本　一册

330000－1701－0108916　HJLB351　子部/藝術類/書畫之屬/法帖

黄山谷書發願文墨迹一卷　(宋)黄庭堅書　民國有正書局影印本　一册

330000－1701－0108917　HJHB331　史部/金石類/石之屬/文字

漢石經殘字一卷　(清)端方藏　民國有正書局影印本　一册

330000－1701－0108918　HJLB378　子部/藝術類/書畫之屬/法帖

宋拓蘇書豐樂亭記一卷　(宋)蘇軾書　民國上海有正書局石印本　一册

330000－1701－0108919　HJLB352　史部/金石類/石之屬/文字

魏齊造像二十品不分卷　(清)沈樹鏞藏　(清)趙之謙選定　民國有正書局影印本　一册

330000－1701－0108920　HJLB353　子部/藝

術類/書畫之屬/法帖

劉石庵楷書墨迹一卷 （清）劉墉書 民國有正書局石印本 一册

330000－1701－0108921 HJLB379 子部/藝術類/書畫之屬/法帖

宋拓大麻姑仙壇記不分卷 （唐）顏真卿撰並書 民國上海有正書局影印本 一册

330000－1701－0108922 HJHB394 子部/藝術類/書畫之屬/法帖

九成宫醴泉銘一卷 （清）黄自元書 民國石印本 一册

330000－1701－0108923 HJHB332 史部/金石類/石之屬/文字

初拓司馬景和妻誌一卷 民國十八年(1929)上海中華書局影印本 一册

330000－1701－0108925 HJHB333 子部/藝術類/書畫之屬/法帖

張文敏公行書真跡一卷 （清）張照書 民國上海有正書局石印本 一册

330000－1701－0108926 HJHB380 子部/藝術類/書畫之屬/法帖

聽颿樓集帖不分卷 （清）潘正煒輯 民國影印本 四册

330000－1701－0108927 HJLB355 子部/藝術類/書畫之屬/法帖

精刻張黑女墓誌一卷 民國影印本 一册

330000－1701－0108929 HJLB381 子部/藝術類/書畫之屬/法帖

何子貞臨張遷碑二卷 （清）何紹基書 民國上海有正書局影印本 一册

330000－1701－0108930 HJLB382 子部/藝術類/書畫之屬/法帖

鶴巢老人墨寶不分卷 （清）顧淳慶書 民國十六年(1927)石印本 一册

330000－1701－0108932 HJHB334 子部/藝術類/書畫之屬/法帖

趙松雪金剛經小楷帖一卷 （元）趙孟頫書 民國十五年(1926)上海有正書局影印本 一册

330000－1701－0108933 HJLB383 子部/藝術類/書畫之屬/法帖

鶴巢老人墨寶不分卷 （清）顧淳慶書 民國十六年(1927)石印本 一册

330000－1701－0108934 HJLB396 子部/藝術類/書畫之屬/法帖

唐拓顏魯公多寶塔碑一卷 （唐）顏真卿書 民國上海有正書局影印本 一册

330000－1701－0108935 HJLB357 子部/藝術類/書畫之屬/法帖

宋拓東坡西樓帖三卷 （宋）蘇軾撰並書 民國有正書局影印本 一册

330000－1701－0108936 HJHB335 子部/藝術類/書畫之屬/法帖

行書習字帖 民國上海有正書局影印本 一册 存一種

330000－1701－0108937 HJLB384 子部/藝術類/書畫之屬/法帖

文徵明書懷歸詩一卷 （明）文徵明書 民國有正書局影印本 一册

330000－1701－0108938 HJLB358 子部/藝術類/書畫之屬/法帖

鄧石如書司馬溫公家儀一卷 （清）鄧石如書 民國有正書局石印本 一册

330000－1701－0108939 HJLB336 子部/藝術類/書畫之屬/法帖

行書習字帖 民國上海有正書局影印本 一册 存一種

330000－1701－0108941 HJLB359 子部/藝術類/書畫之屬/法帖

宋拓皇甫君碑一卷 （唐）歐陽詢書 民國上海有正書局影印本 一册

330000－1701－0108942 HJLB337 子部/藝術類/書畫之屬/法帖

舊拓趙松雪正草千字文一卷 （元）趙孟頫書

民國上海有正書局影印本　一冊

330000－1701－0108943　HJHB405　子部/藝術類/書畫之屬/法帖

唐故秘書省著作郎夔州都督府長史上護軍顏君神道碑一卷　(唐)顏真卿撰並書　民國影印本　一冊

330000－1701－0108944　HJLB398　子部/藝術類/書畫之屬/法帖

黄石齋書張天如墓誌不分卷　(明)黄道周書　民國上海有正書局石印本　一冊

330000－1701－0108945　HJLB360　子部/藝術類/書畫之屬/法帖

秦嶧山碑一卷　民國有正書局影印本　一冊

330000－1701－0108946　HJLB338　子部/藝術類/書畫之屬/法帖

草書習字帖□□種　民國有正書局影印本　一冊　存一種

330000－1701－0108947　HJLB361　史部/金石類/石之屬/文字

魏齊造像二十品不分卷　(清)沈樹鏞藏　(清)趙之謙選定　民國有正書局影印本　一冊

330000－1701－0108949　HJLB362　子部/藝術類/書畫之屬/法帖

宋元墨寶第一集一卷　民國上海有正書局石印本　一冊

330000－1701－0108950　HJLB406　子部/藝術類/書畫之屬/法帖

明代名賢手札墨迹一卷　民國有正書局影印本　一冊

330000－1701－0108951　HJLB407　子部/藝術類/書畫之屬/法帖

明代名賢手札墨迹一卷　民國有正書局影印本　一冊

330000－1701－0108952　HJHB363　史部/傳記類/別傳之屬/墓誌

清故奉政大夫贈通議大夫戶部七品小京官葛君[嗣溁]墓表一卷　陳寶琛撰並書　**清故奉政大夫晉贈通議大夫戶部七品小京官葛府君墓志銘一卷**　秦樹聲撰並書　**葛雲威農部家傳一卷**　金蓉鏡撰　羅振玉書　民國石印本　一冊

330000－1701－0108954　HJLB339　子部/藝術類/書畫之屬/法帖

宋拓淳熙祕閣續法帖十卷　民國有正書局石印本(卷二、八原缺)　四冊

330000－1701－0108955　HJLB408　子部/藝術類/書畫之屬/法帖

湘陰郭意城京師遺墨一卷　(清)郭意城書　民國影印本　一冊

330000－1701－0108956　HJHB340　子部/藝術類/書畫之屬/法帖

黄庭經一卷　曾熙書　民國十年(1921)上海震亞圖書局影印本　一冊

330000－1701－0108957　HJLB409　史部/傳記類/別傳之屬/墓誌

刁惠公墓誌銘一卷　民國有正書局影印本　一冊

330000－1701－0108958　HJHB426　子部/藝術類/書畫之屬/法帖

精刻張黑女墓誌一卷　民國影印本　一冊

330000－1701－0108959　HJLB410　史部/金石類/石之屬/文字

初拓崔敬邕墓誌一卷　民國有正書局影印本　一冊

330000－1701－0108960　HJLB402　史部/金石類/石之屬/文字

東海廟殘碑一卷　民國有正書局影印本　一冊

330000－1701－0108961　HJHB427　史部/傳記類/別傳之屬/墓誌

清故陝西華州知州調署渭南縣知縣楊君[調元]墓誌銘一卷　陳三立撰　鄭孝胥書　民國石印本　一冊

330000－1701－0108962　HJLB411　子部/藝術類/書畫之屬/法帖

成親王臨化度寺碑一卷　(清)永瑆書　民國有正書局影印本　一冊

330000－1701－0108963　HJLB403　子部/藝術類/書畫之屬/法帖

宋搨晋唐小楷十一種至寶不分卷　民國有正書局影印本　二冊

330000－1701－0108964　HJLB412　子部/藝術類/書畫之屬/法帖

宋姚廣孝手書金剛經正楷一卷　(宋)姚廣孝書　民國有正書局影印本　一冊

330000－1701－0108965　HJLB428　子部/藝術類/書畫之屬/法帖

宋拓淳化閣帖十卷　(宋)王著輯　民國上海有正書局影印本　十冊

330000－1701－0108967　HJLB341　子部/藝術類/書畫之屬/法帖

蘇長公大江東詞一卷詩帖一卷　(宋)蘇軾書　民國有正書局石印本　一冊

330000－1701－0108968　HJHB413　子部/藝術類/書畫之屬/法帖

楷書習字帖一卷　(清)張繼垕撰述　民國掃葉山房影印本　一冊

330000－1701－0108969　HJHB429　子部/藝術類/書畫之屬/法帖

北宋拓聖教序一卷　(晉)王羲之書　(唐)釋懷仁集　民國上海有正書局影印本　一冊

330000－1701－0108970　HJLB342　子部/藝術類/書畫之屬/法帖

快雪堂法書不分卷　民國上海有正書局影印本　五冊

330000－1701－0108971　HJLB414　史部/金石類/石之屬/文字

初拓張陶二夫人墓誌銘二卷　民國有正書局影印本　一冊

330000－1701－0108974　HJLB415　史部/金石類/石之屬/文字

初拓董美人墓誌銘一卷　民國有正書局影印本　一冊

330000－1701－0108975　HJHB416　子部/藝術類/書畫之屬/法帖

蘇文忠公行書帖不分卷　(宋)蘇軾書　民國有正書局影印本　一冊

330000－1701－0108976　HJLB431　子部/藝術類/書畫之屬/法帖

三希堂蘇長公法帖三卷　(宋)蘇軾書　民國上海有正書局影印本　三冊

330000－1701－0108978　HJHB417　子部/藝術類/書畫之屬/法帖

永記橋銘一卷　金天翮撰　楊天驥書　民國二十二年(1933)影印本　一冊

330000－1701－0108980　HJHB446　子部/藝術類/書畫之屬/法帖

褚遂良哀冊真跡一卷　(唐)褚遂良書　民國有正書局石印本　一冊

330000－1701－0108981　HJLB445　子部/藝術類/書畫之屬/法帖

楷書習字帖　民國上海有正書局影印本　一冊　存一種

330000－1701－0108982　HJHB418　子部/藝術類/書畫之屬/法帖

鮮於伯幾趙子昂草書千字文墨跡一卷　(元)鮮於樞　(元)趙孟頫書　民國六年(1917)影印本　一冊

330000－1701－0108983　HJHB433　史部/金石類/石之屬

陳葤池先生關廟碑記一卷　(清)陳大化撰　民國影印本　一冊

330000－1701－0108984　HJHB419　子部/藝術類/書畫之屬/法帖

蓮池大師戒殺放生文一卷　(清)張師誠書　民國七年(1918)吳興龐氏石印本　一冊

330000－1701－0108985　HJHB420　子部/

藝術類/書畫之屬/法帖

顔魯公書顔勤禮碑不分卷 (唐)顔真卿書 民國二十二年(1933)上海文明書局影印本 一册

330000－1701－0108986 HJLB447 子部/藝術類/書畫之屬/法帖

宋拓明拓褚河南枯樹賦合冊不分卷 (唐)褚遂良書 民國上海有正書局影印本 一册

330000－1701－0108987 HJLB434 子部/藝術類/書畫之屬/法帖

汪松泉先生草訣一卷 (清)汪由敦書 民國辛納閣主人影印本 一册

330000－1701－0108988 HJLB421 史部/金石類/石之屬/文字

徐氏先德碑銘一卷 民國影印本 一册

330000－1701－0108989 HJHB422 子部/藝術類/書畫之屬/法帖

大唐西京千福寺多寶佛塔感應碑文不分卷 (唐)岑勛撰 (唐)顔真卿書 民國影印本 一册

330000－1701－0108990 HJHB465 史部/金石類/石之屬/文字

漢華山碑孔謙碑合刊二卷 停雲仙館藏 民國碧梧山莊影印本 一册

330000－1701－0108991 HJLB423 子部/藝術類/書畫之屬/法帖

劉文清公手書謝摺一卷 (清)劉墉書 民國影印本 一册

330000－1701－0108992 HJHB424 史部/金石類/石之屬/文字

高湛墓誌一卷 民國八年(1919)上海商務印書館影印本 一册

330000－1701－0108994 HJHB435 史部/傳記類/别傳之屬/墓誌

清故廩貢生王君[家桊]墓誌銘一卷 曾熙撰書 民國六年(1917)上海震亞圖書局石印本 一册

330000－1701－0108995 HJLB485 子部/藝術類/書畫之屬/法帖

蓮池大師戒殺放生文一卷 (清)張師誠書 民國七年(1918)吳興龐氏石印本 一册

330000－1701－0108997 HJHB486 史部/金石類/石之屬/文字

初拓元公姬夫人墓誌二卷 民國有正書局影印本 一册

330000－1701－0108998 HJLB467 子部/藝術類/書畫之屬/法帖

宋拓唐姜柔遠碑一卷 (唐)姜晞書 民國有正書局影印本 一册

330000－1701－0108999 HJHB487 子部/藝術類/書畫之屬/法帖

初拓真賞齋法帖三卷 民國九年(1920)有正書局影印本 一册

330000－1701－0109000 HJHB437 子部/藝術類/書畫之屬/法帖

宋拓孔宙碑不分卷 端方藏 民國十四年(1925)有正書局影印本 一册

330000－1701－0109001 HJLB438 子部/藝術類/書畫之屬/法帖

三希堂蔡君謨法書帖一卷 (宋)蔡襄書 民國上海有正書局影印本 一册

330000－1701－0109002 HJLB468 子部/藝術類/書畫之屬/法帖

太上感應篇文昌帝君陰騭文勸善合璧一卷 張蔭椿書 民國石印本 一册

330000－1701－0109003 HJHB488 子部/藝術類/書畫之屬/法帖

虞世南夫子廟堂碑一卷 (唐)虞世南書 民國六年(1917)中華書局影印本 一册

330000－1701－0109004 HJLB439 子部/藝術類/書畫之屬/法帖

董香光墨迹五種不分卷 (明)董其昌書 民國上海有正書局影印本 一册

330000－1701－0109005 HJHB489 子部/

藝術類/書畫之屬/法帖

宋拓褚河南同州聖教序不分卷　(唐)褚遂良書　民國有正書局石印本　一册

330000－1701－0109006　HJLB440　子部/藝術類/書畫之屬/法帖

宋拓李北海雲麾碑一卷　(唐)李邕書　民國上海有正書局影印本　一册

330000－1701－0109007　HJHB469　子部/藝術類/書畫之屬/法帖

李仲璇修孔廟碑不分卷　民國九年(1920)上海寶霞印社影印本　一册

330000－1701－0109008　HJLB490　集部/總集類/尺牘之屬

明清兩代名人尺牘二卷　上海有正書局編　民國上海有正書局影印本　五册

330000－1701－0109009　HJLB470　子部/藝術類/書畫之屬/法帖

明拓漢隸四種不分卷　民國上海有正書局影印本　一册

330000－1701－0109012　M002601　集部/詞類/類編之屬

彊村叢書一百七十八種　朱祖謀輯並撰校記　民國六年(1917)歸安朱氏刻十一年(1922)校補印本　一册　存一種

330000－1701－0109013　HJLB448　子部/藝術類/書畫之屬/法帖

北宋拓聖教序一卷　(晉)王羲之書　(唐)釋懷仁集　民國上海有正書局影印本　一册

330000－1701－0109014　HJLB472　子部/藝術類/書畫之屬/法帖

明拓顔魯公元次山碑不分卷　(唐)顔真卿書　民國有正書局影印本　一册

330000－1701－0109015　HJLB493　子部/藝術類/書畫之屬/法帖

精拓徐浩不空和尚碑不分卷　(唐)徐浩書　民國上海彪蒙書室影印本　一册

330000－1701－0109016　HJLB449　子部/藝術類/書畫之屬/法帖

宋拓智永正草千字文一卷　(隋)釋智永書　民國上海有正書局影印本　一册

330000－1701－0109017　HJLB494　史部/金石類/石之屬/文字

初拓元公姬夫人墓誌二卷　民國有正書局影印本　一册

330000－1701－0109018　HJLB495　子部/藝術類/書畫之屬/法帖

錢南園楷書墨蹟一卷　(清)錢灃書　民國上海有正書局石印本　一册

330000－1701－0109021　HJLB496　子部/藝術類/書畫之屬/法帖

明盧忠肅公象昇草書不分卷　(明)盧象昇書　民國上海有正書局影印本　一册

330000－1701－0109024　HJLB451　子部/藝術類/書畫之屬/法帖

宋拓褚河南同州聖教序不分卷　(唐)褚遂良書　民國有正書局石印本　一册

330000－1701－0109025　HJLB498　史部/傳記類/别傳之屬/墓誌

原拓魏鄭道忠墓誌一卷　民國有正書局影印本　一册

330000－1701－0109026　HJLB459　子部/藝術類/書畫之屬/法帖

唐拓九成宫醴泉銘一卷　(唐)歐陽詢書　民國八年(1919)上海有正書局影印本　一册

330000－1701－0109028　HJLB499　子部/藝術類/書畫之屬/法帖

汪由敦臨多寶塔楷書(大唐西京千福寺多寶塔感應碑)不分卷　(唐)岑勛撰　(唐)顔真卿書　(清)汪由敦臨　民國上海有正書局影印本　一册

330000－1701－0109029　HJLB452　子部/藝術類/書畫之屬/法帖

董香光行書帖一卷　(明)董其昌書　民國上海有正書局影印本　一册

330000－1701－0109030　HJLB500　經部/小學類/文字之屬/字書/字體

真草習字範本一卷　民國十年(1921)有正書局石印本　一冊

330000－1701－0109031　HJLB476　子部/藝術類/書畫之屬/法帖

張氏通波阡表不分卷　(元)楊維楨撰并書　民國有正書局影印本　一冊

330000－1701－0109033　HJLB453　子部/藝術類/書畫之屬/法帖

玉笥山房墨蹟不分卷　顧廷綸書　民國二年(1913)科學儀器館石印本　二冊

330000－1701－0109034　HJLB502　子部/藝術類/書畫之屬/法帖

何蝯叟行書墨蹟一卷　(清)何紹基書　民國上海有正書局影印本　一冊

330000－1701－0109035　HJHB454　子部/藝術類/書畫之屬/法帖

初拓鄭文公碑一卷　(北魏)鄭道昭書　民國十二年(1923)上海有正書局影印本　一冊

330000－1701－0109037　HJHB455　子部/藝術類/書畫之屬/法帖

北齊平秦王高歸彥造像一卷　民國十二年(1923)上海古望書局石印本　一冊

330000－1701－0109038　HJLB503　子部/藝術類/書畫之屬/法帖

董香光墨跡行書手札一卷　(明)董其昌書　民國恢漢廬影印本　一冊

330000－1701－0109039　HJLB504　子部/藝術類/書畫之屬/法帖

蘇長公大江東詞一卷詩帖一卷　(宋)蘇軾書　民國有正書局石印本　一冊

330000－1701－0109041　HJHB456　子部/藝術類/書畫之屬/法帖

鍾紹京小楷習字範本一卷　(唐)鍾紹京書　民國影印本　一冊

330000－1701－0109042　HJHB442　史部/傳記類/別傳之屬/墓誌

□□將軍左中郎將元飀妻王夫人墓誌一卷魏故使持節冠軍將軍燕州刺史元使君[飀]墓誌銘一卷　民國影印本　一冊

330000－1701－0109043　HJHB457　史部/傳記類/別傳之屬/墓誌

原拓魏鄭道忠墓誌一卷　民國十年(1921)上海有正書局石印本　一冊

330000－1701－0109048　HJHB505　子部/藝術類/書畫之屬/法帖

寇君碑一卷　民國影印本　一冊

330000－1701－0109049　HJLB460　子部/藝術類/書畫之屬/法帖

詒晉齋法書全集不分卷　民國影印本　八冊

330000－1701－0109050　HJLB479　子部/藝術類/書畫之屬/法帖

張文敏公行書真跡一卷　(清)張照書　民國上海有正書局石印本　一冊

330000－1701－0109051　HJHB506　子部/藝術類/書畫之屬/法帖

明搨禮器碑不分卷　民國十四年(1925)上海文明書局影印本　一冊

330000－1701－0109052　HJLB480　子部/藝術類/書畫之屬/法帖

包安吳家書臨帖兩種合冊一卷　(清)包世臣書　民國有正書局石印本　一冊

330000－1701－0109053　HJLB481　子部/藝術類/書畫之屬/法帖

初拓懷素草書自敘帖一卷　(唐)釋懷素撰並書　民國有正書局影印本　一冊

330000－1701－0109054　HJLB522　子部/藝術類/書畫之屬/法帖

董香光墨跡三種合冊不分卷　(明)董其昌書　民國上海有正書局影印本　一冊

330000－1701－0109055　HJLB461　子部/藝術類/書畫之屬/法帖

鄭谷口隸書姜敬亭傳一卷　(清)鄭簠書　民

國上海有正書局影印本　一册

330000－1701－0109056　HJLB482　子部/藝術類/書畫之屬/法帖
匋齋藏瘞鶴銘兩種合册　(清)端方藏　民國上海有正書局影印本　一册

330000－1701－0109057　HJLB507　子部/藝術類/書畫之屬/法帖
初拓書譜一卷　(唐)孫過庭撰並書　民國上海有正書局影印本　一册

330000－1701－0109058　HJHB508　子部/藝術類/書畫之屬/書法書品
余姚民壙志一卷　金蓉鏡撰　民國影印本　一册

330000－1701－0109059　HJHB509　子部/藝術類/書畫之屬/書法書品
余姚民壙志一卷　金蓉鏡撰　民國影印本　一册

330000－1701－0109060　HJHB510　史部/傳記類/別傳之屬/墓誌
清故署兩廣總督山東巡撫袁公[樹勛]神道碑一卷　陳三立撰　何維樸書　民國石印本　一册

330000－1701－0109061　HJHB511　史部/傳記類/別傳之屬/墓誌
清故署兩廣總督山東巡撫袁公[樹勛]神道碑一卷　陳三立撰　何維樸書　民國石印本　一册

330000－1701－0109063　HJHB512　子部/藝術類/書畫之屬/法帖
宋拓米襄陽行書不分卷　(宋)米芾書　民國十五年(1926)上海商務印書館影印本　一册

330000－1701－0109064　HJHB513　子部/藝術類/書畫之屬/法帖
元初兩大書家真蹟二卷　民國十七年(1928)上海神州國光社影印本　一册

330000－1701－0109065　HJLB484　子部/藝術類/書畫之屬/法帖
陳曼生手札墨迹一卷　(清)陳鴻壽書　民國有正書局影印本　一册

330000－1701－0109066　HJLB462　子部/藝術類/書畫之屬/法帖
魏孝昌石窟碑一卷　(北魏)袁翻撰　(北魏)王實書　民國上海有正書局影印本　一册

330000－1701－0109067　HJLB517　子部/藝術類/書畫之屬/法帖
汪退谷臨褚河南聖教序一卷　(清)汪士鋐書　民國上海有正書局石印本　一册

330000－1701－0109068　HJLB464　子部/藝術類/書畫之屬/法帖
宋拓九成宮醴泉銘一卷　(唐)歐陽詢書　民國上海有正書局影印本　一册

330000－1701－0109070　HJLB463　子部/藝術類/書畫之屬/法帖
魏孝昌石窟碑一卷　(北魏)袁翻撰　(北魏)王實書　民國上海有正書局影印本　一册

330000－1701－0109071　HJHB514　子部/藝術類/書畫之屬/法帖
趙松雪浄土詞墨寶一卷　(元)趙孟頫書　民國上海有正書局影印本　一册

330000－1701－0109072　HJHB515　子部/藝術類/書畫之屬/法帖
湯文峯先生臨聖教序一卷　湯文峯書　民國南通報社影印本　一册

330000－1701－0109073　HJLB516　史部/金石類/石之屬/文字
唐拓全石唐順陵碑孤本一卷　(唐)武三思撰　(唐)睿宗李旦書　高愚鑽藏　民國九年(1920)上海中華書局影印本　四册

330000－1701－0109074　HJHB532　子部/藝術類/書畫之屬/法帖
碑聯集搨□□種　秦文錦编　民國上海藝苑真賞社影印本　十五册　存十五種

330000－1701－0109075　HJLB523　子部/藝術類/書畫之屬/法帖

董香光墨跡四種合冊不分卷 （明）董其昌書 民國上海有正書局影印本 一冊

330000－1701－0109076 HJLB524 子部/藝術類/書畫之屬/法帖

十家手札不分卷 民國上海有正書局影印本 一冊

330000－1701－0109077 HJHB537 子部/藝術類/書畫之屬/法帖

大唐三藏聖教序一卷 （晉）王羲之書 （唐）釋懷仁集 民國影印本 一冊

330000－1701－0109078 HJLB525 子部/藝術類/書畫之屬/法帖

王虛舟臨唐宋各種一卷 （清）王澍書 民國上海世界社影印本 一冊

330000－1701－0109079 HJLB526 子部/藝術類/書畫之屬/法帖

王虛舟萬歲通天帖一卷 （清）王澍書 民國上海有正書局石印本 一冊

330000－1701－0109080 HJLB527 子部/藝術類/書畫之屬/法帖

明瞿忠宣公式耜論朝事書一卷 （明）瞿式耜撰並書 民國上海有正書局石印本 一冊

330000－1701－0109081 HJLB528 子部/藝術類/書畫之屬/法帖

明瞿忠宣公式耜論朝事書一卷 （明）瞿式耜撰並書 民國上海有正書局石印本 一冊

330000－1701－0109082 HJLB538 史部/金石類/石之屬

隋上方寺塔槃遺刻一卷漢黽池五端圖題名一卷 民國有正書局石印本 一冊

330000－1701－0109083 HJLB529 子部/藝術類/書畫之屬/法帖

宋拓柳公權玄秘塔不分卷 （唐）裴休撰 （唐）柳公權書 民國上海有正書局石印本 一冊

330000－1701－0109084 HJHB533 子部/藝術類/書畫之屬/法帖

聯搨大觀 秦文錦編集 民國上海藝苑真賞社影印本 九冊 存九種

330000－1701－0109085 HJLB539 子部/藝術類/書畫之屬/法帖

李文忠公臨聖教序真蹟一卷 （清）李鴻章書 民國影印本 一冊

330000－1701－0109086 HJLB530 子部/藝術類/書畫之屬/法帖

龍門二十品不分卷 民國上海有正書局石印本 一冊 存第二冊

330000－1701－0109087 HJLB540 子部/藝術類/書畫之屬/法帖

六朝人書左氏傳一卷 民國上海有正書局石印本 一冊

330000－1701－0109088 HJLB531 子部/藝術類/書畫之屬/法帖

翁叔平相國楷書龔宜人墓誌銘不分卷 （清）翁同龢書 民國上海有正書局石印本 一冊

330000－1701－0109089 HJLB541 史部/金石類/石之屬

原任滑縣知縣強克捷碑文一卷 民國影印本 二冊

330000－1701－0109090 HJLB547 子部/藝術類/書畫之屬/法帖

翁松禪寫書譜墨蹟不分卷 （清）翁同龢書 民國上海有正書局石印本 一冊

330000－1701－0109091 HJHB542 子部/藝術類/書畫之屬/法帖

魯孔子廟之碑一卷 民國影印本 一冊

330000－1701－0109092 HJLB520 子部/藝術類/書畫之屬/法帖

唐拓九成宮醴泉銘一卷 （唐）歐陽詢書 民國上海有正書局影印本 一冊

330000－1701－0109093 HJLB519 子部/藝術類/書畫之屬/法帖

文衡山行王雅宜草北山移文合璧不分卷 （明）文徵明 （明）王寵書 民國有正書局石

印本　一冊

330000－1701－0109094　HJLB549　子部/藝術類/書畫之屬/法帖

陳蔚池先生關廟碑記不分卷　（清）陳大化書　民國影印本　一冊

330000－1701－0109096　HJLB550　子部/藝術類/書畫之屬/法帖

王夢樓行書壽屏十二軸合冊一卷　（清）王文治撰並書　民國上海有正書局石印本　一冊

330000－1701－0109097　HJLB551　子部/藝術類/書畫之屬/法帖

夢瑛禪致竹軒夫人手札不分卷　（宋）釋夢瑛撰　民國上海有正書局石印本　一冊

330000－1701－0109098　HJHB521　子部/藝術類/書畫之屬/法帖

三希堂蘇長公法帖三卷　（宋）蘇軾書　民國上海有正書局影印本　一冊　存一卷（二）

330000－1701－0109099　HJLB552　子部/藝術類/書畫之屬/法帖

梁山舟孫安人誄墨跡不分卷　（清）吳錫麒撰　（清）梁同書書　民國上海世界畫報社石印本　一冊

330000－1701－0109100　HJHB534　子部/藝術類/書畫之屬/法帖

聯搨大觀　秦文錦編集　民國上海藝苑真賞社影印本　一冊　存一種

330000－1701－0109101　HJLB553　子部/藝術類/書畫之屬/法帖

王虛舟先生墨跡不分卷　（清）王澍書　民國上海有正書局石印本　一冊

330000－1701－0109102　HJLB535　子部/藝術類/書畫之屬/法帖

明拓曹全碑不分卷　民國影印本　一冊

330000－1701－0109103　HJHB543　子部/藝術類/書畫之屬/法帖

宋拓真絳帖不分卷　民國影印本　一冊

330000－1701－0109105　HJHB544　子部/藝術類/書畫之屬/法帖

漢蕩陰令張遷碑一卷　民國十五年（1926）上海商務印書館影印本　一冊

330000－1701－0109106　HJHB554　子部/藝術類/書畫之屬/法帖

習字帖一卷　吳墨叟編　民國石印本　一冊

330000－1701－0109107　HJHB545　史部/傳記類/別傳之屬/墓誌

清故舉人內閣中書監城陶君墓誌銘一卷　李詳撰　鄭孝胥書　民國影印本　一冊

330000－1701－0109108　HJHB557　子部/藝術類/書畫之屬/法帖

漢西嶽華山廟碑一卷　民國影印本　一冊

330000－1701－0109109　HJHB546　子部/藝術類/書畫之屬

宋文信國公畫像劄子不分卷　（宋）文天祥書　民國十一年（1922）影印本　一冊

330000－1701－0109110　HJHB555　子部/藝術類/書畫之屬/書法書品

題張學士仰宸樓樓藏賜書一卷　（明）唐順之撰並書　民國十五年（1926）上海藝苑真賞社影印本　一冊

330000－1701－0109111　HJHB558　子部/藝術類/書畫之屬/法帖

張之洞墨跡一卷　（清）張之洞書　民國影印本　一冊

330000－1701－0109113　民814.8/8034　集部/別集類

花近樓劫後詩存不分卷　金濤撰　民國三十二年（1943）石印本　金濤題記　一冊

330000－1701－0109114　民330.95124/2680.2/c2　史部/政書類/邦計之屬

魏頌唐偶存稿不分卷　魏頌唐撰　民國十六年（1927）鉛印本　一冊

330000－1701－0109116　民632.587/3447　子部/農家農學類/農藝之屬/作物種植

造林學不分卷　民國石印本　一冊

330000－1701－0109117　民794.6/3414　子部/藝術類/遊藝之屬

繪圖麻雀牌譜一卷　沈一帆撰　民國三年(1914)上海時務書館鉛印本　一册

330000－1701－0109118　民342.224/32391.3/c2　史部/政書類/律令之屬

浙江省憲法會議議事録不分卷　浙江省憲法會議編　民國十年(1921)上海精勤印務局鉛印本　一册

330000－1701－0109119　民336.892429/4030　史部/政書類/邦計之屬

浙江省杭州市民國三十五年度歲入歲出總決算書不分卷　民國三十六年(1947)油印本　一册

330000－1701－0109120　民330.95124/26802/(2)　史部/政書類/邦計之屬

浙江經濟調查一覽一卷　魏頌唐撰　民國鉛印本　一册

330000－1701－0109121　民330.95124/2680.2/(3)　史部/政書類/邦計之屬

浙江農工銀行問題一卷　魏頌唐撰　民國鉛印本　一册

330000－1701－0109122　民336.892424/2236　史部/政書類/公牘檔册之屬

樂清縣七一六事變遭受敵災人民財產損失及死傷調查表不分卷　李乃常輯　民國三十一年(1942)油印本　一册

330000－1701－0109124　民814.8/8043/c1　集部/總集類/氏族之屬

某石軒集四卷　林芝蔚編　民國十六年(1927)鉛印本　一册

330000－1701－0109125　民632.72/7721　子部/農家農學類/農藝之屬/茶酒

浙江平水區茶業概況及改進管見不分卷　陶秉珍撰　民國二十七年(1938)油印本　一册

330000－1701－0109126　民351.5/0252　史部/政書類/公牘檔册之屬

海軍司令部舟山區專員辦公處移交蘇浙皖區敵僞產業處理局駐浙辦事處寧波分處接收敵遺舟山物資清册一卷　民國油印本　一册

330000－1701－0109127　民794.6/3824　子部/藝術類/遊藝之屬

百戰百勝麻雀秘訣一卷撲克秘訣一卷　海上老游客編　民國十四年(1925)上海世界書局石印本　一册

330000－1701－0109128　民633/3131　子部/農家農學類/園藝之屬

園藝試驗報告書不分卷　福州電氣公司農村電化部編　民國二十五年(1936)油印本　一册

330000－1701－0109129　民814.8/8043/c2　集部/總集類/氏族之屬

某石軒集四卷　林芝蔚編　民國十六年(1927)鉛印本　一册

330000－1701－0109130　民814.8/8043/c3　集部/總集類/氏族之屬

某石軒集四卷　林芝蔚編　民國十六年(1927)鉛印本　一册

330000－1701－0109131　民336.892424/3239.5　史部/政書類/邦計之屬

浙江省三十六年度地方歲入出總決算書一卷　浙江省政府會計處編　民國三十六年(1947)油印本　一册

330000－1701－0109132　民336.89241/4030　史部/政書類/邦計之屬

浙江省杭州市民國三十七年下半年度歲入歲出總概算書一卷　民國三十七年(1948)油印本　一册

330000－1701－0109133　民360.27/1023　史部/地理類/雜志之屬

龍泉縣社會調查不分卷　尹貞淮撰　民國二十四年(1935)浙江省保安團隊特別黨部油印本　一册

330000－1701－0109134　民336.892424/3239.6　史部/政書類/邦計之屬

浙江省新昌縣三十五年度地方歲入出總預算

書一卷　新昌縣政府編　民國三十五年(1946)油印本　一冊

330000－1701－0109135　民 813.58/2684.2/c2　集部/小說類/長篇之屬

繪圖義和團演義二卷十六回　吳公雄編　民國十三年(1924)上海世界書局石印本　一冊

330000－1701－0109136　民 810.9/2422　集部/詩文評類

中國文學史參攷資料不分卷　民國油印本　三冊

330000－1701－0109137　民 362/4441　新學/議論

對於柯璜君新思潮疑問之意見一卷　韓梯雲撰　民國十年(1921)天津社會教育星期報社鉛印本　一冊

330000－1701－0109138　民 813.58/40321　集部/小說類/長篇之屬

家庭慘毒黑幕葉少奶奶十二回　南宮後人編輯　民國十年(1921)上海民強書局石印本　一冊

330000－1701－0109139　民 347.35/8042　史部/政書類/公牘檔冊之屬

金華律師公會修正暫行會則不分卷　民國石印本　一冊

330000－1701－0109140　民 342.224/32393/c1　史部/政書類/公牘檔冊之屬

浙江省憲法白色草案一卷　民國鉛印本　一冊

330000－1701－0109141　民 342.224/32393/c2　史部/政書類/公牘檔冊之屬

浙江省憲法白色草案一卷　民國鉛印本　一冊

330000－1701－0109142　民 347.35/4062.2　史部/政書類/公牘檔冊之屬

杭縣律師公會要覽不分卷　吳華編輯　民國八年(1919)杭縣律師公會鉛印本　一冊

330000－1701－0109143　民 346.7/32391/c2　史部/政書類/公牘檔冊之屬

浙江省圖書雜誌審查處工作概況不分卷　民國三十二年(1943)鉛印本　一冊

330000－1701－0109144　民 342.224/32393.2/c1　史部/政書類/公牘檔冊之屬

浙江省憲法黃色草案一卷　民國鉛印本　一冊

330000－1701－0109145　民 346.7/32391/c3　史部/政書類/公牘檔冊之屬

浙江省圖書雜誌審查處工作概況不分卷　民國三十二年(1943)鉛印本　與 330000－1701－0109143 合冊

330000－1701－0109146　民 342.224/32393.2/c2　史部/政書類/公牘檔冊之屬

浙江省憲法黃色草案一卷　民國鉛印本　一冊

330000－1701－0109148　民 342.224/32393.3　史部/政書類/公牘檔冊之屬

浙江省憲法紅色草案一卷　民國鉛印本　一冊

330000－1701－0109149　民 346.7/32391/c1　史部/政書類/公牘檔冊之屬

浙江省圖書雜誌審查處工作概況不分卷　民國三十二年(1943)鉛印本　一冊

330000－1701－0109150　民 813.28/0028　子部/小說家類/雜事之屬

婦女騙局全書三編　章秋谷編　民國十二年(1923)上海世界書局石印本　二冊

330000－1701－0109151　民 813.28/0085　子部/小說家類/異聞之屬

新輯分類古今神怪大觀八卷　廣益書局編輯部編　民國十一年(1922)上海廣益書局石印本　八冊

330000－1701－0109152　民 367.2/9382　史部/政書類/邦計之屬

糧食行政一卷交通行政一卷水利行政一卷行政三聯制一卷　民國油印本　一冊

330000－1701－0109153　民 810.5/1043　集部/總集類/選集之屬/斷代

同南九集九卷　范煙橋　吳䅧稺編　民國九年(1920)蘇州同南社鉛印本　與 330000－1701－0032738 合冊　存一卷(九)

330000－1701－0109154　民 810.5/1043　集部/總集類/選集之屬/斷代

希社叢編不分卷　希社編　民國二年至八年(1913－1919)鉛印本　與 330000－1701－0032738 合冊　存第一冊

330000－1701－0109155　民 369.85/4030.2　史部/政書類/公牘檔冊之屬

杭州市冬令救濟委員會辦理三十五年度冬令救濟徵信錄不分卷　杭州市冬令救濟委員會編　民國三十六年(1947)杭州市冬令救濟委員會油印本　一冊

330000－1701－0109156　民 369.85/4030.3　史部/政書類/公牘檔冊之屬

杭州市冬令救濟委員會辦理三十六年度冬令救濟徵信錄不分卷　杭州市冬令救濟委員會編　民國三十七年(1948)杭州市冬令救濟委員會油印本　一冊

330000－1701－0109157　民 370.45/2150　新學/學校

新教育的原動力一卷　(德國)衛中講演　白煥采　馮玉松　李殿成筆記　楊維漢編輯　民國十年(1921)山西外國文言學校鉛印本　一冊

330000－1701－0109160　民 812.07/2648/c1　集部/曲類/曲評曲話曲目之屬

詞餘講義十二章　吳梅撰　民國八年(1919)北京大學出版部鉛印本　一冊

330000－1701－0109161　民 811.18/1138/c2　集部/別集類

綠天簃詩集一卷詞集一卷　張汝釗撰　民國十四年(1925)鉛印本　一冊

330000－1701－0109162　民 811.18/1144.4/c2　集部/別集類

庚午集一卷　張朝墉撰　民國十九年(1930)鉛印本　一冊

330000－1701－0109163　民 811.18/2824.2/c2　集部/別集類

竹間唫榭續集第一輯二卷　徐行恭撰　民國鉛印本　一冊

330000－1701－0109164　民 811.18/2831/c2　集部/別集類

弱歲吟稿一卷　徐祖武撰　民國二十一年(1932)鉛印本　一冊

330000－1701－0109165　民 811.18/2592/c1　集部/別集類

越叟詠梅詩稿一卷　朱怙生撰　民國三十五年(1946)鉛印本　朱怙生題簽　一冊

330000－1701－0109166　民 811.18/2592/c2　集部/別集類

越叟詠梅詩稿一卷　朱怙生撰　民國三十五年(1946)鉛印本　朱怙生題記　一冊

330000－1701－0109167　民 811.18/2592/c3　集部/別集類

越叟詠梅詩稿一卷　朱怙生撰　民國三十五年(1946)鉛印本　一冊

330000－1701－0109168　民 811.18/2592/c4　集部/別集類

越叟詠梅詩稿一卷　朱怙生撰　民國三十五年(1946)鉛印本　一冊

330000－1701－0109169　民 664.28/3239.6　史部/政書類/公牘檔冊之屬

浙江省油茶棉絲管理處茶葉部工作報告不分卷(民國二十八年六月至民國二十九年二月)　浙江省油茶棉絲管理處編　民國二十九年(1940)油印本　十冊